Armin Schwerdtfeger
Gesellschaftsrecht · Kommentar

Armin Schwerdtfeger

Gesellschaftsrecht Kommentar

Herausgegeben von

Dr. Armin Schwerdtfeger
Rechtsanwalt, München

3. Auflage

Carl Heymanns Verlag 2015

Zitiervorschlag: Schwerdtfeger/*Bearbeiter* Gesetz Paragraph Randnummer
Schwerdtfeger/*Schwerdtfeger* § 394 AktG Rdn. 1
Schwerdtfeger/*Bearbeiter* Kapitel Randnummer
Schwerdtfeger/*Plückelmann* Kap. 6 Rdn. 1

Bibliografische Information der Deutschen Nationalbibliothek

Die Deutsche Nationalbibliothek verzeichnet diese Publikation in der Deutschen Nationalbibliografie; detaillierte bibliografische Daten sind im Internet über http://dnb.d-nb.de abrufbar.

ISBN: 978-3-452-28139-5

Der Titel ist in der 2. Auflage erschienen als »Fachanwaltskommentar Gesellschaftsrecht«.

www.wolterskluwer.de
www.carl-heymanns.de

Alle Rechte vorbehalten.
© 2015 Wolters Kluwer Deutschland GmbH, Luxemburger Straße 449, 50939 Köln.
Carl Heymanns – eine Marke von Wolters Kluwer Deutschland GmbH.

Das Werk einschließlich aller seiner Teile ist urheberrechtlich geschützt. Jede Verwertung außerhalb der engen Grenzen des Urheberrechtsgesetzes ist ohne Zustimmung des Verlages unzulässig und strafbar. Das gilt insbesondere für Vervielfältigungen, Übersetzungen, Mikroverfilmungen und die Einspeicherung und Verarbeitung in elektronischen Systemen.

Verlag und Autor übernehmen keine Haftung für inhaltliche oder drucktechnische Fehler.

Umschlagkonzeption: Martina Busch, Grafikdesign, Homburg Kirrberg
Druck und Weiterverarbeitung: Williams Lea & tag GmbH, München

Gedruckt auf säurefreiem, alterungsbeständigem und chlorfreiem Papier.

Die Bearbeiter

Dr. Lukas Alexander
Rechtsanwalt/Justitiar, Heidenheim

Dipl.-Finanzwirt Hilbert Ballreich
Rechtsanwalt, Fachanwalt für Steuerrecht und vereid. Buchprüfer, Mannheim

Eva Bonacker
Rechtsanwältin, München

Dr. Felix von Bredow
Rechtsanwalt, Eschborn

Dr. Thomas Buß, LL.M. (Brit. Col.)
Rechtsanwalt, Köln

Dr. Stephanie Eberl, LL.M. oec.
Rechtsanwältin, München

Dr. Walter Eberl
Rechtsanwalt und Solicitor (England /Wales und Irland), München

Dr. Christian Hoppe
Rechtsanwalt, Dortmund

Marc-André Kuhne
Rechtsanwalt, Insolvenzverwalter, München

Dr. Gunther Lehleiter, LL.M.
Rechtsanwalt, Dortmund

Dipl.-Kfm. Dr. Markus Lubitz, LL.M.
Rechtsanwalt, Pullach

Christos Mantas
Rechtsanwalt, Köln

Martin Mildner
Rechtsanwalt, Fachanwalt für Steuerrecht und Steuerberater, Hamburg

Dr. Andrea M. Partikel
Rechtsanwältin, Hamburg

Prof. Dr. Dr. h.c. Marian Paschke
Universität Hamburg

Dr. Ilmo Pathe
Rechtsanwalt und Steuerberater, Wuppertal

Dr. Katja Plückelmann
Rechtsanwältin, Düsseldorf

Wiss. Mit. Antonios Politis
Wissenschaftlicher Mitarbeiter, Universität Hamburg

Dr. Ulrich Reber
Rechtsanwalt, München
unter Mitarbeit von **Sabine Kröger**
Rechtsanwältin, München

Die Bearbeiter

Dr. Dirk Rupietta
Rechtsanwalt, Berlin

Dr. Horst Schäfer
Rechtsanwalt und Steuerberater, Köln
unter Mitarbeit von **Christiane Hillesheim, LL.M. eur.**
Rechtsanwältin, Köln

Manuel Schauer
Rechtsanwalt/Justitiar, Dillingen/Saar
Lehrbeauftragter der Universität des Saarlandes

Dr. Friedrich Scheuffele, Licencié en droit (Caen)
Rechtsanwalt, München

Dr. Jack Schiffer
Rechtsanwalt und Steuerberater, München
unter Mitarbeit von **Insa Cornelia Müller**
Rechtsanwältin, München

Dr. Christoph Stollwerck, LL.M.
Regierungsdirektor, Bundesministerium des Innern, Berlin
(vormals Dr. Christoph Schmelz, LL.M.)

Dr. Mathias Schulze Steinen, LL.M.
Rechtsanwalt, Frankfurt am Main

Prof. Dr. Mathias Schwarz
Rechtsanwalt, Wirtschaftsprüfer und Mediator, München

Dr. Armin Schwerdtfeger
Rechtsanwalt, München

Igsaan Varachia
Rechtsanwalt und Steuerberater, München

Dr. Konstantin Wegner, LL.M.
Rechtsanwalt, München

Dr. Thomas Wunsch
Regierungsdirektor, Innenministerium, München

Vorwort zur 3. Auflage

Für die 3. Auflage wurde der Kommentar inhaltlich erweitert und umstrukturiert; er entspricht nunmehr einem Fachgebietskommentar, der alle wichtigen Regelungsbereiche des Gesellschaftsrechts abdeckt. Beispielsweise wurde angesichts der Bedeutung in der Unternehmenspraxis eine Kommentierung der §§ 16 bis 19 InsO aufgenommen. Berücksichtigt wurden wiederum die zwischenzeitlichen Gesetzesänderungen und Neuregelungen sowie die Rechtsprechung, die insbesondere zu den Reformgesetzen ARUG, ESUG, MoMiG und VorstAG ergangen ist.

Auch der Autorenkreis hat sich geändert. Ausgeschieden sind die Autoren Dr. Felix von Bredow, Dr. Markus Lubitz, Martin Mildner und Dr. Christoph Stollwerck, LL.M. Dafür konnten als neue Autoren Frau Eva Bonacker sowie die Herren Antonios Politis, Dr. Dirk Rupietta und Dr. Mathias Schulze Steinen, LL.M. gewonnen werden. Alle alten Kapitel wurden, soweit erforderlich, überarbeitet und aktualisiert.

München, im September 2014

Dr. Armin Schwerdtfeger

Im Einzelnen haben bearbeitet

Einführung und Grundlagen	Schwerdtfeger
Bürgerliches Gesetzbuch	
§§ 705–740	Lubitz/Lehleiter/Hoppe
Anhang zum BGB: Stiftung	Schwarz
Handelsgesetzbuch	
§§ 105–160	Lehleiter
§§ 161–177	Partikel
Anhang 1 zum HGB: Stille Gesellschaft	Wunsch
Anhang 2 zum HGB: Publikumsgesellschaft	Varachia
Anhang 3 zum HGB: GmbH & Co. KG	Partikel
GmbH-Gesetz	
Einleitung	Schauer
§§ 1–4a	Schauer
§§ 5, 5a	von Bredow/Rupietta
§ 6	Alexander
§§ 7–12	Schauer
§§ 13–18	Buß
§§ 19–28	Mantas
§§ 29–32b	Schäfer
§§ 33, 34	Schäfer unter Mitarbeit von Hillesheim
§§ 35–52	Alexander
§§ 53, 54	Schauer
§§ 55–59	von Bredow/Rupietta
§§ 60–77	Scheuffele
§§ 78–86	Schwerdtfeger
Aktiengesetz	
Einleitung	Paschke
§§ 1–53	Paschke
§§ 53a–62	Mildner/Paschke/Politis
§§ 63–65	Paschke/Politis
§§ 66–75	Mildner/Paschke/Politis
§§ 76–149	Paschke
§§ 150–178	Pathe

Im Einzelnen haben bearbeitet

§§ 179–240	Plückelmann
§§ 241–261a	Schiffer unter Mitarbeit von Müller
§§ 262–277	Paschke
§§ 394–410	Schwerdtfeger
Anhang 1 zum AktG: Kommanditgesellschaft auf Aktien	Pathe
Anhang 2 zum AktG: Konzernrecht	Stollwerck/Schulze Steinen
Genossenschaftsgesetz	Lehleiter/Hoppe
Insolvenzordnung	
§§ 16–19	Schäfer
Kapitel 1 Partnerschaftsgesellschaft	Wegner/Bonacker
Kapitel 2 Umwandlungsrecht	Ballreich
Kapitel 3 Unternehmen in der Krise	Kuhne
Kapitel 4 Int. Gesellschaftsrecht	Reber unter Mitarbeit von Kröger
Kapitel 5 Verfahrensrecht der Gesellschaften	S. Eberl/W. Eberl
Kapitel 6 Prozessrecht der AG	Plückelmann
Kapitel 7 Schiedsverfahrensrecht	S. Eberl/W. Eberl
Kapitel 8 Streit-/Geschäftswert	Plückelmann

Inhaltsübersicht

Die Bearbeiter	V
Vorwort zur 3. Auflage	VII
Im Einzelnen haben bearbeitet	IX
Inhaltsübersicht	XI
Inhaltsverzeichnis	XIII
Abkürzungsverzeichnis	XLI
Literaturverzeichnis	LVII
Einführung und Grundlagen	1
Bürgerliches Gesetzbuch (BGB – Auszug –)	21
Handelsgesetzbuch (HGB – Auszug –)	123
Gesetz betreffend die Gesellschaften mit beschränkter Haftung (GmbHG)	511
Aktiengesetz (AktG – Auszug –)	1173
Gesetz betreffend die Erwerbs- und Wirtschaftsgenossenschaften (Genossenschaftsgesetz – GenG – Auszug –)	2003
Insolvenzordnung (InsO – Auszug –)	2141
Kapitel 1 Die Partnerschaftsgesellschaft	2157
Kapitel 2 Grundzüge des Umwandlungs- und Umwandlungssteuerrechts	2180
Kapitel 3 Das Unternehmen in der Krise	2271
Kapitel 4 Internationales Gesellschaftsrecht	2310
Kapitel 5 Allgemeines Verfahrensrecht	2338
Kapitel 6 Prozessrecht der AG	2527
Kapitel 7 Schiedsverfahren im Gesellschaftsrecht	2560
Kapitel 8 Streitwert und Geschäftswert im Gesellschaftsrecht	2604

Inhaltsverzeichnis

Die Bearbeiter	V
Vorwort zur 3. Auflage	VII
Im Einzelnen haben bearbeitet	IX
Inhaltsübersicht	XI
Inhaltsverzeichnis	XIII
Abkürzungsverzeichnis	XLI
Literaturverzeichnis	LVII

Einführung und Grundlagen 1

Bürgerliches Gesetzbuch (BGB – Auszug –) 21

Buch 2 Recht der Schuldverhältnisse 21

Abschnitt 8 Einzelne Schuldverhältnisse 21

Titel 16 Gesellschaft 21
 Vor § 705 BGB 21

§ 705	Inhalt des Gesellschaftsvertrags	25
§ 706	Beiträge der Gesellschafter	37
§ 707	Erhöhung des vereinbarten Beitrags	37
§ 708	Haftung der Gesellschafter	41
§ 709	Gemeinschaftliche Geschäftsführung	43
§ 710	Übertragung der Geschäftsführung	43
§ 711	Widerspruchsrecht	43
§ 712	Entziehung und Kündigung der Geschäftsführung	43
§ 713	Rechte und Pflichten der geschäftsführenden Gesellschafter	43
§ 714	Vertretungsmacht	56
§ 715	Entziehung der Vertretungsmacht	56
§ 716	Kontrollrecht der Gesellschafter	59
§ 717	Nichtübertragbarkeit der Gesellschafterrechte	62
§ 718	Gesellschaftsvermögen	63
§ 719	Gesamthänderische Bindung	65
§ 720	Schutz des gutgläubigen Schuldners	67
§ 721	Gewinn- und Verlustverteilung	67
§ 722	Anteile am Gewinn und Verlust	68
§ 723	Kündigung durch Gesellschafter	69

Inhaltsverzeichnis

§ 724	Kündigung bei Gesellschaft auf Lebenszeit oder fortgesetzter Gesellschaft	69
§ 725	Kündigung durch Pfändungspfandgläubiger	76
§ 726	Auflösung wegen Erreichens oder Unmöglichwerdens des Zweckes	78
§ 727	Auflösung durch Tod eines Gesellschafters	78
§ 728	Auflösung durch Insolvenz der Gesellschaft oder eines Gesellschafters	78
§ 729	Fortdauer der Geschäftsführungsbefugnis	81
§ 730	Auseinandersetzung; Geschäftsführung	81
§ 731	Verfahren bei Auseinandersetzung	81
§ 732	Rückgabe von Gegenständen	82
§ 733	Berichtigung der Gesellschaftsschulden; Erstattung der Einlagen	82
§ 734	Verteilung des Überschusses	82
§ 735	Nachschusspflicht bei Verlust	82
§ 736	Ausscheiden eines Gesellschafters, Nachhaftung	84
§ 737	Ausschluss eines Gesellschafters	87
§ 738	Auseinandersetzung beim Ausscheiden	92
§ 739	Haftung für Fehlbetrag	92
§ 740	Beteiligung am Ergebnis schwebender Geschäfte	92

Anhang BGB 99
Stiftung 99

Handelsgesetzbuch (HGB – Auszug –) 123

Zweites Buch Handelsgesellschaften und stille Gesellschaft 123

Erster Abschnitt Offene Handelsgesellschaft 123

Erster Titel Errichtung der Gesellschaft 123

§ 105	[Begriff der OHG; Anwendbarkeit des BGB]	123
§ 106	[Anmeldung zum Handelsregister]	140
§ 107	[Anzumeldende Änderungen]	142
§ 108	[Anmeldung durch alle Gesellschafter]	143

Zweiter Titel Rechtsverhältnis der Gesellschafter untereinander 144

§ 109	[Gesellschaftsvertrag]	144
§ 110	[Ersatz für Aufwendungen und Verluste]	150
§ 111	[Verzinsungspflicht]	154
§ 112	[Wettbewerbsverbot]	154
§ 113	[Verletzung des Wettbewerbsverbots]	157
§ 114	[Geschäftsführung]	159

§ 115	[Geschäftsführung durch mehrere Gesellschafter]	163
§ 116	[Umfang der Geschäftsführungsbefugnis]	166
§ 117	[Entziehung der Geschäftsführungsbefugnis]	168
§ 118	[Kontrollrecht der Gesellschafter]	171
§ 119	[Beschlussfassung]	173
§ 120	[Gewinn und Verlust]	179
§ 121	[Verteilung von Gewinn und Verlust]	183
§ 122	[Entnahmen]	185

Dritter Titel Rechtsverhältnis der Gesellschafter zu Dritten 189

§ 123	[Wirksamkeit im Verhältnis zu Dritten]	189
§ 124	[Rechtliche Selbstständigkeit; Zwangsvollstreckung in Gesellschaftsvermögen]	191
§ 125	[Vertretung der Gesellschaft]	195
§ 125a	[Angaben auf Geschäftsbriefen]	201
§ 126	[Umfang der Vertretungsmacht]	203
§ 127	[Entziehung der Vertretungsmacht]	207
§ 128	[Persönliche Haftung der Gesellschafter]	209
§ 129	[Einwendungen des Gesellschafters]	227
§ 129a	[weggefallen]	232
§ 130	[Haftung des eintretenden Gesellschafters]	232
§ 130a	[Antragspflicht bei Zahlungsunfähigkeit oder Überschuldung]	234
§ 130b	[weggefallen]	245

Vierter Titel Auflösung der Gesellschaft und Ausscheiden von Gesellschaftern 245

§ 131	[Auflösungsgründe]	245
§ 132	[Kündigung eines Gesellschafters]	258
§ 133	[Auflösung durch gerichtliche Entscheidung]	260
§ 134	[Gesellschaft auf Lebenszeit; fortgesetzte Gesellschaft]	263
§ 135	[Kündigung durch den Privatgläubiger]	264
§§ 136 bis 138	[weggefallen]	267
§ 139	[Fortsetzung mit den Erben]	267
§ 140	[Ausschließung eines Gesellschafters]	276
§§ 141, 142	[weggefallen]	283
§ 143	[Anmeldung von Auflösung und Ausscheiden]	283
§ 144	[Fortsetzung nach Insolvenz der Gesellschaft]	285

Fünfter Titel Liquidation der Gesellschaft. 286

§ 145	[Notwendigkeit der Liquidation]	286
§ 146	[Bestellung der Liquidatoren]	290
§ 147	[Abberufung von Liquidatoren]	292
§ 148	[Anmeldung der Liquidatoren]	293

Inhaltsverzeichnis

§ 149	[Rechte und Pflichten der Liquidatoren]	294
§ 150	[Mehrere Liquidatoren]	296
§ 151	[Unbeschränkbarkeit der Befugnisse]	298
§ 152	[Bindung an Weisungen]	298
§ 153	[Unterschrift]	299
§ 154	[Bilanzen]	300
§ 155	[Verteilung des Gesellschaftsvermögens]	301
§ 156	[Rechtsverhältnisse der Gesellschafter]	303
§ 157	[Anmeldung des Erlöschens; Geschäftsbücher]	304
§ 158	[Andere Art der Auseinandersetzung]	306

Sechster Titel Verjährung. Zeitliche Begrenzung der Haftung. ... 306

§ 159	[Ansprüche gegen einen Gesellschafter]	306
§ 160	[Haftung des ausscheidenden Gesellschafters; Fristen; Haftung als Kommanditist]	310

Zweiter Abschnitt Kommanditgesellschaft ... 314

Vor § 161 HGB ... 314

§ 161	[Begriff der Kommanditgesellschaft]	316
§ 162	[Anmeldung zum Handelsregister]	330
§ 163	[Verhältnis der Gesellschafter untereinander]	333
§ 164	[Geschäftsführung]	337
§ 165	[Wettbewerbsverbot]	340
§ 166	[Kontrollrechte]	343
§ 167	[Gewinn und Verlust]	347
§ 168	[Gewinn- und Verlustverteilung]	349
§ 169	[Entnahmen]	351
§ 170	[Vertretung]	352
§ 171	[Haftung der Kommanditisten]	354
§ 172	[Haftungsumfang]	361
§ 172a	[Aufgehoben zum 1. November 2008 durch MoMiG]	367
§ 173	[Haftung des eintretenden Kommanditisten]	369
§ 174	[Herabsetzung der Einlage]	373
§ 175	[Anmeldung der Einlagenänderung]	374
§ 176	[Haftung vor Eintragung]	375
§ 177	[Fortführung der Gesellschaft durch Erben bei Kommanditistentod]	379
§ 177a	[Entsprechende Anwendung]	382

Anhang 1 HGB ... 384

Stille Gesellschaft ... 384

Anhang 2 HGB 431
Publikumsgesellschaft 431

Anhang 3 HGB 464
GmbH & Co. KG 464

Einleitung GmbHG 493

Gesetz betreffend die Gesellschaften mit beschränkter Haftung (GmbHG) 511

Erster Abschnitt Errichtung der Gesellschaft 511

§ 1	Zweck; Gründerzahl	511
§ 2	Form des Gesellschaftsvertrags	518
§ 3	Inhalt des Gesellschaftsvertrags	537
§ 4	Firma	548
§ 4a	Sitz der Gesellschaft	560
§ 5	Stammkapital; Geschäftsanteil	565
§ 5a	Unternehmergesellschaft	579
§ 6	Geschäftsführer	583
§ 7	Anmeldung der Gesellschaft	591
§ 8	Inhalt der Anmeldung	605
§ 9	Überbewertung der Sacheinlagen	619
§ 9a	Ersatzansprüche der Gesellschaft	624
§ 9b	Verzicht auf Ersatzansprüche	632
§ 9c	Ablehnung der Eintragung	634
§ 10	Inhalt der Eintragung	645
§ 11	Rechtszustand vor der Eintragung	652
§ 12	Bekanntmachungen der Gesellschaft	673

Zweiter Abschnitt Rechtsverhältnisse der Gesellschaft und der Gesellschafter 677

§ 13	Juristische Person; Handelsgesellschaft	677
§ 14	Einlagepflicht	687
§ 15	Übertragung von Geschäftsanteilen	698
§ 16	Rechtsstellung bei Wechsel der Gesellschafter oder Veränderung des Umfangs ihrer Beteiligung; Erwerb vom Nichtberechtigten	713
§ 17	(weggefallen)	723
§ 18	Mitberechtigung am Geschäftsanteil	724
§ 19	Leistung der Einlagen	728
§ 20	Verzugszinsen	759
§ 21	Kaduzierung	762

Inhaltsverzeichnis

§ 22	Haftung der Rechtsvorgänger	768
§ 23	Versteigerung des Geschäftsanteils	772
§ 24	Aufbringung von Fehlbeträgen	776
§ 25	Zwingende Vorschriften	779
§ 26	Nachschusspflicht	779
§ 27	Unbeschränkte Nachschusspflicht	782
§ 28	Beschränkte Nachschusspflicht	786
§ 29	Ergebnisverwendung	788
§ 30	Kapitalerhaltung	816
§ 31	Erstattung verbotener Rückzahlungen	835
§ 32	Rückzahlung von Gewinn	849
§ 32a	(weggefallen)	851
§ 32b	(weggefallen)	851
§ 33	Erwerb eigener Geschäftsanteile	851
§ 34	Einziehung von Geschäftsanteilen	858

Dritter Abschnitt Vertretung und Geschäftsführung 868

§ 35	Vertretung der Gesellschaft	868
§ 35a	Angaben auf Geschäftsbriefen	878
§ 36	Wirkung der Vertretung	881
§ 37	Beschränkungen der Vertretungsbefugnis	881
§ 38	Widerruf der Bestellung	887
§ 39	Anmeldung der Geschäftsführer	895
§ 40	Liste der Gesellschafter	898
§ 41	Buchführung	902
§ 42	Bilanz	911
§ 42a	Vorlage des Jahresabschlusses und des Lageberichts	915
§ 43	Haftung der Geschäftsführer	920
§ 43a	Kreditgewährung aus Gesellschaftsvermögen	937
§ 44	Stellvertreter von Geschäftsführern	939
§ 45	Rechte der Gesellschafter	941
§ 46	Aufgabenkreis der Gesellschafter	944
§ 47	Abstimmung	952
§ 48	Gesellschafterversammlung	974
§ 49	Einberufung der Versammlung	979
§ 50	Minderheitsrechte	983
§ 51	Form der Einberufung	986
§ 51a	Auskunfts- und Einsichtsrecht	990
§ 51b	Gerichtliche Entscheidung über das Auskunfts- und Einsichtsrecht	995
§ 52	Aufsichtsrat	996

Vierter Abschnitt Abänderungen des Gesellschaftsvertrages ... 1005

§ 53	Form der Satzungsänderung	1005
§ 54	Anmeldung und Eintragung der Satzungsänderung	1014
§ 55	Erhöhung des Stammkapitals	1021
§ 55a	Genehmigtes Kapital	1033
§ 56	Kapitalerhöhung mit Sacheinlagen	1041
§ 56a	Leistungen auf das neue Stammkapital	1043
§ 57	Anmeldung der Erhöhung	1045
§ 57a	Ablehnung der Eintragung	1049
§ 57b	(weggefallen)	1050
§ 57c	Kapitalerhöhung aus Gesellschaftsmitteln	1050
§ 57d	Ausweisung von Kapital- und Gewinnrücklagen	1053
§ 57e	Zugrundelegung der letzten Jahresbilanz; Prüfung	1055
§ 57f	Anforderungen an die Bilanz	1056
§ 57g	Vorherige Bekanntgabe des Jahresabschlusses	1058
§ 57h	Arten der Kapitalerhöhung	1058
§ 57i	Anmeldung und Eintragung des Erhöhungsbeschlusses	1060
§ 57j	Verteilung der Geschäftsanteile	1063
§ 57k	Teilrechte; Ausübung der Rechte	1063
§ 57l	Teilnahme an der Erhöhung des Stammkapitals	1065
§ 57m	Verhältnis der Rechte; Beziehungen zu Dritten	1066
§ 57n	Gewinnbeteiligung der neuen Geschäftsanteile	1069
§ 57o	Anschaffungskosten	1070
§ 58	Herabsetzung des Stammkapitals	1071
§ 58a	Vereinfachte Kapitalherabsetzung	1077
§ 58b	Beträge aus Rücklagenauflösung und Kapitalherabsetzung	1081
§ 58c	Nichteintritt angenommener Verluste	1083
§ 58d	Gewinnausschüttung	1084
§ 58e	Beschluss über die Kapitalherabsetzung	1086
§ 58f	Kapitalherabsetzung bei gleichzeitiger Erhöhung des Stammkapitals	1087
§ 59	(weggefallen)	1089

Fünfter Abschnitt Auflösung und Nichtigkeit der Gesellschaft ... 1089

§ 60	Auflösungsgründe	1089
§ 61	Auflösung durch Urteil	1096
§ 62	Auflösung durch eine Verwaltungsbehörde	1098
§ 63	(weggefallen)	1099
§ 64	Haftung für Zahlungen nach Zahlungsunfähigkeit oder Überschuldung	1099
§ 65	Anmeldung und Eintragung der Auflösung	1120
§ 66	Liquidatoren	1123
§ 67	Anmeldung der Liquidatoren	1128
§ 68	Zeichnung der Liquidatoren	1131

Inhaltsverzeichnis

§ 69	Rechtsverhältnisse von Gesellschaft und Gesellschaftern	1133
§ 70	Aufgaben der Liquidatoren	1137
§ 71	Eröffnungsbilanz; Rechte und Pflichten	1141
§ 72	Vermögensverteilung	1144
§ 73	Sperrjahr	1146
§ 74	Schluss der Liquidation	1151
§ 75	Nichtigkeitsklage	1154
§ 76	Heilung von Mängeln durch Gesellschafterbeschluss	1159
§ 77	Wirkung der Nichtigkeit	1160

Sechster Abschnitt Ordnungs-, Straf- und Bußgeldvorschriften 1161

§ 78	Anmeldepflichtige	1161
§ 79	Zwangsgelder	1163
§§ 80, 81	(weggefallen)	1163
§ 82	Falsche Angaben	1164
§ 83	(weggefallen)	1164
§ 84	Verletzung der Verlustanzeigepflicht	1164
§ 85	Verletzung der Geheimhaltungspflicht	1164
§§ 86, 87	(weggefallen)	1166

Einleitung AktG 1167

Aktiengesetz (AktG – Auszug –) 1173

Erstes Buch Aktiengesellschaft 1173

Erster Teil Allgemeine Vorschriften 1173

§ 1	Wesen der Aktiengesellschaft	1173
§ 2	Gründerzahl	1175
§ 3	Formkaufmann; Börsennotierung	1176
§ 4	Firma	1177
§ 5	Sitz	1177
§ 6	Grundkapital	1178
§ 7	Mindestnennbetrag des Grundkapitals	1179
§ 8	Form und Mindestbeträge der Aktien	1180
§ 9	Ausgabebetrag der Aktien	1181
§ 10	Aktien und Zwischenscheine	1183
§ 11	Aktien besonderer Gattung	1185
§ 12	Stimmrecht. Keine Mehrstimmrechte	1186
§ 13	Unterzeichnung der Aktien	1187

§ 14	Zuständigkeit	1187
§ 15	Verbundene Unternehmen	1188
§ 16	In Mehrheitsbesitz stehende Unternehmen und mit Mehrheit beteiligte Unternehmen	1188
§ 17	Abhängige und herrschende Unternehmen	1188
§ 18	Konzern und Konzernunternehmen	1188
§ 19	Wechselseitig beteiligte Unternehmen	1189
§ 20	Mitteilungspflichten	1189
§ 21	Mitteilungspflichten der Gesellschaft	1190
§ 22	Nachweis mitgeteilter Beteiligungen	1190

Zweiter Teil Gründung der Gesellschaft 1190

§ 23	Feststellung der Satzung	1190
§ 24	Umwandlung von Aktien	1197
§ 25	Bekanntmachungen der Gesellschaft	1197
§ 26	Sondervorteile. Gründungsaufwand	1198
§ 27	Sacheinlagen, Sachübernahmen; Rückzahlung von Einlagen	1199
§ 28	Gründer	1204
§ 29	Errichtung der Gesellschaft	1205
§ 30	Bestellung des Aufsichtsrats, des Vorstands und des Abschlußprüfers	1205
§ 31	Bestellung des Aufsichtsrats bei Sachgründung	1207
§ 32	Gründungsbericht	1208
§ 33	Gründungsprüfung. Allgemeines	1209
§ 33a	Sachgründung ohne externe Gründungsprüfung	1211
§ 34	Umfang der Gründungsprüfung	1213
§ 35	Meinungsverschiedenheiten zwischen Gründern und Gründungsprüfern. Vergütung und Auslagen der Gründungsprüfer	1214
§ 36	Anmeldung der Gesellschaft	1215
§ 36a	Leistung der Einlagen	1217
§ 37	Inhalt der Anmeldung	1218
§ 37a	Anmeldung bei Sachgründung ohne externe Gründungsprüfung	1220
§ 38	Prüfung durch das Gericht	1221
§ 39	Inhalt der Eintragung	1224
§ 40	(weggefallen)	1225
§ 41	Handeln im Namen der Gesellschaft vor der Eintragung. Verbotene Aktienausgabe	1225
§ 42	Einpersonen-Gesellschaft	1230
§§ 43, 44	(weggefallen)	1230
§ 45	Sitzverlegung	1231
§ 46	Verantwortlichkeit der Gründer	1231
§ 47	Verantwortlichkeit anderer Personen neben den Gründern	1234
§ 48	Verantwortlichkeit des Vorstands und des Aufsichtsrats	1235
§ 49	Verantwortlichkeit der Gründungsprüfer	1236
§ 50	Verzicht und Vergleich	1236

Inhaltsverzeichnis

§ 51	Verjährung der Ersatzansprüche	1237
§ 52	Nachgründung	1237
§ 53	Ersatzansprüche bei der Nachgründung	1242

Dritter Teil Rechtsverhältnisse der Gesellschaft und der Gesellschafter 1242

§ 53a	Gleichbehandlung der Aktionäre	1242
§ 54	Hauptverpflichtung der Aktionäre	1250
§ 55	Nebenverpflichtungen der Aktionäre	1256
§ 56	Keine Zeichnung eigener Aktien; Aktienübernahme für Rechnung der Gesellschaft oder durch ein abhängiges oder in Mehrheitsbesitz stehendes Unternehmen	1261
§ 57	Keine Rückgewähr, keine Verzinsung der Einlagen	1267
§ 58	Verwendung des Jahresüberschusses	1278
§ 59	Abschlagszahlung auf den Bilanzgewinn	1288
§ 60	Gewinnverteilung	1291
§ 61	Vergütung von Nebenleistungen	1295
§ 62	Haftung der Aktionäre beim Empfang verbotener Leistungen	1297
§ 63	Folgen nicht rechtzeitiger Einzahlung	1304
§ 64	Ausschluß säumiger Aktionäre	1304
§ 65	Zahlungspflicht der Vormänner	1304
§ 66	Keine Befreiung der Aktionäre von ihren Leistungspflichten	1317
§ 67	Eintragung im Aktienregister	1320
§ 68	Übertragung von Namensaktien. Vinkulierung	1328
§ 69	Rechtsgemeinschaft an einer Aktie	1333
§ 70	Berechnung der Aktienbesitzzeit	1335
§ 71	Erwerb eigener Aktien	1337
§ 71a	Umgehungsgeschäfte	1349
§ 71b	Rechte aus eigenen Aktien	1352
§ 71c	Veräußerung und Einziehung eigener Aktien	1353
§ 71d	Erwerb eigener Aktien durch Dritte	1356
§ 71e	Inpfandnahme eigener Aktien	1360
§ 72	Kraftloserklärung von Aktien im Aufgebotsverfahren	1363
§ 73	Kraftloserklärung von Aktien durch die Gesellschaft	1364
§ 74	Neue Urkunden an Stelle beschädigter oder verunstalteter Aktien oder Zwischenscheine	1369
§ 75	Neue Gewinnanteilscheine	1370

Vierter Teil Verfassung der Aktiengesellschaft 1371

Erster Abschnitt Vorstand 1371

§ 76	Leitung der Aktiengesellschaft	1371
§ 77	Geschäftsführung	1388
§ 78	Vertretung	1392

§ 79	(weggefallen)	1397
§ 80	Angaben auf Geschäftsbriefen	1397
§ 81	Änderung des Vorstands und der Vertretungsbefugnis seiner Mitglieder	1397
§ 82	Beschränkungen der Vertretungs- und Geschäftsführungsbefugnis	1399
§ 83	Vorbereitung und Ausführung von Hauptversammlungsbeschlüssen	1403
§ 84	Bestellung und Abberufung des Vorstands	1405
§ 85	Bestellung durch das Gericht	1419
§ 86	(weggefallen)	1421
§ 87	Grundsätze für die Bezüge der Vorstandsmitglieder	1421
§ 88	Wettbewerbsverbot	1431
§ 89	Kreditgewährung an Vorstandsmitglieder	1434
§ 90	Berichte an den Aufsichtsrat	1436
§ 91	Organisation; Buchführung	1440
§ 92	Vorstandspflichten bei Verlust, Überschuldung oder Zahlungsunfähigkeit	1443
§ 93	Sorgfaltspflicht und Verantwortlichkeit der Vorstandsmitglieder	1444
§ 94	Stellvertreter von Vorstandsmitgliedern	1455

Zweiter Abschnitt Aufsichtsrat 1455

§ 95	Zahl der Aufsichtsratsmitglieder	1455
§ 96	Zusammensetzung des Aufsichtsrats	1457
§ 97	Bekanntmachung über die Zusammensetzung des Aufsichtsrats	1459
§ 98	Gerichtliche Entscheidung über die Zusammensetzung des Aufsichtsrats	1461
§ 99	Verfahren	1462
§ 100	Persönliche Voraussetzungen für Aufsichtsratsmitglieder	1463
§ 101	Bestellung der Aufsichtsratsmitglieder	1467
§ 102	Amtszeit der Aufsichtsratsmitglieder	1470
§ 103	Abberufung der Aufsichtsratsmitglieder	1471
§ 104	Bestellung durch das Gericht	1475
§ 105	Unvereinbarkeit der Zugehörigkeit zum Vorstand und zum Aufsichtsrat	1478
§ 106	Bekanntmachung der Änderungen im Aufsichtsrat	1480
§ 107	Innere Ordnung des Aufsichtsrats	1480
§ 108	Beschlußfassung des Aufsichtsrats	1485
§ 109	Teilnahme an Sitzungen des Aufsichtsrats und seiner Ausschüsse	1489
§ 110	Einberufung des Aufsichtsrats	1490
§ 111	Aufgaben und Rechte des Aufsichtsrats	1492
§ 112	Vertretung der Gesellschaft gegenüber Vorstandsmitgliedern	1500
§ 113	Vergütung der Aufsichtsratsmitglieder	1501
§ 114	Verträge mit Aufsichtsratsmitgliedern	1503
§ 115	Kreditgewährung an Aufsichtsratsmitglieder	1505
§ 116	Sorgfaltspflicht und Verantwortlichkeit der Aufsichtsratsmitglieder	1506

Dritter Abschnitt Benutzung des Einflusses auf die Gesellschaft ... 1511
§ 117 Schadenersatzpflicht ... 1511

Vierter Abschnitt Hauptversammlung ... 1514

Erster Unterabschnitt Rechte der Hauptversammlung ... 1514
§ 118 Allgemeines ... 1514
§ 119 Rechte der Hauptversammlung ... 1517
§ 120 Entlastung, Votum zum Vergütungssystem ... 1524

Zweiter Unterabschnitt Einberufung der Hauptversammlung ... 1528
§ 121 Allgemeines ... 1528
§ 122 Einberufung auf Verlangen einer Minderheit ... 1535
§ 123 Frist, Anmeldung zur Hauptversammlung, Nachweis ... 1539
§ 124 Bekanntmachung von Ergänzungsverlangen, Vorschläge zur Beschlussfassung ... 1542
§ 124a Veröffentlichungen auf der Internetseite der Gesellschaft ... 1546
§ 125 Mitteilungen für die Aktionäre und an Aufsichtsratsmitglieder ... 1547
§ 126 Anträge von Aktionären ... 1549
§ 127 Wahlvorschläge von Aktionären ... 1550
§ 127a Aktionärsforum ... 1551
§ 128 Übermittlung der Mitteilungen ... 1551

Dritter Unterabschnitt Verhandlungsniederschrift. Auskunftsrecht ... 1553
§ 129 Geschäftsordnung; Verzeichnis der Teilnehmer ... 1553
§ 130 Niederschrift ... 1561
§ 131 Auskunftsrecht des Aktionärs ... 1565
§ 132 Gerichtliche Entscheidung über das Auskunftsrecht ... 1571

Vierter Unterabschnitt Stimmrecht ... 1572
§ 133 Grundsatz der einfachen Stimmenmehrheit ... 1572
§ 134 Stimmrecht ... 1576
§ 135 Ausübung des Stimmrechts durch Kreditinstitute und geschäftsmäßig Handelnde ... 1580
§ 136 Ausschluß des Stimmrechts ... 1585
§ 137 Abstimmung über Wahlvorschläge von Aktionären ... 1588

Fünfter Unterabschnitt Sonderbeschluss ... 1588
§ 138 Gesonderte Versammlung. Gesonderte Abstimmung ... 1588

Sechster Unterabschnitt Vorzugsaktien ohne Stimmrecht ... 1589
§ 139 Wesen ... 1589

| § 140 | Rechte der Vorzugsaktionäre | 1591 |
| § 141 | Aufhebung oder Beschränkung des Vorzugs | 1592 |

Siebenter Unterabschnitt Sonderprüfung. Geltendmachung von Ersatzansprüchen ... 1594

§ 142	Bestellung der Sonderprüfer	1594
§ 143	Auswahl der Sonderprüfer	1599
§ 144	Verantwortlichkeit der Sonderprüfer	1600
§ 145	Rechte der Sonderprüfer. Prüfungsbericht	1600
§ 146	Kosten	1602
§ 147	Geltendmachung von Ersatzansprüchen	1603
§ 148	Klagezulassungsverfahren	1605
§ 149	Bekanntmachungen zur Haftungsklage	1610

Fünfter Teil Rechnungslegung. Gewinnverwendung ... 1611

Erster Abschnitt Jahresabschluss und Lagebericht. Entsprechenserklärung ... 1611

Vorbemerkung zu § 150 AktG ... 1611

§ 150	Gesetzliche Rücklage. Kapitalrücklage	1612
§ 150a	(weggefallen)	1616
§ 151	(weggefallen)	1616
§ 152	Vorschriften zur Bilanz	1616
§ 153	(weggefallen)	1618
§ 154	(weggefallen)	1618
§ 155	(weggefallen)	1618
§ 156	(weggefallen)	1618
§ 157	(weggefallen)	1619
§ 158	Vorschriften zur Gewinn- und Verlustrechnung	1619
§ 159	(weggefallen)	1622
§ 160	Vorschriften zum Anhang	1622
§ 161	Erklärung zum Corporate Governance Kodex	1627

Zweiter Abschnitt Prüfung des Jahresabschlusses ... 1631

Erster Unterabschnitt Prüfung durch Abschlussprüfer ... 1631

| §§ 162-169 | (weggefallen) | 1631 |

Zweiter Unterabschnitt Prüfung durch den Aufsichtsrat ... 1632

| § 170 | Vorlage an den Aufsichtsrat | 1632 |
| § 171 | Prüfung durch den Aufsichtsrat | 1635 |

Inhaltsverzeichnis

Dritter Abschnitt Feststellung des Jahresabschlusses. Gewinnverwendung 1639

Erster Unterabschnitt Feststellung des Jahresabschlusses 1639
§ 172   Feststellung durch Vorstand und Aufsichtsrat 1639
§ 173   Feststellung durch die Hauptversammlung 1642

Zweiter Unterabschnitt Gewinnverwendung 1644
§ 174   [Beschluss über Gewinnverwendung] 1644

Dritter Unterabschnitt Ordentliche Hauptversammlung 1646
§ 175   Einberufung 1646
§ 176   Vorlagen. Anwesenheit des Abschlussprüfers 1649

Vierter Abschnitt Bekanntmachung des Jahresabschlusses 1652
§§ 177, 178   (weggefallen) 1652

Sechster Teil Satzungsänderung. Maßnahmen der Kapitalbeschaffung und Kapitalherabsetzung 1652

Erster Abschnitt Satzungsänderung 1652
§ 179   Beschluß der Hauptversammlung 1652
§ 179a   Verpflichtung zur Übertragung des ganzen Gesellschaftsvermögens 1658
§ 180   Zustimmung der betroffenen Aktionäre 1660
§ 181   Eintragung der Satzungsänderung 1662

Zweiter Abschnitt Maßnahmen der Kapitalbeschaffung 1667

Erster Unterabschnitt Kapitalerhöhung gegen Einlagen 1667
§ 182   Voraussetzungen 1667
§ 183   Kapitalerhöhung mit Sacheinlagen; Rückzahlung von Einlagen 1672
§ 183a   Kapitalerhöhung mit Sacheinlagen ohne Prüfung 1675
§ 184   Anmeldung des Beschlusses 1676
§ 185   Zeichnung der neuen Aktien 1678
§ 186   Bezugsrecht 1683
§ 187   Zusicherung von Rechten auf den Bezug neuer Aktien 1692
§ 188   Anmeldung und Eintragung der Durchführung 1692
§ 189   Wirksamwerden der Kapitalerhöhung 1696
§ 190   (weggefallen) 1697
§ 191   Verbotene Ausgabe von Aktien und Zwischenscheinen 1697

Zweiter Unterabschnitt Bedingte Kapitalerhöhung 1699
§ 192	Voraussetzungen	1699
§ 193	Erfordernisse des Beschlusses	1704
§ 194	Bedingte Kapitalerhöhung mit Sacheinlagen; Rückzahlung von Einlagen	1707
§ 195	Anmeldung des Beschlusses	1709
§ 196	(weggefallen)	1710
§ 197	Verbotene Aktienausgabe	1711
§ 198	Bezugserklärung	1711
§ 199	Ausgabe der Bezugsaktien	1714
§ 200	Wirksamwerden der bedingten Kapitalerhöhung	1716
§ 201	Anmeldung der Ausgabe von Bezugsaktien	1717

Dritter Unterabschnitt Genehmigtes Kapital 1718
§ 202	Voraussetzungen	1718
§ 203	Ausgabe der neuen Aktien	1722
§ 204	Bedingungen der Aktienausgabe	1727
§ 205	Ausgabe gegen Sacheinlagen; Rückzahlung von Einlagen ...	1730
§ 206	Verträge über Sacheinlagen vor Eintragung der Gesellschaft	1732

Vierter Unterabschnitt Kapitalerhöhung aus Gesellschaftsmitteln 1733
§ 207	Voraussetzungen	1733
§ 208	Umwandlungsfähigkeit von Kapital- und Gewinnrücklagen	1735
§ 209	Zugrunde gelegte Bilanz	1738
§ 210	Anmeldung und Eintragung des Beschlusses	1740
§ 211	Wirksamwerden der Kapitalerhöhung	1742
§ 212	Aus der Kapitalerhöhung Berechtigte	1743
§ 213	Teilrechte	1744
§ 214	Aufforderung an die Aktionäre	1744
§ 215	Eigene Aktien. Teileingezahlte Aktien	1746
§ 216	Wahrung der Rechte der Aktionäre und Dritter	1748
§ 217	Beginn der Gewinnbeteiligung	1751
§ 218	Bedingtes Kapital	1752
§ 219	Verbotene Ausgabe von Aktien und Zwischenscheinen	1754
§ 220	Wertansätze	1754

Fünfter Unterabschnitt Wandelschuldverschreibungen. Gewinnschuldverschreibungen .. 1755
§ 221	[Schuldverschreibungen]	1755

Dritter Abschnitt Maßnahmen der Kapitalherabsetzung 1767

Erster Unterabschnitt Ordentliche Kapitalherabsetzung ... 1767

§ 222	Voraussetzungen	1767
§ 223	Anmeldung des Beschlusses	1771
§ 224	Wirksamwerden der Kapitalherabsetzung	1772
§ 225	Gläubigerschutz	1774
§ 226	Kraftloserklärung von Aktien	1778
§ 227	Anmeldung der Durchführung	1781
§ 228	Herabsetzung unter den Mindestnennbetrag	1782

Zweiter Unterabschnitt Vereinfachte Kapitalherabsetzung ... 1783

§ 229	Voraussetzungen	1783
§ 230	Verbot von Zahlungen an die Aktionäre	1786
§ 231	Beschränkte Einstellung in die Kapitalrücklage und in die gesetzliche Rücklage	1787
§ 232	Einstellung von Beträgen in die Kapitalrücklage bei zu hoch angenommenen Verlusten	1788
§ 233	Gewinnausschüttung, Gläubigerschutz	1789
§ 234	Rückwirkung der Kapitalherabsetzung	1792
§ 235	Rückwirkung einer gleichzeitigen Kapitalerhöhung	1793
§ 236	Offenlegung	1795

Dritter Unterabschnitt Kapitalherabsetzung durch Einziehung von Aktien. Ausnahme für Stückaktien ... 1795

§ 237	Voraussetzungen	1795
§ 238	Wirksamwerden der Kapitalherabsetzung	1802
§ 239	Anmeldung der Durchführung	1804

Vierter Unterabschnitt Ausweis der Kapitalherabsetzung ... 1805

§ 240	[Verbotene Ausgabe von Aktien und Zwischenscheinen]	1805

Siebenter Teil Nichtigkeit von Hauptversammlungsbeschlüssen und des festgestellten Jahresabschlusses. Sonderprüfung wegen unzulässiger Unterbewertung ... 1807

Erster Abschnitt Nichtigkeit von Hauptversammlungsbeschlüssen ... 1807

Erster Unterabschnitt Allgemeines ... 1807

§ 241	Nichtigkeitsgründe	1807
§ 242	Heilung der Nichtigkeit	1813
§ 243	Anfechtungsgründe	1815
§ 244	Bestätigung anfechtbarer Hauptversammlungsbeschlüsse	1821
§ 245	Anfechtungsbefugnis	1824
§ 246	Anfechtungsklage	1827

§ 246a	Freigabeverfahren	1832
§ 247	Streitwert	1835
§ 248	Urteilswirkung	1837
§ 248a	Bekanntmachungen zur Anfechtungsklage	1838
§ 249	Nichtigkeitsklage	1839

Zweiter Unterabschnitt Nichtigkeit bestimmter Hauptversammlungsbeschlüsse 1841

§ 250	Nichtigkeit der Wahl von Aufsichtsratsmitgliedern	1841
§ 251	Anfechtung der Wahl von Aufsichtsratsmitgliedern	1846
§ 252	Urteilswirkung	1849
§ 253	Nichtigkeit des Beschlusses über die Verwendung des Bilanzgewinns	1851
§ 254	Anfechtung des Beschlusses über die Verwendung des Bilanzgewinns	1854
§ 255	Anfechtung der Kapitalerhöhung gegen Einlagen	1856

Zweiter Abschnitt Nichtigkeit des festgestellten Jahresabschlusses 1859

§ 256	Nichtigkeit	1859
§ 257	Anfechtung der Feststellung des Jahresabschlusses durch die Hauptversammlung	1868

Dritter Abschnitt Sonderprüfung wegen unzulässiger Unterbewertung 1869

§ 258	Bestellung der Sonderprüfer	1869
§ 259	Prüfungsbericht. Abschließende Feststellungen	1874
§ 260	Gerichtliche Entscheidung über die abschließenden Feststellungen der Sonderprüfer	1878
§ 261	Entscheidung über den Ertrag auf Grund höherer Bewertung	1880
§ 261a	Mitteilungen an die Bundesanstalt für Finanzdienstleistungsaufsicht	1883

Achter Teil Auflösung und Nichtigerklärung der Gesellschaft 1883

Erster Abschnitt Auflösung 1883

Erster Unterabschnitt Auflösungsgründe und Anmeldung 1883

§ 262	Auflösungsgründe	1883
§ 263	Anmeldung und Eintragung der Auflösung	1885

Zweiter Unterabschnitt Abwicklung 1885

§ 264	Notwendigkeit der Abwicklung	1885
§ 265	Abwickler	1887
§ 266	Anmeldung der Abwickler	1890
§ 267	Aufruf der Gläubiger	1890
§ 268	Pflichten der Abwickler	1891
§ 269	Vertretung durch die Abwickler	1892

§ 270	Eröffnungsbilanz. Jahresabschluß und Lagebericht	1893
§ 271	Verteilung des Vermögens	1894
§ 272	Gläubigerschutz	1895
§ 273	Schluß der Abwicklung	1896
§ 274	Fortsetzung einer aufgelösten Gesellschaft	1898

Zweiter Abschnitt Nichtigerklärung der Gesellschaft ... 1899

§ 275	Klage auf Nichtigerklärung	1899
§ 276	Heilung von Mängeln	1901
§ 277	Wirkung der Eintragung der Nichtigkeit	1902

Viertes Buch Sonder-, Straf- und Schlußvorschriften ... 1903

Erster Teil Sondervorschriften bei Beteiligung von Gebietskörperschaften ... 1903

§ 394	Berichte der Aufsichtsratsmitglieder	1903
§ 395	Verschwiegenheitspflicht	1903

Zweiter Teil Gerichtliche Auflösung ... 1904

§ 396	Voraussetzungen	1904
§ 397	Anordnungen bei der Auflösung	1904
§ 398	Eintragung	1904

Dritter Teil Straf- und Bußgeldvorschriften. Schlußvorschriften ... 1905

§ 399	Falsche Angaben	1905
§ 400	Unrichtige Darstellung	1906
§ 401	Pflichtverletzung bei Verlust, Überschuldung oder Zahlungsunfähigkeit	1906
§ 402	Falsche Ausstellung von Berechtigungsnachweisen	1906
§ 403	Verletzung der Berichtspflicht	1906
§ 404	Verletzung der Geheimhaltungspflicht	1907
§ 405	Ordnungswidrigkeiten	1907
§ 406	(weggefallen)	1908
§ 407	Zwangsgelder	1908
§ 408	Strafbarkeit persönlich haftender Gesellschafter einer Kommanditgesellschaft auf Aktien	1909
§ 409	Geltung in Berlin	1909
§ 410	Inkrafttreten	1909

Anhang 1 AktG ... 1910
Die Kommanditgesellschaft auf Aktien ... 1910

Anhang 2 AktG 1936
Grundzüge des Konzernrechts 1936

**Gesetz betreffend die Erwerbs- und Wirtschaftsgenossenschaften
(Genossenschaftsgesetz – GenG – Auszug –)** 2003

Abschnitt 1 Errichtung der Gesellschaft 2003

§ 1	Wesen der Genossenschaft	2003
§ 2	Haftung für Verbindlichkeiten	2008
§ 3	Firma der Genossenschaft	2008
§ 4	Mindestzahl der Mitglieder	2010
§ 5	Form der Satzung	2010
§ 6	Mindestinhalt der Satzung	2011
§ 7	Weiterer zwingender Satzungsinhalt	2011
§ 7a	Mehrere Geschäftsanteile; Sacheinlagen	2016
§ 8	Satzungsvorbehalt für einzelne Bestimmungen	2017
§ 8a	Mindestkapital	2019
§ 9	Vorstand; Aufsichtsrat	2020
§ 10	Genossenschaftsregister	2022
§ 11	Anmeldung der Genossenschaft	2022
§ 11a	Prüfung durch das Gericht	2022
§ 12	Veröffentlichung der Satzung	2025
§ 13	Rechtszustand vor der Eintragung	2025
§ 14	Errichtung einer Zweigniederlassung	2028
§ 14a	(weggefallen)	2030
§ 15	Beitrittserklärung	2030
§ 15a	Inhalt der Beitrittserklärung	2030
§ 15b	Beteiligung mit weiteren Geschäftsanteilen	2030
§ 16	Änderung der Satzung	2032

Abschnitt 2 Rechtsverhältnisse der Genossenschaft und ihrer Mitglieder 2034

§ 17	Juristische Person; Formkaufmann	2034
§ 18	Rechtsverhältnis zwischen Genossenschaft und Mitgliedern	2036
§ 19	Gewinn- und Verlustverteilung	2039
§ 20	Ausschluss der Gewinnverteilung	2039
§ 21	Verbot der Verzinsung des Geschäftsguthabens	2042
§ 21a	Ausnahme vom Verbot der Verzinsung	2042
§ 22	Herabsetzung des Geschäftsanteils; Verbot der Auszahlung des Geschäftsguthabens	2043
§ 22a	Nachschusspflicht	2044
§ 22b	Zerlegung des Geschäftsanteils	2046
§ 23	Haftung der Mitglieder	2047

Inhaltsverzeichnis

Abschnitt 3 Verfassung der Genossenschaft 2047
§ 24 Vorstand 2047
§ 25 Vertretung, Zeichnung durch Vorstandsmitglieder 2048
§ 25a Angaben auf Geschäftsbriefen 2048
§ 26 Vertretungsbefugnis des Vorstands 2048
§ 27 Beschränkung der Vertretungsbefugnis 2048
§ 28 Änderung des Vorstands und der Vertretungsbefugnis 2052
§ 29 Publizität des Genossenschaftsregisters 2052
§ 30 Mitgliederliste 2056
§ 31 Einsicht in die Mitgliederliste 2056
§ 32 Vorlage der Mitgliederliste beim Gericht 2056
§ 33 Buchführung; Jahresabschluss und Lagebericht 2057
§§ 33a-33i (weggefallen) 2058
§ 34 Sorgfaltspflicht und Verantwortlichkeit der Vorstandsmitglieder 2058
§ 35 Stellvertreter von Vorstandsmitgliedern 2062
§ 36 Aufsichtsrat 2062
§ 37 Unvereinbarkeit von Ämtern 2063
§ 38 Aufgaben des Aufsichtsrats 2066
§ 39 Vertretungsbefugnis des Aufsichtsrats 2066
§ 40 Vorläufige Amtsenthebung von Vorstandsmitgliedern 2067
§ 41 Sorgfaltspflicht und Verantwortlichkeit der Aufsichtsratsmitglieder 2069
§ 42 Prokura; Handlungsvollmacht 2070
§ 43 Generalversammlung; Stimmrecht der Mitglieder 2070
§ 43a Vertreterversammlung 2071
§ 44 Einberufung der Generalversammlung 2073
§ 45 Einberufung auf Verlangen einer Minderheit 2073
§ 46 Form und Frist der Einberufung 2073
§ 47 Niederschrift 2074
§ 48 Zuständigkeit der Generalversammlung 2075
§ 49 Beschränkung für Kredite 2075
§ 50 Bestimmung der Einzahlungen auf den Geschäftsanteil 2075
§ 51 Anfechtung von Beschlüssen der Generalversammlung 2081
§ 52 (weggefallen) 2083

Abschnitt 4 Prüfung und Prüfungsverbände 2083
§ 53 Pflichtprüfung 2083
§ 54 Pflichtmitgliedschaft im Prüfungsverband 2084
§ 54a Wechsel des Prüfungsverbandes 2084
§ 55 Prüfung durch den Verband 2084
§ 56 Ruhen des Prüfungsrechts des Verbandes 2085
§ 57 Prüfungsverfahren 2085
§ 58 Prüfungsbericht 2085

§ 59	Prüfungsbescheinigung; Befassung der Generalversammlung	2086
§ 60	Einberufungsrecht des Prüfungsverbandes	2086
§ 61	Vergütung des Prüfungsverbandes	2086
§ 62	Verantwortlichkeit der Prüfungsorgane	2086
§ 63	Zuständigkeit für Verleihung des Prüfungsrechts	2087
§ 63a	Verleihung des Prüfungsrechts	2087
§ 63b	Rechtsform, Mitglieder und Zweck des Prüfungsverbandes	2087
§ 63c	Satzung des Prüfungsverbandes	2088
§ 63d	Einreichung bei Gericht	2088
§ 63e	Qualitätskontrolle für Prüfungsverbände	2088
§ 63f	Prüfer für Qualitätskontrolle	2089
§ 63g	Durchführung der Qualitätskontrolle	2089
§ 63h	Sonderuntersuchungen	2090
§ 64	Staatsaufsicht	2090
§ 64a	Entziehung des Prüfungsrechts	2090
§ 64b	Bestellung eines Prüfungsverbandes	2090
§ 64c	Prüfung aufgelöster Genossenschaften	2091

Abschnitt 5 Beendigung der Mitgliedschaft 2102

§ 65	Kündigung des Mitglieds	2102
§ 66	Kündigung durch Gläubiger	2103
§ 66a	Kündigung im Insolvenzverfahren	2103
§ 67	Beendigung der Mitgliedschaft wegen Aufgabe des Wohnsitzes	2103
§ 67a	Außerordentliches Kündigungsrecht	2103
§ 67b	Kündigung einzelner Geschäftsanteile	2104
§ 67c	Kündigungsausschluss bei Wohnungsgenossenschaften	2104
§ 68	Ausschluss eines Mitglieds	2104
§ 69	Eintragung in die Mitgliederliste	2104
§§ 70-72	(weggefallen)	2105
§ 73	Auseinandersetzung mit ausgeschiedenem Mitglied	2105
§ 74	(weggefallen)	2105
§ 75	Fortdauer der Mitgliedschaft bei Auflösung der Genossenschaft	2105
§ 76	Übertragung des Geschäftsguthabens	2105
§ 77	Tod des Mitglieds	2106
§ 77a	Auflösung oder Erlöschen einer juristischen Person oder Personengesellschaft	2106

Abschnitt 6 Auflösung und Nichtigkeit der Genossenschaft 2111

§ 78	Auflösung durch Beschluss der Generalversammlung	2111
§§ 78a-78b	(weggefallen)	2111
§ 79	Auflösung durch Zeitablauf	2111
§ 79a	Fortsetzung der aufgelösten Genossenschaft	2111
§ 80	Auflösung durch das Gericht	2112

Inhaltsverzeichnis

§ 81	Auflösung auf Antrag der obersten Landesbehörde	2112
§ 81a	Auflösung bei Insolvenz	2113
§ 82	Eintragung der Auflösung	2113
§ 83	Bestellung und Abberufung der Liquidatoren	2115
§ 84	Anmeldung durch Liquidatoren	2115
§ 85	Zeichnung der Liquidatoren	2115
§ 86	Publizität des Genossenschaftsregisters	2116
§ 87	Rechtsverhältnisse im Liquidationsstadium	2117
§ 87a	Zahlungspflichten bei Überschuldung	2118
§ 87b	Verbot der Erhöhung von Geschäftsanteil oder Haftsumme	2118
§ 88	Aufgaben der Liquidatoren	2119
§ 88a	Abtretbarkeit der Ansprüche auf rückständige Einzahlungen und anteilige Fehlbeträge	2120
§ 89	Rechte und Pflichten der Liquidatoren	2120
§ 90	Voraussetzungen der Vermögensverteilung	2120
§ 91	Verteilung des Vermögens	2120
§ 92	Unverteilbares Reinvermögen	2120
§ 93	Aufbewahrung von Unterlagen	2122
§ 94	Klage auf Nichtigerklärung	2123
§ 95	Nichtigkeitsgründe; Heilung von Mängeln	2123
§ 96	Verfahren bei Nichtigkeitsklage	2123
§ 97	Wirkung der Eintragung der Nichtigkeit	2123

Abschnitt 7 Insolvenzverfahren, Nachschusspflicht der Mitglieder 2125

§ 98	Eröffnung des Insolvenzverfahrens	2125
§ 99	Zahlungsverbot bei Zahlungsunfähigkeit oder Überschuldung	2125
§ 100	(weggefallen)	2125
§ 101	Wirkung der Eröffnung des Insolvenzverfahrens	2125
§ 102	Eintragung der Eröffnung des Insolvenzverfahrens	2125
§§ 103-104	(weggefallen)	2127
§ 105	Nachschusspflicht der Mitglieder	2127
§ 106	Vorschussberechnung	2128
§ 107	Gerichtliche Erklärung über die Vorschussberechnung	2128
§ 108	Erklärungstermin	2128
§ 108a	Abtretbarkeit von Ansprüchen der Genossenschaft	2128
§ 109	Einziehung der Vorschüsse	2129
§ 110	Hinterlegung oder Anlage der Vorschüsse	2129
§ 111	Anfechtungsklage	2129
§ 112	Verfahren bei Anfechtungsklage	2129
§ 112a	Vergleich über Nachschüsse	2129
§ 113	Zusatzberechnung	2130
§ 114	Nachschussberechnung	2130
§ 115	Nachtragsverteilung	2130

§ 115a	Abschlagsverteilung der Nachschüsse	2130
§ 115b	Nachschusspflicht ausgeschiedener Mitglieder	2131
§ 115c	Beitragspflicht ausgeschiedener Mitglieder	2131
§ 115d	Einziehung und Erstattung von Nachschüssen	2131
§ 115e	Eigenverwaltung	2131
§ 116	Insolvenzplan	2136
§ 117	Fortsetzung der Genossenschaft	2136
§ 118	Kündigung bei Fortsetzung der Genossenschaft	2137

Abschnitt 8 Haftsumme 2138

§ 119	Bestimmung der Haftsumme	2138
§ 120	Herabsetzung der Haftsumme	2138
§ 121	Haftsumme bei mehreren Geschäftsanteilen	2138

Insolvenzordnung (InsO – Auszug –) 2141

§ 16	Eröffnungsgrund	2141
§ 17	Zahlungsunfähigkeit	2143
§ 18	Drohende Zahlungsunfähigkeit	2148
§ 19	Überschuldung	2151

Kapitel 1 Die Partnerschaftsgesellschaft 2157

A.	Einführung		2158
B.	Grundzüge und Voraussetzungen der Partnerschaft		2158
	I.	Die Partnerschaft	2158
	II.	Anwendbares Recht	2160
C.	Name der Partnerschaft		2160
	I.	Namensrecht	2160
	II.	Umwandlung	2161
D.	Der Partnerschaftsvertrag		2162
	I.	Formerfordernis	2162
	II.	Mindestregelungen	2162
E.	Anmeldung der Partnerschaft		2162
	I.	Das Partnerschaftsregister	2162
	II.	Pflichtangaben	2162
	III.	Anmeldung und Form	2163
F.	Die Partnerschaft im Innenverhältnis		2164
	I.	Wettbewerbsverbot, § 112 HGB	2165
	II.	Informationsrecht, § 118 HGB	2165
	III.	Beschlüsse, § 119 HGB	2165
	IV.	Beiträge zur Partnerschaft und Gewinne	2166

Inhaltsverzeichnis

	V.	Geschäftsführung, §§ 114 bis 117 HGB 2167
G.	Die Partnerschaft im Außenverhältnis 2167
	I.	Selbstständigkeit der Gesellschaft, Vertretungsbefugnis, Postulationsfähigkeit 2167
	II.	Haftung der Partnerschaft und der Partner............................... 2169
H.	Ausscheiden eines Partners, Beendigung der Partnerschaft, §§ 9, 10 PartGG 2175
	I.	Systematik 2175
	II.	Ausscheiden eines Partners... 2176
	III.	Auflösung der Partnerschaft.. 2177
	IV.	Liquidation der Partnerschaft, § 10 PartGG.............................. 2178
J.	Übergangsvorschrift; § 11 PartGG 2179

Kapitel 2 Grundzüge des Umwandlungs- und Umwandlungssteuerrechts 2180

A.	Begriffe, Systematik des Umwandlungsrechts und des Umwandlungssteuerrechts, Umwandlungsarten 2183
B.	Die einzelnen Umwandlungsarten des Umwandlungsgesetzes und deren steuerliche Behandlung nach dem Umwandlungssteuergesetz 2185
	I.	Verschmelzung.. 2185
	II.	Die Spaltung 2219
	III.	Der Formwechsel.. 2237
	IV.	Die Vermögensübertragung 2252
C.	Die steuerliche Behandlung sonstiger Unternehmensumstrukturierungen 2253
	I.	Die steuerliche Behandlung der Einbringung von Anteilen an einer Kapitalgesellschaft in eine andere Kapitalgesellschaft nach der Rechtslage des SEStEG (Anteilstausch, § 21 UmwStG n. F.).. 2253
	II.	Die steuerliche Behandlung der Einbringung einzelner Wirtschaftsgüter des Betriebsvermögens in eine Personengesellschaft.. 2255
	III.	Die Realteilung bei Personengesellschaften............................... 2256
D.	Internationales Umwandlungssteuerrecht 2257
	I.	Die steuerliche Behandlung von grenzüberschreitenden Verschmelzungen/Spaltungen/Einbringungen/Anteilstausch.. 2257
	II.	Die neuen steuerlichen Entstrickungsregelungen und Verstrickungsregelungen einzelner Wirtschaftsgüter nach dem SEStEG.................................... 2264
	III.	Die grenzüberschreitende Sitzverlegung von Kapitalgesellschaften 2266
	IV.	Die Europäische Aktiengesellschaft (SE) 2267

Kapitel 3 Das Unternehmen in der Krise 2271

A.	Krisenmerkmale 2272
	I.	Arten der Krise.. 2272
	II.	Krisenfrüherkennung 2273
B.	Struktur eines Insolvenzverfahrens 2274
	I.	Antrag 2275
	II.	Insolvenzantragsverfahren 2277
	III.	Das eröffnete Insolvenzverfahren 2281

	IV.	Verfahrensabwicklung	2283
	V.	Abwicklung von Vertragsverhältnissen in der Insolvenz	2285
	VI.	Insolvenz der Personengesellschaft	2288
	VII.	Gründungsgesellschaften	2289
	VIII.	Sonderformen des Insolvenzverfahrens	2289
	IX.	Anfechtungsthematiken in der Insolvenz	2292
C.		Kapitalersatz in der Insolvenz der GmbH	2293
D.		Haftungsrisiken der Organe	2295
	I.	Außenhaftung § 41 GmbHG	2295
	II.	Innenhaftung des GmbH-Geschäftsführers	2295
	III.	Strafrechtliche Risiken	2298
	IV.	Haftung der Gesellschafter	2300
	V.	Strafbarkeitsrisiken des Sanierungsberaters	2300
	VI.	Professionelle Unternehmensbestattung	2301
E.		Beratung des Gläubigers	2302
	I.	Geltendmachung von Forderungen	2302
	II.	Aussonderungsrechte, § 47 InsO	2303
	III.	Absonderungsrechte, §§ 49 ff. InsO	2304
	IV.	Masseverbindlichkeiten, §§ 53 ff. InsO	2305
F.		Sanierungsmöglichkeiten außerhalb der Insolvenz	2306
	I.	Maßnahmen zur Beseitigung der Zahlungsunfähigkeit	2306
	II.	Beseitigung der Überschuldung	2306
	III.	Vorteile einer außergerichtlichen Sanierung	2307
	IV.	Nachteile der außergerichtlichen Sanierung	2308

Kapitel 4 Internationales Gesellschaftsrecht 2310

A.		Einleitung	2310
B.		Ermittlung des Gesellschaftsstatuts	2311
	I.	Mögliche Anknüpfungspunkte (Sitztheorie versus Gründungstheorie)	2311
	II.	Anwendbares Recht für EU/EWR-Gesellschaften	2312
	III.	Anwendbares Recht für Drittland-Gesellschaften (Sitztheorie)	2316
	IV.	Bewertung der unterschiedlichen Anknüpfungsmerkmale für EU/EWR- bzw. Drittland-Gesellschaften	2316
	V.	Sonderbestimmungen in Staatsverträgen	2318
C.		Subjektiver Anwendungsbereich des Gesellschaftsstatuts	2319
	I.	Begriff der Gesellschaft	2319
	II.	Zweigniederlassung	2319
D.		Objektiver Regelungsbereich des Gesellschaftsstatuts	2321
	I.	Allgemeines	2321
	II.	Rechtsfähigkeit und Anerkennung von Gesellschaften	2322
	III.	Gründung der Gesellschaft und Formfragen	2324
	IV.	Gesellschaftsverfassung und Organe	2326

Inhaltsverzeichnis

V.	Haftung von Gesellschaftern und Organen	2329
VI.	Rechnungslegung	2330
VII.	Auflösung und Liquidation	2330
VIII.	Insolvenz	2331
IX.	Umwandlung	2332
X.	Konzern	2336

Kapitel 5 Allgemeines Verfahrensrecht 2338

A. Prozessrecht der Personengesellschaften 2346
- I. Allgemeines Prozessrecht der BGB-Gesellschaft 2346
- II. Allgemeines Prozessrecht der OHG und KG 2356
- III. Gesellschafterstreitigkeiten 2364
- IV. Beschlussmängelstreitigkeiten 2366
- V. Actio pro socio 2369
- VI. Handelsrechtliche Gestaltungsklagen 2373

B. Prozessrecht der GmbH 2413
- I. Allgemeine prozessrechtliche Fragen zur GmbH 2413
- II. Gesellschafterklagen 2439
- III. Klagerecht von Aufsichtsrat und Aufsichtsratsmitgliedern 2444
- IV. Beschlussmängelstreitigkeiten bei Gesellschafterbeschlüssen 2445
- V. Beschlussmängelstreitigkeiten bei Beschlüssen des Aufsichtsrats 2483
- VI. Aufhebung gesellschaftsrechtlicher Bindung 2484
- VII. Abberufung des Geschäftsführers 2506
- VIII. Ersatzansprüche der Gesellschaft gegen Gesellschafter oder Geschäftsführer, insbesondere Geschäftsführerhaftung gem. § 43 Abs. 2 GmbHG 2520

Kapitel 6 Prozessrecht der AG 2527

A. Allgemeine prozessrechtliche Fragen 2528
- I. Parteifähigkeit 2528
- II. Prozessfähigkeit und prozessuale Vertretung 2529
- III. Zustellungsfragen 2531
- IV. Beweisaufnahme im Prozess der Gesellschaft 2531
- V. Zuständigkeit 2532

B. Beschlussmängelstreitigkeiten bei Hauptversammlungsbeschlüssen 2532
- I. Nichtigkeits- und Anfechtungsklage 2533
- II. Besondere Beschlussmängelstreitigkeiten 2539
- III. Freigabeverfahren 2540

C. Klagerechte von Aufsichtsrat und Aufsichtratsmitgliedern 2543
- I. Beschlussmängelstreitigkeiten bei Hauptversammlungsbeschlüssen 2543
- II. Beschlussmängelstreitigkeiten bei Aufsichtsratsbeschlüssen 2543
- III. Durchsetzung organschaftlicher Befugnisse 2544

D.		Ersatzansprüche	2545
	I.	Ersatzansprüche aus der Gründung oder Geschäftsführung	2545
	II.	Unrichtige Darstellung, § 400 AktG	2547
E.		Spruchstellenverfahren	2548
	I.	Allgemeines	2548
	II.	Anwendungsbereich	2548
	III.	Gerichtszuständigkeit und Parteien	2550
	IV.	Verfahrensgang	2553
F.		Aufhebung der gesellschaftsrechtlichen Bindung (Nichtigkeitsklage)	2557
	I.	Prozessuales	2557
	II.	Klagefrist	2558
	III.	Begründetheit der Klage	2558

Kapitel 7 Schiedsverfahren im Gesellschaftsrecht ... 2560

A.		Einleitung	2561
B.		Einführung in die Schiedsgerichtsbarkeit	2562
	I.	Vorteile von Schiedsverfahren im Gesellschaftsrecht	2562
	II.	Gesetzliche Grundlagen	2562
	III.	Organisation des Schiedsverfahrens	2562
	IV.	Legitimation der Zuständigkeit eines Schiedsgerichts	2563
	V.	Formanforderungen an eine Schiedsvereinbarung i. S. d. § 1029 ZPO	2563
	VI.	Schiedsvereinbarung als Prozesshindernis	2566
C.		Schiedsfähigkeit gesellschaftsrechtlicher Streitigkeiten	2567
	I.	Alte Rechtslage vor 01.01.1998	2567
	II.	Neue Rechtslage seit 01.01.1998	2567
	III.	Gesellschaftsrechtliche Streitigkeiten als vermögensrechtlicher Anspruch i. S. d. § 1030 Abs. 1 Satz 1 ZPO	2568
D.		Gesellschaftsvertragliche Schiedsklauseln	2569
	I.	Schiedsklausel im Gesellschaftsvertrag einer Personengesellschaft	2569
	II.	Statutarische Schiedsklausel bei Kapitalgesellschaften	2575
E.		Wirkung schiedsrichterlicher Gestaltungsurteile in gesellschaftsrechtlichen Streitigkeiten	2581
	I.	Allgemeines – Wirkung von Gestaltungsklage und -urteil	2581
	II.	Wirkung eines Schiedsspruchs	2581
F.		Bindung des persönlich haftenden Gesellschafters an die Schiedsvereinbarung einer Personengesellschaft	2582
	I.	Rechtslage bei der OHG und KG	2582
	II.	Rechtslage bei der BGB-Gesellschaft	2583
	III.	Auffassung Habersack	2583
G.		Vollstreckbarerklärung inländischer und ausländischer Schiedssprüche	2583
	I.	Einleitung	2583
	II.	Vollstreckbarerklärung inländischer Schiedssprüche	2584
	III.	Vollstreckbarerklärung ausländischer Schiedssprüche	2592

Inhaltsverzeichnis

H.		Einstweiliger Rechtsschutz im Schiedsverfahren	2596
	I.	Einleitung	2596
	II.	Parallele Zuständigkeit von staatlicher Gerichtsbarkeit und Schiedsgericht	2596
	III.	Vorläufige und sichernde Maßnahmen i. S. d. § 1041 Abs. 1 Satz 1 ZPO	2598
	IV.	Sicherheitsleistung nach § 1041 Abs. 1 Satz 2 ZPO	2599
	V.	Verfahren	2599
	VI.	Vollziehbarerklärung einer durch ein Schiedsgericht angeordneten Maßnahme des einstweiligen Rechtsschutzes	2601
	VII.	Schadensersatz aufgrund unberechtigter Vollziehung	2603

Kapitel 8 Streitwert und Geschäftswert im Gesellschaftsrecht 2604

Einleitung 2604

A.		Gerichtskosten	2604
	I.	Gebührenansatz	2605
	II.	Streitwert	2605
B.		Gerichtskosten in Angelegenheiten der freiwilligen Gerichtsbarkeit	2609
	I.	Eintragungen in das Handels-, Partnerschafts- oder Genossenschaftsregister	2610
	II.	Entscheidungen und Anordnungen des Registergerichts	2610
C.		Notarkosten	2612
	I.	Beurkundungsverfahren	2612
	II.	Vollzug eines Geschäfts und Betreuungstätigkeiten	2618
	III.	Entwürfe und Beratung	2619
	IV.	Sonstige Geschäfte	2619
D.		Rechtsanwaltskosten	2620
	I.	Gebührenansatz	2620
	II.	Gegenstandswert	2621

Stichwortverzeichnis 2623

Abkürzungsverzeichnis

a. A.	anderer Ansicht
AAA	American Arbitration Association
a. a. O.	am angegebenen Ort
ABB-EDV	Allgemeine Bedingungen der Möbelspediteure für Beförderungen von EDV-Anlagen, medizinischen Geräten und ähnlichen transportempfindlichen Gütern
ABBH	Allgemeine Bedingungen der Möbelspediteure für Beförderungen von Handelsmöbeln
ABGB	Allgemeines Bürgerliches Gesetzbuch für Österreich
AB-Kunst	Allgemeine Bedingungen der deutschen Kunstspediteure
Abk.	Abkommen
abl.	ablehnend
ABl.	Amtsblatt
ABl. EG	Amtsblatt der Europäischen Gemeinschaften
Abs.	Absatz
Abschn.	Abschnitt
Abt.	Abteilung
abw.	abweichend
AbzG	Gesetz betreffend die Abzahlungsgeschäfte (Abzahlungsgesetz) vom 16.5.1894, aufgehoben durch VerbrKrG zum 1.1.1991
abzgl.	abzüglich
AcP	Archiv für die zivilistische Praxis (Band, Jahr, Seite)
ADHGB	Allgemeines Deutsches Handelsgesetzbuch von 1861
ADR	accord européen relatif au transport international des marchandises dangereuses par route – Europ. Übereinkommen vom 30.9.1957 über die internationale Beförderung gefährlicher Güter auf der Straße, Gesetz vom 18.8.1969 (BGBl. II, 1489)
ADSp	Allgemeine Deutsche Spediteurbedingungen
a. E.	am Ende
AEG	Allgemeines Eisenbahngesetz vom 27.12.1993 (BGBl. I, 2378/96)
a. F.	alte Fassung
AfA	Absetzung für Abnutzungen
AFG	Arbeitsförderungsgesetz vom 25.6.1969 (BGBl. I, 582), aufgehoben, jetzt SGB III
AfP	Archiv für Presserecht
AFRG	Arbeitsförderungsreformgesetz
AG	Amtsgericht; Aktiengesellschaft; Die Aktiengesellschaft (Zeitschrift)
AGB	Allgemeine Geschäftsbedingungen
AGB-Banken	Allgemeine Geschäftsbedingungen der (privaten) Banken
AGBG	Gesetz zur Regelung des Rechts der Allgemeinen Geschäftsbedingungen vom 9.12.1976 (BGBl. I, 3317), aufgehoben durch SchuldRModG)
AGBGB	Ausführungsgesetz zum BGB
AGB-Spark.	Allgemeine Geschäftsbedingungen der Sparkassen und Girozentralen
AGH	Anwaltsgerichtshof
AgrarR	Agrarrecht (Zeitschrift)
AKB	Allgemeine Bedingungen für die Kraftfahrtversicherung
AktG	Gesetz über die Aktiengesellschaften und Kommanditgesellschaften auf Aktien (Aktiengesetz) vom 6.9.1965 (BGBl. I, 1089)
AKV	Deutscher Auslandskassenverein AG
ALB	Allgemeine Leistungsbedingungen der Deutschen Bahn AG, DB Cargo
allg.	allgemein
allg. M.	allgemeine Meinung
Alt.	Alternative
a. M.	anderer Meinung
AMG	Gesetz über den Verkehr mit Arzneimitteln (Arzneimittelgesetz)

Abkürzungsverzeichnis

ÄndAufhG	Gesetz über die Änderung oder Aufhebung von Gesetzen der DDR
ÄndG	Änderungsgesetz
AnfG	Gesetz betreffend die Anfechtung von Rechtshandlungen eines Schuldners außerhalb des Insolvenzverfahrens (Anfechtungsgesetz) vom 5.10.1994 (BGBl. I, 2911)
Anh.	Anhang
Anm.	Anmerkung
AnSVG	Gesetz zur Verbesserung des Anlegerschutzes (Anlegerschutzverbesserungsgesetz) vom 28.10.2004 (BGBl. I, 2630)
AnwBl	Anwaltsblatt
AO	Abgabenordnung i. d. F. vom 1.10.2002 (BGBl. I, 3866)
AöR	Archiv für öffentliches Recht (Zeitschrift – Band, Seite)
AP	Nachschlagewerk des Bundesarbeitsgerichts (seit 1954, vorher: Arbeitsrechtliche Praxis
ApothG	Gesetz über das Apothekenwesen
AR	Aufsichtsrat
ArbeitserlaubnisVO	Arbeitserlaubnisverordnung
ArbG	Arbeitsgericht
ArbGG	Arbeitsgerichtsgesetz i. d. F. vom 2.7.1979 (BGBl. I, 853, ber. 1036)
ArbNErfG	Gesetz über Arbeitnehmererfindungen (Arbeitnehmererfindungsgesetz)
ArbPlSchutzG	Gesetz über den Schutz des Arbeitsplatzes bei Einberufung zum Wehrdienst (Arbeitsplatzschutzgesetz) i. d. F. vom 14.2.2001 (BGBl. I, 253)
arg.(e.)	argumentum ex
Art.	Artikel
ARUG	Gesetz zur Umsetzung der Aktionärsrechterichtlinie vom 30.7.2009 (BGBl. I, S. 2479, 2493)
Aufl.	Auflage
AÜG	Gesetz zur Regelung der gewerbsmäßigen Arbeitnehmerüberlassung (Arbeitnehmerüberlassungsgesetz) i. d. F. vom 3.2.1995 (BGBl. I, 158)
ausführl.	ausführlich
AuslInvestmG	Gesetz über den Vertrieb ausländischer Investmentanteile und über die Besteuerung der Erträge aus ausländischen Investmentanteilen i. d. F. vom 9.9.1998 (BGBl. I, 2820), aufgehoben durch InvG 2003
AusfG	Ausführungsgesetz
ausschl.	ausschließlich
AVB	Allgemeine Versicherungsbedingungen
AVG	Angestelltenversicherungsgesetz i. d. F. vom 28.5.1924 (RGBl. I, 563), aufgehoben
AVO	Ausführungsverordnung
AWD	Außenwirtschaftsdienst des Betriebsberaters (Zeitschrift)
AWG	Außenwirtschaftsgesetz vom 28.4.1961 (BGBl. I, 481)
Az.	Aktenzeichen
BaBiRiLiG	Gesetz zur Durchführung der Richtlinie des Rates der Europäischen Gemeinschaften über den Jahresabschluss und den konsolidierten Abschluss von Banken und anderen Finanzinstituten (Bankbilanzrichtlinie-Gesetz) vom 30.11.1990 (BGBl. I, 2570)
BaFin	Bundesanstalt für Finanzdienstleistungsaufsicht (seit 1.5.2002)
BAG	Bundesarbeitsgericht; Bundesamt für Güterverkehr
BAGE	Entscheidungen des Bundesarbeitsgerichts (Band, Seite)
BAKred	Bundesaufsichtsamt für das Kreditwesen, seit 2002 BaFin
BankA	Bankarchiv, Zeitschrift für Bank- und Börsenwesen
Bank-Betrieb	Die Bank, Zeitschrift für Bankpolitik und Bankpraxis (bis 1976: Bank-Betrieb)
BAnz	Bundesanzeiger
BausparKG	Gesetz über Bausparkassen (Bausparkassengesetz) i. d. F. vom 15.2.1991 (BGBl. I, 454)
BayObLG	Bayerisches Oberstes Landesgericht
BayOLGZ	Entscheidungen des Bayerischen Obersten Landesgerichts in Zivilsachen

BayStiftG	Bayerisches Stiftungsgesetz
BB	Der Betriebsberater (Zeitschrift)
BBankG	Gesetz über die Deutsche Bundesbank i. d. F. vom 22.10.1992 (BGBl. I, 1782)
BBiG	Berufsbildungsgesetz vom 23.3.2005 (BGBl. I, 931)
BBl	Betriebswirtschaftliche Blätter (Zeitschrift)
BBRL	Bankbilanzrichtlinie
Bd.	Band
BdF	Bundesminister der Finanzen
BDSG	Gesetz zum Schutz vor Missbrauch personenbezogener Daten bei der Datenverarbeitung (Bundesdatenschutzgesetz) i. d. F. vom 20.12.1990 (BGBl. I, 2954)
Bearb.	Bearbeiter
Begr.	Begründung
Beil.	Beilage
Bem.	Bemerkung
ber.	berichtigt
BErzGG	Gesetz über die Gewährung von Erziehungsgeld und Erziehungsurlaub (Bundeserziehungsgeldgesetz)
BeschFG	Beschäftigungsförderungsgesetz vom 26.4.1985 (BGBl. I, 710)
bestr.	bestritten
betr.	betreffend
BetrR	Betriebsrat
BetrAVG	Gesetz zur Verbesserung der betrieblichen Altersversorgung (Betriebsrentengesetz) vom 19.12.1974 (BGBl. I, 3610)
BetrVG	Betriebsverfassungsgesetz i. d. F. vom 25.9.2001 (BGBl. I, 2518)
BeurkG	Beurkundungsgesetz vom 28.8.1969 (BGBl. , 1513)
BewG	Bewertungsgesetz i. d. F. vom 1.2.1991 (BGBl. I, 230)
BezG	Bezirksgericht
BFG	Bundesfinanzgericht
BFH	Bundesfinanzhof
BFHE	Sammlung der Entscheidungen und Gutachten des BFH
BFuP	Betriebswirtschaftliche Forschung und Praxis (Zeitschrift)
BGB	Bürgerliches Gesetzbuch vom 18.8.1896 (RGBl., 195), i. d. F. vom 2.1.2002 (BGBl. I, 42)
BGBl. I, II	Bundesgesetzblatt, Teil I und II (Teil, Seite)
BGH	Bundesgerichtshof
BGH EBE	Eildienst der Entscheidungen des BGH
BGHSt	Entscheidungen des BGH in Strafsachen (Band, Seite)
BGHZ	Entscheidungen des BGH in Zivilsachen (Band, Seite)
BilMoG	Gesetz zur Modernisierung des Bilanzrechts vom 25.5.2009 (BGBl. I, 1102)
BilReG	Gesetz zur Einführung internationaler Rechnungslegungsstandards und zur Sicherung der Qualität der Abschlussprüfung (Bilanzrechtsreformgesetz) vom 4.12.2004 (BGBl. I, 3166)
BiRiLiG	Gesetz zur Durchführung der Vierten, Siebenten und Achten Richtlinie des Rates der Europäischen Gemeinschaften zur Koordinierung des Gesellschaftsrecht (Bilanzrichtlinien-Gesetz) vom 19.12.1985 (BGBl. I 1985, 2335)
BKartA	Bundeskartellamt
BKR	Zeitschrift für Bank- und Kapitalmarktrecht
Bl.	Blatt
BMF	Bundesministerium der Finanzen
BMJ	Bundesministerium der Justiz
BMW	Bundesministerium für Wirtschaft (und Technologie)
BMinBlF	Bundesministerialblatt für Finanzen
BNotO	Bundesnotarordnung vom 24.2.1961 (BGBl. I, 1998)
BO	Börsenordnung
BörsG	Börsengesetz vom 21.6.2002 (BGBl. I, 2010)

Abkürzungsverzeichnis

BörsZulVO	Verordnung über die Zulassung von Wertpapieren zum amtlichen Markt an einer Wertpapierbörse (Börsenzulassungsverordnung) i. d. F. vom 9.9.1998 (BGBl. I, 2832)
BPatG	Bundespatentgericht
BR	Bundesrat
BRAGO	Bundesgebührenordnung für Rechtsanwälte (Bundesrechtsanwaltsgebührenordnung) vom 26.7.1957 (BGBl. I, 907), aufgehoben zum 1.7.2004 durch KostRMoG vom 5.5.2005 (BGBl. I, 718), jetzt: RVG
BRAK	Bundesrechtsanwaltskammer
BRAK-Mitt.	BRAK-Mitteilungen (Zeitschrift)
BRAO	Bundesrechtsanwaltsordnung vom 1.8.1959 (BGBl. I, 565)
BR-Drs.	Bundesratsdrucksache
BSG	Bundessozialgericht
BSHG	Bundessozialhilfegesetz
BStBl. I, II	Bundessteuerblatt, Teil I und II (Teil, (Jahr) und Seite)
bspw.	beispielsweise
BT	Bundestag; Bulletin des Transports
BT-Drs.	Bundestags-Drucksache
Buchst.	Buchstabe
BuW	Betrieb und Wirtschaft (Zeitschrift)
BVerfG	Bundesverfassungsgericht
BVerfGE	Entscheidungen des Bundesverfassungsgerichts (Band, Seite)
BVerfGG	Gesetz über das Bundesverfassungsgericht
BVerwG	Bundesverwaltungsgericht
BVR	Bankvertragsrecht
BvS	Bundesanstalt für vereinigungsbedingte Sonderaufgaben (Treuhandanstalt)
BZRG	Gesetz über das Zentralregister und das Erziehungsregister (Bundeszentralregistergesetz) i. d. F. der Bekanntmachung vom 21.9.1984 (BGBl. I, 1229, ber. 1985 I, 195)
bzw.	beziehungsweise
Cc	Code civil, Codice civile, Código civil
CDH	Centralvereinigung Deutscher Wirtschaftsverbände für Handelsvermittlung und Vertrieb
CESR	Committee of European Securities Regulators
cic	culpa in contrahendo
CR	Computer und Recht (Zeitschrift)
DArbR	Deutsches Arbeitsrecht (Zeitschrift)
DAV	Deutscher Anwaltverein
DB	Der Betrieb (Zeitschrift)
DBA	Doppelbesteuerungsabkommen
DBW	Die Betriebswirtschaft (Zeitschrift); vor 1977: Zeitschrift für Handelswissenschaft und Handelspraxis
DCGK	Deutscher Corporate Governance Kodex i. d. F. vom 2.6.2005
DepotG	Gesetz über die Verwaltung und Anschaffung von Wertpapieren (Depotgesetz) vom 4.2.1937 (RGBl. I, 171) i. d. F. vom 11.1.1995 (BGBl. I, 34)
ders.	derselbe
dgl.	dergleichen
DGVZ	Deutsche Gerichtsvollzieherzeitung (Zeitschrift)
d. h.	das heißt
DIS	Deutsche Institution für Schiedsgerichtsbarkeit e. V.
DIS-SchGO	Schiedsgerichtsordnung der Deutschen Institution für Schiedsgerichtsbarkeit e. V.
Diss.	Dissertation
DJ	Deutsche Justiz (Zeitschrift)
DJZ	Deutsche Juristenzeitung (Zeitschrift)

DMBilG	Gesetz über die Eröffnungsbilanz in Deutscher Mark und die Kapitalneufestsetzung (D-Mark-Bilanzgesetz) i. d. F. vom 28.7.1994 (BGBl. I, 1842)
DNotZ	Deutsche Notarzeitung (Zeitschrift)
DÖV	Die öffentliche Verwaltung (Zeitschrift)
DR	Deutsches Recht (Zeitschrift)
DrittelbG	Gesetz über die Drittelbeteiligung der Arbeitnehmer im Aufsichtsrat (Drittelbeteiligungsgesetz) vom 18.5.2004 (BGBl. I, 974)
DRpfl	Deutsche Rechtspflege (Zeitschrift)
DStR	Deutsches Steuerrecht (Zeitschrift); vor 1962: Deutsche Steuer-Rundschau
DStRE	Deutsches Steuerrecht – Entscheidungsdienst
DStZ	Deutsche Steuerzeitung
DVO	Durchführungsverordnung
DZWir	Deutsche Zeitschrift für Wirtschaftsrecht
e.A.	Einstweilige Anordnung
ebd.	ebenda
EBE/BGH	Eildienst Bundesgerichtliche Entscheidungen
EBITDA	earnings before interest, taxes, depreciation and amortization
EFG	Entscheidungen der Finanzgerichte
eG	eingetragene Genossenschaft
EG	Europäische Gemeinschaft; Einführungsgesetz; Vertrag zur Gründung der europäischen Gemeinschaft (ab 1.5.1999; vorher: EGV)
EGAktG	Einführungsgesetz zum Aktiengesetz vom 6.9.1965 (BGBl. I, 1185)
EGBGB	Einführungsgesetz zum Bürgerlichen Gesetzbuch vom 18.8.1896 (RGBl. 604)
EGGmbHG	Einführungsgesetz zum GmbH-Gesetz
EGHGB	Einführungsgesetz zum Handelsgesetzbuch vom 10.5.1897 (RGBl. 437)
EGInsO	Einführungsgesetz zur Insolvenzordnung
EGStGB	Einführungsgesetz zum Strafgesetzbuch
EGV/EG-Vertrag	Vertrag zur Gründung der Europäischen Gemeinschaft (vor 1.5.1999; seither: EG)
EHUG	Gesetz über elektronische Handelsregister und Genossenschaftsregister sowie das Unternehmensregister vom 10.11.2006 (BGBl. I, 2553)
Einf.	Einführung
EinigV	Einigungsvertrag
Einl.	Einleitung
einschl.	einschließlich
EKAG	Einheitliches Gesetz über den Abschluss von internationalen Kaufverträgen über bewegliche Sachen vom 17.7.1973 (BGBl. I, 868), außer Kraft 1.1.91 (BGBl. I, 2895)
EKG	Einheitliches Gesetz über den internationalen Kauf beweglicher Sachen vom 17.7.1973 (BGBl. I, 856), außer Kraft 1.1.1991 (BGBl. I, 2894)
EMRK	Europäische Konvention zum Schutz der Menschenrechte und Grundfreiheiten
entspr.	entsprechend
EnWG	Energiewirtschaftsgesetz
ErbStG	Erbschaftsteuer- und Schenkungsteuergesetz i. d. F. der Bekanntmachung vom 27.2.1997 (BGBl. I, 378)
erg.	ergänzend
Erg.Lfg.	Ergänzungslieferung
ERJuKoG	Gesetz über elektronische Register und Justizkosten für Telekommunikation vom 10.12.2001 (BGBl. I, 3422)
Erl.	Erlass; Erläuterung(en)
EStDV	Einkommensteuer-Durchführungsverordnung
EStG	Einkommensteuergesetz i. d. F. vom 19.10.2002 (BGBl. I, 4210)
EStR	Einkommensteuerrichtlinien
etc.	et cetera
EU	Europäische Union
EuBVO	Verordnung (EG) Nr. Nr. 1206/2000 des Rates über die Zusammenarbeit zwischen den Gerichten der Mitgliedstaaten auf dem Gebiet der Beweisaufnahme

Abkürzungsverzeichnis

EuGH	Gerichtshof der Europäischen Gemeinschaften
EuGVO	Europäische Verordnung über die gerichtliche Zuständigkeit und die Anerkennung und Vollstreckung von Entscheidungen in Zivil- und Handelssachen vom 22.12.2000, ABIEG 2001 Nr. L 12/1, zuvor EuGVÜbk
EuGVÜ	Europäisches Übereinkommen über die gerichtliche Zuständigkeit und die Vollstreckung gerichtlicher Entscheidungen in Zivil- und Handelssachen vom 27.9.1968 (BGBl. I, 1972)
EuInsVO	Verordnung (EG) Nr. 1346/2000 des Rates über Insolvenzverfahren (ABl. EG Nr. L 160 S. 1)
EuroEG	Gesetz zur Einführung des Euro vom 9.6.1998 (BGBl. I, 1242)
EuZVO	Verordnung (EG) Nr. Nr. 1348/2001 des Rates über die Zustellung gerichtlicher und außergerichtlicher Schriftstücke
EuZW	Europäische Zeitschrift für Wirtschaftsrecht (Zeitschrift)
e. V.	einstweilige Verfügung; eingetragener Verein
EWiR	Entscheidungen zum Wirtschaftsrecht (Zeitschrift)
EWIV	Europäische Wirtschaftliche Interessenvereinigung
EWIVG/EWIV-AG	Gesetz zur Ausführung der EWG-Verordnung über die Europäische wirtschaftliche Interessenvereinigung (EWIV-Ausführungsgesetz) vom 14.4.1988 (BGBl. I, 514)
EWIV-VO	Verordnung (EWG) Nr. 2137/85 über die Schaffung einer Europäischen Wirtschaftlichen Interessenvereinigung
EWR	Europäischer Wirtschaftsraum
EzA	Entscheidungen zum Arbeitsrecht
f., ff.	folgende (r)
F&E	Forschung und Entwicklung
Fa.	Firma
FamFG	Gesetz über das Verfahren in Familiensachen und in den Angelegenheiten der freiwilligen Gerichtsbarkeit vom 17.12.2008 (BGBl. I S. 2586, 2587)
FamRZ	Zeitschrift für Familienrecht
FAZ	Frankfurter Allgemeine Zeitung
FB	FinanzBetrieb (Zeitschrift)
FG	Finanzgericht
FGG	Gesetz über die Angelegenheiten der freiwilligen Gerichtsbarkeit vom 17.5.1898 (RGBl. 189) i. d. F. vom 20.5.1898 (RGBl. 771)
FGO	Finanzgerichtsordnung
FGPrax	Praxis der freiwilligen Gerichtsbarkeit (Zeitschrift)
FinMin	Finanzministerium (eines Bundeslandes)
FLF	Finanzierung Leasing Factoring (Zeitschrift)
Fn.	Fußnote
FR	Finanzrundschau Deutsches Steuerblatt (Zeitschrift)
FRA	Forward Rate Agreement
FS	Festschrift (für)
FusionsRL	Fusions-Richtlinie
G	Gesetz
GastG	Gaststättengesetz
GB	Grundbuch
GBA	Grundbuchamt
GBl.	Gesetzblatt
GBl. (DDR) I	Gesetzblatt Deutsche Demokratische Republik Teil I
GBO	Grundbuchordnung i. d. F. vom 26.5.1994 (BGBl. I, 1114)
GbR	Gesellschaft bürgerlichen Rechts
GebrMG	Gebrauchsmustergesetz i. d. F. vom 28.8.1986 (BGBl. I, 1455)
gem.	gemäß
GemSOGB	Gemeinsamer Senat der obersten Gerichtshöfe des Bundes
GenG	Gesetz betreffend die Erwerbs- und Wirtschaftsgenossenschaften (Genossenschaftsgesetz) vom 1.5.1889 (RGBl. 55)

GenTG	Gentechnikgesetz
GeschmMG	Gesetz über den rechtlichen Schutz von Mustern und Modellen (Geschmacksmustergesetz) vom 12.3.2004 (BGBl. I, 390)
GesO	Gesamtvollstreckungsanordnung
GewArch	Gewerbearchiv (Zeitschrift)
GewO	Gewerbeordnung i. d. F. vom 22.2.1999 (BGBl. I, 202)
GewStG	Gewerbesteuergesetz i. d. F. vom 15.10.2002 (BGBl. I, 4167)
GG	Grundgesetz für die Bundesrepublik Deutschland vom 23.5.1949 (BGBl. I, 1)
ggf.	gegebenenfalls
GKG	Gerichtskostengesetz i. d. F. vom 27.02.2014 (BGBl. I, 890)
GmbH	Gesellschaft mit beschränkter Haftung
GmbHÄndG	Gesetz zur Änderung des Gesetzes betreffend die Gesellschaften mit beschränkter Haftung und anderer handelsrechtlicher Vorschriften vom 4.7.1980 (BGBl. I, 836)
GmbHG	Gesetz betreffend die Gesellschaften mit beschränkter Haftung vom 20.4.1892 (RGBl. 477) i. d. F. vom 20.5.1898 (RGBl. 846)
GmbHR	GmbH-Rundschau (Zeitschrift)
GmbH-Stb	Der GmbH-Steuerberater (Zeitschrift)
GNotKG	Gesetz über Kosten der freiwilligen Gerichtsbarkeit für Gerichte und Notare vom 23.07.2013 (BGBl. S. 2586)
GoA	Geschäftsführung ohne Auftrag
GoB	Grundsätze ordnungsgemäßer Buchführung
GoI	Grundsätze ordnungsgemäßer Inventur
grds.	grundsätzlich
GrEStG	Grunderwerbsteuergesetz
GrS	Großer Senat
GrSZ	Großer Senat in Zivilsachen
GRUR	Gewerblicher Rechtsschutz und Urheberrecht (Zeitschrift)
GS	Gedächtnisschrift; Preußische Gesetzsammlung (Jahr, Seite)
GüKG	Güterkraftverkehrsgesetz i. d. F. vom 22.6.1998 (BGBl. I, 1485)
GuV	Gewinn- und Verlust-Rechnung
GVBl.	Gesetz- und Verordnungsblatt (Jahr, Seite)
GV	Gerichtsvollzieher
GVG	Gerichtsverfassungsgesetz
GWB	Gesetz gegen Wettbewerbsbeschränkungen i. d. F. vom 15.7.2005 (BGBl. I, 2114)
h.A.	herrschende Auffassung
HaftpflG	Haftpflichtgesetz
HansOLG	Hanseatisches OLG
HausTWG	Gesetz über den Widerruf von Haustürgeschäften und ähnlichen Geschäften vom 16.1.1986 (BGBl. I, 122), aufgehoben durch SchuldRModG
HessStiftG	Hessisches Stiftungsgesetz
HFA	Hauptfachausschuss des Instituts der Wirtschaftsprüfer
HGB	Handelsgesetzbuch vom 10.5.1897 (RGBl., 219)
HGrG	Gesetz über die Grundsätze des Haushaltsrechts (Haushaltsgrundsätzegesetz) vom 19.8.1969 (BGBl. I, 1273)
HinterlO	Hinterlegungsordnung vom 10.3.1937 (RGBl. I, 285)
h.L.	herrschende Lehre
h.M.	herrschende Meinung
HRefG	Gesetz zur Neuregelung des Kaufmanns- und Firmenrechts und zur Änderung anderer handels- und gesellschaftsrechtlicher Vorschriften (Handelsrechtsreformgesetz – HRefG) vom 22.6.1998 (BGBl. I, 1474)
HReg	Handelsregister
HRegGebNeuOG	Gesetz zur Neuordnung der Gebühren in Handels-, Partnerschafts- und Genossenschaftsregistersachen (Handelsregistergebühren-Neuordnungsgesetz) vom 3.7.2004 (BGBl. I, 1410)

Abkürzungsverzeichnis

HRegGebV	Verordnung über Gebühren in Handels-, Partnerschafts- und Genossenschaftsregistersachen (Handelsregistergebührenverordnung) vom 30.9.2004 (BGBl. I, 2562)
HRR	Höchstrichterliche Rechtsprechung (Zeitschrift)
HRV	Verordnung über die Einrichtung und Führung des Handelsregisters (Handelsregisterverordnung) vom 12.8.1937 (RMBl. 515), zuletzt geändert durch EHUG vom 10.11.2006
Hs.	Halbsatz
Hrsg.	Herausgeber
HV	Hauptversammlung
HwO	Handwerksordnung
HypBG	Hypothekenbankgesetz i. d. F. vom 9.9.1998 (BGBl. I, 2674), aufgehoben durch PfandBG
i.A(bw).	in Abwicklung
IAS	International Accounting Standard, ab 1.4.2001 IFRS
ICC	International Chamber of Commerce
ICC-SchGO	Schiedsgerichtsordnung des International Court of Arbitration of the International Chamber of Commerce
i. d. F.	in der Fassung
i.d.gelt.F.	in der geltenden Fassung
i. d. R.	in der Regel
IdW	Institut der Wirtschaftsprüfer in Deutschland e. V.
i. E.	im Einzelnen
i.Erg.	im Ergebnis
i. e. S.	im engeren Sinne
IFRS	International Financial Reporting Standard (seit 1.4.2001, zuvor: IAS)
IHK	Industrie- und Handelskammer
IHR	Richtlinien für Insidergeschäfte mit börsenorientierten oder öffentlich angebotenen Aktien (Insiderhandelsrichtlinien)
i. H. v.	in Höhe von
i.Ins.	in Insolvenz
i.L(iq).	in Liquidation
insbes.	insbesondere
InsO	Insolvenzordnung vom 5.10.1994 (BGBl. I, 2866)
InsVV	Insolvenzrechtliche Vergütungsverordnung
InvG	Investmentgesetz vom 15.12.2003 (BGBl. I, 2676)
InVo	Insolvenz und Vollstreckung (Zeitschrift)
IPR	Internationales Privatrecht
IPrax	Praxis des Internationalen Privat- und Verfahrensrechts (Zeitschrift)
IPRspr	Die Deutsche Rechtsprechung auf dem Gebiete des IPR (Zeitschrift)
i. S.	im Sinne
i. S. d.	im Sinne des (der)
IStR	Internationales Steuerrecht (Zeitschrift)
i. S. v.	im Sinne von
i. V. m.	in Verbindung mit
IZRspr	Sammlung der deutschen Entscheidungen zum internationalen Privatrecht
i.Zw.	im Zweifel
JA	Juristische Arbeitsblätter (Zeitschrift)
JKomG	Gesetz über die Verwendung elektronischer Kommunikationsformen in der Justiz (Justizkommunikationsgesetz) vom 22.3.2005 (BGBl. I, 837)
JR	Juristische Rundschau (Zeitschrift)
JuS	Juristische Schulung (Zeitschrift)
JurBüro	Das Juristische Büro (Zeitschrift)
JW	Juristische Wochenschrift (Zeitschrift)
JZ	Juristenzeitung (Zeitschrift)

KAGG	Gesetz über die Kapitalanlagegesellschaften i. d. F. vom 9.9.1998 (BGBl. I, 2726), aufgehoben durch InvG 2003
Kap.	Kapitel
KapAEG	Gesetz zur Verbesserung der Wettbewerbsfähigkeit deutscher Konzerne an Kapitalmärkten und zur Erleichterung der Aufnahme von Gesellschschaftsdarlehen (Kapitalaufnahmeerleichterungsgesetz) vom 20.4.1998 (BGBl. I, 707)
KapErhG	Gesetz über die Kapitalerhöhung aus Gesellschaftsmitteln und über die Verschmelzung von Gesellschaften mit beschränkter Haftung vom 23.12.1959 (BGBl. I, 789), außer Kraft mit Wirkung vom 1.1.1995 durch Gesetz vom 28.10.1994 (BGBl. I, 3210)
KapErhStG	Gesetz über steuerrechtliche Maßnahmen bei Erhöhung des Nennkapitals aus Gesellschaftsmitteln vom 30.12.1959 (BGBl. I, 834; BStBl. I 1960, 14)
KapMuG	Gesetz zur Einführung von Kapitalanleger-Musterverfahren (Kapitalanleger-Musterverfahrensgesetz vom 16.8.2005 (BGBl. I, 2437, ber. BGBl. I, 3095)
Kfm.	Kaufmann
kfm.	kaufmännisch
KfW	Kreditanstalt für Wiederaufbau
KG	Kommanditgesellschaft; Kammergericht
KGaA	Kommanditgesellschaft auf Aktien
KGJ	Jahrbuch für die Entscheidungen des Kammergerichts (Band, Seite)
KO	Konkursordnung i. d. F. vom 20.5.1898 (RGBl. 612)
KonTraG	Gesetz über die Kontrolle und Transparenz im Unternehmensbereich vom 27.4.1998 (BGBl. I, 786)
KostO	Gesetz über die Kosten in Angelegenheiten der freiwilligen Gerichtsbarkeit (Kostenordnung) i. d. F. vom 26.7.1957 (BGBl. I, 960), aufgehoben durch Gesetz vom 23.07.2013 (BGBl. I S. 2586)
KSchG	Kündigungsschutzgesetz vom 25.8.1969 (BGBl. I, 1317)
KStG	Körperschaftsteuergesetz 2002 i. d. F. vom 15.10.2002 (BGBl. I, 4144)
KStR	Körperschaftsteuerrichtlinien
KTS	Konkurs, Treuhand- und Schiedsgerichtswesen (Zeitschrift)
KunstUrhG	Gesetz betreffend das Urheberrecht an Werken der bildenden Künste und der Photographie (Kunsturhebergesetz)
KV	Kostenverzeichnis
KVO	Kraftverkehrsordnung für den Güterfernverkehr mit Kraftfahrzeugen i. d. F. vom 23.12.1958, aufgehoben
KVStG	Kapitalverkehrssteuergesetz i. d. F. vom 17.11.1972 (BGBl. I, 2129), aufgehoben
KWG	Gesetz über das Kreditwesen i. d. F. vom 9.9.1998 (BGBl. I, 2776)
LadschlG	Ladenschlussgesetz vom 28.11.1956 (BGBl. I, 875)
LAG	Landesarbeitsgericht
LAGE	Entscheidungssammlung Landesarbeitsgerichte
LFzG/LohnFG	Gesetz über die Fortzahlung des Arbeitsentgelts im Krankheitsfalle (Lohnfortzahlungsgesetz) vom 27.7.1969 (BGBl. I, 946)
LG	Landgericht
LHO	Landeshaushaltsordnung
lit.	litera, Buchstabe
LM	Lindenmaier-Möhring, Nachschlagewerk des Bundesgerichtshofs
LohnFG	s. LFzG
LPartG	Gesetz über die eingetragene Lebenspartnerschaft (Lebenspartnerschaftsgesetz) vom 16.2.2001 (BGBl. I, 66)
LPG	Landwirtschaftliche Produktionsgenossenschaft (DDR)
LS	Leitsatz
LSG	Landessozialgericht
LStDV	Lohnsteuer-Durchführungsverordnung
ltd./Ltd.	(engl.) Limited, private limited company by shares
LuftVG	Luftverkehrsgesetz i. d. F. vom 27.3.1999 (BGBl, 550)
LZ	Leipziger Zeitschrift für Deutsches Recht

Abkürzungsverzeichnis

MaBV	Verordnung über die Pflichten der Makler, Darlehens- und Anlagenvermittler, Bauträger und Baubetreuer (Makler- und Bauträgerverordnung) i. d. F. vom 7.11.1990 (BGBl. I, 2479)
m.Anm.	mit Anmerkung
MarkenG	Gesetz über den Schutz von Marken und sonstigen Kennzeichen (Markengesetz) vom 25.10.1994 (BGBl. I, 3082), berichtigt 1995 I 156
MDR	Monatsschrift für Deutsches Recht
MinBl.	Ministerialblatt
MindestKapG	RegE eines Gesetzes zur Neuregelung des Mindestkapitals der GmbH vom 14.6.2005 (BT-Drs. 15/5673), nicht beschlossen
MitbestErgG	Gesetz zur Ergänzung des Gesetzes über die Mitbestimmung der Arbeitnehmer in den Aufsichtsräten und Vorständen der Unternehmen des Bergbaus und der Eisen und Stahl erzeugenden Industrie vom 7.8.1956 (BGBl. I, 707)
MitbestG	Gesetz über die Mitbestimmung der Arbeitnehmer (Mitbestimmungsgesetz) vom 4.5.1976 (BGBl. I, 1153)
MittBl.	Mitteilungsblatt
MittBayNotK	Mitteilungen der Bayerischen Notarkammer
MittRhNotK	Mitteilungen der Rheinischen Notarkammer
MMR	MultiMedia und Recht (Zeitschrift)
m. N.	mit Nachweis(en)
MoMiG	Gesetz zur Modernisierung des GmbH-Rechts und zur Bekämpfung von Missbräuchen (MoMiG) vom 23.10.2008 (BGBl. I, 2026)
MontanMitbestG	Gesetz über die Mitbestimmung der Arbeitnehmer in den Aufsichtsräten und Vorständen der Unternehmen des Bergbaus und der Eisen und Stahl erzeugenden Industrie (Montan-Mitbestimmungsgesetz) vom 21.5.1951 (BGBl. I, 347)
MontanMitbestErgG	Gesetz zur Ergänzung des Gesetzes über die Mitbestimmung der Arbeitnehmer in den Aufsichtsräten und Vorständen der Unternehmen des Bergbaus und der Eisen und Stahl erzeugenden Industrie (Montan-Mitbestimmungsgesetz)
MRK	Menschenrechtskonvention
MuSchG	Gesetz zum Schutze der erwerbstätigen Mutter (Mutterschutzgesetz) i. d. F. vom 20.6.2002 (BGBl. I, 1812)
m.w.N.	mit weiteren Nachweisen
m.w.V.	mit weiteren Verweisen
NachhBG	Gesetz zur zeitlichen Begrenzung der Nachhaftung von Gesellschaftern (Nachhaftungsbegrenzungsgesetz) vom 18.3.1994 (BGBl. I, 560)
NaStraG	Gesetz zur Namensaktie und zur Erleichterung der Stimmrechtsausübung (Namensaktiengesetz) vom 18.1.2001 (BGBl. I, 123)
n. F.	neue Fassung
NJ	Neue Justiz (Zeitschrift)
NJOZ	Neue Juristische Online-Zeitschrift
NJW	Neue Juristische Wochenschrift (Zeitschrift)
NJW-CoR	NJW-Computerreport (Zeitschrift)
NJW-RR	Neue Juristische Wochenschrift Rechtsprechungsreport (Zeitschrift)
NJWE-VHR	NJW-Entscheidungsdienst Versicherungs- und Haftpflicht (Zeitschrift)
NJWE-WettbR	NJW-Entscheidungsdienst für Wettbewerbsrecht (Zeitschrift)
Nr.	Nummer(n)
NRW	Nordrhein-Westfalen
NStZ	Neue Zeitschrift für Strafrecht
NStZ-RR	Neue Zeitschrift für Strafrecht Rechtsprechungsreport
NVwZ	Neue Zeitschrift für Verwaltungsrecht
NVwZ-RR	Neue Zeitschrift für Verwaltungsrecht Rechtsprechungsreport
NZA	Neue Zeitschrift für Arbeitsrecht
NZA-RR	Neue Zeitschrift für Sozialrecht
NZG	Neue Zeitschrift für Gesellschaftsrecht

Abkürzungsverzeichnis

o. ä. (Ä.)	oder ähnlich/oder Ähnliches
OECD-MA	OECD-Musterabkommen 2003 zur Vermeidung der Doppelbesteuerung auf dem Gebiet der Steuern vom Einkommen und vom Vermögen
OEEC	Organization for European Economic Cooperation
ÖJZ	Österreichische Juristenzeitung
o. g.	oben genannt(e/er/es)
OGH	Oberster Gerichtshof in Österreich
OGHZ	Amtliche Sammlung der Entscheidungen des OGH in Zivilsachen
OHG, oHG	Offene Handelsgesellschaft
OLG	Oberlandesgericht
OLGE	Sammlung der Rechtsprechung der Oberlandesgerichte (Band, Seite)
OLG-NL	OLG-Rechtsprechung Neue Länder
OLGR	OLG-Report (Zeitschrift)
OLGZ	Entscheidungen der Oberlandesgerichte in Zivilsachen einschließlich der freiwilligen Gerichtsbarkeit
ÖPNV	Öffentlicher Personennahverkehr
ÖV	Die öffentliche Verwaltung (Zeitschrift)
OVG	Oberverwaltungsgericht
OVGE	Entscheidungen der Oberverwaltungsgerichte (Band, Seite)
OWiG	Gesetz über Ordnungswidrigkeiten i. d. F. vom 19.2.1987 (BGBl. I, 602)
p. a.	per annum
PachtKG	Pachtkreditgesetz
PartGG	Gesetz über Partnergesellschaften Angehöriger Freier Berufe (Partnerschaftsgesellschaftsgesetz) vom 25.7.1994 (BGBl. I, 1744)
PatAO	Patentanwaltsordnung
PatG	Patentgesetz i. d. F. vom 16.12.1980 (BGBl. 1981 I 1)
PersBfG	Gesetz über die Beförderungen von Personen zu Lande (Personenbeförderungsgesetz) i. d. F. vom 8.8.1990 (BGBl. I, 1690)
PfandBG	Pfandbriefgesetz vom 22.5.2005 (BGBl. I, 1373)
PGH	Produktionsgenossenschaft des Handwerks (DDR)
PrAngV(O)	Preisangabenverordnung vom 18.10.2002 (BGBl. I, 4197)
ProdHaftG	Gesetz über die Haftung für fehlerhafte Produkte (Produkthaftungsgesetz) vom 15.12.1989 (BGBl. I, 2198)
PrüfbV	Prüfungsberichtsverordnung
PRV	Partnerschaftsregisterverordnung
PublG	Gesetz über die Rechnungslegung von bestimmten Unternehmen und Konzernen (Publizitätsgesetz) vom 15.8.1969 (BGBl. I 1189), berichtigt 1970 I 1113
Publikumsges.	Publikumsgesellschaft
pVV	positive Vertragsverletzung
RA	Rechtsanwalt
RAK	Rechtsanwaltskammer
RberG	Rechtsberatungsgesetz vom 13.12.1935 (RGBl. I, 1478)
RdA	Recht der Arbeit (Zeitschrift)
Recht	Das Recht (seit 1935 Beilage zu Deutsche Justiz) (Zeitschrift, Jahr und Nr. der Entscheidung bzw. Jahr und Seite)
RefE	Referentenentwurf
RefE MoMiG	Referentenentwurf eines »Gesetzes zur Modernisierung des GmbH-Rechts und zur Bekämpfung von Missbräuchen« vom 29.5.2006
RegBegr.	(Gesetzes-)Begründung der Bundesregierung
RegBl.	Regierungsblatt
RegE	Regierungsentwurf
RegE EHUG	Regierungsentwurf eines »Gesetzes über elektronische Handelsregister und Genossenschaftsregister sowie das Unternehmensregister« vom 14.12.2005 (BT-Drs. 16/960 vom 15.3.2006)
RFH	Reichsfinanzhof
RG	Reichsgericht

Abkürzungsverzeichnis

RGSt	Strafsachen (Band, Seite)
RGZ	Reichsgericht, Entscheidungen in Zivilsachen
RGBl.	Reichsgesetzblatt
Richtl.	Richtlinie
RIW/AWD	Recht der internationalen Wirtschaft/Außenwirtschaftsdienst des Betriebs-Beraters (Zeitschrift)
RJM	Reichsministerium der Justiz
RL	Richtlinie
ROHG	Reichsoberhandelsgericht; mit Fundstelle: amtliche Entscheidungssammlung (Band, Seite)
Rn.	Randnummer
Rpfleger	Der Deutsche Rechtspfleger (Zeitschrift)
RR	Rechtsprechungsreport
R/S-L/*Bearbeiter*	*Rowedder/Schmidt-Leithoff*, Gesetz betreffend die Gesellschaften mit beschränkter Haftung (GmbHG), 4. Auflage 2002/*Bearbeiter*
Rspr.	Rechtsprechung
RStBl.	Reichssteuerblatt (Jahr, Seite)
RVG	Gesetz über die Vergütung der Rechtsanwältinnen und Rechtsanwälte (Rechtsanwaltsvergütungsgesetz) vom 5.5.2004 (BGBl. I, 718), Ablösung der BRAGO
s.	siehe
S.	Seite; Satz
s. a.	siehe auch
SAE	Sammlung arbeitsrechtlicher Entscheidungen (Jahr, Seite)
SCE	Societas Cooperativa Europaea – Europäische Genossenschaft ScheckG
ScheckG	Scheckgesetz vom 14.8.1933 (RGBl. I, 597)
SchiedsG	Schiedsgericht
SchiedsVZ	Zeitschrift für Schiedsverfahren
SchuldRÄndG	Gesetz zur Änderung schuldrechtlicher Bestimmungen im Beitrittsgebiet (Schuldrechtsänderungsgesetz) vom 21.9.1994 (BGBl. I, 2538)
SchuldRAnpG	Gesetz zur Anpassung schuldrechtlicher Nutzungsverhältnisse an Grundstücken im Beitrittsgebiet (Schuldrechtanpassungsgesetz) vom 21.9.1994 (BGBl. I, 2538)
SchuldRModG	Gesetz zur Modernisierung des Schuldrechts vom 26.11.2001 (BGBl. I, 3138); Inkrafttreten 1.1.2002
Sec.	Section
SE	Societas Europaea – Europäische Aktiengesellschaft
SE-AG	Gesetz zur Ausführung der Verordnung (EG9 Nr. 2157/2001 des Rates vom 8.10.2001 über das Statut der Europäischen Gesellschaft (SE) (SE-Ausführungsgesetz) vom 22.12.2004 (BGBl. I, 3675)
SEEG	Gesetz zur Einführung der Europäischen Gesellschaft vom 22.12.2004 (BGBl. I, 3675)
SEGB	Gesetz über die Beteiligung der Abreitnehmer in einer Europäischen Gesellschaft (SE-Beteiligungsgesetz) vom 22.12.2004 (BGBl. I, 3675, 3686)
SEStEG	Gesetz über steuerliche Begleitmaßnahmen zur Einführung der Europäischen Aktiengesellschaft (SE) – RegE (BR-Drs. 542/06 vom 11.8.2006)
SE-VO	Verordnung (EG) Nr. 2157/2001 des Rates über das Statut der Europäischen Gesellschaft (SE), Abl. EG L 294/1 vom 10.11.2001
SG	Sozialgericht
SGB	Sozialgesetzbuch
SGG	Sozialgerichtsgesetz
Slg.	Sammlung
s. o.	siehe oben
sog.	so genannte(r/s)
SozPraxis	SozialPraxis (Zeitschrift) (vor 1940!)
SpruchG	Gesetz über das gesellschaftsrechtliche Spruchverfahren (Spruchverfahrensgesetz) vom 12.6.2003 (BGBl. I, 838)
StAnpG	Steueranpassungsgesetz vom 16.10.1934 (RGBl. I, 925)

StB	Der Steuerberater (Zeitschrift)
StBerG	Steuerberatungsgesetz i. d. F. vom 4.11.1975 (BGBl. I, 2735)
	Gesetz über die Rechtsverhältnisse der Steuerberater und Steuerbevollmächtigten vom 23.8.1961 (BGBl. I, 1301)
Stbg	Die Steuerberatung (Zeitschrift)
StBP	Die steuerliche Betriebsprüfung (Zeitschrift)
StGB	Strafgesetzbuch i. d. F. vom 13.11.1998 (BGBl. I, 3322)
StPO	Strafprozessordnung
str.	streitig
st.Rspr.	ständige Rechtsprechung
StSenkG	Steuersenkungsgesetz vom 23.10.2000 (BGBl. I, 1433)
StSenkErgG	Steuersenkungs-Ergänzungsgesetz vom 19.12.2000 (BGBl. I, 1812)
StuW	Steuer und Wirtschaft (Zeitschrift)
StV	Der Strafverteidiger (Zeitschrift)
s. u.	siehe unten
TDG	Gesetz über die Nutzung von Telediensten (Teledienstegesetz) vom 22.7.1997 (BGBl. I, 1870)
TKG	Telekommunikationsgesetz vom 22.6.2004 (BGBl. I, 1190)
TransportR	Transportrecht (Zeitschrift)
TransPuG	Gesetz zur weiteren Reform des Aktien- und Bilanzrechts, zu Transparenz und Publizität (Transparenz- und Publizitätsgesetz) vom 19.7.2002 (BGBl. I, 2681)
TreuhandG	Gesetz zur Privatisierung und Reorganisation des volkseigenen Vermögens vom 17.6.1990 (GBl. I, 300)
TRG	Gesetz zur Neuregelung des Fracht-, Speditions- und Lagerrechts (Transportrechtsreformgesetz) vom 25.6.1998 (BGBl. I, 1588)
TVG	Tarifvertragsgesetz i. d. F. vom 25.8.1969 (BGBl. I, 1323)
Tz.	Textziffer
u. a.	unter anderem
UBGG	Gesetz über Unternehmensbeteiligungsgesellschaften i. d. F. vom 9.9.1998 (BGBl. I, 2765)
UMAG	Gesetz zur Unternehmensintegrität und Modernisierung des Anfechtungsrechts vom 22.9.2005 (BGBl. I, 2802)
UmwBerG	Gesetz zur Bereinigung des Umwandlungsrechts vom 28.10.1994 (BGBl. I, 3210)
UmwG	Umwandlungsgesetz i. d. F. vom 28.10.1994 (BGBl. I, 3210), berichtigt 1995 I 428
UmwStE	Umwandlungssteuererlass vom 25.3.1998
UmwStG	Umwandlungssteuergesetz 2002 i. d. F. vom 15.10.2002 (BGBl. I, 4133)
UmwVO	Umwandlungsverordnung
unstr.	unstreitig
UNÜ 1958	UN-Übereinkommen über die Anerkennung und Vollstreckung ausländischer Schiedssprüche vom 10.6.1958
unumstr.	unumstritten
UrhG	Gesetz über Urheberrecht und verwandte Schutzrechte (Urheberrechtsgesetz) vom 9.9.1965 (BGBl. I, 1273)
UrhRWahrnehmungsG	Urheberrechtswahrnehmungsgesetz
Urt.	Urteil
UStG	Umsatzsteuergesetz 1999 i. d. F. vom 9.6.1999 (BGBl. I, 1270)
UStR	Umsatzsteuer Rundschau (Zeitschrift)
u. U.	unter Umständen
UWG	Gesetz gegen den unlauteren Wettbewerb vom 3.7.2004 (BGBl. I, 1414)
VAG	Gesetz über die Beaufsichtigung der privaten Versicherungsunternehmen und Bausparkassen (Versicherungsaufsichtsgesetz) i. d. F. vom 17.12.1992 (BGBl. I, 1993 I 2)
vEK	verwendbares Eigenkapital

Abkürzungsverzeichnis

VereinsG	Gesetz zur Regelung des öffentlichen Vereinsrechts (Vereinsgesetz) vom 5.8.1964 (BGBl. I, 593)
VerbrKrG	Verbraucherkreditgesetz vom 17.12.1990 (BGBl. I, 2840), aufgehoben durch SchuldRModG
VerglO	Vergleichsordnung vom 26.2.1935 (RGBl. I, 321)
VerkProspG	Wertpapier-Verkaufsprospektgesetz i. d. F. vom 9.9.1998 (BGBl. I, 2701)
VermBG	Vermögensbildungsgesetz
VermVerkProspV	Verordnung über Vermögensanlagen-Verkaufsprospekte vom 16.12.2004 (BGBl. I, 3464)
VersR	Versicherungsrecht (Zeitschrift)
VersRiLi	Versicherungsbilanzrichtlinie
VersRiLiG	Gesetz zur Durchführung der Richtlinie des Rates der Europäischen Gemeinschaften über den Jahresabschluss und den konsolidierten Abschluss von Versicherungsunternehmen (Versicherungsbilanzrichtlinie-Gesetz) vom 24.6.1994 (BGBl. I, 1377)
vGA	verdeckte Gewinnausschüttung(en)
VG	Verwaltungsgericht
VGH	Verwaltungsgerichtshof
vgl.	vergleiche
VIZ	Zeitschrift für Vermögens- und Investitionsrecht
VO	Verordnung
VOB	Verdingungsordnung für Bauleistungen
VOBl.	Verordnungsblatt
Vorb(em).	Vorbemerkung
VorsRichter	Vorsitzender Richter
VorstAG	Gesetz zur Angemessenheit der Vorstandsvergütung vom 31.7.2009 (BGBl. I, S. 2509)
VRS	Verkehrsrechts-Sammlung
VStG	Vermögensteuergesetz
v.T.w.	von Todes wegen
VuR	Verbraucher und Recht (Zeitschrift)
VVaG	Versicherungsverein auf Gegenseitigkeit
vVG	verdeckte Vorteilsgewährung
VVG	Gesetz über den Versicherungsvertrag (Versicherungsvertragsgesetz) vom 30.5.1908 (RGBl., 263)
VV RVG	Vergütungsverzeichnis zum RVG
VW	Versicherungswirtschaft (Zeitschrift)
VwGO	Verwaltungsgerichtsordnung i. d. F. vom 19.3.1991 (BGBl. I, 686)
VwVfG	Verwaltungsverfahrensgesetz
VwVG	Verwaltungs-Vollstreckungsgesetz
VwZG	Verwaltungs-Zustellungsgesetz
WährG	Währungsgesetz
WaffenG	Waffengesetz
WEG	Gesetz über das Wohnungseigentum und das Dauerwohnrecht
WG	Wechselgesetz vom 21.6.1933 (RGBl. I, 399)
wistra	Zeitschrift für Wirtschafts- und Steuerstrafrecht
WM	Wertpapiermitteilungen (Zeitschrift)
WPg	Die Wirtschaftsprüfung (Zeitschrift)
WP-Hdb	Wirtschaftsprüfer-Handbuch
WpHG	Gesetz über den Wertpapierhandel (Wertpapierhandelsgesetz) i. d. F. vom 9.9.1998 (BGBl. I, 2708)
WPO	Gesetz über eine Berufsordnung der Wirtschaftsprüfer (Wirtschaftsprüferordnung) i. d. F. vom 5.11.1975 (BGBl. I, 2803)
WpPG	Gesetz über die Erstellung, Billigung und Veröffentlichung des Prospekts, der beim öffentlichen Angebot von Wertpapieren oder bei der Zulassung von Wertpapieren zum Handel an einem organisierten Markt zu veröffentlichen ist (Wertpapierprospektgesetz) vom 22.6.2005 (BGBl. I, 1698)

WpÜG	Wertpapiererwerbs- und Übernahmegesetz vom 20.12.2001 (BGBl. I, 3822)
WRP	Wettbewerb in Recht und Praxis (Zeitschrift)
WRV	Weimarer Reichsverfassung
WuB	Entscheidungssammlung zum Wirtschafts- und Bankrecht (Loseblatt-Zeitschrift)
WuW	Wirtschaft und Wettbewerb (Zeitschrift)
WZG	Warenzeichengesetz
ZAP	Zeitschrift für die anwaltliche Praxis
z. B.	zum Beispiel
ZBB	Zeitschrift für Bankrecht und Bankwirtschaft
ZBR	Zurückbehaltungsrecht
ZEV	Zeitschrift für Erbrecht und Vermögensnachfolge
ZfA	Zeitschrift für Arbeitsrecht
ZfB	Zeitschrift für Betriebswirtschaft
Zfbf	Zeitschrift für betriebswirtschaftliche Forschung
ZfRV	Zeitschrift für Rechtsvergleichung
ZfS	Zeitschrift für Schadensrecht (Jahr, Seite)
ZfV	Zeitschrift für Versicherungswesen
ZG	Zollgesetz
ZGR	Zeitschrift für Unternehmens- und Gesellschaftsrecht
ZHR	Zeitschrift für das gesamte Handelsrecht und Wirtschaftsrecht (Band (Jahr), Seite)
ZinsO	Zeitschrift für das gesamte Insolvenzrecht
ZIP	Zeitschrift für Wirtschaftsrecht und Insolvenzpraxis
ZMR	Zeitschrift für Miet- und Raumrecht
ZPO	Zivilprozessordnung i. d. F. vom 12.9.1950 (BGBl. I, 533)
ZS	Zivilsenat
ZSteu	Zeitschrift für Steuern und Recht
z. T.	zum Teil
zust.	zustimmend
zutr.	zutreffend
ZVG	Gesetz über die Zwangsversteigerung und Zwangsverwaltung (Zwangsversteigerungsgesetz) vom 24.3.1897 (RGBl., 97)
ZVI	Zeitschrift für Verbraucher- und Privat-Insolvenzrecht
zzgl.	zuzüglich
ZZP	Zeitschrift für Zivilprozess
zzt.	zurzeit

Literaturverzeichnis

Adler/Düring/Schmaltz	Rechnungslegung und Prüfung der Unternehmen, 6. Auflage 1995 ff. (ADS/*Bearbeiter*)
Adloff	Untersuchungen zum Deutschen Stiftungswesen 2000–2002, 2002
Altmeppen	Die Haftung des Managers im Konzern, 1998
Andrick/Suerbaum	Stiftung und Aufsicht, 2001
AnwaltKommentar Aktienrecht	s. *Heidel* Aktienrecht und Kapitalmarktrecht (AktR/KapitalmarktR/*Bearbeiter*)
AnwaltKommentar BGB	s. *Dauner-Lieb/Heidel/Ring* AnwaltKommentar BGB (AnwK-BGB)
Assmann/Schneider	Wertpapierhandelsgesetz, 6. Auflage 2012
Baetge/Lutter	Abschlussprüfung und Corporate Governance, 2003
Bamberger/Roth	Kommentar zum Bürgerlichen Gesetzbuch, 3 Bände, 3. Auflage 2012 (Bamberger/Roth/*Bearbeiter*)
Bartl/Bartl/Fichtelmann/ Koch/Schlarb/Schmitt	Heidelberger Kommentar zum GmbH-Recht, 7. Auflage 2014 (HK GmbHG/*Bearbeiter*)
Baumbach/Hopt	Kommentar zum Handelsgesetzbuch, 36. Auflage 2014 (Baumbach/Hopt/*Bearbeiter*)
Baumbach/Hueck	GmbH-Gesetz, 20. Auflage 2013 (Baumbach/Hueck/*Bearbeiter*)
Baumbach/Lauterbach/ Albers/Hartmann	Zivilprozessordnung: ZPO, 72. Auflage 2014 (B/L/A/H/*Bearbeiter*)
Baums	(Hrsg.), Bericht der Regierungskommission Corporate Governance, 2001
Baums	Eintragung und Löschung von Gesellschafterbeschlüssen, 1981
Baur/Hopt/Mailänder	Festschrift für Ernst Steindorff zum 70. Geburtstag am 13. März 1990, 1990 (FS Steindorff 1990)
Becker	Die atypisch stille Gesellschaft als Outbound-Finanzierungsalternative, 2005
Beck'scher Bilanzkommentar	s. *Förschle/Grottel/Schmidt/Schubert/Winkeljohann* Beck'scher Bilanzkommentar, Handelsbilanz Steuerbilanz (BilKomm/*Bearbeiter*)
Beck'sches Handbuch der AG	s. *Müller/Rödder* Beck'sches Handbuch der AG (Hdb AG/*Bearbeiter*)
Beck'sches Handbuch der GmbH	s. *Müller/Winkeljohann* Beck'sches Handbuch der GmbH (Hdb GmbH/*Bearbeiter*)
Beck'sches Handbuch der Personengesellschaften	s. *Prinz/Hoffmann* Beck'sches Handbuch der Personengesellschaften (Hdb PersGes/*Bearbeiter*)
Beisse/Lutter/Närger	Festschrift für Karl Beusch zum 68. Geburtstag am 31. Oktober 1993, 1993 (FS Beusch 1993)
Berkel/Neuhoff/Schindler	Treuhänderische Stiftungen, 1994
Berndt	Stiftung und Unternehmen, 8. Auflage 2009
Bernhardt/Krasser	Lehrbuch des Patentrechts, 6. Auflage 2009
Beuthien	Genossenschaftsgesetz (GenG), 15. Auflage 2011

Literaturverzeichnis

Bezzenberger	Das Kapital der AG, 2005
Bezzenberger	Vorzugsaktien ohne Stimmrecht, 1991
Bierich/Hommelhoff/Kropff	Festschrift für Johannes Semler zum 70. Geburtstag am 28. April 1993, 1993 (FS Semler 1993)
Binder	Beteiligungsführung in der Konzernunternehmung, 1994
Binz/Sorg	Die GmbH & Co. KG, 11. Auflage 2010
Birle/Klein/Müller	Praxishandbuch der GmbH, 3. Auflage 2014 (Praxis-Hdb GmbH-GF)
Bitter	Konzernrechtliche Durchgriffshaftung bei Personengesellschaften, 2000
Blaurock	Handbuch Stille Gesellschaft, 7. Auflage 2010
Blydt-Hansen	Die Rechtsstellung der Destinatäre der rechtsfähigen Stiftung Bürgerlichen Rechts, 1998
Borris	Die internationale Handelsschiedsgerichtsbarkeit in den USA, 1987
Braun/Uhlenbruck	Unternehmensinsolvenz, 1997
Brönner	Die Besteuerung der Gesellschaften, 18. Auflage 2007
Bruchhausen	Festschrift für Rudolf Nirk zum 70. Geburtstag am 11. Oktober 1992, 1992 (FS Nirk 1992)
Bub/Knieper/Metz	Festschrift für Prof. Dr. Peter Derleder: Zivilrecht im Sozialstaat, 2005 (FS Derleder 2005)
Budde/Förschle/Winkeljohann	Sonderbilanzen, 4. Auflage 2008
Bundschuh/Hadding/Schneider	Recht und Praxis der Genußscheine, 1987
Buth/Hermanns	Restrukturierung, Sanierung, Insolvenz, 4. Auflage 2014
Canaris/Heldrich/Hopt/Schmidt/Roxin/Widmaier	50 Jahre Bundesgerichtshof, Festgabe aus der Wissenschaft, 4 Bände, 2000 (FG 50 Jahre BGH)
Conrat	Zum römischen Vereinsrecht, 1873
Crezelius/Hirte/Vieweg	Festschrift für Volker Röhricht zum 65. Geburtstag am 11. Mai 2005, 2005 (FS Röricht 2005)
Damm/Heermann/Veil	Festschrift für Thomas Raiser zum 70. Geburtstag am 20. Februar 2005, 2005 (FS Raiser 2005)
Dauner-Lieb/Heidel/Ring	AnwaltKommentar BGB, 6 Bände, 2. Auflage 2010–2012 (AnwK-BGB/*Bearbeiter*)
Degenhardt	Die »Limited« in Deutschland, 4. Auflage 2007
Dehmer	Umwandlungsgesetz, Umwandlungssteuergesetz: UmwG/UmwStG, 4. Auflage 2006
Deilmannn	Amtsniederlegung durch Gesellschaftsorgane, 2003
Dietz/Nipperdey/Ulmer	Festschrift für Alfred Hueck zum 70. Geburtstag am 7. Juli 1959, 1959 (FS A. Hueck 1959)
Dötsch/Patt/Pung/Möhlenbrock	Umwandlungssteuerrecht, 7. Auflage 2012
Dötsch/Pung/Möhlenbrock	Die Körperschaftsteuer, Loseblatt-Sammlung, Stand: April 2014 (D/P/M/*Bearbeiter*)
Ebenroth/Boujong/Joost/Strohn	HGB, 2 Bände, Band 1: 3. Auflage 2014, Band 2: 2. Auflage 2009 (E/B/J/S/*Bearbeiter*)

Ebenroth/Hesselberger/Rinne	Festschrift für Karlheinz Boujong zum 65. Geburtstag: Verantwortung und Gestaltung, 1996 (FS Boujong 1996)
Ehricke	Das abhängige Konzernunternehmen in der Insolvenz, 1998
Emmerich/Habersack	Konzernrecht, 10. Auflage 2013 (Emmerich/Habersack KonzernR)
Emmerich/Habersack	Aktien- und GmbH-Konzernrecht, 7. Auflage 2013 (Emmerich/Habersack Aktienkonzernrecht)
Engelmann/Juncker/Natusch	Moderne Unternehmensfinanzierung, 2000
Ensthaler/Füller/Schmidt	Kommentar zum GmbHG, 2. Auflage 2010 (E/F/S/*Bearbeiter*)
Ensthaler	Gemeinschaftskommentar zum HGB (GK-HGB), 7. Auflage 2007 (GK-HGB/*Bearbeiter*)
Ensthaler/Fahse	OHG KG Stille Gesellschaft, Kompaktkommentar zu den §§ 105–237 HGB, 2002
Erman	Kommentar zum Bürgerlichen Gesetzbuch, 14. Auflage 2014 Eschenbruch Konzernhaftung, Haftung der Unternehmen und Manager, 1996
Feddersen/Knauth	Eigenkapitalbildung durch Genußscheine, 2. Auflage 1992
Feddersen/Meyer-Landrut	Partnerschaftsgesellschaftsgesetz, 1995
Festgabe 50 Jahre BGH 2000	s. *Canaris/Heldrich/Hopt/Schmidt/Roxin/Widmaier* 50 Jahre Bundesgerichtshof
Festschrift Beusch	s. *Beisse/Lutter/Närger* Festschrift für Karl Beusch zum 68. Geburtstag
Festschrift Bezzenberger	s. *Westermann, H.-P. u. a.* Festschrift für Gerold Bezzenberger zum 70. Geburtstag
Festschrift Boujong	s. *Ebenroth/Hesselberger/Rinne* Festschrift für Karlheinz Boujong zum 65. Geburtstag
Festschrift Claussen	s. *Martens/Westermann/Zöllner* Festschrift für Carsten Peter Claussen
Festschrift Derleder	s. *Bub/Knieper/Metz* Festschrift für Prof. Dr. Peter Derleder zum 65. Geburtstag
Festschrift Doralt	s. *Kalass/Nowotny/Schauer* Festschrift für Professor Peter Doralt zum 65. Geburtstag
Festschrift Fischer	s. *Lutter/Stimpel/Winkelmann* Festschrift für Robert Fischer
Festschrift Fleck	s. *Goerdeler/Hommelhoff/Lutter/Wiedemann* Festschrift für Hans-Joachim Fleck zum 70. Geburtstag
Festschrift Goerdeler	s. *Havermann* Festschrift für Reinhard Goerdeler zum 65. Geburtstag
Festschrift Großfeld	s. *Hübner/Ebke* Festschrift für Prof. Dr. Bernhard Großfeld zum 65. Geburtstag
Festschrift Hueck	s. *Dietz/Nipperdey/Ulmer* Festschrift für Alfred Hueck zum 70. Geburtstag
Festschrift Kropff	Festschrift für Bruno Kropff zum 72. Geburtstag, 1997
Festschrift Lorenz	s. *Rauscher/Mansel* Festschrift für Werner Lorenz zum 80. Geburtstag
Festschrift Lutter	s. *Schneider/Hommelhoff/Schmidt* Festschrift für Marcus Lutter zum 70. Geburtstag

Literaturverzeichnis

Festschrift Müller	1981, Festschrift für Gerhard Müller, 1981
Festschrift Nirk	s. *Bruchhausen* Festschrift für Rudolf Nirk zum 70. Geburtstag am 11. Oktober 1992
Festschrift Oppenhoff	s. *Jagenburg/Maier-Reimer/Verhoeven* Festschrift für Walter Oppenhoff zum 80. Geburtstag
Festschrift Peltzer	s. *Lutter/Scholz/Sigle* Festschrift für Martin Peltzer zum 70. Geburtstag
Festschrift Pleyer	s. *Hofmann/Meyer-Cording/Wiedemann* Festschrift für Klemens Pleyer zum 65. Geburtstag
Festschrift Quack	s. *Westermann/Rosener* Festschrift für Karlheinz Quack zum 65. Geburtstag
Festschrift Raiser	s. *Damm/Heermann/Veil* Festschrift für Thomas Raiser zum 70. Geburtstag
Festschrift Rittner	Festschrift für Fritz Rittner zum 70. Geburtstag, Beiträge zum Handels- und Wirtschaftsrecht
Festschrift Röhricht	s. *Crezelius/Hirte/Vleweg* Festschrift für Volker Röhricht zum 65. Geburtstag
Festschrift Rowedder	s. *Ulmer/Timmann* Festschrift für Heinz Rowedder
Festschrift Schilling	s. *Fischer/Hefermehl* Festschrift für Wolfgang Schilling zum 65. Geburtstag
Festschrift Semler	s. *Bierich/Hommelhoff/Kropff* Festschrift für Johannes Semler zum 70. Geburtstag
Festschrift Steindorff	s. *Baur/Hopt/Mailänder* Festschrift für Ernst Steindorff zum 70. Geburtstag
Festschrift Stiefel	s. *Lutter/Oppenhoff/Sandrock/Winkhaus* Festschrift für Ernst C. Stiefel zum 80. Geburtstag
Festschrift Stimpel	1985, s. Lutter/Mertens/Ulmer Festschrift für Walter Stimpel zum 68. Geburtstag
Festschrift Ulmer	s. *Habersack/Hommelhoff/Hüffer/Schmidt* Festschrift für Peter Ulmer zum 70. Geburtstag
Festschrift Harry Westermann	s. *Westermann/Hefermehl/Gmür/Brox* Festschrift für Harry Westermann zum 65. Geburtstag
Festschrift Wiedemann	s. *Wank u. a.* Festschrift für Herbert Wiedemann zum 70. Geburtstag
Fischer/Hefermehl	Festschrift für Wolfgang Schilling zum 65. Geburtstag am 5. Juni 1973, 1973 (FS Schilling 1973)
Flume	Die Personengesellschaft, 1977
Frankfurter Kommentar zur Insolvenzordnung	s. *Wimmer* Frankfurter Kommentar zur Insolvenzordnung (FK InsO/*Bearbeiter*)
Frantzen	Genußscheine, 1993
Förschle, Grottel, Schmidt, Schubert, Winkeljohann	Beck'scher Bilanzkommentar, Handelsbilanz Steuerbilanz, 9. Auflage 2014(BilKomm/*Bearbeiter*)
Gehrlein	GmbH-Recht in der Praxis, 2. Auflage 2008
Gehrlein/Ekkenga/Simon	GmbHG Kommentar, 2012
Geibel/Süßmann	Wertpapiererwerbs- und Übernahmegesetz: WpÜG, 2. Auflage 2008

Gerold/Schmidt/	Rechtsanwaltsvergütungsgesetz, 21. Auflage 2013
Geßler	Aktiengesetz, Loseblatt-Sammlung, 2 Bände, Stand: März 2014
GmbH-Handbuch	Loseblatt-Sammlung, 4 Ordner, Stand: Mai 2014(GmbH-Hdb/*Bearbeiter*)
Goerdeler/Hommelhoff/Lutter/Wiedemann	Festschrift für Hans-Joachim Fleck zum 70. Geburtstag am 30. Januar 1988, 1988 (FS Fleck 1988)
Goette	Die GmbH, Darstellung anhand der Rechtsprechung des BGH, 2. Auflage 2002
Goette/Habersack	Münchener Kommentar Aktiengesetz, 7 Bände, Band 2: 4. Auflage 2014, Band 1 und 3-7: 3. Auflage 2010-2013 (MüKo AktG/*Bearbeiter*)
Gottwald	Insolvenzrechts-Handbuch, 4. Auflage 2010 (InsOHdb/*Bearbeiter*)
Groß	Kapitalmarktrecht, 5. Auflage 2012
Großkommentar zum Aktiengesetz	s. *Hopt/Wiedemann* Aktiengesetz Großkommentar (GroßkommAktG/*Bearbeiter*)
Großkommentar zum HGB	s. *Staub/Canaris/Habersack* Handelsgesetzbuch Großkommentar zum HGB (GroßkommHGB/*Bearbeiter*)
Grunewald	Gesellschaftsrecht, 9. Auflage 2014
Gummert	Münchener Anwaltshandbuch Personengesellschaftsrecht, 2005 (MAH PersGes/*Bearbeiter*)
Gummert/Weipert	Münchener Handbuch des Gesellschaftsrechts Band 1: BGB-Gesellschaft, Offene Handelsgesellschaft, Partnerschaftsgesellschaft, Partenreederei, EWIV, 3. Auflage 2009 (MünchHdb GesR I/*Bearbeiter*)
Gummert/Weipert	Münchener Handbuch des Gesellschaftsrechts Band 2: Kommanditgesellschaft, GmbH & Co. KG, Publikums-KG, Stille Gesellschaft, 4. Auflage 2014 (MünchHdb GesR II/Bearbeiter)
Gustavus	Handelsregister-Anmeldungen, 8. Auflage 2013
Haarmann/Schüppen	Frankfurter Kommentar zum WpÜG, 3. Auflage 2008
Habersack/Hommelhoff/Hüffer/Schmidt	Festschrift für Peter Ulmer zum 70. Geburtstag am 2. Januar 2003, 2003 (FS Ulmer 2003)
Happ	Die GmbH im Prozess, 1997 (Happ GmbH)
Happ	Aktienrecht Handbuch-Mustertexte-Kommentar, 3. Auflage 2007 (Happ AktienR/Bearbeiter)
Haritz/Menner	Umwandlungssteuergesetz: UmwStG, 3. Auflage 2010
Hartmann	Kostengesetze, 44. Auflage 2014
Havermann	Festschrift für Reinhard Goerdeler zum 65. Geburtstag, 1987 (FS Goerdeler 1987)
Heckschen/Heidinger	Die GmbH in der Gestaltungspraxis, 3. Auflage 2014
Heidel	Aktienrecht und Kapitalmarktrecht, 4. Auflage 2014 (AnwK-AktR/*Bearbeiter*)
Heidelberger Kommentar zum GmbH-Recht	s. *Bartl/Bartl/Fichtelmann/Koch/Schlarb/Schmitt* Heidelberger Kommentar zum GmbH-Recht (HK GmbHG/*Bearbeiter*)
Heidelberger	Kommentar zur Insolvenzordnung s. Kreft Heidelberger Kommentar zur Insolvenzordnung (HK InsO/*Bearbeiter*)

Literaturverzeichnis

Heidenhain/Meister	Münchener Vertragshandbuch Band 1: Gesellschaftsrecht, 7. Auflage 2011 (MünchVertrHdb I/*Bearbeiter*)
Henn/Frodermann/Jannott	Handbuch des Aktienrechts, 8. Auflage 2009 (Henn HdB des AktienR)
Henssler/Strohn	Gesellschaftsrecht, 2 Auflage 2014
Henze/Hoffmann-Becking	Gesellschaftsrecht 2003, 2004
Herrmann/Heuer/Raupach	Einkommensteuer- und Körperschaftsteuergesetz mit Nebengesetzen, Loseblatt-Sammlung, 10 Ordner, Stand: Juni 2014 (H/H/R/*Bearbeiter*)
Hesselmann/Tillmann/ Mueller-Thuns	Handbuch der GmbH & Co. KG, 20. Auflage 2009 (H/T/M-T/ *Bearbeiter*)
Heymann	Handelsgesetzbuch (ohne Seerecht), 4 Bände, 2. Auflage 1995 ff.
Hirte	Bezugsrechtsausschluß und Konzernbildung, 1986
Hirte/Bücker	Grenzüberschreitende Gesellschaften, 2. Auflage 2006
Hirte/v. Bülow	Kölner Kommentar zum WpÜG, 2. Auflage 2010 (KölnKomm WpÜG/ *Bearbeiter*)
Hoffmann-Becking	Münchener Handbuch des Gesellschaftsrechts, Band 4: Aktiengesellschaft, 3. Auflage 2007 (MünchHdb GesR IV/*Bearbeiter*)
Hofmann/Meyer-Cording/ Wiedemann	Festschrift für Klemens Pleyer zum 65. Geburtstag, 1986 (FS Pleyer 1986)
Hölters/Deilmann/Buchta	Die »kleine« Aktiengesellschaft, 2. Auflage 2002
Hommelhoff/Hopt/v. Werder	Handbuch Corporate Governance, 2. Auflage 2010 (Hdb CorpGov/ *Bearbeiter*)
Hopt/Voigt	Prospekt- und Kapitalmarktinformationshaftung. Recht und Reform in der Europäischen Union, der Schweiz und den USA, 2005
Hopt/Wiedemann	Aktiengesetz Großkommentar, 4. Auflage 2012 (GroßkommAktG/ *Bearbeiter*)
Hübner/Ebke	Festschrift für Prof. Dr. Bernhard Großfeld zum 65. Geburtstag, 1999 (FS Großfeld 1999)
Hüffer	Kommentar zum Aktiengesetz, 11. Auflage 2014
Immenga/Mestmäcker	GWB, Band 1: 5. Auflage 2014, Band 2: 4. Auflage 2007
Institut der Wirtschaftsprüfer	WP-Handbuch 2014, Band I, 14. Auflage 2014
Jacobi	Beiträge zum Wirtschaftsrecht, Band II, 1931
Jacobs	Unternehmensbesteuerung und Rechtsform, 4. Auflage 2009
Jagenburg/Maier-Reimer/ Verhoeven	Festschrift für Walter Oppenhoff zum 80. Geburtstag, 1985 (FS Oppenhoff 1985)
Janott/Frodermann	Handbuch der Europäischen Aktiengesellschaft, 2005
Jauernig	Bürgerliches Gesetzbuch: BGB, 15. Auflage 2014 (Jauernig BGB)
Jauernig/Hess	Zivilprozessrecht, 30. Auflage 2011 (Jauernig ZPO)
Just	Die englische Limited in der Praxis, 4. Auflage 2012
Kalass/Nowotny/Schauer	Festschrift für Prof. Peter Doralt zum 65. Geburtstag, 2004 (FS Doralt 2004)
Kallmeyer	Umwandlungsgesetz, Verschmelzung, Spaltung und Formwechsel bei Handelsgesellschaften, Kommentar, 5. Auflage 2013
Kallrath	Die Inhaltskontrolle der Wertpapierbedingungen, 1994

Kegel/Schurig	Internationales Privatrecht, 9. Auflage 2004
Kilian	Die Stellung des Beirats in der Stiftung, 2002
Kirchof/Stürner/Eidenmüller	Münchener Kommentar zur Insolvenzordnung, 3 Bände, 3. Auflage 2013-2014 (MüKo InsO/*Bearbeiter*)
Kissel/Mayer	Gerichtsverfassungsgesetz: GVG, 7. Auflage 2013 6
Kleindiek	Strukturvielfalt im Personengesellschafts-Konzern: Rechtsformspezifische und rechtsformübergreifende Aspekte des Konzernrechts, 1991
Klumpe/Nastold	Immobilienfonds, 2. Auflage 1997
Knobbe-Keuk	Bilanz- und Unternehmenssteuerrecht, 9. Auflage 1993
Knobbe-Keuk	Das Steuerrecht – eine unerwünschte Rechtsquelle des Gesellschaftsrechts, 1986
Kölner Kommentar zum Aktiengesetz	s. *Zöllner/Noack* Kölner Kommentar zum Aktiengesetz
Kölner Kommentar zum WpÜG	s. *Hirte/v. Bülow* Kölner Kommentar zum WpÜG
Koller/Roth/Mork	HGB, 7. Auflage 2011 (K/R/M/*Bearbeiter*)
Korintenberg/Lappe/Bengel/Reimann	Kostenordnung (KostO), 18. Auflage 2010
Kraemer	Die Rechtsprechung des Bundesgerichtshofs zur Gesellschaft bürgerlichen Rechts – Überblick und Entwicklungstendenzen, RWS-Forum Gesellschaftsrecht Tagungsband, 2003
Krafka/Kühn	Registerrecht, 9. Auflage 2013
Kreft	Heidelberger Kommentar zur Insolvenzordnung, 7. Auflage 2014 (HK InsO/*Bearbeiter*)
Kropff	Aktiengesetz, Textausgabe des Aktiengesetzes vom 6.9.1965 mit Begründung des Regierungsentwurfs und Bericht des Rechtsausschusses des Deutschen Bundestages, 1965 (RegBegr Kropff)
Krüger/Rauscher	Münchener Kommentar zur Zivilprozessordnung, 3 Bände und Aktualisierungsband, 4. Auflage 2012-2013 (MüKo-ZPO/*Bearbeiter*)
Kümpel/Wittig	Bank- und Kapitalmarktrecht, 4. Auflage 2011
Küting/Weber/Fischer/	Handbuch der Rechnungslegung- Einzelabschluss- Apart, Kommentar zur Bilanzierung und Prüfung, 5. Auflage Dezember 2013
Lachmann, Jens-Peter	Handbuch für die Schiedsgerichtspraxis, 3. Auflage 2008
Langenfeld	GmbH-Vertragspraxis, 6. Auflage 2009
Lüdicke/Arndt/	Geschlossene Fonds, 6. Auflage 2013
Lutter/Huber/Fleischer	Europäische Auslandsgesellschaften in Deutschland, 2005 (Lutter/*Bearbeiter* Europäische Auslandsgesellschaften in Deutschland)
Lutter	Holding-Handbuch, 4. Auflage 2004 (Lutter/*Bearbeiter* Holding-Handbuch)
Lutter	Umwandlungsgesetz, 2 Bände, 5. Auflage 2014 (Lutter/*Bearbeiter* UmwG)
Lutter/Hommelhoff	Kommentar zum GmbHG, 18. Auflage 2012 (Lutter/Hommelhoff/*Bearbeiter* GmbHG)
Lutter/Hommelhoff	Die Europäische Gesellschaft, 2005 (Lutter/Hommelhoff Europäische Gesellschaft)

Literaturverzeichnis

Lutter/Krieger/Verse	Rechte und Pflichten des Aufsichtsrats, 6. Auflage 2014
Lutter/Mertens/Ulmer	Festschrift für Walter Stimpel zum 68. Geburtstag am 29. November 1985, 1985 (FS Stimpel 1985)
Lutter/Oppenhoff/Sandrock/Winkhaus	Festschrift für Ernst C. Stiefel zum 80. Geburtstag, 1987 (FS Stiefel 1987)
Lutter/Scholz/Sigle	Festschrift für Martin Peltzer zum 70. Geburtstag, 2001 (FS Peltzer 2001)
Lutter/Stimpel/Winkelmann	Festschrift für Robert Fischer, 1979 (FS Fischer 1979)
Lutz	Protokolle der Kommission zur Beratung eines allgemeinen deutschen Handelsgesetzbuches, 1958
Martens	Leitfaden für die Leitung der Hauptversammlung einer Aktiengesellschaft, 3. Auflage 2003
Martens/Westermann/Zöllner	Festschrift für Carsten Peter Claussen, 1997 (FS Claussen 1997)
Mecke	Konzernstruktur und Aktionärsentscheid, 1992
Meilicke/v. Westphalen/Hoffmann/Lenz/Wolff	Partnerschaftsgesellschaftsgesetz, 2. Auflage 2006
Melber	Die Kaduzierung in der GmbH, 1993
Meyer-Landrut/Miller/Niehus	Gesetz betreffend die Gesellschaften mit beschränkter Haftung (GmbH-Gesetz), 1987
Meyn/Richter	Die Stiftung, 2. Auflage 2008
Michalski	Kommentar zum Gesetz betreffend die Gesellschaften mit beschränkter Haftung (GmbH-Gesetz), 2 Bände, 2. Auflage 2010
Michalski/Römermann	PartGG, 4. Auflage 2014
Mühlbert	Aktiengesellschaft, Unternehmensgruppe und Kapitalmarkt, 1996
Müller/Winkeljohann	Beck'sches Handbuch der GmbH, Gesellschaftsrecht Steuerrecht, 4. Auflage 2009 (Hdb GmbH/*Bearbeiter*)
Müller/Rödder	Beck'sches Handbuch der AG mit KGaA, Gesellschaftsrecht Steuerrecht Börsengang, 2. Auflage 2009 (Hdb AG/*Bearbeiter*)
Münchener Anwaltshandbuch Aktienrecht	s. *Schüppen/Schaub* Münchener Anwaltshandbuch zum Aktienrecht (MAH AktR/*Bearbeiter*)
Münchener Anwaltshandbuch GmbH	s. *Römermann* Münchener Anwaltshandbuch GmbH-Recht (MAH GmbH/*Bearbeiter*)
Münchener Anwaltshandbuch Personengesellschaftsrecht	s. *Gummert* Münchener Anwaltshandbuch Personengesellschaftsrecht (MAH PersGes/*Bearbeiter*)
Münchener Handbuch des Gesellschaftsrechts, Band 1 (I)	s. *Gummert//Weipert* Münchener Handbuch des Gesellschaftsrechts Band 1 (MünchHdb GesR I/*Bearbeiter*)
Münchener Handbuch des Gesellschaftsrechts, Band 2 (II)	s. *Gummert/Weipert* Münchener Handbuch des Gesellschaftsrechts Band 2 (MünchHdb GesR II/*Bearbeiter*)
Münchener Handbuch des Gesellschaftsrechts, Band 3 (III)	s. *Priester/Mayer/Wicke* Münchener Handbuch des Gesellschaftsrechts Band 3 (MünchHdb GesR III/*Bearbeiter*)

Münchener Handbuch des Gesellschaftsrechts, Band 4 (IV)	*s. Hoffmann-Becking* Münchener Handbuch des Gesellschaftsrechts Band 4 (MünchHdb GesR IV/*Bearbeiter*)
Münchener Kommentar zum Aktiengesetz	*s. Goette/Habersack* Münchener Kommentar zum Aktiengesetz (MüKo AktG/*Bearbeiter*)
Münchener Kommentar zum Bürgerlichen Gesetzbuch	*s. Rixecker/Säcker/Oetker* Münchener Kommentar zum Bürgerlichen Gesetzbuch (MüKo BGB/*Bearbeiter*)
Münchener Kommentar zum Handelsgesetzbuch	*s. K. Schmidt* Münchener Kommentar zum Handelsgesetzbuch (MüKo HGB/*Bearbeiter*)
Münchener Kommentar zur Insolvenzordnung	*s. Kirchof/Stürner/Eidenmüller* Münchener Kommentar zur Insolvenzordnung (MüKo InsO/*Bearbeiter*)
Münchener Kommentar zur Zivilprozessordnung	*s. Krüger/Rauscher* Münchener Kommentar zur Zivilprozessordnung (MüKo ZPO/*Bearbeiter*)
Münchener Vertragshandbuch Band 1 (I)	*s. Heidenhain/Meister* Münchener Vertragshandbuch Band 1: Gesellschaftsrecht (MünchVertrHdb I/*Bearbeiter*)
Musielak	Kommentar zur Zivilprozessordnung: ZPO, 11. Auflage 2014
Natterer	Kapitalveränderung der Aktiengesellschaft, Bezugsrechts der Aktionäre und »sachlicher Grund«, 2000
Nerlich/Römermann	Insolvenzordnung: InsO, Loseblatt-Sammlung, 25. Auflage 2013
Neuhoff	Die gemeinwohlkonforme Allzweckstiftung als Gegenstand des Stiftungsrechts des BGB, in: Deutsches Stiftungswesen, 1977–1988, 1989
Oestreich/Winter/Hellstab	Streitwerthandbuch in alphabetischer Zusammenstellung, 2. Auflage 1998
Orth	Die Vermögensausstattung in- und ausländischer Stiftungen aus steuerrechtlicher Sicht, Stiftungen in Deutschland und Europa, 1998
Partikel	Gesellschafter minderen Rechts im Recht der Personenhandelsgesellschaft, Duncker & Humblot Schriften zum Wirtschaftsrecht Band 76, 1993
Palandt	Kommentar zum Bürgerlichen Gesetzbuch, 73. Auflage 2014 (Palandt/*Bearbeiter*)
Paulick	Die GmbH ohne Gesellschafter, 1979
Penné-Goebel	Steuerlicher Leitfaden für gemeinnützige Unternehmen, 2006
Praxishandbuch der GmbH	*s. Birle/J/Klein Müller*
Priester/Mayer/Wicke	Münchener Handbuch des Gesellschaftsrechts Band 3: Gesellschaft mit beschränkter Haftung, 4. Auflage 2012 (MünchHdb GesR III/*Bearbeiter*)
Prinz/Hoffmann	Beck'sches Handbuch der Personengesellschaften, Gesellschaftsrecht Steuerrecht, 4. Auflage 2014 (Hdb PersGes/*Bearbeiter*)
Pues/Scheerbarth	Gemeinnützige Stiftungen in Zivil- und Steuerrecht, 3. Auflage 2008
Raguß	Der Vorstand einer Aktiengesellschaft, 2. Auflage 2009
Raiser/Veil	Recht der Kapitalgesellschaften, 5. Auflage 2010
Rawert	Die Genehmigungsfähigkeit der unternehmensverbundenen Stiftung, 1990

Literaturverzeichnis

Rauscher/Mansel	Festschrift für Werner Lorenz zum 80. Geburtstag, 2001 (FS Lorenz 2001)
Reichert/Herbarth	Der GmbH-Vertrag, 3. Auflage 2001
Reinisch	Der Ausschluß von Aktionären, 1992
Reischauer/Kleinhans	Kreditwesengesetz, Loseblatt-Sammlung, Stand: 2014
Ringleb/Kremer/Lutter/ v. Werder	Kommentar zum Deutschen Corporate Governance Kodex, 5. Auflage 2014
Rixecker/Säcker/Oetker	Münchener Kommentar zum Bürgerlichen Gesetzbuch, 11 Bände und Loseblatt-Aktualisierungsband, Band 1–9: 6. Auflage 2012-2013, Band 10: 5. Auflage 2010 . (MüKo BGB/Bearbeiter)
Röhricht/v. Westphalen/ Haas	Handelsgesetzbuch: HGB, Kommentar zu Handelsstand, Handelsgesellschaften, Handelsgeschäften und besonderen Handelsverträgen, 4. Auflage 2014
Römermann	Münchener Anwaltshandbuch GmbH-Recht, 3. Auflage 2014 (MAH GmbH/*Bearbeiter*)
Rosenberg/Schwab/ Gottwald	Zivilprozessrecht, 17. Auflage 2010
Roth/Weller	Handels- und Gesellschaftsrecht, 8. Auflage 2013
Roth/Altmeppen	Gesetz betreffend die Gesellschaften mit beschränkter Haftung (GmbHG), 7. Auflage 2012
Rowedder/Schmidt-Leithoff	Gesetz betreffend die Gesellschaften mit beschränkter Haftung (GmbHG), 5. Auflage 2013 (R/S-L/*Bearbeiter*)
Rummel	Die Mangelhaftigkeit von Aufsichtsratswahlen, 1969
Runkel	Anwaltshandbuch Insolvenzrecht, 2. Auflage 2008
Sagasser/Bula/Brünger	Umwandlungen, 4. Auflage 2011 (S/B/B/*Bearbeiter*)
Schäfer/Hamann	Kapitalmarktgesetze, 2006
Schaumburg/Rödder	Umwandlungsgesetz, Umwandlungssteuergesetz: UmwG/UmwStG, 1995
Schlegelberger	HGB, Kommentar, Band III (2. Halbband), 5. Auflage 1986
Schmidt, K.	Gesellschaftsrecht, 4. Auflage 2002 (K. Schmidt GesR)
Schmidt, K.	Handelsrecht, 6. Auflage 2014 (K. Schmidt HandelsR)
Schmidt, K.	Münchener Kommentar zum Handelsgesetzbuch, 7 Bände und Ergänzungsband, Band 1–6: 3. Auflage 2010-2014, Band 7: 2. Auflage 2009 (MüKo HGB/*Bearbeiter*)
Schmidt, K.	Verbandszweck und Rechtsfähigkeit im Vereinsrecht, 1984
Schmidt, K./Uhlenbruck	Die GmbH in Krise, Sanierung und Insolvenz, 4. Aufl 2009
Schmidt, L.	Einkommensteuergesetz: EStG, 30 Auflage 2014 (Schmidt/*Bearbeiter* EStG)
Schmidt/Zagel	Die OHG, KG und PublikumsG, 2. Auflage 2010
Schmitt	Schutz der außenstehenden Gesellschafter einer abhängigen Personengesellschaft, 2003
Schmitt/Hörtnagl/Stratz	Umwandlungsgesetz, Umwandlungssteuergesetz: UmwG/UmwStG, 6. Auflage 2013 (S/H/S/Bearbeiter)
Schneider/Hommelhoff/ Schmidt	Festschrift für Marcus Lutter zum 70. Geburtstag, 2000 (FS Lutter 2000)

Scholz	Kommentar zum GmbH-Gesetz, Großkommentar mit Nebengesetzen und dem Anhang Konzernrecht, 10. Auflage 2010
Schröder, J.	Mängel und Heilung der Wählbarkeit, 1979
Schulze zur Wiesche	Die GmbH & Still, 6. Auflage 2013
Schumann	Optionsanleihen, 1990
Schüppen/Schaub	Münchener Anwaltshandbuch zum Aktienrecht, 2. Auflage 2010 (MAH AktR/*Bearbeiter*)
Schwab, M.	Die Nachgründung im Aktienrecht, 2003
Schwab, M.	Das Prozessrecht gesellschaftsinterner Streitigkeiten, 2005
Schwab/Walter	Schiedsgerichtsbarkeit, Systematischer Kommentar zu den Vorschriften der Zivilprozessordnung, des Arbeitsgerichtsgesetzes, der Staatsverträge und der Kostengesetze über das privatrechtliche Schiedsverfahren, 7. Auflage 2005
Seibert	Die Partnerschaft, 1994
Seibert/Kiem	Handbuch der kleinen AG 5. Auflage 2008 (Seibert/Kiem/*Bearbeiter*)
Seibert/Kösters/Kiem	Die kleine AG, 3. Auflage 1996 (Seibert/Köster/Kiem)v. Campenhausen/Richter Handbuch des Stiftungsrechts, 4. Auflage 2014
Semler/Stengel	Umwandlungsgesetz, Kommentar mit Spruchverfahrensgesetz, 3. Auflage 2012
Singhof/Seiler/Schlitt	Mittelbare Gesellschaftsbeteiligungen, Stille Gesellschaft Unterbeteiligungen Treuhand, 2004 (S/S/S/*Bearbeiter*)
Spahlinger/Wegen	Internationales Gesellschaftsrecht in der Praxis, 2005
Staub/Canaris/Habersack	Handelsgesetzbuch Großkommentar zum HGB und seinen Nebengesetzen, 9 Bände, 1983 ff. (GroßkommHGB/*Bearbeiter*)
Staudinger	J. von Staudingers Kommentar zum Bürgerlichen Gesetzbuch mit Einführungsgesetz und Nebengesetzen, 1993 ff. (Staudinger/*Bearbeiter*)
Stein/Jonas	Kommentar zur Zivilprozessordnung, Band 9, 22. Auflage, 2002
Stöber	Forderungspfändung, 16. Auflage 2013
Strachwitz/Mercker	Stiftungen in Theorie, Recht und Praxis, 2005
Sudhoff	GmbH & Co. KG, 6. Auflage 2005 (Sudhoff GmbH & Co. KG/*Bearbeiter*)
Sudhoff	Personengesellschaften, 8. Auflage 2005 (Sudhoff PersGes/*Bearbeiter*)
Theisen/Wenz	Die Europäische Aktiengesellschaft, 2005
Thomas/Putzo	Zivilprozessordnung: ZPO, 35. Auflage 201430. Auflage 2009
Ulmer/Schäfer	Gesellschaft bürgerlichen Rechts und Partnerschaftsgesellschaft, Systematischer Kommentar, 6. Auflage 2013
Uhlenbruck	Insolvenzordnung: InsO, 13. Auflage 2010
Ulmer/Habersack/Henssler	Mitbestimmungsrecht, 3. Auflage 2013
Ulmer/Habersack/Löbbe	Gesetz betreffend die Gesellschaften mit beschränkter Haftung: GmbHG, Großkommentar, Band I, 2. Auflage 2013
Ulmer/Timmann	Festschrift für Heinz Rowedder, 1994 (FS Rowedder 1994)
Vogel/Lehner	Doppelbesteuerungsabkommen: DBA, 5. Auflage 2008
von Gerkan/Hommelhoff	Handbuch des Kapitalersatzrechts, 2. Auflage 2002
von Gierke	Deutsches Genossenschaftsrecht I/II, 1968 und 1973

Literaturverzeichnis

von Godin/Wilhelmi	Aktiengesetz, Kommentar, 4. Auflage 1971
Wank u. a.	Festschrift für Herbert Wiedemann zum 70. Geburtstag, 2002 (FS Wiedemann 2002)
Wegener	Die Nichtigkeit der offenen Handelsgesellschaft, Diss. Rostock, 1928
Weigl	Stille Gesellschaft und Unterbeteiligung, 3. Auflage 2012
Westermann, H.-P.	Handbuch der Personengesellschaften, Loseblatt-Sammlung, Stand: Juni 2014
Westermann, H.-P. u. a.	Festschrift für Gerold Bezzenberger zum 70. Geburtstag am 13. März 2000: Rechtsanwalt und Notar im Wirtschaftsleben, 2000 (FS Bezzenberger 2000)
Westermann/Hefermehl/Gmür/Brox	Festschrift für Harry Westermann zum 65. Geburtstag, 1982 (FS Harry Westermann 1982)
Westermann/Rosener	Festschrift für Karlheinz Quack zum 65. Geburtstag am 3. Januar 1991, 1991 (FS Quack 1991)
Widmann/Mayer	Umwandlungsrecht, Loseblatt-Sammlung Stand: 2014
Wiedemann	Die Unternehmensgruppe im Privatrecht, 1988
Wieland	Handelsrecht, Band I, 1921
Wilhelm	Kapitalgesellschaftsrecht, 3. Auflage 2009
Wimmer	Frankfurter Kommentar zur Insolvenzordnung, 7. Auflage 2013
Windbichler	Arbeitsrecht im Konzern, 1989
Windbichler	Gesellschaftsrecht, 23. Auflage 2013
Windscheid/Kipp	Lehrbuch des Pandektenrechts I, 9. Auflage 1906, Nachdruck 1963
WP-Handbuch 2006	s. *Institut der Wirtschaftsprüfer* WP-Handbuch
Wunsch	Die Verschmelzung und Spaltung von Kapitalgesellschaften, 2003
Zacharias/Hebig/Rinnewitz	Die atypisch stille Gesellschaft, 2. Auflage 2000
Zilles	Schiedsgerichtsbarkeit im Gesellschaftsrecht, 2002
Zöller	Zivilprozessordnung, 30. Auflage 2014
Zöllner	Schranken mitgliedschaftlicher Stimmrechtsmacht, 1963
Zöllner/Noack	Kölner Kommentar zum Aktiengesetz, 9 Bände, 3. Auflage 2004–2013 (KölnKomm AktG/*Bearbeiter*)

Einführung und Grundlagen

Übersicht

- **A. Definition des Gesellschaftsrechts** 1
  - I. Prägende Elemente des Gesellschaftsrechts 1
  - II. Zu den Begriffen Verband, Rechtsträger und Kooperation 3
  - III. Zum Gesellschaftsvermögen 7
  - IV. Die privatrechtliche Stiftung als Teil des Gesellschaftsrechts 9
  - V. Die Bruchteilsgemeinschaft 11
  - VI. Eheliche Gütergemeinschaft und Erbengemeinschaft 13
  - VII. Gemeinschaftliche Verwaltung von Rechten und Wohnungseigentum 15
- **B. Entwicklung und Kodifikation des Gesellschaftsrechts** 17
  - I. Geschichte des Gesellschaftsrechts 18
  - II. Zum Wesen der Gesamthand 20
  - III. Zur Theorie der juristischen Person 22
  - IV. Zur Entstehung einer juristischen Person 24
  - V. Zur Kodifikation des Gesellschaftsrechts 29
    1. Bedeutung von Vertragsgestaltungspraxis und Rechtsprechung 30
    2. Wichtige Gesetze des Gesellschaftsrechts 33
    3. Europarechtliche Vorgaben 41
- **C. Einordnung und Abgrenzung des Gesellschaftsrechts** 47
  - I. Gesellschaftsrecht und allgemeines Privatrecht 48
  - II. Verhältnis des Gesellschaftsrechts zum Handelsrecht 51
  - III. Verhältnis des Gesellschaftsrechts zum Kartellrecht 52
  - IV. Verhältnis des Gesellschaftsrechts zum Kapitalmarktrecht 54
- V. Verhältnis des Gesellschaftsrechts zum Steuerrecht 56
- VI. Bedeutung des Prozess- und Insolvenzrechts für das Gesellschaftsrecht 58
- **D. Systematik der Rechtsformen** 60
  - I. Personengesellschaften und Körperschaften 60
  - II. Weitere Kriterien 65
- **E. Gewichtung und Bedeutung der Gesellschaften** 66
  - I. Der Verein 67
    1. Rechtliche Grundstruktur 67
    2. Der rechtsfähige Idealverein 69
    3. Der wirtschaftliche Verein 74
    4. Gründung eines Vereins 75
    5. Verfassung eines Vereins 77
    6. Haftung des Vereins für Organe 79
    7. Auflösung und Beendigung 80
  - II. Die Europäische Aktiengesellschaft (SE) 81
    1. Wirtschaftliche Bedeutung 81
    2. Rechtliche Grundstruktur 82
    3. Gründung 84
    4. Organe, Geschäftsführung und Vertretung 90
  - III. Die Europäische Wirtschaftliche Interessenvereinigung (EWIV) 94
    1. Rechtliche Grundstruktur 94
    2. Gründung 97
    3. Zweck 98
    4. Mitglieder und Haftung 99
    5. Organe, Geschäftsführung und Vertretung 102
    6. Auflösung und Beendigung 106
  - IV. Die Europäische Privatgesellschaft 107
- **F. Synoptische Darstellung der Gesellschaftsformen** 109

A. Definition des Gesellschaftsrechts

I. Prägende Elemente des Gesellschaftsrechts

Bislang hat sich keine einheitliche **Definition des Gesellschaftsrechts** durchsetzen können. Während in einem Teil der juristischen Lehrbücher das kooperative Handeln betont und folgerichtig unter Gesellschaftsrecht das zweckgerichtete Zusammenwirken auf Grundlage eines privatrechtlichen Vertrages verstanden wird, stellt ein anderer Teil der Literatur auf die Verfassung der kooperativen Verbände ab und definiert das Gesellschaftsrecht als Recht der privaten Zweckverbände und privaten Organisationen. Eine Synthese versucht bspw. *Karsten Schmidt*, der die charakteristischen Merkmale des Gesellschaftsrechts zusammenfasst und zu dem Ergebnis gelangt, dass das Gesellschaftsrecht als Recht der privaten Verbände sowohl Elemente des Personen- und Organisationsrechts als auch des Schuldrechts aufweist, was zu folgender Definition führt: »Gesellschaftsrecht ist das Recht der privatrechtlichen Zweckverbände und der kooperativen Vertragsverhältnisse« (*K. Schmidt* GesR, § 1 I 1 Buchst. a).

Einführung und Grundlagen

2 Häufig stößt man in der Literatur auch auf den Begriff des **Unternehmensrechts**. Dabei handelt es sich um ein Schlagwort mit keinem einheitlich abgegrenzten juristischen Gehalt. Z.T. wird das Unternehmensrecht definiert als »Inbegriff der Rechtsnormen, die das Unternehmen als sozialen Verband der in ihm durch Kapitalbeiträge oder personale Leistungen kooperierenden Rechtssubjekte und als Institution der Wirtschaftsverfassung betreffen« (*Ballerstedt* ZHR 135 [1971], 484). Das Unternehmensrecht betrifft einerseits auch Rechtsgebiete wie z.B. das Handels- oder Arbeitsrecht, soweit diese für Unternehmen von Bedeutung sind. Andererseits werden vom Unternehmensrecht keine Gesellschaften erfasst, die nicht als Unternehmensträger fungieren, wie z.B. die BGB-Innengesellschaften (i.E. *K. Schmidt* GesR, § 1 II 4 Buchst. b) Buchst. aa).

II. Zu den Begriffen Verband, Rechtsträger und Kooperation

3 Wichtig für das Verständnis des Gesellschaftsrechtes ist auch das Verhältnis und Zusammenspiel der Begriffe Verband, Rechtsträger und Kooperation.

4 Die **Gründung einer Handelsgesellschaft** (z.B. einer OHG oder GmbH) führt zum Entstehen eines Verbandes, der zugleich Rechtsträger ist und Schuldverhältnisse für jeden Gesellschafter begründet, also auch kooperative Elemente umfasst.

5 Beteiligen sich dagegen z.B. Anleger in Form einer stillen Gesellschaft an einer GmbH (sog. GmbH & Still), so entsteht zwar ebenfalls ein Verband mit kooperativen Elementen, doch kann die GmbH & Still nicht Trägerin von Rechten und Pflichten sein.

6 Schließlich ist auch denkbar, dass sich eine Gesellschaft lediglich im **Abschluss eines kooperationsrechtlichen Vertrages** erschöpft, was bspw. bei einer BGB-Gesellschaft der Fall ist, die von Teilnehmern einer Bergexpedition gegründet wird (zu den verschiedenen Fallvarianten im Einzelnen, *K. Schmidt* GesR, § 1 I 3).

III. Zum Gesellschaftsvermögen

7 Das Vorhandensein eines Gesellschaftsvermögens ist für das Gesellschaftsrecht **nicht zwingend**. Dies zeigt insbesondere die Existenz von Außen- und Innengesellschaften. Wird z.B. eine Handelsgesellschaft gegründet, entsteht ausnahmslos auch ein Gesellschaftsvermögen. Dies gilt auch dann, wenn die Gesellschaft überschuldet ist.

8 Dagegen können sich bspw. Musiker oder Forscher durch Vertrag zu einer BGB-Gesellschaft zusammenschließen, um gemeinsam ein Projekt durchzuführen, ohne dass ein Gesellschaftsvermögen gebildet werden muss. In diesen Fällen liegt eine sog. Innengesellschaft vor.

IV. Die privatrechtliche Stiftung als Teil des Gesellschaftsrechts

9 Nach der Definition gem. Ziff. I (s.o. Rdn. 1 f.) wären die Regelungen über die privatrechtliche Stiftung (§§ 80 ff. BGB) nicht Teil des Gesellschaftsrechts, weil kein privatrechtlicher Verband, sondern eine durch Zwecksatzung verselbstständigte privatrechtliche Organisation vorliegt. Auch wenn die Stiftung eine Vermögensträgerin ohne Verbandsgrundlage ist, erscheint es jedoch sinnvoll, die Stiftung im Zusammenhang mit den anderen Rechtsformen des Gesellschaftsrechts abzuhandeln, da ein Stiftungszweck sowohl mittels einer rechtsfähigen Stiftung als auch in der Rechtsform einer Kapitalgesellschaft verfolgt werden kann (z.B. durch Gründung einer Einmann-GmbH).

10 Die Darstellung der Unterschiede sowie der Vor- und Nachteile einer Stiftung im Vergleich zu den Rechtsformen des Kapitalgesellschaftsrechts ist ein Ziel dieses Werkes. Auch ist es nicht zuletzt wegen der z.T. großen wirtschaftlichen Bedeutung der privatrechtlichen Stiftungen angebracht, das **Stiftungsrecht als Teil des Gesellschaftsrechtes** zu behandeln. Daher umfasst der Kompaktkommentar Gesellschaftsrecht das Recht der privatrechtlichen Stiftung, obwohl diese keine Mitglieder hat und nicht als kooperatives Vertragsverhältnis qualifiziert werden kann (vgl. dazu i.E. die Ausführungen zur Stiftung im Anhang zum BGB).

V. Die Bruchteilsgemeinschaft

Nicht unter das Gesellschaftsrecht fällt die Bruchteilsgemeinschaft, die in den §§ 741 ff. BGB geregelt ist. Die Bruchteilsgemeinschaft, die auch als »**schlichte**« **Rechtsgemeinschaft** bezeichnet wird, ist nach der Legaldefinition in § 743 BGB dadurch geprägt, dass mehreren Personen ein Recht gemeinschaftlich zusteht. Entscheidend ist das gemeinsame Innehaben eines Gegenstandes, nicht das kollektiv-einheitliche Halten eines Gesellschaftsvermögens (vgl. dazu ausführl. MüKo BGB/*K. Schmidt* § 743 Rn. 1 ff.).

Der bekannteste Spezialfall der Bruchteilsgemeinschaft ist das in §§ 1008 ff. BGB geregelte **Miteigentum**. Das Miteigentum ist dadurch gekennzeichnet, dass mehreren Personen das Eigentum an einer Sache nach Bruchteilen zusteht (PWW/*Englert* § 1008 Rn. 1).

VI. Eheliche Gütergemeinschaft und Erbengemeinschaft

Bei der in §§ 1415 ff. BGB geregelten **ehelichen Gütergemeinschaft** handelt es sich um eine sog. **Gemeinschaft zur gesamten Hand**. Grundlage ist ein Ehevertrag (§§ 1408 ff. BGB) (PWW/*Weinreich* § 1415 Rn. 1). Allerdings erfolgt die Gründung einer ehelichen Gütergemeinschaft nicht zur Bildung eines Verbandes oder der kooperativen Verfolgung eines gemeinsamen Zweckes. Die fehlende Zwecksetzung unterscheidet die eheliche Gütergemeinschaft von der sog. Ehegatten-Innengesellschaft, die eine Form der BGB-Gesellschaft (§§ 705 ff. BGB) ist. Die eheliche Gütergemeinschaft ordnet allein auf Grundlage der ehelichen Lebensgemeinschaft (§ 1353 BGB) die güterrechtlichen Verhältnisse der Ehegatten in Abweichung vom gesetzlichen Leitbild des Güterstandes der Zugewinngemeinschaft.

Die **Erbengemeinschaft** (§§ 2032 ff. BGB) ist ebenfalls eine Gemeinschaft zur gesamten Hand, die durch den Tod des Erblassers unabhängig vom eigenen Willen der Miterben kraft Gesetzes entsteht (PWW/*Tschichoflos* § 2032 Rn. 1). Es fehlt also bereits ein privatrechtlicher Vertrag als Grundlage im Sinne der Definition des Gesellschaftsrechts, sodass selbst die »fortgesetzte Erbengemeinschaft« nicht als BGB-Gesellschaft nach §§ 705 ff. BGB zu qualifizieren ist (Palandt/*Edenhofer* Einf. vor § 2032 Rn. 1).

VII. Gemeinschaftliche Verwaltung von Rechten und Wohnungseigentum

Soweit gesetzliche Sonderregelungen die gemeinschaftliche Verwaltung von Rechten betreffen, wie z. B. im Fall der **Miturheberschaft** oder bei **Gemeinschaftspatenten**, reicht dieser auf den konkreten Vermögenswert gerichtete Zweck nicht aus, um die entsprechenden Regelungen als Teil des Gesellschaftsrechts zu qualifizieren (*Bernhardt/Krasser* § 19 III, V).

Auch die **Wohnungseigentümergemeinschaft** ist als gesetzlicher Sonderfall zu werten, der nicht zum Gesellschaftsrecht zählt, wenngleich Stimmen in der Literatur das Wohnungseigentum im Sinne von § 1 WEG als dinglichen Gesellschaftsanteil qualifizieren mit dem Argument, die Wohnungseigentümergemeinschaft sei eine durch Rechtsgeschäft begründete Personenverbindung mit dem dauerhaften Zweck des Haltens und Verwaltens eines gemeinschaftlichen Grundstücks (z. B. *Bärmann* NJW 1989, 1057, 1060 ff.).

B. Entwicklung und Kodifikation des Gesellschaftsrechts

Die Entwicklung des Gesellschaftsrechts ist von einer Reihe dogmatischer Streitfragen geprägt, die in der Rechtswissenschaft über Jahrzehnte höchst kontrovers diskutiert wurden. Z.T. wurden die Streitfragen durch den Gesetzgeber entschieden. In anderen Fällen sorgte die Rechtsprechung für erforderliche Klarstellungen.

I. Geschichte des Gesellschaftsrechts

Eine intensive Beschäftigung mit dem Gesellschaftsrecht fand im Wesentlichen erst im 19. Jahrhundert statt, wobei die aus dem römischen Recht überlieferten dogmatischen Strukturen eine

Einführung und Grundlagen

bedeutende Rolle spielten (*Max Conrat* Zum römischen Vereinsrecht, 1873). Andere Vertreter der Rechtswissenschaft schöpften aus den Quellen des vormittelalterlichen deutschen Rechts (z. B. *Otto von Gierke* Deutsches Genossenschaftsrecht I/II, 1968 und 1973). Entscheidend für die Entwicklung des Gesellschaftsrechts war die Schaffung eines **allgemeinen deutschen Handelsgesetzbuches (ADHGB) im Jahr 1861**. Die dort geregelten Gesellschaftsformen der offenen Handelsgesellschaft, Kommanditgesellschaft und stillen Gesellschaft sind bis heute in ihrer Grundstruktur unverändert geblieben. Andere Gesellschaftsformen wie die Aktiengesellschaft und Genossenschaft wurden dagegen im Laufe der Jahrzehnte immer wieder den geänderten Bedürfnissen des Rechtsverkehrs angepasst. Die Rechtsformen des Vereins und der Gesellschaft bürgerlichen Rechts sind erstmals durch das BGB einheitlich geregelt worden. Mit der Schaffung der GmbH betrat der deutsche Gesetzgeber Neuland und schuf die in der Folgezeit mit Abstand wichtigste Gesellschaftsform für die deutsche Wirtschaft und insbesondere für den Mittelstand.

19 In heutiger Zeit wird das Gesellschaftsrecht insbesondere von den Bemühungen der EU geprägt, die Rechtsformen in Europa zu vereinheitlichen und **supranationale Gesellschaften** zu ermöglichen.

II. Zum Wesen der Gesamthand

20 Ein wichtiger Theorienstreit betrifft die Gesamthand, insbesondere die Frage, ob die Gesamthand ein Rechtssubjekt ist oder nur als ein gebundenes Sondervermögen der Gesamthändler qualifiziert werden kann (BGH NJW 1988, 556; NJW 1990, 1181). Während lange Zeit die Gesamthand von der h. M. in Literatur und Rechtsprechung als gebundenes Sondervermögen ohne eigene Rechtsträgerschaft angesehen wurde, verschafften sich in den letzten Jahrzehnten zunehmend Stimmen Gehör, die auch die Gesamthand als Rechtssubjekt einordnen und qualifizieren. Nach der sog. **Gruppenlehre** ist die Gesamthand als ein teilrechtsfähiges Rechtssubjekt anzusehen (Palandt/*Heinrichs* Einf. vor § 21 Rn. 2), während bspw. *Karsten Schmidt* die Ansicht vertritt, dass die Gesamthand grundsätzlich der Verselbstständigung zum Rechtssubjekt fähig ist, das geltende Recht diese Verselbstständigung aber nicht bei allen Gesamthandgemeinschaften durchgeführt hat (*K. Schmidt* GesR, § 8 III 3).

21 Dieser Streit war insbesondere für die BGB-Gesellschaft von Bedeutung. Während der Gesetzgeber in § 124 Abs. 1 HGB für die OHG und KG klargestellt hat, dass diese Personenhandelsgesellschaften »unter ihrer Firma Rechte erwerben und Verbindlichkeiten eingehen, Eigentum und andere dingliche Rechte an Grundstücken erwerben, vor Gericht klagen und verklagt werden« können, schweigt sich das BGB über die **Rechtsträgerschaft der Gesellschaft bürgerlichen Rechts** aus. Daher war das Urteil BGHZ 146, 341 (BGH NJW 2001, 1056) bahnbrechend, in dem erstmals gegen die bislang h. M. in Lehre und Rechtsprechung die Parteifähigkeit einer BGB-Außengesellschaft bejaht wurde (vgl. dazu ausführl. Vor § 705 BGB Rdn. 6 ff.).

III. Zur Theorie der juristischen Person

22 Im 19. Jahrhundert stand das **Wesen der juristischen Person** im Mittelpunkt der Rechtslehre. Während *Friedrich Carl von Savigny* unter dem Einfluss des römischen Rechts die **Fiktionstheorie** entwickelte, wonach allein der Mensch die natürliche Rechtsfähigkeit besitzt, während die Rechtsfähigkeit einer juristischen Person nur positivrechtlich festgelegt werden kann und damit gleichsam fingiert wird, stellte *Otto von Gierke* in Anlehnung an deutschrechtliche Traditionen die soziale Realität des Verbandes in den Mittelpunkt seiner Überlegungen und entwickelte die **Theorie der realen Verbandspersönlichkeit** (*Windscheid/Kipp* Lehrbuch des Pandektenrechts I, §§ 57 ff.).

23 Der Streit über das Wesen der juristischen Person ist mittlerweile aufgrund der zwischenzeitlich erfolgten Kodifikationen ohne praktische Bedeutung. Dass bspw. die Aktiengesellschaft und die GmbH Träger von Rechten und Pflichten sein können, folgt aus § 1 Satz 1 AktG und § 13 GmbHG. Die Insolvenzrechtsfähigkeit der Kapitalgesellschaften ist in § 11 InsO geregelt. Aus § 50 Abs. 1 ZPO ergibt sich, dass Kapitalgesellschaften auch Partei eines Zivilprozesses sein können.

Einführung und Grundlagen

IV. Zur Entstehung einer juristischen Person

In der gesellschaftsrechtlichen Lehre werden drei Systeme diskutiert, nach denen juristische Personen gebildet werden können. 24

Das **System der freien Körperschaftsbildung** kennt keine Vorgaben, sondern erlaubt den Beteiligten die Gründung einer juristischen Person nach ihren eigenen beliebigen Vorstellungen. 25

Das **System der Normativbestimmungen** besagt, dass bei der Gründung einer Gesellschaft bestimmte gesetzliche Mindestvoraussetzungen erfüllt sein müssen, die vom Staat in der Regel in einem formalen Registrierungsverfahren überprüft werden. 26

Das **Konzessionssystem** überlässt die Entscheidung über die Entstehung einer juristischen Person den zuständigen staatlichen Stellen, die aufgrund eines Vergabeaktes, der Konzession, dem jeweiligen Verband die Rechtsfähigkeit verleihen. 27

Das deutsche Recht kennt keine freie Körperschaftsbildung. Es gibt vielmehr einen **numerus clausus der Gesellschaftsformen** (*K. Schmidt* GesR, § 5 II 1), d. h. nur im Rahmen der gesetzlich vorgegebenen Rechtsformen kann ein Verband gegründet werden. Maßgeblich ist daher das System der Normativbestimmungen, wobei diese auch in Form von Verwaltungsvorschriften erlassen werden können (vgl. dazu ausführl. *K. Schmidt* Verbandszweck, S. 82 ff.). Verwaltungsvorschriften sind in der Regel von Bedeutung, wenn die Rechtsfähigkeit durch Verwaltungsakt erlangt wird. Dies ist bei einem Verein, dessen Zweck auf einen wirtschaftlichen Geschäftsbetrieb gerichtet ist, der Fall. Dieser erlangt durch staatliche Verleihung Rechtsfähigkeit (§ 22 BGB; vgl. dazu Rdn. 74). 28

V. Zur Kodifikation des Gesellschaftsrechts

Bei der Gesellschaftsgründung sind die jeweiligen normativen Vorgaben zu berücksichtigen. Soweit das Gesetz Regelungen zur Disposition der Gesellschafter stellt, können diese nach eigenen Vorstellungen das Gesellschaftsverhältnis ausgestalten. Zu beachten ist jedoch der zwingende gesetzliche Rahmen der jeweiligen Rechtsform. 29

1. Bedeutung von Vertragsgestaltungspraxis und Rechtsprechung

Der Vertragsgestaltungspraxis kommt trotz dem z. T. dichten gesetzlichen Regelwerk eine große Bedeutung zu, wie sich auch an der hohen Zahl der Vertrags- und Formularhandbücher zeigt (z. B. Münchner Vertragshandbuch zum Gesellschaftsrecht; Beck'sches Formularbuch; *Hopt*, Vertrags- und Formularbuch zum Handels-, Gesellschafts- und Transportrecht). 30

Oft bedarf es eines **individuell gestalteten Gesellschaftsvertrages**, um den konkreten Bedürfnissen und Interessen der Gesellschafter gerecht zu werden. Während bspw. das Aktienrecht vom **Prinzip der Satzungsstrenge** geprägt ist und nur in den Fällen der ausdrücklichen gesetzlichen Gestattung Gestaltungsspielraum lässt (§ 23 Abs. 5 Satz 1 AktG), bietet das GmbH-Recht den Gesellschaftern eine **weitreichende Gestaltungsfreiheit** bei der Abfassung ihres Gesellschaftsvertrages. 31

Große Bedeutung hat auch die **Rechtsfortbildung** durch die Gerichte. So hat insbesondere der II. Zivilsenat des BGH für wichtige gesellschaftsrechtliche Fragestellungen Rechtsinstitute entwickelt. Als Beispiel sei die Rechtsprechung zu den eigenkapitalersetzenden Darlehen im GmbH-Recht genannt. Eine Rechtsfortbildung durch die Gerichte ist zulässig, sofern die Bindung an Gesetz und Recht (Art. 20 Abs. 3 GG) beachtet wird. 32

2. Wichtige Gesetze des Gesellschaftsrechts

Das Gesellschaftsrecht ist nicht einheitlich und umfassend kodifiziert. Die wichtigsten Gesetze für das Gesellschaftsrecht sind: 33
- Das **Bürgerliche Gesetzbuch (BGB)**, das Regelungen über den Verein, die privatrechtliche Stiftung und die Gesellschaft nach bürgerlichem Recht enthält. 34

Einführung und Grundlagen

35 — Im **Handelsgesetzbuch (HGB)** befinden sich u. a. die Normen über die stille Gesellschaft, die Offene Handelsgesellschaft und die Kommanditgesellschaft.

36 — Die Regelungen über die Aktiengesellschaft und die GmbH sind jeweils in einem eigenen Gesetz nämlich dem **Aktiengesetz (AktG)** und dem **Gesetz betreffend die Gesellschaften mit beschränkter Haftung (GmbHG)** zusammengefasst. Auch die Genossenschaft und die Partnerschaftsgesellschaft sind in einem separaten Gesetz geregelt (**GenG** und **PartGG**).

37 — Die Gesetze anderer Rechtsgebiete enthalten ebenfalls Bestimmungen, die für Gesellschaften von Bedeutung sind. Aus dem Arbeitsrecht ist das Gesetz über die Mitbestimmung der Arbeitnehmer (**MitbestG**) zu nennen. Wichtig sind ferner das »Gesetz über die Rechnungslegung von bestimmten Unternehmen und Konzernen«, kurz Publizitätsgesetz (**PublG**), die Insolvenzordnung (**InsO**) und das Wertpapierhandelsgesetz (**WpHG**) sowie das Wertpapiererwerbs- und Übernahmegesetz (**WpÜG**).

38 Die Kodifikationen des Gesellschaftsrechts sind keineswegs statisch. Vielmehr versucht der Gesetzgeber aktuellen Entwicklungen durch Novellierung der bestehenden Gesetze Rechnung zu tragen.

39 So wurde mit dem am 01.11.2008 in Kraft getretenen Gesetz zur Modernisierung des GmbH-Rechts und zur Bekämpfung von Missbräuchen (MoMiG) die größte Reform des GmbH-Rechts seit 1980 umgesetzt. Das Gesetz soll die Rechtsform der GmbH für den deutschen Mittelstand attraktiver gestalten und den Wirtschaftsstandort Deutschland stärken. Ein Kernanliegen der GmbH-Novelle ist die Erleichterung und Beschleunigung von Unternehmensgründungen. Hier wird häufig ein vermeintlicher Wettbewerbsnachteil der GmbH gegenüber ausländischen Rechtsformen wie der englischen Limited gesehen, denn in vielen Mitgliedstaaten der Europäischen Union werden geringere Anforderungen an die Gründungsformalien und die Aufbringung des Mindeststammkapitals gestellt. Des Weiteren soll durch zahlreiche Maßnahmen die Attraktivität der GmbH nicht nur in der Gründung, sondern auch als am Markt tätiges Unternehmen erhöht und Nachteile der deutschen GmbH im Wettbewerb der Rechtsformen ausgeglichen werden. Nicht zuletzt sollen die aus der Praxis übermittelten Missbrauchsfälle im Zusammenhang mit der Rechtsform der GmbH durch verschiedene Maßnahmen bekämpft werden.

40 Aufgrund des MoMiG haben die Gesellschafter die Wahl, ob für die GmbH eine individuelle, notariell zu beurkundende Satzung erstellt oder das neue vereinfachte Verfahren nach § 2 Abs. 1a GmbHG genutzt wird. Weiterhin wurde mit der Unternehmergesellschaft (haftungsbeschränkt) eine neue »Einstiegsmöglichkeit« in die Gesellschaft mit beschränkter Haftung mit besonderen Regelungen zur Gründung und zur Kapitalisierung in § 5a GmbHG eingeführt.

3. Europarechtliche Vorgaben

41 Eine große Bedeutung für das deutsche Gesellschaftsrecht haben die **Richtlinien der EU** gewonnen, mit denen innerhalb der Europäischen Union eine Angleichung der unterschiedlichen gesellschaftsrechtlichen Systeme erreicht werden soll.

42 Auf Vorschlag der Kommission erlässt nach Art. 89 EG der Rat Richtlinien für die Rechtsangleichung, deren Ziele nach Art. 249 EG für die Mitgliedstaaten verbindlich sind. Es bleibt den einzelnen Mitgliedstaaten überlassen, wie die Vorgaben der Richtlinie konkret in innerstaatliches Recht umgesetzt werden. Daher führen Richtlinien der EU zu einer Angleichung des einzelstaatlichen Gesellschaftsrechts in einem zweistufigen Verfahren.

43 So führte bspw. die Dritte Richtlinie von 1978 (sog. **Verschmelzungs- oder Fusionsrichtlinie**, ABl., L 295 vom 20.10.1978, 36) zu einer deutlichen Verbesserung des Minderheitsschutzes bei der Verschmelzung.

44 Die als **Bilanzrichtlinie** bekannte Vierte Richtlinie (ABl., L 222 vom 14.08.1978, 11) führte zu einer Vereinheitlichung des Rechtes der Rechnungslegung, das durch die sog. **Konzernabschlussrichtlinie** (Siebte Richtlinie, ABl., L 193 vom 18.07.1983, 1) und die sog. **Abschlussprüferrichtlinie** (Achte Richtlinie, ABl., L 126 vom 12.05.1984, 20) ergänzt wurde. Durch Erlass des Bilanz-

richtliniengesetzes von 1985 (BiRiLiG) hat der deutsche Gesetzgeber die Vorgaben der Vierten, Siebten und Achten Richtlinie umgesetzt.

Mit der Umsetzung der Richtlinie 2004/25/EG vom 21.04.2004 zur Regelung von Übernahmeangeboten (sog. **Übernahmerichtlinie**, ABl., L 142 vom 30.04.2004, 12) durch das Übernahmerichtlinie Umsetzungsgesetz vom 14.07.2006 ist der deutsche Gesetzgeber seiner Verpflichtung nachgekommen, zum Schutz der Interessen der Aktionäre bei Übernahmeangeboten und sonstigen Kontrollerwerben eine Rahmenregelung für Übernahmeverfahren zu schaffen. Mit der Festlegung von Mindestvorgaben bei der Abwicklung von Übernahmeangeboten soll gemeinschaftsweit Klarheit und Transparenz erreicht werden. 45

Die Richtlinie 2007/36/EG über die Ausübung bestimmter Rechte von Aktionären in börsennotierten Gesellschaften (ABl. EU Nr. L 184 S. 17; sog. Aktionärsrechterichtlinie) wurde durch das Gesetz zur Umsetzung der Aktionärsrechterichtlinie (ARUG) vom 30.07.2009 (BGBl. I. 2479) in deutsches Recht umgesetzt. Das ARUG ist am 01.09.2009 in Kraft getreten und ändert als Artikelgesetz insbesondere das AktG, EGAktG, AktionärsforumsVO, HGB, EGHGB. 46

C. Einordnung und Abgrenzung des Gesellschaftsrechts

Das Gesellschaftsrecht ist **Teil des Zivilrechtes**, sodass insbesondere die Körperschaften, Anstalten und Stiftungen des öffentlichen Rechts nicht zum Gesellschaftsrecht gehören. 47

I. Gesellschaftsrecht und allgemeines Privatrecht

Für Gesellschaften gilt das im BGB kodifizierte allgemeine Zivilrecht. Ob ein **Gesellschaftsvertrag wirksam abgeschlossen** wurde, ist eine Frage der allgemeinen Rechtsgeschäftslehre. Die Zurechnung unerlaubter Handlungen (§ 31 BGB) und rechtsgeschäftlicher Erklärungen (§ 166 BGB) erfolgt ebenfalls nach den allgemeinen zivilrechtlichen Normen. Die Beurteilung der Leistungsbeziehungen zwischen den Gesellschaftern und ihrer Gesellschaft richtet sich nach den Regeln des Schuldrechts. Ob eine Gesellschaft z. B. wirksam das Eigentum an einem Grundstück erworben hat, beurteilt sich nach den Vorschriften des Sachenrechts. 48

Im **Familienrecht** ist insbesondere die Frage, welche gesellschaftsrechtlichen Sachverhalte einer Genehmigung des Vormundschaftsgerichts nach §§ 1821, 1822, 1643 BGB bedürfen, von großer Bedeutung. In diesem Zusammenhang ist auch das Gesetz zur Beschränkung der Haftung Minderjähriger vom 25.08.1998 (BGBl. I, 2487) zu erwähnen, das für die Beteiligung Minderjähriger an Gesellschaften Regelungen zum Schutz vor einer Belastung mit Altschulden trifft (z. B. *Behnke* NJW 1998, 3078). 49

Von großer praktischer Relevanz ist das Zusammenspiel zwischen **Erbrecht und Gesellschaftsrecht**. Zu diesem Themenkreis gehören die Fragen der Auflösung einer Gesellschaft durch den Tod eines Gesellschafters, der Vererblichkeit von Gesellschaftsanteilen oder die Frage eines automatischen Ausscheidens eines Gesellschafters sowie der Einziehungsmöglichkeit von Gesellschaftsanteilen im Todesfall gegen Gewährung einer angemessenen Abfindung. 50

II. Verhältnis des Gesellschaftsrechts zum Handelsrecht

Ein enger Zusammenhang besteht zwischen dem Gesellschaftsrecht und dem Handelsrecht, was sich bspw. daran zeigt, dass beide Rechtsbereiche vielfach einheitlich abgehandelt werden (z. B. *Roth*, Handels- und Gesellschaftsrecht). Auch die Einführung eines **Fachanwaltes für Handels- und Gesellschaftsrecht** verdeutlicht, dass die Rechtspraxis beide Gebiete vielfach als Einheit wahrnimmt. Die enge Verbindung zwischen dem Handels- und dem Gesellschaftsrecht beruht darauf, dass die Personenhandelsgesellschaften im Handelsgesetzbuch (HGB) geregelt werden. Unter Handelsrecht versteht man das Außenprivatrecht der Unternehmen, sodass eine im Rechtsverkehr auftretende Gesellschaft regelmäßig dem Handelsrecht unterfallen wird. 51

Einführung und Grundlagen

III. Verhältnis des Gesellschaftsrechts zum Kartellrecht

52 Das Kartellrecht ist nicht, wie sein Name nahe legen könnte, ein reines Organisationsrecht, sondern dient umfassend dem Schutz der Märkte vor einem Missbrauch wirtschaftlicher Macht und der Manipulation von Marktbedingungen. Die in § 1 GWB a. F. enthaltene Umschreibung des **Kartellvertrages** als Vertrag, den ein Unternehmen oder eine Vereinigung von Unternehmen »zu einem gemeinsamen Zweck« schließen, wurde im Rahmen der Kartellrechtsnovellierung durch das Verbot wettbewerbsbeschränkender Vereinbarungen, Beschlüsse oder aufeinander abgestimmter Verhaltensweisen ersetzt (vgl. dazu ausführl. *Immenga/Mestmäcker* GWB, § 1 Rn. 1 ff.).

53 Damit wird klargestellt, dass das Kartellrecht nicht ein Verbotsgesetz für Gesellschaften ist, die unzulässigerweise den Wettbewerb beschränken, sondern alle das Marktverhalten oder die Marktstruktur beeinflussenden Handlungen Gegenstand einer kartellrechtlichen Prüfung werden können (*Immenga/Mestmäcker* GWB, § 1 Rn. 3).

IV. Verhältnis des Gesellschaftsrechts zum Kapitalmarktrecht

54 Das Kapitalmarktrecht fasst die Vorschriften zusammen, die den Markt regeln, auf dem sowohl mitgliedschaftliche als auch obligatorische Kapitalanlagen gehandelt werden. Zentrale Themen mit Berührungspunkten zum Gesellschaftsrecht sind der **Anleger- und Minderheitenschutz**, die **Finanzierungsmöglichkeiten** von Gesellschaften sowie die **Börsenfähigkeit** von Gesellschaftsanteilen (*Kümpel* Bank- und Kapitalmarktrecht, S. 1237 ff.).

55 Insbesondere das bereits erwähnte **Wertpapierhandelsgesetz** (WpHG) und das **Wertpapiererwerbs- und Übernahmegesetz** (WpÜG) haben große Bedeutung für das Gesellschaftsrecht. Bspw. regeln die §§ 12 ff. WpHG ein Verbot des Insiderhandels. Ferner enthält das WpHG Meldepflichten für den Erwerb von Anteilen an börsennotierten Gesellschaften (vgl. Abschnitt 5 des WpHG).

V. Verhältnis des Gesellschaftsrechts zum Steuerrecht

56 Bei der Frage, welche Rechtsform für eine wirtschaftliche Tätigkeit gewählt werden soll, spielt das Steuerrecht eine maßgebliche Rolle, da die steuerliche Belastung je nach gewählter Rechtsform unterschiedlich ausfallen kann.

57 Die Bedeutung des Steuerrechts lässt sich daran ermessen, dass eine Reihe gesellschaftsrechtlicher Konstruktionen ihre Entstehung steuerrechtlichen Motiven verdankt. So gilt bspw. die **GmbH & Co. KG** als typisches Produkt steuerrechtlicher Überlegungen (vgl. dazu ausführl. Anhang 3 zum HGB Rdn. 101 ff.). Auch die als Fondskonstruktion sehr beliebte Publikumspersonengesellschaft verdankt ihre Existenz im Wesentlichen steuerrechtlichen Effekten, nämlich der Abschreibungsmöglichkeit im Einkommensteuerrecht (*Knobbe-Keuk* Das Steuerrecht – eine unerwünschte Rechtsquelle des Gesellschaftsrechts, 1986).

VI. Bedeutung des Prozess- und Insolvenzrechts für das Gesellschaftsrecht

58 Große Bedeutung für gesellschaftsrechtliche Fragestellungen kommt dem Prozessrecht zu, was sich z. B. an den gesellschaftsrechtlichen Gestaltungsklagen und der für das Gesellschaftsrecht entwickelten **actio pro socio** zeigt (vgl. zur actio pro socio bei Personengesellschaften ausführl. Kap. 5 Rdn. 90 ff., zur actio pro socio bei der GmbH Kap. 5 Rdn. 328 ff.). Da gesellschaftsrechtliche Streitigkeiten vielfach nicht öffentlich ausgetragen werden sollen, sind in Gesellschaftsverträgen zunehmend Schiedsklauseln zu finden, in denen die ordentliche Gerichtsbarkeit abbedungen und die **Durchführung eines Schiedsverfahrens** für gesellschaftsrechtliche Streitigkeiten vorgesehen wird (vgl. dazu ausführl. Kap. 7).

59 Das Gesellschaftsrecht wäre unvollständig ohne die Regelungen des **Insolvenzrechts**. Gesellschaften sind aufgrund ihrer wirtschaftlichen Betätigung vielfach insolvenzgefährdet, vor allem, wenn die Eigenkapitalbasis gering ist. Daher widmet sich ein eigener Abschnitt dieses Werkes dem Unter-

nehmen in der Krise (s. Kap. 3 Unternehmen in der Krise). Ferner werden die in der gesellschaftsrechtlichen Praxis wichtigen §§ 16 bis 19 InsO nunmehr kommentiert.

D. Systematik der Rechtsformen

I. Personengesellschaften und Körperschaften

Im Gesellschaftsrecht werden **zwei Grundtypen** von Gesellschaften unterschieden, nämlich die **Personengesellschaften** und die **Körperschaften**. Die Personengesellschaft ist geprägt durch den jeweiligen individuellen Gesellschafterkreis. Folgerichtig sieht das Gesetz bei der BGB-Gesellschaft als Normalfall die Auflösung der Gesellschaft beim Tod eines der Gesellschafter vor (§ 727 Abs. 1 BGB). 60

Körperschaften bleiben dagegen im Grundsatz von einer Veränderung der Gesellschafterstruktur unberührt. 61

Die **Grundform der Personengesellschaften** ist die **Gesellschaft bürgerlichen Rechts** (GbR, vgl. §§ 705 ff. BGB sowie ausführl. die Kommentierung zu §§ 705 BGB). Für die Körperschaften dient der im BGB geregelte Verein (§§ 21 ff. BGB) als Modell. 62

Die **wichtigsten Personengesellschaften** sind: 63
– Gesellschaft bürgerlichen Rechts (BGB-Gesellschaft bzw. GbR)
– offene Handelsgesellschaft (OHG)
– Kommanditgesellschaft (KG)
– stille Gesellschaft
– Partnerschaftsgesellschaft (PartG)
– Europäische Wirtschaftliche Interessenvereinigung (EWIV)

Zu den **bedeutenden Körperschaften** zählen: 64
– Verein des bürgerlichen Rechts
– Aktiengesellschaft (AktG)
– Kommanditgesellschaft auf Aktien (KGaA)
– Europäische Aktiengesellschaft (SE)
– Gesellschaft mit beschränkter Haftung (GmbH)
– (eingetragene) Genossenschaft (eG)

II. Weitere Kriterien

Es werden in der Literatur auch noch andere Ordnungskriterien für Gesellschaften vertreten. So erfolgt häufig eine Unterscheidung zwischen **Vereinigungen mit und ohne Rechtsfähigkeit** (*Hueck* Gesellschaftsrecht, § 2 Rn. 1). Während als rechtsfähige Vereinigungen die juristischen Personen (rechtsfähiger Verein, AktG, KGaA, GmbH, u. a.) angesehen werden, klassifiziert man als Vereinigung ohne Rechtsfähigkeit insbesondere die Personengesellschaften und die nicht rechtsfähigen Vereine. Die Unterscheidung nach der Rechtsfähigkeit entspricht jedoch nicht mehr dem Stand der Rechtsentwicklung, da bspw. die BGB-Gesellschaft von der Rechtsprechung mittlerweile als weitgehend rechtsfähig behandelt wird. Ein weiteres Begriffspaar sind **Rechtsträger und Innengesellschaften**. Ferner kann bei Gesellschaften eine Aufteilung zwischen **Verbandsorganisationen** und bloßen **Schuldverhältnissen** vorgenommen werden (*K. Schmidt* GesR, § 3 I 3). 65

E. Gewichtung und Bedeutung der Gesellschaften

Der Verein, die Kommanditgesellschaft auf Aktien, die Genossenschaft, sowie die Europäische Aktiengesellschaft und die Europäische wirtschaftliche Interessenvereinigung wurden in diesem Werk bislang nicht in eigenen Abschnitten behandelt, weil diese Gesellschaftsformen keine oder noch keine große Bedeutung im Wirtschaftsleben erlangt haben im Vergleich mit den behandelten Gesellschaftsformen, denen eigene Kapitel gewidmet sind. Dass die Entwicklung der Gesellschaftsformen durchaus dynamisch verläuft, wird z. B. daran deutlich, dass sich die im 19. Jahrhundert 66

Einführung und Grundlagen

zunächst durchaus wichtige Genossenschaft nicht gegenüber der Aktiengesellschaft und insbesondere der GmbH behaupten konnte, jedoch mittlerweile auf europäischer Ebene als europäische Genossenschaft (SCE) wieder verstärkt im Gespräch ist. Deshalb ist seit der zweiten Auflage der Genossenschaft ein eigenes Kapitel gewidmet. Ebenso hat die Kommanditgesellschaft auf Aktien seit der zweiten Auflage ein eigenes Kapitel erhalten. Im Folgenden werden daher nur noch die wichtigsten Strukturelemente des Vereins, der Europäischen Aktiengesellschaft sowie der Europäischen wirtschaftlichen Interessenvereinigung kurz zusammengefasst.

I. Der Verein

1. Rechtliche Grundstruktur

67 Unter einem Verein i. S. d. BGB wird ein auf Dauer angelegter Zusammenschluss von Personen zur Verwirklichung eines gemeinsamen Zwecks mit körperschaftlicher Verfassung verstanden, wobei sich die körperschaftliche Organisation in einem Vereinsnamen, in der Vertretung durch einen **Vorstand** und in der **Unabhängigkeit vom Wechsel der Mitglieder** äußert (grundlegend RGZ 143, 213 und RGZ 165, 143).

68 Die **Rechtsfähigkeit** ist für die Qualifizierung einer Körperschaft als Verein nicht entscheidend. So sind bspw. die Gewerkschaften traditionell als nicht rechtsfähige Vereine organisiert.

2. Der rechtsfähige Idealverein

69 Die größte Verbreitung hat der sog. Idealverein gefunden, worunter nach § 21 BGB ein Verein verstanden wird, dessen Zweck nicht auf einen wirtschaftlichen Geschäftsbetrieb gerichtet ist. Der Idealverein erlangt Rechtsfähigkeit durch Eintragung in das Vereinsregister des zuständigen Amtsgerichts. Allein in Bayern sind über 70.000 Vereine eingetragen.

70 Für die **Abgrenzung** zwischen eintragungsfähigem Idealverein und wirtschaftlichem Verein hat sich ein typologischer Ansatz durchgesetzt (PWW/*Schöpflin* § 21 Rn. 3 ff.).

71 Als **wirtschaftliche Vereine** wurden unter anderem angesehen: Immobilienbörse (OLG Düsseldorf NJW-RR 1996, 1500), Abrechnungsstelle für Heilberufe (KG OLGZ 79, 279), Taxizentrale (BGHZ 45, 395).

72 **Idealvereine** sind bspw. der Haus- und Grundbesitzerverein (RGZ 88, 333), der ADAC (BGH NJW 1983, 569) sowie die Bundesligavereine, sofern sich diese noch der Rechtsform des Vereins bedienen.

73 Die Beispiele des ADAC und der Bundesligavereine zeigen, dass unternehmerische Aktivitäten unschädlich sind, sofern der Hauptzweck nicht wirtschaftlicher Art ist. Es handelt sich um das sog. **Nebenzweckprivileg**, das einem Idealverein in gewissem Umfang auch unternehmerische Aktivitäten erlaubt. Zwar hatte der BGH trotz kritischer Stimmen in der Literatur den Vereinscharakter des ADAC bejaht, doch haben sich seitdem Umfang und Schwerpunkte der Tätigkeit des ADAC in einer Weise geändert, dass sich die Frage stellt, ob das deutsche Vereinsrecht noch als Organisationsform für den ADAC infrage kommt.

3. Der wirtschaftliche Verein

74 Nach § 22 BGB erlangt ein Verein, dessen Zweck auf einen wirtschaftlichen Geschäftsbetrieb gerichtet ist, seine **Rechtsfähigkeit durch staatliche Verleihung** (Konzession). Der wirtschaftliche Verein ist jedoch ohne Bedeutung geblieben, weil nach dem Grundsatz der Subsidiarität die Verleihung der Rechtsfähigkeit nur zulässig ist, wenn für die geplante Vereinigung eine Gründung als Aktiengesellschaft, GmbH, Genossenschaft oder sonstige Körperschaft unzumutbar ist. Dies wurde bei Verwertungsgesellschaften nach dem Urheberrechtswahrnehmungsgesetz (UrhRWahrnehmungsG) angenommen (*Schultze* NJW 1991, 3264). Möglich ist die Verleihung der Rechtsfähigkeit ferner,

wenn die Rechtsform des wirtschaftlichen Vereins durch bundesgesetzliche Sonderregelungen (z. B. § 19 BWaldG) ausdrücklich zugelassen ist (PWW/*Schöpflin* § 22 Rn. 1)

4. Gründung eines Vereins

Für die Vereinsgründung ist der **Beschluss einer Satzung** erforderlich (§ 25 BGB). Der Gründungsakt besteht darin, dass sich die Gründer des Vereins auf eine Satzung verständigen und beschließen, dass der Verein entstehen soll. Erforderlich sind mindestens zwei Gründungsmitglieder. Falls der Verein **Rechtsfähigkeit** erlangen soll, müssen **mindestens sieben Gründer** mitwirken (§ 56 BGB). Die Satzung muss den Zweck, den Namen und den Sitz des Vereins angeben und soll Bestimmungen enthalten über den Eintritt und Austritt der Mitglieder, die von den Mitgliedern etwa zu zahlenden Beiträge, die Bildung des Vorstandes und die Voraussetzungen, unter denen die Mitgliederversammlung einzuberufen ist, über die Form der Einberufung sowie über die Beurkundung der Beschlüsse der Mitgliederversammlung.

Vor Eintragung eines Vereins besteht ein sog. **Vorverein** als nicht rechtsfähiger Verein (PWW/*Schöpflin* § 21 Rn. 14).

5. Verfassung eines Vereins

Maßgeblich für die Verfassung eines Vereins ist die Vereinssatzung (§ 25 BGB). Der Verein muss einen **Vorstand** haben, der aus mehreren Personen bestehen kann und den Verein gerichtlich und außergerichtlich vertritt (§ 26 BGB). Der Vorstand wird durch einen Beschluss der Mitglieder im Rahmen einer Mitgliederversammlung bestellt (§ 27 BGB). Es ist zu unterscheiden zwischen dem Vorstand i. S. d. Gesetzes, dem zwingend die Vertretung des Vereins gegenüber Dritten obliegt und dem Vorstand i. S. d. Satzung, d. h. die Satzung kann Vorstandsmitglieder vorsehen, die Vereinsaufgaben wahrnehmen, aber keine Vertretungsbefugnis haben. Nur der Vorstand im Sinne des Gesetzes wird im Vereinsregister eingetragen.

Die **Mitgliederversammlung** ist das oberste Organ des Vereins und hat durch Beschlussfassung die Angelegenheiten des Vereins zu ordnen, soweit diese nicht von einem anderen Vereinsorgan wahrzunehmen sind (§ 32 BGB). Die Mitgliedschaft in einem Verein ist nicht übertragbar und nicht vererblich (§ 38 BGB).

6. Haftung des Vereins für Organe

Im Vereinsrecht findet sich die **zentrale Zurechnungsnorm** für Körperschaften. Nach **§ 31 BGB** ist der Verein für den Schaden verantwortlich, den der Vorstand, ein Mitglied des Vorstandes oder ein anderer verfassungsmäßig berufener Vertreter durch eine in Ausführung der ihm zustehenden Verrichtungen begangene, zum Schadensersatz verpflichtende Handlung einem Dritten zufügt. So muss sich bspw. auch eine Aktiengesellschaft das Handeln ihres Vorstandes nach § 31 BGB zurechnen lassen (PWW/*Schöpflin* § 31 Rn. 2).

7. Auflösung und Beendigung

Ein Verein kann durch **Beschluss der Mitgliederversammlung** aufgelöst werden, wobei für den Auflösungsbeschluss eine Mehrheit von 3/4 der erschienenen Mitglieder erforderlich ist, soweit die Satzung nicht etwas anderes vorsieht (§ 41 BGB). Mit dem Auflösungsbeschluss endet der Verein als sog. werbender Verein und besteht als sog. Liquidationsverein bis zur Beendigung der Liquidation fort (§ 47 BGB). Ohne vorherige Auflösung und Liquidation erlischt ein Verein, wenn **alle Mitglieder wegfallen** oder der **Verein verboten** und sein Vermögen nach §§ 3, 4 und 11 Abs. 2 Vereinsgesetz eingezogen wird. Ein weiterer Auflösungsgrund ist die Eröffnung des **Insolvenzverfahrens** (§ 42 BGB).

Einführung und Grundlagen

II. Die Europäische Aktiengesellschaft (SE)

1. Wirtschaftliche Bedeutung

81 Seit ihrer Einführung im Oktober 2004 hat sich der Zuspruch zur Europäischen Aktiengesellschaft (SE, Societas Europaea) in überschaubaren Grenzen gehalten. Bis zum Jahre 2006 hatten sich nur 30 SEs registrieren lassen, die meisten davon aus Deutschland. Das komplexe Normengeflecht und der **numerus clausus der Gründungstatbestände** lassen auch für die Zukunft eher ein **Nischendasein** für die SE vermuten, auch wenn mit der Allianz AG zum ersten Mal ein Mitglied des EuroStoxx-50 die Umwandlung in eine SE vollzogen hat. Vgl. zur SE auch ausführl. Kap. 2 Rdn. 544 ff.

2. Rechtliche Grundstruktur

82 Grundlage der Europäischen Aktiengesellschaft ist die **Ratsverordnung EWG-VO 2157/2001 (SE-VO)**, welche durch das deutsche »Gesetz zu Einführung der Europäischen Gesellschaft« (**SEEG**) sowie das deutsche **Ausführungsgesetz (SE-AG)** vom 29.12.2004 (BGBl. I, Nr. 73, 3675) ergänzt wird. Subsidiär gelten die nationalen Regelwerke zur Aktiengesellschaft, weshalb das konkrete Erscheinungsbild der SE von Mitgliedstaat zu Mitgliedstaat unterschiedlich ausfällt.

83 Die SE ist eine **eigenständige juristische Person und Handelsgesellschaft**, in der mehrere Gesellschaften aus mindestens zwei Mitgliedstaaten der EG in der Regel grenzüberschreitend verschmolzen sind und deren Kapital in Aktien aufgeteilt ist. Das gesetzliche **Mindestkapital** beträgt 120.000,– €. Für die Verbindlichkeiten der Gesellschaft haftet nur das Gesellschaftsvermögen. Der Aktionär muss lediglich eine Einlage auf die übernommenen Aktien erbringen.

3. Gründung

84 Eine SE kann nicht ohne Weiteres gegründet werden. Vielmehr lässt sich die SE nur unter Beachtung des **numerus clausus der in Art. 2 SE-VO** vorgegebenen Gründungstatbestände ins Leben rufen.

85 Die Gründung geschieht meist in Form der **grenzübergreifenden Verschmelzung** gem. Art. 2 I SE-VO von zwei oder mehr Aktiengesellschaften, die nach dem jeweiligen Recht der nationalen Mitgliedstaaten gegründet wurden und in mindestens zwei verschiedenen Mitgliedstaaten ihren Sitz haben. Die beiden Aktiengesellschaften können auch in einem Mutter-Tochter-Verhältnis zueinanderstehen (vgl. dazu ausführ. *Oechsler* NZG 2005, 697, 700). Es kann eine inländische oder ausländische AG auch allein zum Zweck der Verschmelzung zu einer SE gegründet werden (vgl. auch Kap. 2 Rdn. 546 ff.).

86 Als weitere Gründungsform kommt eine **formwechselnde Umwandlung** gem. Art. 2 Abs. 4 SE-VO in Betracht. Dafür muss eine Aktiengesellschaft bereits seit 2 Jahren eine ausländische Tochtergesellschaft haben.

87 Ferner kann auch eine **Holding-SE** gegründet wurden (vgl. Kap. 2 Rdn. 551 f.). Hierfür ist erforderlich, dass die Anteilsinhaber zweier Gesellschaften mindestens 50 % der Anteile der für die Gründung vorgesehenen Gesellschaften in die Holding-SE einlegen gegen Gewährung von Aktien der SE. Die Holding entsteht gem. Art. 33 Abs. 2 SE-VO, sobald die Aktionäre der Gründergesellschaften den vorgeschriebenen Mindestprozentsatz von Aktien eingebracht haben.

88 Schließlich ist auch die **Gründung einer Tochter-SE** durch eine bereits bestehende SE gem. Art. 2 Abs. 3 SE-VO möglich. Das genaue Verfahren der Tochtergründung ist in Art. 36 SE-VO geregelt (vgl. auch Kap. 2 Rdn. 553 f.).

89 Mehrere Gründungstatbestände, etwa die Umwandlung und die Verschmelzung, können auch kombiniert werden, sofern die Schranken in Art. 3 Abs. 1 und 37 Abs. 3 SE-VO eingehalten werden (*Oechsler* NZG 2005, 697, 700).

4. Organe, Geschäftsführung und Vertretung

Das wichtigste Organ jeder SE ist die **Hauptversammlung** der Aktionäre nach Art. 38 SE-VO. Diese kann Beschlüsse über die Fragen treffen, die einer Hauptversammlung nach nationalem Recht zugewiesen sind und darüber hinaus in Angelegenheiten beschließen, die ihr die Satzung übertragen hat. Organisation, Ablauf und Abstimmungsverfahren sind in Art. 54 bis 60 SE-VO verankert. Zur Ergänzung ist auf nationales Aktienrecht zurückzugreifen. 90

Die Satzung kann darüber hinaus zwischen einem monistischen System mit einem einheitlichen Leitungs- und Überwachungsorgan und einem dualistischen System wählen, bei dem das Leitungsorgan durch ein Aufsichtsgremium als zweites Organ kontrolliert wird. 91

Im **monistischen System** bestellt der **Verwaltungsrat** einen oder mehrere Direktoren, denen die Geschäftsführungsbefugnis gem. Art. 43 Abs. 1 SE-VO, § 40 Abs. 2 SE-AG zusteht. Ihnen kommt auch die Vertretungsbefugnis, grundsätzlich in Form der Gesamtvertretung, zu, soweit die Satzung nichts anderes vorsieht (§ 41 SE-AG). Auch eine Vertretung der SE gemeinsam mit einem Prokuristen ist eine mögliche Gestaltungsvariante. Die Direktoren können Mitglieder des Verwaltungsrats, aber auch externe Dritte sein. 92

Im **dualistischen System** ist das Leitungsorgan nach Art. 39 Abs. 1 SE-VO zur Geschäftsführung bestellt und vertretungsberechtigt (§ 78 Abs. 1 AktG). 93

III. Die Europäische Wirtschaftliche Interessenvereinigung (EWIV)

1. Rechtliche Grundstruktur

Die Europäische Wirtschaftliche Interessenvereinigung (EWIV) wurde durch Verordnung des Ministerrats EWG-VO 2137/85 vom 25.07.1985 (EWIV-VO) ins Leben gerufen. Für eine in Deutschland gegründete EWIV ist das EWIV-Ausführungsgesetz (EWIV-AG) vom 14.04.1988 maßgebend. Die rechtliche Ausgestaltung der EWIV ist durch eine einfache Struktur und eine vielseitige Anwendbarkeit geprägt. 94

Die EWIV ist eine der grenzüberschreitenden Kooperation dienende Rechtsform des europäischen Gesellschaftsrechts, die als **verselbstständigte Gesamthandgesellschaft** der juristischen Person nur angenähert ist (*Müller-Gugenberger* NJW 1989, 1449, 1453). Soweit nicht rechtliche Vorgaben in der EWIV-VO gemacht werden, gilt für die EWIV das nationale Recht des Mitgliedstaates, in dem sie ihren Sitz hat. In Deutschland beurteilt sich die rechtliche Ausgestaltung teils nach dem **Recht der offenen Handelsgesellschaften**, teils nach **GmbH-Recht**. Die Eintragung ins Handelsregister ist für die Entstehung der EWIV **konstitutiv**. Sie ist eine Handelsgesellschaft i.S.d. HGB und damit Formkaufmann. Allerdings sind nicht notwendig ihre Mitglieder ihrerseits Kaufmänner nach den Vorschriften des HGB, was die Rechtsform auch für die freien Berufe öffnet. 95

Die EWIV muss einen **Sitz in der Europäischen Gemeinschaft** haben und Mitglieder aus mindestens zwei Mitgliedstaaten aufweisen. Wichtiges Merkmal der Rechtsform ist die unbeschränkte, persönliche und gesamtschuldnerische Haftung aller Mitglieder. 96

2. Gründung

Zunächst müssen die potenziellen Mitglieder der Gesellschaft einen Gründungsvertrag abschließen, der Namen und Sitz der Vereinigung, den Unternehmensgegenstand, Angaben über die Mitglieder und die Dauer der Vereinigung zu enthalten hat. Nach Art. 6 EWIV-VO ist weiterhin ein Eintrag in ein Register des Staates, in dem die Vereinigung ihren Sitz hat, erforderlich, in Deutschland in das Handelsregister (§§ 2, 3 EWIV-AG). Die Eintragung ist konstitutiv. Die Mitglieder haften auch während Zeit der Vor-EWIV persönlich unbeschränkt, sofern im Namen der Vor-EWIV bereits Geschäfte getätigt werden. 97

3. Zweck

98 Die Zweckbestimmung der EWIV unterliegt **strengen gesetzlichen Vorgaben**, da der europäische Gesetzgeber verhindern wollte, dass durch die supranationale Rechtsform der EWIV nationale Regelungen umgangen werden. Daher legt Art. 3 Abs. 1 EWIV-VO fest, dass die Vereinigung nur die wirtschaftliche Tätigkeit ihrer Mitglieder fördern, nicht aber eigene Gewinnerzielungsabsichten haben darf. Diese Vorschrift steht einer EWIV als Gewerbebetrieb jedoch wohl nicht entgegen (*Müller-Gugenberger* NJW 1989, 1449, 1454). Der Zweck einer EWIV ist vom Merkmal der **Kooperation zwischen den Mitgliedern** geprägt. Die Tätigkeit der EWIV muss daher im Zusammenhang mit der wirtschaftlichen Aktivität ihrer Mitglieder stehen, darf aber nur Hilfstätigkeiten betreffen und das operative Geschäft der Mitglieder nicht ersetzen. Insbesondere darf nach Art. 3 Abs. 2 EWIV-VO die EWIV keine Leitungsmacht ausüben oder eine Holding bilden, nicht mehr als 500 Arbeitnehmer beschäftigen und keine nationalen Vorschriften gegen Vermögensverschiebungen umgehen.

4. Mitglieder und Haftung

99 Mitglieder der EWIV können sowohl **natürliche Personen** als auch **Gesellschaften** i. S. d. Art. 48 EGV und andere »juristische Einheiten« sein. Die natürlichen Personen müssen jedoch eine wirtschaftliche Tätigkeit ausüben, mithin ein Unternehmen betreiben, Privatleuten ist der Weg in die EWIV versagt (*K. Schmidt* GesR, § 66 II 1 Buchst. a). Die juristischen Einheiten müssen nach dem Recht eines Mitgliedstaats gegründet sein und ihren Sitz oder ihre Hauptverwaltung in der EG haben. Eine EWIV darf ausweislich Art. 3 Abs. 2 EWIV-VO nicht selbst Mitglied einer EWIV werden. Letztlich können damit alle rechtsfähigen Personenzusammenschlüsse einer EWIV beitreten, sofern sie selbst einen Erwerbszweck verfolgen (*Müller-Gugenberger* NJW 1989, 1449, 1455).

100 Die EWIV muss **mindestens zwei Mitglieder** haben, wobei wenigstens zwei Mitglieder ihren Sitz oder ihre Hauptverwaltung in verschiedenen Mitgliedstaaten der EU haben müssen. Dieser **grenzüberschreitende Bezug** ist ein **zwingendes Wesensmerkmal** der EWIV. Mitglieder der EWIV können nicht aus Drittstaaten stammen.

101 Die Mitglieder **haften persönlich unbeschränkt** und gesamtschuldnerisch für die Verbindlichkeiten der Gesellschaft, aber nur **subsidiär** (Art. 24 ff. EWIV-VO). Ein neu eintretendes Mitglied haftet gem. Art. 26 Abs. 1 EWIV-VO, wie bei einer OHG, auch für bereits vor seinem Eintritt eingegangene Verbindlichkeiten.

5. Organe, Geschäftsführung und Vertretung

102 Die Organisation der EWIV ist von einem hohen Maß an **Gestaltungsfreiheit** geprägt.

103 **Geschäftsführungsorgan** ist der **Geschäftsführer**, der allerdings kein Mitglied der Gesellschaft zu sein braucht. Die EWIV folgt insofern nicht dem Prinzip der Selbstorganschaft. Der Geschäftsführer muss grundsätzlich eine natürliche Person sein. Ausnahmen der Mitgliedstaaten von dieser Regelung sind ausdrücklich zugelassen. Deutschland hat von dieser Gestaltungsmöglichkeit aber keinen Gebrauch gemacht. Der Geschäftsführer wird durch den Gründungsvertrag oder einen Beschluss der Mitglieder bestellt. Die Befugnisse ergeben sich aus den Bestimmungen des GmbH-Rechts in Ergänzung der Regelung des Art. 19 EWIV-VO. Auch die Strafvorschriften sind den Regelungen des GmbH-Rechts nachgebildet (§§ 13 ff. EWIV-AG).

104 Die **gesetzliche Vertretungsmacht** des Geschäftsführers ist vertraglich nicht beschränkbar. Allerdings ist eine Gesamtvertretung zulässig und nach Eintragung und Bekanntmachung wirksam (Art. 20 EWIV-VO).

105 Die **Mitgliederversammlung** ist das übergeordnete Organ, in der die Mitglieder, grundsätzlich mit je einer Stimme, Beschlüsse zur Verwirklichung des Unternehmensgegenstandes treffen (Art. 16 Abs. 2 EWIV-VO). Es wird mit einfacher Mehrheit abgestimmt, sofern nicht z. B. Beschlüsse über Änderungen des Unternehmensgegenstands, des Stimmrechts etc. Einstimmigkeit verlangen.

6. Auflösung und Beendigung

Die Auflösung erfolgt durch **einstimmigen Auflösungsbeschluss** oder eine **gerichtliche Auflösungsentscheidung**. Die Liquidation unterliegt dem jeweiligen Recht der Mitgliedstaaten, ebenso wie das Insolvenzverfahren. 106

IV. Die Europäische Privatgesellschaft

Zu der EWIV sind als europäische Gesellschaftsformen die Europäische Aktiengesellschaft (SE; s. o. Rdn. 81 ff.) und jüngst die Europäische Genossenschaft (SCE) hinzugetreten. 107

Ende Juni 2008 hat die EU-Kommission zudem einen Entwurf eines Statuts für die **Europäische Privatgesellschaft** (EPG) vorgelegt. Diese supranationale Gesellschaftsform soll insbesondere kleineren und mittleren Unternehmen in Europa, die in verschiedenen Mitgliedstaaten tätig sind, die grenzüberschreitende Tätigkeit erleichtern und würde somit zu einem Wettbewerber der deutschen GmbH. Unabhängig davon, in welchem europäischen Mitgliedsstaat eine Tochtergesellschaft gegründet wird, soll die Gründung einem europäisch festgelegten einheitlichen Verfahren folgen und den Informations-, Beratungs- und Kostenaufwand bei der Gründung von Gesellschaften in den Mitgliedsstaaten reduzieren. Allerdings hat die Europäische Kommission im Oktober 2013 mitgeteilt, der Vorschlag für eine Verordnung über die Europäische Privatgesellschaft werde zurückgezogen. Der ursprüngliche Entwurf einer EPG dürfte damit gescheitert sein. Dafür wird nunmehr überlegt, als Ergebnis einer vollständigen Harmonisierung der einzelstaatlichen Regelungen über Einpersonenkapitalgesellschaften eine Societas Europaea UniPersonam (SEUP) zu schaffen. Ferner ist in der Diskussion, acht EU-Richtlinien zum Gesellschaftsrecht zusammenzufassen, um eine einheitliche europäische Kodifikation des Gesellschaftsrechts zu schaffen. 108

Einführung und Grundlagen

F. Synoptische Darstellung der Gesellschaftsformen

	GbR	Partnerschafts-Gesellschaft	OHG	KG	Stille Gesellschaft	GmbH	UG (haftungs-beschränkt)	GmbH & Co. KG	AG	Stiftung
Gesetzliche Regelung	§§ 705 bis 740 BGB	PartGG vom 25.07.1994, zuletzt geändert durch Art. 1 des Gesetzes vom 15. Juli 2013 (BGBl. I 2386)	§§ 105 bis 160 HGB; ergänzend §§ 705 bis 740 BGB	§§ 161 bis 177a HGB; ergänzend Bestimmungen über oHG und GbR	§§ 230 bis 237 HGB; ergänzend §§ 705 bis 740 BGB	GmbHG vom 20.04.1892, zuletzt geändert durch Art. 27 des Gesetzes vom 23. Juli 2013 (BGBl. 2586)	GmbHG vom 20.04.1892, zuletzt geändert durch Art. 27 des Gesetzes vom 23. Juli 2013 (BGBl. 2586)	Grundsätzlich wie KG, für den Komplementär gilt Regelung der jeweiligen Rechtsform	AktG vom 06.09.1965, zuletzt geändert durch Art. 26 des Gesetzes vom 23. Juli 2013 (BGBl. I 2586)	§§ 80 bis 88 BGB sowie Landes-stiftungsgesetze; ergänzend einzelne Vorschriften des Vereinsrechts, § 86 BGB
Vorzüge und Nachteile		Haftungsbeschränkungen für Zusammenschlüsse von Freiberuflern durch Handelndenhaftung möglich, § 8 Abs. 2 und 3 PartGG		beschränkte Haftung der Kommanditisten	ermöglicht nach außen nicht erkennbare Unternehmensbeteiligung	grundsätzlich keine Haftung der Gesellschafter	grundsätzlich keine Haftung der Gesellschafter; Stammkapital von nur 1 € möglich;	Vermeidung unbeschränkter Haftung einer natürlichen Person	Deckung Kapitalbedarf über Börsengang	Individuelle Zwecksetzung und Gestaltung durch den Stifter
Entstehung	Gesellschaftsvertrag von mindestens 2 Personen, auch konkludent möglich; keine Eintragung erforderlich	schriftlicher Partnerschaftsvertrag durch mindestens 2 Angehörige freier Berufe; Außenwirkung mit konstitutiver Eintragung ins Partnerschaftsregister	Gesellschaftsvertrag durch mindestens 2 Gesellschafter, Außenwirkung ab Geschäftsaufnahme spätestens mit Registereintrag; Eintragung ins Handelsregister notwendig, aber deklaratorisch	Gesellschafts-Vertrag durch mindestens einen Komplementär und mindestens einen Kommanditisten; sonst wie OHG	Gesellschaftsvertrag, auch konkludent möglich; Innengesellschaft ohne Außenwirkung; keine Eintragung ins Handelsregister; evtl. aber Eintragungspflicht des Geschäftsinhabers	notariell zu beurkundender Gesellschaftsvertrag durch einen oder mehrere Gründer, die Geschäftsanteile übernehmen; in Standardfällen (max. 3 Gesellschafter und nur ein Geschäftsführer an Gründung beteiligt) vereinfachtes Verfahren durch ein beurkundungspflichtiges Musterprotokoll; Eintragung darf erst dann erfolgen, wenn auf jeden Geschäftsanteil ein Viertel des Nennbetragseinbezahlt ist; wahlweise Geld- oder Sacheinlagen; Eintragung wirkt konstitutiv	notariell zu beurkundender Gesellschaftsvertrag durch einen oder mehrere Gründer, die Geschäftsanteile übernehmen; in Standardfällen (max. 3 Gesellschafter und nur ein Geschäftsführer an Gründung beteiligt) erleichterte Gesellschaftsgründung durch ein beurkundungspflichtiges »Musterprotokoll«; die Anmeldung darf erst dann erfolgen, wenn das Stammkapital in voller Höhe eingezahlt ist; Sacheinlagen sind ausgeschlossen (§ 5a II GmbHG); Eintragung wirkt konstitutiv	grds. wie KG, für den Komplementär wie GmbH	Gründung in aktienrechtlicher Formstrenge, §§ 23 bis 53 AktG, durch einen oder mehrere Gründer, welche gegen Einlagen Aktien übernehmen; bei Sondervorteilen oder Sacheinlagen §§ 26, 27 AktG; Satzung mit Mindestinhalt notariell zu beurkunden; konstitutive Eintragung	Schriftliches Stiftungsgeschäft und Anerkennung durch die zuständige Landesbehörde, § 80 Abs. 1 BGB

16   Schwerdtfeger

Einführung und Grundlagen

	GbR	Partnerschafts-Gesellschaft	OHG	KG	Stille Gesellschaft	GmbH	UG (haftungsbeschränkt)	GmbH & Co. KG	AG	Stiftung
Rechtsfähigkeit	Teilrechtsfähigkeit nach BGH-Urt. v. 29.01.2001	selbständiger Rechtsträger § 7 Abs. 2 PartGG i. V. m. § 124 Abs. 1 HGB	selbständiger Rechtsträger § 124 Abs. 1 HGB	wie OHG	keine Rechtsfähigkeit	rechtsfähige juristische Person	rechtsfähige juristische Person	wie KG	rechtsfähige juristische Person	Rechtsfähige juristische Person
Gesellschafter und Beteiligung am Gesellschaftsvermögen	mind. 2 Gesellschafter, Einzelpersonen oder Gesellschaften; Beteiligung am Gesellschaftsvermögen	mind. 2 Gesellschafter	mind. 2 Gesellschafter, natürliche oder juristische Person; auch KG oder OHG selbst als Gesellschafter möglich, nicht jedoch nach h. M. GbR; Beteiligung am Gesellschaftsvermögen	mind. ein Komplementär und ein Kommanditist, sonst wie OHG	stille Gesellschafter und Geschäftsinhaber können natürliche oder juristische Personen, aber auch OHG oder KG sein; getrennte Gesellschaftsverhältnisse bei Beteiligung eines stillen Gesellschafters an mehreren Unternehmen, ebenso bei mehreren stillen Gesellschaftern an einem Unternehmen; kein Gesellschaftsvermögen; Einlage geht in das Vermögen des Geschäftsinhabers über, Gesellschafter steht Forderungsrecht zu	natürliche Person oder Gesellschaften als Gesellschafter, auch Einpersonengesellschaft möglich; keine direkte Vermögensbeteiligung, nur Auskunfts- und Einsichtsrecht der Gesellschafter nach § 51a GmbHG; nach § 33 GmbHG kann die GmbH eigene Anteile halten	natürliche Person oder Gesellschaften als Gesellschafter, auch Einpersonengesellschaft möglich; keine direkte Vermögensbeteiligung, nur Auskunfts- und Einsichtsrecht der Gesellschafter nach § 51a GmbHG; nach § 33 GmbHG kann die GmbH eigene Anteile halten	grds. wie KG; eine Person kann zugleich Gesellschafter der Komplementär GmbH und Kommanditist sein, selbst als alleiniger Gesellschafter der GmbH und einziger Kommanditist	Einzelpersonen und Gesellschaften als Aktionäre, Einpersonen AG möglich; Keine direkte Vermögensbeteiligung, ausnahmsweise Erwerb eigener Aktien durch die AG nach § 71 AktG	Keine Gesellschafter

Einführung und Grundlagen

	GbR	Partnerschafts-Gesellschaft	OHG	KG	Stille Gesellschaft	GmbH	UG (haftungs-beschränkt)	GmbH & Co. KG	AG	Stiftung
Gesellschafts-vermögen und Mindestkapital	Gesamthands-vermögen der Gesellschafter; weder Kapital noch Mindesteinzahlungen verlangt; auch Innengesellschaft ohne Vermögen möglich	keine gesetzlichen Vorgaben	Gesamthandsver-mögen der Gesellschafter; weder festes Kapital noch Mindesteinzahlungen vorgegeben	Gesamthands-vermögen der Gesellschafter; grds. wie OHG, jedoch in der Höhe beliebig festzulegende feste Kommanditen-einlagen für Kommanditisten	kein Gesellschafts-vermögen; weder festes Kapital noch Mindestein-zahlungen, jedoch in der Höhe beliebige feste Einlage des stillen Gesellschafters	eigenes Vermögen der juristischen Person; festes Stammkapital von mindestens 25.000,–€ Mindesteinzahlung ein Viertel des Nennbetrags auf jeden Geschäftsanteil, aber wenigstens 12.500,–€ als Gesamteinzahlung	eigenes Vermögen der juristischen Person; kein bestimmtes Mindeststamm-kapital, die Gewinne dürfen aber nicht voll ausgeschüttet werden; Gesellschafter müssen 25% des erzielten Gewinns in die Rücklage einstellen, sodass sich bei erfolgreichem Geschäftsverlauf ein Eigenkapital bilden kann; dies gilt nicht mehr, wenn Mindest-stammkapital 25.000 € erreicht oder übersteigt, § 5a V GmbHG.	grds. wie KG, Komplementär nicht notwendig am Vermögen beteiligt; für eine Komplementär GmbH gelten die GmbH-Bestim-mungen	eigenes Vermögen der juristischen Person; festes Grundkapital von mindestens 50.000,–€; Mindestbetrag einer Aktie 1,–€; Nennbetrag- oder Stückaktien möglich; Ausgabe von Aktien unter dem Nennbetrag verboten, auf ausstehende Einlagen kann nicht verzichtet werden	Stiftungsvermögen muss ausreichend sein, um den Stiftungszweck zu erfüllen
Haftung	grds. wie OHG; Haftung durch Vereinbarung mit Gläubigern, jedoch nicht durch bloße Bezeichnung »GbR mbH« auf Gesell-schaftsvermögen beschränkbar;	Partner haften gesamtschuld-nerisch neben dem Vermögen der Gesellschaft, beschränkt durch Handelnden-haftung, § 8 Abs. 2, und § 8 Abs. 3 ParGG; §§ 129, 130 HGB gelten; Haftung beschränkt auf Gesellschaftsver-mögen, wenn Versicherungs-schutz nach § 8 Abs. 4 ParGG	Gesellschafter haften unmittelbar, unbeschränkt und solidarisch, § 128 HGB; eintretende Gesellschafter haften ebenso für vor ihrem Eintritt bestehende Verbindlichkeiten, § 130 HGB; 5 Jahre weiter gehende Haftung bei Auflösung der Gesellschaft oder Ausscheiden eines Gesellschafters, § 159 HGB; Haftung gegenüber Dritten nicht abdingbar	ab konstitutiver Eintragung haften Komplementäre unbeschränkt, Kommanditisten nur in Höhe ihrer Einlage, §§ 171 ff. HGB; vor der Eintragung haften alle Gesellschafter unbeschränkt	Inhaber haftet nach den Bestimmungen der Gesellschafts-form, in der er das Unternehmen betreibt; stiller Gesellschafter haftet Gläubigern gegenüber nicht; ein Verlust wird auf ihn nur bis zur Höhe seiner Einlage umgelegt, § 232 HGB; bleibt nach Verlustabzug ein Einlagenrestbetrag in der Insolvenz, kann er diesen als Forderung geltend machen, § 236 HGB	es haftet das Gesell-schaftsvermögen in voller Höhe; ab Eintragung haften die Gesellschafter nur nach Maßgabe einer im Gesellschaftsvertrag festzulegenden oder beschränkten Nachschusspflicht, §§ 26 bis 28 GmbHG; bei unbeschränkter Nachschuss-pflicht jedoch Abandonrecht, § 27 GmbHG;	es haftet das Gesell-schaftsvermögen in voller Höhe; ab Eintragung haften die Gesellschafter nur nach Maßgabe einer im Gesellschaftsvertrag festzulegenden oder beschränkten Nachschusspflicht, §§ 26 bis 28 GmbHG; bei unbeschränkter Nachschuss-pflicht jedoch Abandonrecht, § 27 GmbHG;	vor der Eintragung haften der Gesell-schafter persönlich gesamtschuldne-risch, § 11 Abs. 2 GmbHG sonst wie KG	es haftet das Gesell-schaftsvermögen in voller Höhe; nach der Eintragung sind die Aktionäre von der Haftung befreit; eine Nachschusspflicht besteht nicht; vor der Eintragung haften die Han-delnden persönlich unbeschränkt, § 41 Abs. 1 AktG	Zwingende Haftung für Organe über §§ 86, 31 BGB

Einführung und Grundlagen

	GbR	Partnerschafts-Gesellschaft	OHG	KG	Stille Gesellschaft	GmbH	UG (haftungs-beschränkt)	GmbH & Co. KG	AG	Stiftung
Organe, Geschäfts-führung und Vertretung	Gesellschafter als Organ, weitere Organe möglich; Geschäftsführung aller Gesellschafter gemeinsam, § 709 BGB; Einzelgeschäfts-führungsbefugnis jedoch vertraglich vereinbar; Wider-spruchsrecht jedes Gesellschafters; Geschäftsführung vertraglich auf einen oder mehrere Gesellschafter beschränkbar, § 710 BGB; Vertretung grund-sätzlich durch alle Gesellschafter, einzelne jedoch vertraglich aus-schließbar; ebenso Einzelvertretungs-befugnis möglich	Partner als Organ; Geschäftsführung und Vertretung wie OHG	Gesellschafter als Organ, weitere Organe möglich; die Geschäfts-führung kann per Gesellschaftsvertrag festgelegt werden; geschieht dies nicht, sind alle zur Geschäftsführung berechtigt und verpflichtet; grds. ist jeder Gesellschafter ver-tretungsberechtigt, Gesamtvertretung oder Ausschluss aber festlegbar, § 125 HGB; Außenwirkung erst ab Eintragung ins Handelsregister	Organe wie OHG; die Geschäfts-führung steht grundsätzlich den Komple-mentären einzeln zu, kann aber vertraglich beliebig geregelt werden; Kommanditisten von Geschäfts-führung grds. ausgeschlossen, § 164 HGB, jedoch Kontrollrecht, Widerspruchsrecht bei außergewöhn-lichen Geschäften, § 166 HGB, und Vertretungsbefug vertretungsbefugt grundsätzlich die Komplementäre, wie bei OHG; Kommanditisten nicht vertretungs-berechtigt, aber Prokura kann erteilt werden	keine besonderen Organe; Geschäfts-führung obliegt dem Inhaber, Gesellschafter nur mit Kontrollrech-ten ausgestattet, § 233 HGB; Vertretung allein durch den Inhaber, dem Gesellschafter kann jedoch Pro-kura eingeräumt werden	Geschäftsführer und Gesellschafter-versammlung als Pflichtorgane, Aufsichtsrat fakultativ; sofern vertraglich nichts anderes geregelt, Gesamtgeschäfts-führungsbefugnis der Geschäfts-führer; diese ist im Innen-verhältnis weithin beschränkbar; Vertretungsbefug-nis der Geschäfts-führer, gegenüber Dritten nicht beschränkbar; hat Gesellschaft keinen Geschäftsführer (Führungslosig-keit), vertreten sie beim Empfang von Willenserklärungen und Schriftstücken die Gesellschafter; Gesamtvertretungs-macht sofern nichts Abweichendes im Gesellschaftsvertrag geregelt	Geschäftsführer und Gesellschafter-versammlung als Pflichtorgane, Aufsichtsrat fakultativ; sofern vertraglich nichts anderes geregelt, Gesamtgeschäfts-führungsbefugnis der Geschäfts-führer; diese ist im Innen-verhältnis weithin beschränkbar; Vertretungsbefug-nis der Geschäfts-führer, gegenüber Dritten nicht beschränkbar; hat Gesellschaft keinen Geschäftsführer (Führungslosig-keit), vertreten sie beim Empfang von Willenserklärungen und Schriftstücken die Gesellschafter; Gesamtvertretungs-macht sofern nichts Abweichendes im Gesellschaftsvertrag geregelt	Organe grds. wie KG; Geschäftsführung und Vertretung grundsätzlich wie bei KG	Vorstand, § 76 AktG, Aufsichtsrat, §§ 95, 96 AktG, sowie Hauptver-sammlung als Pflichtorgane; Wahl des Vor-standes durch Aufsichtsrat für höchstens 5 Jahre; Gesamtgeschäfts-führungsbefugnis des Vorstandes unter Über-wachung des Aufsichtsrates; Einzelgeschäfts-führungsbefugnis in der Satzung festlegbar; Gesamt-vertretungsbefugnis des Vorstandes vorbehaltlich abweichender Reglung durch die Satzung; Aufsichtsrat vertritt die AG dem Vor-stand gegenüber; hat Gesellschaft keinen Vorstand (Führungslosig-keit), vertritt sie beim Empfang von Willenserklärungen und Schriftstücken der Vorstand	Vertretung und Geschäftsführung durch den Vorstand, §§ 86, 27 Abs. 3, 26 BGB; weitere Organe, z. B. zur Kontrolle, möglich

Einführung und Grundlagen

	GbR	Partnerschafts-Gesellschaft	OHG	KG	Stille Gesellschaft	GmbH	UG (haftungsbeschränkt)	GmbH & Co. KG	AG	Stiftung
Auflösung und Beendigung	durch Kündigung, §§ 723 bis 725 BGB, Unmöglichwerden oder Erreichen des Gesellschaftszweckes; ebenso durch Tod eines Gesellschafters, Zeitablauf oder Insolvenzeröffnung über das Vermögen eines Gesellschafters; Zudem durch Anteilsvereinigung in einer Hand; Auflösung führt meist zu einer Abwicklungsgesellschaft	wie in der OHG, modifiziert durch § 9 PartGG	gem. § 131 HGB durch Zeitablauf, Beschluss der Gesellschafter, Insolvenzeröffnung über Vermögen der Gesellschaft, gerichtliche Entscheidung; Übergang in eine Liquidationsgesellschaft	grds. wie OHG; Tod eines Kommanditisten, kein Auflösungsgrund, § 177 HGB	es gelten gem. § 234 HGB bestimmte Normen der OHG und GbR; der Tod des stillen Gesellschafters ist kein Auflösungsgrund; keine besondere Abwicklung, sondern sofortige Beendigung der Gesellschaft nach Auflösung	gem. § 60 GmbHG u. a. durch Gesellschafterbeschluss, Insolvenzeröffnung über Gesellschaftsvermögen, Zeitablauf oder gerichtliches Urteil;	gem. § 60 GmbHG u. a. durch Gesellschafterbeschluss, Insolvenzeröffnung über Gesellschaftsvermögen, Zeitablauf oder gerichtliches Urteil;	grds. wie KG	gem. § 262 AktG u. a. durch Beschluss der Hauptversammlung, Insolvenzeröffnung über Gesellschaftsvermögen oder Zeitablauf	Stiftungsbeschluss und Aufhebung durch die zuständige Landesbehörde

Bürgerliches Gesetzbuch (BGB)

in der Fassung der Bekanntmachung vom 2. Januar 2002 (BGBl. I S. 42, ber. 2909, und BGBl. ber. 2003 I S. 738) zuletzt geändert durch Artikel 1 des Gesetzes vom 22. Juli 2014 (BGBl. I S. 1218)

– Auszug –

Buch 2 Recht der Schuldverhältnisse

Abschnitt 8 Einzelne Schuldverhältnisse

Titel 16 Gesellschaft

Vor § 705 BGB

Übersicht	Rdn.		Rdn.
A. Entstehung der GbR	1	D. Innen- und Außengesellschaft	10
I. Abschluss eines Gesellschaftsvertrags, § 705 BGB	1	E. Abgrenzung zu anderen Rechtsinstituten	12
		I. Gefälligkeitsverhältnis	13
II. Umwandlung	2	II. Bruchteilsgemeinschaft	15
B. Wesensmerkmale der GbR	3	III. Erbengemeinschaft	16
I. Auf Dauer gerichtete vertragliche Beziehung	3	IV. Partiarische Rechtsverhältnisse	17
		V. Personenhandelsgesellschaften	18
II. Gemeinsamer Zweck	4	VI. Partnerschaft	19
III. Treuepflicht	5	VII. Sternverträge	20
C. Rechtsfähigkeit der (Außen-)GbR	6	F. Steuerliche Behandlung	22

A. Entstehung der GbR

I. Abschluss eines Gesellschaftsvertrags, § 705 BGB

Die GbR ist die Grundform der Personengesellschaft; sie ist in den §§ 705 bis 740 BGB geregelt. Regelmäßig wird eine GbR durch Abschluss eines Gesellschaftsvertrags i. S. v. § 705 BGB neu gegründet. Ein solcher Gesellschaftsvertrag ist ein Vertrag, durch den sich mindestens zwei Gesellschafter gegenseitig verpflichten, die Erreichung eines **gemeinsamen Zweckes** in der durch den Vertrag bestimmten Weise zu fördern, insbesondere die vereinbarten **Beiträge** zu leisten, § 705 BGB. Die Gesellschafter können den Vertrag – sofern nicht ausnahmsweise besondere Formvorschriften eingreifen – nicht nur ausdrücklich abschließen, sondern auch stillschweigend.   1

II. Umwandlung

Außer durch Abschluss eines Gesellschaftsvertrags kann eine GbR auch durch Umwandlung einer AG, KGaA oder GmbH entstehen, sofern der Unternehmensgegenstand der umzuwandelnden Kapitalgesellschaft nicht im Betrieb eines Handelsgewerbes besteht. Die Umwandlung richtet sich hier nach den Vorschriften des UmwG. Von dieser Umwandlung einer Kapitalgesellschaft zu unterscheiden ist die auch mögliche **formwechselnde Umwandlung** einer OHG oder KG in eine GbR. Entscheidend ist hierbei, dass sich der Zweck der Gesellschaft nicht mehr auf den Betrieb eines Handelsgewerbes richtet. Ist die Gesellschaft als OHG bzw. KG im Handelsregister eingetragen, bedarf es zu einer Umwandlung noch der Löschung im Handelsregister. Ansonsten ist die Gesellschaft nach § 105 Abs. 2 Satz 1 HGB Handelsgesellschaft kraft Eintragung.   2

B. Wesensmerkmale der GbR

I. Auf Dauer gerichtete vertragliche Beziehung

3 Erstes Wesensmerkmal der GbR ist die auf Dauer gerichtete vertragliche Beziehung zwischen den Gesellschaftern, die zumindest im Ansatz auch für die Gelegenheitsgesellschaft zutrifft. Die GbR erweist sich damit als ein **Unterfall eines Dauerschuldverhältnisses**. Kennzeichnend für ein Dauerschuldverhältnis ist, dass – anders als z. B. beim Kauf- oder Werkvertrag – die Rechte und Pflichten der Vertragspartner nicht auf die Erbringung einer oder mehrerer bestimmter Leistungen, deren Erfüllung zur Beendigung des Schuldverhältnisses führt, gerichtet sind. Vielmehr schulden sich die Partner während der vertraglich festgelegten oder durch Kündigung gestaltbaren Vertragszeit eine dauernde Pflichtenanpassung, deren Grundlage unabhängig von der Erfüllung der jeweils fälligen Einzelleistungen während der ganzen Vertragsdauer fortbesteht (MüKo BGB/*Ulmer/Schäfer* Vor § 705 Rn. 5).

II. Gemeinsamer Zweck

4 Das zweite Wesensmerkmal der GbR ist der **gemeinsame Zweck** und die darauf gerichtete **allgemeine Förderpflicht**. Diese unterscheidet die GbR von anderen Rechtsgemeinschaften, wie z. B. der Bruchteilsgemeinschaft und dem partiarischen Rechtsverhältnis (MüKo BGB/*Ulmer/Schäfer* Vor § 705 Rn. 6).

III. Treuepflicht

5 Der auf Dauer gerichteten vertraglichen Beziehung und der gemeinsamen Zweckförderungspflicht entspringt das dritte Wesensmerkmal der GbR: die Treuepflicht der Gesellschafter und der persönliche Charakter des Zusammenschlusses, der seinen Niederschlag in dem im Gesetz geregelten **Einstimmigkeitsprinzip** sowie der **Haftungsmilderung** des § 708 BGB gefunden hat.

C. Rechtsfähigkeit der (Außen-)GbR

6 Nachdem der Gesetzgeber der GbR in § 11 Abs. 2 Nr. 1 InsO Insolvenzfähigkeit und der BGH der GbR Wechsel- und Scheckfähigkeit zuerkannt hat (BGH DB 1997, 1813; MAH PersGesR/*von Unger/Friel* § 5 Rn. 28), hat der BGH mit seiner Grundsatzentscheidung vom 29.01.2001 die **Rechts- und Parteifähigkeit der (Außen-)GbR** anerkannt (BGH NJW 2001, 1056; vgl. hierzu *K. Schmidt* NJW 2001, 993; *Westermann* NZG 2001, 289; *Wiedemann* JZ 2001, 513; ebenso dann BGH NJW 2002, 1207). Entscheidendes Kriterium für eine (Außen-)GbR ist, dass diese nach außen durch organschaftliche Vertretung am Rechtsverkehr teilnimmt. Bei der Innengesellschaft entspricht es hingegen dem Willen der Gesellschafter, nach außen gerade nicht als Gesellschaft aufzutreten (vgl. zu weiteren Einzelheiten Rdn. 10–11).

7 Die (Außen-)GbR kann daher **Inhaberin eigener Rechte und Pflichten** sein, insbesondere Eigentümerin an beweglichen und unbeweglichen Sachen sowie Inhaberin von Forderungen und sonstigen Rechten. Sie ist **aktiv und passiv parteifähig** und kann ihre Ansprüche vor Gericht durchsetzen und in Anspruch genommen werden (BGH NJW 2002, 1207; OLG Zweibrücken DB 2005, 1101, 1102). Die (Außen-)GbR ist daher im Zivilprozess aktivlegitimiert. Sie selbst ist materiell Rechtsinhaberin und damit richtige Partei des Rechtsstreits, nicht aber die Gesellschafter als Streitgenossen (BGH NZG 2006, 16, 17: Möglichkeit der Rubrumsberichtigung falls Gesellschafter geklagt haben). Weiterhin kann die (Außen-)GbR **Bürgin** sein sowie Inhaberin einer Marke (Bamberger/Roth/*Schöne* § 705 Rn. 142). Die GbR kann eine **Kommanditistenstellung** in einer KG übernehmen (BGH NJW 2001, 3121) sowie Gesellschafterin einer GmbH oder einer anderen GbR sein (vgl. auch zu weiteren Beispielen Bamberger/Roth/*Schöne* § 705 Rn. 142 ff.). Die GbR kann Mitglied einer eG sowie einer AG werden und die Komplementärstellung in einer KG übernehmen (LG Berlin NZG 2003, 580, 581; vgl. hierzu *Bergmann* ZIP 2003, 2231). Zu firmieren habe die GbR im letzteren Fall als »GbR & Co. KG« (LG Berlin NZG 2003, 580, 582). Auch kann sich die GbR an einer Kapitalgesellschaft beteiligen (Palandt/*Sprau* § 705 Rn. 24a), nicht aber Verwalterin

einer Wohnungseigentümergemeinschaft werden (BGH NJW 2006, 2189: a. A. OLG Frankfurt am Main, Urt. v. 18.08.2005, 20 W 182/05; vgl. auch *Schäfer* NJW 2006, 2160).

Anerkannt worden ist auch die **Grundrechtsfähigkeit** der (Außen-)GbR und zwar bezogen auf die Eigentumsgarantie und die Verfahrensgrundrechte der Art. 101 Abs. 1 Satz 2, 103 Abs. 1 GG (BVerfG NJW 2002, 3533). 8

Die Rechtsfähigkeit umfasst auch die Fähigkeit, Eigentümerin von Grundstücken zu sein (BGH NZG 2008, 264). Im Grundbuch sind gem. § 47 GBO neben der Gesellschaft auch die Gesellschafter einzutragen (vgl. zum früheren Streitstand: BGH WM 2009, 171; OLG Stuttgart NJW 2008, 304; *Priester* BB 2007, 837; *Heßeler/Kleinhenz* NZG 2007, 250; *Böttcher/Blasche* NZG 2007, 121). Bei einem Gesellschafterwechsel ist das Grundbuch entsprechend zu berichtigen, vgl. § 82 Satz 3 GBO. Solange die Gesellschafter im Grundbuch eingetragen sind, wird vermutet, dass diese auch tatsächlich Gesellschafter der GbR sind und es neben ihnen keine weiteren Gesellschafter gibt, vgl. § 899a BGB. 9

D. Innen- und Außengesellschaft

Bei der **Innengesellschaft** entspricht es dem Willen der Gesellschafter, nach außen gerade nicht als Gesellschaft aufzutreten. Vielmehr tritt im Rechtsverkehr nur ein Gesellschafter im eigenen Namen auf; er ist Träger von Rechten und Pflichten (vgl. OLG Bremen NZG 2002, 173). Im Innenverhältnis hingegen haben sich alle Gesellschafter zur Erreichung eines gemeinsamen Zwecks verpflichtet, sodass der handelnde Gesellschafter im Innenverhältnis im Interesse und für Rechnung der Gesellschaft tätig wird. Es können im Innenverhältnis – von den Vertretungs- (§§ 714 f. BGB) und Vermögensvorschriften (§§ 718 ff. BGB) abgesehen – alle gesellschaftsrechtlichen Regeln Anwendung finden, wie z. B. die **Geschäftsführungsregeln, Kontrollrechte, Beitragspflicht, und die Gewinn- und Verlustbeteiligung. Typische** BGB-Innengesellschaften sind Bauherrengemeinschaften, Ehegatteninnengesellschaften und Konsortien. 10

Entscheidendes Kriterium für eine **Außengesellschaft** ist, dass diese nach außen durch organschaftliche Vertretung am Rechtsverkehr teilnimmt (Bamberger/Roth/*Schöne* § 705 Rn. 14; MüKo BGB/*Ulmer/Schäfer* § 705 Rn. 305). Nicht ausreichend ist hingegen das bloße Vorhandensein von Gesamthandsvermögen bei einer im Übrigen auf das Innenverhältnis beschränkten GbR (MüKo BGB/*Ulmer* § 705 Rn. 305; vgl. hierzu ausführl. Bamberger/Roth/*Schöne* § 705 Rn. 136). Besteht Streit über das Vorliegen einer (rechtsfähigen) Außengesellschaft, trifft denjenigen die **Beweislast**, der das Vorliegen einer solchen Außengesellschaft behauptet (MAH PersGes/*von Unger/Friel* § 5 Rn. 19). 11

E. Abgrenzung zu anderen Rechtsinstituten

Kernelemente und damit wesentliche Abgrenzungskriterien der GbR zu anderen Rechtsinstituten sind der **gemeinsame Zweck** und die darauf gerichtete allgemeine **Förderpflicht** (s. Rdn. 4–5). 12

I. Gefälligkeitsverhältnis

Ein Gefälligkeitsverhältnis liegt vor, wenn mehrere Personen mit einem gemeinsamen Interesse zusammenwirken. Hierbei lässt das Verhalten der Beteiligten nicht auf einen **wechselseitigen Verpflichtungswillen** zur Förderung eines gemeinsamen Zweckes schließen, sondern lediglich auf die Begründung von bloßen Neben- bzw. Schutzpflichten (Bamberger/Roth/*Schöne* § 705 Rn. 27; MüKo BGB/*Ulmer/Schäfer* § 705 Rn. 17; Prütting/Wegen/Weinreich/*von Ditfurth*, § 705 Rn. 10). Für das Vorliegen eines solchen wechselseitigen Verpflichtungswillens sind im Rahmen einer Einzelabwägung die Art der relevanten Handlung, ihr Grund und Zweck, ihre wirtschaftliche und rechtliche Bedeutung für den anderen Teil, ferner die Umstände ihrer Erbringung sowie die dabei bestehende Interessenlage der Parteien zu berücksichtigen (BGH DB 1974, 1619, 1620; MüKo BGB/*Ulmer/Schäfer* § 705 Rn. 18; Palandt/*Grüneberg* Einl. v. § 241 Rn. 7). Bei Gefälligkeiten des täglichen Lebens und solchen, die im rein gesellschaftlichen Bereich wurzeln, ist regelmäßig anzu- 13 nehmen, dass hierbei nur bloße Neben- bzw. Schutzpflichten begründet werden und somit keine Gesellschaft (MüKo BGB/*Ulmer/Schäfer* § 705 Rn. 18). Für die Abgrenzung von Gefälligkeitsverhältnis und Gesellschaft sind demnach in erster Linie die Art des gemeinsamen Projekts und die wirtschaftlichen oder sonstigen Gründe, die über den bloßen zwischenmenschlichen Bereich hinausgehen, zu ermitteln.

14 Angenommen wurde eine GbR und nicht nur ein bloßes Gefälligkeitsverhältnis bspw. bei der Bildung eines **Kegelklubs mit gemeinsamer Kasse** für Fernreisen (OLG Saarbrücken NJW 1985, 811), bei einer **Fahrgemeinschaft** (OLG Köln VersR 2004, 189) und bei der Gründung einer **Lottospielgemeinschaft** mit regelmäßigen, von jedem der Beteiligten zugesagten Einsätzen (OLG München NJW-RR 1988, 1268; OLG Karlsruhe NJW 1988, 1266, 1267; offen gelassen BGH NJW 1974, 1705). Die Vereinbarung über die wechselseitige **Beaufsichtigung der Kinder** (BGH NJW 1968, 1874) oder über einen **gemeinsamen Ausflug** oder Kinobesuch begründet jedoch regelmäßig nur ein Gefälligkeitsverhältnis und keine GbR (Bamberger/Roth/*Schöne* § 705 Rn. 27).

II. Bruchteilsgemeinschaft

15 Bei der Bruchteilsgemeinschaft (§§ 741 ff. BGB) steht den Beteiligten ein Recht gemeinschaftlich zu, wobei sich das gemeinsame Interesse lediglich auf das **gemeinsame Haben und Halten** des betroffenen Gegenstandes bezieht. Ein weiter gehender Zweck, wie der bei der GbR vorhandene, fehlt (MüKo BGB/*Ulmer/Schäfer* Vor § 705 Rn. 124). Entstehen kann eine Bruchteilsgemeinschaft z. B. durch gemeinschaftlichen Rechtserwerb, wie Miteigentum, Erwerb einer Teilforderung oder durch gemeinsame Rechtszuständigkeit aufgrund Verbindung, Verarbeitung oder Vermischung.

III. Erbengemeinschaft

16 Die Erbengemeinschaft ist dadurch gekennzeichnet, dass sie anders als die GbR nicht durch rechtsgeschäftliche Vereinbarung, sondern kraft Gesetzes durch den Tod des Erblassers entsteht. Die Erbengemeinschaft kann daher anders als die GbR nicht vertraglich begründet werden. Sie ist zudem im Gegensatz zur GbR nicht auf Dauer angelegt, sondern auf **Auseinandersetzung**, also Liquidation, gerichtet (BGH NJW 2002, 3389).

IV. Partiarische Rechtsverhältnisse

17 Ein partiarisches Rechtsverhältnis liegt vor, wenn in einem Austauschvertrag für die Leistung des einen Teils als Gegenleistung allein oder zusätzlich zu einer anderen Vergütung eine Beteiligung an dem Gewinn oder Erfolg versprochen wird, den der Empfänger der Leistung erzielt (MüKo BGB/ *Ulmer/Schäfer* Vor § 705 Rn. 107; Bamberger/Roth/*Schöne* § 705 Rn. 33; Prütting/Wegen/Weinreich/*von Ditfurth*, § 705 Rn. 9). Im Gegensatz zu einer GbR verfolgen die Beteiligten nicht einen gemeinsamen Zweck, sondern ausschließlich verschiedene eigene Interessen (BGH NJW 1995, 192; Palandt/*Sprau* § 705 Rn. 9; Bamberger/Roth/*Schöne* § 705 Rn. 33). Entscheidend ist daher das **Fehlen einer gemeinsamen Interessenverfolgung**. Beispiele für partiarische Rechtsverhältnisse sind Darlehen oder Dienstvertrag mit Erfolgsbeteiligung, Umsatzbeteiligung bei Miet- (MüKo BGB/*Ulmer/Schäfer* Vor § 705 Rn. 107) oder Pachtverhältnissen (Palandt/*Sprau* § 705 Rn. 9).

V. Personenhandelsgesellschaften

18 Entscheidendes Abgrenzungskriterium ist, dass die Gesellschafter einer Personenhandelsgesellschaft im Gegensatz zu denen einer GbR ihren gemeinsamen Zweck auf den **Betrieb eines Handelsgewerbes** ausgerichtet haben. Handelsgewerbe ist gem. § 1 Abs. 2 HGB jeder Gewerbebetrieb, es sei denn, das Unternehmen erfordert nicht nach Art und Umfang einen in kaufmännischer Weise eingerichteten Geschäftsbetrieb. Ist Zweck einer Gesellschaft, die die Voraussetzungen des § 705 BGB erfüllt, der Betrieb eines Handelsgewerbes, liegt zwingend eine Personenhandelsgesellschaft und keine GbR vor. Wenn hingegen eine OHG bzw. KG ihren Gesellschaftszweck

ändert und dieser nicht mehr auf den Betrieb eines Gewerbebetriebs gerichtet ist, liegt grundsätzlich eine GbR vor. Ist allerdings die OHG bzw. KG aufgrund eines früheren Eintrages als solche im Handelsregister eingetragen, ist die GbR nach § 105 Abs. 2 Satz 1 HGB Handelsgesellschaft kraft Eintragung.

VI. Partnerschaft

Eine Partnerschaft als Gesellschaftsform kommt bei **freiberuflichen Tätigkeiten** in Betracht. Entscheidend für die Abgrenzung der Partnerschaft von der GbR ist zunächst, dass der Wille der Gesellschafter auf die Errichtung einer Partnerschaft als Organisationsform gerichtet ist und dass die Partnerschaft im Partnerschaftsregister eingetragen ist. Diese **Eintragung** ist gem. § 7 Abs. 1 PartGG **konstitutiv**. Eine Freiberufler-Gesellschaft ist daher stets GbR, solange sie nicht im Partnerschaftsregister eingetragen ist. 19

VII. Sternverträge

Sternverträge liegen vor, wenn die Beteiligten inhaltlich übereinstimmende, der Förderung eines ihnen gemeinsamen Zwecks dienende zweiseitige **Verträge mit einer zentralen Stelle** (z. B. Agentur, gemeinsame Vertriebsgesellschaft) schließen (MüKo BGB/*Ulmer*/*Schäfer* § 705 Rn. 21; Bamberger/Roth/*Schöne* § 705 Rn. 41). Eine solche Konstruktion ist häufig bei **Franchisesystemen** anzutreffen. 20

Teilweise wird selbst bei gleich lautenden Beitragsvereinbarungen und der Einrichtung gemeinsamer Kontrollorgane das Vorliegen einer GbR abgelehnt und stattdessen nur ein zweiseitiger Geschäftsbesorgungsvertrag angenommen (vgl. Bamberger/Roth/*Schöne* § 705 Rn. 41). Nach a. A. ist zu differenzieren. Bilden diese Verträge als sog. Sternverträge unselbstständige, aufeinander bezogene Teile eines einheitlichen Vertragssystems, so sind sie als rechtliche Einheit zu behandeln mit der Folge, dass sie eine GbR zwischen den Vertragspartnern der gleichen Marktseite begründen und zu entsprechenden Treuepflichten zwischen ihnen auch ohne förmlichen Gesellschaftsvertrag führen (MüKo BGB/*Ulmer*/*Schäfer* § 705 Rn. 21; vgl. Bamberger/Roth/*Schöne* § 705 Rn. 41). Liegen hingegen Initiative und Schwerpunkt der Rechtsbeziehungen nicht aufseiten der Einzelunternehmen, sondern bei der zentralen Stelle (Hersteller/Lieferant, Franchisegeber u. a.), handelt es sich auch nach der differenzierenden Ansicht wegen der dominierenden zweiseitigen Beziehung der jeweiligen Vertragspartner nicht um eine GbR der Einzelunternehmen (MüKo BGB/*Ulmer*/*Schäfer* § 705 Rn. 21). 21

F. Steuerliche Behandlung

Sofern die GbR selbst gewerblich tätig ist, ohne Personenhandelsgesellschaft zu sein, ist sie ebenso wie Kapitalgesellschaften selbst **Subjekt der Gewerbesteuer**. Steuersubjekt der ESt ist hingegen nicht die GbR, sondern der einzelne Gesellschafter, der die Gewinnanteile nach seinem persönlichen Steuersatz zu versteuern hat. Auch Verluste werden unmittelbar bei den Gesellschaftern steuerlich wirksam (vgl. zur Besteuerung ausführl. Sudhoff PersGes/*Walpert* §§ 27 ff.; MAH PersGes/*Arnhold*/*Pathe* § 9 Rn. 166 ff.). 22

§ 705 Inhalt des Gesellschaftsvertrags

Durch den Gesellschaftsvertrag verpflichten sich die Gesellschafter gegenseitig, die Erreichung eines gemeinsamen Zweckes in der durch den Vertrag bestimmten Weise zu fördern, insbesondere die vereinbarten Beiträge zu leisten.

§ 705 BGB Inhalt des Gesellschaftsvertrags

Übersicht

		Rdn.
A.	**Allgemeines**	1
B.	**Gesellschaftsvertrag**	3
I.	Abschluss des Gesellschaftsvertrags	3
1.	Anwendung der §§ 145 ff. BGB	3
2.	Unwirksamkeitsgründe	6
3.	Stellvertretung beim Abschluss	7
4.	Mängel des Abschlusses	8
II.	Gesellschafter	9
1.	Mindestanzahl	9
2.	Arten von Gesellschaftern	11
	a) Natürliche Personen	12
	aa) Geschäftsunfähige, beschränkt Geschäftsfähige	12
	bb) Ehegatten	15
	b) Juristische Personen und andere Rechtsgemeinschaften	17
III.	Form	19
1.	Erwerb bzw. Veräußerung eines Grundstücks, § 311b Abs. 1 BGB	20
2.	Einbringung des Vermögens, § 311b Abs. 3 BGB	22
3.	Schenkungsversprechen, § 518 BGB	23
4.	Gewillkürte Schriftform, § 127 Satz 1 BGB	24
5.	Verpflichtung zum Abschluss eines Ehevertrags, § 1410 BGB	26
6.	Rechtsfolgen der Formbedürftigkeit	27

		Rdn.
	a) Umfang des Formerfordernisses	27
	b) Heilung des Formverstoßes	28
	c) Gesamtnichtigkeit des Vertrags	30
IV.	Auslegung	31
1.	Grundsatz	31
2.	Publikums-Personengesellschaften	34
V.	Vertragsänderungen	35
1.	Allgemeines	35
2.	Grundsatz der Einstimmigkeit	36
3.	Mehrheitsklauseln	39
	a) Abgrenzung zu Geschäftsführungsbeschlüssen und Beschlüssen über laufende Angelegenheiten	40
	b) Vertragsänderungen	41
	aa) Bestimmtheitsgrundsatz	43
	bb) Eingriffe in den Kernbereich	45
4.	Form der Vertragsänderung	48
C.	**Gemeinsamer Zweck**	49
D.	**Fehlerhafte Gesellschaft**	51
I.	Allgemeines	51
II.	Abschluss eines Gesellschaftsvertrages	55
III.	Mangel des Gesellschaftsvertrages	56
IV.	Invollzugsetzung der Gesellschaft	57
V.	Überwiegende Interessen der Allgemeinheit oder Einzelner	58
VI.	Rechtsfolgen	60

A. Allgemeines

1 Voraussetzung für die Entstehung einer GbR ist der **Abschluss eines Gesellschaftsvertrags** i.S.v. § 705 BGB, d.h. die vertragliche Verpflichtung von zwei oder mehr Gesellschaftern, einen gemeinsamen Zweck durch Beitragsleistung oder in sonstiger, vertraglich vereinbarter Weise zu fördern. Nicht zu den Entstehungsvoraussetzungen der GbR gehört die Leistung der versprochenen Beiträge oder die sonstige Bildung von Gesamthandsvermögen (MüKo BGB/*Ulmer/Schäfer* § 705 BGB Rn. 2; Palandt/*Sprau* § 705 Rn. 33).

2 Der von den Gesellschaftern verfolgte Zweck darf allerdings **nicht** in dem **Betrieb eines Handelsgewerbes** i.S.v. § 1 Abs. 1 HGB liegen. Dann wäre die Gesellschaft unabhängig von einer Eintragung im Handelsregister eine Personenhandelsgesellschaft (OHG oder KG), auch, wenn sich die Gesellschafter dieser Folge nicht bewusst waren oder sie irrtümlich eine GbR gründen wollten (MüKo BGB/*Ulmer/Schäfer* § 705 Rn. 3). Dies gilt nicht, wenn die Qualifikation der beabsichtigten Tätigkeit als Handelsgewerbe von der Eintragung im Handelsregister abhängt, wie in den Fällen der §§ 2, 3 Abs. 2 und 3 HGB. Entsprechendes gilt für freiberufliche Gesellschaften in Abgrenzung zur Partnerschaft. Solange die Gesellschaft nicht in das Partnerschaftsregister eingetragen ist, besteht sie als GbR und nicht als Partnerschaft, vgl. § 7 Abs. 1 PartGG.

B. Gesellschaftsvertrag

I. Abschluss des Gesellschaftsvertrags

1. Anwendung der §§ 145 ff. BGB

3 Der Abschluss des Gesellschaftsvertrages kann **ausdrücklich oder konkludent** erfolgen und muss inhaltlich auf die Begründung wechselseitiger Leistungspflichten zur Förderung eines gemeinsamen Zweckes gerichtet sein.

Grundsätzlich gelten für den Vertragsschluss die §§ 145 ff. BGB, allerdings mit einigen Besonderheiten. Kommt der Vertragsschluss bei einer Zwei-Personengesellschaft noch durch Angebot und Annahme zustande, ist ein Gesellschaftsvertrag bei der Beteiligung von **mehr als zwei Gesellschaftern** erst dann geschlossen, wenn sämtliche als Gesellschafter vorgesehene Beteiligte ihre Beitrittserklärungen abgegeben haben und diese Erklärungen gem. § 130 BGB auch allen übrigen Beteiligten zugegangen sind, sofern diese nicht auf den Zugang gem. § 151 Satz 1, 2. Alt. BGB verzichtet haben (Bamberger/Roth/*Schöne* § 705 Rn. 42; MüKo BGB/*Ulmer/Schäfer* § 705 Rn. 20). Die einzelnen Beitrittserklärungen können auch nacheinander abgegeben werden (MüKo BGB/*Ulmer/Schäfer*, § 705 Rn. 20).

4

Eine weitere Besonderheit bei der Anwendung der §§ 145 ff. BGB betrifft § 154 Abs. 1 BGB. Nach der **Auslegungsregel des § 154 Abs. 1 BGB** ist ein Vertrag im Zweifel erst dann geschlossen, wenn die Parteien sich über alle nach dem Willen auch nur einer Partei regelungsbedürftigen Punkte geeinigt haben. Diese Auslegungsregelung findet auf den Abschluss eines Gesellschaftsvertrages einer GbR **keine Anwendung**. Vielmehr ist der Gesellschaftsvertrag bereits dann geschlossen, wenn den Gesellschaftern die fehlende Einigung über bestimmte Punkte bewusst ist, sie sich eine Verständigung über die restlichen Vertragspunkte vorbehalten haben und sich im Übrigen bereits vertraglich gebunden halten wollen (MAH PersGes/*Johansson* § 2 Rn. 43). Dies ist der Fall, sobald die Gesellschaft nach dem Willen der Gesellschafter **in Vollzug** gesetzt ist (BGH NJW 1960, 430; OLG Bremen NZG 2002, 173; Palandt/*Sprau* § 705 Rn. 17; MüKo BGB/*Ulmer/Schäfer* § 705 Rn. 29).

5

2. Unwirksamkeitsgründe

Für den Gesellschaftsvertrag der GbR gelten grundsätzlich die **allgemeinen Unwirksamkeitsgründe** wie §§ 104 ff., 119 ff., 125, 155, 181 sowie §§ 134, 138 BGB (Palandt/*Sprau* § 705 Rn. 17).

6

3. Stellvertretung beim Abschluss

Eine **Stellvertretung** beim Abschluss des Gesellschaftsvertrages ist nach den §§ 164 ff. BGB möglich (BGH WM 1982, 40; Bamberger/Roth/*Schöne* § 705 Rn. 43).

7

4. Mängel des Abschlusses

Bei Mängeln beim Abschluss des Gesellschaftsvertrages gelten die Grundsätze über die **fehlerhafte Gesellschaft** (vgl. Rdn. 51–54; vgl. zur fehlerhaften Gesellschaft außerdem ausführl. § 105 HGB Rdn. 79 ff. – für die OHG).

8

II. Gesellschafter

1. Mindestanzahl

Die Entstehung einer GbR setzt nach h. M. die Beteiligung von **mindestens zwei Gesellschaftern** voraus (Bamberger/Roth/*Schöne* § 705 Rn. 51; MAH PersGes/*Johansson* § 2 Rn. 17; MüKo BGB/*Ulmer/Schäfer* § 705 Rn. 60 mit Hinweisen auf die Gegenansicht). Der (ersatzlose) **Wegfall des vorletzten Gesellschafters** führt daher im Regelfall zur **Beendigung** der Gesellschaft, auch wenn der Gesellschaftsvertrag eine Fortsetzungsklausel enthält.

9

Vom Erfordernis der Mindestanzahl von zwei Gesellschaftern sind allerdings dann Ausnahmen anzuerkennen, wenn die Gesellschaftsanteile trotz ihres Zusammentreffens bei nur einem Gesellschafter einer unterschiedlichen Zuordnung unterliegen. Das ist z. B. der Fall beim Zusammentreffen eines unbelasteten und eines mit Rechten Dritter belasteten Anteils. Weiterhin ist dies der Fall, wenn der einzige Gesellschafter gleichzeitig einen Anteil für sich hält und treuhänderisch für einen Dritten (MüKo BGB/*Ulmer/Schäfer* § 705 Rn. 63). In diesen Fällen liegt trotz Reduktion der Gesellschafterzahl auf nominell ein Mitglied solange eine GbR vor, solange die unterschiedliche Zuordnung anhält.

10

§ 705 BGB Inhalt des Gesellschaftsvertrags

2. Arten von Gesellschaftern

11 Gesellschafter an einer GbR können sowohl **natürliche** als auch **juristische Personen** sowie bestimmte andere Rechtsgemeinschaften sein.

a) Natürliche Personen

aa) Geschäftsunfähige, beschränkt Geschäftsfähige

12 Da der Abschluss eines Gesellschaftsvertrags aufseiten der Gesellschafter nur **Rechtsfähigkeit** voraussetzt, können auch geschäftsunfähige (§ 104 BGB) und beschränkt geschäftsfähige Personen (§§ 106, 114 BGB) Gesellschafter einer GbR werden. Allerdings erfordert eine solche Beteiligung grundsätzlich die **Mitwirkung des gesetzlichen Vertreters**. Das sind gem. §§ 1626 Abs. 1 Satz 1, 1629 Abs. 1 BGB entweder die Eltern oder nach § 1773 BGB der Vormund. Ist der gesetzliche Vertreter oder sein Ehegatte selbst Gesellschafter, kann der Minderjährige von seinem gesetzlichen Vertreter nicht wirksam vertreten werden (§§ 181, 1629 Abs. 2 Satz 1, 1795 Abs. 1 Nr. 1 BGB). In diesem Fall ist gem. § 1909 BGB ein Ergänzungspfleger zu bestellen (vgl. hierzu *Rust* DStR 2005, 1942, 1943).

13 Sofern eine Mitwirkung des gesetzlichen Vertreters erforderlich ist, ist der Beitritt bis zur Genehmigung **schwebend unwirksam**. Den anderen Gesellschaftern steht bis zur Genehmigung das in § 109 Abs. 1 BGB geregelte Widerrufsrecht zu, sofern dieses nicht nach § 109 Abs. 2 BGB ausgeschlossen ist.

14 Ist der Zweck der Gesellschaft auf den Betrieb eines Erwerbsgeschäfts gerichtet, bedarf es neben der Mitwirkung des gesetzlichen Vertreters oder Pflegers bei Beteiligung eines nicht voll Geschäftsfähigen an der Gründung einer GbR oder dessen späterer Beitritt hierzu zusätzlich der **Genehmigung des Familien- bzw. Vormundschaftsgerichts**, § 1643 BGB bzw. §§ 1915 i. V. m. 1822 Nr. 3 BGB. Bei Vertretung durch die Eltern ist das Familiengericht zuständig und bei Vertretung durch den Ergänzungspfleger das Vormundschaftsgericht. Der Betrieb eines Erwerbsgeschäfts setzt eine regelmäßig ausgeübte, auf selbstständigen Erwerb und Gewinnerzielung gerichtete Tätigkeit voraus (BayObLG FamRZ 1996, 119, 121; Palandt/*Götz* § 1822 Rn. 5; *Rust* DStR 2005, 1942, 1943). Regelmäßig wird daher der Abschluss eines Gesellschaftsvertrages unter Beteiligung eines Minderjährigen die Genehmigung des Familien- bzw. Vormundschaftsgerichts erforderlich machen. Ob ein solches Genehmigungserfordernis auch bei Abschluss eines Gesellschaftsvertrages für eine rein vermögensverwaltende GbR besteht, ist umstritten (vgl. OLG Zweibrücken NJW-RR 1999, 1174; LG Münster FamRZ 1997, 842; *Wertenbruch* FamRZ 2003, 1714, 1715; *Rust* DStR 2005, 1942, 1943). Im Zweifel sollte vorsorglich eine Genehmigung eingeholt werden.

bb) Ehegatten

15 Bei Ehegatten, die im gesetzlichen Güterstand der **Zugewinngemeinschaft** leben, ist § 1365 BGB zu beachten. Danach kann sich ein Ehegatte nur mit Einwilligung des anderen Ehegatten verpflichten, über sein Vermögen im Ganzen zu verfügen. Nach heute h. M. greift § 1365 BGB nicht nur ein, wenn sich die Verpflichtung auf das Vermögen im Ganzen bezieht. Es genügt vielmehr, dass der vertraglich übernommene Gegenstand der Einlageleistung das wesentliche Vermögen des Ehegatten ausmacht, soweit nur dem anderen Teil (hier also den Mitgesellschaftern) die Vermögensverhältnisse des sich verpflichtenden Ehegatten bekannt sind (MüKo BGB/*Ulmer/Schäfer* § 705 Rn. 73). Bei einem kleinen Vermögen soll Wesentlichkeit bereits dann vorliegen, wenn dem Ehegatten daneben wertmäßig nur noch ca. 15 % seines Vermögens verbleiben (BGH NJW 1991, 1739, 1740; MAH PersGes/*Johansson* § 2 Rn. 21). Im Zweifel sollte vorsorglich die Zustimmung des Ehegatten eingeholt werden.

16 Für den Fall der **Gütertrennung** (§ 1414 BGB) bestehen keine eherechtlichen Beschränkungen für die Beteiligung an einer GbR, wohl aber für den Fall der **Gütergemeinschaft** (§ 1415 BGB) (MüKo BGB/*Ulmer/Schäfer* § 705 Rn. 74). Bei Letzterem sind die ehevertraglichen Vereinbarungen über die Verwaltung des Gesamtguts zu beachten, wenn die Beteiligung mit Mitteln des Gesamtguts und nicht mit Mitteln des Vorbehaltsguts erworben werden soll. Sofern keine abweichenden Vereinbarungen getroffen sind, sieht § 1421 BGB gemeinschaftliche Verwaltung vor.

b) Juristische Personen und andere Rechtsgemeinschaften

Sowohl juristische Personen des **Privatrechts** als auch solche des **öffentlichen Rechts** können sich an einer GbR beteiligen. So können z. B. die Europäische Aktiengesellschaft, die AG, die GmbH, die Personenhandelsgesellschaften und die (Außen-)GbR Gesellschafter einer GbR sein, ebenso die Partnerschaft und die EWIV. Auch **Vorgesellschaften** wie z. B. die Vor-GmbH können sich an einer GbR beteiligen (MüKo BGB/*Ulmer/Schäfer* § 705 Rn. 77; MAH PersGes/*Johansson* § 2 Rn. 24). 17

Eine **Erbengemeinschaft** kann hingegen nicht Gesellschafterin einer GbR sein. Vielmehr geht die Beteiligung mit dem Tod des Gesellschafters unmittelbar auf die Erben als Einzelnachfolger über (BGH NJW 1999, 571, 572). Gesellschafter wird jeder Miterbe entsprechend seiner Miterbenquote (MAH PersGes/*Johansson* § 2 Rn. 33). Auch die **Bruchteilsgemeinschaft** kann nicht Gesellschafterin einer GbR sein. Sie ist kein Rechtssubjekt, sondern nur schlichte Rechtsgemeinschaft (MAH PersGes/*Johansson* § 2 Rn. 34). Bei einem treuhänderischen Erwerb eines Gesellschafteranteils ist der **Treuhänder** Gesellschafter, nicht der Treugeber (BGH NJW-RR 2003, 1342, 1343; Palandt/*Sprau* § 705 Rn. 10). 18

III. Form

Der Gesellschaftsvertrag kann **grundsätzlich formfrei** abgeschlossen werden. Ausnahmen können sich jedoch aus dem Gesellschaftszweck oder den von den Gesellschaftern übernommenen Verpflichtungen ergeben, insbesondere aus § 311b BGB und § 518 BGB. 19

1. Erwerb bzw. Veräußerung eines Grundstücks, § 311b Abs. 1 BGB

Die Form des § 311b Abs. 1 BGB ist zu beachten, wenn sich ein Gesellschafter **zum Erwerb oder Verkauf eines Grundstücks verpflichtet** (BGH NJW 1998, 376; Bamberger/Roth/*Schöne* § 705 Rn. 46) oder sogar, wenn nur ein mittelbarer Zwang zur Veräußerung oder zum Erwerb eines Grundstücks besteht (BGH NJW 1992, 3237, 3238). Weiterhin ist die Form des § 311b Abs. 1 BGB zu beachten, wenn sich ein Gesellschafter zur **Einbringung eines Grundstücks** in die Gesellschaft verpflichtet, nicht aber bei der Pflicht der Gesellschaft zur Verschaffung fremden Grundeigentums oder wenn der Zweck einer Grundstücksgesellschaft allein auf »Verwaltung und Verwertung« ohne bindende Erwerbspflicht gerichtet ist (BGH NJW 1998, 376; OLG Köln NZG 2000, 930; vgl. hierzu ausführlich MüKo BGB/*Ulmer/Schäfer* § 705 Rn. 37 ff.). Es genügt auch nicht, wenn der Zweck der Gesellschaft auf den Erwerb von Grundstücken gerichtet ist. Erforderlich ist eine **Erwerbspflicht** (OLG Köln NZG 2000, 930). 20

Nicht der Form des § 311b Abs. 1 BGB bedarf die **formwechselnde Umwandlung** einer GbR in eine Personenhandelsgesellschaft (OHG oder KG) oder umgekehrt. Denn hierdurch ändert sich nichts an der dinglichen Zuordnung der zum Gesellschaftsvermögen gehörenden Grundstücke. Anders ist es hingegen, wenn Grundstücke von einer GbR auf eine aus den gleichen Gesellschaftern bestehende andere Gesellschaft übertragen wird (MüKo BGB/*Ulmer/Schäfer* § 705 Rn. 36). Hier ändert sich die Identität des Rechtsträgers, sodass eine Beurkundung gem. § 311b Abs. 1 BGB erforderlich ist. 21

2. Einbringung des Vermögens, § 311b Abs. 3 BGB

Nach § 311b Abs. 3 BGB bedarf der Gesellschaftsvertrag der notariellen Form, wenn sich ein Gesellschafter darin verpflichtet, sein **ganzes Vermögen** oder einen Bruchteil desselben einzubringen oder in sonstiger Weise darüber zugunsten der Gesellschaft zu verfügen. Die Verpflichtung muss sich auf das **Vermögen als solches** beziehen. Die bloße Einbringung eines Gegenstands, der tatsächlich das 22 einzige Vermögen des Gesellschafters darstellt, macht den Gesellschaftsvertrag nicht nach § 311b Abs. 3 BGB formbedürftig (MüKo BGB/*Ulmer/Schäfer* § 705 Rn. 33).

3. Schenkungsversprechen, § 518 BGB

23 Das im Gesellschaftsvertrag vereinbarte Schenkungsversprechen auf unentgeltliche Beteiligung eines Gesellschafters macht den Gesellschaftsvertrag nach § 518 BGB beurkundungsbedürftig. (Sudhoff PersGes/*Gerber* § 22 Rn. 2; MAH PersGes/*Johansson* § 2 Rn. 56; differenzierend MüKo BGB/*Ulmer/Schäfer* § 705 Rn. 42).

4. Gewillkürte Schriftform, § 127 Satz 1 BGB

24 Ein Formerfordernis kann sich auch aus gewillkürter Schriftform gem. § 127 Abs. 1 BGB ergeben. Die Bestimmung ist vor allem für Vertragsänderungen bedeutsam. Allerdings haben Schriftformklauseln, die für die Änderung oder Ergänzung des Vertrags schriftliche Form vorschreiben, regelmäßig nur **Klarstellungsfunktion** und sind regelmäßig nicht Wirksamkeitsvoraussetzung (BAG NJW 2003, 3725, 3727; BGH NJW 1968, 1378; Palandt/*Ellenberger* § 125 Rn. 17; vgl. hierzu Bamberger/Roth/*Schöne* § 705 Rn. 50; a.A. MüKo BGB/*Ulmer/Schäfer* § 705 Rn. 50).

25 Bei einer **qualifizierten Schriftformklausel**, bei der auch für die Aufhebung der Formabrede ausdrücklich Schriftform vorgesehen ist, ist hingegen eine nur mündlich geschlossene Vereinbarung unwirksam (BAG NJW 2003, 3725, 3727; BGH NJW 1976, 1395; Palandt/*Ellenberger* § 125 Rn. 19; Sudhoff PersGes/*Gerber* § 22 Rn. 6). Eine qualifizierte Schriftformklausel könnte wie folgt lauten:

»Änderungen und Ergänzungen des Gesellschaftsvertrages bedürfen der Schriftform. Dies gilt auch für den Verzicht auf dieses Formerfordernis.«

5. Verpflichtung zum Abschluss eines Ehevertrags, § 1410 BGB

26 Sofern der Gesellschaftsvertrag für einen Gesellschafter die Verpflichtung zum Abschluss eines Ehevertrags enthält, stellt sich die Frage, ob der Gesellschaftsvertrag der Form des § 1410 BGB bedarf (s. hierzu *D. Mayer* MittBayNotK 1992, 1, 2).

6. Rechtsfolgen der Formbedürftigkeit

a) Umfang des Formerfordernisses

27 Ist der Gesellschaftsvertrag nach den obigen Ausführungen formbedürftig, erstreckt sich der Umfang des Formerfordernisses grundsätzlich auf den **gesamten Vertrag**, also auf alle Vereinbarungen, aus denen sich nach dem Willen der Vertragspartner das Rechtsgeschäft zusammensetzt. Dies schließt etwaige unmittelbar mit der formbedürftigen Verpflichtung zusammenhängenden **Nebenabreden** mit ein. Werden neben dem Gesellschaftsvertrag weitere Verträge abgeschlossen, so sind sämtliche Verträge dann formbedürftig, wenn sie ein **einheitliches Rechtsgeschäft** darstellen, d.h. rechtlich so voneinander abhängen, dass sie nach dem Willen der Parteien miteinander »stehen und fallen« sollen. Ausreichend hierfür ist ein entsprechender Wille einer Partei und die Kenntnis sowie das Hinnehmen der anderen Partei (MAH PersGes/*Johansson* § 2 Rn. 58).

b) Heilung des Formverstoßes

28 Der Verstoß kann aber durch Bewirkung bzw. Vollzug der versprochenen formunwirksamen Verpflichtung geheilt werden, §§ 311b Abs. 1 Satz 2, 518 Abs. 2 BGB. Tritt eine solche Bewirkung bzw. ein Vollzug nicht ein und kann die formnichtige Verpflichtung auch nicht in eine formwirksame Verpflichtung nach § 140 BGB umgedeutet werden, besteht im Gegensatz zur Auslegungsregelung des § 139 BGB regelmäßig nur **Teilnichtigkeit** des Vertrages und keine Gesamtnichtigkeit (BGH NJW 1981, 222; Bamberger/Roth/*Schöne* § 705 Rn. 48; a.A. MüKo BGB/*Ulmer/Schäfer* § 705 Rn. 35).

Allerdings wird man regelmäßig ein formnichtiges Versprechen zur **Einbringung eines Grundstückes** als formgültige Einbringung zum Gebrauch oder dem Werte nach ansehen können, wenn einerseits die Erreichung des gemeinsamen Zwecks nicht speziell die Eigentumsverschaffung am Grundstück voraussetzt, andererseits diese Art der Einbringung zum Gebrauch oder dem Werte nach, gegebenenfalls auch unter Zuzahlung eines Geldbetrags durch den »Verpflichteten«, für alle Parteien zumutbar erscheint (MüKo BGB/*Ulmer/Schäfer* § 705 Rn. 40). 29

c) Gesamtnichtigkeit des Vertrags

Ist der Gesellschaftsvertrag aufgrund eines Verstoßes gegen eine solche Formvorschrift gem. § 125 Satz 1 BGB gesamtnichtig und nicht nur teilnichtig, gelten bei Vollzug der Gesellschaft die **Grundsätze der fehlerhaften Gesellschaft** (s. Rdn. 51–54; vgl. dazu außerdem ausführl. § 105 HGB Rdn. 79 ff. für die OHG). 30

IV. Auslegung

1. Grundsatz

Im Gegensatz zu Satzungen von Kapitalgesellschaften, bei denen auf den objektiven Erklärungswert abzustellen ist, erfolgt die Auslegung von Personengesellschaftsverträgen grundsätzlich anhand der **§§ 133, 157 BGB** (vgl. BGH NZG 2005, 593, 594). Ausgehend vom Vertragswortlaut sind daneben Entstehungsgeschichte und Systematik, Sinn und Zweck des Vertrags sowie die Art seiner Durchführung zu berücksichtigen, um den wirklichen Willen der Parteien zu erforschen (BGH NJW 1987, 890, 891; MüKo BGB/*Ulmer/Schäfer* § 705 Rn. 171). 31

Daher findet ein etwa ermittelter **Parteiwille** auch dann Berücksichtigung, wenn er im Vertragstext keinen Niederschlag gefunden hat. Auch kann der Grundtendenz des Vertrages bei der Auslegung eine Bedeutung zukommen (BGH NJW 1987, 890, 891; MAH PersGes/*Johansson* § 2 Rn. 138; *Grunewald* ZGR 1995, 68 f.). Die Grundtendenz sind die gemeinsamen grundsätzlichen Vorstellungen der Gesellschafter zu ihrer Zusammenarbeit, wie z. B. die paritätische Verteilung von Rechten und Pflichten zwischen verschiedenen Gesellschafterstämmen oder der Ausschluss von Familienfremden (MAH PersGes/*Johansson* § 2 Rn. 138). Naturgemäß unterliegen eine etwaig vorhandene Grundtendenz sowie die gemeinsamen Vorstellungen der Gesellschafter im Laufe der Zeit Änderungen, die im Rahmen der Auslegung zu berücksichtigen sind. 32

Regelmäßig ist bei der Auslegung eines Gesellschaftsvertrages davon auszugehen, dass die Vertragsparteien jeder Bestimmung einen bestimmten rechtserheblichen Inhalt beimessen (BGH NZG 2005, 593, 594). Kommt daher eine mögliche Auslegung zu dem Ergebnis, dass bei zwei sich widersprechenden Klauseln eine von beiden Klauseln unwirksam ist, und kommt die andere Auslegung hingegen zu einem Ergebnis, das einen Widerspruch der beiden Klauseln vermeidet, sodass beide Klauseln wirksam nebeneinander bestehen können, ist daher dieser letztgenannten Sinn erhaltenden Auslegung der Vorzug zu geben, sofern sich aus dem Parteiwillen nichts Gegenteiliges ergibt (BGH NZG 2005, 593, 594). 33

2. Publikums-Personengesellschaften

Zum Schutz später Beitretender sind Gesellschaftsverträge von Publikums-Personengesellschaften nicht nach diesen Auslegungsgrundsätzen zu behandeln. Hier richtet sich die Auslegung grundsätzlich nach **objektiven**, an Wortlaut, Systematik und (auch steuerrechtlicher) Zielsetzung orientierten Kriterien (BGH ZIP 2003, 843, 844 f.; NZG 2001, 269, 270; OLG Hamburg NJW-RR 1996, 1436; Palandt/*Sprau* § 705 Rn. 14). Davon abweichende subjektive Vorstellungen der Initiatoren oder Gründer sind nur ausnahmsweise und zwar dann zu berücksichtigen, wenn sie sich zugunsten der Anleger auswirken und insbesondere ihnen gegenüber bei der Werbung zum Beitritt hervorgehoben wurden (MüKo BGB/*Ulmer/Schäfer* § 705 Rn. 175; vgl. zur Auslegung bei der Publikums[personen]gesellschaft außerdem ausführl. Anhang 2 zum HGB Rdn. 22). 34

V. Vertragsänderungen

1. Allgemeines

35 Die Änderung des Gesellschaftsvertrages folgt grundsätzlich denselben Regeln wie der Abschluss des Gesellschaftsvertrages (s. o. Rdn. 3–8). Vorbehaltlich einer anderen Regelung im Gesellschaftsvertrag können Änderungen des Gesellschaftsvertrages – wie auch sein Abschluss – **ausdrücklich oder konkludent** erfolgen. An eine konkludente Änderung des Gesellschaftsvertrages sind allerdings hohe Anforderungen zu stellen. Eine einmalige oder nur vorübergehende Abweichung genügt regelmäßig nicht, wenn sich der übereinstimmende Änderungswille der Beteiligten nicht aus zusätzlichen Umständen ableiten lässt. Hingegen begründet eine langjährige, vom Vertrag abweichende Praxis die tatsächliche Vermutung für eine entsprechende Änderung (BGH NJW 1996, 1678, 1680; MüKo BGB/*Ulmer/Schäfer* § 709 Rn. 56), sofern diese Praxis von den Gesellschaftern vorbehalt- und widerspruchslos hingenommen worden ist (OLG Köln NZG 1998, 767, 769). Bei **Publikumsgesellschaften** lässt sich hingegen in der Regel aus mehrjährigen tatsächlichen Abweichungen der Gesellschaftspraxis vom Vertragswortlaut kein konkludenter Wille auch der Anleger auf Vertragsänderung schließen (MüKo BGB/*Ulmer/Schäfer* § 705 Rn. 175).

2. Grundsatz der Einstimmigkeit

36 Änderungen des Gesellschaftsvertrages setzen ohne jegliche vertragliche Regelung aufgrund des bei der GbR geltenden Einstimmigkeitsprinzips grundsätzlich die **Zustimmung sämtlicher Gesellschafter** voraus (Palandt/*Sprau* § 705 Rn. 15; MüKo BGB/*Ulmer/Schäfer* § 705 Rn. 55).

37 Eine **Zustimmungspflicht** der Gesellschafter zu einer Änderung des Gesellschaftsvertrages besteht grundsätzlich nicht. Allerdings kann sich aus der **Treuepflicht** des Gesellschafters ausnahmsweise eine Zustimmungspflicht ergeben. Voraussetzung für eine solche Zustimmungspflicht ist, dass die Änderung mit Rücksicht auf das bestehende Gesellschaftsverhältnis oder im Hinblick auf die Rechtsbeziehungen der Gesellschafter zueinander, etwa zum Zwecke der Erhaltung wesentlicher Werte, die die Gesellschafter in gemeinsamer Arbeit geschaffen haben, oder zur Vermeidung erheblicher Verluste, die die Gesellschaft oder einer der Gesellschafter erleiden könnten, erforderlich ist (BGH NJW-RR 2005, 263, 264; NJW 1987, 952, 953; Palandt/*Sprau* § 705 Rn. 15). Eine solche Zustimmungspflicht kann sich auch dann ergeben, wenn dies zur Sicherung der Fortführung eines Gesellschaftsunternehmens erforderlich ist (BGH NJW-RR 2005, 263, 264).

38 Kommt ein Gesellschafter einer Verpflichtung zur Zustimmung nicht nach, wird seine Zustimmung nicht fingiert. Vielmehr ist der die Zustimmung verweigernde Gesellschafter **auf Zustimmung zu verklagen** (dies ist Leistungsklage und kann im Wege der Klageverbindung mit anderen handelsrechtlichen Gestaltungsklagen verbunden werden, vgl. hinsichtlich der Zustimmung zur Erhebung der Ausschließungsklage gem. § 140 HGB Kap. 5 Rdn. 231 f.). Der die Zustimmung verweigernde Gesellschafter kann sich allerdings **schadensersatzpflichtig** machen und bei besonderen Umständen wegen der Zustimmungsverweigerung auch selbst aus wichtigem Grund aus der Gesellschaft ausgeschlossen werden (Sudhoff PersGes/*Masuch* § 17 Rn. 19; vgl. zur Klage auf Ausschließung eines Gesellschafters § 140 HGB sowie Kap. 5 Rdn. 212 ff.).

3. Mehrheitsklauseln

39 Der Gesellschaftsvertrag kann durch sog. Mehrheitsklauseln vom Grundsatz der Einstimmigkeit **abweichen**. Je nach Art des Beschlussgegenstandes werden an die Vereinbarung derartiger Regelungen unterschiedlich hohe Anforderungen gestellt.

a) Abgrenzung zu Geschäftsführungsbeschlüssen und Beschlüssen über laufende Angelegenheiten

40 Zunächst ist zwischen Geschäftsführungsbeschlüssen und Beschlüssen über laufende Angelegenheiten auf der einen Seite und **Vertragsänderungen** auf der anderen Seite zu unterscheiden. Nach

dem BGH sind gesellschaftsvertragliche Klauseln, die allgemein festlegen, dass für Gesellschafterbeschlüsse einfache Mehrheiten genügen, nur auf Geschäftsführungsbeschlüsse und auf Beschlüsse über laufende Angelegenheiten zu beziehen (BGH NJW 1985, 2830, 2831; Palandt/*Sprau* § 705 Rn. 16). Vertragsänderungen sind hiervon in der Regel nicht erfasst. Bei Geschäftsführungsbeschlüssen und Beschlüssen über laufende Angelegenheiten ist die Vereinbarung einer Entscheidung durch die Mehrheit der Gesellschafter zulässig (MüKo BGB/*Schäfer* § 709 Rn. 82; Bamberger/Roth/*Schöne* § 709 Rn. 37).

b) Vertragsänderungen

Kann die Klausel, die allgemein festlegt, dass für Gesellschafterbeschlüsse eine einfache Mehrheit genügt, ausnahmsweise dahin ausgelegt werden, dass auch über Änderungen des Gesellschaftsvertrages durch Mehrheitsbeschluss entschieden werden soll, so ist eine solche Klausel nur dann ausreichend, sofern es um **übliche oder gewöhnliche Vertragsänderungen** geht (BGH NJW 2007, 1685, 1686; E/B/J/S/*Goette* § 119 Rn. 49; Bamberger/Roth/*Schöne* § 709 Rn. 37). 41

Eine solche generelle Ermächtigung zur Entscheidung durch Mehrheitsbeschluss bezieht sich daher grundsätzlich nicht auf Vertragsänderungen, deren Vornahme durch Mehrheitsbeschluss ungewöhnlich ist. Das ist insbesondere dann anzunehmen, wenn die Rechte und Pflichten der Gesellschafter wesentlich betroffen werden. **Ungewöhnlich** in diesem Sinne sind z. B. die Erhöhung der Beitragspflicht (BGH NJW 2007, 1685, 1686), die Auflösung der Gesellschaft (OLG Celle NZG 2000, 586, 587), die Veränderung der Mehrheitsverhältnisse selbst (BGH NJW 1988, 411, 412; Palandt/*Sprau* § 705 Rn. 16), Änderungen im Gesellschaftszweck, in der Geschäftsführung oder Vertretung sowie die Auseinandersetzung. Dem liegt der auch aus allgemeinen Auslegungsgrundsätzen folgende Gedanke zugrunde, dass nicht angenommen werden kann, der einzelne Gesellschafter wolle sich mit der Zustimmung zu einer Klausel, die generell Mehrheitsbeschlüsse zulässt, uneingeschränkt dem Willen der Mehrheit unterwerfen. Soll in solchen Angelegenheiten das Mehrheitsprinzip gelten, so muss ein entsprechender Wille der Gesellschafter eindeutig feststellbar sein. (BGH NJW 1985, 2830, 2831; OLG Celle NZG 2000, 586, 587; E/B/J/S/*Goette* § 119 Rn. 49). Unter Aufgabe seiner bisherigen Rechtsprechung hat der BGH jedoch angenommen, dass die Feststellung des Jahresabschlusses regelmäßig von einer allgemeinen Mehrheitsklausel im Gesellschaftsvertrag gedeckt ist (BGH NJW 2007, 1685, 1687; Aufgabe von BGHZ 132, 263, 268). 42

aa) Bestimmtheitsgrundsatz

Soll die Mehrheitsklausel auch Vertragsänderungen erfassen, deren Vornahme durch Mehrheitsbeschluss **ungewöhnlich** ist, muss die Mehrheitsklausel nach immer noch h. M. grundsätzlich dem sog. **Bestimmtheitsgrundsatz** genügen (BGH NJW 2007, 1685, 1687; NJW 1996, 1678, 1679; NJW 1995, 194; OLG Celle NZG 2000, 586, 587; Bamberger/Roth/*Schöne* § 709 Rn. 37; a. A. MüKo BGB/*Schäfer* § 709 Rn. 89). Trotz Kritik vonseiten der Literatur hält der BGH weiterhin am Bestimmtheitsgrundsatz fest (BGH NJW 2007, 1685, 1687). Es muss sich danach aus dem Gesellschaftsvertrag ergeben, dass gerade für diese Maßnahme die Einstimmigkeit nicht gelten soll (OLG Celle NZG 2000, 586, 587). Die gesellschaftsvertragliche Mehrheitsklausel muss daher Ausmaß und Umfang des zulässigen Eingriffs erkennen lassen (BGH NJW 1996, 1678, 1679; vgl. zum Bestimmtheitsgrundsatz auch [für die OHG] § 109 HGB Rdn. 24). 43

Eingeschränkt wurde der Bestimmtheitsgrundsatz von der Rechtsprechung bei **Publikumsgesellschaften** und anderen großen Personengesellschaften (BGH NJW 1983, 1056; NJW 1978, 1382; NJW 1977, 2160, 2161; NJW 1976, 958; MüKo BGB/*Schäfer* § 709 Rn. 94). Hier akzeptiert die Rechtsprechung grundsätzlich Mehrheitsbeschlüsse (vgl. für die Publikumsgesellschaft Anhang 2 zum HGB Rdn. 40). 44

bb) Eingriffe in den Kernbereich

45 Eingriffe in den Kernbereich der Gesellschafterrechte durch Mehrheitsbeschlüsse sind jedoch auch bei Wahrung des Bestimmtheitsgrundsatzes grundsätzlich unzulässig (OLG Köln NZG 1998, 767, 768; OLG Celle NZG 2000, 586, 587) und bedürfen einer **besonderen Legitimation**. (BGH NJW 2007, 1685, 1687; NJW 1995, 194, 195). Zum Kernbereich gehören z. B. das Stimm-, Gewinn- und Informationsrecht sowie das Recht auf Beteiligung am Liquidationserlös (BGH NJW 1995, 194, 195; Palandt/*Sprau* § 705 Rn. 16a). Auch Zweckänderungen, einschließlich Auflösung der Gesellschaft (OLG Celle NZG 2000, 586, 587), sowie Änderungen des Gewinnverteilungsschlüssels sind dem Kernbereich zuzuordnen (MüKo BGB/*Schäfer* § 709 Rn. 93; vgl. zum Kernbereich der Gesellschafterrechte auch [für die OHG] § 109 HGB Rdn. 23).

46 Ausnahmsweise können auch Eingriffe in den Kernbereich zulässig sein, wenn hierfür eine besondere Legitimation besteht (BGH NJW 2007, 1685, 1687; NJW 1995, 194, 195; OLG Stuttgart NZG 2000, 835, 836). Dies z. B. ist der Fall, wenn die gesellschaftsvertragliche Mehrheitsklausel als **antizipiertes Einverständnis** angesehen werden kann (BGH NJW 2007, 1685, 1687; NJW 1995, 194, 195; Palandt/*Sprau* § 705 Rn. 16a; MüKo BGB/*Schäfer* § 709 Rn. 92) oder aber der Gesellschafter aufgrund seiner Treuepflicht verpflichtet ist, die Maßnahme im Interesse der Gesellschaft hinzunehmen (BGH NJW 1995, 194, 195; Palandt/*Sprau* § 705 Rn. 16a).

47 Damit eine Mehrheitsklausel ausnahmsweise als antizipiertes Einverständnis gewertet werden kann, muss die Mehrheitsklausel zunächst Art und Ausmaß des Eingriffs eindeutig erkennen lassen. Darüber hinaus sind regelmäßig noch weitere Schutzmechanismen erforderlich, die das Risiko der betroffenen Minderheit begrenzen und vorhersehbar machen. So wird bei Beitragserhöhungen für die Wirksamkeit einer solchen Mehrheitsklausel die Angabe einer Obergrenze gefordert (OLG Stuttgart NZG 2000, 835, 836; MüKo BGB/*Schäfer* § 709 Rn. 92; E/B/J/S/*Goette* § 119 Rn. 61). Im Ergebnis erfolgt hier eine den Schutz der Minderheit gewährleistende Inhaltskontrolle. Dies bedeutet aber nicht, dass einer – durch den Gesellschaftsvertrag eindeutig legitimierten – Mehrheit im Rechtsstreit der Nachweis einer sachlichen Rechtfertigung des Beschlusses obliegt; vielmehr hat umgekehrt die Minderheit den Nachweis einer treupflichtwidrigen Mehrheitsentscheidung zu führen (BGH NJW 2007, 1685, 1687).

4. Form der Vertragsänderung

48 Wie der Abschluss des Gesellschaftsvertrages unterliegt auch seine Änderung **grundsätzlich keinen besonderen Formvorschriften**. Soll hingegen durch eine Vertragsänderung ein Gesellschafter zur Einbringung, zum Erwerb oder zur Veräußerung eines Grundstücks verpflichtet werden, greift die Pflicht zur notariellen Beurkundung nach § 311b Abs. 1 BGB (s. o. Rdn. 20). Wirkt bei der Änderung des Gesellschaftsvertrages der Grund, der für die Formbedürftigkeit des Abschlusses des Gesellschaftsvertrages ursächlich war, fort und wird dieser Grund durch die Änderung berührt, so unterliegt die Änderung derselben Formbedürftigkeit wie der Abschluss des Gesellschaftsvertrages (MAH PersGes/*Johansson* § 2 Rn. 151; s. o. Rdn. 19–30).

C. Gemeinsamer Zweck

49 Jeder erlaubte, dauernde oder vorübergehende, auch ideelle Zweck kann Gegenstand einer GbR sein. Nicht nur wirtschaftliche Zwecke, sondern auch z. B. kulturelle, politische oder religiöse Zwecke können Inhalt einer Vereinbarung sein. Es kann um die Herstellung einer bestimmten Sache gehen, die Herbeiführung eines bestimmten Erfolges oder eine gemeinsame Tätigkeit (MAH PersGes/*Johansson* § 2 Rn. 75).

50 Der Zweck der GbR darf aber nicht in dem **Betrieb eines Handelsgewerbes** liegen; dann liegt zwingend eine Personenhandelsgesellschaft vor. Auch muss die Rechtsform der GbR eine für diesen Zweck der Gesellschaft **zulässige Rechtsform** sein. Das ist z. B. nicht der Fall bei Lebens-, Unfall-, Haftpflicht-, Feuer- und Hagelversicherern sowie bei Kreditinstituten (vgl. hierzu MAH PersGes/*Johansson* § 2 Rn. 78). Der Zweck muss aber irgendwie auf die Förderung durch vermögenswerte

Leistungen gerichtet sein (Palandt/*Sprau* § 705 Rn. 20). Gemeinsam muss der Zweck derart sein, dass jeder Gesellschafter dessen Förderung von dem anderen fordern kann (Palandt/*Sprau* § 705 Rn. 21).

D. Fehlerhafte Gesellschaft

I. Allgemeines

Für den Gesellschaftsvertrag gelten grundsätzlich die allgemeinen Unwirksamkeitsgründe, wie z. B. §§ 104 ff., 119 ff., 125, 155 und 181 BGB (s. o. Rdn. 6). Besondere Vorschriften für Nichtigkeits- oder Anfechtungsfolgen enthalten die gesetzlichen Regelungen zur GbR nicht. Stellt sich zu einem späteren Zeitpunkt nach Invollzugsetzung der Gesellschaft die Nichtigkeit des Gesellschaftsvertrages heraus, würde nach den gesetzlichen Regelungen grundsätzlich eine **Rückabwicklung nach Bereicherungsrecht** in Betracht kommen. 51

Sofern jedoch die Gesellschaft bereits Geschäfte getätigt und Vermögen gebildet hat, würde eine solche Rückabwicklung zu erheblichen Schwierigkeiten führen. Deshalb hat die Rechtsprechung im Wege der richterlichen Rechtsfortbildung die **Lehre von der fehlerhaften Gesellschaft** entwickelt, die die Geltendmachung der Unwirksamkeit des Gesellschaftsvertrages **nach Invollzugsetzung** der Gesellschaft regelmäßig nur mit Wirkung für die Zukunft möglich macht. Bis dahin ist die Gesellschaft als wirksam zu behandeln (BGH NJW 2000, 3558, 3559; vgl. hierzu *Goette* DStR 1996, 266; *Kollhosser* NJW 1997, 3265). Durch diese Lehre von der fehlerhaften Gesellschaft hat die Rechtsprechung berücksichtigt, dass bei einer nichtigen Gesellschaft grundsätzlich sowohl die Gläubiger der Gesellschaft schutzwürdig sind als auch die Gesellschafter selbst eines gewissen Schutzes bedürfen, insbesondere im Hinblick auf die Haftungsfolgen. 52

Die Lehre von der fehlerhaften Gesellschaft ist nach der Rechtsprechung nicht nur auf **Außengesellschaften** anwendbar, sondern grundsätzlich auch auf **Innengesellschaften**, insbesondere auch auf **stille Gesellschaften** (BGH DStR 1992, 1370, 1371; OLG Hamm NZG 2003, 228, 229; MAH PersGes/*Johansson* § 2 Rn. 162; vgl. zur Anwendung der Grundsätze der fehlerhaften Gesellschaft auf die stille Gesellschaft auch Anhang 1 zum HGB Rdn. 59 ff.). Verfügt die Innengesellschaft aber nicht über eigenes Gesellschaftsvermögen, greift die Lehre über die fehlerhafte Gesellschaft ausnahmsweise nicht (MAH PersGes/*Johansson*, § 2 Rn. 162). Auch bei **Publikumsgesellschaften** findet die Lehre von der fehlerhaften Gesellschaft Anwendung (BGH NJW 2001, 2718, 2720; OLG Hamm NZG 2003, 228, 229; vgl. auch Anhang 2 zum HGB Rdn. 17). 53

Die **Voraussetzungen** für das Eingreifen dieser Lehre sind der Abschluss eines Gesellschaftsvertrages, dessen Behaftetsein mit einem nach allgemeinen Regeln zur anfänglichen Unwirksamkeit führenden Mangels sowie die Invollzugsetzung der Gesellschaft. Weiterhin dürfen keine höherrangigen Interessen der Allgemeinheit oder Einzelner der Anerkennung der Wirksamkeit der Gesellschaft entgegenstehen (Palandt/*Sprau* § 705 Rn. 18; Sudhoff PersGes/*Masuch* § 18 Rn. 26; MAH PersGes/*Johansson* § 2 Rn. 160 ff.; außerdem § 105 HGB Rdn. 79 ff. für die OHG). 54

II. Abschluss eines Gesellschaftsvertrages

Grundlegende Voraussetzungen für die Annahme einer fehlerhaften Gesellschaft ist mithin das Vorliegen von – wenn auch fehlerhaften – auf den Abschluss eines Gesellschaftsvertrages gerichteten Willenserklärungen zwischen den Beteiligten (BGH NJW 1992, 1501, 1502). Die Beteiligten müssen daher tatsächliche auf den Abschluss eines Gesellschaftsvertrages gerichtete **Willenserklärungen** abgegeben haben (*Goette* DStR 1996, 266, 268). Fehlt es an einem (wenn auch nichtigen oder vernichtbaren) Vertragsabschluss, einem rechtsgeschäftlichen Handeln der Gesellschafter, greift die Lehre nicht. Vielmehr besteht nur eine tatsächliche Gemeinschaft zwischen den Beteiligten, die nach Gemeinschaftsrecht zu behandeln ist (BGHZ 11, 190; Palandt/*Sprau* § 705 Rn. 18). Die Lehre von der fehlerhaften Gesellschaft ist daher auf **Scheingesellschaften** nicht anwendbar (vgl. zu Scheingesellschaften § 105 HGB Rdn. 105 ff.). 55

III. Mangel des Gesellschaftsvertrages

56 Der Gesellschaftsvertrag muss insgesamt, nicht nur ein Teil, **mangelbehaftet** sein und der Mangel darf nicht entfallen sein, wie z. B. durch Vollzug oder Genehmigung (Palandt/*Sprau* § 705 Rn. 18; Prütting/Wegen/Weinreich/*von Ditfurth*, § 705 Rn. 18). Der Mangel muss dazu führen, dass der Gesellschaftsvertrag nach allgemeinen Regeln von Anfang an unwirksam wäre. In Betracht kommen z. B. eine Anfechtung wegen arglistiger Täuschung oder widerrechtlicher Drohung sowie wegen Irrtums, ein Formmangel oder ein Verstoß gegen ein gesetzliches Verbot oder die guten Sitten. Weiterhin sind mögliche Mängel das Fehlen der erforderlichen Zustimmung eines Ehegatten nach § 1365 BGB (s. o. Rdn. 15) oder die Mitwirkung geschäftsunfähiger oder beschränkt geschäftsfähiger Personen (s. o. Rdn. 12–14).

IV. Invollzugsetzung der Gesellschaft

57 Die Gesellschaft muss in Vollzug gesetzt sein. Dies kann zunächst durch **jegliche Tätigkeit nach außen** erfolgen, wie z. B. den Abschluss von Verträgen mit Dritten. Ausreichend ist es jedenfalls, wenn die Gesellschafter den Geschäftsführer monatelang unwidersprochen für die Gesellschaft haben handeln lassen (BGH NJW 1992, 1501, 1502 f.; Palandt/*Sprau* § 705 Rn. 18). Weiterhin liegt eine Invollzugsetzung vor, wenn die Gesellschafter im Innenverhältnis ihre **Beiträge geleistet** oder gesellschaftsvertragliche Rechte ausgeübt haben (BGH NJW 1992, 1501, 1502; Palandt/*Sprau* § 705 Rn. 18; MAH PersGes/*Johansson* § 2 Rn. 164).

V. Überwiegende Interessen der Allgemeinheit oder Einzelner

58 Die Lehre von der fehlerhaften Gesellschaft findet jedoch dann keine Anwendung, soweit der rechtlichen Anerkennung der Gesellschaft überwiegende Interessen der Allgemeinheit oder bestimmter schutzwürdiger Personen entgegenstehen (BGH NJW 2003, 1252). Dies wäre anderenfalls nicht mit dem Schutzzweck der Anfechtungs- und Nichtigkeitsgründe vereinbar (Sudhoff PersGes/*Masuch* § 18 Rn. 27).

59 Dies ist der Fall bei Verstoß des Gesellschaftszwecks – nicht nur einzelner Regelungen des Gesellschaftsvertrages – gegen die **§§ 134 BGB, 138 BGB**. Im Fall **arglistiger Täuschung** oder **widerrechtlicher Drohung** findet nach zutreffender Auffassung die Lehre von der fehlerhaften Gesellschaft keine Anwendung (OLG Stuttgart ZIP 2001, 692, 697; Sudhoff PersGes/*Masuch* § 18 Rn. 27; MAH PersGes/*Johansson* § 2 Rn. 164). Hier überwiegt das Interesse des Getäuschten bzw. Bedrohten. Bei **Beteiligung geschäftsunfähiger oder beschränkt geschäftsfähiger Personen** findet die Lehre von der fehlerhaften Gesellschaft nur eingeschränkt Anwendung (Sudhoff PersGes/*Masuch* § 18 Rn. 27). Der Geschäftsunfähige bzw. der beschränkt Geschäftsfähige werden nicht Gesellschafter. Sie haften daher nicht. Durch Genehmigung kann der beschränkt Geschäftsfähige aber rückwirkend Gesellschafter werden (Bamberger/Roth/*Schöne* § 705 Rn. 88). Hingegen ist die Gesellschaft zwischen den übrigen Gesellschaftern regelmäßig als wirksam zu betrachten (Palandt/*Sprau* § 705 Rn. 18; Bamberger/Roth/*Schöne* § 705 Rn. 89).

VI. Rechtsfolgen

60 Liegen die Voraussetzungen für die Anwendung der Lehre von der fehlerhaften Gesellschaft vor, ist das Gesellschaftsverhältnis im Innen- und Außenverhältnis **voll wirksam**, bis der betroffene Gesellschafter die Gesellschaft fristlos kündigt. Eine solche Kündigung hat keine Rückwirkung, sondern beseitigt die Gesellschaft **nur für die Zukunft** (BGH NJW 2000, 3558, 3559; DStR 1992, 1370, 1371; OLG Hamm NZG 2003, 228, 229).

61 Es gelten die Vereinbarungen über Geschäftsführung und Vertretung. Die **Rechte und Pflichten** der Gesellschafter richten sich nach dem Gesellschaftsvertrag (MüKo BGB/*Ulmer/Schäfer* § 705 Rn. 343). Die Gesellschafter haften nach außen für die Gesellschaftsschulden (BGH NJW 1992, 1501, 1502). An die Stelle der allgemeinen Vorschriften tritt grundsätzlich die gesellschaftsrechtliche **Auseinandersetzung** (Palandt/*Sprau* § 705 Rn. 18; Sudhoff PersGes/*Masuch* § 18 Rn. 27;

MAH PersGes/*Johansson* § 2 Rn. 167). Der Anspruch auf Auszahlung des Auseinandersetzungsguthabens ist hierbei grundsätzlich erst nach Vorliegen einer Auseinandersetzungsrechnung fällig (BGH DStR 1992, 1370, 1371; DStR 1992, 762). Dieser Grundsatz gilt jedoch dann nicht, wenn schon vor Beendigung der Auseinandersetzung feststeht, dass der eine Teil einen bestimmten Betrag mit Sicherheit fordern kann. Bei der stillen Gesellschaft ist diese Voraussetzung insbesondere dann erfüllt, wenn der stille Gesellschafter, anders als dies dem gesetzlichen Leitbild entspricht, von der Beteiligung am Verlust befreit ist. Dann steht ihm die Einlage ungeschmälert zu (BGH DStR 1992, 1370, 1371). Sein Auseinandersetzungsguthaben erhält der betroffene Gesellschafter Zug um Zug gegen Übertragung seiner Beteiligung ausgezahlt (BGH NJW 2001, 2718, 2720; OLG Hamm NZG 2003, 228, 229).

Die Grundsätze über die fehlerhafte Gesellschaft hindern einen Mitgesellschafter bis zu einer auf sofortige Abwicklung gerichteten außerordentlichen Kündigung an der Durchsetzung eines auf Rückgewähr der Einlage gerichteten Schadensersatzanspruchs aus vorvertraglichem Verschulden (BGH NJW 2000, 3558, 3559). 62

§ 706 Beiträge der Gesellschafter

(1) Die Gesellschafter haben in Ermangelung einer anderen Vereinbarung gleiche Beiträge zu leisten.

(2) ¹Sind vertretbare oder verbrauchbare Sachen beizutragen, so ist im Zweifel anzunehmen, dass sie gemeinschaftliches Eigentum der Gesellschafter werden sollen. ²Das Gleiche gilt von nicht vertretbaren und nicht verbrauchbaren Sachen, wenn sie nach einer Schätzung beizutragen sind, die nicht bloß für die Gewinnverteilung bestimmt ist.

(3) Der Beitrag eines Gesellschafters kann auch in der Leistung von Diensten bestehen.

§ 707 Erhöhung des vereinbarten Beitrags

Zur Erhöhung des vereinbarten Beitrags oder zur Ergänzung der durch Verlust verminderten Einlage ist ein Gesellschafter nicht verpflichtet.

Übersicht	Rdn.			Rdn.
A. Allgemeines	1	IV.	Ansprüche gegen die Gesellschaft – mittelbare Beitragserhöhung	13
B. Beiträge i. S. d. § 706 BGB	2	D.	Regelungen im Gesellschaftsvertrag	14
I. Art der Beiträge	3	E.	Leistungsstörungen	18
II. Höhe der Beiträge	6	I.	Einrede des nicht erfüllten Vertrages	18
C. Erhöhung der Beiträge, § 707 BGB	9	II.	Verzug	21
I. Grundsatz	9	III.	Schlechterfüllung	22
II. Nachschusspflicht	10			
III. Reichweite des § 707 BGB	11			

A. Allgemeines

Der allgemeinen Zweckförderungspflicht des § 705 BGB entspricht es, dass die Gesellschafter **Beiträge zu leisten** haben. Solche Beiträge müssen die Gesellschafter allerdings vereinbaren. § 706 BGB selbst begründet keine Beitragspflicht, sondern setzt sie voraus. Verpflichteter der Beitragspflicht ist der einzelne Gesellschafter. Anspruchsberechtigte ist die Gesellschaft. Die Geltendmachung der zu leistenden Beiträge ist Aufgabe der geschäftsführenden Gesellschafter, sog. Sozialansprüche. Daneben kann jeder einzelne Gesellschafter den Anspruch im Wege der **actio pro socio** zugunsten der Gesellschaft geltend machen (Sudhoff PersGes/*van Randenborgh* § 5 Rn. 12; vgl. zur actio pro socio ausführl. Kap. 5 Rdn. 90 ff.). Bereits mit Vereinbarung des zu leistenden Beitrags ist dieser durch Gläubiger der Gesellschaft pfändbar. 1

B. Beiträge i. S. d. § 706 BGB

2 »Beiträge« ist der Oberbegriff für die nach dem Gesellschaftsvertrag zur Förderung des Gesellschaftszwecks zu bewirkenden **Leistungen der Gesellschafter**. Beiträge können Einlagen oder andere Beiträge sein. Der Begriff der Beiträge umfasst den Begriff der Einlagen. Zu den Beiträgen zählen **alle Förderleistungen** – auch ein Unterlassen – zur Erreichung des Gesellschaftszwecks. Hingegen sind Einlagen nur solche Beiträge, denen ein Finanzierungsbeitrag zukommt, also Beitragsleistungen in das Gesellschaftsvermögen (*K. Schmidt* NJW 2005, 2801, 2802). Einlagefähig sind daher nur solche Leistungen an die Gesellschaft, die dort zu einer aktivierungsfähigen **Vermögensmehrung** führen und dadurch die Haftungsmasse mehren (*K. Schmidt* GesR, § 20 II 1; Sudhoff PersGes/*van Randenborgh* § 5 Rn. 5). Die **Art und Höhe** der Beiträge bestimmen die Gesellschafter im Gesellschaftsvertrag. Haben die Gesellschafter hinsichtlich der Höhe der Beiträge keine Vereinbarung getroffen, schulden sie gem. § 706 Abs. 1 BGB im Zweifel gleiche Beiträge.

I. Art der Beiträge

3 Beitrag kann **jede Art von Leistung** sein, die ein Gesellschafter zur Förderung des gemeinsamen Zwecks im Gesellschaftsvertrag verspricht. In Betracht kommen z. B. (auch wiederholte) Geld-, Werkleistungen (Palandt/*Sprau* § 706 Rn. 4).

4 Es können auch **Dienstleistungen** eingebracht werden, wie dies ausdrücklich in § 706 Abs. 3 BGB klargestellt ist. Bei der Einbringung von Dienstleistungen ist die Abgrenzung zum Arbeitnehmer nach den Grundsätzen zur Scheinselbstständigkeit vorzunehmen (OLG Köln NZG 2001, 165, 166; Palandt/*Sprau* § 706 Rn. 4).

5 Auch kann die Leistung in der **Einbringung von Sachwerten** bestehen. Eine solche Einbringung kann durch Übertragung zu vollem Eigentum geschehen, durch Übertragung dem Werte nach oder durch bloße Gebrauchsüberlassung (Sudhoff PersGes/*van Randenborgh* § 5 Rn. 10). Hinsichtlich der Einbringung von Sachwerten enthält § 706 Abs. 2 BGB zwei Auslegungsregeln. Nach § 706 Abs. 2 Satz 1 BGB ist im Zweifel anzunehmen, dass einzubringende vertretbare oder verbrauchbare Sachen gemeinschaftliches Eigentum der Gesellschafter werden sollen. Entsprechendes gilt für nicht vertretbare oder verbrauchbare Sachen, wenn diese nach einer Schätzung einzubringen sind, die nicht nur für die Gewinnbeteiligung bestimmt sind.

II. Höhe der Beiträge

6 Im Gesellschaftsvertrag können die Gesellschafter unterschiedliche Beiträge vorsehen, ohne dass ein Verstoß gegen den Gleichbehandlungsgrundsatz vorliegt. Sofern die Gesellschafter nichts anderes vereinbart haben, haben sie **gleiche Beiträge** zu leisten.

7 Da die Gesellschafter – ohne vereinbarte Haftungsbeschränkung – nach außen persönlich und unbeschränkt haften, kommt der Bewertung der Höhe des Beitrages regelmäßig nur **Bedeutung für das Innenverhältnis** der Gesellschafter zu, insbesondere für die Gewinnbeteiligung und den Anteil am Liquidationserlös. Daher unterliegt die Bewertung des Beitrages bis zur Grenze der Sittenwidrigkeit der freien Vereinbarung der Gesellschafter (Palandt/*Sprau* § 706 Rn. 3; Prütting/Wegen/Weinreich/*von Ditfurth*, § 706 Rn. 2).

8 Eine entsprechende **Klausel** könnte wie folgt lauten:

> »Gesellschafter XY bringt den ihm gehörenden Pkw Z in die Gesellschaft zu Gesamthandseigentum ein. Der Wert des Pkw wird von den Gesellschaftern auf € 10.000,– festgelegt.«

C. Erhöhung der Beiträge, § 707 BGB

I. Grundsatz

9 Nach § 707 BGB sind die Gesellschafter zur Erhöhung des vereinbarten Beitrages oder zur Ergänzung der durch Verlust verminderten Einlage nicht verpflichtet. Hierdurch sollen die Gesellschafter

vor unübersehbaren Risiken geschützt werden. Diese Regelung findet jedoch nur dann Anwendung, wenn die Gesellschafter im Gesellschaftsvertrag **Beiträge in bestimmter Höhe vereinbart** haben.

II. Nachschusspflicht

Hingegen besteht eine Nachschusspflicht, soweit die Gesellschafter die Höhe der zu erbringenden Beiträge **nicht festgelegt** haben und sie sich ausdrücklich oder stillschweigend verpflichtet haben, entsprechend ihrer Beteiligung an der Gesellschaft das zur Erreichung des Gesellschaftszwecks Erforderliche beizutragen (BGH NJW-RR 2007, 832, 833; NJW 1980, 339, 340; Palandt/*Sprau* § 707 Rn. 1). In einem solchen Fall bedarf die Festlegung der Höhe und die Einforderung der Beiträge im Zweifel keines Gesellschafterbeschlusses, sondern ist Sache der Geschäftsführer (BGH NJW-RR 2007, 832, 833).

III. Reichweite des § 707 BGB

Das Verbot der Beitragserhöhung gilt nur für das **Innenverhältnis** der Gesellschafter. Im Außenverhältnis, also gegenüber Gläubigern der Gesellschaft, sind die Gesellschafter auch über ihren Beitrag hinaus zur persönlichen Haftung verpflichtet.

Zeitlich gilt das Verbot des § 707 BGB nur während der **Dauer der Gesellschaft**. Nicht berührt wird die Pflicht zur Verlustdeckung in der Auseinandersetzung oder beim Ausscheiden nach § 735 BGB bzw. § 739 BGB (MüKo BGB/*Schäfer* § 707 Rn. 6). Danach haben die Gesellschafter bei der Auseinandersetzung bzw. beim Ausscheiden für den Fehlbetrag nach dem Verhältnis ihrer Verlusttragungspflicht aufzukommen, wenn das Gesellschaftsvermögen nicht zur Berichtigung der Gesellschaftsschulden und zur Rückerstattung der Einlagen ausreicht (Bamberger/Roth/*Schöne* § 707 Rn. 3).

IV. Ansprüche gegen die Gesellschaft – mittelbare Beitragserhöhung

Grundsätzlich ist während der Dauer der Gesellschaft die Durchsetzung von gegen die Gesellschaft gerichteten und auf dem Gesellschaftsvertrag beruhenden Ansprüchen eines Gesellschafters gegenüber seinen Mitgesellschaftern (z. B. Ansprüche aus Geschäftsführung gem. §§ 713, 670 BGB) durch § 707 BGB ausgeschlossen (BGH ZIP 1989, 852; NJW 1980, 339, 340; MüKo BGB/*Schäfer* § 707 Rn. 5). Denn darin würde eine **mittelbare Beitragserhöhung** liegen, selbst wenn das Gesellschaftsvermögen zur Abdeckung der Ansprüche nicht ausreicht. (Bamberger/Roth/*Schöne* § 707 Rn. 6; MüKo BGB/*Schäfer* § 707 Rn. 5). Ausnahmsweise kann jedoch ein Gesellschafter dann während der Dauer der Gesellschaft Ansprüche gegen seine Mitgesellschafter geltend machen, wenn er von einem Gesellschaftsgläubiger auf Zahlung einer Gesellschaftsschuld in Anspruch genommen worden ist und bei der Gesellschaft keinen Ersatz erlangen kann (Bamberger/Roth/*Schöne* § 707 Rn. 7). Ausreichend ist, dass der Gesellschaft keine frei verfügbaren Mittel zustehen (BGH NJW 1988, 1375, 1376; NJW 1981, 1095, 1096; NJW 1980, 339, 340). In diesen Fällen liegt keine Beitragserhöhung vor, sondern eine **Realisierung der persönlichen Haftung**, die jeder Mitgesellschafter mit Abschluss des Gesellschaftsvertrages übernommen hat. Die Mitgesellschafter haften ihm dabei allerdings jeweils nur anteilig in Höhe ihrer Verlustbeteiligung und nicht etwa als Gesamtschuldner (BGH NJW 1981, 1095, 1096; NJW 1988, 1375, 1376; MüKo BGB/*Schäfer* § 707 Rn. 5) Weiterhin verbietet § 707 BGB nicht die Geltendmachung von Drittgläubigerforderungen eines Gesellschafters gegen seine Mitgesellschafter (Bamberger/Roth/*Schöne* § 707 Rn. 7).

D. Regelungen im Gesellschaftsvertrag

§ 707 BGB ist **dispositiv** (BGH NZG 2005, 753). Es können zum einen Art und Höhe der Beiträge im Gesellschaftsvertrag festgelegt werden. Zum anderen kann auch eine Beitragserhöhungs- oder Nachschusspflicht im Gesellschaftsvertrag vereinbart werden.

Grundsätzlich ist für eine solche Beitragserhöhung bzw. für einen Nachschuss die **Zustimmung aller Gesellschafter** erforderlich (BGH NJW-RR 2007, 757, 758; *Wertenbruch* DStR 2007, 1680 sowie in NZG 2006, 408, 410). Ausnahmsweise kann hierfür auch ein Mehrheitsbeschluss als ausreichend erachtet werden. Der Bestimmtheitsgrundsatz bzw. die Kernbereichslehre erfordern es jedoch, dass zunächst die Beitragserhöhungs- bzw. Nachschusspflicht aus dem Gesellschaftsvertrag in verständlicher und nicht versteckter Weise hervorgeht (BGH NZG 2008, 65, 66; NJW 2007, 1685, 1686; Palandt/*Sprau* § 707 Rn. 3; *Wertenbruch* DStR 2007, 1680). Die Gesellschafter können hierbei die Beitragshöhe bspw. an objektivierbaren Daten des Geschäftsverlaufs oder entsprechenden Veränderungen des Gesellschaftszwecks ausrichten (BGH NZG 2005, 753; MüKo BGB/*Schäfer* § 707 Rn. 3; Bamberger/Roth/*Schöne* § 707 Rn. 4). Weiterhin ist eine Eingrenzung des Erhöhungsrisikos erforderlich, insbesondere durch **Festlegung einer Höchstgrenze**, um die mit der Erhöhung für die Gesellschafter verbundenen Risiken deutlich zu machen und zu begrenzen (BGH NJW-RR 2007, 757, 758; NZG 2005, 753, 754; NJW 1976, 958; OLG Stuttgart NZG 2000, 835, 836; Sudhoff PersGes/*van Randenborgh* § 5 Rn. 14). Dies gilt auch bei Publikumsgesellschaften (BGH NZG 2007, 382; NZG 2005, 753, 754; *Wertenbruch* DStR 2007, 1680).

16 Eine **Klausel** zu einer Nachschusspflicht könnte wie folgt lauten:

> *»Die Gesellschafter sind zu einem einmaligen Nachschuss in Höhe von jeweils € 30.000,– verpflichtet, sofern das Jahresergebnis vor Steuern (ggf. begriffliche Anpassung) einen Verlust von € 300.000,– oder mehr aufweist.«*

17 Unzulässig ist es, unbestimmte Beitragsfestsetzungen oder -erhöhungen der willkürlichen Bestimmung des Geschäftsführers oder eines Dritten zu überlassen (Bamberger/Roth/*Schöne* § 707 Rn. 5).

E. Leistungsstörungen

I. Einrede des nicht erfüllten Vertrages

18 Nach der wohl h. M. ist der Gesellschaftsvertrag **kein gegenseitiger Vertrag** i. S. d. §§ 320 ff. BGB (MüKo BGB/*Ulmer/Schäfer* § 705 Rn. 163 ff.; Bamberger/Roth/*Schöne* § 705 Rn. 67; Sudhoff PersGes/*van Randenborgh* § 5 Rn. 18; MAH PersGes/*Gummert* § 3 Rn. 67). Er begründet keine im Gegenseitigkeitsverhältnis stehenden Pflichten der Gesellschafter, die auf den Austausch von Leistungen gerichtet sind, sondern ist auf die Erreichung eines gemeinsamen Zwecks gerichtet.

19 Daher kann der von der Gesellschaft auf Leistung des von ihm versprochenen Beitrages in Anspruch genommene Gesellschafter nicht ein **Zurückbehaltungsrecht** an seiner Leistung geltend machen mit der Begründung, dass die Mitgesellschafter ihre Leistungen ebenfalls noch nicht erbracht haben. Sofern der in Anspruch genommene Gesellschafter nicht vorleistungspflichtig ist, kann er jedoch aufgrund des Gleichbehandlungsgrundsatzes verlangen, dass auch von den anderen Gesellschaftern die Leistungen angefordert werden. Solange andere Gesellschafter ihre Leistungen nicht erbracht haben und die Gesellschaft diese Leistungen nicht angefordert hat, ist der betroffene Gesellschafter entsprechend § 273 BGB zur Verweigerung seiner Leistung berechtigt (MüKo BGB/*Ulmer/Schäfer* § 705 Rn. 168; Bamberger/Roth/*Schöne* § 705 Rn. 68; MAH PersGes/*Gummert* § 3 Rn. 68).

20 Nach h. M. soll es jedoch in einer **Zwei-Personen-Gesellschaft** ausnahmsweise möglich sein, die eigene Leistung dann zu verweigern, wenn der andere Gesellschafter seine Leistung noch nicht erbracht hat (MüKo BGB/*Ulmer/Schäfer* § 705 Rn. 169; Palandt/*Sprau* § 705 Rn. 13; Bamberger/Roth/*Schöne* § 705 Rn. 67; MAH PersGes/*Gummert* § 3 Rn. 69; Sudhoff PersGes/*van Randenborgh* § 5 Rn. 18).

II. Verzug

21 Ist ein Gesellschafter mit der Erbringung seiner Leistung in Verzug gelten die **§§ 286 ff. BGB** (Bamberger/Roth/*Schöne* § 705 Rn. 69). Führt dieser Verzug für die Mitgesellschafter zur Unzumutbarkeit der Fortsetzung des Gesellschaftsverhältnisses, kommt ein Kündigungsrecht der Mitgesellschafter nach §§ 737, 723 BGB in Betracht (MAH PersGes/*Gummert* § 3 Rn. 72).

III. Schlechterfüllung

Umstritten ist, ob bei **Sach- und Rechtsmängeln** einer von einem Gesellschafter zu erbringenden Leistung die kauf-, miet- oder dienstvertraglichen Vorschriften Anwendung finden. Grundsätzlich spricht hiergegen, dass es sich bei dem Gesellschaftsvertrag nach h. M. gerade nicht um einen gegenseitigen Vertrag handelt, wie dies beim Kauf-, Miet- und Dienstvertrag der Fall ist. Gleichwohl werden die **besonderen Mängelvorschriften** für anwendbar gehalten, sofern dies mit dem Wesen des zu leistenden Beitrages vereinbar ist (vgl. hierzu ausführl. MAH PersGes/*Gummert* § 3 Rn. 74; Bamberger/Roth/*Schöne* § 706 Rn. 18). Dabei beschränkt sich die Anwendung dieser Vorschriften auf die Erbringung der einzelnen Leistungspflicht, während das Gesellschaftsverhältnis unberührt bleiben soll (Bamberger/Roth/*Schöne* § 706 Rn. 18). Für Schadensersatzansprüche macht dies jedoch wegen der Vereinheitlichung der entsprechenden Bestimmungen im Allgemeinen Teil des Schuldrechts (§§ 280 ff. BGB) in der Regel keinen Unterschied. 22

§ 708 Haftung der Gesellschafter

Ein Gesellschafter hat bei der Erfüllung der ihm obliegenden Verpflichtungen nur für diejenige Sorgfalt einzustehen, welche er in eigenen Angelegenheiten anzuwenden pflegt.

Übersicht	Rdn.		Rdn.
A. Allgemeines	1	D. Billigung und Entlastung	7
B. Erfüllung von Gesellschafterpflichten	3	E. Regelungen im Gesellschaftsvertrag	9
C. Eigenübliche Sorgfalt	5		

A. Allgemeines

§ 708 schränkt die Haftung der Gesellschafter im Verhältnis zur Gesellschaft und den Mitgesellschaftern auf eigenübliche Sorgfalt ein. § 708 BGB greift daher nur, wenn ein Gesellschafter in seiner **Funktion als Gesellschafter** eine Pflichtverletzung begeht (»bei der Erfüllung der ihm obliegenden Verpflichtungen«) und von der Gesellschaft oder einem Mitgesellschafter in Anspruch genommen wird. 1

Das schließt die Anwendung auf **Beziehungen zu Gesellschaftsgläubigern** sowie auf sog. **Drittbeziehungen** zwischen Gesellschafter und Gesellschaft, also solche, die nicht im Gesellschaftsverhältnis wurzeln, aus (Bamberger/Roth/*Schöne* § 708 Rn. 8). Der Grund für die Haftungsmilderung liegt allein in der engen persönlichen Beziehung der Beteiligten. Sie gilt auch für konkurrierende deliktische Ansprüche (BGH NJW 1998, 2282, 2283). Den Hauptanwendungsbereich hat die Haftungsprivilegierung bei Pflichtverletzungen der Gesellschafter im Rahmen der Geschäftsführung. Hier ist Rechtsgrundlage eines Schadensersatzanspruchs § 280 BGB (Sudhoff PersGes/*Buß* § 9 Rn. 62; MAH PersGes/*Gummert/Karrer* § 7 Rn. 142). 2

B. Erfüllung von Gesellschafterpflichten

Anwendbar ist die Haftungsmilderung des § 708 BGB nur auf Gesellschafterpflichten. Hierzu gehört auch die befugte Geschäftsführung sowie die Pflicht des Gesellschafters, die Grenzen seiner Geschäftsführungsbefugnis einzuhalten (BGH NJW 1997, 314; OLG Köln NJW-RR 1995, 547, 548; Palandt/*Sprau* § 708 Rn. 2; MAH PersGes/*Gummert/Karrer* § 7 Rn. 144), wobei es auf das Verschulden bei Übernahme ankommt, nicht bei Durchführung des Geschäfts (BGH NJW 1997, 314; Palandt/*Sprau* § 708 Rn. 2; Sudhoff PersGes/*Buß* § 9 Rn. 62; MAH PersGes/*Gummert/Karrer* § 7 Rn. 144). 3

§ 708 BGB findet **keine Anwendung**, wenn der Gesellschafter der Gesellschaft **als Dritter** gegenübertritt oder einem anderen Gesellschafter im Vorfeld von dessen Beitritt zur Gesellschaft falsche Informationen gibt (KG NZG 1999, 199; Palandt/*Sprau* § 708 Rn. 2). Weiterhin findet die Haftungsmilderung ferner keine Anwendung auf Gesellschaften, die nicht auf besonderem persön- 4 lichem Vertrauen beruhen, so regelmäßig nicht bei **Publikumsgesellschaften** (BGH NJW 1977, 2311; NJW 1980, 589; KG NZG 1999, 199; Palandt/*Sprau* § 708 Rn. 2; MAH PersGes/*Gummert/ Karrer* § 7 Rn. 147). Auch im Straßenverkehr, also insbesondere bei Gelegenheitsgesellschaften zur gemeinsamen Benutzung eines PKWs, findet die Haftungsprivilegierung des § 708 BGB grundsätzlich keine Anwendung (BGH NJW 1970, 1271; Palandt/*Sprau* § 708 Rn. 3; MAH PersGes/*Gummert/Karrer* § 7 Rn. 145).

C. Eigenübliche Sorgfalt

5 Aufgrund des grundsätzlich vorhandenen persönlichen Vertrauensverhältnisses der Gesellschafter ist ihre Haftung im Verhältnis zueinander gem. § 708 BGB auf eigenübliche Sorgfalt beschränkt, d. h. auf die konkrete Fahrlässigkeit.

6 Abweichend von § 276 BGB gilt bei dieser Art der Haftung **kein objektiver Maßstab**, sondern ein subjektiver, auf die Veranlagung und das gewohnheitsmäßige Verhalten des Handelnden abgestellter Maßstab. Verfährt der Gesellschafter in eigenen Angelegenheiten allerdings sorgfältiger als es § 276 BGB verlangt, so ist seine Haftung ggü. § 276 BGB dennoch nicht verschärft, da § 708 BGB zu einer Haftungsmilderung und nicht einer Haftungsverschärfung führen soll. Vielmehr haftet der besonders sorgfältige Gesellschafter dann nur nach dem Standard des § 276 BGB (vgl. Palandt/*Grüneberg* § 277 Rn. 3). Derjenige, der in eigenen Angelegenheiten besonders nachlässig handelt, muss jedoch gem. § 277 BGB zumindest für grobe Fahrlässigkeit haften, wobei sich das Vorliegen einer etwaigen groben Fahrlässigkeit nach objektiven Kriterien richtet. Grobe Fahrlässigkeit liegt aber erst vor, wenn die verkehrserforderliche Sorgfalt in besonders schwerem Maße verletzt wird, schon einfachste, ganz naheliegende Überlegungen nicht angestellt werden und das nicht beachtet wird, was im gegebenen Fall jedem einleuchten musste (BGH NJW-RR 2002, 1108, 1109; Palandt/*Grüneberg* § 277 Rn. 5).

D. Billigung und Entlastung

7 Auch bei Vorliegen eines Verstoßes gegen die eigenübliche Sorgfalt entfällt ein Schadensersatzanspruch, wenn die Gesellschafter mit der für die Änderung des Gesellschaftsvertrages erforderlichen Mehrheit das fragliche Verhalten des handelnden Gesellschafters in Kenntnis der Zusammenhänge **gebilligt** oder dem geschäftsführenden Gesellschafter nachträglich **Entlastung** erteilt haben. Eine solche Rechtfertigung lässt regelmäßig bereits die Pflichtwidrigkeit des Verhaltens entfallen (MAH PersGes/*Gummert/Karrer* § 7 Rn. 149).

8 Für die Entlastung kann zumindest dann auf die von der Rechtsprechung zum GmbH-Recht im Rahmen des § 46 Nr. 5 GmbHG entwickelten Grundsätze zurückgegriffen werden, wenn der Gesellschaftsvertrag eine Entlastung vorsieht, ohne ihre Wirkung näher zu bestimmen (BGH NJW-RR 1987, 869, 870; MAH PersGes/*Gummert/Karrer* § 7 Rn. 150). Nach dieser Rechtsprechung wird der Geschäftsführer bei Entlastung von allen verzichtbaren Ersatzansprüchen aus pflichtwidriger Geschäftsführung frei, die der Gesellschafterversammlung bei Beschlussfassung **bekannt** oder bei sorgfältiger Prüfung aller Vorlagen und der ihr erstatteten Berichte **erkennbar waren** oder von denen alle Gesellschafter privat Kenntnis hatten (BGH NJW 1995, 1353, 1356; A/E/S/*Schmidt* § 46 GmbHG Rn. 22; MAH PersGes/*Gummert/Karrer* § 7 Rn. 150).

E. Regelungen im Gesellschaftsvertrag

9 Hinsichtlich des Haftungsmaßstabes können im Gesellschaftsvertrag **abweichende Regelungen** vereinbart werden, insbesondere die Geltung des »normalen« Haftungsmaßstabes des § 276 BGB oder eine noch weiter gehende Verschärfung der Haftung. Zulässig sind auch weiter gehende Haftungsmilderungen, z. B. der Verzicht auf die Haftung wegen grober Fahrlässigkeit. Auf eine Haftung für **vorsätzliches Verhalten** kann nicht verzichtet werden.

Eine **Klausel** zur Haftungsverschärfung könnte wie folgt lauten:

> »*Abweichend von § 709 BGB haften die Gesellschafter für Vorsatz und jegliche Form der Fahrlässigkeit.*«

§ 709 Gemeinschaftliche Geschäftsführung

(1) Die Führung der Geschäfte der Gesellschaft steht den Gesellschaftern gemeinschaftlich zu; für jedes Geschäft ist die Zustimmung aller Gesellschafter erforderlich.

(2) Hat nach dem Gesellschaftsvertrag die Mehrheit der Stimmen zu entscheiden, so ist die Mehrheit im Zweifel nach der Zahl der Gesellschafter zu berechnen.

§ 710 Übertragung der Geschäftsführung

¹Ist in dem Gesellschaftsvertrag die Führung der Geschäfte einem Gesellschafter oder mehreren Gesellschaftern übertragen, so sind die übrigen Gesellschafter von der Geschäftsführung ausgeschlossen. ²Ist die Geschäftsführung mehreren Gesellschaftern übertragen, so findet die Vorschrift des § 709 entsprechende Anwendung.

§ 711 Widerspruchsrecht

¹Steht nach dem Gesellschaftsvertrag die Führung der Geschäfte allen oder mehreren Gesellschaftern in der Art zu, dass jeder allein zu handeln berechtigt ist, so kann jeder der Vornahme eines Geschäfts durch den anderen widersprechen. ²Im Falle des Widerspruchs muss das Geschäft unterbleiben.

§ 712 Entziehung und Kündigung der Geschäftsführung

(1) Die einem Gesellschafter durch den Gesellschaftsvertrag übertragene Befugnis zur Geschäftsführung kann ihm durch einstimmigen Beschluss oder, falls nach dem Gesellschaftsvertrag die Mehrheit der Stimmen entscheidet, durch Mehrheitsbeschluss der übrigen Gesellschafter entzogen werden, wenn ein wichtiger Grund vorliegt; ein solcher Grund ist insbesondere grobe Pflichtverletzung oder Unfähigkeit zur ordnungsmäßigen Geschäftsführung.

(2) Der Gesellschafter kann auch seinerseits die Geschäftsführung kündigen, wenn ein wichtiger Grund vorliegt; die für den Auftrag geltende Vorschrift des § 671 Abs. 2, 3 findet entsprechende Anwendung.

§ 713 Rechte und Pflichten der geschäftsführenden Gesellschafter

Die Rechte und Verpflichtungen der geschäftsführenden Gesellschafter bestimmen sich nach den für den Auftrag geltenden Vorschriften der §§ 664 bis 670, soweit sich nicht aus dem Gesellschaftsverhältnis ein anderes ergibt.

Übersicht	Rdn.
A. Allgemeines	1
I. Definition der Geschäftsführung	1
II. Geschäftsführungsbefugnis und Vertretungsmacht	2
B. Arten der Geschäftsführung	5
I. Grundsatz, § 709 Abs. 1 BGB	5
II. Anderweitige Regelungen	6
1. Stimmenmehrheit, § 709 Abs. 2 BGB	7
2. Gemeinschaftliche Geschäftsführung, § 710 BGB	8
3. Alleinige Geschäftsführungsbefugnis, § 711 BGB	9
4. Grundsatz der Selbstorganschaft	10
C. Umfang der Geschäftsführungsbefugnis	13
I. Ausgangspunkt Gesellschaftszweck	13
II. Grundlagengeschäfte	14

III.	Stimmrechtsausschluss bei Interessenkollision	15		bb) Aufgrund Vereinbarung	44
	1. Interessenkollision	16		cc) Aufgrund Abfindungsvereinbarung oder § 249 Abs. 1 BGB	47
	2. Gesellschaftsvertragliche Regelungen	17		b) Grenzen des § 1 GWB	48
	a) Gesamtgeschäftsführungsbefugnis	18		c) Karenzentschädigung	50
	b) Alleingeschäftsführungsbefugnis	19	III.	Vergütung	51
	c) Bestimmte Gesellschafter mit Geschäftsführungsbefugnis	20		1. Grundsatz: Kein Anspruch auf Vergütung	51
D.	**Notgeschäftsführung und actio pro socio**	21		2. Vereinbarung einer Vergütung	52
I.	Notgeschäftsführung	22		3. Ersatz von Aufwendungen, § 713 BGB	53
II.	Actio pro socio	25	G.	**Weisungsrechte nach §§ 713, 665 BGB**	56
E.	**Widerspruchsrecht bei Einzelgeschäftsführung, § 711 BGB**	28	H.	**Informationspflichten nach §§ 713, 666 BGB**	57
I.	Ausübung des Widerspruchsrechts	29	I.	Benachrichtigungspflicht	58
	1. Pflichtgemäßes Ermessen	29	II.	Auskunftspflicht	59
	2. Unterrichtungspflicht des handelnden Gesellschafters	30	III.	Rechenschaftspflicht	60
	3. Form des Widerspruchs	31	I.	**Herausgabe- und Verzinsungspflicht gem. §§ 713, 667, 668 BGB**	61
II.	Rechtsfolge des Widerspruchs, § 711 Satz 2 BGB	32	J.	**Haftung der geschäftsführenden Gesellschafter**	62
	1. Anspruch auf Unterlassung	32	K.	**Entziehung und Kündigung der Geschäftsführung, § 712 BGB**	64
	2. Innenwirkung	33	I.	Entziehung der Geschäftsführung, § 712 Abs. 1 BGB	64
	3. Kein Widerspruch gegen Widerspruch	34		1. Anwendungsbereich des § 712 Abs. 1 BGB	64
III.	Abweichende gesellschaftsvertragliche Regelungen	35		2. Wichtiger Grund	66
F.	**Rechte und Pflichten der geschäftsführenden Gesellschafter**	38		3. Grundsatz der Verhältnismäßigkeit	68
I.	Allgemeines	38		4. Einstimmiger Beschluss der Gesellschafter	69
II.	Wettbewerbsverbot	40		5. Gesellschaftsvertragliche Regelungen	70
	1. Wettbewerbsverbot aus allgemeiner Treuepflicht	40	II.	Kündigung der Geschäftsführung, § 712 Abs. 2 BGB	71
	a) Geschäftsführender Gesellschafter	41		1. Anwendungsbereich des § 712 Abs. 2 BGB	71
	b) Nicht geschäftsführender Gesellschafter	42		2. Wichtiger Grund	72
	2. Nachvertragliches Wettbewerbsverbot	43		3. Wirksamkeit der Kündigung	73
	a) Bestehen eines nachvertraglichen Wettbewerbsverbots	43		4. Gesellschaftsvertragliche Regelungen	75
	aa) Aufgrund Treuepflicht	43			

A. Allgemeines

I. Definition der Geschäftsführung

1 Unter Geschäftsführung fällt jede rechtliche oder tatsächliche auf die Verwirklichung des Gesellschaftszwecks gerichtete Maßnahme. Ihr Inhalt und Umfang wird durch den Gesellschaftszweck begrenzt (Palandt/*Sprau* Vorb. § 709 Rn. 1; Sudhoff PersGes/*Buß* § 9 Rn. 2).

II. Geschäftsführungsbefugnis und Vertretungsmacht

2 Obwohl Geschäftsführungsmaßnahmen häufig nicht nur Innen- sondern auch Außenwirkung besitzen und damit einen Doppelcharakter aufweisen, ist die Unterscheidung zwischen Innen- und Außenverhältnis, also zwischen Geschäftsführung und Vertretung, wichtig. Eine ordnungsgemäße und pflichtgemäße Geschäftsführung bei Abschluss von Verträgen mit Dritten erfordert, dass der Handelnde sowohl im Innenverhältnis als auch im Außenverhältnis zu der konkreten Handlung

berechtigt war. Er muss daher nicht nur die erforderliche Geschäftsführungsbefugnis, sondern auch die notwendige Vertretungsmacht besitzen.

Die Geschäftsführungsbefugnis ist in den §§ 709 bis 713 BGB geregelt; die Vertretungsmacht in den §§ 714, 715 BGB. Die **Geschäftsführungsbefugnis** bezieht sich darauf, welche Befugnisse der geschäftsführende Gesellschafter im **Innenverhältnis** hat und ist von der **Vertretungsmacht** zu unterscheiden. Letztere bezieht sich darauf, welche Befugnisse der für die Gesellschaft Handelnde im **Außenverhältnis** hat. Die Geschäftsführungsbefugnis betrifft daher das »rechtliche Dürfen« und die Vertretungsmacht das »rechtliche Können«. 3

Überschreitet der geschäftsführende Gesellschafter seine Geschäftsführungsbefugnis hat dies in erster Linie gesellschafts- bzw. dienstvertragliche Folgen. Bei Überschreitung der Vertretungsmacht geht es darüber hinaus auch darum, ob die Gesellschaft wirksam gegenüber dem Dritten vertreten und damit z. B. der Vertrag wirksam abgeschlossen wurde. 4

B. Arten der Geschäftsführung

I. Grundsatz, § 709 Abs. 1 BGB

§ 709 Abs. 1 BGB sieht zunächst als Grundsatz vor, dass alle Geschäftsführungsmaßnahmen **gemeinschaftlich** durchzuführen sind und der **Zustimmung aller Gesellschafter** bedürfen, unabhängig davon, ob sie gewöhnlich oder ungewöhnlich sind. 5

II. Anderweitige Regelungen

Die Gesellschafter können im Gesellschaftsvertrag anderweitige Regelungen treffen. Das Gesetz erwähnt – nicht abschließend – drei unterschiedliche Möglichkeiten der Regelung der Geschäftsführung. 6

1. Stimmenmehrheit, § 709 Abs. 2 BGB

Zunächst setzt § 709 Abs. 2 BGB als gegeben voraus, dass der Gesellschaftsvertrag auch eine Entscheidung über eine Geschäftsführungsmaßnahme durch Stimmenmehrheit vorsehen kann und enthält die Vermutung, dass die Mehrheit im Zweifel nach der Zahl der Gesellschafter zu berechnen ist. 7

2. Gemeinschaftliche Geschäftsführung, § 710 BGB

Als weitere Möglichkeit einer vertraglichen Regelung der Geschäftsführung erwähnt § 710 BGB die Übertragung der Geschäftsführung auf einen oder mehrere Gesellschafter. In einem solchen Fall sind die übrigen Gesellschafter gem. § 710 Satz 1 BGB von der Geschäftsführung **ausgeschlossen**. Sofern die Geschäftsführung hierbei mehreren Gesellschaftern übertragen ist, sieht § 710 Satz 2 BGB mangels abweichender Vereinbarung vor, dass diese Gesellschafter **nur gemeinschaftlich** handeln dürfen. 8

3. Alleinige Geschäftsführungsbefugnis, § 711 BGB

Schließlich erwähnt § 711 BGB die Übertragung der Geschäftsführung auf alle oder mehrere Gesellschafter in der Art, dass die Gesellschafter **jeweils allein geschäftsführungsbefugt** sind. In einem solchen Fall kann nach § 711 BGB jeder zur Geschäftsführung befugte Gesellschafter der Vornahme eines Geschäfts durch einen anderen zur Geschäftsführung befugten Gesellschafter widersprechen. Das Geschäft hat in einem solchen Fall zu unterbleiben, § 711 Satz 2 BGB. 9

4. Grundsatz der Selbstorganschaft

Grundsätzlich **nicht zulässig** ist es aber, alle Gesellschafter von der Geschäftsführung auszuschließen. Entsprechendes gilt auch für die Vertretung. Diese gesellschaftlichen Rechte sind Ausfluss der 10

Mitgliedschaft. Wie für die anderen Personengesellschaften (vgl. für die OHG § 109 HGB Rdn. 16 und § 125 HGB Rdn. 2 f.; für die KG § 161 HGB Rdn. 7) gilt auch für die GbR der **Grundsatz der Selbstorganschaft**, nach dem nur Gesellschafter organschaftliche Geschäftsführer sein und nur sie die Gesellschaft gesetzlich vertreten können (BGH NJW-RR 1994, 98; Palandt/*Sprau* Vorb. § 709 Rn. 3a; MAH PersGes/*Gummert/Karrer* § 7 Rn. 7).

11 Der Grundsatz der Selbstorganschaft steht dann nicht der Möglichkeit entgegen, einen **Dritten** im Rahmen eines Dienstverhältnisses mit der Geschäftsführung zu beauftragen und ihn mit den dafür notwendigen Vollmachten auszustatten, wenn zumindest ein Gesellschafter die organschaftliche Geschäftsführungs- und Vertretungsbefugnis behält (BGH NJW-RR 1994, 98; OLG Köln NJW-RR 2002, 519, 521; Palandt/*Sprau* Vorb. § 709 Rn. 3a; Sudhoff PersGes/*Buß* § 9 Rn. 4; MAH PersGes/*Gummert/Karrer* § 7 Rn. 11). Soll bei der Einräumung von Geschäftsführungs- und Vertretungsbefugnis an einen **Nicht-Gesellschafter** daneben kein Gesellschafter die Geschäfte führen, ist entscheidendes Zulässigkeitskriterium hierfür, wem die letzte Entscheidungsbefugnis zusteht. Eine solche Einräumung von Geschäftsführungs- und Vertretungsbefugnis an einen Nicht-Gesellschafter ist dann zulässig, wenn zumindest einem Gesellschafter ein **Mindestmaß an Kontroll- und Mitwirkungsrechten** bleibt, das auch darin bestehen kann, dass dem Dritten die Geschäftsführungsbefugnis jederzeit entzogen werden kann (BGH NJW-RR 1994, 98; OLG Köln NJW-RR 2002, 519, 521) oder – sehr weitgehend – das mit ihm bestehende Anstellungsverhältnis zumindest aus wichtigem Grund gekündigt werden kann (BGH NJW 1982, 2495; Sudhoff PersGes/*Buß* § 9 Rn. 5).

12 Ausnahmen vom Grundsatz der Selbstorganschaft sind im Fall der Auflösung der Gesellschaft anerkannt (Sudhoff PersGes/*Buß* § 9 Rn. 5; MAH PersGes/*Gummert/Karrer* § 7 Rn. 8).

C. Umfang der Geschäftsführungsbefugnis

I. Ausgangspunkt Gesellschaftszweck

13 Sofern im Gesellschaftsvertrag keine anderweitigen Regelungen getroffen sind, richtet sich der Umfang der Geschäftsführungsbefugnis nach dem Gesellschaftszweck. Umfasst sind auch Handlungen ungewöhnlicher Art, sofern sie nicht zweck- und damit gesellschaftsfremd sind (Palandt/*Sprau* Vorb. § 709 Rn. 1).

II. Grundlagengeschäfte

14 Zu den Geschäftsführungsmaßnahmen zählen jedoch nicht die sog. Grundlagengeschäfte. Das sind solche Geschäfte, die eine **Änderung des Gesellschaftsverhältnisses** zum Gegenstand haben und insbesondere den Zweck der Gesellschaft, ihre Organisation oder Zusammensetzung betreffen (Sudhoff PersGes/*Buß* § 9 Rn. 3; MAH PersGes/*Gummert/Karrer* § 7 Rn. 3). Grundlagengeschäfte greifen in den Kernbereich der mitgliedschaftlichen Rechte der Gesellschafter ein und bedürfen daher grundsätzlich der Zustimmung aller, auch der nicht zur Geschäftsführung befugten Gesellschafter (s. zum Kernbereich § 705 BGB Rdn. 45–47). **Grundlagengeschäfte** sind z. B. die Aufnahme neuer Gesellschafter (BGH NJW 1980, 1463), die Auflösung der Gesellschaft sowie die Erhöhung der Beiträge (MAH PersGes/*Gummert/Karrer* § 7 Rn. 4 m. w. N. und Beispielen).

III. Stimmrechtsausschluss bei Interessenkollision

15 Auch, wenn entsprechend der gesetzlichen Regelung gemeinschaftliche Geschäftsführung vorgesehen ist, sind die Gesellschafter nicht in allen Fragen der Geschäftsführung stimmberechtigt. So ist ein Gesellschafter **nicht stimmberechtigt**, soweit eine Geschäftsführungsmaßnahme in seiner Person zu einer Interessenkollision führt. Eine gleichwohl abgegebene Stimme ist nicht zu berücksichtigen (Palandt/*Sprau* Vorb. § 709 Rn. 15).

1. Interessenkollision

Eine Interessenkollision ist gegeben, wenn ein Stimmrechtsausschluss erforderlich ist, um den Einfluss gesellschaftsfremder Sonderinteressen eines Gesellschafters auf die Handlungen der Gesellschaft zu verhindern (Palandt/*Sprau* Vorb. §709 Rn.15). Dies kann z.B. der Fall sein bei einer Beschlussfassung über die Entlastung eines Gesellschafters, dessen Befreiung von einer Verbindlichkeit sowie die Geltendmachung eines Anspruchs gegen ihn (OLG Hamm NZG 2003, 627; Palandt/*Sprau* Vorb. §709 Rn.15; Sudhoff PersGes/*Buß* §9 Rn.12). **Gesetzlich geregelte Fälle** einer Interessenkollision sind das Stimm- und Erklärungsrecht nur der »übrigen« Gesellschafter bei Entziehung der Geschäftsführungsbefugnis oder der Vertretungsmacht im Rahmen von §§ 712, 715 BGB sowie bei der Ausschließung eines Gesellschafters nach §737 Satz2 BGB.

16

2. Gesellschaftsvertragliche Regelungen

Den Gesellschaftern bleibt es unbenommen, im Gesellschaftsvertrag Regelungen zur Geschäftsführungsbefugnis zu treffen (vgl. zu Formulierungsvorschlägen für den Gesellschaftsvertrag Sudhoff PersGes/*Buß* §9 Rn.7ff.).

17

a) Gesamtgeschäftsführungsbefugnis

Eine Regelung zur Gesamtgeschäftsführungsbefugnis könnte wie folgt lauten:

18

»*Die Gesellschafter sind zur Geschäftsführung nur gemeinschaftlich berechtigt und verpflichtet.*«

b) Alleingeschäftsführungsbefugnis

Eine Regelung zur Alleingeschäftsführungsbefugnis könnte wie folgt lauten:

19

»*Die Gesellschafter sind zur Geschäftsführung jeweils einzeln berechtigt und verpflichtet.*«

c) Bestimmte Gesellschafter mit Geschäftsführungsbefugnis

Sollen nur bestimmte Gesellschafter zur Geschäftsführung befugt sein, könnte eine Klausel wie folgt lauten:

20

»*Die Gesellschafter X und Y sind zur Geschäftsführung jeweils einzeln berechtigt und verpflichtet. Die übrigen Gesellschafter sind von der Geschäftsführung ausgeschlossen.*«

D. Notgeschäftsführung und actio pro socio

In Ausnahmefällen kann ein Gesellschafter auch Geschäftsführungsmaßnahmen treffen, obwohl er hierzu nach der zwischen den Gesellschaftern getroffenen Vereinbarung nicht befugt ist. Dies ist der Fall bei der Notgeschäftsführung und bei der actio pro socio.

21

I. Notgeschäftsführung

In entsprechender Anwendung von §744 Abs.2 BGB steht allen Gesellschaftern, auch solchen die von der Geschäftsführung ausgeschlossen sind, unter bestimmten Umständen das Recht zur Notgeschäftsführung zu. Kraft eines Rechts zur Notgeschäftsführung kann ein Gesellschafter **notwendige Maßnahmen** ohne Zustimmung und selbst gegen den Widerspruch der übrigen Gesellschafter vornehmen.

22

Voraussetzung hierfür ist, dass die entsprechende Maßnahme zur Erhaltung eines Gegenstandes des Gesellschaftsvermögens sowie zur Erhaltung der Gesellschaft selbst notwendig ist (Sudhoff PersGes/*Buß* §9 Rn.33; MAH PersGes/*Gummert/Karrer* §7 Rn.34). Ein Recht zur Notgeschäftsführung kommt allerdings nur in **Ausnahmefällen** in Betracht. Es setzt weiterhin voraus, dass die handlungsbefugten Organe nicht handeln (BGH MDR 2003, 1172).

23

24 Das Notgeschäftsführungsrecht bezieht sich nur auf das **Innenverhältnis**, sodass der handelnde Gesellschafter mangels organschaftlicher oder rechtsgeschäftlicher Vertretungsmacht nicht befugt ist, die Gesellschaft nach außen zu vertreten (Palandt/*Sprau* Vorb. § 709 Rn. 6; MAH PersGes/*Gummert/Karrer* § 7 Rn. 35). Der Notgeschäftsführer ist daher gehalten, nach außen im eigenen Namen tätig zu werden (BGH NJW 1955, 1027; BayObLG ZIP 1980, 904, 905; MAH PersGes/*Gummert/Karrer* § 7 Rn. 35). Er kann lediglich im Innenverhältnis verlangen, dass die Gesellschaft die Maßnahme gegen sich gelten lässt (MAH PersGes/*Gummert/Karrer* § 7 Rn. 35).

II. Actio pro socio

25 Grundsätzlich ist die Geltendmachung von Ansprüchen der Gesellschaft gegenüber Dritten bzw. Mitgesellschaftern ein Akt der Geschäftsführung und damit alleinige Aufgabe der geschäftsführenden Gesellschafter. Etwas anderes gilt aber bei Ansprüchen der Gesellschaft gegen einen ihrer Gesellschafter, wenn diese Ansprüche im Gesellschaftsverhältnis begründet sind und nicht in einer sonstigen schuldrechtlichen Vereinbarung. Hierbei hat jeder Gesellschafter das Recht, von seinen Mitgesellschaftern die Erfüllung ihrer Verpflichtung gegenüber der Gesellschaft zu verlangen und **im eigenen Namen** auf **Leistung an die Gesellschaft** zu klagen, sog. actio pro socio (vgl. zur actio pro socio ausführl. Kap. 5 Rdn. 90 ff.; Palandt/*Sprau* § 714 Rn. 9; Sudhoff PersGes/*Buß* § 9 Rn. 28; MAH PersGes/*Gummert/Karrer* § 7 Rn. 36 ff.). Die Ausübung dieser Klagebefugnis unterliegt der gesellschafterlichen Treuepflicht und kann sich nach den konkreten Gesellschaftsverhältnissen, zu denen auch das Verhalten des sich auf die Befugnis berufenden Gesellschafters gehört, als rechtsmissbräuchlich darstellen (BGH NJW-RR 2010, 1123).

26 **Gegenstand** einer solchen actio pro socio können z. B. die folgenden Verpflichtungen sein: Beitragspflicht, Pflicht zur Geschäftsführung, Treuepflicht sowie die Schadensersatzpflicht bei Verletzungen des Gesellschaftsvertrages (Sudhoff PersGes/*Buß* § 9 Rn. 28; MAH PersGes/*Gummert/Karrer* § 7 Rn. 37). Bei diesen Ansprüchen handelt es sich um sog. **Sozialansprüche der Gesellschaft**.

27 Neben der Möglichkeit der Geltendmachung dieser Sozialansprüche hat jeder Gesellschafter die Möglichkeit, Ansprüche der Gesellschaft auch **gegen Nicht-Gesellschafter** geltend zu machen, wenn seine Mitgesellschafter die Einziehung der Forderung gesellschaftswidrig verweigern und der Nicht-Gesellschafter an diesem gesellschaftswidrigen Verhalten beteiligt ist (Sudhoff PersGes/*Buß* § 9 Rn. 28).

E. Widerspruchsrecht bei Einzelgeschäftsführung, § 711 BGB

28 Im Fall der Einzelgeschäftsführung ist den übrigen geschäftsführenden Gesellschaftern nach § 711 BGB grundsätzlich die Möglichkeit eingeräumt worden, der von dem anderen geschäftsführenden Gesellschafter beabsichtigten Geschäftsführungsmaßnahme zu widersprechen. Den nicht zur Geschäftsführung berechtigten Gesellschaftern steht ein solches Widerspruchsrecht nicht zu.

I. Ausübung des Widerspruchsrechts

1. Pflichtgemäßes Ermessen

29 Die Ausübung des Widerspruchsrechts steht im pflichtgemäßen Ermessen des berechtigten Gesellschafters. Der Ermessensspielraum des widersprechenden Gesellschafters ist gerichtlich nur beschränkt überprüfbar (BGH NJW-RR 1988, 995, 996). Es kann lediglich vor Vornahme der beabsichtigten Maßnahme ausgeübt werden (Palandt/*Sprau* § 711 Rn. 1; MAH PersGes/*Gummert/Karrer* § 7 Rn. 114).

2. Unterrichtungspflicht des handelnden Gesellschafters

30 Um den zum Widerspruch berechtigten Gesellschaftern die Möglichkeit zu geben, von ihrem Widerspruchsrecht Gebrauch zu machen, trifft den handelnden Gesellschafter zumindest dann eine Unterrichtungspflicht, wenn wegen der grundsätzlichen Bedeutung oder außergewöhnlichen

Natur des betreffenden Geschäftes oder wegen des dem Handelnden bekannten Vorhandenseins unterschiedlicher Auffassungen in der Geschäftsführung über die Zweckmäßigkeit der Maßnahme mit einem Widerspruch durch Mitgeschäftsführer zu rechnen ist (BGH WM 1971, 819; MüKo BGB/*Schäfer* § 711 Rn. 3; MAH PersGes/*Gummert/Karrer* § 7 Rn. 114). Ob den Handelnden eine solche Unterrichtungspflicht trifft, ist nach objektiven Maßstäben zu prüfen.

3. Form des Widerspruchs

Die Ausübung des Widerspruchsrechts ist an keine besondere Form gebunden. Der widersprechende Gesellschafter darf aber nicht pauschal die gesamte Geschäftsführungstätigkeit eines Gesellschafters blockieren, sondern muss sich gegen **konkrete Geschäftsführungsmaßnahmen** richten (MüKo BGB/*Schäfer* § 711 Rn. 9; MAH PersGes/*Gummert/Karrer* § 7 Rn. 117). Hierbei kann sich der Widerspruch auch gegen bestimmte Arten sich wiederholender Maßnahmen richten (MüKo BGB/*Schäfer* § 711 Rn. 9). 31

II. Rechtsfolge des Widerspruchs, § 711 Satz 2 BGB

1. Anspruch auf Unterlassung

Übt ein Gesellschafter sein ihm zustehendes Widerspruchsrecht aus, hat die geplante Maßnahme gem. § 711 Satz 2 BGB zu unterbleiben. Dem widersprechenden Gesellschafter steht insoweit gegen den Mitgeschäftsführer ein einklagbarer **Anspruch auf Unterlassung** der beabsichtigten Maßnahme zu. Dieser Anspruch kann auch durch einstweilige Verfügung durchgesetzt werden (MAH PersGes *Gummert/Karrer* § 7 Rn. 120). 32

2. Innenwirkung

Dem Widerspruch kommt allerdings nur **Innenwirkung** zu. Er hat keine Außenwirkung, also keine Auswirkung auf die Vertretungsmacht des Handelnden. Die Gesellschaft wird daher trotz Widerspruchs gegenüber einem Dritten wirksam verpflichtet, sofern nicht ausnahmsweise die Grundsätze über den Missbrauch der Vertretungsmacht eingreifen (BGHZ 16, 394, 398; Palandt/*Sprau* § 711 Rn. 1). Hierzu genügt es, wenn der Dritte Kenntnis davon hat, dass ein anderer zur Geschäftsführung berechtigter Gesellschafter der Maßnahme des Handelnden widersprochen hat. 33

3. Kein Widerspruch gegen Widerspruch

Gegenüber dem Widerspruch eines Gesellschafters kann der Handelnde nicht wiederum mit einem Widerspruch reagieren (MüKo BGB/*Ulmer* § 711 Rn. 9). Ansonsten wäre das gesetzlich eingeräumte Widerspruchsrecht wirkungslos. Sofern der widersprechende Gesellschafter sein Widerspruchsrecht jedoch **missbräuchlich** ausübt, kann der Handelnde die geplante Maßnahme dennoch vornehmen. Eine solche Missbräuchlichkeit wird allerdings nur ausnahmsweise gegeben sein. Dies kann z. B. dann der Fall sein, wenn die beabsichtigte Maßnahme gesetzlich gebotene Handlungen oder unerlässliche Maßnahmen zur Erhaltung der Gesellschaft und ihres Vermögens betrifft. 34

III. Abweichende gesellschaftsvertragliche Regelungen

Die Regelungen zum Widerspruchsrecht sind **dispositiv** (Palandt/*Sprau* § 711 Rn. 1). Die Gesellschafter können daher z. B. das Widerspruchsrecht auch auf nicht zur Geschäftsführung berechtigte Gesellschafter ausweiten oder die Möglichkeit des Widerspruchs ausschließen oder an bestimmte Voraussetzungen, auch Formvorschriften, knüpfen. Möglich ist es auch vorzusehen, dass ein etwaiger Widerspruch durch Mehrheitsbeschluss der übrigen Gesellschafter für unbeachtlich erklärt werden kann (BGH NJW-RR 1988, 995; MüKo BGB/*Schäfer* § 711 Rn. 4; MAH PersGes/*Gummert/Karrer* § 7 Rn. 126). 35

36 Eine entsprechende **Klausel** könnte wie folgt lauten:

> »*Widerspricht ein Gesellschafter einer Geschäftsführungsmaßnahme eines anderen Gesellschafters gem. § 711 BGB, kann dieser Widerspruch durch Mehrheitsbeschluss der Gesellschafter innerhalb von 2 Wochen für unbeachtlich erklärt werden. Der widersprechende Gesellschafter ist hierbei nicht stimmberechtigt.*«

37 Möglich ist es auch, einem **Nicht-Gesellschafter** ein Widerspruchsrecht einzuräumen (vgl. BGH NJW 1960, 963; MAH PersGes/*Gummert/Karrer* § 7 Rn. 130; a. A. MüKo BGB/*Schäfer* § 711 Rn. 5), sofern zumindest die Grundsätze der Selbstorganschaft gewahrt sind. Den Gesellschaftern muss daher ein Mindestmaß an Kontroll- und Mitwirkungsrechten verbleiben (s. Rdn. 10–12).

F. Rechte und Pflichten der geschäftsführenden Gesellschafter

I. Allgemeines

38 Das **Recht auf Geschäftsführung** folgt bereits grundsätzlich aus der Gesellschafterstellung (MüKo BGB/*Schäfer* § 709 Rn. 28; MAH PersGes/*Gummert/Karrer* § 7 Rn. 133). Es bedarf daher keiner besonderen Bestellung der Gesellschafter als Geschäftsführer. Hierzu korrespondiert aber auch die grundsätzliche **Pflicht zur Geschäftsführung**. Ein Gesellschafter muss daher für die Gesellschaft tätig werden, sofern nicht im Gesellschaftsvertrag anderweitige Vereinbarungen getroffen sind (MüKo BGB/*Schäfer* § 709 Rn. 29; MAH PersGes/*Gummert/Karrer* § 7 Rn. 133). Grenzen ergeben sich für den Fall, dass ein Gesellschafter durch unverschuldete Umstände an der Geschäftsführung verhindert ist, wie z. B. bei Krankheit (BGH NJW 1965, 1958, 1959).

39 Inhaltlich sind die geschäftsführenden Gesellschafter zu einer **ordnungsgemäßen und sorgfältigen Geschäftsführung** im ausschließlichen Interesse der Gesellschaft verpflichtet. Ob Maßnahmen im Einzelfall im Interesse der Gesellschaft liegen, entscheiden die geschäftsführenden Gesellschafter grundsätzlich im eigenen Ermessen (Sudhoff PersGes/*Buß* § 9 Rn. 50).

II. Wettbewerbsverbot

1. Wettbewerbsverbot aus allgemeiner Treuepflicht

40 Obwohl das Gesetz ausdrücklich kein Wettbewerbsverbot für die Gesellschafter vorsieht, ergibt sich aus der **allgemeinen Treuepflicht**, dass zumindest die geschäftsführenden Gesellschafter einem Wettbewerbsverbot unterliegen, wenn die Gesellschaft Erwerbszwecke verfolgt (MüKo BGB/*Ulmer/Schäfer* § 705 Rn. 235; Sudhoff PersGes/*Buß* § 9 Rn. 51; MAH PersGes/*Gummert/Karrer* § 7 Rn. 186).

a) Geschäftsführender Gesellschafter

41 Geschäftsführende Gesellschafter dürfen daher ohne Zustimmung ihrer Mitgesellschafter weder Geschäfte machen, mit denen sie zur Gesellschaft wirtschaftlich in Konkurrenz treten, noch sich an einer gleichartigen Gesellschaft als persönlich haftende Gesellschafter beteiligen (MAH PersGes/*Gummert/Karrer* § 7 Rn. 186).

b) Nicht geschäftsführender Gesellschafter

42 Nicht geschäftsführende Gesellschafter unterliegen hingegen nach h. M. grundsätzlich keinem solchen Wettbewerbsverbot (MüKo BGB/*Ulmer/Schäfer* § 705 Rn. 236; MAH PersGes/*Plückelmann* § 4 Rn. 214; vgl. die Zusammenstellung der Meinungen *Armbrüster* ZIP 1997, 261, 272). Allerdings muss auch der nicht geschäftsführende Gesellschafter aufgrund seiner Treuepflicht alles unterlassen, was den Gesellschaftszweck beeinträchtigen könnte (BGH NJW 1960, 718; Sudhoff PersGes/*Schulte* § 11 Rn. 10). Daher ist es ihm untersagt, Kenntnisse, die er aufgrund seiner Stellung als Gesellschafter, insbesondere durch Ausübung seines Informations- und Kontrollrechts, erlangt hat, zum Nachteil der Gesellschaft zu verwerten (MüKo BGB/*Ulmer/Schäfer* § 705 Rn. 236; MAH PersGes/*Plückelmann* § 4 Rn. 214).

2. Nachvertragliches Wettbewerbsverbot

a) Bestehen eines nachvertraglichen Wettbewerbsverbots

aa) Aufgrund Treuepflicht

Ein nachvertragliches Wettbewerbsverbot lässt sich auf die generelle Treuepflicht schon deshalb nicht stützen, weil diese sich grundsätzlich – vorbehaltlich einer nachvertraglichen Treuepflicht (vgl. hierzu BGH NJW 1960, 718) – auf die Dauer der Zugehörigkeit zur Gesellschaft beschränkt und **mit dem Ausscheiden erlischt** (MüKo BGB/*Ulmer/Schäfer* § 705 Rn. 237).

43

bb) Aufgrund Vereinbarung

Zulässig ist allerdings die Vereinbarung eines solchen Wettbewerbsverbots. Es muss aber auf das örtlich, zeitlich und gegenständlich **notwendige Maß beschränkt** bleiben, da es ansonsten gem. § 138 BGB sittenwidrig ist (BGH NZG 2005, 843, 844; NJW 1991, 699, 700; MüKo BGB/*Ulmer/Schäfer* § 705 Rn. 237). Es darf nur zum Ziel haben, den einen Teil davor zu schützen, dass der andere Teil die Erfolge seiner Arbeit illoyal verwertet oder sich in sonstiger Weise zu seinen Lasten die Freiheit der Berufsausübung missbräuchlich zunutze macht (BGH NJW 1991, 699, 700). Ein nachvertragliches Wettbewerbsverbot darf insbesondere nicht dazu eingesetzt werden, den früheren Mitgesellschafter als Wettbewerber auszuschalten.

44

Überschreitet eine Wettbewerbsklausel ausschließlich die **zeitlichen Grenzen**, ist sie aber im Übrigen unbedenklich, kommt nach der Rechtsprechung des BGH eine **geltungserhaltende Reduktion** in Betracht (BGH NZG 2005, 843, 844; NJW 2000, 2584, 2585; E/B/J/S/*Goette* § 112 Rn. 22; *K. Schmidt* NJW 2005, 2801, 2804). Die Missachtung der **gegenständlichen und räumlichen Grenzen** hat hingegen die **Nichtigkeit** des Verbots zur Folge; eine geltungserhaltende Reduktion ist insoweit nicht möglich (BGH NZG 2005, 843, 844; BGH NJW 2000, 2584; *Wertenbruch* NZG 2006, 408, 411).

45

Eine Überschreitung der räumlichen, gegenständlichen und zeitlichen Grenzen eines nachvertraglichen Wettbewerbsverbots kann nicht mit dem Wunsch gerechtfertigt werden, den ausgeschlossenen Gesellschafter einer besonderen Sanktion zu unterwerfen (BGH NZG 2005, 843, 844). Als äußerste zeitliche Grenze gilt dabei ein Zeitraum von 2 Jahren (BGH NZG 2005, 843, 844; E/B/J/S/*Goette* § 112 Rn. 22), während die räumlichen und gegenständlichen Grenzen fallbezogen davon abhängen, welcher Gesellschaftszweck verfolgt wird und wie weit die entsprechende geschäftliche Tätigkeit räumlich ausgedehnt ist (E/B/J/S/*Goette* § 112 Rn. 22).

46

cc) Aufgrund Abfindungsvereinbarung oder § 249 Abs. 1 BGB

Ein nachvertragliches Wettbewerbsverbot kann sich auch in dem sachlich notwendigen Ausmaß je nach Lage des Falles konkludent aus einer **Abfindungsvereinbarung** ergeben (MüKo BGB/*Ulmer/Schäfer* § 705 Rn. 237). Schließlich wird teilweise auch ein nachvertragliches Wettbewerbsverbot aufgrund von **§ 249 Abs. 1 BGB** angenommen, wenn der Ausgeschiedene sein Ausscheiden schuldhaft, insbesondere durch treuwidrigen Wettbewerb, herbeigeführt hat und zur Schadensbeseitigung auch der Verzicht auf die Fortsetzung dieses Wettbewerbs für eine Übergangszeit gehört (MüKo BGB/*Ulmer* § 705 Rn. 237; *Paefgen* ZIP 1990, 839; a. A. OLG Düsseldorf ZIP 1990, 861 f.).

47

b) Grenzen des § 1 GWB

Darüber hinaus ist das nachvertragliche Wettbewerbsverbot an § 1 GWB zu messen. Soweit jedoch die Voraussetzungen des § 1 GWB im Einzelfall zu bejahen sind, tritt die Vorschrift nach den in der Rechtsprechung entwickelten Grundsätzen immer dann hinter ein aus dem Gesellschaftsvertrag folgendes oder ausdrücklich darin verankertes Wettbewerbsverbot zurück, wenn das Verbot sich in denjenigen Grenzen hält, deren Beachtung allein schon durch die Treuepflicht geboten und damit gesellschaftsimmanent ist (BGH NJW 1988, 2737, 2738; MüKo BGB/*Ulmer/Schäfer* § 705 Rn. 238; E/B/J/S/*Goette* § 112 Rn. 37; *K. Schmidt* NJW 2005, 2801, 2803). So verstößt

48

ein nachvertragliches Wettbewerbsverbot dann nicht gegen § 1 GWG, wenn es notwendig ist, um das im Übrigen kartellrechtneutrale Gesellschaftsunternehmen in seinem Bestande und seiner Funktionsfähigkeit zu erhalten. Hierbei geht es nicht darum, das Unternehmen vor dem freien Wettbewerb zu schützen, dem es sich wie jedes andere stellen muss. Das Wettbewerbsverbot soll vielmehr verhindern, dass ein Gesellschafter das Unternehmen von innen her aushöhlt oder gar zerstört und damit einen leistungsfähigen Wettbewerber zugunsten seiner eigenen Konkurrenztätigkeit ausschaltet (BGH NJW 1988, 2737, 2738).

49 Von der Vereinbarung eines Wettbewerbsverbots im Rahmen einer ansonsten kartellrechtsneutralen Gesellschaft, ist die Beurteilung eines aus Wettbewerbsgründen abgeschlossenen Gesellschaftsvertrags unter kartellrechtlichen Aspekten zu unterscheiden. Dient der Vertrag der kartellrechtswidrigen Kooperation zwischen selbstständig bleibenden Unternehmen, so bietet auch die Rechtsform der GbR keinen Grund, ihn dem Geltungsbereich des GWB zu entziehen (MüKo BGB/*Ulmer/ Schäfer* § 705 Rn. 238).

c) Karenzentschädigung

50 Eine Karenzentschädigung i. S. d. §§ 74 Abs. 2, 90a Abs. 1 Satz 3 HGB ist für die Wirksamkeit des nachvertraglichen Wettbewerbsverbots nicht erforderlich. Sofern der ausscheidende Gesellschafter jedoch von seinen Mitgesellschaftern schuldhaft zum Ausscheiden veranlasst wurde, kann er sich von dem nachvertraglichen Wettbewerbsverbot lossagen (MAH PersGes/*Plückelmann* § 4 Rn. 244).

III. Vergütung

1. Grundsatz: Kein Anspruch auf Vergütung

51 Grundsätzlich haben die geschäftsführenden Gesellschafter **keinen Vergütungsanspruch** (BGH NJW 1955, 1227; OLG Koblenz NJW-RR 1987, 24; Palandt/*Sprau* § 713 Rn. 1). Vielmehr ist die Geschäftsführung von jedem Gesellschafter unter dem Gesichtspunkt der Förderung des gemeinsamen Zweckes geschuldet. Die Geschäftsführung wird daher durch die Gewinnbeteiligung bzw. die Chance auf Gewinnbeteiligung kompensiert.

2. Vereinbarung einer Vergütung

52 Die Gesellschafter können aber ausdrücklich oder konkludent für die Geschäftsführung die Zahlung einer Vergütung vereinbaren. Wann eine Vergütung stillschweigend vereinbart ist, richtet sich nach dem Einzelfall. Hierbei sind insbesondere der Gesellschaftszweck, Art und Umfang der Geschäftsführungstätigkeit sowie die für die Geschäftsführung erforderlichen Qualifikationen entscheidend (Sudhoff PersGes/*Buß* § 9 Rn. 52). Eine stillschweigende Vergütungsvereinbarung wird bereits dann angenommen, wenn einzelne Gesellschafter eine außergewöhnliche Leistung erbringen, die besondere Fähigkeiten erfordert (BGH NJW 1955, 1227). Nicht ausreichen soll allerdings, dass nur einzelne Gesellschafter Geschäftsführer sind (OLG Koblenz NJW-RR 1987, 24; Sudhoff PersGes/*Buß* § 9 Rn. 52; MAH PersGes/*Gummert/Karrer* § 7 Rn. 163). Im Einzelfall kann der Abschluss einer stillschweigenden Vergütungsvereinbarung nur aus dem besonderen Verhalten und den besonderen Vorstellungen der Beteiligten entnommen werden, ohne dass die Verkehrsüblichkeit den Abschluss einer solchen Vereinbarung oder Bestimmung ersetzen kann (OLG Koblenz NJW-RR 1987, 24).

3. Ersatz von Aufwendungen, § 713 BGB

53 Unabhängig vom Bestehen eines Vergütungsanspruch steht den Gesellschaftern zumindest ein Anspruch auf Ersatz ihrer Aufwendungen gem. §§ 713, 670 BGB zu. Für zu erwartende Aufwendungen kann der Gesellschafter einen Vorschuss verlangen, §§ 713, 669 BGB.

54 Voraussetzung für den Aufwendungsersatzanspruch ist, dass ein Gesellschafter in Angelegenheiten und im Interesse der Gesellschaft **freiwillig vermögenswerte Opfer** erbracht hat, die er den Umständen nach für erforderlich halten durfte. Eine Aufwendung darf **für erforderlich** gehalten

werden, wenn ein sorgfältig prüfender Gesellschafter der Überzeugung sein durfte, die Aufwendung sei erforderlich (Sudhoff PersGes/*Buß* § 9 Rn. 52; MAH PersGes/*Gummert/Karrer* § 7 Rn. 178).

Darüber hinaus ist allgemein anerkannt, dass auch für **unfreiwillige Vermögensopfer** Aufwendungsersatz verlangt werden kann, wenn der Gesellschafter sie durch seine Geschäftsführung oder aus den mit ihr untrennbar verbundenen Gefahren als tätigkeitsspezifisches Risiko erlitten hat. Voraussetzung ist, dass die Gefahr erkennbar und mit einer gewissen Wahrscheinlichkeit mit der Art oder den Umständen der konkreten Geschäftsführung im konkreten Fall verbunden ist (MüKo BGB/*Schäfer* § 713 Rn. 16; MAH PersGes/*Gummert/Karrer* § 7 Rn. 179). Nicht hierunter fallen Vermögensopfer, in denen sich ein allgemeines Lebensrisiko verwirklicht hat (MAH PersGes/*Gummert/Karrer* § 7 Rn. 179), wie bei einem Verkehrsunfall auf einer Geschäftsreise (Sudhoff PersGes/*Buß* § 9 Rn. 55). 55

G. Weisungsrechte nach §§ 713, 665 BGB

Die geschäftsführenden Gesellschafter sind hinsichtlich der Geschäftsführung nicht an Weisungen der übrigen Mitgesellschafter gebunden, da sie eine eigenverantwortliche und auf der Mitgliedschaft beruhende Stellung einnehmen (MüKo BGB/*Schäfer* § 713 Rn. 7; MAH PersGes/*Gummert/Karrer* § 7 Rn. 138). Weisungen können jedoch im Gesellschaftsvertrag enthalten sein, aus Anlass der Übertragung der Geschäftsführung oder aufgrund wirksamen Gesellschafterbeschlusses gegeben werden (Palandt/*Sprau* § 713 Rn. 3). 56

H. Informationspflichten nach §§ 713, 666 BGB

Nach §§ 713, 666 BGB ist der geschäftsführende Gesellschafter verpflichtet, der Gesellschaft die erforderlichen Nachrichten zu geben, auf Verlangen über den Stand des Geschäfts Auskunft zu erteilen und Rechenschaft abzulegen. 57

I. Benachrichtigungspflicht

Die »**erforderlichen Nachrichten**« i. S. d. §§ 713, 666 BGB sind demnach selbst ohne Verlangen der Gesellschaft jederzeit von dem geschäftsführenden Gesellschafter zu geben. Was zu den »erforderlichen Nachrichten« gehört, ist eine Frage des Einzelfalls. Bei Gesamtgeschäftsführung zählen hierzu sämtliche für die Förderung und Erreichung des Gesellschaftszwecks erkennbar bedeutsamen Informationen. Sind hingegen Gesellschafter von der Geschäftsführung ausgeschlossen, wird man zu den erforderlichen Nachrichten nur solche zählen, deren Kenntnis erforderlich ist, um die Gesellschafter in die Lage zu versetzen, eine Entscheidung über das »Ob« und »Wie« eines Grundlagengeschäfts zu treffen (Sudhoff PersGes/*Buß* § 9 Rn. 57). 58

II. Auskunftspflicht

Unabhängig von dieser Benachrichtigungspflicht ohne ausdrückliches Verlangen der Gesellschaft hat jeder geschäftsführende Gesellschafter auf Verlangen der Gesellschaft Auskunft über den Stand des Geschäfts zu geben. »Stand des Geschäfts« i. S. d. §§ 713, 666 BGB sind sämtliche Angelegenheiten der Gesellschaft. Die Reichweite dieser Auskunftspflicht entspricht damit dem Informations- und Kontrollrecht nach § 716 BGB (Sudhoff PersGes/*Buß* § 9 Rn. 58). 59

III. Rechenschaftspflicht

Die Rechenschaftspflicht des geschäftsführenden Gesellschafters besteht gem. §§ 713, 666 BGB erst nach »Durchführung des Auftrags«, d. h. erst dann, wenn die Geschäftsführungstätigkeit des betreffenden Gesellschafters endet oder die Gesellschaft aufgelöst wird (MüKo BGB/*Schäfer* § 713 Rn. 10; Sudhoff PersGes/*Buß* § 9 Rn. 58; MAH PersGes/*Gummert/Karrer* § 7 Rn. 185). Da sich die Pflicht zur Rechnungslegung im letztgenannten Fall schon aus §§ 721 Abs. 1, 730 BGB ergibt, haben die §§ 713, 666 BGB insoweit vor allem für das vorzeitige Ausscheiden von Gesellschaftern aus der Geschäftsführung Bedeutung. Inhaltlich bestimmt sich die Rechenschaftspflicht grundsätzlich nach § 259 BGB (MüKo BGB/*Schäfer* § 713 Rn. 11). 60

§ 713 BGB   Rechte und Pflichten der geschäftsführenden Gesellschafter

I. Herausgabe- und Verzinsungspflicht gem. §§ 713, 667, 668 BGB

61 Nach den §§ 713, 667 BGB ist der geschäftsführende Gesellschafter verpflichtet, alles was er im Rahmen der Geschäftsführung erhält, an die Gesellschaft herauszugeben. Sofern er Geld, das er an die Gesellschaft herauszugeben oder für sie zu verwenden hat, für sich verwendet, muss er das Geld von dem Zeitpunkt der Verwendung an verzinsen.

J. Haftung der geschäftsführenden Gesellschafter

62 Verletzt der geschäftsführende Gesellschafter schuldhaft seine Pflichten, haftet er der Gesellschaft auf Schadensersatz. **Rechtsgrundlage ist § 280 BGB** (Sudhoff PersGes/*Buß* § 9 Rn. 62; MAH PersGes/*Gummert/Karrer* § 7 Rn. 142). Ein Schadensersatzanspruch kommt z. B. in Betracht bei Verstoß gegen das Gebot uneigennütziger Geschäftsführung, mangelnder Überwachung der Mitarbeiter der Gesellschaft sowie Verweigerung der Mitwirkung (Palandt/*Sprau* § 713 Rn. 11; MAH PersGes/*Gummert/Karrer* § 7 Rn. 142). Der Verschuldensmaßstab richtet sich nach § 708 BGB, sofern im Gesellschaftsvertrag nicht hiervon abweichende Regelungen zwischen den Gesellschaftern getroffen wurden. Der geschäftsführende Gesellschafter haftet daher nur für eigenübliche Sorgfalt.

63 Auch bei Vorliegen eines Verstoßes gegen die eigenübliche Sorgfalt (s. § 708 BGB Rdn. 5–6) entfällt ein Schadensersatzanspruch, wenn die Gesellschafter mit der für die Änderung des Gesellschaftsvertrages erforderlichen Mehrheit das fragliche Verhalten des handelnden Gesellschafters in Kenntnis der Zusammenhänge gebilligt oder dem geschäftsführenden Gesellschafter nachträglich Entlastung erteilt haben. Eine solche Rechtfertigung lässt regelmäßig bereits die Pflichtwidrigkeit des Verhaltens entfallen (s. § 708 BGB Rdn. 7).

K. Entziehung und Kündigung der Geschäftsführung, § 712 BGB

I. Entziehung der Geschäftsführung, § 712 Abs. 1 BGB

1. Anwendungsbereich des § 712 Abs. 1 BGB

64 Die Entziehung der Geschäftsführungsbefugnis ist in § 712 Abs. 1 BGB geregelt. Strittig ist, ob diese Vorschrift lediglich für die nach §§ 710, 711 BGB **übertragene Geschäftsführungsbefugnis** gilt (so Palandt/*Sprau* § 712 Rn. 1) oder aber generell auf jegliche Geschäftsführungsbefugnis, also auch auf die **gesetzliche**, anzuwenden ist (so MüKo BGB/*Schäfer* § 712 Rn. 5 f.; Sudhoff PersGes/*Buß* § 9 Rn. 34; MAH PersGes/*Gummert/Karrer* § 7 Rn. 203). Für die erste Ansicht spricht der Wortlaut von § 712 BGB. Für die andere Ansicht spricht, dass ansonsten die gesetzliche Geschäftsführungsbefugnis nicht entzogen werden könnte und stattdessen nur die Kündigung der Gesellschaft oder die Ausschließung des Gesellschafters aus wichtigem Grund bliebe. Dies würde zu einer ungerechtfertigten Differenzierung zwischen übertragener und gesetzlicher Geschäftsführungsbefugnis führen und dem grundsätzlichen Interesse der Gesellschafter an dem Fortbestand der Gesellschaft widersprechen (MüKo BGB/*Schäfer* § 712 Rn. 5 f.; MAH PersGes/*Gummert/Karrer* § 7 Rn. 204).

65 Unanwendbar ist § 712 Abs. 1 BGB jedenfalls in denjenigen Fällen, in denen die Geschäftsführung einem Nichtgesellschafter »übertragen«, d. h. zur Ausübung überlassen ist. (BGH NJW 1962, 738 zu § 117 HGB; MüKo BGB/*Schäfer*, § 712 Rn. 3)

2. Wichtiger Grund

66 Die Entziehung der Geschäftsführungsbefugnis setzt einen wichtigen Grund voraus. Als wichtige Gründe sieht § 712 Abs. 1 BGB exemplarisch die **grobe Pflichtverletzung** oder die **Unfähigkeit zur ordnungsgemäßen Geschäftsführung** vor.

67 Nach der ständigen Rechtsprechung des BGH liegt ein wichtiger Grund für die Abberufung des Geschäftsführers vor, wenn das Verhältnis zu ihm nachhaltig zerstört und es den übrigen Gesellschaftern nicht zumutbar ist, dass der geschäftsführende Gesellschafter weiterhin für die Gesellschaft Geschäftsführerbefugnisse besitzt und damit auf die alle Gesellschafter betreffenden Belange der

Gesellschaft Einfluss nehmen kann (BGH NZG 2008, 298, 299). Ob ein wichtiger Grund vorliegt, richtet sich nach den Umständen des Einzelfalls. Wesentliche Bedeutung bei der Bewertung der Umstände kommt hierbei insbesondere den folgenden Aspekten zu: z. B. Art und Inhalt der zu entziehenden Geschäftsführungsbefugnis, die Schwere des Verstoßes und seine wirtschaftlichen Folgen, die Auswirkungen auf das Erreichen des Gesellschaftszwecks und das Vorliegen sowie der Grad des Verschuldens (Sudhoff PersGes/*Buß* §9 Rn. 36). Auch ein etwaiges eigenes Fehlverhalten der übrigen Gesellschafter ist bei der Abwägung von Bedeutung (BGH NZG 2003, 625; NJW 1998, 146, 147).

Wichtige Gründe können z. B. bei anhaltender Störung und Blockierung der Unternehmensleitung der Mitgesellschafter (BGH NJW 1972, 862, 864), hartnäckiger Nichtbeachtung der Mitwirkungsrechte anderer Gesellschafter (BGH NJW 1984, 173; MüKo BGB/*Schäfer* §712 Rn. 10), Verstoß gegen ein Wettbewerbsverbot, dauernder Krankheit (BGH JZ 1952, 276), Veruntreuungen, ständigen Eigenmächtigkeiten in der Geschäftsführung, beharrlicher Verweigerung der Mitarbeit in der Gesellschaft sowie bei völliger Zerrüttung der Vermögensverhältnisse anzunehmen sein (MAH PersGes/*Gummert/Karrer* §7 Rn. 195).

3. Grundsatz der Verhältnismäßigkeit

Schließlich ist die Entziehung der Geschäftsführungsbefugnis aus wichtigem Grund am Grundsatz der Verhältnismäßigkeit zu messen. Eine Entziehung darf nur erfolgen, wenn **keine weniger einschneidende Maßnahme** ausreicht (BGH NJW 1998, 146, 147; NJW 1984, 173, 174), wie etwa die Umwandlung von Einzel- in Gesamtgeschäftsführung (OLG München NZG 2000, 1173, 1175; MAH PersGes/*Gummert/Karrer* §7 Rn. 201). Im Ergebnis muss die Belassung der Geschäftsführungsbefugnis und das damit verbundene Mitspracherecht des von der Entziehung betroffenen Gesellschafters für die Mitgesellschafter **unzumutbar** sein (Sudhoff PersGes/*Buß* §9 Rn. 36).

68

4. Einstimmiger Beschluss der Gesellschafter

Die Entziehung erfolgt nach §712 Abs.1 BGB grundsätzlich durch einstimmigen Beschluss der übrigen Gesellschafter. Hierzu zählen auch die nicht zur Geschäftsführung befugten Gesellschafter, weil die Entziehung der Geschäftsführungsbefugnis keine Geschäftsführungsmaßnahme, sondern **Grundlagengeschäft** ist (Sudhoff PersGes/*Buß* §9 Rn. 35; vgl. zum Grundlagengeschäft Rn. 14). Der betroffene Gesellschafter selbst ist nicht stimmberechtigt. Der **Stimmrechtsausschluss** kann aber nicht auf Gesellschafter ausgeweitet werden, die in enger Beziehung zu dem betroffenen Gesellschafter stehen (MAH PersGes/*Gummert/Karrer* §7 Rn. 205). Mit Bekanntgabe des Beschlusses über die Entziehung der Geschäftsführungsbefugnis an den betroffenen Gesellschafter wird die Entziehung wirksam (BGH NJW 1960, 625; MüKo BGB/*Schäfer* §712 Rn. 14).

69

5. Gesellschaftsvertragliche Regelungen

Der Gesellschaftsvertrag kann das Verfahren oder die Voraussetzungen der Entziehung der Geschäftsführungsbefugnis erleichtern, erschweren oder konkretisieren. Es können bestimmte **Fristen** oder **bestimmte Gründe** als wichtige Gründe festgelegt werden. Es kann auch vorgesehen werden, dass die Entziehung der Geschäftsführungsbefugnis nicht einstimmig erfolgen muss, sondern dass eine einfache oder qualifizierte Mehrheit ausreicht. Zulässig ist es auch, die Möglichkeit die Entziehung **gänzlich auszuschließen** (Sudhoff PersGes/*Buß* §9 Rn. 38; MAH PersGes/*Gummert/Karrer* §7 Rn. 223). Die Mitgesellschafter sind hier aufgrund ihrer Möglichkeit zu einer außerordentlichen Kündigung des Gesellschaftsverhältnisses gem. §723 BGB nicht schutzlos gestellt.

70

II. Kündigung der Geschäftsführung, §712 Abs. 2 BGB

1. Anwendungsbereich des §712 Abs. 2 BGB

Als Pendant der Entziehung der Geschäftsführung aus wichtigem Grund gewährt §712 Abs. 2 BGB seinerseits dem geschäftsführenden Gesellschafter das Recht, seine Geschäftsführung aus wichtigem Grund zu kündigen. Auch hier ist wie bei der Entziehung nach §712 Abs. 1 BGB strittig, ob diese

71

§ 715 BGB Entziehung der Vertretungsmacht

Vorschrift lediglich für die **übertragene Geschäftsführungsbefugnis** oder auch für die **gesetzliche** gilt (s. o. Rdn. 64). Auch hier sprechen die besseren Gründe für einen weiten Anwendungsbereich des § 712 Abs. 2 BGB, also für eine Geltung auch bei gesetzlicher Geschäftsführungsbefugnis.

2. Wichtiger Grund

72 Ein wichtiger Grund für eine Kündigung der Geschäftsführung ist anzunehmen, wenn dem Kündigenden nach den Umständen des Einzelfalls – insbesondere bei nachhaltiger Zerstörung des Vertrauensverhältnisses zu den Mitgesellschaftern – **nicht zumutbar** ist, weiterhin geschäftsführend tätig zu sein (MAH PersGes/*Gummert/Karrer* § 7 Rn. 230; MüKo BGB/*Schäfer* § 712 Rn. 25). Wichtige Gründe für eine Kündigung können aber auch persönliche Gründe sein, die den betroffenen Gesellschafter daran hindern, seiner Funktion als Geschäftsführer nachzukommen. Es kommt hier insbesondere eine dauernde Krankheit in Betracht.

3. Wirksamkeit der Kündigung

73 Die Kündigung wird als empfangsbedürftige Willenserklärung erst mit **Zugang** bei allen Mitgesellschaftern wirksam (OLG Celle NZG 2000, 586; MüKo BGB/*Schäfer* § 712 Rn. 28). Allerdings muss der kündigende Gesellschafter gem. §§ 712 Abs. 2, 671 Abs. 2 BGB den Mitgesellschaftern die Gelegenheit geben, sich rechtzeitig auf die veränderten Umstände einzustellen und entsprechend für Ersatz zu sorgen.

74 Eine **Kündigung zur Unzeit** ist wirksam (MüKo BGB/*Schäfer* § 712 Rn. 28). Der kündigende Gesellschafter muss aber der Gesellschaft den hieraus entstehenden Schaden ersetzen, sofern dieses Vorgehen zur Unzeit nicht durch einen wichtigen Grund gedeckt ist.

4. Gesellschaftsvertragliche Regelungen

75 Das Recht zur Kündigung kann durch den Gesellschaftsvertrag beliebig erweitert oder konkretisiert werden, vor dem Hintergrund der §§ 712 Abs. 2, 671 Abs. 3 BGB nicht aber erschwert werden (MAH PersGes/*Gummert/Karrer* § 7 Rn. 233).

§ 714 Vertretungsmacht

Soweit einem Gesellschafter nach dem Gesellschaftsvertrag die Befugnis zur Geschäftsführung zusteht, ist er im Zweifel auch ermächtigt, die anderen Gesellschafter Dritten gegenüber zu vertreten.

§ 715 Entziehung der Vertretungsmacht

Ist im Gesellschaftsvertrag ein Gesellschafter ermächtigt, die anderen Gesellschafter Dritten gegenüber zu vertreten, so kann die Vertretungsmacht nur nach Maßgabe des § 712 Abs. 1 und, wenn sie in Verbindung mit der Befugnis zur Geschäftsführung erteilt worden ist, nur mit dieser entzogen werden.

Übersicht	Rdn.		Rdn.
A. Allgemeines	1	III. Anwendung des § 28 HGB analog auf die GbR	10
B. Umfang der Vertretungsbefugnis, § 714 BGB	3	IV. Zurechnung nach § 31 BGB	11
C. Entziehung der Vertretungsbefugnis, § 715 BGB	6	E. Regelungen im Gesellschaftsvertrag	12
		I. Gesamtvertretungsbefugnis	13
D. Haftung	8	II. Alleinvertretungsbefugnis	14
I. Persönliche und unbeschränkte Haftung	8	III. Vertretungsbefugnis für bestimmte Gesellschafter	15
II. Haftung des eintretenden Gesellschafters, § 130 HGB analog	9	IV. Entziehung der Vertretungsbefugnis	16

A. Allgemeines

Die Vertretungsmacht betrifft die Frage, inwieweit der handelnde Gesellschafter die Gesellschaft gegenüber Dritten vertreten kann. Die **Vertretungsmacht** betrifft daher im Gegensatz zur Geschäftsführungsbefugnis nicht das rechtliche »Dürfen«, sondern das **rechtliche »Können«**, also die Frage, ob die Gesellschaft im Außenverhältnis wirksam verpflichtet werden kann. Ein etwaiger Widerspruch eines anderen Gesellschafters nach § 711 BGB lässt die Vertretungsmacht des Handelnden nach § 714 BGB unberührt. Sofern nicht die Grundsätze des **Missbrauchs der Vertretungsmacht** eingreifen, ist es für die Verpflichtung gegenüber Dritten unerheblich, ob der handelnde Gesellschafter im Innenverhältnis geschäftsführungsbefugt war oder ein anderer Gesellschafter von seinem Widerspruchsrecht nach § 711 BGB Gebrauch gemacht hat. 1

Überschreitet der handelnde Gesellschafter hingegen seine Vertretungsmacht, handelt er als **Vertreter ohne Vertretungsmacht**. Das Geschäft ist schwebend unwirksam und kann von der Gesellschaft genehmigt werden. Wird die Genehmigung verweigert, macht sich der handelnde Gesellschafter ggf. gem. § 179 BGB gegenüber dem Dritten schadensersatzpflichtig. 2

B. Umfang der Vertretungsbefugnis, § 714 BGB

Der Umfang der Vertretungsmacht richtet sich gem. § 714 BGB nach der Reichweite der Geschäftsführungsbefugnis, sofern der Gesellschaftsvertrag keine besondere Regelung enthält. Danach sieht das Gesetz als Regelfall die **Gesamtvertretungsbefugnis aller Gesellschafter** vor. Diese Regelung ist **dispositiv**. Die Gesellschafter können andere Regelungen zur Vertretung der Gesellschaft vorsehen. Geschäftsführungsbefugnis und Vertretungsmacht können hierbei – mit Ausnahme des § 715 BGB – auseinanderfallen. Regelmäßig werden jedoch Geschäftsführungsbefugnis und Vertretungsmacht parallel geregelt. 3

Die Gesellschafter können daher einen der Gesellschafter ausdrücklich oder stillschweigend mit der **alleinigen Vertretung** der Gesellschaft betrauen. Eine stillschweigende Bevollmächtigung liegt vor, wenn die anderen Gesellschafter ihm gestatten, nahezu sämtliche Verträge (in der Entscheidung des BGH: 95%) allein namens der Gesellschaft abzuschließen (BGH DB 2005, 822; vgl. hierzu *Wertenbruch* NZG 2005, 462). 4

Teilweise wird versucht, die Vertretungsbefugnis und damit die Haftung der Gesellschafter auf das Gesamthandsvermögen zu beschränken. Dies ist grundsätzlich möglich (BGH ZIP 1990, 612; NJW 1992, 3037, 3039; Bamberger/Roth/*Schöne* § 714 Rn. 36). Allerdings muss diese Haftungsbeschränkung mit dem Vertragspartner vereinbart werden. Ein bloßer Hinweis hierauf genügt nicht (BGH NJW 1999, 3483, 3484). Erforderlich ist daher eine **individualvertragliche Vereinbarung** mit dem Geschäftspartner. 5

C. Entziehung der Vertretungsbefugnis, § 715 BGB

Die Entziehung der Vertretungsbefugnis eines Gesellschafters folgt gem. § 715 BGB den Regeln über die Entziehung der Geschäftsführungsbefugnis gem. § 712 Abs. 1 BGB. Die Vertretungsbefugnis kann einem Gesellschafter daher ebenso wie die Geschäftsführungsbefugnis grundsätzlich nicht ohne seine Zustimmung entzogen werden. 6

Liegt allerdings in der Person des vertretungsbefugten Gesellschafters ein **wichtiger Grund** vor, der eine solche Entziehung rechtfertigt, ist eine Entziehung der Vertretungsbefugnis durch die übrigen Gesellschafter möglich. Für die Anwendung der Vorschriften über die Entziehung der Vertretungsbefugnis über die »übertragene« hinaus auch auf die gesetzliche Vertretungsbefugnis gelten die Ausführungen im Hinblick auf die Entziehung der Geschäftsführungsbefugnis entsprechend, wie auch für die Voraussetzungen der Entziehung der Vertretungsbefugnis und das Verfahren (s. §§ 709 bis 713 BGB Rdn. 64–70). Wurde die Vertretungsbefugnis mit der Geschäftsführungsbefugnis erteilt, ist gem. § 715 BGB nur eine Entziehung beider Befugnisse möglich. Auch im Übrigen ist davon 7

§ 715 BGB Entziehung der Vertretungsmacht

auszugehen, dass ein Entziehungsbeschluss sowohl die Geschäftsführungs- als auch die Vertretungsbefugnis erfasst (MAH PersGes/*Gummert/Karrer* § 7 Rn. 316).

D. Haftung

I. Persönliche und unbeschränkte Haftung

8   Die Gesellschafter einer GbR haften für ihm Namen der Gesellschaft begründete Verbindlichkeiten **persönlich und unbeschränkt**. Dies gilt unabhängig davon, ob es sich um rechtsgeschäftlich begründete oder um gesetzlich begründete Verbindlichkeiten handelt (BGH NJW 2003, 1445, 1446 f.; vgl. hierzu *Flume* DB 2003, 1775). Diese Haftung kann nicht durch einen Namenszusatz oder sonstigen Hinweis auf eine beschränkte Haftung eingeschränkt werden. Erforderlich ist vielmehr eine **individuelle Vereinbarung** mit dem Vertragspartner. Hierfür muss die Haftungsbeschränkung durch individuelle Absprache der Parteien in den jeweils einschlägigen Vertrag einbezogen werden (BGH NZG 2005, 209, 210; NJW 1999, 3483, 3485). Zum Haftungsumfang in Fällen quotaler Haftungsbegrenzungen s. *Lehleiter/Hoppe* BKR 2008, 323.

II. Haftung des eintretenden Gesellschafters, § 130 HGB analog

9   Weiterhin haften in eine GbR eintretende Gesellschafter gem. § 130 HGB analog persönlich und gesamtschuldnerisch auch für vor ihrem Eintritt begründete **Altverbindlichkeiten** (BGH NJW 2003, 1803; *K. Schmidt* NJW 2005, 2801, 2806; *Lehleiter/Hoppe* WM 2005, 2213; vgl. auch *Wertenbruch* NZG 2006, 408, 416). Eine abweichende Abrede im Rahmen der Beitrittsvereinbarung hat gem. § 130 Abs. 2 HGB keine Außenwirkung (*K. Schmidt* NJW 2005, 2801, 2806; zur Haftung nach § 130 HGB vgl. ausführl. die Kommentierung zu § 130 HGB).

III. Anwendung des § 28 HGB analog auf die GbR

10   Ob § 28 HGB auf die GbR analog angewandt werden kann, ist umstritten. Nach dieser Vorschrift haftet eine Gesellschaft, die durch den Beitritt eines persönlichen haftenden Gesellschafters oder Kommanditisten in das Geschäft eines Einzelkaufmanns entstanden ist, für die Verbindlichkeiten des früheren Geschäftsinhabers (bejahend: *K. Schmidt* NJW 2005, 2801, 2807; *Arnold/Dötsch* DStR 2003, 1398, 1403; *Ulmer* ZIP 2003, 1113, 1116; verneinend: *Römermann* BB 2003, 1084, 1086; offengelassen: BGH NJW 2004, 836, 837). Verneint hat dies der BGH zumindest bei einer Anwalts-GbR (BGH NJW 2004, 836, 837; krit. *K. Schmidt* NJW 2005, 2801, 2807).

IV. Zurechnung nach § 31 BGB

11   Eine GbR muss sich ein zu Schadensersatz verpflichtendes Handeln ihrer (geschäftsführenden) Gesellschafter gem. **§ 31 BGB** zurechnen lassen (BGH NJW 2007, 2490, 2491; NJW 2003, 1445). Entsprechendes gilt für Anwaltssozietäten in der Rechtsform einer GbR sowie Scheinsozietäten (BGH NJW 2007, 2490, 2491). Haftet in einem solchen Fall die Gesellschaft, müssen dafür auch die einzelnen Gesellschafter gem. § 128 HGB analog mit ihrem Privatvermögen einstehen (BGH NJW 2007, 2490, 2492).

E. Regelungen im Gesellschaftsvertrag

12   Die §§ 714, 715 BGB sind **dispositiv**. Ebenso wie bei der Geschäftsführungsbefugnis bleibt es den Gesellschaftern unbenommen, Regelungen zum Umfang der Vertretungsmacht in den Gesellschaftsvertrag aufzunehmen (vgl. zu Formulierungsvorschlägen Sudhoff PersGes/*Buß* § 9 Rn. 65 ff.).

I. Gesamtvertretungsbefugnis

13   Eine Regelung zur Gesamtvertretungsbefugnis könnte wie folgt lauten:

»*Die Gesellschafter sind zur Vertretung nur gemeinschaftlich berechtigt und verpflichtet.*«

II. Alleinvertretungsbefugnis

Eine Regelung zur Alleinvertretungsbefugnis könnte wie folgt lauten: 14

»*Die Gesellschafter sind zur Vertretung jeweils einzeln berechtigt und verpflichtet.*«

III. Vertretungsbefugnis für bestimmte Gesellschafter

Sollen nur bestimmte Gesellschafter zur Vertretung befugt sein, könnte eine Klausel wie folgt lauten: 15

»*Die Gesellschafter X und Y sind zur Vertretung jeweils einzeln berechtigt und verpflichtet. Die übrigen Gesellschafter sind von der Vertretung ausgeschlossen.*«

IV. Entziehung der Vertretungsbefugnis

Es bleibt den Gesellschaftern weiterhin unbenommen, Regelungen zur Entziehung der Vertretungsbefugnis oder dem Verfahren ihrer Entziehung zu treffen. Eine Klausel zur Entziehung könnte wie folgt lauten: 16

»*Die Vertretungsbefugnis eines Geschäftsführers kann bei Vorliegen eines wichtigen Grundes durch Beschluss der Gesellschafter entzogen werden. Ein wichtiger Grund liegt insbesondere bei einem Verstoß gegen das in § X geregelte Wettbewerbsverbot, bei ... ... und bei ... ... vor. Ein solcher Beschluss bedarf der einfachen Mehrheit der Gesellschafter. Der betroffene Gesellschafter ist hierbei nicht stimmberechtigt. Der betroffene Gesellschafter ist vor einem solchen Beschluss anzuhören.*«

§ 716 Kontrollrecht der Gesellschafter

(1) Ein Gesellschafter kann, auch wenn er von der Geschäftsführung ausgeschlossen ist, sich von den Angelegenheiten der Gesellschaft persönlich unterrichten, die Geschäftsbücher und die Papiere der Gesellschaft einsehen und sich aus ihnen eine Übersicht über den Stand des Gesellschaftsvermögens anfertigen.

(2) Eine dieses Recht ausschließende oder beschränkende Vereinbarung steht der Geltendmachung des Rechts nicht entgegen, wenn Grund zu der Annahme unredlicher Geschäftsführung besteht.

Übersicht

	Rdn.			Rdn.
A. Allgemeines	1	IV.	Erlöschen des Rechts mit Ausscheiden	7
B. Angelegenheiten der Gesellschaft	2	D.	Hinzuziehung von Dritten	8
C. Befugnisse des Gesellschafters	3	I.	Sachverständiger, Berater	8
I. Einsichtnahme in Geschäftsbücher und Papiere	3	II.	Vertretung	9
		E.	Verweigerung der Einsichtnahme	10
II. Auskunftsrecht	4	F.	Regelungen im Gesellschaftsvertrag	11
III. Ausübung des Informationsrechts	5			

A. Allgemeines

Informations- und Kontrollrechte sind insbesondere für die Gesellschafter wichtig, die nicht 1 geschäftsführungsbefugt sind. Sie sind darüber hinaus insbesondere auch in solchen Fällen sinnvoll, in denen die Gesellschafter keinen gleichen Zugang zu den Informationen besitzen. Daher sieht § 716 BGB Informations- und Kontrollrechte für alle Gesellschafter vor. Diese zählen zu dem **Kernbereich** ihrer mitgliedschaftlichen Rechte und können daher nur in den Grenzen des § 716 Abs. 2 BGB eingeschränkt werden (vgl. zum Kernbereich der Mitgliedschaftsrechte eines Gesellschafters auch § 705 BGB Rdn. 45–47). Nach § 716 Abs. 1 BGB steht einem Gesellschafter, auch wenn er von der Geschäftsführung ausgeschlossen ist, das Recht zu, sich über die Angelegenheiten der

Gesellschaft persönlich zu unterrichten, die Geschäftsbücher und die Papiere der Gesellschaft einzusehen und sich aus ihnen eine Übersicht über den Stand des Gesellschaftsvermögens anzufertigen.

B. Angelegenheiten der Gesellschaft

2   Der Begriff »Angelegenheiten der Gesellschaft« i. S. d. §716 Abs. 1 BGB ist **weit auszulegen** (OLG Hamm NJW 1986, 1693, 1694) und schließt im Ergebnis lediglich persönliche Angelegenheiten der Mitgesellschafter und Geschäftsführer aus. Zu den Angelegenheiten der Gesellschaft gehört alles, was die Lage der Gesellschaft betrifft, wie z. B. bilanzierungspflichtige Tatbestände, Geschäftsverbindungen und -pläne, Informationen über Verbindlichkeiten, die steuerlichen Verhältnisse der Gesellschaft, die Namen und Anschriften der Gesellschafter, die gegenwärtige Gewinnsituation, die künftige Gewinnerwartung, die öffentlich-rechtlichen Verpflichtungen der Gesellschaft und Informationen über die Anlage des Gesellschaftsvermögens und über die Beziehungen zu verbundenen Unternehmen (vgl. OLG Hamm NJW 1986, 1693, 1694; BGH NJW 2010, 439; Sudhoff PersGes/*Buß* § 10 Rn. 2; MAH PersGes/*Plückelmann* § 4 Rn. 121).

C. Befugnisse des Gesellschafters

I. Einsichtnahme in Geschäftsbücher und Papiere

3   Das dem Gesellschafter nach §716 BGB einräumte Recht geht grundsätzlich nur auf Einsichtnahme, also auf eigenständige Informationsbeschaffung aus den Geschäftsbüchern und Papieren der Gesellschaft. Zu den **Geschäftsbüchern und Papieren der Gesellschaft** gehören alle Bücher und Papiere, die über Geschäftsvorgänge der Gesellschaft Auskunft geben, auch Verträge, Korrespondenz und Aktenvermerke (BGHZ 10, 115, 120; Sudhoff PersGes/*Buß* § 10 Rn. 3). Hierzu gehören auch in elektronischer Form gespeicherte Geschäftsunterlagen (OLG Saarbrücken NZG 2002, 669 »überhaupt alle Unterlagen«; MüKo BGB/*Schäfer* § 716 Rn. 8).

II. Auskunftsrecht

4   Ein darüber hinausgehendes Auskunftsrecht hat der Gesellschafter nur dann, wenn die erforderlichen Angaben aus den Unterlagen nicht ersichtlich sind, er sich also ohne Auskunftserteilung keine Klarheit über die Angelegenheiten der Gesellschaft verschaffen kann (BGH WM 1983, 910, 911; Palandt/*Sprau* §716 Rn. 1; Sudhoff PersGes/*Buß* § 10 Rn. 2; MAH PersGes/*Plückelmann* § 4 Rn. 120). Der Einsicht nehmende Gesellschafter hat grundsätzlich auch kein Recht auf **Aushändigung der Unterlagen**. Er darf lediglich **Abschriften und Kopien** fertigen, sofern nicht ein berechtigtes Interesse der Gesellschaft entgegensteht (OLG Köln ZIP 1985, 800, 801 zu §51a GmbHG; Sudhoff PersGes/*Buß* § 10 Rn. 4). Ausnahmsweise kann aber dann ein Aushändigungsrecht bestehen, wenn es kein Geschäftslokal gibt, die Unterlagen in der Privatwohnung des anderen Gesellschafters gelagert werden und die Einsichtnahme dort unzumutbar ist, so z. B. aufgrund Zerrüttung der Verhältnisse zwischen den Gesellschaftern (OLG Zweibrücken NZG 2005, 508).

III. Ausübung des Informationsrechts

5   Das Informationsrecht ist regelmäßig im **Geschäftslokal** der Gesellschaft während der **Geschäftszeiten** auszuüben. Es ist so durchzuführen, dass der Geschäftsbetrieb nicht übermäßig gestört wird. Das Informations- und Kontrollrecht besteht unabhängig davon, ob der geschäftsführende Gesellschafter bereits Rechnung gelegt hat oder zwischen den Gesellschaftern bereits die Auseinandersetzung stattfindet (Palandt/*Sprau* §716 Rn. 1).

6   **Adressat** für den sein Informations- und Kontrollrecht ausübenden Gesellschafter ist in erster Linie die Gesellschaft. Die übrigen Gesellschafter können Adressaten sein, soweit sie die Unterrichtung tatsächlich verhindern oder ermöglichen können. Anerkannt ist auch ein unmittelbarer Anspruch gegen die geschäftsführenden Gesellschafter, da diese regelmäßig den gegen die Gesellschaft gerichteten Anspruch erfüllen müssen (BGH WM 1962, 882; WM 1983, 910, 911; Sudhoff PersGes/*Buß* § 10 Rn. 1; MAH PersGes/*Plückelmann* § 4 Rn. 138).

IV. Erlöschen des Rechts mit Ausscheiden

Das Informations- und Kontrollrecht nach § 716 BGB erlischt nach h. M. mit dem Ausscheiden und zwar auch hinsichtlich von Sachverhalten, die sich vor dem Ausscheiden zugetragen haben (BGHZ 50, 316, 324; Sudhoff PersGes/*Buß* § 10 Rn. 21). Um seinen Abfindungsanspruch zu kontrollieren, muss der ausgeschiedene Gesellschafter daher **Bucheinsicht gem. § 810 f. BGB** verlangen. Ausnahmsweise kann sich im Einzelfall ein allgemeines Einsichts- und Auskunftsrecht des ausgeschiedenen Gesellschafters **aus § 242 BGB** ergeben. Dies ist der Fall, wenn der ausgeschiedene Gesellschafter entschuldbar über das Bestehen und den Umfang seines Rechtes oder Anspruches im Unklaren und deshalb auf Auskunft der Gesellschaft angewiesen ist und die Gesellschaft hierdurch nicht unzumutbar belastet wird (Sudhoff PersGes/*Buß* § 10 Rn. 22). 7

D. Hinzuziehung von Dritten

I. Sachverständiger, Berater

Dem Gesellschafter ist es grundsätzlich erlaubt, bei seiner Einsichtnahme einen **Sachverständigen** oder einen **Berater** hinzuzuziehen (BGH BB 1962, 899, 900; MüKo BGB/*Schäfer* § 716 Rn. 16; Palandt/*Sprau* § 716 Rn. 1; MAH PersGes/*Plückelmann* § 4 Rn. 153; *Saenger* NJW 1992, 348). Ein besonderes berechtigtes Interesse an einer solchen Hinzuziehung braucht der Gesellschafter nicht darzulegen. Unter Umständen kann dem Gesellschafter aber die Hinzuziehung nach § 242 BGB untersagt sein, wobei die übrigen Gesellschafter diesen Ausnahmetatbestand zu beweisen haben (BGH BB 1962, 899, 900). 8

II. Vertretung

Rechtsgeschäftlich vertreten lassen darf sich der Gesellschafter allerdings nur in Ausnahmefällen, wie z. B. bei langer Krankheit oder Abwesenheit (MüKo BGB/*Schäfer* § 716 Rn. 15; MAH PersGes/*Plückelmann* § 4 Rn. 152; *Saenger* NJW 1992, 348, 349). Zulässig ist aber die Wahrnehmung durch den gesetzlichen Vertreter, wie z. B. beim Minderjährigen oder bei Betreuung (§§ 1896, 1902 BGB). Eine Übertragung des Kontrollrechts ist gem. § 717 BGB nicht möglich. 9

E. Verweigerung der Einsichtnahme

Sofern die Einsichtnahme rechtsmissbräuchlich ist, kann sie trotz fehlender gesetzlicher Regelung verweigert werden. **Rechtsmissbrauch** liegt vor, wenn entweder das Informationsbegehren die durch seine Funktion gesetzten Grenzen nicht beachtet oder wenn die Befriedigung des Informationsbegehrens eine vorhersehbare Schädigung der Gesellschaft zur Folge hat (Sudhoff PersGes/*Buß* § 10 Rn. 11; MAH PersGes/*Plückelmann* § 4 Rn. 157 ff.). 10

F. Regelungen im Gesellschaftsvertrag

Das Kontrollrecht des Gesellschafters kann in der Satzung **beschränkt oder ausgeschlossen** werden. Besteht jedoch Grund zur Annahme unredlicher Geschäftsführung, kann das Kontrollrecht unabhängig von einer solchen Beschränkung oder einem solchen Ausschluss ausgeübt werden (Sudhoff PersGes/*Buß* § 10 Rn. 14). 11

Ein vollständiger Ausschluss des Informations- und Kontrollrechts ist zwar nach h. M. möglich. Jedoch unterliegt ein solcher Ausschluss der **Inhaltskontrolle**, bei der der Minderheitenschutz gegen die Interessen der Gesellschaft abgewogen wird (vgl. hierzu ausführl. Sudhoff PersGes/*Buß* § 10 Rn. 14; MAH PersGes/*Plückelmann* § 4 Rn. 145). Entscheidender Bedeutung sollte hierbei der Tatsache zukommen, ob der Ausschluss des Informations- und Kontrollrechts durch einen **sachlichen Grund** gerechtfertigt ist. 12

Üblicherweise enthält der Gesellschaftsvertrag Regelungen zur Hinzuziehung von Dritten oder zur Bevollmächtigung von Dritten bei Ausübung des Kontrollrechts und zum Ort der Einsichtnahme. 13

Möglich sind auch Regelungen zur Art und Weise der Geltendmachung des Rechts auf Einsichtnahme sowie Regelungen zur Kostentragung.

14 Eine Klausel zur Hinzuziehung eines Dritten bei der Einsichtnahme könnte wie folgt lauten:

> »Der einsichtnehmende Gesellschafter ist berechtigt, einen sachverständigen Dritten bei der Einsichtnahme hinzuzuziehen. Sie darf von der Gesellschaft nur aus wichtigem Grund versagt werden. Der hinzugezogene Dritte muss von Berufs wegen zur Verschwiegenheit verpflichtet sein. Die Hinzuziehung des Dritten ist der Gesellschaft rechtzeitig vorher anzuzeigen. Die Kosten der Hinzuziehung des Dritten übernimmt der Gesellschafter, der den Dritten hinzuzieht.«

§ 717 Nichtübertragbarkeit der Gesellschafterrechte

¹Die Ansprüche, die den Gesellschaftern aus dem Gesellschaftsverhältnis gegeneinander zustehen, sind nicht übertragbar. ²Ausgenommen sind die einem Gesellschafter aus seiner Geschäftsführung zustehenden Ansprüche, soweit deren Befriedigung vor der Auseinandersetzung verlangt werden kann, sowie die Ansprüche auf einen Gewinnanteil oder auf dasjenige, was dem Gesellschafter bei der Auseinandersetzung zukommt.

Übersicht	Rdn.		Rdn.
A. Allgemeines	1	I. Ansprüche aus Geschäftsführung	4
B. Grundsatz der Nichtübertragbarkeit der Gesellschafterrechte	2	II. Zukünftige Ansprüche	5
		D. Gesellschaftsvertragliche Regelungen	6
C. Ausnahmen	4		

A. Allgemeines

1 Aufgrund des besonderen Vertrauensverhältnisses hat der Gesetzgeber in § 717 BGB niedergelegt, dass die Ansprüche, die den Gesellschaftern aus dem Gesellschaftsverhältnis zustehen, nicht übertragbar sind und damit auch nicht pfändbar oder verpfändbar. Es sind lediglich Ausnahmen vorgesehen für Ansprüche, die dem Gesellschafter aus seiner Geschäftsführung zustehen, soweit ein Befriedigungsanspruch bereits vor Auseinandersetzung besteht, für Ansprüche auf Gewinnanteil bzw. bei Auseinandersetzung.

B. Grundsatz der Nichtübertragbarkeit der Gesellschafterrechte

2 Von dem Grundsatz der Nichtübertragbarkeit sind z. B. die **folgenden Ansprüche** erfasst: Anspruch auf Rechnungslegung, Rechnungsabschluss, Auseinandersetzung, Stimmrecht, Mitwirkung an Geschäftsführung und Vertretung sowie der Anspruch auf Information und Kontrolle nach § 716 BGB (Palandt/*Sprau* § 717 Rn. 4; Sudhoff PersGes/*Masuch* § 18 Rn. 37; MAH PersGes/*Johansson* § 2 Rn. 126).

3 Es bleibt dem Gesellschafter allerdings unbenommen diese Rechte mit Zustimmung aller Gesellschafter **Dritten** zur Ausübung zu überlassen, insbesondere an seinen gesetzlichen Vertreter oder seinen Betreuer (Palandt/*Sprau* § 717 Rn. 4; *Ensthaler/Fahse* § 118 Rn. 9).

C. Ausnahmen

I. Ansprüche aus Geschäftsführung

4 Übertragbar sind hingegen Ansprüche aus Geschäftsführung, wie z. B. Aufwendungsersatz sowie Ansprüche auf Gewinnanteil und Ansprüche bei Auseinandersetzung, wie z. B. Zahlung des Auseinandersetzungsguthabens, soweit ein Befriedigungsanspruch bereits vor Auseinandersetzung besteht. Es handelt sich hierbei um rein finanzielle Ansprüche, die nicht das Bestehen eines besonderen Vertrauensverhältnisses erfordern. Der Zessionar erwirbt nur die Forderung sowie einen Anspruch gegen die Gesellschaft auf Auskunft über ihre Höhe (BGH NJW 1976, 189).

II. Zukünftige Ansprüche

Sind die übertragenen Ansprüche noch nicht entstanden, wie z. B. Ansprüche auf zukünftigen 5
Gewinnanteil oder eines zukünftigen Auseinandersetzungsguthabens, erwirbt der Zessionar diesen Anspruch dem Grunde nach erst mit Eintritt der Entstehungsvoraussetzung in der Person des Gesellschafters und der Höhe nach unter Umständen noch abhängig von einer entsprechenden Feststellung. Soweit Ansprüche übertragbar sind, sind sie auch pfändbar (§§ 829, 835 ZPO) und verpfändbar (§§ 1274 Abs. 2, 1280 BGB).

D. Gesellschaftsvertragliche Regelungen

Die in § 717 BGB angeordnete grundsätzliche Unübertragbarkeit der Mitgliedschaftsrechte ist, 6
soweit es die Verwaltungsrechte, wie insbesondere das Stimmrecht, angeht, **zwingender Natur**; sie führt zur Nichtigkeit dagegen verstoßender Vereinbarungen (Palandt/*Sprau* § 717 Rn. 4; MüKo BGB/*Schäfer* § 717 Rn. 7).

Dispositiv ist die in Satz 2 zugelassene Ausnahme vom Abspaltungsverbot für bestimmte Vermö- 7
gensrechte. Daher ist es den Gesellschaftern unbenommen, nach § 399 BGB deren Unübertragbarkeit im Gesellschaftsvertrag festzulegen (MüKo BGB/*Schäfer* § 717 Rn. 8).

§ 718 Gesellschaftsvermögen

(1) Die Beiträge der Gesellschafter und die durch die Geschäftsführung für die Gesellschaft erworbenen Gegenstände werden gemeinschaftliches Vermögen der Gesellschafter (Gesellschaftsvermögen).

(2) Zu dem Gesellschaftsvermögen gehört auch, was auf Grund eines zu dem Gesellschaftsvermögen gehörenden Rechts oder als Ersatz für die Zerstörung, Beschädigung oder Entziehung eines zu dem Gesellschaftsvermögen gehörenden Gegenstands erworben wird.

Übersicht	Rdn.		Rdn.
A. Allgemeines	1	C. Vollstreckung in das Gesellschaftsvermögen	6
B. Gesellschaftsvermögen, § 718 BGB	2		
I. Beiträge der Gesellschafter	2	I. Titel gegen Gesellschaft oder Gesellschafter	6
II. Durch Geschäftsführung erworbene Gegenstände	3	II. Gesellschaftsverbindlichkeit	8
III. Surrogationserwerb, § 718 Abs. 2 BGB	4	III. Vollstreckung durch Gesellschafter	9
IV. Weitere Bestandteile des Gesellschaftsvermögens	5		

A. Allgemeines

§ 718 BGB regelt und bestimmt das Gesellschaftsvermögen. Nach § 718 BGB besteht das Gesell- 1
schaftsvermögen aus den Beiträgen der Gesellschafter und den durch die Geschäftsführung für die Gesellschaft erworbenen Gegenständen nebst etwaigen Surrogaten hierfür. Das dem Gesellschaftszweck gewidmete Vermögen der Gesellschaft stellt ein **dinglich gebundenes Sondervermögen** dar. Diese **Zweckwidmung** unterscheidet das Gesellschaftsvermögen vom sonstigen Vermögen der Gesellschafter und ist hiervon streng zu trennen (BGH NJW 1999, 1407; Palandt/*Sprau* § 718 Rn. 1). Träger des Gesellschaftsvermögens ist die rechtsfähige GbR (Bamberger/Roth/*Schöne* § 718 Rn. 2).

B. Gesellschaftsvermögen, § 718 BGB

I. Beiträge der Gesellschafter

Nach § 718 Abs. 1 BGB gehören zunächst die Beiträge der Gesellschafter zum Gesellschaftsver- 2
mögen. Zum Gesellschaftsvermögen gehören hierbei nicht erst die erbrachten Beiträge. Vielmehr

gehört zum Gesellschaftsvermögen bereits der Anspruch auf Erbringung der Beiträge mit Abschluss des Gesellschaftsvertrages (Palandt/*Sprau* § 718 Rn. 2; Bamberger/Roth/*Schöne* § 718 Rn. 4).

II. Durch Geschäftsführung erworbene Gegenstände

3   Weiterhin gehören nach § 718 Abs. 1 BGB die durch die Geschäftsführung für die Gesellschaft erworbenen Gegenstände zum Gesellschaftsvermögen. Erfasst hiervon sind sowohl der **originäre** (§§ 946 ff. BGB) als auch der **rechtsgeschäftliche Erwerb** von Gegenständen (Palandt/*Sprau* § 718 Rn. 3; Bamberger/Roth/*Schöne* § 718 Rn. 5). Handelt ein vertretungsberechtigter Gesellschafter im Außenverhältnis im eigenen Namen und im Innenverhältnis für Rechnung der Gesellschaft, bedarf es zum Vermögenserwerb durch die Gesellschaft noch eines weiteren Übertragungsaktes auf die GbR. Der Anspruch der Gesellschaft auf eine solche Übertragung gehört bereits zum Gesellschaftsvermögen.

III. Surrogationserwerb, § 718 Abs. 2 BGB

4   Nach § 718 Abs. 2 BGB gehören zum Gesellschaftsvermögen auch, was aufgrund eines zu dem Gesellschaftsvermögen gehörenden Rechts oder als Ersatz für die Zerstörung, Beschädigung oder Entziehung eines zum Gesellschaftsvermögen gehörenden Gegenstandes erworben wird. Unter den Erwerb aufgrund eines zu dem Gesellschaftsvermögen gehörenden Rechts fallen alle **Sach- und Rechtsfrüchte** gem. § 99 BGB. Unter **Ersatz** für die Zerstörung, Beschädigung oder Entziehung eines zum Gesellschaftsvermögen gehörenden Gegenstandes gehören die Ansprüche auf Schadensersatz, Entschädigung und Bereicherung (Palandt/*Sprau* § 718 Rn. 4; Bamberger/Roth/*Schöne* § 718 Rn. 6).

IV. Weitere Bestandteile des Gesellschaftsvermögens

5   § 718 BGB ist **nicht abschließend**. Zum Gesellschaftsvermögen gehören weiterhin der Geschäftswert (good will) der Gesellschaft sowie der Vermögenserwerb infolge eines Vermächtnisses (§ 1939 BGB).

C. Vollstreckung in das Gesellschaftsvermögen

I. Titel gegen Gesellschaft oder Gesellschafter

6   Die Vollstreckung in das Gesellschaftsvermögen erfordert nach § 736 ZPO einen **Titel gegen alle Gesellschafter** in ihrer gesamthänderischen Verbundenheit. Nach neuerer Rechtsprechung ist § 736 ZPO vor dem Hintergrund der Anerkennung der Parteifähigkeit der GbR dahin gehend auszulegen, dass ein Titel entweder gegen alle Gesellschafter oder gegen die GbR als Gesamtheit der Gesellschafter erforderlich ist (BGH ZIP 2004, 1775; NJW 2001, 1056, 1060; Zöller/*Stöber* § 736 Rn. 2; Palandt/*Sprau* § 718 Rn. 7; Bamberger/Roth/*Schöne* § 718 Rn. 20). Ein Urteil gegen die GbR ist auch ein Urteil gegen die gesamthänderisch verbundenen Gesellschafter (BGH NJW 2001, 1056, 1059; Bamberger/Roth/*Schöne* § 718 Rn. 20; *Habersack* BB 2001, 477, 480).

7   Besitzt der Drittgläubiger bzw. der Gesellschafter nicht einen Titel gegen alle Gesellschafter bzw. alle übrigen Gesellschafter, kann nur eine Vollstreckung in das **Privatvermögen** des jeweiligen Gesellschafters erfolgen (BGH NJW 2001, 1056, 1060; Zöller/*Stöber* § 736 Rn. 1, 6).

II. Gesellschaftsverbindlichkeit

8   Voraussetzung ist aber, dass es sich tatsächlich um eine Gesellschaftsverbindlichkeit handelt. Eine Vollstreckung in das Gesellschaftsvermögen auch aufgrund eines gegen sämtliche Gesellschafter ergangenen Titels, der eine reine Privatverbindlichkeit der Gesellschafter betrifft, ist aufgrund der strikten Trennung zwischen Gesellschaftsvermögen und Privatvermögen unzulässig (Bamberger/Roth/*Schöne* § 718 Rn. 20; *K. Schmidt* NJW 2001, 993, 1000; a. A. Zöller/*Stöber* § 736 Rn. 3). Die

GbR kann sich gegen einen solchen formell zulässigen Eingriff in das Gesellschaftsvermögen mit einer **Drittwiderspruchsklage** gem. § 771 ZPO schützen.

III. Vollstreckung durch Gesellschafter

Vollstreckt ein Gesellschafter, so genügt ein **Titel gegen die übrigen** Gesellschafter (Palandt/*Sprau* § 718 Rn. 7; Zöller/*Stöber* § 736 Rn. 6; a. A. Bamberger/Roth/*Schöne* § 718 Rn. 20: aufgrund der Anerkennung der Rechtsfähigkeit der [Außen-]GbR nunmehr Titel gegen die Gesellschaft). 9

§ 719 Gesamthänderische Bindung

(1) Ein Gesellschafter kann nicht über seinen Anteil an dem Gesellschaftsvermögen und an den einzelnen dazu gehörenden Gegenständen verfügen; er ist nicht berechtigt, Teilung zu verlangen.

(2) Gegen eine Forderung, die zum Gesellschaftsvermögen gehört, kann der Schuldner nicht eine ihm gegen einen einzelnen Gesellschafter zustehende Forderung aufrechnen.

Übersicht

		Rdn.			Rdn.
A.	Allgemeines	1	F.	Verfügungen über den Gesellschaftsanteil	8
B.	Verfügung über den Anteil am Gesellschaftsvermögen	2	I.	Zustimmung der Mitgesellschafter zur Übertragung nach §§ 453, 398 BGB	9
C.	Verfügung über den Anteil am Einzelgegenstand	4	II.	Form	11
D.	Kein Anspruch auf Teilung	5	III.	Gesamtrechtsnachfolge	12
E.	Ausschluss der Aufrechnung, § 719 Abs. 2 BGB	6	G.	Regelungen im Gesellschaftsvertrag	14

A. Allgemeines

§ 719 BGB bestimmt die wichtigsten Auswirkungen des **Gesamthandprinzips**. Zunächst betont das in § 719 Abs. 1 BGB statuierte Verfügungsverbot den unauflöslichen Zusammenhang zwischen Gesellschafterstellung und Gesamthandberechtigung. Nach § 719 Abs. 1 BGB ist den Gesellschaftern ein Zugriff auf das Gesellschaftsvermögen ebenso verwehrt, wie nach § 719 Abs. 2 BGB dem Privatschuldner eines Gesellschafters die Aufrechnung gegen eine Gesellschaftsforderung. 1

B. Verfügung über den Anteil am Gesellschaftsvermögen

§ 719 Abs. 1, 1. Alt. BGB untersagt dem Gesellschafter die Verfügung über seinen Anteil am Gesellschaftsvermögen. Der Anteil am Gesellschaftsvermögen betrifft die vermögensrechtliche Seite der hiervon zu unterscheidenden umfassenderen Mitgliedschaft (Palandt/*Sprau* § 719 Rn. 2). Eine Übertragung dieser umfassenderen Mitgliedschaft ist von dem Verfügungsverbot nicht umfasst. 2

Verfügungen über den Anteil am Gesellschaftsvermögen sind **unwirksam** (Palandt/*Sprau* § 719 Rn. 2; Bamberger/Roth/*Schöne* § 719 Rn. 3). Eine unwirksame Verfügung kann ggf. als Übertragung der gem. § 717 Satz 2 BGB abtretbaren Einzelansprüche auszulegen sein. 3

C. Verfügung über den Anteil am Einzelgegenstand

§ 719 Abs. 1, 2. Alt. BGB untersagt dem Gesellschafter die Verfügung über den Anteil an einzelnen Gegenständen. Dem Verfügungsverbot kommt nur eine **klarstellende Bedeutung** zu, da Anteile an den einzelnen Gegenständen nicht bestehen. Eine Verfügung über den Anteil an einem zum Gesellschaftsvermögen gehörenden Gegenstand ist **nichtig**. Es sind daher weder Übertragung noch Pfändung noch Verpfändung möglich. Dies ist Ausfluss der gesamthänderischen Bindung. Allerdings kann ein Gesellschafter ermächtigt werden, über einen einzelnen Gegenstand im Ganzen im Namen der Gesellschaft zu verfügen (Bamberger/Roth/*Schöne* § 719 Rn. 4). 4

D. Kein Anspruch auf Teilung

5 § 719 Abs. 1, 3. Alt. BGB untersagt dem Gesellschafter die Teilung seines Anteils am Gesellschaftsvermögen. Der Ausschluss eines Teilungsanspruchs des Gesellschafters dient dem Schutz des Gesellschaftsvermögens während des Bestehens der Gesellschaft und damit der Zweckverfolgung. Abweichende Vereinbarungen sind unwirksam (Bamberger/Roth/*Schöne* § 719 Rn. 5).

E. Ausschluss der Aufrechnung, § 719 Abs. 2 BGB

6 § 719 Abs. 2 BGB untersagt dem Privatgläubiger eines Gesellschafters die Aufrechnung gegen eine ihm gegenüber bestehende Forderung der Gesellschaft. Die Vorschrift hat nur **klarstellende Funktion**, da es mit der Anerkennung einer eigenen Rechtssubjektivität der GbR wie auch infolge der Trennung von Gesamthands- und Privatvermögen der Gesellschafter an der Gegenseitigkeit i. S. v. § 387 BGB fehlt (Palandt/*Sprau* § 719 Rn. 5; Bamberger/Roth/*Schöne* § 719 Rn. 6).

7 Eine im Prozess dennoch vom Privatgläubiger erklärte Aufrechnung führt aber zur **Hemmung der Verjährung** der zur Aufrechnung gestellten Forderung gegen den Gesellschafter gem. § 204 Abs. 1 Nr. 5 BGB (BGHZ 80, 222 zum früheren Recht, d. h. Unterbrechung der Verjährung nach § 209 Abs. 2 Nr. 3 BGB a. F.; Palandt/*Sprau* § 719 Rn. 5; Bamberger/Roth/*Schöne* § 719 Rn. 6). Umgekehrt kann die Gesellschaft als Schuldner nicht mit dem Anspruch eines Gesellschafters gegen den Privatgläubiger aufrechnen (OLG Celle NZG 2002, 479, 481; Palandt/*Sprau* § 719 Rn. 5). Entsprechend ausgeschlossen ist auch die Aufrechnung eines Gesellschafters mit einer Gesellschaftsforderung gegen eine Privatforderung. Vielmehr ist eine Abtretung der Forderung durch die übrigen Gesellschafter an den aufrechnenden Gesellschafter erforderlich.

F. Verfügungen über den Gesellschaftsanteil

8 Zulässig ist hingegen die Verfügung des einzelnen Gesellschafters über seinen Gesellschaftsanteil.

I. Zustimmung der Mitgesellschafter zur Übertragung nach §§ 453, 398 BGB

9 Die unmittelbare Übertragung der Mitgliedschaft erfolgt nach §§ 453, 398 BGB und bedarf zu ihrer Wirksamkeit grundsätzlich der **Zustimmung der übrigen Mitgesellschafter** (Palandt/*Sprau* § 719 Rn. 6; Bamberger/Roth/*Schöne* § 719 Rn. 8). Denn kein Gesellschafter braucht sich gegen seinen Willen gefallen zu lassen, dass er durch die Übertragung der Mitgliedschaft auf einen Dritten einen anderen Mitgesellschafter als den ursprünglichen Vertragspartner erhält.

10 Den Gesellschaftern bleibt es aber unbenommen, im Gesellschaftsvertrag eine Übertragung durch **Mehrheitsbeschluss** vorzusehen (MAH PersGes/*Mutter* § 6 Rn. 295). Dies muss sich aber aus dem Gesellschaftsvertrag aufgrund des Bestimmtheitsgrundsatzes zweifelsfrei ergeben (Bamberger/Roth/*Schöne* § 719 Rn. 10). Die Übertragung kann im Gesellschaftsvertrag auch von Bedingungen abhängig gemacht werden. Es kann auch lediglich eine Übertragung auf einen bestimmten Personenkreis zugelassen werden (vgl. ausführlich zu Gestaltungsmöglichkeiten MAH PersGes/*Mutter* § 6 Rn. 295 ff.).

II. Form

11 Eine besondere Form ist für die Übertragung grundsätzlich nicht erforderlich. Dies gilt trotz der Formvorschriften der §§ 311b Abs. 1 Satz 1, 925 BGB, §§ 15 Abs. 3, 4 Satz 1 GmbHG grundsätzlich auch dann, wenn das Vermögen der GbR im Wesentlichen aus einem Grundstück oder einem GmbH-Anteil besteht. Denn Gegenstand der Veräußerung ist nicht eine Beteiligung des veräußernden Gesellschafters an Gegenständen des Gesamthandsvermögens, sondern die Mitgliedschaft als solche (BGH NZG 2008, 377; *Wertenbruch* NZG 2008, 454). Formbedürftigkeit kommt nur dann in Betracht, wenn die Errichtung der GbR dazu dient, eine Formvorschrift zu umgehen (BGH NZG 2008, 377).

III. Gesamtrechtsnachfolge

Mit der Übertragung geht die Mitgliedschaft insgesamt im Wege der Gesamtrechtsnachfolge auf den oder die Erwerber über; Erwerb bzw. Verlust der gesamthänderischen Berechtigung sind gesetzliche Folge des Erwerbs bzw. Verlusts der Mitgliedschaft. 12

Zulässig ist insoweit auch die gleichzeitige Übertragung aller Mitgliedschaften auf mehrere Erwerber unter Fortbestand der Gesellschaft. Bei der gleichzeitigen Übertragung aller Mitgliedschaften auf einen Erwerber erlischt die Gesellschaft ohne Liquidation (Bamberger/Roth/*Schöne*, §719 Rn. 8). 13

G. Regelungen im Gesellschaftsvertrag

Die Regelungen des §719 BGB sind **zwingend** (Palandt/*Sprau* §719 Rn. 2 ff.; Bamberger/Roth/*Schöne* §719 Rn. 1). 14

§720 Schutz des gutgläubigen Schuldners

Die Zugehörigkeit einer nach §718 Abs. 1 erworbenen Forderung zum Gesellschaftsvermögen hat der Schuldner erst dann gegen sich gelten zu lassen, wenn er von der Zugehörigkeit Kenntnis erlangt; die Vorschriften der §§406 bis 408 finden entsprechende Anwendung.

Übersicht	Rdn.		Rdn.
A. Allgemeines	1	C. Regelungen im Gesellschaftsvertrag....	3
B. Rechtsfolge für den Schuldner........	2		

A. Allgemeines

§720 BGB ist eine **Schutzvorschrift** zugunsten des gutgläubigen Schuldners. Dieser hat erst dann eine nach §718 Abs. 1 BGB in das Gesellschaftsvermögen fallende Forderung als solche gegen sich gelten zu lassen, wenn er von der Zugehörigkeit Kenntnis erlangt. Diese Vorschrift findet auch auf den Surrogationserwerb nach §718 Abs. 2 BGB Anwendung, nicht aber auf Forderungen aus unerlaubter Handlung; hier ist der Schuldner über §851 BGB geschützt. 1

B. Rechtsfolge für den Schuldner

Solange er keine Kenntnis von der Zugehörigkeit der Forderung zum Gesellschaftsvermögen hat, kann der Schuldner **mit befreiender Wirkung** an den bisherigen Privatgläubiger leisten. Die Gesellschafter sind daher gehalten, die Zugehörigkeit der Forderung zum Gesellschaftsvermögen unverzüglich dem Schuldner anzuzeigen. Geschieht dies nicht und leistet der Schuldner an den bisherigen Privatgläubiger, hat die Gesellschaft gegen diesen einen Anspruch auf Weiterleitung. 2

C. Regelungen im Gesellschaftsvertrag

§720 BGB kann als Schuldnerschutzvorschrift **nicht** durch Vereinbarung der Gesellschafter **abbedungen** werden. 3

§721 Gewinn- und Verlustverteilung

(1) Ein Gesellschafter kann den Rechnungsabschluss und die Verteilung des Gewinns und Verlusts erst nach der Auflösung der Gesellschaft verlangen.

(2) Ist die Gesellschaft von längerer Dauer, so hat der Rechnungsabschluss und die Gewinnverteilung im Zweifel am Schluss jedes Geschäftsjahrs zu erfolgen.

§ 722 Anteile am Gewinn und Verlust

(1) Sind die Anteile der Gesellschafter am Gewinn und Verlust nicht bestimmt, so hat jeder Gesellschafter ohne Rücksicht auf die Art und die Größe seines Beitrags einen gleichen Anteil am Gewinn und Verlust.

(2) Ist nur der Anteil am Gewinn oder am Verlust bestimmt, so gilt die Bestimmung im Zweifel für Gewinn und Verlust.

Übersicht	Rdn.		Rdn.
A. Allgemeines	1	II. Anspruch auf Auszahlung	5
B. Rechnungsabschluss sowie Gewinn- und Verlustverteilung, §721 BGB	2	C. Anteile am Gewinn und Verlust, §722 BGB	6
I. Abgrenzung	2	D. Regelungen im Gesellschaftsvertrag	7

A. Allgemeines

1 Sofern der Gesellschaftsvertrag keine Regelungen zur **Gewinn- und Verlustverteilung** enthält, gibt das Gesetz die Modalitäten vor, wobei es zwischen Gelegenheitsgesellschaften und auf längere Dauer abgeschlossene Gesellschaften unterscheidet. Mangels Regelung im Gesellschaftsvertrag wird nach **Kopfteilen** verteilt.

B. Rechnungsabschluss sowie Gewinn- und Verlustverteilung, §721 BGB

I. Abgrenzung

2 Bei **Gelegenheitsgesellschaften** sieht §721 Abs. 1 BGB als gesetzlichen Regelfall einen Anspruch des Gesellschafters auf Rechnungslegung und Verteilung von Gewinn und Verlust erst nach Auflösung der Gesellschaft vor.

3 Bei **Gesellschaften von »längerer Dauer«** bestimmt §721 Abs. 2 BGB, dass Rechnungslegung und Gewinnverteilung im Zweifel am Schluss eines jeden Geschäftsjahres zu erfolgen haben. Eine Verteilung des Verlusts ist bei Gesellschaften von »längerer Dauer« nicht gesetzlich vorgesehen. Dies hat seinen Grund in §707 BGB, wonach die Gesellschafter nicht verpflichtet sind, während der Dauer der Gesellschaft Beitragserhöhungen oder Einlageergänzungen zu leisten. Erst am Ende der Gesellschaft im Rahmen der Auseinandersetzung trifft die Gesellschafter eine Pflicht zu Nachschussleistungen unter den in §735 BGB näher bezeichneten Voraussetzungen.

4 Wann im Einzelfall eine Gelegenheitsgesellschaft oder eine Gesellschaft von längerer Dauer vorliegt, bestimmt sich in erster Linie nach dem Gesellschaftszweck (MüKo BGB/*Schäfer* §721 Rn. 2). Gelegenheitsgesellschaften liegen regelmäßig vor, wenn der Zweck der Gesellschaft auf die Realisierung eines bestimmten Projektes oder einer begrenzten Anzahl von Einzelgeschäften gerichtet ist. Neben den Spiel- und Fahrgemeinschaften und ähnlichen Verbindungen mit zeitlich begrenztem Zweck zählen hierzu z. B. Arbeitsgemeinschaften sowie Emissions- oder Kreditkonsortien.

II. Anspruch auf Auszahlung

5 Der Anspruch auf Auszahlung des dem Gesellschafter nach §721 Abs. 2 BGB zustehenden Anteils am Gewinn entsteht mit **Feststellung des Rechnungsabschlusses** bzw. mit Feststellung der Bilanz (MAH PersGes/*Froning* §8 Rn. 54). Der Anspruch richtet sich gegen die Gesellschaft (MüKo BGB/*Schäfer* §721 Rn. 13; MAH PersGes/*Froning* §8 Rn. 54).

C. Anteile am Gewinn und Verlust, §722 BGB

6 Sofern die Gesellschafter im Gesellschaftsvertrag keine andere Regelung getroffen haben, hat gem. §722 Abs. 2 BGB jeder Gesellschafter ohne Rücksicht auf die Art und die Größe seines Beitrags einen **gleichen Anteil** am Gewinn und Verlust. Es erfolgt daher eine Verteilung nach Köpfen. Ist

nur der Anteil am Gewinn oder am Verlust bestimmt, so gilt gem. § 722 Abs. 2 BGB die Bestimmung im Zweifel für Gewinn und Verlust.

D. Regelungen im Gesellschaftsvertrag

§§ 721 und 722 BGB sind **dispositiv** (Sudhoff PersGes/*Schulte* § 14 Rn. 6, 8; MAH PersGes/*Froning* § 8 Rn. 62). Der Gesellschaftsvertrag kann daher z. B. einen anderen Zeitpunkt der Gewinnauszahlung oder die Zahlung von monatlichen Vorschüssen vorsehen. Er kann die Gewinnauszahlung an bestimmte Voraussetzungen knüpfen oder vorsehen, dass ein Mindestbetrag in der Gesellschaft verbleiben muss. Die Gestaltungsmöglichkeiten sind vielfältig.

7

Den Gesellschaftern bleibt es auch unbenommen, einen anderen als den in § 722 BGB vorgesehenen **Verteilungsschlüssel** vorzusehen. Häufig wird bei Gesellschaften mit hohem Kapitaleinsatz der Verteilungsschlüssel nach dem eingebrachten Kapital gebildet. Bei Gesellschaften mit wenig Kapitalausstattung, bei denen der Arbeitseinsatz im Vordergrund steht, wird regelmäßig eine Verteilung unter Berücksichtigung des Wertes und der Wichtigkeit der Arbeitsleistung erfolgen. Auch ist eine Kombination von beiden oder auch noch anderen Faktoren möglich.

8

Änderungen der Gewinn- und Verlustverteilung bedürfen mangels abweichender Regelung im Gesellschaftsvertrag eines einstimmigen Gesellschafterbeschlusses. Allerdings kann der Gesellschaftsvertrag vorsehen, dass dies auch durch Mehrheitsbeschluss erfolgen kann (zu den Schranken von Mehrheitsklauseln über Änderungen der Gewinn- und Verlustverteilung s. § 705 BGB Rdn. 39–47).

9

§ 723 Kündigung durch Gesellschafter

(1) ¹Ist die Gesellschaft nicht für eine bestimmte Zeit eingegangen, so kann jeder Gesellschafter sie jederzeit kündigen. ²Ist eine Zeitdauer bestimmt, so ist die Kündigung vor dem Ablauf der Zeit zulässig, wenn ein wichtiger Grund vorliegt. ³Ein wichtiger Grund liegt insbesondere vor,
1. wenn ein anderer Gesellschafter eine ihm nach dem Gesellschaftsvertrag obliegende wesentliche Verpflichtung vorsätzlich oder aus grober Fahrlässigkeit verletzt hat oder wenn die Erfüllung einer solchen Verpflichtung unmöglich wird,
2. wenn der Gesellschafter das 18. Lebensjahr vollendet hat.

⁴Der volljährig Gewordene kann die Kündigung nach Nummer 2 nur binnen drei Monaten von dem Zeitpunkt an erklären, in welchem er von seiner Gesellschafterstellung Kenntnis hatte oder haben musste. ⁵Das Kündigungsrecht besteht nicht, wenn der Gesellschafter bezüglich des Gegenstands der Gesellschaft zum selbständigen Betrieb eines Erwerbsgeschäfts gemäß § 112 ermächtigt war oder der Zweck der Gesellschaft allein der Befriedigung seiner persönlichen Bedürfnisse diente. ⁶Unter den gleichen Voraussetzungen ist, wenn eine Kündigungsfrist bestimmt ist, die Kündigung ohne Einhaltung der Frist zulässig.

(2) ¹Die Kündigung darf nicht zur Unzeit geschehen, es sei denn, dass ein wichtiger Grund für die unzeitige Kündigung vorliegt. ²Kündigt ein Gesellschafter ohne solchen Grund zur Unzeit, so hat er den übrigen Gesellschaftern den daraus entstehenden Schaden zu ersetzen.

(3) Eine Vereinbarung, durch welche das Kündigungsrecht ausgeschlossen oder diesen Vorschriften zuwider beschränkt wird, ist nichtig.

§ 724 Kündigung bei Gesellschaft auf Lebenszeit oder fortgesetzter Gesellschaft

¹Ist eine Gesellschaft für die Lebenszeit eines Gesellschafters eingegangen, so kann sie in gleicher Weise gekündigt werden wie eine für unbestimmte Zeit eingegangene Gesellschaft. ²Dasselbe gilt, wenn eine Gesellschaft nach dem Ablauf der bestimmten Zeit stillschweigend fortgesetzt wird.

§ 724 BGB Kündigung bei Gesellschaft auf Lebenszeit oder fortgesetzter Gesellschaft

Übersicht

		Rdn.				Rdn.
A.	**Allgemeines**	1		II.	Angabe des Kündigungsgrunds	18
I.	Auflösung, Liquidation, Beendigung	1		III.	Erklärung in angemessener Frist	19
II.	Kündigung nach §§ 723, 724 BGB als Auflösungsgrund	2			1. Angemessene Bedenkzeit	20
					2. Verwirkung	21
B.	**Ordentliche Kündigung, § 723 Abs. 1 Satz 1 BGB**	5		**E.**	**Kündigung zur Unzeit**	23
				F.	**Gesellschaftsvertragliche Regelungen, § 723 Abs. 3 BGB**	25
I.	Unbestimmte Dauer	6				
II.	Bestimmte Dauer	7		I.	Erweiterung des Kündigungsrechts	25
III.	Höchstdauer, auflösende Bedingung	8		II.	Weitere Regelungen	27
C.	**Kündigung aus wichtigem Grund, § 723 Abs. 1 Satz 2 BGB**	9		III.	Unzulässigkeit von Ausschluss und Beschränkung	29
I.	Gesetzlich geregelte Fälle des wichtigen Grundes	10		IV.	Vereinbarung von Kündigungsfristen	31
				V.	Unzulässige Vereinbarungen	32
II.	Unzumutbarkeit der Fortsetzung	12		VI.	Fortsetzung der Gesellschaft	33
	1. Abwägung	12		**G.**	**Laufzeit der Gesellschaft auf Lebenszeit, § 724 Satz 1 BGB**	35
	2. Beispiele	13				
	3. Milderes Mittel	15		**H.**	**Fortsetzung einer auf bestimmte Zeit eingegangenen Gesellschaft, § 724 Satz 2 BGB**	36
	4. Fehlerhafte Gesellschaft	16				
D.	**Kündigungserklärung**	17				
I.	Zugang bei allen Gesellschaftern	17				

A. Allgemeines

I. Auflösung, Liquidation, Beendigung

1 Die Auflösung einer Gesellschaft bedeutet regelmäßig noch nicht Untergang der Gesellschaft als Rechtsträger, sondern vielmehr nur die Änderung des Gesellschaftszweckes von der werbenden Tätigkeit zur Abwicklung und Liquidation der Gesellschaft. Die Auflösung ist daher von der Liquidation als Abwicklungsverfahren und von der Beendigung der Gesellschaft als Abschluss der Liquidation zu unterscheiden (BayObLG NJW-RR 2002, 246; Sudhoff PersGes/*Masuch* § 19 Rn. 1). Durch die **Auflösung** der Gesellschaft wird deren Bestand und Rechtsidentität nicht berührt. Sie wird jedoch zur **Abwicklungsgesellschaft** mit der Folge der Auseinandersetzung in Form einer Liquidation des Gesellschaftsvermögens.

II. Kündigung nach §§ 723, 724 BGB als Auflösungsgrund

2 In den §§ 723 ff. BGB hat der Gesetzgeber einige Auflösungsgründe vorgesehen. Die §§ 723, 724 BGB sehen Kündigungsrechte der Gesellschafter vor, die zur Auflösung der Gesellschaft führen. Bei der Kündigungsmöglichkeit von Gesellschaftern unterscheidet das Gesetz zunächst zwischen einer **ordentlichen Kündigung** und einer **Kündigung aus wichtigem Grund**.

3 Gleichzeitig differenziert das Gesetz zwischen Gesellschaften, die auf bestimmte, unbestimmte oder auf Lebenszeit eingegangen worden sind, sowie solchen, die nach Ablauf der ursprünglich vorgesehenen Zeit fortgesetzt werden. Eine auf bestimmte Zeit eingegangene Gesellschaft kann grundsätzlich nicht vor Ablauf dieser Zeit gekündigt werden. Eine Ausnahme liegt dann vor, wenn ein wichtiger Grund gem. § 723 Abs. 1 Satz 2 BGB gegeben ist, wobei § 723 Abs. 1 Satz 3 BGB Beispiele eines wichtigen Grundes enthält. Eine auf unbestimmte Zeit eingegangene Gesellschaft kann hingegen jederzeit gekündigt werden. Entsprechendes gilt für die auf Lebenszeit eingegangene Gesellschaft sowie für solche, die nach Ablauf der ursprünglich vorgesehenen Zeit fortgesetzt werden.

4 **Rechtsfolge** der Kündigung ist die Auflösung der Gesellschaft gem. § 730 BGB. Unzulässig ist allerdings nach § 723 Abs. 3 BGB eine Vereinbarung, durch die das Kündigungsrecht ausgeschlossen oder diesen Vorschriften zuwider beschränkt wird.

B. Ordentliche Kündigung, § 723 Abs. 1 Satz 1 BGB

Ist eine **Gesellschaft für unbestimmte Zeit** eingegangen worden, kann die GbR grundsätzlich jederzeit gem. § 723 Abs. 1 Satz 1 BGB durch jeden Gesellschafter ordentlich gekündigt werden. Allerdings kann unter bestimmten Umständen bei einer zeitlich nicht befristet eingegangenen Gesellschaft das ordentliche Kündigungsrecht unter Berücksichtigung des Vertragszwecks ausgeschlossen sein (BGH NJW 1953, 1217, 1218; OLG Hamm NJW-RR 1993, 1383, 1384).

I. Unbestimmte Dauer

Eine Gesellschaft ist auf unbestimmte Dauer eingegangen, wenn ihre Dauer weder nach dem Kalender bestimmt, noch sonst eine feste Dauer vorgesehen ist (BGHZ 50, 316, 321 f.; Sudhoff PersGes/*Masuch* § 15 Rn. 22). Eine Befristung einer Gesellschaft kann ausdrücklich geregelt werden oder sich aus den Umständen ergeben (OLG Hamm NJW-RR 1993, 1383, 1384). Dies ist z.B. der Fall, wenn sich die Gesellschafter zur Durchführung eines bestimmten Projektes zusammengeschlossen haben. Entsprechendes gilt bei Gelegenheitsgesellschaften, bei denen sich regelmäßig ableiten lässt, dass die Gesellschafter bis zur Zweckerreichung bzw. des Unmöglichwerdens der Zweckerreichung zusammenbleiben möchten.

II. Bestimmte Dauer

Eine auf bestimmte Zeit eingegangene Gesellschaft kann auch dann anzunehmen sein, wenn ein Gesellschafter die Geschäftsidee und die Kundenkontakte in die Gesellschaft eingebracht und damit den anderen Gesellschaftern offenbart hat (OLG Hamm NJW-RR 1993, 1383, 1384). Dann kann es den anderen Gesellschaftern verwehrt sein, die Gesellschaft alsbald zu kündigen, um die zum Gesellschaftszweck gehörenden Geschäfte auf eigene Rechnung und ohne Beteiligung des einbringenden Gesellschafters durchzuführen. Die Gesellschaft kann deshalb frühestens dann gekündigt werden, wenn der einbringende Gesellschafter aus den Gewinnen der Gesellschaft eine angemessene Entschädigung für die von ihm eingebrachte Geschäftsidee und die Kundenbeziehungen erhalten hat (OLG Hamm NJW-RR 1993, 1383, 1384).

III. Höchstdauer, auflösende Bedingung

Ist eine Gesellschaft für eine **Höchstdauer** abgeschlossen worden, gilt sie bis zum Ablauf der Zeit als auf unbestimmte Zeit eingegangen. Sie kann daher vor Zeitablauf ordentlich gekündigt werden (Bamberger/Roth/*Schöne* § 723 Rn. 13). Als eine auf unbestimmte Zeit abgeschlossene Gesellschaft gilt auch eine **auflösend bedingt** vereinbarte Gesellschaft, sofern der Zeitpunkt des Eintritts des Ereignisses ungewiss ist. Die Beweislast dafür, dass die Gesellschaft auf bestimmte Zeit eingegangen ist, trifft denjenigen, der sich hierauf beruft (Bamberger/Roth/*Schöne* § 723 Rn. 15).

C. Kündigung aus wichtigem Grund, § 723 Abs. 1 Satz 2 BGB

Bei einer auf **bestimmte Zeit eingegangenen Gesellschaft** ist das ordentliche Kündigungsrecht ausgeschlossen. Eine solche Gesellschaft kann gem. § 723 Abs. 1 Satz 2 BGB vor Ablauf der Zeit nur aus wichtigem Grund gekündigt werden. Eine solche Kündigung ist auch bei auf unbestimmte Zeit eingegangenen Gesellschaften möglich. Das ist dann relevant, wenn die Gesellschafter im Gesellschaftsvertrag (insbesondere längere) Kündigungsfristen vorgesehen haben.

I. Gesetzlich geregelte Fälle des wichtigen Grundes

Nach § 723 Abs. 1 Satz 3 Nr. 1 BGB ist eine Kündigung aus wichtigem Grund möglich, wenn ein anderer Gesellschafter eine ihm nach dem Gesellschaftsvertrag obliegende **wesentliche Verpflichtung** vorsätzlich oder aus grober Fahrlässigkeit verletzt hat oder wenn die Erfüllung einer solchen Verpflichtung unmöglich wird.

11 Weiterhin nennt § 723 Abs. 1 Satz 3 Nr. 2 BGB als Beispiel für einen wichtigen Grund eines Gesellschafters die **Vollendung seines 18. Lebensjahres**. Der volljährig gewordene Gesellschafter kann allerdings eine solche Kündigung nur innerhalb von 3 Monaten von dem Zeitpunkt an erklären, in dem er von seiner Gesellschafterstellung Kenntnis hatte oder haben musste. Darüber hinaus besteht dieses Kündigungsrecht nicht, wenn der Gesellschafter bezüglich des Gegenstands der Gesellschaft zum selbstständigen Betrieb eines Erwerbsgeschäfts gem. § 112 BGB ermächtigt war oder der Zweck der Gesellschaft allein der Befriedigung seiner persönlichen Bedürfnisse diente. Unter den gleichen Voraussetzungen ist, wenn eine Kündigungsfrist bestimmt ist, die Kündigung ohne Einhaltung der Frist zulässig.

II. Unzumutbarkeit der Fortsetzung

1. Abwägung

12 Unabhängig von diesen Beispielsfällen liegt dann ein wichtiger Grund zur Kündigung vor, wenn das Interesse des Kündigenden an der sofortigen Beendigung der Gesellschaft das Interesse seiner Mitgesellschafter an der Fortführung des Gesellschaftsverhältnisses überwiegt (BGH NJW 1982, 2821; Bamberger/Roth/*Schöne* § 723 Rn. 17; MAH PersGes/*Mutter* § 6 Rn. 33). Dies ist der Fall, wenn unter Abwägung aller in Betracht kommenden Tatsachen die **Fortsetzung des Gesellschaftsverhältnisses** bis zur nächsten ordentlichen Beendigungsmöglichkeit für den Kündigenden **unzumutbar** ist (BGH NJW 1960, 625; Bamberger/Roth/*Schöne* § 723 Rn. 17; Sudhoff PersGes/*Masuch* § 19 Rn. 14; MAH PersGes/*Mutter* § 6 Rn. 33). Bei der Abwägung sind unter anderem der Gesellschaftszweck, die bisherige Dauer der Gesellschaft, ihre Restdauer, die Gesellschaftsstruktur sowie die Intensität der persönlichen Zusammenarbeit der Gesellschafter zu berücksichtigen (BGH DStR 1996, 1256; Bamberger/Roth/*Schöne* § 723 Rn. 17; MAH PersGes/*Mutter* § 6 Rn. 33).

2. Beispiele

13 Als **wichtige Gründe** kommen z. B. in Betracht: tief gehende Zerrüttung des Vertrauensverhältnisses (BGH DB 1977, 87, 88; LG München NJW-RR 1993, 334; Bamberger/Roth/*Schöne* § 723 Rn. 17; Sudhoff PersGes/*Masuch* § 19 Rn. 14), Beschimpfungen oder Verleumdungen von Mitgesellschaftern (BGH NJW 1967, 1081), Überschreitungen der Geschäftsführungsbefugnisse durch einen Mitgesellschafter oder sonstiges unredliches Verhalten in der Geschäftsführung durch einen Mitgesellschafter (BGH WM 1985, 997), fortlaufende Verstöße gegen ein Wettbewerbsverbot durch einen Mitgesellschafter (MüKo BGB/*Schäfer* § 723 Rn. 32; MAH PersGes/*Mutter* § 6 Rn. 36).

14 Grund für eine fristlose Kündigung können auch Umstände sein, die so schwerwiegende Bedenken gegenüber dem Erfolg der weiteren Zusammenarbeit oder dem Erreichen des Gesellschaftszwecks begründen, dass sie das Festhalten an der Gesellschaft für den Kündigenden unzumutbar machen. So liegt es beim Eintritt nachhaltiger, auf der allgemeinen Geschäftslage oder der mangelnden Konkurrenzfähigkeit des Unternehmens beruhender Verluste, wenn eine Wende zum Besseren zwar möglich, aber nicht konkret absehbar ist. Entsprechendes gilt, wenn die Kapitalbasis der Gesellschaft zwar im Wesentlichen noch vorhanden, aber durch die Fortsetzung der Gesellschaft ernsthaft und in einem über das allgemeine oder das bei der Gesellschaftsgründung konkret in Kauf genommene Risiko deutlich hinausgehende Maß gefährdet ist (MüKo BGB/*Schäfer* § 723 Rn. 35; vgl. hierzu auch Bamberger/Roth/*Schöne* § 723 Rn. 21). Auch der Wegfall der Gewinnerwartung lässt in aller Regel die Geschäftsgrundlage der Gesellschaft entfallen. Unter den genannten Voraussetzungen kann ein Festhalten am Vertrag mit weiterem Einsatz von Kapital und Arbeit nach ständiger Rechtsprechung keinem Gesellschafter zugemutet werden (MüKo BGB/*Schäfer* § 723 Rn. 35 m. w. N.).

3. Milderes Mittel

15 Bei Gründen in der Person eines Gesellschafters ist jeweils auch zu prüfen, ob nicht bereits der Entzug der Geschäftsführungs- und Vertretungsbefugnis als das **mildere Mittel** ausreicht, um die

gemeinsame Fortführung der Gesellschaft zumutbar erscheinen zu lassen (MüKo BGB/*Schäfer* § 723 Rn. 29).

4. Fehlerhafte Gesellschaft

Eine Kündigung aus wichtigem Grund kommt darüber hinaus in Betracht, wenn die Grundsätze über die **fehlerhafte Gesellschaft** Anwendung finden (vgl. hierzu § 705 BGB Rdn. 51–54). Dann kann jeder Gesellschafter die Gesellschaft aus wichtigem Grund kündigen (MüKo BGB/*Schäfer* § 723 Rn. 46; Bamberger/Roth/*Schöne* § 723 Rn. 18). 16

D. Kündigungserklärung

I. Zugang bei allen Gesellschaftern

Die Kündigung muss als **einseitige empfangsbedürftige Willenserklärung** allen Gesellschaftern gegenüber abgegeben werden und wird erst mit Zugang beim letzten von diesen wirksam (MüKo BGB/*Schäfer* § 723 Rn. 11; Bamberger/Roth/*Schöne* § 723 Rn. 10; Sudhoff PersGes/*Masuch* § 19 Rn. 16). Ist die Kündigung an die Gesellschaft abgesandt, wird sie nur wirksam, wenn alle Gesellschafter innerhalb der Kündigungsfrist **Kenntnis** erhalten (BGH NJW 1993, 1002; Sudhoff PersGes/*Masuch* § 19 Rn. 15). Bis zum Zugang beim letzten Gesellschafter kann die Kündigung einseitig **zurückgenommen** werden, danach nur noch mit Zustimmung aller Mitgesellschafter; dies gilt auch, wenn eine einzuhaltende Kündigungsfrist noch nicht abgelaufen ist (Bamberger/Roth/*Schöne* § 723 Rn. 10). 17

II. Angabe des Kündigungsgrunds

Der Kündigungsgrund muss nach h. M. bei einer Kündigung aus wichtigem Grund angegeben werden, sofern der Grund den übrigen Gesellschaftern nicht bekannt ist (MüKo BGB/*Schäfer* § 723 Rn. 27; Sudhoff PersGes/*Masuch* § 19 Rn. 15; MAH PersGes/*Mutter* § 6 Rn. 42). Erfolgt eine solche Mitteilung nicht oder unvollständig, führt dies aber nicht zur Unwirksamkeit der Kündigung, sondern lediglich zu einem Schadensersatzanspruch, sofern und soweit der Gesellschaft hieraus ein Schaden entstanden ist (offen gelassen BGH NJW 1958, 1136, 1138). 18

III. Erklärung in angemessener Frist

Bei einer Kündigung aus wichtigem Grund ist es ferner erforderlich, dass diese innerhalb einer angemessenen Frist erklärt wird, d. h. nach einer **angemessenen Bedenkzeit** für den zur Kündigung berechtigten Gesellschafter **ab Kenntnis** des zur Kündigung berechtigenden Grundes (OLG Hamm NJW-RR 1993, 1383, 1384). Kündigt ein Gesellschafter über eine längere Zeit hinweg trotz Kenntnis des zur Kündigung berechtigenden Grundes nicht und durften die Mitgesellschafter deswegen darauf vertrauen, dass er nicht kündigt, ist das Kündigungsrecht verwirkt (MüKo BGB/*Schäfer* § 723 Rn. 47; Sudhoff PersGes/*Masuch* § 19 Rn. 20; MAH PersGes/*Mutter* § 6 Rn. 42). 19

1. Angemessene Bedenkzeit

Die Kündigung muss nicht unverzüglich nach Kenntnis der zur Kündigung berechtigenden Umstände erfolgen (BGH NJW 1966, 2160, 2161). So kann die Abwicklung bedeutender Geschäfte oder andere Gesellschaftsinteressen die Fortsetzung des Gesellschaftsverhältnisses für geraume Zeit als sachgerecht erscheinen lassen. Der Kündigungsberechtigte kann ein eigenes anerkennenswertes Interesse daran haben, die unter Umständen auch für ihn bedeutsamen Folgen der Kündigung nicht sofort eintreten zu lassen. Aber auch ohne besondere Gesichtspunkte muss dem Kündigungsberechtigten Zeit bleiben, sich zu überlegen, ob er von dem Recht, die Gesellschaft aufzulösen, überhaupt Gebrauch machen möchte (BGH NJW 1966, 2160, 2161). 20

2. Verwirkung

21 Eine angemessene Bedenkzeit ist aber im Regelfall nach Ablauf einiger Monate überschritten (BGH NJW 1966, 2160, 2161; MüKo BGB/*Schäfer* § 723 Rn. 48). Zu lang ist jedenfalls ein Zuwarten von 15 Monaten nach Kenntnis des Kündigungsgrundes (BGH NJW 1966, 2160, 2161). Ein zu langes Warten kann auch dazu führen, dass die tatsächliche Vermutung für die Unzumutbarkeit des Zuwartens bis zum Zeitpunkt des Termins einer ordentlichen Kündigung verloren geht (BGH NJW 1999, 2820, 2821; OLG Hamm NJW-RR 1993, 1383, 1384; MAH PersGes/*Mutter* § 6 Rn. 42).

22 Kommt es aber nach Ablauf der angemessenen Bedenkzeit zu **erneuten Vertragsstörungen**, so hindert der zwischenzeitliche Zeitablauf allerdings nicht den Rückgriff auf einen früheren wichtigen Grund im Rahmen der gebotenen Gesamtbetrachtung (OLG Köln WM 1993, 325, 328; MüKo BGB/*Schäfer* § 723 Rn. 48).

E. Kündigung zur Unzeit

23 Allerdings darf die Kündigung gem. § 723 Abs. 2 BGB nicht zur Unzeit erfolgen, es sei denn, dass ein wichtiger Grund hierfür vorliegt. **Unzeitig** ist eine Kündigung, wenn ihr Zeitpunkt die gemeinschaftlichen Interessen der Gesellschafter verletzt (Bamberger/Roth/*Schöne* § 723 Rn. 28). Entscheidend ist, dass der kündigende Gesellschafter schuldhaft unter mehreren bestehenden Kündigungszeitpunkten einen ausgewählt hat, durch den die Interessen der anderen Gesellschafter verletzt werden (BGH GRUR 1959, 384, 388). Nicht ausreichend ist, dass der Kündigende ohne zusätzlichen Nachteil auf seiner Seite einen späteren Kündigungszeitpunkt hätte wählen können (Bamberger/Roth/*Schöne* § 723 Rn. 28).

24 Erfolgt die Kündigung zur Unzeit ist sie dennoch **wirksam**. Kündigt ein Gesellschafter allerdings ohne wichtigen Grund zur Unzeit, hat er den übrigen Gesellschaftern den daraus entstehenden Schaden zu ersetzen (Bamberger/Roth/*Schöne* § 723 Rn. 29). Zu ersetzen ist der Schaden, der den anderen Gesellschaftern durch die zu früh erfolgte Kündigung entstanden ist.

F. Gesellschaftsvertragliche Regelungen, § 723 Abs. 3 BGB

I. Erweiterung des Kündigungsrechts

25 Nach § 723 Abs. 3 BGB ist eine Vereinbarung, durch welche das Kündigungsrecht ausgeschlossen oder diesen Vorschriften zuwider beschränkt wird, nichtig. **Zulässig** ist demnach zunächst eine Vereinbarung zwischen den Gesellschaftern, die die Kündigungsrechte der Gesellschafter **erweitert**, also z. B. auch bei einer auf bestimmte Dauer eingegangenen Gesellschaft ein Kündigungsrecht vorsieht.

26 Eine solche **Klausel** könnte wie folgt lauten:

> »Die Gesellschaft läuft bis zum ... Während dieser Laufzeit kann die Gesellschaft von jedem Gesellschafter mit einer Frist von 6 Monaten zum Ende eines Kalenderjahres gekündigt werden.«

II. Weitere Regelungen

27 Die Gesellschafter können weiterhin bestimmte Vorkommnisse als Grund für eine wichtige Kündigung vorsehen. Auch können die Modalitäten der Abgabe der Kündigungserklärung geregelt werden. Es kann z. B. festgelegt werden, dass die Kündigung nicht gegenüber allen Gesellschaftern ausgesprochen werden muss, sondern eine Kündigung gegenüber einem der geschäftsführenden Gesellschafter ausreichend ist (vgl. OLG Celle NZG 2000, 586). Auch können für die Kündigung bestimmte Formvorschriften vorgesehen werden.

28 Eine **Klausel** könnte wie folgt lauten:

> »Die Kündigungserklärung ist gegenüber einem der geschäftsführungsbefugten Gesellschafter zu erklären. Sie bedarf der Schriftform.«

III. Unzulässigkeit von Ausschluss und Beschränkung

Unzulässig sind nach § 723 Abs. 3 BGB Regelungen, durch die das Kündigungsrecht ausgeschlossen oder den Kündigungsvorschriften zuwider beschränkt wird. Entsprechende Vereinbarungen sind **nichtig**.

29

Eine Erstreckung der Nichtigkeit auf den Gesellschaftsvertrag im Ganzen scheidet abweichend von § 139 BGB regelmäßig aus (MüKo BGB/*Schäfer* § 723 Rn. 63). An die Stelle der nichtigen Vereinbarungen tritt dispositives Recht, soweit nicht der Gesellschaftszweck oder die sonstigen zwischen den Beteiligten getroffenen Vereinbarungen erkennen lassen, dass sie übereinstimmend eine zeitlich unbegrenzte oder lang anhaltende Bindung gewollt und mit der Nichtigkeit aus § 723 Abs. 3 BGB bzw. der Behandlung der Gesellschaft als unbefristete nach Maßgabe von § 724 BGB nicht gerechnet haben. In derartigen Fällen sind die Gerichte befugt, dem Parteiwillen durch ergänzende Vertragsauslegung, d. h. Festsetzung einer den Vorstellungen der Beteiligten möglichst nahe kommenden, noch zulässigen Befristung Rechnung zu tragen (MüKo BGB/*Schäfer* § 723 Rn. 63).

30

IV. Vereinbarung von Kündigungsfristen

Zu den unzulässigen Kündigungsbeschränkungen zählt nicht die Vereinbarung von Kündigungsfristen für die ordentliche Kündigung, sofern diese nicht zu einer unverhältnismäßig langen Bindung an die Gesellschaft führen (BGH NZG 2006, 425; MüKo BGB/*Schäfer* § 723 Rn. 71; Bamberger/Roth/*Schöne* § 723 Rn. 33; MAH PersGes/*Mutter* § 6 Rn. 84). Eine **unverhältnismäßig lange Bindung** kommt in den folgenden Fällen in Betracht: Ausschluss der ordentlichen Kündigung für die gesamte Dauer der Gesellschaft (BGH NJW 1968, 2003); Befristungen, die deutlich über die Lebenserwartung der beteiligten Gesellschafter hinausreichen (Bamberger/Roth/*Schöne* § 723 Rn. 33); eine Bindungsfrist von 30 Jahren und mehr (BGH NZG 2007, 65; WM 1967, 315, 316). Übermäßig lange Bindungen können auf eine noch zulässige Bindung reduziert werden (BGH NZG 2007, 65, 66; Bamberger/Roth/*Schöne* § 723 Rn. 33).

31

V. Unzulässige Vereinbarungen

Eine unzulässige Kündigungsbeschränkung kann auch in einer gesellschaftsvertraglichen Klausel zu sehen sein, die vorsieht, dass dem Kündigenden im Fall einer Kündigung **wirtschaftliche Einbußen** drohen, z. B. durch Austrittsgeld oder Vertragsstrafen (Bamberger/Roth/*Schöne* § 723 Rn. 34) oder durch unzumutbare Einschränkung des Abfindungsanspruchs (BGH NZG 2006, 425). Unzulässige Kündigungsbeschränkungen können auch Vereinbarungen über **verfahrensmäßige Beschränkungen** des Kündigungsrechts sein, so etwa das Erfordernis, dass nur mehrere Gesellschafter auf einmal kündigen können oder eine Kündigung nur durch Mehrheitsbeschluss zulässig sein soll (MüKo BGB/*Schäfer* § 723 Rn. 50; Bamberger/Roth/*Schöne* § 723 Rn. 35). Unzulässig sind auch Vereinbarungen, die vorsehen, dass bestimmte Gründe keinen Grund zu einer Kündigung aus wichtigem Grund sind, sie aber tatsächlich einen wichtigen Grund darstellen. Umgekehrt stellt die Vereinbarung bestimmter wichtiger Gründe ein sehr starkes Indiz dafür dar, dass bei ihrem Vorliegen auch tatsächlich ein wichtiger Grund gegeben ist. Denn regelmäßig legen die Gesellschafter solche Gründe als wichtige Gründe fest, die sie als wichtig ansehen und bei deren Vorliegen eine Berechtigung zur Kündigung aus wichtigem Grund gegeben sein soll. Die Vereinbarung wichtiger Kündigungsgründe ist aber an § 138 BGB zu messen.

32

VI. Fortsetzung der Gesellschaft

An die Stelle der Auflösung der Gesellschaft infolge einer Kündigung gem. §§ 723, 730 BGB können die Gesellschafter auch die Fortsetzung der Gesellschaft vereinbaren, also dass nur der Kündigende aus der Gesellschaft ausscheidet und die Gesellschaft unter den übrigen Gesellschaftern fortgesetzt wird.

33

34 Eine **Klausel** könnte wie folgt lauten:

> »Scheidet ein Gesellschafter aus der Gesellschaft aus, wird die Gesellschaft unter den übrigen Gesellschaftern fortgesetzt.«

G. Laufzeit der Gesellschaft auf Lebenszeit, § 724 Satz 1 BGB

35 Eine auf die Lebenszeit eines Gesellschafters eingegangene Gesellschaft wird wie eine auf unbestimmte Zeit abgeschlossene Gesellschaft behandelt. Sie kann daher jederzeit gekündigt werden.

H. Fortsetzung einer auf bestimmte Zeit eingegangenen Gesellschaft, § 724 Satz 2 BGB

36 Auch eine auf bestimmte Zeit eingegangene Gesellschaft, die nach Ablauf der Zeit stillschweigend fortgesetzt wird, wird wie eine auf unbestimmte Zeit eingegangene Gesellschaft behandelt. Eine solche Gesellschaft kann daher jederzeit gekündigt werden.

§ 725 Kündigung durch Pfändungspfandgläubiger

(1) Hat ein Gläubiger eines Gesellschafters die Pfändung des Anteils des Gesellschafters an dem Gesellschaftsvermögen erwirkt, so kann er die Gesellschaft ohne Einhaltung einer Kündigungsfrist kündigen, sofern der Schuldtitel nicht bloß vorläufig vollstreckbar ist.

(2) Solange die Gesellschaft besteht, kann der Gläubiger die sich aus dem Gesellschaftsverhältnis ergebenden Rechte des Gesellschafters, mit Ausnahme des Anspruchs auf einen Gewinnanteil, nicht geltend machen.

Übersicht

		Rdn.			Rdn.
A.	Allgemeines	1	III.	Recht auf Befriedigung des Gesellschafterschuldners	6
B.	Gläubiger eines Gesellschafters	2			
C.	Pfändung des Gesellschaftsanteils	3	E.	Gesellschaftsvertragliche Regelungen	7
D.	Wirkungen der Pfändung	4	I.	Unzulässigkeit von Ausschluss und Beschränkung	7
I.	Geltendmachung des Gewinnanteils und Kündigung	4	II.	Erleichterungen	8
II.	Kündigungserklärung	5			

A. Allgemeines

1 § 725 BGB erlaubt einem Privatgläubiger eines Gesellschafters, die Gesellschaft ohne Einhaltung der Kündigungsfrist zu kündigen, sofern er die Pfändung des Anteils des Gesellschafters an dem Gesellschaftsvermögen aufgrund eines nicht nur vorläufig vollstreckbaren Titels erwirkt hat.

B. Gläubiger eines Gesellschafters

2 Die Pfändung des Gesellschaftsanteils und damit die Kündigung der Gesellschaft kann nur durch einen Privatgläubiger des betroffenen Gesellschafters erfolgen, nicht durch einen Gesellschaftsgläubiger (Palandt/*Sprau* § 725 Rn. 1).

C. Pfändung des Gesellschaftsanteils

3 Die Pfändung darf nur aufgrund eines nicht nur **vorläufig vollstreckbaren Titels** erwirkt worden sein. Der Titel muss daher rechtskräftig sein. Ferner muss der Gläubiger die Pfändung der Ansprüche des Gesellschafters gegen die Gesellschaft erwirkt haben (Sudhoff PersGes/*Masuch* § 15 Rn. 34; MAH PersGes/*Gehde* § 11 Rn. 101; Palandt/*Sprau* § 725 Rn. 3). Die Pfändung erfolgt nach den §§ 857, 859 ZPO. **Drittschuldner** ist die GbR (Sudhoff PersGes/*Masuch* § 15 Rn. 35; MAH PersGes/*Gehde* § 11 Rn. 101). Nicht erforderlich ist eine Zustellung an sämtliche Gesellschafter (BGH WM 1986, 719). Ausreichend ist vielmehr die Zustellung an einen der geschäftsführenden Gesell-

schafter (Sudhoff PersGes/*Masuch* § 15 Rn. 35). § 725 BGB setzt allerdings neben der Pfändung als Kündigungsvoraussetzung keine Überweisung der Mitgliedschaft voraus. Eine Kündigung kann deshalb bereits vor der Überweisung der Mitgliedschaft erfolgen. Die Verwertung des Pfandrechts durch Einziehung des Abfindungsguthabens setzt dann allerdings eine Überweisung des Anteils voraus (Palandt/*Sprau* § 725 Rn. 2 f.).

D. Wirkungen der Pfändung

I. Geltendmachung des Gewinnanteils und Kündigung

Die Pfändung des Anteils erlaubt dem Gläubiger gem. § 725 Abs. 2 BGB die Geltendmachung des Gewinnanteils, solange die Gesellschaft besteht, sowie die Kündigung der Gesellschaft nach § 725 Abs. 1 BGB.

Das Recht zur Geltendmachung des Gewinnanteils betrifft nur die vermögensrechtliche Beteiligung des Gesellschafters am Gesellschaftsvermögen. Nicht betroffen sind die aus der Mitgliedschaft des Gesellschafters entspringenden Rechte, wie insbesondere die Verwaltungs- und Informationsrechte. Auch steht dem Gläubiger kein dingliches Recht an den Gegenständen des Gesellschaftsvermögens zu, sodass die Gesellschafter in ihrer Verfügung hierüber frei sind (Palandt/*Sprau* § 725 Rn. 2).

II. Kündigungserklärung

Die Ausübung des Rechts auf sofortige Kündigung der Gesellschaft erfolgt durch Kündigungserklärung gegenüber allen Gesellschaftern einschließlich des betroffenen Gesellschafters (Sudhoff PersGes/*Masuch* § 15 Rn. 37). Erst mit Zustellung der Kündigung an den letzten Gesellschafter ist die Gesellschaft aufgelöst (MAH PersGes/*Gehde*, § 11 Rn. 105).

III. Recht auf Befriedigung des Gesellschafterschuldners

Die Mitgesellschafter haben das Recht den Gläubiger des Gesellschafterschuldners zu befriedigen. Dann geht dessen Anspruch samt Pfandrecht auf sie über.

E. Gesellschaftsvertragliche Regelungen

I. Unzulässigkeit von Ausschluss und Beschränkung

Unzulässig ist es zunächst, das Kündigungsrecht des Privatgläubigers im Gesellschaftsvertrag abzubedingen oder zu erschweren (Sudhoff PersGes/*Masuch* § 15 Rn. 39).

II. Erleichterungen

Erleichterungen des Kündigungsrechts des Gläubigers sind zulässig. Zulässig ist es weiterhin, dem betroffenen Gesellschafter die Möglichkeit einzuräumen, innerhalb einer bestimmten angemessenen Frist die Pfändung aufzuheben, um damit in der Gesellschaft zu verbleiben. Aufgrund der weitreichenden Folgen einer solchen Kündigung durch den Privatgläubiger eines Gesellschafters empfiehlt es sich, dass die Gesellschafter im Gesellschaftsvertrag regeln, dass im Fall einer Pfändung und Kündigung durch einen Privatgläubiger eines Gesellschafters lediglich der betroffene Gesellschafter aus der Gesellschaft ausscheidet und die Gesellschaft zwischen den übrigen Gesellschaftern fortgesetzt wird. In einem solchen Fall bezieht sich das Pfändungspfandrecht des Gläubigers nur auf das Auseinandersetzungsguthaben.

Eine **Klausel** für den Fall einer Kündigung eines Privatgläubiger könnte wie folgt lauten:

> »Im Falle der Kündigung durch einen Privatgläubiger eines Gesellschafters nach § 725 Abs. 1 BGB scheidet der betroffenen Gesellschafter aus der Gesellschaft aus. Die Gesellschaft wird unter den übrigen Gesellschaftern fortgesetzt.«

§ 726 Auflösung wegen Erreichens oder Unmöglichwerdens des Zweckes

Die Gesellschaft endigt, wenn der vereinbarte Zweck erreicht oder dessen Erreichung unmöglich geworden ist.

§ 727 Auflösung durch Tod eines Gesellschafters

(1) Die Gesellschaft wird durch den Tod eines der Gesellschafter aufgelöst, sofern nicht aus dem Gesellschaftsvertrag sich ein anderes ergibt.

(2) ¹Im Falle der Auflösung hat der Erbe des verstorbenen Gesellschafters den übrigen Gesellschaftern den Tod unverzüglich anzuzeigen und, wenn mit dem Aufschub Gefahr verbunden ist, die seinem Erblasser durch den Gesellschaftsvertrag übertragenen Geschäfte fortzuführen, bis die übrigen Gesellschafter in Gemeinschaft mit ihm anderweit Fürsorge treffen können. ²Die übrigen Gesellschafter sind in gleicher Weise zur einstweiligen Fortführung der ihnen übertragenen Geschäfte verpflichtet. ³Die Gesellschaft gilt insoweit als fortbestehend.

§ 728 Auflösung durch Insolvenz der Gesellschaft oder eines Gesellschafters

(1) ¹Die Gesellschaft wird durch die Eröffnung des Insolvenzverfahrens über das Vermögen der Gesellschaft aufgelöst. ²Wird das Verfahren auf Antrag des Schuldners eingestellt oder nach der Bestätigung eines Insolvenzplans, der den Fortbestand der Gesellschaft vorsieht, aufgehoben, so können die Gesellschafter die Fortsetzung der Gesellschaft beschließen.

(2) ¹Die Gesellschaft wird durch die Eröffnung des Insolvenzverfahrens über das Vermögen eines Gesellschafters aufgelöst. ²Die Vorschrift des § 727 Abs. 2 Satz 2, 3 findet Anwendung.

Übersicht	Rdn.		Rdn.
A. Allgemeines	1	II. Auflösung durch Tod eines Gesellschafters, § 727 BGB	6
B. Auflösung wegen Erreichens oder Unmöglichwerdens des Zweckes, § 726 BGB	2	1. Fortsetzungsklausel	7
		2. Nachfolgeklausel	9
C. Auflösung durch Tod eines Gesellschafters, § 727 BGB	3	a) einfache erbrechtliche Nachfolgeklausel	10
D. Auflösung durch Insolvenz, § 728 BGB	4	b) qualifizierte erbrechtliche Nachfolgeklausel	11
E. Vertragliche Gestaltungsmöglichkeiten	5	3. Eintrittsklausel	14
I. Auflösung wegen Erreichens oder Unmöglichwerdens des Zweckes, § 726 BGB	5	III. Auflösung durch Insolvenz	17
		1. Insolvenz der Gesellschaft	17
		2. Insolvenz eines Gesellschafters	18

A. Allgemeines

1 Neben den Kündigungsmöglichkeiten der §§ 723 bis 725 BGB, die zur Auflösung der Gesellschaft führen, sehen die §§ 726 bis 728 weitere Auflösungsgründe vor.

B. Auflösung wegen Erreichens oder Unmöglichwerdens des Zweckes, § 726 BGB

2 Nach § 726 BGB wird die Gesellschaft durch Erreichen des vereinbarten Zwecks sowie bei Unmöglichwerden des vereinbarten Zwecks aufgelöst. **Zweckerreichung** liegt erst dann vor, wenn der vereinbarte Gesellschaftszweck vollständig erreicht ist. An das Vorliegen der **Unmöglichkeit der Zweckerreichung** werden hohe Anforderungen gestellt. Bloß vorübergehende oder durch organisatorische Änderungen einschließlich Zuführung neuen Kapitals behebbare Hindernisse reichen nicht aus (MüKo BGB/*Schäfer* § 726 Rn. 4 ff.; Sudhoff PersGes/*Masuch* § 19 Rn. 30). Die Unmöglichkeit muss vielmehr dauerhaft und offenkundig sein. Haben die Gesellschafter die zur Fort-

führung der Gesellschaft notwendige Mittelzuführung definitiv abgelehnt, liegt Unmöglichkeit vor (MüKo BGB/*Schäfer* § 726 Rn. 5; Sudhoff PersGes/*Masuch* § 19 Rn. 30).

C. Auflösung durch Tod eines Gesellschafters, § 727 BGB

§ 727 BGB sieht vor, dass die Gesellschaft durch den Tod eines Gesellschafters aufgelöst wird. Der **Erbe** tritt anstelle des verstorbenen Gesellschafters in die Liquidationsgesellschaft ein, bei mehreren Erben die Erbengemeinschaft. Bei natürlichen Personen als Gesellschafter ist auf den Hirntod abzustellen. Dem Tod eines Gesellschafters stehen die Todeserklärung sowie die Feststellung des Todes und des Todeszeitpunktes durch gerichtliche Entscheidung gleich. Nicht mit dem Tod gleichzustellen ist die bloße Verschollenheit eines Gesellschafters. Sind die Gesellschafter keine natürlichen Personen ist nach h. M. auf den Zeitpunkt der Vollbeendigung und nicht auf den Zeitpunkt der Auflösung abzustellen (BGH NJW 1982, 2821; OLG Hamburg NJW 1987, 1896; Palandt/*Sprau* § 727 Rn. 1; MüKo BGB/*Schäfer* § 727 Rn. 8).

D. Auflösung durch Insolvenz, § 728 BGB

§ 728 BGB sieht als weitere Auflösungsgründe die Insolvenz der Gesellschaft oder die eines Gesellschafters vor. Dieser Grund tritt mit dem Wirksamwerden des Insolvenzeröffnungsbeschlusses ein (vgl. zum Wirksamwerden des Insolvenzeröffnungsbeschlusses unter § 736 Rdn. 2). Eine Ablehnung der Insolvenzeröffnung mangels Masse genügt nicht (BGH NJW 1980, 233 für den Fall der Ablehnung der Konkurseröffnung; Sudhoff PersGes/*Masuch* § 19 Rn. 33).

E. Vertragliche Gestaltungsmöglichkeiten

I. Auflösung wegen Erreichens oder Unmöglichwerdens des Zweckes, § 726 BGB

Die Regelung des § 726 BGB ist **zwingend** (BGH WM 1963, 730; Palandt/*Sprau* § 726 Rn. 1; MAH PersGes/*Gehde* § 11 Rn. 115). Allerdings kann auch eine wegen Unmöglichkeit der Zweckerreichung aufgelöste GbR **fortgesetzt** werden, wenn die Gesellschafter deren Zweck ändern. Es bedarf dafür nicht der Gründung einer neuen Gesellschaft (BGH NZG 2004, 227). Dies dürfte auch für den Fall der Auflösung wegen Zweckerreichung gelten.

II. Auflösung durch Tod eines Gesellschafters, § 727 BGB

§ 727 BGB ist **dispositiv**. Die Gesellschafter haben die Möglichkeit für den Fall des Todes eines Gesellschafters abweichende Vereinbarungen zu treffen. Hier gibt es drei grundsätzlich unterschiedliche Gestaltungsmöglichkeiten: die Fortsetzungsklausel, die Nachfolgeklausel und die Eintrittsklausel. Innerhalb dessen gibt es vielfältige Gestaltungsmöglichkeiten.

1. Fortsetzungsklausel

Mit Vereinbarung einer sog. Fortsetzungsklausel wird die Gesellschaft lediglich unter den verbliebenen Gesellschaftern fortgesetzt. Mit dem Tode scheidet der Gesellschafter aus (§ 736 BGB). Seine Erben können nicht mehr in die Gesellschafterstellung des Verstorbenen einrücken. Ihnen steht aber ein **Abfindungsanspruch** zu.

Eine **Fortsetzungsklausel** könnte wie folgt lauten:

»*Beim Tode eines Gesellschafters wird die Gesellschaft unter Ausschluss der Erben des verstorbenen Gesellschafters zwischen den übrigen Gesellschaftern fortgesetzt.*«

2. Nachfolgeklausel

Durch die sog. Nachfolgeklausel tritt ein **Dritter** automatisch in die Gesellschafterstellung des Verstorbenen ein. Diese Nachfolge kann auf einen bestimmten Erben oder Dritten bezogen werden (sog. qualifizierte rechtsgeschäftliche/erbrechtliche Nachfolgeklausel) oder auf alle Erben (sog. einfache erbrechtliche Nachfolgeklausel). Da der Anteil unmittelbar auf den oder die nachrückenden Erben bzw. den Dritten übergeht, entsteht kein gesellschaftsvertraglicher Abfindungsanspruch.

a) einfache erbrechtliche Nachfolgeklausel

10 Eine einfache erbrechtliche Nachfolgeklausel könnte wie folgt lauten:

> »Beim Tode eines Gesellschafters wird die Gesellschaft mit seinen Erben fortgesetzt.«

b) qualifizierte erbrechtliche Nachfolgeklausel

11 Eine qualifizierte erbrechtliche Nachfolgeklausel könnte wie folgt lauten:

> »Beim Tode des Gesellschafters X wird die Gesellschaft mit dem Erben Y fortgesetzt.«

12 Um Widersprüche zwischen Erbrecht und Gesellschaftsrecht sowie etwaige spätere Änderungen des Gesellschaftsvertrages zu vermeiden, kann es sich empfehlen, im Gesellschaftsvertrag den **Nachfolger nicht ausdrücklich** zu nennen, sondern vielmehr einer Erklärung des betroffenen Gesellschafters zu überlassen. Nachteil ist, dass die Gesellschafter dann auf die Bestimmung des Nachfolgers keinen Einfluss haben, sofern im Gesellschaftsvertrag der Auswahl des betroffenen Gesellschafters keine Schranken gesetzt sind.

13 Eine qualifizierte Nachfolgeklausel könnte dann wie folgt lauten:

> »Verstirbt einer der Gesellschafter, wird die Gesellschaft mit einem vom versterbenden Gesellschafter bestimmten Erben fortgesetzt. Die Bestimmung erfolgt entweder durch vorherige schriftliche Erklärung des betroffenen Gesellschafters gegenüber der Gesellschaft oder durch Verfügung von Todes wegen.«

3. Eintrittsklausel

14 Mit der sog. Eintrittsklausel tritt nicht automatisch ein Dritter in die Gesellschaft ein. Vielmehr erhält ein Dritter das **Recht zum Abschluss** einer Aufnahmevereinbarung mit den verbliebenen Gesellschaftern. Erst dann übernimmt der Dritte die Gesellschafterstellung des Verstorbenen.

Eine **Eintrittsklausel** könnte wie folgt lauten:

> »Beim Tode des Gesellschafters X erhält Y das Recht, in die Gesellschafterstellung des Gesellschafters X einzutreten.«

15 Bei Eintrittsklauseln empfiehlt es sich, für den zum Eintritt Berechtigten **Fristen** vorzusehen, um den verbleibenden Gesellschaftern innerhalb eines bestimmten Zeitraums Klarheit zu verschaffen, ob der Dritte eintritt oder nicht.

16 Eine entsprechende Klausel kann wie folgt lauten:

> »Die Eintrittserklärung ist allen Gesellschaftern gegenüber durch eingeschriebenen Brief innerhalb von 3 Monaten seit dem Todesfall abzugeben.«

III. Auflösung durch Insolvenz

1. Insolvenz der Gesellschaft

17 Die Insolvenz der Gesellschaft stellt einen **zwingenden gesetzlichen Auflösungsgrund** dar. Anderweitige vertragliche Gestaltungsmöglichkeiten sind nicht gegeben.

2. Insolvenz eines Gesellschafters

18 Die Regelung zur Auflösung der Gesellschaft bei Insolvenz eines Gesellschafters ist hingegen **abdingbar**. Regelmäßig wird hier vorgesehen, dass die Gesellschaft bei Insolvenz eines Gesellschafters zwischen den übrigen Gesellschaftern fortbesteht und der insolvente Gesellschafter aus der Gesellschaft ausscheidet.

§ 729 Fortdauer der Geschäftsführungsbefugnis

¹Wird die Gesellschaft aufgelöst, so gilt die Befugnis eines Gesellschafters zur Geschäftsführung zu seinen Gunsten gleichwohl als fortbestehend, bis er von der Auflösung Kenntnis erlangt oder die Auflösung kennen muss. ²Das Gleiche gilt bei Fortbestand der Gesellschaft für die Befugnis zur Geschäftsführung eines aus der Gesellschaft ausscheidenden Gesellschafters oder für ihren Verlust in sonstiger Weise.

Übersicht	Rdn.		Rdn.
A. Allgemeines	1	B. Regelungen im Gesellschaftsvertrag	2

A. Allgemeines

Ab Auflösung der Gesellschaft gilt nicht mehr die im Gesellschaftsvertrag vorgesehene Verteilung der Geschäftsführungsbefugnis, sondern wieder die Grundregel des § 709 BGB, d.h. **Gesamtgeschäftsführungsbefugnis**. § 729 Satz 1 BGB sieht allerdings vor, dass die Geschäftsführungsbefugnis zugunsten eines geschäftsführenden Gesellschafters solange als fortbestehend gilt, bis er von der Auflösung **Kenntnis** erlangt oder hiervon Kenntnis erlangt haben müsste. Eine entsprechende Regelung sieht § 729 Satz 2 BGB für alle Fälle vor, in denen ein Gesellschafter die Geschäftsführungsbefugnis verliert, z. B. bei Ausscheiden oder Entziehung. Dies bezieht sich zunächst nur auf das Innenverhältnis, mittelbar über § 714 BGB aber auch auf das Außenverhältnis. Der geschäftsführende Gesellschafter kann daher auch noch im **Außenverhältnis** für die Gesellschaft wirksam auftreten, sofern nicht der Dritte bösgläubig ist. Bösgläubig ist nach § 169 BGB, wer das Erlöschen (d. h. die Auflösung bzw. den Wegfall der Geschäftsführungsbefugnis) kennt bzw. kennen muss, also fahrlässig nicht kannte.   1

B. Regelungen im Gesellschaftsvertrag

§ 729 BGB ist **dispositiv**. Insbesondere kann im Gesellschaftsvertrag vorgesehen werden, dass es auch für den Fall der Auflösung bei den zum Zeitpunkt der Auflösung geltenden Geschäftsführungsbefugnissen bleibt.   2

Eine entsprechende **Regelung** könnte wie folgt lauten: 3

> »Im Falle der Auflösung der Gesellschaft gelten diejenigen Regelungen zur Geschäftsführungsbefugnis, die im Zeitpunkt der Auflösung der Gesellschaft in Kraft waren, weiter.«

§ 730 Auseinandersetzung; Geschäftsführung

(1) Nach der Auflösung der Gesellschaft findet in Ansehung des Gesellschaftsvermögens die Auseinandersetzung unter den Gesellschaftern statt, sofern nicht über das Vermögen der Gesellschaft das Insolvenzverfahren eröffnet ist.

(2) ¹Für die Beendigung der schwebenden Geschäfte, für die dazu erforderliche Eingehung neuer Geschäfte sowie für die Erhaltung und Verwaltung des Gesellschaftsvermögens gilt die Gesellschaft als fortbestehend, soweit der Zweck der Auseinandersetzung es erfordert. ²Die einem Gesellschafter nach dem Gesellschaftsvertrag zustehende Befugnis zur Geschäftsführung erlischt jedoch, wenn nicht aus dem Vertrag sich ein anderes ergibt, mit der Auflösung der Gesellschaft; die Geschäftsführung steht von der Auflösung an allen Gesellschaftern gemeinschaftlich zu.

§ 731 Verfahren bei Auseinandersetzung

¹Die Auseinandersetzung erfolgt in Ermangelung einer anderen Vereinbarung in Gemäßheit der §§ 732 bis 735. ²Im Übrigen gelten für die Teilung die Vorschriften über die Gemeinschaft.

§ 732 Rückgabe von Gegenständen

¹Gegenstände, die ein Gesellschafter der Gesellschaft zur Benutzung überlassen hat, sind ihm zurückzugeben. ²Für einen durch Zufall in Abgang gekommenen oder verschlechterten Gegenstand kann er nicht Ersatz verlangen.

§ 733 Berichtigung der Gesellschaftsschulden; Erstattung der Einlagen

(1) ¹Aus dem Gesellschaftsvermögen sind zunächst die gemeinschaftlichen Schulden mit Einschluss derjenigen zu berichtigen, welche den Gläubigern gegenüber unter den Gesellschaftern geteilt sind oder für welche einem Gesellschafter die übrigen Gesellschafter als Schuldner haften. ²Ist eine Schuld noch nicht fällig oder ist sie streitig, so ist das zur Berichtigung Erforderliche zurückzubehalten.

(2) ¹Aus dem nach der Berichtigung der Schulden übrig bleibenden Gesellschaftsvermögen sind die Einlagen zurückzuerstatten. ²Für Einlagen, die nicht in Geld bestanden haben, ist der Wert zu ersetzen, den sie zur Zeit der Einbringung gehabt haben. ³Für Einlagen, die in der Leistung von Diensten oder in der Überlassung der Benutzung eines Gegenstands bestanden haben, kann nicht Ersatz verlangt werden.

(3) Zur Berichtigung der Schulden und zur Rückerstattung der Einlagen ist das Gesellschaftsvermögen, soweit erforderlich, in Geld umzusetzen.

§ 734 Verteilung des Überschusses

Verbleibt nach der Berichtigung der gemeinschaftlichen Schulden und der Rückerstattung der Einlagen ein Überschuss, so gebührt er den Gesellschaftern nach dem Verhältnis ihrer Anteile am Gewinn.

§ 735 Nachschusspflicht bei Verlust

¹Reicht das Gesellschaftsvermögen zur Berichtigung der gemeinschaftlichen Schulden und zur Rückerstattung der Einlagen nicht aus, so haben die Gesellschafter für den Fehlbetrag nach dem Verhältnis aufzukommen, nach welchem sie den Verlust zu tragen haben. ²Kann von einem Gesellschafter der auf ihn entfallende Beitrag nicht erlangt werden, so haben die übrigen Gesellschafter den Ausfall nach dem gleichen Verhältnis zu tragen.

Übersicht	Rdn.		Rdn.
A. Allgemeines	1	1. Geldeinlagen	9
B. Geschäftsführung während der Auseinandersetzung	3	2. Sacheinlagen, § 733 Abs. 2 Satz 2 BGB	10
C. Verfahren bei Auseinandersetzung, §§ 732 bis 735 BGB	4	3. Dienstleistungen, Nutzungsüberlassung, § 733 Abs. 2 Satz 3 BGB	11
I. Rückgabe von Gegenständen, § 732 BGB	5	IV. Verteilung des Überschusses, § 734 BGB	12
II. Berichtigung der Gesellschaftsschulden, § 733 Abs. 1 BGB	7	V. Nachschusspflicht bei Verlust, § 735 BGB	13
III. Erstattung der Einlagen, § 733 Abs. 2 BGB	8	D. Regelungen im Gesellschaftsvertrag	14

A. Allgemeines

1　Aufgabe und Inhalt der **Auseinandersetzung** ist es, das vorhandene Gesellschaftsvermögen entsprechend den Anteilen der Gesellschafter auf diese zu verteilen. Treffen die Gesellschafter keine anderweitige Vereinbarung, ggf. auch erst nach Auflösung, bestimmt sich die Auseinandersetzung in erster Linie nach den §§ 732 bis 735 BGB. **Subsidiär** gelten für die Teilung die Vorschriften über die Gemeinschaft, d.h. §§ 752 bis 754 BGB und §§ 756 bis 758 BGB. Diese Vorschriften betreffen nur das **Innenverhältnis** der Gesellschafter.

Bei Auflösung der Gesellschaft durch Eröffnung des **Insolvenzverfahrens** über das Vermögen der Gesellschaft tritt dieses an die Stelle der Auseinandersetzung, vgl. § 730 Abs. 1 Halbs. 2 BGB. Keine Auseinandersetzung findet dann statt, wenn bei einer Innengesellschaft kein Gesellschaftsvermögen vorhanden ist oder der Gesellschaftsvertrag tatsächlich nicht vollzogen worden ist. Dann tritt mit der Auflösung **Vollbeendigung** ein (Palandt/*Sprau* Vorb. § 723 Rn. 2).

B. Geschäftsführung während der Auseinandersetzung

Ab Auflösung der Gesellschaft gilt nicht mehr die im Gesellschaftsvertrag vorgesehene Verteilung der Geschäftsführungsbefugnis, sondern wieder die Grundregel des § 709 BGB, d.h. **Gesamtgeschäftsführungsbefugnis**, vgl. § 730 Abs. 2 Satz 2 Halbs. 2 BGB. Den Gesellschaftern bleibt es aber unbenommen, die bisherige Regelung auch nach Auflösung bis zur Beendigung beizubehalten (vgl. hierzu § 729 BGB Rdn. 1–3).

C. Verfahren bei Auseinandersetzung, §§ 732 bis 735 BGB

Nach § 731 BGB bestimmt sich die Auseinandersetzung in erster Linie nach den §§ 732 bis 735 BGB. **Subsidiär** gelten für die Teilung gem. § 731 Satz 2 BGB die Vorschriften über die Gemeinschaft, d.h. §§ 752 bis 754 BGB und §§ 756 bis 758 BGB.

I. Rückgabe von Gegenständen, § 732 BGB

Im Rahmen der Auseinandersetzung sind den Gesellschaftern gem. § 732 Satz 1 BGB zunächst die Gegenstände, die sie der Gesellschaft zur Nutzung – nicht zu Eigentum – überlassen haben, zurückzugeben. Diese Rückgabe kann grundsätzlich sofort nach Auflösung verlangt werden, es sei denn, der Gegenstand ist für die Gesellschaft noch nicht entbehrlich, z.B. bei Überlassung eines Raumes (Palandt/*Sprau* § 732 Rn. 1).

Allerdings steht der Gesellschaft an dem zurückzugebenden Gegenstand ein **Zurückbehaltungsrecht** zu, wenn mit hoher Wahrscheinlichkeit damit zu rechnen ist, dass ein Ausgleichsanspruch gegen den Gesellschafter besteht, zu dessen Berechnung noch die Abschichtungsbilanz nötig ist (MüKo BGB/*Schäfer* § 732 Rn. 4). Für eine etwaige **Verschlechterung** oder einen etwaigen Verlust des überlassenen Gegenstandes hat die Gesellschaft nur dann eine Entschädigung zu leisten, wenn sie dies zu vertreten hat. Entschädigung aufgrund von zufälligen Ereignissen oder bestimmungsgemäßem Gebrauch hat die Gesellschaft gem. § 732 Satz 2 BGB nicht zu leisten.

II. Berichtigung der Gesellschaftsschulden, § 733 Abs. 1 BGB

Nach der Rückgabe der Gegenstände nach § 732 BGB ist der nächste Schritt der Auseinandersetzung die Berichtigung der **gemeinschaftlichen Schulden** gem. § 733 Abs. 1 BGB. Hierunter fallen alle Gesellschaftsschulden, aber auch andere Schulden, die ihren Grund in der Betätigung der Gesellschaft haben und nach dem Willen der Gesellschafter von der Gesamthand getragen werden sollen. Dies sind z.B. Verbindlichkeiten, die ein Gesellschafter für Rechnung der Gesamthand aber im eigenen Namen begründet hat. Sofern eine Schuld noch nicht fällig oder streitig ist, ist der zu ihrer Begleichung erforderliche Geldbetrag zurückzuhalten, mangels abweichender Vereinbarung durch Hinterlegung nach § 372 BGB (Palandt/*Sprau* § 733 Rn. 5).

III. Erstattung der Einlagen, § 733 Abs. 2 BGB

Nach Berichtigung der Verbindlichkeiten aus dem Gesellschaftsvermögen sind gem. § 733 Abs. 2 Satz 1 BGB aus dem Gesellschaftsvermögen die Einlagen zurückzuerstatten.

1. Geldeinlagen

9   Geldeinlagen sind in Geld zurückzuerstatten. Sofern keine flüssigen Mittel im Gesellschaftsvermögen vorhanden sind, ist das Gesellschaftsvermögen vorher in Geld umzusetzen (Palandt/*Sprau* § 733 Rn. 8).

2. Sacheinlagen, § 733 Abs. 2 Satz 2 BGB

10 Für Einlagen, die nicht in Geld bestanden haben, ist gem. § 733 Abs. 2 Satz 2 BGB **Wertersatz** zu leisten. Bei der Berechnung des Wertes ist grds. auf den Zeitpunkt der Einbringung abzustellen (MüKo BGB/*Schäfer* § 733 Rn. 14).

3. Dienstleistungen, Nutzungsüberlassung, § 733 Abs. 2 Satz 3 BGB

11 Bestand die Einlage in der Leistung von Diensten oder in der Überlassung der Benutzung eines Gegenstandes, kann hingegen **kein Ersatz** verlangt werden, § 733 Abs. 2 Satz 3 BGB.

IV. Verteilung des Überschusses, § 734 BGB

12 Sofern nach Berichtigung der gemeinschaftlichen Schulden und Zurückerstattung der Einlagen noch ein Überschuss verbleibt, ist dieser gem. § 734 BGB unter den Gesellschaftern zu verteilen. Mangels anderweitiger Regelung erfolgt die Verteilung gem. § 734 BGB nach dem zwischen den Gesellschaftern geltenden Gewinnverteilungsschlüssel.

V. Nachschusspflicht bei Verlust, § 735 BGB

13 Reicht hingegen das Gesellschaftsvermögen nicht zur Berichtigung der gemeinschaftlichen Schulden und zur Zurückerstattung der Einlagen aus, so haben die Gesellschafter nach § 735 Satz 1 BGB für den **Fehlbetrag** nach dem zwischen ihnen geltenden Verlustschlüssel aufzukommen. Sofern jedoch von einem Gesellschafter der auf ihn entfallende Beitrag nicht erlangt werden kann, haben die übrigen Gesellschafter gem. § 735 Satz 2 BGB den Ausfall nach dem gleichen Verhältnis zu tragen. Bedeutung hat § 735 BGB nur für das Innenverhältnis. Im **Außenverhältnis** haften die jeweiligen Gesellschafter unbeschränkt. Sie können daher von jedem Gläubiger hinsichtlich der vollen Verbindlichkeit in Anspruch genommen werden und lediglich im Innenverhältnis Regress verlangen (MüKo BGB/*Schäfer* § 735 Rn. 2; MAH PersGes/*Gummert* § 3 Rn. 19).

D. Regelungen im Gesellschaftsvertrag

14 Die Vorschriften über die Auseinandersetzung sind **dispositiv**. Durch Vereinbarung der Gesellschafter kann z. B. von einer Auseinandersetzung gänzlich abgesehen werden oder es können von der gesetzlichen Regelung abweichende Arten vorgesehen werden. In Betracht kommt z. B. die Übernahme des Gesellschaftsvermögens durch einen Gesellschafter gegen Abfindung der übrigen (BGH WM 1974, 1162), die Einbringung des Gesellschaftsvermögens in eine Kapitalgesellschaft oder die Veräußerung des Gesellschaftsvermögens an einen Dritten mit nachfolgender Aufteilung des Erlöses zwischen den Gesellschaftern.

§ 736 Ausscheiden eines Gesellschafters, Nachhaftung

(1) Ist im Gesellschaftsvertrag bestimmt, dass, wenn ein Gesellschafter kündigt oder stirbt oder wenn das Insolvenzverfahren über sein Vermögen eröffnet wird, die Gesellschaft unter den übrigen Gesellschaftern fortbestehen soll, so scheidet bei dem Eintritt eines solchen Ereignisses der Gesellschafter, in dessen Person es eintritt, aus der Gesellschaft aus.

(2) Die für Personenhandelsgesellschaften geltenden Regelungen über die Begrenzung der Nachhaftung gelten sinngemäß.

Übersicht

		Rdn.			Rdn.
A.	Allgemeines	1	I.	Allgemeines	7
B.	Gründe für das Ausscheiden eines Gesellschafters	2	II.	Begrenzung der Nachhaftung, § 160 HGB	8
I.	Insolvenz des Gesellschafters	2		1. Zweck des § 160 HGB	9
II.	Tod des Gesellschafters	3		2. Zeitliche Begrenzung der Nachhaftung	10
III.	Kündigung	4	E.	Gesellschaftsvertragliche Regelungen	11
C.	Rechtsfolge des Ausscheidens, § 736 Abs. 1 BGB	5	I.	Sachliche Rechtfertigung	11
I.	Verlust der Gesellschafterstellung	5	II.	Bestimmtheitsgrundsatz	13
II.	Fortbestehen der Gesellschaft	6	III.	Nachvertragliches Wettbewerbsverbot	15
D.	Nachhaftung, § 736 Abs. 2 BGB	7			

A. Allgemeines

Im Gegensatz zu den Personenhandelsgesellschaften sind für die GbR **keine gesetzlichen Ausscheidensgründe** vorgesehen (vgl. zu den Ausscheidensgründen bei der OHG und KG § 131 Abs. 3 HGB, der über § 161 Abs. 2 HGB auch für die KG gilt; hierzu die ausführl. Kommentierung in § 131 HGB Rdn. 32 ff.; für die KG vgl. außerdem § 161 HGB Rdn. 40). Vielmehr wird in § 736 BGB vorausgesetzt, dass die Gesellschafter für den Fall der Kündigung oder des Todes eines Gesellschafters oder der Eröffnung des Insolvenzverfahrens über das Vermögen eines Gesellschafters ein Ausscheiden des betroffenen Gesellschafters sowie die Fortsetzung der Gesellschaft unter den verbleibenden Gesellschaftern vereinbaren können (sog. **Fortsetzungsklausel**). Ohne eine solche gesellschaftsvertragliche Regelung würde die Gesellschaft – ohne einen Fortsetzungsbeschluss der Gesellschafter – bei Vorliegen dieser Gründe aufgelöst, vgl. §§ 728 Abs. 2 Satz 1, 727 Abs. 1 oder § 723 Abs. 1 Satz 1 BGB.

1

B. Gründe für das Ausscheiden eines Gesellschafters

I. Insolvenz des Gesellschafters

Enthält der Gesellschaftsvertrag eine Fortsetzungsklausel, scheidet ein Gesellschafter, über dessen Vermögen das Insolvenzverfahren eröffnet wurde, aus der Gesellschaft aus. Voraussetzung ist die Eröffnung des Insolvenzverfahrens über das Eigenvermögen des Gesellschafters. Mit richterlicher Unterzeichnung des Eröffnungsbeschlusses sowie dessen Herausgabe durch die Geschäftsstelle zum Zwecke der Bekanntgabe ist der betroffene Gesellschafter aus der Gesellschaft ausgeschieden. Zugang des Beschlusses an den betroffenen Gesellschafter bzw. seine Mitgesellschafter ist nicht erforderlich (MAH PersGes/*Mutter* § 6 Rn. 232; Sudhoff PersGes/*Masuch* § 15 Rn. 16). **Kein Ausscheidensgrund** ist die Ablehnung der Eröffnung des Insolvenzverfahrens mangels Masse gem. § 26 InsO (Sudhoff PersGes/*Masuch* § 15 Rn. 17).

2

II. Tod des Gesellschafters

Auch im Fall des Todes eines Gesellschafters kann durch eine Fortsetzungsklausel im Gesellschaftsvertrag die Gesellschaft mit den verbleibenden Gesellschaftern fortgesetzt werden.

3

III. Kündigung

Entsprechendes sieht § 736 BGB für den Fall der Kündigung vor. Im Zweifel ist davon auszugehen, dass eine Fortsetzungsklausel nicht nur die **ordentliche** Kündigung, sondern auch die **außerordentliche** Kündigung erfassen soll. Einer Fortsetzung der Gesellschaft kann jedoch bei einer außerordentlichen Kündigung der wichtige Grund entgegenstehen. Schließen sich der Kündigung eines Gesellschafters die anderen Gesellschafter innerhalb der vertraglich vereinbarten Frist an, kommt es trotz vereinbarter Fortsetzungsklausel zur Auflösung der Gesellschaft (BGH DStR 1999, 171). Kündigt hingegen lediglich die Mehrheit der Gesellschafter wird die Gesellschaft bei Vereinbarung einer Fortsetzungsklausel unter den verbleibenden Gesellschaftern fortgesetzt, auch wenn die Fortsetzungsklausel nur den Fall

4

der Kündigung eines Gesellschafters regelt (BGH NZG 2008, 623). Die Kündigung ist eine einseitige empfangsbedürftige Willenserklärung, die gegenüber sämtlichen Mitgesellschaftern abzugeben ist.

C. Rechtsfolge des Ausscheidens, § 736 Abs. 1 BGB

I. Verlust der Gesellschafterstellung

5   Mit dem Ausscheiden des Gesellschafters verliert dieser seine Gesellschafterstellung. Sein Kapitalanteil wächst den anderen Gesellschaftern nach § 738 Abs. 1 Satz 1 BGB zu. An seine Stelle tritt der schuldrechtliche Anspruch auf Auszahlung des Auseinandersetzungsguthabens. Es findet eine Auseinandersetzung mit dem ausscheidenden Gesellschafter nach Maßgabe der §§ 738 ff. BGB statt.

II. Fortbestehen der Gesellschaft

6   Neben dem Verlust der Gesellschafterstellung des ausscheidenden Gesellschafters hat das Ausscheiden des Gesellschafters im Fall einer **Fortsetzungsklausel** die Fortsetzung der Gesellschaft unter den übrigen Gesellschaftern zur Folge.

D. Nachhaftung, § 736 Abs. 2 BGB

I. Allgemeines

7   Bei der (Außen-)GbR haften die Gesellschafter im **Außenverhältnis** für alle während der Zeit ihrer Beteiligung begründeten Verbindlichkeiten der Gesellschaft gem. § 736 Abs. 2 BGB in entsprechender Anwendung der §§ 128 ff. HGB. Im **Innenverhältnis** hat der ausscheidende Gesellschafter jedoch gem. § 738 Abs. 1 Satz 2 BGB einen Anspruch gegen die Gesellschaft auf Befreiung von solchen Verbindlichkeiten.

II. Begrenzung der Nachhaftung, § 160 HGB

8   Eingeschränkt wird die Außenhaftung des ausscheidenden Gesellschafters gem. § 736 Abs. 2 BGB i. V. m. § 160 HGB. Dieser sieht eine Begrenzung der Nachhaftung des ausscheidenden Gesellschafters vor. Vgl. zu § 160 HGB auch die ausführl. Kommentierung in § 160 HGB.

1. Zweck des § 160 HGB

9   Zweck dieser Regelung ist es, in erster Linie zu vermeiden, dass ein ausgeschiedener Gesellschafter zu lange Zeit mit einer Haftung für Verbindlichkeiten belastet wird, obwohl er wegen seines Ausscheidens weder weiteren Einfluss auf die Gesellschaft nehmen noch von den Gegenleistungen und sonstigen Erträgen profitieren kann. Sinn des § 160 HGB ist es zugleich, einen Ausgleich zwischen diesem Anliegen und den Interessen der Gesellschaftsgläubiger zu schaffen.

2. Zeitliche Begrenzung der Nachhaftung

10 Nach § 160 HGB haftet ein ausgeschiedener Gesellschafter nur für solche Verbindlichkeiten, deren Rechtsgrund während seiner Mitgliedschaft in der Gesellschaft geschaffen worden ist, die innerhalb von **5 Jahren** nach seinem Ausscheiden fällig werden und in einer in § 197 Abs. 1 Nr. 3 bis 5 BGB bezeichneten Art festgestellt sind oder Gegenstand einer gerichtlichen oder behördlichen Vollstreckungshandlung werden. Für die Schaffung eines Rechtsgrundes genügt bei Dauerschuldverhältnissen, z. B. Mietverträgen, der Abschluss des Vertrages (BGH NJW 2006, 765; Palandt/*Sprau* § 736 Rn. 10). Die Fünfjahresfrist beginnt mit **Kenntnisnahme** des Gesellschaftsgläubigers vom Ausscheiden des Gesellschafters (OLG Dresden NJW-RR 1997, 163; Sudhoff PersGes/*Masuch* § 15 Rn. 61). Die in den §§ 204, 206, 219, 211, 212 Abs. 2 und 3 BGB enthaltenen Regelungen über die Hemmung und den Neubeginn der Verjährung finden auf die Fünfjahresfrist entsprechende Anwendung (Sudhoff PersGes/*Masuch* § 15 Rn. 61).

E. Gesellschaftsvertragliche Regelungen

I. Sachliche Rechtfertigung

Die in § 736 BGB geregelten Ausscheidensgründe sind **nicht abschließend**. Die Gesellschafter können innerhalb der allgemeinen Grenzen des § 138 BGB weitere Gründe vereinbaren, die zum Ausscheiden eines Gesellschafters führen sollen. Bei Vereinbarung der Ausscheidensgründe ist auf eine gewisse **sachliche Rechtfertigung** zu achten, damit der einzelne Gesellschafter nicht der Willkür der anderen Gesellschafter ausgesetzt ist (vgl. BGH NJW 1977, 1292; Sudhoff PersGes/*Masuch* § 15 Rn. 48). Bei der Bewertung der Zulässigkeit der Ausscheidensgründe ist auch die Höhe der Abfindung zu berücksichtigen, die der ausscheidende Gesellschafter bei Eintritt des jeweiligen Grundes beanspruchen kann (BGH NJW 1981, 2565; Sudhoff PersGes/*Masuch* § 15 Rn. 48).

11

Als **Ausscheidensgründe** kommen z.B. in Betracht: Kündigung des Privatgläubigers eines Gesellschafters (§ 725 BGB), Erreichung einer bestimmten Altersgrenze, Ablauf einer vereinbarten Frist (Palandt/*Sprau* § 736 Rn. 2b), Pfändung des Gesellschafteranteils (OLG Frankfurt am Main NZG 1999, 990; Palandt/*Sprau* § 736 Rn. 1), dauerhafte Erkrankung eines Gesellschafters, Verlust bestimmter beruflicher Qualifikationen, Scheidung oder Wiederheirat eines Gesellschafters (vgl. hierzu MAH PersGes/*Mutter* § 6 Rn. 237; Sudhoff PersGes/*Masuch* § 15 Rn. 43 ff.; Bamberger/Roth/*Schöne* § 736 Rn. 6), Ablehnung der Eröffnung eines Insolvenzverfahrens mangels Masse (§ 26 InsO), nicht aber die bloße Stellung des Insolvenzantrages.

12

II. Bestimmtheitsgrundsatz

Die Ausscheidenstatbestände müssen im Gesellschaftsvertrag **hinreichend konkret** beschrieben werden, sodass sowohl die Gesellschafter als auch das Gericht in die Lage versetzt werden, die Verwirklichung des Tatbestandes unzweifelhaft festzustellen (MAH PersGes/*Mutter* § 6 Rn. 237).

13

Eine **Klausel** könnte wie folgt lauten:

14

> »*Tritt ein Ausscheidungsgrund in der Person eines Gesellschafters ein, scheidet dieser automatisch aus der Gesellschaft aus. Die Gesellschaft wird mit den übrigen Gesellschaftern fortgesetzt. Ein solcher Ausscheidungsgrund liegt insbesondere vor, wenn der Gesellschafter sein 65. Lebensjahr vollendet hat, er seine Berufszulassung als ... verliert oder der Gesellschafter erneut heiratet.*«

III. Nachvertragliches Wettbewerbsverbot

Auch kann für den Fall des Ausscheidens eines Gesellschafters ein nachvertragliches Wettbewerbsverbot vorgesehen werden (vgl. hierzu §§ 709 bis 713 BGB Rdn. 43–50).

15

Eine **Klausel** zu einem nachvertraglichen Wettbewerbsverbot könnte wie folgt lauten:

16

> »*Scheidet ein geschäftsführender Gesellschafter aus der Gesellschaft aus, ist es ihm für einen Zeitraum von 2 Jahren nach seinem Ausscheiden untersagt, in ... ein Konkurrenzunternehmen zu errichten oder sich direkt oder indirekt daran zu beteiligen oder für ein solches direkt oder indirekt tätig zu werden.*«

§ 737 Ausschluss eines Gesellschafters

¹Ist im Gesellschaftsvertrag bestimmt, dass, wenn ein Gesellschafter kündigt, die Gesellschaft unter den übrigen Gesellschaftern fortbestehen soll, so kann ein Gesellschafter, in dessen Person ein die übrigen Gesellschafter nach § 723 Abs. 1 Satz 2 zur Kündigung berechtigender Umstand eintritt, aus der Gesellschaft ausgeschlossen werden. ²Das Ausschließungsrecht steht den übrigen Gesellschaftern gemeinschaftlich zu. ³Die Ausschließung erfolgt durch Erklärung gegenüber dem auszuschließenden Gesellschafter.

§ 737 BGB Ausschluss eines Gesellschafters

Übersicht	Rdn.		Rdn.
A. Allgemeines	1	I. Beschlussfassung, Stimmrecht des Auszu-	
B. Fortsetzungsklausel und -beschluss	3	schließenden	8
I. Klausel im Gesellschaftsvertrag	3	II. Zustimmungspflicht	9
II. Fortsetzungsbeschluss	4	E. Erklärung des Ausschlusses und	
C. Ausschlussgrund	5	Wirkung	13
I. Wichtiger Grund	5	I. Erklärung	13
II. Ausschluss als ultima ratio	6	II. Ausscheiden und Auseinandersetzung	14
D. Gemeinschaftliche Ausübung des Aus-		F. Gesellschaftsvertragliche Regelungen	16
schließungsrechts	8	I. Sachliche Rechtfertigung	16
		II. Freies Hinauskündigungsrecht	17

A. Allgemeines

1 Unter den Voraussetzungen des § 737 BGB ist es den Gesellschaftern erlaubt, einen (Mit-) Gesellschafter aus der Gesellschaft auszuschließen. **Ausschließung** eines Gesellschafters ist das zwangsweise Ausscheiden eines Gesellschafters aus der Gesellschaft auf Betreiben der anderen Gesellschafter (Sudhoff PersGes/*Masuch* § 17 Rn. 1; *K. Schmidt* GesR, § 50 III, S. 1461).

2 **Voraussetzung** für ein Ausschlussrecht nach § 737 BGB ist zunächst, dass der Gesellschaftsvertrag eine Fortsetzungsklausel enthält oder die Gesellschafter einen Fortsetzungsbeschluss fassen und in der Person des Auszuschließenden ein wichtiger Grund vorliegt, der die übrigen Gesellschafter zu einer (Austritts-)Kündigung berechtigen würde. Die Ausschließung erfolgt durch Erklärung gegenüber dem betroffenen Gesellschafter, wobei hieran gem. § 737 Satz 2 BGB sämtliche übrigen Gesellschafter mitwirken müssen. Der Ausschluss wird mit Zugang der Kündigungserklärung wirksam.

B. Fortsetzungsklausel und -beschluss

I. Klausel im Gesellschaftsvertrag

3 Voraussetzung eines Ausschlussrechts ist zunächst, dass der Gesellschaftsvertrag eine Fortsetzung der Gesellschaft zumindest im Fall der Kündigung eines Gesellschafters vorsieht. Selbstverständlich auch möglich ist es, ein Ausschlussrecht ausdrücklich zu regeln. Nicht ausreichend ist eine Regelung, die nur eine Fortsetzung der Gesellschaft im Fall des Todes eines Gesellschafters vorsieht (MAH PersGes/*Mutter* § 6 Rn. 188).

II. Fortsetzungsbeschluss

4 Ist eine solche Fortsetzung der Gesellschaft im Gesellschaftsvertrag nicht vorgesehen, können die Gesellschafter jederzeit – auch nach Auflösung der Gesellschaft – einen Fortsetzungsbeschluss fassen (Palandt/*Sprau* § 736 Rn. 2; MAH PersGes/*Mutter* § 6 Rn. 194). Ein solcher Beschluss muss grundsätzlich **einstimmig** – einschließlich des Ausscheidenden – getroffen werden, da der Gesellschafterbestand Gesellschaftsgrundlage ist. Da keine Übertragungsakte erforderlich sind, kann ein solcher Beschluss **formlos**, also insbesondere auch ohne eine etwaige Beachtung der Form des § 311b Abs. 1 BGB erfolgen.

C. Ausschlussgrund

I. Wichtiger Grund

5 Die Ausschließung eines Gesellschafters setzt einen in der Person des auszuschließenden Gesellschafters eingetretenen **wichtigen Grund** voraus. Ein wichtiger Grund für die Ausschließung liegt vor, wenn der Gesellschafter durch seine Person oder sein Verhalten die Erreichung des Gesellschaftszweckes unmöglich macht oder erheblich gefährdet oder wenn sonst die Person des Gesellschafters oder sein Verhalten sein Verbleiben in der Gesellschaft untragbar erscheinen lässt (BGH DStR 2003, 1215, 1217; A/E/S/*Ensthaler* § 34 Rn. 23; *Gehrlein* NJW 2005, 1969, 1970). Dabei kommt es auf eine **Gesamtabwägung** an, wobei auch das Verhalten der Mitgesellschafter

zu berücksichtigen ist. So darf der Ausschließungsgrund nicht wesentlich auch durch die anderen Gesellschafter mitverursacht worden sein (BGH NZG 2003, 625, 626; Palandt/*Sprau* § 737 Rn. 2; Sudhoff PersGes/*Masuch* § 17 Rn. 7). Eine Ausschließung kommt auch dann nicht in Betracht, wenn bei mehreren Gesellschaftern der Ausschlussgrund vorliegt, aber nur ein Gesellschafter ausgeschlossen werden soll (BGHZ 16, 317, 322; A/E/S/*Ensthaler* § 34 Rn. 24).

II. Ausschluss als ultima ratio

An das Vorliegen eines Ausschließungsgrundes sind hohe Anforderungen zu stellen. Der Ausschluss ist **ultima ratio** (BGHZ 16, 317, 322; BGH NZG 2003, 625, 626; A/E/S/*Ensthaler* § 34 Rn. 27; Palandt/*Sprau* § 737 Rn. 2). Er ist daher nur möglich, wenn keine andere mildere Möglichkeit in Betracht kommt, wie z. B. Entziehung von Geschäftsführungsbefugnis und Vertretungsmacht nach §§ 712, 715 BGB (BGH NZG 2003, 625, 626; *K. Schmidt* GesR, § 50 III 1b, S. 1462; Sudhoff PersGes/*Masuch* § 17 Rn. 11 f.). 6

Als **wichtige Gründe** für eine Ausschließung kommen z. B. in Betracht: Denunziation eines Mitgesellschafters; ehrenrührige Vorwürfe gegen Mitgesellschafter oder ihnen nahe stehende Personen (OLG Hamm GmbHR 1993, 743); geschäftsschädigendes Auftreten in der Öffentlichkeit (A/E/S/*Ensthaler* § 34 Rn. 24); Unredlichkeit in der Geschäftsführung (BGH WM 1985, 997); wiederholte Verletzung eines Wettbewerbsverbots; Übervorteilung der Gesellschaft zum eigenen Nutzen; Veruntreuung oder Unterschlagung von Gesellschaftsvermögen (BGH NJW 1999, 2820, 2822; Sudhoff PersGes/*Masuch* § 17 Rn. 7). Hingegen wurden **nicht anerkannt**: Erstattung einer Strafanzeige gegen einen Mitgesellschafter nach gewissenhafter Prüfung und vergeblichem Versuch die Probleme innergesellschaftlich zu klären, sofern der Anzeige erstattende Gesellschafter weder leichtfertig noch wider besseren Wissens gehandelt hat (BGH NZG 2003, 530; Sudhoff PersGes/*Masuch* § 17 Rn. 7); persönliche Spannungen und gesellschaftsbezogene Meinungsverschiedenheiten, sofern dies nicht nachhaltige Auswirkungen auf das Gesellschaftsverhältnis hat (BGH NJW 1995, 597; Sudhoff PersGes/*Masuch* § 17 Rn. 7). 7

D. Gemeinschaftliche Ausübung des Ausschließungsrechts

I. Beschlussfassung, Stimmrecht des Auszuschließenden

Das Ausschließungsrecht ist gegenüber dem Auszuschließenden von den übrigen Gesellschaftern gemeinschaftlich auszuüben. Dem auszuschließenden Gesellschafter steht bei der Beschlussfassung zu seiner Ausschließung **kein Stimmrecht** zu. Er ist auch nicht vor der Entscheidung der übrigen Gesellschafter zu hören (Sudhoff PersGes/*Masuch* § 17 Rn. 18; MAH PersGes/*Mutter* § 6 Rn. 204; a. A. A/E/S/*Ensthaler* § 34 Rn. 30; Palandt/*Sprau* § 737 Rn. 3). Sind nicht alle übrigen Gesellschafter an der Beschlussfassung beteiligt, ist der Beschluss unwirksam (*Mayer* BB 1992, 1497, 1498). Eine Ausnahme besteht dann, wenn die nicht beteiligten Gesellschafter die Beschlussfassung dennoch als für sich verbindlich erklärt haben (Palandt/*Sprau* § 737 Rn. 3). 8

II. Zustimmungspflicht

Eine Zustimmungspflicht eines Gesellschafters zum Ausschluss eines anderen besteht grundsätzlich nicht. Allerdings kann ein Gesellschafter ausnahmsweise aus seiner gesellschaftlichen **Treuepflicht** zur Zustimmung verpflichtet sein (BGH NZG 2005, 129; NJW 1977, 1013; Palandt/*Sprau* § 737 Rn. 3; Sudhoff PersGes/*Masuch* § 17 Rn. 19; vgl. hierzu ausführl. *Mayer* BB 1992, 1497). 9

Voraussetzung für eine solche Zustimmungspflicht ist, dass die Änderung mit Rücksicht auf das bestehende Gesellschaftsverhältnis oder im Hinblick auf die Rechtsbeziehungen der Gesellschafter zueinander, etwa zum Zwecke der Erhaltung wesentlicher Werte, die die Gesellschafter in gemeinsamer Arbeit geschaffen haben, oder zur Vermeidung erheblicher Verluste, die die Gesellschaft oder einer der Gesellschafter erleiden könnte, erforderlich ist (BGH NJW-RR 2005, 263, 264; NJW 1987, 952, 953; Palandt/*Sprau* § 705 Rn. 16). Eine solche Zustimmungspflicht kann sich auch dann ergeben, wenn dies zur Sicherung der Fortführung eines Gesellschaftsunternehmens erforderlich ist (BGH NJW-RR 2005, 263, 264). 10

11 Auch hinsichtlich eines **Wechsels im Gesellschafterbestand** kann eine Zustimmungspflicht bestehen, wenn die Änderung mit Rücksicht auf das bestehende Gesellschaftsverhältnis oder im Hinblick auf die Rechtsbeziehungen der Gesellschafter zueinander, etwa zum Zwecke der Erhaltung der von den Gesellschaftern in gemeinsamer Arbeit geschaffenen Werte oder auch zur Sicherung der Fortführung eines Gesellschaftsunternehmens, erforderlich ist (BGH NZG 2005, 129). Es gelten daher hinsichtlich der Zustimmungspflicht zum Gesellschafterwechsel die entsprechenden Voraussetzungen wie bei der Zustimmungspflicht zum Ausschluss eines Gesellschafters.

12 Kommt ein Gesellschafter einer Verpflichtung zur Zustimmung nicht nach, wird seine Zustimmung nicht fingiert. Vielmehr ist der die Zustimmung verweigernde Gesellschafter **auf Zustimmung zu verklagen**. Der die Zustimmung verweigernde Gesellschafter kann sich allerdings schadensersatzpflichtig machen. Bei besonderen Umständen wegen der Zustimmungsverweigerung kann der die Zustimmung verweigernde Gesellschafter auch selbst aus wichtigem Grund aus der Gesellschaft ausgeschlossen werden (Sudhoff PersGes/*Masuch* § 17 Rn. 19).

E. Erklärung des Ausschlusses und Wirkung

I. Erklärung

13 Die Ausschließung erfolgt durch Erklärung gegenüber dem betroffenen Gesellschafter. Mit Zugang der Ausschließungserklärung an den Auszuschließenden wird der Ausschluss wirksam (BGHZ 31, 295; Sudhoff PersGes/*Masuch* § 17 Rn. 21; Palandt/*Sprau* § 737 Rn. 4).

II. Ausscheiden und Auseinandersetzung

14 Die Ausschließung eines Gesellschafters führt zu dessen Ausscheiden aus der Gesellschaft und zur Auseinandersetzung mit dem ausgeschiedenen Gesellschafter. Besteht Streit über die Wirksamkeit des Ausschlusses kann der Ausgeschlossene auch **vorläufigen Rechtsschutz** in Anspruch nehmen. Sieht der Gesellschaftsvertrag für den Fall des Ausschlusses eine **unzulässig niedrige Abfindung** vor, hat dies nicht die Unwirksamkeit des Ausschlusses zur Folge. Vielmehr steht dem ausgeschlossenen Gesellschafter ein Anspruch auf angemessene Abfindung zu (BGH NJW 1983, 2880, 2881; A/E/S/*Ensthaler* § 34 Rn. 38; Sudhoff PersGes/*Masuch* § 17 Rn. 31).

15 Wird ein unwirksamer Ausschluss vollzogen, gelten die Grundsätze der **fehlerhaften Gesellschaft** (vgl. hierzu § 705 Rdn. 51–54). Der Ausgeschiedene ist dann aus der Gesellschaft ausgeschieden, hat aber einen Anspruch auf Wiederaufnahme (MAH PersGes/*Mutter* § 6 Rn. 205).

F. Gesellschaftsvertragliche Regelungen

I. Sachliche Rechtfertigung

16 Wie eine Kündigung aus wichtigem Grund ist auch ein Ausschluss aus wichtigem Grund mit erheblichen Unwägbarkeiten verbunden. Es empfiehlt sich daher, bereits im Gesellschaftsvertrag bestimmte Ereignisse oder Vorkommnisse als wichtige Gründe, die zu einem Ausschluss berechtigen, festzulegen. Neben einer **Konkretisierung von Ausschlussgründen**, können die Gesellschafter auch die Anforderungen an einen Ausschlussgrund verschärfen oder erleichtern. Wie bei der Vereinbarung von Ausscheidensgründen sind die Gesellschafter grundsätzlich auch bei der Vereinbarung von Ausschlussgründen im Rahmen der Schranken des § 138 BGB frei. Auch hier müssen jedoch die Ausschließungsgründe grundsätzlich eine gewisse **sachliche Rechtfertigung** besitzen (BGH NJW 1990, 2622; BGH BB 2004, 1017). Als Ausschlussgründe in Satzungen für zulässig erachtet worden sind z. B. der Verlust bestimmter berufsrechtlicher Qualifikationen, das Erreichen einer bestimmten Altersgrenze, der Eintritt von Vermögensverfall oder das Abreißen verwandtschaftlicher Beziehungen zu der Gesellschafterfamilie (BGH NJW 1969, 793; *Gehrlein*, NJW 2005, 1969, 1970).

II. Freies Hinauskündigungsrecht

Grundsätzlich **unwirksam** und als Verstoß gegen die guten Sitten nach § 138 BGB anzusehen ist allerdings die Verankerung eines freien Hinauskündigungsrechts (BGH NZG 2007, 422; BGHZ 81, 263, 266 ff.; BGH NJW 2005, 3641, 3642; vgl. hierzu ausführl. *Gehrlein* NJW 2005, 1969; Sudhoff PersGes/*Masuch* § 17 Rn. 17; *Hohaus/Weber* NZG 2005, 961). Ansonsten würde willkürlichem Verhalten Tür und Tor geöffnet. Denn die Möglichkeit, andere Gesellschafter auszuschließen, setzt diese einem die Entscheidungsfreiheit beeinträchtigenden Druck aus mit der Folge, dass sie von den ihnen nach dem Gesellschaftsvertrag oder dem Gesetz zustehenden Rechten keinen Gebrauch machen und ihren Gesellschafterpflichten nicht nachkommen, sich vielmehr den Wünschen des oder der zur Kündigung berechtigten Gesellschafter beugen (BGH NJW 2005, 3641, 3642).

17

Ausnahmsweise ist aber ein freies Ausschließungsrecht zulässig, wenn es durch besondere Umstände **sachlich gerechtfertigt** ist (BGH NZG 2007, 422; NJW 2005, 3641, 3642; *Hohaus/Weber* NZG 2005, 961). Dies ist z. B. der Fall, wenn das freie Ausschließungsrecht den Altgesellschaftern die Möglichkeit einräumen soll, binnen angemessener Frist zu entscheiden, ob zu dem neuen Gesellschafter das notwendige Vertrauen hergestellt werden kann und ob die Gesellschafter in der für die gemeinsame Berufsausübung erforderlichen Weise harmonieren können (BGH NZG 2007, 583, 585; NJW 2004, 2013; vgl. hierzu *K. Schmidt* NJW 2005, 2801, 2803). Bei einer Arztpraxis gestattete der BGH eine »Probezeit« von 3 Jahren (BGH NZG 2007, 583). Ein **Prüfungsrecht** von 10 Jahren und damit ein Recht zur freien Ausschließung für einen Zeitraum von 10 Jahren, ist aber nicht sachlich gerechtfertigt (BGH NZG 2007, 583, 585; NJW 2004, 2013). Eine überlange Dauer des Hinauskündigungsrechts hat jedoch nicht den Wegfall der Regelung zur Folge. Vielmehr kann – nicht anders als bei überlangen Wettbewerbsverboten – das Hinauskündigungsrecht für eine kürzere Zeit rechtlich anerkannt werden (BGH NZG 2007, 583, 585). Ein freies Hinauskündigungsrecht hat der BGH auch als sachlich gerechtfertigt angesehen, wenn die Gesellschaftsbeteiligung nur als **Annex zu einem Kooperationsvertrag** der Gesellschafter anzusehen ist und sichergestellt werden soll, dass der Gesellschaft nur die Partner des Kooperationsvertrages angehören (BGH NZG 2005, 479). Keine Bedenken hatte der BGH auch gegen eine Satzungsklausel nach der in einer GmbH, in der alle Gesellschafter persönlich mitarbeiten, ein Gesellschaftsanteil eingezogen werden kann, wenn der betreffende Gesellschafter nicht mehr in dem Gesellschaftsunternehmen tätig ist (BGH NJW 1983, 2880; vgl. auch BGH DStR 1997, 336). Der BGH hat ein freies Ausschließungsrecht auch als wirksam angesehen, wenn der ausschließungsberechtigte Gesellschafter mit Rücksicht auf die **enge persönliche Beziehung** zu seiner Mitgesellschafterin die volle Finanzierung der Gesellschaft übernimmt und der Partnerin die Mehrheitsbeteiligung und die Geschäftsführung einräumt (BGH NJW 1990, 2622).

18

Zulässig ist eine freie Hinauskündigung auch, wenn einem Geschäftsführer im Hinblick auf seine Geschäftsführerstellung eine Minderheitsbeteiligung eingeräumt wird, für die er nur ein Entgelt i. H. d. Nennwertes zu zahlen hat und die er bei Beendigung seines Geschäftsführeramtes gegen eine der Höhe nach begrenzte Abfindung zurückübertragen muss, sog. **Managermodell** (BGH NJW 2005, 3641, 3642 f.; *Hohaus/Weber* NZG 2005, 961 m.w.N.). Denn bei diesem Managermodell stellt die von vornherein auf Zeit eingeräumte Beteiligung nur einen Annex zur Geschäftsführerstellung dar (BGH NJW 2005, 3641, 3643; so auch *Habersack* ZGR 2005, 451, 461 ff.; *Bütter/Tonner* BB 2005, 283, 285 ff.). Entsprechendes gilt für das sog. **Mitarbeitermodell**, bei dem einem verdienten Mitarbeiter des Unternehmens – unentgeltlich oder gegen Zahlung eines Betrages nur i. H. d. Nennwerts – eine Minderheitsbeteiligung eingeräumt wird, die er bei seinem Ausscheiden aus dem Unternehmen zurückzuübertragen hat.

19

Weiterhin hielt es der BGH für zulässig, einem Gesellschafter die Hinauskündigung seines Mitgesellschafters ohne sachliche Gründe zu gestatten, sofern dies auf einer testamentarischen Verfügung des Vaters der beiden Gesellschafter beruhte, da der betroffene Gesellschafter damit eine bereits mit dem Kündigungsrecht belastete Beteiligung erworben hat (BGH NZG 2007, 422).

20

§ 738 Auseinandersetzung beim Ausscheiden

(1) ¹Scheidet ein Gesellschafter aus der Gesellschaft aus, so wächst sein Anteil am Gesellschaftsvermögen den übrigen Gesellschaftern zu. ²Diese sind verpflichtet, dem Ausscheidenden die Gegenstände, die er der Gesellschaft zur Benutzung überlassen hat, nach Maßgabe des § 732 zurückzugeben, ihn von den gemeinschaftlichen Schulden zu befreien und ihm dasjenige zu zahlen, was er bei der Auseinandersetzung erhalten würde, wenn die Gesellschaft zur Zeit seines Ausscheidens aufgelöst worden wäre. ³Sind gemeinschaftliche Schulden noch nicht fällig, so können die übrigen Gesellschafter dem Ausscheidenden, statt ihn zu befreien, Sicherheit leisten.

(2) Der Wert des Gesellschaftsvermögens ist, soweit erforderlich, im Wege der Schätzung zu ermitteln.

§ 739 Haftung für Fehlbetrag

Reicht der Wert des Gesellschaftsvermögens zur Deckung der gemeinschaftlichen Schulden und der Einlagen nicht aus, so hat der Ausscheidende den übrigen Gesellschaftern für den Fehlbetrag nach dem Verhältnis seines Anteils am Verlust aufzukommen.

§ 740 Beteiligung am Ergebnis schwebender Geschäfte

(1) ¹Der Ausgeschiedene nimmt an dem Gewinn und dem Verlust teil, welcher sich aus den zur Zeit seines Ausscheidens schwebenden Geschäften ergibt. ²Die übrigen Gesellschafter sind berechtigt, diese Geschäfte so zu beendigen, wie es ihnen am vorteilhaftesten erscheint.

(2) Der Ausgeschiedene kann am Schluss jedes Geschäftsjahrs Rechenschaft über die inzwischen beendigten Geschäfte, Auszahlung des ihm gebührenden Betrags und Auskunft über den Stand der noch schwebenden Geschäfte verlangen.

Übersicht

		Rdn.
A.	Allgemeines	1
B.	Folgen des Ausscheidens	2
I.	Anwachsung, § 738 Abs. 1 Satz 1 BGB	2
II.	Rückgabe von Gegenständen, § 738 Abs. 1 Satz 2 BGB	3
III.	Befreiung von den gemeinschaftlichen Schulden, § 738 Abs. 1 Satz 2 BGB	4
IV.	Abfindung	5
	1. Höhe der Abfindung	6
	2. Entstehen und Fälligkeit der Abfindung	8
	3. Anspruchsgegner	9
V.	Haftung für Fehlbetrag, § 739 BGB	10
VI.	Beteiligung am Ergebnis schwebender Geschäfte, § 740 BGB	11
	1. Schwebende Geschäfte	12
	2. Beendigung schwebender Geschäfte	13
	3. Bedeutung des § 740 BGB	14
C.	Anwendung der Grundsätze der fehlerhaften Gesellschaft	15
D.	Gesellschaftsvertragliche Regelungen	18
I.	Allgemeines	18
II.	Abfindungsklauseln	19
	1. Grundsätzliche Zulässigkeit	19
	2. Grenzen der Zulässigkeit von Abfindungsklauseln	20
	a) Sittenwidrigkeit gem. § 138 BGB	21
	b) Unzulässige Kündigungsbeschränkungen gem. § 723 Abs. 3 BGB	24
	c) Grundsatz von Treu und Glauben, § 242 BGB	27
	d) Auszahlungsvereinbarungen	29

A. Allgemeines

1　Bei Ausscheiden eines Gesellschafters aus der Gesellschaft findet grundsätzlich eine **Auseinandersetzung** mit dem ausscheidenden Gesellschafter nach Maßgabe der §§ 738 ff. BGB statt.

B. Folgen des Ausscheidens

I. Anwachsung, § 738 Abs. 1 Satz 1 BGB

Zunächst wächst der Anteil des ausscheidenden Gesellschafters den verbleibenden Gesellschaftern zu. Dadurch fällt die gesamthänderische Mitberechtigung des Ausscheidenden am Gesellschaftsvermögen den übrigen Gesellschaftern zu. Damit kommen grundsätzlich auch die Gesellschafterrechte und -pflichten des ausscheidenden Gesellschafters in Wegfall, soweit sie nicht bereits zu selbstständigen, vom Anteil gelösten vermögensrechtlichen Ansprüchen und Verbindlichkeiten geworden sind. Die Mitsprache- und Geschäftsführungsrechte erlöschen mit dem Tag des Ausscheidens. An die Stelle der Kontrollrechte tritt der Auskunftsanspruch nach § 810 BGB (MüKo BGB/*Schäfer* § 716 Rn. 13).

II. Rückgabe von Gegenständen, § 738 Abs. 1 Satz 2 BGB

Im Rahmen der Auseinandersetzung hat die Gesellschaft nach § 738 Abs. 1 Satz 2 BGB zunächst dem ausscheidenden Gesellschafter diejenigen Gegenstände nach Maßgabe des § 732 BGB zurückzugeben, die der betroffene Gesellschafter der Gesellschaft zur Benutzung – nicht zu Eigentum – überlassen hat. Für eine etwaige Verschlechterung oder einen etwaigen Verlust der überlassenen Gegenstände hat die Gesellschaft den ausscheidenden Gesellschafter nur dann zu entschädigen, wenn sie dies zu vertreten hat. Entschädigung aufgrund von zufälligen Ereignissen oder bestimmungsgemäßem Gebrauch hat die Gesellschaft gem. § 732 Satz 2 BGB nicht zu leisten (vgl. hierzu auch §§ 732 bis 735 BGB Rdn. 5–6).

III. Befreiung von den gemeinschaftlichen Schulden, § 738 Abs. 1 Satz 2 BGB

Weiterhin hat die Gesellschaft den ausscheidenden Gesellschafter nach § 738 Abs. 1 Satz 2 BGB von seiner Haftung für fällige **Verbindlichkeiten** der Gesellschaft, die während seiner Gesellschaftszugehörigkeit begründet worden sind, zu befreien. Dies kann durch Erfüllung solcher Verbindlichkeiten gegenüber dem Gesellschaftsgläubiger erfolgen oder aber durch Beibringung einer Haftungsentlassungserklärung des Gläubigers (Sudhoff PersGes/*Masuch* § 15 Rn. 74). Bei noch nicht fälligen Verbindlichkeiten der Gesellschaft kann die Gesellschaft gem. § 738 Abs. 1 Satz 3 BGB statt Haftungsbefreiung auch Sicherheit leisten.

IV. Abfindung

Weiterhin steht dem ausscheidenden Gesellschafter ein Anspruch auf Zahlung einer Abfindung für seine Kapitalbeteiligung zu, soweit das Gesellschaftsvermögen nicht durch Verluste aufgebraucht ist.

1. Höhe der Abfindung

Die Höhe der Abfindung richtet sich nach dem Wert des **Anteils des Ausgeschiedenen**, der durch Erstellung einer Auseinandersetzungsbilanz zu ermitteln ist. Hierfür ist der Gesamtwert des Gesellschaftsvermögens zu ermitteln, der dann nach dem Gewinnverteilungsschlüssel auf die Gesellschafter zu verteilen ist. Dies erfolgt nach h. M. nicht im Wege der Bewertung der einzelnen Vermögenswerte und ihrer Addition. Vielmehr erfolgt eine **Gesamtbewertung der Gesellschaft**. Maßgeblich sind die wirklichen Werte einer lebenden Gesellschaft einschließlich stiller Reserven und eines etwaigen Firmenwertes, d.h. good will (BGH ZIP 2002, 1148; NJW 1992, 892; Palandt/*Sprau* § 738 Rn. 5; Sudhoff PersGes/*Masuch* § 20 Rn. 4). Der Umfang des Auseinandersetzungsanspruchs entspricht daher dem Anteil des ausscheidenden Gesellschafters am Wert des gesamten Unternehmens, so wie er sich ergeben würde, wenn das Unternehmen per Stichtag der Auseinandersetzung unter Fortführungsgesichtspunkten insgesamt verkauft werden würde (BGHZ 17, 130, 136; BGH WM 1971, 1450; Palandt/*Sprau* § 738 Rn. 5).

§ 740 BGB Beteiligung am Ergebnis schwebender Geschäfte

7   Die Gesamtbewertung des Gesellschaftsvermögens erfolgt nach heute h. M. grundsätzlich nach der **Ertragswertmethode** (BGH NJW 1993, 2101; Palandt/*Sprau* § 738 Rn. 5; Sudhoff PersGes/*Masuch* § 20 Rn. 5; MAH PersGes/*Mutter* § 6 Rn. 122). Der Substanzwert hat nur korrektive Bedeutung als Liquidationswert. Die Einzelheiten einer solchen Berechnung nach der Ertragswertmethode sind hingegen vielfältig und im Einzelnen umstritten. Die Wertermittlung erfolgt daher in der Regel durch Sachverständigengutachten. **Stichtag** für die Bewertung der Gesellschaft ist grundsätzlich der Zeitpunkt des Ausscheidens des Gesellschafters.

2. Entstehen und Fälligkeit der Abfindung

8   Der Anspruch auf Zahlung der Abfindung entsteht mit Ausscheiden aus der Gesellschaft. **Fällig** wird er auch mit diesem Zeitpunkt (so auch Palandt/*Sprau* § 738 Rn. 6) und nicht erst mit Feststellung der Auseinandersetzungsbilanz. Nach a. A. ist auf den Zeitpunkt der Berechenbarkeit des Abfindungsanspruchs abzustellen (Sudhoff PersGes/*Masuch* § 20 Rn. 12).

3. Anspruchsgegner

9   Der Anspruch des ausgeschiedenen Gesellschafters richtet sich grundsätzlich **gegen die Gesellschaft**. Die übrigen Gesellschafter haften hierfür allerdings gem. §§ 128 HGB analog.

V. Haftung für Fehlbetrag, § 739 BGB

10   Übersteigen die Gesellschaftsschulden das Gesellschaftsvermögen, erhält der Gesellschafter keine Abfindung. Vielmehr haftet er gem. § 739 BGB für den auf seinen Anteil entfallenden **Fehlbetrag**.

VI. Beteiligung am Ergebnis schwebender Geschäfte, § 740 BGB

11   Nach § 740 BGB wird der ausscheidende Gesellschafter sowohl am Verlust als auch am Gewinn der z. Zt. seines Ausscheidens noch schwebenden Geschäfte beteiligt. Sinn und Zweck des § 740 BGB ist es, die Auseinandersetzung mit dem ausgeschiedenen Gesellschafter und die Erstellung der Abfindungsbilanz davon zu entlasten, die bei dem Ausscheiden schwebenden Geschäfte im Wege der Schätzung (§ 738 Abs. 2 BGB) berücksichtigen zu müssen (BGH NJW 1993, 1194).

1. Schwebende Geschäfte

12   Schwebende Geschäfte i. S. d. § 740 BGB sind solche Geschäfte, an die die Gesellschaft im Zeitpunkt des Ausscheidens des Gesellschafters schon gebunden war, die aber beide Vertragsteile bis dahin noch nicht voll erfüllt haben (BGH NJW 1993, 1194; Palandt/*Sprau* § 740 Rn. 1; Prütting/Wegen/Weinreich/*von Ditfurth*, § 740 Rn. 3). **Nicht** zu den schwebenden Geschäften gehören Dauerschuldverhältnisse (Prütting/Wegen/Weinreich/*von Ditfurth*, § 740 Rn. 3). Diese sind aber ggf. bei der Höhe der Abfindung zu berücksichtigen (BGH NJW-RR 1986, 454, 455; Palandt/*Sprau* § 740 Rn. 1). Würden solche Dauerschuldverhältnisse zu den schwebenden Geschäften gerechnet, hätte das zur Folge, dass der Ausgeschiedene am Erfolg oder Misserfolg der Gesellschaft über Jahre weiterhin so beteiligt wäre, als gehöre er der Gesellschaft nach wie vor an. Auf diese Weise würde die Bindung an die Gesellschaft, die durch das Ausscheiden ihr Ende finden sollte, in einer Weise aufrechterhalten, die mit der Beteiligung am Ergebnis schwebender Geschäfte nicht bezweckt ist (BGH NJW-RR 1986, 454, 455).

2. Beendigung schwebender Geschäfte

13   Die Gesellschaft kann die schwebenden Geschäfte nach eigenem Ermessen beenden. Der ausgeschiedene Gesellschafter hat kein Recht auf Mitwirkung. Er kann aber am Schluss eines jeden Geschäftsjahres von der Gesellschaft Rechenschaft über die beendeten Geschäfte, Auszahlung einer etwaigen Differenz zu seinen Gunsten sowie Auskunft über den Stand der noch schwebenden Geschäfte verlangen (Sudhoff PersGes/*Masuch* § 15 Rn. 78).

3. Bedeutung des § 740 BGB

Da die Höhe der dem ausscheidenden Gesellschafter zustehenden Abfindung regelmäßig nach der Ertragswertmethode und nicht mehr nach der Substanzwertmethode berechnet wird (s.o. Rdn. 7), kommt § 740 BGB aufgrund teleologischer Reduktion eine deutlich geringere Bedeutung zu. Denn bei der Ertragswertmethode sind die Ergebnisse zukünftig zu beendender Geschäfte bereits bei der Feststellung des Unternehmenswertes berücksichtigt und haben sich dementsprechend in der Höhe der dem ausscheidenden Gesellschafter gezahlten Abfindung niedergeschlagen (Sudhoff PersGes/*Masuch* § 15 Rn. 79; MüKo BGB/*Schäfer* § 740 Rn. 3).

C. Anwendung der Grundsätze der fehlerhaften Gesellschaft

Die Grundsätze der fehlerhaften Gesellschaft (vgl. dazu ausführl. § 705 BGB Rdn. 51–54) finden nicht nur auf die fehlerhafte Gesellschaftsgründung und auf den fehlerhaften Beitritt zu einer Gesellschaft Anwendung, sondern auch auf das **fehlerhafte Ausscheiden aus der Gesellschaft** (BGH NJW-RR 2003, 533; BGH NJW 1992, 1503, 1504).

Das auf einem fehlerhaften rechtsgeschäftlichen Handeln beruhende Ausscheiden eines Gesellschafters ist nach diesen Grundsätzen wirksam, wenn es **in Vollzug gesetzt** worden ist und seiner Anerkennung gewichtige Interessen der Allgemeinheit oder einzelner schutzwürdiger Personen nicht entgegenstehen (BGH NJW-RR 2003, 533; Sudhoff PersGes/*Masuch* § 15 Rn. 85). Ein fehlerhaft vollzogenes Ausscheiden setzt grundsätzlich ein – wenn auch fehlerhaftes – **rechtsgeschäftliches Handeln** aller Gesellschafter voraus. Daran fehlt es grundsätzlich, wenn der Mangel gerade darauf beruht, dass ein Teil der Gesellschafter an der Vereinbarung nicht mitgewirkt oder ein Mitgesellschafter die von ihnen erteilte Vollmacht zum Abschluss der Vereinbarung überschritten hat. Etwas anderes gilt jedoch, wenn der betroffene Gesellschafter und die für sein Ausscheiden stimmenden Gesellschafter das Ausscheiden für wirksam gehalten haben (BGH NJW-RR 2003, 533; NJW 1988, 1321). Dann finden dennoch die Grundsätze der fehlerhaften Gesellschaft Anwendung.

Rechtsfolge der Anwendung dieser Grundsätze ist, dass der Ausgeschiedene zunächst aus der Gesellschaft ausgeschieden ist (BGH NJW 1969, 1483; Sudhoff PersGes/*Masuch* § 15 Rn. 86). Dem ausgeschiedenen Gesellschafter steht aber grundsätzlich ein **schuldrechtlicher Anspruch auf (künftige) Wiederaufnahme** in die Gesellschaft zu. Dies gilt jedoch nicht, wenn der Ausgeschiedene durch eine arglistige Täuschung den Unwirksamkeitsgrund selbst herbeigeführt hat (BGH NJW 1969, 1483; Sudhoff PersGes/*Masuch* § 15 Rn. 86).

D. Gesellschaftsvertragliche Regelungen

I. Allgemeines

Die §§ 738 bis 740 BGB sind grundsätzlich **dispositiv**. Es kann daher z.B. der ausscheidende Gesellschafter vom Ergebnis schwebender Geschäfte ausgeschlossen werden.

II. Abfindungsklauseln

1. Grundsätzliche Zulässigkeit

Entscheidende Bedeutung kommt der Vereinbarung von Abfindungsklauseln zu. Sie bezwecken in der Regel die Vereinfachung der Berechnung der Abfindung und/oder den Schutz der Gesellschaft vor zu hohem Kapitalabfluss. Abfindungsklauseln beziehen sich daher regelmäßig auf die Berechnung der Abfindung sowie auf Zahlungsmodalitäten. Grundsätzlich ist die gesellschaftsvertragliche Modifikation von Abfindungsklauseln **zulässig** (vgl. zu Gestaltungsmöglichkeiten Sudhoff PersGes/*Masuch* § 20 Rn. 13 ff.). Nicht die Zulässigkeit, sondern die Unzulässigkeit bedarf daher besonderer Begründung (vgl. BGH NJW 1992, 892; 894; NJW 1993, 2101; OLG Naumburg NZG 2001, 658). Ob eine Begrenzung des Abfindungsanspruchs im Einzelfall hinzunehmen ist, hängt maßgeblich von der Diskrepanz zwischen dem gesellschaftsvertraglich geschuldeten Abfindungsbetrag einerseits und dem tatsächlichen Anteilswert andererseits ab.

2. Grenzen der Zulässigkeit von Abfindungsklauseln

20 Es gibt im Wesentlichen **drei Grenzen**. Abfindungsklauseln sind unzulässig, wenn die mit der Abfindungsbeschränkung verbundenen wirtschaftlichen Nachteile den ausscheidenden Gesellschafter bzw. den Gläubiger des Gesellschafters **sittenwidrig** benachteiligen (§ 138 BGB) oder die in **§ 723 Abs. 3 BGB** verbriefte Freiheit des Gesellschafters, seine Gesellschaftsbeteiligung zu kündigen, unangemessen einschränken. Weiterhin sind abfindungsbeschränkende Klauseln unter Berücksichtigung der Grundsätze von **Treu und Glauben** (§ 242 BGB) insbesondere dann zu korrigieren, wenn der Wert der vertraglichen Abfindung zwar im Zeitpunkt der Vereinbarung nicht zuungunsten des ausscheidenden Gesellschafters vom tatsächlichen Wert der Abfindung abgewichen ist, sich eine solche Diskrepanz aber später aufgrund einer Veränderung, insbesondere der wirtschaftlichen, Verhältnisse ergibt.

a) Sittenwidrigkeit gem. § 138 BGB

21 Die Wirksamkeit von gesellschaftsvertraglichen Abfindungsklauseln ist zunächst an § 138 BGB zu messen, wobei auf den Zeitpunkt der Vereinbarung der Klausel abzustellen ist. Abfindungsbeschränkungen, die dazu dienen, die Gesellschaftsbeteiligung für die Gläubiger eines Gesellschafters zu entwerten, sind sittenwidrig und daher **nichtig** (BGH NZG 2000, 1027, 1028).

22 Deshalb sind z. B. Abfindungsklauseln, die Abfindungsbeschränkungen nur für den Fall der Insolvenz eines Gesellschafters oder der Kündigung durch einen Privatgläubiger eines Gesellschafters vorsehen, wegen **unzulässiger Gläubigerbenachteiligung** unwirksam (MüKo BGB/*Schäfer* § 738 Rn. 47; Sudhoff PersGes/*Masuch* § 20 Rn. 15; MAH PersGes/*Mutter* § 6 Rn. 128). Auch der **vollständige Ausschluss** oder die Beschränkung der Abfindung unter den Buchwert der Beteiligung ist regelmäßig sittenwidrig (BGH NJW 1989, 2685). Zugelassen wird ein Ausschluss der Abfindung jedoch für das Ausscheiden eines Gesellschafters durch Tod (BGH WM 1971, 1338; Palandt/*Sprau* § 738 Rn. 7; MüKo BGB/*Schäfer* § 738 Rn. 61; Sudhoff PersGes/*Masuch* § 20 Rn. 25) sowie bei Verwendung eines solchen Ausschlusses als Vertragsstrafe für besonders schwere Pflichtverletzungen eines Gesellschafters (MüKo BGB/*Ulmer* § 738 Rn. 61; *Kort* DStR 1995, 1961, 1962). Eine Beschränkung der **Abfindungshöhe auf den Buchwert** ist zwar grundsätzlich zulässig (BGH NJW 1989, 2635; OLG Naumburg NZG 2001, 658). Unwirksam ist eine solche Beschränkung allerdings für den von den übrigen Gesellschaftern mit Mehrheitsbeschluss ohne wichtigen Grund ausgeschlossenen Gesellschafter (BGH WM 1979, 1064; Palandt/*Sprau* § 738 Rn. 7; Sudhoff PersGes/*Masuch* § 20 Rn. 29; *Hülsmann* NJW 2002, 1673, 1674). Denn der Buchwert berücksichtigt weder die stillen Reserven noch den möglichen Firmenwert (good will).

23 Ist die Abfindungsklausel unwirksam, führt dies abweichend von § 139 BGB regelmäßig auch ohne sog. salvatorische Klausel **nicht zur Unwirksamkeit des gesamten Gesellschaftsvertrages** (Sudhoff PersGes/*Masuch* § 20 Rn. 16). Die Lücke ist durch dispositives Gesetzesrecht zu schließen (Palandt/*Sprau* § 738 Rn. 7). Die grundsätzlich vorrangige ergänzende Vertragsauslegung scheidet bei sittenwidrigen Klauseln aus, um dem sittenwidrig Handelnden nicht einen Teilerfolg zu belassen (BGH NJW 1977, 1233; MüKo BGB/*Schäfer* § 738 Rn. 75; Sudhoff PersGes/*Masuch* § 20 Rn. 16).

b) Unzulässige Kündigungsbeschränkungen gem. § 723 Abs. 3 BGB

24 Abfindungsbeschränkungen können auch als unzulässige Kündigungsbeschränkungen i. S. v. § 723 Abs. 3 BGB angesehen werden (vgl. §§ 723, 724 BGB Rdn. 32). Dies ist dann der Fall, wenn dem Gesellschafter zwar weiterhin ein Kündigungsrecht verbleibt, dessen Ausübung aber derart nachteilige Auswirkungen auf die Abfindung hat, dass sie geeignet erscheinen, einen Gesellschafter von der Ausübung des Kündigungsrechts abzuhalten (BGH NZG 2006, 425). Die Abfindungsklausel ist eine unzulässige Kündigungsbeschränkung, wenn sie zu einem **erheblichen Missverhältnis** zwischen dem Klauselwert des Gesellschaftsanteils und seinem wirklichen Wert führt (BGH NJW 1992, 892, 895). Ob ein solches erhebliches Missverhältnis vorliegt, ist im Wege einer **Gesamt-**

betrachtung zu ermitteln. Hierbei sind auch die anderen vertraglichen Regelungen zu betrachten und zu bewerten (Sudhoff PersGes/*Masuch* § 20 Rn. 17).

Wann im Einzelnen ein solches zur Unzulässigkeit führendes Missverhältnis vorliegt, ist noch nicht abschließend geklärt. In einer früheren Entscheidung hat der BGH eine Klausel als unzulässig bewertet, die nur 20 % der gesetzlichen Abfindung ausmachte (BGH NJW 1973, 651, 652; vgl. auch BGH NJW 1989, 2685, 2686: Sittenwidrigkeit der Abfindung zum halben Buchwert; OLG Hamm DStR 2003, 1178 f.: sittenwidrige Beschränkung auf ein Drittel des Zeitwertes; vgl. zu einer Rechtsprechungsübersicht *Hülsmann* NJW 2002, 1673, 1674 f. m. w. N.). Der BGH hat sich aber nicht auf eine feste **prozentuale Grenze** festgelegt (vgl. BGH NJW 1993, 2101). Nach der Literatur ist regelmäßig ab einer Beschränkung der Höhe der Abfindung auf **1/2 bis 2/3 des Verkehrswertes** die Schwelle zur Sittenwidrigkeit überschritten (MüKo BGB/*Schäfer* § 738 Rn. 52; vgl. zu einer Übersicht über den Meinungsstand in der Lit. *Hülsmann* NJW 2002, 1673, 1676 m. w. N.), sofern hierfür keine sachliche Rechtfertigung besteht. 25

Bei der Bewertung einer Abfindungsklausel als unzulässige Kündigungsbeschränkung ist wie auch im Rahmen einer Bewertung nach § 138 BGB auf den **Zeitpunkt der Vereinbarung** der Abfindungsklausel abzustellen (BGH NJW 1993, 3193; NJW 1992, 892, 895). Stellt die Abfindungsbeschränkung eine unzulässige Kündigungsbeschränkung dar, ist die Klausel **unwirksam**. Die Vertragslücke ist vorrangig – sofern nicht sogar Sittenwidrigkeit vorliegt – durch **ergänzende Vertragsauslegung** zu schließen. Grundsätzlich erfolgt hierbei eine Rückführung der Abfindungsbeschränkung auf ein mit § 723 Abs. 3 BGB zu vereinbarendes Maß (BGH NJW 1993, 3193, 3194 f.; MüKo BGB/*Schäfer* § 738 Rn. 74; Sudhoff PersGes/*Masuch* § 20 Rn. 18). An die Stelle der dadurch unwirksam gewordenen gesellschaftsvertraglichen Abfindungsklausel tritt daher ein Anspruch auf Gewährung einer angemessenen Abfindung (BGH NJW 1992, 892, 896). 26

c) Grundsatz von Treu und Glauben, § 242 BGB

Zunehmend an Gewicht gewonnen hat in der Rechtsprechung die Ergebniskontrolle von Abfindungsbeschränkungen über den Grundsatz von Treu und Glauben, § 242 BGB (BGH NJW 1993, 3193; NJW 1993, 2101). Damit soll dem Umstand Rechnung getragen werden, dass die Mehrzahl der üblichen Abfindungsbeschränkungen nicht von vornherein unzulässig sind. Vielmehr tritt ein zur Unwirksamkeit der Klausel führendes Missverhältnis zwischen der vertraglichen und der gesetzlichen Abfindungshöhe häufig, z. B. bei Buchwertklauseln, erst später aufgrund von **Veränderung der wirtschaftlichen Verhältnisse** ein. Eine solche Veränderung kann dann im Wege der ergänzenden Vertragsauslegung zu berücksichtigen sein oder eine Anpassung im Einzelfall gem. § 313 BGB bzw. § 242 BGB erfordern (BGH NJW 1993, 3193; Sudhoff PersGes/*Masuch* § 20 Rn. 19; MAH PersGes/*Mutter* § 6 Rn. 129). 27

Im Rahmen dessen erfolgt eine **umfassende Interessenabwägung**. Es sind die tatsächlichen Gegebenheiten, wie die Dauer der Mitgliedschaft, der Anlass des Ausscheidens sowie der Beitrag des Ausscheidenden am Erfolg der Gesellschaft zu berücksichtigen (BGH NJW 1993, 3193, 3194; NJW 1993, 2101, 2102; Sudhoff PersGes/*Masuch* § 20 Rn. 19; MAH PersGes/*Mutter* § 6 Rn. 129). Hierbei kommt dem Willen der Vertragsparteien entscheidende Bedeutung zu (BGH NJW 1993, 3193). Es kommt darauf an, ob die Gesellschafter es bei Voraussicht der Entwicklung gleichwohl bei der vereinbarten Abfindung belassen hätten oder ob sie bei angemessener Abwägung aller Interessen als redliche Vertragspartner der Entwicklung durch eine anderweitige vertragliche Regelung Rechnung getragen hätten. 28

d) Auszahlungsvereinbarungen

Üblicherweise regelt der Gesellschaftsvertrag auch die **Fälligkeit der Abfindung**, seine etwaige **Auszahlung in Raten** und die etwaige **Verzinsung** noch nicht ausgezahlter Abfindungsteile. Solche Vereinbarungen können im Interesse der Liquiditätssicherung der Gesellschaft grundsätzlich 29 wirksam vereinbart werden. In Betracht kommen insoweit bspw. langjährige Ratenzahlungs- und Stundungsvereinbarungen.

30   Allerdings unterliegen auch solche Klauseln der **Wirksamkeitskontrolle**, da auch sie zu spürbaren Einschränkungen des ausscheidenden Gesellschafters führen können. Nach der Gesetzeslage steht dem ausscheidenden Gesellschafter die Abfindung nämlich gem. § 271 Abs. 1 BGB unverzüglich mit seinem Austritt in einem Betrag zu. Da sich Ratenzahlungs- und Stundungsvereinbarungen für den ausscheidenden Gesellschafter jedoch ähnlich auswirken können wie eine Beschränkung der Abfindungshöhe, darf das Interesse der Gesellschaft an der Kapitalerhaltung insbesondere dann nicht einseitig über das Abfindungsinteresse gestellt werden, wenn die Abfindung für den ausscheidenden Gesellschafter einen Versorgungscharakter hat (*Hülsmann* NJW 2002, 1673, 1677).

31   **Unbedenklich** ist eine Auszahlungsfrist von 5 Jahren (OLG Dresden NZG 2000, 1042), zumal wenn gestundete Beträge angemessen zu verzinsen sind. Das BayObLG hat sogar eine Regelung für zulässig erachtet, die die Fälligkeit eines Abfindungsguthabens nach dem vollen Verkehrswert auf längstens 6 Jahre ohne Zinszahlung hinausschiebt (BayObLG DB 1983, 99; *Hülsmann* NJW 2002, 1673, 1678). **Sittenwidrig** ist hingegen eine Abfindungsklausel, nach der der ausscheidende GmbH-Gesellschafter sein Abfindungsguthaben in drei Raten erhalten soll, die erst nach 5, 8 und 10 Jahren nach der Kündigungserklärung fällig sind (OLG Dresden NZG 2000, 1042; näher zur Entscheidung des OLG Dresden: *Lange* NZG 2001, 635; *Heß* NZG 2001, 648; vgl. zum Meinungsstand in Rechtsprechung und Lit.: *Hülsmann* NJW 2002, 1673, 1678). Kritisch wird es ab einem Stundungszeitraum von 10 Jahren. Jedenfalls **unwirksam** ist eine Streckung der Auszahlung der Abfindung über einen Zeitraum von 15 Jahren (BGH NJW 1989, 2685, 2686). Erforderlich ist eine Gesamtwertung der Beschränkung des Abfindungsanspruchs der Höhe nach im Zusammenwirken mit den Auszahlungsklauseln, innerhalb dieser wiederum nach Auszahlungszeitraum, Staffelung und Verzinsung (vgl. auch OLG Dresden NZG 2000, 1042).

Anhang BGB

Stiftung

Übersicht

		Rdn.
A.	Einleitung	1
B.	**Die Formen der Stiftung**	2
I.	Der Begriff der »Stiftung«	2
II.	Die rechtsfähige Stiftung des bürgerlichen Rechts der §§ 80 ff. BGB	3
III.	Andere Formen der Stiftung	5
	1. Die unselbstständige Stiftung oder Treuhandstiftung	5
	2. Die Zustiftung	6
	3. Die Stiftungs-Kapitalgesellschaft	7
	4. Die Stiftung & Co. KG	8
	5. Der Stiftungs-Verein	9
	6. Die öffentlich-rechtliche Stiftung	10
	7. Die kommunale oder örtliche Stiftung	11
	8. Die kirchliche Stiftung	12
	9. Die ausländische Stiftung	13
IV.	Unterformen der rechtsfähigen Stiftung bürgerlichen Rechts	14
	1. Die gemeinnützige Stiftung	14
	2. Die Familienstiftung	15
	3. Die Unternehmensstiftung	16
	4. Die Gemeinschafts- und die Bürgerstiftung	17
	5. Operative und fördernde Stiftungen	18
	6. Die Verbrauchsstiftung	19
	7. Die öffentliche Stiftung und die Stiftung unter öffentlicher Verwaltung	20
C.	**Rechtsmaterien und Reform des Stiftungsrechts**	21
D.	**Die Errichtung der Stiftung**	22
I.	Das Stiftungsgeschäft	22
	1. Die Stiftung unter Lebenden	23
	2. Die Stiftung von Todes wegen	24
II.	Die Festlegung des Stiftungszwecks	25
III.	Die Widmung des Stiftungsvermögens	26
IV.	Die Satzung der Stiftung	32
	1. Der Mindestinhalt der Satzung, §§ 81, 83 BGB	32

		Rdn.
	a) Der Name der Stiftung	33
	b) Der Sitz der Stiftung	34
	c) Der Zweck der Stiftung	35
	d) Das Vermögen der Stiftung	37
	e) Der Vorstand der Stiftung	38
	2. Fakultative Regelungen der Satzung	39
	a) Zusätzliche Befugnisse für den Vorstand	39
	b) Fakultative Stiftungsorgane	40
	c) Die Rechtsstellung der Destinatäre	41
	d) Besondere Regelungen für gemeinnützige Stiftungen	42
	e) Voraussetzungen und Rechtsfolgen der Auflösung der Stiftung	43
	3. Die Auslegung der Satzung	44
	4. Spätere Änderungen der Satzung	45
V.	Die Formbedürftigkeit des Stiftungsgeschäfts	47
	1. Bei der Stiftung unter Lebenden	47
	2. Bei der Stiftung von Todes wegen	48
E.	**Die Entstehung der Stiftung**	49
I.	Die staatliche Anerkennung	49
II.	Der Widerruf des Stiftungsgeschäfts	55
III.	Die Vor-Stiftung	57
F.	**Die Beendigung der Stiftung**	58
I.	Die Rücknahme der Anerkennung	58
II.	Die Aufhebung der Stiftung	59
III.	Die Auflösung der Stiftung	60
IV.	Die Insolvenz	61
V.	Das Erlöschen der Stiftung	62
VI.	Der Vermögensanfall	63
G.	**Geschäftsführung und Vertretung**	64
I.	Die Geschäftsführung	64
II.	Die Vertretung der Stiftung	69
III.	Die Bestellung und Abberufung des Vorstands und des besonderen Vertreters	75
IV.	Haftung	76
H.	**Die Stiftungsaufsicht**	78

A. Einleitung

In Deutschland gab es Ende 2013 ca. 20.000 rechtsfähige Stiftungen, von denen etwa 95 % steuerbegünstigt sind. Jedes Jahr werden 600 bis 1.000 neue Stiftungen gegründet. Mit dem Begriff der »Stiftung« werden verschiedene Organisationsformen bezeichnet (s. Rdn. 2 ff.). Bei der in den §§ 80 ff. BGB geregelten **rechtsfähigen Stiftung des bürgerlichen Rechts** handelt es sich um eine mitgliederlose, rechtsfähige Organisation, bei der an die Stelle einer kontinuierlichen Willensbildung durch die Mitglieder der grundsätzlich **unveränderliche Wille des Stifters** tritt. Bei der rechtsfähigen Stiftung des bürgerlichen Rechts handelt es sich somit nicht um eine Gesellschaft im engeren Sinn. Ihre Behandlung im Rahmen dieses Kommentars rechtfertigt sich jedoch aus der Tatsache, dass auch bei der rechtsfähigen Stiftung des bürgerlichen Rechts viele Zwischenformen

1

anzutreffen sind und sie z. B. in einer Stifterversammlung auch partizipatorische Elemente aufweisen kann. Zudem sind Stiftungen auch als Komplementäre einer Stiftung & Co. KG und in den verschiedenen Formen der Unternehmensstiftungen anzutreffen (s. Rdn. 7 und 16).

B. Die Formen der Stiftung

I. Der Begriff der »Stiftung«

2 Unter »**Stiftung« im weiteren Sinn** kann jede Einrichtung verstanden werden, die mit eigenen finanziellen Mitteln nachhaltig einen vom Stifter festgelegten Zweck verfolgt und über ein Mindestmaß an Organisation verfügt (*Meyn/Richter* Rn. 2). Kennzeichnend für eine Stiftung sind somit die **Bestandserhaltung des Vermögens** sowie die **zweckentsprechende Mittelverwendung**. Der Begriff der »Stiftung« ist nicht auf eine Rechtsform beschränkt. Vielmehr sind neben den **rechtsfähigen Stiftungen des bürgerlichen Rechts** (i. S. d. §§ 80 ff. BGB) u. a. auch unselbstständige Stiftungen (auch »Treuhandstiftung« genannt), Stiftungs-Kapitalgesellschaften, Stiftungsvereine, öffentlich-rechtliche sowie kirchliche Stiftungen anzutreffen. Im allgemeinen Sprachgebrauch wird unter dem Begriff »Stiftung« jedoch nicht nur die aus der Widmung des Stifters hervorgegangene Einrichtung verstanden, sondern auch der Akt der Bestimmung von Vermögensgegenständen durch den Stifter zu einem bestimmten Zweck bezeichnet (OLG Stuttgart NJW 1964, 1231 f.; Bamberger/Roth/*G. Schwarz/Backert* Vor §§ 80 ff. Rn. 2).

II. Die rechtsfähige Stiftung des bürgerlichen Rechts der §§ 80 ff. BGB

3 Im Mittelpunkt der folgenden Darstellung steht die rechtsfähige Stiftung des bürgerlichen Rechts, die auch als »**selbstständige**« Stiftung bezeichnet wird und in den §§ 80 ff. BGB geregelt ist. Sie ist eine mit **Vermögen** ausgestattete, **rechtsfähige** Organisation, die zu einem **bestimmten Zweck** geschaffen und diesem **dauerhaft** gewidmet wird. Sie stellt eine **mitgliederlose, verselbstständigte Vermögensmasse** mit eigener Rechtspersönlichkeit dar, die von dem **bei ihrer Konstituierung** festgelegten **Willen des Stifters geprägt** wird. Die getroffene Zweckbestimmung ist in den Grenzen des § 87 BGB unabänderlich und von der späteren Willensbildung des Stifters losgelöst.

4 Die rechtsfähige Stiftung setzt ein vom Stifter vorzunehmendes **Stiftungsgeschäft** und die **staatliche Anerkennung** der Stiftung voraus, § 80 Abs. 1 BGB. Das **Stiftungsgeschäft** (s. Rdn. 24 ff.) beinhaltet die Festlegung des Stiftungszwecks und der Organisationsstruktur, die diesen Zweck verfolgen soll, sowie das vermögensrechtliche Zuwendungsversprechen, das es der Stiftung ermöglichen soll, diesen Zweck auch tatsächlich zu verfolgen. Die durch **Verwaltungsakt** erfolgende **Anerkennung** der Stiftung hat **konstitutive Wirkung**, sodass die Stiftung erst mit der Anerkennung eine eigene Rechtspersönlichkeit erlangt. Im **BGB** sind mit **Ausnahme** des § **80 Abs. 2 BGB**, der einen grundsätzlichen **Anspruch auf Anerkennung** einer Stiftung durch die staatlichen Behörden gewährt, nur die **privatrechtlichen** Gesichtspunkte des Stiftungsrechts geregelt. Alle die selbstständige Stiftungen des Privatrechts betreffenden **öffentlich-rechtlichen** Fragen, die das **formale Anerkennungsverfahren** wie auch die **Stiftungsaufsicht betreffen**, sind hingegen dem **Landesrecht** vorbehalten. Die Stiftungsgesetze der einzelnen Bundesländer wurden in den letzten Jahren mit dem Ziel der Verwaltungsvereinfachung und der Vereinheitlichung nach und nach reformiert. Gleichwohl besteht auf der Ebene der Landesgesetze nach wie vor keine einheitliche Rechtslage.

III. Andere Formen der Stiftung

1. Die unselbstständige Stiftung oder Treuhandstiftung

5 Zur Begründung unselbstständiger Stiftungen, von denen es in Deutschland ca. 40.000 geben soll, kommt es häufig dann, wenn das zur Verfügung stehende Vermögen keinen für den dauerhaften Unterhalt einer rechtsfähigen Stiftung ausreichenden Ertrag verspricht. Die unselbstständige Stiftung erfolgt durch **Vermögenszuwendung** an eine **natürliche oder juristische Person** mit der Bestimmung, das Vermögen dauerhaft zur Verfolgung eines vom Stifter bestimmten Zweckes zu verwenden. Auch die unselbstständige Stiftung weist die **wesentlichen Stiftungsmerkmale** auf:

Dauerhaftigkeit des verfolgten Zwecks, Fehlen einer verbandsmäßigen Struktur und Vermögensübertragung (Strachwitz/Mercker/*Beckmann* S. 220; Seifart/*v. Campenhausen* § 2 Rn. 4). Deshalb kann eine **juristische Person**, die **Treuhänder** einer unselbstständigen Stiftung ist, auch die Bezeichnung »**Stiftung« im Namen** führen (OLG Stuttgart NJW 1964, 1231). Voraussetzung ist jedoch, dass eine wirksame **treuhänderische Bindung an den Stiftungszweck** besteht (BayObLG NJW 1973, 249; Palandt/*Ellenberger* Vor § 80 Rn. 10). Ob eine rechtsfähige oder eine Treuhandstiftung vorliegt, ist eine Frage der **Auslegung** des Stiftungsgeschäfts. Das Wort »Stiftung« ist mehrdeutig und kann beide Arten von Stiftungen bezeichnen. Der **Treuhandstiftung** fehlt die eigene Rechtspersönlichkeit. Sie ist damit **kein eigenes Rechtssubjekt**. Unselbstständige Stiftungen können nicht staatlich anerkannt werden und unterliegen **nicht der staatlichen Stiftungsaufsicht**. Sie werden vielmehr durch das **vertragliche** Rechtsverhältnis zwischen dem **Stifter und dem Stiftungsträger** geprägt (*Hüttemann/Herzog* DB 2004, 1001 f.). Der Rechtsträger einer unselbstständigen Stiftung benötigt für die Verwaltung des Stiftungsvermögens in der Regel auch keine Genehmigung der Bundesanstalt für Finanzdienstleistungsaufsicht (BaFin) nach § 32 Abs. 1 Satz 1 KWG (*Schiffer/Pruns* npoR 2011, 78, 80). Obwohl die unselbstständige Stiftung kein eigenes Rechtssubjekt ist, kann sie eigenständig und unabhängig von der steuerlichen Einstufung ihres Stiftungsträgers steuerbefreit sein (*Zimmermann* NJW 2012, 3282).

Das Rechtsverhältnis zwischen dem Stifter und dem Rechtsträger der unselbstständigen Stiftung lässt sich regelmäßig als **Treuhandvertrag** qualifizieren. Nach dem maßgeblichen Parteiwillen kann aber auch eine **Schenkung unter Auflage** vorliegen. Die §§ 80 bis 88 BGB finden auf die unselbstständige Stiftung keine Anwendung (h. M., str. für § 87 BGB; Palandt/*Ellenberger* Vor § 80 Rn. 10; Seifart/v. Campenhausen/*Hof* § 36 Rn. 4 ff.; Soergel/*Neuhoff* Vor § 80 Rn. 30; MüKo BGB/*Reuter* Vor § 80 Rn. 100). **Eigentümer** des treuhänderisch gebundenen Vermögens einer unselbstständigen Stiftung kann **jede juristische und natürliche Person** und damit auch eine selbstständige Stiftung sein. Der Treuhänder ist im **Innenverhältnis** gegenüber dem Stifter/Treugeber durch die **Treuhandabrede** gebunden und verwaltet das ihm übertragene Vermögen im Sinne des Stifters. In Annäherung an die Regelungen einer selbstständigen Stiftung wird dieses Innenverhältnis häufig auch in Form einer »**Satzung**« geregelt. Eine »**Eigenstiftung**«, bei der Stifter und der Träger der Stiftung identisch wären, ist unzulässig. Eine Ausnahme gilt für Eigenstiftungen der öffentlichen Verwaltung (Seifart/v. Campenhausen/*Hof* § 36 Rn. 46).

2. Die Zustiftung

Die Zustiftung ist eine Zuwendung **in das Grundstockvermögen** einer **bestehenden rechtsfähigen Stiftung**. Im Gegensatz zur unselbstständigen Stiftung bestimmt der Zustifter **keinen eigenen** Stiftungszweck und das zugestiftete Vermögen wird **nicht getrennt** von dem übrigen Vermögen gehalten und verwaltet. Vertragstypologisch ist die Zustiftung eine **Schenkung unter der Auflage** (§ 525 BGB), das zugewendete Vermögen in seinem Bestand zu erhalten und die Erträge dem Stiftungszweck entsprechend zu verwenden (so die **h. M.**, damit grds. Anwendung der §§ 516 ff. BGB, vgl. *Rawert* DNotZ 2008, Heft 1; **a. A.** *Muscheler* WM 2008, 1669: Zustiftung ist **Mitstiftung**, damit nicht Schenkungsrecht, sondern Stiftungsrecht §§ 80 ff. BGB).

6

Durch das ab 01.01.2007 geltende »**Gesetz zur weiteren Stärkung des bürgerschaftlichen Engagements**« (in der Fassung des Ehrenamtsstärkungsgesetzes aus dem Jahr 2013) wurde ein wesentlicher **steuerlicher Anreiz** für Zustiftungen gesetzt. Das Gesetz erlaubt, auch **spätere** Zuwendungen in den Vermögensstock von Stiftungen bis zur Höhe von **1 Mio. €** (zusammenveranlagte Ehegatten gemeinsam bis zu 2 Mio. €) als Sonderausgaben geltend zu machen (§ 10b Abs. 1a Satz 1 EStG; § 9 Nr. 5 Satz 3 GewStG). Das gilt nach § 10b Abs. 1a Satz 2 EStG bei Verbrauchsstiftungen allerdings nicht für Spenden in das verbrauchbare Vermögen der Stiftung.

3. Die Stiftungs-Kapitalgesellschaft

Stiftungen im weiteren Sinn können auch in Form einer **GmbH oder AG** und damit in Form einer Körperschaft ausgestaltet werden (Strachwitz/Mercker/*Mues* S. 241; MüKo BGB/*Reuter* Vor § 80

7

Rn. 82). Beispielhaft sei die Robert-Bosch-Stiftung GmbH genannt. Auch diese **Ersatzform** darf den **Namen** »**Stiftung**« führen, wenn sie mit ausreichendem Vermögen ausgestattet ist oder zumindest über eine gesicherte Anwartschaft auf Dotierung verfügt. Sie muss aber, um eine Verwechslung auszuschließen, durch einen **Zusatz** auf ihre wirkliche Rechtsform (»GmbH«) hinweisen (Bamberger/Roth/*G. Schwarz/Backert* Vor § 80 Rn. 24). Hinter dem Begriff einer »Stiftungs-GmbH« können sich **verschiedene Gestaltungsformen** verbergen. Sie sind dadurch geprägt, dass anstelle der üblichen erwerbswirtschaftlichen Zielsetzung einer Kapitalgesellschaft eine **fremdnützige Zielsetzung** festgelegt wird. Die auch Stiftungen im weiteren Sinn kennzeichnende dauerhafte Bindung an den Stifterwillen wird bei der Stiftungs-GmbH durch eine **Erschwerung von Satzungsänderungen**, die vom Stifterwillen abweichen würden, erreicht. Ein völliger Ausschluss von Satzungsänderungen ist für die Rechtsform der GmbH jedoch nicht möglich (*Wochner* DStR 1998, 1835; Meyn/Richter/*Meyn* S. 130). Einer **Verstetigung des Stifterwillens** dienen bei der Stiftungs-GmbH häufig auch Gestaltungen, bei denen die Geschäftsanteile für den Stifter durch eine **Vertrauensperson** als Treuhänder gehalten werden. Durch eine **entsprechende Anordnung** des Stifters kann sichergestellt werden, dass beim Wegfall des erstberufenen Treuhänders Ersatz-Treuhänder die Verwaltung der Geschäftsanteile im Sinne des Stifters sicherstellen. Auch die Rechtsstellung als Treugeber kann von dem Stifter auf seine **Erben** übertragen werden. Noch weiter verselbstständigt sich die Stiftungs-Kapitalgesellschaft dann, wenn ihre Anteile von einer anderen GmbH gehalten werden, deren Anteile wiederum bei der Stiftungs-GmbH liegen (Seifart/v. Campenhausen/*Pöllath* § 13 Rn. 121 ff.). Ebenfalls als »Stiftungs-GmbH« werden teilweise die sog. »**Beteiligungsträgerstiftungen**« oder »**Unternehmensstiftungen**« bezeichnet, bei denen eine **Stiftung** bürgerlichen Rechts als (Allein-) Gesellschafterin die **Anteile** an einer GmbH **hält** (s. Rdn. 16).

4. Die Stiftung & Co. KG

8 Bei der Stiftung & Co. handelt es sich um eine Kommanditgesellschaft, **deren persönlich haftende Gesellschafterin** eine **Stiftung** bürgerlichen Rechts ist. **Kommanditisten** können dabei etwa Familienmitglieder des Stifters oder andere Personen sein. Diese Gestaltungsform wird teilweise aus **steuerlichen Gründen**, vor allem aber deshalb gewählt, weil die Komplementärstiftung als ein von Mitgliedern unabhängiges, »eigentümerloses« **Kontrollorgan für das Unternehmen** der Kommanditgesellschaft zur Verfügung gestellt werden kann, das als rechtsfähige Stiftung seinerseits der Stiftungsaufsicht unterliegt (s. im Einzelnen Seifart/v. Campenhausen/*Pöllath* § 13 Rn. 85).

5. Der Stiftungs-Verein

9 Als Verein organisiert sind die sog. »**Parteien-Stiftungen**«, wie z. B. die Friedrich-Naumann-Stiftung. Im Gegensatz zur Stiftung im engeren Sinne haben Stiftungsvereine **Mitglieder**, die ihr Stimmrecht in Mitgliederversammlungen ausüben können und bei Erreichen festgelegter Quoren auch die Satzung selbst ändern können. Eine mit der rechtsfähigen Stiftung vergleichbare **Perpetuierung des Stifterwillens** ist in dieser Gesellschaftsform somit **nicht** zu erreichen (MüKo BGB/*Reuter* Vor § 80 Rn. 110). Für rechtsfähige Stiftungen verweist **§ 86 BGB** seinerseits insbesondere für die für den Vorstand einer Stiftung geltenden Vorschriften auf Regelungen des **Vereinsrechts**.

6. Die öffentlich-rechtliche Stiftung

10 Da auch Stiftungen des Privatrechts vielfach öffentliche bzw. gemeinnützige Zwecke verfolgen, kann die Abgrenzung öffentlich-rechtlicher Stiftungen nicht über die Art der Aufgaben der Stiftung vorgenommen werden. **Maßgeblich** sind vielmehr die **Umstände der jeweiligen Entstehung**. Eine Stiftung öffentlichen Rechts liegt vor, wenn der **öffentlich-rechtliche Status** durch Gesetz oder einen eigenständigen Verwaltungsakt (nicht lediglich in Form der Anerkennung i. S. d. § 80 Abs. 1 BGB) **verliehen** worden ist. Eine öffentlich-rechtliche Stiftung kann aber bei der anzustellenden **Gesamtbetrachtung** auch dann vorliegen, wenn sie, wie dies insbesondere bei sehr alten Stiftungen der Fall sein kann, seit langer Zeit in das **staatliche Verwaltungssystem eingegliedert** ist (BVerfG NJW 1963, 900; Bamberger/Roth/*G. Schwarz/Backert* Vor § 80 Rn. 21; s. beispielhaft zur Orga-

nisationsform der Berliner Philharmoniker *Bastuck* NJW 2009, 721). Öffentlich-rechtliche Stiftungen sind mit öffentlich-rechtlichen Anstalten verwandt und unterliegen wesensnotwendig der staatlichen Aufsicht (Seifart/*v. Campenhausen* § 21 Rn. 2). Stiftungen des öffentlichen Rechts fallen **nicht unmittelbar** unter die Regelungen der §§ 80 bis 88 BGB. Einzelne Landesstiftungsgesetze ordnen jedoch die Anwendbarkeit der §§ 80 bis 88 BGB auf öffentlich-rechtliche Stiftungen an (vgl. Art. 4 BayStiftG, § 2 HessStiftG). Auch darüber hinaus wird weitgehend eine **entsprechende Anwendung der §§ 80 bis 88 BGB** befürwortet (Soergel/*Neuhoff* Vor § 80 Rn. 45).

7. Die kommunale oder örtliche Stiftung

Bei den sog. »kommunalen Stiftungen« kann es sich grds. sowohl um rechtsfähige Stiftungen des bürgerlichen als auch um solche des öffentlichen Rechts handeln. Unter dem Begriff der kommunalen oder örtlichen Stiftung werden Stiftungen verstanden, die einer **kommunalen Körperschaft zugeordnet** sind, deren **Zwecke** im Rahmen der öffentlichen Aufgaben der Körperschaft liegen und die regelmäßig von **Organen** dieser Körperschaft verwaltet werden (Seifart/*v. Campenhausen* § 30 Rn. 4). Das schließt, wie sich aus § 86 BGB ergibt, nicht aus, dass dennoch eine Stiftung bürgerlichen Rechts vorliegt. Im Einzelnen sehen die **Landesstiftungsgesetze** für kommunale Stiftungen unterschiedliche Regelungen vor.

11

8. Die kirchliche Stiftung

Nach § 80 Abs. 3 BGB bleiben Vorschriften der **Landesgesetze** über kirchliche Stiftungen von den Regelungen der rechtsfähigen Stiftung des bürgerlichen Rechts unberührt. Unter kirchlichen Stiftungen sind nach den Landesstiftungsgesetzen Stiftungen zu verstehen, deren Zweck es ist, ausschließlich oder überwiegend **kirchlichen Aufgaben** zu dienen und die eine besondere **organisatorische Verbindung** zu einer Kirche aufweisen. Eine solche Zuordnung einer Stiftung zu einer Kirche wird dann angenommen, wenn die **Gründung** der Stiftung durch eine Kirche erfolgte, sie satzungsmäßig der **kirchlichen Aufsicht** unterstellt wird, oder sie eine **Zwecksetzung** verfolgt, die nur in Verbindung mit einer Kirche erfüllt werden kann (Seifart/*v. Campenhausen* § 23; Strachwitz/Mercker/*Koss* S. 351). Kirchlich sind nach den Landesgesetzen Stiftungen, die kirchliche Aufgaben wahrnehmen **und** als kirchliche Stiftungen **errichtet oder anerkannt** wurden. Hierbei sind die **Stiftungsgeschichte** und der **Stifterwillen** zu beachten (VG Sigmaringen 9 K 483/06 und OVG Koblenz 2 A 11376/05 zur Beurteilung einer Stiftung aus napoleonischer Zeit). Charakter und Zweck der Stiftung **liegen** mit diesem historischen Anfang **für die Dauer der Existenz** der Stiftung **fest** (BVerfGE 46, 73, 85). Die kirchliche Stiftung bedarf **zusätzlich** zur staatlichen Anerkennung einer **Anerkennung** durch die zuständige **kirchliche Behörde**. Hierin unterscheidet sich die kirchliche Stiftung von einer selbstständigen oder unselbstständigen Stiftung des **bürgerlichen** Rechts, die lediglich der **Förderung** kirchlicher Zwecke i. S. d. § 54 AO dient.

12

9. Die ausländische Stiftung

Ausländische Stiftungen, die nach ihrem **Heimatrecht wirksam** entstanden sind, sind auch in Deutschland auch ohne Anerkennung durch eine deutsche Behörde **rechtsfähig** (BGHZ 53, 181 für den Verein; BayObLG NJW 1965, 1438; LG München NJW-RR 2009, 1019). Die früher über §§ 86, 23 BGB bestehende Möglichkeit einer ausländischen Stiftung, die in ihrem Heimatland **keine** Rechtsfähigkeit besitzt, sich durch den Bundesminister des Inneren Rechtsfähigkeit verleihen zu lassen, ist durch die Streichung des § 23 im Vereinsrechtsänderungsgesetz des Jahres 2009 entfallen. Von einer Stiftung nach ausländischem Recht zu unterscheiden ist eine deutsche Stiftung, die ihre Zwecke im Ausland erfüllt. Diese kann sich u. U. innerhalb der EU auf eine Steuerbefreiung wegen Gemeinnützigkeit berufen, auch soweit sie nur beschränkt steuerpflichtig ist (nach Anfrage an den EuGH hat der BFH die Einschränkung in § 5 Abs. 2 Nr. 3 KStG 1996 als gemeinschaftswidrig festgestellt, BFH I R 94/02, DStR 2007, 483). Voraussetzung für eine Steuerbegünstigung von Stiftungen, die ihre satzungsmäßigen Zwecke im Ausland erfüllen, ist nach § 51 Abs. 2 AO, dass die Fördermaßnahmen Personen in Deutschland zugutekommen oder die Tätigkeit der Stif-

13

tung auch zum Ansehen Deutschlands im Ausland beitragen kann (»struktureller Inlandsbezug«, s. hierzu *Zimmermann* NJW 2013, 3562).

IV. Unterformen der rechtsfähigen Stiftung bürgerlichen Rechts

1. Die gemeinnützige Stiftung

14 Die ganz überwiegende Zahl von Stiftungen verfolgt gemeinnützige Zwecke. Hierbei handelt es sich um einen Begriff des **Steuerrechts**. Stiftungen, die **ausschließlich und unmittelbar gemeinnützige, mildtätige oder kirchliche Zwecke** i. S. d. §§ 51 ff. AO verfolgen, sind von der **Körperschaft-, Gewerbe- und Erbschaftsteuer befreit** (§ 5 Abs. 1 Nr. 9 KStG, § 3 Nr. 6 EStG, § 13 Abs. 1 Nr. 16 Buchst. b), Satz 1 ErbStG). Der **Umsatzsteuersatz** ist **reduziert**, § 12 Abs. 2 Nr. 8a UStG (Seifart/v. Campenhausen/*Pöllath* § 39 Rn. 42, 45). Die Voraussetzungen für eine Anerkennung als gemeinnützig sind in § 52 AO geregelt. Unter die **Gemeinnützigkeit im weiteren Sinn** fallen jedoch auch mildtätige und kirchliche Zwecke i. S. d. §§ 53, 54 AO. Die Anerkennung einer Stiftung als gemeinnützig im weiteren Sinn führt grds. zur Steuerbefreiung für die **Aktivitäten** der Stiftung in ihrem **ideellen Bereich**.

In Schritten wurde die steuerliche Förderung gemeinnütziger Stiftungen **verbessert**, zunächst durch das »Gesetz zur steuerlichen Förderung der Stiftungen« vom 14.07.2000, dann durch das »**Gesetz zur weiteren Stärkung des bürgerschaftlichen Engagements**« und eine Überarbeitung des Anwendungserlasses zu den §§ 51 bis 68 AO sowie zuletzt in 2013 durch das »Ehrenamtsstärkungsgesetz«. Heute besteht neben der Möglichkeit zum **Spendenabzug** i. H. v. 5 % der Einkünfte gem. § 10b **Abs. 1** die Möglichkeit, Zuwendungen an steuerbefreite Stiftungen gem. § **10b Abs. 1a EStG**, § 9 Nr. 5 Satz 3 GewStG bis zur Höhe von **1 Mio. €** als **Sonderausgaben** geltend zu machen (s. dazu näher oben Rdn. 6).

2. Die Familienstiftung

15 Das BGB kennt den Begriff der Familienstiftung nicht. Er wird jedoch in einzelnen Landesstiftungsgesetzen sowie im **Steuerrecht** verwandt (s. *G. Schwarz* BB 2001, 2381; Seifart/v. Campenhausen/*Pöllath* § 14 Rn. 3 ff., 44 ff.; MüKo BGB/*Reuter* Vor § 80 Rn. 34). Das Vermögen einer Stiftung unterliegt der Erbersatzsteuer, wenn sie **wesentlich** dem **Interesse einer oder mehrerer bestimmter Familien** dient (§ 1 Abs. 1 Nr. 4 ErbStG). Bei der Auslegung des Begriffs »wesentlich« ist im Rahmen einer Gesamtschau auf die **satzungsbedingten Möglichkeiten** der Einflussnahme auf die Nutzung des Stiftungsvermögens und auf die Bezugs- und Anfallsberechtigung abzustellen (»**qualitative Definition**«, BFH v. 18.11.2009 [II R 46/07] NV 2010 S. 898 Nr. 5). Nach h. M. ist die **Familienstiftung** im Unterschied zu einer »Stiftung für den Stifter«, deren alleiniger Zweck die Förderung des Stifters selbst wäre, **unbeschränkt zulässig** (Palandt/*Ellenberger* § 80 Rn. 8; Bamberger/Roth/*G. Schwarz/Backert* Vor § 80 Rn. 5, 14, s. dort auch zu sog. Fideikommissauflösungsstiftungen). Familienstiftungen sind von der **staatlichen Stiftungsaufsicht** nach den Regelungen der **Landesstiftungsgesetze** teilweise oder ganz **befreit**. Das Eigeninteresse der Familienmitglieder muss dann für eine Erfüllung des Stifterwillens Sorge tragen (MüKo BGB/*Reuter* Vor § 80 Rn. 53; krit. Soergel/*Neuhoff* Vor § 80 Rn. 57). Eine Familienstiftung kann bis zu 1/3 der Erträge dazu verwenden, um in angemessener Weise den Stifter oder dessen Angehörige zu unterhalten, ohne den steuerbegünstigten Status der Gemeinnützigkeit zu verlieren (§ 58 Nr. 5 AO). Familienstiftungen können auch zur Gestaltung der Vermögensübertragung genutzt werden (s. *Zensus/Schmitz* NJW 2012, 1323). Für Familienstiftungen wird steuerlich alle 30 Jahre ein Erbfall fingiert und entsprechend versteuert, § 1 Nr. 4 ErbStG. Das BVerfG (Beck RS 2011, 54012) hat die Verfassungsmäßigkeit dieser Regelung erneut bestätigt.

3. Die Unternehmensstiftung

16 »Unternehmensstiftungen«, auch »**unternehmensverbundene Stiftungen**« genannt, sind Stiftungen, zu deren Vermögen ein **Unternehmen** oder eine Beteiligung an einem Unternehmen **gehört**

(ausführl. *Rawert* S. 22 ff.; *Berndt* Rn. 1; MüKo BGB/*Reuter* Vor § 80 Rn. 43; Soergel/*Neuhoff* Vor § 80 Rn. 65; zur Stiftung als möglichem Instrument der Unternehmensnachfolge s. *G. Schwarz/ Backert* BB 2001, 2381. Zu unterscheiden sind (unmittelbare) **Unternehmensträgerstiftungen**, die selbst ein Unternehmen betreiben, und **Unternehmensbeteiligungsstiftungen** (»mittelbare Unternehmensträgerstiftung« oder »Beteiligungsträgerstiftung«), bei denen die Unternehmensstiftung als Gesellschafter an einer Gesellschaft, die ihrerseits ein Unternehmen führt, beteiligt ist (Bamberger/Roth/*G. Schwarz/Backert* Vor § 80 Rn. 16, 18; *G. Schwarz/Backert* BB 2001, 2381; Staudinger/*Rawert* Vor § 80 Rn. 84; zur steuerlichen Behandlung bei einer Beteiligung an vermögensverwaltenden, aber gewerblich geprägten Personengesellschaft s. BFH DStR 2011, 1460, zur Aufgabe der »Geprägetheorie« zu § 55 Abs. 1 Halbs. 1 AO s. *Zimmermann* NJW 2012, 3280 f.). Betreibt die Stiftung ein **Handelsgewerbe**, unterliegt sie den allgemeinen handelsrechtlichen Bestimmungen. Die Regelungen über die **Rechnungslegungspublizität** der §§ 325 bis 329 HGB finden auf die Unternehmensträgerstiftung entsprechende Anwendung. Unter dem Gesichtspunkt des **Gläubigerschutzes** in Diskussion ist die Forderung nach einem bestimmten **Mindestkapital** für Unternehmensstiftungen, um die Umgehung kapitalgesellschaftlicher Mindestkapitalerfordernisse zu verhindern (so *Schwake* NZG 2008, 248; str.). Die Stiftung kann herrschendes Unternehmen i. S. d. **Konzernrechts** sein (Bamberger/Roth/*G. Schwarz/Backert* Vor § 80 Rn. 19). Auch unternehmensverbundene Stiftungen haben seit der Reform des § 80 Abs. 2 BGB einen Rechtsanspruch auf Anerkennung (Palandt/*Ellenberger* § 80 Rn. 9). Ist die Stiftung Träger einer Sacheinrichtung (z. B. Krankenhaus, Schule) so wird sie auch »**Anstaltsträgerstiftung**« genannt.

4. Die Gemeinschafts- und die Bürgerstiftung

Die in Deutschland seit 1996 zunehmend gegründeten sog. Bürgerstiftungen stellen eine besondere Form der Gemeinschaftsstiftung dar, bei der eine **Mehrzahl von Stiftern** mit der Gründung einer Stiftung gemeinsam die Zweckbestimmung der Stiftung festlegt. Typische Merkmale einer Bürgerstiftung sind ihre Unabhängigkeit in politischer, wirtschaftlicher und konfessioneller Hinsicht, die Verfolgung eines **breiten Stiftungszwecks**, die **territoriale Eingrenzung** des Wirkungsbereichs und der **langfristig verfolgte Vermögensaufbau** in Form von weiteren Zustiftungen (*Schiffer* NJW 2004, 2498; Strachwitz/Mercker/*Hinterhuber* S. 337; s. auch www.die-deutschen-buergerstiftungen.de). Organisatorisch weisen sie regelmäßig durch die Einrichtung einer **Stifterversammlung** ein starkes **partizipatorisches Element** auf, das die Bürgerstiftung einem Verein annähert. Es gelten die allgemeinen Vorschriften; zivil- oder steuerrechtliche Sonderregelungen bestehen nicht (Palandt/*Ellenberger* § 80 Rn. 8a).

17

5. Operative und fördernde Stiftungen

Die Unterscheidung zwischen »operativen« und »fördernden« Stiftungen bezieht sich auf die **Arbeitsweise** von Stiftungen. **Operative Stiftungen** verwirklichen ihre **Zwecke selbst**, während **fördernde Stiftungen** ihre Zweckbestimmung mittelbar, durch **materielle Zuwendungen an ihre Destinatäre, verfolgen** und damit die von diesen verfolgten Ziele unterstützen. Eine weitgehend parallele Unterscheidung findet sich im steuerlichen **Gemeinnützigkeitsrecht**. Hier verpflichtet § 57 AO die steuerbegünstigte Körperschaft, ihre gemeinnützigen Zwecke »**unmittelbar**« zu verwirklichen, während § 58 Nr. 1 bis 4 AO eine **mittelbare** Zweckverfolgung durch Gewährung materieller Vorteile an andere steuerbegünstigte Körperschaften im Blick hat (Strachwitz/Mercker/*Adloff* S. 135; Adloff/v. *Hippel*, Einleitung).

18

6. Die Verbrauchsstiftung

Nach § 80 Abs. 2 BGB ist eine Stiftung des bürgerlichen Rechts auf die dauernde und nachhaltige Erfüllung des Stiftungszwecks angelegt. Nach diesem Leitbild soll das **Stiftungsvermögen** (Stiftungskapital) grds. in seinem **Bestand erhalten** bleiben und **lediglich** die **Erträge** aus diesem Vermögen zur Verfolgung der von dem Stifter vorgegebenen Zwecke **eingesetzt** werden. Stiftungen sind jedoch nicht durchgehend auf diesen Grundtyp des Ewigkeitszwecks beschränkt. Vielmehr

19

können sie als sog. »**Verbrauchsstiftung**« auch **inhaltlich oder zeitlich abgegrenzte Zwecke** (z. B. Wiederaufbau einer Kirche) verfolgen und hierzu das gestiftete **Kapital selbst einsetzen**, wenn der Bestand der Stiftung für eine angemessene Zeit gewährleistet ist und der verfolgte Zweck die rechtliche Verselbstständigung der bereitgestellten Mittel rechtfertigt (*Reuter*, NZG 2005, 649, 653). Die Voraussetzungen für die Anerkennung einer solchen Verbrauchsstiftung wurden durch die Einfügung des § 80 Abs. 2 Satz 2 BGB durch das Ehrenamtsstärkungsgesetz des Jahres 2013 weiter präzisiert. Hiernach kann auch bei einer solchen »**Stiftung auf Zeit**« von der weiterhin geforderten dauerhaften Erfüllung des Stiftungszwecks ausgegangen werden, wenn im Stiftungsgeschäft festgelegt wurde, dass die Stiftung mindestens für einen Zeitraum von 10 Jahren bestehen soll. Ob dies nun auch für Stiftungen zu fordern ist, deren Dauer durch den Zweck befristet ist (z. B. Wiedererrichtung eines historischen Gebäudes), ist streitig (s. *Zimmermann* NJW 2013, 1558).

7. Die öffentliche Stiftung und die Stiftung unter öffentlicher Verwaltung

20 Im Unterschied zu den Stiftungen **des öffentlichen Rechts** (Rdn. 9) bezeichnet die »**öffentliche Stiftung**« eine **bürgerlich-rechtliche** Stiftung, die jedenfalls nicht (ausschließlich) private Zwecke und im Regelfall überwiegend gemeinnützige, mildtätige oder kirchliche Zwecke verfolgt. Das Gegenstück hierzu stellt die »privatnützige Stiftung« dar. Bei der »**Stiftung unter öffentlicher Verwaltung**« handelt es sich hingegen um eine privat-rechtliche Stiftung, deren Verwaltung, wie in § 86 BGB erwähnt, von einer öffentlichen Behörde geführt wird.

C. Rechtsmaterien und Reform des Stiftungsrechts

21 Auch nach der Reform des Stiftungsrechts durch das »**Gesetz zur Modernisierung des Stiftungsrechts**« vom 15.07.2002 (*Andrick/Suerbaum* NJW 2002, 2905) sind die für Stiftungen des bürgerlichen Rechts relevanten Rechtsnormen **nicht einheitlich im BGB** zusammengefasst. Dort finden sich vielmehr nur die Bestimmungen für das **Stiftungsgeschäft**, mit dem die Stiftung errichtet wird (§§ 81, 83 BGB), die Zuwendung des **Stiftungsvermögens** (§ 82 BGB), die **Stiftungsverfassung** (§ 85 BGB) und ihre **innere Organisation** (§ 86 BGB, der auf das **Vereinsrecht** verweist). Die für die Entstehung der bürgerlich-rechtlichen Stiftung erforderliche **staatliche Anerkennung**, § 80 Abs. 1 BGB, sowie die **staatliche Rechtsaufsicht** über die Stiftungen bürgerlichen Rechts sind hingegen weiterhin in den **Landesstiftungsgesetzen** geregelt (die jeweiligen Gesetzestexte finden sich unter www.stiftungen.org). Die wesentlichste Änderung, die durch die Reform des Stiftungsrechts erfolgte, ist der nunmehr in **§ 80 Abs. 2 BGB** vorgesehene **Anspruch auf Anerkennung** der Stiftung als rechtsfähig, **wenn** diese das **Gemeinwohl nicht gefährdet**. Damit ist der sich schon zuvor aus Art. 2 GG abgeleitete **Grundsatz der Stiftungsfreiheit**, die Ausfluss der grundgesetzlich geschützten Privatautonomie ist, gesetzlich nachvollzogen worden. Die **Landesstiftungsgesetze** wurden in der Folge der Reform des bürgerlich-rechtlichen Teils des Stiftungsrechts und aus dem Bedürfnis der Verwaltungsvereinfachung heraus durchgehend, wenn auch nicht einheitlich, **novelliert**. Die nach Art. 74 Abs. 1 Nr. 1 GG im Bereich der konkurrierenden Gesetzgebungsbefugnis des Bundes ergangene Neuregelung der §§ 80 ff. BGB geht etwa noch restriktiver formulierten Regelungen des Landesstiftungsrechts vor (*Muscheler* NJW 2004, 713). Im Rahmen der Reformdiskussion gestellte Forderungen nach einer Übertragung der staatlichen Kontrolle der Voraussetzungen für die Entstehung einer Stiftung von den Verwaltungsbehörden auf die Registergerichte wurden nicht realisiert.

Erhebliche Bedeutung für Stiftungen kommt dem Steuerrecht zu. Zum einen ist die Stiftung selber steuerbegünstigt, sofern sie gemeinnützig ist, zum anderen können in bestimmtem Rahmen Spenden, Zuwendungen und Zustiftungen an eine gemeinnützige Stiftung steuerlich geltend gemacht werden. Die letzte steuerrechtliche Änderung erfolgte durch das »**Gesetz zur weiteren Stärkung des bürgerschaftlichen Engagements**« sowie das Ehrenamtsstärkungsgesetz aus dem Jahr 2013 (s. dazu oben Rdn. 6).

Die EU-Kommission hat im Februar 2012 einen weitreichenden Vorschlag für eine Ratsverordnung zum Statut einer Europäischen Stiftung (Fundatio Europea – FE) vorgelegt, die darauf abzielt, Stiftungen eine grenzüberschreitende Betätigung für Gemeinwohlzwecke innerhalb der EU zu erleichtern (zum Inhalt der vorgeschlagenen Regelungen s. *Zimmermann* NJW 2012, 3278). Das Europäische Parlament hat sich in 2013 für eine rasche Einführung des Statuts ausgesprochen. Die Mitgliedsstaaten haben hingegen teils gewichtige Einwände erhoben.

D. Die Errichtung der Stiftung

I. Das Stiftungsgeschäft

Das Stiftungsgeschäft stellt die **privatrechtliche Voraussetzung** für die Entstehung einer Stiftung bürgerlichen Rechts dar, § 80 Abs. 1 BGB (zum Schriftformerfordernis s. u. Rdn. 47). Es beinhaltet die Festlegung des Zwecks der Stiftung, die Widmung eines Vermögens zur Erfüllung des Stiftungszwecks und die Festlegung der Satzung der Stiftung, § 81 Abs. 1 BGB. Aus dem Stiftungsgeschäft muss die **Stiftungsabsicht** hervorgehen, d. h. es muss erkennen lassen, dass die Errichtung einer selbstständigen Stiftung gewollt ist (Palandt/*Ellenberger* § 80 Rn. 1). Der **organisationsrechtliche Teil** des Stiftungsgeschäft ist auf die Errichtung der juristischen Person, der **vermögensrechtliche Teil** (»Bewidmungsakt«, »Zuwendungsversprechen«) auf die Ausstattung der Stiftung gerichtet (Bamberger/Roth/*G. Schwarz/Backert* § 80 Rn. 2). **Rechtsfähigkeit** erlangt die Stiftung jedoch erst durch die zusätzliche **Anerkennung** durch die zuständige Behörde. Für die **Auslegung** des Stiftungsgeschäfts ist auf den in ihm zum Ausdruck gebrachten **objektivierten Stifterwillen** abzustellen. Der Stifter kann die Auslegung der Satzung auch den Stiftungsorganen oder der Aufsichtsbehörde unter Ausschluss einer gerichtlichen Kontrolle übertragen (RGZ 100, 230, 234; Palandt/*Ellenberger* § 85 Rn. 2; krit. hierzu Bamberger/Roth/*G. Schwarz/Backert* § 85 Rn. 37). Auf die **Verpflichtung** des Stifters **zur Übertragung** des von ihm der Stiftung in dem Stiftungsgeschäft zugesicherten Vermögens auf die Stiftung sind die §§ 160 ff. BGB entsprechend anzuwenden (Bamberger/Roth/*G. Schwarz/Backert* § 82 Rn. 3; Seifart/v. Campenhausen/*Hof* § 7 Rn. 41). Nach der Anerkennung der Stiftung als rechtsfähig kann diese somit, wenn der Stifter über das zugesagte Vermögen **anderweitig verfügt**, nach § 160 BGB Schadensersatz verlangen. Etwaige Zwischenverfügungen des Stifters über Rechte i. S. d. § 82 Satz 2 BGB sind entsprechend § 161 BGB unwirksam (Staudinger/*Rawert* § 83 Rn. 8). Es ist eine Frage der Auslegung, ob die vom Stifter beabsichtigte Umbenennung einer zu fördernden Schule das Stiftungsgeschäft nach § 158 Abs. 1 BGB aufschiebend bedingt oder ob die Verpflichtung des Stifters zur Übertragung des Vermögens auch bei verweigerter Namensnennung besteht (*Muscheler et. al.* Zerb 2007, 211 zum Fall Beisheim/Gymnasium Tegernsee).

1. Die Stiftung unter Lebenden

Das Stiftungsgeschäft unter Lebenden i. S. d. § 81 BGB stellt ein **einseitiges Rechtsgeschäft** dar, auf das die für diese geltenden Regelungen bezüglich Geschäftsfähigkeit und etwaige Willensmängel zur Anwendung kommen (Palandt/*Ellenberger* § 81 Rn. 2). Es kann auch von einem **Vertreter** vorgenommen werden (BayObLG NJW-RR 1991, 523). Der Stifter muss jedoch **unbeschränkt geschäftsfähig** sein. Eine Genehmigung des Stiftungsgeschäfts eines Geschäftsunfähigen oder beschränkt Geschäftsfähigen durch seinen gesetzlichen Vertreter ist nicht möglich. Der **gesetzliche Vertreter** kann das Geschäft auch nicht selbst vornehmen, §§ 1641, 1804 BGB (Seifart/v. Campenhausen/*Hof* § 7 Rn. 7). Als **Stifter** kommen neben natürlichen Personen auch juristische Personen, öffentlich-rechtliche Körperschaften, nicht rechtsfähige Vereine, Personengesellschaften (z. B. OHG und KG) sowie Gesellschaften bürgerlichen Rechts in Betracht (Palandt/*Ellenberger* § 80 Rn. 1). Eine Stiftung **unter Lebenden** liegt im Regelfall auch vor, wenn die Stiftung z. B. in der Folge einer entsprechenden **testamentarischen Auflage** durch die Erben errichtet wird (Palandt/*Ellenberger* § 83 Rn. 1), oder wenn der Stifter stirbt, bevor die Anerkennung durch die staatliche Behörde erfolgt ist. Ein Stiftungsgeschäft **von Todes wegen** liegt im Fall einer testamentarischen Auflage hingegen dann vor, wenn diese das Stiftungsgeschäft bereits **vollständig enthält** (Soergel/*Neuhoff* § 83 Rn. 5). Das Stiftungsgeschäft von Todes wegen kann mit einer Anordnung der Testamentsvollstreckung verbunden werden. Ob die Bestimmung auch einer Dauertestamentsvollstreckung über den Nachlass zulässig ist, ist umstritten (ablehnend OLG Frankfurt am Main ZEV 2011, 605; zum Meinungsstand s. *Zimmermann* NJW 2013, 3559 f.).

2. Die Stiftung von Todes wegen

24 Die Stiftung von Todes wegen kann durch **jede Form** einer letztwilligen Verfügung (**Testament oder Erbvertrag**) errichtet werden (BGHZ 70, 313). Aus der Verfügung von Todes wegen müssen der Zweck der Stiftung, die Vermögenszuwendung und die Satzung der Stiftung hervorgehen. § 83 BGB bringt hier jedoch gewisse Erleichterungen (s. Rdn. 35 ff.). Als **Stifter** einer Stiftung von Todes wegen kommen nur natürliche und testierfähige Personen (§ 2229 BGB) in Betracht. Eine **Stellvertretung** ist hier gem. §§ 2064 ff. BGB **ausgeschlossen**. Für die **Anfechtung** der Zuwendung gelten die §§ 2078 ff. BGB (Palandt/*Ellenberger* § 83 Rn. 1). Errichten mehrere Personen eine Stiftung, so kann dies für einen Teil der Stifter ein Stiftungsgeschäft unter Lebenden und für andere ein Stiftungsgeschäft von Todes wegen sein (BGH NJW 1978, 943). Der Stiftung steht als Erbin oder Vermächtnisnehmerin **kein Recht zur Ausschlagung** der Vermögenszuwendung, die Teil des Stiftungsgeschäfts ist, zu (MüKo BGB/*Reuter* § 83 Rn. 13; a. A. *O. Schmidt* ZEV 1999, 141). Spätere testamentarische Zuwendungen kann die Stiftung jedoch ausschlagen. Stiftungen von Todes wegen eignen sich nicht als Instrument zur effektiven Pflichtteilsvermeidung. Pflichtteilsrecht und Pflichtteilsergänzungsrecht gelten auch im Fall der Zuwendung an Stiftungen und begrenzen die Freiheit des Stifters, über sein Vermögen uneingeschränkt zu verfügen (vgl. *Werner* ZEV 2007, 560).

II. Die Festlegung des Stiftungszwecks

25 In dem **Stiftungsgeschäft** ist der Zweck der Stiftung vorzugeben, § 81 Abs. 1 BGB. Stiftungen können für alle Arten von Zwecken errichtet werden, solange sie das **Gemeinwohl nicht gefährden**, § 80 Abs. 2 BGB (Prinzip der »**gemeinwohlkonformen Allzweckstiftung**«). Eine **Gemeinwohlgefährdung** liegt vor, wenn der Stiftungszweck Gesetze verletzt oder im Widerspruch zu Grundentscheidungen der Rechts- oder Verfassungsordnung steht (BVerwG NJW 1998, 2545; OVG Münster NVwZ 1996, 913; VG Düsseldorf NVwZ 1994, 812; Palandt/*Ellenberger* § 80 Rn. 6). Wegen der grundrechtlich geschützten Stiftungs- und Stifterfreiheit ist der unbestimmte Rechtsbegriff des Gemeinwohls **eng auszulegen** (VG Düsseldorf NVwZ 1994, 812). Neben **fremdnützigen** und **gemeinnützigen** Stiftungen sind auch Stiftungen, die **privatnützige** und **eigennützige** Zwecke verfolgen (z. B. Familienstiftung), anzuerkennen. **Unzulässig** sind lediglich die **ausschließlich eigennützige** Stiftung sowie die »**Selbstzweckstiftung**«, deren alleiniger Zweck auf Erhalt und Mehrung des Stiftungsvermögens gerichtet ist (Bamberger/Roth/*G. Schwarz/Backert* Vor § 80 Rn. 5). Der Stifter kann eine Mehrzahl von Zwecken sowie eine Reihenfolge der Zweckverfolgung festlegen (»**sukzessive Stiftungen**«, Palandt/*Ellenberger* § 81 Rn. 7). Vom Zweck der Stiftung zu unterscheiden sind die **Motive des Stifters**. Ihnen kann jedoch für die **Auslegung** des Stiftungsgeschäfts Bedeutung zukommen (Seifart/*v. Campenhausen* § 1 Rn. 9).

III. Die Widmung des Stiftungsvermögens

26 In dem **Stiftungsgeschäft** muss der Stifter **verbindlich erklären**, der zu gründenden Stiftung ein **Vermögen** zur Erfüllung des von ihm vorgegebenen Stiftungszwecks zu widmen, § 81 Abs. 1 Satz 2 BGB. Ein **Anspruch auf Anerkennung** der Stiftung als rechtsfähig besteht nur dann, wenn das **Vermögen ausreichend** ist, um eine **dauernde und nachhaltige Erfüllung** des Stiftungszwecks zu sichern, § 80 Abs. 2 BGB. Außer in Fällen eines klar durch Zeitablauf oder die Art der Aufgabe **begrenzten** Stiftungszwecks (s. zur Verbrauchsstiftung oben Rdn. 19) müssen die **Erträgnisse** aus den Stiftungsvermögen jedoch **ausreichend** sein, um den Stiftungszweck erfüllen zu können. Der teilweise erhobenen Forderung nach einer bundeseinheitlichen Mindestkapitalausstattung wurde bisher nicht stattgegeben (vgl. zum Meinungsstand, insb. auch im Hinblick auf »Unternehmensstiftungen« *Schwake* NZG 2008, 248). Die Stiftungsbehörden haben einen Beurteilungsspielraum bei der Entscheidung über die angemessene Vermögensausstattung gem. § 80 Abs. 2 BGB (a. A. Palandt/*Ellenberger* § 80 Rn. 4). Im Regelfall wird ein **Mindest-Stiftungsvermögen** von 50.000,– € verlangt (Palandt/*Ellenberger* § 80 Rn. 5; PWW/*Schöpflin* § 80 Rn. 1). Ob ein solcher Betrag bei den geringen heute erzielbaren Renditen auf Dauer ausreichend ist, um realistisch einen Stiftungszweck verfolgen zu können, kann zweifelhaft erscheinen. Hier kann die Errichtung einer Verbrauchsstif-

tung, bei der auch das Stiftungsvermögen für die Zweckverfolgung eingesetzt werden kann, unter Umständen einen Ausweg bieten.

Reicht das Anfangsvermögen für die Verfolgung des Stiftungszwecks nicht aus, kann eine Anerkennung der Stiftung dennoch erfolgen, wenn der Stifter **hinreichend deutlich** festgelegt hat, wie die Stiftung die **weiteren** zur Verwirklichung des Stiftungszwecks erforderlichen **Mittel** – sei es durch **Zustiftungen** des Stifters oder dritter Personen (z. B. bei den Bürgerstiftungen, s. Rdn. 17) – erhalten wird. Das Stiftungsvermögen kann der Stiftung in Form eines Geldbetrages, eines Vermögenswertes (Aktienbestand, gesellschaftsrechtliche Beteiligung, Grundstück mit Mieteinnahmen) oder in Form der Begründung laufender Zahlungsansprüche (»Einkommensstiftung«) gegen den Stifter zugewendet werden. Aus dem Erfordernis der Dauerhaftigkeit folgt – außer im Fall einer Verbrauchsstiftung – regelmäßig die Verpflichtung, das Stiftungsvermögen in seinem **Bestand** zu erhalten. Das gilt aber nicht für die konkrete Zusammensetzung des Stiftungsvermögens. Vermögensumschichtungen sind vielmehr zulässig und können sogar zum Vermögenserhalt geboten sein. Neben dieses **Vermögenserhaltungsgebot** tritt die Pflicht, die Erträge ausschließlich zur Verwirklichung des Stiftungszweckes zu verwenden (**Admassierungsverbot**); die Möglichkeit der **Rücklagenbildung** besteht nur beschränkt und wird von den einzelnen Landesstiftungsgesetzen unterschiedlich geregelt (*Arnold* NZG 2007, 805; *Zimmermann* NJW 2011, 2933).

Bei der **Stiftung von Todes wegen** muss das Stiftungsgeschäft **selbst** bereits die Vermögenszuwendung enthalten (Palandt/*Ellenberger* § 81 Rn. 4). Die Vermögenszuwendung erfolgt hier durch **Erbeinsetzung, Vermächtnis** oder **Auflage** (BayObLG NJW 1965, 1438; bei Errichtung durch die mit der Auflage belasteten Erben s. aber Rdn. 24). Dabei kann die Stiftung als Alleinerbin, Miterbin, Ersatzerbin, Nach- oder Vorerbin eingesetzt sein. Als **Alleinerbin** erwirbt die Stiftung den Nachlass als Gesamtrechtsnachfolger, § 1922 BGB. Wird die Stiftung erst **nach** dem Tod des Stifters als rechtsfähig **anerkannt**, so **fingiert** § 84 BGB für die Zuwendungen des Stifters, dass die Stiftung schon als **vor** seinem Tod entstanden gilt. Damit ist auch die erst nach dem Tode des Erblassers anerkannte Stiftung **erbfähig** i. S. d. § 1923 Abs. 1 BGB. Zur Sicherung des Nachlasses für die noch nicht anerkannte Stiftung kann gem. § 1960 BGB ein **Nachlasspfleger** bestellt werden. Ist die Stiftung neben anderen Erben als **Miterbin** berufen, so ist eine **Auseinandersetzung** unter den Erben entsprechend § 2043 BGB bis zur Entscheidung über die Anerkennung der Stiftung ausgeschlossen. Ist die Stiftung **Ersatzerbin**, so kann eine Anerkennung als rechtsfähig erst **mit Eintritt** des Ersatzerbfalls erfolgen (Bamberger/Roth/*G. Schwarz/Backert* § 83 Rn. 4). Im Gegensatz zu einer Stiftung unter Lebenden bei der die begründete Aussicht, dass die Stiftung in absehbarer Zeit mit den für die Zweckverwirklichung erforderlichen Mitteln ausgestattet werden wird, ausreicht, ist es bei der Stiftung **von Todes wegen** erforderlich, dass ihr bereits **im Stiftungsgeschäft ausreichendes Grundstockvermögen** zugewendet wird (Staudinger/*Rawert* Vor § 80 Rn. 19). Eine **Vorerbschaft** zugunsten der Stiftung kommt wegen des grundsätzlichen Gebots der dauerhaften Zweckerfüllung **nur** dann in Betracht, wenn der **Stiftungszweck zeitlich begrenzt** ist oder die Stiftung während der Dauer der Vorerbschaft ausreichende Mittel erwerben kann, um ihren Zweck auch nach Eintritt des Nacherbfalls erfüllen zu können. Nach h. M. ist die Anerkennung der Rechtsfähigkeit einer Stiftung, die als **Nacherbin** eingesetzt ist, **vor** Eintritt des Nacherbfalls **nur** dann möglich, wenn der Vorerbe **nicht befreit** i. S. d. § 2136 BGB ist, da nur dann die Vermögenszuwendung gesichert erscheint.

Das Stiftungskapital oder **Grundstockvermögen** der Stiftung, das ihr im Rahmen der Errichtung von dem Stifter zugewendet wurde, kann durch **Zustiftungen** des Stifters oder Dritter nachträglich erhöht werden. Hierunter sind Vermögenswerte zu verstehen, die der Stiftung **dauerhaft zugewendet** werden sollen. Davon zu unterscheiden sind bloße Zuwendungen oder **Spenden**, die zum **Verbrauch** im Sinne des Stiftungszweckes bestimmt sind (vgl. Art. 12 BayStiftG). Ebenfalls zur Erfüllung des Stiftungszwecks einzusetzen sind die **Erträge**, die mit dem Stiftungskapital erzielt werden. Sie können nur dann dem Stiftungskapital zugeführt werden, wenn die Satzung der Stiftung dies ausdrücklich vorsieht oder dies zum Ausgleich von Vermögensverlusten erforderlich ist (*Seifart* BB 1987, 1894; Bamberger/Roth/*G. Schwarz/Backert* Vor § 80 Rn. 7). Zustiftungen können als **einfache** oder **zweckgebundene Zustiftungen** ausgestaltet sein. Unterliegt eine Zustiftung einer **anderen Zweckbestimmung** als die Stiftung selbst, so ist sie von dieser als nicht rechtsfähige Stiftung **gesondert** zu verwalten (Seifart/v. Campenhausen/*Hof* § 10 Rn. 9).

29 Da die Stiftung vor ihrer staatlichen Anerkennung noch nicht rechtsfähig ist, erwirbt sie den **schuldrechtlichen Anspruch auf Übertragung** des ihr gewidmeten Vermögens erst **mit Anerkennung** ihrer Rechtsfähigkeit, § 82 BGB. Der **dingliche Rechtserwerb** erfolgt grundsätzlich **durch einzelne Übertragungsakte** (BayObLG NJW-RR 1987, 1418 für Grundstücke). Es bedarf damit etwa noch einer Einigung über den Eigentumsübergang und der Besitzübergabe, §§ 929 ff. BGB, einer Auflassungserklärung bei Grundstücken, § 873 BGB, oder einer Abtretung von Geschäftsanteilen einer der Stiftung zugewendeten GmbH-Beteiligung. Hiervon macht § 82 Satz 2 BGB eine **Ausnahme** für Rechte, zu deren Übertragung ein Abtretungsvertrag genügt, §§ 398, 413 BGB. Die entsprechenden Rechte (z. B. Forderungen, urheberrechtliche Verwertungsrechte) gehen **mit Anerkennung** der Stiftung als rechtsfähig auf diese über, ohne dass es eines weiteren Übertragungsaktes bedarf, sofern sich nicht aus dem Stiftungsgeschäft ein anderer Wille des Stifters ergibt.

30 § 84 BGB **fingiert** für Stiftungen, die erst **nach** dem Tod des Stifters **anerkannt** werden, eine **Rückwirkung des Übergangs der Rechte**, für die nach § 82 BGB kein gesonderter Übertragungsakt erforderlich ist. Für Zuwendungen des Stifters oder dritter Personen **außerhalb** des Stiftungsgeschäfts (z. B. in Form von Schenkungen) gilt § 84 BGB **nicht** (Palandt/*Ellenberger* § 84 Rn. 1). Hat der Scheinerbe über die der Stiftung im Stiftungsgeschäft zugewendeten Vermögensgegenstände verfügt, so wird er mit Anerkennung der Stiftung rückwirkend zum Nichtberechtigten. Seine Verfügungen sind gegenüber der Stiftung unwirksam. Eine analoge Anwendung von § 184 Abs. 2 BGB auf die Verfügung des nachträglich Nichtberechtigten wird von der h. M. abgelehnt (Bamberger/Roth/*G. Schwarz/Backert* § 84 Rn. 4; Staudinger/*Rawert* § 84 Rn. 7).

31 Die **Rechtsnatur der Vermögensausstattung** der Stiftung **unter Lebenden** durch den Stifter stellt sich nach h. M. als Rechtsgeschäft **sui generis** dar, auf das die Vorschriften der **Schenkung entsprechende** Anwendung finden (MüKo BGB/*Reuter* § 80 Rn. 19; Staudinger/*Rawert* § 80 Rn. 11; Soergel/*Neuhoff* § 80 Rn. 9; a. A. RGZ 5, 141; 71, 140; Palandt/*Ellenberger* § 82 Rn. 1: Schenkung). **Gläubiger** des Stifters, Vertragserben und **Pflichtteilsberechtigte** können deshalb gegenüber der Stiftung vermögensrechtliche **Ansprüche** nach §§ 2287, 2325, 2329 BGB und § 134 InsO geltend machen (BGH NJW 2004, 45; OLG Karlsruhe ZEV 2004, 470). Ein Teil des Schrifttums wendet wegen der **schenkungsähnlichen** Vermögensausstattung die §§ 519, 521 ff. und 528 BGB auch zugunsten des Stifters an (Palandt/*Ellenberger* § 82 Rn. 1; Soergel/*Neuhoff* § 80 Rn. 9). Nach überzeugender Auffassung ist die Vermögenszuwendung an die Stiftung jedoch **Geschäftsgrundlage der Anerkennung**, sodass schenkungsrechtliche Lockerungen der Verbindlichkeit der Zuwendung nicht zugelassen werden sollten.

IV. Die Satzung der Stiftung

1. Der Mindestinhalt der Satzung, §§ 81, 83 BGB

32 Gem. § 81 Abs. 1 Satz 3 BGB muss der Stiftung durch das Stiftungsgeschäft auch eine **Satzung** gegeben werden, die die dort genannten **Mindestregelungen** beinhaltet. Enthält das Stiftungsgeschäft diese Mindesterfordernisse nicht und verstirbt der Stifter, so kann die Satzung durch die **zuständige Behörde** vor Erteilung der Anerkennung **ergänzt** oder ihr auch überhaupt erst eine entsprechende Satzung gegeben werden. Dabei ist der nach § 133 BGB zu ermittelnde **Wille des Stifters** zu berücksichtigen, § 83 Satz 2 BGB.

a) Der Name der Stiftung

33 Der Name der Stiftung dient der Individualisierung der Stiftung im Rechtsverkehr und ist für eine Stiftung als juristische Person **unverzichtbar**. Der Stifter ist bei der **Wahl des Namens frei**. Das Wort »Stiftung« muss nicht verwandt werden. Der gewählte Name darf jedoch die Namensrechte

eines Dritten nicht verletzten und dem Grundsatz der **Namenswahrheit** nicht widersprechen. Der Name der Stiftung wird durch § 12 BGB **geschützt**.

b) Der Sitz der Stiftung

Die Satzung der Stiftung muss nach § 81 Abs. 1 Satz 3 Nr. 2 BGB den **Sitz** der Stiftung festlegen. 34
Dies ist der **Ort**, an dem die Stiftung im Rechtsverkehr erscheint. Welchen Ort **im Inland** der Stifter als Sitz der Stiftung wählt, obliegt seiner freien Entscheidung, soweit zumindest ein **Bezug zur Tätigkeit** der Stiftung gewahrt bleibt (Palandt/*Ellenberger* § 81 Rn. 6). Der **Rechts- und Verwaltungssitz** können auseinanderfallen (Soergel/*Neuhoff* § 80 Rn. 6; Bamberger/Roth/*G. Schwarz/ Backert* § 81 Rn. 7). Auch ein **Doppel- oder Mehrfachsitz** ist möglich, wenn die Stiftung an jedem dieser Orte die Voraussetzungen erfüllt (Seifart/v. Campenhausen/*Hof* § 7 Rn. 26). Der Stiftungssitz begründet gem. § 80 Abs. 1 BGB die **Zuständigkeit der für die Anerkennung** der Stiftung als rechtsfähig und für die **Stiftungsaufsicht** verantwortlichen **Landesbehörde**. Ist bei einer Stiftung von Todes wegen der Sitz der Stiftung nicht testamentarisch festgelegt, so gilt nach § 83 Satz 3 BGB der Ort als Sitz der Stiftung, an welchem die Verwaltung der Stiftung geführt wird. Im Zweifel ist der letzte Wohnsitz des Stifters im Inland maßgeblich, § 83 Satz 4 BGB.

c) Der Zweck der Stiftung

Die Festlegung der Zweckbestimmung der Stiftung **in der Satzung**, § 81 Abs. 1 Satz 3 Nr. 4 BGB, 35
ergänzt die Zweckbestimmung, die bereits **Teil des Stiftungsgeschäfts** selbst ist. Der **Stiftungszweck** muss so **bestimmt** formuliert sein, dass er für den Stiftungsvorstand und die Aufsichtsbehörde **Maßstab und Richtlinie** für ihr Handeln sein kann. Bei Verbrauchsstiftungen ist in der Satzung festzulegen, wie das Stiftungsvermögen über die Lebensdauer der Stiftung eingesetzt werden soll (z. B. »linear 7,5 % des bei der Gründung vorhandenen Vermögens«, s. dazu *Zimmermann* NJW 2013, 3558 m. w. N.). Allerdings dürfen die Anforderungen hieran **nicht zu eng** gefasst werden, da ansonsten eine **Anpassung** der Tätigkeiten der Stiftung an sich **wandelnde Erfordernisse**, die unter dem Gesichtspunkt der Dauerhaftigkeit der Stiftung wünschenswert ist, nicht mehr möglich wäre. Ist der Stiftungszweck jedoch so allgemein gehalten, dass er den Stiftungsorganen ein Handeln ohne Rücksicht auf zusätzliche Vorgaben des Stifters nicht mehr ermöglichen würde, so hat die zuständige Behörde auf eine **Konkretisierung** des Stiftungszwecks zu drängen. Stirbt der Stifter vor Heilung dieses Mangels der Satzung, kann die Satzung durch die zuständige Behörde gem. § 83 Satz 2 BGB auch insoweit **ergänzt** werden. Eine solche Ergänzung ist nur dann nicht möglich, wenn auch unter Heranziehung sonstiger Umstände ein Stiftungszweck nicht ermittelt werden kann. Die Stiftungsbehörde kann die Anerkennung der Stiftung hingegen **nicht** allein aus dem Grund ablehnen, dass ihr die diesbezüglichen Festlegungen des Stifters **nicht plausibel** erscheinen (RegE BT-Drucks. 14/8765, S. 10). Die Stiftungsbehörde ist in einem solchen Fall vielmehr auf bloße beratende Hinweise beschränkt.

Zulässig ist es, dass der Stifter in der Satzung regelt, unter welchen Voraussetzungen und ggf. 36
durch wen etwa erforderlich werdende **Änderungen des Stiftungszwecks** erfolgen können (RegE BT-Drucks. 14/8765, S. 10). Eine Regelung, die es den Stiftungsorganen ermöglichen würde, den Stiftungszweck nach **freiem Ermessen** zu ändern, verstieße hingegen gegen den Bestimmtheitsgrundsatz und wäre **unzulässig** (vgl. auch Rdn. 45).

d) Das Vermögen der Stiftung

Das Stiftungsvermögen ist als Grundlage der Stiftung schon Bestandteil des eigentlichen **Stiftungs-** 37
akts (s. Rdn. 28–31). Die nach § 81 Abs. 1 Satz 3 Nr. 4 BGB erforderliche **Satzungsbestimmung** über das Vermögen **ergänzt** die Vermögenszusage in Bezug auf den Einsatz des Stiftungskapitals, mögliche Zustiftungen oder Zuwendungen sowie hinsichtlich der **Verwendung** der Stiftungsmittel (Bamberger/Roth/*G. Schwarz/Backert*, § 81 Rn. 11; RegE BT-Drucks. 14/8765, S. 10).

e) Der Vorstand der Stiftung

38 Schließlich muss die Satzung nach § 81 Abs. 1 Satz 3 Nr. 5 BGB auch die **Bildung des Stiftungsvorstands** regeln. Ohne einen Vorstand kann die Stiftung keine Rechtsfähigkeit erlangen. Der Vorstand ist **gesetzlicher Vertreter** der Stiftung. Die **Bezeichnung** des Vertretungsorgans in der Satzung ist **gleichgültig**. So werden in gleicher Funktion etwa auch die Begriffe »**Direktorium**«, »**Verwaltungsrat**« oder »**Kuratorium**« verwandt. Entscheidend ist, dass es sich dabei um ein Vertretungsorgan i. S. d. §§ 86 i. V. m. 26 BGB handelt (RegE BT-Drucks. 14/8765, S. 10 f.). Der Vorstand kann **aus einer oder mehreren Personen** bestehen. Neben der Anzahl der Mitglieder des Vorstands sind in der Satzung das **Bestellungsverfahren**, die **Amtsdauer** und ein etwaiges **Abberufungsverfahren** zu regeln. Die jederzeitige Widerruflichkeit der Bestellung, die für den Vorstand eines Vereins nach § 27 Abs. 2 Satz 1 BGB gilt, findet auf den Vorstand einer Stiftung nach § 86 BGB keine Anwendung. Der **Stifter** kann sich auch selbst zum Vorstand der Stiftung bestimmen. Zulässig ist es, dass der Vorstand der Stiftung seinen eigenen **Nachfolger** bestellt. Die Neuberufung eines Vorstands kann aber auch einer anderen Stelle oder einem von dem Stifter in der Satzung bestimmten **fakultativen** Organ der Stiftung (z. B. **Kuratorium**) überlassen werden. Dem Vorstand obliegen die Entscheidungen im Rahmen der Erfüllung des Stiftungszweckes und der **Vermögensbewirtschaftung**. Für die geschäftsführende Tätigkeit des Vorstands gelten nach § 86 i. V. m. § 27 Abs. 3 BGB die Regeln des **Auftragsrechts** (§§ 664 bis 670 BGB), soweit die Stiftungssatzung nichts anderes regelt. Die zuständige **Aufsichtsbehörde** kann gegebenenfalls die Abberufung und Bestellung von Organmitgliedern der Stiftung **anordnen** oder **selbst vornehmen**. Ebenfalls möglich ist eine **Notbestellung** durch das Amtsgericht gem. §§ 86, 29 BGB.

2. Fakultative Regelungen der Satzung

a) Zusätzliche Befugnisse für den Vorstand

39 Der **Stifter** kann **dem Vorstand in der Satzung** über die sich aus der Stellung des Vorstands als gesetzlichem Vertreter der Stiftung ergebenden Aufgaben hinaus **zusätzliche Befugnisse** einräumen. So kann der Vorstand in den Grenzen des Bestimmtheitsgrundsatzes z. B. ermächtigt werden, die **Stiftungssatzung** zu ändern und sie insbesondere an gewandelte Verhältnisse **anzupassen** (s. Rdn. 45). Eine solche Änderung der Stiftungssatzung wird **wirksam mit Anerkennung** durch die zuständige Stiftungsbehörde. Darüber hinaus kann der Stifter für den Vorstand das Recht vorsehen, ein **beratendes Organ** (»Beirat« oder teilweise ebenfalls »Kuratorium« genannt) **zu bestellen**.

b) Fakultative Stiftungsorgane

40 Der Stifter kann aber auch **in der Stiftungssatzung** selbst **weitere Stiftungsorgane** einrichten und ihre **Kompetenzen** näher regeln. So wird häufig vom Stifter zusätzlich zu dem gesetzlich zwingend erforderlichen Stiftungsvorstand ein den Vorstand **beratendes und/oder kontrollierendes Gremium** (Stiftungsrat, Beirat, Kuratorium) berufen. Weitere fakultative Stiftungsorgane sind der »**besondere Vertreter**« und die **Stifterversammlung**. Letztere findet sich etwa bei den **Bürgerstiftungen**. Es können auch etwa bestimmte Entscheidungen des Vorstands von der **Zustimmung** eines in der Satzung näher ausgestalteten fakultativen Gremiums, z. B. eines **Familienrates**, abhängig gemacht werden.

c) Die Rechtsstellung der Destinatäre

41 Aus dem Stiftungszweck ergibt sich die Bestimmung der **Destinatäre**. Den Begünstigten einer Stiftung stehen grundsätzlich **keine klagbaren Ansprüche** gegen die Stiftung zu. Vielmehr erfolgt die **Auswahl** der Begünstigten im Rahmen des Stiftungszwecks durch die zuständigen **Organe** der Stiftung. Den Begünstigten kann aber **ausnahmsweise** ein **Rechtsanspruch** auf Stiftungsleistungen zustehen, sofern der Kreis der Begünstigten in der Satzung objektiv bestimmt ist und den Stiftungsorganen **keine Möglichkeit zur Auswahl** eingeräumt ist (BGH NJW 1957, 708; NJW 1987, 2366 f.). Liegt die Zuwendung an die Destinatäre im **Ermessen** der Stiftungsorgane, so können die Begünstigten die Entscheidung gerichtlich auf ihre **Vereinbarkeit mit den Satzungsgrundsät-**

zen überprüfen lassen (OLG Hamm NJW-RR 1992, 451). Destinatären, die selbst keine Organe der Stiftung sind, können auch **Mitwirkungs- und Verwaltungsrechte** zugestanden werden (OLG Hamburg ZIP 1994, 1950 m. Anm. *Rawert*). Die Gewährung von Ansprüchen auf Leistungen der Stiftung stellt weder eine Schenkung noch ein Schenkungsversprechen dar, §§ 516, 518 BGB (BGH NJW 2010, 234; BGH NJW 1957, 708). Vielmehr handelt es sich um **Ansprüche sui generis**, deren Rechtsgrund der Stiftungszweck selbst darstellt (Seifart/v. Campenhausen/*Hof* § 8 Rn. 140; Bamberger/Roth/*G. Schwarz/Backert*, § 85 Rn. 6). Auf den Zuwendungsvertrag zwischen Stiftung und Destinatär findet die Beurkundungspflicht des § 518 Abs. 1 Satz 1 BGB somit keine Anwendung. Ob im Hinblick auf das Schriftformerfordernis des § 81 Abs. 1 BGB zumindest die einfache Schriftform zu wahren ist, ließ der BGH offen (BGH NJW 2012, 236). Der Stifter ist bei der Bestimmung der Destinatäre **nicht** an den **Gleichbehandlungsgrundsatz** bzw. das Willkürverbot **gebunden**. So können z. B. als Destinatäre einer Familienstiftung nur einzelne Familienmitglieder bestimmt werden. Der Ausschluss männlicher oder weiblicher Nachkommen durch den Stifter wird als zulässig angesehen (BGH NJW 1978, 943, 945).

d) Besondere Regelungen für gemeinnützige Stiftungen

Die Satzungen von gemeinnützigen Stiftungen enthalten neben einem §§ 52 ff. AO entsprechenden Stiftungszweck häufig **weitere Vorschriften**, denen im **Hinblick auf die Gemeinnützigkeit** Bedeutung zukommt. Das sind etwa Regelungen zur Mittelverwendung und Rücklagenbildung. Wegen des **Gebots der zeitnahen Mittelverwendung** ist eine Rücklagenbildung bei gemeinnützigen Stiftungen nur in eingeschränktem Umfang zulässig. Das Ehrenamtsstärkungsgesetz hat hier im Jahr 2013 durch Änderung verschiedener Regelungen im Abschnitt »Steuerbegünstigte Zwecke« der §§ 51 bis 68 einige Erleichterungen gebracht.

42

e) Voraussetzungen und Rechtsfolgen der Auflösung der Stiftung

Weiter können in der Satzung die Voraussetzungen der Auflösung der Stiftung (z. B. Unmöglichkeit der Zweckerfüllung) näher festgelegt werden. Für den Fall einer Auflösung oder einer Aufhebung durch die Stiftungsaufsicht nach § 87 Abs. 1 BGB, kann in der Satzung ein **Anfallberechtigter** für das dann vorhandene Stiftungsvermögen benannt werden, das andernfalls an den Staat fiele, § 88 BGB. Der Stifter kann in der Satzung auch ein Stiftungsorgan ermächtigen, die Anfallberechtigten **zu bestimmen**. Der hierfür in Betracht kommende **Personenkreis** muss sich entweder aus dem Stiftungszweck ergeben oder die Satzung muss den **Zweck**, für den das Vermögen nach Stiftungsauflösung verwendet werden soll, **gesondert angeben** (Seifart/v. Campenhausen/*Hof* § 12 Rn. 15). Bei **gemeinnützigen** Stiftungen muss dieser **Anfallberechtigte** seinerseits als **gemeinnützig anerkannt** sein (Bamberger/Roth/*G. Schwarz/Backert*, § 88 Rn. 4).

43

3. Die Auslegung der Satzung

Für die **Auslegung** der Satzung gelten die **§§ 133, 157 BGB**. Maßgeblich ist der **Wille des Stifters**. Die Auslegung ist **revisibel** (BGH NJW 1987, 2364; NJW 1994, 184; PWW/*Schöpflin* § 85 Rn. 1). Bei der **Stiftung von Todes** wegen richtet sich die Auslegung des organisationsrechtlichen Teils ebenfalls nach den allgemeinen Regeln, während für den **vermögensrechtlichen** Teil die **Auslegungsregeln des Erbrechts** gelten (Palandt/*Ellenberger* § 85 Rn. 2; teilweise abweichend Soergel/*Neuhoff* § 83 Rn. 1; Seifart/v. Campenhausen/*Hof* § 7 Rn. 71 f.).

44

4. Spätere Änderungen der Satzung

Der Stifter kann **in der Satzung** für den Vorstand oder ein fakultatives Stiftungsorgan (z. B. Familienrat) die **Ermächtigung** zur Änderung der Stiftungssatzung vorsehen (s. o. Rdn. 41 f.). Diese Kompetenz kann sich auf eine **Änderung der Stiftungsverfassung** oder auch auf eine **Anpassung des Stiftungszwecks**, z. B. an geänderte Voraussetzungen der Gemeinnützigkeit erstrecken, solange eine Übereinstimmung mit dem Stifterwillen festgestellt werden kann (BGH NJW 1987, 2365). Wegen der heute oft nur sehr niedrig verzinslichen Anlagemöglichkeiten des Stiftungsvermögens

45

und somit oft geringer, für eine Zweckerreichung nicht ausreichender Erträge wird eine Veränderung der Zweckbestimmung in eine Verbrauchsstiftung in vielen Fällen als vom Stifterwillen gedeckt angesehen werden können (so auch *Zimmermann* NJW 2013, 3559). Eine völlig ungebundene Möglichkeit zur Änderung des Stiftungszwecks wäre hingegen mit dem Bestimmtheitsgrundsatz nicht zu vereinbaren und damit unzulässig. Würde die Satzungsänderung **Verwaltungs- und Mitwirkungsrechte** der **Destinatäre** einschränken, so ist sie unwirksam (OLG Hamburg ZIP 1994, 1951; OLG Koblenz ZSt 2003, 93; *Mankowski* FamRZ 1995, 851). Ist die **Erfüllung des Stiftungszwecks unmöglich** geworden oder **gefährdet** sie das **Gemeinwohl**, kann die **zuständige Behörde** auch ihrerseits der Stiftung eine **andere Zweckbestimmung** geben oder die Stiftung **aufheben**, § 87 Abs. 1 BGB. Die Unmöglichkeit der Zweckerreichung kann auf rechtlichen oder tatsächlichen Gründen beruhen. **Rechtlich unmöglich** ist die Zweckerfüllung, wenn sie verboten ist. Ein Fall **tatsächlicher Unmöglichkeit** ist etwa der Wegfall der Destinatäre. Nicht ausreichend ist, dass die Unmöglichkeit nur **teilweise**, z. B. wegen Wegfalls einer von mehreren bedachten Einrichtungen, oder **zeitweilig**, z. B. bei einem vorübergehenden Mangel an Destinatären, gegeben ist (Bamberger/Roth/*G. Schwarz/Backert* § 87 Rn. 2). Es muss festgestellt werden, dass die Erfüllung des Stiftungszwecks **selbst** das **Gemeinwohl gefährdet** (zur Gemeinwohlgefährdung s. Rdn. 27) und nicht nur ein Verhalten der Stiftungsorgane (Soergel/*Neuhoff* § 87 Rn. 9).

46 Um wirksam zu werden, bedürfen sowohl **Änderungen der Satzung** wie auch eine Anpassung des Stiftungszwecks der **Anerkennung** durch die Stiftungsbehörde, § 80 Abs. 1 BGB (BVerwG NJW 1991, 713; Bamberger/Roth/*G. Schwarz/Backert*, § 85 Rn. 4; a. A. Palandt/*Ellenberger* § 85 Rn. 3: Genehmigung nur erforderlich, wenn landesgesetzlich vorgesehen). Die zuständige **Aufsichtsbehörde** kann unter den Voraussetzungen des § 87 Abs. 1 BGB (sowie auch des § 83 Satz 2 BGB) **selbst** die Anpassung des Stiftungszweckes vornehmen. Bei einer solchen behördlichen Umwandlung des Zwecks ist in erster Linie auf den **Willen des Stifters** abzustellen. Maßgebliches **Auslegungskriterium** hierfür ist, dass die Erträge des Stiftungsvermögens weiterhin den vom Stifter bestimmten Destinatären erhalten bleiben, § 87 Abs. 2 Satz 1 BGB. Die Behörde kann hierzu auch die **Verfassung** der Stiftung ändern, § 87 Abs. 2 Satz 2 BGB. Vor einer Umwandlung des Zwecks und der Änderung der Verfassung der Stiftung ist von der zuständigen Behörde der **Vorstand** der Stiftung zu hören. Sofern der **Stifter** noch lebt, muss auch dieser gehört werden (Seifart/v. Campenhausen/*Hof* § 12 Rn. 46). Die Maßnahmen der Stiftungsbehörde gem. § 87 BGB und dem sie ergänzenden jeweiligen Landesrecht sind **subsidiär** gegenüber den Maßnahmen der Stiftungsorgane. Sie sind daher nur zulässig, wenn eine Satzungsänderung nicht durchführbar oder sie von den Stiftungsorganen verweigert wird (Palandt/*Ellenberger* § 87 Rn. 1). Die Maßnahme der zuständigen Behörde unterliegt der Überprüfung im Rahmen einer **verwaltungsgerichtlichen Anfechtungsklage** (OVG Münster NVwZ-RR 1996, 426). Ein eingelegter **Rechtsbehelf** hat **aufschiebende Wirkung** (OLG Hamm NJW-RR 1995, 121; Palandt/*Ellenberger* § 87 Rn. 2).

V. Die Formbedürftigkeit des Stiftungsgeschäfts

1. Bei der Stiftung unter Lebenden

47 Das **Stiftungsgeschäft** unter Lebenden bedarf zu seiner Wirksamkeit der **schriftlichen Form** gem. §§ 126, 81 Abs. 1 Satz 1 BGB. Die Stiftungsurkunde muss daher vom Stifter **eigenhändig unterschrieben** oder von einem **Notar beurkundet** werden. Die im Stiftungsgeschäft erklärte **Verpflichtung des Stifters zur Übertragung eines Grundstücks** oder von **Geschäftsanteilen an einer GmbH** bedarf nach richtiger und wohl überwiegender Meinung der **notariellen Beurkundung** (Palandt/*Ellenberger* § 81 Rn. 3; Staudinger/*Rawert* § 81 Rn. 3; Bamberger/Roth/*G. Schwarz/Backert* § 81 Rn. 2; PWW/*Schöpflin* § 81 Rn. 1; a. A. OLG Schleswig DNotZ 1996, 770; FG Schleswig-Holstein, DStRE 2012, 945 [offen gelassen von Revisionsurteil des BFH: Az. II R 11/12 v. 27.11.2013]; Strachwitz/*Mercker* S. 211; Erman/*Werner* § 81 Rn. 4). Die mit der Anordnung einer notariellen Beurkundungspflicht (§ 311b BGB, § 15 GmbHG) verbundenen Warn-, Beweis- und Schutzfunktionen können von der Stiftungsaufsicht, die lediglich die Anerkennungsfähigkeit der Stiftung zu überprüfen hat, nicht gewährleistet werden. Ist für die **Übertragung** der einzelnen

Vermögensgegenstände auf die Stiftung nach erfolgter Anerkennung der Stiftung eine **bestimmte Form** einzuhalten, so ist diese **gesondert** zu wahren. Macht der Stifter der von ihm gegründeten Stiftung ein **zusätzliches Schenkungsversprechen** oder wollen Dritte der Stiftung schenkungsweise Zuwendungen machen, so sind diese nur dann bindend, wenn die **Form des § 518 BGB** (notarielle Beurkundung des Versprechens) eingehalten wurde.

2. Bei der Stiftung von Todes wegen

Für die Stiftung von Todes wegen gelten die **erbrechtlichen Formvorschriften**, §§ 2231 ff. BGB. Soll eine noch nicht errichtete Stiftung durch **letztwillige Verfügung** bedacht werden, so bedarf **auch** das **Stiftungsgeschäft** selbst der **Testamentsform**. Die testamentarische Verfügung muss auch die **Festlegung des Stiftungszwecks** und, wenn die **Stiftungssatzung** durch den Erblasser vorgegeben wird, auch diese umfassen. Ist der Stiftungszweck nicht in dem Testament enthalten, **genügt** es den Formerfordernissen einer wirksamen Erbeinsetzung der Stiftung **nicht**, wenn im Testament lediglich auf die **maschinenschriftlich** beigefügte Stiftungssatzung **Bezug** genommen wird (LG Berlin FamRZ 2001, 450). Das Gleiche gilt, wenn in dem Testament eine noch zu errichtende Stiftung zur Alleinerbin eingesetzt und hierbei auf eine anliegende maschinenschriftliche Stiftungssatzung Bezug genommen wird (LG Berlin ZEV 2001, 17).

48

E. Die Entstehung der Stiftung

I. Die staatliche Anerkennung

Die **staatliche Anerkennung** der Rechtsfähigkeit der Stiftung ist ein **privatrechtsgestaltender Verwaltungsakt** (BVerwG NJW 1969, 339). Er wirkt **konstitutiv**. **Mängel** des Stiftungsgeschäfts werden durch die Anerkennung jedoch **nicht geheilt** (BGH NJW 1978, 944; BVerwG NJW 1969, 339). Nach h. M. erwirbt die Stiftung jedoch mit der **Anerkennung** trotz eines fehlerhaften Stiftungsgeschäfts **uneingeschränkte Rechtsfähigkeit** (Palandt/*Ellenberger* § 80 Rn. 2; Bamberger/Roth/*G. Schwarz/Backert*, § 80 Rn. 41). Seit der Reform des zivilrechtlichen Stiftungsrechts im Jahr 2002 besteht nach § 80 Abs. 2 BGB bundeseinheitlich ein **Rechtsanspruch** des Stifters **auf Anerkennung** der Stiftung **als rechtsfähig**, sofern die drei in § 80 Abs. 2 BGB genannten **Voraussetzungen** (Stiftungsgeschäft gem. § 81 Abs. 1 BGB, dauernde und nachhaltige Erfüllung des Stiftungszwecks und Gemeinwohlkonformität des Stiftungszwecks) erfüllt sind (zu den Anforderungen an das Stiftungsgeschäft s. o. Rdn. 22 ff.; zur Gemeinwohlkonformität s. o. Rdn. 25). Dieser Rechtsanspruch ist eine Ausprägung der **verfassungsrechtlich gewährleisteten Stifterfreiheit**. Die **Voraussetzungen für die Anerkennung** einer selbstständigen Stiftung ergeben sich seit der Reform **bundeseinheitlich und abschließend** aus § 80 Abs. 2 BGB. Ein **Ermessensspielraum** steht der Behörde bei ihrer Entscheidung **nicht** zu. Verweigert die zuständige Behörde die Anerkennung der Rechtsfähigkeit der Stiftung, so kann der Stifter gerügte Mängel des Stiftungsgeschäftes beheben, den Antrag zurücknehmen und die Anerkennung bei einer anderen Behörde einholen oder den Verwaltungsrechtsweg beschreiten (Soergel/*Neuhoff* § 80 Rn. 17; Bamberger/Roth/*G. Schwarz/Backert* § 80 Rn. 43). Im verwaltungsgerichtlichen Verfahren kann das Vorliegen der Voraussetzungen für die Anerkennung als rechtsfähig **in vollem Umfang überprüft** werden. Das gilt auch für die erforderliche Kapitalausstattung (Palandt/*Ellenberger* § 80 Rn. 4).

49

Die Anerkennung der Stiftung setzt voraus, dass eine **dauernde und nachhaltige Erfüllung** des Stiftungszwecks angestrebt wird, die die **rechtliche Verselbstständigung** des hierfür zu verwendenden Vermögens **rechtfertigt**. Das Kriterium bezweckt auch den **Schutz des Rechtsverkehrs**, indem es die dauerhafte Existenz der mitgliederlosen juristischen Person der Stiftung gewährleistet. Ob diese Bedingung erfüllt ist, richtet sich insbesondere nach der **Vermögensausstattung** der Stiftung, aus deren Erträgen die Zweckverfolgung finanziert werden soll. Die Vermögensausstattung muss im Verhältnis zu den sich aus dem Stiftungszweck ergebenden Aufgaben **angemessen** sein. Hierfür entscheidend ist allerdings **nicht allein** die Höhe des Vermögens, das bereits im **Zeitpunkt der Anerkennung** der Stiftung gewidmet wurde. Vielmehr sind bei der Stiftung unter Lebenden in die Prüfung **auch künftige** Zuwendungen oder Zustiftungen einzubeziehen, sofern diese mit

50

einer **hohen Wahrscheinlichkeit zu erwarten** sind. Wie sich aus dem Wortlaut ergibt (»gesichert erscheint«), hat die Stiftungsbehörde eine **Prognoseentscheidung** zu treffen. Deshalb sind z. B. auch **Bürgerstiftungen**, deren anfängliche Vermögensausstattung im Verhältnis zu den zu verfolgenden Zwecken gering sein mag, als **anerkennungsfähig** anzusehen (zum Mindeststiftungsvermögen s. o. Rdn. 26; RegE, BT-Drucks. 14/8765, S. 8).

51   Eine »dauernde Erfüllung des Stiftungszwecks« i. S. d. § 80 Abs. 2 BGB bedeutet **nicht Ewigkeit** der Stiftung (Bamberger/Roth/*G. Schwarz/Backert* § 80 Rn. 13). Stiftungen können somit auch nur auf eine **begrenzte Dauer** oder für einen konkret zu verwirklichenden **endlichen Stiftungszweck** gegründet werden. Das ist durch die Einfügung des § 80 Abs. 2 Satz 2 BGB, der die Verbrauchsstiftung ausdrücklich regelt, nunmehr zweifelsfrei (s. o. Rdn. 19). Die Begriffe »**dauernd**« und »**nachhaltig**« sind jedoch **kumulativ** zu verstehen. Der Begriff der »Nachhaltigkeit« ergänzt dabei den der »dauernden« Erfüllung des Stiftungszwecks. Er ist jedoch **nicht** dahin gehend zu verstehen, dass der Stiftungszweck im Sinne von »besonders intensiv« oder »besonders wirkungsvoll« erfüllt werden müsste.

52   Die Anerkennung einer Stiftung als rechtsfähig setzt bei einer **Stiftung unter Lebenden** einen entsprechenden **Antrag des Stifters** oder, wenn er vor Antragstellung verstirbt, seiner **Erben** voraus. Soll die Stiftung von **mehreren Stiftern** errichtet werden, ist der Antrag von ihnen **gemeinsam** zu stellen (Staudinger/*Rawert* § 80 Rn. 34). Bei der **Stiftung von Todes wegen** kann der Antrag ebenfalls von dem **Erben**, dem Nachlasspfleger oder dem Testamentsvollstrecker gestellt werden, § 83 Satz 1 BGB. Daneben kann nach dieser Bestimmung bei einer Stiftung von Todes wegen aber auch das **Nachlassgericht** die Errichtung der Stiftung der zuständigen Behörde zur Anerkennung mitteilen. Die **Rücknahme des Antrags** auf Anerkennung ist **zulässig**, lässt jedoch das **Stiftungsgeschäft fortbestehen**. Wurde die Stiftung von **mehreren Stiftern** errichtet und nimmt auch **nur einer** von ihnen den Antrag auf Anerkennung zurück, so liegt **kein wirksamer Anerkennungsantrag** vor, sodass die Stiftung nicht als rechtsfähig anerkannt werden kann (Staudinger/*Rawert* § 81 Rn. 10; MüKo BGB/*Reuter* § 81 Rn. 4). Von der Rücknahme des Antrags zu unterscheiden ist der Widerruf des Stiftungsgeschäfts (vgl. Rdn. 55 f.).

53   Nach § 80 Abs. 1 BGB erfolgt die Anerkennung durch die **zuständige Behörde** des **Landes**, in dem die Stiftung ihren **Sitz** haben soll (zum Sitz der Stiftung s. o. Rdn. 34). Die Zuständigkeit der Behörde innerhalb der einzelnen Bundesländer richtet sich nach dem jeweiligen **Landesstiftungsgesetz**. Die **Anerkennung** ist, im Gegensatz zum Stiftungsgeschäft (s. Rdn. 22), grundsätzlich **bedingungsfeindlich**. Sie kann aber unter den Voraussetzungen des § 36 VwVfG oder nach landesgesetzlichen Regelungen mit **Nebenbestimmungen** versehen werden (Seifart/v. Campenhausen/*Hof* § 7 Rn. 216 f.).

54   Die Anerkennungsurkunde (»**Stiftungsurkunde**«) wird in der Regel dem Stifter sowie dem im Stiftungsgeschäft benannten ersten Stiftungsvorstand **zugestellt**. Nach den Stiftungsgesetzen der meisten Länder wird die Anerkennung der Stiftung auch in einem **Amtsblatt** bekannt gemacht. Darüber hinaus werden allgemeine Angaben über die Stiftung in einzelnen Ländern auch in gesondert geführten **Stiftungsverzeichnissen** veröffentlicht (z. B. Art. 8 BayStiftG: Stiftungsverzeichnis des Landesamts für Statistik und Datenverarbeitung). Eine allgemeine **bundesweite** Publizitätsvorschrift und ein entsprechendes **Stiftungsregister** gibt es jedoch **nicht**. Somit besteht auch keine dem Vereins- oder Handelsregister vergleichbare Publizitätswirkung.

II. Der Widerruf des Stiftungsgeschäfts

55   **Vor der Anerkennung** der Stiftung als rechtsfähig ist der Stifter jederzeit zum **Widerruf** eines Stiftungsgeschäfts unter Lebenden durch **einseitige, nicht empfangsbedürftige** Willenserklärung berechtigt, § 81 Abs. 2 BGB. **Nach der Anerkennung** ist der Widerruf **ausgeschlossen**. Der Widerruf vor Anerkennung ist **formfrei** (Palandt/*Ellenberger* § 82 Rn. 12) und kann auch durch einen **Vertreter** erklärt werden (Bamberger/Roth/*G. Schwarz/Backert* § 81 Rn. 15; a. A. Soergel/*Neuhoff* § 81 Rn. 3). Ein **minderjähriger Erbe** kann das Stiftungsgeschäft auch ohne Einwilligung seines

gesetzlichen Vertreters widerrufen, da er durch den Widerruf **lediglich** einen **rechtlichen Vorteil** erlangt, § 107 BGB (Bamberger/Roth/*G. Schwarz/Backert* § 81 Rn. 16; Seifart/v. Campenhausen/ *Hof* § 7 Rn. 63). Das Widerrufsrecht ist unverzichtbar (Seifart/v. Campenhausen/*Hof* § 7 Rn. 59). **Verpflichtet** sich der Stifter, das Stiftungsgeschäft **nicht zu widerrufen**, so können sich im Fall des Widerrufs **Schadensersatzansprüche** gegen ihn ergeben (Palandt/*Ellenberger* § 81 Rn. 12). Ausreichend für den Widerruf ist jede Willensbetätigung des Stifters, die den Widerruf **nach außen dokumentiert** (MüKo BGB/*Reuter* § 81 Rn. 2). Dies gilt auch, wenn der Stifter einem Dritten den Auftrag erteilt hat, den Antrag auf Anerkennung der Stiftung bei der Stiftungsbehörde einzureichen. Ist der **Antrag auf Anerkennung** der Stiftung jedoch bereits durch den Stifter oder einen von ihm beauftragten Dritten (z. B. den beurkundenden Notar) gestellt worden, kann der Stifter den Widerruf **nur noch gegenüber der Behörde** erklären, § 81 Abs. 2 Satz 2 BGB. Ist das Stiftungsgeschäft von **mehreren** Stiftern vorgenommen worden, so kann **jeder** für sich widerrufen. Im Zweifel ist dann nach § 139 BGB das gesamte Stiftungsgeschäft nichtig (Staudinger/*Rawert* § 81 Rn. 6; MüKo BGB/*Reuter* §§ 80, 81 Rn. 38).

Nach dem Tod des Stifters einer **Stiftung unter Lebenden** geht das **Widerrufsrecht** grundsätzlich auf die **Erben** des Stifters über. **Mehrere** Erben können jedoch den Widerruf **nur gemeinschaftlich** ausüben, § 2040 BGB. § 130 BGB findet auf eine Erklärung des Widerrufs gegenüber der Stiftungsbehörde Anwendung. Hat der **vor Anerkennung** der Stiftung als rechtsfähig verstorbene Stifter den **Antrag** bei der zuständigen Behörde schon **gestellt** oder – im Fall einer notariellen Beurkundung des Stiftungsgeschäfts – den **Notar** bei oder nach der Beurkundung mit der **Antragstellung betraut**, so steht den Erben des Stifters ein Widerrufsrecht **nicht** zu, § 81 Abs. 2 Satz 3 BGB. Dies gilt nicht, wenn der Stifter eine **andere Person** als den beurkundenden Notar beauftragt hat, den Antrag auf Anerkennung der Stiftung bei der Behörde einzureichen, und diese den Antrag erst **nach seinem Tod** stellt. § 81 Abs. 2 Satz 3 BGB **gilt nicht** für das Stiftungsgeschäft **von Todes wegen**. Ein **Widerruf** durch die Erben ist hier **ausgeschlossen**. Ein Stiftungsgeschäft von Todes wegen kann von dem **Stifter** selbst jedoch **nach den erbrechtlichen Vorschriften** (§§ 2253 ff. BGB) widerrufen werden.

III. Die Vor-Stiftung

Ab dem Zeitpunkt der **Einreichung des Antrags** auf Anerkennung der Stiftung als rechtsfähig werden auf die **im Entstehen befindliche Stiftung** von einem Teil der Literatur die Grundsätze angewandt, die für Vor-Gesellschaften herausgebildet wurden. Die h. M. lehnt die Bejahung einer **Vor-Stiftung** jedoch ab (FG Schleswig DStRE 2009, 1386; FG Baden-Württemberg DStRE 2012, 537; Az. der Revision zum BFH: XR 36/11; MüKo BGB/*Reuter* §§ 80, 81 Rn. 62 f.; Seifart/v. Campenhausen/*Hof* § 7 Rn. 220 ff.; a. A. Palandt/*Ellenberger* § 80 Rn. 2; *Orth* ZEV 1997, 327: für ein Stiftungsgeschäft von Todes wegen). Im Gegensatz zu einer Vor-Gesellschaft findet bei der Stiftung vor Anerkennung ihrer Rechtsfähigkeit **keine Verselbstständigung** der Vermögensmasse statt. Der Stifter ist vielmehr nach § 82 Satz 1 BGB **erst mit Anerkennung** der Stiftung als rechtsfähig an sein Zuwendungsversprechen **gebunden**. In den Fällen des § 84 BGB (Anerkennung einer Stiftung von Todes wegen) ist allerdings die Bestellung eines Pflegers zuzulassen. Die Stiftung ist hier im Gründungsstadium wie ein **nasciturus** (§§ 1912 f. BGB) zu behandeln (KG OLG 24, 246; Bamberger/ Roth/*G. Schwarz/Backert* § 80 Rn. 53).

F. Die Beendigung der Stiftung

I. Die Rücknahme der Anerkennung

Die Rücknahme der Anerkennung der Stiftung als rechtsfähig durch die zuständige Behörde wirkt **ex nunc** (BGHZ 70, 313, 321; BVerwG NJW 1969, 339). Eine Rücknahme kommt etwa in Betracht, wenn die Anerkennung durch arglistige Täuschung erschlichen wurde (VGH München ZSt 2006, 41).

II. Die Aufhebung der Stiftung

59 Unter den Voraussetzungen des § 87 BGB kann die zuständige **Behörde**, wenn die Erfüllung des Stiftungszwecks unmöglich geworden ist oder sie das Gemeinwohl gefährdet, die **Stiftung aufheben**. Die **Unmöglichkeit** kann auf tatsächlichen oder rechtlichen Gründen beruhen. Eine Unmöglichkeit ist anzunehmen, wenn das **Stiftungsvermögen** endgültig **wegfällt** oder so sehr schrumpft, dass die Stiftung nicht mehr lebensfähig ist (Palandt/*Ellenberger* § 87 Rn. 1). Die Aufhebung ist wegen des Grundsatzes der Verhältnismäßigkeit nur zulässig, wenn eine **Umwandlung** nicht möglich oder nicht ausreichend ist (Seifart/v. Campenhausen/*Hof* § 12 Rn. 45). Die in § 87 Abs. 3 BGB für den Fall der Umwandlung des Stiftungszwecks vorgesehene **Anhörung des Vorstands** hat auch dann zu erfolgen, wenn die Stiftung aufgehoben werden soll, § 28 VwVfG (s. zu § 87 BGB oben Rdn. 45). Ein **Vorstandsmitglied** kann sich im **verwaltungsgerichtlichen** Verfahren **nicht** gegen die Aufhebung wenden, weil es nicht in eigenen Rechten betroffen ist; die Verletzung organschaftlicher Rechte ist vor den **Zivilgerichten** geltend zu machen (VGH Mannheim v 31.03.2006, 1 S 2115/05). Die Gründe für eine Aufhebung durch die Behörde sind in § 87 Abs. 1 BGB **abschließend** geregelt. Das Landesrecht kann keine zusätzlichen Aufhebungsgründe vorsehen (Palandt/*Ellenberger* § 87 Rn. 3). Die Landesstiftungsgesetze sehen jedoch **neben der Aufhebung** des § 87 BGB teilweise die Möglichkeit einer Zusammenlegung oder der Zulegung von Stiftungen vor. Bei der **Zulegung** wird die betroffene Stiftung mit einer anderen verbunden. Dies führt zum Verlust ihrer Rechtsfähigkeit. Bei einer **Zusammenlegung** werden mehrere Stiftungen vereinigt. In beiden Fällen müssen bei der betroffenen Stiftung die Voraussetzungen des § 87 BGB gegeben sein und sich die Stiftungen in ihrer **Zwecksetzung** ähneln (Bamberger/Roth/*G. Schwarz/Backert* § 87 Rn. 3). Eine Anwendung des § 87 BGB bei einer sog. **Rechtsformverfehlung**, d. h. z. B. dann, wenn die Stiftungsbehörde eine Unterhaltsstiftung zu Unrecht als rechtsfähig anerkannt hat, ist abzulehnen, da die als rechtsfähig anerkannte Stiftung Bestandsschutz genießt (Seifart/v. Campenhausen/*Hof* § 11 Rn. 348). Zur Aufhebung einer Stiftung wegen nicht erfolgter Umbenennung des Gymnasiums Tegernsee nach dem Namen des Stifters, vgl. *Muscheler* Zerb 2007, 211.

III. Die Auflösung der Stiftung

60 Die **Stiftungssatzung kann** vorsehen, dass die Stiftung durch **Mehrheitsbeschluss des Stiftungsvorstands** aufgelöst werden kann. Dieser Beschluss bedarf zu seiner Wirksamkeit der **Genehmigung durch die Stiftungsaufsicht** (OLG Koblenz NZG 2002, 135; Strachwitz/Mercker/*v. Rotenhan*, S. 267). Weitere **Auflösungsgründe** stellen der Eintritt einer **auflösenden Bedingung**, der Verbrauch des Stiftungsvermögens bei der Verbrauchsstiftung sowie der Eintritt eines **Endtermins** dar. Im Interesse der Rechtssicherheit ist bei einer auflösenden Bedingung die Feststellung des Eintritts des ungewissen zukünftigen Ereignisses durch ein Stiftungsorgan erforderlich (Bamberger/Roth/*G. Schwarz/Backert* § 80 Rn. 38).

IV. Die Insolvenz

61 Im Fall einer Insolvenz wird die Stiftung **mit der Eröffnung des Insolvenzverfahrens** gem. §§ 86, 42 Abs. 1 BGB aufgelöst, **ohne** dass es eines **weiteren behördlichen Aktes** bedürfte (Bamberger/Roth/*G. Schwarz/Backert* § 87 Rn. 5; Meyn/Richter Rn. 898). Damit **endet** ihre **Rechtsfähigkeit**. Nur für die Abwicklung des Insolvenzverfahrens wird die Stiftung als rechtlich fortbestehend angesehen (Staudinger/*Rawert* § 86 Rn. 23).

V. Das Erlöschen der Stiftung

62 Das Erlöschen der Stiftung bedarf **in allen anderen Fällen** als der Insolvenz eines **staatlichen Akts**. Eine Stiftung erlischt nicht automatisch. Mit dem Erlöschen **verliert** die Stiftung ihre **Rechtsfähigkeit**. Sie kann als **unselbstständige** Stiftung nur dann fortbestehen, wenn in der Stiftungssatzung ein Anfallberechtigter als Stiftungstreuhänder vorgesehen ist (Seifart/v. Campenhausen/*Hof* § 36 Rn. 2; weiter gehend Soergel/*Neuhoff* § 88 Rn. 1).

VI. Der Vermögensanfall

Nach § 88 Satz 1 BGB fällt das Vermögen der Stiftung mit ihrem Erlöschen an die **in der Verfassung der Stiftung bestimmten Personen** (s. o. Rdn. 43). Fehlt eine solche Bestimmung, so fällt das Vermögen der Stiftung an den **Fiskus** des Landes, in dem die Stiftung ihren Sitz hatte, § 88 Satz 2 BGB. Der Landesfiskus erwirbt das Vermögen **kraft Gesetzes** nach den §§ 88 Satz 3, 46 BGB im Wege der **Gesamtrechtsnachfolge**. **Andere Anfallberechtigte** erhalten demgegenüber, falls das Landesrecht nach § 88 Abs. 2 BGB keine Sonderregelungen enthält (krit. dazu *Muscheler* NJW 2004, 716), lediglich **schuldrechtliche Ansprüche** gegen die Stiftung. Dann ist ein **Liquidationsverfahren** durchzuführen, §§ 88, 47 bis 53 BGB. Nach §§ 88, 49 Abs. 2 BGB besteht die Rechtsfähigkeit der Stiftung bis zur Beendigung der Liquidation fort (Bamberger/Roth/*G. Schwarz/Backert* § 88 Rn. 5). Die meisten Landesstiftungsgesetze sehen z. B. für kommunale Stiftungen vor, dass die Gemeinden Gesamtrechtsnachfolger erloschener kommunaler Stiftungen sind. Nach §§ 88, 46, 1942 Abs. 2 BGB kann der **Fiskus** das angefallene Vermögen **nicht ausschlagen**. Er ist bundesrechtlich verpflichtet, das Stiftungsvermögen nach dem in der Satzung festgelegten Stiftungszweck zu verwenden (Bamberger/Roth/*G. Schwarz/Backert*, § 88 Rn. 4).

63

G. Geschäftsführung und Vertretung

I. Die Geschäftsführung

Soweit die Satzung keine abweichenden Regelungen vorsieht, **führt der Vorstand die Geschäfte** der Stiftung. Die **Satzung** kann eine **Geschäftsordnung** für den Vorstand beinhalten. Eine Geschäftsordnung kann aber auch im Rahmen des Stiftungsgeschäfts **gesondert** von dem Stifter erlassen werden. Die Satzung kann auch bestimmen, dass bestimmte Entscheidungen vom Vorstand nur im **Zusammenwirken** mit einem anderen Stiftungsorgan (z. B. Kuratorium) getroffen werden können. Schließlich kann die Geschäftsführung ganz oder teilweise auch einem einzelnen Vorstandsmitglied oder einem angestellten Geschäftsführer **übertragen** werden. Ohne entsprechende Satzungsregelungen ist der Stiftungsvorstand **grds. für alle Geschäfte** der Stiftung zuständig. Dies umfasst vor allem die **ordnungsgemäße Verwaltung des Stiftungsvermögens** und die **Vergabe** der Finanzmittel **zur Erfüllung des Stiftungszwecks** (Staudinger/*Weick* § 26 Rn. 12; Soergel/*Hadding* § 26 Rn. 16).

64

Für besondere Geschäfte kann die Satzung sog. »besondere Vertreter« bestellen, §§ 86, 30 BGB. Dies geschieht in der Stiftungspraxis häufig in Form **von Kuratorien, Stiftungsräten, Stifterversammlungen** oder ähnlich bezeichneten Organen (Staudinger/*Rawert* § 86 Rn. 19). Für den Stifter besteht weitgehende **Freiheit bei der Bestimmung des Umfangs** der diesen weiteren Stiftungsorganen zugedachten Aufgaben. Die Bestellung eines besonderen Vertreters für alle Vorstandsaufgaben wäre jedoch unzulässig (OLG Hamm OLGZ 78, 21; Palandt/*Ellenberger* § 30 Rn. 6).

65

Für die **Willensbildung innerhalb** eines mehrgliedrigen Vorstands verweist § 86 Satz 1 BGB auf die §§ 28 Abs. 1, 32, 34 BGB. Hiernach bedarf es zur Beschlussfassung durch den Vorstand einer **ordnungsgemäß einberufenen Versammlung**, die mit der **Mehrheit der erschienenen Mitglieder** entscheidet, § 32 Abs. 1 BGB. Für die Entscheidung über eine Beschlussfassung **im schriftlichen Verfahren** bedarf es gem. § 32 Abs. 2 BGB der Einstimmigkeit der Mitglieder des Vorstands. Die über § 86 BGB anzuwendenden Regelungen des **Vereinsrechts** sind jedoch dispositiv. So kann die Satzung gegenüber der gesetzlichen Regelung sowohl Erleichterungen, wie auch strengere Regelungen enthalten. So sehen viele Stiftungssatzungen etwa ein **Anwesenheitsquorum** für die Mitglieder des Vorstands vor (Staudinger/*Rawert* § 86 Rn. 14). Fordert die Satzung für die Beschlussfähigkeit eines aus mehreren Mitgliedern bestehenden Vorstands die Anwesenheit eines bestimmten Quorums, sind im Zweifel anwesende Mitglieder, denen die Amtsausübung aufsichtsrechtlich untersagt ist, nicht mitzuzählen (BGH NJW 1994, 184).

66

Nach den §§ 86 Satz 1, 28 Abs. 1, 34 BGB sind Mitglieder des Vorstands **von der Abstimmung ausgeschlossen**, wenn es bei der Abstimmung um die Vornahme eines **Rechtsgeschäfts mit ihnen selbst** oder um die Einleitung eines **Rechtsstreits** zwischen der Stiftung und ihnen geht. Nach überzeugender Auffassung sind Mitglieder des Vorstands darüber hinaus von der Beschlussfassung

67

dann ausgeschlossen, wenn sie an dem Gegenstand der Beschlussfassung selbst oder als Vertreter eines Dritten **beteiligt** sind (Seifart/v. Campenhausen/*Hof* § 9 Rn. 142; enger: Bamberger/Roth/*G. Schwarz/Schöpflin* § 34 Rn. 8: nur bei »Richten in eigener Sache«; Palandt/*Ellenberger* § 34 Rn. 3: **Stimmrechtsverbot** dann, wenn Vorstandsmitglied eine juristische Person, mit der ein Rechtsgeschäft abgeschlossen werden soll, **beherrscht** oder mit ihr **wirtschaftlich identisch** ist). Verboten ist durch § 34 BGB nur das Mitstimmen, nicht die Teilnahme an der beschließenden Versammlung. Trotz eines Verstoßes gegen § 34 BGB bleibt der Beschluss wirksam, wenn die ungültige Stimme nachweisbar ohne Einfluss auf das Abstimmungsergebnis war (RGZ 106, 263; Palandt/*Ellenberger* § 34 Rn. 2).

68 Für die **Geschäftsführung** des Vorstands findet im **Innenverhältnis** § 27 Abs. 3 BGB Anwendung, § 86 BGB. Dieser verweist auf die Regeln des **Auftragsrechts** gem. §§ 664 bis 670 BGB. Der Stifter kann in der **Satzung** abweichende Regelungen aufstellen, jedoch darf er die Grundsätze des Auftragsrechts nur **modifizieren** und nicht völlig ausschließen (Strachwitz/Mercker/*v. Rotenhan* S. 259). Eine **Vergütung** der Vorstände muss in der Satzung geregelt werden, da § 86 BGB auch auf den am 01.01.2015 in Kraft tretenden 27 Abs. 3 Satz 2 BGB verweist. Die Gewährung einer solchen Vergütung hat über §§ 86, 31a BGB Einfluss auf den Haftungsmaßstab bei fahrlässigem Handeln der Vorstandsmitglieder (s. dazu unten Rdn. 76). Da es für den Vorstand **keinen Auftraggeber** i. S. d. §§ 27 Abs. 3, 665 f. BGB gibt, verfügt der Vorstand grundsätzlich über einen **größeren Handlungsspielraum** als sonstige Beauftragte (Seifart/v. Campenhausen/*Hof* § 9 Rn. 44). Der Entscheidungsspielraum des Stiftungsvorstandes ist jedoch durch den **Stiftungszweck** beschränkt. Der Stiftungsvorstand nimmt **keine autonome Willensbildung** vor, sondern setzt immer nur den Stifterwillen um. Dies gilt auch dann, wenn der Stifter selbst Vorstandsmitglied ist. Auch er ist an den Stiftungszweck gebunden. § 665 BGB ist deshalb nur mit der Maßgabe anzuwenden, dass der Vorstand für **jede Abweichung** von dem Stiftungszweck die **Satzung ändern** und die **Anerkennung** des geänderten Stiftungszwecks durch die Stiftungsbehörde einholen muss (Soergel/*Neuhoff* § 86 Rn. 12).

II. Die Vertretung der Stiftung

69 Der **Vorstand** hat im Außenverhältnis die Stellung eines **gesetzlichen Vertreters**, der die Stiftung gerichtlich und außergerichtlich vertritt, §§ 86, 26 Abs. 2 BGB. Bei einem mehrgliedrigen Vorstand gilt grundsätzlich **Gesamtvertretung** (Seifart/v. Campenhausen/*Hof*, § 9 Rn. 31; a. A. MüKo BGB/*Reuter* § 86 Rn. 8: Mehrheitsvertretung; Bamberger/Roth/*G. Schwarz/Backert* § 86 Rn. 4). Die **Satzung** kann jedoch auch bestimmen, dass jedes Mitglied **allein** oder z. B. zwei Vorstandsmitglieder gemeinsam Vertretungsmacht haben sollen. Nach den Reformen der Landesstiftungsgesetze bestehen heute nur noch für wenige Rechtsgeschäfte Genehmigungsvorbehalte der Aufsichtsbehörden (*Richter/Sturm* NZG 2005, 658).

70 Im **Außenverhältnis** gilt für Rechtsgeschäfte zwischen der Stiftung und ihren Vorstandsmitgliedern das **Selbstkontrahierungsverbot**, § 181 BGB. Einzelnen oder mehreren Mitgliedern des Vorstands kann jedoch **Befreiung** hiervon erteilt werden (Staudinger/*Rawert* § 86 Rn. 7). Allerdings sind nach **einzelnen Landesgesetzen** Insichgeschäfte grds. unzulässig oder zumindest anzeigepflichtig. Nach anderen Landesgesetzen (z. B. Art. 22 Abs. 2 BayStiftG) muss die Befreiung von § 181 BGB in der **Satzung** geregelt sein.

71 Die Satzung kann weitere **Beschränkungen der Vertretungsmacht** des Vorstands vorsehen. Da § 86 BGB auch auf § 26 Abs. 2 BGB verweist, kommt diesen Beschränkungen der Vertretungsmacht auch **im Verhältnis zu Dritten**, die diese Beschränkungen weder kennen noch kennen müssen (Palandt/*Ellenberger* § 86 Rn. 1; a. A. Seifart/v. Campenhausen/*Hof* § 9 Rn. 31; PWW/*Schöpflin* § 86 Rn. 2), **Wirksamkeit** zu, obwohl es für die Stiftung keine Registerpublizität gibt. Eine **Beschränkung** der Vertretungsmacht kann sich auch **aus dem Stiftungszweck** selbst ergeben (BGH NJW 1957, 708; Palandt/*Ellenberger* § 86 Rn. 1; a. A. MüKo BGB/*Reuter* § 86 Rn. 7; Staudinger/*Rawert* § 86 Rn. 8: Beschränkung muss sich eindeutig aus der Satzung selbst ergeben). Zur Erleichterung erteilen die

Stiftungsbehörden in der Praxis sog. »**Vertretungsbescheinigungen**« (MüKo BGB/*Reuter* § 86 Rn. 8). Diesen kommt jedoch **keine konstitutive** Wirkung zu.

Die Vertretungsmacht eines **besonderen Vertreters** (s. Rdn. 65) erstreckt sich im Zweifel auf alle Rechtsgeschäfte, die der ihm zugewiesene Geschäftskreis gewöhnlich mit sich bringt (Bamberger/Roth/*G. Schwarz/Backert* § 86 Rn. 6). 72

Gem. §§ 86, 28 Abs. 2 BGB ist **jedes** Vorstandsmitglied zur **Passivvertretung** befugt. 73

Hat der Stifter angeordnet, dass die Stiftung durch eine **öffentliche Behörde verwaltet** werden soll, so gelten statt der §§ 27 Abs. 3, 28 und 29 BGB die für die Führung der Behörde maßgebenden Vorschriften des **öffentlichen Rechts**, § 86 Satz 2 BGB. Dagegen finden die Bestimmungen **des § 86 Satz 1 BGB** Anwendung, wenn nach der Satzung nicht die Behörde, sondern der Behördenleiter oder ein sonstiger Funktionsträger **als Person** Stiftungsvorstand ist (BGH LM § 85 Rn. 2). 74

III. Die Bestellung und Abberufung des Vorstands und des besonderen Vertreters

Die Regelungen zur **Bestellung** und **Abberufung** des Stiftungsvorstands sind notwendiger Bestandteil der Stiftungssatzung (s. Rdn. 38). In dringenden Fällen kann nach §§ 86, 29 BGB auf **Antrag** eines Beteiligten das Amtsgericht einen **Notvorstand** bestellen. Voraussetzung ist, dass der Vorstand oder einzelne Vorstandsmitglieder ständig oder vorübergehend ausfallen. Das ist dann der Fall, wenn ein Vorstandsmitglied an der Geschäftsführung **gehindert** ist. Neben Fällen, in denen der bestellte Vorstand geschäftsunfähig oder wirksam abberufen wird, zählt hierzu auch eine Verhinderung **aus rechtlichen Gründen**, z. B. aufgrund des Selbstkontrahierungsverbots des § 181 BGB (OLG Frankfurt am Main NJW 1966, 504; Bamberger/Roth/*G. Schwarz/Backert* § 86 Rn. 2). **Antragsberechtigt** ist jeder, dessen Rechtsstellung durch die Bestellung unmittelbar beeinflusst wird (BayObLGZ 1971, 180). Hierzu zählen auch die **Gläubiger** der Stiftung und die **Stiftungsbehörde**. Ein **Stiftungsbeirat** mit bloßer Beratungsfunktion ist hingegen **kein** Beteiligter (BayObLG NJW-RR 2000, 1198). Die **Landesstiftungsgesetze** sehen teilweise für die Bestellung eines Notvorstands von § 29 BGB abweichende Regelungen vor und erklären hierfür die Stiftungsaufsicht als zuständig (Seifart/v. Campenhausen/*Hof* § 9 Rn. 199). Für die Bestellung eines **besonderen Vertreters** gelten, wenn die Satzung keine abweichenden Regelungen beinhaltet, dieselben Regeln, die für die Bestellung des Vorstands gelten. In dringenden Fällen kann für einen besonderen Vertreter ebenfalls nach § 29 BGB ein **Notvertreter** bestellt werden (Seifart/v. Campenhausen/*Hof* § 9 Rn. 52; a. A. Soergel/*Neuhoff* § 86 Rn. 10). Nach den Landesstiftungsgesetzen besteht für die Stiftungsaufsicht teilweise auch die Möglichkeit, einen besonderen Vertreter zu bestellen (s. z. B. Art. 22 Abs. 1 Satz 2 BayStiftG für den Fall des § 181 BGB). 75

IV. Haftung

Im **Außenverhältnis haftet die Stiftung** für das Handeln ihrer **verfassungsmäßig berufenen Vertreter** (Vorstand und besonderer Vertreter) nach den Vorschriften des Vereinsrechts, §§ 86 Satz 1, 31 BGB. Haftungssubjekte sind neben dem Vorstand alle die Personen, die das Gesetz unter dem Begriff des **gesetzlichen Vertreters** fasst (BGHZ 49, 21; BGH NJW 1980, 2811; NJW 1986, 2640). Bestehen **Amtshaftungsansprüche** der Stiftung gegen die Aufsichtsbehörde wegen Vernachlässigung der Stiftungsaufsicht, so muss sich die Stiftung ein **Mitverschulden** ihres Stiftungsvorstands gem. §§ 86, 31, 254 BGB anrechnen lassen (BGH NJW 1977, 1148; BayObLGZ 1990, 272). Nach wohl h. M. haftet ein Vorstand, der aufgrund eines **unwirksamen Beschlusses** handelt, nicht als Vertreter ohne Vertretungsmacht i. S. d. § 179 Abs. 2 BGB (Seifart/v. Campenhausen/*Hof* § 9 Rn. 214; offen gelassen durch BGHZ 69, 250). Nach § 34 AO haftet der Stiftungsvorstand auch für Ansprüche aus dem **Steuerschuldverhältnis**, falls der Vorstand die steuerrechtlichen Pflichten vorsätzlich oder grob fahrlässig verletzt hat und deshalb Steuern oder Nebenleistungen nicht oder nicht rechtzeitig festgesetzt oder erfüllt werden. 76

Die Mitglieder des Stiftungsvorstands **haften** gegenüber der Stiftung im **Innenverhältnis** für **schuldhafte Verletzung** ihrer Pflichten gem. §§ 86, 27 Abs. 3, 664 ff. BGB sowie gegebenenfalls 77 nach Anstellungsvertrag gemäß den Regeln der **positiven Forderungsverletzung** (§ 280 BGB), nach § 823 BGB i. V. m. § 266 StGB, § 826 BGB (*Schiffer* NJW 2004, 2499; zur Haftung der bei der Vermögensanlage beratenden Bank s. OLG Dresden ZIP 2004, 1499). Einzelne Landesgesetze sahen bereits eine **Haftungsbeschränkung** auf Vorsatz und grobe Fahrlässigkeit vor (vgl. u. a. Art. 14 BayStG; zu Pflichtverletzung, Ermessensspielraum und Haftung insb. im Rahmen der Vermögensbewirtschaftung vgl. *Kiethe* NZG 2007, 810). Seit dem Jahr 2009 ist nun die Haftung von Stiftungsvorständen und besonderen Vertretern dann, wenn sie für eine Stiftung unentgeltlich oder nur für geringe Vergütung (zuletzt angehoben auf 720,– € jährlich) tätig werden, allgemein auf Vorsatz und grobe Fahrlässigkeit begrenzt. Die Beweislast für das Vorliegen grober Fahrlässigkeit obliegt dabei der Stiftung, §§ 86, 31a Abs. 1 Satz 1 und 3 BGB). Soweit ihre Haftung Dritten gegenüber nicht durch vorsätzliches oder grob fahrlässiges Handeln begründet ist, können sie unter den gleichen Voraussetzungen von der Stiftung Befreiung von der Verbindlichkeit verlangen, §§ 86, 31a Abs. 2 BGB. Für weitere für die Stiftung handelnde Personen (z. B. ehrenamtliche Helfer) wurde diese Haftungserleichterung anders als im Vereinsrecht (§ 31b BGB) hingegen nicht übernommen.

H. Die Stiftungsaufsicht

78 Die Stiftungsaufsicht ist reine **Rechtsaufsicht** (BGH NJW 1987, 2365; Soergel/*Neuhoff* Vor § 80 Rn. 82). Die Stiftungsbehörde darf im Rahmen ihrer Kontrolle **nicht** eigene **Zweckmäßigkeitsüberlegungen** an die Stelle der Entscheidungen der Stiftungsorgane setzen. Soweit der Stifter den handelnden Organen in der Satzung einen **Ermessensspielraum** eingeräumt hat, ist die Stiftungsaufsicht auf die Überprüfung beschränkt, ob sich die Stiftungsorgane im Rahmen dieses Ermessensspielraums bewegt haben. Die **Aufsichtsmaßnahmen** der Stiftungsaufsicht sind in den **Landesstiftungsgesetzen** geregelt. Sie umfassen Informations- und Überwachungsrechte, Genehmigungsvorbehalte, die Beanstandung von Entscheidungen und Maßnahmen der Stiftungsorgane sowie deren Aufhebung, die Ersatzvornahme, die Abberufung von Organmitgliedern, die Bestellung besonderer Vertreter und die Geltendmachung von Schadensersatzansprüchen (ausführlich Seifart/v. Campenhausen/*Hof* § 11 Rn. 101 ff.). Die Aufgaben der Stiftungsaufsicht wurden im Zuge der Reform der Landesstiftungsgesetze mit dem Ziel der Verwaltungsvereinfachung durchgehend reduziert (vgl. z. B. BayStG in der Neufassung vom 01.08.2008). Gegen Maßnahmen der Stiftungsaufsicht ist nach § 40 Abs. 1 Satz 1 VwGO der **Verwaltungsrechtsweg** gegeben. Die Aufsicht dient dem **öffentlichen Interesse** und nicht dem Interesse einzelner (OVG Lüneburg NJW 1985, 1572). Sie bezweckt, die Stiftung vor Schäden zu bewahren. Die Verletzung dieser Pflicht kann daher gem. § 839 BGB, Art. 34 GG **Schadensersatzansprüche** der Stiftung begründen (BGHZ 68, 142).

Handelsgesetzbuch

vom 10. Mai 1897 (RGBl., 219) zuletzt geändert durch Art. 13 des Gesetzes vom 15.07.2014 (BGBl. I, S. 934)

– Auszug –

Zweites Buch Handelsgesellschaften und stille Gesellschaft

Erster Abschnitt Offene Handelsgesellschaft

Erster Titel Errichtung der Gesellschaft

§ 105 [Begriff der OHG; Anwendbarkeit des BGB]

(1) Eine Gesellschaft, deren Zweck auf den Betrieb eines Handelsgewerbes unter gemeinschaftlicher Firma gerichtet ist, ist eine offene Handelsgesellschaft, wenn bei keinem der Gesellschafter die Haftung gegenüber den Gesellschaftsgläubigern beschränkt ist.

(2) ¹Eine Gesellschaft, deren Gewerbebetrieb nicht schon nach § 1 Abs. 2 Handelsgewerbe ist oder die nur eigenes Vermögen verwaltet, ist offene Handelsgesellschaft, wenn die Firma des Unternehmens in das Handelsregister eingetragen ist. ²§ 2 Satz 2 und 3 gilt entsprechend.

(3) Auf die offene Handelsgesellschaft finden, soweit nicht in diesem Abschnitt ein anderes vorgeschrieben ist, die Vorschriften des Bürgerlichen Gesetzbuchs über die Gesellschaft Anwendung.

Übersicht	Rdn.			Rdn.
A. Einleitung	1		2. Umwandlung nach dem UmwG	29
B. Begriffsmerkmale der OHG	5	F.	Gesellschaftsvertrag	30
I. Mehrere Gesellschafter	6	I.	Rechtsnatur	30
II. Gesellschaftsvertrag	7	II.	Inhalt des Gesellschaftsvertrags	31
III. Beitragspflicht	8	III.	Form	32
IV. Handelsgewerbe	9		1. Einbringung eines Grundstücks, § 311b Abs. 1 BGB	33
V. Gemeinschaftliche Firma	10			
VI. Unbeschränkte Haftung	11		2. Schenkungsversprechen	36
VII. OHG kraft Rechtsscheins	12		3. Verpflichtung zur Abtretung von GmbH-Anteilen, § 15 Abs. 4 GmbH	37
C. Nichtgewerbliche Gesellschaft	13			
I. Allgemeines	13		4. Schiedsvereinbarungen	38
II. Kleingewerbe	14		5. Sonstige formbedürftige Rechtsgeschäfte	39
III. Vermögensverwaltende Gesellschaft	15			
D. Gesellschafter	17	IV.	Besondere Genehmigungserfordernisse	40
I. Mehrere Gesellschafter	17	V.	Vertragsänderungen	42
II. Einheitlichkeit des Gesellschaftsanteils	18	G.	Mitgliedschaft	45
III. Gesellschafterfähigkeit	20	I.	Grundlagen	45
1. Natürliche Personen	21	II.	Beitragspflicht	46
2. Juristische Personen	22	III.	actio pro socio	50
3. Sonderfall der rechtsfähigen Personengesellschaften	23	H.	Änderungen im Gesellschafterbestand und Verfügung über den Anteil	53
E. Entstehung der Gesellschaft	25	I.	Eintritt eines Gesellschafters	53
I. Gründungsgeschäft	26	II.	Ausscheiden eines Gesellschafters	55
II. Umwandlung	27	III.	Gesellschafterauswechselung	57
1. Umwandlung außerhalb des UmwG	28	IV.	Übertragung von Gesellschaftsanteilen	58

	1. Grundsätzliches	58		b) Einzelne Vertragsmängel	87
	2. Verfügungsgeschäft	59		aa) Minderjährigenschutz	87
	3. Zustimmung der Mitgesellschafter	60		bb) Gesetzes- oder Sittenverstoß	89
	4. Form	61		cc) Arglistige Täuschung und Drohung	91
	5. Teilübertragung	62			
	6. Rechtsfolge	63		dd) Verbraucherschutz	92
V.	Verfügungen über Gegenstände des Gesellschaftsvermögens	66	III.	Rechtsfolgen	93
			1.	Geltendmachung der Fehlerhaftigkeit	94
VI.	Sonstige Verfügungen über Anteile	67		a) Klageerhebung	94
	1. Nießbrauch am Anteil	67		b) Kündigung	98
	2. Verpfändung	72		2. Auseinandersetzung	99
	3. Treuhand	75	IV.	Fehlerhafte Vertragsänderungen	100
J.	**Fehlerhafte Gesellschaft**	79		1. Statusändernde Vertragsänderungen	100
I.	Grundlagen	79		2. Fehlerhafter Beitritt, fehlerhaftes Ausscheiden eines Gesellschafters	101
II.	Tatbestandsvoraussetzungen	80			
	1. Vorliegen eines Gesellschaftsvertrages	80		3. Fehlerhafte Anteilsübertragung	104
	2. Unwirksamkeitsgründe	83	V.	Scheingesellschaft	105
	3. Invollzugsetzung	84	K.	**Verweisung auf das Recht der GbR**	108
	4. Überwiegen entgegenstehender Schutzinteressen	85	I.	Anwendbare Vorschriften	109
			II.	Nicht anwendbare Vorschriften	110
	a) Grundsätzliches	85	III.	Sonderfall: § 713 BGB	111

A. Einleitung

1 Im zweiten Buch des HGB sind die Personengesellschaften des Handelsrechts und die stille Gesellschaft geregelt. Die Vorschrift des § 105 HGB behandelt die offene Handelsgesellschaft als die **typische Rechtsform** für den gemeinschaftlichen Betrieb eines Handelsgewerbes durch zwei oder mehrere Personen (GroßkommHGB/*Ulmer* § 105 Rn. 1).

2 Handelsgesellschaften sind die OHG, KG, GmbH, AktG, KGaA und EWIV.

3 Die **Gesellschaft bürgerlichen Rechts (GbR)** ist die Grundform der Personengesellschaften (E/B/J/S/*Boujong* § 105 Rn. 7), die **OHG** die Grundform der Personenhandelsgesellschaften (MünchHdb GesR I/*Happ* § 46 Rn. 9). Liegen die Voraussetzungen der Legaldefinition des § 105 Abs. 1 HGB vor, so liegt selbst bei entgegenstehendem Willen der Gesellschafter eine OHG vor, sog. **Rechtsformzwang** (BGH NJW 1979, 1705, 1706). Das für die GbR geltende Recht ist subsidiär anwendbar auf OHG (§ 105 Abs. 3 HGB), KG und stille Gesellschaft (Baumbach/Hopt/*Roth* § 105 Rn. 15). Das Recht der OHG ist zudem subsidiär anwendbar auf die KG, § 161 Abs. 2 HGB. Die stille Gesellschaft ist keine Handelsgesellschaft, sie ist vielmehr ein Sonderfall einer Innengesellschaft bürgerlichen Rechts (GroßkommHGB/*Ulmer* § 105 Rn. 3). Die Regelung im HGB hat ihren Grund in der Art des gemeinsamen Zwecks ([Innen-]Beteiligung des stillen Gesellschafters am Handelsgewerbe des Geschäftsinhabers). Die OHG ist keine juristische Person, sondern Gesamthandsgemeinschaft (BGH NJW 2001, 1056, 1058).

4 Die Vorschrift ist durch das HRefG vom 22.06.1998 geändert und um einen Abs. 2 erweitert worden. Der alte Abs. 2 ist nun Abs. 3.

B. Begriffsmerkmale der OHG

5 Nach dem Wortlaut des § 105 Abs. 1 HGB ist die OHG eine Gesellschaft, deren Zweck auf den Betrieb eines Handelsgewerbes unter gemeinschaftlicher Firma gerichtet ist, wenn bei keinem der Gesellschafter die Haftung gegenüber den Gesellschaftsgläubigern beschränkt ist.

I. Mehrere Gesellschafter

6 Der Tatbestand der OHG setzt das Vorhandensein mehrerer, mindestens zweier Gesellschafter voraus (vgl. BGH ZIP 1990, 505).

II. Gesellschaftsvertrag

Es bedarf bei der OHG als Spezialfall der GbR eines auf einen gemeinsamen Zweck gerichteten, nicht notwendig schriftlichen Gesellschaftsvertrags (vgl. E/B/J/S/*Boujong* § 105 Rn. 9). 7

III. Beitragspflicht

Die Gesellschafter sind verpflichtet, den gemeinsamen Zweck durch die Leistung von Beiträgen zu fördern (GroßkommHGB/*Ulmer* § 105 Rn. 17). 8

IV. Handelsgewerbe

Ein Handelsgewerbe ist gem. § 1 Abs. 2 HGB **jeder Gewerbebetrieb**, es sei denn, dass das Unternehmen nach Art und Umfang einen in kaufmännischer Weise eingerichteten Geschäftsbetrieb nicht erfordert. Eine gesetzliche Definition des Gewerbebegriffs im HGB existiert nicht, auch nach dem HRefG wird auf die von der Rechtsprechung entwickelten Kriterien zurückgegriffen (vgl. Begr. RegE, BT-Drucks. 13/8444, S. 24). Danach ist **Gewerbe** die in Gewinnerzielungsabsicht vorgenommene erlaubte Tätigkeit, die selbstständig, auf Dauer angelegt und planmäßig betrieben wird, am Markt nach außen erkennbar in Erscheinung tritt und wirtschaftlicher, aber nicht freiberuflicher, wissenschaftlicher oder künstlerischer Art ist (vgl. dazu BGH NJW 2003, 2742, 2743 m. w. N., insbes. zur Frage der Gewinnerzielungsabsicht). 9

V. Gemeinschaftliche Firma

Nach heute h.L. ist die gemeinschaftliche Firma trotz des Wortlauts des Abs. 1 **kein konstituierendes Merkmal** der OHG mehr, sondern notwendige Folge des gemeinschaftlichen Betriebs eines Handelsgewerbes (MüKo HGB/*K. Schmidt* § 105 Rn. 43). 10

VI. Unbeschränkte Haftung

Auch die unbeschränkte Haftung ist trotz des Wortlauts des Abs. 1 **nicht Tatbestandsmerkmal**, sondern zwingende Rechtsfolge des Bestehens einer OHG. Hintergrund sind der Rechtsformzwang und die Regelung in § 128 HGB (E/B/J/S/*Boujong* § 105 Rn. 30). 11

VII. OHG kraft Rechtsscheins

Selbst, wenn die Tatbestandsmerkmale einer OHG nicht erfüllt sind, müssen sich im Rechtsverkehr als solche Auftretende aufgrund veranlassten oder geduldeten Rechtsscheins wie eine OHG bzw. OHG-Gesellschafter behandeln lassen, etwa aufgrund § 15 Abs. 1 und Abs. 3 HGB (MüKo HGB/*K. Schmidt* § 105 Rn. 49). 12

C. Nichtgewerbliche Gesellschaft

I. Allgemeines

Mit dem HRefG hat sich das Recht der OHG für Kleinunternehmen geöffnet. So können jetzt auch Kleingewerbetreibende oder eigenes Vermögen verwaltende Gesellschaften OHG sein. Abs. 2 räumt eine Wahlmöglichkeit ein, keine Verpflichtung. Im Fall des Abs. 2 ist die Eintragung **konstitutiv**. 13

II. Kleingewerbe

Die Regelung zu Kleingewerbetreibenden ergänzt die in § 2 HGB eingeräumte Möglichkeit für einzelkaufmännische (Klein-)Unternehmer. Unter die Regelung des Abs. 2 können auch land- und forstwirtschaftliche Betriebe fallen. 14

III. Vermögensverwaltende Gesellschaft

15 Nach der von der Rechtsprechung verwendeten Definition eines Gewerbes (s. o. Rdn. 9) gehören rein Vermögen verwaltende Gesellschaften nicht hierzu. Der Begriff der **Verwaltung eigenen Vermögens** meint »nicht völlig unbedeutende und wirtschaftlich nicht über den alltäglichen privaten Bereich herausreichende Betätigungen« (Begr. RegE, BT-Drucks. 13/8444, S. 41). Erfasst werden sollten Immobilienverwaltungs-, Objekt- und Besitzgesellschaften nach erfolgter Betriebsaufspaltung sowie Holdinggesellschaften (Begr. RegE, BT-Drucks. 13/8444, S. 40), nicht aber etwa Einzelpersonen (*Schön* DB 1998, 1169) oder Ehegatten, die ein Grundstück in der Form einer Grundstücksgesellschaft halten (E/B/J/S/*Boujong* § 105 Rn. 22).

16 Nach überwiegender Auffassung ist das Merkmal »nur eigenes Vermögen verwaltet« **eng** zu verstehen, lässt also insbesondere Gesellschaften, die »auch« eigenes Vermögen verwalten nicht hierunter fallen (E/B/J/S/*Boujong*, § 105 Rn. 23; a. A. etwa MüKo HGB/*K. Schmidt* § 105 Rn. 55 ff.: jede zu einem gesetzlich zulässigen Zweck gebildete rechtsfähige Personengesellschaft).

D. Gesellschafter

I. Mehrere Gesellschafter

17 Wie schon ausgeführt (s. o. Rdn. 6), erfordert eine OHG mindestens zwei Gesellschafter (BGH ZIP 1990, 505). Eine **Höchstzahl** ist nicht vorgeschrieben.

II. Einheitlichkeit des Gesellschaftsanteils

18 Eng mit der Frage nach der Mindestzahl der Gesellschafter verbunden ist die Frage der Einheitlichkeit des Anteils. Im Grundsatz ist der Anteil an einer OHG und KG **keiner Aufspaltung** zugänglich (BGH NJW-RR 1989, 1259, 1260). Dies bedeutet, dass weder eine einzige Mitgliedschaft auf mehrere Gesellschafter aufgespaltet werden kann, noch dass ein einzelner Gesellschafter mehrere separat zu beurteilende Anteile halten könnte (MüKo HGB/*K. Schmidt* § 105 Rn. 75). Im Fall des **Hinzuerwerbs** entsteht ein einheitlicher (größerer) Anteil (BGH WM 1963, 989), im Fall des Hinzuerwerbs eines Kommanditanteils durch einen Komplementär geht der Kommanditanteil in dem bestehenden Komplementäranteil auf (BGH NJW 1987, 3184, 3186). Ein Treuhänder hat im Verhältnis zur Gesellschaft nur einen Gesellschaftsanteil, auch wenn er diesen für eine Vielzahl von Treugebern hält (MüKo HGB/*K. Schmidt* § 105 Rn. 76).

19 Anzuerkennen sind jedoch verschiedene **Ausnahmen**. So der Fall des **Vorerben** (E/B/J/S/*Boujong* § 105 Rn. 33), sodass für die Zeit der Vorerbschaft keine Auflösung der Gesellschaft bei Einsetzung des letzten Gesellschafters als Vorerben des Erblasser-Gesellschafters eintritt (vgl. MüKo HGB/*K. Schmidt* § 105 Rn. 78). Vielmehr fallen die Anteile ohne Neugründung der Gesellschaft beim Eintritt des Nacherbfalls auseinander. Gleiches gilt für den Fall der **Testamentsvollstreckung** (BGH NJW 1996, 1284, 1286 – jedenfalls in Bezug auf Vermögensrechte kann der Gedanke der Einheitlichkeit durchbrochen werden; vgl. auch OLG Hamm ZEV 1999, 234) und die Fälle des **Nachlassinsolvenzverfahrens**, der **Nachlassverwaltung**, des **Treuhandverhältnisses**, des **Nießbrauchs** (vgl. OLG Schleswig ZIP 2006, 615, 617) und des **Pfandrechts** (E/B/J/S/*Boujong* § 105 Rn. 34, str.). Weitergehende Ausnahmen (so *Priester* DB 1998, 55, 60) sind nicht anzuerkennen.

III. Gesellschafterfähigkeit

20 Gesellschafter einer OHG können im Grundsatz **alle natürlichen und juristischen Personen** sowie Personenvereinigungen sein, wenn diese nach außen hin als geschlossene Einheit auftreten können und die gesellschaftsrechtliche Haftung sichergestellt ist (MünchHdb GesR I/*Happ* § 47 Rn. 28).

1. Natürliche Personen

Jede natürliche Person, also auch ein Ausländer, kann Gesellschafter einer OHG sein. Vorausgesetzt ist **Rechtsfähigkeit**, sodass auch beschränkt Geschäftsfähige oder Geschäftsunfähige Gesellschafter sein können.

2. Juristische Personen

Jede juristische Person kann Gesellschafter einer OHG sein, so auch eine juristische Person öffentlichen Rechts (MünchHdb GesR I/*Happ* § 47 Rn. 25), eine Vorgesellschaft wie auch eine werdende (hierzu BGHZ 117, 323, 326; BGH BB 2003, 2477) juristische Person (BGHZ 80, 129, 141 ff.; BGH NJW 1985, 736, 737) oder eine in Liquidation befindliche Gesellschaft (BGH NJW 1980, 233). Bei einer ausländischen juristischen Person muss diese nach deutschem internationalem Gesellschaftsrecht anerkannt und nach ihrem ausländischen Personalstatut fähig sein, sich an einer OHG zu beteiligen (E/B/J/S/*Boujong* § 105 Rn. 98; OLG Saarbrücken NJW 1990, 647).

3. Sonderfall der rechtsfähigen Personengesellschaften

OHG und KG können nach ganz h. M. **Gesellschafter einer OHG** (KG) sein (GroßkommHGB/*Ulmer* § 105 Rn. 94 m. w. N.). Ausgeschlossen ist demgegenüber der Erwerb eigener Anteile durch OHG und KG (BGH NJW 1993, 1265, 1267). Auch Partenreederei, EWiV und Partnerschaftsgesellschaft können Gesellschafter einer OHG sein (MüKo HGB/*K. Schmidt* § 105 Rn. 92). Seit der Grundsatzentscheidung des BGH zugunsten der Rechtsfähigkeit der (Außen-)GbR (BGH NJW 2001, 1056) ist deren Beteiligungsfähigkeit geklärt (explizit BGH NJW 2001, 3121, 3123 für GbR als Kommanditistin, dazu auch LG Berlin DB 2003, 1380; BGH NJW 1998, 376 für Beteiligung einer [Außen-]GbR an einer GbR).

Nicht beteiligungsfähig, weil nicht rechtsfähig, sind die **Erbengemeinschaft** (BGH NJW 2002, 3389, 3390; BGH NJW-RR 2004, 1006), die **eheliche Gütergemeinschaft** (BayObLG ZIP 2003, 480), der **nichtrechtsfähige Verein** (Baumbach/Hopt/*Roth* § 105 Rn. 29), die **Bruchteilsgemeinschaft** und die **stille Gesellschaft** (MünchHdb GesR I/*Happ* § 47 Rn. 39 f.).

E. Entstehung der Gesellschaft

Die OHG entsteht durch Gründung, dies entweder in der Form des Abschlusses eines **Gesellschaftsvertrags** oder durch **Umwandlung**.

I. Gründungsgeschäft

Der Abschluss des Gesellschaftsvertrags ist für die Entstehung einer OHG essentiell (vgl. GroßkommHGB/*Ulmer* § 105 Rn. 48). Durch den Abschluss des Gesellschaftsvertrags werden nicht nur schuldrechtliche Beziehungen begründet, sondern, darüber hinausgehend, ein Gemeinschaftsverhältnis (BGHZ 112, 40, 45, 48). Dazu im Einzelnen sogleich unter Rdn. 30 ff.

II. Umwandlung

Die Entstehung einer OHG im Wege der Umwandlung kann durch Veränderung der Rechtsform einer bereits existierenden Gesellschaft oder aus einem einzelkaufmännischen Unternehmen entstehen (MünchHdb GesR I/*Happ* § 48 Rn. 1).

1. Umwandlung außerhalb des UmwG

Außerhalb der Vorschriften des UmwG kann eine OHG im Wege der Umwandlung dadurch entstehen, dass im Fall der **GbR** die Voraussetzungen des § 123 HGB erfüllt werden (Rechtsformzwang), im Fall der **KG** das Geschäft ohne Kommanditisten weiterbetrieben wird, im Fall der **Partnerschaftsgesellschaft**, wenn sie gewerblich tätig und im Partnerschaftsregister gelöscht wird, und im Fall der **Vor-GmbH**, wenn sie von Anfang an ohne Absicht der Eintragung ins Handelsregister

§ 105 HGB Begriff der OHG; Anwendbarkeit des BGB

(BGH NJW 1981, 1373, 1376) oder unter Aufgabe dieser Absicht (BGH NJW 1998, 1079) ein vollkaufmännisches Gewerbe betreibt. Keine Entstehung durch Formwechsel liegt in dem Fall vor, in dem eine Erbengemeinschaft einen Einzelkaufmann beerbt und dessen Geschäfte weiterführt. Diese sind zur Gründung einer OHG vielmehr verpflichtet, diese neu zu gründen, etwa durch Gesellschaftsvertragsschluss und Einbringung des Einzelunternehmens, die bloße Umwandlung reicht nicht aus (MüKo HGB/*K. Schmidt* § 105 Rn. 109).

2. Umwandlung nach dem UmwG

29 Nach § 1 Abs. 1 UmwG kommen die Umwandlung durch Verschmelzung, Spaltung und Formwechsel in Betracht. Der Rechtsträger erhält hierbei eine andere Rechtsform, § 190 Abs. 1 UmwG (vgl. hierzu ausführl. Kap. 2 sowie MünchHdb GesR I/*Happ* § 48 Rn. 5 ff.).

F. Gesellschaftsvertrag

I. Rechtsnatur

30 Der Gesellschaftsvertrag begründet nicht nur schuldrechtliche Beziehungen, sondern darüber hinaus ein Gemeinschaftsverhältnis, dem die Vermögenswerte der Gesellschaft zugeordnet sind (BGHZ 112, 40, 45, 48). Er ist ein **privatrechtlicher Vertrag**, für den daher im Grundsatz die Regeln des allgemeinen Teils des BGB, wenn auch mit noch darzustellenden Modifikationen, gelten. Als konstituierender Akt ist er **Schuldvertrag** und **Organisationsvertrag** (GroßkommHGB/*Ulmer* § 105 Rn. 139 ff.). Die Anwendung der §§ 320 ff. BGB ist überwiegend nicht sachgerecht (str.; vgl. BGH NJW 1983, 1188, 1189; Baumbach/Hopt/*Roth* § 105 Rn. 48).

II. Inhalt des Gesellschaftsvertrags

31 Der **Mindestinhalt** des Gesellschaftsvertrags ergibt sich aus den eine OHG konstituierenden Merkmalen, also Einigung über einen gemeinsamen Zweck, der in dem Betrieb eines Handelsgewerbes besteht, die Leistung von Beiträgen und das gemeinschaftliche Auftreten nach außen (E/B/J/S/*Boujong* § 105 Rn. 41). Darüber hinaus gibt es einen **rechtsgeschäftlichen Mindestinhalt**, so die essentialia negotii (MüKo HGB/*K. Schmidt* § 105 Rn. 119) und typischerweise die zweckmäßigen Regelungen zu Unternehmensgegenstand, Firmensitz, Firma, Geschäftsführung, Vertretung, Gewinn- und Verlustbeteiligung, Entnahmerecht, Ausscheiden von Gesellschaftern, Auflösung der Gesellschaft, Kündigungsrecht (E/B/J/S/*Boujong* § 105 Rn. 41).

III. Form

32 Der Gesellschaftsvertrag kann im Grundsatz **formfrei** abgeschlossen werden, so auch **konkludent** (BGHZ 22, 240, 244 f. zur geplanten GmbH ohne Eintragungsabsicht; BGH NJW 1982, 2816, 2817 zur GbR und § 154 BGB; BGH WM 1985, 1229 zur Anmeldung einer OHG zum Handelsregister). Ein Formerfordernis kann sich aber aus der Formbedürftigkeit bestimmter Beitragspflichten ergeben (GroßkommHGB/*Ulmer* § 105 Rn. 170). Im Folgenden werden hierzu einige Beispiele genannt.

1. Einbringung eines Grundstücks, § 311b Abs. 1 BGB

33 Verpflichtet sich ein Gesellschafter nach dem Gesellschaftsvertrag, ein Grundstück einzubringen oder ein solches zu erwerben, so ist Formbedürftigkeit gegeben, ebenso wie bei ideellen Grundstücksteilen (§§ 747, 1008 BGB), Erbbaurechten (Art. 11 Abs. 2 ErbbauVO) und Wohnungseigentum (§ 4 Abs. 3 WEG). Die Formbedürftigkeit betrifft dann den gesamten Gesellschaftsvertrag (BGHZ 22, 312, 317; BGH NJW 1978, 2505, 2506; GroßkommHGB/*Ulmer* § 105 Rn. 171).

34 Nicht beurkundungsbedürftig sind demgegenüber Abreden zur Einbringung eines Grundstücks oder eines Rechts im vorstehend (Rdn. 33) benannten Sinne lediglich zur Nutzung oder dem Werte nach, wenn es dem Gesellschafter beim Ausscheiden oder in der Liquidation verbleibt (OLG Ham-

burg NJW-RR 1996, 803, 804; anders aber bei Erwerbspflicht bei Ausscheiden oder in der Liquidation, vgl. BGH NJW 1978, 2505, 2506; anders auch bei mittelbarem Zwang für Gesellschafter, vgl. BGH NJW 1980, 829). Gleiches gilt, wenn ein Gesellschaftsvertrag zwar als Zweck die Verwaltung und Verwertung von Grundstücken angibt, aber den Verkauf von Grundstücken nicht bindend festlegt (BGH NJW 1996, 1279, 1280). Keine Beurkundungspflicht besteht auch bei der formwechselnden Umwandlung einer GbR in eine OHG oder umgekehrt (E/B/J/S/*Boujong* § 105 Rn. 46) und beim Erwerb durch einen Treuhänder, also im eigenen Namen, aber auf Rechnung der Gesellschaft (BGH BB 2004, 2707, 2710 bzgl. der auf § 667 beruhenden Herausgabepflicht).

Mit Auflassung und Eintragung ins Grundbuch wird die sich aus dem Verstoß gegen § 311b Abs. 1 BGB resultierende **Formnichtigkeit geheilt**, nicht jedoch weitere Mängel des Gesellschaftsvertrages (MüKo HGB/*K. Schmidt* § 105 Rn. 138). Rechtsfolge ist, falls auch eine Umdeutung nach § 140 BGB (vgl. Baumbach/Hopt/*Roth* § 105 Rn. 57) nicht möglich ist, die Nichtigkeit der Verpflichtung zum Erwerb bzw. zur Übertragung. Die Nichtigkeit des Gesellschaftsvertrags im Übrigen richtet sich nach § 139 BGB (BGH NJW 1978, 2505, 2506), wobei nach Vollzug der Gesellschaft die Regeln zur fehlerhaften Gesellschaft zur Anwendung kommen (BGH NJW 1988, 1321, 1322). 35

2. Schenkungsversprechen

Ein beurkundungsbedürftiges Schenkungsversprechen liegt auch in der **unentgeltlichen Zuwendung eines OHG-Anteils** (BGH NJW 1990, 2616 – typischerweise keine Schenkung, wenn persönliche Haftung übernommen und Tätigkeiten geschuldet sind, anders beim KG-Anteil). **Heilung** erfolgt bereits durch Abschluss des gemeinsames Vermögen begründenden Gesellschaftsvertrags im Fall des zuvor begründeten Schenkungsversprechens (BGH NJW 1990, 2616, 2618). 36

3. Verpflichtung zur Abtretung von GmbH-Anteilen, § 15 Abs. 4 GmbH

Enthält der Gesellschaftsvertrag die Verpflichtung zur Abtretung (Einbringung) von GmbH-Anteilen, so bedarf er der notariellen Beurkundung, § 15 Abs. 4 GmbHG. Bei Verpflichtung nur zur Einbringung dem Werte nach (quoad sortem) gilt dies nicht, wohl aber für die Verpflichtung zur Abtretung eines Anspruchs auf Übertragung eines Geschäftsanteils (BGH NJW 1980, 1100). **Heilung** tritt mit Einbringung des GmbH-Anteils ein, § 15 Abs. 4 Satz 2 GmbHG. 37

4. Schiedsvereinbarungen

Der Gesellschaftsvertrag kann eine Schiedsvereinbarung enthalten. Die Form richtet sich nach § 1031 ZPO, bedarf also u. U. der Form für Verbraucher, § 1031 Abs. 5 ZPO, wenn nicht der Abschluss zusammen mit dem Gesellschaftsvertrag oder später einer gewerblichen oder selbstständigen beruflichen Tätigkeit der Gesellschafter zugerechnet werden kann (vgl. Baumbach/Hopt/*Hopt* Vor § 1 Rn. 90). § 1066 ZPO gilt nicht für OHG und KG (str.; vgl. BGH NJW 1980, 1049; E/B/J/S/*Boujong* § 105 Rn. 56; a. A. MüKo HGB/*K. Schmidt* § 105 Rn. 121; s. auch die ausführl. Darstellung dazu in Kap. 7 Rdn. 30 ff.). Bei Übertragung eines Kommanditanteils gehen die Rechte und Pflichten auf den Erwerber über, ohne dass es eines gesonderten Beitritts in der Form der §§ 1029 Abs. 2, 1031 ZPO bedürfte (BGH NJW-RR 2002, 1462). 38

5. Sonstige formbedürftige Rechtsgeschäfte

Verpflichtungen zur Einhaltung einer besonderen Form können sich zudem aus § 311b Abs. 3 BGB (Verpflichtung zur Vermögensübertragung, auch wenn als Gegenleistung der Erhalt von Gesellschaftsanteilen gewährt wird, vgl. MüKo HGB/*K. Schmidt* § 105 Rn. 143), § 1410 BGB (Gütergemeinschaft, vgl. BGH NJW 1975, 1774) und aus gewillkürtem Formzwang (Relevanz vor allem bei Vertragsänderungen) ergeben. 39

IV. Besondere Genehmigungserfordernisse

40 Besondere Genehmigungserfordernisse können aus der **Beteiligung Minderjähriger** oder aus bestimmten **ehelichen Konstellationen** folgen.

41 Sollen Geschäftsunfähige oder beschränkt Geschäftsfähige Gesellschafter werden, werden sie durch den jeweiligen gesetzlichen Vertreter vertreten und es ist zudem die **Genehmigung durch das Vormundschaftsgericht** einzuholen, §§ 1643 Abs. 1, 1822 Nr. 3 BGB. Dies gilt auch im Fall des Erwerbs einer Kommanditbeteiligung (BGH NJW 1955, 1067), losgelöst davon, ob eine Einlage geschuldet ist oder nicht (MüKo HGB/*K. Schmidt* § 105 Rn. 145). Ohne eine erforderliche Genehmigung ist der Vertrag nichtig. Die Genehmigungserfordernisse gelten gleichermaßen für den Eintritt in und das Ausscheiden aus einer bereits bestehenden Gesellschaft (MünchHdb GesR I/*Happ* § 47 Rn. 78). Die Regeln der fehlerhaften Gesellschaft gelten nicht zulasten des Minderjährigen (BGH NJW 1955, 1067). Ein Genehmigungserfordernis kann sich auch aus § 1365 Abs. 1 BGB ergeben, wobei der Wert der erhaltenen Beteiligung unerheblich ist (vgl. Baumbach/Hopt/*Roth* § 105 Rn. 24).

V. Vertragsänderungen

42 Im Grundsatz richten sich Vertragsänderungen nach denselben Regeln wie der Vertragsschluss selbst, sollte nicht der Gesellschaftsvertrag etwas anderes vorsehen (GroßkommHGB/*Ulmer* § 105 Rn. 189). Ist im Gesellschaftsvertrag nichts geregelt, gilt das **Einstimmigkeitsprinzip** (E/B/J/S/*Boujong* § 105 Rn. 65). Im Fall der gesetzlichen Vertretung nach §§ 1643 Abs. 1, 1822 Nr. 3 BGB ist, jedenfalls wenn nicht die Haftung ausgeweitet wird (§ 1822 Nr. 10 BGB), eine Genehmigung des Vormundschaftsgerichts nicht erforderlich (BGH NJW 1992, 300, 301).

43 Der **Bestimmtheitsgrundsatz** (vgl. § 109 HGB Rdn. 24) ist, insbesondere in den Fällen der Zulassung von Mehrheitsentscheidungen, einzuhalten (BGH DStR 2006, 624, 625 für Nachschussverpflichtung in GbR).

44 Hinsichtlich der **Form** gilt dasselbe wie beim Abschluss des Gesellschaftsvertrags (vgl. oben Rdn. 32 ff.). Moderater geht die Rechtsprechung beim gewillkürten Formzwang vor, wenn sie in dem ohne die vereinbarte Form gefassten Beschluss eine konkludente Aufhebung (dazu BGH NZG 2005, 625) des Formzwangs sieht (BGH NJW 1966, 826, 827; WM 1996, 772). Grundsätzlich sind **konkludente Vertragsänderungen** möglich (vgl. aber BGH NJW 1996, 1678, 1680: keine Anwendung auf Publikumsgesellschaften; hierzu auch OLG Hamburg NJW-RR 1996, 1436, 1437).

G. Mitgliedschaft

I. Grundlagen

45 Die Mitgliedschaft ist der Inbegriff der aus der Beteiligung an einer OHG (KG) entspringenden und auf sie bezogenen **Rechte und Pflichten des Gesellschafters** (MüKo HGB/*K. Schmidt* § 105 Rn. 169). Die Mitgliedschaft ist nicht besonders gesetzlich geregelt (GroßkommHGB/*Ulmer* § 105 Rn. 209). Sie ist als **sonstiges Recht i. S. d. § 823 Abs. 1 BGB** geschützt (BGH NJW 1990, 2877, 2878). Sie hat auch Bedeutung für die Parteirollen in Streitigkeiten betreffend das Gesellschaftsverhältnis unter den Gesellschaftern (Gesellschafter als richtige Parteien, vgl. zur Abweichungsmöglichkeit im Gesellschaftsvertrag BGH NJW 1999, 3113, 3115). Bei Gestaltungsklagen sind die Gesellschafter notwendige Streitgenossen, im Übrigen aber nicht (BGH NJW 1959, 1683, 1684).

II. Beitragspflicht

46 Eine gesetzliche Definition der Begriffe Einlage und Beitrag existiert nicht (MünchHdb GesR I/*v. Falkenhausen/H. C. Schneider* § 60 Rn. 1). Die Begriffe sind streng voneinander zu trennen. **Beitrag** ist jedes den Gesellschaftszweck fördernde Tun oder Unterlassen (vgl. ausführl. Rdn. 47 ff.). **Einlage** sind nur solche Beiträge, die in das Gesellschaftsvermögen übergehen und die Haftungsmasse vergrößern (E/B/J/S/*Boujong* § 105 Rn. 139). Daher sind Übertragungen zur Nutzung (quoad usum) oder dem Werte nach (quoad sortem) keine Einlage (vgl. hierzu BGH WM 1965, 746; WM 1972, 213, 214).

Beitrag ist jedes erlaubte, den Gesellschaftszweck fördernde Tun oder Unterlassen. Gegenstand können etwa Leistungen in Geld eine Gebrauchsüberlassung, die persönliche Haftung oder etwa Dienstleistungen der Gesellschafter sein. Als Arten sind überwiegend die Einbringung von Geld, Gewährung von Darlehen, Sacheinlagen, Sachgesamtheiten, immaterielle Wirtschaftsgüter, Dienstleistungen oder sonstige Beiträge zu nennen (MünchHdb GesR I/*v. Falkenhausen/H.C. Schneider* § 60 Rn. 10 ff.). Die Einlageverpflichtung verjährt in der Regelverjährung des § 195 BGB nach 3 Jahren (MüKo HGB/*K. Schmidt* § 105 Rn. 182; anders bei den Kapitalgesellschaften, bei denen die Regelverjährung durchweg 10 Jahre beträgt, vgl. § 54 Abs. 4 AktG sowie § 19 Abs. 6 GmbHG, dazu OLG Düsseldorf BB 2006, 741, 742). 47

Der **Umfang der Beitragspflicht** ist im Gesellschaftsvertrag geregelt, im Zweifel gilt § 706 BGB. Eine nachträgliche Erhöhung der Beiträge ist im Regelfall ausgeschlossen, § 707 BGB. Die Vorschrift ist allerdings abdingbar (zur Nachschussverpflichtung bei einer GbR vgl. BGH DStR 2006, 624; ZIP 2005, 1455). 48

Die **Aufrechnung** gegen die Einlageverpflichtung ist zulässig (vgl. zu Einschränkungen BGHZ 95, 195, 196). 49

III. actio pro socio

Ansprüche der Gesellschaft **gegen Dritte** sind von den geschäftsführenden Gesellschaftern im Namen der Gesellschaft geltend zu machen, eine Durchsetzung durch nicht geschäftsführungsbefugte Gesellschafter kommt nicht in Betracht (MünchHdb GesR I/*v. Ditfurth* § 53 Rn. 66). § 432 BGB ist bei Personenhandelsgesellschaften nicht anwendbar (BGH DB 1973, 2236). 50

Demgegenüber geht es bei der **actio pro socio** darum, die Erfüllung der Sozialansprüche des Verbands im eigenen Namen, aber auf Leistung an die Gesellschaft geltend zu machen (BGHZ 25, 47, 49 f.; BGH NJW 1985, 2830, 2831). Zur Geltendmachung der Ansprüche ist jeder Gesellschafter berechtigt. Beispiele sind der Anspruch auf Beitragsleistung (E/B/J/S/*Boujong* § 105 Rn. 151), Schadensersatzforderungen wegen Nichterfüllung der Beitragspflicht (Baumbach/Hopt/*Roth* § 109 Rn. 34) sowie Ansprüche auf Erfüllung mitgliedschaftlicher Auskunftsansprüche (BGH WM 1970, 249). Vgl. zum Begriff, Anwendungsbereich und Verfahren der actio pro socio bei der Personen(handels)gesellschaft ausführl. Kap. 5 Rdn. 90 ff. 51

Materiell berechtigt, über den geltend gemachten Sozialanspruch zu verfügen, bleibt allein die OHG (BGH NJW 1985, 2830, 2831; MünchHdb GesR I/*v. Ditfurth* § 53 Rn. 68). Eine Schranke für die Klagebefugnis sieht die Rechtsprechung nur in der **Treuepflicht** (BGH NJW 1985, 2830, 2831; BGH WM 2010, 1232, 1233.), wohingegen die überwiegende Literatur lediglich eine Hilfszuständigkeit für den Fall der Untätigkeit der geschäftsführenden Gesellschafter annimmt (MüKo HGB/*K. Schmidt* § 105 Rn. 201 m. w. N.). Die Rechtsprechung geht davon aus, dass die actio pro socio dem Gesellschafter einen materiell-rechtlichen Anspruch gibt, nicht lediglich eine Prozessstandschaft (BGH NJW 1973, 2198, 2199; offen BGH NJW 1992, 1890, wo davon ausgegangen wird, dass die actio pro socio jedenfalls immer Ausfluss eines Mitgliedschaftsrechts ist). Nach vordringender Auffassung in der Literatur handelt es sich um einen gesetzlichen Fall der Prozessstandschaft (MünchHdb GesR I/*v. Ditfurth* § 53 Rn. 70). Im Ergebnis herrscht Einigkeit, dass die von der Gesellschaft erhobene Klage die Klage des Gesellschafters unzulässig macht, dieser also zur Vermeidung einer Klageabweisung die Erledigung der Hauptsache erklären muss (Heymann/*Emmerich* § 109 Rn. 25a; str.). Vgl. zur Frage der Rechtsnatur der actio pro socio ausführl. Kap. 5 Rdn. 95 f. 52

H. Änderungen im Gesellschafterbestand und Verfügung über den Anteil

I. Eintritt eines Gesellschafters

53 Der Eintritt eines Gesellschafters erfolgt **durch Vertrag** mit sämtlichen Gesellschaftern, also nicht durch Vertrag mit der Gesellschaft (BGH WM 1976, 15). Der Gesellschaftsvertrag kann hiervon abweichende Anforderungen aufstellen (BayObLG NZG 2005, 173). Der Eintritt kann unter einer Bedingung oder Befristung erklärt werden, rückwirkend jedoch nur schuldrechtlich (MüKo HGB/*K. Schmidt* § 105 Rn. 206). Der Beitritt unterliegt den **Formvorschriften** des Gesellschaftsvertrages (vgl. hierzu Rdn. 32 ff.).

54 **Rechtsfolge** des Eintritts ist der Erwerb der Mitgliedschaft durch den neuen Gesellschafter. Ihm wächst sein Anteil am Gesellschaftsvermögen zu (vgl. OLG Düsseldorf DNotZ 1994, 100, 101) und in dieser Höhe den übrigen Gesellschaftern ab. Die Identität der Gesellschaft bleibt hiervon unberührt (vgl. BGH DNotZ 1998, 744, 745; OLG München DNotZ 2005, 923).

II. Ausscheiden eines Gesellschafters

55 Für das Ausscheiden des Gesellschafters gelten dieselben Grundsätze wie für den Eintritt (E/B/J/S/*Boujong* § 105 Rn. 159). Als **Ausscheidensgründe** kommen Zeitablauf, die gesetzlichen Ausscheidensgründe des § 131 Abs. 3 Nr. 1 bis 6 HGB, im Gesellschaftsvertrag festgelegte Gründe sowie eine wirksame Ausschließung in Betracht (MüKo HGB/*K. Schmidt* § 105 Rn. 207).

56 **Rechtsfolge** ist die Anwachsung des Vermögensanteils des ausscheidenden Gesellschafters bei den verbleibenden Gesellschaftern, §§ 738 Abs. 1 BGB, 105 Abs. 3 HGB. Auch hier bleibt die Identität der Gesellschaft gewahrt. Beim Austritt aus einer zweigliedrigen Gesellschaft erlischt diese, das Gesellschaftsvermögen geht im Weg der Gesamtrechtsnachfolge auf den verbliebenen Gesellschafter über, welcher abzufinden hat (vgl. OLG Hamm NJW-RR 2000, 482; OLG Schleswig ZIP 2006, 615, 617).

III. Gesellschafterauswechselung

57 Eine **Verbindung von Eintritt und Austritt** ist zulässig. Auch hier bleibt es bei der Identität der Gesellschaft und bei dem Anwachsen des Vermögensanteils bei Ausscheiden des einen Gesellschafters vor dem mit dem Eintritt des neuen Gesellschafters verbundenen Abwachsen (BGH NJW 1966, 499, 500; NJW 1975, 166, 167: zwischen dem bisherigen und dem neuen Gesellschafter bestehen keinerlei Rechtsbeziehungen innergesellschaftsrechtlichen Inhalts).

IV. Übertragung von Gesellschaftsanteilen

1. Grundsätzliches

58 Die Übertragung der Mitgliedschaft ist im Gesetz nicht unmittelbar geregelt, auch nicht in der Form eines Verbots, wie es früher § 719 Abs. 1 BGB entnommen wurde (vgl. noch RGZ 83, 312). Es geht hierbei um den **unmittelbaren Rechtsübergang** von Veräußerer zu Erwerber, ohne dass es zu An- oder Abwachsungsvorgängen bei den übrigen Gesellschaftern kommen würde (GroßkommHGB/*Ulmer* § 105 Rn. 302). Es ist heute unstreitig, dass eine unmittelbare Übertragung möglich ist, immer vorausgesetzt, dass alle anderen Gesellschafter zustimmen oder die Übertragung im Gesellschaftsvertrag vorgesehen ist (MünchHdb GesR I/*Piehler/Schulte* § 73 Rn. 1).

2. Verfügungsgeschäft

59 Die Übertragung erfolgt **nach §§ 398, 413 BGB** und ist Verfügungsgeschäft (MüKo HGB/*K. Schmidt* § 105 Rn. 214) und als solches von dem zugrunde liegenden Verpflichtungsgeschäft zu trennen.

3. Zustimmung der Mitgesellschafter

Auf die (ggf. erforderliche) Zustimmung der Mitgesellschafter finden die §§ 182 ff. BGB Anwendung (E/B/J/S/*Boujong* § 105 Rn. 165), die ohne Zustimmung vorgenommene Übertragung ist **schwebend unwirksam** (BGH NJW 1954, 1155, 1156). Die Zustimmung ist bis zur Vornahme des Rechtsgeschäfts im Regelfall frei **widerruflich** (vgl. hierzu und zu einem Sonderfall der Unwiderruflichkeit BGHZ 77, 392, 396). Liegt in der Person des potenziellen Erwerbers ein wichtiger Grund zum Ausschluss vor, so kann sogar die im Gesellschaftsvertrag enthaltene (allgemeine) und damit an sich unwiderrufliche Zustimmung widerrufen werden (BGH ZIP 1982, 309, 310 betr. den Fall, dass die Treuepflicht des Übertragenden es gebietet, sich nicht auf die eingeräumte freie Übertragbarkeit zu berufen). Die gesellschaftliche Treuepflicht kann es in Ausnahmefällen gebieten, die Zustimmung zu einer Übertragung zu erteilen (BGH BB 2005, 67, 68). 60

4. Form

Sieht nicht der Gesellschaftsvertrag eine besondere Form vor, ist die Übertragung formlos möglich (s. dazu Rdn. 32 ff.). 61

5. Teilübertragung

Nach Maßgabe der vorstehenden Erläuterungen (s. Rdn. 58 ff.) ist auch eine Übertragung eines Teils der Beteiligung möglich. Vorausgesetzt wird insbesondere die Zustimmung aller Gesellschafter oder eine im Gesellschaftsvertrag vorgesehene Regelung, wobei die Zustimmung zur (Voll-)Übertragung nicht automatisch die Zustimmung zu einer (Teil-)Übertragung bedeutet (MünchHdb GesR I/*Piehler/Schulte* § 73 Rn. 3, 6). 62

6. Rechtsfolge

Rechtsfolge für den Gesellschafter ist der **Übergang der Mitgliedschaft als solcher** (BGHZ 81, 89: Übergang ohne Weiteres). Auf dem Gesellschaftsvertrag beruhende Forderungsrechte gegen die Gesellschaft, die im Zeitpunkt des Vertragsschlusses über die Übertragung des Gesellschaftsanteils im Rechenwerk der Gesellschaft ihren Niederschlag gefunden haben, gehen im Zweifel auf den neuen Gesellschafter über (BGH WM 1988, 265). Dies gilt nicht für Drittgläubigerrechte des Veräußerers (vgl. BGH BB 1978, 630) und wohl auch nicht im Fall der Teilübertragung, da der Veräußerer in der Gesellschaft verbleibt (MünchHdb GesR I/*Piehler/Schulte* § 73 Rn. 43). **Höchstpersönliche Rechte** gehen nicht über (Baumbach/Hopt/*Roth* § 105 Rn. 72), wohl aber die **Mitverwaltungsrechte** (E/B/J/S/*Boujong* § 105 Rn. 168). Auch können umgekehrt bestimmte Restriktionen betreffend den Veräußerer, wenn sie in der Person des Erwerbers nicht gegeben sind, wegfallen, also etwa einen Anspruch auf die Einräumung der Befugnis zur Geschäftsführung und Vertretung begründen (GroßkommHGB/*Ulmer* § 105 Rn. 317). 63

Die Gesellschaft bleibt wie bei Ein- und Austritt (Ausnahme: Verbleib nur noch eines Gesellschafters) unberührt, insbesondere bedarf es keiner Übertragung von Gesellschaftsvermögen. 64

Der Gesellschafterwechsel ist **eintragungspflichtig** gem. §§ 107, 143 HGB. 65

V. Verfügungen über Gegenstände des Gesellschaftsvermögens

Verfügungen über das Gesellschaftsvermögen können nur von den Vertretungsberechtigten vorgenommen werden (GroßkommHGB/*Ulmer* § 105 Rn. 293; E/B/J/S/*Boujong* § 105 Rn. 171). 66

VI. Sonstige Verfügungen über Anteile

1. Nießbrauch am Anteil

Die Bestellung eines Nießbrauchs an einem Gesellschaftsanteil ist im Grundsatz zulässig (vgl. BGH NJW 1999, 571, 572). Das Abspaltungsverbot (vgl. § 109 HGB Rdn. 10) steht nicht entgegen, 67 da bei der Bestellung eines Nießbrauchs die Mitgliedschaftsrechte – jedenfalls grundsätzlich – insgesamt von einem Dritten ausgeübt werden (BGH NJW 1989, 3152, 3155: ebenso bei Testamentsvollstreckung und Einsetzung eines Treuhänders).

68 Die Bestellung des Nießbrauchs erfolgt **formlos**, § 1069 Abs. 1 BGB. Ebenso wie bei der Anteilsübertragung (s. o. Rdn. 60) ist die Zustimmung aller Gesellschafter oder eine Einräumung im Gesellschaftsvertrag erforderlich. In diesem kann auch eine einfache Mehrheitsklausel vorgesehen sein.

69 Dem Nießbraucher steht der **entnahmefähige Gewinnanteil** zu (BGH NJW 1981, 1560 mit Hinweis auf BGH NJW 1972, 1755). Ein Auseinandersetzungsguthaben steht dem Besteller zu, allerdings setzt sich das Nießbrauchsrecht an dem Auseinandersetzungsguthaben als Surrogat fort (MünchHdb GesR I/*Hohaus* § 66 Rn. 23) und ist verzinslich anzulegen, § 1079 BGB. Das Entnahmerecht des Bestellers nach § 122 HGB bleibt unberührt (Baumbach/Hopt/*Hopt* § 105 Rn. 45; str.). Verluste werden nach überwiegender Ansicht vom Besteller getragen, umstritten ist, ob der Nießbraucher im Außenverhältnis haftet (vgl. GroßkommHGB/*Ulmer* § 105 Rn. 128; MünchHdBGesR I/*Hohaus* § 66 Rn. 24).

70 Die **Verwaltungsrechte** stehen bei Grundlagengeschäften dem Besteller zu (BGH NJW 1999, 571, 572). Bei laufenden Geschäften ist dies umstritten. Nach der früheren h. M. (vgl. z. B. OLG Koblenz NJW 1992, 2163, 2164) war das Stimmrecht untrennbar mit dem Anteil verbunden. Nach heute wohl überwiegender Auffassung in der Literatur liegt das Stimmrecht in diesen Fällen (zur Abgrenzung zu Recht krit. MünchHdb GesR I/*Hohaus* § 66 Rn. 28) beim Nießbraucher (Baumbach/Hopt/*Roth* § 105 Rn. 46).

71 Der **Nießbrauch endet** entweder mit Zeitablauf, mit Tod des Berechtigten (Erlöschen der berechtigten juristischen Person), im Bedingungsfall mit Eintritt der Bedingung oder mit der Vereinigung aller Anteile an der Gesellschaft in einer Hand (OLG Düsseldorf NJW-RR 1999, 619; vgl. auch OLG Schleswig ZIP 2006, 615, 617).

2. Verpfändung

72 Die Verpfändung des Gesellschaftsanteils ist zulässig, wenn sie im Gesellschaftsvertrag vorgesehen ist oder sämtliche Mitgesellschafter zustimmen, §§ 1273, 1274 BGB. Die im Gesellschaftsvertrag zugelassene Übertragbarkeit deckt nicht ohne Weiteres auch die Verpfändung (str.; vgl. Baumbach/Hopt/*Roth* § 124 Rn. 20).

73 **Ohne Zustimmung** möglich ist die Verpfändung der einzeln nach § 717 Satz 2 BGB übertragbaren Rechte, soweit der Gesellschaftsvertrag dies nicht ausschließt (vgl. E/B/J/S/*Boujong* § 105 Rn. 176). Allerdings wird die entsprechende Verpfändung erst mit Entstehung der Ansprüche wirksam, verschafft dem Pfandgläubiger also keine vergleichbar gesicherte Stellung wie im Fall der Verpfändung des Anteils (GroßkommHGB/*Ulmer* § 105 Rn. 135).

74 Die Verpfändung des Anteils verschafft nicht die **Verwaltungsrechte**, insbesondere das Stimmrecht, sondern lediglich den Zugriff auf die mit dem Anteil verbundenen Vermögensrechte (vgl. hierzu BGH NJW 1992, 3035, 3036). Zur Durchsetzung dieser sind dem Pfandgläubiger die hierzu erforderlichen Informations- und Kontrollrechte zuzugestehen (str.; Baumbach/Hopt/*Roth* § 135 Rn. 16). Die Verwertung erfolgt im Wege der Zwangsvollstreckung mit anschließender Kündigung nach § 135 HGB.

3. Treuhand

75 Treuhandverhältnisse an einem Gesellschaftsanteil sind in verschiedenen Ausprägungen denkbar. Unterschieden wird herkömmlich nach **Verwaltungstreuhand** (fremdnützige Treuhand) und **Sicherungstreuhand** (eigennützige Treuhand) sowie nach **offener und verdeckter Treuhand** (vgl. GroßkommHGB/*Ulmer* § 105 Rn. 101 ff.).

Der Treuhandvertrag ist **Geschäftsbesorgungsvertrag** mit Dienstvertragscharakter oder **Auftrag** (vgl. BGH WM 1994, 14, 16). Er ist nicht formbedürftig. Soweit die Zustimmung der Mitgesellschafter betroffen ist, wird man eine solche im Fall eines formellen Gesellschafterwechsels (jetziger Gesellschafter wird Treugeber und überträgt auf Treuhänder) als erforderlich ansehen müssen. Der Gesellschaftsvertrag kann hiervon dispensieren. Ist ein formeller Gesellschafterwechsel nicht notwendig (jetziger Gesellschafter wird Treuhänder für den Treugeber), ist dies umstritten. Überzeugender scheint, eine Zustimmungspflicht (wenn nicht der Gesellschaftsvertrag eine Übertragung ohnehin zulässt) abzulehnen, da ein lediglich schuldrechtliches, die Mitgesellschafter nicht unmittelbar berührendes Geschäft vorliegt (vgl. auch OLG Hamm GmbHR 1993, 656 zur GmbH; MüKo BGB/Ulmer § 705 Rn. 88; a. A. RGZ 159, 272, 280 f.; MüKo HGB/*K. Schmidt* § Vor § 230 Rn. 54). Zu trennen ist davon die Frage, ob der Abschluss des Treuhandvertrages eine **Treuepflichtverletzung** darstellen kann. 76

Die **Mitgliedschaftsrechte und -pflichten** treffen im Grundsatz den Treuhänder als den formalen Inhaber des Geschäftsanteils (vgl. BGH NJW 1980, 2708). Dies gilt insbesondere auch für die Haftung im Außenverhältnis. Der Treuhänder hat im Zweifel im Innenverhältnis zum Treugeber einen Aufwendungsersatzanspruch (BGH NJW 1980, 1163). Aber auch das Stimmrecht und die mitgliedschaftlichen Informationsrechte stehen alleine dem Treuhänder zu (E/B/J/S/*Boujong* § 105 Rn. 108). Verfügungen des Treuhänders über den Anteil sind in den Grenzen der §§ 138, 823 Abs. 2, 826 BGB auch gegen den Willen des Treugebers wirksam (BGH WM 1977, 525). Nach überwiegender Ansicht sind die Regeln über den Missbrauch der Vertretungsmacht nicht anwendbar (BGH WM 1977, 525; offen gelassen in BGH NJW-RR 1990, 737). Dem Treugeber können aber Rechte im Rahmen des Gesellschaftsvertrags eingeräumt werden (BGH NJW-RR 2003, 1392, 1393), was jedoch nicht zur Haftung im Außenverhältnis führt (BGH NJW-RR 2009, 254; Baumbach/Hopt/*Roth* § 105 Rn. 34). 77

Das **Treuhandverhältnis endet** mit Zeitablauf, mit Bedingungseintritt bei Vereinbarung einer solchen oder aufgrund Vertragsaufhebung. In der Zustimmung der Mitgesellschafter zur Übertragung des Gesellschaftsanteils auf einen Treuhänder liegt zugleich die unwiderrufliche Einwilligung zur Rückübertragung auf den Treugeber (BGH WM 1985, 1143, 1144). 78

J. Fehlerhafte Gesellschaft

I. Grundlagen

Es ist ganz überwiegend anerkannt (vgl. z. B. BGH NJW 1971, 375, 377: »gesicherter Bestandteil des Gesellschaftsrechts«), dass eine in Vollzug gesetzte Personengesellschaft, deren Gesellschaftsvertrag unwirksam ist, nicht als nullum behandelt werden kann. Die Gesellschaft ist vielmehr – im Interesse des Verkehrsschutzes und ihres Bestandsschutzes sowie zur Vermeidung einer ansonsten notwendigen, aber kaum handhabbaren schuldrechtlichen Rückabwicklung – **wirksam**, solange der Mangel nicht durch Auflösungs- oder Ausschließungsklage geltend gemacht wird. Selbst die Geltendmachung des Mangels lässt den Bestand der Gesellschaft für die Vergangenheit unberührt, wirkt also nur **ex nunc**. 79

II. Tatbestandsvoraussetzungen

1. Vorliegen eines Gesellschaftsvertrages

Eine Gesellschaft auf fehlerhafter Vertragsgrundlage setzt begriffsnotwendig voraus, dass ein **Gesellschaftsvertrag** – also übereinstimmende Willenserklärungen der Gesellschafter dahin gehend, dass für ihre Rechtsbeziehungen untereinander und gegenüber Dritten gesellschaftsrechtliche Bestimmungen maßgeblich sein sollen (vgl. BGH NJW 1992, 1501, 1502) – vorhanden ist. Liegt ein solcher Grundkonsens vor, ist es nicht notwendig, dass die Gesellschafter auch für jede einzelne Bestimmung, die sie in den Gesellschaftsvertrag aufnehmen wollten, tatsächlich eine Willensübereinstimmung herbeigeführt haben (vgl. E/B/J/S/*Boujong* § 105 Rn. 179). 80

81 Ist die Vertragsgrundlage nicht nur fehlerhaft, sondern fehlt es an einem Vertragsschluss, liegt allenfalls eine **Scheingesellschaft** vor (vgl. dazu Rdn. 105 f.).

82 Einen Sonderfall stellt die **fehlerhafte Änderung des Gesellschaftsvertrages** dar. Auf diese sind die Grundsätze der fehlerhaften Gesellschaft sinngemäß anzuwenden (vgl. dazu i. E. unter Rdn. 100 ff.).

2. Unwirksamkeitsgründe

83 Als Unwirksamkeitsgründe kommen grundsätzlich sämtliche Mängel in Betracht, die nach allgemeinen Vorschriften zur **Unwirksamkeit des Gesellschaftsvertrages im Ganzen** führen. Betrifft ein Mangel dagegen nur eine einzelne gesellschaftsvertragliche Bestimmung, bedarf es grundsätzlich keines Rückgriffs auf die Grundsätze der fehlerhaften Gesellschaft. Im Fall einer salvatorischen Klausel wird die Wirksamkeit des Restvertrages ohnehin nicht berührt. Die Lücke ist im Wege der ergänzenden Vertragsauslegung bzw. durch die entsprechenden gesetzlichen Bestimmungen zu schließen. Auch ohne eine solche Klausel wird regelmäßig anzunehmen sein, dass die Gesellschafter den Gesellschaftsvertrag auch ohne die betroffene Klausel abgeschlossen hätten. Nur in Ausnahmefällen wird man daher über § 139 BGB zur Nichtigkeit des Gesellschaftsvertrages im Ganzen gelangen. In diesem Fall gelten allerdings die Grundsätze der fehlerhaften Gesellschaft.

3. Invollzugsetzung

84 Die Grundsätze der fehlerhaften Gesellschaft gelten erst ab dem Zeitpunkt, in dem die Gesellschafter die Gesellschaft zurechenbar in Vollzug gesetzt haben. Dies kann durch Handlungen sowohl **im Außenverhältnis** (etwa Abschluss von Verträgen mit Dritten, vgl. BGH NJW 1952, 97; Vornahme von Vorbereitungsgeschäften vgl. BGH NJW 1954, 1562; Werbemaßnahmen) als auch **im Innenverhältnis** (wie bspw. Bildung eines Gesamthandsvermögens aufgrund von Einlageleistungen der Gesellschafter, Fassung von Gesellschafterbeschlüssen; vgl. E/B/J/S/*Boujong* § 105 Rn. 183) geschehen.

4. Überwiegen entgegenstehender Schutzinteressen

a) Grundsätzliches

85 Nach (noch) überwiegender Auffassung (vgl. BGH NJW 1952, 1252, 1254; E/B/J/S/*Boujong* § 105 Rn. 185 m. w. N.) gelten die Grundsätze der fehlerhaften Gesellschaft nicht unbegrenzt. Die Gesellschaft soll **von Anfang an nichtig** sein, wenn vorrangige Interessen der Allgemeinheit oder einzelner schutzwürdiger Personen einer Anerkennung der Gesellschaft als – bis auf Weiteres – wirksam entgegenstehen. Dies hängt vor allem von dem konkreten Unwirksamkeitsgrund (dazu i. E. Rdn. 87 ff.) ab.

86 Dieser Sichtweise werden – in erster Linie für unternehmenstragende Gesellschaften, aber auch generell für alle rechtsfähigen Personengesellschaften – erhebliche Einwände entgegengesetzt (vgl. z. B. MüKo HGB/*K. Schmidt* § 105 Rn. 237 ff.). Das Bedürfnis, eine Gesellschaft, deren Gesellschaftsvertrag an einem Mangel leidet, gleichwohl als existent zu behandeln, besteht unabhängig von der Art dieses Mangels. Auch mit einem verbots- oder sittenwidrigen Gesellschaftsvertrag kann die Gesellschaft über Jahre hinweg am Rechtsverkehr teilnehmen, Verträge mit Dritten schließen und ein von den Vermögensmassen der Gesellschafter abgegrenztes Vermögen bilden. Hierdurch entstehen schutzwürdige Interessen sowohl des einzelnen Vertragspartners als auch der Allgemeinheit an einer Anerkennung der Gesellschaft. Dass es auch gegenläufige Interessen – bspw. des Minderjährigen, des durch den Gesellschaftsvertrag sittenwidrig Übervorteilten oder der Rechtsordnung an ihrer Einhaltung – gibt, lässt sich nicht bestreiten. Zweifelhaft ist allerdings, ob die Abwägung dieser wechselseitigen Interessen in der Form vorzunehmen ist, dass die Gesellschaft bei Vorrang des einen Interesses existiert und bei Vorrang des anderen Interesses ausgeblendet wird. Vorzugswürdig scheint es zu sein, die wechselseitigen Interessen dadurch zum Ausgleich zu bringen, dass die Gesellschaft unabhängig von der Art des konkreten Mangels als wirksam behandelt wird, während die gegenläufigen Interessen durch mildere Eingriffe wie bspw. Ausschluss der persön-

lichen Haftung betroffener Gesellschafter, Gewährung von Freistellungs- oder Schadensersatzansprüchen, berücksichtigt werden.

b) Einzelne Vertragsmängel

aa) Minderjährigenschutz

Die h. M. nimmt einen Vorrang entgegenstehender Interessen an, wenn am Abschluss des Gesellschaftsvertrages ein **Geschäftsunfähiger** oder ein **beschränkt Geschäftsfähiger** ohne ordnungsgemäße Vertretung und/oder vormundschaftsgerichtliche Genehmigung beteiligt war (vgl. BGH NJW 1983, 748; NJW 1992, 1503, 1504). Welche Rechtsfolgen hierdurch ausgelöst werden, ist allerdings umstritten. Nur vereinzelt wurde das Entstehen einer Gesellschaft insgesamt negiert (vgl. *Wegener* S. 16). Überwiegend wird angenommen, dass – soweit noch zumindest zwei geschäftsfähige Gesellschafter verbleiben – die Gesellschaft ohne den nicht voll Geschäftsfähigen entsteht (vgl. E/B/J/S/*Boujong* § 105 Rn. 189 m. w. N.). 87

Aufgrund der Erwägungen in Rdn. 86 spricht jedoch viel dafür, dass eine fehlerhafte Gesellschaft unter Beteiligung auch des nicht voll Geschäftsfähigen entsteht (vgl. MüKo HGB/*K. Schmidt* § 105 Rn. 239). Erfüllungs- und Haftungsansprüche können gegenüber dem betroffenen Gesellschafter allerdings weder im Innen- noch im Außenverhältnis geltend gemacht werden. Mit Wirkung ex tunc kann er eine rechnerische Abwicklung seiner Beteiligung im Innenverhältnis verlangen. 88

bb) Gesetzes- oder Sittenverstoß

Nach überwiegender Auffassung kann die Gesellschaft insbesondere dann nicht als fehlerhafte Gesellschaft aufrechterhalten werden, wenn der Gesellschaftsvertrag als solcher, vor allem der Gesellschaftszweck oder der Unternehmensgegenstand, gegen das Gesetz oder gegen die guten Sitten verstößt (vgl. BGH NJW 1971, 375, 376 f.; NJW 1980, 638, 639; E/B/J/S/*Boujong* § 105 Rn. 186). Das soll bspw. dann der Fall sein, wenn der Gesellschaftszweck auf **Steuerhinterziehung** gerichtet ist (vgl. GroßkommHGB/*Ulmer* § 105 Rn. 355), wenn die Gesellschaft mit dem **Kartellverbot** unvereinbar ist (vgl. BGH NJW-RR 1991, 1002) oder wenn sie einen **berufsrechtlich verbotenen Zusammenschluss** darstellt (vgl. BGH NJW 1980, 638, 639). 89

Die Gegenansicht lässt auch im Fall von Gesetzes- oder Sittenverstößen die Grundsätze der fehlerhaften Gesellschaft gelten (vgl. MüKo HGB/*K. Schmidt* § 105 Rn. 243). Die Sanktion des Verstoßes besteht danach nicht in der Negierung der Gesellschaft, sondern erfolgt anhand des entsprechenden staatlichen Eingriffsinstrumentariums. Zu denken ist etwa an Bußgeldverfahren, an den Entzug behördlicher Genehmigungen oder an die Schließung des Geschäfts. 90

cc) Arglistige Täuschung und Drohung

Im Fall einer arglistigen Täuschung, einer Drohung oder einer sittenwidrigen Übervorteilung eines Gesellschafters werden die Grundsätze der fehlerhaften Gesellschaft gleichwohl angewendet (vgl. BGH NJW 1966, 107, 108; NJW 1975, 1022, 1024; NJW 1982, 877, 879; NJW 2001, 2718, 2720). Die Interessen des getäuschten, bedrohten oder übervorteilten Gesellschafters werden dadurch gewahrt, dass er im Innenverhältnis Ansprüche auf Vertragsanpassung oder Schadensersatz oder ein Austrittsrecht geltend machen kann. Außerdem kann er im Wege der Ausschließungsklage gegenüber dem verantwortlichen Gesellschafter vorgehen (vgl. E/B/J/S/*Boujong* § 105 Rn. 190). 91

dd) Verbraucherschutz

Erfolgt der Beitritt zu einer Personengesellschaft in einer **Haustürsituation**, und widerruft der Gesellschafter seine Beitrittserklärung, sind die Grundsätze der fehlerhaften Gesellschaft anzuwenden (vgl. BGH ZIP 2005, 254, EuGH nach Vorlage im Vorabentscheidungsverfahren, NJW 2010, 1511). Für die Vergangenheit bleibt der Betroffene Gesellschafter. Gleiches gilt, wenn der Gesell- 92 schafter beim Beitritt durch eine Person vertreten wurde, deren Vollmacht aufgrund eines Verstoßes gegen das Rechtsberatungsgesetz nichtig ist (vgl. BGH NJW 2003, 1252, 1254).

III. Rechtsfolgen

93 Solange die Gesellschaft noch nicht in Vollzug gesetzt worden ist, können Einwendungen gegen die Wirksamkeit des Gesellschaftsvertrages nach den allgemeinen Vorschriften – insbesondere also mit Wirkung auch für die Vergangenheit – geltend gemacht werden. Diese Möglichkeit endet mit der Invollzugsetzung. Ab diesem Zeitpunkt bis zu seiner ordnungsgemäßen Geltendmachung (vgl. nachfolgend Rdn. 94ff.) wird der Vertragsmangel in dem Sinne ausgeblendet, dass der Gesellschaftsvertrag als vollwirksam behandelt wird und damit sowohl für das Innen- als auch für das Außenverhältnis maßgeblich ist. Die Fehlerhaftigkeit des Vertrages kann nur noch für die Zukunft geltend gemacht werden und führt zur Auflösung und Abwicklung der Gesellschaft bzw. zum Ausschluss einzelner Gesellschafter.

1. Geltendmachung der Fehlerhaftigkeit

a) Klageerhebung

94 Die Fehlerhaftigkeit des Gesellschaftsvertrages muss grundsätzlich **im Wege der Klage** geltend gemacht werden. Der Mangel stellt – soweit sich nicht ausnahmsweise etwas anderes aus der gesellschaftlichen Treuepflicht ergibt – einen **wichtigen Grund i.S.d. §133 HGB** dar, kann also im Wege der dort geregelten **Auflösungsklage** verfolgt werden (zur Auflösungsklage nach §133 HGB vgl. ausführl. Kap. 5 Rdn. 174ff.).

95 In einer zweigliedrigen Gesellschaft und allgemein in Fällen, in denen der Mangel entweder nur die Beteiligung eines einzelnen Gesellschafter betrifft oder ausschließlich von einem Gesellschafter – wie im Fall der arglistigen Täuschung – zu verantworten ist, kommt auch eine **Ausschließungsklage nach §140 HGB** in Betracht (vgl. E/B/J/S/*Boujong*, §105 Rn. 196 m.w.N.; zur Ausschließungsklage nach §140 HGB vgl. Kommentierung des §140 HGB in diesem Kapitel sowie außerdem ausführl. Kap. 5 Rdn. 212ff.).

96 Die Klagen nach §§ 133, 140 HGB sind grundsätzlich **nicht fristgebunden**. Etwas anderes gilt dann, wenn die Rechtsnormen, aus denen sich die Unwirksamkeit ergibt, ausnahmsweise eine Ausschlussfrist vorsehen. So kann der Gesellschafter, dessen Willenserklärung auf Irrtum, Täuschung oder Drohung beruht, eine Auflösungs- oder Ausschließungsklage nur innerhalb der Fristen der §§ 121, 124 BGB erheben (vgl. E/B/J/S/*Boujong* § 105 Rn. 197).

97 Weitere Einschränkungen der Klagemöglichkeit lassen sich unter dem Gesichtspunkt der **Treuepflichtverletzung** oder der **Verwirkung** erwägen, wenn der Gesellschafter die Gesellschaft nach Offenlegung des Vertragsmangels über einen längeren Zeitraum so fortsetzt, als sei der Vertrag fehlerfrei (vgl. zur Verwirkung der Klagemöglichkeit Kap. 5 Rdn. 206, 240).

b) Kündigung

98 Durch eine bloße Willenserklärung (Kündigungs-, Auflösungs- oder Austrittserklärung) kann die Fehlerhaftigkeit des Vertrages nur dann geltend gemacht werden, wenn dies **im Gesellschaftsvertrag vorgesehen** ist oder ihm zumindest im Wege der ergänzenden Vertragsauslegung entnommen werden kann (vgl. BGH NJW 1967, 1961, 1963). Letzteres wird im Zweifel anzunehmen sein, wenn dem Gesellschafter der Weg über eine Auflösungs- oder Ausschließungsklage nicht zugemutet werden kann, weil er bei Abschluss des Gesellschafts- oder des Beitrittsvertrages getäuscht oder bedroht worden ist (vgl. E/B/J/S/*Boujong* § 105 Rn. 197). Auch im Fall dieser vereinfachten Form der Geltendmachung sind allerdings die Fristen der §§ 121, 124 BGB zu beachten.

2. Auseinandersetzung

Wird die Gesellschaft aufgrund des Vertragsmangels aufgelöst, bleibt auch für die Auseinandersetzung grundsätzlich der Gesellschaftsvertrag maßgeblich. Dies gilt nicht, wenn die Mangelhaftigkeit des Vertrages gerade bzw. auch dessen Bestimmungen zur Auseinandersetzung betrifft, bspw. deswegen, weil sich der die Auflösung betreibende Gesellschafter infolge Drohung oder Täuschung auf eine unterdurchschnittliche Liquidationsbeteiligung eingelassen hat (vgl. BGH NJW 1975, 1774, 1776). Die Auseinandersetzung erfolgt in einem solchen Fall nach den gesetzlichen Bestimmungen der §§ 145 ff. HGB. 99

IV. Fehlerhafte Vertragsänderungen

1. Statusändernde Vertragsänderungen

Die Grundsätze der fehlerhaften Gesellschaft gelten nach der Rechtsprechung des BGH auch bei statusändernden Vertragsänderungen (vgl. BGH NJW 1974, 498; weiter gehend bspw. MüKo HGB/*K. Schmidt* § 105 Rn. 252: bei Vertragsänderungen, die den materiellen Inhalt des Gesellschaftsvertrages [etwa: Einlagen, Haftsummen, Stimmrechte, Geschäftsführungsbefugnis] betreffen). 100

2. Fehlerhafter Beitritt, fehlerhaftes Ausscheiden eines Gesellschafters

Gleiches gilt beim fehlerhaften Beitritt eines weiteren Gesellschafters (vgl. BGH NJW 1975, 1022, 1024; NJW 1992, 1501, 1502), beim fehlerhaften Ausscheiden eines Gesellschafters (vgl. BGH NJW 1992, 1503, 1504) sowie bei einer fehlerhaften Verbindung von Austritt des einen und Eintritt eines anderen Gesellschafters (vgl. MüKo HGB/*K. Schmidt* § 105 Rn. 250). 101

Von einem **Vollzug des Beitritts** ist auszugehen, wenn der Gesellschafter seine Beiträge geleistet oder von gesellschaftsvertraglichen Rechten Gebrauch gemacht hat (vgl. BGH NJW 1992, 1501, 1502). 102

Der **Austritt** ist **vollzogen**, sobald nach den abgegebenen Erklärungen die Anwachsungsfolgen eintreten sollen (vgl. MüKo HGB/*K. Schmidt* § 105 Rn. 249). Dabei ist allerdings eine Mitwirkungshandlung des Ausscheidenden erforderlich. Ein einseitiges (fehlerhaftes) Hinauskündigen genügt nicht. Mit dem Vollzug des Austritts ist die Mitgliedschaft des Ausscheidenden beendet, und es entsteht ein Abfindungsanspruch (vgl. BGH NJW 1969, 1483). Zudem erwirbt der ausgeschiedene Gesellschafter für den Fall, dass er den Fehler nicht zu vertreten hat, einen Anspruch auf Wiederaufnahme in die Gesellschaft (vgl. BGH NJW 1969, 1483). 103

3. Fehlerhafte Anteilsübertragung

Auf fehlerhafte Anteilsübertragungen sind die Grundsätze der fehlerhaften Gesellschaft nicht anzuwenden (vgl. BGH NJW 1990, 1915 zu § 15 GmbHG; MüKo HGB/*K. Schmidt* § 105 Rn. 256; a. A. E/B/J/S/*Boujong* § 105 Rn. 207). 104

V. Scheingesellschaft

Die Gesellschaft auf fehlerhafter Vertragsgrundlage ist von der Scheingesellschaft zu unterscheiden, bei der ein **Gesellschaftsvertrag** überhaupt **nicht oder nur zum Schein** abgeschlossen worden ist. Die Grundsätze der fehlerhaften Gesellschaft sind auf eine solche Scheingesellschaft nicht anwendbar (vgl. BGH NJW 1953, 1220; NJW 1954, 231). 105

Das **Innenverhältnis** zwischen den Scheingesellschaftern richtet sich nicht nach gesellschaftsrechtlichen Grundsätzen, sondern nach allgemeinem Schuld- und Sachenrecht, insbesondere nach Bereicherungsrecht (vgl. E/B/J/S/*Boujong* § 105 Rn. 212). 106

Im **Außenverhältnis** unterliegen die Scheingesellschafter einer **Rechtsscheinhaftung**. Diese richtet sich in erster Linie nach § 15 Abs. 1 und Abs. 3 HGB. Außerhalb dieser Bestimmungen kommt eine Rechtsscheinhaftung nur ausnahmsweise in Betracht, wenn sich der Scheingesellschafter als 107

§ 106 HGB Anmeldung zum Handelsregister

Gesellschafter bezeichnet oder einer solchen Bezeichnung vorwerfbar nicht entgegentritt (vgl. MüKo HGB/*K. Schmidt* § 105 Rn. 260).

K. Verweisung auf das Recht der GbR

108 Abs. 3 bestimmt, dass im Fall einer fehlenden anderen Bestimmung in den §§ 105 bis 160 HGB das Recht der Gesellschaft des BGB Anwendung findet.

I. Anwendbare Vorschriften

109 Anwendbar sind: §§ 705, 706, 707, 708, 712 Abs. 2, 717, 718 bis 720, 722 Abs. 2, 725 Abs. 2, 729, 732, 735, 738 bis 740 BGB (vgl. Baumbach/Hopt/*Roth* § 105 Rn. 15; E/B/J/S/*Boujong* § 105 Rn. 122; MüKo HGB/*K. Schmidt* § 105 Rn. 269).

II. Nicht anwendbare Vorschriften

110 Unanwendbar sind aufgrund Sonderregelungen im HGB: §§ 709 bis 711, 712 Abs. 1, 714, 715, 716, 721, 722 Abs. 1, 723 Abs. 1 Satz 3 Nr. 2, 724, 725 Abs. 1, 726, 727, 728, 730, 731, 733, 734, 736 und 737 BGB (vgl. Baumbach/Hopt/*Roth* § 105 Rn. 16; E/B/J/S/*Boujong* § 105 Rn. 123; MüKo HGB/*K. Schmidt* § 105 Rn. 270).

III. Sonderfall: § 713 BGB

111 § 713 BGB bestimmt, dass sich Rechte und Verpflichtungen der geschäftsführenden Gesellschafter nach Auftragsrecht bestimmen. Allerdings ist anerkannt, dass die im Auftragsrecht geltende Weisungsbindung (MüKo BGB/*Ulmer* § 713 Rn. 7) im Fall des Geschäftsführers unanwendbar ist (vgl. E/B/J/S/*Boujong* § 105 Rn. 123; MüKo HGB/*K. Schmidt* § 105 Rn. 271 zweifelnd für den nicht am Gesellschaftsvermögen beteiligten, ablehnend für den bloß angestellten Komplementär). An die Stelle des § 670 BGB tritt § 110 HGB (vgl. hierzu auch BGH NJW-RR 2002, 455; ZIP 2005, 1552).

§ 106 [Anmeldung zum Handelsregister]

(1) Die Gesellschaft ist bei dem Gericht, in dessen Bezirk sie ihren Sitz hat, zur Eintragung in das Handelsregister anzumelden.

(2) Die Anmeldung hat zu enthalten:
1. den Namen, Vornamen, Geburtsdatum und Wohnort jedes Gesellschafters;
2. die Firma der Gesellschaft, den Ort, an dem sie ihren Sitz hat, und die inländische Geschäftsanschrift;
3. (aufgehoben)
4. die Vertretungsmacht der Gesellschafter.

Übersicht

		Rdn.			Rdn.
A.	Normzweck	1	II.	Firma, Sitz, Anschrift	7
B.	Anmeldepflicht	2	III.	Zeitpunkt des Gesellschaftsbeginns	8
C.	Inhalt der Anmeldung	5	D.	Eintragung sonstiger Tatsachen	9
I.	Bezeichnung der Gesellschafter	5	I.	Eintragungsfähige Tatsachen	9
	1. Natürliche Personen	5	II.	Nicht eintragungsfähige Tatsachen	10
	2. Juristische Personen, Personenhandelsgesellschaften	6			

A. Normzweck

Die Regelung des § 106 HGB dient dem **Schutz des Rechtsverkehrs** und ist **zwingender Natur**. Es handelt sich insoweit um eine öffentlich-rechtliche Pflicht, die gem. § 14 HGB durch eine Festsetzung von Zwangsgeld gegenüber jedem Gesellschafter erzwungen werden kann.

B. Anmeldepflicht

Die in § 106 HGB vorgeschriebene Anmeldung der OHG ist bei Betrieb eines Handelsgewerbes (§ 1 Abs. 2 HGB) **unverzüglich** nach Aufnahme der Geschäfte zu bewirken (GroßkommHGB/*Ulmer* § 106 Rn. 7). Bei einer Gesellschaft i. S. d. § 2 HGB entsteht die Anmeldepflicht hingegen erst dann, wenn die Geschäftstätigkeit einen § 1 Abs. 2 HGB entsprechenden Umfang erreicht (Schlegelberger/*Martens* § 106 Rn. 4). Die Gesellschafter sind aber bereits mit Abschluss des Gesellschaftsvertrages, auch vor Aufnahme der Geschäftstätigkeit der Gesellschaft, zur freiwilligen Anmeldung und Eintragung ins Handelsregister berechtigt.

Für die Anmeldung ist das Registergericht zuständig, in dessen Bezirk die Gesellschaft ihren **Sitz** hat. Sitz der Gesellschaft ist der Ort, an dem die Verwaltung geführt wird (noch h. M. BGH WM 1957, 999; für einen vom tatsächlichen Sitz unterschiedenen gesellschaftsvertraglichen/satzungsmäßigen Sitz auch bei der OHG Baumbach/Hopt/*Roth* § 106 Rn. 8). Sollte die Gesellschaft von mehreren Orten aus geführt werden, ist der Ort der Hauptverwaltung maßgeblich.

Die **Prüfung des Inhalts** der Anmeldung durch das zuständige Registergericht erstreckt sich in der Regel nur auf die Plausibilität, Schlüssigkeit und Glaubwürdigkeit. Eine weiter gehende Prüfung – insbesondere ob eine wirksame Gründung der OHG vorliegt und die Gesellschafter sich wirksam an ihr beteiligt haben (GroßkommHGB/*Ulmer* § 106 Rn. 29) – erfolgt nur beim Vorliegen begründeter Bedenken.

C. Inhalt der Anmeldung

I. Bezeichnung der Gesellschafter

1. Natürliche Personen

Bei natürlichen Personen sind der Nachname und als Vorname der Rufname, der Geburtstag und der Wohnort (nicht aber die Adresse) anzugeben.

2. Juristische Personen, Personenhandelsgesellschaften

Für juristische Personen ist die **Firmenbezeichnung** maßgebend. Die gesetzlichen Vertreter werden aber nicht angegeben (BayObLG ZIP 1986, 840, 844). Gleiches gilt für die Vor-GmbH sowie für beteiligte Personenhandelsgesellschaften, und zwar jeweils auch ohne Aufführung der Gesellschafter (GroßkommHGB/*Ulmer* § 106 Rn. 16).

II. Firma, Sitz, Anschrift

Ferner sind die **Firma**, der Sitz der Gesellschaft und die inländische Geschäftsanschrift anzumelden. Der **Sitz** der Gesellschaft ist der Ort, von dem aus tatsächlich die Geschäfte geleitet werden und an dem sich der Schwerpunkt der unternehmerischen Betätigung befindet (Sitztheorie noch h. M.; a. A. s. Rdn. 8). Im Zweifel wird dies der Ort der Hauptverwaltung sein (BGH WM 1969, 293, 294).

III. Zeitpunkt des Gesellschaftsbeginns

Der Zeitpunkt des Gesellschaftsbeginns ist derjenige, mit welchem die Gesellschaft nach außen gem. § 123 HGB wirksam geworden ist, also entweder der des **Gesellschaftsbeginns** (§ 123 Abs. 2 HGB) bei einem in kaufmännischer Weise eingerichteten Geschäftsbetrieb (deklaratorische Eintragung), oder der der **Eintragung in das Handelsregister** (§ 123 Abs. 1 HGB). Bei vermögensverwaltenden, Kleingewerbe betreibenden sowie Land- und Forstwirtschaft betreibenden Personengesellschaftern kann es mithin nicht vor der Eintragung ins Handelsregister zum Beginn der Gesellschaft kommen (konstitutive Eintragung).

D. Eintragung sonstiger Tatsachen

I. Eintragungsfähige Tatsachen

9 Soweit für den Rechtsverkehr ein Bedürfnis besteht, über **wesentliche Tatsachen** mit Außenwirkung verlässlich informiert zu werden, können auch solche Tatsachen über den Katalog der eintragungsfähigen Tatsachen hinaus in das Handelsregister eingetragen werden (BGH NJW 1989, 295, 299; OLG Hamburg ZIP 1986, 1186, 1187). Hiernach sind z. B. eintragungsfähig die Befreiung vom Verbot des Selbstkontrahierens (BayObLG ZIP 2000, 701), Fortsetzungsbeschlüsse nach Auflösung der Gesellschaft (Schlegelberger/*K. Schmidt* § 177 Rn. 34; *Ulmer* NJW 1990, 73, 82), eine Testamentsvollstreckungsanordnung für Kommanditbeteiligungen (Schlegelberger/*K. Schmidt* § 177 Rn. 34; *Ulmer* NJW 1990, 73, 82; abl. aber KG WM 1995, 1891) sowie der Nießbrauch an einem Kommanditanteil (OLG Stuttgart NZG 2013, 432, 433).

II. Nicht eintragungsfähige Tatsachen

10 Nicht eintragungsfähig sind Tatsachen, die lediglich die **Innenbeziehungen der Gesellschafter** oder Umstände in ihrer Person betreffen, aber nicht das Außenverhältnis berühren, so z. B. Angaben über Eigenleistungen (BGHZ 81, 82, 87), güterrechtliche Verfügungsbeschränkungen, die Beteiligungsverhältnisse, den Gegenstand des Geschäftsbetriebs, die Gewinnverteilung usw. (vgl. hierzu Röhricht/v. Westphalen/*v. Gerkan* § 106 Rn. 24).

§ 107 [Anzumeldende Änderungen]

Wird die Firma einer Gesellschaft geändert, der Sitz der Gesellschaft an einen anderen Ort verlegt, die inländische Geschäftsanschrift geändert, tritt ein neuer Gesellschafter in die Gesellschaft ein oder ändert sich die Vertretungsmacht eines Gesellschafters, so ist dies ebenfalls zur Eintragung in das Handelsregister anzumelden.

Übersicht	Rdn.			Rdn.
A. Normzweck	1	II.	Firmenänderung/Sitzverlegung/Anschriftsänderung	5
B. Anmeldepflichtige Änderungen	2	III.	Eintritt neuer Gesellschafter	7
I. Allgemeines	2	C.	Nicht anmeldepflichtige Änderungen	8

A. Normzweck

1 Die Vorschrift des § 107 HGB sichert zum Schutz des Rechtsverkehrs die **Aktualität des Handelsregisters**. § 107 HGB stellt insoweit eine Ergänzung zu § 106 HGB dar und bestimmt, welche späteren Veränderungen der Gesellschaft bis zu ihrer Vollbeendigung zur Eintragung in das Handelsregister anzumelden sind.

B. Anmeldepflichtige Änderungen

I. Allgemeines

2 Da § 107 HGB das Anmeldungserfordernis bei Änderung der bereits angemeldeten Tatsachen regelt, muss die Änderung entweder **bereits eingetreten** sein (BayObLG NJW 1970, 940, 941) oder an ihre Eintragung **gebunden** sein (so z. B. einem aufschiebend bedingten Eintritt eines Gesellschafters, vgl. BGHZ 82, 209, 212).

Soweit eine Tatsache, auf die sich die Änderung bezieht, im Handelsregister nicht eingetragen ist, so sind die ursprüngliche Tatsache als auch die Änderung zur Eintragung in das Handelsregister anzumelden (OLG Oldenburg DB 1987, 1527). 3

Ferner findet § 107 HGB auch im **Auflösungsstadium** bis zur vollständigen Beendigung der Gesellschaft Anwendung, da auch diese Änderungen noch für den Rechtsverkehr bedeutsam sein können. 4

II. Firmenänderung/Sitzverlegung/Anschriftsänderung

Jede **Änderung der Firma** ist anmeldepflichtig. Dabei ist es gleichgültig, ob die ganze Firma, der Firmenkern oder irgendein Bestandteil, wie die Beifügung oder der Fortfall eines Zusatzes, geändert wird. Die Zulässigkeit der Firmenänderung beurteilt sich nach allgemeinem Firmenrecht. Das Registergericht hat die Zulässigkeit der Firmenänderung vor Eintragung zu überprüfen. 5

Weiterhin ist jede **Sitzverlegung** der Gesellschaft anmeldepflichtig. Maßgebend ist der Schwerpunkt der unternehmerischen Betätigung. Tatsächliche Änderungen führen unabhängig vom Willen der Gesellschafter zu einer Sitzverlegung. Anmeldepflichtig ist auch die Änderung der inländischen Geschäftsanschrift. 6

III. Eintritt neuer Gesellschafter

Auch jeder Eintritt neuer Gesellschafter unterliegt der Anmeldepflicht. Dies gilt unabhängig davon, ob der Eintritt im Wege der **Anteilsübertragung** (ein solcher Eintritt wird im Register durch einen Rechtsnachfolgevermerk gekennzeichnet, vgl. RG DNotZ 1944, 195, 198 ff.), im Wege der **Erbfolge** (BGHZ 108, 187, 189 f.) oder in sonstigen Fällen der **Gesamtrechtsnachfolge** erfolgt. Der Austritt eines Gesellschafters ist nach § 143 Abs. 2 HGB anmeldepflichtig. 7

C. Nicht anmeldepflichtige Änderungen

Der **Erwerb einer zusätzlichen Beteiligung** durch einen Gesellschafter bedarf keiner Anmeldung, da es in seiner Person bei einer einheitlichen Beteiligung bleibt. 8

Keiner Anmeldepflicht unterliegen Änderungen der nach § 106 Abs. 2 Nr. 1 HGB aufgeführten Personalien **eines Gesellschafters** (Name, Vorname, Wohnort). Diese Änderungen können aber freiwillig angemeldet werden. Für die Praxis empfiehlt sich die Anmeldung insbesondere von Namensänderungen zur Klarstellung des Registers und der Identität vertretungsberechtigter Personen. 9

§ 108 [Anmeldung durch alle Gesellschafter]

Die Anmeldungen sind von sämtlichen Gesellschaftern zu bewirken.

Übersicht

	Rdn.			Rdn.
A. Pflicht zur Anmeldung	1	I.	Grundsatz: Anmeldung durch Gesellschafter	3
I. Rechtsnatur	1			
II. Reichweite	2	II.	Vertretung	4
B. Anmeldepflichtige Personen	3			

A. Pflicht zur Anmeldung

I. Rechtsnatur

Die Anmeldepflicht stellt aufgrund des öffentlichen Interesses eine **öffentlich-rechtliche Pflicht** dar, deren Erfüllung nach § 14 HGB erzwungen werden kann. Die Zwangsmaßnahmen richten sich jedoch gegen die Gesellschafter und nicht gegen die OHG. Soweit es sich bei dem Gesellschafter um eine juristische Person oder eine Personenhandelsgesellschaft handelt, richten sich die Zwangsmaßnahmen gegen die gesetzlichen Vertreter (BayObLG DB 1977, 1085). 1

§ 109 HGB Gesellschaftsvertrag

II. Reichweite

2   Zudem besteht eine gesellschaftsvertragliche Verpflichtung der Gesellschafter untereinander, bei der Anmeldung zum Handelsregister mitzuwirken (BGH WM 1983, 785, 786). Diesen Anspruch kann jedoch nicht die Gesellschaft also solche durchsetzen, sondern der Anspruch muss vielmehr von den einzelnen Gesellschaftern im Wege der Gesellschafterklage (actio pro socio) rechtshängig gemacht werden (BGH NJW 1974, 498, 499; vgl. zur actio pro socio ausführl. Kap. 5 Rdn. 90 ff.). Ein obsiegendes Urteil ersetzt die Mitwirkung des sich widersetzenden Gesellschafters (vgl. Kap. 5 Rdn. 106 f.). Die Verpflichtung zur Mitwirkung entfällt jedoch, wenn der Gesellschafter einen Anspruch auf Auflösung der Gesellschaft gem. §§ 133, 140 HGB hat (RGZ 112, 280). Ferner gilt die Mitwirkung bei einer Anmeldung im Innenverhältnis als Billigung des in der Anmeldung erklärten (BGH WM 1984, 1605).

B. Anmeldepflichtige Personen

I. Grundsatz: Anmeldung durch Gesellschafter

3   § 108 HGB bezieht sich zunächst nur auf die §§ 106, 107 HGB. Anmeldepflichtig sind **sämtliche Gesellschafter**, auch die nicht geschäftsführungs- oder vertretungsberechtigten Gesellschafter der OHG (BayObLG WM 1988, 710). In der KG müssen auch die Kommanditisten mitwirken (§ 161 Abs. 2 HGB, vgl. § 162 HGB Rdn. 3). Juristische Personen oder Personenhandelsgesellschaften, die an der OHG beteiligt sind, handeln durch ihre gesetzlichen oder organschaftlichen Vertreter in vertretungsberechtigter Zahl. Es ist nicht erforderlich, dass alle vorhandenen gesetzlichen Vertreter mitwirken (OLG Hamm OLGZ 1983, 257, 261). Bei geschäftsunfähigen oder beschränkt geschäftsfähigen Gesellschaftern handeln die gesetzlichen Vertreter. Stirbt ein Gesellschafter, sind die in die Gesellschafterstellung einrückenden Erben und nicht ein etwaiger Testamentsvollstrecker zur Anmeldung befugt (OLG Hamm, NZG 2011, 437).

II. Vertretung

4   Die Anmeldung muss jedoch nicht höchstpersönlich erfolgen. Die anmeldepflichtigen Personen können sich gem. §§ 12 Abs. 1 Satz 2 HGB n. F. (§ 12 HGB geändert durch EHUG zum 01.01.2007, vgl. dazu die ausführl. Darstellung in § 7 GmbHG Rdn. 8 ff.), 13 Satz 2 FGG aufgrund einer **öffentlich beglaubigten Vollmacht** vertreten lassen. Ein Vertreter, der selbst Gesellschafter ist, kann im eigenen Namen und zugleich als Bevollmächtigter die Anmeldung vornehmen, da § 181 BGB insoweit nicht zur Anwendung gelangt (BayObLG WM 1978, 70).

Zweiter Titel Rechtsverhältnis der Gesellschafter untereinander

§ 109 [Gesellschaftsvertrag]

Das Rechtsverhältnis der Gesellschafter untereinander richtet sich zunächst nach dem Gesellschaftsvertrage; die Vorschriften der §§ 110 bis 122 finden nur insoweit Anwendung, als nicht durch den Gesellschaftsvertrag ein anderes bestimmt ist.

Übersicht	Rdn.			Rdn.
A. Normzweck und Anwendungsbereich	1	III.	Gesellschaftsrechtliche Schranken	8
B. Grenzen der Privatautonomie	3		1. Kontrollrecht	9
I. Allgemeines	3		2. Abspaltungsverbot	10
1. Vorrang schutzwürdiger Interessen des Rechtsverkehrs	3		3. Vertragsbeendigungsfreiheit	13
			4. Verbandsverfassung	14
2. Minderheitenschutz	4		5. Grundsatz der Selbstorganschaft	16
II. Allgemein privatrechtliche Schranken, §§ 134, 138 BGB	5		6. Gleichbehandlungsgrundsatz	17
			7. Treuepflicht	18

a) Allgemeines	19	C.	Das Rechtsverhältnis der Gesellschafter untereinander	27
b) Beispiele	21	I.	Auslegung, §§ 133, 157 BGB	28
c) Rechtsfolgen	22	II.	Rechte und Pflichten der Gesellschafter	29
8. Schutz des mitgliedschaftlichen Kernbereichs	23		1. Pflichten	29
9. Bestimmtheitsgrundsatz	24		2. Rechte	30
10. actio pro socio	25	III.	Schutz der Mitgliedschaft	32
		IV.	Prozesse	33

A. Normzweck und Anwendungsbereich

Die Regelung in § 109 HGB betont den **Vorrang einer privatautonomen Gestaltung** der Rechtsverhältnisse der Gesellschafter untereinander gegenüber den gesetzlichen Regelungen (vgl. GroßkommHGB/*Ulmer* § 109 Rn. 1; MüKo HGB/*Enzinger* § 109 Rn. 1; E/B/J/S/*Mayen* § 109 Rn. 1). Dieser Vorrang beinhaltet nicht nur die Rechtsbeziehungen zwischen den Gesellschaftern, sondern auch die Rechtsbeziehungen zwischen Gesellschafter und Gesellschaft (vgl. Baumbach/Hopt/*Roth* § 109 Rn. 1; GroßkommHGB/*Ulmer* § 109 Rn. 1). Die herausragende Bedeutung dieses Vorrangs manifestiert sich darin, dass die Gesellschafter der meisten Personenhandelsgesellschaften von ihrem grundsätzlichen Recht zur freien Gestaltung des Gesellschaftsvertrages umfassend Gebrauch machen.

1

§ 109 HGB findet auf die **OHG** und i. V. m. § 161 Abs. 2 HGB auf die **KG** sowie i. V. m. § 1 EWIVG auf die **EWIV** Anwendung. Auch bei einer **fehlerhaften Gesellschaft** (vgl. hierzu § 105 HGB Rdn. 79 ff.) beruhen die Rechtsbeziehungen der Gesellschafter auf den im Gesellschaftsvertrag festgelegten Bestimmungen (vgl. MüKo HGB/*Enzinger* § 109 Rn. 2).

2

B. Grenzen der Privatautonomie

I. Allgemeines

1. Vorrang schutzwürdiger Interessen des Rechtsverkehrs

Die den Gesellschaftern eingeräumte Freiheit, ihre Rechtsbeziehungen untereinander selbst zu regeln, findet indes insbesondere dort eine Grenze, wo schutzwürdige Interessen des Rechtsverkehrs den Vorzug gegenüber den Interessen der Gesellschafter zu einer privatautonomen Gestaltung ihres Gesellschaftsvertrages verdienen. Dies hat der Gesetzgeber zumindest teilweise erkannt, indem er den Vorrang der privatautonomen Gestaltung der Rechtsverhältnisse der Gesellschafter untereinander in erster Linie auf die §§ 110 bis 122 HGB bezog. Gleichwohl bedeutet dies nicht, dass andere gesetzliche Regelungen einer privatautonomen Gestaltung entzogen sind. Insbesondere sind die Regelungen zur Auflösung der Gesellschaft und dem Ausscheiden eines Gesellschafters nach den **§§ 131 bis 144 HGB** ebenso wie die Regelungen nach §§ 110 bis 122 HGB weitgehend dispositiv. Hingegen sind insbesondere die das Außenverhältnis der Gesellschaft regelnden Vorschriften der **§§ 123 bis 130b HGB** weitgehend der Disposition der Gesellschafter aus Gründen des Verkehrsschutzes entzogen (vgl. GroßkommHGB/*Ulmer* § 109 Rn. 1; MüKo HGB/*Enzinger* § 109 Rn. 1).

3

2. Minderheitenschutz

Einschränkungen der Privatautonomie ergeben sich nicht nur aus Gründen des Verkehrsschutzes. Im Zusammenhang mit der Gewährleistung eines effektiven Minderheitenschutzes unterliegt die privatautonome Gestaltung der gesellschaftsrechtlichen Verhältnisse weiteren, teilweise bezogen auf den jeweiligen Einzelfall beweglichen Beschränkungen, die unter anderem in der sog. **Kernbereichslehre** (vgl. Rdn. 23) sowie dem **Gleichbehandlungsgrundsatz** (vgl. Rdn. 17) ihren Ausdruck finden (vgl. GroßkommHGB/*Ulmer* § 109 Rn. 2). Darüber hinaus können sich im Einzelfall aus der **Treuepflicht** (vgl. Rdn. 18 ff.) eines Gesellschafters Einschränkungen der Dispositionsfreiheit ergeben, die nicht nur dem Minderheitenschutz, sondern auch dem Schutz der Gesellschaft und

4

§ 109 HGB   Gesellschaftsvertrag

der jeweiligen Mehrheitsverhältnisse dienen. Grenzen der Vertragsfreiheit ergeben sich auch aus dem **Grundsatz der Selbstorganschaft** (vgl. Rdn. 16; § 125 Rdn. 2 f.), dem **Abspaltungsverbot** (vgl. Rdn. 10), dem **Kontrollrecht** gem. § 118 HGB (vgl. Rdn. 9), der Vorschrift zum gesetzlichen Verbot nach **§ 134 BGB** sowie insbesondere im Zusammenhang mit § 131 HGB und der Gestaltung von Abfindungsklauseln eines ausscheidenden Gesellschafters aus den in **§§ 138, 242 BGB** geregelten Bestimmungen zur Sittenwidrigkeit und unzulässigen Rechtsausübung (vgl. Rdn. 5 ff.). Im Übrigen kommt einer **ergänzenden Vertragsauslegung** besondere Bedeutung zu.

II. Allgemein privatrechtliche Schranken, §§ 134, 138 BGB

5   Die in §§ 134, 138 BGB festgelegten Beschränkungen der Privatautonomie gelten auch für Gesellschaftsverträge der Personenhandelsgesellschaften (vgl. GroßkommHGB/*Ulmer* § 109 Rn. 20; MüKo HGB/*Enzinger* § 109 Rn. 8).

6   Die Vorschrift des **§ 134 BGB** zum Verbotsgesetz greift in erster Linie bei der Verfolgung eines **verbotswidrigen Gesellschaftszweckes** ein (vgl. BGHZ 75, 214, 217). Im Fall, dass der Gesellschaftszweck mit dem im Grundgesetz verankerten Wertesystem unvereinbar sein sollte, oder wenn der Gesellschaftsvertrag im Ganzen gegen die in der Rechtsordnung immanenten rechtsethischen Werte und Prinzipien verstößt, liegt grundsätzlich ein Verstoß gegen die guten Sitten vor (vgl. GroßkommHGB/*Ulmer* § 109 Rn. 20; MüKo HGB/*Enzinger* § 109 Rn. 8). Zu den Rechtsfolgen bei einem solchen Verstoß vgl. die Kommentierung zu § 105 zur fehlerhaften Gesellschaft.

7   Der Sittenwidrigkeitsvorwurf führt in der Regel zur **Nichtigkeit** der betroffenen Regelung (vgl. BGHZ 81, 263, 266; 17, 130, 134; BGH NJW 1992, 892, 894; GroßkommHGB/*Ulmer* § 109 Rn. 21).

III. Gesellschaftsrechtliche Schranken

8   Größere Bedeutung kommt den – zumeist rechtsformunabhängigen – gesellschaftsrechtsspezifischen Schranken zu. Wertungsgesichtspunkte ergeben sich regelmäßig aus einer **Abwägung** der Individualinteressen des einzelnen Gesellschafters gegenüber den Gesamtinteressen der Gesellschaft (vgl. MüKo HGB/*Enzinger* § 109 Rn. 10).

1. Kontrollrecht

9   Nach der zwingenden Vorschrift des § 118 HGB kann selbst ein von der Geschäftsführung ausgeschlossener Gesellschafter sich von Angelegenheiten der Gesellschaft unterrichten sowie die Handelsbücher und Papiere der Gesellschaft einsehen.

2. Abspaltungsverbot

10   Eine hervorgehobene Bedeutung hat das Abspaltungsverbot gem. § 717 Satz 1 BGB i. V. m. § 105 Abs. 3 HGB. Danach sind Ansprüche, die den Gesellschaftern aus dem Gesellschaftsverhältnis gegeneinander zustehen, nicht übertragbar. Es bezieht sich auf die mitgliedschaftlichen Verwaltungsrechte (z. B. das Stimmrecht), nicht indes auf Vermögensrechte (z. B. die Ansprüche auf Gewinn, Aufwendungsersatz und auf das Auseinandersetzungsguthaben), die nach § 717 Satz 2 BGB grundsätzlich übertragbar sind (vgl. GroßkommHGB/*Ulmer* § 109 Rn. 26; E/B/J/S/*Mayen* § 109 Rn. 8; MüKo HGB/*Enzinger* § 109 Rn. 12). Mit dem Abspaltungsverbot vereinbar ist im Einzelfall allerdings die schuldrechtliche Einräumung von Mitspracherechten, insbesondere von Stimmrechten (vgl. BGH NJW 1960, 963). Ferner kann in dem Gesellschaftsvertrag wirksam die Übertragung eines Gesellschaftsanteils im Ganzen geregelt werden (vgl. Baumbach/Hopt/*Roth* § 109 Rn. 18).

11   Das auf die mitgliedschaftlichen Verwaltungsrechte bezogene Abspaltungsverbot dient in erster Linie dem **Schutz der Einheit des mitgliedschaftlichen Rechtsverhältnisses** und bezweckt ferner den Schutz vor einer Einflussnahme Dritter (vgl. GroßkommHGB/*Ulmer* § 109 Rn. 26; MüKo

HGB/*Enzinger* § 109 Rn. 12, wonach Schutz vor Einflussnahme Dritter bloß Nebenwirkung zukomme; str.).

Soweit eine gesellschaftsvertragliche Bestimmung gegen das Abspaltungsverbot verstößt, kann die betroffene Satzungsklausel im Einzelfall in eine wirksame Regelung nach § 140 BGB **umgedeutet** werden (vgl. BGHZ 20, 363, 366).

3. Vertragsbeendigungsfreiheit

Gem. §§ 723 Abs. 3 BGB i. V. m. 105 Abs. 3 HGB und § 133 Abs. 3 HGB sind Satzungsregeln nichtig, wenn sie die Freiheit eines Gesellschafters, sich zu einer Kündigung zu entschließen, unvertretbar einengen (vgl. BGH NJW 1985, 192, 193; NJW 1993, 2101, 2102). Der Vertragsbeendungsfreiheit kommt bei einer Prüfung der Wirksamkeit von Abfindungsklauseln besondere Bedeutung zu (vgl. hierzu auch § 131 Rdn. 63 ff., 72 in diesem Kapitel).

4. Verbandsverfassung

Die Disposition über die Verbandsverfassung steht **ausschließlich den Gesellschaftern** zu. Danach sind allein die Gesellschafter für die Errichtung und Änderungen des Gesellschaftsvertrages zuständig (vgl. BGH NJW 1960, 1997, 1998; GroßkommHGB/*Ulmer* § 109 Rn. 32). Diese Beschränkung der Privatautonomie soll einer Selbstentmündigung der Gesellschafter vorbeugen. Sie dient der Absicherung der Autonomie der Gesellschafter, die in der OHG wegen der unbeschränkten persönlichen Haftung grundsätzlich keiner Fremdbestimmung zugänglich ist (vgl. MüKo HGB/*Enzinger* § 109 Rn. 15). Daher kann z. B. ein Beirat, der nicht ausschließlich aus Gesellschaftern besteht, keine Änderungen des Gesellschaftsvertrages wirksam beschließen (vgl. MüKo HGB/*Enzinger* § 109 Rn. 16).

Angesichts des Grundsatzes der Verbandsverfassung kann sogar die Wirksamkeit einer zwischen einem Gesellschafter und einem außenstehenden Dritten geschlossenen Vereinbarung im Hinblick auf eine dort enthaltene Verpflichtung des Gesellschafters, für eine Änderung des Gesellschaftsvertrages nach seinen Möglichkeiten Sorge zu tragen, zweifelhaft sein. Zwar entfalten solche Beziehungen vordergründig nur Rechtswirkungen zwischen den Vertragspartnern. Im Fall einer Zwangsvollstreckung nach § 894 ZPO können solche Vereinbarungen allerdings zumindest mittelbar erheblich auf die Gestaltung des Gesellschaftsvertrages Einfluss nehmen. Vor diesem Hintergrund ist eine derartige Vereinbarung nur dann als wirksam zu beurteilen, wenn schuldrechtliche Mitwirkungsrechte Dritter sich nur auf einzelne Gegenstände des Gesellschaftsvertrages beziehen und diese Rechte durch einen sachlichen, auch im Gesellschafterinteresse stehenden Grund, z. B. anlässlich einer Unternehmenssanierung, legitimiert sind (vgl. MüKo HGB/*Enzinger* § 109 Rn. 17; Schlegelberger/*Martens* § 109 Rn. 9 f.).

5. Grundsatz der Selbstorganschaft

Die organschaftliche Geschäftsführungs- und Vertretungsbefugnis ist bei der werbenden OHG ihren Gesellschaftern vorbehalten, vgl. § 125 HGB (s. § 125 HGB Rdn. 2 f.). Hiermit wird ein **zweifacher Schutzzweck** verfolgt (vgl. GroßkommHGB/*Ulmer* § 109 Rn. 34; MüKo HGB/*Enzinger* § 109 Rn. 19): Zum einen und in erster Linie sollen die unbeschränkt persönlich haftenden Gesellschafter vor fremdbestimmten Risiken geschützt werden. Zum anderen dient der Grundsatz der Selbstorganschaft reflexartig auch der Sicherheit des Rechtsverkehrs. Diesem soll durch die Selbstorganschaft die Aussicht auf eine wegen der Vermeidung eines persönlichen Haftungsrisikos aus eigenem Interesse handelnde, keine unvertretbaren Risiken eingehende Unternehmensleitung verschafft werden (vgl. auch § 125 HGB Rdn. 2 f. m. w. N.).

6. Gleichbehandlungsgrundsatz

Der Gleichbehandlungsgrundsatz gilt auch im Recht der Personengesellschaften und kommt insbesondere in den Vorschriften der §§ 114 Abs. 1, 119 Abs. 1, 121 Abs. 3, 122, 125 Abs. 1 HGB zum

Ausdruck. Der Grundsatz verbietet eine willkürliche, sachlich nicht gerechtfertigte unterschiedliche Behandlung der Gesellschafter (BGHZ 116, 359, 373). Daher ist die Gewährung unterschiedlicher Rechte im Gesellschaftsvertrag zulässig, solange sie nur sachlich berechtigt ist und nicht den Charakter der Willkür trägt.

7. Treuepflicht

18 Die Treuepflicht ist als **allgemeines Prinzip** des Gesellschaftsrechts anerkannt (vgl. BGH NJW 1995, 1739; NJW 1988, 1579, 1581).

a) Allgemeines

19 Die gesellschaftsrechtliche Treuepflicht umfasst nicht nur die rechtlichen Beziehungen zwischen den Gesellschaftern und der Gesellschaft, sondern auch die der Gesellschafter untereinander (vgl. BGH NJW 1988, 1579, 1581). Der Gesellschafter hat sowohl eine **Förderpflicht gegenüber der Gesellschaft** als auch eine **Rücksichtnahmepflicht gegenüber den Mitgesellschaftern** (vgl. E/B/J/S/*Mayen* § 109 Rn. 20). Der Kern des Treuepflichtgedankens besteht darin, dass dem Maß des Einflusses des Gesellschafters das Maß seiner Verantwortung mit der sich daraus ergebenden Pflicht zur Rücksichtnahme auf die Interessen der Gesellschaft und die gesellschaftsbezogenen Belange der Mitgesellschafter entspricht oder, wie es in der Rechtsprechung heißt, dass die Möglichkeit, durch Einflussnahme die gesellschaftsbezogenen Interessen der Mitgesellschafter zu beeinträchtigen, als Gegengewicht die gesellschaftsrechtliche Pflicht verlangt, auf diese Interessen Rücksicht zu nehmen (vgl. BGH NJW 1995, 1739, 1741).

20 Die Treuepflicht beinhaltet zum einen **Handlungs- und Unterlassungspflichten**. Zum anderen können aus der Treuepflicht auch **Schranken** bezüglich der privatautonomen Gestaltung der Rechtsverhältnisse der Gesellschafter untereinander abgeleitet werden.

b) Beispiele

21 Bedeutend ist die Treuepflicht bei der **Ausübung von Pflichtrechten**, z. B. der Wahrnehmung von Geschäftsführung- und Vertretungsaufgaben sowie der Zustimmung zu außergewöhnlichen Geschäften (vgl. Baumbach/Hopt/*Roth* § 109 Rn. 25). Ferner beinhaltet die Treuepflicht im Einzelfall die **Zustimmung zu im Unternehmensinteresse stehenden Vorhaben** (vgl. BGH NJW 1995, 1739 zur Sanierung; BGH NJW 1987, 952 zur Aufnahme eines Gesellschafters) oder zu gebotenen Änderungen des Gesellschaftsvertrages (vgl. BGH NJW 1975, 1410 zur Ausschließung eines Gesellschafter; BGH NJW 1985, 1974 zur Aufhebung der Verzinsung von Kapitaleinlagen; BGH NJW 1965, 1960 zur Erhöhung einer im Gesellschaftsvertrag zugesagten Geschäftsführervergütung). Aus der Treupflicht ergibt sich im Übrigen das **Wettbewerbsverbot** nach §§ 112, 113 HGB.

c) Rechtsfolgen

22 Rechtsfolge einer begangenen Treupflichtverletzung kann je nach Einzelfall zunächst die **Unwirksamkeit** einer treuwidrig veranlassten Maßnahme oder das **Entstehen klagbarer Ansprüche** auf ein bestimmtes Verhalten sein (vgl. E/B/J/S/*Mayen* § 109 Rn. 24). **Treuwidrig abgegebene Stimmen** sind bei einer Beschlussfeststellung im Rahmen einer Gesellschafterversammlung nicht mitzuzählen (vgl. BGH NJW 1991, 846, 847). Im Einzelfall kann ausnahmsweise eine nicht oder pflichtwidrig abgegebene Stimme in einer Gesellschafterversammlung so zu behandeln sein, als ob sie entsprechend der bestehenden Treuepflicht abgegeben worden wäre (vgl. BGH NJW 1985, 974). Im Übrigen können zumindest vorsätzliche Treuepflichtverletzungen **Schadensersatzansprüche** begründen (vgl. BGH NJW 1995, 1739, 1740). Im Fall schwerer Treupflichtverletzung kommt die **Entziehung der Geschäftsführungs- und Vertretungsbefugnis** in Betracht sowie in Fällen besonders schwerer Treupflichtverletzungen der Ausschluss des treuwidrigen Gesellschafters bzw. ein **Austrittsrecht** der übrigen Gesellschafter oder sogar die **Auflösung** der Gesellschaft (vgl. Röhricht/v. Westphalen/*v. Gerkan* § 109 Rn. 16).

8. Schutz des mitgliedschaftlichen Kernbereichs

Eine weitere Beschränkung der Gestaltungsfreiheit im Recht der Personenhandelsgesellschaften beinhaltet die Lehre vom unverzichtbaren Kernbereich von Mitgliedschaftsrechten. Die **Lehre vom Kernbereich** von Mitgliedschaftsrechten sichert einen Mindeststandard von Gesellschafterrechten und dient überwiegend dem Minderheitenschutz. In diesen Kernbereich der Mitgliedschaftsrechte können die Gesellschafter weder bei der Errichtung des Gesellschaftsvertrages noch bei etwaigen Änderungen dieses Vertrages und auch nicht durch andere Maßnahmen unmittelbar eingreifen (vgl. BGH NJW 1995, 194, 195; 1981, 2565; E/B/J/S/*Mayen* § 109 Rn. 17). Zum Kern der unentziehbaren Mitgliedschaftsrechte gehören unter anderem das Stimmrecht, das Gewinnrecht sowie das Recht auf die Liquidationsquote (vgl. BGH NJW 1956, 1198, 1200; GroßkommHGB/*Ulmer* § 109 Rn. 37; vgl. auch § 119 Rdn. 18 f.).

23

9. Bestimmtheitsgrundsatz

Nach der Rechtsprechung und Teilen der Literatur (vgl. RGZ 91, 166, 168; BGH NJW 1983, 1056, 1057; NJW 1953, 102 f.; E/B/J/S/*Mayen* § 109 Rn. 18; Röhricht/v. Westphalen/*v. Gerkan* § 109 Rn. 9) ist selbst dann, wenn der Gesellschaftsvertrag Vertragsänderungen durch Mehrheitsbeschluss zulässt, zumindest die Wirksamkeit eines Beschlusses ungewöhnlichen Inhalts davon abhängig, dass sich der **Beschlussgegenstand unzweideutig** – sei es auch nur durch Auslegung – aus dem Gesellschaftsvertrag ergibt. Dieser sog. Bestimmtheitsgrundsatz (vgl. hierzu auch ausführl. § 119 Rdn. 15 ff.) schützt innerhalb der Personengesellschaft die Minderheit, der nicht unterstellt werden kann, sie unterwerfe sich der Mehrheit blindlings unter Inkaufnahme möglicherweise weittragender Folgen einer gar nicht bedachten Änderung (BGH NJW 1983, 1056, 1057). Nur wenn der mit Mehrheit beschlossene Eingriff in die Stellung des Gesellschafters im Vertrage konkret geregelt ist, ist die Feststellung erlaubt, der Gesellschafter habe das Für und Wider gerade dieser Äußerung abgewogen und ihr im Vertrage vorweg seine Zustimmung erteilt (BGH NJW 1983, 1056, 1057 f.). Ohne diese Zustimmung können die Gesellschafter später die Vertragsänderung von vornherein nicht mit Mehrheit, sondern nur einverständlich regeln (BGH NJW 1983, 1056, 1058).

24

10. actio pro socio

Bei der sog. actio pro socio handelt es sich um einen der Gesellschaft zustehenden Sozialanspruch, der von jedem einzelnen Gesellschafter im eigenen Namen zugunsten der Gesellschaft geltend gemacht werden kann (vgl. BGH NJW 1985, 2830, 2831). Vgl. zu den Voraussetzungen sowie zur Geltendmachung der actio pro socio ausführl. Kap. 5 Rdn. 90 ff.

25

Die Klagebefugnis der Gesellschafter zur Verfolgung von Sozialansprüchen gegen Mitgesellschafter dient notwendig zur **Sicherung von Mitgliedschaftsrechten** (vgl. BGH NJW 1985, 2830, 2831; MüKo HGB/*Enzinger* § 109 Rn. 25). Daher können die Gesellschafter auch nicht mit der für (ungewöhnliche) Geschäftsführungsmaßnahmen ausreichenden Mehrheit auf einen mit der actio pro socio verfolgbaren Anspruch verzichten (vgl. BGH NJW 1985, 2830, 2831).

26

C. Das Rechtsverhältnis der Gesellschafter untereinander

Die Rechtsbeziehungen der Gesellschafter untereinander und zur Gesellschaft gründen sich auf den **Gesellschaftsvertrag** und auf **gesetzliche Regelungen**. Im Innenverhältnis haben die Regelungen des Gesellschaftsvertrages Vorrang vor gesetzlichen Regeln, soweit nicht zwingendes Recht entgegensteht. Den Regelungen im Gesellschaftsvertrag stehen grundsätzlich die ihn ergänzenden oder ändernden Gesellschafterbeschlüsse gleich (vgl. Baumbach/Hopt/*Roth* § 109 Rn. 2). Die Mitgliedschaft ist eine sozietäre Sonderrechtsbeziehung und zugleich ein subjektives Recht (vgl. MüKo HGB/*Enzinger* § 109 Rn. 27; Baumbach/Hopt/*Roth* § 109 Rn. 1).

27

§ 110 HGB Ersatz für Aufwendungen und Verluste

I. Auslegung, §§ 133, 157 BGB

28 Die Regelungen des Gesellschaftsvertrages sind grundsätzlich nach den allgemeinen Vorschriften der §§ 133, 157 BGB auszulegen. Zwar ist grundsätzlich vom Wortlaut einer Regelung des Gesellschaftsvertrages auszugehen, indes tritt der Wortlaut hinter dem übereinstimmenden Willen der Gesellschafter zurück, soweit ein solcher vorhanden ist. Insbesondere im Fall späterer, durch ausreichend lang andauernde Übung zum Ausdruck kommender konkludenter Vertragsänderungen, kann dies praktische Bedeutung erlangen (vgl. GroßkommHGB/*Ulmer* § 109 Rn. 7).

II. Rechte und Pflichten der Gesellschafter

1. Pflichten

29 Zu den allgemeinen Pflichten eines Gesellschafters gehört die **Treuepflicht** sowie die **Beitragspflicht** nach § 706 BGB i.V.m. § 105 Abs. 3 HGB. Zu den besonderen Gesellschafterpflichten zählen die Verpflichtung zur **Geschäftsführung** gem. § 114 HGB sowie zur Einhaltung des **Wettbewerbsverbots** nach § 122 HGB.

2. Rechte

30 Rechte des Gesellschafters unterteilen sich in Mitverwaltungsrechte und Vermögensrechte. Diese Unterteilung ist wegen des nur für Mitverwaltungsrechte geltenden Abspaltungsverbots nach §§ 717 Satz 1 BGB i.V.m. 105 Abs. 3 bedeutend.

31 **Mitverwaltungsrechte** sind die Geschäftsführungsbefugnis nach den §§ 114 ff. HGB, das Stimmrecht gem. § 119 HGB sowie das Kontrollrecht nach § 118 HGB. Zu den **Vermögensrechten** gehören der Gewinnanspruch aus § 121 HGB, das Entnahmerecht gem. § 122 HGB, der Anspruch auf Zahlung des Auseinandersetzungsguthabens nach §§ 738 ff. BGB, § 155 HGB und der Aufwendungsersatzanspruch gem. § 110 HGB.

III. Schutz der Mitgliedschaft

32 Unterlassungs-, Beseitigungs- und Schadensersatzansprüche dienen dem Schutz des Gesellschafters vor rechtswidrigen Angriffen auf seine Mitgliedschaft. Ferner genießt der Gesellschafter Schutz gegen Eingriffe von außen stehenden Dritten nach § 823 Abs. 1 BGB (vgl. *Lutter* AcP 180, 84, 130).

IV. Prozesse

33 Während Streitigkeiten über das Rechtsverhältnis der Gesellschafter untereinander grundsätzlich nur unter den Gesellschaftern auszutragen sind (vgl. hierzu insbes. Kap. 5 Rdn. 76 ff.), sind Klagen zur Geltendmachung zur Durchsetzung von Mitverwaltungsrechten und vermögensrechtlicher Ansprüche grundsätzlich gegen die Gesellschaft zu richten (vgl. MüKo HGB/*Enzinger* § 109 Rn. 31).

§ 110 [Ersatz für Aufwendungen und Verluste]

(1) Macht der Gesellschafter in den Gesellschaftsangelegenheiten Aufwendungen, die er den Umständen nach für erforderlich halten darf, oder erleidet er unmittelbar durch seine Geschäftsführung oder aus Gefahren, die mit ihr untrennbar verbunden sind, Verluste, so ist ihm die Gesellschaft zum Ersatze verpflichtet.

(2) Aufgewendetes Geld hat die Gesellschaft von der Zeit der Aufwendung an zu verzinsen.

Übersicht

	Rdn.			Rdn.
A. **Normzweck**	1	1. Verlust		13
B. **Tatbestand**	3	2. Durch die Geschäftsführung		16
I. Gesellschafter	4	3. Ausschluss durch eigenes Verschulden		17
II. Aufwendungen im Gesellschaftsinteresse, Abs. 1, 1. Alt.	8	C. **Rechtsfolge**		18
1. Aufwendungen	8	I. Gesellschaft als Anspruchsverpflichteter		18
2. Gesellschaftsangelegenheiten	10	II. Mitgesellschafter als Anspruchsverpflichtete		19
3. Erforderlichkeit	12	III. Verzinsung, Abs. 2		20
III. Verluste durch Geschäftsführung, Abs. 1, 2. Alt.	13			

A. Normzweck

§ 110 HGB ist **lex specialis** gegenüber der Regelung des Aufwendungsersatzes nach allgemeinem Auftragsrecht (§§ 670, 683 BGB). Sie erklärt sich daraus, dass der historische Gesetzgeber noch die ganz überwiegende Auffassung vorfand, ein Ersatzanspruch dessen, der in fremden Interessen tätig wird, käme nur bei **freiwillig eingegangenen Vermögensopfern** in Betracht. Eine solche Beschränkung wurde für die enge Arbeits- und Haftungsgemeinschaft einer Personenhandelsgesellschaft als nicht angemessen angesehen (vgl. E/B/J/S/*Goette* § 110 Rn. 1 m.w.N.). § 110 HGB sieht daher eine Ausgleichsregelung sowohl für freiwillige als auch für unfreiwillige Vermögensopfer vor. Nachdem heute allgemein anerkannt ist, dass Aufwendungsersatzansprüche nicht notwendig von der Freiwilligkeit des Vermögensopfers abhängen, ist der Anlass für diese Sonderregelung weitgehend entfallen. 1

§ 110 HGB ist **dispositiv**. Der Gesellschaftsvertrag, aber u. U. auch eine langjährige abweichende Übung (vgl. MüKo HGB/*Langhein* § 110 Rn. 28), können zu Einschränkungen oder Erweiterungen des Ersatzanspruchs führen. 2

B. Tatbestand

§ 110 HGB unterscheidet zwei Fallgestaltungen, in denen der Gesellschafter gegenüber der Gesellschaft einen Ersatzanspruch erwirbt, und zwar zum einen bei im Interesse der Gesellschaft gemachten Aufwendungen, d.h. **freiwillig** übernommenen Vermögensminderungen, und bei **unfreiwillig** übernommenen, im engen Zusammenhang mit der Geschäftsführung stehenden Vermögensnachteilen. 3

I. Gesellschafter

Der Anspruch auf Aufwendungsersatz steht allen (auch den nicht geschäftsführenden) Gesellschaftern (einschließlich der Kommanditisten) für die in der Zeit ihrer Zugehörigkeit zur Gesellschaft getätigten Aufwendungen zu (BGHZ 39, 319, 324f.; BGH WM 1978, 114, 115). 4

Etwas anderes gilt dann, wenn der Gesellschafter **wie ein Dritter** mit der Gesellschaft in einer Geschäftsbeziehung steht und in diesem Rahmen Aufwendungen macht oder Verluste erleidet (vgl. E/B/J/S/*Goette* § 110 Rn. 8). Ob diese ersatzfähig sind, richtet sich nicht nach § 110 HGB, sondern nach dem Inhalt der für die Geschäftsbeziehung maßgeblichen Vereinbarungen bzw. nach allgemeinem Zivilrecht. 5

Wird ein Gesellschafter erst **nach seinem Ausscheiden** aus der Gesellschaft für Verbindlichkeiten in Anspruch genommen (§§ 159, 128 HGB), so folgt sein Ersatzanspruch aus § 670 BGB bzw. §§ 683, 670 BGB, nicht aber aus § 110 HGB (vgl. E/B/J/S/*Goette* § 110 Rn. 8; MüKo HGB/*Langhein* § 110 Rn. 7). 6

Nach ganz h.M. sind neben allen Gesellschaftern hinsichtlich des Anspruchs auf Ersatz von Verlusten ausnahmsweise auch die durch §§ 844, 845 BGB begünstigten Personen originär anspruchsberechtigt (BGH NJW 1955, 785; GroßkommHGB/*Ulmer* § 110 Rn. 11). 7

II. Aufwendungen im Gesellschaftsinteresse, Abs. 1, 1. Alt.

1. Aufwendungen

8 Unter Aufwendungen versteht man **freiwillige Vermögensopfer**, die im Interesse der Gesellschaft erbracht werden (vgl. BGH NJW 1960, 1569). Ob ein freiwilliges Handeln im vorgenannten Sinne vorliegt, bestimmt sich allein nach dem Verhältnis des Gesellschafters zur Gesellschaft, d. h. ob er aufgrund einer gesellschaftsvertraglichen oder sonstigen Vereinbarung mit der Gesellschaft zu dieser Leistung verpflichtet war (vgl. E/B/J/S/*Goette* § 110 Rn. 10). War dies der Fall, scheidet ein Ersatz seiner Ausgaben nach § 110 Abs. 1, 1. Alt. HGB aus, und es kommt allenfalls eine Verlustausgleichungspflicht der Gesellschaft nach § 110 Abs. 1, 2. Alt. HGB in Betracht.

9 Der Annahme einer Aufwendung steht jedoch nicht entgegen, dass der Gesellschafter im Außenverhältnis zu Dritten zur Vornahme der Leistung verpflichtet war. Eine Aufwendung stellt mithin in der Regel auch die **Erfüllung von Gesellschaftsverbindlichkeiten** – und zwar auch bei einer Inanspruchnahme nach § 128 HGB – dar, weil der Gesellschafter im Innenverhältnis zur Begleichung der Gesellschaftsschuld grundsätzlich nicht verpflichtet ist (GroßkommHGB/*Ulmer* § 110 Rn. 10). Ferner ist es für die Annahme einer Aufwendung auch unschädlich, wenn der Gesellschafter mit seiner Leistung zugleich auch eigene Interessen verfolgt, solange die Eigeninteressen die Gesellschaftsinteressen nicht überwiegen (Schlegelberger/*Martens* § 110 Rn. 11). Schließlich können auch erbrachte Dienstleistungen ersatzfähige Aufwendungen darstellen, wenn diese über den nach dem Gesellschaftsvertrag geschuldeten Rahmen hinausgehen und üblicherweise nur gegen Entgelt erbracht werden (näher hierzu *Köhler* JZ 1985, 359).

2. Gesellschaftsangelegenheiten

10 Der Gesellschafter muss sowohl **objektiv** im Interessenkreis der Gesellschaft als auch **subjektiv** mit entsprechender Willensrichtung gehandelt haben. Der Begriff der Gesellschaftsangelegenheit ist dabei weit zu fassen. Umfasst sind nicht nur Maßnahmen der Geschäftsführung, sondern alle Aktivitäten, die in weitestem Sinne der Erreichung des Gesellschaftszwecks oder auch der Abwendung von Schaden oder Gefahren von der Gesellschaft dienen (vgl. MüKo HGB/*Langhein* § 110 Rn. 13).

11 Streitig ist, ob der Gesellschafter zur Vornahme seiner Handlung **befugt** gewesen sein muss. Eine solche Eingrenzung ist abzulehnen. Zum einen beinhaltet der Wortlaut der Norm eine derartige Einschränkung nicht. Zum anderen erscheint sie auch nicht interessengerecht (vgl. hierzu E/B/J/S/*Goette* § 110 Rn. 7 m. w. N.). Denn die Norm will verhindern, dass dem im Interesse einer Gesellschaft Handelnden ein Sonderopfer für fremde Interessen abverlangt wird. Die Abgrenzung nun aber danach vorzunehmen, ob dieses im Interesse der Gesellschaft liegende Tätigwerden befugt oder unbefugt erfolgte, erscheint nicht sachgerecht. Im Übrigen erfolgt die gebotene Beschränkung des Aufwendungsersatzes durch das Merkmal der Erforderlichkeit (s. u. Rdn. 12).

3. Erforderlichkeit

12 Weiterhin muss der Gesellschafter die Aufwendungen zu dem Zeitpunkt, zu dem er sie erbringt, nach den Umständen **subjektiv für erforderlich halten**. Abzustellen ist dabei auf den objektiven Verständnishorizont eines sorgfältig handelnden Gesellschafters. Als Sorgfaltsmaßstab dient die Vorschrift des § 708 BGB (BGH NJW 1980, 339). In Zweifelsfällen – etwa bei der Begleichung von Gesellschaftsschulden – kann eine Erkundigungspflicht des Gesellschafters bestehen (vgl. Schlegelberger/*Martens* § 110 Rn. 19). Der Gesellschafter hat sich dann beim geschäftsführenden Gesellschafter die notwendigen Informationen zu beschaffen.

III. Verluste durch Geschäftsführung, Abs. 1, 2. Alt.

1. Verlust

Im Gegensatz zu den – nur bei freiwilliger Erbringung ersatzfähigen – Aufwendungen versteht man unter Verlusten **unfreiwillige Vermögensnachteile**, die der Gesellschafter unmittelbar oder mittelbar erleidet (BGHZ 33, 251, 257). **13**

Ersatzfähig ist somit z. B. ein Verdienstausfall, Erstattung von Heilungskosten, Entschädigung für Erwerbsminderung. Nach dieser Vorschrift **nicht erstattungsfähig** sind hingegen insbesondere immaterielle Nachteile, wie z. B. Schmerzensgeld (Schlegelberger/*Martens* § 110 Rn. 20). **14**

Ferner ist der Ersatz von Vermögensnachteilen, die ein Gesellschafter aufgrund einer **strafrechtlichen Sanktion** (z. B. Geldstrafen; Bußgelder) erleidet, nicht erstattungsfähig. Soweit die Gesellschaft eine vorherige Erstattung zugesagt hat, dürfte eine solche Zusage gegen §§ 134, 138 BGB verstoßen (str.; vgl. Röhricht/v. Westphalen/*v. Gerkan* § 110 Rn. 13). Nach Ansicht des BGH (BGHSt 37, 226, 229) soll jedoch eine nachträgliche Erstattung bzw. Erstattungszusage nicht gegen § 258 Abs. 2 StGB verstoßen. **15**

2. Durch die Geschäftsführung

Weiterhin muss der erlittene Vermögensnachteil **unmittelbar** durch die Geschäftsführung oder aufgrund einer mit ihr untrennbar verbundenen gesellschaftsspezifischen Gefahr entstanden sein (GroßkommHGB/*Ulmer* § 110 Rn. 22). Dieses Tatbestandsmerkmal dient zur Eindämmung des Haftungsrisikos der Gesellschaft. Denn die Gesellschaft soll nicht mit dem Ersatz solcher Schäden belastet werden, die lediglich aus der Realisierung des allgemeinen Lebensrisikos herrühren. Somit sind insbesondere Unfallschäden im Straßenverkehr nicht per se erstattungsfähig, können es aber unter besonderen Umständen sein (vgl. E/B/J/S/*Goette* § 110 Rn. 23). Allerdings ist der Begriff der Geschäftsführung nicht nur im Sinne eines organschaftlichen Tätigwerdens, sondern allgemeiner **als Geschäftsbesorgung** zu verstehen (vgl. Schlegelberger/*Martens* § 110 Rn. 4). **16**

3. Ausschluss durch eigenes Verschulden

Soweit dem Gesellschafter am erlittenen Verlust selbst ein Verschulden trifft, kann sich die Ersatzpflicht der Gesellschaft der Höhe nach – bei Fällen groben Verschuldens bis auf Null (BGHZ 89, 153, 160 zum Vereinsrecht) – reduzieren. Von einem etwaigen Verschulden der Gesellschaft ist die Verlustausgleichspflicht jedoch nicht abhängig. **17**

C. Rechtsfolge

I. Gesellschaft als Anspruchsverpflichteter

In beiden Fallgestaltungen des § 110 HGB entsteht ein **Ersatzanspruch gegen die Gesellschaft**. Beim Ersatzanspruch handelt es sich um einen Sozialanspruch (BGH NJW 1962, 1863), der grundsätzlich jederzeit – die Treuepflicht kann die Geltendmachung im Einzelfall einschränken – geltend gemacht werden kann und in voller Höhe, d. h. insbesondere ohne Anrechnung des eigenen Verlustanteils des ersatzberechtigten Gesellschafters, aus dem Gesellschaftsvermögen zu befriedigen ist. Eine Grenze bildet der Eintritt der Liquidation. Ab diesem Zeitpunkt ist eine selbstständige Geltendmachung des Ersatzanspruchs grundsätzlich nicht mehr möglich, der Anspruch wird zu einem unselbstständigen Rechnungsposten (vgl. MüKo HGB/*Langhein* § 110 Rn. 9). **18**

II. Mitgesellschafter als Anspruchsverpflichtete

Demgegenüber haften die Mitgesellschafter während des Bestehens der Gesellschaft **nicht persönlich**, da ansonsten ein Verstoß gegen § 707 BGB wegen unerlaubter Erhöhung der vereinbarten Einlage vorliegen würde (BGHZ 37, 299, 301 f.). Soweit jedoch ein Gesellschafter von einem Gesellschaftsgläubiger in Anspruch genommen wird, so kann der betroffene Gesellschafter seiner- **19**

§ 112 HGB Wettbewerbsverbot

seits mit den bei § 128 HGB Rdn. 7 ff. beschriebenen Einschränkungen Rückgriff bei seinen Mitgesellschaftern nehmen.

III. Verzinsung, Abs. 2

20 Gem. Abs. 2 ist der Aufwendungsersatzanspruch des Gesellschafters zu verzinsen. Entgegen des zu engen Wortlautes gilt die Zinszahlungspflicht auch für Ansprüche des Gesellschafters die aufgrund erlittener Verluste entstanden sind (vgl. E/B/J/S/*Goette* § 110 Rn. 36). Der Zinssatz beträgt 5% (vgl. § 352 Abs. 2 HGB). Die Forderung ist ab dem Zeitpunkt der Aufwendung bzw. des Eintritts des Verlustes zu verzinsen.

§ 111 [Verzinsungspflicht]

(1) Ein Gesellschafter, der seine Geldeinlage nicht zur rechten Zeit einzahlt oder eingenommenes Gesellschaftsgeld nicht zur rechten Zeit an die Gesellschaftskasse abliefert oder unbefugt Geld aus der Gesellschaftskasse für sich entnimmt, hat Zinsen von dem Tage an zu entrichten, an welchem die Zahlung oder die Ablieferung hätte geschehen sollen oder die Herausnahme des Geldes erfolgt ist.

(2) Die Geltendmachung eines weiteren Schadens ist nicht ausgeschlossen.

Übersicht	Rdn.		Rdn.
A. Verzinsungspflicht	1	B. Weitergehende Schadensersatzansprüche	3

A. Verzinsungspflicht

1 Bei Abs. 1 handelt es sich um ein Gegenstück zu § 110 HGB Abs. 2 HGB (s.o. § 110 HGB Rdn. 20). Auch der Gesellschafter hat verspätet geleistete Geldzahlungen zu verzinsen (Zinssatz 5%; vgl. § 352 Abs. 2 HGB). Die Verspätung ergibt sich aus den Regelungen des Gesellschaftsvertrages. Enthält dieser nichts Abweichendes, ist gem. § 271 BGB sofort zu leisten.

2 Um eine **unbefugte Entnahme** handelt es sich, wenn sie weder durch den Gesellschaftsvertrag oder einen Gesellschafterbeschluss noch von der Zustimmung der geschäftsführenden Gesellschafter gedeckt ist (Schlegelberger/*Martens* § 111 Rn. 14). Das unbefugt entnommene Geld ist ab dem Zeitpunkt der Entnahme zu verzinsen.

B. Weitergehende Schadensersatzansprüche

3 Abs. 2 schließt eine über Abs. 1 hinausgehende Inanspruchnahme der Gesellschafter, etwa aus Verzug, Leistungsstörungsrecht oder Delikt, nicht aus.

§ 112 [Wettbewerbsverbot]

(1) Ein Gesellschafter darf ohne Einwilligung der anderen Gesellschafter weder in dem Handelszweig der Gesellschaft Geschäfte machen noch an einer anderen gleichartigen Handelsgesellschaft als persönlich haftender Gesellschafter teilnehmen.

(2) Die Einwilligung zur Teilnahme an einer anderen Gesellschaft gilt als erteilt, wenn den übrigen Gesellschaftern bei Eingehung der Gesellschaft bekannt ist, daß der Gesellschafter an einer anderen Gesellschaft als persönlich haftender Gesellschafter teilnimmt, und gleichwohl die Aufgabe dieser Beteiligung nicht ausdrücklich bedungen wird.

Wettbewerbsverbot § 112 HGB

Übersicht	Rdn.			Rdn.
A. Normzweck	1	II.	Teilnahme als persönlich haftender Gesellschafter an gleichartigen Handelsgesellschaften, Abs. 1, 2. Alt.	8
B. Anwendungsbereich	2			
I. Persönlicher Anwendungsbereich	2			
II. Zeitlicher Anwendungsbereich	4	D.	Einwilligung	9
C. Inhalt des Wettbewerbsverbots	6	E.	Abweichende Vereinbarungen	11
I. Geschäftemachen in demselben Handelszweig, Abs. 1, 1. Alt.	6	F.	Verhältnis zu § 1 GWB	13

A. Normzweck

Das Wettbewerbsverbot ist eine (selbstständige) **Ausprägung der Treuepflicht** der Gesellschafter (BGHZ 89, 162, 165). Die Gesellschafter sollen den Gesellschaftszweck fördern und nicht durch gesellschaftsinterne Informationen der eigenen Gesellschaft Wettbewerb bereiten und so die Geschäftschancen der Gesellschaft beeinträchtigen. 1

B. Anwendungsbereich

I. Persönlicher Anwendungsbereich

Dem Wettbewerbsverbot unterliegen **alle Gesellschafter** der OHG unabhängig von ihrer Geschäftsführungsbefugnis und Vertretungsmacht (BGH NJW 1984, 3151). Auch die nicht geschäfts- und vertretungsberechtigten Gesellschafter dem Wettbewerbsverbot zu unterwerfen rechtfertigt sich aus der Tatsache, dass auch diesen Gesellschaftern umfassende Informations- und Kontrollrechte (vgl. § 118 HGB) zustehen, und sie so tiefe Einblicke in die Gesellschaftsinterna erlangen, die sie zum Nachteil der Gesellschaft nutzen könnten. Auch für andere Beteiligte, die materiell die Gesellschafterstellung wahrnehmen, wie z.B. ein **Treugeber**, gilt das Wettbewerbsverbot (Schlegelberger/*Martens* § 112 Rn. 6). Nach der Rechtsprechung des BGH (vgl. z.B. BGHZ 89, 166) erstreckt sich das Wettbewerbsverbot **in mehrstufigen Konzernen** auch auf die Obergesellschaft. In der KG gilt das Wettbewerbsverbot nur für den persönlich haftenden Gesellschafter (§ 165 HGB), nicht für den **Kommanditisten**, es sei denn, er verfügt über gesetzesuntypische Informations-, Kontroll- oder Beteiligungsrechte (vgl. MüKo HGB/*Langhein* § 112 Rn. 4; vgl. außerdem § 165 HGB Rdn. 6 ff.). Auch der typische **stille Gesellschafter** unterliegt nicht dem Verbot des § 112 HGB (vgl. hierzu E/B/J/S/*Goette* § 112 Rn. 5). 2

Tritt für den Gesellschafter ein **Vertreter** auf, unterliegt dieser selbst nicht dem Wettbewerbsverbot (GroßkommHGB/*Ulmer* § 112 Rn. 10). Der Vertreter kann sich jedoch seinerseits wegen der pflichtwidrigen Ausnutzung der in seiner Vertretereigenschaft erlangten Kenntnis schadensersatzpflichtig machen (Schlegelberger/*Martens* § 112 Rn. 3). 3

II. Zeitlicher Anwendungsbereich

Die Gesellschafter unterliegen dem Wettbewerbsverbot grundsätzlich für den Zeitraum ihrer **Zugehörigkeit zur Gesellschaft** (BGH WM 1990, 2121, 2122), da mit dem Ausscheiden aus der Gesellschaft die Förderpflicht der Gesellschafter endet. Die individuelle Vereinbarung eines nachvertraglichen Wettbewerbsverbotes ist unter Einhaltung bestimmter Voraussetzungen jedoch grundsätzlich möglich. Das Wettbewerbsverbot gilt zudem auch regelmäßig noch in der **Liquidation** der Gesellschaft, soweit und solange das Unternehmen ganz oder teilweise weitergeführt wird (BGH WM 1961, 631). 4

Der Gesellschafter darf Maßnahmen zur Vorbereitung einer künftigen Konkurrenztätigkeit nach Beendigung der Gesellschaft treffen (Baumbach/Hopt/*Roth* § 112 Rn. 3). 5

C. Inhalt des Wettbewerbsverbots

I. Geschäftemachen in demselben Handelszweig, Abs. 1, 1. Alt.

6 § 112 Abs. 1 HGB untersagt zu Erwerbszwecken getätigte Geschäfte im gleichen Handelszweig unabhängig davon, ob der Gesellschafter für **eigene oder fremde Rechnung** tätig wird. Mithin sind auch Tätigkeiten als Makler, Kommissionär oder Handelsvertreter, aber auch die Beteiligung an der Geschäftsführung eines anderen Unternehmens (BGH WM 1972, 1229) vom Wettbewerbsverbot mit umfasst. Nach OLG Nürnberg (BB 1981, 452) soll auch die Tätigkeit als Geschäftsführer einer GmbH mit 50%iger Beteiligung an einem Konkurrenzunternehmen aufgrund des »tatsächlich erheblichen Einflusses« wettbewerbswidrig sein. Dagegen ist eine bloße Kapitalbeteiligung oder eine Tätigkeit im Aufsichtsrat aufgrund der mangelnden Einflussmöglichkeit nicht wettbewerbswidrig (BGHZ 38, 306).

7 Der Begriff des **Handelszweiges** ist an den vertraglich vereinbarten Geschäftszwecken zu messen und dabei weit zu fassen (BGHZ 89, 170). Der Schutzzweck des § 112 HGB wird nicht tangiert, wenn Gesellschaft und Gesellschafter auf räumlich voneinander getrennten Märkten tätig sind.

II. Teilnahme als persönlich haftender Gesellschafter an gleichartigen Handelsgesellschaften, Abs. 1, 2. Alt.

8 Ferner ist die Teilnahme als persönlich haftender Gesellschafter an einer gleichartigen Handelsgesellschaft untersagt. Die Frage, ob eine gleichartige Handelsgesellschaft vorliegt, ist nach den oben unter Rdn. 6 f. aufgestellten Grundsätzen zu beantworten. Die Eigenschaft als persönlich haftender Gesellschafter ist auch in dieser Konstellation nicht im formalen Sinne zu verstehen. So kann auch die formale Beteiligung als Kommanditist an einer konkurrierenden Gesellschaft gegen Abs. 2 verstoßen, wenn dem Gesellschafter intern die Stellung eines persönlich haftenden Gesellschafters mit weitreichenden Einflussmöglichkeiten eingeräumt wird (Schlegelberger/*Martens* § 112 Rn. 11).

D. Einwilligung

9 Die Einwilligung aller übrigen persönlich haftenden (auch der nicht geschäftsführungsbefugten) Gesellschafter beseitigt das Wettbewerbsverbot. Bei der Einwilligung handelt es sich um eine einseitige empfangsbedürftige Willenserklärung (Baumbach/Hopt/*Roth* § 112 Rn. 9). Die Einwilligung unterliegt keiner Form und kann insbesondere auch konkludent erteilt werden. Es kann aber nicht in jeder widerspruchslosen Hinnahme einer Konkurrenztätigkeit ein konkludentes Einverständnis erblickt werden. Es muss vielmehr hinzukommen, dass die Konkurrenztätigkeit über einen gewissen Zeitraum geschieht und der konkurrierende Gesellschafter hieraus den berechtigten Eindruck gewinnen kann, die Mitgesellschafter würden sein Verhalten billigen (E/B/J/S/*Goette* § 112 Rn. 28).

10 Für den in Abs. 2 genannten Fall wird die Erteilung der Einwilligung **fingiert** (unwiderlegliche Vermutung). Abs. 2 gilt jedoch nur für Abs. 1, 2. Alt. Eine analoge Anwendung auf andere Wettbewerbstatbestände ist unzulässig (Schlegelberger/*Martens* § 112 Rn. 23). In diesen Fällen kann eine stillschweigende Einwilligung in Betracht kommen, für deren Bestand der Gesellschafter jedoch beweispflichtig ist.

E. Abweichende Vereinbarungen

11 § 112 HGB stellt keine zwingende Regelung dar, mit der Folge, dass das Wettbewerbsverbot durch den Gesellschaftsvertrag für einzelne oder alle Gesellschafter **erweitert oder eingeschränkt** werden kann. Die Beschränkungen dürfen im Hinblick auf § 138 BGB jedoch nicht so weitgehend sein, dass sie zu einer wirtschaftlichen Knebelung eines Gesellschafters führen (BGHZ 37, 384).

12 Insbesondere kann das Wettbewerbsverbot auch über das Ausscheiden eines Gesellschafters oder die Beendigung der Gesellschaft hinaus ausgedehnt werden. Ein **nachvertragliches Wettbewerbsverbot** kommt jedoch nur dann in Betracht, wenn ein schützenswertes Interesse der Gesellschaft vor Konkurrenz besteht (BGH WM 1990, 2121, 2122). Auch bedarf es einer räumlichen, zeitlichen

und gegenständlichen Begrenzung des Wettbewerbsverbotes. Als äußerste **zeitliche Grenze** wird überwiegend eine Frist von 2 Jahren angenommen, während für die räumlichen und gegenständlichen Begrenzungen keine starren Regelungen existieren und immer eine fallbezogene Betrachtung vorzunehmen ist (E/B/J/S/*Goette*, § 112 Rn. 22).

F. Verhältnis zu § 1 GWB

Im Grundsatz dürfte es einhellige Meinung sein, dass die Regelung des § 112 HGB mit der Vorschrift des § 1 GWB kollidieren kann. § 1 GWB lässt das in § 112 HGB vorgesehene Wettbewerbsverbot sowie auch gesellschaftsvertragliche Wettbewerbsverbote jedoch insoweit unberührt, als die Wettbewerbsverbote lediglich dazu dienen, das Unternehmen in seinem Bestand und seiner Funktionstüchtigkeit zu erhalten (BGHZ 70, 331, 336; 89, 162, 169; 104, 246, 251 f.). Denn insoweit sichert das Wettbewerbsverbot nur die gesellschaftstreue Mitarbeit des Gesellschafters und kann nicht gegen § 1 GWB verstoßen. Dies gilt auch für den nicht geschäftsführungsberechtigten Gesellschafter. Soweit jedoch die Rechtsform der OHG oder KG für kartellrechtswidrige Ziele missbraucht werden soll, liegt ein Verstoß gegen § 1 GWB vor (BGH NJW 1982, 939; enger OLG Frankfurt am Main DB 2009, 1640).

13

§ 113 [Verletzung des Wettbewerbsverbots]

(1) Verletzt ein Gesellschafter die ihm nach § 112 obliegende Verpflichtung, so kann die Gesellschaft Schadensersatz fordern; sie kann statt dessen von dem Gesellschafter verlangen, daß er die für eigene Rechnung gemachten Geschäfte als für Rechnung der Gesellschaft eingegangen gelten lasse und die aus Geschäften für fremde Rechnung bezogene Vergütung herausgebe oder seinen Anspruch auf die Vergütung abtrete.

(2) Über die Geltendmachung dieser Ansprüche beschließen die übrigen Gesellschafter.

(3) Die Ansprüche verjähren in drei Monaten von dem Zeitpunkt an, in welchem die übrigen Gesellschafter von dem Abschluss des Geschäfts oder von der Teilnahme des Gesellschafters an der anderen Gesellschaft Kenntnis erlangen oder ohne grobe Fahrlässigkeit erlangen müssten; sie verjähren ohne Rücksicht auf diese Kenntnis oder grob fahrlässige Unkenntnis in fünf Jahren von ihrer Entstehung an.

(4) Das Recht der Gesellschafter, die Auflösung der Gesellschaft zu verlangen, wird durch diese Vorschriften nicht berührt.

Übersicht

		Rdn.			Rdn.
A.	Allgemeines	1	III.	Konkurrenzverhältnis	5
B.	Ansprüche bei Verletzung des Wettbewerbsverbots	2	IV.	Unterlassung	6
			V.	Weitere Ansprüche	7
I.	Schadensersatz	2	C.	Beschlussfassung	9
II.	Eintrittsrecht	3	D.	Verjährung	10

A. Allgemeines

Die Vorschrift des § 113 HGB regelt die Rechtsfolgen von Verstößen gegen § 112 HGB. Die Regelung ist ebenso wie § 112 HGB **dispositiv**, die Verjährungsregelung in Abs. 3 jedoch nur in den Grenzen des § 202 BGB. In der Praxis beinhaltet der Gesellschaftsvertrag häufig Vertragsstrafen (§§ 340, 341 BGB). Für nachvertragliche Wettbewerbsverbote gilt § 113 HGB nur, soweit die entsprechende Vereinbarung zumindest konkludent auf diese Vorschrift Bezug nimmt (vgl. MüKo HGB/*Langhein* § 113 Rn. 3).

1

B. Ansprüche bei Verletzung des Wettbewerbsverbots

I. Schadensersatz

2   Soweit der Gesellschafter schuldhaft gegen das in § 112 HGB niedergelegte Wettbewerbsverbot verstoßen hat, steht der Gesellschaft nach Maßgabe der §§ 249 ff. BGB ein Schadensersatzanspruch zu. Das **Verschulden** beurteilt sich nach dem Maßstab des § 708 BGB (Schlegelberger/*Martens* § 113 Rn. 8). In der Praxis werden die Darlegung und der Beweis des Schadens häufig Schwierigkeiten bereiten. Im Ergebnis wird der Schadensersatzanspruch in aller Regel auf die Herausgabe des erzielten Gewinns hinauslaufen (vgl. E/B/J/S/*Goette* § 113 Rn. 8).

II. Eintrittsrecht

3   Da der Schaden für die Gesellschaft oftmals nur schwer nachzuweisen ist, gewährt das Gesetz der Gesellschaft ein Eintrittsrecht. D.h. die Gesellschaft kann verlangen, dass der Gesellschafter die aus den für eigene Rechnung getätigten Geschäften erzielten Gewinne und Vergütungen an die Gesellschaft herausgibt bzw. einen Vergütungsanspruch abtritt. Die Gesellschaft tritt aber nicht an die Stelle des Gesellschafters. Das Eintrittsrecht entfaltet **keine Außenwirkung**, sondern regelt lediglich den Ausgleich im Innenverhältnis (Röhricht/v. Westphalen/*v. Gerkan* § 113 Rn. 4; MüKo HGB/*Langhein* § 113 Rn. 2).

4   Das Eintrittsrecht erfasst auch die Fälle einer **verbotswidrigen Beteiligung** an einer anderen Gesellschaft (BGHZ 38, 306). Auch dies führt nicht dazu, dass die Gesellschaft den Gesellschafter aus seiner Beteiligung drängt und an seiner Stelle Mitglied in der konkurrierenden Gesellschaft wird. Auch kommt es nach richtiger Ansicht nicht zu einer völligen Abschöpfung aller aus der Beteiligung führenden Vorteile (Schlegelberger/*Martens* § 113 Rn. 9; a. A. Baumbach/Hopt/*Roth* § 113 Rn. 3). Abgeschöpft werden nur die Gewinne, die aus Konkurrenzgeschäften, die in demselben Markt getätigt wurden, herrühren. Dies führt in der Praxis zwar zu erheblichen Abgrenzungsproblemen. Eine umfassende Abschöpfung ließe sich mit dem Normzweck der §§ 112, 113 HGB jedoch nicht vereinbaren (vgl. MüKo HGB/*Langhein* § 113 Rn. 8).

III. Konkurrenzverhältnis

5   Die Ansprüche auf Schadensersatz und Abschöpfung stehen in **selektiver Konkurrenz**. Die Gesellschaft bzw. die Mitgesellschafter haben die Wahl, ob sie die eine oder die andere Rechtsfolge geltend machen. Sobald sie sich für eine Sanktion entschieden haben, sind sie hieran gebunden.

IV. Unterlassung

6   Auch wenn dies in § 113 HGB nicht ausdrücklich geregelt ist, entspricht es ganz h. M. (BGHZ 70, 336; 89, 170), dass die Gesellschaft und jeder einzelne Gesellschafter (actio pro socio; vgl. hierzu insbes. Kap. 5 Rdn. 90 ff.) die Unterlassung jedes dem § 112 HGB widersprechenden Konkurrenzverhaltens verlangen kann (vgl. MüKo HGB/*Langhein* § 113 Rn. 1). Auch für den Unterlassungsanspruch gilt jedoch die Regelung des Abs. 3 (Baumbach/Hopt/*Roth* § 113 Rn. 4).

V. Weitere Ansprüche

7   Da § 113 HGB **nicht abschließend** ist, kommen daneben **Ansprüche aus angemaßter Geschäftsführung** (§§ 687 Abs. 2, 681, 677 BGB) in Betracht, welche nicht den Einschränkungen des § 113 Abs. 2 HGB unterliegen (BGH WM 1989, 1335, 1338).

8   Zudem stellt Abs. 4 klar, dass das Recht auf Auflösung der Gesellschaft (vgl. § 133 HGB; zur Auflösungsklage vgl. ausführl. Kap. 5 Rdn. 174 ff.) unberührt bleibt. Die Aufzählung ist jedoch nur beispielhaft. Unberührt bleiben auch die sonstigen Ansprüche und Rechte gegen den betroffenen Gesellschafter.

C. Beschlussfassung

Zur Geltendmachung der in Abs. 1 aufgeführten Ansprüche ist nach Abs. 2 ein **einstimmiger** **Beschluss** der übrigen Gesellschafter (ohne Stimmrecht des betroffenen Gesellschafters) notwendig. Die Mitgesellschafter sind grundsätzlich nicht zur Zustimmung verpflichtet. Es kann sich jedoch aus der gesellschaftlichen Treuepflicht eine Zustimmungspflicht ergeben. Mit dem Gesellschafterbeschluss wird das Wahlrecht nach Abs. 1 ausgeübt. Wenn der Beschluss vorliegt, erfolgt die Geltendmachung durch die Gesellschaft oder durch den einzelnen Mitgesellschafter im Wege der actio pro socio (vgl. hierzu ausführl. Kap. 5 Rdn. 90 ff.).

9

D. Verjährung

§ 113 Abs. 3 beinhaltet eine zweifache Verjährungsfrist, eine **kenntnisabhängige** und eine **Maximalverjährungsfrist**. Die Verjährungsfrist beträgt 3 Monate ab Kenntnis aller übrigen Gesellschafter von dem Wettbewerbsverstoß. Unabhängig von der Kenntnis der Gesellschafter verjähren die Ansprüche spätestens in 5 Jahren nach Entstehung des Anspruchs. Für sonstige Ansprüche (Anspruch auf Vertragsstrafe; Anspruch wegen gleichzeitiger Verletzung der Geschäftsführungspflicht) gilt diese Verjährungsfrist nicht (BGH WM 1971, 413; WM 1972, 1230).

10

§ 114 [Geschäftsführung]

(1) Zur Führung der Geschäfte der Gesellschaft sind alle Gesellschafter berechtigt und verpflichtet.

(2) Ist im Gesellschaftsvertrag die Geschäftsführung einem Gesellschafter oder mehreren Gesellschaftern übertragen, so sind die übrigen Gesellschafter von der Geschäftsführung ausgeschlossen.

Übersicht

		Rdn.
A.	Allgemeines	1
B.	Begriff der Geschäftsführung	2
C.	Verteilung der Geschäftsführungsbefugnis	6
I.	Gesetzliche Regelung des Abs. 1	6
II.	Ausschluss von der Geschäftsführung, Abs. 2	7
1.	Übertragung der Geschäftsführung auf Dritte	8
2.	Bildung von Beiräten	9
3.	Vertreterklausel	10
4.	Notgeschäftsführung	11
D.	Rechte und Pflichten der geschäftsführenden Gesellschafter	12
I.	Rechtsgrundlage, Ausübung der Geschäftsführung	12
II.	Haftung und Entlastung	14
1.	Schadensersatzanspruch der Gesellschaft	14
2.	Verschuldensmaßstab	15
3.	Kompetenzwidriges Verhalten	16
4.	Umfang des Ersatzanspruchs	17
5.	Geltendmachung des Anspruchs	18
6.	Entlastung des Geschäftsführers	19
III.	Vergütung für Geschäftsführung	20

A. Allgemeines

Bei § 114 HGB handelt es sich um die Grundnorm der in §§ 114 bis 117 HGB geregelten Geschäftsführungsbefugnis des Gesellschafter einer OHG (GroßkommHGB/*Ulmer* § 114 Rn. 1; MüKo HGB/*Rawert* § 114 Rn. 1). Danach ist der gesetzliche Regelfall der dispositiven Norm die **Einzelgeschäftsführungsbefugnis aller Gesellschafter** (E/B/J/S/*Mayen* § 114 Rn. 1 f.).

1

B. Begriff der Geschäftsführung

Der Begriff der Geschäftsführung ist von demjenigen des **Grundlagengeschäfts** und auch der **Vertretung** abzugrenzen.

2

3 Unter einer **Maßnahme der Geschäftsführung** versteht man jede rechtsgeschäftliche und tatsächliche, gewöhnliche und außergewöhnliche Handlung der Gesellschafter, die auf die Verwirklichung des Geschäftszwecks gerichtet ist und nicht die Grundlagen der Gesellschaft berührt (Schlegelberger/*Martens* § 114 Rn. 4).

4 Grundlagengeschäfte betreffen das Gesellschaftsverhältnis und seine Gestaltung (BGHZ 76, 164). Solche Geschäfte bedürfen grundsätzlich der **Zustimmung aller Gesellschafter**, sofern im Gesetz (z. B. §§ 117, 127 HGB) oder im Gesellschaftsvertrag nicht etwas anderes bestimmt ist (E/B/J/S/*Mayen* § 114 Rn. 6).

5 Schließlich ist im Unterschied zum Recht der Kapitalgesellschaften die Geschäftsführung von der Vertretungsbefugnis abzugrenzen (GroßkommHGB/*Ulmer* § 114 Rn. 13). Dabei ist die Geschäftsführungsbefugnis von der Vertretungsbefugnis nach richtiger Ansicht nicht im Sinne einer Gegenüberstellung von Innen- und Außenverhältnis zu unterscheiden (so etwa Baumbach/Hopt/*Roth* § 114 Rn. 1; MünchHdb GesR I/*v. Dithfurth* § 53 Rn. 2), da auch die Vertretung einen Teilbereich der Geschäftsführung darstellt, sondern nach den Kompetenzen des **rechtlichen »Dürfens«** (**Geschäftsführung**) und des **rechtlichen »Könnens«** (**Vertretung**) zu bestimmen (GroßkommHGB/*Ulmer* § 114 Rn. 13; Schlegelberger/*Martens* § 114 Rn. 4; E/B/J/S/*Mayen*, § 114 Rn. 5). Geschäftsführungsbefugnis und Vertretungsmacht sind nicht deckungsgleich. Dies kann dazu führen, dass der Gesellschafter zwar seine Geschäftsführungsbefugnis (das rechtliche »Dürfen«) überschritten hat, aber gleichwohl die Gesellschaft im Außenverhältnis wirksam (das rechtliche »Können«) vertreten hat (vgl. § 126 Abs. 2 HGB).

C. Verteilung der Geschäftsführungsbefugnis

I. Gesetzliche Regelung des Abs. 1

6 Nach dem gesetzlichen Leitbild des § 114 Abs. 1 HGB sind grundsätzlich **alle Gesellschafter** zur Geschäftsführung befugt und verpflichtet, wobei jeder Gesellschafter **allein handlungsberechtigt** ist (§ 115 Abs. 1 HGB), soweit es sich um gewöhnliche Geschäfte i. S. d. § 116 Abs. 1 HGB handelt. Für einen minderjährigen Gesellschafter handeln, soweit nicht ein Ausnahmefall nach § 112 HGB vorliegt, die gesetzlichen Vertreter (Baumbach/Hopt/*Roth* § 114 Rn. 4). Soweit juristische Personen Gesellschafter der OHG sind, werden auch diese durch ihre gesetzlichen Vertreter vertreten.

II. Ausschluss von der Geschäftsführung, Abs. 2

7 Nach der Auslegungsregel des § 114 Abs. 2 HGB bedeutet die **Übertragung der Geschäftsführungsbefugnis** auf einen oder mehrere Gesellschafter, dass die übrigen Gesellschafter von der Geschäftsführung ausgeschlossen sind. Der Gesellschaftsvertrag kann anderes vorsehen. Hier gibt es allerdings Grenzen.

1. Übertragung der Geschäftsführung auf Dritte

8 Nach dem bei OHG und GbR geltenden **Prinzip der Selbstorganschaft** (vgl. § 109 HGB Rdn. 16; § 125 HGB Rdn. 2 f.) ist die Geschäftsführung zwingend den Gesellschaftern vorbehalten. Eine **vollständige Übertragung** der Geschäftsführung auf Dritte scheidet mithin aus (BGHZ 36, 292, 293). Es ist jedoch möglich, Dritte aufgrund gesellschaftsvertraglicher Regelungen mit der Wahrnehmung von Geschäftsführungsaufgaben zu betrauen, soweit nicht das Abspaltungsgebot entgegensteht (Schlegelberger/*Martens* § 114 Rn. 51 ff.; vgl. weiter gehend auch für die GbR *Lehleiter/Hoppe* WM 2005, 2213). In der **Übertragung von Aufgaben der Geschäftsführung** liegt nicht die Verschaffung organschaftlicher Befugnisse, sondern wird – lediglich – ein abgeleitetes rechtsgeschäftliches Recht verschafft (vgl. BGH ZIP 2005, 524; ZVI 2004, 514 für die GbR). Ein Dritter kann also durchaus umfassend mit Aufgaben der Geschäftsführung betraut werden, wenn und soweit die Gesellschafter dadurch nicht unwiderruflich und auf Dauer von der Geschäftsführung ausgeschlossen sind (BGH WM 1994, 237). Beispiel in der Rechtsprechung war etwa der Abschluss eines Management- oder Betriebsführungsvertrags (BGH NJW 1982, 1817). Daneben steht zudem

die – denselben Grenzen unterliegende – Übertragung von Aufgaben zur Ausübung (vgl. MüKo HGB/*Rawert* § 114 Rn. 26; E/B/J/S/*Mayen* § 114 Rn. 17; MünchHdb GesR I/*v. Dithfurth* § 53 Rn. 25).

2. Bildung von Beiräten

Die Bildung von Beiräten ist zulässig und – vor allem bei KG (vgl. hierzu ausführl. § 163 HGB Rdn. 13) und Publikumsgesellschaften – üblich. Besteht der Beirat nur **aus Gesellschaftern**, gelten keine Besonderheiten; alle Aufgaben, die nicht zwingend der Gesellschafterversammlung vorbehalten sind, können dem Beirat übertragen werden (E/B/J/S/*Mayen* § 114 Rn. 22). Sind **gesellschaftsfremde Dritte** beteiligt, sind die Grenzen, wie unter Rdn. 8 dargestellt, zu beachten. Überschreitet der Beirat die eingeräumten Kompetenzen, so ist der Beschluss unwirksam (BGH BB 1961, 304), fehlerhafte Beiratsbeschlüsse sind nichtig (OLG Karlsruhe GmbHR 1998, 645).

9

3. Vertreterklausel

Die im Gesellschaftsvertrag vorgesehene Vertretung bestimmter Gesellschafter oder Gesellschaftergruppen von einem **gemeinsamen Vertreter** (sog. Vertreterklausel) dürfte unwirksam sein. Zwar ist sie für die KG anerkannt (BGHZ 46, 291; vgl. hierzu auch § 161 HGB Rdn. 24, § 163 HGB Rdn. 11), doch gebieten die Unterschiede der KG zur OHG eine andere Beurteilung (vgl. MüKo HGB/*Rawert*, § 114 Rn. 31; Heymann/*Emmerich*, § 114 Rn. 42), jedenfalls betreffend grundlegende Beschlüsse und das Recht der Abberufung des gemeinsamen Vertreters aus wichtigem Grund. Die Grenzen, wie unter Rdn. 8 dargestellt, sind zu beachten.

10

4. Notgeschäftsführung

Ist die Geschäftsführung gem. § 114 Abs. 2 HGB durch Gesellschaftsvertrag einem oder mehreren Gesellschaftern übertragen worden, sind die übrigen Gesellschafter von der Geschäftsführung ausgeschlossen. Jedoch haben auch die von der Geschäftsführung ausgeschlossenen Gesellschafter das Recht, im Innenverhältnis im Rahmen der **Notgeschäftsführung** ohne Zustimmung der anderen notwendige Maßnahmen zur Erhaltung von Gegenständen des Gesellschaftsvermögens oder der Gesellschaft selbst durchzuführen (BGHZ 17, 181, 184 f.). Andernfalls muss er auf eigenen Risiko im eigenen Namen handeln (BayObLG ZIP 1980, 904), mit der Aussicht allerdings des Ersatzes erforderlicher Aufwendungen, § 110 (MünchHdB GesR I/*v. Dithfurth*, § 53 Rn. 65)

11

D. Rechte und Pflichten der geschäftsführenden Gesellschafter

I. Rechtsgrundlage, Ausübung der Geschäftsführung

Die geschäftsführenden Gesellschafter sind gem. § 114 Abs. 1 HGB unmittelbar aufgrund des Gesellschaftsvertrages zur Geschäftsführung berechtigt und verpflichtet. Da ihre Rechte mithin unmittelbar aus dem Gesellschaftsvertrag resultieren, ist der Abschluss eines Dienstvertrages nicht notwendig (Baumbach/Hopt/*Roth* § 114 Rn. 9). Im Fall des Abschlusses eines solchen richten sich Rechte und Pflichten nach §§ 611 ff. BGB, andernfalls nach Gesellschaftsrecht (E/B/J/S/*Mayen* § 114 Rn. 28).

12

Die (organschaftliche) Geschäftsführungsbefugnis ist **höchstpersönlich** und **nicht übertragbar** (BGHZ 36, 292, 293). Ob der **Erbe** als Nachfolger auch automatisch Geschäftsführungsbefugnisse erlangt, hängt von der Ausgestaltung des Gesellschaftsvertrages ab, ob nämlich die Geschäftsführungsbefugnis mit Rücksicht auf bestimmte – dann zu prüfende – Qualifikationen dem Erblasser erteilt worden war oder lediglich mit Rücksicht auf die Gesellschafterstellung als solcher (vgl. BGH NJW 1959, 192). Der Geschäftsführer muss daher die mit der Geschäftsführung verbundenen Aufgaben grundsätzlich persönlich wahrnehmen. Er kann sich nicht durch einen anderen – auch nicht durch einen Mitgesellschafter – vertreten lassen (RGZ 123, 289, 299). Möglich ist allerdings die Delegation von Aufgaben an einen Mitarbeiter, der dann als rechtsgeschäftlicher Vertreter der Gesellschaft (nicht des Geschäftsführers) tätig wird (s. dazu oben Rdn. 8).

13

II. Haftung und Entlastung

1. Schadensersatzanspruch der Gesellschaft

14 Verletzen die Gesellschafter ihre Geschäftsführungspflichten schuldhaft, haften sie der Gesellschaft (ggf. als Gesamtschuldner, MüKo BGB/*Ulmer* § 708 Rn. 50) gem. § 280 BGB auf **Schadensersatz**.

2. Verschuldensmaßstab

15 Als Verschuldensmaßstab findet – außer bei Publikumsgesellschaften, für die uneingeschränkt der Sorgfaltsmaßstab des § 276 BGB gilt (BGH NJW 1977, 2311; NJW 1980, 589; vgl. auch Anhang 2 zum HGB Rdn. 34) – **§ 708 BGB** Anwendung, wenn nicht im Gesellschaftsvertrag eine weiter gehende Haftung statuiert ist (BGH BB 1988, 1205). Eine weiter gehende Erleichterung nach arbeitsrechtlichen Haftungsgrundsätzen findet nach h. M. nicht statt (E/B/J/S/*Mayen* § 114 Rn. 28; MüKo HGB/*Rawert* § 114 Rn. 60). Auch bei der gemeinsamen Teilnahme mehrerer Gesellschafter am Straßenverkehr lehnt der BGH die Heranziehung des Haftungsmaßstabes des § 708 BGB ab (BGHZ 46, 317; a.A. MüKo BGB/*Ulmer* § 708 Rn. 12). Allerdings lässt die **Zustimmung der Gesellschafter** (in erforderlicher Mehrheit) die Pflichtwidrigkeit des Verhaltens des Geschäftsführers entfallen (vgl. aber auch in der Begründung E/B/J/S/*Mayen* § 114 Rn. 38: nachträgliche Billigung führt zu Verzicht auf etwaige Schadensersatzansprüche).

3. Kompetenzwidriges Verhalten

16 Bei der Überschreitung der Geschäftsführung (kompetenzwidriges Verhalten, MüKo HGB/*Rawert* § 114 Rn. 61) haftet der Gesellschafter nach der Rechtsprechung nur **aus Vertrag** (BGH BB 1988, 1205), während er nach a.A. (so noch RGZ 158, 302, 313) **aus Geschäftsführung ohne Auftrag** (§§ 677, 678 BGB) haftet, soweit er die Überschreitung erkennt oder nach § 708 BGB erkennen musste. Bei unberechtigter Geschäftsführung richtet sich die Haftung nach den §§ 677 ff. BGB, der Haftungsmaßstab des § 708 BGB findet insoweit keine Anwendung.

4. Umfang des Ersatzanspruchs

17 Der Ersatzanspruch umfasst den gesamten, ursächlich durch die Pflichtverletzung entstandenen Schaden, der der Gesellschaft entstanden ist. Der Schadensumfang beurteilt sich nach den Vorschriften der §§ 249 ff. BGB. Die Gesellschaft trägt nur die Darlegungs- und Beweislast für die Ursächlichkeit des Pflichtenverstoßes sowie für den ihr entstandenen Schaden (MünchHdb GesR I/*v. Dithfurth* § 53 Rn. 32). Demgegenüber obliegt es dem geschäftsführenden Gesellschafter, darzulegen und zu beweisen, dass sein Verhalten nicht pflichtwidrig und nicht von ihm zu vertreten ist (vgl. BGH BB 1988, 1205) und dass der Gesellschaft ein niedrigerer als der behauptete Schaden entstanden oder ein Vermögensvorteil, der den Schaden mindert oder ausschließt, zugekommen ist.

5. Geltendmachung des Anspruchs

18 Geltend zu machen ist der Schaden entweder von der Geschäftsführung nach entsprechendem Beschluss (§ 116 Abs. 2 HGB) der Gesellschafter, wobei der betroffene Gesellschafter von der Beschlussfassung ausgeschlossen ist oder – bis Disposition der Gesellschaft über den Anspruch ohne die vorgenannten Restriktionen (E/B/J/S/*Mayen* § 114 Rn. 43) – im Wege der actio pro socio (BGH NJW 1985, 2830) durch einen einzelnen Gesellschafter (zur actio pro socio vgl. ausführl. Kap. 5 Rdn. 90 ff.).

6. Entlastung des Geschäftsführers

19 In der Entlastung des Geschäftsführers liegt, soweit die die Entlastung betreffenden Sachverhalte mindestens erkennbar waren oder allen Gesellschaftern privat bekannt, auch der **Verzicht auf Ersatz- und Kündigungsansprüche** (str.; MünchHdb GesR I/*v. Dithfurth*, § 53 Rn. 33; nach a.A. Präklusion von Ersatz- und Kündigungsansprüchen, vgl. MüKo HGB/*Rawert* § 114 Rn. 71). Ein

Anspruch auf Entlastung besteht nach heute überwiegender Meinung nicht (so auch für die GmbH BGH NJW 1986, 129), kann aber im Gesellschaftsvertrag angelegt sein (Baumbach/Hopt/*Roth* § 114 Rn. 16).

III. Vergütung für Geschäftsführung

Ist eine Vergütung nicht vereinbart, ist sie lediglich dann geschuldet, wenn die geleisteten Dienste über das Maß des Üblichen hinausgehen (OLG Koblenz NJW-RR 1987, 24). Der Anspruch auf Erstattung von Aufwendungen ergibt sich aus § 110 HGB, bei Vorschüssen aus § 669 BGB. 20

§ 115 [Geschäftsführung durch mehrere Gesellschafter]

(1) Steht die Geschäftsführung allen oder mehreren Gesellschaftern zu, so ist jeder von ihnen allein zu handeln berechtigt; widerspricht jedoch ein anderer geschäftsführender Gesellschafter der Vornahme einer Handlung, so muß diese unterbleiben.

(2) Ist im Gesellschaftsvertrage bestimmt, daß die Gesellschafter, denen die Geschäftsführung zusteht, nur zusammen handeln können, so bedarf es für jedes Geschäft der Zustimmung aller geschäftsführenden Gesellschafter, es sei denn, daß Gefahr im Verzug ist.

Übersicht	Rdn.		Rdn.
A. Grundsatz der Einzelgeschäftsführung..	1	2. Erklärung, Form, Frist...........	4
B. Widerspruchsrecht................	2	3. Gegenstand des Widerspruchs.....	6
I. Allgemeines	2	III. Grenzen des Widerspruchsrechts	7
II. Voraussetzung und Ausübung des Widerspruchs................	3	IV. Rechtsfolgen...................	10
		C. **Gesamtgeschäftsführung, Abs. 2**	13
1. Kenntnis der Gesellschafter von der Maßnahme	3	D. **Abweichende Regelung**	16

A. Grundsatz der Einzelgeschäftsführung

Nach § 115 Abs. 1 Halbs. 1 HGB ist bei mehreren vorhandenen geschäftsführenden Gesellschaftern jeder Gesellschafter grundsätzlich zur Einzelgeschäftsführung befugt. Demnach ist jeder geschäftsführende Gesellschafter für den gesamten Geschäftsbereich der Gesellschaft zuständig und entscheidungsbefugt. Eine Einschränkung erfährt die Entscheidungsmacht des Gesellschafters jedoch im Fall eines Widerspruchs von anderen Gesellschaften (Abs. 1 Halbs. 2) sowie bei außergewöhnlichen Geschäften i. S. d. § 116 Abs. 2 HGB. Ansonsten unterliegt der geschäftsführende Gesellschafter nach dem gesetzlichen Leitbild keinem Weisungsrecht und keinem Zustimmungsvorbehalt der Mitgesellschafter (vgl. BGH NJW 1980, 1463, 1464). 1

B. Widerspruchsrecht

I. Allgemeines

Abs. 1 Halbs. 2 gewährt den übrigen geschäftsführenden Gesellschaftern im Fall einer Einzelgeschäftsführung ein Widerspruchsrecht. Sofern es das Interesse der Gesellschaft erfordert, besteht sogar eine **Pflicht** der übrigen geschäftsführenden Gesellschafter zum Widerspruch (vgl. Baumbach/Hopt/*Roth* § 115 Rn. 2). Der Widerspruch wird nicht durch die Zustimmung der übrigen Gesellschafter ausgeschlossen (vgl. Baumbach/Hopt/*Roth* § 115 Rn. 2). Soweit divergierende Meinungen über die Durchführung einer Maßnahme bestehen und es zu keiner Einigung kommt, hat die Maßnahme bei Vorliegen eines Widerspruchs zu unterbleiben (vgl. BGH NJW 1986, 844). 2

II. Voraussetzung und Ausübung des Widerspruchs

1. Kenntnis der Gesellschafter von der Maßnahme

3 Voraussetzung für die Ausübung des Widerspruchs ist die **vorherige Kenntnis** der übrigen Gesellschafter von der beabsichtigten Maßnahme. Der geschäftsführende Gesellschafter hat die übrigen Mitgesellschafter folglich rechtzeitig vor Durchführung der Maßnahme umfassend zu informieren, soweit nicht Gefahr im Verzuge ist oder ein Interesse an der vorherigen Information aufgrund der geringen Bedeutung der Maßnahme nicht anzunehmen ist (vgl. BGH WM 1971, 819, 820).

2. Erklärung, Form, Frist

4 Ausgeübt wird das Widerspruchsrecht durch **empfangsbedürftige Willenserklärung** gegenüber dem Geschäftsführer, gegen dessen beabsichtigte Geschäftsführungsmaßnahme sich der Widerspruch richtet. Eine bestimmte Form für die Ausübung des Widerspruchs besteht nicht. Der Widerspruch kann folglich **formfrei** und auch **konkludent** erklärt werden (vgl. RGZ 109, 58).

5 Nach zutreffender h. M. (vgl. BGH NJW-RR 1988, 995, 996) muss der Widerspruch **vor Durchführung** der beabsichtigten Maßnahme erklärt werden. Maßgeblich ist, ob die Maßnahme noch ohne Schaden für die Gesellschaft rückgängig gemacht werden kann (vgl. Schlegelberger/*Martens* § 115 Rn. 8). Ein später erklärter Widerspruch ist unbeachtlich.

3. Gegenstand des Widerspruchs

6 Der Widerspruch beschränkt sich grundsätzlich auf einzelne Maßnahmen der Geschäftsführung. Der Widerspruch kann jedoch auch **mehrere Geschäfte** oder **alle Geschäfte einer bestimmten Art** umfassen (vgl. Baumbach/Hopt/*Roth* § 115 Rn. 2). Der pauschale Widerspruch gegen die gesamte Geschäftsführung eines Mitgesellschafters oder der Widerspruch gegen jede Maßnahme eines Geschäftsführers ist unzulässig (vgl. RGZ 84, 139), da dies faktisch auf eine Entziehung der Geschäftsführungsbefugnis hinauslaufen würde und somit eine Umgehung des § 117 HGB darstellen würde (vgl. Baumbach/Hopt/*Roth* § 115 Rn. 2).

III. Grenzen des Widerspruchsrechts

7 Das Widerspruchsrecht besteht in den Grenzen des **pflichtgemäßen Ermessens** der Gesellschafter (vgl. BGH NJW 1986, 844) und ist im Interesse der Gesellschaft und nicht willkürlich oder zu eigenen Zwecken auszuüben. Der Ermessensgebrauch ist nur eingeschränkt gerichtlich überprüfbar, wie z. B. Fälle der Ermessensüberschreitungen. Den Gesellschaftern steht bei der Beurteilung des Ermessens, insbesondere bei Personalentscheidungen, ein **weiter Ermessensspielraum** zu (vgl. BGH WM 1988, 968, 970).

8 Soweit der Widerspruch eine **pflichtwidrige Verletzung des Gesellschaftsinteresses** darstellt, ist er unbeachtlich (vgl. BGH NJW 1986, 844). Pflichtwidrig ist z. B. ein Widerspruch gegen gesetzlich gebotene Handlungen. Unbeachtlich ist auch ein Widerspruch des geschäftsführenden Gesellschafters gegen eine Klage der Gesellschaft gegen ihn selbst auf Durchsetzung eines Anspruchs (vgl. BGH BB 1974, 996). Pflichtwidrig ist auch ein Widerspruch des Gesellschafters, gegenüber dem von der Gesellschaft ein Rechtsgeschäft (z. B. Vertragskündigung) vorgenommen werden soll (vgl. RGZ 81, 94). Zur Begründung einer Pflichtwidrigkeit genügt es jedoch nicht, wenn neben dem Gesellschaftsinteresse auch persönliche Interessen des widersprechenden Gesellschafters eine Rolle gespielt haben (vgl. BGH NJW 1986, 844).

9 Gegen die Ausübung sonstiger Gesellschaftsrechte – z. B. das Stimmrecht, das Einsichtsrecht oder die actio pro socio – ist ein Widerspruch nicht möglich (vgl. Baumbach/Hopt/*Roth* § 115 Rn. 3). Wer die Unwirksamkeit des Widerspruchs behauptet, trägt hierfür auch die **Beweislast**. Eine bloß interne Geschäftsaufteilung beschränkt das Widerspruchsrecht nicht (vgl. E/B/J/S/*Mayen* § 115 Rn. 4).

IV. Rechtsfolgen

Bei berechtigtem Widerspruch muss die **Maßnahme unterbleiben** (§ 115 Abs. 1 Halbs. 2 HGB). Wird sie dennoch ausgeführt, macht sich der geschäftsführende Gesellschafter schadensersatzpflichtig und muss, sofern dies möglich ist und im Interesse der Gesellschaft liegt (vgl. BGH LM Nr. 2 zu § 115), die Folgen seines Handelns rückgängig machen oder anderweitig Schadensersatz wegen Kompetenzverstoß leisten (vgl. Röhricht/v. Westphalen/*v. Gerkan* § 115 Rn. 7). Der unberechtigte Widerspruch kann zur Haftung nach § 280 BGB wegen schuldhafter Treuepflichtverletzung des Widersprechenden führen (vgl. Baumbach/Hopt/*Roth* § 115 Rn. 4).

10

Der Widerspruch hat als Maßnahme der Geschäftsführung nur eine **interne Wirkung** (vgl. BGHZ 16, 394, 398). Die Vertretungsmacht berührt der Widerspruch dagegen regelmäßig nicht, da die Vertretungsmacht Dritten gegenüber nach § 126 Abs. 2 HGB unbeschränkbar ist. In Ausnahmefällen können dem Dritten gegenüber aber die Vorschriften über den Missbrauch der Vertretungsmacht mit der Folge zur Anwendung gelangen (vgl. BGH NJW 1974, 1555), dass der Widerspruch dann auch im Außenverhältnis Wirkung entfaltet.

11

Zudem kommt dem Widerspruch **Außenwirkung** zu, wenn die beabsichtigte Maßnahme gegenüber einem Gesellschafter vorgenommen werden sollte. Der Gesellschafter unterliegt innergesellschaftlichen Bindungen und kann sich daher nicht auf eine bestehende Vertretungsbefugnis nach § 126 HGB berufen (vgl. BGH WM 1973, 637, 638).

12

C. Gesamtgeschäftsführung, Abs. 2

Gem. Abs. 2 kann der Gesellschaftsvertrag abweichend von der gesetzlich geregelten Einzelgeschäftsführung eine Gesamtgeschäftsführung aller oder einiger Gesellschafter vorsehen. Dabei können auch die Möglichkeiten der Einzel- und der Gesamtgeschäftsführung in beliebiger Weise personen- oder bereichsbezogen miteinander kombiniert werden (vgl. Röhricht/v. Westphalen/*v. Gerkan* § 115 Rn. 9). Soweit Gesamtgeschäftsführung angeordnet worden ist, bedarf es – außer bei Gefahr im Verzug – zur Vornahme der jeweiligen Maßnahme der Zustimmung aller Geschäftsführer. Ohne Vorliegen der erforderlichen Zustimmung hat die Maßnahme zu unterbleiben.

13

Die nach Abs. 2 erforderliche Zustimmung kann nicht nur für konkrete Einzelmaßnahmen, sondern auch für Maßnahmen bestimmter Art erteilt werden (vgl. GroßkommHGB/*Ulmer* § 115 Rn. 34). Eine Zustimmung zu allen zukünftigen Geschäftsführungsmaßnahmen ist demgegenüber nicht möglich, da ansonsten die Gesamtgeschäftsführung ausgehöhlt werden würde (vgl. BGHZ 34, 27, 30 für das Recht der GmbH).

14

Die Zustimmung ist wie das Widerspruchsrecht als Teil der Geschäftsführungsbefugnis **ausschließlich im Interesse der Gesellschaft** auszuüben. Die Versagung der Zustimmung ist bei Verletzung des Gesellschaftsinteresses pflichtwidrig. Während der pflichtwidrige Widerspruch aber unbeachtlich ist, ist hier grundsätzlich Klage auf Zustimmung notwendig (vgl. Baumbach/Hopt/*Roth* § 115 Rn. 6). Durch systematische Weigerung, an der Geschäftsführung der Gesellschaft mitzuwirken, kann das Zustimmungsrecht verwirkt werden (vgl. BGH LM Nr. 7 zu § 709).

15

D. Abweichende Regelung

Da § 115 HGB **dispositives Recht** enthält, kann die Geschäftsführung durch Gesellschaftsvertrag abweichend geregelt werden. Der Ausgestaltung der Geschäftsführung sind in der Praxis kaum Grenzen gesetzt. So kann etwa die Gesamtgeschäftsführungsbefugnis einiger und die Einzelgeschäftsführungsbefugnis anderer vorgesehen werden. Auch ist es möglich, einen Mehrheitsentscheid der Geschäftsführer vorzusehen. Denkbar ist ferner auch die Aufteilung nach Arten von Geschäften oder Ressorts unter Ausschluss der jeweils anderen geschäftsführenden Gesellschafter. Schließlich ist auch die Bindung einzelner Gesellschafter an die Mitwirkung von Mitgeschäftsführern oder Prokuristen möglich (vgl. zum Ganzen Baumbach/Hopt/*Roth* § 115 Rn. 7). Sofern Dritte in den Bereich der Geschäftsführung einbezogen werden, sind allerdings stets die Grundsätze der **Selbst-**

16

organschaft (vgl. § 109 Rdn. 16; § 125 Rdn. 2f.) und des **Abspaltungsverbots** (vgl. § 109 HGB Rdn. 10) zu beachten (vgl. E/B/J/S/*Mayen* § 115 Rn. 35).

§ 116 [Umfang der Geschäftsführungsbefugnis]

(1) Die Befugnis zur Geschäftsführung erstreckt sich auf alle Handlungen, die der gewöhnliche Betrieb des Handelsgewerbes der Gesellschaft mit sich bringt.

(2) Zur Vornahme von Handlungen, die darüber hinausgehen, ist ein Beschluß sämtlicher Gesellschafter erforderlich.

(3) Zur Bestellung eines Prokuristen bedarf es der Zustimmung aller geschäftsführenden Gesellschafter, es sei denn, daß Gefahr im Verzug ist. Der Widerruf der Prokura kann von jedem der zur Erteilung oder zur Mitwirkung bei der Erteilung befugten Gesellschafter erfolgen.

Übersicht	Rdn.			Rdn.
A. Gewöhnliche Geschäfte	1	D.	Erteilung und Widerruf von Prokura,	
B. Außergewöhnliche Geschäfte	5		Abs. 3	12
C. Zustimmungserfordernis, Abs. 2	8	E.	Abweichende Vereinbarungen	15

A. Gewöhnliche Geschäfte

1 § 116 Abs. 1 HGB beschränkt die Geschäftsführungsbefugnis grundsätzlich auf die Handlungen, die der gewöhnliche Geschäftsbetrieb mit sich bringt. Diese Einschränkung greift sowohl bei der Einzel- als auch bei der Gesamtgeschäftsführung ein.

2 Ein **gewöhnliches Geschäft** ist, was in einem Handelsgewerbe, wie es die konkrete OHG betreibt, normalerweise vorkommen kann. Es ist dementsprechend nicht allein maßgebend, ob die Maßnahme dem gewöhnlichen Betrieb eines derartigen Handelsgewerbes generell entspricht. Entscheidend ist vielmehr, dass die Maßnahme auch gerade nach Art und Größe des konkreten Unternehmens typisch oder üblich ist (vgl. BGH BB 1954, 143).

3 **Beispiele** für gewöhnliche Geschäfte sind Anschaffungs- und Veräußerungsgeschäfte von nicht überragender Tragweite, eine übliche Kreditgewährung sowie die Bestellung eines Handlungsbevollmächtigten (vgl. Baumbach/Hopt/*Roth* § 115 Rn. 1).

4 Sollte eine konkrete Betrachtung ausnahmsweise keine eindeutige Zuordnung ermöglichen, ist maßgeblich, ob das Geschäft in dem Handelszweig, das den Gegenstand des Unternehmens bildet, üblicherweise vorkommt (vgl. BGH BB 1954, 143).

B. Außergewöhnliche Geschäfte

5 Unter außergewöhnlichen Geschäften versteht man solche Geschäfte, die nach Inhalt, Zweck und Umfang oder nach ihrer Bedeutung und den mit ihr verbundenen Gefahren über den gewöhnlichen Rahmen des Geschäftsbetriebs hinausgehen und damit **Ausnahmecharakter** besitzen (vgl. BGH BB 1954, 143).

6 Als außergewöhnlichen Geschäfte werden bspw. angesehen die langfristige Bindung von Betriebsmitteln und Kreditgeschäfte von besonderer Tragweite (vgl. BGH BB 1954, 153f.); ungewöhnlich umfangreiche Investitionen wie etwa umfangreiche Baumaßnahmen (vgl. Heymann/*Emmerich* § 116 Rn. 5); die Ausgliederung einer Tochtergesellschaft (vgl. BGHZ 83, 122, 130); die Einrichtung von Zweigniederlassungen (vgl. Baumbach/Hopt/*Roth* § 116 Rn. 2). Ferner wurden Geschäfte als ungewöhnlich eingestuft, die die Gefahr einer erheblichen Interessenkollision zwischen dem handelnden Geschäftsführer und der Gesellschaft mit sich bringen (vgl. BGH NJW 1973, 465).

7 Von den außergewöhnlichen Geschäften zu unterscheiden sind die sog. **Grundlagengeschäfte**. Dies sind solche Geschäfte, die die inneren Rechtsverhältnisse der Gesellschafter zueinander sowie ihre

Gestaltung betreffen (vgl. BGH GmbHR 1979, 245; Baumbach/Hopt/*Roth* § 116 Rn. 3). Diese gehören von vornherein nicht zu den dem Geschäftsführer obliegenden Geschäftsführungsmaßnahmen, sind also weder gewöhnliche noch außergewöhnliche Geschäfte i. S. v. § 116 HGB und setzen daher grundsätzlich die Mitwirkung aller Gesellschafter voraus (vgl. BGHZ 76, 160, 164).

C. Zustimmungserfordernis, Abs. 2

Außergewöhnliche Geschäfte setzen einen **Beschluss sämtlicher Gesellschafter**, auch der nicht geschäftsführungsbefugten und in der KG der Kommanditisten voraus. Der Beschluss ist auch bei Gefahr im Verzug notwendig, da eine Ausnahmevorschrift wie in § 115 Abs. 2 HGB fehlt. 8

Alle Gesellschafter sind zur Mitwirkung an der Beschlussfassung nach Abs. 2 **berechtigt und verpflichtet**. Die Gesellschafter dürfen sich nicht grundlos der Stimme enthalten oder der Gesellschafterversammlung ohne wichtigen Grund fernbleiben, da ansonsten der gem. § 116 Abs. 2 HGB notwendige einstimmige Beschluss verhindert werden würde (vgl. Schlegelberger/*Martens* § 116 Rn. 13). Ein wiederholtes Verhalten dieser Art kann zur Verwirkung des Stimmrechts des Gesellschafters führen (vgl. BGH NJW 1972, 862, 864). In Ausnahmefällen kann eine **Pflicht zur Zustimmung** bestehen, wenn diese im Interesse der Gesellschaft unerlässlich ist (vgl. BGH WM 1973, 1294). 9

Liegt ein Zustimmungsbeschluss vor, ist er für die geschäftsführenden Gesellschafter **bindend**, und sie müssen ihn ausführen. Kommt es zu keinem zustimmenden Beschluss, darf die vorgesehene Geschäftsführungsmaßnahme nicht durchgeführt werden. Besteht dagegen eine Pflicht zur Zustimmung, kann der geschäftsführende Gesellschafter auch ohne Vorliegen eines Beschlusses, allerdings auf eigenes Risiko, handeln, weil die Berufung auf das Fehlen des Beschlusses als treuwidrig anzusehen wäre (vgl. Baumbach/Hopt/*Roth* § 116 Rn. 5). Sicherer, aber auch umständlicher und langwieriger ist ein anderer Weg: Die Gesellschaft, vertreten durch den geschäftsführenden Geschäftsführer, oder die Gesellschafter können im Wege der actio pro socio von dem pflichtwidrig handelnden Mitgesellschafter die benötigte Zustimmung verlangen (vgl. Schlegelberger/*Martens* § 116 Rn. 16; zur actio pro socio vgl. ausführl. Kap. 5 Rdn. 90 ff.). 10

Ferner kommt ein **Handeln ohne Beschluss** bei Durchführung unerlässlicher ungewöhnlicher Erhaltungsmaßnahmen in Betracht, sofern eine vorherige Beschlussfassung nicht rechtzeitig möglich ist (vgl. MüKo HGB/*Jickeli* § 116 Rn. 45). Zudem besteht ein **Notgeschäftsführungsrecht** entsprechend § 744 BGB. 11

D. Erteilung und Widerruf von Prokura, Abs. 3

Die Erteilung der Prokura ist zwar in der Regel ein gewöhnliches Geschäft (vgl. Baumbach/Hopt/ *Roth* § 116 Rn. 8), zu ihrer Erteilung bedarf es aber gem. Abs. 3 Satz 1 dennoch der Zustimmung aller geschäftsführenden Gesellschafter, es sei denn es ist Gefahr im Verzug. Bei Gefahr in Verzug kann jeder geschäftsführungsberechtigte Gesellschafter in zulässiger und wirksamer Weise Prokura erteilen, muss die Zustimmung der geschäftsführenden Mitgesellschafter aber unverzüglich einholen. Wird diese verweigert, ist die Prokura zu widerrufen. 12

§ 116 HGB hat Bedeutung ausschließlich für das **Innenverhältnis der Gesellschafter**. Für das Außenverhältnis der Bestellung gegenüber dem Prokuristen beurteilt sich die Wirksamkeit hingegen nach § 126 HGB (vgl. BGHZ 62, 166, 169). Das Registergericht darf deshalb die Anmeldung der erteilten Prokura grundsätzlich nicht wegen der fehlenden Zustimmung der anderen Geschäftsführer verweigern (vgl. BGH NJW 1974, 1194). Ist jedoch offensichtlich, dass bei der Bestellung kompetenzwidrig gehandelt worden und daher mit einem alsbaldigen Widerruf zu rechnen ist, kann das Registergericht die Eintragung der Prokura ablehnen (vgl. BGH NJW 1974, 1194). 13

Widerrufen darf die Prokura nach § 116 Abs. 3 HGB jeder geschäftsführende Gesellschafter allein, auch wenn Gesamtgeschäftsführungsbefugnis besteht. Der Widerspruch eines anderen Gesellschafters ist unerheblich. Die Regelung berührt jedoch wiederum nur das Innenverhältnis der 14

Gesellschafter, sodass der Widerruf eines nicht ausreichend vertretungsberechtigten Gesellschafters gegenüber dem Prokuristen unwirksam ist (vgl. E/B/J/S/*Mayen* § 116 Rn. 25).

E. Abweichende Vereinbarungen

15 Die Regelung der Geschäftsführung ist **dispositiv**. Durch Gesellschaftsvertrag kann der Umfang der Geschäftsführungsbefugnis abweichend von § 116 Abs. 1 HGB geregelt werden. Es ist möglich das Erfordernis des Gesellschafterbeschlusses zu erweitern, z. B. auf nicht außergewöhnliche Geschäfte bestimmter Art, oder zu beschränken, auf außergewöhnliche Geschäfte bestimmter Art. Eine von § 116 HGB abweichende Regelung kann auch hinsichtlich Erteilung und Widerruf der Prokura getroffen werden. So kann z. B. der Widerruf ebenso von der Zustimmung der Mitgeschäftsführer abhängig gemacht werden wie die Erteilung (ohne Wirkung im Außenverhältnis; vgl. BGH WM 1973, 1293).

§ 117 [Entziehung der Geschäftsführungsbefugnis]

Die Befugnis zur Geschäftsführung kann einem Gesellschafter auf Antrag der übrigen Gesellschafter durch gerichtliche Entscheidung entzogen werden, wenn ein wichtiger Grund vorliegt; ein solcher Grund ist insbesondere grobe Pflichtverletzung oder Unfähigkeit zur ordnungsmäßigen Geschäftsführung.

Übersicht	Rdn.		Rdn.
A. Entziehung der Geschäftsführungsbefugnis	1	III. Unfähigkeit	10
		C. Das Entziehungsverfahren	11
B. Entziehungsgründe	6	I. Prozessuales	11
I. Vorliegen eines wichtigen Grundes	6	II. Rechtswirkungen	17
II. Grobe Pflichtverletzung	9	D. Abweichende Regelungen	19

A. Entziehung der Geschäftsführungsbefugnis

1 Dem geschäftsführenden Gesellschafter der OHG kann die Geschäftsführungsbefugnis durch **Gestaltungsurteil** des angerufenen Gerichts entzogen werden. Die Vorschrift gilt für jede organschaftliche Geschäftsführung unabhängig davon, ob sie auf Gesetz oder Gesellschaftsvertrag beruht. Dies gilt auch, wenn sie durch den Gesellschaftsvertrag abweichend von der gesetzlichen Regelung ausgestaltet worden ist (vgl. OLG Köln BB 1977, 464, 465). Die Geschäftsführungsbefugnis kann auch dem einzigen vorhandenen Geschäftsführer entzogen werden, dies gilt auch für eine Komplementär-GmbH in der GmbH & Co. KG (vgl. BGHZ 33, 105, 107). In diesem Fall fällt die Geschäftsführungsbefugnis auf die Gesamtheit aller Gesellschafter zurück (vgl. Baumbach/Hopt/*Roth* § 117 Rn. 1). Es handelt sich jedoch nicht um eine Gesamtgeschäftsführung des § 115 Abs. 2 HGB. Den Gesellschaftern soll lediglich die Möglichkeit eingeräumt werden, notwendige Entscheidungen zu treffen, bis die Geschäftsführung neu geregelt ist (vgl. BGHZ 51, 198, 202).

2 **Keine Anwendung** findet § 117 HGB auf geschäftsführende **Dritte**, denen die Befugnis nicht durch Gesellschaftsvertrag sondern aufgrund Dienstvertragsrechts eingeräumt worden ist. Ihnen kann die Geschäftsführungsbefugnis durch Abberufungsbeschluss der Gesellschafter oder durch Kündigung des Anstellungsvertrages entzogen werden (BGHZ 36, 292, 294).

3 Nach zutreffender Ansicht (Schlegelberger/*Martens* § 117 Rn. 6; *Peters* NJW 1965, 1214; differenzierend Baumbach/Hopt/*Roth* § 117 Rn. 3) scheidet eine **entsprechende Anwendung des § 117 HGB** auf andere Mitwirkungsrechte (z. B. Informations- und Kontrollrechte) aus. Diese Rechte können den Gesellschaftern – wenn überhaupt – nur durch eine Änderung des Gesellschaftsvertrages entzogen werden. Für das Informationsrecht des § 118 HGB ergibt sich dies bereits unmittelbar aus § 118 Abs. 2 HGB. Aber auch für die weiteren Mitwirkungsrechte kann nichts anderes gelten.

Denn diese Rechte entsprechen nicht der organschaftlichen Geschäftsführung, da diese überwiegend im Interesse des einzelnen Gesellschafters bestehen (Schlegelberger/*Martens* § 117 Rn. 6).

Statt einer vollständigen Entziehung der Geschäftsführung kann auch eine **Beschränkung der Geschäftsführungsbefugnis** in Betracht kommen. Dies kann sich insbesondere aus der Anwendung des Verhältnismäßigkeitsprinzips ergeben. Danach ist das weniger einschneidende Mittel zu wählen, wenn es denselben Zweck gleichermaßen erreicht (vgl. BGH NJW 1984, 173, 174; Röhricht/v. Westphalen/*v. Gerkan* § 117 Rn. 8). 4

Schließlich ist die Entziehung der Geschäftsführungsbefugnis von **der Entziehung der Vertretungsmacht** nach § 127 HGB abzugrenzen. Regelmäßig ist ein auf Entziehung der Geschäftsführung lautender Klageantrag jedoch dahin gehend auszulegen, dass er sinngemäß auch den Antrag auf Entziehung der Vertretungsmacht einschließt (BGHZ 51, 198, 199). 5

B. Entziehungsgründe

I. Vorliegen eines wichtigen Grundes

Die Entziehung der Geschäftsführung setzt das Vorliegen eines **wichtigen Grundes** voraus. Ein wichtiger Grund ist anzunehmen, wenn die Geschäftsführung das Vertrauensverhältnis zwischen den Gesellschaftern nachhaltig zerstört hat und den übrigen Gesellschaftern die unveränderte Belassung der Geschäftsführung nicht mehr zumutbar ist (BGH NJW 1984, 173, 174). Dies erfordert eine **umfassende Abwägung** aller beteiligten Belange im Wege einer Gesamtbetrachtung. Zu berücksichtigen sind unter anderem die wirtschaftlichen Interessen der Gesellschaft, die Dauer der Zusammenarbeit und die persönliche Situation des betroffenen Gesellschafters (BGH NJW 1984, 173, 174). 6

Im Übrigen bestimmen sich die Voraussetzungen für das Vorliegen eines wichtigen Grundes im Rahmen des § 117 HGB im Wesentlichen nach denselben Maßstäben, die für die Entziehung der Vertretungsmacht (§ 127 HGB; vgl. dazu auch ausführl. Kap. 5 Rdn. 149 ff.), die Ausschließung von Gesellschaftern (§ 140 HGB; vgl. dazu auch ausführl. Kap. 5 Rdn. 212 ff.) und die Auflösung der Gesellschaft (§ 133 HGB; vgl. dazu auch ausführl. Kap. 5 Rdn. 174 ff.) gelten. 7

Die Vorschrift benennt in Halbs. 2 als wichtigen Grund beispielhaft die grobe Pflichtverletzung sowie die Unfähigkeit zu einer ordnungsgemäßen Geschäftsführung. 8

II. Grobe Pflichtverletzung

Die grobe Pflichtverletzung setzt ein **schuldhaftes Verhalten** des Geschäftsführers von einigem Gewicht voraus (BGH NJW 1984, 173). Je verwerflicher das Verhalten, desto eher wird das Vorliegen eines wichtigen Grundes anzunehmen sein. Als grobe Pflichtverletzungen wurden von der Rechtsprechung u.a. eingestuft: die hartnäckige Nichtbeachtung der Mitwirkungsrechte der anderen Mitgesellschafter (BGH NJW 1984, 173, 174); die anhaltende Störung und Blockierung der Geschäftsführung der Gesellschaft (BGH LM Nr. 7 zu § 709 BGB); strafbare Handlungen zulasten der Gesellschaft (BGH NJW 1999, 2820, 2821); dauernde Verstöße gegen das Wettbewerbsverbot (BGH NJW-RR 1997, 925 f.). 9

III. Unfähigkeit

Der Entziehungsgrund der Unfähigkeit setzt kein schuldhaftes Verhalten des Geschäftsführers voraus. Maßgeblich ist ausschließlich die **objektiv fehlende Eignung zur Geschäftsführung** (BGH JZ 1952, 276). Als Gründe der Unfähigkeit kommen z.B. in Betracht, lange schwere Krankheit (BGH JZ 1952, 276); dauerhafte Verhinderung (BGH NJW 1985, 2635); hohes Alter und damit einhergehend Abbau der Leistungsfähigkeit (BGH JZ 1952, 276); mangelnde fachliche Kompetenz z.B. durch Weigerung der Teilnahme an Fortbildungsmaßnahmen (Schlegelberger/*Martens* § 117 Rn. 19). 10

C. Das Entziehungsverfahren

I. Prozessuales

11 Die Entziehung der Geschäftsführung erfolgt nach § 117 HGB durch **Gestaltungsurteil** auf **Antrag der übrigen Gesellschafter**. Zur Erhebung der Klage ist, da es sich nicht um eine Maßnahme der Geschäftsführung sondern um ein Grundlagengeschäft handelt, die Mitwirkung aller übrigen Gesellschafter – auch die von der Geschäftsführung und Vertretung ausgeschlossenen – erforderlich (BGH NJW 1975, 1410). Ausnahmsweise reicht bei einer Publikumsgesellschaft zum Schutz der Anleger zur Erhebung der Klage auch ein einfacher Mehrheitsbeschluss, selbst wenn im Gesellschaftsvertrag eine qualifizierte Mehrheit oder Einstimmigkeit vorausgesetzt wird (BGH NJW 1988, 969). Vgl. zur Klage auf Entziehung der Geschäftsführungsbefugnis gem. § 117 HGB außerdem ausführl. Kap. 5 Rdn. 110 ff.

12 Umstritten ist, ob eine **Mitwirkungspflicht der Gesellschafter** besteht. Nach richtiger Ansicht (vgl. BGH NJW 1984, 173) wird eine Mitwirkungspflicht der Gesellschafter aufgrund der gesellschafterlichen Treuepflicht bejaht, wenn die Klage im Interesse der Gesellschaft geboten ist. Der sich weigernde Gesellschafter kann in diesem Fall auf Zustimmung verklagt werden, wobei das Zustimmungsurteil nach § 894 ZPO die Mitwirkung an der Entziehungsklage ersetzt (vgl. BGH NJW 1984, 173). Aus Gründen der Prozessökonomie ist es zulässig, die **Zustimmungs- mit der Entziehungsklage zu verbinden** (vgl. BGH NJW 1984, 173).

13 Mehrere Kläger sind **notwendige Streitgenossen** nach § 62 ZPO (vgl. BGHZ 30, 195, 197; Baumbach/Hopt/*Roth* § 117 Rn. 7). Dies hat zur Folge, dass die Klage bei fehlender Beteiligung eines Gesellschafters aufgrund fehlender Aktivlegitimation der übrigen Gesellschafter abgewiesen wird (vgl. BGHZ 30, 195, 197). Aus Gründen der Prozessökonomie besteht eine Ausnahme, wenn die übrigen Gesellschafter den Nachweis erbringen, dass der nicht mitwirkende Gesellschafter außerprozessual sein Einverständnis bindend erklärt hat (vgl. BGH NJW 1998, 146).

14 Soweit **mehreren Geschäftsführern** die Geschäftsführungsbefugnis entzogen werden soll, kann dies in einem Klageverfahren geschehen. Insoweit ist jedoch zu beachten, dass eine solche Klage bereits dann gegen sämtliche Geschäftsführer abzuweisen ist, wenn nur bei einem einzigen ein Entziehungsgrund fehlt, da in diesem Fall auf der Klägerseite nicht »alle übrigen« Gesellschafter beteiligt sind (vgl. BGHZ 64, 253, 255).

15 Besteht ein wichtiger Grund, muss das Gericht die Geschäftsführungsbefugnis entziehen (vgl. RGZ 146, 146, 179). Soweit es an der Verhältnismäßigkeit fehlt, kann das Gericht mangels Klageantrag (§ 308 ZPO, aber Hinweispflicht nach § 139 ZPO) nicht von sich aus die weniger einschneidende Maßnahme wählen (vgl. BGHZ 35, 272, 284).

16 Bis zur rechtskräftigen Beendigung des Hauptsacheverfahrens kann die Beantragung des Erlasses einer **einstweiligen Verfügung** nach § 940 ZPO sinnvoll sein, um drohende wesentliche Nachteile abwenden zu können. Der Antrag auf Entziehung der Vertretungsmacht kann im einstweiligen Verfügungsverfahren mit dem Antrag verbunden werden, dass die Geschäftsführungsbefugnis einem Dritten übertragen werden soll (vgl. BGHZ 33, 105, 108 ff.).

II. Rechtswirkungen

17 Das Geschäftsführungsrecht des beklagten Geschäftsführers **erlischt mit der Rechtskraft** des entziehenden Gestaltungsurteils. Ab Rechtskraft des Urteils hat der beklagte Gesellschafter lediglich die Rechtsstellung eines von der Geschäftsführung ausgeschlossenen Gesellschafters. Mit Rechtskraft erlischt auch der Anspruch auf die zugesagte Vergütung. Soweit mit dem Geschäftsführer noch ein zusätzlicher Dienstvertrag geschlossen worden sein sollte, rechtfertigt der wichtige Grund i. S. d. § 117 HGB regelmäßig auch eine fristlose Kündigung gem. § 626 BGB (E/B/J/S/*Mayen* § 117 Rn. 29).

Durch die Entziehung der Geschäftsführungsbefugnis kann eine **Neuordnung der Geschäftsführung** notwendig werden, z. B. wenn kein Geschäftsführer verbleibt oder von zwei Geschäftsführern mit Gesamtgeschäftsführungsbefugnis nur einer verbleibt. In diesem Fall kann jeder Gesellschafter aufgrund der gesellschafterlichen Treuepflicht verpflichtet sein, zur Erhaltung der Gesellschaft einen zumutbaren Neuordnungsvorschlag zuzustimmen (BGHZ 51, 198, 202). Sind sich alle übrigen Gesellschafter – mit Ausnahme des beklagten Geschäftsführers – über die Neuordnung einig, dann kann die gegen den Geschäftsführer gerichtete Entziehungsklage mit der Klage auf Zustimmung zur Neuordnung verbunden werden (BGHZ 51, 198, 202 f.).

D. Abweichende Regelungen

Die Regelung des § 117 HGB ist **dispositiv**. Durch Gesellschaftsvertrag kann die Entziehung der Geschäftsführungsbefugnis sowohl in sachlicher als auch in verfahrensrechtlicher Hinsicht erleichtert oder erschwert werden. Im Gesellschaftsvertrag kann insbesondere bestimmt werden, welche Tatbestände zu den wichtigen Gründen zählen. Ferner kann für den Fall der Entziehung der Geschäftsführungsbefugnis eine Nachfolgeregelung getroffen werden.

Es ist sogar möglich, das gesetzlich vorgesehene Entziehungsverfahren durch Gesellschaftsvertrag dahin gehend abzuändern, dass die **Entziehung** der Geschäftsführungsbefugnis – wie nach § 712 BGB – **durch Gesellschafterbeschluss** mit qualifizierter oder einfacher Mehrheit erfolgt (BGHZ 107, 351, 356). Dem betroffenen Gesellschafter steht kein Stimmrecht zu (BGHZ 102, 172, 176).

§ 118 [Kontrollrecht der Gesellschafter]

(1) Ein Gesellschafter kann, auch wenn er von der Geschäftsführung ausgeschlossen ist, sich von den Angelegenheiten der Gesellschaft persönlich unterrichten, die Handelsbücher und die Papiere der Gesellschaft einsehen und sich aus ihnen eine Bilanz und einen Jahresabschluß anfertigen.

(2) Eine dieses Recht ausschließende oder beschränkende Vereinbarung steht der Geltendmachung des Rechtes nicht entgegen, wenn Grund zu der Annahme unredlicher Geschäftsführung besteht.

Übersicht	Rdn.		Rdn.
A. Begriff des Kontrollrechts	1	D. Prozessuales	11
B. Inhalt und Umfang des Kontrollrechts	2	E. Abweichende Regelung, Abs. 2	13
C. Ausübung des Kontrollrechts	6		

A. Begriff des Kontrollrechts

Gem § 118 Abs. 1 HGB hat jeder Gesellschafter, ob mit oder ohne Geschäftsführungsbefugnis, ein **höchstpersönliches allgemeines Informationsrecht** über die Angelegenheiten der Gesellschaft. Dieses Recht richtet sich gegen die Gesellschaft (vgl. BGH WM 1962, 883). Von Bedeutung ist das Kontrollrecht insbesondere für die nicht geschäftsführungsberechtigten Gesellschafter, da es ihnen ein über §§ 666, 713 BGB hinausgehendes Informationsrecht gibt. Bei dem Kontrollrecht handelt es sich um ein gem. § 717 BGB nicht gesondert übertragbares **Verwaltungsrecht**. Eine Entziehung des Kontrollrechts nach § 117 HGB ist nicht möglich (vgl. *Peters* NJW 1965, 1212; Baumbach/Hopt/*Roth* § 118 Rn. 1).

B. Inhalt und Umfang des Kontrollrechts

§ 118 HGB gewährt den Gesellschaftern auch angesichts der persönlichen Haftung ein **umfassendes Recht**, sich zu unterrichten. Das Kontrollrecht erstreckt sich auf alle gewöhnlichen und außergewöhnlichen Angelegenheiten der Gesellschaft (vgl. *Wiedemann* WM 1992 Beilage Nr. 7, 42).

Auch die Beziehungen zu verbundenen Unternehmen (nicht aber deren eigene Angelegenheiten) gehören dazu (vgl. BGH WM 1984, 807, 808).

3   Zur Wahrnehmung seines Kontrollrechts ist es dem Gesellschafter gestattet, die Geschäftsräume zu betreten. Ferner hat der Gesellschafter das Recht, sich über Geschäftsverbindungen, Geschäftspläne, Verbindlichkeiten, steuerliche Verhältnisse, die gegenwärtige und zukünftige Gewinnerwartung (vgl. *OLG Hamm* NJW 1986, 1693, 1694) in jeder Phase der Gesellschaft, auch in der Liquidation (vgl. BayObLG BB 1987, 2184), zu informieren.

4   Gegenstand des **Einsichtsrechts** sind grundsätzlich alle Unterlagen der Gesellschaft im weitesten Sinne (vgl. Schlegelberger/*Martens* § 118 Rn. 9 ff.). Dem Gesellschafter ist es insbesondere erlaubt, in alle Handelsbücher und Geschäftsunterlagen (Verträge, Korrespondenz, Aktenvermerke) Einblick zu nehmen (vgl. BGH NJW 1997, 1985, 1986). Dies gilt auch für die elektronisch gespeicherten Daten, die dem Gesellschafter auf dem Bildschirm oder mittels Ausdruck zur Verfügung zu stellen sind (vgl. Schlegelberger/*Martens* § 118 Rn. 10). Dem Gesellschafter ist es auch grundsätzlich gestattet, Abschriften und Fotokopien auf eigene Kosten anzufertigen, sofern dem keine berechtigten Interessen der Gesellschaft entgegenstehen (vgl. OLG Köln ZIP 1985, 800; Baumbach/Hopt/*Roth* § 118 Rn. 6). Befinden sich die Bücher in Gewahrsam eines geschäftsführenden Gesellschafters, so richtet sich der Anspruch gegen diesen (vgl. BGH BB 1970, 187).

5   Das Informationsrecht kann ausnahmsweise zu einem **Auskunftsrecht** erstarken, wenn sich die benötigten Informationen z.B. aufgrund Lückenhaftigkeit oder Widersprüchlichkeit nicht den Büchern und Papieren der Gesellschaft entnehmen lassen und sich der Gesellschafter ohne die Auskunft keine Klarheit verschaffen kann (vgl. BGH BB 1984, 1272).

C. Ausübung des Kontrollrechts

6   Das Kontrollrecht ist als Verwaltungsrecht von der Mitgliedschaft nicht abtrennbar. Es muss daher von dem Gesellschafter grundsätzlich **persönlich** ausgeübt werden und ist nicht selbstständig auf Dritte übertragbar (vgl. BGH BB 1962, 899). Die Bevollmächtigung eines Dritten ist – ausgenommen bei Einvernehmen aller Gesellschafter – mithin nicht möglich. Die Rechtsausübung durch einen gesetzlichen Vertreter ist jedoch zulässig (vgl. BGHZ 44, 98, 103).

7   Dem Gesellschafter ist es aber zwecks sachgerechter Wahrnehmung erlaubt, einen **geeigneten Sachverständigen** hinzuzuziehen, auch ohne selbst mangelnde Sachkunde oder sonstige Gründe nachweisen zu müssen (vgl. BGH BB 1984, 1274). Der Gesellschafter darf dem Sachverständigen jedoch nicht die selbstständige Wahrnehmung der Rechte übertragen, sondern er muss selbst für die Ausübung der Informationsrechte verantwortlich bleiben (vgl. BGHZ 25, 115, 123). Als Sachverständige kommen regelmäßig nur Personen in Betracht, die berufsrechtlich zur Geheimhaltung und Verschwiegenheit verpflichtet sind, wie z. B. Rechtsanwälte, Wirtschaftsprüfer, Steuerberater, Notare (vgl. BGH BB 1962, 899). Die Gesellschaft kann bei Vorliegen eines berechtigten Grundes einen Sachverständigen ablehnen, aber nicht allein aus der Befürchtung einer besonders kritischen Ausübung (vgl. OLG Hamm BB 1970, 104) oder wegen einer ständigen engen Verbindung mit dem einsichtsberechtigten Gesellschafter (vgl. BayObLG BB 1991, 1589).

8   Die Einsichtnahme findet grundsätzlich **in den Geschäftsräumen** der Gesellschaft statt. Ein Anspruch auf Aushändigung der Unterlagen besteht – abgesehen von extremen Ausnahmefällen, in denen die Einsichtnahme in den Geschäftsräumen unzumutbar ist – nicht (vgl. BGH NJW 1984, 2470). Ferner hat die Einsichtnahme grundsätzlich während der üblichen Geschäftszeiten zu erfolgen.

9   Das Kontrollrecht nach § 118 HGB **erlischt** mit dem Ausscheiden des Gesellschafters aus der Gesellschaft (vgl. BGH NJW 1989, 3272, 3273). Dies gilt auch für Angelegenheiten aus der Zeit der Mitgliedschaft. Dem ehemaligen Gesellschafter stehen jedoch die Einsichts- und Auskunftsansprüche auf Grundlage der §§ 810, 242 BGB zu, soweit dies zur Klärung von Ansprüchen aus dem Gesellschaftsverhältnis geboten ist (vgl. BGH WM 1988, 1447, 1448).

Die **Kosten**, die mit der Rechtsausübung verbunden sind, hat grundsätzlich der Gesellschafter zu tragen, da er eigene Interessen wahrnimmt (vgl. BGH BB 1970, 187). 10

D. Prozessuales

Bei einer Informationsverweigerung kann der Gesellschafter zur Durchsetzung seines Informationsanspruchs eine **Leistungsklage** vor dem zuständigen Prozessgericht erheben (vgl. Schlegelberger/*Martens* § 118 Rn. 40). Der Klageantrag und der Urteilstenor lauten auf Verurteilung der Gesellschaft zur Einsichtsgewährung. Die vorzulegenden Unterlagen müssen nicht im Einzelnen bezeichnet sein (vgl. BGH WM 1979, 1061). 11

Ferner kann der Gesellschafter zur Sicherstellung von Büchern und Papieren vorläufigen Rechtsschutz durch **einstweilige Verfügung** (§§ 935 ff. ZPO) beantragen (vgl. Baumbach/Hopt/*Roth* § 118 Rn. 15). Schließlich kann das Recht auf Einsichtnahme im Wege der Zwangsvollstreckung (§ 883 ZPO) durch Wegnahme der Unterlagen und Übergabe an den Berechtigten durchgesetzt werden (vgl. OLG Frankfurt am Main WM 1991, 1555). 12

E. Abweichende Regelung, Abs. 2

Nach der gesetzlichen Regelung (§§ 109, 118 Abs. 2 HGB) kann das Kontrollrecht beliebig eingeschränkt, ausgeschlossen oder erweitert werden (allg. Meinung; vgl. Baumbach/Hopt/*Roth* § 118 Rn. 17; krit. aber E/B/J/S/*Mayen* § 118 Rn. 33). Eine **abweichende Regelung** bedarf aber stets einer ausdrücklichen Abrede im Gesellschaftsvertrag oder muss sich zumindest schlüssig aus dessen Gesamtzusammenhang ergeben; ein Mehrheitsbeschluss genügt nicht (Schlegelberger/*Martens* § 118 Rn. 31). 13

Gem. Abs. 2 stehen ausschließende oder beschränkende Vereinbarungen der Geltendmachung des Informationsanspruchs jedoch nicht entgegen, wenn Grund zur Annahme einer **unredlichen Geschäftsführung** besteht. Insoweit ist es ausreichend, wenn sachliche Anhaltspunkte für die Unredlichkeit vorliegen. Im Klagefall muss der Gesellschafter Verdachtsmomente für eine pflichtwidrige Geschäftsführung substanziiert darlegen, ohne sie jedoch darüber hinaus glaubhaft machen zu müssen (BGH WM 1984, 808). 14

§ 119 [Beschlussfassung]

(1) Für die von den Gesellschaftern zu fassenden Beschlüsse bedarf es der Zustimmung aller zur Mitwirkung bei der Beschlußfassung berufenen Gesellschafter.

(2) Hat nach dem Gesellschaftsvertrag die Mehrheit der Stimmen zu entscheiden, so ist die Mehrheit im Zweifel nach der Zahl der Gesellschafter zu berechnen.

Übersicht	Rdn.			Rdn.
A. **Gesellschafterbeschluss**	1	I.	Grundsatz der Einstimmigkeit	12
I. Rechtsnatur	1	II.	Zulassung von Mehrheitsbeschlüssen	13
II. Zustandekommen der Gesellschafterbeschlüsse	2	III.	Grenzen des Mehrheitsprinzips	14
III. Schriftformvereinbarung	4		1. Bestimmtheitsgrundsatz	15
IV. Einberufung der Gesellschafterversammlung	5		2. Schutz des mitgliedschaftlichen Kernbereichs	18
V. Beschlussmängel	6	C.	**Stimmrecht des Gesellschafters**	20
1. Materielle Beschlussmängel	7	I.	Stimmrecht	20
2. Formelle Beschlussmängel	8	II.	Stimmpflicht	21
3. Geltendmachung von Beschlussmängeln	9	III.	Stimmrechtsausschluss	23
		IV.	Stimmrechtsübertragung und -vertretung	26
B. **Mehrheitsbeschlüsse**	12	V.	Stimmrechtsbindung	29

§ 119 HGB Beschlussfassung

A. Gesellschafterbeschluss

I. Rechtsnatur

1 Die Einordnung des Gesellschafterbeschlusses als Rechtsgeschäft oder Gesamtakt bzw. Sozialakt war früher umstritten (vgl. die Nachweise bei Schlegelberger/*Martens* § 119 Rn. 4). Heute ist es jedoch einhellige Meinung, dass der Gesellschafterbeschluss ein **mehrseitiges Rechtsgeschäft** ist, das sich aus den verschiedenen Stimmen zusammensetzt, die ihrerseits Willenserklärungen sind und den allgemeinen Regeln über Rechtsgeschäfte unterstehen (vgl. BGH NJW 1976, 49; MüKo BGB/*Schäfer* § 709 Rn. 51). Gesellschafterbeschlüsse, die vom Gesellschaftsvertrag nicht nur für den Einzelfall abweichen, sondern eine darin enthaltene Regelung dauerhaft ändern, haben die gleiche Rechtsnatur wie der Gesellschaftsvertrag selbst (vgl. Baumbach/Hopt/*Roth* § 119 Rn. 25).

II. Zustandekommen der Gesellschafterbeschlüsse

2 Die Gesellschafterbeschlüsse kommen durch die **Stimmabgaben der Gesellschafter** zustande. Die Stimmabgabe des Gesellschafters stellt eine Willenserklärung dar und unterliegt als solche den allgemeinen Regeln über Rechtsgeschäfte (vgl. BGH NJW 1976, 49). Das Gesetz verlangt für das Zustandekommen eines Beschlusses nicht die Einhaltung bestimmter Förmlichkeiten. Der Beschluss kann mithin in der Gesellschafterversammlung (**mündliche Erklärung**), im **Umlaufverfahren** (hierzu näher E/B/J/S/*Goette* § 119 Rn. 39 f.) oder durch **schriftliche Erklärung** (z. B. Briefwechsel) erklärt werden. Die gleichzeitige Anwesenheit und Stimmabgabe aller Gesellschafter bei der Beschlussfassung ist folglich nicht notwendig (vgl. BGH ZIP 1990, 505, 507).

3 Bei gesonderter Stimmabgabe außerhalb der Gesellschafterversammlung wird der Beschluss regelmäßig erst mit **Zugang der letzten Stimmerklärung** an den letztempfangenden Gesellschafter oder den Leiter wirksam (vgl. schon RGZ 128, 177). Bei Stimmabgaben außerhalb einer förmlichen Stimmabgabe kann sich insbesondere die Frage der Bindung des Gesellschafters an seine Willenserklärung stellen. Nach zutreffender Ansicht (vgl. GroßkommHGB/*Ulmer* § 119 Rn. 3) wird eine Bindung entsprechend den Bestimmungen der §§ 145 ff. BGB befürwortet. Unter sehr engen Voraussetzungen, z. B. bei Vertragsveränderungen oder Grundlagenfragen, wird jedoch ein **Widerrufsrecht** des Gesellschafters anzunehmen sein (vgl. Schlegelberger/*Martens* § 119 Rn. 5).

III. Schriftformvereinbarung

4 Wird im Gesellschaftsvertrag für Beschlüsse die Schriftform vorausgesetzt, so soll dieser Bestimmung lediglich eine **deklaratorische Bedeutung** zukommen, ohne dass der bloß mündlich gefasste Beschluss gem. § 125 Satz 2 BGB unwirksam wäre (vgl. BGHZ 49, 364, 365; differenzierend Baumbach/Hopt/*Roth* § 119 Rn. 28). Jedenfalls wir durch eine Protokollierung des Beschlusses der Schriftform regelmäßig genügt (vgl. BGHZ 66, 82, 86). Im Übrigen ist es den Gesellschaftern – soweit der Gesellschaftsvertrag dies nicht ausdrücklich ausschließt (vgl. BGH NJW 1972, 623) – ohnehin möglich, sich über die Formvorschrift im Einzelfall hinwegzusetzen und diese damit – jedenfalls konkludent – aufzuheben (st. Rspr., vgl. etwa BGHZ 58, 115, 118), soweit den Gesellschaftern bewusst ist und es ihrem Willen entspricht, dass das Beschlossene ungeachtet der Verfehlung der Form gelten soll.

IV. Einberufung der Gesellschafterversammlung

5 Fehlt im Gesellschaftsvertrag eine Regelung, so kann im Grundsatz jeder Gesellschafter eine Gesellschafterversammlung einberufen (vgl. OLG Köln ZIP 1987, 1120, 1122). Wegen der sonstigen Einberufungserfordernisse und der Formalien der Versammlung ist subsidiär auf die Vorschriften des Aktien- und des GmbH-Rechts zurückzugreifen, insbesondere auf §§ 48 ff. GmbHG, §§ 121 ff. AktG (vgl. Schlegelberger/*Martens* § 119 Rn. 6).

V. Beschlussmängel

Die Rechtsfolge von Beschlussmängeln ist im Recht der Personenhandelsgesellschaften – anders als im Recht der Aktiengesellschaft – nicht geregelt. Mithin ist nach h. M. die **Rechtsfolge** fehlerhafter Beschlüsse den allgemeinen Vorschriften des BGB (§§ 134, 138 BGB) über Rechtsgeschäfte zu entnehmen (vgl. BGHZ 81, 264).

1. Materielle Beschlussmängel

Sofern der Beschluss materiell mangelhaft ist, weil er gegen das Gesetz oder im Gesellschaftsvertrag festgelegte Regelungen verstößt, führt dies grundsätzlich zur **Nichtigkeit** – nicht wie im Aktienrecht zur bloßen Anfechtbarkeit – des Beschlusses (vgl. BGHZ 85, 353). Etwas anderes gilt nur dann, wenn die Vorschriften über die fehlerhafte Gesellschaft eingreifen (vgl. hierzu ausführl. oben § 105 HGB Rdn. 79 ff.). Es kommen insoweit insbesondere Verstöße gegen die Treuepflicht, das Gleichbehandlungsgebot oder unzulässige Eingriffe in den mitgliedschaftlichen Kernbereich in Betracht. Eine nachträgliche Zustimmung der benachteiligten Gesellschafter kann den Beschlussmangel jedoch **heilen** (E/B/J/S/*Goette* § 119 Rn. 74).

2. Formelle Beschlussmängel

Demgegenüber führen Verstöße gegen **bloße Ordnungsvorschriften**, die keine Gesellschafterbelange zum Gegenstand haben, grundsätzlich nicht zur Nichtigkeit des Beschlusses. Bei sonstigen Verfahrensverstößen ist maßgeblich, ob sich der Verstoß ursächlich auf das Abstimmungsergebnis ausgewirkt hat (vgl. BGH ZIP 1987, 444, 445), etwa bei der Nichtladung eines Gesellschafters zu einer Versammlung.

3. Geltendmachung von Beschlussmängeln

Die Geltendmachung der Nichtigkeit erfolgt durch die Erhebung einer **Feststellungsklage gem. § 256 Abs. 1 ZPO** gegen diejenigen Gesellschafter, die hinsichtlich der Wirksamkeit des Beschlusses den im Verhältnis zum Kläger gegenteiligen Standpunkt vertreten (vgl. BGH NJW 1999, 3113; vgl. zu Beschlussmängelstreitigkeiten auch ausführl. Kap. 5 Rdn. 76 ff.). Eine notwendige Streitgenossenschaft zwischen den Beklagten besteht jedoch nicht (vgl. BGHZ 30, 195, 197). Etwas anderes gilt jedoch dann, wenn im Gesellschaftsvertrag zulässigerweise festgelegt ist, dass die Klage gegen die Gesellschaft zu richten ist (vgl. OLG Frankfurt am Main NJW-RR 1994, 727).

Die Klage ist **nicht fristgebunden**, da eine gesetzliche oder am Leitbild des § 246 Abs. 1 AktG orientierte Klagefrist nicht existiert (vgl. BGH NJW 1999, 3113). Der Gesellschaftsvertrag kann jedoch eine Klagefrist bestimmen, deren Einhaltung dann eine von Amts wegen zu beachtende materielle Klagevoraussetzung darstellt (vgl. BGH NZG 1998, 679 zur GmbH). Die Frist muss jedoch angemessen sein und der Leitbildfunktion des § 246 Abs. 1 AktG entsprechend mindestens einen Monat betragen (vgl. BGH ZIP 1995, 460, 461). Aber auch ohne Bestimmung einer Klagefrist ist der Mangel aufgrund der bestehenden Treuepflicht in angemessener Zeit geltend zu machen, da ansonsten **Verwirkung** droht (vgl. BGH NJW 1999, 3113).

Einstweilige Verfügungen gegen geplante Gesellschafterbeschlüsse sind nur in sehr begrenzten Ausnahmefällen, d. h. bei eindeutiger Rechtslage oder bei besonderem Schutzbedürfnis, statthaft (vgl. OLG Frankfurt am Main BB 1982, 274).

B. Mehrheitsbeschlüsse

I. Grundsatz der Einstimmigkeit

Nach dem gesetzlichen Leitbild sind sämtliche Beschlüsse von allen Gesellschaftern einstimmig zu fassen. Dieses **Einstimmigkeitsprinzip** wahrt zwar einerseits das Recht eines jeden Gesellschafters auf Selbstbestimmung (vgl. E/B/J/S/*Goette* § 119 Rn. 44), aber gleichzeitig erschwert es die Willensbildung innerhalb der Gesellschaft und kann letztlich zur vollständigen Blockade führen. Da auch der Gesetzgeber erkannt hat, dass die strikte Anwendung des Einstimmigkeitserfordernisses zur Handlungsunfähigkeit der Gesellschaft führen kann (vgl. *Lutz* Protokolle, S. 198 ff.), hat er in § 119 Abs. 2 HGB das **Mehrheitsprinzip** als selbstverständlich anerkannt. Für die Publikumsgesellschaften ergibt sich dies unabhängig hiervon aus einem für sie von der Rechtsprechung entwickelten Sonderrecht (vgl. dazu Anhang 2 zum HGB Rdn. 40 f.).

II. Zulassung von Mehrheitsbeschlüssen

13 Soweit der Gesellschaftsvertrag eine Mehrheitsentscheidung vorsieht, so ist nach § 119 Abs. 2 HGB im Zweifel die Mehrheit nach der Anzahl der Gesellschafter, also **nach Köpfen**, zu berechnen. Im Zweifelsfalle ist hierzu die Mehrheit aller an der Gesellschaft beteiligten, also nicht nur die Mehrheit der bei der Beschlussfassung anwesenden Gesellschafter erforderlich (vgl. Schlegelberger/*Martens* § 119 Rn. 16). In der Praxis wird von dieser Regelung jedoch häufig abgewichen, insbesondere ist oftmals eine Stimmenberechnung nach der **Höhe der Kapitalanteile** vorgesehen.

III. Grenzen des Mehrheitsprinzips

14 Gesellschaftsvertragsklauseln über die Zulassung von Mehrheitsbeschlüssen bergen für die (Minderheits-)Gesellschafter zahlreiche Gefahren. Zum Schutz der Minderheit kann das Mehrheitsprinzip mithin nicht schrankenlos bestehen. Allgemeine Grenzen setzen die Bestimmungen der §§ 134, 138 BGB. Dem Schutz der Minderheit dienen aber insbesondere der von der Rechtsprechung entwickelte **Bestimmtheitsgrundsatz** sowie die **Lehre vom Schutz des Kernbereichs** der mitgliedschaftlichen Rechtsstellung.

1. Bestimmtheitsgrundsatz

15 Der bereits vom Reichsgericht (vgl. RGZ 91, 166; 163, 385) entwickelte Bestimmtheitsgrundsatz (vgl. auch § 109 HGB Rdn. 24) begrenzt die Reichweite gesellschaftsvertraglicher Mehrheitsklauseln. Eine pauschale, nicht näher spezifizierte Mehrheitsklausel legitimiert nur Beschlüsse über laufende Gesellschaftsgeschäfte (vgl. BGHZ 85, 351). Soweit sich die Mehrheitskompetenz inhaltlich auch auf Vertragsveränderungen bezieht, fallen nur gewöhnliche Änderungen des Gesellschaftsvertrages darunter. Bei ungewöhnlichen, grundlegenden Vertragsänderungen muss sich aus der Mehrheitsklausel eindeutig ergeben – und sei es im Wege der Auslegung – dass der Mehrheitsbeschluss auch für diese konkrete Änderung gelten soll (vgl. BGH ZIP 1985, 1137, 1138). Im Zweifel ist dies nicht der Fall. Für den Bereich der **Publikumsgesellschaften** hat der BGH (BGHZ 85, 350, 356 ff.) den Bestimmtheitsgrundsatz mittlerweile aufgegeben. Hier gelangen zum Schutz der Minderheit Sonderregelungen zum Einsatz (vgl. dazu Baumbach/Hopt/*Roth* Anh. § 177a Rn. 69; vgl. außerdem Anhang 2 zum HGB Rdn. 42 ff.), da die Publikumsgesellschaft sonst in Krisen blockiert wäre.

16 Als **Vertragsveränderungen ungewöhnlicher Art** sind eingestuft worden: Erweiterung von Einlage- und Beitragspflichten (BGHZ 8, 35, 41); Änderungen in der Gewinnverteilung (BGH WM 1986, 1556); Eingriffe in die Gleichbehandlung (BGHZ 8, 35, 41); Eingriffe in das Recht der actio pro socio (BGH ZIP 1985, 1137, 1138); Eingriffe in Sonderrechte (vgl. *A. Hueck* Recht der OHG, S. 179); Gestattungen besonderer Entnahmen (BGH WM 1986, 1109 f.); Maßnahmen der Rücklagenbildung (BGH WM 1976, 661, 662); Änderungen der Mehrheitserfordernisse (i. S. einer Herabsetzung; BGH ZIP 1987, 1178 f.); der Vertragsdauer (BGH WM 1973, 990, 991); des Gesellschaftszwecks (Heymann/*Emmerich* § 119 Rn. 33); der Kündigungsfolgen (BGHZ 48, 251, 254) sowie der Auseinandersetzungsregelungen (BGH WM 1966, 707 f.); Beschlüsse über eine Auflösung oder Fortsetzung der Gesellschaft (BGHZ 8, 35, 42), über die Aufnahme und das Ausscheiden von Gesellschaftern (BGHZ 8, 35, 42) und Umwandlungsbeschlüsse (BGHZ 85, 350).

17 Der Bestimmtheitsgrundsatz ist mit Hinweis auf seine formale Natur und der Möglichkeit, ihn durch eine kautelarjuristische Regelung des Gesellschaftsvertrages auszuhebeln, infrage gestellt worden (vgl. MüKo BGB/*Schäfer* § 709 Rn. 87). Dies gibt jedoch keine Veranlassung, den Bestimmtheitsgrundsatz vollständig aufzugeben. Denn nach zutreffender Ansicht (vgl. *K. Schmidt* ZHR 158

[1994], 205, 214 ff.) liegt die Funktion des Bestimmtheitsgrundsatzes nicht in einer inhaltlichen (materiellen) Begrenzung der Mehrheitsherrschaft, dies obliegt vielmehr der Kernbereichslehre bzw. der Treuepflicht, sondern in der gebotenen Eindeutigkeit gesellschaftsvertraglicher Ermächtigungen für Mehrheitsentscheidungen. Damit behält der Bestimmtheitsgrundsatz auch neben der Kernbereichslehre und Treuepflicht seine eigenständige Funktion (vgl. E/B/J/S/*Goette* § 119 Rn. 57).

2. Schutz des mitgliedschaftlichen Kernbereichs

Eine weitere wesentliche Schranke für den Minderheitenschutz in der Gesellschaft ergibt sich aus den Grundsätzen über den Schutz des Kernbereichs der mitgliedschaftlichen Rechtsstellung. Der Kernbereich steht z. T. gar nicht, z. T. nur mit Zustimmung des betroffenen Gesellschafters zur Disposition der übrigen Gesellschafter (vgl. BGH NJW 1985, 972, 974). Der **Umfang des Kernbereichs** der mitgliedschaftlichen Rechte ist streitig und noch nicht abschließend geklärt (vgl. MüKo BGB/*Schäfer* § 709 Rn. 93). 18

Zum Kernbereich zu zählen ist das Recht auf Wahrnehmung aller Befugnisse, die der Erhaltung der Rechtsstellung des Gesellschafters und der Abwehr von Eingriffen in diese dienen (vgl. BGHZ 20, 363, 367 f.). Insbesondere kann der Gesellschafter nicht ohne wichtigen Grund (vgl. BGHZ 68, 212, 215) oder nach freiem Ermessen (vgl. BGH WM 1985, 772, 773) aus der Gesellschaft ausgeschlossen werden. Ferner darf dem Gesellschafter sein Recht auf Beendigung der Gesellschaft (vgl. § 723 BGB) nicht durch unangemessene Kündigungsfristen oder Abfindungsregelungen unzumutbar erschwert werden. Außerdem kann das Recht des Gesellschafters auf Teilnahme nicht generell abbedungen werden. Zumindest für Beschlussgegenstände, die Teil des Kernbereichs sind, besteht ein Teilnahmerecht des Gesellschafters (vgl. Röhricht/v. Westphalen/*v. Gerkan* § 119 Rn. 24). Auch ein völliger Entzug des Informationsrechts ist nicht zulässig (vgl. BGH NJW 1995, 194). Schließlich ist auch eine gänzliche Entziehung des Stimmrechts unzulässig (vgl. MüKo HGB/*Enzinger* § 119 Rn. 68). 19

C. Stimmrecht des Gesellschafters

I. Stimmrecht

Das Stimmrecht zählt zu den wichtigsten Rechten des Gesellschafters, da er durch die Ausübung des Stimmrechts an der Willensbildung der Gesellschaft teilnimmt. Es ist ein **höchstpersönliches und unübertragbares Gesellschafterrecht**. Die Stimmabgabe ist im Gegensatz zum Gesellschafterbeschluss eine Willenserklärung, für die die allgemeinen Vorschriften des BGB (§§ 104 ff. BGB) gelten (vgl. BGHZ 65, 97). Ist die Stimmabgabe nichtig, ist sie wie eine Stimmenthaltung zu behandeln und kann dadurch das Abstimmungsergebnis beeinflussen (vgl. BGHZ 88, 320, 329 f. zur GmbH). 20

II. Stimmpflicht

Der Gesellschafter ist jedoch nicht nur berechtigt, an der Willensbildung der Gesellschaft mitzuwirken, sondern grundsätzlich hierzu verpflichtet. Diese Stimmpflicht der Gesellschafter folgt aus **Förderpflicht** sowie aus der **Treuepflicht** (vgl. Baumbach/Hopt/*Roth* § 119 Rn. 6). Die Gesellschafter sind mithin, soweit sie an Beschlüssen mitwirken können, zur Mitwirkung (Information, Erörterung) und Stimmabgabe (Zustimmung, Ablehnung, Enthaltung) verpflichtet. 21

Der Gesellschafter ist auch bei seiner Stimmabgabe **nicht völlig frei**. Die Förderpflicht ebenso wie die gesellschafterliche Treuepflicht begrenzen die Freiheit des einzelnen Gesellschafters im Interesse der Gesellschaft. Dies kann im Einzelfall soweit führen, dass eine Pflicht zur Ausübung des Stimmrechts in einem bestimmten Sinne – sei es die Zustimmung oder die Ablehnung – besteht (vgl. Baumbach/Hopt/*Roth* § 119 Rn. 7; zahlreiche Beispiele bei E/B/J/S/*Goette* § 119 Rn. 27). Bei pflichtwidriger Ablehnung der Stimmabgabe ist grundsätzlich die Erhebung der Leistungsklage der übrigen Gesellschafter gem. § 894 ZPO gerichtet auf Zustimmung des ablehnenden Gesellschafters notwendig (bei Publikumsgesellschaften wird auf das Erfordernis der Leistungsklage verzichtet, vgl. 22

BGH NJW 1987, 1262). Die geschuldete Zustimmung wird dann durch das Urteil ersetzt (BGHZ 64, 259). Sofern ein Gesellschafter seine Stimmpflicht schuldhaft verletzt, kann er sich schadensersatzpflichtig machen.

III. Stimmrechtsausschluss

23 Das grundsätzliche Recht des Gesellschafters auf Ausübung des Stimmrechts besteht schon nach dem Gesetz nicht schrankenlos. Stimmrechtsausschlüsse einzelner Gesellschafter sieht das Gesetz in den §§ 113 Abs. 2, 117 Abs. 1, 127, 140, 141 HGB vor. Sämtlichen gesetzlich geregelten Fallgestaltungen ist gemein, dass bei der Beschlussfassung auftretende **Interessenkollisionen** zwischen den persönlichen Interessen einzelner Gesellschafter und der Gesellschaft vermieden werden sollen. Die genannten Einzelregelungen sind mithin Ausdruck eines allgemeinen, z. B. auch in § 47 Abs. 4 GmbHG, § 136 Abs. 1 AktG niedergelegten rechtsformübergreifenden und nicht nur im Zivilrecht anzutreffenden Prinzips, Entscheidungen auf der Verbandsebene nicht durch die Wahrnehmung von Sonderinteressen beeinflussen zu lassen (vgl. E/B/J/S/*Goette* § 119 Rn. 11). Hieraus lässt sich der allgemeine Grundsatz entnehmen, dass niemand in eigener Sache richten soll (vgl. BGH BB 1989, 1496). Dies rechtfertigt es, auch in gesetzlich nicht geregelten Fällen ein **Stimmverbot** anzunehmen, soweit die begründete Gefahr besteht, dass der Gesellschafter bei der Abstimmung im persönlichen – nicht aber im Verbandsinteresse – Interesse handeln werde (vgl. Schlegelberger/*Martens* § 119 Rn. 39). So ist der Gesellschafter bspw. von der Stimmabgabe ausgeschlossen, wenn er von einer der Gesellschaft gegenüber bestehenden Verbindlichkeit befreit oder wenn ihm Entlastung erteilt werden soll (vgl. BGH NJW 1986, 2250) oder wenn über die Geltendmachung eines Anspruchs (vgl. BGH BB 1974, 966) bzw. über die Einleitung eines Rechtsstreits (vgl. BGH WM 1983, 60) gegen den Gesellschafter entschieden werden soll.

24 Die gesetzlichen Regelungen über den Stimmrechtsausschluss sind **dispositiv**, sodass vertragliche Einschränkungen des Stimmverbotes grundsätzlich zulässig sind (zu Einschränkungen vgl. E/B/J/S/*Goette* § 119 Rn. 14). Dasselbe gilt für eine Ausdehnung von Stimmrechtsverboten. Ein **vertraglicher Stimmrechtsausschluss** einzelner Gesellschafter ist – außer für Beschlüsse, die in die Rechtsstellung des Gesellschafters eingreifen (Kernbereichslehre) – mithin grundsätzlich möglich (vgl. BGH WM 1985, 256 f.).

25 Ferner kann durch den Gesellschaftsvertrag die **Stimmkraft der Beteiligung** unterschiedlich geregelt werden, soweit das ungleiche Stimmrecht nicht zu einer sittenwidrigen Abhängigkeit eines Gesellschafters führt (vgl. BGHZ 20, 370).

IV. Stimmrechtsübertragung und -vertretung

26 Das Stimmrecht des Gesellschafters kann auch mit Zustimmung der übrigen Mitgesellschafter isoliert von der Mitgliedschaft weder einem Dritten noch einem Mitgesellschafter übertragen werden (sog. **Abspaltungsverbot**, vgl. BGHZ 20, 364). Zur Vermeidung von Umgehungen sind auch andere Gestaltungen, aufgrund derer der andere das Stimmrecht wie ein eigenes Recht ausüben kann, **unzulässig** (vgl. BGH NJW 1987, 780). So ist z. B. die Erteilung einer unwiderruflichen Stimmrechtsvollmacht unter gleichzeitigem Stimmrechtsverzicht des Vollmachtgebers (Gesellschafters) nicht möglich (vgl. BGHZ 3, 356).

27 Zulässig ist jedoch die **treuhänderische Übertragung** des Mitgliedschaftsrechts, wodurch der Treuhänder auch das Stimmrecht erlangt. Der Treuhänder ist dem Treugeber dann jedoch nicht gesellschaftsrechtlich, sondern lediglich schuldrechtlich verpflichtet (vgl. MünchHdb GesR I/*Weipert* § 57 Rn. 76 f.).

28 Da das Stimmrecht höchstpersönlich ist, können Stimmabgaben grundsätzlich nicht durch Vertreter (außer gesetzlichen Vertretern) erklärt werden. Der Gesellschaftsvertrag kann aber generell die Erteilung einer Stimmvollmacht zulassen. Auch können die Mitgesellschafter eine Vertretung bei der Stimmabgabe zulassen (vgl. BGH DB 1970, 437).

V. Stimmrechtsbindung

Vereinbarungen, durch die ein Gesellschafter sich zu einem bestimmten Stimmgebrauch gegenüber Mitgesellschaftern oder Dritten verpflichtet, sind innerhalb der Grenzen des § 138 BGB und der gesellschafterlichen Treuepflicht grundsätzlich zulässig (vgl. BGHZ 48, 163, 167f.). Ein solcher Vertrag entfaltet allerdings **nur schuldrechtliche Wirkung** und betrifft die Wirksamkeit der Stimmabgabe auch bei abweichender Abstimmung nicht. Der den Stimmbindungsvertrag verletzende Gesellschafter macht sich unter Umständen jedoch schadensersatzpflichtig. 29

§ 120 [Gewinn und Verlust]

(1) Am Schlusse jedes Geschäftsjahrs wird auf Grund der Bilanz der Gewinn oder der Verlust des Jahres ermittelt und für jeden Gesellschafter sein Anteil daran berechnet.

(2) Der einem Gesellschafter zukommende Gewinn wird dem Kapitalanteile des Gesellschafters zugeschrieben; der auf einen Gesellschafter entfallende Verlust sowie das während des Geschäftsjahrs auf den Kapitalanteil entnommene Geld wird davon abgeschrieben.

Übersicht

		Rdn.			Rdn.
A.	Grundsätzliches	1	C.	Kapitalanteil	9
B.	Jahresabschluss	2	D.	Bewertung der Einlage	12
I.	Aufstellung des Jahresabschlusses	2	I.	Innenverhältnis	12
II.	Feststellung des Jahresabschlusses	6	II.	Außenverhältnis	13
III.	Streitigkeiten über die Bilanzfeststellung	8	E.	Kapitalkonten	15

A. Grundsätzliches

Wie jeder Kaufmann hat die OHG bei Beginn ihres Handlungsgewerbes eine **Eröffnungsbilanz** und dann für den Schluss jedes Geschäftsjahres einen **Jahresabschluss** anzufertigen (§§ 242 ff. HGB). Dieser besteht aus der Bilanz und einer gesonderten Gewinn- und Verlustrechnung (§ 242 Abs. 3 HGB). Die Vorschrift des § 120 HGB regelt die Ermittlung des im Jahresabschluss ausgewiesenen Gewinns oder Verlustes einerseits und die Berechnung des Anteils der Gesellschafter am Ergebnis andererseits. Die Vorschrift wird ergänzt durch die Regelung in § 121 HGB zur Gewinn- und Verlustverteilung und diejenige des § 122 HGB zum Entnahmerecht. In der Praxis wird von den Vorschriften weitgehend abgewichen (Schlegelberger/*Martens* § 120 Rn. 1). 1

B. Jahresabschluss

I. Aufstellung des Jahresabschlusses

Die Aufstellung des Jahresabschlusses erfolgt durch eine **gegliederte Zusammenfassung** der Zahlen der Buchführung und des Inventars (§§ 238, 240 HGB), sowie den ergänzenden Abschlussbuchungen (MünchHdb GesR I/*Bezzenberger* § 62 Rn. 17), wobei gem. § 247 HGB mindestens das Anlage- und Umlaufvermögen, das Eigenkapital, die Schulden und die Rechnungsabgrenzungsposten getrennt aufzuweisen und hinreichend aufzugliedern sind (E/B/J/S/*Ehricke* § 120 Rn. 8). Der Jahresabschluss ist nach den Grundsätzen ordnungsgemäßer Buchführung (§ 243 Abs. 1 HGB) in Euro aufzustellen. Die Aufstellung richtet sich nach den allgemeinen Vorschriften der §§ 238 ff. HGB. 2

Mit dem Jahresabschluss wird die **Vermögens- und Ertragslage** der Gesellschaft dargestellt, die sich aus der Gegenüberstellung der Aufwendungen und Erträge innerhalb eines Geschäftsjahrs ergibt (E/B/J/S/*Ehricke* § 120 Rn. 3). 3

Zur Aufstellung des Jahresabschlusses (als Vorbereitung zur Feststellung) sind gesellschaftsintern nur die **geschäftsführenden Gesellschafter** berechtigt und verpflichtet (BGHZ 76, 338, 342; 132, 263, 266). Sämtliche Bilanzierungsentscheidungen, die die Darstellung der Vermögens-, Finanz- 4 und Ertragslage der Gesellschaft betreffen, sind folglich von den geschäftsführenden Gesellschaftern zu treffen (MünchHdb GesR I/*Bezzenberger* § 62 Rn. 18). Es handelt sich nicht um eine **höchstpersönliche Pflicht** (MüKo HGB/*Priester* § 120 Rn. 49). Ist der verpflichtete Geschäftsführer nicht hinreichend sachkundig, hat er geeignete Mitarbeiter hinzuziehen (BGH WM 1961, 886, 887), wobei die Ausfüllung des bilanziellen Beurteilungsrahmens letztlich durch die Geschäftsführer selbst zu erfolgen hat.

5 Bei Streitigkeiten über die Aufstellung des Jahresabschlusses hat jeder geschäftsführende Gesellschafter ein **Widerspruchsrecht** nach § 115 HGB. Widersprüche müssen aber sowohl hinreichend konkret vorgetragen werden als auch im Interesse der Gesellschaft erfolgen, wobei Beanstandungen in Hinsicht auf die Ausübung von Wahlrechten oder Ermessensentscheidungen stets als beachtlich gelten (BGH WM 1988, 968, 870). Kommt keine Einigung unter den geschäftsführenden Gesellschaftern zustande, haben diese untereinander im Wege der Feststellungsklage auf Feststellung der zutreffenden Ansätze vorzugehen, ohne dass die Gesellschaft hieran beteiligt wäre (BGH NJW 1999, 571, 572; MüKo HGB/*Priester* § 120 Rn. 52). Für den Fall, dass vor Entscheidung hierüber der Jahresabschluss festgestellt wird, ist im Fall eines Einstimmigkeitserfordernisses davon auszugehen, dass die Feststellung nicht wirksam sein dürfte, eben weil die Klage anhängig ist, es sei denn, der Kläger hätte bei der Feststellung mitgewirkt, dann u.U. Fall der Erledigung (vgl. E/B/J/S/*Ehricke* § 120 Rn. 17). Konnte der Jahresabschluss wirksam mit Mehrheit festgestellt werden, dürfte ab diesem Zeitpunkt der Klage des Gesellschafters das Rechtsschutzbedürfnis fehlen (vgl. dazu Schlegelberger/*Martens* § 120 Rn. 2). Die nicht zur Geschäftsführung befugten Gesellschafter können ihre Einwände erst bei Feststellung des Jahresabschlusses geltend machen (vgl. E/B/J/S/*Ehricke* § 120 Rn. 18).

II. Feststellung des Jahresabschlusses

6 Die Feststellung des Jahresabschlusses, also alle Bilanzierungsmaßnahmen denen die Bedeutung einer Ergebnisverwendung zukommt, fällt als **Grundlagengeschäft** in die Kompetenz sämtlicher Gesellschafter (BGHZ 132, 263, 266f.) (BGH hat diese Auffassung mit seiner »Otto«- Entscheidung vom 15.01.2007 aufgegeben. Seitdem sieht er die Feststellung des Jahresabschlusses als »Angelegenheit der laufenden Verwaltung« an. Eine Mehrheitsklausel ist somit grundsätzlich zulässig, BGH, ZIP 2007, 475 = NJW 2007, 1685 = NZG 2007, 259). Erst mit dieser Feststellung wird der Jahresabschluss gesellschaftsintern verbindlich. Die Frage der **Rechtsnatur der Feststellung** ist, ohne dass dies größere praktische Auswirkungen hätte, umstritten, teils wird von einem abstraktem Schuldanerkenntnis ausgegangen (Röhricht/Graf v. Westphalen/*v. Gerkan* § 120 Rn. 7); wohl überwiegend wird von einem kausalen Anerkenntnis ausgegangen (Schlegelberger/*Martens* § 120 Rn. 5). Die Rechtsprechung hat bislang sowohl von einem abstrakten Schuldanerkenntnis (BGH WM 1960, 187, 188) als auch von einem Feststellungsvertrag (vgl. BGH WM 1975, 1261; BGHZ 132, 263, 267) gesprochen. Das Anerkenntnis kann gegebenenfalls nach den §§ 119, 123 BGB angefochten (BGH WM 1960, 187, 188) oder aber nach § 812 Abs. 2 BGB kondiziert werden (BGH WM 1966, 448, 449).

7 Umfasst sind von der Feststellung neben der Bilanz auch die **Gewinn- und Verlustrechnung** (MüKo HGB/*Priester* § 120 Rn. 59). Betreffend das Verhältnis der Gesellschafter untereinander wird der Bestand der Rechte zwischen ihnen verbindlich festgestellt (MünchHdb GesR I/*Bezzenberger* § 62 Rn. 67), im Verhältnis zwischen Gesellschaft und Gesellschafter ist die Reichweite nicht ganz unstreitig (BGH WM 1960, 187, 188: was auf dem freien Verfügungskonto Niederschlag gefunden hat; Schlegelberger/*Martens* § 120 Rn. 4: Billigung aller Ansprüche zwischen Gesellschafter und Gesellschaft; E/B/J/S/*Ehricke* § 120 Rn. 33: nur solche Ansprüche zwischen Gesellschafter und Gesellschaft, die in der Bilanz aufgestellt worden sind; MüKo HGB/*Priester* § 120 Rn. 61: keine Bindungswirkung; vgl. auch OLG Köln ZIP 2000, 1726, 1728 für sonstige, nicht den Kapitalanteil betreffende Ansprüche).

III. Streitigkeiten über die Bilanzfeststellung

Streitigkeiten über die **Mitwirkung** bei der Bilanzfeststellung und über die **Richtigkeit** der Bilanzansätze sind unter den Gesellschaftern auszutragen (vgl. BGH WM 1979, 1330, 1331; WM 1986, 1556; NJW 1999, 571, 572). Die nicht geschäftsführenden Gesellschafter können gegen die untätigen geschäftsführenden Gesellschafter nach Ablauf der Aufstellungsfrist im Wege der **actio pro socio** (GroßkommHGB/*Ulmer* § 120 Rn. 21 f.: Klage gegen den weigernden Gesellschafter auf Zustimmung, § 894 ZPO, wogegen der einzelne Gesellschafter auf Feststellung der Unrichtigkeit einzelner Bilanzansätze erheben kann) vorgehen (MüKo HGB/*Priester* § 120 Rn. 64; vgl. zur actio pro socio ausführl. Kap. 5 Rdn. 90 ff.). Dabei besteht (wohl) keine notwendige Streitgenossenschaft der Gesellschafter (vgl. hierzu BGH WM 1983, 1279, 1280; NJW 1999, 571, 572: offen lassend). Dabei haben die nicht geschäftsführenden Gesellschafter ein Informationsrecht (vgl. BGH NJW 1992, 1890, 1891). 8

C. Kapitalanteil

Der Begriff des Kapitalanteils wird in den §§ 120, 121, 122, 155 HGB ohne exakte gesetzliche Definition verwendet (MünchHdb GesR I/*v. Falkenhausen/H.C. Schneider* § 61 Rn. 23). Bei dem Kapitalanteil handelt es sich lediglich um eine **Rechnungsziffer** (Bilanzziffer), die die Beteiligung des Gesellschafters am Bilanzvermögen der Gesellschaft zum Ausdruck bringt, und den Maßstab bildet, wenn der Wert der Beteiligung für die Verteilung bestimmter Rechte und Pflichten von Bedeutung wird (BGH NJW 1999, 2438). Die Qualifikation des Kapitalanteils als Rechnungsziffer macht deutlich, dass es sich nicht um ein selbstständiges Recht handelt, über das eigenständig verfügt werden kann (Baumbach/Hopt/*Roth* § 120 Rn. 13). Der Kapitalanteil kann daher auch nicht abgetreten, belastet oder verpfändet werden (MüKo HGB/*Priester* § 120 Rn. 87). Der Kapitalanteil ist nicht gleichbedeutend mit dem »**Anteil am Gesellschaftsvermögen**« (§ 719 BGB), der die Beteiligung am gesamthänderischen Gesellschaftsvermögen und die einzelnen Vermögensrechte des Gesellschafters ausdrückt (E/B/J/S/*Ehricke* § 120 Rn. 60). 9

Nach der Rechtsprechung kann jeder Gesellschafter nur eine **einheitliche Gesellschaftsbeteiligung**, nicht aber mehrere selbstständige Anteile halten (BGH DB 1989, 1718). Dies ergibt sich zwingend aus dem Begriff der Mitgliedschaft, die der Inbegriff aller dem Gesellschafter zustehenden Rechte und Pflichten ist und daher nur eine einheitliche sein kann (*Ulmer* NJW 1990, 73, 76 f.). Dementsprechend verfügt der Gesellschafter auch nur über einen einheitlichen Kapitalanteil. 10

Der Kapitalanteil ist nach § 120 Abs. 2 HGB eine **variable Größe**, die sich aus den am Jahresende zu erfolgenden Gewinnzuschreibungen und Verlustabschreibungen ergibt und hat zunächst nur die Funktion, die Fortschreibung der Einlage in der Bilanz widerzuspiegeln (MünchHdb GesR I/*v. Falkenhausen/H.C. Schneider* § 61 Rn. 31, 36). 11

D. Bewertung der Einlage

I. Innenverhältnis

In der **Bewertung der Einlage** zum Zwecke der Bestimmung der Kapitalanteile sind die Gesellschafter im Innenverhältnis grundsätzlich frei (E/B/J/S/*Ehricke* § 120 Rn. 25). Sie können daher die Einlage über- oder unterbewerten, mit der Folge, dass dann insoweit der Kapitalanteil nicht den tatsächlichen Wert der Einlage im Verhältnis zum Kapital der Gesellschaft wiedergibt. **Bareinlagen** können somit dem Kapitalanteil mit einem höheren oder niedrigeren Wert als ihrem Nennwert zugeschrieben werden; auch bei **Sacheinlagen** kann der Wert höher oder niedriger als der Verkehrswert angesetzt werden (BGH WM 1975, 327). Die Bewertung der Einlage muss jedoch innerhalb der Grenze der §§ 138, 826 BGB erfolgen. Ferner können auch **Dienstleistungen** als Einlage bewertet werden, und zwar mit einem Erinnerungswert oder als laufende Einlage oder kapitalisiert als Summe des Werts künftiger Dienste (*Sudhoff* NJW 1964, 1249). Schließlich können auch andere Werte, wie Kenntnisse und Erfahrungen (z. B. Know-how), eine Einlage darstellen (Baumbach/Hopt/*Roth* § 120 Rn. 17). 12

II. Außenverhältnis

13 Dagegen darf die im Innenverhältnis als Rechnungsgröße überhöht bewertete Einlage im Außenverhältnis, den Wertansätzen in der Bilanz, nicht mit diesem Rechnungswert angegeben werden, sondern sie muss mit dem Wert angesetzt werden, der dem Gegenstand zum Zeitpunkt der Einlage tatsächlich zukommt (E/B/J/S/*Ehricke* § 120 Rn. 26). Die **Unzulässigkeit des erhöhten Ansatzes** ergibt sich einerseits bereits aus den Wertungen der §§ 252 ff. HGB, insbesondere der §§ 253, 255 HGB. Zum anderen rechtfertigen aber auch Erwägungen des Gläubigerschutzes ein Verbot der Überbewertungen in den Bilanzen von Personengesellschaften.

14 Bei der bilanziellen Unterbewertung von Einlagen ist der Rechtsverkehr dagegen weniger schutzwürdig, da in diesem Fall tatsächlich sogar mehr Haftungsmasse zur Verfügung steht, als in der Bilanz ausgewiesen wird. Demnach liegt es grundsätzlich (Ausnahme z. B. sittenwidrige Unterbewertung) im bilanzpolitischen Ermessen der geschäftsführenden Gesellschafter, ob stille Reserven durch die Unterbewertung von Einlagen gebildet werden.

E. Kapitalkonten

15 Das Kapitalkonto eines Gesellschafters weist dessen Kapitalanteil buchmäßig aus. Diesem Konto werden nach der gesetzlichen Regelung des § 120 Abs. 2 HGB die Gewinn- und Verlustanteile zu- bzw. abgeschrieben. Aufgrund der variablen Bestimmung der jeweiligen Kapitalanteile kann es dazu kommen, dass das Kapitalkonto ins Minus gelangt und der Kapitalanteil negativ wird. Aber auch in diesem Fall bleibt der Kapitalanteil eine reine Rechnungsziffer. Insbesondere weist ein negativer Kapitalanteil keine Forderung gegen den Gesellschafter aus (BGH NJW 1999, 2438). Es besteht auch keine Nachschusspflicht (§ 707 BGB; BGH WM 1982, 1311). Bei einem negativen Kapitalanteil entfällt jedoch das Entnahmerecht des Gesellschafters (Baumbach/Hopt/*Roth* § 120 Rn. 22). Für den Fall der Liquidation der Gesellschaft ist jeder Gesellschafter zum Ausgleich verpflichtet (vgl. in dem Zusammenhang auch BGHZ 26, 126, 128), allerdings nur im Verhältnis zu den anderen Gesellschaftern, wegen § 707 BGB jedoch nicht der Gesellschaft gegenüber.

16 In der Praxis hat sich die gesetzliche Regelung der variablen Kapitalanteile insbesondere aufgrund der sich ständig ändernden Beteiligungsverhältnisse als nicht zweckmäßig erwiesen. Dementsprechend wird das gesetzliche System der variablen Kapitalanteile in den Gesellschaftsverträgen oftmals durch ein **System fester Kapitalanteile** ersetzt (GroßkommHGB/*Ulmer* § 120 Rn. 66 ff.). Hiernach wird der Kapitalanteil durch Festsetzung eines Betrages festgelegt, der meist dem Betrag der Einlage entspricht und auf das sog. **Kapitalkonto I** gebucht wird. Dadurch werden die von der Höhe des Kapitalanteils abhängigen Beziehungen eindeutig festgelegt und es entstehen eindeutige Verteilungs- und Abstimmungsverhältnisse. Neben dem Konto für den festen Kapitalanteil (Kapitalkonto I) bedarf es aber noch eines weiteren variablen Kontos, auf dem die Vermögensvorgänge, wie z. B. Gewinn- und Verlustzuschreibungen, erfasst werden, die den festen Kapitalanteil nicht verändern. In der Praxis wird dieses Konto üblicherweise als **Kapitalkonto II** bezeichnet. Aus einem negativen Kapitalkonto II ergibt sich vor der Auseinandersetzung der Gesellschaft bzw. dem Ausscheiden des Gesellschafters noch keine Ausgleichspflicht (BGH WM 1982, 1311, 1312). In der Liquidation sind die Salden beider Konten zwecks Ermittlung der Liquidationsanteile der Gesellschafter zu summieren (*Huber* ZGR 1988, 1, 62).

17 Zudem wird neben den Kapitalkonten ein weiteres Konto für jeden Gesellschafter geführt. Auf diesem Konto bucht man die grundsätzlich jederzeit fälligen Ansprüche und Verbindlichkeiten zwischen Gesellschaft und Gesellschafter. Hierbei handelt es sich z. B. um Ansprüche des Gesellschafters auf Gehalt, auf Aufwendungsersatz oder der Gesellschaft gewährten Darlehen; Ansprüche der Gesellschaft auf Rückzahlung unzulässiger Entnahmen oder aus Geschäften mit dem Gesellschafter. Es handelt sich um ein reines **Forderungskonto**, spiegelt keine Beteiligungsrechte wieder und ist beim Ausscheiden eines Gesellschafters gesondert auszuzahlen (vgl. OLG Köln NZG 2000, 979, 980). Die darin ausgewiesenen Forderungen können grundsätzlich frei an Dritte übertragen werden (*Schlegelberger/Martens* § 120 Rn. 38).

§ 121 [Verteilung von Gewinn und Verlust]

(1) ¹Von dem Jahresgewinne gebührt jedem Gesellschafter zunächst ein Anteil in Höhe von vier vom Hundert seines Kapitalanteils. ²Reicht der Jahresgewinn hierzu nicht aus, so bestimmen sich die Anteile nach einem entsprechend niedrigeren Satze.

(2) ¹Bei der Berechnung des nach Absatz 1 einem Gesellschafter zukommenden Gewinnanteils werden Leistungen, die der Gesellschafter im Laufe des Geschäftsjahrs als Einlage gemacht hat, nach dem Verhältnisse der seit der Leistung abgelaufenen Zeit berücksichtigt. ²Hat der Gesellschafter im Laufe des Geschäftsjahrs Geld auf seinen Kapitalanteil entnommen, so werden die entnommenen Beträge nach dem Verhältnisse der bis zur Entnahme abgelaufenen Zeit berücksichtigt.

(3) Derjenige Teil des Jahresgewinns, welcher die nach den Absätzen 1 und 2 zu berechnenden Gewinnanteile übersteigt, sowie der Verlust eines Geschäftsjahrs wird unter die Gesellschafter nach Köpfen verteilt.

Übersicht	Rdn.		Rdn.
A. Grundsätzliches	1	I. Verteilung des Mehrgewinns	8
B. Gewinnanspruch des Gesellschafters	3	II. Verlustverteilung	10
C. Vorzugsgewinnanteil	6	E. Abweichende Vereinbarungen	11
D. Verteilung des Mehrgewinns und des Verlustes	8		

A. Grundsätzliches

Die Bestimmung ergänzt die Vorschrift des § 120 HGB, indem sie regelt, wie ein im Jahresabschluss festgestellter Gewinn oder Verlust auf die Gesellschafter verteilt wird. Sie geht dabei grundsätzlich von einer **gleichmäßigen Verteilung** der Gewinne und Verluste nach Köpfen aus (Abs. 3) und orientiert nur die Vordividende an der Höhe der Kapitalanteile der Gesellschafter (Abs. 1). Die Vorschrift ist jedoch dispositiv. 1

Über die Höhe und die Entstehung des Gewinnanspruchs enthält § 121 HGB keine Aussage. Ferner regelt § 121 HGB auch nicht, ob und in welchem Umfang die Gesellschafter über den ihnen jeweils zugeteilten Gewinn frei verfügen können (Gewinnausschüttung). Dies wird in § 122 HGB geregelt. 2

B. Gewinnanspruch des Gesellschafters

Der Gewinnanspruch des Gesellschafters entsteht mit der Feststellung des Jahresabschlusses und des darin ausgewiesenen Gewinns (BGHZ 80, 357, 358). Eines gesonderten Beschlusses der Gesellschafter bedarf es hierzu nicht (vgl. Schlegelberger/*Martens* § 121 Rn. 6). Der Gewinnanspruch kann während des Bestehens der Gesellschaft nur gegen diese geltend gemacht werden (Sozialverbindlichkeit; BGH NJW 1996, 1678f.). Eine Verfügung über den Gewinnanspruch – im Gegensatz zum Kapitalanteil – ist gem. § 717 Satz 2 BGB möglich. Der Gewinnanspruch ist damit **abtretbar**, **verpfändbar** und pfändbar. 3

Nicht übertragbar ist jedoch das mit der Mitgliedschaft verbundene **Gewinnstammrecht**, da dies ein Verstoß gegen das Abspaltungsverbot darstellen würde (vgl. Schlegelberger/*Martens* § 121 Rn. 7). 4

Möglich ist auch eine Übertragung **zukünftiger Gewinnansprüche**. Dieser Gewinnanspruch macht den Zessionar jedoch nicht zum Gesellschafter. Die Kompetenz zur Feststellung und Verwendung des Jahresabschlusses verbleibt bei den Gesellschaftern. Zudem geht die antizipierte Abtretung ins Leere, soweit der Gesellschafter vor Anspruchsentstehung seine Mitgliedschaft verliert oder überträgt (vgl. Schlegelberger/*Martens* § 121 Rn. 7). 5

C. Vorzugsgewinnanteil

6 § 121 Abs. 1 Satz 1 HGB bestimmt, dass jedem Gesellschafter von dem bilanziell festgestellten Gewinn vorab ein Anteil i. H. v. 4 % seines Kapitalanteils zusteht. Diese Vordividende ist ein Gewinnanteil und kein Zins (vgl. RGZ 67, 13, 16). Soweit der Gewinn der Gesellschaft eine Vordividende von 4 % nicht decken kann, erhalten die Gesellschafter einen entsprechend niedrigeren Satz. Bei Gesellschaftern ohne oder mit einem negativen Kapitalanteil entfällt ein Vorzugsgewinn.

7 Verändert sich die Höhe des Kapitalanteils z. B. durch Einlagen oder Entnahmen im Laufe des Geschäftsjahres, hat dies gem. Abs. 2 Auswirkungen auf die Berechnung der Vordividende, und zwar schlagen sich die Änderungen proportional auf den Zeitraum des veränderten Kapitalanteils nieder (vgl. E/B/J/S/*Ehricke* § 121 Rn. 10). Zu berücksichtigen sind allerdings nur solche Einlagen und Entnahmen, die gesellschaftsvertraglich zugelassen sind. Ansonsten könnte der Gesellschafter seinen Kapitalanteil und damit die Berechnungsgrundlage für die Vordividende durch nicht vorgesehene Einlagen oder Entnahmen beeinflussen (vgl. E/B/J/S/*Ehricke* § 121 Rn. 10).

D. Verteilung des Mehrgewinns und des Verlustes

I. Verteilung des Mehrgewinns

8 Ein nach der Verteilung des Vorzugsgewinns noch verbleibender Mehrgewinn ist gem. § 121 Abs. 3 HGB **nach Köpfen** zu verteilen, d. h. gleichmäßig auf alle Gesellschafter unabhängig vom jeweiligen Kapitalanteil.

9 Sieht der Gesellschaftsvertrag feste Kapitalanteile vor, ergibt sich auch der Maßstab für die Gewinnverteilung grundsätzlich aus der gesellschaftsvertraglichen Regelung. Ist eine solche nicht vorhanden und auch nicht im Wege der (ergänzenden) Vertragsauslegung zu ermitteln, ist von einem festen Maßstab auszugehen (vgl. GroßkommHGB/*Ulmer* § 121 Rn. 12; E/B/J/S/*Ehricke* § 121 Rn. 12).

II. Verlustverteilung

10 Gem. § 121 Abs. 3 HGB ist der gem. § 120 HGB ermittelte Jahresverlust ohne Rücksicht auf die Kapitalanteile nach Köpfen zu verteilen. Der Verlust ist gem. § 120 Abs. 2 HGB von den Kapitalanteilen abzuziehen oder neben festen Kapitalanteilen gesondert zu buchen. Dies kann zu negativen Kapitalanteilen führen. Der Verlustanteil begründet jedoch keine Nachschusspflicht (§ 707 BGB) der Gesellschafter.

E. Abweichende Vereinbarungen

11 Die Regelung des § 121 HGB ist **dispositiv**. Durch Gesellschaftsvertrag kann in der Gewinnverteilung in den Grenzen der §§ 134, 138 BGB von der gesetzlichen Ausgestaltung beliebig abgewichen werden. In der Praxis wird diese Möglichkeit häufig genutzt, da die gesetzliche Regelung oftmals als nicht interessengerecht angesehen wird (GroßkommHGB/*Ulmer* § 121 Rn. 19 f.). Um den maßgeblichen wirtschaftlichen Umständen gerecht zu werden, wird stattdessen regelmäßig ein ausdifferenziertes, auf die jeweiligen Bedürfnisse und Fähigkeiten des Gesellschafters abgestimmtes Verteilungssystem vereinbart.

12 So kann im Gesellschaftsvertrag etwa die gewinnunabhängige Verzinsung der Kapitalanteile vereinbart werden. Der Anspruch auf gewinnunabhängige Leistungen endet jedoch im Zweifel, wenn der Kapitalanteil aufgezehrt ist. Auch ist es möglich, die Beteiligung eines Gesellschafters am Gewinn oder Verlust vollständig auszuschließen (BGH WM 1987, 689). Statt einer Verteilung des Mehrgewinns nach Köpfen kann auch eine Gewinnverteilung nach Kapitalanteilen vereinbart werden (vgl. Röhricht/v. Westphalen/*v. Gerkan* § 121 Rn. 5). Ebenso kann im Gesellschaftsvertrag von der Verlustverteilung abgewichen werden. Auch hier ist es z. B. möglich, den Verlust anstatt nach Köpfen nach Kapitalanteilen zu verteilen.

Änderungen der Gewinn- bzw. Verlustbeteiligung müssen die Gesellschafter **einstimmig beschlie-** 13
ßen. Sofern eine Abweichung vom gesetzlichen Verteilungsschlüssel allerdings einverständlich und lang andauernd ausgeübt worden ist, kann dies – allerdings nur in Ausnahmefällen und auch nur dann, wenn der auf eine Änderung gerichtete Wille der Gesellschafter nachgewiesen werden kann (vgl. E/B/J/S/*Ehricke* § 121 Rn. 16) – einen Gesellschafterbeschluss ersetzen (BGH BB 1967, 1307).

§ 122 [Entnahmen]

(1) Jeder Gesellschafter ist berechtigt, aus der Gesellschaftskasse Geld bis zum Betrage von vier vom Hundert seines für das letzte Geschäftsjahr festgestellten Kapitalanteils zu seinen Lasten zu erheben und, soweit es nicht zum offenbaren Schaden der Gesellschaft gereicht, auch die Auszahlung seines den bezeichneten Betrag übersteigenden Anteils am Gewinne des letzten Jahres zu verlangen.

(2) Im übrigen ist ein Gesellschafter nicht befugt, ohne Einwilligung der anderen Gesellschafter seinen Kapitalanteil zu vermindern.

Übersicht	Rdn.		Rdn.
A. Normzweck	1	III. Einschränkungen	16
B. Grundsätzliches	2	D. Entnahme des weiteren Gewinns, Abs. 1	
I. Entnahme	2	Halbs. 2	18
II. Entstehung des Anspruchs	4	E. Verbot der Verminderung des Kapitalan-	
III. Geltendmachung des Anspruchs	6	teils, Abs. 2	22
IV. Vorschüsse	8	F. Abweichende Vereinbarungen	24
V. Unzulässige Entnahmen	9	I. Erweiterung des Entnahmerechts und des	
VI. Liquidation	11	Mehrgewinns	25
C. Kapitalentnahmerecht, Abs. 1 Halbs. 1	12	II. Beschränkung des Entnahmerechts	26
I. Berechnungsgrundlage	12	G. Steuerentnahmerecht	27
II. Abtretung, Pfändbarkeit und Aufrechnung	14		

A. Normzweck

Die Bestimmung regelt den Umfang, in welchem die Gesellschafter berechtigt sind, Beträge aus dem 1
Gesellschaftsvermögen zu entnehmen. Leitgedanke des § 122 HGB ist, dass die Gesellschafter ihre berufliche Tätigkeit tatsächlich in der OHG ausüben und daher finanziell versorgt werden müssen. Zur Sicherung ihres Unterhalts soll ihnen daher ein Entnahmerecht aus dem Gesellschaftsvermögen und/oder dem Gewinn zustehen. Dies soll es ermöglichen, dass die Gesellschafter unabhängig von der jeweiligen Wirtschaftssituation der Gesellschaft über ausreichend Einkünfte verfügen, um ihre berufliche Tätigkeit ausschließlich der Gesellschaft widmen zu können (vgl. Schlegelberger/*Martens* § 122 Rn. 1).

B. Grundsätzliches

I. Entnahme

Die gesetzliche Entnahmeregelung differenziert zwischen gewinnunabhängigen Entnahmen nach 2
Maßgabe des Kapitalanteils (Kapitalentnahmerecht: Abs. 1 Halbs. 1) und gewinnabhängigen Entnahmen (Gewinnentnahmerecht: Abs. 1 Halbs. 2).

Beide Alternativen setzen dabei dasselbe Verständnis der Entnahme voraus (vgl. MüKo HGB/*Pr-* 3
iester § 122 Rn. 5). Unter einer Entnahme ist jede unmittelbare oder mittelbare **vermögenswerte Leistung** aus dem Vermögen der Gesellschaft an den Gesellschafter in dieser Eigenschaft zu verstehen (BGH NJW 1995, 1089 f.). Die Leistung muss nicht in Geld bestehen, vielmehr werden sämtliche Arten von Vermögenszuwendungen erfasst (vgl. die Beispiele bei MüKo HGB/*Priester*

§ 122 Rn. 5). Nicht zu den Entnahmen gehören dagegen insbesondere Leistungen der Gesellschaft aufgrund eines mit dem Gesellschafter abgeschlossenen und dem Drittvergleich genügenden Vertrages, wie bspw. die Rückzahlung von zu marktüblichen Konditionen gewährten Gesellschafterdarlehen (vgl. E/B/J/S/*Ehricke* § 122 Rn. 4).

II. Entstehung des Anspruchs

4 Sowohl bei dem Kapitalentnahmerecht als auch beim Gewinnentnahmerecht handelt es sich um **Zahlungsansprüche der Gesellschafter**. Das Entnahmerecht entsteht frühestens mit der Feststellung des Jahresabschlusses für das vorangegangene Geschäftsjahr. Bei einer entsprechenden gesellschaftsvertraglichen Bestimmung ist zusätzlich eine Gewinnverwendungsentscheidung der Gesellschafter erforderlich (vgl. MüKo HGB/*Priester* § 122 Rn. 7). Gibt es kein vorangegangenes Geschäftsjahr, für das ein Abschluss festgestellt worden ist, entsteht auch kein Entnahmerecht (vgl. E/B/J/S/*Ehricke* § 122 Rn. 6).

5 Eine **Entnahmepflicht** der Gesellschafter besteht – vorbehaltlich einer anderweitigen Regelung im Gesellschaftsvertrag – nicht. Das Entnahmerecht erlischt, wenn es bis zum Zeitpunkt der nachfolgenden Bilanzfeststellung nicht geltend gemacht worden ist (BGH MDR 1976, 123). In diesem Fall erhöht der nicht entnommene Betrag im System der variablen Kapitalanteile den Kapitalanteil des betroffenen Gesellschafters. Bei gesellschaftsvertraglich vereinbarten festen Kapitalanteilen erfolgt grundsätzlich keine Zuschreibung zu den Kapitalkonten der Gesellschafter, der nicht entnommene Betrag ist vielmehr dem Privatkonto bzw. – bei entsprechender gesellschaftsvertraglicher Regelung – dem Kapitalkonto II gutzuschreiben (vgl. MüKo HGB/*Priester* § 122 Rn. 32). Inwieweit der Gesellschafter Entnahmen von diesen Konten vornehmen kann, richtet sich nach dem Gesellschaftsvertrag.

III. Geltendmachung des Anspruchs

6 **Anspruchsinhaber** des Entnahmerechts ist der Gesellschafter. Das Entnahmerecht erlaubt jedoch keine eigenmächtige Entnahme des Betrages. Vielmehr muss der einzelnen Gesellschafter, sofern die Gesellschaft ihrer Zahlungspflicht nicht nachkommt, diese auf Zahlung verklagen (Schlegelberger/*Martens* § 122 Rn. 8). Die Rechtsprechung lässt ferner die Klage eines Gesellschafters gegen diejenigen geschäftsführenden Gesellschafter zu, welche dem Zahlungsbegehren widersprochen haben. Auch diese Klage ist auf Zahlung aus dem Gesellschaftsvermögen gerichtet (vgl. BGH WM 1970, 1223, 1224 f.). Möglich ist auch eine Feststellungsklage dahin gehend, dass eine Entnahme zulässig ist (vgl. OLG Koblenz BB 1980, 855). Die Entscheidung des Gerichts, welche die Entnahme für zulässig erklärt, führt dann zur Verpflichtung des verklagten Geschäftsführers, für die Gesellschaft aus dem Gesellschaftsvermögen die begehrte Zahlung zu leisten.

7 Allerdings können die geschäftsführenden Gesellschafter im Rahmen ihrer Vertretungsbefugnis die ihnen zustehenden Beträge eigenhändig aus der Gesellschaftskasse entnehmen, ohne dass dieser Vorgehensweise § 181 BGB entgegensteht (vgl. Baumbach/Hopt/*Hopt* § 122 Rn. 4).

IV. Vorschüsse

8 Vorschüsse können bereits vor Feststellung des Jahresabschlusses – jedenfalls bei entsprechender vertraglicher Vereinbarung – gewährt werden, soweit das voraussichtliche Jahresergebnis dies erlaubt. Sofern sich nachträglich ergibt, dass der Vorschuss zu Unrecht geleistet wurde, ist der Gesellschafter zu Rückzahlung verpflichtet (BGHZ 48, 70, 75).

V. Unzulässige Entnahmen

9 Unzulässige Entnahmen eines Gesellschafters sind zurückzuzahlen und gem. § 111 Abs. 2 HGB bis zur Rückzahlung zu verzinsen (vgl. Baumbach/Hopt/*Roth* § 122 Rn. 6). Auf die Gut- oder Bösgläubigkeit des Gesellschafters kommt es nicht an (vgl. E/B/J/S/*Ehricke* § 122 Rn. 19).

Da es sich um eine echte Forderung der Gesellschaft gegen einen Gesellschafter handelt, kann die Rückzahlung an die Gesellschaft von jedem Gesellschafter im Wege der actio pro socio geltend gemacht werden (Baumbach/Hopt/*Roth*, § 122 Rn. 6; vgl. zur actio pro socio ausführl. Anhang 2 zum AktG Rdn. 83 ff.). Unzulässige Entnahmen sind nicht auf dem Kapitalkonto zu verbuchen. Sie mindern somit nicht den Kapitalanteil und damit den Gewinnanteil des Gesellschafters. Sie sind dem Privatkonto des Gesellschafters zu belasten.

VI. Liquidation

Gem. § 155 Abs. 2 Satz 3 HGB findet § 122 Abs. 1 HGB in der Liquidation der Gesellschaft keine Anwendung.

C. Kapitalentnahmerecht, Abs. 1 Halbs. 1

I. Berechnungsgrundlage

Nach der gesetzlichen Regelung ist der Gesellschafter berechtigt, 4 % des Betrages seines positiven Kapitalanteils am letzten Geschäftsjahresende zu entnehmen. Dieses Kapitalentnahmerecht ist nicht mit dem **Vorzugsgewinn** nach § 121 Abs. 1 HGB zu verwechseln. Denn der Vorzugsgewinn nach Maßgabe des § 121 HGB setzt stets einen Gewinn voraus, während das Entnahmerecht unabhängig davon besteht, ob das letzte Geschäftsjahr einen Gewinn oder Verlust gebracht hat. Das Kapitalentnahmerecht ist **gewinnunabhängig** (BGH MDR 1976, 123), da es dem Gesellschafter die Bestreitung seines Lebensunterhaltes ermöglichen soll. Der Kapitalanteil des Gesellschafters wird i. H. d. Entnahme gemindert. (Schon rechnerische) Voraussetzung für das Entnahmerecht ist jedoch, dass für den betreffenden Gesellschafter im Jahresabschluss für das letzte Geschäftsjahr ein positiver Kapitalanteil besteht (GroßkommHGB/*Ulmer* § 122 Rn. 4, 13).

Berechnungsgrundlage für das Kapitalentnahmerecht ist der variable Kapitalanteil des Gesellschafters i. S. v. § 120 Abs. 2 HGB im letzten Jahresabschluss. Sind gesellschaftsvertraglich feste Kapitalkonten vereinbart, ist im Zweifel lediglich auf diese und nicht auch auf weitere Eigenkapitalkonten, wie etwa das Kapitalkonto II, abzustellen.

II. Abtretung, Pfändbarkeit und Aufrechnung

Ganz überwiegend wird die **Abtretbarkeit und Pfändbarkeit** des Kapitalentnahmeanspruchs aufgrund seiner Zweckbestimmung verneint (vgl. RGZ 67, 17; differenzierend MüKo HGB/*Priester* § 122 Rn. 23).

Umstritten ist, ob die Gesellschaft oder Dritte gegen den Entnahmeanspruch **aufrechnen** können. Dies ist grundsätzlich zu bejahen (vgl. MüKo HGB/*Priester* § 122 Rn. 25; E/B/J/S/*Ehricke* § 122 Rn. 33; a. A. Schlegelberger/*Martens* § 122 Rn. 7). Zwar ließe sich zur Begründung der gegenteiligen Auffassung wiederum auf den Normzweck, die Alimentation des Gesellschafters sicherzustellen, hinweisen. Allerdings würden mit einem Aufrechnungsverbot die übrigen Gesellschafter benachteiligt, da die Gesellschaftsforderung, die zur Aufrechnung gestellt werden soll, unbeglichen bliebe (E/B/J/S/*Ehricke* § 122 Rn. 33). Bei der Abwägung dieser wechselseitigen Interessen überwiegt das des einzelnen Gesellschafters nicht in einem Maße, dass ein Abtretungsverbot gerechtfertigt erscheint.

III. Einschränkungen

Zwar sieht das Gesetz selbst eine Einschränkung des Kapitalentnahmerechts nicht vor, da der in § 122 Abs. 1 HGB erfasste Ausnahmetatbestand sich nur auf den Gewinnauszahlungsanspruch bezieht. Die Gesellschaft ist daher grundsätzlich auch dann zur Auszahlung verpflichtet, wenn sie nicht über die erforderlichen Mittel verfügt. Nötigenfalls muss sich die Gesellschaft diese Mittel durch Kreditaufnahme beschaffen (vgl. MüKo HGB/*Priester* § 122 Rn. 17; Schlegelberger/*Martens* § 122 Rn. 10).

17 Nur in Ausnahmefällen kann das Kapitalentnahmerecht durch die gesellschafterliche **Treuepflicht** beschränkt sein (vgl. BGHZ 132, 276). Der Gesellschafter darf sein Entnahmerecht ausnahmsweise dann nicht oder nur teilweise ausüben, wenn – und solange – der Gesellschaft ein schwerer und nicht wieder gut zu machender Schaden droht (vgl. Baumbach/Hopt/*Roth* § 122 Rn. 9). Allerdings ist zusätzlich danach zu fragen, ob die Leistungsverweigerung dem Gesellschafter in Anbetracht seiner eigenen wirtschaftlichen Situation zugemutet werden kann (vgl. GroßkommHGB/*Ulmer* § 122 Rn. 12).

D. Entnahme des weiteren Gewinns, Abs. 1 Halbs. 2

18 Da Abs. 1 Halbs. 2 vom **Prinzip der Vollausschüttung** ausgeht, kann jeder Gesellschafter ferner die Auszahlung eines über den Betrag der zugelassene Kapitalentnahme hinausgehenden Gewinnanteils verlangen (Baumbach/Hopt/*Roth* § 122 Rn. 12). Dieser Anspruch knüpft im Gegensatz zum Entnahmeanspruch nicht an den Kapitalanteil des Gesellschafters an und entsteht daher nur, wenn der Jahresabschluss einen Jahresüberschuss aufweist. Dieser Anspruch steht dem Gesellschafter bei entsprechendem Jahresgewinn der Gesellschaft auch zu, wenn sein Kapitalanteil negativ ist (vgl. Schlegelberger/*Martens* § 122 Rn. 14).

19 Der Gewinnauszahlungsanspruch ist gem. § 717 Satz 2 BGB **übertragbar**. Er kann daher verpfändet, gepfändet und abgetreten werden. Die Abtretung des Gewinnauszahlungsanspruchs zieht den Kapitalentnahmeanspruch mit sich (vgl. Baumbach/Hopt/*Roth* § 122 Rn. 12). Der Zessionar ist dann berechtigt, diesen Anspruch geltend zu machen und durchzusetzen. Auch eine Aufrechnung mit dem Gewinnauszahlungsanspruch ist möglich.

20 Im Gegensatz zum Kapitalentnahmerecht ist die Entnahme des Mehrgewinns gem. Abs. 1 Halbs. 2 nur zulässig, soweit es nicht zum offenbaren Schaden der Gesellschaft gereicht. Damit ist der Verlust an liquiden Mitteln, die zur Fortführung des Unternehmens benötigt werden, gemeint, wobei der Schaden für einen sachkundigen Dritten ohne Weiteres erkennbar sein muss (vgl. Schlegelberger/*Martens* § 122 Rn. 16). Maßgeblich ist der Zeitpunkt des Auszahlungsverlangens. Es genügt nicht, dass durch die Auszahlung lediglich Geschäftschancen nicht wahrgenommen werden können (vgl. MüKo HGB/*Priester* § 122 Rn. 37).

21 Dogmatisch handelt es sich hierbei um ein **Leistungsverweigerungsrecht der Gesellschaft** (vgl. E/B/J/S/*Ehricke* § 122 Rn. 39). Dieses Leistungsverweigerungsrecht der Gesellschaft besteht jedoch nur solange, wie ihre Schwierigkeiten anhalten. Sobald das Leistungshindernis wegfällt, ist die Gesellschaft zur Leistung – auch nach Ablauf des Geschäftsjahres – verpflichtet (GroßkommHGB/*Ulmer* § 122 Rn. 18). Sind Zahlungen auf das Gewinnentnahmerecht geleistet worden, obwohl der Gesellschaft ein Leistungsverweigerungsrecht zustand, können die Zahlungen grundsätzlich nicht mit dieser Begründung zurückverlangt werden. Nur im Ausnahmefall wird man aus der gesellschafterlichen Treuepflicht eine Rückzahlungsverpflichtung ableiten können (vgl. MüKo HGB/*Priester* § 122 Rn. 36; a. A. E/B/J/S/*Ehricke* § 122 Rn. 40).

E. Verbot der Verminderung des Kapitalanteils, Abs. 2

22 Dem Gesellschafter ist es abgesehen von den zulässigen Entnahmen gem. Abs. 1 verwehrt, eigenmächtig weitere Beträge zu entnehmen und dadurch seinen Kapitalanteil zu mindern. Unzulässige Entnahmen hat der Gesellschafter zu erstatten (vgl. E/B/J/S/*Ehricke* § 122 Rn. 48).

23 Ohne Zustimmung durch die übrigen Mitgesellschafter ist auch eine Erhöhung des Kapitalanteils (z. B. durch eine freiwillige Einlage) nicht gestattet, da sich ansonsten die nach der Höhe des Kapitalanteils bestimmenden Rechte und Pflichten im Verhältnis zu den übrigen Gesellschaftern verändern würden (Schlegelberger/*Martens* § 122 Rn. 19).

F. Abweichende Vereinbarungen

Der Gesellschaftsvertrag kann das Entnahmerecht abweichend von § 122 HGB regeln, wovon in der Praxis auch häufig Gebrauch gemacht wird. Üblich sind **nachfolgende Klauseln**: 24

I. Erweiterung des Entnahmerechts und des Mehrgewinns

Im Hinblick auf die Gesellschafterinteressen kann der Gesellschaftsvertrag das Entnahmerecht und den Anspruch auf den Mehrgewinn erweitern. In der Praxis sind solche Erweiterungen vor allem bezüglich des Mehrgewinns und in Fällen anzutreffen, in denen die Gesellschafter ihren vollen Lebensunterhalt aus der Beteiligung bestreiten müssen. 25

II. Beschränkung des Entnahmerechts

Das Entnahmerecht kann aber auch im Thesaurierungsinteresse der Gesellschaft beschränkt werden. Nicht entnommene Beträge sind dann den Gesellschafterkonten zuzuschreiben. Solche Beschränkungen sind in der Praxis üblich, da durch sie die Kapitalerhaltung der Gesellschaft gestärkt wird. Möglich sind auch flexible Regelungen, bei denen sich die Entnahmen an den Bedürfnissen der Gesellschaft orientieren. Dabei ist es zulässig, die Ausfüllung dieses Begriffs einem Gesellschafter oder einem Dritten (z. B. Wirtschaftsprüfer) zu überlassen. 26

G. Steuerentnahmerecht

Bei einer Personenhandelsgesellschaft werden die Gewinne auf Gesellschafterebene als Einkünfte aus Gewerbebetrieb versteuert, und zwar unabhängig davon, ob sie an die Gesellschafter ausgeschüttet werden. Es ist umstritten, ob dem Gesellschafter ein Steuerentnahmerecht zusteht, damit er nicht gezwungen ist, für die Begleichung der Steuerschuld auf sonstige persönliche Mittel zuzugreifen. Der BGH (BGHZ 132, 263) bejaht ein Steuerentnahmerecht nur dann, wenn es gesellschaftsvertraglich vereinbart worden ist. Die hiergegen vorgebrachten Einwände sind beträchtlich. Das Steuerentnahmerecht lässt sich sowohl mit einer an der Treupflicht orientierten Auslegung des Gesellschaftsvertrages (vgl. GroßkommHGB/*Ulmer* § 122 Rn. 30) als auch mit einem Aufwendungsersatzanspruch nach § 110 HGB (vgl. MüKo HGB/*Priester* § 122 Rn. 61) begründen. Angesichts der höchstrichterlichen Rechtsprechung sollte der Gesellschaftsvertrag gleichwohl eine ausdrückliche Klarstellung enthalten. 27

Inhaltlich kann das Entnahmerecht entweder individuell an die einkommensteuerliche Belastung des jeweiligen Gesellschafters anknüpfen, was jedoch eine entsprechende Offenlegung erforderlich macht, oder pauschal den Spitzensteuersatz zugrunde legen. 28

Dritter Titel Rechtsverhältnis der Gesellschafter zu Dritten

§ 123 [Wirksamkeit im Verhältnis zu Dritten]

(1) Die Wirksamkeit der offenen Handelsgesellschaft tritt im Verhältnis zu Dritten mit dem Zeitpunkt ein, in welchem die Gesellschaft in das Handelsregister eingetragen wird.

(2) Beginnt die Gesellschaft ihre Geschäfte schon vor der Eintragung, so tritt die Wirksamkeit mit dem Zeitpunkt des Geschäftsbeginns ein, soweit nicht aus § 2 oder § 105 Abs. 2 sich ein anderes ergibt.

(3) Eine Vereinbarung, daß die Gesellschaft erst mit einem späteren Zeitpunkt ihren Anfang nehmen soll, ist Dritten gegenüber unwirksam.

§ 123 HGB Wirksamkeit im Verhältnis zu Dritten

Übersicht

	Rdn.			Rdn.
A. Entstehung der Gesellschaft im Innenverhältnis	1		1. Betrieb eines Handelsgewerbes	8
B. Wirksamwerden der Außengesellschaft	6		2. Geschäftsbeginn	10
I. Eintragung ins Handelsregister	6	C.	Unwirksamkeit abweichender Vereinbarungen, Abs. 3	12
II. Geschäftsbeginn	8	D.	Analoge Anwendung	13

A. Entstehung der Gesellschaft im Innenverhältnis

1   Die Bestimmung des § 123 HGB ist für das Innenverhältnis bedeutungslos. Der Gesellschaftsvertrag zur Errichtung der OHG ist unter den Gesellschaftern ohne Weiteres wirksam. Die Gesellschaft entsteht als Rechtsträger daher bereits mit der Begründung der Gesamthand durch die Gesellschafter. Aufgrund der rechtlichen Folgen für Dritte als auch für die Gesellschafter (vor allem die unbeschränkte persönliche Haftung gem. § 128 HGB) verlangt § 123 HGB für die Entstehung der OHG im Außenverhältnis jedoch zusätzlich entweder die **Eintragung** der Gesellschaft in das Handelsregister oder den **Geschäftsbeginn**.

2   Bis zum Zeitpunkt des Wirksamwerdens als Personenhandelsgesellschaft besteht eine **Gesellschaft bürgerlichen Rechts**, die Innen- oder Außengesellschaft sein kann (vgl. BGHZ 63, 45, 47; 69, 95, 97). Etwa kann es vorkommen, dass eine Gesellschaft, die kein Handelsgewerbe i. S. d. § 1 HGB betreiben will und zur Handelsgesellschaft erst mit der Eintragung wird (§§ 2, 3 HGB), schon vorher Rechtsgeschäfte mit Dritten tätigt. Erlangt die Gesellschaft den Status einer Handelsgesellschaft, bleibt dadurch ihre Identität als Rechtsträgerin gewahrt. Es handelt sich lediglich um einen kraft Gesetzes eintretenden Formwechsel (vgl. BGH WM 1972, 21, 22).

3   Fraglich ist jedoch, ob bereits in diesem Stadium das **OHG-Recht anwendbar** ist. Hier muss zwischen Innen- und Außenverhältnis differenziert werden. Soweit die Gesellschafter den Betrieb eines in kaufmännischer Weise eingerichteten Geschäftsbetriebs beabsichtigen, ist es gerechtfertigt, auf das Verhältnis der Gesellschafter untereinander bereits die handelsrechtlichen Regelungen anzuwenden (vgl. BGH BB 1971, 973 f.). Denn die Anwendung dieser Regelungen dürfte im Zweifel auch dem Parteiwillen entsprechen. Die Rechtsprechung wendet die handelsrechtlichen Regelungen auch auf die Vertretungsverhältnisse an (vgl. BGH BB 1979, 286 f.; WM 1972, 61).

4   Jedoch können, bevor die Voraussetzungen des § 123 HGB vorliegen, nicht solche Regelungen des Außenverhältnisses angewandt werden, die das Bestehen einer Handelsgesellschaft zwingend erfordern, wie z. B. § 124 HGB.

5   Die OHG wird wieder zur GbR, wenn sie ihre Kaufmannseigenschaft (Ausnahme: § 5 HGB) verliert (vgl. BGH WM 1976, 1053, 1054). Dies ist in der Liquidation der Gesellschaft jedoch anders zu beurteilen. Bei einer völligen Aufgabe der gewerblichen Tätigkeit besteht auch über § 5 HGB keine Kaufmannseigenschaft (vgl. Röhricht/v. Westphalen/*v. Gerkan* § 123 Rn. 6).

B. Wirksamwerden der Außengesellschaft

I. Eintragung ins Handelsregister

6   Spätestens mit der **Eintragung** (nicht der Anmeldung oder Bekanntmachung) wird die Gesellschaft, die zuvor in der Regel bereits als GbR bestand (vgl. Rdn. 2), im Außenverhältnis wirksam. Mit der Entstehung der Außenwirkung wird die Gesellschaft aus Rechtsgeschäften mit Dritten berechtigt und verpflichtet und die Gesellschafter haften für Gesellschaftsschulden nach § 128 HGB (BGHZ 59, 179).

7   Die gleiche Wirkung wie die Eintragung der Gesellschaft selbst hat die **Übernahme eines eingetragenen Unternehmens** (Einzelkaufmann oder Gesellschaft) durch die Gesellschaft (vgl. BGHZ 59, 179).

II. Geschäftsbeginn

1. Betrieb eines Handelsgewerbes

Eine Gesellschaft, die ein Handelsgewerbe i. S. d. § 1 HGB betreibt, wird bereits vor ihrer Eintragung zur Handelsgesellschaft, wenn sie vor Eintragung tatsächlich mit der Ausübung ihrer Geschäfte begonnen hat. Nicht maßgeblich ist hingegen der vereinbarte oder der eingetragene Geschäftsbeginn. Betreibt die Gesellschaft ein Gewerbe nach § 2 oder § 105 Abs. 2 HGB, ist der Zeitpunkt des Geschäftsbeginns stets für ihr Entstehen unbeachtlich, da erst durch die Eintragung ins Handelsregister ein Handelsgewerbe vorliegt, die Gesellschaft also erst zu diesem Zeitpunkt zur Handelsgesellschaft werden kann.

Es ist nicht erforderlich, dass das aufgenommene Handelsgewerbe sogleich einen in kaufmännischer Weise eingerichteten Geschäftsbetrieb aufweist. Es ist ausreichend, dass es hierauf angelegt ist (vgl. BGHZ 10, 91, 96).

2. Geschäftsbeginn

Ein Beginn der Geschäfte der Gesellschaft liegt vor, wenn eine dem **Gesellschaftszweck dienende Handlung** gegenüber Dritten im Namen der Gesellschaft vorgenommen wird. Nicht ausreichend ist das Handeln eines Gesellschafters im eigenen Namen, sei es auch für Rechnung der Gesellschaft (vgl. schon RGZ 119, 66). Für die Aufnahme der Geschäftstätigkeit reichen **vorbereitende Geschäfte** aus (vgl. BGH WM 1990, 586), so z. B. die Anmietung von Räumen (vgl. RG DR 1941, 1944), Werbung, Versendung von Rundschreiben an die Öffentlichkeit, Einstellen von Personal. Bei Übernahme eines bereits bestehenden Handelsgeschäftes führt das erste Folgegeschäft zu einem Geschäftsbeginn (vgl. BGHZ 59, 183 f.).

Nach zutreffender h. M. müssen zudem alle Gesellschafter dem Beginn der Geschäfte **zugestimmt** haben (vgl. ROHG 12, 409; GroßkommHGB/*Habersack* § 123 Rn. 20; Baumbach/Hopt/*Roth* § 123 Rn. 12; a. A. Schlegelberger/*K. Schmidt* § 123 Rn. 10 unter Hinweis auf die Vertretungsmöglichkeit). Insoweit ist jedoch zu bedenken, dass die Einzelvertretungsberechtigung (§ 125 HGB) in diesem Stadium noch nicht greift, sondern erst, nachdem mit Zustimmung aller Gesellschafter die Geschäfte begonnen worden sind (Baumbach/Hopt/*Roth* § 123 Rn. 12). Die Beweislast für die einvernehmliche Aufnahme der Geschäfte liegt bei demjenigen, der sich hierauf beruft.

C. Unwirksamkeit abweichender Vereinbarungen, Abs. 3

Die Wirksamkeit der Gesellschaft tritt im Außenverhältnis zwingend mit der Eintragung bzw. mit der Aufnahme der Geschäfte ein. Hiervon abweichende Vereinbarungen sind nach Abs. 3 Dritten gegenüber unbeachtlich, jedoch im Innenverhältnis der Gesellschaft von Bedeutung.

D. Analoge Anwendung

Die Regelung des § 123 HGB ist analog bei einem Eintritt eines neuen Gesellschafters in eine bestehende Gesellschaft anwendbar (vgl. Baumbach/Hopt/*Roth* § 123 Rn. 4). Der Eintritt in die Gesellschaft ist im Außenverhältnis erst mit Eintragung seines Eintritts ins Handelsregister, oder mit Zustimmung zur Vornahme von Geschäften, wirksam. Mit der Entstehung der Außenwirkung haftet der Gesellschafter für Gesellschaftsverbindlichkeiten gem. §§ 128 ff. HGB.

§ 124 [Rechtliche Selbstständigkeit; Zwangsvollstreckung in Gesellschaftsvermögen]

(1) Die offene Handelsgesellschaft kann unter ihrer Firma Rechte erwerben und Verbindlichkeiten eingehen, Eigentum und andere dingliche Rechte an Grundstücken erwerben, vor Gericht klagen und verklagt werden.

(2) Zur Zwangsvollstreckung in das Gesellschaftsvermögen ist ein gegen die Gesellschaft gerichteter vollstreckbarer Schuldtitel erforderlich.

§ 124 HGB   Rechtliche Selbstständigkeit; Zwangsvollstreckung in Gesellschaftsvermögen

Übersicht

	Rdn.			Rdn.
A. Normzweck	1	III.	Haftung der OHG	14
B. Die OHG als selbstständiger Träger von Rechten und Pflichten	3	IV.	Strafrecht	17
		C.	OHG und Verfahrensrecht	19
I. Trägerin des Gesellschaftsvermögens	3	I.	Erkenntnisverfahren	19
II. Rechte und Pflichten der Gesellschaft	4	II.	Zwangsvollstreckung	25
1. Einzelne Rechte der Gesellschaft	4	III.	Insolvenz	28
2. Registerfähigkeit	12	D.	Steuerrecht	29
3. Pflichten	13			

A. Normzweck

1   Die dogmatisch umstrittene Frage, ob die OHG als juristische Person anzusehen (vgl. *Kämmerer* NJW 1966, 801; *Raiser* AcP 195, 1994, 495) oder als Gesamthandsgesellschaft einzuordnen ist (h. M.; vgl. statt vieler E/B/J/S/*Hillmann* § 124 Rn. 1), ist für den Regelungsbereich des § 124 HGB bedeutungslos. Denn über die aus dieser Bestimmung herzuleitenden Folgerungen besteht weitgehend Einigkeit, und die Meinungsunterschiede betreffen lediglich die Binnenstruktur der Gesellschaft (vgl. MüKo HGB/*K. Schmidt* § 124 Rn. 1).

2   Die Bestimmung legt in Abs. 1 fest, dass die OHG – und nicht die Gesellschafter in ihrer gesamthänderischen Verbundenheit – selbstständige Trägerin von Rechten und Pflichten sein kann (vgl. MüKo HGB/*K. Schmidt* § 124 Rn. 2). Sie ist insbesondere Trägerin des Gesellschaftsvermögens. Sie kann eigene Verbindlichkeiten begründen, und zwar unabhängig vom Rechtsgrund, also davon, ob diese aus Rechtsgeschäft, Delikt oder Gesetz herrühren. Die OHG ist folglich wie ein Rechtssubjekt zu behandeln, soweit sich nicht aus ihrem Wesen etwas anderes ergibt.

B. Die OHG als selbstständiger Träger von Rechten und Pflichten

I. Trägerin des Gesellschaftsvermögens

3   Die Gesellschaft selbst, nicht etwa die Gesellschafter in ihrer gesamthänderischen Verbundenheit, ist Trägerin des Gesellschaftsvermögens. Die Vorschriften der §§ 718 bis 720 BGB finden entsprechende Anwendung (vgl. § 105 HGB Rdn. 109). Das Gesellschaftsvermögen ist danach vom Einzelvermögen der Gesellschafter strikt zu trennen. Den Gesellschaftern steht kein Anteil oder Bruchteil an den Gegenständen des Gesellschaftsvermögens zu. Zur Verfügung über die Gegenstände des Gesellschaftsvermögens ist somit auch nur die Gesellschaft befähigt. Die Gesellschafter verfügen lediglich über einen Anteil am Gesellschaftsvermögen im Ganzen. Verfügungen der Gesellschafter sind daher nur über ihren Gesellschaftsanteil möglich. Dies setzt jedoch die Zustimmung aller weiteren Mitgesellschafter oder die Zulassung solcher Verfügungen im Gesellschaftsvertrag voraus (vgl. BGHZ 13, 186).

II. Rechte und Pflichten der Gesellschaft

1. Einzelne Rechte der Gesellschaft

4   Abs. 1 erwähnt den Erwerb von Rechten einschließlich des Grundstückerwerbs durch die Gesellschaft unter ihrer Firma. Die OHG ist dabei jedoch nicht nur Trägerin von rechtsgeschäftlich begründeten oder übertragenen schuldrechtlichen und sachenrechtlichen Rechten, sondern kann grundsätzlich **Rechte jeder Art** durch Rechtsgeschäft oder Gesetz erwerben, die mit ihrem Wesen zu vereinbaren sind.

5   Hierzu gehören z. B. **Rechte aus Forderungen** unter Einschluss von Rechten aus Wechsel und Scheck, Eigentum, Grundpfandrechte und andere dingliche Rechte an Grundstücken, Pfandrechte, Anwartschaftsrechte, gewerbliche Schutzrechte (Patente, Gebrauchsmuster, Geschmacksmuster, Warenzeichen), Urheberrechte.

Ferner genießt die OHG **Firmen-, Namens- und auch Ehrenschutz**, soweit ihr sozialer Geltungsbereich als Arbeitgeber oder Wirtschaftsunternehmen betroffen ist (vgl. E/B/J/S/*Hillmann* § 124 Rn. 6). 6

Die Gesellschaft kann mittelbare und unmittelbare (vgl. BGH WM 1967, 938) **Besitzerin** sein. Sie übt ihren Besitz durch ihre geschäftsführungs- und vertretungsberechtigten Gesellschafter aus (vgl. OLGR Brandenburg 2006, 850). 7

Die Gesellschaft kann ferner als **Erbin oder Vermächtnisnehmerin** eingesetzt werden (vgl. BGH NJW 1989, 2495). Mit dem Tod des Erblassers geht dann der Nachlass nicht auf die Gesellschafter, sondern auf die Gesellschaft über. 8

Die OHG kann **Mitglied eines privatrechtlichen Verbundes** sein, also z. B. Vereinsmitglied, Aktionär oder GmbH-Gesellschafter. Die OHG kann auch Gesellschafterin einer anderen Personen(handels)gesellschaft sein (vgl. BGHZ 80, 132). Die Gesellschafterrechte aus solchen Beteiligungen werden ungeteilt von der Gesellschaft, vertreten durch ihre vertretungsberechtigten Gesellschafter, ausgeübt. 9

Die OHG kann **Ämter** verschiedenster Art wahrnehmen, so das eines organschaftlichen Vertreters in einer Personengesellschaft, eines Testamentsvollstreckers, eines Verwalters einer Wohnungseigentümergemeinschaft (vgl. OLG Hamburg OLGZ 1988, 302) sowie eines Liquidators in einer Personenhandelsgesellschaft oder Körperschaft. Die Gesellschaft kann dagegen nicht sein: Insolvenzverwalter (§ 56 Abs. 1 InsO), Vormund, Betreuer oder Pfleger, Vorstand eines Vereins, einer AG (§ 76 Abs. 3 AktG) oder einer eG, Geschäftsführer einer GmbH (§ 6 Abs. 2 Satz 1 GmbHG), Prokurist (vgl. MüKo HGB/*K. Schmidt* § 124 Rn. 20). 10

Die OHG ist nach Maßgabe des Art. 19 Abs. 3 GG **grundrechtsfähig** und kann auch im Übrigen Inhaberin subjektiver öffentlicher Rechte sein, soweit nicht die Natur des betreffenden Rechts dem entgegensteht (vgl. BVerfG NJW 1959, 1675). 11

2. Registerfähigkeit

Die OHG ist registerfähig und kann im Grundbuch, im Musterregister, in der Patentrolle, im Markenregister und im Handelsregister als Rechtsinhaberin eingetragen werden. 12

3. Pflichten

Die Bestimmung spricht in Abs. 1 nur von Verbindlichkeiten der Gesellschaft (also von Forderungen gegen die Gesellschaft). Diese können durch Rechtsgeschäft oder kraft Gesetzes entstehen, wobei die Gesellschaft rechtsgeschäftlich durch ihre vertretungsberechtigten Geschäftsführer verpflichtet wird. Die Gesellschaft als solche ist jedoch auch anderen Ansprüchen ausgesetzt. Die Gesellschaft kann als solche z. B. zur Beseitigung von Störungen verpflichtet sein (§ 1004 BGB). 13

III. Haftung der OHG

Verletzt die OHG ihre Pflichten aus rechtsgeschäftlichen oder rechtsgeschäftsähnlichen Schuldverhältnissen (§ 311 BGB), so macht sie sich **schadensersatzpflichtig**. Schuldhaftes Verhalten ihrer Organe (§ 31 BGB) oder ihrer Erfüllungsgehilfen (§ 278 BGB) wird ihr zugerechnet (vgl. E/B/J/S/*Hillmann* § 124 Rn. 4). 14

Ferner ist die OHG auch **deliktsfähig**. Für unerlaubte Handlungen ihrer geschäftsführenden und vertretungsberechtigten Gesellschafter haftet sie analog § 31 BGB (vgl. BGH WM 1974, 153). Für unerlaubte Handlungen ihrer Verrichtungsgehilfen haftet sie nur bei eigenem Verschulden gem. § 831 BGB (vgl. E/B/J/S/*Hillmann* § 124 Rn. 5). 15

Bei der Geltendmachung eines Schadensersatzanspruches muss sich die OHG ein Mitverschulden ihrer verfassungsgemäß berufenen Vertreter oder Erfüllungsgehilfen nach § 254 BGB zurechnen lassen (vgl. BGH NJW 1952, 539). 16

IV. Strafrecht

17 Die OHG genießt Strafrechtsschutz, z. B. nach §§ 186, 187 StGB. Sie kann bei Verletzung ihrer Rechte (z. B. gewerblicher Schutzrechte) Strafanträge stellen. Bestraft werden kann die OHG nach dem StGB grundsätzlich nicht, jedoch ihre Organe (vgl. § 14 StGB). Dagegen ist die Anordnung des Verfalls (§ 73 Abs. 3 StGB) oder der Einziehung (§ 75 Nr. 3 StGB) gegenüber der Gesellschaft möglich.

18 Die Verhängung einer Geldbuße nach § 30 OWiG sowie aufgrund von Steuerordnungswidrigkeiten ist zulässig.

C. OHG und Verfahrensrecht

I. Erkenntnisverfahren

19 Die OHG ist im Zivilprozess gem. § 124 HGB **aktiv und passiv parteifähig** (BGHZ 62, 132 ff.). Sie kann also vor Gericht klagen und verklagt werden. Sie wird im Prozess mit dem Namen ihrer Firma bezeichnet, der Angabe der Namen der einzelnen Gesellschafter bedarf es nicht. Eine falsche Bezeichnung bei Klage einer OHG oder gegen eine OHG schadet nicht, sofern die Identität der Partei feststeht (vgl. schon RGZ 157, 373). Vgl. zur Parteifähigkeit der OHG und KG außerdem ausführl. Kap. 5 Rdn. 41 ff.

20 Die OHG ist jedoch (wie alle Verbände) **prozessunfähig** (vgl. § 51 ZPO) und muss daher durch ihre vertretungsberechtigten Gesellschafter (§§ 125 ff. HGB) als gesetzliche Vertreter vertreten werden (vgl. hierzu ausführl. Kap. 5 Rdn. 48 ff.). Zustellungen erfolgen gem. § 170 ZPO an die gesetzlichen Vertreter. Dabei genügt die Zustellung an einen gesetzlichen Vertreter (§§ 170 Abs. 3 ZPO, 125 Abs. 2 Satz 3, Abs. 3 Satz 2 HGB). Ihren **allgemeinen Gerichtsstand** hat die OHG nach § 17 ZPO an ihrem Sitz, ohne Rücksicht auf die Wohnsitze ihrer Gesellschafter (vgl. Kap. 5 Rdn. 71 ff.).

21 Da die Gesellschaft als solche Partei ist, hat der **Eintritt oder der Austritt** von Gesellschaftern keine Auswirkungen auf das anhängige Klageverfahren. Gesellschafter und Gesellschaft sind verschiedene Prozessparteien, sodass der Übergang vom Gesellschafts- zum Gesellschafterprozess einen gewillkürten Parteiwechsel darstellt (vgl. BGH WM 1982, 1170; vgl. auch Kap. 5 Rdn. 47). Werden Gesellschaft und Gesellschafter gemeinsam verklagt, so sind sie **einfache Streitgenossen** (vgl. BGH NJW 1970, 1740).

22 Die **Auflösung der Gesellschaft** aus einem der in § 131 Abs. 1 HGB genannten Gründen hat auf die Parteifähigkeit der Gesellschaft grundsätzlich keinen Einfluss und hindert den Fortgang des Prozesses nicht (vgl. BGH WM 1982, 1170; vgl. auch Kap. 5 Rdn. 42). Soweit es allerdings während des Prozesses zur Vollbeendigung der Gesellschaft kommt, wird dieser wegen Wegfall der Parteifähigkeit unzulässig (vgl. BGH NJW 1996, 2035). Im Fall der Auflösung der OHG durch die Eröffnung des **Insolvenzverfahrens** (§ 131 Abs. 1 Nr. 3 HGB) wird der Rechtsstreit gem. § 240 ZPO unterbrochen, bis er vom Insolvenzverwalter (§ 85 Abs. 2 InsO) aufgenommen wird.

23 Die vertretungsberechtigten Gesellschafter sind im Prozess **als Partei** (§§ 445 ff. ZPO), die übrigen Gesellschafter **als Zeugen** zu vernehmen (vgl. BGH NJW 1965, 106; vgl. auch Kap. 5 Rdn. 70).

24 Der OHG als parteifähiger Vereinigung i. S. d. § 116 Satz 1 Nr. 2 ZPO kann **Prozesskostenhilfe** gewährt werden, wenn neben der gem. § 114 ZPO erforderlichen Erfolgsaussicht der Rechtsverfolgung weder die Gesellschaft noch die Gesellschafter (einschließlich der stillen Gesellschafter) die Kosten des Rechtsstreits aufbringen können, und die Unterlassung der Rechtsverfolgung oder Rechtsverteidigung allgemeinen Interessen zuwiderlaufen würde. Das ist bspw. dann der Fall, wenn ansonsten zahlreiche Entlassungen zu befürchten wären (vgl. BFH Rpfleger 1993, 290) oder zahlreiche am Prozess nur mittelbar beteiligte Personen in Mitleidenschaft gezogen würden (vgl. BGH NJW 1991, 703; vgl. hierzu auch ausführl. Kap. 5 Rdn. 75).

II. Zwangsvollstreckung

Die Zwangsvollstreckung in das Gesellschaftsvermögen setzt gem. § 124 Abs. 2 HGB einen **gegen die Gesellschaft gerichteten Titel** voraus. Ein Titel gegen einen oder alle Gesellschafter reicht nicht aus, sondern ermöglicht nur die Vollstreckung in deren Vermögen, da er lediglich einen »Gesamtschuldtitel« (§ 128 HGB), jedoch nicht einen zur Vollstreckung in das Gesellschaftsvermögen berechtigenden sog. »Gesamthandsschuldtitel« (§ 124 HGB) darstellt (vgl. MüKo HGB/*K. Schmidt* § 124 Rn. 30). 25

Nach herkömmlicher Ansicht sollte jedoch ein **Titel gegen sämtliche Gesellschafter** zur Vollstreckung ins Gesellschaftsvermögen ausreichen, wenn eine GbR ohne Kenntnis des Gläubigers zur OHG erstarkte (vgl. BGH BB 1967, 143; so noch Schlegelberger/*K. Schmidt* § 124 Rn. 34). Dies ist seit dem Urteil des BGH aus dem Jahr 2001 (vgl. BGH NJW 2001, 1056) jedoch ungewiss, weil nunmehr auch im Fall einer GbR ein gegen die Gesellschaft gerichteter Vollstreckungstitel ausreicht (vgl. hierzu auch BGH DNotZ 2006, 777). Die weitere Anerkennung eines nach § 736 ZPO gegen die Gesellschafter vor der Erstarkung zur OHG erwirkten »Gesamthandsschuldtitels« ist damit zweifelhaft geworden (vgl. MüKo HGB/*K. Schmidt* § 124 Rn. 30). Konsequent erscheint es, zumindest eine Umschreibung des Titels analog § 727 ZPO zu verlangen (vgl. *Hadding* ZGR 2001, 734). Vgl. hierzu auch Kap. 5 Rdn. 66 ff. 26

Ferner ist auch eine **Umschreibung** (§§ 727 ff. ZPO) eines gegen die Gesellschaft erwirkten Titels auf die Gesellschafter nicht möglich, da ihnen auf diesem Weg die persönlichen Einwendungen gem. § 129 HGB abgeschnitten würden (vgl. BGHZ 62, 133). 27

III. Insolvenz

Die OHG ist **insolvenzrechtsfähig**. Nach § 11 Abs. Nr. 1 InsO kann über das Gesellschaftsvermögen ein Insolvenzverfahren stattfinden, wobei die Gesellschaft selbst, nicht die Gemeinschaft der Gesellschafter, als Schuldnerin anzusehen ist (vgl. MüKo HGB/*K. Schmidt* Anh. § 158 Rn. 4). Wie bei Prozess und Vollstreckung ist auch hinsichtlich des Insolvenzverfahrens streng zwischen dem Insolvenzverfahren über das Vermögen der Gesellschaft (§ 131 Abs. 1 Nr. 3 HGB) und einem Insolvenzverfahren über das Vermögen eines Gesellschafters (§ 131 Abs. 1 Nr. 2 HGB) zu unterscheiden. 28

D. Steuerrecht

Die OHG ist als solche weder einkommensteuerpflichtig noch körperschaftsteuerpflichtig, da sie weder natürliche Person (§ 1 EStG) noch juristische Person (§ 1 KStG) ist (*L. Schmidt* EStG § 1 Rn. 13). Das erwirtschaftete Einkommen wird in der Höhe der Gewinnbeteiligung unmittelbar bei den nach § 15 Abs. 1 Nr. 2 EStG als Mitunternehmern behandelten Gesellschaftern versteuert. Die Gesellschaft ist lediglich Gewinnermittlungssubjekt (vgl. BFHE 144, 432). 29

Dagegen schuldet die OHG selbst **USt** (§ 1 Abs. 1 Nr. 3 UStG) und **Gewerbesteuer** (§ 5 Abs. 1 Satz 3 GewStG). Für Steuerschulden der OHG haften die Gesellschafter nach § 128 HGB. 30

§ 125 [Vertretung der Gesellschaft]

(1) Zur Vertretung der Gesellschaft ist jeder Gesellschafter ermächtigt, wenn er nicht durch den Gesellschaftsvertrag von der Vertretung ausgeschlossen ist.

(2) ¹Im Gesellschaftsvertrage kann bestimmt werden, dass alle oder mehrere Gesellschafter nur in Gemeinschaft zur Vertretung der Gesellschaft ermächtigt sein sollen (Gesamtvertretung). ²Die zur Gesamtvertretung berechtigten Gesellschafter können einzelne von ihnen zur Vornahme bestimmter Geschäfte oder bestimmter Arten von Geschäften ermächtigen. ³Ist der Gesellschaft gegenüber eine Willenserklärung abzugeben, so genügt die Abgabe gegenüber einem der zur Mitwirkung bei der Vertretung befugten Gesellschafter.

§ 125 HGB Vertretung der Gesellschaft

(3) ¹Im Gesellschaftsvertrage kann bestimmt werden, daß die Gesellschafter, wenn nicht mehrere zusammen handeln, nur in Gemeinschaft mit einem Prokuristen zur Vertretung der Gesellschaft ermächtigt sein sollen. ²Die Vorschriften des Absatzes 2 Satz 2 und 3 finden in diesem Falle entsprechende Anwendung.

Übersicht	Rdn.			Rdn.
A. Vertretung der OHG	1		2. Gestaltungsmöglichkeiten	17
I. Vertretungsmacht und Geschäftsführung	1		3. Ausübung der Gesamtvertretungsmacht	18
II. Organschaftliche Vertretung	2			
1. Grundsatz der Selbstorganschaft	2		4. Einzelermächtigung von Gesamtvertretern	19
2. Keine Notvertretungsbefugnis	4			
3. Zurechnung des Vertreterhandelns	5		5. Passivvertretung	23
III. Rechtsgeschäftliche Vertretung	9		III. Wegfall und Verhinderung von Gesamtvertretern	24
B. Die Vertretungsmacht und ihr Ausschluss	10		IV. Gemischte Gesamtvertretung, Abs. 3	25
C. Allein- und Gesamtvertretung	14		D. Geschäftsunfähige und beschränkt geschäftsfähige Gesellschafter	29
I. Alleinvertretung als Regel	14			
II. Gesamtvertretung, Abs. 2	16		E. Eintragung in das Handelsregister	30
1. Gesellschaftsvertragliche Regelung	16			

A. Vertretung der OHG

I. Vertretungsmacht und Geschäftsführung

1 Im Unterschied zur Geschäftsführung i. S. d. §§ 114 ff. HGB betrifft die Vertretung die Teilnahme der Gesellschaft am Rechtsverkehr und damit das **Außenverhältnis der Gesellschaft** zu anderen Rechtssubjekten (vgl. GroßkommHGB/*Habersack* § 125 Rn. 3; Baumbach/Hopt/*Roth* § 125 Rn. 1). Die Ausübung der organschaftlichen Vertretungsmacht ist zugleich eine Maßnahme der Geschäftsführung. In ihrer rechtlichen Beurteilung unterliegen Geschäftsführung und Vertretung gleichwohl unterschiedlichen Maßstäben. So lassen im Innenverhältnis als pflichtwidrig zu beurteilende Vertretungsmaßnahmen (»Überschreiten des rechtlichen Dürfens«) gleichwohl die Wirksamkeit eines namens der Gesellschaft abgeschlossenen Rechtsgeschäfts unberührt, wenn der Vertreter innerhalb seiner Vertretungsmacht (»im Rahmen des rechtlichen Könnens«) gehandelt hat (vgl. E/B/J/S/*Hillmann* § 125 Rn. 1; GroßkommHGB/*Habersack* § 125 Rn. 3, § 126 Rn. 3, 20), es sei denn, es liegt ein Fall des Missbrauchs der Vertretungsmacht, also Evidenz oder Kollusion, vor (vgl. BGH NJW 1989, 26, 27; NJW 1988, 2241, 2243; NJW 1984, 1461, 1462; OLG Düsseldorf NJW-RR 1997, 737, 738; Palandt/*Ellenberger* § 164 Rn. 13 ff.; *K. Schmidt* HandelsR, § 16 III 4b).

II. Organschaftliche Vertretung

1. Grundsatz der Selbstorganschaft

2 Die Regelung des § 125 Abs. 1 HGB ist Ausdruck des Grundsatzes der Selbstorganschaft. Das Recht zur Vertretung der Gesellschaft ist als Ausfluss des Abspaltungsverbots mit der Stellung als Gesellschafter verbunden (vgl. E/B/J/S/*Hillmann* § 125 Rn. 3). Dieses Prinzip hat seinen Grund nicht zuletzt wegen der persönlichen Haftung der Gesellschafter gem. § 128 Satz 1 HGB für rechtsgeschäftlich begründete Verbindlichkeiten (vgl. GroßkommHGB/*Habersack* § 125 Rn. 5). Einem Dritten kann in der OHG somit grundsätzlich keine organschaftliche Vertretungsbefugnis zustehen bzw. übertragen werden (vgl. BGH NJW 1960, 1997, 1998; NJW 1969, 507, 508). Der Grundsatz der Selbstorganschaft verbietet es, sämtliche Gesellschafter von der Geschäftsführung und Vertretung auszuschließen und diese Befugnisse auf Dritte zu übertragen (vgl. BGH NJW 1960, 1997; E/B/J/S/*Hillmann* § 125 Rn. 3). Es muss stets eine Vertretung der Gesellschaft allein durch einen oder mehrere Gesellschafter gewährleistet sein (vgl. BGHZ 26, 330, 332). Die Bestimmungen zur Selbstorganschaft beinhalten mithin einen wesentlichen Unterschied zum Recht der Kapitalgesell-

schaften, bei denen die Drittorganschaft, also die Zulassung der organschaftlichen Vertretung der Gesellschaft durch einen Nichtgesellschafter, gilt.

Durchbrochen wird der Grundsatz der Selbstorganschaft in der **Liquidation** (vgl. § 146 Abs. 1 Satz 1 HGB). Im Abwicklungsstadium können auch Nichtgesellschafter zu Liquidatoren bestellt werden, weil in diesem Stadium die Interessen der Gesellschafter nicht mehr gleichgerichtet und durch den Zweck der werbenden Gesellschaft miteinander verbunden sind (vgl. BGH NJW 1960, 1997, 1998). 3

2. Keine Notvertretungsbefugnis

Die gerichtliche Einsetzung eines Notvertreters für die Gesellschaft analog dem für Vereine und Kapitalgesellschaften geltenden § 29 BGB ist nicht zulässig (vgl. BGH NJW 1969, 507, 508; MüKo HGB/*K. Schmidt* § 125 Rn. 7; GroßkommHGB/*Habersack* § 125 Rn. 12). Ist allerdings die Gesellschaft in einem Rechtsstreit ohne Vertreter, z. B. in einem Prozess gegen den einzigen vertretungsberechtigten Gesellschafter, kann wirksam ein Vertreter gem. § 57 ZPO bestellt werden (vgl. RGZ 116, 116, 118; E/B/J/S/*Hillmann* § 125 Rn. 3; MüKo HGB/*K. Schmidt* § 125 Rn. 7; GroßkommHGB/*Habersack* § 125 Rn. 5). 4

3. Zurechnung des Vertreterhandelns

Die zur Vertretung der Gesellschaft berufenen Gesellschafter sind deren **gesetzliche Vertreter i. S. v. § 51 ZPO**. Bei der Vertretung finden die §§ 164 ff. BGB und die Grundsätze der Rechtsscheinvollmacht Anwendung (vgl. Röhricht/v. Westphalen/*v. Gerkan* § 125 Rn. 3). Der Gesellschafter muss demnach erkennbar im Namen der Gesellschaft handeln und vertretungsbefugt sein. Handelt ein nicht vertretungsbefugter Gesellschafter namens der Gesellschaft, so gelten die §§ 177 ff. BGB. 5

Auch, wenn ein Gesellschafter nicht ausdrücklich namens der Gesellschaft auftritt, reicht es aus, wenn aus den Umständen ersichtlich ist, dass die Willenserklärung im Namen der Gesellschaft abgegeben wird (§ 164 Abs. 2 BGB). Dies ist insbesondere bei den sog. **unternehmensbezogenen Geschäften** zu bejahen (vgl. BGH NJW 1990, 2678, 2679). Nach der vom BGH in st. Rspr. angewandten Auslegungsregel (vgl. BGH NJW 1975, 1166; NJW 1984, 1347, 1348; NJW 1985, 136, 138) geht bei unternehmensbezogenen Geschäften der Wille der Beteiligten im Zweifel dahin, dass Vertragspartner der Inhaber des Unternehmens und nicht der für das Unternehmen Handelnde werden soll. Dies gilt selbst dann, wenn der Inhaber falsch bezeichnet wird oder über ihn sonst Fehlvorstellungen bestehen. 6

Für die **Wissenszurechnung** (Kenntnis oder Kennenmüssen, z. B. bei Irrtumsanfechtung oder Gutgläubigkeit) ist nicht auf die vertretene Gesellschaft, sondern auf die Person ihres Vertreters abzustellen. Nach (noch) überwiegender Ansicht in Rechtsprechung und Literatur (vgl. BGH NJW 1984, 1953, 1954; Baumbach/Hopt/*Roth* § 125 Rn. 4; offen gelassen nunmehr: BGH NJW 1995, 2160; NJW 1999, 286) richtet sich die Zurechnung des Handelns organschaftlicher Vertreter nach der analogen Anwendung der § 166 Abs. 1 BGB, § 125 Abs. 2 Satz 3 HGB. Demnach ist grundsätzlich die Kenntnis desjenigen vertretungsberechtigten Gesellschafters maßgebend, der am konkreten Geschäft mitgewirkt hat. Nach a. A. richtet sich die Zurechnung grundsätzlich entsprechend § 31 BGB (vgl. MüKo HGB/*K. Schmidt* § 125 Rn. 13; GroßkommHGB/*Habersack* § 125 Rn. 20 ff.). Dies hat zur Konsequenz, dass sich die OHG das Wissen aller vertretungsberechtigten Gesellschafter zurechnen lassen muss, auch wenn der Gesellschafter, der über das entsprechende Wissen verfügt, an dem maßgeblichen Rechtsgeschäft gar nicht mitgewirkt hat. Da dies sehr weitreichende Folgen für die Gesellschaft hätte, bejaht der BGH eine Zurechnung einer solchen Kenntnis zur Gesellschaft jedoch nur dann, wenn derjenige Gesellschafter, der über das Wissen verfügt, im Wege einer arbeitsteilig arbeitenden Organisation verpflichtet gewesen wäre, sein Wissen an die Gesellschaft weiterzugeben (vgl. BGH NJW 1992, 1099 f.; ZIP 1996, 550 f.). Bei Gesamtvertretung ist insoweit bereits die Kenntnis oder das Kennenmüssen eines der zur Mitwirkung berufenen Gesellschafter relevant (vgl. BGHZ 62, 166, 173). 7

8 Ein Verschulden der vertretungsberechtigten Gesellschafter wird der Gesellschaft sowohl im rechtsgeschäftlichen als auch im deliktischen Bereich entsprechend § 31 BGB zugerechnet (vgl. BGH WM 1974, 154). Für das Verschulden ihrer sonstigen Vertreter hat sie im Rahmen bestehender Schuldverhältnisse gem. § 278 BGB und im Fall fehlerhafter Auswahl bzw. Überwachung ihrer Verrichtungsgehilfen gem. § 831 BGB einzustehen (vgl. GroßkommHGB/*Habersack* § 125 Rn. 19).

III. Rechtsgeschäftliche Vertretung

9 Die Möglichkeit, dass sich die Gesellschaft durch Prokuristen, Handlungsbevollmächtigte oder andere rechtsgeschäftlich bestellte Vertreter vertreten lässt, bleibt im Übrigen unberührt. Insoweit gelten die allgemeinen Regeln der §§ 164 ff. BGB; die §§ 125, 126 HGB finden indes auf rechtsgeschäftlich bestellte Vertreter keine Anwendung (vgl. MüKo HGB/*K. Schmidt* § 125 Rn. 9). Wie jedem Dritten kann auch einem nicht vertretungsberechtigten Gesellschafter **Prokura oder Vollmacht** erteilt werden.

B. Die Vertretungsmacht und ihr Ausschluss

10 Gem. § 125 Abs. 1 HGB ist grundsätzlich jeder Gesellschafter einer OHG und i. V. m. §§ 161 Abs. 2, 170 HGB jeder Komplementär zur Vertretung der Gesellschaft befugt.

11 Durch entsprechende Regelungen im Gesellschaftsvertrag können gem. § 125 Abs. 1 Halbs. 2 HGB einzelne, wegen des Grundsatzes der Selbstorganschaft (Rdn. 2 f.) jedoch nicht alle Gesellschafter von der Vertretungsmacht **ausgeschlossen** werden (vgl. BGH NJW 1964, 1624). In Zweifelsfällen bedürfen die im Gesellschaftsvertrag enthaltenen Bestimmungen der Auslegung. Dabei ist grundsätzlich eine Regelung, wonach bestimmten Gesellschaftern Vertretungsbefugnis zustehen soll, als Ausschluss der übrigen Gesellschafter von der Vertretungsmacht auszulegen (vgl. MüKo HGB/*K. Schmidt* § 125 Rn. 15; Baumbach/Hopt/*Roth* § 125 Rn. 12; str.). Darüber hinaus ist ein von der Geschäftsführung ausgeschlossener Gesellschafter im Zweifel nicht befugt, die Gesellschaft zu vertreten (vgl. MüKo HGB/*K. Schmidt* § 125 Rn. 15).

12 Der Ausschluss der Vertretungsmacht kann jedoch nur vollständig, nicht aber bloß teilweise, befristet oder bedingt erklärt werden (vgl. Baumbach/Hopt/*Roth* § 125 Rn. 12). Dem von der Vertretung ausgeschlossenen Gesellschafter kann aber rechtsgeschäftliche Vollmacht, insbesondere Prokura, Handlungsvollmacht oder Generalvollmacht, erteilt werden (vgl. E/B/J/S/*Hillmann* § 125 Rn. 7; Baumbach/Hopt/*Roth* § 125 Rn. 12; str.).

13 Sofern Gesellschafter über das Bestehen der Vertretungsmacht eines Gesellschafters streiten, ist die Erhebung einer **Feststellungsklage** gem. § 256 ZPO zur Behebung der Unsicherheit zulässig (vgl. BGH NJW 1979, 871, 872; Baumbach/Hopt/*Roth* § 125 Rn. 12).

C. Allein- und Gesamtvertretung

I. Alleinvertretung als Regel

14 Gem. § 125 Abs. 1 HGB ist grundsätzlich jeder Gesellschafter alleine zur Vertretung der Gesellschaft befugt. Soweit mehrere Gesellschafter einander widersprechende Erklärungen abgeben, gilt, wenn die Erklärung unwiderruflich ist, die erste, andernfalls die letzte; bei Gleichzeitigkeit gilt keine von beiden Erklärungen (vgl. RGZ 81, 92, 95).

15 Die Alleinvertretungsbefugnis bleibt im Zweifel ungeachtet der §§ 714, 709 BGB auch dann weiter bestehen, wenn eine OHG aufgrund Rückganges ihres Geschäftsbetriebes zur GbR wird (vgl. BGH NJW 1971, 1698).

II. Gesamtvertretung, Abs. 2

1. Gesellschaftsvertragliche Regelung

Durch den Gesellschaftsvertrag kann vom Grundsatz der Alleinvertretung abgewichen werden und angeordnet werden, dass die Gesellschafter die Gesellschaft nur gemeinsam oder in der nach dem Statut erforderlichen Zahl vertreten können. Sofern eine vertragliche Regelung über eine bestimmte Form der Gesamtvertretung unwirksam ist, so gilt im Zweifel eine Gesamtvertretung durch alle Gesellschafter (vgl. BGHZ 33, 105, 108). 16

2. Gestaltungsmöglichkeiten

Gesamtvertretung und Alleinvertretung können miteinander kombiniert werden, sodass ein Gesellschafter alleine zur Vertretung befugt sein kann, während ein anderer Gesellschafter nur gemeinsam mit ihm oder einem dritten Gesellschafter Vertretungsmacht inne hat (vgl. RGZ 90, 21, 22 f.). Es ist jedoch angesichts von § 126 Abs. 2 HGB unzulässig, die Gesamtvertretung nur für bestimmte Arten von Geschäften anzuordnen, während es für die anderen Geschäfte bei der Alleinvertretung verbleiben soll (vgl. GroßkommHGB/*Habersack* § 125 Rn. 22). 17

3. Ausübung der Gesamtvertretungsmacht

Gesamtvertretungsbefugte Gesellschafter müssen, um die Wirksamkeit des beabsichtigten Rechtsgeschäfts bewirken zu können, bei der Abgabe ihrer Willenserklärungen in der nach dem Gesellschaftsvertrag erforderlichen Anzahl zusammenwirken. Sofern ein zur Gesamtvertretung berufener Gesellschafter ohne die notwendige Mitwirkung der anderen Gesamtvertreter gehandelt hat, ist das abgeschlossene Rechtsgeschäft gem. §§ 177 ff. BGB schwebend unwirksam. Es wird wirksam, sobald der oder die übergangenen Gesamtvertreter es genehmigen. Die Genehmigung bedarf gem. § 182 BGB nicht der für das Rechtsgeschäft vorgeschriebenen Form (vgl. RGZ 118, 168, 170 f.). 18

4. Einzelermächtigung von Gesamtvertretern

§ 125 Abs. Satz 2 HGB ermöglicht es, dass einzelne Gesamtvertreter zur Vornahme bestimmter Geschäfte oder bestimmter Arten von Geschäften ermächtigt werden. Ein einzeln ermächtigter Gesamtvertreter kann dann alleine im Umfang der Ermächtigung die Gesellschaft wirksam vertreten. 19

Einer von zwei gesamtvertretungsberechtigten Geschäftsführern, der mit der Gesellschaft einen Vertrag abschließen will, kann nach Auffassung des BGH (vgl. NJW 1975, 1117) sogar ohne Verstoß gegen § 181 BGB den anderen Geschäftsführer wirksam zur Alleinvertretung der Gesellschaft bezüglich des beabsichtigten Geschäfts ermächtigen. Diese Auffassung wird allerdings von Teilen der Fachliteratur (vgl. *Reinicke* NJW 1975, 1185, 1190; MüKo HGB/*K. Schmidt* § 125 Rn. 45; GroßkommHGB/*Habersack* § 125 Rn. 51) insbesondere auch unter Hinweis auf den Schutzzweck des § 181 BGB bestritten. Die entgegengesetzte Auffassung des BGH und seine Begründung hierzu sind gleichwohl zutreffend. Der ermächtigte Gesellschafter allein entscheidet nämlich ohne jede Bindung an die Wünsche und Interessen des Ermächtigenden in ausschließlich eigener Verantwortung über den Geschäftsabschluss. Ein Interessenkonflikt und eine dadurch begründete Gefahr der Benachteiligung der Gesellschaft sind daher auch nicht mittelbar in seiner Person gegeben, wenn ihm der andere Gesamtvertreter als Geschäftspartner der Gesellschaft gegenübertritt (vgl. BGH NJW 1975, 1117, 1119). Geben indes zwei Gesamtvertreter gemeinsam eine Vertragserklärung ab und verstößt dabei die Mitwirkung des einen gegen § 181 BGB, so kann seine Erklärung jedoch nicht in eine zulässige Ermächtigung des anderen zur Alleinvertretung umgedeutet werden (vgl. BGH, NJW 1992, 618). 20

Die Erteilung der Ermächtigung erfolgt durch formlose Erklärung an den zu Ermächtigenden (vgl. Baumbach/Hopt/*Roth* § 125 Rn. 17). Die Ermächtigung bedarf keiner Annahme und kann nicht abgelehnt werden. Ob eine Ermächtigung zugleich eine bindende Weisung der Gesellschafter 21

§ 125 HGB Vertretung der Gesellschaft

gegenüber dem Ermächtigten zur Ausübung beinhaltet, ist indes eine Frage des Einzelfalls (vgl. MüKo HGB/*K. Schmidt* § 125 Rn. 43).

22 Die Ermächtigung kann jederzeit ohne Nennung von Gründen und nicht notwendig nur durch die Gesamtvertreter, welche die Ermächtigung erteilt haben, widerrufen werden (vgl. Baumbach/Hopt/*Roth* § 125 Rn. 17).

5. Passivvertretung

23 Ist der Gesellschaft gegenüber eine Willenserklärung abzugeben, genügt nach der – wegen des Verkehrsschutzes zwingenden – Vorschrift des § 125 Abs. 2 Satz 2 HGB die Abgabe gegenüber einem zur Gesamtvertretung befugten Gesellschafter.

III. Wegfall und Verhinderung von Gesamtvertretern

24 Welche Folgen der Wegfall, das Ausscheiden oder das sonstige Erlöschen der Vertretungsmacht eines gesamtvertretungsbefugten Gesellschafters hat, bestimmt sich zunächst nach den Regelungen des Gesellschaftsvertrages. Sieht aber der Gesellschaftsvertrag eine besondere Regelung für den Fall, dass ein vertretungsberechtigter Gesellschafter ausscheidet oder seine Vertretungsmacht aus einem sonstigen Grunde erlischt, nicht vor, so ändert der Eintritt eines solchen Tatbestandes grundsätzlich nichts an der Vertretungsmacht der anderen Gesellschafter (vgl. BGH NJW 1964, 1624). Fällt also ein Gesamtvertreter fort, so erhält nicht etwa der andere Gesellschafter, der mit ihm zusammen vertretungsberechtigt war, Alleinvertretungsmacht; denn ein solcher Zuwachs an Vertretungsmacht läge im Zweifel nicht im Sinne des Gesellschaftsvertrages, der die Einzelvertretung gerade ausgeschlossen hat (vgl. BGH NJW 1964, 1624). Eine im Gesellschaftsvertrag enthaltene Gesamtvertretungsregelung wird gleichwohl unwirksam, solange die Gesellschaft durch diese Regelung handlungsunfähig würde (vgl. MüKo HGB/*K. Schmidt* § 125 Rn. 30). Deshalb gilt: Wenn in einer Personenhandelsgesellschaft nach dem Ausscheiden des einen von zwei gesamtvertretungsberechtigten Gesellschaftern nur noch ein vertretungsberechtigter Gesellschafter vorhanden ist, darf der nunmehr einzige vertretungsberechtigte Gesellschafter die Gesellschaft allein vertreten (vgl. BGH NJW 1964, 1624.).

IV. Gemischte Gesamtvertretung, Abs. 3

25 Nach Abs. 3 ist die Anordnung einer Gesamtvertretung von Gesellschaftern zusammen mit einem Prokuristen möglich (sog. gemischte oder unechte Gesamtvertretung). Hierbei sind verschiedene Gestaltungsmöglichkeiten denkbar. Bei jeder Ausgestaltung der Vertretungsregelung ist allerdings der Grundsatz der Selbstorganschaft (Rdn. 2 f.) zu wahren. Es muss also stets die Möglichkeit der Vertretung der Gesellschaft durch einen Gesellschafter allein, oder im Zusammenwirken mit anderen Gesellschaftern gewährleistet bleiben (vgl. BGHZ 26, 330, 333). Es ist somit nicht zulässig, dass der einzige vertretungsberechtigte Gesellschafter oder die Gesamtheit der Gesellschafter an die Mitwirkung eines Prokuristen gebunden wird.

26 Dagegen ist eine **gemischte Gesamtvertretung** mit Bindung des Gesellschafters an die Mitwirkung eines Handlungsbevollmächtigten oder eines sonstigen rechtsgeschäftlichen Vertreters nicht möglich, weil hierdurch die Vertretungsmacht des Gesellschafters weiter als nach § 125 Abs. 3 zugelassen beschränkt wird (vgl. MüKo HGB/*K. Schmidt* § 125 Rn. 41). Umgekehrt kann allerdings der Handlungsbevollmächtigte an die Mitwirkung eines Gesellschafters gebunden werden, ohne dass sich dies jedoch auf die organschaftliche Vertretungsmacht des Gesellschafters auswirkt.

27 Der Umfang der gemischten Gesamtvertretungsbefugnis richtet sich nicht nach der Vertretungsmacht des Prokuristen gem. § 49 HGB, sondern nach der des Gesellschafters gem. § 126 HGB (vgl. BGH NJW 1974, 1194; NJW 1954, 1158).

28 Bei der Ausübung der Passivvertretung für die Gesellschaft ist der Prokurist gem. § 125 Abs. 3 Satz 2 i. V. m. Abs. 2 Satz 3 HGB allein vertretungsbefugt.

D. Geschäftsunfähige und beschränkt geschäftsfähige Gesellschafter

Auch Geschäftsunfähige (vgl. § 104 BGB) oder beschränkt geschäftsfähige Gesellschafter, z.B. Minderjährige (vgl. § 106 BGB), können vertretungsbefugt sein (vgl. Röhricht/v. Westphalen/*v. Gerkan* § 125 Rn. 18; GroßkommHGB/*Habersack* § 125 Rn. 29; MüKo HGB/*K. Schmidt* § 125 Rn. 18). Die Vorschrift des § 165 BGB, wonach die Wirksamkeit einer von oder gegenüber einem Vertreter abgegebenen Willenserklärung davon nicht beeinträchtigt wird, dass der Vertreter in seiner Geschäftsfähigkeit beschränkt ist, findet jedoch für die organschaftliche Vertretungsmacht einer Personenhandelsgesellschaft keine Anwendung (vgl. MüKo HGB/*K. Schmidt* § 125 Rn. 18; GroßkommHGB/*Habersack* § 125 Rn. 29). Vielmehr handelt für den Gesellschafter sein **gesetzlicher Vertreter** (vgl. MüKo HGB/*K. Schmidt* § 125 Rn. 18; Röhricht/v. Westphalen/*v. Gerkan* § 125 Rn. 18). Der gesetzliche Vertreter benötigt für namens der Personenhandelsgesellschaft getätigte Geschäfte keine familien- oder vormundschaftliche Genehmigung (vgl. BGHZ 38, 26, 29 f.; E/B/J/S/*Hillmann* § 125 Rn. 48; Röhricht/v. Westphalen/*v. Gerkan* § 125 Rn. 18). Allerdings darf ein minderjähriger Gesellschafter im Fall einer Ermächtigung seines gesetzlichen Vertreters nach § 112 BGB mit Zustimmung des Vormundschaftsgerichts selbst tätig sein (vgl. E/B/J/S/*Hillmann* § 125 Rn. 49; MüKo HGB/*K. Schmidt* § 125 Rn. 18; GroßkommHGB/*Habersack* § 125 Rn. 29; str.). 29

E. Eintragung in das Handelsregister

Die Eintragung der Vertretungsmacht und ihrer Änderungen regelt § 106 Abs. 2 Nr. 4 HGB. **Eintragungspflichtig** sind seit der Neuregelung dieser Vorschrift nicht mehr nur Abweichungen von dem Grundsatz nach § 125 Abs. 1 HGB. 30

In der Praxis wird zudem die Befreiung vom Verbot des Selbstkontrahierens und der Doppelvertretung gem. § 181 BGB als eintragungsfähige Tatsache erachtet (vgl. OLG Hamm BB 1983, 858, 859; BayObLG ZIP 2000, 701 f.). 31

Die **Anmeldepflicht** trifft sämtliche Gesellschafter, auch die von der Vertretung ausgeschlossenen. Die Gesellschafter sind untereinander zur Mitwirkung bei der Anmeldung verpflichtet (vgl. E/B/J/S/*Hillmann* § 125 Rn. 54). 32

§ 125a [Angaben auf Geschäftsbriefen]

(1) ¹Auf allen Geschäftsbriefen der Gesellschaft gleichviel welcher Form, die an einen bestimmten Empfänger gerichtet werden, müssen die Rechtsform und der Sitz der Gesellschaft, das Registergericht und die Nummer, unter der die Gesellschaft in das Handelsregister eingetragen ist, angegeben werden. ²Bei einer Gesellschaft, bei der kein Gesellschafter eine natürliche Person ist, sind auf den Geschäftsbriefen der Gesellschaft ferner die Firmen der Gesellschafter anzugeben sowie für die Gesellschafter die nach § 35a des Gesetzes betreffend die Gesellschaften mit beschränkter Haftung oder § 80 des Aktiengesetzes für Geschäftsbriefe vorgeschriebenen Angaben zu machen. ³Die Angaben nach Satz 2 sind nicht erforderlich, wenn zu den Gesellschaftern der Gesellschaft eine offene Handelsgesellschaft oder Kommanditgesellschaft gehört, bei der ein persönlich haftender Gesellschafter eine natürliche Person ist.

(2) Für Vordrucke und Bestellscheine ist § 37a Abs. 2 und 3, für Zwangsgelder gegen die zur Vertretung der Gesellschaft ermächtigten Gesellschafter oder deren organschaftliche Vertreter und die Liquidatoren ist § 37a Abs. 4 entsprechend anzuwenden.

Übersicht	Rdn.			Rdn.
A. Normzweck	1	E.	Rechtsfolgen	7
B. Anwendungsbereich	2	I.	Zwangsgeld	7
C. Geschäftsbriefe	3	II.	Zivilrechtliche Rechtsfolgen	8
D. Vordrucke, Bestellscheine	5			

§ 125a HGB Angaben auf Geschäftsbriefen

A. Normzweck

1 Die Norm bezweckt, dass jede Gesellschaft dem Geschäftsverkehr allgemeine Grundinformationen zur Verfügung stellt, um Grundlagen der Gesellschaftsverhältnisse transparent zu machen. Gesellschaften, bei denen kein Gesellschafter eine natürliche Person ist, sind gem. Abs. 1 Satz 2 zu zusätzlichen Angaben neben den Grundinformationen verpflichtet. Hierdurch soll der Rechtsverkehr auf die beschränkte Haftungsmasse aufmerksam gemacht werden (vgl. Baumbach/Hopt/*Roth* § 125a Rn. 1; Röhricht/v. Westphalen/*v. Gerkan* § 125a Rn. 1).

B. Anwendungsbereich

2 Die Verpflichtung zur Angabe der Rechtsform, des Sitzes der Gesellschaft, des Registergerichts und der Handelsregisternummer auf den Geschäftsbriefen erstreckt sich auf alle Handelsgesellschaften. Die für die GmbH (§ 35a GmbHG) und die AG (§ 80 AktG) geltenden Bestimmungen über die Angaben auf Geschäftsbriefen und die Nennung der Firmen der Gesellschafter sind darüber hinaus von der OHG einzuhalten, wenn bei ihr keine natürliche Person unbegrenzt mit ihrem Privatvermögen haftet.

C. Geschäftsbriefe

3 Der Begriff des Geschäftsbriefs erfasst alle individuell adressierten schriftlichen Mitteilungen der Gesellschaft im geschäftlichen Bereich (vgl. MüKo HGB/*K. Schmidt* § 125a Rn. 5). Die äußere Form des Geschäftsbriefs ist unerheblich. Neben Briefen kommen unter anderem auch **Postkarten**, **Telefaxe** oder auch **E-Mails** in Betracht (vgl. MüKo HGB/*K. Schmidt* § 125a Rn. 5). Dies wurde durch die Einfügung der Worte »gleichviel welcher Form« in Abs. 1 Satz 1 durch das EHUG zum 01.01.2007 klargestellt (vgl. Begr. EHUG BT-Drucks. 16/960, S. 47 f. zu Nr. 13 bzw. Nr. 16). Die Mitteilung muss jedoch einen geschäftsbezogenen Inhalt besitzen. Richtet sich die Mitteilung wie häufig bei Werbeschriften oder Internetseiten an einen **unbestimmten Empfängerkreis**, so entfällt die Angabepflicht. Dies gilt allerdings nicht für solche Internetseiten, die zur Entgegennahme von Bestellungen dienen. Im Übrigen gelten für Internetseiten besondere Mitteilungspflichten, so insbesondere nach § 5 TMG.

4 Geschäftsbriefe sind insbesondere Angebots- und Annahmeschreiben, Auftragsbestätigungen, Rechnungen, Quittungen, Rücktritts- und Anfechtungserklärungen, Mängelrügen sowie Kündigungserklärungen (vgl. GroßkommHGB/*Habersack* § 125a Rn. 7 ff.; *Schaffland* BB 1980, 1501 f.).

D. Vordrucke, Bestellscheine

5 Eine teilweise Befreiung von der Angabepflicht enthält Abs. 2 für Mitteilungen und Berichte, die im Rahmen einer bestehenden Geschäftsverbindung übermittelt werden und auf einem Vordruck erfolgen, dessen Verwendung üblich ist und in dem nur die im Einzelfall notwendigen besonderen Angaben eingefügt zu werden brauchen. Davon betroffen können insbesondere Auftragsbestätigungen, Lieferscheine, Rechnungen und Kontoauszüge sein. Allerdings setzt die Befreiung voraus, dass dem Empfänger des Vordrucks die nach Abs. 1 erforderlichen Angaben schon einmal im Rahmen der Geschäftsbeziehung mitgeteilt worden sind (vgl. MüKo HGB/*K. Schmidt* § 125a Rn. 13; GroßkommHGB/*Habersack* § 125a Rn. 14).

6 **Bestellscheine** genießen, obgleich sie häufig als Vordruck verwendet werden, nicht das Befreiungsprivileg von Abs. 2 (vgl. Baumbach/Hopt/*Roth* § 125a Rn. 9).

E. Rechtsfolgen

I. Zwangsgeld

7 Enthalten die Geschäftsbriefe nicht die notwendigen Angaben, kann das Registergericht nach Abs. 2 i. V. m. § 37a Abs. 4 HGB ein Zwangsgeld gegen die zur Vertretung der Gesellschaft ermächtigten Gesellschafter bzw. ihre Geschäftsführer festsetzen.

II. Zivilrechtliche Rechtsfolgen

Fehlende Angaben können auch zivilrechtliche Folgen haben. So kann das Fehlen von erforderlichen Angaben dem Geschäftspartner unter den engen Voraussetzungen des § 119 Abs. 2 BGB im Einzelfall zur **Anfechtung seiner Willenserklärung** wegen eines Irrtums über verkehrswesentliche Eigenschaften der Gesellschaft berechtigen (vgl. E/B/J/*Hillmann* § 125a Rn. 11; MüKo HGB/*K. Schmidt* § 125a Rn. 16; Röhricht/v. Westphalen/*v. Gerkan*, § 125a Rn. 7). Im Fall eines beim Geschäftspartner aufgrund einer schuldhaften Verletzung von Abs. 1 eingetretenen Schadens, kann dieser einen **Schadensersatzanspruch** wegen Verschuldens bei Vertragsschluss gem. §§ 280, 311 Abs. 2 BGB (vgl. MüKo HGB/*K. Schmidt* § 125a Rn. 16; Röhricht/v. Westphalen/*v. Gerkan* § 125a Rn. 7) bzw. wegen Schutzgesetzverletzung gem. § 823 Abs. 2 BGB (vgl. LG Detmold GmbHR 1991, 23 zur GmbH; MüKo HGB/*K. Schmidt* § 125a Rn. 16; E/B/J/*Hillmann* § 125a Rn. 11; a. A. mangels angeblichen Schutzgesetzcharakters von § 125a Abs. 1: Baumbach/Hopt/*Roth* § 125a Rn. 11) geltend machen. Ferner wird von Teilen der Fachliteratur eine auf veranlasstem Rechtsschein beruhende **Vertrauenshaftung** vertreten (vgl. Röhricht/v. Westphalen/*v. Gerkan* § 125a Rn. 7; Baumbach/Hopt/*Roth* § 125a Rn. 11; a. A. E/B/J/*Hillmann* § 125a Rn. 12; MüKo HGB/*K. Schmidt* § 125a Rn. 18).

8

§ 126 [Umfang der Vertretungsmacht]

(1) Die Vertretungsmacht der Gesellschafter erstreckt sich auf alle gerichtlichen und außergerichtlichen Geschäfte und Rechtshandlungen einschließlich der Veräußerung und Belastung von Grundstücken sowie der Erteilung und des Widerrufs einer Prokura.

(2) Eine Beschränkung des Umfanges der Vertretungsmacht ist Dritten gegenüber unwirksam; dies gilt insbesondere von der Beschränkung, daß sich die Vertretung nur auf gewisse Geschäfte oder Arten von Geschäften erstrecken oder daß sie nur unter gewissen Umständen oder für eine gewisse Zeit oder an einzelnen Orten stattfinden soll.

(3) In betreff der Beschränkung auf den Betrieb einer von mehreren Niederlassungen der Gesellschaft finden die Vorschriften des § 50 Abs. 3 entsprechende Anwendung.

Übersicht		Rdn.				Rdn.
A.	Normzweck	1		2.	Stille Gesellschaft	12
B.	Anwendungsbereich	2		3.	Unternehmenskauf	13
I.	Gesellschaftsformen	2	D.	**Beschränkungen der Vertretungsmacht, Abs. 2**		14
II.	Zurechnung	3				
C.	**Reichweite der Vertretungsmacht, Abs. 1**	4	I.	Einzelne Niederlassungen, Abs. 3		16
I.	Allgemeines	5	II.	Rechtsgeschäfte mit Gesellschaftern		17
II.	Grundstücke und Prokura	6	E.	**Missbrauch der Vertretungsmacht**		20
III.	Verbot des Selbstkontrahierens	8	I.	Voraussetzungen		20
IV.	Grundlagengeschäfte	10		1.	Kollusion	21
	1. Änderungen des Gesellschaftsvertrages	11		2.	Evidenz	22
			II.	Rechtsfolgen		23

A. Normzweck

Die Vorschrift des § 126 HGB bestimmt den **Umfang der organschaftlichen Vertretungsmacht** der zur Vertretung der Gesellschaft berechtigten Gesellschafter. Die Regelung soll gewährleisten, dass der Rechtsverkehr im Interesse einer zügigen Geschäftsabwicklung und zum Schutz derjenigen, die mit der OHG in Rechtsbeziehungen treten, nicht mit Ungewissheiten über etwaige Beschränkungen der Handlungsmacht der geschäftsführenden Gesellschafter belastet werden (vgl. BGH NJW 1974, 1555).

1

B. Anwendungsbereich

I. Gesellschaftsformen

2 Die in § 126 HGB normierten Bestimmungen gelten unmittelbar für die **OHG** und i. V. m. § 161 Abs. 2 HGB auch für die **KG** und deren Komplementäre. Entsprechende Anwendung finden diese Regelungen bei der **Partnerschaftsgesellschaft** gem. § 7 Abs. 2 PartGG. Eine analoge Anwendung der Vorschrift des § 126 HGB auf die unternehmenstragende **GbR** lehnt die h. M. (vgl. BGH NJW 1962, 2344, 2347; GroßkommHGB/*Habersack* § 126 Rn. 2; MüKo BGB/*Schäfer* § 714 Rn. 24; a. A. MüKo HGB/*K. Schmidt* § 126 Rn. 2) indes zu Recht unter Hinweis auf § 714 BGB ab, da sich nach dem Wortlaut dieser Norm der Umfang der Vertretungsmacht im Zweifel nach dem Umfang der Befugnis zur Geschäftsführung richtet. Dieser Umfang unterliegt der Disposition der Gesellschafter und kann z. B. im Gesellschaftsvertrag der GbR bestimmt werden (vgl. MüKo BGB/*Schäfer* § 709 Rn. 23).

II. Zurechnung

3 § 126 HGB gilt für jede Zurechnung von namens der Gesellschaft im Rahmen eines Rechtsgeschäftes oder einer Verfahrenshandlung abgegebenen Erklärungen der vertretungsberechtigten Gesellschafter (vgl. MüKo HGB/*K. Schmidt* § 126 Rn. 3). Hingegen findet § 126 HGB weder bei der Verschuldenszurechnung – hierfür gilt § 31 BGB analog – noch bei der Wissenszurechnung Anwendung.

C. Reichweite der Vertretungsmacht, Abs. 1

4 Nach dem in Abs. 1 normierten Grundsatz umfasst die Vertretungsmacht der Gesellschafter alle gerichtlichen und außergerichtlichen Geschäfte und Rechtshandlungen einschließlich der Veräußerung und Belastung von Grundstücken sowie die Erteilung und den Widerruf einer Prokura.

I. Allgemeines

5 Diese Vertretungsmacht ist im Gegensatz zu der Vertretungsmacht eines Prokuristen gem. § 49 HGB oder eines Handlungsbevollmächtigten gem. § 54 HGB nicht bloß auf Geschäfte und Rechtshandlungen, die der Betrieb eines Handelsgewerbes mit sich bringt bzw. gewöhnlich mit sich bringt, beschränkt (vgl. Baumbach/Hopt/*Roth* § 126 Rn. 1). Vielmehr wird die Vertretungsmacht noch nicht einmal durch den Gesellschaftszweck begrenzt und umfasst **auch ungewöhnliche Geschäfte** (vgl. GroßkommHGB/*Habersack* § 126 Rn. 5; MüKo HGB/*K. Schmidt* § 126 Rn. 6). Der organschaftliche Vertreter kann mithin insbesondere auch im Namen der OHG fremde Verbindlichkeiten übernehmen, Schenkungen vornehmen, oder sonstige nachteilige Geschäfte durchführen (vgl. MüKo HGB/*K. Schmidt* § 126 Rn. 6), soweit nicht im Einzelfall die Voraussetzungen des Missbrauchs der Vertretungsmacht – hierzu nachfolgend unter Rdn. 20 ff. – vorliegen. Dem Bereich der Vertretung wird auch die Rechtsmacht, Angestellten verbindliche Weisungen zu erteilen, zugerechnet (vgl. GroßkommHGB/*Habersack* § 126 Rn. 6; Baumbach/Hopt/*Roth* § 126 Rn. 1), wenngleich die interne Befugnis zur Erteilung von Weisungen eine Frage der allgemeinen Geschäftsführungsbefugnis darstellt (vgl. MüKo HGB/*K. Schmidt* § 126 Rn. 4; Baumbach/Hopt/*Roth* § 126 Rn. 1).

II. Grundstücke und Prokura

6 Dass sich die Vertretungsmacht der Gesellschafter auch auf die Belastung und Veräußerung von Grundstücken erstreckt, ist, um den Gegensatz zu der insoweit unzureichenden Vertretungsmacht des Prokuristen herauszustellen, ausdrücklich im Gesetz betont.

7 Klarstellend ist in § 126 Abs. 1 HGB erwähnt, dass sich die Vertretungsmacht der Gesellschafter auch auf die Erteilung und den Widerruf einer Prokura erstreckt. Mithin ist jeder vertretungsberechtigte Gesellschafter berechtigt, eine nach außen wirksame Prokura zu erteilen, gleichgültig,

ob er hierfür im Innenverhältnis gem. § 116 Abs. 3 HGB eine Zustimmung aller Gesellschafter benötigte (vgl. RGZ 134, 303, 305; MüKo HGB/*K. Schmidt* § 126 Rn. 8).

III. Verbot des Selbstkontrahierens

Eine Grenze findet die Vertretungsbefugnis im Verbot des Selbstkontrahierens und der Doppelvertretung (vgl. § 181 BGB). Eine Befreiung von diesen Verboten bedarf einer Gestattung im Gesellschaftsvertrag oder per Gesellschafterbeschluss, der mit gesellschaftsvertragsändernder Mehrheit zustande gekommen ist (vgl. BGHZ 58, 115, 118 f.). 8

Zudem können die übrigen Gesellschafter ein gem. § 177 BGB schwebend unwirksam Geschäft nachträglich **genehmigen**. Wird eine Genehmigung verweigert, ist das Geschäft unwirksam und nach den Vorschriften der §§ 812 ff. BGB rückabzuwickeln. 9

IV. Grundlagengeschäfte

Die Vertretungsmacht eines vertretungsbefugten Gesellschafters erstreckt sich nicht auf die Ausführung von sog. Grundlagengeschäften (vgl. BGH NJW 1952, 537, 538). Dies sind solche Geschäfte, die die inneren Rechtsverhältnisse der Gesellschafter zueinander betreffen (vgl. BGH GmbHR 1979, 245; Baumbach/Hopt/*Roth* § 126 Rn. 3). Allerdings kann die Vertretungsmacht eines vertretungsbefugten Gesellschafters durch den Gesellschaftsvertrag auf Grundlagengeschäfte erweitert werden (vgl. Baumbach/Hopt/*Roth* § 126 Rn. 4). 10

1. Änderungen des Gesellschaftsvertrages

Von der Vertretungsmacht eines vertretungsbefugten Gesellschafters sind **nicht umfasst**: Änderungen des Gesellschaftsvertrages (vgl. BGH NJW 1952, 537, 538), also insbesondere die Änderung des Gesellschaftszwecks (vgl. E/B/J/S/*Hillmann* § 126 Rn. 9) sowie die Änderung der Firma (vgl. BGH NJW 1952, 537, 538), der Abschluss eines Unternehmensvertrages entsprechend den §§ 291 ff. AktG (vgl. GroßkommHGB/*Habersack* § 126 Rn. 18; MüKo HGB/*K. Schmidt* § 126 Rn. 12), Veränderungen im Gesellschafterbestand (vgl. BGH WM 1962, 1353, 1354), also sowohl die Ausschließung eines Gesellschafters (vgl. Baumbach/Hopt/*Roth* § 126 Rn. 3) als auch die Aufnahme eines neuen Gesellschafters (vgl. RGZ 52, 161, 162; BGHZ 26, 330, 333). Zwar können sämtliche Gesellschafter der Personenhandelsgesellschaft einen bestimmten Gesellschafter zur Aufnahme weiterer Gesellschafter bevollmächtigen, dies hat indes nichts mit dem Regelungsgehalt von § 126 HGB zu tun (vgl. MüKo HGB/*K. Schmidt* § 126 Rn. 10). Die Aufnahme eines neuen Gesellschafters findet im Übrigen grundsätzlich durch Vertrag zwischen dem aufzunehmenden Neugesellschafter und allen vorhandenen Gesellschaftern statt (vgl. BGHZ 26, 330, 333; MüKo HGB/*K. Schmidt* § 126 Rn. 10). 11

2. Stille Gesellschaft

Hingegen ist die allein durch einen vertretungsberechtigten Gesellschafter der OHG vereinbarte Aufnahme eines stillen Gesellschafters wirksam, da sie ähnlich wie der Abschluss eines langfristigen Dienstvertrages mit Gewinnberechtigung oder eines Darlehensgeschäftes lediglich schuldrechtliche Beziehungen begründet (vgl. RGZ 153, 371, 373; BGH NJW 1971, 375, 376; GroßkommHGB/*Habersack* § 126 Rn. 15). Auch die Beendigung des Rechtsverhältnisses mit diesem ist von der Vertretungsbefugnis umfasst (vgl. MüKo HGB/*K. Schmidt* § 126 Rn. 11). Dies gilt indes nicht für die Aufnahme eines **atypisch stillen Gesellschafters**, da dessen Stellung, insbesondere in vermögens- und organisationsrechtlicher Hinsicht, der eines Kommanditisten angenähert ist (vgl. E/B/J/S/*Hillmann* § 126 Rn. 11; MüKo HGB/*K. Schmidt* § 126 Rn. 11). Mithin ist die Aufnahme eines atypisch stillen Gesellschafters nur mit der erforderlichen Mitwirkung der Handelsgesellschafter wirksam möglich. 12

3. Unternehmenskauf

13 Der Abschluss eines schuldrechtlichen Vertrags, in dem sich die Handelsgesellschaft verpflichtet, ihr Unternehmens als Ganzes zu veräußern oder zu verpachten, ist nach nunmehr h.M: (vgl. BGH NJW 1995, 596; MüKo HGB/*K. Schmidt* § 126 Rn. 13) in Anknüpfung an § 361 Abs. 1 AktG a. F., § 179a AktG und die sog. »Holzmüller-Entscheidung« (vgl. BGHZ 83, 122; vgl. zur »Holzmüller-Entscheidung« ausführl. § 119 AktG Rdn. 9 ff.) nicht von der Vertretungsbefugnis eines vertretungsberechtigten Gesellschafters umfasst, sondern bedarf der **Zustimmung der Handelsgesellschafter**. Allerdings bleibt die Wirksamkeit einzelner vollzogener dinglicher Übertragungsgeschäfte hiervon unberührt (vgl. BGH NJW 1991, 2564, 2565), es sei denn, diese stellen ihrerseits ein Grundlagengeschäft dar oder die die Grundsätze des Missbrauchs der Vertretungsmacht greifen ein.

D. Beschränkungen der Vertretungsmacht, Abs. 2

14 Nach dem Wortlaut des Abs. 2 ist eine Beschränkung des Umfanges der Vertretungsmacht Dritten gegenüber unwirksam. Dies gilt insbesondere für Beschränkungen dergestalt, dass sich die Vertretung nur auf gewisse Geschäfte oder Arten von Geschäften erstrecken oder dass sie nur unter gewissen Umständen oder für eine gewisse Zeit oder an einzelnen Orten stattfinden soll.

15 Auch diese Regelung dient dem Schutz des Rechtsverkehrs (vgl. MüKo HGB/*K. Schmidt* § 126 Rn. 16). Ein potenzieller Vertragspartner der Gesellschaft soll sich darauf verlassen können, dass die Organträger die von ihnen vertretene Gesellschaft wirksam verpflichten können.

I. Einzelne Niederlassungen, Abs. 3

16 Eine Ausnahme vom Grundsatz der Unbeschränkbarkeit der organschaftlichen Vertretungsmacht ist in Abs. 3 geregelt. Danach kann die Vertretungsmacht eines Gesellschafters auf den Betrieb einer oder mehrerer Niederlassungen beschränkt werden. Voraussetzung für die Wirksamkeit einer solchen Beschränkung gegenüber Dritten ist in Anknüpfung an § 50 Abs. 3 Satz 1 HGB, dass Niederlassungen unter verschiedenen Firmen betrieben werden (vgl. E/B/J/S/*Hillmann* § 126 Rn. 13; MüKo HGB/*K. Schmidt* § 126 Rn. 18); diesbezüglich ist bereits ein Filialzusatz ausreichend (vgl. E/B/J/S/*Hillmann* § 126 Rn. 13). Die Vertretungsmacht der Gesellschafter ist dann mit Wirkung gegen Dritte auf Handlungen im Betrieb der ausgewählten Zweigniederlassungen beschränkt.

II. Rechtsgeschäfte mit Gesellschaftern

17 Entsprechend dem Wortlaut, wonach Beschränkungen des Umfangs der Vertretungsmacht nur »Dritten gegenüber« unwirksam sind, können solche Beschränkungen im Innenverhältnis, also für den Rechtsverkehr zwischen Gesellschaft und Gesellschafter, wirksam **durch Gesellschaftsvertrag** oder per Gesellschafterbeschluss bestimmt werden (vgl. BGH NJW 1974, 1555; NJW 1962, 2344, 2347). Schutzwürdige Interessen Dritter werden durch diese Ausnahme nicht berührt. Den Gesellschaftern kann es im Rahmen der Privatautonomie nicht verwehrt werden, die Vertretungsverhältnisse betreffend die Geschäftsbeziehungen zwischen der Gesellschaft und ihren Mitgliedern in der von ihnen für richtig erachteten Weise festzulegen (vgl. BGH NJW 1962, 2344, 2347). Im Übrigen gelten die Grundsätze des Missbrauchs der Vertretungsmacht (vgl. gleich Rdn. 20 ff.).

18 Bei der Begründung vertraglicher Beziehungen zwischen Gesellschafter und Gesellschaft müssen die vertretungsberechtigten Gesellschafter die im Innenverhältnis bestehenden Beschränkungen und Bindungen einhalten. Beschränkungen können sich ergeben aus dem Gesellschaftsvertrag oder einem Gesellschafterbeschluss (vgl. BGH NJW 1962, 2347; Röhricht/v. Westphalen/*v. Gerkan* § 126 Rn. 7).

19 Sofern der vertretungsberechtigte Gesellschafter die im Innenverhältnis bestehenden Bindungen überschreitet, handelt er ohne Vertretungsmacht und kann die Gesellschaft nicht wirksam verpflichten. Ob der Gesellschafter die Beschränkung der Vertretungsmacht kennt oder hätte kennen müssen, ist unerheblich (vgl. Baumbach/Hopt/*Roth* § 126 Rn. 6; E/B/J/S/*Hillmann* § 126 Rn. 17).

E. Missbrauch der Vertretungsmacht

I. Voraussetzungen

Sofern der Gesellschafter seine Vertretungsmacht im Rahmen eines bestimmten Rechtsgeschäftes ausübt, obwohl er aufgrund einer internen Beschränkung hiervon keinen Gebrauch hätte machen dürfen, bleibt das Handeln Dritten gegenüber aufgrund des Grundsatzes der unbeschränkten und unbeschränkbaren Vertretungsmacht grundsätzlich gleichwohl wirksam. Eingeschränkt wird dieser Grundsatz jedoch von der Lehre über den Missbrauch der Vertretungsmacht. 20

1. Kollusion

Dies gilt zunächst uneingeschränkt bei vorsätzlichem Zusammenwirken (Kollusion) des vertretenden Gesellschafters mit dem Dritten zum Nachteil der Gesellschaft (vgl. BAG ZIP 1997, 603, 606; RGZ 58, 356; Baumbach/Hopt/*Roth* § 126 Rn. 11). 21

2. Evidenz

Nach der Rechtsprechung entfällt die Vertretungsmacht aber auch dann, wenn es sich dem Vertragspartner geradezu aufdrängen muss, dass der geschäftsführende Gesellschafter die Grenzen überschreitet, die seiner Vertretungsbefugnis im Innenverhältnis gesetzt sind (vgl. BGHZ 94, 132, 138; BGH NJW 1996, 589, 590), oder in anderen Worten ausgedrückt, wenn beim Vertragspartner begründete Zweifel aufkommen müssen, ob nicht ein Treueverstoß des Vertreters gegenüber der vertretenen Gesellschaft vorliegt (vgl. BGH NJW 1995, 250, 251; ZIP 1999, 1303, 1304). Aufseiten des Vertreters ist es nicht erforderlich, dass er bewusst zum Nachteil der Gesellschaft handelt (vgl. BGH NJW 1984, 1461, 1462; NJW 1988, 3012, 3013; anders noch die alte Rspr.: vgl. BGHZ 50, 112, 114; BAG NJW 1978, 2215). Ausreichend ist vielmehr bereits die objektive Überschreitung der internen Bindungen. Aufseiten des Dritten ist zwar seine positive Kenntnis von der Pflichtwidrigkeit des Vertreters nicht Voraussetzung für die Bejahung des Tatbestands des Missbrauchs der Vertretungsmacht. Allerdings reicht bloße Fahrlässigkeit alleine nicht aus (vgl. BGH NJW 1984, 1461, 1462; BB 1976, 852; MüKo HGB/*K. Schmidt* § 126 Rn. 21; anders noch die alte Rspr.: BGHZ 50, 112, 114), zumal ansonsten der mit § 126 Abs. 2 HGB bezweckte Verkehrsschutz ausgehöhlt werden würde. Maßgeblich ist vielmehr, dass die Verdachtsmomente für einen Missbrauch objektiv evident sind (vgl. BGH NJW 1995, 250, 251; ZIP 1999, 1303, 1304). 22

II. Rechtsfolgen

Nach der Rspr. (vgl. BGH WM 1980, 953, 954) und einem Teil der Literatur (vgl. E/B/J/S/*Hillmann* § 126 Rn. 23) ergeben sich die Folgen eines Missbrauchs der Vertretungsmacht aus § 242 BGB. Der Vertragspartner kann sich auf die Wirksamkeit des abgeschlossenen Rechtsgeschäfts nicht berufen. Ein anderer Teil der Literatur (vgl. MüKo HGB/*K. Schmidt* § 126 Rn. 21; GroßkommHGB/*Habersack* § 126 Rn. 27) leitet die Rechtsfolgen hingegen aus einer analogen Anwendung der §§ 177 bis 179 BGB ab. Der vertretenen Gesellschaft soll es danach unbenommen bleiben, das schwebend unwirksame Rechtsgeschäft durch Genehmigung zur Wirksamkeit zu verhelfen. Bei einem kollusiven Zusammenwirken mit dem Vertreter sind darüber hinaus die §§ 138, 826 BGB anwendbar (vgl. E/B/J/S/*Hillmann* § 126 Rn. 23). 23

§ 127 [Entziehung der Vertretungsmacht]

Die Vertretungsmacht kann einem Gesellschafter auf Antrag der übrigen Gesellschafter durch gerichtliche Entscheidung entzogen werden, wenn ein wichtiger Grund vorliegt; ein solcher Grund ist insbesondere grobe Pflichtverletzung oder Unfähigkeit zur ordnungsgemäßen Vertretung der Gesellschaft.

§ 127 HGB Entziehung der Vertretungsmacht

Übersicht	Rdn.			Rdn.
A. **Allgemeines**	1	I.	Teilentziehung	5
I. Allgemeiner Anwendungsbereich	2	II.	Wichtiger Grund	6
II. Anwendung bei nur einem einzelvertretungsbefugten Gesellschafter	4	C.	**Verfahren**	8
B. **Das materielle Recht der Entziehung**	5	D.	**Abweichende Vereinbarungen**	12

A. Allgemeines

1 Ebenso wie die Entziehung der Geschäftsführungsbefugnis nach § 117 HGB ist auch der Entzug der Vertretungsmacht eines Gesellschafters möglich. Häufig dürften beide Entziehungen miteinander verbunden werden.

I. Allgemeiner Anwendungsbereich

2 Die Vorschrift gilt sowohl für die OHG als auch i.V.m. § 161 Abs. 2 HGB für die KG sowie i.V.m. § 7 Abs. 3 PartGG für die Partnerschaftsgesellschaft. Auf die GbR findet die Vorschrift keine Anwendung. Für diese Gesellschaftsform gilt vielmehr § 712 Abs. 1 BGB.

3 Die Bestimmung des § 127 HGB regelt die Entziehung der organschaftlichen Vertretungsmacht. Sie findet keine Anwendung auf die einem von der organschaftlichen Vertretung ausgeschlossenen Gesellschafter erteilte Vollmacht (vgl. GroßkommHGB/*Habersack* § 127 Rn. 6; MüKo HGB/*K. Schmidt* § 127 Rn. 3, 5).

II. Anwendung bei nur einem einzelvertretungsbefugten Gesellschafter

4 Auch die Entziehung der Vertretungsmacht des einzigen einzelvertretungsbefugten Gesellschafters ist zulässig; sie bewirkt automatisch eine Gesamtvertretungsbefugnis aller Gesellschafter (vgl. BGHZ 33 105, 107 f.). Die Entziehung der Vertretungsbefugnis des einzigen Komplementärs einer KG ist indes nicht möglich (vgl. BGH NJW 1998, 1225, 1226).

B. Das materielle Recht der Entziehung

I. Teilentziehung

5 Entgegen dem sich aus dem Wortlaut der Norm ergebenden Anschein ist nach h.M. (vgl. BGH NJW-RR 2002, 540; MüKo HGB/*K. Schmidt* § 127 Rn. 12; GroßkommHGB/*Habersack* § 127 Rn. 11) nicht nur die vollständige Entziehung der Vertretungsmacht, sondern auch eine Teilentziehung der Vertretungsbefugnis zulässig. Aus dem Grundsatz der Verhältnismäßigkeit ergibt sich sogar, dass eine vollständige Entziehung der Vertretungsbefugnis nur in Betracht kommt, wenn mildere Mittel nicht ausreichen, um den für die Mitglieder unzumutbaren Zustand zu beseitigen (BGH NJW-RR 2002, 540).

II. Wichtiger Grund

6 Das Gesetz nennt in Halbs. 2 als Beispielsfälle eines wichtigen Grundes die **grobe Pflichtverletzung** sowie die **Unfähigkeit zur ordnungsgemäßen Vertretung** der Gesellschaft.

7 Ein wichtiger Grund liegt überdies vor, wenn die den Entzug der Vertretungsmacht zugrunde liegenden Umstände den Fortbestand der Vertretungsmacht für die Gesellschaft und die Mitgesellschafter unzumutbar machen (vgl. MüKo HGB/*K. Schmidt* § 127 Rn. 15). Wegen dem zu berücksichtigenden Grundsatz der Verhältnismäßigkeit sind die den Entzug der Vertretungsmacht zugrunde liegenden Umstände stets mit dem infrage stehenden Eingriff, also die vollständige Entziehung oder die teilweise Entziehung, abzuwägen. Im Rahmen dieser Abwägung ist auch das Verhalten der übrigen Mitgesellschafter angemessen zu berücksichtigen (vgl. MüKo HGB/*K. Schmidt* § 127 Rn. 16). Vgl. hierzu außerdem Kap. 5 Rdn. 162.

C. Verfahren

Die zur Entziehung der Vertretungsmacht notwendige Klage ist eine **Gestaltungsklage**. Kläger sind – in notwendiger Streitgenossenschaft – sämtliche Mitgesellschafter des von der drohenden Entziehung betroffenen Gesellschafters (vgl. BGHZ 30, 195, 197). Letzterer ist Beklagter. Zuständig ist das Gericht am Sitz der Gesellschaft (§ 22 ZPO) oder am allgemeinen Gerichtsstand des Beklagten. Vgl. zur Klage gem. § 127 HGB ausführl. Kap. 5 Rdn. 149 ff. 8

Die mit der Klage angegriffene Vertretungsmacht entfällt im Fall des Erfolgs mit der Rechtskraft des Gestaltungsurteils (vgl. hierzu auch Kap. 5 Rdn. 171 f.). 9

Bis zur rechtskräftigen Beendigung des Hauptsacheverfahrens kann die Beantragung des Erlasses einer **einstweiligen Verfügung** nach § 940 ZPO sinnvoll sein, um drohende wesentliche Nachteile abwenden zu können (vgl. Kap. 5 Rdn. 173). Der Antrag auf Entziehung der Vertretungsmacht kann im einstweiligen Verfügungsverfahren mit dem Antrag verbunden werden, dass die Geschäftsführungsbefugnis einem Dritten übertragen werden soll (vgl. BGHZ 33, 105, 108 ff.). 10

Die Entziehung der Vertretungsmacht ist gem. § 106 Abs. 2 Nr. 4 HGB beim **Handelsregister** anzumelden. Anmeldepflichtig sind alle übrigen Gesellschafter. 11

D. Abweichende Vereinbarungen

§ 127 HGB ist zwingend allein in dem Sinn, dass die Entziehung der Vertretungsmacht aus wichtigem Grund nicht ausgeschlossen werden kann; Erleichterungen in verfahrens- und materiellrechtlicher Sicht – bis hin zum Verzicht auf den wichtigen Grund selbst – sind jedoch zulässig (vgl. BGH NJW 1998, 1225, 1226). So ist im Fall einer entsprechenden Regelung im Gesellschaftsvertrag auch die Entziehung der Vertretungsmacht durch einen mit der Mehrheit der abstimmungsberechtigten Gesellschafter – die von der drohenden Entziehung betroffenen Gesellschafter haben kein Stimmrecht (vgl. insoweit: BGHZ 102, 172, 176) – zustande gekommenen Beschluss möglich (vgl. Baumbach/Hopt/*Roth* § 127 Rn. 12; MüKo HGB/*K. Schmidt* § 127 Rn. 10; GroßkommHGB/*Habersack* § 127 Rn. 21). Die Wirksamkeit des Beschlusses kann mit der Feststellungsklage gem. § 256 ZPO angegriffen werden. 12

§ 128 [Persönliche Haftung der Gesellschafter]

¹Die Gesellschafter haften für die Verbindlichkeiten der Gesellschaft den Gläubigern als Gesamtschuldner persönlich. ²Eine entgegenstehende Vereinbarung ist Dritten gegenüber unwirksam.

Übersicht	Rdn.			Rdn.
			4. Europäische Wirtschaftliche Interessenvereinigung (EWIV)	19
A. Normzweck	1			
B. Voraussetzungen der Haftung	3	C.	Rechtsfolgen	20
I. Bestehende Gesellschaft	3	I.	Haftungscharakter	20
II. Gesellschaftsverbindlichkeit	5		1. Gesetzliche Haftung	21
1. Vertrauen des Gläubigers auf Haftung der Gesellschaft	6		2. Akzessorische Haftung	22
			3. Unbeschränkte Haftung	24
2. Drittanspruch und Sozialansprüche von Gesellschaftern	7		4. Primäre Haftung	25
			5. Gesamtschuldnerische Haftung	26
a) Drittanspruch	8	II.	Haftungsinhalt	27
b) Sozialansprüche	10		1. Grundsatz	27
III. Gesellschafterstellung	13		2. Ausnahmen	29
IV. Entsprechende Anwendung des § 128 HGB	15	III.	Haftungsbeschränkungen	32
			1. Vereinbarung im Innenverhältnis	32
1. KGaA	16		2. Vereinbarung im Außenverhältnis	34
2. Partnerschaftsgesellschaft	17		3. Minderjährigenschutz	36
3. GbR	18			

		a) Haftung des minderjährigen Gesellschafters	38		2.	Übergang der Verbindlichkeit auf den leistenden Gesellschafter	73

		b) Geltendmachung der Haftungsbeschränkung	43		3.	Bestehen der Verbindlichkeit	74
D.	Prozessuales		44		4.	Drohende Inanspruchnahme	75
I.	Gesellschafts- und Gesellschafterprozess .		44	II.	Ansprüche gegen Mitgesellschafter		76
II.	Zuständigkeit		47		1.	Anspruchsgrundlage............	76
E.	Haftung des ausgeschiedenen Gesellschafters		48		2.	Ersatzberechtigte	77
I.	Änderung des Haftungsstatuts		48		3.	Ausschluss des Anspruchs bei Abfindung des ausgeschiedenen Gesellschafters	78
II.	Tatbestand des Ausscheidens.		49
	1.	Grundfall....................	49		4.	Drohende Inanspruchnahme	79
	2.	Gleichgestellte Fälle	50	III.	Regress des ausgeschiedenen Gesellschafters		80
		a) Anteilsveräußerung unter Lebenden	50		1.	Befreiungs- und Regressanspruch gegen die Gesellschaft	80
		b) Umwandlung in Kommanditistenbeteiligung.............	51		2.	Anspruch gegen Mitgesellschafter ..	81
		c) Formwechselnde Umwandlung..	52	IV.	Abweichende Vereinbarungen.........		82
		d) Eröffnung des Insolvenzverfahrens...................	53	V.	Auflösung der Gesellschaft		83
				G.	Persönliche Haftung in der Insolvenz ..		84
III.	Entscheidende Zeitpunkte für die Haftung		54	I.	Haftung für Alt- und Neuverbindlichkeiten		84
	1.	Zeitpunkt des Ausscheidens	55		1.	Altverbindlichkeiten............	85
	2.	Zeitpunkt der Begründung der Gesellschaftsverbindlichkeit	58		2.	Neuverbindlichkeiten...........	86
		a) Rechtsgeschäftliche Verbindlichkeit......................	59	II.	Geltendmachung der persönlichen Haftung		88
		b) Dauerschuldverhältnisse	61		1.	Einziehungs- und Verfügungsbefugnis	88
		c) Folgeansprüche	63
		d) Vertragsänderungen	64		2.	Haftungsumfang	91
		e) Kontokorrent	66	III.	Haftungsbegrenzung durch Insolvenzplan		94
		f) Bürgschaft	67	IV.	Regressansprüche der Gesellschafter		96
		g) Gesetzliche Schuldverhältnisse ..	68	H.	Die Gesellschafterbürgschaft		98
IV.	Rechtsscheinhaftung für Neuverbindlichkeiten		70	I.	Funktion		98
				II.	Einwendungen und Einreden		99
F.	Regress- und Freistellungsansprüche des Gesellschafters		71		1.	Form	99
					2.	Überforderung des Bürgen........	100
I.	Ansprüche gegen die Gesellschaft		71		3.	Verjährung...................	101
	1.	Anspruchsgrundlage............	71		4.	Ausscheiden des Gesellschafters	102
				III.	Regressansprüche		103

A. Normzweck

1 Die persönliche Haftung der Gesellschafter für Verbindlichkeiten der Gesellschaft ist ein **Wesensmerkmal der OHG**. Während die Gläubiger einer Kapitalgesellschaft durch die Vorschriften über Kapitalaufbringung und Kapitalerhaltung geschützt werden, verfügt die OHG – mit Ausnahme der Vorschriften der §§ 129a, 130a HGB für die OHG, bei der kein Gesellschafter eine natürliche Person ist – über keine Regeln zur Erhaltung eines Mindestvermögens. Stattdessen erhält der Gläubiger durch § 128 HGB eine zusätzliche, von der Gesellschaftsschuld verschiedene Verbindlichkeit gegenüber einem zusätzlichen, von der Gesellschaft verschiedenen Schuldner.

2 Die persönliche Gesellschafterhaftung erfüllt dabei eine Doppelfunktion. Sie schützt die Interessen der Gesellschaftsgläubiger und erhöht im Reflex die Kreditfähigkeit der Gesellschaft (vgl. BGH NJW 1957, 871, 872).

B. Voraussetzungen der Haftung

I. Bestehende Gesellschaft

Die akzessorische Gesellschafterhaftung setzt voraus, dass zu dem Zeitpunkt, der für die Haftungsbegründung maßgeblich ist (vgl. dazu Rdn. 54 ff.), eine OHG oder eine KG vorhanden war. Aus § 156 HGB folgt, dass die Auflösung der Gesellschaft der Anwendung des § 128 HGB nicht entgegensteht. Der Gesellschafter haftet bis zur Beendigung der Liquidation sowohl für die vor Auflösung als auch für die danach begründeten Verbindlichkeiten. Etwas anderes gilt im Insolvenzverfahren (str., vgl. Rdn. 84 ff.) und bei einem Formwechsel. § 128 HGB findet in diesen Fällen auf Verbindlichkeiten, die nach Eröffnung des Insolvenzverfahrens bzw. nach dem Formwechsel begründet worden sind, keine Anwendung. 3

Leidet der Gesellschaftsvertrag oder der Beitritt des Gesellschafters an einem Mangel, steht dies der Anwendung des § 128 HGB nicht entgegen, soweit wenigstens der Tatbestand der fehlerhaften Gesellschaft erfüllt ist (zur fehlerhaften Gesellschaft vgl. ausführl. § 105 HGB Rdn. 79 ff.). Ist auch dies nicht der Fall, lässt sich die Haftung des Gesellschafters nicht mit § 128 HGB begründen. Unberührt bleiben davon andere Haftungsgrundlagen, wie z.B. eine Handelndenhaftung nach § 179 BGB oder eine Haftung als Scheingesellschafter einer Scheingesellschaft (vgl. BGH NJW 1955, 985; zur Scheingesellschaft vgl. § 105 HGB Rdn. 105 ff.). 4

II. Gesellschaftsverbindlichkeit

Von der Haftung werden grundsätzlich alle Verbindlichkeiten der Gesellschaft erfasst, also Geldschulden und Nichtgeldschulden, rechtsgeschäftliche und gesetzliche Verbindlichkeiten sowie privatrechtliche und öffentlichrechtliche Verbindlichkeiten. Soweit die Gesellschaft für unerlaubte Handlungen ihrer Geschäftsführung haftet, knüpft § 128 HGB auch hieran an. 5

1. Vertrauen des Gläubigers auf Haftung der Gesellschaft

§ 128 HGB differenziert nicht nach der Person des Gläubigers. Es kommt auch nicht darauf an, dass der Gläubiger bei Begründung der Verbindlichkeit auf die Haftung der Gesellschafter vertraut. Selbst wenn er einen mangelnden Haftungswillen der Gesellschafter oder eine zwischen den Gesellschaftern getroffene Abrede, nicht oder nur beschränkt haften zu wollen, positiv kennt, ändert dies nichts an der Anwendung des § 128 HGB, solange nicht mit dem Gläubiger, wenigstens konkludent, eine Haftungsbeschränkung vereinbart worden ist (vgl. dazu Rdn. 32 ff.). 6

2. Drittanspruch und Sozialansprüche von Gesellschaftern

Bei Verbindlichkeiten der Gesellschaft gegenüber einem Gesellschafter ist zu differenzieren: 7

a) Drittanspruch

Soweit es sich um einen Drittanspruch handelt, der seinen Grund gerade nicht im Gesellschaftsverhältnis hat, steht dem Gesellschafter grundsätzlich **wie einem Drittgläubiger** ein Anspruch gegenüber seinen Mitgesellschaftern aus § 128 HGB zu. Zu diesen Drittansprüchen zählen in erster Linie Ansprüche aus mit der Gesellschaft geschlossenen Liefer-, Darlehens-, Dienst-, Miet- und Pachtverträgen (vgl. BGH BB 1961, 6). Das gilt auch dann, wenn der Gesellschafter im Rahmen seiner Beitragspflicht zum Abschluss dieser Verträge verpflichtet ist, da sich der Rechtsgrund seines Anspruchs dadurch nicht ändert. Wird die Vergütung allerdings bspw. in Form eines Vorweggewinns gewährt, ist das Vertragsverhältnis so weit durch das Gesellschaftsverhältnis überlagert, dass nicht von einem Drittanspruch auszugehen ist (vgl. BGH NJW-RR 1989, 866). 8

Im Hinblick auf **Höhe und Durchsetzung** seines Anspruchs muss der Gesellschafter allerdings Einschränkungen hinnehmen. Überwiegend wird angenommen, dass er sich lediglich seinen eigenen Haftungsanteil anrechnen lassen muss. Zur Vermeidung eines Hin- und Herzahlens dürfte die Treuepflicht darüber hinaus gebieten, dass die Mitgesellschafter grundsätzlich nur als Teilschuld- 9 ner in Anspruch genommen werden können (wie hier MüKo HGB/*K. Schmidt* § 128 Rn. 18). Fällt dabei ein Mitgesellschafter aus, wird dessen Haftungsanteil pro rata auf die übrigen Gesellschafter verteilt. Zudem bedingt die Treuepflicht, dass die Mitgesellschafter nicht primär haften, sondern erst dann in Anspruch genommen werden können, wenn eine Befriedigung aus dem Gesellschaftsvermögen nicht zu erwarten ist. Hierzu bedarf es allerdings weder einer gerichtlichen Inanspruchnahme der Gesellschaft noch eines erfolglosen Vollstreckungsversuchs in das Gesellschaftsvermögen. Es genügt, wenn der in Anspruch genommene Gesellschafter zur Begründung seines Treuepflichteinwandes nicht nachweisen kann, dass der Gesellschaft ausreichende Mittel zur Befriedigung der Gesellschafterforderung zur Verfügung stehen. Eine Erfüllungsverweigerung der Gesellschaft schließt einen Treuepflichteinwand grundsätzlich aus (BGH ZIP 2002, 394, 396). Gleiches gilt, wenn die Forderung an einen Nichtgesellschafter abgetreten wird.

b) Sozialansprüche

10 Von diesen Drittansprüchen sind Sozialansprüche von Gesellschaftern abzugrenzen. Solche auf dem Gesellschaftsverhältnis beruhenden Ansprüche können bei bestehender Gesellschaft nur dieser gegenüber geltend gemacht werden, und zwar unabhängig davon, ob eine Befriedigung aus dem Gesellschaftsvermögen möglich ist oder nicht (vgl. BGH WM 1989, 1021, 1022). Anderenfalls würden die Gesellschafter entgegen § 707 BGB mittelbar verpflichtet, über ihre Einlage hinausgehende Beiträge zu leisten.

11 Sozialansprüche sind bspw. ein gesellschaftsvertraglich vereinbarter Vorweggewinn, nicht aber der Abfindungsanspruch ausgeschiedener Gesellschafter oder Ansprüche des stillen Gesellschafters.

12 Wird ein Gesellschafter von einem Gesellschaftsgläubiger gem. § 128 HGB in Anspruch genommen, stellt der mit Zahlung erworbene **Aufwendungsersatzanspruch** seiner Natur nach ebenfalls einen Sozialanspruch des Gesellschafters dar. Da Anlass eine Verbindlichkeit gegenüber einem Nichtgesellschafter war, der die Gesellschafter ohne Rücksicht auf deren interne Haftungsverteilung in Anspruch nehmen kann, ist die Anwendung des § 128 HGB gleichwohl gerechtfertigt. Es sind allerdings die auch sonst bei Drittansprüchen von Gesellschaftern geltenden Einschränkungen zu beachten (dazu Rdn. 9).

III. Gesellschafterstellung

13 § 128 HGB gilt unmittelbar für denjenigen, der im Zeitpunkt der Haftungsbegründung Gesellschafter einer OHG oder Komplementär einer KG war. An der Haftung des Gesellschafters ändert sich nicht dadurch etwas, dass er nach der Haftungsbegründung ausscheidet (vgl. § 160 HGB Rdn. 1 ff.) oder in eine Kommanditistenstellung zurücktritt.

14 Ein **Nichtgesellschafter** kann der akzessorischen Haftung ausnahmsweise unterliegen, wenn er sich aufgrund einer Rechtsscheinshaftung wie ein persönlich haftender Gesellschafter behandeln lassen muss. Abgesehen von den Fällen des § 15 HGB ist dies insbesondere anzunehmen, wenn der Scheingesellschafter den Rechtsschein einer unbeschränkten Haftung zurechenbar geschaffen oder es unter Verletzung von Aufklärungspflichten unterlassen hat, diesen Rechtsschein zu beseitigen (vgl. BGH NJW 1955, 985). Einer solchen Haftung setzt sich trotz entsprechender Eintragung und Bekanntmachung auch der in eine Kommanditistenstellung zurückgetretene Gesellschafter aus, wenn er zurechenbar den Rechtsschein setzt oder duldet, er hafte weiterhin unbeschränkt. Keiner Haftung unterliegt der bloß mittelbare Gesellschafter (Treugeber) in den Fällen der Treuhandschaft. Es haftet lediglich der Treuhandgesellschafter (vgl. BGH BB 2009, 461).

IV. Entsprechende Anwendung des § 128 HGB

§ 128 HGB gilt entsprechend bei den folgenden Rechtsformen: 15

1. KGaA

Für den persönlich haftenden Gesellschafter der KGaA bestimmt § 278 Abs. 3 AktG die sinnge- 16
mäße Anwendung des § 128 HGB.

2. Partnerschaftsgesellschaft

Bei der Partnerschaftsgesellschaft wiederholt § 8 Abs. 1 Satz 1 PartGG den Wortlaut von § 128 17
Satz 1 HGB, was die sinngemäße Anwendung auch des Satzes 2 jedoch nicht ausschließt. Die Partner haben die Möglichkeit, ihre persönliche Haftung aus einer fehlerhaften Berufsausübung durch eine Vereinbarung mit dem Gläubiger, auch in Form von Allgemeinen Geschäftsbedingungen, auf denjenigen Partner zu beschränken, der die berufliche Leistung zu erbringen, verantwortlich zu leiten oder zu überwachen hat (§ 8 Abs. 2 PartGG). Vgl. hierzu auch ausführl. Kap. 1 Rdn. 49 ff.

3. GbR

Mittlerweile ist anerkannt, dass § 128 HGB analog auf die Gesellschafter einer GbR anzuwenden 18
ist (vgl. BGH NJW 1999, 3483; NJW 2001, 1056; NJW 2003, 1445; NJW 2003, 1803). Dies gilt auch bei Publikumsgesellschaften wie etwa geschlossenen Immobilienfonds (vgl. BGH WM 2004, 372). Vgl. auch §§ 714, 715 BGB Rdn. 8.

4. Europäische Wirtschaftliche Interessenvereinigung (EWIV)

Die Mitglieder einer Europäischen Wirtschaftlichen Interessenvereinigung (EWIV) haften nach 19
Art. 24 Abs. 1 der Verordnung (EWG) Nr. 2137/85 des Rates der Europäischen Gemeinschaften vom 25.07.1985 (EWIVVO) unbeschränkt und gesamtschuldnerisch für die Verbindlichkeiten der Vereinigung. Abweichend von § 128 HGB handelt es sich um eine eingeschränkt-subsidiäre Haftung, da der Gläubiger zunächst die Vereinigung zur Zahlung auffordern und eine gewisse Zeit abwarten muss. Im Übrigen gilt wegen der Verweisung in Art. 24 Abs. 1 Satz 2 EWIVVO einzelstaatliches Recht, also die §§ 128 bis 130 HGB.

C. Rechtsfolgen

I. Haftungscharakter

Die Gesellschafterhaftung nach § 128 HGB ist eine gesetzliche, akzessorische, unbeschränkte, pri- 20
märe und im Verhältnis der Gesellschafter untereinander gesamtschuldnerische Haftung.

1. Gesetzliche Haftung

Die Gesellschafter haften kraft gesetzlicher Anordnung. Die Haftung knüpft zwar an die durch 21
Vertrag begründete Gesellschafterstellung an, es handelt sich dabei jedoch nur um ein Merkmal des gesetzlichen Haftungstatbestandes. Auch die Gesellschaftsverbindlichkeit stellt lediglich ein Tatbestandsmerkmal dar und muss zudem nicht notwendigerweise vertraglicher Natur sein. Ebenso wenig bedarf es eines rechtsgeschäftlichen Handelns im Namen der Gesellschaft, eines Mitverpflichtungsbewusstseins der für die Gesellschaft handelnden Personen oder eines Haftungsinteresses des Gläubigers.

2. Akzessorische Haftung

Der Akzessorietätsgrundsatz bedeutet, dass die Haftung der Gesellschafter auf Dauer das Schicksal 22
der Gesellschaftsschuld teilt, also von deren Bestand und Umfang abhängt.

23 Es ist daher ausgeschlossen, die Forderung gegenüber der Gesellschaft unter dem Vorbehalt zu erlassen oder zu stunden, dass Erlass oder Stundung gegenüber den Gesellschaftern nicht gelten sollen. Eine solche Erklärung ist entweder unwirksam oder kann allenfalls als Absichtserklärung des Gläubigers gedeutet werden, er werde die Gesellschaft trotz fortbestehender Haftung nicht in Anspruch nehmen. Da er grundsätzlich nach Belieben die Gesellschaft und/oder die Gesellschafter in Anspruch nehmen kann, ist eine solche Erklärung möglich. Hierauf kann sich die Gesellschaft allerdings nicht – etwa im Sinne eines pactum de non petendo – berufen, da ansonsten der durch die Einwendungsidentität gewährleistete Schutz der Gesellschafter unterlaufen würde. Etwas anderes gilt nur dann, wenn die Gesellschafter auf diesen Schutz verzichten, indem sie dem Vorbehalt zustimmen (so i. Erg. BGH WM 1975, 974, der in diesem Fall jedoch nicht nur ein pactum de non petendo, sondern einen wirksamen, auf die Gesellschaft beschränkten Erlass annimmt; zustimmend E/B/J/S/*Hillmann* § 128 Rn. 19; wie hier MüKo HGB/*K. Schmidt* § 128 Rn. 17).

3. Unbeschränkte Haftung

24 Die Haftung ist **gegenständlich und summenmäßig unbeschränkt**. Der Gesellschafter haftet mit seinem gesamten Vermögen und auf die gesamte Gesellschaftsverbindlichkeit, also nicht lediglich auf eine seinem Gesellschaftsanteil entsprechende Quote (vgl. hierzu *Lehleiter/Hoppe* BKR 2008, 323). Beschränkungen sind nur durch eine Vereinbarung mit dem Gläubiger möglich (vgl. Rdn. 32 ff.).

4. Primäre Haftung

25 Die Gesellschafter haften primär und nicht nur subsidiär. Sie können den Gläubiger daher nicht darauf verweisen, zunächst Befriedigung durch Inanspruchnahme der Gesellschaft und des Gesellschaftsvermögens zu suchen. Etwas anderes gilt nur, wenn der Gläubiger selbst Gesellschafter ist (dazu Rdn. 7 ff.).

5. Gesamtschuldnerische Haftung

26 Zwischen den Gesellschaftern besteht ein Gesamtschuldverhältnis i. S. d. §§ 421 ff. BGB. Der Gläubiger kann jeden Gesellschafter ganz oder teilweise und ohne Rücksicht auf die im Innenverhältnis geltende Haftungsverteilung in Anspruch nehmen. Ist der Gläubiger zugleich Gesellschafter, gelten die in Rdn. 9 ff. dargestellten Einschränkungen. Die Gesellschaft auf der einen und die Gesellschafter auf der anderen Seite haften hingegen nicht als Gesamtschuldner (vgl. BGH NJW 1963, 1873, 1874 f.; NJW 1966, 499, 500).

II. Haftungsinhalt

1. Grundsatz

27 Das Akzessorietätsprinzip bedingt, dass die Verbindlichkeit der Gesellschaft und die des Gesellschafters nicht nur vom Umfang her, sondern grundsätzlich auch inhaltlich übereinstimmen (vgl. BGH NJW 1987, 2367; MüKo HGB/*K. Schmidt* § 128 Rn. 24; E/B/J/S/*Hillmann* § 128 HGB Rn. 22). Diese sog. **Erfüllungstheorie** hat sich gegenüber der sog. **Haftungstheorie** (vertreten etwa von *Wieland* Handelsrecht I, § 53d I. 3.; GroßkommHGB/*Fischer* § 128 Rn. 9 ff.) durchgesetzt, wonach der Gesellschafter stets nur auf Geld haften und damit bei Nicht-Geldschulden einem von der Gesellschaftsschuld abweichenden Haftungsinhalt unterliegen sollte. Der Gesellschafter kann also grundsätzlich zu derselben Leistung verurteilt werden wie die Gesellschaft. Dies ist der Fall bei Zahlungsverbindlichkeiten und bei Verpflichtungen zur Herausgabe oder zur Lieferung von Sachen sowie zur Vornahme vertretbarer Handlungen.

28 Ob der Gesellschafter zur Erbringung dieser Leistung imstande ist, und ob aus einem solchen Urteil daher erfolgreich vollstreckt werden kann, sind vom Haftungsinhalt zu trennende Fragen. Besteht die Leistung in der Vornahme einer Handlung, ist bei der Antragstellung die Vorschrift des § 510b ZPO zu beachten. Danach kann der Gesellschafter auf entsprechenden Antrag hin für den Fall, dass

die Handlung nicht binnen einer zu bestimmenden Frist vorgenommen ist, zugleich zur Zahlung einer Entschädigung verurteilt werden.

2. Ausnahmen

Die Erfüllungstheorie unterliegt allerdings Grenzen. Diese folgen unmittelbar aus dem **Prinzip der Inhaltsgleichheit von Gesellschafts- und Gesellschafterschuld**. Dieses Prinzip wäre missverstanden, würde man aus ihm ohne Rücksicht auf den konkreten Inhalt der Gesellschaftsschuld die Notwendigkeit einer stets gleichen Verurteilung von Gesellschaft und Gesellschafter ableiten. Maßgeblich ist vielmehr, ob die Leistungserbringung durch den Gesellschafter auch sachlich das Gleiche bewirkt wie die Leistungserbringung durch die Gesellschaft. Ist dies nicht der Fall, ist eine Verurteilung des Gesellschafters zu dieser Leistung nicht möglich. Der Gesellschafter haftet dann auf Schadensersatz.

Dies gilt erstens bei **unvertretbaren Handlungen** und zweitens bei der **Abgabe von Willenserklärungen**, und zwar unabhängig davon, ob der Gesellschafter auch Geschäftsführer ist. Es ist zwischen der Organstellung und der Gesellschafterstellung zu unterscheiden. Zwar könnte der Gesellschafter als Geschäftsführer die Handlung für die Gesellschaft vornehmen oder die Willenserklärung für die Gesellschaft abgeben. Es würde sich dann aber um eine Leistungserbringung durch die Gesellschaft selbst und gerade nicht um die Durchsetzung der persönlichen Gesellschafterhaftung nach § 128 HGB handeln.

Drittens lässt sich über § 128 HGB auch bei **Unterlassungs- und Duldungspflichten** keine inhaltsgleiche Haftung des Gesellschafters begründen. Allerdings ist im Fall vertraglich begründeter Unterlassungs- und Duldungspflichten durch Auslegung zu ermitteln, ob der Geschäftsführer neben der Gesellschaft auch die Gesellschafter persönlich dem Verbot oder der Duldungspflicht unterworfen haben. Dies wird regelmäßig anzunehmen sein, wenn ansonsten der Schutz des Gläubigers leer laufen würde. Es handelt sich dann aber um eine originäre und keine akzessorische Verpflichtung des Gesellschafters. Auch für den Sonderfall eines vertraglichen **Wettbewerbsverbotes** bedarf es keines Rückgriffs auf die Vorschrift des § 128 HGB (so aber BGH NJW 1972, 1421; zustimmend E/B/J/S/*Hillmann* § 128 Rn. 29; dagegen MüKo HGB/*K. Schmidt* § 128 Rn. 29, der ebenfalls die Begründung einer Primärverpflichtung des Gesellschafters verlangt).

III. Haftungsbeschränkungen

1. Vereinbarung im Innenverhältnis

Im Außenverhältnis lässt sich die akzessorische Haftung durch Vereinbarungen der Gesellschafter untereinander, bspw. im Gesellschaftsvertrag, weder beschränken noch ausschließen. Dritten gegenüber ist eine solche Vereinbarung nach § 128 Satz 2 HGB unwirksam. Lediglich für die GbR hat der BGH (NJW 2002, 1642 f.) aus Gründen des Vertrauensschutzes eine Ausnahme zugelassen: Wurde zu einem Zeitpunkt, als noch die Doppelverpflichtungstheorie als maßgeblich angesehen wurde, eine Gesellschaftsverbindlichkeit begründet, und wusste der Vertragspartner zu diesem Zeitpunkt, dass der Gesellschaftsvertrag eine Haftungsbeschränkung zugunsten der Gesellschafter vorsieht, können die Gesellschafter diese Haftungsbeschränkung auch ihrer Haftung analog § 128 HGB entgegenhalten.

Trotz der relativen Unwirksamkeit im Außenverhältnis entfaltet eine interne haftungsbeschränkende Vereinbarung Rechtswirkungen im Innenverhältnis, indem Freistellungs- und Regressansprüche des begünstigten Gesellschafters gegenüber der Gesellschaft und den Mitgesellschaftern begründet werden (vgl. Baumbach/Hopt/*Roth* § 128 Rn. 37).

2. Vereinbarung im Außenverhältnis

Soll die Haftung im Außenverhältnis beschränkt, ausgeschlossen oder ansonsten abweichend von § 128 Satz 1 HGB gestaltet werden, bedarf es einer **Vereinbarung mit dem Gläubiger** (vgl. zur

Vereinbarung einer quotalen Haftung BGH NJW 1987, 1580; *Lehleiter/Hoppe* BKR 2008, 323; KG, Urt. v. 12.11.2008, 24 U 102/07; a. A. KG, Urt. v. 11.11.2008, 4 U 12/07). Diese muss nicht ausdrücklich getroffen werden. Möglich ist auch eine konkludente Abrede, solange der Wille des Gläubigers, auf die Gesellschafterhaftung ganz oder teilweise zu verzichten, erkennbar verbindlich erklärt worden ist (vgl. E/B/J/S/*Hillmann* § 128 Rn. 14). Eine entsprechende Klausel in den Allgemeinen Geschäftsbedingungen der Gesellschaft genügt aufgrund ihrer überraschenden Wirkung (§ 305c BGB) hingegen nicht (vgl. MüKo HGB/*K. Schmidt* § 128 Rn. 14).

35 Die im Außenverhältnis getroffene Haftungsvereinbarung begründet als solche keine Freistellungs- und Regressansprüche der Gesellschafter untereinander oder gegenüber der Gesellschaft. Maßgeblich bleibt, was hierzu im Innenverhältnis vereinbart worden ist.

3. Minderjährigenschutz

36 Die akzessorische Haftung minderjähriger Gesellschafter wird durch die allgemeinen Minderjährigenschutzvorschriften der §§ 104 ff., 1643 und 1821 f. BGB grundsätzlich nicht berührt, da die Haftung nicht an eine Vertretung des Gesellschafters, sondern der Gesellschaft anknüpft. Etwas anderes gilt nur für den Fall, dass die Beteiligung des Minderjährigen an der Gesellschaft aufgrund dieser Vorschriften an sich fehlerhaft ist.

37 Im Rahmen des Minderjährigenschutzgesetzes vom 25.08.1998 (BGBl. I, 2887) hat der Gesetzgeber mit § 1629a BGB eine Sonderregelung getroffen.

a) Haftung des minderjährigen Gesellschafters

38 Danach stellt sich die Haftung minderjähriger Gesellschafter wie folgt dar:

39 Vor Erlangung der Volljährigkeit haftet der minderjährige Gesellschafter wie jeder andere Gesellschafter unbeschränkt mit seinem gesamten Vermögen.

40 Scheidet der Gesellschafter binnen 3 Monaten ab Erreichen der Volljährigkeit aus der Gesellschaft aus, beschränkt sich seine Haftung gegenständlich auf das im Zeitpunkt der Volljährigkeit vorhandene Vermögen. Der Rechtsgrund des Ausscheidens spielt dabei keine Rolle. Dies dürfte jedenfalls entsprechend auch für den Fall gelten, dass der Gesellschafter vor Ablauf dieser Frist in eine Kommanditistenstellung zurücktritt (vgl. MüKo HGB/*K. Schmidt* § 128 Rn. 72).

41 Scheidet der Gesellschafter bereits vor Erlangung der Volljährigkeit aus der Gesellschaft aus, bleibt seine Nachhaftung bis zur Volljährigkeit unbeschränkt und beschränkt sich nach deren Erreichen ebenfalls auf das zu diesem Zeitpunkt vorhandene Vermögen.

42 Bleibt der Minderjährige auch nach Erlangung der Volljährigkeit in der Gesellschaft, kann er seine Haftung nur für solche Vermögensgegenstände ausschließen, die er unstreitig oder erwiesenermaßen nach Eintritt der Volljährigkeit erworben hat, wenn zusätzlich unstreitig ist oder nachgewiesen werden kann, dass die Gesellschaftsverbindlichkeit vor Eintritt der Volljährigkeit begründet worden ist.

b) Geltendmachung der Haftungsbeschränkung

43 Der Gesellschafter kann die Haftungsbeschränkung einer Vollstreckung in sein Vermögen gem. §§ 780 Abs. 1, 781, 785 f. ZPO nur entgegenhalten, wenn sie ihm im Urteil vorbehalten ist. Liegen die Voraussetzungen des § 1629a BGB im der Vollstreckung vorangegangenen Erkenntnisverfahren bereits vor, muss die Einwendung zu diesem Zeitpunkt geltend gemacht werden. Wurde der Titel bereits vor Erlangung der Volljährigkeit erwirkt, sodass die Voraussetzungen des § 1629a BGB erst nachträglich eingetreten sind, dürfte die Einwendung im Rahmen der Vollstreckungsabwehrklage auch ohne Vorbehalt im Urteil geltend zu machen sein (vgl. MüKo HGB/*K. Schmidt* § 128 Rn. 75).

D. Prozessuales

I. Gesellschafts- und Gesellschafterprozess

Gesellschafts- und Gesellschafterprozess sind streng voneinander zu unterscheiden. So begründet ein bereits anhängiger Gesellschaftsprozess nicht den **Einwand anderweitiger Rechtshängigkeit** gegenüber einem später anhängig gemachten Gesellschafterprozess und umgekehrt. Auch in der Zwangsvollstreckung ermöglicht das in einem Gesellschaftsprozess erstrittene Urteil nur den Zugriff auf das Gesellschaftsvermögen, das im Gesellschafterprozess ergangene Urteil nur den Zugriff auf das Vermögen dieses Gesellschafters. Ein gegen die Gesellschaft ergangenes Urteil führt mit Rechtskraft allerdings dazu, dass auch den Gesellschaftern diejenigen Einwendungen genommen werden, die der Gesellschaft durch das Urteil abgesprochen worden sind (vgl. BGH WM 1976, 1085, 1086; dazu i. E. § 129 HGB Rdn. 15). Umgekehrt kann sich der Gesellschafter auf der Gesellschaft rechtskräftig zuerkannte Einwendungen ohne Weiteres berufen (vgl. E/B/J/S/*Hillmann* § 128 Rn. 62). 44

Die Klagen gegen die Gesellschaft und gegen einen oder mehrere Gesellschafter können miteinander verbunden werden, wobei die Zulässigkeitsvoraussetzungen, insbesondere der Gerichtsstand (dazu unter Rdn. 47), jeweils einzeln geprüft werden müssen. Zwischen den Gesellschaftern untereinander (vgl. MüKo HGB/*K. Schmidt* § 128 Rn. 21) sowie zwischen den Gesellschaftern und der Gesellschaft (vgl. BGH NJW 1988, 2113) besteht eine **einfache Streitgenossenschaft** nach § 59 ZPO. Wird nur die Gesellschaft in Anspruch genommen, können die Gesellschafter diesem Rechtsstreit im Wege der einfachen **Nebenintervention** nach §§ 66 ff. ZPO beitreten. 45

Werden mehrere Gesellschafter gemeinsam verurteilt, so erfolgt die Verurteilung »als Gesamtschuldner«. Dies wird überwiegend auch angenommen, wenn die Gesellschaft zusammen mit Gesellschaftern verurteilt wird (vgl. E/B/J/S/*Hillmann* § 128 Rn. 23). Da materiellrechtlich keine Gesamtschuld vorliegt, sind Formulierungen wie »als wären sie Gesamtschuldner« oder »wie Gesamtschuldner« allerdings vorzugswürdig. Die **Kostenfolge** ergibt sich unabhängig davon jeweils aus § 100 Abs. 4 ZPO. 46

II. Zuständigkeit

Die Zulässigkeit einer Klage ist für die Gesellschaft und die Gesellschafter selbstständig zu prüfen. Überwiegend wird angenommen, dass eine mit der Gesellschaft getroffene **Gerichtsstands- oder Schiedsvereinbarung** über § 128 HGB auch zulasten der Gesellschafter zu beachten ist (vgl. BGH NJW 1981, 2644, 2646). Es ist aber zumindest zweifelhaft, ob es sich bei den Rechtsfolgen aus einer solchen Vereinbarung überhaupt um eine Verbindlichkeit i. S. d. § 128 Satz 1 HGB oder um die Modalität einer solchen handelt, und ob diese inhaltsgleich auf einen Gesellschafter übertragen werden kann. Nach *K. Schmidt* (MüKo HGB § 128 Rn. 22) lässt sich die Einheitszuständigkeit des für die Gesellschaft zuständigen Gerichts nur durch eine Auslegung der Gerichtsstandsvereinbarung dahin gehend erreichen, dass sie im Zweifel auch für und gegen den Gesellschafter wirkt, soweit sie zumindest mit stillschweigend erteilter Vollmacht oder Billigung des Gesellschafters getroffen worden ist. Aus Sicht des Gläubigers bietet es sich an, dies in der Vereinbarung ausdrücklich klarzustellen. 47

E. Haftung des ausgeschiedenen Gesellschafters

I. Änderung des Haftungsstatuts

Die Folgen, die das Ausscheiden eines Gesellschafters für dessen persönliche Haftung hat, lassen sich der Vorschrift des § 160 HGB entnehmen. Danach haftet der ausgeschiedene Gesellschafter nur noch für »die bis dahin begründeten Verbindlichkeiten«. Das Ausscheiden führt also zu einer unterschiedlichen Behandlung der bis zum Ausscheiden begründeten Verbindlichkeiten, den sog. **Altverbindlichkeiten**, und der mit dem Ausscheiden oder danach begründeten Verbindlichkeiten, den sog. **Neuverbindlichkeiten**. Für Neuverbindlichkeiten haftet der Gesellschafter – abgesehen von Fällen der Rechtsscheinhaftung – nicht mehr. Für Altverbindlichkeiten bleibt es bei der bereits 48

§ 128 HGB   Persönliche Haftung der Gesellschafter

eingetretenen Haftung, solange dem Gesellschafter nicht die in § 160 HGB geregelte Enthaftung zugutekommt (vgl. auch Art. 35 EGHGB).

II. Tatbestand des Ausscheidens

1. Grundfall

49 Erfasst ist zunächst das Ausscheiden im rechtstechnischen Sinn. Danach ist der Gesellschafter ausgeschieden, wenn seine **Mitgliedschaft erloschen** ist. Hierzu zählen die in § 131 Abs. 3 Nr. 1 bis 6 HGB geregelten Fälle, der Ausschluss nach § 140 HGB sowie der vertraglich vereinbarte Austritt aus der Gesellschaft.

2. Gleichgestellte Fälle

a) Anteilsveräußerung unter Lebenden

50 Gleichgestellt ist die Anteilsveräußerung unter Lebenden. Der Veräußerer wird haftungsrechtlich wie ein ausgeschiedener Gesellschafter, der Anteilserwerber wird haftungsrechtlich als eintretender Gesellschafter behandelt. Für Altverbindlichkeiten stehen dem Gesellschaftsgläubiger – während des Nachhaftungszeitraums des § 160 HGB – also zwei mit ihrem persönlichen Vermögen haftende Personen gegenüber.

b) Umwandlung in Kommanditistenbeteiligung

51 § 160 Abs. 3 HGB stellt klar, dass auch die Umwandlung der Stellung eines persönlich haftenden Gesellschafters in eine Kommanditistenbeteiligung als Ausscheiden zu behandeln ist. Dies gilt auch dann, wenn der Gesellschafter trotz seiner nunmehrigen Kommanditistenstellung geschäftsleitend tätig bleibt.

c) Formwechselnde Umwandlung

52 § 224 UmwG stellt auch die formwechselnde Umwandlung der Gesellschaft in eine Rechtsform ohne unbeschränkte Gesellschafterhaftung haftungsrechtlich dem Ausscheiden eines Gesellschafters gleich und regelt die Nachhaftung der Gesellschafter spezialgesetzlich, allerdings inhaltsgleich mit § 160 HGB.

d) Eröffnung des Insolvenzverfahrens

53 Gleichzustellen ist schließlich die Eröffnung des Insolvenzverfahrens über die Gesellschaft, sofern ein Insolvenzverwalter eingesetzt wird. Die Auflösung der Gesellschaft genügt hingegen nicht, da auch nach diesem Zeitpunkt regelmäßig noch (Neu-)Verbindlichkeiten begründet werden, für die den Gläubigern ansonsten nur das Gesellschaftsvermögen haften würde. Den Gesellschaftern kommt während der Auflösungsphase lediglich die Sonderverjährung des § 159 Abs. 1 HGB zu Gute. Erst mit der Vollbeendigung sind die persönlich haftenden Gesellschafter wie ausgeschiedene Gesellschafter zu behandeln.

III. Entscheidende Zeitpunkte für die Haftung

54 Für die Beurteilung, ob der ausgeschiedene Gesellschafter für eine Gesellschaftsverbindlichkeit haftet oder nicht, sind zwei Zeitpunkte abzugleichen: der Zeitpunkt, zu dem das Ausscheiden oder der gleichgestellte Rechtsakt wirksam geworden ist, und der Zeitpunkt, zu dem die Gesellschaftsverbindlichkeit begründet wurde.

1. Zeitpunkt des Ausscheidens

55 Bei einem einvernehmlichen Ausscheiden oder der zustimmungsbedürftigen Übertragung eines Gesellschaftsanteils ist der Zeitpunkt maßgeblich, zu dem der letzte Gesellschafter dem Ausscheiden

oder der Übertragung zugestimmt hat. Bei nicht zustimmungsbedürftigen Übertragungen kommt es auf den Abtretungszeitpunkt oder – sofern die Abtretung aufschiebend bedingt oder befristet erfolgte – auf den Eintritt der Bedingung oder des Zeitpunktes an. Rückbezogene Gestaltungen sind im Außenverhältnis hingegen haftungsrechtlich unbeachtlich.

Bei einer Ausschließung nach § 140 HGB ist Eintritt der Rechtskraft des Ausschließungsurteils maßgeblich. Bei einem Ausschließungsbeschluss, bei einer Ausschließungserklärung oder einer Austrittskündigung kommt es auf den Zeitpunkt an, zu dem der Beschluss oder die Willenserklärung wirksam wird. 56

Soweit eine Handelsregistereintragung – wie etwa beim Formwechsel in eine Kapitalgesellschaft – konstitutive Wirkung für den Ausscheidenstatbestand hat, kommt es auf deren Zeitpunkt an (vgl. E/B/J/S/*Hillmann* § 128 Rn. 45). 57

2. Zeitpunkt der Begründung der Gesellschaftsverbindlichkeit

Für die Begründung der Gesellschaftsverbindlichkeit kommt es auf den Zeitpunkt an, zu dem deren Rechtsgrundlage gelegt worden ist, auch wenn einzelne Verpflichtungen erst später entstehen oder fällig werden. 58

a) Rechtsgeschäftliche Verbindlichkeit

Rechtsgeschäftliche Verbindlichkeiten sind vor dem Ausscheiden des Gesellschafters begründet, wenn der Vertrag vor dem Ausscheiden **abgeschlossen** wurde und sich daraus ohne Hinzutreten weiterer Abreden zwischen Gläubiger und Gesellschaft die Gesellschaftsverbindlichkeit ergeben hat (vgl. BGH NJW 1978, 636; NJW 1983, 2256, 2258). Der Zeitpunkt der Begründung der Verbindlichkeit wird durch eine aufschiebende Bedingung oder Befristung nicht hinausgeschoben. Ebenso wenig kommt es darauf an, wann die vertraglich vereinbarten Leistungen erbracht werden. 59

Ein einseitig bindendes, wenn auch langfristiges Vertragsangebot der Gesellschaft genügt hingegen nicht, wenn es erst nach Ausscheiden des Gesellschafters angenommen wird. Gleiches gilt für eine Option, mit der die Gesellschaft einem Gläubiger einen Anspruch auf Abschluss des Vertrages einräumt. Der Gläubiger muss die Option vor dem Ausscheiden des Gesellschafters ausüben, wenn er auch diesen persönlich in Anspruch nehmen will. 60

b) Dauerschuldverhältnisse

Auch bei Dauerschuldverhältnissen wie etwa Miet-, Leasing, Arbeits- und Versorgungsverträgen kommt es auf den Zeitpunkt des **Vertragsschlusses** an. Dies gilt auch dann, wenn sich die Laufzeit des Vertrages nach dem Ausscheiden des Gesellschafters aufgrund einer vor dem Ausscheiden getroffenen vertraglichen Vereinbarung automatisch verlängert (BGH NJW 2002, 2170). 61

Eine **laufende Geschäftsverbindung** genügt demgegenüber nicht, um sämtliche sich daraus ergebenden Verbindlichkeiten als Altverbindlichkeiten anzusehen. Ist bereits ein Vor- oder Rahmenvertrag abgeschlossen worden, kommt es darauf an, ob der Vertragspartner im Zeitpunkt des Ausscheidens bereits gebunden war. Ist dies der Fall, stellen die aus dem Vor- oder Rahmenvertrag resultierenden Schulden Altverbindlichkeiten dar (vgl. MüKo HGB/*K. Schmidt* § 128 Rn. 45). Dies ist deswegen interessengerecht, weil der Vertragspartner sich im Zeitpunkt seiner einseitigen Bindung auf einen bestimmten Gesellschafterbestand eingelassen hat. Die einseitige Bindung der Gesellschaft zur Annahme eines oder weiterer Vertragsangebote des Vertragspartners genügt hingegen nicht. Denn der Vertragspartner kann nicht darauf vertrauen, dass ihm ein bestimmter Bestand an Gesellschaftern unveränderlich als Haftungsschuldner zur Verfügung steht, solange er seine Vertragserklärung nicht abgegeben hat. 62

c) Folgeansprüche

63 Neben der Primärschuld stellen auch Folgeansprüche Altverbindlichkeiten dar, wenn der Vertrag vor dem Ausscheiden abgeschlossen worden ist (vgl. BGH NJW 1967, 2203). Dies gilt unabhängig davon, ob die Tatbestandsvoraussetzungen des jeweiligen Folgeanspruchs vor oder nach dem Ausscheiden eingetreten sind. Erfasst werden insbesondere Ansprüche auf Ersatz des **Nicht- oder des Schlechterfüllungsschadens**. Dasselbe gilt für Vertragsstrafen, auch wenn diese erst nach dem Ausscheiden verwirkt worden sind, für Rückgewährschuldverhältnisse und für Aufwendungsersatzansprüche (vgl. BGH NJW 1996, 2866).

d) Vertragsänderungen

64 Nach dem Ausscheiden vereinbarte Vertragsänderungen und Vergleichsschlüsse wirken zugunsten des ausgeschiedenen Gesellschafters, nicht aber zu seinen Lasten. Sie führen in dem Maße zu Neuverbindlichkeiten, in dem die Altverbindlichkeit nach Inhalt oder Umfang erweitert wird (vgl. MüKo HGB/*K. Schmidt* § 128 Rn. 52).

65 Die bloße **Stundung** einer Altverbindlichkeit macht aus ihr keine Neuverbindlichkeit. Wird ein Wechsel nach dem Ausscheiden des Gesellschafters prolongiert, begründet dies eine Neuverbindlichkeit (vgl. RGZ 125, 417, 418; 140, 10, 13; krit. MüKo HGB/*K. Schmidt* § 128 Rn. 52). Der ausgeschiedene Gesellschafter kann aus dieser nicht, sondern allenfalls noch aus dem Grundverhältnis in Anspruch genommen werden.

e) Kontokorrent

66 Für Forderungen aus laufender Rechnung (Kontokorrent) nimmt die h. M. (vgl. BGH NJW 1958, 217, 218 f.; NJW 1974, 100; WM 1986, 447, 448; krit. MüKo HGB/*K. Schmidt* § 128 Rn. 55 f.) eine **doppelte Begrenzung** der Haftung des ausgeschiedenen Gesellschafters an. Der Gesellschafter haftet erstens nur i. H. d. am Tage seines Ausscheidens bestehenden Saldos, und zweitens verringern spätere niedrigere Schlusssalden jeweils seine Haftung auf den Betrag des niedrigeren Schlusssaldos. Dies führt zu einem Erlöschen der Haftung, sobald sich erstmals ein Guthaben zugunsten der Gesellschaft ergibt (vgl. E/B/J/S/*Hillmann* § 128 Rn. 50).

f) Bürgschaft

67 Hat die Gesellschaft vor dem Ausscheiden des Gesellschafters eine Bürgschaft übernommen, haftet der Gesellschafter auch dann, wenn die vereinbarungsgemäß gesicherte Forderung erst nach seinem Ausscheiden begründet oder erhöht worden ist (vgl. MüKo HGB/*K. Schmidt* § 128 Rn. 50).

g) Gesetzliche Schuldverhältnisse

68 Bei gesetzlichen Schuldverhältnissen kommt es für die Abgrenzung zwischen Alt- und Neuverbindlichkeiten darauf an, wann das maßgebende Tatbestandsmerkmal erfüllt worden ist. Ob zu diesem Zeitpunkt bereits sämtliche übrigen Tatbestandsmerkmale der jeweiligen Anspruchsgrundlage eingetreten waren, ist unerheblich.

69 Bei der **Geschäftsführung ohne Auftrag** ist die Übernahme der Geschäftsführung maßgeblich, bei Ansprüchen aus **Delikt** die Verletzungshandlung und nicht zusätzlich der Eintritt von Rechtsgutverletzung und Schaden. Letzterem entsprechend kommt es bei Ansprüchen aus **Nicht-Leistungskondiktion** auf die Eingriffshandlung oder – im Fall der Verwendungskondiktion – auf die Verwendungshandlung an. Bei der **Leistungskondiktion** erscheint es interessengerecht, auf den Zeitpunkt abzustellen, zu dem der vermeintliche Rechtsgrund gelegt worden ist (vgl. MüKo HGB/*K. Schmidt* § 128 Rn. 57). War dies bereits vor dem Ausscheiden der Fall, liegt auch dann eine Altverbindlichkeit vor, wenn die Gesellschaft den Konditionsgegenstand erst nachher erlangt hat.

IV. Rechtsscheinhaftung für Neuverbindlichkeiten

Grundsätzlich haftet der ausgeschiedene Gesellschafter nicht für Neuverbindlichkeiten. Den Gesellschafter kann nach § 15 Abs. 1 HGB jedoch eine Rechtsscheinhaftung treffen, solange sein Ausscheiden als persönlich haftender Gesellschafter nicht im Handelsregister eingetragen ist. Nach Eintragung (und Ablauf der Schonfrist des § 15 Abs. 2 Satz 2 HGB) müssen Gesellschaftsgläubiger das Ausscheiden regelmäßig gegen sich gelten lassen. Geriert sich der ausgeschiedene Gesellschafter allerdings weiterhin wie ein persönlich haftender Gesellschafter, ist durch Abwägung der Gesamtumstände zu ermitteln, ob der gesetzte Rechtsschein die Wirkung des § 15 Abs. 2 HGB aufhebt und ausnahmsweise eine Haftung für Neuverbindlichkeiten zu begründen vermag. 70

F. Regress- und Freistellungsansprüche des Gesellschafters

I. Ansprüche gegen die Gesellschaft

1. Anspruchsgrundlage

Der auf eine Gesellschaftsverbindlichkeit leistende Gesellschafter kann nach § 110 HGB Ersatz seiner Aufwendungen von der Gesellschaft verlangen. Nach der Rechtsprechung (vgl. BGH NJW-RR 2002, 455) gilt dies unabhängig davon, ob eine persönliche Haftung des Gesellschafters für diese Gesellschaftsschuld bestand. Maßgeblich sei allein das zugunsten der Gesellschaft erbrachte Sonderopfer. Ersatzberechtigt sind danach bspw. auch Kommanditisten und stille Gesellschafter, die ohne Verpflichtung im Außenverhältnis auf die Gesellschaftsschuld zahlen. Es dürfte allerdings näher liegen, deren Ersatzanspruch auf § 670 BGB zu stützen (vgl. MüKo HGB/*K. Schmidt* § 128 Rn. 31 f., 34). 71

Der Regress regelt sich auch dann nach § 110 HGB, wenn sich die Stellung eines persönlich haftenden Gesellschafters in eine Kommanditistenstellung umwandelt. Für den Fall des Ausscheidens vgl. Rdn. 80 f. 72

2. Übergang der Verbindlichkeit auf den leistenden Gesellschafter

Ob zudem die befriedigte Gesellschaftsverbindlichkeit auf den leistenden Gesellschafter übergeht und damit eine **weitere Anspruchsgrundlage** begründet, ist umstritten (dagegen BGH NJW 1963, 1873, 1874; dafür MüKo HGB/*K. Schmidt* § 128 Rn. 31). Für eine unmittelbare Anwendung des § 426 Abs. 2 BGB ist kein Raum, da zwischen dem Gesellschafter und der Gesellschaft kein Gesamtschuldverhältnis besteht. Für eine analoge Anwendung dieser Vorschrift oder der des § 774 Abs. 1 BGB bedürfte es einer planwidrigen Regelungslücke. Da § 110 HGB als spezielle gesellschaftsrechtliche Regelung des Regresses einen schlichten Erstattungsanspruch anordnet, spricht viel dafür, dass sich eine solche Lücke nicht feststellen lässt. Das hat zur Folge, dass die für die Gesellschaftsverbindlichkeit bestellten Sicherheiten nicht auf den leistenden Gesellschafter übergehen, und auch eine Titelumschreibung nach § 727 ZPO auf den Gesellschafter nicht möglich ist. Dies erscheint auch interessengerecht, da es ansonsten zu einer Bevorzugung des Gesellschafters kommt, der auf eine gesicherte Forderung leistet, und zu einer Benachteiligung desjenigen, der wegen einer ungesicherten Forderung in Anspruch genommen wird. 73

3. Bestehen der Verbindlichkeit

Der Regressanspruch setzt grundsätzlich voraus, dass die befriedigte Gesellschaftsverbindlichkeit tatsächlich bestand. Denn ansonsten durfte der Gesellschafter seine Leistung nicht **als erforderlich** ansehen. Auf das Nichtbestehen kann sich die Gesellschaft nicht berufen, wenn sie auf die Klage ihres Gläubigers hin rechtskräftig verurteilt worden ist. Ansonsten kann sich die Gesellschaft gegen den Regressanspruch mit sämtlichen Einwendungen und Einreden verteidigen, die sie auch der Gesellschaftsverbindlichkeit entgegenhalten konnte. Das Risiko, dass er auf eine valide Forderung leistet, liegt damit beim Gesellschafter. Absichern kann er sich dadurch, dass er sich vor einer Zahlung bei der Gesellschaft erkundigt. Bestreitet diese die Gesellschaftsverbindlichkeit nicht, ist sie 74 aufgrund der Treuepflicht auch im Regress hieran gebunden (vgl. hierzu MüKo HGB/*K. Schmidt* § 128 Rn. 32). Im Fall des Bestreitens – ob aus überzeugenden Gründen oder nicht – muss der Gesellschafter hingegen damit rechnen, dass diese Gründe auch seinem Regressanspruch entgegengesetzt werden. Es kann sich dann anbieten, dass der Gesellschafter sich vom Gesellschaftsgläubiger verklagen lässt und der Gesellschaft in diesem Rechtsstreit den Streit verkündet.

4. Drohende Inanspruchnahme

75 Der Gesellschafter ist nicht darauf angewiesen, im Fall einer Inanspruchnahme zunächst an den Gesellschaftsgläubiger zu leisten und anschließend bei der Gesellschaft Regress zu nehmen. Er kann von der Gesellschaft verlangen, von seiner Haftung freigestellt zu werden. Nicht dem Grunde nach, wohl aber in seiner Durchsetzbarkeit hängt dieser Anspruch davon ab, dass eine persönliche Inanspruchnahme durch den Gesellschaftsgläubiger ernsthaft droht (vgl. E/B/J/S/*Hillmann* § 128 Rn. 36).

II. Ansprüche gegen Mitgesellschafter

1. Anspruchsgrundlage

76 Der Gesellschafter kann seinen gegenüber der Gesellschaft bestehenden Regressanspruch auch gegenüber den Mitgesellschaftern geltend machen. Dies stellt keine an § 707 BGB zu messende, verdeckte Nachschusspflicht dar, sondern ergibt sich unmittelbar aus § 426 BGB und aus §§ 110, 128, 130 HGB. Der Regressanspruch gegenüber den Mitgesellschaftern unterliegt allerdings den unter Rdn. 9 dargestellten Einschränkungen. Zum einen haften die Gesellschafter also untereinander nur als Teilschuldner, wobei sich die Haftungsanteile im Zweifel nicht nach Köpfen, sondern nach den Verlustanteilen berechnen. Zum anderen ist der Regress **subsidiär**. Der leistende Gesellschafter muss zwar keinen erfolglosen Vollstreckungsversuch gegenüber der Gesellschaft unternehmen. Ihm obliegt jedoch der Nachweis, dass der Gesellschaft keine für den Regress hinreichenden Mittel zur Verfügung stehen (vgl. BGH NJW 1980, 339, 340).

2. Ersatzberechtigte

77 Nach Ansicht des BGH (NJW-RR 2002, 455) soll auch der Regress gegenüber den Mitgesellschaftern nicht davon abhängen, dass zwischen den Gesellschaftern ein Gesamtschuldverhältnis gem. § 128 HGB besteht. Ersatzberechtigt sind danach auch nicht persönlich haftende Gesellschafter. Wie unter Rdn. 71 dargestellt, liegt es allerdings näher, den Regressanspruch bspw. von Kommanditisten und stillen Gesellschaftern gegenüber der Gesellschaft mit § 670 BGB und den Regressanspruch gegenüber ihren Mitgesellschaftern mit der hieran anknüpfenden akzessorischen Haftung zu begründen (so auch MüKo HGB/*K. Schmidt*, § 128 Rn. 34).

3. Ausschluss des Anspruchs bei Abfindung des ausgeschiedenen Gesellschafters

78 Der ausgeschiedene und noch für Altverbindlichkeiten haftende Gesellschafter kann von seinen Mitgesellschaftern regelmäßig nicht in Regress genommen werden, sofern die betroffene Gesellschaftsverbindlichkeit bereits in die Berechnung seines Abfindungsanspruchs eingeflossen ist. Ein Regress bleibt also insbesondere möglich, wenn ein Gesellschafter infolge Abtretung seines Anteils aus der Gesellschaft ausgeschieden ist, da in diesem Fall kein Abfindungsanspruch entsteht, in dessen Berechnung die Gesellschaftsverbindlichkeit eingestellt werden könnte. Soweit der Übertragungsvertrag keine ausdrückliche Regelung enthält, ist durch Auslegung zu ermitteln, ob und in welchem Umfang der Veräußerer wegen seiner Inanspruchnahme beim Anteilserwerber Regress nehmen kann.

4. Drohende Inanspruchnahme

Der Gesellschafter kann von seinen Mitgesellschaftern – auf deren jeweiligen Haftungsbetrag beschränkte – Freistellung verlangen, wenn seine persönliche Inanspruchnahme ernsthaft droht, und er nachweist, dass eine Erholung bei der Gesellschaft keinen Erfolg haben wird. 79

III. Regress des ausgeschiedenen Gesellschafters
1. Befreiungs- und Regressanspruch gegen die Gesellschaft

Der ausgeschiedene Gesellschafter hat gem. § 105 Abs. 2 HGB, § 738 Abs. 1 Satz 2 BGB gegenüber der Gesellschaft einen Anspruch auf **Befreiung von den Altverbindlichkeiten**. Befriedigt er die Forderung des Gesellschaftsgläubigers, setzt sich dieser Anspruch als Regressanspruch gegenüber der Gesellschaft fort. Ein Rückgriff auf die Vorschriften der §§ 426, 670 BGB ist nicht erforderlich (so auch MüKo HGB/*K. Schmidt* § 128 Rn. 61; anders BGH NJW 1963, 1873; E/B/J/S/*Hillmann* § 128 Rn. 31). 80

2. Anspruch gegen Mitgesellschafter

Dem ausgeschiedenen Gesellschafter haften daneben auch die verbliebenen persönlich haftenden Gesellschafter als Gesamtschuldner. Dieser Regressanspruch wird wohl überwiegend auf § 426 BGB gestützt (vgl. E/B/J/S/*Hillmann* § 128 Rn. 34). Vorzugswürdig erscheint aber eine Lösung über § 128 HGB (so auch MüKo HGB/*K. Schmidt* § 128 Rn. 62), wonach die verbliebenen Gesellschafter für den auf § 738 Abs. 1 Satz 2 BGB beruhenden Regressanspruch gegenüber der Gesellschaft akzessorisch haften. Der ausgeschiedene Gesellschafter kann die verbliebenen Gesellschafter allerdings nur subsidiär in Anspruch nehmen, muss also nachweisen, dass eine Inanspruchnahme der Gesellschaft keine Erfolgsaussichten bietet. 81

IV. Abweichende Vereinbarungen

Abweichende Vereinbarungen zum Innenregress – bspw. in Form von Befreiungszusagen und Verlustausgleichspflichten – sind grundsätzlich unbeschränkt möglich, und zwar nicht nur zulasten persönlich haftender Gesellschafter, sondern auch gegenüber Kommanditisten (vgl. MüKo HGB/*K. Schmidt* § 128 Rn. 37, 64). 82

V. Auflösung der Gesellschaft

Nach der Auflösung der Gesellschaft können die Regressansprüche gegenüber der Gesellschaft und den Mitgesellschaftern als auf dem Gesellschaftsverhältnis beruhende Ansprüche nicht mehr selbstständig geltend gemacht werden. Sie werden zu unselbstständigen Rechnungsposten in der Auseinandersetzungsrechnung (vgl. BGH NJW 1962, 1863; NJW 1984, 1455; NJW 1985, 1898). 83

G. Persönliche Haftung in der Insolvenz
I. Haftung für Alt- und Neuverbindlichkeiten

Die Eröffnung des Insolvenzverfahrens über das Vermögen der Gesellschaft lässt die akzessorische Gesellschafterhaftung nicht entfallen. Allerdings ist zwischen Alt- und Neuverbindlichkeiten zu unterscheiden: 84

1. Altverbindlichkeiten

Für Altverbindlichkeiten haften die persönlich haftenden Gesellschafter unverändert weiter. Altverbindlichkeiten sind solche, deren Rechtsgrund im Zeitpunkt der Verfahrenseröffnung bereits gelegt war (vgl. hierzu i. E. Rdn. 58 ff.). Zu den Altverbindlichkeiten zählen nicht nur die Insolvenzforderungen, sondern auch Masseverbindlichkeiten aus der Erfüllung gegenseitiger Verträge nach § 55 Abs. 1 Nr. 2 InsO sowie Ansprüche aus der Nichterfüllung von Altverbindlichkeiten, 85 und zwar unabhängig davon, ob die Nichterfüllung auf eine Entscheidung des Insolvenzverwalters zurückgeht. Die Eröffnung des Insolvenzverfahrens über das Vermögen der Gesellschaft unterbricht Rechtsstreitigkeiten von Altgläubigern gegen Gesellschafter analog § 17 Abs. 1 Satz 1 AnfG (vgl. BGH NZG 2009, 102).

2. Neuverbindlichkeiten

86 Für Neuverbindlichkeiten haften die Gesellschafter hingegen nicht, wenn ein Insolvenzverwalter bestellt worden ist, also keine Eigenverwaltung erfolgt (so auch: BGH NJW 2010, 69; zustimmend: Cranshaw in: jurisPR-InsR 21/2007 Anm. 4). Denn in diesem Fall sind die Gesellschafter so zu behandeln, als seien sie aus der Gesellschaft ausgeschieden (vgl. dazu Rdn. 49 ff.). Neuverbindlichkeiten in diesem Sinne sind insbesondere Verbindlichkeiten aus Geschäften und Handlungen des Insolvenzverwalters (§ 55 Abs. 1 Nr. 1 InsO), Ansprüche aus einer ungerechtfertigten Bereicherung der Masse (§ 55 Abs. 1 Nr. 3 InsO) und Massekosten (§ 54 InsO).

87 Die persönliche Haftung für solche Neuverbindlichkeiten lebt allerdings analog § 130 HGB auf, wenn das Insolvenzverfahren anders als durch Vermögensverteilung, durch Insolvenzplan oder durch Einstellung mangels Masse beendet wird (vgl. MüKo HGB/*K. Schmidt* § 128 Rn. 81). In einem solchen Fall entfällt der Anlass für eine Haftungsprivilegierung der persönlich haftenden Gesellschafter.

II. Geltendmachung der persönlichen Haftung

1. Einziehungs- und Verfügungsbefugnis

88 Außerhalb eines Insolvenzverfahrens stehen sowohl die Haftungsforderung aus § 128 HGB als auch die Befugnis, diese gegenüber dem persönlich haftenden Gesellschafter geltend zu machen, dem **Gesellschaftsgläubiger** zu. In der Insolvenz der Gesellschaft kommt es gem. § 93 InsO zu einer Aufspaltung dieser beiden Positionen (vgl. zu dem Fall der Doppelinsolvenz auch BGH NJW 2009, 225). Die Haftungsforderung ist auch weiterhin eine solche des Gesellschafters, wird also nicht Bestandteil der Insolvenzmasse. Die Einziehungs- und Verfügungsbefugnis wird dem Gesellschaftsgläubiger hingegen entzogen und auf den **Insolvenzverwalter** übertragen. Der Gesellschaftsgläubiger kann also nicht mehr selbst auf den Gesellschafter zugreifen. Leistet der Gesellschafter an den Gesellschaftsgläubiger, befreit ihn dies – von der Ausnahme des § 82 InsO analog abgesehen – nicht. Der Insolvenzverwalter kann in einem solchen Fall entweder den Gesellschafter nochmals gem. § 128 HGB in Anspruch nehmen oder die Leistung des Gesellschafters mit dem Ziel genehmigen, nach § 816 Abs. 2 BGB vorzugehen und die Leistung vom Gesellschaftsgläubiger zurück zu verlangen.

89 Die vom Insolvenzverwalter eingezogenen Beträge bilden ein **Treuhandvermögen** zugunsten der Gesellschaftsgläubiger, denen Haftungsansprüche nach § 128 HGB zustehen. Dieses Vermögen muss der Insolvenzverwalter zwar nicht dinglich, aber rechnerisch als Sondermasse behandeln, da ansonsten sämtliche Gesellschaftsgläubiger an diesem Vermögen unabhängig davon partizipieren würden, ob sie selbst auf die persönlich haftenden Gesellschafter hätten zugreifen können.

90 § 93 InsO gilt nur für die akzessorische Gesellschafterhaftung, also nicht für Ansprüche gegenüber den Gesellschaftern aus sonstigen Rechtsgründen, wie insbesondere aus Bürgschaften, Schuldmitübernahmen oder einem eigenen deliktischen Verhalten des Gesellschafters. Solche Ansprüche kann der Gesellschaftsgläubiger auch nach Insolvenzeröffnung gegenüber dem gesondert verpflichteten Gesellschafter geltend machen.

2. Haftungsumfang

91 In welchem Umfang der Insolvenzverwalter gem. § 93 InsO auf die persönlich haftenden Gesellschafter zugreifen kann, ist umstritten. Es werden im Wesentlichen **zwei Modelle** vertreten. Nach wohl überwiegend vertretener Auffassung (vgl. InsOHdb/*Haas*, § 93 Rn. 25 ff.; *Theißen* ZIP 1998,

1628) können die persönlich haftenden Gesellschafter als Gesamtschuldner in Höhe aller noch nicht beglichenen Gesellschaftsverbindlichkeiten in Anspruch genommen werden, für die sie nach §§ 128, 130 HGB haften. Grenzen werden aus § 242 BGB abgeleitet. Der Gesellschafter kann danach Zahlungen verweigern, wenn sie nicht mehr für die Schuldendeckung notwendig sind und daher zu einer Überdeckung der Masse führen würden. Der diesbezügliche Nachweis dürfte dem Gesellschafter obliegen. Im Fall einer Doppelinsolvenz von Gesellschaft und Gesellschafter meldet der Gesellschafts-Insolvenzverwalter nach diesem Modell die Haftungsansprüche der Gesellschaftsgläubiger in voller Höhe im Insolvenzverfahren des Gesellschafters an.

Nach dem **Ausfallhaftungsmodell** von *K. Schmidt* (vgl. MüKo HGB § 128 Rn. 86) ist die nach § 93 InsO geltend gemachte Haftung auf die Unterdeckung der Masse beschränkt. Für diese Unterdeckung haften die Gesellschafter als Gesamtschuldner. Die Darlegungslast für die Unterdeckung soll beim Insolvenzverwalter liegen. Im Fall der Doppelinsolvenz wird folglich auch nur die Unterdeckung der Gesellschafts-Insolvenzmasse im Gesellschafter-Insolvenzverfahren angemeldet (MüKo HGB/*K. Schmidt* § 128 Rn. 87). 92

Die Vorschrift des § 93 InsO gibt weder das eine noch das andere Modell zwingend vor. Das Ausfallhaftungsmodell hat den Vorteil größerer Praktikabilität. Außerdem erscheint es interessengerecht, die Darlegungs- und Beweislast dem Insolvenzverwalter aufzuerlegen. Er kann regelmäßig am ehesten beurteilen, welche Zahlungen seitens der Gesellschafter bis zur Deckung der Masse notwendig sind. 93

III. Haftungsbegrenzung durch Insolvenzplan

Ein im Insolvenzverfahren der Gesellschaft beschlossener und bestätigter Insolvenzplan begrenzt gem. § 227 Abs. 2 InsO in dem Umfang, in dem die Gesellschaft von Verbindlichkeiten befreit wird, auch die Haftung der persönlich haftenden Gesellschafter. Diese Haftungsbegrenzung betrifft ausschließlich die **akzessorische Gesellschafterhaftung**, kommt also dem Gesellschafter insoweit nicht zugute, als er dem Gesellschaftsgläubiger aus einem anderen Rechtsgrund, etwa einer Bürgschaft oder einer sonstigen Sicherheit, haftet. Ob der Gesellschafter, der aus diesem gesonderten Rechtsgrund über das im Insolvenzplan vorgesehene Maß hinaus in Anspruch genommen wird, bei seinen Mitgesellschaftern Regress nehmen kann, ist durch Auslegung der das Innenverhältnis betreffenden (gesellschaftsvertraglichen) Vereinbarungen zu ermitteln. Wurde die Sicherheit ohne Einverständnis der Mitgesellschafter gewährt, scheidet ein Regress ihnen gegenüber regelmäßig aus. Beruht die Sicherheitenbestellung hingegen auf einem Gesellschafterbeschluss, wird man diesem im Zweifel auch einen Regressanspruch des Sicherungsgebers zu entnehmen haben. 94

Ob die Haftungsbegrenzung eines Insolvenzplans auch dem **ausgeschiedenen Gesellschafter** zugutekommt, ist umstritten. Überwiegend wird dies noch verneint (vgl. BGH NJW 1970, 1921). Dem liegt die Vorstellung zugrunde, dass nur die Gesellschafter privilegiert werden sollen, die noch am Schicksal des Unternehmens teilhaben. Es trifft allerdings kaum auf jeden verbliebenen Gesellschafter zu, dass er die Fortführung des Unternehmens über seine Gesellschafterhaftung hinaus fördert. So kann es dazu kommen, dass der ausgeschiedene, aber weiterhin voll haftende Gesellschafter im Ergebnis stärker am Schicksal des Unternehmens teilnimmt als ein verbliebener Gesellschafter, der durch den Insolvenzplan begrenzt haftet und ansonsten nichts unternimmt, um die Fortführung des Unternehmens zu ermöglichen. Der von der h. M. der Differenzierung zugrunde gelegte Gerechtigkeitsgedanke dürfte sich damit erheblich relativieren (krit. auch MüKo HGB/*K. Schmidt* § 128 Rn. 90). 95

IV. Regressansprüche der Gesellschafter

Leistet ein persönlich haftender Gesellschafter vor Eröffnung des Insolvenzverfahrens über das Vermögen der Gesellschafter an einen Gesellschaftsgläubiger, kann er seinen Anspruch aus § 110 HGB (vgl. dazu Rdn. 71) als Insolvenzforderung geltend machen. Die Insolvenzgläubiger werden durch diesen Passivtausch nicht benachteiligt. 96

97 Leistungen des Gesellschafters an einen Gesellschaftsgläubiger nach Insolvenzeröffnung begründen hingegen keinen Regressanspruch gegen die Insolvenzmasse, da sie wegen § 93 InsO grundsätzlich keine befreiende Wirkung haben (vgl. Rdn. 88 ff.). Der Gesellschafter kann seine Leistung nach § 812 BGB vom Empfänger zurück verlangen.

H. Die Gesellschafterbürgschaft

I. Funktion

98 Die Übernahme einer Bürgschaft durch einen Gesellschafter hat für den Gesellschaftsgläubiger mehrere Vorteile gegenüber der bloßen Haftung nach § 128 HGB. Der Gläubiger unterliegt nicht den insolvenzrechtlichen Einschränkungen des § 93 InsO (dazu Rdn. 88 ff.) und des Insolvenzplans (dazu Rdn. 94 f.). Außerdem gelten die Verjährung nach § 159 und die Nachhaftungsbegrenzung nach § 160 HGB nicht für die Gesellschafterbürgschaft. Schließlich kann die Haftung des Gesellschafters auch dadurch verschärft werden, dass eine Pflicht zur Leistung auf erstes Anfordern vereinbart wird.

II. Einwendungen und Einreden

1. Form

99 Die Bürgschaft eines persönlich haftenden Gesellschafters (OHG-Gesellschafter oder Komplementär) ist aufgrund § 350 HGB formfrei (vgl. BGH NJW 1982, 569, 570). Hingegen kann sich jedenfalls der Kommanditist, der nicht geschäftsführungs- und vertretungsberechtigt ist, nicht formfrei verbürgen. Nach h. M. gilt dies auch für den geschäftsführungs- und vertretungsberechtigten Kommanditisten (vgl. BGH WM 1957, 883, 884; WM 1980, 1085; NJW 1982, 569, 570; a. A. MüKo HGB/*K. Schmidt* § 128 Rn. 97). Vorsorglich sollte in diesem Fall die Schriftform beachtet werden.

2. Überforderung des Bürgen

100 Auf den Schutz vor überfordernden Bürgschaften kann sich der Gesellschafter, der sich für eine Gesellschaftsschuld trotz mangelnder Leistungsfähigkeit verbürgt, nicht berufen (vgl. BGH NJW 1998, 894; NJW 2002, 956; NJW 2002, 1337). Dies gilt grundsätzlich unabhängig von der Höhe der Beteiligung und davon, ob der Gesellschafter geschäftsführungsbefugt ist. Allenfalls bei unbedeutenden Bagatellbeteiligungen (vgl. BGH NJW 2003, 967) oder einer bloß treuhänderischen Beteiligung (vgl. BGH NJW 2002, 2634) kann der Gesellschafter wie ein privater Dritter zu schützen sein. Vor Überrumpelung ist der Gesellschafter hingegen stets geschützt (vgl. BGH NJW 1997, 1980; NJW 1997, 2578).

3. Verjährung

101 Ist die verbürgte Hauptforderung gegenüber der Gesellschaft verjährt, kann sich auch der Gesellschafter-Bürge hierauf berufen. Diese Einrede tritt neben die dem Gesellschafter originär zustehende Einrede, die Bürgschaftsforderung als solche sei verjährt. Um diese Einreden abzuwehren, muss der Gesellschaftsgläubiger rechtzeitig Maßnahmen gegenüber der Gesellschaft und dem Gesellschafter-Bürgen treffen, um die Verjährung sowohl der Bürgschaftsforderung als auch der Hauptforderung zu hemmen. Hierin unterscheidet sich die Bürgenhaftung von der akzessorischen Haftung nach § 128 HGB, bei der schon verjährungshemmende Maßnahmen gegenüber dem Gesellschafter dazu führen, dass er sich auch auf eine Verjährung der Gesellschaftsschuld nicht berufen kann.

4. Ausscheiden des Gesellschafters

102 Scheidet der Gesellschafter-Bürge aus der Gesellschaft aus, lässt dies die Bürgenhaftung unberührt (vgl. BGH NJW 1986, 2308, 2309; NJW 1995, 2553 f.), soweit sich nicht durch Auslegung des Bürgschaftsvertrages Gegenteiliges ergibt. Bei einer Kontokorrentbürgschaft und bei einer Bürgschaft auf unbestimmte Zeit kann das Ausscheiden allerdings einen **wichtigen Grund zur Kündi-**

gung darstellen, wenn die Gesellschafterstellung Anlass für die Übernahme der Bürgschaft war (vgl. BGH ZIP 1985, 1192, 1194). Die Kündigung wirkt nur für die Zukunft, für Altverbindlichkeiten (zur Abgrenzung von Neuverbindlichkeit vgl. sinngemäß Rdn. 58 ff.) bleibt die Haftung des Bürgen bestehen.

III. Regressansprüche

Der Gesellschafter-Bürge erwirbt gem. § 774 BGB mit der Befriedigung der Hauptforderung einen Regressanspruch gegenüber der Gesellschaft, soweit im Innenverhältnis nicht etwas anderes vereinbart ist oder die Bürgschaft eigenkapitalersetzenden Charakter (§§ 129a, 172a HGB) hat. Die Regressansprüche gegenüber den Mitgesellschaftern entsprechen denen bei einer Inanspruchnahme aufgrund der akzessorischen Haftung nach §§ 128, 130 HGB (vgl. dazu unter Rdn. 71 ff.). 103

§ 129 [Einwendungen des Gesellschafters]

(1) Wird ein Gesellschafter wegen einer Verbindlichkeit der Gesellschaft in Anspruch genommen, so kann er Einwendungen, die nicht in seiner Person begründet sind, nur insoweit geltend machen, als sie von der Gesellschaft erhoben werden können.

(2) Der Gesellschafter kann die Befriedigung des Gläubigers verweigern, solange der Gesellschaft das Recht zusteht, das ihrer Verbindlichkeit zugrunde liegende Rechtsgeschäft anzufechten.

(3) Die gleiche Befugnis hat der Gesellschafter, solange sich der Gläubiger durch Aufrechnung gegen eine fällige Forderung der Gesellschaft befriedigen kann.

(4) Aus einem gegen die Gesellschaft gerichteten vollstreckbaren Schuldtitel findet die Zwangsvollstreckung gegen die Gesellschafter nicht statt.

Übersicht	Rdn.			Rdn.
A. Normzweck	1	4.	Abgrenzungen	12
B. Verteidigungsmöglichkeiten des Gesellschafters	4	5.	Materielle Rechtskraft	14
I. Persönliche Einwendungen und Einreden des Gesellschafters	4		a) Verurteilung des Gesellschafters	14
II. Einwendungen und Einreden der Gesellschaft, Abs. 1	7		b) Verurteilung der Gesellschaft	15
1. Anwendungsbereich	8		c) Unterschiede beim ausgeschiedenen Gesellschafter	16
2. Beispiele	9		d) Abgabenbescheid	19
3. Insbesondere: Verjährung	10	III.	Nicht ausgeübte Gestaltungsrechte der Gesellschaft, Abs. 2 und 3	20
a) Verjährungshemmende Maßnahme gegenüber der Gesellschaft	10		1. Allgemeines	20
			2. Anwendungsbereich	22
b) Verjährungshemmende Maßnahme gegenüber dem Gesellschafter	11		3. Anfechtung	23
			4. Aufrechnung	24
		C.	Zwangsvollstreckung gegen die Gesellschafter, Abs. 4	25

A. Normzweck

Die Haftung nach §§ 128, 130 HGB ist akzessorisch, setzt also das Bestehen einer Gesellschaftsverbindlichkeit voraus. Stehen dieser Verbindlichkeit rechtshemmende, rechtshindernde oder rechtsvernichtende Einwendungen entgegen, scheidet eine akzessorische Gesellschafterhaftung schon tatbestandlich aus. Insofern bringt § 129 Abs. 1 HGB das zum Ausdruck, was aufgrund der Akzessorietät ohnehin gilt. Die eigentliche Bedeutung der Vorschrift liegt demgegenüber in zwei Gesichtspunkten: Zum einen erfasst § 129 Abs. 1 HGB auch **Einreden der Gesellschaft**. Diese kann der Gesellschafter dem Gesellschaftsgläubiger auch dann entgegensetzen, wenn sie im Namen der Gesellschaft nicht erhoben worden sind, obwohl dies ohne die Regelung in § 129 Abs. 1 HGB Voraussetzung für die Berücksichtigung solcher Einreden wäre. Zum anderen normiert § 129 1

Abs. 1 HGB eine **Präklusion** dahin gehend, dass der Gesellschafter Einwendungen und Einreden der Gesellschaft nicht geltend machen kann, soweit diese auch von der Gesellschaft nicht (mehr) erhoben werden können.

2 Abs. 2 und 3 enthalten eine **Erweiterung der Verteidigungsmöglichkeiten** des Gesellschafters gegenüber seiner persönlichen Inanspruchnahme. Ein Gestaltungsrecht der Gesellschaft wäre nach Maßgabe des Abs. 1 erst dann zugunsten des Gesellschafters zu berücksichtigen, wenn die Gestaltungsfolge durch Ausübung des Gestaltungsrechts herbeigeführt wird. Über die Ausübung entscheidet nicht der einzelne Gesellschafter, sondern die Gesellschaft. Solange die Gesellschaft das Gestaltungsrecht nicht ausübt, aber noch ausüben könnte, wird der Gesellschafter dadurch geschützt, dass er dem Gesellschaftsgläubiger ein (vorübergehendes) Leistungsverweigerungsrecht entgegenhalten kann. Macht die Gesellschaft von dem Gestaltungsrecht noch Gebrauch, kommt es zur Anwendung des Abs. 1. Verliert die Gesellschaft das Gestaltungsrecht, erlischt auch das Leistungsverweigerungsrecht des Gesellschafters.

3 Abs. 4 normiert die **vollstreckungsrechtliche Folge** aus der Verselbstständigung von Gesellschaftsverbindlichkeit und Gesellschafterverbindlichkeit.

B. Verteidigungsmöglichkeiten des Gesellschafters

I. Persönliche Einwendungen und Einreden des Gesellschafters

4 Der persönlich haftende Gesellschafter kann seiner Inanspruchnahme durch den Gesellschaftsgläubiger sämtliche in seiner Person begründeten Einwendungen und Einreden entgegenhalten. Dies ist eine Selbstverständlichkeit und daher nicht gesondert in § 129 HGB geregelt. Die Gesellschaft und die Mitgesellschafter können sich auf solche Einwendungen hingegen nicht berufen. Sie stehen ausschließlich dem Gesellschafter zu, in dessen Person sie begründet sind. Durch ein nur gegen die Gesellschaft oder einen Mitgesellschafter ergangenes Urteil werden diese persönlichen Einwendungen ebenfalls nicht berührt.

5 Erfasst sind insbesondere Einwendungen aufgrund von **Vereinbarungen** zwischen dem einzelnen Gesellschafter und dem Gesellschaftsgläubiger über die Art und Weise seiner Inanspruchnahme, wie bspw. ein Erlass oder eine Stundung der Forderung aus § 128 HGB oder auch ein pactum de non petendo. Des Weiteren kann der Gesellschafter die Aufrechnung erklären, wenn ihm eine persönliche Forderung gegenüber dem Gesellschaftsgläubiger zusteht. Umgekehrt kann in einem solchen Fall auch der Gesellschaftsgläubiger die Aufrechnung gegenüber dem Gesellschafter erklären. Getilgt wird in diesen Fällen unmittelbar nur die Gesellschafterschuld.

6 Die Gesellschafterhaftung nach §§ 128, 130 HGB unterliegt grundsätzlich **keiner Verjährung** (so auch MüKo HGB/*K. Schmidt* § 129 Rn. 7; a. A. GroßkommHGB/*Habersack* § 129 Rn. 6). Hierfür spricht zunächst die Vorschrift des § 159 HGB, die erst mit der Auflösung der Gesellschaft eine Haftungsverjährung beginnen lässt. Wollte man annehmen, die Gesellschafterhaftung würde generell einer Verjährung unterliegen, käme nur der Rückgriff auf die Regelverjährung (§ 195 BGB) in Betracht. Die Gesellschafterschuld würde innerhalb von 3 Jahren ab dem Ende des Jahres verjähren, in dem die Gesellschaftsschuld fällig geworden ist. Die Regelung in § 159 HGB würde damit weitgehend leer laufen. Der Annahme einer gesonderten Haftungsverjährung dürfte auch der Normzweck der §§ 128, 130 HGB entgegenstehen. Soweit nicht anderweitig Sicherheiten bestellt worden sind, wird die Gesellschaftsschuld nicht durch die Gewährleistung eines Mindestvermögens, sondern durch die Gesellschafterhaftung gesichert. Der Gläubigerschutz wäre daher deutlich beeinträchtigt, würde die Gesellschafterschuld vor der Gesellschaftsschuld verjähren können. Die Gesellschaftsschuld wäre ab diesem Zeitpunkt ungesichert.

II. Einwendungen und Einreden der Gesellschaft, Abs. 1

7 Daneben kann der Gesellschafter gem. Abs. 1 auch die in der Person der Gesellschaft begründeten Einwendungen und Einreden geltend machen, allerdings nur insoweit, als sie von der Gesellschaft

(noch) erhoben werden können. Zu prüfen ist also das **objektive Bestehen der Einwendung**. Ob die Gesellschaft die Einwendung auch tatsächlich erhebt, ist demgegenüber unbeachtlich, soweit die Gesellschaft auf sie nicht verzichtet und damit auch objektiv beseitigt.

1. Anwendungsbereich

Die Vorschrift gilt für die **persönlich haftenden Gesellschafter** der OHG, der KG (§ 161 Abs. 2 HGB), der GbR (geklärt seit BGH NJW 2001, 1056; vgl. auch MüKo HGB/*K. Schmidt* § 129 Rn. 3), der Partnerschaftsgesellschaft (§ 8 Abs. 1 Satz 2 PartGG) und der EWIV (§ 1 EWIV-AusführungsG). § 129 HGB gilt außerdem sinngemäß für den Fall, dass den Gesellschafter einer GmbH eine Durchgriffshaftung im Außenverhältnis entsprechend der persönlichen Haftung eines OHG-Gesellschafters trifft (vgl. BGH NJW 1986, 188).

8

2. Beispiele

§ 129 Abs. 1 HGB erfasst sämtliche Einwendungen tatsächlicher und rechtlicher Art, also alle rechtshindernden, rechtshemmenden und rechtsvernichtenden Einwendungen sowie alle Einreden. Zu nennen sind bspw. die Nichtigkeit des Vertrages, die Leistungsfreiheit aufgrund der Unmöglichkeit der Leistung, Erfüllung, Erlass, Vergleich, Verwirkung oder ein pactum de non petendo, der Eintritt der Verjährung (dazu i. E. bei Rdn. 10 f.) und Zurückbehaltungsrechte. Ist im Rahmen eines gegen die Gesellschaft geführten Rechtsstreits entschieden worden, dass die Gesellschaftsschuld nicht besteht, können sich die persönlich haftenden Gesellschafter auch auf das rechtskräftig festgestellte Nichtbestehen der Forderung berufen.

9

3. Insbesondere: Verjährung

a) Verjährungshemmende Maßnahme gegenüber der Gesellschaft

Die Gesellschaftsschuld verjährt nach den allgemeinen Regeln. Hemmung oder Neubeginn der Verjährung durch Maßnahmen gegenüber der Gesellschaft wirken auch gegenüber dem persönlich haftenden Gesellschafter. Eine gesonderte verjährungshemmende Handlung ist ihm gegenüber daher grundsätzlich nicht erforderlich. Etwas anderes gilt wegen der dann beginnenden Sonderverjährung im Fall der Auflösung der Gesellschaft (§ 159 HGB) und des Ausscheidens eines Gesellschafters (§ 160 HGB).

10

b) Verjährungshemmende Maßnahme gegenüber dem Gesellschafter

Verjährungshemmende Maßnahmen gegenüber dem einzelnen Gesellschafter wirken weder zulasten der Gesellschaft noch der Mitgesellschafter (vgl. MüKo HGB/*K. Schmidt* § 129 Rn. 9; E/B/J/S/*Hillmann* § 129 Rn. 4). Der Lauf der Verjährungsfrist für die Gesellschaftsschuld wird durch eine solche Maßnahme nicht beeinflusst. Tritt Verjährung ein, können sich gem. § 129 Abs. 1 HGB auch die Mitgesellschafter hierauf berufen. Dies gilt im Wege der teleologischen Reduktion der Vorschrift jedoch nicht für den von der verjährungshemmenden Maßnahme selbst betroffenen Gesellschafter (vgl. BGH NJW 1981, 2579; NJW 1988, 1976, 1977; NJW 1998, 2972, 2974). Denn ansonsten wäre der Gesellschaftsgläubiger gehalten, unabhängig von den Erfolgsaussichten einer späteren Vollstreckung in das Gesellschaftsvermögen stets auch die Gesellschaft zu verklagen. Für eine solche Verdoppelung der Rechtsstreite besteht kein Anlass. Aus demselben Grund kann der Gesellschafter sich auch dann nicht auf eine Verjährung der Gesellschaftsschuld – etwa im Rahmen einer Vollstreckungsgegenklage – berufen, wenn diese nach seiner rechtskräftigen Verurteilung eintritt, wenngleich die hemmende Wirkung der Klageerhebung ihm gegenüber damit beendet wird (vgl. MüKo HGB/*K. Schmidt* § 129 Rn. 11).

11

4. Abgrenzungen

12 Die Vorschrift des § 129 Abs. 1 HGB gilt nicht für **rein prozessuale Einreden** der Gesellschaft, die keine materiellrechtlichen Auswirkungen haben, wie bspw. der Einwand der anderweitigen Rechtshängigkeit oder die Folgen eines rügelosen Einlassens nach § 39 Satz 1 ZPO.

13 Die Vorschrift gilt auch nicht für **Gestaltungsrechte** der Gesellschaft. Auf deren Gestaltungsfolgen kann sich der Gesellschafter im Rahmen des § 129 Abs. 1 HGB erst berufen, wenn sie von der Gesellschaft ausgeübt worden sind. Noch nicht ausgeübte, aber noch bestehende Gestaltungsrechte gewähren dem Gesellschafter nach Maßgabe der Abs. 2 und 3 allerdings ein (vorübergehendes) Leistungsverweigerungsrecht (dazu unter Rdn. 20 ff.).

5. Materielle Rechtskraft

a) Verurteilung des Gesellschafters

14 Wird der Gesellschafter aufgrund seiner akzessorischen Haftung rechtskräftig verurteilt, kann er sowohl Einwendungen der Gesellschaft – mit Ausnahme der Verjährungseinrede, auf die er sich endgültig nicht mehr berufen kann (vgl. dazu unter Rdn. 11) – als auch persönliche Einwendungen nur noch nach Maßgabe des § 767 Abs. 2 ZPO geltend machen.

b) Verurteilung der Gesellschaft

15 Wird die Gesellschaft rechtskräftig verurteilt, kann der Gesellschafter seine persönlichen Einwendungen weiterhin unbeschränkt geltend machen. Auf Einwendungen in der Person der Gesellschaft kann er sich hingegen nur noch nach Maßgabe des § 767 Abs. 2 ZPO berufen (vgl. BGH WM 1976, 1085, 1086). Diese Präklusion greift nicht ein, wenn die Gesellschaft mit einer auf § 826 BGB gestützten Klage gegen ihre Verurteilung vorgehen kann (vgl. MüKo HGB/*K. Schmidt* § 129 Rn. 13), oder wenn der Gesellschafter nachweisen kann, dass die Verurteilung in kollusivem Zusammenwirken der Gesellschaft mit dem Gesellschaftsgläubiger zustande gekommen ist (vgl. BGH NJW 1996, 658).

c) Unterschiede beim ausgeschiedenen Gesellschafter

16 Grundsätzlich ist § 129 Abs. 1 HGB in gleicher Weise auch auf den ausgeschiedenen Gesellschafter anzuwenden. Er kann also sämtliche Einwendungen und Einreden der Gesellschaft geltend machen, soweit diese der Gesellschaft (noch) zustehen.

17 Da der Gesellschafter, der bei Erhebung einer gegen die Gesellschaft gerichteten Klage bereits ausgeschieden ist, die Prozessführung nicht mehr beeinflussen kann, muss er eine rechtskräftige Verurteilung der Gesellschaft nicht gegen sich gelten lassen. Gleiches gilt, wenn die Gesellschaft nach dem Ausscheiden des Gesellschafters haftungsbestärkende Erklärungen wie etwa ein Schuldanerkenntnis abgibt. Auch solche Maßnahmen kann der ausgeschiedene Gesellschafter nicht beeinflussen. Voraussetzungen für die teleologische Erweiterung des § 129 Abs. 1 HGB ist in diesen Fällen allerdings, dass der Gesellschafter wirklich ausgeschieden ist und nicht nur – wie bspw. der in die Kommanditistenstellung zurückgetretene Komplementär – einem ausgeschiedenen Gesellschafter gleichgestellt wird (vgl. BGH NJW 1981, 175, 176).

18 Auf ein Klage abweisendes Urteil kann sich hingegen auch der ausgeschiedene Gesellschafter berufen. Dies folgt unmittelbar aus § 128 HGB.

d) Abgabenbescheid

19 Die Bestandskraft eines Abgabenbescheides, mit dem eine öffentlich-rechtliche Forderung gegenüber der Gesellschaft festgesetzt worden ist, entfaltet gegenüber den nicht alleinvertretungsberechtigten Gesellschaftern **keine Präklusionswirkung** (vgl. MüKo HGB/*K. Schmidt* § 129 Rn. 14 m.w.N.). Sie können weiterhin Einwendungen gegen die Rechtmäßigkeit des Bescheides geltend

machen. Dies gebietet die Rechtsschutzgarantie des Art. 19 Abs. 4 GG. Denn anders als ein alleinvertretungsberechtigter Gesellschafter, der Einwendungen gegen die Rechtmäßigkeit des Bescheides im Rahmen eines für die Gesellschaft geführten Rechtsbehelfsverfahren erheben kann, können die nicht alleinvertretungsberechtigten Gesellschafter solche Einwendungen erst bei ihrer persönlichen Inanspruchnahme gerichtlich überprüfen lassen.

III. Nicht ausgeübte Gestaltungsrechte der Gesellschaft, Abs. 2 und 3

1. Allgemeines

Hat die Gesellschaft ein Gestaltungsrecht bereits ausgeübt, und ist dieses Gestaltungsrecht auf die Vernichtung der Gesellschaftsschuld – wie etwa im Fall der Anfechtung, der Aufrechnung, der Kündigung oder des Rücktritts – gerichtet, kann sich der Gesellschafter schon nach Abs. 1 auf das Nichtbestehen der Gesellschaftsschuld berufen. Steht demgegenüber fest, dass die Gesellschaft das Gestaltungsrecht – bspw. durch Ablauf einer Frist, durch Verzicht oder durch Verwirkung – endgültig verloren hat, kann auch der Gesellschafter seine Verteidigung hierauf nicht mehr stützen. Abs. 2 und 3 regeln die Zwischenphase, solange der Gesellschaft noch ein Gestaltungsrecht zusteht, sie dieses aber noch nicht ausgeübt hat. Da die Ausübung der der Gesellschaft zustehenden Gestaltungsrechte nicht dem Gesellschafter – jedenfalls nicht in dieser Rolle, sondern nur in der Rolle als organschaftlicher oder rechtsgeschäftlicher Vertreter der Gesellschaft – zukommt, gewähren Abs. 2 und 3 ihm während dieser Zwischenphase ein **Leistungsverweigerungsrecht**. Verteidigt sich der Gesellschafter gegen seine klageweise Inanspruchnahme mit dieser Einrede, wird die Klage als derzeit unbegründet abgewiesen (BGH NJW 1963, 244, 246). Verliert die Gesellschaft anschließend ihr Gestaltungsrecht, entfällt auch das Leistungsverweigerungsrecht des Gesellschafters, und er kann erneut klageweise in Anspruch genommen werden. 20

Maßgeblich ist, ob das Gestaltungsrecht der Gesellschaft zusteht. Dass der Gläubiger anfechten oder aufrechnen kann, führt nicht zu einem Leistungsverweigerungsrecht des Gesellschafters. 21

2. Anwendungsbereich

Dem Wortlaut nach gelten die Abs. 2 und 3 für die Anfechtungsbefugnis und die Aufrechnungsmöglichkeit der Gesellschaft. Die h. M. (vgl. E/B/J/S/*Hillmann* § 129 Rn. 10; abl. MüKo HGB/*K. Schmidt* § 129 Rn. 18) wendet sie entsprechend auf andere Gestaltungsrechte an, die in der Gestaltungsfolge auf das Erlöschen der Gesellschaftsschuld gerichtet sind. 22

3. Anfechtung

Der Gesellschafter kann eine Leistung auf seine Haftungsschuld nach Abs. 2 verweigern, wenn und solange die Gesellschaft ihre die Gesellschaftsverbindlichkeit begründende Willenserklärung gem. §§ 119 ff., 123 BGB anfechten kann. Dieses Leistungsverweigerungsrecht entfällt insbesondere mit Ablauf der Anfechtungsfristen oder mit einer Bestätigung des anfechtbaren Rechtsgeschäfts (§ 144 BGB). Erklärt die Gesellschaft rechtzeitig die Anfechtung, erlöschen die Gesellschaftsschuld und zugleich die Gesellschafterhaftung. Soweit die Anfechtung einen Schadensersatzanspruch gegenüber der Gesellschaft auslöst, haften die Gesellschafter hierfür nach allgemeinen Grundsätzen. 23

4. Aufrechnung

Nach Abs. 3 steht dem Gesellschafter ein Leistungsverweigerungsrecht zu, wenn und solange die Gesellschaft mit einer Forderung gegen den Gesellschaftsgläubiger aufrechnen kann. Die Aufrechnungsmöglichkeit des Gesellschaftsgläubigers ist demgegenüber weder hinreichend noch notwendig, um das Leistungsverweigerungsrecht des Gesellschafters zu begründen. Der Wortlaut stellt zwar darauf ab, dass sich der Gesellschaftsgläubiger durch Aufrechnung gegen eine fällige Forderung der Gesellschaft befriedigen kann. Hierbei handelt es sich jedoch um ein Redaktionsversehen (vgl. MüKo HGB/*K. Schmidt* § 129 Rn. 24 m. w. N.). Kann nur der Gläubiger, nicht aber die Gesellschaft aufrechnen, steht dem Gesellschafter kein Leistungsverweigerungsrecht zu. Das 24

Leistungsverweigerungsrecht hängt umgekehrt aber auch nicht davon ab, dass neben der Gesellschaft auch der Gesellschaftsgläubiger aufrechnen kann (vgl. MüKo HGB/*K. Schmidt* § 129 Rn. 25; E/B/J/S/*Hillmann* § 129 Rn. 13). Der Gesellschaftsgläubiger ist hinreichend dadurch geschützt, dass er die Gesellschaft verklagen und zu einer Erklärung über die Aufrechnung zwingen kann.

C. Zwangsvollstreckung gegen die Gesellschafter, Abs. 4

25 Aufgrund der Verselbstständigung der Gesellschaft ist für die Zwangsvollstreckung in das Gesellschaftsvermögen ein gegen die Gesellschaft gerichteter Titel und für die Zwangsvollstreckung in das persönliche Vermögen eines Gesellschafters ein gegen ihn gerichteter Titel erforderlich. Ein Titel gegen die Gesellschaft kann grundsätzlich – selbst nach Vollabwicklung der Gesellschaft – nicht gem. § 727 ZPO auf den/die Gesellschafter umgeschrieben werden. Eine **Titelumschreibung** ist nur in dem Fall möglich, dass bis auf einen Gesellschafter alle Gesellschafter ausscheiden und damit das Gesellschaftsvermögen durch Gesamtrechtsnachfolge auf den Gesellschafter übergeht. Dann geht es allerdings auch nicht mehr um die Gesellschafterhaftung für eine Gesellschaftsverbindlichkeit, sondern um die auf den verbliebenen Gesellschafter übergegangene Gesellschaftsverbindlichkeit als solche.

26 Wird im Rahmen der Zwangsvollstreckung in das Gesellschaftsvermögen auf einen Gegenstand zugegriffen, der nicht der Gesellschaft, sondern einem Gesellschafter gehört, ist zwar die Erhebung einer **Drittwiderspruchsklage** gem. § 771 ZPO statthafte Rechtsschutzform. Die Klage wird nach h. M. (vgl. BGH LM ZPO § 771 Nr. 2) mit Blick auf § 242 BGB allerdings als unbegründet angesehen, wenn der Gesellschafter für die Forderung, die mit der Zwangsvollstreckung realisiert werden soll, persönlich haftet.

§ 129a

[weggefallen]

§ 130 [Haftung des eintretenden Gesellschafters]

(1) Wer in eine bestehende Gesellschaft eintritt, haftet gleich den anderen Gesellschaftern nach Maßgabe der §§ 128 und 129 für die vor seinem Eintritte begründeten Verbindlichkeiten der Gesellschaft, ohne Unterschied, ob die Firma eine Änderung erleidet oder nicht.

(2) Eine entgegenstehende Vereinbarung ist Dritten gegenüber unwirksam.

Übersicht	Rdn.		Rdn.
A. Normzweck	1	II. Eintritt eines Gesellschafters	6
B. Tatbestand	2	1. Eintritt	6
I. Gesellschaft i. S. d. Abs. 1	2	2. Fehlerhafter Eintritt	7
1. OHG	2	C. Rechtsfolgen	8
2. Entsprechende Anwendung	3	I. Verweisung auf §§ 128, 129 HGB	8
a) KG und KGaA	3	II. Haftungsbeschränkungen	9
b) GbR	4	1. Vereinbarung mit Gläubiger	9
c) Partnerschaftsgesellschaft, EWIV	5	2. Eintritt als Erbe	10

A. Normzweck

1 Die Vorschrift regelt die haftungsrechtlichen Folgen des **Eintritts von Neugesellschaftern** in eine bestehende Gesellschaft. Sie gewährleistet, dass alle Gesellschafter unabhängig von ihrem Beitrittszeitpunkt in gleicher Weise für alle Gesellschaftsverbindlichkeiten haften. In der Folge führt dies zu einer Begünstigung der Gesellschaftsgläubiger, die auf sämtliche Gesellschafter zugreifen können,

ohne zunächst – was häufig auch schwierig wäre – aufklären zu müssen, wann welcher Gesellschafter der Gesellschaft beigetreten ist.

B. Tatbestand

I. Gesellschaft i. S. d. Abs. 1

1. OHG

Die Vorschrift des § 130 HGB findet unmittelbare Anwendung auf den Beitritt zu einer bereits vorhandenen – als OHG eingetragenen und/oder unter §§ 1, 105 Abs. 1 HGB fallenden – Gesellschaft. Dabei ist unerheblich, ob es sich um eine Gesellschaft auf fehlerhafter Grundlage handelt, soweit diese in Vollzug gesetzt worden ist, oder ob sich die Gesellschaft in Liquidation befindet, solange sie nicht vollbeendet ist. Entsteht die Gesellschaft erst durch den Beitritt des Gesellschafters, liegt kein Fall des § 130 HGB, sondern des § 128 HGB vor.

2. Entsprechende Anwendung

a) KG und KGaA

§ 130 HGB gilt über § 161 Abs. 2 HGB entsprechend für den Beitritt eines Komplementärs zu einer KG und für die Umwandlung einer Kommanditistenstellung in die eines Komplementärs sowie durch die Verweisung in § 278 Abs. 2 HGB für den Beitritt eines persönlich haftenden Gesellschafters in eine KG a. A.

b) GbR

Die Vorschrift ist analog auch auf den Beitritt eines Gesellschafters zu einer bereits vorhandenen GbR anzuwenden (vgl. BGH NJW 2003, 1803). Dies gilt grundsätzlich auch für den Fall, dass der Gesellschafter vor 2001, also vor Änderung der Rechtsprechung des BGH zur Haftungsverfassung der GbR, beigetreten ist (vgl. BGH NJW 2006, 765). Eine Rückwirkungssperre unter Vertrauensschutzgesichtspunkten kommt nur ausnahmsweise in Betracht. Vertrauensschutz ist jedenfalls dann ausgeschlossen, wenn der Gesellschafter die Verbindlichkeit der GbR entweder kannte oder hätte erkennen können (vgl. BGH NJW 2006, 765, 766; BVerfG NJW 2013, 523, 524). In diesen Fällen ist die Vorschrift des § 130 HGB auch auf Altsachverhalte einschränkungslos anzuwenden.

c) Partnerschaftsgesellschaft, EWIV

§ 130 HGB gilt über § 8 Abs. 1 Satz 2 PartGG für die Partnerschaftsgesellschaft (vgl. insoweit auch Kap. 1 Rdn. 50) und über § 1 EWIV-AusführungsG i. V. m. Art. 24 Abs. 1 Satz 2 EWIVVO für die EWIV.

II. Eintritt eines Gesellschafters

1. Eintritt

Das Merkmal des Gesellschaftereintritts ist **weit auszulegen** und erfasst nicht nur den Eintritt im technischen Sinne durch Abschluss eines Aufnahmevertrages, sondern jeden Vorgang, infolgedessen ein neuer unbeschränkt haftender Gesellschafter vorhanden ist. § 130 HGB gilt daher auch für den Anteilserwerb durch Einzel- oder Gesamtrechtsnachfolge und für den Fall, dass die Gesellschafter einer auf eine OHG verschmolzenen Gesellschaft neue Gesellschafter der OHG werden. Auf die Eintragung des Gesellschafters im Handelsregister kommt es nicht an, soweit nicht der Eintritt bedingt auf den Zeitpunkt der Eintragung vereinbart worden ist.

2. Fehlerhafter Eintritt

Der fehlerhafte Eintritt im technischen Sinne begründet ebenfalls die Haftung nach § 130 HGB (vgl. BGH NJW 1966, 107), nicht hingegen ein fehlerhafter Anteilserwerb durch Einzelrechtsnachfolge (vgl. MüKo HGB/*K. Schmidt* § 130 Rn. 15; anders noch BGH NJW 1988, 1324), da die Gesellschafterstellung beim (vermeintlichen) Anteilsveräußerer bleibt. Geriert sich der Anteilserwerber trotz des unwirksamen Erwerbsvorgangs als persönlich haftender Gesellschafter, kommt eine Rechtsscheinhaftung in Betracht.

C. Rechtsfolgen

I. Verweisung auf §§ 128, 129 HGB

8   Durch die Verweisung auf §§ 128, 129 HGB wird der neu eingetretene Gesellschafter haftungsrechtlich so behandelt, als sei er bei Begründung der Gesellschaftsverbindlichkeit bereits Gesellschafter gewesen. Er haftet also gleichermaßen für **Altverbindlichkeiten** (§§ 128, 130 HGB) und für **Neuverbindlichkeiten** (§ 128 HGB).

II. Haftungsbeschränkungen

1. Vereinbarung mit Gläubiger

9   Abs. 2 wiederholt die Regelung in § 128 Satz 2 HGB. Für die Beschränkung der Gesellschafterhaftung gilt daher das zu § 128 HGB Rdn. 32 ff. Gesagte entsprechend. Durch Vereinbarungen im Innenverhältnis lässt sich die Haftung im Außenverhältnis **nicht einschränken** oder ausschließen. § 130 Abs. 1 HGB legt fest, dass sich die Haftung des eintretenden Gesellschafters insbesondere auch nicht durch eine Firmenänderung vermeiden lässt. Erforderlich ist vielmehr eine (ausdrückliche oder konkludente) Vereinbarung mit dem Gesellschaftsgläubiger.

2. Eintritt als Erbe

10 Ist der Neugesellschafter als Erbe eingetreten, kann er seine persönliche Haftung unter den Voraussetzungen des § 139 HGB auf den Nachlass beschränken (vgl. dazu die Erläuterungen zu § 139 HGB).

§ 130a [Antragspflicht bei Zahlungsunfähigkeit oder Überschuldung]

(1) [1]Nachdem bei einer Gesellschaft, bei der kein Gesellschafter eine natürliche Person ist, die Zahlungsunfähigkeit der Gesellschaft eingetreten ist oder sich ihre Überschuldung ergeben hat, dürfen die organschaftlichen Vertreter der zur Vertretung der Gesellschaft ermächtigten Gesellschafter und die Liquidatoren für die Gesellschaft keine Zahlungen leisten. [2]Dies gilt nicht von Zahlungen, die auch nach diesem Zeitpunkt mit der Sorgfalt eines ordentlichen und gewissenhaften Geschäftsleiters vereinbar sind. [3]Entsprechendes gilt für Zahlungen an Gesellschafter, soweit diese zur Zahlungsunfähigkeit der Gesellschaft führen mussten, es sei denn, dies war auch bei Beachtung der in Satz 2 bezeichneten Sorgfalt nicht erkennbar. [4]Die Sätze 1 bis 3 gelten nicht, wenn zu den Gesellschaftern der offenen Handelsgesellschaft eine andere offene Handelsgesellschaft oder Kommanditgesellschaft gehört, bei der ein persönlich haftender Gesellschafter eine natürliche Person ist.

(2) [1]Wird entgegen § 15a Abs. 1 der Insolvenzordnung die Eröffnung des Insolvenzverfahrens nicht oder nicht rechtzeitig beantragt oder werden entgegen Absatz 2 Zahlungen geleistet, so sind die organschaftlichen Vertreter der zur Vertretung der Gesellschaft ermächtigten Gesellschafter und die Liquidatoren der Gesellschaft gegenüber zum Ersatz des daraus entstehenden Schadens als Gesamtschuldner verpflichtet. [2]Ist dabei streitig, ob sie die Sorgfalt eines ordentlichen und gewissenhaften Geschäftsleiters angewandt haben, so trifft sie die Beweislast. [3]Die Ersatzpflicht kann durch Vereinbarung mit den Gesellschaftern weder eingeschränkt noch ausgeschlossen werden. [4]Soweit der Ersatz zur Befriedigung der Gläubiger der Gesellschaft erforderlich ist, wird die Ersatzpflicht weder durch einen Verzicht oder Vergleich der Gesellschaft noch dadurch aufgehoben, daß die Handlung auf einem Beschluß der Gesellschafter beruht. [5]Satz 4 gilt nicht, wenn der Ersatzpflichtige zahlungsunfähig ist und sich zur Abwendung des Insolvenzverfahrens mit seinen

Gläubigern vergleicht oder wenn die Ersatzpflicht in einem Insolvenzplan geregelt wird. ⁶Die Ansprüche aus diesen Vorschriften verjähren in fünf Jahren.

(3) Diese Vorschriften gelten sinngemäß, wenn die in den Absätzen 1 und 2 genannten organschaftlichen Vertreter ihrerseits Gesellschaften sind, bei denen kein Gesellschafter eine natürliche Person ist, oder sich die Verbindung von Gesellschaften in dieser Art fortsetzt.

Übersicht	Rdn.			Rdn.
A. Normzweck	1	III.	Dauer und Inhalt der Antragspflicht	38
B. Anwendungsbereich	3		1. Beginn der Antragspflicht	38
C. Normadressaten	6		2. Ende der Antragspflicht	40
I. Organschaftliche Vertreter	6		3. Inhalt der Antragspflicht	41
II. Faktische Organwalter	10	E.	Masseerhaltungspflicht	42
III. Liquidatoren	12	I.	Grundsatz	42
D. Antragspflicht	13	II.	Ausnahmen	46
I. Zahlungsunfähigkeit	15	F.	Rechtsfolgen von Pflichtverletzungen	47
1. Fällige Zahlungsverbindlichkeiten	16	I.	Haftung gegenüber der Gesellschaft	47
2. Zahlungseinstellung	18		1. Gesamtgläubigerschaden	47
3. Zahlungsstockung und Liquiditätsengpass	20		2. Verschulden	50
a) Zahlungsstockung	22		3. Beweislast	54
b) Liquiditätsengpass	26		4. Verzicht und Vergleich	58
aa) Vermutung bei Unterschreiten des Schwellenwertes	29		5. Verjährung	60
bb) Vermutung bei Erreichen des Schwellenwertes	30	II.	Haftung gegenüber Gesellschaftsgläubigern	61
II. Überschuldung	31		1. Altgläubiger	62
1. Überschuldungsbegriff und Fortführungsprognose	31		2. Neugläubiger	66
2. Gang der Überschuldungsprüfung	34		3. Haftung aus Verschulden bei Vertragsverhandlungen	69
3. Überschuldungsstatus	35		4. Deliktische Haftung	70
		III.	Gesamtschuldnerische Haftung	71

A. Normzweck

Die Vorschrift berücksichtigt den Umstand, dass eine OHG ohne eine natürliche Person als Gesellschafter in haftungsrechtlicher Sicht einer Kapitalgesellschaft nahe kommt. Daher erstreckt die Regelung Gläubigerschutzvorschriften aus dem Recht der Kapitalgesellschaften bei Zahlungsunfähigkeit und Überschuldung auf die atypische OHG. 1

Der Normzweck dieser Gläubigerschutzvorschrift beinhaltet, insolvenzreife Gesellschaften mit beschränktem Haftungsfonds vom Geschäftsverkehr fernzuhalten, um die Schädigung und Gefährdung von Gesellschaftsgläubigern zu vermeiden (vgl. BGH NJW 1994, 2220, 2223). Zum einen sollen die bereits vorhandenen Gesellschaftsgläubiger vor einer weiteren Verschlechterung ihrer Vermögenslage bewahrt werden. Zum anderen soll eine insolvente atypische OHG vom Geschäftsverkehr ausgeschlossen werden, um die Vermögensinteressen potenzieller Vertragspartner zu schützen. 2

B. Anwendungsbereich

Die in § 130a HGB normierten Verhaltenspflichten setzen eine OHG voraus, bei der kein Gesellschafter eine natürliche Person ist. Betroffen von § 130a HGB ist somit eine OHG, deren Gesellschafterkreis sich ausschließlich aus Kapitalgesellschaften, sonstigen Körperschaften, Stiftungen oder Personenhandelsgesellschaften zusammensetzt. 3

Abs. 3 stellt klar, dass ein mehrstufiges Beteiligungsverhältnis dann nicht entlastend ist, wenn letztlich keine natürliche Person für die Gesellschaftsschulden unbeschränkt haftet. 4

§ 130a HGB Antragspflicht bei Zahlungsunfähigkeit oder Überschuldung

5   Spätestens seitdem ihre Insolvenzfähigkeit durch § 11 Abs. 2 Nr. 1 InsO und ihre Teilrechtsfähigkeit durch das Urt. des BGH v. 29.01.2001 (NJW 2001, 1056) anerkannt sind, dürften die Regelungen des § 130a HGB auf die (Außen-)GbR entsprechend anwendbar sein.

C. Normadressaten

I. Organschaftliche Vertreter

6   Abs. 1 benennt jeweils als Normadressaten zunächst die organschaftlichen Vertreter der zur Vertretung der OHG ermächtigten Gesellschafter-Gesellschaft(en).

7   Die in § 130a HGB normierten Verhaltenspflichten betreffen in einem mehrköpfigen Leitungsorgan jedes einzelne **Mitglied der Geschäftsleitung** (vgl. MüKo HGB/*K. Schmidt* § 130a Rn. 13; Baumbach/Hopt/*Roth* § 130a Rn. 7; GroßkommHGB/*Habersack* § 130a Rn. 11). Auf die Ausgestaltung der Geschäftsführungs- und Vertretungsbefugnis (Einzel- oder Gesamtvertretung) innerhalb der an der OHG beteiligten Gesellschaften kommt es dabei auch im Hinblick auf die Berechtigung eines jeden organschaftlichen Vertreters nach § 15a Abs. 1 InsO, einen Antrag auf Eröffnung des Insolvenzverfahrens zu stellen, ebenso wenig an wie auf die interne Geschäftsverteilung zwischen den Organwaltern (vgl. BGH NJW 1994, 2149, 2150).

8   Auch ein fehlerhaft bestellter Organwalter ist nach h. M. von den Verhaltenspflichten des § 130a HGB betroffen (vgl. Baumbach/Hopt//*Roth* § 130a Rn. 6; Röhricht/v. Westphalen/*v. Gerkan* § 130a Rn. 3; GroßkommHGB/*Habersack* § 130a Rn. 12).

9   Legt ein organschaftlicher Vertreter sein Amt nach Eintritt der Insolvenzreife nieder, genügt er allenfalls dann seiner Insolvenzantragspflicht, wenn er entweder den Antrag auf Durchführung des Insolvenzverfahrens noch vor seinem Ausscheiden stellt oder ausreichend darauf hinwirkt, dass ein neuer bzw. ein verbleibender organschaftlicher Vertreter den Insolvenzantrag rechtzeitig stellt (BGH NJW 1952, 554).

II. Faktische Organwalter

10   Die Verhaltenspflichten in § 130a HGB betreffen nach herrschender und im Hinblick auf den Normzweck auch richtiger Auffassung nicht nur den – ggf. fehlerhaft – bestellten organschaftlichen Vertreter, sondern auch denjenigen, der, ohne eine solche Organstellung zu bekleiden, tatsächlich wie ein geschäftsführendes Organ tätig wird (vgl. BGH NJW 1979, 1823, 1826; NJW 1988, 1789; Baumbach/Hopt/*Roth* § 130a Rn. 6; wohl a. A. GroßkommHGB/*Habersack* § 130a Rn. 12).

11   Als auch den Pflichten des § 130a HGB unterworfener **faktischer Geschäftsleiter** wird derjenige behandelt, der in maßgeblichem Umfang typische Geschäftsführungsaufgaben wahrnimmt und die Geschicke der Gesellschaft durch nach außen hervortretende Handlungen bestimmt (vgl. BGH NJW 1988, 1789, 1790). Diese Voraussetzungen liegen u. a. dann vor, wenn der organschaftlich bestellte Geschäftsführer lediglich **Strohmann** ist (vgl. MüKo HGB/*K. Schmidt* § 130a Rn. 17; E/B/J/S/*Hillmann* § 130a Rn. 11) oder wenn der die faktische Geschäftsführung Ausübende eine überragende Stellung in der Geschäftsführung einnimmt (vgl. BGH NJW 1983, 240, 241). Es wurde mitunter bereits als ausreichend erachtet, wenn er zumindest ein Übergewicht gegenüber den bestellten Organen innehat (vgl. BGH StV 1984, 461; BayObLG NJW 1997, 1936; krit. hierzu *Dierlamm* NStZ 1998, 568, 570). Nach strenger Auffassung soll die Stellung des faktischen Geschäftsführers dann überragend sein, wenn er von den **acht klassischen Merkmalen im Kernbereich der Geschäftsführung** (Bestimmung der Unternehmenspolitik, Unternehmensorganisation, Einstellung von Mitarbeitern, Gestaltung der Geschäftsbeziehungen zu Vertragspartnern, Verhandlung mit Kreditgebern, Gehaltshöhe, Entscheidung der Steuerangelegenheiten, Steuerung der Buchhaltung) mindestens sechs erfüllt (vgl. BayObLG NJW 1997, 1936). Nicht erforderlich ist es jedenfalls, dass die bestellten Geschäftsführer aus ihrer Amtstätigkeit völlig verdrängt werden (vgl. BGH NJW 1988, 1789, 1790; a. A. wohl noch: BGH NJW 1979, 1823, 1826).

III. Liquidatoren

Abs. 1 benennt als Normadressaten zudem die Liquidatoren der Personengesellschaft. Bedeutung hat dies nur für den Fall, dass nicht die organschaftlichen Vertreter der zur Vertretung der OHG ermächtigten Gesellschafter-Gesellschaft, sondern Dritte zu Liquidatoren bestellt werden (vgl. E/B/J/S/*Hillmann* § 130a Rn. 8). 12

D. Antragspflicht

Die Antragspflicht ergab sich vormals aus § 130a Abs. 1 Satz 1 Halbs. 1 HGB. Im Fall der Zahlungsunfähigkeit oder der Überschuldung sind die organschaftlichen oder faktischen Vertreter bzw. die Liquidatoren der OHG nunmehr gem. § 15a Abs. 1 InsO verpflichtet, **unverzüglich**, spätestens aber 3 Wochen nach Eintritt von einem der beiden vorgenannten Insolvenzgründe, einen Antrag auf Eröffnung des Insolvenzverfahrens zu stellen. Es gelten jedoch weiterhin die nachfolgenden Erwägungen: 13

Der neu in das Gesetz aufgenommene Insolvenzgrund der drohenden Zahlungsunfähigkeit (§ 18 InsO) begründet hingegen keine Pflicht, sondern lediglich ein Recht der Geschäftsleitung, Antrag auf Durchführung des Insolvenzverfahrens zu stellen (vgl. GroßkommHGB/*Habersack* § 130a Rn. 15; MüKo HGB/*K. Schmidt* § 130a Rn. 14). 14

I. Zahlungsunfähigkeit

Nach § 17 Abs. 2 Satz 1 InsO ist eine OHG zahlungsunfähig, wenn sie nicht in der Lage ist, ihre fälligen Zahlungsverpflichtungen zu erfüllen (vgl. hierzu auch Kap. 3 Rdn. 34 ff.). 15

1. Fällige Zahlungsverbindlichkeiten

§ 15a InsO erfasst sämtliche fälligen Zahlungsverbindlichkeiten der OHG. Hierzu gehören auch Zahlungsverpflichtungen wegen eigenkapitalersetzenden Leistungen ihrer Gesellschafter gem. § 39 Abs. 1 Nr. 5 InsO (vgl. MüKo HGB/*K. Schmidt* Anh. § 158 Rn. 8; str.) oder wegen deren Regressansprüchen aus § 110 HGB (vgl. BGH NJW 1981, 2251, 2252), es sei denn, der Gesellschafter hat mit der Gesellschaft einen Erlass oder zumindest ein pactum de non petendo – eine bloße Stundung reicht indes nicht aus – vereinbart (vgl. MüKo HGB/*K. Schmidt* Anh. § 158 Rn. 8). 16

Anders als noch unter Geltung der alten Konkursordnung ist es für die Berücksichtigung einer fälligen Zahlungsverbindlichkeit bei der Ermittlung der Zahlungsunfähigkeit nicht mehr erforderlich, dass der Gesellschaftsgläubiger seine Forderung ernsthaft einfordert (vgl. MüKo HGB/*K. Schmidt* Anh. § 158 Rn. 7; a. A. HK InsO/*Kirchhof* § 17 Rn. 10) 17

2. Zahlungseinstellung

Nach § 17 Abs. 2 Satz 2 InsO wird das Vorliegen der Zahlungsunfähigkeit widerlegbar vermutet, wenn die Schuldnerin ihre Zahlungen eingestellt hat. 18

Eine Zahlungseinstellung liegt vor, wenn die Schuldnerin nicht in der Lage ist, einen wesentlichen Teil ihrer fälligen Zahlungsverpflichtungen zu erfüllen und wenn dieser Zustand nach außen so in Erscheinung tritt, dass er für die beteiligten Verkehrskreise erkennbar wird (BGH NJW 1984, 1953). 19

3. Zahlungsstockung und Liquiditätsengpass

Nach der Konkursordnung (KO) setzte Zahlungsunfähigkeit voraus, dass der Schuldner dauernd unvermögend war, seine Zahlungsverpflichtungen im Wesentlichen zu erfüllen (BGHZ 118, 171, 174). Bei einem Vergleich dieser alten Begriffsbildung mit der neuen Legaldefinition in § 17 Abs. 2 Satz 1 InsO zur Zahlungsunfähigkeit fällt auf, dass der Gesetzgeber der Insolvenzordnung auf die Merkmale der »Dauer« und der »Wesentlichkeit« verzichtet hat. 20

21 Gleichwohl rechtfertigt diese Änderung der Begriffsbildung nicht ein Verständnis dahin gehend, jede kurze Zahlungsstockung oder jeder geringfügige Liquiditätsengpass erfülle den Tatbestand der Zahlungsunfähigkeit. Dies hat der BGH in seinem grundlegendem Urt. v. 24.05.2005 (BGH NJW 2005, 3062) unter Hinweis auf die Gesetzesbegründung zur InsO bestätigt. Daneben hat der BGH in den Leitsätzen seiner Entscheidung konkrete, handhabbare Kriterien zur Abgrenzung zwischen Zahlungsunfähigkeit und Zahlungsstockung sowie zwischen Zahlungsunfähigkeit und Liquiditätsengpass formuliert.

a) Zahlungsstockung

22 Nach der Gesetzesbegründung zur Insolvenzordnung (Begr. zu § 20 und § 21 RegE, BT-Drucks. 12/2443, S. 114) soll eine bloß vorübergehende Zahlungsstockung **keine Zahlungsunfähigkeit** begründen. Der Gesetzgeber wollte allerdings das Erfordernis der Dauer, zur Erfüllung der fälligen Zahlungsverbindlichkeiten außerstande zu sein, nicht betonen, um der verbreiteten Neigung vorzubeugen, eine etwa auch über Wochen oder sogar Monate fortbestehende Illiquidität zur rechtlich unerheblichen Zahlungsstockung erklären zu können (vgl. BGH NJW 2005, 3062, 3063).

23 Auch nach Auffassung des BGH ist daran festzuhalten, dass eine Zahlungsunfähigkeit, die sich voraussichtlich innerhalb kurzer Zeit beheben lässt, lediglich als Zahlungsstockung gilt und keinen Insolvenzeröffnungsgrund darstellt (vgl. BGH NJW 2005, 3062, 3064; a. A. MüKo InsO/*Eilenberger* § 17 Rn. 22).

24 Der Gesetzgeber wollte allerdings den Zeitraum von **etwa einem Monat** verkürzen, in dem unter Geltung der Konkursordnung eine Zahlungsstockung zu beseitigen war (vgl. BGHZ 149, 100, 108; 149, 178, 187). Als bloße Zahlungsstockung ist daher nur noch eine Illiquidität zu beurteilen, die einen Zeitraum von 2 bis 3 Wochen nicht überschreitet, da diese Zeitspanne für eine kreditwürdige Person ausreichend ist, sich die notwendigen Mittel zu beschaffen (vgl. BGH NJW 2005, 3062, 3064).

25 Ob noch eine vorübergehende Zahlungsstockung oder bereits eine endgültige Zahlungsunfähigkeit vorliegt, ist allein anhand **objektiver Umstände** zu beurteilen (vgl. BGH NJW 2005, 3062, 3064.) Lediglich soweit die Haftung des Geschäftsführers für von ihm nach Eintritt der Zahlungsunfähigkeit vorgenommene Zahlungen zu beurteilen ist, muss auf der subjektiven Seite das Verschulden hinzukommen (vgl. BGH NJW 2005, 3062, 3064).

b) Liquiditätsengpass

26 Ungeachtet der neuen Begriffsbildung in § 17 Abs. 2 Satz 1 InsO wollte auch der Gesetzgeber (Begr. zu § 20 und § 21 RegE, BT-Drucks. 12/2443, S. 114), dass bei der Beurteilung des Vorliegens der Zahlungsunfähigkeit »ganz geringfügige Liquiditätslücken außer Betracht bleiben müssen«. Diesem Verständnis ist auch der BGH in seinem Urt. v. 24.05.2005 (vgl. BGH NJW 2005, 3062) gefolgt.

27 Um die Praxis in die Lage zu versetzen, den Begriff der »**geringfügigen Liquiditätslücke**« zu handhaben, hat der BGH eine zahlenmäßige Vorgabe entwickelt, dabei aber gleichzeitig bestimmte Einschränkungen vorgenommen, um auch im Hinblick auf wirtschaftlich komplexe Sachverhalte eine gewisse Flexibilität zu ermöglichen.

28 Als Ausgangspunkt für die Beurteilung der Geringfügigkeit einer Liquiditätslücke hat der BGH einen **Schwellenwert von 10%** angesetzt (BGH NJW 2005, 3062, 3065). Dieser Schwellenwert ist erreicht bzw. überschritten, wenn der Schuldner zumindest 10% seiner fälligen Gesamtverbindlichkeiten nicht innerhalb von höchstens 3 Wochen bedienen kann. An das Unterschreiten bzw. Erreichen dieses Schwellenwertes knüpfen sich widerlegbare Vermutungen. Das Erreichen des Schwellenwertes begründet eine Vermutung für die Zahlungsunfähigkeit, ein Unterschreiten hingegen rechtfertigt die Vermutung einer Zahlungsfähigkeit (BGH NJW 2005, 3062, 3065). »Je näher die konkret festgestellte Unterdeckung dem Schwellenwert kommt, desto geringere Anforderungen sind an das Gewicht der besonderen Umstände zu richten, mit denen die Vermutung ent-

kräftet werden kann. Umgekehrt müssen umso schwerer wiegende Umstände vorliegen, je größer der Abstand der tatsächlichen Unterdeckung von dem Schwellenwert ist« (BGH NJW 2005, 3062, 3066).

aa) Vermutung bei Unterschreiten des Schwellenwertes

Bei Unterschreiten des Schwellenwertes müssen **besondere Umstände** – z.B. die begründete Erwartung, der Niedergang der Schuldnerin setze sich fort – gegeben sein, die die Annahme einer Zahlungsunfähigkeit rechtfertigen (vgl. BGH NJW 2005, 3062, 3066). In einem Insolvenzeröffnungsverfahren hat das Insolvenzgericht im Rahmen seiner Amtsermittlungspflicht das Vorliegen solcher besonderen Umstände zu untersuchen. Im Fall einer Geschäftsführerhaftung obliegt es dem Anspruchsteller, diese Umstände darzulegen und notfalls zu beweisen, um die Berechtigung seines Anspruches belegen zu können (vgl. BGH NJW 2005, 3062, 3066).

29

bb) Vermutung bei Erreichen des Schwellenwertes

Erreicht die Unterdeckung den Schwellenwert von 10%, hat hingegen der in Anspruch genommene Geschäftsführer hinreichende Indizien für die Annahme einer Zahlungsfähigkeit darzulegen und erforderlichenfalls zu beweisen. An die Widerlegung dieser **Vermutungswirkung** stellt der BGH hohe Anforderungen. Den Gläubigern muss ein Zuwarten im Einzelfall zuzumuten sein und es sind grundsätzlich konkrete Umstände vorzutragen, die »mit an Sicherheit grenzender Wahrscheinlichkeit« darauf hindeuten, dass die Liquiditätslücke, wenn auch nicht innerhalb des Zeitraums einer Zahlungsstockung von 2 bis 3 Wochen, aber immerhin demnächst, »in überschaubarer Zeit« beseitigt wird (vgl. BGH NJW 2005, 3062, 3066).

30

II. Überschuldung

1. Überschuldungsbegriff und Fortführungsprognose

Nach § 19 Abs. 1 Satz 1 InsO liegt eine Überschuldung vor, wenn das Vermögen der Schuldnerin ihre bestehenden Verbindlichkeiten nicht mehr deckt. Bei der erforderlich werdenden Bewertung des Vermögens der Schuldnerin ist gem. § 19 Abs. 1 Satz 2 InsO die Fortführung des Unternehmens zugrunde zu legen, wenn diese nach den Umständen überwiegend wahrscheinlich ist (vgl. hierzu auch die Ausführungen in Kap. 3 Rdn. 43 ff.).

31

Unter Geltung der Konkursordnung galt der sog. »zweistufige Überschuldungsbegriff« (vgl. BGH NJW 1992, 2891, 2894). Danach lag eine Überschuldung vor, wenn das Vermögen der Gesellschaft bei Ansatz von Liquidationswerten unter Einbeziehung der stillen Reserven die bestehenden Verbindlichkeiten nicht deckt (rechnerische Überschuldung) und die Finanzkraft der Gesellschaft nach überwiegender Wahrscheinlichkeit mittelfristig nicht zur Fortführung des Unternehmens ausreicht (Überlebens- oder Fortbestehensprognose).

32

An diesen **Überschuldungsbegriff** hat der Gesetzgeber der InsO zumindest angeknüpft. Eine positive Überlebensprognose reicht allein allerdings zur Verneinung der Überschuldung nicht aus (vgl. Uhlenbruck/*Uhlenbruck* § 19 Rn. 19; E/B/J/S/*Hillmann* § 130a Rn. 15; *Lutter* ZIP 1999, 641, 643 mit dem Hinweis, das dies auch nach dem alten zweistufigen Überschuldungsbegriff nicht ausreichte). Ungeachtet von Fortbestand oder Ablösung der zweistufigen Methode steht die **Fortführungsprognose** weiterhin im Mittelpunkt der Überschuldungsfeststellung (so auch MüKo HGB/*K. Schmidt* Anh. § 158 Rn. 23). Von einer positiven Fortführungsprognose ist in Anknüpfung an die Rechtsprechung unter Geltung der alten Konkursordnung auszugehen, wenn die Finanzkraft der Gesellschaft nach überwiegender Wahrscheinlichkeit mittelfristig zur Fortführung des Unternehmens ausreicht (BGH NJW 1992, 2891, 2894). Das Ergebnis der Fortführungsprognose legt sodann fest, ob der Überschuldungsstatus auch nach Fortführungswerten (»going-concern«) oder nur nach Liquidations-Teilwerten (Zerschlagungswerten) zu erstellen ist (vgl. *Lutter* ZIP 1999, 641, 643; Uhlenbruck/*Uhlenbruck* § 19 Rn. 20). Mithin kann ein Unternehmen trotz positiver Fortführungsprognose überschuldet sein.

33

2. Gang der Überschuldungsprüfung

34 Zunächst ist anhand eines Überschuldungsstatus bei Ansatz von Liquidationswerten zu untersuchen, ob eine **rechnerische Überschuldung** des Unternehmens vorliegt. Falls keine Überschuldung festgestellt wird, ist damit die Überschuldungsprüfung beendet. Das Unternehmen ist nicht überschuldet. Sollte sich jedoch eine rechnerische Überschuldung unter Zugrundelegung von Liquidationswerten ergeben, ist weiter zu prüfen und eine **Fortführungsprognose** anzustellen. Fällt diese negativ aus, ist das Unternehmen überschuldet. Andernfalls ist der auf Grundlage von Liquidationswerten erstellte **Überschuldungsstatus** zu berichtigen. Die Aktiva des Unternehmens sind nunmehr anstelle von Liquidationswerten mit Fortführungswerten zu bewerten. Nur dann, wenn noch eine Überschuldung verbleibt, ist Insolvenzantrag geboten (vgl. zum Gang der Überschuldungsprüfung auch: E/B/J/S/*Hillmann* § 130a Rn. 15; Uhlenbruck/*Uhlenbruck* § 19 Rn. 34 f.).

3. Überschuldungsstatus

35 Die **Handelsbilanz** eines Unternehmens ist zur Überschuldungsmessung ungeeignet (vgl. BGH NJW 1994, 1477, 1479); ihr kann aber im Einzelfall indizielle Bedeutung zukommen (BGH NJW 2001, 1136; NJW 2009, 2454).

36 Auf der **Aktivseite** des Überschuldungsstatus sind alle im Fall alsbaldiger Insolvenzeröffnung als Massebestandteile verwertbaren Vermögenswerte einzusetzen (vgl. BGH NJW 1983, 676, 677). Stille Reserven sind aufzulösen und auch handelsrechtlich nicht bilanzierungsfähige bzw. sogar einem Bilanzierungsverbot unterliegende verwertbare Vermögensgegenstände, insbesondere auch immaterielle Gegenstände, wie z. B. Patente, Marken und Lizenzen, sind mit ihrem Liquidations- bzw. Fortführungswert in den Überschuldungsstatus aufzunehmen (vgl. Uhlenbruck/*Uhlenbruck* § 19 Rn. 36 f., 40). Der Firmenwert darf allerdings nur dann in dem Überschuldungsstatus aktiviert werden, wenn entweder eine Verwertung der Firma oder eine Veräußerung des Unternehmens im Ganzen bzw. eine Teilbetriebsveräußerung mit einem Zusatzertrag i. H. d. Firmenwerts als sicher angenommen werden kann (vgl. Uhlenbruck/*Uhlenbruck* § 19 Rn. 41; str.). Im Fall eines positiven Ergebnisses einer Fortführungsprognose sind die Aktiva mit Fortführungswerten anzusetzen. Nicht aktivierbar sind Haftungsverbindlichkeiten der Gesellschafter der OHG aus § 128, weil sie gem. § 93 InsO nicht der Masse zugutekommen (vgl. MüKo HGB/*K. Schmidt* Anh. § 158 Rn. 27).

37 Auf der **Passivseite** des Überschuldungsstatus sind sämtliche Verbindlichkeiten mit ihrem Nennwert einzustellen, die eine Insolvenzforderung begründen können (vgl. BGH NJW 1983, 676, 677). Hierzu gehören auch nachrangige Insolvenzverbindlichkeiten, es sei denn, sie unterliegen einer Rangrücktrittsvereinbarung (vgl. BGH NJW 2001, 1280, 1281). Auch Verbindlichkeiten aus schwebenden Geschäften sowie betagte oder bedingte Verbindlichkeiten sind zu passivieren, ebenso wie Sozialplankosten, wenn mit ihrem Erforderlichwerden auch ohne Insolvenzeröffnung zu rechnen ist (vgl. *Förschle/Hoffmann*, Sonderbilanzen, P 117 m. w. N.). Eventualverbindlichkeiten sind nur insoweit zu passivieren, als mit einer Inanspruchnahme gerechnet werden muss (vgl. Uhlenbruck/*Uhlenbruck* § 19 Rn. 100). Sofern eine bestrittene Verbindlichkeit noch einer Klärung in einem gerichtlichen Rechtsstreit oder einem Schiedsgerichtsverfahren bedarf, ist eine den Prozessaussichten entsprechende Rückstellung zu passivieren (vgl. Uhlenbruck/*Uhlenbruck* § 19 InsO Rn. 99).

III. Dauer und Inhalt der Antragspflicht

1. Beginn der Antragspflicht

38 Im Fall der Zahlungsunfähigkeit entsteht die Insolvenzantragspflicht der Geschäftsleiter mit dem Eintritt der objektiven Tatbestandsvoraussetzungen (vgl. BGH NJW 2005, 3062, 3064). Vgl. zum Antrag auf Eröffnung des Insolvenzverfahrens auch ausführl. Kap. 3 Rdn. 19 ff.

39 Im Fall der Überschuldung soll nach der zum Aktienrecht ergangenen »Herstatt-Entscheidung« des BGH (NJW 1979, 1823) die Insolvenzantragspflicht erst ab **positiver Kenntnis** des geschäfts-

führenden Organs beginnen, um etwaige Sanierungsversuche auch im Interesse der Allgemeinheit und der Gläubiger sowie zur Entlastung der Geschäftsführung nicht zu gefährden. In einer Entscheidung zum Zahlungsverbot gem. § 64 Abs. 2 Satz 1 GmbHG hat der BGH sodann nicht mehr auf die positive Kenntnis der Überschuldung, sondern auf ihre Erkennbarkeit seitens der Geschäftsleitung abgestellt (vgl. BGH NJW 2000, 668). Ob der BGH hieran, nicht zuletzt im Lichte seiner Entscheidung zur Zahlungsunfähigkeit (vgl. BGH NJW 2005, 3062), festhält, erscheint ungewiss, zumal gewichtige Stimmen in der Literatur subjektive Elemente bei der Feststellung von Zahlungsunfähigkeit und Überschuldung nicht berücksichtigen (vgl. MüKo HGB/*K. Schmidt* § 130a Rn. 14; GroßkommHGB/*Habersack* § 130a Rn. 19). Allerdings soll nach dieser Auffassung in der Literatur die 3-Wochen-Frist des § 15a Abs. 1 InsO erst dann zu laufen beginnen, sobald die eine Überschuldung begründenden Tatumstände für die Geschäftsleitung erkennbar sind (vgl.; GroßkommHGB/*Habersack* § 130a Rn. 19). Ferner sollen nach dieser Ansicht subjektive Elemente bei der Prüfung des Verschuldens des jeweiligen Geschäftsleiters im Rahmen der Sanktionsnormen Bedeutung erlangen (vgl. MüKo HGB/*K. Schmidt* § 130a Rn. 14, 16 ff., 29; GroßkommHGB/*Habersack* § 130a Rn. 19).

2. Ende der Antragspflicht

Die Antragspflicht ist beendet, sobald die **Insolvenzreife beseitigt** und somit die OHG weder überschuldet noch zahlungsunfähig ist (vgl. BGH NJW 1961, 740, 742) oder Insolvenzantrag gestellt wird. Mit der Abgabe eines Insolvenzantrages durch einen Geschäftsführer erledigt sich die Antragspflicht der übrigen Organwalter (vgl. E/B/J/S/*Hillmann* § 130a Rn. 18). 40

3. Inhalt der Antragspflicht

Die Organwalter der OHG sind bei Eintritt von Zahlungsunfähigkeit oder Überschuldung verpflichtet, unverzüglich, spätestens aber 3 Wochen nach Eintritt der Insolvenzreife, Antrag auf Durchführung des Insolvenzverfahrens zu stellen. Die **Dreiwochenfrist** des § 15a Abs. 1 InsO ist eine Höchstfrist. Bestehen keine Erfolgsaussichten mehr, den einschlägigen Insolvenzgrund, insbesondere durch eine Sanierung des Unternehmens, rechtzeitig innerhalb der Dreiwochenfrist zu beseitigen, ist unverzüglich, also **ohne schuldhaftes Zögern**, Insolvenz anzumelden, selbst wenn die Dreiwochenfrist noch nicht voll ausgeschöpft worden ist (vgl. BGH NJW 1979, 1823, 1827). 41

E. Masseerhaltungspflicht

I. Grundsatz

§ 130a Abs. 1 Satz 1 HGB verbietet den Organwaltern, nach Eintritt der Insolvenzreife Zahlungen für die Gesellschaft auszuführen. Sinn und Zweck des Zahlungsverbots ist es, die verteilungsfähige Vermögensmasse einer insolvenzreifen Gesellschaft im Interesse der Gesamtheit der Gläubiger zu erhalten und eine zu ihrem Nachteil gehende, bevorzugte Befriedigung einzelner Gläubiger zu vermeiden (vgl. BGH NJW 2000, 668). 42

Der Begriff der »Zahlungen« erfasst nicht nur Geldzahlungen, sondern sämtliche Masse schmälernden Leistungen, z. B. die Einreichung von Kundenschecks auf ein debitorisches Bankkonto (vgl. BGH NJW 2000, 668). 43

Das Zahlungsverbot gilt bereits während der Dauer der Dreiwochenfrist (vgl. GroßkommHGB/ *Habersack* § 130a Rn. 25; E/B/J/S/*Hillmann* § 130a Rn. 20). 44

Zu Beginn und Ende des Zahlungsverbots gilt das bereits zur Antragspflicht Gesagte – vgl. Rdn. 38 ff. – entsprechend. 45

II. Ausnahmen

Nach Eintritt der Insolvenzreife sind den Organwaltern der Gesellschaft allerdings gem. § 130a Abs. 1 Satz 2 HGB noch Zahlungen erlaubt, die mit der Sorgfalt eines ordentlichen und gewis- 46 senhaften Geschäftsleiters vereinbar sind. Damit sind Leistungen gemeint, die **im Interesse der Gläubigergesamtheit** liegen, weil sie das Gesellschaftsvermögen erhalten und der Abwendung von Schäden dienen (vgl. BGH NJW 1974, 1088, 1089). Das sind z. B. die Erfüllung eines vorteilhaften zweiseitigen Vertrages sowie Aufwendungen zum Zweck einer Sanierung des Unternehmens oder zur Vermeidung einer unwirtschaftlichen sofortigen Betriebseinstellung (vgl. OLG Köln ZIP 1995, 1418, 1419; E/B/J/S/*Hillman*n § 130a Rn. 20). Rückständige Steuern sind nach dieser Ausnahmeregelung nicht von vornherein privilegiert (vgl. OLG Köln ZIP 1995, 1418, 1419 f.); allerdings kann die Sorgfalt eines gewissenhaften Kaufmanns ihre Erfüllung zulassen oder gar gebieten (vgl. MüKo HGB/*K. Schmidt* § 130a Rn. 32).

F. Rechtsfolgen von Pflichtverletzungen

I. Haftung gegenüber der Gesellschaft

1. Gesamtgläubigerschaden

47 Im Fall einer Verletzung ihrer Pflichten aus § 15a Abs. 1 InsO oder § 130 Abs. 1 sind die organschaftlichen bzw. faktischen Vertreter sowie die Liquidatoren gem. § 130a Abs. 2 HGB der Gesellschaft gegenüber verpflichtet, den aus dem begangenen Pflichtenverstoß entstandenen Schaden zu ersetzen. Obgleich die Gesellschaft entsprechend dem Wortlaut der Norm Gläubigerin des Schadensersatzanspruches ist, handelt es sich wegen dem Schutzzweck der Norm, insolvenzreife Gesellschaften mit beschränktem Haftungsfonds vom Geschäftsverkehr zum Schutze der Interessen von Gesellschaftsgläubigern fernzuhalten, der Sache nach um eine **Schadensersatzhaftung gegenüber der Gläubigergesamtheit** (vgl. BGH NJW 1974, 1088, 1089; E/B/J/S/*Hillmann* § 130a Rn. 24). Es liegt ein besonders gearteter Fall der Drittschadensliquidation vor: **Anspruchsberechtigte** ist die OHG. Ersetzt wird der an ihrem Vermögen durch Masse schmälernde Zahlungen oder aufgrund der Belastung mit Neuverbindlichkeiten, die in dem Zeitraum zwischen Insolvenzreife und Insolvenzantrag fallen, entstandene Schaden, dies aber mit dem Ziel, einen hieraus entstandenen Gesamtschaden der Gläubiger zu ersetzen (vgl. MüKo HGB/*K. Schmidt* § 130a Rn. 39 ff.; E/B/J/S/*Hillmann* § 130a Rn. 24).

48 Der Schadensersatzanspruch aus § 130a HGB kann mithin nur von der Gesellschaft oder während der Dauer eines etwaigen Insolvenzverfahrens von dem Insolvenzverwalter gem. § 92 Satz 1 InsO geltend gemacht werden. Der Ersatz ist in das Gesellschaftsvermögen bzw. Insolvenzmasse zur Auffüllung der Haftungsmasse zu leisten, um eine gleichmäßige Befriedigung der Gesellschaftsgläubiger zu erreichen (vgl. E/B/J/S/*Hillmann* § 130a Rn. 24). Die direkte Geltendmachung von Individualansprüchen seitens der Gesellschaftsgläubiger regelt § 130a HGB nicht (vgl. MüKo GB/*K. Schmidt* § 130a Rn. 5, 39 ff.).

49 Ein auf der Beeinträchtigung des Gesellschaftsinteresses beruhender Anspruch der OHG – so etwa, wenn die OHG erst durch die Insolvenzverschleppung sanierungsunfähig wurde – wird ebenfalls nicht durch § 130a Abs. 2 HGB sanktioniert, sondern unter anderem durch die Haftungstatbestände der §§ 43 Abs. 2 GmbHG, 93 Abs. 2 AktG, die drittschützende Wirkung auch für die OHG entfalten können (vgl. MüKo HGB/*K. Schmidt* § 130a Rn. 5, 39 ff.).

2. Verschulden

50 Der Schadensersatzanspruch setzt Verschulden voraus, wobei einfache Fahrlässigkeit genügt (vgl. BGH NJW 2005, 3062, 3064; NJW 1994, 2220, 2224).

51 Der Organwalter hat seine Entscheidung darüber, ob er die Insolvenzeröffnung beantragen muss, mit der **Sorgfalt eines ordentlichen Geschäftsleiters** zu treffen. Als solcher ist er verpflichtet, die wirtschaftliche Lage des Unternehmens laufend zu beobachten (vgl. BGH NJW 1994, 2220, 2224). Bei Anzeichen einer Krise wird er sich durch Aufstellung eines Vermögensstatus bzw. einer Liquiditätsbilanz einen Überblick über den Vermögensstand bzw. der Liquiditätslage verschaffen müssen (vgl. BGH NJW 1994, 2220, 2224; Hachenburg/*Ulmer* § 64 GmbHG Rn. 52). Notfalls

muss sich der Geschäftsführer bei seinen Prüfungen und Prognosen fachkundig beraten lassen (vgl. BGH NJW 1994, 2220, 2224).

Stellt sich dabei z. B. eine rechnerische Überschuldung heraus, dann muss er prüfen, ob sich für das Unternehmen eine positive Fortbestehensprognose ergibt (vgl. BGH NJW 1994, 2220, 2224). Gibt es begründete Anhaltspunkte, die eine solche Prognose rechtfertigen, so kann das Unternehmen weiterbetrieben werden. Hierbei ist dem Geschäftsführer ein gewisser Beurteilungsspielraum zuzubilligen (vgl. BGH NJW 1994, 2220, 2224).

Für die Prognose, die der Geschäftsführer anstellen muss, sobald bei einer Liquiditätsbilanz eine Unterdeckung festzustellen ist, sind die konkreten Gegebenheiten in Bezug auf den Schuldner – insbesondere dessen Außenstände, die Bonität der Drittschuldner und die Kreditwürdigkeit des Schuldners –, sowie auf die Branche und auf die Art der fälligen Schulden zu berücksichtigen (vgl. BGH NJW 2005, 3062, 3064).

3. Beweislast

Die Darlegungs- und Beweislast für das Vorliegen der objektiven Voraussetzungen der Insolvenzantragspflicht trifft den Ersatzberechtigten (vgl. BGH NJW 1994, 2220, 2224).

Steht fest, dass die Gesellschaft rechnerisch überschuldet war, so ist es allerdings Sache des Organwalters, die Umstände darzulegen, die es aus damaliger Sicht rechtfertigten, das Unternehmen trotzdem fortzuführen (vgl. BGH NJW 1994, 2220, 2224).

Bei der Beurteilung einer Haftung des Geschäftsführers für von ihm nach Eintritt der Zahlungsunfähigkeit vorgenommene Zahlungen ist entscheidend, ob im Zeitpunkt der Zahlung bei Anwendung der Sorgfalt eines ordentlichen Geschäftsmanns die Insolvenzreife der Gesellschaft für den Geschäftsführer nicht erkennbar ist, wobei diesen die volle Darlegungs- und Beweislast trifft (BGH NJW 2005, 3062, 3064; 2000, 668).

Nach § 130a Abs. 2 Satz 2 HGB wird das Verschulden des Organwalters vermutet, dieser hat sich zu entlasten (vgl. BGH NJW 2005, 3062, 3064; NJW 1994, 2220, 2224).

4. Verzicht und Vergleich

Da weder die Gesellschaft noch ihre Gesellschafter, sondern vielmehr die Gesellschaftsgläubiger durch die in § 130a HGB enthaltenen Regelungen geschützt werden, stellt die gesamte Vorschrift grundsätzlich zwingendes Recht dar (vgl. GroßkommHGB/*Habersack* § 130a Rn. 7; E/B/J/S/*Hillmann* § 130a Rn. 28).

§ 130a Abs. 2 Satz 3 HGB stellt daher klar, dass die Schadensersatzpflicht durch Vereinbarung mit den Gesellschaftern weder eingeschränkt noch ausgeschlossen werden kann. Ferner bestimmt § 130a Abs. 2 Satz 4 HGB, dass die Ersatzpflicht weder durch Beschlüsse der Gesellschafter noch durch einen Verzicht oder Vergleich der Gesellschaft aufgehoben werden kann, soweit der Ersatz zur Befriedigung der Gesellschaftsgläubiger erforderlich ist.

5. Verjährung

Die Ansprüche verjähren gem. § 130a Abs. 2 Satz 6 HGB in 5 Jahren.

II. Haftung gegenüber Gesellschaftsgläubigern

§ 130a Abs. 2 HGB regelt nicht die Haftung der Organwalter einer OHG gegenüber den Gesellschaftsgläubigern. Allerdings stellen die in § 130a HGB normierten Insolvenztatbestände Schutzgesetze i. S. v. § 823 Abs. 2 BGB zugunsten der Gesellschaftsgläubiger dar, gleichgültig ob sie ihren Anspruch vor oder erst nach Eintritt der Insolvenzreife erworben haben (vgl. BGH NJW 1959, 623, 624; NJW 1990, 1725, 1730, dort ausdrücklich auch für § 130a). Nicht geschützt sind allerdings Personen, die erst nach Eröffnung des Insolvenzverfahrens Gläubiger der Gesellschaft geworden sind (vgl. BGH NJW 1990, 1725, 1730). Hierzu gehört regelmäßig die Bundesagentur für Arbeit als Leistungsträger der Verpflichtung zur Zahlung von Insolvenzgeld (vgl. BGH NJW 1989, 3277).

1. Altgläubiger

62 Ein Altgläubiger, das ist ein Gesellschaftsgläubiger, dessen Forderung bereits vor Eintritt der Insolvenzreife entstanden ist, hat nur Anspruch auf Ersatz für die Verminderung seiner Quote an der Insolvenzmasse infolge der schuldhaft verspäteten Insolvenzantragstellung (sog. »Quotenschaden«, vgl. BGH NJW 1994, 2200, 2222).

63 Dieser Anspruch ist **subsidiär** gegenüber dem Anspruch der Gesellschaft auf Ersatz des Gesamtgläubigerschadens. Das bedeutet: Ausschließlich der Insolvenzverwalter macht während der Dauer eines Insolvenzverfahrens gem. § 92 Satz 1 InsO den Quotenschaden der Altgläubiger als Bestandteil des Gesamtgläubigerschadens geltend (vgl. BGH NJW 1998, 2667, 2668; NJW 1994, 2220, 2222).

64 Im Fall der **masselosen Insolvenz** sind die Altgläubiger berechtigt, ihren Quotenschaden nach § 823 Abs. 2 BGB, § 130a HGB selbst gegenüber den verantwortlichen Geschäftsführern geltend zu machen (vgl. MüKo HGB/*K. Schmidt* § 130a Rn. 17 f.). Zumeist scheuen sich allerdings die Gläubiger angesichts der Prozessrisiken, insbesondere im Hinblick auf die schwierige Darlegungs- und Beweislage zum individuell entstandenen Quotenschaden, sowie wegen der häufig undurchsichtigen Solvenz der verantwortlichen Geschäftsführer, ihre Ersatzansprüche geltend zu machen.

65 Unter Umständen bietet sich folgende Gläubigerstrategie an (vgl. hierzu auch *K. Schmidt* GmbHR 2000, 1225, 1228 f.): In Anlehnung an ein zu § 64 Abs. 2 GmbHG ergangenes Urteil des BGH (vgl. ZIP 2000, 1896, 1897 f.) ist ein Altgläubiger aufgrund eines gegen die Gesellschaft erworbenen Titels berechtigt, den Schadensersatzanspruch der Gesellschaft gem. § 130a HGB gegen den verantwortlichen Geschäftsführer auf Auffüllung der Haftungsmasse zu pfänden und an sich überweisen zu lassen.

2. Neugläubiger

66 Neugläubiger, also Gesellschaftsgläubiger, deren Forderungen im Zeitraum der Insolvenzverschleppung entstanden sind, haben gegen den insoweit schuldhaft pflichtwidrig handelnden Geschäftsführer einen Anspruch auf Ausgleich des vollen – nicht durch den »Quotenschaden« begrenzten – Schadens, der ihnen dadurch entsteht, dass sie in Rechtsbeziehungen zu einer überschuldeten oder zahlungsunfähigen Gesellschaft getreten sind. Der Anspruch des Neugläubigers entspricht der Höhe nach seinem **Vertrauensschaden** (vgl. BGH NJW 1994, 2220, 2224).

67 Der Ersatzanspruch kann gem. § 254 BGB durch ein »**Mitverschulden**« des Neugläubigers gemindert sein. Eine Mitverantwortung soll nach Auffassung des BGH (NJW 1994, 2220, 2224) anzunehmen sein, wenn für den Neugläubiger »bei Abschluss des Vertrages erkennbare Umstände vorlagen, die die hierdurch begründete Forderung gegen die Gesellschaft als gefährdet erscheinen lassen mussten«. Bei der Zuweisung einer Mitverantwortung des Neugläubigers sollte gleichwohl Zurückhaltung geboten sein, weil regelmäßig der verantwortliche Geschäftsführer über ein besseres, überlegenes Wissen verfügen dürfte und somit nicht schutzbedürftig erscheint.

68 **Anspruchs- und klageberechtigt** sind die Neugläubiger selbst (vgl. BGH NJW 1994, 2220, 2224). Hingegen ist der Verwalter im Rahmen eines Insolvenzverfahrens über das Vermögen der OHG nicht berechtigt, »einen Quoten- oder sonstigen Schaden der Neugläubiger wegen schuldhaft verspäteter Stellung des [Insolvenz]Antrags gegen den Geschäftsführer der [Gesellschaft] geltend zu machen« (vgl. BGH NJW 1998, 2667; a. A. im Hinblick auf die Geltendmachung des Quotenschadens durch den Insolvenzverwalter: MüKo HGB/*K. Schmidt* § 130a Rn. 19).

3. Haftung aus Verschulden bei Vertragsverhandlungen

69 Ein Organwalter der OHG kann daneben einer Eigenhaftung aus §§ 311 Abs. 2, 280 Abs. 1 BGB wegen Verschuldens bei Vertragsverhandlungen unterliegen, »wenn er persönlich in besonderem

Maße das Vertrauen des Verhandlungspartners in Anspruch genommen hat. Darüber hinaus kann nach der Rechtsprechung des BGH ein Vertreter auch dann für ein Verschulden bei den Vertragsverhandlungen haften, wenn er dem Verhandlungsgegenstand besonders nahe steht, weil er wirtschaftlich selbst stark an dem Vertragsschluss interessiert ist und aus dem Geschäft eigenen Nutzen erstrebt« (vgl. BGH NJW 1994, 2220).

4. Deliktische Haftung

Eine Haftung aus § 823 Abs. 2 BGB i. V. m. Vermögensstraftaten (z. B. Betrug) sowie aus § 826 BGB bleibt unberührt (vgl. BGH NJW 1995, 398, 399). 70

III. Gesamtschuldnerische Haftung

Sämtliche Organwalter, die gegen die Insolvenzantragspflicht bzw. die Masseerhaltungspflicht verstoßen haben, haften gem. § 130a Abs. 2 Satz 1 HGB gesamtschuldnerisch. Wegen der deliktischen Haftung folgt dies auch aus der allgemeinen Norm des § 830 Abs. 1 Satz 1 BGB. Derjenige, der nicht – auch nicht faktisch – geschäftsleitend tätig ist, gleichwohl nicht unbedeutenden Einfluss auf die Geschäftsführung ausübt, kann als Beteiligter gem. § 830 Abs. 2 BGB haftbar sein (vgl. MüKo HGB/*K. Schmidt* § 130a Rn. 16). 71

§ 130b
[weggefallen]

Vierter Titel Auflösung der Gesellschaft und Ausscheiden von Gesellschaftern

§ 131   [Auflösungsgründe]

(1) Die offene Handelsgesellschaft wird aufgelöst:
1. durch den Ablauf der Zeit, für welche sie eingegangen ist;
2. durch Beschluß der Gesellschafter;
3. durch die Eröffnung des Insolvenzverfahrens über das Vermögen der Gesellschaft;
4. durch gerichtliche Entscheidung.

(2) ¹Eine offene Handelsgesellschaft, bei der kein persönlich haftender Gesellschafter eine natürliche Person ist, wird ferner aufgelöst:
1. mit der Rechtskraft des Beschlusses, durch den die Eröffnung des Insolvenzverfahrens mangels Masse abgelehnt worden ist;
2. durch die Löschung wegen Vermögenslosigkeit nach § 394 des Gesetzes über das Verfahren in Familiensachen und in den Angelegenheiten der freiwilligen Gerichtsbarkeit.

²Dies gilt nicht, wenn zu den persönlich haftenden Gesellschaftern eine andere offene Handelsgesellschaft oder Kommanditgesellschaft gehört, bei der ein persönlich haftender Gesellschafter eine natürliche Person ist.

(3) ¹Folgende Gründe führen mangels abweichender vertraglicher Bestimmung zum Ausscheiden eines Gesellschafters:
1. Tod des Gesellschafters,
2. Eröffnung des Insolvenzverfahrens über das Vermögen des Gesellschafters,
3. Kündigung des Gesellschafters,
4. Kündigung durch den Privatgläubiger des Gesellschafters,
5. Eintritt von weiteren im Gesellschaftsvertrag vorgesehenen Fällen,
6. Beschluß der Gesellschafter.

§ 131 HGB Auflösungsgründe

²Der Gesellschafter scheidet mit dem Eintritt des ihn betreffenden Ereignisses aus, im Falle der Kündigung aber nicht vor Ablauf der Kündigungsfrist.

Übersicht

	Rdn.
A. Einführung	1
I. Handelsrechtsreform und Überblick	1
II. Übergangsregelung	6
B. **Die Auflösung der Gesellschaft, Abs. 1 und 2**	7
I. Grundbegriffe	8
1. Auflösung	9
2. Liquidation	10
3. Vollbeendigung	11
II. Auflösungsgründe	12
1. Zeitablauf, Abs. 1 Nr. 1	14
2. Auflösungsbeschluss, Abs. 1 Nr. 2	15
3. Eröffnung des Insolvenzverfahrens über das Vermögen der Gesellschaft, Abs. 1 Nr. 3	20
4. Gerichtliche Entscheidung, Abs. 1 Nr. 4	22
5. Ablehnung der Eröffnung eines Insolvenzverfahrens mangels Masse, Abs. 2 Nr. 1	23
6. Löschung wegen Vermögenslosigkeit, Abs. 2 Nr. 2	25
7. Ausscheiden des letzten Komplementärs einer KG	27
III. Rechtsfolgen einer Auflösung der Gesellschaft	28
C. **Das Ausscheiden eines Gesellschafters, Abs. 3**	32
I. Ausscheidensgründe	33
1. Tod eines Gesellschafters	33
2. Eröffnung des Insolvenzverfahrens über das Vermögen eines Gesellschafters	36
3. Kündigung eines Gesellschafters	39
4. Kündigung durch den Privatgläubiger des Gesellschafters, § 135 HGB	40
5. Im Gesellschaftsvertrag geregelte Ausscheidensgründe	41
6. Beschluss der Gesellschafter	42
II. Die Rechtsfolgen des Ausscheidens	44
1. Anwachsung	45
2. Rückgabe von Gegenständen	46
3. Schuldbefreiung	47
4. Beteiligung an schwebenden Geschäften	50
a) Allgemeines	51
b) Begriff des schwebenden Geschäfts	52
c) Rechenschaft, Auskunft und Auszahlung	54
5. Abfindung	55
6. Nachschusspflicht	56
III. Die Abfindung des ausscheidenden Gesellschafters	57
1. Grundlagen	58
2. Gesamtabrechnung	60
3. Die Auseinandersetzungsrechnung	61
4. Unternehmensbewertung	62
5. Abfindungsklauseln	63
a) Zweck von Abfindungsklauseln	64
b) Regelungsgegenstand	65
aa) Berechnung und Beschränkung der Abfindung	66
bb) Fälligkeit der Abfindung und Ratenzahlung	69
c) Ergänzende Vertragsauslegung	70
d) Inhaltskontrolle von Abfindungsklauseln	72
e) Treu und Glauben, § 242 BGB	73
f) Gläubigerschutz	74
g) Abfindungsausschluss im Fall des Todes eines Gesellschafters	75
h) Geltungserhaltende Reduktion bei anfänglich sittenwidrigen Abfindungsklauseln	76

A. Einführung

I. Handelsrechtsreform und Überblick

1 Die Vorschrift des § 131 HGB hat durch das HRefG vom 22.06.1998 eine grundlegende Änderung erfahren. Während bis zur Umsetzung des HRefG der Eintritt bestimmter gesellschafterbezogener Gründe, nämlich sein Tod, die Eröffnung des Insolvenzverfahrens über sein Vermögen und die von ihm oder seinem Privatgläubiger erklärte Kündigung, zu einer Auflösung der Gesellschaft führten, lassen diese Umstände nunmehr gem. § 131 Abs. 3 HGB den Fortbestand der Gesellschaft unberührt und bewirken ein Ausscheiden des betroffenen Gesellschafters.

2 Da die frühere Regelung wegen der mit einer Auflösung verbundenen Zerschlagung von Vermögenswerten nicht den wirtschaftlichen Interessen von Gesellschaftern sowie Gläubigern entsprach, hatten die Gesellschafter einer OHG regelmäßig in ihrem Gesellschaftsvertrag den Inhalt des alten

§ 131 HGB durch eine sog. **Fortsetzungsklausel** abgeändert. Die Fortsetzungsklausel, die eigentlich die Bezeichnung als »Ausscheidensklausel« oder »Ausschließungsklausel« verdiente, bewirkte regelmäßig zumindest annähernd die Rechtslage, die nunmehr gesetzlich normiert ist.

Anschaulich formuliert hat eine Ablösung der Regel »Auflösung der Gesellschaft bei Ausscheidens eines ihrer Gesellschafters« durch den Grundsatz »Fortführung der Gesellschaft unter Ausscheiden eines Gesellschafters« stattgefunden. Der Gesetzgeber hatte erkannt, dass nach heutigem Verständnis die Personenkontinuität klar hinter die Unternehmenskontinuität zurücktritt, und die wirtschaftlichen Interessen von Gesellschaftern und Gesellschaftsgläubigern ebenso wie die Interessen der Arbeitnehmer an dem Erhalt ihres Tätigkeitsbereichs besonderen Schutz verdienen. 3

In dem nunmehr geltenden § 131 Abs. 3 HGB sind neben den vorgenannten Gründen weitere Gründe für das Ausscheiden eines Gesellschafters genannt. Die in Abs. 3 enthaltenen Gründe sind nicht abschließend (vgl. BT-Drucks. 13/8444, S. 66; GroßkommHGB/*Schäfer* § 131 Rn. 1; MüKo HGB/*K. Schmidt* § 131 Rn. 56). 4

§ 131 wird durch die §§ 132 bis 144 HGB ergänzt. 5

II. Übergangsregelung

Gem. Art. 41 Satz 1 EGHGB ist das alte, bis zum 30.06.1998 geltende und seinerzeit in §§ 131 bis 142 und 177 HGB normierte Recht mangels anderweitiger vertraglicher Bestimmung weiter anzuwenden, sofern ein Gesellschafter bis zum 31.12.2001 die Anwendung der alten Vorschrift gegenüber der Gesellschaft schriftlich verlangt hat, bevor ein Auflösungs- oder Ausscheidensgrund eingetreten ist. Allerdings kann bzw. konnte sein Verlangen gem. Art. 41 Satz 2 EGHGB durch einen Gesellschafterbeschluss zurückgewiesen werden. 6

B. Die Auflösung der Gesellschaft, Abs. 1 und 2

Die Auflösung einer Personenhandelsgesellschaft ist in den Abs. 1 und 2 geregelt. 7

I. Grundbegriffe

Begrifflich sind die **Auflösung** der Gesellschaft, ihre **Abwicklung (Liquidation)** sowie ihre **Vollbeendigung** zu unterscheiden. 8

1. Auflösung

Die Auflösung einer Gesellschaft wegen eines gesetzlich oder gesellschaftsvertraglich vorgesehenen Auflösungsgrundes bewirkt eine Änderung des bisher auf eine werbende Tätigkeit gerichteten Gesellschaftszwecks in einen **Abwicklungszweck** (vgl. Baumbach/Hopt/*Roth* § 131 Rn. 2; E/B/J/S/*Lorz* § 131 Rn. 10). Die ehemals werbend tätige Gesellschaft wird in ein Liquidationsstadium überführt. 9

2. Liquidation

Die Liquidation ist die **Auseinandersetzung unter den Gesellschaftern**, die sich als gesetzliche Regelfolge gem. §§ 145 ff. HGB, §§ 730 ff. BGB an die Auflösung anschließt, falls nicht eine andere Art der Auseinandersetzung von den Gesellschaftern vereinbart oder über das Vermögen der Gesellschaft das Insolvenzverfahren eröffnet worden ist (vgl. Baumbach/Hopt/*Roth* § 131 Rn. 2; E/B/J/S/*Lorz* § 131 Rn. 10). 10

3. Vollbeendigung

Das Ende der Abwicklung bewirkt die Vollbeendigung und somit das Ende der Gesellschaft. Nach der Vollbeendigung ist keine Fortsetzung der Gesellschaft mehr möglich (vgl. Baumbach/Hopt/*Roth* § 131 Rn. 2). 11

II. Auflösungsgründe

12 In Abs. 1 sind die für sämtliche Typen einer und in Abs. 2 die für eine Personenhandelsgesellschaft, in der keine natürliche Person unbeschränkt haftet, geltenden – **nicht abdingbaren** – Auflösungsgründe genannt. Die Sonderbestimmungen in Abs. 2 dienen dem Schutz der Gläubiger vor masselosen Gesellschaften (vgl. MüKo HGB/*K. Schmidt* § 131 Rn. 30). Die in Abs. 2 geregelten Sonderbestimmungen gelten indes nicht in der mehrstöckigen Gesellschaft, in der letztlich doch eine natürliche Person persönlich und unbeschränkt haftet (vgl. Baumbach/Hopt/*Roth* § 131 Rn. 3).

13 Nach h. M. (vgl. BGHZ 75, 178, 179; Baumbach/Hopt/*Roth* § 131 Rn. 6; differenzierend: MüKo HGB/*K. Schmidt* § 131 Rn. 9) sind die in § 131 HGB sowie die in spezialgesetzlichen Regelungen, z. B. § 38 Abs. 1 KWG, genannten Auflösungsgründe **abschließend**.

1. Zeitablauf, Abs. 1 Nr. 1

14 Ist eine Gesellschaft nur für eine bestimmte Zeit eingegangen, so ist mit deren Ablauf die Gesellschaft automatisch aufgelöst. Die Zeitbestimmung kann an einen kalendermäßig zu bestimmenden Termin oder an ein bestimmtes Ereignis (z. B. Erschöpfung einer Ölquelle, Verkauf einer bestimmten Sache) anknüpfen, dessen Eintritt zwar gewiss ist, aber zeitlich noch nicht feststeht (vgl. RGZ 95, 147, 149; E/B/J/S/*Lorz* § 131 Rn. 14; MüKo HGB/*K. Schmidt* § 131 Rn. 12).

2. Auflösungsbeschluss, Abs. 1 Nr. 2

15 Abs. 1 Nr. 2 besagt Selbstverständliches. Da die Gesellschafter nach ihrem freien Willen eine Gesellschaft errichten können, muss es ihnen unbenommen bleiben, diese wieder auflösen zu können.

16 Soweit nicht abweichend im Gesellschaftsvertrag geregelt, bedarf der Auflösungsbeschluss einer **einstimmigen Entscheidung** der Gesellschafter (vgl. OLG Hamm DB 1989, 815; E/B/J/S/*Lorz* § 131 Rn. 15; Baumbach/Hopt/*Roth* § 131 Rn. 12). Da die Auflösung der Gesellschaft in den Kernbereich der Mitgliedschaft eingreift, ist eine mit geringerer Mehrheit beschlossene Auflösung nur dann wirksam, wenn die Zulässigkeit des geringeren Mehrheitserfordernisses auch hinreichend konkret bezogen auf die Auflösung im Gesellschaftsvertrag geregelt worden ist (vgl. OLG Hamm DB 1989, 815). Ferner kann die im Wege der Beschlussfassung eintretende Auflösung der Gesellschaft nicht von der Zustimmung eines Dritten abhängig gemacht werden (vgl. MüKo HGB/*K. Schmidt* § 131 Rn. 15).

17 Der Auflösungsbeschluss bedarf grundsätzlich **keiner Form** und kann auch stillschweigend erfolgen (vgl. Baumbach/Hopt/*Roth* § 131 Rn. 12; MüKo HGB/*K. Schmidt* § 131 Rn. 18 f.). Formerfordernisse sind indes dann zu beachten, wenn im Rahmen des Auflösungsbeschlusses von Gesetz und Gesellschaftsvertrag abweichende Verpflichtungen im Hinblick auf gesellschaftseigene Grundstücke oder GmbH-Anteile wirksam begründet werden sollen (vgl. MüKo HGB/*K. Schmidt* § 131 Rn. 18).

18 Die **Zustimmung des Ehepartners** eines Gesellschafters ist erforderlich, wenn die Eheleute im gesetzlichen Güterstand der Zugewinngemeinschaft leben und der Gesellschaftsanteil das gesamte Vermögen i. S. v. § 1365 Abs. 1 BGB des Gesellschafters darstellt (vgl. MüKo HGB/*K. Schmidt* § 131 Rn. 18; E/B/J/S/*Lorz* § 131 Rn. 17).

19 Aus der Treuepflicht des Gesellschafters kann im Einzelfall die **Verpflichtung** abgeleitet werden, dass der Gesellschafter einer Auflösung der Gesellschaft zuzustimmen hat (vgl. BGH NJW 1960, 434; MüKo HGB/*K. Schmidt* § 131 Rn. 20; Baumbach/Hopt/*Roth* § 131 Rn. 12), z. B., wenn die wirtschaftliche Lage der Gesellschaft unhaltbar und daher die Aufgabe des Geschäftsbetriebes notwendig geworden ist (vgl. BGH NJW 1960, 434; E/B/J/S/*Lorz* § 131 Rn. 16). Gleichwohl bedeutet dies nicht, dass in einem solchen Fall die Zustimmung eines Gesellschafters zur Auflösung fingiert werden kann (vgl. MüKo HGB/*K. Schmidt* § 131 Rn. 20; E/B/J/S/*Lorz* § 131 Rn. 16), zumal das Gesetz in § 133 HGB den übrigen Gesellschaftern das Mittel der Auflösungsklage zur Verfügung stellt.

3. Eröffnung des Insolvenzverfahrens über das Vermögen der Gesellschaft, Abs. 1 Nr. 3

Mit dem Erlass des Eröffnungsbeschlusses gem. § 27 InsO ist die Gesellschaft aufgelöst (vgl. MüKo HGB/*K. Schmidt* § 131 Rn. 23). Anstelle der Durchführung einer Liquidation nach den §§ 145 ff. HGB tritt dann das Insolvenzverfahren. **Auflösende Bedingung** einer Auflösung nach Abs. 1 Nr. 3 ist die aufgrund einer Beschwerde erfolgte Aufhebung des Eröffnungsbeschlusses (vgl. Baumbach/Hopt/*Roth* § 131 Rn. 13). Nicht aufgelöst wird die Gesellschaft durch die Beantragung der Eröffnung eines Insolvenzverfahrens, der Anordnung von Sicherheitsmaßnahmen sowie der Bestellung eines vorläufigen Insolvenzverwalters (vgl. Baumbach/Hopt/*Roth* § 131 Rn. 13).

Die Regelung in Abs. 1 Nr. 3 ist **zwingend** und kann durch den Gesellschaftsvertrag nicht abbedungen werden (vgl. MüKo HGB/*K. Schmidt* § 131 Rn. 25).

4. Gerichtliche Entscheidung, Abs. 1 Nr. 4

Durch entsprechende, rechtskräftige gerichtliche Entscheidung wird die Gesellschaft aufgelöst. Die Regelung in Abs. 1 Nr. 4 ist **zwingendes Recht**.

5. Ablehnung der Eröffnung eines Insolvenzverfahrens mangels Masse, Abs. 2 Nr. 1

Mit Rechtskraft eines nach § 26 InsO erlassenen Beschlusses betreffend die Ablehnung der Eröffnung eines Insolvenzverfahrens über das Vermögen der Gesellschaft mangels Masse ist die masselose Gesellschaft aufgelöst (vgl. Baumbach/Hopt/*Roth* § 131 Rn. 15).

Eine analoge Anwendung der Vorschrift von Abs. 2 Nr. 1 auf die unternehmenstragende GbR, deren Mitglieder keine natürliche Personen sind, dürfte spätestens mit der Anerkennung der Insolvenzrechtsfähigkeit der GbR nach § 11 Abs. 2 Nr. 1 InsO sachgerecht sein (befürwortend: MüKo HGB/*K. Schmidt* § 131 Rn. 31).

6. Löschung wegen Vermögenslosigkeit, Abs. 2 Nr. 2

Eine Handelsgesellschaft ohne natürliche Person als Gesellschafter wird zum Schutze des Rechtsverkehrs aufgelöst durch Löschung wegen Vermögenslosigkeit nach § 394 FamFG.

Vermögenslosigkeit liegt vor, wenn keine Aktiva mehr vorhanden sind, die ein ordentlicher Kaufmann in seine Bilanz einsetzen kann; die Gesellschaft ist vermögenslos, wenn sie nicht mehr über Vermögenswerte verfügt, die für eine Gläubigerbefriedigung oder eine Verteilung unter die Gesellschafter in Betracht kommen (vgl. BayObLG GmbHR 1995, 530, 531).

7. Ausscheiden des letzten Komplementärs einer KG

Das Ausscheiden des letzten Komplementärs aus einer KG hat ihre Auflösung zur Folge (vgl. BGHZ 8, 35, 37 f.; BGH NJW 1952, 875).

III. Rechtsfolgen einer Auflösung der Gesellschaft

Durch die Auflösung wird die einst werbend tätige Gesellschaft in eine **Liquidationsgesellschaft** umgewandelt, deren Zweck die Auseinandersetzung unter den Gesellschaftern bis zur Herbeiführung der Vollbeendigung ist.

Grundsätzlich kann die in Liquidation befindliche Gesellschaft durch ausdrücklichen oder konkludenten Beschluss ihrer Gesellschafter (**Fortsetzungsbeschluss**) wieder zurück in eine werbende Gesellschaft umgewandelt werden (vgl. BGH NJW 1995, 196; NJW 1953, 102). Allerdings setzt die Fortsetzung der Gesellschaft voraus, dass der materielle Auflösungstatbestand beseitigt wird; dies ist bei dem Auflösungsgrund der Eröffnung eines Insolvenzeröffnungsverfahrens über das Vermögen der Gesellschaft gem. Abs. 1 Nr. 3 von praktischer Relevanz (vgl. BGH NJW 1995, 196; E/B/J/S/*Lorz* § 131 Rn. 33).

30 Der Fortsetzungsbeschluss ist grundsätzlich **einstimmig** zu fassen. Der Gesellschaftsvertrag kann zwar eine Mehrheitsentscheidung bezüglich der Fortsetzung zulassen, wegen des mit der Fortsetzung einhergehenden Eingriffs in den Kernbereich der Mitgliedschaft der Gesellschafter ist allerdings eine hinreichend konkrete Satzungsregelung unter Bezugnahme auf eine Fortsetzungsentscheidung erforderlich (vgl. BGH NJW 1953, 102, 103). Ein Mehrheitsbeschluss zur Fortsetzung kann indes nicht das unentziehbare Auflösungsrecht gem. § 133 HGB obsolet machen (vgl. E/B/J/S/*Lorz* § 131 Rn. 36).

31 Nach ihrer Vollbeendigung kann die Gesellschaft **nicht wiederhergestellt** werden (vgl. Baumbach/Hopt/*Roth* § 131 Rn. 33). Den ehemaligen Gesellschafter bleibt es jedoch unbenommen, eine neue Gesellschaft zu gründen.

C. Das Ausscheiden eines Gesellschafters, Abs. 3

32 Die in Abs. 3 normierten Regelungen gelten für die OHG und i. V. m. § 161 Abs. 2 HGB auch für die KG. Für den Tod eines Kommanditisten gilt jedoch die Sonderregelung in § 177 HGB. Eine analoge Anwendung auf die GbR scheidet wegen der Spezialregelungen der §§ 727, 728 Abs. 2 BGB aus.

I. Ausscheidensgründe

1. Tod eines Gesellschafters

33 Mit seinem Tode scheidet der Gesellschafter aus der Gesellschaft aus, wenn der Gesellschaftsvertrag keine Nachfolgeklausel dergestalt enthält, dass die Erben – nicht die Erbengemeinschaft (vgl. BGH NJW 1984, 2104, 2105) – des Gesellschafters unmittelbar in seine Gesellschafterstellung einrücken. Fehlt eine solche **Nachfolgeklausel** wächst der Anteil des verstorbenen Gesellschafters den übrigen Gesellschaftern zu. Die Erben bzw. die Erbengemeinschaft erhalten sodann den Anspruch auf das Abfindungsguthaben des verstorbenen Gesellschafters (vgl. E/B/J/S/*Lorz* § 131 Rn. 42). Die Bedienung des Abfindungsguthabens kann für die Gesellschaft wirtschaftlich einschneidene Folgen haben, falls der Gesellschaftsvertrag keine Abhilfe schaffenden Sonderregelungen zur Auszahlung der Abfindung enthält.

34 Der Tod des vorletzten Gesellschafters bewirkt das liquidationslose Erlöschen der Gesellschaft verbunden mit dem Übergang sämtlicher Aktiva und Passiva im Wege der Gesamtrechtsnachfolge auf den allein verbleibenden Gesellschafter (vgl. BT-Drucks. 13/8444, S. 66; BGHZ 65, 79, 82 f.; 113, 132, 133). Sofern die Gesellschafter diese Rechtsfolge vermeiden wollen, sind sie gehalten, durch entsprechende Gestaltung im Gesellschaftsvertrag Vorbeuge zu treffen.

35 Im Fall der **Vollbeendigung** einer Gesellschafter-Gesellschaft ist Abs. 3 Nr. 1 analog anwendbar (vgl. BT-Drucks. 13/8444, S. 66; BGH NJW 1980, 233, 234; OLG Hamburg NJW 1987, 1896, 1897; Baumbach/Hopt/*Roth* § 131 Rn. 20; a. A. MüKo HGB/*K. Schmidt* § 131 Rn. 68, danach soll die Analogie nicht erst bei der Vollbeendigung, sondern in der Regel schon ab dem Zeitpunkt gelten, an dem die Auflösung der Gesellschafter-Gesellschaft unumkehrbar geworden ist).

2. Eröffnung des Insolvenzverfahrens über das Vermögen eines Gesellschafters

36 Die Eröffnung des Insolvenzverfahrens über das Vermögen eines Gesellschafters bewirkt mangels abweichender Bestimmungen im Gesellschaftsvertrag mit Rechtskraft des Eröffnungsbeschlusses nach § 27 InsO das Ausscheiden des von der Insolvenz betroffenen Gesellschafters.

37 Eine analoge Anwendung dieser Vorschrift auf die Eröffnung eines **Nachlassinsolvenzverfahrens** lehnt die h. M. (vgl. BGHZ 91, 132, 138 zu § 131 HGB a. F.; E/B/J/S/*Lorz* § 131 Rn. 47; a. A. MüKo HGB/*K. Schmidt* § 131 Rn. 73; Baumbach/Hopt/*Roth* § 131 Rn. 22, der allerdings im Einzelfall letztlich zu gleichen Folgen gelangt) zu Recht ab, um dem Gesellschafter-Erben die Möglichkeit zu belassen, durch Zahlung aus seinem Privatvermögen den Auseinandersetzungsanspruch aus der Nachlassinsolvenzmasse auszulösen (vgl. BGHZ 91, 132, 138 zu § 131 HGB a. F.).

Eine analoge Anwendung des Abs. 3 Nr. 2 scheidet ferner nach h. M. (vgl. BGHZ 75, 178, 181; 96, 151, 154; Baumbach/Hopt/*Roth* § 131 Rn. 22; E/B/J/S/*Lorz* § 131 Rn. 48, a. A. MüKo HGB/*K. Schmidt* § 131 Rn. 74) aus, wenn die Eröffnung über das Vermögen eines Gesellschafters mangels Masse abgewiesen wird. Die h. M. ist in Anbetracht des Normzwecks von Abs. 3 Nr. 2 zutreffend. Den übrigen Gesellschaftern soll nämlich nicht zugemutet werden, mit einem Insolvenzverwalter das Gesellschaftsverhältnis fortzusetzen (vgl. BGHZ 75, 178, 181). Im Fall der Abweisung eines Insolvenzantrages mangels Masse besteht diese Befürchtung indes nicht. 38

3. Kündigung eines Gesellschafters

Sofern im Gesellschaftsvertrag nichts anderes bestimmt ist, scheidet der Gesellschafter im Fall der ordentlichen Kündigung mit dem Ablauf der Kündigungsfrist und im Fall der außerordentlichen Kündigung mit dem Zugang der Kündigungserklärung aus der Gesellschaft aus. 39

4. Kündigung durch den Privatgläubiger des Gesellschafters, § 135 HGB

Die zwingende Vorschrift des § 135 HGB verhilft dem Privatgläubiger eines Gesellschafters, durch Kündigung auf den Kapitalwert des Anteils des betroffenen Gesellschafters zugreifen zu können. Die Kündigung hat das Ausscheiden des betroffenen Gesellschafters zum in § 135 HGB bestimmten Zeitpunkt zur Folge. Sollte in einer Zweipersonengesellschaft der andere Gesellschafter den Übergang des Gesellschaftsvermögens auf ihn vermeiden wollen, sollte er aufschiebend bedingt auf den Zeitpunkt des Ausscheidens des von der Kündigung betroffenen Gesellschafters einen neuen Gesellschafter, z. B. eine GmbH ohne Kapitalanteil, in die Gesellschaft aufnehmen (vgl. MüKo HGB/*K. Schmidt* § 131 Rn. 84). 40

5. Im Gesellschaftsvertrag geregelte Ausscheidensgründe

Den Gesellschaftern bleibt es unbenommen, im Gesellschaftsvertrag weitere Ausscheidensgründe zu festzulegen. Solche Regelungen sind wirksam, wenn sie hinreichend bestimmt sind und nicht gegen § 134 BGB (Verbotsgesetz), § 138 BGB (Sittenwidrigkeit) bzw. verfassungsrechtlich gebotene Grenzen verstoßen (vgl. MüKo HGB/*K. Schmidt* § 131 Rn. 86). Als weitere Ausscheidensgründe kommen in Betracht z. B. Arbeitsunfähigkeit, Entzug der Berufszulassung, Heirat ohne Vereinbarung einer Gütertrennung, Scheidung eines eingeheirateten Familiengesellschafters (vgl. Baumbach/Hopt/*Roth* § 131 Rn. 25; MüKo HGB/*K. Schmidt* § 131 Rn. 86). 41

6. Beschluss der Gesellschafter

Mangels abweichender Bestimmungen im Gesellschaftsvertrag bedarf es eines **einstimmigen Beschlusses**, sodass eine Ausschließung eines Gesellschafters gegen seinen Willen, so wie in § 140 HGB mit der Ausschlussklage vorgesehen, nicht möglich ist (vgl. BT-Drucks. 13/8444, S. 65; E/B/J/S/*Lorz* § 131 Rn. 54). 42

Eine im Gesellschaftsvertrag festgelegte Ermächtigung zur Ausschließung eines Gesellschafters hat den Anforderungen des Bestimmtheitsgrundsatzes, insbesondere im Hinblick auf die eine Ausschließung rechtfertigenden wichtigen Gründe, zu genügen, da der Ausschluss in den Kernbereich der Mitgliedschaft eingreift (vgl. BGH NJW 1952, 102, 103 und OLG Hamm DB 1989, 815 zur Auflösung der Gesellschaft; MüKo HGB/*K. Schmidt* § 131 Rn. 89). 43

II. Die Rechtsfolgen des Ausscheidens

Die Rechtsfolgen des Ausscheidens eines Gesellschafters aus der weiter fortbestehenden Personenhandelsgesellschaft richten sich über die Verweisungsnorm § 105 Abs. 3 HGB nach den §§ 738 bis 740 BGB. Bei diesen handelt es sich mit Ausnahme des Anwachsungsprinzips um **dispositives Recht** (vgl. Baumbach/Hopt/*Roth* § 131 Rn. 38; E/B/J/S/*Lorz* § 131 Rn. 55). 44

1. Anwachsung

45 Scheidet ein Gesellschafter aus der Gesellschaft aus, so wächst sein Anteil am Gesellschaftsvermögen – automatisch mit seinem Ausscheiden und nicht erst mit dem Erhalt seiner Abfindung (vgl. E/B/J/S/*Lorz* § 131 Rn. 56) – **den übrigen Gesellschaftern** gem. § 738 Abs. 1 BGB zu. Da das Gesellschaftsvermögen nicht den Gesellschaftern, sondern der Gesellschaft gem. § 124 HGB gehört (str.; vgl. MüKo HGB/*K. Schmidt* § 131 Rn. 103), ändert sich am Bestand des Gesellschaftsvermögens nichts. Vielmehr ändern sich nur die Beteiligungsquoten der verbleibenden Gesellschafter entsprechend dem Verhältnis ihrer festen Kapitalanteile (vgl. MüKo HGB/*K. Schmidt* § 131 Rn. 103).

2. Rückgabe von Gegenständen

46 Die Gesellschaft ist nach §§ 738 Abs. 1 Satz 2, 732 BGB verpflichtet, die vom ausgeschiedenen Gesellschafter der Gesellschaft zur Nutzung überlassenen Gegenstände zurückzugeben. Für einen durch Zufall untergegangenen oder verschlechterten Gegenstand kann der ausgeschiedene Gesellschafter gem. § 738 Satz 2 BGB keinen Ersatz verlangen. Eine Verschlechterung des Gegenstandes aufgrund bestimmungsgemäßen Gebrauchs gilt als zufällige Verschlechterung i. S. v. § 732 Satz 2 BGB (vgl. MüKo BGB/*Schäfer* § 732 Rn. 5). Die Gesellschaft hat jedoch schon dann ein – vorübergehendes – **Zurückbehaltungsrecht**, wenn nur eine hohe Wahrscheinlichkeit für einen von ihr behaupteten Ausgleichsanspruch gegen den Ausgeschiedenen nach § 739 BGB spricht und sie lediglich noch Zeit zu dessen genauer Feststellung durch die Abschichtungsbilanz benötigt (vgl. BGH NJW 1981, 2802). Soweit die Gesellschaft, nicht indes der Gesellschafter, den zur Nutzung überlassenen Gegenstand weiter benötigt, kann der Gesellschafter aufgrund seiner Treuepflicht verpflichtet sein, der Gesellschaft den Gegenstand entgeltlich weiter zur Verfügung zu stellen oder zu übertragen (vgl. MüKo HGB/*K. Schmidt* § 131 Rn. 107). Bei zu Eigentum eingebrachten Sachen ist deren Wert in Geld gem. § 733 Abs. 2 Satz 2 BGB zu ersetzen, den diese z. Zt. der Einbringung gehabt haben.

3. Schuldbefreiung

47 Die Haftung des Gesellschafters einer OHG gem. § 128 Satz 1 HGB wirkt auch nach seinem Ausscheiden für Altverbindlichkeiten fort (vgl. BGH NJW 1987, 2367, 2369; NJW 1986, 1690), solange ihm keine Enthaftung gem. § 160 Abs. 1 zugutekommt. Altverbindlichkeiten sind grundsätzlich solche Schulden der OHG, deren Rechtsgrund vor dem Ausscheiden des Gesellschafters begründet worden sind (vgl. BGH NJW 1986, 1690).

48 Daher hat der Ausgeschiedene analog § 732 Abs. 1 Satz 2 BGB einen Anspruch gegen die Gesellschaft und wegen § 128 Satz 1 HGB gegen die verbliebenen Gesellschafter (vgl. zum Schuldner des Befreiungsanspruchs MüKo HGB/*K. Schmidt* § 131 Rn. 109), ihn von den gemeinsamen Altschulden zu befreien, zumal das Abfindungsguthaben des Ausgeschiedenen aufgrund der Altverbindlichkeiten geschmälert ist (vgl. BGHZ 23, 17, 28).

49 Soweit der Ausgeschiedene aus seinem Privatvermögen einem Gläubiger Sicherheiten für Gesellschaftsschulden gestellt hat, hat er in entsprechender Anwendung von § 732 Abs. 1 Satz 2 BGB gegen die Gesellschaft einen Anspruch auf Ablösung der Sicherheiten (vgl. BGH NJW 1974, 899). Der Gesellschaft steht allerdings ein Zurückbehaltungsrecht gem. § 273 BGB zu, wenn der Gesellschafter infolge seines Ausscheidens Verlustausgleich schuldet (vgl. BGH NJW 1974, 899, 900).

4. Beteiligung an schwebenden Geschäften

50 Gem. § 740 Abs. 1 BGB nimmt der ausgeschiedene Gesellschafter an dem **Gewinn und Verlust** teil, welcher sich aus den z. Zt. seines Ausscheidens schwebenden Geschäften ergibt.

a) Allgemeines

Die veraltete Bestimmung des § 740 Abs. 1 BGB erklärt sich daraus, dass der Gesetzgeber des BGB noch nicht von einer Abfindung nach dem Ertragswert des Unternehmens entsprechend der Beteiligungsquote des ausgeschiedenen Gesellschafters ausging, sondern sicherstellen wollte, dass die Geschäfte, die den ausgeschiedenen Gesellschafter noch betreffen, neben dem bloßen Substanzwert des Unternehmens mit abgegolten werden (vgl. MüKo HGB/*K. Schmidt* § 131 Rn. 115). Vorrang gegenüber § 740 Abs. 1 BGB hat indes eine im Gesellschaftsvertrag geregelte Abfindungsklausel oder eine den Ertragswert berücksichtigende Abfindung (vgl. MüKo HGB/*K. Schmidt* § 131 Rn. 115). Vgl. zu § 740 BGB auch §§ 738 bis 740 BGB Rdn. 11 ff.

b) Begriff des schwebenden Geschäfts

Schwebende Geschäfte i. S. d. § 740 BGB sind **unternehmensbezogene Rechtsgeschäfte**, an die im Zeitpunkt des Ausscheidens des Gesellschafters die Gesellschaft schon gebunden war, die aber beide Vertragspartner bis dahin noch nicht voll erfüllt hatten (vgl. BGH NJW 1993, 1194; WM 1986, 709, 710; NJW-RR 1986, 1160). Hierzu gehören insbesondere die vor dem Ausscheiden des Gesellschafters abgeschlossenen, aber noch nicht vollständig ausgeführten Leistungsverträge (vgl. BGH NJW 1993, 1194; Baumbach/Hopt/*Roth* § 131 Rn. 46).

Allerdings sind Geschäfte nur dann als **schwebend** anzusehen, die ihrer Art nach bereits am Abfindungstage Zug um Zug hätten abgewickelt sein können und nur nach konkreter Lage der Dinge noch nicht abgewickelt waren; Dauerschuldverhältnisse, die ihrer Art nach schweben, rechnen regelmäßig nicht dazu (vgl. BGH NJW-RR 1986, 1160, 1160 f.; NJW-RR 1986, 454, 455; Röhricht/v. Westphalen/*v. Gerkan* § 131 Rn. 55). So sind z. B. Kiesausbeutungsverträge mit jahrelanger Laufzeit keine schwebenden Geschäfte (vgl. BGH NJW-RR 1986, 454, 455).

c) Rechenschaft, Auskunft und Auszahlung

Nach § 740 Abs. 2 BGB kann der Ausgeschiedene am Schluss eines jeden Geschäftsjahres Rechenschaft über die inzwischen beendigten Geschäfte, Auszahlung des ihm gebührenden Betrags und Auskunft über den Stand der noch schwebenden Geschäfte verlangen.

5. Abfindung

Gem. § 738 Abs. 1 Satz 2 BGB ist die Gesellschaft verpflichtet, dem Ausscheidenden dasjenige zu zahlen, was er bei einer Auseinandersetzung erhalten würde, wenn die Gesellschaft zum Zeitpunkt des Ausscheidens aufgelöst worden wäre. Zur Abfindung, insbesondere zu ihrer Berechnung, s. i. E. Rdn. 57 ff.

6. Nachschusspflicht

Reicht der Wert des Gesellschaftsvermögens zur Deckung der gemeinschaftlichen Schulden und der Einlagen nicht aus, so hat der Ausgeschiedene gem. § 739 BGB der Gesellschaft für den Fehlbetrag nach dem Verhältnis seines Anteils am Verlust aufzukommen.

III. Die Abfindung des ausscheidenden Gesellschafters

Der Ausscheidende soll nach § 738 Abs. 1 Satz 2 BGB dasjenige in Geld erhalten, was er bei einer Auseinandersetzung im Fall einer Auflösung zum Zeitpunkt seines Ausscheidens erhalten hätte. Vgl. hierzu auch §§ 738 bis 740 BGB Rdn. 5 ff.

1. Grundlagen

Einem **Gesellschafter ohne Kapitalbeteiligung** steht jedoch kein Abfindungsanspruch zu (vgl. MüKo HGB/*K. Schmidt* § 131 Rn. 127). Ungeachtet des missverständlichen, auf dem veralteten Gesamthandsmodell formulierten Wortlauts des § 738 Abs. 1 Satz 2 BGB ist Anspruchsgegner die

Gesellschaft (vgl. BGH WM 1972, 1399, 1400). Die Gesellschafter haften für die Gesellschaftsschuld gleichwohl nach § 128 Satz 1 HGB (vgl. BGH WM 1971, 1451, 1452).

59 Der Abfindungsanspruch des Gesellschafters entsteht mit dem **Zeitpunkt seines Ausscheidens** (vgl. BGHZ 88, 205, 207). Nach früher h. M. (vgl. RGZ 118, 295, 299; BGH WM 1980, 212, 213; OLG Köln NJW-RR 1997, 160, 161) wird der Abfindungsanspruch erst mit der Fertigstellung einer Abschichtungsbilanz fällig. Eine a. A. (vgl. E/B/J/S/*Lorz* § 131 Rn. 66) stellt auf den Zeitpunkt des Ausscheidens ab, um dem Ausgeschiedenen die Möglichkeit zu geben, die Gesellschaft in Verzug zu setzen und baldmöglichst Zinsen verlangen zu können. Sachgerecht dürfte indes eine vermittelnde Ansicht (vgl. Röhricht/v. Westphalen/*v. Gerkan* § 131 Rn. 42; MüKo HGB/*K. Schmidt* § 131 Rn. 129; Baumbach/Hopt/*Roth* § 131 Rn. 54) sein, die für den Zeitpunkt der Fälligkeit auf die Möglichkeit der Berechenbarkeit abstellt. So hat auch der BGH mittlerweile in Auflösungsfällen entschieden (vgl. BGH NJW 1992, 2757, 2758; NJW-RR 1988, 1379), dass von dem Grundsatz, Ansprüche könnten nur noch im Rahmen einer abschließenden Auseinandersetzungsrechnung berücksichtigt werden; eine Ausnahme gilt, wenn schon vor der Beendigung der Auseinandersetzung mit Sicherheit feststeht, dass ein Gesellschafter jedenfalls einen bestimmten Betrag verlangen kann. Diese Ausnahme gilt auch im Fall des einseitigen Ausscheidens eines Gesellschafters (vgl. BGH NJW 1999, 3557 für eine GbR).

2. Gesamtabrechnung

60 Da der Abfindungsanspruch des Ausgeschiedenen das Ergebnis einer zwischen ihm und der Gesellschaft stattfindenden Gesamtabrechnung ist, können die der Abfindung zugrunde liegenden Einzelansprüche **nicht selbstständig** geltend gemacht werden (vgl. BGH NJW 1999, 3557; NJW-RR 1992, 543, 544). Einzelne Posten können allerdings Gegenstand einer Feststellungsklage sein (vgl. BGHZ 26, 25, 30).

3. Die Auseinandersetzungsrechnung

61 Die Berechnung des Abfindungsanspruchs erfolgt nach herkömmlicher Auffassung (vgl. BGHZ 17, 130, 136; Röhricht/v. Westphalen/*v. Gerkan* § 131 Rn. 43) in einer **Abschichtungsbilanz**. Diese ist ihrer Natur nach eine Vermögensbilanz der Gesellschaft und soll die wahre Vermögenslage der lebenden Gesellschaft, mithin unter Fortführungsgesichtspunkten, einschließlich aller offenen und stillen Reserven sowie des Goodwills des Unternehmens am Stichtag des Ausscheidens abbilden (vgl. BGHZ 17, 130, 136; 116, 359, 370; E/B/J/S/*Lorz* § 131 Rn. 98). Auch Verbindlichkeiten sind mit ihrem wahren Wert anzusetzen (vgl. E/B/J/S/*Lorz* § 131 Rn. 98). Der Anteilswert soll im Allgemeinen aus dem Preis, der bei einer Veräußerung des Unternehmens als Einheit erzielt werden würde, hergeleitet werden (vgl. BGHZ 116, 359, 370; BGH NJW 1985, 192, 193; OLG Naumburg NZG, 2001, 658; MüKo HGB/*K. Schmidt* § 131 Rn. 141). Der ermittelte Gesamtwert des Gesellschaftsvermögens soll rechnerisch nach dem Gewinn- und Verlustverteilungsschlüssel auf die Kapitalbeteiligung des ausgeschiedenen Gesellschafters umgelegt werden (vgl. BGHZ 17, 130, 133). Der ausgeschiedene Gesellschafter hat grundsätzlich einen klagbaren Anspruch auf Aufstellung der Abschichtungsbilanz (vgl. BGH NJW 1959, 1491).

4. Unternehmensbewertung

62 Das betriebswirtschaftliche Problem der Unternehmensbewertung war beim Erlass des BGB noch nicht hinreichend bekannt. Der Gesetzgeber war bei der Konzeption von § 738 Abs. 1 Satz 2 BGB noch von einer Substanzwertberechnung ausgegangen. Die heute ganz h. M. sieht dagegen den **Ertragswert des Unternehmens** bei seiner Fortführung als den maßgeblichen Ausgangspunkt – auch im Zusammenhang mit der Feststellung einer Abfindungsvergütung – an (vgl. BGH NJW 1992, 892, 895; ZIP 1993, 1160, 1162; MüKo BGB/*Ulmer* § 738 Rn. 32; Röhricht/v. Westphalen/*v. Gerkan* § 131 Rn. 48). Zwar erkennt der BGH an, dass die Ermittlung des Unternehmenswerts in vielen, wenn nicht den meisten Fällen auf eine Ertragswertberechnung hinauslaufen wird. Gleichwohl betont er, dass es nicht in jedem Einzelfall eine rechtliche Bindung an eine bestimmte

Bewertungsmethode gibt (vgl. BGH NJW 1993, 2101, 2103). Insbesondere kann bei überdurchschnittlich hohem Anteil des nicht betriebsnotwendigen Vermögens dem Substanzwert eine erhöhte Bedeutung zukommen (vgl. BGH NJW 1993, 2101, 2103), wenngleich eine reine Substanzwertberechnung wohl grundsätzlich nicht mehr als Grundlage einer Unternehmensbewertung anerkannt wird (vgl. BGH NZG 1998, 644, 646).

5. Abfindungsklauseln

Gesellschaftsverträge enthalten zumeist Vereinbarungen zu den Modalitäten und dem Umfang der Abfindung eines ausscheidenden Gesellschafters. Solche Klauseln, die regelmäßig eine Beschränkung des Abfindungsanspruchs beinhalten, sind grundsätzlich zulässig (vgl. BGH NJW 1993, 2101, 2102; NJW 1992, 892, 894; NJW 1979, 104; Röhricht/v. Westphalen/*v. Gerkan* § 131 Rn. 61). Trotz dieser grundsätzlichen Zulässigkeit bereitet die Aufnahme von Abfindungsklauseln im Gesellschaftsvertrag Probleme, weil der Gestaltung der Gesellschafter durch zwingende gesetzliche Vorschriften, insbesondere § 138 BGB (Sittenwidrigkeit), oder die aufgrund dieser Vorschriften von der Rspr. entwickelten Regeln, Grenzen gesetzt sind. Im Fall von Änderungen des Gesellschaftsvertrages ist zu berücksichtigen, dass Abfindungsregelungen dem Kernbereichsschutz unterliegen (vgl. MüKo HGB/*K. Schmidt* § 131 Rn. 152). Vgl. zu Abfindungsklauseln auch §§ 738 bis 740 BGB Rdn. 18 ff.

a) Zweck von Abfindungsklauseln

Die Aufnahme von Abfindungsregelungen kann der Verfolgung mehrerer Zwecke dienen. Im Vordergrund stehen **folgende Zwecke**: Zunächst dient eine satzungsmäßige Abfindungsklausel regelmäßig der Erleichterung der Ermittlung des Abfindungsbetrages und soll das Risiko einer streitigen Auseinandersetzung verringern (vgl. BGH NJW 1992, 892, 894; NJW 1993, 2101, 2102; Baumbach/Hopt/*Roth* § 131 Rn. 58). Abfindungsklauseln enthalten häufig Regelungen, die den Abfindungsbetrag dem Umfange nach beschränken und die Auszahlung in mehreren – z. B. halbjährlichen – Raten vorsehen. Hierdurch soll eine Gefährdung der Liquiditätslage des Unternehmens verringert und der Bestand des Unternehmens gesichert werden (vgl. BGH NJW 1992, 892, 894; NJW 1993, 2101, 2102; E/B/J/S/*Lorz* § 131 Rn. 112; MüKo HGB/*K. Schmidt* § 131 Rn. 150). Ferner soll eine Abfindungsbeschränkung der Disziplinierung der Gesellschafter dienen und sie dazu anreizen, in der Gesellschaft nicht zuletzt durch pflichtgemäßes Verhalten zu verbleiben (vgl. E/B/J/S/*Lorz* § 131 Rn. 112; MüKo HGB/*K. Schmidt* § 131 Rn. 150; Baumbach/Hopt/*Roth* § 131 Rn. 58). Ferner kann durch Anbietungsklauseln dafür gesorgt werden, dass insbesondere Familiengesellschaften vor Überfremdung geschützt werden, indem ausscheidende Gesellschafter verpflichtet sind, ihren Anteil zu bestimmten Konditionen nur Familienmitgliedern anzudienen (vgl. MüKo HGB/*K. Schmidt* § 131 Rn. 150).

b) Regelungsgegenstand

Angesichts der vielfältigen Zwecke kommen eine Vielzahl von unterschiedlichen Klauseln – natürlich auch in Kombination – in Betracht. Vor allem finden sich Klauseln zur Berechnung der Abfindung und der Beschränkung ihres Umfangs sowie zur Fälligkeit der Abfindung.

aa) Berechnung und Beschränkung der Abfindung

Regelmäßig enthalten Gesellschaftsverträge Klauseln zur Berechnung und Beschränkung der Abfindung dergestalt, dass eine bestimmte **Art der Unternehmensbewertung** festgelegt wird. Insbesondere enthalten Gesellschaftsverträge Einheitswertklauseln, Buchwertklauseln, Substanzwertklauseln sowie Regelungen zur Behandlung von schwebenden Geschäften (vgl. MüKo HGB/*K. Schmidt* § 131 Rn. 151). Manche Gesellschaftsverträge enthalten auch, zumindest bezüglich der Bewertung von Betriebsteilen des Unternehmens oder hinsichtlich bestimmter Gegenstände, Ertragswertklauseln. Diese führen allerdings, da sie den wahren Verkehrswert des bewerteten Unternehmens(teils) bestimmen, zu keiner Beschränkung der Abfindungshöhe.

67 Häufig enthalten Gesellschaftsverträge sog. **Buchwertklauseln**, die die Höhe der Abfindung nach dem Buchwert bestimmen. Hierdurch wird eine oft schwierige und erhebliche Kosten verursachende Unternehmensbewertung vermieden, da insbesondere stille Reserven keine Berücksichtigung finden. Allerdings bereiten Buchwertklauseln im Einzelfall Wirksamkeitsprobleme. Um das Risiko ihrer Unwirksamkeit zu vermindern, werden sie häufig durch ergänzende Bewertungsverfahren, z.B. bezüglich bestimmter Unternehmensgegenstände, ergänzt (vgl. MüKo HGB/*K. Schmidt* § 131 Rn. 151).

68 Das sog. **Stuttgarter Verfahren** basiert auf der Addition von Substanzwerten zu zwei Dritteln und Ertragswerten zu einem Drittel. Die Bewertung ist wenig aufwendig und kann weitgehend, mit Ausnahme der Vermögensgüter Grundbesitz und Beteiligungen an Kapitalgesellschaften, der Steuerbilanz entnommen werden. Ein Geschäfts- und Firmenwert wird grundsätzlich nicht berücksichtigt. Daher kann es im Einzelfall ebenfalls zu Wirksamkeitsproblemen kommen.

bb) Fälligkeit der Abfindung und Ratenzahlung

69 Um eine Gefährdung der Liquiditätslage des Unternehmens zu verringern, enthalten Gesellschaftsverträge häufig Bestimmungen, die eine Auszahlung der Abfindung in **halbjährlichen oder jährlichen Raten** ab einem bestimmten Zeitpunkt vorsehen. Die Dauer der Ratenzahlungen sollte allerdings im Hinblick auf Wirksamkeitsprobleme nicht unbillig lang sein (vgl. MüKo HGB/*K. Schmidt* § 131 Rn. 171). Eine gesellschaftsvertragliche Regelung, die eine Auszahlung des Abfindungsguthabens in 15 gleichen Jahresraten vorsieht, ist unwirksam (vgl. BGH NJW 1989, 2685).

c) Ergänzende Vertragsauslegung

70 Insbesondere wenn im Laufe eines Gesellschaftsverhältnisses aufgrund veränderter Umstände eine ehemals in der Satzung geregelte Abfindungsklausel andere als die beabsichtigten Rechtsfolgen erlangt, hat die ergänzende Vertragsauslegung große Bedeutung.

71 Eine ursprünglich wirksame, zunächst weder nach § 138 BGB zu beanstandende noch das Kündigungsrecht der Gesellschafter faktisch beeinträchtigende Abfindungsklausel, wird nicht dadurch nichtig, dass sich – insbesondere bei wirtschaftlich erfolgreichen Unternehmen – Abfindungsanspruch und tatsächlicher Anteilswert im Laufe der Jahre immer weiter voneinander entfernen (vgl. BGHZ 123, 281, 284). Vielmehr ist der Inhalt der vertraglichen Abfindungsregelung auch in einem solchen Fall durch ergänzende Vertragsauslegung nach den Grundsätzen von Treu und Glauben unter angemessener Abwägung der Interessen der Gesellschaft und des ausscheidenden Gesellschafters und unter Berücksichtigung aller Umstände des konkreten Falles entsprechend den veränderten Verhältnissen neu zu ermitteln (vgl. BGHZ 123, 281). Demnach hat die ergänzende Vertragsauslegung Vorrang vor einer Inhaltskontrolle (vgl. MüKo HGB/*K. Schmidt* § 131 Rn. 156 f.).

d) Inhaltskontrolle von Abfindungsklauseln

72 Ungeachtet ihrer generellen Zulässigkeit können Abfindungsklauseln im Einzelfall ausnahmsweise **unwirksam** sein (vgl. BGH NJW 1992, 892, 894). Abfindungsklauseln unterliegen zum einen der Grenze der Sittenwidrigkeit gem. § 138 BGB (vgl. BGH NJW 1992, 892, 894; NJW 1993, 2101, 2102). Diese greift jedoch nur in dem Fall ein, dass die getroffene Regelung bereits bei ihrer Entstehung grob unbillig ist (vgl. BGH NJW 1992, 892, 894). Zum anderen ist eine Abfindungsklausel, insbesondere eine Buchwertklausel, dann gem. § 723 Abs. 3 BGB i.V.m. § 105 Abs. 3 HGB als unzulässig zu erachten, wenn sie aufgrund wirtschaftlich nachteiliger Folgen, insbesondere wegen eines erheblichen Missverhältnisses zwischen dem nach der Abfindungsklausel erzielbaren Wert und dem wirklichem Wert, die Freiheit des Gesellschafters, sich zu einer Kündigung zu entschließen, unvertretbar einengt. (vgl. BGH NJW 1985, 192, 193; NJW 1993, 2101, 2102). Eine vertraglich vereinbarte Kürzung des Abfindungsanspruchs auf die Hälfte des buchmäßigen Kapitalanteils stellt grundsätzlich eine sittenwidrige Benachteiligung des ausscheidenden Gesellschafters dar (vgl. BGH

NJW 1989, 2685). Ansonsten vertritt der BGH die Auffassung (vgl. BGH NJW 1993, 2101, 2102), dass sich die Festlegung quotenmäßiger Grenzen verbietet.

e) Treu und Glauben, § 242 BGB

Ein im Laufe der Zeit eingetretenes, außergewöhnlich weitgehendes Auseinanderfallen von vereinbartem Abfindungs- und tatsächlichem Anteilswert kann aber ganz allgemein nach den Grundsätzen von Treu und Glauben, die im Gesellschaftsrecht durch die besondere Treuepflicht des Gesellschafters verstärkt sind, dazu führen, dass dem von dieser tatsächlichen Entwicklung betroffenen Gesellschafter das Festhalten an der vertraglichen Regelung auch unter Berücksichtigung des berechtigten Interesses der Mitgesellschafter nicht mehr ohne Weiteres zugemutet werden kann (vgl. BGH NJW 1993, 2101, 2102; vgl. auch MüKo HGB/*K. Schmidt* § 131 Rn. 176). Ob die Voraussetzungen dafür gegeben sind, hängt freilich nicht allein vom Ausmaß des zwischen jenen Werten entstandenen Missverhältnisses ab, sondern es müssen vielmehr die gesamten Umstände des konkreten Falles in die Betrachtung einbezogen werden. Zu ihnen kann außer dem Verhältnis zwischen den genannten Werten die Dauer der Mitgliedschaft des Ausgeschiedenen in der Gesellschaft, sein Anteil am Aufbau und am Erfolg des Unternehmens sowie der Anlass seines Ausscheidens gehören (vgl. BGH NJW 1993, 2101, 2102). 73

f) Gläubigerschutz

Eine Regelung im Gesellschaftsvertrag ist wegen **Gläubigerdiskriminierung** gem. § 138 BGB **nichtig**, wenn sie wegen einer vom Privatgläubiger des betroffenen Gesellschafters im Wege von Zwangsvollstreckungsmaßnahmen veranlassten Kündigung und dem hierdurch bewirkten Ausscheiden des Gesellschafters gem. § 131 Abs. 3 Nr. 4 HGB eine unter dem Verkehrswert liegende Abfindung zulässt und dieselbe Abfindungsregelung nicht auch für den vergleichbaren Fall der Ausschließung eines Gesellschafters aus wichtigem Grund getroffen wird (vgl. BGH NJW 2000, 2819, 2820; Baumbach/Hopt/*Roth* § 131 Rn. 60). Hieraus kann eine allgemeine Regel dergestalt abgeleitet werden, dass eine Abfindungsklausel wegen Sittenwidrigkeit nichtig ist, wenn sie gläubigerbenachteiligende Wirkung hat und nicht gleichermaßen den Gesellschafter trifft (vgl. MüKo HGB/*K. Schmidt* § 131 Rn. 160). Dieser Grundsatz hat somit auch im Fall einer Gesellschafterinsolvenz Bedeutung. 74

g) Abfindungsausschluss im Fall des Todes eines Gesellschafters

Die Abfindung für Erben eines Gesellschafters im Fall seines Ausscheidens aufgrund Todes (vgl. § 131 Abs. 3 Nr. 1 HGB) kann nach h. M. (vgl. BGH NJW 1957, 180; Röhricht/v. Westphalen/*v. Gerkan* § 131 Rn. 67; Baumbach/Hopt/*Roth* § 131 Rn. 62; zumindest zweifelnd: *Engel* NJW 1986, 345, 347 f.) grundsätzlich vollständig ausgeschlossen werden. Ob diese Rechtsprechung auch in Zukunft Bestand hat, erscheint nicht zuletzt im Hinblick auf die vorgebrachten Einwände (vgl. *Engel* NJW 1986, 345, 347 f.) nicht sicher gewährleistet. 75

h) Geltungserhaltende Reduktion bei anfänglich sittenwidrigen Abfindungsklauseln

Da die Grundsätze der ergänzenden Vertragsauslegung grundsätzlich Anwendung finden, wenn eine Abfindungsregelung bei Abschluss des Gesellschaftsvertrages noch wirksam war und diese vielmehr erst nachträglich Grund zur Beanstandung gab (vgl. BGHZ 123, 281, 284), hat die Frage der Zulässigkeit einer geltungserhaltenden Reduktion insbesondere bei **anfänglich sittenwidrigen Abfindungsklauseln** Bedeutung. Während eine Auffassung (vgl. MüKo HGB/*K. Schmidt* § 131 Rn. 173) von der Anwendbarkeit einer geltungserhaltenden Reduktion ausgeht, lehnt die wohl h. M. (vgl. BGH NJW 1979, 104; Baumbach/Hopt/*Roth* § 131 Rn. 73; MüKo BGB/*Schäfer* § 738 Rn. 74) ihre Zulässigkeit ab. Nach der zutreffenden h. M. scheidet eine geltungserhaltende Reduktion aus, weil ansonsten die sittenwidrig Handelnden noch belohnt werden würden (vgl. Baumbach/Hopt/*Roth* § 131 Rn. 73; MüKo BGB/*Schäfer* § 738 Rn. 74). In der Regel dürfte eine anfängliche 76

§ 132 HGB Kündigung eines Gesellschafters

Nichtigkeit der gesellschaftsvertraglichen Abfindungsklausel zu einer entsprechend § 738 Abs. 1 Satz 2 BGB festzulegenden Abfindung nach dem Verkehrswert führen (vgl. BGH NJW 1979, 104).

§ 132 [Kündigung eines Gesellschafters]

Die Kündigung eines Gesellschafters kann, wenn die Gesellschaft für unbestimmte Zeit eingegangen ist, nur für den Schluß eines Geschäftsjahrs erfolgen; sie muß mindestens sechs Monate vor diesem Zeitpunkt stattfinden.

Übersicht	Rdn.			Rdn.
A. Normzweck	1	II.	Kündigungserklärung	3
B. Tatbestand	2	III.	Kündigungsfrist	8
I. Für unbestimmte Zeit eingegangene		C.	Rechtsfolgen	10
Gesellschaft	2	D.	Abweichende Vereinbarungen	13

A. Normzweck

1 Die Vorschrift ist im Wortlaut durch das HRefG unberührt geblieben. Sie regelt den Fall der ordentlichen Kündigung (GroßkommHGB/*Schäfer* § 132 Rn. 1) der auf unbestimmte Zeit eingegangenen OHG und KG. Termin und Frist sollen einerseits eine jederzeitige Kündigung, andererseits eine überlange Bindung verhindern. Die Vorschrift modifiziert § 723 Abs. 1 BGB, der eine jederzeitige Kündigung vorsieht (MüKo HGB/*K. Schmidt* § 132 Rn. 2).

B. Tatbestand

I. Für unbestimmte Zeit eingegangene Gesellschaft

2 Eine Gesellschaft ist auf unbestimmte Zeit eingegangen, wenn sie weder einen festen Endtermin hat noch eine Mindestdauer, die etwa kalendermäßig bestimmt sein könnte oder durch den Gesellschaftszweck bedingt (BGHZ 50, 316, 321 f.; BGH NJW 1953, 1217; WM 1967, 315, 316; NJW 1985, 1693; OLG Karlsruhe NZG 2000, 304). Letzteres ist etwa nicht der Fall, wenn die Dauer (allein) von den Entschließungen der Gesellschafter abhängig ist (BGH NJW 1992, 2696). Wie § 134 HGB entnommen werden kann, stehen die für die Lebenszeit eingegangene Gesellschaft und die nach dem Ablauf der für ihre Dauer stillschweigend fortgesetzten Gesellschaft der auf unbestimmte Zeit eingegangen Gesellschaft gleich.

II. Kündigungserklärung

3 Die Kündigungserklärung ist **einseitige empfangsbedürftige Willenserklärung**. Sie steht jedem Gesellschafter zu, der nicht wirksam für eine Mindestdauer gebunden ist (MüKo HGB/*K. Schmidt* § 132 Rn. 13). Sie kann auch durch einen Vertreter ausgesprochen werden (RG JW 1929, 368, 369). § 174 BGB gilt, die Zurückweisung nur eines Empfängers ist ausreichend (GroßkommHGB/*Schäfer*, § 132 Rn. 14). **Adressat** sind die sämtlichen weiteren Gesellschafter, nicht also die Gesellschaft selbst. Entsprechend wird eine dieser gegenüber abgegebene Erklärung erst mit Kenntnis (auch) der übrigen Gesellschafter wirksam (BGH NJW 1993, 1002). Bis zum Zugang beim letzten Gesellschafter kann daher die Kündigung nach § 130 BGB widerrufen werden (vgl. *OLG Zweibrücken* NZG 1998, 939). Der kündigende Gesellschafter ist an die Kündigung gebunden. Die Wirkungen einer wirksamen Kündigung können von den übrigen Gesellschaftern nicht durch Mehrheitsbeschluss abgeändert oder beseitigt werden (BGHZ 48, 251, 253).

4 Sie ist, höhere Anforderungen können im Gesellschaftsvertrag vereinbart werden (vgl. *LG Cottbus*, NZG 2002, 375), **formfrei** möglich. Wird die Form nicht gewahrt, ist im Zweifel Unwirksamkeit anzunehmen, § 125 Satz 2 BGB.

Die Kündigungserklärung als Gestaltungsgeschäft muss bestimmt und eindeutig sein, d. h. der eindeutige Wille, sich zu lösen, muss erkennbar sein (BGH NJW 1993, 1002; RGZ 89, 398, 399 f.). 5

Eine **bedingte Kündigung** ist dann zulässig, wenn hierdurch für die übrigen Gesellschafter keine unzumutbare Ungewissheit entsteht (vgl. BGH NJW 1986, 2245), etwa wenn eine Potestativbedingung vorliegt (E/B/J/S/*Lorz* § 132 Rn. 7) oder die Kündigung erst ab einem den Mitgesellschaftern bekannten Bedingungseintritt gelten soll (OGH NJW 1950, 503, 504). Typischerweise ist eine Kündigung in der Auflösungsklage gem. § 133 HGB (MüKo HGB/*K. Schmidt* § 132 Rn. 18), nicht aber in der Übernahmeklage gem. § 140 Abs. 1 Satz 2 HGB enthalten (BGH BB 1953, 336). 6

Zu Fragen des **Schutzes Minderjähriger** (E/B/J/S/*Lorz* § 132 Rn. 10 f.). 7

III. Kündigungsfrist

Die Kündigungsfrist bei der auf unbestimmte Zeit eingegangenen Gesellschaft beträgt 6 Monate zum Ende des Geschäftsjahres. Sie ist auch ohne Vollzug ab Abschluss des Gesellschaftsvertrages an möglich (BGH WM 1995, 1277). Eine verspätet zugegangene Erklärung wirkt in der Regel auf den nächstmöglichen Zeitpunkt (E/B/J/S/*Lorz*, § 132 Rn. 14). Sie kann aber natürlich auch als wirksame Kündigung betrachtet werden, wobei bloßes Schweigen nicht ausreichend sein dürfte (Baumbach/Hopt/*Roth* § 132 Rn. 4). Allerdings kann sich aus der gesellschaftsrechtlichen Treuepflicht ergeben, den (verspätet) Kündigenden hierauf zur Vermeidung von Schäden hinzuweisen (E/B/J/S/*Lorz* § 132 Rn. 14; Schlegelberger/*K. Schmidt* § 132 Rn. 12). 8

Eine zur Unzeit erklärte Kündigung ist wirksam, kann unter Umständen jedoch zum **Schadensersatz** verpflichten (vgl. BGH NJW 1954, 106). 9

C. Rechtsfolgen

Die Kündigung führt nach § 131 Abs. 3 Nr. 3 zum **Ausscheiden des kündigenden Gesellschafters** mit Ablauf der Kündigungsfrist. Die Gesellschaft wird von den verbleibenden Gesellschaftern fortgesetzt. Der ausscheidende Gesellschafter ist abzufinden. 10

Ist eine ausgesprochene Kündigung **rechtsmissbräuchlich** (dazu BGH vom 14.11.1953 – II ZR 232/52, LM HGB § 132 Nr. 2; BGH vom 20.12.1956 – II ZR 166/55, BGHZ 23, 10, 16; DB 1977, 1403, 1404), so ist sie unwirksam (OGH NJW 1950, 503). Dabei ist die Frage der Rechtsmissbräuchlichkeit im Hinblick auf die Regelung in § 723 Abs. 3 BGB mit Zurückhaltung zu prüfen (MüKo BGB/*Schäfer* § 723 Rn. 60). Nicht ausreichend für die Annahme von Rechtsmissbräuchlichkeit sind das Fehlen eines Kündigungsgrundes oder das Ansinnen, die Fortsetzung der Gesellschaft zu geänderten Bedingungen zu erreichen (BGH DB 1977, 1403, 1404). 11

In dem Fall der missbräuchlichen Ausübung des Kündigungsrechts kann sich aus § 723 Abs. 2 Satz 2 BGB eine Verpflichtung zum Schadensersatz ergeben (Schlegelberger/*K. Schmidt* § 132 Rn. 20; E/B/J/S/*Lorz* § 132 Rn. 20). 12

D. Abweichende Vereinbarungen

Das Kündigungsrecht als solches kann nicht ausgeschlossen, wohl aber – in Grenzen – erleichtert oder erschwert werden. 13

Erleichterungen sind sowohl betreffend Termin und Frist möglich. Zu beachten ist lediglich die Regelung in § 723 Abs. 2 BGB. 14

Erschwerungen sind nur in engeren Grenzen möglich. Unzulässig sind Vereinbarungen, die auf einen Ausschluss des Kündigungsrechts entgegen § 723 Abs. 3 BGB hinauslaufen (BGHZ 23, 10, 16). Als unbedenklich dürften Regelungen gelten, wonach die Kündigungsfrist angemessen verlängert oder für eine (beschränkte) Anfangszeit (etwa 2 Jahre) ausgeschlossen wird (Baumbach/Hopt/*Roth* § 131 Rn. 9). Die Rechtsprechung war früher generös (BGH WM 1967, 315, 316: 30 Jahre). Richtigerweise ist die Grenze nicht allein in zeitlicher Hinsicht, sondern unter Berück- 15

§ 133 HGB Auflösung durch gerichtliche Entscheidung

sichtigung auch der sonstigen Regelungen, etwa weiterer einschränkender Umstände oder aber auch alternativer Möglichkeiten wie der Auflösungsklage oder des Austrittsrechts aus wichtigem Grund, zu bewerten (RGZ 156, 129, 135; E/B/J/S/*Lorz* § 132 Rn. 25). Das Gebot des Ausschlusses unbotmäßiger Kündigungserschwerungen gilt auch bei ansonsten frei eingeräumtem Kündigungsrecht (BGH NJW 1994, 2536; s. aber auch OLG München NZG 2001, 662 f.). Kritisch in dieser Hinsicht sind insbesondere Abfindung-, Abtretungs- und Umwandlungsklauseln (Baumbach/Hopt/*Roth* § 132 Rn. 12; MüKo BGB/*Schäfer* § 723 Rn. 71 ff.). Unzulässig sind auch solche Kündigungsbeschränkungen, die die Gesellschafter ungleich behandeln (MüKo HGB/*K. Schmidt* § 132 Rn. 28).

16 Rechtsfolge unzulässiger Kündigungserschwerungen ist typischerweise nicht die Unwirksamkeit des gesamten Gesellschaftsvertrages, sondern bloß der einzelnen erschwerenden Regelung. Es ist dann – im Wege ergänzender Vertragsauslegung – und auf die Umstände des Einzelfalls abstellend weiter zu prüfen, ob nicht eine (noch) zulässige Erschwerung gelten soll (vgl. BGHZ 49, 364; BGH NJW 1994, 2886, 2888). Ansonsten tritt an die Stelle der unwirksamen Bestimmung die Regelung des § 132 HGB.

§ 133 [Auflösung durch gerichtliche Entscheidung]

(1) Auf Antrag eines Gesellschafters kann die Auflösung der Gesellschaft vor dem Ablaufe der für ihre Dauer bestimmten Zeit oder bei einer für unbestimmte Zeit eingegangenen Gesellschaft ohne Kündigung durch gerichtliche Entscheidung ausgesprochen werden, wenn ein wichtiger Grund vorliegt.

(2) Ein solcher Grund ist insbesondere vorhanden, wenn ein anderer Gesellschafter eine ihm nach dem Gesellschaftsvertrag obliegende wesentliche Verpflichtung vorsätzlich oder aus grober Fahrlässigkeit verletzt oder wenn die Erfüllung einer solchen Verpflichtung unmöglich wird.

(3) Eine Vereinbarung, durch welche das Recht des Gesellschafters, die Auflösung der Gesellschaft zu verlangen, ausgeschlossen oder diesen Vorschriften zuwider beschränkt wird, ist nichtig.

Übersicht	Rdn.		Rdn.
A. Normzweck	1	D. Die Auflösungsklage	8
B. Anwendungsbereich	2	I. Zuständigkeit	8
C. Tatbestand	3	II. Antrag	9
I. Wichtiger Grund für die Auflösung	3	III. Parteien	10
II. Beispielsfälle des Abs. 2	5	IV. Urteil	12
III. Verzicht, Verwirkung und Billigung	7	E. Abweichende Vereinbarungen	13

A. Normzweck

1 Die Vorschrift regelt die (fristlose) Auflösung der Gesellschaft aus wichtigem Grund. Sie ist durch das HRefG vom 22.06.1998 unberührt geblieben. Neben der **Auflösungskündigung**, die durch Klage eines jeden Gesellschafters geltend gemacht werden kann, gibt es die sog. **Austrittskündigung**. Letzteres Institut ist für die Publikumsgesellschaft von der Rechtsprechung (BGHZ 85, 350, 361) und der Literatur (vgl. GroßkommHGB/*Schäfer* § 133 Rn. 3) anerkannt (vgl. dazu auch Anhang 2 zum HGB Rdn. 127 ff.). Eine generelle Ausweitung auf ein allgemeines Austrittsrecht hat sich bislang nicht durchsetzen können (zu der Frage, wie dieses durchzusetzen wäre, vgl. auch Baumbach/Hopt/*Roth* § 133 Rn. 1 m. w. N.).

B. Anwendungsbereich

2 § 133 HGB gilt für die **OHG** und die **KG** (§ 161 Abs. 2 HGB). Anwendbar ist die Vorschrift auch auf die **fehlerhafte Gesellschaft** (E/B/J/S/*Lorz* § 133 Rn. 3). Die Fehlerhaftigkeit ist dabei wichtiger Grund für die Auflösungsklage (BGH NJW 1960, 625; WM 1957, 1406). In zeitlicher Hinsicht ist

die Vorschrift wohl ab Geschäftsbeginn (GroßkommHGB/*Schäfer* § 133 Rn. 8) anwendbar (vgl. die missverständliche Formulierung in BGH WM 1957, 1406, 1407: ab Vertragsschluss). Nicht mehr möglich (nach a. A. fehlt nur das Rechtsschutzbedürfnis, vgl. GroßkommHGB/*Schäfer* § 133 Rn. 9) ist die Auflösungsklage, wenn die Gesellschaft aus anderen Gründen aufgelöst (E/B/J/S/*Lorz* § 133 Rn. 3) oder gar vollbeendet (BGH NJW 1979, 765) ist.

C. Tatbestand

I. Wichtiger Grund für die Auflösung

Ein wichtiger Grund liegt vor, vgl. die Legaldefinition in § 314 Abs. 1 Satz 2 BGB, wenn zumindest einem Teil der Gesellschafter die Fortsetzung der Gesellschaft **unzumutbar** ist, weil das Vertrauensverhältnis zwischen den Gesellschaftern nachhaltig zerstört oder ein sinnvolles oder gedeihliches Zusammenarbeiten in der Gesellschaft aus sonstigen, insbesondere auch wirtschaftlichen Gründen, nicht mehr möglich ist (BGH NJW 1952, 461; NJW 1996, 2573). Erforderlich ist in jedem Fall eine **umfassende Interessenabwägung** (BGHZ 84, 382). Als einzustellende Gesichtspunkte in der Rechtsprechung anerkannt sind die bisherige Dauer (BGH DB 1977, 87, 88), die Zeit bis zur nächstmöglichen ordentlichen Kündigungsmöglichkeit (BGH WM 1976, 1030, 1032), die Stellung des Kündigenden in und zur Gesellschaft (BGHZ 84, 379, 382; NJW 1996, 2573). 3

Zu wahren ist in jedem Fall der **Grundsatz der Verhältnismäßigkeit**, sodass ein wichtiger Grund nicht angenommen werden kann, wenn die Auflösung durch weniger einschneidende Mittel vermieden werden kann (BGHZ 69, 160, 169; 80, 346, 348 f.). Anerkannt ist in diesem Zusammenhang etwa die Entziehung der Geschäftsführungs- und Vertretungsbefugnis (BGHZ 4, 108, 111 ff.). Allerdings braucht sich der Kündigungswillige nicht auf einen Austritt aus wichtigem Grund verweisen zu lassen, falls ein solcher gerechtfertigt wäre, wenn dieser für ihn mit nicht unerheblichen Einbußen verbunden wäre (Baumbach/Hopt/*Roth* § 133 Rn. 6). Maßgeblich ist der Zeitpunkt der letzten mündlichen Tatsachenverhandlung (BGH NJW 1998, 146). 4

II. Beispielsfälle des Abs. 2

Typische Beispielsfälle für eine Verletzung von nach dem Gesellschaftsvertrag wesentlichen Verpflichtungen sind **schwere Krankheiten**, wegen derer den Verpflichtungen nach dem Gesellschaftsvertrag nicht mehr nachgekommen werden kann (RGZ 105, 376, 377; BGH BB 1952, 649), der **finanzielle Zusammenbruch** (RG LZ 1914, 1936) oder **Strafhaft** (OGH NJW 1950, 184). Ein Verschulden ist nicht erforderlich (E/B/J/S/*Lorz* § 133 Rn. 10), es wiegt jedoch schwerer, macht die Pflichtverletzung vorwerfbarer (BGH WM 1977, 500, 502). Unter Umständen kann auch schon der (allerdings schwerwiegende) Verdacht eines Verstoßes gegen wesentliche Pflichten einen wichtigen Grund begründen (BGHZ 31, 295, 304). 5

Auch nicht gesellschafterbezogene Gründe können die Auflösung der Gesellschaft rechtfertigen, so etwa die **Fehlerhaftigkeit des Gesellschaftsvertrages** (BGHZ 3, 285; 47, 293, 300, str., vgl. MüKo HGB/*K. Schmidt* § 133 Rn. 15), die **Unerreichbarkeit des Gesellschaftszwecks** (BGHZ 69, 160, 162). Ein Anwendungsfall der Unerreichbarkeit des Gesellschaftszweckes ist die dauernde Unrentabilität (BGH NJW 1960, 434). 6

III. Verzicht, Verwirkung und Billigung

Auf die Ausübung des (entstandenen) Auflösungsrechts kann verzichtet werden (RGZ 89, 91). Das lange Zuwarten mit der Auflösungsklage kann unter Umständen einen Verzicht bedeuten (RG JW 38, 2213; RGZ 153, 274, 280; BGH WM 1959, 134). Verwirkung wird ebenfalls für möglich gehalten (RG JW 1935, 2490, 2491; BGH NJW 1966, 2160), wenn ein Vertrauen darauf begründet werden konnte, dass das Kündigungsrecht nicht mehr ausgeübt werden würde. Liegt weiter gehend sogar eine Billigung oder Verzeihung vor, so ist davon auszugehen, dass der wichtige Grund entkräftet wird. 7

D. Die Auflösungsklage

I. Zuständigkeit

8   Das Auflösungsrecht ist durch Klage (oder im Wege der Widerklage, etwa durch einen Gesellschafter, der ausgeschlossen werden soll) geltend zu machen. Die **sachliche Zuständigkeit** richtet sich nach § 71 GVG, die **örtliche Zuständigkeit** nach allgemeinen Regeln (etwa §§ 22, 17 und 29 ZPO und den allgemeinen Gerichtsständen der beklagten Gesellschafter), die funktionale Zuständigkeit nach § 95 Abs. 1 Nr. 4a GVG, Kammer für Handelssachen.

II. Antrag

9   Der Klageantrag ist auf den Ausspruch der **Auflösung der Gesellschaft** zu richten (GroßkommHGB/*Schäfer* § 133 Rn. 54). Eine Verbindung von Haupt- und Hilfsanträgen ist denkbar (MüKo HGB/*K. Schmidt* § 133 Rn. 52). Ein auf Auflösung gerichtetes Vorgehen mittels einer **einstweiligen Verfügung** ist wegen des Verbots der Vorwegnahme der Hauptsache nicht möglich, eine angestrebte Sicherung muss anderweitig, etwa durch einstweilige Übertragung der Geschäftsführung und Vertretung (sogar auf einen gesellschaftsfremden Dritten) vorgenommen werden (BGHZ 33, 105, 110).

III. Parteien

10 **Klagebefugt** ist jeder Gesellschafter. Dritte sind nicht klagebefugt (BGHZ 2, 253, 254), also weder der Treugeber noch der Nießbraucher oder ein Unterbeteiligter (MüKo HGB/*K. Schmidt* § 133 Rn. 45). Nicht klagebefugt ist auch der ausgeschiedene Gesellschafter (RG JW 1917, 360 f.). Das Ausscheiden eines Gesellschafters während des Prozesses macht die Klage unbegründet (RGZ 89, 333, 336). Vorzugehen ist dann nicht nach § 265 ZPO, sondern nach den Regeln über den Parteiwechsel (vgl. E/B/J/S/*Lorz* § 133 Rn. 30). Der Nachlassverwalter nimmt nur Vermögensrechte wahr, kann also nicht klagen (BGHZ 47, 293, 295 ff.; NJW 1984, 2104; vgl. BayObLG NJW-RR 1991, 361, 362). Die Kläger sind **notwendige Streitgenossen** (BGHZ 30, 195, 197).

11 **Richtige Beklagte** sind im Grundsatz sämtliche Mitgesellschafter (BGH ZIP 1997, 1919). Sie sind ebenfalls **notwendige Streitgenossen** (BGH ZIP 2002, 710, 711). Ausgenommen sind nach h. M. diejenigen Mitgesellschafter, die sich verbindlich mit der Auflösung einverstanden erklärt haben (BGHZ 68, 81, 82; BGH ZIP 1997, 1919; zur a. A. MüKo HGB/*K. Schmidt* § 133 Rn. 48). Scheidet ein beklagter Gesellschafter aus der Gesellschaft aus, wird die Klage gegen ihn unzulässig, sie ist klägerseits gem. § 91a ZPO für erledigt zu erklären.

IV. Urteil

12 Wird die Klage nicht abgewiesen lautet das Urteil auf Auflösung der Gesellschaft. Mit Rechtskraft des Urteils tritt die Auflösung der Gesellschaft ein (RGZ 123, 153). Ein Ermessen steht dem Gericht trotz des missverständlichen Wortlauts »kann« nicht zu (RGZ 122, 312, 314).

E. Abweichende Vereinbarungen

13 Gem. Abs. 3 sind ausschließende oder beschränkende Abreden betreffend das Auflösungsrecht **nichtig**.

14 Nicht ausgeschlossen sind damit Abreden zur **Erleichterung** und Erweiterung des Auflösungsrechts. So sind Abreden über das Vorliegen eines wichtigen Grundes, etwa die Statuierung von Krankheit oder Abwesenheit über längeren Zeitraum als wichtiger Grund, möglich (RG JW 1938, 2752, 2753). Abreden betreffend die Erleichterung des Verfahrens sind ebenfalls möglich, so die Regelung einer auf die Auflösung gerichteten Kündigung statt einer Klage (BGHZ 31, 295, 300) oder die Vereinbarung einer Schiedsklausel (BayObLG WM 1984, 809 f.).

Soweit **Erschwerungen** oder Beschränkungen betroffen sind, muss differenziert werden. Abreden über die Annahme eines wichtigen Grundes sind (erst) dann nichtig, wenn das Auflösungsrecht unzumutbar eingeschränkt oder gar ausgeschlossen wird (vgl. RG Recht 1924, Nr. 661; RG JW 1938, 521, 522 f.). In verfahrenstechnischer Hinsicht ist dies nur in Abhängigkeit vom Einzelfall zu beurteilen. Als (noch) zulässig erachtet wird etwa die Regelung, wonach ein die Auflösungsklage erhebender Gesellschafter automatisch aus der Gesellschaft ausscheidet, wenn er im Gegenzug angemessen abgefunden wird (vgl. MüKo HGB/*K. Schmidt* § 133 Rn. 71 m. w. N.). 15

Unzulässig sind der Ausschluss des Auflösungsrechts auf bestimmte Zeit, die Abhängigkeit von sonstigen Ereignissen wie etwa der Zustimmung eines Mitgesellschafters oder eines Dritten (RG JR 1926 Nr. 1266) und (erst recht) die kompensationslose Streichung des Auflösungsrechts. 16

§ 134 [Gesellschaft auf Lebenszeit; fortgesetzte Gesellschaft]

Eine Gesellschaft, die für die Lebenszeit eines Gesellschafters eingegangen ist oder nach dem Ablaufe der für ihre Dauer bestimmten Zeit stillschweigend fortgesetzt wird, steht im Sinne der Vorschriften der §§ 132 und 133 einer für unbestimmte Zeit eingegangenen Gesellschaft gleich.

Übersicht	Rdn.		Rdn.
A. Normzweck	1	1. Voraussetzungen	2
B. Tatbestand	2	2. Rechtsfolge	3
I. Gesellschaft auf Lebenszeit	2	II. Stillschweigend fortgesetzte Gesellschaft	4

A. Normzweck

Die Vorschrift entspricht derjenigen des § 724 BGB für die OHG und KG. Die Gesellschafter werden vor unüberschaubaren Bindungen geschützt (BGH WM 1967, 315). In der ersten Alternative ist die Regelung zwingend, in der zweiten Alternative eine bloße Auslegungsregel (GroßkommHGB/*Schäfer* § 134 Rn. 2). 1

B. Tatbestand

I. Gesellschaft auf Lebenszeit

1. Voraussetzungen

Die Gesellschaft muss **ausdrücklich** auf die Lebenszeit (mindestens) eines Gesellschafters eingegangen sein (RGZ 156, 129, 136). Nach h. M. ist es nicht ausreichend, wenn die Gesellschaft auf eine feste Dauer abgeschlossen worden ist, die voraussichtlich die Lebensdauer (mindestens) eines Gesellschafters übersteigt (E/B/J/S/*Lorz* § 134 Rn. 4). Ist das Kündigungsrecht nur eines Gesellschafters ausgeschlossen, soll dies nach h. M. ausreichend sein (RGZ 156, 129, 136), ohne dass dies praktische Auswirkungen hätte (GroßkommHGB/*Schäfer* § 134 Rn. 5). Ist die Gesellschaft nicht auf die Lebenszeit einer natürlichen sondern einer juristischen Person abgeschlossen, so liegt ein Fall des § 131 Abs. 1 Nr. 1 HGB oder des § 132 HGB vor, je nachdem, ob betreffend die Gesellschafter-Gesellschaft von einem Eingang auf bestimmte Zeit ausgegangen werden kann oder nicht (BGHZ 50, 316, 321 ff.). 2

2. Rechtsfolge

Die in § 134 HGB angeordnete Gleichstellung der auf Lebenszeit abgeschlossenen Gesellschaft mit der auf unbestimmte Zeit eingegangenen Gesellschaft stellt diese sowohl in Hinsicht auf § 132 HGB als auch in Hinsicht auf § 133 HGB gleich, eröffnet also Kündigungsmöglichkeit und Auflösungsrecht. Das ordentliche Kündigungsrecht steht jedem unzulässig gebundenen Gesellschafter zu, nicht nur demjenigen, auf dessen Lebenszeit die Gesellschaft eingegangen wurde (MüKo HGB/*K. Schmidt* § 133 Rn. 15). Als Alternative soll bei erkennbarem Parteiwillen auch die Umdeutung oder 3

§ 135 HGB Kündigung durch den Privatgläubiger

Auslegung in eine Gesellschaft von (noch) zulässiger Dauer möglich sein (BGH NJW 1994, 2886, 2888).

II. Stillschweigend fortgesetzte Gesellschaft

4   Erforderlich ist eine stillschweigende Fortsetzung auf unbestimmte Zeit. Verständigen sich die Gesellschafter hierauf ausdrücklich, so dürfte § 134 HGB entsprechend gelten (GroßkommHGB/Schäfer § 134 Rn. 10; a. A. E/B/J/S/*Lorz* § 134 Rn. 8: direkte Anwendung der §§ 132, 133 HGB). Bei Fortsetzung auf bestimmte Zeit (egal ob stillschweigend oder ausdrücklich) ist § 134 HGB nicht anwendbar (Baumbach/Hopt/*Roth* § 134 Rn. 5).

§ 135 [Kündigung durch den Privatgläubiger]

Hat ein Privatgläubiger eines Gesellschafters, nachdem innerhalb der letzten sechs Monate eine Zwangsvollstreckung in das bewegliche Vermögen des Gesellschafters ohne Erfolg versucht ist, auf Grund eines nicht bloß vorläufig vollstreckbaren Schuldtitels die Pfändung und Überweisung des Anspruchs auf dasjenige erwirkt, was dem Gesellschafter bei der Auseinandersetzung zukommt, so kann er die Gesellschaft ohne Rücksicht darauf, ob sie für bestimmte oder unbestimmte Zeit eingegangen ist, sechs Monate vor dem Ende des Geschäftsjahrs für diesen Zeitpunkt kündigen.

Übersicht	Rdn.			Rdn.
A. Normzweck	1		4. Pfändung	6
B. Tatbestand	3	II.	Kündigung	9
I. Kündigungsvoraussetzungen	3	C.	Rechtsfolgen	10
1. Gläubiger	3	D.	Verpfändung des Anteils	14
2. Titel	4	I.	Verpfändbarkeit	14
3. Erfolglose Zwangsvollstreckung	5	II.	Rechtsstellung des Pfandgläubigers	16

A. Normzweck

1   Die Vorschrift räumt dem Privatgläubiger eines Gesellschafters die Möglichkeit ein, auf den Gesellschaftsanteil als solchen zuzugreifen. Der **Zugriff auf das Gesellschaftsvermögen** als solches ist ihm während des Bestehens der Gesellschaft versagt. Der Gläubiger kann zum einen die selbstständig abtretbaren Ansprüche, so die Gewinnansprüche (§ 717 Abs. 2 BGB), Ansprüche aus § 110 HGB und auch diejenigen Ansprüche auf das Auseinandersetzungsguthaben pfänden, §§ 828 ff. ZPO. Er kann aber auch den Gesellschaftsanteil an solchen pfänden, § 859 ZPO, die vorerwähnten Ansprüche (im Gegensatz zu Verwaltungs- und Auskunftsrechten) werden dann mit umfasst (BGH NJW 1986, 1991; NJW 1992, 830). Allerdings wird der Gläubiger durch die Pfändung des Gesellschaftsanteils nicht Inhaber der Verwaltungsrechte des Gesellschafters, er benötigt daher für den zeitnahen Zugriff auf den Anteilswert das Kündigungsrecht des § 135 HGB.

2   Die Gläubigerkündigung führt seit dem HRefG vom 22.06.1998 dazu, dass der Schuldner-Gesellschafter ausscheidet (§ 131 Abs. 3 Nr. 4 HGB), die Gesellschaft wird nicht mehr aufgelöst. Die Vorschrift ist anwendbar auf OHG und KG.

B. Tatbestand

I. Kündigungsvoraussetzungen

1. Gläubiger

3   Die Vorschrift gilt nur für **Einzelgläubiger** eines Gesellschafters, nicht für Gesellschaftsgläubiger (GroßkommHGB/*Schäfer* § 135 Rn. 3), auch nicht auf dem Umweg über § 128 HGB (E/B/J/S/*Lorz* § 135 Rn. 4). Mitgesellschafter sind dann Privatgläubiger, wenn der Anspruch nicht auf dem Gesellschaftsverhältnis, sondern auf einem echten Drittgeschäft beruht. Die Vorschrift ist nicht

anwendbar auf den Insolvenzverwalter (dieser braucht wegen § 131 Abs. 3 Nr. 2 HGB kein Kündigungsrecht), wohl aber nach h. M. auf den Nachlassverwalter (BayObLG NJW-RR 1991, 361, 362; a. A. MüKo HGB/*K. Schmidt* § 135 Rn. 5) und den Nachlassinsolvenzverwalter (BGHZ 91, 1323, 135 f.).

2. Titel

Dem Wortlaut folgend ist für die Kündigung (anders für die Pfändung, vgl. *Stöber* Forderungspfändung, Rn. 1582) ein nur vorläufig vollstreckbarer Titel nicht ausreichend. Erforderlich ist ein **rechtskräftiger Titel**, nicht ausreichend sind also auch ein noch angreifbarer Vollstreckungsbescheid (§§ 699 ff. ZPO), ein Arrest (§ 922 ZPO) und ein (bloßes) Vorbehaltsurteil (LG Lübeck NJW-RR 1986, 836, 837). Dabei ist es nicht erforderlich, dass der Titel bei Vollstreckung rechtskräftig ist; es kommt nur darauf an, dass der Gläubiger die Gesellschaft kündigen kann, wenn der Pfändungs- und Überweisungsbeschluss im Kündigungszeitpunkt auf einem rechtskräftigen Schuldtitel beruht und nicht früher als 6 Monate, bevor das der Fall ist, erfolglos die Zwangsvollstreckung ins bewegliche Vermögen des Gesellschafters versucht worden ist (BGH NJW 1982, 2773; vgl. auch OLG Düsseldorf ZIP 1981, 1210, 1212).

3. Erfolglose Zwangsvollstreckung

Es muss der Nachweis einer **innerhalb der letzten 6 Monate** erfolglos (nicht komplett erfolgreich) durchgeführten Zwangsvollstreckung wegen einer Geldforderung in das bewegliche Vermögen geführt werden. Er ist durch das Pfändungsprotokoll des Gerichtsvollziehers zu erbringen. Unerheblich ist, ob der kündigende Gläubiger oder ein anderer Gläubiger den Versuch unternommen hat (MüKo HGB/*K. Schmidt* § 135 Rn. 19), ebenso wie, ob sämtliche Vollstreckungsmöglichkeiten ausgeschöpft wurden (GroßkommHGB/*Schäfer* § 135 Rn. 10). Nicht komplett erfolgreich ist ein Versuch schon, wenn der gepfändete Gegenstand herausgegeben werden musste oder unpfändbar war.

4. Pfändung

Als verschiedene Zugriffsgegenstände der Pfändung kommen (s. o. Rdn. 1) die Gewinnanteile des Gesellschafters, der Auseinandersetzungsanspruch und der Gesellschaftsanteil selbst in Betracht. Das Kündigungsrecht begründet nach umstrittener Auffassung (vgl. MüKo HGB/*K. Schmidt* § 135 Rn. 9 ff. einerseits und E/B/J/S/*Lorz* § 135 Rn. 11 f. andererseits) jedoch lediglich die Pfändung des Auseinandersetzungsguthabens und des Gesellschaftsanteils als solchem, nicht aber die Pfändung und Überweisung der Gewinnansprüche.

Die Überweisung des Gesellschaftsanteils ist zwar zulässig, begründet aber keine Verwaltungs- und Auskunftsrechte (vgl. BGHZ 116, 222). Die Verwertung erfolgt in der Form der **Kündigung** und des **Einzugs** der von der Pfändung umfassten Forderungen.

Soweit die Pfändung des Gesellschaftsanteils betroffen ist, geht diese ins Leere, soweit vorher eine Abtretung desselben vorgenommen worden ist. Umgekehrt ändert eine nach Pfändung vorgenommene Abtretung des Anteils nichts daran, dass dieser mit dem **Pfändungspfandrecht** belastet ist. Dies gilt auch für die Pfändung der einzeln abtretbaren Ansprüche. Es gilt also das **Prioritätsprinzip**. Anderes gilt jedoch bei der Beurteilung der Abtretung der einzeln abtretbaren Rechte vor Pfändung des Gesellschaftsanteils. Der Rechtsprechung des BGH zu Abfindungs- und Auseinandersetzungsansprüchen folgend handelt es sich um künftige Ansprüche, die erst mit Ausscheiden entstehen, sodass die (unmittelbar wirkende) zwischenzeitliche Pfändung des Anteils vorgeht, der Abtretungsempfänger also die (Einzel-)Ansprüche mit dem (späteren) Pfändungspfandrecht belastet erwirbt (BGHZ 104, 351; WM 1988, 1800). Eine vorgehende Pfändung hindert eine weitere (nachrangige) Pfändung nicht; auch der nachrangige Pfändungsgläubiger hat ein Kündigungsrecht nach § 135 (E/B/J/S/*Lorz* § 135 Rn. 14).

II. Kündigung

9 Die Kündigung ist gegenüber allen weiteren Gesellschaftern unter Einschluss des Schuldners auszusprechen (BGHZ 97, 392, 395). Sie ist eine **einseitige empfangsbedürftige Willenserklärung**, wobei betreffend den Zugang bei den Gesellschaftern gewisse Erleichterungen gelten (BGH NJW 1993, 1002). Auch der Gesellschaftsvertrag kann hier Erleichterungen vorsehen, etwa den Zugang bei der Gesellschaft; bei Publikumsgesellschaften dürfte hiervon ausgegangen werden dürfen (h.L., vgl. GroßkommHGB/*Schäfer* § 135 Rn. 20). § 174 BGB ist analog anwendbar (MüKo HGB/*K. Schmidt* § 135 Rn. 23). Als Gestaltungserklärung bleibt die Kündigung auch nach Befriedigung des kündigenden Gläubigers durch den Schuldner wirksam (BGHZ 30, 195, 201 f.). Die Mitgesellschafter können unter dem Gesichtspunkt der gesellschaftsrechtlichen Treuepflicht jedoch zur Wiederaufnahme des Gesellschafter-Schuldners verpflichtet sein (RGZ 169, 153, 155).

C. Rechtsfolgen

10 Der Gesellschafter **scheidet mit Ablauf des Geschäftsjahres**, für das sie (rechtzeitig) ausgesprochen wurde, aus der Gesellschaft aus; der Anteil wächst den weiteren Gesellschaftern an. Im Fall einer Zweipersonengesellschaft wird mit Übergang der Aktiva und Passiva auf den verbleibenden Gesellschafter die Gesellschaft **vollbeendigt**. Das durch die Pfändung und Überweisung begründete Pfändungspfandrecht setzt sich an den Vermögenspositionen wie etwa dem Abfindungsanspruch fort. Die zur Durchsetzung erforderlichen Informationsrechte stehen dem Gläubiger gegen den Gesellschafter-Schuldner nach § 836 Abs. 3 ZPO zu, gegen die Gesellschaft jedoch wohl nur nach §§ 810, 242 BGB (vgl. E/B/J/S/*Lorz* § 135 Rn. 22), da der Gläubiger nach h.M. nicht in die Stellung des Gesellschafter-Schuldners betreffend die Verwaltungs- und Auskunftsrechte eintritt (BGHZ 116, 222, 229 ff.).

11 Abweichend davon können auch **Erleichterungen** im Gesellschaftsvertrag vorgesehen werden, so etwa kürzere Kündigungsfristen oder die Auflösung der Gesellschaft statt des Ausscheidens des Gesellschafters. **Erschwerungen** zulasten des Gläubigers sind betreffend das Kündigungsrecht nicht möglich, insoweit ist § 135 HGB zwingend, allenfalls betreffend die Rechtsfolgen der Kündigung. Losgelöst davon steht wohl den weiteren Gesellschaftern als auch der Gesellschaft ein Ablösungsrecht analog § 268 BGB zu (MüKo HGB/*K. Schmidt* § 135 Rn. 31, offen gelassen in BGH NJW 1986, 1991), unter ganz besonderen Umständen sogar eine **Befriedigungsverpflichtung** des Gläubigers (vgl. RGZ 169, 153, 157).

12 Soweit die Pfändung des Anspruchs auf das Auseinandersetzungsguthaben betroffen ist, geht diese ins Leere, sofern der Anspruch zuvor abgetreten worden ist. Umgekehrt berührt eine nachfolgende Abtretung die Belastung mit dem Pfändungspfandrecht nicht. Gleiches gilt für das Verhältnis von Pfändung und Abtretung des Gesellschaftsanteils. Zum Verhältnis von Pfändung des Gesellschaftsanteils und Abtretung der (Einzel-)Ansprüche s. o. Rdn. 8.

13 Der Gesellschafter-Schuldner behält während des Abwicklungsverfahrens seine Stellung als Gesellschafter, sodass ihm insbesondere die Auskunfts- und Verwaltungsrechte nach wie vor zustehen, soweit diese nicht die dem Gläubiger für die Rechtsverfolgung zustehenden Rechte konterkarieren. Im Anschluss an die Abwicklung kann der Gläubiger Zahlung des Abfindungsguthabens an sich verlangen.

D. Verpfändung des Anteils

I. Verpfändbarkeit

14 Der Gesellschaftsanteil ist, soweit übertragbar, auch verpfändbar (§ 1274 Abs. 2 BGB). Es entspricht einhelliger Auffassung, dass trotz der Kette § 105 Abs. 3 HGB, §§ 717, 719 BGB Gesellschaftsanteile an Personengesellschaften übertragbar sind (BGH NJW 1981, 2747). Erforderlich ist wegen des höchstpersönlichen Charakters der Mitgliedschaft für die Übertragung als das dingliche Rechtsgeschäft (anders für das Verpflichtungsgeschäft BGH BB 1958, 57) jedoch die **Zulassung im**

Gesellschaftsvertrag oder die **Zustimmung** aller Gesellschafter (BGH NJW 1986, 2431, 2432). Die Übertragung, die Vornahme des Verpflichtungsgeschäfts und die Verpfändung sind **formlos** möglich (auch bei Vorliegen von Grundstücken, BGH NJW 1983, 1110, und GmbH-Anteilen, vgl. E/B/J/S/*Boujong* § 105 Rn. 166).

Die Verpfändung der einzelnen Ansprüche, so des Gewinn-, des Abfindungs- und letztlich des Auseinandersetzungsanspruchs, ist durch Vereinbarung zwischen Gesellschafter und Pfandgläubiger möglich, allerdings **anzeigepflichtig**, § 1280 BGB. Einer Zustimmung bedarf die Verpfändung anders als beim Gesellschaftsanteil nicht; sie kann jedoch im Gesellschaftsvertrag wirksam ausgeschlossen werden. 15

II. Rechtsstellung des Pfandgläubigers

Der Pfandgläubiger wird nicht Gesellschafter und erlangt auch keine Herrschafts- und Verwaltungsbefugnisse (Baumbach/Hopt/*Roth* § 135 Rn. 16). Nachträgliche Verfügungen über den Gesellschaftsanteil werden durch die Verpfändung zwar nicht gehindert, § 1276 BGB ist nicht anwendbar (RGZ 139, 224, 229 f. für die GmbH), sie ändern aber nichts an der Belastung des Anteils mit dem Pfandrecht. 16

§§ 136 bis 138

[weggefallen]

§ 139   [Fortsetzung mit den Erben]

(1) Ist im Gesellschaftsvertrage bestimmt, daß im Falle des Todes eines Gesellschafters die Gesellschaft mit dessen Erben fortgesetzt werden soll, so kann jeder Erbe sein Verbleiben in der Gesellschaft davon abhängig machen, daß ihm unter Belassung des bisherigen Gewinnanteils die Stellung eines Kommanditisten eingeräumt und der auf ihn fallende Teil der Einlage des Erblassers als seine Kommanditeinlage anerkannt wird.

(2) Nehmen die übrigen Gesellschafter einen dahingehenden Antrag des Erben nicht an, so ist dieser befugt, ohne Einhaltung einer Kündigungsfrist sein Ausscheiden aus der Gesellschaft zu erklären.

(3) ¹Die bezeichneten Rechte können von dem Erben nur innerhalb einer Frist von drei Monaten nach dem Zeitpunkt, in welchem er von dem Anfalle der Erbschaft Kenntnis erlangt hat, geltend gemacht werden. ²Auf den Lauf der Frist finden die für die Verjährung geltenden Vorschriften des § 210 des Bürgerlichen Gesetzbuchs entsprechende Anwendung. ³Ist bei dem Ablaufe der drei Monate das Recht zur Ausschlagung der Erbschaft noch nicht verloren, so endigt die Frist nicht vor dem Ablaufe der Ausschlagungsfrist.

(4) Scheidet innerhalb der Frist des Absatzes 3 der Erbe aus der Gesellschaft aus oder wird innerhalb der Frist die Gesellschaft aufgelöst oder dem Erben die Stellung eines Kommanditisten eingeräumt, so haftet er für die bis dahin entstandenen Gesellschaftsschulden nur nach Maßgabe der die Haftung des Erben für die Nachlaßverbindlichkeiten betreffenden Vorschriften des bürgerlichen Rechtes.

(5) Der Gesellschaftsvertrag kann die Anwendung der Vorschriften der Absätze 1 bis 4 nicht ausschließen; es kann jedoch für den Fall, daß der Erbe sein Verbleiben in der Gesellschaft von der Einräumung der Stellung eines Kommanditisten abhängig macht, sein Gewinnanteil anders als der des Erblassers bestimmt werden.

§ 139 HGB Fortsetzung mit den Erben

Übersicht

		Rdn.			Rdn.
A.	Normzweck	1	I.	Übersicht	34
B.	Schicksal des Anteils bei Tod des Gesellschafters	2	II.	Ausübung des Wahlrechts	38
			III.	Einlage	39
C.	Erbrechtliche Nachfolgeklauseln	3	IV.	Haftsumme	40
I.	Allgemeines	3	V.	Ausscheiden des Erben	41
II.	Einfache Nachfolgeklausel	5	VI.	Frist zur Ausübung des Wahlrechts, Abs. 3	42
III.	Qualifizierte Nachfolgeklausel	8			
D.	Eintrittsklauseln und rechtsgeschäftliche Nachfolgeklauseln	12	VII.	Haftung des Erben	43
			1.	Grundsätzliches	43
I.	Eintrittsklausel	12	2.	Haftung während der Schwebezeit	44
II.	Rechtsgeschäftliche Nachfolgeklausel	15	3.	Haftung des Erben als persönlich haftender Gesellschafter	47
E.	Sonderfälle	18			
I.	Vor- und Nacherbfolge	18	4.	Haftung des Erben als Kommanditist	48
II.	Testamentsvollstreckung	22	5.	Haftung bei Ausscheiden des Erben	52
III.	Nachlassverwaltung	29	6.	Haftung bei Auflösung der Gesellschaft	53
IV.	Nachlassinsolvenz	33			
F.	Wahlrecht des Erben	34	VIII.	Abweichende Vereinbarungen	55

A. Normzweck

1 § 139 HGB ist **Schutzvorschrift** zugunsten des Gesellschafter-Erben. Sie betrifft den Fall, dass der Gesellschaftsvertrag in Abweichung von § 131 Abs. 3 Nr. 1 (Ausscheiden) die Fortsetzung der Gesellschaft mit dem Erben vorsieht. Gäbe es die Regelung nicht, könnte der Erbe zur Vermeidung der unbeschränkbaren Haftung nach §§ 128, 130 HGB (vgl. dazu § 128 HGB Rdn. 32 ff.) nur die Erbschaft ausschlagen. Der Vorteil der zivilrechtlichen beschränkten Erbenhaftung (§§ 1975 ff. BGB) wäre genommen (MüKo HGB/*K. Schmidt* § 139 Rn. 5). Der Schutz innerhalb der Entscheidungsfrist des Abs. 3 wird durch das Haftungsprivileg des Abs. 4 (Beschränkungsmöglichkeiten der §§ 1967 ff. BGB) gewährleistet (E/B/J/S/*Lorz* § 139 Rn. 4). § 139 HGB gilt für die OHG und die KG, für Letztere allerdings nur betreffend die Erben des persönlich haftenden Gesellschafters, vgl. § 177 HGB (weiter gehend MüKo HGB/*K. Schmidt* § 139 Rn. 60: auch für unternehmenstragende GbR; zu § 177 HGB vgl. die Kommentierung dort).

B. Schicksal des Anteils bei Tod des Gesellschafters

2 Fehlt jegliche weitere Regelung, scheidet gem. § 131 HGB Abs. 3 Nr. 1 HGB (s. § 131 HGB Rdn. 33 ff.) der Erbe aus der Gesellschaft aus. In den Nachlass des Erben (bei mehreren Erben: in den der Erbengemeinschaft) fällt dann der Abfindungsanspruch als Surrogat des Anteils (MüKo HGB/*K. Schmidt* § 139 Rn. 7).

C. Erbrechtliche Nachfolgeklauseln

I. Allgemeines

3 Der BGH vertritt bei Vorliegen einer Nachfolgeregelung das **Prinzip der Einzelrechtsnachfolge**; der Anteil als der Inbegriff der Rechtsbeziehungen aus dem Gesellschaftsverhältnis zu der Gesellschaft, zu deren Vermögen und zu den übrigen Gesellschaftern fällt dann kraft Erbrechts in den Nachlass (BGH NJW 1986, 2431).

4 Zwar kann eine Erbengemeinschaft nicht Inhaberin eines Anteils an einer nicht aufgelösten Personengesellschaft sein, dies bedeutet jedoch nicht, dass der Anteil nicht Nachlassbestandteil sein kann. Es handelt sich um zu trennende Gesichtspunkte (MüKo HGB/*K. Schmidt* § 139 Rn. 13). Im Fall mehrerer Erben ist die Beteiligung nach heute praktisch geklärter einhelliger Auffassung **Teil des Nachlasses** (seit BGHZ 108, 187), wenn auch in der Form, dass jedes Mitglied der Erbengemeinschaft seiner Quote am Nachlass entsprechend Anteilsinhaber wird. Noch nicht abschließend geklärt ist allerdings die Frage, ob die aus der Beteiligung abzuleitenden und selbstständig übertragbaren

Vermögensrechte, insbesondere des Anspruchs auf das künftige Auseinandersetzungsguthaben, der gesamthänderischen Bindung einer Miterbengemeinschaft unterliegen (vgl. zur Entwicklung BGH NJW 1989, 3152; vgl. außerdem die Rspr. des Gesellschaftsrechtssenats des BGH, BGHZ 91, 132, 136f. und die des Erbrechtssenats, BGHZ 98, 48; BGH NJW 1996, 1284; E/B/J/S/*Lorz* § 139 Rn. 12f.). Auch im Fall einer Regelung, nach der nicht alle Miterben Gesellschafter werden sollen, ist der Übergang auf die bestimmten Gesellschafter unter Ausschluss der übrigen Erben mittlerweile anerkannt (BGHZ 68, 225). Wie die Beispiele zeigen, sind also die unterschiedlichen Regelungskreise des Erbrechts und des Gesellschaftsrechts aufeinander abzustimmen (E/B/J/S/*Lorz* § 139 Rn. 6).

II. Einfache Nachfolgeklausel

Die einfache Nachfolgeklausel führt dazu, dass der Erbe kraft **Universalsukzession** (§ 1922 BGB) in die Stellung des verstorbenen Gesellschafter-Erblassers einrückt, einer besonderen Aufnahme durch die weiteren Gesellschafter bedarf es nicht (BGHZ 55, 267). Die Klausel vermittelt keinen Anspruch auf Eintritt, sodass auch im Fall einer Benennung einer bestimmten Person diese, falls sie nicht Erbe wird, nicht aufgrund der Nachfolgeklausel Gesellschafter werden kann (BGHZ 68, 225). In einem solchen Fall kann aber eine ergänzende Vertragsauslegung der Nachfolgeklausel als **Eintrittsklausel** (dazu unten Rdn. 12ff.) in Betracht kommen (BGH NJW 1978, 264). Bei Auslegungsschwierigkeiten ist im Zweifel von einer Nachfolgeklausel auszugehen, da diese einen automatischen Beitritt des Nachfolgers herbeiführt (BayObLG DB 1980, 2028). Ausgenommen vom Umfang der Rechtsstellung sind allerdings höchstpersönliche Rechte (zu deren im Wege der Auslegung zu ermittelnden Vorliegen vgl. z. B. BGHZ 41, 367). 5

Da der/die Erbe(n) sämtlich bedacht werden, können Ansprüche gegen die Gesellschaft nicht entstehen, allenfalls Ansprüche von Nichterben gegen die (in die Gesellschaft nachfolgenden) Erben selbst (E/B/J/S/*Lorz* § 139 Rn. 9). Die etwa Nichterben geltend gemachten Pflichtteilsansprüche bestimmen sich ungeachtet gesellschaftsvertraglicher Abfindungsregelungen nach dem wahren Wert des Anteils (Baumbach/Hopt/*Roth* § 139 Rn. 13 m. w. N.). 6

Ein **Minderjähriger** wird automatisch aufgrund des Erbrechts ohne vormundschaftsgerichtliche Zustimmung Gesellschafter (BGH BB 1972, 1474). Für den notwendigen Schutz Minderjähriger (vgl. dazu BVerfG NJW 1986, 1859) sorgt nunmehr die Regelung in § 1629a BGB, vgl. dazu § 128 HGB Rdn. 36ff. 7

III. Qualifizierte Nachfolgeklausel

Die sog. qualifizierte Nachfolgeklausel soll dafür Sorge tragen, dass nicht alle Erben, sondern ein einziger (oder einzelne) Erbe(n) Gesellschafter nach dem Tod des Erblasser-Gesellschafters wird bzw. werden. Hintergrund ist typischerweise eine bestimmte Befähigung, ein bestimmtes Alter oder Ähnliches. 8

Auch in diesem Fall erfolgt die **Beteiligung kraft Erbrechts** im Wege der Sonderrechtsnachfolge, nicht im Wege gesellschaftsrechtlichen Erwerbs (MüKo HGB/*K. Schmidt* § 139 Rn. 17). Es ist also unerheblich, ob der Nachfolger nur Erbe zu einem Bruchteil geworden ist (BGHZ 68, 225). In einem solchen Fall würde Nachfolger – ungeachtet der hiermit verbunden grundsätzlichen Schwierigkeiten – nicht die erbrechtlich bestimmte Erbengemeinschaft, sondern der gesellschaftsvertraglich aus den Erben allein zugelassene (Mit-)Erbe. Bei Zulassung mehrerer (Mit-)Erben aus einer Erbengemeinschaft fällt jedem der Anteil entsprechend den gesellschaftsrechtlichen Bestimmungen geteilt zu (BGH NJW 1996, 1284, 1285). 9

Das bezogen auf die erbrechtlichen Regelungen erforderliche Korrektiv in vermögensrechtlicher Hinsicht wird dadurch hergestellt, dass den (gesellschaftsvertraglich) nicht zugelassenen Erben ein **Ausgleichsanspruch** gegen die Nachfolger, nicht aber gegen die Gesellschaft (da die Mitgliedschaft ja ungeschmälert vererbt wird, BGHZ 50, 316, 318) zusteht. Weitere Voraussetzung für das Entstehen eines Anspruchs ist, dass die weichenden Erben weniger und der jeweilige Nachfolger 10 mehr erhalten, als ihnen aufgrund ihrer Erbquote zustehen würde. Der Höhe nach hat sich der Ausgleichsanspruch richtigerweise an den erbrechtlichen Auseinandersetzungsregeln zu bemessen (E/B/J/S/*Lorz* § 139 Rn. 24, vgl. auch BGHZ 22, 186 zu § 242 BGB).

11 Soll der Nachfolger-Erbe nicht mit den Ausgleichsforderungen der nicht zugelassenen Erben belastet werden, ist eine testamentarische (nicht ausreichend: gesellschaftsvertragliche) Regelung sinnvoll, bspw. im Wege eines nicht-anrechnungspflichtigen **Vorausvermächtnisses**, § 2150 BGB oder der **Anordnung einer Unterbeteiligung** am Gesellschaftsanteil (statt Ausgleichszahlung). Ist dergleichen nicht geregelt und besteht eine vom Nachfolger-Erben nicht leistbare Ausgleichsverpflichtung, kann die Kündigung der Gesellschaft zur Verwertung des Anteils erforderlich werden.

D. Eintrittsklauseln und rechtsgeschäftliche Nachfolgeklauseln

I. Eintrittsklausel

12 Eintrittsklauseln sind gesellschaftsrechtliche Nachfolgeklauseln, die dem Nachfolger einen **Anspruch auf Eintritt** in die Gesellschaft nach den Regeln eines echten Vertrags zugunsten Dritter (§ 328 Abs. 1 BGB) verschaffen. Ein Verstoß gegen § 2301 BGB liegt hierin nicht. Das Recht auf Eintritt entsteht (im Zweifel) erst mit dem Tod des Versprechenden. In diesem Zeitpunkt treten ohne Klausel die Wirkungen der § 131 Abs. 3 Nr. 1 HGB, § 738 BGB ein, Anwachsung und Abfindungsrecht der Erben. Die Existenz der Eintrittsklausel führt allerdings keinen Schwebezustand herbei (in diesem Sinne in einem Sonderfall RGZ 170, 99, 108, dagegen aber BGH NJW 1978, 266: Umgestaltung der Rechtslage durch Aufnahme des Eintretenden).

13 Da der Eintritt unter Lebenden vollzogen wird, der Abfindungsanspruch jedoch – grundsätzlich – von den Erben erworben wird, § 738 Abs. 1 Satz 2 BGB, empfiehlt es sich, auch den Abfindungsanspruch dem Begünstigten zukommen zu lassen, entweder im Wege erbrechtlicher (Vorausvermächtnis, Teilungsanordnung und »Einbringung« des Abfindungsanspruchs) oder gesellschaftsrechtlicher Regelungen (Ausschluss, soweit möglich, des Abfindungsanspruchs und Erlass der Einlageleistung), vgl. hierzu insgesamt: GroßkommHGB/*Schäfer* § 139 Rn. 149 f.

14 Der Eintritt wird – je nach Auslegung der Eintrittsklausel – durch **einseitige Erklärung des Eintretenden** oder durch **Eintrittsvertrag** vollzogen. Minderjährige bedürfen dabei der Genehmigung des Vormundschaftsgerichts gem. § 1822 Nr. 3 BGB (E/B/J/S/*Lorz*, § 139 Rn. 39). Durch die Eintrittsklausel kann eine **Pflicht zum Eintritt** nicht begründet werden, es würde sich um einen unzulässige Vertrag zulasten Dritter handeln (BGHZ 68, 225, 231). Wie unter Rdn. 5 bereits ausgeführt, ist im Zweifel von erbrechtlicher Nachfolgeklausel statt von rechtsgeschäftlicher Eintrittsklausel auszugehen (BGHZ 68, 225, 231 ff.; BGH NJW 1978, 264, 265).

II. Rechtsgeschäftliche Nachfolgeklausel

15 In dem Fall einer solchen Klausel soll die Mitgliedschaft durch **vorweggenommenes Verfügungsgeschäft unter Lebenden** auf den Nachfolger übertragen werden. Der Anteil (anders als der Abfindungsanspruch, falls nicht anders geregelt) fällt in einem solchen Fall nicht in den Nachlass (MüKo HGB/*K. Schmidt* § 139 Rn. 23).

16 Eine solche Klausel ist nur unter Lebenden und mit **Zustimmung sämtlicher Beteiligter**, also auch des Nachfolgers, zulässigerweise vereinbar, da andernfalls ein unzulässiger Vertrag zulasten Dritter vorläge (BGHZ 68, 225, 231 ff.). Die Auffassung, dass es sich bei der Übertragung der Mitgliedschaft um eine per Saldo günstige Rechtsposition handele, hat sich der BGH mit der Begründung abgelehnt, dass es keine Typizität, was das Verhältnis von Vorteilen und Nachteilen anbelangt.

17 Auch hier gilt, dass Ansprüche der nicht in die Gesellschaft nachrückenden Pflichtteilsberechtigten gegen den Erben und nachrangig (§ 2329 BGB) gegen den Nachfolger (Beschenkten) zu richten sind.

E. Sonderfälle

I. Vor- und Nacherbfolge

§ 139 HGB gilt auch bei Vor- und Nacherbfolge (Baumbach/Hopt/*Roth* § 139 Rn. 19). Diese ist grundsätzlich bei Personengesellschaften zulässig (BGH NJW 1977, 1540) und dient typischerweise dem Ziel, eine Übergangszeit zu überbrücken (E/B/J/S/*Lorz* § 139 Rn. 56). 18

Im Fall der qualifizierten Nachfolgeklausel müssen Vor- und Nacherbe die erforderlichen Voraussetzungen erfüllen (Baumbach/Hopt/*Roth* § 139 Rn. 19). Erfüllt der Vorerbe die Voraussetzungen für eine Gesellschafternachfolge nicht, so versagt die Nachfolgeklausel mit der Folge, dass die Mitgliedschaft erlischt und allenfalls ein Abfindungsanspruch vorhanden ist, den die Nacherben erben könnten (BGH NJW-RR 1987, 989, 990). Eine im Wege der Vorerbschaft erworbene Mitgliedschaft bleibt trotz des personengesellschaftsrechtlichen Grundsatzes einer einheitlichen Beteiligung (BGHZ 58, 316, 318 m.w.N.) neben einer vorher bereits vorhandenen Beteiligung bestehen (BGH NJW 1984, 362, 363: der Gesellschafter kann schuldrechtlich oder kraft Gesetzes gehindert sein, über Teile seines Anteils frei zu verfügen). 19

Der **Vorerbe** ist wie der Vollerbe während der Dauer der Vorerbschaft **uneingeschränkter Rechteinhaber** (GroßkommHGB/*Schäfer* § 139 Rn. 79). Übt er das Wahlrecht des § 139 HGB zum Kommanditisten aus, so kann der Nacherbe nicht mehr verlangen, persönlich haftender Gesellschafter zu werden, falls er das Wahlrecht nicht ausübt, steht es dem Nacherben (erneut) zu (BGHZ 69, 47, 52). Der **Nacherbe** wird mit Eintritt des Nacherbfalls als Rechtsnachfolger des Erblassers (nicht des Vorerben) Gesellschafter, wenn auch in dem Umfang, in dem sich der Anteil aufgrund der Verwaltung durch den Vorerben befindet (GroßkommHGB/*Schäfer* § 139 Rn. 83). Die dem Vorerben als Nutzung i.S.d. § 2111 Abs. 1 BGB zustehenden Gewinne für die Zeit der Vorerbschaft bleiben diesem, so wie er sie hätte entnehmen können (BGH NJW 1990, 514, 515). 20

Die Beschränkungen der §§ 2113 ff. BGB treffen den Vorerben, nicht aber die Gesellschaft (BGHZ 69, 47, 50). Soweit der Vorerbe betroffen ist, unterliegt er dem Verbot unentgeltlicher Verfügungen (§ 2113 Abs. 2 BGB); erfasst sind im Grundsatz nicht nur Anteilsschenkungen, sondern auch Verfügungen, die den Anteilswert schmälern, ohne dass ihnen eine vollwertige Gegenleistung gegenüber steht (BGH NJW 1984, 366), oder die Zustimmung zu einer Gesellschaftsvertragsänderung, wenn sie lediglich den Nacherben belastend trifft (E/B/J/S/*Lorz* § 139 Rn. 61). 21

II. Testamentsvollstreckung

Unproblematisch ist seit der Entscheidung BGHZ 108, 187 (in der die Frage der Nachlasszugehörigkeit des Anteils geklärt wurde) die sog. **Abwicklungsvollstreckung** (GroßkommHGB/*Schäfer* § 139 Rn. 55). 22

Wird (was selten der Fall sein wird) die Gesellschaft mit dem Tod des Gesellschafters **aufgelöst**, so unterliegen Beteiligung und Abfindungsanspruch der Testamentsvollstreckung (E/B/J/S/*Lorz* § 139 Rn. 63). 23

Im Fall der Fortsetzung unter Ausschluss der Erben (oder falls von einem nach dem Gesellschaftsvertrag zulässigen Eintrittsrecht kein Gebrauch gemacht wird) fällt der – dann nur noch bestehende – Abfindungsanspruch ungeteilt in den Nachlass und wird von der Testamentsvollstreckung erfasst (BGH NJW 1985, 1953, 1954). 24

Im Fall einer Nachfolgeklausel ist zu unterscheiden: Nach h.M. ist die (umfassende) Testamentsvollstreckung an einem OHG- bzw. einem Komplementäranteil nicht möglich (hierzu präziser BGH NJW 1998, 1313, 1314: zulässig, aber beschränkt auf die mit der Gesellschaftsbeteiligung verbundenen Vermögensrechte). Die Verwaltungsvollstreckung setzt zwingend die **Zustimmung der Mitgesellschafter** voraus (BGHZ 108, 187, 191), nur insoweit nicht, als lediglich die »Außenseite« der Beteiligung, die vermögensrechtlichen Ansprüche betroffen sind (E/B/J/S/*Lorz* § 139 Rn. 73). 25

26 Die Testamentsvollstreckung an einem **Kommanditanteil** ist zulässig (vgl. nur GroßkommHGB/*Schäfer* § 139 Rn. 58 m.w.N.; MüKo HGB/*K. Schmidt* § 139 Rn. 47 ff.). Die Gründe liegen nach mittlerweile h.M. jedenfalls noch in den unterschiedlichen Haftungssystemen, so der Möglichkeit des Erben, die aus den Handlungen des Testamentsvollstreckers resultierenden Verbindlichkeiten per Beantragung der Nachlassinsolvenz auf den Nachlass zu beschränken (E/B/J/S/*Lorz* § 139 Rn. 67). Da der vorgenannte Grund einer Versagung der Testamentsvollstreckung auf den Anteil als solchen bei einem Kommanditanteil nicht eingreift, sprechen hier keine Gründe gegen eine wirksame (umfassende) Anordnung (BGHZ 108, 187), sie ist also wirksam. Erforderlich ist jedoch auch in diesem Fall die **Zustimmung aller Gesellschafter** (BGH NJW 1985, 1953, 1954), die etwa bei einer Publikums-KG in der freien Verfügbarkeit der Anteile liegen kann (E/B/J/S/*Lorz* § 139 Rn. 83). Die Zuständigkeit des Testamentsvollstreckers kann so weit reichen, dass sogar ein Eingriff in den Kernbereich möglich ist (für die Zulässigkeit der Zustimmung zur Umwandlung der KG in eine Aktiengesellschaft: LG Mannheim NZG 1999, 824). Verbindlichkeiten kann der Testamentsvollstrecker nur für den Nachlass begründen, § 2206 BGB (also nach überwiegender Ansicht auch nicht ohne Zustimmung des Erben die Einlage erhöhen, BGHZ 108, 187, 198).

27 Sollen die bei einem persönlich haftender Gesellschafter bestehenden Probleme der Testamentsvollstreckung umgangen werden, kann es sich anbieten, dass für die Zeit der Testamentsvollstreckung gesellschaftsrechtlich die Umwandlung des Anteils in einen Kommanditanteil vorgesehen wird (E/B/J/S/*Lorz* § 139 Rn. 87).

28 Trotz fehlender höchstrichterlicher Klärung (offen gelassen BGHZ 108, 187, 190; verneinend etwa KG WM 1995, 1890) der Frage, ob ein **Testamentsvollstreckervermerk** im Handelsregister eintragungsfähig ist, sollte der diesbezüglichen Praxis folgend hierfür Sorge getragen werden, um die wünschenswerte Transparenz zu schaffen (E/B/J/S/*Lorz* § 139 Rn. 88).

III. Nachlassverwaltung

29 Die Frage der Zulässigkeit und Reichweite einer Nachlassverwaltung ist ähnlich wie bei der Testamentsvollstreckung umstritten. Richtigerweise ist wie folgt zu differenzieren.

30 Die Nachlassverwaltung an einem **Kommanditanteil** ist unproblematisch möglich (Baumbach/Hopt/*Roth* § 139 Rn. 32).

31 Die Nachlassverwaltung an einem **OHG-Anteil** erfasst nicht den Anteil als solchen, sondern lediglich die damit verbundenen Vermögensrechte (BGH NJW 1967, 1961, 1962; OLG Hamm OLGZ 1993, 147, 148). Insoweit ist auch die Zustimmung der Mitgesellschafter nicht erforderlich (BGHZ 91, 132, 136 für den Nachlasskonkurs; a.A. noch BayObLG DB 1991, 33 für die Nachlassverwaltung). Der Nachlassverwalter kann also nicht das Wahlrecht nach § 139 HGB ausüben (MüKo HGB/*K. Schmidt* § 139 Rn. 55), nicht die Auflösung der Gesellschaft aus wichtigem Grund nach § 133 HGB oder die Ausschließung anderer Gesellschafter nach § 140 HGB betreiben (BGHZ 47, 293, 297), nach h.M. aber wohl das Gesellschaftsverhältnis analog § 135 HGB kündigen, um den Abfindungsanspruch des Erben zugunsten der Nachlassgläubiger zu realisieren (BayObLG NJW-RR 1991, 361, 362).

32 In der **Liquidationsgesellschaft** kann der Nachlassverwalter die Rechte des Erben uneingeschränkt ausüben (str.; wie hier E/B/J/S/*Lorz* § 139 Rn. 91; GroßkommHGB/*Schäfer* § 139 Rn. 35; a.A. BayObLG NJW-RR 1991, 361, 362).

IV. Nachlassinsolvenz

33 Die Eröffnung eines Nachlassinsolvenzverfahrens führt nicht zur Auflösung der Gesellschaft und nach überwiegender Ansicht auch nicht zum Ausscheiden des betroffenen Gesellschafters (BGH BGHZ 91, 132, 137). Es gelten im Übrigen die Ausführungen zur Nachlassverwaltung (s. Rdn. 29 ff.).

F. Wahlrecht des Erben

I. Übersicht

Die Bestimmung sieht für den durch Nachfolge von Todes wegen eingerückten Erben ein **gestuftes Wahlrecht** vor: Er kann zunächst wählen, ob er mit voller Haftung in der Gesellschaft verbleibt oder ob er seinen Verbleib in der Gesellschaft von der Einräumung eines Kommanditistenstatus unter Belassung des bisherigen Gewinnanteils abhängig macht (Abs. 1). Lehnen die Mitgesellschafter den Wechsel ab, kann der Erbe es nunmehr doch bei der ursprünglichen Stellung belassen oder ohne Einhaltung einer Kündigungsfrist aus der Gesellschaft ausscheiden (Abs. 2). Für die Geltendmachung ist eine dreimonatige Frist vorgesehen (Abs. 3). Durch rechtzeitige Umwandlung bzw. rechtzeitigen Austritt kann der Erbe seine Haftung beschränken (Abs. 4). Die Vorschriften sind zwingend (Abs. 5). 34

Das Wahlrecht steht auch demjenigen Erben zu, der bereits neben dem Erblasser Kommanditist in der Gesellschaft war und nun aufgrund erbrechtlicher Nachfolge die Stellung eines persönlich haftenden Gesellschafters erlangt, wenn auch nur als einheitliches Wahlrecht; nicht aber dem Erben, der bereits persönlich haftender Gesellschafter war, da insoweit kein erhöhtes Haftungsrisiko besteht, und dem Erben, dessen Beteiligung sich nach dem Gesellschaftsvertrag automatisch in einen Kommanditistenanteil verwandelt (GroßkommHGB/*Schäfer* § 139 Rn. 68, 75; E/B/J/S/*Lorz* § 139 Rn. 97; vgl. auch BGH NJW 1987, 3184, 3186; WM 1963, 989, 990; BayObLG ZIP 2003, 1443, 1444). 35

Bei einer **aufgelösten Gesellschaft** soll das Wahlrecht nach h. M. nicht bestehen (BGH NJW 1982, 45). Auf den Erben eines Gesellschafters ohne Kapitalanteil ist § 139 HGB nicht unmittelbar anwendbar (OLG Hamm DB 1999, 272, 273), wohl aber werden nach h. M. die Abs. 2 bis 4 mit der Folge der Haftungsbeschränkung durch fristgerechten Austritt angewandt (MüKo HGB/*K. Schmidt* § 139 Rn. 63). Im Fall der Beerbung des einzigen Komplementärs durch den Kommanditisten einer Zwei-Mann-KG wird die Gesellschaft vollbeendigt, § 139 HGB ist in diesem Fall nicht anwendbar, sondern § 27 HGB (BGH BB 1991, 230, 231). 36

Das Wahlrecht kann **von jedem Erben einzeln und gesondert** ausgeübt (BGH BGHZ 55, 267, 270) und von den Mitgesellschaftern auch unterschiedlich beantwortet werden (Baumbach/Hopt/*Roth* § 139 Rn. 39). Gleiches gilt für Vor- und Nacherben, allerdings mit der Maßgabe, dass mit Ausübung des Wahlrechts des Vorerben (Austritt, Umwandlung in Kommanditanteil) das Wahlrecht erledigt ist (MüKo HGB/*K. Schmidt* § 139 Rn. 68). 37

II. Ausübung des Wahlrechts

Der Erbe hat einen **formlosen Antrag** an die Mitgesellschafter zu richten, ihm unter Belassung seines Gewinnanteils die Stellung eines Kommanditisten einzuräumen. Dieser ist im Grundsatz durch einstimmigen Beschluss anzunehmen, wenn nicht der Gesellschaftsvertrag andere Mehrheiten vorsieht. Nur wenn der Antrag mit der erforderlichen Mehrheit angenommen wird, wird der Erbe durch Vertrag mit den Mitgesellschaftern Kommanditist. Wird die Umwandlung von weiteren als in § 139 HGB vorgesehenen Bedingungen abhängig gemacht, wird kein Austrittsrecht begründet. 38

III. Einlage

Verständigen sich Erbe und Mitgesellschafter im Rahmen der Umwandlung auf eine anerkannte Einlage, entsteht kein Problem. Im Übrigen, also bei fehlender Einigung, besteht ein Meinungsstreit über den Begriff der Einlage. Nach wohl überwiegender Ansicht (vgl. die Ausführungen in GroßkommHGB/*Schäfer* § 139 Rn. 100ff. m. w. N.) ist von dem **Kapitalanteil** des verstorbenen Gesellschafters im Zeitpunkt des Erbfalls, vermehrt um ausstehende Einlagen bzw. unrechtmäßige Entnahmen. Nach der insbesondere von *K. Schmidt* (MüKo HGB § 139 Rn. 72 ff., 75) vertretenen Gegenauffassung ist die sog. **bedungene Einlage**, §§ 167 Abs. 2, 169 Abs. 1 HGB maßgeblich. Der für die Praxis maßgebliche Unterschied liegt darin, dass im Fall der Anerkennung letzter Auffas- 39 sung der Erbe-Kommanditist im Fall von Verlusten, die zu einem Unterschreiten der bedungenen Einlage geführt haben, zukünftige Gewinne so lange stehen lassen muss, bis die ursprüngliche Einlage wieder aufgefüllt ist (vgl. auch das Teilaspekte hiervon behandelnde Urteil des BGH in NJW 1987, 3184).

IV. Haftsumme

40 Die Haftsumme entspricht in der Regel der Einlage. Sie ist der in das Handelsregister einzutragende Betrag, § 171 Abs. 1 HGB. Nach überwiegender Ansicht wird der Aktivsaldo des Kapitalkontos als Haftsumme festgelegt (E/B/J/S/*Lorz* § 139 Rn. 106), auch hier sind wieder unzulässige Entnahmen und ausstehende Einlagen hinzuzurechnen (GroßkommHGB/*Schäfer* § 139 Rn. 106). Ein negativer Kapitalanteil hindert die Ausübung des Wahlrechts nicht (vgl. BGH NJW 1987, 3184), die Einlage wird nach h. M. in diesem Fall mit 1,– € angesetzt (Baumbach/Hopt/*Roth* § 139 Rn. 42).

V. Ausscheiden des Erben

41 Kommt ein Vertrag mit den Mitgesellschaftern nicht zustande, kann der Erbe als persönlich haftender Gesellschafter in der Gesellschaft verbleiben oder sein Ausscheiden erklären. Ist im Gesellschaftsvertrag eine Abfindungsbeschränkung für den Fall der Kündigung vorgesehen, so gilt diese im Zweifel nicht für den Erben, der nach Ablehnung seines Umwandlungsgesuchs ausscheidet (Baumbach/Hopt/*Roth* § 139 Rn. 43).

VI. Frist zur Ausübung des Wahlrechts, Abs. 3

42 Die Antragsfrist beträgt gem. Abs. 3 **3 Monate**. Sie beginnt mit der Kenntnis vom Anfall der Erbschaft. Im Grundsatz ist auch unerheblich, ob der Erbe Kenntnis vom Berufungsgrund, der Nachfolgeklausel oder dem Gesellschaftsverhältnis hat. Härten in diesem Bereich werden dadurch abgefangen, dass die Bedenkfrist noch läuft, so lange die Erbschaft noch ausgeschlagen werden kann, was Kenntnis vom Anfall und dem Grund der Berufung voraussetzt, § 139 Abs. 3 Satz 3 HGB. Unerheblich ist die Eintragung im Handelsregister, eine verspätete Eintragung kann aber Haftungsfolgen auslösen.

VII. Haftung des Erben

1. Grundsätzliches

43 Explizit angesprochen ist die Haftungsbeschränkungsmöglichkeit in den Fällen des Ausscheidens des Erben innerhalb der Frist des Abs. 3, der Auflösung der Gesellschaft in dieser Frist oder der Einräumung der Kommanditistenstellung in der Frist. Zu unterscheiden sind **vier Fallgestaltungen**: in zeitlicher Hinsicht (während der Schwebezeit des Abs. 3 und später), nach Art der Verbindlichkeit (Altschulden, Zwischenneuschulden und Neuschulden), nach Rechtsgrund der Haftung (als Erbe oder als Gesellschafter) und letztlich unter Berücksichtigung der Wahlmöglichkeiten (Verbleib als persönlich haftender Gesellschafter, Umwandlung in Kommanditistenstellung, Ausscheiden aus der Gesellschaft und Auflösung der Gesellschaft).

2. Haftung während der Schwebezeit

44 Der Erbe ist während der Schwebezeit grundsätzlich persönlich haftender Gesellschafter (offen BGHZ 55, 267, 270).

45 Er haftet erbrechtlich nach § 128 HGB, §§ 1967 ff. BGB, also unbeschränkt, aber mit der Möglichkeit der Beschränkung nach §§ 1975 ff. BGB. Dies gilt für Altverbindlichkeiten wie für Zwischenneuschulden, also Schulden, die während der Schwebezeit begründet wurden (MüKo HGB/*K. Schmidt* § 139 Rn. 103).

46 Gesellschaftsrechtlich haftet er für Altverbindlichkeiten nach § 130 HGB, für Zwischenneuschulden nach § 128 HGB. Da die Haftung (wenn auch nur vorläufig) unbeschränkt ist, kann der Erbe

für die Schwebezeit einen Zugriff auf sein Privatvermögen (außerhalb des Nachlasses) – ebenfalls vorläufig – verweigern. Bei der Leistung auf eine Gesellschaftsverbindlichkeit liegt konsequent auch keine Leistung auf eine Nichtschuld vor, der Gesellschafter kann vielmehr nach § 110 HGB, ebenso wie nach §§ 1978 Abs. 3, 1979 BGB Rückgriff nehmen (GroßkommHGB/*Schäfer* § 139 Rn. 120).

3. Haftung des Erben als persönlich haftender Gesellschafter

War der Erbe schon vorher persönlich haftender Gesellschafter oder macht er von seinem Wahlrecht keinen Gebrauch, so haftet er unbeschränkt für die Gesellschaftsverbindlichkeiten, §§ 128 bis 130 HGB. Daran ändert sich auch nichts dadurch, dass die erbrechtliche Haftung nach Verlust des Wahlrechts durch Zeitablauf nach den dortigen Vorschriften beschränkbar ist, so auch die Einrede des § 2059 Abs. 1 Satz 1 BGB (MüKo HGB/*K. Schmidt* § 139 Rn. 106 ff.). 47

4. Haftung des Erben als Kommanditist

Bei wirksamer Umwandlung in eine Kommanditbeteiligung besteht die Haftung dem Wortlaut nach nur nach Maßgabe der **erbrechtlichen Haftungsbestimmungen**, also mit den dort statuierten Beschränkungsmöglichkeiten der §§ 1975 ff. BGB. Gemeint ist die Haftung für Altverbindlichkeiten und solche in der Schwebezeit bis zur Umwandlung (BGHZ 55, 267, 273 f.). 48

Darüber hinaus nimmt die h. M. jedoch an, dass die Umwandlung einem Eintritt nach § 173 HGB gleichkommt, sodass neben die Erbenhaftung die Kommanditistenhaftung tritt (E/B/J/S/*Lorz* § 139 Rn. 121). Dies bedeutet, dass für Altverbindlichkeiten und Zwischenneuschulden eine Haftung nach §§ 171, 172, 173 HGB besteht, also mit dem Risiko, dass der Erblasser die Einlage nicht erbracht oder wieder entnommen hat (missverständlich GroßkommHGB/*Schäfer* § 139 Rn. 123: Inanspruchnahme droht dem Erben nur, als er sich die Einlage zurückzahlen lässt oder entnimmt). Für Neuverbindlichkeiten ergibt sich dies unmittelbar aus §§ 171, 172 HGB. 49

Im Fall der qualifizierten Nachfolgeklausel betrifft die Kommanditistenhaftung nur den von der Nachfolgeklausel berufenen Erben, die Erbenhaftung hingegen alle Miterben. 50

Es besteht überwiegend Einigkeit, dass die Regelung des § 176 Abs. 2 HGB (Haftung des eintretenden Kommanditisten für die bis zur Eintragung begründeten Verbindlichkeiten) nicht gilt (so wohl BGHZ 108, 187, 197). In diesen Fällen kann aber eine Haftung nach § 15 Abs. 1 HGB (a. A. GroßkommHGB/*Schäfer* § 139 Rn. 130: Eingreifen allgemeiner Rechtsscheinsgrundsätze) in Betracht kommen, wenn auch erst nach Ablauf einer Schonfrist, innerhalb die Eintragung bewirkt werden kann (E/B/J/S/*Lorz* § 139 Rn. 124). 51

5. Haftung bei Ausscheiden des Erben

In diesem Fall haftet der Erbe nur mit den erbrechtlichen Haftungsbeschränkungsmöglichkeiten. Für nach seinem Ausscheiden begründete Verbindlichkeiten haftet er überhaupt nicht. Wird für die Eintragung des Ausscheidens nicht unverzüglich Sorge getragen, besteht das Haftungsrisiko nach § 15 Abs. 1 HGB (BGHZ 66, 98, 102). 52

6. Haftung bei Auflösung der Gesellschaft

Wird die Gesellschaft zwar nach dem Erbfall, aber noch innerhalb der Schwebefrist aufgelöst, wird das Wahlrecht des Erben gegenstandslos (E/B/J/S/*Lorz* § 139 Rn. 128). Der Erbe haftet in diesem Fall nur mit den erbrechtlichen Beschränkungsmöglichkeiten. Dies gilt auch für die dann in der Liquidation entstehenden Verbindlichkeiten (BGH NJW 1982, 45, 46). Im Fall nicht unverzüglicher Eintragung der Auflösung gilt es, betreffend die nach Auflösung entstehenden Verbindlichkeiten wiederum § 15 Abs. 1 HGB zu beachten. 53

Abs. 4 soll ebenfalls zur Anwendung kommen, wenn die Gesellschaft schon mit dem Tod des Gesellschafters oder vor dem Erbfall aufgelöst wurde (GroßkommHGB/*Schäfer* § 139 Rn. 126; vgl. auch RGZ 72, 119, 120). 54

VIII. Abweichende Vereinbarungen

55 Das Wahlrecht des Erben ist **nicht dispositiv**. Es darf weder entzogen noch eingeschränkt werden. Nach Abs. 5 Halbs. 2 kann jedoch eine andere Bestimmung des Gewinnanteils im Gesellschaftsvertrag vorgesehen werden.

56 Abs. 5 beschränkt nicht die Testierfreiheit. Die Zulässigkeit entsprechender Beschränkungen richtet sich alleine nach erbrechtlichen Grundsätzen (MüKo HGB/*K. Schmidt* § 139 Rn. 95).

57 Regelungen, die die Haftungsbeschränkung des Erben erleichtern, sind in Grenzen zulässig. Im Interesse der Gesellschaftsgläubiger kann etwa eine Verlängerung der Schwebezeit nicht zulasten Dritter vereinbart werden (GroßkommHGB/*Schäfer* § 139 Rn. 134).

58 Ohne Weiteres zulässig sind auch **Nachfolge- und Umwandlungsklauseln**, also Klauseln, die ein Recht zum Eintritt oder ein automatisches Eintreten vorsehen (BGHZ 101, 123, 125), vorausgesetzt, es verbleibt noch ein Komplementär in der Gesellschaft. Es gilt dann auch das Haftungsprivileg des Abs. 4 (MüKo HGB/*K. Schmidt* § 139 Rn. 94).

§ 140 [Ausschließung eines Gesellschafters]

(1) ¹Tritt in der Person eines Gesellschafters ein Umstand ein, der nach § 133 für die übrigen Gesellschafter das Recht begründet, die Auflösung der Gesellschaft zu verlangen, so kann vom Gericht anstatt der Auflösung die Ausschließung dieses Gesellschafters aus der Gesellschaft ausgesprochen werden, sofern die übrigen Gesellschafter dies beantragen. ²Der Ausschließungsklage steht nicht entgegen, daß nach der Ausschließung nur ein Gesellschafter verbleibt.

(2) Für die Auseinandersetzung zwischen der Gesellschaft und dem ausgeschlossenen Gesellschafter ist die Vermögenslage der Gesellschaft in dem Zeitpunkte maßgebend, in welchem die Klage auf Ausschließung erhoben ist.

Übersicht	Rdn.		Rdn.
A. **Normzweck**	1	VI. Einwilligung, Verzicht, Verwirkung, Verzeihung	13
B. **Anwendungsbereich**	2	VII. Fallbeispiele	14
I. Gesellschaftsformen	2	D. **Verfahren**	17
II. Wirksamkeit der Gesellschaft	3	I. Grundsätzliches	17
III. Bedeutung des Abs. 1 Satz 2	4	II. Zustimmungsklage	18
C. **Der Ausschließungsgrund**	5	III. Verfahrensart und Zuständigkeiten	19
I. Grundsatz	5	IV. Klageziel, Rechtswirkungen	20
II. Verhältnis zur Auflösung § 133 HGB . . .	6	E. **Abweichende Vereinbarungen**	24
III. Zurechnung	7	I. Grundsätzliches	24
IV. Verhältnismäßigkeit	9	II. Vereinbarungen über das Ausschließungsverfahren	25
1. Ausschließung als ultima ratio	9		
2. Mitverschulden der übrigen Gesellschafter	10	III. Vereinbarungen über die Ausschließungsgründe	26
3. Folgenabwägung und Vorgeschichte .	11		
V. Berücksichtigung der Gesellschaftsstruktur	12	IV. Vereinbarungen über die Ausschließungsfolgen	28

A. Normzweck

1 Auf Antrag der übrigen Gesellschafter kann das Gericht die Ausschließung eines Gesellschafters aussprechen, wenn in seiner Person ein wichtiger Grund vorliegt, aufgrund dessen die Gesellschaft nach § 133 HGB aufgelöst werden könnte. Die Ausschließung ist, soweit nicht anderslautende gesellschaftsvertragliche Regelungen existieren (vgl. Rdn. 24 ff.), nur im Wege der (Gestaltungs-)Klage zulässig. Durch das Ausschließungsrecht sollen die Mitgesellschafter vor einer Auflösung und Abwicklung der Gesellschaft unter Mitwirkung des Störers bewahrt werden (vgl. BGH NJW

1952, 875). § 140 HGB dient somit dem Zweck, den übrigen Gesellschaftern die im Unternehmen steckenden Werte zu erhalten (vgl. BGH NJW 1968, 1964, 1965); wobei das Erfordernis einer gerichtlichen Entscheidung der Rechtssicherheit dient (vgl. BGH NJW 1960, 625, 626). Zur Ausschließungsklage nach § 140 HGB vgl. außerdem ausführl. auch Kap. 5 Rdn. 212 ff.

B. Anwendungsbereich

I. Gesellschaftsformen

§ 140 HGB gilt für die OHG und die KG (i. V. m. § 161 Abs. 2 HGB), auch im Fall einer fehlerhaften Gesellschaft (zur fehlerhaften Gesellschaft vgl. § 105 HGB Rdn. 79 ff.). In der KG, auch in der GmbH & Co. KG, ist die Ausschließung des einzigen Komplementärs möglich (vgl. BGH NJW 1952, 875; NJW-RR 1993, 1123, 1125). Soweit in diesem Fall nicht ein neuer Komplementär eintritt oder einer der Kommanditisten dessen Stellung übernimmt, wird die KG mit Rechtskraft des Urteils aufgelöst (vgl. BGH NJW 1952, 875, 876). Nach § 9 Abs. 1 PartGG ist § 140 HGB auch auf die Partnerschaftsgesellschaft anwendbar. Die Vorschrift findet keine Anwendung auf die GbR und die stille Gesellschaft, für diese existieren eigene Vorschriften in § 737 BGB und § 234 HGB.

II. Wirksamkeit der Gesellschaft

Die Gesellschaft muss entstanden und darf nicht vollbeendigt sein, eine fehlerhafte Beteiligung genügt. Grundsätzlich reicht für die Entstehung der Abschluss des Gesellschaftsvertrages aus (vgl. MüKo HGB/*K. Schmidt* Rn. 8). § 140 HGB gilt auch für die bereits aufgelöste Gesellschaft. In dieser ist eine Ausschließung jedoch nur dann möglich, soweit sie für die Abwicklung oder Fortsetzung der Gesellschaft notwendig ist, denn ansonsten ist die Entziehung der aktiven Abwicklungsbefugnis des betroffenen Gesellschafters als milderes Mittel vorrangig (vgl. BGH NJW 1951, 650).

III. Bedeutung des Abs. 1 Satz 2

§ 140 Abs. 1 Satz 2 HGB stellt – entgegen dem zu engen Wortlaut des § 142 HGB a. F. – klar, dass nicht nur in der Zweipersonengesellschaft, sondern auch in der Mehrpersonengesellschaft die Ausschließungsklage eines Gesellschafters gegen alle Mitgesellschafter möglich ist. Damit ist der Ausschließungsgrund i. S. v. Abs. 1 Satz 2 identisch mit dem in Abs. 1 Satz 1 (vgl. MüKo HGB/*K. Schmidt* § 140 Rn. 11; a. A. Baumbach/Hopt/*Roth* § 140 Rn. 3). In der Zweipersonengesellschaft ist Rechtsfolge einer Ausschließung das Erlöschen der Gesellschaft und die Übernahme des Handelsgeschäfts durch den die Ausschließung betreibenden Mitgesellschafter.

C. Der Ausschließungsgrund

I. Grundsatz

Nach dem Gesetzeswortlaut setzt die Ausschließung eines Gesellschafters voraus, dass in seiner Person ein Umstand eintritt, der nach § 133 HGB für die übrigen Gesellschafter das Recht begründet, die Auflösung der Gesellschaft zu verlangen. Dieser Wortlaut ist insoweit missverständlich, als sich der wichtige Grund im Rahmen des § 140 HGB stets auf eine konkrete Rechtsfolge beziehen muss – namentlich der Ausschließung des Störers und gerade nicht der Auflösung der Gesellschaft (MüKo HGB/*K. Schmidt* § 140 Rn. 16). Voraussetzung für die Ausschließung ist damit ein Sachverhalt, welcher den Mitgesellschaftern die Fortsetzung der Gesellschaft mit dem Störer **unzumutbar** erscheinen lässt (vgl. BGH NJW 1960, 625, 627). Diese Unzumutbarkeit muss sich konkret auf die Fortsetzung des Gesellschaftsverhältnisses beziehen, was im Wege einer Prognose zu entscheiden ist (vgl. MüKo HGB/*K. Schmidt* § 140 Rn. 17 f.). Typischerweise handelt es sich bei dem »wichtigen Grund« i. S. d. Vorschrift um eine vorsätzliche oder grob fahrlässige **Verletzung wesentlicher gesellschaftsvertraglicher Pflichten** durch den Auszuschließenden (vgl. § 133 Abs. 2 HGB). Erforderlich ist stets eine umfassende Würdigung der Umstände des Einzelfalls.

II. Verhältnis zur Auflösung § 133 HGB

6 Der Unterschied zwischen § 133 HGB (vgl. zur Klage auf Auflösung gem. § 133 HGB die Kommentierung zu § 133 HGB sowie außerdem ausführl. Kap. 5 Rdn. 174 ff.) und § 140 HGB besteht in der Stoßrichtung der Vorschriften. Während § 133 HGB die allseitige Unzumutbarkeit der Fortsetzung der Gesellschaft voraussetzt, ist bei § 140 HGB allein die Sichtweise der vertragstreuen Mitgesellschafter im Hinblick auf den oder die Störer entscheidend (durch MüKo HGB/*K. Schmidt* § 140 Rn. 19 auf den Punkt gebracht als die Sicht der »weißen Schafe« auf die »schwarzen Schafe«). Entgegen der zu § 142 HGB a. F. überwiegend vertretenen Auffassung setzt § 140 HGB jedoch kein »Mehr« gegenüber § 133 HGB voraus (vgl. MüKo HGB/*K. Schmidt* § 140 Rn. 19; E/B/J/S/*Lorz* § 140 HGB Rn. 5).

III. Zurechnung

7 Der wichtige Grund muss dem Auszuschließenden zurechenbar sein. Ein **Verschulden** ist nicht erforderlich, es kann jedoch im Einzelfall in die Abwägung mit einfließen; insbesondere kann ein fehlendes oder geringes Verschulden zugunsten des Auszuschließenden gewertet werden (vgl. MüKo HGB/*K. Schmidt* § 140 Rn. 23). Das Verhalten eines Rechtsvorgängers ist dem Auszuschließenden nicht ohne Weiteres zuzurechnen (st.Rspr., vgl. schon BGHZ 1, 324, 330), es sei denn, dass der Auszuschließende an den Verfehlungen seines Rechtsvorgängers beteiligt war (vgl. BGH WM 1965, 359). Im Einzelfall kann die Fortsetzung der Gesellschaft mit dem Rechtsnachfolger des Störers unzumutbar sein – insbesondere dann, wenn aus dem Verhalten des Vorgängers ein nicht hinzunehmender Dauerzustand resultiert, der sich in dem Rechtsnachfolger fortsetzt (vgl. MüKo HGB/*K. Schmidt* § 140 Rn. 24).

8 Das Verhalten seines **gesetzlichen Vertreters** ist dem Auszuschließenden grundsätzlich wie eigenes zuzurechnen (vgl. BGH NJW 1977, 1013, 1014). Dies gilt nach dem Gedanken des § 31 BGB auch für juristische Personen und rechtsfähige Personengesellschaften (vgl. MüKo HGB/*K. Schmidt* § 140 Rn. 25). Das Verhalten von Erfüllungsgehilfen kann dem Auszuschließenden im Sinne eines prognostischen Unzumutbarkeitstatbestandes – nicht über § 278 BGB – zurechenbar sein (vgl. MüKo HGB/*K. Schmidt* § 140 Rn. 25 m. w. N.). Nicht ohne Weiteres zurechenbar ist das Verhalten von Angehörigen (vgl. BGH WM 1958, 49, 50). Zur Zurechnung des Verhaltens eines herrschenden Unternehmens vgl. MüKo HGB/*K. Schmidt* § 140 Rn. 26; Baumbach/Hopt/*Roth* § 140 Rn. 12).

IV. Verhältnismäßigkeit

1. Ausschließung als ultima ratio

9 Die Ausschließung eines Gesellschafters ist als ultima ratio stets am Verhältnismäßigkeitsgrundsatz zu messen (vgl. hierzu auch Kap. 5 Rdn. 224). Dies ist Ausfluss des gesellschafterlichen Treueverhältnisses. Die Ausschließung kommt nur dann in Betracht, wenn **kein milderes Mittel** zur Verfügung steht, mit dem die aus der Person des Auszuschließenden resultierende Unzumutbarkeit ebenfalls abgewendet werden könnte (vgl. BGH BB 2003, 1198). **Beispiele** für mildere Mittel sind: Entziehung oder Beschränkung der Vertretungsmacht oder Geschäftsführung nach §§ 117, 127 HGB (st.Rspr., vgl. schon BGHZ 4, 108, 112; MüKo HGB/*K. Schmidt* § 140 Rn. 28 m. w. N.); zumutbare Änderung des Gesellschaftsvertrages, soweit der Auszuschließende dazu bereit ist (vgl. BGHZ 4, 108, 112); Umwandlung der Mitgliedschaft in Kommanditistenstellung oder stille Beteiligung (vgl. BGH NJW 61, 1767, 1768); Verzicht auf Geschäftsführungs- und Vertretungsbefugnisse (vgl. MüKo HGB/*K. Schmidt* § 140 Rn. 28); Anteilsübertragung auf einen Treuhänder (vgl. BGH NJW 1955, 1919, 1920). Wenn dem Auszuschließenden ein milderes Mittel verbindlich angeboten wird und er diese endgültig abgelehnt hat, kann er sich auf die Vorrangigkeit eines milderen Mittels nicht berufen (vgl. Baumbach/Hopt/*Roth* § 140 Rn. 6).

2. Mitverschulden der übrigen Gesellschafter

Bei einer **wechselseitigen Mitverantwortung** für die Störung – wenn also die Zerrüttung des Vertrauensverhältnisses zwischen den Gesellschaftern nicht allein durch den Auszuschließenden verantwortet wurde – muss dies in die Bewertung der Störung mit einfließen. Eine Ausschließung kommt nur bei überwiegender Verursachung des Zerwürfnisses durch den Auszuschließenden in Betracht (vgl. BGH BB 2003, 1198). Eine schematische Betrachtung nach dem Grundsatz: »Wer am gröbsten stört, wird ausgeschlossen« ist jedoch nicht sachgerecht (vgl. MüKo HGB/*K. Schmidt* § 140 Rn. 30 m. w. N.).

10

3. Folgenabwägung und Vorgeschichte

In die Abwägung fließen die persönlichen und wirtschaftlichen Folgen der Ausschließung für den Betroffenen ein (vgl. BGH ZIP 2003, 1037, 1039; OLG München, Urt. v. 30.04.2009 – 23 U 3970/08; vgl. MüKo HGB/*K. Schmidt* § 140 Rn. 31 m. w. N.). Ebenso berücksichtigt werden die bisher erbrachten Leistungen und Verdienste des Auszuschließenden für die Gesellschaft, dies auch in Gegenüberstellung zu den bisherigen Verdiensten der Mitgesellschafter (vgl. BGH NJW 1977, 1013, 1014). Dabei kann es von Bedeutung sein, dass der Auszuschließende an der Errichtung der Gesellschafter als Gründer mitgewirkt hat (vgl. BGH BB 1952, 649), dass der Aufbau des Unternehmens sein Lebenswerk ist, oder in welchem Umfang er in der Vergangenheit materielle Werte in die Gesellschaft eingebracht hat (vgl. BGHZ 4, 108, 111).

11

V. Berücksichtigung der Gesellschaftsstruktur

Die Zumutbarkeit einer Ausschließung wird auch durch die Organisationsstruktur der Gesellschaft (**personalistisch oder kapitalistisch**) bestimmt (vgl. BGH NJW 1955, 1919, 1920). Die Rechtsfolgen sind, insbesondere bei Gesellschaften im familiären Verbund, ambivalent: So kann die Ausschließung wegen der engen persönlichen Verbundenheit zwischen den Gesellschaftern unter besonders engen Voraussetzungen möglich sein, andererseits aber ein persönliches Fehlverhalten für die Mitgesellschafter – anders als in einer kapitalistischen Struktur – besonders belastend sein. Diese »Kehrseiten« sind im Einzelfall eingehend zu prüfen. Das Ausschließungsrecht gilt in der KG auch gegen einen Kommanditisten, kann aber aufgrund des loseren Verbundes unter besonderen Anforderungen stehen. Bei der Ausschließung des einzigen Komplementärs ist die Unzumutbarkeit der Fortführung der Gesellschaft für die Mitgesellschafter aufgrund der einschneidenden Wirkungen eines solchen Eingriffs nur unter engen Voraussetzungen zu bejahen (vgl. MüKo HGB/*K. Schmidt* § 140 Rn. 33). Die Größe des Gesellschaftsanteils des Auszuschließenden ist i. d. R. unerheblich (vgl. BGHZ 51, 204, 207; str., vgl. Baumbach/Hopt/*Roth* § 140 Rn. 9 m. w. N.).

12

VI. Einwilligung, Verzicht, Verwirkung, Verzeihung

Ein ansonsten als Ausschließungsgrund zu betrachtendes Verhalten kann durch Einwilligung gerechtfertigt sein. Ebenso können die Mitgesellschafter auf die Erhebung der Ausschließungsklage verzichten oder ihr Ausschließungsrecht **verwirken**. Zwar ist die Ausschließungsklage nicht an eine Frist gebunden (vgl. ausführl. Kap. 5 Rdn. 240), es kann jedoch eine tatsächliche Vermutung für den Fortfall des wichtigen Grundes sprechen, wenn die Mitgesellschafter in Kenntnis aller Fakten über Monate keinen Gebrauch von ihrem Ausschließungsrecht machen (vgl. BGH NJW 1999, 2820, 2821).

13

VII. Fallbeispiele

Zur Kasuistik vgl. die umfassende Darstellung bei MüKo HGB/*K. Schmidt* § 140 Rn. 39 ff., welcher die Ausschlussgründe sachgerecht gliedert als Verletzung von Leistungspflichten, Verletzung von organisatorischen Pflichten, Verletzung von Treuepflichten, Unredlichkeit, Eigenmächtigkeit, ungebührliches Verhalten, sowie Zerwürfnisse und Spannungen. **Ausreichend sind** z. B.: Veruntreuungen und Unterschlagungen (vgl. BGH ZIP 1999, 1355, 1356); hartnäckige Weigerung, in

14

einer auf Zusammenarbeit angelegten Gesellschaft die vereinbarte Tätigkeit aufzunehmen, wobei es auf die Gründe ankommt (vgl. MüKo HGB/*K. Schmidt* § 140 Rn. 40). Verstöße gegen Konkurrenzverbote (vgl. BGH NJW-RR 1997, 925; E/B/J/S/*Lorz* § 140 Rn. 20 m. w. N.); missbräuchliche Insolvenzanträge gegen die Gesellschaft (vgl. BGH WM 1964, 1188, 1190); mutwillig oder aus Schikane geführte Prozesse gegen Mitgesellschafter (vgl. OLG Frankfurt am Main GmbHR 1993, 659, 660); Übervorteilung bei gemeinsamer Steuerhinterziehung (vgl. BGH NJW 1960, 625, 628); schädigende Äußerungen gegenüber der finanzierenden Hausbank (vgl. OLG München DStR 2001, 495); wiederholte Eigenmächtigkeiten in der Geschäftsführung, insbesondere vertragswidrige Nichteinholung erforderlicher Zustimmungen (vgl. BGH NJW-RR 1993, 1123, 1124).

15 **Reine Privatangelegenheiten** des Gesellschafters, wie z. B. Eheverfehlungen gegen die Tochter oder Schwester eines Mitgesellschafters, begründen eine Ausschließung grundsätzlich nicht. Anders wird dies bei einer unmittelbar persönlichen Verletzung von Mitgesellschaftern (z. B. Bruch der Ehe des Mitgesellschafters) gesehen, oder wenn die private Verfehlung aus besonderen Gründen das Unternehmen schädigt (vgl. BGHZ 4, 108, 113).

16 Ausreichend kann ein durch objektive Umstände erhärteter **Verdacht** sein, wenn er sich auf schwerwiegendes Fehlverhalten bezieht, z. B. die wiederholte Unterschlagung von Gesellschaftsvermögen unter Ausnutzung einer Bankvollmacht (vgl. OLG Frankfurt am Main DStR 1993, 732, 733). Der Verdacht kann jedoch eine Ausschließung nicht mehr rechtfertigen, wenn er sich nachträglich als unbegründet erweist (vgl. BGH NJW 1960, 625, 628).

D. Verfahren

I. Grundsätzliches

17 Notwendig für die Ausschließung ist grundsätzlich eine **gemeinsame Klage aller Mitgesellschafter**. Soweit ein Mitgesellschafter dem Klageziel verbindlich zugestimmt hat, ist seine Mitwirkung jedoch nicht notwendig (vgl. BGH NJW 1998, 146; str. vgl. Baumbach/Hopt/*Roth* § 140 Rn. 17 m. w. N.). Die klagenden Mitgesellschafter sind **notwendige Streitgenossen** i. S. d. § 62 ZPO (vgl. BGH NJW 1959, 1683). Die Ausschließungsklage ist gegen mehrere Gesellschafter möglich, auch aus verschiedenen wichtigen Gründen (vgl. Baumbach/Hopt/*Roth* § 140 Rn. 19). Sie ist aber, wenn sie gegen einen von mehreren Beklagten unbegründet ist, im Ganzen abzuweisen, weil es in diesem Fall an einem Antrag aller Mitgesellschafter fehlt (vgl. BGHZ 64, 253, 255). Mehrere Beklagte sind ebenfalls notwendige Streitgenossen i. S. d. § 62 ZPO (vgl. Baumbach/Hopt/*Roth* § 140 Rn. 19). Vgl. zum Verfahren des § 140 HGB auch ausführl. Kap. 5 Rdn. 231 ff.

II. Zustimmungsklage

18 Die **Treuepflicht** der Gesellschafter kann ihre Verpflichtung zur Zustimmung zur Mitwirkung an der Ausschließungsklage begründen. Gegen Mitgesellschafter, die eine solche Mitwirkung verweigern, ist eine Klage auf Zustimmung zu der Ausschließungsklage zu erheben (vgl. BGHZ 64, 253, 257; a. A. mit beachtlichen Argumenten MüKo HGB/*K. Schmidt* § 140 Rn. 61 ff.). Eine **Mitwirkungspflicht** besteht nicht, wenn die Mitwirkung nicht zumutbar ist, dies kann z. B. im Fall einer nahen Verwandtschaft mit dem Auszuschließenden zu bejahen sein (vgl. Baumbach/Hopt/*Roth* § 140 Rn. 20). Das Zustimmungsurteil ersetzt nach § 894 ZPO die Teilnahme an der Ausschließungsklage. Für den Fortgang des Ausschließungsprozesses braucht die Rechtskraft des Zustimmungsurteils nicht abgewartet zu werden, denn es können beide Klagen gem. § 260 ZPO verbunden werden. Wird in diesem Fall die Mitwirkungspflicht eines Mitgesellschafters verneint, führt dies allerdings zur Abweisung beider Klagen (vgl. BGH NJW 1977, 1013, 1014; E/B/J/S/*Lorz* § 140 HGB Rn. 31).

III. Verfahrensart und Zuständigkeiten

19 Die Ausschließungsklage ist eine **Gestaltungsklage**. Gerichtsstand ist nach § 13 ZPO am Wohnsitz des Auszuschließenden oder nach § 22 ZPO am Sitz der Gesellschaft, auch für Zustimmungsklagen

gegen Mitgesellschafter (vgl. Baumbach/Hopt/*Roth* § 140 Rn. 21). Eine Schiedsgerichtsvereinbarung ist möglich (vgl. MüKo HGB/*K. Schmidt* § 140 Rn. 64). Der **Streitwert** ist nach § 3 ZPO zu schätzen (vgl. BGH NJW 1956, 182, 183). **Parteien** sind nach dem Gesetzeswortlaut die Gesellschafter, die Klage ist also nicht von »der Gesellschaft« zu erheben, es sei denn, dass der Gesellschaftsvertrag dies anders bestimmt (vgl. Rdn. 24 ff.). Der Ausschließungsantrag kann als Haupt- oder Hilfsantrag gestellt werden. Möglich ist ein Eventualverhältnis zwischen der Auflösungs- und der Ausschließungsklage (vgl. MüKo HGB/*K. Schmidt* § 140 Rn. 76). Die Ausschließung kann nicht im Wege der einstweiligen Verfügung beantragt werden. Als Widerklage – z. B. gegen eine Auflösungsklage – kann die Ausschließungsklage erhoben werden. Vgl. zum Verfahren ausführl. auch Kap. 5 Rdn. 231 ff.

IV. Klageziel, Rechtswirkungen

Ziel der Ausschließungsklage ist entweder nach Abs. 1 Satz 1 die Ausschließung des Gesellschafters oder nach Abs. 1 Satz 2 die Übernahme, es handelt sich um eine Rechtsgestaltung. Die **Gestaltungswirkung** eines stattgebenden Urteils tritt mit der materiellen Rechtskraft ein (vgl. Baumbach/Hopt/*Roth* § 140 Rn. 22; weitere Nachweise Kap. 5 Rdn. 243). Sie hat keine Rückwirkung (vgl. MüKo/*K. Schmidt* § 140 Rn. 83). Wenn ein Ausschließungsurteil im Wiederaufnahmeverfahren aufgehoben wurde, kann sich eine neue Ausschließungsklage auf das zwischenzeitliche Verhalten des Beklagten stützen. Dabei ist zu berücksichtigen, dass er sich in dieser Zeit als Nichtgesellschafter fühlen durfte (vgl. BGH NJW 1955, 1919, 1920). 20

Mit Rechtskraft des stattgebenden Urteils scheidet der ausgeschlossene Gesellschafter aus der Gesellschaft aus, kraft Verweisung des § 105 Abs. 3 HGB auf § 738 Abs. 1 BGB erfolgt eine **Anwachsung seines Gesellschaftsanteils** bei den übrigen Gesellschaftern. Gem. § 738 Abs. 1 Satz 2 und 3 BGB sind ihm die von ihm der Gesellschaft zur Benutzung überlassenen Gegenstände zurückzugewähren und das Auseinandersetzungsguthaben auszuzahlen. Der Ausgeschiedene ist von gemeinschaftlichen Schulden zu befreien. Soweit diese noch nicht fällig sind, können die verbliebenen Gesellschafter stattdessen Sicherheit leisten. 21

Bei der Ausschließung eines Gesellschafters aus der **Zweipersonengesellschaft** (Abs. 1 Satz 2) erlischt die Gesellschaft. Das Gesellschaftsvermögen wird Alleinvermögen des Übernehmers im Wege der Gesamtrechtsnachfolge; es erfolgt keine Anwachsung nach § 738 Abs. 1 Satz 1 BGB (vgl. Baumbach/Hopt/*Roth* § 140 Rn. 25). Dies hat Konsequenzen für die Haftung. Der verbleibende Kommanditist haftet als Gesamtrechtsnachfolger unbeschränkt für sämtliche Altschulden der Gesellschaft (vgl. BGH NJW 1991, 844, 846). An der Haftung eines Gesellschafters, der schon vor der Übernahme ausschied, ändert sich jedoch nichts (vgl. BGHZ 50, 232, 237). 22

Abfindungsstichtag ist gem. § 140 Abs. 2 HGB der Tag der Klageerhebung – jedoch nicht bevor alle Mitgesellschafter an dem Prozess beteiligt waren (vgl. MüKo HGB/*K. Schmidt* § 140 Rn. 87). Ist die Klage aufgrund von Ausschließungsgründen, die erst nach Klageerhebung vorlagen oder die erst später in den Prozess eingebracht wurden erfolgreich, entscheidet erst der Zeitpunkt der Geltendmachung dieser Gründe (vgl. MüKo HGB/*K. Schmidt* § 140 Rn. 87 m. w. N.) 23

E. Abweichende Vereinbarungen

I. Grundsätzliches

§ 140 HGB ist **nicht zwingend** (anders das Recht auf Auflösung, § 133 Abs. 3 HGB). Der Gesellschaftsvertrag kann das Ausschließungs- bzw. Übernahmerecht erschweren oder beseitigen (vgl. BGHZ 51, 204), sodass nur die Auflösung oder der eigene Austritt aus wichtigem Grund verbleibt (vgl. Baumbach/Hopt/*Roth* § 140 Rn. 28, str.). Er kann darüber hinaus Vereinbarungen über das Ausschlussverfahren, über die Ausschließungsgründe sowie über die Ausschließungsfolgen beinhalten. 24

§ 140 HGB Ausschließung eines Gesellschafters

II. Vereinbarungen über das Ausschließungsverfahren

25 Die Ausschließungsklage kann auf ein **Schiedsgericht** übertragen werden (vgl. MüKo HGB/*K. Schmidt* § 140 Rn. 90). Zulässig sind Gerichtsstandsvereinbarungen (§ 38 ZPO) sowie eine Regelung, nach der auch die Gesellschaft (nicht nur die übrigen Gesellschafter) die Ausschließungsklage erheben kann (vgl. MüKo HGB/*K. Schmidt* § 140 Rn. 90). An die Stelle der Ausschließungsklage kann nach dem Gesellschaftsvertrag ein **Ausschließungsbeschluss** oder eine Ausschließungserklärung durch ein Organ der Gesellschaft treten (vgl. BGH NJW 1969, 625). An einem solchen Ausschließungsbeschluss müssen – außer in der Publikumsgesellschaft – grundsätzlich alle übrigen Gesellschafter mitwirken, im Gesellschaftsvertrag können jedoch Mehrheitsregelungen getroffen werden (vgl. MüKo HGB/*K. Schmidt* § 140 Rn. 91).

III. Vereinbarungen über die Ausschließungsgründe

26 Der Gesellschaftsvertrag kann bestimmte Verhaltensweisen oder Ereignisse als wichtigen Grund benennen oder ausschließen (vgl. BGHZ 51, 204, 205). Nicht zulässig sind jedoch gem. § 138 BGB gesellschaftsvertragliche Regelungen, die es ermöglichen, einen Gesellschafter ohne wichtigen Grund aus der Gesellschaft auszuschließen – sog. **Hinauskündigung** (vgl. BGH NJW 1977, 1292; st.Rspr., zuletzt zur GmbH, aber auf § 140 HGB übertragbar BGH NJW 2005, 3646 – »Mitarbeitermodell«; BGH NJW 2005, 3641 – »Managermodell«). Mit diesem Verbot soll gewährleistet werden, dass jeder Gesellschafter seine mitgliedschaftlichen Rechte und Pflichten wahrnehmen kann, ohne dass er sich – unter dem »Damoklesschwert« der Ausschließung – einem etwaigen Diktat der Mehrheit beugen muss.

27 Von dem Verbot der Hinauskündigung erkennt die Rechtsprechung in bestimmten Fallgruppen **Ausnahmen** an, wenn die Hinauskündigungsklausel wegen besonderer Umstände sachlich gerechtfertigt ist. So hat der BGH **freie Ausschließungsrechte** als wirksam angesehen, wenn der ausschließungsberechtigte Gesellschafter mit Rücksicht auf die enge persönliche Beziehung zu seiner Mitgesellschafterin die volle Finanzierung der Gesellschaft übernimmt und der Partnerin eine Mehrheitsbeteiligung und die Geschäftsführung einräumt (vgl. BGHZ 112, 103); wenn eine Praxisgemeinschaft von Ärzten einen neuen Gesellschafter aufnimmt und sich dabei eine zeitlich begrenzte Prüfungsmöglichkeit vorbehalten will (vgl. BGH ZIP 2004, 903); oder wenn die Gesellschaftsbeteiligung nur als Annex zu einem Kooperationsvertrag der Gesellschaft anzusehen ist und sichergestellt werden soll, dass der Gesellschaft nur die Partner des Kooperationsvertrages angehören (vgl. BGH ZIP 2005, 706). Keine Bedenken hatte der BGH auch gegen eine Satzungsklausel, nach der in einer GmbH, in der alle Gesellschafter persönlich mitarbeiten, ein Geschäftsanteil eingezogen werden kann, wenn der betreffende Gesellschafter nicht mehr in dem Unternehmen tätig ist (vgl. BGH WM 1983, 956). Wenn eine leitende Mitarbeiterin Gesellschaftsanteile übertragen bekommt, die bei ihrem Ausscheiden aus dem Dienst der Gesellschaft zu dem damals entrichteten Entgelt zurück zu übertragen sind, ist dies sachlich gerechtfertigt, weil der Zweck der gesellschafterlichen Beteiligung (Motivationssteigerung und Belohnung) mit dem Ende der aktiven Tätigkeit entfällt. Zudem eröffnet nur die Rückübertragung der Anteile dem Mehrheitsgesellschafter die Möglichkeit, andere Mitarbeiter zu beteiligen und das in der Satzung niedergelegte Mitarbeitermodell auch in Zukunft fortzuführen (vgl. BGH NJW 2005, 3646). Wenn dem Geschäftsführer mit einer Gesellschaftsbeteiligung eine von seinem Geschick bei der Unternehmensführung (mit) abhängige Einnahmequelle neben dem Gehalt eingeräumt wird, verliert diese Beteiligung als ein Annex zu der Geschäftsführertätigkeit mit der Beendigung der Geschäftsführertätigkeit ihren Sinn. Eine Hinauskündigung ist daher zulässig (vgl. BGH NJW 2005, 3641).

IV. Vereinbarungen über die Ausschließungsfolgen

28 In dem Gesellschaftsvertrag kann bestimmt werden, dass die Anwachsung (vgl. Rdn. 20) nicht quotal, sondern zugunsten bestimmter abfindungspflichtiger Mitgesellschafter erfolgt. Ebenso, dass der ausscheidende Gesellschafter seine Beteiligung an bestimmte Erwerber zu bestimmten Konditionen verkaufen muss (vgl. MüKo HGB/*K. Schmidt* § 140 Rn. 96).

§§ 141, 142

[weggefallen]

§ 143 [Anmeldung von Auflösung und Ausscheiden]

(1) ¹Die Auflösung der Gesellschaft ist von sämtlichen Gesellschaftern zur Eintragung in das Handelsregister anzumelden. ²Dies gilt nicht in den Fällen der Eröffnung oder der Ablehnung der Eröffnung des Insolvenzverfahrens über das Vermögen der Gesellschaft (§ 131 Abs. 1 Nr. 3 und Abs. 2 Nr. 1). ³In diesen Fällen hat das Gericht die Auflösung und ihren Grund von Amts wegen einzutragen. ⁴Im Falle der Löschung der Gesellschaft (§ 131 Abs. 2 Nr. 2) entfällt die Eintragung der Auflösung.

(2) Absatz 1 Satz 1 gilt entsprechend für das Ausscheiden eines Gesellschafters aus der Gesellschaft.

(3) Ist anzunehmen, daß der Tod eines Gesellschafters die Auflösung oder das Ausscheiden zur Folge gehabt hat, so kann, auch ohne daß die Erben bei der Anmeldung mitwirken, die Eintragung erfolgen, soweit einer solchen Mitwirkung besondere Hindernisse entgegenstehen.

Übersicht

	Rdn.		Rdn.
A. Normzweck	1	II. Ausscheiden eines Gesellschafters	5
B. Anmeldung von Auflösung und Ausscheiden	2	III. Anmeldepflicht	7
I. Auflösung der Gesellschaft	2	IV. Rechtsfolgen der (fehlenden) Eintragung	12

A. Normzweck

§ 143 HGB ist durch das Einführungsgesetz zur InsO neu gefasst worden. Die Vorschrift ergänzt die §§ 106, 107 HGB, in denen die Anmeldung der neu errichteten Gesellschaft und der Eintritt neuer Gesellschafter geregelt sind. Die Vorschrift hat insbesondere Bedeutung für den Vertrauensschutz nach § 15 HGB. Ebenfalls geregelt ist die Frage, wer die Anmeldung vorzunehmen hat, nicht aber Form und Verfahren der Anmeldung. Die Vorschrift gilt für OHG und KG (§ 161 Abs. 2 HGB), nicht aber für die GbR (GroßkommHGB/*Schäfer* § 143 Rn. 8).

B. Anmeldung von Auflösung und Ausscheiden

I. Auflösung der Gesellschaft

Eintragungspflichtig ist die Auflösung. Zum Begriff und den einzelnen Tatbeständen vgl. § 131 HGB Rdn. 7 ff. § 143 HGB gilt für alle Fälle der Auflösung, gleich aus welchem Grund, ausnehmlich der in Abs. 1 Satz 2 geregelten Insolvenzfälle und des Falls der Vermögenslosigkeit nach § 131 Abs. 2 Nr. 2 HGB (vgl. MüKo HGB/*K. Schmidt* § 143 Rn. 3, dann erübrigt sich die Eintragung der Auflösung), Abs. 1 Satz 4.

Im Fall des **Erlöschens** gilt nicht § 143 HGB, sondern § 157 HGB (Anmeldung erst nach Vollbeendigung der Gesellschaft, GroßkommHGB/*Schäfer* § 143 Rn. 4). Fallen Auflösung und Vollbeendigung ausnahmsweise zusammen, so bspw. wenn alle Beteiligungen in einer Hand zusammenfallen (der letzte Mitgesellschafter scheidet aus, wird ausgeschlossen oder ein Gesellschafter erwirbt alle Anteile), so liegt ein anmeldepflichtiger Vorgang vor. Streitig sind die Einzelheiten. In der Praxis wird überwiegend davon ausgegangen, dass die Auflösung der Gesellschaft anzumelden und einzutragen ist, verbunden mit der Eintragung des Ausscheidens des vorletzten Gesellschafters und – meist – des Erlöschens (BayObLG NZG 2001, 889, 890; OLG Düsseldorf NJW-RR 1998, 245, 246; a. A. MüKo HGB/*K. Schmidt* § 143 Rn. 4: Eintragung des Erlöschens der Firma; ROHGE 21, 192, 193: Anmeldung nur des Ausscheidens des vorletzten Gesellschafters). Richtigerweise gehört noch die Eintragung des Inhaberwechsels nach § 31 Abs. 1 HGB (und ggf. eine etwaige Änderung der Firma) dazu (E/B/J/S/*Lorz* § 143 Rn. 4 m. w. N.). Empfohlen wird die zusätzliche Eintragung, dass eine Liquidation nicht stattfindet (OLG Frankfurt am Main NZG 2004, 808, 809 m. w. N.).

4 § 143 HGB findet auch Anwendung, wenn die Firma zuvor zu Unrecht nicht eingetragen war (OLG Brandenburg, NZG 2002, 909, 910), die Gesellschaft ist dann mit der Auflösung einzutragen (Baumbach/Hopt/*Roth* § 143 Rn. 1), und im Fall der fehlerhaften Gesellschaft (zur fehlerhaften Gesellschaft vgl. ausführl. § 105 HGB Rdn. 79 ff.). Im Fall der Umwandlung ergibt sich die Anmeldepflicht aus anderen Vorschriften (GbR: §§ 31, 6 HGB; KG: § 161 HGB; Kapitalgesellschaft: §§ 198 Abs. 1, 199 UmwG; GroßkommHGB/*Schäfer* § 143 Rn. 7)

II. Ausscheiden eines Gesellschafters

5 Anmeldepflichtig ist auch das Ausscheiden eines Gesellschafters, wenn die Gesellschaft fortbesteht. Der Grund des Ausscheidens ist unerheblich, sämtliche Gründe des § 131 Abs. 3 HGB kommen in Betracht. Im Fall des durch Gesellschafterbeschluss zulässigen Ausschlusses ist das Ausscheiden bei wirksam gefasstem Beschluss auch bei anhängigem Rechtsstreit einzutragen (OLG Karlsruhe NJW-RR 1997, 169).

6 Wird ein Anteil in Form der **Rechtsnachfolge unter Lebenden** übertragen, liegt zwar kein Ausscheiden im technischen Sinne vor (MüKo HGB/*Schmidt* § 143 Rn. 7). Fingiert werden vielmehr das Ausscheiden des übertragenden und der Eintritt des erwerbenden Gesellschafters, kenntlich zu machen durch den sog. »Nachfolgevermerk« (BGH NJW 1981, 2747). Wird ein Anteil in Form der **Rechtsnachfolge von Todes wegen** übertragen gilt Gleiches (KG NGZ 2003, 122), ebenso wie für die **Umwandlung der Mitgliedschaft**, etwa von OHG-Beteiligung oder KG-Beteiligung (GroßkommHGB/*Schäfer* § 143 Rn. 13).

III. Anmeldepflicht

7 Die Anmeldepflicht ist eine öffentlich-rechtliche Pflicht. Sie kann nach § 14 HGB erzwungen werden (E/B/J/S/*Lorz* § 143 Rn. 8) und gibt den Gesellschaftern untereinander einen auf dem Gesellschaftsvertrag beruhenden zivilrechtlichen Anspruch (MünchHdb GesR I/*Klein* § 78 Rn. 41), wobei die Gesellschafter im Fall der Klage auf Feststellung der Mitwirkungspflicht (GroßkommHGB/ *Schäfer* § 143 Rn. 24) weder auf Aktiv- noch auf Passivseite notwendige Streitgenossen sind (BGH NJW 1959, 1683, 1684) und Einwendungen aus dem Gesellschaftsverhältnis nur begrenzt geltend gemacht werden können (etwa keine Mitwirkungspflicht, wenn der betroffene Gesellschafter einen Anspruch auf Auflösung der Gesellschaft hat, Baumbach/Hopt/*Roth* § 108 Rn. 6 m. w. N.). Die Anmeldepflicht trifft alle Gesellschafter, einschließlich des Ausgeschiedenen (BayObLG DB 1978, 1832), ebenso Scheingesellschafter (BGH WM 1966, 736).

8 Weiterhin **verpflichtet sind** die sämtlichen Erben (im Fall des Todes des Vorerben also auch der Nacherbe und die Erben des Vorerben, KG NJW-RR 1991, 835) des verstorbenen Gesellschafters, auch, soweit sie nicht nachfolge- oder eintrittsberechtigt sind (BayObLG BB 1993, 385). Eine gleichzeitige Anmeldung ist nicht erforderlich (MünchHdb GesR I/*Klein* § 78 Rn. 44), bei Unerreichbarkeit oder ungeklärter Erbfolge ist die Mitwirkung nach § 143 Abs. 3 entbehrlich (MünchHdb GesR I/*Klein* § 78 Rn. 41). Im Fall der Testamentsvollstreckung ist zu unterscheiden, bei angeordneter Dauer- oder Verwaltungsvollstreckung hat der Testamentsvollstrecker Anmeldeverpflichtung (BGH NJW 1989, 3152, 3153) und bei bloßer Abwicklungsvollstreckung nicht (KG NJW-RR 1991, 835, ausführl. dazu *Klein* DStR 1992, 326 f.; *Mayer* ZIP 1990, 976, 978).

9 **Bevollmächtigungen Einzelner**, etwa des Komplementärs oder geschäftsführenden Gesellschafters, sind zulässig und im Fall von Publikumsgesellschaften regelmäßig auch ohne explizite Regelung anzunehmen (MüKo HGB/*K. Schmidt* § 143 Rn. 10).

10 Für die **Form der Anmeldung** gelten die allgemeinen Vorschriften, § 12 HGB. Zuständig ist das Amtsgericht am Sitz der Gesellschaft. Die Nichteinhaltung der geforderten Form hindert die Wirksamkeit der dennoch erfolgten Eintragung nicht (OLG Köln DNotZ 1979, 54).

Die Anmeldung muss die für die Eintragung erforderlichen Angaben enthalten, insbesondere also hinreichende Angaben zum Auflösungs- oder Ausscheidensgrund, sodass der Registerrichter seiner Prüfungsfunktion nachkommen kann (E/B/J/S/*Lorz* § 143 Rn. 14). Soweit die Rechtsnachfolge in Kommanditanteile betroffen ist, ist die Eintragung von der Abgabe der »Abfindungsversicherung« abhängig zu machen, dass nämlich dem ausscheidenden Kommanditisten keine Abfindung aus dem Gesellschaftsvermögen versprochen oder gewährt worden ist (BGH NJW-RR 2006, 107). 11

IV. Rechtsfolgen der (fehlenden) Eintragung

Die Eintragung ist (bloß) **deklaratorisch** (Baumbach/Hopt/*Roth* § 143 Rn. 5). Allerdings knüpfen die Vorschriften der §§ 159, 160 HGB zur Sonderverjährung und Enthaftung an die Eintragung von Auflösung und Ausscheiden an (E/B/J/S/*Lorz* § 143 Rn. 16). Zu berücksichtigen ist zudem § 15 HGB. Die Gesellschafter können etwa eine nicht eingetragene Auflösung Dritten gegenüber nicht geltend machen, ebenso wenig wie ein nicht eingetragenes Ausscheiden, soweit der Dritte nicht positive Kenntnis hiervon hat. Positive Kenntnis liegt dabei nicht schon mit Kenntnis vom Ausscheidens- oder Auflösungsgrund vor (BGH NJW 1976, 848, 849). 12

Ein besonders gravierender Fall ist derjenige der Forthaftung für Verbindlichkeiten der Gesellschaft nach § 128 HGB, die nach Ausscheiden, aber vor dessen Eintragung eingegangen wurden (vgl. § 128 HGB Rdn. 55 ff.). 13

§ 144 [Fortsetzung nach Insolvenz der Gesellschaft]

(1) Ist die Gesellschaft durch die Eröffnung des Insolvenzverfahrens über ihr Vermögen aufgelöst, das Verfahren aber auf Antrag des Schuldners eingestellt oder nach der Bestätigung eines Insolvenzplans, der den Fortbestand der Gesellschaft vorsieht, aufgehoben, so können die Gesellschafter die Fortsetzung der Gesellschaft beschließen.

(2) Die Fortsetzung ist von sämtlichen Gesellschaftern zur Eintragung in das Handelsregister anzumelden.

Übersicht	Rdn.		Rdn.
A. Normzweck	1	C. Rechtsfolge	6
B. Fortsetzung der Gesellschaft	2	D. Handelsregisteranmeldung	7

A. Normzweck

§ 144 HGB ist eine bereits im HGB von 1897 enthaltene und im Rahmen der Einführung der InsO neu gefasste Vorschrift. Sie regelt die Fortsetzung der durch die Eröffnung des Insolvenzverfahrens aufgelösten Gesellschaft für zwei explizit genannte Fälle. 1

B. Fortsetzung der Gesellschaft

Voraussetzung für die Fortsetzung ist nach dem Wortlaut die **Auflösung der Gesellschaft** nach § 131 Abs. 1 Nr. 3 HGB. Für den Fall der Einstellung des Konkursverfahrens mangels Masse hat der BGH (NJW 1995, 196) eine entsprechende Anwendung des § 144 KO a. F. angenommen. Es wird überwiegend davon ausgegangen, dass dies auch heute noch im Fall der Einstellung mangels Masse, § 207 InsO (Baumbach/Hopt/*Roth* § 144 Rn. 1, a. A. MüKo HGB/*K. Schmidt* § 144 Rn. 3: Fortsetzung nach allgemeinen Grundsätzen), ebenso wie für die Fälle der Aufhebung des Insolvenzverfahrens nach Abhaltung des Schlusstermins, § 200 InsO (E/B/J/S/*Lorz* § 144 Rn. 5 und genauso, trotz anderer Grundargumentation MüKo HGB/*K. Schmidt* § 144 Rn. 3), der Feststellung der Masseunzulänglichkeit, § 211 InsO (E/B/J/S/*Lorz* § 144 Rn. 5, allerdings mit dem zutreffenden Hinweis darauf, dass der die Frage positiv regelnde § 323 Abs. 2 RegE nicht ins Gesetz übernommen wurde) und den Fall der Einstellung des Verfahrens wegen Wegfalls des Eröffnungsgrundes 2

(GroßkommHGB/*Schäfer* § 144 Rn. 3) gilt. Nach Vollbeendigung scheidet eine Fortsetzung aus (BGH NJW 1995, 196).

3   Das Verfahren kann auf **Antrag des Schuldners** eingestellt werden, wenn die Voraussetzungen des § 213 Abs. 1 Satz 1 InsO gegeben sind. In der Alternative des bestätigten Insolvenzplans muss dieser die Fortsetzung der Gesellschaft vorsehen und das Gericht diesen nach § 248 InsO bestätigt haben (GroßkommHGB/*Schäfer* § 144 Rn. 8).

4   Der Fortsetzungsbeschluss ist grundsätzlich **einstimmig** zu fassen, § 119 HGB. Gesellschaftsrechtliche Mehrheitsklauseln sind zulässig, eine allgemeine Mehrheitsklausel dürfte jedoch dem Bestimmtheitsgrundsatz nicht genügen (MüKo HGB/*K. Schmidt* § 144 Rn. 8). Selbst ein stillschweigender Beschluss ist zulässig (E/B/J/S/*Lorz* § 144 Rn. 6), er kann etwa in der Zustimmung zum Insolvenzplan nach § 230 InsO liegen (GroßkommHGB/*Schäfer* § 144 Rn. 9).

5   Die Übernahme durch einen Gesellschafter ist eine Abwicklungsmaßnahme, kein Fortsetzungsbeschluss (MüKo HGB/*K. Schmidt* § 144 Rn. 9). Wird ein Fortsetzungsbeschluss nicht gefasst, bleibt die Gesellschaft aufgelöst, ein Liquidationsverfahren schließt sich an (MünchHdb GesR I/*Butzer/Knof* § 85 Rn. 50). Zum Verhältnis zwischen Insolvenzverfahren und gesellschaftsrechtlicher Liquidation s. MüKo HGB/*K. Schmidt* Anh. § 158 Rn. 41.

C. Rechtsfolge

6   Die fortgesetzte Gesellschaft ist **identisch** mit der aufgelösten Gesellschaft, sie wird **ex nunc** und identitätswahrend in eine werbende Gesellschaft zurückverwandelt (E/B/J/S/*Lorz* § 144 Rn. 7). Sie haftet für deren Verbindlichkeiten ebenso wie solche aus dem Insolvenzplan (RGZ 28, 130, 133 zum Zwangsvergleich). In der Zwischenzeit begründete Rechte Dritter werden nicht beeinträchtigt (Baumbach/Hopt/*Roth* § 144 Rn. 3). Die Vertretungsbefugnisse der Liquidatoren enden, mangels anderer Abweichung gilt die Regelung des Gesellschaftsvertrages. Rechtsstreitigkeiten, die durch Verfahrenseröffnung unterbrochen waren, gehen weiter; für die Fälle der Aufnahme oder des Führens von Prozessen durch den Insolvenzverwalter vgl. BGH NJW 1982, 1765, 1766; OLG Köln ZIP 1987, 1004; E/B/J/S/*Lorz* § 144 Rn. 8.

D. Handelsregisteranmeldung

7   Die Anmeldung der Fortsetzung hat durch **sämtliche Gesellschafter** zu erfolgen, § 144 Abs. 2 HGB. Sie kann durch Zwangsgeld erzwungen werden, § 14 HGB. Daneben wird die (ebenfalls deklaratorische) Eintragung der Beendigung des Insolvenzverfahrens von Amts wegen vorgenommen, §§ 6, 32 HGB. Die Folgen der Eintragung/Nichteintragung werden nach § 15 HGB bestimmt. So kann sich die Gesellschaft bei Nichteintragung nicht auf das Erlöschen der Vertretungsmacht der Liquidatoren berufen, es sei der Dritte kannte das Erlöschen positiv (E/B/J/S/*Lorz* § 144 Rn. 9).

Fünfter Titel Liquidation der Gesellschaft

§ 145 [Notwendigkeit der Liquidation]

(1) Nach der Auflösung der Gesellschaft findet die Liquidation statt, sofern nicht eine andere Art der Auseinandersetzung von den Gesellschaftern vereinbart oder über das Vermögen der Gesellschaft das Insolvenzverfahren eröffnet ist.

(2) Ist die Gesellschaft durch Kündigung des Gläubigers eines Gesellschafters oder durch die Eröffnung des Insolvenzverfahrens über das Vermögen eines Gesellschafters aufgelöst, so kann die Liquidation nur mit Zustimmung des Gläubigers oder des Insolvenzverwalters unterbleiben; ist im Insolvenzverfahren Eigenverwaltung angeordnet, so tritt an die Stelle der Zustimmung des Insolvenzverwalters die Zustimmung des Schuldners.

(3) Ist die Gesellschaft durch Löschung wegen Vermögenslosigkeit aufgelöst, so findet eine Liquidation nur statt, wenn sich nach der Löschung herausstellt, dass Vermögen vorhanden ist, das der Verteilung unterliegt.

Übersicht

	Rdn.		Rdn.
A. Überblick und Normzweck	1	2. Aktivvermögen	5
B. Insolvenz der OHG	2	II. Rechtsfolgen	6
C. Liquidation	3	D. Andere Art der Auseinandersetzung	10
I. Voraussetzungen der Liquidation	3	I. Vereinbarung der Gesellschafter	10
1. Auflösung der Gesellschaft	3	II. Zustimmungserfordernisse	13

A. Überblick und Normzweck

Die Auflösung der OHG gem. § 131 HGB hat zunächst keine Auswirkungen auf deren Eigenschaft 1
als Rechtsträger und damit auf ihren Gesellschafterbestand und das Gesellschaftsvermögen (RGZ 155, 75, 85; E/B/J/S/*Hillmann* § 145 Rn. 1). Daher ist eine zusätzlich eine Auseinandersetzung der aufgelösten OHG erforderlich. Diese erfolgt gem. § 145 Abs. 1 HGB regelmäßig durch Liquidation, wenn nicht bereits ein Insolvenzverfahren über das Gesellschaftsvermögen eröffnet wurde und die Gesellschafter keine andere Art der Auseinandersetzung vereinbart haben. Die §§ 145 ff. HGB enthalten **überwiegend dispositive** Regelungen über die Art und Weise der **Liquidation als gesetzliches Abwicklungsverfahren**. Sie gelten auch für die KG (vgl. § 161 Abs. 2 HGB), die Partnerschaftsgesellschaft (vgl. § 10 Abs. 1 PartGG) und die EWIV (vgl. Art. 35 EWIVVO, § 1 EWIV-AusfG), nicht jedoch für die GbR (vgl. §§ 730 ff. BGB).

B. Insolvenz der OHG

Kein Raum für eine Liquidation bleibt, wenn bereits ein Insolvenzverfahren über das Vermögen 2
der OHG eröffnet wurde. Die Verwertung des Gesellschaftsvermögens erfolgt in diesem Fall nach den Vorschriften der InsO und obliegt dem Insolvenzverwalter. Anders als nach dem Recht der KO übernimmt der Insolvenzverwalter seit Inkrafttreten der InsO am 01.01.1999 auch Liquidatorenaufgaben. Auch nach Abschluss des Insolvenzverfahrens kommt es nicht mehr zu einer Liquidation der Gesellschaft. Denn gem. § 199 Satz 2 InsO hat der Insolvenzverwalter einen nach Befriedigung der Gläubiger verbleibenden Überschuss an die Gesellschafter herauszugeben.

C. Liquidation

I. Voraussetzungen der Liquidation

1. Auflösung der Gesellschaft

Voraussetzung der Liquidation nach §§ 145 ff. HGB ist die Auflösung der Gesellschaft nach 3
§§ 131 ff. HGB aus den in der Satzung festgelegten bzw. in § 131 Abs. 3 HGB geregelten Gründen. Eine Ausnahme bildet die Auflösung durch Eröffnung eines Insolvenzverfahrens über das Gesellschaftsvermögen gem. § 131 Abs. 1 Nr. 3 HGB, bei welcher keine Liquidation stattfindet. Bei Auflösung der OHG durch **Löschung wegen Vermögenslosigkeit** gem. §§ 131 Abs. 2 Satz 1 Nr. 2 HGB, 141 FGG geschieht ebenfalls regelmäßig keine Liquidation. Etwas anderes gilt gem. Abs. 3 nur dann, wenn sich nach der Löschung herausstellt, dass verteilungsfähiges Vermögen vorliegt. Ebenfalls keine Liquidation erfolgt bei Kündigung einer zweigliedrigen OHG durch einen Mitgesellschafter und Übernahme durch den anderen Gesellschafter (BGH WM 1973, 781).

Eine Liquidation erfolgt ferner nicht, wenn die OHG als Rechtsträger bereits **erloschen** ist (E/B/J/ 4
S/*Hillmann* § 145 Rn. 7; Schlegelberger/*K. Schmidt* § 145 Rn. 3, 16), etwa bei Gesamtrechtsnachfolge durch Übertragung des Gesellschaftsvermögens (BGHZ 1, 324, 327) auf einen Dritten oder bei Übernahme durch einen Gesellschafter.

2. Aktivvermögen

5 Eine Liquidation der OHG erfolgt nur, wenn noch **Aktivvermögen vorhanden** ist (RGZ 40, 29, 31; BGHZ 24, 91, 93 f.; 26, 126, 130 f.; Baumbach/Hopt/*Roth* § 145 Rn. 2; E/B/J/S/*Hillmann* § 145 Rn. 8; K/R/M/*Koller* § 145 Rn. 2; a.A. Schlegelberger/*K. Schmidt* § 145 Rn. 17, § 155 Rn. 2; MüKo HGB/*K. Schmidt* § 145 Rn. 17). Denn Ziel der Liquidation ist einzig die Verteilung vorhandenen Reinvermögens. Etwaig vorhandene Gesellschaftsverbindlichkeiten oder Sozialansprüche der ansonsten vermögenslosen Gesellschaft erfordern keine Liquidation, weil die Gesellschafter den Gläubigern persönlich für die Schulden haften. Ein interner Ausgleich unter den Gesellschaftern findet nach den Regeln der §§ 421 ff. BGB und damit außerhalb der Liquidation statt. Für eine Liquidation bleibt daher kein Raum (BGH WM 1983, 1381 [zur KG]; a.A. GroßkommHGB/*Habersack* § 145 Rn. 9).

II. Rechtsfolgen

6 Liegt ein Auflösungsgrund vor, tritt die OHG – ohne dass ein besonderer Rechtsakt erforderlich wäre – in das Liquidationsstadium ein, sie wird zur **Liquidationsgesellschaft** (RGZ 155, 75, 84). Das Liquidationsstadium endet erst, wenn das gesamte Gesellschaftsvermögen verteilt ist. Die Liquidationsgesellschaft ist rechtlich identisch mit der werbenden Gesellschaft. Lediglich der Gesellschaftszweck ändert sich. Er beschränkt sich auf die **Abwicklung und Aufteilung des Gesellschaftsvermögens**. Die Gesellschaft darf aber noch (in beschränktem Maße) werbende Geschäfte tätigen (BGHZ 1, 324, 329; BGH WM 1964, 152). Die gesellschaftliche Treuepflicht bleibt bestehen (zur GbR: BGH ZIP 2003, 74), verringert sich aber nach Maßgabe des geänderten Gesellschaftszwecks (BGH NJW 1971, 802; vgl. im Übrigen zur Rechtsposition der Gesellschafter in der Liquidation die Anm. zu § 156 HGB). Die Liquidationsgesellschaft bleibt dennoch Handelsgesellschaft (LG Kaiserslautern RPfleger 1985, 121; Baumbach/Hopt/*Roth* § 145 Rn. 2; E/B/J/S/*Hillmann* § 145 Rn. 11), die Gesellschafter bleiben Kaufleute (RG JW 1930, 2744). Sie bleibt rechts- und parteifähig, eine gegen sie gerichtete Zwangsvollstreckung ist ohne Titelumschreibung möglich.

7 Bestehende Rechtsverhältnisse mit Dritten werden nicht berührt. Allerdings kann infolge der Zweckänderung die Geschäftsgrundlage für bestehende Verträge entfallen bzw. ein **außerordentliches Kündigungsrecht** entstehen. Die Geschäftsführungs- und Vertretungsbefugnisse gehen auf die Liquidatoren (§§ 146 ff. HGB) über. Erteilte Prokuren erlöschen mit der Auflösung (RGZ 72, 119, 123), können jedoch als auf die Liquidationsgeschäfte beschränkte Handlungsvollmachten ausgelegt werden (Baumbach/Hopt/*Roth* § 145 Rn. 4).

8 Die Gesellschafter sind nach der Auflösung einander – nicht aber Dritten gegenüber – dazu verpflichtet, die Liquidation der OHG voranzutreiben, etwas anderes kann sich u. U. aus der gesellschaftlichen Treuepflicht ergeben (BGH WM 1986, 68, 69 f.). Sie können jedoch auch (mangels anderweitiger Vertragsbestimmung: einstimmig) beschließen, die Gesellschaft fortzusetzen. Die OHG wird damit von der Liquidationsgesellschaft wieder zur werbenden Gesellschaft (BGHZ 1, 324; zur GbR: BGH NJW 1995, 2843, 2844). Die Aufschiebung der Liquidation ist hingegen nur bei Vorliegen beachtlicher Gründe zulässig und kann auch dann nur für einen bestimmten Zeitraum erfolgen (BGHZ 1, 324; zur GbR: BGH NJW 1995, 2843, 2844). Ein beachtlicher Grund kann etwa angenommen werden, wenn eine Zerschlagung des Gesellschaftsvermögens zu einem späteren Zeitpunkt wirtschaftlich betrachtet sinnvoller wäre. Eine Vereinbarung der Gesellschafter, dass nach der Auflösung weder eine Liquidation noch eine andere Art der Auseinandersetzung stattfinden soll, wäre hingegen unwirksam (BGHZ 1, 324). Diese würde die erforderliche Verteilung des gesamthänderisch gebundenen Vermögens verhindern.

9 Forderungen der Gesellschafter gegen die OHG sowie der Gesellschafter untereinander können in der Liquidation nicht mehr selbstständig geltend gemacht werden, sie werden bloße Rechnungsposten in der Auseinandersetzung (BGHZ 37, 299, 304 [zur KG]; BGH NJW 1968, 2005). Ausnahmsweise ist eine gerichtliche Durchsetzung möglich, wenn schon vor der Liquidation feststeht, dass der Gesellschafter jedenfalls einen bestimmten Betrag verlangen kann (zur GbR: BGH NJW

1995, 188; OLG Hamm NZG 2004, 765), oder wenn ein Schadensersatzanspruch gegen einen Gesellschafter geltend gemacht wird, der die Liquidation absichtlich verzögert (BGH NJW 1968, 2005). Eine Feststellungsklage bleibt in jedem Fall möglich (BGH NJW 1985, 1898), auch kann eine bis zur Auseinandersetzungsabrechnung unbegründete Leistungsklage in eine Feststellungsklage umgedeutet werden (zur GbR: BGH NJW 1995, 188; NZG 2003, 215 f.).

D. Andere Art der Auseinandersetzung

I. Vereinbarung der Gesellschafter

Wie sich aus Abs. 1 ergibt, können die Gesellschafter eine andere Art der Abwicklung der OHG vereinbaren. Üblicherweise ist eine solche Vereinbarung bereits bei Gründung der OHG **im Gesellschaftsvertrag** enthalten, sie kann jedoch auch noch **nach Auflösung der Gesellschaft** gesondert getroffen werden (OLG Hamm ZIP 1984, 180, 181). Eine bereits begonnene Liquidation nach §§ 145 ff. HGB wird dann beendet. Eine entsprechende Beschlussfassung hat **grundsätzlich einstimmig** zu erfolgen. Mehrheitsbeschlüsse sind möglich, soweit dies nach der Satzung zulässig ist. Die Kernbereichslehre ist hierbei zu beachten (BGH NJW 1995, 194 f. [zur KG]; E/B/J/S/*Hillmann* § 145 Rn. 16; zur Kernbereichslehre vgl. ausführl. § 109 HGB Rdn. 23). Liquidationsvereinbarungen, die in den **Kernbereich der Mitgliedschaft** eingreifen, bedürfen daher in jedem Fall der Zustimmung des betreffenden Gesellschafters (BGH WM 1966, 876; E/B/J/S/*Hillmann* § 145 Rn. 16; GroßkommHGB/*Habersack* § 145 Rn. 24). Dementsprechend wäre ein Mehrheitsbeschluss unwirksam, der eine ungewöhnliche Art der Liquidation vorsieht, wie etwa den rückwirkenden Übergang des gesamten Gesellschaftsvermögens auf einen Gesellschafter (BGH WM 1966, 876) oder den Ausschluss eines Gesellschafters von der Beteiligung am Liquidationserlös (zur KG: BGH NJW 1995, 194 f.).

Es sind verschiedene Arten der Auseinandersetzung denkbar. So kann das Vermögen der OHG insgesamt auf einen Gesellschafter übertragen werden, etwa indem die übrigen Gesellschafter austreten oder ihre Gesellschaftsanteile an den verbleibenden Gesellschafter abtreten. Die ausscheidenden Gesellschafter könnten durch eine Abfindung entschädigt werden. Auch kann die Gesellschaft unter Erhaltung des Werts des von ihr betriebenen Unternehmens liquidiert werden, z. B. durch Veräußerung des Unternehmens aus der Liquidationsmasse an einen Gesellschafter (OLG Oldenburg WM 1955, 383 f.) oder einen Dritten.

Möglich ist auch eine **Umwandlung der OHG** durch Verschmelzung (§ 2 UmwG), Spaltung (§§ 123 ff. UmwG), Vermögensübertragung (§§ 174 ff. UmwG) oder durch Formwechsel in eine andere Rechtsform (§ 191 Abs. 3 UmwG), wobei in letzterem Fall ein Beschluss der Gesellschafter über die Fortsetzung der Gesellschaft erforderlich ist (E/B/J/S/*Hillmann* § 145 Rn. 23). Vgl. zu den Möglichkeiten der Umwandlung ausführl. Kap. 2.

II. Zustimmungserfordernisse

Gem. Abs. 2 kann die Liquidation bei Auflösung durch Kündigung des Gläubigers eines Gesellschafters und bei Auflösung durch die Eröffnung des Insolvenzverfahrens über das Vermögen eines Gesellschafters (vgl. § 131 Abs. 3 Satz 1 Nr. 3 und 4 HGB) nur mit Zustimmung des Gläubigers bzw. des Insolvenzverwalters unterbleiben. In diesen Fällen ist auch eine anderweitige Vereinbarung über die Auseinandersetzung zustimmungsbedürftig. Unterbleibt die Zustimmung, hat eine Abwicklung nach den gesetzlichen Vorschriften zu erfolgen. Eine Zustimmungspflicht – etwa als Ausprägung der gesellschaftlichen Treuepflicht – besteht nicht (E/B/J/S/*Hillmann* § 145 Rn. 21; Schlegelberger/*K. Schmidt* § 145 Rn. 57; GroßkommHGB/*Habersack* § 145 Rn. 32).

Erfasst sind auch die Fälle, in denen ein Gesellschafter nach der Auflösung in Insolvenz gerät oder wenn ein Gläubiger den Auseinandersetzungsanspruch pfändet (E/B/J/S/*Hillmann* § 145 Rn. 19; Schlegelberger/*K. Schmidt* § 145 Rn. 54; GroßkommHGB/*Habersack* § 145 Rn. 28). Dies gilt jedoch nur hinsichtlich solcher Auseinandersetzungsvereinbarungen, die nach der Eröffnung des Insolvenzverfahrens bzw. nach erfolgter Pfändung getroffen werden (E/B/J/S/*Hillmann* § 145 Rn. 20).

§ 146 [Bestellung der Liquidatoren]

(1) ¹Die Liquidation erfolgt, sofern sie nicht durch Beschluß der Gesellschafter oder durch den Gesellschaftsvertrag einzelnen Gesellschaftern oder anderen Personen übertragen ist, durch sämtliche Gesellschafter als Liquidatoren. ²Mehrere Erben eines Gesellschafters haben einen gemeinsamen Vertreter zu bestellen.

(2) ¹Auf Antrag eines Beteiligten kann aus wichtigen Gründen die Ernennung von Liquidatoren durch das Gericht erfolgen, in dessen Bezirke die Gesellschaft ihren Sitz hat; das Gericht kann in einem solchen Falle Personen zu Liquidatoren ernennen, die nicht zu den Gesellschaftern gehören. ²Als Beteiligter gilt außer den Gesellschaftern im Falle des § 135 auch der Gläubiger, durch den die Kündigung erfolgt ist. ³Im Falle des § 145 Abs. 3 sind die Liquidatoren auf Antrag eines Beteiligten durch das Gericht zu ernennen.

(3) Ist über das Vermögen eines Gesellschafters das Insolvenzverfahren eröffnet und ist ein Insolvenzverwalter bestellt, so tritt dieser an die Stelle des Gesellschafters.

Übersicht	Rdn.			Rdn.
A. Übersicht und Normzweck	1	C.	Gekorene Liquidatoren durch Gesellschaftsvertrag oder Gesellschafterbeschluss	4
B. Gesellschafter als geborene Liquidatoren	2	D.	Ernennung durch das Gericht	5

A. Übersicht und Normzweck

1 Die Vorschrift enthebt die Liquidation den Händen der Gesellschafter und stellt damit eine **Einschränkung des Grundsatzes der Selbstorganschaft** dar (MüKo HGB/*K. Schmidt* § 146 Rn. 2; GroßkommHGB/*Habersack* § 146 Rn. 6; zum Grundsatz der Selbstorganschaft vgl. ausführl. § 109 HGB Rdn. 16; § 125 HGB Rdn. 2 f.). Diese verlieren ihre Geschäftsführungs- und Vertretungsbefugnisse grundsätzlich an die Liquidatoren (OLG Köln BB 1959, 463). Erfolgt die Auseinandersetzung aufgrund einer abweichenden Vereinbarung der Gesellschafter nicht durch Liquidation, werden vorbehaltlich § 158 keine Liquidatoren bestellt. Geschäftsführungs- und Vertretungsbefugnisse verbleiben dann bei den Gesellschaftern (vgl. Baumbach/Hopt/*Hopt* § 146 Rn. 1).

B. Gesellschafter als geborene Liquidatoren

2 Soweit der Gesellschaftsvertrag nichts anderes bestimmt bzw. die Gesellschafter nichts anderes beschließen, erfolgt die Liquidation durch **sämtliche Gesellschafter** als Liquidatoren. Einbezogen sind auch die Gesellschafter, die zuvor keine Geschäftsführungs- oder Vertretungsbefugnisse hatten. Im Fall des Todes eines Gesellschafters haben sich dessen Erben auf einen **gemeinsamen Vertreter** zu einigen (Abs. 1 Satz 2), der die Liquidationsaufgaben übernimmt. Im Fall der Insolvenz eines Gesellschafters tritt gem. Abs. 3 der Insolvenzverwalter an die Stelle des Gesellschafters, er wird Liquidator, soweit der Gesellschafter Liquidator würde (vgl. BGH ZIP 1981, 181; Röhricht/v. Westphalen/*v. Gerkan* § 146 Rn. 11).

3 Die Liquidatoren erlangen ihre Stellung **kraft Gesetzes**, eine Annahme ist nur für den Erbenvertreter erforderlich (*Ensthaler/Fahse* § 146 Rn. 2). Das Liquidatorenamt beginnt mit der Auflösung der OHG und endet vorbehaltlich § 147 mit deren Vollbeendigung. Während Gesellschafter-Liquidatoren aufgrund ihrer gesellschaftlichen Pflichten tätig werden, trifft dies für Dritt-Liquidatoren nicht zu. Diese sind auch im Fall der gerichtlichen Bestellung nicht verpflichtet, das Amt anzunehmen (Schlegelberger/*K. Schmidt* § 146 Rn. 10). Regelmäßig wird ein Dritt-Liquidator auf der Grundlage eines Dienstvertrags mit der Gesellschaft (§ 612 BGB) tätig und ist daher zu vergüten.

Wird der Dritt-Liquidator gerichtlich bestellt, muss das Gericht auch dessen Vergütung festsetzen, deren Höhe sich an der Vergütung des Insolvenzverwalters orientieren soll (OLG Hamburg MDR 1973, 54). Gesellschafter-Liquidatoren können eine Vergütung hingegen nur beanspruchen, wenn dies ausdrücklich vereinbart wurde oder wenn die erforderlichen Tätigkeiten über das Übliche hinausgehen (BGHZ 17, 299, 301; E/B/J/S/*Hillmann* § 146 Rn. 4). Durch Beschluss kann die Vergütung eines Gesellschafter-Liquidators wieder entzogen werden (vgl. OLG Hamm BB 1960, 1355 [zur KG]; Baumbach/Hopt/*Roth* § 146 Rn. 4)

C. Gekorene Liquidatoren durch Gesellschaftsvertrag oder Gesellschafterbeschluss

Im Gesellschaftsvertrag oder durch besonderen (mangels anderweitiger Bestimmung: einstimmigen) Gesellschafterbeschluss können auch andere Personen als die Gesellschafter zu gekorenen Liquidatoren bestimmt werden. Denkbar ist insbesondere die Bestellung einzelner Gesellschafter zu Liquidatoren. Auch **Dritte**, wie etwa Gläubiger der OHG können bestellt werden. **Juristische Personen** oder **Personenhandelsgesellschaften** (KG JW 1930, 1410 f.) kommen ebenfalls als Liquidatoren in Betracht. Ein gekorener Liquidator erlangt seine Amtsstellung nicht kraft Gesetzes, sondern erst mit der (grundsätzlich freiwilligen, vgl. zur KG: BayObLG DB 1981, 518) Annahme des Amtes. Fällt ein gekorener Liquidator weg, treten bis zur Bestellung eines neuen die Gesellschafter in ihrer Gesamtheit an dessen Stelle (zur KG: OLG Hamm DB 1982, 274). Sieht die Satzung hingegen die Bestellung eines Liquidators durch Gesellschafterbeschluss nach der Auflösung vor, soll dies nach herrschender Ansicht bedeuten, dass die Gesellschaft in der Zwischenzeit gar keinen gesetzlichen Vertreter hat (OLG Bremen BB 1978, 275 [zur KG]; Baumbach/Hopt/*Hopt* § 146 Rn. 4; differenzierend: Schlegelberger/*K. Schmidt* § 146 Rn. 11).

4

D. Ernennung durch das Gericht

Ist eine ordnungsgemäße Liquidation nicht zu erwarten, kann auf **Antrag** eines Beteiligten die Benennung der Liquidatoren durch das Gericht erfolgen. Bereits vor Auflösung ist eine vorsorgliche Bestellung des Liquidators möglich (KG HRR 39, 95). Über den Antrag entscheidet durch Beschluss nach pflichtgemäßem Ermessen das Amtsgericht als **Gericht der freiwilligen Gerichtsbarkeit** (§ 145 Abs. 1 FGG), in dessen Bezirk die Gesellschaft ihren Sitz hat, nicht jedoch das Prozessgericht im Wege des einstweiligen Rechtsschutzes (OLG Frankfurt am Main NJW-RR 1989, 99). Das Gericht ist nicht an den Antrag gebunden (RG Recht 1914 Nr. 1148), darf aber über einen bestimmt gefassten Antrag nicht herausgehen.

5

Beteiligte und damit antragsberechtigt sind die Gesellschafter und deren Erben, Gläubiger im Fall des § 135, der Insolvenzverwalter und der Testamentsvollstrecker, nicht jedoch der Nachlassverwalter (BayObLG BB 1988, 791; a. A. Baumbach/Hopt/*Hopt* § 146 Rn. 5). Im Fall des § 135 HGB tritt der Gläubiger neben den betroffenen Gesellschafter in den Kreis der Antragsberechtigten.

6

Voraussetzung ist, dass ein **wichtiger Grund** vorliegt. Ein solcher ist anzunehmen, wenn ohne Eingreifen des Gerichts die Interessen der aufgelösten Gesellschaft oder eines Beteiligten erheblich beeinträchtigt werden könnten (OLG Hamm BB 1958, 497). Als wichtiger Grund wurden in der Rechtsprechung bisher angesehen: ein feindseliges Verhältnis zwischen mehreren Liquidatoren (KG NJW-RR 1999, 831; BayObLGZ 26, 18), zumindest dann, wenn eine gemeinschaftliche Tätigkeit der Liquidatoren erforderlich ist (RG JW 1897, 290); Pflichtverstöße der Liquidatoren (OLG Hamm BB 1958, 497); Zweifel an der Kompetenz der Liquidatoren (RG JW 1897, 290; BayObLGZ 23, 193; BayObLG WM 1978, 1164; zur KG: OLG Hamm BB 1960, 918); die Gefahr eines Interessenkonflikts eines Liquidators (RGZ 162, 370, 377; OLG Hamm BB 1958, 497); die Verschleppung der Liquidation durch die Liquidatoren (OLG Braunschweig OLGE 24, 136, 137) und die Nichtbestellung eines gemeinsamen Vertreters durch die Erben gem. Abs. 1 Satz 2 (Baumbach/Hopt/*Roth* § 146 Rn. 6).

7

Lehleiter

§ 147 [Abberufung von Liquidatoren]

Die Abberufung von Liquidatoren geschieht durch einstimmigen Beschluß der nach § 146 Abs. 2 und 3 Beteiligten; sie kann auf Antrag eines Beteiligten aus wichtigen Gründen auch durch das Gericht erfolgen.

Übersicht

	Rdn.		Rdn.
A. Beendigung der Liquidatorenstellung	1	C. Abberufung durch das Gericht	5
B. Abberufung durch Beschluss	2	D. Weitere Beendigungsgründe	7

A. Beendigung der Liquidatorenstellung

1   Das Liquidatorenamt endet außer mit Vollbeendigung der OHG durch Abberufung, Amtsniederlegung oder Tod des Liquidators oder durch Übergang zu einer anderen Art der Auseinandersetzung (BayObLG DB 1981, 518 zur KG). Die Abberufung geschieht vorrangig durch Beschluss der Beteiligten, nur bei Vorliegen eines wichtigen Grundes durch das Gericht auf Antrag eines Beteiligten.

B. Abberufung durch Beschluss

2   Eine Abberufung ist möglich durch Beschluss der Beteiligten (vgl. § 146 HGB Rdn. 6). Diese Möglichkeit besteht für sämtliche Liquidatoren, sowohl für die vom Gericht nach § 146 Abs. 2 HGB bestellten als auch für einen Insolvenzverwalter, der als Liquidator tätig ist.

3   Der Abberufungsbeschluss muss grundsätzlich **einstimmig** erfolgen, der Gesellschaftsvertrag kann aber auch eine **Mehrheitsentscheidung** vorsehen (Baumbach/Hopt/*Roth* § 147 Rn. 1). Die Abberufung der vom Gericht bestellten Liquidatoren bedarf allerdings immer der Zustimmung des Beteiligten, der die Bestellung beantragt hatte. Sollen durch Gesellschaftsvertrag gekorene Liquidatoren abberufen werden, muss immer ein wichtiger Grund hierfür vorliegen (OLG Düsseldorf DB 2002, 39 zur GmbH; K/R/M/*Koller* § 147 Rn. 2; dazu sogleich Rdn. 5).

4   Wirksam wird die Abberufung mit ihrer Erklärung gegenüber dem Liquidator (E/B/J/S/*Hillmann* § 147 Rn. 5). Sie entfaltet keine Rückwirkung (OLG Frankfurt am Main BB 1981, 1801). Die Erklärung kann als Kündigung eines daneben bestehenden Dienst- bzw. Geschäftsbesorgungsvertrages zu verstehen sein (vgl. BayObLG DB 1981, 518 [zur KG]; Röhricht/v. Westphalen/*v. Gerkan* § 147 Rn. 3; a. A. Baumbach/Hopt/*Roth* § 147 Rn. 1; *Ensthaler/Fahse* § 147 Rn. 4: Fortfall des Liquidatorenamts als wichtiger Kündigungsgrund).

C. Abberufung durch das Gericht

5   Auf **Antrag** eines Beteiligten (vgl. § 146 HGB Rdn. 6) kann die Abberufung durch das Gericht (vgl. § 146 HGB Rdn. 5) erfolgen, wenn ein wichtiger Grund vorliegt. Einen **wichtigen Grund** bilden Umstände, die die weitere Amtsstellung des Liquidators für den Antragsteller unzumutbar machen (BayObLG DB 1998, 255; OLG Düsseldorf NJW-RR 1999, 37 f.; Röhricht/v. Westphalen/*v. Gerkan* § 147 Rn. 8); entscheidend ist die Gefährdung des Abwicklungszwecks (OLG Hamm BB 1954, 913; BayObLG BB 1996, 234 f. zur GmbH). Die Voraussetzungen hierfür sind enger als für die Abberufung des Geschäftsführers gem. § 117 HGB (OLG Hamm, BB 1960, 918 zur KG; vgl. auch zur GmbH: BayObLG DB 1987, 1882, 1883). Im Einzelfall dürften die Kriterien ähnlich denen sein, die auch die Ernennung von Liquidatoren rechtfertigen (§ 146 HGB Rdn. 7). Bejaht hat die Rechtsprechung das **Vorliegen eines wichtigen Grundes** in folgenden Fällen: Der Gesellschafter-Liquidator zahlt sich ein Gehalt aus, das die Gesellschafter zwar zunächst bewilligt, später aber widerrufen haben (zur KG: OLG Hamm BB 1960, 1355); der Liquidator will das Unternehmen veräußern, ohne die nach dem Markt gebotene Preisbildung zu beachten (OLG Hamm BB 1954, 913); Zweifel an der Unparteilichkeit des Liquidators (BayObLG DB 1998, 255) oder Feindseligkeiten zwischen zwei Liquidatoren (KG NZG 1999, 437).

Das Abberufungsverfahren kann analog § 148 ZPO ausgesetzt werden, etwa bei Anhängigkeit eines 6
Rechtsstreits über die erfolgte Auflösung der OHG oder über die Fortführung des Unternehmens
durch einen Gesellschafter (BayObLG NJW 1964, 2353). Gegen die Abberufung besteht ein selbstständiges Beschwerderecht des einzelnen Mitgesellschafters nach § 20 Abs. 1 FGG (BayObLG BB
1988, 791; *Ensthaler/Fahse* § 147 Rn. 3; a.A. OLG Hamm DB 1977, 2089; Baumbach/Hopt/*Roth*
§ 147 Rn. 4). Eine Abberufung im Wege des einstweiligen Rechtsschutzes durch das Prozessgericht
ist nicht möglich (OLG Frankfurt am Main ZIP 1989, 39 f.).

D. Weitere Beendigungsgründe

Die Liquidatorenstellung endet auch mit **Amtsniederlegung** und mit dem **Tod des Liquidators**. An 7
die Stelle des geborenen Liquidators tritt sein Erbe, mehrere müssen gem. § 146 Abs. 1 Satz 2 HGB
einen gemeinsamen Vertreter bestellen. An die Stelle des gekorenen Vertreters treten die Gesellschafter in ihrer Gesamtheit (§ 146 Abs. 1 HGB), wenn diese oder das Gericht keinen anderen
bestellt haben (zur KG: OLG Hamm BB 1982, 399).

Während es einem Dritt-Liquidator freisteht, sein Amt niederzulegen (zur KG: BayObLG ZIP 8
1981, 188, 190), kann ein Gesellschafter-Liquidator dies nur bei Vorliegen eines wichtigen Grundes. Der Dritt-Liquidator kann sich bei Niederlegung zur Unzeit allerdings schadenersatzpflichtig
machen.

§ 148 [Anmeldung der Liquidatoren]

(1) ¹Die Liquidatoren und ihre Vertretungsmacht sind von sämtlichen Gesellschaftern zur Eintragung in das Handelsregister anzumelden. ²Das gleiche gilt von jeder Änderung in den Personen
der Liquidatoren oder in ihrer Vertretungsmacht. ³Im Falle des Todes eines Gesellschafters kann,
wenn anzunehmen ist, daß die Anmeldung den Tatsachen entspricht, die Eintragung erfolgen,
auch ohne daß die Erben bei der Anmeldung mitwirken, soweit einer solchen Mitwirkung besondere Hindernisse entgegenstehen.

(2) Die Eintragung gerichtlich bestellter Liquidatoren sowie die Eintragung der gerichtlichen
Abberufung von Liquidatoren geschieht von Amts wegen.

Übersicht	Rdn.			Rdn.
A. Allgemeines	1	B.	Anmeldepflichtige Tatsachen, Anmeldung	2

A. Allgemeines

Die Anmeldung der Liquidatoren und ihrer Vertretungsmacht zu Eintragung in das Handelsregister 1
hat nur **deklaratorische Bedeutung** (OLG Köln BB 1959, 463; BayObLG ZIP 1994, 1767, 1770).
Zweck der Vorschrift ist die Publizität der Vertretungsverhältnisse bei der Liquidationsgesellschaft.
Unterbleibt die Anmeldung der Eintragung der Liquidatoren, muss diese bei der Anmeldung der
Eintragung der Löschung der OHG (§ 157 HGB) nachgeholt werden (BayObLG WM 1982, 1288,
1290 zur GmbH; MüKo HGB/*K. Schmidt* § 148 Rn. 4), die Eintragung der Löschung darf davon
aber nicht abhängig gemacht werden (BayObLG NZG 2001, 792). Treten in der Liquidationsphase
eintragungspflichtige Umstände ein, sind sie von den Liquidatoren anzumelden (Heymann/*Sonnenschein* § 148 Rn. 1).

B. Anmeldepflichtige Tatsachen, Anmeldung

Anzumelden sind die Liquidatoren und ihre Vertretungsmacht sowie jede Änderung diesbezüglich. 2
Im Fall der gerichtlichen Liquidatorenbestellung (§ 146 Abs. 2 HGB) erfolgt die Eintragung nach
Abs. 2 von Amts wegen. Erforderliche Daten sind Name, Vorname, Geburtsdatum und Wohn-

§ 149 HGB Rechte und Pflichten der Liquidatoren

ort der Liquidatoren, bei juristischen Personen/Personenhandelsgesellschaften die Firma und der Gesellschaftssitz.

3 Die Anmeldung hat grundsätzlich durch alle Gesellschafter zu erfolgen, und zwar unverzüglich nach der erfolgten Bestellung. Nach Abs. 1 Satz 2 kann im Fall des Todes eines Gesellschafters auf die Mitwirkung der Erben verzichtet werden, wenn dem besondere Hindernisse entgegenstehen. Bei Insolvenz eines Gesellschafters trifft die Anmeldepflicht gem. § 146 Abs. 3 HGB analog den Insolvenzverwalter (Baumbach/Hopt/*Roth* § 148 Rn. 2), bei Auflösung durch Kündigung eines Gesellschafter-Gläubigers (§ 135 HGB) den betreffenden Gesellschafter.

§ 149 [Rechte und Pflichten der Liquidatoren]

¹Die Liquidatoren haben die laufenden Geschäfte zu beendigen, die Forderungen einzuziehen, das übrige Vermögen in Geld umzusetzen und die Gläubiger zu befriedigen; zur Beendigung schwebender Geschäfte können sie auch neue Geschäfte eingehen. ²Die Liquidatoren vertreten innerhalb ihres Geschäftskreises die Gesellschaft gerichtlich und außergerichtlich.

Übersicht	Rdn.			Rdn.
A. Allgemeines	1	III.	Umsetzung des übrigen Vermögens in Geld	9
B. Stellung der Liquidatoren	2	IV.	Befriedigung der Gläubiger	10
C. Aufgaben	3	D.	Die Vertretung der Gesellschaft	11
I. Beendigung laufender Geschäfte	3			
II. Einziehung von Forderungen	5			

A. Allgemeines

1 Die Vorschrift überträgt die Geschäftsführung und Vertretung den Liquidatoren. Sie wird insofern ergänzt durch §§ 150, 151. Der Aufgabenkreis der Liquidatoren wird dabei beispielhaft – keineswegs jedoch abschließend – umschrieben. Weitere Aufgaben der Liquidatoren finden sich in §§ 155 und 157 HGB. Hinzu kommt die Erfüllung der steuerlichen Pflichten der Gesellschaft (BFH BStBl. III 1961, S. 349). Mit Ausnahme der Unternehmensveräußerung (MüKo HGB/*K. Schmidt* § 149 Rn. 5) bleiben Grundlagengeschäfte den Gesellschaftern vorbehalten (BGH WM 1959, 323; Schlegelberger/*K. Schmidt* § 149 Rn. 61; GroßkommHGB/*Habersack* § 149 Rn. 4). Die Liquidatoren sollen jedoch berechtigt sein, den Gesellschaftssitz zu verlegen, wenn der Liquidationszweck dies erfordert (BGH WM 1969, 293, 294).

B. Stellung der Liquidatoren

2 Während die Gesellschafter-Liquidatoren aufgrund des Gesellschaftsverhältnisses tätig werden, ist Grundlage der Tätigkeit von Dritt-Liquidatoren ein **Dienstvertrag mit Geschäftsbesorgungscharakter** (RG LZ 13, 212). Dementsprechend ergeben sich die Sorgfaltspflichten der Gesellschafter-Liquidatoren aus § 708 BGB, die der Drittliquidatoren aus § 276 BGB. Die Liquidatoren sind den (übrigen) Gesellschaftern auskunfts- und rechenschaftspflichtig nach § 713 bzw. §§ 666, 675 BGB. Bei umfangreichen Liquidationen können die Liquidatoren dazu verpflichtet sein, den Gesellschaftern durch jährlich aufzustellende Übersichten einen Überblick über die Abwicklungsgeschäfte und den Stand der Abwicklung zu geben (BGH WM 1980, 332). Weisungsrechte der (übrigen) Gesellschafter folgen aus § 152 HGB sowie aus § 713 bzw. §§ 665, 675 BGB und können im Wege der actio pro socio (vgl. hierzu ausführl. Kap. 5 Rdn. 90 ff.) durchgesetzt werden.

C. Aufgaben

I. Beendigung laufender Geschäfte

3 Die Liquidatoren haben die laufenden Geschäfte zu beendigen. Sie haben etwa auf die Beendigung von Dauerschuldverhältnissen durch Kündigung hinzuwirken und müssen andere Verträge mög-

lichst rasch abwickeln. Laufende Rechtsstreitigkeiten sind ebenfalls möglichst rasch zu erledigen, etwa durch Vergleich oder Erledigung.

Neue Geschäfte dürfen zur Beendigung schwebender Geschäfte eingegangen werden. Der Begriff des schwebenden Geschäfts ist hierbei weit auszulegen (BGH WM 1959, 323, 324). Er kann es gebieten, den Geschäftsbetrieb insgesamt einstweilen aufrechtzuerhalten, solange dies nicht auf eine Fortführung der Gesellschaft hinausläuft (RGZ 72, 236, 239 f.). Zulässig sind neue Geschäfte jedenfalls dann, wenn sie zur Erhaltung des Gesellschaftsvermögens erforderlich oder wirtschaftlich sinnvoll sind und einer Minderung des Unternehmenswerts entgegenwirken (BGH WM 1959, 323, 324). Anerkannt hat die Rechtsprechung bislang den Erwerb von Wertpapieren (BGH WM 1959, 323, 324) und die Besicherung von Gesellschaftsverbindlichkeiten durch die Belastung gesellschaftseigener Grundstücke (OLG Frankfurt am Main OLGZ 1980, 95, 99).

II. Einziehung von Forderungen

Die Liquidatoren haben offen stehende Forderungen einzuziehen und gegebenenfalls auch gerichtlich durchzusetzen. Erfasst sind sowohl die Forderungen der zu liquidierenden OHG **gegen Dritte** als auch Forderungen **gegen Gesellschafter**. Hinsichtlich letzterer ist jedoch zu differenzieren.

Nur bei ausdrücklicher Ermächtigung der Liquidatoren im Gesellschaftsvertrag oder durch Gesellschafterbeschluss einziehbar sind Forderungen gegen die Gesellschafter, wie etwa Einlageforderungen (BGH WM 1977, 617, 618; WM 1978, 898), aber auch Schadensersatzansprüche (BGH WM 1960, 47, 48) oder Ansprüche auf Erstattung unberechtigter Entnahmen oder Gewinnauszahlungen (BGH WM 1977, 617, 618). Solche Forderungen sind von den Liquidatoren nur insoweit einzuziehen, als die Beträge benötigt werden, um die Verbindlichkeiten der OHG zu tilgen (BGH NJW 1984, 435; NJW 1980, 1522; a.A. MüKo HGB/*K. Schmidt* § 149 Rn. 21 f.). Eine weitere Einziehung ist nicht zulässig, da die Liquidatoren nicht ohne besondere Beauftragung (BGH NJW 1978, 424) für den Ausgleich der Gesellschafter untereinander zuständig sind (BGH NJW 1984, 435; zum dahinter stehenden Ziel der Liquidation s. § 145 HGB Rdn. 5). Ansonsten verbleibt die Zuständigkeit für den Ausgleich der Kapitalkonten bei den Gesellschaftern (vgl. BGH WM 1966, 844 zur KG). Die Beweislast dafür, dass ein eingeforderter Nachschuss nicht zur Befriedigung der Gläubiger erforderlich ist, trägt der Gesellschafter. Die Liquidatoren müssen aber die hierfür bedeutsamen Vorgänge der Gesellschaft darlegen (BGH WM 1978, 898).

Bei der Einziehung der Forderungen gegen die Gesellschafter steht den Liquidatoren ein Ermessensspielraum zu. Insbesondere sind sie nicht verpflichtet, den zur Begleichung der Gesellschaftsverbindlichkeiten erforderlichen Betrag anteilig von den Gesellschaftern einzuziehen, sie können auch einzelne Gesellschafter hinsichtlich der ganzen Summe in Anspruch nehmen (BGH NJW 1984, 435). Entscheidend ist, dass die Gläubiger möglichst schnell befriedigt werden und weitere Ansprüche, wie z.B. Zinsansprüche abgewendet werden können (BGH WM 1980, 332, 333). Allerdings dürfen die Liquidatoren auch nicht völlig außer Acht lassen, inwieweit sich Nachforderungen gegen einzelne Gesellschafter auf die Ausgleichspflichten im Gesellschafterkreis auswirken (vgl. *Ensthaler/Fahse* § 149 Rn. 7).

Im Übrigen können Sozialansprüche auch noch von den Gesellschaftern im Wege der **actio pro socio** eingezogen werden (OLG Köln NZG 2000, 1173; offen gelassen bei BGHZ 155, 125), jedenfalls, soweit die Einlagen für die Liquidation benötigt werden (Baumbach/Hopt/*Roth* § 149 Rn. 3; MüKo HGB/*K. Schmidt* § 149 Rn. 55; vgl. auch BGH WM 1960, 47). Ausnahmsweise kann ein einzelner Mitgesellschafter einen Sozialanspruch auch im eigenen Namen geltend machen und Zahlung an sich verlangen, wenn dies der einzige Vermögenswert der Gesellschaft ist, keine weiteren Verbindlichkeiten der Gesellschaft bestehen und wenn ihm allein der Anspruch wertmäßig nach der Auseinandersetzung zusteht (BGHZ 10, 91). Zur actio pro socio vgl. ausführl. Kap. 5 Rdn. 90 ff.

III. Umsetzung des übrigen Vermögens in Geld

9 Die Liquidatoren haben vorhandenes Vermögen zu »versilbern«. Sie haben hierzu die wirtschaftlich sinnvollste Art und nicht unbedingt die schnellste Art (K/R/M/*Koller* § 149 Rn. 2) zu wählen. Sie dürfen insbesondere das Unternehmen an einen Gesellschafter oder an eine Gesellschaftergruppe veräußern, auch gegen den Widerspruch eines anderen Gesellschafters (OLG Hamm BB 1954, 913).

IV. Befriedigung der Gläubiger

10 Vorhandene Gläubiger sind von den Liquidatoren zu befriedigen. Diese Pflicht besteht allerdings nur im Innenverhältnis zu der OHG bzw. zu den Gesellschaftern und nicht gegenüber den Gläubigern. § 149 HGB ist daher kein Schutzgesetz i. S. v. § 823 Abs. 2 BGB (Schlegelberger/*K. Schmidt* § 149 Rn. 61). Reichen die vorhandenen Vermögenswerte nicht zur Befriedigung der Gläubiger, müssen die Liquidatoren Insolvenz anmelden (Baumbach/Hopt/*Roth* § 149 Rn. 5). Ansprüche der Gesellschafter gegen die OHG, etwa aus § 110 HGB, sind nicht separat zu befriedigen. Diese verlieren in der Liquidationsphase ihre Selbstständigkeit und werden zu bloßen Rechnungsposten (vgl. hierzu § 145 HGB Rdn. 9).

D. Die Vertretung der Gesellschaft

11 Zur Ausführung ihrer Aufgaben überträgt Satz 2 den Liquidatoren die Befugnis zur Vertretung der Gesellschaft. Die Stellvertretung bleibt dabei beschränkt auf den Geschäftskreis der Liquidatoren. Vertretungsmacht besteht daher nur hinsichtlich Geschäften mit objektivem Liquidationszweck (BGH NJW 1984, 982), der allerdings vermutet wird (RGZ 146, 378). Wusste der Geschäftsgegner bei Vertragsschluss nicht und hätte er auch nicht wissen müssen, dass es sich um ein liquidationsfremdes Geschäft handelt, muss die OHG u. U. auch dieses Geschäft gegen sich gelten lassen (BGH WM 1959, 323, 324; NJW 1984, 982). § 181 BGB kann durch Gesellschaftsvertrag (OLG Zweibrücken NJW-RR 1999, 38) oder Beschluss der Gesellschafter abbedungen werden. Weitere Regelungen zur Vertretung der Liquidationsgesellschaft finden sich in §§ 150, 151 HGB.

§ 150 [Mehrere Liquidatoren]

(1) Sind mehrere Liquidatoren vorhanden, so können sie die zur Liquidation gehörenden Handlungen nur in Gemeinschaft vornehmen, sofern nicht bestimmt ist, daß sie einzeln handeln können.

(2) [1]Durch die Vorschrift des Absatzes 1 wird nicht ausgeschlossen, dass die Liquidatoren einzelne von ihnen zur Vornahme bestimmter Geschäfte oder bestimmter Arten von Geschäften ermächtigen. [2]Ist der Gesellschaft gegenüber eine Willenserklärung abzugeben, so findet die Vorschrift des § 125 Abs. 2 Satz 3 entsprechende Anwendung.

Übersicht	Rdn.		Rdn.
A. Überblick und Normzweck	1	C. Vertretung	4
B. Gemeinschaftliche Geschäftsführung...	2	D. Abweichende Bestimmungen.........	5

A. Überblick und Normzweck

1 Abweichend vom Grundsatz der Einzelgeschäftsführung und -vertretung, der gem. §§ 115, 125 HGB in der werbenden OHG gilt, ordnet die Vorschrift – vorbehaltlich einer anderweitigen Regelung – für die Liquidationsgesellschaft die **Gesamtgeschäftsführung und -vertretung** an. Grund ist die regelmäßige Lockerung der persönlichen Bindungen der Gesellschafter im Liquidationsstadium. Entsprechend § 125 Abs. 2 Satz 2 HGB erlaubt Abs. 2 Satz 1 aber die Ermächtigung eines Liquidators; auch die Passivvertretung ist in Abs. 2 Satz 2 entsprechend § 125 Abs. 2 Satz 3 HGB geregelt. Für den Zugang von Willenserklärungen an die Gesellschaft ist daher der Zugang bei einem einzelnen Liquidator ausreichend.

B. Gemeinschaftliche Geschäftsführung

Grundsätzlich dürfen die Liquidatoren nur gemeinschaftlich Geschäftsführungsmaßnahmen vornehmen. Ausreichend ist dabei das Handeln eines Liquidators, sofern die Übrigen zumindest konkludent ihre Zustimmung zum Ausdruck gebracht haben, sei es durch vorherige Einwilligung oder nachträgliche Genehmigung. Verweigert ein Liquidator pflichtwidrig seine Mitwirkung, kann diese von der Gesamtheit der Gesellschafter oder von den übrigen Liquidatoren eingeklagt werden, bei einem Gesellschafter-Liquidator im Wege der actio pro socio auch durch einen einzelnen Mitgesellschafter. Allerdings steht den Liquidatoren ein gerichtlich nicht überprüfbarer Beurteilungsspielraum zu (vgl. BGH NJW 1986, 844 zur KG).

Bei Verhinderung oder Wegfall eines von mehreren Liquidatoren entsteht nicht etwa alleinige Geschäftsführungsbefugnis der verbleibenden Liquidatoren. Vielmehr ist – gegebenenfalls durch das Gericht – ein **Ersatzliquidator** zu bestellen. Analog § 115 Abs. 2 letzter Halbs. HGB besteht lediglich bei Gefahr im Verzug ein **Notgeschäftsführungsrecht** der verbleibenden Liquidatoren (vgl. Röhricht/v. Westphalen/v. Gerkan § 150 Rn. 4; Schlegelberger/K. Schmidt § 150 Rn. 4).

C. Vertretung

Auch die Stellvertretung erfolgt im Grundsatz durch gemeinschaftliche Erklärung aller Liquidatoren. Zur Ausübung der Gesamtvertretung s. bereits § 125 Rdn. 16 ff. Ist ein Liquidator verhindert oder endet seine Amtsstellung, geht die Vertretungsmacht nicht einfach auf die verbleibenden Liquidatoren über (vgl. RGZ 116, 116, 117 f.; Baumbach/Hopt/Roth § 150 Rn. 1; a. A. Schlegelberger/K. Schmidt § 150 Rn. 10). In einem solchen Fall ist vielmehr – auch bei Gefahr im Verzug (vgl. Baumbach/Hopt/Roth § 150 Rn. 2) – die Neubestellung eines Liquidators erforderlich, gegebenenfalls durch gerichtliche Entscheidung gem. § 146 Abs. 2 HGB.

D. Abweichende Bestimmungen

Nach Abs. 1 Halbs. 2 sind abweichende Regelungen der Geschäftsführung und Vertretung gestattet, im Fall des § 146 Abs. 2 HGB können sie auch vom Gericht angeordnet werden (vgl. Baumbach/Hopt/Roth § 150 Rn. 4). So kann etwa eine Einzelvertretungsbefugnis bestimmt werden, auch Kombinationen aus Einzel- und Gesamtvertretungsbefugnis sind zulässig. Die Vertretungsmacht der einzelnen Liquidatoren kann auch unterschiedlich ausgestaltet sein.

Die Geltendmachung von Ansprüchen der Gesellschaft gegen einen Gesellschafterliquidator bedarf einer besonderen Regelung der diesbezüglichen Vertretung durch einstimmigen Beschluss (vgl. zur KG: OLG Hamm NZG 2003, 627), wenn nicht eine gerichtliche Entscheidung nach § 146 Abs. 2 HGB vorliegt (vgl. RGZ 162, 376), oder der am Prozess als Partei beteiligte Liquidator den oder die anderen Liquidator(en) gem. Abs. 2 Satz 1 zur Vertretung ermächtigt hat (vgl. BGH WM 1964, 740, 741; RGZ 116, 116, 117; Schlegelberger/K. Schmidt § 150 Rn. 16; a. A. GroßkommHGB/Habersack § 150 Rn. 15).

Da innerhalb der für die werbende OHG geltenden Grenzen auch eine (auf den Liquidationszweck gerichtete) Prokura erteilt werden kann (vgl. Schlegelberger/K. Schmidt § 146 Rn. 53 f., § 150 Rn. 13; GroßkommHGB/Habersack § 150 Rn. 13), ist auch eine unechte Zusammenvertretung möglich (vgl. GK HGB/Ensthaler § 150 Rn. 2; differenzierend: Schlegelberger/K. Schmidt § 150 Rn. 13; a. A. Baumbach/Hopt/Roth § 150 Rn. 4; Röhricht/v. Westphalen/v. Gerkan § 150 Rn. 8). Abweichende Regelungen der Stellvertretung sind in das Handelsregister einzutragen, die Eintragung hat lediglich deklaratorische Wirkung.

§ 151 [Unbeschränkbarkeit der Befugnisse]

Eine Beschränkung des Umfanges der Befugnisse der Liquidatoren ist Dritten gegenüber unwirksam.

Übersicht	Rdn.		Rdn.
A. Überblick und Normzweck	1	B. Umfang der Vertretungsmacht	2

A. Überblick und Normzweck

1 Die **nicht abdingbare** Vorschrift dient wie die Parallelvorschrift für die werbende Gesellschaft (vgl. § 126 Abs. 2 HGB) dem Schutz des Geschäftsverkehrs. Dritte, die in Rechtsbeziehungen mit der OHG treten, sollen auf die Vertretungsmacht der Liquidatoren vertrauen dürfen. Die Vorschrift findet auch dann Anwendung, wenn eine andere Art der Auseinandersetzung (vgl. § 145 HGB Rdn. 10 ff.) vereinbart ist (vgl. GroßkommHGB/*Habersack* § 149 Rn. 3). Eine Entsprechung zu § 126 Abs. 3 HGB ist nicht vorgesehen, auch eine analoge Anwendung scheidet aus (vgl. Baumbach/Hopt/*Roth* § 151 Rn. 1).

B. Umfang der Vertretungsmacht

2 Die Vertretungsmacht der Liquidatoren besteht nur hinsichtlich solcher Geschäfte, die dem **Liquidationszweck** dienen (vgl. § 149 HGB Rdn. 11). Die Vorschrift bestimmt, dass die Vertretungsmacht darüber hinaus Dritten gegenüber nicht wirksam beschränkt werden kann. Dies gilt unabhängig davon, ob der Dritte Kenntnis von der Beschränkung hat, oder nicht. Beschränkungen der Geschäftsführungsbefugnis sind jedoch zulässig. Die Grundsätze über den Missbrauch der Vertretungsmacht gelangen zur Anwendung (vgl. BGH NJW 1984, 982; WM 1959, 323, 324; Schlegelberger/*K. Schmidt* § 151 Rn. 5; Röhricht/v. Westphalen/*von Gerkan* § 151 Rn. 6).

3 Die Erweiterung der Vertretungsmacht der Liquidatoren ist hingegen möglich (vgl. BGH NJW 1984, 982), insbesondere auch deren Erstreckung auf liquidationsfremde Geschäfte. Dies kann auch durch nachträgliche Genehmigung erfolgen (vgl. RGZ 106, 68, 72 f.; BGH NJW 1984, 982).

§ 152 [Bindung an Weisungen]

Gegenüber den nach § 146 Abs. 2 und 3 Beteiligten haben die Liquidatoren, auch wenn sie vom Gerichte bestellt sind, den Anordnungen Folge zu leisten, welche die Beteiligten in betreff der Geschäftsführung einstimmig beschließen.

Übersicht	Rdn.		Rdn.
A. Überblick und Normzweck	1	B. Beschluss der Beteiligten	2

A. Überblick und Normzweck

1 Die Vorschrift dient dem **Schutz der Beteiligten** i. S. v. § 146 Abs. 2, Abs. 3 HGB (zum Begriff des Beteiligten s. § 146 HGB Rdn. 6), insbesondere der Gesellschafter, indem sie die ohnehin schon bestehende Weisungsgebundenheit der Liquidatoren gem. §§ 713 bzw. 675 Abs. 1 BGB (vgl. § 149 HGB Rdn. 2) präzisiert. Die Vorschrift kann im Gesellschaftsvertrag oder durch Beschluss der Gesellschafter abbedungen werden, allerdings nur bis zur Auflösung der OHG (vgl. BGHZ 48, 251, 255). Sie findet auch bei der Vereinbarung einer anderen Art der Auseinandersetzung Anwendung (vgl. GroßkommHGB/*Habersack* § 152 Rn. 2).

B. Beschluss der Beteiligten

Die Liquidatoren sind an **einstimmige Beschlüsse** der Beteiligten gebunden, soweit diese die Geschäftsführung betreffen und nicht gegen gesetzliche Bestimmungen oder gegen die guten Sitten verstoßen. Der Beschluss kann bei entsprechender Satzungsbestimmung (soweit diese vor der Auflösung getroffen wurde, BGHZ 48, 251, 255) auch mehrheitlich erfolgen. Ein einzelner Gesellschafter kann hingegen keine Weisungen erteilen (vgl. BGH WM 1959, 323, 324). Die gesellschaftliche **Treuepflicht** kann es den Beteiligten gebieten, an einem Weisungsbeschluss mitzuwirken (vgl. Schlegelberger/*K. Schmidt* § 152 Rn. 7; GroßkommHGB/*Habersack* § 152 Rn. 6, 11). Das Weisungsrecht beschränkt sich nicht auf Liquidationsgeschäfte (vgl. K/R/M/*Koller* § 152 Rn. 2), die Beteiligten können Gesellschafter-Liquidatoren, nicht aber Dritt-Liquidatoren (vgl. Baumbach/Hopt/*Roth* § 152 Rn. 1; Schlegelberger/*K. Schmidt* § 152 Rn. 9; a. A. GroßkommHGB/*Habersack* § 152 Rn. 7) auch zur Vornahme liquidationsfremder Geschäfte anweisen (vgl. E/B/J/S/*Hillmann* § 152 Rn. 4). 2

Die Liquidatoren haben verbindliche Weisungen zu befolgen, andernfalls können sie sich schadensersatzpflichtig machen. Die Beteiligten, aber auch die Gesellschaft selbst, können die Befolgung der Weisungen auf dem Klageweg erzwingen. 3

Im Rahmen von § 665 BGB sind die Liquidatoren berechtigt, von erteilten Weisungen abzuweichen (vgl. K/R/M/*Koller* § 152 Rn. 2). Unverbindliche Weisungen oder Empfehlungen können die Liquidatoren zu erhöhter Sorgfalt verpflichten, auch wenn sie nur durch einen Beteiligten erfolgen (vgl. BGH WM 1959, 323, 324; GK HGB/*Ensthaler* § 152 Rn. 3). 4

§ 153 [Unterschrift]

Die Liquidatoren haben ihre Unterschrift in der Weise abzugeben, daß sie der bisherigen, als Liquidationsfirma zu bezeichnenden Firma ihren Namen beifügen.

Übersicht	Rdn.		Rdn.
A. Zeichnung für die Liquidationsgesellschaft	1	B. Rechtsfolgen eines Verstoßes	2

A. Zeichnung für die Liquidationsgesellschaft

Die – **nicht abdingbare** – Vorschrift behandelt die Zeichnung durch die Liquidatoren im Schriftverkehr und dient dem Schutz des Geschäftsverkehrs (vgl. OLG Frankfurt am Main NJW 1991, 3286, 3287). Der Wechsel in eine Liquidationsgesellschaft muss durch die Verwendung eines **entsprechenden Zusatzes zur Firma** deutlich gemacht werden. Es handelt sich bei dem Zusatz jedoch nicht um einen Firmenbestandteil (vgl. RGZ 29, 66, 68). Er muss daher auch nicht ins Handelsregister eingetragen werden. Üblich und zulässig sind Zusätze wie »in Liquidation« oder »in Abwicklung«, die auch mit »i.L.«, »in Liq.« oder »i. A.« abgekürzt werden können. Neben der Liquidationsfirma müssen die Liquidatoren mit ihrem Namen unterzeichnen. 1

B. Rechtsfolgen eines Verstoßes

Ein Verstoß gegen die Vorschrift kann schwerwiegende Folgen haben. Zwar wird die Wirksamkeit der Geschäfte nicht unmittelbar beeinträchtigt. Der Geschäftsgegner kann aber zur **Anfechtung** nach § 119 Abs. 2 BGB berechtigt sein. Daneben können ihm **Schadensersatzansprüche** nicht nur gegen die Gesellschaft, sondern auch gegen die Liquidatoren zustehen. Die Vorschrift ist auch Schutzgesetz i. S. v. § 823 Abs. 2 BGB (vgl. OLG Frankfurt am Main NJW 1991, 3286; E/B/J/S/*Boujong* § 153 Rn. 3; K/R/M/*Koller* § 153 Rn. 1; Baumbach/Hopt/Roth § 153 Rn. 1). Im Innenverhältnis werden regelmäßig die Liquidatoren für entstehenden Schaden einstehen müssen. 2

§ 154 [Bilanzen]

Die Liquidatoren haben bei dem Beginne sowie bei der Beendigung der Liquidation eine Bilanz aufzustellen.

Übersicht

	Rdn.			Rdn.
A. Überblick und Normzweck	1	C.	Liquidationsschlussbilanz	5
B. Liquidationseröffnungsbilanz	4	D.	Feststellung der Bilanz.............	7

A. Überblick und Normzweck

1 Die Vorschrift erweitert den Pflichtenkreis der Liquidatoren um die Aufstellung von Liquidationsbilanzen. Nach einer Ansicht in der Fachliteratur (vgl. grundlegend: Schlegelberger/*K. Schmidt* § 154 Rn. 4ff.; ferner E/B/J/S/*Boujong* § 154 Rn. 1 ff.; K/R/M/*Koller* § 154 Rn. 3; Röhricht/v. Westphalen/*v. Gerkan* § 154 Rn. 1 ff., 9; GroßkommHGB/*Habersack* § 154 Rn. 7 ff.) regelt die Vorschrift lediglich das Innenverhältnis der Liquidatoren zu den an der Liquidation Beteiligten und erlegt den Liquidatoren damit eine »interne Rechnungslegungspflicht« auf, die neben die fortgeltende »externe Rechnungslegungspflicht« nach §§ 238 ff., 242 ff. HGB tritt. Nach der Rechtsprechung und einer anderen Literaturansicht soll hingegen jedenfalls die Bilanzierungspflicht nach §§ 242 ff. HGB in der Liquidation entfallen, es sei denn, die Abwicklung ist umfangreich oder es ergeben sich im Laufe der Liquidation große Veränderungen der Aktiven und Passiven (vgl. BGH NJW 1980, 1522, 1523; *A. Hueck* Recht der OHG, S. 510; wohl auch: Baumbach/Hopt/*Roth* § 154 Rn. 4).

2 Im Innenverhältnis haben die Liquidatoren im Wesentlichen zwei Bilanzen zu erstellen, die **Liquidationseröffnungsbilanz** und die **Liquidationsschlussbilanz**. Lediglich bei einer besonders umfangreichen Liquidation haben die Liquidatoren zusätzlich in regelmäßigen Abständen einen Überblick über den Stand der Liquidation zu geben (vgl. BGH NJW 1980, 1522, 1523), etwa in dem sie Zwischenbilanzen erstellen (vgl. OLG Celle BB 1983, 1450 f.).

3 Die Liquidationseröffnungsbilanz dient der Ermittlung des zu verteilenden Vermögens, um so eine ordentliche Liquidation sicherzustellen, für die Feststellung des Ergebnisses der Liquidation ist sie ohne Bedeutung. Die Liquidationsschlussbilanz ist Maßstab für die Berechnung des Liquidationsgewinns und -verlustes. Die Erstellung der Liquidationsbilanzen kann mit der Leistungsklage durchgesetzt werden (vgl. OLG Koblenz DB 2002, 1494 zur GbR).

B. Liquidationseröffnungsbilanz

4 Die Liquidationseröffnungsbilanz ist **unverzüglich** nach der Auflösung der Gesellschaft und auf den Auflösungstag bezogen aufzustellen, wenn nicht die Gesellschafter die Liquidation zunächst aufschieben (vgl. BGHZ 1, 324). Fällt die Auflösung auf das Ende eines Geschäftsjahres ist sie neben dem Jahresabschluss gesondert aufzustellen. Sie dient nur dazu, den Liquidatoren eine Übersicht über vorhandene Aktiva und Passiva zu verschaffen. Kapitalanteile der Gesellschafter sind aus dem letzten Jahresabschluss zu übernehmen, Veränderungen an Eigenkapital sind ungeteilt gesondert auszuweisen (vgl. RGZ 98, 360; KG OLGE 21, 378). Sämtliche Gegenstände des Gesellschaftsvermögens sind mit ihrem vorsichtig geschätzten Realisierungswert anzusetzen (vgl. RGZ 80, 104, 107; K/R/M/*Koller* § 154 Rn. 2), Verbindlichkeiten sind zu passivieren, wobei auch die mit der Liquidation und der Geschäftseinstellung verbundenen Verbindlichkeiten zu berücksichtigen sind.

C. Liquidationsschlussbilanz

5 Die Liquidationsschlussbilanz muss entgegen dem Wortlaut der Vorschrift bereits dann aufgestellt werden, wenn das Vermögen vollständig verteilbar ist (vgl. Baumbach/Hopt/*Roth* § 154 Rn. 3). Sie ist Rechnungsabschluss i. S. v. § 259 BGB (vgl. Schlegelberger/*K. Schmidt* § 154 Rn. 29). Nicht erforderlich ist die Aufstellung einer Liquidationsschlussbilanz, wenn die Liquidation unmittelbar in das Insolvenzverfahren übergeht.

Das nach § 155 HGB zu verteilende Vermögen wird nach heute vorherrschender Ansicht (vgl. GK HGB/*Ensthaler* § 154 Rn. 4 f.; E/B/J/S/*Boujong* § 155 Rn. 19) durch einen **Vergleich** der Liquidationsschlussbilanz mit dem letzten Jahres- bzw. Rumpfjahresabschluss festgestellt.   6

D. Feststellung der Bilanz

Die Feststellung der Bilanz ist **rechtsgeschäftlicher Natur**, sie legt die Bilanzansätze für die Gesellschafter untereinander und auch Dritten gegenüber verbindlich fest. Da es sich bei der Bilanzfeststellung um ein Grundlagengeschäft handelt, müssen alle Gesellschafter der Bilanz zustimmen (vgl. BGHZ 132, 263, 266; OLG München NZG 2001, 959, 960). Klagen mehrere Mitgesellschafter auf Zustimmung zur Liquidationsbilanz handelt es sich nicht um eine notwendige Streitgenossenschaft i. S. v. § 62 ZPO (vgl. BGH WM 1983, 1279; OLG München NZG 2001, 959 f.).   7

§ 155 [Verteilung des Gesellschaftsvermögens]

(1) Das nach Berichtigung der Schulden verbleibende Vermögen der Gesellschaft ist von den Liquidatoren nach dem Verhältnisse der Kapitalanteile, wie sie sich auf Grund der Schlußbilanz ergeben, unter die Gesellschafter zu verteilen.

(2) ¹Das während der Liquidation entbehrliche Geld wird vorläufig verteilt. ²Zur Deckung noch nicht fälliger oder streitiger Verbindlichkeiten sowie zur Sicherung der den Gesellschaftern bei der Schlussverteilung zukommenden Beträge ist das Erforderliche zurückzubehalten. ³Die Vorschriften des § 122 Abs. 1 finden während der Liquidation keine Anwendung.

(3) Entsteht über die Verteilung des Gesellschaftsvermögens Streit unter den Gesellschaftern, so haben die Liquidatoren die Verteilung bis zur Entscheidung des Streites auszusetzen.

Übersicht

		Rdn.			Rdn.
A.	Überblick und Normzweck	1	III.	Auszahlung bzw. Ausgleich zwischen den Gesellschaftern	9
B.	Zwischenverteilung	3	D.	Aussetzung der Verteilung	13
C.	Schlussverteilung	7	E.	Nachtragsliquidation	15
I.	Auszahlungsanspruch	7			
II.	Maßstab der Verteilung	8			

A. Überblick und Normzweck

Die Vorschrift regelt die Verteilung des verbleibenden Gesellschaftsvermögens als – von der Anmeldung nach § 157 HGB abgesehen – vorläufigen **Schlussakt der Liquidation**. Sie überträgt diese Aufgabe den Liquidatoren und ergänzt insofern die Aufgabenzuweisungsnorm des § 149 HGB.   1

Die Vorschrift ist **dispositiv** (vgl. E/B/J/S/*Boujong* § 155 Rn. 3; K/R/M/*Koller* § 155 Rn. 1; GroßkommHGB/*Habersack* § 155 Rn. 4; a. A. Schlegelberger/*K. Schmidt* § 155 Rn. 42), im Gesellschaftsvertrag oder durch Gesellschafterbeschluss kann eine abweichende Regelung über die Verteilung des Gesellschaftsvermögens vorgesehen werden. Da die Beteiligung am Liquidationserlös in den Kernbereich der Mitgliedschaft fällt (vgl. BGH NJW 1995, 194, 195), bedürfen Abweichungen grundsätzlich der Zustimmung aller Gesellschafter. Den Gesellschaftern können dann auch anstelle des grundsätzlich auf Geld gerichteten Zahlungsanspruchs einzelne Vermögensgegenstände zugesprochen werden (vgl. BayObLG BB 1983, 82).   2

B. Zwischenverteilung

Bereits während der Liquidation kann nach Abs. 2 eine vorläufige Verteilung oder Zwischenverteilung stattfinden. Verteilt werden muss Geld, das von den Liquidatoren – nach pflichtgemäßem Ermessen (vgl. GK HGB/*Ensthaler* § 155 Rn. 3) – für entbehrlich gehalten wird. Die Gesellschafter haben insofern einen einklagbaren Anspruch gegen die Gesellschaft, der von den Liquidatoren   3 erfüllt werden muss (vgl. RGZ 47, 16, 19; GroßkommHGB/*Habersack* § 155 Rn. 25; Schlegelberger/*K. Schmidt* § 155 Rn. 9).

4   Nicht entbehrlich sind gem. Abs. 2 Satz 2 Beträge zur Deckung noch nicht fälliger oder streitiger Verbindlichkeiten sowie zur Sicherung der den Gesellschaftern bei der Schlussverteilung zukommenden Beträge. Damit soll späteren Rückzahlungspflichten der Empfänger vorgebeugt werden. Ausreichend ist auch die Einbehaltung von Vermögensgegenständen, deren spätere Veräußerung voraussichtlich einen Erlös erbringen wird, mit dem Gläubiger und Gesellschafter befriedigt werden können (vgl. GroßkommHGB/*Habersack* § 155 Rn. 20; Schlegelberger/*K. Schmidt* § 155 Rn. 6).

5   Evtl. zu viel gezahlte Beträge sind vom Empfänger zu erstatten (vgl. RG LZ 1931, 1261) und angemessen zu verzinsen (vgl. RGZ 151, 125). Dieser Rückzahlungsanspruch wird teilweise als Fall der Leistungskondiktion angesehen (vgl. GroßkommHGB/*Habersack* § 155 Rn. 27; Schlegelberger/*K. Schmidt* § 155 Rn. 13), teilweise auch unmittelbar aus dem Vorbehalt der Vorläufigkeit der Zwischenverteilung abgeleitet (vgl. Baumbach/Hopt/Roth § 155 Rn. 1; GK HGB/*Ensthaler* § 155 Rn. 2; K/R/M/*Koller* § 155 Rn. 3). Jedenfalls ist dem Empfänger in (analoger) Anwendung von § 820 BGB die Berufung auf §§ 814, 818 Abs. 3 BGB versagt (vgl. BGH WM 1988, 1494, 1496; E/B/J/S/*Boujong* § 155 Rn. 11).

6   Das in der werbenden Gesellschaft bestehende **Entnahmerecht** der Gesellschafter gem. § 122 Abs. 1 HGB ist nach § 155 Abs. 2 Satz 3 HGB in der Liquidation ausgeschlossen. Das Entnahmeverbot erstreckt sich auch auf Gewinne aus dem letzten Rumpfgeschäftsjahr vor der Auflösung (vgl. Röhricht/v. Westphalen/*v. Gerkan* § 155 Rn. 5; GroßkommHGB/*Habersack* § 155 Rn. 24; Schlegelberger/*K. Schmidt* § 155 Rn. 11).

C. Schlussverteilung

I. Auszahlungsanspruch

7   Die Schlussverteilung erfolgt gem. Abs. 1 erst nach Berichtigung sämtlicher Gesellschaftsschulden und nach Erledigung der übrigen Aufgaben der Gesellschafter auf der Grundlage der Schlussbilanz nach § 154 HGB. Die Aufstellung der Schlussbilanz ist jedoch keine materielle Anspruchsvoraussetzung des Auszahlungsanspruchs der Gesellschafter hinsichtlich ihres Auseinandersetzungsguthabens. In Ausnahmefällen – etwa wenn mangels vorhandenen Gesellschaftsvermögens keine Auseinandersetzung mehr erfolgen muss (vgl. BGH DB 1993, 1965; WM 1970, 280, 281) – kann der Gesellschafter den Anspruch selbst berechnen. Der Anspruch auf das Auseinandersetzungsguthaben entsteht mit der Auflösung der Gesellschaft (vgl. BGH ZIP 1988, 1545, 1546; ZIP 1997, 1589, 1590f.) und kann von den Gesellschaftern im Wege der Zahlungsklage (auch gegen die Liquidatoren) geltend gemacht werden. Der Gesellschafter ist dann darlegungs- und beweispflichtig hinsichtlich der anspruchsbegründenden Umstände (vgl. OLG Nürnberg BB 1969, 1104), die Liquidatoren trifft gegebenenfalls eine Substanziierungspflicht (vgl. zur GbR: BGH NJW 1999, 3486).

II. Maßstab der Verteilung

8   Wie bereits die Zwischenverteilung richtet sich die Schlussverteilung »nach dem Verhältnisse der Kapitalanteile, wie sie sich auf Grund der Schlussbilanz ergeben«, vgl. Abs. 1. Die Auseinandersetzungsansprüche selbst sind als unselbstständige Rechnungsposten in die Schlussbilanz einzustellen (st.Rspr.; vgl. BGH WM 1969, 591, 592; NJW 1995, 188, 189; zuletzt: BGH NZG 2004, 326). Ein Liquidationsgewinn wird bei der Ermittlung des Kapitalanteils berücksichtigt (vgl. BGHZ 19, 42, 47f.).

III. Auszahlung bzw. Ausgleich zwischen den Gesellschaftern

9   Sofern die Kapitalkonten aller Gesellschafter aktiv sind, deckt sich die Summe der Gesellschaftsanteile mit dem Gesellschaftsvermögen. In diesem Fall ist jedem Gesellschafter der entsprechende Anteil auszuzahlen, für einen Ausgleich unter den Gesellschaftern bleibt kein Raum.

Verfügen einige Gesellschafter über ein aktives, andere über ein passives Kapitalkonto, sind nach zutreffender herrschender Ansicht (vgl. Baumbach/Hopt/Roth § 155 Rn. 2; Röhricht/v. Westphalen/*v. Gerkan* § 155 Rn. 8; a. A. GK HGB/*Ensthaler* § 155 HGB Rn. 9) vorhandene restliche Vermögenswerte nur unter den Inhabern der aktiven Kapitalkonten zu verteilen. Der erforderliche **Saldenausgleich zwischen den Gesellschaftern** ist mangels ausdrücklicher Zuweisung nicht Aufgabe der Liquidatoren, sondern erfolgt außerhalb der Liquidation (vgl. BGH WM 1983, 1381 zur KG; a. A. GroßkommHGB/*Habersack* § 155 Rn. 9; vgl. bereits § 145 HGB Rdn. 5). Sind alle Kapitalanteile negativ, verfügt die OHG über kein Vermögen mehr. In diesem Fall kann jeder Gesellschafter von den Mitgesellschaftern Ausgleich der von ihm an die Gläubiger geleisteten Zahlungen entsprechend der jeweiligen Beteiligung verlangen. 10

Ein Gesellschafter, der nach Abwicklung des Gesellschaftsunternehmens dessen Hauptaktivum aufgrund der (faktischen) Verhinderung der Mitgesellschafter allein nutzen kann und nutzt, kann den Mitgesellschaftern nach Treu und Glauben (§ 242 BGB) zur Zahlung eines angemessenen Ausgleichs verpflichtet sein (vgl. BGH MDR 1958, 584). 11

Gegenstände der Gesellschafter, die der OHG zur Nutzung überlassen wurden, sind den Gesellschaftern sobald der Liquidationszweck es erlaubt, spätestens jedoch bei Beendigung der Liquidation, zurückzugeben (vgl. § 732 BGB). Für geleistete Dienste wird eine Vergütung nicht gewährt, sofern nicht etwas anderes vereinbart wurde. 12

D. Aussetzung der Verteilung

Besteht zwischen den Gesellschaftern **Uneinigkeit** über die Verteilung des Gesellschaftsvermögens, betrifft dies die Liquidatoren grundsätzlich nicht. Die Gesellschafter tragen den Streit untereinander aus, wenn sie den Liquidatoren die Schlichtung nicht ausdrücklich übertragen haben. Die Liquidatoren müssen jedoch gem. Abs. 3 die Verteilung bis zu einer Entscheidung des Streits aussetzen. Durch eine Einigung der Gesellschafter werden die Liquidatoren gebunden. 13

Vor Erledigung des Streits kann die Liquidation nicht beendet sein (vgl. BayObLG BB 1983, 82). Die Liquidatoren können sie aber durch Hinterlegung des streitigen Betrages beenden (vgl. BayObLG WM 1979, 655). 14

E. Nachtragsliquidation

Mit Abschluss der Verteilung wird die OHG **vollbeendigt**. Stellt sich nachträglich das Vorhandensein von Gesellschaftsvermögen heraus, hat die Gesellschaft nur scheinbar aufgehört zu existieren. Es erfolgt eine Nachtragsliquidation, und zwar grundsätzlich durch die bisherigen Liquidatoren (vgl. BGH NJW 1979, 1987), die ohne besondere gerichtliche Bestellung und ohne Rücksicht auf eine bereits erfolgte Löschung der Firma tätig werden. Eine bereits erfolgte Löschung ist zu berichtigen (vgl. BayObLG BB 2000, 1055). 15

§ 156 [Rechtsverhältnisse der Gesellschafter]

Bis zur Beendigung der Liquidation kommen in bezug auf das Rechtsverhältnis der bisherigen Gesellschafter untereinander sowie der Gesellschaft zu Dritten die Vorschriften des zweiten und dritten Titels zur Anwendung, soweit sich nicht aus dem gegenwärtigen Titel oder aus dem Zwecke der Liquidation ein anderes ergibt.

Übersicht	Rdn.		Rdn.
A. Überblick und Normzweck	1	B. Anwendbare Vorschriften im Einzelnen .	2

Lehleiter

§ 157 HGB Anmeldung des Erlöschens; Geschäftsbücher

A. Überblick und Normzweck

1 Nach neuem Verständnis (vgl. GroßkommHGB/*Habersack* § 156 Rn. 1) setzt die Vorschrift voraus, dass die durch die Auflösung entstehende Liquidationsgesellschaft im Vergleich zur werbenden Gesellschaft nur ihren Zweck ändert und ansonsten als Handelsgesellschaft fortbesteht. Sie bestimmt daher, dass die für die werbende Gesellschaft geltenden Vorschriften über das Rechtsverhältnis der Gesellschafter untereinander (vgl. §§ 109 bis 122 HGB) und das Rechtsverhältnis der Gesellschafter zu Dritten (vgl. §§ 123 bis 130b HGB) grundsätzlich auch in der Liquidation anzuwenden sind.

B. Anwendbare Vorschriften im Einzelnen

2 Aufgrund des Fortbestehens der werbenden Gesellschaft als Rechtsträger (mit geändertem Gesellschaftszweck, vgl. § 145 HGB Rdn. 6) sind nach heutigem Verständnis nicht nur die Vorschriften des 2. und 3. Titels, sondern sämtliche, für die werbende Gesellschaft geltenden Vorschriften auf die Liquidationsgesellschaft anzuwenden (vgl. Schlegelberger/*K. Schmidt* § 156 Rn. 2; GroßkommHGB/*Habersack* § 156 Rn. 1). Dies gilt jedoch nur, soweit sich aus §§ 145 bis 158 HGB oder aus dem Zweck der Liquidation nichts Abweichendes ergibt.

3 Daher sind auch §§ 105 ff. HGB grundsätzlich in der Liquidation anwendbar, nach § 105 Abs. 3 HGB subsidiär **auch §§ 705 ff. BGB** (vgl. Baumbach/Hopt/*Roth* § 156 Rn. 2; GroßkommHGB/*Habersack* § 156 Rn. 5). Der Sitz der Gesellschaft bleibt erhalten, zur Firma s. § 153 HGB. Die Anmeldepflicht nach § 108 Abs. 1 HGB geht auf die Liquidatoren über, soweit deren Aufgaben betroffen sind.

4 Die Bestimmungen über das gesetzliche **Wettbewerbsverbot** (vgl. §§ 112, 113 HGB) bleiben anwendbar, allerdings nur, soweit die Liquidationsgesellschaft den Geschäftsbetrieb fortführt (vgl. BGH WM 1961, 629, 631). Weitergehende Betätigungsschranken können sich aus der in der Liquidation fortgeltenden (vgl. § 145 HGB Rdn. 6) gesellschaftlichen **Treuepflicht** ergeben (vgl. BGH NJW 1971, 802; GroßkommHGB/*Habersack* § 156 Rn. 8).

5 Die Liquidationsgesellschaft bleibt **als Rechtsträger** bestehen, § 124 HGB bleibt uneingeschränkt anwendbar. Auch der Gerichtsstand nach § 17 ZPO bleibt erhalten. Die Vorschriften über die Geschäftsführung und die Vertretung der Gesellschaft (vgl. §§ 114 bis 117, §§ 125 bis 127 HGB) werden ersetzt durch §§ 146, 147 und 149 HGB. Das Kontrollrecht der Gesellschafter nach § 118 HGB (vgl. § 109 HGB Rdn. 9) besteht fort (vgl. KG Recht 32, 337; OLG Celle ZIP 1983, 943). Die persönliche Haftung der Gesellschafter (vgl. §§ 128 bis 130 HGB) besteht ebenfalls fort, sie erstreckt sich auf die durch die Liquidatoren begründeten Verbindlichkeiten (vgl. RGZ 106, 63 zur KG; Baumbach/Hopt/*Roth* § 156 Rn. 4). Auch §§ 159, 160 HGB bleiben anwendbar. Die Grundsätze der actio pro socio finden weiterhin Anwendung (vgl. BGH WM 1960, 47), wobei ausnahmsweise Leistung an den klagenden Gesellschafter statt an die Gesellschaft gefordert werden kann, wenn sich dies mit dem zu erwartenden Ergebnis der Auseinandersetzung deckt (vgl. BGHZ 10, 91, 102; vgl. zur actio pro socio ausführl. Kap. 5 Rdn. 90 ff.).

6 Die Vorschriften über die **Auflösung der Gesellschaft** (vgl. §§ 131 ff. HGB) finden in der Liquidationsgesellschaft naturgemäß keine Anwendung mehr. Denkbar bleibt jedoch die Ausschließung eines Gesellschafters, wenn etwa die Übrigen die Fortsetzung der Gesellschaft beschließen wollen (vgl. E/B/J/S/*Boujong* § 156 Rn. 12; GroßkommHGB/*Habersack* § 156 Rn. 14), § 140 HGB gilt daher fort.

§ 157 [Anmeldung des Erlöschens; Geschäftsbücher]

(1) Nach der Beendigung der Liquidation ist das Erlöschen der Firma von den Liquidatoren zur Eintragung in das Handelsregister anzumelden.

(2) ¹Die Bücher und Papiere der aufgelösten Gesellschaft werden einem der Gesellschafter oder einem Dritten in Verwahrung gegeben. ²Der Gesellschafter oder der Dritte wird in Ermangelung einer Verständigung durch das Gericht bestimmt, in dessen Bezirke die Gesellschaft ihren Sitz hat.

(3) Die Gesellschafter und deren Erben behalten das Recht auf Einsicht und Benutzung der Bücher und Papiere.

Übersicht	Rdn.		Rdn.
A. Überblick und Normzweck	1	C. Aufbewahrung der Bücher und Papiere,	
B. Anmeldung und Eintragung des Erlöschens der Firma, Abs. 1	2	Abs. 2 . . . . D. Einsichtsrecht der Gesellschafter, Abs. 3	4 6

A. Überblick und Normzweck

Abs. 1 bestimmt als letzte Aufgabe der Liquidatoren nach der Verteilung des Vermögens die Pflicht zur Anmeldung des Erlöschens der Firma zur Eintragung in das Handelsregister. Findet nach Auflösung keine Liquidation statt, kommt die Vorschrift nicht zur Anwendung (vgl. KGJ 39 A 112), ein Erlöschen der Firma ist nach § 31 Abs. 2 HGB anzumelden (vgl. E/B/J/S/*Boujong* § 157 Rn. 2). Vereinigen sich alle Gesellschaftsanteile in einer Hand, richtet sich die Anmeldepflicht nach § 31 Abs. 1 HGB (vgl. BayObLG ZIP 1981, 188, 191; BayObLG BB 2000, 1212). Abs. 2 und 3 enthalten Regelungen zur Aufbewahrung der Geschäftsunterlagen der Gesellschaft und kommen grundsätzlich auch bei einer anderen Art der Auseinandersetzung (vgl. § 145 HGB Rdn. 10 ff.) zur Anwendung, auch bei Vollbeendigung im Zusammenhang mit einem Insolvenzverfahren über das Gesellschaftsvermögen (vgl. OLG Stuttgart ZIP 1984, 1385).   1

B. Anmeldung und Eintragung des Erlöschens der Firma, Abs. 1

Die Pflicht zur Anmeldung trifft sämtliche Liquidatoren, die alle **gemeinsam handeln** müssen. Die Anmeldung kann auch von den Gesellschaftern – als Herren der Liquidation – gemeinsam vorgenommen werden. Ausnahmsweise kann die Eintragung der Löschung auch von Amts wegen erfolgen (vgl. OLG Düsseldorf NJW-RR 1995, 611).   2

Die Eintragung des Erlöschens der Firma hat nur deklaratorische Wirkung (vgl. BGH NJW 1979, 1987; BayObLG WM 1983, 353). Ist daher trotz erfolgter Löschung noch Vermögen vorhanden, ist die Liquidation noch nicht beendet, Gesellschaft und Firma bestehen fort (vgl. BayObLG NZG 2000, 833). Bei einer unrichtigen Löschung kann die OHG unter ihrer bisherigen Firma verklagt werden, selbst wenn die fehlerhafte Löschung im Handelsregister noch nicht korrigiert wurde (vgl. BGH NJW 1979, 1987; LG Hamburg NJW-RR 1986, 914). Zur Nachtragsliquidation s. bereits § 155 HGB Rdn. 15.   3

C. Aufbewahrung der Bücher und Papiere, Abs. 2

Abs. 2 knüpft an § 257 HGB an und bestimmt, dass die Bücher und Papiere der Gesellschaft nach Liquidation einem von den Gesellschaftern oder dessen Erben bestimmten Gesellschafter oder Drittem zur Verwahrung anzuvertrauen sind. Können sich die Gesellschafter nicht einigen, wird der Verwahrer durch das Gericht am Sitz der Gesellschaft bestimmt (vgl. §§ 145, 146 FGG). Die Übernahme der Aufgabe ist für den Verwahrer aber immer freiwillig (vgl. OLG Stuttgart ZIP 1984, 1385), gleich ob er Gesellschafter oder Dritter ist und ob er durch die Gesellschafter oder das Gericht bestimmt ist. Die Kosten der Verwahrung tragen die Gesellschafter gemeinsam, die Liquidatoren haben die Kosten bei der Verteilung des Gesellschaftsvermögens einzubehalten.   4

Abs. 2 findet analoge Anwendung, wenn die Gesellschaft ohne Liquidation beendet wird, etwa im Fall der Insolvenz. Keine Anwendung findet Abs. 2, wenn die Bücher zusammen mit den übrigen Aktiva auf einen Erwerber übergehen.   5

D. Einsichtsrecht der Gesellschafter, Abs. 3

6 Abs. 3 gewährt den Gesellschaftern und deren Erben ein Recht zur Einsicht in die Bücher und Papiere der Gesellschaft, sofern diese im Zeitpunkt der Beendigung Gesellschafter waren. Zur Geltendmachung braucht der Berechtigte kein rechtliches Interesse darzulegen (vgl. E/B/J/S/*Boujong* § 157 Rn. 18; Röhricht/von Westphalen/*v. Gerkan* § 157 Rn. 11; GroßkommHGB/*Habersack* § 157 Rn. 21), der Verwahrer kann aber gegebenenfalls das Fehlen eines Informationsinteresses einwenden (vgl. Schlegelberger/*K. Schmidt* § 157 Rn. 25). §§ 810, 811 BGB finden ergänzend Anwendung, auch bei Veräußerung der Bücher mit dem Unternehmen (vgl. K/R/M/*Koller* § 157 Rn. 3).

§ 158 [Andere Art der Auseinandersetzung]

Vereinbaren die Gesellschafter statt der Liquidation eine andere Art der Auseinandersetzung, so finden, solange noch ungeteiltes Gesellschaftsvermögen vorhanden ist, im Verhältnisse zu Dritten die für die Liquidation geltenden Vorschriften entsprechende Anwendung.

Übersicht	Rdn.		Rdn.
A. Überblick und Normzweck	1	B. Voraussetzungen und Rechtsfolgen	2

A. Überblick und Normzweck

1 § 158 HGB soll Dritten gegenüber klarstellen, dass die Vorschriften über die Liquidation auch dann Anwendung finden, wenn die Gesellschafter eine andere Art der Auseinandersetzung vereinbart haben. Nach zutreffendem neuerem Verständnis der Liquidationsgesellschaft handelt es sich insofern um eine Spezialregelung zu § 156 HGB (vgl. Schlegelberger/*K. Schmidt* § 158 Rn. 5), der aber kein wesentlicher eigenständiger Regelungsgehalt zukommt (vgl. GroßkommHGB/*Habersack* § 158 Rn. 2).

B. Voraussetzungen und Rechtsfolgen

2 Die Vorschrift setzt voraus, dass die Gesellschafter der OHG eine andere Art der Abwicklung vereinbart haben (vgl. § 145 HGB Rdn. 10 ff.) und dass die Gesellschaft noch über ungeteiltes Aktivvermögen verfügt (vgl. § 145 HGB Rdn. 6). Sie ist nicht anwendbar, wenn die Gesellschaft ohne Liquidation vollbeendigt wird oder wenn ein Gesellschafter das gesamte Gesellschaftsvermögen übernimmt. Keine Anwendung findet § 158 HGB ferner, wenn die OHG im Rahmen der Abwicklung zur GbR wird, etwa wenn die Gesellschafter zur Verwaltung des ehemals der OHG gehörigen Grundbesitzes verbunden bleiben. Die Rechtsverhältnisse zu Dritten bestimmen sich dann nach §§ 714 ff., 719 ff. BGB.

3 Das Außenverhältnis der Gesellschaft zu Dritten bestimmt sich gem. § 158 HGB nach den Vorschriften über die Liquidation. Die Gesellschaft kann weiterhin klagen und verklagt werden, es kann weiterhin in das ungeteilte Gesellschaftsvermögen vollstreckt werden. Die Vertretung der Gesellschaft richtet sich nach §§ 146, 150, 151 HGB. Auf das Innenverhältnis nimmt § 158 HGB keinen Einfluss. Dieses bestimmt sich nach den Vereinbarungen der Gesellschafter.

Sechster Titel Verjährung. Zeitliche Begrenzung der Haftung.

§ 159 [Ansprüche gegen einen Gesellschafter]

(1) Die Ansprüche gegen einen Gesellschafter aus Verbindlichkeiten der Gesellschaft verjähren in fünf Jahren nach der Auflösung der Gesellschaft, sofern nicht der Anspruch gegen die Gesellschaft einer kürzeren Verjährung unterliegt.

(2) Die Verjährung beginnt mit dem Ende des Tages, an welchem die Auflösung der Gesellschaft in das Handelsregister des für den Sitz der Gesellschaft zuständigen Gerichts eingetragen wird.

(3) Wird der Anspruch des Gläubigers gegen die Gesellschaft erst nach der Eintragung fällig, so beginnt die Verjährung mit dem Zeitpunkte der Fälligkeit.

(4) Der Neubeginn der Verjährung und ihre Hemmung nach § 204 des Bürgerlichen Gesetzbuchs gegenüber der aufgelösten Gesellschaft wirken auch gegenüber den Gesellschaftern, die der Gesellschaft zur Zeit der Auflösung angehört haben.

Übersicht	Rdn.			Rdn.
A. Normzweck und Entstehungsgeschichte	1	V.	Neubeginn und Hemmung der Sonderverjährung	19
B. Anwendungsbereich	4		1. Grundsatz	19
C. Verjährungstatbestand	7		2. Sonderregelung des Abs. 4	20
I. Akzessorische Gesellschafterhaftung	7		a) Wirkung auch gegenüber den Gesellschaftern	20
II. Gesellschaftsverbindlichkeit	8		b) Maßnahme gegenüber der Gesellschaft	21
III. Auflösung der Gesellschaft und gleichzustellende Fälle	11			
IV. Frist und Fristbeginn	14		c) Auflösung aber nicht Vollbeendigung der Gesellschaft	22
1. Grundsatz	14			
2. Besonderheiten bei Dauerschuldverhältnissen	16			

A. Normzweck und Entstehungsgeschichte

Die Vorschrift des § 159 HGB begrenzt das Haftungsrisiko des Gesellschafters, indem seine Nachhaftung im Fall der Auflösung der Gesellschaft einer gesonderten Verjährungsfrist von 5 Jahren unterstellt wird. Bis dahin unterliegt die Gesellschafterhaftung nach §§ 128, 130 HGB keiner Verjährung (vgl. § 129 HGB Rdn. 6). 1

Bis 1994 war die Begrenzung der Gesellschafternachhaftung einheitlich für den Fall der Auflösung der Gesellschaft wie für den des Ausscheidens eines einzelnen Gesellschafters geregelt. Die §§ 159, 160 HGB a. F. ordneten für beide Fälle eine 5-jährige Sonderverjährung an. Mit dem »Gesetz zur zeitlichen Begrenzung der Nachhaftung von Gesellschaftern« vom 18.03.1994 (NachhBG, BGBl. I, 560) wurde eine Differenzierung vorgenommen. Während es für den Auflösungsfall bei der bloßen Sonderverjährung bleibt, sieht § 160 HGB für den Ausscheidensfall eine echte Enthaftung vor. 2

Durch das Schuldrechtsmodernisierungsgesetz (BGBl. I 2001, S. 3138, 3187) wurde Abs. 4 redaktionell an die Neuregelung des Verjährungsrechts angepasst. 3

B. Anwendungsbereich

§ 159 HGB gilt unmittelbar für die Gesellschafter einer OHG und über § 161 Abs. 2 HGB für die Gesellschafter einer KG, und zwar sowohl für die Komplementäre als auch für die Kommanditisten. Auf die KGaA ist die Bestimmung sinngemäß anzuwenden. Für die Partnerschaftsgesellschaft verweist § 10 Abs. 2 PartGG auf § 159 HGB. 4

Die Bestimmung gilt ebenfalls für die Auflösung einer **GbR**. Zwar verweist die Vorschrift des § 736 BGB lediglich auf § 160 HGB, während es an einer entsprechenden Verweisungsnorm auf § 159 HGB fehlt. Diese Lücke ist jedoch durch eine analoge Anwendung des § 159 HGB zu schließen (vgl. BFH NZG 1998, 238, 239). In Anlehnung an die Regelung in § 160 HGB tritt an die Stelle der Registereintragung der Zeitpunkt, zu dem der Gesellschaftsgläubiger Kenntnis von der Auflösung erlangt hat (vgl. MüKo HGB/*K. Schmidt* § 159 Rn. 15). 5

Für die EWIV bestimmt Art. 37 Abs. 2 EWIVVO, dass jede einzelstaatliche längere Verjährungsfrist für die Haftung der Gesellschafter nach Auflösung durch eine Verjährungsfrist von 5 Jahren ersetzt 6 wird. Dabei wird nicht auf die Auflösung der Interessenvereinigung, sondern auf die Bekanntgabe ihrer Vollabwicklung abgestellt.

C. Verjährungstatbestand

I. Akzessorische Gesellschafterhaftung

7 § 159 HGB gilt nur für die persönliche Gesellschafterhaftung gem. §§ 128, 130, 171 f., 173, 176 HGB. Beruht die Inanspruchnahme des Gesellschafters auf einem sonstigen Haftungstatbestand wie z. B. einer Gesellschafterbürgschaft oder einer Schuldmitübernahme, kann er sich nicht auf die Sonderverjährung berufen. Es gelten die allgemeinen Verjährungsregeln des BGB. Die Bestimmung des § 159 HGB findet auch keine Anwendung auf Sozialverbindlichkeiten des Gesellschafters im Innenverhältnis. Eine Ausnahme wird für die Fehlbetragshaftung nach §§ 735, 736 BGB angenommen (vgl. MüKo HGB/*K. Schmidt* § 159 Rn. 22).

II. Gesellschaftsverbindlichkeit

8 Erfasst sind in erster Linie alle Forderungen von Dritten gegenüber der Gesellschaft, und zwar auch dann, wenn sie nach Auflösung der Gesellschaft begründet worden sind.

9 Bei Verbindlichkeiten der Gesellschaft gegenüber einem Gesellschafter ist zu differenzieren: Soweit es sich um einen Anspruch handelt, der seinen Grund nicht im Gesellschaftsverhältnis hat, steht der anspruchsberechtigte Gesellschafter der Gesellschaft wie ein Dritter gegenüber. Gemeint sind bspw. Ansprüche des Gesellschafters aus mit der Gesellschaft geschlossenen Liefer-, Darlehens-, Dienst-, Miet- und Pachtverträgen. § 159 HGB ist in diesen Fällen anwendbar. Für Sozialansprüche, also solche Ansprüche des Gesellschafters, die auf dem Gesellschaftsverhältnis beruhen, gilt die Bestimmung hingegen nicht.

10 Ist die Gesellschaftsverbindlichkeit als solche verjährt, kommt es auf § 159 HGB nicht an. Auf diese Verjährung kann sich der Gesellschafter ohnehin gem. § 129 HGB berufen. Dies wird – wenn auch in der Formulierung ungenau – durch die Regelung in § 159 Abs. 1 HGB klargestellt, wonach die Sonderverjährung nicht gilt, sofern der Anspruch der Gesellschaft einer kürzeren Verjährungsfrist unterliegt.

III. Auflösung der Gesellschaft und gleichzustellende Fälle

11 Von der Bestimmung werden die Auflösungstatbestände des § 131 Abs. 1 und Abs. 2 Nr. 1 HGB erfasst. § 159 HGB ist daher auch anwendbar, wenn das Insolvenzverfahren über das Vermögen der Gesellschaft eröffnet wird. Wird die Gesellschaft nach Aufhebung des Insolvenzverfahrens **fortgesetzt**, fällt die Wirkung des § 159 HGB weg und lebt die akzessorische Gesellschafterhaftung analog § 130 HGB wieder auf, sollte zwischenzeitlich über § 159 HGB Verjährung eingetreten sein.

12 Wird die Gesellschaft gem. § 394 FamFG i. V. m. § 131 Abs. 2 Nr. 2 HGB **wegen Vermögenslosigkeit** ohne Liquidation gelöscht, können sich die Gesellschafter auf die Sonderverjährung des § 159 HGB berufen. Erlischt die Gesellschaft dadurch, dass alle Gesellschaftsanteile in der Hand eines Gesellschafters zusammenfallen, greift für die ausgeschiedenen Gesellschafter nicht die Bestimmung des § 159 HGB, sondern die des § 160 HGB ein (vgl. MüKo HGB/*K. Schmidt* § 159 Rn. 19).

13 Im Fall des Erlöschens einer Gesellschaft durch **Verschmelzung** gilt die Sonderregelung des § 45 UmwG.

IV. Frist und Fristbeginn

1. Grundsatz

14 Die Sonderverjährungsfrist beläuft sich auf **5 Jahre** und beginnt nach Abs. 2 grundsätzlich mit dem Ende des Tages, an dem die Auflösung – bzw. der Insolvenzvermerk – im Handelsregister eingetragen worden ist. Dies gilt unabhängig von einer Voreintragung der Gesellschaft, von der

Bekanntmachung der Eintragung sowie davon, ob und wann der Gesellschaftsgläubiger Kenntnis von der Auflösung der Gesellschaft erlangt.

Wird der Anspruch erst nach der Eintragung fällig, bestimmt Abs. 3, dass die Verjährung erst mit dem Eintritt der Fälligkeit beginnt. Das gilt auch dann, wenn der Anspruch erst nach der Eintragung der Auflösung begründet worden ist.

2. Besonderheiten bei Dauerschuldverhältnissen

Bei Dauerschuldverhältnissen führt die Sonderverjährung des § 159 HGB nicht zu einer umfassenden Enthaftung, da nicht der Gesamtanspruch verjährt, sondern während der Laufzeit des Dauerschuldverhältnisses ständig neue Verbindlichkeiten fällig werden, die jeweils erst nach Ablauf von 5 Jahren verjähren.

Die Gefahr dieser Endloshaftung wird teilweise als unbillig empfunden. Den Gesellschaftern soll entweder dadurch geholfen werden, dass abweichend vom Wortlaut des § 159 HGB eine vollständige Enthaftung aus den Verbindlichkeiten aus einem Dauerschuldverhältnis nach Ablauf von 5 Jahren eintreten soll, oder dadurch, dass die Haftung aus dem Dauerschuldverhältnis auf die Ansprüche begrenzt wird, die bis zum ersten möglichen Kündigungstermin nach Auflösung fällig geworden sind (vgl. E/B/J/S/*Seibert* § 159 Rn. 3, 6).

Eine solche Sonderbehandlung von Dauerschuldverhältnissen erscheint jedoch nicht geboten (vgl. Baumbach/Hopt/*Roth* § 159 Rn. 7). Die Annahme einer umfassenden 5-jährigen Enthaftungsfrist führt zu einer erheblichen Beeinträchtigung der Gläubigerinteressen. Wegen Verbindlichkeiten, die erst nach mehr als 5 Jahren nach Vollbeendigung fällig werden, könnte der Gesellschaftsgläubiger weder die Gesellschaft noch die Gesellschafter in Anspruch nehmen (vgl. MüKo HGB/*K. Schmidt* § 159 Rn. 47). Kann die Gesellschaft das Dauerschuldverhältnis kündigen, ist es zudem ihre Entscheidung, ob sie hiervon Gebrauch macht und dadurch das Entstehen weiterer Neuverbindlichkeiten vermeidet.

V. Neubeginn und Hemmung der Sonderverjährung

1. Grundsatz

Hemmung und Neubeginn der Sonderverjährung richten sich grundsätzlich nach den **allgemeinen Verjährungsvorschriften des BGB**. Für die Hemmung gelten die §§ 203 ff. BGB. Sie bedeutet, dass der Zeitraum, während dessen die Verjährung gehemmt ist, nicht in die Berechnung der Verjährungsfrist einbezogen wird (§ 209 BGB). Neubeginn bedeutet hingegen, dass die 5-jährige Sonderverjährungsfrist erneut in Gang gesetzt wird. Dies ist der Fall, wenn der Gesellschafter den Anspruch des Gesellschaftsgläubigers anerkennt, oder wenn ihm gegenüber eine gerichtliche oder behördliche Vollstreckungshandlung vorgenommen oder beantragt wird (§ 212 BGB).

2. Sonderregelung des Abs. 4

a) Wirkung auch gegenüber den Gesellschaftern

Abs. 4 enthält eine Sonderregelung zugunsten des Gesellschaftsgläubigers. Handlungen, mit denen er eine Hemmung der Verjährung der Gesellschaftsschuld nach § 204 BGB oder deren Neubeginn herbeiführt, wirken auch gegenüber den Gesellschaftern. Damit ist zum einen klargestellt, dass sich die Gesellschafter auch bei aufgelöster Gesellschaft nicht auf die Verjährung der Gesellschaftsschuld berufen können, wenn der Gesellschaftsgläubiger gegenüber der Gesellschaft rechtzeitig verjährungshindernde Maßnahmen ergriffen hat. Zum anderen besagt Abs. 4, dass die Hemmung nach § 204 BGB und der Neubeginn in diesem Fall auch die Sonderverjährung nach Abs. 1 betrifft. Der Gesellschaftsgläubiger muss daher gegenüber den Gesellschaftern keine zusätzlichen Handlungen nach §§ 204, 212 BGB vornehmen.

b) Maßnahme gegenüber der Gesellschaft

21 Die Vorschrift erfasst lediglich die in §§ 204, 212 BGB geregelten verjährungshindernden Maßnahmen gegenüber der Gesellschaft. Betroffen sind alle Gesellschafter, die der Gesellschaft im Liquidationsstadium angehören, also auch diejenigen, die der Gesellschaft erst in diesem Stadium beigetreten sind. Handlungen gegenüber einem Gesellschafter lösen gegenüber den Mitgesellschaftern die Wirkung des Abs. 4 nicht aus.

c) Auflösung aber nicht Vollbeendigung der Gesellschaft

22 Die Bestimmung setzt voraus, dass Hemmung oder Neubeginn zu einem Zeitpunkt herbeigeführt werden, zu dem die Gesellschaft bereits aufgelöst, jedoch noch nicht vollbeendet ist.

23 Erfolgte der Neubeginn oder die Hemmung bereits vor der Auflösung der Gesellschaft, ergibt sich unmittelbar aus § 129 HGB, dass sich die Gesellschafter auf die Verjährung der Gesellschaftsschuld nicht berufen können. Fraglich ist, ob dies zugleich die mit der Auflösung überhaupt erst beginnende Sonderverjährung nach Abs. 1 hindert. Jedenfalls für Maßnahmen nach §§ 204, 212 BGB wird dies anzunehmen sein (vgl. MüKo HGB/*K. Schmidt* § 159 Rn. 33), da kein Grund vorliegt, den Gesellschaftsgläubiger, der die Gesellschaft kurz vor der Auflösung verklagt, gegenüber dem erst nach Auflösung klagenden Gläubiger zu benachteiligen.

§ 160 [Haftung des ausscheidenden Gesellschafters; Fristen; Haftung als Kommanditist]

(1) ¹Scheidet ein Gesellschafter aus der Gesellschaft aus, so haftet er für ihre bis dahin begründeten Verbindlichkeiten, wenn sie vor Ablauf von fünf Jahren nach dem Ausscheiden fällig und daraus Ansprüche gegen ihn in einer in § 197 Abs. 1 Nr. 3 bis 5 des Bürgerlichen Gesetzbuchs bezeichneten Art festgestellt sind oder eine gerichtliche oder behördliche Vollstreckungshandlung vorgenommen oder beantragt wird; bei öffentlich-rechtlichen Verbindlichkeiten genügt der Erlass eines Verwaltungsakts. ²Die Frist beginnt mit dem Ende des Tages, an dem das Ausscheiden in das Handelsregister des für den Sitz der Gesellschaft zuständigen Gerichts eingetragen wird. ³Die für die Verjährung geltenden §§ 204, 206, 210, 211 und 212 Abs. 2 und 3 des Bürgerlichen Gesetzbuches sind entsprechend anzuwenden.

(2) Einer Feststellung in einer in § 197 Abs. 1 Nr. 3 bis 5 des Bürgerlichen Gesetzbuchs bezeichneten Art bedarf es nicht, soweit der Gesellschafter den Anspruch schriftlich anerkannt hat.

(3) ¹Wird ein Gesellschafter Kommanditist, so sind für die Begrenzung seiner Haftung für die im Zeitpunkt der Eintragung der Änderung in das Handelsregister begründeten Verbindlichkeiten die Absätze 1 und 2 entsprechend anzuwenden. ²Dies gilt auch, wenn er in der Gesellschaft oder einem ihr als Gesellschafter angehörenden Unternehmen geschäftsführend tätig wird. ³Seine Haftung als Kommanditist bleibt unberührt.

Übersicht	Rdn.		Rdn.
A. Normzweck und Entstehungsgeschichte	1	IV. Abwehr der Enthaftung	16
I. Zeitliche Beschränkung der Gesellschafternachhaftung	1	1. Anspruchserhaltende Maßnahmen des Gläubigers	17
II. Entstehungsgeschichte	2	2. Schriftliches Anerkenntnis des Gesellschafters, Abs. 2	20
B. Enthaftung ausgeschiedener Gesellschafter, Abs. 1 und 2	5	C. Wechsel in die Kommanditistenstellung, Abs. 3	22
I. Anwendungsbereich	5	I. Entsprechende Anwendung der Abs. 1 und 2	22
II. Akzessorische Gesellschafterhaftung	8	II. Enthaftungswirkung auch bei nicht geschäftsleitender Funktion	25
III. Berechnung der Nachhaftungsfrist, Abs. 1	9		
1. Grundsatz	9		
2. Abweichende Vereinbarung	11		
3. Hemmung und Neubeginn	13		

A. Normzweck und Entstehungsgeschichte

I. Zeitliche Beschränkung der Gesellschafternachhaftung

Der ausgeschiedene Gesellschafter haftet gem. §§ 128, 130 HGB weiterhin für die vor seinem Ausscheiden begründeten Gesellschaftsverbindlichkeiten. Die Bestimmung des § 160 HGB dient der zeitlichen Beschränkung dieser Gesellschafternachhaftung. Die Nachhaftung wird dazu zum einen auf solche bis zum Ausscheiden begründete Verbindlichkeiten begrenzt, die vor Ablauf von 5 Jahren nach dem Ausscheiden fällig werden. Zum anderen wird der Gesellschafter auch bezüglich dieser Verbindlichkeiten enthaftet, wenn der Gläubiger diese Enthaftung nicht innerhalb des 5-jährigen Zeitraums durch eine nach § 160 HGB geeignete Maßnahme abwehrt. 1

II. Entstehungsgeschichte

Die Regelung geht auf das Gesetz zur zeitlichen Begrenzung der Nachhaftung von Gesellschaftern vom 18.03.1994 (NachhBG, BGBl. I, 560) zurück. 2

Bis dahin war die Begrenzung der Gesellschafternachhaftung einheitlich für den Fall der Auflösung der Gesellschaft wie für den des Ausscheidens eines einzelnen Gesellschafters geregelt. Die §§ 159, 160 HGB a.F. ordneten für beide Fälle eine 5-jährige Sonderverjährung an. Da diese Form der Haftungsbegrenzung im Fall von Dauerschuldverhältnissen als unzureichend angesehen wurde, entwickelte die Rechtsprechung Erweiterungen zugunsten des Gesellschafters. Zunächst nahm der BGH (NJW 1978, 636) an, dass der Gesellschafter für solche auf dem Dauerschuldverhältnis beruhenden Teilleistungen nicht mehr hafte, die nach dem Zeitpunkt an die Gesellschaft erbracht worden seien, zu dem der Gesellschaftsgläubiger das Dauerschuldverhältnis erstmals nach Ausscheiden des Gesellschafters fristgemäß hätte kündigen können. Später (vgl. BGH NJW 1983, 2254; NJW 1983, 2940) wurde weiter gehend formuliert, dass die Haftung für Verbindlichkeiten aus einem Dauerschuldverhältnis grundsätzlich mit Ablauf von 5 Jahren nach Eintragung des Ausscheidens im Handelsregister beendet ist. 3

Durch §§ 159, 160 HGB n.F. wurde eine Differenzierung vorgenommen. Während es für den Auflösungsfall bei der bloßen Sonderverjährung bleibt, sieht § 160 HGB für den Ausscheidensfall nunmehr eine echte Enthaftung im Sinne einer rechtsvernichtenden Einwendung vor (vgl. GroßkommHGB/*Habersack* § 160 Rn. 1). § 160 HGB ist abschließend (vgl. BGH NJW 2002, 2170; Baumbach/Hopt/*Roth* § 160 Rn. 1), sodass auf die zuvor von der Rechtsprechung entwickelten Grundsätze nicht zusätzlich zurückgegriffen werden kann (vgl. aber auch Art. 35 EGHGB). 4

B. Enthaftung ausgeschiedener Gesellschafter, Abs. 1 und 2

I. Anwendungsbereich

Die Bestimmungen der Abs. 1 und 2 gelten unmittelbar für den aus einer OHG ausgeschiedenen Gesellschafter sowie über § 161 Abs. 2 HGB für den aus einer KG ausscheidenden Komplementär und ist zudem auf die beschränkte Kommanditistenhaftung anwendbar (vgl. MüKo HGB/*K. Schmidt* § 160 Rn. 21). Auf den Grund des Ausscheidens kommt es ebenso wenig an wie darauf, ob die Gesellschaft nach dem Ausscheiden weiter besteht oder dadurch erlischt, dass alle Gesellschaftsanteile in der Hand eines Gesellschafters zusammenfallen. Denn auch in diesem Fall bleibt dem Gesellschaftsgläubiger ein Schuldner erhalten. Für den Anteilsveräußerer gilt § 160 Abs. 1 und 2 HGB sinngemäß (vgl. MüKo HGB/*K. Schmidt* § 160 Rn. 24). 5

Die Vorschrift gilt auch für die KGaA und durch die Verweisung in § 10 Abs. 2 PartGG für die aus einer Partnerschaftsgesellschaft ausscheidenden Gesellschafter. Für die EWIV enthält Art. 37 Abs. 1 EWIVVO eine Sonderregelung. 6

Für die GbR verweist § 736 BGB auf § 160 HGB. An die Stelle der Eintragung des Ausscheidens im Handelsregister tritt der Zeitpunkt, zu dem der Gesellschaftsgläubiger Kenntnis vom Ausscheiden 7 des Gesellschafters erlangt. Die diesbezügliche Beweislast trifft den Gesellschafter. Eine fahrlässige Unkenntnis des Gesellschaftsgläubigers genügt nicht, um die Nachhaftungsfrist in Gang zu setzen.

II. Akzessorische Gesellschafterhaftung

8 § 160 HGB gilt nur für die persönliche Gesellschafterhaftung gem. §§ 128, 130, 171 f., 173, 176 HGB. Beruht die Inanspruchnahme des Gesellschafters auf einem sonstigen Haftungstatbestand (wie etwa einer Gesellschafterbürgschaft oder einer persönlichen deliktsrechtlichen Verantwortlichkeit), kann er sich nicht auf die Enthaftung berufen (vgl. MüKo HGB/*K. Schmidt* § 160 Rn. 25). Es gelten die allgemeinen Verjährungsregeln des BGB. Die Bestimmung erfasst auch die Gesellschafterhaftung für auf Delikt beruhende Gesellschaftsverbindlichkeiten.

III. Berechnung der Nachhaftungsfrist, Abs. 1

1. Grundsatz

9 Die Nachhaftungsfrist läuft grundsätzlich nach 5 Jahren ab. Sie beginnt mit dem Tag, der auf die Eintragung des Ausscheidens im Handelsregister folgt (Abs. 1 Satz 2). Dies gilt auch dann, wenn der Gesellschafter nicht im Handelsregister eingetragen war.

10 Es ist umstritten, ob die Frist gegenüber dem einzelnen Gesellschaftsgläubiger unabhängig von einer Eintragung des Ausscheidens auch dann bzw. schon in Gang gesetzt wird, sobald er Kenntnis von dem Ausscheiden erlangt hat. Die h. M. lehnt dies ab (vgl. Baumbach/Hopt/*Roth* § 160 Rn. 5). Für die GbR ist hingegen – wenn auch deswegen, weil eine Anknüpfung an eine Registereintragung nicht möglich ist – anerkannt, dass die Frist mit der Kenntnis des Gläubigers beginnt. Ein Grund für eine Schlechterstellung des OHG-Gesellschafters gegenüber einem GbR-Gesellschafter ist nicht so recht ersichtlich. Dies spricht dafür, auch im Rahmen des § 160 HGB die Frist schon mit der Kenntnis des Gläubigers beginnen zu lassen (so auch: BGHZ 174, 7–12; Hessisches LAG NZG 2009, 659). Abs. 1 Satz 2 wird dadurch auch nicht funktionslos, sondern normiert einen spätesten Fristbeginn, der kenntnisunabhängig für sämtliche Gesellschaftsgläubiger gilt.

2. Abweichende Vereinbarung

11 Die Bestimmung ist **dispositiv**. Durch Vereinbarung zwischen dem Gläubiger und dem Gesellschafter kann die Enthaftung erleichtert, aber auch – bis hin zum Ausschluss des § 160 HGB – verschärft werden. Im zweiten Fall ist allerdings eine ausdrückliche und mit Blick auf § 160 Abs. 2 HGB **schriftliche** Vereinbarung notwendig. Im Einzelfall kann die Vereinbarung nach § 138 BGB oder wegen eines Verstoßes gegen AGB-rechtliche Vorgaben unwirksam sein.

12 Durch eine Vereinbarung zwischen der Gesellschaft und dem Gesellschafter oder durch den Gesellschaftsvertrag lässt sich die Enthaftung nicht zulasten des Gesellschaftsgläubigers erleichtern. Dies gilt nach § 128 Satz 2 HGB generell für Beschränkungen der akzessorischen Gesellschafterhaftung und kann für die Nachhaftung nicht anders sein.

3. Hemmung und Neubeginn

13 Die Verjährungsvorschriften der §§ 204, 206, 210, 211 und 212 Abs. 2 und 3 BGB sind auf die 5-jährige Frist des § 160 Abs. 1 HGB entsprechend anwendbar (Abs. 1 Satz 3). Diese Regelung ist ungenau. Denn die Enthaftung besteht aus zwei Teilaspekten. Zum einen wird der Gesellschafter von solchen Verbindlichkeiten enthaftet, die nach Ablauf von 5 Jahren seit der Eintragung seines Ausscheidens fällig werden. Diese Frist ist absolut und insbesondere nicht durch verjährungshindernde Maßnahmen zu verlängern.

14 Zum anderen wird der Gesellschafter auch bezüglich solcher Verbindlichkeiten enthaftet, die innerhalb dieses 5-jährigen Zeitraums fällig geworden sind, wenn der Gläubiger diese Enthaftung nicht innerhalb dieses Zeitraums abwehrt. Lediglich insofern kann der Gesellschaftsgläubiger die Ent-

haftungsfrist durch die Vornahme der in Bezug genommenen verjährungshindernden Handlungen verlängern.

Eine verjährungshemmende Maßnahme führt dabei dazu, dass der Zeitraum, während dessen die Hemmung andauert, nicht in die Berechnung der Enthaftungsfrist einbezogen wird (§ 209 BGB). Neubeginn bedeutet hingegen, dass die 5-jährige Enthaftungsfrist erneut in Gang gesetzt wird.

IV. Abwehr der Enthaftung

Der Gesellschaftsgläubiger kann die Enthaftung des Gesellschafters im Hinblick auf Verbindlichkeiten, die innerhalb des 5-jährigen Zeitraums seit Eintragung dessen Ausscheidens fällig geworden sind, abwehren. Dazu ist erforderlich, dass er den Anspruch innerhalb der – gegebenenfalls durch verjährungshindernde Handlungen verlängerten – Enthaftungsfrist geltend macht, oder der Gesellschafter den Anspruch innerhalb der – gegebenenfalls verlängerten – Enthaftungsfrist anerkennt.

1. Anspruchserhaltende Maßnahmen des Gläubigers

Als anspruchserhaltende Maßnahme des Gläubigers sieht Abs. 1 zunächst die Feststellung des Anspruchs i. S. v. § 197 Abs. 1 Nr. 3 (rechtskräftige Feststellung), Nr. 4 (Feststellung durch vollstreckbaren Vergleich oder vollstreckbare Urkunde) und Nr. 5 (vollstreckbare Feststellung des Anspruchs im Rahmen eines Insolvenzverfahrens) BGB vor. Es reicht aus, wenn der Gesellschaftsgläubiger den Titel bereits vor dem Ausscheiden des Gesellschafters erwirkt hat (vgl. MüKo HGB/*K. Schmidt* § 160 Rn. 34). Die Feststellung des Anspruchs dem Grunde nach hindert die Enthaftung hingegen nicht.

Soweit die Bestimmung auch die Vornahme oder Beantragung einer Vollstreckungshandlung genügen lässt, hat dies neben der Feststellung des Anspruchs keine besondere Bedeutung, da es ohnehin eines Titels bedarf, um eine Vollstreckungshandlung zu beantragen oder vorzunehmen.

Öffentlich-rechtliche Verbindlichkeiten können durch Erlass eines Verwaltungsakts von der Enthaftungswirkung ausgenommen werden.

2. Schriftliches Anerkenntnis des Gesellschafters, Abs. 2

Anspruchserhaltend wirkt auch ein in der Form des § 126 BGB abgegebenes Anerkenntnis des Gesellschafters. Ein formloses Anerkenntnis entfaltet hingegen keine Wirkung. Zwar löst ein – auch formloses – Anerkenntnis nach § 212 Abs. 1 Nr. 1 BGB einen Verjährungsneubeginn aus. Jedoch verweist Abs. 2 lediglich auf § 212 Abs. 2 und 3 BGB.

Abs. 2 betrifft unmittelbar den Fall, dass das Anerkenntnis zwischen dem Ausscheiden und dem Ablauf der Enthaftungsfrist abgegeben wird. Es genügt, wenn der Gesellschafter den Anspruch vor seinem Ausscheiden anerkannt hat. Wird das Anerkenntnis nach Ablauf der Enthaftungsfrist erklärt, wirkt es nicht über § 160 Abs. 1 und 2 HGB. Durch Auslegung ist zu ermitteln, ob das verspätete Anerkenntnis als deklaratorisches Schuldverhältnis angesehen werden kann und als solches der rechtsvernichtenden Einwendung des § 160 Abs. 1 HGB entgegensteht (vgl. MüKo HGB/*K. Schmidt* § 160 Rn. 39).

C. Wechsel in die Kommanditistenstellung, Abs. 3

I. Entsprechende Anwendung der Abs. 1 und 2

Die Bestimmung des Abs. 3 sieht eine entsprechende Anwendung der Abs. 1 und 2 vor und gilt unmittelbar für den Fall, dass ein persönlich haftender Gesellschafter einer OHG oder KG in die Stellung eines Kommanditisten zurücktritt. Dieser Gesellschafter kann sich auf die Enthaftung nach Abs. 1 berufen.

Über § 736 Abs. 2 BGB ist Abs. 3 auch dann anzuwenden, wenn eine GbR im Handelsregister als Kommanditgesellschaft eingetragen wird.

Vor § 161 HGB

24 Abs. 3 ist analog anwendbar, wenn die zunächst unbeschränkte Kommanditistenhaftung durch Eintragung im Handelsregister nach § 176 HGB beendet wird. Die Enthaftung betrifft allerdings nur die unbeschränkte Haftung und nicht – wie Abs. 3 Satz 3 klarstellt – die Kommanditistenhaftung als solche (vgl. MüKo HGB/*K. Schmidt* § 160 Rn. 49).

II. Enthaftungswirkung auch bei nicht geschäftsleitender Funktion

25 Abs. 3 Satz 2 billigt dem in die Kommanditistenstellung zurückgetretenen Gesellschafter die Enthaftungswirkung unabhängig davon zu, ob er in der Gesellschaft oder in einem dieser als Gesellschafter angehörenden Unternehmen geschäftsleitend tätig wird.

Zweiter Abschnitt Kommanditgesellschaft

Vor § 161 HGB

Übersicht	Rdn.		Rdn.
A. Überblick über Vor- und Nachteile der Kommanditgesellschaft	2	C. Gewinnermittlung bei der Kommanditgesellschaft und ihren Gesellschaftern . .	6
B. Überblick über die Besteuerung der Kommanditgesellschaft	4		

1 Die **wirtschaftliche Bedeutung** der Kommanditgesellschaft ist erheblich. Nach einer Statistik des Deutschen Industrie- und Handelskammertags (vgl. MünchHdb GesR II/*Gummert* § 1 Rn. 17 ff.) ist die Anzahl der Kommanditgesellschaften, die bei den Industrie- und Handelskammern angemeldet wurden, im 10-Jahres-Zeitraum zwischen 2000 und 2010 von 102.672 auf 141.534 gestiegen, während im selben Zeitraum die Anzahl der offenen Handelsgesellschaften rückläufig war von 17.422 auf 15.866. Der überwiegende Anteil an den Gesellschaften in der Rechtsform der Kommanditgesellschaft entfiel allerdings auf die GmbH & Co. KG, deren Anzahl von 2000 mit 78.386 auf 122.650 in 2010 stieg. Im Vergleichszeitraum betrug die Anzahl der GmbHs 446.797 (2000) mit Anstieg auf 483.732 (2010). Die steuerbaren Umsätze bestätigen die vorstehende Bedeutung der Rechtsformen (MünchHdb GesR II/*Gummert* § 1 Rn. 17 mit Quellenangabe Statistisches Bundesamt, Umsatzsteuerstatistik (Voranmeldungen) Anzahl). Nach der jüngeren Umsatzsteuerstatistik (Veranlagungen) des Statistischen Bundesamtes (Wiesbaden 2014) existierten 2008 25.322 Kommanditgesellschaften und 158.272 GmbH & Co KGs, während es 2011 nur noch 18.627 Kommanditgesellschaften und 127.242 GmbH & Co. KGs gab. Zum Vergleich: In diesen Jahren lag die Anzahl der GmbHs bei 692.764 in 2008 und 495.733 in 2011. Die Anzahl der gesetzestypischen Kommanditgesellschaften, in denen der Komplementär als natürliche Person persönlich haftet, ist ebenso wie die Anzahl der offenen Handelsgesellschaften stagnierend.

A. Überblick über Vor- und Nachteile der Kommanditgesellschaft

2 Die Wahl der Rechtsform ist auf die Vorteile einer Kommanditgesellschaft zurückzuführen, wie insbesondere die **Beschränkung der persönlichen Haftung** der Kommanditisten. Bei einer GmbH & Co. KG in der typischen Ausformung haftet zudem auch die unbeschränkt haftende Komplementärin als GmbH allein mit ihrem Stammkapital. Neben dem Vorteil der Haftungsbeschränkung der Kommanditisten und der **Möglichkeit der Typenmischung**, die bei der GmbH & Co. KG auch hinsichtlich des Komplementärs zu einer Haftungsbeschränkung führt, ist die **weitgehende Gestaltungsfreiheit** aufgrund des dispositiven Rechts der Kommanditgesellschaften ebenfalls ein Vorteil dieser Rechtsform.

3 Als **wesentliche Nachteile** sind dagegen in der gesetzestypischen Kommanditgesellschaft neben der persönlichen Haftung des Komplementärs (vgl. § 161 HGB Rdn. 11) das zwingende Prinzip

der Selbstorganschaft (vgl. § 161 HGB Rdn. 7) anzusehen sowie das Einstimmigkeitsprinzip bei Beschlussfassungen, wenn gesellschaftsvertraglich vom dispositiven Recht nicht abgewichen wird (vgl. § 161 HGB Rdn. 22), das Abspaltungsverbot (vgl. § 161 HGB Rdn. 37), das Gebot der Einhaltung des Bestimmtheitsgrundsatzes (vgl. § 161 HGB Rdn. 21) und des Gleichbehandlungsgrundsatzes (vgl. § 161 HGB Rdn. 32), der Minderheitenschutz, insbesondere das Verbot des Eingriffs in den Kernbereich der Mitgliedschaftsrechte der Gesellschafter (vgl. § 161 HGB Rdn. 22).

B. Überblick über die Besteuerung der Kommanditgesellschaft

Schließlich hat die Wahl der Rechtsform der Kommanditgesellschaft nicht zuletzt **steuerliche Gründe**: Die Kommanditgesellschaft stellt als Personengesellschaft kein eigenes Steuersubjekt dar und ist nach dem sog. Transparenzprinzip nicht Schuldnerin der ESt. Vielmehr sind dies die hinter ihr stehenden Gesellschafter als Mitunternehmer (§ 1 Abs. 1 EStG). Die Einkünfte werden auf der Ebene der Kommanditgesellschaft nach Art und Höhe ermittelt und auf die einzelnen Gesellschafter entsprechend der Höhe ihrer Beteiligung verteilt. Dies erfolgt in der gesonderten und einheitlichen Feststellung der Einkünfte nach §§ 179 ff., 180 Abs. 1 Nr. 2a AO. Die Kommanditgesellschaft ist **weder körperschaftsteuer- noch einkommensteuerpflichtig**, die gewerblichen Einkünfte der Kommanditgesellschaft werden ihren Gesellschaftern als Mitunternehmern anteilig zugerechnet und von diesen selbst versteuert. Die Finanzverwaltung stellt zur Abgrenzung der einkommensteuerrechtlich relevanten Tatbestände von der steuerlich nicht relevanten Liebhaberei auf die Einkünfteerzielungsabsicht ab, für deren Vorliegen der Steuerpflichtige die Beweislast trägt. Bei steuerlich unbeachtlicher Liebhaberei ist eine Verrechnung der Verluste mit den Gewinnen steuerlich nicht möglich. 4

Mitunternehmer im steuerrechtlichen Sinne des § 15 Abs. 1 Nr. 2 EStG ist ein Gesellschafter, wenn er eine Mitunternehmensinitiative entfalten kann und ein Mitunternehmerrisiko trägt. Dies ist bei einem Kommanditisten anzunehmen, wenn er eine gesetzestypische Position einnimmt, nicht dagegen, wenn seine mitgliedschaftliche Rechtsstellung eingeschränkt ist (etwa durch Ausschluss des Widerspruchsrechts gem. § 164 HGB, durch fehlendes Vetorecht bei Grundlagengeschäften, gesellschaftsvertragliche Vereinbarung eines Mehrheitsprinzips bei der Abstimmung in Gesellschafterversammlungen, Gleichstellung im Innenverhältnis mit einem typisch stillen Gesellschafter). Als Mitunternehmer erzielen die Gesellschafter Einkünfte i. S. d. § 15 EStG, da die gewerblich tätige Kommanditgesellschaft regelmäßig Einkünfte aus dem Gewerbebetrieb i. S. d. § 15 Abs. 2 EStG generiert. 5

C. Gewinnermittlung bei der Kommanditgesellschaft und ihren Gesellschaftern

Für die Kommanditgesellschaft gelten die allgemeinen Grundsätze der **zweistufigen Gewinnermittlung**, d. h. der Gewinn des Mitunternehmers einer Kommanditgesellschaft setzt sich zum einen aus dem Gewinnanteil an der Kommanditgesellschaft und zum anderen aus den erhaltenen Sondervergütungen zusammen (§ 15 Abs. 1 Satz 1 Nr. 2 EStG). In einem ersten Schritt wird die **Handelsbilanz der Personengesellschaft** aufgestellt, sodann erfolgt die Aufstellung und Einbeziehung etwaiger Ergänzungsbilanzen der Gesellschafter sowie die Aufstellung der Steuerbilanz der Gesellschaft nach Maßgabe der §§ 4 bis 7 EStG. Auf dieser Basis wird in einem zweiten Schritt für die Gesellschafter die jeweilige **Sonderbilanz** erstellt. In der Steuerbilanz der Gesellschaft auf der ersten Stufe werden die handelsbilanziellen Bilanzansätze übernommen, soweit sich nicht steuerrechtlich eine abweichende Bewertung ergibt. Sodann wird der steuerliche Gewinnanteil dem jeweiligen Gesellschafter nach dem gesellschaftsvertraglich vereinbarten Gewinnverteilungsschlüssel zugewiesen (§ 15 Abs. 1 Satz 1 Nr. 1 Halbs. 1 EStG). Bei der Erstellung der Steuerbilanz auf zweiter Stufe wird das Sonderbetriebsvermögen der Gesellschafter aktiviert bzw. passiviert, insbesondere Vergütungen, die der jeweilige Gesellschafter durch eine schuldrechtliche Vereinbarung mit der Gesellschaft von dieser erhalten hat und die bei der Gesellschaft als Betriebsausgaben berücksichtigt wurden, ebenso Erträge und Aufwendungen der Wirtschaftsgüter, die Sonderbetriebsvermögen 6 darstellen und schließlich Sonderbetriebseinnahmen und -ausgaben, die ein Gesellschafter als Mitunternehmer erzielt (Gewinnanteile nach § 15 Abs. 1 Satz 1 Nr. 2 Halbs. 2 EStG).

7 **Verluste** sind gem. § 15a EStG nutzbar. Die Verluste der Kommanditgesellschaft sind den einzelnen Mitunternehmern zuzurechnen, die so ihre anteiligen Verluste aus dem Gewerbebetrieb mit positiven Einkünften aus anderen Einkunftsarten verrechnen können. Ein derartiger Verlustausgleich, der in Ermangelung anderer Einkünfte im entsprechenden Jahr nicht erfolgen kann, ist mit Einkünften des unmittelbar vorangegangenen Kalenderjahres möglich, jedoch nur summenmäßig begrenzt bis zu einem Gesamtbetrag von 511.500,– €. Gem. § 10d EStG kann ein dann etwa noch verbleibender Verlust vorgetragen und in künftigen Jahren genutzt werden, und zwar bis zu einem Betrag von 1,0 Mio. € Verbleibende positive Einkünfte können bis zu 60 % um vorgetragene Verluste gemindert werden.

8 Nach § 15a Abs. 1 EStG dürfen die einem beschränkt haftenden Kommanditisten zuzurechnenden anteiligen Verluste mit anderen Einkünften aus Gewerbebetrieb oder mit anderen Einkunftsarten jedoch nur insoweit ausgeglichen werden, als die Haftsumme des Kommanditisten nicht betragsmäßig überschritten wird. Insoweit können auch Verluste nicht in vorangegangene Jahre zurückgetragen werden (§§ 15a Abs. 1 Satz 1 Halbs. 2, 10d EStG). Die nicht berücksichtigten Verluste mindern die Gewinne, die der Kommanditist in den Folgejahren aus seiner Beteiligung erzielt, wie aus § 15a Abs. 2 EStG folgt.

9 Die **Veräußerung des gesamten Unternehmeranteils** eines Gesellschafters stellt eine Einkunft aus Gewerbebetrieb i. S. v. § 16 Abs. 1 Nr. 2 EStG dar. Nach Abs. 2 dieser Vorschrift ist Veräußerungsgewinn dabei der Betrag, um den der Veräußerungspreis nach Abzug der Veräußerungskosten den Wert des Anteils am Betriebsvermögen übersteigt. Dieser Wert ist für den Zeitpunkt der Veräußerung zu ermitteln. Als Veräußerung gilt auch die Veräußerung des gesamten Gewerbebetriebes oder eines Teilbetriebes (§ 16 Abs. 1 Nr. 1 EStG). Ebenso gilt die Aufgabe des Gewerbebetriebes sowie eines Mitunternehmeranteils als Veräußerung (§ 16 Abs. 3 EStG). Wird der Betrieb der Kommanditgesellschaft veräußert oder aufgegeben, so entfällt ein gegebenenfalls durch einkommensteuerrechtliche Verluste entstandenes negatives Kapitalkonto eines Kommanditisten, sodass in diesem Zeitpunkt ein steuerpflichtiger Gewinn i. H. d. entsprechenden Betrages für den Kommanditisten entsteht. Steht schon vorher fest, dass das negative Kapitalkonto eines Kommanditisten nicht mehr mit künftigen Gewinnanteilen ausgeglichen werden kann, ist der frühere Zeitpunkt maßgebend. Ein Verlust entsteht auch dann nicht, wenn nach dem Gesellschafterwechsel ein steuerfreier Sanierungsgewinn erzielt wird oder wenn die neu eintretenden Gesellschafter eine Einlage leisten. Wird ein negatives Kapitalkonto vom ausscheidenden auf einen neu eintretenden Kommanditisten übertragen, entsteht selbst dann kein Erwerbsverlust, wenn das negative Kapitalkonto nicht durch stille Reserven einschließlich eines Goodwills abgedeckt ist (BFH NJW 1999, 2064).

10 Die Kommanditgesellschaft ist **umsatzsteuerpflichtig** i. S. v. § 2 UStG. Dies gilt ebenfalls für ihre Gesellschafter, einschließlich der Kommanditisten. Damit ist auch ein Leistungsaustausch zwischen den Unternehmern grundsätzlich umsatzsteuerpflichtig, etwa bei einer Vermietung eines Wirtschaftsgutes an die Kommanditgesellschaft durch einen Gesellschafter. Dieser hat die USt an das Finanzamt abzuführen, während die Kommanditgesellschaft die in Rechnung gestellten USt-Beträge als Vorsteuer abziehen kann. Die Vermietung eines Grundstückes oder von Räumen ist nach § 4 Nr. 12a UStG grundsätzlich umsatzsteuerfrei, soweit der vermietende Gesellschafter nicht auf die Befreiung verzichtet. Umsatzsteuerbar ist ebenfalls die Gewährung eines verzinslichen Gesellschafterdarlehens, welches nach § 4 Nr. 8a UStG umsatzsteuerfrei ist, jedoch wiederum für den Darlehensgeber die Option zum Verzicht auf die Befreiung vorsieht.

§ 161 [Begriff der Kommanditgesellschaft]

(1) Eine Gesellschaft, deren Zweck auf den Betrieb eines Handelsgewerbes unter gemeinschaftlicher Firma gerichtet ist, ist eine Kommanditgesellschaft, wenn bei einem oder bei einigen von den Gesellschaftern die Haftung gegenüber den Gesellschaftsgläubigern auf den Betrag einer

bestimmten Vermögenseinlage beschränkt ist (Kommanditisten), während bei dem anderen Teile der Gesellschafter eine Beschränkung der Haftung nicht stattfindet (persönlich haftende Gesellschafter).

(2) Soweit nicht in diesem Abschnitt ein anderes vorgeschrieben ist, finden auf die Kommanditgesellschaft die für die offene Handelsgesellschaft geltenden Vorschriften Anwendung.

Übersicht	Rdn.			Rdn.
A. **Begriff der Kommanditgesellschaft, anwendbares Recht**	1	II.	Änderungen des Gesellschaftsvertrags, Einstimmigkeitsprinzip	21
I. Begriff und Rechtsnatur der Kommanditgesellschaft	1	III.	Wahrnehmung der Rechte durch gemeinsamen Vertreter	24
II. Anwendbares Recht	3	IV.	Kommanditgesellschaft als Konzerngesellschaft	25
1. Vorschriften des HGB	3	D.	**Rechte und Pflichten aus der Mitgliedschaft**	26
2. Vorschriften des BGB	4	I.	Förderung des gemeinsamen Zwecks . . .	26
III. Abgrenzung zur OHG – beschränkte Kommanditistenhaftung	5	II.	Haftung der Gesellschafter	27
IV. Betrieb eines Handelsgewerbes	6	III.	Rechte in Bezug auf Gesellschafterversammlungen	29
V. Gesamthandsgemeinschaft, Selbstorganschaft	7	IV.	Recht auf Kündigung	31
VI. Parteifähigkeit, Prozessfähigkeit	8	V.	Treuepflicht und Gleichbehandlungsgrundsatz	32
VII. Gemeinschaftliche Firma	9	VI.	Wettbewerbsverbot	33
VIII. Sitz der Gesellschaft	10	VII.	Geschäftsführung und Vertretung	34
B. **Gesellschafter**	11	VIII.	Sorgfaltsmaßstab	36
I. Komplementäre und Kommanditisten – Grundsätze	11	IX.	Verbot der Aufspaltung der Mitgliedschaft	37
1. Persönlich haftender Komplementär	11	X.	Aufstellung der Bilanzen	38
2. Beschränkt haftender Kommanditist	12	XI.	Gewinn und Entnahme	39
3. Stellung als Komplementär oder als Kommanditist	13	XII.	Ausscheiden eines Gesellschafters und Auflösung der Gesellschaft	40
II. Ein-Mann-Personengesellschaft, Insichgesellschaft	14	XIII.	Anspruch auf Abfindung und Auseinandersetzung	41
III. Minderjähriger als Gesellschafter	15	XIV.	Ausschluss eines Gesellschafters	42
IV. Treuhänder als Gesellschafter	16	E.	**Erscheinungsformen der Kommanditgesellschaft**	44
V. Unterbeteiligung	17			
VI. Kaufmannseigenschaft der Gesellschafter	18			
C. **Gesellschaftsvertrag**	19			
I. Allgemeines	19			

A. Begriff der Kommanditgesellschaft, anwendbares Recht

I. Begriff und Rechtsnatur der Kommanditgesellschaft

Die Kommanditgesellschaft ist eine **Personenhandelsgesellschaft**, die durch die handelsrechtlichen Bestimmungen der §§ 161 ff. HGB eine Abwandlung der offenen Handelsgesellschaft (§§ 105 ff. HGB) darstellt. Die Kommanditgesellschaft ist eine im Rechtsverkehr auftretende Gesellschaft, die **Kaufmannseigenschaft** gem. § 6 Abs. 1 HGB besitzt. Mit ihr ist der **Betrieb eines Handelsgewerbes** i. S. v. § 1 Abs. 2 HGB unter gemeinschaftlicher Firma (§ 19 HGB) bezweckt. Die Kommanditgesellschaft wird als solche erst ab der Eintragung im elektronischen Handelsregister (vgl. §§ 8 Abs. 1, 8a Abs. 1 HGB) wirksam, wenn sie ein Gewerbe betreibt, das erst mit konstitutiver Eintragung nach den §§ 2, 3 HGB ein kaufmännisches Gewerbe darstellt. Entsprechendes gilt für eine Kommanditgesellschaft, deren Unternehmensgegenstand im Halten und Verwalten des eigenen Vermögens i. S. v. § 105 Abs. 2 HGB besteht. Vor der Eintragung handelt es sich bei der Gesellschaft um eine BGB-Gesellschaft i. S. d. §§ 705 bis 740 BGB, wobei in § 731 Satz 2 BGB ergänzend auf das Recht der Gemeinschaft nach §§ 741 bis 758 BGB verwiesen wird. Die Kommanditgesellschaft

1

§ 161 HGB Begriff der Kommanditgesellschaft

tritt unter ihrer Firma im Rechtsverkehr als selbstständiger Rechtsträger auf und ist Träger des Gesellschaftsvermögens als **Gesamthandsgemeinschaft** (s. u. Rdn. 7).

2 Eine Kommanditgesellschaft kann neben der Gründung auch **durch Umgestaltung** aus einer offenen Handelsgesellschaft hervorgehen, wenn in diese etwa ein Gesellschafter als Kommanditist zusätzlich aufgenommen oder wenn die Beteiligung eines Komplementärs in die eines Kommanditisten gewandelt wird. Betreibt eine BGB-Gesellschaft ein Handelsgewerbe i. S. v. § 1 Abs. 2 HGB und wird gesellschaftsvertraglich eine Beschränkung der Haftung für einen Teil der Gesellschafter vorgesehen, entsteht ebenfalls eine Kommanditgesellschaft (vgl. Röhricht/v. Westphalen/*Haas/Mock* § 161 Rn. 12). Eine Kommanditgesellschaft kann ferner **durch Umwandlung** nach dem Umwandlungsgesetz (Verschmelzung gem. § 2 UmwG, Spaltung gem. § 123 UmwG, Formwechsel gem. § 190 UmwG) entstehen (vgl. zu den Umwandlungsarten ausführl. Anhang zum BGB).

II. Anwendbares Recht

1. Vorschriften des HGB

3 Für die Kommanditgesellschaft gelten nach § 161 Abs. 2 HGB die **für die OHG geltenden Bestimmungen**, soweit nicht in den §§ 161 ff. HGB Sonderregelungen normiert sind. Daher wird zunächst auf die Kommentierungen zu den §§ 105 ff. HGB verwiesen. Aus Gründen der Übersichtlichkeit seien hier nur überblicksartig die einzelnen Bereiche genannt:

- Die **Errichtung der Gesellschaft** ist in den §§ 105 bis 108 HGB geregelt, wobei sich § 105 HGB mit dem Begriff der OHG befasst, während die §§ 106 bis 108 die Anmeldung zum Handelsregister regeln (vgl. diesbezüglich für die Kommanditgesellschaft § 162 HGB).
- Regelungen über die **Rechtsverhältnisse der Gesellschafter** untereinander finden sich in den §§ 109 bis 122 HGB: § 109 HGB befasst sich mit dem Gesellschaftsvertrag, § 110 HGB regelt Aufwendungen und Verluste, die ein Gesellschafter in Gesellschaftsangelegenheiten macht, und § 111 HGB befasst sich mit der Zinspflicht eines Gesellschafters, der seine Geldeinlage nicht zur rechten Zeit einzahlt u. a.
- Das gesetzliche **Wettbewerbsverbot** der Gesellschafter einer offenen Handelsgesellschaft und die Rechtsfolgen seiner Verletzung sind in den §§ 112 ff. HGB geregelt, hinsichtlich der Kommanditisten ist § 165 HGB einschlägig.
- Die §§ 114 bis 118 HGB befassen sich mit der **Geschäftsführung**, wobei § 118 HGB Kontrollrechte der persönlich haftenden Gesellschafter regelt, die von der Geschäftsführung ausgeschlossen sind. Für den Kommanditisten ist hier § 166 HGB einschlägig.
- Die **Beschlussfassung der Gesellschafter** ist in § 119 HGB normiert.
- Die §§ 120 bis 122 HGB befassen sich mit dem **Gewinn und Verlust** der Gesellschaft und den Entnahmen durch die Gesellschafter. Für die Kommanditgesellschaft sind hier §§ 167 bis 169 HGB für die Kommanditisten heranzuziehen.
- **Rechtsverhältnisse der Gesellschafter zu Dritten** sind in den §§ 123 bis 130a HGB normiert. Mit der Wirksamkeit der offenen Handelsgesellschaft im Außenverhältnis und ihrer rechtlichen Selbstständigkeit befassen sich die §§ 123 ff. HGB. Die Vertretung der Gesellschaft ist in den §§ 125 bis 127 HGB geregelt. Bei der Kommanditgesellschaft ist insoweit der Ausschluss der Kommanditisten von der Geschäftsführung gem. § 170 HGB zu beachten.
- Die §§ 131 bis 144 HGB befassen sich mit der **Auflösung der Gesellschaft** und dem Ausscheiden von Gesellschaftern.
- Die **Liquidation der Gesellschaft** ist in den §§ 145 bis 158 HGB geregelt.
- Vorschriften über die **Verjährung** und die Begrenzung der Haftung finden sich in §§ 159, 160 HGB.

2. Vorschriften des BGB

4 Über §§ 161 Abs. 2, 105 Abs. 3 HGB finden auf die Kommanditgesellschaft weiter auch einige **Vorschriften des BGB** Anwendung. Insoweit wird auf die Kommentierung zur Gesellschaft bürgerlichen Rechts (§§ 705 ff. BGB) verwiesen. Die §§ 305 ff. BGB sind gem. § 310 Abs. 4 Satz 1 BGB

nicht auf Verträge des Gesellschaftsrechts anwendbar; diese Regelungen gelten regelmäßig nur für vorformulierte Verträge, nicht jedoch bei den individuell ausgehandelten Gesellschaftsverträgen von Kommanditgesellschaften. Etwas Anderes kann nur für Publikumsgesellschaft gelten (s. hierzu Anhang 2 zum HGB). Die folgenden Bestimmungen des BGB sind für die Kommanditgesellschaft von besonderer Bedeutung:
- §§ 706 ff. BGB über die **Beiträge der Gesellschafter**.
- § 708 BGB über die **Haftung der Gesellschafter**, die bei der Erfüllung der ihnen obliegenden Verpflichtungen nur für diejenige Sorgfalt einzustehen haben, welche sie in eigenen Angelegenheiten anzuwenden pflegen.
- § 712 Abs. 2 BGB sieht das Recht eines Gesellschafters zur **Kündigung der Geschäftsführung** bei Vorliegen eines wichtigen Grundes vor und verweist auf die für den Auftrag geltende Vorschrift des § 671 Abs. 2, Abs. 3 BGB, der entsprechende Anwendung findet.
- § 717 BGB regelt die **Nichtübertragbarkeit der Gesellschafterrechte**.
- Die §§ 718 bis 720 BGB befassen sich mit dem **Gesellschaftsvermögen**, der gesamthänderischen Bindung und dem Schutz des gutgläubigen Schuldners.
- § 722 Abs. 2 BGB stellt klar, dass die Bestimmung des Anteils der Gesellschafter am Gewinn oder am Verlust im Zweifel für **Gewinn und Verlust** gilt.
- Nach § 725 Abs. 2 BGB kann der Gläubiger die sich aus dem Gesellschaftsverhältnis ergebenden Rechte eines Gesellschafters mit Ausnahme des Anspruchs auf einen Gewinnanteil nicht geltend machen, solange die Gesellschaft besteht.
- § 729 BGB regelt die **Fortdauer der Geschäftsführungsbefugnis** im Fall der Auflösung der Gesellschaft.
- Die **Auseinandersetzung nach Auflösung** der Gesellschaft und die Geschäftsführung, die von der Auflösung an allen Gesellschaftern gemeinschaftlich zusteht, sind in § 730 BGB geregelt.
- § 735 BGB regelt die **Nachschusspflicht der Gesellschafter** bei Verlust.
- Die §§ 738 bis 740 BGB schließlich befassen sich mit der **Auseinandersetzung beim Ausscheiden eines Gesellschafters** aus der Gesellschaft, seiner Haftung für Fehlbeträge und seiner Beteiligung am Ergebnis schwebender Geschäfte.

III. Abgrenzung zur OHG – beschränkte Kommanditistenhaftung

Die Kommanditgesellschaft unterscheidet sich von der offenen Handelsgesellschaft dadurch, dass bei einem oder bei einigen von den Gesellschaftern, dem bzw. den **Kommanditisten**, die Haftung gegenüber den Gesellschaftsgläubigern auf den Betrag einer bestimmten Vermögenseinlage beschränkt ist (beschränkte Kommanditistenhaftung gem. §§ 171 ff. HGB). Mindestens ein Gesellschafter der Kommanditgesellschaft muss persönlich haftender Gesellschafter sein und haftet als **Komplementär** der Gesellschaft **ohne Beschränkung der Haftung** gem. §§ 161 Abs. 2, 128 ff. HGB. Mit der beschränkten Haftung der Kommanditisten einhergehend sind Herrschaftsbefugnisse und Mitverantwortung eingeschränkt, insbesondere durch den Ausschluss von der Geschäftsführung der Kommanditgesellschaft nach § 164 HGB und von ihrer Vertretung gem. § 170 HGB.

IV. Betrieb eines Handelsgewerbes

Der **Zweck der Kommanditgesellschaft** muss auf den Betrieb eines Handelsgewerbes gerichtet sein (§ 1 Abs. 2 HGB). Darunter ist prinzipiell **jeder Gewerbebetrieb** zu verstehen, nicht jedoch die Tätigkeit der sog. freien Berufe (Rechtsanwälte, Ärzte, Architekten u. a.), weshalb Freiberufler nicht Kaufmann i. S. v. § 1 Abs. 1 HGB sind. Freiberufler können sich daher nicht in der Rechtsform einer Kommanditgesellschaft zusammenschließen, sondern in der Partnerschaft (vgl. hierzu Kap. 1), die gem. § 1 Abs. 1 Satz 1 Satz 2 PartGG kein Gewerbe ausübt oder in der Rechtsform der Partnerschaftsgesellschaft mit beschränkter Berufshaftung u. a. **Kleingewerbetreibenden** eröffnet sich dagegen nach § 105 Abs. 2 HGB die Möglichkeit der Gründung einer Kommanditgesellschaft, die allerdings erst nach Eintragung im Handelsregister entsteht. Beginnt eine derartige Kommanditgesellschaft ihre Tätigkeit vor Eintragung im Handelsregister, haften ihre Gesellschafter, sofern sie der Aufnahme der Geschäftstätigkeit zugestimmt haben, gem. § 176 Abs. 1 Satz 1 HGB für

§ 161 HGB Begriff der Kommanditgesellschaft

die bis zur Eintragung begründeten Verbindlichkeiten im Grundsatz persönlich (Einzelheiten s. Kommentierung zu § 176 HGB). Darüber hinaus können Vermögensverwaltungsgesellschaften nach § 105 Abs. 2 HGB die Rechtsform der Kommanditgesellschaft wählen, obwohl bei ihnen die Gewerbeeigenschaft jedenfalls zweifelhaft ist (vgl. hierzu *K. Schmidt* NJW 1998, 2161, 2164).

V. Gesamthandsgemeinschaft, Selbstorganschaft

7 Sämtliche Gesellschafter der Kommanditgesellschaft sind in ihrem Zusammenschluss als solche Träger des Gesellschaftsvermögens, d. h. die Kommanditgesellschaft ist **Gesamthandsgemeinschaft**. Die Kommanditgesellschaft kann unter ihrer Firma Rechte erwerben und Verbindlichkeiten eingehen. Der Vermögensanteil des einzelnen Gesellschafters stellt lediglich die wertmäßige Beteiligung am Gesamthandsvermögen dar, welches ein **Sondervermögen** ist, das den Gesellschaftern in ihrer gesamthänderischen Verbundenheit zusteht (§ 719 Abs. 1 BGB; vgl. statt vieler: MünchHdb GesR II/*Möhrle* § 2 Rn. 24; MünchHdb GesR II/*v. Falkenhausen/H.C. Schneider* § 20 Rn. 2 m. w. N.). Der einzelne Gesellschafter ist mithin nicht nur anteilig, sondern voll am Gesamthandsvermögen berechtigt, wird jedoch durch die entsprechenden Berechtigungen seiner Mitgesellschafter beschränkt. Über das Gesamthandsvermögen kann nur von allen Gesamthändern gemeinsam oder von der Kommanditgesellschaft, vertreten durch ihre Organe, verfügt werden. Neben dieser vermögensrechtlichen Seite ist die personenrechtliche Komponente der Gesamthandsgemeinschaft zu erwähnen. So ist der Gesellschaftsvertrag, der den Zusammenschluss der Gesellschafter organisiert und in dem sich die Gesellschafter gegenseitig verpflichten, den Gesellschaftszweck zu fördern (§ 705 BGB), ein Organisationsvertrag und kein gegenseitiger Vertrag i. S. v. §§ 320 ff. BGB. Ausdruck der Gesamthand ist ebenfalls der **Grundsatz der Selbstorganschaft**, der es verbietet, dass gesellschaftsvertraglich sämtliche Gesellschafter von der Geschäftsführung oder Vertretung ausgeschlossen und einem Nichtgesellschafter diese Mitgliedschaftsrechte übertragen werden (BGHZ 33, 10; 36, 292; BGH WM 1994, 237f; MünchHdb GesR II/*Scheel* § 7 Rn. 15 und § 9 Rn. 12 ff.; vgl. zum Grundsatz der Selbstorganschaft außerdem für die GbR §§ 709 bis 713 BGB Rdn. 10 sowie für die OHG § 109 HGB Rdn. 16 und § 125 HGB Rdn. 2 f.).

VI. Parteifähigkeit, Prozessfähigkeit

8 Die Kommanditgesellschaft ist **parteifähig** (§§ 161 Abs. 2, 124 Abs. 1 HGB), wobei zwischen der Gesellschaft als Gesamthand und den einzelnen Gesellschaftern zu unterscheiden ist. Dies bedeutet, dass ein Gläubiger mit einem Titel, der sich gegen die Kommanditgesellschaft richtet, nur in das Gesellschaftsvermögen vollstrecken kann. Umgekehrt kann ein gegen einen einzelnen Gesellschafter gerichteter Titel nicht zur Vollstreckung in das Gesellschaftsvermögen dienen (statt vieler: MünchHdb GesR II/*Neubauer* § 32 Rn. 1). Die Kommanditgesellschaft und ihre Gesellschafter können gemeinsam verklagt werden mit der Folge, dass sie **einfache Streitgenossen** i. S. v. § 62 ZPO sind. Die Vertretung der Kommanditgesellschaft im Prozess erfolgt durch ihre organschaftlichen Vertreter (§§ 161 Abs. 2, 125 ff. HGB), d. h. die Gesellschaft selbst ist als solche **nicht prozessfähig** gem. § 52 ZPO (Baumbach/Hopt/*Hopt* § 124 Rn. 42; MünchHdb GesR II/*Neubauer/Herchen* § 32 Rn. 4 m. w. N.).

VII. Gemeinschaftliche Firma

9 Der in § 161 Abs. 1 HGB geregelte Begriff der Kommanditgesellschaft setzt voraus, dass das Handelsgewerbe der Kommanditgesellschaft unter gemeinschaftlicher Firma betrieben wird. Die Legaldefinition des Begriffes der Firma findet sich in § 17 Abs. 1 HGB, wonach die **Firma eines Kaufmanns** der Name ist, unter dem er seine Geschäfte betreibt und die Unterschrift abgibt (zur Kaufmannseigenschaft vgl. Rdn. 1). Die Firma der Kommanditgesellschaft muss den Anforderungen des § 19 Abs. 1 Nr. 3 HGB genügen, mithin die Bezeichnung »Kommanditgesellschaft« oder eine allgemein verständliche Abkürzung dieser Bezeichnung (etwa »KG«) enthalten. Gem. § 18 HGB muss die Firma zur Kennzeichnung des Kaufmanns geeignet sein und Unterscheidungskraft besitzen (Abs. 1) und darf keine Angaben enthalten, die geeignet sind, über geschäftliche Verhält-

nisse, die für die angesprochenen Verkehrskreise wesentlich sind, irrezuführen (Verbot der Irreführung gem. Abs. 2). Erlaubt sind Namens-, Sach- oder Fantasiebezeichnungen und entsprechende Verbindungen. Eine Gesellschaft, die ohne gemeinschaftliche Firma auftritt, ist eine Gesellschaft bürgerlichen Rechts. Bei Fortführung einer bisherigen Firma ist gem. §§ 21 ff. HGB zu beachten, dass der Rechtsverkehr nicht über Art, Umfang und Rechtsverhältnisse des Unternehmens in die Irre geführt werden darf (vgl. insbes. BGHZ 62, 216, 226 ff.; 68, 12, 15).

VIII. Sitz der Gesellschaft

Der Sitz der Kommanditgesellschaft befindet sich am **Ort ihrer Verwaltung**. Maßgeblich ist der tatsächliche Verwaltungssitz, an dem die Organe handeln, mithin der Tätigkeitsort der Geschäftsführung und der Vertretungsorgane, und zwar unabhängig davon, ob dieser Ort im Gesellschaftsvertrag als Sitz bestimmt ist oder nicht (BVerfGE 21, 207, 209; BGH NJW 1967, 36). Die Kommanditgesellschaft kann ihren Geschäftsbetrieb an verschiedenen Orten tatsächlich ausüben, jedoch kann es keinen Doppelsitz geben. Möglich ist die Errichtung von Zweigniederlassungen (vgl. §§ 13 ff. HGB). Die Verlegung des Sitzes der Kommanditgesellschaft an einen anderen Ort ist zur Eintragung in das Handelsregister gem. §§ 161 Abs. 2, 107 HGB anzumelden. Durch das Gesetz zur Modernisierung des GmbH-Rechts und zur Bekämpfung von Missbräuchen (MoMiG) vom 23.10.2008 (BGBl. I, 2026) § 107 HGB dahin gehend ergänzt, dass auch die Änderung einer inländischen Geschäftsanschrift zum Handelsregister anzumelden ist. Dadurch wird die Verpflichtung für inländische Zweigniederlassungen ausländischer Gesellschaften geschaffen, eine inländische Geschäftsanschrift bei der Eintragung ins Handelsregister anzugeben. Diese Änderung stimmt mit den europäischen Regelungen überein.

B. Gesellschafter

I. Komplementäre und Kommanditisten – Grundsätze

1. Persönlich haftender Komplementär

Die Kommanditgesellschaft muss gem. § 161 Abs. 1 HGB **mindestens einen** persönlich haftenden Komplementär haben. Insoweit gilt das Recht der offenen Handelsgesellschaft, auf welches an dieser Stelle verwiesen wird (vgl. § 128 HGB). Die persönliche und unbeschränkte Haftung muss nicht zwingend eine natürliche Person betreffen, es kann sich auch um eine offene Handelsgesellschaft oder eine andere Kommanditgesellschaft oder eine juristische Person, etwa eine GmbH oder eine AG, handeln. In der Praxis ist etwa die GmbH & Co. KG verbreitet, die rechtlich zwar eine Kommanditgesellschaft ist, aufgrund der auf das Stammkapital beschränkten Haftung der Komplementär-GmbH sachlich dagegen einen Mischtyp zwischen einer Personen- und einer Kapitalgesellschaft darstellt, weshalb für sie besondere Regeln gelten (zur GmbH & Co. KG vgl. ausführl. Anhang 3 zum HGB). Offen ist, ob eine Außen-BGB-Gesellschaft, welche nach höchstrichterlicher Rechtsprechung Kommanditistin sein kann (BGH BB 2001, 1966), die Rolle der Komplementärin einnehmen kann (vgl. dazu *Ulmer* ZIP 2001, 1713, 1715; *Elsing* BB 2001, 2338).

2. Beschränkt haftender Kommanditist

Gem. § 161 Abs. 1 HGB muss die Kommanditgesellschaft **mindestens einen** Kommanditisten haben, der ebenfalls für die Verbindlichkeiten der Kommanditgesellschaft persönlich und unter Umständen auch mit seinem gesamten Vermögen haftet, jedoch **der Höhe nach beschränkt** auf die im Gesellschaftsvertrag vereinbarte und im Handelsregister eingetragene Haftungssumme. Leistet der Kommanditist die Haftsumme, entfällt seine Haftung im Außenverhältnis. Hinsichtlich der Anforderungen, die an die Eigenschaft eines Gesellschafters als Kommanditist gestellt werden, gelten im Übrigen die gleichen Voraussetzungen wie für die Stellung als Komplementär (vgl. Rdn. 11). Möglich ist auch das Auftreten als Treuhänder-Kommanditist für eine Vielzahl von Treugebern. Jedoch kann eine Innen-BGB-Gesellschaft, eine eheliche Gütergemeinschaft oder eine Erbengemeinschaft als solche nicht Kommanditist sein (vgl. Baumbach/Hopt/*Hopt* § 161 Rn. 4). Dagegen wurde die früher h. M. in Rechtsprechung und Literatur (BGHZ 46, 291, 296; BGH NJW-RR 1990, 798) aufgegeben, wonach eine Außen-BGB-Gesellschaft keine Kommanditisten-Beteiligung übernehmen konnte. Dies ist nunmehr möglich (BGH NJW 2001, 3121; BayObLG NJW-RR 2002, 36).

3. Stellung als Komplementär oder als Kommanditist

13 Ein Gesellschafter kann wegen der Einheit seines Anteils (vgl. § 124 HGB) **nicht gleichzeitig** Komplementär und Kommanditist sein (Baumbach/Hopt/*Hopt* § 161 Rn. 4 und § 124 Rn. 16). So entsteht bei Vereinigung mehrerer Kommanditbeteiligungen in der Hand eines Gesellschafters ein einheitlicher Anteil als Kommanditist (BGHZ 101, 123, 129). Ebenso führt die Vereinigung zweier Mitgliedschaften in der Hand eines Komplementärs dazu, dass die gesamte Beteiligung von der Position als Komplementär bestimmt wird (BGH WM 1963, 989). Jedoch kann durch eine Änderung des Gesellschaftsvertrages die Stellung eines Komplementärs zu der eines Kommanditisten und umgekehrt die eines Kommanditisten zu der eines Komplementärs werden (vgl. statt vieler Baumbach/Hopt/*Hopt* § 161 Rn. 6 m. w. N.). Im Übrigen gelten für den Gesellschafterwechsel dieselben Grundsätze wie für die offene Handelsgesellschaft, wobei im Fall des Todes eines Kommanditisten § 177 HGB Besonderheiten enthält, wonach die Gesellschaft mit den Erben des ausgeschiedenen Kommanditisten fortgesetzt wird. Mit Zustimmung aller Gesellschafter ist die Kommanditbeteiligung übertragbar.

II. Ein-Mann-Personengesellschaft, Insichgesellschaft

14 Der Begriff der Kommanditgesellschaft geht in § 161 Abs. 1 HGB vom Vorhandensein **mindestens zweier Gesellschafter** aus, einem persönlich haftenden Komplementär und einem beschränkt haftenden Kommanditisten. Insoweit wird diskutiert, ob es eine **Ein-Mann-Personengesellschaft** begrifflich geben kann. Gem. § 1 GmbHG ist es möglich, dass eine GmbH durch eine Person errichtet wird, wobei eine solche GmbH die Rolle der Komplementärin in der Kommanditgesellschaft übernehmen kann. Eine Ein-Personen-Gesellschaft liegt auch vor, wenn eine Kommanditgesellschaft sämtliche Geschäftsanteile an ihrer Komplementär-GmbH hält (**Insichgesellschaft**; MünchHdb GesR II/*Gummert* § 51 Rn. 3 ff. m. w. N.). Nach heute h. M. ist eine derartige Mehrfachbeteiligung an einer Personengesellschaft zulässig. Dann ist ebenso anzuerkennen, dass bei Vereinigung aller Anteile an einer Gesellschaft in einer Hand eine zulässige Ein-Personen-Gesellschaft vorliegt (zur Einheitlichkeit des Personengesellschaftsanteils vgl. statt vieler *Priester* DB 1998, 55 mit Darstellung des Meinungsstandes).

III. Minderjähriger als Gesellschafter

15 Ein Minderjähriger kann mit **Genehmigung des Familiengerichts** Gesellschafter einer Kommanditgesellschaft werden (§§ 1643 Abs. 1, 1822 Nr. 3 BGB). Sowohl der Abschluss eines Gesellschaftsvertrages zur Errichtung einer Kommanditgesellschaft als auch der Eintritt in eine bestehende Kommanditgesellschaft bedürfen der familiengerichtlichen Genehmigung (BGHZ 17, 160, 165). Genehmigungspflichtig ist darüber hinaus der Austritt aus einer Kommanditgesellschaft, nicht dagegen jede Änderung des Gesellschaftsvertrages (BGHZ 38, 26, 32; ebenso Schlegelberger/*Martens* § 161 Rn. 52 m. w. N.). Etwas Anderes gilt nur für solche Vertragsänderungen, die nach Art und Umfang von grundsätzlicher Bedeutung sind. Die Beteiligung eines Minderjährigen an einer Kommanditgesellschaft **kraft Schenkung oder Erbschaft** ist ebenfalls nicht genehmigungspflichtig. Das Verbot des Selbstkontrahierens des § 181 BGB hindert gesetzliche Vertreter, die selbst am Abschluss des Gesellschaftsvertrages beteiligt sind, zugleich im Namen ihrer minderjährigen Kinder zu handeln (Schlegelberger/*Martens* § 161 Rn. 53 m. w. N.). Nach § 723 Abs. 1 Satz 3 Nr. 2 BGB liegt bei einem als minderjährig eingetretenen Gesellschafter ein wichtiger Grund zur Kündigung der Gesellschaft vor, wenn er das 18. Lebensjahr vollendet hat, wobei der volljährig Gewordene nach S. 4 die Kündigung nur binnen 3 Monaten von dem Zeitpunkt an erklären kann, in welchem er von seiner Gesellschafterstellung Kenntnis hatte oder haben musste. Dieses Kündigungsrecht ist

jedoch nach § 723 Abs. 1 Satz 5 BGB dann ausgeschlossen, wenn der Minderjährige die Gesellschaft bisher mit gerichtlicher Genehmigung betrieben hat oder der Zweck der Gesellschaft allein der Befriedigung seiner persönlichen Bedürfnisse diente, d. h. wenn die Voraussetzungen des § 1629a Abs. 2 BGB vorliegen. Der volljährig gewordene Gesellschafter kann gem. § 1629a BGB seine Haftung für Gesellschaftsschulden auf das bei Eintritt der Volljährigkeit vorhandene Vermögen beschränken.

IV. Treuhänder als Gesellschafter

Gesellschaftsanteile an einer Kommanditgesellschaft können **treuhänderisch** gehalten werden (BGHZ 10, 44, 47; 76, 127, 129). Im Verhältnis zur Kommanditgesellschaft ist der Treuhänder, der im eigenen Namen aber für fremde Rechnung des Treugebers handelt, als Gesellschafter zu betrachten (BGHZ 73, 294, 296). Die Gesellschafterstellung des Treuhänders wird durch die Beendigung des Treuhandverhältnisses nicht berührt. Der Treuhänder haftet wie ein echter Gesellschafter (zur Treuhandgesellschaft vgl. statt vieler MünchHdb GesR II/*Weipert* § 12 Rn. 42 ff. m. w. N.). 16

V. Unterbeteiligung

Die **Unterbeteiligung eines Dritten** an der Beteiligung eines Gesellschafters an einer Kommanditgesellschaft ist möglich. Der Unterbeteiligte selbst ist nicht Gesellschafter der Kommanditgesellschaft, sodass ihn auch nicht die Rechte und Pflichten des Hauptbeteiligten aus dem Kommanditgesellschaftsvertrag treffen. Vielmehr stellt die Unterbeteiligung eine reine Innengesellschaft dar, die ohne Kenntnis und Zustimmung der Mitgesellschafter zulässig eingeräumt werden kann (BGHZ 50, 316, 325). Die Rechte und Pflichten des Hauptbeteiligten und des Unterbeteiligten bestimmen sich nach dem Unterbeteiligungsvertrag und – soweit der Vermögensgegenstand der Unterbeteiligung selbst betroffen ist – nach den gesetzlichen Regelungen über die Stille Gesellschaft gem. §§ 230 ff. HGB (zur Unterbeteiligung vgl. statt vieler: MünchHdb GesR II/*Weipert* § 12 Rn. 62 ff. m. w. N.). 17

VI. Kaufmannseigenschaft der Gesellschafter

Eine Kommanditgesellschaft ist als Handelsgesellschaft **Kaufmann** (§ 6 Abs. 1 HGB). Streitig ist, ob der Komplementär als solcher Kaufmann ist (wohl h. M.; bejahend: BGHZ 34, 293, 296 f.; a. A. Röhricht/v. Westphalen/*Haas/Mock* § 161 Rn. 19 m. w. N. in Fn. 3; a. A. Baumbach/Hopt/*Hopt* § 161 Rn. 5). Streitig ist ebenfalls, ob der Kommanditist als Kaufmann anzusehen ist (ablehnend wohl h. M.: BGHZ 45, 282, 285; Röhricht/v. Westphalen/*Haas/Mock*, § 161 Rn. 19 m. w. N. der st. Rspr. in Fn. 11; Baumbach/Hopt/*Hopt* § 161 Rn. 5; vgl. zum Streitstand Schlegelberger/*Martens* § 161 Rn. 46 f.). 18

C. Gesellschaftsvertrag

I. Allgemeines

Der Abschluss des Gesellschaftsvertrages lässt die Kommanditgesellschaft ebenso wie die offene Handelsgesellschaft entstehen, wobei die Vereinbarung auch stillschweigend geschlossen werden kann. Die Einigung muss dann allerdings auch die beschränkte Haftung und die Höhe der Haftsumme der beteiligten Kommanditisten umfassen (Baumbach/Hopt/*Hopt* § 161 Rn. 7; MünchHdb GesR II/*Möhrle* § 2 Rn. 90; MünchHdb GesR II/*Herchen* § 30 Rn. 7). Ein Formzwang des Kommanditgesellschaftsvertrages besteht nur in Ausnahmefällen, wenn etwa ein Grundstück eingebracht werden soll, wonach eine Beurkundung nach § 313 BGB erforderlich wird. 19

Der Gesellschaftsvertrag bildet die **Grundlage des Rechtsverhältnisses der Gesellschafter** untereinander und regelt das Innenrecht auch schon vor Aufnahme des Geschäftsbetriebes und vor Handelsregistereintragung. Die Grenzen findet die gesellschaftsvertragliche Gestaltung, die dem Grundsatz der Vertragsfreiheit unterliegt, im allgemeinen Recht (etwa bei Verstoß gegen ein gesetzliches Gebot i. S. v. § 134 BGB oder bei Verstoß gegen die guten Sitten gem. § 138 BGB). Ein bereits 20 vollzogener Kommanditgesellschaftsvertrag wird nur für die Zukunft und nicht für die Vergangenheit unwirksam (BGHZ 26, 330, 335; 44, 235, 236; 55, 5, 8 f. betreffend stille Gesellschaft; BGHZ 63, 338, 344). Anwendbar sind in solchen Fällen die **Grundsätze über die fehlerhafte Gesellschaft** (vgl. hierzu ausführl. § 105 HGB Rdn. 79 ff.). Von der fehlerhaften Gesellschaft ist die **Scheingesellschaft** zu unterscheiden, die dann vorliegt, wenn kein Gesellschaftsvertrag abgeschlossen wurde, oder dieser nur zum Schein besteht (vgl. § 105 HGB Rdn. 105 ff.). Die Gesellschafter einer Scheingesellschaft müssen sich im Rechtsverkehr nach den Regelungen der Rechtsscheinhaftung messen lassen.

II. Änderungen des Gesellschaftsvertrags, Einstimmigkeitsprinzip

21 Änderungen des Kommanditgesellschaftsvertrages bedürfen der **Zustimmung sämtlicher Gesellschafter**, also auch der Kommanditisten (BGHZ 76, 160, 164). Der Kommanditgesellschaftsvertrag kann Vertragsänderungen durch Mehrheitsbeschlüsse der Gesellschafter vorsehen, soweit der sog. **Bestimmtheitsgrundsatz** beachtet wird. Dieser von der Rechtsprechung entwickelte gesellschaftsrechtliche Grundsatz stellt eine Schutzbestimmung zugunsten der Minderheit dar (vgl. BGHZ 8, 35, 38; 48, 251, 254; 85, 350, 354). Besonderheiten gelten bei der Publikums-KG (s. hierzu Anhang 2 zum HGB Rdn. 42 ff.). Im Übrigen wird zum Bestimmtheitsgrundsatz auf § 109 HGB Rdn. 24, § 119 Rdn. 15 ff., zur Mehrheitsbeschlussfassung auf § 119 HGB Rdn. 12 ff. verwiesen.

22 Aus §§ 161 Abs. 2, 119 Abs. 1 HGB i. V. m. § 709 Abs. 1 BGB folgt das **Einstimmigkeitsprinzip** für Gesellschafter von Kommanditgesellschaften. Der Gesellschaftsvertrag kann unter Beachtung des Bestimmtheitsgrundsatzes **Mehrheitsbeschlüsse** zulassen (vgl. oben Rdn. 21). Neben dem Bestimmtheitsgrundsatz besteht für die überstimmte Minderheit die Möglichkeit, Mehrheitsbeschlüsse auf ihre Vereinbarkeit mit dem Gesellschaftsvertrag und dem geltenden Recht gerichtlich überprüfen zu lassen. Geschützt ist jeder Gesellschafter im **Kernbereich** seiner Gesellschafterstellung (BGHZ 20, 363, 369; 71, 53, 60 f. betreffend die Publikums-KG). Zum Kernbereich gehört ein unverzichtbares Mindestmaß an Selbstbestimmung der Gesellschafter (vgl. hierzu statt vieler: *K. Schmidt* GesR, § 16 III. 3.; zum Kernbereich der Mitgliedschaftsrechte vgl. § 109 HGB Rdn. 23, § 119 Rdn. 18 f.; zu einzelnen Rechten s. auch nachfolgend Rdn. 29).

23 Die Festlegung einer einheitlichen Stimmrechtsausübung durch entsprechende **Stimmbindungsvereinbarung** zwischen den Gesellschaftern ist zulässig. Grenzen bildet das allgemeine Recht, insbesondere die zwingenden Minderheitenrechte (MünchHdb GesR II/*Weipert* § 12 Rn. 65 ff.). Eine Zwangs-Stimmbindung liegt bei Vereinbarung der sog. **Vertreterklausel** vor (vgl. Rdn. 24), wonach insbesondere die Erben des verstorbenen Gesellschafters zur einheitlichen Stimmrechtsausübung verpflichtet werden. Zulässig ist ebenfalls eine Stimmbindungsvereinbarung zwischen dem Gesellschafter der Kommanditgesellschaft und einem Dritten, etwa einem Pfandgläubiger oder Unterbeteiligten, wobei diesem Fremdeinfluss dieselben Grenzen gesetzt sind, die der Gesellschafter selbst zu beachten hat. Hierzu zählt insbesondere die gesellschaftsrechtliche Treue- und Zweckförderungspflicht, die der Rechtsausübung des Gesellschafters Schranken setzen kann (MünchHdb GesR II/*Weipert* § 12 Rn. 85 ff. m. w. N.).

III. Wahrnehmung der Rechte durch gemeinsamen Vertreter

24 Kommanditgesellschaftsverträge beinhalten unter Umständen eine sog. **Vertreterklausel**, wonach die Wahrnehmung der Rechte mehrerer Kommanditisten durch einen gemeinsamen Vertreter zu erfolgen hat, um eine Anteilszersplitterung, insbesondere bei Erbnachfolge, zu vermeiden. Die Bündelung der Rechtsausübung durch den Vertreter lässt die Rechtsstellung der einzelnen Kommanditisten als Gesellschafter unberührt, allerdings können diese ihre Gesellschafterrechte nicht ausüben, wenn ein gemeinsamer Vertreter nicht bestellt wird (BGHZ 46, 291, 297; weitere Einzelheiten zur Bestellung und Abberufung, den Befugnissen des gemeinsamen Vertreters und den Rechtsbeziehungen unter den vertretenen Gesellschafter vgl. Röhricht/v. Westphalen/*Haas*/*Mock* § 161 Rn. 21 ff.; MünchHdb GesR II/*Weipert* § 12 Rn. 18 ff. m. w. N.).

IV. Kommanditgesellschaft als Konzerngesellschaft

Eine Kommanditgesellschaft kann **Mitglied eines Konzerns** sein, und zwar sowohl als herrschende Konzerngesellschaft als auch als beherrschtes Unternehmen. Während bei der GmbH & Co. KG und der Publikums-KG die Zulässigkeit eines Beherrschungsvertrages im Konzern wohl anerkannt ist (vgl. *K. Schmidt* GesR, § 17 IV. 3. m. w. N.), ist die Zulässigkeit eines konzernrechtlichen Beherrschungsvertrages jedenfalls bei einer gesetzestypischen Kommanditgesellschaft nicht unstreitig (Nachweise s. bei *K. Schmidt* GesR, § 17 IV. 3. in Fn. 93 ff.). Grund hierfür sind die Schranken, die das Prinzip der Selbstorganschaft (vgl. dazu Rdn. 7) und das Abspaltungsverbot (vgl. dazu Rdn. 37) setzen, wonach bei der Kommanditgesellschaft als Personengesellschaft ein unbeschränkt haftender Gesellschafter das Leitungsorgan darstellt. Jedenfalls kann mit einem Verbot eines Beherrschungsvertrages im Personengesellschaftsrecht eine Abhängigkeit im Ergebnis nicht verhindert werden (*K. Schmidt* GesR, § 17 IV. 3.). Der BGH hat in der sog. »Gervais«-Entscheidung (BGH NJW 1980, 231, 232) im Fall einer eingegliederten Kommanditgesellschaft ausgeurteilt, dass sich die Haftung für sorgfaltswidrige Geschäftsführung durch das herrschenden Unternehmen nicht nach § 708 BGB, sondern nach § 276 BGB bestimmt, also die im Verkehr erforderliche Sorgfalt maßgeblich ist (vgl. hierzu statt vieler: MünchHdb GesR II/*Scheel* § 7 Rn. 26).

D. Rechte und Pflichten aus der Mitgliedschaft

I. Förderung des gemeinsamen Zwecks

Die Kommanditisten sind ebenso wie Komplementäre verpflichtet, Beiträge zur **Förderung des gemeinsamen Zwecks** zu erbringen (§ 705 BGB). Zur Leistung bestimmter Einlagen ist der Gesellschafter gesetzlich nicht verpflichtet, d. h. Pflichteinlagen sind im Gesellschaftsvertrag gesondert zu vereinbaren. Sie können als Geld und/oder Sacheinlagen, durch Einbringung eines Handelsgeschäfts, als Verpflichtung zur Gewährung eines Darlehens an die Kommanditgesellschaft etc. erbracht werden. Mithin sind die Gesellschafter in der Festlegung von Art und Umfang der **Pflichteinlagen** frei. Dies gilt auch hinsichtlich der Bewertung der Einlagen im Verhältnis der Gesellschafter untereinander, aber nicht im Verhältnis zu den Gesellschaftsgläubigern (vgl. BGHZ 95, 188, 197). Die Pflichteinlagen sind von den Haftsummen der Kommanditisten zu unterscheiden.

II. Haftung der Gesellschafter

Die Haftung des **Komplementärs** ist gem. §§ 161 Abs. 2, 128 HGB **unbeschränkt**. Mehrere Komplementäre haften für die Verbindlichkeiten der Gesellschaft den Gläubigern als Gesamtschuldner persönlich. Eine entgegenstehende Vereinbarung zwischen den Gesellschaftern ist Dritten gegenüber unwirksam (MünchHdb GesR II/*Herchen* § 29 Rn. 1). Die Haftung des **Kommanditisten** ist dagegen nach § 171 HGB **beschränkt**, d. h. er haftet den Gläubigern der Kommanditgesellschaft bis zur Höhe seiner Einlage unmittelbar; hat er die Einlage geleistet, ist seine Haftung ausgeschlossen. Die Haftsumme stellt den im Handelsregister einzutragenden Geldbetrag dar, auf dessen Höhe die persönliche Haftung des Kommanditisten begrenzt ist. Die Vereinbarung einer Haftsumme für jeden Kommanditisten ist – im Gegensatz zur Vereinbarung einer Pflichteinlage – zwingend (MünchHdb GesR II/*Herchen* § 30 Rn. 3, 5 m. w. N.). Die Höhe der Haftsumme wird frei bestimmt. Sie kann niedriger oder höher als die Pflichteinlage sein. Fehlt eine ausdrückliche Vereinbarung im Gesellschaftsvertrag, entspricht die Haftsumme der Pflichteinlage. Während die Hafteinlage das Außenverhältnis betrifft, bezieht sich die Pflichteinlage auf das Innenverhältnis zwischen den Gesellschaftern. Die Hafteinlage kann in bar oder auch als Sacheinlage oder durch Rechte (BGHZ 29, 300, 304) erbracht werden, wobei es sich um objektiv werthaltige Einlageleistung handeln muss, wenn sie als haftungsbefreiende Einlageleistung des Kommanditisten wirken soll. Hinsichtlich der Pflichteinlage kommt es dagegen nicht auf den objektiven Wert an (MünchHdb GesR II/*v. Falkenhausen/H.C. Schneider* § 18 Rn. 2 ff. m. w. N.).

Gem. § 1365 Abs. 1 Satz 1 BGB kann sich ein **Ehegatte**, der im gesetzlichen Güterstand der Zugewinngemeinschaft (§ 1363 BGB) lebt, nur mit Einwilligung des anderen Ehegatten verpflichten, über sein Vermögen im Ganzen zu verfügen (vgl. ausführlich Schlegelberger/*Martens* § 161 Rn. 46 f. m.w.N.). Dies gilt nicht bei Vereinbarung von Gütertrennung, die daher gesellschaftsrechtlich betrachtet größere Flexibilität bietet.

III. Rechte in Bezug auf Gesellschafterversammlungen

29 Das Gesetz legt keine Form des Beschlussverfahrens fest, sodass sowohl schriftliche Umlaufbeschlüsse als auch Gesellschafterversammlungen, Telefonkonferenzen etc. zur Beschlussfassung stattfinden können. Gesellschaftsverträge beinhalten aus Beweisgründen regelmäßig Bestimmungen über die Beschlussfassung (MünchHdb GesR II/*Weipert* § 14 Rn. 116). Sieht der Kommanditgesellschaftsvertrag die Abhaltung einer Gesellschafterversammlung vor, so ist zur entsprechenden Einladung grundsätzlich jeder Gesellschafter berechtigt. Auch bei abweichenden gesellschaftsvertraglichen Regelungen steht den Kommanditisten ein unverzichtbares Recht zur Einberufung der Gesellschafterversammlung bei Vorliegen eines wichtigen Grundes zu. Ein **Selbsteinberufungsrecht** hat der Kommanditist allerdings nur, wenn dies gesellschaftsvertraglich so vereinbart ist oder wenn sein entsprechendes Verlangen auf Einberufung der Gesellschafterversammlung vom Komplementär abgelehnt worden ist (so Röhricht/v. Westphalen/*Haas/Mock* § 163 Rn. 5 in entsprechender Anwendung des Rechtsgedankens von § 50 Abs. 3 GmbHG; BGHZ 102, 172, 173). Neben dem unverzichtbaren **Recht auf Teilnahme an der Gesellschafterversammlung**, zu dem auch das Rederecht und auch das Recht gehört, Anträge zu stellen, steht dem Kommanditisten wie einem Komplementär das **Stimmrecht** zu, mithin die Beteiligung an der Beschlussfassung (MünchHdb GesR II/*Weipert* § 14 Rn. 37 m.w.N.). Sieht der Kommanditgesellschaftsvertrag die Möglichkeit vor, dass Beschlüsse nicht einstimmig, sondern mit Mehrheit gefasst werden können, so ist in der Kommanditgesellschaft regelmäßig entgegen § 119 Abs. 2 HGB nicht nach Köpfen, sondern nach Kapitalanteilen abzustimmen (statt vieler MüKo HGB/*Grunewald* § 161 Rn. 32 m.w.N. in Fn. 63; MünchHdb GesR II/*Weipert* § 14 Rn. 39 m.w.N.; Röhricht/v. Westphalen/*Haas/Mock* § 163 Rn. 6). Die Höhe der erforderlichen Beschlussmehrheiten kann gesellschaftsvertraglich festgelegt werden, und zwar auch für Änderungen des Kommanditgesellschaftsvertrags und für Grundlagenbeschlüsse, wobei allerdings dem Bestimmtheitsgrundsatz im Gesellschaftsvertrag Rechnung zu tragen ist. Eine Abspaltung des Stimmrechts eines Gesellschafters von seiner Gesellschafterstellung ist nicht zulässig (BGHZ 44, 158, 160). Zulässig ist allerdings die Übertragung der Ausübung von Gesellschafterrechten an Dritte, die auch Nichtgesellschafter sein können, durch Vollmachtserteilung (BGHZ 36, 292, 295; zur Vertreterklausel vgl. auch Rdn. 23 und 24). Unverzichtbar ist weiter das Recht des Kommanditisten zur **Geltendmachung von Beschlussmängeln** (MünchHdb GesR II/*Weipert* § 14 Rn. 127 ff., 130 m.w.N.; zur Geltendmachung von Beschlussmängeln vgl. ausführl. Kap. 5 Rdn. 81 ff.). Dabei kann der Gesellschaftsvertrag Regelungen, insbesondere Fristen für das Verfahren zur Regelung des Streits über die Wirksamkeit von Gesellschafterbeschlüssen festlegen. Nach höchstrichterlicher Rechtsprechung ist eine zweiwöchige Ausschlussfrist zur Geltendmachung von Beschlussmängeln ein unzulässiger Eingriff in das unverzichtbare Recht des Gesellschafters und wird durch eine angemessene Frist ersetzt, die jedenfalls die als Leitbild heranzuziehende Monatsfrist des § 246 AktG nicht unterschreiten darf (BGH NJW 1995, 1218, 1219).

30 Dem Kommanditisten steht ebenso wie einem Komplementär das Recht zur **actio pro socio** zu (vgl. hierzu insbes. Kap. 5 Rdn. 90 ff.). Diese dem Minderheitenschutz dienende Gesellschafterklage ermöglicht es jedem Gesellschafter, Ansprüche der Kommanditgesellschaft gegen einen Mitgesellschafter (z. B. geschuldete, aber nicht erbrachte Beitragspflicht) geltend zu machen und auf Leistung an die Kommanditgesellschaft zu klagen (BGHZ 10, 91, 100 f.; 25, 47, 49 ff.). Die actio pro socio ist ein zwingendes, unverzichtbares Recht der Gesellschafter (BGH NJW 1985, 2830, 2831).

IV. Recht auf Kündigung

31 Das Recht des Kommanditisten, durch **Kündigung** aus der Kommanditgesellschaft auszuscheiden (§§ 161 Abs. 2, 132, 131 Abs. 3 Nr. 3 HGB), kann gesellschaftsvertraglich beschränkt werden, wenn der Kommanditgesellschaftsvertrag auf unbestimmte Zeit läuft. Ist die Gesellschaft nicht auf unbestimmte Zeit eingegangen, so steht dem Kommanditisten in Ermangelung einer abweichenden

gesellschaftsvertraglichen Regelung ein Austrittsrecht nur bei Vorliegen eines wichtigen Grundes zu (statt vieler MüKo HGB/*Grunewald* § 161 Rn. 37 m. w. N.; vgl. hierzu auch MünchHdb GesR II/*Piehler/Schulte* § 36 Rn. 11 ff.).

V. Treuepflicht und Gleichbehandlungsgrundsatz

Grundlage eines Gesellschaftsverhältnisses ist wie in jedem Rechtsverhältnis eine **allgemeine Loyalitätspflicht**, die auch im Grundsatz von Treu und Glauben von § 242 BGB zum Ausdruck kommt. Die allgemeine Loyalitätspflicht kann sich zu konkreten Förderungs- und Interessenwahrungspflichten verdichten, d. h. zu sog. **Treuepflichten** (MünchHdb GesR II/*Weipert* § 12 Rn. 7 und § 13 Rn. 5 ff., 18 ff. m. w. N.; a. A. *K. Schmidt* GesR, § 20 IV.). Diesen Treuepflichten unterliegt jeder Gesellschafter einer Kommanditgesellschaft. Aus der allgemeinen Treuepflicht folgt auch die Pflicht zur vertrauensvollen und persönlichen Zusammenarbeit der Gesellschafter und zur Wahrung der Interessen der Kommanditgesellschaft (vgl. BGHZ 64, 253, 257 betreffend Zustimmungspflicht zur Ausschlussklage; s. auch BGHZ 68, 81, 82). Der im Personenhandelsgesellschaftsrecht geltende **Gleichbehandlungsgrundsatz** gebietet, dass die Gesellschafter im Verhältnis zur Gesellschaft nicht willkürlich ungleich behandelt werden dürfen (vgl. *K. Schmidt* GesR, § 16 II. 4.; § 109 HGB Rdn. 17). Auch dieses Prinzip ist aus § 242 BGB abgeleitet und abdingbar.

32

VI. Wettbewerbsverbot

Während die Komplementäre gem. §§ 112 ff. HGB einem **Wettbewerbsverbot** unterliegen, ist dies bei den Kommanditisten nach § 165 HGB nicht der Fall (s. die ausführl. Kommentierung dort). Gleichwohl kann sich ein Konkurrenzverbot im Ausnahmefall auch für einen Kommanditisten aus der gesellschaftlichen Treuepflicht ergeben (vgl. § 165 HGB Rdn. 14, 15).

33

VII. Geschäftsführung und Vertretung

Die Geschäftsführung der Kommanditgesellschaft obliegt gem. §§ 161 Abs. 2, 114 Abs. 1 HGB den **Komplementären**, die nach §§ 161 Abs. 2, 125 Abs. 1 HGB auch zur **organschaftlichen Vertretung** der Kommanditgesellschaft berechtigt und verpflichtet sind.

34

Die **Kommanditisten** sind gem. § 170 HGB zur Vertretung der Gesellschaft nicht ermächtigt. Sie sind ebenfalls von der Führung der Geschäfte der Kommanditgesellschaft ausgeschlossen – ihnen kann jedoch auch im Außenverhältnis rechtsgeschäftliche Vollmacht oder Prokura erteilt werden (vgl. Kommentierung zu § 170 HGB), wobei ihnen nach § 164 HGB ein Widerspruchsrecht zusteht, wenn es sich um außergewöhnliche Geschäfte handelt, die über den gewöhnlichen Betrieb des Handelsgewerbes der Kommanditgesellschaft hinausgehen (vgl. § 164 HGB Rdn. 7). Zum Notgeschäftsführungsrecht der Kommanditisten wird auf die Kommentierung zu § 164 HGB Rdn. 5 verwiesen. Zum Grundsatz der Selbstorganschaft vgl. oben Rdn. 7. Allerdings kann die Ausführung der Geschäftsführung auf Dritte übertragen werden, etwa durch einen Betriebsführungsvertrag (BGHZ 36, 292, 293 ff.; BGH ZIP 1982, 578, 581). Weitere Rechte des Kommanditisten sind das in § 166 HGB geregelte **Kontrollrecht**, das im Verhältnis zum Kontrollrecht des persönlich haftenden Gesellschafters gem. § 118 HGB, auch wenn dieser von der Geschäftsführung ausgeschlossen ist, nur eingeschränkt besteht. Darüber hinaus steht jedem Gesellschafter ein **allgemeiner Auskunftsanspruch** gegen die Kommanditgesellschaft zu, damit ihm die Ausübung seiner sonstigen Gesellschafterrechte ermöglicht wird.

35

VIII. Sorgfaltsmaßstab

Nach §§ 161 Abs. 2, 105 Abs. 3 HGB i. V. m. § 708 BGB hat jeder Gesellschafter bei der Erfüllung seiner Pflichten grundsätzlich nur die **Sorgfalt** anzuwenden, die er in eigenen Angelegenheiten ausübt. Es kann jedoch vertraglich ein abweichender Haftungsmaßstab vereinbart werden kann, der auch ein Einstehen für jede Fahrlässigkeit vorsieht (MünchHdb GesR II/*Scheel* § 7 Rn. 19).

36

IX. Verbot der Aufspaltung der Mitgliedschaft

37 Nach der zwingenden Vorschrift des § 717 Satz 1 BGB, der das **Verbot der Aufspaltung der einheitlichen Mitgliedschaft** regelt (vgl. auch BGHZ 3, 354, 357; 20, 363, 364; 36, 292, 293; 43, 261, 267), sind Ansprüche, die den Gesellschaftern aus dem Gesellschaftsverhältnis gegeneinander zustehen, **nicht übertragbar**, d. h. die Mitgliedschaftsrechte eines Gesellschafters können nicht von der Gesellschafterstellung als solche getrennt werden (vgl. hierzu MünchHdb GesR II/*Weipert* § 12 Rn. 10 ff. m. w. N.). Etwas Anderes gilt nach § 707 Satz 2 BGB für einzelne Ansprüche, die aus der Geschäftsführung resultieren, soweit deren Befriedigung vor der Auseinandersetzung verlangt werden kann, sowie für Ansprüche auf einen Gewinnanteil oder auf dasjenige, was dem Gesellschafter bei der Auseinandersetzung zukommt. So ist etwa die Abtretung von Gewinn- oder Abfindungsansprüchen zulässig (i. V. m. § 398 BGB). Soweit Ansprüche abtretbar sind, sind sie auch verpfändbar (§§ 1247 Abs. 2, 1280 BGB; vgl. statt vieler MünchHdb GesR II/*Weipert* § 12 Rn. 60 f. m. w. N.). Ebenso ist in diesem Fall die Einräumung von Nießbrauchsrechten zulässig (§§ 1068 ff. BGB; vgl. MünchHdb GesR II/*Weipert* § 12 Rn. 57 ff. m. w. N.).

X. Aufstellung der Bilanzen

38 Pflicht der Komplementäre ist die Aufstellung der **Eröffnungsbilanz** sowie der **jährlichen Bilanz** der Kommanditgesellschaft (§ 242 Abs. 1 Satz 1 HGB). Die Feststellung der Jahresbilanz bedarf als Grundlagengeschäft der Zustimmung aller Gesellschafter, soweit gesellschaftsvertraglich nichts Abweichendes vereinbart ist. Auf Basis der Bilanz erfolgt die Gewinn- und Verlustermittlung der Kommanditgesellschaft sowie die Berechnung des Anteils jeden Gesellschafters an den Gewinnen oder Verlusten (§§ 120, 167 HGB; vgl. hierzu MünchHdb GesR II/*Sangen-Emden* § 21). Die Gewinn- und Verlustverteilung sowie die gesetzliche Regelung über die Entnahmen finden sich für die Komplementäre in §§ 121 ff. HGB und für die Kommanditisten in §§ 168 ff. HGB (MünchHdb GesR II/*v. Falkenhausen/H.C. Schneider* § 23). Wegen der Einzelheiten wird auf die Kommentierung zu diesen Vorschriften verwiesen.

XI. Gewinn und Entnahme

39 Wesentliches Vermögensrecht der Gesellschafter ist das **Recht auf Gewinn der Kommanditgesellschaft** und auf seine Entnahme. Dies wird in den §§ 120 bis 122 HGB für den Komplementär und i. V. m. §§ 167 bis 169 HGB für den Kommanditisten geregelt. Auf die diesbezügliche Kommentierung wird verwiesen.

XII. Ausscheiden eines Gesellschafters und Auflösung der Gesellschaft

40 Mangels abweichender gesellschaftsvertraglicher Vereinbarungen führen der Tod des Gesellschafters, die Eröffnung des Insolvenzverfahrens über sein Vermögen, die Kündigung des Gesellschafters sowie die Kündigung durch den Privatgläubiger des Gesellschafters, der Eintritt von weiteren im Gesellschaftsvertrag vorgesehenen Fällen oder der Beschluss der Gesellschafter nach §§ 161 Abs. 2, 131 Abs. 3 HGB zum **Ausscheiden eines Gesellschafters** mit dem Eintritt des jeweiligen Ereignisses, im Fall der Kündigung aber nicht vor Ablauf der Kündigungsfrist. Hierzu wird auf die Kommentierung des § 131 HGB verwiesen. Zu einer Auflösung der Kommanditgesellschaft kommt es in diesen Fällen des Ausscheidens eines Gesellschafters nicht, vielmehr wird die Gesellschaft von den übrigen fortgesetzt, soweit gesellschaftsvertraglich nichts Abweichendes vereinbart ist. Die **Auflösungsgründe der Gesellschaft** in §§ 161 Abs. 2, 131 Abs. 1 HGB lauten wie folgt: **Ablauf der Zeit**, für welche die Kommanditgesellschaft eingegangen ist; **Gesellschafterbeschluss** zur Auflösung der Kommanditgesellschaft; **Eröffnung des Insolvenzverfahrens** über das Vermögen der Kommanditgesellschaft oder Vorliegen einer entsprechenden gerichtlichen Entscheidung. Ferner wird eine Kommanditgesellschaft, bei der kein persönlich haftender Gesellschafter eine natürliche Person ist, nach §§ 161 Abs. 2, 131 Abs. 2 HGB aufgelöst mit der Rechtskraft des Beschlusses, durch den die Eröffnung des Insolvenzverfahrens mangels Masse abgelehnt worden ist oder durch Löschung

wegen Vermögenslosigkeit nach § 394 FamFG. Es wird insoweit auf die Kommentierung der Auflösungsgründe in § 131 HGB verwiesen.

XIII. Anspruch auf Abfindung und Auseinandersetzung

Als weiteres Vermögensrecht neben dem Gewinnanspruch und dem Entnahmerecht (vgl. Rdn. 39), steht jedem Gesellschafter ein **Anspruch auf Abfindung und Auseinandersetzung** nach §§ 161 Abs. 2, 105 Abs. 3 HGB i. V. m. §§ 734, 738 BGB zu, der aufgrund der Dispositivität der Gesetzesvorschriften im Gesellschaftsvertrag abweichend geregelt werden kann. Das Abfindungsguthaben ist durch eine Auseinandersetzungsbilanz bezogen auf den Stichtag des Ausscheidens des Gesellschafters zu ermitteln. Dem ausscheidenden Gesellschafter steht eine Abfindung i. H. d. wahren Wertes seiner Beteiligung an der Kommanditgesellschaft zu. Die gesellschaftsvertragliche Vereinbarung von Abfindungsklauseln ist zulässig (BGH NJW 1985, 192, 193). Dies gilt auch für eine Buchwertklausel, wobei die Ausübung der Rechte aus einer solchen Klausel sittenwidrig und damit unzulässig ist, wenn zwischen dem Buchwert und dem wahren Wert der Beteiligung eine erhebliche Diskrepanz besteht mit der Folge, dass der betroffene Gesellschafter in seiner Entschließungsfreiheit zu einer Kündigung der Gesellschaft unvertretbar eingeengt wird (BGH NJW 1985, 192, 193). Bei Vorliegen eines groben Missverhältnisses ist die Vertragsklausel nach § 242 BGB anzupassen (BGHZ 123, 281, 289; 126, 226, 229). Darüber hinaus nimmt der ausscheidende Gesellschafter gem. § 740 BGB noch an schwebenden Geschäften teil, sofern dies gesellschaftsvertraglich – wie üblich – nicht ausgeschlossen ist.

41

XIV. Ausschluss eines Gesellschafters

Liegt ein wichtiger Grund in der Person eines Gesellschafters i. S. v. § 140 HGB vor, kann er aus der Kommanditgesellschaft ausgeschlossen werden (BGHZ 18, 350, 353 ff.; zur Ausschließungsklage vgl. ausführl. Kap. 5 Rdn. 212 ff.). Voraussetzung für die Ausschließung eines Gesellschafters ist unter Berücksichtigung des Verhältnismäßigkeitsgrundsatzes, dass keine milderen Mittel zur Verfügung stehen, die für die Zukunft ein sinnvolles Zusammenwirken der Gesellschafter ermöglichen. Danach liegt ein wichtiger Grund i. S. v. §§ 161 Abs. 2, 133, 140 HGB nur vor, wenn die Fortsetzung der Kommanditgesellschaft mit dem Betroffenen unzumutbar ist. Bei Ausschluss des einzigen Komplementärs einer Kommanditgesellschaft besteht zwischen den verbleibenden Gesellschaftern eine Liquidationsgesellschaft, die zu einer werbenden Gesellschaft umgewandelt werden kann, indem mindestens einer der Kommanditisten die Rolle des Komplementärs übernimmt oder indem ein neuer Komplementär aufgenommen wird (BGHZ 6, 113, 114 ff.). **Gesellschaftsvertragliche Ausschließungsklauseln**, die die freie Ausschließung eines Gesellschafters vorsehen, sind nach höchstrichterlicher Rechtsprechung nur dann zulässig, wenn für sie wegen außergewöhnlicher Umstände sachlich gerechtfertigte Gründe bestehen (st. Rspr. seit BGHZ 68, 212, 215). Die freie Ausschließbarkeit eines Gesellschafters, i. V. m. einer Abfindungsklausel, die dem Ausscheidenden nur eine erheblich unter dem wahren Wert der Beteiligung liegende Abfindung gewährt, also die Vereinbarung einer Gesellschafterstellung minderen Rechts, ist nach h. M. in Rechtsprechung und Lehre nicht zulässig (MünchHdb GesR II/*Piehler/Schulte* § 36 Rn. 61 ff.; vgl. *Partikel* S. 116 ff.).

42

Zur Zulässigkeit der Grenzen der Testamentsvollstreckung und der Nachlassverwaltung in die Beteiligung eines verstorbenen Gesellschafters einer Kommanditgesellschaft vgl. § 177 HGB Rdn. 7 bis 10.

43

E. Erscheinungsformen der Kommanditgesellschaft

Die gesetzestypische Kommanditgesellschaft besteht aus mindestens einem voll haftenden und geschäftsführenden Komplementär und mindestens einem Kommanditisten, der nicht zur Geschäftsführung befugt ist, das Haftungsprivileg genießt und regelmäßig als Kapitalgeber fungiert.

44

Durch den Gestaltungsspielraum, den das weitgehend dispositive Recht der Kommanditgesellschaft bei der Vertragsgestaltung zulässt, werden in der Praxis regelmäßig die Vorteile der Personenhandelsgesellschaft mit den Vorteilen der Kapitalgesellschaft kombiniert. Typisch ist daher die Bildung einer **GmbH & Co. KG**, bei der die einzige persönlich haftende Gesellschafterin eine GmbH

45

§ 162 HGB Anmeldung zum Handelsregister

ist. Entgegen dem gesetzlichen Leitbild haftet die Komplementärin zwar unbeschränkt mit ihrem Vermögen, dieses ist jedoch rechtsformspezifisch beschränkt auf ihr Stammkapital. Neben den maßgeblichen Vorschriften für die Kommanditgesellschaft gibt es für die GmbH & Co. KG daher Sonderregelungen zu beachten, die insbesondere auf richterlicher Rechtsfortbildung beruhen. Zur GmbH & Co. KG vgl. ausführl. Anhang 3 zum HGB.

46 Möglich sind auch kapitalistisch ausgeprägte Kommanditgesellschaften, bei denen die Kommanditisten das wesentliche Kapital halten und die Gesellschafterversammlung beherrschen, während die Komplementäre allein zur Geschäftsführung befugt sind, die Ausgestaltung somit der einer Aktiengesellschaft ähnelt. Zulässig ist auch die Gestaltung einer Kommanditgesellschaft in Anlehnung an die KGaA bis hin zum Vorliegen einer **Publikumsgesellschaft**. Auch für diese Gesellschaftsformen gelten Besonderheiten (vgl. zur Publikumsgesellschaft ausführl. Anhang 2 zum HGB).

§ 162 [Anmeldung zum Handelsregister]

(1) ¹Die Anmeldung der Gesellschaft hat außer den in § 106 Abs. 2 vorgesehenen Angaben die Bezeichnung der Kommanditisten und den Betrag der Einlage eines jeden von ihnen zu enthalten. ²Ist eine Gesellschaft bürgerlichen Rechts Kommanditist, so sind auch deren Gesellschafter entsprechend § 106 Abs. 2 und spätere Änderungen in der Zusammensetzung der Gesellschafter zur Eintragung anzumelden.

(2) Bei der Bekanntmachung der Eintragung der Gesellschaft sind keine Angaben zu den Kommanditisten zu machen; die Vorschriften des § 15 sind insoweit nicht anzuwenden.

(3) Diese Vorschriften finden im Falle des Eintritts eines Kommanditisten in eine bestehende Handelsgesellschaft und im Falle des Ausscheidens eines Kommanditisten aus einer Kommanditgesellschaft entsprechende Anwendung.

Übersicht

	Rdn.			Rdn.
A. Anmeldung, Abs. 1	1	C.	Eintritt und Ausscheiden eines Kommanditisten, Abs. 3	12
I. Anmeldung am Sitz der Gesellschaft	1	I.	Anmeldung des Eintritts und Austritts eines Kommanditisten	12
II. Inhalt der Anmeldung	2			
1. Natürliche Personen	2			
2. Juristische Personen	3	II.	Übertragung der Kommanditistenbeteiligung durch Rechtsgeschäft	15
3. Bezeichnung der Kommanditisten	4			
III. Anmeldepflicht	5	III.	Sonstige Rechtsnachfolge in Kommanditanteil	17
B. Eintragung und Bekanntmachung, Abs. 2	8			

A. Anmeldung, Abs. 1

I. Anmeldung am Sitz der Gesellschaft

1 Gem. §§ 161 Abs. 2 i.V.m. 106 Abs. 1 HGB ist die Kommanditgesellschaft bei dem Gericht, in dessen Bezirk sie ihren Sitz hat, zur Eintragung in das elektronische Handelsregister (vgl. §§ 8 Abs. 1 HGB) anzumelden. Anmeldungen zur Eintragung sind nach § 12 Abs. 1 HGB elektronisch in öffentlich beglaubigter Form (§ 129 HGB) einzureichen (zur elektronischen Beglaubigung s. § 39a BeurkG).

II. Inhalt der Anmeldung

1. Natürliche Personen

2 § 106 Abs. 2 Nr. 1 HGB bestimmt, dass in der Anmeldung die Namen, Vornamen, Geburtsdatum und Wohnort (nicht jedoch die volle Adresse) jedes Gesellschafters, der eine natürliche Person ist, anzugeben sind.

2. Juristische Personen

Bei juristischen Personen ist die **konkrete Firmierung** maßgebend, ohne Angabe der gesetzlichen Vertreter, aber unter Bezeichnung des Sitzes des Unternehmens. Nach § 106 Abs. 2 Nr. 2 HGB hat die Anmeldung die Firma der Kommanditgesellschaft und den Ort, wo sie ihren Sitz hat, zu enthalten und nach Nr. 3 ist der Zeitpunkt anzugeben, zu dem die Gesellschaft begonnen hat (vgl. auch § 106 HGB Rdn. 5 ff.). Gleichwohl kann die Anmeldung der Kommanditgesellschaft schon vor Geschäftsbeginn erfolgen. Hierdurch lässt sich eine unbeschränkte Kommanditistenhaftung nach § 176 HGB (vgl. dort) für die Tätigkeiten der Kommanditgesellschaft zwischen Anmeldung und Eintragung vermeiden. Auch eine Kommanditgesellschaft, die in **Liquidation** gegangen ist, bedarf der Anmeldung zum Handelsregister. Eine solche ist auch dann erforderlich, wenn in eine offene Handelsgesellschaft ein neuer Gesellschafter als Kommanditist eintritt.

3. Bezeichnung der Kommanditisten

§ 162 Abs. 1 HGB bestimmt, dass die Anmeldung der Kommanditgesellschaft außer den in § 106 Abs. 2 HGB vorgesehenen Angaben auch die Bezeichnung der Kommanditisten und den **Betrag der Einlage** eines jeden zu enthalten hat. Eingetragen wird die im Rechtsverkehr maßgebliche jeweilige Haftsumme der Kommanditisten i. S. d. §§ 171, 172 HGB, die von der im Innenverhältnis zwischen den Gesellschaftern vereinbarten Pflichteinlage abweichen kann. Erhöhungen oder Herabsetzungen dieser Haftsumme sind nach § 175 HGB zur Eintragung anzumelden (vgl. § 175 HGB Rdn. 1 und 2).

III. Anmeldepflicht

Anmeldepflichtig sind nach §§ 161 Abs. 2 i. V. m. 108 HGB n. F. **alle Gesellschafter**, also auch die Kommanditisten. Die bis zum Inkrafttreten der HGB-Novellierung durch das EHUG (BGBl. I 2006, S. 2556) nach § 108 Abs. 2 HGB a. F. geltende Zeichnung der Namensunterschrift unter Angabe der Firma zur Aufbewahrung beim Handelsregistergericht ist mit Einführung des elektronischen Handelsregisters mit Wirkung zum 01.01.2007 entfallen. Gem. §§ 161 Abs. 2 i. V. m. 108 Abs. 2 HGB a. F. hatten die Komplementäre ihre Unterschrift unter Angabe der Firma der Kommanditgesellschaft zu zeichnen. Es handelt sich dabei um eine Folgeänderung zur Aufhebung des Erfordernisses, eine Unterschriftsprobe zu hinterlegen (vgl. Änderung des § 14 HGB durch Art. 1 Nr. 8 EHUG sowie die Begründung der Bundesregierung zum Gesetzesentwurf BT-Drucks. 16/960, S. 47).

Eine **Vertretung der Gesellschafter** bei der Anmeldung ist gem. § 12 Abs. 1 Satz 2 HGB n. F. nur elektronisch aufgrund öffentlich beglaubigter Vollmacht zulässig. Zum 01.01.2007 wurde § 12 HGB durch das »Gesetz über elektronische Handelsregister und Genossenschaftsregister sowie das Unternehmensregister« (EHUG) neu gefasst (vgl. BR-Drucks. 693/06, S. 4). Vgl. zu den Änderungen des § 12 HGB die Erläuterungen in § 7 GmbHG Rdn. 8 ff. Auch die Anmeldung zur Eintragung in das Handelsregister selbst ist gem. §§ 161 Abs. 2 i. V. m. 12 Abs. 1 Satz 1 HGB elektronisch in öffentlich-beglaubigter Form einzureichen. § 12 Abs. 1 Satz 3 HGB bestimmt darüber hinaus, dass Rechtsnachfolger eines Beteiligten die Rechtsnachfolge soweit tunlich durch öffentliche Urkunden nachzuweisen haben.

Anmeldungen, die sich nur auf Veränderungen bei einer Zweigniederlassung der Kommanditgesellschaft beziehen, sind nicht von sämtlichen Gesellschaftern vorzunehmen. Vielmehr ist eine Mitwirkung der vertretungsberechtigten Gesellschafter ausreichend (Röhricht/v. Westphalen/*Haas/Mock* § 162 Rn. 10 m. w. N.). Zu Einzelheiten wird außerdem auf die Kommentierungen der §§ 106 ff. HGB verwiesen.

B. Eintragung und Bekanntmachung, Abs. 2

Eine Eintragung in das Handelsregister wird nach § 8a HGB wirksam, sobald sie in den für die Handelsregistereintragung bestimmten Datenspeicher aufgenommen ist und auf Dauer inhaltlich

Partikel

unverändert in lesbarer Form wiedergegeben werden kann. Der **Inhalt der Eintragung** in das Handelsregister erstreckt sich gem. Abs. 2 auf die Angaben, die in der Anmeldung aufzunehmen sind. Weitere Angaben werden nicht eingetragen (so z. B. BGHZ 81, 82, 87 bzgl. Angaben über die Leistung der Kommanditeinlage; OLG Hamm MDR 1952, 549 bzgl. eines Vermerks über eine Gruppenvertretung für die Kommanditisten).

9   Bei der **Bekanntmachung** der Eintragung (vgl. § 10 HGB n. F.) der Kommanditgesellschaft werden über die Kommanditisten keine Angaben gemacht (§ 162 Abs. 2 HGB). Klarstellend ist in § 162 Abs. 2 Halbs. 2 HGB aufgenommen, dass die Bestimmungen des § 15 HGB über die Publizität des Handelsregisters insoweit nicht anzuwenden sind.

10 Eintragung und Bekanntmachung der Kommanditgesellschaft haben grundsätzlich **nur deklaratorische Bedeutung**. Konstitutiv wirkt die Eintragung dagegen, wenn eine Kommanditgesellschaft als Kann-Kaufmann gem. § 2 HGB (Kleingewerbe), als Kann-Kaufmann i. S. v. § 3 HGB (land- und forstwirtschaftlicher Betrieb) oder ohne den Betrieb eines Handelsgewerbes nach § 105 Abs. 2 HGB bzw. bei Verwaltung nur eigenen Vermögens eingetragen wird.

11 Von Bedeutung ist die **Eintragung der Haftsumme** im Handelsregister, da diese die Beschränkung der Außenhaftung des Kommanditisten nach § 172 Abs. 1 HGB bewirkt. Maßgeblich ist die Eintragung, nicht jedoch die Bekanntmachung oder das Kennen-Müssen eines Gläubigers. Relevant ist im Außenverhältnis allein der eingetragene Betrag, selbst wenn die Eintragung von der Anmeldung abweicht (Röhricht/v. Westphalen/*Haas/Mock* § 162 Rn. 26). Wusste der Gläubiger allerdings von der in der Anmeldung enthaltenen niedrigeren Haftsumme, so kann er sich nicht auf die höhere eingetragene Haftsumme berufen (Röhricht/v. Westphalen/*Haas/Mock* § 162 Rn. 26 m. w. N. in Fn. 1).

C. Eintritt und Ausscheiden eines Kommanditisten, Abs. 3

I. Anmeldung des Eintritts und Austritts eines Kommanditisten

12 Gem. Abs. 3 finden die Vorschriften über die **Anmeldung** zum Handelsregister im Fall des Eintritts eines Kommanditisten in eine bestehende Handelsgesellschaft und im Fall des Ausscheidens eines Kommanditisten aus einer Handelsgesellschaft entsprechende Anwendung. Daraus folgt, dass die **Bekanntmachung** des Eintritts eines Kommanditisten entfällt (Röhricht/v. Westphalen/*Haas/Mock* § 162 Rn. 14, 16).

13 Wird eine Beteiligung als Komplementär einer Kommanditgesellschaft in die eines Kommanditisten **umgewandelt**, bedarf es ebenfalls keiner Bekanntmachung der Kommanditisten-Stellung, jedoch ist der Wegfall des persönlich haftenden Gesellschafters unter namentlicher Bezeichnung anzumelden (Röhricht/v. Westphalen/*Haas/Mock* § 162 Rn. 16).

14 Entsprechendes gilt für das **Ausscheiden eines Kommanditisten**, und zwar einschließlich des Falles seines Ausscheidens aufgrund einer Rechtsnachfolge (Anteilsübertragung, Erbschaft, Gesamtrechtsnachfolge durch Umwandlungstatbestand). Überträgt ein ausscheidender Kommanditist seinen Anteil an einen anderen Kommanditisten, so ist neben seinem Ausscheiden auch die Haftsumme des erwerbenden Kommanditisten in das Handelsregister einzutragen (Röhricht/v. Westphalen/*Haas/Mock* § 162 Rn. 21, 22).

II. Übertragung der Kommanditistenbeteiligung durch Rechtsgeschäft

15 Wegen der Abtretbarkeit der Mitgliedschaft eines Kommanditisten aufgrund gesellschaftsvertraglicher Regelung oder mit Zustimmung sämtlicher Gesellschafter der Kommanditgesellschaft ist auch bei einer Übertragung der Kommanditbeteiligung durch Rechtsgeschäft kraft Rechtsnachfolge eine **Handelsregisteranmeldung** vorzunehmen, um eine vorteilhaftere Haftungslage zu erreichen. Die Rechtsnachfolge bewirkt das Eintreten des erwerbenden Kommanditisten in die Rechte und Pflichten des Ausscheidenden, sodass der Eintretende nur dann haftet, wenn sein Rechtsvorgänger aufgrund einer ausstehenden Einlage selbst noch haftete (Röhricht/v. Westphalen/*Haas/Mock* § 162

Rn. 18). Deshalb muss im Handelsregister ein entsprechender **Vermerk über die Rechtsnachfolge** eingetragen werden. Ohne einen solchen Vermerk würde im Außenverhältnis der Rechtsschein erzeugt, dass für den neu eintretenden Kommanditisten ein neuer Kommanditanteil mit einer zusätzlichen Haftsumme geschaffen wird und diese Haftung neben die fortbestehende Außenhaftung des ausscheidenden Kommanditisten gegenüber den Altgläubigern bei noch ausstehender Einlage gem. §§ 171, 172, 160 HGB tritt. Ohne die entsprechenden Eintragungen würde sich bei mehrfacher Rechtsnachfolge das Haftungsrisiko entsprechend erhöhen, weshalb alle Vorgänge im Handelsregister einzutragen sind.

Bei der **Anmeldung des Nachfolgevermerks** in das Handelsregister ist zusätzlich eine Erklärung erforderlich, dass der ausscheidende Kommanditist keine Abfindung aus dem Gesellschaftsvermögen, die seine Haftung nach § 172 Abs. 4 Satz 1 HGB wieder aufleben lassen würde, erhalten hat (negative **Abfindungsversicherung**) (BGH WM 2006, 36, 36; KG ZIP 2009, 1571; OLG Nürnberg WM 2012, 2104). Diese Erklärung wird nicht eingetragen und muss nur von den vertretungsberechtigten Gesellschaftern und dem ausgeschiedenen Kommanditisten abgegeben werden (Röhricht/v. Westphalen/*v. Gerkan* § 162 Rn. 19). Eine **Bekanntmachung** des Gesellschafterwechsels in einen Kommanditanteil kraft Rechtsnachfolge erfolgt nicht (Röhricht/v. Westphalen/*Haas/Mock* § 162 Rn. 20).

16

III. Sonstige Rechtsnachfolge in Kommanditanteil

Ein **Rechtsnachfolgevermerk** ist auch in sämtlichen übrigen Fällen einer Rechtsnachfolge in den bestehenden Kommanditanteil durch einen neuen Kommanditisten erforderlich, um die aufgezeigte nachteilige Haftung (vgl. Rdn. 15) zu vermeiden. Dies betrifft insbesondere die Fälle der **Erbschaft** oder die **Umwandlungstatbestände**. Bei mehreren Erben ist anzumelden und einzutragen, wie sich der Kommanditanteil des Verstorbenen auf die einzelnen Erben verteilt. Bei der Anmeldung haben sämtliche Erben mitzuwirken, und zwar auch dann, wenn aus einer Erbenmehrheit nur einer in die Kommanditgesellschaft einrückt (zu Nachfolge- und Eintrittsrechten vgl. § 177 HGB und die dortigen Ausführungen).

17

Im Übrigen wird hinsichtlich sonstiger Änderungen in den Verhältnissen der Kommanditgesellschaft auf die entsprechend geltenden Anmeldepflichten bei der offenen Handelsgesellschaft verwiesen (vgl. die Kommentierung in § 106 HGB). Zu nennen sind an dieser Stelle nur die Fälle des Wegfalls des letzten Kommanditisten, der die Kommanditgesellschaft zur offenen Handelsgesellschaft macht bzw., wenn nur ein Gesellschafter übrig bleibt, zum einzelkaufmännischen Unternehmen und des Wegfalls aller persönlich haftenden Gesellschafter, der zur Auflösung der Kommanditgesellschaft führt. Beide Fälle sind zum Handelsregister anzumelden, der erstgenannte gem. §§ 162 Abs. 2 i. V. m. 106 HGB mit der geänderten Rechtsform, beim letztgenannten Fall regelmäßig mit der Folge der Anwachsung des gesamten Vermögens bei den verbleibenden Kommanditisten gem. § 738 BGB.

18

§ 163 [Verhältnis der Gesellschafter untereinander]

Für das Verhältnis der Gesellschafter untereinander gelten in Ermangelung abweichender Bestimmungen des Gesellschaftsvertrags die besonderen Vorschriften der §§ 164 bis 169.

Übersicht	Rdn.		Rdn.
A. Anwendbares Recht, gesellschaftsvertragliche Regelungen	1	2. Stimmbindungsvereinbarung	10
I. Grundsatz der Vertragsfreiheit	1	3. Stimmrechtsausübung durch Vertreter	11
II. Grenzen der Vertragsfreiheit	2	4. Mitverwaltungsrechte des Erben . . .	12
B. Beschlussfassung, Stimmrechte	5	C. Beirat als Gesellschaftsorgan	13
I. Beschlussfassung – Mehrheitsprinzip . . .	5	I. Bestellung und innere Ordnung des Beirats	14
II. Ausübung des Stimmrechts.	7	II. Entscheidungsbefugnis des Beirats	17
1. Abspaltungsverbot, Stimmrechtsbeschränkung und -ausschluss	8	III. Haftung der Beiratsmitglieder.	19

§ 163 HGB Verhältnis der Gesellschafter untereinander

A. Anwendbares Recht, gesellschaftsvertragliche Regelungen

I. Grundsatz der Vertragsfreiheit

1 Während das Außenverhältnis der Kommanditgesellschaft im Rechtsverkehr durch die zwingenden Regelungen der §§ 170 ff. HGB festgelegt ist, bestimmt sich das Innenverhältnis der Gesellschafter untereinander gemäß dem Grundsatz der Vertragsfreiheit nach den Bestimmungen des Gesellschaftsvertrages. Trifft der Gesellschaftsvertrag insoweit keine Regelungen, gelten die weitgehend dispositiven Vorschriften der §§ 164 bis 169 HGB bzw. gem. §§ 109 bis 122 i.V.m. 161 Abs. 2 HGB das für die OHG geltende Recht sowie subsidiär die §§ 705 ff. BGB (i.V.m. § 105 Abs. 3 HGB). Wegen der Einzelheiten wird auf die Kommentierungen zu den vorgenannten Vorschriften verwiesen. Im Grundsatz hat eine richterliche Vertragsergänzung (vgl. § 157 BGB) Vorrang vor dem dispositiven Gesetzesrecht (BGH NJW 1979, 1705, 1706).

II. Grenzen der Vertragsfreiheit

2 Der Vertragsfreiheit sind Grenzen durch die gesetzlichen Bestimmungen der **§§ 134, 138 BGB**, das Prinzip der **Selbstorganschaft** (vgl. § 161 Rdn. 7), das **Abspaltungsverbot** (vgl. § 161 Rdn. 37) und den **Minderheitenschutz**, insbesondere das **Verbot des Eingriffs in den Kernbereich** der Rechte eines Gesellschafters (vgl. § 161 Rdn. 22), das Gebot der Einhaltung des **Bestimmtheitsgrundsatzes** (vgl. § 161 Rdn. 21) und des **Gleichbehandlungsgrundsatzes** (vgl. § 161 Rdn. 32) sowie die Beachtung der **Treuepflicht** der Gesellschafter (vgl. § 161 Rdn. 32) gesetzt. Vgl. zu den Grenzen der Privatautonomie auch ausführl. § 109 HGB Rdn. 2 ff.

3 Zu den im Kern unentziehbaren Rechten eines Kommanditisten, der von der Geschäftsführung und zwingend von der Vertretung ausgeschlossen ist, gehören **Kontroll- und Informationsrechte** (vgl. hierzu die Kommentierung zu § 166 HGB). **Ausschließungsklauseln**, die das Recht zur freien Ausschließung eines Kommanditisten begründen, sind nach der höchstrichterlichen Rechtsprechung nur bei sachlicher Rechtfertigung durch außergewöhnliche Umstände zulässig (BGHZ 81, 263, 269 f.; MünchHdb GesR II/*Piehler/Schulte* § 36 Rn. 55 ff., 62 ff.; Übersicht vgl. *Partikel* S. 49 ff.). Auch **Abfindungsklauseln** unterliegen einer strengen Kontrolle durch die Rechtsprechung, wenn sie dem Gesellschafter eine Abfindung nur in einer weit unter dem wirklichen Wert seiner Beteiligung liegenden Höhe gewähren und insbesondere, wenn sie gemeinsam mit einer Ausschlussklausel vereinbart wurden (vgl. *Partikel* S. 85 ff.; zum Gesellschafter minderen Rechts vgl. MünchHdb GesR II/*Piehler/Schulte* § 38 Rn. 37 ff.; MünchHdb GesR II/*Piehler/Schulte* § 38 Rn. 23 ff.; Baumbach/Hopt/*Hopt* § 163 Rn. 2). Kommanditgesellschaften mit einer Vielzahl von Anleger-Kommanditisten, die üblicherweise kapitalgesellschaftsrechtliche Strukturen einer **Publikumsgesellschaft** aufweisen, werden von der Rechtsprechung mit Blick auf die Anlegerschutzbedürftigkeit der Kommanditisten gesondert beurteilt (vgl. hierzu Anhang 2 zum HGB).

4 **Änderungen des Gesellschaftsvertrags** erfordern grundsätzlich eine Zustimmung sämtlicher Gesellschafter. Soll in Abweichung hiervon ein Mehrheitsbeschluss zulässig sein, so gebietet der im Personenhandelsgesellschaftsrecht geltende **Bestimmtheitsgrundsatz** (vgl. hierzu z.B. BGHZ 8, 35, 41; 71, 53, 57; § 161 HGB Rdn. 22 sowie § 109 HGB Rdn. 24, § 119 HGB Rdn. 15 ff.), dass sich die Möglichkeit der Gesellschaftsvertragsänderung jedenfalls im Hinblick auf den mitgliedschaftlichen Kernbereich der Gesellschafterrechte (vgl. hierzu auch § 109 HGB Rdn. 23, § 119 HGB Rdn. 18 f.) eindeutig aus dem Gesellschaftsvertrag ergibt. Dies gilt nicht für Publikumsgesellschaften bzw. atypisch kapitalistisch gestaltete Kommanditgesellschaften.

B. Beschlussfassung, Stimmrechte

I. Beschlussfassung – Mehrheitsprinzip

5 Für die Beschlussfassungen in der Kommanditgesellschaft gelten die OHG-rechtlichen Bestimmungen gem. §§ 161 Abs. 2 i.V.m. 119 HGB; auf die dortige Kommentierung in § 119 HGB wird daher zunächst verwiesen.

Regelmäßig wird im Kommanditgesellschaftsvertrag das Einstimmigkeitsprinzip abbedungen; in der Publikums-Kommanditgesellschaft gilt ohnehin das Mehrheitsprinzip. Auch die Formalien der Beschlussfassung, insbesondere die Regelungen über die Einberufung von Gesellschafterversammlungen, werden regelmäßig gesellschaftsvertraglich vereinbart. Entgegen der gesetzlichen Regelung in §§ 161 Abs. 2 i. V. m. 119 Abs. 2 HGB wird in den Kommanditgesellschaftsverträgen regelmäßig nicht auf eine Abstimmung nach Köpfen, sondern nach dem **Verhältnis der Kapitalbeteiligungen** an der Kommanditgesellschaft abgestellt (statt vieler MüKo HGB/*Grunewald* § 161 Rn. 32 m. w. N. in Fn. 63; MünchHdb GesR II/*Weipert* § 14 Rn. 39 m. w. N.; Röhricht/v. Westphalen/*Haas/Mock* § 163 Rn. 6).

II. Ausübung des Stimmrechts

Für die Ausübung des Stimmrechts gelten ebenfalls die OHG-Regelungen, insbesondere § 119 HGB, sodass auf die dortige Kommentierung verwiesen wird.

1. Abspaltungsverbot, Stimmrechtsbeschränkung und -ausschluss

Das **Verbot der Abspaltung** von Mitgliedschaftsrechten gem. § 717 Satz 1 BGB (vgl. hierzu auch § 109 HGB Rdn. 10) ist zwingend zu beachten.

Eine **Stimmrechtsbeschränkung** kann auch bei einem Interessenkonflikt vorliegen (Verbot des Richters in eigener Sache) (MünchHdb GesR II/*Weipert* § 14 Rn. 10 ff.) oder sich aus der Treuepflicht der Gesellschafter ergeben (MünchHdb GesR II/*Weipert* § 13 Rn. 20 ff.). Der Kommanditgesellschaftsvertrag kann das Stimmrecht von Kommanditisten grundsätzlich wirksam ausschließen, etwa für außergewöhnliche Handlungen (BGHZ 20, 363). Jedoch darf der Kernbereich der Mitgliedschaft nicht berührt werden (Röhricht/v. Westphalen/*Haas/Mock* § 164 Rn. 19). Ein allgemeiner **Stimmrechtsausschluss** für sämtliche Gesellschaftsvertragsänderungen ist unwirksam, so vor allem für Beschlüsse, die in die Stellung des Kommanditisten als Gesellschafter eingreifen wie z. B. Änderung seiner Haftsumme, seiner Gewinnbeteiligung, seines Auseinandersetzungsguthabens etc. (MünchHdb GesR II/*Weipert* § 14 Rn. 5, 21 ff. m. w. N.). Gleichwohl kann auch bei unwirksamem Stimmrechtsausschluss die Treuepflicht des Gesellschafters seine Zustimmung gebieten (vgl. z. B. BGH NJW 1985, 974: Zustimmungspflicht angenommen für Verzicht auf vertraglich vorgesehene Verzinsung von Kapitaleinlagen in Notlage der Gesellschaft).

2. Stimmbindungsvereinbarung

Stimmbindungsvereinbarungen sind auch für Kommanditisten innerhalb der üblichen Grenzen (§ 138 BGB, Schutz des Kernbereichs, Treuepflicht der Gesellschafter, Stimmverbote und Stimmpflichten gegenüber Mitgesellschaftern) zulässig (Baumbach/Hopt/*Hopt* § 163 Rn. 9; MünchHdb GesR II/*Weipert* § 12 Rn. 65 ff.). Von praktischer Bedeutung sind insbesondere Stimmbindungsverträge in Publikums-Kommanditgesellschaften, bei denen ein Treuhand-Kommanditist für eine Vielzahl von treugebenden Anlegern vorgesehen ist (Baumbach/Hopt/*Hopt* § 163 Rn. 9).

3. Stimmrechtsausübung durch Vertreter

Für die Wahrnehmung der Stimmrechtsausübung durch Vertreter gilt das allgemeine Recht, d. h. insbesondere §§ 164 ff. BGB. Der Kommanditgesellschaftsvertrag kann auf Basis einer sog. **Vertreterklausel** vorsehen, dass mehrere Kommanditisten, insbesondere Erben eines Gesellschafters, ihre Rechte gemeinsam durch einen Vertreter ausüben müssen (vgl. § 161 HGB Rdn. 24). Hiermit wird eine Zersplitterung der vererbten Kommanditbeteiligung vermieden, ohne die Anteile des einzelnen Erben dadurch zu einem einzigen Anteil zu vereinigen. Der gemeinsame Vertreter kann auch ein Dritter sein, sofern dies gesellschaftsvertraglich zugelassen ist (BGHZ 46, 291, 295). Der Vertreter ist **weisungsgebunden** und abruf- bzw. auswechselbar und unterliegt auch als Nichtgesellschafter aufgrund der Ausübung von Gesellschafterrechten der gesellschaftlichen Treuepflicht. Zur Vertreterklausel und ihren Grenzen wird außerdem auf die Ausführungen bei Baumbach/Hopt/*Hopt*

§ 163 Rn. 11 m.w.N. verwiesen. Die Ausübung der Gesellschafterrechte im Kernbereich bleibt hiervon stets unberührt (zur Mitwirkung Dritter vgl. Baumbach/Hopt/*Hopt* § 163 Rn. 16).

4. Mitverwaltungsrechte des Erben

12 Mitverwaltungsrechte des Erben werden insgesamt durch den **Testamentsvollstrecker** ausgeübt, wobei eine Stimmrechtsabspaltung nicht stattfindet (BGHZ 108, 187, 199). Die Mitgesellschafter müssen daher die Mitwirkung des Testamentsvollstreckers statt des Erben ebenso wie bei einer Vertreterklausel dulden.

C. Beirat als Gesellschaftsorgan

13 Der Kommanditgesellschaftsvertrag kann einen Beirat als Gesellschaftsorgan vorsehen (vgl. BGHZ 69, 207, 220). Die Kompetenz des Beirats kann sich sowohl auf **rein beratende Funktion** erstrecken, aber auch **Kontrollrechte** (wie etwa die Überwachung der Geschäftsführung) oder **Zustimmungsrechte** anstelle der Gesellschafter umfassen (Baumbach/Hopt/*Hopt* § 163 Rn. 14 m.w.N.; MünchHdb GesR II/*Mutter* § 8 Rn. 11 ff. m.w.N.).

I. Bestellung und innere Ordnung des Beirats

14 In der Regel werden im Kommanditgesellschaftsvertrag Bestimmungen über die **Bestellung**, die **Amtszeit**, die **Aufgaben und Befugnisse** sowie die **Vergütung** des Beirats geregelt. Mitglieder des Beirats können sowohl Gesellschafter als auch Dritte sein. Zwischen den Mitgliedern des Beirats und der Kommanditgesellschaft besteht ein Dienstverhältnis i. S. v. § 675 Abs. 1 BGB. Möglich ist auch das Recht einzelner Gesellschafter auf die Entsendung von Beiratsmitgliedern (Sonderrecht, § 35 BGB). Wollen sich die Gesellschafter über die Kommanditvertragsregelungen hinwegsetzen, so liegt eine Änderung des Gesellschaftsvertrages vor, die nur mit der vertraglich vereinbarten vertragsändernden Beschlussmehrheit oder einstimmig möglich ist (vgl. MünchHdb GesR II/*Mutter* § 8 Rn. 42).

15 Die **innere Ordnung** des Beirats wird regelmäßig durch gesellschaftsvertragliche Bestimmungen und durch eine vom Beirat selbst erlassene Geschäftsordnung bestimmt (u.a. Beschlussmehrheiten, Form und Fristen der Einberufung von Beiratssitzungen etc.).

16 Die Mitglieder des Beirats sind zur **pflichtgemäßen Erfüllung** ihrer Aufgaben verpflichtet und zwar ausschließlich zum Wohle der Kommanditgesellschaft. Dies gilt auch dann, wenn sie von einem oder mehreren Gesellschaftern entsandt wurden und deren Interessen im Konflikt zu den Gesellschaftsinteressen stehen (MünchHdb GesR II/*Mutter* § 8 Rn. 70 m.w.N.; Baumbach/Hopt/*Hopt* § 163 Rn. 15).

II. Entscheidungsbefugnis des Beirats

17 Die Entscheidungen des Beirats, auf den Kompetenzen der Gesellschafter verlagert werden, binden die Gesellschafter, die sich allerdings durch Gesellschafterbeschluss über die Entscheidung des Beirats hinwegsetzen können. Die Befugnisse des Beirats werden **begrenzt** durch die unentziehbaren Kernrechte (vgl. hierzu § 109 HGB Rdn. 23) der Gesellschafter und das zwingende Zuständigkeitsrecht, das den Gesellschaftern ermöglicht, die auf den Beirat verlagerten Kompetenzen mit satzungsändernder Mehrheit wieder an sich zu ziehen.

18 Der Beirat übt von den Gesellschaftern abgeleitete Rechte aus, sodass er der **gesellschafterlichen Treuepflicht** unterliegt, auch wenn er durch Nicht-Gesellschafter besetzt ist (MünchHdb GesR II/*Mutter* § 8 Rn. 73 m.w.N.; Baumbach/Hopt/*Hopt* § 163 Rn. 14).

III. Haftung der Beiratsmitglieder

19 Die Haftung der Beiratsmitglieder bestimmt sich im Zweifel nach § 708 BGB, sodass auf die Sorgfalt in eigenen Angelegenheiten abzustellen ist (MünchHdb GesR II/*Mutter* § 8 Rn. 84 m.w.N.).

Diese bestimmt sich bei Publikums-Kommanditgesellschaften analog §§ 116, 93 AktG (vgl. BGH NJW 1975, 1318; BGH WM 1983, 555, 556). Die Gesellschafter können im Wege der actio pro socio Schadensersatzansprüche nur durch Zahlung an die Kommanditgesellschaft verlangen (BGH NJW 1985, 1900; zur actio pro socio vgl. ausführl. Kap. 5 Rdn. 90 ff.).

§ 164 [Geschäftsführung]

¹Die Kommanditisten sind von der Führung der Geschäfte der Gesellschaft ausgeschlossen; sie können einer Handlung der persönlich haftenden Gesellschafter nicht widersprechen, es sei denn, dass die Handlung über den gewöhnlichen Betrieb des Handelsgewerbes der Gesellschaft hinausgeht. ²Die Vorschriften des § 116 Abs. 3 bleiben unberührt.

Übersicht	Rdn.		Rdn.
A. Geschäftsführung durch Komplementäre	1	C. Abweichende Vereinbarungen	9
I. Grundsatz	1	I. Geschäftsführungsbefugnis für Kommanditisten	10
II. Grundlagengeschäfte	2		
III. Bestellung eines Prokuristen	3	II. Ausschluss des Widerspruchsrechts des Kommanditisten	14
IV. Ausnahmsweise Geschäftsführung durch Kommanditisten	4	III. Sonstiges Tätigwerden des Kommanditisten für die Gesellschaft	15
V. Geschäftsführung durch Dritte	6		
B. Widerspruchsrecht der Kommanditisten	7		

A. Geschäftsführung durch Komplementäre

I. Grundsatz

Nach der dispositiven Gesetzesvorschrift steht die Befugnis zur Geschäftsführung im Rahmen des gewöhnlichen Geschäftsbetriebes **ausschließlich den Komplementären** zu. Zum Umfang der Geschäftsführungsbefugnis wird auf die Kommentierung der §§ 114 bis 116 HGB verwiesen, die gem. § 161 Abs. 2 HGB auch für die Kommanditgesellschaft gelten (vgl. §§ 114 bis 116 HGB). Die **Kommanditisten** sind gesetzestypisch von der Geschäftsführung ausgeschlossen, es sei denn, dass die Geschäftsführungshandlung über den gewöhnlichen Betrieb des Handelsgewerbes der Kommanditgesellschaft hinausgeht. In diesem Fall steht den Kommanditisten ein Widerspruchsrecht nach § 164 HGB zu, soweit dieses nicht gesellschaftsvertraglich ausgeschlossen ist (Baumbach/Hopt/*Hopt* § 164 Rn. 6). 1

II. Grundlagengeschäfte

Grundlagengeschäfte, die die Beziehungen der Gesellschafter untereinander betreffen, unterfallen nicht der Geschäftsführungskompetenz der Komplementäre, sondern bedürfen im Grundsatz der **Zustimmung sämtlicher Gesellschafter** der Kommanditgesellschaft, also auch der Kommanditisten, sofern der Gesellschaftsvertrag nichts Abweichendes vorsieht (BGHZ 76, 160, 164; BGH WM 1986, 1109; Baumbach/Hopt/*Hopt* § 164 Rn. 6; Röhricht/v. Westphalen/*Haas/Mock* § 164 Rn. 11 m. w. N.). Die gesellschaftsvertraglichen Regelungen, die eine Mehrheitsentscheidung zulassen, müssen den Bestimmtheitsgrundsatz wahren, da sonst das Einstimmigkeitsprinzip gilt, wobei es ausreichend ist, wenn die Geschäfte durch Auslegung ermittelt werden können. (Röhricht/v. Westphalen/*Haas/Mock* § 164 Rn. 11; vgl. Nachweise in § 161 HGB Rdn. 21 und 22). 2

III. Bestellung eines Prokuristen

Nach Satz 2 bleibt die Vorschrift des § 116 Abs. 3 HGB unberührt, d. h. zur Bestellung eines Prokuristen bedarf es der Zustimmung aller geschäftsführenden Gesellschafter, es sei denn, dass Gefahr im Verzug ist. Der Widerruf der Prokura kann von jedem der zur Erteilung oder zur Mitwirkung bei der Erteilung befugten Gesellschafter erfolgen. Wegen der Einzelheiten wird auch insoweit auf die Kommentierung des § 116 Abs. 3 HGB verwiesen. Ein Kommanditist hat nicht über die Ertei- 3

§ 164 HGB Geschäftsführung

lung oder den Widerruf einer Prokura zu entscheiden. Allerdings ist er zur Mitwirkung verpflichtet, wenn einem Komplementär die diesem gesetzestypisch zustehende Geschäftsführungsbefugnis entzogen werden soll, wie aus §§ 161 Abs. 2 i. V. m. 117 HGB folgt. Ist nur ein Komplementär vorhanden und entfällt dessen Geschäftsführungsbefugnis, so ist im Zweifel anzunehmen, dass die Geschäftsführung sämtlichen Gesellschaftern insgesamt zusteht (BGHZ 51, 198, 201).

IV. Ausnahmsweise Geschäftsführung durch Kommanditisten

4   Da die Kommanditisten kein Recht zur Geschäftsführung haben, besteht für sie auch **keine Pflicht zur Geschäftsführung**. Etwas anderes kann nur unter Treuepflichtsgedanken gelten, die dem Kommanditisten etwa gebieten, auf erkennbare Gefahren hinzuweisen (Röhricht/v. Westphalen/*Haas/Mock* § 164 Rn. 1; Schlegelberger/*Martens* § 164 Rn. 15).

5   Ein **Notgeschäftsführungsrecht** kann auch für die Kommanditisten bestehen, sofern für die Erhaltung der Kommanditgesellschaft oder eines Vermögensgegenstandes Gefahr in Verzug ist. Ein derartiges Notgeschäftsführungsrecht führt jedoch wegen der Regelung in § 170 HGB nicht zu einer Vertretungsbefugnis des Kommanditisten im Außenverhältnis (BGHZ 17, 181, 184f.; weitere Nachweise bei Röhricht/v. Westphalen/*Haas/Mock* § 164 Rn. 9 in Fn. 3; MünchHdb GesR II/*Scheel* § 7 Rn. 89 m. w. N.).

V. Geschäftsführung durch Dritte

6   Dritten können Geschäftsführungsbefugnisse ebenso wie bei einer offenen Handelsgesellschaft eingeräumt werden, ohne dass jedoch die organschaftliche Geschäftsführungsbefugnis der Gesellschafter entfallen darf, d. h. mindestens ein Gesellschafter muss Geschäftsführungsbefugnis haben (BGH DB 1968, 797). Vgl. hierzu § 114 HGB Rdn. 8; § 114 HGB gilt gem. § 161 Abs. 2 HGB für die Kommanditgesellschaft entsprechend.

B. Widerspruchsrecht der Kommanditisten

7   Handlungen, die über den gewöhnlichen Betrieb des Handelsgewerbes der Kommanditgesellschaft hinausgehen, können die Kommanditisten widersprechen, d. h. derartige Maßnahmen bedürfen grundsätzlich deren Zustimmung (Röhricht/v. Westphalen/*Haas/Mock* § 164 Rn. 6; MünchHdb GesR II/*Scheel* § 7 Rn. 55). **Außergewöhnlich** sind Geschäfte, die nach ihrem Inhalt und Zweck über den üblichen Geschäftsbetrieb hinausgehen oder aufgrund ihrer Bedeutung für die Gesellschaft Ausnahme-Geschäfte darstellen (MünchHdb GesR II/*Scheel* § 7 Rn. 51 m. w. N.; Schlegelberger/*Martens*, § 164 Rn. 17 m. w. N.). Zur Feststellung, ob es sich um eine außergewöhnliche Geschäftsführungsmaßnahme handelt, bedarf es der Beurteilung des konkreten Einzelfalls. Zur Abgrenzung zwischen außergewöhnlichen Geschäften und gewöhnlichen Geschäftsführungshandlungen wird auf § 116 HGB Rdn. 1 ff., 5 ff. verwiesen. Das Widerspruchsrecht bedeutet letztlich, dass in außergewöhnlichen Geschäftsführungsangelegenheiten eine Zustimmung aller Gesellschafter, mithin auch der Kommanditisten, vorliegen muss (RGZ 158, 302, 306 f.). Dabei kann die gesellschafterliche Treuepflicht eine Verpflichtung zur Zustimmung begründen (Röhricht/v. Westphalen/*Haas/Mock* § 164 Rn. 6; MünchHdb GesR II/*Scheel* § 7 Rn. 59 m. w. N.).

8   Das Widerspruchsrecht der Kommanditisten ist **dispositiv**, kann also durch gesellschaftsvertragliche Regelung abbedungen werden (Baumbach/Hopt/*Hopt* § 164 Rn. 6; vgl. außerdem unten Rdn. 14).

C. Abweichende Vereinbarungen

9   Der **Gesellschaftsvertrag** kann sowohl Abweichungen von der gesetzlichen Bestimmung zur Erweiterung der Kommanditistenrechte als auch zu deren Einschränkung vorsehen (Baumbach/Hopt/*Hopt* § 164 Rn. 6f m. w. N.; MünchHdb GesR II/*Scheel* § 7 Rn. 61).

I. Geschäftsführungsbefugnis für Kommanditisten

Den Kommanditisten kann Geschäftsführungsbefugnis auch für den **gewöhnlichen Geschäftsbetrieb** eingeräumt werden, wodurch sie zur Ausübung ihrer Befugnisse verpflichtet werden (BGHZ 17, 392, 394; Röhricht/v. Westphalen/*Haas/Mock* § 164 Rn. 14; MünchHdb GesR II/*Scheel* § 7 Rn. 74 ff. m. w. N.; Baumbach/Hopt/*Hopt* § 164 Rn. 8 m. w. N.). Die Kommanditisten haben dann entsprechende Kompetenzen wie die Komplementäre. Möglich ist sogar eine **Alleinzuständigkeit** der Kommanditisten, mithin das Ausscheiden der Komplementäre aus der Geschäftsführung (BGHZ 8, 35, 46; 51, 198, 201; Röhricht/v. Westphalen/*Haas/Mock* § 164 Rn. 14). Bei nicht personenidentischer GmbH & Co. KG würde dies allerdings zu dem Problem führen, dass die persönlich haftenden Gesellschafter, die im Außenrecht zwingend zur Vertretung der Kommanditgesellschaft befugt und verpflichtet sind, bei Ausschluss von der Geschäftsführung in ihren Haftungsinteressen berührt werden (Röhricht/v. Westphalen/*Haas/Mock* § 164 Rn. 14; krit. Schlegelberger/*Martens* § 164 Rn. 27 m. w. N.).

10

Nach der Rechtsprechung sollen für Kommanditisten, denen die Geschäftsführungsbefugnis obliegt, im Außenverhältnis gleichwohl **keine anderen Haftungsfolgen** gelten, als das Gesetz typischerweise für die Kommanditisten vorsieht (BGHZ 45, 204, 207 f.; str.: vgl. Röhricht/v. Westphalen/*Haas/Mock* § 164 Rn. 17; Schlegelberger/*Martens* § 164 Rn. 44 m. w. N.; MünchHdb GesR II/*Scheel* § 7 Rn. 80). Etwas Anderes kann nur unter Rechtsscheinsgesichtspunkten gelten, wenn ein Kommanditist im Außenverhältnis wie ein Komplementär auftritt. Im Innenverhältnis haftet ein geschäftsführend tätiger Kommanditist für schuldhaftes Handeln, wobei er nach § 708 BGB i. V. m. §§ 161 Abs. 2, 105 Abs. 3 HGB als Gesellschafter bei der Erfüllung der ihm obliegenden Verpflichtungen nur für diejenige Sorgfalt einzustehen hat, welche er in eigenen Angelegenheiten anzuwenden pflegt (MünchHdb GesR II/*Scheel* § 7 Rn. 19).

11

Gesellschaftsvertraglich kann einem Kommanditisten ein **Weisungsrecht** gegenüber einem Komplementär zustehen (Röhricht/v. Westphalen/*Haas/Mock* § 164 Rn. 15; MünchHdb GesR II/*Scheel* § 7 Rn. 78).

12

Auch wenn ein Kommanditist Geschäftsführungsbefugnis hat, ist ihm gem. § 170 HGB die **organschaftliche Vertretung** im Außenverhältnis untersagt (Röhricht/v. Westphalen/*Haas/Mock* § 164 Rn. 16). Die Erteilung von Prokura oder Handlungsvollmacht ist dagegen möglich, vgl. hierzu ausführl. § 170 HGB Rdn. 6 bis 10.

13

II. Ausschluss des Widerspruchsrechts des Kommanditisten

Das Widerspruchsrecht des Kommanditisten kann **weitestgehend ausgeschlossen** werden. Für den Kernbereich des Mitgliedschaftsrechts, also bei Rechten, die nicht zur Disposition des betroffenen Gesellschafters stehen und damit unverzichtbar sind (Erhaltung der Rechtsstellung des Gesellschafters als solche, Recht zum Ausscheiden aus der Gesellschaft, Recht zur Teilnahme an Gesellschafterversammlungen, Klagerecht gegen Gesellschafterbeschlüsse, keine Beseitigung von Stimmrechten, Unentziehbarkeit von Informationsrechten, kein Entzug, sondern nur Einschränkung des Klagerechts auf Grundlage der actio pro socio; vgl. zum Kernbereich der Mitgliedschaftsrechte § 109 HGB Rdn. 23, § 119 HGB Rdn. 18 f.) und Rechten, die nur mit Zustimmung des betroffenen Gesellschafters verzichtbar sind (Gewinnbezugsrechte, Recht auf Beteiligung am Liquidationserlös, Nachschusspflichten), ist dies aus dem Gedanken des **Minderheitenschutzes** heraus nicht möglich (vgl. zum Minderheitenschutz ausführl. § 119 HGB Rdn. 4 verwiesen). So ist auch für Kommanditisten ein Stimmrechtsausschluss dann unzulässig, wenn der mitgliedschaftsrechtliche Kernbereich betroffen ist (BGHZ 20, 363, 368). Mitwirkungs- und Kontrollrechte des Kommanditisten können auf ein besonderes Organ der Kommanditgesellschaft, etwa einen Beirat oder Aufsichtsrat, übertragen werden, was insbesondere bei Publikumsgesellschaften aufgrund der Vielzahl von Gesellschaftern oft organisatorisch unvermeidlich ist (vgl. hierzu Anhang 2 zum HGB Rdn. 54 ff.).

14

III. Sonstiges Tätigwerden des Kommanditisten für die Gesellschaft

15 Unabhängig von den organschaftlichen Geschäftsführungskompetenzen, die einem Kommanditisten durch den Gesellschaftsvertrag eingeräumt werden können (vgl. hierzu Rdn. 10), kann ein Kommanditist auch außerhalb der Geschäftsführungsebene für die Kommanditgesellschaft tätig sein. Dies kann ebenfalls **gesellschaftsvertraglich** verankert werden, ist aber auch aufgrund eines eigenständigen **Dienst- oder Arbeitsverhältnisses** möglich. Ein gesellschaftsrechtliches Beschäftigungsverhältnis liegt im Zweifel dann vor, wenn das Entgelt des Kommanditisten durch eine Beteiligung am Jahresgewinn geleistet wird (Röhricht/v. Westphalen/*Haas/Mock* § 164 Rn. 28).

16 Erfolgt die Mitarbeit auf Basis einer gesellschaftsvertraglichen Regelung, so ist für die Beendigung der Tätigkeit des Kommanditisten nicht nur sein Dienst- oder Anstellungsvertrag mit der Kommanditgesellschaft zu beachten, sondern ggf. sind auch gesellschaftsvertragliche Vorgaben bei einer Kündigung zu berücksichtigen (BAG NJW 1979, 999, 1000; weitere Nachweise s. Röhricht/v. Westphalen/*Haas/Mock* § 164 Rn. 29).

17 Bei einer Geschäftsführung mit organschaftlicher Kompetenz beruht die Mitarbeit des Kommanditisten dagegen stets auf gesellschaftsvertraglicher Grundlage, sodass ein geschäftsführender Kommanditist auch kein Arbeitnehmer der Kommanditgesellschaft ist (Röhricht/v. Westphalen/*Haas/Mock* § 164 Rn. 25). Ein Kommanditist, der bei einer GmbH & Co. KG Geschäftsführer der Komplementärin ist, kann dagegen aufgrund eines Anstellungsvertrages mit der Kommanditgesellschaft eine Arbeitnehmerstellung innehaben (Nachweise s. Röhricht/v. Westphalen/*Haas/Mock* § 164 Rn. 25).

§ 165 [Wettbewerbsverbot]

Die §§ 112 und 113 finden auf die Kommanditisten keine Anwendung.

Übersicht	Rdn.		Rdn.
A. Wettbewerbsverbot für Komplementäre	1	IV. Kontroll- und Informationsrechte des Kommanditisten	11
B. Wettbewerbsverbot für Kommanditisten aus Treuepflicht	6	V. Dienst- oder Arbeitsverhältnis	13
I. Allgemeines	6	VI. Umfang des Wettbewerbsverbots des Kommanditisten	14
II. Geschäftsführung durch Kommanditisten	8	C. **Wettbewerbsverbot für beherrschendes Unternehmen**	16
III. Beherrschender Einfluss, Mehrheitsbeteiligung des Kommanditisten	9	D. **Abweichende Vereinbarungen**	17

A. Wettbewerbsverbot für Komplementäre

1 Die Komplementäre unterliegen dem **Wettbewerbsverbot der §§ 112, 113 HGB**, d.h. ein persönlich haftender Gesellschafter darf ohne Einwilligung der anderen Gesellschafter weder in dem Handelszweig der Gesellschaft Geschäfte tätigen, noch sich an einer gleichartigen Handelsgesellschaft als Komplementär beteiligen (§ 112 Abs. 1 HGB; vgl. ausführl. die Kommentierung zu § 112 HGB). Allerdings gilt die Einwilligung zur Beteiligung an einer anderen Gesellschaft dann als erteilt, wenn den übrigen Gesellschaftern bei Gründung der Gesellschaft bekannt ist, dass der persönlich haftende Gesellschafter an einer anderen Gesellschaft ebenfalls als persönlich haftender Gesellschafter beteiligt ist und gleichwohl die Aufgabe dieser Beteiligung nicht ausdrücklich vereinbart wird, vgl. § 112 Abs. 2 HGB.

2 Bei einem **Verstoß gegen das Wettbewerbsverbot** kann die Gesellschaft gem. § 113 Abs. 1 HGB Schadensersatz fordern. Stattdessen kann sie von dem Gesellschafter, der gegen das Wettbewerbsverbot verstoßen hat, auch verlangen, dass er die für eigene Rechnung gemachten Geschäfte als für Rechnung der Gesellschaft eingegangen gelten lässt und die aus Geschäften für fremde Rechnung bezogene Vergütung herausgibt oder seinen Anspruch auf die Vergütung abtritt, vgl. § 113 Abs. 1 HGB. Über die Geltendmachung der vorgenannten Ansprüche beschließen gem. § 113 Abs. 2

HGB die übrigen Gesellschafter. Die **Verjährungsfrist** für derartige Ansprüche beträgt 3 Monate von dem Zeitpunkt an, in dem die übrigen Gesellschafter von dem Geschäftsabschluss oder von der Beteiligung des Gesellschafters an der anderen Gesellschaft Kenntnis erlangen. Ohne Rücksicht hierauf verjähren sie in 5 Jahren von ihrer Entstehung an, § 113 Abs. 3 HGB (vgl. hierzu MünchHdb GesR II/*Doehner/Hoffmann* § 16 Rn. 27 ff. m. w. N.).

§ 113 HGB normiert schließlich, dass das Recht der Gesellschafter, die **Auflösung der Gesellschaft** zu verlangen, durch die Vorschriften über das Wettbewerbsverbot unberührt bleibt (§ 113 Abs. 4 HGB). Zu den sonstigen Folgen zählen darüber hinaus die Ausschließung des Gesellschafters oder die Entziehung seiner Geschäftsführungs- und Vertretungsbefugnis etc. 3

Schließlich besteht ein **Anspruch der Gesellschaft auf Unterlassung** der Konkurrenztätigkeit (MünchHdb GesR II/*Doehner/Hoffmann* § 16 Rn. 33 m. w. N.; Röhricht/v. Westphalen/*Haas/Mock* § 166 Rn. 24). 4

Bei der Kommanditgesellschaft bleibt es für den persönlich haftenden Gesellschafter bei dem Wettbewerbsverbot der §§ 112, 113 HGB. Soweit in diesen Vorschriften auf die anderen oder übrigen Gesellschafter abgestellt wird, sind damit in einer Kommanditgesellschaft auch die Kommanditisten miterfasst. Zu den weiteren Einzelheiten wird auf die Kommentierungen der §§ 112, 113 HGB verwiesen. 5

B. Wettbewerbsverbot für Kommanditisten aus Treuepflicht

I. Allgemeines

Die Kommanditisten sind nach dem Wortlaut des § 165 HGB vom Wettbewerbsverbot der §§ 112, 113 HGB ausgenommen. Dies bedeutet jedoch nicht im Umkehrschluss, dass ein Kommanditist beliebig in Konkurrenz zur Kommanditgesellschaft treten kann. 6

Insbesondere aus der **gesellschafterlichen Treuepflicht** können sich Grenzen der Freistellung der Kommanditisten von dem für die Komplementäre geltenden Wettbewerbsverbot ergeben. Regelmäßig wird nur ein Kommanditist, der eine gesetzestypische Stellung innehat, vom Wettbewerbsverbot ausgenommen sein, insbesondere also bei rein kapitalmäßiger Beteiligung (MünchHdb GesR II/*Doehner/Hoffmann* § 16 Rn. 44). Weicht die Struktur der Kommanditgesellschaft aufgrund des Gesellschaftsvertrages dagegen von der gesetzestypischen Kommanditgesellschaft ab, was in der Praxis regelmäßig der Fall sein dürfte, so ist im konkreten Einzelfall genau zu prüfen, ob der Kommanditist Wettbewerbsbeschränkungen unterliegt. 7

II. Geschäftsführung durch Kommanditisten

Aus der Treuepflicht folgt für den Kommanditisten nach h. M. jedenfalls dann ein Wettbewerbsverbot gem. der Wertung der §§ 112, 113 HGB, wenn er wie ein persönlich haftender Gesellschafter mit Geschäftsführungsaufgaben betraut ist (MünchHdb GesR II/*Doehner/Hoffmann* § 16 Rn. 47; Röhricht/v. Westphalen/*Haas/Mock* § 165 Rn. 8; vgl. zur Übernahme von Geschäftsführungsaufgaben durch den Kommanditisten § 164 HGB Rdn. 10 bis 13). Dies dürfte auch dann gelten, wenn dem Kommanditisten zwar keine eigene Geschäftsführungsbefugnis zukommt, er jedoch gegenüber den geschäftsführenden Gesellschaftern Weisungsrechte besitzt (Röhricht/v. Westphalen/*Haas/Mock* § 165 Rn. 8; Schlegelberger/*Martens* § 165 Rn. 9). 8

III. Beherrschender Einfluss, Mehrheitsbeteiligung des Kommanditisten

Übt ein Kommanditist einen **beherrschenden Einfluss** auf die Unternehmensleitung der Kommanditgesellschaft aus, z. B. durch den Besitz der Kapitalmehrheit, gebietet die Treuepflicht ebenfalls eine entsprechende Anwendung des Wettbewerbsverbotes für den Kommanditisten (BGH NJW 1980, 231; Röhricht/v. Westphalen/*Haas/Mock* § 165 Rn. 9 m. w. N.). Dabei kommt es nicht auf die tatsächliche Einflussnahme an, sondern allein darauf, dass die Möglichkeit zu einer solchen 9

Partikel

§ 165 HGB Wettbewerbsverbot

besteht (Röhricht/v. Westphalen/*Haas/Mock* § 165 Rn. 9; MünchHdb GesR II/*Doehner/Hoffmann* § 16 Rn. 50, jeweils m. w. N.).

10   Für ein Wettbewerbsverbot eines Kommanditisten reicht u. U. auch eine **Mehrheitsbeteiligung** bei der Komplementärin der Kommanditgesellschaft aus (BGHZ 89, 162, 166 f.).

IV. Kontroll- und Informationsrechte des Kommanditisten

11   Stehen einem Kommanditisten Kontrollrechte nur im gesetzlichen Umfang gem. § 166 HGB zu, besteht kein Wettbewerbsverbot. Ein solches kann jedoch dann bestehen, wenn dem Kommanditisten darüber hinausgehende Kontroll- und Informationsrechte zustehen, etwa gem. §§ 161 Abs. 2 i. V. m. 118 HGB. Nach wohl h. M. ist in einem solchen Fall davon auszugehen, dass der Kommanditist seine **besonderen Unternehmenskenntnisse** zum Nachteil der Kommanditgesellschaft ausnutzen könnte, wenn er keinem Wettbewerbsverbot unterliegen würde, sodass ein solches aus der gesellschafterlichen Treuepflicht abgeleitet wird (Röhricht/v. Westphalen/*Haas/Mock* § 165 Rn. 11 m. w. N.; Schlegelberger/*Martens* § 165 Rn. 11 ff.; MünchHdb GesR II/*Doehner/Hoffmann* § 16 Rn. 48 m. w. N.). Nach a. A. (vgl. Nachweise bei Röhricht/v. Westphalen/*Haas/Mock* § 165 Rn. 11; MünchHdb GesR II/*Doehner/Hoffmann* § 16 Rn. 48 in Fn. 169 und 170) ist den wettbewerblichen Gefahren in anderer Weise entgegenzuwirken und wird ein Wettbewerbsverbot daher mit Blick auf § 1 GWB verneint (hierzu s. auch MünchHdb GesR II/*Doehner/Hoffmann* § 16 Rn. 64 ff. m. w. N.).

12   Im Einzelfall wäre jedenfalls selbst bei einer angenommenen oder tatsächlich getroffenen Freistellung vom Wettbewerbsverbot dann aus der gesellschafterlichen Treuepflicht ein Wettbewerbsverbot zu folgern, wenn der Kommanditist aufgrund seiner Gesellschafterstellung Kenntnisse erlangt und diese zu Wettbewerbszwecken ausnutzt, etwa Erwerbschancen der Kommanditgesellschaft (BGH ZIP 1989, 986, 987 f.; Röhricht/v. Westphalen/*Haas/Mock* § 165 Rn. 13 m. w. N. in Fn. 3 f.). Besteht ein derartiger Zusammenhang bei einem konkreten Geschäft nicht, so kann der Kommanditist dieses selbst oder durch eine ihm gehörende Gesellschaft in Konkurrenz zur Kommanditgesellschaft vornehmen, es sei denn, das Geschäft ist für den Bestand des Unternehmens von besonderer Bedeutung und für den Kommanditisten unter Berücksichtigung der konkreten Umstände eine Zurückstellung seiner Interessen zumutbar, wobei auch die Gesellschafterstruktur und die Art der Beteiligung zu berücksichtigen sind (Röhricht/v. Westphalen/*Haas/Mock* § 165 Rn. 14; Schlegelberger/*Martens* § 165 Rn. 18 ff. m. w. N.).

V. Dienst- oder Arbeitsverhältnis

13   Ein Wettbewerbsverbot kann schließlich auch dann vorliegen, wenn zwischen dem Kommanditisten und der Kommanditgesellschaft ein Dienst- oder Arbeitsverhältnis besteht, welches nach dem für dieses Vertragsverhältnis maßgeblichen Regelungen eine wettbewerbliche Betätigung verbietet.

VI. Umfang des Wettbewerbsverbots des Kommanditisten

14   **Sachlich** erstreckt sich ein Wettbewerbsverbot grundsätzlich auf den Markt, auf dem die Kommanditgesellschaft nach ihrem Unternehmensgegenstand tätig ist oder tätig zu werden beabsichtigt (Röhricht/v. Westphalen/*Haas/Mock* § 165 Rn. 22; MünchHdb GesR II/*Doehner/Hoffmann* § 16 Rn. 52).

15   **Persönlich** bezieht sich das Wettbewerbsverbot auf den Kommanditisten als solchen, kann ihn aber auch dann treffen, wenn er maßgeblich beteiligter Gesellschafter eines Unternehmens anderer Art ist, welches in Konkurrenz zur Kommanditgesellschaft steht, oder wenn er als dessen Organ handelt (Röhricht/v. Westphalen/*Haas/Mock* § 165 Rn. 23, § 112 Rn. 6 f. m. w. N.; zur Dauer wird verwiesen auf MünchHdb GesR II/*Doehner/Hoffmann* § 16 Rn. 52).

C. Wettbewerbsverbot für beherrschendes Unternehmen

Ebenso kann ein mit der Kommanditgesellschaft im Konzern verbundenes beherrschendes Unternehmen einem Wettbewerbsverbot unterliegen (BGHZ 89, 162, 165). 16

D. Abweichende Vereinbarungen

Aus § 163 HGB folgt die **Dispositivität** von § 165 HGB. Durch gesellschaftsvertragliche Regelungen kann daher für die Gesellschafter einer Kommanditgesellschaft eine Befreiung von den in Betracht kommenden Wettbewerbsverboten vereinbart werden. Ebenso können Wettbewerbsverbote Eingang in den Gesellschaftsvertrag finden, der insbesondere den Umfang der Wettbewerbsverbote festlegen kann (vgl. hierzu auch MünchHdb GesR II/*Doehner/Hoffmann* § 16 Rn. 59; Röhricht/v. Westphalen/*Haas/Mock* § 165 Rn. 3). 17

Möglich sind auch **konkludente Vereinbarungen**, etwa wenn den Gesellschaftern die Tätigkeit eines Kommanditisten für ein Konkurrenzunternehmen bei seiner Aufnahme in die Kommanditgesellschaft bekannt war und sie hiergegen keine Einwendungen erhoben haben (Röhricht/v. Westphalen/*Haas/Mock* § 165 Rn. 4). Bei Wettbewerbsverboten zulasten von Kommanditisten ist vorrangig zu prüfen, ob sich diese aus der Treuepflicht herleiten lassen oder durch Auslegung des Gesellschaftsvertrags ergeben (vgl. hierzu Röhricht/v. Westphalen/*Haas/Mock* § 165 Rn. 5; Schlegelberger/*Martens* § 165 Rn. 5 jeweils m. w. N.). 18

Bei der Vereinbarung von Wettbewerbsverboten insbesondere bei **nachvertraglichen Abreden** ist die Bestimmung des § 1 GWB zu beachten, die generell Wettbewerbsbeschränkungen verbietet. Eine § 1 GWB entgegenstehende Regelung ist unwirksam. § 1 GWB stellt allerdings auf Abreden ab, die den Markt spürbar beeinflussen. Sind im Interesse der Kommanditgesellschaft wettbewerbliche Abreden nach Ausscheiden eines Gesellschafters geboten, so sind diese sachlich und räumlich auf den Tätigkeitsbereich der Kommanditgesellschaft und zeitlich angemessen (max. wohl 2 Jahre; vgl. BGH NZG 2004, 35 betreffend Freiberufler-GbR) zu beschränken (zu § 1 GWB vgl. Röhricht/v. Westphalen/*Haas/Mock* § 165 Rn. 3.; MünchHdb GesR II/*Doehner/Hoffmann* § 16 Rn. 62 m. w. N.). 19

§ 166 [Kontrollrechte]

(1) Der Kommanditist ist berechtigt, die abschriftliche Mitteilung des Jahresabschlusses zu verlangen und dessen Richtigkeit unter Einsicht der Bücher und Papiere zu prüfen.

(2) Die in § 118 dem von der Geschäftsführung ausgeschlossenen Gesellschafter eingeräumten weiteren Rechte stehen dem Kommanditisten nicht zu.

(3) Auf Antrag eines Kommanditisten kann das Gericht, wenn wichtige Gründe vorliegen, die Mitteilung einer Bilanz und eines Jahresabschlusses oder sonstiger Aufklärungen sowie die Vorlegung der Bücher und Papiere jederzeit anordnen.

Übersicht

	Rdn.
A. Ordentliches Informationsrecht des Kommanditisten, Abs. 1	1
I. Allgemeines	1
II. Zweck und Umfang des Einsichtsrechts	2
III. Ausübung des Einsichtsrechts	4
1. Anspruchsgegner	4
2. Ausübung durch Kommanditist	5
3. Modalitäten der Einsichtnahme	7
IV. Unrichtigkeiten des Jahresabschlusses	8
V. Einsichtsrecht bei Auflösung und Liquidation	9
VI. Einsichtsrecht des ausgeschiedenen Kommanditisten und des Erben	10
VII. Durchsetzung des Informationsrechts	12
B. Außerordentliches Informationsrecht des Kommanditisten, Abs. 3	13
I. Wichtiger Grund	14
II. Umfang und Ausübung des außerordentlichen Informationsrechts	15
III. Antrag des Kommanditisten	16
C. Sonstige Informationsrechte, Abs. 2	17
I. Individuelles Informationsrecht	18
II. Kollektives Informationsrecht	19
D. Abweichende Vereinbarungen	20

§ 166 HGB Kontrollrechte

A. Ordentliches Informationsrecht des Kommanditisten, Abs. 1

I. Allgemeines

1 Den Kommanditisten steht nach Abs. 1 das Recht auf **Mitteilung und Nachprüfung des Jahresabschlusses** der Kommanditgesellschaft zu. Jeder Kommanditist kann eine Abschrift des Jahresabschlusses (Bilanz nebst Gewinn- und Verlustrechnung, § 242 HGB) verlangen, wobei sich dieses Recht nach bisher h. M. auch auf die Steuerbilanz erstreckt (OLG Stuttgart OLGZ 1970, 262, 264 f.; Schlegelberger/*Martens* § 166 Rn. 6). Dies ist aufgrund des Wegfalls des Maßgeblichkeitsprinzips durch das Bilanzrechtsmodernisierungsgesetz nicht mehr haltbar (so Röhricht/v. Westphalen/*Haas/Mock* § 166 Rn. 1 und 4). Von diesem Recht auf Aushändigung sind Zwischenabschlüsse und sonstige Prüfungsberichte etwa des Finanzamtes wohl nicht erfasst, vielmehr besteht insoweit lediglich ein Einsichtsrecht (str.; vgl. z. B. Baumbach/Hopt/*Hopt*, § 166 Rn. 3; Röhricht/v. Westphalen/*Haas/Mock* § 166 Rn. 3).

II. Zweck und Umfang des Einsichtsrechts

2 Um die Richtigkeit des Jahresabschlusses zu überprüfen, hat der Kommanditist ein Recht zur Einsicht in die Bücher und Papiere der Kommanditgesellschaft. Hierzu gehören alle Unterlagen, einschließlich Prüfungsberichte (BGH WM 1989, 878). Der Zweck des Einsichtsrechts ist allerdings auf die **Kontrolle des Rechnungsabschlusses** beschränkt und erstreckt sich damit nicht auf Unterlagen, die zur Überprüfung der Richtigkeit des Jahresabschlusses keine Relevanz besitzen (BGHZ 25, 115, 120 f.). Die Kommanditgesellschaft als die zur Einsichtsgewährung Verpflichtete trägt im Streitfall die Beweislast dafür, dass eine Einsicht des Kommanditisten in von ihm erwünschte Unterlagen nicht zur Überprüfung des Jahresabschlusses erforderlich oder rechtsmissbräuchlich ist (BGHZ 25, 115, 120 f.).

3 Das Recht des Kommanditisten auf Einsicht in die Unterlagen erstreckt sich lediglich auf die Kommanditgesellschaft selbst, grundsätzlich jedoch nicht auf die mit dieser **verbundenen Unternehmen** (vgl. BGH WM 1983, 910, 911; WM 1984, 807 f. betreffend stille Gesellschafter). Etwas Anderes kann im Ausnahmefall dann gelten, wenn die Kommanditgesellschaft z. B. eine Abteilung ihres Unternehmens auf eine 100 %ige Tochter-GmbH ausgegliedert hat und über diese das Geschäft weiter betreibt (BGHZ 25, 115, 118).

III. Ausübung des Einsichtsrechts

1. Anspruchsgegner

4 Anspruchsgegner des Kommanditisten ist stets die **Kommanditgesellschaft**. Für die Erfüllung des Anspruches tragen allerdings die Komplementäre Sorge, sodass der Kommanditist aufgrund der gesellschaftsvertraglichen Beziehung auch gegen diese seinen Anspruch richten kann (BGH WM 1983, 910 f.; a. A. BayObLG NJW-RR 1991, 1444; vgl. hierzu MünchHdb GesR II/*Weiper*t § 15 Rn. 39 m. w. N.).

2. Ausübung durch Kommanditist

5 Die Ausübung des Einsichtsrechts hat im Grundsatz durch den **Kommanditisten persönlich** zu erfolgen, d. h. die Übertragung dieses Einsichtsrechts auf **Bevollmächtigte** ist nur mit Zustimmung der übrigen Gesellschafter zulässig. Ohne deren Zustimmung kommt eine Ausübung durch einen Bevollmächtigten nur bei Vorliegen eines wichtigen Grundes in Betracht (etwa bei Verhinderung der persönlichen Einsichtnahme aufgrund Krankheit, vgl. BGHZ 25, 115, 123). Der Kommanditist ist allerdings befugt, einen geeigneten **Sachverständigen** hinzuzuziehen, wenn er mangels eigener Sachkunde oder aus sonstigen Gründen, die er nachzuweisen hat, nicht in der Lage ist, das Einsichtsrecht effektiv selbst wahrzunehmen (BGHZ 25, 115, 123; BGH BB 1984, 1273, 1274).

6 Im Ausnahmefall kann die Einsichtnahme des Kommanditisten **nur durch einen Dritten** ausgeübt werden, etwa wenn der Kommanditist aufgrund einer Wettbewerbsstellung zur Kommanditgesell-

schaft ihm nicht zustehende Informationen im überwiegenden Interesse der Kommanditgesellschaft und unter Berücksichtigung der Treuepflicht des Kommanditisten nicht einsehen soll (BGH BB 1979, 1315, 1316; WM 1982, 1403).

3. Modalitäten der Einsichtnahme

Die Modalitäten der Einsichtnahme haben der Treuepflicht zu entsprechen. Dies bedeutet, dass die Einsicht in der Regel in den **Geschäftsräumen** der Kommanditgesellschaft und während der **üblichen Geschäftszeiten** zu erfolgen hat (vgl. statt vieler Röhricht/v. Westphalen/*Haas/Mock* § 166 Rn. 10 ff.). Da das Einsichtsrecht der Überprüfung des Jahresabschlusses dient, wird der Kommanditist es nur in **angemessener zeitlicher Frist** nach Mitteilung des Abschlusses ausüben können, denn eine fortlaufende und wiederholte Einsicht ist unter Berücksichtigung des § 166 Abs. 2 HGB nicht möglich. Solange berechtigte Interessen der Kommanditgesellschaft nicht berührt werden, kann der Kommanditist regelmäßig **Aufzeichnungen und Abschriften** anfertigen. Allerdings besteht kein Anspruch des Kommanditisten, von der Kommanditgesellschaft Abschriften oder Kopien von Unterlagen zu erhalten. Die **Kosten der Einsichtnahme** muss der Kommanditist selbst tragen (BGH BB 1970, 187). Etwas anderes kann nur dann gelten, wenn die Hinzuziehung eines Sachverständigen durch den Kommanditisten aufgrund schlechter Buchführung, Fehlerhaftigkeit von Unterlagen und sonstiger in der Sphäre der Kommanditgesellschaft liegender Unklarheiten erforderlich ist (str.; vgl. Baumbach/Hopt/*Hopt* § 118 Rn. 5; Röhricht/v. Westphalen/*Haas/Mock* § 166 Rn. 12; a. A. BGH BB 1970, 187 bzgl. GbR). Unter Umständen kann sich auch ein Schadensersatzanspruch des Gesellschafters auf Kostenerstattung ergeben, wenn die Prüfung einen Verstoß seitens der Kommanditgesellschaft ergibt (Baumbach/Hopt/*Hopt* § 118 Rn. 5).

IV. Unrichtigkeiten des Jahresabschlusses

Hat ein Kommanditist den Jahresabschluss nicht als für sich verbindlich anerkannt und ergibt seine Kontrolle Unrichtigkeiten im Abschluss, so braucht er ihn nicht gegen sich gelten zu lassen. Vielmehr kann der Kommanditist von den für die Aufstellung des Jahresabschlusses verantwortlichen Gesellschaftern, also nicht von der Kommanditgesellschaft selbst, die **Änderung des Jahresabschlusses** fordern (BGH WM 1979, 1330; Röhricht/v. Westphalen/*Haas/Mock* § 166 Rn. 15). Streitig ist, ob eine Anerkennung der Richtigkeit des Jahresabschlusses das Kontrollrecht des Kommanditisten entfallen lässt, also etwa bei Mitunterzeichnung der Bilanz, vgl. § 164 HGB (zum Meinungsstand vgl. Baumbach/Hopt/*Hopt* § 166 Rn. 4; Röhricht/v. Westphalen/*Haas/Mock* § 166 Rn. 13 m. w. N. der Rspr.).

V. Einsichtsrecht bei Auflösung und Liquidation

Im Auflösungsstadium der Kommanditgesellschaft wird der Kommanditist regelmäßig nach §§ 161 Abs. 2, 146 HGB die Stellung eines Liquidators erhalten, sodass er die **Einsichtsrechte eines Komplementärs** hat (Röhricht/v. Westphalen/*Haas/Mock* § 166 Rn. 14). Ist der Kommanditist kein Liquidator, so besteht das Einsichtsrecht auch im Stadium der Liquidation der Kommanditgesellschaft fort (OLG Celle BB 1983, 1450; Röhricht/v. Westphalen/*Haas/Mock* § 166 Rn. 14).

VI. Einsichtsrecht des ausgeschiedenen Kommanditisten und des Erben

Einem **ausgeschiedenen Kommanditisten** steht kein gesellschaftsrechtliches Informationsrecht mehr zu. Er kann ein solches daher auch nicht mehr für Vorgänge aus der Zeit seiner Stellung als Gesellschafter der Kommanditgesellschaft verlangen (Röhricht/v. Westphalen/*Haas/Mock* § 166 Rn. 59). Er hat jedoch u. U. Ansprüche aus den §§ 810, 242 BGB, soweit solche Einsichts- und Auskunftsansprüche zur Klärung von Ansprüchen des Ausgeschiedenen aus dem Gesellschaftsverhältnis geboten sind, insbesondere zur Ermittlung seines Abfindungsguthabens (Röhricht/v. Westphalen/*Haas/Mock* § 166 Rn. 60).

§ 166 HGB Kontrollrechte

11 Ebenso wenig bestehen Informationsrechte der **Erben** des Kommanditisten, soweit sie nicht in seine Gesellschafterstellung einrücken (Röhricht/v. Westphalen/*Haas/Mock* § 166 Rn. 62; Schlegelberger/*Martens* § 166 Rn. 15).

VII. Durchsetzung des Informationsrechts

12 Das ordentliche Informationsrecht des Kommanditisten ist durch **Klage auf Leistung bzw. Schadensersatz** vor dem Prozessgericht geltend zu machen (Baumbach/Hopt/*Hopt* § 166 Rn. 14 m. w. N.). Vorläufiger Rechtsschutz ist nach den Bestimmungen der §§ 935 ff. ZPO auf Sicherstellung von Büchern und Papieren zulässig (Baumbach/Hopt/*Hopt* § 166 Rn. 14 m. w. N.). Die Vollstreckung des Einsichtsrechts in Urkunden erfolgt nach § 883 ZPO, während die Auskunftserteilung als unvertretbare Handlung nach § 888 ZPO vollstreckt wird (vgl. Baumbach/Hopt/*Hopt* § 118 Rn. 15).

B. Außerordentliches Informationsrecht des Kommanditisten, Abs. 3

13 Nach Abs. 3 besteht bei Vorliegen eines **wichtigen Grundes** ein außerordentliches Informationsrecht des Kommanditisten, welches nicht auf die Kontrolle des Rechnungsabschlusses beschränkt ist.

I. Wichtiger Grund

14 Ein wichtiger Grund, der ein außerordentliches Informationsrecht des Kommanditisten rechtfertigt, liegt vor, wenn über das in Abs. 1 geregelte Informationsrecht hinaus eine sofortige Überwachung im Interesse des Kommanditisten geboten erscheint (BGH WM 1984, 807 f. betr. den stillen Gesellschafter). In der Rechtsprechung wurde ein wichtiger Grund bspw. in folgenden Fällen angenommen: Drohende Schädigung der Kommanditgesellschaft oder des Kommanditisten (BGH BB 1984, 1273, 1274 betreffend Stille Gesellschaft; BGH WM 1983, 910 f.); begründeter Verdacht nicht ordnungsgemäßer Geschäfts- oder Buchführung (OLG Hamburg MDR 1965, 666); Verweigerung oder längere Verzögerung der Kontrolle durch den Kommanditisten nach § 166 Abs. 1 HGB (OLG Hamm BB 1970, 509; MDR 1971, 1014). Ein wichtiger Grund für ein außerordentliches Informationsrecht ist allein aufgrund des Bestehens eines Konzernverhältnisses nicht auch für verbundene Unternehmen der Kommanditgesellschaft gegeben; vielmehr müssen zusätzliche Gesichtspunkte vorliegen, die ein außerordentliches Informationsrecht rechtfertigen (vgl. hierzu vorstehende Beispiele sowie Röhricht/v. Westphalen/*Haas/Mock* § 166 Rn. 20; Schlegelberger/*Martens* § 166 Rn. 48 f. m. w. N.).

II. Umfang und Ausübung des außerordentlichen Informationsrechts

15 Das außerordentliche Informationsrecht umfasst auch die sich aus Abs. 1 ergebenden Ansprüche eines Kommanditisten, also die Mitteilung von Jahresabschluss sowie Einsichtnahme in Bücher und Papiere, und zwar auch von Zwischenabschlüssen (Baumbach/Hopt/*Hopt* § 166 Rn. 10). Hinsichtlich der Art und Weise der Ausübung des Rechtes wird auf die Ausführungen in Rdn. 7 verwiesen. Auch hinsichtlich des Anspruchsgegners ergeben sich keine Besonderheiten (vgl. hierzu Rdn. 4).

III. Antrag des Kommanditisten

16 Das außerordentliche Kontrollrecht des Kommanditisten bedarf nach Abs. 3 eines Antrages an das für die Führung des Handelsregisters der Kommanditgesellschaft zuständige Amtsgericht (§ 377 Abs. 1 FamFG) mit entsprechender Anwendung der ZPO (BayObLG DB 1978, 2405). Das Gericht entscheidet auf Antrag nach den Bestimmungen des FamFG. Materiell entsteht eine Verpflichtung der Geschäftsführung zur Vorlage der begehrten Unterlagen, allerdings nicht erst im Zeitpunkt der gerichtlichen Anordnung, sondern bereits davor, sodass eine verzögerte Erfüllung des Informationsanspruches einen Schadensersatzanspruch des Kommanditisten begründen kann (vgl. hierzu Röhricht/v. Westphalen/*Haas/Mock* § 166 Rn. 18; Schlegelberger/*Martens* § 166 Rn. 23).

C. Sonstige Informationsrechte, Abs. 2

Abs. 2 bestimmt, dass der Kommanditist die einem Komplementär zustehenden Informationsrechte nach § 118 HGB nicht hat. Dennoch können sich **weitere Informationsrechte** des Kommanditisten, die nicht von § 166 HGB erfasst sind, aus seiner Gesellschafterstellung ergeben (BGH WM 1983, 910, 911). So kann zwischen dem individuellen Informationsrecht des Kommanditisten sowie dem kollektiven Informationsrecht aller Gesellschafter unterschieden werden (Röhricht/v. Westphalen/*Haas/Mock* § 166 Rn. 28 ff. m. w. N.). 17

I. Individuelles Informationsrecht

Das individuelle Informationsrecht bezieht sich auf die Erteilung von Auskünften, die der Kommanditist zur sachgerechten Wahrnehmung seiner Mitgliedschaftsstellung benötigt (Röhricht/v. Westphalen/*Haas/Mock* § 166 Rn. 29; MünchHdb GesR II/*Weipert* § 15 Rn. 9 m. w. N.), etwa zur Erfüllung seiner Steuerpflichten als Mitunternehmer, bei Abstimmung über außergewöhnliche Geschäfte i. S. v. § 164 HGB, zur Ausübung seines Stimmrechts bei Änderungen des Gesellschaftsvertrages oder bei anderen Grundlagengeschäften. Schranken dieses Auskunftsrechts ergeben sich aus der gesellschafterlichen Treuepflicht des Kommanditisten, der die erwünschten Informationen daher nicht zu gesellschaftsfremden, insbesondere zu Wettbewerbszwecken nutzen darf (Röhricht/v. Westphalen/*Haas/Mock* § 166 Rn. 30). Das allgemeine Informationsrecht darf auch nicht der Einwirkung auf die Geschäftsführung dienen, da ein Kommanditist nach § 164 HGB in Angelegenheiten des gewöhnlichen Geschäftsablaufs grundsätzlich kein Mitentscheidungsrecht hat. 18

II. Kollektives Informationsrecht

Das kollektive Informationsrecht aller Gesellschafter folgt aus §§ 161 Abs. 2, 105 Abs. 3 HGB i. V. m. §§ 713, 666 BGB. Es kann von jedem einzelnen Gesellschafter zugunsten der Kommanditgesellschaft im Wege der actio pro socio geltend gemacht werden (zur actio pro socio vgl. ausführl. Kap. 5 Rdn. 90 ff.). Dieses kollektive Informationsrecht aller Gesellschafter richtet sich gegen die geschäftsführenden Gesellschafter. Hinsichtlich der weiteren Einzelheiten wird auf die Kommentierung zu § 118 HGB verwiesen (vgl. Röhricht/v. Westphalen/*Haas/Mock* § 166 Rn. 38; MünchHdb GesR II/*Weipert* § 15 Rn. 7 m. w. N.). 19

D. Abweichende Vereinbarungen

§ 166 HGB ist bis auf die Verfahrensregelung in Abs. 3 **dispositiv**. Während Erweiterungen der Kontrollrechte nach § 166 Abs. 1 und 2 HGB unproblematisch zulässig sind, dürfen Einschränkungen jedenfalls nicht den **Kernbereich der Mitgliedschaftsrechte** eines Kommanditisten beschneiden (Unzulässigkeit des völligen Entzuges der Informationsrechte wegen erlaubter Konkurrenztätigkeit: BGH NJW 1995, 184; zum Kernbereich der Mitgliedschaftsrechte vgl. § 109 HGB Rdn. 23, § 119 HGB Rdn. 18 f.). Unverzichtbar ist ebenfalls das aus § 166 Abs. 1 HGB folgende Recht auf Mitteilung des festgestellten Jahresabschlusses (Baumbach/Hopt/*Hopt* § 166 Rn. 18; Röhricht/v. Westphalen/*Haas/Mock* § 166 Rn. 39 m. w. N.; für die Abdingbarkeit Schlegelberger/*Martens* § 166 Rn. 40). Unbeschränkbar ist auch das außerordentliche Informationsrecht bei Vorliegen eines wichtigen Grundes nach § 166 Abs. 3 HGB (Baumbach/Hopt/*Hopt* § 166 Rn. 19 m. w. N.). Zwingend ist schließlich das Auskunftsrecht nach §§ 161 Abs. 2, 105 Abs. 3 HGB i. V. m. §§ 713, 666 BGB (Baumbach/Hopt/*Hopt* § 166 Rn. 20). 20

§ 167 [Gewinn und Verlust]

(1) Die Vorschriften des § 120 über die Berechnung des Gewinns oder Verlustes gelten auch für den Kommanditisten.

(2) Jedoch wird der einem Kommanditisten zukommende Gewinn seinem Kapitalanteil nur so lange zugeschrieben, als dieser den Betrag der bedungenen Einlage nicht erreicht.

§ 167 HGB Gewinn und Verlust

(3) An dem Verluste nimmt der Kommanditist nur bis zum Betrage seines Kapitalanteils und seiner noch rückständigen Einlage teil.

Übersicht	Rdn.		Rdn.
A. Ermittlung von Gewinn und Verlust, Abs. 1	1	C. Beschränkung der Verlustbeteiligung, Abs. 3	7
B. Beschränkungen der Gewinngutschrift, Abs. 2	4	D. Abweichende Vereinbarungen	9

A. Ermittlung von Gewinn und Verlust, Abs. 1

1   Nach Abs. 1 kommen die für die offene Handelsgesellschaft geltenden Regelungen des § 120 HGB über die Berechnung des Gewinns oder Verlustes grundsätzlich auch für die Kommanditisten zur Anwendung. Daher wird zunächst auf die Kommentierung des § 120 HGB verwiesen.

2   Auch bei der Kommanditgesellschaft wird das Jahresergebnis durch den **Jahresabschluss** ausgewiesen, dessen Aufstellung grundsätzlich die Pflicht der geschäftsführenden Komplementäre ist (BGHZ 132, 263, 271; BGH WM 1979, 1330; MünchHdb GesR II/*Bezzenberger* § 21 Rn. 16, 20 m.w.N.). Der Jahresabschluss bedarf nach h. M. der **Feststellung durch alle Gesellschafter**, um für diese verbindlich zu werden (Grundlagengeschäft), mithin auch der Mitwirkung der Kommanditisten (BGHZ 76, 338, 342 f.; 132, 263, 266 f.; weitere Nachweise s. Röhricht/v. Westphalen/*Haas/Mock* § 167 Rn. 3; MünchHdb GesR II/*Sangen-Emden* § 55 Rn. 16, 58 ff. m.w.N.).

3   Die Kommanditisten haben die **Zustimmung** zum Jahresabschluss zu erteilen, wenn dieser dem Gesetz, dem Gesellschaftsvertrag und Buchführungsgrundsätzen entspricht (vgl. BGHZ 132, 263, 276 f.). Die Zustimmung kann auch konkludent erfolgen, indem gegen den übersandten Jahresabschluss keine Einwände erhoben werden (vgl. BGH BB 1975, 1605).

B. Beschränkungen der Gewinngutschrift, Abs. 2

4   Gem. Abs. 2 wird der einem Kommanditisten zustehende Gewinn seinem Kapitalanteil nur so lange zugeschrieben, bis dieser den Betrag der bedungenen Pflichteinlage (nicht Hafteinlage) erreicht. Damit wird den Kommanditisten abweichend vom Recht der OHG gem. § 120 Abs. 2 HGB der Gewinn nur begrenzt zugeschrieben. Ziel der Vorschrift ist, dass der Kapitalanteil eines Kommanditisten nicht über eine bestimmte Grenze, nämlich die vertraglich vereinbarte Pflichteinlage hinaus, anwachsen kann.

5   Gleichwohl bedeutet die Begrenzung der Gewinngutschrift für den Kommanditisten keine Einschränkung seiner Gewinnrechte, denn der nicht mehr dem Kapitalkonto gutzuschreibende Gewinn wird zugunsten des Kommanditisten auf einem anderen Konto verbucht (als Privatkonto, Verrechnungskonto, Darlehenskonto oder Sonderkonto bezeichnet; Baumbach/Hopt/*Hopt* § 167 Rn. 3; Röhricht/v. Westphalen/*Haas/Mock* § 167 Rn. 10 f.). Für diese Privatkonten sehen die Kommanditgesellschaftsverträge regelmäßig vor, wie die dort verbuchten Beträge zu behandeln sind und welche Ansprüche der betreffende Kommanditist aus diesen Konten hat (vgl. Rdn. 10).

6   Im Grundsatz gilt, dass ein Kommanditist jederzeit fristlos über die nicht dem Kapitalanteil zugeschriebenen Gewinne verfügen kann, d.h. diese sind abrufbar, können verpfändet und abgetreten werden und sind für Gläubiger pfändbar. Eine Verzinsung bedarf einer gesonderten Vereinbarung (Baumbach/Hopt/*Hopt* § 167 Rn. 3).

C. Beschränkung der Verlustbeteiligung, Abs. 3

7   Am Verlust nimmt der Kommanditist gem. Abs. 3 nur bis zu dem Betrag seines Kapitalanteils oder seiner noch rückständigen Einlage teil. Dies bedeutet, dass die auf einen Kommanditisten entfallenden Verluste wie bei einem Komplementär nach den §§ 161 Abs. 2, 120 Abs. 2 HGB von seinem Kapitalanteil abgeschrieben werden und nach der Aufzehrung seines Kapitalanteils das

Kapitalkonto weiterhin belasten, sodass dieses negativ werden kann. Spätere Gewinnanteile des Kommanditisten werden zunächst zur Wiederauffüllung des Kapitalanteils seinem Kapitalkonto gutgeschrieben (§ 169 Abs. 1 Satz 2 Halbs. 2 HGB). Erst wenn dieses wieder ausgeglichen ist, kann er über weitere künftige Gewinne verfügen (Baumbach/Hopt/*Hopt* § 167 Rn. 5; Röhricht/v. Westphalen/*Haas/Mock* § 167 Rn. 12 m.w.N.).

Aus § 167 Abs. 3 HGB folgt somit lediglich, dass der Kommanditist über die Leistung der Pflichteinlage hinaus **nicht mit Nachschüssen** belastet werden kann. Dies gilt nicht nur während der Dauer des Bestehens der Kommanditgesellschaft, sondern auch in ihrer Liquidation oder beim Ausscheiden des Kommanditisten, der in diesen Fällen einen negativen Kapitalanteil nicht aufzufüllen hat. Für etwaige Verluste haftet allein der persönlich haftende Gesellschafter (BGHZ 86, 122, 126; BGH WM 1986, 235). 8

D. Abweichende Vereinbarungen

Die **dispositive** Bestimmung des § 167 HGB wird in den Kommanditgesellschaftsverträgen oft durch abweichende Vereinbarungen ersetzt. So kann etwa die Aufstellung und Feststellung des Jahresabschlusses abweichend vereinbart, insbesondere die Feststellung auf einen Beirat verlagert werden (Röhricht/v. Westphalen/*Haas/Mock* § 167 Rn. 13 ff.). 9

Mit Blick auf die Behandlung des auf einen Gesellschafter entfallenden Gewinnanteils können Kommanditisten und Komplementäre gleichgestellt werden, d.h. im Kommanditgesellschaftsvertrag kann dem Kommanditisten ein **Aufstockungsrecht** seiner Einlage durch Stehenlassen von Gewinnen gewährt werden. Für einen Komplementär kann eine **Obergrenze** festgesetzt werden. Für sämtliche Gesellschafter kann der Gesellschaftsvertrag **feste Kapitalanteile** festlegen, sodass regelmäßig Sonderkonten (insbes. sog. Kapitalkonto II) für die Verbuchung von Gewinn- und Verlustanteilen, Entnahmen etc. gesellschaftsvertraglich vorgesehen werden. 10

Das **Stehenlassen eines Guthabens** des Kommanditisten stellt nicht als solches eine Darlehensvereinbarung dar, sondern hierfür bedarf es zumindest eines stillschweigenden Vertrages zur Behandlung des Guthabens als Darlehen. Gleiches gilt hinsichtlich seiner Umwandlung in eine zusätzliche Einlage (Baumbach/Hopt/*Hopt* § 167 Rn. 7 m.w.N.). 11

Eine Beschränkung des Gewinnentnahmerechts lässt im Zweifel das Recht des Kommanditisten, den Betrag zu entnehmen, der zur Zahlung der auf den Gewinn anfallenden Steuern erforderlich ist, unberührt (str.; Nachweise s. Baumbach/Hopt/*Hopt* § 169 Rn. 7). 12

Die **Vereinbarung einer Verzinsung** stehen gelassener Guthaben kann als zur Haftung führende Entnahme nach § 172 Abs. 4 HGB gewertet werden (BGHZ 39, 319, 332; MünchHdb GesR II/*v. Falkenhausen/H.C. Schneider* § 23 Rn. 24 m.w.N.). 13

Unter Beachtung des Bestimmtheitsgrundsatzes und dem Erfordernis der Festlegung von Obergrenzen kann auch zulasten von Kommanditisten eine **Nachschusspflicht** vereinbart werden, sodass diese hinsichtlich der Behandlung von Verlustbeteiligungen einem Komplementär gleichgestellt sein können (Baumbach/Hopt/*Hopt* § 167 Rn. 8). 14

§ 168 [Gewinn- und Verlustverteilung]

(1) Die Anteile der Gesellschafter am Gewinne bestimmen sich, soweit der Gewinn den Betrag von vier vom Hundert der Kapitalanteile nicht übersteigt, nach den Vorschriften des § 121 Abs. 1 und 2.

(2) In Ansehung des Gewinns, welcher diesen Betrag übersteigt, sowie in Ansehung des Verlustes gilt, soweit nicht ein anderes vereinbart ist, ein den Umständen nach angemessenes Verhältnis der Anteile als bedungen.

§ 168 HGB Gewinn- und Verlustverteilung

Übersicht	Rdn.		Rdn.
A. Gewinnverteilung	1	C. Abweichende Vereinbarung	4
B. Verlustverteilung	3		

A. Gewinnverteilung

1 Die Gewinnverteilung der Gesellschafter einer Kommanditgesellschaft bestimmt sich nach den Vorschriften des § 121 Abs. 1 und 2 HGB, soweit der Gewinn den Betrag von 4% der Kapitalanteile nicht übersteigt. D. h., aus dem Gewinn werden zunächst bis zu 4% auf die Kapitalanteile verteilt, unter Berücksichtigung von Einlagen und Entnahmen während des Geschäftsjahres gem. § 121 Abs. 2 HGB. Nach. § 121 Abs. 1 Satz 2 HGB sind die 4% gegebenenfalls anteilig zu kürzen, ein negativer Kapitalanteil wird nach § 167 HGB nicht bedient. Wegen der Einzelheiten wird auf die Kommentierung der OHG-rechtlichen Bestimmungen verwiesen, insbes. auf § 121 HGB (MünchHdb GesR II/*v. Falkenhausen/H.C. Schneider* § 23 Rn. 22 ff. m. w. N.).

2 Der über diesen Vorzugsgewinnanteil hinausgehende **Mehrgewinn** wird gem. § 168 Abs. 2 HGB in angemessenem Verhältnis der Anteile verteilt, also entgegen § 121 Abs. 3 HGB nicht nach Köpfen. Wegen der Übernahme der persönlichen Haftung gem. § 128 HGB steht dem Komplementär regelmäßig ein **Gewinnvoraus** zu. Dies gilt ebenso für die vergütungslos tätigen geschäftsführenden Gesellschafter, auch wenn dies Kommanditisten sein sollten. Der restliche Betrag wird regelmäßig im Verhältnis der Kapitalanteile der übrigen Gesellschafter untereinander verteilt (MünchHdb GesR II/*v. Falkenhausen/H.C. Schneider* § 24 Rn. 9 ff. m. w. N.; Baumbach/Hopt/*Hopt* § 168 Rn. 2 m. w. N.; vgl. Röhricht/v. Westphalen/*Haas/Mock* § 168 Rn. 6 ff., 11).

B. Verlustverteilung

3 Gem. § 168 Abs. 2 HGB wird ein Verlust ebenfalls in Abweichung von § 121 Abs. 3 HGB in **angemessenem Verhältnis** umgelegt. Dies ist grundsätzlich eine Verteilung nach Kapitalanteilen (vgl. zur Nichtbegründbarkeit einer spiegelbildlichen Lösung wie bei der Gewinnverteilung Röhricht/v. Westphalen/*Haas/Mock* § 168 Rn. 13; Schlegelberger/*Martens,* § 168 Rn. 10 f.; MünchHdb GesR II/*v. Falkenhausen/H.C. Schneider* § 23 Rn. 40 ff. m. w. N.).

C. Abweichende Vereinbarung

4 § 168 HGB ist **dispositiv**, sodass sich in den Kommanditgesellschaftsverträgen regelmäßig von den Gesetzesbestimmungen abweichende Vereinbarungen finden.

5 Üblich ist eine Gewinn- und Verlustverteilung nach dem **Verhältnis der Kapitalanteile** der Gesellschafter zueinander (MünchHdb GesR II/*v. Falkenhausen/H.C. Schneider* § 23 Rn. 23, 26 m. w. N.; Röhricht/v. Westphalen/*Haas/Mock* § 168 Rn. 20). Die **Ausschüttung ergebnisunabhängiger** vertraglich vereinbarter Beträge, etwa eine Verzinsung der Kapitalanteile, kann vorgesehen werden (Röhricht/v. Westphalen/*Haas/Mock* § 168 Rn. 21; MünchHdb GesR II/*v. Falkenhausen/H.C. Schneider* § 23 Rn. 24 m. w. N.). Die Vereinbarung einer **Tätigkeitsvergütung**, die gewinnunabhängig ist, etwa für die geschäftsführenden Gesellschafter, wird ebenfalls häufig vereinbart (Röhricht/v. Westphalen/*Haas/Mock* § 168 Rn. 18 f.; MünchHdb GesR II/*v. Falkenhausen/H.C. Schneider* § 23 Rn. 33). Ferner sind Vereinbarungen zur Verwendung des zur Verteilung anstehenden Gewinns durch teilweise **Einstellung in die Rücklagen** zulässig (Röhricht/v. Westphalen/*Haas/Mock* § 168 Rn. 23; MünchHdb GesR II/*v. Falkenhausen/H.C. Schneider* § 23 Rn. 38).

6 Möglich ist auch ein **Ausschluss eines Gesellschafters** von Gewinn und Verlust. So ist regelmäßig die Komplementär-GmbH bei der GmbH & Co. KG in der Funktion der geschäftsführenden Gesellschafterin ohne Kapitalbeteiligung vom Jahresergebnis ausgeschlossen. Anfallende Verluste werden daher nur unter den Kommanditisten verteilt (Röhricht/v. Westphalen/*Haas/Mock* § 168 Rn. 24).

7 Jede Änderung der Gewinn- und Verlustverteilung ist eine **Änderung des Kommanditgesellschaftsvertrages**, die einstimmig beschlossen werden muss, falls nicht unter Berücksichtigung

des Bestimmtheitsgrundsatzes im Gesellschaftsvertrag eine Mehrheitsentscheidung vorgesehen ist (Röhricht/v. Westphalen/*Haas/Mock* § 168 Rn. 25; MünchHdb GesR II/*v. Falkenhausen/H.C. Schneider* § 23 Rn. 19 m. w. N.).

§ 169 [Entnahmen]

(1) § 122 findet auf den Kommanditisten keine Anwendung. Dieser hat nur Anspruch auf Auszahlung des ihm zukommenden Gewinns; er kann auch die Auszahlung des Gewinns nicht fordern, solange sein Kapitalanteil durch Verlust unter den auf die bedungene Einlage geleisteten Betrag herabgemindert ist oder durch die Auszahlung unter diesen Betrag herabgemindert werden würde.

(2) Der Kommanditist ist nicht verpflichtet, den bezogenen Gewinn wegen späterer Verluste zurückzuzahlen.

Übersicht	Rdn.			Rdn.
A. Gewinnentnahme der Kommanditisten, Abs. 1	1	B.	Keine Pflicht zur Gewinnrückzahlung, Abs. 2	4
		C.	Abweichende Vereinbarungen	6

A. Gewinnentnahme der Kommanditisten, Abs. 1

Nach Abs. 1 Satz 1 steht den Kommanditisten nicht das für die Komplementäre der Kommanditgesellschaft geltende gewinnunabhängige Entnahmerecht des § 122 HGB zu. Der Kommanditist hat gem. Abs. 1 Satz 2 Anspruch auf **Auszahlung seines Gewinnanteils**. Dieser ist durch die Regelung in Abs. 1 Satz 2 Halbs. 2 begrenzt, d. h. der Kommanditist darf diesen Gewinnanteil nicht entnehmen, solange sein Kapitalanteil durch Verlust unter den Betrag der zugesagten Pflichteinlage herabgemindert ist oder durch die Auszahlung herabgemindert werden würde. 1

Die in § 122 Abs. 1 HGB geregelte **Jahresfrist** ist für den Kommanditisten grundsätzlich nicht einschlägig, wie aus Abs. 1 Satz 1 folgt, denn bei erbrachter Pflichteinlage wird der Gewinn nicht dem Kapitalanteil zugeschrieben und ist jederzeit abrufbar. Die Einjahresgrenze gilt jedoch entsprechend, wenn die Pflichteinlage nicht voll erbracht ist oder der Kommanditist ein Aufstockungsrecht hat (vgl. Baumbach/Hopt/*Hopt* § 169 Rn. 5 m. w. N.). 2

Die **gesellschafterliche Treuepflicht** kann einem Gewinnauszahlungsverlangen eines Kommanditisten dann entgegenstehen, wenn die sofortige Auszahlung erheblicher Gewinnanteile, die er unter Überschreitung der Einjahresgrenze stehen gelassen hat, die Gesellschaft in wirtschaftliche Schwierigkeiten bringen würde (zum Meinungsstand vgl. Röhricht/v. Westphalen/*Haas/Mock* § 169 Rn. 10; Schlegelberger/*Martens* § 169 Rn. 11 jeweils m. w. N.; MünchHdb GesR II/*v. Falkenhausen/H.C. Schneider* § 24 Rn. 4 ff. m. w. N.). Die Treuepflicht des Kommanditisten beschränkt sein Entnahmerecht jedoch nur zeitlich vorübergehend, soweit der Kommanditgesellschaft ein offenbarer, schwerer und nicht wiedergutzumachender Schaden droht (vgl. Baumbach/Hopt/*Hopt* § 169 Rn. 3 m. w. N.). 3

B. Keine Pflicht zur Gewinnrückzahlung, Abs. 2

Nach Abs. 2 ist der Kommanditist nicht verpflichtet, ausgezahlte oder zur freien Verfügung auf seinem Privatkonto gutgeschriebene Gewinne wegen späterer Verluste wieder an die Gesellschaft zurückzuzahlen. 4

Hatte der Kommanditist dagegen im maßgeblichen Zeitpunkt der Auszahlung oder der Gutschrift der Gewinnanteile **keinen Anspruch**, so ist er verpflichtet, das Erhaltene zurückzugewähren. Der Kommanditgesellschaft steht ein **Bereicherungsanspruch** gegen den Kommanditisten zu, wenn der Gewinn unter Verstoß gegen § 169 Abs. 1 HGB bzw. die gesellschaftsvertragliche Regelung ausgezahlt wurde oder wenn der Jahresabschluss unrichtig ist oder nachträglich geändert wurde (Röhricht/v. Westphalen/*Haas/Mock* § 169 Rn. 16). Nach überwiegender Meinung (so Baumbach/ 5

§ 170 HGB Vertretung

Hopt/*Hopt* § 169 Rn. 6; Röhricht/v. Westphalen/*Haas/Mock* § 169 Rn. 17; Schlegelberger/*Martens* § 169 Rn. 16; MünchHdb GesR II/*v. Falkenhausen/Henning C. Schneider* § 24 Rn. 46 jeweils m.w.N. auch der a.A.) ist die Rückzahlungspflicht auch gegeben, wenn der Kommanditist auf die Richtigkeit des Jahresabschlusses vertraute. Ein Gläubiger kann auf den internen Rückzahlungsanspruch der Kommanditgesellschaft gegen den Kommanditisten nicht zurückgreifen (str.; vgl. § 172 Abs. 5 HGB; Baumbach/Hopt/*Hopt* § 169 Rn. 6; Röhricht/v. Westphalen/*Haas/Mock* § 169 Rn. 17; jeweils m.w.N. auch der a.A.).

C. Abweichende Vereinbarungen

6   § 169 HGB ist **dispositiv**, sodass abweichende gesellschaftsvertragliche Regelungen zulässig sind (MünchHdb GesR II/*v. Falkenhausen/H.C. Schneider* § 24 Rn. 51; Baumbach/Hopt/*Hopt* § 169 Rn. 7).

7   **Erweiterungen**, wonach den Kommanditisten in Gleichstellung mit den Komplementären ein gewinnunabhängiges Entnahmerecht eingeräumt wird, eine Tätigkeitsvergütung vereinbart wird, ein Steuerentnahmerecht zusteht etc., sind möglich (vgl. § 168 Rdn. 4 bis 7). Ebenso können **Beschränkungen** des Gewinnauszahlungsanspruches gesellschaftsvertraglich vereinbart werden, etwa in Form von Rücklagenbildungen oder Darlehensvereinbarungen (MünchHdb GesR II/*v. Falkenhausen/H.C. Schneider* § 24 Rn. 58 m.w.N.; Röhricht/v. Westphalen/*Haas/Mock* § 169 Rn. 18 ff.).

§ 170 [Vertretung]

Der Kommanditist ist zur Vertretung der Gesellschaft nicht ermächtigt.

Übersicht

	Rdn.		Rdn.
A. Gesetzliche Regelung	1	I. Erteilung und Entzug von Prokura und Handlungsvollmacht	7
I. Zwingende Vertretung durch Komplementäre	1	II. Umfang der Vertretungsmacht	8
II. Bestellung eines Kommanditisten zum Vertreter	5	III. Haftung des Kommanditisten als Vertreter	10
B. Bevollmächtigter Kommanditist	6		

A. Gesetzliche Regelung

I. Zwingende Vertretung durch Komplementäre

1   § 170 HGB ist eine **zwingende Vorschrift**, d.h. Kommanditisten sind nicht zur Vertretung der Gesellschaft im Außenverhältnis berechtigt. Die **Vertretungsbefugnis** ist gesetzlich den **Komplementären** zugeordnet, wie aus §§ 161 Abs. 2 i.V.m. 125 ff. HGB folgt. Auf die Kommentierung der §§ 125 ff. HGB wird verwiesen.

2   Aufgrund des zwingenden Charakters bei der Vertretungsregelung kann im Gesellschaftsvertrag keine abweichende Regelung vereinbart werden. Damit wird der **Grundsatz der Selbstorganschaft** zum Ausdruck gebracht (vgl. § 161 HGB Rdn. 7; für die GbR §§ 709 bis 713 BGB Rdn. 10 ff., sowie für die OHG ausführl. § 125 HGB Rdn. 2 f.). Eine **Gesamtvertretung** von mehreren Komplementären ist zulässig. Auch eine gemischte Gesamtvertretung kann vereinbart werden, nach der ein einzelner persönlich haftender Gesellschafter an die Mitwirkung eines Prokuristen gebunden ist (§ 125 Abs. 3 HGB). Der Prokurist kann zugleich Kommanditist sein (BGHZ 26, 330, 332 f.). Allerdings ist eine derartige Regelung unzulässig, wenn nur ein einziger Komplementär vertretungsbefugt oder wenn bei mehreren Komplementären Einzelvertretungsmacht gegeben ist (BGHZ 26, 330, 332 f.; MünchHdb GesR II/*Scheel* § 9 Rn. 26).

3   Ist nur ein Komplementär vorhanden, so ist die **Entziehung der Vertretungsmacht** gem. § 127 HGB grundsätzlich nicht möglich (MünchHdb GesR II/*Scheel* § 9 Rn. 22). Allerdings wird auch ein

Kommanditist als »übriger Gesellschafter« i. S. d. § 127 HGB angesehen, der einen Antrag auf Entzug der Vertretungsmacht durch gerichtliche Entscheidung bei Vorliegen eines wichtigen Grundes in der Person des Komplementärs stellen kann (Baumbach/Hopt/*Hopt* § 170 Rn. 1). Anstelle der in § 127 HGB vorgesehenen Gestaltungsklage kann der Gesellschaftsvertrag einen Mehrheitsbeschluss der Gesellschafter für die Entziehung der Vertretungsbefugnis vorsehen (BGH NJW 1998, 1225).

Bei der **Handelsregisteranmeldung** von Vertretungsregelungen sind auch die Kommanditisten mitwirkungsverpflichtet (§§ 108 i. V. m. 106 Abs. 4 bzw. 107 HGB; vgl. die Kommentierung der §§ 105 ff. HGB). 4

II. Bestellung eines Kommanditisten zum Vertreter

Ein Kommanditist kann **durch gerichtliche Entscheidung** zum Vertreter der Kommanditgesellschaft bestellt werden, wenn gegen den einzigen Komplementär ein Ausschließungsprozess läuft (BGHZ 33, 105, 108 f.). Darüber hinaus kann ein Kommanditist die Stellung eines gesetzlichen Vertreters im Fall der Auflösung der Gesellschaft erlangen (§§ 161 Abs. 2, 146 Abs. 1 HGB). 5

B. Bevollmächtigter Kommanditist

Ein Kommanditist kann **durch gerichtliche Entscheidung** zum Vertreter der Kommanditgesellschaft bestellt werden, wenn gegen den einzigen Komplementär ein Ausschließungsprozess läuft (BGHZ 33, 105, 108 f.). Darüber hinaus kann ein Kommanditist die Stellung eines gesetzlichen Vertreters im Fall der Auflösung der Gesellschaft erlangen (§§ 161 Abs. 2, 146 Abs. 1 HGB; vgl. hierzu auch MünchHdb GesR II/*Scheel* § 9 Rn. 29). 6

I. Erteilung und Entzug von Prokura und Handlungsvollmacht

Wird eine **Prokura** auf **gesellschaftsvertraglicher Basis** erteilt, so kann sie dem Kommanditisten nur mit seiner Zustimmung oder aus wichtigem Grunde entzogen werden. Davon unabhängig wirkt ein Widerruf der erteilten Prokura im Außenverhältnis sofort (MünchHdb GesR II/*Scheel* § 9 Rn. 31; Baumbach/Hopt/*Hopt* § 170 Rn. 4 m. w. N.; BGHZ 17, 392, 394). Im Gegensatz dazu wird ein Widerruf einer auf gesellschaftsvertraglicher Basis gewährten Handlungsvollmacht auch im Außenverhältnis erst dann wirksam, wenn ein wichtiger Grund besteht (vgl. § 168 Satz 2 BGB). Sind die Vertretungsbefugnisse eines Kommanditisten in Form einer Prokura oder Handlungsvollmacht nicht auf gesellschaftsvertraglicher Grundlage erteilt worden, bestehen für den Kommanditisten keine Sonderrechte, sodass sich der Widerruf der Vertretungsbefugnis nach den allgemeinen Vorschriften des zugrunde liegenden Rechtsverhältnisses richtet (MünchHdb GesR II/*Scheel* § 9 Rn. 30, 32 m. w. N.; Baumbach/Hopt/*Hopt* § 170 Rn. 4). Bei Prokura etwa ist der jederzeitige Widerruf nach § 52 HGB möglich. 7

II. Umfang der Vertretungsmacht

Auch für den Umfang der Vertretungsmacht eines Kommanditisten als Prokurist oder Handlungsbevollmächtigter gelten die **allgemeinen Regelungen** (MünchHdb GesR II/*Scheel* § 9 Rn. 34 m. w. N.). Ein minderjähriger Kommanditist, der bei seinem Handeln als Vertreter nicht nur die Kommanditgesellschaft als solche, sondern auch sich selbst als Gesamtschuldner bindet, kann nach wohl h. M. nur dann als Vertreter auftreten, wenn sein gesetzlicher Vertreter zugestimmt hat (vgl. § 165 BGB; Röhricht/v. Westphalen/*Haas/Mock* § 170 Rn. 12; Schlegelberger/*Martens* § 170 Rn. 18 m. w. N.). 8

Wird einem Kommanditisten auf gesellschaftsvertraglicher Grundlage gewillkürte Vertretungsmacht für die Kommanditgesellschaft erteilt, so ist er **verfassungsmäßig berufener Vertreter** der Gesellschaft i. S. v. § 31 BGB. Diese Stellung hat er, wenn ihm auf andere Weise bedeutsame Gesellschafterfunktionen zur eigenverantwortlichen Erledigung übertragen werden und er insoweit die Kommanditgesellschaft repräsentiert, wie dies etwa bei erteilter Generalvollmacht stets gegeben sein dürfte (Röhricht/v. Westphalen/*Haas/Mock* § 170 Rn. 13 m. w. N.). 9

§ 171 HGB Haftung der Kommanditisten

III. Haftung des Kommanditisten als Vertreter

10 Die Haftung eines Kommanditisten entspricht selbst bei seinem Auftritt als Vertreter der Kommanditgesellschaft nicht der eines persönlich haftenden Komplementärs. Etwas anderes kann nur gelten, wenn der Kommanditist unter Berücksichtigung weiterer Umstände im Außenverhältnis den Eindruck erweckt, er sei ein persönlich haftender Gesellschafter (Röhricht/v. Westphalen/*Haas/Mock* § 170 Rn. 14; Schlegelberger/*Martens* § 170 Rn. 21 m. w. N.).

§ 171 [Haftung der Kommanditisten]

(1) Der Kommanditist haftet den Gläubigern der Gesellschaft bis zur Höhe seiner Einlage unmittelbar; die Haftung ist ausgeschlossen, soweit die Einlage geleistet ist.

(2) Ist über das Vermögen der Gesellschaft das Insolvenzverfahren eröffnet, so wird während der Dauer des Verfahrens das den Gesellschaftsgläubigern nach Absatz 1 zustehende Recht durch den Insolvenzverwalter oder den Sachwalter ausgeübt.

Übersicht

	Rdn.
A. Haftung des Kommanditisten und Haftungsbeschränkung	1
I. Persönliche, beschränkte, gesamtschuldnerische Haftung	1
II. Einwendungen des Kommanditisten	2
III. Haftung des Strohmann-Kommanditisten und des Treuhänders	3
IV. Inhalt der Haftung	4
V. Haftung nach Auflösung oder Ausscheiden	5
VI. Haftung aus anderen Rechtsgründen	6
B. Ausschluss bzw. Wegfall der Haftung	8
I. Leistung der Einlage – Allgemeines	8
II. Schenkweise Aufnahme, Umbuchung	11
III. Gewinnanteile, Dienste, künftige Forderungen	12
IV. Aufrechnung, Befriedigung von Forderungen	15
V. Abtretbarkeit und Pfändbarkeit der Einlageforderung	17
VI. Befriedigung an Sicherungsgegenstand	20
VII. Beweislast	21
C. Haftung in der Insolvenz der Kommanditgesellschaft	22
I. Zuständigkeit des Insolvenzverwalters bzw. Sachwalters	22
II. Anwendbarkeit des § 171 Abs. 2 HGB auf Nicht-KGs	24
III. Kompetenz des Insolvenzverwalters	25
1. Geltendmachung aller im Innenverhältnis offenen Ansprüche	25
2. Aufrechnung durch den Kommanditisten	26
3. Abtretung des Haftungsanspruchs	28
4. Einwendungen des Kommanditisten	29
5. Ausscheiden des Kommanditisten vor Eröffnung des Insolvenzverfahrens	31
6. Gerichtliche Geltendmachung	32
7. Berücksichtigung von Schuldenreduzierungen	34
2. Aufrechnung durch den Kommanditisten	26
3. Abtretung des Haftungsanspruchs	28
4. Einwendungen des Kommanditisten	29
5. Ausscheiden des Kommanditisten vor Eröffnung des Insolvenzverfahrens	31
6. Gerichtliche Geltendmachung	32
7. Berücksichtigung von Schuldenreduzierungen	34

A. Haftung des Kommanditisten und Haftungsbeschränkung

I. Persönliche, beschränkte, gesamtschuldnerische Haftung

1 Nach der **zwingenden** Vorschrift des § 171 Abs. 1 HGB haftet der Kommanditist den Gläubigern der Kommanditgesellschaft beschränkt auf die gesellschaftsvertraglich vereinbarte Einlage, also die im Handelsregister einzutragende Haftsumme, nicht die im Innenverhältnis zwischen den Gesellschaftern etwa vereinbarte darüber hinausgehende Pflichteinlage. Der Kommanditist haftet den Gläubigern der Kommanditgesellschaft gegenüber **persönlich mit seinem gesamten Vermögen**, betragsmäßig aber **beschränkt auf die Haftsumme**. Er kann Gläubiger bei seiner Inanspruchnahme daher nicht an die Kommanditgesellschaft verweisen (keine subsidiäre Haftung – vgl. BGHZ 39, 319, 322; Baumbach/Hopt/*Hopt* § 171 Rn. 2; Röhricht/v. Westphalen/*Haas/Mock* § 171 Rn. 2 f.).

MünchHdb GesR II/*Herchen* § 30 Rn. 12 m. w. N.). Gem. §§ 161 Abs. 2 i. V. m. 128 HGB haftet der Kommanditist **gesamtschuldnerisch** neben den übrigen Gesellschaftern.

II. Einwendungen des Kommanditisten

Gem. §§ 161 Abs. 2 i. V. m. 129 Abs. 1 HGB kann der Kommanditist den Gläubigern sämtliche **Einwendungen** entgegenhalten, die der Kommanditgesellschaft zustehen sowie solche, die er persönlich hat. Wegen der Einzelheiten der Leistungsverweigerungsrechte eines Kommanditisten nach § 129 Abs. 2 HGB wird auf § 129 HGB Rdn. 20 ff. verwiesen. Die Haftung des Kommanditisten besteht gegenüber sämtlichen Gesellschaftsgläubigern, auch wenn es sich um öffentlich-rechtliche Verbindlichkeiten der Kommanditgesellschaft oder Steuerschulden handelt (BGH BB 1965, 303 f.; BFH ZIP 1984, 1245; weitere Nachweise s. Baumbach/Hopt/*Hopt* § 171 Rn. 3).

2

III. Haftung des Strohmann-Kommanditisten und des Treuhänders

Strohmann-Kommanditisten und Kommanditisten, die aufgrund einer offengelegten Treuhandschaft Gesellschafter der Kommanditgesellschaft sind, haften wie jeder Kommanditist (Baumbach/Hopt/*Hopt* § 171 Rn. 1 m. w. N.). Daneben kann jedoch unter Umständen auch eine Haftung des Treugebers in Betracht kommen (vgl. OLG Celle ZIP 1985, 100).

3

IV. Inhalt der Haftung

Ob den Kommanditisten lediglich eine Haftung i. H. e. **Geldbetrages** trifft (so Röhricht/v. Westphalen/*Haas/Mock* § 171 Rn. 6 m. w. N.; vgl. MünchHdb GesR II/*Herchen* § 30 Rn. 11 m. w. N.) oder ob sich die Haftung inhaltlich wie bei einem persönlich haftenden OHG-Gesellschafter auf die **Erfüllung der Gesellschaftsschuld** bezieht (so Baumbach/Hopt/*Hopt* § 171 Rn. 2), ist umstritten. Komplementär-ähnlich ist jedenfalls die Haftung des Kommanditisten vor seiner Eintragung gem. § 176 HGB (BGHZ 73, 217, 219 f.; Röhricht/v. Westphalen/*Haas/Mock* § 171 Rn. 7 m. w. N.).

4

V. Haftung nach Auflösung oder Ausscheiden

Die Haftung des Kommanditisten ist auch **nach Auflösung** der Kommanditgesellschaft gegeben, ebenso bei seinem **Ausscheiden** aus der Gesellschaft, dann aber beschränkt auf die vor dem Ausscheiden begründeten Verbindlichkeiten der Kommanditgesellschaft. Somit besteht eine Nachhaftung nur gegenüber Altgläubigern (BGHZ 27, 51, 55 f.; Röhricht/v. Westphalen/*Haas/Mock* § 171 Rn. 22 m. w. N.).

5

VI. Haftung aus anderen Rechtsgründen

Unberührt bleibt die Haftung eines Kommanditisten aus anderen Rechtsgründen als der Außenhaftung nach § 171 Abs. 1 HGB. In Betracht kommt ein direktes Rechtsgeschäft mit den Gläubigern der Kommanditgesellschaft in Form eines **Schuldbeitritts** (BGH WM 2011, 2356) oder einer Garantie (BGHZ 45, 204, 210). Eine Haftung kann sich aus **Rechtsscheinsgründen** ergeben, unter Berücksichtigung der Handelsregisterpublizität nach § 15 Abs. 1 HGB oder aus § 176 HGB vor der Eintragung des Kommanditisten im Handelsregister (BGHZ 73, 217, 219 f.). Unberührt bleibt auch eine **Durchgriffshaftung** oder eine **deliktische Haftung** nach § 826 BGB, etwa wenn das Gesellschafts- und das Privatvermögen des Kommanditisten vermischt werden (vgl. dazu BGH NJW 1979, 2104; WM 1980, 102 f.; NJW 1985, 740). In Betracht kommt schließlich eine Eigenhaftung des Kommanditisten wegen **Verschuldens bei Vertragsschluss** (§§ 311 Abs. 3, 280 Abs. 1 BGB) für den Fall des Auftretens des Kommanditisten als Vertreter der Kommanditgesellschaft und Beeinflussung der Verhandlungen durch Inanspruchnahme besonderen persönlichen Vertrauens oder Wahrnehmung seiner eigenen Interessen, die nicht nur in einer maßgeblichen Beteiligung des Kommanditisten an der Gesellschaft liegen (Röhricht/v. Westphalen/*Haas/Mock* § 171 Rn. 29 m. w. N.).

6

7 Die Berufung des Kommanditisten auf seine Haftungsbeschränkung kann auch **rechtsmissbräuchlich** sein mit der Folge seiner unbeschränkten Haftung. Dies wird streitig diskutiert für den Fall, dass der Kommanditist alleiniger Kapitalgeber ist und die Kommanditgesellschaft maßgeblich beeinflusst sowie die persönlich haftende Gesellschafterin kein Vermögen hat (BGHZ 45, 204, 208: kein Rechtsmissbrauch; stets Rechtsmissbrauch: Schlegelberger/*Martens* § 164 Rn. 44; relativierend: Baumbach/Hopt/*Hopt* § 171 Rn. 4, m. w. N. zum Meinungsstand).

B. Ausschluss bzw. Wegfall der Haftung

I. Leistung der Einlage – Allgemeines

8 Abs. 1 Halbs. 2 bestimmt den Ausschluss der Haftung, soweit der Kommanditist seine **Einlage geleistet** hat. Damit entfällt seine Haftung i. H. d. Wertes des von ihm auf die Einlage Geleisteten, wobei die Erbringung dem Gesellschaftsvertrag entsprechen muss (BGH WM 1985, 1224 f.). Abzustellen ist nach dem Kapitalaufbringungsprinzip auf die tatsächliche Wertzuführung (BGHZ 1995, 188, 197; 109, 334, 337). Durch die Einlage muss das haftende Kapital der Kommanditgesellschaft vermehrt werden, weshalb etwa die Gewährung eines Darlehens nicht genügt (OLG Hamburg ZIP 1984, 1090, 1092).

9 Die Einlage kann in **bar oder als Sachleistung** erbracht werden (vgl. hierzu MünchHdb GesR II/*Herchen* § 30 Rn. 24 ff. betr. Bareinlage und Rn. 31 ff. betr. Sacheinlage, jeweils m. w. N.), wobei Letztere mit dem objektiven Zeitwert anzusetzen ist (BGHZ 1995, 188, 195), jedoch direkt vor der Insolvenz der Kommanditgesellschaft nur mit dem Wert ihres Verwertungserlöses (BGHZ 39, 319, 329). Der Wegfall der Haftung ist somit durch die im Innenverhältnis zwischen den Gesellschaftern einer Kommanditgesellschaft mögliche freie Bewertung von Sacheinlagen nicht erreichbar (Baumbach/Hopt/*Hopt* § 171 Rn. 6; Röhricht/v. Westphalen/*Haas*/*Mock* § 171 Rn. 46 ff. m. w. N.).

10 Die **Werthaltigkeit** der Leistung einer Sacheinlage wird durch den im Leistungszeitpunkt wahren wirtschaftlichen Wert bestimmt (MünchHdb GesR II/*Herchen* § 30 Rn. 32 m. w. N.). Im Fall der Unterbewertung einer Sacheinlage ist streitig, ob der höhere Wertanteil bei der Haftungsbefreiung zu berücksichtigen ist (bejahend: Baumbach/Hopt/*Hopt* § 171 Rn. 6; Röhricht/v. Westphalen/*Haas*/*Mock* § 171 Rn. 47; a. A. Schlegelberger/*K. Schmidt* § 171 Rn. 48 m. w. N.). Im Zweifel legt der tatsächliche Wert der vereinbarten Sacheinlage die Höhe der Haftsumme im Außenverhältnis fest (BGHZ 101, 123, 127; BGH WM 1977, 783 f.).

II. Schenkweise Aufnahme, Umbuchung

11 Die Einbuchung bei **schenkweiser Aufnahme** eines Kommanditisten oder bei Umwandlung einer Gesellschafterstellung mit unbeschränkter Haftung in eine Kommanditbeteiligung führt zum Wegfall der Haftung, wenn eine wertmäßige Deckung vorhanden ist (BGHZ 101, 123, 126). Möglich ist auch, die Einlage aus dem Vermögen eines Komplementärs durch Umbuchung zugunsten des Kommanditisten zu erbringen (BGHZ 93, 246, 250 f.). Erforderlich ist jedenfalls die Zuführung eines entsprechenden Wertes, damit die Haftungsbefreiung des Kommanditisten erreicht wird (BGH WM 1973, 778, 779 ff.). Bei einer **Umbuchung einer Komplementär-Beteiligung** (vgl. hierzu MünchHdb GesR II/*Herchen* § 30 Rn. 40 f. m. w. N.) in eine Kommanditeinlage ist der wahre wirtschaftliche Beteiligungswert unter Mitberücksichtigung etwa vorhandener stiller Reserven für die Haftungsbefreiung maßgeblich, nicht dagegen der Buchwert des Kapitalkontos (BGHZ 101, 123, 127). Die Einlage eines bereits überschuldeten Handelsgeschäfts zu einem festgelegten Wert wirkt nicht Schuld befreiend, führt aber nicht zu einer Haftung über die Einlage (Haftsumme) hinaus (BGHZ 60, 324, 327 f.). Bei Einbringung einer Forderung gegen die Kommanditgesellschaft hängt die Werthaltigkeit von der wirtschaftlichen Lage der Kommanditgesellschaft ab (BGHZ 60, 324, 327 f.).

III. Gewinnanteile, Dienste, künftige Forderungen

Als Einlageleistungen sind auch **stehen gelassene Gewinnanteile** eines Kommanditisten zu betrachten, sofern der Gewinn nach § 167 Abs. 2 HGB zur Erhöhung der Einlage auf dem Kapitalkonto verbucht wird, d. h. bei einer Gewinnverwendung zur Wiederauffüllung eines Fehlbetrages gem. § 169 Abs. 1 HGB ist keine Einlageleistung gegeben (Röhricht/v. Westphalen/*Haas/Mock* § 171 Rn. 39; Schlegelberger/*K. Schmidt* § 171 Rn. 56 m. w. N.). 12

Erbringt ein Kommanditist **Dienste als Einlage**, so handelt es sich ebenfalls um Pflichteinlagen, wenn sie im Interesse der Erreichung des Gesellschaftszweckes der Kommanditgesellschaft liegen. In Höhe ihres objektiven Wertes stellen sie nach Erbringung eine Leistung auf die Einlage dar und wirken insoweit haftungsbefreiend (Röhricht/v. Westphalen/*Haas/Mock* § 171 Rn. 16 m. w. N.). 13

Künftig entstehende Forderungen kommen jedoch als Einlageleistung nicht in Betracht und haben damit keine enthaftende Wirkung (Röhricht/v. Westphalen/*Haas/Mock* § 171 Rn. 15; Schlegelberger/*Martens* § 161 Rn. 30). 14

IV. Aufrechnung, Befriedigung von Forderungen

Ein Kommanditist kann eine enthaftende Einlageleistung auch **durch Aufrechnung** (vgl. hierzu statt vieler: MünchHdb GesR II/*Herchen* § 30 Rn. 35 ff. m. w. N.) mit einer werthaltigen Gegenforderung gegen die Kommanditgesellschaft erreichen (BGHZ 51, 391, 393; 95, 183, 190). Abzustellen ist auf die Werthaltigkeit im Aufrechnungszeitpunkt (Röhricht/v. Westphalen/*Haas/Mock* § 171 Rn. 50). Ein Kommanditist, der die Kommanditgesellschaft von der Forderung eines Gläubigers im Wege der Aufrechnung befreit (Befriedigung des Drittgläubigers und Aufrechnung mit dem dadurch erworbenen Ersatzanspruch gegenüber der Kommanditgesellschaft, vgl. §§ 161 Abs. 2 i. V. m. 110 HGB), enthaftet sich i. H. d. Nennwertes der Drittforderung, ohne dass es auf die Werthaltigkeit dieser mit Blick auf die Vermögenslage der Kommanditgesellschaft ankommt (BGHZ 95, 188, 195, 197). Damit steht ein Kommanditist in Aufrechnungslagen gegenüber der Kommanditgesellschaft als Gesellschaftsgläubiger schlechter da als der außenstehende Gläubiger. Da eine Gutschrift des Abfindungsbetrages eines ausscheidenden Kommanditisten nach h. M. eine Rückzahlung gem. § 172 Abs. 4 HGB darstellt, führt eine Aufrechnung des Ausgeschiedenen mit der Forderung auf sein Abfindungsguthaben nicht zu einer Enthaftung (Röhricht/v. Westphalen/*Haas/Mock* § 171 Rn. 52; a. A. Schlegelberger/*K. Schmidt* § 171 Rn. 60). 15

Die **Befriedigung eines Gläubigers** der Kommanditgesellschaft stellt keine Einlageleistung des Kommanditisten dar, und zwar auch dann nicht, wenn er durch den Gesellschaftsgläubiger direkt in Anspruch genommen wurde (Baumbach/Hopt/*Hopt* § 171 Rn. 8 m. w. N.; Röhricht/v. Westphalen/*Haas/Mock* § 171 Rn. 20 ff. und 51). Sie ermöglicht dem Kommanditisten jedoch, mit seinem durch die Inanspruchnahme entstehenden Erstattungsanspruch gegen die Kommanditgesellschaft (§§ 171 Abs. 2 i. V. m. 110 HGB) die Aufrechnung gegen seine Pflichteinlageschuld zu erklären (BGH WM 1984, 893, 895). Die Aufrechnung ist bei einer Sacheinlageverpflichtung des Kommanditisten nicht möglich und führt stattdessen zu einem Leistungsverweigerungsrecht (Röhricht/v. Westphalen/*Haas/Mock* § 171 Rn. 24; MüKo/*K. Schmidt* §§ 171, 172 Rn. 50). Mit der Aufrechnung befreit sich der Kommanditist gegenüber sämtlichen Gläubigern der Kommanditgesellschaft von der Haftung (BGHZ 42, 192, 193 f.; 51, 391, 393; vgl. hierzu statt vieler: MünchHdb GesR II/*Herchen* § 30 Rn. 42 ff. m. w. N.). Bis zur rechtskräftigen Verurteilung hat der Kommanditist die Wahl, ob er an die Kommanditgesellschaft seine Einlage leistet oder einen Gesellschaftsgläubiger befriedigt, danach verliert er das Wahlrecht (str.; Nachweise s. Baumbach/Hopt/*Hopt* § 171 Rn. 8; MünchHdb GesR II/*Herchen* § 30 Rn. 43). Dies gilt auch für die Nachhaftung eines ausgeschiedenen Kommanditisten bei Befriedigung von Altgläubigern (BGHZ 42, 193). Das Wahlrecht gilt bis zur Eröffnung des Insolvenzverfahrens (BGHZ 58, 72, 74; MünchHdb GesR II/*Herchen* § 30 Rn. 43 m. w. N.). 16

Partikel

V. Abtretbarkeit und Pfändbarkeit der Einlageforderung

17 Die Einlageforderung der Kommanditgesellschaft kann **abgetreten** werden (BGHZ 63, 338, 341; BGH WM 1984, 50) und ist **pfändbar**. Wird die Einlageforderung an einen Gläubiger der Kommanditgesellschaft abgetreten oder hat dieser sie gepfändet und an sich überweisen lassen, bewirkt die Leistung des Kommanditisten die Erfüllung seiner Einlageschuld (BGHZ 63, 338, 341; BGH WM 1984, 50 f.).

18 Erfolgt die **Abtretung an Erfüllungs statt**, so geht die Forderung des Gläubigers gegen die Kommanditgesellschaft unter. Der Kommanditgesellschaft fließt in entsprechender Höhe durch die Schuldbefreiung ein Vermögenswert zu, weshalb die Außenhaftung des Kommanditisten erlischt (BGHZ 63, 338, 341). Dem Gläubiger gegenüber haftet dadurch der Kommanditist direkt auf die Pflichteinlage (Röhricht/v. Westphalen/*Haas/Mock* § 171 Rn. 22 m. w. N. in Fn. 11). Bei **erfüllungshalber Abtretung** oder Anspruchspfändung durch den Gläubiger bleibt die Forderung des Gläubigers gegenüber der Kommanditgesellschaft ebenso wie die Außenhaftung des Kommanditisten bestehen. Dieser wird erst durch die Gläubigerbefriedigung enthaftet (BGHZ 63, 338, 341). Erlässt der Gläubiger dem Kommanditisten die abgetretene Einlagenforderung oder tritt er sie an den Kommanditisten ab, so führt dies ebenfalls zur Haftungsbefreiung des Kommanditisten (BGH WM 1984, 50 f.).

19 Eine Abtretung der Einlageforderung an einen Dritten, der nicht Gesellschaftsgläubiger ist, ist nur dann wirksam, wenn die Kommanditgesellschaft dafür einen entsprechenden Gegenwert in ihr Vermögen erlangt (BGH WM 1981, 1203). Ist die Abtretung unwirksam, besteht die Haftung des Kommanditisten im Außenverhältnis weiterhin (Röhricht/v. Westphalen/*Haas/Mock* § 171 Rn. 19).

VI. Befriedigung an Sicherungsgegenstand

20 Befriedigt sich ein Gläubiger an einem Sicherungsgegenstand, den der Kommanditist als Gesellschaftersicherheit zugunsten der Kommanditgesellschaft gestellt hat, so ist auch dies als Leistung des Kommanditisten mit der Folge der Enthaftung des Kommanditisten anzusehen (BGHZ 58, 72, 74).

VII. Beweislast

21 Der Kommanditist trägt die **Beweislast** für den Wegfall seiner Haftung gem. § 171 Abs. 1 Halbs. 2 HGB (BGH WM 1984, 893, 895). Demgemäß ist er auch beweispflichtig für die Werthaltigkeit einer geleisteten Sacheinlage, einer zur Aufrechnung gestellten Gegenforderung oder eines umgebuchten Komplementär-Anteils (BGHZ 101, 123, 127; BGH WM 1977, 167 f.). Durch die Einlageleistung eines beklagten Kommanditisten während des gegen ihn gerichteten Haftungsprozesses eines Gläubigers erledigt sich der Gläubigeranspruch (vgl. Rdn. 15; Baumbach/Hopt/*Hopt* § 171 Rn. 10). Gibt der Kommanditist dem Gläubiger über die Leistung der Einlage keine Auskunft, schuldet er dem Gläubiger Kostenersatz (§ 180 BGB).

C. Haftung in der Insolvenz der Kommanditgesellschaft

I. Zuständigkeit des Insolvenzverwalters bzw. Sachwalters

22 Im Fall der Eröffnung eines Insolvenzverfahrens über das Vermögen der Kommanditgesellschaft kann nach § 171 Abs. 2 HGB allein der **Insolvenzverwalter oder Sachwalter** während der Dauer des Verfahrens die den Gläubigern zustehenden Haftungsansprüche gegen die Kommanditisten geltend machen. Für die Insolvenz der Kommanditgesellschaft gilt im Übrigen grundsätzlich das Recht der OHG, weshalb auf die Kommentierungen zu den §§ 124 und 128 HGB sowie zum GenG verwiesen wird.

23 Regelmäßig sind beim Insolvenzverfahren über das Vermögen einer OHG auch ihre persönlich haftenden Gesellschafter insolvent. Bei einer Kommanditgesellschaft ist dagegen nicht zwingend auch der nur beschränkt haftende Kommanditist durch die Insolvenz der Gesellschaft selbst betroffen.

Die Verwertung seiner Haftung zur gleichmäßigen Berücksichtigung der Gläubiger der Kommanditgesellschaft im Insolvenzverfahren soll durch die **ausschließliche Zuständigkeit** des Insolvenzverwalters bzw. Sachwalters im Fall der Eigenverwaltung nach § 270 Abs. 3 InsO sichergestellt werden. § 171 Abs. 2 HGB gilt nicht gegenüber den persönlich haftenden Komplementären (BGHZ 121, 179, 190). Für diese und für die gem. § 176 HGB unbeschränkt haftenden Kommanditisten gilt § 93 InsO entsprechend (BGH NJW 2002, 2718).

II. Anwendbarkeit des § 171 Abs. 2 HGB auf Nicht-KGs

Der Schutzzweck des § 171 Abs. 2 HGB gilt auch in der Insolvenz einer Nicht-KG, etwa in Form einer **umgewandelten Gesellschaft** oder **Rechtsnachfolgerin** der Kommanditgesellschaft, für deren Schulden eine summenmäßige Haftungsbeschränkung der Kommanditisten besteht (BGHZ 112, 31, 35; a. A. BGH BB 1976, 383). Für eine zu Unrecht im Handelsregister als Kommanditgesellschaft eingetragene BGB-Gesellschaft gilt diese Bestimmung in der Insolvenz ebenfalls (BGHZ 113, 216, 220 f.; krit. Röhricht/v. Westphalen/*Haas/Mock* § 171 Rn. 67). Zweifelhaft ist, ob das Insolvenzverfahren einer Gesellschaft, die durch einen **Formwechsel** aus einer Kommanditgesellschaft entstanden ist (§ 190 UmwG), die Kompetenz des Insolvenzverwalters zur Geltendmachung von Haftungsansprüchen aus der nach § 224 UmwG fortgeltenden Kommanditistenhaftung begründet (abl. Röhricht/v. Westphalen/*Haas/Mock* § 171 Rn. 68).

III. Kompetenz des Insolvenzverwalters

1. Geltendmachung aller im Innenverhältnis offenen Ansprüche

Der Insolvenzverwalter ist gem. § 80 Abs. 1 InsO nicht nur befugt, Haftungsansprüche gegen die Kommanditisten geltend zu machen, sondern sämtliche im Innenverhältnis der Gesellschafter vereinbarten offenen Ansprüche (BGH WM 1977, 1377, 1379). Von den Kommanditisten (noch) **nicht erbrachte Einlagen** sind der Aktivmasse, die der Insolvenzverwalter verwaltet und verwertet, zuzuschlagen. Der Insolvenzverwalter ist ebenfalls zur **Einforderung von Darlehen und stillen Einlagen**, die für die Kapitalausstattung der Kommanditgesellschaft vom Kommanditisten geschuldet werden, befugt (BGHZ 93, 159, 161). Bei einer Sacheinlageschuld steht dem Insolvenzverwalter nach h. M. ein Wahlrecht zu, wonach er bei höherer Haftsumme entweder diese oder die Sacheinlage und den ihren Wert übersteigenden Teil der Haftsumme einfordern kann (vgl. krit. Röhricht/v. Westphalen/*Haas/Mock* § 171 Rn. 80 m.w.N.). Der Kommanditist kann sich nicht mehr durch Befriedigung eines Gesellschaftsgläubigers anstelle der Einlagenerbringung in die Kommanditgesellschaft enthaften (BGHZ 58, 72, 75). Der Insolvenzverwalter kann nach §§ 129 ff. InsO unter u. U. eine vor der Insolvenzverfahrenseröffnung an einen Gläubiger geleistete Zahlung anfechten. Aufgrund der Rechtszuständigkeit des Insolvenzverwalters besteht auch keine Möglichkeit des Kommanditisten, im Verhältnis zu einem Gesellschaftsgläubiger aufzurechnen (BGHZ 42, 192, 193 f.; BFH ZIP 1984, 1245). Die Abtretung der Einlageforderung an einen Gläubiger der Kommanditgesellschaft vor Insolvenzverfahrenseröffnung ist dagegen wirksam und kann vom Insolvenzverwalter nicht angefochten werden, auch wenn die Zahlung des Kommanditisten an den Gläubiger erst nach Verfahrenseröffnung erfolgt (BGH WM 1984, 50 f.).

2. Aufrechnung durch den Kommanditisten

Gem. § 95 Abs. 1 Satz 3 InsO ist eine Aufrechnung des Kommanditisten mit einem Erstattungsanspruch wegen der Inanspruchnahme als Mitschuldner oder Bürge durch einen Gläubiger der Kommanditgesellschaft im Insolvenzverfahren nicht mehr möglich und wirkt daher nicht haftungsbefreiend (Röhricht/v. Westphalen/*Haas/Mock* § 171 Rn. 71, 76; unter der Geltung der KO noch anders: BGHZ 58, 72, 78; BGH WM 1974, 1004 f.).

Entsprechend § 387 BGB, §§ 94 ff. InsO kann ein Kommanditist mit einer vor der Eröffnung des Insolvenzverfahrens über das Vermögen der Kommanditgesellschaft begründeten Gläubigerforderung an die Gesellschaft gegen den Anspruch des Insolvenzverwalters aufrechnen (Baumbach/Hopt/*Hopt* § 171 Rn. 13).

3. Abtretung des Haftungsanspruchs

28 Der Insolvenzverwalter ist **nicht zur Abtretung** des Haftungsanspruches **berechtigt** und kann nach der höchstrichterlichen Rechtsprechung nur eine treuhänderische Abtretung an einen Insolvenzgläubiger zum Zwecke der Einziehung zugunsten der Masse vornehmen (BGH BB 1974, 1360 f.; Baumbach/Hopt/*Hopt* § 171 Rn. 12; a. A. Röhricht/v. Westphalen/*Haas/Mock* § 171 Rn. 75).

4. Einwendungen des Kommanditisten

29 Einwendungen gegen den Haftungsanspruch des Insolvenzverwalters können dem Kommanditisten nur insoweit zustehen, als er sie selbst gegenüber allen Gläubigern geltend machen könnte oder als sie der Kommanditgesellschaft selbst zustehen, während Einwendungen gegenüber nur einzelnen Gläubigern nicht gegenüber dem Insolvenzverwalter geltend gemacht werden können (BGHZ 113, 216, 221). Möglich ist der Einwand eines Kommanditisten, dass seine Inanspruchnahme auf Einzahlung der Haftsumme nicht oder jedenfalls nicht in vollem Umfang zur Befriedigung der Gläubiger der Kommanditgesellschaft erforderlich ist, wofür er allerdings die Beweislast trägt (BGHZ 39, 319, 326). Der Insolvenzverwalter ist nicht zu einer gleichmäßigen Inanspruchnahme mehrerer haftender Kommanditisten verpflichtet, sondern kann nach eigenem pflichtgemäßen Ermessen vorgehen (BGHZ 109, 334, 344).

30 Der Kommanditist schuldet **Zahlung zur Masse** (MünchHdb GesR II/*Neubauer* § 30 Rn. 74 ff. m. w. N.) i. H. d. Betrages, mit dem er haftet, und der zur Befriedigung der Gläubiger erforderlich ist (RGZ 51, 33, 40; BGHZ 42, 192, 194; Baumbach/Hopt/*Hopt* § 171 Rn. 12). Er kann somit nicht mehr mit Wirkung gegenüber dem Insolvenzverwalter einen Gläubiger befriedigen (RGZ 37, 82, 86; BGHZ 58, 72; Baumbach/Hopt/*Hopt* § 171 Rn. 12; Röhricht/v. Westphalen/*Haas/Mock* § 171 Rn. 71). Ist ein Rechtsstreit zwischen einem Kommanditisten und einem Gläubiger der Kommanditgesellschaft anhängig, so wird dieser durch die Eröffnung des Insolvenzverfahrens über das Vermögen der Kommanditgesellschaft unterbrochen (BGHZ 82, 209, 218), wobei der Insolvenzverwalter in den Rechtsstreit eintreten kann. Erlässt der Insolvenzverwalter einem Kommanditisten eine Forderung oder wird zwischen den beiden ein Vergleich geschlossen, so wirkt dieser gegenüber den Gesellschaftsgläubigern (RGZ 39, 62, 64 betreffend die AG/KGaA).

5. Ausscheiden des Kommanditisten vor Eröffnung des Insolvenzverfahrens

31 Scheidet ein Kommanditist vor Eröffnung des Insolvenzverfahrens über das Vermögen der Kommanditgesellschaft aus, so haftet er nur noch für die **vor seinem Ausscheiden begründeten** Verbindlichkeiten der Gesellschaft. Nur der Insolvenzverwalter ist berechtigt, die Ansprüche der Altgläubiger gem. § 172 Abs. 2 HGB im eigenen Namen und für Rechnung der Altgläubiger gegen den ausgeschiedenen Kommanditisten geltend zu machen, d. h. diese Ansprüche werden nicht Teil der Insolvenzmasse, sondern bilden eine **Sondermasse** (BGHZ 27, 51, 56; 39, 319, 330; 71, 296, 305). Beteiligt sich ein Gläubiger nicht am Insolvenzverfahren, so kann der Insolvenzverwalter seinen Anspruch nicht gem. § 171 Abs. 2 HGB geltend machen (BGH NJW 1958, 1139). Eine unmittelbare Befriedigung eines einzelnen Gesellschaftsgläubigers enthaftet den ausgeschiedenen Kommanditisten nicht, und zwar auch nicht durch Aufrechnung mit einer eigenen Forderung gegen den Gesellschaftsgläubiger (BGHZ 42, 192, 194). Zahlungen, die ein ausgeschiedener Kommanditist nach Eröffnung des Insolvenzverfahrens an Altgläubiger leistet, führen zu einem Erstattungsanspruch des Kommanditisten gegenüber der Kommanditgesellschaft (Baumbach/Hopt/*Hopt* § 171 Rn. 14; Röhricht/v. Westphalen/*Haas/Mock* § 171 Rn. 84). Diesen Anspruch kann er gem. § 43 InsO nach Vollbefriedigung der Altgläubiger in gleichem Rang mit Neugläubigern im Insolvenzverfahren geltend machen (BGHZ 27, 51, 56 f.; str.).

6. Gerichtliche Geltendmachung

Gem. § 22 ZPO ist der **Sitz der Kommanditgesellschaft** maßgeblich für den Gerichtsstand der vom Insolvenzverwalter eingeforderten Pflichteinlage und des Haftungsanspruches. Die Pflichteinlage kann nach § 29 ZPO auch am Erfüllungsort geltend gemacht werden (Röhricht/v. Westphalen/*Haas/Mock* § 171 Rn. 88). 32

Der Insolvenzverwalter hat Ansprüche auf Haftung und Pflichteinlage gegen einen Kommanditisten, über dessen Vermögen ebenfalls das Insolvenzverfahren eröffnet wurde, gem. § 93 InsO in diesem Verfahren geltend zu machen. 33

7. Berücksichtigung von Schuldenreduzierungen

Nach früherer h. M. zu §§ 211 Abs. 2 KO, 109 Nr. 3 VerglO wurden Schuldenreduzierungen für die Kommanditgesellschaft nur zugunsten der persönlich haftenden Gesellschafter berücksichtigt, ließen aber die Außenhaftung der Kommanditisten unberührt (RGZ 150, 163, 173; BGH WM 1970, 967, 968). Ob Schuldenreduzierungen im Rahmen eines Insolvenzplans gem. §§ 217 ff. InsO ebenfalls nur zugunsten der Komplementäre (§ 227 Abs. 2 InsO) oder auch für die Kommanditisten Auswirkungen haben soll, ist offen (dafür: Röhricht/v. Westphalen/*Haas/Mock* § 171 Rn. 96 m. w. N. in Fn. 2). 34

§ 172 [Haftungsumfang]

(1) Im Verhältnis zu den Gläubigern der Gesellschaft wird nach der Eintragung in das Handelsregister die Einlage eines Kommanditisten durch den in der Eintragung angegebenen Betrag bestimmt.

(2) Auf eine nicht eingetragene Erhöhung der aus dem Handelsregister ersichtlichen Einlage können sich die Gläubiger nur berufen, wenn die Erhöhung in handelsüblicher Weise kundgemacht oder ihnen in anderer Weise von der Gesellschaft mitgeteilt worden ist.

(3) Eine Vereinbarung der Gesellschafter, durch die einem Kommanditisten die Einlage erlassen oder gestundet wird, ist den Gläubigern gegenüber unwirksam.

(4) ¹Soweit die Einlage eines Kommanditisten zurückbezahlt wird, gilt sie den Gläubigern gegenüber als nicht geleistet. ²Das gleiche gilt, soweit ein Kommanditist Gewinnanteile entnimmt, während sein Kapitalanteil durch Verlust unter den Betrag der geleisteten Einlage herabgemindert ist, oder soweit durch die Entnahme der Kapitalanteil unter den bezeichneten Betrag herabgemindert wird. ³Bei der Berechnung des Kapitalanteils nach Satz 2 sind Beträge im Sinn des § 268 Abs. 8 nicht zu berücksichtigen.

(5) Was ein Kommanditist auf Grund einer in gutem Glauben errichteten Bilanz in gutem Glauben als Gewinn bezieht, ist er in keinem Falle zurückzuzahlen verpflichtet.

(6) ¹Gegenüber den Gläubigern einer Gesellschaft, bei der kein persönlich haftender Gesellschafter eine natürliche Person ist, gilt die Einlage eines Kommanditisten als nicht geleistet, soweit sie in Anteilen an den persönlich haftenden Gesellschaftern bewirkt ist. ²Dies gilt nicht, wenn zu den persönlich haftenden Gesellschaftern eine offene Handelsgesellschaft oder Kommanditgesellschaft gehört, bei der ein persönlich haftender Gesellschafter eine natürliche Person ist.

Übersicht

	Rdn.			Rdn.
A. Haftungshöhe	1	I.	Wiederaufleben der Außenhaftung	8
I. Maßgeblichkeit der Eintragung ins Handelsregister, Abs. 1	1	II.	Rückzahlung i. S. v. Abs. 4 Satz 1	9
II. Berichtigung der unrichtigen Eintragung	3	III.	Gewinnentnahme, Abs. 4 Satz 2	13
III. Eintragung von Haftungsausschluss und Einlageerhöhung	4	IV.	Gutgläubiger Gewinnbezug, Abs. 5	15
IV. Erlass und Stundung der Einlage, Abs. 3	6	C.	Sonderfall: Keine natürliche Person als persönlich haftender Gesellschafter, Abs. 6	19
B. Einlagenrückgewähr, Abs. 4	8			

Partikel

§ 172 HGB Haftungsumfang

A. Haftungshöhe

I. Maßgeblichkeit der Eintragung ins Handelsregister, Abs. 1

1   Gem. § 172 Abs. 1 HGB bestimmt sich die Haftungshöhe des Kommanditisten gegenüber den Gläubigern der Gesellschaft nach der Eintragung in das Handelsregister. **Vor der Eintragung** gilt auch für den Kommanditisten grundsätzlich die **unbeschränkte Haftung** gem. § 176 HGB. Auf die Bekanntmachung der Haftungssumme kommt es dagegen nicht an. Selbst wenn diese von der Eintragung abweicht, richtet sich die Haftung nach dem im Handelsregister eingetragenen Betrag (MünchHdb GesR II/*Neubauer* § 30 Rn. 9). Die Publizitätswirkung des § 15 Abs. 3 HGB wirkt nicht zugunsten eines Dritten, da das Gesetz nur auf bekannt zu machende Tatsachen abstellt (str.; zum Meinungsstand vgl. Röhricht/v. Westphalen/*Haas/Mock* § 172 Rn. 4 m. w. N.; MünchHdb GesR II/*Herchen* § 30 Rn. 9; a. A. Schlegelberger/*K. Schmidt* § 172 Rn. 26).

2   Von der Eintragung im Handelsregister **abweichende Vereinbarungen im Innenverhältnis** zwischen den Gesellschaftern sind für die Außenhaftung des Kommanditisten nicht maßgeblich (vgl. OLG Celle ZIP 1985, 100). Ist die Haftsumme in Abweichung von der Handelsregisteranmeldung oder von der gesellschaftsvertraglichen Vereinbarung zu niedrig im Handelsregister eingetragen, so kann sich der Kommanditist hierauf grundsätzlich gegenüber den Gläubigern berufen (Baumbach/Hopt/*Hopt* § 172 Rn. 1; Röhricht/v. Westphalen/*Haas/Mock* § 172 Rn. 5). Umgekehrt können sich diese dem Kommanditisten gegenüber auf einen höheren Betrag berufen, wenn unrichtig eine höhere Haftsumme des Kommanditisten im Handelsregister eingetragen ist. Hat der Gläubiger z. Zt. des Entstehens seines Anspruches jedoch Kenntnis davon, dass ein höherer als der angemeldete Betrag im Handelsregister eingetragen wurde, kann ihm der Kommanditist dies nach h. M. entgegenhalten (statt vieler: Baumbach/Hopt/*Hopt* § 172 Rn. 1; Röhricht/v. Westphalen/*Haas/Mock* § 172 Rn. 6). Streitig ist, ob der Kommanditist sich auch auf eine gesellschaftsvertraglich niedriger vereinbarte Haftsumme bei Kenntnis des Gläubigers hiervon berufen kann (so Schlegelberger/*K. Schmidt* § 172 Rn. 31; a. A. Baumbach/Hopt/*Hopt* § 172 Rn. 1; vermittelnd: Röhricht/v. Westphalen/*Haas/Mock* § 172 Rn. 6, der jedenfalls verlangt, dass die unrichtige Eintragung weder zurechenbar durch den Kommanditisten veranlasst noch von ihm geduldet wurde). Ist eine höher vereinbarte Haftsumme im Handelsregister zu niedrig eingetragen, so kann sich ein Gläubiger dennoch auf den höheren Betrag berufen, wenn dieser in handelsüblicher Weise oder in sonstiger Form von der Kommanditgesellschaft mitgeteilt worden ist, § 172 Abs. 2 HGB.

II. Berichtigung der unrichtigen Eintragung

3   Ein Kommanditist kann eine **Berichtigung der unrichtigen Eintragung**, die von der Handelsregisteranmeldung abweicht, selbst bewirken. Dagegen bedarf es bei einer Abweichung nur vom Kommanditgesellschaftsvertrag entsprechend § 175 HGB eines Antrages sämtlicher Gesellschafter (Röhricht/v. Westphalen/*Haas/Mock* § 172 Rn. 9). Eine Amtslöschung nach § 395 FamFG der unrichtigen Eintragung einer Haftsumme muss gleichzeitig mit Eintragung des richtigen Betrages erfolgen (KG JW 1934, 2699, 2700). Die Berichtigung einer unrichtigen Eintragung auf eine niedrigere Haftsumme wirkt nur für die Zukunft, während die Berichtigung auf einen höheren Betrag vom ursprünglichen Eintragungszeitpunkt an gilt (Röhricht/v. Westphalen/*Haas/Mock* § 172 Rn. 8).

III. Eintragung von Haftungsausschluss und Einlageerhöhung

4   Durch die Eintragung der Haftsumme im Handelsregister steht nicht fest, ob es im Außenverhältnis eine Haftung des Kommanditisten gibt bzw. ob ein **Haftungsausschluss** aufgrund einer Einlageleistung oder wegen Gläubigerbefriedigung gegeben ist (BGHZ 81, 82, 87). Die Einlageleistung als solche wird nicht in das Handelsregister eingetragen (BGHZ 101, 123, 127f). Streitig ist, ob ein Gesellschaftsgläubiger einen Auskunftsanspruch gegen einen Kommanditisten wegen einer etwa noch bestehenden Haftung hat (zum Meinungsstreit vgl. Röhricht/v. Westphalen/*Haas/Mock* [abl.] § 172 Rn. 10 m. w. N.).

Die **Erhöhung einer Einlage**, die gem. § 175 HGB zum Handelsregister anzumelden ist, wird 5
stets mit ihrer Eintragung im Handelsregister wirksam und gilt dann auch für die bereits vorher entstandenen Schulden der Kommanditgesellschaft (Röhricht/v. Westphalen/*Haas/Mock* § 172 Rn. 11). Die Erhöhung der Haftsumme kann jedoch gem. § 172 Abs. 2 HGB auch schon vor ihrer Eintragung durch Kundmachung wirksam sein. Dies geschieht entweder durch handelsübliche Bekanntmachung, etwa in einer Tageszeitung, durch Rundschreiben, oder durch Mitteilung in sonstiger Weise an den Gläubiger, der sich auf die Haftungserhöhung beruft. Allerdings bedarf die Kundmachung durch die Kommanditgesellschaft der Zustimmung des Kommanditisten, die auch konkludent vorliegen kann (BGHZ 108, 187, 198). Dabei reicht die Bekanntmachung der Erhöhung durch den Kommanditisten selbst aus (Röhricht/v. Westphalen/*Haas/Mock* § 172 Rn. 12; Schlegelberger/*K. Schmidt* § 172 Rn. 36). Ein Gläubiger, der nicht durch eine an ihn gerichtete Mitteilung von der Haftungserhöhung Kenntnis erlangt, kann sich nicht auf sie berufen, auch wenn er von der Erhöhung auf anderem Wege erfährt (Röhricht/v. Westphalen/*Haas/Mock* § 172 Rn. 14; Schlegelberger/*K. Schmidt* § 172 Rn. 37). Hiervon unberührt bleibt eine **Rechtsscheinhaftung** des Kommanditisten (Röhricht/v. Westphalen/*Haas/Mock* § 172 Rn. 15).

IV. Erlass und Stundung der Einlage, Abs. 3

Nach Abs. 3 ist den Gläubigern gegenüber eine **Vereinbarung der Gesellschafter** unwirksam, durch 6
welche einem Kommanditisten die **Einlage erlassen** oder **gestundet** wird (vgl. hierzu Baumbach/Hopt/*Hopt* § 172 Rn. 3; Röhricht/v. Westphalen/*Haas/Mock* § 172 Rn. 16; MünchHdb GesR II/*Herchen* § 30 Rn. 9). Die Außenhaftung des Kommanditisten i. H. d. eingetragenen Haftsumme bleibt mithin unberührt. Eine Herabsetzung der Haftsumme erfolgt über die §§ 174 ff. HGB (s. dort).

Der Erlass oder die Stundung einer Pflichteinlage – nicht Haftsumme – durch Vereinbarung 7
zwischen den Gesellschaftern ist dagegen auch Gläubigern gegenüber grundsätzlich wirksam. Im Einzelfall kann sich eine andere Beurteilung bei Vorliegen von Sittenwidrigkeit nach § 138 BGB oder aus den §§ 129 ff. InsO bzw. den Regelungen des Anfechtungsgesetzes ergeben (Röhricht/v. Westphalen/*Haas/Mock* § 172 Rn. 17).

B. Einlagenrückgewähr, Abs. 4

I. Wiederaufleben der Außenhaftung

Abs. 4 normiert ein **Wiederaufleben der Außenhaftung** des Kommanditisten bei einer Rückgewähr 8
von Einlageleistungen. Nach §§ 174 ff. HGB kann die Einlage für die Zukunft herabgesetzt werden. Eine Außenhaftung besteht nach Abs. 4 Satz 2 auch bei Gewinnentnahmen trotz einer Minderung der Einlage durch Verluste oder wenn durch die Gewinnentnahme der Kapitalanteil des Kommanditisten gemindert wird. Eine Zahlung der Kommanditgesellschaft an den Kommanditisten, die über die von ihm geleistete Einlage (Haftsumme) hinausgeht, führt zwar zum Wiederaufleben der Haftung im Außenverhältnis, lässt ihn aber nicht über die eingetragene Haftsumme hinaus haften (BGHZ 60, 324, 327; 84, 383, 387; MünchHdb GesR II/*Neubauer* § 30 Rn. 47 ff. m. w. N.).

II. Rückzahlung i. S. v. Abs. 4 Satz 1

Eine Rückzahlung i. S. v. Abs. 4 Satz 1 liegt nicht nur in der Rückzahlung der Einlage als solcher, 9
sondern auch bei anderen Zahlungsvorgängen und Zuwendungen jeder Art an den Kommanditisten vor, sofern der Kommanditgesellschaft dadurch ohne angemessenen Gegenwert **Vermögenswerte entzogen** werden (BGHZ 39, 319, 331).

Beispiele: Die Rückgewähr muss nicht in einer Geldleistung bestehen, sondern kann z. B. im 10
Erhalt einer Beteiligung an einem durch Aufspaltung oder Abspaltung eines Unternehmensteils der Kommanditgesellschaft entstehenden Nachfolgeunternehmen gegeben sein (Röhricht/v. Westphalen/*Haas/Mock* § 172 Rn. 21; Baumbach/Hopt/*Hopt* § 173 Rn. 6 ff.). Die **Auszahlung des Auseinandersetzungsguthabens** eines ausgeschiedenen Kommanditisten ist ebenfalls als Rückzah-

lung zu werten, sofern die Abfindung infolge von Verlusten der Kommanditgesellschaft unter der vom Kommanditisten erbrachten Einlage liegt (Baumbach/Hopt/*Hopt* § 172 Rn. 6). Ebenso sind **Überentnahmen** und der **Ausgleich persönlicher Verbindlichkeiten** des Kommanditisten durch die Kommanditgesellschaft zu werten (Baumbach/Hopt/*Hopt* § 172 Rn. 6; Röhricht/v. Westphalen/*Haas/Mock* § 172 Rn. 28; MünchHdb GesR II/*Herchen* § 30 Rn. 59). Gleiches gilt für **Leistungen an einen Dritten**, wenn dieser entsprechend an den Kommanditisten leistet (BGHZ 47, 149, 156). Eine **Eigentümergrundschuldabtretung** durch die Kommanditgesellschaft an Kreditgeber des Kommanditisten ist ebenso zu werten (BGH BB 1976, 383). Genauso die Zahlung aus dem Privatvermögen eines Mitgesellschafters an einen Kommanditisten mit der Folge, dass der Mitgesellschafter einen Erstattungsanspruch an die Kommanditgesellschaft hat, mithin bei **Zahlung auf eine Schuld der Gesellschaft** (BGHZ 76, 127, 130; 93, 246, 249). Auch die **Anteilsübertragung** eines Kommanditisten an den Komplementär gegen einen Kaufpreis kann eine Rückzahlung i. S. d. § 172 Abs. 4 Satz 1 HGB darstellen (OLG Frankfurt am Main NJW 1963, 545). Die Zahlung einer angemessenen **Tätigkeitsvergütung** für einen Kommanditisten, der die Geschäftsführung der Kommanditgesellschaft übernommen hat, stellt keine Rückzahlung dar (MünchHdb GesR II/*Herchen* § 30 Rn. 54 m. w. N.). Bei gewinnunabhängiger Tätigkeitsvergütung eines Kommanditisten erhält die Kommanditgesellschaft bei angemessener Vergütungshöhe einen entsprechenden Gegenwert in Form der geleisteten Dienste, sodass eine Rückgewähr nur bei einer überhöhten Vergütung zu sehen ist (BAG WM 1983, 514 f.; a. A. noch OLG Celle OLGZ 1973, 343, 344 f.; ebenso OLG Hamm DB 1977, 717 f.; Röhricht/v. Westphalen/*Haas/Mock* § 172 Rn. 24). Bei gewinnabhängiger Vergütung gelten gem. § 172 Abs. 4 Satz 2 HGB die Regelungen für eine Gewinnentnahme entsprechend (Röhricht/v. Westphalen/*Haas/Mock,* § 172 Rn. 24 m. w. N.). Geht die Kommanditgesellschaft **zugunsten des Kommanditisten eine Verbindlichkeit** ein und erfüllt sie diese Schuld oder gewährt eine Sicherheit für eine derartige Schuld, so liegt ebenfalls ein Rückzahlungstatbestand vor (BGH WM 1976, 130, 131 f.). Ebenso liegt der Fall, wenn der Kommanditist, der einen Gläubiger der Kommanditgesellschaft befriedigt hat, diesen Betrag von der Gesellschaft erstattet erhält (MünchHdb GesR II/*Neubauer* § 30 Rn. 58). Während die Umwandlung eines Auseinandersetzungsguthabens in eine Darlehensforderung keine Rückzahlung darstellt (MünchHdb GesR II/*Neubauer* § 30 Rn. 56 m. w. N.), liegt diese bei der **Begleichung der Darlehensschuld** vor, und zwar auch schon bei Zinszahlung auf das Darlehen (BGHZ 39, 319, 332). Eine Rückgewähr liegt vor im Fall eines **Geschäftes des Kommanditisten mit der Kommanditgesellschaft**, wenn dieser keine angemessene und vollwertige Gegenleistung erbringt (MünchHdb GesR II/*Neubauer* § 30 Rn. 53 m. w. N.; Röhricht/v. Westphalen/*Haas/Mock* § 172 Rn. 23). Die **Stundung** einer Gegenleistung oder die Hingabe eines Darlehens an einen Kommanditisten ist dann als Rückgewähr zu werten, wenn der Kommanditist zahlungsunfähig wird (Röhricht/v. Westphalen/*Haas/Mock* § 172 Rn. 23; MünchHdb GesR II/*Neubauer* § 30 Rn. 53 m. w. N.). Eine Rückgewähr liegt dagegen nicht vor, wenn der **persönlich haftende Gesellschafter** dem Kommanditisten aus seinem Vermögen Werte überlässt, da das Komplementär-Vermögen und das Kommanditgesellschaftsvermögen keine zusammengehörige Haftungsmasse bilden (BGHZ 93, 246, 250; MünchHdb GesR II/*Neubauer* § 30 Rn. 60 m. w. N.). Dies gilt auch dann, wenn die Leistung des Komplementärs durch Umbuchung von dessen Kapitalkonto erbracht wird (BGH WM 1984, 893, 895) oder, wenn für Rechnung des Komplementärs die **Abfindung eines ausscheidenden Kommanditisten** aus dem Vermögen der Kommanditgesellschaft bezahlt wird (BGHZ 112, 31, 36 f.), nicht jedoch, wenn der Komplementär für Rechnung der Gesellschaft handelt und einen Aufwendungsersatzanspruch gegen diese erlangt (BGHZ 76, 127, 130; 93, 246, 249; MünchHdb GesR II/*Neubauer* § 30 Rn. 60 m. w. N.). Auch wenn der Komplementär nach Ausscheiden aller Kommanditisten das Unternehmen der Kommanditgesellschaft als Einzelkaufmann fortführt, sind die Abfindungen, die er an die ausgeschiedenen Kommanditisten leistet, als Rückzahlungen zu betrachten (BGHZ 61, 149, 151). Wird eine **Einlage so umgebucht**, dass sie dem Kommanditisten auf einem Privatkonto als Forderung gutgeschrieben wird, ist nach der h. M. eine Rückzahlung zu verneinen, solange die Mittel in der Kommanditgesellschaft verbleiben, also weiterhin dem Zugriff der Gläubiger unterliegen (BGHZ 39, 319, 331; BGH WM 1976, 130, 131 f.; Röhricht/v. Westphalen/*Haas/Mock* § 172 Rn. 34). Nach a. A. ist hierin eine Einlagenrückgewähr zu sehen, da die Mittel Fremdkapital darstellen, wobei der Kommanditist durch Aufrechnung mit seinem Abfindungsanspruch ein Entfallen der wiederaufgelebten Haftung erreichen könne (Schlegelberger/*K. Schmidt* § 172 Rn. 63, 72 f. m. w. N.; MüKo/*K. Schmidt* §§ 171, 172 Rn. 72).

Wird trotz Rückzahlung an den Kommanditisten die **Haftsumme abgedeckt**, verneint die h. M. ein Wiederaufleben der Außenhaftung (statt vieler: BGHZ 60, 324, 327 f; MünchHdb GesR II/*Neubauer* § 30 Rn. 51 m. w. N.; Röhricht/v. Westphalen/*Haas/Mock* § 172 Rn. 35 m. w. N.; Baumbach/Hopt/*Hopt* § 172 Rn. 5; MüKo/*K. Schmidt* §§ 171, 172 Rn. 64). Abzustellen ist dabei auf den Buchwert des Kapitalanteils und nicht auf den wahren Wert (BGHZ 109, 334, 339 f.). Ebenso ist die Rückzahlung eines Aufgeldes, welches der Kommanditist für die Aufnahme in die Kommanditgesellschaft an die Mitgesellschafter gezahlt hat, zu beurteilen (BGHZ 84, 383, 387; Röhricht/v. Westphalen/*Haas/Mock* § 172 Rn. 29; MünchHdb GesR II/*Herchen* § 30 Rn. 55 m. w. N.; MüKo/*K. Schmidt* §§ 171, 172 Rn. 67; a. A. Schlegelberger/*K. Schmidt* § 172 Rn. 64). 11

Die **Zahlung einer Abfindung** an den ausscheidenden Kommanditisten stellt eine Einlagenrückgewähr dar und begründet die persönliche Haftung des Ausscheidenden für die bis zur Eintragung seines Ausscheidens im Handelsregister entstandenen Gesellschaftsverbindlichkeiten (Röhricht/v. Westphalen/*Haas/Mock* § 172 Rn. 37; MüKo/*K. Schmidt* §§ 171, 172 Rn. 75). Eine Berufung auf den im Innenverhältnis geltenden Freistellungsanspruch des Kommanditisten ist gegenüber Gläubigern nicht möglich (BGH WM 1976, 809). 12

III. Gewinnentnahme, Abs. 4 Satz 2

Die Haftung des Kommanditisten lebt nach § 172 Abs. 4 Satz 2 HGB wieder auf, wenn er Gewinnanteile entnimmt, während sein Kapitalanteil durch Verlust unter den Betrag der geleisteten Einlage herabgemindert ist oder soweit dies durch die Entnahme erfolgt (vgl. hierzu MünchHdb GesR II/*Herchen* § 30 Rn. 62 m. w. N.). Das Wiederaufleben der Außenhaftung bei Gewinnentnahme i. S. v. Abs. 4 Satz 2 ist aufgrund einer **Erfolgsbilanz** zu fortgeführten Buchwerten zu beurteilen (Baumbach/Hopt/*Hopt* § 172 Rn. 8; MünchHdb GesR II/*Herchen* § 30 Rn. 65 m. w. N.). Dies gilt auch bei Bildung stiller Reserven aus Sonderabschreibungen (BGHZ 109, 334, str.; zum Meinungsstand vgl. Baumbach/Hopt/*Hopt* § 172 Rn. 8). Die Zahlung einer Geschäftsführervergütung an einen Kommanditisten, der in keinem Arbeitsverhältnis zur Kommanditgesellschaft steht, kann sich als **Gewinnvoraus** darstellen und zu einer Haftung nach § 172 Abs. 2 Satz 2 HGB führen (OLG Celle OLGZ 73, 343; OLG Hamm DB 1977, 717). 13

Während Abs. 4 Satz 2 auf die **Haftsumme** abstellt, ist bei § 169 Abs. 1 Satz 2 Halbs. 2 HGB die **Pflichteinlage** maßgeblich. Da Pflichteinlage und Haftsumme auseinanderfallen können, ist die Frage, ob eine Gewinnauszahlung nach Abs. 4 Satz 2 zu einer Haftung des Kommanditisten führt und ob sie nach § 169 Abs. 1 Satz 2 Halbs. 2 HGB unzulässig ist, u. U. unterschiedlich zu beantworten. Eine unzulässige Gewinnauszahlung nach § 169 HGB begründet nach h. M. keine Außenhaftung des Kommanditisten, wenn die geleistete Einlage die Haftsumme noch summenmäßig abdeckt, wobei auf den verbleibenden Buchwert des Kapitalanteils abzustellen ist (BGHZ 109, 334, 339 f.; Baumbach/Hopt/*Hopt* § 172 Rn. 8; Röhricht/v. Westphalen/*Haas/Mock* § 172 Rn. 42 m. w. N.). Durch das Gesetz zur Modernisierung des Bilanzrechts (BilMoG) vom 25.05.2009 (BGBl. I, 1102) wurde § 172 Abs. 4 um einen Satz 3 ergänzt. Grund hierfür ist die Tatsache, dass künftig auch Beträge im Jahresüberschuss enthalten sein können, die nach § 268 Abs. 8 HGB ausschüttungsgesperrt sind. Solche Beträge müssen bei der Prüfung der Erträge nach einem Wiederaufleben der Kommanditistenhaftung unberücksichtigt bleiben (Baumbach/Hopt/*Hopt* § 172 Rn. 8a). 14

IV. Gutgläubiger Gewinnbezug, Abs. 5

Abs. 5 ermöglicht einen gutgläubigen Gewinnbezug des Kommanditisten, der im Vertrauen auf die Bilanz einen Gewinn bezieht und deshalb nicht zur Rückzahlung von Gewinnen verpflichtet ist (vgl. hierzu MünchHdb GesR II/*Herchen* § 30 Rn. 66 m. w. N.). Aus dem Zusammenhang mit den vorstehenden Regelungen des Abs. 1 bis 4 folgt jedoch, dass auch Abs. 5 auf die **Außenhaftung des** 15

§ 172 HGB Haftungsumfang

Kommanditisten im Verhältnis zu den Gläubigern der Kommanditgesellschaft abstellt (MünchHdb GesR II/*Herchen* § 30 Rn. 67 m. w. N.). Der Kommanditist kann nach h. M. zur Rückzahlung an die Gesellschaft verpflichtet sein, ohne dass der Gewinnbezug seine Außenhaftung erhöht und umgekehrt (Baumbach/Hopt/*Hopt* § 172 Rn. 9 m. w. N.). Die Vorschrift gilt beim Bezug von **Scheingewinnen**. Fehlt der gute Glaube, so ist dieser Bezug von Scheingewinnen grundsätzlich mit einem Wiederaufleben der Haftung des Kommanditisten verbunden (Röhricht/v. Westphalen/*Haas/Mock* § 172 Rn. 47 ff.; MünchHdb GesR II/*Herchen* § 30 Rn. 68 m. w. N.). Durch Abs. 5 wird mithin vermieden, dass ein gutgläubiger Kommanditist die Gewinnausschüttung stets auf ihre Berechtigung hin überprüfen muss.

16   Durch Abs. 5 ist **nur der Bezug von Gewinn** geschützt, nicht jedoch die Gutschrift auf das Einlagenkonto des Kommanditisten, anders jedoch bei einer Gutschrift auf einem Privatkonto (MünchHdb GesR II/*Herchen* § 30 Rn. 69 m. w. N.; Baumbach/Hopt/*Hopt* § 172 Rn. 11; Röhricht/v. Westphalen/*Haas/Mock* § 172 Rn. 34 m. w. N.). Nicht erfasst sind ebenfalls Vorauszahlungen auf den Gewinn (RGZ 37, 82 ff.; MünchHdb GesR II/*Herchen* § 30 Rn. 69; Röhricht/v. Westphalen/*Haas/Mock* § 172 Rn. 41 m. w. N.). Abs. 5 gilt für ausgezahlte Scheingewinne, für ausgezahlte Anteile am tatsächlichen Gewinn, der einem Kommanditisten jedoch nicht zusteht, sowie bei Auszahlung von dem Kommanditisten zustehenden Gewinnanteilen, wenn die Auszahlung nach Abs. 4 Satz 2 nur mit der Folge der Haftungswiederauflebung möglich war (Baumbach/Hopt/*Hopt* § 172 Rn. 9).

17   **Gutgläubig** ist der Bezug, wenn die Bilanz richtig war oder ohne Vorsatz (BGHZ 84, 385) und ohne grobe Fahrlässigkeit für richtig gehalten wurde. Zudem muss der Kommanditist ohne grobe Fahrlässigkeit den Bezug des Gewinnes für ordnungsgemäß erachtet haben (MünchHdb GesR II/*Herchen* § 30 Rn. 70 m. w. N.; Baumbach/Hopt/*Hopt* § 172 Rn. 10). Eine vorsätzliche Verletzung anerkannter Bilanzierungsgrundsätze schließt den guten Glauben der Gesellschafter, die die Bilanz aufgestellt haben, aus (BGHZ 84, 383, 385 f.). Dies ist ebenso der Fall, wenn Bilanzposten gutgläubig fehlbewertet werden (vgl. Darstellung der Auffassungen bei Röhricht/v. Westphalen/*Haas/Mock* § 172 Rn. 53 m. w. N.).

18   Die **Beweislast** für das Vorliegen der Voraussetzungen des Wiederauflebens der Haftung nach Abs. 5 Satz 2 trägt der Gläubiger, der insbesondere die Unrichtigkeit der Bilanz beweisen muss, während der Kommanditist beweispflichtig für seinen guten Glauben ist (Baumbach/Hopt/*Hopt* § 172 Rn. 12; Röhricht/v. Westphalen/*Haas/Mock* § 172 Rn. 55 m. w. N.).

C. Sonderfall: Keine natürliche Person als persönlich haftender Gesellschafter, Abs. 6

19   Bei einer Kommanditgesellschaft, bei der kein persönlich haftender Gesellschafter eine natürliche Person ist, gilt die Einlage eines Kommanditisten gegenüber den Gesellschaftsgläubigern als nicht geleistet, soweit sie in Anteilen an den persönlich haftenden Gesellschaftern bewirkt ist. In der Praxis werden zumeist **Geschäftsanteile an der Komplementär-GmbH** in die Kommanditgesellschaft eingelegt. Erfolgt dies als Kommanditeinlage, so haften die Kommanditisten den Gläubigern der Kommanditgesellschaft persönlich bis zur Höhe ihrer jeweiligen Einlage gem. § 171 Abs. 1 HGB. Mit dieser Regelung wird ein **Schutz der Gläubiger** der Kommanditgesellschaft bezweckt: Wäre es möglich, die Geschäftsanteile an der Komplementärin mit befreiender Wirkung als Kommanditeinlage zu leisten, so würde das Vermögen der Komplementärin zugleich die Haftungsmasse der Komplementär-GmbH und der Kommanditisten darstellen, sodass den Gläubigern tatsächlich nur eine Haftungsmasse zur Verfügung stehen würde (Röhricht/v. Westphalen/*Haas/Mock* § 172 Rn. 58; Baumbach/Hopt/*Hopt* § 172 Rn. 13).

20   Der Gläubigerschutz ist nicht erforderlich, wenn zu den persönlich haftenden Gesellschaftern der Kommanditgesellschaft wiederum eine **offene Handelsgesellschaft** oder eine **Kommanditgesellschaft** gehört, bei denen ein persönlich haftender Gesellschafter eine natürliche Person ist. In diesem Fall bestehen jedenfalls zwei Haftungsmassen, sodass § 172 Abs. 6 Satz 2 HGB ein Wiederaufleben der Haftung des Kommanditisten verneint. Damit wird sowohl dem Kapitalaufbringungsgrund-

satz der typischen Kommanditgesellschaft als auch den Kapitalerhaltungsregelungen der §§ 30 ff. GmbHG Rechnung getragen.

Auszahlungen aus dem Kommanditgesellschaftsvermögen dürfen nicht zu einer **Beeinträchtigung der Deckung des Stammkapitals** der Komplementär-GmbH führen. Erwirbt etwa eine Kommanditgesellschaft die Anteile an der Komplementär-GmbH von den Gesellschaftern mit Mitteln, die durch den Abfluss bei der Kommanditgesellschaft zu deren Entwertung führen, so kann bei der GmbH durch die entwertete Beteiligung an der Kommanditgesellschaft eine Unterbilanz oder eine Überschuldung entstehen. Gleiches gilt, wenn Auszahlungen der Kommanditgesellschaft zu ihrer Überschuldung führen und diese aufgrund der persönlichen Haftung auf die Komplementär-GmbH durchschlägt. 21

Die Stammkapitalbeeinträchtigung der Komplementär-GmbH führt zu einer **Erstattungspflicht der Kommanditisten**, die zugleich Gesellschafter der Komplementärin sind. Sie haben die aus dem Kommanditgesellschaftsvermögen erhaltenen Leistungen nach § 31 GmbHG zu erstatten, und zwar bis zu der Höhe, die zur Wiederherstellung des Stammkapitals erforderlich ist (Röhricht/v. Westphalen/*Haas*/*Mock* § 172 Rn. 64 f. m. w. N.). Ebenso trifft eine Haftung auch die Kommanditisten, die nicht zugleich der Komplementärin angehören, da ihnen eine Finanzierungsverantwortung für die Komplementärin zukommt (BGHZ 110, 342, 355 f.; MünchHdb GesR II/*Gummert* § 54 Rn. 13 m. w. N.). Jedoch wird für eine Ausfallhaftung nach § 31 Abs. 3 GmbHG eine förmliche Mitgliedschaft in der GmbH verlangt (vgl. zum Meinungsstand Röhricht/v. Westphalen/*Haas*/ *Mock* § 172 Rn. 65 m. w. N. in Fn. 5; MünchHdb GesR II/*Gummert* § 54 Rn. 22 ff.). 22

Subsidiär haften die übrigen Gesellschafter der Komplementärin nach § 31 Abs. 3 GmbHG, allerdings beschränkt auf den Betrag des Stammkapitals (h. M. in der Lit., vgl. zum Meinungsstand auch Röhricht/v. Westphalen/*Haas*/*Mock* § 172 Rn. 67 m. w. N. in Fn. 8). 23

Ein Erstattungsanspruch nach § 31 GmbHG entfällt nach höchstrichterlicher Rechtsprechung nicht, wenn das Stammkapital der Komplementär-GmbH anderweitig nachhaltig wiederhergestellt wird (BGHZ 144, 336, 341 f.). Gegen einen Erstattungsanspruch kann auch nicht aufgerechnet werden (entspr. § 19 Abs. 2 Satz 2 GmbHG; BGH ZIP 2001, 157, 158). 24

§ 172a [Aufgehoben zum 1. November 2008 durch MoMiG]

Entsprechende Geltung der §§ 32a und 32b des GmbHG [i. d. F. bis 31. Oktober 2008]

¹Bei einer Kommanditgesellschaft, bei der kein persönlich haftender Gesellschafter eine natürliche Person ist, gelten die §§ 32a, 32b des Gesetzes betreffend die Gesellschaften mit beschränkter Haftung sinngemäß mit der Maßgabe, daß an die Stelle der Gesellschafter der Gesellschaft mit beschränkter Haftung die Gesellschafter oder Mitglieder der persönlich haftenden Gesellschafter der Kommanditgesellschaft sowie die Kommanditisten treten. ²Dies gilt nicht, wenn zu den persönlich haftenden Gesellschaftern eine offene Handelsgesellschaft oder Kommanditgesellschaft gehört, bei der ein persönlich haftender Gesellschafter eine natürliche Person ist.

Für eine Kommanditgesellschaft ohne eine natürliche Person als persönlich haftenden Gesellschafter, bei der den Gläubigern mithin nur eine beschränkte Haftungsmasse wie bei einer Kapitalgesellschaft zur Verfügung steht, galten bis zur Umsetzung des MoMiG die §§ 32a und 32b GmbHG nach § 172a Satz 1 a. F. HGB entsprechend, wobei an die Stelle der Gesellschafter der GmbH die Anteilsinhaber der Komplementärin sowie die Kommanditisten treten. Gehört zu den Komplementären eine OHG oder eine KG, bei der ein persönlich haftender Gesellschafter eine natürliche Person ist, galt nach § 172a Satz 2 HGB a. F. die Regelung des Satz 1 der Vorschrift nicht. Der im OHG-Recht bis zur Novellierung des GmbH-Gesetzes geltende wortlautgleiche § 129a HGB a. F. sollte im Wesentlichen die **Umgehung der Vorschriften** über die eigenkapitalersetzenden Gesellschafterdarlehen durch Rechtsgestaltungen **verhindern**, z. B. eine aus zwei GmbHs bestehende OHG ohne voll haftende natürliche Personen. Praktische Bedeutung entfaltete § 172a HGB a. F. insbesondere für die GmbH & Co. KG. 1

§ 172a HGB Aufgehoben zum 1. November 2008 durch MoMiG

2 **Eigenkapitalersetzende Gesellschafterdarlehen** waren umfassend in § 172a HGB i. V. m. §§ 32a, 32b GmbH geregelt (Normkonkurrenz). Da sie jedoch auf das Insolvenzverfahren über das Vermögen der Kommanditgesellschaft abstellten, wurden Gesellschafterdarlehen nach der Rechtsprechung auch weiterhin nach §§ 30, 31 GmbHG behandelt (BGHZ 90, 370, 372 ff.; MünchHdb GesR II/*Gummert* § 54 Rn. 36 m. w. N.). Die Rechtsprechung zu diesen beiden Normen konnte daher auch zur Auslegung des § 172a HGB i. V. m. §§ 32a, 32b GmbHG herangezogen werden.

3 Durch das MoMiG erfolgte eine Streichung der Eigenkapitalersatzregeln. Sie wurden durch ein reines Insolvenzanfechtungskonzept ersetzt, in dem § 135 InsO n. F. für Gesellschafterdarlehen künftig Folgendes vorsieht: »Anfechtbar ist eine Rechtshandlung, die für die Forderung eines Gesellschafters auf Rückgewähr eines Darlehens im Sinne des § 39 Abs. 1 Nr. 5 oder für eine gleichgestellte Forderung 1. Sicherung gewährt hat, wenn die Handlung in den letzten zehn Jahren vor dem Antrag auf Eröffnung des Insolvenzverfahrens oder nach diesem Antrag vorgenommen worden ist oder 2. Befriedigung gewährt hat, wenn die Handlung im letzten Jahr vor dem Eröffnungsantrag oder nach diesem Antrag vorgenommen worden ist (Abs. 1). Anfechtbar ist eine Rechtshandlung [ferner], mit der eine Gesellschaft einem Dritten für eine Forderung auf Rückgewähr eines Darlehens innerhalb der in Abs. 1 Nr. 2 genannten Fristen Befriedigung gewährt hat, wenn ein Gesellschafter für die Forderung eine Sicherheit gestellt hat oder als Bürge haftete; dies gilt sinngemäß für Leistungen auf Forderungen, die einem Darlehen wirtschaftlich entsprechen.« (Abs. 2). Die Gesellschafterdarlehen sind in der Insolvenz gem. § 39 InsO nachrangig. Die Regeln der Rechtsprechung über den Eigenkapitalersatz sollen nach der Regierungsbegründung des Gesetzesentwurfes ebenfalls unterbunden werden. § 30 Abs. 1 Satz 3 GmbHG sieht seit der Umsetzung des MoMiG vor, dass Satz 1 zudem nicht anzuwenden ist »auf die Rückgewähr eines Gesellschafterdarlehens und Leistungen auf Forderungen aus Rechtshandlungen, die einem Gesellschafterdarlehen wirtschaftlich entsprechen«. In der Regierungsbegründung wird klargestellt, dass die Rechtsprechungsregelungen aufgegeben werden. Durch Art. 103d EGInsO wird klargestellt, dass auf Insolvenzverfahren, die vor dem Inkrafttreten des MoMiG eröffnet worden sind, die bis dahin geltenden gesetzlichen Vorschriften weiter anwendbar sind. Ferner bestimmt diese Überleitungsvorschrift für nach dem 01.11.2008 eröffnete Insolvenzverfahren, dass für vor diesem Datum vorgenommene Rechtshandlungen die bisher geltenden Vorschriften der InsO über die Anfechtung anzuwenden sind, soweit sie nach dem bisherigen Recht der Anfechtung entzogen oder in geringerem Umfang unterworfen sind. Dementsprechend hat der BGH mit Urt. v. 26.01.2009 (NZG 2009, 422 ff.) entschieden, dass das Eigenkapitalschutzrecht in Gestalt der Novellenregeln (§§ 32a, 32b GmbHG a. F.) und der Rechtsprechungsregeln (§§ 30, 31 GmbHG a. F.) nach der vorgenannten Überleitungsnorm sowie nach allgemeinen Grundsätzen des intertemporalen Rechts auf »Altfälle« weiterhin Anwendung findet. Auf die Kommentierungen zu diesen Vorschriften wird an dieser Stelle nur verwiesen (vgl. zur Abschaffung und Fortgeltung des § 172a a. F. MüKo HGB/*K. Schmidt* § 172a Rn. 1–3; vgl. auch MünchHdb GesR II/*Gummert* § 54 Rn. 30 m.w.N).

4 Schon bisher galt ergänzend zu § 172 HGB i. V. m. § 32a und § 32b GmbHG a. F. § 35 InsO sowie § 6 AnsG. Danach sind Rechtshandlungen, die zu einer Besicherung einer Forderung eines Gesellschafters auf Rückgewähr eines kapitalersetzenden Darlehens oder einer gleichgestellten Forderung dienen, **anfechtbar**, wenn sie in den letzten 10 Jahren vor dem Insolvenzantrag oder nach diesem Antrag vorgenommen worden sind (§ 135 Nr. 1 InsO) oder dem Gesellschafter im letzten Jahr vor dem Insolvenzantrag oder nach diesem Antrag Befriedigung gewähren (§ 135 Nr. 2 InsO; zum Anfechtungsrecht des Insolvenzverwalters nach § 135 InsO vgl. noch Altauflagen von Röhricht/v. Westphalen/*v. Gerkan* § 172a Rn. 87 ff. m. w. N. der Rspr.). Die zusätzliche vertragliche Vereinbarung der Nachrangigkeit einer Forderung im Insolvenzverfahren (§ 39 Abs. 2 InsO) lässt die Anfechtbarkeit nach § 135 InsO nicht entfallen. Das nach § 135 InsO bestehende Anfechtungsrecht verjährt nach 2 Jahren seit Verfahrenseröffnung (§ 146 Abs. 1 InsO). Erfasst werden nur Rückzahlungen, die nicht länger als ein Jahr vor dem Insolvenzantrag liegen. Nicht akzessorische Sicherheiten können verwertet werden, solange der Insolvenzverwalter ihre Bestellung nicht nach § 135 InsO anficht.

§ 173 [Haftung des eintretenden Kommanditisten]

(1) Wer in eine bestehende Handelsgesellschaft als Kommanditist eintritt, haftet nach Maßgabe der §§ 171 und 172 für die vor seinem Eintritte begründeten Verbindlichkeiten der Gesellschaft, ohne Unterschied, ob die Firma eine Änderung erleidet oder nicht.

(2) Eine entgegenstehende Vereinbarung ist Dritten gegenüber unwirksam.

Übersicht	Rdn.		Rdn.
A. Eintritt in eine Personenhandelsgesellschaft	1	1. Normalfall und qualifizierte Nachfolgeklausel	22
B. Anteilsübertragung	14	2. Eintrittsrecht des Erben	23
C. Gesamtrechtsnachfolge	21	3. Vermächtnis	24
I. Umwandlung von Beteiligungen	21	4. Haftung des Erben	25
II. Erbnachfolge in den Kommanditanteil	22	5. Erbnachfolge in Komplementär-Beteiligung	27

A. Eintritt in eine Personenhandelsgesellschaft

Der Eintritt als Kommanditist in eine Personenhandelsgesellschaft erfolgt durch **Aufnahmevertrag** mit den vorhandenen Gesellschaftern (§ 105 HGB), durch **Erbgang** (§ 139 HGB) oder durch **Anteilsübertragung** (vgl. hierzu Rdn. 14 ff.). 1

Erfolgt der Eintritt in eine **fehlerhafte Gesellschaft** oder ist der Eintritt selbst fehlerhaft, ist § 173 Abs. 1 HGB ebenfalls anwendbar (Baumbach/Hopt/*Hopt* § 173 Rn. 4). 2

Bei Eintritt in eine BGB-Gesellschaft gilt § 173 HGB nach bisher h. M. nicht. Hier wird **§ 173 HGB analog** angewendet, wenn die BGB-Gesellschaft durch den Beitritt eines nur beschränkt haftenden Gesellschafters zur Kommanditgesellschaft wird (vgl. BGHZ 142, 315, 317 ff.; Röhricht/v. Westphalen/*Haas/Mock* § 173 Rn. 46; Nachweise zum streitigen Meinungsstand s. bei Baumbach/Hopt/*Hopt* § 173 Rn. 3; MüKo HGB/*K. Schmidt* § 173 Rn. 10). Ebenso findet § 173 Abs. 1 HGB keine Anwendung, wenn im Zusammenhang mit dem Eintritt eines Kommanditisten ein anderer ausscheidet, soweit es sich um zwei rechtlich selbstständige Vorgänge handelt, insbesondere keine Anteilsübertragung stattfindet (Baumbach/Hopt/*Hopt* § 173 Rn. 11 ff.; Röhricht/v. Westphalen/ *Haas/Mock* § 173 Rn. 34, 10 ff. und 24 ff.; vgl. MüKo HGB/*K. Schmidt* § 173 Rn. 20). 3

Erwirbt ein persönlich haftender Gesellschafter zusätzlich einen Kommanditanteil, führt dies zu einer **einheitlichen Beteiligung als Komplementär**, sodass § 173 Abs. 1 HGB nicht anwendbar ist (Baumbach/Hopt/*Hopt* § 173 Rn. 5; Röhricht/v. Westphalen/*Haas/Mock* § 173 Rn. 36). Der Erwerb eines weiteren Kommanditanteils durch einen Kommanditisten führt zu einer einheitlichen anteilig entsprechend **erhöhten Haftsumme** (BGHZ 101, 123, 129). 4

Vereinigen sich **sämtliche Anteile** in der Hand eines Gesellschafters, so wird die Kommanditgesellschaft beendet und der Übernehmer ist **Alleininhaber des Handelsgeschäftes** (Röhricht/v. Westphalen/*Haas/Mock* § 173 Rn. 40). Seine Haftung ist damit grundsätzlich unbeschränkt. Eine Trennung von Gesellschafts- und Privatvermögen des übernehmenden Gesellschafters wird nicht mehr anerkannt (BGHZ 61, 149, 151; 93, 246, 251). Ein Wiederaufleben der Außenhaftung des in dieser Fallgestaltung ausscheidenden Kommanditisten ist nach § 172 Abs. 4 HGB gegeben, wenn er eine Abfindung erhält. 5

Tritt ein Gesellschafter als Kommanditist in ein **einzelkaufmännisches Unternehmen** ein, so richtet sich die Haftung nach § 28 HGB. Wird die Haftung nach § 28 Abs. 2 HGB ausgeschlossen, haftet der Kommanditist nach den Grundsätzen der §§ 171, 172 HGB (Röhricht/v. Westphalen/*Haas/ Mock* § 173 Rn. 45 m.w. N.). 6

Bei einer **Erhöhung des Kommanditkapitals** durch Rücklagenauflösung und Umbuchung als zusätzliche Einlage haften die Kommanditisten mit der erhöhten Haftsumme nach § 172 Abs. 2 7

HGB auch für die Altschulden gem. § 173 HGB. Die Haftungsbefreiung gilt nur, wenn es durch die in der Umbuchung zu sehende Sacheinlage zu einer wertmäßigen Abdeckung im Kommanditgesellschaftsvermögen kommt (Röhricht/v. Westphalen/*Haas/Mock* § 173 Rn. 47).

8   Der Eintritt eines neuen Kommanditisten ist zum **Handelsregister** anzumelden (§ 162 Abs. 3 HGB) und die Eintragung im Handelsregister ist für die Beendigung der unbeschränkten Haftung nach § 176 Abs. 2 HGB maßgeblich.

9   Nach § 173 Abs. 1 HGB haftet ein in eine bestehende OHG oder Kommanditgesellschaft **eintretender Kommanditist** nach den Bestimmungen der §§ 171, 172 HGB für die vor seinem Eintritt begründeten Verbindlichkeiten der Gesellschaft. Dies gilt unabhängig davon, ob die Firmierung der Gesellschaft geändert wird oder nicht. Tritt ein Kommanditist in eine bestehende OHG ein, wird diese zur Kommanditgesellschaft, tritt bei der Kommanditgesellschaft ein Gesellschafter als persönlich haftender Gesellschafter ein oder rückt ein Kommanditist im Wege der Umwandlung seiner Beteiligung in die Stellung eines persönlich haftenden Gesellschafters, findet § 130 HGB Anwendung. Auf die Kommentierung des § 130 HGB wird an dieser Stelle verwiesen.

10 Der eintretende Kommanditist **haftet im Außenverhältnis** mit Wirksamkeit des Beitritts nach §§ 171, 172 HGB bis zur Höhe seiner Haftsumme, und zwar nicht nur für neu begründete Verbindlichkeiten, sondern auch für Altschulden der Kommanditgesellschaft, die vor seinem Eintritt begründet wurden (Röhricht/v. Westphalen/*Haas/Mock* § 173 Rn. 6; Baumbach/Hopt/*Hopt* § 173 Rn. 7; MünchHdb GesR II/*Piehler/Schulte* § 34 Rn. 35 m.w.N.). Für **Neuverbindlichkeiten** kommt eine unbeschränkte Haftung nach § 176 Abs. 2 HGB in Betracht, wenn in der Zeit zwischen dem Wirksamwerden seines Eintritts in die Kommanditgesellschaft und der Eintragung in das Handelsregister Verbindlichkeiten von der Kommanditgesellschaft eingegangen worden sind. Daher ist es in der Praxis üblich, den Eintritt im Aufnahmevertrag unter die aufschiebende Bedingung der Eintragung des neu eingetretenen Kommanditisten im Handelsregister zu stellen. Auf die Kenntnis oder das Kennen-Müssen des Eintretenden von der Haftung für Altschulden oder seinen guten Glauben kommt es nicht an, d.h. der eintretende Kommanditist kann gegebenenfalls Ausgleichs- oder Schadensersatzansprüche gegen seine Mitgesellschafter geltend machen (Baumbach/Hopt/*Hopt* § 173 Rn. 7).

11 Bei einer **Beteiligungsumwandlung** einer persönlich haftenden Gesellschafterstellung in eine beschränkt haftende Kommanditistenstellung haftet der Gesellschafter für die Altschulden unbeschränkt nach §§ 128 ff. HGB, allerdings ist hier die 5-jährige Ausschlussfrist zu beachten (§ 160 Abs. 3 HGB), und beschränkt für die Neuschulden der Kommanditgesellschaft. Entfällt die unbeschränkte Haftung etwa nach § 160 Abs. 3 HGB, bleibt die beschränkte Haftung nach § 173 HGB für Altschulden bestehen (vgl. MünchHdb GesR II/*Piehler/Schulte* § 35 Rn. 63 ff., 72 m.w.N.; MüKo HGB/*K. Schmidt* § 173 Rn. 49).

12 Bei einem Eintritt eines Kommanditisten im Zusammenhang mit dem **Ausscheiden eines anderen** ohne Rechtsnachfolge, haftet der eintretende Kommanditist nach § 173 Abs. 1 HGB und der Ausscheidende für die Altverbindlichkeiten. Für die Gläubiger kann ein derartiger Gesellschafterwechsel eine Haftungsverdoppelung bewirken (BGHZ 81, 82, 86 f.). Wird zugunsten des eintretenden Kommanditisten die vom ausscheidenden Kommanditisten geleistete Einlage eingebucht, so ist der eintretende Kommanditist nach § 171 Abs. 1 Halbs. 2 HGB von der Haftung befreit, sofern eine Enthaftung des Altkommanditisten durch vollständige Leistung seiner Einlage erfolgt war. Diese Umbuchung wirkt sich jedoch zulasten des ausscheidenden Kommanditisten als Einlagenrückgewähr i.S.v. § 172 Abs. 4 Satz 1 HGB aus (BGHZ 81, 88 f.; vgl. hierzu: MüKo HGB/*K. Schmidt* § 173 Rn. 20 m.w.N.).

13 § 173 Abs. 2 HGB bestimmt, dass **entgegenstehende Vereinbarungen** Dritten gegenüber unwirksam sind. Im Innenverhältnis können allerdings Ausgleichspflichten wirksam vereinbart werden. Diese lassen die Außenhaftung gegenüber Gläubigern der Gesellschaft jedoch unberührt. Allerdings ist es möglich, auch mit einem Gläubiger eine Haftungsvereinbarung zu schließen (Baumbach/Hopt/*Hopt* § 173 Rn. 9).

B. Anteilsübertragung

Die Kommanditanteilsübertragung **durch Rechtsgeschäft** ist nach h. M. zulässig (BGHZ 44, 229, 331; 81, 82, 84; MünchHdb GesR II/*Piehler*/*Schulte* § 35 Rn. 1 m. w. N.; Röhricht/v. Westphalen/*Haas*/*Mock* § 173 Rn. 11; MüKo HGB/*K. Schmidt* § 173 Rn. 7, 29 ff. m. w. N.). Hierzu bedarf es entweder einer gesellschaftsvertraglichen Vereinbarung, die die Anteilsübertragung ermöglicht, oder der Zustimmung sämtlicher Gesellschafter. Soweit nichts Abweichendes vereinbart ist, führt die Übertragung der Kommanditbeteiligung auch zur Übertragung sämtlicher aus dem Gesellschaftsverhältnis resultierender **Rechte und Pflichten** vom bisherigen Kommanditisten auf den Eintretenden (Röhricht/v. Westphalen/*Haas*/*Mock* § 173 Rn. 11 m. w. N. d. Rspr.). 14

Die Anteilsübertragung ist durch einen entsprechenden **Rechtsnachfolgevermerk im Handelsregister** einzutragen (§ 162 Abs. 3 HGB), da sonst im Rechtsverkehr der Anschein eines kombinierten Ausscheidens und Eintretens erweckt wird und sich die Haftungssituation damit anders darstellt (zu Haftungsverdopplung und Nachfolgevermerk vgl. MünchHdb GesR II/*Piehler*/*Schulte* § 35 Rn. 37 ff. m. w. N.; MüKo HGB/*K. Schmidt* § 173 Rn. 29). Der Rechtsnachfolgevermerk wird im Handelsregister nur eingetragen, wenn bei der Anmeldung versichert wird, dass der ausgeschiedene Kommanditist aus dem Kommanditgesellschaftsvermögen keine Abfindung erhalten hat (vgl. § 162 HGB Rdn. 14 bis 18). Die Eintragung des Rechtsnachfolgevermerks und die Bekanntmachung führen zu einer auf die Haftsumme **beschränkten Haftung** des eintretenden Kommanditisten (BGHZ 81, 82, 85 ff.). Bei vollständiger Erbringung der Einlage und keiner Einlagenrückgewähr entfällt also eine Außenhaftung des ausgeschiedenen und des eintretenden Kommanditisten. Bei nicht oder nicht vollständiger Einlagenerbringung oder Einlagenrückgewähr mit der Folge eines Wiederauflebens der Haftung gem. § 172 Abs. 4 HGB haftet sowohl der eintretende Kommanditist als auch der ausgeschiedene Kommanditist bezogen auf die Altschulden als Gesamtschuldner (BGHZ 81, 82, 85 ff.). Leistet der eintretende Kommanditist die ausstehende Einlage, so wirkt die dadurch erreichte Enthaftung für ihn und für den ausgeschiedenen Kommanditisten (Röhricht/v. Westphalen/*Haas*/*Mock* § 173 Rn. 17). 15

Das **Fehlen des Rechtsnachfolgevermerkes** lässt zwar das Innenverhältnis unberührt, führt jedoch im Außenverhältnis zu einer **Verdoppelung der Haftungssumme**, sofern noch keine Einlage geleistet war, und zwar kraft Rechtsscheins der Handelsregistereinträge (Röhricht/v. Westphalen/*Haas*/*Mock* § 173 Rn. 20). Bei Einlagenleistung wirkt dies zugunsten des neu eingetretenen Kommanditisten, denn die Umbuchung der Einlage wirkt sich für diesen nach § 171 Abs. 1 Halbs. 2 HGB aus. Hingegen haftet der ausgeschiedene Kommanditist den Altgläubigern aufgrund der Registerpublizitätswirkung gem. § 15 Abs. 1 HGB (Röhricht/v. Westphalen/*Haas*/*Mock* § 173 Rn. 21). 16

Wird das Ausscheiden eines Kommanditisten **nicht im Handelsregister** eingetragen, so ist mit Blick auf die Handelsregisterpublizität des § 15 Abs. 1 HGB für den Rechtsverkehr nicht erkennbar, dass seine Mitgliedschaft beendet ist. Hierauf kann er sich mithin nicht berufen. Durch die Umbuchung der von ihm erbrachten Einlage zugunsten des eingetretenen Kommanditisten kommt es zu einem **Wiederaufleben seiner Haftung**, die im Rahmen des § 15 Abs. 1 HGB auch zugunsten der Neugläubiger gilt (BGHZ 81, 82, 87; Röhricht/v. Westphalen/*Haas*/*Mock* § 173 Rn. 22; Baumbach/Hopt/*Hopt* § 173 Rn. 13). Streitig ist, ob bei fehlender Eintragung des Beitritts eines Kommanditisten eine Haftung nach § 176 Abs. 2 HGB oder allein nach § 173 HGB gegeben ist; jedenfalls entfällt seine Haftung, wenn die Einlage zu seinen Gunsten erbracht war (Röhricht/v. Westphalen/*Haas*/*Mock* § 173 Rn. 23). 17

Bei einem **Kommanditistenwechsel durch Übertragung** der Kommanditbeteiligung des ausscheidenden Gesellschafters auf den neu eintretenden Kommanditisten wirken die Leistungen des Ausscheidenden für den Eintretenden, die Leistungen des Eintretenden wirken für den Ausscheidenden. Es findet also keine Verdoppelung der Haftsumme statt (Baumbach/Hopt/*Hopt* § 173 Rn. 11 m. w. N.). Würde die Einlage nicht oder nicht vollständig geleistet, haften beide Gesellschafter gesamtschuldnerisch (RG WM 1964, 1130, 1131; Bay. OLG BB 1983, 334; Baumbach/Hopt/*Hopt* § 173 Rn. 11 m. w. N.). Bis zum Wirksamwerden der Anteilsübertragung wirkt eine Rückzah- 18 lung der Einlage an den ausscheidenden Gesellschafter auch zulasten des Eintretenden (Röhricht/v. Westphalen/*Haas/Mock* § 173 Rn. 19).

19 Streitig ist, ob nach der Anteilsübertragung, durch welche der ausscheidende Gesellschafter endgültig ausgeschieden ist, erfolgende Auszahlungen haftungswiederauflebend wirken (Baumbach/Hopt/*Hopt,* § 173 Rn. 12 m. w. N.; vgl. hierzu auch Röhricht/v. Westphalen/*Haas/Mock* § 173 Rn. 18 f.).

20 Erfolgt die Übertragung des Anteils **ohne Rechtsnachfolgevermerk**, ist eine Haftung des eintretenden Kommanditisten dann nicht gegeben, wenn der Ausscheidende die Haftsumme eingezahlt hatte (Baumbach/Hopt/*Hopt* § 173 Rn. 13). Die Einlageleistung des Ausgeschiedenen wirkt für den Eingetretenen, sodass der ausgeschiedene Gesellschafter entsprechend § 172 Abs. 4 HGB haftet (BGHZ 81, 82, 84 ff.). Bei Teilübertragungen eines Kommanditanteils gilt Vorstehendes entsprechend (Baumbach/Hopt/*Hopt* § 173 Rn. 13).

C. Gesamtrechtsnachfolge

I. Umwandlung von Beteiligungen

21 Der Eintritt in eine Personenhandelsgesellschaft kann im Wege der Gesamtrechtsnachfolge, z. B. bei Umwandlungen nach dem Umwandlungsgesetz erfolgen. Zu den **Umwandlungen von Beteiligungen**, insbesondere einer Komplementär-Beteiligung in die eines Kommanditisten, vgl. Rdn. 11.

II. Erbnachfolge in den Kommanditanteil

1. Normalfall und qualifizierte Nachfolgeklausel

22 Im Normalfall des § 177 HGB ist bei Erbnachfolge in den Kommanditanteil § 173 HGB anwendbar. Bei mehreren Erben in den Kommanditanteil wird dieser im Wege der Sonderrechtsnachfolge entsprechend den Erbquoten aufgeteilt mit der Folge der **entsprechenden Aufteilung der Haftsumme** (vgl. hierzu die Kommentierung zu § 139 HGB). Wird der Kommanditanteil nicht von sämtlichen Erben des verstorbenen Kommanditisten, sondern nur von einem einzigen oder einigen durch eine sog. **qualifizierte Nachfolgeklausel** erworben, so geht der Kommanditanteil kraft Sonderrechtsnachfolge auf die so berufenen Erben des Nachlasses über (BGHZ 68, 225, 237).

2. Eintrittsrecht des Erben

23 Ein **zweistufiger Rechtsübergang** ist bei einem bloßen Eintrittsrecht des nachfolgenden Kommanditisten vorhanden: Durch den Tod des Kommanditisten wächst sein Kommanditanteil zunächst den übrigen Gesellschaftern nach § 738 Abs. 1 Satz 1 HGB zu und der Eintrittsberechtigte erwirbt nur einen **schuldrechtlichen Anspruch** auf die Aufnahme in die Kommanditgesellschaft. Erst durch Rechtsgeschäft zwischen den verbleibenden Gesellschaftern und dem Eintretenden wird er zum Nachfolger in den Kommanditanteil (Baumbach/Hopt/*Hopt* § 139 Rn. 3, 50 ff. m. w. N.; Röhricht/v. Westphalen/*Haas/Mock* § 173 Rn. 27).

3. Vermächtnis

24 Als rechtsgeschäftliche Übertragung stellt sich ebenfalls der Fall dar, dass ein oder mehrere Erben aufgrund eines Vermächtnisses des verstorbenen Kommanditisten den Kommanditanteil an einen Vermächtnisnehmer übertragen (MünchHdb GesR II/*Klein* § 40 Rn. 47 m. w. N.; Röhricht/v. Westphalen/*Haas/Mock* § 173 Rn. 28).

4. Haftung des Erben

25 Die Haftung der durch Erbgang eintretenden Kommanditisten ist gesellschaftsrechtlich wie bei einer rechtsgeschäftlichen Anteilsübertragung zu beurteilen. Es bedarf eines **Rechtsnachfolgevermerkes** ins Handelsregister, um Haftsummenverdoppelungen zu vermeiden. Die Haftung nach § 173 HGB lässt sich nicht durch erbrechtliche Regelungen beschränken (Röhricht/v. Westpha-

len/*Haas/Mock* § 173 Rn. 30 m. w. N. in Fn. 6; MünchHdb GesR II/*Klein/Lindemeier* § 40 Rn. 60 m. w. N.).

Neben die gesellschaftsrechtliche Haftung tritt die Haftung des Erben nach Erbrecht, insbesondere die **Haftung für Nachlassverbindlichkeiten** nach § 1967 BGB (vgl. hierzu MünchHdb GesR II/ *Klein/Lindemeier* § 40 Rn. 60 m. w. N.) Dies bedeutet, dass der Erbe für die Altverbindlichkeiten in dem Umfang haftet, in welchem der Erblasser für diese als Komplementär nach §§ 161, 128 HGB und als Kommanditist nach den §§ 171, 172 HGB haftete. Ob diesbezüglich eine erbrechtliche Haftungsbeschränkung möglich ist, ist streitig (gegen Haftungsbegrenzung: Baumbach/Hopt/*Hopt*, § 173 Rn. 15; dafür: Röhricht/v. Westphalen/*Haas/Mock* § 173 Rn. 39; jeweils m. w. N.). Bei mehreren in den Anteil des Verstorbenen nachrückenden Erben haftet jeder zwar gesellschaftsrechtlich nur anteilig (s. Rdn. 22), erbrechtlich jedoch als **Gesamtschuldner nach § 2058 BGB** (Baumbach/ Hopt/*Hopt* § 139 Rn. 46 m. w. N.; Röhricht/v. Westphalen/*Haas/Mock* § 173 Rn. 32).

26

5. Erbnachfolge in Komplementär-Beteiligung

Wird die Beteiligung eines persönlich haftenden Gesellschafters durch Erbnachfolge erlangt, so kann der Nachfolger gem. § 139 Abs. 1 HGB die Einräumung der Stellung eines Kommanditisten verlangen (vgl. Kommentierung des § 139 HGB). Gleiches gilt bei einer gesellschaftsvertraglichen Umwandlungsklausel (Baumbach/Hopt/*Hopt* § 139 Rn. 37 ff. m. w. N.). In diesen Fällen haftet der Nachfolger in die Beteiligung für die Altverbindlichkeiten ebenfalls nach § 173 HGB (Baumbach/ Hopt/*Hopt* § 139 Rn. 47 m. w. N.; Röhricht/v. Westphalen/*Haas/Mock* § 173 Rn. 30 m. w. N.).

27

§ 174 [Herabsetzung der Einlage]

Eine Herabsetzung der Einlage eines Kommanditisten ist, solange sie nicht in das Handelsregister des Gerichts, in dessen Bezirk die Gesellschaft ihren Sitz hat, eingetragen ist, den Gläubigern gegenüber unwirksam; Gläubiger, deren Forderungen zur Zeit der Eintragung begründet waren, brauchen die Herabsetzung nicht gegen sich gelten zu lassen.

Übersicht	Rdn.		Rdn.
A. Herabsetzung der Einlage	1	II. Eintragung der Herabsetzung im	
I. Regelungsgegenstand	1	Handelsregister..................	2
		B. Altforderungen..................	5

A. Herabsetzung der Einlage

I. Regelungsgegenstand

§ 174 HGB regelt die Herabsetzung der Haftsumme und ihr Wirksamwerden gegenüber den Gläubigern der Kommanditgesellschaft, nicht jedoch die – in jedem Fall davon zu unterscheidende – Herabsetzung der Pflichteinlage und ebenso wenig Veränderungen der Haftungssummen bei der Teilveräußerung eines Kommanditanteils mit der sich daraus ergebenden Aufteilung der Haftsumme (vgl. dazu § 173 HGB).

1

II. Eintragung der Herabsetzung im Handelsregister

Die Eintragung der Haftsummenherabsetzung im Handelsregister hat **konstitutive Bedeutung**. Die eingetragene Höhe gilt gegenüber den Gläubigern der Kommanditgesellschaft als Haftungsbegrenzung. Eine beschlossene Herabsetzung der Haftsumme, die noch nicht im Handelsregister eingetragen ist, kann einem Gläubiger gem. § 174 Halbs. 1 HGB daher nicht entgegengehalten werden. Etwas anderes kann nur gelten, wenn der Gläubiger Kenntnis über den Herabsetzungsbeschluss hat (Röhricht/v. Westphalen/*Haas/Mock* § 174 Rn. 3; Schlegelberger/*K. Schmidt* § 174 Rn. 17; MünchHdb GesR II/*Herchen* § 30 Rn. 10 m. w. N.).

2

3 Die Herabsetzung der Haftsumme wird gem. §§ 175 Satz 2, 162 Abs. 2 HGB nicht **bekannt gemacht**.

4 Maßgeblich ist allein die Eintragung im Handelsregister des Sitzes der Kommanditgesellschaft, mithin der Hauptniederlassung. § 13c Abs. 2 HGB a. F., der auch eine Eintragung bei dem Handelsregister der Zweigniederlassung vorsah, wurde durch das EHUG mit Wirkung zum 01.01.2007 aufgehoben, da das Recht der Zweigniederlassung durch die Novellierung des HGB und damit die Einführung vernetzter elektronischer Handelsregister erheblich vereinfacht wurde. Die Gläubiger konnten sich ohnehin auch nach alter Rechtslage nicht auf § 15 Abs. 1, Abs. 4 HGB a. F. berufen, da eine Bekanntmachung der Haftsummenveränderung nicht erfolgt.

B. Altforderungen

5 Während für Neugläubiger der Kommanditgesellschaft allein die herabgesetzte Haftungssumme maßgeblich ist, haftet der Kommanditist gegenüber Altgläubigern, deren Ansprüche vor Eintragung der Kapitalherabsetzung begründet waren, weiterhin mit der **alten Haftsumme**, sofern die Altgläubiger nicht positive Kenntnis von der Haftsummenherabsetzung hatten (vgl. Rdn. 2). Die Möglichkeit einer Nachhaftungsbegrenzung gem. §§ 161 Abs. 2 i. V. m. 160 HGB i. H. d. Differenz zwischen der neuen, herabgesetzten Haftsumme und der bisherigen Haftsumme ist streitig (vgl. Röhricht/v. Westphalen/*Haas/Mock* § 174 Rn. 6; Schlegelberger/*K. Schmidt* § 174 Rn. 19 m. w. N.; MünchHdb GesR II/*Herchen* § 30 Rn. 10 m. w. N.; MüKo HGB/*K. Schmidt* § 175 Rn. 17 m. w. N.).

6 Die vorbeschriebenen Haftungsunterschiede zwischen Altverbindlichkeiten und Neuverbindlichkeiten führen im **Insolvenzfall** der Kommanditgesellschaft zu einer unterschiedliche Behandlung der Gläubiger: Aus dem eingezogenen Differenzbetrag der Haftsummen bildet der Insolvenzverwalter eine rechnerische Sondermasse, die nur der Befriedigung der Altgläubiger dient (Röhricht/v. Westphalen/*Haas/Mock* § 174 Rn. 8).

7 Eine Haftung des Kommanditisten aus **Rechtsscheinsgesichtspunkten** bleibt unberührt (Baumbach/Hopt/*Hopt* § 174 Rn. 1).

§ 175 [Anmeldung der Einlagenänderung]

¹Die Erhöhung sowie die Herabsetzung einer Einlage ist durch die sämtlichen Gesellschafter zur Eintragung in das Handelsregister anzumelden. ²§ 162 Abs. 2 gilt entsprechend. ³Auf die Eintragung in das Handelsregister des Sitzes der Gesellschaft finden die Vorschriften des § 14 keine Anwendung.

Übersicht	Rdn.		Rdn.
A. Anmeldung durch sämtliche Gesellschafter...	1	B. Inhalt der Eintragung .... 3 C. Keine Bekanntmachung............ 5	

A. Anmeldung durch sämtliche Gesellschafter

1 § 175 Satz 1 HGB bestimmt, dass die Anmeldung von sämtlichen Gesellschaftern, d. h. einschließlich aller Kommanditisten, bewirkt werden muss. Insoweit und zur Bevollmächtigung eines Mitgesellschafters wird auf die Ausführungen zu § 162 HGB verwiesen (vgl. hierzu insbes. § 162 HGB Rdn. 5 bis 7). § 162 Abs. 2 HGB gilt entsprechend, d. h. die Bekanntmachungen erstrecken sich nicht auf die Angaben zu den Kommanditisten (§ 175 Satz 2 HGB). Gem. § 175 Satz 3 HGB finden die Vorschriften des § 14 HGB auf die Eintragung in das Handelsregister des Sitzes der Gesellschaft keine Anwendung, d. h. die Gesellschafter trifft **keine registerrechtliche Pflicht** zur Anmeldung, sondern nur die gesellschaftsrechtliche Verpflichtung untereinander, an der Anmeldung mitzuwirken, was notfalls eingeklagt werden kann (Röhricht/v. Westphalen/*Haas/Mock* § 175 Rn. 2 f.; MüKo HGB/*K. Schmidt* § 175 Rn. 9).

Sowohl die Erhöhung der Haftsumme i. S. v. § 172 Abs. 2 HGB als auch die Herabsetzung der Haftsumme nach § 174 HGB sind **anmeldepflichtige Tatsachen** i. S. v. § 15 Abs. 1 HGB. 2

B. Inhalt der Eintragung

Die Eintragung bezeichnet den Kommanditisten, dessen Haftsumme sich verändert hat, sowie die Veränderung selbst. Der Tag der Eintragung ist im Handelsregister anzugeben, weil er im Außenverhältnis für das Wirksamwerden der Haftsummenänderung bestimmend ist (vgl. §§ 172 Abs. 2, 174 HGB). 3

Die Eintragung ist **konstitutiv**. Gleichwohl kann eine Erhöhung der Haftsumme nach § 172 Abs. 2 HGB schon vor der Eintragung in das Handelsregister eintreten (vgl. dazu § 172 HGB Rdn. 1). Ebenso kann die Kenntnis eines Gläubigers von einer Herabsetzung der Haftsumme vor ihrer Eintragung bedeutend sein (dazu § 174 Rdn. 2; MünchHdb GesR II/*Herchen* § 30 Rn. 10 m. w. N.). 4

C. Keine Bekanntmachung

Nach § 175 Satz 2 HGB gilt § 162 Abs. 2 HGB entsprechend, d. h. eine Bekanntmachung der Änderung der Haftsumme findet nicht statt. Demgemäß ist auch § 15 HGB (Publizität des Handelsregisters) nicht anwendbar, was in § 162 Abs. 2 Halbs. 2 HGB klargestellt wird. 5

§ 176 [Haftung vor Eintragung]

(1) ¹Hat die Gesellschaft ihre Geschäfte begonnen, bevor sie in das Handelsregister des Gerichts, in dessen Bezirk sie ihren Sitz hat, eingetragen ist, so haftet jeder Kommanditist, der dem Geschäftsbeginn zugestimmt hat, für die bis zur Eintragung begründeten Verbindlichkeiten der Gesellschaft gleich einem persönlich haftenden Gesellschafter, es sei denn, daß seine Beteiligung als Kommanditist dem Gläubiger bekannt war. ²Diese Vorschrift kommt nicht zur Anwendung, soweit sich aus § 2 oder § 105 Abs. 2 ein anderes ergibt.

(2) Tritt ein Kommanditist in eine bestehende Handelsgesellschaft ein, so findet die Vorschrift des Absatzes 1 Satz 1 für die in der Zeit zwischen seinem Eintritt und dessen Eintragung in das Handelsregister begründeten Verbindlichkeiten der Gesellschaft entsprechende Anwendung.

Übersicht	Rdn.		Rdn.
A. Haftung der Gesellschafter vor Eintragung der Kommanditgesellschaft, Abs. 1	1	B. **Haftung des eintretenden Kommanditisten, Abs. 2**	11
I. Zweck der Vorschrift	1	I. Eintritt	12
II. Voraussetzungen der Haftung	2	II. Keine Zustimmung zur Fortführung der Geschäfte	17
1. Betreiben eines Handelsgewerbes	3	III. Kenntnis des Gläubigers	19
2. Zustimmung der Kommanditisten zum Geschäftsbeginn	5	IV. Umfang der Haftung	20
3. Kenntnis des Gläubigers	10	C. **Haftung kraft Rechtsschein**	21

A. Haftung der Gesellschafter vor Eintragung der Kommanditgesellschaft, Abs. 1

I. Zweck der Vorschrift

§ 176 HGB schützt das **Vertrauen des Rechtsverkehrs** in die persönliche und unbeschränkte Haftung der Gesellschafter einer tätigen Handelsgesellschaft, die für die Schulden der Gesellschaft vollumfänglich einzustehen haben, wenn sich nicht aus dem Handelsregister eine Haftungsbeschränkung als Kommanditist ergibt. Die unbeschränkte Haftung bezieht sich auf Gesellschaftsverbindlichkeiten, nicht jedoch auf unerlaubte Handlungen von Gesellschaftsorganen bzw. anderen Gesellschaftern. Für Schadensersatzansprüche aus unerlaubter Handlung haftet der Kommanditist stets nur beschränkt (BGHZ 82, 209, 215 m. Anm. *K. Schmidt* NJW 1982, 886; vgl. *Altmeppen* NJW 1996, 1017, 1022 m. w. N.; MünchHdb GesR II/*Herchen* § 30 Rn. 86, 103, jeweils m. w. N.). 1

II. Voraussetzungen der Haftung

2 Voraussetzung für eine Haftung jedes Kommanditisten gleich einem persönlich haftenden Gesellschafter ist nach Abs. 1 Satz 1, dass die Kommanditgesellschaft ihre Geschäfte vor ihrer Eintragung in das Handelsregister begonnen und der Kommanditist dem Geschäftsbeginn zugestimmt hat.

1. Betreiben eines Handelsgewerbes

3 Betreibt die Kommanditgesellschaft **kein Handelsgewerbe** i. S. v. § 1 Abs. 2 HGB, wirkt die Eintragung der Kommanditgesellschaft in das Handelsregister konstitutiv, sodass § 176 Abs. 1 HGB nicht anwendbar ist. Dies stellt § 176 Abs. 1 Satz 2 HGB klar. Die nicht eingetragene Gesellschaft stellt vielmehr eine BGB-Gesellschaft dar, sodass sich die Haftung der Gesellschafter nach dem BGB bestimmt (BGHZ 69, 95, 97; Baumbach/Hopt/*Hopt* § 176 Rn. 6 m. w. N.; MünchHdb GesR II/*Herchen* § 30 Rn. 88 m. w. N.).

4 Während für **Kleingewerbetreibende** und **Vermögensverwaltungsgesellschaften** i. S. d. §§ 2, 3 Abs. 2 und 3 HGB sowie § 105 Abs. 2 HGB die Haftungsregelung des § 176 Abs. 1 HGB nicht gilt, ist diese Bestimmung einschlägig, wenn die noch nicht eingetragene Kommanditgesellschaft ein **einzelkaufmännisches Geschäft** übernimmt, welches nach § 2 HGB eingetragen ist, und dieses unter alter Firma **fortführt** (§ 28 HGB; MünchHdb GesR II/*Herchen* § 30 Rn. 91). Betreibt ein Einzelkaufmann ein nicht unter § 1 Abs. 2 HGB fallendes Handelsgewerbe, welches jedoch im Handelsregister eingetragen ist (§§ 2 oder 3 HGB), und nimmt er ohne Änderung der Firma Gesellschafter als Kommanditisten auf, sodass eine Kommanditgesellschaft entsteht, findet § 176 Abs. 1 Satz 1 HGB Anwendung (BGHZ 59, 179, 183; 73, 217, 220). Dies gilt jedoch nicht bei der Übernahme des nicht unter § 1 HGB fallenden Geschäftes, welches in der Rechtsform einer GmbH betrieben wird (BGHZ 59, 179, 183). Ändert eine im Handelsregister eingetragene Kommanditgesellschaft ihre Firma und nimmt am Rechtsverkehr unter dem neuen, noch nicht eingetragenen Namen teil, so ist nach der Rechtsprechung des BAG § 176 Abs. 1 HGB analog anwendbar (BAG NJW 1980, 1071). Diese Entscheidung ist in der Literatur auf Kritik gestoßen, da eine Haftung nach § 176 Abs. 1 HGB nur dann in Betracht komme, wenn durch die neue Firmierung der Rechtsschein begründet werde, es handele sich um eine weitere Kommanditgesellschaft, die nicht mit der eingetragenen Gesellschaft identisch sei (Röhricht/v. Westphalen/*Haas/Mock* § 176 Rn. 10; Schlegelberger/*K. Schmidt*, § 176 Rn. 6, 47; vgl. MünchHdb GesR II/*Herchen* § 30 Rn. 94; MüKo HGB/*K. Schmidt* § 174 Rn. 48).

2. Zustimmung der Kommanditisten zum Geschäftsbeginn

5 Die unbeschränkte Haftung der Kommanditisten setzt voraus, dass sie dem Geschäftsbeginn der Kommanditgesellschaft vor Eintragung zugestimmt haben. Dies kann auch in schlüssiger Weise erfolgen (RGZ 128, 172, 180; BGHZ 73, 217, 219 f.). Erteilt ein Kommanditist seine Zustimmung zur Aufnahme des Geschäftsbetriebes erst nach Geschäftsbeginn, aber vor Handelsregistereintragung, so erstreckt sich die unbeschränkte Haftung nicht auf Verbindlichkeiten vor Erteilung seiner Zustimmung (BGHZ 73, 217, 220; 82, 209, 215; Röhricht/v. Westphalen/*Haas/Mock* § 176 Rn. 16 m. w. N.; MünchHdb GesR II/*Herchen* § 30 Rn. 92 m. w. N.; MüKo HGB/*K. Schmidt* § 176 Rn. 12 m. w. N.).

6 Die Haftung des Kommanditisten nach §§ 171 ff. HGB für **Altverbindlichkeiten** bleibt unberührt (MünchHdb GesR II/*Herchen* § 30 Rn. 95; MüKo HGB/*K. Schmidt* § 176 Rn. 38 ff. m. w. N.).

7 Um eine unbeschränkte Haftung zu vermeiden, sollte der Kommanditist seinen **Beitritt** zur Kommanditgesellschaft unter der **aufschiebenden Bedingung** (§ 158 Abs. 1 BGB) der Handelsregistereintragung der Kommanditgesellschaft erklären bzw. verlangen, dass die Geschäfte erst nach Eintragung der Kommanditgesellschaft aufgenommen werden (BGHZ 82, 209, 212; BGH NJW 1983, 2258, 2259; MünchHdb GesR II/*Herchen* § 30 Rn. 105 f. m. w. N.; MüKo HGB/*K. Schmidt* § 176 Rn. 30 f.).

Die Haftung des Kommanditisten nach § 176 HGB entfällt nicht durch die Eintragung der Kommanditgesellschaft im Handelsregister. Vielmehr haftet der Kommanditist unbeschränkt nach § 128 HGB wie ein persönlich haftender Gesellschafter ab dem Zeitpunkt der Erteilung seiner Zustimmung zum Geschäftsbeginn der noch nicht eingetragenen Kommanditgesellschaft (Baumbach/Hopt/*Hopt* § 176 Rn. 1). Ab dem Zeitpunkt der Eintragung beginnen die Verjährungsfrist und die Ausschlussfrist gem. §§ 159, 160 HGB zu laufen. 8

Bei **Ausscheiden** eines Kommanditisten noch **vor Eintragung** der Kommanditgesellschaft im Handelsregister beginnt seine Enthaftung nach § 160 HGB erst, wenn die erforderliche Handelsregistereintragung der Kommanditgesellschaft und die seines Ausscheidens nachgeholt wurden (BGH WM 1983, 651 f.). 9

3. Kenntnis des Gläubigers

Nach § 176 Abs. 1 Satz 1 Halbs. 2 HGB ist die unbeschränkte Haftung des Kommanditisten nicht gegeben, wenn der Gläubiger die Beteiligung des Gesellschafters als Kommanditist kannte. Dabei genügt nicht die Kenntnis des Vorhandenseins einer Kommanditgesellschaft, wohl aber die Kenntnis aller Komplementäre, woraus sich der Schluss ergibt, dass die übrigen Gesellschafter Kommanditisten sind (BGH WM 1986, 1280). Es ist unerheblich, ob der Gläubiger neben der Kenntnis der Stellung eines Gesellschafters als Kommanditisten auch die Höhe seiner Haftsumme kennt, auf deren Höhe der Kommanditist in diesem Fall nur beschränkt haftet (BGH NJW 1977, 1820 f.; NJW 1980, 54 f.). Maßgeblicher Zeitpunkt für die Kenntnis des Gläubigers ist die Begründung der Gesellschaftsschuld. Den Kommanditisten trifft dabei die Beweislast für die Kenntnis des Gläubigers von seiner Kommanditistenstellung (BGHZ 82, 209, 212 f.; zum Vorstehenden s. a. MünchHdb GesR II/*Herchen* § 30 Rn. 93 m. w. N.; MüKo HGB/*K. Schmidt* § 176 Rn. 13 ff. m. w. N.). 10

B. Haftung des eintretenden Kommanditisten, Abs. 2

Gem. Abs. 2 gilt die Haftung des in eine bestehende Handelsgesellschaft eintretenden Kommanditisten entsprechend Abs. 1 Satz 1 für die Verbindlichkeiten der Kommanditgesellschaft, die in der Zeit zwischen seinem Eintritt und dessen Eintragung in das Handelsregister begründet wurden. 11

I. Eintritt

Die Qualifikation des Eintritts i. S. v. Abs. 2 ist in Rechtsprechung und Literatur umstritten: 12

Nach einhelliger Meinung verwirklicht die **Aufnahme des Kommanditisten**, die eine zusätzliche Beteiligung entstehen lässt, jedenfalls den Tatbestand des § 176 Abs. 2 HGB, wobei im Zweifel der Abschluss des Aufnahmevertrages maßgeblich ist (BGHZ 66, 98, 100; MünchHdb GesR II/*Neubauer* § 30 Rn. 97 m. w. N.; Röhricht/v. Westphalen/*Haas/Mock* § 176 Rn. 34). 13

Erfolgt der Eintritt durch **rechtsgeschäftliche Übertragung** einer bestehenden Kommanditbeteiligung, so geht die Rechtsprechung von der Anwendbarkeit des Abs. 2 aus, selbst wenn der übertragende Gesellschafter bereits als Kommanditist im Handelsregister eingetragen war (BGH WM 1983, 651 f.; a. A. Röhricht/v. Westphalen/*Haas/Mock* § 176 Rn. 35; Schlegelberger/*K. Schmidt* § 176 Rn. 25; MüKo HGB/*K. Schmidt* § 176 Rn. 26 jeweils m. w. N.). Selbst wenn man in diesem Fall von der Unanwendbarkeit des Abs. 2 ausginge, kann es bei fehlender Eintragung eines Rechtsnachfolgevermerkes gem. § 15 Abs. 1 HGB zu einer entsprechenden Haftung des eintretenden Kommanditisten kommen. In einem solchen Fall haftet der erwerbende Kommanditist neben dem veräußernden Kommanditisten. 14

Nach früher h. M. wurde die **Nachfolge von Todes wegen** in einen Kommanditanteil ebenso wie die Nachfolge in den Anteil eines persönlich haftenden Gesellschafters mit der Möglichkeit der unverzüglichen Herbeiführung der Eintragung als Kommanditist (Schwebefrist gem. § 139 Abs. 4 HGB) als Eintritt i. S. v. § 176 Abs. 2 HGB eingestuft (BGHZ 55, 267, 272 f.; Röhricht/v. Westphalen/*Haas/Mock* § 176 Rn. 36 m. w. N.). Nach jüngerer Ansicht des BGH ist eine Haftung des 15 kraft Nachfolge von Todes wegen in einen Kommanditanteil eintretenden Gesellschafters einer Kommanditgesellschaft nach § 176 Abs. 2 HGB nur dann gegeben, wenn der Erblasser nicht eingetragen war und deshalb persönlich haftete (BGHZ 108, 187, 197). Dies gilt nach höchstrichterlicher Rechtsprechung allerdings dann nicht, wenn der Erbe bereits vor dem Erbfall als Kommanditist der Gesellschaft im Handelsregister eingetragen war (BGHZ 66, 98, 101; vgl. MünchHdb GesR II/*Neubauer* § 30 Rn. 98 m. w. N.).

16 Nach h. M. ist die **Umwandlung** einer Stellung als persönlich haftender Gesellschaft in die eines Kommanditisten nicht als Fall des § 176 Abs. 2 HGB anzusehen (BGHZ 66, 98, 101; MünchHdb GesR II/*Herchen* § 30 Rn. 99 m. w. N.; Baumbach/Hopt/*Hopt* § 176 Rn. 10). Allerdings kommt eine unbeschränkte Haftung des Erben bis zur Eintragung der Veränderung im Handelsregister für die zwischenzeitlich begründeten Schulden nach § 15 Abs. 1 HGB in Betracht (Röhricht/v. Westphalen/*Haas/Mock* § 176 Rn. 41; vgl.: MüKo HGB/*K. Schmidt* § 176 Rn. 21).

II. Keine Zustimmung zur Fortführung der Geschäfte

17 Abweichend vom Erfordernis einer Zustimmung des Eintretenden zur Aufnahme der Geschäftstätigkeit der Kommanditgesellschaft nach Abs. 1 Satz 1 ist bei § 176 Abs. 2 HGB eine Zustimmung zur Fortführung der Geschäfte durch den Eintretenden nicht erforderlich (BGHZ 82, 209, 211). Die unbeschränkte Haftung des nicht eingetragenen Kommanditisten ist allein aufgrund seines Beitritts gegeben (Baumbach/Hopt/*Hopt* § 176 Rn. 9; MüKo HGB/*K. Schmidt* § 176 Rn. 28 m. w. N.).

18 Schutz vor der unbeschränkten Haftung bietet allein die Erklärung des Eintritts unter der **aufschiebenden Bedingung** (§ 158 Abs. 1 BGB) der Eintragung als Kommanditist im Handelsregister (BGHZ 82, 209, 212; MünchHdb GesR II/*Herchen* § 30 Rn. 106; MüKo HGB/*K. Schmidt* § 176 Rn. 30 f.).

III. Kenntnis des Gläubigers

19 Ebenso wie bei § 176 Abs. 1 HGB ist die unbeschränkte Haftung des Kommanditisten nur gegeben, wenn der Gläubiger die Beteiligung des Gesellschafters als Kommanditist nicht kannte (BGHZ 82, 209, 212 f.; vgl. hierzu auch Rdn. 10; MünchHdb GesR II/*Herchen* § 30 Rn. 100 m. w. N.; MüKo HGB/*K. Schmidt* § 176 Rn. 32 f. m. w. N.).

IV. Umfang der Haftung

20 Mit dem Wirksamwerden des Eintritts als Kommanditist beginnt die unbeschränkte Haftung bis zur Eintragung des Eintritts als Kommanditist im Handelsregister der Kommanditgesellschaft für alle zwischen diesen beiden Zeitpunkten begründeten Verbindlichkeiten. Die Haftung ist entsprechend § 160 HGB auf 5 Jahre begrenzt.

Für **Altschulden** haftet der eintretende Kommanditist nach § 173 HGB gem. §§ 171, 172 HGB.

C. Haftung kraft Rechtsschein

21 Tritt eine Gesellschaft als Kommanditgesellschaft im Rechtsverkehr auf, obwohl eine solche – etwa mangels entsprechenden Gesellschaftsvertrages – nicht besteht, handelt es sich also um eine Schein-KG, ist streitig, ob die Vorschrift des § 176 HGB Anwendung findet oder ob eine Haftung nach den allgemeinen Rechtsscheinsgrundsätzen in Betracht kommt (für Rechtsscheinhaftung: MünchHdb GesR II/*Herchen* § 30 Rn. 115 ff., m. w. N. auch der a. A.; gegen Anwendbarkeit des § 176 HGB: BGHZ 61, 59, 65; 69, 95, 98 f.; Röhricht/v. Westphalen/*Haas/Mock* § 176 Rn. 7 f.; Baumbach/Hopt/*Hopt* § 176 Rn. 3, 7; MüKo HGB/*K. Schmidt* § 176 Rn. 3, 7).

§ 177 [Fortführung der Gesellschaft durch Erben bei Kommanditistentod]
Beim Tod eines Kommanditisten wird die Gesellschaft mangels abweichender vertraglicher Bestimmung mit den Erben fortgesetzt.

Übersicht	Rdn.			Rdn.
A. Tod eines Kommanditisten	1		6. Umfang der Haftung des Erben	10
I. Allgemeines, Zweck der Vorschrift	1	B.	Abweichende Vereinbarungen	11
II. Erbrechtliche Sondernachfolge	4	I.	Allgemeines	11
1. Aufteilung des Kommanditanteils nach Erbquote	4	II.	Gestaltungsfälle	12
			1. (Qualifizierte) Nachfolgeklausel	12
2. Tod eines Komplementärs	5		2. Eintrittsklausel	13
3. Vermächtnisnehmer, Eintrittsrecht	6		3. Ausschließungsklausel	14
4. Testamentsvollstreckung	7		4. Kündigungsrecht	15
5. Nachlassinsolvenzverfahren	9		5. Auflösungsklausel	16

A. Tod eines Kommanditisten

I. Allgemeines, Zweck der Vorschrift

Während für die Kommanditgesellschaft aufgrund des Verweises in § 161 Abs. 2 HGB die Regeln für die offene Handelsgesellschaft grundsätzlich entsprechend gelten (Auflösungsgründe gem. § 131 Abs. 1, 2 HGB; Ausscheiden eines Gesellschafters gem. §§ 131 Abs. 3, 132, 135, 139 f. HGB; Fortsetzung der Gesellschaft nach Auflösung gem. § 144 HGB; Abwicklung der aufgelösten Gesellschaft gem. §§ 145 ff. HGB), sieht § 177 HGB in Abweichung von § 131 Abs. 3 Satz 1 Nr. 1 HGB vor, dass im Fall des **Todes eines Kommanditisten** die Gesellschaft regelmäßig **mit seinen Erben fortgesetzt** wird. Der **Tod eines Komplementärs** führt nach h. M. dagegen zu seinem Ausscheiden, der Tod des einzigen Komplementärs führt zur Auflösung der Kommanditgesellschaft (Baumbach/Hopt/*Hopt* § 177 Rn. 1).   **1**

Die **dispositive** Regelung des § 177 HGB soll dem grundsätzlichen Willen der Gesellschafter Rechnung tragen, im Fall des Todes eines Kommanditisten die Gesellschaft nicht aufzulösen, sondern unter den Verbliebenen und den Erben des Verstorbenen fortzusetzen (Röhricht/v. Westphalen/*Haas/Mock* § 177 Rn. 1; MünchHdb GesR II/*Klein/Lindemeier* § 41 Rn. 117).   **2**

Aus § 177 HGB ergibt sich die **Vererblichkeit des Kommanditanteils**. Eine gesellschaftsvertragliche Fortsetzungs- oder Nachfolgeklausel ist mithin nicht erforderlich (Röhricht/v. Westphalen/*Haas/Mock* § 177 Rn. 5; MünchHdb GesR II/*Klein/Lindemeier* § 41 Rn. 116).   **3**

II. Erbrechtliche Sondernachfolge

1. Aufteilung des Kommanditanteils nach Erbquote

Nach st. Rspr. (BGHZ 68, 225, 229 f.; 98, 48, 51; 101, 123, 125; 108, 187, 192; zur Sondererbfolge BGHZ 22, 186, 192 f.) greift eine erbrechtliche Sondernachfolge in die vererbte Mitgliedschaft ein, nach der bei einer Mehrheit von Erben diese den Kommanditanteil nicht gemeinschaftlich zur gesamten Hand erben, sondern vielmehr jeder Erbe entsprechend seiner Erbquote **anteilsmäßig Gesellschafter** der Kommanditgesellschaft wird (Röhricht/v. Westphalen/*Haas/Mock* § 177 Rn. 10). Gesellschaftsvertraglich kann eine gemeinschaftliche Rechtsausübung der Erben vorgesehen werden, sodass für diese im Zweifel das Gemeinschaftsrecht (§ 745 BGB) gilt. Zur **Vertreterklausel** wird auf die Kommentierung von § 161 HGB Rn. 24 verwiesen (vgl. auch MünchHdb GesR II/*Klein/Lindemeier* § 41 Rn. 118 m. w. N.).   **4**

2. Tod eines Komplementärs

Der Tod eines Komplementärs führt gem. §§ 162 Abs. 2, 131 Abs. 3 Nr. 1 HGB zu seinem **Ausscheiden** und zur **Abfindung der Erben** nach den gesellschaftsvertraglichen Regelungen, sofern   **5** diese nicht eine sog. Nachfolgeklausel enthalten oder in Ermangelung einer gesellschaftsvertraglichen Bestimmung ein Fortsetzungsbeschluss gefasst wird. Hinsichtlich der Einzelheiten wird auf die Kommentierung zu § 131 HGB verwiesen, zum Recht der Erben, die Wandlung des ererbten Anteils in eine Kommanditbeteiligung zu fordern, auf die Kommentierung des § 139 HGB.

3. Vermächtnisnehmer, Eintrittsrecht

6   Im Gegensatz zu den Erben wird der **Vermächtnisnehmer** eines verstorbenen Gesellschafters nur nach Durchsetzung seines schuldrechtlichen Anspruchs aus dem Vermächtnis gegen die Erben zum Gesellschafter einer Kommanditgesellschaft (Röhricht/v. Westphalen/*Haas/Mock* § 177 Rn. 12). Ebenso wird ein nicht durch Erbrecht berufener Nachfolger nur zum Gesellschafter des Verstorbenen, wenn im Gesellschaftsvertrag ein **Eintrittsrecht** zu seinen Gunsten vorgesehen ist und er dieses Recht ausübt (Röhricht/v. Westphalen/*Haas/Mock* § 177 Rn. 11).

4. Testamentsvollstreckung

7   Von der Zulässigkeit der **Testamentsvollstreckung** am Anteil eines Komplementärs ist entgegen der früheren Rechtsprechung ebenso auszugehen wie von der Möglichkeit einer Testamentsvollstreckung am Kommanditanteil (BGHZ 98, 48, 57; Röhricht/v. Westphalen/*Haas/Mock* § 177 Rn. 15 ff.). Dabei ist der Testamentsvollstrecker auf die vermögensrechtlichen Ansprüche beschränkt, die sich aus dem Anteil ergeben, der seiner Verwaltung unterliegt (vgl. statt vieler MünchHdb GesR II/*Weipert* § 12 Rn. 70 ff. m. w. N.). Von den Verwalterbefugnissen nicht umfasst sind die sonstigen Gesellschafterrechte, d. h. dem Testamentsvollstrecker steht nicht das Recht zu, an inneren Angelegenheiten der Gesellschaft mitzuwirken (BGH ZIP 1998, 383 f.).

8   Die Testamentsvollstreckung an einem Kommanditanteil ist eine in das **Handelsregister einzutragende Tatsache** (str.; zum Meinungsstand vgl. Röhricht/v. Westphalen/*Haas/Mock* § 177 Rn. 18 in Fn. 5 m. w. N.), nach höchstrichterlicher Rechtsprechung jedenfalls dann, wenn eine Dauervollstreckung i. S. d. § 2209 BGB angeordnet ist (BGH NJW-RR 2012, 866). Verantwortlich für Anmeldungen zum Handelsregister über einen Gesellschafterwechsel durch Erbgang ist der Testamentsvollstrecker, der auch im Rahmen seiner übrigen Kompetenzen grundsätzlich anstelle des Kommanditisten bei der Anmeldung mitzuwirken hat (vgl. Röhricht/v. Westphalen/*Haas/Mock* § 177 Rn. 18).

5. Nachlassinsolvenzverfahren

9   Der **Nachlassverwaltung** und dem **Nachlassinsolvenzverfahren** gem. §§ 315 ff. InsO unterliegt nicht der Kommanditanteil als solcher, sondern nur die aus ihm resultierenden Vermögensrechte (etwa Gewinnanspruch, Abfindungsguthaben etc.). Nach umstrittener Ansicht des BGH (BGHZ 91, 132, 135) hat ein Nachlassinsolvenzverfahren nicht die gleichen Rechtsfolgen wie ein allgemeines Insolvenzverfahren über das Vermögen eines Gesellschafters (zum Meinungsstand vgl. Röhricht/v. Westphalen/*Haas/Mock,* § 177 Rn. 21 sowie § 131 Rn. 22; allgemein zur Nachlassverwaltung und Nachlassinsolvenz vgl. statt vieler: MünchHdbGesR/*Weipert,* § 12 Rn. 84 m. w. N.; MüKo HGB/*K. Schmidt* § 177 Rn. 43 f.).

6. Umfang der Haftung des Erben

10 Die Haftung des Erben entspricht der des Erblassers (vgl. die Kommentierungen zu §§ 171 Abs. 1, 172 Abs. 4 sowie zu § 173 HGB Rdn. 25 bis 27). Der Umfang der Haftung des Erblassers trifft den Erben für die vor und nach dem Erbfall begründeten Verbindlichkeiten der Kommanditgesellschaft. Dabei haftet der Erbe, der die Erbschaft angetreten hat, mit seinem gesamten Vermögen. Die Möglichkeit einer **erbrechtlichen Haftungsbeschränkung** der Haftung nach § 173 HGB auf den Nachlass ist streitig (ablehnend Baumbach/Hopt/*Hopt* § 173 Rn. 15; vgl. Röhricht/v. Westphalen/*Haas/Mock* § 173 Rn. 21 jeweils m. w. N.).

B. Abweichende Vereinbarungen

I. Allgemeines

§ 177 HGB ist **dispositiv**, sodass der Gesellschaftsvertrag in Abweichung von der gesetzlichen Regelung im Fall des Todes eines Kommanditisten eine Auflösung der Gesellschaft oder ein Ausscheiden des Verstorbenen vorsehen kann (Röhricht/v. Westphalen/*Haas/Mock* § 177 Rn. 6 f.; Baumbach/ Hopt/*Hopt* § 177 Rn. 7). 11

II. Gestaltungsfälle

1. (Qualifizierte) Nachfolgeklausel

Eine sog. **Nachfolgeklausel**, also die Regelung der Fortsetzung der Gesellschaft im Fall des Todes eines Kommanditisten mit seinen Erben ist aufgrund des dispositiven Rechts nicht erforderlich. Sollen hingegen nicht sämtliche Miterben anstelle des Verstorbenen in den Kommanditanteil einrücken, sondern nur einzelne von ihnen, ist also eine **qualifizierte Nachfolge** gewünscht, bedarf es einer entsprechenden gesellschaftsvertraglichen Regelung. Durch eine derartige Nachfolgeklausel tritt nur der qualifizierte Erbe in den Nachlass ein, sodass der Kommanditanteil als solcher nicht einer bestehenden Erbengemeinschaft zufällt (Röhricht/v. Westphalen/*Haas/Mock* § 177 Rn. 9 und § 139 Rn. 7; MünchHdb GesR II/*Klein/Lindemeier* § 41 Rn. 14 m. w. N.; MüKo HGB/*K. Schmidt* § 177 Rn. 9). 12

2. Eintrittsklausel

Ein ähnliches Ergebnis lässt sich mit einer sog. **Eintrittsklausel** regeln, die im Fall des Todes eines Gesellschafters einem Erben oder einem Dritten das Recht gibt, in die Gesellschaft aufgenommen zu werden (Eintrittsrecht durch schuldrechtlichen Anspruch; vgl. hierzu auch Haftung des eintretenden Kommanditisten gem. § 173 HGB, dort Rdn. 25 bis 27; MünchHdb GesR II/*Klein/ Lindemeier* § 41 Rn. 73 ff. m. w. N.). Die praktische Relevanz dieser Klausel dürfte gering sein (vgl. MüKo HGB/*K. Schmidt* § 177 Rn. 7). 13

3. Ausschließungsklausel

Soll die Gesellschaft nach dem Tod eines Kommanditisten ebenso wie beim Tod eines Komplementärs nur unter den verbleibenden Gesellschaftern fortgesetzt werden, so bedarf es einer **gesellschaftsvertraglichen Ausschließungsklausel**. Dem steht die höchstrichterliche Rechtsprechung zur Unzulässigkeit der Ausschließung eines Personenhandelsgesellschafters ohne sachlichen Grund nicht entgegen, da das HGB für den Fall des Todes eines Gesellschafters eine Ausschließung als zulässig erachtet (BGHZ 105, 213; Röhricht/v. Westphalen/*Haas/Mock* § 177 Rn. 8; MünchHdb GesR II/*Piehler/Schulte* § 36 Rn. 61 ff. m. w. N. d. Rspr.; MüKo HGB/*K. Schmidt* § 177 Rn. 6). Gleichwohl besteht die Möglichkeit einer **Inhaltskontrolle** einer derartigen Ausschließungsklausel, insbesondere bei Publikums-Personengesellschaften, bei denen für eine Fortsetzung ohne die Erben des Verstorbenen kaum ein sachlicher Grund ersichtlich ist. Darüber hinaus kann in gewissen Fällen eine Berufung auf die an sich zulässige Ausschließungsklausel rechtsmissbräuchlich sein (MüKo HGB/*K. Schmidt* § 177 Rn. 6 m. w. N.). 14

4. Kündigungsrecht

Der Gesellschaftsvertrag kann für den Fall des Todes eines Kommanditisten die **Möglichkeit einer Kündigung** für die verbleibenden Gesellschafter oder die Erben vorsehen. Auch eine derartige Kündigungsklausel unterliegt einer Missbrauchskontrolle (MüKo HGB/*K. Schmidt* § 177 Rn. 6). 15

5. Auflösungsklausel

Schließlich ist es zulässig, im Gesellschaftsvertrag eine sog. **Auflösungsklausel** aufzunehmen, durch die die Kommanditgesellschaft im Fall des Todes eine Kommanditisten aufgelöst wird, auch wenn 16

§ 177a HGB   Entsprechende Anwendung

dies nur ausnahmsweise in Betracht kommen dürfte (MünchHdb GesR II/*Klein/Lindemeier* § 41 Rn. 99 ff. m. w. N.). Die **Fortsetzung der aufgelösten Gesellschaft** ist nach den allgemeinen Regeln zulässig, insoweit wird auf die Kommentierungen zu den §§ 131, 156 HGB verwiesen. Sind die Erben eines verstorbenen Kommanditisten trotz Vorliegens sachlicher Gründe für eine Fortsetzung der aufgelösten Gesellschaft unter Berufung auf eine gesellschaftsvertragliche Auflösungsklausel nicht zur Fortsetzung der Kommanditgesellschaft bereit, so besteht für die verbleibenden Mitgesellschafter die Möglichkeit, den Erben ein **Abfindungsangebot** zu machen, zu dessen Annahme diese verpflichtet sein können. Eine derartige Pflicht kann insbesondere dann anzunehmen sein, wenn das Ausscheiden der Erben weder ihre noch die Interessen der übrigen Gesellschafter berührt, insbesondere die Erben eine Haftungsfreistellung für Gesellschaftsverbindlichkeiten erhalten und die Abfindung nicht unter dem im Liquidationsfall den Erben zustehenden Erlös liegt (MüKo HGB/*K. Schmidt* § 177 Rn. 8; Anm. zu BGH NJW-RR 1986, 256).

§ 177a [Entsprechende Anwendung]

¹Die §§ 125a und 130a gelten auch für die Gesellschaft, bei der ein Kommanditist eine natürliche Person ist, § 130a jedoch mit der Maßgabe, daß anstelle des Absatzes 1 Satz 4 zweiter Halbsatz der § 172 Abs. 6 Satz 2 anzuwenden ist. ²Der in § 125a Abs. 1 Satz 2 für die Gesellschafter vorgeschriebenen Angaben bedarf es nur für die persönlich haftenden Gesellschafter der Gesellschaft.

Übersicht	Rdn.		Rdn.
A. Angaben auf Geschäftsbriefen	1	IV. Zwangsgeld bei Nichtbefolgung	4
I. Zweck der Vorschrift	1	B. Antragspflicht bei Zahlungsunfähigkeit	
II. Erforderliche Angaben	2	oder Überschuldung	5
III. Vordrucke	3		

A. Angaben auf Geschäftsbriefen

I. Zweck der Vorschrift

1   Die Verweisung der Norm auf § 125a HGB, also die Regelungen über Geschäftsbriefe, bezweckt die **Publizität der Kommanditgesellschaft**. Diese Bestimmung gilt bereits i. V. m. § 161 Abs. 2 HGB für jede Kommanditgesellschaft, sodass durch § 177a HGB lediglich klargestellt wird, dass auch das Vorhandensein natürlicher Personen als Kommanditisten an der Anwendbarkeit der Bestimmung des § 125a HGB nichts ändert. Wegen der Einzelheiten wird auf die Kommentierung des § 125a HGB verwiesen.

II. Erforderliche Angaben

2   Inhaltlich sind nach § 125a HGB die **Rechtsform** und der **Sitz** der Kommanditgesellschaft, das **Registergericht** und die **Nummer**, unter der die Kommanditgesellschaft in das Handelsregister eingetragen ist, anzugeben. Ferner sind bei einer Kommanditgesellschaft, bei der kein Gesellschafter eine natürliche Person ist, die **Firmen** der Gesellschafter anzugeben, sowie bei Kapitalgesellschaften als Gesellschaftern der Kommanditgesellschaft die nach den §§ 35a GmbHG, 80 AktG vorgeschriebenen Angaben (Rechtsform, Sitz, Registergericht und -nummer, Geschäftsführer bzw. Vorstandsmitglieder sowie der Vorsitzende des Aufsichtsrats bzw. eines Beirats). Während § 125 Abs. 1 Satz 3 HGB bestimmt, dass die vorgenannten Angaben nicht erforderlich sind, wenn zu den Gesellschaftern der Gesellschaft eine offene Handelsgesellschaft oder eine Kommanditgesellschaft gehört, bei der ein persönlich haftender Gesellschafter eine natürliche Person ist, bestimmt § 177a Satz 2 HGB, dass die für die Gesellschafter gem. § 125a Abs. 1 Satz 2 HGB vorgeschriebenen Angaben nur für die persönlich haftenden Gesellschafter der Kommanditgesellschaft mitzuteilen sind. Ist an der Komplementärin zwar nicht direkt eine natürliche Person als unbeschränkt haftender Gesellschafter beteiligt, haftet aber eine natürliche Person über eine weitere zwischengeschaltete Gesellschaft persönlich (**mehrstöckige Personengesellschaft**), so gilt die Ausnahme des § 125 Abs. 1 Satz 3 HGB

ebenso. Diese gilt auch dann, wenn kein Gesellschafter eine natürliche Person ist (MüKo HGB/*K. Schmidt* § 177a Rn. 7).

III. Vordrucke

Nach § 125a Abs. 2 HGB i. V. m. der darin genannten Norm des § 37a Abs. 2 und 3 HGB sind **Vordrucke** (etwa Lieferscheine), die in einer ständigen Geschäftsbeziehung Verwendung finden, von den Anforderungen des § 37a Abs. 1 HGB befreit.

3

IV. Zwangsgeld bei Nichtbefolgung

Die Nichtbefolgung der in Rede stehenden Vorschriften kann nach §§ 125a Abs. 2, 37a Abs. 4 HGB durch **Zwangsgeld** geahndet werden.

4

B. Antragspflicht bei Zahlungsunfähigkeit oder Überschuldung

§ 177a HGB verweist ferner auf die Bestimmung des § 130a HGB (vor Umsetzung des MoMiG auch des § 130b HGB), der ebenfalls ohne Weiteres i. V. m. § 161 Abs. 2 HGB für jede Kommanditgesellschaft gilt. Die Verweisung in § 177a HGB zielt daher insbesondere auf die **GmbH & Co. KG**, d. h. auf die Gestaltung einer Kommanditgesellschaft ohne natürliche Personen als Komplementäre ab.

5

Antragspflichtig sind die gesetzlichen Vertreter der Komplementäre, bei einer Komplementär-GmbH mithin ihre **Geschäftsführer**. Nach § 15 Abs. 2 InsO ist jeder von mehreren Geschäftsführern berechtigt und verpflichtet, einen Insolvenzantrag zu stellen; die Antragspflicht ergibt sich im Übrigen auch aus § 15a InsO, der nach der Umsetzung des MoMiG neu eingefügt wurde. Zu den Fällen der Insolvenz einer GmbH & Co. KG wird auf Anhang 3 zum HGB Rdn. 90 bis 100 verwiesen, im Übrigen auch auf die Kommentierung des § 130a HGB.

6

Nach der Haftungsbestimmung des § 130a Abs. 2 HGB, die für verbotene Auszahlung (§ 130a Abs. 1 HGB), aber auch für verbotene Belastungen der Masse mit Neuverbindlichkeiten (vgl. BGHZ 143, 184, 186 f.) gilt, stehen die **organschaftlichen Vertreter** der Gesellschaft gegenüber zum Ersatz des durch ihr Fehlverfahren entstandenen Schadens ein (vgl. hierzu: *Chistoph Poertzgen*, GmbHR 2006, 1182 ff.).

7

Anhang 1 HGB

Stille Gesellschaft

Übersicht

	Rdn.
A. Grundlagen	1
I. Einsatzmöglichkeiten der stillen Gesellschaft	2
1. Verbesserung der Kapitalausstattung	3
2. Zurverfügungstellung von Risikokapital	4
3. Sanierungsfinanzierung	5
4. Steueroptimierung	6
5. Mitarbeiterbeteiligung	7
6. Publikumsfonds	8
7. Spartenbezogene Beteiligung	9
8. Ungewollte stille Beteiligung	10
II. Rechtliche Einordnung	11
III. Gestaltungsspielraum	14
IV. Typische und atypische stille Gesellschaft	16
V. Abgrenzung zu verwandten Rechtsinstituten	17
1. Unterbeteiligung und Nießbrauch	17
2. Partiarische Rechtsverhältnisse	18
a) Gemeinsamer Zweck als Abgrenzungskriterium	19
b) Indizien für Vorliegen eines partiarischen Verhältnisses	20
c) Indizien für Vorliegen einer stillen Gesellschaft	21
d) Bezeichnung des Rechtsverhältnisses als Indiz	22
3. Genussrechte	23
4. Treuhandverhältnisse	25
B. Gründung der stillen Gesellschaft	26
I. Formfragen	26
1. Grundsatz Formfreiheit	26
2. Schenkung, § 518 BGB	28
a) Bestehende stille Beteiligung	29
b) Begründung der stillen Beteiligung durch Schenkung	30
3. Beteiligung eines Minderjährigen	31
a) Vormundschaftsgerichtliche Genehmigung	32
b) Bestellung eines Ergänzungspflegers	33
c) Minderjähriger als Geschäftsinhaber	34
4. Stille Beteiligung an einer AG	36
II. Möglicher Geschäftsinhaber/Inhabergesellschaften	37
1. Personenverschiedenheit	38
2. Handelsgeschäft	39
a) Kaufmannseigenschaft des Beteiligungsobjekts	39
b) Beteiligung an nicht kaufmännischen Unternehmen	40
c) Beteiligung an einer »Limited«	41
d) Standesrechtliche Verbote stiller Beteiligungen	43
e) Steuerrechtliche Beurteilung unabhängig von §§ 230 ff. HGB	44
III. Abschlusskompetenz aufseiten des Geschäftsinhabers	45
1. Geschäftsführer	46
a) Personengesellschaften	47
b) GmbH	48
c) Aktiengesellschaft und KGaA	50
2. Prokuristen	51
3. Handlungsbevollmächtigte	52
IV. Mögliche stille Gesellschafter	53
V. Abschlusskompetenz aufseiten des stillen Gesellschafters	55
VI. Beteiligung durch mehrere Personen, Publikumsgesellschaften	56
VII. Einlage des stillen Gesellschafters	57
VIII. Grundsätze der fehlerhaft wirksamen Gesellschaft	59
1. Anwendbarkeit der Grundsätze der fehlerhaft wirksamen Gesellschaft	59
2. Anwendungsfälle bei der stillen Gesellschaft	61
3. Kollision mit Rückabwicklung	62
C. Rechte und Pflichten des stillen Gesellschafters bei der typisch stillen Beteiligung	64
I. Vermögensrechte, Gewinn- und Verlustbeteiligung, §§ 230, 231 HGB	66
1. Gewinnbeteiligung	67
a) Angemessene Gewinnbeteiligung i. S. d. § 231 Abs. 1 HGB	68
b) Vereinbarte Gewinnverteilung – Gewinnverteilungsschlüssel	69
aa) Nach Verhältnis der Vermögenseinlage zum Eigenkapital	69
bb) Fester Prozentsatz	70
cc) Höchst-/Mindestbetrag	71
dd) Gesamter Gewinn	73
2. Verlustbeteiligung	74
a) Begrenzung durch vereinbarte Einlage	75
b) Erweiterung und Beschränkung der Verlustbeteiligung	76
c) Quote der Verlustbeteiligung	77

		d)	Feststellung des Verlustes und Verrechnung..................	78
		e)	Nachträgliche Änderungen.....	79
	3.	Bezugsgröße für Gewinn- und Verlustbeteiligung.................		80
		a)	Grundsatz...................	81
		b)	Bereits laufende Geschäfte.....	83
		c)	Nachträgliche Berichtigung des Gewinns/Verlusts.............	84
		d)	Regelungen im Gesellschaftsvertrag.........................	85
			aa) Berechnungsgrundlage Handels- oder Steuerbilanz .	86
			bb) Modifikationen...........	88
			cc) Verbindlichkeit der Feststellung	89
	4.	Entstehung und Fälligkeit des Gewinnanspruchs		90
		a)	Fristvorgaben	91
		b)	Fälligkeit...................	92
		c)	Aufrechnung gegen ausstehende Einlage, Zurückbehaltungsrecht .	93
		d)	Stehenlassen des Gewinnanspruchs	94
II.	Geschäftsführung, Informations- und Kontrollrechte			96
	1.	Geschäftsführung durch Geschäftsinhaber		96
		a)	Grundlagenänderung	97
		b)	Förderpflicht................	98
		c)	Wettbewerbsverbot...........	99
	2.	Informations- und Kontrollrechte des stillen Gesellschafters, § 233 HGB . .		100
		a)	Einsichtsrecht, § 233 Abs. 1 HGB	101
		b)	Einsichtsberechtigter..........	102
		c)	Kein Recht auf laufende Information.....................	103
		d)	Geltendmachung der Kontrollrechte	104
		e)	Vertraulichkeit	105
D.	**Abweichende Gestaltungsmöglichkeiten bei atypisch stillen Gesellschaften**			**106**
I.	Stille Gesellschaft mit Vermögensbeteiligung................................			108
	1.	Beteiligung am Gesellschaftsvermögen.......................		108
	2.	Auswirkungen auf Treuepflichten...		109
	3.	Besondere Kapitalbindungsvorschriften........................		110
II.	Weitergehende Mitgliedschaftsrechte des stillen Gesellschafters			111
	1.	Vereinbarung weiterer Mitgliedschaftsrechte..................		111
	2.	Einräumung von Vertretungsmacht .		112
	3.	Keine persönliche Haftung........		113
	4.	Gestaltungsfreiheit im Aktienrecht..		114
	5.	Wettbewerbsverbot des stillen Gesellschafters		115

		III.	Mehrgliedrige stille Gesellschaft, Publikumsgesellschaft.............		116
			1.	Allgemeines – Gestaltungsalternativen........................	117
			2.	Ausübung der Mitgliedschaftsrechte.	118
				a) Vertrag zwischen den stillen Gesellschaftern	119
				b) Schaffung interner Beiräte	121
				c) Einschaltung eines Treuhänders .	122
			3.	Inhaltskontrolle bei Publikumsgesellschaften......................	123
			4.	Grundsätze der Prospekthaftung ...	124
		IV.	Spartenbezogene stille Gesellschaft.....		125
			1.	Beteiligung an Teil eines Handelsgewerbes.....................	125
				a) Beteiligung an Unternehmensprojekt...................	126
				aa) Teilhabe am Beratungserfolg	127
				bb) Beteiligung an Filmprojekt .	128
				b) Beteiligung an einzelnen Geschäftsvorfällen...........	129
			2.	Anforderungen für die Vertragsgestaltung in der Praxis...............	130
				a) Vermögensrechte	131
				aa) Grundsätze der Segmentberichterstattung	132
				bb) Segmentierung	133
				(1) Grundsätze der Aufteilung............	134
				(2) Fiktive Unabhängigkeit der Sparten	135
				(3) Besondere Regelungsnotwendigkeiten	136
				b) Mitgliedschaftsrechte	137
E.	**Wechsel im Personenbestand der stillen Gesellschaft**...........................				**138**
I.	Wechsel des Geschäftsinhabers........				138
	1.	Nach Umwandlungsrecht.........			138
		a)	Universalsukzession		139
		b)	Beteiligung des stillen Gesellschafters am Umwandlungsakt ..		141
			aa) Rechte des stillen Gesellschafters nach UmwG.....		142
			bb) Erfordernis der Zustimmung durch stillen Gesellschafter .		143
		c)	Auswirkungen auf die Praxis....		144
		d)	Pflicht zur Anpassung des Gesellschaftsvertrags...............		145
	2.	Veräußerung des Handelsgeschäfts..			146
	3.	Gesellschafterwechsel............			149
II.	Wechsel des stillen Gesellschafters.....				150
	1.	Abtretung der stillen Beteiligung...			150
		a)	Abtretbarkeit und Zustimmungserfordernis.................		151
		b)	Umfang der Übertragung		152
	2.	Verpfändung...................			153
	3.	Nießbrauch....................			154
	4.	Verschmelzung, Spaltung.........			155

Wunsch

Anhang 1 HGB Stille Gesellschaft

F.	**Beendigung der stillen Gesellschaft, §§ 234, 235 HGB**	156
I.	Ordentliche Kündigung	157
	1. Kündigungsfrist	157
	2. Kündigungsrecht	158
	3. Unzulässige Rechtsausübung	161
II.	Außerordentliche Kündigung	162
	1. Vorliegen eines wichtigen Grundes	163
	2. Beispiele für Vorliegen eines wichtigen Grundes	164
	3. Kündigung als ultima ratio, Regelungsmöglichkeiten	165
III.	Kündigung durch Privatgläubiger	166
IV.	Sonstige Auflösungsgründe	168
	1. Tod des stillen Gesellschafters	168
	2. Tod des Einzelunternehmers	169
	3. Liquidationsphase bei Handelsgesellschaften	170
	4. Zweckerreichung, Zweckvereitelung, § 726 BGB	171
	5. Beendigung durch Zeitablauf, auflösende Bedingung	172
	6. Insolvenz eines Gesellschafters	173
	7. Aufhebungsvertrag	174
V.	Beendigung der stillen Gesellschaft durch »Umwandlung« in Darlehen oder andere Beteiligungsform	175
	1. Vertragliche Grundlage der »Umwandlung«	177
	2. Ablauf der »Umwandlung«	178
	a) »Umwandlung« in ein Kreditverhältnis	179
	b) »Umwandlung« in Aktien	180
G.	**Durchführung der Abwicklung**	181
I.	Ermittlung des Auseinandersetzungsanspruchs	181
	1. Erstellung einer Auseinandersetzungsbilanz	182
	2. Korrekturen	183
	3. Schwebende Geschäfte	184
	a) Begriff des »schwebenden Geschäfts«	185
	b) Abwicklungsbefugnis	186
	4. Auseinandersetzungsguthaben und Ausgleichsansprüche	187
	5. Regelungen im Gesellschaftsvertrag	188
	6. Sonderfall atypisch stille Beteiligung mit Vermögensbeteiligung	189
	7. Sonderfall Dienstleistungs- und Sacheinlage	190
II.	Entstehung und Fälligkeit des Abwicklungsanspruches	192
H.	**Besonderheiten der Abwicklung in der Insolvenz des Geschäftsinhabers, § 236 HGB**	197
I.	Abwicklung der stillen Gesellschaft im Regelfall	197
	1. Auseinandersetzungsbilanz	198
	2. Auszahlungsanspruch des stillen Gesellschafters	199
	3. Ausgleichsanspruch der Gesellschaft	202
	4. Befugnis zur Erstellung der Auseinandersetzungsbilanz	205
	5. Fortführung der stillen Gesellschaft	206
II.	Besonderheiten bei materiellem Eigenkapital, Eigenkapitalersatz und Rangrücktritt	207
	1. Qualifikation der Einlage als materielles Eigenkapital	208
	a) »Gesplittete Einlage«	209
	b) Gesellschaftsvertragliche Vereinbarungen	210
	c) Gleichlauf mit handelsbilanziellem Ausweis?	211
	d) Rechtsfolge der Umqualifizierung	212
	2. Qualifikation der Einlage als Eigenkapitalersatz	214
	a) Bisherige Rechtslage	215
	b) Rechtslage seit dem MoMiG	219
	3. Rangrücktritt	221
	a) Umqualifizierung in materielles Eigenkapital	222
	b) Einzahlung rückständiger Einlagen	223
	aa) einfacher Rangrücktritt	224
	bb) qualifizierter Rangrücktritt	225
III.	Insolvenzanfechtung	229
	1. Anwendbarkeit der Insolvenzanfechtungstatbestände	229
	2. Voraussetzungen der Anfechtung nach § 136 InsO	230
	a) Bestehen einer Gesellschaft	231
	b) Einlagenrückgewähr aufgrund besonderer Vereinbarung	232
	c) Einlagenrückgewähr	236
	d) Frist	238
	e) Ausschluss des Anfechtungsrechts	239
	f) Sonderfall drohende Zahlungsunfähigkeit	240
	3. Rechtsfolge der Anfechtung	241
I.	**Grundzüge der Besteuerung der stillen Gesellschaft**	242
I.	Steuerlich typisch stille Gesellschaft	242
	1. Geschäftsinhaber	243
	2. Stiller Gesellschafter	244
	3. Verlustbeteiligung des stillen Gesellschafters	245
	a) Geltendmachung der Verlustbeteiligung	246
	b) Möglichkeit der Verlustverrechnung	247
	4. Anerkennung bei Kapitalgesellschaften	248
II.	Steuerlich atypisch stille Gesellschaft	250
	1. Vorliegen einer steuerlich atypisch stillen Gesellschaft	250

2. Atypisch stiller Gesellschafter als
   Mitunternehmer 251
   a) Mitunternehmerrisiko 253
   b) Mitunternehmerinitiative 254
3. Ertragsteuerliche Behandlung der
   stillen Gesellschaft 255
   a) Einkunftsart 256
   b) Zeitliche Zurechnung........ 257

c) Atypisch stille Gesellschaft als
   Subjekt der steuerlichen Gewinnerzielung.................. 258
4. Umsatzsteuerliche Behandlung der
   stillen Gesellschaft 259
J. Hinweis auf Vertragsmuster.......... 260

A. Grundlagen

Die **gesetzlichen Vorgaben** für die stille Gesellschaft finden sich in den **§§ 230 ff. HGB**. Ergänzend gelten die §§ 705 ff. BGB. Der stille Gesellschafter beteiligt sich an dem Handelsgeschäft, das ein Anderer betreibt, gegen Anteil am Gewinn und regelmäßig auch am Verlust. Die stille Gesellschaft ist eine reine **Innengesellschaft**: Die Einlage geht in das Vermögen des Inhabers des Handelsgeschäfts über. Dieser betreibt die Geschäfte nur unter seiner eigenen, nicht unter einer Gesellschaftsfirma (§ 18 Abs. 1 HGB) und wird aus diesen Geschäften allein berechtigt und verpflichtet.

I. Einsatzmöglichkeiten der stillen Gesellschaft

Die stille Gesellschaft kommt für eine Vielzahl unterschiedlicher Zwecke in Betracht. Dies lässt sich vor allem damit erklären, dass die gesetzlichen Vorgaben weitestgehend disponibel sind. Je nach Ausgestaltung kann die stille Beteiligung dabei sowohl Alternative zum Darlehen als auch zu einer Beteiligung als Außengesellschafter sein. Diese Flexibilität wird des Öfteren auch unter dem Begriff der **Mezzanine-Finanzierung** erörtert. Unter Mezzanine-Kapital versteht man eine Vielzahl von Finanzierungsinstrumenten, die sowohl Fremd- als auch Eigenkapitalmerkmale aufweisen. Die stille Beteiligung ist praktisch die klassischste mezzanine Finanzierungsform. Die Vorteile der stillen Gesellschaft gegenüber einer Außengesellschaft liegen dabei zum einen in der Gestaltungsfreiheit, die sowohl eine Annäherung an ein Darlehen als auch weitgehende Mitwirkungsrechte zulässt, und zum anderen in der **Anonymität und der einfacheren Begründung**. Die stille Gesellschaft erfordert keine Handelsregistereintragung (Ausnahme: stille Beteiligung an einer Aktiengesellschaft, s. Rdn. 36) und wird daher u. a. dann gewählt, wenn die Beteiligung nach außen möglichst wenig in Erscheinung treten soll.

1. Verbesserung der Kapitalausstattung

Durch eine stille Beteiligung kann die Kapitalausstattung von Unternehmen verbessert werden. In der Handelsbilanz wird die stille Beteiligung zwar in der Regel als Fremdkapital ausgewiesen. Jedoch kann aufgrund der bestehenden Ausgestaltungsfreiheit annähernd jede Verfestigung der Kapitalisierung erreicht werden. Eine stille Beteiligung kann dabei auch so ausgestaltet werden, dass sie handelsbilanziell als Eigenkapital auszuweisen ist (zu den Voraussetzungen BilKomm/*Hoyos/M. Ring* § 247 Rn. 233).

Unabhängig von der bilanziellen Behandlung werden stille Beteiligungen auch im Rahmen spezialgesetzlicher Vorschriften unter bestimmten Voraussetzungen wie Eigenkapital behandelt (vgl. § 10 Abs. 4 KWG, § 1a Abs. 2 UBGG).

Insbesondere bei Genossenschaften, deren unmittelbar Beteiligte grundsätzlich durch den Genossenschaftszweck begrenzt werden, bietet sich durch stille Beteiligungen die Möglichkeit zur Verbesserung der Kapitalausstattung (vgl. *Beuthien* S. 11 ff.). Allerdings können vergleichbare Ergebnisse neuerdings unmittelbar auf Grundlage des Genossenschaftsrechts durch Aufnahme investierender Mitglieder erreicht werden (vgl. § 8 Abs. 2 GenG).

2. Zurverfügungstellung von Risikokapital

4   Die Wahl der Rechtsform der stillen Gesellschaft als Beteiligungsinstrument wird auch dazu genutzt, für einen beschränkten Zeitraum Beteiligungs-/Risikokapital zur Verfügung zu stellen (*Pfeifer* BB 1999, 1665, 1668). Insoweit können sich Vorteile u. a. hinsichtlich der Gestaltungsmöglichkeiten bezüglich der Gewinnbeteiligung und der Abfindung beim Ausscheiden des Stillen ergeben.

3. Sanierungsfinanzierung

5   Eine besondere Funktion fällt der stillen Gesellschaft bei Sanierungsfällen zu. Da eine solche Gesellschaft zügig und i. d. R. formfrei gegründet und entsprechend schnell auch wieder beendet werden kann, besteht eine gute Reaktionsmöglichkeit bei **auftretenden Finanzierungsproblemen**. Von Vorteil ist dabei zudem, dass eine Sanierungsfinanzierung auf diese Art und Weise verdeckt geschehen kann, sodass Verunsicherungen bei den Geschäftspartnern vermieden werden. Dient die stille Beteiligung der Abwendung der Überschuldung, muss dabei allerdings sichergestellt werden, dass sie im Überschuldungsstatus nicht als Verbindlichkeit passiviert werden muss. Erforderlich hierzu ist eine **Sanierungsabrede** (s. Rdn. 207–228, dazu *Vollmer/Maurer* DB 1994, 1173 ff.).

4. Steueroptimierung

6   Zudem wird die stille Gesellschaft – sowohl in der Ausgestaltung als steuerlich typische als auch als steuerliche atypische stille Gesellschaft – oftmals bei Steueroptimierungsmaßnahmen eingesetzt. Dies betrifft zum einen die Vermögens- und Einkommensverlagerung innerhalb der (Unternehmer-)Familie. Durch die schenkweise Einräumung einer stillen Beteiligung insbesondere an Kinder ohne eigenes Einkommen können zunächst **schenkungsteuerliche Freibeträge** genutzt werden. Durch die laufend zuzurechnenden Gewinne können sodann einkommensteuerliche Freibeträge des Kindes ausgenutzt werden. Zum anderen werden stille Gesellschaften auch zum Zweck der **Verlustzuweisung** errichtet. Steuerliche Vorteile können sich insoweit z. B. durch eine **GmbH & Still** erreichen lassen. Da die GmbH steuerlich nicht transparent ist und damit Verluste nur als Verlustvorträge auf Gesellschaftsebene relevant werden, ergibt sich für den Gesellschafter trotz Verlusten insbesondere in der Gründungsphase kein steuerlicher Vorteil. Beteiligt sich ein Gesellschafter dagegen zusätzlich als Stiller, können ihm Anlaufverluste unmittelbar zugeordnet werden (MünchHdb GesR II/*Bezzenberger/Keul* §72 Rn. 29). Mangels »modellhafter Gestaltung« i. S. d. §15b Abs. 2 Satz 1 EStG ist dies in aller Regel auch nach Einführung der neuen Verlustabzugsbeschränkungen für sog. Steuerstundungsmodelle noch möglich. Steuerliche Vorteile können sich schließlich auch bei der Verwendung stiller Gesellschaften als Instrument zur Finanzierung ausländischer Gesellschaften ergeben (*Becker* S. 183 ff.), wenngleich eine Verlustverrechnung hier i. d. R. an §2a Abs. 1 Nr. 5 EStG scheitert.

5. Mitarbeiterbeteiligung

7   Stille Gesellschaften finden sich ferner als Instrument zur Mitarbeiterbeteiligung. So erkennt bspw. das Vermögensbildungsgesetz (§§ 2 Abs. 1 Nr. 1i, 13 Abs. 2 Satz 1 VermBG) die stille Beteiligung als vermögenswirksame Leistung an.

6. Publikumsfonds

8   Des Weiteren finden sich stille Beteiligungen auch bei Publikumsfonds. Dies beruht vor allem auf der Ausgestaltungsfreiheit, der geringen Regulierungsdichte sowie der wegen der eher geringen Mitwirkungsrechte einfacheren Handhabung. Insoweit vereinigt die stille Gesellschaft insbesondere aus Sicht des Emittenten die Vorteile einer Publikums-GbR (Gestaltungsfreiheit, keine Formerfordernisse) mit denjenigen einer Publikums-KG (limitierter Einfluss der Investoren auf die Geschäftsführung). Die gleichzeitige Möglichkeit der steuerlichen Verlustzuweisung spielte früher ebenfalls eine bedeutende Rolle. Sie hat aber ihre Bedeutung verloren, nachdem die Verrechenbarkeit der durch sog. Steuerstundungsmodelle generierten Verluste durch die auf Medienfonds und ähnliche

Gestaltungen abzielende Neuregelung in § 15b EStG (die über § 20 Abs. 1 Nr. 4 Satz 2 EStG auch für die typisch stille Gesellschaft gilt) ausgeschlossen wurde. Durch Verwendung der (atypisch) stillen Gesellschaft kann bei Kommanditgesellschaften die Zeitspanne bis zur wirksamen Eintragung der Kommanditbeteiligung in das Handelsregister überbrückt werden (BGH ZIP 2013, 1533).

7. Spartenbezogene Beteiligung

Es ist weiterhin anerkannt, dass auch die Beteiligung an einer Geschäftssparte oder einer einzelnen Betriebsstätte in Form der stillen Beteiligung möglich ist (BFH BStBl. II 1998, 685, *Ensthaler/Fahse* § 230 Rn. 19). Durch eine spartenbezogene Beteiligung wird gerade bei vielschichtig agierenden Unternehmen eine zielgerichtetere Investition ermöglicht (vgl. zu den Zweckrichtungen *Wunsch* S. 12; *Schulze zur Wiesche* Rn. 235a). Zudem ergeben sich erweiterte steuerliche Möglichkeiten (vgl. *Lieber/Stifter* FR 2003, 831; *Pyszka* DStR 2003, 857) Insbesondere bei Aktiengesellschaften können durch die Ausgestaltung einer spartenbezogenen Beteiligung als stille Gesellschaft die im Aktienrecht begründeten Unsicherheiten (u. a. Ausschüttungsverbote, Stimmrechte), die sich bei Spartenaktien (sog. tracking stocks) ergeben, zumindest überwiegend vermieden werden.

9

8. Ungewollte stille Beteiligung

Ein in seiner Praxisrelevanz nicht zu unterschätzender Anwendungsbereich ist schließlich die ungewollte stille Gesellschaft. Aufgrund der Schwierigkeiten bei der Abgrenzung zu anderen Beteiligungs- bzw. Finanzierungsformen (s. Rdn. 17–25) kommt es sowohl bei individuellen Abreden als auch bei Publikums-Investments immer wieder dazu, dass eine Gestaltung von der Rechtsprechung nachträglich als stille Gesellschaft eingestuft wird, obwohl die Beteiligten keine solche begründen bzw. dies sogar gerade vermeiden wollten. Die Umqualifizierung in eine stille Beteiligung kann insbesondere für die Besteuerung des Investors nachteilig sein, da sowohl bei der typischen als auch bei der atypischen stillen Gesellschaft alle Erträge bzw. Gewinne auch außerhalb der Frist für private Veräußerungsgeschäfte steuerbare Einkünfte darstellen. Dies ist der häufigste Aspekt, anlässlich dessen in der Praxis die **Umqualifizierung durch die Finanzgerichte** erfolgt (vgl. BFH BStBl. II 1997, S. 761; FG Baden-Württemberg EFG 2005, 230). Jedoch kann die ungewollte Begründung einer stillen Gesellschaft auch zivilrechtliche Folgen haben.

10

II. Rechtliche Einordnung

Rechtssystematisch handelt es sich um eine **Personengesellschaft in Form einer GbR** nach § 705 BGB. Der gemeinsame Zweck bei stillen Gesellschaften besteht darin, auf das Innenverhältnis beschränkt den Abschluss von Handelsgeschäften auf gemeinsame Rechnung zu tätigen; also letztlich einen Gewinn aus dem Betrieb des Handelsgewerbes des Geschäftsinhabers zu erzielen (*Blaurock* Rn. 4.7; MünchHdb GesR II/*Bezzenberger/Keul* § 72 Rn. 20).

11

Besonderheit der stillen Gesellschaft ist dabei, dass es sich um eine **Innengesellschaft ohne Gesamthandsvermögen** handelt (vgl. GmbH-Hdb/*Kallmeyer* Rn. I 441; *Blaurock* Rn. 4.8 ff.). Soweit ein solches entstehen soll, ist gerade nicht vom Vorliegen einer stillen Gesellschaft, sondern einer OHG, KG oder (Außen-)GbR auszugehen. Bei der stillen Gesellschaft ist demgegenüber allein der Inhaber des Handelsgeschäfts Träger des Vermögens. Daraus ergibt sich, dass im Rechtsverkehr allein das Handelsgeschäft Verpflichtungssubjekt ist. Die Firma des Handelsgeschäfts enthält keinen Verweis auf den Stillen. Die Gesellschaft nimmt nicht am Rechtsverkehr teil und wird nicht ins Handelsregister eingetragen. Sie ist z. B. im Zivilprozess nicht parteifähig, nicht umwandlungsfähig und nicht insolvenzfähig. Streitigkeiten aus dem Gesellschaftsvertrag sind gem. § 95 Abs. 1 Nr. 4a GVG vor der Kammer für Handelssachen auszutragen.

12

Rein wirtschaftlich betrachtet ähnelt die stille Gesellschaft durchaus der Kommanditgesellschaft. Denn auch insoweit besteht für bestimmte Gesellschafter die Beteiligung am Geschäftsergebnis eines Handelsgeschäfts bei (i. d. R.) gleichzeitiger Beschränkung des Risikos.

13

III. Gestaltungsspielraum

14 Das Recht der stillen Gesellschaft nach den §§ 230 ff. HGB ist fast durchweg **dispositiv** (*Schulze zur Wiesche* Rn. 32; *Blaurock* Rn. 1.27). Da es sich um eine reine Innengesellschaft handelt, bestehen nur bedingt zu berücksichtigende Aspekte des Gläubigerschutzes. Nachdem stille Gesellschaften aufgrund ihrer Grundkonzeption nicht am Kapitalmarkt gehandelt werden sollten, entfallen auch insoweit durch Vereinheitlichung zu begründende Schutzaspekte.

15 Diese weitgehende vertragliche Gestaltungsfreiheit wird nur durch folgende **zwingende Vorschriften** beschränkt: Gewinnbeteiligung nach § 231 Abs. 2 Halbs. 2 HGB, Auskunftsrecht nach § 233 Abs. 3 HGB und zumindest teilweise das Kündigungsrecht nach § 234 HGB.

IV. Typische und atypische stille Gesellschaft

16 In der Praxis finden sich dementsprechend zahlreiche unterschiedliche Ausgestaltungen der stillen Beteiligung. Bei der begrifflichen Unterscheidung zwischen typischen und atypischen stillen Gesellschaften ist diesbezüglich Vorsicht geboten, da die Begriffe im Handels- und Gesellschaftsrecht oftmals mit einer anderen Bedeutung verwendet werden als im Steuerrecht. Im allgemeinen Sprachgebrauch ist zumeist die steuerliche Qualifikation gemeint. **Gesellschaftsrechtlich** könnte man von einer atypisch stillen Beteiligung im weitesten Sinne bereits dann sprechen, wenn der Gesellschaftsvertrag irgendeine Abweichung vom dispositiven Recht und damit von der gesetzestypischen stillen Gesellschaft beinhaltet. Üblich ist die Bezeichnung jedoch nur für bestimmte Fallgruppen abweichender Regelungen (s. Rdn. 106–124). **Steuerrechtlich** spricht man dagegen ausschließlich dann von einer atypisch stillen Beteiligung, wenn der Stille nach steuerlichen Kriterien Mitunternehmer ist. Die steuerliche Relevanz dieser Abgrenzung liegt darin, dass der typisch Stille Einkünfte aus Kapitalvermögen nach § 20 Abs. 1 Nr. 4 EStG erzielt, der atypisch Stille dagegen Einkünfte aus Gewerbebetrieb nach § 15 Abs. 1 Nr. 2 EStG (s. Rdn. 242–254).

V. Abgrenzung zu verwandten Rechtsinstituten

1. Unterbeteiligung und Nießbrauch

17 Von einer **Unterbeteiligung** spricht man, wenn Beteiligungsobjekt der Geschäftsanteil eines Anderen ist. Dies kann bspw. Sinn machen, wenn weitere Personen beteiligt werden, die Gesellschafterrechte (sowie ggf. die Haftung) dabei aber ausschließlich beim Hauptbeteiligten verbleiben sollen (vgl. BGHZ 50, 316, 317), oder wenn die Beteiligung weiterer Personen auch innerhalb des Gesellschafterkreises nicht offengelegt werden soll. Vergleichbar verhält es sich mit dem **Nießbrauch** an einem Gesellschaftsanteil (§§ 1068, 1030 BGB). Die Abgrenzung zur stillen Gesellschaft bereitet i. d. R. keine Probleme, da bei Unterbeteiligung und Nießbrauch jeweils ein einzelner Geschäftsanteil als Objekt zu erkennen sein muss.

2. Partiarische Rechtsverhältnisse

18 Problematisch gestaltet sich vor allem die Abgrenzung zu partiarischen Rechtsverhältnissen. Dabei handelt es sich um **schuldrechtliche Austauschverträge**, bei denen als Gegenleistung für eine Dienstleistung, Gebrauchsüberlassung oder Darlehensgewährung eine Gewinnbeteiligung erfolgt (*Blaurock* Rn. 8.16). Hauptanwendungsfall ist das partiarische Darlehen.

a) Gemeinsamer Zweck als Abgrenzungskriterium

19 Bei solchen Rechtsverhältnissen fehlt der jeder Gesellschaft immanente gemeinsame Zweck. Zwar soll auch insoweit wirtschaftlich ein Erfolg erzielt werden. Dieser folgt aber nicht aus einer gesellschaftsrechtlichen Bindung, sondern durch Verwirklichung von Leistung und Gegenleistung (vgl. BGHZ 127, 176, 177 f.; BFH BStBl. II 1992, S. 889, 890). So klar diese dogmatische Unterscheidung aufstellbar ist, so schwierig gestaltet sich in der Praxis die Einordnung. Diese hat durch eine Gesamtschau aller Umstände zu geschehen. Zu fragen ist danach, ob die Parteien sich zur

Erreichung eines gemeinsamen Zwecks verbunden haben und damit ihre schuldrechtlichen Beziehungen ein gesellschaftsrechtliches Element in sich tragen, oder ob primär separierte Zwecke verfolgt werden und die schuldrechtliche Beziehung durch diese Verschiedenheit bestimmt wird (vgl. BGH NJW 1990, 573, 574; NJW 1992, 2696, 2697; ZIP 1994, 1847, 1848).

b) Indizien für Vorliegen eines partiarischen Verhältnisses

Für das Vorliegen eines partiarischen Verhältnisses und damit gegen eine stille Gesellschaft sprechen folgende Indizien: Berechtigung des Geschäftsinhaber zur Änderungen des Unternehmensgegenstands ohne Zustimmung des »Investors« (OLG Schleswig NZG 2000, 1176, 1177), Gewährung von Sicherheiten (MüKo HGB/*K. Schmidt* § 230 Rn. 68), kurzfristige Kündbarkeit (BGHZ 127, 176, 178; Baumbach/Hopt/*Hopt* § 230 HGB Rn. 4), planmäßige Tilgung sowie Anlehnung der variablen Verzinsung an Marktzinsen. Das Fehlen von vereinbarten Informationsrechten ist für die Annahme einer stillen Gesellschaft hingegen unschädlich, da diese Rechte zwingend aus § 233 HGB folgen und damit nicht vereinbart werden müssen (vgl. BFH BStBl. II 1997, S. 761). 20

c) Indizien für Vorliegen einer stillen Gesellschaft

Nach h. M. zwingend zur stillen Gesellschaft führt eine **Verlustbeteiligung** (vgl. BFH BStBl. II 1997, S. 761, wo eine hohe Erfolgsbeteiligung als weiteres Indiz angesehen wurde; OLG Hamm ZIP 1999, 1530, 1532). Indizien für eine stille Gesellschaft sind zudem Abtretungsverbote (*Blaurock* Rn. 8.33), (weiter gehende) Überwachungs- und Kontrollrechte bzw. sogar Mitwirkungspflichten (BFH BB 2006, 253, 255), Beteiligung an stillen Reserven (MüKo HGB/*K. Schmidt* § 230 Rn. 60), weitgehende Einflussmöglichkeiten auf die Geschäftsführung (Röhricht/v. Westphalen/*v. Gerkan* § 230 Rn. 61), Dauerhaftigkeit der Bindung, Fehlen von Kreditsicherheiten (vgl. BGHZ 127, 176, 178 ff.) sowie Regelungen z. B. für den Fall einer Umwandlung (Röhricht/v. Westphalen/*v. Gerkan* § 230 Rn. 62). Darüber hinaus ist zu berücksichtigen, dass zwischen den Beteiligten einer stillen Gesellschaft aufgrund der Verfolgung des gemeinsamen Zwecks eine engere Bindung besteht, die sich u. a. in erhöhten Treue- und Rücksichtnahmepflichten verkörpert. Soweit solche Pflichten für den Vollzug der zu beurteilenden Vereinbarung relevant sind, spricht auch dies für das Vorliegen einer stillen Gesellschaft (vgl. *Weigl* S. 7). 21

d) Bezeichnung des Rechtsverhältnisses als Indiz

Jedenfalls bei rechtskundigen bzw. rechtlich beratenen Parteien kann in Grenzfällen auch die Bezeichnung des Rechtsverhältnisses als Indiz berücksichtigt werden (vgl. BFH BStBl. II 1978, S. 256 f.). 22

3. Genussrechte

Auch die Abgrenzung zu Genussrechten ist mitunter nicht ohne Weiteres möglich. Eine gesetzliche Definition eines Genussrechts existiert nicht. Ein Genussrecht ist ein **rein schuldrechtliches Kapitalüberlassungsverhältnis**. Mit Abschluss des Genussrechtsvertrages verpflichtet sich der Genussrechtsinhaber dem Genussrechtsemittenten das Genussrechtskapital zur Verfügung zu stellen. Im Gegenzug werden dem Genussrechtsinhaber Vermögensrechte gewährt, die in der Regel auch Gesellschaftern des Emittenten zustehen, wie z. B. gewinnabhängige Vergütung, Beteiligung am Liquidationserlös oder Optionsrechte (*Blaurock* Rn. 8.36). Damit sind Genussrechte ähnlich flexibel gestaltbar wie stille Beteiligungen. Auch Genussrechte können unter bestimmten Voraussetzungen zur Eigenkapitalstärkung verwendet werden (vgl. § 10 Abs. 5 KWG; § 53c Abs. 3a VAG). Ein Genussrecht kann so ausgestaltet werden, dass sich die Gegenleistung am Umsatz oder Jahresüberschuss orientiert. Darüber hinaus ist eine Teilhabe am Liquidationserlös möglich. Gleiches gilt für die Vereinbarung bezüglich der Teilhabe am Verlust sowie für die Einräumung von Kontrollrechten (*Thielemann* S. 13 f., 179). 23

24 Rein rechtsdogmatisch stellt auch das Genussrecht einen schuldrechtlichen Austauschvertrag dar, sodass erneut das **Fehlen eines gemeinsamen Zweckes** eine Unterscheidung zur stillen Gesellschaft begründet. Die Abgrenzung erfolgt anhand des Willens der Vertragsschließenden, der wirtschaftlichen Ziele und dem Gesamtbild aller Umstände im Einzelfall (vgl. BGHZ 119, 305; BGH ZIP 1994, 1847; BFH ZIP 2008, 2264). Als einen maßgeblichen Unterschied kann man auch ansehen, dass die Ausgestaltung von Genussrechten noch flexibler möglich ist als die einer stillen Beteiligung, da insoweit nicht einmal die oben unter Rdn. 15 genannten zwingenden Aspekte zu beachten sind. Die Rechtsprechung tendiert daher dazu, von einem Genussrecht jedenfalls dann nicht auszugehen, wenn zugleich diese (Mindest-)Voraussetzungen einer stillen Gesellschaft gewahrt sind (vgl. FG Baden-Württemberg EFG 2005, 230).

4. Treuhandverhältnisse

25 Von Treuhandverhältnissen ist dann auszugehen, wenn der Treunehmer ein **Treugut** unter strengen inhaltlichen Vorgaben **zur Verwaltung** erhält (S/S/S/*Singhof* Rn. 23). Im Gegensatz dazu wird die Einlage des stillen Gesellschafters grundsätzlich zur freien Bestimmung des Inhabers des Handelsgeschäftes übereignet. Jedoch schließt auch das Bestehen von Verwendungsvorgaben für die Einlage eine stille Gesellschaft nicht aus. Im Rahmen der weitgehenden Gestaltungsfreiheit kann eine entsprechende Abrede ohne Weiteres getroffen werden, zumal eine gesetzliche Treuepflicht zwischen den Beteiligten ohnehin besteht. Diese kann durch Vereinbarung näher bestimmt werden. Entscheidendes Abgrenzungsmerkmal ist letztlich auch bei der Treuhand das Fehlen eines gemeinsamen Zwecks. Der Treuhänder verwaltet vielmehr fremdnützig das Treugut (S/S/S/*Singhof* Rn. 23).

B. Gründung der stillen Gesellschaft

I. Formfragen

1. Grundsatz Formfreiheit

26 Der Gesellschaftsvertrag einer stillen Gesellschaft ist **grundsätzlich formfrei** abschließbar, sodass entsprechende Gründungen sehr einfach erfolgen können (vgl. GmbH-Hdb/*Kallmeyer* Rn. I 449).

27 Etwas anderes gilt nach allgemeinen Grundsätzen bspw. dann, wenn die Einlage des Stillen in der Abtretung eines GmbH-Gesellschaftsanteils oder der Übertragung eines Grundstücks besteht (*Blaurock* Rn. 9.23 f.).

2. Schenkung, § 518 BGB

28 Bei den zuvor erwähnten Fällen der Beteiligung von Familienmitgliedern ist in der Regel das **Formerfordernis für Schenkungen** gem. § 518 Abs. 1 Satz 1 BGB zu beachten. Ist eine notarielle Beurkundung nicht erfolgt, sind bezüglich der Frage der **Heilung durch Vollzug** nach § 518 Abs. 2 BGB zwei Konstellationen zu unterscheiden:

a) Bestehende stille Beteiligung

29 Wird eine bereits bestehende stille Beteiligung verschenkt, liegt der Vollzug dieser Schenkung in der – i. d. R. formlos möglichen – Abtretung der Beteiligung (vgl. MüKo HGB/*K. Schmidt* § 230 Rn. 101). Durch sie wird der Formmangel des Schenkungsversprechens geheilt (E/B/J/S/*Gehrlein* § 230 Rn. 23).

b) Begründung der stillen Beteiligung durch Schenkung

30 Oftmals wird die stille Beteiligung jedoch erst im Zuge der Schenkung begründet, z. B. indem ein Teil des Geschäftskontos schenkweise als stille Einlage auf ein Familienmitglied übertragen wird. In diesen Fällen fehlt es nach der bisherigen Rechtsprechung des BGH in der Regel an einem Vollzug der Schenkung (vgl. BGHZ 7, 174, 179; offen gelassen in BGH NJW 1990, 2616, 2618). Dies gilt auch dann, wenn es später zur Auszahlung von Gewinnanteilen an den stillen Gesellschafter

kommt, denn insoweit liegt nur ein Vollzug des Auszahlungsanspruches, nicht aber der Schenkung der Einlage vor (vgl. MüKo BGB/*Schäfer* § 705 Rn. 46). Ein Vollzug kann zwar z. B. dann ausnahmsweise bejaht werden, wenn die Einlageverpflichtung aus dem Gesellschafterverrechnungskonto des Schenkers umgebucht wird (OLG Düsseldorf NZG 1999, 652, 653). In der Praxis sollte jedoch bei dieser Form der Gründung stiller Gesellschaften im Hinblick auf die hier zitierte Rechtsprechung vorsorglich stets die **notarielle Form eingehalten** werden. Soweit das nicht geschehen ist, bleibt nur die Möglichkeit, abweichend von dieser Rechtsprechung den Vollzug der Schenkung im Einzelfall nachzuweisen (vgl. zusammenfassend *K. Schmidt* DB 2002, 829).

3. Beteiligung eines Minderjährigen

Im Fall der Beteiligung eines Minderjährigen als stiller Gesellschafter gilt Folgendes: 31

a) Vormundschaftsgerichtliche Genehmigung

Umstritten ist, ob bzw. in welchen Konstellationen eine vormundschaftsgerichtliche Genehmigung 32
nach §§ 1643, 1822 Nr. 3 BGB erforderlich ist (vgl. E/B/J/S/*Gehrlein* § 230 Rn. 27). In der Praxis sollte diese vorsorglich stets eingeholt werden. Etwas anderes gilt lediglich dann, wenn es sich um die Schenkung einer stillen Beteiligung ohne Teilhabe am Verlust handelt, die der Minderjährige als rechtlich ausschließlich vorteilhaftes Geschäft nach § 107 BGB selbst annehmen kann (vgl. BGHZ 59, 236, 240; MüKo HGB/*K. Schmidt* § 230 Rn. 105).

b) Bestellung eines Ergänzungspflegers

Ein Ergänzungspfleger ist zu bestellen, wenn der gesetzliche Vertreter des Minderjährigen als weiterer Stiller an der (mehrgliedrigen) stillen Gesellschaft, als vertretungsberechtigter Gesellschafter des Geschäftsinhabers oder als unmittelbarer Geschäftsinhaber beteiligt ist, §§ 1909, §§ 1795 Abs. 2, 181 BGB (BFH NJW 1988, 1343). Dies betrifft insbesondere die Fälle der Einräumung stiller Beteiligungen innerhalb der Familie. 33

c) Minderjähriger als Geschäftsinhaber

Soweit ein Minderjähriger auf der Seite des Geschäftsinhabers auftritt, folgt seine Geschäftsfähigkeit grundsätzlich aus § 112 Abs. 1 Satz 1 BGB. Bei Personenhandelsgesellschaften, an denen auch Minderjährige beteiligt sind, ist jedenfalls für die Aufnahme typisch stiller Beteiligter keine vormundschaftsgerichtliche Genehmigung notwendig, weil Verpflichtete hier die (teil-)rechtsfähige Gesellschaft ist (BGHZ 38, 26, 30). 34

Zur Vertretung und Organkompetenz aufseiten des Geschäftsinhabers bzw. der Inhabergesellschaft 35
s. Rdn. 44 ff.

4. Stille Beteiligung an einer AG

Die stille Beteiligung an einer Aktiengesellschaft bedarf wegen der Qualifikation als **Gewinnabführungsvertrag** (s. Rdn. 50) nach § 294 Abs. 2 AktG zu ihrer Wirksamkeit u. a. der Eintragung ins Handelsregister. 36

II. Möglicher Geschäftsinhaber/Inhabergesellschaften

Entsprechend der gesetzlichen Konzeption wird vorausgesetzt, dass sich die Beteiligung auf ein 37
Handelsgeschäft eines Anderen bezieht, vgl. § 230 Abs. 1 HGB.

1. Personenverschiedenheit

Nötig ist somit zum einen eine **Personenverschiedenheit** zwischen dem Inhaber des Handelsgeschäfts und dem sich daran als stiller Gesellschafter Beteiligenden. Unerheblich ist dabei im Fall der Beteiligung juristischer Personen bzw. rechtsfähiger Personenvereinigungen, ob hinter diesen letzt- 38 endlich dieselbe natürliche Person steht (BFH BStBl. II 1983, S. 563, 565, 1743; MüKo HGB/*K. Schmidt* § 230 Rn. 35). Daher ist zwar eine stille Beteiligung eines Einzelkaufmanns an seinem Handelsgeschäft nicht möglich, wohl aber eine stille Beteiligung des Alleingesellschafters einer GmbH an Letzterer.

2. Handelsgeschäft

a) Kaufmannseigenschaft des Beteiligungsobjekts

39 Zum anderen ist als Beteiligungsobjekt ein Handelsgeschäft zu wählen. Vorausgesetzt wird die **Kaufmannseigenschaft** i. S. d. §§ 1 bis 6 HGB (MünchHdb GesR II/*Bezzenberger/Keul* § 72 Rn. 10). Damit ist die stille Beteiligung an einem Einzelkaufmann, einer OHG oder Kommanditgesellschaft sowie an einer Kapitalgesellschaft (GmbH, AG, KGaA oder Genossenschaft) möglich. Auch bereits im Stadium der Vor-GmbH bzw. Vor-AG ist eine stille Beteiligung möglich (E/B/J/S/*Gehrlein* § 230 Rn. 8).

b) Beteiligung an nicht kaufmännischen Unternehmen

40 Soweit eine Beteiligung an nicht kaufmännischen bzw. freiberuflichen Unternehmen – z. B. in der Rechtsform der GbR oder Partnerschaftsgesellschaft – erfolgt, liegt gesellschaftsrechtlich nur eine **BGB-Innengesellschaft** vor (MüKo HGB/*K. Schmidt* § 230 Rn. 24). Inzwischen wendet die Rechtsprechung die Vorschriften zur stillen Gesellschaft in solchen Konstellationen aber teilweise analog an (BFH DB 2001, 2072; a. A. OLG Köln NJW-RR 1996, 27 f.). Jedenfalls lässt sich durch entsprechende vertragliche Vereinbarungen eine weitestgehende Gleichstellung herbeiführen.

c) Beteiligung an einer »Limited«

41 Z. T. immer noch bestritten wird die Möglichkeit nach den Regeln des HGB eine stille Beteiligung an einer englischen »private limited company by shares« (kurz: »Limited« bzw. »Ltd.«) oder ähnlichen Gesellschaften ausländischer Rechtsordnungen zu begründen. Dies wird u. a. damit begründet, dass die Limited als ausländische Rechtsform an sich kein Handelsgeschäft i. S. d. HGB darstelle (vgl. *Just* Rn. 39 ff.). Soweit man jedoch der Auffassung folgt, nach der die Limited mit tatsächlichem Sitz in Deutschland jedenfalls nach § 6 HGB als Handelsgesellschaft – d. h. nicht nur als Zweigniederlassung einer ausländischen Gesellschaft – ins Handelsregister einzutragen ist, ist es konsequent, solche Limiteds auch als zulässiges Beteiligungsobjekt i. S. d. § 230 HGB anzusehen (vgl. *Degenhardt* S. 40; *Blaurock* in FS für Westermann S. 821, 840; zur Limited & Co. KG das OLG Frankfurt am Main ZIP 2006, 1673 ff.).

42 Rechtlich handelt es sich letztlich um eine Frage der nach **Kollisionsrecht** anwendbaren Rechtsvorschriften. Die unmittelbare Anwendbarkeit der Regelungen zur stillen Gesellschaft wäre ausgeschlossen, wenn allein aufgrund des Vorliegens einer englischen Gesellschaftsform für alle anknüpfenden Beteiligungen zwingend englisches Recht einschlägig wäre. Maßgeblich ist allerdings das Vertragsstatut, da es inhaltlich um eine schuldrechtliche Vereinbarung geht. Nach der Rechtsprechung des BGH gilt die Bereichsausnahme in Art. 37 Abs. 1 Satz 2 EGBGB deshalb nicht, weil stille Gesellschaften nur interne Beteiligungen an einem Unternehmen sind. Dementsprechend bestimmt sich das maßgebliche Recht nach Art. 27 ff. EGBGB (vgl. BGH NJW 2004, 3706, 3708; zustimmend *Blaurock* in FS für Westermann S. 821, 837). Es **kann** somit von den Parteien in jedem Fall die Geltung deutschen Rechts und damit die Möglichkeit der Begründung einer Innengesellschaft nach den §§ 230 ff. HGB **vereinbart werden**. Zudem wäre in bestimmten Fällen auch ohne Vereinbarung deutsches Recht anwendbar, bspw. wenn der Verwaltungssitz sowie der Schwerpunkt der Geschäftstätigkeit in Deutschland liegen.

d) Standesrechtliche Verbote stiller Beteiligungen

43 Unabhängig von der Rechtsform der Zielbeteiligung gilt es standesrechtliche Restriktionen zu beachten. So sind nach § 8 ApothG und § 59e Abs. 4 BRAO stille Beteiligungen verboten. Bei Steu-

erberatungs- und Wirtschaftsprüfungsgesellschaften ist eine reine Kapitalbeteiligung dagegen zulässig, soweit daraus kein Einfluss auf die Ausübung der freiberuflichen Tätigkeit resultiert (*Blaurock* Rn. 9.78; MüKo HGB/*K. Schmidt* § 230 Rn. 121). Im Gesundheitssektor oder zur Vereinbarung von Erfolgshonoraren bei Rechtsanwälten finden sich in der Praxis dennoch immer wieder nach § 134 BGB unzulässige Gestaltungen zur Zuweisung von Gewinnen an Personen unter Verwendung stiller Beteiligungen (BGH MDR 2012, 1361 [1361 f.]; OLG München NJW 2012, 2207).

e) Steuerrechtliche Beurteilung unabhängig von §§ 230 ff. HGB

Im Steuerrecht gilt die Beschränkung auf Beteiligungen an einem »Handelsgeschäft« nicht. Für steuerliche Zwecke werden unabhängig von der Anwendbarkeit der §§ 230 ff. HGB Beteiligungen an jeglichen, auch ausländischen Unternehmen als (typische oder atypische) stille Gesellschaft behandelt, wenn ihre Ausgestaltung inhaltlich einer solchen entspricht. 44

III. Abschlusskompetenz aufseiten des Geschäftsinhabers

Die Kompetenz zum Abschluss eines Vertrags zur Begründung einer stillen Gesellschaft steht aufseiten des Geschäftsinhabers grundsätzlich diesem selbst zu. Bezüglich der **Organkompetenz** und der Möglichkeit der **Vertretung** ist zu unterscheiden: 45

1. Geschäftsführer

Für die bei Personen- und Kapitalgesellschaften zur Geschäftsführung befugten Personen besteht eine Abschlusskompetenz in der Regel ohne Weiteres für die gesetzestypische stille Gesellschaft. Bei Abweichungen vom gesetzlichen Leitbild ist dagegen jeweils zu prüfen, ob nicht wegen grundlegender Bedeutung – je nach Rechtsform – eine **Zustimmung aller Gesellschafter** oder einer **bestimmten Mehrheit** der Gesellschafter erforderlich ist. 46

a) Personengesellschaften

Bei Personengesellschaften reicht die Geschäftsführungsbefugnis und Vertretungsmacht des oder der geschäftsführenden Gesellschafter zum Abschluss einer gesetzestypischen stillen Gesellschaft aus. Allerdings wird im Innenverhältnis regelmäßig gem. §§ 116 Abs. 2, 164 HGB wegen des Vorliegens eines **außergewöhnlichen Rechtsgeschäfts** ein Gesellschafterbeschluss nötig sein (vgl. § 116 HGB Rdn. 5 ff.). Bei der Eingehung einer atypisch stillen Beteiligung mit erhöhten Rechten des Stillen fehlt es dagegen in der Regel an der Abschlusskompetenz der geschäftsführenden Gesellschafter, da ein sog. **Grundlagengeschäft** vorliegt (vgl. § 126 HGB Rdn. 12). Sie bedarf daher der Mitwirkung aller Gesellschafter, um nicht deren Rechte über den Umweg einer stillen Gesellschaft unangemessen zu schmälern (E/B/J/S/*Gehrlein* § 230 Rn. 28). 47

b) GmbH

Für Geschäftsführer einer GmbH gelten im Wesentlichen dieselben Grundsätze: Da die Begründung einer typisch stillen Gesellschaft keinen Organisationsvertrag, sondern eine Art Austauschvertrag darstellt, bedarf es zu dessen Wirksamkeit im Außenverhältnis keines Gesellschafterbeschlusses. Im Innenverhältnis wird allerdings – in Abhängigkeit der Bedeutung der Beteiligung des Stillen – in aller Regel ein **Gesellschafterbeschluss** erforderlich sein. Bei atypisch stillen Beteiligungen gelten dagegen die von der Rechtsprechung aufgestellten strengeren Anforderungen für Organisationsverträge (*Schneider/Reusch* DB 1988, 713, 715). Für die Wirksamkeit der Eingehung einer atypisch stillen Beteiligung wird deshalb i. d. R. ein **einstimmiger Gesellschafterbeschluss** gefordert (vgl. *Blaurock* Rn. 4.7), da damit eine maßgebliche Beeinträchtigung der Rechte aller Gesellschafter verbunden sein kann. 48

Ist der stille Gesellschafter zugleich alleiniger Geschäftsführer der GmbH, so ist der Vertrag zivilrechtlich nur wirksam, wenn der Geschäftsführer nach § 181 BGB vom Verbot des Insichgeschäfts befreit ist. 49

c) Aktiengesellschaft und KGaA

50 Noch strenger sind die Anforderungen bei der Aktiengesellschaft bzw. der KGaA. Dies beruht darauf, dass die stille Gesellschaft jedenfalls einem **Teilgewinnabführungsvertrag** nach § 292 Abs. 1 Nr. 2 AktG gleichzustellen ist (vgl. OLG Celle AG 1996, 370; OLG Düsseldorf AG 1996, 473 f.; OLG Hamm AG 2003, 520, 521; *Schlitt/Beck* NZG 2001, 688, 689). Daher ist zur wirksamen Begründung einer stillen Gesellschaft nach § 293 Abs. 1 AktG stets – d. h. auch bei der gesetzestypischen stillen Gesellschaft – die **Zustimmung der Hauptversammlung** mit einer Mehrheit von mindestens 3/4 der Stimmen des vertretenen Grundkapitals erforderlich. Etwas anderes gilt nur für stille Beteiligungen von Vorstands- oder Aufsichtsratsmitgliedern sowie von einzelnen Arbeitnehmern, § 292 Abs. 2 AktG (vgl. S/S/S/*Singhof* Rn. 153). Zur Anwendbarkeit von § 301 AktG vgl. *Rust* AG 2006, 563.

2. Prokuristen

51 Für Prokuristen gelten die obigen Ausführungen überwiegend entsprechend. Die Abschlusskompetenz bzw. jedenfalls die Vertretungsbefugnis im Außenverhältnis ist grundsätzlich von der Prokura umfasst, soweit nicht die Grundlagen des kaufmännischen Geschäfts betroffen sind. Das letztgenannte Erfordernis kann jedenfalls für die Begründung einer typisch stillen Beteiligung i. d. R. als gewahrt angesehen werden (MüKo HGB/*K. Schmidt* § 230 Rn. 118). Etwas anderes gilt lediglich bei der Aktiengesellschaft, bei der auch die Aufnahme eines typisch Stillen wegen § 292 Abs. 1 Nr. 2 AktG stets eines Beschlusses der Hauptversammlung bedarf (vgl. Rdn. 50).

3. Handlungsbevollmächtigte

52 Demgegenüber dürfte ein bloßer Handlungsbevollmächtigter nach § 54 HGB nie zur Begründung einer stillen Gesellschaft befugt sein, da diese nicht zu den Geschäften gehört, die der Betrieb eines Handelsgewerbes gewöhnlich mit sich bringt (*Blaurock* Rn. 9.15).

IV. Mögliche stille Gesellschafter

53 Eine stille Beteiligung kann durch **alle rechtsfähigen Personen** bzw. Personengemeinschaften erfolgen (Heymann/*Horn* § 230 Rn. 7). Mangels Rechtsfähigkeit ausgeschlossen wäre z. B. eine »zweistöckige« stille Beteiligung durch eine andere stille Gesellschaft (wobei eine faktisch zweistöckige Struktur selbstverständlich erreicht werden kann, indem der Inhaber des Handelsgeschäfts, an dem eine stille Beteiligung besteht, seinerseits eine stille Beteiligung an einem weiteren Handelsgeschäft eingeht).

54 **Ausgeschlossen** ist weiterhin bei Einzelkaufleuten eine stille Beteiligung durch den Inhaber des Handelsgeschäfts selbst, da die stille Gesellschaft Personenverschiedenheit voraussetzt (s. o. Rdn. 38). Demgegenüber können sich Gesellschafter aller rechtsfähigen Gesellschaften zusätzlich auch als Stille an »ihrer« Gesellschaft beteiligen, da insoweit Personenverschiedenheit vorliegt (vgl. BFH BStBl. II 1983, S. 563, 565).

V. Abschlusskompetenz aufseiten des stillen Gesellschafters

55 Aufseiten des stillen Gesellschafters folgen Organzuständigkeit und Vertretungsbefugnis den **allgemeinen Regeln**. Auch bei der Aktiengesellschaft gelten insoweit keine Besonderheiten; eine Vertretung durch den Vorstand ist zulässig (E/B/J/S/*Gehrlein* § 230 Rn. 29). Im Innenverhältnis kann allerdings nach allgemeinen Regeln ein Gesellschafterbeschluss, u. U. auch mit qualifizierter Mehrheit, erforderlich sein.

VI. Beteiligung durch mehrere Personen, Publikumsgesellschaften

56 Dem Leitbild der stillen Gesellschaft entspricht die **Zweigliedrigkeit**. Dies schließt allerdings nicht aus, eine Mehrzahl von gleichartigen Beteiligungsverhältnissen zu begründen und dabei den Gesell-

schafterkreis völlig offen zu wählen (Publikumsgesellschaft). Jedenfalls soweit eine Koordination dieser Beteiligungsverhältnisse vorgesehen ist, spricht man bereits aufgrund dieses Merkmals von einer atypisch stillen Gesellschaft im handelsrechtlichen Sinne (s. Rdn. 116–124).

VII. Einlage des stillen Gesellschafters

§ 230 HGB macht **keine Vorgaben** bezüglich der Art der Einlage. Normiert wurde nur, dass eine geleistete Einlage in das Vermögen des Geschäftsinhabers übergeht. Einlage kann danach jede vermögenswerte Leistung sein. Dies umfasst unproblematisch Geld, Forderungen sowie Gegenstände (Sachen und sonstige Rechte). Zudem kommt sowohl eine Nutzungsüberlassung als auch die Leistung von Diensten in Betracht (Baumbach/Hopt/*Hopt* § 230 Rn. 20). 57

Der Einlage kommt im Außenverhältnis **keine Kapitalfunktion** zu, d. h. auch bei Nichterbringung der vereinbarten Einlage entsteht keine unmittelbare Außenhaftung für den stillen Gesellschafter (Baumbach/Hopt/*Hopt* § 230 Rn. 27; zu den Folgen bei Nichterbringung der Einlage s. auch Rdn. 93, 167). Deshalb kommt es auch nicht darauf an, ob die Einlage zutreffend bewertet wird. Die Beteiligten sind insoweit frei. Eine Überbewertung kann allenfalls steuerlich als Schenkung relevant sein bzw. bei überhöhten Gewinnanteilen zu einer verdeckten Gewinnausschüttung führen (s. Rdn. 249). 58

VIII. Grundsätze der fehlerhaft wirksamen Gesellschaft

1. Anwendbarkeit der Grundsätze der fehlerhaft wirksamen Gesellschaft

Trotz nicht unerheblicher Gegenstimmen in der Literatur hat die Rechtsprechung inzwischen die Anwendbarkeit der Grundsätze zur fehlerhaft wirksamen Gesellschaft (zur fehlerhaft wirksamen Gesellschaft vgl. ausführl. § 105 HGB Rdn. 79 ff.) auch auf die stille Gesellschaft anerkannt (vgl. u. a. BGHZ 8, 157, 167 f.; BGH ZIP 2013, 1761, 1762 f.). Voraussetzung ist, dass die stille Gesellschaft **in Vollzug** gesetzt wurde. Hierfür muss entweder die Einlage geleistet worden sein oder eine Ausübung gesellschaftlicher Rechte stattgefunden haben (BGH NJW 1993, 2107; OLG Hamburg NZG 2000, 536, 538; vgl. auch § 105 HGB Rdn. 84). Dann kann die Gesellschaft nur noch für die Zukunft gekündigt werden, soweit im Zeitpunkt der Kündigung der Mangel noch besteht. Andernfalls hat der Kündigende kein schutzwürdiges Interesse mehr an der Beendigung der stillen Gesellschaft (vgl. *Blaurock* 11.28 ff.). 59

Strittig war zuletzt, ob bei mehrgliedrigen stillen Gesellschaften eine abweichende Beurteilung geboten sei. Durch die Instanzgerichte werden bei mehrgliedrigen atypisch stillen Gesellschaften in Form einer Publikumsgesellschaft die Grundsätze der fehlerhaften Gesellschaft zumindest dann angewendet, wenn das Vermögen des Geschäftsinhabers im Wesentlichen aus Einlagen der stillen Gesellschaft besteht (vgl. OLG Hamburg ZIP 2013, 1864, 1865 f.; OLG München ZIP 2013, 414, 415 f.; OLG Düsseldorf, Urt. v. 29.10.2012 – I-9 U 44/12. Dies hat zur Folge, dass die Anleger (stille Gesellschafter) in der Regel wegen des Vollzuges der Gesellschaft aus diesen Gründen keine Ansprüche auf Rückzahlung der Einlage geltend machen können. 60

2. Anwendungsfälle bei der stillen Gesellschaft

Von Bedeutung sind diese Grundsätze bspw. dann, wenn die Voraussetzungen für die Begründung eines wirksamen Teilgewinnabführungsvertrages nach § 292 AktG nicht vorliegen. Die Vorschriften des AktG werden dabei nicht als vorrangige Schutzbestimmungen angesehen (BGH NJW-RR 2005, 627, 628). Weiterhin gelten die Grundsätze der fehlerhaft wirksamen Gesellschaft bei Auflösung aufgrund eines gesetzlichen Anfechtungs- oder Widerrufsgrundes. Dies gilt z. B. bei Gesellschaftern, die durch arglistige Täuschung zum Vertragsschluss bestimmt oder sittenwidrig übervorteilt wurden, sowie beim Widerruf eines sog. Haustürgeschäfts nach §§ 355, 312 BGB (OLG Stuttgart DB 2003, 764, 765; OLG Hamburg NZG 2003, 436, 437). Eine fehlerhaft wirksame Gesellschaft kann auch vorliegen, wenn dem handelnden Gesellschaftsführer die Alleinvertretungsbefugnis zum Abschluss der stillen Gesellschaft gefehlt hat (BGH ZIP 2013, 1761, 1762). 61

3. Kollision mit Rückabwicklung

62 Eine Kollision der Grundsätze der fehlerhaft wirksamen Gesellschaft kann sich mit Ansprüchen des Stillen auf Rückabwicklung des Beteiligungsverhältnisses wegen Verletzung vorvertraglicher Aufklärungspflichten (cic, Prospekthaftung) ergeben. Nach den Grundsätzen der fehlerhaft wirksamen Gesellschaft bestünde auch in diesen Fällen nur ein **Kündigungsrecht** mit anschließender **Abfindung** i. H. d. zu diesem Zeitpunkt bestehenden Auseinandersetzungsguthabens (vgl. § 105 HGB Rdn. 98 f.). Letzteres kann bei zwischenzeitlichen Verlusten und vereinbarter Verlustteilhabe des Stillen entsprechend geringer ausfallen oder im Extremfall Null betragen. Der BGH hat jedoch entschieden, dass diese Grundsätze einem Anspruch auf volle Rückgewähr der Einlage nicht entgegenstehen, wenn der Vertragspartner des stillen Gesellschafters verpflichtet ist, diesen im Wege des Schadensersatzes so zu stellen, als hätte er den Gesellschaftsvertrag nicht geschlossen und seine Einlage nicht geleistet (BGH BB 2005, 1023, 1025). Demjenigen, der sich aufgrund eines Prospektmangels, einer Verletzung der Aufklärungspflicht oder aus sonstigen Gründen schadensersatzpflichtig gemacht habe, dürfe es nicht zugutekommen, dass er gleichzeitig auch an dem mit dem geschädigten Anleger geschlossenen Gesellschaftsvertrag beteiligt sei (BGH NJW-RR 2006, 178, 180). Diese Grundsätze dürften nicht nur für Prospekthaftungsfälle gelten. Auch in dem vorstehend genannten Fall der arglistigen Täuschung wird zu prüfen sein, ob neben der Anfechtungsmöglichkeit nach § 123 BGB auch ein auf Rückabwicklung gerichteter Schadensersatzanspruch gegen den Inhaber des Handelsgeschäfts besteht. Ist dies der Fall, sind die Grundsätze der fehlerhaft wirksamen Gesellschaft nicht geeignet, diesen Schadensersatzanspruch zu begrenzen.

63 Rein klarstellend sei insoweit darauf hingewiesen, dass dem stillen Gesellschafter im Ergebnis jedoch stets nur ein Anspruch i. H. d. Einlage – ggf. zuzüglich weiterer Schadenspositionen – zusteht. Auch soweit der Geschäftsinhaber und der auf Schadensersatzpflichtige nicht personenidentisch sind bzw. es mehrere Schadensersatzpflichtige gibt, können der gesellschaftsrechtliche Abfindungsanspruch und der Schadensersatz nicht dergestalt nebeneinander geltend gemacht werden, dass sich insgesamt eine den höheren dieser beiden Ansprüche (i. d. R. den Schadensersatzanspruch) übersteigende Gesamthöhe ergibt. Auf das Verhältnis der Anspruchsverpflichteten ist § 426 BGB anwendbar (BGH DB 2006, 779, 780).

C. Rechte und Pflichten des stillen Gesellschafters bei der typisch stillen Beteiligung

64 Von einer typisch stillen Beteiligung im gesellschaftsrechtlichen Sinne (zum Unterschied zum steuerlichen Begriff, s. hierzu Rdn. 237 ff.) spricht man, wenn der stille Gesellschafter weder am Vermögen noch an der Unternehmensführung beteiligt ist und die Gesellschaft rein zweigliedrig ausgestaltet ist (*Blaurock* Rn. 4.25). Dementsprechend zeichnen sich atypische Gestaltungsformen dadurch aus, dass eine Vermögensbeteiligung erfolgt, Geschäftsführungsbefugnisse eingeräumt werden und/oder bei mehreren Stillen ein Verbandscharakter geschaffen wird. Eine weitere atypische Ausgestaltung liegt darin, dass die Beteiligung des stillen auf einen Teil des Handelsgeschäfts beschränkt wird (*Blaurock* Rn. 7.2; MüKo HGB/*K. Schmidt* § 230 Rn. 39).

65 Im Folgenden wird die typisch stille Beteiligung als Grundform nach dem **gesetzlichen Leitbild** dargestellt. In der Praxis findet diese gesellschaftsrechtliche Grundform nur äußerst selten Verwendung. Die folgende Darstellung dient daher vor allem als Ansatz dafür, wo in der Vertragspraxis gestaltende Anpassungen ansetzen können bzw. zur Erreichung bestimmter Ergebnisse notwendig sind.

I. Vermögensrechte, Gewinn- und Verlustbeteiligung, §§ 230, 231 HGB

66 Da die stille Gesellschaft **kein Gesamthandsvermögen** bildet, beschränken sich die Vermögensrechte in Bezug auf die Beteiligung letztlich auf eine Art »qualifiziertes Kreditverhältnis« (so *K. Schmidt* ZHR 140 [1976] 475, 479), ergänzt um einen gemeinsamen Zweck. Eine dingliche Beteiligung des Stillen am Gesellschaftsvermögen des Handelsgeschäfts besteht in keinem Fall (vgl. S/S/S/*Singhof*

Rn. 96). Bei der typisch stillen Gesellschaft besteht auch schuldrechtlich nur die **Beteiligung an Gewinn und Verlust**, jedoch keine Beteiligung am Gesellschaftsvermögen.

1. Gewinnbeteiligung

Das Bestehen einer Gewinnbeteiligung ist ein **unabdingbares Element** der stillen Gesellschaft (Baumbach/Hopt/*Hopt* § 231 Rn. 2). Somit liegt insbesondere bei der Vereinbarung von bloßen Umsatzbeteiligungen gerade keine stille Gesellschaft vor. 67

a) Angemessene Gewinnbeteiligung i. S. d. § 231 Abs. 1 HGB

Der gesetzlich vorgesehene Fall der »angemessenen« Gewinnbeteiligung taucht in der Praxis sehr selten auf, da es im Interesse aller Beteiligten liegt, klare vertragliche Regelungen zu treffen. Sollte im Einzelfall doch einmal die Angemessenheit der Gewinnbeteiligung zu ermitteln sein, sind insbesondere folgende Faktoren relevant: Art und Umfang der Einlage, Verhältnis der Einlage zum Gesellschaftsvermögen, Bestehen oder Abbedingung der Verlustbeteiligung (vgl. MünchHdb GesR II/*Bezzenberger*/*Keul* § 86 Rn. 37). Soweit nur eine Vereinbarung der Verlustquote vorliegt, kann diese im Zweifel nach dem Rechtsgedanken des § 722 Abs. 2 BGB auch für die Gewinnbeteiligung herangezogen werden. 68

b) Vereinbarte Gewinnverteilung – Gewinnverteilungsschlüssel

Bei der Bestimmung des **Gewinnverteilungsschlüssels** sind die Parteien verhältnismäßig frei:

aa) Nach Verhältnis der Vermögenseinlage zum Eigenkapital

Als Verteilungsschlüssel wird oftmals das Verhältnis der Vermögenseinlage des stillen Gesellschafters zum sonstigen Eigenkapital bestimmt. Dabei ist zu beachten, dass dieses Verhältnis veränderlich ist und durch den Geschäftsinhaber ggf. zulasten des Stillen manipuliert werden kann (vgl. zur Veränderlichkeit der Gewinnbeteiligung BGHZ 7, 174). Regelungsbedarf aus Sicht des stillen Gesellschafters besteht somit immer dann, wenn der Inhabergesellschaft fortlaufend Eigenkapital zugeführt werden kann, da dies zur Verwässerung der Rechte des Stillen führt (GmbH-Hdb/*Kallmeyer* Rn. I 455). Im Gesellschaftsvertrag sollten sich somit Regelungen über die grundsätzliche Zulässigkeit der Zuführung weiteren Eigenkapitals oder jedenfalls bezüglich des zulässigen Umfangs finden. Zudem sollten Mechanismen für die Anpassung der Rechte der Beteiligten zueinandergefunden werden. 69

bb) Fester Prozentsatz

Es kann aber ebenso ein fester Prozentsatz am maßgeblichen Gesamtgewinn vereinbart werden (vgl. *Blaurock* Rn. 7.9). Eine solche Regelung hat für den Geschäftsinhaber bzw. die Gesellschafter des Unternehmens bei unerwartet auftretendem, zusätzlichem Kapitalbedarf den Nachteil, dass ausschließlich der nach Abzug der Beteiligung des Stillen verbleibende Anteil verwässert wird. 70

cc) Höchst-/Mindestbetrag

Grundsätzlich möglich ist es ferner, die Bestimmung eines Höchst- oder Mindestbetrags für die Gewinnbeteiligung des Stillen (bspw. Gewinnteilhabe jährlich i. H. v. max. 30 % der Einlage bzw. mindestens 5 % der Einlage, soweit überhaupt ein Gewinn erzielt wurde). Notwendig ist allerdings, dass dieser auch bei einem Mindestgewinn, der sog. **Garantiedividende**, die unternehmerische Gefahr weiter mitträgt (RGZ 122, 387, 390; BGH NJW 1951, 237, 238; *Blaurock* Rn. 7.6). Anderenfalls kann ein **partiarisches Darlehen** anzunehmen sein. Dies gilt vor allem auch dann, wenn eine Garantiedividende selbst in Verlustjahren zu zahlen ist. Diese Garantiedividende ist bei der stillen Gesellschaft als Gewinnvoraus zu qualifizieren. Jedenfalls wenn in Perioden mit erwirtschaftetem Gewinn keine Anrechnung auf diesen »Voraus« erfolgt, liegt keine stille Gesellschaft mehr vor (vgl. MüKo HGB/*K. Schmidt* § 230 Rn. 38). 71

72 Der stille Gesellschafter kann somit derart privilegiert werden, dass ihm aus dem erwirtschafteten Gewinn vorweg ein bestimmter Festbetrag zu leisten ist und damit eine Verteilung nur bezogen auf den Rest erfolgt (vgl. *Blaurock* Rn. 7.10). Dabei ist aber zumindest außerhalb des Kapitalgesellschaftsrechts darauf zu achten, dass zunächst auch der Geschäftsinhaber für sein Tätigkeit ein branchenübliches »Gehalt« und für die übernommene Haftung bspw. eine banktübliche Avalprovision erhalten sollte (*Ensthaler/Fahse* § 231 Rn. 2).

dd) Gesamter Gewinn

73 Dem stillen Gesellschafter kann sogar der gesamte Gewinn des Handelsgeschäfts zugewiesen werden. In diesem Fall verbleibt für den Geschäftsinhaber i. d. R. ein festes Gehalt. Zugleich wird er im Innenverhältnis von jeder Verlustteilhabe freigestellt. In solchen Konstellationen verwirklicht die stille Gesellschaft praktisch ein **Treuhandverhältnis** (vgl. MüKo HGB/*K. Schmidt* § 230 Rn. 40).

2. Verlustbeteiligung

74 Der stille Gesellschafter ist nach der gesetzlichen Konzeption auch am Verlust beteiligt, soweit die Verlustbeteiligung nicht ausgeschlossen wird, § 231 Abs. 2 HGB. Wird in einem Gesellschaftsvertrag nur die Gewinnbeteiligung erwähnt, die Verlustbeteiligung aber nicht ausdrücklich ausgeschlossen, so liegt darin i. d. R. kein konkludenter Ausschluss der Verlustbeteiligung. Lediglich bei Einräumung eines garantierten Mindestgewinnanspruchs kann auf den konkludenten Ausschluss der Verlustbeteiligung geschlossen werden (E/B/J/S/*Gehrlein* § 231 Rn. 5).

a) Begrenzung durch vereinbarte Einlage

75 Die Verlustbeteiligung des Stillen ist nach § 232 Abs. 2 Satz 1 HGB durch den Betrag der vereinbarten Einlage begrenzt. Ausbezahlte oder stehengelassene Gewinne aus vorangegangenen Perioden erhöhen die Einlage nicht (§ 232 Abs. 3 HGB) und erweitern damit auch nicht die gesetzliche Verlustteilhabe (E/B/J/S/*Gehrlein* § 231 Rn. 26).

b) Erweiterung und Beschränkung der Verlustbeteiligung

76 Diese gesetzliche Verlustteilhabe kann – soweit sie nicht gänzlich ausgeschlossen wird – inhaltlich sowohl erweitert als auch beschränkt werden (GmbH-Hdb/*Kallmeyer* Rn. I 458). So finden sich bei stillen Beteiligungen an GmbHs nicht selten Gestaltungsformen, nach denen der stille Gesellschafter nur insoweit an den aufgelaufenen Verlusten beteiligt wird, als diese andernfalls zulasten des Stammkapitals gehen würden.

c) Quote der Verlustbeteiligung

77 Auch die Quote der Verlustbeteiligung kann und sollte geregelt werden (bspw. im Verhältnis der Nennbeträge aller zum Bilanzstichtag bestehenden stillen Beteiligungen zu dem in der Bilanz ausgewiesenen Eigenkapital einschließlich stiller Beteiligungen). Soweit keine Regelung der Verlustbeteiligung erfolgt ist, entspricht diese der bezüglich des Gewinns getroffenen Abrede (BFH BStBl. II 2002, S. 858, 860).

d) Feststellung des Verlustes und Verrechnung

78 Der dem Stillen zuzurechnende Verlust wird festgestellt. Ein später anfallender Gewinn ist zunächst mit den festgestellten Verlusten zu verrechnen (§ 232 Abs. 2 Satz 2 Halbs. 2 HGB). Die Verlustbeteiligung kann auf diesen Effekt der Verminderung zukünftiger Gewinne beschränkt werden, wohingegen im Zeitpunkt der Auflösung die volle Einlage zurückgezahlt wird (*Blaurock* Rn. 7.36). Umgekehrt ist auch eine Regelung dahin gehend denkbar, dass der Verlust künftige Gewinnanteile nicht mindert, sondern nur mit dem Rückzahlungsanspruch bei Beendigung der Gesellschaft zu saldieren ist (*Blaurock* Rn. 7.37).

e) Nachträgliche Änderungen

Wenn eine Verlustbeteiligung vereinbart wurde, dann hat durch die Gesellschaft im Verlustfall eine entsprechende Verrechnung zu erfolgen. Will die Gesellschaft davon abweichen, gilt es die notwendigen Formvorschriften zu beachten. Ein einseitiger Verzicht auf die Verlustverrechnung durch die Gesellschaft ist nicht ausreichend. Vielmehr ist eine Anpassung des Vertrages über die stille Beteiligung erforderlich. Erfolgt keine formgerechte Vertragsanpassung, wird der Verzicht auf die Verlustverrechnung allerdings nicht als Schenkung nach § 518 BGB sondern als Leistung »causa societatis« gewertet. Auch insoweit sind in der Regel die Formvorschriften der §§ 295 Abs. 1 Satz 2, 233 Abs. 3 AktG zu beachten (BGH DB 2013, 45 [47 f.]; *Wendt* jurisPR-BGHZivilR 6/2013 Anm. 3 für die GmbH). 79

3. Bezugsgröße für Gewinn- und Verlustbeteiligung

Nicht gesetzlich geregelt ist die Frage, welche Gewinne bzw. Verluste zur Betriebstätigkeit des Geschäftsinhabers zu rechnen sind und damit als Bezugsgröße für die Gewinn- und ggf. Verlustbeteiligung des Stillen dienen. 80

a) Grundsatz

Die Beteiligung am Handelsgeschäft eines Anderen bezieht sich nach ganz h. M. nicht auf alle denkbaren Gewinn des Geschäftsinhabers. Vermögensveränderungen, die ihre Ursache nicht im **»Betrieb des Handelsgewerbes«** haben, sind von der Beteiligung ausgeschlossen. Dies kann z. B. für Wertveränderungen im Anlagevermögen gelten (vgl. i. E. E/B/J/S/*Gehrlein* § 232 Rn. 13). Planmäßige und außerplanmäßige Abschreibungen nach § 253 Abs. 2 und Abs. 3 HGB sowie kaufmännisch gebotene Rückstellungen finden nach h. M. dagegen bei der Ermittlung des maßgeblichen Gewinnes Berücksichtigung (E/B/J/S/*Gehrlein* § 232 Rn. 13 f.; S/S/S/*Singhof* Rn. 107). 81

Von Bedeutung ist ferner, dass die Gewinnerzielung aus der (Teil-)Veräußerung des Handelsgeschäfts dem Stillen nicht zugutekommt. Dieser profitiert ebenso nicht am Geschäftswert und den rechtlich zulässig gebildeten **stillen Reserven** (vgl. BGHZ 127, 176, 181, OLG Frankfurt am Main NZG 2001, 696; *Weigl* S. 55). Allerdings soll er an der Auflösung stiller Reserven insoweit teilhaben, als diese während des Bestehens der stillen Beteiligung zulasten seines Gewinnanspruchs gebildet wurden (E/B/J/S/*Gehrlein* § 232 Rn. 13). 82

b) Bereits laufende Geschäfte

Bei der Begründung einer stillen Gesellschaft an einem bereits laufenden Handelsgeschäft ist im Zweifel eine Beteiligung auch an bereits laufenden Geschäften anzunehmen, soweit der Gewinn oder Verlust sich nach Begründung des Gesellschaftsverhältnisses realisiert (*Blaurock* Rn. 7.14; vgl. auch *Loritz* DStR 1994, 87). 83

c) Nachträgliche Berichtigung des Gewinns/Verlusts

In der Praxis unterschiedlich gehandhabt wird auch die Frage, ob der Gewinn bzw. Verlust jährlich jeweils endgültig festgelegt wird, oder ob nach Auflösung der stillen Gesellschaft eine nachträgliche Berichtigung verlangt werden kann (OLG Bremen NZG 2000, 949, 950: Ansparabschreibungen sind für die Berechnung des Auseinandersetzungsguthabens aufzulösen; OLG Frankfurt am Main NZG 2001, 696, 697). 84

d) Regelungen im Gesellschaftsvertrag

Für die Gestaltungspraxis ist dringend zu empfehlen, zur Vermeidung von Rechtsunsicherheiten detaillierte Regelungen zur Bemessungsgrundlage der Gewinn- und Verlustbeteiligung zu treffen. Im Folgenden sollen die wichtigsten regelungsbedürftigen Aspekte aufgezeigt werden. 85

aa) Berechnungsgrundlage Handels- oder Steuerbilanz

86 Dieser Regelungsbedarf umfasst zunächst als Ausgangspunkt die Frage, aufgrund welcher Berechnungsgrundlage die Gewinnfeststellung erfolgen soll. Auszugehen ist vom **Jahresabschluss**. Aus diesem können sowohl nur die Wertansätze als auch das gesamte Jahresergebnis entnommen werden (OLG Frankfurt am Main NZG 2001, 696). Anknüpfungspunkt kann sowohl die Handels- als auch die Steuerbilanz sein (zur Zulässigkeit der Steuerbilanz als Anknüpfungspunkt vgl. BFH BStBl. II 1969, S. 690, 692). Insbesondere bei der Beteiligung an einer Limited ist die ausdrückliche Wahl des Anknüpfungspunktes zur Vermeidung von Streitigkeiten bedeutend. Denn die Limited bilanziert nach englischem Handelsrecht während bei Vorliegen des Verwaltungssitzes in Deutschland eine deutsche Steuerbilanz zu erstellen ist.

87 Für die Zugrundelegung der Steuerbilanz spricht u. a., dass nach dem handelsbilanziellen Vorsichtigkeitsprinzip nicht unerhebliche Verzerrungen im periodengerechten Ausweis des tatsächlichen Erfolges bewirkt werden können (*Zacharias/Hebig/Rinnewitz* S. 28 f.). Andererseits sind auch die Abzugsbeschränkungen des Steuerrechts (§§ 4 Abs. 5 bis 7, 10 KStG, § 160 AO) zu bedenken. Dies gilt umso mehr seit der durch das Steuerentlastungsgesetz 1999/2000/2002 bewirkten Rechtslage (vgl. u. a. §§ 4 Abs. 4a, 6 Abs. 1 Nr. 2 und 3 EStG). Deshalb sollte nach aktueller Rechtslage eine Anknüpfung an die **Handelsbilanz** gewählt werden.

bb) Modifikationen

88 Auf Grundlage der Entscheidung für Handels- oder Steuerbilanz sollten dann die für Zwecke der Ermittlung des Gewinnanteils des Stillen ggf. erwünschten Modifikationen enumerativ geregelt werden, um Streitigkeiten zu vermeiden. In diesem Zusammenhang ist auf die Problematik hinzuweisen, dass i. d. R. der Geschäftsinhaber allein für die Bilanzerstellung zuständig ist. Bei der typisch stillen Beteiligung kann durch Ausübung entsprechender Wahlrechte der Aufbau stiller Reserven bewirkt werden. Dadurch können dem stillen Gesellschafter aus dem laufenden Betriebsergebnis zustehende Gewinnanteile (zumindest vorübergehend) entzogen werden (*Weigl* S. 55). Unabhängig von der Anknüpfung an die Handels- oder an die Steuerbilanz ist somit in Erwägung zu ziehen, **Bilanzierungswahlrechte** im Verhältnis zum stillen Gesellschafter durch gesellschaftsvertragliche Regelungen **zu beschränken**.

cc) Verbindlichkeit der Feststellung

89 Schließlich sollte festgelegt werden, ob die jährliche Gewinnfeststellung endgültig binden soll oder ob nach Auflösung der stillen Gesellschaft eine nachträgliche Berichtigung verlangt werden kann.

4. Entstehung und Fälligkeit des Gewinnanspruchs

90 Für die Entstehung und Fälligkeit des Gewinnanspruchs gilt Folgendes:

a) Fristvorgaben

91 Da der stille Gesellschafter an der Führung der Handelsbücher und der Gewinnermittlung nicht beteiligt ist, hat der Geschäftsinhaber analog der **Fristvorgabe in § 243 Abs. 3 HGB** eine Berechnung vorzulegen. Auch ohne ausdrückliche Vereinbarung ist anzunehmen, dass der stille Gesellschafter die vorgelegten Berechnungen innerhalb **angemessener Frist** beanstanden muss (**Beanstandungsobliegenheit**). Andernfalls ist von einer Anerkennung mit der Wirkung eines Schuldanerkenntnisses auszugehen (vgl. OLG Düsseldorf NJW-RR 1994, 1455, 1458 mit Darstellung des Meinungsstandes zur Frage, ob ein abstraktes oder deklaratorisches Anerkenntnis vorliegt).

b) Fälligkeit

Die Fälligkeit des Gewinnauszahlungsanspruchs tritt **mit Abschluss der Berechnung** ein. Sie kann aber bereits zu dem Zeitpunkt unterstellt werden, in dem die Berechnung hätte erfolgen müssen (vgl. *Blaurock* Rn. 14.54).

92

c) Aufrechnung gegen ausstehende Einlage, Zurückbehaltungsrecht

Eine ausstehende Einlage steht dem Anspruch auf Auszahlung des Gewinnanteils nicht entgegen, jedoch kann der Geschäftsinhaber die Aufrechnung erklären bzw. sich im Fall einer ausstehenden Sacheinlage auf ein Zurückbehaltungsrecht berufen (E/B/J/S/*Gehrlein* § 232 Rn. 19).

93

d) Stehenlassen des Gewinnanspruchs

Wird der Gewinnanspruch stehen gelassen, so erhöht dies gem. § 232 Abs. 3 HGB nicht die Einlage. Er ist vielmehr auf einem separaten Konto als Darlehensforderung zu verbuchen. Diese ist ohne besondere Vereinbarung nicht zu verzinsen. Durch Gesellschaftsvertrag kann abweichend von dieser gesetzlichen Konzeption sowohl eine **Erhöhung der Einlage** (*Blaurock* Rn. 7.12; Baumbach/Hopt/*Hopt* § 232 HGB Rn. 8) als auch eine **Verzinsung des Darlehenskontos** vorgesehen werden. Zudem finden sich zur Stärkung der Kapitalbasis gelegentlich Regelungen, dass laufend anfallende Gewinnansprüche des Stillen erst bei Beendigung der Finanzierung fällig werden. Der Gesellschaftsvertrag kann also auch entsprechende Stundungsvereinbarungen vorsehen (MüKo HGB/*K. Schmidt* § 232 Rn. 29).

94

Bei stehen gelassenen Gewinnen ist zum einen die Möglichkeit der Qualifikation als **eigenkapitalersetzendes Darlehen** (s. hierzu Rdn. 211 ff.) zu beachten. Zum anderen kann ein stehen gelassener Anspruch in steuerlicher Hinsicht insbesondere dann problematisch sein, wenn es später nicht zur Auszahlung kommt. Bereits die Möglichkeit der Auszahlung wird steuerlich als Zufluss qualifiziert. Dies hat z. B. in den zahlreichen Fällen von Kapitalanlagen, die sich im Nachhinein als betrügerische Schneeballsysteme erwiesen haben und von der Rechtsprechung in stille Beteiligungen umqualifiziert wurden, dazu geführt, dass die Anleger ihnen gutgeschriebene Scheingewinne versteuern mussten, auch wenn sie diese tatsächlich nie ausbezahlt bekamen (»Ambros S.A.«-Rechtsprechung, BFH BStBl. II 2001, S. 646).

95

II. Geschäftsführung, Informations- und Kontrollrechte

1. Geschäftsführung durch Geschäftsinhaber

Die Geschäftsführung obliegt nach § 230 Abs. 2 HGB **ausschließlich dem Geschäftsinhaber**, wobei hierfür i. d. R. kein Tätigkeitsentgelt aus dem stillen Beteiligungsverhältnis folgt (*Ensthaler/Fahse* § 230 Rn. 32). Bei der Geschäftsführung steht dem Geschäftsinhaber ein weiter unternehmerischer Spielraum zu. Dieser wird allerdings beschränkt durch die gegenseitige **Treuebindung**. Der Geschäftsinhaber ist damit verpflichtet, auf die Interessen des Stillen Rücksicht zu nehmen und nicht zum Nachteil der Gesellschaft zu handeln.

96

a) Grundlagenänderung

Dabei darf der unternehmerische Gestaltungsspielraum nicht so weit ausgenutzt werden, dass die Grundlagen der bestehenden Gesellschaft verändert werden. Wann eine solche Grundlagenänderung vorliegt, lässt sich praktisch allerdings nur schwer bestimmen. Zudem darf u. a. die Einlage des stillen Gesellschafters nicht zweckwidrig verwendet werden (vertiefend MünchHdb GesR II/*Kühn* § 80 Rn. 8 f.).

97

b) Förderpflicht

Für den Geschäftsinhaber ergibt sich zugleich die Förderpflicht, alles zu unterlassen, was den lohnenden Betrieb des Handelsgeschäfts beeinträchtigen könnte. Er darf bspw. keine Geschäfte auf

98

separate Rechnung vornehmen, die in einer Konkurrenzsituation zum eigenen Handelsgewerbe stünden (MünchHdb GesR II/*Doehner/Hoffmann* § 82 Rn. 1).

c) Wettbewerbsverbot

99 Es ist anerkannt, dass sich diese Förderpflicht unter bestimmten Voraussetzungen zu einem echten Wettbewerbsverbot des Geschäftsinhabers verfestigen kann. Dogmatisch vollzieht sich dies durch eine Analogie zu § 112 HGB. Von einem solchen Wettbewerbsverbot kann u. a. dann ausgegangen werden, wenn die stille Gesellschaft im Innenverhältnis wie eine Kommanditgesellschaft ausgestaltet ist oder der Geschäftsinhaber das Unternehmen nur treuhänderisch für den stillen Gesellschafter führt (MüKo HGB/*K. Schmidt* § 230 Rn. 141; vgl. auch die Kommentierung zu § 112 HGB). Bei Verletzung dieses Wettbewerbsverbots steht dem stillen Gesellschafter das Recht zu, sich auf das Eintrittsrecht analog § 113 HGB (vgl. § 113 HGB Rdn. 3 f.) zu berufen (E/B/J/S/*Gehrlein* § 230 Rn. 38).

2. Informations- und Kontrollrechte des stillen Gesellschafters, § 233 HGB

100 Mitgliedschaftsrechte stehen dem stillen Gesellschafter vor allem in Form von **Informations – und Kontrollrechten** zu, § 233 HGB. Die gesetzliche Regelung des § 233 HGB verschafft dem stillen Gesellschafter hinsichtlich der Informations- und Kontrollrechte im Wesentlichen die Stellung eines Kommanditisten nach § 166 HGB (vgl. daher außerdem die ausführl. Kommentierung zu § 166 HGB). Diese Rechte beziehen sich zunächst auf die **Buchhaltung** und den **Jahresabschluss**. Dabei hat der stille Gesellschafter Anspruch auf Vorlage der Unterlagen, die zur Ermittlung seiner Gewinn- und Verlustbeteiligung notwendig sind.

a) Einsichtsrecht, § 233 Abs. 1 HGB

101 Das gesetzlich normierte Einsichtsrecht umfasst nur die **Geschäftsbücher** des Geschäftsinhabers bzw. der Inhabergesellschaft. Streitigkeiten ergeben sich u. a. dann, wenn zur Ausübung des Kontrollrechts auf weitere Informationsquellen zurückgegriffen werden soll. Insbesondere bei komplexeren Strukturen des Beteiligungsobjektes kann es z. B. erforderlich werden, auch die Beziehungen des Geschäftsinhabers zu verbundenen Unternehmen zu betrachten. In der Rechtsprechung ist anerkannt, dass – soweit erforderlich – auch die Unterlagen des Geschäftsinhabers über Geschäftsvorfälle mit **verbunden Unternehmen** bzw. **Tochtergesellschaften** eingesehen werden können (vgl. BGHZ 25, 115, 118 zur KG; BGH NJW 1984, 2470 f.).

b) Einsichtsberechtigter

102 Das Einsichtsrecht in die Handelsbücher besteht nach der ausdrücklichen Regelung des § 233 Abs. 1 HGB nur für den **stillen Gesellschafter selbst**. Dabei kann jedoch für den Fall, dass der stille Gesellschafter mangels Sachkunde nicht in der Lage ist, sein Einsichtsrecht sinnvoll auszuüben, ein **Sachverständiger** hinzugezogen werden (vgl. dazu auch § 118 HGB Rdn. 6 f. und § 166 HGB Rdn. 5). Im Übrigen steht dem stillen Gesellschafter nur sehr beschränkt das Recht zu, die Ausübung seiner Rechte einseitig auf einen **Dritten** zu übertragen. Unstreitig ist eine solche Rechtsausübung durch gesetzliche Vertreter oder Pfleger (bspw. Testamentsvollstrecker) des Gesellschafters zulässig (vgl. BGHZ 44, 98, 100 f. zur OHG). Ein **Bevollmächtigter** soll aber lediglich mit Zustimmung der übrigen Gesellschafter tätig werden dürfen (vgl. BGHZ 25, 115, 123 zur KG; vgl. § 166 HGB Rdn. 6).

c) Kein Recht auf laufende Information

103 Aufgrund des § 233 Abs. 2 HGB besteht kein Recht auf laufende Information. Es lässt sich somit erkennen, dass die Mitgliedschaftsrechte keine Einflussmöglichkeit begründen sollen, sondern ausschließlich der Durchsetzung der Vermögensrechte dienen (E/B/J/S/*Gehrlein* § 233 Rn. 13; a. A. Heymann/*Horn* § 233 Rn. 11).

d) Geltendmachung der Kontrollrechte

Prozessual sind die Kontrollrechte im Wege der **Leistungsklage** geltend zu machen. Soweit es um die Geltendmachung im Wege des **einstweiligen Rechtsschutzes** geht, besteht Streit, ob §§ 935 ff. ZPO oder § 233 Abs. 3 HGB i. V. m. § 145 FGG einschlägig sind (MüKo HGB/*K. Schmidt* § 233 Rn. 29; vgl. auch § 118 HGB Rdn. 11 f. und § 166 HGB Rdn. 12). 104

e) Vertraulichkeit

Im Übrigen ist zu beachten, dass der stille Gesellschafter verpflichtet ist, im Rahmen seiner Kontrollrechte erlangte Geschäftsgeheimnisse vertraulich zu behandeln und erlangte Informationen nicht zum eigenen Vorteil auszunutzen (*Blaurock* Rn. 12.60). In der Beratungspraxis sollte hierzu eine klare Regelung in den Gesellschaftsvertrag aufgenommen werden. 105

D. Abweichende Gestaltungsmöglichkeiten bei atypisch stillen Gesellschaften

Aufgrund der weitreichenden Gestaltungsfreiheit im Recht der stillen Gesellschaft ist es in der Praxis möglich, sehr stark variierende Ausgestaltungen zu bilden. Nicht überwunden werden kann jedoch die Eigenschaft der stillen Gesellschaft als **bloße Innengesellschaft** (vgl. BGH WM 1966, 29, 30). Folge bzw. Zielrichtung atypischer Gestaltungen kann u. a. eine »Umqualifizierung« der stillen Einlage in bilanzielles Eigenkapital (s. Rdn. 208–213) oder die steuerliche Behandlung als Mitunternehmerschaft (steuerlich atypisch stille Gesellschaft, s. Rdn. 250–254) sein. 106

Nicht alle abweichenden Regelungen vom gesetzlichen Leitbild führen begrifflich zu einer atypisch stillen Gesellschaft im handelsrechtlichen Sinne. Es haben sich vielmehr bestimmte Gestaltungsgruppen gebildet, für die diese Bezeichnung Verwendung findet. Diese werden im Folgenden dargestellt. 107

I. Stille Gesellschaft mit Vermögensbeteiligung

1. Beteiligung am Gesellschaftsvermögen

Aufgrund des zwingenden Fehlens eines Gesamthandsvermögens besteht grundsätzlich keine Beteiligung am Gesellschaftsvermögen. Den Parteien steht es aber offen, auf **schuldrechtlicher Grundlage** etwas anderes zu vereinbaren (so bereits RGZ 126, 386, 390). Die Rechte des Stillen können sowohl bezüglich seines Gewinnanteils als auch bezüglich seines Auseinandersetzungsguthabens auf sämtliche Vermögensgegenstände der Inhabergesellschaft erweitert werden (bspw. uneingeschränkte Beteiligung am Anlagevermögen, Beteiligung an den stillen Reserven und am Firmenwert). Wirtschaftlich kann damit eine Gleichstellung mit der Vermögensbeteiligung eines Kommanditisten erreicht werden. 108

2. Auswirkungen auf Treuepflichten

Aus dieser Erweiterung der Vermögensbeteiligung resultiert eine Anpassung der Treuepflichten. Diese können sich im Einzelfall derart steigern, dass z. T. vom Bestehen eines Treuhandverhältnisses gesprochen wird (MüKo HGB/*K. Schmidt* § 230 Rn. 82). 109

3. Besondere Kapitalbindungsvorschriften

Aufgrund der Erweiterung der Rechte des Stillen im Zuge der Vermögensbeteiligung finden zugleich bestimmte rechtsbeschränkende Vorschriften Anwendung. So ist anerkannt, dass ein an einer GmbH beteiligter stiller Gesellschafter im Hinblick auf die Kapitalerhaltungsregeln **wie ein GmbH-Gesellschafter** zu behandeln ist, wenn er aufgrund der vertraglichen Ausgestaltung des stillen Gesellschaftsverhältnisses hinsichtlich seiner vermögensmäßigen Beteiligung und seines Einflusses auf die Geschicke der GmbH weitgehend einem GmbH-Gesellschafter gleichsteht (BGHZ 106, 7, 9 ff.). Demnach steht bspw. § 30 GmbHG einem Gewinnauszahlungsanspruch entgegen, solange eine Unterbilanz besteht. Der Geschäftsinhaber kann allerdings aufgrund einer nachwir- 110 kenden gesellschafterlichen Treuepflicht dazu verpflichtet sein, zeitnah stille Reserven zu realisieren. Diese Pflicht kann auch die Verpflichtung einer Teilliquidation des Geschäftsbetriebs zur Folge haben (BGH BB 2006, 792, 795).

II. Weitergehende Mitgliedschaftsrechte des stillen Gesellschafters

1. Vereinbarung weiterer Mitgliedschaftsrechte

111 Insbesondere mit dem Ziel der Erreichung einer steuerlichen Mitunternehmerinitiative werden z.T. weiter gehende **Geschäftsführungs- und sonstige Mitwirkungsbefugnisse** eingeräumt. So kommen Widerspruchs- oder Zustimmungsrechte (für einzelne, bestimmte oder alle Geschäfte) genauso in Betracht wie die Erteilung einer Geschäftsführungsbefugnis (*Schulze zur Wiesche* Rn. 42; *Blaurock* Rn. 12.88; Röhricht/v. Westphalen/v. *Gerkan* § 230 Rn. 78). Schuldrechtlich vereinbart werden kann sogar, dass der stille Gesellschafter die Geschäftsführung alleine übernehmen soll (BFH BStBl. II 1982, S. 389).

2. Einräumung von Vertretungsmacht

112 Die gesellschaftsvertragliche Einräumung weiter gehender Mitwirkungsrechte betrifft unmittelbar nur das Innenverhältnis des stillen Gesellschafters zum Geschäftsinhaber. Denkbar ist zudem die Einräumung einer **Vertretungsmacht** bezüglich des Geschäftsinhabers/Inhabergesellschaft. In Betracht kommt die Einräumung von **Prokura** (§ 48 HGB) oder **Handlungsvollmacht** (§ 54 HGB). Es kann allerdings auch ein Organschaftsverhältnis mit Vertretungsbefugnissen begründet werden (MüKo HGB/*K. Schmidt* § 230 Rn. 78). Aus Sicht des Geschäftsinhabers ist von Bedeutung, die Vertretungsmacht bei Bedarf widerrufen zu können. Eine solche Berechtigung besteht jedenfalls bei Vorliegen eines wichtigen Grundes (*Blaurock* Rn. 12.91; E/B/J/S/*Gehrlein* § 230 Rn. 60).

3. Keine persönliche Haftung

113 Trotz der Einräumung von Vertretungsbefugnissen besteht keine persönliche Haftung des stillen Gesellschafters gegenüber Gläubigern des Geschäftsinhabers (Baumbach/Hopt/*Hopt* § 230 Rn. 26 f.). Etwas anderes kann nur dann angenommen werden, wenn der Stille den Anschein erweckt, persönlich haftender Gesellschafter zu sein. Dann kommt eine Haftung nach **Rechtsschein- oder Vertrauensschutzgesichtspunkten** in Betracht (BGH WM 1964, 296, 297).

4. Gestaltungsfreiheit im Aktienrecht

114 Einschränkung erfährt die grundsätzliche Gestaltungsfreiheit in Bezug auf die Mitwirkungsrechte des stillen Gesellschafters durch zwingende Regelungen im Aktienrecht. In Bezug auf die Einräumung von Geschäftsführungsbefugnissen darf die nach dem Aktienrecht zwingende **eigenverantwortliche Unternehmensleitung** des Vorstandes nicht beeinträchtigt werden (S/S/S/*Singhof* Rn. 159 ff.).

5. Wettbewerbsverbot des stillen Gesellschafters

115 Wenngleich für den stillen Gesellschafter aus vergleichbaren Gründen wie für den Kommanditisten (vgl. zum Wettbewerbsverbot des Kommanditisten § 165 HGB Rdn. 6 ff.) **kein Wettbewerbsverbot** gilt, hat beim atypisch stillen Gesellschafter mit erweiterten Mitgliedschaftsrechten etwas anderes zu gelten. Grund für das grundsätzliche Nichtbestehen eines Wettbewerbsverbotes ist der Umstand, dass sich die typisch stille Beteiligung in der Regel durch eine nicht zwingend unternehmerische Vermögenseinlage erschöpft. Soweit aber nicht nur unmaßgebliche Einflussmöglichkeiten auf das Beteiligungsunternehmen gegeben sind, folgt bereits aus der **Treuepflicht** ein Wettbewerbsverbot (vgl. MünchHdb GesR II/*Doehner/Hoffmann* § 82 Rn. 2). Hinsichtlich der Ausgestaltung dieses Wettbewerbsverbots kommt eine **Analogie zu §§ 112, 113 HGB** in Betracht (E/B/J/S/*Gehrlein* § 230 Rn. 37; zu §§ 112, 113 HGB vgl. die ausführl. Kommentierung zu § 112 HGB).

III. Mehrgliedrige stille Gesellschaft, Publikumsgesellschaft

Von einer atypischen Gestaltungsform wird im Gesellschaftsrecht zudem dann gesprochen, wenn mehrere stille Beteiligungsverhältnisse vertraglich koordiniert nebeneinander bestehen. Steuerlich spielt die Mehrgliedrigkeit für die Frage der Abgrenzung zwischen typisch und atypisch stiller Beteiligung dagegen keine Rolle (MüKo HGB/*K. Schmidt* § 230 Rn. 74). 116

1. Allgemeines – Gestaltungsalternativen

Ist eine Beteiligung durch mehrere stille Gesellschafter gewünscht, ergeben sich verschiedene Gestaltungsalternativen. Entsprechend dem gesetzlichen Leitbild können im Wege der **zweigliedrigen stillen Gesellschaft** mehrere Beteiligungsverhältnisse (unabhängig) nebeneinander gebildet werden (BGH DB 2004, 1988). Stiller Gesellschafter kann allerdings auch eine GbR sein. Diese ist sodann Träger der Beteiligung (**mehrgliedrige stille Gesellschaft**; vgl. BGHZ 125, 74, 76 f.). 117

2. Ausübung der Mitgliedschaftsrechte

In jedem Fall der Beteiligung durch eine Vielzahl von stillen Gesellschaftern besteht für den Geschäftsinhaber ein erhebliches praktisches Bedürfnis, dass diese Gesellschafter ihre Mitgliedschaftsrechte nur **gebündelt und koordiniert** ausüben. 118

a) Vertrag zwischen den stillen Gesellschaftern

Die Koordination im Fall von mehreren zweigliedrigen stillen Gesellschaften kann so organisiert sein, dass sie mit oder ohne Mitwirkung des Geschäftsinhabers vorgenommen wird. Nicht selten findet sich die Gestaltung, dass zwar eine zweigliedrige stille Gesellschaft vorliegt, die einzelnen stillen Gesellschafter jedoch untereinander verbunden sind (**Poolvertrag, Konsortium**), z. B. in Form einer GbR oder eines eingetragenen Vereins (BGH DB 1998, 1127; OLG Düsseldorf DB 1994, 2489). Dabei wird i. d. R. die Ausübung bestimmter Rechte der einzelnen stillen Gesellschafter an das Vorliegen eines **Mehrheitsbeschlusses** geknüpft. Soweit dessen Umsetzung prozessuale Schritte erfordert, sind die entsprechenden Rechte der gepoolt still Beteiligten im Wege der gewillkürten Prozessstandschaft geltend zu machen (BGH NJW 1995, 1353, 1355). 119

Mehrheitsbeschlüsse sind dann unzulässig, wenn damit der Kernbereich der Mitgliedschaft einzelner stiller Gesellschafter verändert würde. Die ist u. a. der Fall, wenn statt einer Barabfindung im Rahmen der Liquidation Genussrechte an einer anderen Gesellschaft gewährt werden sollen (OLG Stuttgart OLGR Stuttgart 2007, 442). 120

b) Schaffung interner Beiräte

Im Übrigen kommt die Schaffung interner Beiräte oder Gremien in Betracht, denen die Ausübung bestimmter Rechte übertragen wird. Grenze der Vertragsgestaltungsfreiheit sind die einem stillen Gesellschafter gesetzlich zustehenden **Mindestrechte**. Zu beachten ist hier vor allem das Kündigungsrecht, dass nicht an die Zustimmung anderer gebunden werden kann (BGH WM 1980, 868; *Blaurock* Rn. 5.48). Eine solche Kündigung bewirkt allerdings nicht die Auflösung aller gleichgerichteter stiller Beteiligungsverhältnisse, sondern nur, dass der kündigende stille Gesellschafter ausscheidet (BGH BB 1980, 958, 959). 121

c) Einschaltung eines Treuhänders

Es finden sich zudem Erscheinungsformen unter Einschaltung eines Treuhänders. Dessen Tätigkeit kann sowohl darauf beschränkt sein, die Gesellschafterrechte der stillen Gesellschafter auszuüben. Der Treuhänder kann aber auch einziger stiller Gesellschafter sein (sog. **kupierte stille Publikumsgesellschaft**). Gerade bei Publikumsgesellschaften ähnelt die Ausgestaltung der internen Meinungsbildung oft der Struktur wie sie bei Kapitalgesellschaften gesetzlich vorgegeben ist. Die 122

Anhang 1 HGB Stille Gesellschaft

Rechtsprechung hat deshalb in Einzelfällen sogar die analoge Anwendbarkeit entsprechender Formvorschriften der Kapitalgesellschaften bejaht (BGH NJW 1998, 1946 ff.).

3. Inhaltskontrolle bei Publikumsgesellschaften

123 Bei der Ausgestaltung von Gesellschaftsverträgen von Publikumsgesellschaften unter Verwendung einer stillen Beteiligungsform ist darauf zu achten, dass eine streng **objektive Auslegung** zur Anwendung kommt und nach § 242 BGB eine ähnliche **Inhaltskontrolle** wie bei Allgemeinen Geschäftsbedingungen vorzunehmen ist (vgl. BGHZ 64, 238 zu einer Verjährungsabrede; BGHZ 104, 50, 53 zu einem einseitigen Ankaufsrecht; OLG Hamburg WM 1994, 499, 501; s. außerdem Anhang 2 zum HGB Rdn. 22 ff. zur Auslegung und Anhang 2 zum HGB Rdn. 25 ff. zur Inhaltskontrolle). Das AGB-Recht ist aufgrund der Bereichsausnahme des § 310 Abs. 4 BGB aber nicht unmittelbar anwendbar (BGHZ 127, 176, 182 ff.; s. auch Anhang 2 zum HGB Rdn. 25).

4. Grundsätze der Prospekthaftung

124 Da die stille Gesellschaft als Instrument der Beteiligung einer Vielzahl von Personen einen gewissen Missbrauch erfahren hat, wurden von der Rechtsprechung die Grundsätze der Prospekthaftung (vgl. hierzu ausführl. Anhang 2 zum HGB Rdn. 84 ff.) auch auf stille (Publikums-)Gesellschaften für anwendbar erklärt (BGH BB 2008, 575; OLG Hamburg AG 2001, 141, 142). Verantwortlich sind die Herausgeber des Prospekts (vgl. BGH NJW 1995, 1025). Das sind u. a. Initiatoren sowie die hinter der Gesellschaft stehenden Personen, die neben der Geschäftsleitung besonderen Einfluss in der Gesellschaft ausüben und damit Mitverantwortung tragen (vgl. BGHZ 115, 213, 218; BayObLG ZIP 2002, 2214, 2215). In Einzelfällen wurde ein Anspruch auch gegen beratende Rechtsanwälte, Wirtschaftsprüfer und Banken bejaht, soweit ein besonderer Vertrauenstatbestand geschaffen wurde (vgl. BGHZ 77, 172, 177; 111, 314, 320).

IV. Spartenbezogene stille Gesellschaft

1. Beteiligung an Teil eines Handelsgewerbes

125 Die Beschränkung des Beteiligungsverhältnisses auf einen **abgrenzbaren Teil eines Handelsgewerbes** (Niederlassung, Betriebsstätte, Geschäftszweig, Unternehmenssparte) ist in der Rechtsprechung und der Literatur anerkannt (vgl. BFH BStBl. II 1975, S. 324; BStBl. II 1998, S. 685; Heymann/*Horn* § 230 Rn. 6; MüKo HGB/*K. Schmidt* § 230 Rn. 39). Voraussetzung ist nur, dass der Beteiligungsgegenstand ausreichend **klar abgegrenzt** werden kann.

a) Beteiligung an Unternehmensprojekt

126 Zu denken ist dabei neben der Beteiligung an einer dauerhaft existierenden **Unternehmenssparte** auch an die Beteiligung an einem konkreten **Unternehmensprojekt**.

aa) Teilhabe am Beratungserfolg

127 So kann einem Berater neben der festen Vergütung bspw. während der Projektphase und einer festgelegten nachfolgenden Zeit zur Schaffung besonderer Anreize eine Teilhabe am Beratungserfolg eingeräumt werden. Dies kann insbesondere für solche Unternehmen interessant sein, die andernfalls die vollständigen Kosten eines Projektes nur bedingt tragen können. Auf diese Art und Weise kann letztlich auch ein Teil des Risikos auf weitere Beteiligte verlagert werden.

bb) Beteiligung an Filmprojekt

128 Speziell im Medienbereich kann mit einer stillen Gesellschaft die Beteiligung eines Einzelnen oder einer Gruppe von Investoren an einem Filmprojekt dargestellt werden (BFH BStBl. II 1998, S. 685). Gerade auch bei steuerorientierten »private placements« – die durch § 15b EStG nicht zwingend betroffen sind – kann die projektbezogene Beteiligung am Filmproduktionsunternehmen

als stiller Gesellschafter dabei eine einfachere und kostengünstigere Alternative zur Gründung einer Kommanditgesellschaft für das Filmprojekt sein.

b) Beteiligung an einzelnen Geschäftsvorfällen

Nicht als stille Gesellschaft, sondern nur als **Innengesellschaft in Form der GbR** wird dagegen die Beteiligung an einzelnen Geschäftsvorfällen qualifiziert. Insoweit handelt es sich um eine Gelegenheitsgesellschaft (sog. **Metageschäft**). Das gemeinsam dauerhafte Gewinnstreben durch Betreiben eines Handelsgeschäfts fehlt. Für solche Geschäfte gilt zwar nicht das Recht der stillen Gesellschaft. Es kann aber zumindest die persönliche Haftung gegenüber den Mitgesellschaftern ausgeschlossen werden (BGH DB 1964, 67). Zudem ist das Bestehen eines eingeschränkten Informationsrechts anerkannt (BGH WM 1982, 1403). 129

2. Anforderungen für die Vertragsgestaltung in der Praxis

Eine solche partielle Beteiligung stellt in der Praxis besondere Anforderungen an die Vertragsgestaltung. Sowohl die Mitgliedschafts- als auch die Vermögensrechte sind den besonderen Beteiligungsverhältnissen anzupassen. 130

a) Vermögensrechte

Im Hinblick auf die Vermögensrechte bedeutet dies, dass eine **sparten- bzw. projektbezogene Gewinnermittlung** zu erfolgen hat. 131

aa) Grundsätze der Segmentberichterstattung

Hierzu könnte zunächst auf die bestehenden nationalen Grundsätze der Segmentberichterstattung (§§ 285 Nr. 4, 314 Abs. 1 Nr. 3 HGB, §§ 5 Abs. 2, 13 Abs. 2 PublG) zurückgegriffen werden. Danach sind Umsatzerlöse im (Konzern-) Anhang nach Tätigkeitsbereichen und nach geografisch bestimmten Märkten aufzugliedern. Letztlich genügt dies der Gewinnverteilung i.R. einer stillen Beteiligung jedoch nicht, da diese zwingend erfolgs- und nicht umsatzbezogen ist (s. Rdn. 67). 132

bb) Segmentierung

Zurück zu greifen ist somit auf die bestehenden Methoden der Segmentierung. Diese beruhen auf einer Umkehrung der zur Erstellung des Konzernabschlusses entwickelten **Konsolidierungstheorie**. Ein bestehender Gesamtabschluss ist dementsprechend in **Teilabschlüsse** zu zerlegen (vgl. *Alvarez* DB 2002, 2057, 2060). Dabei ist wie folgt vorzugehen: 133

(1) Grundsätze der Aufteilung

Alle Posten des Jahresabschlusses sind möglichst **vollständig** einer Sparte zuzuweisen. Soweit dies nicht möglich ist, hat eine Aufteilung zu erfolgen. Dabei lassen sich keine allgemein verbindlichen Vorgaben finden. Es ist jeweils im Einzelfall diejenige Methode zu wählen, die den tatsächlichen Gegebenheiten am nächsten kommt. Zwar könnte man durch interne Aufzeichnungsmethoden eine Aufteilung relativ zuverlässig ermitteln. Der damit verbundene Aufwand steht aber zumeist in keinem angemessenen Nutzenverhältnis. Deshalb bietet es sich an, in Anlehnung an einen oder mehrere feststehende Faktoren die Aufteilung der Gemeinkosten pauschal vorzunehmen. Als solche Faktoren kommen u. a. die Nettoumsätze, die Summe der Aktiva bzw. Passiva, die in einem primären Zusammenhang zur betrieblichen Betätigung stehen, die Anzahl der unmittelbar zuordenbaren Arbeitnehmer oder das vor der Aufteilung vorläufig ermittelte Betriebsergebnis in Betracht (vgl. *Natusch* S. 133 ff., *Scheffler* Zfbf 1991, 471, 485 ff.). 134

(2) Fiktive Unabhängigkeit der Sparten

135 Darüber hinaus funktioniert eine faire Segmentierung nur dann, wenn bei der Erfolgsermittlung gedanklich von der Unabhängigkeit der Sparten ausgegangen wird (vgl. *Zacharias/Hebig/Rinnewitz* S. 139). Andernfalls würden zwischen den Sparten getätigte Geschäfte nicht ausreichend Berücksichtigung finden und dadurch das Ergebnis verzerrt. Dabei gilt es, Streit über die Verrechnungspreise durch möglichst genaue gesellschaftsvertragliche Regelungen zu vermeiden. Die Verrechnungsmethode kann auf Grundlage geschätzter oder tatsächlicher Marktpreise gebildet werden. Soweit eine Marktpreismethode gewählt wird, ist allerdings ein Abschlag geboten, da sich Unternehmenssparten nie wie unabhängige Dritte gegenüberstehen. Da die gegenseitige Leistungsabnahme bereits aufgrund der organisatorischen Verbundenheit erfolgt, fallen Verkaufsunkosten (bspw. Marketingaufwendungen) nicht an. Statt des Rückgriffs auf Marktpreise besteht auch die Möglichkeit, die Verrechnungspreise anhand der anfallenden Kosten (ggf. mit pauschalem Zuschlag) anzusetzen (*Wunsch* S. 129 f.). Hierbei kann gedanklich davon ausgegangen werden, dass eine dominierende Sparte als Betriebsführer für die entsprechende Teilsparte/Projekt agiert. Insoweit sollte auf für Betriebsführungsverhältnisse übliche Vereinbarungen zurückgegriffen werden.

(3) Besondere Regelungsnotwendigkeiten

136 Letztlich wird es kaum gelingen, alle Leistungsbeziehungen zu berücksichtigen. Insbesondere im Finanzbereich ergeben sich viele Leistungsströme, die den Beteiligten z. T. nur bedingt bewusst sind. So kommt es praktisch durchweg zur Finanzierung einer Sparte durch eine Andere. Zudem ist die steuerliche Einheit des Unternehmens zu beachten. Dies kann im Fall eines negativen Jahresergebnisses einer Sparte zur Steuerstundung für andere Sparten führen (vgl. *Wunsch* S. 180 f.). Hier sind im Einzelfall einvernehmlich geeignete Verrechnungsprinzipien festzulegen.

b) Mitgliedschaftsrechte

137 Die Mitgliedschaftsrechte des stillen Gesellschafters (Kontroll- und Informationsrechte) sind an die Besonderheiten der Spartenbeteiligung anzupassen (MüKo HGB/*K. Schmidt* § 230 Rn. 39). Im Hinblick auf die Buchhaltungsunterlagen beziehen sich die Einsichtsrechte zunächst zwar nur auf die **Spartenbilanz**. Weitergehende Kontrollrechte folgen aber jedenfalls daraus, dass die zutreffende Aufteilung der Gemeinkosten und der internen Leistungsverrechnung nachvollzogen werden können muss. Soweit Geschäftsführungsbefugnisse gewährt werden, sollten sich diese auf das konkrete Beteiligungsobjekt beziehen. Hier besteht in der Praxis aber ein nicht unerhebliches Risiko für den Geschäftsinhaber, da eine entsprechend beschränkte Vollmacht leicht überschritten werden kann. Besonderes Augenmerk sollte darauf gerichtet werden, dass es im Fall einer separaten Spartenbeteiligung vermehrt zu Zielkonflikten bei der Verteilung beschränkter Faktoren kommen kann. Um eine einseitige Benachteiligung zu vermeiden, kann sich die Etablierung eines abgestuften Entscheidungssystems (ggf. durch Zustimmungsrechte des Stillen) anbieten (*Wunsch* FB 2004, 76, 78 ff.).

E. Wechsel im Personenbestand der stillen Gesellschaft

I. Wechsel des Geschäftsinhabers

1. Nach Umwandlungsrecht

138 Der Geschäftsinhaber kann durch **Umwandlung** nach den Regeln des Umwandlungsgesetzes (UmwG) eine Veränderung widerfahren. In Betracht kommen Verschmelzung, Spaltung oder Formwechsel. Vgl. zu den Grundlagen sowie den Arten der Umwandlung ausführl. Anhang zum BGB.

a) Universalsukzession

139 Da jeweils eine **Universalsukzession** stattfindet bzw. der umwandelnde Rechtsträger beim Formwechsel seine Identität wahrt, setzt sich die stille Beteiligung nach der Umwandlung grundsätzlich

ohne Weiteres am umgewandelten Unternehmen fort (Röhricht/v. Westphalen/*v. Gerkan* § 234 Rn. 32 f.; *Blaurock* Rn. 18.12).

Soweit Zielrechtsform allerdings eine **Aktiengesellschaft** ist, sind die gesteigerten Wirksamkeitserfordernisse für einen Teilgewinnabführungsvertrag zu beachten (s. Rdn. 50). Werden diese Voraussetzungen nicht eingehalten, dürften nach der Umwandlung die Grundsätze der fehlerhaft wirksamen Gesellschaft gelten (S/S/S/*Singhof* Rn. 183; vgl. hierzu Rdn. 59 sowie zur fehlerhaften Gesellschaft ausführl. § 105 HGB Rdn. 79 ff.). Möglich ist auch, die stille Beteiligung nach der Umwandlung in Aktien umzuwandeln. Dabei ist § 206 AktG zu beachten (*Hüffer* AktG, § 206 Rn. 1). 140

b) Beteiligung des stillen Gesellschafters am Umwandlungsakt

Unabhängig von den Rechtsfolgen stellt sich die Frage, inwieweit der stille Gesellschafter an dem Organisationsakt der Umwandlung zu beteiligen ist. 141

aa) Rechte des stillen Gesellschafters nach UmwG

Umwandlungsrechtlich wird der stille Gesellschafter durch die Gläubigerschutzbestimmungen des UmwG geschützt. Die stille Beteiligung ist z.B. nach § 5 Abs. 1 Nr. 7 UmwG im Verschmelzungsvertrag aufzuführen. Dem stillen Gesellschafter sind nach § 23 UmwG gleichwertige Rechte am übernehmenden Rechtsträger zu gewähren (vgl. Lutter/*Grunewald* UmwG, § 23 Rn. 20; LG Bonn DB 2001, 1406, 1407). Dagegen sieht das Umwandlungsrecht **keine Mitwirkungsrechte** stiller Gesellschafter vor. Die Beschlussfassung obliegt allein dem Geschäftsinhaber bzw. den Gesellschaftern der Inhabergesellschaft. Dies gilt nach h. M. auch dann, wenn aufgrund einer atypischen Ausgestaltung im Übrigen weitgehende Mitwirkungsrechte des stillen Gesellschafters bestehen. Ein umwandlungsrechtliches Zustimmungserfordernis wäre in diesen Fällen nur durch eine Analogie zu § 13 UmwG möglich. Diese Regelung ist vom Gesetzgeber jedoch als abschließend gewollt, sodass keine Regelungslücke vorliegt. Andernfalls wäre die notwendige Klarheit und Rechtssicherheit im Rahmen des Umwandlungsvorganges gefährdet (vgl. *Blaurock* Rn. 18.18 ff.). Die gilt trotz der Formulierung des § 132 Satz 1 UmwG auch für die Spaltung (Kallmeyer/*Kallmeyer* § 132 Rn. 8). 142

bb) Erfordernis der Zustimmung durch stillen Gesellschafter

Umstritten ist, ob aus der Treuepflicht des Geschäftsinhabers zum stillen Gesellschafter **im Innenverhältnis** ein Zustimmungserfordernis des stillen Gesellschafters zur Umwandlung folgt. Teilweise wird dies mit der Begründung abgelehnt, dass der Stille durch die aus der Treuepflicht folgende Pflicht zur Rücksichtnahme auf seine Belange ausreichend geschützt sei. Im Fall eines Verstoßes hiergegen wird man dem stillen Gesellschafter ein Recht auf Kündigung aus wichtigem Grund nach § 723 Abs. 1 Satz 2 Halbs. 2 BGB (MünchHdb GesR II/*Bezzenberger/Keul* § 87 Rn. 19) und ggf. Schadensersatz zugestehen müssen (S/S/S/*Singhof* Rn. 181). Nach a. A. besteht ein generelles Zustimmungserfordernis und damit korrespondieren ein Informationsrecht für den stillen Gesellschafter (*Blaurock* Rn. 18.22; differenzierend MüKo HGB/*K. Schmidt* § 234 Rn. 33). Dies wird u. a. damit begründet, dass ein außergewöhnliches Geschäft vorliegt, das die rechtliche Organisation der Inhabergesellschaft verändert und damit unmittelbar das stille Gesellschaftsverhältnis betrifft (vgl. BGH BB 1980, 958, 959). Auch wenn man dieser Auffassung folgt, hat ein Verstoß gegen das Zustimmungserfordernis jedoch nur Auswirkungen im Innenverhältnis und berührt nicht die Wirksamkeit der Umwandlung. Gleiches gilt für den Verstoß gegen einen gesellschaftsvertraglich normierten Zustimmungsvorbehalt. 143

c) Auswirkungen auf die Praxis

Weitgehende Rechtssicherheit kann somit durch eine **Zustimmung des Stillen** zum Umwandlungsakt erreicht werden, da dann weder ein Recht auf Kündigung noch auf Schadensersatz geltend gemacht werden kann. Andernfalls ist im Einzelfall zu prüfen, ob Rechte des stillen Gesellschaf- 144 ters maßgeblich verletzt wurden, denn auch bei Annahme eines Zustimmungsrechts können die Ansprüche auf Kündigung und Schadensersatz nur eintreten, wenn die Zustimmung berechtigt verweigert wurde. Andernfalls verhält sich der stille Gesellschafter selbst treuwidrig (*Blaurock* Rn. 18.23).

d) Pflicht zur Anpassung des Gesellschaftsvertrags

145 Durch einen Umwandlungsvorgang kann sich der Geschäftsumfang des Geschäftsinhabers z. T. erheblich ändern. Dies beeinflusst den gemeinsamen **Zweck der stillen Gesellschaft**, der auf die Gewinnerzielung durch den Betrieb eines bestimmten Handelsgeschäfts begrenzt wird. Dementsprechend besteht i. d. R. eine Pflicht zur Anpassung des Gesellschaftsvertrages (MünchHdb GesR II/*Bezzenberger/Keul* § 87 Rn. 17).

2. Veräußerung des Handelsgeschäfts

146 Weiterhin kann eine Veräußerung des Handelsgeschäfts stattfinden. Auch insoweit ist **keine Zustimmung** des stillen Gesellschafters erforderlich. Dies kann – und wird in der Regel – im Gesellschaftsvertrag abweichend geregelt werden, jedoch entfaltet auch ein gesellschaftsvertragliches Zustimmungserfordernis Wirkung nur im Innenverhältnis.

147 Die Übertragung des Handelsgeschäfts führt jedoch mangels Universalsukzession nicht automatisch zu einem Übergang auch der stillen Beteiligung auf eine solche am Erwerber. Dieser kann vielmehr nach allgemeinen Grundsätzen nur mit Zustimmung des stillen Gesellschafters **als Abtretung** bzw. im Wege einer **Vertragsübernahme** erfolgen (*Blaurock* Rn. 18.7; MüKo HGB/*K. Schmidt* § 234 Rn. 39). Letztere ist schwebend unwirksam, solange der stille Gesellschafter nicht zugestimmt hat, und wird bei Verweigerung der Zustimmung endgültig unwirksam (vgl. BGHZ 13, 179, 186). Wegen der personenrechtlichen Verbundenheit der Gesellschafter und dem für den Bestand jeder Personengesellschaft notwendigen Vertrauensverhältnis scheidet eine einseitige Veränderung der Gesellschafter aus (BGHZ 13, 179, 183 f.). Die notwendige Zustimmung kann bereits vorab im Gesellschaftsvertrag erteilt werden. Dann ist sie aber nach den allgemeinen Grundsätzen bis zur Ausführung einer Übertragung widerrufbar (vgl. BGHZ 77, 392, 396).

148 Kommt es nicht zu einem Übergang auf den Erwerber, bleibt die stille Beteiligung am vormaligen Geschäftsinhaber grundsätzlich bestehen. Verliert dieser die Kaufmannseigenschaft, wandelt sich die stille Gesellschaft in eine **Innen-GbR** (E/B/J/S/*Gehrlein* § 234 Rn. 9). Denkbar ist auch die **Auflösung wegen Zweckvereitelung** (s. Rn. 166 sowie E/B/J/S/*Gehrlein* § 234 Rn. 32).

3. Gesellschafterwechsel

149 Eine Veränderung im Gesellschafterbestand einer Inhabergesellschaft hat auf die stille Beteiligung keine Auswirkungen (*Blaurock* Rn. 12.21).

II. Wechsel des stillen Gesellschafters

1. Abtretung der stillen Beteiligung

150 Wie jedes andere Recht ist auch die stille Beteiligung grundsätzlich im Wege der Abtretung übertragbar (vgl. MüKo HGB/*K. Schmidt* § 230 Rn. 175, der eine Vertragsübernahme mit den gleichen Anforderungen annimmt). Vgl. zur Übertragung von Gesellschaftsanteilen an einer OHG § 105 HGB Rdn. 58 ff., von Anteilen an einer KG § 173 HGB Rdn. 14 ff.

a) Abtretbarkeit und Zustimmungserfordernis

151 Voraussetzung einer wirksamen Abtretung ist allerdings die Abtretbarkeit. Aufgrund der generell zu unterstellenden persönlichen Verbundenheit der Gesellschafter und dem damit einhergehenden Vertrauensverhältnis ist ein Gesellschafterwechsel nur mit Zustimmung der übrigen Gesellschafter möglich (vgl. BGHZ 13, 179, 183 f. – so auch der Rechtsgedanke in § 399, 1. Alt. BGB

bzw. § 717 BGB), im Fall der stillen Gesellschaft also **mit Zustimmung des Geschäftsinhabers**. Diese Zustimmung kann allerdings bereits vorab **im Gesellschaftsvertrag** erteilt werden (MüKo BGB/*Schäfer* § 719 Rn. 27), was in der Praxis insbesondere bei Publikums-Investments zur Herstellung der Verkehrsfähigkeit in Betracht kommt. Zudem kann der Geschäftsinhaber bei typisch stillen Beteiligungen, die sich als reine Vermögensanlagen darstellen, u. U. nach Treu und Glauben zur Zustimmung verpflichtet sein (vgl. *Zacharias/Hebig/Rinnewitz* S. 69). Für die Formwirksamkeit der Zustimmung und für die Organkompetenz und Vertretung bei Personen- und Kapitalgesellschaft gelten dieselben Vorgaben wir für die erstmalige Begründung einer stillen Gesellschaft (s. o. Rdn. 26–36, 45–52).

b) Umfang der Übertragung

Der Rechtsübergang durch Abtretung umfasst i. d. R. nicht nur das Beteiligungsverhältnis, sondern alle auch nur mittelbar aus dem Gesellschaftsvertrag resultierenden Ansprüche (*Blaurock* Rn. 10.35). Wurde bspw. ein Gewinnanspruch nicht ausgezahlt und in ein Darlehen umgewandelt (s. Rdn. 94), so ist im Zweifel dieser Anspruch mit abgetreten, soweit er aus den vorliegenden Rechenwerken ersichtlich ist (vgl. BGHZ 45, 221, 223). Für die Beratungspraxis gilt es daher, vorab genau den Bestand an Rechten des stillen Gesellschafters zu ermitteln und zu bewerten. Soweit Abweichungen im Umfang der Abtretung gewollt sind, können entsprechende Vereinbarungen getroffen werden.

152

2. Verpfändung

Folge der Übertragbarkeit ist grundsätzlich auch die Möglichkeit der Verpfändung, vgl. § 1274 Abs. 2 BGB (s. auch 4 § 105 HGB Rdn. 72 ff. für die OHG). Sieht bereits der Gesellschaftsvertrag die Abtretbarkeit der stillen Beteiligung vor, kann diese nach § 851 Abs. 1 ZPO gepfändet werden (MüKo BGB/*Schäfer* § 719 Rn. 59). Nicht übertragbare stille Beteiligungen unterliegen der Anteilspfändung nach § 859 Abs. 1 ZPO (MünchHdb GesR II/*Bezzenberger/Keul* § 88 Rn. 25 ff.).

153

3. Nießbrauch

Auch die Bestellung eines Nießbrauchs am Gesellschaftsanteil ist vergleichbar der Rechtslage bei den übrigen Personengesellschaften (vgl. für die OHG § 105 HGB Rdn. 67 ff.) grundsätzlich zulässig. Dem Inhaber des Nießbrauchs stehen dann allerdings **bestimmte Verwaltungsrechte** neben dem stillen Gesellschafter zu. Wegen der damit verbundenen Belastung des Geschäftsinhabers ist die Nießbrauchbestellung nur mit dessen Zustimmung möglich (MüKo HGB/*K. Schmidt* Vor § 230 Rn. 21, 27).

154

4. Verschmelzung, Spaltung

Im Fall der Verschmelzung oder Spaltung des Inhabers des stillen Beteiligungsverhältnisses geht die Beteiligung ohne Weiteres auf den neuen Rechtsträger über. Es bestehen **keine Zustimmungsrechte** des Geschäftsinhabers (*Blaurock* Rn. 18.59). Dies gilt auch dann, wenn aufgrund bestimmter atypischer Gestaltungen dem stillen Gesellschafter weitreichende Einflussmöglichkeiten eingeräumt wurden. In diesen Fällen wird man allerdings vom Vorliegen eines außerordentlichen Kündigungsrechts des Geschäftsinhabers ausgehen können (S/S/S/*Singhof* Rn. 206). Ein solches besteht zudem immer dann, wenn das Gesellschaftsverhältnis auf einem besonderen Vertrauensverhältnis beruhte oder für die Abwicklung aufseiten des stillen Gesellschafters besondere Fähigkeiten erforderlich waren (MünchHdb GesR II/*Bezzenberger/Keul* § 88 Rn. 15). Es bietet sich an, bei entsprechend ausgestalteten Gesellschaftsverhältnissen von vornherein vertragliche Vereinbarungen zu treffen, nach denen bspw. eine bestimmte Person in die Gesellschafterstellung nachfolgen soll oder ein Kündigungsrecht ausdrücklich normiert wird (S/S/S/*Singhof* Rn. 280).

155

Anhang 1 HGB Stille Gesellschaft

F. Beendigung der stillen Gesellschaft, §§ 234, 235 HGB

156 Die Beendigung einer stillen Gesellschaft vollzieht sich durch **Lösung der schuldrechtlichen Beziehungen** der Beteiligten. Da kein Gesamthandsvermögen gebildet wurde, entfällt die sonst übliche Auseinandersetzung des Gesellschaftsvermögens (vgl. BGH NJW 1982, 99, 100; NJW 1990, 573, 574). Abgewickelt werden lediglich die schuldrechtlichen Beziehungen, wobei begrifflich auch insoweit von einer Auseinandersetzung gesprochen wird (vgl. § 235 HGB).

I. Ordentliche Kündigung

1. Kündigungsfrist

157 Aufgrund des Verweises des § 234 Abs. 1 Satz 1 HGB auf §§ 132 ff. HGB gilt eine Kündigungsfrist von 6 Monaten, soweit die Gesellschaft auf unbestimmte Zeit oder auf Lebenszeit geschlossen wurde.

2. Kündigungsrecht

158 Das ordentliche Kündigungsrecht kann vertraglich modifiziert, **nicht** aber völlig **ausgeschlossen** werden (§ 723 Abs. 3 BGB; BGHZ 23, 10, 14 f.). Unzulässig sind auch Regelungen, die derart erhebliche wirtschaftliche Nachteile nach sich ziehen, dass die Ausübung der Kündigung faktisch keinen Sinn mehr macht, bspw. bei stark verringerten Abfindungswerten, Vertragsstrafen, Wettbewerbsverboten etc. (vgl. *Blaurock* Rn. 15.23 f.).

159 Kein ordentliches Kündigungsrecht besteht, wenn eine Gesellschaft **auf bestimmte Zeit** vereinbart wurde. Dieser Zeitraum kann beliebig lang gewählt und auch von zeitlich ungewissen Ereignissen abhängig gemacht werden (z.B. bei der projektbezogenen stillen Gesellschaft das Auslaufen des Projekts). Im Hinblick auf § 134 HGB ergeben sich nur dann Einschränkungen, wenn der Zeitraum erkennbar länger als die typische Lebenserwartung des Stillen ist (MüKo HGB/*K. Schmidt* § 234 Rn. 47) bzw. einen derart unübersehbaren, bzw. einseitig nicht beherrschbaren Zeitraum umfasst, dass im Ergebnis von einer fehlenden Befristung auszugehen ist (BGH NJW 1992, 2696, 2698). In diesem Fall kann die ordentliche Kündigung nicht wirksam ausgeschlossen werden.

160 Auch wenn die Gesellschaft **noch nicht in Vollzug** gesetzt wurde, kann bereits ein Kündigungsrecht bestehen, da ein solches nur das Bestehen eines wirksamen Vertragsverhältnisses voraussetzt (BGH WM 1995, 1277).

3. Unzulässige Rechtsausübung

161 Eine Kündigung darf grundsätzlich nicht als unzulässige Rechtsausübung zu qualifizieren sein. Bezogen auf eine ordentliche Kündigung dürfte eine solche Annahme allerdings i. d. R. ausscheiden. Etwas anderes ist aber im Recht der Publikumsgesellschaften anerkannt. Dort darf der Geschäftsinhaber nur bei **Vorliegen eines sachlichen Grundes** kündigen (gleiche gerichtlich Kontrolle wie bei Kündigung eines Komplementärs einer Publikums-KG, vgl. BGHZ 104, 50, 57; BGH NJW 1994, 1156 f.). Andernfalls bestünde die Gefahr, dass der Geschäftsinhaber sein Kündigungsrecht so ausübt, dass ihm und nicht den Anlegern die Vorteile einer erfolgreichen Investition zufließen.

II. Außerordentliche Kündigung

162 Die Zulässigkeit der außerordentlichen Kündigung aus wichtigem Grund folgt aus § 234 Abs. 1 Satz 2 HGB i. V. m. § 723 BGB.

1. Vorliegen eines wichtigen Grundes

163 Das Vorliegen eines wichtigen Grundes ist anzunehmen, wenn die Fortsetzung der stillen Gesellschaft für den Kündigenden **unzumutbar** geworden ist. Das ist bspw. der Fall, wenn das erforderliche **Vertrauensverhältnis nachhaltig gestört** ist (Röhricht/*v. Westphalen*/*v. Gerkan* § 234 Rn. 7).

Als Besonderheit bei der typisch stillen Gesellschaft gilt es Folgendes zu beachten: Im Gegensatz zu Personenhandelsgesellschaften ist aufgrund der Struktur der stillen Gesellschaft das Vertrauensverhältnis weniger bedeutsam. Somit ist abweichend von der sonst bei § 133 HGB geltenden Kasuistik (vgl. § 133 HGB Rdn. 3 ff. sowie Kap. 5 Rdn. 174 ff.) ein außerordentliches Kündigungsrecht nur zurückhaltender anzunehmen (MüKo HGB/*K. Schmidt* § 234 Rn. 49).

2. Beispiele für Vorliegen eines wichtigen Grundes

Ein wichtiger Grund liegt jedenfalls dann vor, wenn **wesentliche gesellschaftsvertragliche Pflichten** verletzt sind. Als Fallgruppen sind insoweit u. a. anerkannt: 164
- Behinderung der **Mitwirkungsrechte** des (atypisch) stillen Gesellschafters (MüKo HGB/*K. Schmidt* § 234 Rn. 49);
- Verletzung von **Vertraulichkeitsverpflichtungen** durch den (atypisch) stillen Gesellschafter (Heymann/*Horn* § 234 Rn. 11);
- Zweifel an der Rechtschaffenheit bzw. **Eignung des Geschäftsinhabers** (E/B/J/S/*Gehrlein* § 234 Rn. 29);
- **Gefährdung der Vermögensinteressen** des stillen Gesellschafters, bspw. durch Zwangsvollstreckungsmaßnahmen in das Vermögen des Unternehmensträgers (*K. Schmidt* KTS 1977, 1, 4 f.);
- **zweckwidrige Verwendung** der Einlage (E/B/J/S/*Gehrlein* § 234 Rn. 29);
- **drohende Umqualifizierung** der Einlage in Eigenkapitalersatz (E/B/J/S/*Gehrlein* § 234 Rn. 29; vgl. dazu Rdn. 214–219);
- **wesentliche Änderungen** der Grundlagen, der Rechtsform oder des Gesellschafterbestands des Unternehmensträgers (E/B/J/S/*Gehrlein* § 234 Rn. 29; zur Umwandlung s. Rdn. 143);
- **bedeutende Leistungsstörungen**, wie u. a. die Nichtzahlung des Gewinnanteils (MüKo HGB/*K. Schmidt* § 234 Rn. 49).

3. Kündigung als ultima ratio, Regelungsmöglichkeiten

In jedem Fall ist die Verhältnismäßigkeit zu beachten, d. h. zur außerordentlichen Kündigung darf nur als ultima ratio gegriffen werden, wenn eine Beseitigung des wichtigen Grundes nicht möglich ist oder entsprechende Versuche (z. B. Ablösung eines ungeeigneten Geschäftsführers) gescheitert sind. Es bietet sich an, im **Gesellschaftsvertrag** wichtige Gründe beispielhaft festzulegen. Es können aber auch Gründe bestimmt werden, die keinen wichtigen Grund darstellen sollen (*Blaurock* Rn. 15.33). 165

III. Kündigung durch Privatgläubiger

Um zu verhindern, dass ein Schuldner durch Beteiligung als stiller Gesellschafter mit langfristiger Bindung seinen Gläubigern Haftungsmasse vorenthält, sieht § 234 Abs. 1 i. V. m. § 135 HGB ein Kündigungsrecht der Gläubiger des stillen Gesellschafters vor. Dabei ist eine 6-monatige Kündigungsfrist zu beachten. Zu den übrigen Voraussetzungen vgl. für die OHG § 131 HGB Rdn. 40). 166

Soweit Gläubiger des Geschäftsinhabers auf das Gesellschaftsvermögen zugreifen wollen, bedarf es keines Rückgriffs auf § 135 HGB. Da die Einlage des Stillen unmittelbar in das Vermögen des Geschäftsinhabers fließt, ist diese von Pfändungsmaßnahmen umfasst. Pfändbar ist auch der noch nicht vollständig erfüllte Einlagenanspruch des Geschäftsinhabers (*Geck* DStR 1994, 657, 659). 167

IV. Sonstige Auflösungsgründe

1. Tod des stillen Gesellschafters

Der Tod des stillen Gesellschafters führt nach § 234 Abs. 2 HGB nicht zur Auflösung der Gesellschaft. 168

2. Tod des Einzelunternehmers

169　Anders verhält es sich in der Regel mit dem Tod eines Einzelunternehmers als Geschäftsinhaber (§ 727 Abs. 1 BGB). Dies gilt aber nur dann, wenn im Gesellschaftsvertrag **keine Fortführungsklausel** vereinbart wurde (*Blaurock* Rn. 15.43; vgl. zu erbrechtlichen Nachfolgeklauseln bei der OHG ausführl. § 139 HGB Rdn. 3 ff.). Im Hinblick auf die bei der Auseinandersetzung einer Erbengemeinschaft ggf. entstehenden Zustimmungsrechte des stillen Gesellschafters, sollte auch die Befugnis der Erben geregelt werden, das Unternehmen unter Fortsetzung des stillen Gesellschaftsverhältnisses auf eine bestimmte Person zu übertragen (S/S/S/*Singhof* Rn. 113). Denkbar ist auch die Regelung, dass das Handelsgeschäft auf den stillen Gesellschafter übergehen soll. Dann erhalten die Erben ein aus der Bilanz zu errechnendes Auseinandersetzungsguthaben. Die stille Gesellschaft erlischt durch Konfusion (*Blaurock* Rn. 15.48).

3. Liquidationsphase bei Handelsgesellschaften

170　Dem Tod eines Einzelunternehmers ist die Auflösung von Handelsgesellschaften nicht gleichzustellen. Die mit der Auflösung verbundene Liquidationsphase schließt das Bestehen einer stillen Beteiligung gerade nicht aus, denn die Förderung des Handelsgewerbes als Zweck der stillen Gesellschaft kann weiter erfolgen (vgl. BGHZ 84, 379, 380 f.). In solchen Fällen kann dem stillen Gesellschafter aber ein **Recht zur außerordentlichen Kündigung** oder ein **Schadensersatzanspruch** zustehen (*Blaurock* Rn. 15.61).

4. Zweckerreichung, Zweckvereitelung, § 726 BGB

171　Grundsätzlich findet auch bei der stillen Gesellschaft § 726 BGB Anwendung. Denkbar sind also auch die Zweckerreichung und die Zweckvereitelung als Auflösungsgründe. Eine **Zweckvereitelung** liegt vor allem dann vor, wenn dem Geschäftsinhaber notwendige öffentlich-rechtliche Genehmigungen entzogen werden. Dies gilt ebenso für alle anderen Fälle der endgültigen Unmöglichkeit der Fortführung der Geschäfte (vgl. BGHZ 84, 379, 381). Die unumkehrbare Veräußerung des Geschäftsbetriebs kann ebenfalls zur Auflösung führen (E/B/J/S/*Gehrlein* § 234 Rn. 9), wenn die stille Beteiligung nicht rechtsgeschäftlich auf den Erwerber übertragen wird (s. Rdn. 147, 148) und der vormalige Inhaber kein Handelsgeschäft mehr betreibt und auch kein neues Geschäft aufbaut.

5. Beendigung durch Zeitablauf, auflösende Bedingung

172　Gesellschaftsvertraglich vorgesehen werden kann auch eine automatische Beendigung durch Zeitablauf oder durch Eintritt einer auflösenden Bedingung. Dies wird insbesondere bei projektbezogenen stillen Beteiligungen (vgl. hierzu Rdn. 126–128) und beim Einsatz der stillen Beteiligung als vorübergehendes Finanzierungsinstrument praktiziert.

6. Insolvenz eines Gesellschafters

173　Nach § 728 BGB stellt die Insolvenz eines Gesellschafters einen weiteren Auflösungsgrund dar. Dies gilt nach h. M. auch für den Fall der Nachlassinsolvenz (MüKo HGB/*K. Schmidt* § 234 Rn. 11). Für den Fall der Insolvenz des Geschäftsinhabers folgt dies aus § 236 HGB. Gem. § 736 BGB kann für mehrgliedrige stille Gesellschaften vorgesehen werden, dass die Insolvenz eines Gesellschafters nur zu dessen Ausscheiden aus der Gesellschaft führt.

7. Aufhebungsvertrag

174　Schließlich ist eine Auflösung durch Aufhebungsvertrag jederzeit möglich. Dieser ist grundsätzlich formfrei möglich und kann auch konkludent geschlossen werden (BGH BB 2001, 222; *Ensthaler/Fahse* § 234 Rn. 3). In der Rückgewähr der stillen Einlage als solcher liegt i. d. R. noch keine konkludente Auflösung (vgl. § 136 InsO zur Anfechtung, der die Fortdauer der stillen Gesellschaft trotz Einlagenrückgewähr voraussetzt). Soweit die Einlage allerdings endgültig zurückgewährt wurde, kann eine konkludente Auflösung des Gesellschaftsverhältnisses im Einzelfall vorliegen (MünchHdb GesR II/*Polzer* § 91 Rn. 41).

V. Beendigung der stillen Gesellschaft durch »Umwandlung« in Darlehen oder andere Beteiligungsform

Es kann Gründe insbesondere im Interesse des Geschäftsinhabers geben, das stille Beteiligungsverhältnis zu beenden. Dies ist z. B. dann der Fall, wenn es sich bei dem Geschäftsinhaber um eine Aktiengesellschaft handelt, die eine Börsennotierung anstrebt. Gerade im Bereich der Wagniskapitalbeteiligung ist eine stille Beteiligung oft nur als vorübergehende Finanzierung gewollt. Solche stillen Beteiligungen sind i. d. R. derart atypisch ausgestaltet, dass der Beteiligungsgesellschaft weitgehende Einflussmöglichkeiten eingeräumt werden. Diese würden aber aus Sicht des Kapitalmarktes negativ bewertet und sollen daher vor dem geplanten Börsengang wieder beseitigt werden. 175

Die stille Beteiligung kann in diesen Fällen durch **anfängliche Befristung** bzw. **vertragliche Aufhebung** ersatzlos beendet werden. Soweit eine Fortsetzung des Geschäftsverhältnisses gewünscht ist, besteht die Möglichkeit der Überführung bzw. »Umwandlung« in ein Kreditverhältnis oder eine unmittelbare Gesellschafterstellung. 176

1. Vertragliche Grundlage der »Umwandlung«

Die spätere »Umwandlung« der stillen Beteiligung wird in der Regel bereits anfänglich vertraglich vorgesehen. Soweit dies im Einzelfall nicht geschehen ist, kann eine **Mitwirkungspflicht des Stillen** zur Anpassung ggf. aus seiner Treuepflicht oder aus den Grundsätzen des § 311 BGB folgen (S/S/S/*Singhof* Rn. 275). 177

2. Ablauf der »Umwandlung«

Technisch vollzieht sich die »Umwandlung« durch **Beendigung der stillen Gesellschaft** (entweder durch Zeitablauf bzw. Eintritt einer auflösenden Bedingung oder durch Aufhebungsvertrag, s. o. Rdn. 169, 171) einerseits und **Abschluss eines Darlehensvertrags** bzw. Begründung einer neuen Beteiligung andererseits (vgl. GmbH-Hdb/*Kallmeyer* Rn. I 469). Daher sind im Zweifel die allgemeinen Vorschriften sowohl für die Aufhebung einer stillen Gesellschaft als auch für die Eingehung des an ihre Stelle tretenden Verhältnisses zu beachten. 178

a) »Umwandlung« in ein Kreditverhältnis

Bei Umwandlung in ein Kreditverhältnis gilt es zu beachten, dass auch partiarische Darlehen bei Aktiengesellschaften z. T. als Teilgewinnabführungsverträge qualifiziert werden (MüKo AktG/ *Altmeppen* § 292 Rn. 68 f.), sodass auch ggf. Angaben im Börsenzulassungs- und Verkaufsprospekt zu machen sind. 179

b) »Umwandlung« in Aktien

Die Umwandlung in Aktien kann dergestalt vollzogen werden, dass die stille Beteiligung beendet und der **Auseinandersetzungsanspruch gegen Anteilsgewährung** eingebracht wird. Dabei sind die zwingenden Bestimmungen zur Kapitalerhöhung (§§ 182 ff. AktG) zu beachten. Formal kann die Schaffung genehmigten Kapitals (§§ 202 ff. AktG) oder eine bedingte Kapitalerhöhung (§§ 192 ff. AktG) bei Einbringung der stillen Beteiligung als Sacheinlage zur Anwendung kommen (*Schlitt/ Beck* NZG 2001, 688, 693 f.). Zur Sicherstellung der erforderlichen Mehrheiten sollte eine schuldrechtliche Stimmbindungsvereinbarung mit den maßgeblichen Aktionären geschlossen werden. 180

G. Durchführung der Abwicklung

I. Ermittlung des Auseinandersetzungsanspruchs

181 Infolge der Beendigung der stillen Gesellschaft gilt es zu berechnen, welche Ausgleichsansprüche bestehen. Hierzu ist eine **Gesamtabrechnung** aller gegenseitigen Ansprüche aus dem stillen Gesellschafterverhältnis zu erstellen. Dabei liegt keine Liquidation i. S. d. § 730 BGB vor, da eine solche das Bestehen eines Gesellschaftsvermögens voraussetzt. Vielmehr geht es um die Abwicklung der bestehenden schuldrechtlichen Beziehungen zwischen den Gesellschaftern (*Ensthaler/Fahse* § 235 Rn. 1 f.).

1. Erstellung einer Auseinandersetzungsbilanz

182 Zur Berechnung des Auseinandersetzungsanspruches ist i. d. R. eine **Auseinandersetzungsbilanz** zu erstellen (ggf. entbehrlich, vgl. BGH DB 1977, 2040). Insoweit sind in Ermangelung einer anderslautenden vertraglichen Regelung dieselben Grundsätze wie bei der Ermittlung des laufenden Gewinns anzuwenden. Reine Wertveränderungen im Anlagevermögen sowie immaterielle Wirtschaftsgüter einschließlich des Firmenwerts sind i. d. R. also nicht zu berücksichtigen (s. Rdn. 81, 82; RGZ 120, 410, 411). Soweit eine Teilhabe an den Veränderungen im Gesellschaftsvermögen nicht vereinbart wurde, ist keine Vermögens-, sondern eine **Ertragsbilanz** aufzustellen (MüKo HGB/*K. Schmidt* § 235 Rn. 16). Diese setzt sich zusammen aus dem Buchwert der Einlage zum letzten ermittelten Stichtag, die um die seither aufgelaufenen Gewinne oder Verluste ergänzt wird (vgl. *Blaurock* Rn. 16.12).

2. Korrekturen

183 Im Rahmen dieser Abrechnung wird es nicht selten notwendig, Korrekturen im Hinblick auf die in den Vorjahren verwendeten Ansätze vorzunehmen. Zu beachten sind u. a. bestimmte **offene und stille Rücklagen**, die zu einer vorherigen Gewinnminderung zulasten des stillen Gesellschafters geführt haben (MüKo HGB/*K. Schmidt* § 235 Rn. 24). Mindernd kann sich ferner eine nach den Grundsätzen ordnungsgemäßer Buchführung notwendige **Nachholung von Abschreibungen** auswirken (RGZ 94, 106, 108; BGH BB 1960, 14, 15).

3. Schwebende Geschäfte

184 In § 235 Abs. 2 HGB ist zudem vorgesehen, dass bei der Berechnung des Auseinandersetzungsanspruchs der Erfolg aus noch schwebenden Geschäften zu berücksichtigen ist. Diese sind zu diesem Zweck abzuwickeln, was einen nicht unerheblichen Zeitraum in Anspruch nehmen kann.

a) Begriff des »schwebenden Geschäfts«

185 Zu klären gilt es im Einzelfall, welche Geschäfte unter den Begriff des »schwebenden Geschäfts« fallen. Einvernehmen besteht darüber, dass nicht alle laufenden Vorgänge gemeint sind. **Nicht umfasst** sind u. a. Dauerschuldverhältnisse, Sukzessivlieferungen sowie mitgliedschaftliche Rechtsverhältnisse (*K. Schmidt* DB 1983, 2401, 2404 ff.). Nicht in jedem Fall wird sich allerdings ohne Weiteres klar abgrenzen lassen, ob dem stillen Gesellschafter aus einem noch laufenden Verhältnis ein Gewinn- oder Verlustanteil zuzurechnen ist. Deshalb finden sich mitunter im Gesellschaftsvertrag Regelungen, wonach keine Zurechnung mehr nach einem Stichtag erfolgt und im Gegenzug eine bestimmte pauschale Abgeltung gewährt wird (Baumbach/Hopt/*Hopt* § 235 Rn. 4).

b) Abwicklungsbefugnis

186 Abwicklungsbefugt ist allein der **Geschäftsinhaber**. Das gilt selbst dann, wenn bei der laufenden (atypisch) stillen Gesellschaft dem stillen Gesellschafter Geschäftsführungsbefugnisse eingeräumt worden waren (MünchHdb GesR II/*Bezzenberger/Keul* § 92 Rn. 52). Dem stillen Gesellschafter stehen somit nur die allgemeinen Informationsrechte zur Verfügung (vgl. dazu Rdn. 100–104).

Nur in Ausnahmefällen ist es möglich, im Wege der **einstweiligen Verfügung** Maßnahmen des Geschäftsinhabers zu verhindern (GroßkommHGB/*Zutt* § 235 Rn. 30; MüKo HGB/*K. Schmidt* § 235 Rn. 42). Zumeist wird der Streit über die Rechtmäßigkeit von Abwicklungsmaßnahmen im Rahmen eines Schadensersatzprozesses ausgetragen.

4. Auseinandersetzungsguthaben und Ausgleichsansprüche

Bei einem **positiven Saldo** besteht ein Auseinandersetzungsguthaben des Stillen. Soweit sich im Rahmen der Auseinandersetzungsbilanz ein **negativer Saldo** ergibt, kommen umgekehrt Ausgleichsansprüche gegen den stillen Gesellschafter in Betracht. Dabei gilt es aber zu beachten, dass dieser i. d. R. nur in Höhe seiner Einlage haftet. Eine Zahlungspflicht besteht somit – soweit nichts Abweichendes vereinbart wurde – nur dann, wenn die Einlage nicht bereits vollständig erbracht wurde (oder wenn es zur Einlagenrückgewähr gekommen ist), und nur bis zur Höhe der rückständigen Einlage. Ist der Passivsaldo geringer als die rückständige Einlage, muss nur der negative Saldo ausgeglichen werden (E/B/J/S/*Gehrlein* § 235 Rn. 5). Dieser Anspruch unterliegt der ordentlichen Verjährung. Dagegen kann nicht vorgetragen werden, ein atypisch stiller Gesellschafter stehe hinsichtlich seiner Rechte und Pflichten einem Kommanditisten gleich, sodass §§ 128, 171 HGB anzuwenden seien. Eine solche Außenhaftung bedarf einen weiter gehenden Haftungsgrund (vgl. BGH ZIP 2010, 1341, 1341 f.). Gänzlich ausscheiden muss eine Ausgleichspflicht – auch bei rückständiger Einlage – dann, wenn die Verlustbeteiligung abbedungen wurde (Ausnahme: Eigenkapitalcharakter einer rückständigen Einlage, s. Rdn. 208–213) oder wenn im Rahmen der Liquidation des Geschäftsinhabers die Einlage zum Ausgleich von Verbindlichkeiten nicht benötigt wird (BGH NJW 1980, 1522, 1523).

187

5. Regelungen im Gesellschaftsvertrag

Es besteht Einigkeit, dass im Bereich des Auseinandersetzungsanspruchs weitgehende gesellschaftsvertragliche **Gestaltungsfreiheit** besteht (vgl. BGH DB 2001, 1826, 1827; Röhricht/v. Westphalen/*v. Gerkan* § 235 Rn. 3; *Ensthaler/Fahse* § 235 Rn. 3). Es bietet sich an, Regelungen zur Berechnung des Auseinandersetzungsguthabens zu treffen. In Abhängigkeit vom Beteiligungsobjekt können so sachgerechte Vorgaben gefunden werden, um spätere Rechtsstreitigkeiten zu vermeiden. In Betracht kommt bspw. eine Regelung, nach der die Berechnung nur zu Buchwerten erfolgt und im Gegenzug ein pauschaler Zuschlag gewährt wird (vgl. *Blaurock* Rn. 16.18).

188

6. Sonderfall atypisch stille Beteiligung mit Vermögensbeteiligung

Bei atypisch stillen Beteiligungen mit Vermögensbeteiligung durch den Stillen (s. Rdn. 108–110) gelten abweichende Grundsätze. Entsprechend der Beteiligung ist hier eine **Vermögensbilanz** unter Ansatz von **Fortführungswerten** aufzustellen (MüKo HGB/*K. Schmidt* § 235 Rn. 58). Vergleichbar der Auseinandersetzung einer Gesamthandsgesellschaft ist die Abfindung des stillen Gesellschafters zu ermitteln (BGH NJW-RR 1994, 1185; WM 1995, 1277).

189

7. Sonderfall Dienstleistungs- und Sacheinlage

Soweit die Einlage des Stillen nicht (nur) in Geld erfolgt ist, stellt sich die Frage der Ersatzfähigkeit dieser Einlage. Nach § 733 Abs. 2 Satz 3 BGB gilt bei Einlagen in Form von **Dienstleistungen**, dass kein Ersatz verlangt werden kann. Etwas anderes gilt dann, wenn davon auszugehen ist, dass im Auseinandersetzungszeitpunkt noch keine vollständige Abgeltung der Dienste erfolgt ist und wenn der Erfolg der Dienste noch als messbarer Vermögenswert vorhanden ist (BGH NJW 1966, 501 f.).

190

Nach § 732 BGB sind **überlassene Gegenstände** an den stillen Gesellschafter zurückzugewähren, wobei nur bei vertragswidriger oder unsachgemäßer Verwendung ein Ersatz von Wertminderungen zu erfolgen hat (vgl. § 708 BGB).

191

II. Entstehung und Fälligkeit des Abwicklungsanspruches

192 Der Abwicklungsanspruch **entsteht** mit Auflösung der Gesellschaft (E/B/J/S/*Gehrlein* § 235 Rn. 19) und ist in dem Zeitpunkt **fällig**, in dem der Saldo zumutbar errechnet sein kann (*Enthaler/Fahse* § 235 Rn. 6). Wenngleich sich ein solcher Zeitpunkt nie exakt nachweisen lassen wird, erhält der stille Gesellschafter zumindest eine bedingte Handhabe. Von Bedeutung ist insoweit, dass nach h. M. ein Zahlungsanspruch allein auf eine Berechnung ohne Berücksichtigung der Abwicklung schwebender Geschäfte gestützt werden kann (MüKo HGB/*K. Schmidt* § 235 Rn. 29).

193 Im Hinblick auf die **Abrechnung schwebender Geschäfte** ist eine Sonderabrechnung aufzustellen, es sei denn, eine Einbeziehung ist ohne zeitliche Verzögerung möglich (vgl. MüKo HGB/*K. Schmidt* § 235 Rn. 37, 47).

194 Bei der Abfassung von Gesellschaftsverträgen ist in Betracht zu ziehen, zur Sicherung der Liquidität des Geschäftsinhabers eine **Stundungsabrede** aufzunehmen, wonach der Abfindungsanspruch erst nach bestimmter Zeit und/oder in bestimmten Raten fällig wird. Im Gegenzug kann vorgesehen werden, dass dem stillen Gesellschafter dann eine Sicherheit zu gewähren ist (*Weigl* S. 87).

195 Hat die stille Einlage Eigenkapital- oder Eigenkapitalersatzcharakter (s. Rdn. 208–213, 214–219) ist ggf. auch außerhalb der Insolvenz ein **Rückzahlungsverbot** zu beachten, z. B. gem. bzw. analog § 31 GmbHG.

196 Die Stundung des Abfindungsanspruches könne als nach dem KWG genehmigungspflichtiges Bankgeschäft eingestuft werden. In der Rechtsprechung ist anerkannt, dass das jedenfalls bei einer Stundungsabrede für die Dauer von nicht mehr als 2 Jahren bei einer Verzinsung von bis zu 5 % pro Jahr nicht der Fall ist, da damit die Liquiditätssicherung der Gesellschaft im Vordergrund stünde (vgl. BGH ZIP 2013, 1761, 1762).

H. Besonderheiten der Abwicklung in der Insolvenz des Geschäftsinhabers, § 236 HGB

I. Abwicklung der stillen Gesellschaft im Regelfall

197 Für den Fall der Insolvenz des Geschäftsinhabers bestehen in § 236 HGB und § 136 InsO besondere gesetzliche Regelungen. Danach verbleibt es zunächst bei § 728 Abs. 2 Satz 1 BGB als Grundlage für die Beendigung des Gesellschaftsverhältnisses. Nach § 236 HGB findet eine Auseinandersetzung gem. § 235 HGB statt.

1. Auseinandersetzungsbilanz

198 Maßgeblicher Stichtag für die Auseinandersetzungsbilanz gem. § 235 HGB (s. Rdn. 182) ist die Eröffnung des Insolvenzverfahrens (zur Berücksichtigung von Wertveränderungen durch die Verfahrenseröffnung vgl. E/B/J/S/*Gehrlein* § 236 Rn. 5). **Schwebende Geschäfte** sind vom Insolvenzverwalter abzuwickeln, wobei die Folgen einer Erfüllungsablehnung nach § 103 Abs. 2 InsO in der Auseinandersetzungsbilanz außer Betracht bleiben sollen (E/B/J/S/*Gehrlein* § 236 Rn. 6).

2. Auszahlungsanspruch des stillen Gesellschafters

199 Ergibt sich danach ein **positives Einlagenkonto**, ist der in Geld lautende Auszahlungsanspruch nach § 236 Abs. 1 HGB **als Insolvenzforderung** anzumelden. Der stille Gesellschafter wird insolvenzrechtlich wie ein ungesicherter Fremdkapitalgeber behandelt (BGH NJW 1983, 1855, 1856).

200 Eine Besserstellung kann sich ergeben, wenn eine Sicherheit für den Einlagenrückübertragungsanspruch bestellt wurde; dann besteht ggf. ein **Recht auf abgesonderte Befriedigung** gem. §§ 49, 50, 165 ff. InsO (*Blaurock* Rn. 17.62). Allerdings ist darauf zu achten, dass eine Sicherheitenbestellung ein Indiz für ein partiarisches Darlehen darstellt (s. Rdn. 20), sodass in solchen Fälle u. U. gar keine stille Gesellschaft vorliegt.

Wie zuvor bereits festgestellt (s. Rdn. 94), erhöht ein stehen gelassener **Anspruch auf Gewinnbeteiligung** die Einlage nicht. Solche Ansprüche sind als stehen gelassenes Fremdkapital ebenfalls als Insolvenzforderung anmeldbar (S/S/S/*Singhof* Rn. 298). 201

3. Ausgleichsanspruch der Gesellschaft

Besteht ein »**negatives Einlagenkonto**«, so ist der stille Gesellschafter – ebenso wie bei der Abwicklung außerhalb der Insolvenz (s. Rdn. 187) – in der Regel nur dann und nur insoweit ausgleichspflichtig, als er seine Einlage nicht erbracht hat und am Verlust beteiligt ist. Eine uneingeschränkte Pflicht zur Erbringung einer rückständigen Einlage besteht nur, wenn die Einlage in materielles Eigenkapital umqualifiziert wird (s. Rdn. 208). 202

Im Übrigen muss auch eine rückständige Einlage nicht zur Masse erbracht werden. Der Stille kann aber zur Zahlung von **Schadensersatz** verpflichtet sein, wenn er mit der Leistung der Einlage im Verzug war und ein Verzugsschaden entstanden ist (MüKo HGB/*K. Schmidt* § 236 Rn. 20). 203

Besteht nach diesen Grundsätzen eine Verpflichtung zur Erbringung der ausstehenden Einlage, so ist diese in der gesellschaftsvertraglich **vorgesehenen Weise** zu erbringen, wie sie auch ohne die Insolvenz zu erbringen gewesen wäre (Röhricht/v. Westphalen/*v. Gerkan* § 236 Rn. 10). Daraus folgt, dass bspw. die **Fälligkeit** einer noch zu erbringenden Einlageschuld nicht zwingend unverzüglich eintritt. Vielmehr gelten die gesellschaftsvertraglichen Vereinbarungen (*Blaurock* Rn. 17.65). Gegenüber der fälligen Verpflichtung zur Erbringung einer Einlage kann der Stille kein Zurückbehaltungsrecht im Hinblick einen sich ggf. aus der Abwicklung schwebender Geschäfte ergebenden späteren Anspruch auf Gewinnbeteiligung geltend machen (S/S/S/*Singhof* Rn. 301). Er kann jedoch Sicherheitsleistung verlangen (§ 95 InsO). 204

4. Befugnis zur Erstellung der Auseinandersetzungsbilanz

Zuständig für die Aufstellung der Auseinandersetzungsbilanz ist der **Insolvenzverwalter**. Nimmt dieser keine ordnungsgemäße Errechnung des Auseinandersetzungsanspruchs vor, kann der stille Gesellschafter grundsätzlich sein Guthaben selbst errechnen und zur Tabelle anmelden (Röhricht/v. Westphalen/*v. Gerkan* § 236 Rn. 6). Soweit der Insolvenzverwalter diese Forderung aber bestreitet, müsste der Stille die Rechtmäßigkeit der angemeldeten Forderung gerichtlich klären lassen (§§ 179 ff. InsO). Dies wird insbesondere dann Probleme bereiten, wenn ihm die Berechnungsgrundlagen nicht zuverlässig vorlagen. Dem stillen Gesellschafter kann deshalb nur geraten werden, den Insolvenzverwalter auf Vornahme der Auseinandersetzung zu verklagen (*Heymann*/Horn § 236 Rn. 7). Die dabei i. d. R. eintretende Versäumung der Frist für die Forderungsanmeldung im Insolvenzverfahren ist unschädlich, da es sich insoweit nicht um eine Ausschlussfrist handelt (vgl. Runkel/*Runkel* § 6 Rn. 296 f.). 205

5. Fortführung der stillen Gesellschaft

Abweichend von der grundsätzlichen Beendigung kann die stille Gesellschaft in der Insolvenz des Geschäftsinhabers fortgeführt werden, wenn aufgrund eines **Insolvenzplanes** eine Fortsetzung der Geschäftstätigkeit des Geschäftsinhabers erfolgt. In diesem Fall kann bei Verzicht des stillen Gesellschafters auf die Rückzahlung der Einlage mit dessen Zustimmung auch das stille Beteiligungsverhältnis fortgesetzt werden (Uhlenbruck/*Hirte* § 11 Rn. 392). 206

II. Besonderheiten bei materiellem Eigenkapital, Eigenkapitalersatz und Rangrücktritt

Die vorstehend erläuterten Grundsätze für die Abwicklung der stillen Gesellschaft in der Insolvenz geltend nur, wenn die stille Beteiligung nicht als materielles Eigenkapital oder zumindest als eigenkapitalersetzend zu qualifizieren ist. Ist dies der Fall, kann ein Anspruch auf Auszahlung des Auseinandersetzungsguthabens nur **nachrangig** bzw. **gar nicht** als Insolvenzforderung geltend gemacht werden, und eine ausstehende Einlage ist unabhängig von den allgemeinen Voraussetzungen (s. Rdn. 187) zu erbringen. Im Einzelnen sind folgende Fälle zu unterscheiden: 207

Anhang 1 HGB Stille Gesellschaft

1. Qualifikation der Einlage als materielles Eigenkapital

208 Soweit eine Verbindung der stillen Einlage mit einer unmittelbaren Gesellschaftsbeteiligung vorliegt, kann u. U. eine **Umqualifikation in »materielles« Eigenkapital** geboten sein.

a) »Gesplittete Einlage«

209 Die Rechtsprechung hat dies zunächst bei der sog. »gesplitteten Einlage« angenommen (vgl. BGH NJW 1980, 1522, 1523, NJW 1981, 2251, 2252). Diese Gestaltung, bei der die Beteiligung als Kommanditist mit einer zusätzlichen stillen Beteiligung verbunden wird, ist insbesondere bei Publikums-Kommanditgesellschaften verbreitet. Voraussetzung für die Umqualifizierung auch der stillen Einlage in Eigenkapital ist, dass diese Einlage für die Erreichbarkeit des Gesellschaftszweckes unabdingbar ist. Als Indiz hierfür wird ihr Ausweis im Prospekt der Publikums-KG als Eigenkapital angesehen (BGH ZIP 1985, 347, 348). Ein entsprechendes Indiz ist auch ein sehr hohes Gesamtvolumen der stillen Beteiligung(en) am Gesamtkapital der Gesellschaft (vgl. *Schmid/Hamann* DStR 1992, 950).

b) Gesellschaftsvertragliche Vereinbarungen

210 Darüber hinaus kann eine Umqualifikation der stillen Einlage in materielles Eigenkapital aber auch ohne eine daneben bestehende direkte Gesellschaftsbeteiligung angenommen werden, wenn dies den gesellschaftsvertraglichen Vereinbarungen entspricht (BGH NJW 1985, 1079, 1080). Dies ist jedenfalls dann anzunehmen, wenn verabredet wurde, der stille Gesellschafter solle dasselbe Verlust- und Insolvenzrisiko tragen wie ein Gesellschafter der Inhabergesellschaft. Eine Teilhabe an den stillen Reserven ist nicht zwingend erforderlich (GmbH-Hdb/*Kallmeyer* Rn. I 455 ff.). Im Einzelnen ist bei der notwendigen Auslegung der gesellschaftsvertraglichen Vereinbarungen aber noch vieles strittig. Im Hinblick auf die vom Gesetzgeber in § 236 HGB getroffene Wertung sollte eine Umqualifizierung nur zurückhaltend erfolgen. Neben der Vereinbarung der Verlusttragung ist auch die Einräumung dauerhafter unternehmerischer Gestaltungsbefugnisse zu fordern (BGHZ 106, 7, 10, OLG Hamm NZG 2001, 125). Da gesellschaftsrechtliches Eigenkapital in der Regel dauerhaft zur Verfügung gestellt wird, können zeitliche Befristungen und einseitige Kündigungsmöglichkeiten für die Annahme von Eigenkapital schädlich sein (OLG Saarbrücken ZIP 1999, 2150, 2151).

c) Gleichlauf mit handelsbilanziellem Ausweis?

211 Ein Gleichlauf mit dem handelsbilanziellen Ausweis **als Eigen- oder Fremdkapital** (dazu s. Rdn. 3) ist nicht zwingend, wobei die Einzelheiten der handelsbilanziellen Behandlung streitig sind. Es sind Fälle denkbar, in denen eine stille Beteiligung handelbilanzielles Fremdkapital, jedoch materielles Eigenkapital darstellen kann. Der umgekehrte Fall erscheint dagegen nicht möglich, zumal der bilanzielle Ausweis als Eigenkapital bereits aus Vetrauensschutzgründen ein starkes Indiz für das Vorliegen (auch) materiellen Eigenkapitals darstellen dürfte. Zu trennen von der Frage bilanziellen bzw. materiellen Eigenkapitals ist schließlich die Frage der Passivierung im Überschuldungsstatus, die auch bei bestehendem Fremdkapitalcharakter durch einen sog. qualifizierten Rangrücktritt entfallen kann (s. Rdn. 221–228).

d) Rechtsfolge der Umqualifizierung

212 Rechtsfolge der Umqualifizierung in materielles Eigenkapital ist zum einen, dass ein Anspruch auf Auszahlung des Auseinandersetzungsguthabens **nicht als Insolvenzforderung** geltend gemacht werden kann. Dieser fällt vielmehr in die Rangklasse des Eigenkapitals (§ 199 InsO) und kann deshalb nicht zur Tabelle angemeldet werden. Zum anderen besteht eine **Verpflichtung zur Erbringung einer rückständigen Einlage** auch dann, wenn die Beteiligung am Verlust ausgeschlossen wurde (E/B/J/S/*Gehrlein* § 236 Rn. 6). Allerdings ist die Nachzahlungspflicht auch bei materieller Eigenkapitalfunktion auf den Fall der rückständigen Einlage beschränkt. Ist die Einlage vollständig erbracht, so folgt selbst beim Anfall laufender Verluste keine Nachschusspflicht.

Ist eine als materielles Eigenkapital zu qualifizierende **stille Einlage zurückgewährt** worden, richten sich die Rechtsfolgen nach den jeweiligen rechtsformspezifischen Vorschriften für die Einlagenrückgewähr (z. B. § 31 GmbHG, § 57 AktG, § 172 Abs. 4 HGB). Daneben besteht ggf. die allgemeine **Anfechtungsmöglichkeit** nach § 136 InsO (s. Rdn. 229–241). 213

2. Qualifikation der Einlage als Eigenkapitalersatz

Liegt kein materielles Eigenkapital vor, so war es bis zum Erlass des MoMiG unstreitig anerkannt, dass auch eine stille Einlage eigenkapitalersetzenden Charakter haben konnte (vgl. Baumbach/Hueck/*Hueck/Fastrich* § 30 Anh. Rn. 43 f.). 214

a) Bisherige Rechtslage

Die stille Einlage konnte – sofern Eigenkapitalersatzrecht aufgrund der Rechtsform der Inhabergesellschaft einschlägig ist, also grundsätzlich bei GmbH, AG, GmbH (bzw. AG) & Co. KG und »atypischer« OHG – sowohl nach den sog. **Novellenregeln** (§§ 32a, b GmbHG, §§ 129a, 172a HGB) als auch nach den in Analogie zu §§ 30, 31 GmbHG entwickelten sog. **Rechtsprechungsregeln** als Eigenkapitalersatz gelten. 215

Voraussetzung war jedoch, dass der Stille als Gesellschafter im Sinne des Eigenkapitalersatzrechts zu behandeln war. Das war grundsätzlich dann der Fall, wenn er entweder **zugleich unmittelbarer Gesellschafter** war, wenn seine stille Einlage als **materielles Eigenkapital** zu qualifizieren war oder wenn der Stille aufgrund herausgehobener Ausgestaltung seiner Rechte eine Stellung als »Quasigesellschafter« innehatte (vgl. BGHZ 106, 7; BGH ZIP 2006, 703). Wurde der Stille dabei allein aufgrund des Eigenkapitalcharakters der stillen Beteiligung einem Gesellschafter gleichgestellt, gestaltete sich die Bestimmung seiner Beteiligungshöhe u. U. als schwierig. Maßgeblich sollte das »Einflusspotential« des Stillen sein (*Lutter/Hommelhoff* § 32a/b Rn. 71). 216

Rechtsfolge war die **Anfechtbarkeit** einer erfolgten Einlagenrückgewähr unter den Voraussetzungen des § 135 InsO sowie daneben ggf. ein **Rückgewähranspruch** des Insolvenzverwalters analog § 31 GmbH (vgl. BGHZ 90, 370, 376 f.; OLG Hamm NZG 2001, 125, 126). Dagegen führte der eigenkapitalersetzende Charakter nicht zu einer Ausweitung der Pflicht zur Erbringung einer rückständigen Einlage über die Grenze des § 236 Abs. 2 HGB hinaus (BGHZ 133, 298, 303; E/B/J/S/*Gehrlein* § 236 Rn. 18; a. A. OLG Frankfurt am Main GmbHR 1997, 892). 217

Zu beachten galt es allerdings, dass die stille Einlage trotz eigenkapitalersetzenden Charakters in der Bilanz und **im Überschuldungsstatus** der Inhabergesellschaft grundsätzlich zu **passivieren** war. 218

b) Rechtslage seit dem MoMiG

Aufgrund der Abschaffung des bisher bekannten Eigenkapitalersatzrechts dürfte auch bezogen auf stille Einlagen nunmehr grundsätzlich das Recht der Regelungen zu Gesellschafterdarlehen gelten.

Es verbleibt gemäß der im Rechtsausschuss des Bundestages gefundenen Lösung für § 19 Abs. 2 InsO dabei, dass grundsätzlich trotz Anwendung der Regelungen zu Gesellschafterdarlehen und gleichgestellten Rechtshandlungen entsprechende Mittel bei der Ermittlung des Überschuldungsstatus **nicht herauszurechnen** sind. Begründet wurde das damit, dass durch die Notwendigkeit der Erklärung eines Rangrücktritts hinter die nach § 39 Abs. 1 InsO genannten Forderungen eine besondere Warnfunktion für die Gesellschafter bestehe und zugleich die Geschäftsführer eindeutig in die Lage versetzt würden, die Passivierungspflicht zu beurteilen (vgl. BT-Drucks. 16/9737 S. 104 f.). 219

Relevant für die Beurteilung stiller Einlagen ist vor allem § 39 Abs. 1 Nr. 5 InsO. Die Rechtsprechung nimmt eine Gleichstellung stiller Einlagen mit Gesellschafterdarlehen vor, wenn eine atypisch stille Beteiligung an einer GmbH & Co. KG in ihrer Rechtsposition einer Kommanditbeteiligung im Innenverhältnis weitgehend angenähert ist. Dabei ist zu beachten, dass auch der Kommanditist 220 nur eingeschränkte Mitwirkungsrechte hat und deshalb verhältnismäßig schnell eine entsprechende Gleichstellung angenommen werden kann (vgl. BGH DB 2012, 2213, 2213 f.).

3. Rangrücktritt

221 Im Hinblick auf die Zwecksetzung einer stillen Beteiligung z. B. als Sanierungsinstrument kann es auch durchaus gewünscht sein, eine eigenkapitalähnliche Ausgestaltung zu vereinbaren. Für einen Rangrücktritt ist dabei eine klare, **eindeutige vertragliche Vereinbarung** notwendig. Eine entsprechend klare Vereinbarung liegt jedenfalls noch nicht vor, wenn reine Ausschüttungsbeschränkungen vorgesehen sind (OLG Hamm WM 1997, 2323, 2324 f.).

a) Umqualifizierung in materielles Eigenkapital

222 Liegt ein Rangrücktritt vor, stellt sich in der Regel vorrangig die Frage der Umqualifizierung in materielles Eigenkapital (s. Rdn. 208–213), für die der Rangrücktritt ein weiteres Indiz darstellen kann.

b) Einzahlung rückständiger Einlagen

223 Ist kein materielles Eigenkapital gegeben, so bewirkt allein die Tatsache des Rangrücktritts keine Verpflichtung zur Einzahlung rückständiger Einlagen über die allgemeinen Grundsätze (s. Rdn. 184) hinaus (OLG Hamm ZIP 1993, 1321 f., a. A. wohl E/B/J/S/*Gehrlein* § 236 Rn. 13, der allerdings hierzu Fälle zitiert, in denen es zur Umqualifizierung gekommen war). Im Übrigen ist hinsichtlich der **Rechtsfolgen** des Rangrücktritts zu unterscheiden:

aa) einfacher Rangrücktritt

224 Ein sog. einfacher Rangrücktritt bewirkt die **Nachrangigkeit** gegenüber sonstigen Insolvenzforderungen, § 39 Abs. 2 InsO. Auch hier erübrigt sich also i. d. R. die Anmeldung zur Insolvenztabelle.

bb) qualifizierter Rangrücktritt

225 Durch einen sog. qualifizierten Rangrücktritt wird die Einlage insolvenzrechtlich **dem Eigenkapital gleichgestellt**, das nach § 199 InsO nur im theoretischen Fall der Befriedigung sämtlicher – auch nachrangiger – Insolvenzgläubiger zurückgewährt werden darf. Der qualifizierte Rangrücktritt verschiebt die Einlage gewissermaßen noch um eine weitere Rangklasse nach hinten. Eine Anmeldung zur Insolvenztabelle ist in diesem Fall nicht zulässig.

226 Ein solcher qualifizierter Rangrücktritt wird in der Praxis insbesondere dann vereinbart, wenn zur Vermeidung einer Überschuldung sichergestellt werden soll, dass die Einlage des Stillen bei der Erstellung eines Überschuldungsstatus nicht zu berücksichtigen ist. Insoweit ist umstritten, ob auch ein einfacher Rangrücktritt bereits ausreicht, um die Passivierungspflicht entfallen zu lassen (vgl. Nachweise bei MüKo InsO [2. Aufl.]/*Drukarczyk* § 19 Rn. 106). Im Hinblick auf die hierdurch verursachten Unsicherheiten sowie auf die Rechtsprechung des BGH (vgl. BGH ZIP 2001, 235, 237) war bisher – soweit gewünscht – nur ein qualifizierter Rangrücktritt zu empfehlen.

227 Infolge der Rechtsänderungen aufgrund des MoMiG dürfte wegen § 19 Abs. 2 Satz 3 InsO nunmehr die Vereinbarung eines einfachen Rangrücktritts ausreichen. Die gilt nach der gesetzlichen Regelung jedenfalls bei der »eigenkapitalersetzenden« stillen Einlage (vgl. BT-Drucks. 16/9737, S. 105). Im Wege eines erst-recht-Schlusses hat dies dann aber auch für die einfache stille Einlage zu gelten.

228 Der Wortlaut des § 19 Abs. 2 Satz 3 InsO könnte so ausgelegt werden, dass der zu erklärende Rangrücktritt auf § 39 Abs. 1 InsO Bezug nehmen müsse. Für die Beratungspraxis ist zu empfehlen, die notwendigen Erklärungen klar auf § 39 Abs. 1 InsO zu beziehen. Rein dogmatisch lässt sich allerdings keine Notwendigkeit der Bezugnahme auf die konkrete Norm nachweisen, solange der erklärte Rücktritt die Forderung nur an eine ausreichend nachrangige Stelle setzt.

III. Insolvenzanfechtung

1. Anwendbarkeit der Insolvenzanfechtungstatbestände

Bezogen auf die stille Gesellschaft sind grundsätzlich alle Insolvenzanfechtungstatbestände der §§ 129 ff. InsO anwendbar. Ist eine stille Beteiligung als eigenkapitalersetzend zu qualifizieren (s. Rdn. 214–219), gilt für eine etwaige Einlagenrückgewähr auch § 135 InsO. Daneben existiert mit § 136 InsO ein **spezieller Anfechtungstatbestand** für die Rückgewähr jeder stillen Einlage, unabhängig von deren Eigenkapitalersatzcharakter. 229

2. Voraussetzungen der Anfechtung nach § 136 InsO

Voraussetzung der Anfechtung nach § 136 InsO ist nur, dass im Zeitraum eines Jahres vor der Stellung des Insolvenzantrages aufgrund einer besonderen Vereinbarung eine Einlagenrückgewähr oder der Erlass eines Verlustanteils erfolgt ist. Zusätzlich ist eine objektive Gläubigerbenachteiligung erforderlich (kein Empfang einer gleichwertigen Gegenleistung), nicht aber eine subjektive Benachteiligungsabsicht (MüKo InsO/*Stodolkowitz/Bergmann* § 136 Rn. 22). 230

a) Bestehen einer Gesellschaft

Es kommt nicht darauf an, ob die stille Gesellschaft fehlerfrei zustande gekommen ist. Ausreichend ist, dass nach den Grundsätzen der fehlerhaft wirksamen Gesellschaft (s. Rdn. 59–63) das Vertragsverhältnis als wirksam behandelt wird (BGHZ 55, 5, 8; *Blaurock* Rn. 17.84; S/S/S/*Singhof* Rn. 325). 231

b) Einlagenrückgewähr aufgrund besonderer Vereinbarung

Weitere Voraussetzung der Insolvenzanfechtung ist gem. § 136 Abs. 1 Satz 1 InsO, dass die Einlagenrückgewähr oder der Verlusterlass auf einer besonderen Vereinbarung zwischen Geschäftsinhaber und stillem Gesellschafter beruht. 232

Durch dieses Merkmal soll die Anwendbarkeit für solche Vorgänge ausgeschlossen werden, die auf bestehenden gesetzlichen oder vertraglichen Ansprüchen des stillen Gesellschafters beruhen. War die stille Gesellschaft von Anfang an befristet, so begründet deren reguläre Beendigung innerhalb der Anfechtungsfrist kein Anfechtungsrecht. Vergleichbar verhält es sich mit der Kündigung aufgrund eines im Voraus bzw. außerhalb der Jahresfrist vereinbarten Kündigungsrechts. Die Erfüllung so begründeter Auseinandersetzungsansprüche ist nicht nach § 136 InsO anfechtbar (BGH NZG 2001, 269, 270). 233

Dagegen stellt § 136 Abs. 1 Satz 2 InsO klar, dass die Auflösung der stillen Gesellschaft durch **Aufhebungsvertrag** als besondere Vereinbarung im Sinne der Vorschrift angesehen wird. Der dann eigentlich kraft Gesetzes bestehende Auseinandersetzungsanspruch des stillen Gesellschafters wird so in den Anfechtungstatbestand miteinbezogen (Runkel/*Graf/I. Wunsch* § 10 Rn. 266). 234

Bei der fehlerhaft wirksamen Gesellschaft (vgl. Rdn. 59–63 sowie § 105 HGB Rdn. 79 ff.) ist zu beachten, dass diese **jederzeit kündbar** ist. Die Einlagenrückgewähr beruht dann nicht auf einer besonderen Vereinbarung (BGHZ 55, 5, 10; S/S/S/*Singhof* Rn. 326). 235

c) Einlagenrückgewähr

Eine Einlagenrückgewähr liegt vor, wenn die Einlage aus dem Vermögen des Geschäftsinhabers an den stillen Gesellschafter zurückübertragen wird. Dies kann bei jeder Übertragung von Vermögenswerten angenommen werden, die der Rückführung der Einlagenvaluta dient. Ein entsprechender Vermögensfluss kann auch in der Bestellung einer Sicherheit liegen. Dies wird damit begründet, dass insoweit eine Minderung des Haftungskapitals des Geschäftsinhabers vorliegt (vgl. BGH NJW 1971, 375, 377 f.; Runkel/*Graf/I. Wunsch* § 10 Rn. 266). Die bloße Umwandlung der stillen Beteiligung in ein Darlehen stellt erst bei vorzeitiger Fälligstellung mit Rückzahlung eine anfechtbare Handlung dar (vgl. MüKo HGB/*K. Schmidt* Anh. § 236 Rn. 12). 236

237 Der Rückgewähr wird der **Erlass eines entstandenen Verlustanteils** gleichgestellt. Der anfechtbare Akt liegt hier im Verzicht auf den entstandenen Verlustdeckungsanspruch. Dabei kommt es nicht darauf an, dass ein entsprechender Verlust bilanziell schon festgestellt wurde. Dies ist ggf. durch eine Zwischenbilanz zu ermitteln (MüKo HGB/*K. Schmidt* Anh. § 236 Rn. 15; Uhlenbruck/*Hirte* § 136 Rn. 7).

d) Frist

238 Der **Jahreszeitraum** bezieht sich auf die Zeit zwischen der betreffenden Vereinbarung und der Insolvenzantragstellung; auf den Vollzug der Einlagenrückgewähr kommt es nicht an. Die Berechnung der Frist richtet sich nach § 139 InsO (zu Einzelheiten vgl. Runkel/*Graf/I. Wunsch* § 10 Rn. 84 f.). Nach h. M. trägt dabei der Stille – was insbesondere bei mündlichen Vereinbarungen häufig entscheidend ist – die Beweislast dafür, dass die Vereinbarung außerhalb der Jahresfrist getroffen wurde (Nerlich/Römermann/*Nerlich* § 136 Rn. 15; a.A. MüKo InsO/*Stodolkowitz* § 136 Rn. 23: nur erweiterte Darlegungslast).

e) Ausschluss des Anfechtungsrechts

239 Das Anfechtungsrecht ist nach § 136 Abs. 2 InsO ausgeschlossen, wenn der Insolvenzeröffnungsgrund erst nach dem Abschluss der besonderen Vereinbarung eingetreten ist. Dadurch wird der Tatbestand erheblich eingeschränkt. Die Beweislast liegt hier allerdings unstreitig beim stillen Gesellschafter (Nerlich/Römermann/*Nerlich* § 36 Rn. 16; MüKo HGB/*K. Schmidt* Anh. § 236 Rn. 25).

f) Sonderfall drohende Zahlungsunfähigkeit

240 Ein **Risiko für die Beratungspraxis** liegt darin, dass noch nicht vollständig geklärt ist, ob auch eine nur drohende Zahlungsunfähigkeit nach § 18 InsO für die Anfechtbarkeit ausreicht. Da diese einen nur für den Schuldner geltenden »freiwilligen« Insolvenzgrund darstellt, sollte sie für Zwecke des § 136 Abs. 2 InsO allenfalls dann als maßgeblich angesehen werden, wenn später tatsächlich vom Schuldner Insolvenzantrag aufgrund drohender Zahlungsunfähigkeit gestellt wurde (Runkel/*Graf/I. Wunsch* § 10 Rn. 274).

3. Rechtsfolge der Anfechtung

241 Rechtsfolge einer wirksamen Anfechtung ist ein Anspruch auf Rückgewähr zur Masse, § 143 InsO. Wenn im Zusammenhang der anfechtbaren Handlung eine Gegenleistung des stillen Gesellschafters geleistet wurde, gilt § 144 InsO. Soweit es sich dabei um Geld handelt, ist eine Aufrechnung bzw. eine Saldierung möglich (vgl. Uhlenbruck/*Hirte* § 144 Rn. 13; Nerlich/Römermann/*Nerlich* § 144 Rn. 11). Bei der Anfechtung des Erlasses von Verlustanteilen ist zu beachten, dass dies nur dann zu einer Zahlungspflicht des Stillen führen kann, wenn eine solche Zahlungspflicht ohne den Erlass bestanden hätte. Dies ist in der Regel nur bei einer rückständigen Einlage der Fall (s. Rdn. 187).

I. Grundzüge der Besteuerung der stillen Gesellschaft

I. Steuerlich typisch stille Gesellschaft

242 **Steuersubjekt** bei der typisch stillen Gesellschaft sind ausschließlich der Geschäftsinhaber und der stille Gesellschafter. Die Gesellschaft als nichtrechtsfähige Innengesellschaft ist auch für die steuerliche Betrachtung kein unmittelbares Anknüpfungssubjekt (vgl. GmbH-Hdb/*Neu* III Rn. 3457 ff.).

1. Geschäftsinhaber

243 Für den Geschäftsinhaber stellen die Gewinnanteile des stillen Gesellschafters **Betriebsausgaben** dar. Ansatzzeitpunkt ist das Wirtschaftsjahr der Gewinnentstehung. Die Verlusttragung des stillen Gesellschafters ist für den Geschäftsinhaber grundsätzlich steuerneutral. Soweit in einer Folgeperiode ein Gewinnanteil des stillen Gesellschafters resultiert, wird dieser zunächst mit dem auf-

gelaufenen Verlustanteil verrechnet. Insoweit liegen keine Betriebsausgaben vor (MünchHdb GesR II/*Schnittker* § 90 Rn. 5).

2. Stiller Gesellschafter

Die Einnahmen aus der Beteiligung des stillen Gesellschafters stellen bei einer im Privatvermögen gehaltenen Beteiligung **Einkünfte aus Kapitalvermögen** dar (§ 20 Abs. 1 Nr. 4 EStG). Ansatzzeitpunkt ist nach § 11 EStG grundsätzlich der Zufluss, der allerdings i. d. R. bereits bei Gutschrift auf dem Darlehenskonto anzunehmen ist (vgl. BFH BStBl. II 2002, 138 auch zu den Ausnahmen von dieser Regel). Diese Einnahmen unterliegen nach §§ 43 Abs. 1 Satz 1 Nr. 3 i. V. m. 43 Abs. 4 EStG der Kapitalertragsteuer.

244

3. Verlustbeteiligung des stillen Gesellschafters

Im Fall der Verlustbeteiligung kann auch der typisch stille Gesellschafter bis zur Höhe seiner Einlage eine **Verrechnung mit anderen Einkünften** vornehmen. Die Verlustanteile sind insoweit als Werbungskosten zu qualifizieren (vgl. BFH BStBl. II 1988, S. 186, 188; BStBl. II 2002, S. 858, 860). Dies gilt wegen des Verweises in § 20 Abs. 1 Nr. 4 Satz 2 EStG allerdings nur dann uneingeschränkt, wenn eine Verlustbeteiligung ausschließlich bis zur Höhe der Einlage besteht. Soweit trotz Bestehens einer typisch stillen Gesellschaft über § 232 Abs. 2 Satz 1 HGB hinaus eine höhere Verlustbeteiligung vereinbart wurde (negatives Einlagenkonto), ist § 15a EStG zu beachten (BFH GmbHR 2002, 1150, 1151; MünchHdb GesR II/*Schnittker* § 90 Rn. 27).

245

a) Geltendmachung der Verlustbeteiligung

Die Verluste können geltend gemacht werden, sobald eine Feststellung des Verlustes in der Bilanz des Geschäftsinhabers erfolgt ist und damit eine Minderung der Einlage des Stillen bewirkt wurde (L. Schmidt/*Weber-Grellet* EStG, § 20 Rn. 143). In zeitlicher Hinsicht kommt es deshalb – anders als bei der atypisch stillen Beteiligung – in der Regel zu einer Phasenverschiebung, d. h. der Stille kann den Verlust aus dem Jahr 01 erst im Jahr 02 geltend machen. Bei steuerorientierten Gestaltungen wird deshalb oftmals ein abweichendes Wirtschaftsjahr der Gesellschaft gewählt, um z. B. bei einem zum 31.11. endenden Wirtschaftsjahr die Bilanz noch vor dem Ende des Kalenderjahrs aufstellen zu können, sodass der Stille die Verluste noch in diesem Kalenderjahr geltend machen kann.

246

b) Möglichkeit der Verlustverrechnung

Verlustverrechnungsmöglichkeiten durch stille Beteiligungen wurden in der Vergangenheit nicht nur durch natürliche Personen, sondern auch durch Kapitalgesellschaften genutzt. Nunmehr ist allerdings zu beachten, dass aufgrund des **Steuervergünstigungsabbaugesetzes** (BGBl. I 2003, S. 660) eine erhebliche Einschränkung der Verlustverrechnungsmöglichkeiten auch bei der stillen Gesellschaft bewirkt wurde (§ 15 Abs. 4 Satz 6 ff. EStG). Dies gilt wegen § 20 Abs. 1 Nr. 4 Satz 2 EStG nunmehr sowohl für typisch als auch für atypisch stille Gesellschaften. Bezweckt wurde mit dieser Regelung die Absicherung der Abschaffung der Mehrmütterorganschaft. Sie bewirkt, dass nur noch ein einkunftsquellenbezogenes Recht zum Verlustrück- bzw. -vortrag besteht. Entsprechend der gesetzlichen Zweckrichtung gilt diese Beschränkung allerdings nur dann, wenn sowohl Geschäftsinhaber als auch Stiller jeweils Kapitalgesellschaften sind (oder wenn eine Kapitalgesellschaft über eine Personengesellschaft mittelbar an einer anderen Kapitalgesellschaft still beteiligt ist).

247

4. Anerkennung bei Kapitalgesellschaften

Die Rechtsprechung betont die Anerkennung der zivilrechtlichen Eigenständigkeit der Kapitalgesellschaft (*Schulze zur Wiesche* Rn. 118). Auch dem beherrschenden Gesellschafter einer solchen muss es daher möglich sein, typisch stille Beteiligungen zu begründen (BFH BStBl. II 1983, S. 563, 565), mit der Folge, dass die Gewinnanteile als **Betriebsausgaben** abzugsfähig sind.

248

249 Insoweit gelten zunächst die **allgemeinen Grundsätze** (BFH BStBl. II 1980, S. 477, 479; KStR H 36 [5]): Voraussetzung ist eine zivilrechtlich wirksame, klare und im Voraus abgeschlossene **Vereinbarung**. Diese muss entsprechend der Vereinbarung tatsächlich durchgeführt werden. Der Vertrag darf dabei keine Bedingungen enthalten, zu denen fremde Dritte kein Kapital gewähren würden. Vor allem der Modus zur Berechnung des Gewinnanteils des Stillen ist eindeutig festzulegen. Dabei ist bei der Bemessung der Höhe der Gewinnbeteiligung erneut die Angemessenheit zu beachten. Als Obergrenze ist ein Betrag anzunehmen, der einem fremden Dritten durch einen ordentlichen, gewissenhaften Geschäftsführer eingeräumt würde (vgl. EStR H 15.9 [4]). Kriterien hierfür können sein: Kapitaleinsatz, übernommenes Risiko, Arbeitsleistung des Stillen sowie Ertragskraft der Inhabergesellschaft. Allerdings können bei Unangemessenheit der Vereinbarungen verdeckte Gewinnausschüttungen resultieren (BFH BStBl. II 1969, S. 690, 692 f.).

II. Steuerlich atypisch stille Gesellschaft

1. Vorliegen einer steuerlich atypisch stillen Gesellschaft

250 Die Frage, ob eine atypisch stille Gesellschaft im steuerrechtlichen Sinne vorliegt, ist anhand einer **Gesamtbetrachtung** aller maßgeblichen Umstände vorzunehmen. Maßgeblich sind dabei nicht nur die unmittelbaren gesellschaftsvertraglichen Vereinbarungen, sondern auch die weiteren wirtschaftlichen und rechtlichen Beziehungen der Beteiligten wie z. B. Geschäftsführungsverträge, Bestehen einer direkten Beteiligung an der Inhabergesellschaft (vgl. H/H/R/*Harenberg* § 20 Rn. 603).

2. Atypisch stiller Gesellschafter als Mitunternehmer

251 Der atypisch stille Gesellschafter erzielt **Einkünfte aus Gewerbebetrieb** nach § 15 EStG (OFD Frankfurt DStR 2001, 1159). Voraussetzung ist hierfür, dass der Gesellschafter als **Mitunternehmer** anzusehen ist. Hierfür sind zunächst die allgemeinen steuerlichen Grundsätze maßgeblich, d. h. grundsätzlich ist das Bestehen von Mitunternehmerinitiative und Mitunternehmerrisiko zu fordern, wobei das eine oder das andere Merkmal mehr oder weniger stark ausgeprägt sein kann (BFH DStR 1991, 457, 458). Die stärkere Ausprägung eines Merkmals kann dabei die weniger starke Ausprägung des anderen kompensieren.

252 Im Regelfall wird die Behandlung als steuerlich atypische Gesellschaft dadurch sichergestellt, dass der Stille am Verlust und den stillen Reserven einschließlich des Geschäftswerts beteiligt und ihm durch ausdrückliche Verweisung im Gesellschaftsvertrag die Rechte eines Kommanditisten eingeräumt werden. Darüber hinaus wird ein Katalog von Geschäften festgelegt, die der Zustimmung des stillen Gesellschafters bedürfen. Diese Gestaltung kann man als die »**typische« steuerlich atypische stille Gesellschaft** bezeichnen. Andere Modelle, bei denen ein Weniger an Mitunternehmerrisiko durch ein Mehr an Mitunternehmerinitiative ausgeglichen werden soll oder umgekehrt, sind ebenso möglich, erfordern jedoch bei der Gestaltung weitaus größere Sorgfalt.

a) Mitunternehmerrisiko

253 Mitunternehmerrisiko ist bei der stillen Gesellschaft i. d. R. dann ohne Weiteres anzunehmen, wenn eine **Verlustbeteiligung** sowie eine **Teilhabe an den stillen Reserven** bestehen. Darüber hinaus stellt eine Beteiligung am Geschäftswert ein entsprechendes Indiz dar. Soweit diese Merkmale uneingeschränkt vorliegen, reicht für die gebotene Mitunternehmerinitiative sogar eine typische Ausgestaltung (BFH DStR 1991, 457, 458). Weiterhin kann bereits ein hoher Kapitaleinsatz mit entsprechend hoher Gewinnbeteiligung für eine Mitunternehmerstellung sprechen (OFD Frankfurt DStR 2001, 1159, 1160).

b) Mitunternehmerinitiative

254 Ist der Stille am Verlust und an den stillen Reserven beteiligt, genügen für die Mitunternehmerinitiative bereits die **gesetzlichen Kontrollrechte** nach § 233 HGB, die denen des Kommanditisten nach § 166 HGB entsprechen (BFH BStBl. II 1994, S. 635). Eine stärker ausgeprägte Mitunterneh-

merinitiative besteht bspw. bei weitgehenden bis alleinigen **Geschäftsführungsbefugnissen** des stillen Gesellschafters (BFH BStBl. II 1999, S. 286; BStBl. II 1994, S. 702, 704). Bei ausreichend weitgehenden Einflussmöglichkeiten – d. h. bei stark ausgeprägter Mitunternehmerinitiative – sinken die Anforderungen an das Mitunternehmerrisiko, d. h. es muss nicht zwingend eine Beteiligung am Verlust, den stillen Reserven und dem Geschäftswert vorliegen (BFH BStBl. II 1981, S. 424, 426). Selbst wenn die Geschäftsführungsbefugnisse nur gemeinschaftlich mit einem anderen Geschäftsführer ausgeübt werden können, kann eine Mitunternehmerschaft trotz fehlender Beteiligung am Geschäftswert angenommen werden. Erforderlich ist allerdings, dass der Gesellschafter wie ein Unternehmer das Schicksal des Unternehmens beeinflussen kann (BFH DStRE 2004, 933, 936).

3. Ertragsteuerliche Behandlung der stillen Gesellschaft

Die ertragsteuerliche Behandlung entspricht bei der atypisch stillen Beteiligung im Wesentlichen der Rechtslage bei der **Kommanditgesellschaft** (vgl. vor § 161 HGB Rdn. 4; *Schulze zur Wiesche* DStZ 1998, 285). Eine Abweichung zur typisch stillen Beteiligung besteht vor allem bezüglich der Einkünfteart, der zeitlichen Zuordnung des Unternehmenserfolges sowie der Anknüpfung als Subjekt der steuerlichen Gewinnerzielung. 255

a) Einkunftsart

Die Einordnung der Einkünfte als **gewerbliche Einkünfte gem. § 15 EStG** infiziert alle im Zusammenhang mit der Gesellschaftsverbindung erfolgten Leistungen (bspw. Geschäftsführergehälter, Darlehenszinsen). Zudem gelten die allgemeinen Grundsätze zur Einbeziehung von **Sonderbetriebsvermögen** (vgl. *Wehrheim* DStR 1998, 1533; L. Schmidt/*Wacker* EStG, § 15 Rn. 358). 256

b) Zeitliche Zurechnung

Abweichend von der Lage bei der typisch stillen Gesellschaft erfolgt die zeitliche Zurechnung der Gewinn- und Verlustanteile in dem Kalenderjahr, in dem das Wirtschaftsjahr der Inhabergesellschaft endet (vgl. GmbH-Hdb/*Neu* III Rn. 3478). Bei einem dem Kalenderjahr entsprechenden Wirtschaftsjahr kommt es somit zu einer **phasengleichen** Zurechnung zum Stillen. 257

c) Atypisch stille Gesellschaft als Subjekt der steuerlichen Gewinnerzielung

Ein maßgeblicher Unterschied zur typisch stillen Gesellschaft besteht auch darin, dass die atypisch stille Gesellschaft im Bereich der Ertragsteuern selbst als Subjekt der Gewinnerzielung, Gewinnermittlung und Einkünftequalifikation angesehen wird (vgl. BFH NJW 1997, 2003, 2004). Dabei ist aber die Besonderheit zu beachten, dass die stille Gesellschaft **kein Gesellschaftsvermögen** hat. Die Gewinnermittlung erfolgt auf Grundlage des Jahresabschlusses der Inhabergesellschaft, da die stille Gesellschaft als Innengesellschaft nicht buchführungspflichtig ist (vgl. GmbH-Hdb/*Neu* III Rn. 3476). **Steuersubjekte** sind für Zwecke der Einkommens- bzw. Körperschaftsteuer auch bei der atypisch stillen Gesellschaft der Geschäftsinhaber und der Stille. Verfahrensrechtlich erfolgt die Zuordnung der Einkünfte dabei durch eine **einheitliche und gesonderte Gewinnfeststellung** nach § 179 AO (BFH BStBl. II 1981, S. 424; *Ros* DStR 2001, 1592, 1593). Im Bereich der Gewerbesteuer besteht die Besonderheit, dass »sachliche« und »persönliche« Steuerpflicht auseinanderfallen: Sachlich steuerpflichtig sind auch hier die Mitunternehmer, persönlich steuerpflichtig ist jedoch nur der Geschäftsinhaber (vgl. OFD Erfurt FR 2003, 1299 Tz. 4 m.w.N.). Er ist auch alleiniger Schuldner der Gewerbesteuer, d.h. Gewerbesteuerbescheide ergehen an ihn. 258

4. Umsatzsteuerliche Behandlung der stillen Gesellschaft

Demgegenüber spielt die atypisch stille Gesellschaft umsatzsteuerlich ebenso wenig eine Rolle wie die typische. Als **reine Innengesellschaft** kann auch sie nicht Unternehmer im umsatzsteuerlichen Sinn sein (OFD Erfurt FR 2003, 1299 Tz. 5). Hier liegt einer der maßgeblichen Unterschiede zur steuerlichen Behandlung der Kommanditgesellschaft. 259

J. Hinweis auf Vertragsmuster

260   Ein Vertragsmuster einer **typisch stillen Gesellschaft** findet sich u. a. bei *Weigl* S. 23 ff. Bei der Vertragsgestaltung sollten zunächst die **gesetzlichen Mindestvoraussetzungen** der stillen Gesellschaft aufgenommen werden. Weitere gesetzliche Regelungen sollten nur genannt werden, soweit dies zur Klarstellung erforderlich oder zweckdienlich ist. Schwerpunktmäßig gilt es, die gewünschten Abänderungen von den gesetzlichen Vorgaben festzulegen bzw. gesetzlich nicht geregelte Bereiche auszufüllen.

Anhang 2 HGB

Publikumsgesellschaft

Übersicht

		Rdn.
A.	**Grundlagen**	1
I.	Begriff der Publikumsgesellschaft	1
	1. Vielzahl von Gesellschaftern	1
	2. Personen- oder Kapitalgesellschaft	2
	3. Sonderrecht für Publikums(personen-)gesellschaften	3
II.	Praktische Bedeutung von Publikumsgesellschaften	5
B.	**Rechtsformen von Publikumsgesellschaften**	7
C.	**Organisation der Publikumspersonengesellschaft**	10
I.	Gründung der Publikums-KG	11
II.	Eintritt von Kommanditisten – Aufnahmevertrag	12
	1. Vertretung der Gesellschafter durch Komplementär	13
	2. Vertragsschluss durch Publikums-KG	14
	3. Mittelbare Beteiligung des Anlegers über Treuhänder	15
	a) Erlaubnispflicht des Treuhandvertrags nach RDG	15
	b) Anwendung der Grundsätze über die fehlerhafte Gesellschaft	17
	c) Aufschiebende Bedingung	18
D.	**Sonderrecht der Publikums-KG**	19
I.	Formfragen	20
	1. Fixierung im Gesellschaftsvertrag	20
	2. Form für Schiedsklausel	21
II.	Auslegung und Inhaltskontrolle des Gesellschaftsvertrags	22
	1. Auslegung	22
	a) Grundsatz der objektiven Auslegung	22
	b) Beitragspflicht für Kommanditisten	23
	2. Inhaltskontrolle	25
	a) Grundsatz von Treu und Glauben, § 242 BGB	25
	b) Anleger schützende Regelungen des Aktienrechts	27
	c) Rechtsprechung zur Inhaltskontrolle	28
E.	**Das Innenverhältnis der Publikums-KG**	29
I.	Geschäftsführung	29
	1. Grundsatz – Geschäftsführung durch Komplementär	29
	2. Geschäftsführung durch Dritte	30
	3. Gesellschaftsvertragliche Regelungen	31
	4. Haftung des Geschäftsführers	34
II.	Gesellschafterversammlung	35

		Rdn.
	1. Einberufung	36
	a) Einberufungsbefugnis	36
	b) Fehlerhafte Einberufung	37
	c) Ladungsfrist	38
	d) Stimmrecht der Kommanditisten	39
	2. Mehrheitserfordernisse	40
	a) Einstimmigkeitsprinzip	40
	b) Beschlussfähigkeit und Beschlussfassung	41
	3. Bestimmtheitsgrundsatz und Grenzen für vertragsändernde Beschlüsse	42
	a) Bestimmtheitsgrundsatz	42
	b) Grenzen für vertragsändernde Beschlüsse	43
	4. Geltendmachung von Beschlussmängeln	46
III.	Vertreterregelung	47
	1. Vertreterklausel	47
	2. Bestellung und Abberufung des Vertreters	50
	3. Weisungsrecht	53
IV.	Aufsichtsorgane der Publikums-KG	54
	1. Aufgaben	55
	2. Haftung der Mitglieder des Aufsichtsorgans	56
V.	Repräsentationsorgan Kommanditistenausschuss	59
VI.	Rechtsstellung des Treuhandkommanditisten	60
	1. Unechte Treuhand	60
	2. Echte Treuhand	61
	3. Rechte und Pflichten des Treugebers	62
	4. Rechte und Pflichten des Treuhänders	63
	a) Aufklärungspflicht	63
	b) Ausübung der Gesellschafterrechte im Interesse des Treugebers	64
	5. Leistung und Verwendung der Einlagen	65
	a) Vertrag zwischen Gesellschaft und Treuhänder	65
	b) Abtretung der Einlageforderung	66
	c) Haftung für Einlage im Innen- und Außenverhältnis	67
	d) Treuhandvertrag	68
F.	**Außenverhältnis der Publikums-KG**	72
G.	**Kapitalsicherung**	73
I.	Gesplittete Einlage	74
	1. Begriff	74
	2. Funktion als Eigenkapital	75
II.	Atypische stille Gesellschafterbeteiligung	80

H.	Anlegerschutz....................	81		m) Haftung für unrichtige wesentliche Anlegerinformationen 107
	1. Entwicklung einer allgemeinen Prospekthaftung................	81	2.	Haftung aus Verschulden bei Vertragsverhandlungen 109
	2. Inhalt und Umfang von Aufklärungspflichten	82		a) Haftung von Mitgesellschaftern . 109
	a) Allgemeines	82		b) Haftung der Publikums-KG 113
	b) Beispiele und Rechtsprechung ..	83		c) Haftung von Vertretern und Verhandlungsführern 114
	c) Pflichten des Anlagevermittlers..	84		d) Haftung von Kreditgebern 116
II.	Einzelne Haftungstatbestände........	85	3.	Haftung aus unerlaubter Handlung . 119
	1. Prospekthaftung.................	85	III.	Anlegerschaden.................... 120
	a) Rechtsgrundlagen	85	1.	Schadensumfang 120
	b) Prospektpflicht für Publikumsgesellschaft	88	2.	Vorteilsanrechnung 122
	c) Prospektinhalt	89	3.	Mitverschulden 123
	d) Prospektprüfung.............	90	IV.	Verjährungsfragen................. 124
	e) Prospekthaftung.............	91	1.	Prospekthaftung................. 124
	f) Prospektverantwortliche	92	2.	Haftung aus Verschulden bei Vertragsverhandlungen 125
	aa) Allgemeine Grundsätze	92		
	bb) Garanten...............	93	V.	Gerichtsstand 126
	cc) Kreditgeber	94	**I.**	**Das Ausscheiden von Kommanditisten .** 127
	dd) Prospektverfasser.........	95	I.	Der Austritt des Anlegers 127
	g) Anspruchsberechtigte	96	1.	Vorliegen eines wichtigen Grunds .. 127
	h) Kausalität...................	98	2.	Verbraucher-Widerrufsrecht 129
	i) Verschulden	99	II.	Die Auflösung der Publikums-KG 130
	j) Haftungsumfang..............	100	1.	Kündigung durch Kommanditisten . 131
	k) Verjährung	101	2.	Kündigung durch Treuhandkommanditisten 132
	l) Haftung bei fehlendem Prospekt	102		
			III.	Die Liquidation der Publikums-KG 133

A. Grundlagen

I. Begriff der Publikumsgesellschaft

1. Vielzahl von Gesellschaftern

1 Bei der Publikumsgesellschaft handelt es sich um einen gesetzlich nicht normierten Typus einer Personen- oder Kapitalgesellschaft. Die Publikumsgesellschaft lässt sich allenfalls dahin gehend beschreiben, dass sie darauf angelegt ist, dass sich an ihr eine **Vielzahl von Gesellschaftern** unmittelbar oder mittelbar über Treuhänder beteiligen (vgl. BGH NJW 1978, 755; *K. Schmidt* GesR, § 57 I 1a). Ob darüber hinaus weitere Merkmale für das Vorliegen einer Publikumsgesellschaft notwendig sind, etwa dass die Gesellschafter am Kapitalmarkt geworben sein müssen, oder dass der zugrunde liegende Gesellschaftsvertrag vorformuliert sein muss, ist umstritten (s.i.E. Nachweise bei MüKo HGB/*Grunewald* § 161 Rn. 106). Praktisch ist dies jedoch ohne Erkenntniswert, da Ziel des Sonderrechts der Publikumsgesellschaft letztlich ist, einem Schutzbedürfnis der Anleger(-gesellschafter) zu begegnen. Dieses Schutzbedürfnis ergibt sich daraus, dass die Initiatoren oder Gründer der Publikumsgesellschaft im Verhältnis zu den beitretenden (neuen) Gesellschaftern mit einem Übermaß an Herrschaftsmacht ausgestattet sind (vgl. Baumbach/Hopt/*Roth* Anh. § 177a Rn. 52). Diese Situation kann sich aber unabhängig davon ergeben, ob Anleger am Kapitalmarkt oder auf Grundlage eines vorformulierten Gesellschaftsvertrags geworben werden.

2. Personen- oder Kapitalgesellschaft

2 Begrifflich umfasst die Publikumsgesellschaft sowohl die Personengesellschaft als auch die Kapitalgesellschaft. Das in Rdn. 1 beschriebene Schutzbedürfnis ergibt sich aber typischerweise nur bei Personengesellschaften und zwar daraus, dass sich die beitretenden Gesellschafter entgegen dem gesetzlichen Leitbild der personalistisch strukturierten Gesellschaft **rein kapitalmäßig beteiligen**.

Wirtschaftlich handelt es sich demnach um Kapitalgesellschaften im Rechtskleid einer Personengesellschaft (vgl. Baumbach/Hopt/*Roth* Anh. § 177a Rn. 52), für die aber das Personengesellschaftsrecht des BGB und des HGB, anders als das auf ein Massenpublikum zugeschnittene Aktienrecht, keine geeigneten Schutzmechanismen bereithält. Bei der GmbH tritt das Phänomen der Publikumsgesellschaft schon wegen der Formstrenge für Gründungs- und Übertragungsakte (notarielle Beurkundung) sowie wegen der eingeschränkten Fungibilität von Gesellschaftsanteilen kaum auf.

3. Sonderrecht für Publikums(personen-)gesellschaften

Um der kapitalistischen Struktur der Publikums(personen-)gesellschaft einerseits Rechnung zu tragen und den Schutz der Anleger andererseits zu optimieren, hat der II. Zivilsenat des BGH seit 1972 (BGH NJW 73, 1604) im Wege der richterlichen Rechtsfortbildung ein Sonderrecht für Publikums(personen-)gesellschaften entwickelt. Sofern nachfolgend auf die Publikumsgesellschaft abgestellt wird, ist daher ausschließlich die kapitalistisch strukturierte Personengesellschaft gemeint.

Im Ergebnis nähert das für die körperschaftlich strukturierte Publikumspersonengesellschaft entwickelte Sonderrecht diese der Aktiengesellschaft an. Dies gilt jedoch nur dort, wo sich aufgrund der vom gesetzlichen Leitbild abweichenden kapitalistischen Struktur der Personengesellschaft ein Schutzbedürfnis für die beigetretenen Kapitalanleger ergibt. Im Übrigen verbleibt es bei der Anwendung der für die jeweilige Form der Personengesellschaft geltenden gesetzlichen (§§ 705 ff. BGB, §§ 105 ff., 161 ff. HGB) und ggf. diese ergänzenden oder gar verdrängenden Regelungen (insbes. für die GmbH & Co. KG, vgl. hierzu Anhang 3 zum HGB).

II. Praktische Bedeutung von Publikumsgesellschaften

Publikumsgesellschaften dienen in erster Linie der Kapitalaufnahme zur Finanzierung der Anschaffung von Vermögensgegenständen. In der Vergangenheit waren diese Anschaffungen zu einem Großteil als **Steuersparmodelle** für vermögende Privatanleger motiviert. Hintergrund war, dass Anlegern die insbesondere in der Anlaufphase der Gesellschaft erzielten Verluste steuerlich zugerechnet wurden. Diese Verluste resultierten überwiegend aus Abschreibungen (bei Anschaffung materieller Vermögensgegenstände) oder aus sofort abziehbaren Aufwendungen (bei Herstellung immaterieller Vermögensgegenstände, etwa durch Medienfonds). Die dem Anleger zugerechneten Verluste konnten wiederum sofort mit sonstigen positiven Einkünften des Anlegers verrechnet werden. Gewinne wurden durch die Publikumsgesellschaft regelmäßig erst gegen Ende der Laufzeit erzielt und dem Gesellschafter zugerechnet, was im Ergebnis zu einer (fiskalisch unerwünschten) Steuerstundung beim Anleger führte. Schrittweise wurden die Möglichkeiten der Verlustverrechnung durch den Gesetzgeber eingeschränkt, zunächst durch Einführung des § 15a EStG und zuletzt durch § 15b EStG (eingeführt durch das »Gesetz zur Beschränkung der Verlustverrechnung im Zusammenhang mit Steuerstundungsmodellen« vom 22.12.2005, BGBl. I, 3683). § 15b EStG sieht vor, dass Verluste aus Steuerstundungsmodellen nunmehr nur noch die Einkünfte, die der Steuerpflichtige in den folgenden Wirtschaftsjahren aus derselben Einkunftsquelle erzielt, mindern dürfen.

Wenngleich die Bedeutung von Publikumsgesellschaften als Verlustzuweisungsvehikel deutlich zurückgegangen ist, hat die Finanzdienstleistungsbranche ihre Eignung als Vehikel zum **steueroptimierten Vertrieb von renditeorientierten Produkten** (z. B. Lebensversicherungen, Immobilien, Schienenfahrzeuge, Container, Luftfahrzeuge) längst erkannt. Auch heute ergeben sich aufgrund der teilweise unterschiedlichen steuerlichen Behandlung von Personengesellschaften durch die Vertragsstaaten von Doppelbesteuerungsabkommen vielfach Vorteile bei der Nutzung von Publikumsgesellschaften.

B. Rechtsformen von Publikumsgesellschaften

Die Kreativität der Praxis bei der Ausgestaltung von Publikumsgesellschaften ist scheinbar grenzenlos. So sind als Publikumsgesellschaften sämtlich die BGB-Gesellschaft, die (atypisch) stille Gesellschaft, die OHG und die KG mobilisiert worden. Die größte praktische Bedeutung dürfte indessen die (bereits kapitalistisch geprägte) **GmbH & Co. KG** haben (zu den Vor- und Nachteilen der unterschiedlichen Rechtsformen von Publikumsgesellschaften s. *Schmidt/Zagel* Rn. 1606 ff.). Man kann wohl sagen, dass sie im Hinblick auf die bei ihr auftretenden Rechtsprobleme eine gewisse **Leitbildfunktion** für andere Formen der Publikumsgesellschaft hat. Insofern lassen sich etwa die für die **Publikums-KG** von der Rechtsprechung entwickelten Lösungsansätze in Bezug auf die Kapitalsicherung auch für die atypisch stille Gesellschaft fruchtbar machen (BGH NJW 1985, 1079). Das für neue offene und geschlossene Investmentfondsmodelle geltende Kapitalanlagegesetzbuch (KAGB) vom 04.07.2013 sieht die Kommanditgesellschaft aus aufsichtsrechtlicher Sicht als eine von nur zwei zulässigen Rechtsformen vor, vgl. §§ 124 Abs. 1, 149 Abs. 1 KAGB (Invest-KG). Auch deshalb wird bei der nachfolgenden Darstellung die Publikums-KG in der Rechtsform der GmbH & Co. KG im Mittelpunkt stehen. Die Ausführungen zu den neuen aufsichtsrechtlichen Bestimmungen in diesem Kapitel sind nachfolgend auf geschlossene Invest-KGs beschränkt.

8 Die durch das MoMiG in §5a GmbHG neu geschaffene »Unternehmergesellschaft (haftungsbeschränkt)« (**UG**) stellt lediglich eine Unterform der gewöhnlichen GmbH und keine eigenständige Rechtsform dar. Die UG kann grundsätzlich wie jede GmbH Komplementärin einer KG sein, wenn auch unter dem Rechtsformzusatz UG (haftungsbeschränkt) (vgl. *Wicke* § 5a Rn. 19). Sie muss jedoch zwingend am Gewinn der KG beteiligt sein, da die Kapitalaufbringungspflicht nach § 5a Abs. 3 GmbHG durch die UG sonst nicht bewerkstelligt werden kann (so auch *Veil* GmbHR 2007. 1080, 1084).

9 Rechtformen von Personengesellschaften werden mitunter auch vermengt. So wird bei Publikums-KGs zum Ausschluss der unbeschränkten Haftung für beitretende Kommanditisten nach § 176 Abs. 2 HGB häufig vereinbart, dass im Außenverhältnis der Beitritt unter der **aufschiebenden Bedingung der Eintragung** in das Handelsregister erfolgt. Dies ist nach der Rechtsprechung des BGH (BGH NJW 1982, 883) möglich. Soll der Kommanditist jedoch bereits vor Eintragung in das Handelsregister, insbesondere aus steuerlichen Gründen, beteiligt werden, wird vielfach eine atypisch stille (mitunternehmerische) Beteiligung an der Gesellschaft vorgesehen (vgl. MüKo HGB/*K. Schmidt* § 176 Rn. 30). Der Gesetzgeber hat die Figur des Kommanditisten als bloßem Kapitalanleger ausgestaltet und für die Invest-KG das Entstehen der Haftung mit Eintragung des Kommanditisten in das Handelsregister nun gesetzlich vorgesehen, § 152 Abs. 4 KAGB.

C. Organisation der Publikumspersonengesellschaft

10 Obwohl die Publikums-KG letztlich auf die Beteiligung einer Vielzahl von Anlegern gerichtet ist, erfolgt die **Gründung** regelmäßig nicht in einem, sondern in mehreren Schritten. In einem ersten Schritt wird üblicherweise der Gesellschaftsvertrag nur unter Beteiligung einer geringen Anzahl von Gesellschaftern, namentlich einem oder mehreren Komplementären und einem oder mehreren Kommanditisten, die aus dem Kreis der Initiatoren stammen, geschlossen. Erst im Anschluss daran werden Anleger geworben, die auf Basis eines meist bereits vorformulierten Gesellschaftsvertrages der Gesellschaft beitreten. Die Anleger haben dann regelmäßig die Möglichkeit, sich unmittelbar an der Gesellschaft durch Eintragung in das Handelsregister zu beteiligen. Im Funktionsinteresse der Gesellschaft werden jedoch häufig die Kommanditistenrechte auf einen Beirat oder Treuhänder übergeleitet (sog. **unechte Treuhand**). Sofern das rechtlich möglich und steuerlich unschädlich ist, werden Kommanditistenrechte aber auch abbedungen (vgl. Röhricht/v. Westphalen/*v. Gerkan/ Haas* § 161 Rn. 89). Vielfach wird auch vorgesehen, dass sich die Anleger nur mittelbar an der Gesellschaft über einen Treuhänder beteiligen (sog. **echte Treuhand**). Im Verhältnis zur Gesellschaft und zu Dritten ist in diesem Fall nur der Treuhänder als Kommanditist anzusehen (davon zu unterscheiden ist die Frage, ob dem nur mittelbar beteiligten Anleger aufgrund des Gesellschaftsvertrags der Publikums-KG auch unmittelbar Rechte eingeräumt werden können, s. hierzu Rdn. 41). Für die Invest-KG bestimmt § 152 Abs. 1 KAGB, dass mittelbar über einen Treuhandkommanditisten beteiligte Anleger im Innenverhältnis der Gesellschaft und der Gesellschafter zueinander die gleiche Rechtstellung wie ein Kommanditist haben.

I. Gründung der Publikums-KG

Für die Gründung der Publikums-KG ergeben sich **keine rechtlichen Besonderheiten**. Dies bedeutet etwa, dass der Gesellschaftsvertrag **grundsätzlich formfrei** geschlossen werden kann. Das gilt allerdings nicht, soweit Vereinbarungen mit den Gründern oder ihnen nahestehende Personen, Vorteile für diese Personen vorsehen (z. B. Tätigkeitsvergütungen). Solche Vereinbarungen sind, dem Rechtsgedanken des § 26 Abs. 3 AktG Rechnung tragend, gegenüber den Anlegern nur wirksam, wenn sie schriftlich im Gesellschaftsvertrag niedergelegt sind (BGH BB 1976, 526). Ob die Fixierung solcher Vereinbarungen in einem **Beschlussprotokoll** ausreicht, ist umstritten. Der BGH hat dies in der genannten Entscheidung (BB 1976, 526) bejaht. Demgegenüber wird auch unter Hinweis auf § 26 Abs. 3 AktG die Auffassung vertreten, dass in solchen Fällen keine mit der Festsetzung im Gesellschaftsvertrag vergleichbare Offenlegung erfolge und solche Protokolle beim Beitritt auch nicht zur Kenntnis genommen werden (vgl. MüKo HGB/*Grunewald* § 161 Rn. 113). Indessen geht der Hinweis auf § 26 Abs. 3 AktG hier fehl, da das Personengesellschaftsrecht keine dem Aktienrecht vergleichbare Satzungspublizität kennt. Richtig ist allerdings, dass derartige Protokolle, wie der Gesellschaftsvertrag selbst, den beitretenden Gesellschaftern in geeigneter Form offengelegt werden müssen. Dass die Gesellschafter auch tatsächlich von diesen Protokollen Kenntnis nehmen, kann hingegen nicht verlangt werden (so aber MüKo HGB/*Grunewald* § 161 Rn. 106). § 150 Abs. 1 KAGB sieht für den Gesellschaftsvertrag der geschlossenen Invest-KG zwingend die Schriftform vor.

II. Eintritt von Kommanditisten – Aufnahmevertrag

Der Beitritt in eine Personengesellschaft bedarf grundsätzlich eines **Vertragsschlusses des Beitretenden** mit allen bisherigen Gesellschaftern (BGH BB 1976, 154). Es leuchtet ohne Weiteres ein, dass ein solches Verfahren bei einer Publikumsgesellschaft, die auf die sukzessive Beteiligung einer Vielzahl von Anlegern gerichtet ist, kaum praktikabel ist. Der Gesellschaftsvertrag sieht daher meistens andere, effizientere Methoden der Aufnahme von neuen Gesellschaftern vor.

1. Vertretung der Gesellschafter durch Komplementär

Der Gesellschaftsvertrag kann die Aufnahme neuer Gesellschafter dadurch erleichtern, dass der Komplementär der Publikums-KG ermächtigt ist, die übrigen Gesellschafter beim Abschluss eines Aufnahmevertrages mit neuen Kommanditisten zu vertreten (BGH BB 1976, 154). Das erforderliche **Einverständnis** der übrigen Gesellschafter mit dem Beitritt neuer Gesellschafter kann im Voraus und damit auch im Gesellschaftsvertrag selbst erteilt werden (BGH BB 1976, 154; E/B/J/S/*Henze* Anh. § 177a Rn. 11). Als (implizite) **Bevollmächtigung** des Komplementärs ist auch eine Regelung im Gesellschaftsvertrag oder in der Beitrittserklärung selbst anzusehen, wonach die Beitrittserklärung mit Annahme durch den Komplementär wirksam wird (BGH NJW 1978, 1000; MüKo HGB/*Grunewald* § 161 Rn. 142). Ob sich bei gänzlichem Fehlen einer ausdrücklichen Bevollmächtigung im Gesellschaftsvertrag oder der Beitrittserklärung eine Bevollmächtigung des Komplementärs im Wege der ergänzenden Vertragsauslegung ergeben kann (so MüKo HGB/*Grunewald* § 161 Rn. 142), erscheint zweifelhaft, zumal nicht nur der Komplementär als potenzieller Adressat einer solchen Bevollmächtigung in Betracht kommt. Viel eher dürften in diesen Fällen die Grundsätze des Vertragsschlusses durch schlüssiges Verhalten zum Tragen kommen.

2. Vertragsschluss durch Publikums-KG

Es kann auch vorgesehen werden, dass die Publikums-KG, vertreten durch ihren persönlich haftenden Gesellschafter, im eigenen Namen ermächtigt ist, Aufnahmeverträge mit neuen Gesellschaftern mit Wirkung für alle Gesellschafter abzuschließen (BGH NJW 1978, 1000). In einem solchen Fall wird die **Gesellschaft selbst Vertragspartner** des beitretenden Gesellschafters. Die Ermächtigung erstreckt sich im Zweifel auf alle mit dem Abschluss und dem Vollzug der Beitrittserklärung unmittelbar zusammenhängenden Vereinbarungen (E/B/J/S/*Henze* Anh. § 177a Rn. 12). Daher kann die durch den Komplementär vertretene Gesellschaft die Beteiligungssumme des beitretenden

Kommanditisten herabsetzen, wenn die Beschaffung einer Finanzierung für die Einlage durch die Gesellschaft misslingt (E/B/J/S/*Henze* Anh. § 177a Rn. 12). Sofern die Gesellschaft zum Abschluss von Beitrittsverträgen ermächtigt ist, kann sie sich auch dritter Personen bedienen, z. B. als Empfangsboten (so für den Fall eines eingeschalteten Kapitalanlagevermittlers BGH NJW 1985, 1080) oder Treuhänder (BGH NJW 1982, 877).

3. Mittelbare Beteiligung des Anlegers über Treuhänder

a) Erlaubnispflicht des Treuhandvertrags nach RDG

15   Beteiligt sich ein Anleger nur mittelbar an der Publikumsgesellschaft, wird der Beitrittsvertrag zwischen dem Treuhänder und der Publikumsgesellschaft bzw. der dazu nach den getroffenen Absprachen berufenen Person geschlossen (*Schmidt/Zagel* Rn. 1641). Ein Treuhandvertrag, der den Treuhänder nicht primär zur Wahrnehmung wirtschaftlicher Belange des Treugebers verpflichtet, sondern ihm umfassende Befugnisse zur Vornahme und Änderung von Rechtsgeschäften im Zusammenhang mit dem Beitritt des Treugebers zu einem geschlossenen Immobilienfonds einräumt, stellt für den Treuhänder eine **Rechtsdienstleistung** i. S. d. § 2 Abs. 1 RDG dar (vgl. BGH NJW 2001, 3774 der eine entsprechende Einordnung als – engere – Besorgung fremder Rechtsangelegenheiten i. S. d. Art. 1 § 1 Abs. 1 RBerG bejaht hat). Ein ohne die erforderliche Erlaubnis geschlossener Vertrag ist nach § 134 BGB, § 3 RDG unwirksam. Hiervon abzugrenzen ist die erlaubnisfreie Tätigkeit eines Treuhänders, der lediglich die Aufgabe hat, im eigenen Namen für den Treugeber einen in dem Treuhandvertrag festgelegten Kommanditanteil zu erwerben und zu halten (BGH NZG 2006, 540). Gegenüber dem RBerG hat sich nach dem RDG der Kreis derer, die sich nach § 5 Abs. 1 Satz 1 RDG erlaubnisfrei wirksam umfassend bevollmächtigen lassen können auf Personen erweitert, die eine Tätigkeit ausüben, die die Wahrnehmung der Interessen des Treugebers als Nebenleistung regelmäßig einschließt wie etwa Anlage- oder Finanzberater.

16   Die Unwirksamkeit nach §§ 134 BGB, 3 RDG erfasst auch eine dem Treuhänder erteilte Vollmacht zur Vornahme aller Maßnahmen und Rechtshandlungen sowie zur Abgabe und Entgegennahme aller Willenserklärungen, die für die Vermögensanlage und deren Finanzierung erforderlich sind (vgl. zum RBerG BGH NJW 2003, 2088). Denn das Verbot unerlaubter Rechtsdienstleistungen soll die Rechtsuchenden vor unsachgemäßer Erledigung ihrer rechtlichen Angelegenheiten schützen, was insbesondere die Beratung und Vertretung umfasst. Mit dieser Zweckrichtung wäre es aber unvereinbar, den unbefugten Rechtsbesorger gleichwohl in den Stand zu setzen, seine gesetzlich missbilligte Tätigkeit zu Ende zu führen, indem er Rechtsgeschäfte zulasten des Geschützten abschließt. Gibt der Treuhänder in diesen Fällen dennoch die Beitrittserklärung des Anlegers ab, finden die Grundsätze über den fehlerhaften Gesellschafterbeitritt Anwendung (BGH NJW 2003, 1252; zu den Grundsätzen über den fehlerhaften Gesellschafterbeitritt vgl. – für die OHG – § 105 HGB Rdn. 100–107). Daneben kommt eine Anwendung der Grundsätze über die **Duldungshaftung**, der §§ 171 Abs. 1, 172 Abs. 2 BGB sowie der **Rechtsscheinhaftung** in Betracht (BGH DStR 2006, 1087; Baumbach/Hopt/*Roth* Anh. § 177a Rn. 78a m. w. N.). Dies wird zugunsten einer Kredit gebenden Bank bei einer kreditfinanzierten Immobilienbeteiligung nicht etwa dadurch ausgeschlossen, dass ein verbundenes Geschäft i. S. d. § 9 Abs. 1 VerbrKrG vorliegt (BGH DStR 2006, 1087).

b) Anwendung der Grundsätze über die fehlerhafte Gesellschaft

17   Scheitert das wirksame Zustandekommen eines Beitrittsvertrages an dem Fehlen der erforderlichen Vollmacht, sind im Verhältnis der Gesellschafter zueinander die Grundsätze über die fehlerhafte Gesellschaft anzuwenden (BGH NJW 1982, 2495) Dies gilt jedoch dann nicht, wenn das wirksame Zustandekommen des Beitrittsvertrages an der Geschäftsfähigkeit des Anlegers (§ 105 Abs. 1 BGB) scheitert (zu den sich hieraus ergebenden Folgen vgl. die ausführl. Kommentierung der Grundsätze über die fehlerhafte Gesellschaft in § 105 HGB Rdn. 79–107).

c) Aufschiebende Bedingung

Zu aufschiebenden Bedingungen bei einem Beitritt von Kommanditisten s. Rdn. 9. **18**

D. Sonderrecht der Publikums-KG

Ausgangspunkt für das durch die Rechtsprechung entwickelte Sonderrecht der Publikumsgesellschaft ist die Feststellung, dass Publikumsgesellschaften sich strukturell sehr weit vom gesetzlichen Leitbild der personalistisch geprägten Personengesellschaft entfernt haben und sich in ihrer Organisation der **Aktiengesellschaft stark angenähert** haben. Dies hat insbesondere unter dem Gesichtspunkt des Anlegerschutzes zahlreiche Probleme aufgeworfen, für die die Rechtsprechung im Wege der richterlichen Rechtsfortbildung eigenständige, am Aktien- und GmbH-Recht orientierte Lösungsansätze entwickelt hat (E/B/J/S/*Henze* Anh. § 177a Rn. 17). Diese Rechtsgrundsätze stellen im Kern das »Sonderrecht der Publikums-KG« dar (*Binz/Sorg* § 13 Rn. 2 ff.). **19**

I. Formfragen

1. Fixierung im Gesellschaftsvertrag

Dazu, dass Sondervorteile wie Tätigkeitsvergütungen, Tantieme, Gründerhonorare, etc. der Fixierung im Gesellschaftsvertrag oder in einem protokollierten Gesellschafterbeschluss bedürfen, s. Rdn. 11. Diese Grundsätze gelten im Übrigen auch dann, wenn ein Gründer von einer Kommanditeinlageverpflichtung befreit werden soll oder wenn der Anleger nur mittelbar über einen für ihn handelnden Treuhandkommanditisten an der Gesellschaft beteiligt ist (BGH NJW 1978, 755). **20**

2. Form für Schiedsklausel

Ob für Schiedsklauseln § 1031 ZPO (so wohl BGH NJW 1980, 1049 und die wohl h. M.; Nachweise bei MüKo HGB/*Grunewald* § 161 Rn. 113) oder aber § 1066 ZPO Anwendung findet (so vor allem MüKo HGB/*K. Schmidt* § 105 Rn. 121 ff.) ist umstritten (vgl. hierzu auch Kap. 7 Rdn. 29–33). Richtigerweise wird man entsprechende Klauseln in Gesellschaftsverträgen von Publikums-KGs nur schwerlich anders behandeln können also solche in Satzungen von Aktiengesellschaften oder von GmbHs, für die § 1066 ZPO nach h. M. gilt (vgl. MüKo HGB/*K. Schmidt* § 105 Rn. 121). Dies zumal die kapitalistische Prägung der Publikumsgesellschaft und deren Annäherung am Organisationsrecht der Aktiengesellschaft ein wesentlicher Grund für die Entwicklung eines Sonderrechts der Publikumsgesellschaft war (nicht überzeugend insoweit E/B/J/S/*Henze* Anh. § 177a Rn. 31). **21**

II. Auslegung und Inhaltskontrolle des Gesellschaftsvertrags

1. Auslegung

a) Grundsatz der objektiven Auslegung

Bei personalistischen Personengesellschaften ist der Gesellschaftsvertrag grundsätzlich nach §§ 157, 133 BGB auszulegen, jedoch unter Berücksichtigung des gemeinsamen Interesses der Gesellschafter am Bestand der Gesellschaft (Baumbach/Hopt/*Roth* § 105 Rn. 59). Im Unterschied zu dieser subjektiven Auslegung ist bei der Publikumsgesellschaft aufgrund ihrer körperschaftlichen Struktur, ähnlich wie bei der Satzung einer Kapitalgesellschaft, die **objektive Auslegungsmethode** anzuwenden (Baumbach/Hopt/*Hopt* § 105 Rn. 59). Dies bedeutet, dass subjektive Vorstellungen der Gründungsgesellschafter nur insoweit berücksichtigt werden können, als sie im schriftlichen Wortlaut des Gesellschaftsvertrages zum Ausdruck gekommen sind (BGH WM 1989, 1809). Das gilt auch dann, wenn die Berücksichtigung der subjektiven Vorstellungen der Gründungsgesellschafter für die übrigen Gesellschafter günstiger wäre (MüKo HGB/*Grunewald* § 161 Rn. 116). Der schriftlichen Fixierung im Gesellschaftsvertrag wird man den Fall gleichsetzen müssen, dass subjektive Vorstellungen der Gründungsgesellschafter in einem protokollierten und den neu beitretenden Anlegern offengelegten Beschluss eindeutig zum Ausdruck gekommen sind (s. hierzu **22** bereits Rdn. 10). **Rein mündliche Nebenabreden** der Gründungsgesellschafter sind unbeachtlich (E/B/J/S/*Henze* Anh. § 177a Rn. 20). Der für Personenhandelsgesellschaften entwickelte Grundsatz, dass die Gesellschafter den schriftlichen Gesellschaftsvertrag mit Wirkung für die Zukunft abändern können, wenn sie vorbehalt- und widerspruchslos eine von den Regelungen des Vertrages abweichende Praxis längere Zeit hinnehmen, lässt sich auf die Publikumsgesellschaft nicht übertragen (BGH NJW 1990, 2684). Wird der schriftlich vorliegende Gesellschaftsvertrag nicht förmlich abgeändert, spricht dies eher dafür dass der Vertrag nur im konkreten Einzelfall durchbrochen werden soll (BGH NJW 1990, 2684).

b) Beitragspflicht für Kommanditisten

23 An Regelungen des Gesellschaftsvertrages, die ungewöhnliche Belastungen für die Kommanditisten mit sich bringen, sind **hohe Anforderungen** zu stellen (E/B/J/S/*Henze* Anh. § 177a Rn. 21) Sollen etwa die beitretenden Kommanditisten verpflichtet werden, neben der Kommanditeinlage weitere Leistungen zu erbringen, muss dies der Gesellschaftsvertrag eindeutig festlegen; denn die Gesellschafter müssen sich darauf verlassen können, nur solche Leistungen erbringen zu müssen, die dem Vertragstext unmissverständlich zu entnehmen sind (BGH NJW 1979, 2102). **Nachträgliche Beitragspflichten** bedürfen der Zustimmung eines jeden Gesellschafters, die auch antizipiert erteilt werden kann (BGH NJW-RR 2005, 1347). Ein auf Grundlage einer gesellschaftsvertraglichen Mehrheitsklausel gefasster Beschluss führt nicht als solcher zur Begründung einer Beitragserhöhung. Erforderlich ist vielmehr, dass die gesellschaftsvertragliche Mehrheitsklausel als Spezialeinwilligung des einzelnen Gesellschafters in die Beitragserhöhung interpretiert werden kann (vgl. MüKo BGB/*Ulmer/Schäfer* § 707 Rn. 8) Hierzu müssen neben einer entsprechenden eindeutigen Regelung im Gesellschaftsvertrag auch Ausmaß und Umfang der möglichen zusätzlichen Belastung erkennbar sein Dies erfordert die Festlegung einer Obergrenze oder sonstiger eindeutiger Kriterien, die das Erhöhungsrisiko für den Gesellschafter erkennbar machen (BGH NJW-RR 2005, 1347 sowie BGH NJW-RR 2006, 827). Diesen Anforderungen genügt jedenfalls eine gesellschaftsvertragliche Regelung nicht, nach der eine Nachschusspflicht besteht, soweit eine Unterdeckung bei der laufenden Bewirtschaftung eines Grundstücks auftritt (NJW-RR 2005, 1347) oder soweit die laufenden Einnahmen die laufenden Ausgaben nicht decken (BGH NJW-RR 2005, 1347). Sofern einmal die im Gesellschaftsvertrag eindeutig festgelegten Kriterien für eine Nachschusspflicht gegeben sind, ist diese Vertragsklausel im Zweifel einschränkend dahin gehend auszulegen, dass die Verpflichtung nur dann besteht, wenn das zusätzliche Kapital der Förderung des Gesellschaftszwecks dienen soll (BGH WM 1989, 1809). Nach §§ 127 Abs. 3, 152 Abs. 3 KAGB sind Nachschusspflichten bei der Invest-KG nicht zulässig.

24 Diese Auslegungsgrundsätze gelten nach OLG Hamburg NJW-RR 1996, 1436 auch für Verträge einer Publikums-KG mit einem **stillen Gesellschafter** oder zur Errichtung einer **BGB-Innengesellschaft**, wenn die Auslegung dieser Verträge von Einfluss auf die Rechtsstellung der Kommanditisten ist. Dies ist schon deshalb zu bejahen, weil zwischen Kommanditisten und stillen Gesellschaftern regelmäßig ein Konkurrenzverhältnis besteht (E/B/J/S/*Henze* Anh. § 177a Rn. 22).

2. Inhaltskontrolle

a) Grundsatz von Treu und Glauben, § 242 BGB

25 Wegen § 310 Abs. 4 Satz 1 BGB unterliegen die von den Initiatoren den beitretenden Gesellschaftern zur Unterzeichnung vorgelegten vorformulierten Gesellschafts- und Treuhandverträge nicht der Inhaltskontrolle für allgemeine Geschäftsbedingungen (Baumbach/Hopt/*Roth* Anh. § 177a Rn. 68). Gleichwohl besteht in Fällen dieser Art ein Schutzbedürfnis für die beitretenden Gesellschafter, da sie kaum imstande sind, auf den Inhalt und die Gestaltung der vertraglichen Grundlagen Einfluss zu nehmen (E/B/J/S/*Henze* Anh. § 177a Rn. 24). Sie können die von den Gründungsgesellschaftern vorformulierten Bedingungen in aller Regel nur im Ganzen akzeptieren oder ablehnen (*Schmidt/Zagel* Rn. 1681). Um einem Missbrauch an Gestaltungsmacht der Gründungsgesellschafter zu begegnen, findet daher eine an dem **Grundsatz von Treu und Glauben** (§ 242 BGB) ausgerichtete

Kontrolle des Vertragsinhaltes (einschließlich eines damit zusammenhängenden Treuhandvertrages) durch die Gerichte statt (BGH NJW 1988, 1903; Baumbach/Hopt/*Roth* Anh. § 177a Rn. 68). Allerdings erfolgt eine gerichtliche Inhaltskontrolle nur dann, wenn ein befriedigendes Ergebnis sich nicht durch (ggf. ergänzende) Vertragsauslegung erzielen lässt.

Wegen der zwischen Gesellschaftsverträgen und reinen Austauschverträgen bestehenden Unterschiede können die für Letztere geltenden Grundsätze nur mit Vorsicht angewandt werden (BGH NJW 1975, 1318). Unter Umständen kann auch ein bestimmter Vertrauensschutz für einen Gesellschafter an einer ihn begünstigenden Regelung zu berücksichtigen sein, der an der Gestaltung und Formulierung des Vertrages nicht beteiligt war, sondern erst später der Gesellschaft beigetreten ist (BGH NJW 1975, 1318). 26

b) **Anleger schützende Regelungen des Aktienrechts**

Als Maßstab für die Inhaltskontrolle dienen in erster Linie die Anleger schützenden Regelungen des Aktienrechts. Insoweit kommt den Regelungen des Kapitalgesellschaftsrechts eine **Leitbildfunktion** zu, als sie dem Anlegerschutz und der Funktionsfähigkeit der Gesellschaft dienen (*Schmidt/Zagel* Rn. 1682). Hierbei ist allerdings stets zu prüfen, ob eine entsprechende Anwendung dieser Regeln mit dem Typus der Publikums-KG als Personengesellschaft und mit dem konkreten Gesellschaftsverhältnis noch im Einklang zu bringen ist. So soll etwa eine am Maßstab des Kapitalgesellschaftsrecht orientierte Inhaltskontrolle nicht den im Personengesellschaftsrecht verankerten Schutz der Gläubiger aushöhlen, denn auch bei der Publikums-KG kommt dem Gläubigerschutz besondere Bedeutung zu (BGH NJW 1982, 2500). Sofern im Einzelfall eine normative Wertung den gesetzlichen Regelungen nicht zu entnehmen ist, ist eine Entscheidung unter **Abwägung der Interessen** der beteiligten Gesellschafter auszurichten (E/B/J/S/*Henze* Anh. § 177a Rn. 26). 27

c) **Rechtsprechung zur Inhaltskontrolle**

Die Rechtsprechung hat aufgrund einer Inhaltskontrolle nach § 242 BGB insbesondere die folgenden gesellschaftsvertraglichen Regelungen für **unwirksam** gehalten (weitere Beispiele etwa bei MüKo HGB/*Grunewald* § 161 Rn. 126): 28
– Bestimmungen im Gesellschaftsvertrag, nach denen der Gesellschafter-Geschäftsführer nur mit **qualifizierter Mehrheit** oder mit **Zustimmung aller Gesellschafter** abberufen werden kann. Es genügt hier die einfache Mehrheit (BGH NJW 1988, 969).
– Bestimmungen, die im Fall der Abberufung der Geschäftsführer oder der Wahl des den Geschäftsführer kontrollierenden Organs den Gründungsgesellschaftern eine **Sperrminorität** einräumen. Hier genügt ebenfalls eine einfache Mehrheit (BGH WM 1983, 1407).
– Eine gesellschaftsvertragliche Bestimmung, die den persönlich haftenden Gesellschaftern einseitig das Recht einräumt, die treuhänderisch gehaltenen **Kommanditbeteiligungen** nach freiem Ermessen zu einem bestimmten Zeitpunkt **zu übernehmen**. Dies beruht darauf, dass ein solches Recht den für die Kommanditbeteiligung kennzeichnenden Zusammenhang von Chance und Risiko einseitig zum Nachteil des Kommanditisten auflöst (BGH NJW 1988, 1903). Ohne Belang ist es dabei, ob dem ausscheidenden Kommanditisten eine angemessene Abfindung gewährt wird (so bereits für die dem gesetzlichen Regeltyp entsprechende KG BGH NJW 1981, 2565). Damit soll einer einseitigen Risikoverlagerung durch die Initiatoren auf die Kommanditisten vorgebeugt werden. Andernfalls könnten die Initiatoren bei erfolgreicher Geschäftstätigkeit die Teilhabe der Kommanditisten an diesem Erfolg beschneiden, bei Misslingen des Geschäftsvorhabens hingegen diese die Nachteile tragen lassen (E/B/J/S/*Henze* Anh. § 177a Rn. 29).
– **Verkürzung der Verjährungsfrist** für Schadensersatzansprüche gegen Aufsichtsratsmitglieder eines (fakultativen) Aufsichtsrats unter 5 Jahren (analog §§ 116, 93 Abs. 6 AktG).
– **Haftungsbeschränkungen** für Gesellschafter-Geschäftsführer oder Aufsichtsrats- bzw. Beiratsmitglieder gem. § 708 BGB. Es gilt in diesen Fällen der Haftungsmaßstab der §§ 93, 116 AktG (BGH NJW 1977, 2311).

Anhang 2 HGB   Publikumsgesellschaft

– Schlichtungsklauseln, die die Anrufung der Gerichte **unangemessen erschweren**. Wirksam ist aber eine Regelung, wonach bei Streitigkeiten aus dem Vertrag der Rechtsweg erst beschritten werden darf, nachdem der Beirat der Gesellschaft einen Schlichtungsversuch unternommen hat (BGH NJW 1977, 2263).

E. Das Innenverhältnis der Publikums-KG

I. Geschäftsführung

1. Grundsatz – Geschäftsführung durch Komplementär

29 Für die Geschäftsführung und Vertretung der Publikums-KG ist in aller Regel die **Komplementär-GmbH**, vertreten durch ihre Geschäftsführer, verantwortlich (vgl. hierzu auch § 161 HGB Rdn. 34 f. sowie ausführl. § 164 HGB). Die als Kommanditisten beitretenden Gesellschafter sind meist von der Geschäftsführung ausgeschlossen (dies kann bei den Gründungsgesellschaftern anders sein, insbesondere dann, wenn aus steuerlichen Gründen eine gewerbliche Prägung einer vermögensverwaltenden Publikums-KG nach § 15 Abs. 3 Nr. 2 EStG vermieden werden soll). Für die Invest-KG enthält §§ 128, 153 KAGB spezielle Regelungen. Danach muss die Geschäftsführung der Gesellschaft aus mindestens zwei Personen bestehen. Diese Voraussetzung ist auch dann erfüllt, wenn Geschäftsführer der geschlossenen Invest-KG eine juristische Person ist, deren Geschäftsführung ihrerseits von zwei Personen wahrgenommen wird, § 153 Abs. 1 Satz 2 KAGB.

2. Geschäftsführung durch Dritte

30 Nicht an der Gesellschaft beteiligten **Dritten** kann nur dann Geschäftsführungsbefugnis eingeräumt werden, wenn sichergestellt ist, dass mindestens ein Gesellschafter in der Lage ist, die Geschäfte der Gesellschaft ohne Mitwirkung des Dritten zu führen (BGH NJW-RR 1994, 98). Der **Grundsatz der Selbstorganschaft** (vgl. hierzu ausführl. § 109 HGB Rdn. 16, § 125 HGB Rdn. 2 f. für die OHG; § 161 HGB Rdn. 7 für die KG) steht einer solchen Regelung nicht entgegen. Praktisch läuft der Grundsatz der Selbstorganschaft schon deshalb weitgehend leer, weil die Geschäftsführer der Komplementär-GmbH die Geschäftsführungsaufgaben der KG wahrnehmen, diese Geschäftsführer jedoch weder Gesellschafter der Komplementär-GmbH noch der Publikums-KG sein müssen (*Schmidt/Zagel* Rn. 1686).

3. Gesellschaftsvertragliche Regelungen

31 Der Gesellschaftsvertrag kann eine **Abberufung der Geschäftsführer** aus wichtigem Grund nicht ausschließen. Regelungen, nach denen hierfür eine qualifizierte Mehrheit oder Einstimmigkeit erforderlich ist, sind unwirksam (s. Rdn. 28); einer Gestaltungsklage nach § 117 HGB bedarf es zur Entziehung der Geschäftsführungsbefugnis nicht (MüKo HGB/*Grunewald*, § 161 HGB Rn. 134; zur Klage nach § 117 HGB vgl. ausführl. Kap. 5 Rdn. 110–147). Unwirksam sind auch Regelungen, nach denen eine Minderheit der Gesellschafter (insbesondere die Gründungsgesellschafter) in die Lage versetzt wird, der Mehrheit einen **Geschäftsführer aufzuzwingen**, und die Anlagegesellschafter daran hindert, die Verwaltung ihres eingebrachten Kapitals einer Person zu übergeben, die das Vertrauen ihrer Mehrheit genießt (BGH WM 1982, 583).

32 Die BaFin kann die Abberufung der Geschäftsführung oder von Mitgliedern der Geschäftsführung verlangen und ihnen die Ausübung ihrer Tätigkeit bei fehlender Zuverlässigkeit, fehlender fachlicher Eignung und nachhaltiger Verstöße gegen das KAGB oder des Geldwäschegesetzes untersagen, § 153 Abs. 5 KAGB.

33 Der **Umfang der Geschäftsführungsbefugnisse** wird im Gesellschaftsvertrag üblicherweise weit gefasst. § 116 Abs. 2 HGB, wonach die Vornahme ungewöhnlicher Handlungen der Zustimmung aller Gesellschafter bedarf (vgl. hierzu ausführl. § 116 HGB Rdn. 8–11), wird regelmäßig zugunsten eines Zustimmungserfordernisses eines von den Gesellschaftern gewählten Gremiums (Aufsichtsrat, Beirat) ausgeschlossen (*Schmidt/Zagel* Rn. 1686; vgl. zur Dispositivität des § 116 HGB auch § 116

HGB Rdn. 15). Darüber hinaus werden im Gesellschaftsvertrag vielfach die Komplementär-GmbH und ihr Geschäftsführer vom Selbstkontrahierungsverbot (§ 181 BGB) befreit (krit. hierzu *v. Westphalen* DB 1983, 2745 gegen BGH NJW 1980, 1463). § 153 Abs. 4 KAGB untersagt nunmehr Insichgeschäfte zwischen Geschäftsführer und Invest-KG.

4. Haftung des Geschäftsführers

Der Geschäftsführer der Komplementär-GmbH haftet der Publikums-KG wegen pflichtwidrigen Handelns, da sich der Schutzbereich seines Dienstverhältnisses mit der GmbH hinsichtlich einer Haftung aus § 43 GmbHG auch auf die KG erstreckt (BGH NJW 1980, 589; Baumbach/Hopt/*Hopt* Anh. § 177a Rn. 28; für die atypisch stille Gesellschaft s. BGH NJW 1995, 1353). Auf die **Haftungserleichterung gem.** § 708 BGB kann sich ein Geschäftsführer dabei nicht berufen, da dieser Maßstab mit dem Erfordernis eines erhöhten Schutzes der Anleger in einer Publikums-Gesellschaft unvereinbar ist (BGH NJW 1977, 2311). Den Kommanditisten steht eine Klage auf Unterlassung von Pflichtverletzungen der Geschäftsführer grundsätzlich nicht zu. Sie können lediglich den Ersatz von Schäden geltend machen, die durch pflichtwidriges Geschäftsführerhandeln eingetreten sind (BGH NJW 1980, 1463; a.A. etwa Baumbach/Hopt/*Roth* Anh. § 177a Rn. 74 m.w.N.). Ausnahmsweise hält der BGH (NJW 1980, 1463) dann eine Unterlassungsklage bei Überschreitung der Geschäftsführungsbefugnis für begründet, wenn dies wegen besonderer Umstände zur Erhaltung des gemeinsamen Vermögens erforderlich ist (Rechtsgedanke des § 744 Abs. 2 BGB). 34

II. Gesellschafterversammlung

Sofern die Anleger selbst an der Publikumsgesellschaft beteiligt sind, nehmen sie ihre Rechte unmittelbar, sofern sie über Treuhänder beteiligt sind, mittelbar in der Gesellschafterversammlung wahr. Sonderregeln zur Ladung (Textform) und Dokumentation der Gesellschafterversammlung (Schriftprotokoll) der Invest-KG enthält nunmehr § 150 Abs. 3 KAGB. 35

1. Einberufung

a) Einberufungsbefugnis

Für die Einberufung der Gesellschafterversammlung der Publikums-KG gelten grundsätzlich die allgemeinen Regeln, d.h. sie wird grundsätzlich von den Geschäftsführern der Komplementär-GmbH einberufen. Der Gesellschaftsvertrag kann jedoch vorsehen, dass Anleger, deren Anteile – entsprechend § 50 Abs. 1 GmbHG – mindestens 10% der übernommenen Kapitalanteile erreichen, die Einberufung von den Geschäftsführern verlangen können (BGH NJW 1988, 969; MüKo HGB/*Grunewald* § 161 Rn. 132). Wird dem Einberufungsverlangen der Anleger nicht entsprochen, können sie die Einberufung einer Gesellschafterversammlung auch ohne entsprechender Grundlage im Gesellschaftsvertrag analog § 50 Abs. 3 GmbHG selbst bewirken (BGH NJW 1988, 969). 36

b) Fehlerhafte Einberufung

Ist eine Gesellschafterversammlung infolge unterbliebener oder mangelhafter Ladung nicht ordnungsgemäß einberufen worden und ist deshalb ein Gesellschafter nicht erschienen, sind die in der Versammlung gefassten **Beschlüsse** grundsätzlich **nichtig** (so für das Vereinsrecht BGH NJW 1973, 235). Aus Gründen der Rechtssicherheit gilt eine Ausnahme nach der Rechtsprechung dann, wenn feststeht, dass der Ladungsmangel auf das Abstimmungsergebnis keinen Einfluss haben konnte (BGH NJW 1973, 235). Dazu genügt aber nicht bereits eine rein rechnerische Irrelevanz der fehlenden Stimmen. Es muss vielmehr ausgeschlossen sein, dass die nicht erschienenen Gesellschafter auf die Willensbildung der anwesenden Gesellschafter entscheidend eingewirkt hätten und aufgrund dessen ein abweichender Beschluss gefasst worden wäre. Dies kann z.B. der Fall sein, wenn der eigentlichen Abstimmung durch die Gesellschafter einer Aussprache vorausgehen sollte (E/B/J/S/*Henze* Anh. § 177a Rn. 80). 37

c) Ladungsfrist

38 Im Übrigen genügt für eine ordnungsgemäße Ladung die Absendung an die zuletzt bekannte Anschrift des Gesellschafters. Für eine ordnungsgemäße Ladung reicht allerdings die einwöchige Frist gem. § 51 Abs. 1 Satz 2 GmbHG nicht (Röhricht/v. Westphalen/*v. Gerkan/Haas* § 161 Rn. 123). Sofern nicht der Gesellschaftsvertrag eine kürzere (aber länger als einwöchige) Frist vorsieht, spricht die Vergleichbarkeit der Publikums-KG mit der AG dafür, von einer entsprechenden Anwendbarkeit von § 123 Abs. 1 AktG, d. h. von einer **30-tägigen Ladungsfrist** auszugehen (vgl. MünchHdb GesR II/*Gummert/Jaktzke* § 66 Rn. 3 ff.).

d) Stimmrecht der Kommanditisten

39 Räumt der Gesellschaftsvertrag den Treugebern faktisch die Stellung von Kommanditisten ein, und zwar auch im Hinblick auf das Stimmrecht, steht das Stimmrecht nur ihnen zu. Die Treuhänderin kann nur bei Vorliegen einer wirksamen Vollmacht das Stimmrecht für die Treugeber ausüben. Für die Wirksamkeit der Vollmacht gelten die für die AG in §§ 134, 135 AktG getroffenen Regelungen entsprechend (OLG Koblenz ZIP 1989, 100).

2. Mehrheitserfordernisse

a) Einstimmigkeitsprinzip

40 Das nach § 119 Abs. 1 HGB für die Personengesellschaft grundsätzlich geltende Einstimmigkeitsprinzip wird der Struktur der Publikumsgesellschaft nicht gerecht, nachdem diese auf den Beitritt einer Vielzahl von Gesellschaftern angelegt ist. Um eine unnötige Erschwerung der Willensbildung zu vermeiden, wird daher regelmäßig im Gesellschaftsvertrag das Einstimmigkeitsprinzip zugunsten des **Mehrheitsprinzips** abbedungen. Dies dürfte grundsätzlich auch dann gelten, wenn der Gesellschaftsvertrag keinerlei Regelung über die für Vertragsänderungen erforderlichen Mehrheiten enthält oder für Vertragsänderungen gar das Einstimmigkeitsprinzip vorschreibt (MüKo HGB/*Grunewald* § 161 Rn. 120).

b) Beschlussfähigkeit und Beschlussfassung

41 Der Gesellschaftsvertrag einer Publikums-KG kann festlegen, dass die Versammlung **beschlussfähig** ist, wenn **51 % des Gesellschaftskapitals** anwesend oder vertreten ist (BGH NJW 1978, 1382). Ob die Beschlussfähigkeit in Anlehnung an § 25 Abs. 3 WEG die Anwesenheit von wenigstens mehr als der Hälfte des stimmberechtigten Kapitals stets voraussetzt, ist umstritten. Enthält der Gesellschaftsvertrag zu dieser Frage keine Regelung, spricht die strukturelle Vergleichbarkeit der Publikums-KG mit der Aktiengesellschaft dafür, die für die Beschlussfähigkeit der Aktiengesellschaft oder von GmbH geltenden Grundsätze anzuwenden, d. h. Beschlüsse können ungeachtet der Anzahl der tatsächlich erschienenen oder vertretenen aber ordnungsgemäß geladenen Gesellschafter gefasst werden (MünchHdb GesR II/*Gummert* § 66 Rn. 9). Hinsichtlich der für die Beschlussfassung **erforderlichen Mehrheit** ist zu unterscheiden: Enthält der Gesellschaftsvertrag eine Regelung, wonach für die Wirksamkeit des Beschlusses die einfache Mehrheit ausreicht, ist dies grundsätzlich zulässig (BGH NJW 1976, 958). Enthält der Gesellschaftsvertrag hierzu jedoch keine ausdrückliche Regelung, wird im Schrifttum jedenfalls für Änderungen des Gesellschaftsvertrages in Anlehnung an § 179 Abs. 2 Satz 1 AktG eine qualifizierte Mehrheit von drei Vierteln der abgegebenen Stimmen verlangt (Baumbach/Hopt/*Roth* Anh. § 177a Rn. 69b; *Binz/Sorg* § 13 Rn. 81; ähnlich MüKo HGB/*Grunewald* § 161 Rn. 120; offen insoweit die bisherige Rechtsprechung).

3. Bestimmtheitsgrundsatz und Grenzen für vertragsändernde Beschlüsse

a) Bestimmtheitsgrundsatz

42 Für die dem gesetzlichen Regeltyp entsprechende KG wird das Mehrheitsprinzip allerdings nur bei Maßnahmen der Geschäftsführung und bei Beschlüssen über laufende Angelegenheiten zugelas-

sen (BGH NJW 1985, 2830). Für außergewöhnliche, die Rechte und Pflichten der Gesellschafter wesentlich betreffende Änderungen des Gesellschaftsvertrags muss der Gegenstand der Beschlussfassung nach dem sog. Bestimmtheitsgrundsatz ausdrücklich im Gesellschaftsvertrag bezeichnet werden (E/B/J/S/*Henze* Anh. § 177a Rn. 33; vgl. zur gesetzestypischen KG § 161 HGB Rdn. 21 mit Verweisen auf §§ 105 ff. HGB). Für die Publikumsgesellschaft hingegen **gilt der Bestimmtheitsgrundsatz nicht**, weil er insbesondere in Krisen der Publikumsgesellschaft zu einer Einschränkung oder gar völligen Blockade der Handlungsfähigkeit der Gesellschaft würde (Baumbach/Hopt/*Roth*, Anh. § 177a Rn. 69a). Sieht daher der Gesellschaftsvertrag einer Publikums-KG vertragsändernde Entscheidungen durch Mehrheitsbeschluss vor, brauchen die Beschlussgegenstände nicht im Einzelnen bezeichnet zu werden (E/B/J/S/*Henze* Anh. § 177a Rn. 34).

b) Grenzen für vertragsändernde Beschlüsse

Grenzen für vertragsändernde Beschlüsse bestehen allerdings dort, wo durch Gesellschafterbeschluss in den **Kernbereich der Mitgliedschaftsrechte** eingegriffen wird (Röhricht/v. Westphalen/*v. Gerkan* § 161 Rn. 118). Umfang und Bedeutung der Kernbereichslehre sind im Einzelnen umstritten. Mindestens können jedoch dazu gerechnet werden die Änderung des Gesellschaftsvertrags, Eingriffe in das Stimm-, Gewinn-, und Liquidationsbeteiligungsrecht (weitere Beispiele bei Baumbach/Hopt/*Roth* § 119 Rn. 38; vgl. zur Kernbereichslehre außerdem ausführl. § 109 HGB Rdn. 23, § 119 HGB Rdn. 18 f.). Ebenso unzulässig ist eine sachwidrige, **willkürliche Ungleichbehandlung** der Gesellschafter (so BGH NJW 1992, 892 für die GmbH; für die Publikumsgesellschaft dürfte aufgrund der vergleichbaren Interessenlage indessen nichts anderes gelten; zu Mehrstimmrechten und zum Stimmrechtsausschluss von Gesellschaftern s. MünchHdb GesR II/*Gummert* § 66 Rn. 19 ff.). Schließlich verbieten sich Eingriffe in **unentziehbare Sonderrechte**. So darf etwa das Recht der Komplementär-GmbH zur Geschäftsführung nicht durch Weisungen beeinträchtigt werden, wenn ein solcher Mehrheitsbeschluss eine Änderung des Gesellschaftsvertrages voraussetzt, die kraft ausdrücklicher vertraglicher Regelung nur mit Zustimmung der Komplementärin wirksam werden kann (BGH NJW 1980, 1463).

Von der **Rechtsprechung** für wirksam gehalten wurde eine gesellschaftsvertragliche Regelung, wonach über die Erhöhung der Kapitalbeteiligungen die Mehrheit der Gesellschafter entscheiden sollte. Auch ohne eine Obergrenze ist eine solche Regelung zulässig, wenn es sich um eine Gesellschaft handelt, die auf den Beitritt weiterer Kommanditisten zugeschnitten ist, und soweit die Gesellschafter zur Teilnahme entsprechend ihrer Beteiligung nur berechtigt, nicht aber verpflichtet sind (BGH NJW 1976, 958; *K. Schmidt* GesR, § 57 II 2. c; anders die Rechtsprechung bei entsprechender Verpflichtung, s. Rdn. 23). Ebenso für zulässig gehalten wurde ein Beschluss über die Fortsetzung der Gesellschaft bei drohender Zweckverfehlung (BGH NJW 1977, 2160) oder über die Umwandlung in einer Aktiengesellschaft, einer KGaA oder einer GmbH (BGH NJW 1983, 1056). Zu weiteren Fällen s. etwa MünchHdb GesR II/*Gummert* § 66 Rn. 22.

Auch für den »nur« kapitalistisch beteiligten Anleger einer Publikums-KG kann sich im Einzelfall die Verpflichtung ergeben, Eingriffe in seine Rechtsstellung durch eine mehrheitlich beschlossene Vertragsänderung hinzunehmen, die unter Abwägung von Gesellschafts- und Gesellschafterinteresse dringend geboten und für den Gesellschafter zumutbar erscheinen. Dies folgt aus der dem Gesellschafter obliegenden Treuepflicht. Da es bei einer Publikumsgesellschaft unpraktikabel wäre, den sich pflichtwidrig verweigernden Gesellschafter zunächst auf Erteilung der Zustimmung zu verklagen, wird er bei der Stimmabgabe so behandelt, als habe er entsprechend seiner Verpflichtung abgestimmt (BGH NJW 1985, 974). Einer Zustimmungsklage der Mitgesellschafter bedarf es in diesen Fällen nicht.

4. Geltendmachung von Beschlussmängeln

Für die Geltendmachung von Beschlussmängeln gelten grundsätzlich die **allgemeinen Regeln**, d. h. es ist eine Feststellungsklage gem. § 256 ZPO gegen alle Mitgesellschafter zu richten (BGH NJW 1981, 2565). Eine analoge Anwendung des § 246 Abs. 2 Satz 1 AktG wird bislang von der

Rechtsprechung gegen Stimmen aus dem Schrifttum (s. Nachweise bei MüKo HGB/*Grunewald* § 161 Rn. 139) abgelehnt (E/B/J/S/*Henze* Anh. § 177a Rn. 40). Der Gesellschaftsvertrag der Publikums-KG kann jedoch vorsehen (und tut dies in der Praxis regelmäßig), dass die Unwirksamkeit eines Gesellschafterbeschlusses gegenüber der Gesellschaft geltend zu machen und umgekehrt auch diese berechtigt ist, die Wirksamkeit eines Beschlusses gegen den bestreitenden Gesellschafter mit Wirkung für und gegen alle übrigen Gesellschafter feststellen zu lassen (BGH NJW 1983, 1056).

III. Vertreterregelung

1. Vertreterklausel

47 In Gesellschaftsverträgen finden sich häufig sog. Vertreterklauseln, die darauf abzielen, die Ausübung der Verwaltungsrechte der Kommanditisten in der Person eines Vertreters zu bündeln (MüKo HGB/*Grunewald* § 161 Rn. 171; vgl. auch § 161 HGB Rdn. 24). Sie erleichtern damit die technische Abwicklung von Gesellschafterversammlungen. Solche Klauseln sind grundsätzlich wirksam, sie unterliegen jedoch gewissen Kautelen: Die Vertretungsregelung darf nicht zu einer Abspaltung der Verwaltungsrechte von der Mitgliedschaft des Anlegers führen. Um dies sicherzustellen darf etwa eine dem Vertreter erteilte Vollmacht zur Ausübung der Verwaltungsrechte des Kommanditisten nicht unwiderruflich unter gleichzeitigem Verzicht auf die persönliche Ausübung oder auf die Weisungsgebundenheit des Bevollmächtigten erteilt werden (BGH NJW 1952, 178; NJW 1965, 2147).

48 Zum Vertreter der Kommanditisten kann in eng begrenzten Ausnahmefällen auch die Komplementärin bestimmt werden. Eine entsprechende Regelung im Gesellschaftsvertrag, durch die sich die Kommanditisten verpflichten, nach ihrer Wahl entweder die Handelsregisteranmeldungen der Gesellschaft selbst zu unterzeichnen, oder der Kommanditistin eine nur aus wichtigem Grund widerrufbare General-Anmeldevollmacht zu erteilen, ist zulässig (BGH NJW 2006, 2854). Voraussetzung hierfür ist jedoch, dass das entsprechende Wahlrecht nicht der Gesellschaft, sondern den Gesellschaftern zugebilligt wird. Hierdurch lassen sich die insbesondere bei großen Publikumsgesellschaften langwierigen Anmeldungen neuer Kommanditisten durch nur einen Bevollmächtigten erheblich beschleunigen.

49 Im unverzichtbaren **Kernbereich der Gesellschafterrechte** (vgl. Rdn. 43) bzw. bei Maßnahmen, die die Rechtsstellung des Gesellschafters als solche betreffen, ist eine bindende Vertretung grundsätzlich unzulässig (BGH NJW 1956, 1198; Baumbach/Hopt/*Roth* § 119 Rn. 36, § 163 Rn. 11). Höchstpersönliche Rechte, insbesondere das Kündigungsrecht, werden ebenfalls von der Vollmacht nicht umfasst (E/B/J/S/*Henze* Anh. § 177a Rn. 83).

2. Bestellung und Abberufung des Vertreters

50 Die Bestellung eines Vertreters kann bereits im Gesellschaftsvertrag erfolgen oder einem gesonderten Beschluss der Kommanditisten vorbehalten werden. Der Gesellschaftsvertrag kann für diesen Fall vorsehen, dass die Wahl des Vertreters eines einfachen oder qualifizierten Mehrheitsbeschluss oder eines einstimmigen Beschlusses der Kommanditisten bedarf (E/B/J/S/*Henze* Anh. § 177a Rn. 83).

51 Als Vertreter der Kommanditisten können grundsätzlich **nur Mitgesellschafter** bestellt werden. Der Gesellschaftsvertrag kann jedoch auch die Wahl von Nicht-Gesellschaftern zulassen. Umstritten ist hierbei, ob das Bestellungsrecht nur den vertretenen Gesellschaftern zusteht oder auch eine Regelung zulässig ist, wonach die nicht vertretenen Gesellschafter das Bestellungsrecht haben. Im Hinblick auf das den vertretenen Gesellschaftern zustehende Weisungsrecht gem. § 665 BGB sprechen keine zwingenden Gründe gegen ein Bestellungsrecht der nicht vertretenen Gesellschafter (MüKo HGB/*Grunewald* § 161 Rn. 181).

52 Die Gesellschaft kann einen Vertreter **zurückweisen**, der für sie nicht zumutbar ist (MüKo HGB/*Grunewald* § 161 Rn. 181). Der Gesellschaftsvertrag kann vorsehen, dass die **Abberufung** des Vertreters eines mehrheitlichen oder einstimmigen Beschlusses der Vertretenen bedarf. Für die

Abberufung aus wichtigem Grund genügt zum Schutz der vertretenen Kommanditisten wohl die einfache Mehrheit. (str.; vgl. zum Streitstand Heymann/*Horn* § 164 Rn. 18).

3. Weisungsrecht

Der Vertretung der Gesellschafter durch den Vertreter liegt regelmäßig ein Auftragsverhältnis oder Geschäftsbesorgungsverhältnis zugrunde (MüKo HGB/*Grunewald* § 161 Rn. 178). Aufgrund dieses Rechtsverhältnisses sind die vertretenen Gesellschafter gegenüber dem Vertreter grundsätzlich weisungsberechtigt. Soweit nichts anderes vereinbart ist, ist über die zu erteilenden Weisungen einstimmig zu beschließen (E/B/J/S/*Henze* Anh. § 177a Rn. 86). Soweit Weisungen nicht erteilt sind, hat der Vertreter seine Entscheidung an den Interessen der Vertretenen auszurichten (Heymann/*Horn* § 164 Rn. 16).

IV. Aufsichtsorgane der Publikums-KG

Zur Überwachung der Geschäftsführung der Publikumsgesellschaft wird abweichend vom Normaltyp der KG häufig ein Aufsichtsorgan (Aufsichtsrat, Beirat, Verwaltungsrat, Kontrollausschuss) gebildet. Grundlage der Bildung dieses **fakultativen Gesellschaftsorgans** ist in aller Regel der Gesellschaftsvertrag. Auch ohne gesellschaftsrechtliche Grundlage kann jedoch durch Mehrheitsbeschluss der Gesellschafter ein entsprechendes Organ geschaffen werden (vgl. Röhricht/v. Westphalen/*v. Gerkan/Haas* § 161 Rn. 129). Die Mitglieder des Aufsichtsorgans werden von der Gesellschafterversammlung gewählt; sie stehen in einem unmittelbaren Rechtsverhältnis zur Gesellschaft. Für die Invest-KG schreibt § 153 Abs. 3 KAGB die Bildung eines Beirats vor.

1. Aufgaben

Grundsätzlich wird man davon ausgehen können, dass das Aufsichtsorgan im Interesse der Publikumsgesellschaft zur **Überwachung der Geschäftsführung** berechtigt und verpflichtet ist (MüKo HGB/*Grunewald* § 161 Rn. 153). Zu einer umfassenden Kontrolle der gesamten Geschäftsführung ist es zwar nicht verpflichtet, bei ungewöhnlich leichtfertigen und risikoreichen Geschäften muss das Aufsichtsorgan jedoch tätig werden und ggf. auf die Geschäftsführung einwirken, um das Vorhaben zu verhindern (BGH NJW 1977, 2311). Zur Erfüllung seiner Aufgaben, werden dem Aufsichtsorgan regelmäßig **Beratungs- und Kontrollbefugnisse** eingeräumt, die sich weitgehend an § 111 AktG anlehnen: Es hat etwa die ordnungsgemäße Aufstellung des Jahresabschlusses zu überprüfen und für dessen Prüfung Sorge zu tragen. Sofern sich hierbei Zweifelsfragen ergeben, muss das Aufsichtsorgan diesen nachgehen (BGH NJW 1978, 425). Darüber hinaus muss es die Geschäftsführung zu regelmäßiger Berichterstattung veranlassen und erforderlichenfalls eigene Nachforschungen durchführen (BGH NJW 1978, 425). Soweit im Prospekt Investitionsvorhaben dargestellt sind, muss das Aufsichtsorgan sich über deren Verwirklichung vergewissern. Die sich für das Aufsichtsorgan ergebenden Überwachungspflichten obliegen jedem einzelnen Aufsichtsratsmitglied in eigener Verantwortung (BGH DB 1980, 71).

2. Haftung der Mitglieder des Aufsichtsorgans

Die Mitglieder des Aufsichtsorgans haften für **schuldhafte Pflichtverletzungen** gem. dem in §§ 116, 93 AktG enthaltenen Haftungsmaßstab (BGH NJW 1977, 2311). Danach haben die Mitglieder des Aufsichtsorgans bei Erfüllung ihrer Pflichten die Sorgfalt eines ordentlichen und gewissenhaften Kaufmanns anzuwenden. Auf die Haftungserleichterung des § 708 BGB können sie sich hingegen nicht berufen. Dies gilt unabhängig davon, ob es sich bei den Mitgliedern des Aufsichtsorgans der Publikumsgesellschaft um Gesellschafter oder Gesellschaftsfremde handelt (vgl. zur insoweit abweichenden Sichtweise bei der personalistischen Personengesellschaft MüKo HGB/*Grunewald* § 161 Rn. 167). Schadensersatzansprüche gegen Mitglieder des Aufsichtsorgans verjähren entsprechend §§ 93 Abs. 6, 116 AktG und § 52 Abs. 1 GmbHG in 5 Jahren (BGH NJW 1983, 1675). Ebenfalls entsprechend anwendbar ist die Beweisregel in § 93 Abs. 2 Satz 2 AktG (BGH DB 1980, 71).

57 Die Haftung ist **ausgeschlossen**, wenn das Handeln des Aufsichtsorgans auf einem Gesellschafterbeschluss beruht oder durch einen solchen Beschluss nachträglich gebilligt wird. Der Gesellschaft kann ein etwaiges Mitverschulden ihres Geschäftsführers (§ 254 BGB) nicht entgegengehalten werden, weil es gerade Aufgabe des Aufsichtsorgans ist, die Geschäftsführung zu überwachen (BGH NJW 1977, 2311).

58 Das Aufsichtsorgan steht grundsätzlich in einem unmittelbaren Rechtsverhältnis zur Gesellschaft, nicht zu den Kommanditisten. Daher kann der Schadensersatzanspruch gegen ein Mitglied des Aufsichtsorgans grundsätzlich **nur von der Gesellschaft** geltend gemacht werden (BGH NJW 1985, 1900). Es ist zwar nicht ausgeschlossen, dass eine Publikumsgesellschaft das Aufsichtsorgan als ein Kontrollorgan der Kommanditisten-Gesamtheit organisiert (BGH WM 1983, 555). Dies (d.h., dass das Rechtsverhältnis zwischen den Gesellschaft und dem Aufsichtsorgan Schutzwirkung für die Kommanditisten entfaltet) muss aber im Gesellschaftsvertrag deutlich zum Ausdruck kommen. Es genügt insoweit nicht, dass dem Aufsichtsorgan im Rahmen des rechtlich Zulässigen die Kontrollrechte der Kommanditisten zustehen (BGH NJW 1985, 1900).

V. Repräsentationsorgan Kommanditistenausschuss

59 Schließlich kann als Repräsentationsorgan der Kommanditisten auch ein **Kommanditistenausschuss** gebildet werden. Er ist von etwaigen Aufsichts- und Vertretungsorganen zu unterscheiden. Der Kommanditistenausschuss ist darauf gerichtet, die Interessen der Kommanditisten gegenüber der Gesellschaft, nicht aber umgekehrt die Interessen der Gesellschaft gegenüber den Kommanditisten zu wahren. Daher handelt es sich bei dem Kommanditistenausschuss nicht um ein Gesellschaftsorgan. Mitglieder des Kommanditistenausschusses haften den Kommanditisten bei schuldhafter Verletzung ihrer Pflichten. Ein sich aus der schuldhaften Pflichtverletzung ergebender Schadensersatzanspruch steht nur den Kommanditisten zu (BGH WM 1983, 555).

VI. Rechtsstellung des Treuhandkommanditisten

1. Unechte Treuhand

60 Treten Anleger als Kommanditisten einer Publikums-KG bei, so können sie ihre Haftung durch Leistung der Kommanditeinlage i.H.d. in das Handelsregister eingetragenen Haftsumme gem. § 171 Abs. 1 Halbs. 2 HGB ausschließen. Da bei einer hohen Anzahl von Kommanditisten die einzelnen Kommanditisten ihre Kontroll- und sonstigen Gesellschafterrechte nicht wirkungsvoll ausüben können, erfolgt in der Praxis vielfach eine **Übertragung der Rechte** der Kommanditisten auf einen Treuhänder. Dieser muss selbst nicht Gesellschafter sein, was zur zulässigen Rechtsfigur der unechten Treuhand führt (vgl. BGH NJW 1967, 827).

2. Echte Treuhand

61 Weiter verbreitet ist die Rechtsfigur der echten Treuhand. Im Verhältnis zur Gesellschaft und den Mitgesellschaftern ist hier grundsätzlich nur der Treuhänder Inhaber der gesellschaftsvertraglich eingeräumten Rechte und begründeten Pflichten. Allerdings ist der Treuhänder im Innenverhältnis zu den Anlegern als Treugeber verpflichtet, diese so zu stellen, wie sie stehen würden, wenn sie unmittelbar an der Gesellschaft beteiligt wären (BGH NJW 1987, 2677). Wirtschaftlich sind mithin die Anleger-Treugeber als an der Gesellschaft beteiligte Kommanditisten anzusehen.

3. Rechte und Pflichten des Treugebers

62 Grundlage des Rechtsverhältnisses zwischen dem Treuhänder und den Anlegern ist regelmäßig ein Geschäftsbesorgungsvertrag i.S.v. § 675 BGB. Hieraus ergibt sich die grundsätzliche Berechtigung des Treugebers, dem Treuhänder **Weisungen** zu erteilen, ebenso wie sich daraus die Verpflichtung ergibt, den Treuhänder von Verbindlichkeiten freizustellen, die er pflichtgemäß für Rechnung des Treugebers begründet hat. Damit der Treuhänder die sich aus dem Treuhandverhältnis ergebenden Pflichten gegenüber den Anlegern erfüllen kann, muss er von der Geschäftsführung der Publikums-

gesellschaft unabhängig sein (BGH NJW 1979, 1503). Bestehen im Hinblick auf die Geschäftsbesorgung potenzielle **Interessenkonflikte**, müssen diese gegenüber den Treugebern offengelegt werden (BGH NJW 1980, 1162). Andernfalls ist der Treugeber unter Umständen zur Kündigung des Treuhandverhältnisses bzw. zur Geltendmachung von Schadensersatz berechtigt.

4. Rechte und Pflichten des Treuhänders

a) Aufklärungspflicht

Bereits vor Abschluss eines Geschäftsbesorgungsvertrages ist der Treuhandkommanditist verpflichtet, die beitrittswilligen Treugeber umfassend und zutreffend aufzuklären. Hierzu hat er sich über alle für die prospektierte Beteiligung wesentlichen Umstände zu informieren. Kommt er dieser Aufklärungspflicht nicht pflichtgemäß nach, ist er dem Anleger-Treugeber zum Ersatz des sich daraus entstehenden Schadens verpflichtet. Sofern der Treuhandkommanditist eine angemessene Prüfung und Aufklärung nicht vorzunehmen vermag bzw. ihm eine solche Prüfung unzumutbar erscheint, muss er den beitrittswilligen Anleger hierauf entweder mit der gebotenen Klarheit hinweisen oder die Übernahme des Treuhandmandats ablehnen (BGH NJW 1982, 2493).   63

b) Ausübung der Gesellschafterrechte im Interesse des Treugebers

Der Treuhandkommanditist hat sich über die rechtlichen und finanziellen Grundlagen der Gesellschaft zu informieren und seine Gesellschafterrechte allein im Interesse der Treugeber auszuüben. Verletzt er diese Pflichten nach Abschluss des Treuhandvertrages, haftet er den Anlegern aus dem Treuhandverhältnis und aus Geschäftsbesorgungsvertrag (§ 675 BGB). Der Gesellschaftsvertrag einer Publikumsgesellschaft kann die über einen Treuhandkommanditisten nur mittelbar beteiligten Anleger im Innenverhältnis unter den Gesellschaftern so stellen, als seien sie Kommanditisten (BGH NJW 1987, 2677). Im Einzelfall können an einen Treugeber Rechte übertragen werden, die von der Mitgliedschaft des Treuhänders grundsätzlich nicht abgespalten werden können. Dies ist, abweichend vom grundsätzlich geltenden Abspaltungsverbot (vgl. hierzu § 109 HGB Rdn. 10) hier ausnahmsweise wirksam, weil dem alle Gesellschafter zugestimmt haben (BGH NJW 1987, 2677). Der Anleger muss die ihn betreffenden Regelungen des Gesellschaftsvertrages, auf den er bei seinem Beitritt Bezug nimmt, regelmäßig so verstehen, dass die Gesellschafter damit schlüssig den Treuhandkommanditisten, mit dem er unmittelbar abschließt, bevollmächtigt haben, ihn wie einen Kommanditisten in das Gesellschaftsverhältnis einzubeziehen, soweit seine Rechtsstellung im Gesellschaftsvertrag angesprochen ist (BGH NJW 1987, 2677).   64

5. Leistung und Verwendung der Einlagen

a) Vertrag zwischen Gesellschaft und Treuhänder

Wird zwischen der Publikumsgesellschaft und dem Treuhänder eine Vereinbarung geschlossen, deren Gegenstand die vertragsgemäße Verwendung der Einlagen zum Gegenstand hat, ist diese Abrede als echter Vertrag zugunsten Dritter (der Anleger) anzusehen (OLG München ZIP 08, 278). Entsteht der Gesellschaft in diesem Fall durch **Pflichtverletzungen des Treuhänders** ein Schaden, ist regelmäßig auch der Anteil eines jeden (mittelbaren) Gesellschafters weniger wert, dieser ist also mittelbar ebenfalls geschädigt. Der (mittelbare) Gesellschafter kann dann jedoch nicht Leistung an sich fordern. Er kann nur verlangen, dass der Ersatz in das Gesellschaftsvermögen geleistet wird; denn der Schaden ist primär bei der Gesellschaft entstanden und daher auch aus Gründen der Gleichbehandlung aller Gesellschafter dort wieder gutzumachen (BGH NJW 1987, 3121).   65

b) Abtretung der Einlageforderung

Sofern der Treuhänder die Einlage nach den mit dem Treugeber getroffenen Vereinbarungen erst dann an die KG weiterleiten darf, wenn bestimmte Voraussetzungen für die Freigabe erfüllt sind, ist eine Abtretung vor Eintritt der Mittelfreigabevoraussetzungen nach § 399 BGB unwirksam. Dieser Zweckbestimmung würde widersprochen und der Leistungsinhalt i. S. d. § 399 BGB verändert,   66 wenn der Anspruch auf die Zeichnungsbeträge auf die Publikumsgesellschaft übergehen könnte, bevor die Einzahlungsvoraussetzungen vorliegen und ohne die der Treuhänder seine Kontrolltätigkeit ausüben konnte. Eine im Gesellschaftsvertrag enthaltene **Abtretungsvereinbarung** erfasst daher nicht die Beiträge, für die die Freigabekriterien noch nicht erfüllt sind (BGH WM 1991, 1502). Die im Treuhandvertrag niedergelegte Pflicht, Zeichnungsbeträge dem Treuhandkommanditisten vorschussweise zur Verfügung zu stellen, erlischt, sobald feststeht, dass die Mittelfreigabekriterien – etwa wegen Scheiterns des prospektierten Vorhabens – nicht mehr erfüllt werden können. Über den bis dahin dem Treuhandkommanditisten gegen den Treugeber nach dem Vertrag zustehenden **Anspruch auf Verzugszinsen** darf der Treuhänder vorab verfügen, weil sein Entstehen nicht vom Eintritt der Mittelfreigabekriterien abhängig ist (BGH DStR 1993, 365). Davon abzugrenzen ist der Fall, dass ein Treugeber einer später gescheiterten Publikums-KG unter der aufschiebenden Bedingung der Erfüllung bestimmter Freigabekriterien beitritt. Ansprüche gegen den Treugeber auf Beitragsleistungen kann der Treuhänder dann geltend machen, wenn die Mittelfreigabekriterien vor dem Scheitern der Gesellschaft erfüllt gewesen sind (BGH EWiR 1992, 891).

c) Haftung für Einlage im Innen- und Außenverhältnis

67 Im **Außenverhältnis** haftet allein der Treuhänder als Kommanditist, schließlich wird auch nur er als Gesellschafter in das Handelsregister eingetragen. Im **Innenverhältnis** hingegen ist der Anleger-Treugeber verpflichtet, das Kommanditistenrisiko zu tragen. Dies ist Ausfluss der wirtschaftlichen Kommanditistenstellung des Treugebers. Wird daher eine Einlage durch den Treuhänder an den Anleger zurückgezahlt, haftet im Außenverhältnis der Treuhänder den Gesellschaftsgläubigern gem. § 172 Abs. 4 HGB. Im Innenverhältnis kann er jedoch bei dem Anleger aufgrund des Geschäftsbesorgungs- und Treuhandvertrages i. H. d. erstatteten Einlage Regress nehmen. Der Treuhandvertrag kann hierzu etwas anderes bestimmen. Das ist aber nicht schon der Fall, wenn der Anleger nach dem Kommandit- und Treuhandvertrag zu einem bestimmten Zeitpunkt kündigen und in diesem Fall seine Einlage voll zurückerhalten kann (BGH NJW 1980, 1163).

d) Treuhandvertrag

68 Die Publikums-KG hat lediglich gegen den Treuhänder einen Anspruch auf Leistung der gesellschaftsvertraglich vereinbarten Einlage. Der Anleger-Treugeber ist wiederum nur gegenüber dem Treuhänder nach Maßgabe des Treuhandvertrages verpflichtet, d. h. der Treuhandvertrag stellt regelmäßig keinen Vertrag zugunsten Dritter (der Publikumsgesellschaft) dar. Kündigt daher der lediglich über einen Treuhänder an einer Publikums-KG beteiligte Kommanditist, der seine Einlage noch nicht erbracht hat, den Treuhandvertrag, ist er zur Zahlung eines etwaigen negativen Kapitalanteils nicht verpflichtet. Im Verhältnis zur Gesellschaft hängt die Einlageverpflichtung des Treuhänders von der Zahlung des Anleger-Treugebers an den Treuhänder ab (OLG München WM 1984, 810; a. A. mit guten Gründen E/B/J/S/*Henze* Anh. § 177a Rn. 101: die Auffassung des OLG München führt de facto zur Unverbindlichkeit der Vereinbarung zwischen Treuhänder und Anleger-Treugeber).

69 Aus der Zwischenschaltung eines Treuhänders soll der Treugeber grundsätzlich nicht schlechtergestellt werden, als wenn er sich unmittelbar an der Publikums-KG beteiligt hätte. Ebenso wenig sind jedoch Gründe erkennbar, warum der Anleger-Treugeber aufgrund einer nur mittelbaren Beteiligung besser gestellt werden soll, als wenn er sich direkt beteiligt hätte. Daraus ergibt sich, dass ein Treuhandkommanditist von dem Anleger-Treugeber empfangene Einlagen grundsätzlich auch dann an die Publikums-KG weiterleiten muss, wenn sich deren **drohende Insolvenz** abzeichnet (BGH NJW 1980, 1162). Denn das Anlagerisiko hätte den Anleger bei drohender Insolvenz der Gesellschaft auch dann getroffen, wen er sich unmittelbar als Kommanditist betätigt hätte. Aus dem gleichen Grund kann der Anleger-Treugeber in der Insolvenz der Publikums-KG gegenüber der Forderung des Treuhandkommanditisten auf Leistung der vereinbarten Einlage solange nicht mit Schadensersatzansprüchen oder Prospekthaftungsansprüchen gegen den Treuhänder aufrechnen,

wie die Einlage zur Befriedigung der Gesellschaftsgläubiger benötigt wird (OLG Düsseldorf ZIP 1991, 1494).

Sofern der Treuhänder in grober Weise gegen seine Pflichten aus dem Treuhandverhältnis verstößt, hat der Anleger-Treugeber das Recht, das Treuhandverhältnis durch Erklärung gegenüber dem Treuhänder **fristlos zu kündigen** (BGH NJW 1979, 1503). Bei einer dem gesetzlichen Regeltyp entsprechenden KG hat die Beendigung eines Treuhandverhältnisses nicht notwendig unmittelbaren Einfluss auf die rechtliche Stellung des Treuhänders als Gesellschafter. Sofern der Gesellschaftsvertrag nichts anderes vorsieht, bleiben seine Rechte und Pflichten nach wie vor bestehen. Das Ende der schuldrechtlichen Beziehungen zwischen Treuhänder und Treugeber begründet für ersteren allerdings regelmäßig die Verpflichtung, das Treugut dem Treugeber zu übertragen (vorbehaltlich einer dazu erforderlichen Zustimmung der anderen Gesellschafter). Erwirbt er aber diese Beteiligung, so bleibt er selbstverständlich auch zur Zahlung der Einlage verpflichtet. Für die Publikums-KG gilt dies jedoch nicht uneingeschränkt. Hier kann auch eine Pflichtverletzung des Treuhänders ein wichtiger Grund sein, der den Anleger berechtigt, sich völlig von seiner »Beteiligung« zu lösen (BGH NJW 1979, 1503). 70

Regelmäßig wird gesellschaftsvertraglich vereinbart, dass bei einer **Auflösung des Treuhandverhältnisses** eine entsprechende Reduzierung der Kommanditeinlage stattfindet. Wird dem Anleger-Treugeber die Einlage zurückerstattet und der Treuhandkommanditist später von den Gesellschaftsgläubigern nach § 172 Abs. 4 HGB in Anspruch genommen, gehen die Gläubigeransprüche gegen die Gesellschaft gem. § 426 Abs. 2 BGB auf den Treuhänder über. Ein automatischer Übergang dieser Ansprüche auf den Anleger-Treugeber findet selbst dann nicht statt, wenn dieser dem Treuhänder den nach dem Geschäftsbesorgungsvertrag geschuldeten Betrag erstattet. Allerdings ist der Treuhandkommanditist in einem solchen Fall zur Abtretung der Ansprüche auf den Anleger-Treugeber verpflichtet (BGH NJW 1979, 1503). 71

F. Außenverhältnis der Publikums-KG

Für das Außenverhältnis der Publikums-KG ergeben sich gegenüber den für die OHG und KG geltenden Bestimmungen sowie gegenüber den für die GmbH & Co. KG entwickelten Sonderregeln keine Unterschiede, vgl. daher die entsprechenden Kommentierungen in §§ 105 ff. HGB (OHG), §§ 161 ff. HGB (KG) und Anhang 3 zum HGB (GmbH & Co. KG). 72

G. Kapitalsicherung

Die Kapitalsicherung in der Publikumsgesellschaft folgt prinzipiell den allgemeinen Regeln der §§ 171 ff. HGB, sofern es sich um eine KG handelt; bei einer GmbH & Co. KG zusätzlich §§ 30 ff. GmbHG, 172a HGB (*K. Schmidt* GesR, § 57 III 1; E/B/J/S/*Henze* Anh. § 177a Rn. 104; vgl. die Kommentierungen zu §§ 171 ff. HGB, sowie die Kommentierungen der §§ 30 ff. GmbHG). 73

I. Gesplittete Einlage

1. Begriff

In der Praxis kommt es gelegentlich vor, dass der Kommanditist nach dem Gesellschaftsvertrag einen Teil seiner Kapitaleinlage als Kommanditeinlage, einen anderen Teil hingegen als Darlehen oder als stille Einlage an die Gesellschaft erbringt (sog. gesplittete Einlage; vgl. BGH NJW 1978, 376). Nach der Rechtsprechung des BGH verbindet der einheitliche Gesellschaftsvertrag den in Form eines Darlehens oder einer stillen Einlage gekleideten zusätzlichen Kapitalbeitrag im Zweifel zu einer gesellschaftsrechtlichen Beitragsleistung (BGH NJW 1978, 376). Wichtige **Indizien** hierfür sind neben möglicherweise besonders günstigen Kreditkonditionen vor allem die Pflicht zur langfristigen Belassung oder das Fehlen einseitiger Kündigungsmöglichkeiten, die eine Rückforderung regelmäßig nur als Abfindungs- oder Liquidationsguthaben ermöglichen, sowie die mindestens nach Einschätzung der Gesellschafter gegebene Unentbehrlichkeit der Gesellschafterdarlehen für die Verwirklichung der gesellschaftsvertraglichen Ziele (BGH NJW 1988, 1841). 74

2. Funktion als Eigenkapital

75 Solchen als Darlehen oder stille Beteiligung bezeichneten Beiträgen kommt materiell die Funktion als Eigenkapital zu (BGH NJW 1988, 1841). Auch soweit sie die Haftsumme des Kommanditisten übersteigen, müssen sie daher wie die ausdrücklich als Kommanditeinlage bezeichneten Beiträge den Gesellschaftsgläubigern im Insolvenzfall oder in der Liquidation der Gesellschaft als **Haftungsmasse** zur Verfügung stehen (BGH NJW 1985, 1079). Soweit diese Beiträge noch ausstehen, können sie daher vom Insolvenzverwalter oder Liquidator eingefordert werden, wenn und soweit sie zur Befriedigung der Gesellschaftsgläubiger erforderlich sind (BGH DB 1978, 1771). Den auf Zahlung rückständiger Beiträge in Anspruch genommenen Gesellschafter trifft die Darlegungs- und Beweislast dafür, dass der eingeforderte Betrag für die Durchführung der Abwicklung nicht benötigt wird. Der Liquidator hat jedoch die insoweit bedeutsamen Verhältnisse der Gesellschaft darzulegen, soweit nur er dazu imstande ist (BGH DB 1978, 1771). Eine materiell als Haftkapital zu qualifizierende Darlehensforderung des Kommanditisten kann in der Insolvenz der Gesellschaft nicht zur Insolvenztabelle angemeldet werden. Sie kann nur im Rahmen des Liquidations- und Auseinandersetzungsverfahrens berücksichtigt werden, wenn die Beiträge nicht zur Befriedigung der Gesellschaftsgläubiger benötigt werden. Ebenso wenig kann ein Kommanditist mit einem solchen Anspruch in der Insolvenz der Gesellschaft gegen eine Forderung der Gesellschaft aufrechnen (BGH NJW 1985, 1468). Die bereits vor der Abtretung begründete Eigenkapitalfunktion eines Darlehens richtet sich gegen die Durchsetzbarkeit des Rückzahlungsanspruchs und ist nicht an die Person des Abtretenden gebunden. Sie kann deshalb nach § 404 BGB auch dem Zessionar entgegengehalten werden (BGH NJW 1988, 1841).

76 Ist in einer Publikums-KG vereinbart, dass sich die im Handelsregister einzutragende Haftsumme aus einer »Kommanditeinlage« und einem »Darlehen« zusammensetzt, sind auch Zahlungen auf das Darlehen als Einlageleistungen i. S. v. § 171 Abs. 1 HGB auf die Haftsumme anzurechnen (BGH NJW 1982, 2253). Daraus ergibt sich, dass die Rückzahlung solcher Beiträge zu einem **Wiederaufleben der Kommanditistenhaftung** gem. § 172 Abs. 4 HGB führt. Das Gleiche gilt bei der Rückzahlung eines von einem Kommanditisten geleisteten Aufgeldes, wenn an ihn Ausschüttungen zu einem Zeitpunkt vorgenommen werden, zu dem sein Kapitalanteil unter der im Handelsregister eingetragenen Haftsumme liegt oder infolge der Ausschüttung unter die Haftsumme sinkt (BGH, NJW-RR 2008, 1065).

77 Ähnlich wie GmbH-Recht kann im Verhältnis des Gesellschafters zur Gesellschaft ein materiell als Eigenkapital(-ersatz) zu wertendes Darlehen, nicht ohne Weiteres wie eine »offene« Einlage behandelt werden. Daraus folgt, dass ein Verlust auf dem Gesellschaftersonderkonto nicht mit einem auf dem Darlehenskonto des Gesellschafters befindlichen Guthaben ausgeglichen werden darf. Scheidet der Kommanditist aus der Gesellschaft aus, muss ihm der Darlehensbetrag, soweit er nicht zur Befriedigung von Gläubigerforderungen benötigt wird, ausgezahlt werden (E/B/J/S/*Henze* Anh. § 177a Rn. 108).

78 Ist die Pflicht zur Gewährung eines Darlehens notwendiger Bestandteil der Beitrittsverpflichtung der Kommanditisten geworden, müssen diese im Zweifel den Darlehensbetrag der Gesellschaft bis zum Ablauf der festgesetzten Zeit belassen; vor diesem Zeitpunkt kann die Rückzahlung nur bei vorheriger oder gleichzeitiger Beendigung des Gesellschaftsverhältnisses und nur bei Vorliegen eines wichtigen Grundes gefordert werden (BGH NJW 1978, 376).

79 Sofern der Kommanditist der Gesellschaft ein funktional als Eigenkapital zu wertendes verzinsliches Darlehen gewährt, kann sich aus seiner Treuepflicht eine Verpflichtung ergeben, die vertraglich vereinbarten Zinsen zu stunden. Das kann etwa der Fall sein, wenn die finanzielle Situation der Gesellschaft so angespannt ist, dass Zinszahlungen auf die Kommanditistendarlehen zum Zusammenbruch der Gesellschaft zu führen drohen (OLG Koblenz WM 1984, 1051).

II. Atypische stille Gesellschafterbeteiligung

Die vorstehenden Grundsätze gelten auch, wenn ein Anleger sich lediglich als atypisch stiller Gesellschafter beteiligt und ihm im Innenverhältnis (insbesondere aus steuerlichen Gründen) faktisch die Stellung eines Kommanditisten eingeräumt worden ist (BGH NJW 1979, 1079). 80

H. Anlegerschutz

I. Haftungsgrundlagen

1. Entwicklung einer allgemeinen Prospekthaftung

Bei dem Vertrieb von Beteiligungen an Publikumsgesellschaften sind in der Vergangenheit Anleger immer wieder durch irreführende oder falsche Angaben in Prospekten oder durch die mit dem Vertrieb betrauten Personen verlasst worden, hohe Summen in zweifelhafte Kapitalanlagen zu investieren. Diesem Missstand konnte durch das Institut der vorvertraglichen oder deliktischen Haftung nicht vollständig Rechnung getragen werden. Die Rechtsprechung, und hier insbesondere der II. Zivilsenat des BGH (BGH NJW 1981, 1449), hat deshalb aus dem Institut des Verschuldens bei Vertragsverhandlungen und auf Basis der spezialgesetzlichen Prospekthaftungstatbestände (§§ 45, 46 BörsG, § 20 KAGG a.F., § 12 AuslInvestmG a.F.) **Grundsätze einer allgemeinen Prospekthaftung** zum Schutz von Anlegern entwickelt, die durch unzutreffende oder irreführende Angaben in Prospekten veranlasst worden waren, sich an einer Publikumsgesellschaft zu beteiligen. Anknüpfungspunkt für das Haftungssystem der Rechtsprechung ist, dass die angesprochenen Beteiligungsinteressenten sich auf die Richtigkeit und Vollständigkeit der Angaben in einem Prospekt verlassen können müssen. Sie müssen davon ausgehen können, dass die Verantwortlichen den Prospekt mit der erforderlichen Sorgfalt geprüft haben und sie über alle Umstände aufklären, die für ihren Entschluss, sich als Kommanditist zu beteiligen, von wesentlicher Bedeutung sind (BGH NJW 1978, 1625). 81

2. Inhalt und Umfang von Aufklärungspflichten

a) Allgemeines

In einer umfangreichen Kasuistik hat die Rechtsprechung Inhalt und Umfang der Aufklärungspflicht gegenüber Kapitalanlegern entwickelt. Ungeachtet dessen, dass er mit der Kapitalanlage ein Risikogeschäft eingeht und ihm das wirtschaftliche Risiko seiner Beteiligung bleiben muss, darf der Kapitalanleger nach Treu und Glauben erwarten, dass er ein zutreffendes Bild über das Beteiligungsobjekt erhält, d.h. dass ein Prospekt der Beteiligungsgesellschaft ihn über alle Umstände, die für seine Entschließung von wesentlicher Bedeutung sind oder sein können, sachlich richtig und vollständig unterrichtet, insbesondere über die Tatsachen, die den Vertragszweck vereiteln können (BGH NJW 1981, 1449). 82

b) Beispiele und Rechtsprechung

Auf dieser Grundlage gehören zu den nach Treu und Glauben zu offenbarenden Tatsachen etwa **wesentliche kapitalmäßige und personelle Verflechtungen** zwischen der Komplementär-GmbH, ihren Geschäftsführern und beherrschenden Gesellschaftern einerseits und den Unternehmen sowie deren Geschäftsführern und beherrschenden Gesellschaftern andererseits, in deren Hand die Publikums-KG die nach dem Emissionsprospekt durchzuführenden Vorhaben ganz oder wesentlich gelegt hat. Derartige Verflechtungen begründen die Gefahr einer Interessenkollision zum Nachteil der Gesellschaft und der beitretenden Gesellschafter. Der beitretende Anleger kann deshalb erwarten, dass er über diesen Sachverhalt aufgeklärt wird, damit er in Kenntnis des Risikos seine Entscheidung treffen und gegebenenfalls der bestehenden Gefährdung nach seinem Beitritt zusammen mit den Mitgesellschaftern begegnen kann (BGH NJW 1981, 1449). Offenzulegen ist ebenfalls eine **fehlende vertragliche Absicherung** des prospektierten Projekts (BGH NJW 1979, 1449). In wirtschaftlicher Hinsicht sind weiter zutreffende Angaben zu machen über z.B. **Renditeaussichten,** 83

Mittelverwendung, Finanzausstattung der das prospektierte Vorhaben betreibenden Unternehmen (vgl. MüKo HGB/*Grunewald* § 161 Rn. 143 m. w. N.). In Bezug auf die **rechtlichen Rahmenbedingungen** sind insbesondere bestehende öffentlich-rechtliche Ungewissheiten bei der Verwirklichung eines Projekts, erreichbare Steuervorteile, die rechtliche Struktur der Publikumsgesellschaft richtig darzustellen (MüKo HGB/*Grunewald* § 161 Rn. 143 m. w. N.; weitere Beispiele bei *Fleischer* BKR 2004, 339, 343). Sind Prospektangaben unrichtig geworden, ist der Beitrittswillige darauf hinzuweisen (vgl. nunmehr § 11 Satz 1 VerkProspG für Verkaufsprospekte über Vermögensanlagen, die nach dem 01.07.2005 öffentlich angeboten werden). Darüber hinaus ist der Prospekt unverzüglich zu berichtigen (BGH NJW 1981, 1449). Die auf der Unrichtigkeit eines Prospektes beruhende Haftung wird nicht allein dadurch beseitigt, dass die Verantwortlichen einen neuen Prospekt erstellen, ohne auf die Änderungen in geeigneter Weise hinzuweisen (OLG Düsseldorf NJW-RR 1994, 37 und nunmehr § 11 Satz 2 VerkProspG).

c) Pflichten des Anlagevermittlers

84 Ein in den Vertrieb von Beteiligungen an einer Publikums-KG eingeschalteter Anlagevermittler muss die dem Anleger überlassenen Unterlagen über das Beteiligungsobjekt prüfen und ihm erläutern. Dabei sind von dem Anlagevermittler Widersprüche aufzudecken, falsche Angaben im Prospekt richtigzustellen und ggf. auch Nachforschungen anzustellen (BGH NJW 1983, 1730). Eine Aufklärungspflicht des Anlagevermittlers entfällt, wenn der Kapitalanleger über dieselben Erkenntnismöglichkeiten wie er verfügt und der Anleger deshalb nicht darauf angewiesen ist, ihm besonderes Vertrauen entgegenzubringen, es also an der Rechtfertigung für eine aus dem Gesichtspunkt von Treu und Glauben hergeleiteten Vertreterhaftung fehlt (BGH NJW RR 1986, 1478).

II. Einzelne Haftungstatbestände

1. Prospekthaftung

a) Rechtsgrundlagen

85 Bis zum Inkrafttreten des Gesetzes zu Verbesserung des Anlegerschutzes (AnSVG) am 01.07.2005 existierte im Bereich der freiwillig erstellten Verkaufsprospekte für Kapitalanleger im Grauen Kapitalmarkt keine spezialgesetzliche Haftungsgrundlage bei falschen oder unvollständigen Prospektangaben. Ein börsengesetzlicher Prospektzwang und eine börsengesetzliche Prospekthaftung galten lediglich für das öffentliche Angebot inländischer verbriefter Wertpapiere gem. § 13 VerkProspG a. F., für den Verkauf ausländischer Investmentanteile nach § 12 AuslInvestmG a. F. sowie für Anteile an Kapitalanlagegesellschaften nach § 20 KAGG a. F. Sämtliche übrigen, nicht wertpapiermäßig verbrieften Vermögensanlagen wurden hiervon nicht erfasst. Dennoch bestand auch in diesem nicht der Marktaufsicht unterliegenden Bereich des Kapitalmarkts ein Schutzbedürfnis der Anleger vor unzutreffenden, irreführenden oder unvollständigen Prospektangaben. Diese Lücke wurde in der Vergangenheit durch die **richterrechtliche Entwicklung** einer zivilrechtlichen **Prospekthaftung** geschlossen (vgl. BGH NJW 1992, 228; MüKo HGB/*Grunewald* § 161 Rn. 141; *K. Schmidt* GesR, § 57 IV 3; E/B/J/S/*Henze* Anh. § 177a Rn. 44; MünchHdb GesR II/*Gummert* § 69 Rn. 10 ff.). Letzteres basierte auf der Rechtsfigur des **Verschuldens bei Vertragsverhandlungen** und wurde zu einem eigenständigen Rechtsinstitut für das typischerweise in Anspruch genommene Anlegervertrauen fortentwickelt.

86 Das AnSVG zielte auf eine Verbesserung des Anlegerschutzes durch eine größere Produkttransparenz und eine Stärkung der Haftungsansprüche der Anleger ab. Durch das VerkProspG wurde damit auch der sog. Graue Kapitalmarkt einer umfassenden Regelung unterworfen. Kernpunkte waren die **Prospektpflicht** für nicht wertpapiermäßig verbriefte Vermögensanlagen gem. § 8f VerkProspG sowie die **spezialgesetzliche Prospekthaftung** gem. §§ 13, 13a VerkProspG. Das AnSVG wurde zunächst durch das Gesetz zur Novellierung des Finanzanlagenvermittler- und Vermögensanlagenrechts vom 06.12.2011 (VermAnlG, BGBl. I, S. 2481) abgelöst. Darin wurde das börsenrechtliche Haftungsregime aus § 44 Abs. 1 Nr. 1, Nr. 2 BörsG a. F. in § 20 VermAnlG übertragen.

Nach nicht einmal 2 Jahren löst das KAGB das VermAnlG wiederum ab und legt in § 306 das neue Haftungsregime für Investmentfonds zugrunde.

Die bisherigen Haftungsnormen gelten für bestimmte Verkaufsprospekte fort. Die Prospekthaftung nach dem VerkProspG gilt für Verkaufsprospekte fort, die vor dem 01.06.2012 veröffentlicht worden sind. Das VermAnlG gilt auch nach Inkrafttreten des KAGB für geschlossene Fonds fort, die zum Stichtag 21.07.2013 ausinvestiert sind, d. h. die keine zusätzlichen Anlagen tätigen. Derartige Altfonds genießen nach § 353 Abs. 1 KAGB i. V. m. § 32 Abs. 5 VermAnlG Bestandsschutz. Ferner gilt für Fondsgesellschaften, bei denen die Zeichnungsfrist vor dem 21.07.2011 abgelaufen ist und die spätestens am 21.07.2016 abgewickelt werden, das Haftungsregime der §§ 20 ff. VermAnlG weiter, vgl. § 352 Abs. 3 KAGB i. V. m. § 32 Abs. 6 VermAnlG. 87

b) Prospektpflicht für Publikumsgesellschaft

Für im Inland öffentlich angebotene nicht in Wertpapieren verbriefte Anteile, die eine Beteiligung am Ergebnis eines Unternehmens gewähren, für Anteile an einem Vermögen, das der Emittent oder ein Dritter als Treuhänder für fremde Rechnung hält oder verwaltet, oder für Anteile an sonstigen geschlossenen Fonds statuierten bislang §§ 8f Abs. 1 Satz 1 VerkProspG, 6 VermAnlG eine umfassende Prospektpflicht. Somit besteht für Anteile an einer Publikumsgesellschaft grundsätzlich ein Prospektzwang. Dieser gilt für das öffentliche Angebot, worunter jedes Anbieten oder jede Werbung fällt, die sich über ein beliebiges Medium an einen unbestimmten Personenkreis wendet und die Aufforderung enthält, ein Kaufangebot abzugeben (vgl. Begr. RegE, BT-Drucks. 15/3174, S. 42; *Groß* § 2 WpPG Rn. 16). **Ausnahmen** vom Prospektzwang enthielten §§ 8f Abs. 2 VerkProspG, 2 VermAnlG. Von praktischer Bedeutung sind in erster Linie die Befreiungstatbestände in § 8f Abs. 2 Nr. 3 VerkProspG bzw. § 2 Nr. 3 VermAnlG (Bagatelltatbestände in 1. Alt. und 2 sowie Vermutung professioneller versierter Vermögensanlage) und § 8f Abs. 2 Nr. 4 VerkProspG bzw. § 2 Nr. 4 VermAnlG (qualifizierte Anleger; dazu *Fleischer* BKR 2004, 339, 341). Das KAGB normiert für die einzelne Investmentvermögen eine eigenständige Prospektpflicht. Für Anteile an einem Alternativen Investmentfonds (AIF) in Gestalt einer Invest-KG ist die Prospektpflicht in §§ 268 Abs. 1 KAGB geregelt. Ausnahmen von einer Prospektpflicht bestehen für solche Investments, die nicht in den Anwendungsbereich des KAGB fallen, vgl. § 2 KAGB. Eine mit § 2 Nr. 3 VermAnlG vergleichbare Ausnahme für Bagatelltatbestände enthält das KAGB jedoch nicht. 88

c) Prospektinhalt

Hinsichtlich des Prospektinhalts verlangten § 8g Abs. 1 Satz 1 VerkProspG bzw. § 7 Abs. 1 VermAnlG die Angabe **aller tatsächlichen und rechtlichen Umstände**, die dem Publikum eine zutreffende Beurteilung des Emittenten und der Vermögensanlagen ermöglichen. Genauere inhaltliche Anforderungen ergaben sich aus §§ 2 ff. VermVerkProspV. Hiernach sind etwa Angaben zu machen über die Personen, die die Verantwortung für den Prospekt übernehmen, die Vermögensanlagen, den Emittenten, das Kapital des Emittenten, die Gründungsgesellschafter, die Geschäftstätigkeit des Emittenten, Anlageziele und Anlagepolitik, die Vermögens-, Finanz- und Ertragslage des Emittenten, die Prüfung des Jahresabschlusses des Emittenten, Mitglieder der Geschäftsführung oder des Vorstands, Aufsichtsgremien und Beiräte des Emittenten, den Treuhänder und sonstige Personen sowie über den jüngsten Geschäftsgang und die Geschäftsaussichten des Emittenten. § 269 i. V. m. § 165 KAGB gibt nunmehr ebenfalls bestimmte Mindestinhalte für die Verkaufsprospekte geschlossener Publikums-AIF vor, die im Wesentlichen mit den soeben beschriebenen Inhalten übereinstimmen. 89

d) Prospektprüfung

Das bisher in § 8i Abs. 1 VerkProspG bzw. § 8 VermAnlG enthaltene Billigungsverfahren wurde im Rahmen der Anzeigepflicht des Vertriebs von Publikums-AIF in § 316 KAGB aufgegriffen. Die Kapitalverwaltungsgesellschaft muss dem Anzeigeschreiben an die BaFin neben anderen Unterlagen auch den Verkaufsprospekt und die wesentlichen Anlageinformationen des AIF beifügen. 90

Die BaFin prüft nach § 316 Abs. 2, 3 KAGB, ob die eingereichten Unterlagen vollständig sind und teilt der Kapitalverwaltungsgesellschaft mit, ob sie mit dem Vertrieb des AIF beginnen darf. Die inhaltliche Richtigkeit der Angaben, ist wie nach der alten Rechtslage nicht Gegenstand der behördlichen Prüfung.

e) Prospekthaftung

91 Sofern der Prospekt fehlerhaft war, griff bisher die spezialgesetzliche Prospekthaftung gem. §§ 13, 13a VerkProspG bzw. § 20 VermAnlG. Diese führte durch den Verweis in § 13 Abs. 1 Nr. 3 VerkProspG zu einer entsprechenden Geltung der Vorschriften aus §§ 44 bis 47 BörsG. Als **unrichtig** ist ein Verkaufsprospekt gem. § 13 Abs. 1 Nr. 3 VerkProspG i. V. m. § 44 Abs. 1 Satz 1 BörsG bzw. § 20 Abs. 1 Satz 1 VermAnlG einzustufen, wenn für die Beurteilung der Vermögensanlagen wesentliche Angaben unrichtig oder unvollständig sind. Nicht geregelt ist dabei jedoch, welcher **Verständnishorizont des Anlegers** bei der Erstellung des Verkaufsprospektes vorausgesetzt werden darf. Entsprechend der bisherigen Rechtsprechung des BGH zur börsengesetzlichen Prospekthaftung erscheint es hier sachgerecht, auf einen durchschnittlichen Anleger abzustellen, der die wesentlichen Grundzüge einer Bilanz erfassen kann, ohne jedoch über Kenntnisse in der Fachsprache eines Expertenkreises zu verfügen (vgl. BGH NJW 1982, 2823). Der BGH hat diesen Empfängerhorizont mit Urt. v. 18.09.2012 insoweit präzisiert, als nunmehr auf das Verständnis des mit dem jeweiligen Prospekt angesprochenen Adressatenkreises abzustellen ist (vgl. BGH NZG 2012, 1262). Die Haftung für fehlerhafte Verkaufsprospekte und fehlerhafte wesentliche Anlegerinformationen im Zusammenhang mit AIF ist nunmehr in § 306 Abs. 1, 2 KAGB verankert. Unrichtig ist ein Verkaufsprospekt nach § 306 Abs. 1 KAGB dann, wenn Angaben, die für die Beurteilung der Anteile oder Aktien von wesentlicher Bedeutung sind, unrichtig oder unvollständig sind. Wesentliche Anlegerinformationen sind nach § 306 Abs. 2 KAGB dann fehlerhaft, wenn darin enthaltene Angaben irreführend, unrichtig oder nicht mit den einschlägigen Stellen des Verkaufsprospekts vereinbar sind (vgl. zur Haftung Rdn. 107, 108.).

f) Prospektverantwortliche

aa) Allgemeine Grundsätze

92 Nach bisheriger (vgl. §§ 13 Abs. 1 Nr. 3 VerkProspG, 44 Abs. 1 Satz 1 BörsG sowie § 20 Abs. 1 Satz 1 VermAnlG) und auch neuer Rechtslage (nun § 306 Abs. 1 KAGB) haften diejenigen, die für den fehlerhaften Prospekt die Verantwortung übernommen haben und diejenigen, von denen der Erlass des Prospektes ausgeht. Zur Gruppe der Verantwortlichen zählen in erster Linie der **Anbieter** sowie Personen, die im Prospekt als für den Inhalt verantwortlich aufgeführt werden. Anders als der Emittent verbriefter Anteile (hierzu *Groß* § 2 WpPG Rn. 25) war die Publikumsgesellschaft selbst bisher regelmäßig nicht als Anbieter anzusehen, da sich gegen die KG richtende Schadensersatzansprüche auch für die Gläubiger der KG nachteilig auswirken würden (str.). Folgerichtig konnte mit dem Schadensersatzanspruch aus Prospekthaftung auch nicht gegen die Einlageforderung der Gesellschaft aufgerechnet werden (BGH NJW 1973, 1604; MünchHdb GesR II/*Gummert* § 69 Rn. 32; E/B/J/S/*Henze* Anh. § 177a Rn. 56, 64; Baumbach/Hopt/*Hopt* Anh. § 177a Rn. 64; MüKo HGB/*Grunewald* § 161 Rn. 144). Diese in der Praxis umstrittene Frage wird sich trotz des nunmehr klaren Wortlauts des § 306 Abs. 1 KAGB verschärfen. Das neue Haftungsregime sieht vor, dass neben den Verantwortlichen auch die Verwaltungsgesellschaft selbst in Anspruch genommen werden. Bei interner Verwaltung durch die Komplementärin (§ 17 Abs. 2 Nr. 2 KAGB) wird die Invest-KG selbst zur prospekthaftungspflichtigen Kapitalverwaltungsgesellschaft (zu den Problemen der Rechtsfolge s. unter Rdn. 100). Unter Personen, von denen der Erlass des Prospektes ausgeht (die sog. **Prospektveranlasser**), sind diejenigen zu verstehen, die zwar nicht nach außen in Erscheinung treten, jedoch hinter dem Prospekt stehen und als dessen tatsächliche Urheber anzusehen sind (vgl. BGH NJW 1981, 1449). Hierzu zählen alle Personen, die besonderen Einfluss in der Publikums-KG ausüben, Mitverantwortung tragen und mit deren Wissen und Wollen oder mit deren Initiative der Prospekt in den Verkehr gebracht worden ist (BGH NJW 1978, 1625;

E/B/J/S/*Henze* Anh. § 177a Rn. 56). Nach der Rechtsprechung des BGH (zusammenfassend BGH NJW 1992, 228) gehören hierzu die Initiatoren, Gründer (auch Gründungskommanditisten) und Gestalter der Gesellschaft, soweit sie das Management bilden oder beherrschen (BGH NJW 1978, 1625). Darüber hinaus haften aber auch die Personen, die hinter der Komplementär-GmbH und der Publikums-KG stehen und neben der Geschäftsleitung **besonderen Einfluss** in der Gesellschaft ausüben und deshalb Mitverantwortung tragen (BGH 1981, 1449; vgl. auch MüKo HGB/*Grunewald* § 161 Rn. 144 m.w.N.; E/B/J/S/*Henze* § 177a Anh. Rn. 56, m.w.N. aus der Rspr.).

bb) Garanten

Gewisse Unsicherheiten bestehen bezüglich der Einordnung von sog. Experten oder Garanten, d.h. Personen, denen mit Rücksicht auf ihre besondere berufliche oder wirtschaftliche Position eine Sonderstellung zukommt. Hierzu zählen etwa **Rechtsanwälte, Wirtschaftsprüfer, Steuerberater oder sonstige Sachverständige**. Bei ihnen ging der BGH im Rahmen der bisherigen allgemeinen zivilrechtlichen Prospekthaftung von einer partiellen Verantwortlichkeit für diejenigen Prospektteile aus, für die die betreffenden Personen nach außen hin in Erscheinung tretend einen Vertrauenstatbestand geschaffen hatten (vgl. BGH NJW 1980, 1840; NJW 1990, 2461; E/B/J/S/*Henze* Anh. § 177a Rn. 52; MünchHdb GesR II/*Gummert* § 69 Rn. 38, Suchomel, NJW 2013, 1126 [1127]). Dies steht jedoch im Gegensatz zur börsengesetzlichen Prospekthaftung, die auf dem Grundsatz der Gesamtverantwortlichkeit gründet (*Fleischer* BKR 2004, 339, 344 m.w.N.). Wer nur einen Teil zur Prospektgesamtheit beisteuert, wurde nach § 44 Abs. 1 Satz 1 BörsG für einen dadurch verursachten Prospektmangel nicht der Haftung unterworfen (str.; vgl. *Heisterhagen* DStR 2006, 759, 763). Auch nach dem Wortlaut des § 20 VermAnlG scheidet eine Haftung von Garanten aus. Allein daraus, dass im Verkaufsprospekt der **Bestätigungsvermerk** eines Wirtschaftsprüfers zum letzten geprüften Jahresabschluss abgedruckt worden ist, ergibt sich jedenfalls keine prospekthaftungsrechtliche Verantwortlichkeit des Wirtschaftsprüfers für die zukünftige wirtschaftliche Entwicklung des Unternehmens. Ihn trifft selbst dann keine Aktualisierungspflicht, wenn ihm nachträglich eine wesentliche Verschlechterung des Unternehmens bekannt wird, die die Vermögensinteressen der potenziellen Anleger gefährdet (BGH NJW-RR 2006, 611). Nach der neuen Haftungsnorm des § 306 Abs. 1 KAGB werden Garanten ebenfalls nicht von der gesetzlichen Prospekthaftung erfasst.

93

cc) Kreditgeber

Zu dem Kreis der Prospektverantwortlichen können auch Kreditinstitute gehören, sofern sie Treuhandkommanditisten oder Mitherausgeber des Prospekts sind (MünchHdb GesR II/*Gummert* § 69 Rn. 49). Soweit Banken, ohne die vorgenannten Voraussetzungen zu erfüllen, sich nur den Inhalt des Prospekts zur Erfüllung vertraglicher Pflichten gegenüber dem Anleger zu eigen machen, dürfte hingegen eher eine Haftung aus Verschulden bei Vertragsschluss gem. §§ 280 Abs. 1 i.V.m. 311 Abs. 2 und 3 BGB in Betracht kommen.

94

dd) Prospektverfasser

Nach wie vor **nicht prospekthaftpflichtig** dürften die nach außen unbekannt gebliebenen Prospektverfasser sein. Ebenso wenig führt der Hinweis auf ein Gutachten ohne Benennung seines Verfassers zu dessen Prospekthaftung. Es kommt bei Unrichtigkeit des Gutachtens jedoch eine Haftung nach § 826 BGB in Betracht, wenn der Verfasser leichtfertig gehandelt und damit eine Schädigung der Anleger in Kauf genommen hat (BGH NJW 1986, 1158).

95

g) Anspruchsberechtigte

Anspruchsberechtigt waren nach § 13 Abs. 1 Nr. 3 VerkProspG i.V.m. § 44 Abs. 1 Satz 1 letzter Halbs. BörsG diejenigen, die die Vermögensanlage nach Veröffentlichung des Prospekts und innerhalb von 6 Monaten nach der Erstveröffentlichung unmittelbar oder mittelbar erworben haben. Die 6-Monats-Frist, innerhalb der ein Erwerb der Anteile erfolgt sein musste, begann mit dem Zeitpunkt des erstmaligen öffentlichen Angebots der Vermögensanlagen, wobei es unerheblich war, ob

96

es sich bei dem Erwerb um einen Erst-, Zweit- oder Dritterwerb handelte. Für die Geltendmachung des Prospekthaftungsanspruchs nach § 20 Abs. 1 VermAnlG wurde diese Frist auf 2 Jahre nach dem ersten öffentlichen Angebot ausgeweitet.

97 § 306 Abs. 1 KAGB orientiert sich an der bisher für Investmentvermögen geltenden Haftungsnorm des § 127 InvG. Insofern ist es für die Geltendmachung eines Haftungsanspruchs wegen fehlerhaftem Prospekt nicht mehr von Bedeutung, innerhalb welchen Zeitraums ab Veröffentlichung die Anlage erworben wurde. Diese auf den ersten Blick für den Anleger vorteilhafte zeitliche Ausdehnung geht jedoch einher mit dem Wegfall der gesetzlichen Kausalitätsvermutung des Prospektfehlers für den Anlageentschluss. Im Ergebnis verschlechtert § 306 KAGB daher die Rechtsposition des Anlegers in einem möglichen Haftungsprozess (s. dazu in Rdn. 98).

h) Kausalität

98 Zwischen dem fehlerhaften Verkaufsprospekt und dem Erwerb der Vermögensanlage muss ein ursächlicher Zusammenhang bestehen. Gem. § 45 Abs. 2 Nr. 1 BörsG und auch § 20 Abs. 4 Nr. 1 VermAnlG trug der Prospektverantwortliche die Darlegungs- und Beweislast für die fehlende Kausalität der **haftungsbegründenden Kausalität**. Dies stand in Einklang mit der bisherigen BGH-Rechtsprechung zur zivilrechtlichen Prospekthaftung (vgl. BGH NJW 1992, 228). Eine Abweichung ergibt sich jedoch hinsichtlich der **haftungsausfüllenden Kausalität** (vgl. *Fleischer* BKR 2004, 339, 344). Hierfür kam es nach der Rechtsprechung bislang darauf an, ob der Anleger bei Kenntnis der Unrichtigkeit des Prospekts auf die Vermögensanlage verzichtet hätte. Nicht entscheidend war hingegen, ob die Unrichtigkeit des Prospekts den Wertverlust der Anlage zur Folge hatte (BGH NJW 1993, 2865). Im Rahmen der spezialgesetzlichen Prospekthaftung eröffnete § 45 Abs. 2 Nr. 2 BörsG dem Prospektverantwortlichen die Möglichkeit des Nachweises, dass die unrichtige Prospektangabe nicht zu einer Minderung des Erwerbspreises der Vermögensanlage beigetragen hat. Gleiches galt nach § 20 Abs. 4 Nr. 2 VermAnlG. Unter dem neuen Haftungsregime des KAGB obliegt es nunmehr dem Anleger nachzuweisen, dass seine Anlageentscheidung auf dem Verkaufsprospekt beruht. Nicht mehr ausreichend ist es daher, darzulegen, dass die Zeichnung innerhalb einer existierenden Anlagestimmung am Markt erfolgte. In der Literatur wird dies teilweise als Versehen des Gesetzgebers angesehen, weil dies dem Ziel, einen »einheitlichen hohen Standard« beim Anlegerschutz zu schaffen, nicht gerecht werde (vgl. Schnauder, NJW 2013, 3207 [3210]). Ob der Gesetzgeber diesen für den Anleger doch prozesstaktisch erheblichen Nachteil korrigiert, bleibt abzuwarten.

i) Verschulden

99 Die Haftung des Prospektverantwortlichen greift auch weiterhin nur, wenn die unrichtige oder unvollständige Angabe im Prospekt auf ein **vorsätzliches oder grob fahrlässiges Fehlverhalten** zurückgeführt werden kann. Auch hierfür trifft nach § 316 Abs. 3 Satz 1 KAGB den Anspruchsgegner die Darlegungs- und Beweislast. Die spezialgesetzliche Prospekthaftung hinter der bisherigen allgemeinen zivilrechtlichen Prospekthaftung zurückbleibt, die ein Verschulden für eine fehlerhafte Prospekterstellung bereits bei einfacher Fahrlässigkeit annahm (vgl. MünchHdb GesR II/*Gummert* § 69 Rn. 62; MüKo BGB/*Emmerich* § 311 Rn. 172 f.; *Fleischer* BKR 2004, 339, 345). Praktisch dürfte diese Absenkung des Verschuldensmaßstabes weiterhin keine erheblichen Auswirkungen haben, da die Grenzziehung zwischen einfacher und grober Fahrlässigkeit fließend ist, insbesondere bei dem Angebot von Kapitalmarktprodukten, wo die Rechtsprechung einen hohen Sorgfaltsmaßstab anwendet (vgl. *Fleischer* BKR 2004, 339, 345).

j) Haftungsumfang

100 Der Erwerber kann wie bisher (vgl. § 13 Abs. 1 Nr. 3 VerkProspG i. V. m. § 44 Abs. 1 Satz 1 BörsG sowie § 20 Abs. 1 Satz 1 VermAnlG) auch nach neuem Recht (§ 306 Abs. 1 Satz 1 KAGB) von den Prospektverantwortlichen als Gesamtschuldnern die Übernahme der Vermögensanlagen gegen Erstattung des Kaufpreises verlangen. Nicht mehr erstattungsfähig sind bei einem fehlerhaften

Prospekt die mit dem Erwerb verbundenen üblichen Kosten (vgl. auch der insoweit klare Wortlautunterschied zu erstattungsfähigen Kosten bei fehlendem Verkaufsprospekt in § 306 Abs. 5 KAGB). Die angeordnete Rechtsfolge (Übernahme der Anteile gegen Erstattung des vom Anleger gezahlten Betrags) ist für Verwaltungsgesellschaften von Publikums-AIF nicht praktikabel. Die gegen die bisherigen Regelungen vorgebrachten Bedenken gelten fort. Der mit der Schadensabwicklung verbundene Liquiditätsabfluss aus der Gesellschaft erfolgt zum Nachteil der Gläubiger. Letztlich liegt bei Übernahme der Anteile gegen Erstattung der geleisteten Kommanditeinlage eine Rückgewähr von Kommanditanteil und Pflichteinlage vor. Ferner kennt die Personengesellschaft eigene Anteile nicht. Folglich wird teilweise wie bisher auch vorgeschlagen, gegen den Wortlaut des Gesetzes ein Rechts zur Austrittskündigung anzunehmen (vgl. *Schnauder*, NJW 2013, 3207 [3210] m.w.N.). Die Gesetzesbegründung zur Neuregelung äußert sich zu dieser weiterhin bestehenden Frage nicht.

k) Verjährung

Für die Verjährung der Prospekthaftungsansprüche galt gem. § 13 Abs. 1 Nr. 3 VerkProspG i.V.m. § 46 BörsG eine Frist von **einem Jahr ab Kenntnis** des Prospektmangels, spätestens jedoch 3 Jahre nach der Prospektveröffentlichung. Damit wurde im Wesentlichen ein Gleichlauf mit der bisherigen Verjährungsfrist für die zivilrechtlichen Prospekthaftungsansprüche gem. § 195 BGB erzielt. Das VermAnlG sah bereits keine spezielle Verjährungsregelung mehr vor, sodass insoweit die Regelverjährung Anwendung findet. Das die Verjährungsfrist auslösende Tatbestandsmerkmal der grob fahrlässigen Unkenntnis (§ 199 Abs. 1 Nr. 2 BGB) wird aber wohl ohne größere Bedeutung bleiben. Auch das KAGB enthält keine eigenständigen Verjährungsregeln; weshalb es künftig bei der Anwendung der Regelverjährung bleibt.

101

l) Haftung bei fehlendem Prospekt

Vor Inkrafttreten des AnSVG wurden Verstöße gegen die Prospektpflicht (für wertpapiermäßig verbriefte Anteile) lediglich als bußgeldbewehrte Ordnungswidrigkeit eingestuft (§ 17 Abs. 1 Nr. 1 VerkProspG a. F.) und führten zur Untersagung des Angebots durch die BaFin (*Groß* § 13a VerkProspG Rn. 25). Eine spezielle zivilrechtliche Anspruchsgrundlage für den Fall des Fehlens eines Verkaufsprospektes existierte nicht. Die h.L. behalf sich daher vielfach mit einer bei einfacher Fahrlässigkeit greifenden deliktischen Haftung aus § 823 Abs. 2 BGB i.V.m. § 1 VerkProspG a. F. (vgl. *Fleischer* BKR 2004, 339, 345 f.)

102

Seitdem konnte der Anleger gem. § 13a Abs. 1 Satz 1 VerkProspG, § 21 Abs. 1 VermAnlG vom Emittenten und dem Anbieter als Gesamtschuldner die Übernahme der Vermögensanlage gegen Erstattung des Kaufpreises verlangen, falls unter Verstoß gegen § 8f VerkProspG bzw. § 6 VermAnlG **kein Verkaufsprospekt veröffentlicht** wurde. Nach § 13a Abs. 1 Satz 1 VerkProspG ist **jeder Erwerber anspruchsberechtigt**, sofern das Erwerbsgeschäft vor Veröffentlichung eines Prospektes und innerhalb von 6 Monaten nach dem ersten öffentlichen Angebot im Inland abgeschlossen wurde. Diese Frist ist in § 21 Abs. 1 Satz 1 VermAnlG auf eine Frist von 2 Jahren verlängert worden. Nach § 316 Abs. 5 KAGB kann ein Anleger vom Anbieter die Übernahme der Anteile gegen Erstattung des Erwerbspreises und der mit dem Erwerb verbundenen üblichen Kosten verlangen, wenn das Erwerbsgeschäft vor Veröffentlichung eines Prospekts und innerhalb von 2 Jahren nach dem ersten Anbieten im Inland abgeschlossen wurde.

103

Strittig ist, welche Bedeutung dem **Verschulden** im Rahmen der Haftung für einen fehlenden Prospekt zukommt. Der Wortlaut der Haftungsvorschriften spricht für eine verschuldensunabhängige Haftung. Hingegen spricht der systematische Zusammenhang für eine Anlehnung an das Verschuldenserfordernis bei einem fehlerhaften Verkaufsprospekt, also für das Erfordernis von Vorsatz oder grober Fahrlässigkeit (vgl. *Bohlken/Lange* DB 2005, 1259, 1261). Für die am Wortlaut orientierte Auslegung dürfte im Ergebnis der Zweck der Bestimmung sprechen, nämlich den dem Anlegerschutz dienenden Prospektzwang in effizienter Weise zur Durchsetzung zu verhelfen (s. hierzu ausführl. *Fleischer* BKR 2004, 339, 346).

104

105 Vor Inkrafttreten des AnSVG musste ein Erwerber darlegen, dass ein verständiger Anleger die Anteile bei vorschriftsmäßiger Prospektveröffentlichung nicht oder nicht zu diesem Preis erworben hätte (*Fleischer* BKR 2004, 339, 346 m. w. N.). Dieses Erfordernis entfiel nach Einführung des § 13a VerkProspG und ist auch unter den Vorschriften des VermAnlG und des KAGB nicht mehr gegeben. Umgekehrt ist die Entlastung des Prospektpflichtigen durch den Nachweis, der Anspruchssteller hätte die Vermögensanlagen auch bei Prospektveröffentlichung erworben, in den Haftungsvorschriften nicht vorgesehen. § 13a Abs. 4 VerkProspG, § 21 Abs. 4 VermAnlG und § 316 Abs. 5 Satz 3 KAGB enthalten jedoch einen **Haftungsausschluss** für den Fall, dass der Erwerber die Pflicht, einen Verkaufsprospekt zu erstellen, beim Erwerb kannte und daher nicht schutzbedürftig ist.

106 Im Einzelfall kann die **Abgrenzung** zwischen der Prospekthaftung für einen fehlerhaften und einen fehlenden Prospekt zweifelhaft sein. In Fällen, in denen ein Schriftstück vorliegt, welches erkennbar zur Erfüllung der inhaltlichen Voraussetzungen der jeweiligen Prospektpflicht erstellt worden ist, liegt ein Verkaufsprospekt vor. Verwendet hingegen der Prospektpflichtige eine Unterlage, die den grundlegenden Mindestanforderungen an einen Verkaufsprospekt nicht genügt, muss von einem gänzlichen Fehlen eines Verkaufsprospekts ausgegangen werden (vgl. *Fleischer* BKR 2004, 339, 347).

m) Haftung für unrichtige wesentliche Anlegerinformationen

107 Neben dem Verkaufsprospekt war der Anbieter nach § 13 VermAnlG bisher verpflichtet, die wesentlichen Informationen über die Vermögensanlage in übersichtlicher und leicht verständlicher Weise in einem Vermögensanlagen-Informationsblatt zusammenzustellen. Nach § 22 Abs. 1 VermAnlG konnte der Anleger vom Anbieter die Übernahme der Vermögensanlagen gegen Erstattung des Erwerbspreises und der mit dem Erwerb verbundenen üblichen Kosten verlangen, wenn er die Vermögensanlagen aufgrund von Angaben in einem Vermögensanlagen-Informationsblatt erworben hat. Weitere Voraussetzung war, dass die in dem Vermögensanlagen-Informationsblatt enthaltenen Angaben irreführend, unrichtig oder nicht mit den einschlägigen Teilen des Verkaufsprospekts vereinbar sind. Zudem musste das Erwerbsgeschäft nach Veröffentlichung des Verkaufsprospekts und innerhalb von 2 Jahren nach dem ersten öffentlichen Angebot der Vermögensanlagen im Inland abgeschlossen worden sein. Nach § 22 Abs. 3 VermAnlG besteht kein Anspruch, wenn der Anbieter den Nachweis erbringt, dass er nicht vorsätzlich oder grob fahrlässig gehandelt hat. Ferner besteht kein Anspruch, wenn der Erwerber die Unrichtigkeit der Angaben des Vermögensanlagen-Informationsblatts beim Erwerb kannte oder der Sachverhalt, über den unrichtige Angaben im Vermögensanlagen-Informationsblatt enthalten sind, nicht zu einer Minderung des Erwerbspreises der Vermögensanlagen beigetragen hat.

108 Nach § 268 KAGB ist die Kapitalverwaltungsgesellschaft verpflichtet, neben dem Verkaufsprospekt die wesentlichen Anlegerinformationen zusammenzustellen. Die wesentlichen Anlegerinformationen sind demnach der Nachfolger des bisherigen Vermögensanlagen-Informationsblatts. Sie sollen den Anleger in die Lage versetzen, Art und Risiken des Anlageprodukts zu verstehen und auf dieser Grundlage eine fundierte Anlageentscheidung zu treffen (vgl. §§ 270 Abs. 1, 166 Abs. 1 KAGB). Nach § 306 Abs. 2 KAGB kann der Anleger von der Kapitalverwaltungsgesellschaft die Übernahme der Anteile gegen Erstattung des Erwerbspreises verlangen, wenn er die Anteile aufgrund von wesentlichen Anlegerinformationen erworben hat und die darin enthaltenen Angaben irreführend, unrichtig oder nicht mit den einschlägigen Teilen des Verkaufsprospekts vereinbar sind. Ein Erwerb der Anteile innerhalb einer bestimmten Frist nach dem ersten öffentlichen Angebot ist im Gegensatz zur früheren Rechtslage nicht mehr erforderlich. Ebenso entbehrlich ist es nunmehr offenbar, dass die Unrichtigkeit der Anlegerinformationen zu einer Minderung des Erwerbspreises beigetragen haben muss. Wie bisher besteht gem. § 306 Abs. 3 KAGB kein Anspruch, wenn der Anspruchsgegner den Nachweis erbringt, dass er nicht vorsätzlich oder grob fahrlässig gehandelt hat oder wenn der Erwerber die Unrichtigkeit der wesentlichen Anlegerinformationen beim Kauf gekannt hat.

2. Haftung aus Verschulden bei Vertragsverhandlungen

a) Haftung von Mitgesellschaftern

Grundsätzlich erfolgt der Beitritt eines neuen Kommanditisten durch **Vertrag mit den bisherigen Gesellschaftern** (s. o. Rdn. 13 f.). Sofern diese Gesellschafter im Zusammenhang mit den Beitrittsverhandlungen unzutreffende Angaben machen haften sie aus Verschulden bei Vertragsschluss nach §§ 280 Abs. 1 i. V. m. 311 Abs. 2 BGB. § 708 BGB gilt hier nicht (BGH NJW 1980, 589). Die Haftungsfolge ergibt sich auch, wenn dem beitretenden Anleger nicht bewusst ist, dass die für die KG auftretenden Personen ebenfalls Gesellschafter sind, da den Vertragspartner die Pflicht zum ordnungsgemäßen Verhalten bei Vertragsschluss auch dann trifft, wenn er nicht als Vertragspartner in Erscheinung tritt (MüKo HGB/*Grunewald* § 161 Rn. 134). 109

Die Gesellschafter haften auch dann für unzutreffende Angaben, die sie bei Vertragsschluss gemacht haben, wenn sie sich beim Vertragsschluss selbst **vertreten** lassen. Dies gilt etwa dann, wenn die Gründungsgesellschafter für die Aufnahme von Anlegern etwa den Vertragsschluss mit der KG als Vertragspartei wählen (dazu oben Rdn. 14), da dies nicht zur Folge haben kann, dass sie sich ihrer Pflichten gegenüber den neu beitretenden Anlegern entledigen (vgl. MüKo HGB/*Grunewald* § 161 Rn. 134). 110

Die Gründungsgesellschafter haften aus Verschulden bei Vertragsverhandlungen nach § 278 BGB außerdem für schuldhaftes Verhalten aller Personen, derer sie sich beim Vertragsschluss bedienen. Mitgesellschafter in Publikumsgesellschaften haften für unzutreffende Angaben bei Vertragsschluss jedoch nicht, wenn die Beitrittsverhandlungen außerhalb ihres Einfluss- und Verantwortungsbereichs erfolgen (BGH NJW1978, 1625). Davon kann aber bei solchen Gesellschaftern nicht ausgegangen werden, die eine besondere Stellung im Sinne von Garanten für das prospektierte Vorhaben haben (BGH NJW 1985, 380) oder durch ihr finanzielles Engagement über »Wohl und Wehe« der Gesellschaft entscheiden (BGH NJW 1991, 1608; krit. hierzu MüKo HGB/*Grunewald* § 161 Rn. 136). 111

Wird der Anleger nur mittelbar über einen **Treuhandkommanditisten** an der Publikums-KG beteiligt, haftet dieser – und zwar nach § 278 BGB – auch für die Personen, die er beim Vertragsschluss einsetzt (BGH NJW 1982, 2493). 112

b) Haftung der Publikums-KG

Die KG haftet regelmäßig nicht für ein Fehlverhalten der Initiatoren oder der Komplementär-GmbH beim Vertragsschluss (zu den Gründen s. Rdn. 92). 113

c) Haftung von Vertretern und Verhandlungsführern

Bei den Beitrittsverhandlungen mit beitrittswilligen Anlegern treten für die zur Vertragsschließung gesellschaftsvertraglich bestimmten Personen häufig Vertreter oder Verhandlungsführer (Anlagevermittler, Kapitalanlageberater etc.) auf. Sofern diese ein besonderes persönliches Vertrauen in Anspruch nehmen oder wirtschaftlich ganz in ihrem Eigeninteresse handeln, können sie auch selbst nach den Regeln des **Verschuldens bei Vertragsverhandlungen** in Anspruch genommen werden (BGH NJW-RR 1986, 1478; NJW 1986, 586). Dagegen reicht allein die Verhandlungsführung auch zusammen mit einem mittelbaren, wirtschaftlichen Interesse (etwa bei Angestellten der KG: Sicherung ihres Arbeitsplatzes, Provisionen) nicht aus (MüKo HGB/*Grunewald* § 161 Rn. 139). 114

Nach der Rechtsprechung des BGH kommt in den vorgenannten Fällen auch eine **Haftung aus einem Geschäftsbesorgungs-, Beratungs- oder Auskunftsvertrag** in Betracht, wenn Auskünfte erteilt werden, die für den Empfänger erkennbar von erheblicher Bedeutung sind und die dieser zur Grundlage wesentlicher Entschlüsse oder Maßnahmen machen will. Das gilt insbesondere dann, wenn der Auskunftsgeber für die Erteilung der Auskunft sachkundig ist oder wenn bei ihm ein eigenes wirtschaftliches Interesse im Spiel ist (BGH NJW 1979, 1449). Die Tragfähigkeit dieser 115

Konstruktion ist indessen fraglich, da sie lediglich mithilfe einer Fiktion zu einem Vertragsverhältnis gelangt (E/B/J/S/*Henze* Anh. § 177a Rn. 62).

d) Haftung von Kreditgebern

116 Für das mit der Finanzierung einer Beteiligung befasste Kreditinstitut besteht in der Regel **keine Aufklärungspflicht** (Röhricht/v. Westphalen/*v. Gerkan* § 161 Rn. 159). Etwas anderes kann sich jedoch dann ergeben, wenn die finanzierende Bank einen erkennbaren Wissensvorsprung über die mit der Beteiligung verbundenen Gefahren besitzt (BGH NJW 1978, 2145). Wird die Rechtspflicht der finanzierenden Bank gegenüber den Anlegern in diesen Fällen verletzt, kommt eine Haftung aus Verschulden bei Vertragsverhandlungen bzw. aus Auskunfts- oder Beratungsvertrag (s. Rdn. 115) in Betracht (MünchHdb GesR II/*Gummert* § 69 Rn. 50).

117 Im Hinblick auf die Rechtsstellung des Verbraucher-Anlegers gegenüber dem Kreditinstitut, das den Beitritt zu einer Publikums-KG finanziert, gilt nach nunmehr innerhalb der Senate des BGH vereinheitlichter Rechtsprechung das Folgende (vgl. BGH BB 2006, 1294; DStR 2006, 1087): Der Beitritt zur Fondsgesellschaft und der den Beitritt finanzierende Darlehensvertrag sind als ein **verbundenes Geschäft** i. S. v. § 358 Abs. 3 Satz 2 BGB anzusehen (BGH BB 2006, 1294). Dies gilt jedoch nur, wenn kein Realkreditvertrag vorliegt. Ein solcher liegt aber auch dann vor, wenn nicht der Erwerber, sondern die Publikums-KG das Grundpfandrecht bestellt (BGH DStR 2006, 1087). Bei Vorliegen eines verbundenen Geschäfts zwischen Darlehensvertrag und Beitritt des Anlegers wird ein an sich wegen fehlender Gesamtbetragsangabe nichtiger Darlehensvertrag gem. § 494 Abs. 2 Satz 1 BGB gültig. Dies gilt auch, wenn die Darlehensvaluta dem Kreditnehmer nicht direkt zugeflossen sind, sondern unmittelbar an einen Treuhänder zum Zwecke des Erwerbs der Fondsanteile ausgezahlt wurde (vgl. BGH DStR 2006, 1088; Abweichung von BGH NJW 2004, 2736).

118 Der durch Verletzung der ihm geschuldeten Aufklärung zum Beitritt veranlasste Verbraucher kann bei bewiesener **arglistiger Täuschung** dem Kreditrückzahlungsverlangen des Kreditinstituts im Rahmen des Einwendungsdurchgriffs entsprechend § 359 BGB den Anspruch auf Auszahlung des Abfindungsguthabens gegen die Fondsgesellschaft entgegenhalten (BGH BB 2006, 1294). Der geschädigte Verbraucher-Anleger kann jedoch Ansprüche aus der gesetzlichen und bürgerlich-rechtlichen Prospekthaftung gegen die Prospekthaftungspflichtigen nicht mehr dem finanzierenden Kreditinstitut entgegenhalten (BGH BB 2006, 1294; Abweichung von BGH NJW 2004, 2736). Ein durch einen Vermittler arglistig getäuschter Anleger und Darlehensnehmer kann ohne Weiteres auch den Darlehensvertrag im Rahmen des verbundenen Geschäfts als solchen nach § 123 BGB anfechten, wenn die Täuschung auch für dessen Abschluss kausal war. Hierbei ist der **Vermittler**, der sowohl mit Blick auf die Fondsbeteiligung als auch hinsichtlich des Darlehensvertrages aufgetreten ist, **für die kreditgebende Bank kein Dritter** i. S. v. § 123 Abs. 2 BGB (BGH BB 2006, 1294). Daneben kann der Darlehensnehmer auch einen Anspruch aus Verschulden bei Vertragsverhandlungen gegen den Vermittler gegen die Bank geltend machen.

3. Haftung aus unerlaubter Handlung

119 Der Anlegerschutz realisiert sich schließlich auch über § 823 Abs. 2 BGB i. V. m. § 264a StGB oder §§ 263, 266 StGB sowie über § 826 BGB (vgl. E/B/J/S/*Henze* Anh. § 177a Rn. 66). Nach BGH NJW 1992, 241 ist § 264a StGB als Schutzgesetz i. S. v. § 823 Abs. 2 BGB zugunsten der Kapitalanleger anzusehen.

III. Anlegerschaden

1. Schadensumfang

120 Zum Umfang des Schadensersatzanspruchs des Anlegers aus der spezialgesetzlichen Prospekthaftung s. bereits Rdn. 100.

Im Übrigen sind dem Anleger grundsätzlich die Vermögenseinbußen zu ersetzen, die ihm im Vertrauen auf die Richtigkeit und Vollständigkeit der gemachten Angaben und seinem erfolgten Beitritt entstanden sind, d. h. der sog. **Vertrauensschaden** (BGH NJW 1992, 228). Wird ein Anleger durch schuldhaft unrichtige Angaben bewogen, einer Publikumsgesellschaft beizutreten, so ist ihm nicht nur seine Einlage, sondern auch der Schaden zu ersetzen, der sich typischerweise daraus ergibt, dass Eigenkapital in solcher Höhe erfahrungsgemäß nicht ungenutzt geblieben, sondern zu einem allgemein üblichen Zinssatz angelegt worden wäre (BGH NJW 1992, 1223). Stehen dem Anleger noch werthaltige Ansprüche aus seiner Beteiligung zu, kann er Schadensersatz nur Zug um Zug gegen Abtretung seiner Ansprüche aus seinem Gesellschaftsanteil an den zum Schadensersatz Verpflichteten verlangen (BGH NJW 1992, 228). Nimmt der mittelbar über einen Treuhandkommanditisten an der Gesellschaft beteiligte Anleger den Treuhänder auf Schadensersatz in Anspruch, entfällt diese Einschränkung, weil ein etwa bestehender Auseinandersetzungsanspruch ohnehin nur dem Treuhänder zustehen würde (BGH NJW 1982, 2493).

121

2. Vorteilsanrechnung

Auf den Schadensersatzanspruch sind alle Vorteile aus der Beteiligung anspruchsmindernd anzurechnen (BGH NJW 1992, 228). Für die Frage, ob der Anleger sich auf seinen Schadensersatzanspruch aus Prospekthaftung **steuerliche Vorteile** anrechnen lassen muss, kommt es darauf an, wie sich die Vermögenslage des Geschädigten bei Abstandnahme von der Beteiligung entwickelt hätte. Einen allgemeinen Erfahrungssatz, dass der Geschädigte seine Geldmittel in einer anderen steuerbegünstigten Form angelegt hätte, gibt es nicht (BGH NJW 2006, 499). Daher kann allein die generelle Annahme, im Regelfall hätte der Geschädigte eine andere steuerbegünstigte Anlage getätigt, die Nichtanrechnung der Vorteile nicht rechtfertigen (BGH NJW 2006, 2042). Dennoch geht der BGH in ständiger Rechtsprechung davon aus, dass der Anleger sich die ihm entstandenen Steuervorteile nicht auf seinen Schadensersatzanspruch anrechnen lassen muss, wenn dieser einkommensteuerpflichtig ist. Eine Ausnahme soll nur dann gelten, wenn der Schädiger Umstände darlegt, auf deren Grundlage dem geschädigten auch unter Berücksichtigung der Steuerbarkeit der Ersatzleistung außergewöhnlich hohe Steuervorteile verbleiben (u. a. BGH II ZR 259/11 in DStR 2013, 317).

122

3. Mitverschulden

Für die Annahme eines Mitverschuldens (§ 254 BGB) des geschädigten Anlegers an der Schadensentstehung besteht regelmäßig kein Raum (BGH NJW 1979, 1449). Anders kann es hingegen liegen, wenn der Anleger Warnungen Dritter und besondere Hinweise des Beraters nicht beachtet oder weitere Aufklärung trotz erkennbarer unklarer Situation unterlässt (BGH NJW 1982, 1095). Der Anleger hat jedoch dann keinen Anspruch, wenn er die Unrichtigkeit oder Unvollständigkeit des Verkaufsprospekts oder die Unrichtigkeit der wesentlichen Anlegerinformationen beim Kauf gekannt hat, § 316 Abs. 3 Satz 2 KAGB (s. a. Rdn. 105, 108).

123

IV. Verjährungsfragen

1. Prospekthaftung

Vgl. hierzu bereits Rdn. 101.

124

2. Haftung aus Verschulden bei Vertragsverhandlungen

Für Schadensersatzansprüche aus §§ 280 Abs. 1 i. V. m. 311 Abs. 2 und 3 BGB gilt die regelmäßige **3-jährige Verjährungsfrist** des § 195 BGB. Die Verjährungsfrist beginnt nach § 199 Abs. 1 BGB mit dem Schluss des Jahres, in dem der Anspruch entstanden ist und der Anleger von den anspruchsbegründenden Umständen und der Person des Schuldners Kenntnis erlangt oder ohne grobe Fahrlässigkeit erlangen musste. Ohne Rücksicht auf Kenntnis oder grob fahrlässige Unkenntnis verjährt der Schadensersatzanspruch spätestens 10 Jahre nach seiner Entstehung (§ 199 Abs. 3 BGB).

125

V. Gerichtsstand

126 Prospekthaftungsansprüche gegen Gründungsgesellschafter und Initiatoren einer Publikums-KG müssen gem. § 32b ZPO bei dem Gericht am Sitz des Anbieters der Vermögensanlagen eingeklagt werden (ausschließlicher Gerichtsstand).

I. Das Ausscheiden von Kommanditisten

I. Der Austritt des Anlegers

1. Vorliegen eines wichtigen Grunds

127 Bei Vorliegen eines wichtigen Grundes ist der Kommanditist selbst dann berechtigt, aus der Publikumsgesellschaft auszutreten, wenn der Gesellschaftsvertrag ein entsprechendes Recht nicht ausdrücklich vorsieht (BGH NJW 1975, 1022). Der Austritt erfolgt in einem solchen Fall durch Kündigung **des Gesellschaftsvertrages** und tritt an die Stelle der Auflösungsklage gem. §§ 161 Abs. 2, 133 HGB, die in Fällen dieser Art schon im Hinblick auf das Interesse anderer Gesellschaft am Bestand der Publikumsgesellschaft nicht sachgerecht wäre (BGH NJW 1975, 1022; vgl. zur Auflösungsklage nach § 133 HGB ausführl. Kap. 5 Rdn. 174–211). Die Haftung von Kommanditisten einer Invest-KG lebt bei Zahlung einer Abfindung beim Ausscheiden nicht wieder auf, § 152 Abs. 6 KAGB.

128 Als wichtiger Grund zur fristlosen Kündigung des zunächst wirksamen Gesellschaftsverhältnisses ist insbesondere die **arglistige Täuschung** in Zusammenhang mit dem Beitritt eines Kommanditisten oder die Unerreichbarkeit des Gesellschaftszwecks anzusehen (E/B/J/S/*Henze* Anh. § 177a Rn. 114). Die Kündigungserklärung ist grundsätzlich gegenüber sämtlichen Gesellschaftern abzugeben (*Binz/Sorg* § 13 Rn. 61). Zulässig ist es jedoch auch, wenn die Kündigungserklärung gegenüber der Person abgegeben wird, die auch über den Beitritt neuer Gesellschafter entscheidet. Dies kann die Komplementärin oder die Gesellschaft selbst, vertreten durch die Komplementärin sein (E/B/J/S/*Henze* Anh. § 177a Rn. 114). Mit Zugang der Kündigungserklärung des Kommanditisten endet seine Mitgliedschaft in der Publikums-KG ex nunc (BGHZ NJW 1975, 1022).

2. Verbraucher-Widerrufsrecht

129 Die Frage, ob zur Beendigung der Gesellschafterbeteiligung eines Kommanditisten auch das Vorliegen eines **Widerrufsrechts** aus einem Beitritt in einer Verbrauchersituation nach §§ 355 Abs. 1, 312 ff., 499 ff. BGB ohne ordnungsgemäße Belehrung in Betracht kommt (zustimmend BGH NJW 2001, 2718; *Schmidt/Zagel* Rn. 1759 ff.), wurde dem EUGH zur Entscheidung vorgelegt (BGH, Beschl. v. 05.03.2008, II ZR 292/06, NZG 2008, 460).

II. Die Auflösung der Publikums-KG

130 Bei der Publikums-KG kann ein Anleger die Auflösung der Gesellschaft nach § 133 HGB aus wichtigem Grund nicht betreiben, wenn der wichtige Grund durch mehrheitlichen Gesellschafterbeschluss ausgeräumt oder seinem Interesse mit einem außerordentlichen Austrittsrecht genügt werden kann (BGH NJW 1977, 2160; zur Auflösungsklage nach § 133 HGB vgl. ausführl. Kap. 5 Rdn. 174–211). Für die Invest-KG gilt § 133 HGB nicht. Stattdessen besteht hier ein außerordentliches Kündigungsrecht, wenn ein wichtiger Grund im Sinne von § 133 Abs. 2 HGB vorliegt, vgl. § 161 Abs. 1 KAGB. Dieses außerordentliche Kündigungsrecht kann nicht durch den Gesellschaftsvertrag beschränkt werden, § 161 Satz 2 KAGB i. V. m. § 133 Abs. 3 HGB.

1. Kündigung durch Kommanditisten

131 Zu beachten ist jedoch, dass nicht jeder wichtige Grund gem. § 133 HGB dem Kommanditisten die Möglichkeit zur fristlosen Kündigung gibt. So entfällt das Kündigungsrecht eines Kommanditisten insbesondere dann, wenn zwar ein wichtiger Grund vorliegt, dieser Grund jedoch alle Gesellschafter gleichermaßen trifft, etwa die Unerreichbarkeit des Gesellschaftszwecks. Eine Erweiterung

des Kündigungsrechts auf Tatbestände dieser Art würde eine allgemeine Flucht aus der Gesellschaft begünstigen und dazu führen, dass die Last und Verantwortung für die etwa notwendig werdende Liquidation der Gesellschaft und das damit verbundene Risiko den jeweils verbleibenden Gesellschaftern aufgebürdet würde. Das aber wäre unbillig und stünde in Widerspruch dazu, dass der einzelne Gesellschafter mit seinem Beitritt in die Gesellschaft mit den übrigen Gesellschaftern eine Risikogemeinschaft eingegangen ist. In diesem Fall kommt daher nur eine Auflösungsklage nach §§ 161 Abs. 2, 133 HGB in Betracht (BGH NJW 1977, 2160; vgl. zu den Voraussetzungen ausführl. Kap. 5 Rdn. 174–211). Dem einzelnen Kommanditisten muss allerdings in Fällen dieser Art grundsätzlich ein **Recht zur fristlosen Kündigung** zugestanden werden, wenn die übrigen Gesellschafter die Auflösung der Gesellschaft ablehnen und mit der erforderlichen Mehrheit beschließen, das Gesellschaftsverhältnis mit geänderter Zweckrichtung und Beitragsverpflichtung fortzusetzen (BGH NJW 1977, 2160). Das Recht zur außerordentlichen Kündigung der Mitgliedschaft endet mit der Auflösung der Gesellschaft (E/B/J/S/*Henze* Anh. § 177a Rn. 119).

2. Kündigung durch Treuhandkommanditisten

Ist der getäuschte Anleger nur mittelbar über einen Treuhandkommanditisten an der Publikums-KG beteiligt, müsste das Kündigungsrecht prinzipiell durch den Treuhänder geltend gemacht werden. Dem Anleger wird allerdings zugestanden, sich bei pflichtwidrigem Verhalten des Treuhänders durch Kündigung diesem gegenüber von seiner Beteiligung zu lösen (BGH NJW 1979, 1503). Einlageansprüche des Treuhandkommanditisten aus dem Treuhandverhältnis entfallen mit der Beendigung des Treuhandverhältnisses. Vor Kündigung des Treuhandverhältnisses steht der Geltendmachung der Einlageansprüche des Treuhandkommanditisten der Arglisteinwand entgegen (OLG München, WM 1984, 810).

III. Die Liquidation der Publikums-KG

In der Liquidation der Publikums-KG besteht eine Verpflichtung des Kommanditisten zur Zahlung einer ausstehenden Kommanditisteneinlage nur insoweit, als die Auseinandersetzungsrechnung eine Verbindlichkeit für ihn ausweist. In die Abschichtungsbilanz ist zwar die Verpflichtung zur Zahlung der bis zur Kündigung fälligen Einlagen als Rechnungsposten einzustellen. Eine Zahlungsverpflichtung besteht aber nur insoweit, als sich der Kapitalanteil des Kommanditisten als negativ erweist (BGH NJW 1979, 1503). Soweit zur Befriedigung der Gesellschaftsgläubiger nicht auf den persönlich haftenden Gesellschafter und die übrigen Kommanditanteile zugegriffen werden kann, muss der Kommanditist den als stille Einlage oder Darlehen gesellschaftsvertraglich vereinbarten Teil seiner Einlage auch in der Liquidation der Gesellschaft einzahlen (BGH NJW 1980, 1522). Kommanditisten einer Invest-KG haften nach Beendigung einer Liquidation nicht für Verbindlichkeiten ihrer Gesellschaft, § 161 Abs. 3 KAGB.

Anhang 3 HGB

GmbH & Co. KG

Übersicht

	Rdn.
A. Einleitung	1
I. Definition der GmbH & Co. KG	1
II. Typenbildung	3
B. Rechtliche Strukturen	9
I. Gründung der GmbH & Co. KG	9
II. Firma, Sitz und Unternehmensgegenstand	14
1. Firma	14
2. Sitz	15
3. Unternehmensgegenstand	16
4. Pflichtangaben auf Geschäftsbriefen	20
III. Organe der GmbH & Co. KG	21
1. Vertretung und Geschäftsführung durch die Komplementär-GmbH	21
2. Geschäftsführer der Komplementär-GmbH	23
3. Gesellschafterversammlung	30
4. Obligatorischer Aufsichtsrat bei Mitbestimmungspflicht	31
5. Fakultativer Beirat	32
IV. Haftung bei der GmbH & Co. KG	33
1. Haftung im Gründungsstadium der Komplementär-GmbH	33
2. Haftung nach Eintragung der Komplementär-GmbH	36
3. Haftung der Kommanditisten vor ihrer Eintragung	38
4. Haftung der GmbH & Co. KG und ihrer Gesellschafter nach Eintragung	39
V. Rechte und Pflichten	41
1. Anwendbares Recht	41
2. Geschäftsführung	42
3. Informationsrechte	43
4. Treuepflicht und Wettbewerbsverbot	44
5. Leistung von Kapitaleinlagen	48
6. Beteiligung am Gewinn und Verlust der Gesellschaft	51
7. Beschlussfassung und Stimmrechte	57
VI. Eintritt und Ausscheiden von Gesellschaftern	61
1. Anwendbares Recht	61
2. Insolvenz der Komplementär-GmbH	62
3. Tod eines Kommanditisten	63
4. Kündigung	64
5. Ausschließung von Kommanditisten	67
6. Abfindung als Rechtsfolge des Ausscheidens	68
VII. Auflösung und Liquidation der GmbH & Co. KG	69
1. Auflösung	69
2. Liquidation	70
C. Kapital der GmbH & Co. KG	71
I. Kapitalaufbringung	71
1. Kapitalaufbringung der GmbH & Co. KG	71
2. Kapitalaufbringung bei der Komplementär-GmbH	75
II. Kapitalerhaltung	77
III. Eigenkapitalersatz	84
IV. Insolvenz der GmbH & Co. KG	90
1. Insolvenz der GmbH & Co. KG	90
2. Insolvenz der Komplementär-GmbH	91
3. Insolvenzgründe und Rechtsfolgen	92
4. Rechtsfolgen der Eröffnung des Insolvenzverfahrens und seiner Ablehnung	98
D. Steuerrechtliche Aspekte bei der GmbH & Co. KG	101
I. Jahresabschluss	101
1. Jahresabschluss der GmbH & Co. KG	101
2. Jahresabschluss der Komplementär-GmbH	122
3. Prüfung, Offenlegung und Feststellung des Jahresabschlusses	128
II. Gewinnermittlung und -verteilung	133
III. Besteuerung der GmbH & Co. KG	142
1. Allgemeines	142
2. Gewerbesteuer	143
3. Körperschaftsteuer	144
4. Geschäftsführerbezüge	145
5. Umsatzsteuer	147
6. Grunderwerbsteuer	148
7. Erbschaftsteuer	149

A. Einleitung

I. Definition der GmbH & Co. KG

1 Die GmbH & Co. KG ist eine **Personenhandelsgesellschaft** in der Rechtsform einer Kommanditgesellschaft, auf die grundsätzlich die Vorschriften der §§ 161 bis 177a HGB Anwendung finden. Persönlich haftender Gesellschafter dieser Kommanditgesellschaft ist typischerweise allein eine GmbH, mithin eine Kapitalgesellschaft, die als Komplementärin mit ihrem gesamten Ver-

mögen haftet, welches rechtsformspezifisch beschränkt ist und mindestens 25.000,– € beträgt (§ 5 GmbHG). Damit ist die GmbH & Co. KG ein Mischtyp, bei der das Kommanditgesellschaftsrecht durch das Kapitalgesellschaftsrecht überlagert wird. Die Vorteile der beiden Rechtsformen GmbH und KG werden kombiniert, namentlich durch die Haftungsbeschränkung, die Möglichkeit der Fremdorganschaft aus dem Kapitalgesellschaftsrecht sowie u. a. die weitgehend freie Gestaltung des Innenverhältnisses aufgrund der dispositiven Regelungen des Personengesellschaftsrechts (weitere Nachweise bei Baumbach/Hopt/*Hopt* Anh. § 177a Rn. 1 zum Begriff, Rn. 3 zu den gesellschaftsrechtlichen Vorteilen; *K. Schmidt* GesR, § 56 I; MüKo HGB/*Grunewald*, § 161 Rn. 6 ff.).

Der durch das MoMiG neu eingeführte § 5a GmbHG bietet die Möglichkeit der Gründung einer GmbH in der Einstiegsform einer Unternehmergesellschaft (»UG (haftungsbeschränkt)«) mit einem Gründungskapital, das den Betrag des Mindeststammkapitals nach § 5 Abs. 1 n. F. GmbHG unterschreitet, also auch nur 1,– € betragen kann. Sacheinlagen sind nach § 5a Abs. 2 n. F. GmbHG ausgeschlossen. Mit einer solchen GmbH-Gründung ist die Verpflichtung verbunden, jedes Jahr mindestens ein Viertel des Gewinns der UG (haftungsbeschränkt) als Rücklage in die Bilanz einzustellen (§ 5a Abs. 3 n. F. GmbHG). Wenn auf diese Weise das Mindeststammkapital der GmbH von 25.000,– € erreicht wird, kann die UG (haftungsbeschränkt) in eine GmbH umfirmiert werden und finden die Abs. 1 bis 4 des § 5a n. F. GmbHG keine Anwendung mehr (§ 5a Abs. 5 n. F. GmbHG). Die Zulässigkeit der UG (haftungsbeschränkt) & Co. KG als kleine haftungsbeschränkenden GmbH-Variante dürfte außer Zweifel stehen, da es sich um eine Unterform der GmbH handelt (so auch *Rüdiger Veil*, GmbHR 2007, 1080, 1084; Röhricht/v. Westphalen/*Haas/Mock* § 161 Rn. 41 und 51). Da eine Komplementärin üblicherweise nicht am Kapital der Kommanditgesellschaft und an deren Unternehmensgewinn beteiligt ist, könnte allerdings eine Unvereinbarkeit mit dem Kapitalaufbringungskonzept des § 5a Abs. 3 n. F. GmbHG gegeben sein, also der Rücklagenbildung der Unternehmergesellschaft durch Gewinne. Dies müsste im Gesellschaftsvertrag der Kommanditgesellschaft also in rechtlich zulässiger Weise vereinbart werden und damit abweichend von der bisherigen Praxis (*Veil*, a. a. O.). Ob dabei die Haftungsvergütung, die die Komplementärin nach dem Kommanditgesellschaftsvertrag regelmäßig für die Übernahme der Haftung pauschal erhielt, der Vorschrift des § 5a Abs. 3 n. F. GmbHG genügt, könnte infrage gestellt werden, denn durch die Rücklagenbildung soll möglichst kurzfristig eine Eigenkapitalausstattung dieser GmbH-Variante erlangt werden. (zweifelnd auch *Veil*, a. a. O. m. w. N. der anderen Ansicht in Fn. 45; ebenso *Schäfer* ZIP 2011, 59; vgl. Baumbach/Hopt/*Hopt* Anh. § 177a Rn. 11 m. w. N.; MüKo HGB/*Grunewald*, § 161 Rn. 101 ff. m. w. N.). Eine Klärung durch die Rechtsprechung ist noch nicht erfolgt, allerdings reicht bei der KG eine Einlage von 500,00 € nicht aus, um einen auf Dauer angelegten Geschäftsbetrieb und Ersatzleistungen im Haftungsfall zu gewährleisten (BGH NZG 2012, 1061).

II. Typenbildung

Die in der Praxis am Häufigsten vertretene Form ist die **personen- und beteiligungsidentische GmbH & Co. KG**, bei der die Gesellschafter der GmbH und die Kommanditisten der Kommanditgesellschaft mit denselben Beteiligungsquoten sowohl an der persönlich haftenden Gesellschaft als auch an der Personengesellschaft beteiligt sind. Einen Sonderfall bildet die **Ein-Personen-GmbH & Co. KG**, bei welcher der Alleingesellschafter der GmbH zugleich einziger Kommanditist ist (allgemein zur Typenbildung vgl. statt vieler: *K. Schmidt* GesR, § 56 II. 3.; MüKo HGB/*Grunewald*, § 161 Rn. 92 ff.; Baumbach/Hopt/*Hopt* Anh. § 177a Rn. 6 ff.; weitere Nachweise s. jeweils dort).

Daneben gibt es die **nicht personen- und beteiligungsidentische GmbH & Co. KG**, bei der die Gesellschafter der persönlich haftenden Gesellschafterin und der Personengesellschaft entweder verschiedene Personen oder aber identische Personen mit abweichenden Beteiligungsverhältnissen sind. Fungiert die persönlich haftende Gesellschaft bei verschiedenen Kommanditgesellschaften als Komplementärin, wird sie auch als sternförmige GmbH & Co. KG bezeichnet.

Bei der **Einheits-GmbH & Co. KG** ist die Kommanditgesellschaft Alleingesellschafterin der GmbH, d. h. die Kommanditisten bringen ihre Geschäftsanteile an der GmbH als Einlage in die Kommanditgesellschaft ein.

Anhang 3 HGB GmbH & Co. KG

6 Bei der **doppelstöckigen GmbH & Co. KG** ist eine weitere GmbH & Co. KG Komplementärin der GmbH & Co. KG.

7 Die GmbH & Co. KG kann **kapitalgesellschaftsähnliche Formen** annehmen, etwa in der Form einer Publikums-GmbH & Co. KG, bei der Investoren die Funktion der Kommanditisten übernehmen und die Gesellschafter der GmbH die Kommanditgesellschaft beherrschen. Bei diesem Typ einer nicht personenidentischen GmbH & Co. KG sind typischerweise körperschaftlich strukturierte Gesellschaftsverträge vereinbart, wie etwa Abstimmung mit Mehrheit und nach Kapitalbeträgen, Gesellschafterwechsel ohne Folgen für den Bestand der Gesellschaft und fakultative Aufsichtsorgane (weitere Nachweise bei Baumbach/Hopt/*Hopt* Anh. § 177a Rn. 6 bis 11).

8 Schließlich sind **Typenverbindungen** mit anderen Gesellschaftsformen zu nennen, wobei hier insbesondere auf die **ausländische juristische Person & Co. KG** – wie z. B. die UK Private Limited Company als Komplementärin – hingewiesen wird. In der Praxis spielt eine derartige Typenverbindung etwa zur Vermeidung der unternehmerischen Mitbestimmung im Aufsichtsrat nach dem Betriebsverfassungsgesetz und deren Entschärfung nach dem Mitbestimmungsgesetz eine nicht unbedeutende Rolle: Personengesellschaften unterliegen nicht den Regelungen des Mitbestimmungsgesetzes 1976. Nach § 4 MitbestG wird jedoch die Zahl der Arbeitnehmer der GmbH & Co. KG der GmbH dann zugerechnet, wenn die Mehrheit der Kommanditisten auch die Mehrheit der Anteile oder Stimmen der GmbH innehat. Ist die Kommanditgesellschaft herrschendes Unternehmen eines Konzerns, so gelten die Arbeitnehmer nach § 5 Abs. 2 MitbestG als Arbeitnehmer der GmbH (Baumbach/Hopt/*Hopt* Anh. § 177a Rn. 50 m.w.N.).

B. Rechtliche Strukturen

I. Gründung der GmbH & Co. KG

9 Die Errichtung einer GmbH & Co. KG durch Neugründung setzt zunächst die **Gründung einer GmbH** voraus, die die Funktion der Komplementärin in der Kommanditgesellschaft übernehmen soll und den Kommanditgesellschaftsvertrag mit einem oder mehreren Kommanditisten abschließt. Die Gründung der GmbH folgt den Regelungen der §§ 3 ff. GmbHG. Die **Kommanditgesellschaft** entsteht mit Abschluss des Gesellschaftsvertrages und Aufnahme des Geschäftsbetriebs auch vor ihrer Eintragung in das Handelsregister, soweit die Kommanditgesellschaft ein Handelsgewerbe i. S. d. § 1 HGB betreibt (§§ 123 Abs. 2 HGB i. V. m. 161 Abs. 2 HGB). Erfordert das Unternehmen der Kommanditgesellschaft dagegen keinen in kaufmännischer Weise eingerichteten Geschäftsbetrieb (§§ 1 Abs. 2, 2 HGB) oder verwaltet die GmbH & Co. KG lediglich eigenes Vermögen oder betreibt sie kein Handelsgewerbe, entsteht die GmbH & Co. KG erst mit der Eintragung im Handelsregister, d. h. die Kaufmannseigenschaft der Komplementär-GmbH ersetzt nicht die der Kommanditgesellschaft (BayObLG NJW 1985, 982). Die Errichtung einer GmbH & Co. KG ist darüber hinaus durch den Eintritt einer GmbH in eine bereits bestehende Kommanditgesellschaft als neue Komplementärin bei Austritt des bisherigen Komplementärs unter Fortsetzung der Kommanditgesellschaft möglich. Weiter kann eine GmbH & Co. KG durch formwechselnde Umwandlung einer GmbH nach den §§ 190 ff. UmwG entstehen.

10 Die **Wirksamkeit der Kommanditgesellschaft** im Verhältnis zu Dritten tritt mit dem Zeitpunkt ein, in welchem die Gesellschaft in das elektronische Handelsregister eingetragen wird (§§ 161, 123 Abs. 1 HGB; vgl. §§ 8 Abs. 1, 8a Abs. 1 HGB). Beginnt die Gesellschaft ihre Geschäfte schon vor der Eintragung, so tritt die Wirksamkeit mit dem Zeitpunkt des Geschäftsbeginns ein, soweit sich aus § 2 oder § 105 Abs. 2 HGB, jeweils i. V. m. § 161 HGB nichts Anderes ergibt (§ 123 Abs. 2 HGB). Eine Vereinbarung, dass die Gesellschaft erst zu einem späteren Zeitpunkt wirksam werden soll, ist Dritten gegenüber unwirksam (§ 123 Abs. 3 HGB).

11 Die Kommanditgesellschaft ist **Inhaberin des Handelsgeschäfts** und Eigentümerin des Geschäftsvermögens.

Sofern der Geschäftsführer der GmbH selbst Kommanditist ist, ist beim Abschluss des Kommanditgesellschaftsvertrages das **Verbot des Selbstkontrahierens** des § 181 BGB zu beachten. Daher sollte der Gesellschaftsvertrag der GmbH eine entsprechende Gestattung vorsehen. Die persönlich haftende Gesellschafterin benötigt eine Satzung nach dem GmbHG. Während der Abschluss des Kommanditgesellschaftsvertrages grundsätzlich formfrei möglich ist, aus Beweiszwecken jedoch stets schriftlich erfolgen sollte, und einer notariellen Form nur in Ausnahmefällen bedarf – etwa wenn ein GmbH-Geschäftsanteil (§ 15 Abs. 4 Satz 1 GmbHG) oder ein Grundstück (§ 311b Abs. 1 Satz 1 BGB) eingebracht werden soll-, bedarf die Errichtung der GmbH der notariellen Beurkundung. 12

Regelmäßig erfolgt die Anmeldung und Eintragung der Kommanditgesellschaft (§§ 106, 132 HGB) im Handelsregister nach der konstitutiven Eintragung der GmbH (§ 11 Abs. 1 GmbHG). 13

II. Firma, Sitz und Unternehmensgegenstand

1. Firma

Die **Firma der GmbH & Co. KG** richtet sich nach § 19 Abs. 2 HGB, die der GmbH nach § 4 GmbHG. Nach § 19 Abs. 2 HGB muss die Firma einer Kommanditgesellschaft, in der keine natürliche Person persönlich haftet, eine Bezeichnung enthalten, welche die **Haftungsbeschränkung** kennzeichnet. Die Firma der Kommanditgesellschaft kann im Übrigen eine Personen-, Sach- oder Fantasiefirma sein (vgl. BGHZ 80, 353, 354). Bei einer Personenfirma kann auch der Name eines Kommanditisten aufgenommen werden, wenn die Haftungsverhältnisse in der Firmierung klar enthalten sind. Eine Unterscheidbarkeit der Firma der GmbH & Co. KG von anderen Firmen, also das Verbot der Irreführung des § 18 HGB, ist zu beachten. Die Firma der Komplementär-GmbH hat nach § 4 GmbHG die Bezeichnung »Gesellschaft mit beschränkter Haftung« oder eine allgemein verständliche Abkürzung dieser Bezeichnung zu enthalten. Auch für sie gilt das Gebot der Unterscheidungskraft und das Verbot der Irreführung gem. § 18 HGB. Dies gilt auch für die Firma der kleinen Untervariante einer GmbH, die durch § 5a n. F. GmbHG durch das MoMiG eingeführt worden ist. Nach dessen Abs. 1 muss in der Firma abweichend von § 4 GmbHG der Rechtsformsatz »Unternehmergesellschaft (haftungsbeschränkt)« oder »UG (haftungsbeschränkt)« geführt werden. 14

2. Sitz

Vor der Änderung des GmbH-Rechts durch das MoMiG war der Sitz der GmbH nach § 4a GmbHG der Ort, den der Gesellschaftsvertrag bestimmt, regelmäßig der Ort, an dem die Gesellschaft einen Betrieb hat, oder der Ort, an dem sich die Geschäftsleitung befindet oder die Verwaltung geführt wird. Diese Regelung des § 4a Abs. 2 wurde durch das MoMiG aufgehoben, sodass der Sitz der GmbH nach § 4 n. F. GmbHG nunmehr der Ort im Inland ist, den der Gesellschaftsvertrag bestimmt. Damit kann die GmbH künftig auch im Ausland einen Sitz haben. Der **Sitz der GmbH & Co. KG** als Personenhandelsgesellschaft befand sich nach bisherigem Recht zwingend an dem Ort, an dem die **Verwaltung des Unternehmens** stattfindet (BGH WM 1957, 999). Es konnte also nach h. M. nicht abweichend hiervon im Gesellschaftsvertrag ein anderer Sitz festgelegt werden (vgl. statt vieler: BGH NJW 1967, 36, 38; OLG Brandenburg NJW-RR 2001, 29, 30 m. w. N.). Durch das MoMiG wurde auch das Handelsgesetzbuch in § 106 HGB, der i. V. m. § 161 Abs. 2 HGB auch für die Kommanditgesellschaft gilt, geändert. Nach § 106 n. F. GmbHG muss die Handelsregisteranmeldung nach Abs. 2 Nr. 2 die Firma der Gesellschaft, den Ort, an dem sie ihren Sitz hat und die inländische Geschäftsanschrift enthalten. 15

3. Unternehmensgegenstand

Nach §§ 161 Abs. 2, 105 Abs. 3 HGB i. V. m. § 705 BGB verpflichten sich die Gesellschafter einer Kommanditgesellschaft mit dem Abschluss des Gesellschaftervertrages gegenseitig zur Erreichung eines gemeinsamen Zwecks. Dieser **Gesellschaftszweck** ist bei einer GmbH & Co. KG wie bei jeder Personenhandelsgesellschaft auf den Betrieb eines Handelsgewerbes unter einer gemeinsamen 16

Firma (§§ 105 Abs. 1 HGB i. V. m. 161 Abs. 2 HGB) oder auf die Verwaltung eigenen Vermögens der Gesellschaft (§§ 105 Abs. 2 HGB i. V. m. 161 Abs. 2 HGB) gerichtet. In diesem Rahmen legt die gesellschaftsvertragliche Vereinbarung den Gegenstand des Unternehmens in engerer Weise durch die Art des Handelsgewerbes und die Tätigkeiten und Maßnahmen zur Erreichung des Gesellschaftszwecks fest.

17 Der Unternehmensgegenstand begrenzt die Befugnisse der geschäftsführenden Komplementärin auf alle Handlungen, die der gewöhnliche Betrieb des Handelsgewerbes der GmbH & Co. KG mit sich bringt. Bei außergewöhnlichen, also über den gewöhnlichen Geschäftsbetrieb hinausgehenden Handlungen können die Kommanditisten gem. § 164 HGB widersprechen. Die Gesellschafter sind zur Förderung des Gesellschaftszwecks verpflichtet, der sich in der Festlegung des Unternehmensgegenstandes konkretisiert. Ebenso bedeutsam ist der Unternehmensgegenstand für die Feststellung der Beschränkungen, die das Wettbewerbsverbot des § 112 HGB den persönlich haftenden Gesellschaftern auferlegt (vgl. hierzu Rdn. 45).

18 Im Gegenstand des Unternehmens der GmbH ist nach § 10 GmbHG unter konkreter Bezeichnung auch der **Tätigkeitsbereich der GmbH & Co. KG** anzugeben und nicht nur die Übernahme der Funktion als persönlich haftende Gesellschafterin in der namentlich genannten Kommanditgesellschaft.

19 Die **örtliche Zuständigkeit des Handelsregistergerichts** (§§ 106 Abs. 1 i. V. m. 162 HGB) bestimmt sich nach dem Sitz der GmbH & Co. KG. Dieser ist ebenfalls maßgeblich für den allgemeinen Gerichtsstand im Sinne von § 17 Abs. 1 Satz 1 ZPO und für die örtliche Zuständigkeit des Insolvenzgerichts gem. § 3 Abs. 1 InsO. Sowohl Sitz als auch Registergericht sind gem. § 37a Abs. 1 HGB auf allen Geschäftsbriefen anzugeben.

4. Pflichtangaben auf Geschäftsbriefen

20 Nach §§ 161 Abs. 2 i. V. m. 125a Abs. 1 HGB sind auf allen **Geschäftsbriefen** der GmbH & Co. KG, gleichviel welcher Form, die an einen bestimmten Empfänger gerichtet werden, die Rechtsform und der Sitz der Gesellschaft, das Registergericht und die Nummer, unter der die Gesellschaft in das Handelsregister eingetragen ist, anzugeben. Bei einer Gesellschaft, bei der kein Gesellschafter eine natürliche Person ist, sind auf den Geschäftsbriefen der Gesellschaft ferner die Firmen der Gesellschafter anzugeben sowie für die Gesellschafter die nach § 35a GmbHG oder § 80 AktG für Geschäftsbriefe vorgeschriebenen Angaben, mithin die Rechtsform und der Sitz der Gesellschafterin, das Registergericht des Sitzes dieser Gesellschaft und die Handelsregisternummer sowie alle Geschäftsführer bzw. Vorstandsmitglieder und der Vorsitzende des Aufsichtsrats.

III. Organe der GmbH & Co. KG

1. Vertretung und Geschäftsführung durch die Komplementär-GmbH

21 Organschaftlich wird die Kommanditgesellschaft durch die **Komplementär-GmbH** vertreten (§§ 125, 161 Abs. 2, 170 HGB), wobei für die Komplementärin deren gesetzliche Vertreter handeln, mithin die Geschäftsführer der GmbH.

22 Zur **Geschäftsführung** der Kommanditgesellschaft ist die Komplementär-GmbH allein befugt (§§ 161 Abs. 2 i. V. m. 115 Abs. 1 HGB), wobei ihr diese Befugnis nach § 117 HGB entzogen werden kann. Mit Blick auf das Verbot des Selbstkontrahierens gem. § 181 BGB ist Folgendes zu beachten: Der Geschäftsführer der Komplementär-GmbH kann eigene Geschäfte mit der GmbH oder mit der Kommanditgesellschaft nur mit erforderlicher Gestattung durch die GmbH bzw. die Kommanditgesellschaft vornehmen. Dem Verbot des Selbstkontrahierens des § 181 BGB wird in der Regel durch Aufnahme einer befreienden Regelung im Gesellschaftsvertrag Rechnung getragen. Obwohl die Geschäftsführung dem Kommanditisten allein übertragen werden kann, kann die im Außenverhältnis bestehende Vertretungsmacht der Komplementärin nicht entzogen werden (§§ 164 ff. HGB). Die geschäftsführende Komplementär-GmbH haftet gegenüber der Komman-

ditgesellschaft grundsätzlich mit der Sorgfalt wie in eigenen Angelegenheiten. Bei kapitalistischer oder körperschaftlich strukturierten GmbH & Co. KGs, insbesondere **Publikumsgesellschaften**, haftet sie mit der Sorgfalt eines ordentlichen Geschäftsmannes, § 43 Abs. 1 GmbHG (BGHZ 75, 321, 327; 76, 160, 166; 76, 326, 338). Demselben Sorgfaltsmaßstab unterliegt der Gesellschafter der Komplementär-GmbH, der auf deren Geschäftsführung einen maßgeblichen Einfluss ausübt (BGH NJW 1976, 191).

2. Geschäftsführer der Komplementär-GmbH

Der Geschäftsführer der Komplementär-GmbH ist nicht nur **Organ der GmbH**, sondern steht regelmäßig auch in einem Dienstverhältnis zu der GmbH. Sollte er im Ausnahmefall aufgrund besonderer Vertragsvereinbarung bei der Kommanditgesellschaft angestellt sein, kann er Arbeitnehmereigenschaft haben und damit dem Kündigungsschutz unterliegen; ebenso kann sich sein Arbeitsverhältnis zur Kommanditgesellschaft in ein freies Dienstverhältnis umwandeln, wenn er als Angestellter der Kommanditgesellschaft zum Geschäftsführer der Komplementär-GmbH bestellt wird (BAG WM 1983, 797; ZIP 1992, 1496). Hat der Geschäftsführer seinen Anstellungsvertrag dagegen mit der Kommanditgesellschaft abgeschlossen und nicht mit der Komplementär-GmbH, so steht ihm der Rechtsweg zu den Arbeitsgerichten nach § 5 Abs. 1 Satz 2 ArbGG nicht offen (BAG, GmbHR 2003, 1208; zum Meinungsstand vgl. *Zimmer/Rupp* GmbHR 2006, 572 f. m. w. N.).

23

Weisungsbefugt gegenüber dem Geschäftsführer der Komplementär-GmbH ist die **Gesellschafterversammlung der GmbH** (§§ 37 Abs. 1, 45 GmbHG), allerdings kann eine Weisungsbefugnis der Kommanditgesellschaft oder eines Kommanditisten im Gesellschaftsvertrag wirksam vereinbart werden (MüKo HGB/*Grunewald* § 161 Rn. 70 m. w. N.). In einer Komplementär-GmbH, deren Anteile von der Kommanditgesellschaft gehalten werden, nehmen mangels abweichender gesellschaftsvertraglicher Regelungen die der Kommanditgesellschaft als Alleingesellschafterin zustehenden Rechte in der Gesellschafterversammlung die organschaftlichen Vertreter der Komplementär-GmbH wahr, sodass die Mitgeschäftsführer über die Kündigung des organschaftlichen Anstellungsverhältnisse eines Geschäftsführers der Komplementärin entscheiden (BGH ZIP 2007, 1658).

24

Der Geschäftsführer der Komplementär-GmbH unterliegt im Verhältnis zur GmbH einem **Wettbewerbsverbot**, strittig ist, ob es auch gegenüber der Kommanditgesellschaft besteht (Baumbach/Hopt//*Hopt* Anh. § 177a Rn. 27 m. w. N.). Dies dürfte zu bejahen sein aufgrund der Schutzwirkung für die Kommanditgesellschaft, denn die wesentliche Aufgabe des Geschäftsführers der Komplementär-GmbH ist die Geschäftsführung der Kommanditgesellschaft (vgl. hierzu: Baumbach/Hopt//*Hopt* Anh. § 177a Rn. 27 m. w. N.; MüKo HGB/*Grunewald* § 165 Rn. 14 mit Rückgriff auf die Regeln des Vertrages mit Schutzwirkung für Dritte bei Nichtbeachtung des Wettbewerbsverbots bzw. der Geschäftschancenlehre).

25

Da die hauptsächliche Tätigkeit des Geschäftsführers der Komplementär-GmbH in der Geschäftsführung der Kommanditgesellschaft liegt, haftet er aus dem Anstellungsverhältnis zu der Komplementär-GmbH auch gegenüber der Kommanditgesellschaft (Baumbach/Hopt/*Hopt* Anh. § 177a Rn. 28). Eine **Eigenhaftung des Geschäftsführers** gegenüber Dritten ist dagegen nur in Ausnahmefällen gegeben (Baumbach/Hopt/*Hopt* Anh. § 177a Rn. 29).

26

Bestellung und Abberufung des Geschäftsführers der Komplementär-GmbH richten sich nach dem GmbH-Recht, d. h. die Bestellung ist jederzeit widerruflich, kann aber durch eine satzungsgemäße Bestimmung auf die Widerrufbarkeit bei Vorliegen eines wichtigen Grundes beschränkt werden (§ 38 Abs. 1 und 2 GmbHG).

27

Eine **rechtsgeschäftliche Vertretung** der Kommanditgesellschaft ist nach den allgemeinen Regeln des Vertretungsrechts möglich.

28

Eine persönliche **Vertretung der Kommanditisten** qua Rechtsgeschäft setzt eine entsprechende Vollmacht voraus, die auch der Komplementär-GmbH erteilt werden kann.

29

3. Gesellschafterversammlung

30 Das HGB sieht eine **Gesellschafterversammlung** der Kommanditgesellschaft nicht vor, die jedoch üblicherweise gesellschaftsvertraglich geregelt wird, und erfordert grundsätzlich einstimmige Beschlüsse. Um Mehrheitsentscheidungen wie im GmbH-Recht zu ermöglichen, empfiehlt sich unter Beachtung des Bestimmtheitsgrundsatzes die Aufnahme entsprechender Regelungen in den Gesellschaftsvertrag der Kommanditgesellschaft (s. auch Rdn. 57 f.).

4. Obligatorischer Aufsichtsrat bei Mitbestimmungspflicht

31 In der mitbestimmungspflichtigen GmbH & Co. KG ist ein **obligatorischer Aufsichtsrat** zu bilden. Zwar sind Personenhandelsgesellschaften, und damit auch die GmbH & Co. KG, regelmäßig gesetzlich mitbestimmungsfrei geblieben. Die Komplementär-GmbH ist jedoch nach § 4 Abs. 1 MitbestG zur Bildung eines mitbestimmten Aufsichtsrats verpflichtet, wenn sie eine unternehmerische Einheit mit der Kommanditgesellschaft bildet und **mehr als 2000 Arbeitnehmer** beschäftigt, wobei die Arbeitnehmer der Kommanditgesellschaft mitgerechnet werden. Gleiches gilt nach § 5 Abs. 2 MitbestG, wenn die GmbH & Co. KG herrschendes Unternehmen in einem Unterordnungskonzern ist. Rechtlich ist der mitbestimmte Aufsichtsrat der Komplementär-GmbH nicht Organ der Kommanditgesellschaft, sondern der Komplementärin. Jedoch wirken sich seine Befugnisse direkt auf die Kommanditgesellschaft aus, vgl. §§ 4 Abs. 2, 5 Abs. 2 MitbestG (s. hierzu ausführl. MünchHdb GesR II/*Mutter* § 53).

5. Fakultativer Beirat

32 Schließlich kann fakultativ ein Beirat, der regelmäßig beratende Tätigkeiten entfaltet, gebildet werden, und zwar bei der Komplementär-GmbH und/oder der Kommanditgesellschaft. Auf einen solchen **fakultativen Beirat** kann auch in gewissem Umfang eine Kompetenzverlagerung der Funktionen der Gesellschafterversammlung erfolgen, sodass z. B. der Beirat zu geplanten Geschäftsführungsmaßnahmen der Komplementärin die Zustimmung anstelle der Gesellschafterversammlung erteilt. Es handelt sich im Regelfalle um solche Maßnahmen, die über den gewöhnlichen Geschäftsbetrieb der GmbH & Co. KG hinausgehen. Regelmäßig wird die Anwendbarkeit der für den aktienrechtlichen Aufsichtsrat geltenden Regelungen ausdrücklich ausgeschlossen, um die Rechte des Beirats bei der Komplementär-GmbH, auf den nach § 52 Abs. 1 GmbHG gewisse aktienrechtliche Regelungen Anwendung finden, und die Rechte des Beirats der Kommanditgesellschaft in Einklang zu bringen (vgl. etwa MünchVertrHdb I/*Götze*, Muster III. 10., dort § 12 Abs. 2 m. Anm. 10).

IV. Haftung bei der GmbH & Co. KG

1. Haftung im Gründungsstadium der Komplementär-GmbH

33 Im **Gründungsstadium** haften die Gründer vor Eintragung der Komplementär-GmbH und der Kommanditgesellschaft entweder nach den Regeln einer BGB-Gesellschaft, wenn der kaufmännische Geschäftsbetrieb nicht unter § 1 HGB fällt, oder nach dem Recht der Kommanditgesellschaft (Baumbach/Hopt/*Hopt* Anh. § 177a Rn. 15 ff.; § 161 Rn. 51; *K. Schmidt* GesR, § 56 III. 3., jeweils m. w. N.).

34 Eine vor Abschluss des GmbH-Vertrages gebildete sog. **Vorgründungsgesellschaft** führt zu einer **unbeschränkten persönlichen Haftung** der Gründer, da es sich bei dieser Gesellschaft entweder um eine BGB-Gesellschaft oder um eine OHG handelt, sofern unter gemeinsamen Namen ein Handelsgewerbe betrieben wird (BGH ZIP 1997, 926). Die Haftung endet nicht mit dem Abschluss des GmbH-Gesellschaftsvertrages, mithin dem Entstehen der Vor-GmbH, weil keine Gesellschaftsidentität besteht und ohne die Zustimmung der Gläubiger eine befreiende Schuldübernahme nicht möglich ist. Die Haftung der Vorgründungsgesellschaft endet ebenfalls nicht mit Eintragung der GmbH im Handelsregister, es sei denn, mit dem Gläubiger ist im Einzelfall etwas Abweichendes vereinbart (BGH NJW 1982, 932; s. dagegen aber BGH NJW 1983, 2822; vgl. Literaturnachweise

bei *K. Schmidt* GmbHR 1982, 6 und Rspr.-Nachweise bei Baumbach/Hopt/*Hopt* Anh. § 177a Rn. 15).

Die mit Abschluss des GmbH-Vertrages entstehende, aber selbst noch nicht eingetragene Komplementär-GmbH kann in der Form der Vor-GmbH bereits persönlich haftende Gesellschafterin der Kommanditgesellschaft sein, sog. **Vor-GmbH & Co. KG** (BGHZ 80, 129, 132). Auf die Vor-GmbH finden weitgehend die für die spätere Rechtsform gültigen Rechtsgrundsätze Anwendung (BGHZ 79, 239, 241; 80, 129, 132; 117, 323, 326; BGH NJW 1998, 1079). Dabei ist die Vertretungsmacht des Geschäftsführers der Vor-GmbH auf deren Zweck begrenzt, mithin auf die Herbeiführung der Eintragung bei Bargründung (BGHZ 80, 129, 139) sowie auf die Fortführung des eingebrachten Handelsgeschäftes bei Sachgründung (BGH WM 1963, 248). Im Zweifel wird auch die Vorgesellschaft für laufende Geschäfte namens der künftigen Gesellschaft verpflichtet, wobei die Gründer auch für Verbindlichkeiten der Vor-GmbH haften (**Verlust-Deckungs-Haftung** als Teil der Gründerhaftung), soweit sie den handelnden Geschäftsführer ermächtigt haben. Die Verlust-Deckungs-Haftung entfällt mit der Eintragung der GmbH und findet auch dann keine Anwendung, wenn bei Scheitern der Gründung die Geschäftstätigkeit nicht sofort beendet und die Vor-GmbH abgewickelt wird. In diesem Fall haften die Gründer für sämtliche Verbindlichkeiten der Vor-GmbH wie Personengesellschafter (BGHZ 134, 333, 341; BGH NJW 2003, 429). 35

2. Haftung nach Eintragung der Komplementär-GmbH

Mit der **Eintragung der GmbH** im Handelsregister entfällt die persönliche Haftung der Gesellschafter der Vor-GmbH. Die Rechte und Pflichten der Vor-GmbH gehen mit Eintragung der GmbH vollumfänglich auf diese über (**Schuldenübergang ohne Vorbelastungsverbot**; BGHZ 80, 129, 134 – str., zum Meinungsstand in der Lit. vgl. Baumbach/Hopt/*Hopt* Anh. § 177a Rn. 16). Daraus folgt eine anteilige Haftung der Gesellschafter auf die Differenz, die sich durch solche Vorbelastungen zwischen dem Stammkapital und dem Wert des Gesellschaftsvermögens zum Zeitpunkt der Eintragung ergibt (sog. **Vorbelastungs- oder Unterbilanzhaftung**). Sobald beide Gesellschaften, die Komplementär-GmbH und die Kommanditgesellschaft eingetragen sind, wird die Kommanditgesellschaft Schuldnerin der im Namen der GmbH & Co. KG eingegangenen Verbindlichkeiten, für welche die eingetragene GmbH als Komplementärin nach § 128 HGB haftet (BGHZ 69, 95; 76, 320). 36

Rechtsgeschäftlich im Namen der GmbH Handelnde haften vor der Eintragung der GmbH persönlich (§ 11 Abs. 2 GmbHG). Auch der Geschäftsführer der Vor-GmbH haftet nach dieser Vorschrift persönlich, selbst wenn er im Namen der Kommanditgesellschaft handelt, aber dadurch die Haftung der Vor-GmbH nach § 128 HGB auslöst (BGHZ 80, 129, 133). Die Haftung aus namens der Gesellschaft mit Ermächtigung aller Gründer getätigten Geschäfte erlischt mit Eintragung der GmbH (BGHZ 76, 320), ebenso eine eventuelle Haftung nach § 179 BGB (BGHZ 76, 320). 37

3. Haftung der Kommanditisten vor ihrer Eintragung

§ 176 Abs. 1 regelt den Grundsatz der **Haftung der Kommanditisten** vor ihrer Eintragung im Handelsregister: Hat die Gesellschaft ihre Geschäfte begonnen, bevor sie in das Handelsregister des Gerichts, in dessen Bezirk sie ihren Sitz hat, eingetragen wurde, so haftet jeder Kommanditist, der dem Geschäftsbeginn zugestimmt hat, für die bis zur Eintragung begründeten Verbindlichkeiten der Gesellschaft gleich einem persönlich haftenden Gesellschafter, es sei denn, dass seine Beteiligung als Kommanditist dem Gläubiger bekannt war. Diese Vorschrift kommt nicht zur Anwendung, wenn die Kommanditgesellschaft ein gewerbliches Unternehmen i. S. v. § 2 HGB betreibt, welches erst kraft Eintragung im Handelsregister Handelsgewerbe i. S. d. HGB ist, oder wenn die Kommanditgesellschaft nur eigenes Vermögen verwaltet gem. § 105 Abs. 2 HGB. Eine entsprechende Haftung gilt gem. § 176 Abs. 2 HGB bei Eintritt eines Kommanditisten in eine bestehende Handelsgesellschaft für die Verbindlichkeiten der Kommanditgesellschaft, die in der Zeit zwischen seinem Eintritt und dessen Eintragung in das Handelsregister begründet worden sind. Die Haftung der Kommanditisten vor ihrer Eintragung im Handelsregister richtet sich bei einer GmbH & Co. 38

Anhang 3 HGB GmbH & Co. KG

KG dennoch regelmäßig nicht nach § 176 Abs. 1 HGB, ist mithin nicht unbeschränkt, da regelmäßig sämtliche Gesellschafter mit Ausnahme der Komplementär-GmbH Kommanditisten sind, was im Rechtsverkehr bekannt ist, sodass kein Vertrauenstatbestand gegeben ist (vgl. hierzu MüKo HGB/*K. Schmidt* § 176 Rn. 50 ff. m. w. N.; BGH NJW 1980, 54; anderer Ansicht OLG Frankfurt am Main, NZG 2007, 625).

4. Haftung der GmbH & Co. KG und ihrer Gesellschafter nach Eintragung

39 **Gegenüber Dritten** haftet die GmbH & Co. KG unbeschränkt mit ihrem gesamten Vermögen. Die GmbH haftet gem. § 31 BGB für die Handlungen ihres Geschäftsführers. Die Kommanditisten haften nach §§ 171 ff. HGB. Eine Haftung der Kommanditisten, die aus Rechtsscheingründen wie persönlich haftende Gesellschafter auftreten, bleibt unberührt.

40 Daneben haftet die **Komplementär-GmbH** als persönlich haftende Gesellschafterin der Kommanditgesellschaft nach § 128 BGB mit ihrem gesamten Vermögen für die Schulden der Kommanditgesellschaft. Dieses Vermögen ist rechtsformspezifisch beschränkt. Das Stammkapital der GmbH beträgt gem. § 5 Abs. 1 GmbHG mindestens 25.000,00 € (vgl. zu der diskutierten Änderung der Höhe des Stammkapitals durch das MoMiG: *Noack* DB 2006; 1475; *Römermann* GmbHR 2006, 673; *Seibert* ZIP 2006, 1157). Es kann nach § 5a n. F. GmbHG sogar unterhalb der vorgenannten Mindesthöhe liegen, mithin auf 1 € gesenkt werden, wenn die kleine Variante der GmbH in Form der Unternehmergesellschaft (UG (haftungsbeschränkt)) gewählt wird. Das Haftkapitalsystem der GmbH bleibt hiervon unberührt (vgl. hierzu: *Veil* GmbHR 2007, 1080 ff.).

V. Rechte und Pflichten

1. Anwendbares Recht

41 Das **Recht der Kommanditgesellschaft** bestimmt die Rechte und Pflichten der Gesellschafter. Die haftungsrechtliche Besonderheit, dass die GmbH als Komplementärin zwar unbeschränkt mit ihrem Vermögen haftet, welches jedoch nach dem GmbH-Recht beschränkt ist, kann zur Anwendung des Rechts der offenen Handelsgesellschaft, aber auch des GmbH- und sogar des Aktienrechts führen. Dies gilt auch bei besonderen Erscheinungsformen, wie etwa der personenidentischen GmbH & Co. KG oder der Publikumsgesellschaft (vgl. Baumbach/Hopt/*Hopt* Anh. § 177a Rn. 21, 53).

2. Geschäftsführung

42 **Geschäftsführende Gesellschafterin** ist die Komplementär-GmbH. Die Kommanditisten sind gem. § 164 HGB von der Führung der Geschäfte der Kommanditgesellschaft ausgeschlossen. Ihnen steht lediglich ein Widerspruchsrecht nach § 164 HGB zu, soweit Handlungen der Komplementärin über den gewöhnlichen Geschäftsbetrieb des Handelsgewerbes der Kommanditgesellschaft hinausgehen. Die Rechte und Pflichten des Geschäftsführers der Komplementärin bestimmen sich nach den Regelungen der §§ 35 ff. GmbHG.

3. Informationsrechte

43 Die **Informationsrechte des Kommanditisten** ergeben sich aus § 166 HGB u. a. Danach ist der Kommanditist berechtigt, die abschriftliche Mitteilung des Jahresabschlusses zu verlangen und dessen Richtigkeit unter Einsicht der Bücher und Papier zu prüfen (§ 166 Abs. 1 HGB). Weitergehende Rechte, wie sie den von der Geschäftsführung ausgeschlossenen Gesellschaftern einer offenen Handelsgesellschaft nach § 118 HGB zustehen, haben die Kommanditisten nicht (§ 166 Abs. 2 HGB). Auf Antrag eines Kommanditisten kann das Gericht, wenn wichtige Gründe vorliegen, die Mitteilung einer Bilanz oder eines Jahresabschlusses oder sonstige Aufklärungen sowie die Vorlage der Bücher und Papiere jederzeit anordnen (§ 166 Abs. 3 HGB). Ist der Kommanditist gleichzeitig Gesellschafter der GmbH, so steht ihm das **Informationsrecht nach § 51a GmbHG** nicht nur bezogen auf die Komplementärin, sondern in Bezug auf Angelegenheiten der Kommanditgesellschaft zu (BGH NJW 1989, 225). Für die Gesellschafter der Komplementärin gelten die Bestimmungen der

§§ 51a, 51b GmbHG, d.h. die GmbH-Gesellschafter können von den Geschäftsführern verlangen, unverzüglich Auskunft über die Angelegenheiten der Gesellschaft zu geben und die Einsicht in die Bücher und Schriften zu gestatten. Sie haben damit weiter reichende Informationsrechte als der Kommanditist gegenüber der Kommanditgesellschaft, denn Angelegenheiten der Kommanditgesellschaft sind auch solche ihrer Komplementär-GmbH (zu Informationsrechten vgl. statt vieler Röhricht/v. Westphalen/*Haas/Mock* § 161 Rn. 89 und § 166 Rn. 2 ff.; MüKo HGB/*Grunewald* § 166 Rn. 43 ff. jeweils m.w. N.).

4. Treuepflicht und Wettbewerbsverbot

Die unter den Gesellschaftern einer Kommanditgesellschaft geltende **Treuepflicht** gilt ebenfalls in der GmbH & Co. KG. So verbietet die Treuepflicht den Gesellschaftern der geschäftsführenden persönlich haftenden Komplementär-GmbH eine nachteilige Geschäftsführung zulasten der Kommanditgesellschaft (vgl. hierzu Röhricht/v. Westphalen/*Haas/Mock* § 161 Rn. 78; zur Publikums-KG: MüKo HGB/*Grunewald* § 161 Rn. 131. m.w. N.).

44

Auch für die Komplementär-GmbH gilt wie für jeden persönlich haftenden Gesellschafter nach h. M. das **Wettbewerbsverbot der §§ 112, 113 HGB** (vgl. statt vieler: Röhricht/v. Westphalen/*Haas/ Mock* § 165 Rn. 16 m.w. N.; Baumbach/Hopt/*Hopt* Anh. § 177a Rn. 23; MüKo HGB/*Grunewald* § 165 Rn. 12; vgl. zum Wettbewerbsverbot außerdem ausführl. die Kommentierungen zu §§ 112, 113 HGB). Danach darf ein Gesellschafter ohne Einwilligung der anderen Gesellschafter weder in dem Handelszweig der Gesellschaft Geschäfte machen noch an einer anderen gleichartigen Handelsgesellschaft als persönlich haftender Gesellschafter teilnehmen (§ 112 Abs. 1 HGB). Eine Verletzung des Wettbewerbsverbots hat gem. § 113 Abs. 1 zur Folge, dass die Kommanditgesellschaft Schadensersatz fordern oder von dem Gesellschafter verlangen kann, dass er die für eigene Rechnung gemachten Geschäfte als für Rechnung der Gesellschaft eingegangen gelten lässt und die aus Geschäften für fremde Rechnung bezogene Vergütung herausgibt oder seinen Anspruch auf die Vergütung abtritt. Die Ansprüche verjähren gem. § 113 Abs. 3 HGB in 3 Monaten von dem Zeitpunkt an, in welchem die übrigen Gesellschafter von dem Abschluss des Geschäfts oder von der Teilnahme des Gesellschafters an der anderen Gesellschaft Kenntnis erlangen oder ohne grobe Fahrlässigkeit erlangen müssten; sie verjähren ohne Rücksicht auf diese Kenntnis oder grob fahrlässige Unkenntnis in 5 Jahren von ihrer Entstehung an. Über die Geltendmachung der Ansprüche beschließen die übrigen Gesellschafter gem. § 113 Abs. 2 HGB. Ebenso können sie eine Befreiung von dem gesetzlichen Wettbewerbsverbot beschließen oder bereits gesellschaftsvertraglich vereinbaren. Im Übrigen gilt gem. § 112 Abs. 2 HGB die Einwilligung zur Teilnahme an einer anderen Gesellschaft als erteilt, wenn den übrigen Gesellschaftern bei Eingehung der Kommanditgesellschaft bekannt ist, dass der Gesellschafter an einer anderen Gesellschaft als persönlich haftender Gesellschafter beteiligt ist, und gleichwohl die Aufgabe dieser Beteiligung nicht ausdrücklich ausbedungen wird.

45

Die **Kommanditisten** unterliegen gem. § 165 HGB grundsätzlich keinem Wettbewerbsverbot. Ebenso wenig besteht ein Wettbewerbsverbot der Gesellschafter der GmbH und ihrer Geschäftsführer unmittelbar gegenüber der Kommanditgesellschaft und ihren Gesellschaftern; ein derartiges Verbot kann sich jedoch mittelbar aus der Treuepflicht gegenüber der Komplementär-GmbH ergeben (vgl. Röhricht/v. Westphalen/*Haas/Mock* § 165 Rn. 17; Baumbach/Hopt/*Hopt* Anh. § 177a Rn. 23 m.w. N.), etwa bei Beherrschung der Kommanditgesellschaft (vgl. §§ 17 Abs. 2, 18 Abs. 1 Satz 1 AktG; s. auch BGHZ 89, 162, 165 ff.). Hat ein Kommanditist aufgrund der gesellschaftsvertraglichen Regelungen die einem Komplementär vergleichbare Stellung, etwa durch eigene Geschäftsführungsbefugnis oder maßgeblichen Einfluss auf die Geschäftsführung, gilt das Wettbewerbsverbot der §§ 112, 113 HGB auch für ihn. Gleiches gilt, wenn der Kommanditist etwa aufgrund eines Informationsrechts wie ein Komplementär Zugang zu den Informationen der Geschäftsführung hat. Die Bestimmungen gelten wohl ebenfalls für die Kommanditisten einer personenidentischen GmbH & Co. KG (Röhricht/v. Westphalen/*Haas/Mock* § 165 Rn. 17; MüKo HGB/*Grunewald* § 165 Rn. 13).

46

47 Die **Geschäftsführer der Komplementärin** unterliegen im Verhältnis zu dieser jedenfalls für die Dauer ihres Anstellungsverhältnisses einem gesetzlichen Wettbewerbsverbot, das aus der intensiven Treuepflicht des Geschäftsführers gegenüber der Gesellschaft resultiert (vgl. § 88 Abs. 1 Satz 1 AktG, § 35 GmbHG). Ein nachvertragliches Wettbewerbsverbot kann vereinbart werden. Der Geschäftsführer darf Geschäftschancen der GmbH nicht für sich wahrnehmen und verwerten. Aufgrund seiner Organstellung als Vertreter der Komplementär-GmbH, deren Unternehmensgegenstand die Geschäftsführung der Kommanditgesellschaft ist, gilt für den Geschäftsführer der Komplementärin nach h. M. ein Wettbewerbsverbot in Bezug auf die Geschäfte der Kommanditgesellschaft (Schutzwirkung zugunsten der Kommanditgesellschaft; MüKo HGB/*Grunewald* § 165 Rn. 14; MünchHdb GesR II/*Gummert* § 52 Rn. 25 m. w. N.; Röhricht/v. Westphalen/*Haas/Mock* § 165 Rn. 19; vgl. allgemein zur Schutzwirkung zugunsten der Kommanditgesellschaft: BGHZ 75, 321, 322; 76, 327, 336; 100, 190, 192; BGH NJW 1995, 1353, 1357; Baumbach/Hopt/*Hopt* Anh. 177a Rn. 27 ff.; *K. Schmidt* GesR, § 56 IV. 3.; jeweils m. w. N.).

5. Leistung von Kapitaleinlagen

48 Die Gesellschafter einer GmbH & Co. KG sind, wie aus § 705 BGB folgt, dazu verpflichtet, zur **Erreichung des Gesellschaftszwecks** beizutragen. Der Beitrag der Komplementärin liegt regelmäßig in der Übernahme der persönlichen Haftung und in der Geschäftsführung der Kommanditgesellschaft. Die Komplementärin wird regelmäßig nicht am Gesellschaftskapital beteiligt, leistet also keine Kapitaleinlage.

49 Die **Kommanditisten** der GmbH & Co. KG leisten dagegen regelmäßig einen **Kapitalanteil**, am häufigsten in Form von Geld, aber auch durch Gewährung von Darlehen oder als Sacheinlage durch Eigentumsübertragung einer Sache auf die Gesellschaft oder durch Nutzungsüberlassung, aber auch in Form einer Dienstleistung u. a.

50 Bei der GmbH & Co. KG wird wie bei jeder Kommanditgesellschaft zwischen der **Pflichteinlage**, zu deren Erbringung sich der Kommanditist im Innenverhältnis zwischen den Gesellschaftern gesellschaftsvertraglich verpflichtet, und der **Hafteinlage** (Haftsumme), also dem im Außenverhältnis bekannten, im Handelsregister eingetragenen Betrag, bis zu dessen Höhe der Kommanditist den Gläubigern der Kommanditgesellschaft gegenüber haftet, unterschieden. Regelmäßig werden sich Hafteinlage und Pflichteinlage entsprechen, jedoch sind Abweichungen möglich. (BGH WM 1977, 783, 784; MünchHdb GesR II/*v. Falkenhausen/H.C. Schneider* § 17 Rn. 6 ff.).

6. Beteiligung am Gewinn und Verlust der Gesellschaft

51 Für die **Beteiligung am Gewinn und Verlust** der GmbH & Co. KG gelten die §§ 167 bis 169 HGB, die Ergebnisverwendung bei der Komplementärin richtet sich nach § 29 GmbHG.

52 Nach §§ 167 Abs. 1 i. V. m. 120 HGB wird am Schluss eines jeden Geschäftsjahres aufgrund der Bilanz der Gewinn oder der Verlust des Jahres ermittelt und für jeden Gesellschafter sein Anteil berechnet. Der einem Gesellschafter zukommende Gewinn wird dem Kapitalanteil des Gesellschafters zugeschrieben; der auf einen Gesellschafter entfallende Verlust sowie das während des Geschäftsjahres aus dem Kapitalanteil entnommene Geld wird davon abgeschrieben (§ 120 Abs. 2 HGB). Diese Bestimmung gilt auch für die Kommanditisten; der ihnen zukommende Gewinn an ihrem Kapitalanteil wird jedoch nur solange zugeschrieben, als dieser den Betrag der übernommenen Einlage nicht erreicht (§ 167 Abs. 2 HGB). Am Verlust der Kommanditgesellschaft nimmt der Kommanditist nur bis zum Betrag seines Kapitalanteils und seiner noch rückständigen Einlage teil (§ 167 Abs. 3 HGB).

53 Die **Gewinn- und Verlustverteilung** ist in § 168 HGB dahin gehend geregelt, dass sich die Anteile der Gesellschafter am Gewinn nach den Vorschriften des § 121 Abs. 1 und 2 HGB bestimmen, soweit der Gewinn den Betrag von 4 % der Kapitalanteile nicht übersteigt (§ 168 Abs. 1 HGB). Ein Gewinn, der diesen Betrag übersteigt, sowie ein Verlust werden angemessen, d. h. in der Regel

anteilig nach dem Kapitalanteil umgelegt. Da § 168 HGB dispositiv ist, sind abweichende gesellschaftsvertragliche Vereinbarungen zulässig.

Auch für die Kommanditisten der GmbH & Co. KG besteht **kein gewinnunabhängiges Entnahmerecht** (§§ 169 Abs. 1 i.V.m. 122 Abs. 1 HGB). Sie haben nur Anspruch auf Auszahlung des ihnen zukommenden Gewinns und können auch die Auszahlung des Gewinns nicht fordern, solange ihr Kapitalanteil durch Verlust unter den auf die vereinbarte Einlage geleisteten Betrag gesunken ist oder durch die Auszahlung unter diesen Betrag sinken würde. 54

Ein **Gewinn-Rückzahlungsanspruch** gegen den Kommanditisten besteht gem. § 169 Abs. 2 HGB nicht. 55

Die **Gesellschafter der Komplementär-GmbH** haben gem. § 29 Abs. 1 GmbHG **Anspruch auf den Jahresüberschuss** zuzüglich eines Gewinnvortrags und abzüglich eines Verlustvortrags, soweit der sich ergebende Betrag nicht nach Gesetz oder Gesellschaftsvertrag, durch Beschluss über Verwendung des Ergebnisses dahin gehend, dass Beträge in Gewinnrücklagen eingestellt oder als Gewinn vorgetragen werden oder als zusätzlicher Aufwand aufgrund des Beschlusses über die Verwendung des Ergebnisses von der Verteilung unter den Gesellschaftern ausgeschlossen ist. Abweichend hiervon haben die Gesellschafter Anspruch auf den Bilanzgewinn, wenn die Bilanz unter Berücksichtigung der teilweisen Ergebnisverwendung aufgestellt wird oder wenn Rücklagen aufgelöst werden. Die **Verteilung des Gewinns** erfolgt gem. § 29 Abs. 3 GmbHG entsprechend dem Verhältnis der Geschäftsanteile zueinander, wobei im Gesellschaftsvertrag eine abweichende Verteilung festgesetzt werden kann. Davon unbeschadet können die Geschäftsführer gem. § 29 Abs. 4 GmbHG mit Zustimmung der Gesellschafter den Eigenkapitalanteil von Wertaufholungen bei Vermögensgegenständen des Anlage- und Umlaufvermögens und von bei der steuerrechtlichen Gewinnermittlung gebildeten Passivposten, die nicht im Sonderposten mit Rücklageanteil ausgewiesen werden dürfen, in andere Gewinnrücklagen einstellen. Derartige Rücklagen sind betragsmäßig entweder in der Bilanz gesondert auszuweisen oder im Anhang anzugeben. 56

7. Beschlussfassung und Stimmrechte

Das **Stimmrecht innerhalb der GmbH & Co. KG** richtet sich nach dem Recht der Kommanditgesellschaft. Dieses gilt auch hinsichtlich des Stimmrechts der Komplementär-GmbH. Bei der GmbH & Co. KG ist die Vereinbarung des Stimmrechtsausschlusses für die persönlich haftende Komplementärin, die regelmäßig nicht am Kommanditkapital beteiligt ist, üblich (vgl. hierzu *K. Schmidt*, GesR, § 56 IV. 2). Wie bei allen Personengesellschaften steht auch bei der GmbH & Co. KG jedem Gesellschafter **grundsätzlich ein gleiches Stimmrecht** zu (§ 709 BGB, §§ 119, 161 Abs. 2 HGB), während bei der Komplementärin als Kapitalgesellschaft das auf jeden Gesellschafter entfallende Stimmrecht dem Umfang seiner Kapitalbeteiligung an der Gesellschaft entspricht (§ 47 Abs. 2 GmbHG). Es gilt für die GmbH & Co. KG das **Einstimmigkeitsprinzip** für alle Entscheidungen im Gesellschaftsverhältnis, soweit vertraglich nichts Abweichendes bestimmt ist (§ 709 BGB, §§ 119, 161 Abs. 2 HGB; MünchHdb GesR II/*Weipert* § 14 Rn. 31 ff. m.w.N.). 57

Den Gesellschaftsvertrag ändernde Beschlüsse sind grundsätzlich nur einstimmig möglich, **Mehrheitsbeschlüsse** nur, soweit dies unter **Wahrung des Bestimmtheitsgrundsatzes**, der auch bei der GmbH & Co. KG anwendbar ist, gesellschaftsvertraglich vereinbart ist. Auch wenn dies der Fall ist, ist die Mitwirkung aller Gesellschafter an der Beschlussfassung erforderlich. 58

Beschlussfassungen erfolgen bei der GmbH & Co. KG nach § 119 HGB, bei der Komplementär-GmbH nach den Regelungen der §§ 46 ff. GmbHG. Da die Gesellschafter der Komplementär-GmbH gegenüber den Geschäftsführern weisungsbefugt sind, können sie erheblichen Einfluss auf die Kommanditgesellschaft, deren Geschäfte die Komplementärin führt, nehmen. Bei beteiligungsidentischen GmbH & Co. KGs ist dies regelmäßig unproblematisch, bei nicht-beteiligungsidentischen GmbH & Co. KGs können bei schwerwiegenden Eingriffen in die Kompetenzen der Kommanditisten Schadensersatzansprüche oder Abwehransprüche für diese entstehen (MünchHdb GesR II/*Gummert* § 50 Rn. 91 ff. m.w.N.). 59

Anhang 3 HGB GmbH & Co. KG

60 Bei der personenidentischen GmbH & Co. KG wird regelmäßig eine Verzahnung der Gesellschaftsverträge auch mit Blick auf das Abhalten von Gesellschafterversammlungen vereinbart, z. T. sogar in der Weise, dass eine einheitliche Versammlung vorgegeben werden kann. Bei der nicht-personenidentischen GmbH & Co. KG ist dagegen zwischen den Beschlussfassungen in unterschiedlichen Gesellschafterversammlungen regelmäßig klar zu trennen.

VI. Eintritt und Ausscheiden von Gesellschaftern

1. Anwendbares Recht

61 Das Ausscheiden der Komplementär-GmbH oder von Kommanditisten aus der Kommanditgesellschaft und die Übertragung von Kommanditgesellschaftsanteilen richten sich nach dem **Recht der Kommanditgesellschaft**. Das Ausscheiden von Gesellschaftern aus der GmbH und die Abtretung von Geschäftsanteilen bestimmen sich nach dem **Recht der GmbH**. Zu beachten ist die Formvorschrift des § 15 Abs. 4 GmbHG, wenn die Verpflichtung zur Veräußerung der Gesamtbeteiligung an der GmbH und der Kommanditgesellschaft besteht, die dann nicht nur für die Übertragung des Geschäftsanteils der GmbH, sondern auch für die des Kommanditanteils einer notariellen Beurkundung bedarf (BGH NJW 1986, 2642).

2. Insolvenz der Komplementär-GmbH

62 Gem. § 131 Abs. 3 Nr. 2 HGB scheidet die Komplementär-GmbH, über deren Vermögen das **Insolvenzverfahren** eröffnet wird, aus der Kommanditgesellschaft aus, soweit der Kommanditgesellschaftsvertrag nichts anderes regelt. Da die GmbH als Kapitalgesellschaft die Rolle der persönlich haftenden Gesellschafterin der Kommanditgesellschaft übernimmt, mithin keine natürliche Person als Komplementärin haftet, ist Insolvenzgrund nicht nur die Zahlungsunfähigkeit der Kommanditgesellschaft gem. § 17 InsO, sondern auch die Überschuldung (§ 19 Abs. 3 InsO). Wegen der Insolvenzantragspflicht für zahlungsunfähige oder überschuldete Kommanditgesellschaften wird auf die §§ 177a, 130a und 130b HGB verwiesen (vgl. auch Rdn. 69, 90 bis 100).

3. Tod eines Kommanditisten

63 Mangels abweichender Vertragsbestimmungen wird die GmbH & Co. KG beim **Tod eines Kommanditisten** mit dessen Erben fortgesetzt (§ 177 HGB). Ist der Erblasser-Kommanditist zugleich an der Komplementär-GmbH beteiligt, folgt die Vererblichkeit aus § 15 Abs. 1 GmbHG, wobei der GmbH-Anteil ungeteilt an den Nachlass fällt. Die Rechte hieraus können gem. § 18 Abs. 1 GmbHG von den Erben nur gemeinschaftlich ausübt werden, weshalb zwecks Verzahnung mit der Ausübung der Kommanditistenrechte die Vereinbarung einer Vertreterklausel im Kommanditgesellschaftsvertrag geboten ist. Testamentsvollstreckung an den vererbten Anteilen der Komplementärin und der Kommanditgesellschaft ist zulässig (vgl. hierzu statt vieler: MüKo HGB/*K. Schmidt* § 177 Rn. 45 f. zur Vererblichkeit, Rn. 47 f. zur Testamentsvollstreckung).

4. Kündigung

64 Das **Ausscheiden durch Kündigung** ist nach §§ 161 Abs. 2, 132 HGB für jeden Gesellschafter einer GmbH & Co. KG jederzeit zum Ende eines Geschäftsjahres unter Beachtung einer Kündigungsfrist von 6 Monaten zulässig. Ein Ausschluss dieses Kündigungsrechtes durch gesellschaftsvertragliche Vereinbarung ist nicht möglich, jedoch eine zeitliche Beschränkung. Die Gesellschafter der Komplementär-GmbH können dagegen nach der gesetzlichen Regelung nicht ordentlich kündigen. Ein solches Kündigungs- oder Austrittsrecht kann jedoch gesellschaftsvertraglich vereinbart werden.

65 Nach § 131 Abs. 3 HGB führt die Kündigung des Gesellschafters nicht zu einer Auflösung der Gesellschaft, sondern nur zu seinem Ausscheiden, sofern gesellschaftsvertraglich nichts Abweichendes vereinbart ist. Im Fall des **Vorliegens eines wichtigen Grundes** kann die GmbH & Co. KG auf Antrag eines Gesellschafters auch vor dem Ablauf der für ihre Dauer bestimmten Zeit oder bei einer für unbestimmte Zeit eingegangenen Gesellschaft ohne Kündigung durch gerichtliche

Entscheidung aufgelöst werden (§ 133 Abs. 1 HGB). Eine Vereinbarung, durch die das Recht des Gesellschafters, die Auflösung der Gesellschaft zu verlangen, ausgeschlossen oder diesen Vorschriften zuwider beschränkt wird, ist nichtig (§ 133 Abs. 3 HGB). Bei einer Komplementärin ist rechtlich anerkannt, dass im Fall des Vorliegens eines wichtigen Grundes ebenfalls ein außerordentliches Austrittsrecht besteht (MünchHdb GesR II/*Gummert* § 50 Rn. 58). Ein solcher wichtiger Grund liegt insbesondere dann vor, wenn ein anderer Gesellschafter eine ihm nach dem Gesellschaftsvertrag obliegende wesentliche Verpflichtung vorsätzlich oder aus grober Fahrlässigkeit verletzt oder wenn die Erfüllung einer solchen Verpflichtung unmöglich wird (§ 131 Abs. 2 HGB).

Durch **Verzahnung** des Kommanditgesellschaftsvertrages mit der Satzung der Komplementärin sollte sichergestellt werden, dass es – jedenfalls bei beteiligungsidentischen GmbH & Co. KGs – zu einem Gleichlauf der Beteiligung an beiden Gesellschaften kommt. 66

5. Ausschließung von Kommanditisten

Die Ausschließung eines Kommanditisten aus der GmbH & Co. KG richtet sich nach den §§ 161 Abs. 2, 140 HGB und setzt das Vorliegen eines **wichtigen Grundes** in seiner Person voraus (vgl. auch § 133 HGB, Überblick über Rechtsprechung und Lit. in *Partikel* S. 49 ff.; zur Ausschließungsklage nach § 140 HGB vgl. die Kommentierung zu § 140 HGB, außerdem ausführl. Kap. 5 Rdn. 212 ff.). Ebenso kann die **Komplementär-GmbH** aus der GmbH & Co. KG ausgeschlossen werden, wobei ihr das Verhalten ihres Geschäftsführers zuzurechnen ist. Eine Ausschließung nach freiem Ermessen ist dagegen nach höchstrichterlicher Rechtsprechung nur eingeschränkt möglich (BGHZ 68, 212; 81, 263). Danach ist neben einer entsprechenden gesellschaftsvertraglichen Vereinbarung auch das Anknüpfen an einen sachlichen Grund Voraussetzung (vgl. Überblick bei *Partikel* S. 77 ff.). 67

6. Abfindung als Rechtsfolge des Ausscheidens

Die Rechtsfolge des Ausscheidens eines Kommanditisten aus einer Kommanditgesellschaft ist die vollwertige **Abfindung des Ausscheidenden** gem. §§ 161 Abs. 2, 105 Abs. 2 HGB i. V. m. §§ 738 ff. BGB. Hiervon abweichend kann gesellschaftsvertraglich eine eingeschränkte Abfindung vereinbart werden, wie etwa Ausschluss des Good Wills, der stillen Reserven, Nichtberücksichtigung schwebender Geschäfte gem. § 740 BGB oder Einschränkung durch Bewertungsklauseln, z. B. Buchwertklausel. Allerdings muss eine Abfindungsklausel nach höchstrichterlicher Rechtsprechung dem ausscheidenden Gesellschafter eine angemessene Abfindung gewähren (richtungsweisend BVerfGE 14, 263, 284; st. Rspr. seit BGH WM 1978, 1044; NJW-RR 1986, 256; Überblick der Rechtsprechung und Lit. vgl. bei *Partikel* S. 90 ff.). 68

VII. Auflösung und Liquidation der GmbH & Co. KG

1. Auflösung

Die Gründe für die Auflösung einer GmbH & Co. KG sind in §§ 161 Abs. 1, 131 Abs. 1 und 2 HGB geregelt. Danach wird die GmbH & Co. KG aufgelöst durch den **Ablauf der Zeit**, für welche sie eingegangen ist, durch **Beschluss** der Gesellschafter, durch die Eröffnung des **Insolvenzverfahrens** über das Vermögen der Kommanditgesellschaft und durch **gerichtliche Entscheidung**. Ferner wird die Kommanditgesellschaft bei **Ausscheiden der Komplementär-GmbH** aufgelöst (§ 131 Abs. 3 Satz 1 Nr. 2 HGB) sowie im Fall der **Insolvenz der Komplementär-GmbH** (§ 60 Abs. 1 Nr. 4 GmbHG, §§ 161 Abs. 2, 131 Abs. 3 Satz 1 Nr. 2 HGB), z. B. bei Überschuldung der Kommanditgesellschaft, aus der regelmäßig die Überschuldung der persönlich haftenden Gesellschafterin folgt. Die Fortführung der Kommanditgesellschaft ist bei Berufung eines neuen persönlich haftenden Gesellschafters möglich. Wird die Eröffnung des Insolvenzverfahrens mangels Masse nach § 26 InsO abgelehnt, so wird die Kommanditgesellschaft gem. § 131 Abs. 2 Satz 1 Nr. 1 HGB aufgelöst. Hingegen führt die Abweisung des Antrages bei der Komplementär-GmbH nach h. M. nur zu deren Auflösung (§ 60 Abs. 1 Nr. 5 GmbHG), nicht jedoch zu dem Ausscheiden aus der Kommanditgesellschaft (vgl. § 131 Abs. 2 Nr. 1, Abs. 3 Nr. 2 HGB) und daher auch nicht zur 69

Anhang 3 HGB GmbH & Co. KG

Auflösung der Kommanditgesellschaft (str.; BGHZ 75, 178, 181; a. A. *K. Schmidt* BB 1980, 1497 mit der Begründung, dass eine in Liquidation befindliche Gesellschaft nicht als persönlich haftende Gesellschafterin fungieren kann). Die Komplementär-GmbH wird durch die Auflösung der Kommanditgesellschaft im Zweifel nicht auch aufgelöst, sondern nimmt an der Auseinandersetzung der Kommanditgesellschaft teil. Schließlich ist die Auflösung wegen Vermögenslosigkeit nach § 394 FamFG zu nennen (§§ 161 Abs. 1 i. V. m. 131 Abs. 2 Nr. 2 HGB). Bei einer Kommanditgesellschaft, die neben der Komplementär-GmbH nur aus einem Kommanditisten besteht, führt die Eröffnung des Insolvenzverfahrens über das Vermögen der Komplementär-GmbH gem. §§ 161 Abs. 2, 161 Abs. 3 Nr. 2 HGB zum Ausscheiden der Komplementär-GmbH aus der Kommanditgesellschaft und wegen des Verbleibs nur eines Gesellschafters führt dies weiter zur liquidationslosen Vollbeendigung der Kommanditgesellschaft. Der verbleibende Kommanditist wird Gesamtrechtsnachfolger und haftet für die Verbindlichkeiten der Kommanditgesellschaft beschränkt mit dem ihm zufallenden Gesellschaftsvermögen (BGH NZG 2004, 611).

2. Liquidation

70 Die **Auseinandersetzung (Liquidation)** der GmbH & Co. KG richtet sich nach den §§ 145 bis 158 i. V. m. 161 HGB, die der Komplementär-GmbH nach §§ 66 ff. GmbHG. Es handelt sich dabei um **zwei getrennte Verfahren**. Bei der Kommanditgesellschaft sind sämtliche Gesellschafter Liquidatoren, bei der Komplementärin sind es ihre Geschäftsführer (§§ 161 Abs. 2, 146 Abs. 1 HGB bzw. § 66 Abs. 1 HGB). Rückständige Kommanditeinlagen können u. U. noch im Stadium der Liquidation eingezogen werden (BGH NJW 1980, 1522). Die Kommanditisten haben in der Insolvenz der GmbH & Co. KG nur einen nachrangigen Rückgewähranspruch für an die Kommanditgesellschaft geleistete Darlehen, wenn diese Eigenkapital ersetzend sind (§ 39 Abs. 1 Nr. 5 InsO; vgl. § 135 InsO zur Anfechtbarkeit bei Gesellschafterdarlehen).

C. Kapital der GmbH & Co. KG

I. Kapitalaufbringung

1. Kapitalaufbringung der GmbH & Co. KG

71 Die Kapitalaufbringung bei der GmbH & Co. KG bestimmt sich nach den für die Kommanditgesellschaft geltenden Regelungen der §§ 171 ff. HGB. Nach § 171 Abs. 1 HGB haftet der Kommanditist der Gesellschaft bis zur Höhe seiner Einlage unmittelbar; die Haftung ist ausgeschlossen, soweit die Einlage geleistet ist. Im Verhältnis zu den Gläubigern der Kommanditgesellschaft wird nach der Eintragung in das Handelsregister die Einlage des Kommanditisten durch den in der Eintragung angegebenen Betrag bestimmt (§ 172 Abs. 1 HGB). Auf eine nicht eingetragene Erhöhung der aus dem Handelsregister ersichtlichen Einlage können sich die Gläubiger nur berufen, wenn die Erhöhung in handelsüblicher Weise kundgemacht oder ihnen in anderer Weise von der Gesellschaft mitgeteilt worden ist (§ 172 Abs. 2 HGB). Den Gläubigern gegenüber ist eine Vereinbarung zwischen den Gesellschaftern unwirksam, durch die einem Kommanditisten die Einlage erlassen oder gestundet wird (§ 172 Abs. 3 HGB). Ebenso gilt die Einlage eines Kommanditisten den Gläubigern gegenüber als nicht geleistet, wenn sie an den leistenden Kommanditisten zurückbezahlt wird. Das Gleiche gilt, wenn ein Kommanditist Gewinnanteile entnimmt, während sein Kapitalanteil durch Verlust unter den Betrag der geleisteten Einlage herabgemindert ist oder soweit durch die Entnahme der Kapitalanteil unter den bezeichneten Betrag herabgemindert wird (§ 172 Abs. 4 HGB). In keinem Fall ist ein Kommanditist jedoch verpflichtet, das zurückzuzahlen, was er aufgrund einer gutgläubig errichteten Bilanz in gutem Glauben als Gewinn bezieht (§ 172 Abs. 5 HGB). Schließlich bestimmt § 172 Abs. 6 HGB, dass gegenüber den Gläubigern einer Gesellschaft, bei der kein persönlich haftender Gesellschafter eine natürliche Person ist – also im Regelfall der GmbH & Co. KG –, die Einlage des Kommanditisten als nicht geleistet gilt, soweit sie in Anteilen an den persönlich haftenden Gesellschaftern bewirkt ist. Dies gilt nicht, wenn zu den persönlich haftenden Gesellschaftern eine offene Handelsgesellschaft oder Kommanditgesellschaft gehört, bei der ein persönlich haftender Gesellschafter eine natürliche Person ist. Damit wird sichergestellt, dass sowohl

die Hafteinlage bei der Kommanditgesellschaft als auch das Stammkapital bei der GmbH getrennt zu erbringen sind. Bei der Einheitsgesellschaft, bei der die Kommanditgesellschaft sämtliche Anteile an ihrer Komplementär-GmbH hält, genügt mithin aus Gläubigerschutzgründen nicht allein die Einbringung des GmbH-Anteils eines Kommanditisten zur Erfüllung seiner Kommanditeinlage (Röhricht/v. Westphalen/*Haas/Mock* § 172 Rn. 58).

Von der im Handelsregister einzutragenden **Hafteinlage** (§ 162 Abs. 1 HGB) kann sich die im Gesellschaftsvertrag vereinbarte **Pflichteinlage** eines Kommanditisten unterscheiden. Während erstere nur für das Verhältnis des Kommanditisten zu den Gläubigern die zuvor beschriebe Bedeutung erlangt, betrifft die Pflichteinlage die vom Kommanditisten im Verhältnis zur Gesellschaft übernommene Verpflichtung und kann betragsmäßig von der Hafteinlage abweichen. Im Zweifel entspricht die vereinbarte Einlage der Haftsumme. Maßgeblich ist bei einer Geldeinlage deren Betrag und bei einer Sacheinlage deren Wert. Diesbezüglich tragen die Kommanditisten die Beweislast für die Erbringung der Einlage, wenn ein Gläubiger einer Kommanditgesellschaft ihre Kommanditisten nach § 171 HGB in Anspruch nimmt (BGH WM 1977, 783, 784; Röhricht/v. Westphalen/*Haas/Mock* § 171 Rn. 9 ff.). 72

In den Fällen des sog. **Einlage-Splittings**, wenn also die Kommanditisten neben der Leistung der Einlage auch zur Gewährung eines Gesellschafterdarlehens an die Kommanditgesellschaft verpflichtet sind, kann dieses Darlehen funktional als Eigenkapital behandelt werden (BGHZ 104, 33). Dies gilt unabhängig von § 172a HGB, der die Rückgewähr von Gesellschafterdarlehen behandelt, und setzt voraus, dass die Valuta des Darlehens zur Erreichung und Verfolgung des Unternehmensgegenstandes erforderlich war. 73

Nach bisher geltendem Recht bestimmte § 172a HGB, dass bei einer Kommanditgesellschaft, bei der kein persönlich haftender Gesellschafter eine natürliche Person ist, die **Eigenkapitalersatzregelungen** des GmbH-Rechts gem. §§ 32a (Rückgewähr von Darlehen) und 32b (Haftung für zurückgezahlte Darlehen) GmbHG sinngemäß galten mit der Maßgabe, dass an die Stelle der Gesellschafter der GmbH die Gesellschafter oder Mitglieder der persönlich haftenden Gesellschafter der Kommanditgesellschaft sowie die Kommanditisten traten. Dies galt jedoch nicht, wenn zu den persönlich haftenden Gesellschaftern eine offene Handelsgesellschaft oder Kommanditgesellschaft gehörte, bei der ein persönlich haftender Gesellschafter eine natürliche Person war. Durch das MoMiG sind sowohl § 172a HGB als auch die §§ 32a und 32b GmbHG aufgehoben. Nach dem neuen Recht sind die Eigenkapitalersatzregeln entfallen und wurden durch ein reines Insolvenzanfechtungskonzept ersetzt, denn § 135 n. F. InsO regelt die Anfechtbarkeit von Gesellschafterdarlehen (vgl. hierzu kritisch: *Karsten Schmidt*, GmbHR 2007, 1072, 1076 f.). 74

2. Kapitalaufbringung bei der Komplementär-GmbH

Bei der Komplementär-GmbH gelten die Kapitalaufbringungsregelungen der §§ 7, 19 und 55 ff. GmbHG. Nach § 7 Abs. 2 GmbHG darf die Anmeldung zum Handelsregister erst dann erfolgen, wenn auf jede Stammeinlage (bisheriges Recht) bzw. jeden Geschäftsanteil (Änderung durch das MoMiG), soweit nicht Sacheinlagen vereinbart sind, ein Viertel des Nennbetrags eingezahlt ist (Satz 1). Insgesamt muss auf das Stammkapital mindestens so viel eingezahlt sein, dass der Gesamtbetrag der eingezahlten Geldeinlagen zuzüglich des Gesamtbetrags der Stammeinlagen (bisher) bzw. Gesamtnennbetrag der Geschäftsanteile (Änderung durch das MoMiG), für die Sacheinlagen zu leisten sind, die Hälfte des Mindeststammkapitals gem. § 5 Abs. 1 GmbHG (regelmäßig mindestens 25.000,– €) erreicht (§ 7 Abs. 2 n. F. S. 2 GmbHG). Wird die Gesellschaft nur durch eine Person errichtet, so darf die Anmeldung gem. § 7 Abs. 2 Satz 3 GmbHG erst erfolgen, wenn mindestens die nach den Satz 1 und 2 der vorgenannten Norm vorgeschriebenen Einzahlungen geleistet sind und der Gesellschafter für den übrigen Teil der Geldeinlage eine Sicherheit gestellt hat. Dabei sind Sacheinlagen nach § 7 Abs. 3 GmbHG vor der Anmeldung der Gesellschaft zur Eintragung in das Handelsregister so an die GmbH zu bewirken, dass sie endgültig zur freien Verfügung der Geschäftsführer stehen. Der durch das MoMiG eingefügte § 5a GmbHG bietet die Möglichkeit der Gründung einer GmbH in der Einstiegsform einer haftungsbeschränkten Unternehmergesellschaft 75

(UG haftungsbeschränkt) mit einem Gründungskapital von unter 25.000,–€. Die Anmeldung zum Handelsregister kann erst nach voller Einzahlung des Stammkapitals erfolgen. Eine Sacheinlage ist ausgeschlossen (§ 5a Abs. 2 Satz 2 GmbHG). Hiermit verbunden ist die Verpflichtung, jedes Jahr mindestens ein Viertel des Gewinns der UG (haftungsbeschränkt) als Rücklage in die Bilanz einzustellen. Soweit auf diese Weise das Mindeststammkapital der GmbH von 25.000,–€ erreicht wird, kann die UG umfirmieren.

76 § 19 GmbHG enthält Regelungen zu Leistungen auf die Stammeinlage, die §§ 55 ff. GmbHG befassen sich mit der Erhöhung des Stammkapitals. § 19 GmbHG gilt auch für die Komplementär-GmbH einer GmbH & Co. KG. Trotz der wirtschaftlichen Einheit der beiden Gesellschaften gibt es kein Sonderrecht für die Kapitalaufbringung der Komplementär-GmbH. Die Einlageforderung der Komplementär-GmbH ist daher nicht erfüllt, wenn die an sie gezahlten Einlagemittel umgehend als Darlehen an die von dem oder den Inferenten beherrschte Kommanditgesellschaft weiterfließen (BGHZ 153, 107; BGH BB 2008, 181 ff.). Durch die Änderung des GmbH-Rechts durch das MoMiG ist nach § 19 Abs. 2 Satz 2 n. F. GmbHG die Aufrechnung gegen den Anspruch der Gesellschaft auf Einzahlung der Stammeinlage bzw. des Nennbetrages des Geschäftsanteils zulässig mit einer Forderung aus der Überlassung von Vermögensgegenständen, deren Anrechnung auf die Einlageverpflichtung nach § 5 Abs. 4 Satz 1 vereinbart worden ist. Ebenso ist durch das MoMiG eine Neufassung von § 19 Abs. 4 GmbHG erfolgt: »Ist eine Geldeinlage eines Gesellschafters bei wirtschaftlicher Betrachtung und aufgrund einer im Zusammenhang mit der Übernahme der Geldeinlage getroffenen Abrede vollständig oder teilweise als Sacheinlage zu bewerten (verdeckte Sacheinlage), so befreit dies den Gesellschafter nicht von seiner Einlageverpflichtung. Jedoch sind die Verträge über die Sacheinlage und die Rechtshandlungen zu ihrer Ausführung nicht unwirksam. Auf die fortbestehende Geldeinlagenpflicht des Gesellschafters wird der Wert des Vermögensgegenstandes im Zeitpunkt der Anmeldung der Gesellschaft zur Eintragung in das Handelsregister oder im Zeitpunkt seiner Überlassung an die Gesellschaft, falls diese später erfolgt, nicht angerechnet. Die Anrechnung erfolgt nicht vor Eintragung der Gesellschaft in das Handelsregister. Die Beweislast für die Werthaltigkeit des Vermögensgegenstandes trägt der Gesellschafter.«

II. Kapitalerhaltung

77 Die Kapitalerhaltung bei der **Komplementär-GmbH** richtet sich nach den §§ 30, 31 GmbHG. Danach darf das zur Erhaltung des Stammkapitals erforderliche Vermögen der Gesellschaft an die Gesellschafter nicht ausgezahlt werden. Durch das MoMiG wurde § 30 n. F. GmbHG dahin gehend ergänzt, dass der vorstehende Grundsatz nicht gilt »bei Leistungen, die bei Bestehen eines Beherrschungs- oder Gewinnabführungsvertrages (§ 291 des Aktiengesetzes) erfolgen oder durch einen vollwertigen Gegenleistungs- oder Rückgewähranspruch gegen den Gesellschafter gedeckt sind. Satz 1 ist zudem nicht anzuwenden auf die Rückgewähr eines Gesellschafterdarlehens und die Leistungen auf Forderungen aus Rechtshandlungen, die einem Gesellschafterdarlehen wirtschaftlich entsprechen.« Zahlungen, welche den Vorschriften des § 30 GmbHG zuwider geleistet worden sind, müssen der Gesellschaft erstattet werden. Die Haftung des Gesellschafters besteht gegenüber der GmbH selbst, nicht jedoch gegenüber den Gläubigern der GmbH. Das Kapitalsicherungskonzept des § 30 GmbHG orientiert sich auch nach dem MoMiG prinzipiell an einer bilanziellen Betrachtungsweise (vgl. hierzu: *Karsten Schmidt*, GmbHR 2007, 1072, 1073 ff.).

78 Nach §§ 172 Abs. 4 i. V. m. 171 Abs. 1 HGB lebt die Haftung der **Kommanditisten** einer GmbH & Co. KG bei Rückzahlung der von ihnen geleisteten Einlage wieder auf, summenmäßig allerdings begrenzt auf die im Handelsregister eingetragene Haftsumme. Ein Kommanditist, der seine Einlage geleistet und nicht zurückerhalten hat, haftet nicht, und zwar auch nicht gesamtschuldnerisch für andere Kommanditisten auf Rückzahlung ihrer Einlagen.

79 Die persönliche Haftung der Komplementär-GmbH für die Verbindlichkeiten der Kommanditgesellschaft kann zu einer Unterbilanz oder Überschuldung der Komplementärin führen. Führt eine Zahlung der Kommanditgesellschaft an ihre Kommanditisten hierzu, so ist der jeweilige Kommanditist in analoger Anwendung der Vorschrift des § 30 Abs. 1 GmbHG verpflichtet, den erhaltenen

Betrag an die Kommanditgesellschaft zurückzuführen. Nach höchstrichterlicher Rechtsprechung (BGHZ 110, 342, 355 ff.) setzt die analoge Anwendung von §§ 30 ff. GmbHG nicht voraus, dass die betroffenen Kommanditisten zugleich Gesellschafter der Komplementär-GmbH sind. Dies wird mit der **Finanzierungsverantwortung der Kommanditisten** für die Komplementär-GmbH begründet, sodass auch Gesellschafter einer GmbH & Co. KG, die nur Kommanditisten sind, behandelt werden wie eine den GmbH-Gesellschaftern nahestehende Person.

Allerdings erfasst die **Ausfallhaftung des § 31 GmbHG** nach Ansicht des BGH (BGH NJW 2002, 1803) nicht den gesamten Fehlbetrag des nicht gedeckten Eigenkapitals, sondern nur den Betrag der Stammkapitalziffer (zum Meinungsstand s. MünchHdb GesR II/*Gummert* § 54.). 80

Leistet die GmbH & Co. KG eine Stammeinlage auf das Kapital der Komplementär-GmbH oder kauft sie Geschäftsanteile an der Komplementärin von den Kommanditisten und wird hierdurch das Kommanditkapital geschmälert, so ist hierin ebenfalls eine Einlagenrückgewähr zu sehen. 81

Kann die Komplementär-GmbH für Zahlungen aus ihrem Vermögen an einen Kommanditisten bei der Gesellschaft Rückgriff nehmen, so kann auch dies als Rückzahlung der Kommanditeinlage zu werten sein (vgl. auch § 110 HGB; BGHZ 76, 127, 130 ff.; 93, 246, 247 ff.). 82

Für einen Geschäftsführer, der zugleich Kommanditist der GmbH & Co. KG ist, ist die Zahlung seines Gehaltes, die nicht aus Gewinnen der Kommanditgesellschaft gedeckt werden kann, dann keine Rückzahlung der Einlage, wenn es sich um ein angemessenes Geschäftsführergehalt handelt (BAG ZIP 1983, 170). Ein überhöhtes Gehalt ist dagegen eine verdeckte Entnahme, durch welche die persönliche Haftung wieder auflebt. 83

III. Eigenkapitalersatz

Bis zur Modernisierung des GmbH-Rechts durch das MoMiG galten die Regelungen über eigenkapitalersetzende Gesellschafterdarlehen gem. §§ 32a und 32b GmbHG. Die Bestimmungen über Gesellschafterdarlehen in § 32a GmbHG und über Darlehensrückzahlung vor Insolvenzeröffnung nach § 32b GmbHG galten nicht nur für die gesetzestypische GmbH, sondern auch für die Komplementär-GmbH. Dies galt ebenso für die von der Rechtsprechung entwickelten Grundsätze zu kapitalersetzenden Gesellschafterdarlehen (BGHZ 90, 370). Die Frage des Eigenkapitalersatzes stellt sich bei der GmbH & Co. KG in der Regel nicht bei deren Komplementär-GmbH, sondern vielmehr bei der operativ tätigen Kommanditgesellschaft, deren Geschäftsbetrieb durch Darlehen der Gesellschafter finanziert wird. Durch das MoMiG wurden die Regelungen über die kapitalersetzenden Gesellschafterdarlehen gestrichen. Sie wurden ersetzt durch ein reines Insolvenzanfechtungskonzept gem. § 135 n. F. InsO. Alle Gesellschafterdarlehen sind nach § 39 InsO nachrangig. Sofern sie im Vorfeld der Insolvenz zurückgezahlt werden, unterliegen diese Tatbestände der Insolvenzanfechtung. Die Regeln der Rechtsprechung zum Eigenkapitalersatz sollen entfallen. Dies kommt auch in § 30 Abs. 1 Satz 2 n. F. GmbHG zum Ausdruck, der lautet: »Satz 1 ist zudem nicht anzuwenden auf die Rückgewähr eines Gesellschafterdarlehens und Leistungen auf Forderungen aus Rechtshandlungen, die einem Gesellschafterdarlehen wirtschaftlich entsprechen.« Diesbezüglich wird auf die ausführliche Kommentierung in Kapitel 7 verwiesen (vgl. hierzu auch: *Karsten Schmidt*, GmbHR 2007, 1072, 1076 f.). 84

Die für die Komplementärin nach bisherigem Recht geltenden Regelungen der §§ 32a, 32b GmbHG galten bis zur Modernisierung des GmbH-Rechts gem. § 172a HGB auch bei einer Kommanditgesellschaft, bei der kein persönlich haftender Gesellschafter eine natürliche Person ist (vgl. Rdn. 70). Sämtliche vorgenannten Paragrafen des GmbHG und des HGB sind jedoch entfallen, sodass die Regelungen über den Eigenkapitalersatz keine Anwendung mehr finden. Dies gilt auch für die hierfür von der Rechtsprechung entwickelten Regelungen. Gesellschafterdarlehen sind künftig nur unter insolvenzrechtlichen Gesichtspunkten anfechtbar (§ 135 n. F. InsO (vgl. hierzu auch die Ausführungen unter Rdn. 84). 85

86 Art. 103d EGInsO enthält eine Überleitungsvorschrift zum MoMiG: »Auf Insolvenzverfahren, die vor dem Inkrafttreten des Gesetzes vom 23. Oktober 2008 (BGBl. I S. 2026) am 1. November 2008 eröffnet worden sind, sind die bis dahin geltenden gesetzlichen Vorschriften weiter anzuwenden. Im Rahmen von nach dem 1. November 2008 eröffneten Insolvenzverfahren sind auf vor dem 1. November 2008 vorgenommene Rechtshandlungen die bis dahin geltenden Vorschriften der Insolvenzordnung über die Anfechtung von Rechtshandlungen anzuwenden, soweit die Rechtshandlungen nach dem bisherigen Recht der Anfechtung entzogen oder in geringerem Umfang unterworfen sind.« Dementsprechend hat der BGH entschieden, dass das Eigenkapitalersatzrecht in Gestalt der Novellen regeln (§§ 32a, 32b GmbHG a. F.) und der Rechtsprechungsregeln (§§ 30, 31 GmbHG, a. F. analog) sowie gemäß der Überleitungsnorm sondern nach allgemeinen Grundsätzen des internationalem Rechts auf Altfälle weiterhin Anwendung findet (BGH NGZ 2009, 422 ff.).

87 Bis zur Modernisierung des GmbH-Rechts durch das MoMiG galt: Hatte ein Gesellschafter zu einem Zeitpunkt, in dem die Gesellschafter der Gesellschaft als ordentliche Kaufleute Eigenkapital zugeführt hätten, stattdessen ein **Darlehen gewährt**, so konnte er nach § 32a Abs. 1 GmbHG den Anspruch auf Rückgewähr des Darlehens im Insolvenzverfahren über das Vermögen der Gesellschaft nur als nachrangiger Insolvenzgläubiger geltend machen. Hatte ein Dritter der Gesellschaft zu einem Zeitpunkt, in dem ihr die Gesellschafter als ordentliche Kaufleute Eigenkapital zugeführt hätten, stattdessen ein Darlehen gewährt und hatte ihm ein Gesellschafter für die Rückgewähr des Darlehens eine Sicherung bestellt oder hatte er sich dafür verbürgt, so konnte der Dritte nach § 32a Abs. 2 GmbHG im Insolvenzverfahren über das Vermögen der Gesellschaft nur über den Betrag verhältnismäßige Befriedigung verlangen, mit dem er bei der Inanspruchnahme der Sicherung oder des Bürgen ausgefallen war. Diese Regelungen galten nach § 32a Abs. 3 GmbHG sinngemäß für andere Rechtshandlungen eines Gesellschafters oder eines Dritten, die der Darlehensgewährung nach Abs. 1 oder 2 wirtschaftlich entsprachen. Die Regeln über den Eigenkapitalersatz galten jedoch nicht für den nicht geschäftsführenden Gesellschafter, der mit 10 % oder weniger am Stammkapital beteiligt war. Erwarb ein Darlehensgeber in der Krise der Gesellschaft Geschäftsanteile zum Zwecke der Überwindung der Krise, führte dies für seine bestehenden oder neu gewährten Kredite nicht zur Anwendung der Regeln über den Eigenkapitalersatz.

88 § 32b GmbHG regelte die **Darlehensrückzahlung vor Insolvenzeröffnung**: Hatte die Gesellschaft im Fall des § 32a Abs. 2, 3 GmbHG das Darlehen im letzten Jahr vor dem Antrag auf Eröffnung des Insolvenzverfahrens oder nach diesem Antrag zurückgezahlt, so hatte der Gesellschafter, der die Sicherung gestellt hatte oder als Bürge haftete, der Gesellschaft den zurückgezahlten Betrag zu erstatten; § 146 InsO galt entsprechend. Die Verpflichtung bestand nur bis zur Höhe des Betrags, mit dem der Gesellschafter als Bürge haftete oder der dem Wert der von ihm bestellten Sicherung im Zeitpunkt der Rückzahlung des Darlehens entsprach. Der Gesellschafter wurde von der Verpflichtung frei, wenn er die Gegenstände, die dem Gläubiger als Sicherung gedient hatten, der Gesellschaft zu ihrer Befriedigung zur Verfügung stellte. Diese Vorschriften galten sinngemäß für andere Rechtshandlungen, die der Darlehensgewährung wirtschaftlich entsprachen.

89 Durch die Streichung der §§ 32a, 32b GmbHG und § 172a HGB durch das MoMiG gelten künftig die von der Rechtsprechung entwickelten Regelungen zum Eigenkapitalersatz nicht weiter. Nach den Vorstellungen des Gesetzgebers wird dies kompensiert durch eine Änderung der Insolvenzordnung, die nach § 135 n. F. InsO Gesellschafterdarlehen anfechtbar macht. Nach dessen Abs. 1 »ist eine Rechtshandlung, die für die Forderung eines Gesellschafters auf Rückgewähr eines Darlehens im Sinne des § 39 Abs. 1 Nr. 5 oder für eine gleichgestellte Forderung 1. Sicherung gewährt hat, wenn die Handlung in den letzten zehn Jahren vor dem Antrag auf Eröffnung des Insolvenzverfahrens oder nach diesem Antrag vorgenommen worden ist, oder 2. Befriedigung gewährt hat, wenn die Handlung im letzten Jahr vor dem Eröffnungsantrag oder nach diesem Antrag vorgenommen worden ist« anfechtbar. Anfechtbar ist eine Rechtshandlung nach dessen Abs. 2 darüber hinaus, wenn mit ihr »eine Gesellschaft einem Dritten für eine Forderung auf Rückgewähr eines Darlehens innerhalb der in Absatz 1 Nr. 2 genannten Fristen Befriedigung gewährt hat, wenn ein

Gesellschafter für die Forderung eine Sicherung gestellt hatte oder als Bürge haftete.« In diesem Zusammenhang ist auch der angefügte Abs. 3 des § 143 n. F. InsO zu sehen. Dieser bestimmt, dass im Fall der Anfechtung nach § 135 Abs. 2 InsO ein Gesellschafter, »der die Sicherheit bestellt hatte oder als Bürge haftete, die dem Dritten gewährte Leistung zur Insolvenzmasse zu erstatten [hat]. Die Verpflichtung besteht nur bis zur Höhe des Betrags, mit dem der Gesellschafter als Bürge haftete oder der dem Wert der von ihm bestellten Sicherheit im Zeitpunkt der Rückgewähr des Darlehens oder der Leistung auf die gleichgestellte Forderung entspricht. Der Gesellschafter wird von der Verpflichtung frei, wenn er die Gegenstände, die dem Gläubiger als Sicherheit gedient hatten, der Insolvenzmasse zur Verfügung stellt.« (Zur Gesetzesänderung vgl. auch kritisch: *Karsten Schmidt*, GmbHR 2007, 1072, 1076 f.; zur unterkapitalisierten GmbH & Co.KG, allgemeinen Durchgriffshaftung, Haftung aus existenzvernichtendem Eingriff s. nur: Baumbach/Hopt/*Hopt* Anh. § 177a Rn. 51a – 51j).

IV. Insolvenz der GmbH & Co. KG

1. Insolvenz der GmbH & Co. KG

Die GmbH & Co. KG ist aufgrund ihrer Rechtsfähigkeit auch **insolvenzfähig**, wie dies deklaratorisch in § 11 Abs. 2 Nr. 1 InsO aufgeführt ist. Endet die GmbH & Co. KG als solche, so endet auch ihre Insolvenzfähigkeit. Nach §§ 161 Abs. 2 i. V. m. 130a HGB ist die Eröffnung des Insolvenzverfahrens zu beantragen bei einer Gesellschaft, bei der kein Gesellschafter eine natürliche Person ist, wenn diese Gesellschaft zahlungsunfähig wird (§ 17 InsO) oder sich die Überschuldung der Gesellschaft (§ 19 Abs. 3 InsO) ergibt. Dies gilt nicht, wenn persönlich haftender Gesellschafter eine natürliche Person ist. **Antragspflichtig** sind die organschaftlichen Vertreter der Kommanditgesellschaft, mithin die Geschäftsführer der Komplementär-GmbH und nach deren Auflösung die Liquidatoren der Komplementär-GmbH. Der Antrag ist ohne schuldhaftes Zögern, spätestens aber 3 Wochen nach Eintritt der Zahlungsunfähigkeit oder der Überschuldung der Gesellschaft zu stellen (§§ 130a Abs. 1 Satz 3, 177a HGB; vgl. hierzu MüKo HGB/*K. Schmidt* § 177a Rn. 9 ff.). 90

2. Insolvenz der Komplementär-GmbH

Von der Insolvenz der GmbH & Co. KG ist die Insolvenz ihrer Komplementär-GmbH zu unterscheiden. Dennoch dürfte die Insolvenz der GmbH & Co. KG regelmäßig auch zu einer Insolvenz ihrer Komplementär-GmbH führen, da diese nach § 128 HGB persönlich für die Schulden der GmbH & Co. KG haftet und daher direkt von deren Gläubigern in Anspruch genommen werden kann, wodurch jedenfalls bei den üblichen Fällen der Ausstattung der Komplementärin mit dem Mindeststammkapital zumeist auch der Insolvenztatbestand für die Komplementärin vorliegen dürfte, und diese, vertreten durch ihre Geschäftsführer, einen Insolvenzantrag zu stellen hat. Zu den Gründen und dem Ablauf eines Insolvenzverfahrens vgl. ausführl. die Kommentierung zum GenG. 91

3. Insolvenzgründe und Rechtsfolgen

Die Gründe für die Eröffnung eines Insolvenzverfahrens (vgl. hierzu auch Kap. 3 Rdn. 33 ff.) sind die **Zahlungsunfähigkeit gem.** § 17 InsO, wenn der Schuldner also nicht in der Lage ist, die fälligen Zahlungspflichten zu erfüllen, was in der Regel anzunehmen ist, wenn er seine Zahlungen eingestellt hat. Weiterer Insolvenzgrund ist die **drohende Zahlungsunfähigkeit gem.** § 18 InsO, d. h. wenn der Schuldner voraussichtlich nicht in der Lage sein wird, die bestehenden Zahlungsverpflichtungen im Zeitpunkt der Fälligkeit zu erfüllen. Eröffnungsgrund ist schließlich die **Überschuldung gem.** § 19 InsO, welche vorliegt, wenn das Vermögen des Schuldners die bestehenden Verbindlichkeiten nicht mehr deckt. Bei der Bewertung des Vermögens des Schuldners ist jedoch die Fortführung des Unternehmens zugrunde zu legen, wenn diese den Umständen nach überwiegend wahrscheinlich ist (vgl. § 19 InsO). Die Insolvenzgründe der Zahlungsunfähigkeit und Überschuldung sind zwingend anzumelden, während der Insolvenzgrund der drohenden Zahlungsunfähigkeit nur von den Mitgliedern des Vertretungsorgans des Schuldners in vertretungsbefugter Zahl gestellt werden kann (§ 13 Abs. 3 InsO). Die Geschäftsführer der Komplementär-GmbH müssen bei drohender 92

Zahlungsunfähigkeit daher abwägen, ob die Insolvenz-Antragstellung erfolgen soll oder ob eine außergerichtliche Sanierung möglich ist.

93 Nachdem die Zahlungsunfähigkeit der Gesellschaft eingetreten ist oder sich ihre Überschuldung ergeben hat, dürfen die organschaftlichen Vertreter und zur Vertretung der Kommanditgesellschaft befugten Gesellschafter und die Liquidatoren für die Gesellschaft keine Zahlungen leisten. Dies gilt jedoch nicht für Zahlungen, die auch nach diesem Zeitpunkt mit der Sorgfalt eines ordentlichen und gewissenhaften Geschäftsleiters vereinbar sind (§§ 130a Abs. 1 – entspricht Abs. 2 a. F. vor Umsetzung des MoMiG –, 177a HGB). Hierzu können nur solche Zahlungen gehören, die für die Durchführung des Insolvenzverfahrens oder für die Sanierung des Geschäftsbetriebs unter Berücksichtigung der Gläubigerinteressen erforderlich sind (MünchHdb GesR II/*Gummert* § 55 Rn. 14 m. w. N.).

94 Verstöße gegen die Insolvenzantragspflicht oder das Zahlungsverbot (§ 15a n. F. InsO bzw. § 130 Abs. 1 HGB, Rechtslage vor MoMiG: §§ 130a Abs. 1 bzw. 130 Abs. 2 HGB) führen zu einer **Schadensersatzpflicht des Geschäftsführers** nach § 130a Abs. 3 HGB. Dabei haben die Insolvenzantragspflichtigen im Streitfall nachzuweisen, ob sie die Sorgfalt eines ordentlichen und gewissenhaften Geschäftsleiters angewandt haben. Die Ersatzpflicht kann durch Vereinbarung zwischen den Gesellschaftern weder eingeschränkt noch ausgeschlossen werden. Soweit der Ersatz zur Befriedigung der Gläubiger der Gesellschaft erforderlich ist, wird die Ersatzpflicht weder durch einen Verzicht oder Vergleich der Gesellschaft noch dadurch aufgehoben, dass die Handlung auf einem Beschluss der Gesellschafter beruht. Dies gilt nur dann nicht, wenn der Ersatzpflichtige zahlungsunfähig ist und sich zur Abwendung des Insolvenzverfahrens mit seinen Gläubigern vergleicht oder wenn die Ersatzpflicht in einem Insolvenzplan geregelt ist. Die Ansprüche aus § 130a Abs. 3 HGB bzw. § 130a Abs. 2 HGB (Änderung durch MoMiG) verjähren in 5 Jahren. § 130 Abs. 4 HGB bzw. § 130 Abs. 3 HGB (Änderung durch MoMiG) schließlich stellt klar, dass die Vorschriften sinngemäß gelten, wenn die in den Abs. 1 bis 3 bzw. 1 und 2 (Änderung durch MoMiG) genannten organschaftlichen Vertreter ihrerseits Gesellschaften sind, bei denen kein Gesellschafter eine natürliche Person ist, oder sich die Verbindung von Gesellschaften in dieser Art fortsetzen lässt.

95 Bei der Komplementär-GmbH haften die Geschäftsführer gem. § 64 GmbHG gegenüber der Gesellschaft grundsätzlich auf Ersatz von Zahlungen, die nach Eintritt der Zahlungsunfähigkeit oder nach Feststellung der Überschuldung geleistet wurden. Die gleiche Verpflichtung trifft die Geschäftsführer seit Inkrafttreten der GmbH-Novelle durch das MoMiG für Zahlungen an Gesellschafter, soweit diese zur Zahlungsunfähigkeit der Gesellschaft führen mussten, es sei denn, dies war auch bei Beachtung der Sorgfalt eines ordentlichen Geschäftsmannes nicht erkennbar.

96 Nach der Rechtsprechung ist § 130a HGB ein Schutzgesetz i. S. d. § 823 Abs. 2 BGB, sodass Gläubiger die Schadensersatzansprüche nicht nur gegenüber der Gesellschaft, sondern auch unmittelbar gegenüber den Geschäftsführern geltend machen können (BGHZ 126, 181, 190 ff.). Schutzgesetz im vorstehenden Sinne ist ebenfalls § 64 GmbHG, allerdings nur zugunsten derjenigen Gläubiger, die bereits Gläubiger der Gesellschaft waren, bevor der Zeitpunkt der Insolvenzantragspflicht eingetreten ist (MünchHdb GesR II/*Gummert* § 55 Rn. 18).

97 Ein Verstoß gegen die Insolvenzantragspflicht kann schließlich mit Freiheitsstrafe bis zu 3 Jahren, in fahrlässigen Fällen bis zu einem Jahr, oder mit Geldstrafe geahndet werden (§ 15a Abs. 4 InsO, neu eingefügt durch das MoMiG, bzw. § 130b HGB a. F.).

4. Rechtsfolgen der Eröffnung des Insolvenzverfahrens und seiner Ablehnung

98 Durch die Eröffnung des Insolvenzverfahrens über das Vermögen der **Kommanditgesellschaft** wird diese **aufgelöst** (§§ 161 Abs. 2 i. V. m. 131 Abs. 1 Nr. 3 HGB). Die Fortsetzung der Gesellschaft kann jedoch auch nach Gesellschaftskonkurs gem. § 144 Abs. 1 HGB beschlossen werden. Dies ist gegebenenfalls von sämtlichen Gesellschaftern zur Eintragung in das Handelsregister anzumelden und führt nicht mehr zur Abwicklung der Kommanditgesellschaft. Der Geschäftsführer der

Komplementär-GmbH ist als organschaftlicher Vertreter verpflichtet, am Insolvenzverfahren mitzuwirken (§§ 101 Abs. 1, 97 Abs. 1 Satz 1 InsO).

Wird über das Vermögen der **Komplementär-GmbH** das Insolvenzverfahren eröffnet, so führt dies mangels abweichender vertraglicher Bestimmung zu ihrem **Ausscheiden aus der Kommanditgesellschaft** nach § 131 Abs. 3 Nr. 2 HGB. Das Ausscheiden des einzigen Komplementärs wiederum führt zur Auflösung der Kommanditgesellschaft. 99

Nach § 131 Abs. 2 Nr. 1 HGB wird die GmbH & Co. KG ebenfalls dann aufgelöst, wenn der Antrag auf Eröffnung des Insolvenzverfahrens über ihr Vermögen **abgelehnt** wird (§ 23 InsO). Einer Liquidation bedarf es dann nicht, wenn die GmbH & Co. KG wegen Vermögenslosigkeit nach § 141a FGG gelöscht wird, d.h. wenn sowohl die Kommanditgesellschaft als auch ihre Komplementär-GmbH vermögenslos sind. Die Gesellschaft ist beendet. Eine Liquidation findet gem. § 145 Abs. 3 HGB nur dann statt, wenn sich nach der Löschung herausstellt, dass Vermögen vorhanden ist, welches der Verteilung unterliegt. Gegebenenfalls kann es zu einer Nachtragsliquidation kommen. 100

D. Steuerrechtliche Aspekte bei der GmbH & Co. KG

I. Jahresabschluss

1. Jahresabschluss der GmbH & Co. KG

Die GmbH & Co. KG hat wie jeder Kaufmann nach § 242 Abs. 1 HGB zu Beginn ihres Handelsgewerbes und für den Schluss eines jeden Geschäftsjahres einen das Verhältnis ihres Vermögens und ihrer Schulden darstellenden Abschluss (Eröffnungsbilanz, Bilanz) aufzustellen. Auf die Eröffnungsbilanz sind die für den Jahresabschluss geltenden Vorschriften entsprechend anzuwenden, soweit sie sich auf die Bilanz beziehen. Gem. § 242 Abs. 2 HGB hat der Kaufmann für den Schluss eines jeden Geschäftsjahres eine Gegenüberstellung der Aufwendungen und Erträge des Geschäftsjahres (Gewinn- und Verlustrechnung) aufzustellen. Die Bilanz und die Gewinn- und Verlustrechnung bilden den Jahresabschluss (§ 242 Abs. 3 HGB; zum Jahresabschluss s. MünchHdb GesR II/*Breithaupt* § 56 m.w.N.). 101

Der Aufstellungsgrundsatz des § 243 HGB legt fest, dass der Jahresabschluss nach den **Grundsätzen ordnungsgemäßer Buchführung** aufzustellen ist, klar und übersichtlich sein muss und innerhalb der einem ordnungsgemäßen Geschäftsgang entsprechenden Zeit aufzustellen ist. Der Abschluss ist gem. § 244 HGB in deutscher Sprache und in Euro aufzustellen. Nach § 245 HGB ist der Jahresabschluss vom Kaufmann unter Angabe des Datums zu unterzeichnen. Sind mehrere persönlich haftende Gesellschafter vorhanden, so haben sie alle zu unterzeichnen. 102

§§ 264 Abs. 1 Satz 1 i.V.m. 264a HGB bestimmen, dass der Jahresabschluss der GmbH & Co. KG um einen **Anhang** zu erweitern und ein **Lagebericht** zu erstellen ist (s. hierzu unten Rdn. 119 f.). Die Erstellung des Jahresabschlusses der GmbH & Co. KG richtet sich somit nach den **Vorschriften für Kapitalgesellschaften**, wenn bei der Kommanditgesellschaft nicht wenigstens ein persönlich haftender Gesellschafter eine natürliche Person oder eine offene Handelsgesellschaft, Kommanditgesellschaft oder andere Personengesellschaft mit einer natürlichen Person als persönlich haftenden Gesellschafter ist oder sich die Verbindung von Gesellschaften in dieser Art fortsetzt. Typischerweise ist dies bei der GmbH & Co. KG der Fall, da diese regelmäßig ausschließlich eine persönlich haftende Gesellschafterin in Form einer Komplementär-GmbH hat. Ist dies nicht der Fall, d.h. ist eine natürliche Person direkt oder indirekt persönlich haftende Gesellschafterin der GmbH & Co. KG, so richtet sich die Erstellung des Jahresabschlusses der GmbH & Co. KG nach den allgemeinen Grundsätzen, die für alle Kaufleute gelten (MünchHdb GesR II/*Breithaupt* § 56 Rn. 2 ff., 9 ff. m.w.N.). 103

Ist die GmbH & Co. KG in den Konzernabschluss eines Mutterunternehmens mit Sitz in einem Mitgliedstaat der EU oder in einem anderen Vertragsstaat des Abkommens über den Europäischen Wirtschaftsraum (EWR) oder ist sie in den Konzernabschluss der Komplementär-GmbH einbezo- 104

Anhang 3 HGB GmbH & Co. KG

gen, liegt also ein **befreiender Konzernabschluss** i. S. d. § 264b HGB vor, so sind die Bestimmungen der §§ 264 ff. HGB für die GmbH & Co. KG nicht anzuwenden.

105 Neben dem Jahresabschluss der GmbH & Co. KG ist für die **Komplementär-GmbH** ein **gesonderter Jahresabschluss** aufzustellen (s. hierzu nachfolgend Rdn. 122 bis 127). Für diesen gelten nicht nur die allgemeinen Vorschriften, sondern ergänzend auch die §§ 264 ff. HGB, ohne dass Befreiungsmöglichkeiten bestehen (MünchHdb GesR II/*Breithaupt* § 56 Rn. 15).

106 Die **Aufstellungspflicht** trifft nach § 264 Abs. 1 Satz 1 HGB den gesetzlichen Vertreter, also die Komplementär-GmbH, diese wiederum vertreten durch ihren Geschäftsführer (§ 41 Abs. 1 GmbHG) als Vertreter der GmbH & Co. KG. Der Geschäftsführer der Komplementär-GmbH ist darüber hinaus zur Erstellung des Jahresabschlusses der Komplementärin selbst verpflichtet.

107 Sowohl der Jahresabschluss der GmbH & Co. KG als auch der ihrer Komplementär-GmbH sind grundsätzlich innerhalb der ersten 3 Monate des folgenden Geschäftsjahres für das abgelaufene Geschäftsjahr aufzustellen. Handelt es sich um kleine Gesellschaften i. S. d. § 267 Abs. 1 HGB, so beläuft sich die Frist zur Bilanzaufstellung auf 6 Monate, sofern dies einem ordnungsgemäßen Geschäftsgang entspricht. Bei einem Konzernabschluss ist schließlich die in § 290 Abs. 1 HGB festgelegte 5-Monats-Frist zu beachten.

108 Eine **Verletzung der Bilanzaufstellungspflicht**, die auch bei nicht fristgerechter Erstellung des Jahresabschlusses vorliegt, stellt eine Ordnungswidrigkeit i. S. d. § 334 Abs. 1 HGB dar, die nach dessen Abs. 3 mit einer Geldbuße von bis 50.000,– € geahndet werden kann.

109 Die Finanzbehörden können bei nicht fristgerechter Aufstellung des Jahresabschlusses eine **Schätzung** nach § 162 Abs. 2 Satz 1 AO vornehmen und **Zwangsmittel** nach § 328 AO einsetzen.

110 Für die GmbH & Co. KG kommen neben den allgemeinen Ansatzvorschriften, die für alle Kaufleute gelten (Vollständigkeitsgebot, Ansatzwahlrechte, Passivierungswahlrechte etc.), **spezielle Ansatzvorschriften** zur Anwendung (vgl. §§ 270 ff. HGB).

111 Neben den für alle Kaufleute geltenden allgemeinen Grundsätzen für den Ausweis und die Gliederung der Bilanz gem. § 247 HGB (gesonderte Ausweisung von Anlage- und Umlaufvermögen, Eigenkapital, Schulden sowie Rechnungsabgrenzungsposten nebst hinreichender Aufgliederung) und dem Erfordernis einer klaren und übersichtlichen Aufstellung des Jahresabschlusses nach § 243 HGB gelten für die GmbH & Co. KG **weitere Grundsätze**: Stetigkeit der Darstellung und Angabe sowie Begründung von Abweichungen gem. § 265 Abs. 1 HGB, Angabe der Vorjahreszahlen zu jedem Posten der Bilanz und der Gewinn- und Verlustrechnung nach § 265 Abs. 2 Satz 1 HGB, ggf. Ausweisung eines Vermögensgegenstandes oder einer Verbindlichkeit unter mehreren Posten in der Bilanz nebst Aufnahme eines entsprechenden Vermerkes in der Bilanz oder im Anhang (§ 265 Abs. 3 HGB), Angabe der Rechtsbeziehungen zwischen der Gesellschaft und ihren Gesellschaftern gem. § 264c Abs. 1 HGB (vgl. § 42 GmbHG), wobei zwischen gesellschaftsrechtlichen und schuldrechtlichen Rechtsbeziehungen zu unterscheiden ist. Zu beachten ist weiter eine **strikte Trennung zwischen dem Gesellschaftsvermögen und dem Privatvermögen** der einzelnen Gesellschafter (§ 264c Abs. 3 Satz 1 HGB). Des Weiteren fordert § 264c Abs. 2 Satz 1 HGB eine besondere Gliederung für das Eigenkapital der GmbH & Co. KG in der Bilanz unter Ausweis der Posten I. Kapitalanteile, II. Rücklagen, III. Gewinnvortrag/Verlustvortrag und IV. Jahresüberschuss/Jahresfehlbetrag. Die Kapitalanteile der Komplementär-GmbH sind gem. § 264 Abs. 2 Satz 2 Halbs. 1 HGB auszuweisen. Eine auf Basis einer gesellschaftsrechtlichen Vereinbarung oder eines Gesellschafterbeschlusses gebildete **Rücklage** ist als Teil des Eigenkapitals gesondert auszuweisen, soweit es sich um nicht jederzeit entnahmefähige Gewinnanteile/die Pflichteinlage übersteigende Einlagen handelt. Im Anhang der Gesellschaft ist anzugeben, wenn die Hafteinlage der Gesellschafter der GmbH & Co. KG nicht vollständig geleistet ist (§ 264c Abs. 2 Satz 9 HGB).

112 Bei der **Einheitsgesellschaft** sind die Anteile, die die GmbH & Co. KG an ihrer Komplementär-GmbH hält, nach § 264c Abs. 4 Satz 1 HGB im Anlagevermögen gesondert auszuweisen, wobei

gleichzeitig nach § 272 Abs. 4 HGB ein Sonderposten i. H. d. zu aktivierenden Anteile gebildet werden muss (§ 264c Abs. 4 Satz 2 HGB).

Die Entwicklung der einzelnen Posten des Anlagevermögens sind in der Bilanz oder im Anhang darzustellen (§ 268 Abs. 2 HGB). In diesem sog. **Anlagegitter** oder Anlagespiegel sind sämtliche Anlagegüter darzustellen, einschließlich Sach- und Finanzanlagen und immaterielle Vermögensgegenstände. Die kleine GmbH & Co. KG ist dagegen nicht verpflichtet, ein Anlagegitter zu erstellen (§§ 274a Nr. 1 i. V. m. 277 Abs. 1 HGB). 113

Die **Gliederung der Bilanz** richtet sich nach dem Bilanzschema des § 265 Abs. 2 HGB, sofern die GmbH & Co. KG eine große Gesellschaft i. S. d. § 267 HGB ist. Die Grundsätze des § 264c HGB sind dabei zu beachten. Mittelgroße GmbH & Co. KGs können die Bilanz in der für kleine GmbH & Co. KGs vorgeschriebenen Form nach § 224 Nr. 1 HGB zum Handelsregister einreichen, wobei weitere Posten gesondert anzugeben sind (§§ 266 Abs. 1 Satz 1 und 2, Abs. 2 und 3, 268 bis 274 i. V. m. 327 HGB). Kleine GmbH & Co. KGs können eine verkürzte Bilanz nach § 276 Abs. 1 Satz 3 HGB aufstellen. 114

Die **Gewinn- und Verlustrechnung** der GmbH & Co. KG ist in Staffelform nach dem Gesamtkostenverfahren des § 275 Abs. 2 HGB oder nach dem Umsatzkostenverfahren des § 275 Abs. 3 HGB aufzustellen. Bei Anwendung des letztgenannten müssen große und mittelgroße GmbH & Co. KGs im Anhang zusätzlich den Material- und Personalaufwand ausweisen (§§ 284 bis 288 HGB), während kleine GmbH & Co. KGs nur den Personalaufwand anzugeben haben (§§ 288 i. V. m. 285 Nr. 8 HGB). Größenabhängige Erleichterungen gelten auch für die Gewinn- und Verlustrechnung (vgl. § 276 HGB). Grundsätzlich kann die Wahl zwischen dem Umsatz- und dem Gesamtkostenverfahren nur einmal ausgeübt werden, um dem Gebot der Darstellungsstetigkeit des § 265 Abs. 1 HGB Rechnung zu tragen. 115

Für die GmbH & Co. KG gelten wie für alle Kaufleute die **Bewertungsvorschriften der §§ 252 bis 256a HGB**. Von den Grundsätzen ordnungsgemäßer Buchführung darf nach § 252 Abs. 2 HGB nur in begründeten Ausnahmefällen abgewichen werden. Zu beachten sind daher die Bilanzidentität, die Fortführung der Unternehmensidentität, die Einzelbewertung, das Vorsichtsgebot, das Realisierungsprinzip, das Imparitätsprinzip, der Grundsatz der Wertaufstellung, die periodengerechte Abgrenzung und das Prinzip der Stetigkeit der angewandten Methoden (MünchHdb GesR II/*Breithaupt* § 56 Rn. 61 m. w. N.). 116

Die speziellen, für alle Kaufleute geltenden Bewertungsvorschriften der §§ 253 bis 256 HGB für die Bewertung von Vermögensgegenständen (höchstens mit ihren Anschaffungs- oder Herstellungskosten) und Schulden (mit ihrem wahrscheinlichen bzw. sicheren Erfüllungsbetrag) sind ebenfalls zu beachten (vgl. insbes. § 253 HGB). Neben den Zugangsbewertungen sind die Abschreibungen darzulegen (Niederstwertprinzip). 117

Bisher galt: Die GmbH & Co. KG ist gem. § 253 Abs. 4 HGB nicht zur **Bildung stiller Reserven** berechtigt und kann außerplanmäßige Abschreibungen nur bei voraussichtlich nicht dauernder Wertminderung und nur bei Finanzanlagen vornehmen (§ 279 Abs. 1 Satz 2 HGB a. F.). Bei außerplanmäßigen Abschreibungen sind die sog. **umgekehrte Maßgeblichkeit** (§ 279 Abs. 2 HGB a. F.) sowie das **Wertaufholungsgebot** des § 280 Abs. 1 HGB a. F. zu beachten. Durch Inkrafttreten des Gesetzes zur Modernisierung des Bilanzrechts (BilMoG) wurden die Bewertungsvorschriften der §§ 279 bis 283 HGB aufgehoben. Das Prinzip der umgekehrten Maßgeblichkeit ist entfallen. 118

Hinsichtlich des **Anhangs** wird auf die §§ 284 bis 288 HGB verwiesen. Nach § 285 Nr. 15 HGB hat der bei der GmbH & Co. KG aufzustellende Anhang stets bestimmte Angaben über ihre Komplementäre zu enthalten (insbesondere Name, Sitz und das durch die Komplementäre gezeichnete Kapital). 119

Kleine GmbH & Co. KGs sind nach § 264 Abs. 1 Satz 2 HGB von der Erstellung des Lageberichts befreit. 120

Anhang 3 HGB GmbH & Co. KG

121 Hinzuweisen bleibt auf Coporate Governance-Implikationen des BilMoG bezogen auf sog. kapitalmarktorientierte Kapitalgesellschaften i. S. d. § 264d HGB oder ihnen gleichgestellten Personenhandelsgesellschaften i. S. d. § 264a HGB. Diese haben im Lagebericht eine Beschreibung der wesentlichen Merkmale des internen Kontrollsystems und des Risikomanagementsystems im Hinblick auf den Rechnungslegungsprozess (§ 289 Abs. 5 HGB, § 315 Abs. 2 Nr. 5 HGB) und eine Erklärung zur Unternehmensführung (§ 289a HGB) vorzunehmen, u. a. Hiervon können auch GmbH & Co. KGs betroffen sein, sofern sie kapitalmarktorientiert sind.

2. Jahresabschluss der Komplementär-GmbH

122 Für den **Jahresabschluss der Komplementär-GmbH** gelten die zuvor beschriebenen Grundsätze entsprechend. Zu beachten ist, dass es sich bei der Komplementär-GmbH, die typischerweise ausschließlich mit der Geschäftsführung und Vertretung der GmbH & Co. KG befasst ist, regelmäßig um eine kleine Kapitalgesellschaft i. S. d. § 267 Abs. 1 HGB handelt.

123 In der Bilanz der Komplementär-GmbH ist ihr Anteil an der GmbH & Co. KG als Beteiligung nach § 266 Abs. 2 A III 3. HGB i. H. d. geleisteten Einlage anzugeben. Eine außerplanmäßige Abschreibung der Beteiligung ist nach § 253 Abs. 3 HGB nur möglich, wenn durch Verluste der GmbH & Co. KG eine tatsächliche Wertminderung der Beteiligung eingetreten ist (vor Umsetzung des Gesetzes zur Modernisierung des Bilanzrechts [BilMoG] war dies in § 253 Abs. 2 Satz 3 HGB geregelt).

124 Ist die Komplementär-GmbH nicht am Kapital der GmbH & Co. KG beteiligt, stellt sie das von ihr benötigte Stammkapital der Kommanditgesellschaft darlehensweise zur Verfügung und wird der Darlehensvertrag für einen längeren Zeitraum als 5 Jahre abgeschlossen, so ist das Darlehen als Finanzanlage im Anlagevermögen darzustellen (§ 266 Abs. 2 A III. HGB). Bei einer kürzeren Darlehenszeit ist das Darlehen ins Umlaufvermögen aufzunehmen (§ 265 Abs. 2 B II. HGB). Ist die Rückzahlung des Darlehens aufgrund einer Vermögensverschlechterung der GmbH & Co. KG nicht sicher, kann eine außerplanmäßige Abschreibung nach § 253 Abs. 3 und Abs. 4 HGB vorgenommen werden.

125 Für den Anteil der Komplementärin an der Kommanditgesellschaft ist nach § 272 Abs. 4 HGB eine **Rücklage** zu bilden, wenn die GmbH & Co. KG ein herrschendes oder mehrheitlich beteiligtes Unternehmen der Komplementärin ist (z. B. Einheitsgesellschaft).

126 **Gewinnanteile**, die die Komplementärin aus ihrer Beteiligung an der Kommanditgesellschaft erwirtschaftet, stellen Erträge aus Beteiligungen i. S. d. §§ 275 Abs. 2 Nr. 9 bzw. 275 Abs. 2 Nr. 8 HGB dar und sind in der Gewinn- und Verlustrechnung der Komplementärin auszuweisen. Dies gilt etwa für die Haftungsvergütung, die die Kommanditgesellschaft ihrer Komplementärin für die Übernahme der persönlichen Haftung zahlt.

127 Besteht eine kapitalmäßige Beteiligung der Komplementärin an der Kommanditgesellschaft, so ist diese im Anhang der Komplementär-GmbH anzugeben (vgl. i. E. §§ 285 Nr. 11, 286 Abs. 3 HGB).

3. Prüfung, Offenlegung und Feststellung des Jahresabschlusses

128 Eine **Prüfung des Jahresabschlusses** einer GmbH & Co. KG ist gem. § 316 HGB bei mittelgroßen bzw. großen Gesellschaften i. S. d. § 267 HGB durchzuführen. Die Prüfung erfolgt durch einen Wirtschaftsprüfer bzw. bei einer mittelgroßen GmbH & Co. KG auch durch vereidigte Buchprüfer (§ 319 Abs. 1 HGB). Die Wahl der Abschlussprüfer obliegt der Gesellschafterversammlung, sofern gesellschaftsvertraglich nichts Abweichendes festgelegt ist (§ 318 Abs. 1 Satz 1 HGB).

129 Die GmbH & Co. KG hat ihren Jahresabschluss gem. §§ 325 ff. HGB **offenzulegen**, d. h. die gesetzlichen Vertreter von Kapitalgesellschaften haben für diese – und dies gilt nach § 264a HGB auch für die haftungsbeschränkende Rechtsform der GmbH & Co. KG, bei der nicht wenigstens eine natürliche Person persönlich haftender Gesellschafter ist – den Jahresabschluss (die Bilanz und die Gewinn- und Verlustrechnung, § 242 HGB) sowie den Bestätigungsvermerk oder den

Vermerk über dessen Versagung seitens des Abschlussprüfers unverzüglich nach seiner Vorlage an die Gesellschafter, jedoch spätestens vor Ablauf des zwölften Monats des dem Abschlussstichtag folgenden Geschäftsjahres beim Betreiber des elektronischen Bundesanzeigers elektronisch einzureichen (§ 325 Abs. 1 HGB) und dort vollständig bekannt machen zu lassen (§ 325 Abs. 2 HGB). Die Jahresabschlüsse werden vom Betreiber des elektronischen Bundesanzeigers an den Betreiber des Unternehmensregisters übermittelt und dort eingestellt (§ 8b Abs. 3 Nr. 1 HGB). Mit dieser Neufassung der Offenlegungsvorschriften über die Rechnungslegung publizitätspflichtiger Unternehmen durch das Gesetz über elektronische Handelsregister und Genossenschaftsregister sowie das Unternehmensregister (EHUG, BGBl. I 2006, S. 2553 v. 15.11.2006) wird das bisher geltende Recht, welches die Einreichung der Jahresabschlüsse zum jeweils zuständigen Handelsregister vorsah, abgelöst.

Die **Nichterfüllung der Offenlegungspflichten** stellt eine Ordnungswidrigkeit dar, die nach früher geltendem Recht nur auf Antrag von jedermann durch das Registergericht nach § 335a HGB a. F. i. H. v. mindestens 2.500,– € bis 25.000,– € geahndet werden konnte. Nach der ab 01.01.2007 geltenden Regelung des § 335a HGB n. F. ist nun von Amts wegen ein Ordnungsgeld zu verhängen. Zuständig ist das neu errichtete Bundesamt für Justiz. 130

Die **Feststellung des Jahresabschlusses** der GmbH & Co. KG richtet sich nach dem für die Kommanditgesellschaft geltenden Recht, d. h. die Gesellschafter stellen den Jahresabschluss durch Beschluss fest. Soweit der Gesellschaftsvertrag nicht abweichende Mehrheiten vorsieht, bedarf der Feststellungsbeschluss der **Einstimmigkeit** (§§ 161 Abs. 2, 119 HGB). Mit der Feststellung des Jahresabschlusses wird dieser durch die Gesellschafter anerkannt (vgl. §§ 780, 781 BGB). Aus dem verbindlichen Jahresabschluss ergeben sich sodann die Anteile der Gesellschafter am Gewinn oder Verlust des abgelaufenen Geschäftsjahres. 131

§ 325 Abs. 2a HGB verwies nach bisher geltendem Recht auf internationale Rechnungslegungsstandards und sah für Unternehmen, die von ihrem Wahlrecht Gebrauch gemacht haben, anstelle eines HGB-Jahresabschlusses einen **IFRS-Einzelabschluss** aufzustellen, vor, dass die Standards vollständig zu befolgen sind und dieser Abschluss offenzulegen ist. Eine gesetzliche Verpflichtung zur Aufstellung eines IFRS-Jahresabschlusses für eine GmbH & Co. KG gab es mithin nicht. Nach Umsetzung des BilMoG wurde § 325 Abs. 2a HGB aufgehoben, d. h., für Kapitalgesellschaften ist kein Wahlrecht mehr vorgesehen, einen IFRS-Einzelabschluss aufstellen zu dürfen. 132

II. Gewinnermittlung und -verteilung

Das Jahresergebnis der GmbH & Co. KG, welches sich aus der Bilanz ergibt, ist auf die Gesellschafter zu verteilen. Hinsichtlich der Beteiligung an Gewinn und Verlust wird auf § 168 HGB verwiesen (vgl. §§ 167 bis 169 sowie §§ 120 ff. i. V. m. 161 Abs. 2 HGB; vgl. auch Rdn. 51 bis 56). 133

Die GmbH & Co. KG ist als Personengesellschaft **weder körperschaftsteuer- noch einkommensteuerpflichtig**. Die gewerblichen Einkünfte der GmbH & Co. KG werden ihren Gesellschaftern als den Mitunternehmern der GmbH & Co. KG anteilig zugerechnet und von diesen versteuert. Die GmbH & Co. KG wird grundsätzlich wie die gesetzestypische Kommanditgesellschaft versteuert (vgl. hierzu Rdn. 142 bis 149). Zur Abgrenzung der einkommensteuerrechtlich relevanten Tatbestände von der steuerlich nicht relevanten Liebhaberei dient die Feststellung der Einkünfteerzielungsabsicht. Die Beweislast für das Vorliegen dieser Absicht trägt der Steuerpflichtige. Ohne diesen Nachweis liegt eine steuerlich unbeachtliche Liebhaberei vor mit der Folge, dass die Finanzverwaltung eine Verrechnung der Verluste mit den Gewinnen nicht anerkennt. 134

Bei der gewerblich tätigen GmbH & Co. KG werden regelmäßig **Einkünfte aus dem Gewerbebetrieb** i. S. d. § 15 Abs. 2 EStG generiert. Die Gesellschafter als Mitunternehmer erzielen Einkünfte i. S. d. § 15 EStG, wobei die Mitunternehmereigenschaft dann anzunehmen ist, wenn ein Kommanditist die gesetzestypische Position eines Kommanditisten einnimmt, d. h. ein Mitunternehmerrisiko trägt und eine Mitunternehmerinitiative entfalten kann. Eine Mitunternehmerstellung liegt dagegen nicht vor, wenn ein Kommanditist nur eine eingeschränkte mitgliedschaftliche 135

Rechtsstellung innehat (z. B. Ausschluss des Widerspruchsrechts gem. § 164 HGB, kein Vetorecht bei Grundlagengeschäften, gesellschaftsvertragliche Vereinbarung eines Mehrheitsprinzips bei der Abstimmung in Gesellschafterversammlungen, Gleichstellung im Innenverhältnis mit einem typisch stillen Gesellschafter etc.; s. hierzu MünchHdb GesR II/*Levedag* § 57 Rn. 65 ff.; Sudhoff GmbH & Co. KG/*Düll* § 4; *Binz/Sorg* § 16; jeweils m. w. N.). Nur eine Mitunternehmensinitiative, die auch mit einem gewissen Mitunternehmerrisiko verbunden ist, führt zu der Qualifikation eines Kommanditisten als Mitunternehmer im steuerrechtlichen Sinne.

136 Für die GmbH & Co. KG gelten die allgemeinen Grundsätze der **zweistufigen Gewinnermittlung**, d. h. der Gewinn des Mitunternehmers einer Kommanditgesellschaft setzt sich zum einen aus dem Gewinnanteil an der Kommanditgesellschaft und zum anderen aus den erhaltenen Sondervergütungen zusammen (§ 15 Abs. 1 Satz 1 Nr. 2 EStG). In einem ersten Schritt wird die Handelsbilanz der Personengesellschaft aufgestellt, sodann erfolgt die Aufstellung und Einbeziehung etwaiger Ergänzungsbilanzen der Gesellschafter sowie die Aufstellung der Steuerbilanz der Gesellschaft nach Maßgabe der §§ 4 bis 7 EStG; auf dieser Basis wird in einem zweiten Schritt für die Gesellschafter die jeweilige Sonderbilanz erstellt (vgl. hierzu Sudhoff GmbH & Co. KG/*Düll* § 5 m. w. N.). In der Steuerbilanz der Gesellschaft auf der ersten Stufe werden die handelsbilanziellen Bilanzansätze übernommen, soweit sich nicht steuerrechtlich eine abweichende Bewertung ergibt. Sodann wird der steuerliche Gewinnanteil dem jeweiligen Gesellschafter nach dem gesellschaftsvertraglich vereinbarten Gewinnverteilungsschlüssel zugewiesen (§ 15 Abs. 1 Satz 1 Nr. 1 Halbs. 1 EStG). Bei der Erstellung der Steuerbilanz auf zweiter Stufe wird das Sonderbetriebsvermögen der Gesellschafter aktiviert bzw. passiviert, insbesondere Vergütungen, die der jeweilige Gesellschafter durch eine schuldrechtliche Vereinbarung mit der Gesellschaft von dieser erhalten hat und die bei der Gesellschaft als Betriebsausgaben berücksichtigt wurden; ebenso Erträge und Aufwendungen der Wirtschaftsgüter, die Sonderbetriebsvermögen darstellen und schließlich Sonderbetriebseinnahmen und -ausgaben, die ein Gesellschafter als Mitunternehmer erzielt, insbesondere Gewinnanteile nach § 15 Abs. 1 Satz 1 Nr. 2 Halbs. 2 EStG.

137 **Verluste** sind gem. § 15a EStG nutzbar. Diese Vorschrift bezieht sich auf die Stellung als Kommanditist und ist daher nicht spezifisch auf die GmbH & Co. KG anwendbar (MünchHdb GesR II/*Levedag* § 57 Rn. 204a; zur Verlustausgleichsbeschränkung des § 15a EStG vgl. Sudhoff GmbH & Co. KG/*Düll* § 6 m. w. N.).

138 Die **Ergebnisverteilung** in der GmbH & Co. KG folgt auch steuerlich grundsätzlich der gesellschaftsvertraglich vereinbarten Gewinnverteilung.

139 Hinsichtlich der **verdeckten Gewinnausschüttung** in Bezug auf die Komplementärin gelten zunächst die allgemeinen Regelungen (MünchHdb GesR II/*Levedag* § 57 Rn. 206 ff. m. w. N.; s. hierzu die Kommentierung zum GmbHG). Fälle der verdeckten Gewinnausschüttung liegen insbesondere vor, wenn die Beteiligung der Komplementär-GmbH am gesamten Ergebnis der Kommanditgesellschaft nicht angemessen ist (verhinderte Vermögensmehrung) oder wenn eine Vermögensminderung bei der Kommanditgesellschaft dadurch stattfindet, dass Zuwendungen an Kommanditisten vorgenommen werden und diese zugleich Gesellschafter oder nahestehende Personen von Gesellschaftern der Komplementär-GmbH sind.

140 Ist dagegen der auf die Komplementär-GmbH entfallende Gewinnanteil zulasten der Kommanditisten der GmbH & Co. KG unangemessen hoch, so ist eine **verdeckte Einlage** gegeben, welche zu einer Korrektur der jeweiligen Gewinnbeteiligungen führt, d. h. der den Kommanditisten dadurch zusätzlich zustehende Gewinnanteil erhöht nachträglich deren Anschaffungskosten auf die Beteiligung der Komplementär-GmbH im Sonderbetriebsvermögen, während sich bei dieser in der Vergangenheit das EK04 entsprechend erhöhte (MünchHdb GesR II/*Levedag* § 57 Rn. 218).

141 Als Rechtsfolge der verdeckten Gewinnausschüttung erfolgt eine Korrektur durch Erhöhung des Gesamtgewinns der GmbH & Co. KG um die Höhe der verdeckten Gewinnausschüttung (weitere Einzelheiten s. MünchHdb GesR II/*Levedag* § 57 Rn. 219 ff. m. w. N.).

III. Besteuerung der GmbH & Co. KG

1. Allgemeines

Die GmbH & Co. KG wird im Wesentlichen wie eine Kommanditgesellschaft versteuert. Diese stellt als Personengesellschaft kein eigenes Steuersubjekt dar. Nach dem sog. **Transparenzprinzip** ist nicht sie Schuldnerin der ESt, sondern die hinter ihr stehenden Gesellschafter als Mitunternehmer (§ 1 Abs. 1 EStG). Die Einkünfte werden auf der Ebene der GmbH & Co. KG nach Höhe und Art ermittelt (vgl. hierzu Rdn. 133 bis 141) und auf die einzelnen Gesellschafter entsprechend der Höhe ihrer Beteiligung verteilt. Dies erfolgt in der gesonderten und einheitlichen Feststellung der Einkünfte nach §§ 179 ff., 180 Abs. 1 Nr. 2a AO. Die GmbH & Co. KG kann dennoch alle in § 2 EStG abschließend aufgeführten Einkünfte erzielen, insbesondere gewerbliche Einkünfte und sog. Überschusseinkünfte, z. B. Einkünfte aus Kapitalvermögen oder aus Vermietung und Verpachtung. Die Besteuerung der **Komplementär-GmbH** erfolgt als **gesondertes Steuersubjekt** getrennt von der GmbH & Co. KG.

142

2. Gewerbesteuer

Bei einer GmbH & Co. KG, bei der eine Kapitalgesellschaft die Stellung der persönlich haftenden Komplementärin einnimmt, liegt steuerlich eine **gewerblich geprägte Personengesellschaft** vor. Für diese bestimmt § 15 Abs. 3 Nr. 2 EStG unabhängig von ihrem konkreten Unternehmensgegenstand bzw. der ausgeübten Tätigkeit, dass sie stets in vollem Umfang als Gewerbebetrieb zu betrachten ist. Daraus folgt, dass die Kommanditisten der GmbH & Co. KG mit ihren Anteilen am steuerlichen Ergebnis der GmbH & Co. KG **Einkünfte aus Gewerbebetrieb** i. S. d. § 15 Abs. 1 Nr. 2 EStG erzielen und die GmbH & Co. KG selbst wegen der Anknüpfung der Gewerbesteuer an einkommensteuerliche Gewerbebetriebe in § 2 Abs. 1 GewStG als Gewerbebetrieb kraft Rechtsform der **Gewerbesteuer** unterliegt (vgl. hierzu ausführl. Sudhoff GmbH & Co. KG/*Düll* § 5 a; Binz/*Sorg* § 17 jeweils m. w. N.). Die Kommanditisten können die Gewerbesteuer der GmbH & Co. KG in einem pauschalierten Verfahren anteilig auf ihre ESt anrechnen, § 35 Abs. 1 Nr. 2, Abs. 3 Satz 1 EStG.

143

3. Körperschaftsteuer

Die Komplementär-GmbH ist aufgrund ihrer Rechtsform **körperschaftsteuerpflichtig** i. S. d. § 1 Abs. 1 Nr. 1 KStG. Ihre Ergebnisbeteiligung an der GmbH & Co. KG unterliegt der Körperschaftsteuer nach den allgemeinen Grundsätzen. Daneben ist der Solidaritätszuschlag zu berücksichtigen. Nicht in Betracht kommt dagegen eine anteilige Anrechnung der Gewerbesteuer der GmbH & Co. KG im Bereich der Körperschaftsteuer.

144

4. Geschäftsführerbezüge

Besonderheiten gelten für die steuerliche Behandlung der **Geschäftsführerbezüge**: Die Vergütungen, die die GmbH & Co. KG an ihre Komplementär-GmbH für die Übernahme der Geschäftsführung entrichtet, wird im Jahresabschluss der GmbH & Co. KG als Personalaufwand dargestellt. Die handelsrechtliche Einordnung gilt aufgrund der Bestimmung des § 15 Abs. 1 Nr. 2 EStG jedoch nicht für die Besteuerung, sodass die Geschäftsführungsvergütungen als Sonderbetriebseinnahmen der Komplementär-GmbH bei der Ermittlung des steuerlichen Gewinns der GmbH & Co. KG wieder hinzuzurechnen sind. Die Aufwendungen der Komplementärin für ihre Geschäftsführer stellen dagegen Sonderbetriebsausgaben der Komplementär-GmbH dar, soweit die Tätigkeiten des Geschäftsführers der Komplementärin sich auf die Führung der Geschäfte der GmbH & Co. KG erstrecken (MünchHdb GesR II/*Levedag* § 57 Rn. 173 ff. m. w. N.).

145

Ist ein Geschäftsführer der Komplementär-GmbH zugleich Kommanditist der GmbH & Co. KG, handelt es sich bei der an den Kommanditisten gezahlten Geschäftsführervergütung um Sonderbetriebseinnahmen des Kommanditisten. Diese stellen keine Einkünfte aus nichtselbstständiger

146

Arbeit, sondern Einkünfte aus Gewerbebetrieb dar. Ein Lohnsteuerabzug ist in diesem Fall nicht vorzunehmen ((MünchHdb GesR II/*Levedag* § 57 Rn. 173 ff. m. w. N.).

5. Umsatzsteuer

147 Die **Umsatzsteuerpflichtigkeit** der GmbH & Co. KG, ihrer Komplementär-GmbH und deren Geschäftsführer sowie der Kommanditisten folgt aus der Unternehmereigenschaft i. S. d. § 2 UStG (vgl. hierzu allgemein Sudhoff GmbH & Co. KG/*Düll* § 7, Binz/*Sorg* § 18 jeweils m. w. N.). Grundsätzlich ist ein Leistungsaustausch zwischen den Unternehmen umsatzsteuerpflichtig, etwa bei einer Vermietung eines Wirtschaftsgutes an die GmbH & Co. KG durch einen Gesellschafter, welcher die USt an das Finanzamt abführen muss, während die GmbH & Co. KG die in Rechnung gestellte USt als Vorsteuer abziehen kann. Die Vermietung eines Grundstückes oder von Räumen ist nach § 4 Nr. 12a UStG grundsätzlich umsatzsteuerfrei, soweit der vermietende Gesellschafter nicht auf die Befreiung verzichtet. Umsatzsteuerbar ist ebenfalls die Gewährung eines verzinslichen Gesellschafterdarlehens, welches nach § 4 Nr. 8a UStG umsatzsteuerfrei ist, jedoch wiederum für den Darlehensgeber die Option zum Verzicht auf die Befreiung vorsieht. Schließlich ist auch die Geschäftsführertätigkeit der Komplementär-GmbH für die GmbH & Co. KG umsatzsteuerbar, sodass die Komplementärin die ihr in Rechnung gestellte Vorsteuer in Abzug bringen kann.

6. Grunderwerbsteuer

148 Steuertatbestände des **Grunderwerbsteuergesetzes** sind Verträge, die auf die Übereignung von Grundstücken gerichtet sind (Grundtatbestand des § 1 Abs. 1 GrEStG) oder Ersatztatbestände (§ 1 Abs. 3 GrEStG), etwa bei Übertragung sämtlicher Anteile einer Grundbesitz haltenden GmbH & Co. KG oder Vereinigung in der Hand eines Gesellschafters (vgl. hierzu Sudhoff GmbH & Co. KG/*Düll* § 8; Binz/*Sorg* § 19; jeweils m. w. N.). Die Steuerpflicht i. S. d. Grunderwerbsteuergesetzes liegt bei einem mehr als 95 %igen Gesellschafterwechsel (§ 1 Abs. 2a GrEStG, ggf. § 1 Abs. 2 GrEStG), mit der Möglichkeit partieller Befreiungen gem. §§ 5, 6 GrEStG, vor.

7. Erbschaftsteuer

149 Wegen der gewerblichen Prägung der GmbH & Co. KG stellt diese stets Betriebsvermögen i. S. d. **Erbschaftsteuergesetzes** dar. Die §§ 13a, 19a ErbStG beinhalten den Betriebsvermögens-Freibetrag und -abschlag. Die Bewertung richtet sich nach den Steuerbilanzwerten (Ausnahme bei Grundstücken und Beteiligungen) gem. §§ 95 ff. BewG (vgl. hierzu Binz/*Sorg* § 20 m. w. N.).

Einleitung GmbHG

Übersicht

- A. **Allgemeines** 1
  - I. Verbreitung der Gesellschaft mit beschränkter Haftung (GmbH) 1
  - II. GmbH im internationalen (europäischen) Wettbewerb 5
  - III. GmbH im nationalen Wettbewerb 9
- B. **Gesetz betreffend die Gesellschaften mit beschränkter Haftung (GmbHG) und weitere Gesetze mit Bedeutung für das GmbH-Recht** 10
  - I. Gesetz betreffend die Gesellschaften mit beschränkter Haftung (GmbHG) 10
    1. Gesetz betreffend die Gesellschaften mit beschränkter Haftung vom 20. April 1892 und Bekanntmachung seiner Neufassung vom 20. Mai 1898 ... 10
    2. Gescheiterte Reformen 1939 und 1971/1973 15
    3. Gesetz zur Änderung des Gesetzes betreffend die Gesellschaften mit beschränkter Haftung und anderer handelsrechtlicher Vorschriften vom 4. Juli 1980 (»Novelle«) 18
    4. Änderungen zwischen 1981 und 2007 20
    5. Gesetz zur Modernisierung des GmbH-Rechts und zur Bekämpfung von Missbräuchen (MoMiG) vom 23. Oktober 2008 21
       - a) Entwurf eines Gesetzes zur Neuregelung des Mindestkapitals der GmbH (MindestkapG) 21
       - b) Referentenentwurf des Gesetzes zur Modernisierung des GmbH-Rechts und zur Bekämpfung von Missbräuchen (MoMiG) 23
       - c) Regierungsentwurf des Gesetzes zur Modernisierung des GmbH-Rechts und zur Bekämpfung von Missbräuchen (MoMiG) 25
       - d) Stellungnahme des Bundesrats zum Regierungsentwurf des Gesetzes zur Modernisierung des GmbH-Rechts und zur Bekämpfung von Missbräuchen (MoMiG) sowie Gegenäußerung der Bundesregierung 29
       - e) Behandlung des Regierungsentwurfs des Gesetzes zur Modernisierung des GmbH-Rechts und zur Bekämpfung von Missbräuchen (MoMiG) im Deutschen Bundestag, Zustimmung des Bundesrats sowie Inkrafttreten .. 31
       - f) Überblick über die durch das Gesetz zur Modernisierung des GmbH-Rechts und zur Bekämpfung von Missbräuchen (MoMiG) bewirkten Änderungen des GmbHG und anderer Gesetze 36
         - aa) Änderungen des Gesetzes betreffend die Gesellschaften mit beschränkter Haftung (Art. 1 MoMiG) 36
         - bb) Einführungsgesetz zum Gesetz betreffend die Gesellschaften mit beschränkter Haftung (Art. 2 MoMiG) .. 37
         - cc) Änderungen anderer Gesetze und Verordnungen (Art. 3 bis 24 MoMiG) 38
    6. Gesetz zur Reform des Verfahrens in Familiensachen und in den Angelegenheiten der freiwilligen Gerichtsbarkeit (FGG-Reformgesetz – FGG-RG) vom 17. Dezember 2008 40
    7. Gesetz zur Modernisierung des Bilanzrechts (Bilanzrechtsmodernisierungsgesetz – BilMoG) vom 25. Mai 2009 41
    8. Gesetz zur Umsetzung der Aktionärsrechterichtlinie (ARUG) vom 30. Juli 2009 42
    9. Nachfolgende Änderungsgesetze ... 43
  - II. Weitere Gesetze mit Bedeutung für das GmbH-Recht 44

A. Allgemeines

I. Verbreitung der Gesellschaft mit beschränkter Haftung (GmbH)

Schon bald nach Inkrafttreten des Gesetzes betreffend die Gesellschaften mit beschränkter Haftung vom 20. April 1892 erfreute sich die Gesellschaft mit beschränkter Haftung (GmbH) großer 1

Einleitung GmbHG

Beliebtheit, die bis heute anhält: Schon im Jahr 1893 überstieg die Anzahl der gegründeten Gesellschaften mit beschränkter Haftung die der in diesem Jahr gegründeten Aktiengesellschaften; auch in den folgenden Jahren wurden mehr Gesellschaften mit beschränkter Haftung als Aktiengesellschaften gegründet (vgl. *Kohberg*, Die Entstehung der Gesellschaft mit beschränkter Haftung in Deutschland und Frankreich, 1992, S. 174 f.; *Schubert*, in: Festschrift 100 Jahre GmbHG, 1992, S. 1, 36). Die Anzahl der Gesellschaften mit beschränkter Haftung wird zum 01.01.1910 mit 18.987, zum 01.01.1920 mit 39.170, zum 01.01.1925 mit 79.257, zum 01.01.1940 mit 23.505, zum 01.01.1955 mit 29.107, zum 01.01.1960 mit 36.833, zum 01.01.1970 mit 73.701, zum 01.01.1980 mit 225.209, zum 01.01.1990 mit 401.687, zum 01.01.2000 mit 864.000, zum 01.01.2008 mit 986.650 und zum 01.01.2014 mit 1.127.620 (darunter 92.904 UG [haftungsbeschränkt]) angegeben (vgl. *Kornblum* GmbHR 2005, 39; ders. GmbHR 2009, 25; ders. GmbHR 2014, 694). Der Rückgang ihrer Anzahl während der Zeit des Nationalsozialismus ist zurückzuführen auf rechtspolitische Vorstellungen des nationalsozialistischen Regimes, wonach – ausweislich der Präambel des Gesetzes über die Umwandlung von Kapitalgesellschaften vom 5. Juli 1934 (RGBl. I S. 569) – die »Abkehr von anonymen Kapitalformen zur Eigenverantwortung des Unternehmers« erleichtert werden sollte; die Umwandlung einer GmbH in eine offene Handelsgesellschaft oder Kommanditgesellschaft oder die Übertragung ihres Vermögens auf ihren alleinigen Gesellschafter ist durch Steuererleichterungen gefördert worden, die auf dem Gesetz über Steuererleichterungen bei der Umwandlung und Auflösung von Kapitalgesellschaften vom 5. Juli 1934 (RGBl. I S. 572) beruhen (vgl. *Fischer*, Die Gesellschaft mit beschränkter Haftung, 1948, S. 50 ff. und Tabelle X).

2 Ausschlaggebend für die Beliebtheit einer GmbH war und ist die Beschränkung der persönlichen Haftung ihrer Gesellschafter: Anders als bei der Gesellschaft bürgerlichen Rechts, der offenen Handelsgesellschaft oder der Kommanditgesellschaft, bei der neben dem Gesellschaftsvermögen mindestens ein Gesellschafter persönlich für die Verbindlichkeiten der Gesellschaft den Gläubigern haftet (§ 128 HGB, ggf. analog bzw. i.V.m. § 161 HGB), haftet für die Verbindlichkeiten der GmbH den Gläubigern nur das Gesellschaftsvermögen (§ 13 Abs. 2 GmbHG); die GmbH ermöglicht ihren Gesellschaftern die Beschränkung der persönlichen Haftung auf das im Gesellschaftsvertrag vereinbarte und im Handelsregister verlautbarte Stammkapital. Der Bundesgerichtshof hat im Urteil vom 27.09.1999 zur Haftung der Gesellschafter einer »Gesellschaft bürgerlichen Rechts mit beschränkter Haftung« (»GbRmbH«) Folgendes ausgeführt (BGHZ 142, 315, 319 ff.):

Die Annahme, eine Haftungsbeschränkung auf das Gesellschaftsvermögen sei durch eine einseitige Erklärung möglich, »widerspricht dem allgemeinen Grundsatz des bürgerlichen Rechts und des Handelsrechts, dass derjenige, der als Einzelperson oder in Gemeinschaft mit anderen Geschäfte betreibt, für die daraus entstehenden Verpflichtungen mit seinem gesamten Vermögen haftet, solange sich aus dem Gesetz nichts anderes ergibt oder mit dem Vertragspartner keine Haftungsbeschränkung vereinbart wird [...]. Eine Haftungsbeschränkung durch einseitigen Akt der Gesellschaft würde entgegen dem System des geltenden Rechts im Ergebnis wie die Schaffung einer neuen Gesellschaftsform wirken, bei der den Gläubigern nur das – ungesicherte – Gesellschaftsvermögen haftet. Hierfür besteht für die Gesellschaft bürgerlichen Rechts kein Bedürfnis [...]. Das Gesetz ermöglicht nämlich denjenigen, die unabhängig von einer Zustimmung ihrer jeweiligen Vertragspartner einen Ausschluss der persönlichen Haftung erreichen möchten, dies durch die Wahl der Rechtsform der GmbH zu erreichen. Deren Schaffung ist gerade dem Bedürfnis insbesondere der kleineren und mittleren Unternehmen nach einer Haftungsbeschränkung entsprungen [...]. Für das Privileg der fehlenden persönlichen Gesellschafterhaftung ist bei der Wahl der Rechtsform der GmbH aber der im Gesetz vorgesehene ›Preis‹ in Form der Pflichten zur Aufbringung und Erhaltung eines Mindestkapitals und der Registerpublizität zu zahlen.«

Die »reale Kapitalaufbringung« ist das »zentrale, die Haftungsbegrenzung auf das Gesellschaftsvermögen rechtfertigende Element« (BGHZ 155, 318, 326; vgl. auch BGHZ 153, 158, 161).

3 Zur weiten Verbreitung der GmbH hat auch die Anerkennung ihrer Eignung als persönlich haftende Gesellschafterin einer Kommanditgesellschaft (GmbH & Co KG) durch Beschluss des Reichsgerichts vom 4.7.1922 (RGZ 105, 101) und als persönlich haftende Gesellschafterin einer

Einleitung GmbHG

Kommanditgesellschaft auf Aktien (GmbH & Co KGaA) durch Beschluss des Bundesgerichtshofs vom 24.2.1997 (BGHZ 134, 392) beigetragen. Mangels einer rechtsformneutralen Besteuerung in der Bundesrepublik Deutschland kann sich die Wahl einer GmbH & Co KG aus steuerlichen Gründen anbieten (siehe Anhang 3 zum HGB Rdn. 101 ff.).

Die GmbH ist das »spirituelle Produkt des deutschen Gesetzgebers, der sie durch das Gesetz [...] 1892 in das Wirtschaftsleben eingeführt hat« (*Limbach*, in: Geßler u.a. [Hrsg.], Rechtspolitik und Gesetzgebung, Band 1: GmbH-Reform, 1970, S. 11, 12; vgl. auch *Limbach*, Theorie und Wirklichkeit der GmbH, 1966, S. 12). Bei ihr handelt es sich um eine »deutsche Erfindung ohne irgendein historisches oder ausländisches Vorbild« (*Wesel*, Geschichte des Rechts, 3. Auflage 2006, Rn. 284). Schon im Jahr 1913 ist ihre volkswirtschaftliche Bedeutung wie folgt gewürdigt worden (*O. Schmidt*, Rundschau für GmbH 1913, Sp. 129 [Nachdruck in GmbHR 1992, 206]): »Wäre das GmbH-Gesetz nicht geschaffen worden, so hätte vielleicht ein winziger Teil der heutigen GmbH sich in die Zwangsjacke der Aktiengesellschaft eingezwängt, ein anderer Teil wäre in die Zwangsjacke der offenen Handelsgesellschaft bzw. Kommanditgesellschaft geschlüpft und ein guter Teil wäre überhaupt nicht entstanden – zum Schaden der Volkswirtschaft.« Anlässlich der Übergabe der Festschrift 100 Jahre GmbH-Gesetz ist ihr »großer Verdienst (...) an der Entwicklung Deutschlands zu einer modernen, vom Mittelstand geprägten Industrienation« betont worden (*Lutter* GmbHR 1992, 419). Da das GmbHG der Gesetzgebung vieler anderer Staaten als Vorbild diente, ist die GmbH als »einer unserer wichtigsten und erfolgreichsten Exportartikel im Recht« gewürdigt worden, die »einen unvergleichlichen Siegeszug rund um die ganze Welt erlebt« hat; lediglich im angloamerikanischen Rechtskreis und – seit dem Jahr 2006 – in Japan gibt es keine der GmbH vergleichbare Rechtsform und somit »weiße Flecken auf der Landkarte der GmbH« (*Lutter*, in: Festschrift 100 Jahre GmbHG, 1992, S. 49; vgl. auch *Bayer*, Gutachten zum 67. Deutschen Juristentag, 2008, E 65 ff.; *Lutter* GmbHR 2005, 1).

II. GmbH im internationalen (europäischen) Wettbewerb

Vor allem die Gründung einer englischen Private Company Limited by Shares (»Limited«, »Ltd.«), bei der kein Mindeststammkapital gesetzlich vorgeschrieben ist, durch deutsche Unternehmer und die anschließende – durch europäisches (Unions-)Recht ermöglichte – Verlegung ihres tatsächlichen (Verwaltungs-)Sitzes in die Bundesrepublik Deutschland, wo diese Gesellschaft rechts- und parteifähig ist, hat zu der Erkenntnis geführt, dass sich die GmbH im internationalen (europäischen) Wettbewerb der Kapitalgesellschaftsformen befindet (zur »Zuzugsfreiheit« als Ausfluss der Niederlassungsfreiheit [Art. 49 i.V. m. Art. 54 Vertrag über die Arbeitsweise der Europäischen Union] vgl. EuGH NJW 1999, 2027 – Centros; NJW 2002, 3614 – Überseering [nachfolgend: BGHZ 154, 185]; NJW 2003, 3331 – Inspire Art; s. § 4a GmbHG Rdn. 14 und Kap. 4 Rdn. 22 ff.). Die Anzahl der im Jahr 2003 gegründeten englischen Ltd. mit deutschem Verwaltungssitz wird mit 2.516, die der im Jahr 2004 gegründeten mit 9.618 und die der im Jahr 2005 gegründeten mit 12.019 angegeben (*Eidenmüller* ZGR 2007, 168, 172). Da nicht nur die englische Ltd., sondern auch andere »ausländische« Kapitalgesellschaftsformen von Unternehmern als Alternative zur GmbH wahrgenommen werden, kann seit dieser Zeit von einem »Wettbewerb der Rechtsordnungen« oder »Wettbewerb des GmbH-Rechts in Europa« gesprochen werden (*Wachter* GmbHR 2005, 717).

Seit dem Jahr 2004 ist im rechtswissenschaftlichen Schrifttum eine intensive Diskussion über »Qualität und Preis am Markt für Gesellschaftsformen« geführt worden (G. H. *Roth* ZGR 2005, 348): Unter dem Titel »Welche Lektion kann der deutsche Gesetzgeber vom englischen lernen?« haben Triebel und Otte »20 Vorschläge für eine GmbH-Reform« unterbreitet (*Triebel/Otte* ZIP 2006, 311). Happ hat Vorschläge zur »Deregulierung der GmbH im Wettbewerb der Rechtsformen« durch »Entformalisierung des GmbHG« gemacht (*Happ* ZHR 169 [2005], 6). Westermann hat die Frage gestellt, ob eine »Rechtsrückbildung« des GmbH-Rechts angebracht ist: »Welchen Stellenwert« wollen »wir mit Blick auf einen nicht mehr nur theoretischen Wettbewerb der Gesellschaftsrechtsordnungen den rechtsfortbildend, vom kodifizierten deutschen Gesellschaftsrecht so nicht voll entwickelten Rechtsinstituten zuerkennen, die dem Gedanken des Gläubigerschutzes durch Kapitalbindung verpflichtet sind und ihn ausbauen wollen« (*Westermann* ZIP 2005, 1849, 1854). Lutter hat – bei gleichzeitiger Beibehaltung der GmbH »in ihrer jetzigen Gestalt« – für eine »neue Gesellschaftsform zur Aufnahme des Wettbewerbs mit der Limited« plädiert, für »eine Unternehmergesellschaft (UG) nach englischem Vorbild mit geringsten Anforderungen bei ihrer Entstehung und größerer Verantwortung der Geschäftsführer und ihrer Gesellschafter bei ihrer Führung« (*Lutter* BB-Special 7 zu Heft 37/2006, S. 2, 4; vgl. auch *Gehb/Drange/Heckelmann* NZG 2006, 88: »Unternehmensgründergesellschaft«; *Priester* ZIP 2006, 161: »Unternehmensgründergesellschaft statt ›GmbH light‹!«; *Schall/Westhoff*, GmbHR 2004, R 381: »FlexCap«). Drygala hat die Einführung einer »Kommanditgesellschaft mit beschränkter Haftung (KmbH)« als »alternativer Rechtsform neben einer reformierten GmbH« vorgeschlagen: Im Unterschied zur GmbH werde auf eine »Mindestkapitalziffer« und auf eine präventive Kontrolle der Kapitalaufbringung verzichtet; erst im Nachhinein werde überprüft, »ob überhaupt etwas geleistet wurde, ob dem Gesellschafter ein Teil der Leistung wieder zurückgewährt wurde, ob Sacheinlagen werthaltig waren und ob die Leistungen zur freien Verfügung der Gesellschaft standen« (*Drygala* ZIP 2006, 1797). Auch Bayer hat für die Übertragung des Haftungssystems der Kommanditgesellschaft auf die GmbH – mit einem Mindestkapital von € 10.000 oder € 25.000 – plädiert: »Der Gesellschafter ist zur Leistung der versprochenen Einlage verpflichtet, und zwar sowohl in der Konstellation, dass er die Einlage noch gar nicht geleistet hat, als auch im Falle der Rückgewähr der Einlage« (*Bayer* ZGR 2007, 220, 235 ff.). Grunewald und Noack haben die Herabsetzung des Mindeststammkapitals einer GmbH auf € 1 (»Ein-Euro-GmbH«) und die weitgehende Abschaffung des Eigenkapitalersatzrechts verlangt (*Grunewald/Noack* GmbHR 2005, 189). Da Blaurock das »Mindestkapital für nahezu funktionslos« hält, hat er die Reduzierung des Mindeststammkapitals einer GmbH auf € 1 und als »Korrelat zur weitgehenden Finanzierungsautonomie« die Haftung der Gesellschafter wegen materieller Unterkapitalisierung und eine »erweiterte Publizität« vorgeschlagen (*Blaurock*, in: Festschrift für Raiser, 2005, S. 3, 15 ff.). Eidenmüller hat einen »Systemwechsel« vorgeschlagen, der bei der GmbH die Abschaffung des »Festkapitalsystems mit einer bestimmten Mindestkapitalziffer« zugunsten einer Verschärfung »verhaltensbezogener Haftungen«, insbesondere einer Haftung der Geschäftsführer wegen gläubigerschädigender Handlungen (»wrongful trading«), umfasst (*Eidenmüller* ZGR 2007, 168, 188 ff.).

7 Indes haben viele andere Stimmen im Schrifttum ein Festhalten am bestehenden Kapitalschutzsystem – gekennzeichnet durch ein gesetzlich in bestimmter (Mindest-)Höhe vorgeschriebenes und im Gesellschaftsvertrag verlautbartes Stammkapital sowie Regeln zur Aufbringung und Erhaltung desselben – befürwortet: Goette hat vor einem »Defätismus hinsichtlich unseres eigenen Rechts (…) auch im Hinblick auf die angebliche Welle von Limiteds in Deutschland, mit der zu schwimmen – wie manche meinen – unausweislich sei,« gewarnt; die »deutsche GmbH, mag sie auch in die Jahre gekommen sein und einer – unter Umständen mit internationalen Rezepten angereicherten – Frischzellenkur bedürfen«, sei »noch nicht verloren« (*Goette* ZGR 2006, 262, 263 bzw. 280). Joost hat unter dem Titel »Das Kapital in Bedrängnis« darauf hingewiesen, dass die »Konzeption des festgelegten Mindeststammkapitals in ihrer heutigen Gestalt […] einem Baum« gleicht, der »in außergewöhnlich üppiger Weise Triebe hervorgebracht hat«, wobei »vielleicht nur manche Triebe zurückgeschnitten oder in eine andere Richtung gelenkt werden« müssten (*Joost*, in: Festschrift für Priester, 2007, S. 337, 338 f.). Nach Auffassung von Kleindiek »erzwingt« das »Mindestkapitalerfordernis (…) von den Gesellschaftern eine Risikobeteiligung« und »erschwert so die Gründung unsolider, weil unrentabler Unternehmungen«; das »gesetzliche Modell des statutarischen Stammkapitals, der Kapitalaufbringung und der Kapitalerhaltung könnte durch die vertragliche Vereinbarung bestimmter Eigenkapitalleistungen sowie die privatautonome Implementierung von Ausschüttungsschranken nicht gleichwertig ersetzt werden« (*Kleindiek* ZGR 2006, 335, 364). Raiser hat die Frage gestellt, ob »wir die GmbH weiterhin als Markenartikel oder als billige Warenhausmarke« wollen, und darauf verwiesen, dass Markenartikel »immer etwas teurer« sind und »trotzdem nicht vom Markt verschwinden«, sondern »sich im Wettbewerb behaupten« können (*Raiser* ZGR 2006, 494, 495). Weipert hat pointiert formuliert: »Wer kein Kapital hat, braucht auch keine Kapitalgesellschaft« (*Weipert* AnwBl 2006, 19). Wilhelmi hat unter dem Titel »Das Mindestkapital

als Mindestschutz« eine »Apologie im Hinblick auf die Diskussion um eine Reform der GmbH angesichts der englischen Limited« verfasst (*Wilhelmi* GmbHR 2006, 13). Zöllner hat den »massiven Einfluss kleiner englischer Batmans in Gestalt von englischen Ltds. am inländischen Himmel der Gesellschaftsformen« beklagt, der dazu führe, dass »kräftig unterstützt von neurasthenischen Neuerern in der Professorenschaft [...] Ministerialbeamte und Parteifunktionäre an GmbH-rechtlichen Erleichterungen [...] basteln« (*Zöllner* GmbHR 2006, 1, 11).

Die Erkenntnis, dass sich die GmbH infolge des Zuzugs vor allem englischer Ltd. im internationalen (europäischen) Wettbewerb der Kapitalgesellschaftsformen befindet, hat den deutschen Gesetzgeber veranlasst, durch das Gesetz zur Modernisierung des GmbH-Rechts und zur Bekämpfung von Missbräuchen (MoMiG) vom 23. Oktober 2008 die »Attraktivität« der GmbH »gegenüber konkurrierenden ausländischen Rechtsformen zu steigern«, ihre »Wettbewerbsfähigkeit (...) im europäischen Vergleich zu erhalten und zu stärken« (Begründung des Gesetzentwurfs durch die Bundesregierung, BT-Drs. 16/6140, S. 25; siehe Rdn. 25): Insbesondere die Einführung der Unternehmergesellschaft (haftungsbeschränkt), die mit einem Stammkapital von € 1 gegründet werden kann, die Möglichkeit, dass ein Gesellschafter mehrere Geschäftsanteile übernimmt, die vereinfachte Teilung und Zusammenlegung von Geschäftsanteilen, die Abschaffung des GmbH-spezifischen Eigenkapitalersatzrechts, die Aufhebung des Verbots, den tatsächlichen (Verwaltungs-) Sitz in das Ausland zu verlegen, dienen der Modernisierung des GmbH-Rechts. Der Bekämpfung von Missbräuchen dienen insbesondere Zustellungserleichterungen, die ggf. Gesellschafter treffende Pflicht zur Stellung eines Insolvenzantrages und die Haftung des Geschäftsführers für Zahlungen, die zur Zahlungsunfähigkeit führen. Gemessen an der Anzahl der geänderten, eingefügten und aufgehobenen §§ hat das MoMiG die umfangreichste Änderung des GmbHG in seiner über 120jährigen Geschichte bewirkt. Es scheint, dass durch die Schaffung der Unternehmergesellschaft (haftungsbeschränkt), deren Anzahl zum 01.01.2014 mit 92.904 angegeben wird (*Kornblum* GmbHR 2014, 694; vgl. auch *Bayer/Hoffmann* GmbHR 2013, R 358), die britische Limited in Deutschland auf dem Rückzug ist (*Ringe* NJW-aktuell, NJW Heft 27/2013).

III. GmbH im nationalen Wettbewerb

Im nationalen Wettbewerb der Kapitalgesellschaftsformen konkurriert die GmbH mit der Aktiengesellschaft und der Kommanditgesellschaft auf Aktien, die insbesondere aufgrund der ihnen eröffneten Möglichkeit der Börsennotierung über weitergehende Möglichkeiten der Eigenkapitalbeschaffung verfügen als die GmbH. Die Anzahl der Aktiengesellschaften wird zum 1.1.2008 mit 18.392 und zum 01.01.2014 mit 16.005, die der Kommanditgesellschaften auf Aktien zum 01.01.2008 mit 267 und zum 01.01.2014 mit 287 angegeben (*Kornblum* GmbHR 2009, 25, ders. GmbHR 2014, 694). Vor allem aus Gründen des Schutzes der Anleger gilt für diese »öffentlichen«, teilweise »anonymen« Gesellschaftsformen – anders als für die »private« GmbH – das Prinzip der Satzungsstrenge: Gesetzesabweichende Satzungsregelungen sind nur dann zulässig, wenn sie ausdrücklich zugelassen sind; gesetzesergänzende Regelungen sind zulässig, sofern das Gesetz keine abschließende Regelung enthält (§ 23 Abs. 5 Aktieng*esetz; s.* Einl. AktG Rdn. 11, § 23 AktG Rdn. 25). Der Bundesgerichtshof hat im Urteil vom 21.03.1988 festgestellt, dass die »Interessenlage sowohl der Gesellschaft als auch ihrer Gesellschafter bei der GmbH« nicht selten »mehr derjenigen in einer handelsrechtlichen Personengesellschaft ähneln« wird »als derjenigen in der typischerweise durch Anonymität gekennzeichneten Aktiengesellschaft« (BGHZ 104, 66, 71). Trotz der durch das Gesetz für kleine Aktiengesellschaften und zur Deregulierung des Aktienrechts vom 2. August 1994 (BGBl. I S. 1969) geschaffenen Erleichterungen für Aktiengesellschaften hat die GmbH nicht an Bedeutung verloren, da sie in ihrer Gestaltungsfreiheit »unschlagbar« ist; die GmbH ist keine kleine Aktiengesellschaft (*Bayer*, Gutachten zum 67. Deutschen Juristentag, 2008, E 88 ff., 127; vgl. auch *Westermann* GmbHR 2005, 4, 8 f.). GmbH und Aktiengesellschaft stehen sich »als durch und durch eigenständige Erscheinungsformen von Kapitalgesellschaften gegenüber« (*Fleischer* GmbHR 2008, 673, 674; ders. GmbHR 2008, 1121, 1124; vgl. auch *Fleischer* GmbHR 2009, 1, 10 ff.).

Einleitung GmbHG

B. Gesetz betreffend die Gesellschaften mit beschränkter Haftung (GmbHG) und weitere Gesetze mit Bedeutung für das GmbH-Recht

I. Gesetz betreffend die Gesellschaften mit beschränkter Haftung (GmbHG)

1. Gesetz betreffend die Gesellschaften mit beschränkter Haftung vom 20. April 1892 und Bekanntmachung seiner Neufassung vom 20. Mai 1898

10 Dem Gesetz betreffend die Gesellschaften mit beschränkter Haftung vom 20. April 1892 vorausgegangen ist das Gesetz betreffend die Kommanditgesellschaften auf Aktien und die Aktiengesellschaften vom 18. Juli 1884 (RGBl. S. 213), mit dem das – seinerzeit im (Allgemeinen Deutschen) Handelsgesetzbuch geregelte – Aktienrecht als Reaktion auf die im Jahr 1873 aufgetretene wirtschaftliche Krise nach der Reichsgründung (»Gründerkrise«) insbesondere durch Verschärfung der Gründungsvorschriften und Verstärkung der Kompetenzen von Generalversammlung und Aufsichtsrat sowie der Rechte einzelner (Minderheits-)Aktionäre stärker reguliert worden ist (vgl. *Hofer*, in: Bayer/Habersack [Hrsg.], Aktienrecht im Wandel, Band 1, 2007, S. 388 ff.; *Kohberg* Die Entstehung der Gesellschaft mit beschränkter Haftung in Deutschland und Frankreich, 1992, S. 16 ff.; *Schubert*, in: Schubert/Hommelhoff, 100 Jahre modernes Aktienrecht, 1985 [ZGR-Sonderheft 4], S. 1 ff.). Da die Aktiengesellschaft wegen der strengen, insbesondere anlegerschützenden Vorschriften, die bergrechtliche Gewerkschaft und die Genossenschaft wegen ihres eingeschränkten Gegenstands oder Zwecks sowie die offene Handelsgesellschaft, die Kommanditgesellschaft und die Kommanditgesellschaft auf Aktien wegen der persönlichen Haftung mindestens eines Gesellschafters für kleine und mittlere Unternehmen als ungeeignet angesehen wurden, wurden politische Forderungen nach Einführung einer neuen Gesellschaftsform oder zumindest nach Änderung der bestehenden Gesellschaftsformen erhoben. Auf Anregung des Reichsjustizamts und des Reichsamts des Innern, das Bestehen eines solchen Bedürfnisses zu überprüfen, richtete das preußische Ministerium für Handel und Gewerbe am 3.4.1888 eine entsprechende Anfrage an die Handelskammern und kaufmännischen Korporationen; von diesen wurde die Einführung einer neuen Gesellschaftsform überwiegend befürwortet, wobei teils eine »individualistisch«, teils eine »kollektivistisch« ausgestaltete Gesellschaftsform vorgeschlagen wurde (vgl. *Kohberg*, a. a. O., S. 68, 78 ff.; *Schubert*, in: Festschrift 100 Jahre GmbHG, 1992, S. 1, 7 ff.). Der Reichstagsabgeordnete Oechselhäuser artikulierte in seiner »Denkschrift an die preußischen Handelskammern und kaufmännischen Korporationen« vom 28.4.1888 den Wunsch nach der Schaffung einer Gesellschaftsform »auf individualistischer Grundlage, aber mit beschränkter Haftbarkeit«, um einen »formalen Missbrauch des Aktiengesetzes« – wie er bei den »emporschießenden Limited-Gründungen« in England und seinen Kolonien durch Beteiligung von »Strohmännern« zu beobachten sei – zu verhindern (zitiert nach *Schubert*, in: Festschrift 100 Jahre GmbHG, 1992, S. 1, 5).

11 Der vom Reichsjustizamt erstellte, am 26.1.1891 dem Reichsamt des Innern übersandte und mit diesem anschließend abgestimmte Gesetzesentwurf sah eine abschließende Regelung der »mit der neu zu schaffenden Gesellschaftsform zusammenhängenden Fragen in einem Sondergesetz«, ohne Verweis auf das Handelsgesetzbuch vor, wobei der »Vertragsautonomie ein Höchstmaß an Freiheit« verblieb (*Schubert*, in: Festschrift 100 Jahre GmbHG, 1992, S. 1, 22 ff.). Der vom Kaiser gebilligte Gesetzesentwurf wurde am 20.10.1891 von der Regierung dem Bundesrat vorgelegt, der nach Beratung in den Ausschüssen für Handel und Verkehr sowie Justizwesen dem Entwurf mit geringfügigen Änderungen am 11.2.1892 zustimmte (vgl. *Kohberg*, a. a. O., S. 125, 133, 160 ff.; *Schubert*, a. a. O., S. 1, 23, 27 ff.). Im Reichstag wurde der Gesetzesentwurf in erster Lesung am 19.2.1892 beraten und zur weiteren Beratung an eine Kommission verwiesen, die Änderungen des Entwurfs empfahl; nachdem der Reichstag am 19. und 21.3.1892 dem Entwurf in geänderter Fassung in zweiter und dritter Lesung zugestimmt hatte, stimmte der Bundesrat am 7. April 1892 dem Gesetz in der vom Reichstag verabschiedeten Fassung zu (vgl. *Kohberg*, a. a. O., S. 164 ff.; *Schubert*, a. a. O., S. 1, 29). Nach Erteilung der Sanktion durch den Kaiser am 20.4.1892 und der Verkündung im Reichsgesetzblatt am 26.4.1892 (S. 477) ist das Gesetz betreffend die Gesellschaften mit beschränkter Haftung – gemäß der verfassungsrechtlichen Bestimmung – zwei Wochen nach seiner Verkündung, mithin am 10.5.1892, in Kraft getreten (vgl. *Kohberg*, a. a. O., S. 174).

Einleitung GmbHG

Das Gesetz betreffend die Gesellschaften mit beschränkter Haftung vom 20. April 1982 hat den Abschluss eines Gesellschaftsvertrags (nur) durch mehrere Gesellschafter erlaubt, wobei die Stammeinlage jedes Gesellschafters – bei einem Mindeststammkapital von 20.000 Mark – mindestens 500 Mark betragen musste (§ 5 Abs. 1 GmbHG a. F.); für den Betrag von 20.000 Mark »konnte man sich eine relativ noble Villa kaufen« (*Priester*, in: Festschrift 100 Jahre GmbHG, 1992, S. 159, 161). 12

Durch das Gesetz ist keine »offene Handelsgesellschaft mit beschränkter Haftung«, sondern »eine Kapitalgesellschaft mit eigener Rechtspersönlichkeit« geschaffen worden, die »sich gegenüber der Aktiengesellschaft durch ein Weniger an gerichtlicher Kontrolle und ein Mehr an Vertragsfreiheit« auszeichnet (*Bayer* ZGR 2007, 220, 221 f.). Die GmbH weist eine »Zwitterstellung zwischen kapitalistisch gedachter Körperschaft einerseits und Personengesellschaft andererseits« auf: »Der Nähe der GmbH zur AG, was das Außenverhältnis betrifft, steht die Nähe der GmbH zur Personengesellschaft gegenüber, soweit es um das Innenverhältnis geht. Nicht zuletzt durch die zwingende Fernhaltung der GmbH-Anteile vom formlosen Handel wird eine sehr weitgehende Öffnung der Rechtsform GmbH für die Privatautonomie bei der Gestaltung des Innenverhältnisses ermöglicht, weil es eines Anlegerschutzes nicht bedarf« (*Zöllner*, in: Festschrift 100 Jahre GmbHG, 1992, S. 85, 87 f.; vgl. auch *Zöllner* JZ 1992, 381). 13

Im Zusammenhang mit dem Erlass des Handelsgesetzbuchs vom 10. Mai 1987 (RGBl. S. 219) ist das GmbHG durch Art. 11 des Einführungsgesetzes zum Handelsgesetzbuch vom 10. Mai 1897 (RGBl. S. 437, 443) vor allem im Hinblick auf die Bestimmungen über das Handelsregister geändert worden. Aufgrund der in Art. 13 des Einführungsgesetzes enthaltenen Ermächtigung hat der Reichskanzler eine Neufassung des GmbHG am 20. Mai 1898 bekannt gemacht (RGBl. S. 846). Seitdem ist keine Neubekanntmachung mehr erfolgt, weil die 37 Gesetze, durch die das GmbHG seit diesem Zeitpunkt bis zum 31. Dezember 2007 geändert worden ist, in ihrem Umfang nur geringfügige Änderungen des GmbHG bewirkt haben; erst durch das Gesetz zur Modernisierung des GmbH-Rechts und zur Bekämpfung von Missbräuchen (MoMiG) vom 23. Oktober 2008 hat der Gesetzgeber eine umfangreiche Änderung des GmbHG vorgenommen, die bislang keine Veranlassung zu einer Neufassung geboten haben. 14

2. Gescheiterte Reformen 1939 und 1971/1973

Das Reichsjustizministerium hat nach Erlass des Gesetzes über Aktiengesellschaften und Kommanditgesellschaften auf Aktien (Aktiengesetz) vom 30. Januar 1937 (RGBl. I, S. 107, ber. 588, 1140) im Juli 1939 den Referentenentwurf eines – vor allem einen besseren Gläubigerschutz bezweckenden, 186 §§ umfassenden – Gesetzes über Gesellschaften mit beschränkter Haftung vorgelegt; das vom »Ausschuss für Gesellschaften mit beschränkter Haftung der Akademie für Deutsches Recht« begleitete Gesetzgebungsvorhaben ist »wegen der Kriegszustände« nicht weitergeführt worden (*Schubert*, Entwurf des Reichsjustizministeriums zu einem Gesetz über Gesellschaften mit beschränkter Haftung von 1939, 1985, S. 84 ff.; vgl. *Klausing*, 1. Arbeitsbericht des Ausschusses, 1938, 2. Arbeitsbericht, 1940). 15

Nach Erlass des Aktiengesetzes vom 6. September 1965 (BGBl. I S. 1089) hat das Bundesjustizministerium im Jahr 1969 den Referentenentwurf eines – am Aktiengesetz orientierten, 304 §§ umfassenden – Gesetzes über Gesellschaften mit beschränkter Haftung vorgelegt; in dem vom Bundesjustizminister verfassten Vorwort der Textausgabe ist ausgeführt, dass »sich im Laufe der Jahrzehnte viele Probleme ergeben haben, die nicht mehr allein durch die Rechtslehre und Rechtsprechung gelöst werden können« und dass »sich manche rechtspolitische Frage anders als vor 77 Jahren« stellt (*Ehmke*, in: Bundesministerium der Justiz [Hrsg.], Referentenentwurf eines Gesetzes über Gesellschaften mit beschränkter Haftung, 1969, S. V). Vor allem aus Gründen der Überregulierung, des ›Regelungsperfektionismus‹ ist der Entwurf von Wirtschaftsverbänden als »Gefahr für die GmbH« kritisiert worden und hat die Centrale für GmbH zu dem Appell »Die GmbH darf keine ›kleine AG‹ werden!« veranlasst (GmbHR 1969, 95 f.). Limbach hat den Vorwurf erhoben, »dass sich die Verfasser des Referentenentwurfs an den Versäumnissen von gestern, nicht aber an den Notwendigkeiten von heute orientiert haben«, Lutter hat die »Rechtsfremdheit« fördernde »Normeninflation« 16

Einleitung GmbHG

beklagt und Wiethölter hat die These aufgestellt, dass »der Referentenentwurf die GmbH nicht reformiert, sondern ermordet« (*Limbach*, in: Geßler u. a. [Hrsg.], Rechtspolitik und Gesetzgebung, Band 1: GmbH-Reform,1970, S. 11; *Lutter*, in: Centrale für GmbH [Hrsg.], Probleme der GmbH-Reform, 1970, S. 63, 66 f.; *Wiethölter*, in: Centrale für GmbH [Hrsg.], Probleme der GmbH-Reform, 1970, S. 11).

17 Trotz der heftigen Kritik am Referentenentwurf hat die Bundesregierung im Jahr 1971 einen – nur geringfügig überarbeiteten – Regierungsentwurf vorgelegt (BT-Drs. VI/3088;), der wegen zwischenzeitlichen Ablaufs der Legislaturperiode im Jahr 1973 erneut vorgelegt worden ist (BT-Drs. 7/253). Die Bundesregierung verfolgte die Zielsetzung, das GmbHG »zu einem modernen Organisationsgesetz fortzuentwickeln«, den Gläubigerschutz zu verstärken und den Minderheitenschutz zu verbessern sowie »für bedeutsame Bereiche, die bisher ungeregelt waren, nunmehr gesetzliche Regelungen vorzusehen« (Vorblatt zu BT-Drs. VI/3088 und BT-Drs. 7/253). Das Gesetzgebungsvorhaben ist im Deutschen Bundestag nicht weiterverfolgt worden; in der Begründung des im Jahr 1977 vorgelegten Entwurfs eines Gesetzes zur Änderung des Gesetzes betreffend die Gesellschaften mit beschränkter Haftung und anderer handelsrechtlicher Vorschriften wird dies damit begründet, dass »diese Reform wegen anderer vordringlicherer Vorhaben nicht verwirklicht werden« konnte (BT-Drs. 8/1347, S. 27 [siehe Rdn. 18]).

3. Gesetz zur Änderung des Gesetzes betreffend die Gesellschaften mit beschränkter Haftung und anderer handelsrechtlicher Vorschriften vom 4. Juli 1980 (»Novelle«)

18 Im Jahr 1977 hat die Bundesregierung den Entwurf eines Gesetzes zur Änderung des Gesetzes betreffend die Gesellschaften mit beschränkter Haftung und anderer handelsrechtlicher Vorschriften vorgelegt (BT-Drs. 8/1347). Mit diesem Entwurf war die Stärkung des Gläubigerschutzes insbesondere durch (1.) Heraufsetzung des Mindeststammkapitals von DM 20.000 auf DM 50.000, durch (2.) Änderung der Vorschriften über die Sachgründung und durch (3.) Erlass von Vorschriften zu eigenkapitalersetzenden Gesellschafterdarlehen sowie die Erweiterung des Minderheitenschutzes durch (4.) Statuierung von Auskunfts- und Einsichtsrechten bezweckt; ferner sollte die (5) Gründung einer Gesellschaft durch (nur) eine Person ermöglicht werden (BT-Drs. 8/1347, S. 27 f.). Der Rechtsausschuss des Deutschen Bundestages hat – nach Vorarbeit einer als »Streichtrio« bezeichneten Berichterstattergruppe – in seiner Beschlussempfehlung einige Änderungen insbesondere hinsichtlich der Vorschriften zur Sachgründung und zu den eigenkapitalersetzenden Gesellschafterdarlehen vorgeschlagen (BT-Drs. 8/3908; zum »Streichtrio« aus Sicht eines Beteiligten s. *Helmrich* GmbHR 1992, 406). Art. 1 des – vielfach als »Novelle« bezeichneten, zum 1.1.1981 in Kraft getretenen – Gesetzes zur Änderung des Gesetzes betreffend die Gesellschaften mit beschränkter Haftung und anderer handelsrechtlicher Vorschriften vom 4. Juli 1980 (BGBl. I S. 836) hat zu Änderungen der §§ 1, 2, 5, 6, 7, 8, 9, 10, 12, 19, 33, 35, 39, 43, 48, 56, 57, 60, 65, 66, 67, 78, 82, 84 GmbHG und zur Einfügung der §§ 9a, 9b, 9c, 32a, 32b, 43a, 51a, 51b, 56a, 57a, 57b, 85 GmbHG geführt. Durch Art. 2 Änderungsgesetz sind die §§ 19, 125a, 129a, 130a, 172, 172a, 177a Handelsgesetzbuch geändert bzw. eingefügt worden, durch Art. 3 Änderungsgesetz sind die §§ 35, 37, 76, 81, 265, 266, 369, 399, 400 Aktiengesetz geändert worden, durch Art 5 des Änderungsgesetzes sind die – die »Umwandlung« eines einzelkaufmännischen Unternehmens in eine GmbH regelnden, mittlerweile aufgehobenen – §§ 56a bis 56f Umwandlungsgesetz a. F. eingefügt worden, durch Art. 7 des Änderungsgesetzes sind die – die Verschmelzung von Gesellschaften mit beschränkter Haftung regelnden – §§ 19 bis 35 des – mittlerweile aufgehobenen – Gesetzes über die Kapitalerhöhung aus Gesellschaftsmitteln und über die Verschmelzung von Gesellschaften mit beschränkter Haftung eingefügt und weitere Änderungen dieses Gesetzes bewirkt worden.

19 Die durch Art. 1 Änderungsgesetz bewirkten Änderungen des GmbHG sind im wesentlichen folgende: (1.) Die Gründung einer GmbH durch eine Person wird zugelassen (§ 1 GmbHG); hinsichtlich der Einlageleistung gelten strengere Anforderungen als bei der Gründung durch mehrere Personen, namentlich ist eine Sicherheit zu bestellen (§ 7 Abs. 2 Satz 3 GmbHG a. F.). (2.) Das Mindeststammkapital wird von DM 20.000 auf DM 50.000 heraufgesetzt (§ 5 Abs. 1 GmbHG

a. F.). (3.) Vor der Anmeldung einer Gesellschaft zur Eintragung in das Handelsregister muss auf jede Bareinlage mindestens ein Viertel geleistet sein; insgesamt müssen mindestens Einlageleistungen im Wert DM 25.000 erbracht sein (§ 7 Abs. 2 Satz 1 und 2 GmbHG a. F.). (4.) Bei einer Sachgründung ist ein Sachgründungsbericht aufzustellen, welcher der Anmeldung zur Eintragung in das Handelsregister nebst weiteren Unterlagen beizufügen ist (§§ 5 Abs. 4, 8 Abs. 1 Nr. 4 und 5 GmbHG a. F.); der einlegende Gesellschafter (Inferent) haftet in Höhe eines etwaigen Fehlbetrags (§ 9 GmbHG a. F.). (5.) Ein Anspruch auf Rückgewähr eines eigenkapitalersetzenden Gesellschafterdarlehens kann in der Insolvenz der Gesellschaft nicht geltend machen (§ 32a Abs. 1 GmbHG a. F.). (6.) Gesellschafter haben einen Anspruch auf Auskunftserteilung über die Angelegenheiten der Gesellschaft und einen Anspruch auf Einsicht in die Bücher (§§ 51a, b GmbHG).

4. Änderungen zwischen 1981 und 2007

Schon der Titel der Gesetze, die zwischen dem Inkrafttreten des Gesetzes zur Änderung des Gesetzes betreffend die Gesellschaften mit beschränkter Haftung und anderer handelsrechtlicher Vorschriften vom 4. Juli 1980 (»Novelle«) am 01.01.1981 und dem 31.12.2007 erlassen worden sind, gibt – mit Ausnahme des Gesetzes zur Durchführung der Zwölften Richtlinie des Rates der Europäischen Gemeinschaften auf dem Gebiet des Gesellschaftsrechts betreffend Gesellschaften mit beschränkter Haftung mit einem einzigen Gesellschafter vom 18. Dezember 1991 (BGBl. I S. 2206) – preis, dass die Änderung des GmbHG nicht im Zentrum des jeweiligen Änderungsgesetzes stand. Beispielhaft sind folgende Gesetze zu nennen: Durch Art. 48 des Einführungsgesetzes zur Insolvenzordnung (EGInsO) vom 5. Oktober 1994 (BGBl. I S. 2911) sind die §§ 9b Abs. 1 Satz 2, 32a Abs. 1 und 2, 32b Satz 1, 60 Abs. 1 Nr. 4, 64 Abs. 1, 65 Abs. 1 Satz 2, 66 Abs. 1, 84 Abs. 1 Nr. 2 GmbHG geändert und die – vor allem die Herabsetzung des Stammkapitals regelnden – §§ 58a bis 58f, 60 Abs. 1 Nr. 5 und 7, 65 Abs. 1 Satz 4, 66 Abs. 5 GmbHG eingefügt sowie § 63 GmbHG aufgehoben worden. Durch Art. 4 des Gesetzes zur Bereinigung des Umwandlungsrechts (UmwBerG) vom 28. Oktober 1994 (BGBl. I S. 3210, ber. 1995 I S. 428) sind die §§ 30 Abs. 3, 78, 82 Abs. 1 GmbHG geändert worden sowie die – vor allem die Kapitalerhöhung aus Gesellschaftsmitteln regelnden und die Vorschriften des Gesetzes über die Kapitalerhöhung aus Gesellschaftsmitteln und über die Verschmelzung von Gesellschaften mit beschränkter Haftung ablösenden – §§ 57c bis 57o GmbHG eingefügt worden. Durch Art. 3 § 3 des Gesetzes zur Einführung des Euro (Euro-Einführungsgesetz – EuroEG) vom 9. Juni 1998 (BGBl. I S. 1242) ist insbesondere die Umstellung des in § 5 Abs. 1 GmbHG geregelten Mindeststammkapitals von DM 50.000 auf € 25.000 bewirkt worden; zusätzlich sind die §§ 5 Abs. 3 Satz 2, 7 Abs. 2 Satz 2, 47 Abs. 2, 57h Abs. 1 Satz 2, 58a Abs. 3 Satz 2 und 3 GmbHG geändert sowie § 86 GmbHG angefügt worden. Durch Art. 9 des Gesetzes zur Neuregelung des Kaufmanns- und Firmenrechts und zur Änderung handels- und gesellschaftsrechtlicher Vorschriften (Handelsrechtsreformgesetz – HRefG) vom 22. Juni 1998 (BGBl. I S. 1474) sind die §§ 4, 8 Abs. 1 Nr. 3, 40, 57a GmbHG geändert sowie die §§ 4a, 9c Abs. 2 GmbHG eingefügt worden. Durch Art. 13 des Gesetzes zur Anpassung von Verjährungsvorschriften an das Gesetz zur Modernisierung des Schuldrechts vom 9. Dezember 2004 (BGBl. I S. 3214) sind die §§ 9 Abs. 2, 31 Abs. 5, 55 Abs. 4 GmbHG geändert sowie die §§ 19 Abs. 6, 31 Abs. 6 Satz 2 GmbHG angefügt worden. Durch Art. 10 des Gesetzes über elektronische Handelsregister und Genossenschaftsregister sowie das Unternehmensregister (EHUG) vom 19. April 2007 (BGBl. I S. 542) sind die §§ 8 Abs. 5, 35a Abs. 1 Satz 1, 39 Abs. 2, 52 Abs. 2 Satz 1 und 2, 54 Abs. 2 Satz 1, 57i Abs. 1 Satz 1, 58d Abs. 2 Satz 4, 67 Abs. 2, 73 Abs. 1, 86 Abs. 3 Satz 2 GmbHG geändert, § 12 Satz 3 GmbHG angefügt sowie die §§ 10 Abs. 3, 39 Abs. 4, 54 Abs. 2 Satz 2, 59, 67 Abs. 5 GmbHG aufgehoben worden.

5. Gesetz zur Modernisierung des GmbH-Rechts und zur Bekämpfung von Missbräuchen (MoMiG) vom 23. Oktober 2008

a) Entwurf eines Gesetzes zur Neuregelung des Mindestkapitals der GmbH (MindestkapG)

Angesichts der im Vergleich zur GmbH geringeren Anforderungen, die in vielen Mitgliedstaaten der Europäischen Union an das Stammkapital einer Kapitalgesellschaft gestellt werden, hat das

Einleitung GmbHG

Bundesjustizministerium am 15.4.2005 den Referentenentwurf eines Gesetzes zur Neuregelung des Mindestkapitals der GmbH (MindestkapG) vorgelegt, der die Absenkung der Höhe des Mindeststammkapitals von € 25.000 auf € 10.000 – begleitet von der Verpflichtung zur Angabe des gezeichneten und eingezahlten Stammkapitals auf Geschäftsbriefen – vorsieht. Der von der Bundesregierung am 12.08.2005 dem Bundesrat vorgelegte Regierungsentwurf sieht die Absenkung des Mindeststammkapitals auf € 10.000 unter Verzicht auf die »Geschäftsbrieftransparenz« vor (BR-Drs. 619/05). In seiner Stellungnahme vom 23.9.2005 hat der Bundesrat den Entwurf mit der Begründung abgelehnt, dass der »eigentlich bestehende Reformbedarf« nicht berücksichtigt sei und »aus einer Gesamtreform sachwidrig ein Teilbereich herausgegriffen« werde (BR-Drs. 619/05 [Beschluss]). Ein mit dem Regierungsentwurf wortgleicher Gesetzesentwurf ist von den (Koalitions-)Fraktionen SPD und Bündnis 90/Die Grünen in den Deutschen Bundestag eingebracht worden (BT-Drs. 15/5673). Dieser hat den Entwurf in seiner 181. Sitzung am 16.06.2005 beraten und dem Rechtsausschuss zur federführenden Beratung und dem Ausschuss für Wirtschaft und Arbeit zur Mitberatung überwiesen. Das Gesetzgebungsvorhaben ist in der kurze Zeit später zu Ende gegangenen Legislaturperiode nicht weiter verfolgt worden.

22 Die im Entwurf vorgesehene Absenkung des Mindeststammkapitals ist im Schrifttum vielfach erörtert worden und hat einzelne Verbände zur Herausgabe von Stellungnahmen veranlasst (vgl. nur die gemeinsame Stellungnahme der Bundesvereinigung der Deutschen Arbeitgeberverbände e.V., des Bundesverbands der Deutschen Industrie e.V., des Deutschen Industrie- und Handelskammertags e.V., des Gesamtverbands der Deutschen Versicherungswirtschaft e.V., und des Bundesverbands deutscher Banken e.V., Mai 2005, die Stellungnahme des Deutschen Anwaltsvereins e.V., Handelsrechtsausschuss, Mai 2005 [NZG 2005, 548], die Stellungnahme des Deutschen Notarvereins e.V., Mai 2005).

b) Referentenentwurf des Gesetzes zur Modernisierung des GmbH-Rechts und zur Bekämpfung von Missbräuchen (MoMiG)

23 Das Bundesjustizministerium hat am 29.05.2006 den Referentenentwurf eines Gesetzes zur Modernisierung des GmbH-Rechts und zur Bekämpfung von Missbräuchen (MoMiG) vorgelegt, der zur »Erhaltung und Stärkung der Wettbewerbsfähigkeit« der GmbH – unter Verzicht auf die Einführung einer neuen Gesellschaftsform – vor allem die Absenkung des Mindeststammkapitals von € 25.000 auf € 10.000 sowie zum Schutz vor Missbrauch vor allem Zustellungserleichterungen vorsieht.

24 Die Abteilung Wirtschaftsrecht des 66. Deutschen Juristentages hat sich am 20. und 21.09.2006 in Stuttgart mit der Reform des gesellschaftsrechtlichen Gläubigerschutzes befasst und insbesondere über die im Referentenentwurf des MoMiG vorgesehenen Änderungen des GmbHG sowie anderer Gesetze diskutiert (Gutachten von Haas [ohne Bezug auf den Referentenentwurf]; Referate von Hirte, Kleindiek und Jochen Vetter; Diskussionsbeiträge unter anderem von Drygala, Goette, Grunewald, Haas, Habersack, Hecksehen, Kallmeyer, Lutter, Priester, Schäfer, Seibert, Ulmer): Während die im MoMiG vorgesehene Beseitigung von Zustellungshindernissen begrüßt wurde, wurden die Reduzierung des Mindeststammkapitals von € 25.000 und die Schaffung einer neuen Gesellschaftsform mehrheitlich abgelehnt (Beschlüsse Nr. 1–3, 6, in: Ständige Deputation des Deutschen Juristentages [Hrsg.], Verhandlungen des Sechsundsechzigsten Deutschen Juristentages, Band II/2 [Sitzungsberichte – Diskussion und Beschlussfassung], 2006, P 289). Die im Referentenentwurf enthaltenen Vorschläge wurden im Schrifttum vielfach erörtert. Einzelne Verbände haben Stellungnahmen herausgegeben (vgl. nur die Stellungnahmen der Bundesrechtsanwaltskammer, Ausschuss Gesellschaftsrecht, September 2006, des Bundesverbandes Deutscher Banken e.V., Zentraler Kreditausschuss, September 2006, der Centrale für GmbH, September 2006 [GmbHR 2006, 978], des Deutschen Anwaltsvereins e.V., Handelsrechtsausschuss, Februar 2007 [NZG 2007, 211], und Insolvenzrechtsausschuss, Mai 2007, des Deutschen Notarvereins e.V., September 2006).

Einleitung GmbHG

c) **Regierungsentwurf des Gesetzes zur Modernisierung des GmbH-Rechts und zur Bekämpfung von Missbräuchen (MoMiG)**

Mit dem von der Bundesregierung am 23.05.2007 vorgelegten Regierungsentwurf des MoMiG werden zwei (Ziel-)Richtungen verfolgt: »Zum einen soll die Rechtsform der GmbH besser gegen Missbräuche geschützt werden. Zum anderen soll die GmbH dereguliert und modernisiert und dadurch ihre Attraktivität gegenüber konkurrierenden ausländischen Rechtsformen gesteigert werden [...]. Die Wettbewerbsfähigkeit der deutschen Gesellschaft mit beschränkter Haftung soll im europäischen Vergleich erhalten und gestärkt werden« (Begründung des Gesetzesentwurfs durch die Bundesregierung, BT-Drs 16/6140, S. 25; zum internationalen [europäischen] Wettbewerb der Kapitalgesellschaftsformen siehe Rdn. 5). 25

Der Regierungsentwurf sieht insbes. folgende Änderungen des GmbHG vor: (1.) Bei Gründung einer GmbH kann »in unkomplizierten Standardfällen« – bis zu drei Gesellschafter, ein Geschäftsführer – auf das Beurkundungserfordernis verzichtet werden, wenn der gesetzliche Mustergesellschaftsvertrag verwendet wird; die Unterschriften der Gründer müssen öffentlich beglaubigt werden; für die Anmeldung der Gesellschaft zur Eintragung in das Handelsregister kann ein Muster verwendet werden. (2.) Jeder Gesellschafter kann bei der Gründung mehrere Geschäftsanteile übernehmen; die Zahl und die Nennbeträge der Geschäftsanteile, die jeder Gesellschafter gegen Einlage auf das Stammkapital übernimmt, sind im Gesellschaftsvertrag anzugeben. (3.) Eine Gesellschaft kann einen tatsächlichen (Verwaltungs-)Sitz wählen, der nicht mit dem im Gesellschaftsvertrag angegeben (Satzungs-)Sitz übereinstimmen muss; lediglich der Satzungssitz muss im Inland sein. (4.) Das Mindeststammkapital wird auf € 10.000 abgesenkt. (5.) Der Nennbetrag jedes Geschäftsanteils muss auf volle Euro lauten; die Höhe der Nennbeträge der einzelnen Geschäftsanteile kann verschieden bestimmt werden, wobei die Summe der Nennbeträge aller Geschäftsanteile mit dem Stammkapital übereinstimmen muss. (6.) Als »Variante« der GmbH kann eine Gesellschaft gegründet werden, deren Stammkapital unter dem Betrag des Mindeststammkapitals liegt und die in ihrer Firma den Rechtsformzusatz »Unternehmergesellschaft (haftungsbeschränkt)« oder »UG (haftungsbeschränkt)« tragen muss; die Anmeldung zur Eintragung in das Handelsregister darf erst erfolgen, wenn das Stammkapital in voller Höhe eingezahlt ist, wobei Sacheinlagen ausgeschlossen sind; die Eigenkapitalausstattung soll durch die Bildung einer gesetzlichen Rücklage verbessert werden, in die jeweils ein Viertel des Jahresüberschusses einzustellen ist und die nur zur Kapitalerhöhung aus Gesellschaftsmitteln verwendet werden darf. (7.) Die Ausschlusstatbestände für die Bestellung einer Person zum Geschäftsführer werden erweitert. (8.) Die besonderen Sicherungen bei der Gründung einer Gesellschaft durch (nur) eine Person werden aufgehoben. (9.) Der Anmeldung einer Gesellschaft, deren Unternehmensgegenstand einer staatlichen Genehmigung bedarf, muss die Genehmigungsurkunde nicht (mehr) beigefügt sein. (10.) Die vor der Einlage getroffene Vereinbarung einer Leistung an den Gesellschafter, die einer Einlagenrückgewähr entspricht (»Hin- und Herzahlen«), steht der Erfüllung der Einlageschuld nicht entgegen, wenn sie durch einen vollwertigen Gegenleistungs- oder Rückgewähranspruch gedeckt ist; das (Register-) Gericht kann bei erheblichen Zweifeln an der Richtigkeit der Versicherung Nachweise verlangen. (11.) In der Anmeldung ist eine inländische Geschäftsanschrift anzugeben, die in das Handelsregister eingetragen wird. (12.) Die Gesellschafterliste wird dem Aktienregister bei Namensaktien angenähert, indem im Verhältnis zur Gesellschaft nur derjenige als Gesellschafter gilt, der in die Gesellschafterliste eingetragen ist; ein gutgläubiger Erwerb eines Geschäftsanteils ist möglich, wenn der Veräußerer als Inhaber des Geschäftsanteils in die Gesellschafterliste aufgenommen war; in bestimmten Fällen hat der Notar die Liste zum Handelsregister einzureichen. (13.) Das Verbot, Teile von Geschäftsanteilen zu veräußern, wird aufgehoben. (14.) Die Rechtsfolgen einer verdeckten Sacheinlage werden auf eine Differenzhaftung des Gesellschafters beschränkt. (15.) Das Verbot der Einlagenrückgewähr gilt nicht bei – im Rahmen eines »Cash-Pooling« üblichen – Leistungen innerhalb eines Vertragskonzerns oder bei Leistungen, die durch einen vollwertigen Gegenleistungs- oder Rückgewähranspruch gedeckt sind. (16.) Die »Rechtsprechungsregeln« zu den eigenkapitalersetzenden Gesellschafterleistungen sind nicht (mehr) anzuwenden, und die »Novellenregeln« (§§ 32a, b GmbHG) werden aufgehoben; unter Verzicht auf das Merkmal eigenkapitalersetzend wird die Rückgewähr von Gesellschafterleistungen in der Insolvenzordnung und im Anfechtungsgesetz geregelt. (17.) Im Fall der – durch das Nichtvorhandensein eines Geschäfts- 26

Einleitung GmbHG

führers definierten – Führungslosigkeit einer GmbH wird die Gesellschaft im Hinblick auf die Entgegennahme von Willenserklärungen durch die Mitglieder des Aufsichtsrats oder ersatzweise durch die Gesellschafter vertreten; an die Vertreter der Gesellschaft können unter der im Handelsregister eingetragenen Geschäftsanschrift Willenserklärungen abgegeben werden. (18.) Die Pflicht zur Stellung eines Insolvenzantrages wird in der Insolvenzordnung geregelt; Geschäftsführer sind der Gesellschaft gegenüber zum Ersatz nicht nur der Zahlungen verpflichtet, die nach Eintritt der Zahlungsunfähigkeit der Gesellschaft oder nach Feststellung ihrer Überschuldung geleistet werden, sondern auch zum Ersatz der Zahlungen an Gesellschafter, die zur Zahlungsunfähigkeit führen mussten.

27 Vor allem folgende Änderungen außerhalb des GmbHG sieht der Regierungsentwurf vor: (1.) Eine Aktiengesellschaft kann – ebenso wie eine GmbH – einen tatsächlichen (Verwaltungs-)Sitz wählen, der nicht mit dem inländischen Satzungssitz übereinstimmen muss; die besonderen Sicherungen bei der Gründung einer Gesellschaft durch (nur) eine Person werden aufgehoben; in der Anmeldung ist eine inländische Geschäftsanschrift anzugeben, die in das Handelsregister eingetragen wird; der Anmeldung einer Gesellschaft, deren Unternehmensgegenstand einer staatlichen Genehmigung bedarf, muss die Genehmigungsurkunde nicht (mehr) beigefügt sein; das Verbot der Einlagenrückgewähr gibt nicht bei Leistungen innerhalb eines Vertragskonzerns oder bei durch einen vollwertigen Gegenleistungs- oder Rückgewähranspruch gedeckten Leistungen; die »Rechtsprechungsregeln« zu den eigenkapitalersetzenden Aktionärsleistungen sind nicht mehr anzuwenden; die Ausschlusstatbestände für die Bestellung einer Person zum Vorstand werden erweitert; im Fall der Führungslosigkeit wird die Gesellschaft durch den Aufsichtsrat vertreten, wobei an Aufsichtsratsmitglieder unter der Geschäftsanschrift Erklärungen gegenüber der Gesellschaft abgegeben werden können; Vorstandsmitglieder sind zum Ersatz der Zahlungen verpflichtet, die nach Eintritt der Zahlungsunfähigkeit oder Überschuldung geleistet werden, sowie zum Ersatz der Zahlungen an Gesellschafter, die zur Zahlungsunfähigkeit führen mussten. (2.) Die – in der Insolvenzordnung geregelte – Pflicht zur Stellung eines Insolvenzantrages trifft im Fall der Führungslosigkeit einer GmbH auch jeden Gesellschafter; Forderungen auf Rückgewähr eines Gesellschafterdarlehens oder Forderungen aus Rechtshandlungen, die einem solchen Darlehen wirtschaftlich entsprechen, sind – unabhängig davon, ob eigenkapitalersetzend oder nicht – nachrangig zu berichtigen; Ansprüche auf Rückgewähr von Gesellschafterdarlehen sind im Rahmen einer Überschuldungsbilanz nicht als Verbindlichkeiten zu berücksichtigen; anfechtbar ist eine Rechtshandlung, die für die Forderung eines Gesellschafters auf Rückgewähr eines von ihm gewährten – nicht notwendigerweise eigenkapitalersetzenden – Darlehens innerhalb der letzten zehn Jahre vor dem Antrag auf Eröffnung des Insolvenzverfahrens Sicherung oder im letzten Jahr vor dem Antrag oder danach Befriedigung gewährt hat; außerdem ist eine Rechtshandlung anfechtbar, mit der eine Gesellschaft einem Dritten für eine Forderung auf Rückgewähr eines Darlehens Befriedigung gewährt hat, wenn ein Gesellschafter für die Forderung eine Sicherheit bestellt hatte oder als Bürge haftete. (3.) Außerhalb eines Insolvenzverfahrens sind derartige Rechtshandlungen anfechtbar, wobei für die Berechnung der Fristen auf die Erlangung eines vollstreckbaren Schuldtitels abzustellen ist.

28 Der Regierungsentwurf ist im Schrifttum umfassend erörtert worden. Einzelne Verbände haben Stellungnahmen herausgegeben (vgl. nur die Stellungnahmen der Centrale für GmbH, Juli 2007 [GmbHR 2007, 754], des Deutschen Richterbundes e. V., Juli 2007, des Deutschen Anwaltsvereins e. V., Handelsrechtsausschuss, September 2007 [NZG 2007, 211], der Bundesrechtsanwaltskammer, Ausschuss Gesellschaftsrecht, Oktober 2007, und Arbeitsgruppe Insolvenzrecht, November 2007, sowie von Haas im Auftrag des Verbands der Insolvenzverwalter Deutschlands e. V., September 2007).

d) Stellungnahme des Bundesrats zum Regierungsentwurf des Gesetzes zur Modernisierung des GmbH-Rechts und zur Bekämpfung von Missbräuchen (MoMiG) sowie Gegenäußerung der Bundesregierung

29 Der Regierungsentwurf ist dem Bundesrat am 25.05.2007 zugeleitet worden (BR-Drs. 354/07). Aufgrund der Empfehlungen seiner Ausschüsse vom 26.06.2007 (BR-Drs. 354/1/07) hat der Bundesrat in der Sitzung am 06.07.2007 eine Stellungnahme beschlossen, in der insbesondere folgende

Vorschläge und Anregungen unterbreitet werden (BR-Drs. 354/07 [Beschluss] = BT-Drs. 16/6140 [Anlage 2]): (1.) Auf die Verwendung des – nicht beurkundungsbedürftigen – Mustergesellschaftsvertrags soll verzichtet werden, weil die Mitwirkung eines Notars bei der Anmeldung einer Gesellschaft zur Eintragung in das Handelsregister nur im Fall notarieller Beurkundung des Gründungsprotokolls einschließlich des Gesellschaftsvertrags sichergestellt sei. (2.) Die Verwendung des Rechtsformzusatzes »Gesellschaft mit beschränkter Haftung (ohne Mindeststammkapital)« oder »GmbH (o.M.)« anstelle des Rechtsformzusatzes »Unternehmergesellschaft (haftungsbeschränkt)« oder »UG (haftungsbeschränkt)« soll geprüft werden. (3.) Die Ergänzung der Regelungen zur Unternehmergesellschaft (haftungsbeschränkt) durch weitere gläubigerschützende Maßnahmen – verschärfte Haftung von Geschäftsführern oder Gesellschaftern insbesondere wegen materieller Unterkapitalisierung, höhere Anforderungen an die unternehmerische Transparenz – soll geprüft werden. (4.) Eine Ausweitung der Gründe, die der Bestellung einer Person zum Geschäftsführer entgegenstehen, soll geprüft werden; ferner sollen Gesellschafter, die einer ausgeschlossenen Person vorsätzlich oder grob fahrlässig die Führung der Geschäfte überlassen, gegenüber der Gesellschaft zum Schadensersatz verpflichtet sein. (5.) Die vorgeschlagene Abschaffung des »Vollaufbringungsgrundsatzes« bei einer Einpersonengesellschaft wird abgelehnt. (6.) Das »Hin- und Herzahlen« soll wie eine »verdeckte Sacheinlage« behandelt werden, bei der eine Differenzhaftung des Gesellschafters vorgesehen ist. (7.) Der gutgläubige Erwerb eines Geschäftsanteils soll nach erfolgter Einziehung oder im Erbfall, die ohne Mitwirkung eines Notars zur Änderung des Gesellschafterbestands führen, an einen hinreichenden Rechtsscheins- und Vertrauenstatbestand anknüpfen. (8.) Die Vorschriften über die Ausfallhaftung der Mitgesellschafter bei ausstehenden Einlagen oder Einlagenrückgewähr sollen überarbeitet werden. (9.) Es soll überprüft werden, die Einzelvertretungsbefugnis sowie die Befreiung von § 181 BGB als gesetzliche Regelfälle aufzunehmen. (10.) Die Einführung einer »Intransparenzhaftung« der Geschäftsführer und Gesellschafter wegen undurchsichtiger oder unzureichender Buchführung soll geprüft werden. (11.) Die Möglichkeit einer Kapitalerhöhung in Form des genehmigten Kapitals soll geprüft werden.

In ihrer Gegenäußerung stimmt die Bundesregierung in eingeschränktem Umfang dem Vorschlag zu, die Hindernisse für die Bestellung einer Person zum Geschäftsführer auszuweiten und eine Haftung der Gesellschafter, die einer ausgeschlossenen Person die Führung der Geschäfte überlassen, einzuführen; die Vorlage eines Vorschlags, nach dem die Einzelvertretungsbefugnis und die Befreiung von § 181 BGB als Regelfälle in das Gesetz aufgenommen werden, sowie eine Überprüfung der Vorschläge zur Überarbeitung der Ausfallhaftung der Mitgesellschafter, zur »Intransparenzhaftung« und zur Kapitalerhöhung in Form des genehmigten Kapitals werden zugesagt (BT-Drs. 16/6140 [Anlage 3]).

e) **Behandlung des Regierungsentwurfs des Gesetzes zur Modernisierung des GmbH-Rechts und zur Bekämpfung von Missbräuchen (MoMiG) im Deutschen Bundestag, Zustimmung des Bundesrats sowie Inkrafttreten**

Der – mit der Stellungnahme des Bundesrates und der Gegenäußerung der Bundesregierung versehene – Regierungsentwurf des MoMiG ist dem Deutschen Bundestag am 25.07.2007 übersandt worden (BT-Drs. 16/6140). Dieser hat den Entwurf in seiner 115. Sitzung am 20.09.2007 beraten und dem Rechtsausschuss zur federführenden Beratung sowie dem Ausschuss für Wirtschaft und Technologie zur Mitberatung überwiesen. Nach Durchführung einer öffentlichen Anhörung am 23.01.2008 (Stellungnahmen unter anderem von Goette, Grunewald, Haas, Hoffmann-Becking, Hirte, Lutter, Ries) hat der Rechtsausschuss den Entwurf am 18.06.2008 abschließend beraten und mit den Stimmen der Fraktionen CDU/CSU, SPD und Bündnis 90/Die Grünen gegen die Stimmen der Fraktionen FDP und Die Linke beschlossen, dem Deutschen Bundestag die Annahme in geänderter Fassung zu empfehlen (BT-Drs. 16/9737).

Die vom Rechtsausschuss empfohlenen Änderungen des GmbHG im Vergleich zum Regierungsentwurf (BT-Drs. 16/9737) sind insbesondere folgende: (1.) Anstelle eines Mustergesellschaftsvertrags bietet das Gesetz die Verwendung eines Musterprotokolls an, welches drei Dokumente – Gesellschaftsvertrag, Geschäftsführerbestellung und Gesellschafterliste – zusammenfasst und trotz der not-

Einleitung GmbHG

wendigen Beurkundung eine kostenrechtlich privilegierte Gründung der Gesellschaft ermöglicht. (2.) Das Mindeststammkapital wird nicht auf € 10.000 abgesenkt. (3.) Da es sich bei der Unternehmergesellschaft nicht um eine eigene Gesellschaftsform handelt, wird nicht von einem »Rechtsformzusatz«, sondern von einer »Bezeichnung« gesprochen; außerdem darf die bei der Unternehmergesellschaft zu bildende gesetzliche Rücklage nicht nur zum Zweck einer Kapitalerhöhung aus Gesellschaftsmitteln, sondern auch zur Verlustdeckung genutzt werden. (4.) Gegenüber dem Regierungsentwurf werden die Hindernisse für die Bestellung einer Person zum Geschäftsführer um Betrugstatbestände erweitert; außerdem wird eine Haftung der Gesellschafter begründet, wenn diese vorsätzlich oder grob fahrlässig einer ausgeschlossenen Person die Führung der Geschäfte überlassen. (5.) Nach Eintragung der Gesellschaft in das Handelsregister wird bei einer verdeckten Sacheinlage deren Wert »automatisch« auf die Geldeinlegepflicht des Gesellschafters angerechnet; das (Register-)Gericht darf die Eintragung der Gesellschaft in das Handelsregister bei Vorliegen einer »verdeckten Sacheinlage« ablehnen. (6.) Die Möglichkeit einer Kapitalerhöhung in Form des genehmigten Kapitals wird geschaffen.

33 Außerhalb des GmbHG betreffen die vom Rechtsausschuss empfohlenen Änderungen im Vergleich zum Regierungsentwurf (BT-Drs. 16/9737) vor allem die Insolvenzordnung: (1.) Forderungen auf Rückgewähr eines Gesellschafterdarlehens werden in der Überschuldungsbilanz nicht passiviert, wenn eine ausdrückliche Rangrücktrittserklärung des Kredit gebenden Gesellschafters vorliegt. (2.) Ein Gesellschafter, der einer – nunmehr – insolventen Gesellschaft einen Gegenstand zur Nutzung überlassen hat, kann den Aussonderungsanspruch zeitweise nicht geltend machen, wenn der Gegenstand für die Unternehmensfortführung von erheblicher Bedeutung ist.

34 Der Deutsche Bundestag hat in seiner 172. Sitzung am 26.06.2008 das MoMiG in der vom Rechtsausschuss empfohlenen (geänderten) Fassung mit den Stimmen der Fraktionen der CDU/CSU, SPD und Bündnis 90/Die Grünen gegen die Stimmen der Fraktionen FDP und Die Linke beschlossen, nachdem in der Debatte vor allem die Sinnhaftigkeit der Unternehmergesellschaft (haftungsbeschränkt) kontrovers erörtert worden ist (vgl. Stenografischer Bericht der 172. Sitzung des Deutschen Bundestages mit Beiträgen insbes. von Benneter, Duin, Dyckmans, Gehb, Lämmel, Montag, Raab, Zimmermann, Zypries, S. 18189–18205). Der Bundesrat hat in seiner 847. Sitzung am 19.09.2008 zum Gesetzesbeschluss des Deutschen Bundestages (BR-Drs. 615/08) keinen Antrag auf Einberufung des Vermittlungsausschusses gestellt. Nach Ausfertigung durch den Bundespräsidenten am 23.10.2008 und Verkündung in dem am 28.10.2008 ausgegebenen Bundesgesetzblatt (BGBl. I S. 2026) ist das MoMiG am ersten Tag des auf die Verkündung folgenden Kalendermonats (Art. 25 MoMiG), mithin am 01.11.2008, in Kraft getreten.

35 Die Fraktion Bündnis 90/Die Grünen hat am 17.10.2008 eine Kleine Anfrage an die Bundesregierung zur Umsetzung des Gesetzes, insbesondere zu einzelnen Fragen im Hinblick auf die Unternehmergesellschaft (haftungsbeschränkt), gerichtet (BT-Drs. 16/10678). Die Bundesregierung hat am 31.10.2008 eine Antwort gegeben (BT-Drs. 16/10739).

f) Überblick über die durch das Gesetz zur Modernisierung des GmbH-Rechts und zur Bekämpfung von Missbräuchen (MoMiG) bewirkten Änderungen des GmbHG und anderer Gesetze

aa) Änderungen des Gesetzes betreffend die Gesellschaften mit beschränkter Haftung (Art. 1 MoMiG)

36 Art. 1 MoMiG hat zu Änderungen der §§ 2, 3, 4a, 5, 6, 7, 8, 9, 9a, 9c, 10, 14, 16, 19, 22, 26, 30, 35, 35a, 40, 41, 46, 47, 55, 56, 56a, 57, 57h, 57l, 58, 58a, 58f, 60, 64, 65, 66, 71, 82, 84 GmbHG, zur Einfügung der §§ 5a, 55a GmbHG und zur Aufhebung der §§ 17, 32a, 32b, 36, 57b, 86, 87 GmbHG sowie zur Anfügung der Abkürzung »GmbHG« in der Überschrift des Gesetzes, zur Voranstellung einer Inhaltsübersicht und zur Anfügung von Anlagen geführt. Es handelt sich insbesondere um folgende Änderungen des GmbHG:

(1.) Die Gründung einer GmbH mit höchstens drei Gesellschaftern und einem Geschäftsführer kann in einem vereinfachten Verfahren unter Verwendung eines Musterprotokolls erfolgen, das zugleich als Gesellschafterliste gilt; die Verwendung eines Musterprotokolls ist kostenrechtlich privilegiert (§ 2

Einleitung GmbHG

Abs. 1a i. V. m. Anlage). (2.) Jeder Gesellschafter kann (schon bei Errichtung der GmbH) mehrere Geschäftsanteile übernehmen; der Nennbetrag eines Geschäftsanteils muss auf volle Euro lauten, ohne dass ein Mindestnennbetrag von € 100 (mehr) vorgeschrieben ist; auf jeden Geschäftsanteil ist eine Einlage zu leisten, deren Höhe sich nach dem – im Gesellschaftsvertrag oder in der Übernahmeerklärung festgesetzten – Nennbetrag des Geschäftsanteils richtet; die Teilung und Zusammenlegung von Geschäftsanteilen wird erleichtert (§§ 5, 14 GmbHG; vgl. auch § 3 Abs. 1 Nr. 4, 7 Abs. 2, 8 Abs. 1 Nr. 3 und 5, Abs. 2 Satz 1, 9 Abs. 1, 9a Abs. 4, 19 Abs. 1, 26 Abs. 1, 46 Nr. 4, 47 Abs. 2, 55, 55a, 56, 57, 57h, 57l, 58, 58a, 58f, 82 Abs. 1 GmbHG). (3.) Eine Gesellschaft kann einen tatsächlichen (Verwaltungs-)Sitz wählen, der nicht mit dem im Gesellschaftsvertrag angegeben (Satzungs-)Sitz übereinstimmen muss; lediglich der Satzungssitz muss im Inland sein (§ 4a GmbHG). (4.) Als »Variante« der GmbH kann eine Gesellschaft gegründet werden, deren Stammkapital unter dem Betrag des Mindeststammkapitals (€ 25.000) liegt und die in ihrer Firma die Bezeichnung »Unternehmergesellschaft (haftungsbeschränkt)« oder »UG (haftungsbeschränkt)« tragen muss; die Anmeldung zur Eintragung in das Handelsregister darf erst erfolgen, wenn das Stammkapital in voller Höhe eingezahlt ist, wobei Sacheinlagen ausgeschlossen sind; die Eigenkapitalausstattung soll durch die Bildung einer gesetzlichen Rücklage verbessert werden, in die jeweils ein Viertel des Jahresüberschusses einzustellen ist und die nur für bestimmte Zwecke verwendet werden darf (§ 5a GmbHG). (5.) Die Ausschlusstatbestände für die Bestellung einer Person zum Geschäftsführer werden erweitert; Gesellschafter haften wegen der Bestellung einer ausgeschlossenen Person zum Geschäftsführer (§ 6 Abs. 2 und 5 GmbHG). (6.) Bei der Errichtung einer Gesellschaft wird nicht (mehr) danach unterschieden, ob die Gesellschaft durch einen oder durch mehrere Gesellschafter gegründet wird (vgl. §§ 7 Abs. 2, 8 Abs. 2 GmbHG a. F.). (7.) Der Anmeldung einer Gesellschaft, deren Unternehmensgegenstand einer staatlichen Genehmigung bedarf, muss die Genehmigungsurkunde nicht (mehr) beigefügt sein (vgl. § 8 Abs. 1 Nr. 6 GmbHG a. F.). (8.) Das (Register-)Gericht kann (nur) bei erheblichen Zweifeln an der Richtigkeit der Versicherung über die Leistung der Einlagen diesbezügliche Nachweise verlangen; (nur) bei nicht unwesentlicher Überbewertung von Sacheinlagen darf das (Register-)Gericht die Eintragung der Gesellschaft in das Handelsregister ablehnen (§§ 8 Abs. 2 Satz 2, 9c Abs. 1 Satz 2 GmbHG). (9.) In der Anmeldung ist eine inländische Geschäftsanschrift anzugeben, die in das Handelsregister eingetragen wird (§§ 8 Abs. 4 Nr. 1, 10 Abs. 1 Satz 1 GmbHG). (10.) In das Handelsregister kann eine Person eingetragen werden, die für Willenserklärungen und Zustellungen an die Gesellschaft empfangsberechtigt ist (§ 10 Abs. 2 Satz 2 GmbHG). (11.) Im Verhältnis zur Gesellschaft gilt nur derjenige als Gesellschafter, der in die Gesellschafterliste eingetragen ist; der gutgläubige Erwerb eines Geschäftsanteils ist möglich, wenn der Veräußerer als Inhaber des Geschäftsanteils in die Gesellschafterliste eingetragen ist; wenn ein Notar an einer Veränderung in den Personen der Gesellschafter mitgewirkt hat, hat dieser die Gesellschafterliste zum Handelsregister einzureichen (§§ 16, 40 Abs. 2 GmbHG). (12.) Eine verdeckte Sacheinlage befreit den Gesellschafter zwar nicht von seiner Einlageverpflichtung; nach Eintragung der Gesellschaft in das Handelsregister wird jedoch der Wert des Vermögensgegenstandes auf die Einlageverpflichtung angerechnet; die Verträge über die Sacheinlage und die Rechtshandlungen zu ihrer Ausführung sind nicht (mehr) unwirksam (§ 19 Abs. 4 GmbHG). (13.) Eine vor der Einlage getroffene Vereinbarung einer Leistung an den Gesellschafter, die einer Einlagenrückgewähr entspricht (»Hin- und Herzahlen«), befreit den Gesellschafter von seiner Einlageverpflichtung, wenn die Leistung durch einen vollwertigen und fälligen (oder jederzeit fällig werdenden) Rückgewähranspruch gedeckt ist; in der Anmeldung ist eine solche Leistung oder deren Vereinbarung anzugeben (§ 19 Abs. 5 GmbHG). (14.) Das Verbot der Einlagenrückgewähr gilt nicht bei Leistungen, die bei Bestehen eines Beherrschungs- oder Gewinnabführungsvertrags erfolgen oder durch einen vollwertigen Gegenleistungs- oder Rückgewähranspruch gedeckt sind (§ 30 Abs. 1 GmbHG). (15.) Das – durch die »Rechtsprechungsregeln« und die »Novellenregeln« (§§ 32a, b GmbHG a. F.) geprägte – »Eigenkapitalersatzrecht« wird in der Insolvenzordnung und im Anfechtungsgesetz neu geregelt: Insbesondere bei der Anfechtbarkeit von Rechtshandlungen im Zusammenhang mit Gesellschafterdarlehen kommt es nicht (mehr) auf das Merkmal eigenkapitalersetzend an (§ 135 InsO; § 6 AnfG). (16.) Im Fall der – durch das Nichtvorhandensein eines Geschäftsführers definierten – Führungslosigkeit einer Gesellschaft wird diese im Hinblick auf die Entgegennahme von Willenserklärungen oder Zustellung von Schriftstücken durch die Gesellschaf-

Einleitung GmbHG

ter vertreten; an die Vertreter der Gesellschaft können unter der im Handelsregister eingetragenen Geschäftsanschrift Willenserklärungen abgegeben und Schriftstücke zugestellt werden; die Abgabe und Zustellung können auch unter der Anschrift einer empfangsberechtigten Person erfolgen (§ 35 GmbHG). (17.) Der Gesellschaftsvertrag kann die Geschäftsführer ermächtigen, das Stammkapital bis zu einem bestimmten Betrag (genehmigtes Kapital) durch Ausgabe neuer Geschäftsanteile gegen Einlagen zu erhöhen (§ 55a GmbHG). (18.) Die – nunmehr in der Insolvenzordnung geregelte – Pflicht zur Stellung eines Insolvenzantrags trifft im Fall der Führungslosigkeit der Gesellschaft jeden Gesellschafter; Geschäftsführer sind der Gesellschaft gegenüber zum Ersatz nicht nur der Zahlungen verpflichtet, die nach Eintritt der Zahlungsunfähigkeit der Gesellschaft oder nach Feststellung ihrer Überschuldung geleistet werden, sondern auch zum Ersatz der Zahlungen an Gesellschafter, die zur Zahlungsunfähigkeit führen mussten (§§ 15 Abs. 1, 15a Abs. 3 InsO; § 64 GmbHG).

bb) Einführungsgesetz zum Gesetz betreffend die Gesellschaften mit beschränkter Haftung (Art. 2 MoMiG)

37   Das Einführungsgesetz zum Gesetz betreffend die Gesellschaften mit beschränkter Haftung (GmbHG-Einführungsgesetz – EGGmbH) ist als Art. 2 MoMiG erlassen worden. § 1 EGGmbH betrifft die Umstellung des Stammkapitals und der Geschäftsanteile auf Euro, § 2 EGGmbH enthält – den Konzernabschluss und Konzernlagebericht betreffende – Übergangsvorschriften zum Transparenz- und Publizitätsgesetz und § 3 EGGmbH Übergangvorschriften zum MoMiG: § 3 Abs. 1 EGGmbH betrifft die Angabe einer inländischen Geschäftsanschrift, § 3 Abs. 2 EGGmbH die bei der Bestellung einer Person zum Geschäftsführer zu beachtenden Hindernisse, § 3 Abs. 3 EGGmbH die (Un-)Richtigkeit der – den gutgläubigen Erwerb von Geschäftsanteilen ermöglichenden – Gesellschafterliste und § 3 Abs. 4 EGGmbH die Einlageleistungen, die wegen Einlagenrückgewähr oder verdeckter Sacheinlage nach alter Rechtslage keine Erfüllung der Einlagenschuld bewirkt haben (vgl. *Wedemann* GmbHR 2008, 1131).

cc) Änderungen anderer Gesetze und Verordnungen (Art. 3 bis 24 MoMiG)

38   Durch Art. 3 MoMiG sind die §§ 13, 13d, 13e, 13f, 13g, 15a, 29, 31, 106, 107, 129a, 130a, 130b, 172a, 177a Handelsgesetzbuch geändert, eingefügt oder aufgehoben worden, durch Art. 4 MoMiG ist Art. 64 Einführungsgesetz zum Handelsgesetzbuch angefügt worden, durch Art. 5 MoMiG sind die §§ 5, 36, 37, 39, 57, 71a, 76, 78, 79, 80, 81, 92, 93, 105, 107, 112, 181, 216, 265, 291, 399, 401 Aktiengesetz geändert, eingefügt oder aufgehoben worden, durch Art. 6 MoMiG sind die §§ 4, 18, 19 Einführungsgesetz zum Aktiengesetz geändert oder eingefügt worden, durch Art. 6a MoMiG ist der § 74c Gerichtsverfassungsgesetz (GVG) geändert worden, durch Art. 6b MoMiG ist der § 10 Verwaltungszustellungsgesetz (VwZG) geändert worden, durch Art. 7 MoMiG ist der § 17 Rechtspflegergesetz (RPflG) geändert worden, durch Art. 8 MoMiG sind die §§ 22, 185 Zivilprozessordnung geändert worden, durch Art. 9 MoMiG sind die §§ 10, 15, 15a, 19, 26, 39, 44a, 101, 135, 143, 345 Insolvenzordnung (InsO) geändert oder eingefügt worden, durch Art. 10 MoMiG ist der Art. 103d Einführungsgesetz zur Insolvenzordnung (EGInsO) eingefügt worden, durch Art. 11 MoMiG sind die §§ 6, 6a, 7, 11, 18, 20 Anfechtungsgesetz (AnfG) geändert oder eingefügt worden, durch Art. 12 MoMiG sind die §§ 142, 144b Gesetz über die Angelegenheiten der Freiwilligen Gerichtsbarkeit geändert oder aufgehoben worden, durch Art. 13 MoMiG sind die §§ 9, 23, 24, 29, 34, 40, 43 und die Anlagen 3, 4, 5, 6, 7 Handelsregisterverordnung (HRV) geändert worden, durch Art. 14 MoMiG sind die § 26 und die Anlagen 1, 2 Genossenschaftsregisterverordnung (GenRegV) geändert worden, durch Art. 15 MoMiG sind die §§ 39, 41a, 41d, 88 Kostenordnung (KostO) a. F. geändert oder eingefügt worden, durch Art. 16 MoMiG sind die §§ 3, 11, 15 EWIV-Ausführungsgesetz geändert oder aufgehoben worden, durch Art. 17 MoMiG sind die §§ 46, 51, 54, 55, 241, 242, 243, 258 Umwandlungsgesetz (UmwG) geändert worden, durch Art. 18 MoMiG sind die Inhaltsübersicht und die §§ 2, 21, 22, 41, 42, 53 SE-Ausführungsgesetz geändert oder aufgehoben worden, durch Art. 19 MoMiG sind die Inhaltsübersicht und die § 24, 25, 99, 148 Genossenschaftsgesetz (GenG) geändert worden, durch Art. 20 MoMiG sind die Inhaltsübersicht und die §§ 17, 18, 22, 23, 24, 36 SCE-Ausführungsgesetz geändert oder aufgehoben worden, durch Art. 21

MoMiG ist der § 24 Gesetz über Unternehmensbeteiligungsgesellschaften (UBGG) geändert worden, durch Art. 22 MoMiG ist der § 5 Partnerschaftsgesellschaftsgesetz (PartGG) geändert worden, durch Art. 23 MoMiG ist der § 191 Abgabenordnung (AO) geändert worden, und durch Art. 24 MoMiG ist der § 46c Kreditwesengesetz (KWG) geändert worden.

Die Änderungen des Handelsgesetzbuchs (Art. 3 MoMiG) und der Handelsregisterverordnung (Art. 13 MoMiG) betreffen vor allem die Eintragung der inländischen Geschäftsanschrift und die Möglichkeit der Eintragung einer empfangsberechtigten Person in das Handelsregister (§§ 13, 13d, 13e, 29, 31, 106, 107 HGB bzw. §§ 24, 29, 34, 40, 43 HRV). Die durch Art. 5 MoMiG bewirkten Änderungen des Aktiengesetzes betreffen insbesondere die Möglichkeit, den tatsächlichen (Verwaltungs-)Sitz abweichend vom Satzungssitz (auch in das Ausland) zu verlegen (§ 5 Aktiengesetz), die Eintragung einer inländischen Geschäftsanschrift in das Handelsregister und die Möglichkeit der Eintragung einer empfangsberechtigten Person in das Handelsregister (§ 39 Aktiengesetz), die Einschränkung des Verbots der Einlagenrückgewähr bei verbundenen Unternehmen oder bei Deckung durch einen Gegenleistungs- oder Rückgewähransprch (§ 57 Aktiengesetz), Hindernisse bei der Bestellung einer Person zum Vorstandsmitglied (§ 76 Aktiengesetz) sowie die Vertretung der Gesellschaft im Fall der Führungslosigkeit (§ 78 Aktiengesetz). Die Änderungen der Insolvenzordnung (Art. 9 MoMiG) und des Anfechtungsgesetzes (Art. 11 MoMiG) betreffen vor allem die Berechtigung und Verpflichtung zur Stellung eines Insolvenzantrags (§§ 15, 15a InsO) sowie die Behandlung von Forderungen auf Rückgewähr von Gesellschafterdarlehen und der Überlassung von Gegenständen, an denen ein Aussonderungsrecht besteht (§§ 39, 135, 143 InsO; § 6 AnfG). 39

6. Gesetz zur Reform des Verfahrens in Familiensachen und in den Angelegenheiten der freiwilligen Gerichtsbarkeit (FGG-Reformgesetz – FGG-RG) vom 17. Dezember 2008

Gemäß Art. 112 Abs. 1 des Gesetzes zur Reform des Verfahrens in Familiensachen und in den Angelegenheiten der freiwilligen Gerichtsbarkeit (FGG-Reformgesetz – FGG-RG) vom 17. Dezember 2008 (BGBl. I S. 2586), das am 01.09.2009 in Kraft getreten ist, ist das Gesetz über die Angelegenheiten der freiwilligen Gerichtsbarkeit außer Kraft getreten und das als Art. 1 FGG-RG verkündete Gesetz über das Verfahren in Familiensachen und in den Angelegenheiten der freiwilligen Gerichtsbarkeit (FamFG) in Kraft getreten. §§ 374 bis 401 FamFG regeln die – bislang in §§ 125 bis 146 Gesetz über die Angelegenheiten der freiwilligen Gerichtsbarkeit geregelten – (Handels-)Registersachen, insbesondere die Löschung einer vermögenslosen Gesellschaft und die Auflösung einer Gesellschaft wegen eines Satzungsmangels (§§ 394, 399 FamFG; bis 31.08.2009: §§ 141a, 144a FGG). Durch Art. 76 FGG-RG sind die §§ 60 Abs. 1, 66 Abs. 2, 71 Abs. 3 Satz 2, 74 Abs. 2 Satz 2, Abs. 3 Satz 2 GmbHG geändert worden. 40

7. Gesetz zur Modernisierung des Bilanzrechts (Bilanzrechtsmodernisierungsgesetz – BilMoG) vom 25. Mai 2009

Durch Art. 8 des Gesetzes zur Modernisierung des Bilanzrechts (Bilanzrechtsmodernisierungsgesetz – BilMoG) vom 25. Mai 2009 (BGBl. I S. 1102, 1123) sind die §§ 33 Abs. 2 Satz 1, Abs. 3, 52 Abs. 1 Satz 1, 57f Abs. 3 Satz 2 GmbHG geändert worden. Durch Art. 9 BilMoG ist § 4 GmbHG-Einführungsgesetz angefügt worden, der eine Übergangsvorschrift zum Bilanzrechtsmodernisierungsgesetz enthält. 41

8. Gesetz zur Umsetzung der Aktionärsrechterichtlinie (ARUG) vom 30. Juli 2009

Durch Art. 14b des Gesetzes zur Umsetzung der Aktionärsrechterichtlinie (ARUG) vom 30. Juli 2009 (BGBl. I S. 2479, 2493) sind die §§ 10 Abs. 2 Satz 1, 57n Abs. 2 Satz 4, 58 Abs. 1, 58a Abs. 4 Satz 3, 58e Abs. 3 Satz 2, 58f Abs. 2 Satz 2, 65 Abs. 2 Satz 1, 67 Abs. 3 Satz 1, 73 Abs. 1 GmbHG geändert worden. 42

Einleitung GmbHG

9. Nachfolgende Änderungsgesetze

43 Durch Art. 5 des Gesetzes zur Angemessenheit der Vorstandsvergütung (VorstAG) vom 31. Juli 2009 (BGBl. I S. 2509) ist § 52 Abs. 1 GmbHG geändert worden, durch Art. 2 Abs. 51 des Gesetzes zur Änderung von Vorschriften über Verkündung und Bekanntmachungen sowie der Zivilprozessordnung, des Gesetzes betreffend die Einführung der Zivilprozessordnung und der Abgabenordnung vom 22. Dezember 2011 (BGBl. I S. 3044) ist § 12 Satz 1 GmbHG geändert und § 12 Satz 3 GmbHG aufgehoben worden, durch Art. 7 des Gesetzes zur Stärkung des Ehrenamts (Ehrenamtsstärkungsgesetz) vom 21. März 2013 (BGBl. I S. 556) ist § 4 Satz 2 GmbHG eingefügt worden und durch Art. 27 des Zweiten Gesetzes zur Modernisierung des Kostenrechts (2. Kostenrechtsmodernisierungsgesetz – 2. KostRMoG) vom 23. Juli 2013 (BGBl. I S. 2586, 2706) ist § 51b Satz 1 GmbHG geändert worden.

II. Weitere Gesetze mit Bedeutung für das GmbH-Recht

44 Für das GmbH-Recht sind neben dem GmbHG insbesondere folgende Gesetze von Bedeutung: (1.) Für die Eintragung einer GmbH oder ihrer Zweigniederlassung in das (Handels- oder Unternehmens-)Register, für die Firma sowie für die Buchführung, den Jahresabschluss und den Lagebericht ist das Handelsgesetzbuch maßgebend (§ 13 Abs. 3 GmbHG i. V. m. § 6 Abs. 1 Handelsgesetzbuch), (2.) für »Handelssachen« ist subsidiär das Bürgerliche Gesetzbuch (BGB) maßgebend (vgl. Art. 2 Abs. 1 Einführungsgesetz zum Handelsgesetzbuch), (3.) für Registersachen einschließlich der Löschung einer vermögenslosen oder nichtigen Gesellschaft und der Auflösung einer Gesellschaft wegen eines Satzungsmangels sind die §§ 374 bis 401 des Gesetzes über Verfahren in Familiensachen und in den Angelegenheiten der freiwilligen Gerichtsbarkeit (FamFG; s. Rdn. 40) maßgebend, (4.) für das Insolvenzverfahren einschließlich der Behandlung eines Gesellschafterdarlehns ist die Insolvenzordnung (InsO) maßgebend, (5.) für die Anfechtung von Rechtshandlungen einschließlich der Rückgewähr eines Gesellschafterdarlehns außerhalb des Insolvenzverfahrens ist das Anfechtungsgesetz (AnfG) maßgebend, (6.) für die Umwandlung (Verschmelzung, Spaltung und Formwechsel) unter Beteiligung von Rechtsträgern in Form der GmbH ist das Umwandlungsgesetz (UmwG) maßgebend, (7.) für die (Unternehmens-)Mitbestimmung der Arbeitnehmer sind das Drittelbeteiligungsgesetz (DrittelbG), das Mitbestimmungsgesetz (MitbestG), das Montan-Mitbestimmungsgesetz oder das Mitbestimmungsergänzungsgesetz maßgebend. Lücken des GmbH-Rechts werden durch analoge Anwendung einzelner Bestimmungen des Aktiengesetzes geschlossen; Beispiele sind das Beschlussmängelrecht (*Fleischer* GmbHR 2013, 1289), die mögliche Festsetzung des Gründungsaufwands im Gesellschaftsvertrag, der Haftungsausschluss der Geschäftsführer bei der Ausübung unternehmerischen Ermessens, das Wettbewerbsverbot der Geschäftsführer sowie das (Konzern-)Recht der durch Vertrag verbundenen Unternehmen (*Fleischer* GmbHR 2008, 673). Ferner werden Lücken des GmbH-Rechts durch einzelne Regelungen des Rechts der Personengesellschaften ausgefüllt; Beispiele sind der Ausschluss eines Gesellschafters aus wichtigem Grund, die Abfindung des ausgeschiedenen Gesellschafters zum Verkehrswert sowie die mitgliedschaftliche Treuepflicht der Gesellschafter untereinander (*Fleischer* GmbHR 2008, 1121: »Einkreuzung personengesellschaftsrechtlicher Elemente in das GmbH-Recht«).

Gesetz betreffend die Gesellschaften mit beschränkter Haftung (GmbHG)

in der Fassung der Bekanntmachung vom 20. Mai 1898 (RGBl. S. 846) zuletzt geändert durch Art. 27 des Zweiten Gesetzes zur Modernisierung des Kostenrechts (2. Kostenrechtsmodernisierungsgesetz - 2. KostRMoG) vom 23. Juli 2013 (BGBl. I, 2586)

Erster Abschnitt Errichtung der Gesellschaft

§ 1 Zweck; Gründerzahl

Gesellschaften mit beschränkter Haftung können nach Maßgabe der Bestimmungen dieses Gesetzes zu jedem gesetzlich zulässigen Zweck durch eine oder mehrere Personen errichtet werden.

Übersicht	Rdn.		Rdn.
A. Allgemeines	1	3. Rechtsfolgen eines unzulässigen Gesellschaftszwecks	14
B. Zweck der Gesellschaft	4	C. (Gründungs-)Gesellschafter	15
I. Zweck der Gesellschaft und Gegenstand des Unternehmens	4	I. Natürliche Person	16
II. Gesetzlich zulässige Zwecke	7	II. Juristische Person	19
1. Wirtschaftliche und nichtwirtschaftliche Zwecke	8	III. Gesamthandsgemeinschaft	22
2. Freiberufliche Tätigkeit	11	IV. Treuhand-Gesellschafter (Treuhänder)	26
		V. Besondere Anforderungen aufgrund gesellschaftsvertraglicher Regelung	32

A. Allgemeines

Die durch Art. 1 Nr. 1 des GmbHÄndG vom 4. Juli 1980 (BGBl. I, 836) geänderte Vorschrift regelt den Zweck einer Gesellschaft mit beschränkter Haftung (GmbH) und die Zahl ihrer Gründungsgesellschafter (Gründer): Eine GmbH kann – anders als viele andere Gesellschaftsformen – **zu jedem gesetzlich zulässigen Zweck** errichtet werden; sie kann – anders als viele andere Gesellschaftsformen – nicht nur durch mehrere Personen, sondern **auch durch (lediglich) eine Person gegründet** werden. Durch das Gesetz zur Modernisierung des GmbH-Rechts und zur Bekämpfung von Missbräuchen (MoMiG) vom 23. Oktober 2008 (BGBl. I, 2026) ist die Überschrift »Zweck; Gründerzahl« hinzugefügt worden. 1

Der in § 1 GmbHG verwendete Begriff »**Errichtung**« übernimmt den in der Überschrift des Ersten Abschnitts des GmbHG verwendeten Begriff, ohne ihn zu erläutern. Im AktG wird der Begriff »Errichtung« in einem anderen Sinn verwendet (vgl. § 29 AktG). 2

Eine GmbH kann nicht nur im **Wege der Errichtung** – Abschluss des Gesellschaftsvertrags (§ 2 GmbHG), Bestellung der Geschäftsführer (§ 6 GmbHG), Übernahme der Geschäftsanteile gegen Einlage, die – zumindest teilweise – vor Anmeldung der Gesellschaft zur Eintragung in das Handelsregister zu leisten ist (vgl. § 7 Abs. 2 und 3 GmbHG), Anmeldung zur Eintragung in das Handelsregister (§ 7 Abs. 1 GmbHG), Prüfung durch das (Register-)Gericht (§ 9c GmbHG) sowie Eintragung in das Handelsregister und Bekanntmachung –, sondern auch im **Wege der Umwandlung** durch Spaltung (vgl. §§ 123 ff. UmwG) oder Formwechsel (vgl. §§ 190 ff. UmwG) entstehen. 3

B. Zweck der Gesellschaft

I. Zweck der Gesellschaft und Gegenstand des Unternehmens

Während das GmbHG den Begriff »Gegenstand des Unternehmens« in den §§ 3 Abs. 1 Nr. 2, 10 Abs. 1 S. 1, 75 und 76 GmbHG verwendet, wird der Begriff »Zweck« bzw. »Gesellschaftszweck« 4

§ 1 GmbHG Zweck; Gründerzahl

lediglich in den §§ 1 und 61 Abs. 1 Alt. 1 GmbHG verwendet: Beim **Unternehmensgegenstand** handelt es sich um einen notwendigen Bestandteil des Gesellschaftsvertrags (§ 3 Abs. 1 Nr. 2 GmbHG), der in das Handelsregister einzutragen ist (§ 10 Abs. 1 S. 1 GmbHG). Enthält der Gesellschaftsvertrag keine Bestimmungen über den Unternehmensgegenstand oder sind diese nichtig, kann Nichtigkeitsklage erhoben werden (§ 75 GmbHG; zur Nichtigkeitsklage s. Kap. 5 Rdn. 549 ff.); ein diese Bestimmungen betreffender Mangel kann durch einstimmigen Gesellschafterbeschluss geheilt werden (§ 76 GmbHG). Demgegenüber kann bei Unmöglichwerden des **Gesellschaftszwecks** Auflösungsklage erhoben werden (§ 61 Abs. 1 Alt. 1 GmbHG; zur Auflösungsklage s. Kap. 5 Rdn. 532 ff.). Während zur Änderung des Gesellschaftszwecks die Zustimmung aller Gesellschafter gemäß § 33 Abs. 1 S. 2 BGB analog erforderlich ist, bedarf die die Änderung des Unternehmensgegenstands – vorbehaltlich anderweitiger Regelung – lediglich der in § 53 Abs. 2 S. 1 GmbHG vorgesehenen Mehrheit (s. § 53 GmbHG Rdn. 33).

5 Zum **Zweck eines Vereins** hat der Bundesgerichtshof Folgendes ausgeführt: »Als Vereinszweck« kann »in der Regel nur die große Linie angesehen werden (...), um derentwillen sich die Mitglieder zusammengeschlossen haben«; die Bestimmung des Zwecks ist von der »näheren Darstellung von Aufgaben und einzuschlagenden Wegen« zu unterscheiden (BGHZ 96, 245, 251 f.; vgl. BayObLG NJW-RR 2001, 1260). Zum **Zweck einer GmbH** ist im Schrifttum prägnant formuliert worden (Lutter/Hommelhoff/*Bayer* § 1 Rn. 3): »Der Zweck beantwortet stets die Frage nach dem Wozu der GmbH: Soll Gewinn erzielt werden oder ein gesellschaftliches, karitatives oder anderes ideelles Ziel erreicht werden? Dagegen ist der Unternehmensgegenstand zunächst nur das Mittel, mit dem das Ziel (der Zweck) erreicht werden soll, d. h. die konkrete Art der Tätigkeit: Was soll getan werden, und wie soll es getan werden?« Der Gesellschaftszweck soll den »Endzweck« des partnerschaftlichen Zusammenwirkens markieren, während der Unternehmensgegenstand das Tätigkeitsfeld der Gesellschaft absteckt (MüKo GmbHG/*Fleischer* § 1 Rn. 9)

6 Während der **Unternehmensgegenstand** für das Verhältnis der Gesellschaft zu Dritten von Bedeutung ist, ist der **Gesellschaftszweck** vor allem für das Verhältnis der Gesellschafter untereinander maßgebend (vgl. Baumbach/Hueck/*Fastrich* § 1 Rn. 5). Der Gesellschaftszweck hat nicht nur Bedeutung für den Erfolg einer **Auflösungsklage** gemäß § 61 GmbHG (zur Auflösungsklage s. Kap. 5 Rdn. 532 ff.), sondern auch für die Bestimmung der gesellschaftsrechtlichen **Treuepflicht** (BGHZ 65, 15, 18 f.; zur Treuepflicht s. § 14 GmbHG Rdn. 12 ff.) und für die **Überprüfung von Gesellschafterbeschlüssen** und damit für den Erfolg einer Beschlussmängelklage (OLG Köln AG 2009, 416 zur Aktiengesellschaft; zur Nichtigkeit und Anfechtbarkeit von Gesellschafterbeschlüssen s. § 47 GmbHG Rdn. 39 ff.).

II. Gesetzlich zulässige Zwecke

7 Ein **gemeinsamer Zweck** ist Kennzeichen **jeder Gesellschaft** in den unterschiedlichen Rechtsformen (vgl. § 705 BGB für die Gesellschaft bürgerlichen Rechts [GbR], s. § 705 BGB Rdn. 49 ff.; vgl. §§ 21 f. BGB für den Verein). Während der **Zweck** einer offenen Handelsgesellschaft (OHG) oder einer Kommanditgesellschaft (KG) regelmäßig im Betrieb eines Handelsgewerbes liegt (vgl. § 105 Abs. 1 und 2 HGB bzw. § 161 Abs. 1 HGB; s. § 105 HGB Rdn. 9 zur OHG sowie § 161 HGB Rdn. 6 zur KG) und eine Genossenschaft die Förderung des Erwerbs oder der Wirtschaft ihrer Mitglieder bezweckt (§ 1 GenG), darf der Zweck eines Vereins auf einen wirtschaftlichen oder nichtwirtschaftlichen Geschäftsbetrieb (§§ 21 f. BGB) gerichtet sein. Auch eine GmbH kann auf die Verfolgung **wirtschaftlicher oder nichtwirtschaftlicher Zwecke** gerichtet sein, ohne dass diese Unterscheidung rechtliche Bedeutung hat.

1. Wirtschaftliche und nichtwirtschaftliche Zwecke

8 **Wirtschaftliche Zwecke** können erwerbswirtschaftlicher Art oder sonstiger wirtschaftlicher Art sein. **Erwerbswirtschaftliche Zwecke** können in der Erzielung von Einkünften aus Land- und Forstwirtschaft, aus Gewerbebetrieb, aus freiberuflicher Tätigkeit, aus Kapitalvermögen oder aus Vermietung und Verpachtung (vgl. § 2 Abs. 1 EStG) liegen. Der Zweck kann auch in der Betei-

ligung als persönlich haftende Gesellschafterin einer Kommanditgesellschaft (**GmbH & Co KG**; RGZ 105, 101) oder als persönlich haftende Gesellschafterin einer Kommanditgesellschaft auf Aktien liegen (**GmbH & Co KGaA**; BGHZ 134, 392). Ferner kann der Zweck im Halten von Beteiligungen bestehen (»Holding-Gesellschaft«).

Nichtwirtschaftliche (»**ideelle**«) **Zwecke** können insbesondere auf sozialem, politischem, religiösem, karitativem, künstlerischem, wissenschaftlichem oder sportlichem Gebiet liegen. 9

Das **Verbot**, einen bestimmten Zweck in der Rechtsform der GmbH zu verfolgen, kann sich aus allgemeinen (z. B. §§ 134, 138 Abs. 1 BGB) oder besonderen gesetzlichen Vorschriften ergeben. Beispielsweise dürfen **Bausparkassen** oder **Versicherungsunternehmen** in der Rechtsform der Aktiengesellschaft, nicht aber in der Rechtsform der GmbH betrieben werden (§ 2 Abs. 1 BauSparkG bzw. § 7 Abs. 1 VAG). Juristische Person dürfen nicht zu Versteigerern bestellt werden (§ 34b Abs. 5 S. 1 GewO). Nur eine natürliche Person darf zum **Insolvenzverwalter** bestellt werden (§ 56 Abs. 1 InsO). 10

2. Freiberufliche Tätigkeit

Freiberufliche Zwecke können in der Rechtsform der GmbH verfolgt werden. Durch das jeweilige Berufsrecht sind die Anforderungen zu regeln, um den Besonderheiten freiberuflicher Berufstätigkeit in dieser Rechtsform Rechnung zu tragen (vgl. *Ulmer/Löbbe* § 1 Rn. 22 ff.). Gegenüber einer Tätigkeit von **Architekten und Ingenieuren** sowie hauptberuflichen **Sachverständigen** in der Rechtsform der GmbH werden aus berufsrechtlicher Sicht – von Ausnahmen abgesehen – schon seit längerem keine Bedenken erhoben (OLG Düsseldorf GRUR 1996, 370). Die (berufsrechtliche) Zulassung von **Steuerberatungs- und Wirtschaftsprüfungsgesellschaften** in der Rechtsform der GmbH ist seit Inkrafttreten des § 16 des Gesetzes über die Rechtsverhältnisse der Steuerberater und Steuerbevollmächtigten (Steuerberatungsgesetz, StBerG) vom 23. August 1961 (BGBl. I, 1301; jetzt: § 49 Abs. 1 StBerG) bzw. des § 27 Abs. 1 des Gesetzes über eine Berufsordnung der Wirtschaftsprüfer (Wirtschaftsprüferordnung, WPO) vom 24. Juli 1961 (BGBl. I, 1049) ausdrücklich gesetzlich geregelt. Auch für die von **Ärzten, Zahnärzten und Tierärzten, Psychologischen Psychotherapeuten** sowie **Kinder- und Jugendlichenpsychotherapeuten** ausgeübte Tätigkeit ist von der grundsätzlichen Zulässigkeit einer derartigen Tätigkeit in der Rechtsform der GmbH auszugehen; entgegenstehendes (Bundes- oder Landes-)Recht verstößt gegen höherrangiges (Verfassungs-)Recht (vgl. Lutter/Hommelhoff/*Bayer* § 1 Rn. 13; Scholz/*Emmerich* § 1 Rn. 14b). 11

Die **Ausübung rechtsanwaltlicher Tätigkeit** in der Rechtsform der GmbH ist seit Einfügung der §§ 59c ff. BRAO durch Art. 1 Nr. 2 Gesetz zur Änderung der Bundesrechtsanwaltsordnung, der Patentanwaltsordnung und anderer Gesetze vom 31. August 1998 (BGBl. I, 2600) ausdrücklich gesetzlich zugelassen, nachdem dies zuvor schon in der Rechtsprechung als zulässig angesehen worden war (BayObLG NJW 1995, 199, nachfolgend BayObLG NJW 1996, 3217; vgl. aber OLG Köln NZG 1998, 230). Gesellschafter einer Rechtsanwaltsgesellschaft können nur Rechtsanwälte und Angehörige »sozietätsfähiger« Berufe sein, die in der Gesellschaft beruflich tätig sind; die Mehrheit der Geschäftsanteile und Stimmrechte muss – nach den gesetzlichen Vorschriften, die durch das Bundesverfassungsgericht in bestimmter Hinsicht für nichtig erklärt worden sind (NJW 2014, 613; vgl. BGH NJW 2013, 660 zur Partnerschaftsgesellschaft) - Rechtsanwälten zustehen (§ 59e Abs. 1 S. 1 und 2, Abs. 3 S. 1 BRAO). Die Geschäftsführer müssen mehrheitlich Rechtsanwälte sein; die Unabhängigkeit der als Geschäftsführer tätigen Rechtsanwälte bei der Ausübung des Rechtsanwaltsberufs ist zu gewährleisten (§ 59f Abs. 1 S. 2, Abs. 4 S. 1 BRAO). Wenn der einzige Gesellschafter und Geschäftsführer einer Rechtsanwaltsgesellschaft nicht mehr der Rechtsanwaltschaft angehört, ist der Gesellschaft die (berufsrechtliche) Zulassung gemäß § 59h Abs. 3 S. 1 i. V. m. §§ 59e Abs. 1 S. 1, 59f Abs. 1 BRAO zu widerrufen (AGH Berlin BRAK-Mitt. 2006, 84). Wird die Rechtsanwalts-Gesellschaft durch Formwechsel (§§ 190 ff. UmwG) in eine AG umgewandelt, ist die Zulassung nach den gesetzlichen Vorschriften der § 59h Abs. 3 S. 1 i. V. m. § 59c Abs. 1 BRAO zwar zu widerrufen; allerdings hat eine AG aufgrund höherrangigen (Verfassungs-)Rechts einen Anspruch auf (berufsrechtliche) Zulassung, sofern die Voraussetzungen für die Zulassung einer 12

§ 1 GmbHG Zweck; Gründerzahl

Kapitalgesellschaft als Rechtsanwaltsgesellschaft in Anlehnung an die §§ 59c ff. BRAO erfüllt sind (BGHZ 161, 376, 381 ff.; BayObLG NJW 2000, 1647). Die Ausübung rechtsanwaltlicher Tätigkeit ist auch in der – durch das Gesetz zur Modernisierung des GmbH-Rechts und zur Bekämpfung von Missbräuchen (MoMiG) vom 23. Oktober 2008 (BGBl. I, 2026) eingeführten und in § 5a GmbHG geregelten – Unternehmergesellschaft (haftungsbeschränkt) zulässig (*Römermann* AnwBl 2009, 131).

13 Die **Ausübung patentanwaltlicher Tätigkeit** in der Rechtsform der GmbH ist seit Einfügung der §§ 52c ff. PatAO durch Art. 2 Nr. 2 Gesetz zur Änderung der Bundesrechtsanwaltsordnung, der Patentanwaltsordnung und anderer Gesetze vom 31. August 1998 (BGBl. I, 2600) ausdrücklich gesetzlich zugelassen: Gesellschafter einer Patentanwaltsgesellschaft können im Wesentlichen nur Mitglieder der Patentanwaltskammer und Rechtsanwälte sein, die in der Gesellschaft beruflich tätig sind; die Mehrheit der Geschäftsanteile und Stimmrechte muss – nach den gesetzlichen Vorschriften, die durch das Bundesverfassungsgericht in bestimmter Hinsicht für nichtig erklärt worden sind (NJW 2014, 613) - Patentanwälten zustehen (§ 52e Abs. 1 S. 1 und 2, Abs. 3 S. 1 PatAO). Hierdurch soll erreicht werden, dass die Rechtsform der Patentanwaltsgesellschaft nur zur gemeinsamen Berufsausübung von Patentanwälten und Rechtsanwälten genutzt wird, nicht hingegen zwecks reiner Kapitalbeteiligung; das entscheidende Gewicht bei der Willensbildung der GmbH soll stets den Patentanwälten selbst zukommen, deren Anteils- und Stimmenmehrheit daher gesichert sein muss, um berufsfremde Einflüsse Dritter auf diese Weise zu verhindern (BGHZ 148, 270, 279).

3. Rechtsfolgen eines unzulässigen Gesellschaftszwecks

14 Ein unzulässiger Gesellschaftszweck führt zur **Nichtigkeit des Gesellschaftsvertrags**, so dass das (Register-)Gericht, bei dem die Gesellschaft zur Eintragung in das Handelsregister angemeldet wird, die Eintragung gemäß § 9c Abs. 1 S. 1, Abs. 2 Nr. 3 GmbHG abzulehnen hat (KG NJW-RR 1997, 794; OLG Stuttgart BB 1984, 690; vgl. Lutter/Hommelhoff/*Bayer* § 1 Rn. 17; MüKo GmbHG/*Fleischer* § 1 Rn. 43; Rowedder/*Schmidt-Leithoff* § 1 Rn. 51 f.; *Ulmer/Löbbe* § 1 Rn. 45). Die Nichtigkeit des Gesellschaftsvertrags wird durch eine – dennoch erfolgte – Eintragung in das Handelsregister **nicht geheilt**: Sofern die Unzulässigkeit des Gesellschaftszwecks – wie in der Praxis häufig – mit der Unzulässigkeit des Unternehmensgegenstands einhergeht, kommen die Erhebung einer **Nichtigkeitsklage** gemäß § 75 GmbHG (zur Nichtigkeitsklage s. Kap. 5 Rdn. 549 ff.) oder eine Amtslöschung gemäß § 397 FamFG in Betracht; bei bloßer Unzulässigkeit des Gesellschaftszwecks ohne damit einhergehende Unzulässigkeit des Unternehmensgegenstands kommt die Erhebung einer **Auflösungsklage** gemäß § 61 Abs. 1 Alt. 1 GmbHG (zur Auflösungsklage s. Kap. 5 Rdn. 532 ff.), ggf. auch eine Auflösung gemäß § 62 GmbHG in Betracht (vgl. Baumbach/Hueck/*Fastrich* § 1 Rn. 17; Lutter/Hommelhoff/*Bayer* § 1 Rn. 19; MüKo GmbHG/*Fleischer* § 1 Rn. 44; Scholz/*Emmerich* § 1 Rn. 22; *Ulmer/Löbbe* § 1 Rn. 47).

C. (Gründungs-)Gesellschafter

15 Eine GmbH kann durch eine oder mehrere Personen errichtet werden; seit Inkrafttreten der durch Art. 1 Nr. 1 GmbHÄndG vom 4. Juli 1980 (BGBl. I, 836) bewirkten Änderung des § 1 GmbHG ist die Errichtung einer GmbH durch (lediglich) einen Gesellschafter ausdrücklich gesetzlich anerkannt. Diejenigen Personen, die den – notariell zu beurkundenden – Gesellschaftsvertrag unterzeichnen (§ 2 Abs. 1 GmbHG), werden als »Gründungsgesellschafter« oder »Gründer« bezeichnet. Nach Unterzeichnung des Gesellschaftsvertrags kann die Gesellschafterstellung insbesondere durch Abtretung eines Geschäftsanteils gemäß § 15 GmbHG erlangt werden (zum Wechsel eines Gesellschafters vor Eintragung der Gesellschaft in das Handelsregister s. § 2 GmbHG Rdn. 56 f.).

I. Natürliche Person

16 Eine natürliche Person kann (Gründungs-)Gesellschafter einer GmbH sein.. Wenn der Zweck der Gesellschaft auf die Ausübung einer bestimmten **freiberuflichen Tätigkeit** gerichtet ist, müssen die Gesellschafter ggf. bestimmte Anforderungen erfüllen (s. Rdn. 11 ff.). Bei einem im gesetzlichen

Güterstand der Zugewinngemeinschaft (§§ 1363 ff. BGB) lebenden Ehegatten ist die **Zustimmung des anderen Ehegatten** erforderlich, wenn die mit der Übernahme des GmbH-Geschäftsanteils einhergehenden Verpflichtungen sich als Verfügung über das Vermögen im Ganzen erweisen (§ 1365 Abs. 1 Satz 1 BGB; vgl. Baumbach/Hueck/*Fastrich* § 1 Rn. 27 MüKo GmbHG/*Fleischer* § 1 Rn. 51; Scholz/*Emmerich* § 2 Rn. 45).

Ein **Minderjähriger** bedarf zur Übernahme eines GmbH-Geschäftsanteils im Rahmen der Gründung einer GmbH der Mitwirkung seines gesetzlichen Vertreters (§§ 1626 Abs. 1, 1629 Abs. 1 Satz 1 BGB). Erforderlichenfalls muss zur Vermeidung des Selbstkontrahierens (§ 181 BGB) ein (Ergänzungs-)Pfleger bestellt werden (§ 1909 BGB i. V. m. §§ 1629 Abs. 2 Satz 1, 1795 Abs. 2 BGB). Wenn die Gesellschaft ein Erwerbsgeschäft betreibt, ist die Genehmigung durch das Familiengericht gemäß § 1822 Nr. 3 i. V. m. § 1643 Abs. 1 BGB erforderlich, weil die Gründung einer GmbH mit Risiken verbunden ist, die größer sind als der Erwerb eines Anteils an einer bereits bestehenden GmbH (BGHZ 107, 23, 26 ff.; offen gelassen von BGH BB 1980, 857; vgl. KG NJW 1976, 1946 zur Abtretung eines GmbH-Geschäftsanteils an einen Minderjährigen; OLG Hamm GmbHR 1985, 121 zur Veräußerung eines von einem Minderjährigen gehaltenen GmbH-Geschäftsanteils; zur Übernahme eines Geschäftsanteils im Wege der Abtretung s. auch § 15 GmbHG Rdn. 3 ff.). Selbst wenn die Gesellschaft kein Erwerbsgeschäft betreibt, ist – nach zutreffender, allerdings bestrittener Auffassung – bei Gründung der Gesellschaft durch mehrere Personen im Hinblick auf die (Ausfall-)Haftung gemäß § 24 GmbHG eine (familien-)gerichtliche Genehmigung gemäß § 1822 Nr. 10 i. V. m. § 1643 Abs. 1 BGB erforderlich (OLG Stuttgart GmbHR 1980, 102; vgl. BGHZ 41, 71, 72 ff. zur Beteiligung eines Minderjährigen an einer Genossenschaft; vgl. auch Baumbach/Hueck/*Fastrich* § 1 Rn. 25; Lutter/Hommelhoff/*Bayer* § 2 Rn. 5; Scholz/*Emmerich* § 2 Rn. 43 f.).

Gehört ein GmbH-Geschäftsanteil zu einem **Nachlass** und ist ein Testamentsvollstrecker ernannt (§§ 2197 ff. BGB), erfolgt die Verwaltung dieses Geschäftsanteils durch den **Testamentsvollstrecker** in der Weise, dass er vollständig an die Stelle des Erben tritt; die Verwaltung umfasst alle Rechtshandlungen, welche die Gesellschafterstellung des Erben mit sich bringt (BayObLG NJW 1976, 1692; NJW-RR 1991, 1252; vgl. BGH NJW 1969, 1820; zur Erbengemeinschaft s. Rn. 24). Nach zutreffender, allerdings bestrittener Auffassung kann der Testamentsvollstrecker bei der **Gründung einer GmbH** nur dann mitwirken, wenn die Haftung für die auf den Geschäftsanteil zu bewirkenden Leistungen, namentlich die Einlageverpflichtung, nicht auf den Nachlass beschränkt ist, sondern der Erbe aufgrund besonderer Ermächtigung auch die persönliche Haftung übernimmt (vgl. Baumbach/Hueck/*Fastrich* § 1 Rn. 46 f. Scholz/*Emmerich* § 2 Rn. 48.; a. A. BayObLG NJW 1976, 1692; NJW-RR 1991, 1252)

II. Juristische Person

Eine – durch das Bestehen der Rechtsfähigkeit charakterisierte – juristische Person kann grundsätzlich (Gründungs-)Gesellschafterin einer GmbH sein; vor allem bei juristischen Personen des öffentlichen Rechts, aber auch bei Vereinen und privatrechtlichen Stiftungen sind Beschränkungen zu beachten, die sich aus Gesetz oder ihrer Satzung (§ 26 Abs. 2 S. 2 BGB, ggf. i. V. m. § 86 S. 1 BGB) ergeben können (BGHZ 85, 84, 87 ff. zur Gründung einer Aktiengesellschaft durch einen Verein; vgl. auch Rowedder/*Schmidt-Leithoff* § 2 Rn. 19 ff.).

Angesichts der Rechtsnatur einer – durch Abschluss des Gesellschaftsvertrags entstandenen – **Vor-Gesellschaft** als »notwendiger Vorstufe zur juristischen Person« und insbesondere ihrer Fähigkeit, selbst Träger von Rechten und Pflichten zu sein, kann eine Vor-GmbH oder Vor-AG (Gründungs-)Gesellschafterin einer GmbH sein (vgl. Baumbach/Hueck/*Fastrich* § 1 Rn. 31 Scholz/*Emmerich* § 2 Rn. 50; zur Rechtsnatur und Verfassung der Vor-GmbH s. § 11 GmbHG Rdn. 8 ff.).

Auch eine **ausländische juristische Person** kann (Gründungs-)Gesellschafterin sein; das (Register-)Gericht hat die – anhand ihres Heimatstatuts zu beurteilende – Beteiligungsfähigkeit zu überprüfen (LG Saarbrücken GmbHR 1991, 581 zur Übernahme eines GmbH-Geschäftsanteils im Rahmen einer Kapitalerhöhung durch eine nach dem Recht des Staates Michigan gegründete Gesellschaft;

§ 1 GmbHG Zweck; Gründerzahl

OLG Frankfurt NZG 2002, 294 zur Löschung einer GmbH, deren Alleingesellschafterin eine portugiesische Gesellschaft ist; BayObLG NJW 1986, 3028 zur Beteiligung einer britischen Gesellschaft an einer KG; OLG Saarbrücken NJW 1990, 647 zur Beteiligung einer schweizerischen Aktiengesellschaft an einer KG).

III. Gesamthandsgemeinschaft

22 Eine **offene Handelsgesellschaft** (OHG; §§ 105 ff. HGB), eine **Kommanditgesellschaft** (KG; §§ 161 ff. HGB) oder eine **Partnerschaftsgesellschaft** (§§ 1 ff. PartGG), die gegenüber ihren Gesellschaftern bzw. Partnern jeweils eine weitgehende Verselbstständigung erfahren hat (§ 124 HGB bzw. § 161 Abs. 2 i. V. m. § 124 HGB bzw. § 7 PartGG), kann (Gründungs-)Gesellschafterin einer GmbH sein (vgl. Baumbach/Hueck/*Fastrich* § 1 Rn. 32; Lutter/Hommelhoff/*Bayer* § 2 Rn. 7; Scholz/*Emmerich* § 2 Rn. 50). Der GmbH-Geschäftsanteil steht nicht mehreren Mitberechtigten (ungeteilt) zu (§ 18 GmbH); es liegt vielmehr eine **Alleinberechtigung der Gesamthand** am Geschäftsanteil der GmbH vor (vgl. *Ulmer/Löbbe* § 2 Rn. 91; s. auch § 18 GmbHG Rdn. 5 ff.). Eine **persönliche Haftung der Gesellschafter** der OHG bzw. der persönlich haftenden Gesellschafter der KG für die Verbindlichkeiten der OHG bzw. KG, insbesondere die Einlageverpflichtung, besteht gemäß §§ 128 f. HGB bzw. § 161 Abs. 2 i. V. m. § 128 f. HGB, eine (beschränkte) persönliche Haftung der Kommanditisten der KG gemäß §§ 171 f. HGB; eine persönliche Haftung der Partner der Partnerschaftsgesellschaft für deren Verbindlichkeiten besteht gemäß § 8 PartGG.

23 Eine (Außen-)**Gesellschaft bürgerlichen Rechts** (GbR; §§ 705 ff. BGB) kann (Gründungs-)Gesellschafterin einer GmbH sein (BGHZ 78, 311, 312 ff.; 148, 270, 276 f.; OLG Hamm NJW-RR 1996, 483; vgl. BGHZ 116, 86, 87 ff. zur Fähigkeit einer GbR, Mitglied einer eingetragenen Genossenschaft zu sein; BGHZ 118, 83, 99 f. zur Fähigkeit einer GbR, Gesellschafterin einer AG [Aktionärin] zu sein; BGH NJW 1998, 376 zur Fähigkeit einer GbR, Gesellschafterin einer anderen GbR zu sein). Da das Gesellschaftsvermögen der GbR auch bei einem Gesellschafterwechsel stets der Gesellschaft zugeordnet bleibt (§ 738 Abs. 1 S. 1 BGB), ist es nicht erforderlich, in der zum Handelsregister einzureichenden Gesellschafterliste (§ 40 GmbHG) neben der GbR auch ihre (jeweiligen) Gesellschafter aufzuführen und bei einer Veränderung im Gesellschafterbestand der GbR jeweils eine neue Liste einzureichen (vgl. aber BGHZ 148, 270, 276 ff. zu einer – besonderen Anforderungen [s. Rdn. 13] unterliegenden – Patentanwaltsgesellschaft: In die einzureichende Gesellschafterliste sind die jeweiligen Gesellschafter der GbR aufzunehmen; vgl. BGH NZG 2008, 377 zur – abgelehnten – Formbedürftigkeit der Übertragung eines Geschäftsanteils einer GbR, deren Gesellschaftsvermögen aus einem GmbH-Anteil besteht; s. § 15 GmbHG Rdn. 2 ff.). Da die GbR, ohne juristische Person zu sein, (beschränkt) rechtsfähig ist (BGHZ 146, 341, 343 ff., nachfolgend BGH NJW 2002, 1207; vgl. BGHZ 136, 254, 256 ff.; 149, 80, 83), steht der GmbH-Geschäftsanteil nicht mehreren Mitberechtigten (ungeteilt) zu (§ 18 GmbH); vielmehr besteht eine **Alleinberechtigung der GbR** am Geschäftsanteil der GmbH (*Ulmer/Löbbe* § 2 Rn. 92; s. auch § 18 GmbHG Rdn. 2). Eine **persönliche Haftung der Gesellschafter** der GbR für deren Verbindlichkeiten, insbesondere die Einlageverpflichtung besteht gemäß §§ 128 f. HGB analog (BGHZ 146, 341, 358, nachfolgend BGH NJW 2002, 1207; vgl. BGHZ 142, 315, 318; 154, 370, 372).

24 Eine **Erbengemeinschaft** (§§ 2032 ff. BGB) kann nicht nur im Wege des Erbgangs Gesellschafterin einer GmbH werden, sondern auch im Wege der Abtretung eines GmbH-Geschäftsanteils gemäß § 15 GmbHG (KG NJW 1962, 54). Ferner kann sie Gründungsgesellschafterin einer GmbH sein (vgl. Baumbach/Hueck/*Fastrich* § 1 Rn. 36; Lutter/Hommelhoff/*Bayer* § 2 Rn. 8; Scholz/*Emmerich* § 2 Rn. 53c; vgl. auch OLG Hamm BB 1975, 292 zur Übernahme einer Stammeinlage durch eine Erbengemeinschaft im Rahmen einer Kapitalerhöhung). Da sie – anders als OHG, KG und Partnerschaftsgesellschaft sowie GbR – nicht rechtsfähig ist (vgl. BGH NJW 2002, 3389) und insbesondere gegenüber ihren Miterben keine weitreichende Verselbstständigung aufweist, steht der GmbH-Geschäftsanteil den Miterben ungeteilt zu (vgl. *Ulmer/Löbbe* § 2 Rn. 94; s. auch § 18 GmbHG Rdn. 4). Im Hinblick auf die gemäß § 18 Abs. 1 GmbHG verlangte **gemeinschaftliche Ausübung der Rechte** aus dem Geschäftsanteil ist die aus § 2038 Abs. 2 i. V. m. § 745 BGB resultie-

rende Wertung zu berücksichtigen, wonach das Prinzip des gesamthänderischen Selbsthandelns bei Geschäften der laufenden Verwaltung durchbrochen und eine Mehrheitsentscheidung möglich ist (BGHZ 49, 183, 191 ff.; BGH WM 1969, 590; BayObLG AG 1968, 330 zur Aktiengesellschaft; OLG Karlsruhe NJW-RR 1995, 1189). Wegen der **gesamtschuldnerischen Haftung der Miterben** neben der Erbengemeinschaft für die auf den Geschäftsanteil zu bewirkenden Leistungen, insbesondere die Einlageverpflichtung ist gemäß § 18 Abs. 2 GmbHG zu berücksichtigen, dass die in § 2059 BGB geregelte Beschränkung der Haftung bei einer GmbH-Gründung durch eine Erbengemeinschaft nicht gilt (vgl. Baumbach/Hueck/*Fastrich* § 1 Rn. 36; Lutter/Hommelhoff/*Bayer* § 2 Rn. 8).

Eine – durch Abschluss eines Ehevertrags entstehende – **Gütergemeinschaft** (§§ 1415 ff. BGB) kann Gesellschafterin einer GmbH sein, weil ein GmbH-Geschäftsanteil aufgrund seiner Übertragbarkeit nicht zum Sondergut, sondern zum gemeinschaftlichen Vermögen beider Ehegatten (Gesamtgut i. S. d. §§ 1416, 1417 Abs. 2 BGB) gehört (BFH NJW-RR 1994, 542). Sie kann insbesondere Gründungsgesellschafterin einer GmbH sein (vgl. Baumbach/Hueck/*Fastrich* § 1 Rn. 37; Scholz/*Emmerich* § 2 Rn. 45; zur Güterstandsklausel im Gesellschaftsvertrag einer personalistischen GmbH vgl. *Lange* DStR 2013, 2706).

IV. Treuhand-Gesellschafter (Treuhänder)

Hinsichtlich des Geschäftsanteils einer GmbH kann ein Treuhandverhältnis begründet werden: Der Treuhänder hält auf Rechnung des Treugebers einen GmbH-Geschäftsanteil (BGHZ 141, 207, 211). Der Treuhänder nimmt die volle Gesellschafterstellung ein; er verliert diese erst mit der Übertragung des Geschäftsanteils an den Treugeber (BGHZ 31, 258, 263 f.; 32, 17, 29 ff.; BGH WM 1971, 306; BayObLG NJW-RR 1991, 1252). Aus diesem Grund erscheint es sachgerecht, den Treuhänder (auch) als »Treuhand-Gesellschafter« zu bezeichnen. Bei strenger (Weisungs-)Abhängigkeit vom Treugeber wird der Treuhänder auch als »**Strohmann**« bezeichnet, der Treugeber als »**Hintermann**«.

Die Gründung einer Gesellschaft unter Beteiligung eines Treuhand-Gesellschafters ist – vorbehaltlich anderweitiger gesetzlicher Regelung (z. B. § 59e Abs. 4 BRAO; § 52e Abs. 4 PatAO; § 50a Abs. 1 Nr. 2 StBerG; § 28 Abs. 4 Nr. 2 WPO) – zulässig (BGHZ 21, 378, 381 ff.; 31, 258, 263 f.). Wegen der durch Art. 1 Nr. 1 GmbHÄndG vom 4. Juli 1980 (BGBl. I, 836) bewirkten Änderung des § 1 GmbHG, wodurch die Errichtung einer GmbH durch (lediglich) einen Gesellschafter ausdrücklich gesetzlich anerkannt ist, hat die praktische Bedeutung einer »Strohmann«-Gründung abgenommen.

Auf das Treuhandverhältnis wird – vorbehaltlich anderweitiger vertraglicher Vereinbarung – **Auftragsrecht** (§§ 662 ff. BGB) angewendet: Schon mit der Begründung des Treuhandverhältnisses, aufgrund dessen der Treuhänder auf Rechnung des Treugebers einen GmbH-Geschäftsanteil erwirbt, wird – aufschiebend bedingt – die Verpflichtung zur Anteilsübertragung begründet; denn der Treuhänder erlangt diese Beteiligung aus dem Treuhandverhältnis und ist bei dessen Beendigung gemäß § 667 BGB zur Herausgabe verpflichtet (BGHZ 141, 207, 211). Wegen des in § 15 Abs. 4 S. 1 GmbHG geregelten **Formerfordernisses notarieller Beurkundung** für eine Vereinbarung, mit der eine Verpflichtung zur Übertragung eines Geschäftsanteils begründet wird, ist folgende Unterscheidung vorzunehmen: Ein Treuhandvertrag, der vor Abschluss des – notariell zu beurkundenden – Gesellschaftsvertrags geschlossen wird, bedarf nicht der notariellen Beurkundung, weil weder ein Geschäftsanteil vorhanden noch dessen Entstehen in die Wege geleitet ist und nur noch von der Eintragung der Gesellschaft in das Handelsregister abhängt; demgegenüber bedarf ein Treuhandvertrag, den der Treuhänder nach Gründung, aber vor Eintragung der Gesellschaft hinsichtlich des künftig entstehenden Geschäftsanteils schließt, der notariellen Beurkundung (BGHZ 141, 207, 212 f.; BGH NZG 2005, 41; NZG 2006, 590). Unter bestimmten Voraussetzungen kann die Berufung auf die Formnichtigkeit eines Treuhandvertrags gegen Treu und Glauben (§ 242 BGB) verstoßen (BGHZ 35, 272, 276 ff.; BGH NZG 2005, 590). Ggf. kann sich ein Herausgabeanspruch des Treugebers aus dem Recht der Geschäftsführung ohne Auftrag (§§ 677 ff. BGB) ergeben (BGH NZG 2005, 41). Im Fall der »Entmündigung« des Treuhand-Gesellschafters erweist sich der Treuhandvertrag wegen Verstoßes gegen die guten Sitten (§ 138 Abs. 1 BGB) als nichtig (OLG Brandenburg GmbHR 1997, 168).

29 Einem Gesellschafter steht gegenüber einem Mitgesellschafter, der einen GmbH-Geschäftsanteil in verdeckter Treuhandschaft hält, unter bestimmten Voraussetzungen, insbesondere dann, wenn der Geschäftsanteil nicht frei übertragbar ist (§ 15 Abs. 5 GmbHG), ein **Anspruch auf Benennung des Treugebers** zu; im Hinblick darauf, dass ein Ausschluss des Stimmrechts gemäß § 47 Abs. 4 GmbHG für einen treuhänderisch gehaltenen Geschäftsanteil auch bei Umständen eingreift, die allein in der Person des Treugebers liegen, ist ein **Informations- und Kontrollinteresse** der Gesellschafter hinsichtlich der »faktischen« Gesellschafterstellung anzuerkennen (OLG Hamburg NJW-RR 1993, 868; vgl. BGH NZG 2006, 627 zur Zustimmung der Gesellschafterversammlung zu einem Treuhandvertrag). Das Verhalten des Treugebers kann bei der Ausschließung des Treuhand-Gesellschafters zu berücksichtigen sein (BGHZ 32, 17, 31 f.; vgl. OLG München BB 1997, 568).

30 Nach der – im Schrifttum vielfach kritisierten – Rechtsprechung des Bundesgerichtshofs hat derjenige, der als Treugeber mittelbar eine Beteiligung an einer Gesellschaft über einen Treuhand-Gesellschafter hält, sowohl für die Aufbringung des Stammkapitals (§§ 19, 24 GmbHG) als auch für dessen Erhaltung (§§ 30 f. GmbHG) wie der Treuhand-Gesellschafter einzustehen: Die Wahrung des im Gläubigerschutz liegenden Interesses, für eine wirksame und praktikable Aufbringung und Erhaltung des Haftungsfonds der Gesellschaft zu sorgen, wäre nicht in gleicher Weise gewährleistet, wenn bei Insolvenz der der Gesellschaft der Insolvenzverwalter darauf verwiesen wäre, mögliche Freistellungs- oder Ersatzansprüche des Treuhand-Gesellschafters gegen den Treugeber gemäß §§ 669 f. BGB oder vertraglicher (Treuhand-)Vereinbarung geltend zu machen; denn dann könnten vom Treugeber ggf. schuldrechtliche Einwendungen erhoben werden (BGHZ 118, 107, 110; 31, 258, 263 ff.; vgl. Baumbach/Hueck/*Fastrich* § 1 Rn. 44; Lutter/Hommelhoff/*Bayer* § 2 Rn. 11; a. A. Scholz/*Emmerich* § 2 Rn. 59; Ulmer/*Löbbe* § 2 Rn. 72 ff.). Werden zum Zweck der Errichtung der Gesellschaft **falsche Angaben** gemacht, hat ein »Hintermann« – in gleicher Weise wie die Gesellschafter oder die Geschäftsführer – der Gesellschaft fehlende Einzahlungen zu leisten, eine Vergütung, die nicht unter den Gründungsaufwand aufgenommen ist, zu ersetzen oder für den sonst entstehenden Schaden Ersatz zu leisten (§ 9a Abs. 1 und 4 GmbHG; s. § 9a GmbHG Rdn. 12). Wird die Gesellschaft durch Einlagen oder Gründungsaufwand vorsätzlich oder aus grober Fahrlässigkeit geschädigt, ist ein »Hintermann« – in gleicher Weise wie die Gesellschafter – der Gesellschaft zum Ersatz verpflichtet (§ 9a Abs. 2 und 4 GmbHG; s. § 9a GmbHG Rdn. 21).

31 Wenn der Treuhand-Gesellschafter einer – durch Abschluss des Gesellschaftsvertrags entstandenen – Vor-GmbH, deren Gründung scheitert, aufgrund der Verlustdeckungshaftung von einem Gläubiger der Vorgesellschaft in Anspruch genommen wird (zur Vorgesellschaft s. § 11 GmbHG Rdn. 8 ff.; zur Verlustdeckungshaftung s. § 11 GmbHG Rdn. 19 ff.), hat der Treuhand-Gesellschafter gegen den Treugeber einen **Anspruch auf Freistellung** von dieser Haftung; der Freistellungsanspruch wandelt sich, wenn er vom Treuhand-Gesellschafter an den Gläubiger abgetreten oder von diesem im Wege der Zwangsvollstreckung geltend gemacht wird, in einen Zahlungsanspruch gegen den Treugeber um (BGH NJW 2001, 2092).

V. Besondere Anforderungen aufgrund gesellschaftsvertraglicher Regelung

32 Im Gesellschaftsvertrag können besondere Anforderungen an weitere (persönliche) Eigenschaften eines Gesellschafters (z. B. Beruf) geregelt sein, deren Nichteinhaltung oder Wegfall die Ausschließung des betroffenen Gesellschafters (s. § 34 GmbHG Rdn. 40 ff.) oder die Auflösung der Gesellschaft (§ 61 GmbHG; zur Auflösungsklage s. Kap. 5 Rdn. 532 ff.) rechtfertigen kann (vgl. Baumbach/Hueck/*Fastrich* § 1 Rn. 38; Scholz/*Emmerich* § 2 Rn. 60 f.).

§ 2 Form des Gesellschaftsvertrags

(1) ¹Der Gesellschaftsvertrag bedarf notarieller Form. ²Er ist von sämtlichen Gesellschaftern zu unterzeichnen.

(1a) Die Gesellschaft kann in einem vereinfachten Verfahren gegründet werden, wenn sie höchstens drei Gesellschafter und einen Geschäftsführer hat. Für die Gründung im vereinfachten Verfahren ist das in der Anlage bestimmte Musterprotokoll zu verwenden. Darüber hinaus dürfen keine vom Gesetz abweichenden Bestimmungen getroffen werden. Das Musterprotokoll gilt zugleich als Gesellschafterliste. Im Übrigen finden auf das Musterprotokoll die Vorschriften dieses Gesetzes über den Gesellschaftsvertrag entsprechende Anwendung.

(2) Die Unterzeichnung durch Bevollmächtigte ist nur auf Grund einer notariell errichteten oder beglaubigten Vollmacht zulässig.

Übersicht

	Rdn.
A. Einführung	1
B. Abschluss des Gesellschaftsvertrags	7
I. Rechtsnatur, Bestandteile und Auslegung des Gesellschaftsvertrags	7
1. Rechtsnatur	7
2. Bestandteile	9
3. Auslegung	12
II. Anforderungen an die Form und Mitwirkung der Gesellschafter	15
1. Form: notarielle Beurkundung, Abs. 1 Satz 1	15
a) Zweck der notariellen Beurkundung	16
b) Gegenstand der notariellen Beurkundung	17
c) Durchführung der notariellen Beurkundung	18
d) Besonderheit: Abschluss des Gesellschaftsvertrags im Ausland	21
aa) Rechtsprechung	23
bb) Schrifttum	25
e) Folgen der Nichteinhaltung der Anforderungen an die Form	29
2. Mitwirkung der Gesellschafter, Abs. 1 Satz 2	31
3. Vereinfachtes Verfahren, Abs. 1a	33
a) Voraussetzungen	39
aa) Höchstens drei Gesellschafter und ein Geschäftsführer, Satz 1	40
bb) Verwendung des Musterprotokolls, Satz 2	41
cc) Keine vom Gesetz abweichenden Bestimmungen, Satz 3	42
b) Rechtsfolgen	43
4. Vertretung	45
a) Zulässigkeit rechtsgeschäftlicher Vertretung	45
b) Anforderungen an die Erteilung der Vertretungsmacht, Abs. 2	46
aa) Zweck der notariellen Beurkundung/Beglaubigung der Vollmachtsurkunde	47
bb) Durchführung der notariellen Beurkundung/Beglaubigung der Vollmachtsurkunde	48
cc) Besonderheit: Erteilung der Vertretungsmacht im Ausland	49
dd) Folgen der Nichteinhaltung der Anforderungen an die Erteilung der Vertretungsmacht	50
III. Vorgesellschaft, insbesondere Änderung des Gesellschaftsvertrags	54
1. Rechtsnatur der Vorgesellschaft und anzuwendendes Recht	55
2. Änderung des Gesellschaftsvertrags einschließlich Wechsel eines Gesellschafters	56
IV. Fehlerhafter Gesellschaftsvertrag, fehlerhafter Gesellschafterbeitritt/-wechsel	58
1. Fehlerhafter Gesellschaftsvertrag	58
2. Fehlerhafter Gesellschafterbeitritt/-wechsel	60
a) Fehlerhafter Gesellschafterbeitritt	60
b) Fehlerhafter Gesellschafterwechsel	63
C. Gründungsvorvertrag und Vorgründungsgesellschaft	65
I. Gründungsvorvertrag	66
II. Vorgründungsgesellschaft	68
1. Rechtsnatur der Vorgründungsgesellschaft und anzuwendendes Recht	68
2. Haftung der Gesellschafter für die von der Vorgründungsgesellschaft begründeten Verbindlichkeiten	70

A. Einführung

Die durch Art. 1 Nr. 2 des Gesetzes zur Modernisierung des GmbH-Rechts und zur Bekämpfung von Missbräuchen (MoMiG) vom 23. Oktober 2008 (BGBl. I, 2026) zuletzt geänderte Vorschrift regelt den Abschluss des Gesellschaftsvertrags, indem bestimmte Anforderungen an die einzuhaltende Form und die Mitwirkung der Gesellschafter aufgestellt werden. Durch das MoMiG ist die Überschrift »Form des Gesellschaftsvertrags« hinzugefügt worden. Die Errichtung einer Gesellschaft setzt den **Abschluss eines notariell zu beurkundenden Gesellschaftsvertrags** voraus (Abs. 1

§ 2 GmbHG Form des Gesellschaftsvertrags

Satz 1); dieser ist von sämtlichen Gesellschaftern zu unterzeichnen (Abs. 1 Satz 2). Die Gesellschafter können sich beim Abschluss des Gesellschaftsvertrags durch **Bevollmächtigte** vertreten lassen; die Erteilung der Vertretungsmacht bedarf einer notariell beurkundeten oder beglaubigten Vollmachtsurkunde (Abs. 2). Durch Art. 1 Nr. 2 MoMiG ist Absatz 1a eingefügt worden, der die Gründung einer GmbH in einem **vereinfachten Verfahren unter Verwendung des Musterprotokolls** (Anlage zu § 2 Abs. 1a GmbHG) regelt.

2 Da bei der Errichtung einer Einpersonen-Gesellschaft kein Vertrag im rechtsgeschäftlichen Sinn (§§ 145 ff. BGB) abgeschlossen wird, erweist sich der Begriff »Gesellschaftsvertrag« in Bezug auf eine Einpersonen-Gesellschaft als unpassend, so dass in Rechtsprechung und Literatur – in Anlehnung an den im AktG verwendeten Sprachgebrauch (§ 23 AktG) – häufig von der »**Satzung**« der Gesellschaft gesprochen wird; seit Inkrafttreten des MoMiG verwendet das GmbHG den Begriff »Satzung« synonym zum Begriff »Gesellschaftsvertrag« (vgl. nur die Überschrift des § 53 GmbHG [»Form der Satzungsänderung«] und die des Abschnitts 4 [»Abänderungen des Gesellschaftsvertrags«]).

3 Zum Verständnis des § 2 GmbHG ist vor allem der Zusammenhang mit folgenden Regelungen zu beachten: Nach Leistung der Bar- oder Sacheinlagen (§§ 7 Abs. 2 und 3, 8 Abs. 2 GmbHG) ist die Gesellschaft von ihren Geschäftsführern unter Beifügung insbesondere des Gesellschaftsvertrags zur Eintragung in das Handelsregister anzumelden (§§ 7 Abs. 1, 8 Abs. 1 Nr. 1, 78 GmbHG). Vorbehaltlich des entsprechenden Ergebnisses einer Prüfung durch das (Register-)Gericht (§ 9c GmbHG) wird die ordnungsgemäß errichtete und angemeldete Gesellschaft in das Handelsregister eingetragen; vor ihrer Eintragung in das Handelsregister besteht die Gesellschaft »als solche« nicht (§ 11 Abs. 1 GmbHG).

4 Mehrere Personen können sich durch Abschluss eines (Vor-)Vertrages zur Gründung einer GmbH verpflichten. Durch Abschluss eines solchen (Gründungsvor-)Vertrages entsteht eine »**Vorgründungsgesellschaft**«, die von der – durch Abschluss des GmbH-Gesellschaftsvertrags entstehenden – »**Vorgesellschaft**«, die häufig auch als »Vor-GmbH« bezeichnet wird (s. Rdn. 54 ff. sowie § 11 GmbHG Rdn. 8 ff.), zu unterscheiden ist (s. Rdn. 65 ff.).

5 Die beim Abschluss des Gesellschaftsvertrags zu beachtenden Anforderungen an die Mitwirkung der Gesellschafter sowie an die Erteilung der Vertretungsmacht unterscheiden sich von den Anforderungen, die bei der **Änderung des Gesellschaftsvertrags** nach Eintragung der Gesellschaft in das Handelsregister zu beachten sind: Nach Eintragung der Gesellschaft in das Handelsregister kann der Gesellschaftsvertrag – vorbehaltlich anderweitiger gesetzlicher oder gesellschaftsvertraglicher Regelung – durch (notariell zu beurkundenden) Beschluss, der einer 3/4-Mehrheit der abgegebenen Stimmen bedarf, geändert werden; die Erteilung der Vertretungsmacht zur Fassung eines solchen Beschlusses bedarf – vorbehaltlich anderweitiger Bestimmung des Gesellschaftsvertrags – lediglich der Textform (§§ 53, 47 Abs. 3 GmbHG i. V. m. § 126b BGB; s. § 53 GmbHG Rdn. 40). Die Änderung des Gesellschaftsvertrags einer (noch) nicht in das Handelsregister eingetragenen (Vor-)Gesellschaft bedarf – wie der erstmalige Abschluss des Gesellschaftsvertrags – der vertraglichen Vereinbarung aller Gesellschafter, weil § 53 GmbHG auf eine Vorgesellschaft nicht anwendbar ist (s. Rdn. 56).

6 Die **Abtretung eines GmbH-Geschäftsanteils** und die (schuldrechtlich) vereinbarte Verpflichtung, einen GmbH-Geschäftsanteil abzutreten, bedürfen – ebenso wie der Abschluss eines Gesellschaftsvertrags – der notariellen Beurkundung (§ 15 Abs. 3 und 4 GmbHG). Indes muss die Vertretungsmacht zur Abtretung eines GmbH-Geschäftsanteils bzw. zum Eingehen einer entsprechenden Verpflichtung nicht durch eine notariell beurkundete oder beglaubigte Vollmachtsurkunde erteilt werden (s. § 15 GmbHG Rdn. 19). Der Wechsel eines Gesellschafters einer (noch) nicht in das Handelsregister eingetragenen (Vor-)Gesellschaft bedarf – wie der erstmalige Abschluss des Gesellschaftsvertrags – der vertraglichen Vereinbarung aller Gesellschafter, weil § 15 GmbHG auf eine Vorgesellschaft nicht anwendbar ist (s. Rdn. 57).

B. Abschluss des Gesellschaftsvertrags

I. Rechtsnatur, Bestandteile und Auslegung des Gesellschaftsvertrags

1. Rechtsnatur

Der Gesellschaftsvertrag ist kein rein schuldrechtlicher Vertrag, sondern ein **Vertrag besonderer Art**, der sowohl subjektive Rechte und Pflichten der Beteiligten regelt als auch objektive, die Gesellschaftsverfassung gestaltende Bestimmungen enthält: Zur Bindung eines nach Entstehung der Gesellschaft hinzutretenden Gesellschafters an den Gesellschaftsvertrag bedarf es nicht des Vertragsschlusses mit sämtlichen Gesellschaftern oder der Gesellschaft; die Bindung eines hinzutretenden Gesellschafters ergibt sich aus seiner Stellung als Mitglied einer juristischen Person (vgl. Baumbach/Hueck/*Fastrich* § 2 Rn. 3; *Ulmer/Löbbe* § 2 Rn. 6).

7

Während beim Abschluss des Gesellschaftsvertrags einer Mehrpersonen-Gesellschaft von mehreren Personen Willenserklärungen abgeben werden, wird beim Abschluss des Gesellschaftsvertrags einer **Einpersonen-Gesellschaft** – trotz der Bezeichnung als »Gesellschaftsvertrag« (s. Rdn. 2) – von einer Person eine einseitige, nicht empfangsbedürftige Willenserklärung abgegeben (vgl. Baumbach/Hueck/*Fastrich* § 2 Rn. 7; MüKo GmbHG/*Mayer* § 2 Rn. 10 f.; Rowedder/*Schmidt-Leithoff* § 2 Rn. 4).

8

2. Bestandteile

Der Gesellschaftsvertrag enthält neben »echten« (»materiellen«, »mitgliedschaftsrechtlichen«, »körperschaftsrechtlichen«, »körperschaftlichen« oder »korporativen«) Satzungsbestandteilen vielfach auch »unechte« (»formelle«, »individualrechtliche« oder »nichtkorporative«) Satzungsbestandteile. »Echte« Satzungsbestandteile sind die für die Verfassung der Gesellschaft notwendigen oder sie zumindest prägenden Regelungen, die die (gegenwärtigen und künftigen) Gesellschafter unmittelbar binden; zu ihrer Wirksamkeit ist die Aufnahme in den Gesellschaftsvertrag konstitutiv. »Unechte« Satzungsbestandteile sind Regelungen, die für die Verfassung der Gesellschaft nicht notwendig oder prägend sind; da solche Regelungen auch außerhalb des Gesellschaftsvertrags vereinbart werden können, hat ihre Aufnahme in den Gesellschaftsvertrag lediglich deklaratorische Wirkung (vgl. MüKo GmbHG/*Mayer* § 2 Rn. 14 f.; *Ulmer/Löbbe* § 2 Rn. 9 ff.; s. auch § 3 Rdn. 20). Prägnant ist formuliert worden: »Satzung muss immer auch Satzungstext sein, Satzungstext nicht immer Satzung« (Baumbach/Hueck/*Zöllner/Noack* § 53 Rn. 4 f.). Die Unterscheidung zwischen »echten« und »unechten« Satzungsbestandteilen erlangt Bedeutung bei ihrer Auslegung (s. Rdn. 12 ff.); außerdem bestehen unterschiedliche Anforderungen an die bei ihrem Abschluss oder ihrer Änderung zu beachtenden Form und an die Mitwirkung der Gesellschafter (s. Rdn. 17 sowie § 53 GmbHG Rdn. 5 f.).

9

Der **Bundesgerichtshof** hat insbesondere folgende Bestimmungen als »**echte**« Satzungsbestandteile qualifiziert: die Festlegung des Stimmverhältnisses für eine Satzungsänderung (BGHZ 14, 25, 36 f.), die Bestimmung des Unternehmensgegenstands (BGH WM 1966, 446), die Abrede über die Einbringung einer Sacheinlage auf das erhöhte Stammkapital (BGH BB 1966, 1410), die Vinkulierung von Geschäftsanteilen (BGHZ 48, 141, 144), der Anspruch auf die Geschäftsführerbestellung (BGH NJW 1969, 131; vgl. BGH BB 1981, 926), die generelle Beschränkung der Geschäftsführungs- und Vertretungsbefugnis der Geschäftsführer für eine bestimmte Art von Geschäften (BGH NJW 1973, 1039), die das mitgliedschaftliche Stimmrecht betreffende Regelung (BGH GmbHR 1974, 107), die Regelung des Gesellschaftszwecks (BGH NJW 1983, 1910), die Regelung über die Beschlussfassung bei der Abberufung eines Geschäftsführers auf Vorschlag eines Gesellschafterstamms (BGH NJW-RR 1990, 99), der Abfindungsanspruch eines Gesellschafters im Fall der Zwangseinziehung (BGHZ 116, 359, 364) und die auch für künftige Gesellschafter geltende Gerichtsstandsbestimmung (BGHZ 123, 347, 350 zur AG). Als »**unechte**« Satzungsbestandteile hat der Bundesgerichtshof folgende Bestimmungen qualifiziert: die in den Gesellschaftsvertrag aufgenommene Verpflichtung, den Witwen der Geschäftsführer monatliche Zahlungen zu

10

leisten (BGH MDR 1954, 734) sowie die Bestellung und Gehaltsbestimmung eines Geschäftsführers (BGHZ 18, 205, 207 f.; vgl. BGH NJW 1961, 505).

11 Bestimmte Regelungen, namentlich eine **Schiedsabrede** (BGHZ 38, 155, 161) oder die **Bestimmung von Nebenpflichten der Gesellschafter** (BGH NJW-RR 1993, 607), insbesondere die Verpflichtung, eine Gesellschaft beteiligungsproportional mit Darlehensmitteln auszustatten (BGHZ 142, 116, 123 f.), können als »echte« oder als »unechte« Satzungsbestandteile begründet werden; die Entscheidung ist davon abhängig, ob die Bestimmung nur für die gegenwärtigen oder auch für die künftigen Gesellschafter gelten soll.

3. Auslegung

12 Der Bundesgerichtshof wendet zur **Auslegung »echter« Satzungsbestandteile** folgende Grundsätze an: Da »echte« Satzungsbestandteile diejenigen Bestimmungen des Gesellschaftsvertrags sind, die auch die künftigen Gesellschafter unmittelbar binden, besteht die Notwendigkeit, diese nach objektiven, für die Allgemeinheit voll übersehbaren Gesichtspunkten auszulegen (BGH MDR 1954, 734). Außer Betracht bleiben bei der Auslegung diejenigen Umstände, die – wie Entstehungsgeschichte der Satzung, Vorentwürfe und Vorstellungen oder Äußerungen von Personen, die an der Abfassung des Gesellschaftsvertrags mitgewirkt haben, – außerhalb der Vertragsurkunde liegen und nicht allgemein erkennbar sind (BGH NJW 1983, 1910; vgl. BGH NJW-RR 1990, 99). Wortlaut, Sinn und Zweck der Regelung kommt dabei ebenso maßgebende Bedeutung zu wie dem systematischen Bezug der Klausel zu anderen Satzungsvorschriften; Umstände, für die sich keine ausreichenden Anhaltspunkte in der Satzung finden, können zur Auslegung grundsätzlich nicht herangezogen werden (BGHZ 123, 347, 350). Frühere gesellschaftsvertragliche Regelungen können zur Auslegung herangezogen werden, weil diese zum Handelsregister eingereicht worden sind und ihr Inhalt damit der Allgemeinheit zugänglich gemacht worden ist (BGHZ 116, 359, 366).

13 Demgegenüber erfährt die **Auslegung »unechter« Satzungsbestandteile** keine andere Behandlung als sonstige Individualverträge, die die Gesellschaft mit einzelnen Gesellschaftern oder mit Dritten geschlossen hat: Bei der Auslegung derartiger Bestimmungen des Gesellschaftsvertrags sind die subjektiven Vorstellungen der Beteiligten und auch solche besonderen Umstände, die keinen Niederschlag im Gesellschaftsvertrag gefunden haben, von Bedeutung (BGH MDR 1954, 734). Der Bundesgerichtshof hat im Urteil vom 28.6.1999 Folgendes ausgeführt (BGHZ 142, 116, 124 f.):

Für die Auslegung einer in den Gesellschaftsvertrag aufgenommenen Verpflichtung sei entscheidend, ob es sich »hierbei um eine mitgliedschaftsrechtliche oder um eine nur schuldrechtlich begründete Verpflichtung gehandelt hat. Im letztgenannten Fall käme es allein auf die individuelle Sicht der beteiligten Gründungsgesellschafter an [...]. War dagegen die in [...] der Satzung niedergelegte Verpflichtung [...] mitgliedschaftsrechtlicher Natur, kommt es nach den vom *Senat* in ständiger Rechtsprechung vertretenen Grundsätzen über die Auslegung der Satzung nach objektiven Gesichtspunkten auf das individuelle Verständnis der Gesellschafter nicht an«.

14 Im **Schrifttum** stoßen die von der Rechtsprechung angewendeten Grundsätze zur Auslegung »echter« Satzungsbestandteile teilweise auf Kritik: Solange sich der Gesellschafterkreis auf die Gründer beschränke, sei eine Abweichung von den für Willenserklärungen und Verträge allgemein geltenden Auslegungsgrundsätzen (§§ 133, 157 BGB) nicht gerechtfertigt, zumal bei einer einheitlichen Auslegung sowohl »echter« als auch »unechter« Satzungsbestandteile die gelegentlich schwierige Abgrenzung vermieden werde; sofern tatsächlich Interessen künftiger Gesellschafter berührt seien, könne der Gesellschaftsvertrag im Einzelfall nach den Umständen, die künftigen Gesellschaftern bei ihrem Beitritt erkennbar gewesen seien, ausgelegt werden (vgl. Scholz/*Emmerich* § 2 Rn. 38 f.). Überwiegend wird jedoch die Anwendung der von der Rechtsprechung praktizierten Grundsätze zur Auslegung »echter« Satzungsbestandteile befürwortet, wenngleich in Ausnahmefällen, namentlich beim Streit unter den Gründern der Gesellschaft, Besonderheiten gelten sollen (vgl. Baumbach/Hueck/*Fastrich* § 2 Rn. 31 f.; Lutter/Hommelhoff/*Bayer* § 2 Rn. 13; MüKo GmbHG/*Mayer* § 2 Rn. 164 ff.; Rowedder/*Schmidt-Leithoff* § 2 Rn. 81; Ulmer/*Löbbe* § 2 Rn. 191 ff.).

II. Anforderungen an die Form und Mitwirkung der Gesellschafter

1. Form: notarielle Beurkundung, Abs. 1 Satz 1

Der Gesellschaftsvertrag bedarf »notarieller Form« (Abs. 1 Satz 1). Die Formulierung »notarielle Form« ist nicht präzise, weil die Rechtsordnung zwar die »notarielle Beurkundung« (§ 128 BGB) bzw. die »Beurkundung von Willenserklärungen« durch einen Notar (§§ 6 ff. BeurkG; vgl. § 20 Abs. 1 Satz 1 BNotO) sowie die »öffentliche Beglaubigung« mittels Beglaubigung der Unterschrift des Erklärenden von einem Notar (§ 129 Abs. 1 Satz 1 BGB; vgl. § 40 BeurkG, § 20 Abs. 1 Satz 1 BNotO) regelt, jedoch nicht die »notarielle Form«. Abs. 1 Satz 1 ist wie folgt zu verstehen: Ebenso wie der Beschluss über die Änderung des Gesellschaftsvertrags (§ 53 Abs. 2 Satz 1 Hs. 1 GmbHG) und die Feststellung der Satzung einer Aktiengesellschaft (§ 23 Abs. 1 Satz 1 AktG) bedarf der Abschluss des Gesellschaftsvertrags einer GmbH notarieller Beurkundung (vgl. Baumbach/Hueck/ *Fastrich* § 2 Rn. 8; Scholz/*Emmerich* § 2 Rn. 15 f.; *Ulmer/Löbbe* § 2 Rn. 14 ff.).

15

a) Zweck der notariellen Beurkundung

Das Erfordernis notarieller Beurkundung der Abschlusses des Gesellschaftsvertrags besteht sowohl aus Gründen der Beweissicherung und damit der **Rechtssicherheit** als auch zum Zweck der **materiellen Richtigkeitsgewähr** sowie zur Gewährleistung der notariellen Prüfungs- und **Belehrungs**funktion (vgl. Lutter/Hommelhoff/*Bayer* § 2 Rn. 15; MüKo GmbHG/*Mayer* § 2 Rn. 20 ff.; Scholz/*Emmerich* § 2 Rn. 13; *Ulmer/Löbbe* § 2 Rn. 13; vgl. auch BGH NJW-RR 1988, 288 im Hinblick auf den Abschluss eines Vorvertrages über die Gründung einer Gesellschaft; BGHZ 105, 324, 338 im Hinblick auf die Beurkundung eines Beschlusses über die Änderung des Gesellschaftsvertrags bzw. über den Abschluss eines Beherrschungs- und Gewinnabführungsvertrags).

16

b) Gegenstand der notariellen Beurkundung

Da »echte« Satzungsbestandteile – im Gegensatz zu schuldrechtlichen Vereinbarungen der Gesellschafter oder zur Bestellung des ersten Geschäftsführers – der Aufnahme in den Gesellschaftsvertrag bedürfen, um wirksam zu sein (s. Rdn. 9), erstreckt sich das Erfordernis notarieller Beurkundung des Gesellschaftsvertrags nur auf »**echte**« **Satzungsbestandteile** (vgl. Baumbach/Hueck/*Fastrich* § 2 Rn. 12; Lutter/Hommelhoff/*Bayer* § 2 Rn. 16; Scholz/*Emmerich* § 2 Rn. 14).

17

c) Durchführung der notariellen Beurkundung

Zum Abschluss eines Gesellschaftsvertrags einer Mehrpersonen-Gesellschaft werden von mehreren Personen Willenserklärungen abgeben; zum Abschluss des Gesellschaftsvertrags einer Einpersonen-Gesellschaft wird von einer Person eine Willenserklärung abgegeben (s. Rdn. 8). Die Beurkundung von Willenserklärungen richtet sich – anders als die Beurkundung eines Beschlusses der Gesellschafter über eine Änderung des Gesellschaftsvertrags gemäß § 53 Abs. 2 Satz 1 Halbs. 1 GmbHG – nach dem Zweiten Abschnitt des BeurkG (§§ 6 ff. BeurkG): Vom Notar wird eine **Niederschrift** aufgenommen, die die Bezeichnung des Notars und der Beteiligten sowie die Erklärungen der Beteiligten enthält; die Niederschrift muss in Gegenwart des Notars den Beteiligten vorgelesen, von ihnen genehmigt und eigenhändig unterschrieben werden (§§ 8, 9 Abs. 1 Satz 1, 13 Abs. 1 Satz 1 Halbs. 1 BeurkG). Der Notar soll den Willen der Beteiligten erforschen, den Sachverhalt klären, die Beteiligten über die rechtliche Tragweite des Geschäfts belehren und ihre Erklärungen klar und unzweideutig in der Niederschrift wiedergeben; bestehen Zweifel, ob das Geschäft dem Gesetz oder dem wahren Willen der Beteiligten entspricht, so sollen die Bedenken mit den Beteiligten erörtert werden (§ 17 Abs. 1 Satz 1, Abs. 2 Satz 1 BeurkG).

18

Der **Gesellschaftsvertrag** ist der Anmeldung der Gesellschaft zur Eintragung in das Handelsregister **beizufügen** (§ 8 Abs. 1 Nr. 1 GmbHG). Im Hinblick auf spätere Änderungen des Gesellschaftsvertrags (vgl. § 54 Abs. 1 Satz 2 GmbHG; s. § 8 GmbHG Rdn. 10 f. sowie § 54 GmbHG Rdn. 17) empfiehlt es sich, den Wortlaut des Gesellschaftsvertrags schon bei seinem Abschluss in einem Schriftstück vollständig und zusammenhängend wiederzugeben; das den Wortlaut des Gesell-

19

schaftsvertrags enthaltende Schriftstück sollte der Niederschrift als Anlage gemäß § 9 Abs. 1 Satz 2 BeurkG beigefügt werden, damit der Wortlaut des Gesellschaftsvertrags schon äußerlich von den »Gründungsbestimmungen«, die ihn wie einen »Mantel« umgeben, unterschieden werden kann (vgl. MüKo GmbHG/*Mayer* § 2 Rn. 28; Scholz/*Emmerich* § 2 Rn. 15; *Ulmer/Löbbe* § 2 Rn. 18).

20 Die gleichzeitige **Anwesenheit sämtlicher Gesellschafter** ist beim Abschluss des Gesellschaftsvertrags **nicht erforderlich**; die auf den Abschluss des Gesellschaftsvertrags gerichteten Willenserklärungen können außerdem vor verschiedenen Notaren abgegeben werden. Bei einer solchen »**Stufenbeurkundung**« kommt der Gesellschaftsvertrag gemäß §§ 128, 152 Satz 1 BGB mit der Beurkundung der letzten Willenserklärung zustande (vgl. Baumbach/Hueck/*Fastrich* § 2 Rn. 10 f.; Lutter/Hommelhoff/*Bayer* § 2 Rn. 15; MüKo GmbHG/*Mayer* § 2 Rn. 29 ff.; Scholz/*Emmerich* § 2 Rn. 16; zur – unzulässigen – »Stufengründung« s. Rdn. 31 f.).

d) Besonderheit: Abschluss des Gesellschaftsvertrags im Ausland

21 Beim Abschluss des Gesellschaftsvertrags im Ausland stellt sich die Frage, ob – entsprechend dem in Art. 11 Abs. 1 Alt. 2 EGBGB für Rechtsgeschäfte geregelten **Ortsstatut** – die Einhaltung der dort für einen solchen Akt vorgeschriebene Form ausreicht oder ob – entsprechend dem **Wirkungsstatut** (Geschäftsstatut), das für Rechtsgeschäfte in Art. 11 Abs. 1 Alt. 1 EGBGB geregelt ist und sich im Übrigen aus allgemeinen Regeln ergibt, – die vom deutschen Recht vorgeschriebene Form notarieller Beurkundung (§ 2 Abs. 1 Satz 1 GmbHG) einzuhalten ist (**Problem der Anknüpfung**). Wenn – unter Ablehnung des Ortsstatuts – das Wirkungsstatut als maßgeblich angesehen wird, stellt sich anschließend die Frage, ob durch eine Beurkundung im Ausland das vom deutschen Recht aufgestellte Formerfordernis notarieller Beurkundung auch im Ausland erfüllt wird (**Problem der Substitution**).

22 Diese Fragen stellen sich nicht nur hinsichtlich der Beurkundung des Abschlusses, sondern auch hinsichtlich der Änderung des Gesellschaftsvertrags (§ 53 Abs. 2 Satz 1 Halbs. 1 GmbHG; s. § 53 GmbHG Rdn. 19) sowie hinsichtlich sonstiger die Verfassung der Gesellschaft betreffender und folglich in das Handelsregister einzutragender Akte (z. B. Abschluss eines Beherrschungs- und Gewinnabführungsvertrags, Verschmelzung). Sie werden auch hinsichtlich der – nicht die Verfassung einer Gesellschaft betreffenden – Abtretung von Geschäftsanteilen und der diese begründenden Verpflichtung erörtert (§ 15 Abs. 3 und 4 GmbHG; s. § 15 GmbHG Rdn. 27 f.).

aa) Rechtsprechung

23 Der **Bundesgerichtshof** hat im **Beschluss vom 16. 2. 1981** ausgeführt, dass die Beurkundung eines Beschlusses zur Änderung des Gesellschaftsvertrags durch einen Notar in Zürich – im Einklang mit dem **Wirkungsstatut** (Art. 11 Abs. 1 Satz 1 EGBGB i. d. F. vor Inkrafttreten des Gesetzes zur Neuregelung des Internationalen Privatrechts vom 25. Juli 1986 [BGBl. 1986 I, 1142]) – das Beurkundungserfordernis des § 53 Abs. 2 Satz 1 Halbs. 1 GmbHG erfüllt, weil die ausländische Beurkundung der deutschen gleichwertig sei. **Gleichwertigkeit** sei »gegeben, wenn die ausländische Urkundsperson nach Vorbildung und Stellung im Rechtsleben eine der Tätigkeit des deutschen Notars entsprechende Funktion ausübt und für die Errichtung der Urkunde ein Verfahrensrecht zu beachten hat, das den tragenden Grundsätzen des deutschen Beurkundungsrechts entspricht«. Wenn »die Beteiligten einen ausländischen Notar aufsuchen, von dem sie regelmäßig eine genaue Kenntnis des deutschen Gesellschaftsrechts und deshalb eine umfassende Belehrung von vornherein gar nicht erwarten können«, komme dies einem (zulässigen) Verzicht auf die Prüfungs- und Belehrungsfunktion notarieller Beurkundung (§ 17 Abs. 1 und 2 BeurkG) gleich. In einem obiter dictum hat das Gericht ausgeführt, dass »viel für die Richtigkeit der Ansicht« spricht, das **Ortsstatut** (Art. 11 Abs. 1 Satz 2 EGBGB a. F.) »gelte generell, also auch für gesellschaftsrechtliche Vorgänge« (BGHZ 80, 76, 78 ff.). Hinsichtlich der Abtretung von Geschäftsanteilen hat der **Bundesgerichtshof im Urteil vom 22. 5. 1989** ausgeführt, dass »unabhängig davon, ob zur Wahrung der Form des § 15 Abs. 3 GmbHG gemäß Art. 11 Abs. 1 EGBGB die Ortsform genügt, (...) jedenfalls bei der

Beurkundung durch einen Schweizer Notar auch das in deutschen Gesetzesvorschriften aufgestellte Formerfordernis der notariellen Beurkundung erfüllt« wird (BGH NJW-RR 1989, 1259).

Register- und Beschwerdegerichte haben die Fragen, ob für die Vornahme eines die Verfassung der Gesellschaft betreffenden Aktes im Ausland entsprechend dem Ortsstatut die Einhaltung der dort vorgeschriebenen Form ausreicht und ob verneinendenfalls – bei Maßgeblichkeit des Wirkungsstatuts – durch eine Beurkundung im Ausland das vom deutschen Recht verlangte Formerfordernis notarieller Beurkundung erfüllt wird, unterschiedlich beantwortet; zum Abschluss des Gesellschaftsvertrags einer GmbH im Ausland ist – soweit ersichtlich – keine Entscheidung veröffentlicht: 24

OLG Düsseldorf (NJW 1989, 2200): Hinsichtlich der Form des Beschlusses über eine Änderung des Gesellschaftsvertrags sei das Ortsstatut maßgebend; da die Beurkundung des in einer Gesellschafterversammlung gefassten Beschlusses durch einen niederländischen Notar den Anforderungen des niederländischen Rechts genüge, sei die Änderung des Gesellschaftsvertrags wirksam; AG Köln (GmbHR 1990, 172): Die Beurkundung eines Zustimmungsbeschlusses der Gesellschafterversammlung der beherrschten GmbH zum Abschluss eines Gewinnabführungsvertrags durch einen Notar in Zürich sei mit der Beurkundung durch einen deutschen Notar nicht gleichwertig, so dass das Formerfordernis des § 53 Abs. 2 Satz 1 Halbs. 1 GmbHG analog nicht erfüllt sei; LG Köln (DB 1989, 2214, vorangehend AG Köln DB 1989, 2014): Die Beurkundung eines Verschmelzungsvertrags zwischen mehreren GmbHs durch einen Notar in Zürich sei mit der Beurkundung durch einen deutschen Notar gleichwertig, so dass das vom deutschen Recht aufgestellte Formerfordernis erfüllt sei; LG Nürnberg-Fürth (NJW 1992, 633, vorangehend AG Fürth GmbHR 1991, 24): Die Beurkundung eines Verschmelzungsvertrags zwischen einer GmbH und einer AG durch einen Notar in Basel sei mit der Beurkundung durch einen deutschen Notar gleichwertig, so dass das vom deutschen Recht aufgestellte Formerfordernis erfüllt sei; LG Augsburg (NJW-RR 1997, 420): Hinsichtlich der Form des Abschlusses eines Verschmelzungsvertrags zwischen zwei GmbHs und der jeweiligen Zustimmungsbeschlüsse der Gesellschafterversammlungen sei das Wirkungsstatut maßgebend; da die Beurkundung durch einen Notar in Zürich mit der Beurkundung durch einen deutschen Notar nicht gleichwertig sei, seien die Formerfordernisse der §§ 6, 13 Abs. 3 UmwG nicht erfüllt; LG Kiel (DB 1997, 1223): Hinsichtlich der Form des Abschlusses eines Verschmelzungsvertrags zwischen zwei eingetragenen Genossenschaften sei das Wirkungsstatut maßgebend; da die Beurkundung durch einen Notar in Österreich mit der Beurkundung durch einen deutschen Notar gleichwertig sei, sei das Formerfordernis des § 6 UmwG erfüllt.

bb) Schrifttum

In der Literatur sind die Ausführungen des Bundesgerichtshofs im Beschluss vom 11.6.1981 und im Urteil vom 22.5.1989 kritisiert worden. Kritik wurde nicht nur von deutschen Notaren, denen ein Bemühen um die Sicherung ihres Gebührenaufkommens durch Verhinderung eines »Beurkundungstourismus« in das Ausland unterstellt wurde, sondern auch von Richtern des – für die Entscheidung gesellschaftsrechtlicher Streitfälle zuständigen – II. Zivilsenats des BGH geäußert: *Röhricht*, ehemals Vorsitzender Richter des II. Zivilsenats, hält den Beschluss vom 11.6.1981 für »unrichtig«; das Urteil vom 22.5.1989 könne »schwerlich als das letzte Wort des BGH gelten« (GroßkommAktG/*Röhricht* § 23 Rn. 51 Fn. 61). Beachtung hat namentlich die Kritik von *Goette*, später Vorsitzender Richter des II. Zivilsenats, gefunden (*Goette* FS Boujong 1996, S. 131, 132 ff. = DStR 1996, 709; MittRhNotK 1997, 1): 25

Die Änderung des Art. 11 EGBGB durch Art. 1 des Gesetzes zur Neuregelung des Internationalen Privatrechts vom 25. Juli 1986 (BGBl. 1986 I, 1142) mit Wirkung zum 1.9.1986 habe Auswirkungen hinsichtlich seiner Anwendbarkeit auf gesellschaftsrechtliche Vorgänge; wegen der systematischen Stellung des Art. 11 EGBGB im Abschnitt »Recht der natürlichen Personen und Rechtsgeschäfte« und ausweislich der Begründung des Gesetzesentwurfs regele Art. 11 EGBGB »nicht die Form von Vorgängen, die sich auf die Verfassung von Gesellschaften und juristischen Personen beziehen« (BT-Drucksache 10/504, S. 49). Aus allgemeinen Regeln folge, dass das Ortsstatut aus Gründen der Rechtssicherheit und des Verkehrsschutzes eingeschränkt werde, »wenn es um Vorgänge geht, die sich nicht auf die unmittelbar an dem formgebundenen Akt Beteiligten beschränken, sondern Auswirkungen nicht nur auf die gegenwärtigen, sondern auch auf künftige Mitglieder der Gesellschaft haben«. Mangels Maßgeblichkeit des Ortsstatuts sei zu prüfen, ob die »Inlandsform«, nämlich notarielle Beurkundung, durch einen ausländischen Notar eingehalten werde. Dies setze voraus, dass der Zweck der Formvorschrift auch im Ausland mit gleicher Gewissheit erfüllt werde. In der vom deutschen Gesetzgeber angeordneten notariellen Beurkundung manifestiere sich der Wille, »nicht nur sicherzustellen, dass die Identität der Erklärenden und ihre Autorenschaft zweifelsfrei festgelegt werden, sondern dass die Urkundsperson auch zu dem Inhalt der [...] Erklärungen aus ihrer Sicht als nicht einmal mittelbar Betroffener auch sachlich Stellung nimmt«. Soweit es nur um die Wahrung der Interessen der unmittelbar an dem Geschäft beteiligten Personen gehe, sei ein Verzicht auf die Belehrung und auf die Inanspruchnahme des Notars wegen etwaiger Fehler zulässig; dies gelte jedoch nicht, soweit der zu beurkundende Akt – wie bei Angelegenheiten, die die Verfassung der Gesellschaft betreffen, – Auswirkungen nicht nur auf die an der Beurkundung unmittelbar beteiligten Personen, sondern auch auf andere Personen, insbesondere Beitretende, habe oder haben könne. Die »Vergleichbarkeit der ausländischen Beurkundung scheitert deswegen in diesen Fällen daran, dass der ausländische Notar die mit der Anordnung der notariellen Beurkundung bezweckte materielle Richtigkeitsgewähr nicht zu leisten vermag und – wie gerade die in der Schweiz verbreiteten Haftungsfreizeichnungen zeigen – auch nicht leisten will«. Die vom Registergericht vor der Eintragung durchzuführende Prüfung des Gesellschaftsvertrags führe nicht zur Entbehrlichkeit der vom Notar bei der Beurkundung durchzuführenden, die »materielle Richtigkeitsgewähr« bezweckenden Belehrung; die »registerrechtliche und die ihr vorangehende Prüfung der einzutragenden Erklärungen durch den Notar als Rechtspflegeorgan stehen vielmehr unabhängig nebeneinander«.

26 Von **wenigen Stimmen** in der Literatur wird – entsprechend dem **Ortsstatut** – die Einhaltung der Form, die im Ausland für einen die Verfassung der Gesellschaft betreffenden Akt vorgeschrieben ist, als ausreichend erachtet, weil der »zusammenwachsenden europäischen Rechtsgemeinschaft« Rechnung getragen werden müsse (vgl. Palandt/*Thorn* Art. 11 EGBGB Rn. 13; *Ulrich/Böhle* GmbHR 2007, 566, 567). Indes wird **überwiegend** die Auffassung vertreten, dass bei der Vornahme eines solchen Aktes – entsprechend dem **Wirkungsstatut** – die **vom deutschen Recht vorgeschriebene Form notarieller Beurkundung** einzuhalten sei (vgl. Baumbach/Hueck/*Fastrich* § 2 Rn. 9; Lutter/Hommelhoff/*Bayer* § 2 Rn. 18; MüKo GmbHG/*Mayer* § 2 Rn. 44; Rowedder/*Schmidt-Leithoff* § 2 Rn. 40 f.; *Ulmer/Löbbe* § 2 Rn. 19).

27 Bei Maßgeblichkeit des Wirkungsstatuts wird das vom deutschen Recht aufgestellte Formerfordernis durch eine Beurkundung im Ausland erfüllt, wenn die Beurkundung im Ausland mit der Beurkundung durch einen deutschen Notar gleichwertig ist (Problem der Substitution). In der Literatur werden zur **Gleichwertigkeit einer Beurkundung im Ausland mit der durch einen deutschen Notar** unterschiedliche Auffassungen vertreten: Während die Beurkundung durch einen Notar in **Österreich** und der **Schweiz** sowie in den Ländern des »**lateinischen Notariats**« (Belgien, Frankreich, Italien, Niederlande, Spanien) nach Auffassung **vieler Autoren** mit der Beurkundung durch einen deutschen Notar gleichwertig ist (vgl. Lutter/Hommelhoff/*Bayer* § 2 Rn. 19; Palandt/*Thorn* Art. 11 EGBGB Rn. 9; Rowedder/*Schmidt-Leithoff* § 2 Rn. 42 f.; Scholz/*Emmerich* § 2 Rn. 18b), wird von **anderen Autoren** die Gleichwertigkeit einer Beurkundung im Ausland – auch in der Schweiz – mit einer Beurkundung durch einen deutschen Notar in Abrede gestellt, wenn der im Ausland beurkundende Notar keine Kenntnisse deutschen (Gesellschafts-)Rechts hat und dementsprechend seine eigene Haftung für Fehler durch eine »Freizeichnungserklärung« ausschließt sowie keine Niederschrift vorliest (vgl. MüKo GmbHG/*Mayer* § 2 Rn. 52 ff.; *Ulmer/Löbbe* § 2 Rn. 20 f.).

28 Bevor nicht der deutsche Gesetzgeber eine Regelung schafft, nach der beim Abschluss eines Gesellschaftsvertrags im Ausland die vor Ort geltende Form einzuhalten ist, ist von der Maßgeblichkeit des Wirkungsstatuts auszugehen (zum **Referentenentwurf** eines **Gesetzes zum Internationalen Privatrecht der Gesellschaften, Vereine und juristischen Personen** vom 7.1.2008 s. *Bollacher* RIW 2008, 200; *Clausnitzer* NZG 2008, 321; *Köster* ZRP 2008, 214; *Kußmaul/Richter/Ruiner* DB 2008,

451; *Leuering* ZRP 2008, 73; *Rotheimer* NZG 2008, 181; *Schneider* BB 2008, 566; *Stork* GewArch 2008, 240). Demnach ist die vom deutschen Recht vorgeschriebene Form notarieller Beurkundung beim Abschluss des Gesellschaftsvertrags (§ 2 Abs. 1 Satz 1 GmbHG) einzuhalten. Dieses Formerfordernis wird durch eine Beurkundung im Ausland erfüllt, wenn die Beurkundung im Ausland mit der Beurkundung durch einen deutschen Notar gleichwertig ist. Die Gleichwertigkeit einer Beurkundung im Ausland mit der Beurkundung durch einen deutschen Notar ist sowohl im Hinblick auf die Ausbildung und Stellung des Notars als auch im Hinblick auf das Beurkundungsverfahren anhand der Umstände des Einzelfalls zu ermitteln; hierbei ist zu prüfen, ob durch die Beurkundung im Ausland die mit dem (Form-)Erfordernis notarieller Beurkundung bezweckten Funktionen (s. Rdn. 16) erfüllt werden: Während durch eine Beurkundung im Ausland der Beweisfunktion Genüge getan werden kann, indem eine Niederschrift aufgenommen wird, ist die Gewährung der materiellen Richtigkeit häufig problematisch, weil ein Notar im Ausland auf Grund seiner Ausbildung und Stellung nicht zwingend über die Kenntnis deutschen (Gesellschafts-)Rechts verfügt; da dieser Zweck notarieller Beurkundung nicht nur im Interesse der Beteiligten, sondern im allgemeinen Interesse besteht, können die Beteiligten hierauf nicht verzichten. Sofern indes ein ausländischer Notar im Einzelfall nachweisbar über die Kenntnis deutschen (Gesellschafts-)Rechts verfügt und seine Haftung für Fehler nicht durch eine »Freizeichnungserklärung« ausschließt, kann mittels einer Beurkundung im Ausland die materielle Richtigkeit in demselben Maße gewährt werden wie mittels einer Beurkundung durch einen deutschen Notar; hierbei ist zu beachten, dass ein deutscher Notar die Beurkundung nur unter bestimmten (engen) Voraussetzungen verweigern kann, nämlich wenn die Beteiligten entsprechenden Hinweisen zur Gewährung materieller Richtigkeit nicht folgen wollen (vgl. § 4 BeurkG). Die Prüfungs- und Belehrungsfunktion, die vor allem der Aufklärung (Warnung) der Beteiligten über die rechtliche Tragweite ihrer Willenserklärungen dient, kann durch eine Beurkundung im Ausland erfüllt werden, wenn eine »Verhandlung« durch Vorlesen der Niederschrift stattfindet; im Übrigen hängen Existenz und Umfang der Belehrungspflicht von der konkreten Belehrungsbedürftgkeit der Beteiligten ab, so dass bei anwaltlich beratenen Beteiligten geringere Anforderungen an die Belehrungspflicht zu stellen sind.

e) Folgen der Nichteinhaltung der Anforderungen an die Form

Wenn beim Abschluss des Gesellschaftsvertrags die Form notarieller Beurkundung nicht beachtet wird, ist der Gesellschaftsvertrag gemäß § 125 Satz 1 BGB **nichtig** (vgl. Baumbach/Hueck/*Fastrich* Rn. 14; MüKo GmbHG/*Mayer* § 2 Rn. 61; Scholz/*Emmerich* § 2 Rn. 19). Da in einem solchen Fall die Gesellschaft nicht ordnungsgemäß errichtet ist, hat das (Register-)Gericht die Eintragung der Gesellschaft in das Handelsregister abzulehnen (§ 9c Abs. 1 Satz 1, Abs. 2 Nr. 3 GmbHG; s. § 9c GmbHG Rdn. 11). 29

Kommt es zur Eintragung der Gesellschaft in das Handelsregister, obwohl die Gesellschaft wegen Nichteinhaltung der Anforderungen an die Form notarieller Beurkundung nicht ordnungsgemäß errichtet ist, hindert dies die Entstehung der Gesellschaft nicht; der Mangel wird durch die Eintragung »**geheilt**«. Weder die Erhebung einer Nichtigkeitsklage durch einen Gesellschafter, Geschäftsführer oder ein Mitglied des Aufsichtsrats gemäß § 75 GmbHG noch die Löschung durch das Registergericht gemäß. § 379 Satz 2 FamFG noch die Auflösung gemäß § 399 Abs. 4 FamFG kommen in Betracht (vgl. Baumbach/*Hueck*/*Fastrich* § 2 Rn. 15; Lutter/Hommelhoff/*Bayer* § 2 Rn. 25; MüKo GmbHG/*Mayer* § 2 Rn. 63; Scholz/*Emmerich* § 2 Rn. 20; Ulmer/*Löbbe* Rn. 30; s. auch Rdn. 53, 58 f. und § 10 GmbHG Rdn. 3). 30

2. Mitwirkung der Gesellschafter, Abs. 1 Satz 2

Der Gesellschaftsvertrag ist von **sämtlichen Gesellschaftern zu unterzeichnen** (Abs. 1 Satz 2). Durch diese Vorschrift wird eine »Stufengründung« ausgeschlossen: Sämtliche Gesellschafter müssen sich durch Unterzeichnung des Gesellschaftsvertrags zur Leistung einer – im Gesellschaftsvertrag zu bestimmenden (§ 3 Abs. 1 Nr. 4 GmbHG) – Einlage verpflichten; aus diesem Grund müssen im Zeitpunkt des Abschlusses des Gesellschaftsvertrags sämtliche Gesellschafter feststehen. 31

§ 2 GmbHG Form des Gesellschaftsvertrags

Vor Eintragung der Gesellschaft im Handelsregister ist der Beitritt eines Gesellschafters – ebenso wie der Wechsel eines Gesellschafters – nur durch Änderung des Gesellschaftsvertrags möglich; niemand kann, ohne selbst den Gesellschaftsvertrag zu unterzeichnen, durch schlichte Übernahme einer Stammeinlage Gesellschafter werden (vgl. Baumbach/Hueck/*Fastrich* § 2 Rn. 10 f.; MüKo GmbHG/*Mayer* § 2 Rn. 31; Scholz/*Emmerich* § 2 Rn. 16; s. auch Rdn. 56 ff.).

32 Abs. 1 Satz 2 verlangt indes **nicht** die **gleichzeitige Anwesenheit** sämtlicher Gesellschafter beim Abschluss des Gesellschaftsvertrags; die auf den Abschluss des Gesellschaftsvertrags gerichteten Willenserklärungen können außerdem vor verschiedenen Notaren abgegeben werden (zur – zulässigen – »Stufenbeurkundung« s. Rdn. 20).

3. Vereinfachtes Verfahren, Abs. 1a

33 Durch Art. 1 Nr. 2 des Gesetzes zur Modernisierung des GmbH-Rechts und zur Bekämpfung von Missbräuchen (MoMiG) vom 23. Oktober 2008 (BGBl. I, 2026) ist Abs. 1a eingefügt worden, der die Gründung einer GmbH in einem **vereinfachten Verfahren unter Verwendung des** in der Anlage bestimmten **Musterprotokolls** regelt. Die Gesetz gewordene Regelung ist durch den Rechtsausschuss des Deutschen Bundestages vorgeschlagen worden; sie unterscheidet sich von der im Regierungsentwurf vorgeschlagenen und wegen des Verzichts auf das Erfordernis notarieller Beurkundung des Gesellschaftsvertrags als »Bierdeckel-GmbH« kritisierten Regelung (*Karsten* GmbHR 2007, 958; vgl. *Bayer/Hoffmann/J. Schmidt* GmbHR 2007, 953; *Heckschen* DStR 2007, 1442; *Ulmer* ZIP 2008, 45, 46 ff.).

34 Während im Referentenentwurf des MoMiG keine Änderung des § 2 GmbHG vorgesehen war, sah der **Gesetzesentwurf der Bundesregierung** einen **Verzicht auf das Erfordernis notarieller Beurkundung des Gesellschaftsvertrags** vor, wenn ein **Muster** verwendet wird, der Gesellschaftsvertrag schriftlich abgefasst ist und die Unterschriften der Gesellschafter öffentlich beglaubigt werden. In der Begründung ist Folgendes ausgeführt (Gesetzesentwurf der Bundesregierung, BT-Drs. 16/6140, S. 27 f.):

> »Durch die Änderung von § 2 soll die Gründung einer GmbH in unkomplizierten Standardfällen erleichtert und dadurch die Wettbewerbsfähigkeit der GmbH gestärkt werden. Bislang bedarf der Gesellschaftsvertrag einer GmbH ausnahmslos der Beurkundung. Zukünftig genügt die **schriftliche Abfassung**, verbunden mit einer öffentlichen Beglaubigung der Unterschriften der Gesellschafter, wenn der dem Gesetz als Anlage beigefügte Mustervertrag (oft auch Mustersatzung genannt) verwendet wird [...]. Auf das Beurkundungserfordernis kann bei **Verwendung des Musters** verzichtet werden, da es in diesen Fällen aufgrund der Einfachheit der in ihm enthaltenen Regelungen der notariellen Beratung und Belehrung in der Regel nicht bedarf [...]. Die **öffentliche Beglaubigung der Unterschriften** der Gesellschafter ist notwendig, um rechtssichere Identifizierung der Gesellschafter sicherzustellen. So kann Transparenz über die Anteilseignerstrukturen der GmbH geschaffen und Geldwäsche verhindert werden [...]. Außerdem ist die rechtssichere Identifizierung der Gesellschafter Voraussetzung für die Geltendmachung von eventuellen Haftungs- oder sonstigen Zahlungsansprüchen gegen Gesellschafter wie auch für den Rückgriff auf die Gesellschafter im Fall von Missbräuchen durch Firmenbestattungen [...]. Verwendung des Musters bedeutet, dass außer den Einfügungen in den vorgegebenen Feldern keine weiteren Ergänzungen und Änderungen vorgenommen werden. Jede weitere Änderung der Mustersatzung oder jeder weitere Zusatz löst die Beurkundungspflicht aus. Dies gilt insbesondere auch dann, wenn die Gesellschaft durch mehr als drei Personen gegründet wird oder wenn ein Gesellschafter mehr als einen Geschäftsanteil übernehmen soll. In diesem Fall kann auf die Beurkundung nicht verzichtet werden, weil der Beratungsbedarf jedenfalls typischerweise zu groß wird.«

Der **Bundesrat** hat in seiner **Stellungnahme** zum Gesetzesentwurf der Bundesregierung die Streichung dieser Regelung vorgeschlagen und dies wie folgt begründet (Stellungnahme des Bundesrates, BT-Drs. 16/6140, S. 61 f.): 35

»Die Verwendung von Mustersatzungen wird die GmbH-Gründung nicht merkbar beschleunigen, die damit einhergehende Verringerung der Gründungsberatung und die fehlende Flexibilität der Mustersatzung im jeweiligen Einzelfall führen jedoch zu erheblichen Nachteilen [...]. Schließlich ist zu bedenken, dass die individuelle Ausarbeitung des Gesellschaftsvertrags der Berücksichtigung der Interessen aller Beteiligten dient und späteren Streitigkeiten über Inhalt, Wirksamkeit und Auslegung vorbeugt. Anlässlich der Beurkundung können auch weitere wichtige Fragen im Umfeld der Gründung [...] erörtert und gegebenenfalls notwendige Regelungen getroffen werden. Damit erhalten insbesondere Kleinunternehmer und Mittelstand anlässlich der Beurkundung eine häufig notwendige, vergleichsweise kostengünstige und kompetente Beratung. Die Notargebühren für die Beurkundung der Gründung einer Ein-Personen-GmbH mit einem Stammkapital von 25 000,– € betragen 84,– €, bei einer Mehr-Personen-GmbH 168,– €. Der oftmals erhobene Einwand der übermäßigen Kostenbelastung durch die notarielle Beurkundung trifft demnach für den weit überwiegenden Teil der kleinen und mittelständischen Gesellschaften mit beschränkter Haftung nicht zu. Letztlich verleitet eine Mustersatzung im Gegensatz zur individuellen Gestaltung des Gesellschaftsvertrages, bei der jede Bestimmung erörtert wird, dazu, nur unreflektiert den jeweiligen Wortlaut zu übernehmen. Die rechtliche Prüfung, ob die Mustersatzung tatsächlich für die jeweiligen Verhältnisse tauglich ist, sollen nach dem Entwurf die Gesellschafter vornehmen, weil mit dem ›Gründungs-Set‹ die Eintragung ›ohne rechtliche Beratung bewältigt‹ werden kann. Für eine Mehrpersonengesellschaft ist die Mustersatzung auf Grund der unzureichenden Regelung des Verhältnisses der Gesellschafter zueinander völlig unzureichend.«

In ihrer **Gegenäußerung** zur Stellungnahme des Bundesrates hat die **Bundesregierung** Folgendes ausgeführt (Gegenäußerung der Bundesregierung, BT-Drs. 16/6140, S. 74): 36

»Die Einführung des Mustergesellschaftsvertrags entspricht den Forderungen der Wirtschaft [...]. Es ist zutreffend, dass der Verzicht auf das Beurkundungserfordernis zu einer Verringerung der Gründungsberatung führt. Wird eine GmbH unter Verwendung des Mustergesellschaftsvertrags gegründet, besteht jedoch kein höherer Beratungsbedarf als bei der Gründung einer Personenhandelsgesellschaft, bei der bereits nach geltendem Recht keine Beurkundung erforderlich ist. Dieser Vergleich zeigt, dass bei der Gründung einer GmbH mittels Mustergesellschaftsvertrag die notarielle Gründungsberatung entbehrlich ist. Hinzu kommt, dass auch das englische Recht für die Gründung einer Private Company Limited by Shares (Limited) kein Beurkundungserfordernis vorsieht. Die Ermöglichung der Gründung einer GmbH ohne notarielle Beurkundung hätte eine starke Signalwirkung, dass die GmbH sich ebenso einfach und unbürokratisch gründen lässt wie die Limited oder andere vergleichbare Auslandsgesellschaften.«

Ferner hat der **Bundesrat** in seiner **Stellungnahme** zum Gesetzesentwurf der Bundesregierung die Befürchtung geäußert, dass **Notare** sich unter Berufung auf ein »Nebengeschäft« einem Vollzug der Urkunden durch Anmeldung beim Handelsregister entziehen könnten, wenn die Mustersatzung nicht notariell beurkundet wird; eine **Vollzugspflicht** solle vorgesehen werden (Stellungnahme des Bundesrates, BT-Drs. 16/6140, S. 62). In ihrer **Gegenäußerung** lehnt die **Bundesregierung** »Sicherungsmaßnahmen« ab, weil sie die Befürchtung, Notare könnten sich im Fall der Verwendung einer nicht beurkundungspflichtigen Mustersatzung der Anmeldung der GmbH entziehen wollen, nicht teile; es gebe eine Vielzahl von Anmeldungspflichten ohne gleichzeitige Einreichung notariell zu beurkundender Dokumente, und es sei nicht bekannt, dass Notare in diesen Fällen einen Vollzug ablehnen würden (Gegenäußerung der Bundesregierung, BT-Drs. 16/6140, S. 74). 37

Der **Rechtsausschuss des Deutschen Bundestages** hat die später Gesetz gewordene Einfügung des Abs. 1a, der Anlage und des § 41d Kostenordnung (KostO) a. F. empfohlen und die Empfehlung wie folgt begründet (Beschlussempfehlung des Rechtsausschusses des Deutschen Bundestages, BT-Drs. 16/9737, S. 93): 38

§ 2 GmbHG Form des Gesellschaftsvertrags

»*Der im Regierungsentwurf vorgesehene beurkundungsfreie Mustergesellschaftsvertrag wird durch ein **beurkundungspflichtiges** ›**Musterprotokoll**‹ ersetzt. Auf diese Weise wird den Bedenken gegen einen Verzicht auf das Beurkundungserfordernis Rechnung getragen. Gleichzeitig wird das angestrebte Ziel erreicht, in Standardfällen die Möglichkeit einer einfacheren GmbH-Gründung zu eröffnen. Die Vereinfachung wird durch die Bereitstellung von Mustern, die Zusammenfassung von drei Dokumenten (Gesellschaftsvertrag Geschäftsführerbestellung und Gesellschafterliste) in einem Dokument und die [...] vorgesehene **kostenrechtliche Privilegierung** bewirkt. Die Bestimmung ist allgemein formuliert, wird aber insbesondere bei der UG (haftungsbeschränkt) zu einer echten Kostenersparnis führen können.*«

a) Voraussetzungen

39 Die Gründung der Gesellschaft im vereinfachten Verfahren gemäß Abs. 1a ist möglich, wenn sie höchstens drei Gesellschafter und einen Geschäftsführer hat (Abs. 1a Satz 1) und das in der Anlage bestimmte Musterprotokoll verwendet wird (Abs. 1a Satz 2) sowie darüber hinaus keine vom Gesetz abweichenden Bestimmungen getroffen werden (Abs. 1a Satz 3).

aa) Höchstens drei Gesellschafter und ein Geschäftsführer, Satz 1

40 Das vereinfachte Verfahren kommt in Betracht, wenn die Gesellschaft höchstens drei Gesellschafter und einen Geschäftsführer hat (Abs. 1a Satz 1). Für Mehrpersonen-Gesellschaften ist das Muster indes ungeeignet, da weitere Regelungen im Gesellschaftsvertrag – beispielsweise Klauseln zur Vinkulierung (s. § 15 GmbHG Rdn. 29 ff.), zur Einziehung eines Geschäftsanteils (s. § 34 GmbHG Rdn. 5 ff.), zur Beschlussfähigkeit einer Gesellschafterversammlung (s. § 48 GmbHG Rdn. 3) – häufig angezeigt sind und vorgesehen werden sollten (vgl. *Bayer/Hoffmann/Jessica Schmidt* GmbHR 2007, 953). Pointiert ist – bezogen auf den im Regierungsentwurf vorgesehenen Mustergesellschaftsvertrag – gesagt worden: »Sollte ein deutscher Notar oder ein anderer Berater einer Mehrpersonen-GmbH eine derartige Satzung empfehlen, so wäre er mit Sicherheit regresspflichtig.« (*Heckschen* DStR 2007, 1442, 1444).

bb) Verwendung des Musterprotokolls, Satz 2

41 Das im vereinfachten Verfahren zu verwendende Musterprotokoll (Abs. 1a Satz 2 i.V. m. Anlage) verlangt Angaben zu den notwendigen Bestandteilen des Gesellschaftsvertrags gemäß § 3 Abs. 1 GmbHG (s. § 3 GmbHG Rdn. 2 ff.) und sieht zusätzlich eine Befreiung des Geschäftsführers von den Beschränkungen des § 181 BGB (s. *Alexander* § 35 GmbHG Rdn. 24) sowie die Übernahme des Gründungsaufwands durch die Gesellschaft bis zu einem Höchstbetrag von € 300 vor (s. § 3 GmbHG Rdn. 23). Eine Sachgründung scheidet aus, da das Muster eine in Geld zu leistende Einlage vorsieht (vgl. MüKo GmbHG/*Mayer* § 2 Rn. 243).

cc) Keine vom Gesetz abweichenden Bestimmungen, Satz 3

42 Abweichend vom gesetzlichen Regelfall sieht das Musterprotokoll die Befreiung des Geschäftsführers von den Beschränkungen des § 181 BGB (s. § 35 GmbHG Rdn. 24 ff.) sowie die Übernahme des Gründungsaufwands durch die Gesellschaft bis zu einem Höchstbetrag von € 300 vor (s. § 3 GmbHG Rdn. 23). Darüber hinaus dürfen keine vom Gesetz abweichenden Bestimmungen getroffen werden (Abs. 1a Satz 3).

b) Rechtsfolgen

43 Der Vorteil der Gründung im vereinfachten Verfahren liegt in der »kostenrechtlichen Privilegierung«. Durch Art. 15 Nr. 2a des Gesetzes zur Modernisierung des GmbH-Rechts und zur Bekämpfung von Missbräuchen (MoMiG) ist § 41d KostO a. F. eingefügt worden, der die Gebühren bei der **Verwendung von Musterprotokollen** regelt: Der Mindestwert von € 25.000 gilt nicht bei der Gründung einer GmbH im vereinfachten Verfahren gemäß § 2 Abs. 1a GmbHG.

Das Musterprotokoll gilt außerdem als Gesellschafterliste (Abs. 1a Satz 4). Die Erstellung einer 44
eigenen Gesellschafterliste (als eigenem Dokument) bedarf es – anders als von § 40 GmbHG vorgesehen – nicht.

4. Vertretung

a) Zulässigkeit rechtsgeschäftlicher Vertretung

Abs. 2 bringt, ohne dies ausdrücklich zu regeln, zum Ausdruck, dass sich die Gesellschafter beim 45
Abschluss des Gesellschaftsvertrags durch Bevollmächtigte vertreten lassen können. Diese Vorschrift
bezieht sich nur auf die **rechtsgeschäftliche Vertretung**, nicht auf die gesetzliche oder organschaftliche Vertretung. Auf die rechtsgeschäftliche Vertretung beim Abschluss des Gesellschaftsvertrags
finden – vorbehaltlich anderweitiger spezieller Regelung – die §§ 164 ff. BGB Anwendung; insbesondere § 181 BGB ist zu beachten (vgl. Baumbach/Hueck/*Fastrich* § 2 Rn. 20; Scholz/*Emmerich*
§ 2 Rn. 28).

b) Anforderungen an die Erteilung der Vertretungsmacht, Abs. 2

Die Unterzeichnung des Gesellschaftsvertrags durch Bevollmächtigte ist nur auf Grund einer »nota- 46
riell errichteten oder beglaubigten Vollmacht« zulässig (Abs. 2). Diese Formulierung ist nicht präzise, weil die Rechtsordnung zwar die »notarielle Beurkundung« (§ 128 BGB) bzw. die »Beurkundung« von Willenserklärungen durch einen Notar (§§ 6 ff. BeurkG; vgl. § 20 Abs. 1 Satz 1 BNotO)
sowie die »öffentliche Beglaubigung« mittels Beglaubigung der Unterschrift des Erklärenden von
einem Notar (§ 129 Abs. 1 Satz 1 BGB; vgl. § 40 BeurkG, § 20 Abs. 1 Satz 1 BNotO) regelt, jedoch
nicht die »notariell errichtete Vollmacht« oder die »notariell beglaubigte Vollmacht«. Abs. 2 ist wie
folgt zu verstehen: Die Vertretungsmacht zum Abschluss eines Gesellschaftsvertrags kann nur durch
notarielle Beurkundung der Vollmachtsurkunde oder durch schriftliche Vollmachtsurkunde mit
Beglaubigung der Unterschrift des Erklärenden von einem Notar (hier verkürzend als »notarielle
Beglaubigung« bezeichnet) erteilt werden.

aa) Zweck der notariellen Beurkundung/Beglaubigung der Vollmachtsurkunde

Das Erfordernis, die Vertretungsmacht zum Abschluss eines Gesellschaftsvertrags durch notariell 47
beurkundete oder beglaubigte Vollmachtsurkunde zu erteilen, besteht aus Gründen der Rechtssicherheit: Zweifel und Streitigkeiten über die Legitimation der Vertreter sollen ausgeschlossen
werden (BGH NJW 1969, 1856; BB 1980, 857).

bb) Durchführung der notariellen Beurkundung/Beglaubigung der Vollmachtsurkunde

Die Erteilung der Vertretungsmacht zum Abschluss des Gesellschaftsvertrags bedarf – abweichend 48
von § 167 Abs. 2 BGB – der notariellen Beurkundung oder Beglaubigung der Vollmachtsurkunde.
Die notarielle Beurkundung der Vollmachtsurkunde richtet sich, da es sich bei der Erteilung der
Vertretungsmacht um eine einseitige (empfangsbedürftige) Willenserklärung handelt, nach den
§§ 6 ff. BeurkG; die notarielle Beglaubigung richtet sich nach den §§ 39 ff. BeurkG. Es ist unerheblich, ob die Vertretungsmacht nur zum Abschluss eines bestimmten Gesellschaftsvertrags (»Spezialvollmacht«), zum Abschluss von Gesellschaftsverträgen im allgemeinen (»Gattungsvollmacht«)
oder auch zur Vornahme anderer Rechtsgeschäfte einschließlich des Abschlusses von Gesellschaftsverträgen (»Generalvollmacht«) berechtigt; eine Handlungsvollmacht i. S. d. § 54 HGB berechtigt
indes nicht zum Abschluss eines Gesellschaftsvertrags (vgl. Baumbach/Hueck/*Fastrich* § 2 Rn. 21;
Scholz/*Emmerich* § 2 Rn. 26 f.; *Ulmer/Löbbe* § 2 Rn. 33 f.).

cc) Besonderheit: Erteilung der Vertretungsmacht im Ausland

Bei Erteilung der Vertretungsmacht im Ausland stellt sich – ebenso wie beim Abschluss des Gesell- 49
schaftsvertrags im Ausland (s. Rdn. 21 ff.) – die Frage, ob durch eine notarielle Beurkundung oder
Beglaubigung der Vollmachtsurkunde im Ausland das vom deutschen Recht aufgestellte Erfordernis

notarieller Beurkundung oder Beglaubigung erfüllt wird (Problem der Substitution). Da der Zweck dieser Vorschrift, Zweifel und Streitigkeiten über die Legitimation der Vertreter auszuschließen (s. Rdn. 47), auch durch notarielle Beurkundung oder Beglaubigung der Vollmachtsurkunde im Ausland erreicht wird, kann die Vertretungsmacht auch im Ausland erteilt werden (vgl. Baumbach/Hueck/*Fastrich* § 2 Rn. 20; Scholz/*Emmerich* § 2 Rn. 25).

dd) Folgen der Nichteinhaltung der Anforderungen an die Erteilung der Vertretungsmacht

50 Wird die Vertretungsmacht nicht durch notariell beurkundete oder beglaubigte Vollmachtsurkunde erteilt, ist sie **nichtig** (§ 125 Satz 1 BGB); der einen Gesellschaftsvertrag unterzeichnende Vertreter handelt ohne Vertretungsmacht (vgl. MüKo GmbHG/*Mayer* § 2 Rn. 72; Rowedder/*Schmidt-Leithoff* § 2 Rn. 56; *Ulmer* § 2 Rn. 42). Wenn der Gesellschaftsvertrag einer **Mehrpersonen-Gesellschaft** durch einen Vertreter ohne Vertretungsmacht unterzeichnet wird, ist der Gesellschaftsvertrag »**schwebend unwirksam**«; in einem solchen Fall kommt die Genehmigung des Vertrags durch den Vertretenen in Betracht (§ 177 Abs. 1 BGB). Wenn demgegenüber der Gesellschaftsvertrag einer **Einpersonen-Gesellschaft** durch einen Vertreter ohne Vertretungsmacht unterzeichnet wird, ist dessen auf den Abschluss des Gesellschaftsvertrags gerichtete Willenserklärung nichtig, weil es sich bei der Abgabe einer auf die Errichtung einer Einpersonen-Gesellschaft gerichteten Willenserklärung um eine (»streng«) einseitige nicht empfangsbedürftige Willenserklärung handelt, bei der Vertretung ohne Vertretungsmacht unzulässig ist (§ 180 Satz 1 BGB); die Möglichkeit der Genehmigung durch den Vertretenen besteht – anders als bei der Errichtung einer Mehrpersonen-Gesellschaft – nicht (KG GmbHR 2012, 569; LG Berlin GmbHR 1996, 123; vgl. Baumbach/Hueck/*Fastrich* § 2 Rn. 22; Lutter/Hommelhoff/*Bayer* § 2 Rn. 21 f.; MüKo GmbHG/*Mayer* § 2 Rn. 72 ff.).

51 Bei der Errichtung einer **Mehrpersonen-Gesellschaft** erfolgt die **Genehmigung** des »schwebend unwirksamen« Gesellschaftsvertrags durch eine einseitige empfangsbedürftige Willenserklärung des Vertretenen, auf die – vorbehaltlich anderweitiger Regelung – die §§ 182 ff. BGB anzuwenden sind. Sie bedarf – in analoger Anwendung des § 2 Abs. 2 GmbHG und abweichend von § 182 Abs. 2 BGB – der **notariellen Beurkundung oder Beglaubigung**, weil der Zweck des in § 2 Abs. 2 GmbHG geregelten Formerfordernisses, Zweifel und Streitigkeiten über die Legitimation der Vertreter auszuschließen (s. Rdn. 47), nur erreicht wird, wenn diese Form auch bei der Genehmigungserklärung des durch einen Vertreter ohne Vertretungsmacht abgeschlossenen Gesellschaftsvertrags eingehalten wird (OLG Köln NJW-RR 1996, 550 [dort fälschlicherweise als OLG Düsseldorf bezeichnet]; vgl. aber auch BGH BB 1980, 857 im Hinblick auf die Genehmigungserklärung eines zunächst minderjährigen Gesellschafters nach Eintritt seiner Volljährigkeit). Die notarielle Beurkundung der Genehmigungserklärung richtet sich nach den §§ 6 ff. BeurkG, die notarielle Beglaubigung nach den §§ 39 ff. BeurkG.

52 Die Gesellschaft ist nicht ordnungsgemäß errichtet, wenn die Vertretungsmacht nicht durch notariell beurkundete oder beglaubigte Vollmachtsurkunde erteilt worden ist und die Genehmigung des durch einen Vertreter ohne Vertretungsmacht abgeschlossenen Gesellschaftsvertrags einer Mehrpersonen-Gesellschaft nicht durch notariell beurkundete oder beglaubigte Genehmigungserklärung des Vertretenen (§ 2 Abs. 2 GmbHG analog) erfolgt ist; der Gesellschaftsvertrag ist **nichtig**. In einem solchen Fall hat das (Register-) Gericht die Eintragung der Gesellschaft in das Handelsregister abzulehnen (§ 9c Abs. 1 Satz 1, Abs. 2 Nr. 3 GmbHG; s. § 9c GmbHG Rdn. 11).

53 Kommt es zur Eintragung der Gesellschaft in das Handelsregister, obwohl die Gesellschaft wegen einer fehlenden oder fehlerhaften Vollmachtsurkunde oder Genehmigungserklärung nicht ordnungsgemäß errichtet worden ist, hindert dies die Entstehung der Gesellschaft nicht; der Mangel wird durch die Eintragung »**geheilt**«. Weder die Erhebung einer Nichtigkeitsklage durch einen Gesellschafter, Geschäftsführer oder ein Mitglied des Aufsichtsrats gemäß § 75 GmbHG noch die Löschung durch das Registergericht gemäß § 397 Satz 2 FamFG noch die Auflösung gemäß § 399 Abs. 4 FamFG kommen in Betracht. Die Eintragung in das Handelsregister bewirkt indes nicht, dass derjenige Gesellschafter wird, der insbesondere wegen fehlender oder beschränkter Geschäfts-

fähigkeit (§§ 104 ff. BGB) keine Vertretungsmacht erteilt hat (vgl. MüKo GmbHG/*Mayer* § 2 Rn. 78; Scholz/*Emmerich* § 2 Rn. 32; s. Rdn. 30, 58 ff. und § 10 GmbHG Rdn. 3).

III. Vorgesellschaft, insbesondere Änderung des Gesellschaftsvertrags

Mit Abschluss des – notariell zu beurkundenden und von sämtlichen Gesellschaftern zu unterzeichnenden – Gesellschaftsvertrags entsteht eine »**Vorgesellschaft**«, die häufig auch als »**Vor-GmbH**« bezeichnet wird. Vor der Eintragung in das Handelsregister besteht eine GmbH »als solche« nicht (§ 11 Abs. 1 GmbHG); erst die durch die Eintragung entstehende GmbH »hat selbständig ihre Rechte und Pflichten« und ist juristische Person (§ 13 Abs. 1 Halbs. 1 GmbHG; s. § 13 GmbHG Rdn. 2 ff.).

54

1. Rechtsnatur der Vorgesellschaft und anzuwendendes Recht

Auf die Vorgesellschaft als »**notwendiger Vorstufe zur juristischen Person**« werden die Vorschriften des GmbH-Rechts angewendet, soweit diese nicht die Rechtsfähigkeit voraussetzen oder auf die besonderen Umstände bzw. Verhältnisse im Gründungsstadium nicht hinreichend Rücksicht nehmen (s. § 11 GmbHG Rdn. 8 ff.).

55

2. Änderung des Gesellschaftsvertrags einschließlich Wechsel eines Gesellschafters

Vor Eintragung der Gesellschaft in das Handelsregister bedarf eine **Änderung einschließlich einer Ergänzung des Gesellschaftsvertrags** – vorbehaltlich anderweitiger Regelung – der vertraglichen Vereinbarung aller Gesellschafter gemäß § 2 GmbHG, weil § 53 GmbHG auf eine Vorgesellschaft nicht anwendbar ist: Die – notariell zu beurkundende – Vereinbarung ist von sämtlichen Gesellschaftern zu unterzeichnen; Vollmachtsurkunde oder Genehmigungserklärung bedürfen notarieller Beurkundung oder Beglaubigung (OLG Köln NJW-RR 1996, 550 [dort fälschlicherweise als OLG Düsseldorf bezeichnet]; vgl. auch Baumbach/Hueck/*Fastrich* § 2 Rn. 13; Lutter/Hommelhoff/*Bayer* § 2 Rn. 33; MüKo GmbHG/*Mayer* § 2 Rn. 57; Scholz/*Emmerich* § 2 Rn. 21; a. A. Scholz/*K. Schmidt* § 11 Rn. 56 f.).

56

Der **Wechsel eines Gesellschafters** der Vorgesellschaft erfolgt nicht durch Übertragung eines Geschäftsanteils gemäß § 15 GmbHG, sondern bedarf – ebenso wie der Beitritt oder das Ausscheiden eines Gesellschafters – einer Änderung des Gesellschaftsvertrags, da die Zahl und Nennbeträge der von jedem Gesellschafter übernommenen Geschäftsanteile im Gesellschaftsvertrag zu bestimmen ist (§ 3 Abs. 1 Nr. 4 GmbHG); vor Eintragung der Gesellschaft in das Handelsregister bestehen noch keine Geschäftsanteile, so dass § 15 GmbHG nicht anwendbar ist (BGHZ 15, 204, 206; 21, 242, 245; 29, 300, 303; BGH WM 1971, 306; WM 1983, 230; NJW 1997, 1507 [insoweit in BGHZ 134, 333 nicht abgedruckt]; NZG 2005, 263; OLG Frankfurt NJW-RR 1997, 1062; vgl. Baumbach/Hueck/*Fastrich* § 2 Rn. 13 MüKo GmbHG/*Mayer* § 2 Rn. 57; a. A. Scholz/*K. Schmidt* § 11 Rn. 49 f.; *K. Schmidt* ZIP 1997, 671; GmbHR 1997, 869; s. auch Rdn. 31, 64).

57

IV. Fehlerhafter Gesellschaftsvertrag, fehlerhafter Gesellschafterbeitritt/-wechsel

1. Fehlerhafter Gesellschaftsvertrag

Nach Eintragung einer Gesellschaft in das Handelsregister berechtigen **nur wenige Mängel des Gesellschaftsvertrags** – nämlich das Fehlen gesellschaftsvertraglicher Bestimmungen über die Höhe des Stammkapitals oder über den Gegenstand des Unternehmens sowie die Nichtigkeit gesellschaftsvertraglicher Bestimmungen über den Unternehmensgegenstand – einen Gesellschafter, einen Geschäftsführer oder ein Mitglied des Aufsichtsrats zur Erhebung einer **Nichtigkeitsklage** gemäß § 75 GmbHG (zur Nichtigkeitsklage s. Kap. 5 Rdn. 549 ff.) oder das Register-)Gericht zur **Löschung** gemäß § 397 Satz 2 FamFG bzw. zur **Auflösung** gemäß § 399 Abs. 4 FamFG. Da diese Regelungen den **Bestand einer eingetragenen Gesellschaft sichern**, ist der **Anwendungsbereich** der – im Recht der Personengesellschaften entwickelten – **Grundsätze über die Behandlung fehlerhafter Gesellschaftsverträge** nach Invollzugsetzung der Gesellschaft wegen der durch die Eintragung

58

§ 2 GmbHG   Form des Gesellschaftsvertrags

herbeigeführten (»Heilungs«-)Wirkung **begrenzt** (BGH NJW 1996, 659; vgl. Baumbach/Hueck/*Fastrich* § 2 Rn. 40 ff.; Lutter/Hommelhoff/*Bayer* § 2 Rn. 25; MüKo GmbHG/*Mayer* § 2 Rn. 177 ff.; Scholz/*Emmerich* § 2 Rn. 71; *Ulmer/Löbbe* § 2 Rn. 142 f.; s. Rdn. 30, 53 und § 10 GmbHG Rdn. 3).

59 Da die Regelungen über die Nichtigkeitsklage gemäß § 75 GmbHG oder zur Löschung gemäß § 397 Satz 2 FamFG oder zur Auflösung gemäß § 399 Abs. 4 FamFG mangels Eintragung bei einer **Vorgesellschaft** nicht anwendbar sind, finden die **Grundsätze über die Behandlung fehlerhafter Gesellschaftsverträge** nach Invollzugsetzung der Gesellschaft auf die Vorgesellschaft **Anwendung**: Die – zunächst als bestehend zu behandelnde – Vorgesellschaft kann nur mit Wirkung ex nunc aufgelöst und liquidiert werden; von den Gesellschaftern erbrachte Leistungen werden nicht nach bereicherungsrechtlichen Grundsätzen rückabgewickelt (BGHZ 13, 320, 322 ff.; vgl. Baumbach/Hueck/*Fastrich* § 2 Rn. 39; Lutter/Hommelhoff/*Bayer* § 2 Rn. 24; MüKo GmbHG/*Mayer* § 2 Rn. 175; Scholz/*Emmerich* § 2 Rn. 69 f.; *Ulmer/Löbbe* § 2 Rn. 144 f.).

2. Fehlerhafter Gesellschafterbeitritt/-wechsel

a) Fehlerhafter Gesellschafterbeitritt

60 Vor Eintragung einer Gesellschaft in das Handelsregister erfolgt der Beitritt zu einer Gesellschaft durch Abgabe einer auf den Abschluss des Gesellschaftsvertrags gerichteten Willenserklärung. Ein **Mangel der Willenserklärung**, namentlich die Anfechtbarkeit der Erklärung wegen Irrtums (§ 119 BGB) oder wegen arglistiger Täuschung (§ 123 Abs. 1 Alt. 1 BGB), kann bis zur Invollzugsetzung der Vorgesellschaft ohne Einschränkung geltend gemacht werden. **Nach Invollzugsetzung der Vorgesellschaft** finden die Grundsätze über die Behandlung fehlerhafter Gesellschaftsverträge Anwendung: Die Geltendmachung des Mangels mit Wirkung ex tunc scheidet aus; der Betroffene kann die Auflösung der Vorgesellschaft verlangen oder gegenüber den übrigen Gesellschaftern seinen Austritt aus der Gesellschaft erklären sowie die Eintragung der Gesellschaft in das Handelsregister verhindern. Mit dem – durch **Eintragung der Gesellschaft in das Handelsregister** bewirkten – Entstehen der Gesellschaft »als solcher« wird ein etwaiger Mangel »geheilt«: Der Schutz des namentlich durch Irrtum zur Abgabe der Beitrittserklärung veranlassten Gesellschafters tritt hinter dem Schutz des Rechtsverkehrs und der übrigen Gesellschafter am Bestand der Gesellschaft zurück; der Betroffene kann lediglich – vorbehaltlich des Vorliegens weiterer Voraussetzungen – die Auflösung der Gesellschaft gemäß § 61 GmbHG verlangen oder aus der Gesellschaft austreten (vgl. Lutter/Hommelhoff/*Bayer* § 2 Rn. 28; Scholz/*Emmerich* § 2 Rn. 80 ff.; *Ulmer/Löbbe* Rn. 166 ff.; s. auch Rdn. 30, 53, § 9c GmbHG Rdn. 11 und § 10 GmbHG Rdn. 3).

61 **Trotz Eintragung** der Gesellschaft in das Handelsregister sind **folgende Beitrittserklärungen unwirksam**, ohne dass durch die Eintragung eine »Heilung« bewirkt wird (vgl. Baumbach/Hueck/*Fastrich* § 2 Rn. 44; Lutter/Hommelhoff/*Bayer* § 2 Rn. 29 Scholz/*Emmerich* § 2 Rn. 72 ff.; *Ulmer/Löbbe* § 2 Rn. 150 ff.):
– eine von einem **Geschäftsunfähigen** oder **beschränkt Geschäftsfähigen**, insbesondere einem Minderjährigen (§§ 104 ff. BGB) abgegebene Erklärung zum Abschluss des Gesellschaftsvertrags (BGH BB 1980, 857);
– eine durch **Drohung** (§ 123 Abs. 1 Alt. 2 BGB) erzwungene Erklärung zum Abschluss des Gesellschaftsvertrags;
– eine von einem **Vertreter ohne Vertretungsmacht** abgegebene Erklärung zum Abschluss des Gesellschaftsvertrags, wenn das Fehlen der Vertretungsmacht auf dem gänzlichen Fehlen einer Vollmacht oder auf einer durch einen Geschäftsunfähigen oder beschränkter Geschäftsfähigen (unwirksam) erteilten Vollmacht beruht (s. auch Rdn. 53).

62 Da der Betroffene infolge der Unwirksamkeit seiner Beitrittserklärung nicht Gesellschafter wird und er keinen Geschäftsanteil übernimmt, trifft ihn **keine Verpflichtung zur Leistung der Einlage**. Die Unwirksamkeit einer Beitrittserklärung hat indes nicht zur Folge, dass der ganze Gesellschaftsvertrag nichtig wird: Sofern mindestens eine Beitrittserklärung wirksam ist, bilden die übrigen Gesellschafter die Gesellschaft, die mit der Eintragung in das Handelsregister »als solche« entsteht, ohne

dass die Erhebung einer Nichtigkeitsklage in Betracht kommt; die übrigen Gesellschafter haben das im Gesellschaftsvertrag verlautbarte Stammkapital aufzubringen. Auch im Fall der Unwirksamkeit sämtlicher Beitrittserklärungen entsteht – nach bestrittener Auffassung – mit der Eintragung in das Handelsregister die Gesellschaft »als solche«; in einem solchen Fall wird die Erhebung einer Nichtigkeitsklage oder die Löschung durch das Registergericht in Erwägung gezogen (vgl. Baumbach/Hueck/*Fastrich* § 2 Rn. 45; Rowedder/*Schmidt-Leithoff* § 2 Rn. 71 ff.; a. A. Scholz/*Emmerich* § 2 Rn. 77 ff.; *Ulmer/Löbbe* Rn. 154 ff.).

b) Fehlerhafter Gesellschafterwechsel

Der Wechsel des Gesellschafters einer (**eingetragenen**) GmbH erfolgt durch Abtretung des Geschäftsanteils in notarieller Form (§ 15 Abs. 3 GmbHG). Deren Fehlerhaftigkeit (z. B. im Fall der Anfechtung wegen arglistiger Täuschung) ist wegen § 16 Abs. 1 GmbHG auf die Rechtsbeziehungen zwischen der Gesellschaft und dem (bei ihr angemeldeten) Gesellschafter ohne Einfluss; da dem Schutzbedürfnis der Gesellschaft durch diese Regelung ausreichend Rechnung getragen wird, bedarf es der Anwendung der Grundsätze über die fehlerhafte Gesellschaft auf einen fehlerhaften Gesellschafterwechsel nicht (BGH NJW 1990, 1915; NJW-RR 1995, 1182; NZG 2005, 263; s. § 16 GmbHG Rdn. 14 ff.). 63

Der Wechsel eines Gesellschafters einer (**noch**) **nicht in das Handelsregister eingetragenen (Vor-) Gesellschaft** erfolgt nicht durch Abtretung eines Geschäftsanteils gemäß § 15 GmbHG, sondern bedarf einer Änderung des Gesellschaftsvertrags, da die Zahl und Nennbeträge der von jedem Gesellschafter übernommenen Geschäftsanteile im Gesellschaftsvertrag zu bestimmen ist (§ 3 Abs. 1 Nr. 4 GmbHG); vor Eintragung der Gesellschaft in das Handelsregister bestehen noch keine Geschäftsanteile, so dass § 15 GmbHG nicht anwendbar ist (s. Rdn. 57). Nach Auffassung des Bundesgerichtshofs ist ein Gesellschafterwechsel in der Vorgesellschaft ebenso wie ein fehlerhafter Gesellschafterwechsel nach Eintragung der Gesellschaft zu behandeln, weil der Gesellschafterwechsel von der Eintragung der Gesellschaft im Handelsregister unabhängig sei; die Grundsätze der fehlerhaften Gesellschaft sind nach dieser Auffassung (auch) auf einen fehlerhaften Gesellschafterwechsel in der Vorgesellschaft nicht anwendbar (BGH NZG 2005, 263). Da indes §§ 15, 16 Abs. 1 GmbHG auf den Wechsel eines Gesellschafters einer Vorgesellschaft (noch) nicht anwendbar sind, sondern dieser durch Änderung des Gesellschaftsvertrags erfolgt, ist es naheliegend, die auf einen fehlerhaften Gesellschafterbeitritt anwendbaren Regeln einschließlich der Grundsätze über die Behandlung fehlerhafter Gesellschaftsverträge nach Invollzugsetzung der Gesellschaft (s. Rdn. 58 ff.) auch auf den fehlerhaften Gesellschafterwechsel anzuwenden (OLG Dresden NZG 1998, 311). 64

C. Gründungsvorvertrag und Vorgründungsgesellschaft

Mehrere Personen können sich durch Abschluss eines (Vor-)Vertrages zur Gründung einer GmbH verpflichten. Durch Abschluss eines solchen (Gründungsvor-)Vertrages entsteht eine **Vorgründungsgesellschaft**, die auch als »**Vorgründungs-GmbH**« oder als »**GmbH-Vorgründergesellschaft**« bezeichnet wird. Vielfach wird zwischen einer – durch Abschluss eines notariell beurkundeten (§ 2 Abs. 1 Satz 1 GmbHG analog) Gründungsvorvertrages entstehenden – Vorgründungsgesellschaft im engeren Sinn und einer Vorgründungsgesellschaft im weiteren Sinn unterschieden (BGH NJW 1992, 362). 65

I. Gründungsvorvertrag

Ein (Gründungsvor-)Vertrag, durch den sich mehrere Personen zur Gründung einer GmbH verpflichten, bedarf der **notariellen Beurkundung** (§ 2 Abs. 1 S. 1 GmbHG analog), weil andernfalls der (Schutz-)Zweck des § 2 Abs. 1 Satz 1 GmbHG, die Beteiligten zu warnen und vor Übereilung zu schützen (s. Rdn. 16), vereitelt würde; mangels Einhaltung dieser Anforderung erweist sich der Gründungsvorvertrag als **nichtig** (BGH NJW-RR 1988, 288; NJW 1992, 362; vgl. Baumbach/Hueck/*Fastrich* § 2 Rn. 33; MüKo GmbHG/*Mayer* § 2 Rn. 209; Scholz/*Emmerich* § 2 Rn. 91; *Ulmer/Löbbe* § 2 Rn. 51). 66

67 Die **Erteilung der Vertretungsmacht** zum Abschluss eines Gründungsvorvertrages bedarf – entgegen der h. M. im Schrifttum (vgl. z. B. Lutter/Hommelhoff/*Bayer* § 2 Rn. 32; MüKo GmbHG/*Mayer* § 2 Rn. 210; Scholz/*Emmerich* § 2 Rn. 91; *Ulmer/Löbbe* Rn. 53) – keiner notariell beurkundeten oder beglaubigten Vollmachtsurkunde, weil der mit § 2 Abs. 2 GmbHG verfolgte Zweck, Zweifel und Streitigkeiten über die Legitimation der Vertreter beim Abschluss des Gesellschaftsvertrags auszuschließen (s. Rdn. 47), beim Abschluss des Gründungsvorvertrages insbesondere wegen der fehlenden Prüfung dieses Vertrages durch das (Register-)Gericht nicht besteht.

II. Vorgründungsgesellschaft

1. Rechtsnatur der Vorgründungsgesellschaft und anzuwendendes Recht

68 Der Bundesgerichtshof hat die Vorgründungsgesellschaft als »schon bestehende, die spätere GmbH-Tätigkeit vorbereitende Personenvereinigung« charakterisiert, die »mit der in Aussicht genommenen GmbH im Rechtssinne noch nichts zu tun« habe; es handele sich um eine »**eigenständige Gesellschaft bürgerlichen Rechts** oder, wenn bereits ein Handelsgeschäft betrieben wird, um eine **offene Handelsgesellschaft (OHG)**, für deren Schulden alle Beteiligten unbeschränkt persönlich haften; Rechte und Verbindlichkeiten gehen, da GmbH-Recht noch nicht gilt, mit der GmbH-Gründung nicht automatisch auf die Vorgesellschaft oder später die GmbH über, sondern müssen, wenn sie in die GmbH eingebracht werden sollen, durch besonderes Rechtsgeschäft« übertragen werden (BGHZ 91, 148, 151; vgl. BGH NJW 1992, 2698; NZG 2004, 663). Die Vorgründungsgesellschaft ist »mit der nach notarieller Beurkundung entstehenden Vorgesellschaft und deswegen auch mit der aus dieser automatisch hervorgehenden GmbH nicht identisch« (BGH NJW 1992, 362; NJW-RR 2001, 1042).

69 Während im Schrifttum – in Anlehnung an die Diskussion zur Rechtsnatur der Vorgesellschaft (s. § 11 GmbHG Rdn. 16) – zwar pointiert vom »Rätsel Vorgründungsgesellschaft« (*K. Schmidt* GmbHR 1998, 613) gesprochen worden ist, besteht heute überwiegend Einigkeit über das Wesen der Vorgründungsgesellschaft: Im Gegensatz zur Vorgesellschaft handelt es sich bei der Vorgründungsgesellschaft nicht um eine »notwendige Vorstufe zur juristischen Person«, sondern um eine selbstständige Gesellschaft, die regelmäßig durch Erreichung ihres Zwecks, nämlich Abschluss des GmbH-Gesellschaftsvertrags, endet; auf die Vorgründungsgesellschaft ist das **Recht der Gesellschaft bürgerlichen Rechts (GbR)** oder der **offenen Handelsgesellschaft (OHG)**, nicht das GmbH-Recht anwendbar (vgl. Baumbach/Hueck/*Fastrich* § 2 Rn. 36, § 11 Rn. 36; Lutter/Hommelhoff/*Bayer* § 11 Rn. 2 MüKo GmbHG/*Mayer* § 2 Rn. 217 ff.).

2. Haftung der Gesellschafter für die von der Vorgründungsgesellschaft begründeten Verbindlichkeiten

70 Die Haftung der Gesellschafter für die von der Vorgründungsgesellschaft begründeten Verbindlichkeiten richtet sich nach dem **Recht der Gesellschaft bürgerlichen Rechts (GbR)** bzw. der **offenen Handelsgesellschaft (OHG; §§ 128 ff. HGB**, ggf. in analoger Anwendung): Die Gesellschafter haften, sofern der Handelnde beim Abschluss des Vertrages mit Vertretungsmacht gehandelt hat, für die Verbindlichkeiten der Vorgründungsgesellschaft **unbeschränkt und persönlich**, ohne dass die Handelndenhaftung gemäß § 11 Abs. 2 GmbHG in Betracht kommt; sofern der Handelnde ohne Vertretungsmacht gehandelt hat, haftet er gemäß § 179 BGB (BGHZ 91, 148, 151 ff.; BGH GmbHR 1985, 214; OLG Koblenz NZG 2002, 32; OLG Stuttgart NZG 2002, 910; s. auch § 11 GmbHG Rdn. 59). Die **Verbindlichkeiten der Vorgründungsgesellschaft** gehen nicht automatisch auf die – durch den Abschluss eines notariell zu beurkundenden und von sämtlichen Gesellschaftern zu unterzeichnenden Gesellschaftsvertrags entstehende – Vorgesellschaft und mit der Eintragung in das Handelsregister auf die GmbH über; um die Gesellschafter der Vorgründungsgesellschaft von ihrer Haftung für die Verbindlichkeiten der Vorgründungsgesellschaft zu befreien, bedarf es vielmehr einer rechtsgeschäftlichen Schuldübernahme gemäß §§ 414, 415 BGB durch die Vorgesellschaft (BGH NJW 1998, 1645; vgl. BGH NJW 1982, 932; NJW 1983, 2822; GmbHR 1985, 214; GmbHR 1992, 164; NJW-RR 2001, 1042; OLG Hamm GmbHR 1993, 105; OLG Stuttgart OLGR 2001, 46).

§ 3 Inhalt des Gesellschaftsvertrags

(1) Der Gesellschaftsvertrag muß enthalten:
1. die Firma und den Sitz der Gesellschaft,
2. den Gegenstand des Unternehmens,
3. den Betrag des Stammkapitals,
4. die Zahl und die Nennbeträge der Geschäftsanteile, die jeder Gesellschafter gegen Einlage auf das Stammkapital (Stammeinlage) übernimmt.

(2) Soll das Unternehmen auf eine gewisse Zeit beschränkt sein oder sollen den Gesellschaftern außer der Leistung von Kapitaleinlagen noch andere Verpflichtungen gegenüber der Gesellschaft auferlegt werden, so bedürfen auch diese Bestimmungen der Aufnahme in den Gesellschaftsvertrag.

Übersicht

		Rdn.			Rdn.
A.	Allgemeines	1	D.	Exkurs: Wirtschaftliche Neugründung durch »Aktivierung« einer Vorratsgesellschaft oder »Wiederbelebung« eines leeren (GmbH-) Mantels	25
B.	Notwendige Bestandteile des Gesellschaftsvertrags jeder Gesellschaft, Abs. 1	2			
I.	Firma und Sitz der Gesellschaft, Nr. 1	5	I.	Erscheinungsformen der wirtschaftlichen Neugründung einer Gesellschaft	25
II.	Gegenstand des Unternehmens, Nr. 2	6		1. »Aktivierung« einer Vorratsgesellschaft	25
III.	Betrag des Stammkapitals, Nr. 3	9			
IV.	Zahl und Nennbeträge der Geschäftsanteile, Nr. 4	10		2. »Wiederbelebung« eines leeren (GmbH-)Mantels	27
C.	Zusätzliche (notwendige) Bestandteile des Gesellschaftsvertrags einzelner Gesellschaften	13	II.	Analoge Anwendung der Gründungsvorschriften	29
I.	Zeitliche Beschränkung des Unternehmens, Abs. 2 Alt. 1	16		1. Registerrechtliche Präventivkontrolle	32
II.	Nebenleistungspflichten der Gesellschafter, Abs. 2 Alt. 2	18		2. (Unterbilanz-)Haftung der Gesellschafter und Handelndenhaftung	35
III.	Übernahme des Gründungsaufwands, § 26 Abs. 2 Alt. 1 AktG analog	23			

A. Allgemeines

Die durch Art. 1 Nr. 3 des Gesetzes zur Modernisierung des GmbH-Rechts und zur Bekämpfung von Missbräuchen (MoMiG) vom 23. Oktober 2008 (BGBl. I, 2026) in Abs. 1 Nr. 4 geänderte Vorschrift regelt den Inhalt eines Gesellschaftsvertrags, indem dessen notwendigen Bestandteile genannt werden. Durch das MoMiG ist die Überschrift »Inhalt des Gesellschaftsvertrags« hinzugefügt worden. 1

B. Notwendige Bestandteile des Gesellschaftsvertrags jeder Gesellschaft, Abs. 1

Der Gesellschaftsvertrag jeder Gesellschaft muss die **Firma** und den **Sitz** der Gesellschaft (Abs. 1 Nr. 1), den **Gegenstand** des Unternehmens (Abs. 1 Nr. 2), den **Betrag des Stammkapitals** (Abs. 1 Nr. 3) sowie die **Zahl** und die **Nennbeträge der Geschäftsanteile**, die jeder Gesellschafter gegen Einlage auf das Stammkapital (Stammeinlage) übernimmt (Abs. 1 Nr. 4), enthalten. Der Gesellschaftsvertrag einer GmbH kann sich auf diese Bestimmungen beschränken und folglich knapp gehalten sein (vgl. *Ulmer/Löbbe* § 3 Rn. 6). So könnte z. B. formuliert werden: 2

> *»MP und MS, beide ansässig in Saarbrücken, Werkstraße 1, gründen eine Gesellschaft mit beschränkter Haftung mit der Firma ›MPS Dokumentenmanagement- und Dienstleistungsgesellschaft mbH‹ und Sitz in Saarbrücken. Gegenstand des Unternehmens ist die Entwicklung und der Vertrieb von Dokumentenmanagementsystemen sowie die Erbringung von damit im Zusammenhang stehenden Dienstleistungen. Das Stammkapital beträgt € 25.000,–. MP und MS übernehmen jeweils einen Geschäftsanteil mit dem Nennbetrag € 12.500,–.«*

3   Im Gegensatz zu einer Aktiengesellschaft ist eine Bestimmung über die **Zahl der Mitglieder des Geschäftsführungsorgans** oder der Regeln, nach denen diese Zahl festgelegt wird (vgl. § 23 Abs. 3 Nr. 6 AktG), im Gesellschaftsvertrag einer GmbH nicht erforderlich (vgl. *Ulmer/Löbbe* § 3 Rn. 36). Außerdem bedarf es – anders als bei einer Aktiengesellschaft (vgl. § 23 Abs. 4 AktG) – keiner gesellschaftsvertraglichen Bestimmung über die Form der **Bekanntmachungen der Gesellschaft**, wenngleich eine solche Bestimmung üblich ist (vgl. *Ulmer/Löbbe* § 3 Rn. 37; s. auch § 12 GmbHG Rdn. 5 ff.). Obwohl der Gesellschaftsvertrag eine Bestimmung über das **Geschäftsjahr** nicht enthalten muss (vgl. *Kleinert/v. Xylander* GmbHR 2003, 506), ist die Aufnahme einer solchen Bestimmung im Gesellschaftsvertrag üblich.

4   Wenn eine der in Abs. 1 genannten Bestimmungen im Gesellschaftsvertrag **fehlt** oder wegen Nicht-Beachtung der an sie zu stellenden Anforderungen **nichtig** ist, hat das (Register-)Gericht die Eintragung der Gesellschaft in das Handelsregister gemäß § 9c Abs. 1 Satz 1 und Abs. 2 Nr. 1 GmbHG abzulehnen (s. § 9c GmbHG Rdn. 14; s. auch § 4 GmbHG Rdn. 32 sowie § 4a GmbHG Rn. 3). Wird die Gesellschaft in das Handelsregister eingetragen, obwohl der Gesellschaftsvertrag keine Bestimmungen über die Firma, den Sitz der Gesellschaft oder die Zahl und die Nennbeträge der Geschäftsanteile enthält, oder eine der Bestimmungen über Firma, Sitz der Gesellschaft, Betrag des Stammkapitals sowie Zahl und Nennbeträge der Geschäftsanteile nichtig ist, ist das (Register-) Gericht zur Durchführung eines **Amtsauflösungsverfahrens** gemäß § 399 Abs. 4 FamFG berechtigt. Enthält der Gesellschaftsvertrag keine Bestimmungen über die Höhe des Stammkapitals oder den Unternehmensgegenstand oder sind die Bestimmungen über den Unternehmensgegenstand nichtig, kann jeder Gesellschafter, jeder Geschäftsführer oder jedes Aufsichtsratsmitglied **Nichtigkeitsklage** erheben (§ 75 GmbHG); in diesen Fällen ist das (Register-) Gericht außerdem zur Durchführung eines **Amtslöschungsverfahrens** berechtigt (§ 397 Satz 2 FamFG).

I. Firma und Sitz der Gesellschaft, Nr. 1

5   Der Gesellschaftsvertrag muss die Firma und den Sitz der Gesellschaft enthalten (Abs. 1 Nr. 1). Firma (§ 4 GmbHG) und Sitz (§ 4a GmbHG) bestimmen die »**Identitätsausstattung**« der Gesellschaft und bilden für diese eine »Art Visitenkarte« (*Ulmer* FS Raiser 2005, S. 438, 442).

II. Gegenstand des Unternehmens, Nr. 2

6   Der Gesellschaftsvertrag muss den Gegenstand des Unternehmens enthalten (Abs. 1 Nr. 2). Der **Unternehmensgegenstand** ist von dem – nicht notwendigerweise im Gesellschaftsvertrag anzugebenden – **Zweck der Gesellschaft** (§ 1 GmbHG) abzugrenzen, obwohl sich in der Praxis eine Unterscheidung nicht trennscharf durchführen lässt und der Unternehmensgegenstand für die Ermittlung des Gesellschaftszwecks die wichtigste Erkenntnisquelle ist, so dass das Verhältnis von Gesellschaftszweck und Unternehmensgegenstand häufig als teilidentisch bezeichnet wird (s. § 1 GmbHG Rdn. 4 ff.). Während der Gesellschaftszweck vor allem für das Verhältnis der Gesellschafter untereinander maßgebend und insbesondere Bedeutung für die Bestimmung der gesellschaftsrechtlichen Treuepflicht, für die Überprüfung von Gesellschafterbeschlüssen und für die Erhebung einer Auflösungsklage gemäß § 61 GmbHG hat (s. § 1 GmbHG Rdn. 6), ist der Unternehmensgegenstand vor allem im öffentlichem Interesse anzugeben: Der Unternehmensgegenstand bezeichnet den Bereich und die Art der von der Gesellschaft beabsichtigten Betätigung, wobei aus der Verpflichtung zur Eintragung in das Handelsregister (§ 10 Abs. 1 Satz 1 GmbHG) ersichtlich wird, dass der Gesetzgeber ein **Informationsinteresse der Öffentlichkeit** für gegeben erachtet; die interessierte Öffentlichkeit soll in groben Zügen über den Tätigkeitsbereich des neuen Unternehmens unterrichtet werden (BGH ZIP 1981, 183, insoweit in BGHZ 78, 311 nicht abgedruckt). Außerdem wird durch die Bindung der Geschäftsführer an den Gesellschaftsvertrag – ohne Wirkung gegenüber Dritten – eine Beschränkung der Vertretungsbefugnis der Geschäftsführer herbeigeführt (§ 37 GmbHG), die insbesondere dem **Schutz der (Minderheits-)Gesellschafter** dient.

7   Damit die Angabe des Unternehmensgegenstands diese Zwecke erfüllen kann, darf sie **nicht fiktiv** sein. Ist der im Gesellschaftsvertrag angegebene Unternehmensgegenstand fiktiv, weil es an der ernst-

haften Absicht fehlt, ihn tatsächlich zu verwirklichen, ist dieser Teil des Gesellschaftsvertrags nichtig; die Bezeichnung des wirklich und ernsthaft gewollten Unternehmensgegenstands ist unabdingbare Voraussetzung für die wirksame Errichtung der Gesellschaft (BGH, Beschl. v. 16.03.1992 – II ZB 17/91, BGHZ 117, 323, 333 f. = NJW 1992, 1824 zur Aktiengesellschaft; BayObLG NZG 2000, 987; OLG Karlsruhe OLGR 2002, 234 zur Aktiengesellschaft). Die Angabe des Unternehmensgegenstands muss außerdem **hinreichend konkret** sein: Eine abschließende, ins einzelne gehende Umschreibung der Geschäftstätigkeit ist zwar weder aus Gründen des Verkehrsschutzes noch zur innergesellschaftlichen Begrenzung des Tätigkeitsfeldes für die Geschäftsführer erforderlich; dennoch müssen die Angaben zum Unternehmensgegenstand so konkret sein, dass die interessierten Verkehrskreise der Satzung entnehmen können, in welchem Geschäftszweig und in welcher Weise sich die Gesellschaft betätigen will (BayObLG NJW-RR 1994, 227; NJW-RR 1995, 31; NJW-RR 1996, 413; NZG 2003, 482; NJW 1976, 1694; GmbHR 1996, 360; OLG Frankfurt DB 1980, 75; GmbHR 1987, 231; OLG Köln ZIP 1981, 736). Eine nicht hinreichend konkrete Angabe des Unternehmensgegenstands führt zwar nicht zur Nichtigkeit der Bestimmung des Unternehmensgegenstands, berechtigt das (Register-)Gericht jedoch zur Ablehnung der Eintragung in das Handelsregister (vgl. Baumbach/Hueck/*Fastrich* § 3 Rn. 10; Lutter/Hommelhoff/*Bayer* § 3 Rn. 7; MüKo GmbHG/*Wicke* § 8 Rn. 21).

Der Unternehmensgegenstand kann im Wege der **Änderung des Gesellschaftsvertrags** – durch notariell zu beurkundenden Beschluss der Gesellschafter und Eintragung in das Handelsregister (§§ 53 f. GmbHG) – geändert werden. Nach zutreffender, allerdings bestrittener Ansicht führt die tatsächliche Änderung des Unternehmensgegenstands ohne Änderung des Gesellschaftsvertrags nicht zur Nichtigkeit der entsprechenden Bestimmung des Gesellschaftsvertrags; da diese trotz veränderter Umstände wirksam bleibt, liegen die Voraussetzungen für die Erhebung einer Nichtigkeitsklage (§§ 75, 76 GmbHG) und die Durchführung eines Amtslöschungsverfahrens (§ 397 Satz 2 FamFG) oder für die Durchführung eines Amtsauflösungsverfahrens (§ 399 Abs. 4 FamFG) – auch in analoger Anwendung – nicht vor (vgl. Baumbach/Hueck/*Fastrich* § 3 Rn. 10; Scholz/*Emmerich* § 3 Rn. 19 f.; a. A. MüKo GmbHG/*Wicke* § 8 Rn. 23; Ulmer/*Löbbe* § 3 Rn. 23). 8

III. Betrag des Stammkapitals, Nr. 3

Der Gesellschaftsvertrag muss den Betrag des Stammkapitals enthalten (Abs. 1 Nr. 3). Das **Stammkapital**, das mit der **Summe der Nennbeträge aller Geschäftsanteile** übereinstimmen muss (§ 5 Abs. 3 Satz 2 GmbHG), muss mindestens € 25.000 betragen (§ 5 Abs. 1 GmbHG; s. § 5 GmbHG Rdn. 9 und § 5a Rdn. 3 zur Unternehmergesellschaft [haftungsbeschränkt]). Das Stammkapital muss im Gesellschaftsvertrag ausdrücklich angegeben werden; es ist nicht ausreichend, dass es sich erst aus einer Addition der Nennbeträge aller Geschäftsanteile ergibt (vgl. Lutter/Hommelhoff/*Bayer* § 3 Rn. 39; MüKo GmbHG/*Wicke* § 8 Rn. 45 f.; Scholz/*Emmerich* § 3 Rn. 49; vgl. aber auch Ulmer/*Löbbe* § 3 Rn. 26). 9

IV. Zahl und Nennbeträge der Geschäftsanteile, Nr. 4

Der Gesellschaftsvertrag muss die Zahl und die Nennbeträge der Geschäftsanteile, die jeder Gesellschafter gegen Einlage auf das Stammkapital (Stammeinlage) übernimmt, enthalten (Abs. 1 Nr. 4). Diese durch das Gesetz zur Modernisierung des GmbH-Rechts und zur Bekämpfung von Missbräuchen (MoMiG) vom 23. Oktober 2008 (BGBl. I, 2026) geänderte Vorschrift ist im Zusammenhang mit folgenden, ebenfalls geänderten Vorschriften zu sehen: Auf jeden **Geschäftsanteil** ist eine **Einlage** zu leisten (§ 14 Satz 1 GmbHG); von dieser Verpflichtung können die Gesellschafter nicht befreit werden (§ 19 Abs. 2 Satz 1 GmbHG). Bei Errichtung der Gesellschaft kann ein Gesellschafter – nach der durch das MoMiG bewirkten Änderung – mehrere Geschäftsanteile übernehmen (§ 5 Abs. 2 Satz 2 GmbHG). Die Höhe der Nennbeträge der einzelnen Geschäftsanteile kann verschieden bestimmt werden, wobei die Summe der Nennbeträge aller Geschäftsanteile mit dem Stammkapital übereinstimmen muss (§ 5 Abs. 3 GmbHG). 10

In der Begründung des Regierungsentwurfs zum MoMiG ist Folgendes ausgeführt (Gesetzesentwurf der Bundesregierung, BT-Drs. 16/6140, S. 28 f.):

> »Die Aufnahme der **Zahl der von jedem Gesellschafter übernommenen Geschäftsanteile** in den Gesellschaftsvertrag wird notwendig, da ein Gesellschafter nach § 5 Abs. 2 künftig auch bei der Gründung mehrere Geschäftsanteile übernehmen kann [...]. Der Begriff ›**Nennbetrag des Geschäftsanteils**‹ entspricht dem aktienrechtlichen Sprachgebrauch (vgl. § 23 Abs. 3 Nr. 4 AktG) sowie dem allgemeinen Sprachgebrauch in der Praxis [...]. Darüber hinaus wird geregelt, dass die Gesellschafter die Geschäftsanteile jeweils gegen eine Einlage auf das Stammkapital zu übernehmen haben. Die Einlageverpflichtung entsteht nunmehr nicht mehr mit der Aufnahme der Stammeinlage, sondern mit der Aufnahme des Nennbetrags des jeweiligen Geschäftsanteils in den Gesellschaftsvertrag. Die Regelung ist an § 2 AktG angelehnt. Es soll verdeutlicht werden, dass die Gründer sämtliche Geschäftsanteile sofort übernehmen müssen, was dem Prinzip der Einheitsgründung entspricht. Gleichzeitig kommt die logische **Unterscheidung zwischen der Beteiligung des Gesellschafters** bzw. seiner Mitgliedschaft **und seiner Einlageverpflichtung** bei Gründung der Gesellschaft zum Ausdruck. Der Begriff ›Stammeinlage‹ hat diese Differenzierung verwischt [...]. Eine Stammeinlage ist wie bisher die von jedem Gesellschafter auf das Stammkapital zu leistende Einlage [...]. Es empfiehlt sich, künftig generell auf den einfacheren Ausdruck ›Einlage‹ und gegebenenfalls ›Einlageverpflichtung‹ umzustellen, da der Begriff der Stammeinlage veraltet ist und dem allgemeinen Sprachgebrauch nicht mehr entspricht. Die vorgeschlagene Fassung des § 3 Abs. 1 Nr. 4 führt zu folgender Änderung: Der nach dem geltenden Recht im Gesellschaftsvertrag anzugebende **Betrag der Stammeinlage bleibt** im Verlauf der Gesellschaft **stets gleich**. Im Rahmen einer Kapitalerhöhung übernimmt der Gesellschafter nach geltendem Recht eine neue Stammeinlage und damit einen neuen Geschäftsanteil. Die Höhe der Einlageverpflichtung ist daher stets aus dem Gründungsvertrag und der Übernahmeerklärung im Rahmen der Kapitalerhöhung ersichtlich. Der **Nennbetrag des Geschäftsanteils kann sich** hingegen **verändern**. So kann er sich durch eine nominelle Aufstockung im Zuge der Einziehung des Geschäftsanteils eines anderen Gesellschafters gemäß § 34 oder im Zuge einer Kapitalerhöhung aus Gesellschaftsmitteln gemäß §§ 57 c ff. erhöhen. In diesen Fällen wird durch die Erhöhung jedoch keine neue Einlageverpflichtung des Gesellschafters begründet. Die Einlageverpflichtung des Gesellschafters entspricht in ihrer Höhe daher nicht immer dem Nennbetrag des Geschäftsanteils.«

11 Die **Angaben zu den Gesellschaftern**, welche die Geschäftsanteile bei Errichtung der Gesellschaft übernehmen und hierfür eine Einlage leisten, müssen im Gesellschaftsvertrag selbst enthalten sein; es genügt nicht, wenn diese Angaben in der Gründungsniederschrift (»Mantel«) enthalten sind (OLG Hamm NJW 1987, 263; vgl. Lutter/Hommelhoff/*Bayer* § 3 Rn. 45; MüKo GmbHG/*Wicke* § 8 Rn. 55; *Ulmer/Löbbe* § 3 Rn. 34).

12 Im Wege der Änderung des Gesellschaftsvertrags (§§ 53 f. GmbHG) dürfen die Angaben zu den **ursprünglichen (Gründungs-)Gesellschafter** beseitigt werden, ohne dass es darauf ankommt, ob die zu leistenden Einlagen vollständig erbracht sind: Bei den im ursprünglichen Gesellschaftsvertrag enthaltenden Angaben handelt es sich um Übernahmeerklärungen, die als »unechte« Bestandteile des Gesellschaftsvertrags zu qualifizieren sind; angesichts der jedem möglichen Einsichtnahme in den – beim Handelsregister aufbewahrten – ursprünglichen Gesellschaftsvertrag (§ 9 HGB) stehen Aspekte des Gläubigerschutzes einer (späteren) Beseitigung dieser Angaben im Gesellschaftsvertrag nicht entgegen (BayObLG NJW-RR 1997, 485; vgl. Lutter/Hommelhoff/*Bayer* § 3 Rn. 45; MüKo GmbHG/*Wicke* § 8 Rn. 55; Scholz/*Emmerich* § 3 Rn. 59; *Ulmer/Löbbe* § 3 Rn. 32; a. A. OLG Hamm RPfleger 1984, 274; s. auch § 53 GmbHG Rdn. 9). Im Gesellschaftsvertrag dürfen die **gegenwärtigen Gesellschafter** – deklaratorisch – angegeben werden (OLG Frankfurt GmbHR 1973, 172; BayObLG NJW-RR 1992, 736; OLG Hamm NJW-RR 1996, 483; vgl. Rowedder/Schmidt-Leithoff § 3 Rn. 21; Scholz/*Emmerich* § 3 Rn. 59; *Ulmer/Löbbe* § 3 Rn. 34).

C. Zusätzliche (notwendige) Bestandteile des Gesellschaftsvertrags einzelner Gesellschaften

13 Neben den in § 3 Abs. 1 GmbHG genannten Bestandteilen, die der Gesellschaftsvertrag **jeder Gesellschaft** enthalten muss, enthält der Gesellschaftsvertrag **einzelner Gesellschaften** weitere

Bestimmungen, die notwendigerweise im Gesellschaftsvertrag enthalten sein müssen, um (»**korporative**«) **Wirkung** nicht nur für die gegenwärtigen, sondern auch für die künftigen Gesellschafter zu entfalten; es handelt sich um notwendige Bestandteile des Gesellschaftsvertrags, die aber eben nicht im Gesellschaftsvertrag jeder Gesellschaft enthalten sind. Der vielfach verwendete Begriff »fakultative Bestandteile« ist missverständlich und wird deshalb hier nicht verwendet.

Neben den in § 3 Abs. 2 GmbHG genannten Vorschriften zur **zeitlichen Beschränkung (Befristung) eines Unternehmens** und zur Auferlegung von **Nebenleistungspflichten** ist vor allem auf die Vorschrift zur **Übernahme des Gründungsaufwands (§ 26 Abs. 2 AktG analog)** sowie auf weitere, im GmbHG enthaltene Vorschriften hinzuweisen, welche die Regelung (Festsetzung) im Gesellschaftsvertrag (»Aufnahme in den Gesellschaftsvertrag«) verlangen, damit die Regelung »korporative« Wirkung (für die gegenwärtigen und künftigen Gesellschafter) entfaltet: bei der Leistung von Sacheinlagen die Festsetzung des **Gegenstands der Sacheinlage** und des Nennbetrags des sich hierauf beziehenden Geschäftsanteils (§ 5 Abs. 4 Satz 1 GmbHG); weitere Voraussetzungen für die **Abtretung von Geschäftsanteilen**, insbesondere die Genehmigung der Gesellschaft (§ 15 Abs. 5 GmbHG); **zusätzliche Gesellschaftsblätter** für Bekanntmachungen der Gesellschaft (§ 12 Satz 2 GmbHG); Einforderung von **Nachschüssen** (§ 26 Abs. 1 GmbHG), ggf. beschränkt auf einen bestimmten Betrag (§ 26 Abs. 3 i. V. m. § 28 Abs. 1 GmbHG) und ggf. schon vor vollständiger Einforderung der Stammeinlagen (§ 28 Abs. 2 GmbHG); **Gewinnverwendung** (§ 29 Abs. 1, 2 und 3 Satz 2 GmbHG); **Einziehung** (Amortisation) von Geschäftsanteilen (§ 34 GmbHG); vom gesetzlichen Regelfall abweichende **Vertretungsregelung** (§ 35 Abs. 2 Satz 1 GmbHG), Beschränkung der **Zulässigkeit des Widerrufs der Bestellung** der Geschäftsführer auf das Vorliegen wichtiger Gründe (§ 38 Abs. 2 GmbHG); **Rechte der Gesellschafter** insbesondere in Bezug auf die Geschäftsführung (§ 45 GmbHG); Einrichtung eines **Aufsichtsrats** (§ 52 Abs. 1 GmbHG); zusätzliche Erfordernisse an die **Beschlussfassung** über die Änderung des Gesellschaftsvertrags (§ 53 Abs. 2 Satz 2 GmbHG); zusätzliche Erfordernisse an die Beschlussfassung über die **Auflösung** der Gesellschaft (§ 60 Abs. 1 Nr. 2 GmbHG); Festsetzung weiterer **Auflösungsgründe** (§ 60 Abs. 2 GmbHG); **Aufteilung des Vermögens** nach Auflösung der Gesellschaft (§ 72 Satz 2 GmbHG).

Da das aktienrechtliche »Prinzip der Satzungsstrenge« (§ 23 Abs. 5 AktG, s. § 23 AktG Rdn. 25 ff.) im GmbH-Recht nicht gilt, kann der Gesellschaftsvertrag weitere Regelungen enthalten, die notwendigerweise im Gesellschaftsvertrag enthalten sein müssen, um »korporative« Wirkung (für die gegenwärtigen und künftigen Gesellschafter) zu entfalten. Als Beispiele sind insbesondere Bestimmungen über die **Einrichtung eines Beirats oder Gesellschafterausschusses**, über die **Besetzung der Gesellschaftsorgane**, insbesondere die Begründung von **Benennungs- oder Entsenderechten**, über den **Ausschluss des Rechtswegs** zu den ordentlichen Gerichten zugunsten eines Schiedsgerichts oder über den **Gerichtsstand** bei Streitigkeiten zwischen Gesellschaft und Gesellschaftern oder Gesellschaftern untereinander zu nennen (vgl. Baumbach/Hueck/*Fastrich* § 3 Rn. 25, 53; Lutter/Hommelhoff/*Bayer* § 3 Rn. 64 ff.; *Ulmer/Löbbe* § 3 Rn. 116).

I. Zeitliche Beschränkung des Unternehmens, Abs. 2 Alt. 1

Wenn das Unternehmen auf eine gewisse Zeit beschränkt sein soll, mit deren Ablauf die Gesellschaft aufgelöst wird (§ 60 Abs. 1 Nr. 1 GmbHG), bedarf dies der Bestimmung im Gesellschaftsvertrag (Abs. 2 Alt. 1); eine solche Bestimmung wird in das Handelsregister eingetragen (§ 10 Abs. 2 Satz 1 GmbHG). Ohne Aufnahme in den Gesellschaftsvertrag ist eine solche Regelung unwirksam; demgegenüber ist die Eintragung in das Handelsregister für die Wirksamkeit der Regelung ohne Bedeutung (s. auch § 10 GmbHG Rdn. 11). Eine zeitliche Beschränkung (**Befristung**) liegt nicht nur bei Festlegung eines datumsmäßig bestimmten Zeitpunkts vor, sondern auch bei Abstellen auf ein Ereignis, dessen Eintritt gewiss ist, selbst wenn der Zeitpunkt des Eintritts ungewiss ist (z. B. Tod eines Gesellschafters, Dauer eines Schutzrechts); demgegenüber liegt bei einer (**auflösenden**) **Bedingung** (z. B. Kündigung) keine zeitliche Beschränkung vor, weil deren Eintritt ungewiss ist (BayObLG BB 1975, 249; vgl. Baumbach/Hueck/*Fastrich* § 3 Rn. 27; Lutter/Hommelhoff/*Bayer* § 3 Rn. 49; Rowedder/*Schmidt-Leithoff* § 3 Rn. 23; *Ulmer/Löbbe* § 3 Rn. 52 ff.).

§ 3 GmbHG Inhalt des Gesellschaftsvertrags

17 Eine **Änderung** der in den Gesellschaftsvertrag aufgenommenen zeitlichen Beschränkung, insbesondere dessen Aufhebung kann im Wege der Änderung des Gesellschaftsvertrags – durch notariell zu beurkundenden Beschluss der Gesellschafter und Eintragung in das Handelsregister (§§ 53 f. GmbHG) – erfolgen. Wenn keine Nebenleistungspflichten (Abs. 2 Alt. 2) vereinbart sind, ist die Zustimmung jedes einzelnen Gesellschafters in der Regel nicht erforderlich (vgl. Lutter/Hommelhoff/*Bayer* § 3 Rn. 49; MüKo GmbHG/*Wicke* § 3 Rn. 63; *Ulmer/Löbbe* § 3 Rn. 57).

II. Nebenleistungspflichten der Gesellschafter, Abs. 2 Alt. 2

18 Den Gesellschaftern stehen aufgrund ihrer Gesellschafterstellung **Mitgliedsrechte** zu, wobei in sachlicher Hinsicht zwischen **Vermögensrechten** (z. B. Recht auf einen Anteil am Gewinn [§ 29 GmbHG], Recht auf einen Anteil am Liquidationserlös [§ 72 GmbHG]) und **Verwaltungs- oder Teilhaberechten** (z. B. Recht auf Teilnahme an Gesellschafterversammlungen [§§ 45 ff. GmbHG], Stimmrecht [§ 47 Abs. 2 GmbHG], Auskunfts- und Einsichtsrecht [§§ 51a, b GmbHG]) unterschieden wird; in persönlicher Hinsicht wird zwischen **allgemeinen Rechten**, die allen Gesellschafter zustehen, und **Sonderrechten**, die nur einem einzelnen Gesellschafter oder einer Gruppe von Gesellschaftern zustehen, unterschieden. Aufgrund ihrer Gesellschafterstellung obliegen den Gesellschaftern **Mitgliedspflichten**, wobei in sachlicher Hinsicht zwischen **Vermögenspflichten** (z. B. Pflicht zur Leistung der Einlagen [§ 19 GmbHG], Nachschusspflicht [§ 26 GmbHG]) und **Verhaltenspflichten** (z. B. Treuepflicht) unterschieden wird; in persönlicher Hinsicht wird zwischen **allgemeinen Pflichten**, die alle Gesellschafter treffen, und **Sonderpflichten**, die nur einen einzelnen oder eine Gruppe von Gesellschaftern treffen, unterschieden. Mitgliedsrechte und -pflichten beruhen auf gesetzlichen Vorschriften, ggf. auch in der Ausgestaltung oder Ergänzung durch die Rechtsprechung, oder auf gesellschaftsvertraglicher Regelung; durch Gesellschaftsvertrag können – vorbehaltlich entgegenstehenden zwingenden Gesetzesrechts – Rechte und Pflichten begründet oder erweitert, eingeschränkt oder ausgeschlossen werden (s. § 14 GmbHG Rdn. 6 ff.). Von den **in der Mitgliedschaft verankerten** Rechten und Pflichten, welche die Gesellschafter aufgrund ihrer Gesellschafterstellung berechtigen oder verpflichten, sind diejenigen Rechte und Pflichten **zu unterscheiden**, welche die Gesellschafter **aufgrund schuldvertraglicher Vereinbarung** (»Nebenabrede«) berechtigen oder verpflichten: Derartige Rechte und Pflichten gelten (nur) für die Gesellschafter, welche die schuldrechtliche Vereinbarung abgeschlossen haben, so dass diese Rechte und Pflichten – wegen der fehlenden Verankerung in der Mitgliedschaft – bei der Übertragung eines Geschäftsanteils nicht auf den neuen Gesellschafter übergehen; nicht nur zu ihrer Begründung, sondern auch zu ihrer Erweiterung, Einschränkung oder Aufhebung bedarf es der Zustimmung aller an der Vereinbarung beteiligten Gesellschafter (vgl. Baumbach/Hueck/*Fastrich* § 3 Rn. 54; Lutter/Hommelhoff/*Bayer* § 3 Rn. 83; Scholz/*Emmerich* § 3 Rn. 119; *Ulmer/Löbbe* § 3 Rn. 123).

19 Wenn den Gesellschaftern **außer der Leistung von Kapitaleinlagen noch andere Verpflichtungen** gegenüber der Gesellschaft auferlegt werden, bedarf dies der **Bestimmung im Gesellschaftsvertrag** (Abs. 2 Alt. 2). Diese »missverständliche, jedenfalls (...) häufig missverstandene« Regelung (*K. Schmidt* FS Immenga 2004, S. 705, 716) betrifft nur die Begründung der in der Mitgliedschaft verankerten und deshalb die (gegenwärtigen und künftigen) Gesellschafter aufgrund ihrer Gesellschafterstellung treffenden Pflichten; sie schließt die Begründung von Pflichten durch schuldrechtliche Vereinbarung aller oder einzelner (gegenwärtiger) Gesellschafter nicht aus. Das **Prinzip der Vertragsfreiheit** überlässt es den Beteiligten, ob sie Nebenleistungspflichten »korporativ« ausgestalten wollen, was zur Folge hat, dass diese die jeweiligen und nicht nur die gegenwärtigen Gesellschafter treffen, oder ob lediglich die gegenwärtigen Gesellschafter gegenüber der Gesellschaft (§ 328 BGB) oder ihren Mitgesellschaftern gebunden sein sollen; eine Regelung im Gesellschaftsvertrag ist nur dann erforderlich, wenn die Nebenpflicht an den Geschäftsanteil gebunden ist, so dass sie im Fall seiner Übertragung ohne weiteres auf den neuen Gesellschafter übergeht (BGH NJW-RR 1993, 607; BGHZ 142, 116, 123 f.). Prägnant ist von *K. Schmidt* formuliert worden (FS Immenga 2004, S. 705, 717):

> *»Es gibt kein Satzungsmonopol für die Regelung von Gesellschafterpflichten bei der GmbH (...). § 3 Abs. 2 GmbHG macht Nebenpflichten von Gesellschaftern nicht satzungspflichtig, enthält viel-*

mehr im Grund nur eine Selbstverständlichkeit: Wer eine Vereinbarung über Gesellschafterpflichten mit Satzungsqualität ausstatten will, muss die Satzungsform wählen. Die Aufnahme in die Satzung ist durchaus folgenreich. Nur wenn sie in der Satzung verankert sind, können die Nebenleistungspflichten mitgliedschaftlich verstetigt und gegenüber jedem künftigen Anteilsinhaber ohne weiteres durchgesetzt werden.«

Da die Begründung von Nebenleistungspflichten mit »korporativer« Wirkung (für die gegenwärtigen und künftigen Gesellschafter) der Regelung (Festsetzung) im Gesellschaftsvertrag (»Aufnahme in den Gesellschaftsvertrag«) bedarf (§ 3 Abs. 2 Alt. 2 GmbHG), handelt es sich hierbei um einen **»echten« Satzungsbestandteil**; als **»unechter« Satzungsbestandteil** kann eine schuldrechtliche Vereinbarung in den Text der Satzungsurkunde aufgenommen werden, obwohl es zur Begründung von Nebenleistungspflichten mit schuldrechtlicher Wirkung der Aufnahme in den Gesellschaftsvertrag nicht bedarf. Durch **Auslegung** unter Berücksichtigung der Umstände (z. B. Regelung im Gesellschaftsvertrag als eigener Paragraph) ist zu ermitteln, ob die Nebenleistungspflicht »korporative« Wirkung (für die gegenwärtigen und künftigen Gesellschaften) oder (nur) schuldrechtliche Wirkung Geltung beansprucht (BGH NJW-RR 1993, 607; BGHZ 142, 116, 123 f.; vgl. Baumbach/Hueck/*Fastrich* § 3 Rn. 54 f.; Lutter/Hommelhoff/*Bayer* § 3 Rn. 86 f.; Scholz/*Emmerich* § 3 Rn. 107 ff.; *Ulmer/Löbbe* § 3 Rn. 41 f.; s. auch § 2 GmbHG Rdn. 9 f.). Abreden über ein neben der Einlage zu erbringendes Aufgeld (Agio) sind sowohl durch Regelung im Gesellschaftsvertrag (in »statutarischer Form«) als auch »ohne statutarische Grundlage« durch rein schuldrechtlich wirkende Vereinbarung zulässig (BGH NZG 2008, 73 Rn. 13). 20

Insbesondere folgende Pflichten können als **Nebenleistungspflichten mit »korporativer« Wirkung** (für die gegenwärtigen und künftigen Gesellschafter) ausgestaltet sein (vgl. Baumbach/Hueck/*Fastrich* § 3 Rn. 39 ff.; Lutter/Hommelhoff/*Bayer* § 3 Rn. 52 ff.; Rowedder/*Schmidt-Leithoff* § 3 Rn. 32 ff.; Scholz/*Emmerich* § 3 Rn. 74 ff.; *Ulmer/Löbbe* § 3 Rn. 69 ff.): Pflicht zur **Darlehensgewährung** (BGH NJW-RR 1989, 228; BGHZ 142, 116, 123 f.; LG Berlin GmbHR 2000, 234); Pflicht zur Zahlung eines neben der Einlage zu erbringendes **Aufgeld** (**Agio**; BGH NZG 2008, 73 Rn. 12 ff.); Pflicht, zu den Kosten der Gesellschaft **Deckungsbeiträge zu erbringen** (BGH NJW-RR 1993, 607); Pflicht zum **Verlustausgleich** (BGH NZG 2008, 148, Rn. 4); Pflicht zur **Einbringung von Nutzungsrechten** (OLG Dresden GmbHR 1997, 746); Pflicht zur **Geschäftsführung** (OLG Hamm NZG 2002, 421); Pflicht zur **Mitarbeit** (BAG ZIP 1991, 817); Pflicht zur **Unterlassung von Wettbewerb** (BGH WM 1986, 1282; BGHZ 104, 246, 249 ff.; OLG Düsseldorf GmbHR 1998, 180, nachfolgend BGH DStR 1997, 2038). Um wirksam zu sein, müssen Nebenleistungspflichten in der Satzung so konkret festgelegt sein, dass die verpflichteten Gesellschafter das Ausmaß der auf sie zukommenden Verpflichtungen ohne weiteres überschauen können (BGH NZG 2008, 148 Rn. 4). Je nach Ausgestaltung des Gesellschaftsvertrags können Nebenleistungspflichten – anders als bei einer Aktiengesellschaft – die Pflicht der Gesellschafter zur Leistung von Kapitaleinlagen (§§ 14, 19 GmbHG) »in den Schatten stellen« und den Charakter der »Nebenleistungs-GmbH« als »personalistischer Kapitalgesellschaft« prägen (*K. Schmidt* FS Immenga 2004, S. 705 f.). 21

Nebenleistungspflichten mit »korporativer« Wirkung können im Wege der **Änderung des Gesellschaftsvertrags** – durch notariell zu beurkundenden Beschluss der Gesellschafter und Eintragung in das Handelsregister (§§ 53 f. GmbHG) – geändert und insbesondere aufgehoben werden (BGHZ 142, 116, 123; vgl. Lutter/Hommelhoff/*Bayer* § 3 Rn. 50; Scholz/*Emmerich* Rn. 68 f.; *Ulmer/Löbbe* § 3 Rn. 60; s. auch § 53 GmbHG Rdn. 6). Eine Vermehrung der den Gesellschaftern aufgrund Gesellschaftsvertrags obliegenden Pflichten kann nur mit Zustimmung der betroffenen Gesellschafter beschlossen werden (§ 53 Abs. 3 GmbHG). Demgegenüber können schuldrechtlich vereinbarte Nebenleistungspflichten durch formlose Vereinbarung aller Beteiligten geändert und aufgehoben werden (vgl. Scholz/*Emmerich* § 3 Rn. 118; *Ulmer/Löbbe* § 3 Rn. 122; s. § 53 GmbHG Rdn. 6). Selbst eine schuldrechtliche Vereinbarung, mit der sich Gesellschafter einer GmbH zu einer Änderung des Gesellschaftsvertrags verpflichten (**Stimmbindungsvertrag**), kann »formfrei« abgeschlossen werden (OLG Köln GmbHR 2003, 416; zu Stimmbindungsvereinbarungen s. § 47 GmbHG Rdn. 14). 22

III. Übernahme des Gründungsaufwands, § 26 Abs. 2 Alt. 1 AktG analog

23 Der Gesamtaufwand, der zu Lasten der Gesellschaft an Gesellschafter oder an andere Personen als Entschädigung für die Gründung oder ihre Vorbereitung gewährt wird, ist im Gesellschaftsvertrag festzusetzen (§ 26 Abs. 2 Alt. 1 AktG analog). Wenn das Stammkapital durch die Übernahme des Gründungsaufwands – namentlich Notar- und Gerichtskosten - vorbelastet wird, muss dies aus Gründen des Gläubigerschutzes im Gesellschaftsvertrag **offengelegt** werden, wobei über die Nennung der einzelnen Kosten, aus denen sich der Gründungsaufwand zusammensetzt, hinausgehend der Ausweis eines – ggf. geschätzten – **Gesamtbetrages** erforderlich ist (BGHZ 107, 1, 5 f.; BGH NJW 1998, 233; OLG München NZG 2010, 1302 = ZIP 2010, 2096; OLG Zweibrücken ZIP 2014, 623; s. auch § 7 GmbHG Rdn. 20, § 8 GmbHG Rdn. 28, § 9a GmbHG Rdn. 18). Eine – zulässige – Schätzung des Gründungsaufwands liegt nicht vor, wenn sich die Gründer darauf beschränken, einen fiktiven Oberwert möglicher Kosten festzulegen, ohne die Kosten unter Heranziehung gebührenrechtlicher Regelungen annähernd zu ermitteln (LG Essen GmbHR 2003, 471). Die Vergütung eines im Gründungsstadium bestellten und tätig gewordenen Geschäftsführers gehört nicht zum Gründungsaufwand, weil diesem Aufwand kein im Gesellschaftsvermögen verbliebener Gegenwert gegenübersteht (BGH NJW 2004, 2519 zur Aktiengesellschaft).

24 Enthält der Gesellschaftsvertrag keine Regelung zur Übernahme des Gründungsaufwands durch die Gesellschaft, ist dieser von den Gründern zu tragen (BGHZ 107, 1, 5 f.; BGH NJW 1998, 233; OLG Frankfurt NZG 2010, 593 = ZIP 2010, 1238). In einem solchen Fall darf in der – auf den Zeitpunkt der Eintragung der Gesellschaft in das Handelsregister zu erstellenden – Vorbelastungsbilanz der Gründungsaufwand nicht aktiviert werden, weil das gesamte Stammkapital – ohne Abzug des Gründungsaufwands – zu diesem Zeitpunkt vorhanden sein muss; hierdurch wird gewährleistet, dass die Gesellschaft bei Eintragung in das Handelsregister tatsächlich über den öffentlich verlautbarten Haftungsfonds verfügt (BGH NJW 1998, 233).

D. Exkurs: Wirtschaftliche Neugründung durch »Aktivierung« einer Vorratsgesellschaft oder »Wiederbelebung« eines leeren (GmbH-) Mantels

I. Erscheinungsformen der wirtschaftlichen Neugründung einer Gesellschaft

1. »Aktivierung« einer Vorratsgesellschaft

25 Die Verwendung des Mantels einer zunächst »auf Vorrat« gegründeten Gesellschaft durch Ausstattung der Gesellschaft mit einem Unternehmen und erstmalige Aufnahme ihres Geschäftsbetriebs – auch als »Aktivierung« einer Vorratsgesellschaft bezeichnet – stellt **wirtschaftlich eine Neugründung einer Gesellschaft** dar (BGH, Beschl. v. 09.12.2002 – II ZB 12/02, BGHZ 153, 158, 160 = NJW 2003, 892; Urt. v. 12.07.2011 – II ZR 71/11, NZG 2011, 1066 Rn. 9 f. = ZIP 2011, 1761; vgl. BGH, Beschl. v. 16.03.1992 – II ZB 17/91, BGHZ 117, 323, 331 = NJW 1992, 1824 zur Aktiengesellschaft). Da erst durch die Ausstattung der Vorratsgesellschaft mit einem Unternehmen und die erstmalige Aufnahme des Geschäftsbetriebs – ungeachtet der Eintragung der Vorratsgesellschaft in das Handelsregister – eine gesetzestypische Gesellschaft geschaffen wird, handelt es sich hierbei um die »Vollendung des mit der Errichtung einer GmbH ›auf Vorrat‹ begonnenen Gründungsaktes« (*Goette* DStR 2003, 300); die »schlummernde« Vorratsgesellschaft wird im Zeitpunkt ihrer »Aktivierung« zu einer am Wirtschaftsleben teilnehmenden Gesellschaft (*Goette* DStR 2003, 887, 890; DStR 2004, 461, 462 f.).

26 Zu den bei der Gründung einer Kapitalgesellschaft »auf Vorrat« zu beachtenden Anforderungen (vgl. § 3 Abs. 1 Nr. 2 GmbHG) gehört die **Angabe des zutreffenden Unternehmensgegenstands** im Gesellschaftsvertrag (z. B. »Verwaltung des eigenen Vermögens«), weil bei Angabe eines fiktiven Unternehmensgegenstands dieser Teil des Gesellschaftsvertrages und infolgedessen der gesamte Gesellschaftsvertrag nichtig ist, was wiederum zur Auflösungsklage (§ 75 GmbHG) bzw. zur Amtslöschung (§ 397 FamFG) berechtigt; bei Angabe eines fiktiven Unternehmensgegenstands darf die Gesellschaft nicht in das Handelsregister eingetragen werden (BGH, Beschl. v. 16.03.1992 – II ZB

17/91, BGHZ 117, 323, 333 ff. = NJW 1992, 1824 zur AG; vgl. Baumbach/Hueck/*Fastrich* § 3 Rn. 11b; Lutter/Hommelhoff/*Bayer* § 3 Rn. 10; s. Rdn. 7 f.).

2. »Wiederbelebung« eines leeren (GmbH-)Mantels

Auch die Verwendung des »alten« Mantels einer existierenden, im Rahmen ihres früheren Unternehmensgegenstands tätig gewesenen, anschließend aber unternehmenslosen Gesellschaft und ihre Ausstattung mit einem (neuen) Unternehmen – auch als »Wiederbelebung« eines leeren (GmbH-) Mantels bezeichnet – stellt **wirtschaftlich** eine **Neugründung einer Gesellschaft** dar; bei wertender Betrachtung macht es keinen Unterschied, ob die Unternehmenslosigkeit im Sinne des Fehlens eines Geschäftsbetriebs – wie bei der »offenen Vorratsgründung« – von Anfang an vorgesehen ist und die Gesellschaft später erstmals den Betrieb eines Unternehmens aufnimmt, oder ob sie – wie bei einem »**alten**« **Mantel** – darauf beruht, dass der Betrieb eines (ursprünglich) vorhandenen Unternehmens mittlerweile eingestellt bzw. endgültig aufgegeben worden ist und anschließend der als »inhaltslose Hülle« fortbestehenden juristischen Person ein neues Unternehmen »implantiert« wird (BGH, Beschl. v. 07.07.2003 – II ZB 4/02, BGHZ 155, 318, 322 = NJW 2003, 3198; Beschl. v. 26.11.2007 – II ZA 14/06, NZG 2008, 147 Rn. 4 = ZIP 2008, 217; Beschl. v. 26.11.2007 – II ZA 15/06, DStR 2008, 933 Rn. 4; Beschl. v. 18.01.2010 – II ZR 61/09, NJW 2010, 1459 Rn. 6; Urt. v. 06.03.2012 – II ZR 56/10, BGHZ 192, 341 Rn. 9 ff. = NJW 2012, 1875; Urt. v. 10.12.2013 – II ZR 52/12, NZG 2014, 264 Rn. 10 ff. = ZIP 2014, 418).

27

Für die Abgrenzung der »Wiederbelebung« eines leeren (GmbH-)Mantels von der Umorganisation oder Sanierung einer (noch) aktiven Gesellschaft ist entscheidend, ob die Gesellschaft noch ein aktives Unternehmen betreibt, an das die Fortführung des Geschäftsbetriebs – sei es auch unter wesentlicher Umgestaltung, Einschränkung oder Erweiterung des Tätigkeitsgebiets – in irgendeiner wirtschaftlich noch gewichtbaren Weise anknüpft oder ob es sich tatsächlich um einen leer gewordenen Mantel ohne Geschäftsbetrieb handelt, der seinen – neuen oder alten – Gesellschaftern nur dazu dient, unter Vermeidung der rechtlichen Neugründung einer Gesellschaft eine gänzlich neue Geschäftstätigkeit aufzunehmen (BGH, Beschl. v. 07.07.2003 – II ZB 4/02, BGHZ 155, 318, 324 = NJW 2003, 3198). Eine wirtschaftliche Neugründung kann selbst dann vorliegen, wenn der Gesellschafterbestand bei Aufnahme des Geschäftsbetriebs zunächst unverändert bleibt und nach (Wieder-)Aufnahme des Geschäftsbetriebs (teilweise) die gleiche Art von Geschäften betrieben wird wie zuvor (BGH, Beschl. v. 10.12.2013 – II ZR 53/12, NZG 2014, 264 Rn. 12 = ZIP 2014, 418). Eine »leere Hülse« liegt nicht vor, wenn die später aufgenommene Geschäftstätigkeit an ein aktives Unternehmen anknüpft und deshalb nicht »gänzlich neu« ist (BGH, Beschl. v. 18.01.2010 – II ZR 61/09, NJW 2010, 1459 Rn. 6 ff.). Im Rahmen der Liquidation einer Gesellschaft ist zu beachten, dass die mit der Fortführung beabsichtigte Zweckänderung von einer Abwicklungs- hin zu einer werbenden Gesellschaft als solche keine wirtschaftliche Neugründung darstellt, weil die aufgelöste Gesellschaft nicht per se ein unternehmensloser Mantel ist (BGH, Beschl. v. 10.12.2013 – II ZR 53/12, NZG 2014, 264 Rn. 13 = ZIP 2014, 418).

28

II. Analoge Anwendung der Gründungsvorschriften

Sowohl bei der »Aktivierung« einer Vorratsgesellschaft als auch bei der »Wiederbelebung« eines leeren Mantels durch Ausstattung mit einem (neuen) Unternehmen besteht die **Gefahr**, dass die gesetzliche und die im Gesellschaftsvertrag bestimmte **Kapitalausstattung** bei Aufnahme der wirtschaftlichen Tätigkeit **nicht gewährleistet** ist (BGH, Beschl. v. 07.07.2003 – II ZB 4/02, BGHZ 155, 318, 322 = NJW 2003, 3198): Bei einer »offenen Vorratsgründung«, bei der sich die Gesellschaft – entsprechend ihrem Unternehmensgegenstand – auf die Verwaltung des eigenen Vermögens beschränkt, kann nicht ausgeschlossen werden, dass das ursprünglich voll eingezahlte Kapital bei »Aktivierung« der Gesellschaft angegriffen oder verbraucht ist, weil z. B. das Kapital darlehensweise ihren Gründern zur Verfügung gestellt worden ist, um eine oder – »staffelweise« – mehrere weitere Vorratsgesellschaften zu gründen (vgl. *Goette* DStR 2003, 300, 301; DStR 2003, 887, 890; DStR 2004, 461, 463 f.; DStR 2006, 383, 384; vgl. auch den der Entscheidung BGH, Urt. v.

29

09.01.2006 – II ZR 72/05, BGHZ 165, 352 = NJW 2006, 906 zugrunde liegenden Sachverhalt: Rücküberweisung des Betrags der Stammeinlage an den Gesellschafter am Tag nach der Überweisung auf das Konto der Gesellschaft). Indes sind die Gläubiger bei der »Wiederbelebung« eines leeren (GmbH-)Mantels durch Ausstattung mit einem (neuen) Unternehmen stärker gefährdet, weil in diesem Zeitpunkt das früher aufgebrachte Stammkapital des inaktiv gewordenen Unternehmens typischerweise nicht mehr unversehrt, sondern zumeist sogar verbraucht ist (BGH, Beschl. v. 07.07.2003 – II ZB 4/02, BGHZ 155, 318, 322 f. = NJW 2003, 3198; vgl. auch den der Entscheidung OLG Frankfurt, Urt. v. 04.11.1998 – 21 U 264/97, NZG 1999, 450, zugrunde liegenden Sachverhalt: Erwerb sämtlicher Geschäftsanteile einer GmbH für DM 3.000). Im Schrifttum ist prägnant formuliert worden: »Mit bösen Überraschungen muss man bei Second-Hand-Wear (...) eher rechnen als bei sauberer Konfektionsware« (*K. Schmidt* NJW 2004, 1345, 1346).

30 Der bei der »**Aktivierung« einer Vorratsgesellschaft** bestehenden Gefahr unzureichender Kapitalausstattung im Zeitpunkt der Aufnahme ihres Geschäftsbetriebs ist nicht durch ein generelles, präventiv wirkendes Verbot ihrer Gründung, sondern durch **analoge Anwendung der Gründungsvorschriften bei** ihrer späteren **wirtschaftlichen Neugründung** Rechnung zu tragen; die generelle Unzulässigkeit von Vorratsgründungen unter dem Gesichtspunkt einer missbräuchlichen Umgehung der Gründungs-, insbesondere der Kapitalaufbringungsvorschriften ist angesichts des berechtigten wirtschaftlichen Bedürfnisses, über eine Kapitalgesellschaft zu verfügen, die ihren Geschäftsbetrieb umgehend aufnehmen kann, nicht zu rechtfertigen (BGH, Beschl. v. 16.03.1992 – II ZB 17/91, BGHZ 117, 323, 331 ff. = NJW 1992, 1824 zur Aktiengesellschaft; Beschl. v. 09.12.2002 – II ZB 12/02, BGHZ 153, 158, 160 ff. = NJW 2003, 892; Urt. v. 12.07.2011 – II ZR 71/11, NZG 2011, 1066 Rn. 9 ff. = ZIP 2011, 1761).

31 Die Gründungsvorschriften sind auch bei der »**Wiederbelebung« eines leeren (GmbH-)Mantels** durch Ausstattung mit einem (neuen) Unternehmen analog anzuwenden, um der – typischerweise – bestehenden Gefahr nicht (mehr) vorhandener oder unzureichender Kapitalausstattung zu begegnen (BGH, Beschl. v. 07.07.2003 – II ZB 4/02, BGHZ 155, 318, 323 ff. = NJW 2003, 3198; Beschl. v. 26.11.2007 – II ZA 14/06, NJG 2008, 147 Rn. 4 = ZIP 2008, 217; Beschl. v. 26.11.2007 – II ZA 15/06, DStR 2008, 933 Rn. 4; Urt. v. 06.03.2012 – II ZR 56/10, BGHZ 192, 341 Rn. 13 ff. = NJW 2012, 1875; Urt. v. 10.12.2013 – II ZR 52/12, NZG 2014, 264 Rn. 8 ff. = ZIP 2014, 418).

1. Registerrechtliche Präventivkontrolle

32 Da die »**Aktivierung« einer Vorratsgesellschaft** als wirtschaftliche Neugründung anzusehen ist, ist sie in die mit den Gründungsvorschriften verfolgte Regelungsabsicht des Gesetzgebers einzubeziehen, die Ausstattung mit dem gesetzlich vorgeschriebenen Haftungsfonds sicherzustellen: Das Registergericht hat in eine **Gründungsprüfung** einzutreten, die sich zumindest auf die **Erbringung der Mindeststammeinlagen** und im Fall von Sacheinlagen auf deren **Werthaltigkeit** sowie bei Vorliegen entsprechender Anhaltspunkte auch auf das Bestehen einer **Unterbilanz** im Zeitpunkt der Anmeldung erstreckt (§ 9c GmbHG analog); Anknüpfungspunkt ist die von den Geschäftsführern – in der **Anmeldung** der mit der wirtschaftlichen Neugründung verbundenen Änderungen des Gesellschaftsvertrags, insbesondere des Unternehmensgegenstands (vgl. § 54 GmbHG) – abzugebende Versicherung, dass jedenfalls die in § 7 Abs. 2 und 3 GmbHG bezeichneten Leistungen auf die Stammeinlagen bewirkt sind und dass der Gegenstand der Leistungen sich – weiterhin oder jedenfalls wieder – in ihrer freien Verfügung befindet (§ 8 Abs. 2 GmbHG analog; BGH, Beschl. v. 09.12.2002 – II ZB 12/02, BGHZ 153, 158, 162 = NJW 2003, 892; Urt. v. 12.07.2011 – II ZR 71/11, NZG 2011, 1066 Rn. 9 = ZIP 2011, 1761; Urt. v. 06.03.2012 – II ZR 56/10, BGHZ 192, 341 Rn. 17 = NJW 2012, 1875; s. auch § 7 GmbHG Rdn. 4, § 8 GmbHG Rdn. 24, 32 sowie § 9c GmbHG Rdn. 25, 36, 39).

33 Die »**Wiederbelebung« eines leeren (GmbH-)Mantels** ist derselben registerrechtlichen Kontrolle zu unterwerfen wie die »Aktivierung« einer Vorratsgesellschaft (§ 9c GmbHG analog): Die Tatsache der »Wiederbelebung« eines leer gewordenen (GmbH-) Mantels bedarf im Zeitpunkt ihrer Ausstattung mit einem (neuen) Unternehmen der **Offenlegung gegenüber dem Registergericht**; diese ist mit der Versicherung zu verbinden, dass die in § 7 Abs. 2 und 3 GmbHG bezeichneten Leistungen

auf die Stammeinlagen bewirkt sind und dass der Gegenstand der Leistungen sich – weiterhin oder jedenfalls wieder – in der freien Verfügung der Geschäftsführer befindet (§ 8 Abs. 2 GmbHG analog); da die »Wiederbeebung« eines leeren (GmbH-)Mantels durch Ausstattung mit einem (neuen) Unternehmen – anders als die »Aktivierung« einer Vorratsgesellschaft – nicht zwingend mit Änderungen des Gesellschaftsvertrags einhergeht, wird der begrenzten Erkennbarkeit einer Mantelverwendung für das Registergericht durch die Offenlegung Rechnung getragen (BGH, Beschl. v. 07.07.2003 – II ZB 4/02, BGHZ 155, 318, 323 ff. = NJW 2003, 3198; s. auch § 7 GmbHG Rdn. 4, § 8 GmbHG Rdn. 24, 32 sowie § 9c GmbHG Rdn. 25, 36, 39).

Die von den Geschäftsführern abzugebende **Versicherung** hat sich nicht nur am gesetzlichen Mindeststammkapital, sondern an dem im **Gesellschaftsvertrag festgelegten Stammkapital** auszurichten, weil die Kapitalaufbringung bei einer wirtschaftlichen Neugründung im Umfang der im Gesellschaftsvertrag festgelegten Kapitalziffer sichergestellt werden soll; an der im Gesellschaftsvertrag festgelegten, im Handelsregister verlautbarten Kapitalziffer orientiert sich das zu schützende Vertrauen des Rechtsverkehrs (BGH, Beschl. v. 07.07.2003 – II ZB 4/02, BGHZ 155, 318, 325 f. = NJW 2003, 3198). 34

2. (Unterbilanz-)Haftung der Gesellschafter und Handelndenhaftung

Sowohl bei der »**Aktivierung**« einer **Vorratsgesellschaft** als auch bei der »**Wiederbelebung**« eines **leeren (GmbH-)Mantels** durch Ausstattung mit einem (neuen) Unternehmen ist die Kapitalaufbringung als zentrales, die Haftungsbegrenzung auf das Gesellschaftsvermögen rechtfertigendes Element nicht nur durch die registergerichtliche Präventivkontrolle, sondern auf der materiell-rechtlichen Haftungsebene durch **analoge Anwendung des Haftungsmodells der Unterbilanzhaftung (Vorbelastungshaftung)** der Gesellschafter sicherzustellen: Maßgeblicher Stichtag für das Bestehen und die Höhe einer Unterbilanzhaftung ist die – mit der Versicherung (§ 8 Abs. 2 GmbHG analog) zu verbindende – Anmeldung der mit der wirtschaftlichen Neugründung einhergehenden Änderungen des Gesellschaftsvertrags, insbesondere des Unternehmensgegenstands bzw. deren Offenlegung gegenüber dem Registergericht; einer Gewährleistung der Unversehrtheit des im Gesellschaftsvertrag festgelegten Stammkapitals über diesen Zeitpunkt hinaus ist – anders als bei einer »regulären« (oder »echten«) rechtlichen Neugründung einer Gesellschaft – nicht veranlasst, weil der bereits als Gesellschaft wirksam entstandene Rechtsträger zu seiner weiteren rechtlichen Existenz keiner zusätzlichen (konstitutiven) Eintragung mehr bedarf (BGH, Beschl. v. 07.07.2003 – II ZB 4/02, BGHZ 155, 318, 326 f. = NJW 2003, 3198; s. § 11 GmbHG Rn. 22). Unterbleibt die Offenlegung der wirtschaftlichen Neugründung, ist die Haftung der Gesellschafter auf eine Unterbilanz begrenzt, die in dem Zeitpunkt besteht, zu dem die wirtschaftliche Neugründung entweder durch die Anmeldung der Änderungen des Gesellschaftsvertrags oder durch die Aufnahme der wirtschaftlichen Tätigkeit erstmals nach außen in Erscheinung getreten ist (BGH, Urt. v. 06.03.2012 – II ZR 56/10, BGHZ 192, 341 Rn. 14 ff. = NJW 2012, 1875 in Abweichung zu BGH, Beschl. v. 26.11.2007 – II ZA 14/06, NZG 2008, 147 Rn. 4 = ZIP 2008, 217 und zu BGH, Beschl. v. 26.11.2007 – II ZA 15/06, DStR 2008, 933 Rn. 4; Urt. v. 10.12.2013 – II ZR 53/12, NZG 2014, 264 Rn. 8 = ZIP 2004, 418). Die Annahme einer zeitlich und der Höhe nach unbeschränkten Verlustdeckungshaftung der Gesellschafter ist als Sanktionsmittel bei einer Verletzung der Offenlegungspflicht nicht geboten; die Gesellschafter der wirtschaftlich neu gegründeten Gesellschaft haben im Rahmen der Unterbilanzhaftung (anteilig) den Wert des Gesellschaftsvermögens bis zur Höhe des zugesagten Stammkapitals, mithin die Kaptaldeckung zu gewährleisten (BGH, Urt. v. 06.03.1012 – II ZR 56/10, BGHZ 192, 341 Rn. 27 f. = NJW 2012, 1875). Der Anspruch auf Grund der Unterbilanzhaftung verjährt analog § 9 Abs. 2 GmbHG in zehn Jahren (BGH, Beschl. v. 26.11.2007 – II ZA 14/06, NZG 2008, 147 Rn. 4 = ZIP 2008, 217 unter Bezugnahme auf § 9 Abs. 2 GmbHG a. F.; Beschl. v. 26.11.2007 – II ZA 15/06, DStR 2008, 933, Rn. 4 unter Bezugnahme auf § 9 Abs. 2 GmbHG a. F.; s. allgemein zur Verjährung des Anspruchs auf Grund der Unterbilanzhaftung § 11 GmbHG Rdn. 32). 35

Neben der Unterbilanzhaftung der Gesellschafter ist auch die **Handelndenhaftung** (§ 11 Abs. 2 GmbHG analog) in Betracht zu ziehen, wenn vor Anmeldung bzw. Offenlegung der wirtschaft- 36 lichen Neugründung der Geschäftsbetrieb der Gesellschaft aufgenommen wird, ohne dass dem alle Gesellschafter zugestimmt haben (BGH, Beschl. v. 07.07.2003 – II ZB 4/02, BGHZ 155, 318, 327 = NJW 2003, 3198; Urt. v. 12.7.2011 – II ZR 71/11, NZG 2011, 1066 Rn. 11 = ZIP 2011, 1761; s. auch § 11 GmbHG Rn. 56)). Die Handelndenhaftung ist – ebenso wie die Unterbilanzhaftung der Gesellschafter – auf den Zeitpunkt der Offenlegung oder zumindest der nach außen in Erscheinung tretenden wirtschaftlichen Neugründung zu beziehen, nicht auf den Zeitpunkt der Eintragung der mit der wirtschaftlichen Neugründung verbundenen anmeldepflichtigen Änderungen des Gesellschaftsvertrags (BGH, Urt. v. 12.07.2011 – II ZR 71/11, NZG 2011, 1066 Rn. 13 = ZIP 2011, 1761)

37 Die bei einer wirtschaftlichen Neugründung zu beachtenden Vorgaben zur Sicherung der Kapitalausstattung beziehen sich nicht auf die Gründer, sondern auf die neuen Gesellschafter und Geschäftsführer der Gesellschaft; die Gründer haften insbesondere nicht für die Entnahme des von ihnen ordnungsgemäß eingezahlten Stammkapitals durch die Erwerber der Geschäftsanteile nach Anmeldung des Erwerbs bei der Gesellschaft (§ 16 Abs. 2 GmbHG; BGH, Urt. v. 09.01.2006 – II ZR 72/05, BGHZ 165, 352 = NJW 2006, 906). Der Erwerber eines Geschäftsanteils haftet für die Verpflichtung des bisherigen Gesellschafters, eine zum Zeitpunkt der wirtschaftlichen Neugründung bestehende Unterbilanz auszugleichen, da es sich um eine rückständige Einlageverpflichtung i. S. d. § 16 Abs. 2 GmbHG handelt (BGH, Urt. v. 06.03.20112 – II ZR 56/10, BGHZ 192, 341 Rn. 31 ff. = NJW 2012, 1875 zu § 16 Abs. 3 GmbHG a. F.).

§ 4 Firma

Die Firma der Gesellschaft muß, auch wenn sie nach § 22 des Handelsgesetzbuchs oder nach anderen gesetzlichen Vorschriften fortgeführt wird, die Bezeichnung »Gesellschaft mit beschränkter Haftung« oder eine allgemein verständliche Abkürzung dieser Bezeichnung enthalten. Verfolgt die Gesellschaft ausschließlich und unmittelbar steuerbegünstigte Zwecke nach den §§ 51 bis 68 der Abgabeordnung, kann die Abkürzung »gGmbH« lauten.

Übersicht	Rdn.		Rdn.
A. Allgemeines	1	bb) Fortführung nach Erwerb oder Übernahme eines Handelsgeschäfts gem. § 22 HGB	24
B. Bestimmung der Firma	3		
I. Bestimmung der Firma im Gesellschaftsvertrag	3		
II. Anforderungen an die Bestimmung der Firma	6	cc) Fortführung nach formwechselnder Umwandlung, Verschmelzung oder Aufspaltung	25
1. Allgemeine Anforderungen	8		
a) Kennzeichnungseignung und Unterscheidungskraft, § 18 Abs. 1 HGB	8	dd) Firma einer Vorgesellschaft (»GmbH in Gründung«)	26
b) Unterscheidbarkeit, § 30 Abs. 1 HGB	11	ee) Firma einer Gesellschaft im Stadium der Liquidation (»GmbH in Liquidation«)	28
c) Irreführungsverbot, § 18 Abs. 2 HGB	12	ff) Firma einer Zweigniederlassung	30
d) Verstoß gegen die »guten Sitten«	15		
2. Rechtsformzusatz, § 4 GmbHG	16	3. Firma einer Rechtsanwalts-, Patentanwalts-, Steuerberatungs- oder Wirtschaftsprüfungsgesellschaft	31
a) Regelfall	16		
b) Sonderfälle	18	III. Rechtsfolge eines Verstoßes	32
aa) Abkürzung »gGmbH«, § 4 Satz 2 GmbHG	18	C. Exkurs: Auftreten im Geschäftsverkehr unter Fortlassung des vorgeschriebenen Rechtsformzusatzes	34

A. Allgemeines

Die durch Art. 9 Nr. 1 des Gesetzes zur Neuregelung des Kaufmanns- und Firmenrechts und zur Änderung anderer handels- und gesellschaftsrechtlicher Vorschriften (Handelsrechtsreformgesetz – HRefG) vom 22.06.1998 (BGBl. I, 1474) neu gefasste Vorschrift regelt Anforderungen an die Firma einer GmbH, indem sie die Verwendung eines bestimmten **Rechtsformzusatzes** vorschreibt. Die Bedeutung einer Firma und die allgemeinen Anforderungen an deren Bildung sind in den §§ 17 ff. HGB geregelt, die auf die Firma einer GmbH anwendbar sind (§ 13 Abs. 3 GmbHG i. V. m. § 6 Abs. 1 HGB). Durch das Gesetz zur Modernisierung des GmbH-Rechts und zur Bekämpfung von Missbräuchen (MoMiG) vom 23.10.2008 (BGBl. I, 2026) ist die Überschrift »Firma« hinzugefügt worden. Im Verlauf des Gesetzgebungsverfahrens zum MoMiG ist die »Legalisierung« der Abkürzung »gGmbHG« vom Bundesrat angeregt, von der Bundesregierung indes abgelehnt worden; nunmehr ist durch das Gesetz zur Stärkung des Ehrenamtes (Ehrenamtsstärkungsgesetz) vom 21.03.2013 die Abkürzung »gGmbH« unter bestimmten Voraussetzungen erlaubt worden (s. Rdn. 18 ff.). 1

Die in § 4 GmbHG geregelten Anforderungen an die Firma einer GmbH entsprechen den Anforderungen an die Firma von Einzelkaufleuten, einer OHG und einer KG: Bei Einzelkaufleuten muss die Firma die Bezeichnung »eingetragener Kaufmann«, »eingetragene Kauffrau« oder eine allgemein verständliche Abkürzung dieser Bezeichnung (§ 19 Abs. 1 Nr. 1 HGB), bei einer OHG die Bezeichnung »offene Handelsgesellschaft« oder eine allgemein verständliche Abkürzung (§ 19 Abs. 1 Nr. 2 HGB), bei einer KG die Bezeichnung »Kommanditgesellschaft« oder eine allgemein verständliche Abkürzung enthalten (§ 19 Abs. 1 Nr. 3 HGB). Bei einer AG muss die Firma die Bezeichnung »Aktiengesellschaft« oder eine allgemein verständliche Abkürzung dieser Bezeichnung enthalten (§ 4 AktG). Bei einer eingetragenen Genossenschaft muss die Firma die Bezeichnung »eingetragene Genossenschaft« oder die Abkürzung »eG« enthalten (§ 3 Satz 1 GenG). 2

B. Bestimmung der Firma

I. Bestimmung der Firma im Gesellschaftsvertrag

Die Firma ist der **Name einer Gesellschaft**, unter dem sie am Rechtsverkehr teilnimmt (vgl. § 17 Abs. 1 HGB); sie dient – zusammen mit der Bestimmung des Sitzes der Gesellschaft (§ 4a GmbHG) – der **individuellen Kennzeichnung** der Gesellschaft, um sie von anderen Rechtssubjekten zu unterscheiden (vgl. KG, Beschl. v. 23.05.2000 – 1 W 247/99, NJW-RR 2001, 173). Eine GmbH kann nur eine Firma haben, selbst wenn sie – z. B. nach Erwerb oder Übernahme eines Handelsgeschäfts gem. § 22 HGB – mehrere (getrennte) Handelsgeschäfte, ggf. eines als Zweigniederlassung, betreibt; im Rechtsverkehr ist eindeutiges Auftreten, nämlich unter einer (einheitlichen) Firma, erforderlich (vgl. BGH, Beschl. v. 21.09.1976 – II ZB 4/74, BGHZ 67, 166, 167 ff. = NJW 1976, 2163 zur KG; vgl. auch Baumbach/Hueck/*Fastrich* § 4 Rn. 2; Lutter/Hommelhoff/*Bayer* § 4 Rn. 3; MünchHdb GesR III/*Heinrich/Heidinger* § 19 Rn. 4 f.; MüKo GmbHG/*Mayer* § 4 Rn. 9; Rowedder/*Schmidt-Leithoff* § 4 Rn. 6; Scholz/*Emmerich* § 4 Rn. 4; Ulmer/*Heinrich* § 4 Rn. 1, 8; s. auch Rdn. 24). 3

Von der – auch als »**Handelsname**« bezeichneten – Firma sind **andere Unternehmenskennzeichen oder Unternehmensbezeichnungen** (z. B. ein Logo) zu unterscheiden, die sich neben der Firma unternehmensidentifizierend herausgebildet haben können. 4

Die Firma ist **im Gesellschaftsvertrag** zu bestimmen (§ 3 Abs. 1 Nr. 1 GmbHG) und vom (Register-)Gericht in das Handelsregister einzutragen (§ 10 Abs. 1 Satz 1 GmbHG). Nach Eintragung der Gesellschaft in das Handelsregister kann die Firma im Wege der Änderung des Gesellschaftsvertrags durch Beschluss der Gesellschafterversammlung und Eintragung in das Handelsregister (§§ 53 f. GmbHG) geändert werden (vgl. Baumbach/Hueck/*Fastrich* § 4 Rn. 25; Scholz/*Emmerich* § 4 Rn. 19, 41; Ulmer/*Heinrich* § 4 Rn. 71; zur Prüfung der Anforderungen durch das Gericht s. Rdn. 32). 5

II. Anforderungen an die Bestimmung der Firma

6 Das Handelsrechtsreformgesetz (HRefG) vom 22.06.1998 (BGBl. I, 1474) hat nicht nur eine Vereinheitlichung des »Firmenbildungsrechts« für die unterschiedlichen Gesellschaftsformen, sondern auch dessen »Entschärfung« bewirkt, wodurch »ganze Bibliotheken zur Sach- und Personenfirma zur Makulatur« geworden sind (Lutter/Hommelhoff/*Bayer* § 4 Rn. 2): Einzelkaufleute, Personenhandelsgesellschaften und Kapitalgesellschaften können **Personen-, Sach- und Fantasienamen** als Firmen wählen, wobei dem Informationsinteresse des Rechtsverkehrs und dem Transparenzgebot durch einen obligatorischen Hinweis in der Firma auf die Rechtsform Rechnung getragen wird; wegen Täuschungsgefahr ist eine Firma nur dann von der Eintragung in das Handelsregister ausgeschlossen, wenn sie Angaben enthält, die ersichtlich geeignet sind, über wesentliche geschäftliche Verhältnisse irrezuführen (vgl. Gesetzesentwurf der Bundesregierung, BT-Drucks. 13/8444, S. 74 f.).

7 Bei der Bildung einer Firma sind die – seit Inkrafttreten dieser Neuregelung im Handelsgesetzbuch geregelten – allgemeinen Anforderungen, nämlich **Kennzeichnungseignung** und **Unterscheidungskraft** (§ 18 Abs. 1 HGB), **Unterscheidbarkeit** (§ 30 Abs. 1 HGB) sowie das **Irreführungsverbot** (§ 18 Abs. 2 HGB), zu beachten, welche die Freiheit der Firmenbildung einschränken; weitere allgemeine und besondere, insbesondere rechtsformspezifische Anforderungen ergeben sich aus anderen Vorschriften. Ein Berechtigter kann bei Verletzung seines Namensrechts Unterlassung (§ 12 BGB), bei Verletzung seines Markenrechts Unterlassung oder Schadensersatz (§§ 14 ff. MarkenG) sowie bei unlauterem Wettbewerb vor allem Unterlassung oder Schadensersatz verlangen (§§ 8 ff. UWG; zur [Nicht-]Berücksichtigung einer Verletzung dieser Rechte durch das [Register-]Gericht s. Rdn. 32).

1. Allgemeine Anforderungen

a) Kennzeichnungseignung und Unterscheidungskraft, § 18 Abs. 1 HGB

8 Die Firma muss zur Kennzeichnung geeignet sein und Unterscheidungskraft besitzen (§ 18 Abs. 1 HGB). Kennzeichnungseignung und Unterscheidungskraft sind nicht synonym zu verstehen, sondern haben eine eigenständige, sich gegenseitig ergänzende Bedeutung: Während **Kennzeichnungseignung** »Namenstauglichkeit schlechthin« bedeutet, bedeutet **Unterscheidungskraft** die »hinreichend individualisierende, mithin namensmäßige Abgrenzung von anderen Unternehmensträgern« (Rowedder/*Schmidt-Leithoff* § 4 Rn. 10). Das Erfordernis der **Kennzeichnungseignung** als der »abstrakten Namensfähigkeit« setzt voraus, dass die Firma aus einer **aussprechbaren Bezeichnung** gebildet wird; insbesondere Namen erfüllen diese Anforderung (vgl. Baumbach/Hueck/*Fastrich* § 4 Rn. 6a; Lutter/Hommelhoff/*Bayer* § 4 Rn. 8 ff.; *Lutter/Welp* ZIP 1999, 1073, 1077 ff.; MünchHdb GesR III/*Heinrich/Heidinger* § 19 Rn. 14 ff.; MüKo GmbHG/*Mayer* § 4 Rn. 22 ff.). Die **Unterscheidungskraft** ist zweifelhaft bei der Verwendung eines »Allerweltsnamens« oder einer Branchen- oder Gattungsbezeichnung, zumal der Rechtsformzusatz als Unterscheidungskriterium ungeeignet ist (vgl. MüKo GmbHG/*Mayer* § 4 Rn. 41; MünchHdb GesR III/*Heinrich/Heidinger* § 19 Rn. 21 ff.). Die bloße Verwendung einer Zahl mit Rechtsformzusatz ist kein hinreichendes Kennzeichnungs- und Unterscheidungskriterium (KG, Beschl. v. 17.05.2013 – 12 W 51/13, NZG 2013, 1153 = ZIP 2013, 1769 zur Firma »23 GmbH«).

9 Da die Firma der alleinige Name einer GmbH ist, der sie als Rechtssubjekt von anderen Rechtssubjekten unterscheiden soll, müssen Firmenkern und Firmenzusätze aus wörtlichen und aussprechbaren Bezeichnungen gebildet sein; aus diesem Grund scheidet die **Verwendung von Bildzeichen** regelmäßig aus (vgl. KG, Beschl. v. 23.05.2000 – 1 W 247/99, NJW-RR 2001, 173). Dies gilt insbesondere für das **Zeichen** @ (BayObLG, Beschl. v. 04.04.2001 – 3Z BR 84/01, NJW 2001, 2337; a. A. LG Berlin, Beschl. v. 13.01.2004 – 102 T 122/03, NZG 2004, 532). Buchstabenfolgen kommt **Kennzeichnungseignung** zu, wenn sie im Rechts- und Wirtschaftsverkehr zur Identifikation der dahinter stehenden Gesellschaft ohne Schwierigkeiten akzeptiert werden können; hierfür reicht als notwendige, aber auch hinreichende Bedingung die Aussprechbarkeit der Firma im Sinne der Artikulierbarkeit aus: Fremdsprachige Bezeichnungen, die nicht aus lateinischen Buchstaben

gebildet werden, sind nicht artikulierbar; **Abkürzungen** oder beliebigen **Buchstabenfolgen** kommt ein spezifisches eindeutiges – zumindest »wortähnliches« – Klangbild zu, das von den beteiligten Verkehrskreisen als Unternehmensname verstanden werden kann und verstanden wird (BGH, Beschl. v. 08.12.2008 – II ZB 46/07, NZG 2009, 192 = ZIP 2009, 168 zur Firma »HM & A GmbH & Co KG«; a. A. OLG Celle, Beschl. v. 06.07.2006 – 9 W 61/06, DB 2006, 1950 zur Firma »AKDV GmbH«; OLG Frankfurt am Main, Beschl. v. 28.02.2002 – 20 W 531/01 NJW 2002, 2400 zur Firma »A.A.A.A.A. GmbH«; OLG München, Beschl. v. 11.10.2006 – 31 Wx 74/06, NZG 2007, 320 zur Firma »K.S.S. e. V.«).

Die **Unterscheidungskraft** ist abstrakt zu beurteilen: Da die Firma die Fähigkeit haben muss, ihren Inhaber von anderen Personen (Unternehmensträgern) zu unterscheiden, indem eine Assoziation mit einem bestimmten Unternehmen unter vielen anderen geweckt wird, ist die Verwendung **bloßer Branchen- oder Gattungsbezeichnungen** unzulässig; im Übrigen steht einer solchen Firmenbildung das Freihaltebedürfnis entgegen, da die Verwendung von Allgemeinbegriffen ähnliche Firmenbildungen für Unternehmen des gleichen Geschäftszweigs häufig sperren würde (BayObLG, Beschl. v. 01.07.2003 – 3Z BR 122/03, NZG 2003, 1029 zur »Profi-Handwerker-GmbH«).

b) Unterscheidbarkeit, § 30 Abs. 1 HGB

Jede neue Firma muss sich von allen an demselben Ort oder in derselben Gemeinde bereits bestehenden und in das Handels- oder Genossenschaftsregister eingetragenen Firmen deutlich unterscheiden (§ 30 Abs. 1 HGB). Diese Anforderung besteht im öffentlichen Interesse, um den Rechtsverkehr vor verwechslungsfähigen Firmen an einem Ort zu schützen (vgl. Ulmer/*Heinrich* § 4 Rn. 76). Für die Beurteilung der Unterscheidbarkeit ist auf den Gesamteindruck von Wortbild und Wortklang – »wie es sich in Auge und Ohr einprägt« – abzustellen; allein der Rechtsformzusatz macht eine ansonsten gleiche Firma nicht unterscheidbar (vgl. Baumbach/Hueck/*Fastrich* § 4 Rn. 7; Lutter/Hommelhoff/*Bayer* § 4 Rn. 20 ff.; Ulmer/*Heinrich* § 4 Rn. 80). Die Unterscheidbarkeit kann sich bei gleichem (Fantasie-) Firmenkern auch durch unterschiedliche Ziffern ergeben, weil das Publikum stärker als früher für den Zahlengebrauch sensibilisiert ist (KG, Beschl. v. 23.10.2012 – 12 W 48/12, MDR 2013, 920; vgl. auch OLG Hamm, Beschl. v. 19.06.2013 – 27 W 52/13, NZG 2013, 997). Für die Bejahung der Unterscheidungskraft ist indes die Verwendung einer Zahl mit Rechtsformzusatz nicht ausreichend (KG, Beschl. v. 17.05.2013 – 12 W 51/13, NZG 2013, 1153 = ZIP 2013, 1769 zur Firma »23 GmbH«; s. auch Rdn. 8).

c) Irreführungsverbot, § 18 Abs. 2 HGB

Die Firma darf keine Angaben enthalten, die geeignet sind, über geschäftliche Verhältnisse, die für die angesprochenen Verkehrskreise wesentlich sind, irrezuführen (§ 18 Abs. 2 Satz 1 HGB). Wesentlich bezüglich der geschäftlichen Verhältnisse sind Angaben über Art und Größe, Branchenbezug und Struktur des Betriebs; es genügt nicht, wenn nur Einzelne irregeführt werden können, vielmehr ist die Möglichkeit der Täuschung der angesprochenen Verkehrskreise, also einer Gruppe von Adressaten, erforderlich (BayObLG, Beschl. v. 17.05.1999 – 3Z BR 90/99, NZG 1999, 761; zur eingeschränkten Überprüfung des Irreführungsverbots durch das Gericht gem. § 18 Abs. 2 Satz 2 HGB s. Rdn. 32). Die Verwendung einer Personenfirma ohne Bezug zum Gesellschafterkreis ist nicht zur Irreführung geeignet, sofern nicht der Name einer bekannten Person verwendet wird, um sich hierdurch einen Wettbewerbsvorteil zu verschaffen (LG Wiesbaden, Beschl. v. 07.04.2004 – 12 T 3/04, NZG 2004, 829 zur Firma »Prinz Verwertungsgesellschaft für Insolvenzwaren mbH«; vgl. auch OLG Jena, Beschl. v. 22.06.2010 – 6 W 30/10, NZG 2010, 1354; OLG Karlsruhe, Beschl. v. 24.02.2010 – 11 Wx 15/09, GmbHR 2010, 1096; Beschl. v. 22.11.2013 – 11 Wx 86/13, GmbHR 2014, 142; OLG München, Beschl. v. 08.11.2012 – 31 Wx 415/12, NZG 2013, 108 = ZIP 2012, 2393; vgl. außerdem Lutter/Hommelhoff/*Bayer* § 4 Rn. 35, MüKo GmbHG/*Mayer* § 4 Rn. 81, jeweils zur Firma »Claudia Schiffer Kosmetik GmbH« und zur Firma »Beckenbauer Fußballartikel GmbH«; Lutter/*Welp* ZIP 1999, 1073, 1081 zur Firma »Karsten Schmidt GmbH« für einen Getränkehandel im Gegensatz zu einer Fachbuchhandlung für rechtswissenschaftliche Literatur).

Da ein Durchschnittsverbraucher mit dem Begriff »Gruppe« den Zusammenschluss mehrerer Unternehmen zur Wahrung gemeinsamer Interessen erwartet, ist dieser Begriff in der Firma einer Unternehmergesellschaft (haftungsbeschränkt) unzulässig, wenn lediglich mehrere natürliche Personen Gesellschafter sind (OLG Jena, Beschl. v. 14.10.2013 – 6 W 375/12, NZG 2013, 1270 = ZIP 2014, 375; vgl. auch OLG Schleswig, Beschl. v. 28.09.2011 – 2 W 231/10, NZG 2012, 34 zur Verwendung des Begriffs »Gruppe«/«Group« in der Firma eines eingetragenen Kaufmanns). Die Aufnahme einer Orts- oder Regionalangabe wird – entgegen früherer Auffassung – unabhängig von der Marktstärke des Unternehmens als (regelmäßig zulässiger) Hinweis auf den Sitz der Gesellschaft oder den geografischen Schwerpunk seiner Tätigkeit angesehen (OLG Braunschweig, Beschl. v. 10.08.2011 – 2 W 77/11, RPfleger 2012, 153 zur Firma »Göttinger Sanitär- und Heizungstechnik e. K.«; OLG Hamm, Beschl. v. 19.07.2013 – 27 W 57/13, NZG 2013, 1195 zur Firma »Osnabrück M-GmbH & Co KG«; OLG München, Beschl. v. 28.04.2010 – 31 Wx 117/09, DB 2010, 1284 zur Firma »Münchener Hausverwaltung GmbH«; OLG Stuttgart, Beschl. v. 03.07.2003 – 8 W 425/02, FGPrax 2004, 40 zur Bezeichnung »Sparkasse Bodensee«; vgl. aber auch OLG Jena, Beschl. v. 29.08.2011 – 6 W 162/11, NZG 2011, 1191; OLG Stuttgart, Urt. v. 16.03.2006 – 2 U 147/05, NJW 2006, 2273 zur Bezeichnung »Bodenseekanzlei« in wettbewerbsrechtlicher Hinsicht).

13 Hinsichtlich der Ausübung bestimmter beruflicher Tätigkeiten bestehen **spezialgesetzlich geregelte Einschränkungen** der Freiheit der Firmenbildung: Andere als zugelassene Rechtsanwaltsgesellschaften dürfen die Bezeichnung »Rechtsanwaltsgesellschaft« (§ 59k Abs. 2 BRAO), andere als zugelassene Patentanwaltsgesellschaften dürfen die Bezeichnung »Patentanwaltsgesellschaft« nicht führen (§ 52k Abs. 2 PatAO). Die Bezeichnung »Steuerberatungsgesellschaft« darf nur führen, wer nach dem StBerG dazu berechtigt ist (§ 43 Abs. 4 Satz 1 StBerG). Ordnungswidrig handelt, wer die Bezeichnung »Wirtschaftsprüfungsgesellschaft« oder eine zum Verwechseln ähnliche Bezeichnung für eine Gesellschaft gebraucht, obwohl diese nicht als Wirtschaftsprüfungsgesellschaft anerkannt ist (§ 133 Abs. 1 WPO). Ferner bestehen besondere Regelungen hinsichtlich der Erbringung von Finanzdienstleistungen (vgl. den Überblick bei Baumbach/Hueck/*Fastrich* § 4 Rn. 11, MünchHdb GesR III/*Heinrich/Heidinger* § 19 Rn. 51; MüKo GmbHG/*Mayer* § 4 Rn. 93 ff.; Rowedder/*Schmidt-Leithoff* § 4 Rn. 53; vgl. auch BayObLG, Beschl. v. 03.02.1999 – 3Z BR 297/98, NZG 1999, 398 zur Firma »X-Investment Consult GmbH«).

14 Bestimmte Bezeichnungen, die auf eine Rechtsform hinweisen, dürfen aufgrund spezialgesetzlicher Vorschriften nicht verwendet werden, um eine Irreführung zu verhindern: Eine GmbH darf – ebenso wie andere Gesellschaften außer der Partnerschaftsgesellschaft – den Zusatz **»Partnerschaft«** oder **»und Partner«** nicht ohne weiteres in ihrer Firma führen (§ 11 Abs. 1 Satz 1 PartGG); dies gilt auch für die Zusätze »+ Partner« oder »& Partner« oder die Verwendung der englischen Pluralform »Partners« (BGH, Beschl. v. 21.04.1997 – II ZB 14/96, BGHZ 135, 257, 259 f. = NJW 1997, 1854; KG, Beschl. v. 27.04.2004 – 1 W 180/02, NZG 2004, 614 = ZIP 2004, 1645; OLG Frankfurt am Main, Beschl. v. 11.11.2004 – 20 W 321/04, GmbHR 2005, 96). Unschädlich ist es indes, den Begriff »Partner« als Bestandteil eines zusammengesetzten Wortes zu verwenden (OLG München, Beschl. v. 14.12.2006 – 31 Wx 89/06, NZG 2007, 457 = ZIP 2007, 770 zur Bezeichnung »GV-Partner« als Bestandteil der Firma einer GmbH & Co KG). Der Zusatz »Partnerschaft« oder »und Partner« darf fortgeführt werden, wenn eine Gesellschaft diesen Zusatz vor Inkrafttreten des PartGG geführt hat und einen Hinweis auf die andere Rechtsform hinzufügt (§ 11 Abs. 1 Satz 2 und 3 PartGG). Eine Fortführung liegt auch bei der formwechselnden Umwandlung einer OHG in eine GmbH vor (OLG Frankfurt am Main, Beschl. v. 19.02.1999 – 20 W 72/99, NJW 1999, 2285); sie liegt nicht vor, wenn die Firma geringfügig, insbesondere zur Anpassung an einen geänderten Gesellschafterkreis, geändert wird (OLG Stuttgart, Beschl. v. 21.03.2000 – 8 W 154/99, ZP 2000, 1108; vgl. aber auch BayObLG, Beschl. v. 19.02.2003 – 3Z BR 17/03, NZG 2003, 477).

d) Verstoß gegen die »guten Sitten«

15 Die Firma darf nicht gegen die »guten Sitten« verstoßen. Bei diesem Verbot handelt es sich um ein Grundprinzip der Rechtsordnung (vgl. §§ 138 Abs. 1, 826 BGB), welches die Freiheit der Fir-

menbildung einschränkt; einer ausdrücklichen gesetzlichen Regelung dieses Verbots bedarf es nicht (vgl. Lutter/Hommelhoff/*Bayer* § 4 Rn. 40; *Lutter/Welp* ZIP 1999, 1073, 1082; MünchHdb GesR III/*Heinrich/Heidinger* § 19 Rn. 49 f.; MüKo GmbHG/*Mayer* § 4 Rn. 108). Als sittenwidrig werden insbesondere solche Bezeichnungen angesehen, die eine **diskriminierende** oder **gewaltverherrlichende** Aussage erkennen lassen (vgl. Ulmer/*Heinrich* § 4 Rn. 35).

2. Rechtsformzusatz, § 4 GmbHG

a) Regelfall

Die Firma der Gesellschaft muss die Bezeichnung »**Gesellschaft mit beschränkter Haftung**« oder eine **allgemein verständliche Abkürzung** dieser Bezeichnung enthalten (§ 4 Satz 1 GmbHG). Die durch Art. 9 Nr. 1 des Handelsrechtsreformgesetzes vom 22.06.1998 (BGBl. I, 1474) neu gefasste Vorschrift bestimmt – im Unterschied zu § 4 Abs. 2 GmbHG a. F. – ausdrücklich, dass die Verwendung einer Abkürzung zulässig ist; die Verwendung einer Abkürzung war indes schon vor Inkrafttreten der Neufassung als zulässig angesehen worden (BGH, Beschl. v. 18.03.1974 – II ZB 3/74, BGHZ 62, 230, 232 f. = NJW 1974, 1088). Wegen des Maßstabs der Allgemeinverständlichkeit und des Irreführungsverbots (§ 18 Abs. 2 HGB) wurde auf eine abschließende Aufzählung der zulässigen Abkürzungen im Gesetz verzichtet (Gesetzesentwurf der Bundesregierung, BT-Drucks. 13/8444, S. 74 f.).   16

Als zulässig werden insbesondere die Abkürzungen »**GmbH**«, »**G.m.b.H.**« und »**Ges. mbH**« angesehen (vgl. Rowedder/*Schmidt-Leithoff* § 4 Rn. 55). Der Rechtsformzusatz muss nicht notwendig den Abschluss der Firma bilden und kann außerdem unter Trennung der Bestandteile »Gesellschaft« einerseits und »mit beschränkter Haftung« andererseits auseinandergezogen sein; auch die Verwendung einer **Mischform** – der Bestandteil »Gesellschaft« ist ausgeschrieben, der Bestandteil »mit beschränkter Haftung« ist »mbH« abgekürzt (z. B.: »Einkaufsgesellschaft der Unternehmen D und S mbH«) – ist zulässig (vgl. Baumbach/Hueck/*Fastrich* § 4 Rn. 14; MüKo GmbHG/*Mayer* § 4 Rn. 15).   17

b) Sonderfälle

aa) Abkürzung »gGmbH«, § 4 Satz 2 GmbHG

Die Abkürzung »**gGmbH**« wurde – anders als die ausgeschriebene Bezeichnung »gemeinnützige GmbH« – teilweise als unzulässig angesehen: Die Hinzufügung weiterer Bestandteile zur Abkürzung »GmbH« berge die Gefahr, dass eine gemeinnützige Gesellschaft als Sonderform der GmbH angesehen wird, und rufe Unsicherheit darüber hervor, ob und in welchem Umfang sie den für die GmbH geltenden Regelungen unterliegt (OLG München, Beschl. v. 13.12.2006 – 31 Wx 84/06, NJW 2007, 1601; vgl. *Rohde*, GmbHR 2007, 268; vgl. aber auch *Krause*, NJW 2007, 2156; *Ullrich*, NZG 2007, 656; *Wachter*, EWiR 2007, 181). Im Gesetzgebungsverfahren zum Gesetz zur Modernisierung des GmbH-Rechts und zur Bekämpfung von Missbräuchen (MoMiG) vom 23.10.2008 (BGBl. I, 2026) hat der Bundesrat eine »Legalisierung« der Abkürzung »gGmbH« durch den Gesetzgeber angeregt (Stellungnahme des Bundesrates, BT-Drucks. 16/6140, S. 62). In ihrer Gegenäußerung hat die Bundesregierung diesen Vorschlag abgelehnt: »Der Zusatz ›g‹ darf daher nicht als Teil des Rechtsformzusatzes erscheinen.« (Gegenäußerung der Bundesregierung, BT-Drucks. 16/6140, S. 74).   18

Durch Art. 7 des Gesetzes zur Stärkung des Ehrenamtes (Ehrenamtsstärkungsgesetz) vom 21.03.2013 (BGBl. I, 556) ist Satz 2 angefügt worden: Wenn eine GmbH ausschließlich und unmittelbar steuerbegünstigte Zwecke nach den §§ 51 bis 68 der Abgabenordnung verfolgt, ist die Abkürzung »gGmbH« erlaubt. In der Begründung des Gesetzesentwurfs zum Gesetz zur Entbürokratisierung des Gemeinnützigkeitsrechts, dessen Titel im Lauf des Gesetzgebungsverfahrens geändert wurde, wird die Anfügung des Satzes 2 wie folgt begründet (Gesetzesentwurf der Fraktionen CDU/CSU und FDP, BT-Drucks. 17/11316, S. 17 = Gesetzesentwurf der Bundesregierung, BR-Drucks. 663/12, S. 25):   19

»Durch die Ergänzung des §4 des Gesetzes betreffend die Gesellschaften mit beschränkter Haftung (GmbHG) soll Gesellschaften mit beschränkter Haftung, die steuerbegünstigte Zwecke nach den §§ 51 bis 68 der Abgabenordnung verfolgen, weiterhin ermöglicht werden, ihre Firma mit der Abkürzung ›gGmbH‹ zu bilden, die bereits von zahlreichen bestehenden Gesellschaften verwendet wird. Die Abkürzung ›gGmbH‹ ist kein besonderer Rechtsformzusatz, der auf eine besondere Form der GmbH hinweist. Der Buchstabe ›g‹ vor der abgekürzten Bezeichnung der Rechtsform soll anzeigen, dass die Gesellschaft steuerbegünstigte Zwecke verfolgt, die auch als gemeinnützige Zwecke im weiteren Sinne bezeichnet werden. Die Firma ›xyz gemeinnützige Gesellschaft mit beschränkter Haftung‹ ist gegenüber der Abkürzung nach §4 Satz 2 GmbHG die Langfassung, die Firma ›xyz gemeinnützige GmbH‹ ist die herkömmliche abgekürzte Fassung nach §4 Satz 1 GmbHG.«

20 Der Entwurf des Satzes 2 hat im Lauf des Gesetzgebungsverfahrens keine Änderungen erfahren (vgl. Beschlussempfehlung und Bericht des Finanzausschusses, BT-Drucks. 17/12123). Die Vorschrift ist am 29.03.2013 in Kraft getreten (Art. 12 Abs. 2 des Ehrenamtsstärkungsgesetzes).

21 Die Vorschrift des §4 Satz 2 stellt ein »Nichtanwendungsgesetz« zur Entscheidung des OLG München, Beschl. v. 13.12.2006 – 31 Wx 84/06, NJW 2007, 1601, dar (*Wachter* GmbHR 2013, R 145). Da der Gesetzgeber eine Klarstellung beabsichtigte (vgl. BT-Drucks. 17/11316, S. 16 = BR-663/12, S. 25: Die Verwendung der Abkürzung »gGmbH« soll »weiterhin ermöglicht« werden), findet diese Erlaubnis auch Anwendung zugunsten der Gesellschaften, die diese Abkürzung schon vor dem Zeitpunkt des Inkrafttretens des §4 Satz 2 GmbHG verwendet haben.

22 Obwohl §4 Satz 2 GmbHG die Unternehmergesellschaft i. S. d. §5a GmbHG nicht ausdrücklich erwähnt, ist auch die Verwendung der Abkürzung »gUG (haftungsbeschränkt)« oder »gUnternehmergesellschaft (haftungsbeschränkt)« zulässig (*Wachter* GmbHR 2013 R 145/146; a.A. DNotI-Report 2013, 181). Da die Anfügung des §4 Satz 2 GmbHG lediglich aus Gründen der Klarstellung erfolgt ist und hierin keine bewusste Abgrenzung zum §5a Abs. 1 GmbHG liegt, kann der Buchstabe »g« sowohl vor »GmbH« als auch »UG (haftungsbeschränkt)« verwendet werden.

23 Das Registergericht prüft lediglich anhand des Gesellschaftsvertrags, ob die Gesellschaft ausschließlich und unmittelbar steuerbegünstigte Zwecke nach den §§ 51 bis 68 Abgabenordnung (AO) verfolgt. Die Vorlage eines Feststellungsbescheids i. S. d. §60a AO darf nicht verlangt werden (*Wachter* GmbHR 2013, R 146).

bb) Fortführung nach Erwerb oder Übernahme eines Handelsgeschäfts gem. §22 HGB

24 Vorbehaltlich der Zustimmung des bisherigen Geschäftsinhabers oder seiner Erben darf der Erwerber eines Handelsgeschäfts für das Geschäft die bisherige Firma – mit oder ohne Beifügung eines das Nachfolgeverhältnis andeutenden Zusatzes – fortführen; dies gilt auch bei der Übernahme eines Handelsgeschäfts aufgrund eines Nießbrauchs, Pachtvertrags oder eines ähnlichen Verhältnisses (§22 HGB). Wird die Firma bei Erwerb oder Übernahme des Handelsgeschäfts fortgeführt, muss jedoch der eine GmbH kennzeichnende Rechtsformzusatz hinzugefügt werden (§4 Satz 1 GmbHG). Die (bisherige) Firma des Erwerbers muss bei Fortführung der Firma des erworbenen oder übernommenen Rechtsgeschäfts aus Gründen der Einheitlichkeit der Firma geändert werden (vgl. BGH, Beschl. v. 21.09.1976 – II ZB 4/74, BGHZ 67, 166, 167 ff. = NJW 1976, 2163 zu einer KG; s. auch Rdn. 3). Hierzu ist eine Änderung des Gesellschaftsvertrags erforderlich (vgl. MüKo GmbHG/*Mayer* §4 Rn. 118; Rowedder/*Schmidt-Leithoff* §4 Rn. 58; Scholz/*Emmerich* §4 Rn. 50 ff.). Die durch §22 HGB eingeräumte Möglichkeit der Firmenfortführung hat nach der »Entschärfung des Firmenbildungsrechts« durch die Einführung der Möglichkeit freier Firmenbildung (s. Rdn. 6 f.) an Bedeutung verloren (vgl. Baumbach/Hueck/*Fastrich* §4 Rn. 20; MünchHdb GesR III/*Heinrich/Heidinger* §19 Rn. 61).

cc) Fortführung nach formwechselnder Umwandlung, Verschmelzung oder Aufspaltung

25 Bei einer formwechselnden Umwandlung (§§190 ff. UmwG) darf der Rechtsträger neuer Rechtsform seine bisher geführte Firma beibehalten, der jedoch ein auf die neue Rechtsform hinweisen-

der Rechtsformzusatz hinzuzufügen ist (§ 200 Abs. 1 Satz 1, Abs. 2 UmwG; vgl. OLG Frankfurt am Main, Beschl. v. 19.02.1999 – 20 W 72/99, NJW 1999, 2285 zur Firmenfortführung nach Umwandlung einer OHG in eine GmbH). Bei einer Verschmelzung durch Aufnahme darf der übernehmende Rechtsträger die Firma eines der übertragenden Rechtsträger, dessen Handelsgeschäft er erwirbt, mit oder ohne Beifügung eines das Nachfolgeverhältnis andeutenden Zusatzes fortführen (§ 18 Abs. 1 UmwG); dies gilt auch bei einer Verschmelzung durch Neugründung (§ 36 Abs. 1 i. V. m. § 18 Abs. 1 UmwG) sowie bei einer Aufspaltung (§§ 123 Abs. 1, 125 Satz 1 i. V. m. § 18 Abs. 1 UmwG), jedoch nicht bei einer Abspaltung (§§ 123 Abs. 2, 125 Satz 1 UmwG) und bei einer Ausgliederung (§§ 123 Abs. 3, 125 Satz 1 UmwG).

dd) Firma einer Vorgesellschaft (»GmbH in Gründung«)

Die durch den Abschluss des Gesellschaftsvertrags entstandene Vorgesellschaft (Vor-GmbH) untersteht als »notwendige Vorstufe zur juristischen Person« dem Recht der eingetragenen GmbH schon insoweit, als es mit ihrem besonderen Zweck vereinbar ist und nicht die Rechtsfähigkeit voraussetzt (BGH, Urt. v. 23.03.1981 – II ZR 27/80, BGHZ 80, 212, 214 = NJW 1981, 2125; Urt. v. 29.10.1992 – I ZR 264/90, BGHZ 120, 103, 105 = NJW 1993, 459; s. auch § 11 GmbHG Rdn. 8). Die zum Auftreten und Handeln im Rechts- und Geschäftsverkehr in weitem Umfang berechtigte Vorgesellschaft ist namens- und kennzeichenrechtsfähig (BGH, Urt. v. 29.10.1992 – I ZR 264/90, BGHZ 120, 103, 106 = NJW 1993, 459; s. auch § 11 GmbHG Rdn. 14). Sofern der Geschäftsbetrieb eines Handelsgewerbes i. S. d. § 1 HGB schon vor Eintragung der Gesellschaft in das Handelsregister aufgenommen wird, ist sie außerdem firmenrechtsfähig (vgl. BGH, Urt. v. 29.10.1992 – I ZR 264/90, BGHZ 120, 103, 106 = NJW 1993, 459; Beschl. v. 16.03.1992 – II ZB 17/91, 117, 323, 326 = NJW 1992, 1824 zur Vor-AG).

26

Um den Rechtsverkehr nicht zu täuschen (§ 18 Abs. 2 HGB), darf die Vorgesellschaft die – im Gesellschaftsvertrag bestimmte – Firma der GmbH im Rechtsverkehr nicht verwenden. Zur Vermeidung der Haftung des Handelnden aufgrund eines von ihm gesetzten Rechtsscheins, mindestens eine natürliche Person hafte für die Verbindlichkeiten persönlich und unbeschränkt (s. Rdn. 34 ff.), hat der Handelnde deutlich zu machen, dass er für ein Unternehmen handelt, dessen Haftungsfonds künftig beschränkt sein wird (BGH, Urt. v. 08.07.1996 – II ZR 258/95, NJW 1996, 2645). Dieses Gebot wird beachtet, wenn der Firma der **Zusatz »in Gründung«** oder die Abkürzung »i. G.« hinzugefügt wird (vgl. BGH, Urt. v. 07.05.1984 – II ZR 276/83, BGHZ 91, 148, 152 = NJW 1984, 2164; vgl. auch Baumbach/Hueck/*Fastrich* § 4 Rn. 18; MünchHdb GesR III/*Heinrich/Heidinger* § 19 Rn. 78; Lutter/Hommelhoff/*Bayer* § 4 Rn. 42; Rowedder/*Schmidt-Leithoff* § 4 Rn. 70; Scholz/*Emmerich* § 4 Rn. 62). Insbesondere kann eine Vorgesellschaft unter der Firma der GmbH mit dem Zusatz »in Gründung« oder der Abkürzung »i. G.« als persönlich haftende Gesellschafterin einer KG in das Handelsregister eingetragen werden; ohne entsprechenden Zusatz ist die Eintragung der GmbH nicht zulässig (BGH, Beschl. v. 12.11.1984 – II ZB 2/84, NJW 1985, 736; zur Komplementärfähigkeit einer Vorgesellschaft s. § 11 GmbHG Rdn. 14).

27

ee) Firma einer Gesellschaft im Stadium der Liquidation (»GmbH in Liquidation«)

Eine Gesellschaft im Stadium der Liquidation wird durch die Liquidatoren vertreten, die bei Abgabe einer (schriftlichen) Willenserklärung der bisherigen, nunmehr als Liquidationsfirma zu bezeichnenden Firma ihre Namensunterschrift beifügen (§ 68 Abs. 2 GmbHG); auf allen Geschäftsbriefen muss insbesondere die Tatsache, dass sich die Gesellschaft in Liquidation befindet, angegeben werden (§ 71 Abs. 5 Halbs. 1 GmbHG). Die Bezeichnung der Firma als »Liquidationsfirma« verlangt nicht die Änderung der Firma im Wege einer Änderung des Gesellschaftsvertrags. Der Firma ist lediglich ein Zusatz hinzuzufügen, der auf die Liquidation hinweist, wobei die Verwendung des **Zusatzes »in Liquidation«** oder der Abkürzung »i. L.« üblich ist (vgl. Baumbach/Hueck/*Fastrich* § 4 Rn. 19; Ulmer/*Heinrich* § 4 Rn. 91; MünchHdb GesR III/*Heinrich/Heidinger* § 19 Rn. 79). Der Zusatz »in Abwicklung« oder die Abkürzung »i. A.«, greift den in §§ 264 ff. AktG verwendeten Begriff Abwicklung auf.

28

29 Bei einer **Gesellschaft in der Insolvenz** bedarf es keines Zusatzes, der auf das Insolvenzverfahren hinweist (BGH, Urt. v. 11.05.1989 – I ZR 141/87, NJW-RR 1989, 1263 = ZIP 1989, 937; vgl. MünchHdb GesR III/*Heinrich/Heidinger* § 19 Rn. 79; Ulmer/*Heinrich* § 4 Rn. 94; zur Änderung des Gesellschaftsvertrags in der Insolvenz s. § 53 GmbHG Rdn. 13).

ff) Firma einer Zweigniederlassung

30 Bei einer Zweigniederlassung handelt es sich um einen dauerhaft räumlich und organisatorisch verselbstständigten Teil der Gesellschaft; mangels eigener Rechtsfähigkeit sind die dem Betrieb der Zweigniederlassung dienenden Vermögenswerte Teil des Gesellschaftsvermögens. Die Firma der Zweigniederlassung kann vollständig mit der Firma der Hauptniederlassung übereinstimmen. Ihr kann aber auch – was in §§ 13 Abs. 1 Satz 1, 30 Abs. 3, 50 Abs. 3 HGB vorausgesetzt wird – ein auf das Vorliegen einer Zweigniederlassung an einem bestimmten Ort hinweisender **Zusatz** (z. B.: »P-GmbH Zweigniederlassung S«) beigefügt werden; sofern an dem Ort, an dem die Zweigniederlassung errichtet wird, bereits ein Unternehmen mit dieser Firma besteht, muss aus Gründen der Unterscheidbarkeit ein entsprechender Zusatz beigefügt werden (§ 30 Abs. 2 und 3 HGB). Außerdem kann sich die Firma der Zweigniederlassung von der Firma der Hauptniederlassung und der Firma anderer Zweigniederlassungen – was in § 50 Abs. 3 Satz 1 HGB vorausgesetzt wird – unterscheiden; wird eine solche (»selbstständige«) Firma verwendet, was vor allem beim Erwerb oder der Übernahme eines Handelsgeschäfts gem. § 22 HGB (s. Rdn. 24) in Betracht kommt, muss aus Gründen der Einheitlichkeit der Firma (s. Rdn. 3) der Zusammenhang mit der Hauptniederlassung eindeutig erkennbar sein (z. B. »M, Zweigniederlassung der P-GmbH«; vgl. BayObLG, Beschl. v. 19.03.1992 – 3Z BR 15/92, NJW-RR 1992, 1062 zur KGaA; vgl. auch Scholz/*Emmerich* § 4 Rn. 59; Ulmer/*Heinrich* § 4 Rn. 87 f.). Sofern die Firma der Zweigniederlassung nicht nur aus der Firma der Hauptniederlassung mit einem – auf das Vorliegen der Zweigniederlassung an einem bestimmten Ort hinweisenden – Zusatz besteht, bedarf seine solche (»selbstständige«) Firma der Zweigniederlassung ihrer Bestimmung im Gesellschaftsvertrag; ihre Änderung kann nur im Wege der Änderung des Gesellschaftsvertrags erfolgen (vgl. BayObLG, Beschl. v. 19.03.1992 – 3Z BR 15/92, NJW-RR 1992, 1062 zur KGaA; BayObLG, Beschl. v. 31.05.1990 – BReg 3Z 38/90, NJW-RR 1990, 1510; vgl. auch Baumbach/Hueck/*Fastrich* § 4 Rn. 17).

3. Firma einer Rechtsanwalts-, Patentanwalts-, Steuerberatungs- oder Wirtschaftsprüfungsgesellschaft

31 Die Freiheit der Firmenbildung wird bei einer Rechtsanwaltsanwalts-, Patentsanwalts-, Steuerberatungs- sowie Wirtschaftsprüfungsgesellschaft aufgrund **spezialgesetzlicher** Vorschriften eingeschränkt: Die Firma einer **Rechtsanwaltsgesellschaft** (s. § 1 GmbHG Rdn. 12) muss die Bezeichnung »Rechtsanwaltsgesellschaft« enthalten (§ 59k Abs. 1 BRAO). Die Firma einer **Patentanwaltsgesellschaft** (s. § 1 GmbHG Rdn. 13) muss die Bezeichnung »Patentanwaltsgesellschaft« enthalten (§ 52k Abs. 1 PatAO). Eine **Steuerberatungsgesellschaft** (s. § 1 GmbHG Rdn. 11) ist verpflichtet, die Bezeichnung »Steuerberatungsgesellschaft« in die Firma aufzunehmen (§ 53 Satz 1 StBerG). Eine **Wirtschaftsprüfungsgesellschaft** (s. § 1 GmbHG Rdn. 11) ist verpflichtet, die Bezeichnung »Wirtschaftsprüfungsgesellschaft« in die Firma aufzunehmen (§ 31 Satz 1 WPO).

III. Rechtsfolge eines Verstoßes

32 Da die Firma im Gesellschaftsvertrag zu bestimmen ist (§ 3 Abs. 1 Nr. 1 GmbHG), **überprüft** das (Register-) Gericht bei der Anmeldung der Gesellschaft zur Eintragung in das Handelsregister die Einhaltung der Anforderungen und **lehnt die Eintragung** bei Nichteinhaltung gem. § 9c Abs. 1 Satz 1, Abs. 2 Nr. 1 GmbHG **ab** (vgl. Baumbach/Hueck/*Fastrich* § 4 Rn. 29; Lutter/Hommelhoff/*Bayer* § 4 Rn. 47; MüKo GmbHG/*Mayer* § 4 Rn. 138; Scholz/*Emmerich* § 4 Rn. 63; Ulmer/*Heinrich* § 4 Rn. 100; *Schulte/Warnke* GmbHR 2002, 626, 630 f.; s. auch § 9c GmbHG Rn. 14). Nach Eintragung der Gesellschaft in das Handelsregister kann die Firma im Wege der Änderung des Gesellschaftsvertrags durch Beschluss der Gesellschafterversammlung und Eintragung in das Han-

delsregister (§§ 53 f. GmbHG) geändert werden; das Gericht überprüft die Beachtung der an die Bestimmung der Firma zu stellenden Anforderungen und lehnt die Eintragung bei Nichteinhaltung ab (vgl. Baumbach/Hueck/*Fastrich* § 4 Rn. 25, 34; Lutter/Hommelhoff/*Bayer* § 4 Rn. 49; s. auch § 54 GmbHG Rdn. 21 f.). Nur **eingeschränkt** wird die Beachtung des Irreführungsverbots (§ 18 Abs. 2 Satz 1 HGB) vom Gericht **überprüft**: Die Eignung zur Irreführung wird nur berücksichtigt, wenn sie ersichtlich ist (§ 18 Abs. 2 Satz 2 HGB). Hierdurch wird eine deutliche Verminderung des gerichtlichen Prüfungsaufwands bewirkt, indem die Prüfungsintensität auf ein »Grobraster« reduziert ist (OLG Stuttgart, Beschl. v. 08.03.1012 – 8 W 82/12, NZG 2012, 551). Vom Gericht können nur noch Angaben beanstandet werden, bei denen die Täuschungseignung nicht allzu fernliegt und ohne umfangreiche Beweisaufnahme bejaht werden kann (OLG Dresden, Beschl. v. 21.04.2010 – 13 W 295/10, NZG 2010, 1237). Zur Vermeidung umfangreicher Nachforschungen darf sich das Gericht auf seine eigene Sachkenntnis und verfügbare Informationsquellen verlassen (vgl. Baumbach/Hueck/*Fastrich* § 4 Rn. 29; Lutter/Hommelhoff/*Bayer* § 4 Rn. 30; *Lutter/Welp* ZIP 1999, 1073, 1080 f.). Die Verletzung eines Namensrechts oder Markenrechts sowie der Verstoß gegen den lauteren Wettbewerb wird vom Gericht **nicht überprüft**; es ist dem Berechtigten vorbehalten, entsprechende Ansprüche geltend zu machen (vgl. Lutter/Hommelhoff/*Bayer* § 4 Rn. 39, 50 f.; *Lutter/Welp* ZIP 1999, 1073, 1082; s. auch Rdn. 7).

Wird die Gesellschaft in das Handelsregister eingetragen, obwohl die Anforderungen an die Bestimmung der Firma nicht beachtet sind, ist das (Register-) Gericht zur Durchführung eines **Amtsauflösungsverfahrens** gem. § 399 Abs. 4 FamFG berechtigt (vgl. OLG Frankfurt am Main, Beschl. v. 24.01.2000 – 20 W 411/98, NJW-RR 2001, 172 auf der Grundlage des § 144a Abs. 4 FGG a. F.); dies gilt auch nach Eintragung einer im Wege der Änderung des Gesellschaftsvertrags geänderten Firma. Das Gericht kann außerdem ein **Ordnungsgeldverfahren** wegen Gebrauchs einer unzulässigen Firma gem. § 37 Abs. 1 HGB i. V. m. § 392 FamFG durchführen (vgl. auch Baumbach/Hueck/*Fastrich* § 4 Rn. 31; Lutter/Hommelhoff/*Bayer* § 4 Rn. 47; MüKo GmbHG/*Mayer* § 4 Rn. 140 ff.; Scholz/*Emmerich* § 4 Rn. 65 f.; Ulmer/*Heinrich* § 4 Rn. 106). 33

C. Exkurs: Auftreten im Geschäftsverkehr unter Fortlassung des vorgeschriebenen Rechtsformzusatzes

Beim Auftreten im Geschäftsverkehr unter Fortlassung des Rechtsformzusatzes kommt eine **persönliche und unbeschränkte Haftung des Handelnden** aufgrund des von ihm **gesetzten Rechtsscheins**, mindestens eine natürliche Person hafte für die Verbindlichkeiten persönlich und unbeschränkt, in Betracht: Tritt der Vertreter des Unternehmensträgers gegenüber seinem Geschäftspartner oder allgemein im Geschäftsverkehr in der Weise auf, dass er den Eindruck erweckt, er sei selber oder zusammen mit anderen der Träger des Unternehmens und hafte demnach für die Verbindlichkeiten persönlich und unbeschränkt, muss er sich gegenüber dem auf den damit zurechenbar gesetzten Schein gutgläubig Vertrauenden so behandeln lassen, als entspräche der Schein der Wirklichkeit (BGH, Urt. v. 15.01.1990 – II ZR 311/88, NJW 1990, 2678). Sinn des Gebots zur Führung des Rechtsformzusatzes ist es, im Geschäftsverkehr offenzulegen, dass der Geschäftspartner es mit einer juristischen Person mit beschränkter Haftungsmasse zu tun hat, bei der keine (natürliche) Person mit ihrem Privatvermögen haftet; wird die Firma des Unternehmens unter Verstoß gegen § 4 GmbHG ohne den Rechtsformzusatz verwendet, so kann unter Umständen dadurch das berechtigte Vertrauen hervorgerufen werden, der Firmeninhaber und Unternehmensträger sei keine Kapitalgesellschaft oder sonstige, nur mit einer beschränkten Vermögensmasse haftende juristische Person, sondern ein Einzelunternehmer oder eine Personengesellschaft ohne Haftungsbeschränkung (BGH, Urt. v. 24.06.1991 – II ZR 293/90, NJW 1991, 2627; vgl. auch BGH, Urt. v. 03.02.1975 – II ZR 128/73, BGHZ 64, 11, 17 f. = NJW 1975, 1166; Urt. v. 01.06.1981 – II ZR 1/81, NJW 1981, 2569; Urt. v. 15.01.1990 – II ZR 311/88, NJW 1990, 2678; Urt. v. 08.07.1996 – II ZR 258/95, NJW 1996, 2645; Urt. v. 18.05.1998 – II ZR 355/95, NJW 1998, 2897; Urt. v. 12.06.2012 – II ZR 256/11, NJW 2012, 2871 Rn. 9 f.; OLG Hamm, Urt. v. 26.04.1988 – 26 U 143/87, NJW-RR 1998, 1253; OLG Naumburg, Urt. 20.09.1996 – 6 U 82/96, NJW-RR 1997, 1324; LG Hanau, Urt. v. 31.03.1999 – 4 O 1556/98, NJW-RR 2000, 1420; LG Heidelberg, Urt. v. 31.05.1996 – 8 34

O 2/96, NJW-RR 1997, 355; vgl. außerdem BGH, Urt. v. 18.03.1974 – II ZR 167/72, BGHZ 62, 216, 222 f. = NJW 1974, 1191; Urt. v. 08.05.1978 – II ZR 97/77, BGHZ 71, 354, 355 f. = NJW 1978, 2030, jeweils zur GmbH & Co KG). Die Haftung des »zeichnenden« Vertreters beruht auf einer **entsprechenden Heranziehung des Rechtsgedankens des § 179 BGB**: § 179 BGB begründet insoweit keine allgemeine, verhaltenspflichtorientierte Rechtsscheinhaftung, sondern eine schuldunabhängige Garantiehaftung, die allein auf dem Umstand basiert, dass die unmittelbar auftretende Person durch die dem Vertragspartner gegenüber abgegebene sachlich unzutreffende Erklärung den Vertrauenstatbestand geschaffen hat, ihm hafte zumindest eine natürliche Person unbeschränkt mit ihrem Privatvermögen (BGH, Urt. v. 05.02.2007 – II ZR 84/05, NJW 2007, 1529 Rn. 17; vgl. auch BGH, Urt. v. 12.06.2012 – II ZR 256/11, NJW 2012, 2871 Rn. 24).

35 Die Rechtsscheinhaftung besteht auch dann, wenn eine Unternehmergesellschaft in ihrer Firma nicht den in § 5a Abs. 1 GmbHG zwingend vorgeschriebenen Zusatz »Unternehmergesellschaft (haftungsbeschränkt)« oder »UG (haftungsbeschränkt)« führt: Angesichts des sehr geringen Mindeststammkapitals besteht ein besonderes Bedürfnis des Rechtsverkehrs nach einem entsprechenden Hinweis, dessen Weglassen aus Gründen des effektiven Gläubigerschutzes eine entsprechende Haftung gebietet (BGH, Urt. v. 12.06.2012 – II ZR 256/11, NJW 2012, 2871 Rn. 12). Wenn eine Unternehmergesellschaft anstelle des in § 5a Abs. 1 GmbHG vorgeschriebenen Zusatzes den Rechtsformzusatz »GmbH« verwendet, besteht gleichermaßen eine Rechtsscheinhaftung: Die mit dieser Vorschrift bezweckte Warnfunktion rechtfertigt die Haftung nicht nur bei Weglassen des Zusatzes, sondern auch dann, wenn durch die Verwendung des Zusatzes »GmbH« für eine Unternehmergesellschaft (haftungsbeschränkt) der Geschäftsverkehr über das geringere Mindeststammkapital und die geringere Kreditwürdigkeit der Unternehmergesellschaft (haftungsbeschränkt) getäuscht wird (BGH Urt. v. 12.06.2012 – II ZR 256/11, NJW 2012, 2871 Rn. 18). Auch das Weglassen des Zusatzes »haftungsbeschränkt« neben dem Zusatz »UG« begründet die Rechtsscheinhaftung des Handelnden, weil die mit § 5a Abs. 1 GmbHG bezweckte Warnfunktion streng zu beachten ist (a. A. LG Düsseldorf, Urt. v. 16.10.2013 – 9 O 434/12, NZG 2014, 823 = ZIP 2014, 1174).

36 Das durch einen Verstoß gegen § 4 GmbHG verursachte **Vertrauen in die persönliche und unbeschränkte Haftung des Handelnden** wird nicht dadurch zerstört, dass sich die wirklichen Verhältnisse aus dem Handelsregister ergeben; der Zweck des § 4 GmbHG, die beschränkte Haftung des Unternehmensträgers im Interesse der Sicherheit und Leichtigkeit des Verkehrs auch ohne vorherige Einsicht in das Handelsregister schon im laufenden Kontakt aus der Firma erkennen zu lassen, würde vereitelt, wenn nicht § 4 GmbHG Vorrang vor § 15 Abs. 2 HGB hätte (BGH, Urt. v. 15.01.1990 – II ZR 311/88, NJW 1990, 2678; vgl. auch BGH, Urt. v. 18.03.1974 – II ZR 167/72, BGHZ 62, 216, 223 = NJW 1974, 1191; Urt. v. 08.05.1978 – II ZR 97/77, BGHZ 71, 354, 357 = NJW 1978, 2030; Urt. v. 01.06.1981 – II ZR 1/81, NJW 1981, 2569; Urt. v. 12.06.2012 – II ZR 256/11, NJW 2012, 2871 Rn. 11).

37 Nicht nur der **Geschäftsführer**, sondern **auch ein anderer Vertreter**, der für das Unternehmen handelt, kann aufgrund des von ihm gesetzten Rechtsscheins haften (BGH, Urt. v. 08.07.1996 – II ZR 258/95, NJW 1996, 2645). Da das Vertrauen unabhängig davon entsteht, wer im Einzelfall als Vertreter des Unternehmens auftritt, führt dies zur Rechtsscheinhaftung desjenigen, der durch sein (Vertreter-) Handeln zurechenbar das berechtigte Vertrauen des Geschäftspartners auf die Haftung mindestens einer natürlichen Person hervorgerufen hat (BGH, Urt. v. 01.06.1981 – II ZR 1/81, NJW 1981, 2569; Urt. v. 24.06.1991 – II ZR 293/90, NJW 1991, 2627). Die Rechtsscheinhaftung trifft (nur) den **Handelnden** selbst (BGH, Urt. v. 08.07.1996 – II ZR 258/95, NJW 1996, 2645). Die Beschränkung der Haftung auf den »zeichnenden« Vertreter gilt unabhängig von der Person des Handelnden und seiner rechtlichen Qualifikation und auch unabhängig von der Person des etwaigen Vollmachtgebers; eine (Mit-) Haftung des nicht unmittelbar handelnden, gleichsam im Hintergrund bleibenden Gesellschaftsorgans wegen einer bloßen Mitverursachung des von dem unmittelbar Handelnden gesetzten Rechtsscheins durch Verletzung sonstiger Handlungs-, Überwachungs- oder Instruktionspflichten kommt nicht in Betracht (BGH, Urt. v. 05.02.2007 – II ZR 84/05, NJW 2007, 1529 Rn. 16 offen lassend für den »extremen Ausnahmefall« des »planmäßigen

Vorschiebens eines indolosen Bevollmächtigten durch einen Geschäftsführer zur Vermeidung einer Eigenhaftung«). Wenn nur ein Geschäftsführer mit seinem Namen unter Verwendung eines Stempelabdrucks ohne Rechtsformzusatz zeichnet, kommt eine Haftung des anderen Geschäftsführers aus Gründen des Rechtsscheins nicht schon deswegen in Betracht, weil dieser den Stempel hat herstellen lassen (OLG Oldenburg, Urt. v. 12.04.2000 – 2 U 39/00, GmbHR 2000, 822).

Mündliche Erklärungen sind regelmäßig nicht geeignet, das zur Rechtsscheinhaftung führende Vertrauen des Geschäftspartners zu begründen (BGH, Urt. v. 01.06.1981 – II ZR 1/81, NJW 1981, 2569; Urt. v. 08.07.1996 – II ZR 258/95, NJW 1996, 2645; OLG Hamm, Urt. v. 26.04.1988 – 26 U 143/87, NJW-RR 1988, 1309). Allerdings kann bei einer gezielten mündlichen Nachfrage nach der »Rechnungsadresse« ein Rechtsschein gesetzt werden (OLG Saarbrücken, Urt. v. 21.10.2008 – 4 U 385/07, GmbHR 2009, 209). Bei mündlichen Vertragsverhandlungen kann durch die **Überreichung einer Visitenkarte**, auf der die Firma unter Fortlassung des Rechtsformzusatzes angegeben ist, das Vertrauen in die persönliche Haftung mindestens einer natürlichen Person begründet werden (OLG Naumburg, Urt. v. 20.09.1996 – 6 U 82/96, NJW-RR 1997, 1324; LG Aachen, Urt. v. 16.09.1987 – 4 O 628/85, NJW-RR 1988, 1174; LG Wuppertal, Urt. v. 20.04.2001 – 1 O 256/00, NZG 2002, 297). Wird nach mündlich geführten Vertragsverhandlungen eine Auftragsbestätigung mit dem Stempel einer Unternehmensgruppe (»Firmengruppe«) versehen, löst dies kein berechtigtes Vertrauen des Geschäftspartners auf die Haftung mindestens einer natürlichen Person aus (OLG Hamm, Urt. v. 26.04.1988 – 26 U 143/87, NJW-RR 1988, 1253). Der geschäftliche **Email-Verkehr** muss die gesetzlichen Pflichtangaben enthalten, an deren (Nicht-) Vorliegen die Vertrauenshaftung nach § 179 BGB anknüpft (BGH, Beschl. v. 22.02.2011 – II ZR 301/08, juris Rn. 2). 38

Die Rechtsscheinhaftung setzt voraus, dass der Vertragspartner die wahren Verhältnisse **weder gekannt hat noch hätte kennen müssen** und im Vertrauen auf die Haftung mindestens einer natürlichen Person sich auf das Rechtsgeschäft eingelassen hat; dies darzulegen und zu beweisen ist Sache desjenigen, der unter Verstoß gegen § 4 GmbHG den Rechtsschein erzeugt und dessen Rechtsfolgen nicht gegen sich gelten lassen will (BGH, Urt. v. 03.02.1975 – II ZR 128/73, BGHZ 64, 11, 18 f. = NJW 1975, 1166; Urt. v. 01.06.1981 – II ZR 1/81, NJW 1981, 2569; Urt. v. 15.01.1990 – II ZR 311/88, NJW 1990, 2678; Urt. v. 12.06.2012 – II ZR 256/11, NJW 2012, 2871 Rn. 27). 39

Die Haftung des Handelnden aufgrund des von ihm gesetzten Rechtsscheins ist keine subsidiäre Ausfallhaftung für den wahren Unternehmensträger; beide haften dem auf den Rechtsschein gutgläubig Vertrauenden vielmehr **als Gesamtschuldner** mit der Folge, dass dieser nach seiner Wahl die Leistung von dem einen oder dem anderen fordern kann, ohne die Gefahr einzugehen, mit den Prozesskosten belastet zu werden, wenn er zunächst den »Falschen« gerichtlich in Anspruch nimmt (BGH, Urt. v. 24.06.1991 – II ZR 293/90, NJW 1991, 2627; vgl. auch BGH, Urt. v. 15.01.1990 – II ZR 311/88, NJW 1990, 2678; Urt. v. 12.06.2012 – II ZR 256/11, NJW 2012, 2871 Rn. 24). Die **Haftung des wahren Unternehmensträgers** ergibt sich unter Berücksichtigung des **Auslegungsgrundsatzes des unternehmensbezogenen (betriebsbezogenen) Geschäfts**: Bei einem unternehmensbezogenen Geschäft geht der Wille der Beteiligten im Zweifel dahin, dass der Inhaber des Unternehmens Vertragspartner wird, selbst wenn der Inhaber des Unternehmens falsch bezeichnet wird oder sonst Fehlvorstellungen über ihn bestehen; der Handelnde haftet – abgesehen von einer etwaigen Haftung wegen des von ihm gesetzten Rechtsscheins, mindestens eine natürliche Person hafte für die Verbindlichkeit – nur dann nach § 179 BGB, wenn ein Unternehmensträger gar nicht existiert oder wenn er keine Vollmacht hatte, für den Unternehmensträger zu handeln (BGH, Urt. v. 07.05.1984 – II ZR 276/83, BGHZ 91, 148, 151 f. = NJW 1984, 2164; Urt. v. 18.05.1998 – II ZR 355/95, NJW 1998, 2897; Urt. v. 15.01.1990 – II ZR 311/88, NJW 1990, 2678; Urt. v. 24.06.1991 – II ZR 293/90, NJW 1991, 2627; Urt. v. 09.03.1998 – II ZR 366/96, NJW 1998, 1645; OLG Hamm, Urt. v. 24.03.1998 – 19 U 175/97, NJW-RR 1998, 1253; OLG Naumburg, Urt. v. 20.09.1996 – 6 U 82/96, NJW-RR 1997, 1324; LG Hanau, Urt. v. 31.03.1999 – 4 O 1556/98, NJW-RR 2000, 1420; vgl. außerdem BGH, Urt. v. 18.03.1974 – II ZR 167/72, BGHZ 62, 216, 220 f. = NJW 1974, 1191; Urt. v. 08.10.1984 – II ZR 223/83, BGHZ 92, 259, 268 = NJW 1985, 136; Urt. v. 18.01.1996 – III ZR 121/95, NJW 1996, 1053; OLG Stuttgart, Urt. v. 30.09.2013 – 5 U 50/13, ZIP 2013, 2154; OLG 40

§ 4a GmbHG Sitz der Gesellschaft

Zweibrücken, Urt. v. 04.06.1998 – 4 U 96/97, NZG 1998, 939). Der Inhalt des Rechtsgeschäfts muss aber – ggf. in Verbindung mit dessen Umständen – die eindeutige Auslegung zulassen, dass ein bestimmtes Unternehmen berechtigt oder verpflichtet sein soll; bleiben dagegen ernsthafte, nicht auszuräumende Zweifel an der Unternehmensbezogenheit des Geschäfts, greift der **Auslegungsgrundsatz des Handelns im eigenen Namen** ein, weil es dann nicht um die Frage geht, wer Inhaber des übereinstimmend gewollten Vertragspartners ist, sondern um die vorrangig zu beantwortende Frage, wer überhaupt Vertragspartner sein soll (BGH, Urt. v. 13.10.1994 – IX ZR 25/94, NJW 1995, 43; Urt. v. 06.04.1995 – III ZR 52/94, NJW-RR 1995, 991; vgl. auch BGH, Urt. v. 03.02.1975 – II ZR 128/73, BGHZ 64, 11, 15 = NJW 1975, 1166; Beschl. v. 28.02.1985 – III ZR 183/83, NJW 1986, 1675; Urt. v. 27.04.1983 – VIII ZR 328/81, NJW 1983, 1844; Urt. v. 12.12.1983 – II ZR 238/82, NJW 1984, 1347; OLG Hamm, Urt. v. 24.03.1998 – 19 U 175/97, NJW-RR 1998, 1253).

§ 4a Sitz der Gesellschaft

Sitz der Gesellschaft ist der Ort im Inland, den der Gesellschaftsvertrag bestimmt.

Übersicht	Rdn.		Rdn.
A. Allgemeines	1	III. Verlegung des Sitzes	10
B. Bestimmung des inländischen (Satzungs-)Sitzes der Gesellschaft im Gesellschaftsvertrag	3	1. Verlegung des Satzungssitzes	10
		a) Verlegung im Inland	10
		b) Verlegung in das Ausland	11
I. Bestimmung des Sitzes im Gesellschaftsvertrag	3	2. Verlegung des tatsächlichen (Verwaltungs-)Sitzes	14
II. Sitz im Inland	9	IV. Doppelsitz	15

A. Allgemeines

1 Die durch Art. 1 Nr. 4 des Gesetzes zur Modernisierung des GmbH-Rechts und zur Bekämpfung von Missbräuchen (MoMiG) vom 23. Oktober 2008 (BGBl. I, 2026) geänderte Vorschrift regelt den Sitz der Gesellschaft. Durch das MoMiG sind die Überschrift »Sitz der Gesellschaft« und die Wörter »im Inland« hinzugefügt worden, während der bis dahin geltende Abs. 2, der Anforderungen an die Bestimmung des (Satzungs-)Sitzes im Gesellschaftsvertrag enthielt, aufgehoben worden ist. Der im **Gesellschaftsvertrag bestimmte inländische (Satzungs-)Sitz** ist von der – durch das MoMiG in das GmbHG eingeführten – **inländischen Geschäftsanschrift** zu unterscheiden; diese ist Anknüpfungspunkt für die – ggf. öffentliche – Zustellung (s. § 8 GmbHG Rdn. 8, § 10 GmbHG Rdn. 8 ff.).

2 Der im Gesellschaftsvertrag bestimmte (Satzungs-)Sitz, der insbesondere auf den Geschäftsbriefen der Gesellschaft anzugeben ist (§ 35a GmbHG), bestimmt zusammen mit der Firma (§ 4 GmbHG) die »Identitätsausstattung der Gesellschaft und bildet damit für diese eine Art Visitenkarte« (*Ulmer* FS Raiser 2005, S. 438, 442). Der Sitz einer Gesellschaft »entspricht dem Wohnsitz einer natürlichen Person« (*Kögel* GmbHR 1998, 1108).

B. Bestimmung des inländischen (Satzungs-)Sitzes der Gesellschaft im Gesellschaftsvertrag

I. Bestimmung des Sitzes im Gesellschaftsvertrag

3 Sitz der Gesellschaft ist der Ort im Inland, den der Gesellschaftsvertrag bestimmt. Diese (Legal-)Definition nimmt Bezug auf die Regelung der notwendigen Bestandteile des Gesellschaftsvertrags in § 3 Abs. 1 GmbHG, deren Rechtmäßigkeit bei Anmeldung der Gesellschaft zur Eintragung in das Handelsregister vom (Register-)Gericht zu überprüfen ist (vgl. § 9c Abs. 1, 2 Nr. 1 GmbHG).

4 Als Sitz ist eine **politische Gemeinde** zu bestimmen. Bei Großgemeinden mit mehren Gerichtsbezirken ist eine Konkretisierung geboten (vgl. Baumbach/Hueck/*Fastrich* § 4a Rn. 3; MüKo GmbHG/*Mayer* § 4a Rn. 4; Rowedder/*Schmidt-Leithoff* § 4a Rn. 4).

Der im Gesellschaftsvertrag bestimmte (Satzungs-)Sitz begründet die örtliche **Zuständigkeit des** 5
(Register-)Gerichts für die Eintragung der Gesellschaft in das Handelsregister (§ 7 Abs. 1 GmbHG) und für sonstige Angelegenheiten sowie den **allgemeinen Gerichtsstand** (§ 17 Abs. 1 S. 1 ZPO). Der allgemeine Gerichtsstand ist für die örtliche **Zuständigkeit des Insolvenzgerichts** maßgebend, sofern nicht der Mittelpunkt einer selbstständigen wirtschaftlichen Tätigkeit an einem anderen Ort liegt (§ 3 Abs. 1 InsO; BayObLG NZI 2001, 372; NJW-RR 2003, 333; BB 2003, 2370; NZG 2004, 529; NZG 2004, 874; NZG 2004, 1011; OLG Brandenburg ZIP 2003, 965; OLG Celle ZIP 2006, 2098; OLG Oldenburg ZInsO 2007, 1282; OLG Schleswig DB 2004, 753). Der (Satzungs-)Sitz ist für die örtliche Zuständigkeit des **Landgerichts** bei einer gerichtlichen Entscheidung über das Auskunfts- und Einsichtsrecht (§ 51b S. 1 GmbHG i. V. m. § 132 Abs. 1 AktG) und bei einer gegen die Gesellschaft gerichteten (Beschluss-) Anfechtungsklage maßgebend (§ 246 Abs. 3 S. 1 AktG analog). **Gesellschafterversammlungen** sollen – vorbehaltlich anderweitiger Bestimmung des Gesellschaftsvertrags – am Ort des (Satzungs-)Sitzes stattfinden (§ 121 Abs. 5 S. 1 AktG analog); bei einer GmbH mit einem überschaubaren Teilnehmerkreis darf jedoch auch ein (anderer) Ort gewählt werden, wenn von vornherein feststeht, dass die Wahl dieses Orts die Teilnahme nicht erschwert, weil ihn die Gesellschafter leichter als den (Satzungs-)Sitz erreichen können (BGH GmbHR 1985, 256). Der (Satzungs-)Sitz der Gesellschaft ist außerdem **Erfüllungsort** für Vergütungen und Rückzahlungen aus **Arbeits- oder Anstellungsverträgen** (BGH NJW 1985, 1286). Aufgrund der »Maßgeblichkeit« des im Gesellschaftsvertrag bestimmten (Satzungs-)Sitzes hat ein hiervon abweichender tatsächlicher (Verwaltungs-)Sitz keine Bedeutung für die örtliche Zuständigkeit der genannten Gerichte, für den Ort der Gesellschafterversammlung und für den Erfüllungsort.

Durch das Gesetz zur Modernisierung des GmbH-Rechts und zur Bekämpfung von Missbräuchen 6
(MoMiG) vom 23. Oktober 2008 (BGBl. I, 2026) ist **Abs. 2 aufgehoben** worden, der Anforderungen an die Bestimmung des (Satzungs-)Sitzes enthielt: Als Sitz der Gesellschaft hatte der Gesellschaftsvertrag in der Regel den Ort, an dem die Gesellschaft einen Betrieb hat, oder den Ort zu bestimmen, an dem sich die Geschäftsleistung befindet oder die Verwaltung geführt wird (Abs. 2 a. F.). Aufgrund dieser Anforderung war die Frage zu beantworten, welche Rechtsfolge ein Verstoß gegen diese Vorschrift hat, ohne dass eine Verlegung des tatsächlichen (Verwaltungs-)Sitzes stattfindet (s. die Nachweise in der Erstauflage Rn. 12 und BGH NJW 2008, 2914 Rn. 7 [Amtsauflösung gemäß § 399 Abs. 4 Alt. 2 FamFG]). Außerdem war die Frage zu beantworten, welche Rechtsfolge ein Verstoß hat, wenn eine Verlegung des tatsächlichen (Verwaltungs-)Sitzes bei Beibehaltung des im Gesellschaftsvertrag bestimmten (Satzungs-)Sitzes stattfindet, also ein Verstoß gegen diese Vorschrift nachträglich eintritt (s. Rdn. 14; s. auch die Nachweise in der Erstauflage Rn. 20 und BGH NJW 2008, 2914 Rn. 9 ff. [analoge Anwendung des § 399 Abs. 4 Alt. 2 FamFG]). Diese Fragen stellen sich nicht mehr, weil der Satzungssitz nunmehr ohne Rücksicht auf den tatsächlichen (Verwaltungs-)Sitz im Gesellschaftsvertrag bestimmt werden kann (vgl. *Behme*, BB 2008, 70, 72; *Franz/Laeger*, BB 2008, 678; *Kindler* AG 2007, 721; *Peters* GmbHR 2008, 245; *Preuß* GmbHR 2007, 57; *Otte* BB 2009, 344). Lediglich das Missbrauchsverbot setzt der Wahl des (Satzungs-)Sitzes Grenzen: Während ein Missbrauch bei der erstmaligen Festlegung des (Satzungs-)Sitzes kaum denkbar ist, kann eine (nachträgliche) Verlegung zum Zweck des »Forum Shopping« vor allem im Vorfeld einer Insolvenz missbräuchlich und deshalb unzulässig sein (vgl. *Meckbach* NZG 2014, 526; *Ulmer/Löbbe* § 4a Rn. 15 ff., 24 ff.; vgl. auch den der Entscheidung KG ZIP 2011, 1565, zu Grunde liegenden Sachverhalt).

Die Aufhebung des Absatz 2 wird im Regierungsentwurf des MoMiG wie folgt begründet (Geset- 7
zesentwurf der Bundesregierung, BT-Drs. 16/6140, S. 29):

»Durch die Streichung des § 4a Abs. 2 und der älteren Parallelnorm des § 5 Abs. 2 AktG [...] soll es *deutschen Gesellschaften ermöglicht werden, einen **Verwaltungssitz zu wählen, der nicht notwendig mit dem Satzungssitz übereinstimmt***. Damit soll der Spielraum deutscher Gesellschaften erhöht werden, ihre Geschäftstätigkeiten auch ausschließlich im Rahmen einer (Zweig-)Niederlassung, die alle Geschäftsaktivitäten erfasst, außerhalb des deutschen Hoheitsgebiets zu entfalten.

EU-Auslandsgesellschaften, *deren Gründungsstatut eine derartige Verlagerung des Verwaltungssitzes erlaubt, ist es auf Grund der EuGH-Rechtsprechung nach den Urteilen Überseering vom 5. November*

2002 (Rs. C-208/00) und Inspire Art vom 30. September 2003 (Rs. C-167/01) bereits heute rechtlich gestattet, ihren effektiven Verwaltungssitz in einem anderen Staat – also auch in Deutschland – zu wählen. Diese Auslandsgesellschaften sind in Deutschland als solche anzuerkennen. Umgekehrt steht diese Möglichkeit deutschen Gesellschaften schon aufgrund der Regelung in § 4a Abs. 2 und § 5 Abs. 2 AktG nicht zur Verfügung. [...]

In Zukunft soll für die deutsche Rechtsform der Aktiengesellschaft und der GmbH durch die Möglichkeit, sich mit der Hauptverwaltung an einem Ort unabhängig von dem in der Satzung oder im Gesellschaftsvertrag gewählten Sitz niederzulassen, ein level playing field, also gleiche Ausgangsbedingungen gegenüber vergleichbaren Auslandsgesellschaften geschaffen werden. Freilich bleibt es nach dem Entwurf dabei, dass die Gesellschaften eine Geschäftsanschrift im Inland im Register eintragen und aufrechterhalten müssen. Die Neuregelungen zur Zustellung erhalten durch die Mobilitätserleichterungen zusätzliches Gewicht.«

8 Der Rechtsausschuss des Deutschen Bundestages hat in seiner Beschlussempfehlung zum MoMiG die Aufhebung des Abs. 2 wie folgt begründet (BT-Drs. 16/9737, S. 94):

*»Die aus dem Regierungsentwurf unverändert übernommene Änderung des § 4a soll es deutschen Gesellschaften ermöglichen, ihren **Verwaltungssitz im Ausland** zu wählen. Die Regelung dient der Steigerung der Attraktivität der GmbH gegenüber vergleichbaren ausländischen Rechtsordnungen wie etwa der britischen Limited, bei der die Wahl eines ausländischen Verwaltungssitzes bereits jetzt möglich ist. Der Rechtsausschuss hat ausführlich die Frage der möglichen Auswirkungen dieser Regelung auf die deutsche Mitbestimmung erörtert. Er konnte sich im Ergebnis davon überzeugen, dass die Möglichkeit einer Verlagerung des Verwaltungssitzes in das Ausland nicht zu einer ›Flucht aus der Mitbestimmung‹ dienen kann. [...]. Die Neuregelung ist daher mitbestimmungsrechtlich neutral.«*

II. Sitz im Inland

9 Durch das Gesetz zur Modernisierung des GmbH-Rechts und zur Bekämpfung von Missbräuchen (MoMiG) vom 23. Oktober 2008 (BGBl. I, 2026) sind der Vorschrift die Wörter »im Inland« hinzugefügt worden. Der Gesellschaftsvertrag muss – wie dies schon der früheren Rechtslage entsprach – einen **Ort im Inland** (Bundesrepublik Deutschland) als (Satzungs-)Sitz bestimmen (BGHZ 19, 102, 105 f. zur AG; 29, 320, 328 zur AG; BayObLG NJW-RR 2004, 836; OLG Brandenburg BB 2005, 849; vgl. Lutter/Hommelhoff/*Bayer* § 4a Rn. 5; MüKo GmbHG/*Mayer* § 4a Rn. 10; Ulmer/ Löbbe § 4a Rn. 27; zur Verlegung des Satzungssitzes in das Ausland s. Rdn. 11 ff.).

III. Verlegung des Sitzes

1. Verlegung des Satzungssitzes

a) Verlegung im Inland

10 Die Verlegung des Satzungssitzes einer GmbH an einen anderen Ort im Inland bedingt eine **Änderung des Gesellschaftsvertrags** durch Beschluss der Gesellschafter (§ 53 GmbHG), die zur Eintragung in das Handelsregister anzumelden ist (§ 54 Abs. 1 GmbHG); vor ihrer Eintragung hat die Änderung keine rechtliche Wirkung (§ 54 Abs. 3 GmbHG; BayObLG NZG 2004, 529; OLG Brandenburg ZIP 2003, 965). Die Verlegung des (Satzungs-)Sitzes ist beim **(Register-)Gericht des bisherigen Sitzes** anzumelden (§ 13h Abs. 1 HGB). Das Gericht des bisherigen Sitzes überprüft die förmliche Richtigkeit der Anmeldung; es hat insbesondere zu prüfen, ob die Anmeldung in der erforderlichen Form und durch die hierzu berufenen Personen erfolgt ist sowie ob der Anmeldung der vollständige Wortlaut des geänderten Gesellschaftsvertrags nebst Notarbescheinigung beigefügt ist (OLG Frankfurt NZG 2002, 1119; OLG Köln NZG 2005, 87). Wird der Satzungssitz aus dem Bezirk des Gerichts des bisherigen Sitzes in den Bezirk eines anderen Gerichts verlegt, so hat das Gericht von Amts wegen die Verlegung dem **(Register-)Gericht des neuen Sitzes** mitzuteilen (§ 13h Abs. 2 S. 1 HGB). Das Gericht des neuen Sitzes hat zu prüfen, ob der Sitz ordnungsgemäß verlegt und die Unterscheidbarkeit der Firma (§ 30 Abs. 1 HGB) gewährleistet ist; ist dies der Fall, hat das

Gericht die Verlegung einzutragen und dabei die ihm mitgeteilten Eintragungen ohne weitere Nachprüfung zu übernehmen (§ 13h Abs. 2 S. 3 und 4 HGB). Dieser Regelung legt die gesetzgeberische Vorstellung zugrunde, dass die Eintragung einer Sitzverlegung nicht wie die Neueintragung einer Gesellschaft zu behandeln ist; aus diesem Grund ist dem Gericht des neuen Sitzes die Beanstandung der ihm mitgeteilten Eintragungen im Rahmen seiner Prüfung, die anlässlich der Sitzverlegung stattfindet, versagt (BayObLG DB 1978, 838 zu § 13c HGB a. F.; OLG Hamm NJW-RR 1997, 167; OLG Oldenburg BB 1977, 12 zu § 13c HGB a. F.). Das (Register-)Gericht des neuen Sitzes kann den satzungsändernden Beschluss über eine Sitzverlegung wegen »missbräuchlicher Zuständigkeitsbegründung« für ein mögliches Insolvenzverfahren im Rahmen einer »gewerbsmäßigen Firmenbestattung« als nichtig (§ 241 Abs. 3 Nr. 3 AktG analog) behandeln und die Eintragung ablehnen (KG ZIP 2011, 1565). Sofern der Gesellschaftsvertrag nicht nur hinsichtlich des Sitzes, sondern auch hinsichtlich anderer Bestimmungen geändert worden ist, ist das Gericht des neuen Sitzes für die Prüfung der gesamten Änderung zuständig (OLG Frankfurt RPfleger 1991, 508 zu § 13c HGB a. F.; OLG Hamm NJW-RR 1991, 1001 zu § 13c HGB a. F.; OLG Zweibrücken GmbHR 1992, 678 zu § 13c HGB a. F.). Die Eintragung ist dem Gericht des bisherigen Sitzes mitzuteilen, das die erforderlichen Eintragungen von Amts wegen vornimmt (§ 13h Abs. 2 S. 5 und 6 HGB). Für die Wirksamkeit der Sitzverlegung ist die Eintragung in das Handelsregister des neuen Sitzes, nicht die (deklaratorische) Eintragung in das Handelsregister des bisherigen Sitzes entscheidend (OLG Hamm DB 2004, 972).

b) Verlegung in das Ausland

Die Verlegung des Satzungssitzes einer in Deutschland gegründeten GmbH in das Ausland kann nicht in das Handelsregister eingetragen werden, weil das geltende deutsche (Gesellschafts-)Recht eine identitätswahrende Verlegung des Satzungssitzes in das Ausland **nicht zulässt**; ein ausländischer Satzungssitz würde die Durchsetzung deutschen (Gesellschafts-)Rechts verhindern oder zumindest erschweren (BayObLG NJW-RR 1993, 43; NJW-RR 2004, 836; OLG Brandenburg BB 2005, 849; OLG Düsseldorf NJW 2001, 2184; OLG Hamm NJW-RR 1998, 615; NJW 2001, 2183; OLG München NZG 2007, 915; vgl. Baumbach/Hueck/*Fastrich* § 4a Rn. 9; Lutter/Hommelhoff/ *Bayer* § 4a Rn. 17; MüKo GmbHG/*Mayer* § 4a Rn. 66). Pointiert ist formuliert worden: »Verlegt eine Gesellschaft ihren Satzungssitz ins Ausland, verliert sie ihre Existenzgrundlage, denn sie löst sich aus der Rechtsordnung, die sie normativ hervorgebracht hat« (*Weller* DStR 2004, 1218, 1219; vgl. auch *Eidenmüller/Rehm* ZGR 2004, 159, 176, die von einer »metaphysischen ›Geschöpftheorie‹ [Gesellschaften sind lediglich »Geschöpfe« eines Staates, der darum über ihren Bestand in weiterem Umfang verfügen kann]« sprechen).

11

Das geltende deutsche (Gesellschafts-)Recht, das einer identitätswahrenden Verlegung des Satzungssitzes in das EU-Ausland entgegensteht, **verstößt nicht** gegen die gemeinschaftsrechtlich gewährleistete **Niederlassungsfreiheit** (Art. 49 i. V. m. Art. 54 AEUV); denn diese gewährt einer Gesellschaft nicht das Recht, unter Wahrung ihrer Identität den Satzungssitz in einen anderen Mitgliedstaat zu verlegen (BayObLG NJW-RR 1993, 43; NJW-RR 2004, 836; OLG Brandenburg BB 2005, 849; OLG Düsseldorf NJW 2001, 2184; OLG Hamm NJW-RR 1998, 615; NJW 2001, 2183; OLG München NZG 2007, 915; vgl. Baumbach/Hueck/*Fastrich* § 4a Rn. 10; MüKo GmbHG/*Mayer* § 4a Rn. 66; s. Rdn. 14 und Kap. 4 Rdn. 43 ff.). Die Niederlassungsfreiheit steht jedoch nationalen Rechtsvorschriften entgegen, welche die Umwandlung einer ausländischen Gesellschaft in eine inländische Gesellschaft - mittels Gründung einer solchen Gesellschaft - nicht zulassen, wenn für inländische Gesellschaften eine Umwandlung vorgesehen ist (EuGH NJW 2012, 2715 – Vale; vgl. zur grenzüberschreitenden formwechselnden und Sitzverlegung einer luxemburgischen Kapitalgesellschaft in die Bundesrepublik Deutschland OLG Nürnberg NZG 2014, 349 = ZIP 2014, 128 in Abweichung von OLG Nürnberg NZG 2012, 468 = ZIP 2012, 572).

12

Der ursprüngliche Plan der Kommission der Europäischen Gemeinschaft, den Vorschlag einer **Vierzehnten (Sitzverlegungs-)Richtlinie** über die grenzüberschreitende **Verlegung des Satzungssitzes** von Kapitalgesellschaften, vorzulegen, wurde von der Kommission nicht mehr weiterverfolgt, nachdem sie am 12.12.2007 eine Folgenabschätzung vorgelegt und den Bedarf für ein Tätigwerden

13

verneint hat (zum Vorentwurf eines Vorschlags für eine Vierzehnte Richtlinie über die Verlegung des Sitzes einer Gesellschaft in einen anderen Mitgliedstaat mit Wechsel des für die Gesellschaft maßgebenden Rechts vom 22.4.1997 [ZIP 1997, 1721] s. *Di Marco*, ZGR 1999, 3). Nach einer entsprechenden Ankündigung im Aktionsplan vom 12.12.2012 hat die Kommission eine Konsultation durchgeführt. Das Parlament hat im Jahr 2013 ein Impact Assessment zur Bewertung des europäischen Mehrwerts einer Sitzverlegungsrichtlinie veröffentlicht (vgl. *Stiegler* DB 2013, 525, 529).

2. Verlegung des tatsächlichen (Verwaltungs-)Sitzes

14 Seit Inkrafttreten des Gesetzes zur Modernisierung des GmbH-Rechts und zur Bekämpfung von Missbräuchen (MoMiG) vom 23. Oktober 2008 (BGBl. I, 2026), durch das Abs. 2, der Anforderungen an die Bestimmung des Satzungssitzes enthielt, aufgehoben worden ist, stellt sich die Frage nicht mehr, welche Rechtsfolge eine Verlegung (»Verlagerung«) des tatsächlichen (Verwaltungs-)Sitzes bei Beibehaltung des Satzungssitzes hat (s. Rdn. 6; s. die Nachweise in der Erstauflage Rn. 20 und BGH NJW 2008, 2914 Rn. 9 ff. [analoge Anwendung des § 399 Abs. 4 Alt. 2 FamFG]); ein **Auseinanderfallen von tatsächlichem (Verwaltungs-)Sitz und Satzungssitz** ist **nunmehr zulässig**. Selbst die Verlegung des tatsächlichen (Verwaltungs-)Sitzes einer in der Bundesrepublik Deutschland gegründeten GmbH in das Ausland bei Beibehaltung des Satzungssitzes im Inland ist seit Inkrafttreten des MoMiG zulässig: Der deutsche Gesetzgeber hat den **»Wegzug« in das Ausland** ausweislich der Begründung des Gesetzesentwurfs (s. Rdn. 7 f.) nunmehr zugelassen (vgl. Baumbach/Hueck/*Fastrich* § 4a Rn. 11; *Franz/Laeger* BB 2008, 678, 679 f.; Lutter/Hommelhoff/*Bayer* § 4a Rn. 15; MüKo GmbHG/*Mayer* § 4a Rn. 68 ff.; *Peters* GmbHR 2008, 245, 247 ff.). Die bis zum Inkrafttreten des MoMiG geltende Regelung, die dem »Wegzug« einer GmbH in das Ausland entgegenstand, verstieß nicht gegen die gemeinschaftsrechtlich gewährleistete **Niederlassungsfreiheit** (Art. 49 i. V. m. Art. 54 AEUV), weil diese nicht die »**Wegzugs**freiheit« umfasst; die Niederlassungsfreiheit gewährt einer Gesellschaft, die nach dem Recht eines Mitgliedstaats gegründet ist und in diesem ihren Satzungssitz hat, nicht das Recht, den tatsächlichen (Verwaltungs-)Sitz in einen anderen Mitgliedstaat zu verlegen (EuGH NJW 1989, 2186 – Daily Mail; NJW 2009, 569 – Cartesio). Der – durch Verlegung des tatsächlichen (Verwaltungs-)Sitzes bei Beibehaltung des Satzungssitzes bewirkte – »**Zuzug**« einer in der Bundesrepublik Deutschland gegründeten GmbH in einen anderen Mitgliedstaat der **Europäischen Union**, einen Vertragsstaat des **Abkommens über den Europäischen Wirtschaftsraum** oder einen Staat, mit dem ein **spezieller völkerrechtlicher Vertrag** (z. B. Freundschafts-, Handels- und Schifffahrtsvertrag zwischen der Bundesrepublik Deutschland und den Vereinigten Staaten von Amerika vom 29. Oktober 1954) besteht, darf von einem solchen Staat nicht verwehrt werden; die Rechts- und Parteifähigkeit einer nach dem Recht eines solchen Staates gegründeten Kapitalgesellschaft ist anzuerkennen (EuGH NJW 2002, 3614 – Übersseering; NJW 1999, 2027 – Centros; NJW 2003, 3331 – Inspire Art; s. Kap. 4, Rdn. 43 ff.).

IV. Doppelsitz

15 Insbesondere um divergierende Eintragungen in verschiedenen Handelsregistern zu vermeiden, hat eine GmbH – ebenso wie eine Aktiengesellschaft – nach dem gesetzlichen Leitbild nur einen Sitz. Jedoch wird von der Rechtsprechung bei einer Aktiengesellschaft – anknüpfend an die »Kriegsfolgenrechtsprechung« (*König* AG 2000, 18) und angesichts der Novellierung des § 5 AktG durch das AktG vom 6. September 1965 (BGBl. I, 1089), die in Kenntnis dieser Rechtsprechung erfolgt ist, – ein Doppelsitz im Inland in besonders gelagerten Ausnahmefällen zugelassen (BayObLG NJW-RR 1986, 31; KG NJW 1973, 1201; NJW-RR 1991, 1507; OLG Brandenburg NotBZ 2006, 22; OLG Düsseldorf NJW-RR 1988, 354; vgl. *Bayer/Hoffmann* AG-Report 2010 R 259 mit rechtstatsächlichen Angaben).

16 Bei einer GmbH ist die Zulässigkeit eines Doppelsitzes im Inland **ausnahmsweise** zu bejahen, wenn ein berechtigtes Interesse des Unternehmens besteht; insbesondere in Fällen der Verschmelzung zweier Gesellschaften kann sich dieses Interesse aus betriebswirtschaftlichen oder (unternehmens-)kulturellen Gründen ergeben (vgl. *König* AG 2000, 18; MüKo GmbHG/*Mayer* § 4a Rn. 11; Scholz/*Emmerich* § 4a Rn. 16; *Ulmer/Löbbe* Rn. 30; a. A. [grds. zulässig]: *Borsch* GmbHR 2003,

258; a. A. [ausnahmslos unzulässig]: Baumbach/Hueck/*Fastrich* § 4a Rn. 6; *Kögel* GmbHR 1998, 1108, 1111 f.; Rowedder/*Schmidt-Leithoff* § 4a Rn. 7).

Sofern ein Doppelsitz ausnahmsweise zulässig ist, ist die Gesellschaft in das jeweilige Handelsregister beider Sitze einzutragen; auch spätere Eintragungen haben im Handelsregister beider Sitze zu erfolgen, wobei die (Register-)Gerichte in ihrer Prüfung und Entscheidung vom jeweils anderen Gericht unabhängig sind (OLG Düsseldorf NJW-RR 1988, 354 zur Aktiengesellschaft; vgl. Scholz/*Emmerich* § 4a Rn. 16; *Ulmer/Löbbe* § 4a Rn. 31). Hieraus resultierende Nachteile gehen zu Lasten der Gesellschaft (»Schlechterstellungsprinzip«; vgl. LG Essen ZIP 2001, 1632 zur AG); insbesondere die konstitutive Wirkung einer Eintragung tritt erst dann ein, wenn sie in beiden Handelsregistern erfolgt ist (vgl. *Katschinski* ZIP 1997, 620, 623; *Pluskat* WM 2001, 601, 605). 17

§ 5 Stammkapital; Geschäftsanteil

(1) Das Stammkapital der Gesellschaft muß mindestens fünfundzwanzigtausend Euro betragen.

(2) Der Nennbetrag jedes Geschäftsanteils muss auf volle Euro lauten. Ein Gesellschafter kann bei Errichtung der Gesellschaft mehrere Geschäftsanteile übernehmen.

(3) Die Höhe der Nennbeträge der einzelnen Geschäftsanteile kann verschieden bestimmt werden. Die Summe der Nennbeträge aller Geschäftsanteile muss mit dem Stammkapital übereinstimmen.

(4) Sollen Sacheinlagen geleistet werden, so müssen der Gegenstand der Sacheinlage und der Nennbetrag des Geschäftsanteils, auf den sich die Sacheinlage bezieht, im Gesellschaftsvertrag festgesetzt werden. Die Gesellschafter haben in einem Sachgründungsbericht die für die Angemessenheit der Leistungen für Sacheinlagen wesentlichen Umstände darzulegen und beim Übergang eines Unternehmens auf die Gesellschaft die Jahresergebnisse der beiden letzten Geschäftsjahre anzugeben.

Übersicht

	Rdn.
A. Normzweck	1
I. Funktion des Mindeststammkapitals, Abs. 1	1
II. Mindestnennbetrag eines Geschäftsanteils, Übernahme mehrerer Geschäftsanteile, Abs. 2	3
III. Liberalisierung der Teilbarkeitsregel	7
IV. Sacheinlagen, Abs. 4	8
B. Mindeststammkapital, Abs. 1	9
C. Mindestnennbetrag eines Geschäftsanteils, unterschiedliche Nennwertbeträge, Teilbarkeit	11
I. Mindestnennbetrag eines Geschäftsanteils	11
II. Unterschiedliche Nennwertbeträge	12
III. Teilbarkeit	13
IV. Unterpariemission/Überpariemission	14
V. Konvergenzgebot	15
D. Verstoß gegen Abs. 1 bis 3	17
E. Übernahme mehrerer Geschäftsanteile, Abs. 2 Satz 2	19
I. Grundsatz der Einheitlichkeit des Geschäftsanteils nach bisherigem Recht	19
II. Rechtslage nach Inkrafttreten des MoMiG	21
F. Sacheinlagen, Abs. 4	22
I. Begriff, Regelungszusammenhang	22
1. Sacheinlage	22
2. Gemischte Sacheinlage	24
3. Gemischte Einlage/Mischeinlage	27
II. Sacheinlagegegenstand	28
1. Grundsatz	28
2. Beispiele zulässiger Einlagegegenstände	29
a) Sachen	29
b) Rechte	30
c) Sach- und Rechtsgesamtheiten	31
d) Forderungen	32
e) Forderungen gegen Gesellschafter	33
f) Obligatorische Nutzungsrechte	34
g) Verpflichtungen zu Dienstleistungen	35
III. Festsetzungen im Gesellschaftsvertrag, Abs. 4 Satz 1	36
IV. Sachgründungsbericht, Abs. 4 Satz 2	41
V. Verdeckte Sacheinlagen	43
1. Hin- und Herzahlen	47
2. Verrechnung, Aufrechnung	51
3. Rechtsfolgen	55
VI. Sondervorteile, Gründungsaufwand	61

§ 5 GmbHG Stammkapital; Geschäftsanteil

A. Normzweck

I. Funktion des Mindeststammkapitals, Abs. 1

1 § 5 enthält Regelungen zum Stammkapital und zum Geschäftsanteil der GmbH. Abs. 1 regelt das Mindeststammkapital i. H. v. 25.000,00 €. Abs. 2 regelt den Nennbetrag und die Zuteilung der Geschäftsanteile. Abs. 3 regelt die Höhe der Nennbeträge sowie die Kongruenz zwischen Nennbeträgen aller Geschäftsanteile und Stammkapital sowie Abs. 4 Sacheinlagen und Sachübernahmen. Die in § 5 enthaltene Regelung ist zwingendes Recht und wird durch die in § 19 GmbHG enthaltene Regelung zur Leistung der Einlage komplettiert (vgl. Baumbach/Hueck/*Fastrich*, § 5 Rn. 1). Sie ist wichtiger Bestandteil des gesetzgeberischen Konzeptes zur Gewährleistung der Aufbringung und Erhaltung des Stammkapitals und somit eine der zentralen **Gläubigerschutzvorschriften** des GmbH-Gesetzes (vgl. Michalski/*Zeidler*, GmbHG, § 5 Rn. 2; in: Baumbach/Hueck/*Fastrich*, § 5 Rn. 1), die insbesondere durch die in §§ 7 Abs. 2 und 3, 9, 19 ff., 24 sowie 30 ff., 42 Abs. 1 GmbHG ergänzt werden. Gem. § 3 Abs. 1 Nr. 3 und 4 GmbHG gehören die Bestimmungen über Stammkapital und Stammeinlage zum Mindestinhalt des Gesellschaftsvertrages. § 5 GmbHG gilt gem. § 55 Abs. 4 GmbHG auch grundsätzlich für Kapitalerhöhungen und gem. §§ 58, 58a auch für Kapitalherabsetzungen. Bedeutung hat die in § 5 GmbHG enthaltene Regelung auch im Umwandlungsgesetz, wo insbesondere die §§ 36 Abs. 2, 135 Abs. 2 sowie 197 UmwG auf § 5 GmbHG Bezug nehmen.

2 Sowohl der gescheiterte RegE MindestKapG (dazu Triebel/*Otte* ZIP 2006, 311) als auch der RegE MoMiG sahen eine **Absenkung des Mindeststammkapitals** der »klassischen« GmbH von 25.000,– € auf 10.000,– € vor. Die Absenkung des Mindeststammkapitals sollte Kleinunternehmern und Existenzgründern durch den verringerten Kapitalbedarf die Gründung einer GmbH erleichtern und die Wettbewerbsfähigkeit der Rechtsform GmbH im europäischen und internationalen Vergleich erhöhen. Durch das MoMiG wurde jedoch als Unterform der GmbH in § 5a die Unternehmergesellschaft (haftungsbeschränkt) eingeführt, die mit einem Mindeststammkapital von 1,– € gegründet werden kann. Daher hat der Gesetzgeber keinen Anpassungsbedarf für das Mindeststammkapital der »klassischen« GmbH mehr gesehen und bei dieser auf eine Absenkung des Mindeststammkapitals verzichtet. Dabei stand für den Gesetzgeber das berechtigte Interesse der bereits existierenden Gesellschaften mit beschränkter Haftung im Vordergrund, das bestehende besondere Renomee der Rechtsform GmbH nicht durch eine Absenkung des Stammkapitals zu beschädigen (vgl. Seibert/*Decker* ZIP 2008, 1208, 1209).

II. Mindestnennbetrag eines Geschäftsanteils, Übernahme mehrerer Geschäftsanteile, Abs. 2

3 Abs. 2 Satz 1 setzt den Mindestnennbetrag jedes Geschäftsanteils auf einen **Betrag in volle Euro** fest (vgl. Breitenstein/*Meyding* BB 2006, 1457; Triebel/*Otte* ZIP 2006, 1321). Durch Abs. 3 Satz 1 wird zudem klargestellt, dass die Höhe der Nennbeträge der einzelnen Geschäftsanteile verschieden bestimmt werden kann.

4 Ein Gesellschafter darf gem. Abs. 2 Satz 2 bei Errichtung der Gesellschaft (oder auch im Rahmen einer Kapitalerhöhung) mehrere Geschäftsanteile übernehmen. Damit bezweckte der Gesetzgeber, die Fungibilität der Geschäftsanteile so gering wie möglich zu halten und den personalistischen Charakter der GmbH zu wahren (vgl. RefE MoMiG Begr. zu Art. 1 zu Nr. 3, S. 37, 39; Roth/*Altmeppen* § 5 Rn. 23). Durch die Nummerierung der Geschäftsanteile und den verbesserten Informationsgehalt der Gesellschafterliste dürften die Beteiligungsverhältnisse trotz der Möglichkeit der Übernahme mehrerer Geschäftsanteile übersichtlich bleiben (vgl. *Böhringer* BWNotZ 2008, 104, 106). Wird allerdings nach § 2 Abs. 1a GmbHG vereinfacht gegründet, so kann jeder der max. drei Gründer weiterhin nur einen einzigen Geschäftsanteil übernehmen (vgl. *Böhringer* BWNotZ 2008, 104, 106).

5 Nach dem Wortlaut von Abs. 2 Satz 2 ist es (nur) bei der Errichtung der GmbH gestattet, dass ein Gesellschafter mehrere Geschäftsanteile übernimmt. Daraus wird geschlossen, dass der Grundsatz der Einheitlichkeit der Beteiligung im Grundsatz weiter gilt und insbesondere – nach Errichtung –

auf Kapitalerhöhungen Anwendung findet; denn § 55 Abs. 4 GmbHG verweist seinem Wortlaut gem. nicht auf Abs. 2 Satz 2 (vgl. *N. Meister* NZG 2008, 767, 769; Roth/*Altmeppen* § 55 Rn. 34, allerdings ohne näher auf den Wortlaut einzugehen).

Die Herabsetzung des Mindestnennbetrags von Geschäftsanteilen auf 1,– € erleichtert die genaue Abbildung von Beteiligungsquoten. Spitzenbeträge bei späteren Kapitalmaßnahmen können durch möglichst geringe Stückelungsbeträge weitgehend vermieden werden. Durch den geringeren Mindestnennbetrag für Geschäftsanteile und die Zulassung der Übernahme mehrerer Geschäftsanteile bei Gründung sind Vorratsteilungen künftig möglich, die spätere Teilungsbeschlüsse überflüssig machen (vgl. Götze/*Bressler* NZG 2007, 894, 895). 6

III. Liberalisierung der Teilbarkeitsregel

Nach altem Recht musste der Nennbetrag eines Geschäftsanteils durch 50 teilbar sein. Diese Teilbarkeitsregel nach altem Recht wurde als »lästig und praxisfeindlich« kritisiert (vgl. *Happ* ZHR 169 [2005] 6, 18). Sie wurde bereits nach bisherigem Recht im Rahmen der Kapitalerhöhung aus Gesellschaftsmitteln (§§ 57h Abs. 1 Satz 2 und 57l Abs. 2 Satz 3 GmbHG), bei der Euro-Umstellung (§ 86 Abs. 1 Satz 4 GmbHG), bei der vereinfachten Kapitalherabsetzung (§ 58a Abs. 3 Satz 2 GmbHG) und im Umwandlungsrecht durchbrochen. Entsprechend wurde mit dem MoMiG eine Liberalisierung der bisherigen Teilbarkeitsregeln und die Aufhebung des vormaligen Abs. 3 Satz 2 (Teilbarkeit durch fünfzig) vorgesehen. Nach dem durch MoMiG neu gefassten Abs. 2 Satz 1 braucht der Betrag der Stammeinlage nur auf volle Euro zu lauten. 7

IV. Sacheinlagen, Abs. 4

Bei Sacheinlagen besteht die **Gefahr der Überbewertung**. Das Gesetz sieht daher für die Sachgründung eine Überprüfung der Werthaltigkeit der Sacheinlagen durch das Registergericht vor. Eine solche registergerichtliche **Werthaltigkeitskontrolle** (§ 9c) erfordert aber insbesondere, dass der Gegenstand der Sacheinlagen in nachvollziehbarer Weise dokumentiert wird (vgl. § 9c GmbHG Rdn. 30 bis 36; § 56 GmbHG Rdn. 1 bis 9). Dem dienen die in Abs. 4 Satz 1 geforderten Festsetzungen und der nach Abs. 4 Satz 2 erforderliche Sachgründungsbericht (vgl. auch *Ulmer* ZIP 2008, 45, 50 zum Normzweck). 8

B. Mindeststammkapital, Abs. 1

Die Mindesthöhe des Stammkapitals beträgt gem. § 5 Abs. 1 25.000,00 €. Der Betrag stellt keine Obergrenze dar. § 5 Abs. 1 schreibt lediglich ein Mindeststammkapital vor. Hieran anknüpfend wird diskutiert, ob die Gesellschafter eine Verpflichtung trifft, für eine ausreichende Kapitalausstattung der Gesellschaft sorgen zu müssen und eine Haftungsverantwortung in dem Fall trifft, in dem die Kapitalausstattung der Gesellschaft zur Zweckerreichung offensichtlich unzureichend ist. Unterschieden wird hier zwischen formeller und materieller Unterkapitalisierung. Die formelle Unterkapitalisierung betrifft den Fall, dass der Eigenkapitalbedarf im Übrigen durch Gesellschafterdarlehen gedeckt wird (vgl. in: Baumbach/Hueck/*Fastrich*, § 5 Rn. 6). Von materieller Unterkapitalisierung spricht man, wenn die Gesellschaft insgesamt unter- oder in betriebswirtschaftlich unangemessenen Umfang durch Fremdkapital finanziert wird und das wirtschaftlich benötigte Eigenkapital nicht im ausreichenden Umfang durch die Gesellschafter aufgebracht wird (vgl. in: Baumbach/Hueck/*Fastrich*, § 5 Rn. 6). 9

Bisweilen wurde mit verschiedenen Begründungsansätzen vertreten, dass im Fall der materiellen Unterkapitalisierung ein direkter Anspruch der Gesellschaftsgläubiger gegen die Gesellschafter besteht (vgl. den Überblick bei *Möller*, BB 2008, 1701 f.). Dem ist die Rechtsprechung des Bundesgerichtshofs zu Recht entgegengetreten, da es der Systematik des GmbHG gerade nicht entspricht, die Lebensfähigkeit einer jeden GmbH sicherzustellen, sondern lediglich ein genereller Mindestschutz der Gläubiger gewährleistet werden soll (BGH NJW, 2008, 2437). Denn mit der Einzahlung (ggf. der hälftigen) Stammeinlage und der Eintragung der Gesellschaft in das Handels- 10

§ 5 GmbHG Stammkapital; Geschäftsanteil

register verdient sich die Gesellschaft die Haftungsbeschränkung und verdienen sich die Gesellschafter ihre Befreiung von ihrer persönlichen Haftung. Im Gegenzug stellt das GmbHG mit etwa den §§ 19, 30, 31, 64 GmbHG den Gesellschaftsgläubigern ein strenges Kapitalaufbringungs- und Erhaltungsregime zur Sicherstellung der Stammkapitalaufbringung und des Stammkapitalerhalts und der Abwehr von Gesellschaftereingriffen in das Stammkapital zur Verfügung (vgl. BGH NJW, 2008, 2437). Dem entspricht es, dass § 5 Abs. 1 GmbHG lediglich von einem Mindeststammkapital spricht und im Rahmen des MoMiG auch unter Berücksichtigung der erwogenen Absenkung des Mindeststammkapitals auf 10.000,00 € von einer materiellen Unterkapitalisierungshaftung abgesehen wurde (vgl. in: Baumbach/Hueck/*Fastrich*, § 5 Rn. 6). Hieraus wird deutlich, dass die Gesellschafter über die gesetzlich vorgeschriebene Finanzierungsverantwortung grundsätzlich eine Finanzierungsfreiheit trifft, die ihre Grenzen lediglich im Verbot vorsätzlich sittenwidriger Schädigung der Gläubiger im Sinne von § 826 BGB findet (vgl. BGH NJW 2008, 2437 ff.; BGHZ 68, 312). Ein deliktischer Anspruch wurde in der instanzgerichtlichen Rechtsprechung z. B. bejaht, wenn der Alleingesellschafter einer GmbH die von ihm abhängige und im Hinblick auf Art und Umfang der Geschäftstätigkeit erheblich unterkapitalisierte GmbH nur zu dem Zweck benutzt, vertragliche Beziehungen zwischen ihm und einem Vertragspartner nicht entstehen zu lassen und zu verhindern, dass der Vertragspartner auf das Vermögen des Alleingesellschafters zugreifen kann (vgl. OLG Oldenburg NZG 2000, 555).

C. Mindestnennbetrag eines Geschäftsanteils, unterschiedliche Nennwertbeträge, Teilbarkeit

I. Mindestnennbetrag eines Geschäftsanteils

11 Der Nennbetrag eines jeden Geschäftsanteils muss auf volle Euro lauten, mindestens jedoch auf 1,00 € (vgl. Baumbach/Hueck/*Fastrich*, § 5 Rn. 7). Die Höhe der Nennbeträge kann bei jedem einzelnen Gesellschafter unterschiedlich ausgestaltet sein gem. § 5 Abs. 3 Satz 1. Allerdings muss jeder Gesellschafter mindestens einen Geschäftsanteil übernehmen, wobei die Übernahme mehrerer Geschäftsanteile durch einen Gesellschafter möglich ist. Einer Übernahme durch die Gesellschaft steht das Verbot der Selbstzeichnung entgegen, da der Gesellschaft Kapital zufließen soll, sie hingegen selbst nichts an sich leisten kann (vgl. Lutter/Hommelhoff/*Bayer*, § 5 Rn. 10). Erfolgt eine Übernahme durch die Gesellschaft gleichwohl, ist diese unwirksam (vgl. Lutter/Hommelhoff/*Bayer*, § 5 Rn. 10).

II. Unterschiedliche Nennwertbeträge

12 Anders als bei der Aktiengesellschaft können die einzelnen Stammeinlagen auf **unterschiedliche Nennwertbeträge** lauten, Abs. 3 Satz 1.

III. Teilbarkeit

13 Bis zum Inkrafttreten des MoMiG musste der Nennwert eines Geschäftsanteils durch 50 teilbar sein, sofern ein höherer Nennwert der Stammeinlage als 100,– € festgesetzt wurde. Nach geltendem Recht (Abs. 2 Satz 1) braucht der Betrag der Stammeinlage dagegen nur auf volle Euro zu lauten. Gem. § 46 Nr. 4 bedarf die Teilung und die Zusammenlegung von Geschäftsanteilen der Zustimmung der Gesellschafterversammlung.

IV. Unterpariemission/Überpariemission

14 Es gilt das Verbot der Unterpariemission (vgl. BGHZ 68, 191, 195), weshalb die Höhe der Nennbeträge der Geschäftsanteile die unabdingbare Mindestleistungspflicht (vgl. Lutter/Hommelhoff/*Bayer*, § 5 Rn. 8) des betreffenden Gesellschafters festlegt. Eine Überpariemission in Form der Zahlung eines Aufgeldes ist hingegen zulässig und kann als Nebenleistungspflicht gem. § 3 Abs. 2 begründet werden (vgl. Baumbach/Hueck/*Fastrich*, § 5 Rn. 11; Lutter/Hommelhoff/*Bayer*, § 5 Rn. 8). Das Aufgeld ist in der Bilanz gem. § 272 Abs. 1 Nr. 1 HGB als Kapitalrücklage auszuweisen und folgt, da es nicht Stammkapital ist, nicht in Grundsätzen und Regeln hierfür, sodass es etwa

auch bedingt oder befristet vereinbart werden kann (vgl. *Harrer*, GmbHR, 1994, 361 ff.; Lutter/Hommelhoff/*Bayer*, § 5 Rn. 10).

V. Konvergenzgebot

Gem. § 5 Abs. 2 Satz 3 muss die Summe der Nennbeträge der Geschäftsanteile mit dem Stammkapital übereinstimmen. Mit dieser Regelung soll eine Vollübernahme des Kapitals sichergestellt werden (vgl. Lutter/Hommelhoff/*Bayer*, § 5 Rn. 6). Nach der Regierungsbegründung zum MoMiG sollte diese Konvergenz zwischen Geschäftsanteilen und Stammkapital sich nicht nur auf das Gründungsstadium beziehen, sondern auch auf den weiteren Verlauf der Gesellschaft (vgl. RegBegr. BT-Drucks. 16/6140 vom 25.07.2007, S. 31). Hieraus wurde teilweise ein sog. erweitertes Konvergenzgebot abgeleitet, mit der Folge eines Verbotes des späteren Auseinanderfallens von Stammkapital und Summe der Nennbeträge der Geschäftsanteile (vgl. nur LG Essen, NZG 2010, 867; OLG München DNotI-Report 2012, 30; LG Neubrandenburg ZIP 2011, 1214).

15

Zutreffend dürfte hingegen die Meinung sein, die ein solches erweitertes Konvergenzgebot ablehnt. Zu berücksichtigen ist, dass in Umsetzung des MoMiG bei § 5 GmbHG lediglich der Begriff der Stammeinlage durch den des Geschäftsanteils ersetzt wurde und der Begriff des Geschäftsanteils die Mitgliedschaft des Gesellschafters in der GmbH als Zusammenfassung aller seiner Rechte und Pflichten das Gesellschaftsverhältnis betreffend bezeichnet (vgl. nur OLG Rostock, GmbH-Rundschau 2013, 752, 753) und losgelöst von der Gründungsphase Anwendung findet. Der Begriff der Stammeinlage bezog sich hingegen auf die Gesellschaftsgründung (vgl. OLG Rostock, GmbH-Rundschau 2013, 752, 753). Gegen ein erweitertes Konvergenzgebot sprechen auch die in den §§ 55 Abs. 4 Satz 1 und 58 Abs. 2 Satz 2 enthaltenen Regelungen, die überflüssig wären, wenn die in § 5 Abs. 3 Satz 2 enthaltene Regelung für die gesamte Lebensdauer einer GmbH gelten sollte (vgl. *Stehmann*, GmbHR, 2013, 574). Auch Schwierigkeiten in der praktischen Umsetzung sprechen gegen die Annahme eines erweiterten Konvergenzgebotes, so wenn etwa die Wirksamkeit der Einziehung von einer gleichzeitigen und bisher allgemein nicht für erforderlich gehaltenen Beschlussfassung über eine Kapitalherabsetzung, Aufstockung der verbliebenen Geschäftsanteile oder Bildung eines neuen Geschäftsanteils abhängig gemacht würde (vgl. Baumbach/Hueck/*Fastrich*, § 5 Rn. 19; OLG Rostock, GmbHR 2013, 752, 753), zumal die in der Gesetzesbegründung (vgl. BT-Drucks. 16/6140 vom 25.07.2007, S. 31) zur Vermeidung der Nichtigkeitswirkungen genannten Möglichkeiten in sich nicht konsistent sind (vgl. OLG Rostock, GmbHR 2013, 752, 754; Baumbach/Hueck/*Fastrich*, § 5 Rn. 10).

16

D. Verstoß gegen Abs. 1 bis 3

Bei **Verstoß** gegen die zwingenden Bestimmungen in Abs. 1 bis 3 ist die Festsetzung des Stammkapitals bzw. der Nennbeträge der Geschäftsanteile **gem. § 134 BGB nichtig**. Dies macht ebenso wie ein völliges Fehlen der Regelung den Gesellschaftsvertrag insgesamt nichtig, vgl. § 3 Abs. 1 Nr. 3 und 4 GmbHG (Baumbach/Hueck/*Hueck/Fastrich* § 5 Rn. 12). Der Mangel stellt ein **Eintragungshindernis** dar. Wird die GmbH trotz des Mangels eingetragen, besteht die Möglichkeit der Nichtigkeitsklage nach § 75 Abs. 1 GmbHG nur, falls eine Bestimmung über die Höhe des Stammkapitals ganz fehlt (vgl. § 75 Rdn. 5). Die Gesellschaft kann durch Nichtigkeitsklage nach § 75 GmbHG aufgelöst oder nach §§ 397, 398 FamFG gelöscht werden (vgl. dazu § 75 Rdn. 7 bis 21 sowie zur Nichtigkeitsklage Kap. 5 Rdn. 549 ff.). Im Übrigen, insbes. wenn eine Bestimmung über die Höhe der des Nennbetrags der Geschäftsanteile zwar besteht, aber nichtig ist (etwa aufgrund eines Verstoßes gegen § 5 Abs. 2 Satz 1 GmbHG) kommt eine Nichtigkeitsklage nicht in Betracht; vielmehr hat das Registergericht den Mangel nach §§ 397, 398 FamFG festzustellen. Mit Rechtskraft der Feststellung ist die Gesellschaft aufgelöst.

17

Vor Inkrafttreten des MoMiG konnte die Übertragung eines Geschäftsanteils wegen Verstoßes gegen die Teilungsbestimmung des §§ 17 Abs. 4 i. V. m. 5 Abs. 3 Satz 2 GmbHG (a. F.) gem. § 134 BGB nichtig sein (vgl. BGH NZG 2005, 927 m. Anm. betreffend die Rechtslage nach der Schuldrechtsreform in NJW-Spezial 2005, 508). Durch das MoMiG wurde die **Teilung und Übertragung**

18

von Geschäftsanteilen dagegen **erleichtert**, indem der alte § 17 GmbHG aufgehoben wurde und eine Teilung oder Zusammenlegung (unter Beachtung von § 5 Abs. 2 Satz 1 GmbHG) gem. § 46 Nr. 4 GmbHG in das Belieben der Gesellschafterversammlung gestellt wird. Durch die Aufhebung des alten § 17 Abs. 5 GmbHG wird einerseits die Übertragung mehrerer Geschäftsanteile an einen Erwerber zugelassen. Zum anderen ist es ausreichend, wenn die durch die Teilung entstehenden Geschäftsanteile auf einen vollen Euro-Betrag lauten.

E. Übernahme mehrerer Geschäftsanteile, Abs. 2 Satz 2

I. Grundsatz der Einheitlichkeit des Geschäftsanteils nach bisherigem Recht

19 Vor dem Inkrafttreten des MoMiG durfte jeder Gründer nur eine Stammeinlage übernehmen. Dieser **Grundsatz der Einheitlichkeit des Geschäftsanteils** wurde aber bereits nach altem Recht durch verschiedene spätere gesellschaftsrechtliche Maßnahmen **durchbrochen**. Im Fall der Übertragung eines Geschäftsanteils wie auch im Fall der Kapitalerhöhung behalten der ursprüngliche und der hinzu erworbene Geschäftsanteil ihre Selbstständigkeit (§§ 15 Abs. 2, 55 Abs. 3 GmbHG; vgl. § 15 Rdn. 11). Auch die Teilung war im Fall der Veräußerung und im Erbfall zulässig (§ 17 GmbHG a. F.), allerdings war eine gleichzeitige Übertragung mehrerer Teile von Geschäftsanteilen eines Gesellschafters an denselben Erwerber (noch) unzulässig (§ 17 Abs. 5 GmbHG a. F.).

20 In der Praxis gehen juristische Laien häufig von einer einheitlichen Beteiligung i. H. d. Gesamtnennbetrages sämtlicher Geschäftsanteile eines Gesellschafters aus (vgl. *Happ* ZHR 169 [2005], 6, 12). Daher ist etwa im Rahmen der Due Diligence oder bei der Vorbereitung von Gesellschafterbeschlüssen und notariellen Übertragungsurkunden genau zu untersuchen, ob die Angaben der Gesellschafter zur Höhe des Nennbetrags ihrer Geschäftsanteile zutreffend sind.

II. Rechtslage nach Inkrafttreten des MoMiG

21 Der Grundsatz der Einheitlichkeit des Geschäftsanteils wurde durch das **MoMiG** bei Gründung aufgegeben (vgl. *Böhringer* BWNotZ 2008, 104, 106; *Böttcher/Blasche* NZG 2007, 565, 568). Ein Gesellschafter kann bereits **bei Gründung** mehrere Geschäftsanteile übernehmen (§ 5 Abs. 2 Satz 2 GmbHG). Nach der Aufhebung von § 17 Abs. 5 GmbHG ist auch die gleichzeitige Übertragung mehrerer Teile von Geschäftsanteilen eines Gesellschafters an denselben Erwerber zulässig. Die Übersichtlichkeit der Beteiligungsverhältnisse wird durch die Aufwertung der Gesellschafterliste durch das MoMiG gewährleistet (§§ 16, 40 GmbHG), da die Geschäftsanteile in der Gesellschafterliste künftig nummeriert werden müssen, um eine eindeutige Identifizierung zu ermöglichen (§§ 8 Abs. 1 Nr. 3, 40 Abs. 1 Satz 1 GmbHG), und die Gesellschafterliste nunmehr einen Tatbestand für den redlichen Erwerb begründet und zudem der Neugesellschafter seine Gesellschafterrechte nur wahrnehmen kann, wenn er in die Gesellschafterliste eingetragen ist (vgl. auch § 16 Rdn. 21 bis 25 und Rdn. 30 bis 33).

F. Sacheinlagen, Abs. 4

I. Begriff, Regelungszusammenhang

1. Sacheinlage

22 Unter **Sacheinlage** i. S. d. Abs. 4 ist jede Einlage auf das Stammkapital zu verstehen, die bestimmungsgemäß nicht in Geld zu erbringen ist (vgl. *Gehrlein* S. 315). Der Begriff der Sacheinlage ist – anders als der Begriff der verdeckten Sacheinlage, der seit Inkrafttreten des MoMiG in § 19 Abs. 4 GmbHG legaldefiniert wird – im Gesetz nicht definiert.

23 Das GmbH-Recht bezweckt der naheliegenden **Gefahr einer Überbewertung** von Sacheinlagen durch verschiedene Sicherungsregelungen vorzubeugen: Die Vereinbarung einer Sacheinlage ist offenzulegen (§ 5 Abs. 4, § 8 Abs. 1 Nr. 4 und Nr. 5, § 10 Abs. 3 GmbHG); die Gesellschafter haben einen Sachgründungsbericht zu erstellen (§ 5 Abs. 4 Satz 2 GmbHG); die Sacheinlage ist schon vor Anmeldung der GmbH zu leisten (§ 7 Abs. 3 GmbHG); das Registergericht hat mangels einer

Gründungsprüfung die Werthaltigkeit der Sacheinlagen zu prüfen (§ 9c Abs. 1 Satz 2 GmbHG); die Gesellschafter unterliegen einer Differenzhaftung im Fall der Überwertung der Sacheinlagen (§ 9 GmbHG; vgl. ausführl. § 9 GmbHG Rdn. 6 bis 12; vgl. zu allem außerdem *Gehrlein* S. 315 f.).

2. Gemischte Sacheinlage

Eine gemischte Sacheinlage liegt vor, wenn die Gegenleistung des Gesellschafters für die von der GmbH zu erwerbenden Vermögensgegenstände teilweise durch Gewährung von Geschäftsanteilen auf die Einlage angerechnet, teilweise bar bezahlt oder in sonstiger Weise gutgeschrieben wird (vgl. RGZ 159, 326; BGH NJW 1998, 1951; Baumbach/Hueck/*Hueck/Fastrich* § 5 Rn. 20; ebenso zum Aktienrecht BGH ZIP 2008, 788 bei Rn. 14 – Rheinmöve; NJW 2007, 3425 bei Rn. 15b – Lurgi für den Fall der Kapitalerhöhung und BGH NJW 2007, 765, 767 bei Rn. 17 für den Fall der Gründung). 24

Gemischte Sacheinlagen unterliegen jedenfalls dann vollumfänglich den für Sacheinlagen geltenden Regeln, wenn die Sachleistung **unteilbar** ist, § 139 BGB also keine Anwendung findet (vgl. BGH NJW 1998, 1951; ebenso BGH ZIP 2008, 788 bei Rn. 14 – Rheinmöve; NJW 2007, 765, 767 bei Rn. 17 zum Aktienrecht). Dasselbe gilt nach h. M. aber auch bei teilbarer Leistung. Es liegt ein **einheitliches Rechtsgeschäft** in Gestalt einer gemischten Sacheinlage vor, das seinerseits Bestandteil des Gesellschaftsvertrags ist (vgl. RGZ 159, 321, 326; *Ulmer*/Habersack/Winter § 5 Rn. 120; Scholz/*Winter* § 5 Rn. 82). Erfolgt die Gründung im Wege der gemischten Sacheinlage, so kann das Registergericht die Eintragung nicht mit der Begründung verweigern, der Betrag, um den der Wert der Sacheinlage den Nominalbetrag des Stammkapitals überschreitet und der dem Gründungsgesellschafter z. B. als Darlehen gutzuschreiben ist, müsse bereits in der Satzung **ziffernmäßig festgelegt** werden. Möglich und ausreichend ist eine Satzungsbestimmung, wonach die Höhe der Darlehensgutschrift später **objektiv feststellbar** ist (vgl. LG München GmbHR 2004, 1223; h. M., Baumbach/Hueck/*Hueck/Fastrich* § 5 Rn. 20 m. w. N.; a. A. *Günther* NJW 1975, 256, wonach stets die Angabe eines festen Betrags erforderlich ist; OLG Stuttgart GmbHR 1982, 109 verlangt einen Schätzwert). 25

Ausreichend ist somit z. B. **folgende Satzungsregelung** (in Anlehnung an LG München GmbHR 2004, 1223): 26

»Das Stammkapital der Gesellschaft beträgt Euro 25.000. Herr X leistet seine Einlage durch Einbringung des von ihm betriebenen Einzelunternehmens. [...] Die Einbringung erfolgt mit allen aktiven und passiven Vermögensgegenständen des Unternehmens gemäß dem tatsächlichen Stand des heutigen Tages, jedoch mit folgender Ausnahme: Nicht eingebracht und nicht von der Gesellschaft übernommen werden folgende Betriebsverbindlichkeiten: [...] Als Anhaltspunkt über die einzubringenden Aktiva und Passiva wird auf die dieser Urkunde beigefügte Eröffnungsbilanz zum [Datum] des Einzelunternehmens verwiesen. [...] Übersteigt der Bilanzwert des eingebrachten Unternehmens den Nominalwert der Stammeinlage [Anm.: nach neuer Terminologie »des Geschäftsanteils«], ist der übersteigende Betrag als Gesellschafterdarlehen gutzuschreiben. Die Einzelheiten dieses Darlehens werden in einem gesonderten Vertrag geregelt. Erreicht der Bilanzwert den Nominalwert der Stammeinlage [des Geschäftsanteils] nicht, ist der Differenzbetrag unverzüglich in bar bei der Gesellschaft einzubezahlen.«

3. Gemischte Einlage/Mischeinlage

Davon zu unterscheiden ist die sog. **gemischte Einlage** oder **Mischeinlage**, bei der die Einlage aus einer Kombination von Geld- und Sachleistung besteht. Hier sind auch auf die Geldeinlagekomponente die Sacheinlagevorschriften anzuwenden (zur Zulässigkeit einer gemischten Einlage im Fall der Kapitalerhöhung bei der Umwandlung eines Einzelunternehmens OLG Oldenburg NJW 1994, 426). Wird eine geschuldete Bareinlage durch eine Mischeinlage erbracht, kann sich die Heilung nur auf die Sacheinlage erstrecken, die als Teil der Einlageverpflichtung geleistet wurde, sofern die im Übrigen erbrachte Bareinlage wirksam ist (vgl. OLG Koblenz NZG 2002, 977). 27

II. Sacheinlagegegenstand

1. Grundsatz

28 Sacheinlagen können im GmbH-Recht – nicht anders als im Aktienrecht (vgl. § 27 Abs. 2 AktG) – nur Vermögensgegenstände sein, deren **wirtschaftlicher Wert feststellbar** ist (BGH NZG 2004, 910; NJW 2000, 2356, jeweils zur Einbringung von Nutzungsrechten). Sacheinlagen müssen so auf die Gesellschaft **übertragbar** sein, dass der Gegenstand der Gesellschaft zur freien Verfügung steht. Nach heute h. M. ist die Bilanzfähigkeit nicht maßgebendes Kriterium, sondern Folge des für die Einbringung erforderlichen Vermögenswerts (Baumbach/Hueck/*Hueck/Fastrich* § 5 Rn. 23).

2. Beispiele zulässiger Einlagegegenstände

a) Sachen

29 Eigentum an Sachen (§ 90 BGB) kann eingebracht werden; das ist der typische Fall der Sacheinlage (vgl. Roth/*Altmeppen* § 5 Rn. 39). In Betracht kommen also bewegliche Sachen wie etwa Werkzeug und Material (BGH NJW 1979, 216) und Grundstücke. Ebenso können sonstige dingliche Rechte (z. B. Nutzungsrechte wie Erbbaurechte, Dienstbarkeiten und Dauerwohnrechte, Verwertungsrechte wie Reallasten, Grundpfandrechte und Pfandrechte oder Erwerbsrechte wie dingliche Vorkaufsrechte, Anwartschaftsrechte oder Nießbrauch) als Sacheinlage eingebracht werden.

b) Rechte

30 Rechte (z. B. Immaterialgüterrechte, Mitgliedschaftsrechte) können Sacheinlagen sein, wenn sie einen feststellbaren wirtschaftlichen Wert haben und auf die Gesellschaft übertragen werden können (§ 399 BGB). In Betracht kommen etwa Urheberrechte (BGH NJW 1959, 934) oder Patentlizenzen (BGH NJW 1959, 383). Weitere Fallbeispiele bei: Baumbach/Hueck/*Hueck/Fastrich* § 5 Rn. 26; Scholz/*Winter* GmbHG, § 5 Rn. 50.

c) Sach- und Rechtsgesamtheiten

31 Sofern die Übertragung dem sachenrechtlichen Bestimmtheitsgrundsatz genügt, können auch Sach- und Rechtsgesamtheiten eingebracht werden, wie z. B. ein Handelsgeschäft (BGH NJW 1966, 1311) oder der selbstständige Betriebsteil eines Unternehmens (BGH NJW 2001, 67). Die Zulässigkeit der Einbringung von Unternehmen ergibt sich schon aus § 5 Abs. 4 Satz 2 GmbHG. Bei Sachgesamtheiten genügt eine verkehrsübliche Bezeichnung, wenn diese in einer Anlage aufgelistet sind (OLG Köln NZG 2002, 679, 681). Bei der Einbringung eines Unternehmens ist die Sonderregelung des § 5 Abs. 4 Satz 2 GmbHG zu beachten, d. h. im Sachgründungsbericht sind die Jahresergebnisse der letzten beiden Geschäftsjahre anzugeben. Die Einreichung vollständiger Jahresabschlüsse ist nicht erforderlich; besteht das Unternehmen erst seit einem kürzeren Zeitraum, ist entsprechend über diesen Zeitraum zu berichten.

d) Forderungen

32 Forderungen gegen Dritte können grundsätzlich Einlagegegenstand sein (BGH NJW 2001, 67; NJW 1991, 1754; NJW 1995, 460); sie müssen aber zum Einbringungszeitpunkt **entstanden** sein. Bedingte Forderungen sind ungeeignet (offen gelassen in BGH NJW 1979, 216; h.L., vgl. Lutter/Hommelhoff/*Bayer* GmbHG, § 5 Rn. 17; Baumbach/Hueck/*Hueck/Fastrich* § 5 Rn. 27). Auch Forderungen gegen die GmbH selbst können eingebracht werden (BGH NJW 1996, 1473; Lutter/Hommelhoff/*Bayer* GmbHG, § 5 Rn. 17).

e) Forderungen gegen Gesellschafter

33 Eine gegen einen Gesellschafter gerichtete Forderung kann von diesem nicht im Wege der Sacheinlage in die Gesellschaft eingebracht werden (BGH NJW 2009, 2375, 2376 Rn. 10 – Qivive m.w.N.). Die Unzulässigkeit der Einbringung einer Forderung gegen einen Gesellschafter folgt

allgemein daraus, dass der einzulegende Vermögenswert in der Hand des Gesellschafters verbleibt und damit nicht der GmbH zur Verfügung gestellt wird. Aus diesem Grund fehlt es auch an einem entsprechenden Zufluss **zur freien Verfügung** bei der GmbH, § 7 Abs. 3 GmbHG. Der einlegende Gesellschafter stellt sich insoweit durch die allein schuldrechtliche Verpflichtung zur Geldleistung auch wesentlich besser als bei der Übernahme einer Bareinlageverpflichtung, die eine gesellschaftsrechtliche und damit entsprechend abgesicherte (§ 24 GmbHG) Zahlungspflicht begründet und auf die er bereits einen Teil der Einlage zu erbringen hätte, § 7 Abs. 2 Satz 1 GmbHG. Eine derartige Umgehung der Einlagenvorschriften ist wegen des sich aus den Regelungen ergebenden Ziels der realen Kapitalaufbringung unzulässig (KG NZG 2005, 718).

f) Obligatorische Nutzungsrechte

Obwohl es sich um einen schuldrechtlichen Anspruch gegen den einlegenden Gesellschafter handelt, kann nach h. M. auch ein nur schuldrechtliches Nutzungsrecht (z. B. aufgrund eines Mietvertrages) Gegenstand einer Sacheinlage sein. Obligatorische Nutzungsrechte haben jedenfalls dann einen im Sinne der Sacheinlagefähigkeit feststellbaren wirtschaftlichen Wert, wenn ihre Nutzungsdauer in Form einer festen Laufzeit oder als konkret bestimmter Mindestdauer feststeht (BGH NJW 2004, 1341; NJW 2000, 2356 für das Aktienrecht). Der Zeitwert eines solchen Nutzungsrechts errechnet sich aus dem für die Dauer des Rechts kapitalisierten Nutzungswert (BGH NJW 2004, 1341). 34

g) Verpflichtungen zu Dienstleistungen

Eine Verpflichtung zur eigenen Dienstleistung ist nicht einlagefähig (vgl. auch § 27 Abs. 2 AktG) (BGH NJW 2009, 2375, 2376 Rn. 9b – Qivive; Baumbach/Hueck/*Hueck* § 5 Rn. 24). Das soll generell für schuldrechtliche Ansprüche gegen den Einleger selbst gelten (Baumbach/Hueck/*Hueck* § 5 Rn. 24). 35

III. Festsetzungen im Gesellschaftsvertrag, Abs. 4 Satz 1

Sollen Sacheinlagen geleistet werden, so müssen ihr **Gegenstand** und der **Nennbetrag des Geschäftsanteils**, auf den sich die Sacheinlage bezieht, im Gesellschaftsvertrag festgesetzt werden, Abs. 4 Satz 1. 36

Bei der Sacheinlagefestsetzung muss der Gegenstand der einzubringenden Sacheinlage so genau **bestimmt** sein, dass über seine Identität kein Zweifel besteht (BGH NZG 2000, 1226; KG NZG 1999, 1235). Entgegen dem Wortlaut von Abs. 4 Satz 1 müssen nach der Rechtsprechung des OLG Dresden bei einer Sachgründung die eingebrachten Sachen nicht **im Gesellschaftsvertrag** identifizierbar beschrieben sein. Es reiche aus, wenn der Registerrichter aus dem Zusammenspiel von Gesellschaftsvertrag, Sachgründungsbericht, Rechnungen und Wertgutachten die eingebrachten Sachen genau identifizieren kann (OLG Dresden NotBZ 2004, 37). Nach anderer und wohl zutreffender Auffassung können die Festsetzungen der Sacheinlage zwar in einer **Anlage** zum Gesellschaftsvertrag enthalten sein, diese Anlage muss jedoch nach § 9 Abs. 1 Satz 2 BeurkG dem notariellen Errichtungsprotokoll beigefügt werden (vgl. Baumbach/Hueck/*Hueck/Fastrich* § 5 Rn. 43) oder es muss in sonstiger Weise eine wirksame Bezugnahme (etwa auf eine Bezugsurkunde) erfolgen. Für Sachgesamtheiten genügt die verkehrsübliche Bezeichnung, also bei Handelsgeschäften die Firma und die Handelsregisternummer (vgl. Baumbach/Hueck/*Hueck/Fastrich* § 5 Rn. 45; Lutter/Hommelhoff/*Bayer* GmbHG, § 5 Rn. 31 wobei eine Formulierung wie etwa »alle Aktiva und Passiva« genügt). 37

Darüber hinaus muss nach h. M. die **Person der Übernehmers** im Gesellschaftsvertrag festgesetzt werden (Baumbach/Hueck/*Hueck/Fastrich* § 5 Rn. 44). 38

Enthält der Gesellschaftsvertrag die nach Abs. 4 Satz 1 erforderlichen Festsetzungen nicht oder nur unvollständig bzw. unbestimmt, so ist die Sacheinlagevereinbarung aufgrund dieses **Formmangels** nach § 125 Satz 1 BGB unwirksam und der Gesellschafter ist zur Geldleistung i. H. d. übernommenen Stammeinlage verpflichtet (BGH NJW 1993, 1139; KG NZG 1999, 1235). 39

40 Zur **Heilung verdeckter Sacheinlagen** bei der GmbH vgl. Lutter/Hommelhoff/*Bayer* GmbHG, § 19 Rn. 80 bis 85; *Fuchs* BB 2009, 170 ff.

IV. Sachgründungsbericht, Abs. 4 Satz 2

41 Nach Abs. 4 Satz 2 müssen die Gesellschafter bei der Sachgründung einen Sachgründungsbericht erstellen (Muster eines Sachgründungsberichts finden sich etwa in MünchVertrHdb I/*Heidenhain* Rn. IV. 8; GmbH-Hdb/*Fuhrmann* Rn. M 40). Für den Bericht gilt **Schriftform**, da er nach § 8 Abs. 1 Nr. 4 GmbHG der Handelsregisteranmeldung über die Gründung beizufügen ist. Aufgrund der Strafbewehrung nach § 82 Abs. 1 Nr. 2 GmbHG ist der Sachgründungsbericht von den **Gründungsgesellschaftern höchstpersönlich** zu unterschreiben; Stellvertretung ist unzulässig. Der Bericht muss alle für die Angemessenheit der Einlageleistungen wesentlichen Umstände darlegen. Dabei handelt es sich z. B. um marktübliche Anschaffungs- oder sonstige Vergleichspreise, Herstellungskosten bzw. eine Darstellung des Inventars oder Lagerbestands (A/E/S/*Achilles* § 5 Rn. 19; zur Bewertung von Sacheinlagen *Festl-Wietek* BB 1993, 2410). Wird ein Unternehmen in die Gesellschaft eingebracht, sind die Jahresergebnisse der letzten beiden Geschäftsjahre anzugeben. Die Einreichung der Jahresabschlüsse für den relevanten Zeitraum ist nicht erforderlich, wird aber als zweckmäßig angesehen (vgl. Baumbach/Hueck/*Hueck/Fastrich* § 5 Rn. 55).

42 **Mängel** eines Sachgründungsberichts hindern die Eintragung der Gründung im Handelsregister (vgl. Baumbach/Hueck/*Hueck/Fastrich* § 5 Rn. 56). Sie berühren aber nach erfolgter Eintragung der Gesellschaft die Wirksamkeit der Sachgründung nicht (vgl. BGH NZG 2004, 910, 911; KG NZG 1999, 1235).

V. Verdeckte Sacheinlagen

43 Als verdeckte Sacheinlage wurde es **bis zum Inkrafttreten des MoMiG** angesehen, wenn die gesetzlichen Regeln über Sacheinlagen dadurch unterlaufen werden, dass zwar eine Geldeinlage vereinbart wird, die Gesellschaft aber bei wirtschaftlicher Betrachtung von dem Einleger aufgrund einer im Zusammenhang mit der Übernahme der Einlage getroffenen Absprache einen Sachwert erhalten soll (st. Senatsrechtsprechung des II. Zivilsenats: BGH WM 2009, 1574 Tz. 10 – Cash-Pool II; BGH NZG 2008, 311; NZG 2007, 754 – Lurgi; NZG 2006, 334; NZG 2006, 24). Die verdeckte Sacheinlage führt zur Aufspaltung des wirtschaftlich einheitlich gewollten Vorgangs einer Sacheinbringung in mehrere rechtlich getrennte Geschäfte, bei denen der Gesellschaft zwar formal Bargeld als Einlage zugeführt, dieses jedoch im Zusammenhang mit einem Rechtsgeschäft gegen die Übertragung eines anderen Gegenstandes zurückgewährt wird, und mit dem die Gesellschaft im wirtschaftlichen Ergebnis keine Bar-, sondern eine Sacheinlage erhält (BGH NZG 2008, 311; ZIP 2008, 788 – Rheinmöve).

44 Mit Inkrafttreten des MoMiG findet sich in § 19 Abs. 4 Satz 1 GmbH nunmehr eine **Legaldefinition** der verdeckten Sacheinlage (dazu *Veil* ZIP 2007, 1241, 1242; vgl. § 19 GmbHG Rdn. 66 bis 71). Danach gilt eine Geldeinlage als verdeckte Sacheinlage, die bei wirtschaftlicher Betrachtung und aufgrund einer im Zusammenhang mit der Übernahme der Geldeinlage getroffenen Abrede vollständig oder teilweise als Sacheinlage zu bewerten ist. Allerdings ist der gesetzlich definierte Tatbestand kaum subsumtionsfähig, sofern man nicht zusätzlich auf die bereits von der höchstrichterlichen Rechtsprechung entwickelten Tatbestandsvoraussetzungen zurückgreift. Auch der Gesetzgeber des MoMiG ging davon aus, dass weiterhin auf die Rechtsprechungsgrundsätze zur verdeckten Sacheinlage (z. B. Beweisregeln) zurückgegriffen werden kann (Begr. RegE MoMiG zu § 19 GmbHG; ebenso BGH NJW 2009, 2375, 2376 Rn. 8a – Qivive; *Meier-Reimer/Wenzel* ZIP 2008, 1449, 1450; *Veil* ZIP 2007, 1241, 1242 bei Rn. 16; *Hirte* ZinsO 2008, 689, 690; *Heinze* GmbHR 2008, 1065, 1066).

Im Einzelnen hat der **Tatbestand** der verdeckten Sacheinlage im Einklang mit der Legaldefinition 45
gem. § 19 Abs. 4 Satz 1 GmbHG sowie den Grundsätzen der höchstrichterlichen Rechtsprechung
folgende Voraussetzungen:
- Die Begründung einer Geldeinlageverpflichtung durch Gründung oder Barkapitalerhöhung;
- ein Verkehrsgeschäft (Gegengeschäft) zwischen Gesellschaft und dem Einlageschuldner (bzw. unter gewissen Voraussetzungen einem Dritten) (BGH NZG 2007, 754 – Lurgi);
- eine Umgehungsabrede zwischen dem Einlageschuldner und der Gesellschaft oder den übrigen Gesellschaftern (st. Senatsrechtsprechung des II. Zivilsenats: NZG 2008, 311; BGHZ 132, 133, 139); die Umgehungsabrede zwischen dem Einlageschuldner und der Gesellschaft oder den übrigen Gesellschaftern wird bei einem zeitlichen und sachlichen Zusammenhang zwischen der Gründung (bzw. Kapitalerhöhung) und dem entsprechenden Verkehrsgeschäft widerlegbar vermutet (st. Senatsrechtsprechung des II. Zivilsenats: BGH NJW 2006, 509 zum »einfachen« Hin- und Herzahlen). Als relevanter Zeitraum wird in der Literatur zumeist 6 Monate genannt (Lutter/Hommelhoff/Lutter/Bayer GmbHG § 5 Rn. 43; Gehrlein S. 319). Bei einem Zeitabstand von 8 Monaten hält der Bundesgerichtshof die Zusammenhangsvermutung grds. für nicht angebracht (BGH NJW 2002, 3774, 3777). Allerdings hat es der BGH bislang vermieden, eine genaue zeitliche Obergrenze festzulegen; insbesondere wird darauf hingewiesen, dass auch bei einem längeren Zeitablauf als 6 Monaten die Gleichförmigkeit mit früherem, auf eine verdeckte Sacheinlage gerichtetem Vorgehen die Vermutung für eine Vorabsprache nahe legen könne (vgl. Gehrlein S. 319);
- für gewöhnliche Umsatzgeschäfte des laufenden Geschäftsverkehrs wird im Schrifttum (vgl. Baumbach/Hueck/Hueck/Fastrich § 19 Rn. 40 m.w.N.) erörtert, ob von der an den engen sachlichen und zeitlichen Zusammenhang zwischen Einlageleistung und Verkehrsgeschäft anknüpfenden Vermutung einer Umgehungsabrede abgesehen werden kann; dem scheint der BGH zwar für die Gründung der Aktiengesellschaft zuzuneigen (BGH NZG 2007, 144). Nach der Rechtsprechung des Kammergerichts ist der Tatbestand der verdeckten Sacheinlage nicht erfüllt, wenn der Einlageschuldner beweisen kann, dass ein Zusammenhang des Verkehrsgeschäfts mit der Kapitalerhöhung nicht besteht, wie dies in einer laufenden Geschäftsbeziehung mit marktüblichen Preisen zutrifft (KG GmbHR 2007, 1048). Allerdings lehnt der BGH eine generelle »Bereichsausnahme« für Verkehrsgeschäfte ab, sondern befürwortet nur eine Umverteilung der Beweislast, d.h. die widerlegbare Vermutung für eine Umgehungsabrede greift auch bei engem zeitlichem Zusammenhang zwischen Einlageleistung und Verkehrsgeschäft nicht ein. Sofern allerdings eine Verwendungsabsprache nachgewiesen ist, greifen die Grundsätze zur verdeckten Sacheinlage ein, selbst wenn das Verkehrsgeschäft zu marktüblichen Bedingungen (»at arm's length«) erfolgt (BGH NZG 2007, 144; Krolop NZG 2007, 577, 578).
- bei der Einmann-GmbH reicht anstelle der Abrede ein entsprechendes Vorhaben des Alleingesellschafters (BGH NZG 2008, 311);
- die Umgehungsabrede muss darauf gerichtet sein, dass bei wirtschaftlicher Betrachtung anstelle einer geschuldeten Bareinlage in Wahrheit ein anderer, sacheinlagefähiger Gegenstand eingebracht wird (BGH NJW 2009, 2375, 2376 Rn. 8a bis 9b – Qivive; BGH NZG 2006, 24; Baumbach/Hueck/Hueck/Fastrich § 19 Rn. 39; Lutter/Hommelhoff/Bayer GmbHG § 5 Rn. 52 bis 57 und § 19 Rn. 53; D. Mayer in Festschrift für Priester, 2007, 445, 450; Bayer in K. Schmidt/Lutter [Hrsg.], AktG, 2008, § 27 Rn. 61; Joost ZIP 1990, 557 und die bei Hoffmann NZG 2001, 433, 434 in Fußnote 9 Genannten; a.A. OLG Düsseldorf BB 2009, 180 ff.; Pentz in: MüKo AktG, 3. Aufl. 2008, § 27 Rn. 92; Scholz/Winter § 5 Rn. 78); d.h. der Tatbestand ist nicht erfüllt, wenn nicht als Gegenleistung für die Bareinlage ein sacheinlagefähiger Vermögenswert eingebracht wird. Nach der Formulierung des BGH ist eine verdeckte Sacheinlage »dadurch charakterisiert, dass bei wirtschaftlicher Betrachtung an Stelle einer geschuldeten Bareinlage in Wahrheit ein anderer, sacheinlagefähiger Gegenstand eingebracht wird« (BGH NJW 2006, 509 Rn. 8b; ähnlich auch BGH NJW 2006, 906 Rn. 9, wonach keine verdeckte Sacheinlage gegeben war, »weil eine Schuld des Inferenten nicht Gegenstand einer Sacheinlage sein kann«). Dies folgt schon daraus, dass sich der Inferent – mangels Sacheinlagefähigkeit seiner Leistung – nicht regelkonform verhalten kann und deshalb auch ein Schutz der Vorschriften

über die Sacheinlage vor Umgehung nicht veranlasst ist (Habersack in: FS für Hans-Joachim Priester, 2007, 157, 167).

46 Auch die **verdeckte gemischte Sacheinlage** (zur gemischten Sacheinlage Rdn. 24 bis 26) unterfällt den Grundsätzen der verdeckten Sacheinlage. Jedenfalls wenn es sich um eine **unteilbare Leistung** handelt, unterliegt das Rechtsgeschäft **insgesamt** den für Sacheinlagen geltenden Regeln (BGH ZIP 2008, 788 – Rheinmöve; NJW 2007, 3425 – Lurgi, jeweils zum Aktienrecht). Das gilt **auch bei einer außergewöhnlich großen Diskrepanz** zwischen der Höhe der Höhe der Bareinlageverpflichtung und dem Gesamtwert des Einbringungsgegenstands (bereits BGH NJW 1998, 1951, 1952; ebenso BGH ZIP 2008, 788 – Rheinmöve bei Rn. 14 zum Aktienrecht).

1. Hin- und Herzahlen

47 Für die Fallgruppe des Hin- und Herzahlens ist von einer verdeckten Sacheinlage auszugehen, wenn die in Rdn. 43 bis 46 genannten Voraussetzungen erfüllt sind. Beispiel für eine verdeckte Sacheinlage im Wege des Hin- und Herzahlens sind z.B. Gestaltungen, bei denen der Inferent zwar die geschuldete Geldleistung (zunächst) einlegt, sich den eingezahlten Geldbetrag dann aber alsbald als Vergütung für einen an die Gesellschaft veräußerten Vermögensgegenstand zurück zahlen lässt (vgl. Habersack/Winter/*Ulmer*, § 5 Rn. 173).

48 Die Fallgruppe der verdeckten Sacheinlage im Wege des Hin- und Herzahlens war bereits nach der bisherigen Rechtsprechung des BGH vom (**einfachen**) **Hin- und Herzahlen** zu unterscheiden, das von der Rechtsprechung als eigene Fallgruppe anerkannt wurde. Dogmatisch handelt es sich beim (einfachen) Hin- und Herzahlen nicht um einen Fall der verdeckten Sacheinlage, vielmehr tilgt das Hin- und Herzahlen des Einlagebetrags in geringem zeitlichen Abstand die Bareinlageschuld nach Auffassung des BGH nicht, weil in einem solchen Fall nicht davon ausgegangen werden kann, dass die Leistung zur **freien Verfügung** der Gesellschaft gestanden hat (BGH NZG 2006, 24; Ulmer/Habersack/Winter § 5 Rn. 175 und § 7 Rn. 40). Das (einfache) Hin- und Herzahlen galt nach der bisherigen höchstrichterlichen Rechtsprechung als **rechtliches Nullum**, d.h. es wurde überhaupt nichts geleistet (BGH NZG 2006, 24). Von der Fallgruppe der verdeckten Sacheinlage im Wege des Hin- und Herzahlens ist das (einfache) Hin- und Herzahlen dadurch abgegrenzt, dass die Umgehungsabrede im Fall der verdeckten Sacheinlage auf die Einbringung eines **sacheinlagefähigen** Vermögensgegenstandes gerichtet sein muss.

49 Basierend auf der bisherigen höchstrichterlichen Rechtsprechung ist das (**einfache**) **Hin- und Herzahlen** mit Inkrafttreten des **MoMiG** als eigene Fallgruppe in § 19 Abs. 5 GmbHG geregelt (vgl. § 19 GmbHG Rdn. 73 bis 87; *Seibert/Decker* ZIP 2008, 1208, 1210; *Hirte* ZInsO 2008, 689, 691). Zunächst hatte der RegE MoMiG eine Regelung dieser Fallgruppe in § 8 Abs. 2 GmbHG vorgeschlagen (krit. *Büchel* GmbHR 2007, 1065, 1067; *Priester* ZIP 2008, 55, 56; *Ulmer* ZIP 2008, 45, 53; *Drygala* NZG 2007, 561, 563); aufgrund der sachlichen Nähe dieser Fallgruppe zur verdeckten Sacheinlage (§ 19 Abs. 4 GmbHG) ist das Hin- und Herzahlen nun systematisch in § 19 Abs. 5 GmbHG verortet. Der Tatbestand ist im Gesetz nunmehr wie folgt formuliert: »Ist vor der Einlage eine Leistung an den Gesellschafter vereinbart worden, die wirtschaftlich einer Rückzahlung der Einlage entspricht und die nicht als verdeckte Sacheinlage im Sinne von Absatz 4 zu beurteilen ist, ...« Auch hier ist davon auszugehen, dass die bisherigen Rechtsprechungsgrundsätze zur vermuteten Umgehungsabrede (d.h. zum zeitlichen und sachlichen Zusammenhang zwischen Hin- und Herzahlen) weiter Anwendung finden.

50 Genau wie das (einfache) Hin- und Herzahlen war das **Her- und Hinzahlen** nach der bisherigen Rechtsprechung wirtschaftlich als ein einheitlicher, sich selbst neutralisierender Vorgang anzusehen, bei dem unter dem Gesichtspunkt der Kapitalaufbringung der Inferent nichts leistet und die Gesellschaft nichts erhält; die in diesem Zusammenhang für die »Herzahlung« getroffene Darlehensabrede war nach bisheriger Rechtsprechung – als Teil der Umgehungsgeschäfts – unwirksam. Das galt bspw., wenn die GmbH dem Inferenten unmittelbar vor der Kapitalerhöhung den zur Einlageleistung verwendeten Betrag als Darlehen zur Verfügung stellt (BGH NZG 2006, 716).

Künftig dürfte wohl auch die Fallgruppe des Her- und Hinzahlens unter den Wortlaut des neuen § 19 Abs. 5 GmbHG zu subsumieren sein (ebenso *Meier-Reimer/Wenzel* ZIP 2008, 1449, 1454 bei Gliederungspunkt 2.1.4; Lutter/Hommelhoff/*Bayer* GmbHG § 19 Rn. 103).

2. Verrechnung, Aufrechnung

Das Recht der Kapitalaufbringung in Bezug auf (i) einvernehmliche Verrechnungen zwischen GmbH und Gesellschafter, (ii) einseitige Aufrechnungen durch den Gesellschafter oder (iii) einseitige Aufrechnungen durch die GmbH soll dereguliert werden (*Veil* ZIP 2007, 1241, 1245). Daher wurde der bisherige § 19 Abs. 5 GmbHG durch das MoMiG aufgehoben und die bisherige Regelung in § 19 Abs. 2 GmbHG überführt. 51

Die **einvernehmliche Verrechnung** von Gesellschafterforderungen zwischen GmbH und Gesellschafter ist als verdeckte Sacheinlage im Sinne von § 19 Abs. 4 GmbHG zu werten, wenn die Gegenforderung des Gesellschafters z. Zt. der Begründung der Einlageverpflichtung bereits entstanden ist (sog. **Altforderung**), da der Gesellschafter sie dann als Sacheinlage hätte einbringen können (*Veil* ZIP 2007, 1241, 1245). Auch die Verrechnung mit einer **Neuforderung** stellt eine verdeckte Sacheinlage dar, wenn sie auf einer tatsächlichen oder vermuteten Vorabsprache beruht. Ausnahmsweise ist die Verrechnung mit einer nach Begründung der Einlagepflicht entstehenden Forderung (Neuforderung) zulässig, wenn keine entsprechende Vorabrede besteht und die Gegenforderung des Gesellschafters liquide, fällig und vollwertig ist (BGH NJW 1996, 1286). 52

Eine einseitige **Aufrechnung seitens des Gesellschafters** ist nach § 19 Abs. 2 Satz 2 GmbHG grds. ausgeschlossen. Ausnahmsweise kommt eine entsprechende Aufrechnung in Betracht, wenn die Gegenforderung des Gesellschafters aus der Überlassung von Vermögensgegenständen, deren Anrechnung auf die Einlageverpflichtung nach § 5 Abs. 4 Satz 1 GmbHG als Sacheinlage in der Satzung festgesetzt ist, herrührt. Wertungsmäßig kann man kritisieren, dass bei der Aufrechnung durch die Gesellschaft oder bei der Verrechnung von Altforderungen Rechtsfolge (nur) die Anrechnungslösung ist, während der einseitigen Aufrechnung des Gesellschafters jede Erfüllungswirkung versagt wird (*Veil* ZIP 2007, 1241, 1245). 53

Für die einseitige **Aufrechnung seitens der Gesellschaft** trifft das Gesetz keine ausdrückliche Regelung; hier gelten die gleichen Grundsätze wie bei der einvernehmlichen Verrechnung, d. h. die Gegenforderung des Gesellschafters muss nach Begründung der Einlagepflicht entstanden sein (Neuforderung) und liquide, fällig und vollwertig sein (*Veil* ZIP 2007, 1241, 1245 f.). 54

3. Rechtsfolgen

Liegt eine verdeckte Sacheinlage gem. § 19 Abs. 4 GmbHG (s. Rdn. 43) oder ein Fall des Hin- und Herzahlens gem. § 19 Abs. 5 GmbHG (s. Rdn. 48 ff.) vor, muss das Registergericht nach § 9c Satz 1 GmbHG die **Eintragung ablehnen**. 55

Kommt es im Fall der **verdeckten Sacheinlage** doch zu Eintragung, so befreit dies den Gesellschafter nicht von seiner Geldeinlageverpflichtung (§ 19 Abs. 4 Satz 1 GmbHG); damit distanziert sich der Gesetzgeber des MoMiG ausdrücklich von der sog. **Erfüllungslösung** (dazu krit. *Ulmer* ZIP 2008, 45, 50 ff. m. w. N.), die noch im RegE MoMiG vorgesehen war, wonach eine verdeckte Sacheinlage der Erfüllung der eigentlichen Geldeinlageverpflichtung nicht entgegenstehen sollte (*Seibert/Decker* ZIP 2008, 1208, 1210). Stattdessen hat sich der Gesetzgeber für die sog. **Anrechnungslösung** entschieden, d. h. der Wert des verdeckten Sacheinlagegegenstandes wird kraft Gesetzes auf die Geldeinlagepflicht angerechnet (zur Anrechnung im Einzelnen § 19 GmbHG Rdn. 59; *Ulmer* ZIP 2009, 293 ff.; *Meier-Reimer/Wenzel* ZIP 2008, 1449, 1451; überblicksartig *Hirte* ZInsO 2008, 689, 690). Die automatische Anrechnung erfolgt jedoch erst nach Eintragung der Gesellschaft im Handelsregister. Für die Ermittlung des Wertes des Sacheinlagegegenstandes ist auf den Zeitpunkt der Anmeldung der GmbH zur Eintragung in das Handelsregister abzustellen oder auf den Zeitpunkt der Überlassung des Gegenstandes an die Gesellschaft, falls diese später erfolgt. Die **Beweislast** für die Werthaltigkeit des Sacheinlagegegenstandes trägt der Gesellschafter (§ 19 Abs. 4 Satz 5 56

GmbHG). Jedoch sind die Verträge über die (verdeckte) Sacheinlage und die Rechtshandlungen zu ihrer Ausführung nicht unwirksam (§ 19 Abs. 4 Satz 2 GmbHG). Eine Umgehung der Sacheinlagevorschriften mittels verdeckter Sacheinlage ist auch künftig nicht sanktionslos möglich, da sich der Geschäftsführer im Fall einer vorsätzlich falschen Versicherung gem. § 8 Abs. 2 GmbHG gem. § 82 GmbHG strafbar macht. Das Risiko trägt allerdings nunmehr allein der Geschäftsführer, nicht dagegen der Gesellschafter.

57 Vor Inkrafttreten des MoMiG war die Geldeinlagepflicht im Fall einer verdeckten Sacheinlage komplett nicht Schuld tilgend erbracht worden und grundsätzlich vollständig neu zu leisten (d. h. nicht nur die Wertdifferenz bei fehlender Vollwertigkeit der verdeckten Sacheinlage). War der Tatbestand der verdeckten Sacheinlage nach bisherigem Recht erfüllt, führte dies analog § 27 Abs. 1 AktG zur Nichtigkeit des schuldrechtlichen Umsatz- und des dinglichen Verkehrsgeschäfts (BGHZ 155, 329). Es kann allerdings eine Heilung durch Umwidmung der Bar- in eine Sacheinlage in Betracht (BGHZ 132, 141, 150).

58 Auch das **Hin- und Herzahlen** steht der ordnungsgemäßen Erfüllung der Geldeinlageverpflichtung nicht entgegen, wenn die Auszahlung an den Gesellschafter durch einen vollwertigen Rückzahlungs- oder Gegenleistungsanspruch gedeckt ist (§ 19 Abs. 5 Satz 1 GmbHG). Weitere Voraussetzung ist, dass der Rückgewähranspruch gegen den Gesellschafter jederzeit fällig sein muss oder durch fristlose Kündigung durch die Gesellschaft fällig gestellt werden kann. Damit sollen Bewertungsschwierigkeiten im Zusammenhang mit der Feststellung der Vollwertigkeit des Rückzahlungs- oder Gegenleistungsanspruchs vermieden werden, da der Bewertung im Fall einer erst mittel- oder langfristig eintretenden Fälligkeit Prognoseentscheidungen zugrunde gelegt werden müssen, die ggf. zu Bewertungsunsicherheiten führen könnten (*Seibert/Decker* ZIP 2008, 1208, 1211). Zudem ist das Hin- und Herzahlen dem Handelsregister in der Anmeldung gem. § 8 GmbHG offenzulegen (BGH WM 2009, 1574, Tz. 25 – Cash-Pool II; BGH ZIP 2009, 713, Tz. 16 – Qivive). Anders als bei der verdeckten Sacheinlage ist Rechtsfolge beim (einfachen) Hin- und Herzahlen ohne vollwertigen Rückzahlungsanspruch nicht die bloße Anrechnungslösung, vielmehr ist die Einlage dann **vollständig nicht erbracht**. Ein zugrunde liegendes Kausalgeschäft (z. B. Darlehensabrede) wäre aufgrund Verstoßes gegen die Kapitalerhaltungsgrundsätze unwirksam (*Veil* ZIP 2007, 1241, 1247).

59 Vor Inkrafttreten des MoMiG verneinte die Rechtsprechung beim (einfachen) Hin- und Herzahlen eine ordnungsgemäße Erfüllung der Einlagepflicht. Mit der Zahlung auf die vermeintliche »Darlehensschuld« konnte der Einlageschuldner allerdings nachträglich die offene Einlageschuld erfüllen, da der Gesellschaft im Ergebnis die von ihr als Einlage zu beanspruchenden Barmittel endgültig zugeführt wurden und der Zweck der Kapitalaufbringungsregeln erreicht wurde (BGH NJW 2006, 509).

60 Ob auch im Fall des (einfachen) Hin- und Herzahlens eine **Heilung durch Umwidmung** der Einlageleistung in Betracht kommt, falls die Anforderungen des § 19 Abs. 5 GmbHG – fälliger, vollwertiger Rückzahlungsanspruch und Offenlegung – nicht eingehalten sind, ist bislang noch nicht höchstrichterlich geklärt (Näher *Mayer* in FS-Priester 445, 461 m. w. N., wonach im Fall des [einfachen] Hin- und Herzahlens grundsätzlich nur durch nochmalige Zahlung »geheilt« werden kann.).

Näher zu den Rechtsfolgen, vgl. § 19 GmbHG Rdn. 81 bis 87.

VI. Sondervorteile, Gründungsaufwand

61 Obwohl eine § 26 AktG entsprechende Vorschrift im GmbH-Recht fehlt, ist unstreitig, dass Ansprüche der Gesellschafter auf Ersatz von Kosten im Zusammenhang mit der Gründung (sog. **Gründungsaufwand**) oder **Sondervorteile** nur durch Festsetzung in der Satzung begründet werden können (BGH NJW 1998, 233; NJW 1989, 1610; vgl. auch § 3 GmbHG Rdn. 23 f.).

§ 5a Unternehmergesellschaft

(1) Eine Gesellschaft, die mit einem Stammkapital gegründet wird, das den Betrag des Mindeststammkapitals nach § 5 Abs. 1 unterschreitet, muss in der Firma abweichend von § 4 die Bezeichnung »Unternehmergesellschaft (haftungsbeschränkt)« oder »UG (haftungsbeschränkt)« führen.

(2) Abweichend von § 7 Abs. 2 darf die Anmeldung erst erfolgen, wenn das Stammkapital in voller Höhe eingezahlt ist. Sacheinlagen sind ausgeschlossen.

(3) In der Bilanz des nach den §§ 242, 264 des Handelsgesetzbuchs aufzustellenden Jahresabschlusses ist eine gesetzliche Rücklage zu bilden, in die ein Viertel des um einen Verlustvortrag aus dem Vorjahr geminderten Jahresüberschusses einzustellen ist. Die Rücklage darf nur verwandt werden
1. für Zwecke des § 57c;
2. zum Ausgleich eines Jahresfehlbetrags, soweit er nicht durch einen Gewinnvortrag aus dem Vorjahr gedeckt ist;
3. zum Ausgleich eines Verlustvortrags aus dem Vorjahr, soweit er nicht durch einen Jahresüberschuss gedeckt ist.

(4) Abweichend von § 49 Abs. 3 muss die Versammlung der Gesellschafter bei drohender Zahlungsunfähigkeit unverzüglich einberufen werden.

(5) Erhöht die Gesellschaft ihr Stammkapital so, dass es den Betrag des Mindeststammkapitals nach § 5 Abs. 1 erreicht oder übersteigt, finden die Absätze 1 bis 4 keine Anwendung mehr; die Firma nach Absatz 1 darf beibehalten werden

Übersicht	Rdn.			Rdn.
A.	Normzweck	1	E. Gesellschafterversammlung bei drohender Zahlungsunfähigkeit, Abs. 4	9
B.	Firmierung, Abs. 1	4	F. Übergang in die »klassische« GmbH, Abs. 5, und Umwandlungsfähigkeit	11
C.	Geldeinlagepflicht und Volleinzahlungsgebot, Abs. 2	5	G. Die UG (haftungsbeschränkt) als Komplementärin	13
D.	Ausschüttungssperre, Abs. 3	8		

A. Normzweck

In § 5a GmbHG wurde durch das MoMiG die Unternehmergesellschaft (haftungsbeschränkt) als **Unterform der »klassischen« GmbH** eingeführt. Dabei handelt es sich um eine Variante der GmbH, die auf das Mindeststammkapital von 25.000,- € verzichtet, und stattdessen mit nur einem Euro Stammkapital gegründet werden kann. Ausweislich der Begr. RegE MoMiG soll die Unternehmergesellschaft es jungen Existenzgründern sehr einfach machen, eine Kapitalgesellschaft zu gründen und in den Genuss der Haftungsbeschränkung zu kommen. Gemeinsam mit dem sog. Musterprotokoll gem. § 2 Abs. 1a GmbHG soll die Unternehmensgründung laut Gesetzesbegründung ein flexibles, schnelles, einfaches und kostengünstiges Unterfangen werden. Wird das Musterprotokoll verwendet, vermindern sich die Gründungskosten, da in diesem Fall gem. § 41c KostO für die Berechnung der Notargebühren nicht der Mindestgeschäftswert i. H. v. 25.000,- € Anwendung findet. Da die Unternehmergesellschaft ohne ein signifikantes Mindeststammkapital auskommt, wurde für die »klassische« GmbH auf die geplante Absenkung des Mindeststammkapitals von 25.000,- € auf 10.000,- € verzichtet. Die Änderungen sind auch vor dem Hintergrund des internationalen Wettbewerbs der Rechtsformen zu sehen und insbesondere dem Vordringen der englischen Limited in Deutschland, der der Gesetzgeber eine schlanke und kostengünstig sowie schnell zu gründende Alternative gegenüberstellen wollte. Ob es allerdings wirklich sinnvoll ist, Marktteilnehmern, die noch nicht einmal in der Lage sind den Mindestbetrag von 25.000,- € aufzubringen, das Privileg der Haftungsbeschränkung zu verleihen, um den durch die mangelnde geschäftliche Fortüne solcher Marktteilnehmer verursachten Schaden regelmäßig im Insolvenzfall zu sozialisieren, sei dahin gestellt. So bleibt es der Vorsicht und Geschäftserfahrung der potenziellen Geschäftspartner solcher »**Subprime**«-**GmbHs** überlassen, ob sich diese Unterform der GmbH durchsetzen wird (ebenso krit. *Heckschen* DStR 2007, 1442, 1446).

2 Als Ausgleich für den Verzicht auf den präventiven Gläubigerschutz, den bei der »klassischen« GmbH das Mindeststammkapital von 25.000,- € gewährleistet, sieht § 5a GmbHG vier Regelungen vor, die dem geringeren **Gläubigerschutz** der Unternehmergesellschaft im Vergleich zur klassischen GmbH entgegenwirken sollen (*Veil* GmbHR 2007, 1080, 1081; *Seibert/Decker* ZIP 2008, 1208): Erstens soll eine besondere Bezeichnung der Rechtsform für den Rechtsverkehr transparent machen, dass hier kein Haftungsfonds als anfängliche Seriositätsschwelle aufgebracht worden ist. Zweitens sind die Stammeinlagen voll einzuzahlen. Sacheinlagen sind angesichts der frei wählbaren Höhe des Stammkapitals unnötig und unzulässig. Drittens ist ein Viertel der Gewinne der Unternehmergesellschaft (haftungsbeschränkt) zu thesaurieren, bis das Mindeststammkapital einer »klassischen« GmbH i. H. v. 25.000,- € angespart ist. Viertens muss die Gesellschafterversammlung bei drohender Zahlungsunfähigkeit unverzüglich einberufen werden; anders als bei der »klassischen« GmbH kann sinnvollerweise nicht auf den Verlust der Hälfte des Stammkapitals abgestellt werden, wenn die Gesellschafter ohnehin nur ein vernachlässigbares Stammkapital vereinbaren.

3 Die Unternehmergesellschaft (haftungsbeschränkt) ist **keine eigene Rechtsform**, sondern eine GmbH in der Variante der haftungsbeschränkten Unternehmergesellschaft (*Veil* GmbHR 2007, 1080, 1081 m. w. N.; *Hirte* ZInsO 2008, 933, 934; *N. Meister* NZG 2008, 767).

B. Firmierung, Abs. 1

4 Eine Gesellschaft, die mit einem Stammkapital von weniger als 25.000,- € gegründet wird, muss in der Firma abweichend von § 4 GmbHG die Bezeichnung »**Unternehmergesellschaft (haftungsbeschränkt)**« oder »**UG (haftungsbeschränkt)**« führen (krit. *Wilhelm* DB 2007, 1510, 1511). Ausweislich der Begr RegE MoMiG ist eine Abkürzung des Zusatzes »(haftungsbeschränkt)« nicht zulässig; auch sonstige Bezeichnungen wie »Mini-GmbH« oder »Kleine GmbH« sind unzulässig (*Böhringer* BWNotZ 2008, 104, 105). Durch die besondere Bezeichnung, die nicht Rechtsformzusatz ist (*Hirte* ZInsO 2008, 933, 934), sollen die Verkehrskreise gewarnt werden, dass die Gesellschaft möglicherweise mit einem sehr geringen Haftkapital ausgestattet ist. Die Firma kann auch dann beibehalten werden, wenn die GmbH ihr Stammkapital auf das Mindeststammkapital gem. § 5 Abs. 1 GmbHG (25.000,- €) erhöht (§ 5a Abs. 5 Halbs. 2 GmbHG). Wird im Geschäftsverkehr hingegen der Rechtsformzusatz weggelassen, verkürzt oder ist er unverständlich und hierdurch der Rechtsschein unbegrenzter Haftung oder der Haftung nach einer anderen Rechtsform hervorgerufen, so besteht die Gefahr einer sog. Rechtsscheinhaftung, wenn ein Gläubiger sich im Vertrauen darauf auf Geschäfte mit der Unternehmergesellschaft eingelassen hat (vgl. Baumbach/Hueck/*Fastrich*, § 5a Rn. 9; Gehrlein/Ekkenga/Simon/*Schmitz*, § 5a Rn. 22). Hingegen kommt eine Haftung der Gesellschafter in diesen Fällen nur im Ausnahmefall in Betracht (vgl. BGH NJW, 2007, 1529; Gehrlein/Ekkenga/Simon/*Schmitz*, § 5a Rn. 22). Führt die Unternehmergesellschaft hingegen fälschlich den Zusatz GmbH, so dürfte eine Haftung auf die Differenz zwischen dem Stammkapital der Unternehmergesellschaft und dem Mindeststammkapital des § 5 zum Tragen kommen. Hiergegen wird eingewandt, das sowohl bei der Unternehmergesellschaft als auch bei der regulären GmbH keine Aussage getroffen wird, inwieweit die Gesellschaft ihre Haftung ausfüllen kann (vgl. Gehrlein/Ekkenga/Simon/*Schmitz*, § 5a Rn. 23). Richtig kann diese Auffassung allerdings nicht sein, da dem in § 5a Abs. 1 geforderten Rechtsformzusatz nicht nur eine Warnfunktion zukommt, sondern die Gläubiger der Unternehmergesellschaft hierüber die Information über ein von Anbeginn an fehlendes Mindeststammkapital erhalten, während bei Benutzung des Zusatzes GmbH bei den Gläubigern zumindest der Eindruck vermittelt wird, dass das Mindeststammkapital vorhanden sein könnte.

C. Geldeinlagepflicht und Volleinzahlungsgebot, Abs. 2

§ 5a Abs. 2 statuiert für die Unternehmergesellschaft ein **Volleinzahlungsgebot** und ein **Verbot der Sacheinlage.** Danach darf die Anmeldung der Unternehmergesellschaft erst erfolgen, wenn das Stammkapital in voller Höhe eingezahlt ist. Sacheinlagen sind hingegen ausgeschlossen. Das Verbot der Sacheinlage findet seinen Grund in der Vereinfachung und Beschleunigung des Eintragungsverfahrens, mangels Sachgründungsbericht und Kontrolle durch das Registergericht. Die Verpflichtung zur Volleinzahlung findet seine Rechtfertigung insbesondere in dem Erfordernis von Barmitteln für die Anlaufphase (vgl. Baumbach/Hueck/*Fastrich*, § 5a Rn. 11; Lutter/Hommelhoff/*Lutter*, § 5a Rn. 12). Wird entgegen dem Verbot von Sacheinlagen im Gesellschaftsvertrag eine Sacheinlage vereinbart, führt dies zur Nichtigkeit der Sacheinlagevereinbarung mit der Folge, dass eine Eintragung nicht erfolgen darf. Erfolgt gleichwohl eine Eintragung, führt dies dazu, dass eine Geldeinlage geschuldet ist (vgl. Baumbach/Hueck/*Fastrich*, § 5a Rn. 11).

Für die Kapitalaufbringung gilt im Grundsatz auch die in § 19 enthaltene Regelung (vgl. Baumbach/Hueck/*Fastrich*, § 5a Rn. 12; Lutter/Hommelhoff/*Lutter*, § 5a Rn. 13). Soweit in der Literatur die Anwendbarkeit auf die Unternehmergesellschaft bestritten wird (vgl. *Bormann*, in: GmbHR, 2007, 897, 901; *Freitag/Riemenschneider*, in: ZIP 2007, 1485, 1486; *Schall*, in: ZGR 2009, 126, 152) ist dem nicht zu folgen. Natürlich kann auch trotz des in § 5a Abs. 2 enthaltenen Sacheinlagenverbots die Leistung von etwas anderem als Geld vereinbart werden und auch gemacht werden (vgl. Lutter/Hommelhoff/*Lutter*, § 5a Rn. 13). Dem würde es widersprechen, wenn die Unternehmergesellschaft, auf die vorbehaltlich der Regelungen in § 5a die Regelungen des GmbHG anwendbar sind, insoweit privilegiert würde, in dem man etwa die in § 19 Abs. 4 enthaltene Regelung nicht anwenden würde. Hierfür besteht jedoch angesichts der auch bei der Unternehmergesellschaft bestehenden tatsächlichen Gefahr einer verdeckten Sacheinlage überhaupt kein nachvollziehbarer Grund (vgl. Lutter/Hommelhoff/*Lutter*, § 5a Rn. 13). Folge dessen ist, dass im Fall einer verdeckten Sacheinlage § 19 Abs. 4 mit der Folge gilt, dass die Bareinlageverpflichtung des betreffenden Gesellschafters ebenso gültig ist, wie die Sacheinlagevereinbarung und der objektive Wert der Sacheinlage zum Zeitpunkt der Anmeldung der Gesellschaft zum Handelsregister auf die Bareinlage kraft Gesetzes angerechnet wird, die i. H. d. objektiven Wertes der Sache erlischt. Unterschreitet der objektive Wert die versprochene Bareinlage so bleibt i. H. d. Differenz die Zahlungspflicht des Gesellschafters bestehen, die gem. § 9 Abs. 2 in 10 Jahren verjährt (vgl. Lutter/Hommelhoff/*Lutter*, § 5a Rn. 13).

Das **Volleinzahlungsgebot** und das **Verbot der Sacheinlage** gilt auch für Kapitalerhöhungen gegen Einlagen, solange das Stammkapital der Unternehmergesellschaft das Mindeststammkapital der GmbH nicht erreicht (vgl. BGH NJW 2011, 1881, 1883). Erforderlich hierzu ist ein Beschluss der Gesellschafterversammlung über die Kapitalerhöhung, mit dem das Stammkapital auf den Betrag von 25.000,00 € (oder mehr) erhöht werden soll und diese Kapitalerhöhung sodann auch durchgeführt wird (vgl. BGH NJW, 2011, 1881, 1883; Baumbach/Hueck/*Fastrich*, § 5a Rn. 13).

D. Ausschüttungssperre, Abs. 3

Der Gesetzgeber versucht ferner, sein Ziel des Gläubigerschutzes durch ein **Thesaurierungsgebot** zu flankieren. Zunächst dürfen also nicht alle Gewinne ausgeschüttet werden; vielmehr ist ein Viertel des um einen Verlustvortrag aus dem Vorjahr geminderten Jahrüberschusses in eine zu diesem Zwecke zu bildende gesetzliche Rücklage einzustellen. Das Thesaurierungsgebot soll der Sicherung einer angemessenen Eigenkapitalausstattung der Gesellschaft dienen (*Seibert/Decker* ZIP 2008, 1208). Die Rücklage darf nur für bestimmte Zwecke verwandt werden, nämlich für eine Kapitalerhöhung aus Gesellschaftsmitteln nach § 57c GmbHG oder zum Ausgleich eines Jahresfehlbetrages, soweit er nicht durch einen Gewinnvortrag aus dem Vorjahr gedeckt ist, oder zum Ausgleich eines Verlustvortrages aus dem Vorjahr, soweit er nicht durch einen Jahresüberschuss gedeckt ist. Erreicht die Gesellschaft das Mindeststammkapital von 25.000,– €, findet die Ausschüttungssperre keine Anwendung mehr (Abs. 5). Ausweislich der Begr. RegE MoMiG zu Abs. 5 kann die nach Abs. 3 gebildete Rücklage nach Erreichen der Mindeststammkapitalziffer, soweit sie nicht für die Erhöhung des Stammkapitals verwendet wurde, aufgelöst werden. Dagegen kann auch eine Kapitalrücklage, die das Mindeststammkapital von 25.000,– € bei Weitem überschreitet, nicht ohne Weiteres aufgelöst werden (*Hirte* ZInsO 2008, 933, 935 m. w. N.). Wollen die Gesellschafter die in die Rücklage eingestellten Beträge ausschütten, müssen sie zuvor eine Kapitalerhöhung aus Gesellschaftsmitteln oder eine effektive Kapitalerhöhung beschließen. Erst wenn das eingetragene Stammkapital den Mindestbetrag von 25.000,– € überschreitet, kann die Rücklage aufgelöst werden (*Veil* GmbHR 2007, 1080, 1082).

E. Gesellschafterversammlung bei drohender Zahlungsunfähigkeit, Abs. 4

9 Abweichend von § 49 Abs. 3 GmbHG muss die Geschäftsführung die Gesellschafterversammlung bei drohender Zahlungsunfähigkeit **unverzüglich** (§ 121 BGB) einberufen. Zutreffend knüpft der Gesetzgeber nicht mehr an den hälftigen Verlust des Stammkapitals an; das macht ökonomisch keinen Sinn mehr, wenn die Gesellschafter ein »Mini«-Stammkapital von z. B. 100,– € festsetzen. Als Zeitpunkt für die Einberufung der Gesellschafterversammlung ist jedoch der Eintritt der drohenden Zahlungsunfähigkeit relativ spät gewählt; immerhin stellt die drohende Zahlungsunfähigkeit bereits einen Grund für die Eröffnung des Insolvenzverfahrens dar, wenn dies vom Schuldner beantragt wird (§ 18 InsO). Insofern bleibt den Gesellschafter keine oder kaum Vorwarnzeit, falls der Geschäftsführer bereits bei drohender Zahlungsunfähigkeit Insolvenzantrag stellen möchte. Zutreffend wird daher kritisiert, dass man zur Erfüllung der Warnfunktion der Norm *de lege ferenda* eher auf den Eintritt der Krise abstellen sollte (*Veil* GmbHR 2007, 1080, 1083).

10 Da die Gründung der Unternehmergesellschaft bereits mit einem (Mindest-)Stammkapital von einem Euro möglich ist (§ 5 Abs. 2 Satz 1 GmbHG), droht bereits durch die Übernahme der Gründungskosten möglicherweise die Überschuldung (*Drygala* NZG 2007, 561, 562). Der Gesetzgeber hat dies gesehen und in dem Musterprotokoll gem. § 2a GmbHG vorgesehen, dass die Gesellschaft Gründungskosten nur bis zu einem Höchstbetrag von 300,– € trägt, höchstens jedoch bis zu dem Betrag ihres Stammkapitals. Dadurch wird formal die Überschuldung aufgrund der Übernahme der Gründungskosten bereits zum Zeitpunkt der Gründung vermieden. Dennoch droht **jederzeit der Insolvenzgrund der Überschuldung** einzutreten, sofern die Gesellschafter nicht für eine angemessene Eigenkapitalausstattung sorgen oder auf sonstige Weise die Überschuldung abwenden (etwa durch Übernahme jeglicher Kosten der Gesellschaft oder durch Gesellschafterdarlehen mit Rangrücktritt). Dieses Risiko wurde im Gesetzgebungsprozess durchaus adressiert; dennoch hat sich etwa der Vorschlag von *Marcus Lutter* nicht durchgesetzt, die Frist für die Insolvenzantragspflicht für die Unternehmergesellschaft von 3 Wochen auf 3 Monate zu verlängern (*Lutter*, Stellungnahme zur Vorbereitung der öffentlichen Anhörung des Rechtsausschusses des Bundestages am 23.01.2008, http://www.bundestag.de/ausschuesse/a06/anhoerungen/28_MoMiG/04_Stellungnahmen/Stellungnahme_Prof__Lutter.pdf). Soll die UG (haftungsbeschränkt) den Gründungsaufwand tragen, muss das Stammkapital den Gründungsaufwand übersteigen, um bereits eine anfängliche Insolvenz zu vermeiden. Nach *Böhringer* betragen schon die Gründungskosten unter Verzicht auf die Handelsregisterbekanntmachungen in Tageszeitungen ab 2009 mindestens ca. 260,– € (*Böhringer* BWNotZ 2008, 104, 105).

F. Übergang in die »klassische« GmbH, Abs. 5, und Umwandlungsfähigkeit

11 Da es sich bei der UG (haftungsbeschränkt) nur um eine Unterform der Rechtsform GmbH handelt, erfolgt der Übergang von der UG (haftungsbeschränkt) in die GmbH **nicht durch Formwechsel** gem. §§ 190 ff. UmwG (*N. Meister* NZG 2008, 767, 768). Vielmehr wird der Übergang in die »klassische« GmbH durch eine Kapitalerhöhung bis zum Betrag des Mindeststammkapitals bewirkt (Abs. 5).

12 Nach h. M. kann eine vorhandene GmbH nicht in eine UG (haftungsbeschränkt) umgewandelt werden (*Böhringer* BWNotZ 2008, 104, 106; *Freitag/Riemenschneider* ZIP 2007, 1485, 1491; a. A. *Hirte* ZInsO 2008, 933, 934 m. w. N.). Denn der **Formwechsel** ist der Sache nach als Sachgründung zu verstehen; diese sind der UG (haftungsbeschränkt) jedoch gem. § 5 Abs. 2 Satz 2 GmbHG

verwehrt (*N. Meister* NZG 2008, 767, 768 m.w.N.). Der Verlust von Stammkapital führt nicht automatisch zum Wechsel in die Rechtsformvariante der UG (haftungsbeschränkt) (*Hirte* ZInsO 2008, 933, 934 m.w.N.; *Bormann* GmbHR 2007, 897, 898 f.; *Freitag/Riemenschneider* ZIP 2007, 1485, 1491; *Gehrlein* Konzern 2007, 771, 779). Zu weiteren Umwandlungsmaßnahmen eingehend: *Heckschen*, Das MoMiG in der notariellen Praxis, 1. Aufl. 2009, C Rn. 228 bis 259.

G. Die UG (haftungsbeschränkt) als Komplementärin

Die Zulässigkeit der UG (haftungsbeschränkt) & G.KG ist umstritten; das Gesetz verbietet die Kombination der Rechtsformen jedoch nicht (*Römermann/Passange* ZIP 2009, 1497 ff.; *Stenzel* NZG 2009, 168 ff.; *Heckschen*, Das MoMiG in der notariellen Praxis, 1. Aufl. 2009, C Rn. 203 bis 210). 13

§ 6 Geschäftsführer

(1) Die Gesellschaft muß einen oder mehrere Geschäftsführer haben.

(2) [1]Geschäftsführer kann nur eine natürliche, unbeschränkt geschäftsfähige Person sein. [2]Geschäftsführer kann nicht sein, wer
1. als Betreuter bei der Besorgung seiner Vermögensangelegenheiten ganz oder teilweise einem Einwilligungsvorbehalt (§ 1903 des Bürgerlichen Gesetzbuchs) unterliegt,
2. aufgrund eines gerichtlichen Urteils oder einer vollziehbaren Entscheidung einer Verwaltungsbehörde einen Beruf, einen Berufszweig, ein Gewerbe oder einen Gewerbezweig nicht ausüben darf, sofern der Unternehmensgegenstand ganz oder teilweise mit dem Gegenstand des Verbots übereinstimmt,
3. wegen einer oder mehrerer vorsätzlich begangener Straftaten
    a) des Unterlassens der Stellung des Antrags auf Eröffnung des Insolvenzverfahrens (Insolvenzverschleppung),
    b) nach den §§ 283 bis 283d des Strafgesetzbuchs (Insolvenzstraftaten),
    c) der falschen Angaben nach § 82 dieses Gesetzes oder § 399 des Aktiengesetzes,
    d) der unrichtigen Darstellung nach § 400 des Aktiengesetzes, § 331 des Handelsgesetzbuchs, § 313 des Umwandlungsgesetzes oder § 17 des Publizitätsgesetzes oder
    e) nach den §§ 263 bis 264a oder den §§ 265b bis 266a des Strafgesetzbuchs zu einer Freiheitsstrafe von mindestens einem Jahr

verurteilt worden ist; dieser Ausschluss gilt für die Dauer von fünf Jahren seit der Rechtskraft des Urteils, wobei die Zeit nicht eingerechnet wird, in welcher der Täter auf behördliche Anordnung in einer Anstalt verwahrt worden ist.

[3]Satz 2 Nr. 3 gilt entsprechend bei einer Verurteilung im Ausland wegen einer Tat, die mit den in Satz 2 Nr. 3 genannten Taten vergleichbar ist.

(3) [1]Zu Geschäftsführern können Gesellschafter oder andere Personen bestellt werden. [2]Die Bestellung erfolgt entweder im Gesellschaftsvertrag oder nach Maßgabe der Bestimmungen des dritten Abschnitts.

(4) Ist im Gesellschaftsvertrag bestimmt, daß sämtliche Gesellschafter zur Geschäftsführung berechtigt sein sollen, so gelten nur die der Gesellschaft bei Festsetzung dieser Bestimmung angehörenden Personen als die bestellten Geschäftsführer.

(5) Gesellschafter, die vorsätzlich oder grob fahrlässig einer Person, die nicht Geschäftsführer sein kann, die Führung der Geschäfte überlassen, haften der Gesellschaft solidarisch für den Schaden, der dadurch entsteht, dass diese Person die ihr gegenüber der Gesellschaft bestehenden Obliegenheiten verletzt.

§ 6 GmbHG   Geschäftsführer

Übersicht	Rdn.		Rdn.
A. Allgemeines	1	1. Übertragung durch Satzungsbestimmung	25
B. Notwendigkeit mindestens eines Geschäftsführers	2	a) Recht zur Bestellung	25
C. Notgeschäftsführer	4	b) Unentziehbares Sonderrecht i. S. d. § 35 BGB	27
D. »Faktischer« Geschäftsführer	8	c) Vorschlagsrecht	29
E. Persönliche Voraussetzungen, Abs. 2	11	2. Übertragung durch gesetzliche Bestimmungen	30
I. Gesetzliche Bestellungsvoraussetzungen	11	G. Beendigung des Organverhältnisses	31
II. Gesellschaftsvertragliche Bestellungsvoraussetzungen	20	H. Nichtigkeit und Anfechtbarkeit des Bestellungsbeschlusses	34
F. Bestellung des Geschäftsführers, Abs. 3	21	I. Auslegungsregel des Abs. 4	37
I. Allgemeines	21	J. Haftung der Gesellschafter, Abs. 5	38
II. Bestellung durch Satzungsregelung	23		
III. Bestellungskompetenz	25		

A. Allgemeines

1   Bereits der 1. Abschnitt des GmbHG über die Errichtung der Gesellschaft trifft Aussagen zum Geschäftsführer; ausführlich beschäftigt sich der 3. Abschnitt des GmbHG (§§ 35 ff. GmbHG) mit Geschäftsführung und Vertretung. Verschiedene Vorgänge im Rahmen der Gründung der Gesellschaft (Anmeldung zum Handelsregister, Überwachung der Einzahlung der Stammeinlagen, Führung von Geschäften der Vorgesellschaft etc.) setzen aber den Geschäftsführer voraus.

B. Notwendigkeit mindestens eines Geschäftsführers

2   Das Vorhandensein eines Geschäftsführers ist zwingende Voraussetzung für die Herstellung der Handlungsfähigkeit der GmbH. Sowohl Vertretungsmacht als auch Geschäftsführungsbefugnis (vgl. dazu i. E. die §§ 35 ff. GmbHG) sind durch den Gesetzgeber unabdingbar bei dem Geschäftsführer oder mehreren Geschäftsführern angesiedelt worden. Die Gesellschafter sind untereinander, nicht aber gegenüber Dritten (auch nicht gegenüber Gesellschaftsgläubigern), dazu verpflichtet, mindestens einen Geschäftsführer zu bestellen (**Bestellungspflicht**).

3   Das Gesetz setzt mindestens einen Geschäftsführer voraus, die Anzahl ist gesetzlich nach oben nicht begrenzt. Spezialgesetze verlangen gelegentlich mehr als nur einen Geschäftsführer als Minimum (vgl. etwa für die Kreditwirtschaft § 33 Abs. 1 Nr. 5 KWG, § 2 KAAG oder für mitbestimmte Unternehmen § 33 MitbestG, § 13 MontanMitbestG, § 13 MitbestErgG infolge der Notwendigkeit der Bestellung eines Arbeitsdirektors). Der Gesellschaftsvertrag kann eine **Höchstzahl von Geschäftsführern** festlegen, muss dies aber nicht. Im Fall der Bestellung von weniger Geschäftsführern, als durch den Gesellschaftsvertrag vorgesehen, kann **Klage auf Bestellung** weiterer Geschäftsführer erhoben werden. Aktivlegitimiert sind nur die Gesellschafter.

C. Notgeschäftsführer

4   Im Fall des Nicht-Vorhandenseins eines Geschäftsführers kommt die Bestellung eines Notgeschäftsführers durch das Amtsgericht in **entsprechender Anwendung des § 29 BGB** in Betracht, insbesondere wenn die Gesellschafterversammlung nicht innerhalb einer angemessenen Frist einen Geschäftsführer bestellt. Krankheit des Geschäftsführers allein ist kein Grund für die Bestellung eines Notgeschäftsführers, solange die Gesellschafter in der Lage sind, rechtzeitig einen neuen oder weiteren Geschäftsführer zu bestellen und eine Gefährdungslage für die Gesellschaft nicht gegeben ist. Eine Gefährdungslage für die Gesellschaft hingegen führt ebenso wie eine Gefährdungslage für einen mit der Gesellschaft in Rechtsbeziehung stehenden Dritten zu dem eine Notgeschäftsführerbestellung voraussetzenden Merkmal der Dringlichkeit. Die Gerichte halten zu Recht an einer restriktiven Auslegung der analog anzuwendenden Ermächtigungsnorm des § 29 BGB fest. Die Bestellung eines Notgeschäftsführers soll ultima ratio bleiben. Erst wenn der Versuch einer Lösung des Problems auf der Ebene der für die Bestellung eines Geschäftsführers zuständigen Gesellschaftsorgane aus tatsächlichen oder rechtlichen Gründen nicht zur Verfügung steht oder nach entspre-

chenden Initiativen scheitert, kommt ein hoheitlicher Eingriff durch das Registergericht infrage (OLG Frankfurt am Main, GmbHR 2011, 1151).

Zu beachten ist in diesem Zusammenhang, dass die Bestellung eines Notgeschäftsführers selbst bei Vorliegen der strengen Voraussetzungen daran scheitern kann, dass niemand von außen zur Übernahme des Geschäftsführeramts bereit ist. Dies droht nicht selten z. B. bei einer völlig zerstrittenen Zwei-Personen-GmbH.

Die Bestellung des Notgeschäftsführers erfolgt im **FamFG-Verfahren** durch das Registergericht am Sitz der Gesellschaft. Funktionell zuständig ist der Rechtspfleger (§§ 3 Nr. 2 Buchst. d), 17 RPflG). **Antragsberechtigt** sind in erster Linie die Gesellschafter, Mitgeschäftsführer, Mitglieder anderer Gesellschaftsorgane sowie Dritte, die mit der Gesellschaft in einem Schuldverhältnis welcher Art auch immer stehen. Gegen die Entscheidung des Registergerichts über die Bestellung oder die Abberufung eines Notgeschäftsführers ist die **einfache Beschwerde** nach § 58 FamFG zulässig (s. a. BayObLG NJW-RR 2000, 254, 255).

Bei der Bestellung des Notgeschäftsführers ist das Registergericht im Rahmen pflichtgemäßen Ermessens frei, hat aber alle gesetzlichen und auch satzungsmäßigen Bestellungsvoraussetzungen zu beachten (BayObLG NJW-RR 1999, 1259, 1260). Das Registergericht kann niemanden gegen seinen Willen bestellen, nach richtiger Ansicht auch nicht einen Gesellschafter (zu Letzterem KG BB 2000, 998, 999, aber str.). Der Notgeschäftsführer hat die **Stellung eines ordentlichen Geschäftsführers** und ist in das Handelsregister einzutragen. Insbesondere ist also eine Beschränkung seiner Vertretungsmacht nicht zulässig, anderes gilt aber für seine Geschäftsführungsbefugnis. Die Bestellung endet mit Behebung des Mangels im Organbestand und daraufhin erfolgendem Widerruf durch das Registergericht oder durch Niederlegung des Amtes durch den Notgeschäftsführer selbst. Eine **Abberufung** des durch das Registergericht eingesetzten Notgeschäftsführers durch die Gesellschafterversammlung kommt nicht in Betracht. Bei der mitbestimmten GmbH ist die zeitliche Beschränkung der Bestellung eines Geschäftsführers auf 5 Jahre (vgl. § 31 Abs. 1 MitBestG, § 12, 13 MontanMitBestErgG, jeweils i. V. m. § 84 Abs. 1 AktG) auch für den Notgeschäftsführer zu beachten.

Der Notgeschäftsführer hat Anspruch gegenüber der Gesellschaft auf **Ersatz seiner Aufwendungen** und eine i. S. d. § 612 BGB **angemessene Vergütung** (BGH WM 1985, 52, 53).

D. »Faktischer« Geschäftsführer

Beim sog. **faktischen Geschäftsführer** handelt es sich um eine Person, die mit Einverständnis der Gesellschafter tatsächlich die Aufgabe eines Geschäftsführers für die Gesellschaft wahrnimmt, ohne in der im Gesetz vorgesehenen Weise ordnungsgemäß zum Geschäftsführer bestellt worden zu sein. Die Figur des faktischen Geschäftsführers spielt insbesondere im Zusammenhang mit Haftungsfragen (u. a. § 823 Abs. 2 BGB i. V. m. § 266 StGB) eine wichtige Rolle, vgl. Rdn. 10. Dazu hat die höchstrichterliche Rechtsprechung festgestellt, dass von einem »faktischen Geschäftsführer« und damit von den Rechtsfolgen, die an eine entsprechende Organstellung anknüpfen, nur dann ausgegangen werden kann, wenn der Betreffende nach dem Gesamterscheinungsbild seines Auftretens die Geschicke der Gesellschaft über die interne Einwirkung auf die satzungsmäßige Geschäftsführung hinaus durch eigenes Handeln im Außenverhältnis, das die Tätigkeit des rechtlichen Geschäftsführungsorgans nachhaltig prägt, maßgeblich in die Hand genommen hat (BGH ZIP 2005, 1550). Entscheidend ist also das Tätigwerden nach außen wie ein organschaftlicher Vertreter der Gesellschaft (vgl. BGH DStR 2005, 1455). So ist eine im Verhältnis zur Geschäftsführung weisungsberechtigte Person, die aufgrund einer umfassenden Vollmacht sämtliche Bankgeschäfte der Gesellschaft im Außenverhältnis abwickelt, als faktischer Geschäftsführer anzusehen (BGH BB 2005, 1869; vgl. aber auch OLG Celle NZG 2007, 391, 393). Das Handeln eines ohne Bestellungsakt tätig werdenden faktischen Geschäftsführers ist der Gesellschaft also nur über Rechtsscheingrundsätze zuzurechnen. Die Rechtsprechung betont die restriktive Anwendungspraxis der Rechtsfigur des faktischen Geschäftsführer (vgl. OLG München BeckRS 2010, 2361).

9   Die einseitige Anmaßung von Leitungsmacht kann eine Organstellung für die Gesellschaft allerdings auch im faktischen Sinne nicht begründen; vielmehr setzt die Begründung einer faktischen Geschäftsführerstellung eine **Legitimation** durch das für die Bestellung des Geschäftsführers zuständige Gesellschaftsorgan in Gestalt einer Billigung der Geschäftsführung voraus. Dabei besteht allerdings kein Grund, an die Legitimation einer faktischen Organtätigkeit höhere Anforderungen zu stellen als an die förmliche Bestellung des Organs; kann also der Geschäftsführer einer GmbH nach der gesellschaftsvertraglichen Regelung von einer Mehrheit der Gesellschafter bestellt werden, so reicht das Einverständnis einer entsprechenden Mehrheit auch für die Erlangung einer faktischen Geschäftsführerstellung aus (OLG Karlsruhe NZG 2006, 354).

10 Der faktische Geschäftsführer haftet der Gesellschaft nach § 64 GmbHG für die nach Eintritt der Insolvenzreife geleisteten Zahlungen. Neben der Insolvenzantragspflicht nach § 15a InsO trifft den faktischen Geschäftsführer auch eine deliktische Haftung (z. B. nach § 823 Abs. 2 BGB i. V. m. § 266 StGB, allerdings nur bei Bestehen einer entsprechenden Vermögensbetreuungspflicht (BGH ZIP 2013, 313, 315), während die Anwendbarkeit der Haftung nach § 43 Abs. 2 GmbHG auf den faktischen Geschäftsführer bisher vom BGH offen gelassen worden ist (BGHZ 150, 61, 69). Zu einem Fall der Anwendbarkeit der Durchgriffshaftung auf einen faktischen Geschäftsführer vgl. KG NZG 2008, 344.

E. Persönliche Voraussetzungen, Abs. 2

I. Gesetzliche Bestellungsvoraussetzungen

11 Nach Abs. 2 Satz 1 kann nur eine **natürliche, unbeschränkt geschäftsfähige Person** Geschäftsführer sein. Damit kommen insbesondere juristische Personen als Geschäftsführer einer GmbH nicht in Betracht. Das Geschäftsfähigkeitserfordernis bedeutet auch, dass Geschäftsunfähige und beschränkt Geschäftsfähige einschließlich Minderjähriger generell nicht Geschäftsführer sein können, was auch für Fälle des § 112 BGB gilt (OLG Hamm NJW-RR 1992, 1253).

12 Der durch das MoMiG auch aus Gründen der Übersichtlichkeit neugefasste Abs. 2 Satz 2 beinhaltet einen Katalog von weiteren Gründen, die natürliche Personen von der Möglichkeit, zum Geschäftsführer bestellt zu werden, ausschließen (**Inhabilität** oder **Amtsunfähigkeit**). Nach Abs. 2 Satz 2 Nr. 1 betrifft dies Betreute, die bei der Besorgung ihrer Vermögensangelegenheiten ganz oder teilweise einem Einwilligungsvorbehalt i. S. d. § 1903 BGB unterliegen. Gem. Abs. 2 Satz 2 Nr. 2 kann außerdem derjenige, dem durch gerichtliches Urteil oder durch vollziehbare Entscheidung einer Verwaltungsbehörde die Ausübung eines Berufs, Berufszweiges, Gewerbes oder Gewerbezweiges untersagt worden ist, bei solchen Gesellschaften nicht Geschäftsführer sein, deren Unternehmensgegenstand ganz oder teilweise mit dem Gegenstand des Verbots übereinstimmt. **Berufsverbote** können sich insbesondere aus § 35 GewO, aber auch aus anderen gewerberechtlichen Vorschriften (z. B. § 4 ApothG, §§ 15, 16 GastG, § 78 GüKG, § 25 PersBefG, § 47 WaffenG u. a.) ergeben. Ein Verbot nach § 16 Abs. 3 HandwerksO reicht aber nicht hin. Für ein gerichtliches Verbot kommt insbesondere § 70 StGB in Betracht, nicht dagegen ein vorläufiges Berufsverbot nach § 132a StPO.

13 Schließlich sind gem. Abs. 2 Satz 2 Nr. 3 in zahlreichen Fällen **Verurteilungen** aufgrund zentraler Bestimmungen des Wirtschaftsstrafrechts Gründe für das Vorliegen von Amtsunfähigkeit. Während Verurteilungen aufgrund einer Straftat nach den §§ 283 bis 283d StGB (also u. a. wegen der Straftatbestände des Bankrotts, der Verletzung der Buchführungspflicht, der Gläubiger- oder Schuldnerbegünstigung) schon stets als Gründe für Inhabilität gesetzlich vorgesehen waren, ist dies durch das MoMiG für eine Reihe weiterer Wirtschaftsstraftaten neu aufgenommen worden: Dazu zählen Verurteilungen wegen des Unterlassens der Stellung des Antrags auf Eröffnung des Insolvenzverfahrens (§ 15a Abs. 4 InsO). Auch Fälle der nicht rechtzeitigen Stellung eines Antrags auf Eröffnung des Insolvenzverfahrens fallen darunter; dies ergibt sich schon aus der gesetzlichen Verwendung des Begriffs Insolvenzverschleppung (OLG Celle BeckRS 2013, 15954; ZIP 2013, 1915; rechtskräftig). Aber auch Verurteilungen nach den inhaltsgleichen Straftatbeständen in § 84 Abs. 1 Nr. 2 GmbHG, § 401 Abs. 1 Nr. 2 AktG oder § 130b HGB, ggf. i. V. m. § 177a HGB sind erfasst. Gründe für

Inhabilität sind nunmehr auch Verurteilungen nach § 82 GmbHG (Erteilen falscher Angaben als Gesellschafter oder Geschäftsführer im Zusammenhang mit der Gründung einer Gesellschaft, der Erhöhung oder Herabsetzung des Stammkapitals oder in öffentlichen Mitteilungen) bzw. nach der aktienrechtlichen Parallelvorschrift in § 399 AktG sowie wegen unrichtiger Darstellung nach § 400 AktG, § 331 HGB, § 313 UmwG und § 17 PublG.

Das Bestellungsverbot besteht nunmehr gem. Abs. 2 Satz 2 Nr. 3 außerdem auch in den Fällen von Verurteilungen nach den §§ 263 bis 264a StGB oder nach den §§ 265b bis 266a StGB. Der Grund für diese Ausweitung liegt darin, dass diese Straftatbestände häufig im Zusammenhang mit der Tätigkeit eines Geschäftsführers oder einer sonstigen wirtschaftlichen Tätigkeit stehen. Hinsichtlich der Straftatbestände der §§ 266, 266a StGB kann generell davon ausgegangen werden, dass eine Person, die wegen Missbrauchs ihrer Befugnis, über fremdes Vermögen zu verfügen, oder wegen Verletzung der ihr obliegenden Vermögensbetreuungspflicht zu einer Freiheitsstrafe von mindestens einem Jahr verurteilt wurde, auch ungeeignet ist, das Amt eines Geschäftsführers zu bekleiden, welches grundsätzlich mit solchen Befugnissen und Pflichten einhergeht; ebenso weist auch § 265b StGB einen konkreten unternehmerischen Bezug auf, indem er grundsätzlich an einen Betrieb oder ein Unternehmen anknüpft. Allerdings ist, anders als in den anderen Fällen, in den Fällen der Inhabilität aufgrund der Straftatbestände der §§ 263 bis 264a StGB und der §§ 265b bis 266a StGB Voraussetzung für die Rechtsfolge des Bestellungsverbotes, dass eine Verurteilung zu einer Freiheitsstrafe von mindestens einem Jahr erfolgt ist. Im Hinblick auf dieses mindestens erforderliche Strafmaß müssen also eine nicht unerhebliche Schwere und/oder eine zwei- oder mehrmalige Verwirklichung der Straftat gegeben sein, um die Folge der Amtsunfähigkeit tatsächlich herbeizuführen. 14

Inhabilität aufgrund der genannten Straftaten setzt bei deren Begehung gem. Abs. 2 Satz 2 Nr. 3 jeweils **Vorsatz** voraus, worin entsprechend der Begründung zum Gesetzentwurf der Bundesregierung vom 23.05.2007 zum MoMiG (S. 74), eine Abmilderung gegenüber der Erweiterung der Ausschlusstatbestände gesehen werden kann. Insbesondere werden also fahrlässige Insolvenzstraftaten (§§ 283 Abs. 4 und 5, 283b Abs. 2 StGB, § 15a Abs. 5 InsO) nicht erfasst. Amtsunfähigkeit infolge der in Abs. 2 Satz 2 Nr. 3 genannten Straftaten gilt für die **Dauer** von 5 Jahren ab Rechtskraft des Urteils, wobei ausdrücklich die Zeit nicht eingerechnet wird, in welcher der Täter auf behördliche Anordnung in einer Anstalt verwahrt worden ist. Schließlich hat der Gesetzgeber mit dem MoMiG klargestellt, dass sich Amtsunfähigkeit auch aus einer Verurteilung im **Ausland** wegen einer Tat, die mit den in Abs. 2 Satz 2 Nr. 3 aufgeführten Taten vergleichbar ist, ergibt. 15

Ein **Verstoß** gegen die unabdingbaren Bestellungsvoraussetzungen hat gem. § 134 BGB die Nichtigkeit der Bestellung zur Folge (zuletzt OLG Naumburg GmbHR 2000, 378, 380). Die Eintragung durch das Registergericht kann die Nichtigkeit nicht heilen (OLG Hamburg NZG 2000, 698). Der spätere Eintritt eines Ausschlussgrundes führt automatisch zur Beendigung der Amtsstellung kraft Gesetzes. Die entsprechende Eintragung im Handelsregister wird dadurch materiell unrichtig und ist von Amts wegen zu löschen (Baumbach/Hueck/*Fastrich* GmbHG § 6 Rn. 17; vgl. auch OLG München ZIP 2010, 625). 16

Ausländer können ebenfalls zu Geschäftsführern bestellt werden; § 9 Nr. 1 der ArbeitserlaubnisVO regelt, dass dabei ausländische Geschäftsführer keine Arbeitserlaubnis benötigen. Ein Geschäftsführer kann im Zeitalter moderner Kommunikationsmittel auch seinen **Wohnsitz im Ausland** haben (LG Hildesheim GmbHR 1995, 655, 656). Allerdings ist die Rechtsprechung noch uneinheitlich zu der Frage, ob seine jederzeitige Einreisemöglichkeit für die Bestellung eines Geschäftsführers Voraussetzung ist; relevant ist diese Frage bei der Bestellung von Geschäftsführern aus Nicht-EU-Staaten, die bei bestehender Visumspflicht und einer restriktiven Erteilungspraxis nicht die Möglichkeit haben, jederzeit ins Inland einzureisen. Die wohl noch h. M. nimmt in einem solchen Fall ein **Bestellungshindernis** an (u. a. OLG Hamm NJW-RR 2000, 37; OLG Celle NZG 2007, 633, 634 für einen russischen Staatsangehörigen mit Wohnsitz in Russland; vgl. auch OLG Stuttgart NZG 2006, 789; a. A. OLG Düsseldorf, NZG 2009, 678, und OLG München, NZG 2010, 157). Hingegen wird auch vertreten, dass in keinem Fall der Bestellung eines Geschäftsführers über § 6 17

Abs. 2 GmbHG hinausgehende persönliche Anforderungen zu stellen sind (OLG Dresden NZG 2003, 628), was im Hinblick auf viele weitere Anforderungen, die außerhalb dieser Norm geregelt sind, aber abzulehnen ist (OLG Celle NZG 2007, 633, 634).

18 Für **Beamte** gilt das dienstrechtliche Erfordernis der Genehmigung ihrer obersten Dienstbehörde, die jedoch keine Wirksamkeitsvoraussetzung für die Bestellung ist und vom Registergericht auch nicht geprüft wird.

19 Während ein Geschäftsführer gleichzeitig auch Gesellschafter sein kann, ist es ihm nicht möglich, gleichzeitig auch Mitglied eines Aufsichtsrats zu sein (Inkompatibilität). Diese Inkompatibilität kann durch die Satzung nicht abbedungen werden. Nach richtiger Auffassung gilt der **Grundsatz der Inkompatibilität** sowohl für den obligatorischen als auch für den fakultativen Aufsichtsrat (OLG Frankfurt am Main DB 1987, 85). Bei gleichzeitiger Bestellung für beide Ämter geht im Zweifel die Bestellung zum Geschäftsführer als die Wichtigere vor.

II. Gesellschaftsvertragliche Bestellungsvoraussetzungen

20 Auch der Gesellschaftsvertrag kann weitreichende Bestellungsvoraussetzungen normieren, die insbesondere im Hinblick auf im konkreten Fall bestehende Bedürfnisse der Gesellschaft sinnvoll sein können. Als Beispiele seien die Zugehörigkeit zu einer Familie oder einem anders definierten Personenkreis, Lebensalter, berufliche Qualifikationen, kaufmännische Erfahrung und das Geschlecht genannt. Bei der nicht mitbestimmten GmbH findet die Freiheit des Gesellschaftsvertrages in der Normierung von Bestellungsvoraussetzungen erst in § 138 BGB seine Grenze. Hingegen ist die Freiheit der Satzung bei der Normierung von Bestellungsvoraussetzungen bei der mitbestimmten GmbH auf sog. »sachbezogene Voraussetzungen« (z. B. Lebensalter, berufliche Qualifikation) beschränkt, um den für die Bestellung zuständigen Aufsichtsrat nicht allzu sehr in seinem Auswahlermessen einzuschränken.

F. Bestellung des Geschäftsführers, Abs. 3

I. Allgemeines

21 Abs. 3 Satz 1 drückt den Gedanken der **Dritt- oder Fremdorganschaft** aus, indem er zulässt, dass Nichtgesellschafter Geschäftsführer sein können, ohne dies aber vorzuschreiben; vielmehr können auch Gesellschafter Geschäftsführer der GmbH sein, sog. **Selbstorganschaft**. Die Bestellung erfolgt befristet oder unbefristet; lediglich bei der mitbestimmten GmbH ist eine zeitliche Begrenzung der Bestellung auf 5 Jahre zu beachten (§ 31 MitbestG, § 12 MontanMitbestG, § 13 MontanMitbestErgG jeweils i. V. m. § 84 Abs. 1 AktG). Bei der Bestellung eines Vorstandsmitgliedes einer Aktiengesellschaft zum Geschäftsführer einer Tochter-GmbH ist § 112 AktG nicht anzuwenden, ein Mitwirken des Aufsichtsrates also nicht erforderlich, da keine Interessenkollision gegeben ist (*Pluskat/Baßler* Der Konzern 2006, 403, 407). Hingegen ist ein Beschluss, durch den sich der organschaftliche Vertreter eines Allein- oder Mehrheitsgesellschafters selbst zum Geschäftsführer bestellt, unwirksam, wenn dieser Vertreter nicht von den Beschränkungen des § 181 BGB befreit ist (BayObLG BB 2001, S. 13; Praxishdb. der GmbH-GF/*Trölitzsch* § 11 Rn. 10).

Der BGH hat entschieden, dass der Diskriminierungsschutz in Abschnitt 2 des Allgemeinen Gleichbehandlungsgesetzes (AGG) ebenso wie § 22 AGG auch auf den Geschäftsführer anzuwenden sind, dessen Bestellung und Anstellung aufgrund einer Befristung ablaufen und der sich wieder um das Geschäftsführeramt bewirbt (BGHZ 193, 110).

22 Die Bestellung des Geschäftsführers erfolgt als ein **körperschaftlicher Organisationsakt** gem. Abs. 3 Satz 2 durch den Gesellschaftsvertrag oder durch einen Gesellschafterbeschluss nach den Vorschriften des dritten Abschnittes des GmbHG. Die Bestellung fällt also grundsätzlich in die Zuständigkeit der Gesamtheit der Gesellschafter (vgl. auch § 46 Nr. 6 GmbHG). Für die Beschlussfassung gilt das **Mehrheitsprinzip**. Die Bestellung bedarf der Annahme durch den Geschäftsführer, um wirksam werden zu können.

II. Bestellung durch Satzungsregelung

Ist die Bestellung des oder der Geschäftsführer bereits in die Satzung aufgenommen worden, stellt sich die Frage, ob insoweit eine **echte körperschaftsrechtliche Regelung** vorliegt oder ob es sich nur um eine sog. **unechte Satzungsbestimmung** handelt, die lediglich bei Gelegenheit der Aufstellung der Satzung in diese aufgenommen wurde und daher nicht dem Schutz der materiellen Satzungsregeln unterliegt. Bei Vorliegen einer echten körperschaftsrechtlichen Regelung hingegen käme eine Abberufung nur im Wege der Satzungsänderung in Betracht und zwar unter Beachtung der entsprechende Formvorschriften und vor allem der notwendigen Mehrheiten. Letzteres ist nach höchstrichterlicher Rechtsprechung der Fall (BGHZ 18, 205, 207 f.). 23

Nach der Rechtsprechung des BGH kann die Bestellung des Geschäftsführers auch unter eine auflösende Bedingung gestellt werden, da die Statuierung einer Bedingung ein anerkennenswertes Instrument der Vertragsgestaltung bildet und im Vergleich zu einer Abberufung nicht mit gesteigerten rechtlichen Unsicherheitsfaktoren verbunden ist (BGH BB 2006, 14; vgl. dazu auch *Gehrlein* Der Konzern 2006, 1, 11). 24

III. Bestellungskompetenz

1. Übertragung durch Satzungsbestimmung

a) Recht zur Bestellung

Der Gesellschaftsvertrag kann auch einem anderen Organ (etwa einem Beirat, einem Aufsichtsrat, einem Gesellschafterausschuss) oder einem oder mehreren Gesellschaftern das originäre **Recht zur Bestellung** des oder der Geschäftsführer übertragen. Auch auf einen außenstehenden Dritten kann das Recht zur Bestellung übertragen werden, wobei aber die Gesamtheit der Gesellschafter in der Lage bleiben muss, die Übertragung dieser Kompetenz wieder rückgängig zu machen, z. B. durch Satzungsänderung. Hingegen kann die Bestellungskompetenz nicht auf den oder die Geschäftsführer übertragen werden. Andernfalls würde sich – zumal in einer zweigliedrigen Organisationsstruktur – die Gesellschafterversammlung, die die zentrale Funktion bei der Willensbildung der Gesellschaft innehat, selbst entmachten (vgl. auch BGH NJW 1991, 1680). Unverzichtbar für die Gesamtheit der Gesellschafter ist dabei aber jedenfalls das Recht, die Abberufung eines Geschäftsführers aus wichtigem Grund zu beschließen. 25

Für den Fall, dass das nach dem Gesellschaftsvertrag für die Bestellung des Geschäftsführers zuständige Organ **funktionsunfähig** ist, lebt die generelle Zuständigkeit der Gesellschafterversammlung wieder auf (BGHZ 12, 337). 26

b) Unentziehbares Sonderrecht i. S. d. § 35 BGB

In Betracht kommt daneben für einen, mehrere oder alle Gesellschafter auch ein satzungsmäßiges unentziehbares Sonderrecht i. S. d. § 35 BGB auf Teilhabe an der Geschäftsführung, also auf Bestellung zum Geschäftsführer der Gesellschaft (BGH WM 1973, 1295, 1296). Dieses Recht hat i. Zw. höchstpersönlichen Charakter und bringt entsprechende mitgliedschaftliche Nebenpflichten mit sich. Die Änderung einer solchen satzungsmäßigen Bestimmung bedarf in jedem Fall der Zustimmung desjenigen Gesellschafters, in dessen Sonderrecht durch die Satzungsänderung eingegriffen wird. 27

Ist ein Gesellschafter bereits durch den Gesellschaftsvertrag zum Geschäftsführer bestellt worden, stellt sich die Frage, ob ihm damit zugleich ein gegen seinen Willen unentziehbares oder nur bei Vorliegen eines wichtigen Grundes entziehbares Sonderrecht auf dieses Amt eingeräumt worden ist. Diese Frage ist durch Auslegung des Gesellschaftsvertrages und seiner einzelnen Regelungen zu beantworten. Im Zweifel handelt es sich aber nicht um ein Sonderrecht; jedenfalls reichen weder die Berufung in das Geschäftsführeramt im Gesellschaftsvertrag allein noch eine Bestimmung, dass der in der Satzung bestellte Geschäftsführer nur aus wichtigem Grund abberufen werden darf, für eine 28 solche Annahme aus (BGH NJW 1969, 131; vgl. zu dieser Frage auch BGH DStR 2004, 873). Für diese Lösung spricht auch die Auslegungsregel des § 6 Abs. 4 GmbHG.

c) Vorschlagsrecht

29 Von dem Recht zur Bestellung, sei es durch die Gesamtheit der Gesellschafter, sei es durch einzelne Gesellschafter oder ein anderes Gesellschaftsorgan aufgrund Übertragungsregelung im Gesellschaftsvertrag, ist ein bloßes Vorschlagsrecht zu unterscheiden, das der Gesellschaftsvertrag einzelnen Gesellschaftern oder einem Gesellschaftsorgan einräumen kann. Vorschlagsrechte treten als **verbindliche** Vorschlagsrechte, die grundsätzlich keine Abweichung oder doch nur im Fall des Vorliegens eines wichtigen Grundes gestatten, oder als **unverbindliche** Vorschlagsrechte auf, von denen aus sachlichen, nachvollziehbaren, im Gesellschafterinteresse liegenden vernünftigen Gründen (OLG Hamm ZIP 1986, 1188, 1194) abgewichen werden kann. Gemeinsam ist den Vorschlagsrechten aber, dass sie von dem Berechtigten ggf. im Klagewege durchgesetzt werden müssen (OLG Düsseldorf NJW 1990, 1122) und damit also keinen originären Charakter haben.

2. Übertragung durch gesetzliche Bestimmungen

30 Eine Übertragung der Bestellungskompetenz geschieht von Gesetzes wegen nach § 31 MitbestG, § 12 MontanMitbestG und § 13 MontanMitbestErgG bei der mitbestimmten GmbH, bei der die Geschäftsführer ausschließlich durch den Aufsichtsrat bestellt werden. Bei einer GmbH, die lediglich dem BetrVG unterliegt, tritt hingegen eine solche Verlagerung der Bestellungskompetenz auf den Aufsichtsrat nicht kraft Gesetzes ein. Entsprechendes gilt, wenn in der Gesellschaft ein fakultativer Aufsichtsrat gebildet worden ist und der Gesellschaftsvertrag keine ausdrückliche Regelung enthält, dass nicht der Aufsichtsrat, sondern die Gesellschafterversammlung die GmbH gegenüber den Geschäftsführern zu vertreten habe (BGH DStR 2004, 565). Weiterhin muss in der mitbestimmten GmbH ein Arbeitsdirektor als einer der Geschäftsführer bestellt werden (§ 33 MitbestG, § 12 MontanMitbestG, § 13 MontanMitbestErgG).

G. Beendigung des Organverhältnisses

31 Die Bestellung eines Geschäftsführers kann jederzeit mit ex-nunc-Wirkung widerrufen werden (**Abberufung**), wobei dieses Widerrufsrecht durch den Gesellschaftsvertrag auf den Fall des Vorliegens eines wichtigen Grundes beschränkt aber nicht vollständig ausgeschlossen werden kann. Hingegen gelten für den Widerruf der Bestellung eines Geschäftsführers in der mitbestimmten GmbH wie für die Bestellung selbst ebenfalls die Regeln des Aktienrechts (§ 31 Abs. 1 MitbestG, § 13 MontanMitbestG, § 13 MontanMitbestErgG jeweils i. V. m. § 84 Abs. 3 Satz 1 AktG). Der Beschluss des alleinigen Gesellschafters einer GmbH über seine eigene Abberufung als alleiniger Geschäftsführer ist regelmäßig rechtsmissbräuchlich und daher unwirksam, wenn er nicht zugleich einen neuen Geschäftsführer bestellt (OLG München NJW-RR 2011, 773).

32 Daneben kommt eine **automatische Beendigung** des Organverhältnisses auch durch **Zeitablauf** bei einer zeitlich befristeten Bestellung oder durch den Eintritt einer bei Bestellung festgelegten **auflösenden Bedingung** in Betracht. Die Bestellung unter Bestimmung einer auflösenden Bedingung ist möglich (BGH DStR 2005, 2195), nicht aber die aufschiebend bedingte Bestellung. In der mitbestimmten GmbH ergibt sich die Notwendigkeit einer Befristung schon aus § 84 Abs. 1 AktG, der eine 5-jährige Höchstdauer vorsieht.

33 Auch im Fall einer **Verschmelzung durch Aufnahme** endet die Organstellung des Geschäftsführers des übertragenden Rechtsträgers automatisch. Auch der **Tod des Geschäftsführers** führt zur sofortigen automatischen Beendigung des Organverhältnisses. Eine erbrechtliche Nachfolge ist auch bei einem mit dem Sonderrecht auf Teilhabe an der Geschäftsführung ausgestatteten Geschäftsanteil ausgeschlossen.

H. Nichtigkeit und Anfechtbarkeit des Bestellungsbeschlusses

Die **gesetzlichen Ausschlussgründe** gem. Abs. 2 führen im Fall einer unter Verstoß gegen diese erfolgenden Bestellung zur Nichtigkeit des Bestellungsbeschlusses der Bestellung. Um die Einhaltung dieser Verbote zu sichern, sind die bestellten Geschäftsführer zur Auskunft über das Vorliegen eines Bestellungshindernisses i. S. d. Abs. 2 verpflichtet (§ 53 Abs. 2 BZRG) und werden durch Notar oder Gericht entsprechend belehrt. Bei falschen Angaben besteht Schadensersatzpflicht des Geschäftsführers nach § 9a GmbHG.

34

Nichtig ist der Bestellungsbeschluss auch dann, wenn er von einem **unzuständigen Organ** gefasst wird, z. B. weil die Satzung vorsieht, dass ein anderes Organ die Bestellungskompetenz innehat. Zur Nichtigkeit führt auch die Verknüpfung der Bestellung mit dem Eintritt einer Bedingung (Bedingungsfeindlichkeit der Bestellung), soweit es sich nicht um eine ohne Weiteres feststellbare satzungsmäßige Bestellungsvoraussetzung (z. B. Zustimmung eines weiteren Gesellschaftsorgans oder Erwerb einer Gesellschafterstellung durch den zu bestellenden Geschäftsführer) handelt (vgl. E/F/S/*Füller* § 6 Rn. 19 a. E.). Hingegen ist die Bestellung eines neuen Geschäftsführers auch dann nicht sittenwidrig und damit nichtig, wenn sie im Rahmen einer »Firmenbestattung« erfolgt (OLG Karlsruhe ZIP 2013, 1915).

35

Ein Verstoß gegen andere satzungsmäßige Bestellungsvoraussetzungen führt nur zur **Anfechtbarkeit** des entsprechenden Beschlusses. Ein solcher Fall liegt z. B. bei der Bestellung eines dritten Geschäftsführers vor, obwohl die Satzung lediglich zwei Geschäftsführer vorsieht.

36

I. Auslegungsregel des Abs. 4

Abs. 4 normiert, dass in dem Fall, in welchem durch den Gesellschaftsvertrag bestimmt ist, dass sämtliche Gesellschafter zur Geschäftsführung berechtigt sein sollen, nur diejenigen Gesellschafter als Geschäftsführer gelten, die bei Festsetzung der entsprechenden Bestimmung der Gesellschaft bereits angehörten. Verhindert wird also im Zweifel eine quasi »automatische« Bestellung zum Geschäftsführer bei Erwerb der Gesellschafterstellung, um einer satzungsmäßigen Verfestigung der Geschäftsführerbestellung entgegenzuwirken.

37

J. Haftung der Gesellschafter, Abs. 5

Das MoMiG hat mit Abs. 5 einen neuen **Innenhaftungstatbestand für die Gesellschafter** eingeführt. Demnach haften die Gesellschafter nunmehr gesamtschuldnerisch gegenüber der Gesellschaft für Schäden, die durch Verletzung von ihr gegenüber der Gesellschaft bestehenden Obliegenheiten durch eine Person entstehen, der die Gesellschafter in vorsätzlicher oder grob fahrlässiger Weise die Führung der Geschäfte der Gesellschaft überlassen haben. Diese Haftung gilt auch, wenn die Gesellschafter von der Abberufung eines amtsunfähigen Geschäftsführers absehen oder einer solchen Person die faktische Geschäftsführung überlassen (*Gehrlein* Der Konzern 2007, 771, 793). Mit dieser Regelung sollen insbesondere Umgehungen des zur Unwirksamkeit der Bestellung des Geschäftsführers führenden Abs. 2 Satz 2 verhindert werden. Parallel besteht auch eine mögliche Haftung nach § 826 BGB, wenn die Gesellschafter durch die Bestellung eines amtsunfähigen Geschäftsführers sehenden Auges eine Schädigung der Gläubiger hinnehmen (*Gehrlein* Der Konzern 2007, 771, 794).

38

§ 7 Anmeldung der Gesellschaft

(1) Die Gesellschaft ist bei dem Gericht, in dessen Bezirk sie ihren Sitz hat, zur Eintragung in das Handelsregister anzumelden.

(2) ¹Die Anmeldung darf erst erfolgen, wenn auf jeden Geschäftsanteil, soweit nicht Sacheinlagen vereinbart sind, ein Viertel des Nennbetrags eingezahlt ist. ²Insgesamt muß auf das Stammkapital mindestens soviel eingezahlt sein, daß der Gesamtbetrag der eingezahlten Geldeinlagen zuzüglich

§ 7 GmbHG Anmeldung der Gesellschaft

des Gesamtnennbetrags der Geschäftsanteile, für die Sacheinlagen zu leisten sind, die Hälfte des Mindeststammkapitals gemäß § 5 Abs. 1 erreicht.

(3) Die Sacheinlagen sind vor der Anmeldung der Gesellschaft zur Eintragung in das Handelsregister so an die Gesellschaft zu bewirken, daß sie endgültig zur freien Verfügung der Geschäftsführer stehen.

Übersicht

	Rdn.
A. Allgemeines	1
B. Anmeldung der Gesellschaft zur Eintragung in das Handelsregister.	5
I. Anmeldung durch sämtliche Geschäftsführer	6
II. Form der Anmeldung, § 12 HGB	8
C. (Mindest-)Leistungen auf die Geschäftsanteile vor Anmeldung der Gesellschaft, Abs. 2 und 3	11
I. Leistung von Geldeinlagen, Abs. 2	12
1. Umfang der Leistung	16
a) Mindestbetrag	16
aa) Mindestbetrag jeder Geldeinlage, Satz 1	17
bb) Mindestbetrag sämtlicher (Geld- und Sach-)Einlagen, Satz 2	18
b) Besonderheit: Leistung eines (über den Mindestbetrag hinausgehenden) Mehrbetrags	21
2. Art und Weise der Leistung: Einzahlung	22
a) Zahlungsmodalität sowie Person des Leistenden und des Leistungsempfängers	22
b) Leistung zur endgültig freien Verfügung der Geschäftsführer	24
aa) Zahlung auf ein debitorisches Bankkonto	26
bb) Zahlung an einen Gläubiger der (Vor-)Gesellschaft	27
cc) Vereinbarung der Einlagenrückgewähr (»Hin- und Herzahlen«)	29
(1) Bisheriges Recht	30
(2) Neufassung des § 19 Abs. 5 GmbHG	36
dd) Verdeckte Sacheinlage	39
(1) Bisheriges Recht	40
(2) Neufassung des § 19 Abs. 4 GmbHG	42
II. Leistung von Sacheinlagen, Abs. 3	45
1. Umfang der Leistung	46
2. Art und Weise der Leistung: Bewirkung	47

A. Allgemeines

1   Die durch Art. 1 Nr. 8 des Gesetzes zur Modernisierung des GmbH-Rechts und zur Bekämpfung von Missbräuchen (MoMiG) vom 23. Oktober 2008 (BGBl. I, 2026) zuletzt geänderte Vorschrift regelt die **Obliegenheit**, eine Gesellschaft **zur Eintragung in das Handelsregister anzumelden** (Abs. 1), sowie bestimmte, vor der Anmeldung zu erbringende (**Mindest-**)**Leistungen auf die Geschäftsanteile** (Abs. 2 und 3). Durch das MoMiG ist die Überschrift »Anmeldung der Gesellschaft« hinzugefügt worden.

2   Zur Eintragung in das Handelsregister ist die Gesellschaft bei dem (Register-)Gericht **anzumelden**, in dessen Bezirk sie ihren Sitz hat (§ 7 Abs. 1 GmbHG). Sämtliche Geschäftsführer haben die Anmeldung zu bewirken (§ 78 Halbs. 2 GmbHG). Der Anmeldung sind bestimmte Unterlagen, insbesondere der – notariell zu beurkundende und von sämtlichen Gesellschaftern zu unterzeichnende (§ 2 Abs. 1 GmbHG) – Gesellschaftsvertrag beizufügen (§ 8 Abs. 1 Nr. 1 GmbHG). In der Anmeldung haben die Geschäftsführer zu versichern, dass ihrer Bestellung keine Hindernisse entgegenstehen; ferner sind Art und Umfang der Vertretungsbefugnis der Geschäftsführer anzugeben (§ 8 Abs. 3 und 4 Nr. 2 GmbHG). Vorbehaltlich des entsprechenden Ergebnisses einer Prüfung durch das Gericht (§ 9c GmbHG) wird die ordnungsgemäß errichtete und angemeldete Gesellschaft in das Handelsregister eingetragen; vor ihrer Eintragung in das Handelsregister besteht die Gesellschaft »als solche« nicht (§ 11 Abs. 1 GmbHG).

3   Die Anmeldung darf erst erfolgen, wenn bestimmte (**Mindest-**)**Leistungen auf die Geschäftsanteile** erbracht sind: Auf jeden Geschäftsanteil ist, sofern nicht Sacheinlagen vereinbart sind, 1/4 des Nennbetrags **einzuzahlen**, wobei der Mindestnennbetrag sämtlicher (Geld- und Sach-)Einlagen €

12.500 erreichen muss (§ 7 Abs. 2 GmbHG). **Sacheinlagen** sind vor der Anmeldung so an die Gesellschaft zu **bewirken**, dass sie endgültig zur freien Verfügung der Geschäftsführer stehen (§ 7 Abs. 3 GmbHG). In der Anmeldung ist die Versicherung abzugeben, dass diese (Mindest-)Leistungen auf die Geschäftsanteile bewirkt sind und dass der Gegenstand der Leistungen sich endgültig in der freien Verfügung der Geschäftsführer befindet (§ 8 Abs. 2 Satz 1 GmbHG). Erreicht der Wert einer Sacheinlage im Zeitpunkt der Anmeldung nicht den Nennbetrag des dafür übernommenen Geschäftsanteils, hat der Gesellschafter in Höhe des Fehlbetrags eine Einlage in Geld zu leisten (§ 9 Abs. 1 GmbHG). Wer als Gesellschafter oder als Geschäftsführer zum Zweck der Eintragung falsche Angaben über die Übernahme der Geschäftsanteile, über die Leistung der Einlagen, die Verwendung eingezahlter Beträge, über Sondervorteile, Gründungsaufwand und Sacheinlagen macht, wird bestraft (§ 82 Abs. 1 Nr. 1 GmbHG). Außerdem haben Gesellschafter oder Geschäftsführer den Schaden zu ersetzen, der der Gesellschaft entsteht, wenn falsche Angaben gemacht werden (§ 9a Abs. 1 GmbHG).

Die Gründungsvorschriften sind auf die wirtschaftliche Neugründung einer Gesellschaft mittels »Aktivierung« einer Vorratsgesellschaft oder »Wiederbelebung« eines leeren (GmbH-)Mantels durch Ausstattung mit einem neuen Unternehmen analog anzuwenden: Bei **Aktivierung einer Vorratsgesellschaft** ist von den Geschäftsführern in der Anmeldung der – mit der wirtschaftlichen Neugründung verbundenen – Änderungen des Gesellschaftsvertrags, insbesondere des Unternehmensgegenstands, die Versicherung abzugeben, dass die in § 7 Abs. 2 und 3 GmbHG bezeichneten Leistungen auf die Stammeinlagen bewirkt sind und dass der Gegenstand der Leistungen sich endgültig in ihrer freien Verfügung befindet (BGH, Beschl. v. 09.12.2002 – II ZB 12/02, BGHZ 153, 158, 162 = NJW 2003, 892; s. auch § 3 GmbHG Rn. 29 ff., § 8 GmbHG Rn. 24, 32, § 9c GmbHG Rn. 25, 39 und § 11 GmbHG Rn. 22); auch die Tatsache der »**Wiederbelebung« eines leer gewordenen (GmbH-)Mantels** bedarf der Offenlegung gegenüber dem Registergericht, die mit einer entsprechenden Versicherung zu verbinden ist (BGH, Beschl. v. 7.7.2003 – II ZB 4/02, BGHZ 155, 318, 323 ff. = NJW 2003, 3198; s. auch § 3 GmbHG Rdn. 29 ff., § 8 GmbHG Rdn. 24, 32, § 9c GmbHG Rdn. 25, 39 und § 11 GmbHG Rdn. 22). Außerdem sind eine **Änderung** in den Personen der Geschäftsführer sowie eine Beendigung der **Vertretungsbefugnis eines Geschäftsführers** (§ 39 Abs. 1 GmbHG), eine – nach Eintragung der Gesellschaft in das Handelsregister erfolgende – **Änderung des Gesellschaftsvertrags** (§ 54 Abs. 1 Satz 1 GmbHG) und eine **Erhöhung des Stammkapitals** (§ 57 Abs. 1 GmbHG) sowie dessen **Herabsetzung** (§ 58 Abs. 1 Nr. 3 GmbHG) zur Eintragung in das Handelsregister anzumelden.

B. Anmeldung der Gesellschaft zur Eintragung in das Handelsregister

Die Anmeldung einer Gesellschaft kann vom (Register-)Gericht nicht durch die Festsetzung von Zwangsgeld erzwungen werden (§ 79 Abs. 2 GmbHG), weil **keine öffentlich-rechtliche Verpflichtung** besteht, die Eintragung der Gesellschaft zu betreiben (BayObLG DB 1978, 880; vgl. MüKo GmbHG/*Schaub* § 7 Rn. 7; Scholz/*Veil* § 7 Rn. 5).

I. Anmeldung durch sämtliche Geschäftsführer

Die Anmeldung der Gesellschaft zur Eintragung in das Handelsregister ist **durch sämtliche Geschäftsführer** zu bewirken (§ 78 Halbs. 2 GmbHG). Auch die stellvertretenden Geschäftsführer (§ 44 GmbHG) zählen hierzu (vgl. Baumbach/Hueck /*Fastrich* § 7 Rn. 3; Lutter/Hommelhoff/*Bayer* § 7 Rn. 1; MüKo GmbHG/*Schaub* § 7 Rn. 27; Scholz/*Veil* § 7 Rn. 10; s. auch § 44 GmbHG Rdn. 7). Die Geschäftsführer handeln bei der Anmeldung nicht im eigenen Namen, sondern **im Namen der Gesellschaft**, weil die – durch den Abschluss des Gesellschaftsvertrags entstandene – Vorgesellschaft im Registerverfahren beteiligtenfähig, insbesondere beschwerdeberechtigt ist; allein die Gesellschaft ist durch eine die Eintragung ablehnende Verfügung des (Register-)Gerichts beschwert (BGHZ 117, 323, 327 ff. zur Vor-AG; vgl. BGHZ 105, 324, 327 f.; 107, 1, 2; s. auch § 9c GmbHG Rdn. 43 und § 11 GmbHG Rdn. 14).

§ 7 GmbHG Anmeldung der Gesellschaft

7   Da die Anmeldung angesichts der in der Anmeldung abzugebenden Versicherungen (§ 8 Abs. 2 Satz 1 und Abs. 3 GmbHG), deren Unrichtigkeit eine zivil- und strafrechtliche Verantwortlichkeit der Geschäftsführer nach sich zieht (§§ 9a Abs. 1, 82 Abs. 1 Nr. 1 und 5 GmbHG), **höchstpersönlicher Natur** ist, ist eine rechtsgeschäftliche Vertretung der Geschäftsführer ausgeschlossen; § 78 GmbHG ist gegenüber § 12 Abs. 1 Satz 2 HGB die speziellere Regelung (BayObLG NJW 1987, 136 zur Kapitalerhöhung; vgl. MüKo GmbHG/*Schaub* § 7 Rn. 28; Scholz/*Veil* § 7 Rn. 11; *Ulmer/Casper* § 7 Rn. 14; a. A. OLG Köln NJW 1987, 135 zur Kapitalerhöhung; vgl. auch BGHZ 116, 190, 199 f.). Von der – durch sämtliche Geschäftsführer höchstpersönlich zu bewirkenden – Anmeldung der Gesellschaft ist das Einreichen (Nachreichen) der notariell beglaubigten (Anmelde-) Erklärung oder der beizufügenden Unterlagen beim (Register-)Gericht zu unterscheiden, die auch aufgrund Ermächtigung oder Bevollmächtigung von einem Dritten (z. B. Notar oder Justiziar) vorgenommen werden kann (vgl. Rowedder/*Schmidt-Leithoff* § 7 Rn. 8; *Ulmer/Casper* § 7 Rn. 14).

II. Form der Anmeldung, § 12 HGB

8   Die Form der Anmeldung ist in § 12 Abs. 1 HGB geregelt. Durch Art. 1 Nr. 2 des Gesetzes über elektronische Handelsregister und Genossenschaftsregister sowie das Unternehmensregister (EHUG) vom 10. November 2006 (BGBl. I, 2553) hat § 12 HGB Abs. 1 HGB folgende Fassung erhalten (zur Neufassung des § 12 Abs. 2 HGB s. § 8 GmbHG Rdn. 52 ff.):

9   »Anmeldungen zur Eintragung in das Handelsregister sind elektronisch in öffentlich beglaubigter Form einzureichen. Die gleiche Form ist für eine Vollmacht zur Anmeldung erforderlich. Rechtsnachfolger eines Beteiligten haben die Rechtsnachfolge soweit tunlich durch öffentliche Urkunden nachzuweisen.«

10 In der Begründung des Gesetzesentwurfs ist Folgendes ausgeführt (Gesetzesentwurf der Bundesregierung, BT-Drs. 16/960, S. 45):

> *»Die Vorschrift bewirkt den Übergang auf einen vollelektronischen Rechtsverkehr mit dem Registergericht (...). Anmeldungen zur Eintragung in das Handelsregister sind dabei künftig zwingend elektronisch einzureichen; die Beglaubigung kann als einfaches elektronisches Zeugnis erfolgen (§ 39a des Beurkundungsgesetzes).«*

C. (Mindest-)Leistungen auf die Geschäftsanteile vor Anmeldung der Gesellschaft, Abs. 2 und 3

11 Im Gesellschaftsvertrag wird nicht nur die Zahl und die Nennbeträge der von jedem Gesellschafter gegen Einlage auf das Stammkapital übernommenen Geschäftsanteile bestimmt, sondern auch vereinbart, ob eine Geldeinlage oder eine Sacheinlage geleistet werden soll (§§ 3 Abs. 1 Nr. 4, 5 Abs. 4 Satz 1 GmbHG). Es kann auch vereinbart werden, dass auf einen Geschäftsanteil teils eine Geldeinlage, teils eine Sacheinlage zu leisten ist (»Mischeinlage«, »gemischte Einlage«; s. Rdn. 17, 45; s. auch § 5 GmbHG Rdn. 24). Die Anmeldung der Gesellschaft zur Eintragung in das Handelsregister darf erst erfolgen, wenn bestimmte **(Mindest-)Leistungen auf die Geschäftsanteile** erbracht sind. Durch diese Voraussetzung, deren Vorliegen in der Anmeldung zu versichern ist (§ 8 Abs. 2 Satz 1 GmbHG; s. § 8 GmbHG Rdn. 22 ff.) und vom Gericht überprüft wird (§ 9c Abs. 1 GmbHG; s. § 9c GmbHG Rdn. 26 ff.), soll sichergestellt werden, dass nur solche Gesellschaften entstehen, die »effektiv« über eigenes Vermögen verfügen; ferner soll die Ernstlichkeit der Beteiligung jedes Gesellschafters sichergestellt werden (vgl. MüKo GmbHG/*Schaub* § 7 Rn. 1; Scholz /*Veil* § 7 Rn. 1).

I. Leistung von Geldeinlagen, Abs. 2

12 Die Anmeldung einer Gesellschaft zur Eintragung in das Handelsregister darf erst erfolgen, wenn auf jeden Geschäftsanteil, soweit nicht Sacheinlagen vereinbart sind, 1/4 des **Nennbetrags eingezahlt** ist (§ 7 Abs. 2 Satz 1 GmbHG). Insgesamt muss auf das Stammkapital mindestens soviel eingezahlt sein, dass der **Gesamtbetrag** der eingezahlten Geldeinlagen zuzüglich des Gesamtnenn-

betrags der Geschäftsanteile, für die Sacheinlagen zu leisten sind, die Hälfte des Mindeststammkapitals (§ 5 Abs. 1 GmbHG: € 25.000), nämlich € 12.500, erreicht (§ 7 Abs. 2 Satz 2 GmbHG).

Infolge der durch Art. 1 Nr. 8 lit. c des Gesetzes zur Modernisierung des GmbH-Rechts und zur Bekämpfung von Missbräuchen (MoMiG) vom 23. Oktober 2008 (BGBl. I, 2026) bewirkten **Aufhebung des § 7 Abs. 2 Satz 3 GmbHG a. F.** ist die Unterscheidung zwischen der Gründung einer Gesellschaft durch mehrere Personen und der Gründung durch (nur) eine Person gegenstandslos geworden: Die bis zum Inkrafttreten des MoMiG geltende Fassung sah bei der Gründung durch (nur) eine Person für den »übrigen Teil der Geldeinlage« die Bestellung einer »Sicherung« vor, wenn die Einzahlung nicht in voller Höhe geleistet worden ist; die Aufhebung dieser Vorschrift ist im Gesetzesentwurf wie folgt begründet worden (Gesetzesentwurf der Bundesregierung, BT-Drs. 16/6140, S. 33):

13

> »Die besonderen Sicherungen bei Gründung einer Einpersonengesellschaft sind nach Auskunft der Praxis verzichtbar und bedeuten lediglich eine unnötige Komplizierung der GmbH-Gründung. Diese Regelungen gehen über das von der Einpersonen-GmbH-Richtlinie (89/667/EWG) vom 21. Dezember 1989 Geforderte hinaus und sollen gestrichen werden.«

Der Bundesrat hat in seiner Stellungnahme zum Gesetzesentwurf der Bundesregierung die Aufhebung des § 8 Abs. 2 Satz 3 GmbHG a. F. mit folgender Begründung abgelehnt (BT-Drs. 16/6140, S. 65 f.):

14

> »Die im Gesetzentwurf vorgesehene Streichung des Vollaufbringungsgrundsatzes bei der so genannten Ein-Personen-GmbH ist erst recht, aber nicht nur im Kontext der zugleich vorgesehenen Zurückführung des Mindeststammkapitals abzulehnen. Da das Gesellschaftsrecht bei der Ein-Personen-GmbH nicht der Förderung des – volkswirtschaftlich wünschenswerten – wirtschaftlichen Zusammenwirkens mehrerer dient, sondern allein dem Haftungsbegrenzungsinteresse eines (weiterhin) alleine wirtschaftenden Unternehmers, ist dem Gläubigerschutz in diesen Fällen besondere Beachtung geschuldet. Die zur Streichung vorgesehenen Bestimmungen des geltenden Rechts dienen dem effektiven Gläubigerschutz und erschöpfen sich nicht in weithin nutzloser, den Unternehmensgründer lediglich belastender Bürokratie, auf die verzichtet werden kann. Zudem erschiene es inkonsequent, einerseits ein bestimmtes Mindeststammkapital zu fordern, es damit aber andererseits nicht so recht ›ernst‹ zu meinen und folglich im Falle der problematischen Ein-Personen-GmbH nicht hinreichend sicherzustellen, dass das Stammkapital aufgebracht wird. Dass eine gewisse Umgehungsmöglichkeit der derzeit geltenden Vorschriften insofern besteht, als ein zweiter Gesellschafter mit einer minimalen Einlage hinzugezogen werden kann, spräche allenfalls dafür, diese Möglichkeit durch geeignete gesetzgeberische Maßnahmen zu verhindern, nicht aber die Umgehung dadurch gleichsam zu legalisieren, dass die umgangenen Vorschriften abgeschafft werden. Im übrigen dürfte nicht jedem Unternehmer, der im Wege der Gründung einer Ein-Personen-GmbH seine Haftung reduzieren will, ein (Schein-)Mitgesellschafter ohne Weiteres zur Verfügung stehen, so dass die bestehenden Vorschriften nicht gänzlich ohne praktische Wirkung sind.«

In ihrer Gegenäußerung hat die Bundesregierung zur Äußerung des Bundesrates wie folgt Stellung genommen (BT-Drs. 16/6140, S. 75 f.):

15

> »Eine Bewertung, nach der eine Ein-Personen-GmbH per se volkswirtschaftlich weniger wünschenswert sein soll als eine Mehr-Personen-GmbH, ist aus Sicht der Bundesregierung nicht gerechtfertigt, da auch bei einem Alleinunternehmer ein legitimes Bedürfnis nach einer Haftungsbeschränkung bestehen kann. Generell sollte die Rechtslage zwischen Ein- und Mehrpersonengesellschaften daher nur durch solche Differenzierungen verkompliziert werden, die durch die sog. Einpersonen-Richtlinie der EU (89/667/EWG) vorgeschrieben oder darüber hinaus tatsächlich unverzichtbar sind. Wie bereits in der Begründung zum Regierungsentwurf ausgeführt, sind die geltenden Sicherungspflichten für die Kapitalaufbringung bei der Gründung der Ein-Personen-GmbH aber nach Auskunft der Praxis entbehrlich. Sie sind daher auch unter dem Gesichtspunkt der Entbürokratisierung keineswegs zu verschärfen, sondern zu streichen.«

§ 7 GmbHG Anmeldung der Gesellschaft

1. Umfang der Leistung

a) Mindestbetrag

16 Die Anmeldung einer Gesellschaft zur Eintragung in das Handelsregister darf erst erfolgen, wenn **auf jeden Geschäftsanteil**, soweit nicht Sacheinlagen vereinbart sind, **1/4 des Nennbetrags eingezahlt** ist (§ 7 Abs. 2 Satz 1 GmbHG). Insgesamt muss auf das Stammkapital mindestens soviel eingezahlt sein, dass der **Gesamtbetrag** der einzahlten Geldeinlagen zuzüglich des Gesamtnennbetrags der Geschäftsanteile, für die Sacheinlagen zu leisten sind, die Hälfte des Mindeststammkapitals (§ 5 Abs. 1 GmbHG: € 25.000) also € 12.500, erreicht (§ 7 Abs. 2 Satz 2 GmbHG).

aa) Mindestbetrag jeder Geldeinlage, Satz 1

17 **Auf jeden Geschäftsanteil ist 1/4 des Nennbetrags einzuzahlen** (§ 7 Abs. 2 Satz 1 GmbHG). Jedem Gesellschafter ist es unbenommen, auf den von ihm übernommenen Geschäftsanteil eine Einzahlung zu leisten, die über 1/4 des Nennbetrags hinausgeht, zumal dies ggf. zur Erreichung des Mindestbetrags sämtlicher (Geld- und Sach-) Einlagen von € 12.500 erforderlich sein kann (s. Rdn. 19); von der Verpflichtung zur vollständigen Leistung der Geldeinlagen hat der Gesetzgeber nur deswegen abgesehen, um die – unwirtschaftliche – Anlage (noch) nicht benötigten Kapitals nicht vorzuschreiben und um keinen Anreiz zur Festsetzung nur des Mindeststammkapitals (§ 5 Abs. 1 GmbHG: € 25.000) im Gesellschaftsvertrag zu geben (vgl. Scholz/*Veil* § 7 Rn. 46; zur Tilgungswirkung einer Mehrleistung s. Rdn. 21). Angesichts des eindeutigen Wortlauts des § 7 Abs. 2 Satz 1 GmbHG (»auf jeden Geschäftsanteil«) wird eine geringere Einzahlung als 1/4 nicht durch eine Mehrleistung, die auf einen anderen Geschäftsanteil erbracht wird, ausgeglichen (vgl. MüKo GmbHG/*Schaub* § 7 Rn. 48; Scholz/*Veil* § 7 Rn. 19). Ist im Gesellschaftsvertrag für die Leistung auf einen Geschäftsanteil teils eine Geldeinlage, teils eine Sacheinlage vereinbart (»Mischeinlage«, »gemischte Einlage«; s. § 5 GmbHG Rdn. 27), ist auf den die Geldeinlage betreffenden Teil des Geschäftsanteils 1/4 des Nennbetrags zu leisten (vgl. Baumbach/*Hueck*/*Fastrich* Rn. 5; Lutter/Hommelhoff/*Bayer* § 7 Rn. 4; MüKo GmbHG/*Schaub* § 7 Rn. 53; Scholz/*Veil* § 7 Rn. 21; s. auch Rdn. 45).

bb) Mindestbetrag sämtlicher (Geld- und Sach-)Einlagen, Satz 2

18 Auf das Stammkapital muss mindestens so viel eingezahlt sein, dass der Gesamtbetrag der einzahlten Geldeinlagen zuzüglich des Gesamtnennbetrags der Geschäftsanteile, für die Sacheinlagen zu leisten sind, die **Hälfte des Mindeststammkapitals** (§ 5 Abs. 1 GmbHG: € 25.000), nämlich € 12.500, erreicht (§ 7 Abs. 2 Satz 2 GmbHG). Ausweislich der verwendeten Formulierung »mindestens« ist das Erreichen eines darüber hinaus gehenden Betrags, insbesondere das der Stammkapitalziffer unschädlich (zur Tilgungswirkung einer Mehrleistung s. Rdn. 21). Der Mindestbetrag von € 12.500 ist auch dann maßgebend, wenn der – im Gesellschaftsvertrag festgesetzte (§ 3 Abs. 1 Nr. 3 GmbHG) – Betrag des Stammkapitals über dem des Mindeststammkapitals liegt.

19 Bei Gründung einer Gesellschaft, deren Stammkapital den Betrag von € 25.000 nicht übersteigt und bei der die Leistung von Sacheinlagen nicht vereinbart ist, wird der Mindestbetrag von € 12.500 durch die Zahlung von 1/4 als Mindestbetrag jeder zu leistenden Geldeinlage (§ 7 Abs. 2 Satz 1 GmbHG) nicht erreicht. In einem solchen Fall bleibt es einer Vereinbarung der Gesellschafter überlassen, wie der Mindestbetrag von € 12.500 erreicht wird; (nur) im Zweifel sind die Einzahlungen »proportional« – nach dem Verhältnis der Geldeinlagen (§ 19 Abs. 1 GmbHG) – zu leisten (vgl. Baumbach/Hueck/*Fastrich* § 7 Rn. 6; Lutter/Hommelhoff/*Bayer* § 7 Rn. 5; MüKo GmbHG/*Schaub* § 7 Rn. 56; Scholz/*Veil* § 7 Rn. 23 f.).

20 Sofern die Übernahme des Gründungsaufwands durch die Gesellschaft im Gesellschaftsvertrag ordnungsgemäß festgesetzt ist (§ 26 Abs. 2 AktG analog; BGHZ 107, 1, 5 f.; BGH NJW 1998, 233; OLG Frankfurt NZG 2010, 593 = ZIP 2010, 1283; OLG München NZG 2010, 1302 = ZIP 2010, 2096; OLG Zweibrücken ZIP 2014, 623; s. auch § 3 GmbHG Rdn. 23 f.), ist die hierdurch bewirkte Schmälerung des Mindestbetrags von € 12.500 unschädlich. Sofern die Übernahme des

Gründungsaufwands nicht ordnungsgemäß festgesetzt ist, muss der Mindestbetrag erreicht werden (§ 36 Abs. 2 AktG analog; vgl. MüKo GmbHG/*Schaub* § 7 Rn. 101 f.; Scholz/*Veil* § 7 Rn. 41; *Ulmer/ Casper* § 7 Rn. 64; s. auch § 8 GmbHG Rdn. 28, § 9a GmbHG Rdn. 18, 20 und § 9c GmbHG Rdn. 14).

b) Besonderheit: Leistung eines (über den Mindestbetrag hinausgehenden) Mehrbetrags

Bei **Einzahlung** eines über den in § 7 Abs. 2 Satz 1 GmbHG geregelten Mindestbetrag (1/4 des Nennbetrags) hinausgehenden **(Mehr-)Betrags** stellt sich die Frage, ob eine solche (Mehr-)Leistung zur (entsprechenden) Tilgung der Einlageschuld führt. Diese Frage wird vor allem dann relevant, wenn im Zeitpunkt der Entstehung der Gesellschaft infolge ihrer Eintragung in das Handelsregister dieser (Mehr-)Betrag aufgrund vorzeitiger Aufnahme des Geschäftsbetriebs nicht mehr unverbraucht zur Verfügung steht. Sofern die Gesellschafter der vorzeitigen Aufnahme des Geschäftsbetriebs zugestimmt haben, haften sie anteilig in Höhe der Differenz zwischen dem Stammkapital (ggf. abzüglich des Gründungsaufwands; s. Rdn. 20) und dem Wert des Gesellschaftsvermögens im Zeitpunkt der Eintragung; da die Höhe dieser (Unterbilanz- oder Vorbelastungs-)Haftung eines Gesellschafters nicht auf die Höhe des Stammkapitals beschränkt ist, sondern auch jede darüber hinaus gehende Vermögensminderung ausgleicht, kommt es nicht darauf an, worauf die Minderung zurückzuführen ist, ob das Stammkapital durch Verbindlichkeiten der Vorgesellschaft wertmäßig geschmälert oder ob es, weil von den Gesellschaftern schon vor Eintragung freiwillig geleistet, bis dahin verbraucht ist (BGHZ 105, 300, 302 ff.; s. auch § 11 GmbHG Rdn. 27). Sofern die Unterbilanzhaftung eingreift, spricht der Gläubigerschutz daher nicht dagegen, die Tilgungswirkung einer über den – gesetzlich geregelten – Mindestbetrag hinausgehenden Mehrleistung anzuerkennen. Mit Rücksicht auf die Interessen der anderen Gesellschafter tritt die Tilgungswirkung indes nur dann ein, wenn die Mehrleistung **im Einverständnis aller Gesellschafter** erfolgt: Das Einverständnis liegt insbesondere bei einer entsprechenden Regelung im Gesellschaftsvertrag vor; im Zweifel liegt auch in der Zustimmung, den Geschäftsbetrieb schon vor Eintragung der Gesellschaft in das Handelsregister aufzunehmen, die Zustimmung zur Entgegennahme der Mehrleistung (vgl. Baumbach/Hueck/*Fastrich* § 7 Rn. 5; Lutter/Hommelhoff /*Bayer* § 7 Rn. 9; Rowedder/*Schmidt-Leithoff* § 7 Rn. 26; *Ulmer/Casper* § 7 Rn. 46; a. A. Scholz/*Veil* § 7 Rn. 47). 21

2. Art und Weise der Leistung: Einzahlung

a) Zahlungsmodalität sowie Person des Leistenden und des Leistungsempfängers

Die Einzahlung kann durch **Barzahlung** oder durch **Gutschrift auf einem Konto** infolge einer Überweisung erfolgen (vgl. nur BGHZ 45, 338, 347). Sie muss nicht notwendigerweise vom **Gesellschafter** aus eigenen Mitteln, sondern kann von einem **Dritten** (§ 267 BGB) oder durch den Gesellschafter mit Mitteln, die ihm ein Dritter zur Verfügung stellt, erbracht werden (BGH NZG 2004, 618; vgl. BGH NJW 1992, 2698 zur Kapitalerhöhung; BGH NJW 1995, 128 zur Kapitalerhöhung; BGHZ 174, 370, Rn. 5; vgl. auch Lutter/Hommelhoff/*Bayer* § 7 Rn. 13; MüKo GmbHG/*Schaub* § 7 Rn. 78; *Ulmer/Casper* § 7 Rn. 44). 22

Empfänger der Leistung ist die – durch den Abschluss des notariell zu beurkundenden Gesellschaftsvertrages entstehende – **Vorgesellschaft** (zur Vorgesellschaft, insbesondere zu ihrer Kontofähigkeit s. § 11 GmbHG Rdn. 14). **Vor Abschluss des Gesellschaftsvertrags** hat eine (Vor-)Einzahlung hinsichtlich der Geldeinlagepflicht nur dann Tilgungswirkung, wenn der Betrag als Einlage geleistet wurde und er unversehrt auf die Vorgesellschaft übergeht; wenn allerdings unter Verwendung dieses Geldbetrags bereits ein Geschäftsbetrieb eröffnet und mit seinen Aktiva und Passiva auf die Vorgesellschaft übertragen wurde, scheidet eine Tilgung der Geldeinlageschuld aus (BGH NJW 1992, 2698; NZG 2004, 618; vgl. BGH NJW-RR 1996, 1249 zur [Vor-]Einzahlung auf eine künftige Kapitalerhöhung; BGHZ 158, 283, 284 f. zur [Vor-]Einzahlung auf eine künftige Kapitalerhöhung; BGHZ 168, 201 Rn. 14 ff. zur [Vor-]Einzahlung auf eine künftige Kapitalerhöhung; vgl. auch MüKo GmbHG/*Schaub* § 7 Rn. 69; Scholz/*Veil* § 7 Rn. 27; *Ulmer/Casper* § 7 Rn. 48). Die Geldeinlagepflicht wird nur dann erfüllt, wenn die (Vor-)Einzahlung mit einer ein- 23 deutigen Zweckbestimmung getroffen wurde und der Betrag im Zeitpunkt der Übernahme durch die Vorgesellschaft noch als ausscheidbarer Vermögensgegenstand vorhanden ist und sich als solcher von dem übrigen Vermögen isolieren lässt (OLG Frankfurt NZG 2005, 557). Hat die Vorgesellschaft im Rahmen der Übertragung nicht einzelne Vermögensgegenstände und unter ihnen einen der Stammeinlage entsprechenden Geldbetrag, sondern das Unternehmen als Sachgesamtheit in seinem damaligen Bestand erhalten, handelt es sich um eine Sacheinlage, durch deren Leistung die Geldeinlagepflicht nicht erfüllt wird; Leistungen an Erfüllungs Statt bewirken keine Tilgung der Einlageverpflichtung (BGH NJW 1992, 2698; NJW 2001, 1647; zur »Anrechnung« des Wertes einer »verdeckten Sacheinlage« auf die Geldeinlagepflicht gemäß § 19 Abs. 4 Satz 3 GmbHG s. § 19 GmbHG Rdn. 69).

b) Leistung zur endgültig freien Verfügung der Geschäftsführer

24 Aus dem (Regelungs-)Zusammenhang mit § 8 Abs. 2 Satz 1 GmbHG ergibt sich, dass der auf jeden Geschäftsanteil zu leistende (Mindest-)Betrag so eingezahlt werden muss, dass er sich vor Anmeldung der Gesellschaft zum Handelsregister **endgültig in der freien Verfügung der Geschäftsführer** befindet (vgl. BGHZ 113, 335, 347 ff. zur Kapitalerhöhung; BGHZ 125, 141, 150 f. zur Kapitalerhöhung; BGHZ 153, 107, 109; BGH NJW 2001, 1647; NJW 2001, 3781). Das Erfordernis einer Einzahlung zur endgültig freien Verfügung der Geschäftsführer gilt nur für den in § 7 Abs. 2 GmbHG geregelten Mindestbetrag (BGH NJW 2009, 2375 Rn. 17). Die Regeln der Kapitalaufbringung (und der Kapitalerhaltung) können zwar nicht verhindern, dass das Stammkapital im Laufe der Zeit durch Verluste aufgezehrt wird; sie sollen aber sicherstellen, dass der Gesellschaft die von dem einlegenden Gesellschafter (Inferenten) geschuldeten (Bar-)Einlagemittel real zur Verfügung gestellt werden (BGHZ 174, 370 Rn. 11). Damit eine endgültig freie Verfügung der Geschäftsführer der (Vor-)Gesellschaft über den (Mindest-)Betrag vorliegt, muss der einlegende Gesellschafter (Inferent) **seine Verfügungsmacht** über die von ihm zu leistenden Barmittel **endgültig und ohne Vorbehalt zugunsten der (Vor-) Gesellschaft aufgeben** (BGHZ 113, 335, 348 f. zur Kapitalerhöhung). Daran fehlt es, wenn die eingezahlten Mittel der (Vor-)Gesellschaft nur vorübergehend verbleiben und alsbald wieder an den Inferenten zurückfließen, so dass der Vorgang der Mittelaufbringung nicht als abgeschlossen angesehen werden kann (BGHZ 125, 141, 151 zur Kapitalerhöhung). Bei Leistung durch Gutschrift auf einem Konto liegt namentlich dann keine endgültig freie Verfügung der Geschäftsführer vor, wenn der Inferent Verfügungsbefugnis über das Konto hat; eine Tilgung der Einlageverpflichtung erfolgt erst dann, wenn und soweit der Geschäftsführer das Guthaben tatsächlich zur Begleichung von Gesellschafterverbindlichkeiten einsetzt (BGH NJW 2001, 1647; BGHZ 175, 86 Rn. 27 zur Kapitalerhöhung bei einer AG).

25 In der Praxis werfen insbesondere die im Folgenden dargestellten **Fallkonstellationen** die Frage auf, ob eine ordnungsgemäße Kapitalaufbringung, insbesondere eine Einzahlung zur endgültig freien Verfügung der Geschäftsführer der (Vor-)Gesellschaft vorliegt. Ihre Beurteilung durch die höchstrichterliche Rechtsprechung wird hier im Wege eines Überblicks dargestellt (zur Kapitalaufbringung im Rahmen der Gründung s. § 19 GmbHG Rdn. 1 ff.; zur Kapitalaufbringung im Rahmen der Kapitalerhöhung s. § 56a GmbHG Rdn. 1 ff.).

aa) Zahlung auf ein debitorisches Bankkonto

26 Eine vom einlegenden Gesellschafter (Inferenten) unmittelbar auf ein **debitorisches Bankkonto der (Vor-)Gesellschaft** geleistete Einzahlung führt (nur) dann nicht zur endgültig freien Verfügung der Geschäftsführer, wenn die Geschäftsführer wegen gleichzeitiger Kündigung oder Rückführung des bisher eingeräumten Kreditrahmens auf den neuen Saldo keine Möglichkeit erhalten, über Mittel in entsprechender Weise zu verfügen; wenn indes mit dem Einlagebetrag ein Debetsaldo zurückgeführt wird und der Gesellschaft **Liquidität in Höhe des eingezahlten Betrags verbleibt**, liegt eine ordnungsgemäße Kapitalaufbringung vor (BGH NJW 1991, 226 zur Kapitalerhöhung; NJW 1991, 1294; NJW-RR 1996, 1249 zur Kapitalerhöhung; NJW 2002, 1716 [insoweit in BGHZ 150, 197 nicht abgedruckt] zur Kapitalerhöhung; NZG 2002, 524 zur Kapitalerhöhung;

NZG 2002, 636 zur Kapitalerhöhung; NZG 2002, 639 zur Kapitalerhöhung; NZG 2005, 180 zur Kapitalerhöhung).

bb) Zahlung an einen Gläubiger der (Vor-)Gesellschaft

Die Vorschrift des § 362 Abs. 2 BGB, wonach die **Leistung an einen Dritten** unter bestimmten Voraussetzungen Erfüllungswirkung hat, wird für die vor der Anmeldung mindestens zu leistende Einzahlung (**Mindesteinlage**) durch die insoweit speziellere Vorschrift des § 7 Abs. 2 GmbHG verdrängt (BGH NJW 1986, 989). Dem liegt die Erwägung zu Grunde, dass es dem (Register-)Gericht ermöglicht werden soll, auf einfache Weise zu überprüfen, ob der Betrag vom einlegenden Gesellschafter (Inferenten) in einer Weise geleistet worden ist, welche die Geschäftsführer in die Lage versetzt, darüber endgültig und frei zu verfügen; würde eine unmittelbare Zahlung des Inferenten an einen Gesellschaftsgläubiger zugelassen, würde diese Überprüfung erschwert, weil Liquidität, Fälligkeit und Vollwertigkeit der gegen die (Vor-)Gesellschaft gerichteten Gläubigerforderung vom Gericht in die Überprüfung einbezogen werden müssten (BGHZ 119, 177, 189 zur Kapitalerhöhung bei einer AG). Im Gegensatz zum Inferenten sind die Geschäftsführer berechtigt, den auf eine Geldeinlage eingezahlten Betrag an einen Gesellschaftsgläubiger zur Tilgung einer Verbindlichkeit zu verwenden (vgl. nur BGH NJW 2001, 1647).

27

Hinsichtlich der – nicht notwendig vor der Anmeldung zu leistenden – **restlichen Einzahlung** kommt § 362 Abs. 2 BGB zur Anwendung, soweit der Schutz der übrigen Gesellschaftsgläubiger durch die unmittelbare Zahlung an einen Gesellschaftsgläubiger nicht beeinträchtigt wird; durch eine solche Zahlung wird die Einlageverbindlichkeit getilgt, wenn der einlegende Gesellschafter (Inferent) auf Veranlassung der Geschäftsführer einen Gesellschaftsgläubiger befriedigt, dessen Forderung vollwertig, fällig und liquide ist (BGH NJW 1986, 989; vgl. auch *Goette* DStR 1997, 1257 zu BGH, Beschluss vom 7.7.1997 – II ZR 221/96 [vorangehend OLG Dresden GmbHR 1997, 946]). Die unmittelbare Leistung des Inferenten an einen Gesellschaftsgläubiger, ohne dass die Geschäftsführer eine Einwirkungsmöglichkeit hatten, führt nicht zur Erfüllung der Einlageverpflichtung (BGHZ 150, 197, 200 zur Kapitalerhöhung; BGH NZG 2002, 524 zur Kapitalerhöhung; NZG 2002, 636 zur Kapitalerhöhung; NZG 2002, 639 zur Kapitalerhöhung).

28

cc) Vereinbarung der Einlagenrückgewähr (»Hin- und Herzahlen«)

Infolge der **Neufassung des § 19 Abs. 5 GmbHG** durch Art. 1 Nr. 17 lit. c des Gesetzes zur Modernisierung des GmbH-Rechts und zur Bekämpfung von Missbräuchen (MoMiG) vom 23. Oktober 2008 (BGBl. I, 2026) ist das bislang durch die Rechtsprechung geprägte Recht durch den Gesetzgeber teilweise geändert worden: Trotz des Vorliegens einer **Vereinbarung über die Verwendung der Einlage**, die wirtschaftlich einer **Rückzahlung der Einlage** an den einlegenden Gesellschafter (Inferenten) entspricht (Vereinbarung der Einlagenrückgewähr, »Hin- und Herzahlen«), kann der Inferent nunmehr unter bestimmten Voraussetzungen seine Einlageverpflichtung erfüllen. Das neue Recht gilt auch für Einlageleistungen, die vor Inkrafttreten des MoMiG am 1. November 2008 bewirkt worden sind und aufgrund des bis dahin geltenden Rechts wegen Vereinbarung der Einlagenrückgewähr keine Erfüllung der Einlageverpflichtung bewirkt haben (§ 4 Abs. 4 Satz 1 EGGmbHG; zu Zweifeln an der Verfassungsmäßigkeit dieser Vorschrift s. BGH NJW 2009, 2375 Rn. 6 zur Kapitalerhöhung).

29

(1) Bisheriges Recht

Verwendungsabsprachen, durch welche die Geschäftsführer verpflichtet werden, mit den Einlagemitteln in bestimmter Weise zu verfahren, sind unter dem Gesichtspunkt der Kapitalaufbringung unschädlich, wenn sie allein der Umsetzung von Investitionsentscheidungen oder sonstiger geschäftspolitischer Zwecke dienen; anders ist es aber, wenn die **Absprache** (auch) dahin geht, die **Einlagemittel** mittelbar oder gar unmittelbar wieder an den einlegenden Gesellschafter (Inferenten) **zurückfließen** zu lassen, so dass – wirtschaftlich gesehen – ein »Hin- und Herzahlen« stattfindet (BGH NJW 1991, 226 zur Kapitalerhöhung; NJW 1992, 2698 zur Kapitalerhöhung; BGHZ 153,

30

§ 7 GmbHG Anmeldung der Gesellschaft

107, 110 zur Kapitalerhöhung; BGHZ 171, 113, Rn. 10 zur Kapitalerhöhung). Ein enger sachlicher und zeitlicher **Zusammenhang** zwischen Einzahlung und Rückzahlung begründet die Vermutung einer vorabgesprochenen objektiven Umgehung der Kapitalaufbringung durch Hin- und Herzahlen des Einlagebetrages (BGH NZG 2008, 511 Rn. 4: Rückfluss der Einlagezahlung »in Raten« im Abstand von einem und zweieinhalb Monaten; vgl. auch BGHZ 125, 141, 143 f. zur Kapitalerhöhung; BGHZ 132, 133, 138 f; BGHZ 132, 141, 146 zur Kapitalerhöhung; BGHZ 152, 37, 44 f. zur Kapitalerhöhung; BGHZ 153, 107, 109 zur Kapitalerhöhung; BGH NZG 2004, 618; BGHZ 166, 8 Rn. 13 zur Kapitalerhöhung); wenn in geringem zeitlichen Abstand ein Hin- und Herzahlen erfolgt, kann nach bisherigem Recht nicht davon ausgegangen werden, dass der Einlagebetrag zur endgültig freien Verfügung der Geschäftsführer steht (BGH NJW 2001, 3781; BGH NJW 2009, 2375 Rn. 15 zur Kapitalerhöhung).

31 An einer Leistung zur endgültig freien Verfügung der Geschäftsführer fehlt es bei einer **reinen Scheinzahlung**, bei der die – im Voraus abgesprochene – Rückzahlung des eingezahlten Betrags durch die (Vor-)Gesellschaft an den einlegenden Gesellschafter (Inferenten) keinen außerhalb dieser Abrede liegenden Rechtsgrund hat (BGHZ 113, 335, 347 zur Kapitalerhöhung; BGH NZG 2004, 618).

32 Wenn die in geringem zeitlichem Abstand zur Einzahlung erfolgende Rückzahlung des Betrags durch die Gesellschaft an den einlegenden Gesellschafter (Inferenten) als »**Darlehensgewährung**« deklariert wird, wird die Einlageschuld nicht wirksam getilgt, weil andernfalls die – grundsätzlich unverzichtbare – Einlageforderung durch eine schwächere Darlehensforderung ersetzt wird; im wirtschaftlichen Ergebnis wird die Einlage nicht vom Inferenten geleistet, sondern von der (Vor-)Gesellschaft finanziert (BGHZ 153, 107, 109 f. zur Kapitalerhöhung; BGHZ 165, 113 Rn. 7 zur Kapitalerhöhung bei einer AG; BGHZ 174, 370 Rn. 6; BGH NJW 2009, 2375, Rn. 15 zur Kapitalerhöhung). In einem solchen Fall erweist sich die »Darlehensabrede« wegen Verstoßes gegen die Kapitalaufbringungsregeln nach bisherigem Recht als **unwirksam** (BGHZ 165, 113 zur Kapitalerhöhung bei einer AG). Die Einlageverpflichtung wird auch dann nicht erfüllt, wenn aufgrund einer »**Treuhandabrede**« der vom Inferenten eingezahlte Betrag am folgenden Tag an diesen zurückgezahlt, von ihm auf einem Anderkonto angelegt und den Geschäftsführern jederzeitige Verfügungsmöglichkeit zugesagt wird; da der Einlagebetrag in einem solchen Fall dem Zugriff des Inferenten ausgesetzt bleibt, liegt keine Leistung zur endgültig freien Verfügung vor (BGHZ 165, 352 Rn. 9).

33 Auch im spiegelbildlichen Fall, in dem der Inferent den später eingezahlten Betrag zuvor von der (Vor-)Gesellschaft »darlehensweise« erhalten hat, ist die Einlage im wirtschaftlichen Ergebnis nicht vom einlegenden Gesellschafter (Inferenten), sondern von der Gesellschaft finanziert worden, so dass keine Tilgung der Einlageverbindlichkeit eintritt; in einem solchen Fall des »**Her- und Hinzahlens**« ist die »Darlehensabrede« wegen Umgehung der Kapitalaufbringungsregeln nach bisherigem Recht unwirksam (BGH NZG 2006, 716 Rn. 12 zur Kapitalerhöhung). Durch die Einzahlung des zuvor von der Gesellschaft zur Verfügung gestellten Betrags wird die Einlage aus Mitteln der (Vor-)Gesellschaft erbracht; eine solche Transaktion steht einem (verbotenen) Erlass der Einlageschuld gleich, weil der Gesellschafter von seiner Schuld befreit wird, ohne selbst etwas aufgewendet zu haben (BGH NZG 2004, 618).

34 Die Umgehung der Kapitalaufbringungsregeln durch »Hin- und Herzahlen« bzw. »Her- und Hinzahlen« setzt **nicht** die Identität von einlegendem Gesellschafter (Inferent) und Empfänger des Zahlung voraus; sie liegt bereits dann vor, wenn der Inferent durch die Leistung an einen Dritten mittelbar in gleicher Weise begünstigt wird wie durch eine unmittelbare Leistung an sich selbst, was bei der Auszahlung an ein von ihm beherrschtes Unternehmen in Betracht kommt (BGHZ 153, 107, 110 zur Kapitalerhöhung; BGHZ 166, 8 Rn. 18 zur Kapitalerhöhung; BGHZ 174, 370 Rn. 7; vgl. auch BGHZ 125, 141, 144 zur Kapitalerhöhung; BGHZ 132, 133, 136 zur Kapitalerhöhung; BGHZ 170, 47 Rn. 15 zur AG).

Da das im Rahmen der Kapitalaufbringung stattfindende »Hin- und Herzahlen« bzw. »Her- und Hinzahlen« des Einlagebetrags – aufgrund der Unwirksamkeit der »Darlehens-« bzw. der »Treuhandabrede« – wirtschaftlich als ein einheitlicher, **sich selbst neutralisierender Vorgang** anzusehen ist, sind weder der einlegende Gesellschafter (Inferent) noch die Gesellschaft ungerechtfertigt bereichert. Sofern der Inferent den Einlagebetrag **zu einem späteren Zeitpunkt an die (Vor-) Gesellschaft zahlt**, wird hierdurch die Einlageschuld getilgt, selbst wenn die Zahlung mit einer Tilgungsbestimmung verbunden ist, die nicht auf »Einzahlung auf die Stammeinlage«, sondern auf »Darlehensrückzahlung« o. ä. lautet; angesichts der Unwirksamkeit einer solchen »Darlehensabrede« ist eine auf »Darlehensrückzahlung« lautende Tilgungsbestimmung gegenstandslos und so auszulegen, dass an Stelle der vermeintlichen Darlehensschuld die **Einlageschuld getilgt** werden soll (BGHZ 165, 113 Rn. 10 zur Kapitalerhöhung bei einer AG; vgl. auch BGH NJW 1991, 1294; NJW 2001, 3781; BGHZ 166, 8 Rn. 24 zur Kapitalerhöhung; BGH NZG 2008, 511 Rn. 6). Unter Präventionsgesichtspunkten ist es nicht geboten, einer »Darlehensrückzahlung« des Inferenten keine Erfüllungswirkung hinsichtlich der Einlageverbindlichkeit beizumessen, andernfalls der Inferent – zur Vermeidung einer Doppelzahlung – mit der Rückzahlung des vermeintlichen »Darlehens« solange zuwarten würde, bis er von der Gesellschaft oder ihrem Insolvenzverwalter zwangsweise in Anspruch genommen wird; dies würde zu einer nicht gerechtfertigten Privilegierung eines säumigen Gesellschafters führen (BGHZ 165, 352 Rn. 12). Auch im Fall des »Her- und Hinzahlens« wird durch die »Rückzahlung des Darlehens« die offen gebliebene Einlageschuld getilgt, weil die falsche Deklarierung der Zahlung unschädlich ist; der Inferent schuldet nicht die nochmalige (»doppelte«) Zahlung des Einlagebetrags (BGH NZG 2006, 716 Rn. 13 zur Kapitalerhöhung).

(2) Neufassung des § 19 Abs. 5 GmbHG

Durch Art. 1 Nr. 17 lit. c des Gesetzes zur Modernisierung des GmbH-Rechts und zur Bekämpfung von Missbräuchen (MoMiG) vom 23. Oktober 2008 (BGBl. I, 2026) ist **§ 19 Abs. 5 GmbHG** neu gefasst worden: Trotz des Vorliegens einer Vereinbarung über die Verwendung der Einlage, die wirtschaftlich einer Rückzahlung der Einlage an den einlegenden Gesellschafter (Inferenten) entspricht, erfüllt der Inferent nunmehr seine Einlageverpflichtung, wenn die – in der Anmeldung anzugebende (§ 19 Abs. 5. Satz 2 GmbHG) – (Rück-)Zahlung der Gesellschaft an den Inferenten durch einen vollwertigen Rückgewähranspruch gedeckt ist, der jederzeit fällig ist oder durch fristlose Kündigung fällig werden kann (§ 19 Abs. 5 Satz 1 GmbHG; s. § 19 GmbHG Rdn. 73 ff.; vgl. BGH NZG 2009, 944 Rn. 24 ff.).

Die Bundesregierung hat den vor ihr vorgelegten Gesetzesentwurf, der von der Gesetz gewordenen Vorschrift abweicht, wie folgt begründet (BT-Drs. 16/6140, S. 34 f.):

Die von der Rechtsprechung entwickelte Fallgruppe des sog. **Hin- und Herzahlens** umfasst Fälle, »bei der die Einlageleistung aufgrund einer vorherigen Absprache wieder an den Gesellschafter zurückfließen soll.« Die Regelung erlangt »z. B. in den Fällen Bedeutung, in denen die Gesellschaft dem Gesellschafter aufgrund einer Absprache eine Geldeinlage im Wege eines Neudarlehens direkt wieder auszahlen soll. Diese Fallkonstellation kann insbesondere auch bei der Kapitalaufbringung im **Cash-Pool** auftreten, wenn die Einlage infolge der Einzahlung auf das in den Cash-Pool einbezogene Konto im Ergebnis wieder an den Inferenten zurückfließt [...]. Die Rechtsprechung nimmt in entsprechenden Fallgestaltungen einen Verstoß gegen die Kapitalaufbringungsvorschriften an, da es infolge des vereinbarten Mittelrückflusses an den Gesellschafter insbesondere an der erforderlichen Leistung zur endgültig freien Verfügung der Geschäftsführer fehle. Im Fall der Rückgewähr der Einlage als Darlehen wird dabei eine ›Heilung‹ im Sinne einer nachträglichen Erfüllung der Einlageschuld angenommen, wenn der Gesellschafter das Darlehen wieder an die Gesellschaft zurückzahlt. Da dies in der Praxis zu Rechtsunsicherheiten und Einschränkungen in der wirtschaftlichen Betätigung der Gesellschaft führt, sollen die für den Bereich der Kapitalerhaltung (§ 30 GmbHG) in Bezug auf Rechtsgeschäfte der Gesellschaft mit den Gesellschaftern vorgesehenen Erleichterungen ausdrücklich auch auf den Bereich der Kapitalaufbringung übertragen werden. Die bisherige **Heilungsrechtsprechung** bleibt davon unberührt: Ist es also zu einer Darlehensgewährung gekommen, die nicht den Voraussetzungen [...] entsprach, so kann dann, wenn das Darlehen gleichwohl zurückgezahlt wird, Erfüllung der Einlageschuld auch künftig angenommen werden.

Die Neuregelung führt ebenso wie im Bereich der Kapitalerhaltung eine **bilanzielle Betrachtungsweise** ein. Der Gedanke der bilanziellen Betrachtungsweise zieht sich damit als roter Faden durch die Neuregelungen zum Haftkapitalsystem. Danach führt eine Verwendungsabrede, die wirtschaftlich als eine Rückgewähr der Einlage an den Gesellschafter zu werten ist, nicht zu einem Verstoß gegen die Voraussetzungen einer ordnungsgemäßen Einlagenbewirkung, sofern die Leistung durch einen vollwertigen Rückzahlungs- oder Gegenleistungsanspruch gegen den Gesellschafter gedeckt ist [...]. Zwar könnte man gegen die Neuregelung einwenden, dass auf diese Weise der im Rahmen der Kapitalaufbringung vorgesehene tatsächliche Mittelzufluss im Ergebnis infolge der vereinbarten Einlagenrückgewähr durch eine ›schwächere‹ schuldrechtliche Forderung ersetzt wird. Andererseits wird das sog. Hin- und Herzahlen auch künftig nur dann zugelassen, wenn der **Rückzahlungs- bzw. Gegenleistungsanspruch gleich- und vollwertig**. Im Ergebnis wird damit ein angemessener Ausgleich zwischen Gesellschafts- und Gläubigerinteressen erreicht. Zudem ist kein Grund ersichtlich, im Bereich der Kapitalaufbringung und der Kapitalerhaltung unterschiedliche Maßstäbe anzulegen.«

38 Der Rechtsausschuss des Deutschen Bundestages hat in der Begründung seiner Beschlussempfehlung zu der später Gesetz gewordenen Vorschrift Folgendes ausgeführt (BT-Drs. 16/9737, S. 97 f.):

»Künftig soll in den Fällen des Hin- und Herzahlens eine Erfüllungswirkung eintreten, wenn die Zahlung an den Gesellschafter durch einen vollwertigen **Rückzahlungsanspruch** gedeckt ist. Neu vorgesehen ist auf Anregung aus der Wissenschaft, dass der Rückzahlungsanspruch zur Sicherung der Kapitalaufbringung **auch liquide** in dem Sinne sein muss, dass er jederzeit fällig ist bzw. durch Kündigung seitens der Gesellschaft fällig gestellt werden kann. Denn beispielsweise bei einem erst nach längerer Zeit kündbaren Darlehen ist eine Prognose sehr unsicher, ob der Rückzahlungsanspruch tatsächlich vollwertig ist.«

dd) Verdeckte Sacheinlage

39 Infolge der **Neufassung des § 19 Abs. 4 GmbHG** durch Art. 1 Nr. 17 lit. c des Gesetzes zur Modernisierung des GmbH-Rechts und zur Bekämpfung von Missbräuchen (MoMiG) vom 23. Oktober 2008 (BGBl. I, 2026) ist das bislang durch die Rechtsprechung geprägte Recht durch den Gesetzgeber teilweise geändert worden: Eine **verdeckte Sacheinlage** befreit den einlegenden Gesellschafter (Inferenten) – ebenso wie nach dem bisherigen Recht – zwar nicht von seiner Einlageverpflichtung, jedoch wird der Wert des Vermögensgegenstandes auf die fortbestehende Geldeinlagepflicht des Inferenten nunmehr angerechnet (§ 19 Abs. 4 Satz 1 und 3 GmbHG); die Verträge über die Sacheinlage und die Rechtshandlungen zu ihrer Ausführung sind nicht (mehr) unwirksam (§ 19 Abs. 4 Satz 2 GmbHG; s. § 19 GmbHG Rdn. 66 ff.). Das neue Recht gilt auch für Einlageleistungen, die vor Inkrafttreten des MoMiG am 1. November 2008 bewirkt worden sind und aufgrund des bis dahin geltenden Rechts keine Erfüllung der Einlageverpflichtung bewirkt haben (§ 4 Abs. 4 Satz 1 EGGmbHG; zu Zweifeln an der Verfassungsmäßigkeit dieser Vorschrift s. BGH NJW 2009, 2375 Rn. 6; BGH NZG 2009, 944 Rn. 38).

(1) Bisheriges Recht

40 Wenn die für die Sacheinlagen geltenden gesetzlichen Vorschriften dadurch unterlaufen werden, dass zwar die **Leistung einer Geldeinlage vereinbart** wird, die Gesellschaft aber bei wirtschaftlicher Betrachtung von dem einlegenden Gesellschafter (Inferenten) aufgrund einer im Zusammenhang mit der Übernahme der Einlage getroffenen Absprache einen **Sachwert** erhalten soll, liegt eine **verdeckte Sacheinlage** vor (BGHZ 155, 329, 334; BGHZ 166, 8 Rn. 11; BGHZ 170, 47 Rn. 11 zu einer AG; BGHZ 173, 145 Rn. 14 zur Kapitalerhöhung bei einer AG; BGH NZG 2008, 311 Rn. 8; NJW 2009, 2375 Rn. 8 zur Kapitalerhöhung); das für die Anwendung der Grundsätze über die verdeckte Sacheinlage grundsätzlich bestehende Erfordernis einer **Verwendungsabsprache** ist

für die Errichtung einer Ein-Personen-GmbH von der Natur der Sache her nicht einschlägig (BGH NZG 2008, 311 Rn. 12). Bei der verdeckten Einbringung **sonstiger Gegenstände**, welche als Sacheinlage eingebracht werden könnten – z. B. eine vor Begründung der Einlageschuld entstandene Darlehnsforderung des Inferenten oder ein Anspruch auf Auszahlung stehengelassenen Gewinns – gilt Entsprechendes (BGHZ 110, 47, 60 zur Kapitalerhöhung bei einer AG; BGHZ 113, 335, 341 zur Kapitalerhöhung; BGHZ 125, 141, 149 f. zur Kapitalerhöhung; BGHZ 132, 133, 139 f.; BGHZ 132, 141, 144 zur Kapitalerhöhung; BGHZ 152, 37, 42 zur Kapitalerhöhung; BGHZ 165, 113 Rn. 8 zur Kapitalerhöhung bei einer AG; BGHZ 166, 8 Rn. 12; BGH NJW 2009, 2375 Rn. 8 zur Kapitalerhöhung). Die Umgehung der für Sacheinlagen maßgebenden Vorschriften – Anordnung der Publizität (§ 5 Abs. 4 Satz 1 GmbHG), Werthaltigkeitskontrolle durch Gesellschafter (§ 5 Abs. 4 Satz 2 GmbHG) und (Register-)Gericht (§ 9c Abs. 1 Satz 2 GmbHG) sowie Vollständigkeit der Leistung vor Anmeldung der Gesellschaft zur Eintragung in das Handelsregister (§ 7 Abs. 3 GmbHG; s. Rdn. 46) – hat zur **Folge**, dass der Inferent durch scheinbare Leistung seiner Bareinlage von seiner entsprechenden **Einlageverpflichtung nicht befreit** wird (BGHZ 113, 335, 345 zur Kapitalerhöhung; BGH NJW 2009, 2375 Rn. 8 zur Kapitalerhöhung). Sowohl das schuldrechtliche Verpflichtungsgeschäft als auch das dingliche Erfüllungsgeschäfts sind nach bisherigem Recht **nichtig** (§ 27 Abs. 3 Satz 1 AktG in der bis zum 1.9.2009 geltenden Fassung analog; vgl. BGHZ 155, 329, 338 f.). Anstelle einer Rückabwicklung der gescheiterten Leistung im Wege des Bereicherungsausgleichs kommt eine **Heilung** mit Wirkung ex nunc in Betracht, wozu es erforderlich ist, die im Gesellschaftsvertrag festgesetzte Geldeinlage in eine Sacheinlage umzuwandeln; durch satzungsändernden Gesellschafterbeschluss muss offengelegt werden, dass Gegenstand der Einlageverpflichtung nicht die bisher verlautbarte Geldeinlage, sondern eine Sacheinlage ist, dessen Werthaltigkeitsprüfung nachgeholt wird (BGHZ 155, 329, 337 ff.; vgl. BGHZ 132, 141, 148 ff. zur Kapitalerhöhung; BGHZ 171, 113 Rn. 14 zur Kapitalerhöhung).

Nicht sacheinlagefähige Gegenstände – z. B. bloße obligatorische Ansprüche gegen den Einlageschuldner, insbesondere die Verpflichtung zu Dienstleistungen – können nicht Gegenstand einer verdeckten Sacheinlage sein, weil der Vorwurf, gläubigerschützende Vorschriften im Zusammenhang mit der Leistung von Sacheinlagen zu unterlaufen, mangels Anwendbarkeit der Vorschriften über Sacheinlagen diesbezüglich nicht erhoben werden kann (BGH NJW 2009, 2375 Rn. 9 ff zur Kapitalerhöhung).

41

(2) Neufassung des § 19 Abs. 4 GmbHG

Durch Art. 1 Nr. 17 lit. c des Gesetzes zur Modernisierung des GmbH-Rechts und zur Bekämpfung von Missbräuchen (MoMiG) vom 23. Oktober 2008 (BGBl. I, 2026) ist **§ 19 Abs. 4 GmbHG** neu gefasst worden: Eine verdeckte Sacheinlage befreit den einlegenden Gesellschafter (Inferenten) – ebenso wie nach dem bisherigen Recht – zwar nicht von seiner Einlageverpflichtung, jedoch wird der Wert des Vermögensgegenstandes auf die fortbestehende Geldeinlagepflicht des Inferenten nunmehr angerechnet (§ 19 Abs. 4 Satz 1 und 3 GmbHG); die Verträge über die Sacheinlage und die Rechtshandlungen zu ihrer Ausführung sind nicht (mehr) unwirksam (§ 19 Abs. 4 Satz 2 GmbHG; s. § 19 GmbHG Rdn. 69).

42

Die Bundesregierung hat den von ihr vorgelegten Entwurf, der von der Gesetz gewordenen Vorschrift abweicht, wie folgt begründet (BT-Drs. 16/6140, S. 40 f.):

43

Die Rechtsfolgen einer verdeckten Sacheinlage sollen auf eine »Differenzhaftung des Gesellschafters beschränkt« werden. »Die Rechtsprechung nimmt eine verdeckte Sacheinlage an, wenn zwar formell eine Bareinlage vereinbart und geleistet wird, die Gesellschaft bei wirtschaftlicher Betrachtung aber aufgrund einer im Zusammenhang mit der Übernahme der Einlage getroffenen Absprache einen Sachwert erhalten soll. Eine solche verdeckte Sacheinlage sei in entsprechender Anwendung des § 19 Abs. 5 wegen der damit verbundenen Umgehung der gesetzlichen Sacheinlagevorschriften verboten. Als Rechtsfolge der verdeckten Sacheinlage wird bislang die Unwirksamkeit sowohl des schuldrechtlichen Teils der verdeckten Sacheinlage als auch des dinglichen Erfüllungsgeschäfts analog § 27 Abs. 3 Satz 1 AktG angenommen. Die Bareinlagepflicht des Inferenten besteht fort, so dass dieser in der Insolvenz die übernommene Einlage im wirtschaftlichen Ergebnis oft zweimal erbringen muss. Sein Anspruch gegen die Gesellschaft auf Rückgewähr der Leistung erschöpft sich hingegen mitunter in einer wertlosen Insolvenzforderung. Die von der Rechtsprechung ermöglichte Heilung verdeckter Sacheinlagen durch Umwandlung der Bar- in eine Sacheinlage hat in der Praxis nur geringe Bedeutung, da verdeckte Sacheinlagen häufig erst in der Insolvenz entdeckt werden und eine Heilung in diesem Zeitpunkt nicht mehr möglich ist. Der Entwurf sieht daher davon ab, **Heilungsmöglichkeiten** ausdrücklich in das Gesetz aufzunehmen; sie werden durch den Entwurf aber keineswegs eingeschränkt oder gar abgeschafft.

Der Entwurf ändert die zivilrechtliche Reaktion auf die verdeckte Sacheinlage. Künftig sollen verdeckte Sacheinlagen in Anlehnung an die Rechtslage bei ordnungsgemäß vereinbarten und offengelegten Sacheinlagen einer **Differenzhaftung** unterstellt werden. Erreicht der Wert der verdeckten Sacheinlage zum Zeitpunkt der Anmeldung der Gesellschaft bzw. zum Zeitpunkt ihrer effektiven Überlassung an die Gesellschaft, wenn diese zeitlich später erfolgt, den Betrag der übernommenen Einlage, so ist die Einlagepflicht vollständig erfüllt; bei fehlender Vollwertigkeit liegt eine Teilerfüllung vor und die Differenz ist in bar zu erbringen. Die Neuregelung trägt einer zunehmenden Kritik an den drastischen Rechtsfolgen verdeckter Sacheinlagen Rechnung [...].

Die abstrakte Umschreibung der Voraussetzungen für das Vorliegen einer verdeckten Sacheinlage in Absatz 4 Satz 1 setzt auf die in der Rechtsprechung **übliche Definition** auf, so dass insofern eine Kontinuität gewahrt bleibt. Die verdeckte Sacheinlage erfordert zwei Tatbestandsmerkmale: die **wirtschaftliche Entsprechung und** die **vorherige Abrede**. Ist nur ein Tatbestandsmerkmal erfüllt, liegt eine verdeckte Sacheinlage nicht vor, die Bareinlage ist nicht zu beanstanden, der Vorgang ist dann möglicherweise nach § 30 zu beurteilen. Entgegen teilweise geäußerten Forderungen verzichtet der Entwurf auf die Normierung einer festen Frist für den zeitlichen Zusammenhang zwischen der Übernahme der Geldeinlage und dem Verkehrsgeschäft, den die Rechtsprechung als Indiz für eine Abrede über den wirtschaftlichen Erfolg einer Sacheinlage wertet. Eine solche Frist wäre in jedem Fall leicht zu unterlaufen; zudem dürfte infolge der erheblichen Abmilderung der Rechtsfolgen verdeckter Sacheinlagen für den Gesellschafter zugleich das Bedürfnis nach einer entsprechenden Regelung sinken. Angesichts dessen würde eine solche ausdrückliche gesetzliche Fristenregelung eher eine zusätzliche Komplizierung des geltenden Rechts anstelle einer Vereinfachung bringen. Die Rechtsprechung ist aber weiterhin frei, die Voraussetzungen der verdeckten Sacheinlage innerhalb der gegebenen Definition zu entwickeln und Beweisregeln mit Zeitfaktoren zu verbinden.«

44 Der Rechtsausschuss des Deutschen Bundestages hat in der Begründung seiner Beschlussempfehlung zu der Gesetz gewordenen Vorschrift Folgendes ausgeführt (BT-Drs. 16/9737, S. 97 f.):

»*In Anlehnung an einen Vorschlag des Handelsrechtsausschusses des Deutschen Anwaltsvereins wird für die verdeckte Sacheinlage* **statt der im Regierungsentwurf enthaltenen Erfüllungs- eine Anrechnungslösung** *vorgesehen. Danach soll künftig der Wert einer verdeckt eingebrachten Sacheinlage per Gesetz auf die Geldeinlagepflicht des Gesellschafters angerechnet werden. Die Anrechnung erfolgt automatisch, also ohne dass eine Willenserklärung einer Partei erforderlich wäre. Sie geschieht aber auch in dem Fall, in dem die Sacheinlage bereits vor Eintragung der Gesellschaft in das Handelsregister eingebracht worden ist,* **erst nach der Eintragung** *der Gesellschaft in das Handelsregister. Auf diese Weise ist klargestellt, dass einerseits der Geschäftsführer in der Anmeldung nach § 8 nicht versichern kann und darf, die Geldeinlage sei zumindest durch Anrechnung erloschen und damit erfüllt, und andererseits der Richter die Eintragung auch in dem Fall, dass der Wert der verdeckten Sacheinlage den Wert der geschuldeten Geldeinlage erreicht, die Eintragung nach § 9c ablehnen kann. Die verdeckte Sacheinlage wird damit gegenüber der Lösung im Regierungsentwurf stärker sanktioniert.*«

II. Leistung von Sacheinlagen, Abs. 3

45 Ist im Gesellschaftsvertrag die Leistung von Sacheinlagen vereinbart, sind diese vor Anmeldung der Gesellschaft zur Eintragung in das Handelsregister so zu bewirken, dass sie endgültig zur freien Verfügung der Geschäftsführer stehen (§ 7 Abs. 3 GmbHG). Wenn für die Leistung auf

einen Geschäftsanteil teils eine Geldeinlage, teils eine Sacheinlage vereinbart ist (»Mischeinlage«, »gemischte Einlage«), ist der die Sacheinlage betreffende Teil der Einlage vollständig zu leisten (s. Rdn. 11, 17).

1. Umfang der Leistung

Bei der Vereinbarung von Sacheinlagen darf die Anmeldung der Gesellschaft zur Eintragung in das Handelsregister erst dann erfolgen, wenn die Sacheinlagen **vollständig** geleistet worden sind. Die – im Vergleich zu Geldeinlagen strengere – Anforderung vollständiger Leistung der Sacheinlagen ist Ausdruck des **Misstrauens gegenüber der Kapitalaufbringung durch Sacheinlagen**, das sich auch in der Anordnung der Publizität (§ 5 Abs. 4 Satz 1 GmbHG), der Werthaltigkeitskontrolle durch Gesellschafter (§ 5 Abs. 4 Satz 2 GmbHG) und (Register-)Gericht (§ 9c Abs. 1 Satz 2 GmbHG) sowie der Haftung wegen Überbewertung einer Sacheinlage (§ 9 GmbHG) äußert (vgl. *Goette* ZIP 2005, 1481, 1482). 46

2. Art und Weise der Leistung: Bewirkung

Sacheinlagen sind so zu bewirken, dass die endgültig zur freien Verfügung der Geschäftsführer stehen (§ 7 Abs. 3 GmbHG). **Bewirkung** bedeutet die **Vornahme** des je nach Art des (Einlage-)Gegenstandes erforderlichen (**dinglichen**) **Erfüllungsgeschäfts**: Das Eigentum an beweglichen Sachen ist gemäß §§ 929 ff. BGB auf die (Vor-)Gesellschaft zu übertragen; Forderungen und sonstige Rechte sind – vorbehaltlich der Beachtung weiterer Vorschriften – gemäß §§ 398, 413 BGB an die (Vor-)Gesellschaft abzutreten (vgl. Lutter/Hommelhoff/*Bayer* § 7 Rn. 17; MüKo GmbHG/*Schaub* § 7 Rn. 87; Scholz/*Veil* § 7 Rn. 42; Ulmer/*Casper* § 7 Rn. 41). Das Eigentum an einem Grundstück ist gemäß §§ 873, 925 BGB auf die (Vor-)Gesellschaft zu übertragen (BGHZ 45, 338, 347 ff.); die Leistung ist erst dann bewirkt, wenn die Eintragung im Grundbuch erfolgt ist (vgl. Rowedder/*Schmidt-Leithoff* § 7 Rn. 30; Scholz/*Veil* § 7 Rn. 43; a. A. Baumbach/Hueck/*Fastrich* § 7 Rn. 14; Lutter/Hommelhoff/*Bayer* § 7 Rn. 17; MüKo GmbHG/*Schaub* § 7 Rn. 91 ff.; Ulmer/*Casper* § 7 Rn. 51). 47

Zur endgültig freien Verfügung der Geschäftsführer der (Vor-)Gesellschaft ist die Leistung bewirkt, wenn alle zur Erfüllung nötigen Rechtsgeschäfte, Zustimmungen Dritter, erforderliche Eintragungen und sonstigen Rechtshandlungen – z. B. die Übergabe einer beweglichen Sache – bedingungslos vorgenommen worden sind. Die Geschäftsführer müssen über die Sache verfügen können, ohne dass es der Mitwirkung des einlegenden Gesellschafters (Inferenten) bedarf (vgl. Ulmer/*Casper* § 7 Rn. 61). 48

§ 8 Inhalt der Anmeldung

(1) Der Anmeldung müssen beigefügt sein:
1. der Gesellschaftsvertrag und im Fall des § 2 Abs. 2 die Vollmachten der Vertreter, welche den Gesellschaftsvertrag unterzeichnet haben, oder eine beglaubigte Abschrift dieser Urkunden,
2. die Legitimation der Geschäftsführer, sofern dieselben nicht im Gesellschaftsvertrag bestellt sind,
3. eine von den Anmeldenden unterschriebene Liste der Gesellschafter, aus welcher Name, Vorname, Geburtsdatum und Wohnort der letzteren sowie die Nennbeträge und die laufenden Nummern der von einem jeden derselben übernommenen Geschäftsanteile ersichtlich sind,
4. im Fall des § 5 Abs. 4 die Verträge, die den Festsetzungen zugrunde liegen oder zu ihrer Ausführung geschlossen worden sind, und der Sachgründungsbericht,
5. wenn Sacheinlagen vereinbart sind, Unterlagen darüber, daß der Wert der Sacheinlagen den Nennbetrag der dafür übernommenen Geschäftsanteile erreicht.

(2) ¹In der Anmeldung ist die Versicherung abzugeben, daß die in § 7 Abs. 2 und 3 bezeichneten Leistungen auf die Geschäftsanteile bewirkt sind und daß der Gegenstand der Leistungen sich endgültig in der freien Verfügung der Geschäftsführer befindet. ²Das Gericht kann bei erheb-

§ 8 GmbHG Inhalt der Anmeldung

lichen Zweifeln an der Richtigkeit der Versicherung Nachweise (unter anderem Einzahlungsbelege) verlangen.

(3) ¹In der Anmeldung haben die Geschäftsführer zu versichern, daß keine Umstände vorliegen, die ihrer Bestellung nach § 6 Abs. 2 Satz 2 Nr. 2 und 3 sowie Satz 3 entgegenstehen, und daß sie über ihre unbeschränkte Auskunftspflicht gegenüber dem Gericht belehrt worden sind. ²Die Belehrung nach § 53 Abs. 2 des Bundeszentralregistergesetzes kann schriftlich vorgenommen werden; sie kann auch durch einen Notar oder einen im Ausland bestellten Notar, durch einen Vertreter eines vergleichbaren rechtsberatenden Berufs oder einen Konsularbeamten erfolgen.

(4) In der Anmeldung sind ferner anzugeben
1. eine inländische Geschäftsanschrift,
2. Art und Umfang der Vertretungsbefugnis der Geschäftsführer.

(5) Für die Einreichung von Unterlagen nach diesem Gesetz gilt § 12 Abs. 2 des Handelsgesetzbuchs entsprechend.

Übersicht

	Rdn.		Rdn.
A. Allgemeines	1	II. Versicherung hinsichtlich der (Mindest-) Leistungen auf die Geschäftsanteile, Abs. 2	22
B. Inhalt der Anmeldung	6		
I. Beizufügende Unterlagen, Abs. 1	6		
1. Gesellschaftsvertrag und Vollmachtsurkunden, Nr. 1	6	1. Versicherung, Satz 1	22
2. Legitimation der Geschäftsführer, Nr. 2	9	a) Versicherung hinsichtlich der Leistung von Geldeinlagen	26
3. Liste der Gesellschafter, Nr. 3	11	b) Versicherung hinsichtlich der Leistung von Sacheinlagen	33
4. Verträge im Zusammenhang mit Sacheinlagen und Sachgründungsbericht, Nr. 4	13	2. Nachweise, insbesondere Einzahlungsbelege, Satz 2	34
5. Unterlagen zum Wert der Sacheinlagen, Nr. 5	15	III. Versicherung hinsichtlich des Nichtvorliegens von Bestellungshindernissen und der entsprechenden Belehrung, Abs. 3	36
6. Entbehrlichkeit des Nachweises einer Genehmigung	17	IV. Angabe einer inländischen Geschäftsanschrift sowie von Art und Umfang der Vertretungsbefugnis der Geschäftsführer, Abs. 4	41
7. Sonstige Unterlagen	19		
a) Legitimation der Mitglieder des Aufsichtsrats	19	1. Angabe einer inländischen Geschäftsanschrift, Nr. 1	41
b) Gutachten der IHK sowie weiterer Kammern (»berufsständische Organe«)	20	2. Angabe von Art und Umfang der Vertretungsbefugnis der Geschäftsführer, Nr. 2	46
c) Bankbestätigung über die Gutschrift des eingezahlten Betrags	21	V. Elektronische Einreichung von Dokumenten, Abs. 5	50

A. Allgemeines

1 Die zuletzt durch Art. 1 Nr. 9 des Gesetzes zur Modernisierung des GmbH-Rechts und zur Bekämpfung von Missbräuchen (MoMiG) vom 23. Oktober 2008 (BGBl. I, 2026) geänderte Vorschrift regelt den Inhalt der Anmeldung einer Gesellschaft zur Eintragung in das Handelsregister: Der Anmeldung sind bestimmte **Unterlagen** beizufügen (Abs. 1), für deren Einreichung die in § 12 Abs. 2 HGB geregelte elektronische **Form** zu beachten ist (Abs. 5). In der Anmeldung sind **Versicherungen** über die (Mindest-)**Leistungen auf die Geschäftsanteile** (Abs. 2) und das **Nichtvorliegen von Bestellungshindernissen** abzugeben (Abs. 3); ferner sind eine **inländische Geschäftsanschrift** sowie Art und Umfang der **Vertretungsbefugnis der Geschäftsführer anzugeben** (Abs. 4). Durch das MoMiG ist die Überschrift »Inhalt der Anmeldung« hinzugefügt worden.

2 Nach Bewirkung der (Mindest-)Leistungen auf die Geschäftsanteile (§ 7 Abs. 2 und 3 GmbHG) ist die Gesellschaft von sämtlichen Geschäftsführern zur Eintragung in das Handelsregister anzumel-

den (§§ 7 Abs. 1, 78 Halbs. 2 GmbHG); die Anmeldung kann vom (Register-)Gericht indes nicht durch die Festsetzung von Zwangsgeld erzwungen werden. Der Anmeldung sind der – notariell zu beurkundende und von sämtlichen Gesellschaftern zu unterzeichnende (§ 2 Abs. 1 GmbHG) – **Gesellschaftsvertrag** und, sofern die **Geschäftsführer** nicht im Gesellschaftsvertrag bestellt worden sind (vgl. § 6 Abs. 3 Satz 2 Alt. 2 GmbHG), deren **Legitimation** beizufügen (§ 8 Abs. 1 Nr. 1 und 2 GmbHG). Außerdem ist eine **Liste der Gesellschafter**, aus der insbesondere die Nennbeträge und die laufenden Nummern der von jedem Gesellschafter übernommenen Geschäftsanteile ersichtlich sind, beizufügen (§ 8 Abs. 1 Nr. 3 GmbHG). Bei der Leistung von Sacheinlagen sind die den Festsetzungen zu Grunde liegenden oder zu ihrer Ausführung geschlossenen **Verträge** und der **Sachgründungsbericht** sowie Unterlagen darüber, dass der Wert der Sacheinlagen den Nennbetrag der dafür übernommenen Geschäftsanteile erreicht, beizufügen (§ 8 Abs. 1 Nr. 4 und 5 GmbHG). Wenn die Mitglieder eines auf Grund Gesellschaftsvertrags zu bestellenden Aufsichtsrats vor Eintragung der Gesellschaft bestellt worden sind, sind der Anmeldung Urkunden über die Bestellung der Mitglieder des Aufsichtsrats sowie eine Liste der Mitglieder beizufügen (§ 52 Abs. 2 Satz 1 GmbHG i. V. m. § 37 Abs. 4 Nr. 3 und 3a AktG).

Die Anmeldung darf erst erfolgen, wenn bestimmte (**Mindest-**)**Leistungen auf die Geschäftsanteile** erfolgt sind: Auf jeden Geschäftsanteil ist, soweit nicht Sacheinlagen vereinbart sind, 1/4 des Nennbetrags einzuzahlen, wobei der Betrag sämtlicher (Geld- und Sach-)Einlagen mindestens € 12.500 erreichen muss (§ 7 Abs. 2 GmbHG). Sacheinlagen sind vor der Anmeldung so an die Gesellschaft zu bewirken, dass sie endgültig zur freien Verfügung der Geschäftsführer stehen (§ 7 Abs. 3 GmbHG). In der Anmeldung ist die **Versicherung** abzugeben, dass diese (Mindest-)Leistungen **bewirkt** sind und dass der Gegenstand der Leistungen sich endgültig in der **freien Verfügung der Geschäftsführer** befindet (§ 8 Abs. 2 Satz 1 GmbHG). Erreicht der Wert einer Sacheinlage im Zeitpunkt der Anmeldung nicht den Nennbetrag des dafür übernommenen Geschäftsanteils, hat der Gesellschafter in Höhe des Fehlbetrags eine Einlage in Geld zu leisten (§ 9 Abs. 1 Satz 1 GmbHG). Wer als Gesellschafter oder als Geschäftsführer zum Zweck der Eintragung falsche Angaben über die Übernahme der Geschäftsanteile, die Leistung der Einlagen, die Verwendung eingezahlter Beträge, über Sondervorteile, Gründungsaufwand und Sacheinlagen macht, wird bestraft (§ 82 Abs. 1 Nr. 1 GmbHG). Gesellschafter oder Geschäftsführer haben den Schaden zu ersetzen, welcher der Gesellschaft entsteht, wenn zum Zweck ihrer Errichtung falsche Angaben gemacht werden (§ 9a Abs. 1 GmbHG).

3

In der Anmeldung haben die Geschäftsführer zu **versichern**, dass ihrer **Bestellung keine Hindernisse entgegenstehen** und sie über ihre Auskunftspflicht belehrt worden sind (§ 8 Abs. 3 GmbHG); wer als Geschäftsführer in der Versicherung falsche Angaben macht, wird bestraft (§ 82 Abs. 1 Nr. 5 GmbHG). Ferner ist in der Anmeldung eine **inländische Geschäftsanschrift** (§ 8 Abs. 4 Nr. 1 GmbHG) sowie Art und Umfang der **Vertretungsbefugnis der Geschäftsführer** anzugeben (§ 8 Abs. 4 Nr. 2 GmbHG). Die Zeichnung der Unterschrift zur Aufbewahrung beim (Register-)Gericht (§ 8 Abs. 5 GmbHG a. F.) ist durch das Gesetz über elektronische Handelsregister und Genossenschaftsregister sowie das Unternehmensregister (EHUG) vom 10. November 2006 (BGBl. I, 2553, 2579) beseitigt worden.

4

Der Anmeldung einer – nach Eintragung der Gesellschaft in das Handelsregister erfolgenden – **Änderung des Gesellschaftsvertrags** ist der (mit einer Bescheinigung eines Notars versehene) vollständige Wortlaut des Gesellschaftsvertrags beizufügen (§ 54 Abs. 1 Satz 2 GmbHG). Der Anmeldung einer **Erhöhung des Stammkapitals** sind die Erklärungen der Übernehmer, eine Liste der Übernehmer sowie bei einer Kapitalerhöhung mit Sacheinlagen die den Festsetzungen zu Grunde liegenden oder zu ihrer Ausführung geschlossenen Verträge beizufügen (§ 57 Abs. 3 GmbHG); in der Anmeldung ist die Versicherung abzugeben, dass die Einlagen auf das neue Stammkapital bewirkt sind und dass der Gegenstand der Leistungen sich endgültig in der freien Verfügung der Geschäftsführer befindet (§ 57 Abs. 2 Satz 1 GmbHG i. V. m. § 7 Abs. 2 Satz 1, Abs. 3 GmbHG). Bei einer Kapitalerhöhung aus Gesellschaftsmitteln ist der Anmeldung außerdem die hierbei zu Grunde gelegte Bilanz beizufügen; die Anmeldenden haben zu versichern, dass seit dem Stichtag der zu

5

§ 8 GmbHG   Inhalt der Anmeldung

Grunde gelegten Bilanz bis zum Tag der Anmeldung keine Vermögensminderung eingetreten ist, die der Kapitalerhöhung entgegenstünde, wenn sie am Tag der Anmeldung beschlossen worden wäre (§ 57i Abs. 1 Satz 2 GmbHG). Mit der Anmeldung einer **Herabsetzung des Stammkapitals** sind die Bekanntmachungen des Beschlusses einzureichen; zugleich haben die Geschäftsführer die Versicherung abzugeben, dass Gläubiger, die sich gemeldet und der Herabsetzung nicht zugestimmt haben, befriedigt oder sichergestellt sind (§ 58 Abs. 1 Nr. 4 GmbHG).

B. Inhalt der Anmeldung

I. Beizufügende Unterlagen, Abs. 1

1. Gesellschaftsvertrag und Vollmachtsurkunden, Nr. 1

6   Der Anmeldung muss der **Gesellschaftsvertrag** oder eine beglaubigte Abschrift dieser Urkunde beigefügt sein (§ 8 Abs. 1 Nr. 1 Alt. 1 GmbHG). Der vollständige Wortlaut des Gesellschaftsvertrags muss in einem einheitlichen Schriftstück enthalten sein; dies dient insbesondere dazu, eine spätere Änderung des Gesellschaftsvertrags zu erleichtern, bei welcher der vollständige Wortlaut des geänderten Gesellschaftsvertrags beim (Register-)Gericht einzureichen ist (vgl. § 54 Abs. 1 Satz 2 Halbs. 1 GmbHG; OLG Stuttgart RPfleger 1979, 63; BayObLG DB 1978, 880; OLG Frankfurt BB 1981, 694; OLG Hamm NJW 1987, 263; OLG Köln GmbHR 1973, 11). Der Gesellschaftsvertrag ist in Ausfertigung (§ 47 ff. BeurkG) oder in beglaubigter Abschrift (§ 42 BeurkG) beim (Register-)Gericht einzureichen.

7   Erfolgt eine **Änderung des Gesellschaftsvertrags** vor Eintragung der Gesellschaft in das Handelsregister (s. § 2 GmbHG Rdn. 56), ist der vollständige Wortlaut des geänderten Gesellschaftsvertrags mit einer Bescheinigung des Notars betreffend die Übereinstimmung beim (Register-)Gericht einzureichen (§ 54 Abs. 1 Satz 2 GmbHG analog); Entstehungsgeschichte und Zweck des § 54 Abs. 1 Satz 2 GmbHG, nämlich sicherzustellen, dass jeder interessierte Dritte sich verlässlich und ohne Schwierigkeiten über den genauen Wortlaut des geltenden Gesellschaftsvertrags informieren kann, gebieten dessen analoge Anwendung bei einer Änderung des Gesellschaftsvertrags vor Eintragung (BayObLG BB 1988, 2198; KG NJW-RR 1997, 794; OLG Schleswig GmbHR 1975, 183; OLG Zweibrücken NJW-RR 2001, 31; vgl. Baumbach/Hueck /*Fastrich* § 8 Rn. 4; MüKo GmbHG/ *Schaub* § 8 Rn. 5; Scholz/*Veil* § 8 Rn. 7; *Ulmer*/*Casper* § 8 Rn. 4; s. auch § 54 GmbHG Rdn. 17).

8   Im Fall rechtsgeschäftlicher Vertretung müssen die **Vollmachten der Vertreter**, die den Gesellschaftsvertrag unterzeichnet haben, oder eine beglaubigte Abschrift dieser Urkunden beigefügt sein (§ 8 Abs. 1 Nr. 1 Alt. 2 GmbHG). Die rechtsgeschäftliche Vertretung bei Abschluss des Gesellschaftsvertrags ist nur auf Grund einer notariell errichteten oder beglaubigten Vollmacht zulässig (§ 2 Abs. 2 GmbHG); demnach kann die Vertretungsmacht nur durch notarielle Beurkundung der Vollmachtsurkunde oder durch schriftliche Vollmachtsurkunde mit Beglaubigung der Unterschrift des Erklärenden von einem Notar erteilt werden (s. § 2 GmbHG Rdn. 46 ff.). Wird der Gesellschaftsvertrag einer Mehrpersonen-Gesellschaft durch einen Vertreter ohne Vertretungsmacht unterzeichnet, ist der Gesellschaftsvertrag »schwebend unwirksam«; die Genehmigungserklärung des Vertretenen bedarf der notariellen Beurkundung oder Beglaubigung (§ 2 Abs. 2 GmbHG analog; s. § 2 GmbHG Rdn. 50 f.). Vollmachten und Genehmigungserklärungen sind beim (Register-)Gericht einzureichen.

2. Legitimation der Geschäftsführer, Nr. 2

9   Der Anmeldung muss die Legitimation der Geschäftsführer, sofern dieselben nicht im Gesellschaftsvertrag bestellt sind, beigefügt sein (§ 8 Abs. 1 Nr. 2 GmbHG). Werden Geschäftsführer **im Gesellschaftsvertrag bestellt** (vgl. § 6 Abs. 3 Satz 2 Alt. 1 GmbHG), wird ihre Legitimation durch Beifügung des Gesellschaftsvertrags nachgewiesen (§ 8 Abs. 1 Nr. 1 GmbHG). Werden Geschäftsführer **durch Beschluss der Gesellschafter** oder ein anderes, durch Gesetz oder Gesellschaftsvertrag hierzu berufenes Organ bestellt (§ 6 Abs. 3 Satz 2 Alt. 2 GmbHG i. V. m. § 46 Nr. 5 GmbHG), wird ihre Legitimation durch Vorlage des schriftlich gefassten Beschlusses oder, sofern der Beschluss münd-

lich gefasst wurde, durch dessen schriftliche Bestätigung nachgewiesen; der Beschluss oder dessen Bestätigung ist beizufügen (vgl. Baumbach/Hueck/*Fastrich* § 8 Rn. 6 MüKo GmbHG/*Schaub* § 8 Rn. 12 f.; Scholz/*Veil* § 8 Rn. 9).

Sofern nach Anmeldung der Gesellschaft ein anderer oder weiterer Geschäftsführer bestellt wird, ist dies – wie jede Änderung in den Personen der Geschäftsführer – zur Eintragung in das Handelsregister anzumelden; der Anmeldung sind Urkunden über die Bestellung beizufügen (§ 39 Abs. 1 und 2 GmbHG; s. auch *Alexander* § 39 GmbHG Rdn. 7). 10

3. Liste der Gesellschafter, Nr. 3

Der Anmeldung muss eine von den Anmeldenden unterschriebene Liste der Gesellschafter, aus welcher **Name, Vorname, Geburtsdatum** und **Wohnort** der letzteren sowie die **Nennbeträge** und die **laufenden Nummern der** von einem jeden derselben übernommenen **Geschäftsanteile** ersichtlich sind, beigefügt sein (§ 8 Abs. 1 Nr. 3 GmbHG). Da die Anmeldung von sämtlichen Geschäftsführern zu bewirken ist (§ 78 Halbs. 2 GmbHG), haben alle Geschäftsführer die Liste zu unterschreiben; eine öffentliche Beglaubigung ihrer Unterschriften ist nicht erforderlich (vgl. Rowedder/*Schmidt-Leithoff* § 8 Rn. 6). § 8 Abs. 1 Nr. 3 GmbHG ist durch Art. 1 Nr. 9 lit. a, aa des Gesetzes zur Modernisierung des GmbH-Rechts und zur Bekämpfung von Missbräuchen (MoMiG) vom 23. Oktober 2008 (BGBl. I, 2026) geändert worden, indem die Wörter »der Betrag der von einem jeden derselben übernommenen Stammeinlage ersichtlich ist« durch die Wörter »die Nennbeträge und die laufenden Nummern der von einem jeden derselben übernommenen Geschäftsanteile ersichtlich sind« ersetzt worden sind; die Änderung steht im Zusammenhang mit der durch Art. 1 Nr. 27 MoMiG bewirkten Änderung des § 40 GmbHG und wird wie folgt begründet (Gesetzesentwurf der Bundesregierung, BT-Drs. 16/6140, S. 34): 11

> *»In der Gesellschafterliste sind künftig die Geschäftsanteile durchgehend zu nummerieren. Die Nummerierung vereinfacht die eindeutige Bezeichnung eines Geschäftsanteils und führt damit zu einer erheblichen praktischen Erleichterung insbesondere im Rahmen von Anteilsübertragungen. Die Nummerierung erhält zusätzliche Bedeutung durch die Freigabe der Teilung von Geschäftsanteilen. Da die Geschäftsanteile jeweils mit einem Nennwert bezeichnet werden sollen, der auch als Identitätsbezeichnung dient, sollten zudem die Nennbeträge der von jedem der Gesellschafter übernommenen Geschäftsanteile aus der mit der Anmeldung eingereichten Liste hervorgehen.«*

Die Liste ist – unter Berücksichtigung der seit Abschluss des Gesellschaftsvertrags eingetretenen Änderungen – auf den Zeitpunkt der Anmeldung zu erstellen (vgl. Lutter/Hommelhoff/*Bayer* § 8 Rn. 4; MüKo GmbHG/*Schaub* § 8 Rn. 17). Nach jeder späteren Änderung der Personen der Gesellschafter oder des Umfangs ihrer Beteiligung ist eine neue Liste einzureichen (§ 40 Abs. 1 Satz 1 GmbHG). Bei der Anmeldung einer Erhöhung des Stammkapitals ist eine Liste der Übernehmer beizufügen (§ 57 Abs. 3 Nr. 2 GmbHG). 12

4. Verträge im Zusammenhang mit Sacheinlagen und Sachgründungsbericht, Nr. 4

Der Anmeldung müssen, sofern die Leistung von Sacheinlagen im Gesellschaftsvertrag vereinbart ist (§ 5 Abs. 4 Satz 1 GmbHG), die **Verträge**, die den Festsetzungen der Sacheinlagen zugrunde liegen oder zu ihrer Ausführung geschlossen worden sind, beigefügt sein (§ 8 Abs. 1 Nr. 4 Alt. 1 GmbHG). Die Vorlage solcher Verträge setzt voraus, dass sie schriftlich geschlossen worden sind; da jedoch – vorbehaltlich des Bestehens eines Schriftformerfordernisses aufgrund allgemeiner Vorschriften – derartige Verträge nicht schriftlich geschlossen werden müssen, ist beim Fehlen schriftlich geschlossener Verträge dem (Register-)Gericht dies mitzuteilen (vgl. Baumbach/Hueck/*Fastrich* § 8 Rn. 8; MüKo GmbHG/*Schaub* § 8 Rn. 20; Scholz/*Veil* § 8 Rn. 14). 13

Bei der Leistung von Sacheinlagen ist außerdem ein **Sachgründungsbericht** beizufügen (§ 8 Abs. 1 Nr. 4 Alt. 2 GmbHG). Im Sachgründungsbericht haben die Gesellschafter die für die Angemessenheit der Leistungen für Sacheinlagen wesentlichen Umstände darzulegen und beim Übergang eines 14

§ 8 GmbHG   Inhalt der Anmeldung

Unternehmens auf die Gesellschaft die Jahresergebnisse der beiden letzten Geschäftsjahre anzugeben (§ 5 Abs. 4 Satz 2 GmbHG).

5. Unterlagen zum Wert der Sacheinlagen, Nr. 5

15   Der Anmeldung müssen, wenn Sacheinlagen vereinbart sind, Unterlagen darüber, dass der Wert der Sacheinlagen den Nennbetrag der dafür übernommenen Geschäftsanteile erreicht, beigefügt sein (§ 8 Abs. 1 Nr. 5 GmbHG). § 8 Abs. 1 Nr. 5 GmbHG ist durch Art. 1 Nr. 9 lit. a, bb des Gesetzes zur Modernisierung des GmbH-Rechts und zur Bekämpfung von Missbräuchen (MoMiG) vom 23. Oktober 2008 (BGBl. I, 2026) geändert worden, indem die Wörter »Betrag der dafür übernommenen Stammeinlage« durch die Wörter »Nennbetrag der dafür übernommenen Geschäftsanteile« ersetzt worden sind. Die Änderung wird damit begründet, dass der »Geschäftsanteil den Bezugspunkt für die zu erbringende Sacheinlage darstellt« (Gesetzesentwurf der Bundesregierung, BT-Drs. 16/6140, S. 34).

16   Die der Anmeldung beizufügenden Unterlagen sollen dem (Register-)Gericht die Prüfung der Bewertung der Sacheinlagen gemäß § 9c Abs. 1 Satz 2 GmbHG ermöglichen, weil eine Gründungsprüfung durch »externe« Gründungsprüfer – anders als bei der Gründung einer Aktiengesellschaft (§ 33 Abs. 2 Nr. 4 AktG) – nicht vorgeschrieben ist (vgl. Baumbach/Hueck/*Fastrich* § 8 Rn. 9; MüKo GmbHG/*Schaub* § 8 Rn. 24; s. auch § 9c GmbHG Rdn. 30 ff.).

6. Entbehrlichkeit des Nachweises einer Genehmigung

17   Durch Art. 1 Nr. 9 lit. a, cc des Gesetzes zur Modernisierung des GmbH-Rechts und zur Bekämpfung von Missbräuchen (MoMiG) vom 23. Oktober 2008 (BGBl. I, 2026) ist § 8 Abs. 1 Nr. 6 GmbHG aufgehoben worden. Bis zum Inkrafttreten dieser Gesetzesänderung musste der Anmeldung eine Genehmigungsurkunde beigefügt sein, wenn der Gegenstand des Unternehmens der staatlichen Genehmigung bedurfte (§ 8 Abs. 1 Nr. 6 GmbHG a. F.). Hierdurch sollte – abweichend von dem in § 7 HGB niedergelegten Grundsatz – verhindert werden, dass eine Gesellschaft durch Eintragung zur Entstehung gelangt, die einer Tätigkeit nachgehen will, welche nur mit besonderer staatlicher Genehmigung ausgeübt werden darf (s. Erstauflage § 8 GmbHG Rn. 16 ff.).

18   Die Aufhebung dieser Vorschrift wird im Gesetzesentwurf wie folgt begründet (Gesetzesentwurf der Bundesregierung, BT-Drs. 16/6140, S. 34):

> *»Mit der Aufhebung der Nummer 6 soll die Handelsregistereintragung von Gesellschaften erleichtert und beschleunigt werden, deren Unternehmensgegenstand genehmigungspflichtig ist. Bislang kann die Gesellschaft nur dann eingetragen werden, wenn bereits bei der Anmeldung zur Eintragung die staatliche Genehmigungsurkunde vorliegt. Zukünftig wird auf dieses Erfordernis verzichtet.*
>
> *Die bisherige Rechtslage erschwert die Unternehmensgründung erheblich. Da die Genehmigung in vielen Fällen nur der Gesellschaft als juristische Person erteilt werden kann, diese aber mangels Eintragung als solche nicht existiert (§ 11 Abs. 1), müssen im Vorgriff auf die endgültige Genehmigung Vorbescheide erteilt werden. Solange die Gesellschaft wegen fehlender Genehmigung noch nicht eingetragen ist, können mit der Gründung verbundene Geschäfte wie etwa die Anmietung von Geschäftsräumen oder die Einstellung von Personal nur durch die Vor-GmbH getätigt werden. Hierdurch sind die Einlageleistungen häufig jedoch schon vor der Eintragung angegriffen, was eine Unterbilanzhaftung der Gesellschafter auslösen kann. Um dies zu vermeiden, behilft sich die Praxis, soweit sie nicht einen genehmigungsfreien neutral gefassten Unternehmensgegenstand angibt, mit der Gründung einer GmbH, deren Geschäftsgegenstand zunächst enger gehalten (etwa: Errichtung eines Gaststättengebäudes) und nach der Erteilung der Genehmigung erweitert wird (etwa: Betrieb einer Gaststätte). Die hierzu erforderliche Satzungsänderung verursacht zusätzliche Kosten und bürokratischen Zeitaufwand, da eine Gesellschafterversammlung einberufen werden muss, deren Beschluss der notariellen Beurkundung bedarf (§ 53 Abs. 2). Zudem muss die Änderung sodann im Register vollzogen werden. Darüber hinaus besteht nicht selten eine Unklarheit, ob der Unternehmensgegenstand tatsächlich einer staatlichen Genehmigung bedarf. Auch hier kommt es zu Verzögerungen im*

Eintragungsverfahren, wenn das Registergericht beispielsweise einen Negativbescheid anfordert. Die erfolgte Umstellung auf das elektronische Handelsregister kann nur die Eintragung als solche beschleunigen; sie vermag jedoch an den beschriebenen Hemmnissen nichts zu ändern. Für einen Verzicht auf die Pflicht zur Einreichung der Genehmigungsurkunde spricht auch der Aspekt der Gleichbehandlung mit Einzelkaufleuten und Personengesellschaften (vgl. § 7 HGB.).«

7. Sonstige Unterlagen

a) Legitimation der Mitglieder des Aufsichtsrats

Wenn die Mitglieder eines auf Grund Gesellschaftsvertrags zu bestellenden Aufsichtsrats vor Eintragung der Gesellschaft bestellt worden sind, sind der Anmeldung Urkunden über die Bestellung der Mitglieder des Aufsichtsrats sowie eine Liste der Mitglieder beizufügen (§ 52 Abs. 2 Satz 1 GmbHG i. V. m. § 37 Abs. 4 Nr. 3 und 3a AktG). Die Geschäftsführer haben bei jeder Änderung in den Personen der Mitglieder des Aufsichtsrats unverzüglich eine neue Liste zum Handelsregister einzureichen (§ 52 Abs. 2 Satz 2 Halbs. 1 GmbHG). 19

b) Gutachten der IHK sowie weiterer Kammern (»berufsständische Organe«)

Zur Vermeidung unzulässiger Eintragungen hat das (Register-)Gericht in zweifelhaften Fällen ein Gutachten der Industrie- und Handelskammer, der Handwerkskammer, der Landwirtschaftskammer oder der Kammer eines freien Berufs einzuholen (§ 23 HRV, § 380 Abs. 2 FamFG; vgl. *Krafczyk* NZG 2014, 769). Aus Beschleunigungsgründen kann es dienlich sein, eine Stellungnahme der betroffenen Kammern schon der Anmeldung beizufügen. 20

c) Bankbestätigung über die Gutschrift des eingezahlten Betrags

Bei der Errichtung einer GmbH besteht – anders als bei der Errichtung einer Aktiengesellschaft (vgl. § 37 Abs. 1 Satz 3 AktG) – keine Verpflichtung, die Leistung der Geldeinlagen bei Anmeldung der Gesellschaft zur Eintragung in das Handelsregister durch Vorlage einer Bankbestätigung nachzuweisen. Nur bei erheblichen Zweifeln an der Richtigkeit der in der Anmeldung abzugebenden Versicherung über die Einzahlung, kann das (Register-)Gericht die Vorlage einer Bankbestätigung über die Gutschrift des eingezahlten Betrags verlangen (§ 8 Abs. 2 Satz 2 GmbHG; s. Rdn. 26, 34 f., § 9a GmbHG Rdn. 29 ff. und § 9c GmbHG Rdn. 29). 21

II. Versicherung hinsichtlich der (Mindest-)Leistungen auf die Geschäftsanteile, Abs. 2

1. Versicherung, Satz 1

In der Anmeldung ist die **Versicherung** abzugeben, dass die (Mindest-)Leistungen auf die Geschäftsanteile gemäß § 7 Abs. 2 und 3 GmbHG bewirkt sind und dass der Gegenstand der Leistungen sich endgültig in der freien Verfügung der Geschäftsführer befindet (§ 8 Abs. 2 Satz 1 GmbHG). Für den Fall des »Hin- und Herzahlens« bzw. »Her- und Hinzahlens« ist außerdem die durch Art. 1 Nr. 17 lit. c des Gesetzes zur Modernisierung des GmbH-Rechts und zur Bekämpfung von Missbräuchen (MoMiG) vom 23. Oktober 2008 (BGBl. I, 2026) eingefügte **spezielle Verpflichtung zur Angabe** zu beachten: Wenn vor der Einlage eine Leistung an den Gesellschafter vereinbart worden ist, die wirtschaftlich einer Rückzahlung der Einlage entspricht (»Hin- und Herzahlen« bzw. »Her- und Hinzahlen«), ist eine solche Leistung oder deren Vereinbarung in der Anmeldung anzugeben (§ 19 Abs. 5 Satz 2 GmbHG; vgl. BGH NZG 2009, 944 Rn. 24 f.; s. § 19 GmbHG Rdn. 78). 22

Durch Art. 1 Nr. 9 lit. b des Gesetzes zur Modernisierung des GmbH-Rechts und zur Bekämpfung von Missbräuchen (MoMiG) vom 23. Oktober 2008 (BGBl. I, 2026) ist in § 8 Abs. 2 Satz 1 GmbHG das Wort »Stammeinlagen« durch das Wort »Geschäftsanteile« ersetzt worden. Der bis zum Inkrafttreten des MoMiG geltende § 8 Abs. 2 Satz 2 GmbHG a. F., der die Versicherung im Hinblick auf die Bestellung einer Sicherung bei Gründung der Gesellschaft durch (nur) eine Person regelte, ist als »Folgeänderung« zu der durch Art. 1 Nr. 7 lit. c MoMiG bewirkten Aufhebung des § 7 23

Abs. 2 Satz 3 GmbHG geändert worden (Gesetzesentwurf der Bundesregierung, BT-Drs. 16/6140, S. 34).

24 Die Gründungsvorschriften sind auf die wirtschaftliche Neugründung einer Gesellschaft mittels »Aktivierung« einer Vorratsgesellschaft oder »Wiederbelebung« eines leeren (GmbH-)Mantels durch Ausstattung mit einem neuen Unternehmen analog anzuwenden: Bei **»Aktivierung« einer Vorratsgesellschaft** ist von den Geschäftsführern in der Anmeldung der – mit der wirtschaftlichen Neugründung verbundenen – Änderungen des Gesellschaftsvertrags, insbesondere des Unternehmensgegenstands, die Versicherung abzugeben, dass die in § 7 Abs. 2 und 3 GmbHG bezeichneten (Mindest-)Leistungen auf die Geschäftsanteile bewirkt sind und dass der Gegenstand der Leistungen sich endgültig in ihrer freien Verfügung befindet (BGH, Beschl. v. 09.12.2002 – II ZB 12/02, BGHZ 153, 158, 162 = NJW 2003, 892; s. auch § 3 GmbHG Rdn. 29 ff., § 7 GmbHG Rdn. 4, § 9c GmbHG Rdn. 25, 39 und § 11 GmbHG Rdn. 22). Die Tatsache der **»Wiederbelebung« eines leer gewordenen (GmbH-)Mantels** bedarf der Offenlegung gegenüber dem (Register-)Gericht, die mit einer entsprechenden Versicherung zu verbinden ist (BGH, Beschl. v. 07.07.2003 – II ZB 4/02, BGHZ 155, 318, 323 ff. = NJW 2003, 3198; s. auch § 3 GmbHG Rdn. 29 ff., § 7 GmbHG Rdn. 4, § 9c GmbHG Rdn. 25, 39 und § 11 GmbHG Rdn. 22).

25 Da die Anmeldung durch sämtliche Geschäftsführer zu bewirken ist (§ 78 Halbs. 2 GmbHG), ist die Versicherung **von sämtlichen Geschäftsführern** – einschließlich stellvertretenden Geschäftsführern (§ 44 GmbHG) – abzugeben (vgl. Baumbach/Hueck/*Fastrich* § 8 Rn. 11; MüKo GmbHG/*Schaub* § 8 Rn. 33; Scholz/*Veil* § 8 Rn. 25).

a) Versicherung hinsichtlich der Leistung von Geldeinlagen

26 In der Anmeldung ist die Versicherung abzugeben, dass die (Mindest-)Leistung auf die Geschäftsanteile gemäß § 7 Abs. 2 GmbHG bewirkt sind und dass der Gegenstand der Leistungen sich endgültig in der freien Verfügung der Geschäftsführer befindet (§ 8 Abs. 2 Satz 1 GmbHG). Angesichts der mit der Abgabe einer falschen Versicherung verbundenen straf- und haftungsrechtlichen Folgen für die Geschäftsführer (vgl. §§ 9a Abs. 1, 82 Abs. 1 Nr. 1 GmbHG) enthält das GmbHG – anders als § 37 Abs. 1 Satz 3 AktG für Aktiengesellschaften – **keine Verpflichtung**, die Einzahlung eines Geldbetrags in jedem Fall durch **Vorlage einer Bankbestätigung** nachzuweisen (BGHZ 113, 335, 352 f. zur Kapitalerhöhung; BGH NJW 1997, 945; OLG Düsseldorf NJW-RR 1998, 898; OLG Frankfurt NJW-RR 1992, 1253; s. auch Rdn. 21, § 9a GmbHG Rdn. 29 und § 9c GmbHG Rdn. 29). Der durch Art. 1 Nr. 8 lit. b, bb des Gesetzes zur Modernisierung des GmbH-Rechts und zur Bekämpfung von Missbräuchen (MoMiG) vom 23. Oktober 2008 (BGBl. I, 2026) geänderte § 8 Abs. 2 Satz 2 GmbHG bestätigt diese schon vor Inkrafttreten geltende, von (Register-)Gerichten indes häufig anders gehandhabte Praxis (s. Rdn. 34 f.). Da die Versicherung die Funktion hat, durch eine abschließende Erklärung nach außen zu dokumentieren, dass das Stammkapital in der gesetzlich vorgeschriebenen Mindesthöhe zur freien Verfügung steht, werden durch eine Versicherung auch solche Umstände abgedeckt, die sich negativ auf den Vermögensbestand der Gesellschaft auswirken, aus einem Kontoauszug jedoch nicht ersichtlich sind (BGHZ 153, 158, 164).

27 Die Versicherung muss Angaben über den von jedem einlegenden Gesellschafter (Inferenten) **eingezahlten Betrag** enthalten, sofern nicht die Geldeinlage vollständig geleistet ist; eine pauschale Versicherung über die ordnungsgemäße Bewirkung der Leistungen und die endgültig freie Verfügbarkeit ihrer Gegenstände genügt nicht, da diese Prüfung dem (Register-)Gericht gemäß § 9c Abs. 1 Satz 1 GmbHG obliegt (BayObLG DB 1980, 438; OLG Celle NJW-RR 1986, 1482 zur Kapitalerhöhung; s. auch § 9c GmbHG Rdn. 26 ff.). Angaben über die Art und Weise der Einzahlung sind grundsätzlich nicht erforderlich (vgl. MüKo GmbHG/*Schaub* § 8 Rn. 39; Scholz/*Veil* § 8 Rn. 26; Ulmer/*Casper* § 8 Rn. 24).

28 Sofern die **Übernahme des Gründungsaufwands** durch die Gesellschaft im Gesellschaftsvertrag ordnungsgemäß festgesetzt ist (§ 26 Abs. 2 AktG analog; BGHZ 107, 1, 5 f.; BGH NJW 1998, 233; OLG Frankfurt NZG 2010, 593 = ZIP 2010, 1283; OLG München NZG 2010, 1302 = ZIP

2010, 2096; OLG Zweibrücken ZIP 2014, 623), ist die hierdurch bewirkte Schmälerung der vor der Anmeldung zu bewirkenden (Mindest-) Leistungen auf die Geschäftsanteile unschädlich (§ 36 Abs. 2 Satz 1 AktG analog; s. auch § 7 GmbHG Rdn. 20). Die Versicherung ist insofern einschränkend in dem Sinn zu verstehen, dass die durch die Übernahme des Gründungsaufwands bewirkte Schmälerung die Versicherung nicht unrichtig macht (vgl. Baumbach/Hueck /*Fastrich* § 8 Rn. 14; MüKo GmbHG/*Schaub* § 8 Rn. 41; s. auch § 9a GmbHG Rdn. 18, 20 und § 9c GmbHG Rdn. 37).

Sofern die Gesellschafter der **Aufnahme des Geschäftsbetriebs vor Eintragung** der Gesellschaft in das Handelsregister zugestimmt haben, haften sie anteilig in Höhe der Differenz zwischen dem im Gesellschaftsvertrag festgesetzten Stammkapital (ggf. abzüglich des Gründungsaufwands; s. Rdn. 28) und dem Wert des Gesellschaftsvermögens im Zeitpunkt der Eintragung (Unterbilanz- oder Vorbelastungshaftung, s. § 11 GmbHG Rdn. 23 ff.). Da es nicht Sinn dieser Haftung ist, die Eintragung einer Gesellschaft trotz unzureichender Kapitalausstattung zu ermöglichen, erstreckt sich die **Versicherung** darauf, inwieweit das aus Geldeinlagen oder Geldeinlageforderungen gebildete **Stammkapital** im Zeitpunkt der Anmeldung bereits **durch Verbindlichkeiten vorbelastet** ist (BGHZ 80, 129, 143; 80, 182, 184 f.; BayObLG BB 1991, 2391; NZG 1999, 27; OLG Düsseldorf ZIP 1996, 1705; OLG Frankfurt NJW-RR 1992, 1254; OLG Hamm BB 1993, 21; OLG Köln NJW-RR 1988, 875). 29

Eine Versicherung, die sich auf den Wortlaut des § 8 Abs. 2 Satz 1 GmbHG beschränkt, beinhaltet »von Gesetzes wegen« die Aussage, dass die vor der Anmeldung zu erbringenden (Mindest-) Leistung gemäß § 7 Abs. 2 GmbHG im Zeitpunkt der Anmeldung nicht durch schon entstandene Verluste ganz oder teilweise aufgezehrt sind; einer ausdrücklichen Versicherung hierüber bedarf es nicht (BGHZ 153, 158, 162 ff.; 155, 318, 326; vgl. Baumbach/Hueck/*Fastrich* § 8 Rn. 14; MüKo GmbHG/*Schaub* § 8 Rn. 41; *Ulmer/Casper* § 8 Rn. 26; a. A. Lutter/Hommelhoff/*Bayer* § 8 Rn. 12). 30

Verbindlichkeiten, die nach Anmeldung der Gesellschaft zur Eintragung in das Handelsregister begründet werden, machen die Versicherung nicht unrichtig und begründen insbesondere keine Pflicht, die in der Versicherung enthaltenen Angaben zu korrigieren (vgl. Baumbach/Hueck/*Fastrich* § 8 Rn. 14; *Ulmer/Casper* § 8 Rn. 27; a. A. *Roth*/Altmeppen § 8 Rn. 20 f.; s. auch § 9a GmbHG Rdn. 7 und § 9c GmbHG Rdn. 9; zur Prüfung des [Register-]Gerichts hinsichtlich der nach Anmeldung begründeten Verbindlichkeiten s. § 9c GmbHG Rdn. 38). 31

Bei der wirtschaftlichen Neugründung einer Gesellschaft mittels »**Aktivierung**« einer **Vorratsgesellschaft** oder »**Wiederbelebung**« eines leeren **(GmbH-)Mantels** durch Ausstattung mit einem neuen Unternehmen hat sich die Versicherung, da die Kapitalaufbringung – ebenso wie bei jeder »regulären« (»echten«) rechtlichen Neugründung einer Gesellschaft – im Umfang der im Gesellschaftsvertrag festgelegten Stammkapitalziffer sichergestellt werden soll, nicht nur am gesetzlich geregelten Mindeststammkapital (§ 5 Abs. 1 Satz 1 GmbHG: € 25.000), sondern an dem im Gesellschaftsvertrag festgesetzten Stammkapital auszurichten (BGH, Beschl. v. 09.12.2002 – II ZB 12/02, BGHZ 153, 158, 162 ff. = NJW 2003, 892; Beschl. v. 07.07.2003 – II ZB 4/02, BGHZ 155, 318, 325 f. = NJW 2003, 3198; s. auch Rdn. 24). 32

b) Versicherung hinsichtlich der Leistung von Sacheinlagen

Ist im Gesellschaftsvertrag die Leistung von Sacheinlagen vereinbart (§ 5 Abs. 4 Satz 1 GmbHG), sind diese vor Anmeldung der Gesellschaft zur Eintragung in das Handelsregister so zu bewirken, dass sie endgültig zur freien Verfügung der Geschäftsführer stehen (§ 7 Abs. 3 GmbHG; s. § 7 GmbHG Rdn. 45 ff.). In der Anmeldung ist die Versicherung abzugeben, dass diese Leistungen bewirkt sind und dass der Gegenstand der Leistungen sich endgültig in der freien Verfügung der Geschäftsführer befindet (§ 8 Abs. 2 Satz 1 GmbHG). Angesichts der Unterlagen, die bei der Leistung von Sacheinlagen der Anmeldung beizufügen sind (zu den nach § 8 Abs. 1 Nr. 4 GmbHG beizufügenden Verträgen und zum Sachgründungsbericht s. Rdn. 13 f.; zu den nach § 8 Abs. 1 Nr. 5 GmbHG beizufügenden Unterlagen betreffend den Wert der Sacheinlagen s. Rdn. 15), sind detaillierte Ausführungen zur (vollständigen) Bewirkung der Sachleistungen und zur endgültig freien 33

§ 8 GmbHG Inhalt der Anmeldung

Verfügbarkeit über ihren Gegenstand entbehrlich, weil auf die Festsetzung des Gegenstandes der Sacheinlage im Gesellschaftsvertrag und auf die beigefügten Unterlagen Bezug genommen werden kann (vgl. Baumbach/Hueck/*Fastrich* § 8 Rn. 12; MüKo GmbHG/*Schaub* § 8 Rn. 43; *Ulmer/Casper* § 8 Rn. 25).

2. Nachweise, insbesondere Einzahlungsbelege, Satz 2

34 Das (Register-)Gericht kann bei erheblichen Zweifeln an der Richtigkeit der Versicherung Nachweise, unter anderem Einzahlungsbelege, verlangen (§ 8 Abs. 2 Satz 2 GmbHG). Durch Art. 1 Nr. 9 des Gesetzes zur Modernisierung des GmbH-Rechts und zur Bekämpfung von Missbräuchen (MoMiG) vom 23. Oktober 2008 (BGBl. I, 2026) ist diese Vorschrift – anstelle der (aufgehobenen) Vorschrift über die Versicherung hinsichtlich der Bestellung einer »Sicherung« bei Gründung der Gesellschaft durch (nur) eine Person (s. § 7 GmbHG Rdn. 13 ff.) – eingefügt worden. Der Gesetzesentwurf wird wie folgt begründet (Gesetzesentwurf der Bundesregierung, BT-Drs. 16/6140, S. 35):

Die neue Vorschrift »stellt klar, dass die Versicherung nach Satz 1 ausreicht und weitere Nachweise (Einzahlungsbelege etc.) grundsätzlich nicht erforderlich sind. Da die Versicherung des Geschäftsführers strafbewehrt ist, sollte diese deutliche Sanktion für den Regelfall ausreichend sein. Im Übrigen wäre es auch eine nicht zutreffende Verkürzung, wenn das Gericht regelmäßig einen Einzahlungsbeleg über die Einzahlung auf ein Konto der (künftigen) GmbH als Nachweis verlangen würde. Die Leistung der Einlagen kann nämlich auf verschiedene Weise geschehen, es kommt eine Barzahlung in Betracht, eine Einzahlung auf ein Anderkonto des Notars, ein LZB-garantierter Scheck, die Einzahlung auf ein Treuhandkonto des Geschäftsführers zugunsten der künftigen GmbH oder die Einzahlung auf ein kreditorisches Privatkonto des Geschäftsführers. Die Einzahlung auf ein Konto der zu gründenden GmbH ist regelmäßig schwierig, weil diese vor der Eintragung noch nicht existiert. Die Praxis behilft sich damit, dass nach der Beurkundung, aber vor Eintragung ein Konto der Vor-GmbH eröffnet wird. Das ist ein weiterhin denkbarer Weg, angesichts der dadurch eintretenden erheblichen Verzögerung der Gründung aber nur einer von mehreren.«

35 Anders als für Aktiengesellschaften (vgl. § 37 Abs. 1 Satz 3 AktG) besteht **keine Verpflichtung**, die Einzahlung eines Geldbetrags in jedem Fall durch **Vorlage einer Bankbestätigung** nachzuweisen. Geschäftsführer werden durch die mit der Abgabe einer falschen Versicherung verbundenen straf- und haftungsrechtlichen Folgen zur Abgabe einer zutreffenden Versicherung angehalten: Wer als Gesellschafter oder als Geschäftsführer zum Zweck der Eintragung falsche Angaben über die Übernahme der Geschäftsanteile, die Leistung der Einlagen, die Verwendung eingezahlter Beträge, über Sondervorteile, Gründungsaufwand und Sacheinlagen macht, wird bestraft (§ 82 Abs. 1 Nr. 1 GmbHG); Gesellschafter oder Geschäftsführer haben den Schaden zu ersetzen, welcher der Gesellschaft entsteht, wenn falsche Angaben gemacht werden (§ 9a Abs. 1 GmbHG).

III. Versicherung hinsichtlich des Nichtvorliegens von Bestellungshindernissen und der entsprechenden Belehrung, Abs. 3

36 In der Anmeldung haben die Geschäftsführer zu versichern, dass keine Umstände vorliegen, die ihrer Bestellung nach § 6 Abs. 2 Satz 2 Nr. 2 und 3, Satz 3 GmbHG entgegenstehen (§ 8 Abs. 3 Satz 1 Halbs. 1 GmbHG). Die **Versicherung über das Nichtvorliegen von Bestellungshindernissen** nimmt Bezug auf § 6 Abs. 2 Satz 2 Nr. 2 GmbHG, wonach die Bestellung einer Person zum Geschäftsführer verboten ist, welcher auf Grund eines Gerichtsurteils oder einer Behördenentscheidung **die Ausübung eines Berufs**, Berufszweigs, **Gewerbes** oder Gewerbezweigs untersagt worden ist, sofern der Unternehmensgegenstand der Gesellschaft mit dem Gegenstand des Verbots (zumindest teilweise) übereinstimmt. Nach § 6 Abs. 2 Satz 2 Nr. 3 und Satz 3 GmbHG ist – unabhängig vom Unternehmensgegenstand – der Gesellschaft die Bestellung einer Person zum Geschäftsführer verboten, wenn diese wegen Insolvenzverschleppung, wegen Insolvenzstraftaten gemäß §§ 283–283d Strafgesetzbuch, wegen falscher Angaben nach § 82 Abs. 1 GmbHG oder § 399 Aktiengesetz, wegen unrichtiger Darstellung der Vermögensverhältnisse oder wegen bestimmter Betrugsdelikte

im In- oder Ausland verurteilt worden ist. § 8 Abs. 3 Satz 1 Halbs. 1 GmbHG ist durch Art. 1 Nr. 9 lit. c, aa des Gesetzes zur Modernisierung des GmbH-Rechts und zur Bekämpfung von Missbräuchen (MoMiG) vom 23. Oktober 2008 (BGBl. I, 2026) geändert worden; die Änderung ist eine »Folgeänderung« zur Änderung des § 6 GmbHG durch Art. 1 Nr. 7 MoMiG (Gesetzesentwurf der Bundesregierung, BT-Drs. 16/6140, S. 35). Die Erklärung muss sich nicht auf das Nichtvorliegen des Ausschlussgrundes des § 6 Abs. 2 Satz 2 Nr. 1 GmbHG (Bestellung eines Betreuers) erstrecken (OLG Hamm NZG 2010, 1435 = ZIP 2010, 2293). Das Wort »versichern« muss nicht verwendet werden; es genügt vielmehr jede Wendung (»erklären«, »angeben«), die erkennen lässt, dass es sich um eine eigenverantwortliche Bekundung des Betroffenen handelt (OLG Karlsruhe NZG 2012, 598 = ZIP 2012, 1028).

Durch die Versicherung soll vermieden werden, dass das (Register-)Gericht bei Anmeldung einer Gesellschaft eine Auskunft beim Bundeszentralregister einholt; die Versicherung ist mit einer Selbstauskunft vergleichbar, die abgegeben wird, um das Nichtvorliegen gesetzlicher Bestellungshindernisse zu belegen (BGH NZG 2010, 829 Rn. 12 = ZIP 2010, 1337; BayObLG BB 1982, 200; BB 1984, 238; DB 1982, 2126; LG Bremen GmbHR 1999, 865). Es wird nicht verlangt, dass in der Versicherung die Überschriften der Straftatbestände aufgeführt sind (OLG Jena GmbHR 1995, 453). Die Versicherung eines Geschäftsführers, er sei »noch nie, weder im Inland noch im Ausland, wegen einer Straftat verurteilt worden«, genügt den gesetzlichen Anforderungen (BGH NZG 2010, 829 Rn. 8 ff.= ZIP 2010, 1337). Auch die Versicherung, »weder im Inland wegen einer vorsätzlichen Straftat gemäß § 6 Abs. 2 Satz 2 Nr. 3 GmbHG noch im Ausland wegen vergleichbarer Taten rechtskräftig verurteilt worden« zu sein, ist ausreichend (OLG Hamm NZG 2011, 710). Besteht ein Berufs- oder Gewerbeverbot, muss sich die Versicherung konkret auf den Unternehmensgegenstand beziehen, um dem Gericht eine Prüfung, ob der Unternehmensgegenstand von dem Verbot erfasst wird, zu ermöglichen; eine pauschale Angabe, wonach für eine »Tätigkeit auf dem Gebiet der Gesellschaft« keine Ausschlussgründe bestehen, genügt nicht (OLG Düsseldorf NJW-RR 1997, 414). Die Versicherung ist von jedem Geschäftsführer nur für seine Person abzugeben, weil die Kenntnis über derartige Bestellungshindernisse in der Person eines Mitgeschäftsführers nicht verlangt werden kann (vgl. MüKo GmbHG/*Schaub* § 8 Rn. 47; *Scholz/Veil* § 8 Rn. 29). 37

Neben der Versicherung über das Nichtvorliegen von Bestellungshindernissen haben die Geschäftsführer zu **versichern**, dass sie über ihre unbeschränkte Auskunftspflicht gegenüber dem (Register-)Gericht **belehrt** worden sind (§ 8 Abs. 3 Satz 1 Halbs. 2 GmbHG). Die Belehrung nach § 53 Abs. 2 Bundeszentralregistergesetz (BZRG) kann schriftlich vorgenommen werden; sie kann auch durch einen (deutschen) Notar oder einen im Ausland bestellten Notar, durch einen Vertreter eines vergleichbaren rechtsberatenden Berufs oder einen Konsularbeamten erfolgen (§ 8 Abs. 3 Satz 2 GmbHG). § 8 Abs. 3 Satz 2 GmbHG ist durch Art. 1 Nr. 9 lit. c, bb des Gesetzes zur Modernisierung des GmbH-Rechts und zur Bekämpfung von Missbräuchen (MoMiG) vom 23. Oktober 2008 (BGBl. I, 2026) geändert worden; in der Begründung des Gesetzesentwurfs ist Folgendes ausgeführt (Gesetzesentwurf der Bundesregierung, BT-Drs. 16/6140, S. 35): 38

> *»Auf Grundlage der geltenden Fassung des § 8 Abs. 3 Satz 2 ist es in der Praxis zu Unsicherheiten insbesondere im Zusammenhang mit der Belehrung von Geschäftsführern gekommen, die sich im Ausland aufhalten. Durch die Neuregelung soll ausdrücklich klargestellt werden, dass die Belehrung über die unbeschränkte Auskunftspflicht schriftlich erfolgen und zudem durch einen ausländischen Notar oder einen deutschen Konsularbeamten vorgenommen werden kann. Diese Auslegung entspricht bereits heute der ganz herrschenden Meinung. Es wäre u. a. angesichts des begrenzten Schwierigkeitsgehalts der Belehrung nach § 53 Abs. 2 Bundeszentralregistergesetz (BZRG) unverhältnismäßig, den Geschäftsführer allein hierfür zur Einreise nach Deutschland zu zwingen oder eine schriftliche Belehrung des Geschäftsführers im Ausland durch einen deutschen Notar zu verlangen. Die Klarstellung ist insbesondere auch angesichts der vorgeschlagenen Änderung des § 4a [...] geboten, nach der die Geschäftstätigkeit der GmbH auch ganz oder überwiegend aus dem Ausland geführt werden kann. Diese Änderung wird zu einem Anstieg der Fälle führen, in denen der zu belehrende Geschäftsführer im Ausland weilt, so dass eine klare Regelung erforderlich ist. Darüber hinaus soll die Belehrung auch*

§ 8 GmbHG Inhalt der Anmeldung

durch ›Vertreter eines vergleichbaren rechtsberatenden Berufs‹, also insbesondere durch Rechtsanwälte, vorgenommen werden können.«

39 Durch die Gesetzesänderung sind sich bislang stellende Fragen zur Statthaftigkeit einer Belehrung durch einen ausländischen Notar oder einen deutschen Konsularbeamten im Ausland (vgl. zur bisherigen Rechtslage LG Nürnberg RPfleger 1994, 360 einerseits, LG Ulm RPfleger 1988, 108 andererseits) und zur Statthaftigkeit einer schriftlichen Belehrung (vgl. zur bisherigen Rechtslage LG Bremen GmbHR 1999, 865) durch den Gesetzgeber entschieden worden: Die Belehrung kann auch durch einen ausländischen Notar oder Vertreter eines rechtsberatenden Berufs sowie einen Konsularbeamten erfolgen; sie kann außerdem schriftlich vorgenommen werden. Durch die Änderung ist außerdem der – in § 8 Abs. 3 Satz 2 GmbHG a. F. enthaltene – Verweis auf § 51 Abs. 2 BZRG zugunsten des Verweises auf § 53 Abs. 2 BZRG geändert worden (s. Erstauflage § 8 Rn. 42): Der Geschäftsführer kann sich nicht auf eine Einschränkung der Offenbarungspflicht bei Verurteilungen berufen, weil das (Register-)Gericht ein Recht auf unbeschränkte Auskunft hat und der Geschäftsführer entsprechend zu belehren ist; § 53 BZRG lautet wie folgt:

»§ 53 Offenbarungspflicht bei Verurteilungen

(1) Der Verurteilte darf sich als unbestraft bezeichnen und braucht den der Verurteilung zugrunde liegenden Sachverhalt nicht zu offenbaren, wenn die Verurteilung
1. *nicht in das Führungszeugnis oder nur in ein Führungszeugnis nach § 32 Abs. 3, 4 aufzunehmen oder*
2. *zu tilgen ist.*

(2) Soweit Gerichte oder Behörden ein Recht auf unbeschränkte Auskunft haben, kann der Verurteilte ihnen gegenüber keine Rechte aus Absatz 1 Nr. 1 herleiten, falls er hierüber belehrt wird.«

40 Die **Unrichtigkeit der Versicherung** ist eine Straftat (§ 82 Abs. 1 Nr. 5 GmbHG). Sie kann zu Schadensersatzansprüchen führen (§ 9a Abs. 1 GmbHG, § 823 Abs. 2 BGB i. V. m. § 82 Abs. 1 Nr. 5 GmbHG; s. auch § 9a GmbHG Rn. 5 ff., 28).

IV. Angabe einer inländischen Geschäftsanschrift sowie von Art und Umfang der Vertretungsbefugnis der Geschäftsführer, Abs. 4

1. Angabe einer inländischen Geschäftsanschrift, Nr. 1

41 Durch Art. 1 Nr. 9 lit. d des Gesetzes zur Modernisierung des GmbH-Rechts und zur Bekämpfung von Missbräuchen (MoMiG) vom 23. Oktober 2008 (BGBl. I, 2026) ist § 8 Abs. 4 Nr. 1 GmbHG neu eingefügt worden: Bei Anmeldung einer Gesellschaft zur Eintragung in das Handelsregister ist eine **inländische Geschäftsanschrift** anzugeben. In der Begründung des Gesetzesentwurfs ist Folgendes ausgeführt (Gesetzesentwurf der Bundesregierung, BT-Drs. 16/6140, S. 35 f.):

»In der Anmeldung ist künftig [...] stets eine inländische Geschäftsanschrift anzugeben. Der bisherige Rechtszustand war unbefriedigend und hat zu Zustellungsproblemen zu Lasten der Gläubiger der GmbH geführt. Die verpflichtende Angabe der Geschäftsanschrift wurde bereits im Zuge der Handelsrechtsreform diskutiert. Zwar sind die Gesellschaften schon heute zur Mitteilung ihrer Geschäftsanschrift und diesbezüglicher Änderungen verpflichtet und ist es schon heute möglich, die säumigen Gesellschaften unter Androhung von Zwangsgeld zur Mitteilung anzuhalten (vgl. § 125 Abs. 3 Satz 2 FGG i. V. m. § 14 HGB, 24 HRV). Praktische Bedeutung hat diese Möglichkeit bisher allerdings nicht, da die Registergerichte nur tätig werden, wenn sich Anhaltspunkte für eine Pflichtverletzung der Unternehmen hinsichtlich der Mitteilung der Anschrift und ihrer Änderung ergeben. Die Richtigkeit der Anschriften und der Anschriftenänderungen ist nicht ausreichend sichergestellt. Sie werden bisher zudem nicht Registerinhalt.

Da natürliche Personen einen über das Einwohnermeldeamt feststellbaren zustellungsfähigen Wohnsitz besitzen, soll nun auch für juristische Personen eine in einem öffentlichen Register einsehbare

Anschrift fixiert werden. Angelehnt ist die Regelung an § 3 Nr. 4 des österreichischen Firmengesetzbuches (FGB).

In der Regel wird die angegebene Geschäftsanschrift mit der Anschrift des Geschäftslokals, dem Sitz der Hauptverwaltung oder des maßgebenden Betriebes übereinstimmen. Besitzt die Gesellschaft solche Einrichtungen nicht oder nicht mehr, wird eine andere Anschrift als ›Geschäftsanschrift‹ angegeben werden müssen. Dies gilt zum Beispiel dann, wenn die Gesellschaft ihren Verwaltungssitz über eine Zweigniederlassung im Ausland hat. In Betracht kommt in solchen Fällen die (inländische) Geschäftsanschrift eines Geschäftsführers, eines oder des alleinigen Gesellschafters, sofern er sich dazu bereit erklärt, oder die inländische Anschrift eines als Zustellungsbevollmächtigten eingesetzten Vertreters (z. B. Steuerberater, Rechtsberater). Der Gesellschaft ist freigestellt, den Ort der inländischen Anschrift zu wählen, sie hat aber die gesetzliche Pflicht, eine solche Anschrift zur Eintragung anzumelden.

Unter der Anschrift, die für Dritte im Handelsregister jederzeit – auch online – einsehbar ist, kann an den oder die Vertreter der Gesellschaft wirksam zugestellt werden [...].

Die Pflicht, auch Änderungen der inländischen Geschäftsanschrift anzumelden, ergibt sich künftig aus § 31 HGB [...]. Die betroffenen Gesellschafter haben zudem auch ein eigenes Interesse daran, ständig für die Richtigkeit des Registers zu sorgen. Denn an die Verletzung der Aktualisierungspflicht ist die erleichterte öffentliche Zustellung nach diesem Entwurf geknüpft. Der Hintergrund ist auch hier, dass es der Gesellschaft nicht ermöglicht werden darf, beispielsweise durch Unterlassen von Änderungsmitteilungen bei Verlegung der Geschäftsräume, durch Schließung des Geschäftslokals, durch Umzug des Geschäftsführers ins Ausland, durch Zulassen der Führungslosigkeit oder Ähnlichem sich den Gläubigern zu entziehen.«

Die – bei Anmeldung einer Gesellschaft anzugebende (§ 8 Abs. 4 Nr. 1 GmbHG) und in das Handelsregister einzutragende (§ 10 Abs. 1 Satz 1 GmbHG) – inländische Geschäftsanschrift muss nicht notwendigerweise an dem – durch Gesellschaftsvertrag bestimmten – (Satzungs-)Sitz der Gesellschaft (§ 4a GmbHG) liegen, sondern kann frei gewählt werden. Unter bestimmten Voraussetzungen kommt auch eine »c/o«-Adresse als inländische Geschäftsanschrift in Betracht (OLG Rostock NZG 2011, 279). 42

Die Einführung der inländischen Geschäftsanschrift durch das MoMiG steht im Zusammenhang mit der durch Art. 8 Nr. 2 MoMiG bewirkten Einfügung des § 185 Nr. 2 ZPO, der die Voraussetzungen einer **öffentlichen Zustellung** regelt: Zur **Verhinderung eines** in der fehlenden oder erschwerten Zustellungsmöglichkeit liegenden **Missbrauchs** ist insbesondere die öffentliche Zustellung erleichtert worden; die öffentliche Zustellung ist nunmehr schon dann zulässig, wenn eine Zustellung weder unter der (im Handelsregister eingetragenen) inländischen Geschäftsanschrift noch unter der (im Handelsregister eingetragenen) inländischen Anschrift einer empfangsberechtigten Person, sofern eine solche benannt worden ist (s. § 10 GmbHG Rdn. 13 ff.), noch unter einer ohne Ermittlungen bekannten anderen inländischen Anschrift möglich ist (§ 185 Nr. 2 ZPO; vgl. auch § 10 Abs. 1 Nr. 2 Verwaltungszustellungsgesetz). 43

Die Anmeldung einer inländischen Geschäftsanschrift kann durch die **Festsetzung von Zwangsgeld** erzwungen werden (§ 14 HGB). Bei ihr handelt es sich – anders als bei der inländischen Anschrift einer empfangsberechtigten Person (s. § 10 GmbHG Rdn. 17) – um eine **eintragungspflichtige Tatsache** im Sinne des § 15 HGB. 44

Bei Gesellschaften, die zum Zeitpunkt des Inkrafttretens des MoMiG am 01.11.2008 bereits bestehen, wird von Amts wegen die dem (Register-)Gericht nach § 24 Abs. 2 HRV bekannte Lage der Geschäftsräume als inländische Geschäftsanschrift in das Handelsregister eingetragen, sofern nicht eine entsprechende Anmeldung bis zum 31.10.2009 erfolgt (§ 3 Abs. 1 Satz 3 Halbs. 1 EGGmbHG). Anlässlich der Anmeldung einer anderen anmeldepflichtigen Tatsache (z. B. Änderung in der Person eines Geschäftsführers) nach dem 01.11.2008 bedarf es keiner Anmeldung der inländischen Geschäftsanschrift, sofern dem Gericht die Lage der Geschäftsräume gemäß § 24 Abs. 2 HRV bekannt ist (OLG München NZG 2009, 304). 45

2. Angabe von Art und Umfang der Vertretungsbefugnis der Geschäftsführer, Nr. 2

46 Durch Art. 1 Nr. 9 lit. d des Gesetzes zur Modernisierung des GmbH-Rechts und zur Bekämpfung von Missbräuchen (MoMiG) vom 23. Oktober 2008 (BGBl. I, 2026) ist der Wortlaut des § 8 Abs. 4 Nr. 2 GmbHG geändert worden: Bei Anmeldung einer Gesellschaft zur Eintragung in das Handelsregister sind **Art und Umfang der Vertretungsbefugnis der Geschäftsführer** anzugeben. Mit der durch das MoMiG bewirkten Ergänzung der bislang geltenden Fassung, die schlicht von der »Vertretungsbefugnis der Geschäftsführer« sprach, um die Wörter »Art und Umfang« ist keine inhaltliche Änderung verbunden (vgl. Gesetzesentwurf der Bundesregierung, BT-Drs. 16/610, 35). Die Vertretungsbefugnis der Geschäftsführer wird vom (Register-)Gericht in das Handelsregister eingetragen (§ 10 Abs. 1 Satz 2 GmbHG).

47 Die Anmeldung muss Art und Umfang der Vertretungsbefugnis der Geschäftsführer **ausdrücklich** angeben; es genügt nicht, dass sie aus den dem (Register-)Gericht eingereichten Unterlagen, insbesondere dem Gesellschaftsvertrag oder der Liste der Gesellschafter, erschlossen werden kann (BayObLG NZG 2000, 138; NZG 2000, 684; LG Stralsund NZG 2009, 915; vgl. Lutter/Hommelhoff/*Bayer* § 8 Rn. 21; MüKo GmbHG/*Schaub* § 8 Rn. 61; Scholz/*Veil* § 8 Rn. 35; *Ulmer/Casper* § 8 Rn. 44).

48 Da § 8 Abs. 4 GmbHG – ebenso wie § 10 Abs. 1 Satz 2 GmbHG – durch Art. 3 Nr. 1 des Gesetzes zur Durchführung der Ersten Richtlinie des Rates der Europäischen Gemeinschaften zur Koordinierung des Gesellschaftsrechts vom 15. August 1969 (BGBl. I, 1146) in das GmbHG eingefügt worden ist, ist bei seiner Auslegung die Zielsetzung der **(Koordinierungs-)Richtlinie** zu berücksichtigen: Jeder, der den Wunsch hat, Geschäftsverbindungen mit Gesellschaften in einem anderen Mitgliedstaat aufzunehmen oder fortzusetzen, soll sich unschwer Kenntnis von den Befugnissen der mit ihrer Vertretung betrauten Personen verschaffen können; im Interesse des grenzüberschreitenden Rechtsverkehrs müssen alle einschlägigen Angaben in Registern oder amtlichen Unterlagen aufgeführt werden, selbst wenn sich diese Angaben aus nationalen Rechtsvorschriften ergeben, weil von Außenstehenden deren Kenntnis nicht verlangt werden kann. Aus diesem Grund ist bei der Bestellung eines einzigen Geschäftsführers anzugeben, dass dieser die Gesellschaft alleine vertritt, selbst wenn sich diese Vertretungsbefugnis ohne weiteres aus dem Gesetz ergibt; bei der Bestellung mehrerer Geschäftsführer ist die Vertretungsbefugnis auch dann anzugeben, wenn diese – mangels abweichender Regelung des Gesellschaftsvertrags – der gesetzlichen Regelung des § 35 Abs. 2 Satz 1 Halbs. 1 GmbHG entspricht (EuGH BB 1974, 1500, vorangehend BGH BB 1974, 808, nachfolgend BGHZ 63, 261, 263 ff.; BayObLG NZG 1998, 72; OLG Zweibrücken NJW-RR 1993, 933; vgl. zu den – synonym zu verstehenden – Bezeichnungen »Alleinvertretungsbefugnis« und »Einzelvertretungsbefugnis« BGH NJW 2007, 3287).

49 Da die **Befreiung vom Verbot des Selbstkontrahierens** (§ 181 BGB) als Vertretungsregelung behandelt wird (s. § 35 GmbHG Rdn. 24 ff.), ist diese anzumelden und in das Handelsregister einzutragen (BGHZ 87, 59, 60 ff.; 114, 167, 170; BGH NJW 2000, 664; OLG Köln NJW-RR 1996, 1382; OLG Frankfurt GmbHR 1997, 349; s. auch § 10 GmbHG Rn. 10, § 39 GmbHG Rdn. 2 f.). Nicht nur eine uneingeschränkte Befreiung, sondern auch eine solche, die nur bestimmte Arten von Geschäften oder nur Geschäfte mit bestimmten Personen umfasst, ist anzumelden und einzutragen (OLG Düsseldorf NJW-RR 1995, 488); da der Umfang der Vertretungsbefugnis ohne Zuhilfenahme der Anmeldeunterlagen und ohne Kenntnis sonstiger tatsächlicher Umstände aus dem Handelsregister selbst ersichtlich sein muss, muss eine auf Geschäfte mit bestimmten Personen beschränkte Befreiung vom Selbstkontrahierungsverbot unter konkreter Angabe dieser Personen eingetragen werden (OLG Stuttgart NZG 2008, 36). Die Befreiung des Geschäftsführers einer (Komplementär-)GmbH einer GmbH & Co. KG vom Verbot des Selbstkontrahierens kann in das Handelsregister der Kommanditgesellschaft (KG) eingetragen werden (BayObLG NZG 2000, 138; NZG 2000, 684). Eine im Gesellschaftsvertrag enthaltene Ermächtigung der Gesellschafterversammlung, durch Beschluss eine vom Gesellschaftsvertrag abweichende Vertretungsregelung zu treffen oder vom Verbot des Selbstkontrahierens zu befreien, kann nicht in das Handelsregister eingetragen werden (OLG Frankfurt GmbHR 1994, 118; OLG Hamm NJW-RR 1997, 415).

V. Elektronische Einreichung von Dokumenten, Abs. 5

Durch Art. 10 Nr. 1 des Gesetzes über elektronische Handelsregister und Genossenschaftsregister sowie das Unternehmensregister (EHUG) vom 10. November 2006 (BGBl I, 2553, 2579) ist § 8 Abs. 5 GmbHG geändert worden: Das bis zum Inkrafttreten dieses Gesetzes bestehende **Erfordernis**, wonach die Geschäftsführer ihre **Unterschriften zur Aufbewahrung beim (Register-)Gericht zu zeichnen haben**, besteht **nicht mehr**. In der Begründung des Gesetzesentwurfs wird dazu Folgendes ausgeführt (Gesetzesentwurf der Bundesregierung, BT-Drs. 16/960, S. 66):

50

> *»Bei der Neufassung des Absatzes 5 handelt es sich um eine Folgeänderung der Aufgabe des Erfordernisses einer Unterschriftsprobe (vgl. die Begründung zu § 14 HGB in der Fassung des Entwurfs, oben Artikel 1 Nr. 8). Des Weiteren wird zum Zwecke der Klarstellung die elektronische Einreichung von Dokumenten durch Verweis auf die entsprechende Regelung des HGB vorgesehen.«*

Zur Neufassung des § 14 HGB (Art. 1 Nr. 8 EHUG) ist in der Begründung des Gesetzesentwurfs Folgendes ausgeführt (Gesetzesentwurf der Bundesregierung, BT-Drs. 16/960, S. 47):

51

> *»Das Erfordernis, eine Unterschriftsprobe zu hinterlegen, wird künftig aufgegeben. Die elektronische Führung des Handelsregisters könnte zwar auch eingescannte Unterschriften digital aufnehmen, doch würde in diesem Fall eine Echtheitsprüfung nicht mehr mit hinreichender Sicherheit stattfinden können, da es dafür nicht nur auf den zweidimensionalen Schriftzug, sondern wesentlich auch auf den Druckpunkt ankommt. Die Online-Präsentation eingescannter Unterschriften würde auf der anderen Seite zu einem Missbrauchsrisiko führen, da diese digitale Grafik für jedermann verfügbar wäre. Vor die Alternative gestellt, nur wegen der Unterschrift ein zweites Handelsregister in herkömmlicher Papieraktenform zu führen oder das Erfordernis einer Unterschriftszeichnung aufzugeben, entscheidet sich der Entwurf für letzteres. Zusätzlich steht zu erwarten, dass die elektronische Signatur die eigenhändige Namensunterschrift im Geschäftsverkehr ablösen wird.«*

Die durch das EHUG bewirkte Neufassung des § 8 Abs. 5 GmbHG sieht die **elektronische Einreichung von Dokumenten** vor, indem auf § 12 Abs. 2 HGB in der durch Art. 1 Nr. 2 EHUG geänderten Fassung verwiesen wird. **§ 12 Abs. 2 HGB** lautet wie folgt (vgl. Art. 1 Nr. 2 EHUG; zur Neufassung des § 12 Abs. 1 HGB s. § 7 GmbHG Rdn. 8 ff.):

52

Dokumente sind elektronisch einzureichen. Ist eine Urschrift oder eine einfache Abschrift einzureichen oder ist für ein Dokument die Schriftform bestimmt, genügt die Übermittlung einer elektronischen Aufzeichnung; ist ein notariell beurkundetes Dokument oder eine öffentlich beglaubigte Abschrift einzureichen, so ist ein mit einem einfachen elektronischen Zeugnis (§ 39a des Beurkundungsgesetzes) versehenes Dokument zu übermitteln.

53

Zur Neufassung des § 12 Abs. 2 HGB ist in der Begründung des Gesetzesentwurfs Folgendes ausgeführt (Gesetzesentwurf der Bundesregierung, BT-Drs. 16/960, S. 45 f.):

54

> *»Die Vorschrift bewirkt den Übergang auf einen vollelektronischen Rechtsverkehr mit dem Registergericht [...]. Da die Register elektronisch geführt werden, ist auch die Zulieferung der Dokumente auf diesem Wege zu bewerkstelligen. Andernfalls müssten die papierschriftlichen Unterlagen von den Registergerichten digitalisiert werden, was nicht nur kostenaufwändig wäre, sondern auch eine mehrfache Transformation bedeuten würde, da die Dokumente bei den Unternehmen ganz überwiegend bereits elektronisch vorliegen.«*

§ 9 Überbewertung der Sacheinlagen

(1) Erreicht der Wert einer Sacheinlage im Zeitpunkt der Anmeldung der Gesellschaft zur Eintragung in das Handelsregister nicht den Nennbetrag des dafür übernommenen Geschäftsanteils, hat der Gesellschafter in Höhe des Fehlbetrags eine Einlage in Geld zu leisten. Sonstige Ansprüche bleiben unberührt.

(2) Der Anspruch der Gesellschaft nach Absatz 1 Satz 1 verjährt in zehn Jahren seit der Eintragung der Gesellschaft in das Handelsregister.

Übersicht

		Rdn.			Rdn.
A.	Allgemeines	1	IV.	Darlegungs- und Beweislast	16
B.	Haftung wegen Überbewertung einer Sacheinlage, Abs. 1 Satz 1	6	C.	Verhältnis der Haftung wegen der Überbewertung einer Sacheinlage zur (register-)gerichtlichen Prüfung	18
I.	Voraussetzungen: Überbewertung einer Sacheinlage	6	D.	Verhältnis der Haftung wegen der Überbewertung einer Sacheinlage zu anderen Haftungstatbeständen, Abs. 1 Satz 2	19
II.	Rechtsfolge: Geldeinlage i. H. d. Fehlbetrags	10			
III.	Verjährung, Abs. 2	13			

A. Allgemeines

1 Die durch Art. 13 Nr. 1 des Gesetzes zur Anpassung der Verjährungsvorschriften an das Gesetz zur Modernisierung des Schuldrechts vom 09.12.2004 (BGBl. I, 3214) und durch Art. 1 Nr. 10 des Gesetzes zur Modernisierung des GmbH-Rechts und zur Bekämpfung von Missbräuchen (MoMiG) vom 23.10.2008 (BGBl. I, 2026) geänderte Vorschrift regelt die **Haftung eines Gesellschafters wegen Überbewertung** der von ihm geleisteten **Sacheinlage**. Die Vorschrift ist durch Art. 1 Nr. 7 des Gesetzes zur Änderung des GmbH-Gesetzes und anderer handelsrechtlicher Vorschriften vom 4. Juli 1980 (BGBl. I, 836) in das GmbHG eingefügt worden; sie beruht auf Regeln, die in Rechtsprechung (vgl. BGH, Urt. v. 16.02.1959 – II ZR 170/57, BGHZ 29, 300, 304 ff. = NJW 1959, 934; Urt. v. 14.03.1977 – II ZR 156/75, BGHZ 68, 191, 195 f. = NJW 1977, 1196; Beschl. v. 22.04.1985 – II ZR 264/84, WM 1985, 1066) und Rechtswissenschaft zuvor entwickelt worden sind (vgl. *Lutter* DB 1980, 1317, 1319; *K. Schmidt* NJW 1980, 1769, 1771). Durch das MoMiG ist die Überschrift »Überbewertung der Sacheinlagen« hinzugefügt worden.

2 Die Gesellschaft ist unter Beifügung des – notariell zu beurkundenden und von sämtlichen Gesellschaftern zu unterzeichnenden (§ 2 Abs. 1 GmbHG) – Gesellschaftsvertrags zur Eintragung in das Handelsregister anzumelden (§§ 7 Abs. 1, 8 Abs. 1 Nr. 1 GmbHG); sofern Sacheinlagen geleistet werden sollen, müssen der Gegenstand der Sacheinlage und der Nennbetrag des Geschäftsanteils, auf den sich die Sacheinlage bezieht, im Gesellschaftsvertrag festgesetzt werden (§ 5 Abs. 4 Satz 1 GmbHG). Vor der Anmeldung sind Sacheinlagen so an die Gesellschaft zu bewirken, dass sie endgültig zur freien Verfügung der Geschäftsführer stehen (§ 7 Abs. 3 GmbHG). Der Anmeldung sind die Verträge, die den Festsetzungen zugrunde liegen oder zu ihrer Ausführung geschlossen worden sind, und der Sachgründungsbericht sowie Unterlagen darüber, dass der Wert der Sacheinlagen den Nennbetrag der dafür übernommenen Geschäftsanteile erreicht, beizufügen (§ 8 Abs. 1 Nr. 4 und 5 GmbHG). In der Anmeldung ist die Versicherung abzugeben, dass die Sacheinlagen bewirkt sind und dass der Gegenstand der Leistungen sich endgültig in der freien Verfügung der Geschäftsführer befindet (§ 8 Abs. 2 Satz 1 GmbHG). Das (Register-) Gericht überprüft die ordnungsgemäße Errichtung und Anmeldung der Gesellschaft zur Eintragung in das Handelsregister: Sofern die Prüfung zum Ergebnis nicht ordnungsgemäßer Errichtung oder Anmeldung führt, hat das (Register-) Gericht die Eintragung der Gesellschaft in das Handelsregister abzulehnen (§ 9c Abs. 1 Satz 1 GmbHG); die Eintragung wird ferner abgelehnt, wenn Sacheinlagen nicht unwesentlich überbewertet worden sind (§ 9c Abs. 1 Satz 2 GmbHG).

3 Nach der Konzeption des Gesetzgebers ist die Leistung einer Geldeinlage zur Erfüllung der Einlageverpflichtung die Regel; die Einlageverpflichtung kann jedoch auch durch die Leistung einer **Sacheinlage anstelle einer Geldeinlage** erfüllt werden. Der Gefahr nicht ordnungsgemäßer Aufbringung des Stammkapitals bei der Leistung von Sacheinlagen wird insbesondere durch die – gegenüber allen Gesellschaftern bestehenden – Verpflichtungen, eine Sacheinlage offenzulegen (§ 5 Abs. 4 Satz 1 GmbHG), einen Sachgründungsbericht zu erstellen (§ 5 Abs. 4 Satz 2 GmbHG) und die Sacheinlage vor Anmeldung der Gesellschaft zur Eintragung in das Handelsregister vollständig zu bewirken

(§ 7 Abs. 3 GmbHG), begegnet. Außerdem dient die (register-)gerichtliche Prüfung und Ablehnung der Eintragung in das Handelsregister, wenn Sacheinlagen nicht unwesentlich überbewertet worden sind (§ 9c Abs. 1 Satz 2 GmbHG), der ordnungsgemäßen Aufbringung des Stammkapitals bei der Leistung von Sacheinlagen. Diese Regeln werden ergänzt um eine den einlegenden Gesellschafter (Inferenten) treffende Haftung wegen Überbewertung der von ihm geleisteten Sacheinlage.

§ 9 GmbHG findet entsprechende Anwendung bei einer **Kapitalerhöhung**, bei der Sacheinlagen geleistet werden (§ 56 Abs. 2 GmbHG). 4

Im Anwendungsbereich des **D-Markbilanzgesetzes** (DMBilG), wurde ein Anspruch aufgrund der (Differenz-) Haftung gem. § 9 GmbHG durch die spezielleren Regelungen der §§ 24, 26 DMBilG verdrängt (BGH, Urt. v. 23.11.1998 – II ZR 70/97, NJW 1999, 1481; KG, Urt. v. 23.03.1999 – 14 U 1956/97, NZG 1999, 1235). Das D-Markbilanzgesetz ist indes durch Art. 48 Nr. 1 des Gesetzes über die weitere Bereinigung von Bundesrecht vom 08.12.2010 (BGBl. I, 1864) mit Wirkung zum 15.12.2010 aufgehoben worden. 5

B. Haftung wegen Überbewertung einer Sacheinlage, Abs. 1 Satz 1

I. Voraussetzungen: Überbewertung einer Sacheinlage

Erreicht der Wert einer Sacheinlage im Zeitpunkt der Anmeldung der Gesellschaft zur Eintragung in das Handelsregister nicht den Nennbetrag des dafür übernommenen Geschäftsanteils, hat der Gesellschafter eine Einlage in Geld zu leisten (§ 9 Abs. 1 Satz 1 GmbHG). Durch Art. 1 Nr. 10 Buchst. a), aa) des Gesetzes zur Modernisierung des GmbH-Rechts und zur Bekämpfung von Missbräuchen (MoMiG) vom 23.10.2008 (BGBl. I, 2026) sind in Abs. 1 Satz 1 die Wörter »Betrag der dafür übernommenen Stammeinlage« durch die Wörter »Nennbetrag des dafür übernommenen Geschäftsanteils« ersetzt worden. Die Änderung wird im Gesetzesentwurf der Bundesregierung wie folgt begründet (Gesetzesentwurf der Bundesregierung, BT-Drucks. 16/6140, S. 36): 6

> *»Da sich nach der vorgeschlagenen Fassung des § 14 die Höhe der Einlageverpflichtung nach dem bei der Errichtung der Gesellschaft im Gesellschaftsvertrag festgesetzten Nennbetrag des jeweiligen Geschäftsanteils richtet, ist der Nennbetrag des jeweiligen Geschäftsanteils Bezugsgröße dafür, ob der Gesellschafter durch die Erbringung der Sacheinlage seine Einlageverpflichtung erfüllt. Dies wird in Absatz 1 Satz 1 sprachlich nachvollzogen.«*

Sacheinlage ist eine Leistung auf den übernommenen Geschäftsanteil, die nicht in Geld besteht (s. § 5 GmbHG Rdn. 22.) Bei einer »Mischeinlage« (»gemischte Einlage«; s. § 5 GmbHG Rdn. 27) wird § 9 GmbHG auf den Teil, der auf die Sacheinlage entfällt, angewendet (zur [Differenz-]Haftung bei einer – durch das MoMiG in § 19 Abs. 4 GmbHG neu geregelten – »verdeckten Sacheinlage« s. § 19 GmbHG Rdn. 66 ff.). 7

Ein **Fehlbetrag (Differenz)** liegt vor, wenn der Wert der Sacheinlage nicht den **Nennbetrag** des dafür übernommen, im Gesellschaftsvertrag festgesetzten **Geschäftsanteils** erreicht. Der **Wert der Sacheinlage** ist nach dem **Zeitwert** zu bestimmen; als Zeitwert ist bei Gegenständen des Umlaufvermögens regelmäßig der **Verkehrswert**, bei Gegenständen des Anlagevermögens regelmäßig der **Wiederbeschaffungswert** anzusetzen (OLG Düsseldorf, Urt. v. 28.03.1991 – 6 U 234/90, NJW-RR 1992, 426; OLG München, Urt. v. 03.12.1993 – 23 U 4300/89, GmbHR 1994, 712; vgl. *Ulmer/Habersack* § 9 Rn. 11). 8

Ausweislich des Gesetzeswortlauts ist für die Ermittlung des Werts einer Sacheinlage – anders als bei der Prüfung des Werts einer Sacheinlage durch das (Register-) Gericht gem. § 9c Abs. 1 Satz 2 GmbHG (s. Rdn. 18 und § 9c GmbHG Rdn. 9, 34) und bei der Prüfung, ob infolge Aufnahme der Geschäftstätigkeit vor Eintragung der Gesellschaft in das Handelsregister eine Unterbilanz vorliegt (s. Rdn. 21 und § 11 GmbHG Rdn. 23 ff.), – der **Tag der Anmeldung**, nicht der Tag der Eintragung maßgebend. Die Maßgeblichkeit des Zeitpunktes der Anmeldung wird damit begründet, dass die Anmeldung im Gegensatz zur Eintragung im »Herrschaftsbereich« des Gesellschafters liegt und dieser folglich ihren Zeitpunkt beeinflussen kann. Eine nach der Anmeldung eintretende Wertmin- 9 derung oder Wertsteigerung ist bei der Ermittlung des Wertes der Sacheinlage ohne Bedeutung (vgl. Lutter/Hommelhoff/*Bayer* § 9 Rn. 5; MüKo GmbHG/*Märtens* § 9 Rn. 9 f.; Rowedder/*Schmidt-Leithoff* § 9 Rn. 3; Scholz/*Veil* § 9 Rn. 11; *Ulmer/Habersack* § 9 Rn. 7, 15 f.).

II. Rechtsfolge: Geldeinlage i. H. d. Fehlbetrags

10 Ein Gesellschafter hat, wenn der Wert der von ihm geleisteten Sacheinlage nicht den Nennbetrag des übernommenen, im Gesellschaftsvertrag festgesetzten Geschäftsanteils erreicht, in Höhe des Fehlbetrags (Differenz) eine **Geldeinlage** zu leisten. Die Verpflichtung zur Leistung einer die Sacheinlage ergänzenden Geldeinlage unterliegt grundsätzlich den für Geldeinlagen geltenden Regeln der Kapitalaufbringung, insbesondere § 19 GmbHG; bei diesem – wieder aufgelebten – Anspruch der Gesellschaft auf Leistung einer Geldeinlage gegenüber ihrem Gesellschafter handelt es sich nicht um einen Schadensersatzanspruch (vgl. Baumbach/Hueck/*Fastrich* § 9 Rn. 5 ff.; MüKo GmbHG/ *Märtens* § 9 Rn. 5; Scholz/*Veil* § 9 Rn. 3; *Ulmer/Habersack* § 9 Rn. 4).

11 Der Anspruch auf Leistung einer die Sacheinlage ergänzenden Geldeinlage ist bereits im Zeitpunkt der Anmeldung der Gesellschaft zur Eintragung in das Handelsregister **fällig**, ohne dass es eines Beschlusses der Gesellschafterversammlung gem. § 46 Nr. 2 GmbHG bedarf; zu diesem Zeitpunkt, in dem die Höhe des Anspruchs bestimmt bzw. bestimmbar ist, liegen sämtliche Voraussetzungen des Anspruchs vor, weil nicht nur die Sacheinlage, sondern auch die diese ergänzende Geldeinlage vor der Anmeldung vollständig zu bewirken ist (vgl. Baumbach/Hueck/*Fastrich* § 9 Rn. 8; Rowedder/*Schmidt-Leithoff* § 9 Rn. 8 f.; Scholz/*Veil* § 9 Rn. 23; *Ulmer/Habersack* § 9 Rn. 9; a.A. MüKo GmbHG/*Märtens* § 9 Rn. 24 ff.).

12 Der Anspruch auf Leistung einer die Sacheinlage ergänzenden Geldeinlage besteht nur im (Innen-) Verhältnis zur Gesellschaft; er wird, sofern keine Insolvenz besteht, von ihren Geschäftsführern geltend gemacht (vgl. Rowedder/*Schmidt-Leithoff* § 9 Rn. 9).

III. Verjährung, Abs. 2

13 Der Anspruch auf Leistung einer die Sacheinlage ergänzenden Geldeinlage verjährt in **10 Jahren** seit Eintragung der Gesellschaft in das Handelsregister (§ 9 Abs. 2 GmbHG). Durch Art. 13 Nr. 1 des Gesetzes zur Anpassung der Verjährungsvorschriften an das Gesetz zur Modernisierung des Schuldrechts vom 09.12.2004 (BGBl. I, 3214) ist die – bis zur Gesetzesänderung 5 Jahre betragende – Verjährungsfrist auf 10 Jahre verlängert worden. Ausweislich der Begründung des Gesetzesentwurfs zur Änderung des § 9 Abs. 2 GmbHG durch die Bundesregierung soll die Neuregelung dazu dienen, dass – »entsprechend dem Ziel, eine einheitliche Verjährungsfrist für Kapitalaufbringung und Kapitalerhaltung im Aktien- wie im GmbH-Recht festzulegen« – »Geld- und Sacheinlagen demnach grundsätzlich auch derselben Verjährungsfrist unterliegen, wenn es sich um überbewertete Sacheinlagen handelt«; auf diese Weise werden »zugleich die gravierenden Unterschiede zwischen überbewerteter und verdeckter Sacheinlage abgemildert« (Gesetzesentwurf der Bundesregierung, BT-Drucks. 15/3653, S. 11).

14 Die für eine 5-jährige Verjährungsfrist sprechenden Erwägungen, mit zunehmender Dauer werde die Bewertung einer Sacheinlage immer schwieriger und nach 5 Jahren habe sich regelmäßig gezeigt, ob sich die Überbewertung zum Nachteil der Gläubiger ausgewirkt hat (vgl. BGH, Urt. v. 24.10.1988 – II ZR 176/88, BGHZ 105, 300, 304 ff. = NJW 1989, 710; Urt. v. 13.04.1992 – II ZR 277/90, BGHZ 118, 83, 101 f. = NJW 1992, 2222 zur AG; Urt. v. 24.07.2000 – II ZR 202/98, NZG 2000, 1226; Beschl. v. 22.04.1985 – II ZR 264/84, WM 1985, 1066), sind durch die Neuregelung obsolet geworden (kritisch zur Neuregelung *Roth*/Altmeppen § 9 Rn. 11).

15 Für den Beginn der Verjährung ist ausweislich des Gesetzeswortlauts auf den **Tag der Eintragung** der Gesellschaft in das Handelsregister, nicht auf den Tag der Anmeldung zur Eintragung abzustellen, obwohl für die Beurteilung, ob eine Überbewertung vorliegt, der Zeitpunkt der Anmeldung maßgebend ist (s. Rdn. 9). Da das Datum der Anmeldung nicht in gleicher Weise festgehalten wird wie das Datum der Eintragung (vgl. §§ 27 Abs. 4, 40 Nr. 6, 43 Nr. 7 HRV), wird aus Gründen der

Rechtssicherheit auf den Zeitpunkt der Eintragung abgestellt (Gesetzesentwurf der Bundesregierung, BT-Drucks. 15/3653, S. 11).

IV. Darlegungs- und Beweislast

Die Darlegungs- und Beweislast für das Bestehen eines Anspruchs auf Leistung einer die Sacheinlage ergänzenden Geldeinlage trifft die Gesellschaft, im Insolvenzfall deren Insolvenzverwalter; sofern indes aufgrund konkreter, von der Gesellschaft dargelegter und ggf. bewiesener Umstände Zweifel am angegebenen Wert der Sacheinlage vorhanden sind, besteht eine sekundäre Darlegungslast des Gesellschafters (vgl. Baumbach/Hueck/*Fastrich* § 9 Rn. 8; Lutter/Hommelhoff/*Bayer* § 9 Rn. 10; MüKo GmbHG/*Märtens* § 9 Rn. 20; Rowedder/*Schmidt-Leithoff* § 9 Rn. 9; vgl. auch BGH, Urt. v. 12.10.1998 – II ZR 164/97, NJW 1999, 143; OLG Düsseldorf, Urt. v. 28.03.1991 – 6 U 234/90, NJW-RR 1992, 426; Urt. v. 05.05.2011 – 6 U 70/10, AG 2011, 823 zur AG; OLG München, Urt. v. 03.12.1993 – 23 U 4300/89, GmbHR 1994, 712; LG Bonn, Urt. v. 05.05.1999 – 16 O 55/98, GmbHR 1999, 1291).

16

Eine andere Beurteilung der Darlegungs- und Beweislast ist auch nicht wegen der Verlängerung der Verjährungsfrist auf 10 Jahre infolge der Neuregelung des § 9 Abs. 2 GmbHG durch Art. 13 Nr. 1 des Gesetzes zur Anpassung der Verjährungsvorschriften an das Gesetz zur Modernisierung des Schuldrechts vom 09.12.2004 (BGBl. I, 3214) angezeigt (vgl. dazu die Begründung des Gesetzesentwurfs durch die Bundesregierung, BT-Drucks. 15/3653, S. 11 f.).

17

C. Verhältnis der Haftung wegen der Überbewertung einer Sacheinlage zur (register-)gerichtlichen Prüfung

Die – auf den Zeitpunkt der Eintragung bezogene (s. Rn. 9) – Prüfung des Werts einer Sacheinlage durch das (Register-) Gericht gemäß § 9c Abs. 1 Satz 2 GmbHG ist für die (Differenz-) Haftung des Gesellschafters wegen der Überbewertung einer Sacheinlage im Zeitpunkt der Anmeldung ohne Bedeutung: Die erfolgte Eintragung der Gesellschaft in das Handelsregister schließt die (Differenz-) Haftung des Gesellschafters nicht aus (s. auch § 9c GmbHG Rdn. 32 ff.). Außerdem wird das in der Überbewertung einer Sacheinlage liegende Eintragungshindernis nicht durch das Bestehen eines Anspruchs aufgrund der (Differenz-) Haftung gem. § 9 GmbHG beseitigt (vgl. MünchKomm-GmbHG/*Märtens* § 9 Rn. 32; Rowedder/*Schmidt-Leithoff* § 9 Rn. 6; Ulmer/*Habersack* § 9 Rn. 18 f.).

18

D. Verhältnis der Haftung wegen der Überbewertung einer Sacheinlage zu anderen Haftungstatbeständen, Abs. 1 Satz 2

Durch Art. 1 Nr. 10 Buchst. a), bb) des Gesetzes zur Modernisierung des GmbH-Rechts und zur Bekämpfung von Missbräuchen (MoMiG) vom 23.10.2008 (BGBl. I, 2026) ist Abs. 1 Satz 2 hinzugefügt worden, der regelt, dass sonstige Ansprüche wegen der Überbewertung einer Sacheinlage unberührt bleiben. In der Begründung des Gesetzesentwurfs der Bundesregierung ist Folgendes ausgeführt (BT-Drucks. 16/6140, S. 36):

19

> »Die Ergänzung durch einen neuen Satz 2 stellt in diesem Zusammenhang klar, dass die Differenzhaftung nach § 9 Abs. 1 andere denkbare Ansprüche aus anderen Rechtsgründen, also insbesondere Ansprüche auf ein durch den Wert der Sacheinlage nicht vollständig gedecktes Agio, nicht ausschließt. Entsprechendes gilt über den künftig in § 19 Abs. 4 Satz 1 vorgesehenen Verweis auf § 9 zugleich auch im Fall einer verdeckten Sacheinlage.«

Außer dem in der Gesetzesbegründung genannten **Anspruch auf ein nicht vollständig gedecktes Aufgeld (Agio)** und dem Anspruch aufgrund der **(Differenz-) Haftung im Fall einer verdeckten Sacheinlage** (§ 19 Abs. 4 GmbHG) kommt ein **Ersatzanspruch der Gesellschaft wegen falscher Angaben** zum Zweck der Errichtung einer Gesellschaft gem. § 9a Abs. 1 und 4 Satz 1 GmbHG in Betracht (vgl. auch Lutter/Hommelhoff/*Bayer* § 9 Rn. 12; Scholz/*Veil* § 9 Rn. 27; s. auch § 9a GmbHG Rdn. 17).

20

21 Durch die **Unterbilanzhaftung** wird gewährleistet, dass der Gesellschaft das ihr von ihren Gesellschaftern versprochene, im Gesellschaftsvertrag verlautbarte Stammkapital im Zeitpunkt ihrer Eintragung in das Handelsregister zur Verfügung steht; Voraussetzung einer solchen Haftung ist die Aufnahme der Geschäftstätigkeit vor Eintragung der Gesellschaft in das Handelsregister, die zu einer Unterbilanz im Zeitpunkt der Eintragung führt (s. § 11 GmbHG Rdn. 23 ff.). Angesichts der unterschiedlichen Voraussetzungen schließt die Unterbilanzhaftung die (Differenz-) Haftung wegen der Überbewertung einer Sacheinlage im Zeitpunkt der Anmeldung (s. Rdn. 9) nicht aus; die Ansprüche können, sofern ihre jeweiligen Voraussetzungen vorliegen, nebeneinander bestehen (vgl. Baumbach/Hueck/*Fastrich* § 9 Rn. 9; MüKo GmbHG/*Märtens* § 9 Rn. 36 f.; Roweder/*Schmidt-Leithoff* § 9 Rn. 12).

§ 9a Ersatzansprüche der Gesellschaft

(1) Werden zum Zweck der Errichtung der Gesellschaft falsche Angaben gemacht, so haben die Gesellschafter und Geschäftsführer der Gesellschaft als Gesamtschuldner fehlende Einzahlungen zu leisten, eine Vergütung, die nicht unter den Gründungsaufwand aufgenommen ist, zu ersetzen und für den sonst entstehenden Schaden Ersatz zu leisten.

(2) Wird die Gesellschaft von Gesellschaftern durch Einlagen oder Gründungsaufwand vorsätzlich oder aus grober Fahrlässigkeit geschädigt, so sind ihr alle Gesellschafter als Gesamtschuldner zum Ersatz verpflichtet.

(3) Von diesen Verpflichtungen ist ein Gesellschafter oder ein Geschäftsführer befreit, wenn er die die Ersatzpflicht begründenden Tatsachen weder kannte noch bei Anwendung der Sorgfalt eines ordentlichen Geschäftsmannes kennen mußte.

(4) Neben den Gesellschaftern sind in gleicher Weise Personen verantwortlich, für deren Rechnung die Gesellschafter Geschäftsanteile übernommen haben. Sie können sich auf ihre eigene Unkenntnis nicht wegen solcher Umstände berufen, die ein für ihre Rechnung handelnder Gesellschafter kannte oder bei Anwendung der Sorgfalt eines ordentlichen Geschäftsmannes kennen mußte.

Übersicht	Rdn.			Rdn.
A. Allgemeines	1	D.	Gesellschaft als Berechtigte	23
B. Haftung wegen falscher Angaben zum Zweck der Errichtung der Gesellschaft, Abs. 1 und 4 Satz 1	5	E.	Gesamtschuldnerische Haftung mehrerer Ersatzpflichtiger	24
I. Voraussetzungen	6	F.	Sonstige Haftungstatbestände aus Anlass der Gründung einer Gesellschaft	26
1. Falsche Angaben zum Zweck der Errichtung der Gesellschaft	6	I.	Haftung der Geschäftsführer gem. § 43 GmbHG	27
2. Ersatzpflichtige	10	II.	Haftung gem. § 823 Abs. 2 BGB i. V. m. § 82 GmbHG (»Gründungsschwindel«)	28
3. Verschulden, Abs. 3 und Abs. 4 Satz 2	13	III.	Haftung der Bank wegen Abgabe einer unrichtigen Bestätigung, § 37 Abs. 1 Satz 4 AktG analog	29
II. Rechtsfolge	16			
C. Haftung wegen Schädigung durch Einlagen oder Gründungsaufwand, Abs. 2 und 4 Satz 1	20			

A. Allgemeines

1 Die durch Art. 1 Nr. 8 des Gesetzes zur Änderung des GmbH-Gesetzes und anderer handelsrechtlicher Vorschriften vom 04.07.1980 (BGBl. I, 836) in das GmbH-Gesetz eingefügte und durch Art. 1 Nr. 11 des Gesetzes zur Modernisierung des GmbH-Rechts und zur Bekämpfung von Missbräuchen (MoMiG) vom 23.10.2008 (BGBl. I, 2026) in Abs. 4 Satz 1 geänderte Vorschrift regelt die **Haftung der Geschäftsführer und der Gesellschafter wegen falscher Angaben** zum Zweck der Errichtung einer Gesellschaft (Abs. 1) und die **Haftung der Gesellschafter wegen Schädigung der Gesellschaft durch Einlagen oder Gründungsaufwand** (Abs. 2); die Haftung wird auch auf die »Hintermänner« der Gesellschafter erstreckt (Abs. 4). Die bis zum Inkrafttreten des Gesetzes vom 04.07.1980 geltende

(Vorläufer-) Vorschrift regelte lediglich eine Haftung der zur Anmeldung berufenen Geschäftsführer wegen falscher Angaben über die Leistung der Einlagen (§ 9 GmbHG a. F.). Durch das MoMiG ist die Überschrift »Ersatzansprüche der Gesellschaft« hinzugefügt worden. Die Regelung wird ergänzt durch § 9b Abs. 1 GmbH, der im Interesse des Schutzes der Gesellschaftsgläubiger die Unwirksamkeit eines Verzichts auf einen Ersatzanspruch gem. Abs. 1 und 2 sowie die Unwirksamkeit eines Vergleichs über einen derartigen Ersatzanspruch regelt (s. § 9b GmbHG Rdn. 3 ff.); die Verjährung der Ersatzansprüche ist in § 9b Abs. 2 GmbHG geregelt (s. § 9b GmbHG Rdn. 10 f.).

Die Gesellschaft ist unter Beifügung des – notariell zu beurkundenden und von sämtlichen Gesellschaftern zu unterzeichnenden (§ 2 Abs. 1 GmbHG) – Gesellschaftsvertrags zur Eintragung in das Handelsregister anzumelden (§§ 7 Abs. 1, 8 Abs. 1 Nr. 1 GmbHG); sämtliche Geschäftsführer haben die Anmeldung zu bewirken (§ 78 GmbHG). Die Anmeldung darf erst erfolgen, wenn bestimmte (Mindest-) Leistungen auf die Geschäftsanteile bewirkt sind: Auf jeden Geschäftsanteil sind 1/4 des Nennbetrags einzuzahlen, wobei der Mindestbetrag sämtlicher (Geld- und Sach-) Einlagen 12.500 € erreichen muss (§ 7 Abs. 2 GmbHG). Sacheinlagen sind vor der Anmeldung so an die Gesellschaft zu bewirken, dass sie endgültig zur freien Verfügung der Geschäftsführer stehen (§ 7 Abs. 3 GmbHG). In der Anmeldung ist die Versicherung abzugeben, dass die (Mindest-) Leistungen bewirkt sind und dass der Gegenstand der Leistungen sich endgültig in der freien Verfügung der Geschäftsführer befindet (§ 8 Abs. 2 Satz 1 GmbHG). In der Anmeldung haben die Geschäftsführer außerdem zu versichern, dass ihrer Bestellung keine Hindernisse entgegenstehen (§ 8 Abs. 3 GmbHG). Vorbehaltlich des entsprechenden Ergebnisses einer Prüfung durch das (Register-) Gericht (vgl. § 9c GmbHG) wird die ordnungsgemäß errichtete und angemeldete Gesellschaft in das Handelsregister eingetragen; vor ihrer Eintragung in das Handelsregister besteht die Gesellschaft »als solche« nicht (§ 11 Abs. 1 GmbHG).

Wer als **Gesellschafter** oder als **Geschäftsführer** zum Zweck der Eintragung falsche Angaben über die Übernahme der Geschäftsanteile, die Leistung der Einlagen, die Verwendung eingezahlter Beträge, über Sondervorteile, Gründungsaufwand und Sacheinlagen macht, wird **bestraft** (§ 82 Abs. 1 Nr. 1 GmbHG). Wer als **Geschäftsführer** in der Versicherung darüber, dass seiner Bestellung kein Hindernis entgegensteht und dass er über seine Auskunftspflicht belehrt worden ist, falsche Angaben macht, wird **bestraft** (§ 82 Abs. 1 Nr. 5 GmbHG).

§ 9a Abs. 1 und 3 gilt entsprechend für die Verantwortlichkeit der Geschäftsführer, welche eine Kapitalerhöhung zur Eintragung in das Handelsregister angemeldet haben (§ 57 Abs. 4 GmbHG).

B. Haftung wegen falscher Angaben zum Zweck der Errichtung der Gesellschaft, Abs. 1 und 4 Satz 1

Geschäftsführer, Gesellschafter und ihre »Hintermänner« (§ 9a Abs. 4 GmbHG) haben der Gesellschaft als Gesamtschuldner fehlende Einzahlungen zu leisten, eine nicht unter den Gründungsaufwand aufgenommene (Gründungs-) Vergütung zu ersetzen und für den sonst entstehenden Schaden Ersatz zu leisten, wenn **zum Zweck der Errichtung der Gesellschaft falsche Angaben** gemacht worden sind (Abs. 1). Bei diesem Anspruch handelt es sich – ebenso wie beim Anspruch gem. Abs. 2 – um einen **verschuldensabhängigen Schadensersatzanspruch** gesellschaftsrechtlicher, nicht deliktischer oder deliktsähnlicher Natur, weil die Verletzung organschaftlicher oder mitgliedschaftlicher Rechte sanktioniert wird (vgl. Baumbach/Hueck/*Hueck/Fastrich* § 9a Rn. 1; vgl. aber MüKo GmbHG/Schaub § 9a Rn. 15 f.: deliktischer oder deliktsähnlicher Natur). Durch den Ersatzanspruch wird die Ordnungsmäßigkeit der Gründung einer Gesellschaft durch die Auferlegung einer (zivilrechtlichen) Haftung abgesichert.

I. Voraussetzungen

1. Falsche Angaben zum Zweck der Errichtung der Gesellschaft

Die Angaben müssen zum Zweck der Errichtung der Gesellschaft gemacht werden. Unter Errichtung wird der **gesamte Gründungsvorgang** – vom Abschluss des Gesellschaftsvertrags bis zur

§ 9a GmbHG Ersatzansprüche der Gesellschaft

Eintragung der Gesellschaft in das Handelsregister (vgl. die Überschrift des Ersten Abschnitts des GmbHG) – verstanden; der Tatbestand ist weiter gefasst als bei der Verantwortlichkeit der Gründer einer Aktiengesellschaft gem. § 46 Abs. 1 Satz 1 AktG. Die Verwirklichung des Tatbestands setzt nicht voraus, dass die **Angaben** gegenüber dem (Register-) Gericht gemacht werden; auch Angaben gegenüber einem (Mit-) Geschäftsführer, gegenüber einem (Mit-) Gesellschafter, gegenüber einem Sachverständigen, der mit der Bewertung einer Sacheinlage betraut ist, oder gegenüber anderen Personen können den Tatbestand erfüllen (BGH, Urt. v. 12.10.1998 – II ZR 164/97, NJW 1999, 143; vgl. Lutter/Hommelhoff/*Bayer* § 9a Rn. 3; MüKo GmbHG/*Schaub* § 9a Rn. 48; Rowedder/*Schmidt-Leithoff* § 9a Rn. 8). Ferner ist es nicht erforderlich, dass die Angaben von einem Geschäftsführer, einem Gesellschafter oder einem »Hintermann« (Abs. 4) selbst gemacht werden; eine Haftung für von Dritten gemachte Angaben kommt in Betracht, wenn sich die Ersatzpflichtigen diese Angaben – z. B. durch Beifügung einer Bankbestätigung über die Gutschrift eines eingezahlten Betrags bei Anmeldung der Gesellschaft zur Eintragung in das Handelsregister (s. Rdn. 29 und § 8 GmbHG Rdn. 21) – zu eigen machen (KG, Urt. v. 13.07.1999 – 14 U 8764/95, NZG 2000, 841).

7   Eine Angabe ist **falsch**, wenn sie **objektiv** – unabhängig von der Vorstellung der Geschäftsführer, Gesellschafter oder ihrer »Hintermänner« – **unrichtig** ist; eine Angabe ist auch dann falsch, wenn sie zwar für sich genommen inhaltlich richtig ist, aber durch das Verschweigen von Einzelumständen ein mit der Wirklichkeit objektiv nicht übereinstimmender Sinn vermittelt wird (OLG Bremen, Urt. v. 06.05.1997 – 2 U 135/96, GmbHR 1998, 40). Für die Beurteilung der Unrichtigkeit ist auf den Zeitpunkt abzustellen, in dem die Angabe gemacht worden ist: Bei einer gegenüber dem (Register-) Gericht in der Anmeldung zu machenden Angabe ist dies der **Zeitpunkt des Eingangs der Anmeldung** beim (Register-) Gericht; auf den Zeitpunkt der Eintragung der Gesellschaft in das Handelsregister kommt es nicht an. Sofern sich die tatsächlichen Umstände ändern, nachdem die Angabe gemacht worden ist, wird die Angabe nicht unrichtig; eine **Pflicht zur Korrektur** einer früheren Angabe besteht – vorbehaltlich einer speziellen Regelung – nicht (vgl. Baumbach/Hueck/*Fastrich* § 9a Rn. 12; Lutter/Hommelhoff/*Bayer* § 9a Rn. 4 f.; MüKo GmbHG/*Schaub* § 9a Rn. 52; s. auch § 8 GmbHG Rdn. 30 f. und § 9c GmbHG Rdn. 9, 38).

8   Eine gegenüber dem (Register-) Gericht gemachte Angabe, die im Zeitpunkt ihres Eingangs bei Gericht falsch ist, kann bis zur Eintragung der Gesellschaft in das Handelsregister berichtigt werden (vgl. Baumbach/Hueck/*Fastrich* § 9a Rn. 12; MüKo GmbHG/*Schaub* § 9a Rn. 54; zu dem für die Kenntnis oder das Kennenmüssen der Unrichtigkeit einer Angabe maßgebenden Zeitpunkt s. Rdn. 13).

9   In der Praxis kommt eine **Haftung** vor allem **wegen folgender Angaben** in Betracht: wegen falscher Angaben in der – von den Geschäftsführern »in der Anmeldung« der Gesellschaft zur Eintragung in das Handelsregister abzugebenden – **Versicherung über die Erbringung der (Mindest-) Leistungen** auf die Geschäftsanteile (§ 8 Abs. 2 GmbHG i. V.m. § 7 Abs. 2 und 3 GmbHG), insbesondere über die Leistung (»Einzahlung«) von Geldeinlagen zu ihrer »freien Verfügung« (vgl. BGH, Urt. v. 12.07.2011 – II ZR 71/11, NZG 2011, 1066 = ZIP 2011, 1761; OLG Bremen, Urt. v. 06.05.1997 – 2 U 135/96, GmbHR 1998, 40; OLG Celle, Urt. v. 15.03.2000 – 9 U 209/99, NZG 2000, 1178; OLG Düsseldorf, Urt. v. 10.03.1995 – 17 U 130/94, GmbHR 1995, 582; OLG Köln, Urt. v. 02.02.1999 – 22 U 116/98, NZG 1999, 459 = ZIP 1999, 399; OLG Rostock, Urt. v. 02.02.1995 – 1 U 191/94, GmbHR 1995, 658; OLG Schleswig, Urt. v. 29.06.2000 – 5 U 211/98, NZG 2001, 84; LG Heilbronn, Urt. v. 07.05.1993 – 2 KfH O 178/91, DB 1993, 1352; LG Mannheim, Urt. v. 10.02.1995 – 8 O 424/94, GmbHR 1996, 118 zur Kapitalerhöhung; s. auch Rdn. 16); wegen falscher Angaben in dem – von den Gesellschaftern zu erstellenden und der Anmeldung beizufügenden – **Sachgründungsbericht** (§ 5 Abs. 4 Satz 2 GmbHG i. V.m. § 8 Abs. 1 Nr. 4 GmbHG) bei der Leistung von Sacheinlagen (vgl. KG, Urt. v. 13.07.1999 – 14 U 8764/95, NZG 2000, 841; OLG Köln, Urt. v. 21.01.2002 – 18 U 59/01, NZG 2002, 679 = ZIP 2002, 713; s. auch Rdn. 17); wegen falscher Angaben **gegenüber einem Sachverständigen**, der in einem Gutachten, das der Anmeldung beizufügen ist (§ 8 Abs. 1 Nr. 5 GmbHG), eine Sacheinlage bewertet (vgl. BGH, Urt. v. 12.10.1998 – II ZR 164/97, NJW 1999, 143).

2. Ersatzpflichtige

Der Anspruch besteht **gegenüber sämtlichen Geschäftsführern** – einschließlich der stellvertretenden Geschäftsführern (§ 44 GmbHG) –, ohne dass es darauf ankommt, von wem im konkreten Fall die falsche Angabe gemacht worden ist oder ob allgemein eine bestimmte Geschäftsverteilung unter den Geschäftsführern vereinbart ist. Die Haftung sämtlicher Geschäftsführer begegnet keinen Bedenken, weil die Anmeldung einer Gesellschaft zur Eintragung in das Handelsregister durch sämtliche Geschäftsführer zu bewirken ist (§ 78 Halbs. 2 GmbHG; vgl. MüKo GmbHG/*Schaub* § 9a Rn. 35; *Ulmer/Habersack* § 9a Rn. 32; s. auch § 7 GmbHG Rdn. 6, § 8 GmbHG Rdn. 25).

10

Im Hinblick auf die Ersatzpflicht von **Gesellschaftern** wird vereinzelt eine »restriktive Auslegung« des Abs. 1 befürwortet, wonach sie nur für diejenigen Angaben haften, die sie selbst – z.B. im Sachgründungsbericht – gemacht oder zu deren Abgabe sie die Geschäftsführer veranlasst haben. Dem Einwand, die Anmeldung nicht bewirkt zu haben (vgl. § 78 Halbs. 2 GmbHG), kann bei der Prüfung des Verschuldens Rechnung getragen werden; außerdem besteht angesichts der gesamtschuldnerischen Haftung der Ersatzpflichtigen eine Rückgriffsmöglichkeit im Innenverhältnis (vgl. MüKo GmbHG/*Schaub* § 9a Rn. 38 ff.; s. Rdn. 24).

11

Um eine Umgehung der Haftung der Gesellschafter durch das »Vorschieben vermögensloser Strohmänner« zu verhindern, besteht auch eine Haftung derjenigen Personen, für deren Rechnung die Gesellschafter Geschäftsanteile übernommen haben, der »**Hintermänner**« (Abs. 4 Satz 1). Diese Vorschrift ist durch Art. 1 Nr. 11 des Gesetzes zur Modernisierung des GmbH-Rechts und zur Bekämpfung von Missbräuchen (MoMiG) vom 23.10.2008 (BGBl. I, 2026) geändert worden, indem das Wort »Stammeinlagen« durch das Wort »Geschäftsanteile« ersetzt worden ist; ausweislich der Gesetzesbegründung wird hierdurch »dem Umstand Rechnung getragen, dass der Gesellschafter bei Errichtung der Gesellschaft keine ›Stammeinlage‹, sondern einen ›Geschäftsanteil‹ übernimmt« (Gesetzesentwurf der Bundesregierung, BT-Drucks. 16/6140, S. 36). Einer einschränkenden Auslegung des Abs. 4 Satz 1 bedarf es auch dann nicht, wenn der »Hintermann« bei Abgabe von Erklärungen durch den »Vordermann« über keine Einwirkungsmöglichkeit verfügt, wenngleich dieser Einwand bei der Prüfung des Verschuldens zu berücksichtigen ist (vgl. Lutter/Hommelhoff/*Bayer* § 9a Rn. 13; MüKo GmbHG/*Schaub* § 9a Rn. 42).

12

3. Verschulden, Abs. 3 und Abs. 4 Satz 2

Von der Ersatzpflicht ist ein Gesellschafter oder ein Geschäftsführer befreit, wenn er die die Ersatzpflicht begründenden Tatsachen weder kannte noch bei Anwendung der Sorgfalt eines ordentlichen Geschäftsmanns kennen musste (Abs. 3). Maßgebender Zeitpunkt für die Kenntnis oder das Kennenmüssen der Unrichtigkeit der Angaben ist die **Eintragung der Gesellschaft** in das Handelsregister, weil eine Berichtigung der Angabe gegenüber dem (Register-) Gericht bis zu diesem Zeitpunkt möglich ist (s. auch Rdn. 8; zu dem – hiervon abweichenden – Zeitpunkt für die Beurteilung der Unrichtigkeit s. Rdn. 7). Da für das Kennenmüssen der Sorgfaltsmaßstab eines ordentlichen Geschäftsmanns (vgl. auch § 43 Abs. 1 GmbHG) zugrunde gelegt wird, ist die einem Geschäftsführer oder Gesellschafter individuell fehlende Aus- oder Vorbildung, Erfahrung oder Gewandtheit unbeachtlich (vgl. MüKo GmbHG/*Schaub* § 9a Rn. 57 *Ulmer/Habersack* § 9a Rn. 38). Dies bedeutet in der Praxis insbesondere, dass Geschäftsführer den Sachgründungsbericht der Gesellschafter nicht ungeprüft in die Anmeldung übernehmen dürfen, sondern mindestens eine **Plausibilitätskontrolle** vornehmen müssen (vgl. Lutter/Hommelhoff/*Bayer* § 9a Rn. 6).

13

Das **Verschulden** der – als Gesamtschuldner haftenden – Geschäftsführer und Gesellschafter wird **vermutet**; diese können die Vermutung widerlegen (»Entlastungsbeweis«). Die Beweislastumkehr darf indes nicht zu einer Garantiehaftung führen (KG, Urt. v. 13.07.1999 – 14 U 8764/95, NZG 2000, 841).

14

Da der »Hintermann« eines Gesellschafters für das Verschulden des auf seine Rechnung handelnden Gesellschafters (»Vordermann«) haftet (§ 9a Abs. 4 Satz 1 GmbHG), muss er zu seiner Entlastung den Nachweis führen, dass weder er noch sein »Vordermann« die Unrichtigkeit der Angaben

15

kannte oder bei Anwendung der Sorgfalt eines ordentlichen Geschäftsmanns erkennen konnte; § 9a Abs. 4 Satz 2 GmbHG verlangt vom »Hintermann« einen »doppelten Entlastungsbeweis«, um seine Haftung auszuschließen (vgl. MüKo GmbHG/*Schaub* § 9a Rn. 58; Rowedder/*Schmidt-Leithoff* § 9a Rn. 30; *Ulmer/Habersack* § 9a Rn. 39).

II. Rechtsfolge

16 Ohne besonderen Nachweis, dass der Gesellschaft ein Schaden entstanden ist, sind von den Ersatzpflichtigen diejenigen **Einzahlungen** zu leisten, die – entgegen der Angabe – vom einlegenden Gesellschafter (Inferenten) **nicht geleistet** worden sind. Ein Geschäftsführer, der eine unzutreffende Versicherung über die Einzahlung eines bestimmten Betrags abgegeben hat, ist zur Zahlung dieses Betrags auch dann verpflichtet, wenn zur Eintragung der Gesellschaft in das Handelsregister die Einzahlung eines geringeren Betrags genügt hätte (OLG Celle, Urt. v. 15.03.2000 – 9 U 209/99, NZG 2000, 1178; OLG Schleswig, Urt. v. 29.06.2000 – 5 U 211/98, NZG 2001, 84). Dem Ersatzanspruch gem. § 9a Abs. 1, 4 GmbHG steht nicht entgegen, dass der Gesellschaft gegenüber dem betreffenden Gesellschafter ein nicht erfüllter Anspruch auf Leistung seiner Einlage zusteht, selbst wenn dieser Anspruch durchsetzbar ist (BGH, Urt. v. 18.02.1991 – II ZR 104/90, BGHZ 113, 335, 355 = NJW 1991, 1754; vgl. Baumbach/Hueck/*Fastrich* § 9a Rn. 14; MüKo GmbHG/ *Schaub* § 9a Rn. 65; zum Verhältnis zwischen einem Anspruch gem. Abs. 1, 4 und einem Anspruch auf Leistung einer Einlage s. Rdn. 25). Mit Leistung der Einlage durch den Inferenten erlischt der Anspruch (OLG Düsseldorf, Urt. v. 10.03.1995 – 17 U 130/94, GmbHR 1995, 582; vgl. Lutter/ Hommelhoff/*Bayer* § 9a Rn. 7; MüKo GmbHG/*Schaub* § 9a Rn. 65).

17 Ungeachtet des missverständlichen, auf »Einzahlungen« abstellenden Wortlauts des Abs. 1 ist auch für eine **nicht bewirkte Sacheinlage** Ersatz zu leisten, wenn die entsprechende Angabe falsch ist; Ersatz ist in Natur oder ggf. in Geld zu leisten, wobei sich die Höhe nach dem Nennbetrag des Geschäftsanteils richtet, der auf die betreffende Sacheinlage entfällt (vgl. Baumbach/Hueck/*Fastrich* § 9a Rn. 14). Ist eine Sacheinlage – entgegen den Angaben im Sachgründungsbericht – überbewertet worden, haften die Ersatzpflichtigen auf Ersatz des Fehlbetrags (Differenz) zwischen dem tatsächlichen Wert und dem falsch angegebenen Wert der Einlage (KG, Urt. v. 13.07.1999 – 14 U 8764/95, NZG 2000, 841). Dem Ersatzanspruch gem. § 9a Abs. 1, 4 GmbHG steht nicht entgegen, dass der Gesellschaft wegen der Überbewertung einer Sacheinlage ein Anspruch auf Zahlung einer Bareinlage in Höhe des Fehlbetrags (Differenz) gemäß § 9 GmbHG zusteht, selbst wenn dieser Anspruch durchsetzbar ist (vgl. MüKo GmbHG/*Schaub* § 9a Rn. 66; Rowedder/*Schmidt-Leithoff* § 9a Rn. 18; *Ulmer/Habersack* § 9a Rn. 43, 46; zum Verhältnis zwischen einem Anspruch gem. § 9a Abs. 1, 4 GmbHG und einem Anspruch gem. § 9 GmbHG s. § 9 Rdn. 20).

18 Im Gesellschaftsvertrag kann bestimmt werden, dass der **Gründungsaufwand** im (Innen-) Verhältnis zwischen Gesellschaft und Gesellschaftern (Gründern) von der Gesellschaft zu tragen ist, wobei über die Nennung der einzelnen Kostenpositionen, aus denen sich der Gründungsaufwand zusammensetzt, hinausgehend der Ausweis eines – ggf. geschätzten – Gesamtbetrages erforderlich ist; wenn das Stammkapital durch die Übernahme des Gründungsaufwands vorbelastet wird, muss dies aus Gründen des Gläubigerschutzes im Gesellschaftsvertrag offengelegt werden (§ 26 Abs. 2 AktG analog; BGH, Beschl. v. 20.02.1989 – II ZB 10/88, BGHZ 107, 1, 5 f. = NJW 1989, 1610; Urt. v. 29.09.1997 – II ZR 245/96, NJW 1998, 233; OLG Zweibrücken, Beschl. 25.06.2013 – 3 W 28/13, ZIP 2014, 623; s. auch § 3 GmbHG Rdn. 23 f.). Eine anlässlich der Gründung gezahlte Vergütung ist zu ersetzen, wenn sie nicht zu dem ordnungsgemäß im Gesellschaftsvertrag festgesetzten und (nur) deshalb von der Gesellschaft zu tragenden Gründungsaufwand gehört; dem Ersatzanspruch gem. § 9a Abs. 1, 4 GmbHG steht nicht entgegen, dass die Vergütung vom Empfänger zurückgefordert werden kann (vgl. Baumbach/Hueck/*Fastrich* § 9a Rn. 15; MüKo GmbHG/*Schaub* § 9a Rn. 67).

19 Der Ersatzanspruch gem. § 9a Abs. 1, 4 GmbHG umfasst auch den »**sonst entstehenden Schaden**«: Der durch eine falsche Angabe verursachte Schaden ist zu ersetzen, indem die Gesellschaft so gestellt wird, wie sie stünde, wenn die Angabe nicht falsch, sondern richtig gewesen wäre; der

gesamte Schaden einschließlich eines Folgeschadens, insbesondere entgangenen Gewinns ist zu ersetzen (vgl. Baumbach/Hueck/*Fastrich* § 9a Rn. 16; *Ulmer/Habersack* § 9a Rn. 41).

C. Haftung wegen Schädigung durch Einlagen oder Gründungsaufwand, Abs. 2 und 4 Satz 1

Wird die Gesellschaft **von Gesellschaftern** oder ihren »**Hintermännern**« (§ 9a Abs. 4 GmbHG) **durch Einlagen oder Gründungsaufwand vorsätzlich oder grob fahrlässig geschädigt** wird, steht ihr ein Ersatzanspruch zu (§ 9a Abs. 2). Da die Haftung nach § 9a Abs. 2 und 4 GmbHG – anders als die Haftung gem. § 9a Abs. 1 und 4 GmbHG – nicht das Machen falscher Angaben zum Zweck der Errichtung der Gesellschaft voraussetzt, kann die haftungsbegründende Handlung auch nach Eintragung der Gesellschaft erfolgen (vgl. § 9b Abs. 2 Satz 2, Alt. 2 GmbHG; s. § 9b GmbHG Rdn. 11) und in einer anderen Handlung als dem Machen falscher Angaben liegen; da der Ersatzanspruch gem. § 9a Abs. 2 und 4 GmbHG gegenüber dem Anspruch gem. § 9a Abs. 1 und 4 GmbHG **subsidiär** ist (KG, Urt. v. 13.12.2010 – 23 U 56/09, GmbHR 2011, 821), verbleibt nur ein **kleiner Anwendungsbereich** (zur Rechtsnatur und zum Zweck des Anspruchs gem. § 9a Abs. 2 und 4 GmbHG s. Rdn. 5). Im Schrifttum werden folgende **Beispiele** zur Anwendung des Ersatzanspruchs gem. § 9a Abs. 2 und 4 GmbHG genannt: die Leistung einer im Sachgründungsbericht zwar ordnungsgemäß bewerteten, aber für die Gesellschaft völlig unbrauchbaren Sacheinlage; die Erstattung eines im Gesellschaftsvertrag zwar ordnungsgemäß festgesetzten (s. Rdn. 18, § 3 GmbHG Rdn. 23), aber völlig überhöhten Gründungsaufwands (vgl. Baumbach/Hueck/*Fastrich* § 9a Rn. 18; Lutter/Hommelhoff/*Bayer* § 9a Rn. 9; MüKo GmbHG/*Schaub* § 9a Rn. 71 f.; Rowedder/*Schmidt-Leithoff* § 9a Rn. 22). 20

Ersatzpflichtige sind Gesellschafter und ihre »Hintermänner« (Abs. 4). Eine Haftung der Geschäftsführer kommt (nur) unter den Voraussetzungen des § 43 GmbHG in Betracht (vgl. MüKo GmbHG/*Schaub* § 9a Rn. 74). 21

Erforderlich ist ein – von der Gesellschaft zu beweisendes – **vorsätzliches oder grob fahrlässiges Handeln mindestens eines Gesellschafters**; es ist nicht erforderlich, dass dieser unmittelbar durch die Schädigung begünstigt wird. Für das Verschulden der übrigen Gesellschafter, die in die gesamtschuldnerische Haftung »einbezogen« werden (vgl. den Wortlaut des Abs. 2: »alle Gesellschafter«), gilt die Regelung des § 9a Abs. 3 GmbHG, die sich ausweislich ihrer systematischen Stellung nicht nur auf den Ersatzanspruch gem. § 9a Abs. 1 und 4 GmbHG, sondern auch auf den Anspruch gem. § 9a Abs. 2 und 4 GmbHG bezieht: Ihr Verschulden wird – widerlegbar – vermutet (vgl. Lutter/Hommelhoff/*Bayer* § 9a Rn. 10; MüKo GmbHG/*Schaub* § 9a Rn. 76; Rowedder/*Schmidt-Leithoff* § 9a Rn. 24). 22

D. Gesellschaft als Berechtigte

Ausweislich der ausdrücklichen gesetzlichen Regelung ist die **Gesellschaft Inhaberin des Ersatzanspruchs** gem. § 9a Abs. 1 und 4 GmbHG und des Anspruchs gem. § 9a Abs. 2 und 4 GmbHG (vgl. auch die Formulierung »Ersatzansprüche der Gesellschaft nach § 9a« in § 9b Abs. 2 GmbHG). Einer **Vorgesellschaft** kann ein solcher Anspruch nicht zustehen, weil er erst mit Eintragung der Gesellschaft in das Handelsregister entsteht (vgl. Baumbach/Hueck/*Fastrich* § 9a Rn. 1; s. auch Rdn. 5). Zur Geltendmachung des Anspruchs bedarf es eines **Gesellschafterbeschlusses** gem. § 46 Nr. 8 GmbHG, sofern der Anspruch nicht gegenüber einem »Hintermann« (§ 8 Abs. 4 GmbHG) geltend gemacht wird; wird der Anspruch gegenüber einem Gesellschafter geltend gemacht, hat dieser kein Stimmrecht (§ 47 Abs. 4 GmbHG; vgl. Lutter/Hommelhoff/*Bayer* § 9a Rn. 1). Indes bedarf es keines Gesellschafterbeschlusses, wenn der Anspruch vom Insolvenzverwalter der Gesellschaft geltend gemacht wird, weil die Gesellschafterversammlung ihre entsprechende Zuständigkeit verloren hat (OLG Schleswig, Urt. v. 29.06.2000 – 5 U 211/98, NZG 2001, 84). 23

E. Gesamtschuldnerische Haftung mehrerer Ersatzpflichtiger

Gesellschafter und ihre »Hintermänner« (§ 9a Abs. 4 GmbHG) sowie – hinsichtlich der Haftung wegen falscher Angaben gem. § 9a Abs. 1 GmbHG – auch die Geschäftsführer haften aufgrund 24 ausdrücklicher gesetzlicher Bestimmung als **Gesamtschuldner**. Die im Innenverhältnis bestehende Rückgriffsmöglichkeit (§ 426 BGB) hängt vom jeweiligen (Mit-) Verursachungsbeitrag oder Verschuldensanteil (analog § 254 BGB) ab; sie kann zur völligen Freistellung eines Ersatzpflichtigen im Innenverhältnis führen. Da es sich um einen gesetzlichen Schadensersatzanspruch (s. Rdn. 5) handelt, ist eine unterschiedlich hohe Beteiligung der Gesellschafter am Stammkapital für den Ausgleich im Innenverhältnis ohne Bedeutung (vgl. Baumbach/Hueck/*Fastrich* § 9a Rn. 5; MüKo GmbHG/*Schaub* § 9a Rn. 80; Rowedder/*Schmidt-Leithoff* § 9a Rn. 31).

25 Sofern die Haftung eines Gesellschafters gem. § 9a Abs. 1 und 4 GmbHG mit der noch nicht erfüllten Einlageverpflichtung eines anderen Gesellschafters zusammentrifft, besteht gegenüber der Gesellschaft eine (»unechte«) Gesamtschuld (BGH, Urt. v. 18.01.1991 – II ZR 104/90, BGHZ 113, 335, 355 = NJW 1991, 1754; OLG Celle, Urt. v. 15.03.2000 – 9 U 209/99, NZG 2000, 1178; OLG Schleswig, Urt. v. 29.06.2000 – 5 U 211/98, NZG 2001, 84; s. auch Rdn. 16). Im **Innenverhältnis** ist der Gesellschafter, der die Verpflichtung zur Leistung seiner Einlage bislang nicht erfüllt hat, allein verpflichtet (vgl. Baumbach/Hueck/*Fastrich* § 9a Rn. 6; MüKo GmbHG/ *Schaub* § 9a Rn. 82; Rowedder/*Schmidt-Leithoff* § 9a Rn. 32).

F. Sonstige Haftungstatbestände aus Anlass der Gründung einer Gesellschaft

26 Aus Anlass der Gründung kommen verschiedene Haftungstatbestände in Betracht, wobei sowohl hinsichtlich der Berechtigten – Gesellschaft, gegenwärtige oder künftige Gesellschafter, Gläubiger – als auch hinsichtlich der Ersatzpflichtigen – Gesellschaft, Geschäftsführer, Gesellschafter, Bank – zu unterscheiden ist. Neben der – auch Dritten gegenüber bestehenden – allgemeinen deliktischen Haftung aufgrund der Verletzung eines Schutzgesetzes (§ 823 Abs. 2 BGB i. V. m. § 263 StGB bzw. § 266 StGB) oder aufgrund sittenwidriger vorsätzlicher Schädigung (§ 826 BGB) oder der – Gesellschaftern gegenüber bestehenden – Haftung wegen der Verletzung schuldrechtlicher (Neben-) Abreden (vgl. *Ulmer/Habersack* § 9a Rn. 63) kommen insbesondere die nachfolgend aufgeführten Haftungstatbestände in Betracht (zum Verhältnis zwischen einem Anspruch gem. § 9a Abs. 1 und 4 GmbHG und einem solchen gem. § 9 GmbHG s. Rdn. 17, § 9 GmbHG Rdn. 20).

I. Haftung der Geschäftsführer gem. § 43 GmbHG

27 Geschäftsführer haben in den Angelegenheiten der Gesellschaft die **Sorgfalt eines ordentlichen Geschäftsmanns** anzuwenden; bei Verletzung ihrer Pflichten haften sie der Gesellschaft gegenüber auf Schadensersatz (§ 43 Abs. 1 und 2 GmbHG). § 9a Abs. 1 GmbHG ist hinsichtlich der Haftung der Geschäftsführer wegen falscher Angaben zum Zweck der Gründung einer Gesellschaft gegenüber § 43 GmbHG die speziellere Vorschrift, sodass eine Haftung gem. § 43 GmbHG im Anwendungsbereich des § 9a Abs. 1 GmbHG zurücktritt (OLG Celle, Urt. v. 15.03.2000 – 9 U 209/99, NZG 2000, 1178; OLG Rostock, Urt. v. 02.02.1995 – 1 U 191/94, GmbHR 1995, 658); außerhalb des Anwendungsbereichs des § 9a Abs. 1 GmbHG, namentlich dann, wenn die Gesellschaft nicht in das Handelsregister eingetragen wird (s. Rdn. 5, 23), kommt eine Haftung gem. § 43 GmbHG in Betracht (vgl. Baumbach/Hueck/*Fastrich* § 9a Rn. 1; MüKo GmbHG/*Schaub* § 9a Rn. 83 f.).

II. Haftung gem. § 823 Abs. 2 BGB i. V. m. § 82 GmbHG (»Gründungsschwindel«)

28 Die in § 82 GmbHG geregelten Straftatbestände sind **Schutzgesetze i. S. d. § 823 Abs. 2 BGB**, soweit sie nicht nur im allgemeinen Interesse, sondern auch im individuellen Interesse des geschützten Personenkreises sind: Der Schutzgesetzcharakter ist gegenüber künftigen Gesellschaftern sowie gegenwärtigen und künftigen Gläubigern insbesondere beim »Gründungsschwindel« durch unrichtige Anmeldung i. S. d. § 82 Abs. 1 Nr. 1 GmbHG, beim »Gründungsschwindel« durch unrichtigen Sachgründungsbericht i. S. d. § 82 Abs. 1 Nr. 2 GmbHG, beim »Kapitalerhöhungsschwindel« mit Einlagen i. S. d. § 82 Abs. 1 Nr. 3 GmbHG und bei der Abgabe einer unrichtigen Versicherung i. S. d. § 82 Abs. 1 Nr. 5 GmbHG anerkannt (vgl. BGH, Urt. v. 26.09.2005 – II ZR 380/03, NJW 2005, 3721; Urt. v. 11.07.1988 – II ZR 243/87, BGHZ 105, 121, 124 f. = NJW 1988, 2794; Urt. v. 11.11.1985 – II ZR 109/84, BGHZ 96, 231, 243 = NJW 1986, 837, jeweils zur Kapital-

erhöhung bei einer Aktiengesellschaft; KG, Urt. v. 13.12.2010 – 23 U 56/09, GmbHR 2011, 821; zur Haftung einer Bank gem. §§ 823 Abs. 2, 31 BGB i. V. m. § 82 Abs. 1 Nr. 1 und 3 GmbHG, § 27 StGB s. Rdn. 33). Die – auch Dritten gegenüber bestehende – Haftung gem. § 823 Abs. 2 BGB i. V. m. § 82 GmbHG tritt neben die Haftung gem. § 9a Abs. 1 und 4 GmbHG.

III. Haftung der Bank wegen Abgabe einer unrichtigen Bestätigung, § 37 Abs. 1 Satz 4 AktG analog

Das GmbHG enthält – anders als § 37 Abs. 1 Satz 3 AktG für Aktiengesellschaften – **keine Verpflichtung**, die Einzahlung eines Geldbetrags durch **Vorlage einer Bankbestätigung** nachzuweisen (BGH, Urt. v. 18.02.1991 – II ZR 104/90, BGHZ 113, 335, 352 f. = NJW 1991, 1754, zur Kapitalerhöhung; OLG Düsseldorf, Beschl. v. 03.12.1997 – 3 Wx 545/97, NJW-RR 1998, 898; OLG Frankfurt am Main, Beschl. v. 27.05.1992 – 20 W 134/92, NJW-RR 1992, 1253); das (Register-) Gericht kann nur unter bestimmten Umständen die Vorlage von Einzahlungsbelegen verlangen (§ 8 Abs. 2 Satz 2 GmbHG; s. § 8 GmbHG Rdn. 26). Allerdings können die Geschäftsführer bei der Anmeldung eine Bankbestätigung über die Gutschrift des eingezahlten Betrags freiwillig beifügen (s. § 8 GmbHG Rdn. 21). 29

Da die Vorlage einer Bankbestätigung über die Gutschrift des eingezahlten Betrags und dessen endgültig freie Verfügbarkeit sowohl bei der Kapitalaufbringung einer GmbH als auch einer Aktiengesellschaft dieselben Auswirkungen eines eigenständigen, das registergerichtliche Prüfungsverfahren begrenzenden und in der Regel beendenden Nachweises hat, ist die Bank bei einer GmbH für die Richtigkeit ihrer freiwillig abgegebenen Bestätigung in gleicher Weise verantwortlich wie bei einer Aktiengesellschaft für die dort gesetzlich vorgeschriebene Bestätigung; angesichts der grundsätzlichen Gleichartigkeit der Auswirkungen einer inhaltlich unrichtigen Bankbestätigung auf das registergerichtliche Verfahren und die präventive Kapitalaufbringungskontrolle ist eine **entsprechende Anwendung der Haftungssanktion des § 37 Abs. 1 Satz 4 AktG** im GmbH-Recht geboten (BGH, Urt. v. 18.02.1991 – II ZR 104/90, BGHZ 113, 335, 354 = NJW 1991, 1754; Urt. v. 16.12.1996 - II ZR 200/95, NJW 1997, 945 zur Kapitalerhöhung; vgl. Baumbach/Hueck/*Fastrich* § 8 Rn. 15, § 9a Rn. 3; Lutter/Hommelhoff/*Bayer* § 8 Rn. 9; MüKo GmbHG/*Schaub* § 9a Rn. 44). 30

Die Bank, die eine inhaltlich unrichtige Bestätigung über die Leistung von Geldeinlagen abgegeben hat, ist der Gesellschaft gegenüber verpflichtet, die fehlende Geldeinlage nach Maßgabe ihrer Bestätigung zu leisten, wenn die geschuldete Geldeinlage – entgegen ihrer Bestätigung – ganz oder teilweise nicht aufgebracht worden ist; es handelt sich um eine »Gewährleistungshaftung für die Richtigkeit der eigenen Erklärung«, deren Höhe nicht auf den Betrag der – vor der Anmeldung zu bewirkenden – Mindestleistung (§ 7 Abs. 2 GmbHG) begrenzt ist (BGH, Urt. v. 18.02.1991 – II ZR 104/90, BGHZ 113, 335, 355 = NJW 1991, 1754; Urt. v. 13.07.1992 – II ZR 263/91, BGHZ 119, 177, 180 f. = NJW 1992, 3300 zur Kapitalerhöhung bei einer AG; Urt. v. 07.01.2008 - II ZR 283/06, BGHZ 175, 86 Rn. 28 = NZG 2008, 304 = ZIP 2008, 546 zur Kapitalerhöhung bei einer AG). 31

Die **Kenntnis der Geschäftsführer** der (Vor-) Gesellschaft von der Unrichtigkeit der Bestätigung entlastet die Bank nicht von ihrer Haftung, weil die Anwendung des § 254 Abs. 1 BGB – wegen des Charakters der Haftung als »Gewährleistungshaftung« – ausscheidet (BGH, Urt. v. 18.02.1991 – II ZR 104/90, BGHZ 113, 335, 355 = NJW 1991, 1754; Urt. v. 13.07.1992 – II ZR 263/91, BGHZ 119, 177, 181 = NJW 1992, 3300 zur Kapitalerhöhung bei einer AG) 32

Der mit den Regeln der Kapitalaufbringung beabsichtigte Schutz der Gläubiger gebietet eine **eigenständige Haftung der Bank**, die weder gegenüber der fortbestehenden Einlageschuld der Gesellschafter noch gegenüber der Haftung der Geschäftsführer, Gesellschafter und ihrer »Hintermänner« gem. § 9a Abs. 1 und 4 GmbHG subsidiär ist (BGH, Urt. v. 18.02.1991 – II ZR 104/90, BGHZ 113, 335, 355 f. = NJW 1991, 1754). In bestimmten Fällen kommt außerdem eine **deliktische Haftung der Bank** wegen Beihilfe ihres Vorstands bzw. ihrer Geschäftsführer zum »Gründungsschwindel« bzw. »Kapitalerhöhungsschwindel« in Betracht (§§ 823 Abs. 2, 31 BGB i. V. m. § 82 Abs. 1 Nr. 1 und 3 GmbHG, § 27 StGB); ein solcher – auch Dritten gegenüber bestehender – 33

§ 9b GmbHG Verzicht auf Ersatzansprüche

Schadensersatzanspruch setzt voraus, dass ein Geschädigter im Vertrauen auf die Richtigkeit der Bankbestätigung Vermögensdispositionen getroffen und dadurch einen Schaden erlitten hat (BGH, Urt. 11.11.1985 – II ZR 109/84, BGHZ 96, 231, 243 = NJW 1986, 837 zur Kapitalerhöhung bei einer AG; Urt. v. 26.09.2005 – II ZR 380/03, NJW 2005, 3721 zur Kapitalerhöhung bei einer AG; vgl. *Döser* NJW 2006, 881; zur Haftung der Geschäftsführer oder Gesellschafter gem. § 823 Abs. 2 BGB i. V. m. § 82 GmbHG [»Gründungsschwindel«] s. Rdn. 28).

§ 9b Verzicht auf Ersatzansprüche

(1) ¹Ein Verzicht der Gesellschaft auf die Ersatzansprüche nach § 9a oder ein Vergleich der Gesellschaft über diese Ansprüche ist unwirksam, soweit der Ersatz zur Befriedigung der Gläubiger der Gesellschaft erforderlich ist. ²Dies gilt nicht, wenn der Ersatzpflichtige zahlungsunfähig ist und sich zur Abwendung des Insolvenzverfahrens mit seinen Gläubigern vergleicht oder wenn die Ersatzpflicht in einem Insolvenzplan geregelt wird.

(2) ¹Ersatzansprüche der Gesellschaft nach § 9a verjähren in fünf Jahren. ²Die Verjährung beginnt mit der Eintragung der Gesellschaft in das Handelsregister oder, wenn die zum Ersatz verpflichtende Handlung später begangen worden ist, mit der Vornahme der Handlung.

Übersicht

		Rdn.			Rdn.
A.	Allgemeines	1	II.	Ausnahme: Vergleich zur Abwendung eines Insolvenzverfahrens oder Regelung der Ersatzpflicht im Insolvenzplan, S. 2	7
B.	Verzicht auf oder Vergleich über einen Ersatzanspruch, Abs. 1	3			
I.	Grundsatz: Unwirksamkeit eines Verzichts oder Vergleichs, S. 1	3	C.	Verjährung eines Ersatzanspruchs, Abs. 2	10

A. Allgemeines

1 Die durch Art. 1 Nr. 8 des Gesetzes zur Änderung des GmbH-Gesetzes und anderer handelsrechtlicher Vorschriften vom 04.07.1980 (BGBl. I, 836) in das GmbH-Gesetz eingefügte und durch Art. 48 Nr. 1 des Einführungsgesetzes zur Insolvenzordnung (EGInsO) vom 05.10.1994 (BGBl. I, 2911) geänderte Vorschrift betrifft **Ersatzansprüche der Gesellschaft** gegen Geschäftsführer, Gesellschafter oder deren »Hintermänner« wegen falscher Angaben zum Zweck der Errichtung einer Gesellschaft gem. § 9a Abs. 1 und 4 Satz 1 GmbHG sowie Ersatzansprüche gegen Gesellschafter oder deren »Hintermänner« wegen Schädigung durch Einlagen oder Gründungsaufwand gem. § 9a Abs. 2 und 4 Satz 1 GmbHG, indem Verzicht auf und Vergleich über sowie Verjährung dieser Ersatzansprüche geregelt werden. Durch das Gesetz zur Modernisierung des GmbH-Rechts und zur Bekämpfung von Missbräuchen (MoMiG) vom 23.10.2008 (BGBl. I, 2026) ist die Überschrift »Verzicht auf Ersatzansprüche« hinzugefügt worden.

2 **§ 9b GmbHG gilt entsprechend** für die Verantwortlichkeit der Geschäftsführer, die eine Kapitalerhöhung zur Eintragung in das Handelsregister angemeldet haben (§ 57 Abs. 4 GmbHG). § 9b Abs. 1 GmbHG findet entsprechende Anwendung auf einen Ersatzanspruch der Gesellschaft gegen Geschäftsführer gem. § 43 GmbHG und gem. § 64 GmbHG (§ 43 Abs. 3 Satz 2 GmbHG, ggf. i. V. m. § 64 Satz 4 GmbHG). Die Verjährung des Anspruchs der Gesellschaft wegen Überbewertung einer Sacheinlage (§ 9 GmbHG) und des Anspruchs auf Leistung von Einlagen (§ 19 GmbHG) ist abweichend von § 9b Abs. 2 GmbHG geregelt (§ 9 Abs. 2 GmbHG bzw. § 19 Abs. 6 Satz 1 GmbHG).

B. Verzicht auf oder Vergleich über einen Ersatzanspruch, Abs. 1

I. Grundsatz: Unwirksamkeit eines Verzichts oder Vergleichs, S. 1

3 Ein **Verzicht** der Gesellschaft auf einen Ersatzanspruch gegen Geschäftsführer, Gesellschafter oder deren »Hintermänner« wegen falscher Angaben zum Zweck der Errichtung einer Gesellschaft gem. § 9a Abs. 1 und 4 Satz 1 GmbHG sowie auf einen Ersatzanspruch gegen Gesellschafter oder deren

»Hintermänner« wegen Schädigung durch Einlagen oder Gründungsaufwand gem. § 9a Abs. 2 und 4 Satz 1 GmbHG ist **unwirksam**, soweit der Ersatz zur Befriedigung von Gesellschaftsgläubigern erforderlich ist; dies gilt auch für einen **Vergleich** über einen derartigen Ersatzanspruch. Diese Regelung dient – anders als § 50 AktG – nur dem **Schutz der Gläubiger**, nicht dem der Gesellschaft oder dem Schutz der (Minderheits-) Gesellschafter (vgl. Baumbach/Hueck/*Fastrich* § 9b Rn. 1; *Hirte/Stoll*, ZIP 2011, 253, 259).

Ein Verzicht liegt im Abschluss eines **Erlassvertrags** gem. § 397 Abs. 1 BGB oder eines **negativen Schuldanerkenntnisses** gem. § 397 Abs. 2 BGB; ein Vergleich liegt im Abschluss eines **Vergleichsvertrags** gem. § 779 BGB, der auch in einem Gerichtsverfahren abgeschlossen werden kann (vgl. Baumbach/Hueck/*Fastrich* § 9b Rn. 2; *Ulmer/Habersack* § 9b Rn. 8 ff.). 4

Verzicht auf oder Vergleich über einen Ersatzanspruch sind zulässig, soweit der Ersatz nicht zur Befriedigung von Gesellschaftsgläubigern erforderlich ist. Verzicht oder Vergleich bedürfen eines **Beschlusses der Gesellschafterversammlung** gem. § 46 Nr. 8, Alt. 1 GmbHG; sofern ein Gesellschafter zum Ersatz verpflichtet ist, hat dieser kein Stimmrecht (§ 47 Abs. 4 GmbHG; vgl. Baumbach/Hueck/*Fastrich* § 9b Rn. 2; MüKo GmbHG/*Schaub* § 9b Rn. 9). 5

Die **Unwirksamkeit** eines Verzichts oder Vergleichs tritt – gleich einer auflösenden Bedingung gem. § 158 Abs. 2 BGB – dann ein, wenn die Gesellschaft einen Gläubiger nicht befriedigen kann; dies ist nicht erst im Insolvenzfall, sondern schon bei Vorliegen der Insolvenzantragsvoraussetzungen (§ 64 GmbHG i. V. m. §§ 17 ff. InsO) oder bei ernsthaften, nicht nur vorübergehenden Zahlungsschwierigkeiten der Fall (vgl. Lutter/Hommelhoff/*Bayer* § 9b Rn. 2; MüKo GmbHG/*Schaub* § 9b Rn. 18 f.). 6

II. Ausnahme: Vergleich zur Abwendung eines Insolvenzverfahrens oder Regelung der Ersatzpflicht im Insolvenzplan, S. 2

Die Unwirksamkeit eines Verzichts auf oder eines Vergleichs über einen Ersatzanspruch gem. § 9a Abs. 1 und 4 Satz 1 GmbHG oder gem. § 9a Abs. 2 und 4 Satz 1 GmbHG tritt ausnahmsweise dann nicht ein, wenn der Ersatzpflichtige zahlungsunfähig ist und sich zur Abwendung des Insolvenzverfahrens mit seinen Gläubigern vergleicht (§ 9b Abs. 1 Satz 2, Alt. 1 GmbHG) oder wenn die Ersatzpflicht in einem Insolvenzplan geregelt wird (§ 9b Abs. 1 Satz 2, Alt. 2 GmbHG). 7

§ 9b Abs. 1 Satz 2, Alt. 1 GmbHG setzt die **Eröffnung eines Insolvenzverfahrens** über das Vermögen des Ersatzpflichtigen **nicht** voraus, da ein solches vielmehr – durch Abschluss eines Vergleichs zwischen dem Ersatzpflichtigen und seinen Gläubigern – abgewendet werden soll; die Abwendung des Insolvenzverfahrens wird ermöglicht, indem die – durch Abs. 1 Satz 1 bewirkte – Einschränkung der Dispositionsfreiheit der Gesellschaft zugunsten einer im Interesse der Gläubiger des Ersatzpflichtigen liegenden Sanierungsaktion zurücktritt (vgl. *Ulmer/Habersack* § 9b Rn. 18). Der Zahlungsunfähigkeit (§ 17 InsO) des Ersatzpflichtigen steht, sofern es sich um eine juristische Person handelt, die Überschuldung (§ 19 InsO) gleich; bei der Nichterwähnung der Überschuldung handelt es sich um ein Redaktionsversehen (vgl. MüKo GmbHG/*Schaub* § 9b Rn. 26). Sofern das Insolvenzverfahren bereits eröffnet ist, kann es insbesondere dann, wenn der Ersatzpflichtige einen Vergleich mit seinen Gläubigern geschlossen hat, gem. § 213 InsO eingestellt werden (vgl. auch Baumbach/Hueck/*Fastrich* § 9b Rn. 3). 8

§ 9b Abs. 1 Satz 2, Alt. 2 GmbHG setzt die **Aufstellung eines Insolvenzplans** gem. §§ 217 ff. InsO voraus, welcher der Annahme durch die Gläubiger (§§ 235 ff. InsO) und der Bestätigung durch das Insolvenzgericht bedarf (§ 248 InsO). Durch diese Regelung wird der Gesellschaft eine Mitwirkung am Zustandekommen des Insolvenzplans – unter teilweisem Verzicht auf den im Insolvenzplan berücksichtigten Ersatzanspruch – ermöglicht (vgl. *Ulmer/Habersack* § 9b Rn. 22). 9

C. Verjährung eines Ersatzanspruchs, Abs. 2

Ein Ersatzanspruch der Gesellschaft gem. § 9a Abs. 1 und 4 Satz 1 GmbHG oder gem. § 9a Abs. 2 und 4 Satz 1 GmbHG verjährt in **5 Jahren** (§ 9b Abs. 2 Satz 1 GmbHG). Die Frist kann – abwei- 10 chend von § 202 Abs. 1 BGB – durch Rechtsgeschäft zwischen der Gesellschaft und dem Ersatzpflichtigen selbst dann nicht verkürzt werden, wenn die in § 9b Abs. 1 Satz 2 GmbHG genannten Voraussetzungen vorliegen (vgl. Lutter/Hommelhoff/*Bayer* § 9b Rn. 4).

11 Die Verjährung **beginnt** mit der **Eintragung der Gesellschaft in das Handelsregister** (§ 9b Abs. 2 Satz 2, Alt. 1 GmbHG) oder, wenn die zum Ersatz verpflichtende Handlung später begangen worden ist, mit **Vornahme der Handlung** (Abs. 2 Satz 2, Alt. 2). Die zweite Alternative – schädigende Handlung nach Eintragung – kommt vor allem beim Ersatzanspruch gem. § 9a Abs. 2 und 4 Satz 1 GmbHG, aber auch bei einer entsprechenden Anwendung des Ersatzanspruchs gem. § 9a Abs. 1 und 4 Satz 1 GmbHG in Betracht. Sowohl der Eintritt des Schadens als auch die Kenntnis bzw. grobfahrlässige Unkenntnis von den den Anspruch begründenden Umständen und der Person des Schuldners (vgl. § 199 BGB) sind für den Beginn der Verjährungsfrist ohne Bedeutung (vgl. Baumbach/Hueck/*Fastrich* § 9b Rn. 4 *Ulmer/Habersack* § 9b Rn. 25).

§ 9c Ablehnung der Eintragung

(1) ¹Ist die Gesellschaft nicht ordnungsgemäß errichtet und angemeldet, so hat das Gericht die Eintragung abzulehnen. ²Dies gilt auch, wenn Sacheinlagen nicht unwesentlich überbewertet worden sind.

(2) Wegen einer mangelhaften, fehlenden oder nichtigen Bestimmung des Gesellschaftsvertrages darf das Gericht die Eintragung nach Absatz 1 nur ablehnen, soweit diese Bestimmung, ihr Fehlen oder ihre Nichtigkeit
1. Tatsachen oder Rechtsverhältnisse betrifft, die nach § 3 Abs. 1 oder auf Grund anderer zwingender gesetzlicher Vorschriften in dem Gesellschaftsvertrag bestimmt sein müssen oder die in das Handelsregister einzutragen oder von dem Gericht bekanntzumachen sind,
2. Vorschriften verletzt, die ausschließlich oder überwiegend zum Schutze der Gläubiger der Gesellschaft oder sonst im öffentlichen Interesse gegeben sind, oder
3. die Nichtigkeit des Gesellschaftsvertrages zur Folge hat.

Übersicht	Rdn.		Rdn.
A. Allgemeines	1	c) Zur (Gesamt-)Nichtigkeit des Gesellschaftsvertrags führender Verstoß, Nr. 3	20
B. Prüfung und Ablehnung der Eintragung	5		
I. Prüfung	7		
1. Abschluss des Gesellschaftsvertrags	11	3. Bestellung der Geschäftsführer und der Mitglieder des Aufsichtsrats	22
2. Inhalt des Gesellschaftsvertrags, Abs. 2	12	4. Leistung der Einlagen auf jeden Geschäftsanteil	24
a) Verstoß gegen die Anforderungen an den Inhalt, Nr. 1	14	a) Leistung von Geldeinlagen	26
aa) Verstoß gegen den notwendigen Inhalt, Alt. 1	14	b) Leistung von Sacheinlagen	30
		aa) Vollständige Leistung	30
bb) Verstoß gegen den der Eintragung oder Bekanntmachung unterliegenden Inhalt, Alt. 2	15	bb) Wert, Abs. 1 Satz 2	32
		5. Vorbelastung	37
		II. Ablehnung der Eintragung und andere Maßnahmen	40
b) Verstoß gegen gläubigerschützende oder sonst im öffentlichen Interesse gegebene Vorschriften, Nr. 2	18		

A. Allgemeines

1 Die durch Art. 1 Nr. 8 des Gesetzes zur Änderung des GmbH-Gesetzes und anderer handelsrechtlicher Vorschriften vom 4. Juli 1980 (BGBl. I, 836) in das GmbH-Gesetz eingefügte und durch Art. 9 Nr. 4 des Handelsrechtsreformgesetzes (HRefG) vom 22. Juni 1998 (BGBl. I, 1474) sowie

durch Art. 1 Nr. 12 des Gesetzes zur Modernisierung des GmbH-Rechts und zur Bekämpfung von Missbräuchen (MoMiG) vom 23. Oktober 2008 (BGBl. I, 2026) geänderte Vorschrift regelt die **Prüfung** der zur Eintragung in das Handelsregister angemeldeten Gesellschaft **durch das (Register-) Gericht** und die **Ablehnung** der Eintragung. Durch das MoMiG ist die Überschrift »Ablehnung der Eintragung« hinzugefügt worden. Der Inhalt der Eintragung in das Handelsregister ist in § 10 GmbHG geregelt.

Der – notariell zu beurkundende und von sämtlichen Gesellschaftern zu unterzeichnende (§ 2 Abs. 1 GmbHG) – Gesellschaftsvertrag muss insbesondere die Firma und den Sitz der Gesellschaft, den Gegenstand des Unternehmens, den Betrag des Stammkapitals sowie die Zahl und Nennbeträge der Geschäftsanteile, die jeder Gesellschafter gegen Einlage auf das Stammkapital übernimmt, enthalten (§ 3 Abs. 1 GmbHG). Die Gesellschaft ist unter Beifügung des Gesellschaftsvertrags zur Eintragung in das Handelsregister anzumelden (§§ 7 Abs. 1, 8 Abs. 1 Nr. 1 GmbHG). In der Anmeldung ist die Versicherung abzugeben, dass bestimmte (Mindest-)Leistungen auf die Geschäftsanteile bewirkt sind und dass der Gegenstand der Leistungen sich endgültig in der freien Verfügung der Geschäftsführer befindet (§ 8 Abs. 2 GmbHG i. V. m. § 7 Abs. 2 und 3 GmbHG). Wenn zum Zweck der Errichtung der Gesellschaft falsche Angaben gemacht werden, haben Geschäftsführer, Geschäftsführer und ihre »Hintermänner« der Gesellschaft Schadensersatz zu leisten (§ 9a Abs. 1 und 4 GmbHG). Wer als Gesellschafter oder Geschäftsführer zum Zweck der Eintragung der Gesellschaft falsche Angaben über die Übernahme der Geschäftsanteile, die Leistung der Einlagen, die Verwendung eingezahlter Beträge, über Sondervorteile, Gründungsaufwand und Sacheinlagen macht, wird bestraft (§ 82 Abs. 1 Nr. 1 GmbHG).

Das (Register-)Gericht überprüft die ordnungsgemäße Errichtung und Anmeldung der Gesellschaft zur Eintragung in das Handelsregister; sofern die Prüfung zu dem Ergebnis führt, dass die Errichtung oder die Anmeldung der Gesellschaft nicht ordnungsgemäß ist, lehnt das Gericht die Eintragung der Gesellschaft in das Handelsregister ab (§ 9c Abs. 1 Satz 1 GmbHG). Die Eintragung ist ferner abzulehnen, wenn Sacheinlagen nicht unwesentlich überbewertet worden sind (§ 9c Abs. 1 Satz 2 GmbHG). Wegen einer mangelhaften, fehlenden oder nichtigen Bestimmung des Gesellschaftsvertrags darf das Gericht die Eintragung der Gesellschaft in das Handelsregister nur ablehnen, soweit diese Bestimmung, ihr Fehlen oder ihre Nichtigkeit solche Tatsachen oder Rechtsverhältnisse betrifft, die im Gesellschaftsvertrag bestimmt sein müssen, die in das Handelsregister einzutragen oder vom Gericht bekannt zu machen sind (§ 9c Abs. 2 Nr. 1), gläubigerschützende oder sonst im öffentlichen Interesse gegebene Vorschriften verletzt (§ 9c Abs. 2 Nr. 2) oder die Nichtigkeit des Gesellschaftsvertrags zur Folge hat (§ 9c Abs. 2 Nr. 3). Die Gesellschaft wird – vorbehaltlich des entsprechenden Ergebnisses der Prüfung durch das Gericht – in das Handelsregister eingetragen; vor ihrer Eintragung in das Handelsregister besteht die Gesellschaft »als solche« nicht (§ 11 Abs. 1 GmbHG).

Eine – nach Eintragung der Gesellschaft in das Handelsregister erfolgende – **Änderung des Gesellschaftsvertrags** (§ 53 GmbHG) wird, ohne dass dies ausdrücklich gesetzlich geregelt ist, vom (Register-)Gericht vor ihrer Eintragung in das Handelsregister überprüft und vorbehaltlich des entsprechenden Ergebnisses der Prüfung in das Handelsregister eingetragen (s. Rdn. 13 und § 54 GmbHG Rdn. 21 ff.). Bei der Erhöhung des Stammkapitals findet § 9c Abs. 1 GmbHG für die Prüfung und Ablehnung der Eintragung durch das (Register-)Gericht entsprechende Anwendung (§ 57a GmbHG). Bei einer Kapitalerhöhung aus Gesellschaftsmitteln ist das Gericht indes nicht zur Prüfung verpflichtet, ob die Bilanz den gesetzlichen Vorschriften entspricht (§ 57i Abs. 3 GmbHG).

B. Prüfung und Ablehnung der Eintragung

Das (Register-)Gericht hat die Eintragung einer Gesellschaft in das Handelsregister abzulehnen, wenn die Gesellschaft nicht ordnungsgemäß errichtet und angemeldet ist (§ 9c Abs. 1 Satz 1 GmbHG); die Eintragung ist ferner abzulehnen, wenn eine Sacheinlage nicht unwesentlich überbewertet worden ist (§ 9c Abs. 1 Satz 2 GmbHG). Aus der **Befugnis zur Ablehnung** folgt eine – dieser »vorgelagerte« – **Befugnis und Pflicht zur Prüfung** der (Eintragungs-)Voraussetzungen (vgl. MüKo

GmbHG/*Wicke* § 9c Rn. 4; *Ulmer/Habersack* § 9c Rn. 6). Für die Prüfung der Eintragungsvoraussetzungen und die Ablehnung der Eintragung ist das Gericht zuständig, bei dem die Gesellschaft zur Eintragung angemeldet wird; eine Gesellschaft ist bei dem Gericht, in dessen Bezirk sie ihren Sitz hat, anzumelden (§ 7 Abs. 1 GmbHG).

6 Die Entscheidung, **ob** anlässlich der Anmeldung der Errichtung einer Gesellschaft **überhaupt** eine Prüfung durchzuführen ist, steht – anders als die Auswahl zwischen mehreren geeigneten Maßnahmen (s. Rdn. 8) – **nicht** im **(Entschließungs-)Ermessen** des (Register-)Gerichts. Die Notwendigkeit, die Eintragungsvoraussetzungen zu prüfen und die Eintragung abhängig vom Ergebnis derselben abzulehnen (s. Rdn. 42), folgt aus dem Normativsystem: Da die Eintragung der Gesellschaft angesichts der mit der Eintragung verbundenen Wirkungen (s. § 2 GmbHG Rdn. 30, 53, 58 ff. und § 10 GmbHG Rdn. 3) »tief in die Rechtsstellung der – auch künftigen – Gesellschafter und Dritter« eingreift, erfolgt die Eintragung nur dann, wenn bestimmte Voraussetzungen erfüllt sind; bei Erfüllung dieser Voraussetzungen haben die Gesellschafter einen Anspruch auf Eintragung der Gesellschaft in das Handelsregister (*Ulmer/Habersack* § 9c Rn. 7 ff.; vgl. MüKo GmbHG/*Wicke* § 9c Rn. 3 f.).

I. Prüfung

7 **Ordnungsmäßigkeit** i. S. d. § 9c Abs. 1 Satz 1 GmbHG bedeutet »Rechtmäßigkeit und Wahrheit, nicht aber Zweckmäßigkeit und Klarheit« (MünchHdb GesR III/*Riemenschneider/Freitag* § 8 Rn. 29). Die Prüfung umfasst die Anforderungen an Errichtung und Anmeldung einer Gesellschaft in **rechtlicher und tatsächlicher Hinsicht**. Die Überprüfung der **Rechtmäßigkeit** beinhaltet nicht nur die Überprüfung, ob die formellen Anforderungen an Errichtung und Anmeldung der Gesellschaft beachtet, insbesondere die Form- und Verfahrensvorschriften eingehalten, sondern auch die Überprüfung, ob die materiellen Anforderungen insbesondere an den Inhalt des Gesellschaftsvertrags beachtet sind (vgl. MünKo GmbHG/*Wicke* § 9c Rn. 6 f.; *Ulmer/Habersack* § 9c Rn. 9 ff.); der Prüfungsumfang ist jedoch hinsichtlich des Inhalts des Gesellschaftsvertrags aufgrund der im Jahr 1998 erfolgten Einfügung des Abs. 2 eingeschränkt (s. Rdn. 12 f.). Neben der Rechtmäßigkeit ist auch zu prüfen, ob die in der Anmeldung gemachten Versicherungen und Angaben **tatsächlich** zutreffend (»wahr«) sind, soweit sie für die Entscheidung des Gerichts über die Eintragung von Bedeutung sind (vgl. MünchHdb GesR III/*Riemenschneider/Freitag* § 8 Rn. 31). Demgegenüber ist die **Zweckmäßigkeit** der Errichtung einer GmbH oder ihrer Kapitalausstattung zum Unternehmenszweck vom (Register-)Gericht **nicht** zu prüfen. Auch die »**Klarheit**« der Bestimmungen des Gesellschaftsvertrags ist **nicht** zu prüfen (vgl. MüKo GmbHG/*Wicke* § 9c Rn. 8 f.; *Ulmer/Habersack* § 9c Rn. 12).

8 Das (Register-)Gericht hat **von Amts wegen** die zur Feststellung der Tatsachen erforderlichen Ermittlungen durchzuführen und die geeignet erscheinenden Beweise zu erheben (§ 26 FamFG). Diese – häufig als »Amtsermittlungsgrundsatz«, treffender jedoch als »**Gebot hinreichender Sachaufklärung**« (MüKo GmbHG/*Wicke* § 9c Rn. 12; *Ulmer/Habersack* § 9c Rn. 15) bezeichnete – Regelung entbindet die Beteiligten nicht von der Mitwirkung an der Sachverhaltsaufklärung (vgl. *Ulmer/Habersack* § 9c Rn. 58). Die Auswahl zwischen mehreren geeigneten Maßnahmen zur Prüfung, ob die Voraussetzungen zur Eintragung der Gesellschaft in das Handelsregister in tatsächlicher Hinsicht vorliegen, steht – anders als die Entscheidung des Gerichts, überhaupt eine Prüfung durchzuführen (s. Rdn. 6) – im (**Auswahl-)Ermessen des Gerichts**: Bei der Ausübung des Ermessens ist eine auftretende Verzögerung und die Entstehung von Kosten zu berücksichtigen; das Gericht legt seiner Prüfung die in der Anmeldung abgegebene Versicherung zugrunde und darf erst bei erheblichen Zweifeln an der Richtigkeit der Versicherung Nachweise verlangen (§ 8 Abs. 2 Satz 2 GmbHG; vgl. Rowedder/*Schmidt-Leithoff* § 9c Rn. 12 f.; MüKo GmbHG/*Wicke* § 9c Rn. 11 ff.; zur Prüfung der Leistung von Geldeinlagen s. Rdn. 26 ff.).

9 Für die Prüfung der Eintragungsvoraussetzungen durch das (Register-)Gericht ist grundsätzlich der **Zeitpunkt der Anmeldung** maßgebend (vgl. MüKo GmbHG/*Wicke* § 9c Rn. 39; *Ulmer/Habersack* § 9c Rn. 17 ff.). Sofern sich die tatsächlichen Umstände nach der Anmeldung ändern, werden die in

der Anmeldung von den Geschäftsführern abgegebenen Versicherungen und Angaben nicht unrichtig; eine **Pflicht zur Korrektur** einer früheren Angabe besteht – vorbehaltlich spezieller gesetzlicher Regelung – **nicht** (s. auch § 9a GmbHG Rn. 7). Der Zeitpunkt der Anmeldung ist – nach zutreffender, allerdings bestrittener Ansicht – auch für die Prüfung maßgebend, ob eine **Vorbelastung** besteht; eine nach der Anmeldung eingetretene Vorbelastung stellt kein Eintragungshindernis dar (s. Rdn. 38). Gleiches gilt auch für die Prüfung des **Werts einer Sacheinlage** (s. Rdn. 34).

Da unter Errichtung der gesamte Gründungsvorgang – vom Abschluss des Gesellschaftsvertrags bis zur Eintragung der Gesellschaft in das Handelsregister (vgl. die Überschrift des Ersten Abschnitts des GmbHG) – verstanden wird, erstreckt sich die Prüfung vor allem auf die nachfolgend behandelten Gegenstände: Abschluss (Rdn. 11) und Inhalt des Gesellschaftsvertrags (Rdn. 12 ff.), Bestellung der Geschäftsführer und der Mitglieder des Aufsichtsrats (Rdn. 22 f.), Leistung der Einlagen auf jeden Geschäftsanteil (Rdn. 24 ff.) sowie Vorbelastung (Rdn. 37 ff.). Das (Register-)Gericht ist **nicht** befugt, die »**wirtschaftlichen und finanziellen Unternehmensgrundlagen**« einer Gesellschaft zu überprüfen; eine »Unterkapitalisierung« berechtigt nicht dazu, die Eintragung in das Handelsregister abzulehnen, weil das GmbH-Recht keine Verpflichtung enthält, ein höheres als das Mindeststammkapital (vgl. § 5 Abs. 1 GmbHG) im Gesellschaftsvertrag festzusetzen (vgl. MüKo GmbHG/*Wicke* § 9c Rn. 10). 10

1. Abschluss des Gesellschaftsvertrags

Die Prüfung des (Register-)Gerichts umfasst den Abschluss des Gesellschaftsvertrags, welcher der Anmeldung der Gesellschaft zur Eintragung in das Handelsregister beizufügen ist (§ 8 Abs. 1 Nr. 1 GmbHG): Das Gericht überprüft die Einhaltung der **Anforderungen an die Form** (s. § 2 GmbHG Rdn. 15 ff.) und die **Mitwirkung der Gesellschafter** (s. § 2 GmbHG Rdn. 31 f.). Im Fall rechtsgeschäftlicher Vertretung überprüft das Gericht die Anforderungen an die **Erteilung der Vertretungsmacht** (s. § 2 GmbHG Rdn. 46 ff.) oder im Fall vollmachtloser Vertretung bei Errichtung der Gesellschaft durch mehrere Personen an die **Genehmigung** (s. § 2 GmbHG Rdn. 50 ff.); der Anmeldung sind Vollmachten oder Genehmigungserklärungen beizufügen (§ 8 Abs. 1 Nr. 1 GmbHG, ggf. analog; s. § 8 GmbHG Rdn. 8). Die Überprüfung bezieht sich insbesondere auf die **Wirksamkeit von Willenserklärungen**, mit der Gesellschafter ihren Beitritt zur Gesellschaft erklärt haben; bei Streit zwischen den Gesellschaftern über die Wirksamkeit einer Beitrittserklärung kann das Gericht das Eintragungsverfahren aussetzen (vgl. MüKo GmbHG/*Wicke* § 9c Rn. 16 f.; *Ulmer/Habersack* § 9c Rn. 25; s. auch Rdn. 41; zur Behandlung eines fehlerhaften Gesellschafterbeitritts s. § 2 GmbHG Rdn. 60 ff.). 11

2. Inhalt des Gesellschaftsvertrags, Abs. 2

Wegen einer **mangelhaften, fehlenden oder nichtigen Bestimmung des Gesellschaftsvertrags** darf das (Register-)Gericht die Eintragung nur dann ablehnen, wenn diese Bestimmung, ihr Fehlen oder ihre Nichtigkeit solche Tatsachen oder Rechtsverhältnisse betrifft, die nach § 3 Abs. 1 GmbHG oder auf Grund anderer zwingender gesetzlicher Vorschriften im Gesellschaftsvertrag bestimmt sein müssen oder die in das Handelsregister einzutragen oder vom Gericht bekanntzumachen sind (§ 9c Abs. 2 Nr. 1 GmbHG), Vorschriften verletzt, die ausschließlich oder überwiegend zum Schutz der Gläubiger der Gesellschaft oder sonst im öffentlichen Interesse gegeben sind (§ 9c Abs. 2 Nr. 2 GmbHG), oder die Nichtigkeit des Gesellschaftsvertrags zur Folge hat (§ 9c Abs. 2 Nr. 3 GmbHG). Mit dieser durch Art. 9 Nr. 4 des Handelsrechtsreformgesetz (HRefG) vom 22. Juni 1998 (BGBl. I, 1474) eingefügten Regelung wird die **Beschleunigung** der Eintragung einer Gesellschaft in das Handelsregister bezweckt, indem die gerichtliche Kontrollkompetenz hinsichtlich des Inhalts des Gesellschaftsvertrags beschränkt wird (vgl. auch Begründung des Gesetzesentwurfs durch die Bundesregierung, BT-Drs. 13/8444, S. 75 ff.). 12

Die **Beschränkung des Umfangs der gerichtlichen Prüfung** wird im Hinblick auf die – gemäß § 242 Abs. 2 AktG analog eintretende (BGH, Urt. v. 19.6.2000 – II ZR 73/99, BGHZ 144, 365, 367 f. = NJW 2000, 2819) – (»Heilungs«-)Wirkung der Eintragung nichtiger Bestimmungen des Gesell- 13 schaftsvertrags kritisiert (vgl. *Ulmer/Habersack* § 9c Rn. 44). Ferner wird auf den unterschiedlichen Prüfungsumfang bei Errichtung der Gesellschaft einerseits und bei Änderung des Gesellschaftsvertrags andererseits hingewiesen: Bei einer – nach Eintragung der Gesellschaft in das Handelsregister erfolgenden – Änderung des Gesellschaftsvertrags (§ 53 GmbHG), die zur Eintragung in das Handelsregister anzumelden (§ 54 Abs. 1 GmbHG) und, ohne dass dies ausdrücklich gesetzlich geregelt ist, vom (Register-)Gericht zu überprüfen ist (s. § 54 GmbHG Rdn. 21 ff.), ist das Gericht nicht auf die Überprüfung der in § 9c Abs. 2 GmbHG genannten Verstöße beschränkt; § 9c Abs. 2 GmbHG findet ausweislich der Gesetzesbegründung nicht nur bei der Prüfung einer Kapitalerhöhung gemäß § 57a GmbHG, sondern auch bei der Prüfung einer Änderung des Gesellschaftsvertrags keine Anwendung: Da das Interesse an der (schnellen) Eintragung einer Änderung des Gesellschaftsvertrags einer bestehenden Gesellschaft (vgl. § 54 Abs. 3 GmbHG) nicht so gewichtig ist wie das Interesse an der (schnellen) Eintragung einer neu errichteten Gesellschaft in das Handelsregister, soll dem Gericht bei einer Änderung des Gesellschaftsvertrags »grundsätzlich auch die Prüfung in formeller und materieller Hinsicht zustehen« (Gesetzesentwurf der Bundesregierung, BT-Drs. 13/8444, S. 77, 80; vgl. Lutter/Hommelhoff/*Bayer* § 9c Rn. 13; ; s. auch § 54 GmbHG Rdn. 21). Die Beschränkung der gerichtlichen Prüfung gemäß § 9c Abs. 2 GmbHG bei der Errichtung der Gesellschaft wird kritisiert (*Ulmer/Habersack* § 9c Rn. 2, 5, 47). Schließlich wird bezweifelt, dass die Neuregelung insbesondere wegen der – weiterhin erforderlichen – Prüfung, ob eine mangelhafte, fehlende oder nichtige Bestimmung zur Nichtigkeit des Gesellschaftsvertrags führt (§ 9c Abs. 2 Nr. 3 GmbHG), eine beschleunigte Eintragung der Gesellschaft in das Handelsregister bewirkt (vgl. Baumbach/Hueck/*Fastrich* § 9c Rn. 5; MüKo GmbHG/*Wicke* § 9c Rn. 19).

a) Verstoß gegen die Anforderungen an den Inhalt, Nr. 1

aa) Verstoß gegen den notwendigen Inhalt, Alt. 1

14   Wegen einer mangelhaften, fehlenden oder nichtigen Bestimmung des Gesellschaftsvertrags darf das (Register-)Gericht die Eintragung ablehnen, soweit diese Bestimmung, ihr Fehlen oder ihre Nichtigkeit Tatsachen oder Rechtsverhältnisse betrifft, die nach § 3 Abs. 1 GmbHG oder auf Grund anderer zwingender gesetzlicher Vorschriften **im Gesellschaftsvertrag bestimmt sein müssen** (§ 9c Abs. 2 Nr. 1 Alt. 1 GmbHG). Ausweislich der Begründung des Gesetzesentwurfs zur Einfügung dieser Vorschrift durch Art. 9 Nr. 4 HRefG bezieht sich die Prüfung auf die – in § 3 Abs. 1 GmbHG genannten – für die Gesellschaft »wichtigen Bereiche **Firma** [...] und **Sitz** [...], **Unternehmensgegenstand** [...], **Stammkapital** und **Stammeinlage**«, indem »die diesbezüglichen Satzungsbestimmungen der vollen Inhaltskontrolle unterworfen« werden (Gesetzentwurf der Bundesregierung, BT-Drs. 13/8444, S. 77 f.). Auf Grund anderer gesetzlicher Bestimmungen als § 3 Abs. 1 GmbHG gehören die Bestimmung über eine ggf. vereinbarte **Zeitdauer der Gesellschaft** (§ 3 Abs. 2 Halbs. 1 GmbHG), die Bestimmung über ggf. vereinbarte **Nebenleistungspflichten** (§ 3 Abs. 2 Halbs. 2 GmbHG), die Bestimmung über eine ggf. vereinbarte **Übernahme des Gründungsaufwands durch die Gesellschaft** (§ 26 Abs. 2 AktG analog; s. § 3 GmbHG Rdn. 23 f.) sowie die Festsetzung des Gegenstands einer ggf. vereinbarten **Sacheinlage** und des sich hierauf beziehenden Nennbetrags des Geschäftsanteils (§ 5 Abs. 4 Satz 1 GmbHG) zum notwendigen Inhalt des Gesellschaftsvertrags (vgl. MüKo GmbHG/*Wicke* § 9c Rn. 21; *Ulmer/Habersack* § 9c Rn. 49).

bb) Verstoß gegen den der Eintragung oder Bekanntmachung unterliegenden Inhalt, Alt. 2

15   Wegen einer mangelhaften, fehlenden oder nichtigen Bestimmung des Gesellschaftsvertrags darf das (Register-)Gericht die Eintragung ablehnen, soweit diese Bestimmung, ihr Fehlen oder ihre Nichtigkeit Tatsachen oder Rechtsverhältnisse betrifft, die **in das Handelsregister einzutragen** oder vom Gericht bekanntzumachen sind (§ 9c Abs. 2 Nr. 1 Alt. 2 GmbHG). Ausweislich der Begründung des Gesetzesentwurfs zur Einfügung des § 9c Abs. 2 Nr. 1 Alt. 2 GmbHG durch Art. 9 Nr. 4 HRefG findet der Gedanke Berücksichtigung, »dass das Gericht nicht an der Eintragung oder Veröffentlichung unrichtiger Tatsachen oder unwirksamer Rechtsvorgänge mitwirken soll«; von

der Regelung sind insbesondere »die Satzungsbestimmungen über die Vertretungsbefugnis der Geschäftsführer erfasst« (Gesetzesentwurf der Bundesregierung, BT-Drs. 13/8444, S. 77 f.).

Bei dem der Eintragung oder Bekanntmachung unterliegenden Inhalt des Gesellschaftsvertrags handelt es sich nicht notwendigerweise um solche Bestimmungen, die zum notwendigen Inhalt des Gesellschaftsvertrags (s. Rdn. 14) gehören. In das Handelsregister einzutragen und zu überprüfen sind Bestimmungen des Gesellschaftsvertrags über die **Vertretungsbefugnis der Geschäftsführer** einschließlich der Befreiung vom Verbot des Selbstkontrahierens (§ 10 Abs. 1 Satz 2 GmbHG) und über die inländische Geschäftsanschrift (§ 10 Abs. 1 Satz 1 GmbHG; vgl. Rowedder/Schmidt-Leithoff § 9c Rn. 19; *Ulmer/Habersack* § 9c Rn. 50; zur Prüfung der Bestellung der Geschäftsführer und der Mitglieder des Aufsichtsrats s. Rdn. 22). 16

Wegen der Aufhebung des § 10 Abs. 3 GmbHG durch Art. 10 Nr. 2 des Gesetzes über elektronische Handelsregister und Genossenschaftsregister sowie das Unternehmensregister (EHUG) vom 10. November 2006 (BGBl. I, 2253, 2579) kommt der Regelung des § 9c Abs. 2 Nr. 1 Alt. 2 GmbHG keine Bedeutung mehr zu, soweit dort auf die gerichtliche Bekanntmachung verwiesen wird; auf – über die Eintragung hinausgehende – »Zusatzbekanntmachungen« wird seitdem verzichtet (s. § 10 GmbHG Rdn. 18 ff.). 17

b) Verstoß gegen gläubigerschützende oder sonst im öffentlichen Interesse gegebene Vorschriften, Nr. 2

Wegen einer mangelhaften, fehlenden oder nichtigen Bestimmung des Gesellschaftsvertrags darf das (Register-)Gericht die Eintragung ablehnen, soweit diese Bestimmung, ihr Fehlen oder ihre Nichtigkeit Vorschriften verletzt, die ausschließlich oder überwiegend zum **Schutz der Gläubiger** der Gesellschaft oder sonst **im öffentlichen Interesse** gegeben sind (§ 9c Abs. 2 Nr. 2 GmbHG). Ausweislich der Begründung des Gesetzesentwurfs zur Einfügung des § 9c Abs. 2 Nr. 2 GmbHG durch Art. 9 Nr. 4 HRefG knüpft die Vorschrift an § 241 Nr. 3 Alt. 2 AktG an, so dass auf die vorhandene Judikatur und Literatur zur Auslegung dieser Vorschrift zurückgegriffen werden kann (vgl. Begründung des Gesetzesentwurfs durch die Bundesregierung, BT-Drs. 13/8444, S. 78). Nicht zu den gläubigerschützenden oder sonst im öffentlichen Interesse gegebenen Vorschriften gehören Bestimmungen des Gesellschaftsvertrags über unentziehbare Individual- oder Minderheitsrechte; derartige Bestimmungen sollen nicht die Eintragung der Gesellschaft hindern, sondern Gegenstand etwaiger Streitverfahren zwischen den Gesellschaftern sein (OLG München, Beschl. v. 01.07.2010 – 31 Wx 102/10, ZIP 2010, 2348). 18

Zu den Vorschriften, die ausschließlich oder überwiegend zum Schutz der Gläubiger der Gesellschaft gegeben sind, gehören vor allem die der **Kapitalaufbringung und -erhaltung** dienenden Vorschriften, namentlich die Anforderungen an die Leistung der Einlagen auf jeden Geschäftsanteil, sowie diejenigen Vorschriften, welche die ordnungsgemäße Durchführung eines **Insolvenzverfahrens** gewährleisten (s. zum Gründungsaufwand Rdn. 14 und § 3 GmbHG Rdn. 23 f.). Zu den sonst im öffentlichen Interesse gegebenen Vorschriften gehören solche des **Gewerbe- oder Kartellrechts**, des **Handelsbilanzrechts** sowie des **Mitbestimmungsrechts** (vgl. MüKo GmbHG/*Wicke* § 9c Rn. 24 f.; Rowedder/*Schmidt-Leithoff* § 9c Rn. 21 ff.; *Ulmer/Habersack* § 9c Rn. 53 f.). Nach der Aufhebung des § 8 Abs. 1 Nr. 6 GmbHG a. F. durch das MoMiG (s. § 8 GmbHG Rdn. 17 f.) sind Genehmigungen, die sich auf den Unternehmensgegenstand beziehen, vom (Register-)Gericht nicht (mehr) zu überprüfen (vgl. MüKo GmbHG/*Wicke* § 9c Rn. 29; Scholz/*Veil* § 9c Rn. 35). 19

c) Zur (Gesamt-)Nichtigkeit des Gesellschaftsvertrags führender Verstoß, Nr. 3

Wegen einer mangelhaften, fehlenden oder nichtigen Bestimmung des Gesellschaftsvertrags darf das (Register-)Gericht die Eintragung ablehnen, soweit diese Bestimmung, ihr Fehlen oder ihre Nichtigkeit die Nichtigkeit des Gesellschaftsvertrags zur Folge hat (§ 9c Abs. 2 Nr. 3 GmbHG). Ausweislich der Begründung des Gesetzesentwurfs zur Einfügung des § 9c Abs. 2 Nr. 3 GmbHG durch Art. 9 Nr. 4 HRefG »sollte das Gericht die Eintragung ablehnen dürfen (und müssen), wenn 20 eine einzelne Satzungsbestimmung unwirksam und dadurch, z. B. wegen § 139 BGB, die Nichtigkeit der Satzung insgesamt anzunehmen ist«, was »unverzichtbar« sei, wenn »an der Funktion des Gerichts als Garant für das rechtswirksame Entstehen der juristischen Person« festgehalten werden soll; »dass das Gericht auf diese Weise dann doch gehalten ist, den gesamten Gesellschaftsvertrag durchzusehen, dürfte vor dem angestrebten Regelungsziel – Beschleunigung und Vereinfachung des Registerverfahrens – unschädlich sein« (Gesetzesentwurf der Bundesregierung, BT-Drs. 13/8444, S. 79).

21 Da die Auslegungsregel des § 139 BGB, sofern sie auf die Nichtigkeit einer in einem Gesellschaftsvertrag enthaltenen Bestimmung überhaupt anwendbar ist (ablehnend: MüKo GmbHG/*Wicke* § 9c Rn. 26; Rowedder/*Schmidt-Leithoff* § 9c Rn. 24), im Gesellschaftsvertrag häufig abbedungen ist, bleibt der Vorschrift des Abs. 2 Nr. 3 in der Praxis nur ein kleiner Anwendungsbereich, so dass sie den Charakter eines »**Auffangtatbestands**« hat (vgl. *Ulmer/Habersack* § 9c Rn. 55).

3. Bestellung der Geschäftsführer und der Mitglieder des Aufsichtsrats

22 Sofern die Bestellung der Geschäftsführer im Gesellschaftsvertrag vorgenommen worden ist (vgl. § 6 Abs. 3 Satz 2 Alt. 1 GmbHG), überprüft das (Register-)Gericht anhand des – der Anmeldung beizufügenden (§ 8 Abs. 1 Nr. 1 GmbHG) – Gesellschaftsvertrags, andernfalls (vgl. § 6 Abs. 3 Satz 2 Alt. 2 GmbHG) anhand der – der Anmeldung beizufügenden (§ 8 Abs. 1 Nr. 2 GmbHG) – »Legitimation«, ob die **Geschäftsführer ordnungsgemäß bestellt** worden sind. Anhand der von den Geschäftsführern in der Anmeldung abzugebenden Versicherung hinsichtlich des Nichtvorliegens von Bestellungshindernissen (§ 8 Abs. 3 GmbHG) überprüft das Gericht, ob gegen ein **Bestellungshindernis** (§ 6 Abs. 2 GmbHG) verstoßen worden ist; hat das Gericht aufgrund der abgegebenen Versicherung Zweifel, ob gegen ein Bestellungshindernis verstoßen worden ist, ist das Gericht verpflichtet, weitere Ermittlungen anzustellen, was durch Einholung einer Auskunft aus dem Bundeszentralregister geschehen kann (BayObLG, Beschl. v. 10.01.21981 – 1 Z 184/81, BB 1982, 200). Die gerichtliche Prüfung erstreckt sich außerdem darauf, ob die Vertretungsbefugnis der Geschäftsführer, die in der Anmeldung anzugeben ist (§ 8 Abs. 4 Nr. 2 GmbHG), in Übereinstimmung mit § 35 Abs. 2 Satz 1 GmbHG und den Bestimmungen des Gesellschaftsvertrags steht (vgl. MüKo GmbHG/*Wicke* § 9c Rn. 31).

23 Sofern die **Mitglieder** eines nach dem Gesellschaftsvertrag zu bestellenden **Aufsichtsrats** vor Eintragung der Gesellschaft in das Handelsregister bestellt worden sind, überprüft das (Register-)Gericht, ob ihre Bestellung ordnungsgemäß erfolgt ist. Dies ergibt sich daraus, dass der Anmeldung Urkunden über die Bestellung sowie eine Liste der Mitglieder des Aufsichtsrats beizufügen sind (§ 52 Abs. 2 Satz 1 GmbHG i. V. m. § 37 Abs. 4 Nr. 3 und 3a AktG; MüKo GmbHG/*Wicke* § 9c Rn. 32; s. § 8 GmbHG Rdn. 22).

4. Leistung der Einlagen auf jeden Geschäftsanteil

24 Die Prüfung des (Register-)Gerichts umfasst die Leistung der Einlagen auf jeden Geschäftsanteil, die von den Gesellschaftern vor der Anmeldung zu erbringen ist (§ 7 Abs. 2 und 3 GmbHG); dies ist von den Geschäftsführern in der Anmeldung zu versichern (§ 8 Abs. 2 Satz 1 GmbHG). Die Prüfung ist – ebenso wie die Prüfung hinsichtlich des Bestehens einer Vorbelastung (s. Rdn. 37 f.) – Teil der »präventiven Kapitalaufbringungskontrolle«.

25 Die Gründungsvorschriften insbesondere über die registergerichtliche Prüfung der Errichtung einer Gesellschaft sind auf die wirtschaftliche Neugründung einer Gesellschaft mittels »Aktivierung« einer Vorratsgesellschaft oder »Wiederbelebung« eines leeren (GmbH-)Mantels durch Ausstattung mit einem neuen Unternehmen analog anzuwenden: Bei »**Aktivierung« einer Vorratsgesellschaft** ist von den Geschäftsführern in der Anmeldung der – mit der wirtschaftlichen Neugründung verbundenen – Änderungen des Gesellschaftsvertrags, insbesondere des Unternehmensgegenstands die Versicherung abzugeben, dass die in § 7 Abs. 2 und 3 GmbHG bezeichneten (Mindest-)Leistungen auf die Geschäftsanteile bewirkt sind und dass der Gegenstand der Leistungen sich in ihrer freien

Verfügung befindet (§ 8 Abs. 2 GmbHG analog; BGH, Beschl. v. 09.12.2002 – II ZB 12/02, BGHZ 153, 158, 162 = NJW 2003, 892; s. auch Rdn. 36, 39, § 3 GmbHG Rdn. 29 ff., § 7 GmbHG Rdn. 4 und § 8 GmbHG Rdn. 24, 32). Die Tatsache der »**Wiederbelebung« eines leer gewordenen (GmbH-)Mantels** bedarf der Offenlegung gegenüber dem Gericht, die mit der Versicherung zu verbinden ist, dass im Zeitpunkt der Anmeldung die Einlagen nicht durch schon entstandene Verluste ganz oder teilweise aufgezehrt sind; durch die Offenlegung wird die Effektivität des unverzichtbaren registergerichtlichen Präventivschutzes vor einer gläubigergefährdenden wirtschaftlichen Verwendung der GmbH verstärkt (§ 8 Abs. 2 GmbHG analog; BGH, Beschl. v. 07.07.2003 – II ZB 4/02, BGHZ 155, 318, 326 = NJW 2003, 3198; Urt. v. 6.3.2012 – II ZR 56/10, BGHZ 192, 341 Rn. 18 = NJW 2012, 1875; s. auch Rdn. 36, 39, § 3 GmbHG Rdn. 29 ff., § 7 GmbHG Rdn. 4 und § 8 GmbHG Rdn. 24, 32). Das Registergericht hat entsprechend § 9c GmbHG in eine Gründungsprüfung einzutreten, die sich jedenfalls auf die Erbringung der Mindeststammeinlagen und im Fall von Sacheinlagen auf deren Werthaltigkeit zu beziehen hat (BGH, Urt. v. 06.03.2012 – II ZR 56/10, BGHZ 192, 341 Rn. 17 = NJW 2012, 1875).

a) Leistung von Geldeinlagen

Die Anmeldung einer Gesellschaft zur Eintragung in das Handelsregister darf erst erfolgen, wenn auf jeden Geschäftsanteil 1/4 des Nennbetrags eingezahlt ist und der Mindestbetrag sämtlicher (Geld- und Sach-)Einlagen € 12.500 erreicht (§ 7 Abs. 2 GmbHG; s. § 7 GmbHG Rdn. 22 ff.); in der Anmeldung ist die Versicherung abzugeben, dass diese Mindestleistungen bewirkt sind und dass der Gegenstand der Leistungen sich endgültig in der freien Verfügung der Geschäftsführer befindet (§ 8 Abs. 2 Satz 1 GmbHG; s. § 8 GmbHG Rdn. 26 ff.). 26

Die Prüfung durch das (Register-)Gericht erstreckt sich auf die **ordnungsgemäße Aufbringung des Stammkapitals** und insbesondere auf das Vorliegen einer »**verdeckten Sacheinlage**«, weil eine »verdeckte Sacheinlage« den Gesellschafter nicht von seiner Einlageverpflichtung befreit (§ 19 Abs. 4 Satz 1 GmbHG; s. *Mantas* § 19 GmbHG Rdn. 66 ff.). 27

Das (Register-)Gericht überprüft bei Gründung der Gesellschaft durch mehrere Personen jedoch nicht, ob – über die in § 7 Abs. 2 GmbHG geregelten Leistungen hinaus – **Mehrleistungen** auf die Stammeinlagen erbracht sind, selbst wenn im Gesellschaftsvertrag die vollständige Einzahlung der Geldeinlagen vor Anmeldung der Gesellschaft zur Eintragung in das Handelsregister bestimmt ist; fehlende Mehrleistungen sind kein Eintragungshindernis (OLG Stuttgart, Beschl. v. 13.07.2011 – 8 W 252/11, NZG 2011, 993 = ZIP 2011, 1612; vgl. MüKo GmbHG/*Wicke* § 9c Rn. 33; *Ulmer/Habersack* § 9c Rn. 35; zur Tilgung der Einlageschuld durch eine Mehrleistung s. § 7 GmbHG Rdn. 21 ff.). 28

In Ausübung seines Prüfungsermessens nimmt das (Register-)Gericht seine Prüfung regelmäßig anhand der – von den Geschäftsführern in der Anmeldung abzugebenden – Versicherung vor, wenn es keinen Anlass hat, an ihrer inhaltlichen Richtigkeit zu zweifeln. Das Gericht kann bei erheblichen Zweifeln an der Richtigkeit der Versicherung Nachweise, unter anderem Einzahlungsbelege, verlangen (§ 8 Abs. 2 Satz 2 GmbHG; vgl. MüKo GmbHG/*Wicke* § 9c Rn. 33; s. § 8 GmbHG Rdn. 34). 29

b) Leistung von Sacheinlagen

aa) Vollständige Leistung

Sofern Sacheinlagen geleistet werden, müssen der Gegenstand der Sacheinlage und der Nennbetrag des Geschäftsanteils, auf den sich die Sacheinlage bezieht, im Gesellschaftsvertrag festgesetzt werden (§ 5 Abs. 4 Satz 1 GmbHG). Sacheinlagen sind vor Anmeldung der Gesellschaft zur Eintragung in das Handelsregister so zu bewirken, dass sie endgültig zur freien Verfügung der Gesellschafter stehen (§ 7 Abs. 3 GmbHG); in der Anmeldung ist die Versicherung abzugeben, dass diese Leistungen bewirkt sind und der Gegenstand der Leistungen sich endgültig in der freien Verfügung der Geschäftsführer befindet (§ 8 Abs. 2 Satz 1 GmbHG). Der Anmeldung sind die Verträge, die den 30

Festsetzungen zugrunde liegen oder zu ihrer Ausführung geschlossen worden sind, und der Sachgründungsbericht (§ 5 Abs. 4 Satz 2 GmbHG) beizufügen (§ 8 Abs. 1 Nr. 4 GmbHG).

31 Während bei der Gründung einer Aktiengesellschaft mit Sacheinlagen die Durchführung einer Gründungsprüfung durch einen »externen« Gründungsprüfer in der Regel vorgesehen ist (vgl. § 33 Abs. 2 Nr. 4 AktG), wird im GmbH-Recht hierauf verzichtet (vgl. MüKo GmbHG/*Wicke* § 9c Rn. 34). Anstelle einer solchen Prüfung ist das (Register-)Gericht aufgerufen, anhand der beizufügenden Unterlagen zu prüfen, ob die **Sacheinlagen vollständig** geleistet worden sind.

bb) Wert, Abs. 1 Satz 2

32 Die Prüfung des (Register-)Gerichts umfasst nicht nur die vollständige Leistung der Sacheinlagen, sondern auch deren Wert: Eine **Überbewertung** liegt vor, wenn der tatsächliche Wert einer Sacheinlage nicht den Nennbetrag des dafür übernommenen Geschäftsanteils erreicht (vgl. § 9 GmbHG); werden Sacheinlagen nicht unwesentlich überbewertet, ist die Eintragung der Gesellschaft in das Handelsregister abzulehnen (Abs. 1 Satz 2). Eine **Unterbewertung** liegt vor, wenn der tatsächliche Wert einer Sacheinlage über den im Gesellschaftsvertrag festgesetzten Wert der Sacheinlage hinausgeht; eine Unterbewertung ist für die Eintragung unschädlich (LG Augsburg, Beschl. v. 08.01.1996 – 3 HKT 3651/95, NJW-RR 1996, 604 zur Kapitalerhöhung; vgl. Baumbach/Hueck/ *Fastrich* § 9c Rn. 7a).

33 Durch Art. 1 Nr. 12 des Gesetzes zur Modernisierung des GmbH-Rechts und zur Bekämpfung von Missbräuchen (**MoMiG**) vom 23. Oktober 2008 (BGBl. I, 2026) sind in Abs. 1 S. 2 die Wörter »nicht unwesentlich« hinsichtlich einer Überbewertung eingefügt worden. Im Gesetzesentwurf der Bundesregierung wird dies wie folgt begründet (Gesetzesentwurf der Bundesregierung, BT-Drs. 16/6140, S. 36):

> »*Die Werthaltigkeitskontrolle des Registergerichts bei Sacheinlagen wird künftig in Anlehnung an die Rechtslage bei der Aktiengesellschaft (§ 38 Abs. 1 Satz 2 AktG) auf die Frage beschränkt, ob eine ›nicht unwesentliche‹ Überbewertung vorliegt. Damit wird ein inhaltlich nicht begründbarer Widerspruch zwischen AktG und GmbHG beseitigt.*
>
> *Bislang prüft das Registergericht die Bewertung der Sacheinlagen jedenfalls in der Theorie umfassend und lehnt bei jeder auch nur geringfügigen Überbewertung die Eintragung ab. Hierdurch können lange Eintragungszeiten auftreten. In der Praxis sind jedoch bereits heute die Gerichte kaum in der Lage, mehr als eine Plausibilitätsprüfung vorzunehmen. Es bestehen unterschiedliche Handhabungen und infolgedessen Rechtsunsicherheiten. Mitunter wird auch bei nur befürchteten Überbewertungen eine weitere, externe Prüfung veranlasst. Um eine Überbewertung auszuschließen, wird dabei ggf. zusätzlich zu den mit der Anmeldung eingereichten Unterlagen ein Sachverständigengutachten eingeholt, das weitere Kosten und Zeitverzögerungen verursacht. Die Prüfung durch das Registergericht kann dennoch in der Regel nur kursorisch erfolgen, denn etwa im Fall der Unternehmensbewertung stehen für eine wirkliche Prüfung die zeitlichen Kapazitäten nicht zur Verfügung. Es ist deshalb auch auf Grundlage der bisherigen Fassung des § 9c Abs. 1 Satz 2 nicht gewährleistet, dass der Wert der betreffenden Vermögensgegenstände beim Registergericht tatsächlich genau ermittelt wird. Die Verzögerung der Eintragung der Gesellschaft steht daher in keinem Verhältnis zu dem Nutzen der Prüfung.*
>
> *Künftig sind nur für den Fall, dass sich auf der Grundlage der mit der Anmeldung eingereichten Unterlagen begründete Zweifel ergeben, die auf eine wesentliche Überbewertung hindeuten, weitere Unterlagen anzufordern. Bestehen keine Anhaltspunkte dafür, so ist keine Ausforschungsermittlung einzuleiten, ob denn eine wesentliche Überbewertung vorliege. Dies wird die Eintragungszeiten beim Handelsregister deutlich verkürzen und damit die Gründung der GmbH beschleunigen. Die Pflicht zur Einreichung von Sachgründungsbericht und Unterlagen sowie die strafrechtliche Bewehrung falscher Angaben reichen aus, um ein vernünftiges Verhältnis zwischen Richtigkeitsgewähr und Aufwand zu erzielen. Die Vorschrift steht damit auch im Einklang zur Prüfung des Gerichts bei Bareinlagen.*«

Der für die Beurteilung **maßgebende Zeitpunkt** ist – entgegen der noch in der Vorauflage vertretenen Auffassung – der Zeitpunkt der **Anmeldung**, nicht der Zeitpunkt der **Eintragung** der Gesellschaft in das Handelsregister; eine nach der Anmeldung eingetretene Wertminderung ist bei der Prüfung nicht zu berücksichtigen. (vgl. Baumbach/Hueck/*Fastrich* § 9c Rn. 8; MünchHdB GesR III/*Riemenschneider/Freitag* § 9 Rn. 46; MüKo GmbHG/*Wicke* § 9c Rn. 42; Rowedder/*Schmidt-Leithoff* § 9c Rn. 26; Scholz/*Veil* § 9c Rn. 33; a. A. *Ulmer/Habersack* § 9c Rn. 21, 43; s. auch Rdn. 9). Dieser Zeitpunkt ist auch für die Haftung eines Gesellschafters wegen Überbewertung der von ihm geleisteten Sacheinlage gemäß § 9 GmbHG maßgebend (s. § 9 GmbHG Rdn. 9). 34

Das (Register-)Gericht nimmt die Prüfung vor anhand der **Verträge**, die den Festsetzungen zugrunde liegen oder zu ihrer Ausführung geschlossen sind, anhand des **Sachgründungsberichts** und vor allem anhand der **Unterlagen** zum Wert der Sacheinlagen, die der Anmeldung der Gesellschaft zur Eintragung in das Handelsregister beizufügen sind, vor. Die Prüfung der Ordnungsmäßigkeit einer Anmeldung kann und muss dem Gericht nicht die volle Überzeugung oder Gewissheit über die inhaltliche Richtigkeit des Sachverhalts verschaffen; nur und erst dann wenn anhand der eingereichten Unterlagen begründete Zweifel an der Bewertung bestehen, sind Ermittlungen durch das Gericht, insbesondere durch die Anordnung, weitere Unterlagen (z. B. Bewertungsgutachten) vorzulegen, geboten (vgl. Baumbach/Hueck/*Fastrich* § 9c Rn. 7; Lutter/Hommelhoff/*Bayer* § 9c Rn. 18; MüKoGmbHG/*Wicke* § 9c Rn. 35; s. auch § 8 GmbHG Rdn. 13 ff., 33 f.). 35

Bei der wirtschaftlichen Neugründung einer Gesellschaft mittels »**Aktivierung**« einer Vorratsgesellschaft oder »**Wiederbelebung**« eines leeren (GmbH-)**Mantels** durch Ausstattung mit einem neuen Unternehmen, bei der die Gründungsvorschriften analog anzuwenden sind (s. Rdn. 25), ist insbesondere die Werthaltigkeit der im Gesellschaftsvertrag festgesetzten Sacheinlagen zu überprüfen (BGH, Beschl. v. 09.12.2002 – II ZB 12/02, BGHZ 153, 158, 162 = NJW 2003, 892; Urt. v. 06.03.2012 – II ZR 56/10, BGHZ 192, 341 Rn. 17 = NJW 2012, 1875). 36

5. Vorbelastung

Sofern die Gesellschafter der Aufnahme des Geschäftsbetriebs vor Eintragung der Gesellschaft in das Handelsregister zugestimmt haben, haften sie anteilig in Höhe der Differenz zwischen dem im Gesellschaftsvertrag festgesetzten Stammkapital (ggf. abzüglich des Gründungsaufwands; s. § 3 GmbHG Rdn. 23 f.) und dem Wert des Gesellschaftsvermögens im Zeitpunkt der Eintragung (zur Unterbilanz- oder Vorbelastungshaftung s. § 11 GmbHG Rdn. 23 ff.). Die Prüfung durch das (Register-)Gericht hat sich darauf zu erstrecken, ob das aus Geldeinlagen und Geldeinlageforderungen gebildete Startkapital bereits **durch Verbindlichkeiten vorbelastet** ist, weil es nicht Sinn der Unterbilanzhaftung ist, die Eintragung einer Gesellschaft trotz unzureichender Kapitalausstattung zu ermöglichen (BGH, Urt. v. 09.03.1981 – II ZR 54/80, BGHZ 80, 129, 143 = NJW 1981, 1373; Urt. v. 16.3.1981 – II ZR 59/80, 80, 182, 184 f. = NJW 1981, 1452; BayObLG, Beschl. v. 01.10.1991 – 3 Z 110/91, BB 1991, 2391; Beschl. v. 07.10.1998 – 3Z BR 177/98, NZG 1999, 27; OLG Düsseldorf, Beschl. v. 31.07.1996 – 3 Wx 293/96, ZIP 1996, 1705; OLG Frankfurt, Beschl. v. 27.05.1992 – 20 W 134/92, NJW-RR 1992, 1254; OLG Hamm, Beschl. v. 01.12.1992 – 15 W 275/92, NJW-RR 1993, 1381; OLG Köln, Beschl. v. 18.03.1988 – 2 Wx 9/88, NJW-RR 1988, 875; vgl. Baumbach/Hueck/*Fastrich* § 9c Rn. 11; Lutter/Hommelhoff/*Bayer* § 9c Rn. 19; MüKo GmbHG/*Wicke* § 9c Rn. 40; *Ulmer/Habersack* § 9c Rn. 34; s. auch § 8 GmbHG Rdn. 29 f.). Diese Prüfung ergänzt die Prüfung, ob die Leistung auf die Stammeinlagen im gesetzlich vorgeschriebenen Umfang (§ 7 Abs. 2 und 3 GmbHG) erbracht ist (s. Rdn. 24 ff.), und ist Teil der »präventiven Kapitalaufbringungskontrolle«. 37

Die Frage, ob eine erst nach dem **Zeitpunkt der Anmeldung**, auf den sich die Versicherung gemäß § 8 Abs. 2 Satz 1 GmbHG bezieht, eingetretene Vorbelastung im Eintragungsverfahren zu berücksichtigen ist, wird unterschiedlich beantwortet (zur Frage, ob eine nach Anmeldung eingetretene Vorbelastung dem [Register-]Gericht mitzuteilen ist, s. § 8 GmbHG Rdn. 31); nach zutreffender Ansicht stellt eine **nach der Anmeldung eingetretene Vorbelastung** kein Eintragungshindernis dar (vgl. Baumbach/Hueck/*Fastrich* § 9c Rn. 12; Lutter/Hommelhoff/*Bayer* § 9c Rn. 19; 38

MüKoGmbHG/*Wicke* § 9c Rn. 41; *Ulmer/Habersack* § 9c Rn. 34; a. A.: BGH, Urt. v. 09.03.1981 – II ZR 54/80, BGHZ 80, 129, 136 f. = NJW 1981, 1373; BayObLG, Beschl. v. 07.10.1998 – 3 Z BR 177/98 NZG 1999, 27; OLG Hamm, Beschl. v. 01.12.1992 – 15 W 275/92, NJW-RR 1993, 1381; offen gelassen von BGH, Urt. v. 02.11.1989 – IX ZR 15/89, NJW-RR 1990, 462; s. auch Rdn. 9). Einigkeit besteht jedoch darüber, dass die Eintragung der Gesellschaft in das Handelsregister dann ausscheidet, wenn dem (Register-)Gericht der Eintritt einer erheblichen Vorbelastung nach der Anmeldung bekannt wird und Ansprüche aus der Unterbilanzhaftung wegen der schlechten Vermögenslage der Gesellschafter nicht durchsetzbar erscheinen (BayObLG, Beschl. v. 01.10.1991 – 3 Z 110/91, BB 1991, 2391; vgl. Baumbach/Hueck/*Fastrich* § 9c Rn. 12; Lutter/Hommelhoff/*Bayer* § 9c Rn. 19; MüKo GmbHG/*Wicke* § 9c Rn. 43; *Ulmer/Habersack* § 9c Rn. 34).

39 Die Gründungsvorschriften insbesondere über die registergerichtliche Prüfung der Errichtung einer Gesellschaft sind auf die wirtschaftliche Neugründung einer Gesellschaft mittels »Aktivierung« einer Vorratsgesellschaft oder »Wiederbelebung« eines leeren (GmbH-)Mantels durch Ausstattung mit einem neuen Unternehmen analog anzuwenden: Bei **»Aktivierung« einer Vorratsgesellschaft** ist von den Geschäftsführern in der Anmeldung der – mit der wirtschaftlichen Neugründung verbundenen – Änderungen des Gesellschaftsvertrags, insbesondere des Unternehmensgegenstands, die Versicherung abzugeben, dass die in § 7 Abs. 2 und 3 GmbHG bezeichneten (Mindest-)Leistungen auf die Geschäftsanteile bewirkt sind und dass der Gegenstand der Leistungen sich (weiterhin) in ihrer freien Verfügung befindet (§ 8 Abs. 2 Satz 1 GmbHG analog); wenn – entgegen der Versicherung – hinreichende Anhaltspunkte dafür bestehen, dass im Zeitpunkt der Anmeldung die Einlagen durch schon entstandene Verluste ganz oder teilweise aufgezehrt sind, darf und muss das (Register-)Gericht seine Prüfung auch auf die Frage erstrecken, ob die Gesellschaft eine Unterbilanz aufweist (BGH, Beschl. v. 09.12.2002 – II ZB 12/02, BGHZ 153, 158, 162 = NJW 2003, 892; s. auch Rdn. 25, 36, § 3 GmbHG Rdn. 29 ff., § 7 GmbHG Rdn. 4, § 8 GmbHG Rdn. 24, 32 und § 11 GmbHG Rdn. 22). Die Tatsache der **»Wiederbelebung« eines leer gewordenen (GmbH-)Mantels** bedarf der Offenlegung gegenüber dem Gericht, die mit der Versicherung zu verbinden ist, dass im Zeitpunkt der Anmeldung die Einlagen nicht durch schon entstandene Verluste ganz oder teilweise aufgezehrt sind (§ 8 Abs. 2 Satz 1 GmbHG analog); bei hinreichenden Anhaltspunkten obliegt dem Gericht die Prüfung auf das Vorhandensein einer Unterbilanz (BGH, Beschl. v. 07.07.2003 – II ZB 4/02, BGHZ 155, 318, 326 = NJW 2003, 3198; s. auch Rdn. 25, 36, § 3 GmbHG Rdn. 29 ff., § 7 GmbHG Rdn. 4, § 8 GmbHG Rdn. 24, 32 und § 11 GmbHG Rdn. 22). **Maßgeblicher Stichtag** für das Bestehen und die Höhe einer Unterbilanzhaftung ist die – mit der Versicherung zu verbindende – Anmeldung der mit der wirtschaftlichen Neugründung einhergehenden Änderungen des Gesellschaftsvertrags bzw. deren Offenlegung gegenüber dem Gericht; einer Gewährleistung der Unversehrtheit des im Gesellschaftsvertrag festgelegten Stammkapitals über diesen Zeitpunkt hinaus ist – anders als bei einer »regulären« (oder »echten«) rechtlichen Neugründung einer Gesellschaft – nicht veranlasst, weil der bereits als Gesellschaft wirksam entstandene Rechtsträger zu seiner weiteren rechtlichen Existenz keiner zusätzlichen (konstitutiven) Eintragung (mehr) bedarf (BGH, Beschl. v. 07.07.2003 – II ZB 4/02, BGHZ 155, 318, 326 f. = NJW 2003, 3198).

II. Ablehnung der Eintragung und andere Maßnahmen

40 Das (Register-)Gericht hat über die Eintragung unverzüglich nach Eingang der Anmeldung zu entscheiden (§ 25 Abs. 1 Satz 2 HRV). Ist die Anmeldung zur Eintragung in das Handelsregister unvollständig oder steht der Eintragung ein behebbares Hindernis entgegen, setzt das Gericht durch **Zwischenverfügung** eine Frist zur Vervollständigung der Unterlagen oder zur Behebung des Hindernisses (§ 25 Abs. 1 Satz 3 Halbs. 1 HRV; § 382 Abs. 4 Satz 1 FamFG). Ohne der (Vor-)Gesellschaft hierzu zunächst Gelegenheit gegeben zu haben, ist die Ablehnung der Eintragung unzulässig (vgl. MüKo GmbHG/*Wicke* § 9c Rn. 47; *Ulmer/Habersack* § 9c Rn. 58; zur Ermittlung der Tatsachen von Amts wegen s. Rdn. 8).

Das (Register-)Gericht kann, wenn eine von ihm zu erlassende Verfügung von der Beurteilung eines streitigen Rechtsverhältnisses abhängt, das **Verfahren aussetzen**, bis über das Rechtsverhältnis im Wege eines Rechtsstreits entschieden ist; wenn ein Rechtsstreit noch nicht anhängig ist, hat das Gericht einem der Beteiligten eine Frist zur Erhebung der Klage bestimmen (§§ 21 Abs. 1, 381 FamFG). Die Entscheidung über die Aussetzung ist nach **pflichtgemäßem Ermessen** zu treffen; eine Aussetzung des auf Eintragung einer Gesellschaft gerichteten Verfahrens kommt insbesondere dann in Betracht, wenn unter den Gesellschaftern Streit über die Wirksamkeit eines Gesellschafterbeitritts oder eines Gesellschafterwechsels besteht (vgl. MüKo GmbHG/*Wicke* § 9c Rn. 49; *Ulmer/ Habersack* § 9c Rn. 59; s. auch Rdn. 11; zur Behandlung eines fehlerhaften Gesellschafterbeitritts s. § 2 GmbHG Rdn. 60 ff.). 41

Das (Register-)Gericht hat die Eintragung **zwingend abzulehnen**, wenn eines der in § 9c GmbHG genannten Hindernisse vorliegt; dem Gericht steht kein Ermessen zu (vgl. Lutter/Hommelhoff/*Bayer* § 9c Rn. 21; Rowedder/*Schmidt-Leithoff* § 9c Rn. 35; s. auch Rdn. 6). Nicht aufklärbare Zweifel, ob die Voraussetzungen für die Eintragung der Gesellschaft vorliegen, gehen zulasten der (Vor-)Gesellschaft; sie trägt die »materielle Beweislast« (»Feststellungslast«) für das Vorliegen der Eintragungsvoraussetzungen. Vor einer Ablehnung ist der (Vor-)Gesellschaft rechtliches Gehör zu gewähren, sofern die Gründe nicht in einer Zwischenverfügung mitgeteilt worden sind (vgl. MüKo GmbHG/*Wicke* § 9c Rn. 48; *Ulmer/Habersack* § 9c Rn. 61). Die Gründe der Ablehnung sind mitzuteilen (§§ 38 Abs. 3, 382 Abs. 2 FamFG). 42

Gegen eine Verfügung des (Register-)Gerichts – sowohl gegen eine Zwischenverfügung als auch gegen eine die Eintragung endgültig ablehnende Entscheidung – kann **Beschwerde** eingelegt werden (§§ 58 ff. FamFG). Zur Einlegung der Beschwerde ist die **(Vor-)Gesellschaft** berechtigt, die durch ihre Geschäftsführer in vertretungsberechtigter Zahl vertreten wird; eine Vertretung durch sämtliche Geschäftsführer ist nicht erforderlich, weil § 78 Halbs. 2 GmbHG auf die Einlegung einer Beschwerde nicht anwendbar ist (vgl. MüKo GmbHG/*Wicke* § 9c Rn. 52; Rowedder/*Schmidt-Leithoff* § 9c Rn. 35; *Ulmer/Habersack* § 9c Rn. 62). Gegen die Entscheidung des Beschwerdegerichts ist unter bestimmten Voraussetzungen die **Rechtsbeschwerde** zulässig (§§ 70 ff. FamFG). 43

Gegen die – trotz Vorliegens eines der in § 9c GmbHG beschriebenen Hindernisse - erfolgte Eintragung einer Gesellschaft in das Handelsregister ist eine Beschwerde nicht statthaft, weil die Bestandskraft der – konstitutiv wirkenden – Eintragung nicht im Beschwerdeverfahren, sondern lediglich in einem Löschungsverfahren gemäß § 395 FamFG oder § 397 Satz 2 FamFG oder in einem Auflösungsverfahren gemäß § 399 Abs. 4 FamFG beseitigt werden kann (vgl. MüKo GmbHG/*Wicke* § 9c Rn. 53; *Ulmer/Habersack* § 9c Rn. 63). 44

§ 10 Inhalt der Eintragung

(1) ¹Bei der Eintragung in das Handelsregister sind die Firma und der Sitz der Gesellschaft, eine inländische Geschäftsanschrift, der Gegenstand des Unternehmens, die Höhe des Stammkapitals, der Tag des Abschlusses des Gesellschaftsvertrages und die Personen der Geschäftsführer anzugeben. ²Ferner ist einzutragen, welche Vertretungsbefugnis die Geschäftsführer haben.

(2) Enthält der Gesellschaftsvertrag Bestimmungen über die Zeitdauer der Gesellschaft oder über das genehmigte Kapital, so sind auch diese Bestimmungen einzutragen. Wenn eine Person, die für Willenserklärungen und Zustellungen an die Gesellschaft empfangsberechtigt ist, mit einer inländischen Anschrift zur Eintragung in das Handelsregister angemeldet wird, sind auch diese Angaben einzutragen; Dritten gegenüber gilt die Empfangsberechtigung als fortbestehend, bis sie im Handelsregister gelöscht und die Löschung bekannt gemacht worden ist, es sei denn, dass die fehlende Empfangsberechtigung dem Dritten bekannt war.

§ 10 GmbHG Inhalt der Eintragung

Übersicht

	Rdn.
A. Allgemeines	1
B. Inhalt der Eintragung in das Handelsregister	5
I. Notwendige Angaben gemäß Abs. 1	5
1. Firma, Sitz der Gesellschaft, inländische Geschäftsanschrift, Unternehmensgegenstand, Höhe des Stammkapitals, Tag des Abschlusses des Gesellschaftsvertrags und Personen der Geschäftsführer, Abs. 1 Satz 1	5
2. Vertretungsbefugnis der Geschäftsführer, Abs. 1 Satz 2	9
II. Zusätzliche (notwendige) Angabe bei zeitlicher Beschränkung (Befristung) der Gesellschaft oder bei genehmigten Kapital, Abs. 2 Satz 1	11
III. Freiwillige Angabe einer empfangsberechtigten Person, Abs. 2 Satz 2	13
C. Exkurs: Bekanntmachung der Eintragungen	18

A. Allgemeines

1 Die durch Art. 10 Nr. 2 des Gesetzes über elektronische Handelsregister und Genossenschaftsregister sowie das Unternehmensregister (EHUG) vom 10.11.2006 (BGBl. I, 2553) geänderte Vorschrift regelt die Eintragung der eine Gesellschaft betreffenden Angaben in das Handelsregister. Durch Art. 1 Nr. 13 des Gesetzes zur Modernisierung des GmbH-Rechts und zur Bekämpfung von Missbräuchen (MoMiG) vom 23.10.2008 (BGBl. I, 2026) ist Abs. 1 Satz 1 um die Angabe einer inländischen Geschäftsanschrift und Abs. 2 um einen Satz ergänzt worden, der die Eintragung einer empfangsberechtigten Person regelt; außerdem ist die Überschrift »Inhalt der Eintragung« hinzugefügt worden. Durch Art. 14b des Gesetzes zur Umsetzung der Aktionärsrechterichtlinie (ARUG) vom 30.07.2009 (BGBl. I, 2479, 2493) ist Abs. 2 Satz 1 neu gefasst worden, indem nunmehr auch ein genehmigtes Kapital in das Handelsregister einzutragen ist.

2 Nachdem bestimmte (Mindest-) Leistungen auf die Geschäftsanteile erbracht sind (§ 7 Abs. 2 und 3 GmbHG), ist die Gesellschaft unter Beifügung insbesondere des Gesellschaftsvertrags zur Eintragung in das Handelsregister anzumelden (§§ 7 Abs. 1, 8 Abs. 1 Nr. 1 GmbHG). Vorbehaltlich des entsprechenden Ergebnisses einer Prüfung durch das (Register-) Gericht (§ 9c GmbHG) wird die ordnungsgemäß errichtete und angemeldete Gesellschaft in das Handelsregister eingetragen: Bei der Eintragung sind die Firma und der Sitz der Gesellschaft, eine inländische Geschäftsanschrift, der Gegenstand des Unternehmens, die Höhe des Stammkapitals, der Tag des Abschlusses des Gesellschaftsvertrags und die Personen der Geschäftsführer sowie deren Vertretungsbefugnis anzugeben (Abs. 1). Sofern der Gesellschaftsvertrag Bestimmungen über die Zeitdauer der Gesellschaft oder über das genehmigte Kapital enthält, sind auch diese einzutragen (Abs. 2 Satz 1). Wenn eine empfangsberechtigte Person mit einer inländischen Geschäftsanschrift zur Eintragung in das Handelsregister angemeldet wird, sind auch diese Angaben in das Handelsregister einzutragen (Abs. 2 Satz 2). Das Handelsregister dient dem Zweck, Tatsachen und Rechtsverhältnisse zu verlautbaren, die für den Rechtsverkehr von wesentlicher Bedeutung sind. Dementsprechend sind die aufgrund Gesetzes anmeldepflichtigen und eintragungsfähigen Tatsachen einzutragen, darüber hinaus nur diejenigen, für deren Eintragung ein erhebliches Bedürfnis des Rechtsverkehrs besteht; wegen der strengen Formulierung des Registerrechts ist mit gesetzlich nicht vorgesehenen Eintragungen Zurückhaltung geboten (BGH, Beschl. v. 10.11.1997 – II ZB 6/97, NJW 1998, 1071 zum (nicht eintragungsfähigen) Stellvertreterzusatz bei einem Geschäftsführer; vgl. BGH, Beschl. v. 30.01.1992 – II ZB 15/91, NJW 1992, 1452 zum (eintragungsfähigen) Unternehmensvertrag; OLG Frankfurt am Main, Beschl. v. 07.10.1993 – 20 W 175/93, GmbHR 1994, 118, zur (nicht eintragungsfähigen) Ermächtigung der Gesellschafterversammlung, Einzelvertretungsbefugnis und Befreiung vom Verbot des Selbstkontrahierens zu erteilen; ebenso: OLG Hamm, Beschl. v. 04.09.1996 – 15 W 235/96, GmbHR 1997, 32; OLG München, Beschl. v. 05.03.2012 – 31 Wx 47/12, NZG 2012, 429 = ZIP 2012, 672 zum (nicht eintragungsfähigen) Sprecherzusatz bei einem Geschäftsführer).

3 Vor Eintragung in das Handelsregister besteht die Gesellschaft »als solche« nicht (§ 11 Abs. 1 GmbHG); die Eintragung ist für die Entstehung der Gesellschaft »**konstitutiv**«. Wenn die Eintragung vom (Register-) Gericht vorgenommen wird, obwohl die Gesellschaft nicht ordnungsgemäß errichtet oder angemeldet worden ist, Sacheinlagen überbewertet sind oder der Gesellschaftsvertrag mangelhafte, fehlende oder nichtige Bestimmungen aufweist, die zur Ablehnung der beantragten Eintragung berechtigten (§ 9c GmbHG), hindert dies die Entstehung der Gesellschaft nicht; nur durch eine auf Nichtigkeitserklärung gerichtete Klage der Gesellschafter, Geschäftsführer oder Mitglieder des Aufsichtsrats (§ 75 GmbHG; s. S. *Eberl/W. Eberl* Kap. 5 Rdn. 549 ff.) oder durch eine Löschung oder Auflösung von Amts wegen (§§ 395, 397, 399 FamFG) kann diese (»**Heilungs**«-) **Wirkung der Eintragung** beseitigt werden.

Ist eine in das Handelsregister einzutragende (**eintragungspflichtige**) **Tatsache** in das Handelsregister **eingetragen und bekannt gemacht** worden, muss ein Dritter sie gegen sich gelten lassen (§ 15 Abs. 2 Satz 1 HGB); die Eintragung einer Tatsache in das Handelsregister und deren Bekanntmachung dient der Sicherheit und Leichtigkeit des Rechtsverkehrs. Ist eine eintragungspflichtige Tatsache **nicht** eingetragen und bekannt gemacht worden, kann sie einem Dritten nicht entgegengesetzt werden, es sei denn, dass sie diesem bekannt war (§ 15 Abs. 1 HGB; »negative Publizität«). 4

B. Inhalt der Eintragung in das Handelsregister

I. Notwendige Angaben gemäß Abs. 1

1. Firma, Sitz der Gesellschaft, inländische Geschäftsanschrift, Unternehmensgegenstand, Höhe des Stammkapitals, Tag des Abschlusses des Gesellschaftsvertrags und Personen der Geschäftsführer, Abs. 1 Satz 1

Die **Firma** und der **Sitz** der Gesellschaft, die im Gesellschaftsvertrag enthalten sein müssen (§ 3 Abs. 1 Nr. 1 GmbHG), sind bei der Eintragung in das Handelsregister anzugeben. Auch der **Gegenstand des Unternehmens** (§ 3 Abs. 1 Nr. 2 GmbHG) und die **Höhe des Stammkapitals** (§ 3 Abs. 1 Nr. 3 GmbHG) sind anzugeben. Die Zahl und die Nennbeträge der Geschäftsanteile, die jeder Gesellschafter gegen Einlage auf das Stammkapital übernimmt, werden nicht in das Handelsregister eingetragen, obwohl diese im Gesellschaftsvertrag enthalten sein müssen (§ 3 Abs. 1 Nr. 4 GmbHG). 5

Bei der Eintragung in das Handelsregister ist der **Tag des Abschlusses des Gesellschaftsvertrags** anzugeben, der sich regelmäßig aus der vom Notar aufgenommenen Niederschrift ergibt (§ 9 Abs. 2 BeurkG). Da die gleichzeitige Anwesenheit sämtlicher Gesellschafter beim Abschluss des Gesellschaftsvertrags nicht erforderlich ist und die Abgabe der Willenserklärungen folglich an verschiedenen Tagen erfolgen kann (s. § 2 GmbHG Rdn. 20), ist bei einer solchen »Stufenbeurkundung« des Gesellschaftsvertrags der Tag anzugeben, an dem die letzte Erklärung abgegeben worden ist (vgl. Baumbach/Hueck/*Fastrich* § 10 Rn. 2; Rowedder/*Schmidt-Leithoff* § 10 Rn. 9). 6

Die **Personen der Geschäftsführer**, deren Bestellung durch Vorlage des Gesellschaftsvertrags oder einer Legitimation dem (Register-) Gericht nachgewiesen wird (s. § 8 GmbHG Rdn. 9 f.), sind bei der Eintragung in das Handelsregister anzugeben. Die Eintragung umfasst den Vor- und Familiennamen, das Geburtsdatum und den Wohnort (§ 43 Nr. 4 HRV). Ein stellvertretender Geschäftsführer (§ 44 GmbHG) ist ohne Stellvertreterzusatz in das Handelsregister einzutragen (BGH, Beschl. v. 10.11.1997 – II ZB 6/97, NJW 1998, 1071). Die Funktion eines von mehreren Geschäftsführern als »Sprecher der Geschäftsführung« kann in das Handelsregister nicht eingetragen werden (OLG München, Beschl. v. 05.03.2012 – 31 Wx 47/12, NZG 2012, 429 = ZIP 2012, 672). 7

Durch Art. 1 Nr. 13 Buchst. a) des Gesetzes zur Modernisierung des GmbH-Rechts und zur Bekämpfung von Missbräuchen (MoMiG) vom 23.10.2008 (BGBl. I, 2026) ist Abs. 1 geändert worden; nunmehr ist auch eine **inländische Geschäftsanschrift** in das Handelsregister einzutragen. Ausweislich der Begründung des Gesetzesentwurfs der Bundesregierung handelt es sich um eine »Folgeänderung« zur Änderung des § 8 Abs. 4 GmbHG durch Art. 1 Nr. 9 Buchst. d) MoMiG, weil bei der Anmeldung eine inländische Geschäftsanschrift anzugeben ist (Gesetzesentwurf der Bundesregierung, BT-Drucks. 16/6140, S. 36; zur inländischen Geschäftsanschrift s. § 8 GmbHG 8

§ 10 GmbHG   Inhalt der Eintragung

Rdn. 41 ff.). Bei Gesellschaften, die zum Zeitpunkt des Inkrafttretens des MoMiG am 01.11.2008 bereits bestehen, wird von Amts wegen die dem (Register-) Gericht nach § 24 Abs. 2 HRV bekannte Lage der Geschäftsräume als inländische Geschäftsanschrift in das Handelsregister eingetragen, sofern nicht eine entsprechende Anmeldung bis zum 31.10.2009 erfolgt (§ 3 Abs. 1 Satz 3 Halbs. 1 EGGmbHG; zur Pflicht, eine inländische Geschäftsanschrift anzumelden, s. § 8 GmbHG Rdn. 45). Dessen ungeachtet stellt es – zur Vermeidung einer öffentlichen Zustellung (§ 185 Nr. 2 ZPO; § 10 Abs. 1 Satz 1 Nr. 2 Verwaltungszustellungsgesetz) eine Obliegenheit der Gesellschaft dar, für die Eintragung einer inländischen Geschäftsanschrift in das Handelsregister zu sorgen (vgl. KG, Beschl. v. 12.07.2010 – 12 W 20/10, MDR 2011, 125; OLG Saarbrücken, Urt. v. 18.12.2012 – 4 U 310/11, NZG 2013, 673; vgl. aber auch OLG München, Beschl. v. 28.01.2009 – 31 Wx 5/09, NZG 2009, 304 = ZIP 2009, 366). Der Zusatz »c/o« (für »care of«), der in der deutschen Sprache die Bedeutung »im Hause« oder »bei« hat, kann Bestandteil einer inländischen Geschäftsanschrift sein und in das Handelsregister eingetragen werden (OLG Naumburg, Beschl. v. 08.05.2009 – 5 Wx 4/09, NZG 2009, 956).

2. Vertretungsbefugnis der Geschäftsführer, Abs. 1 Satz 2

9   Die – bei der Anmeldung der Gesellschaft anzugebende (§ 8 Abs. 4 Nr. 2 GmbHG) – **Vertretungsbefugnis der Geschäftsführer** (§ 35 Abs. 2 Satz 1 GmbHG) ist in das Handelsregister einzutragen (§ 10 Abs. 1 Satz 2 GmbHG). Da § 10 Abs. 1 Satz 2 GmbHG – ebenso wie § 8 Abs. 4 Nr. 2 GmbHG – durch Art. 3 Nr. 2 Buchst. a) des Gesetzes zur Durchführung der Ersten Richtlinie des Rates der Europäischen Gemeinschaften zur Koordinierung des Gesellschaftsrechts vom 15.08.1969 (BGBl. I, 1146) in das GmbHG eingefügt worden ist, ist bei seiner Auslegung die Zielsetzung der (Koordinierungs-) Richtlinie zu berücksichtigen: Jeder, der den Wunsch hat, Geschäftsverbindungen mit Gesellschaften in einem anderen Mitgliedstaat aufzunehmen oder fortzusetzen, soll sich unproblematisch Kenntnis von den Befugnissen der mit ihrer Vertretung betrauten Personen verschaffen können; im Interesse des grenzüberschreitenden Rechtsverkehrs müssen alle einschlägigen Angaben in Registern oder amtlichen Unterlagen aufgeführt werden, selbst wenn sich diese Angaben aus nationalen Rechtsvorschriften ergeben, weil von Außenstehenden deren Kenntnis nicht verlangt werden kann. Bei der Bestellung eines einzigen Geschäftsführers ist deshalb anzugeben, dass dieser die Gesellschaft alleine vertritt, selbst wenn sich diese Vertretungsbefugnis ohne Weiteres aus dem Gesetz ergibt; bei der Bestellung mehrerer Geschäftsführer ist die Vertretungsbefugnis auch dann anzugeben, wenn diese – mangels abweichender Regelung des Gesellschaftsvertrags – der gesetzlichen Regelung des § 35 Abs. 2 Satz 1 Halbs. 1 GmbHG entspricht (EuGH, Urt. v. 12.11.1974 – Rs. C-32/74, BB 1974, 1500, vorangehend: BGH, Beschl. v. 14.02.1974 – II ZB 11/73, BB 1974, 808; nachfolgend: BGH, Beschl. v. 05.12.1974 – II ZB 11/73, BGHZ 63, 261, 263 ff. = NJW 1975, 213; vgl. BayObLG, Beschl. v. 07.05.1997 – 3Z BR 101/97, NZG 1998, 72; OLG Schleswig, Beschl. v. 15.12.2010 – 2 W 150/10, ZIP 2011, 662; OLG Zweibrücken, Beschl. v. 12.10.1992 – 3 W 134/92, GmbHR 1993, 97). Die Bezeichnungen »Alleinvertretungsbefugnis« und »Einzelvertretungsbefugnis« können synonym verwendet werden (BGH, Beschl. v. 19.03.2007 – II ZB 19/06, NJW 2007, 3287).

10 Da die **Befreiung vom Verbot des Selbstkontrahierens** (§ 181 BGB) als Vertretungsregelung behandelt wird (s. § 35 GmbHG Rdn. 24 ff.), ist diese in das Handelsregister einzutragen (BGH, Beschl. v. 28.02.1983 – II ZB 8/82, BGHZ 87, 59, 60 ff. = NJW 1983, 1676; Beschl. v. 08.04.1991 – II ZB 3/91, BGHZ 114, 167, 170 = NJW 1991, 1731; Urt. v. 18.11.1999 – IX ZR 402/97, NJW 2000, 664; OLG Frankfurt am Main, Urt. v. 13.12.1996 – 10 U 8/96, GmbHR 1997, 349; OLG Hamm, Beschl. v. 22.12.2010 – 15 W 512/10, NZG 2011, 461; OLG Köln, Beschl. v. 22.02.1995 – 2 Wx 5/95, GmbHR 1996, 218; OLG Stuttgart, Beschl. v. 18.10.2007 – 8 W 412/07, NZG 2008, 36; s. auch § 39 GmbHG Rdn. 2 f.). Einzutragen ist nicht nur eine uneingeschränkte Befreiung vom Verbot des Selbstkontrahierens, sondern auch eine solche Befreiung, die nur bestimmte Arten von Geschäften oder nur Geschäfte mit bestimmten Personen umfasst (OLG Düsseldorf, Beschl. v. 01.07.1994 – 3 Wx 20/93, GmbHR 1995, 51); da der Umfang der Vertretungsbefugnis ohne Zuhilfenahme der Anmeldeunterlagen und ohne Kenntnis sonstiger tatsächlicher Umstände aus

dem Handelsregister selbst ersichtlich sein muss, muss eine auf Geschäfte mit bestimmten Personen beschränkte Befreiung vom Selbstkontrahierungsverbot unter konkreter Angabe dieser Personen eingetragen werden (OLG Stuttgart, Beschl. v. 18.10.2007 – 8 W 412/07, NZG 2008, 36). Die Befreiung des Geschäftsführers der (Komplementär-) GmbH einer GmbH & Co. KG vom Verbot des Selbstkontrahierens kann in das Handelsregister der Kommanditgesellschaft eingetragen werden (BayObLG, Beschl. v. 04.11.1999 – 3Z BR 321/99, NZG 2000, 138; Beschl. v. 07.04.2000 – 3Z BR 77/00, NZG 2000, 684). Eine im Gesellschaftsvertrag enthaltene Ermächtigung der Gesellschafterversammlung, durch Beschluss eine vom Gesellschaftsvertrag abweichende Vertretungsregelung zu treffen oder vom Verbot des Selbstkontrahierens zu befreien, kann indes nicht in das Handelsregister eingetragen werden (OLG Frankfurt am Main, Beschl. v. 07.10.1993 – 20 W 175/93, GmbHR 1994, 118; OLG Hamm, Beschl. v. 04.09.1996 – 15 W 235/96, GmbHR 1997, 32).

10a Hinsichtlich der Vertretungsbefugnis ist sowohl abstrakt anzugeben, welche Vertretungsbefugnis die Geschäftsführer nach dem Gesellschaftsvertrag haben, als auch konkret, welche Vertretungsbefugnis der angemeldete Geschäftsführer nach dem Gesellschaftsvertrag oder einem ergänzenden Gesellschafterbeschluss hat, falls seine Vertretungsbefugnis von der allgemeinen Vertretungsregelung abweicht; Angaben zur konkreten Vertretungsbefugnis sind nur dann entbehrlich, wenn die Vertretungsbefugnis der abstrakten Regelung entspricht (OLG Frankfurt am Main, Beschl. v. 12.05.2010 – 20 W 150/10, juris; OLG Zweibrücken, Beschl. v. 20.03.2013 – 3 W 8/13, NZG 2013, 1069; vgl. speziell zur Unternehmergesellschaft [haftungsbeschränkt]: OLG Bremen, Beschl. v. 15.09.2009 – 2 W 61/09, NJW 2010, 542; OLG Hamm, Beschl. v. 15.10.2009 – 15 Wx 208/09, NZG 2009, 1431 = ZIP 2009, 2246; Beschl. v. 14.04.2011 – 15 Wx 499/10, NZG 2011, 705 = ZIP 2011, 1668; OLG Stuttgart, Beschl. v. 28.04.2009 – 8 W 116/09, NZG 2009, 754 = ZIP 2009, 1011).

II. Zusätzliche (notwendige) Angabe bei zeitlicher Beschränkung (Befristung) der Gesellschaft oder bei genehmigten Kapital, Abs. 2 Satz 1

Sofern der Gesellschaftsvertrag eine Bestimmung über die Zeitdauer (Befristung) der Gesellschaft enthält (§ 3 Abs. 2 Halbs. 1 GmbHG), ist diese Bestimmung in das Handelsregister einzutragen (s. auch § 3 GmbHG Rdn. 16). Die Eintragung ist indes keine Voraussetzung für die Wirksamkeit einer solchen Bestimmung (vgl. Baumbach/Hueck/*Fastrich* § 10 Rn. 3; MüKo GmbHG/*Schaub* § 10 GmbHG Rn. 39; Scholz/*Veil* § 10 Rn. 14).

Durch Art. 14b des Gesetzes zur Umsetzung der Aktionärsrechterichtlinie (ARUG) vom 30.07.2009 (BGBl. I, 2479, 2493) ist Satz 1 neu gefasst worden, indem nunmehr auch ein genehmigtes Kapital (vgl. § 55a GmbHG) in das Handelsregister einzutragen ist. Die Gesetzesänderung ist durch den Bundesrat mit folgender Begründung angeregt worden (Stellungnahme des Bundesrates zum Gesetzesentwurf der Bundesregierung, BT-Drucks. 16/11642, S. 55):

> »*Durch das Gesetz zur Modernisierung des GmbH-Rechts und zur Bekämpfung von Missbräuchen wurde mit der Schaffung des § 55a GmbHG das genehmigte Kapital auch bei der Gesellschaft mit beschränkter Haftung eingeführt. Anders als bei der Aktiengesellschaft fehlt jedoch bislang eine Vorschrift, die eine Eintragung des genehmigten Kapitals im Handelsregister sicherstellt. Dies soll nunmehr nachvollzogen werden, um die nötige Publizität zu gewährleisten.*«

In ihrer Gegenäußerung hat die Bundesregierung dem Vorschlag zugestimmt (Gegenäußerung der Bundesregierung, BT-Drucks. 16/11642, S. 60). Der Rechtsausschuss des Deutschen Bundestages hat den Vorschlag des Bundesrates in seiner Beschlussempfehlung übernommen (Beschlussempfehlung und Bericht des Rechtsausschusses, BT-Drucks. 16/13098, S. 62 f.).

III. Freiwillige Angabe einer empfangsberechtigten Person, Abs. 2 Satz 2

Durch Art. 1 Nr. 13 Buchst. b) des Gesetzes zur Modernisierung des GmbH-Rechts und zur Bekämpfung von Missbräuchen (MoMiG) vom 23.10.2008 (BGBl. I, 2026) ist Abs. 2 um einen Satz ergänzt worden, der die Eintragung einer **empfangsberechtigten Person** regelt: Wenn eine

§ 10 GmbHG   Inhalt der Eintragung

Person, die für Willenserklärungen und Zustellungen an die Gesellschaft empfangsberechtigt ist, mit einer inländischen Anschrift zur Eintragung in das Handelsregister angemeldet wird, sind diese Angaben in das Handelsregister einzutragen (Abs. 2 Satz 2 Halbs. 1); Dritten gegenüber gilt die Empfangsberechtigung als fortbestehend, bis sie im Handelsregister gelöscht und die Löschung bekannt gemacht worden ist, es sei denn, dass die fehlende Empfangsberechtigung dem Dritten bekannt war (Abs. 2 Satz 2 Halbs. 2). Die Regelung über die Eintragung der empfangsberechtigten Person in das Handelsregister steht im **Zusammenhang** mit der durch Art. 1 Nr. 23 Buchst. b) MoMiG bewirkten Einfügung des § 35 Abs. 2 Satz 4 GmbHG, der die **Abgabe von Willenserklärungen gegenüber der Gesellschaft** und die **Zustellung von Schriftstücken** an die Gesellschaft unter der eingetragenen Anschrift der empfangsberechtigten Person regelt; sie steht ferner im Zusammenhang mit der durch Art. 8 Nr. 2 MoMiG bewirkten Einfügung des § 185 Nr. 2 ZPO, der die Voraussetzungen einer **öffentlichen Zustellung** regelt.

14   Die Gesetzesänderung wird im Referentenentwurf (s. Einl. GmbHG Rdn. 23) und im Regierungsentwurf des MoMiG (s. Einl. GmbHG Rdn. 25 f.) wie folgt begründet (Gesetzesentwurf der Bundesregierung, BT-Drucks. 16/6140, S. 36 f.):

> »Zusätzlich zu der zwingenden Eintragung einer inländischen Geschäftsanschrift wird es den Gesellschaften in Zukunft gestattet sein, eine Person ins Register eintragen zu lassen, die den Gläubigern als zusätzlicher Zustellungsempfänger neben den Vertretern der Gesellschaft dient [...]. Ob es sich bei dieser weiteren Empfangsperson um einen Gesellschafter oder eine sonstige rechtsgeschäftlich empfangsberechtigte Person wie beispielsweise einen Steuerberater oder Notar handelt, bleibt den Gesellschaften überlassen. Diese Regelung ist ausdrücklich nur als **Option** ausgestaltet. Es handelt sich dabei nicht um eine gesetzliche Pflicht. Zusätzlicher Aufwand und bürokratische Auflagen für die mittelständische Wirtschaft sollen gerade vermieden werden. Die ›normale‹ GmbH und damit die ganz überwiegende Zahl der Gesellschaften werden keinen Grund haben, diesen Weg einzuschlagen und werden ihn folglich auch nicht gehen. Von der zusätzlichen Option werden vernünftigerweise nur solche Gesellschaften Gebrauch machen, die Bedenken haben, ob die eingetragene Geschäftsanschrift tatsächlich ununterbrochen für Zustellungen geeignet sein wird und sich dadurch Risiken aus öffentlichen Zustellungen ergeben können. Die Anmeldung steht also im Ermessen der Gesellschaften. Es liegt lediglich eine **eintragungsfähige Tatsache** vor, **keine eintragungspflichtige**. Daher kommt § 15 HGB nicht unmittelbar zur Anwendung. Um Unklarheiten zu vermeiden, die bei Anordnung einer entsprechenden Anwendung des § 15 HGB hätten auftreten können, bedurfte es der Klarstellung in Halbsatz 2. Wird von der Möglichkeit der Eintragung dieser weiteren Empfangsperson Gebrauch gemacht, so erstreckt sich auch die Registerpublizität auf die eingetragenen Tatsachen. Hierdurch werden die Gesellschaften dazu angehalten, die Angaben zur Person stets aktuell zu halten, da ansonsten eine Zustellung an eine nicht mehr empfangsberechtigte Person droht, die dem Dritten gegenüber aufgrund des neuen Halbsatzes 2 noch als empfangszuständig gilt. Die Ausdehnung der Registerpublizität nach dem Vorbild des § 15 HGB hilft dem Gläubiger allerdings nur in den Fällen, in denen die rechtsgeschäftliche Vollmacht lediglich im Innenverhältnis beendet wurde. Scheitert hingegen ein Zustellversuch an die eingetragene Person unter der eingetragenen Anschrift aus tatsächlichen Gründen, weil die Anschrift nämlich nicht mehr existiert, so hilft die Fiktion der fortbestehenden Empfangsberechtigung hier nicht weiter. Dem Gläubiger ist aber nun die Möglichkeit der Zustellung nach § 185 Nr. 2 ZPO-E eröffnet.«

15   In seiner Beschlussempfehlung hat der Rechtsausschuss des Deutschen Bundestages (s. Einl. GmbHG Rdn. 31) neben der Empfangsberechtigung für Zustellungen ausdrücklich auch die Empfangsberechtigung für Willenserklärungen in den Wortlaut der – später Gesetz gewordenen – Vorschrift aufgenommen. Zur Begründung wird ausgeführt, dass »klargestellt« werden soll, »dass sich die Empfangsberechtigung dieser Personen nicht nur auf Zustellungen beschränken, sondern auch auf den Empfang von Willenserklärungen erstrecken soll« (BT-Drucks. 16/9737, S. 96).

16   Die Regelung über die Benennung einer empfangsberechtigten Person und deren Eintragung in das Handelsregister ist vor dem Hintergrund erfolgt, dass durch das Gesetz zur Modernisierung des GmbH-Rechts und zur Bekämpfung von Missbräuchen (MoMiG) vom 23.10.2008 (BGBl. I,

2026) der in einer fehlenden oder erschwerten Zustellmöglichkeit liegende **Missbrauch verhindert** werden soll. Zur Verhinderung eines solchen Missbrauchs ist insbesondere die **öffentliche Zustellung erleichtert** worden: Die öffentliche Zustellung ist nunmehr schon dann zulässig, wenn eine Zustellung weder unter der (im Handelsregister eingetragenen) inländischen Geschäftsanschrift noch unter der (im Handelsregister eingetragenen) inländischen Anschrift einer empfangsberechtigten Person noch unter einer ohne Ermittlungen bekannten anderen inländischen Anschrift möglich ist (§ 185 Nr. 2 ZPO; § 10 Abs. 1 Satz 1 Nr. 2 Verwaltungszustellungsgesetz). Um das Vorliegen dieser (kumulativen) Voraussetzungen zu erschweren, kann die Gesellschaft zusätzlich zur inländischen Geschäftsanschrift eine empfangsberechtigte Person benennen, die mit einer inländischen Anschrift in das Handelsregister eingetragen wird; die Voraussetzungen einer öffentlichen Zustellung liegen – abgesehen vom Fall einer ohne Ermittlung bekannten anderen inländischen Anschrift (§ 185 Nr. 2, Alt. 3 ZPO) – erst dann vor, wenn eine Zustellung sowohl unter der inländischen Geschäftsanschrift (§ 185 Nr. 2, Alt. 1 ZPO) als auch unter der inländischen Anschrift der empfangsberechtigten Person (§ 185 Nr. 2, Alt. 2 ZPO) nicht möglich ist.

Da die Benennung einer empfangsberechtigten Person und deren Eintragung in das Handelsregister **nicht zwingend** ist, sondern eine – freiwillige – Möglichkeit darstellt, handelt es sich bei der Eintragung **nicht** um eine **eintragungspflichtige Tatsache** i. S. d. § 15 HGB. Der Gesetzgeber hat die Wirkung einer im Handelsregister eingetragenen Empfangsberechtigung, die gegenüber der Gesellschaft nicht mehr besteht, in Anlehnung an den Rechtsgedanken des § 15 Abs. 2 Satz 1 HGB wie folgt geregelt: Die im Handelsregister eingetragenen Empfangsberechtigung gilt Dritten gegenüber als fortbestehend, bis sie im Handelsregister gelöscht und die Löschung bekannt gemacht worden ist (§ 10 Abs. 2 Satz 2 Halbs. 2 GmbHG); eine analoge Anwendung des § 15 Abs. 2 Satz 1 HGB ist durch die spezielle Regelung ausgeschlossen.

C. Exkurs: Bekanntmachung der Eintragungen

Das Gesetz über elektronische Handelsregister und Genossenschaftsregister sowie das Unternehmensregister (EHUG) vom 10.11.2006 (BGBl. I, 2553) hat zur Änderung des – die Bekanntmachung von Eintragungen regelnden – § 10 HGB (Art. 1 Nr. 2 EHUG) und zur Aufhebung des § 10 Abs. 3 GmbHG, der eine spezielle Regelung über die »Veröffentlichung« enthielt, geführt (Art. 10 Nr. 2 EHUG).

§ 10 HGB regelt die **Bekanntmachung** der Eintragungen, die **vom (Register-) Gericht zu veranlassen** ist; diese sind von den Bekanntmachungen der Gesellschaft (§ 12 GmbHG) zu unterscheiden. § 10 HGB lautet nunmehr wie folgt:

§ 10 HGB Bekanntmachung der Eintragungen

[1]Das Gericht macht die Eintragungen in das Handelsregister in dem von der Landesjustizverwaltung bestimmten elektronischen Informations- und Kommunikationsmedium in der zeitlichen Folge ihrer Eintragung nach Tagen geordnet bekannt; § 9 Abs. 1 S. 4 und 5 gilt entsprechend. [2]Soweit nicht ein Gesetz etwas anderes vorschreibt, werden die Eintragungen ihrem ganzen Inhalt nach veröffentlicht.

In der **Begründung** des Gesetzesentwurfs zur **Neufassung** des § 10 HGB (Art. 1 Nr. 2 EHUG) hat die Bundesregierung ausgeführt (BT-Drucks. 16/906, S. 44):

> »Die EU-Publizitätsrichtlinie geht nach wie vor von der Notwendigkeit einer Bekanntmachung aus, selbst bei freier elektronischer Abrufbarkeit der Eintragungen. Im Grunde sind **Eintragungsabruf und Bekanntmachung nur zwei Seiten einer Medaille** und setzen nur eine unterschiedliche Datenaufbereitung voraus (unternehmensbezogen im einen, chronologisch im anderen Fall). [...] § 10 wird dahingehend geändert, dass Bekanntmachungen künftig nicht mehr im Papier-Bundesanzeiger und in Tageszeitungen erfolgen, sondern über das von der Landesjustizverwaltung bestimmte elektronische Informations- und Kommunikationssystem. Alle Handelsregistereintragungen werden dabei in der Reihenfolge ihrer Eintragung und tageschronologisch geordnet bekannt gemacht. Für diese Pflichtbe-

kanntmachung gilt nach S. 2 die bisher in § 10 Abs. 1 S. 2 enthaltene Regelung, dass die Eintragungen grundsätzlich ihrem ganzen Inhalt nach veröffentlicht werden.«

21 Zur **Aufhebung des § 10 Abs. 3 GmbHG**, der die »Veröffentlichung« nicht nur der eingetragenen Angaben, sondern darüber hinaus auch ggf. getroffene Festsetzungen über eine Sacheinlage und zur Form der Bekanntmachungen der Gesellschaft vorschrieb, hat die Bundesregierung ausgeführt, dass diese dem »Grundsatz des **Verzichts auf Zusatzbekanntmachungen**« folgt (Gesetzesentwurf der Bundesregierung, BT-Drucks. 16/960, S. 66). Die Aufhebung des – gleichlautenden – § 40 AktG (Art. 9 Nr. 2 EHUG) wurde mit der »Umsetzung des Grundsatzes, dass die Bekanntmachung nur das Spiegelbild der Eintragung ist, nicht aber weiter gehende Inhalte aufweisen soll«, begründet (Gesetzesentwurf der Bundesregierung, BT-Drucks. 16/960, S. 65).

§ 11 Rechtszustand vor der Eintragung

(1) Vor der Eintragung in das Handelsregister des Sitzes der Gesellschaft besteht die Gesellschaft als solche nicht.

(2) Ist vor der Eintragung im Namen der Gesellschaft gehandelt worden, so haften die Handelnden persönlich und solidarisch.

Übersicht	Rdn.
A. Allgemeines	1
B. Vorgesellschaft	8
I. Rechtsnatur und Verfassung	8
1. Rechtsprechung des Bundesgerichtshofs	8
a) Rechtsnatur und anzuwendendes Recht	8
b) Geschäftsführung und Vertretung	11
c) Teilnahme am Rechtsverkehr	14
d) Auflösung und Abwicklung (Liquidation)	15
2. Schrifttum	16
II. Haftung der Gesellschafter für die von der Vorgesellschaft begründeten Verbindlichkeiten	19
1. Unterbilanzhaftung bei erfolgter Eintragung der Gesellschaft	23
a) Rechtsprechung des Bundesgerichtshofs	23
aa) Voraussetzungen	25
bb) Rechtsfolge: unbeschränkte und anteilige Innenhaftung der Gesellschafter	26
cc) Verjährung	32
dd) Darlegungs- und Beweislast	33
b) Schrifttum	34
2. Haftung bei gescheiterter GmbH-Gründung	35
a) Verlustdeckungshaftung im Fall sofortiger Beendigung der Geschäftstätigkeit	36
aa) Rechtsprechung des Bundesgerichtshofs und anderer oberster Gerichtshöfe des Bundes	36
(1) Voraussetzungen	40
(2) Rechtsfolge: unbeschränkte und anteilige Innenhaftung der Gesellschafter	41
(3) Verjährung	44
bb) Schrifttum	45
b) Haftung nach personengesellschaftsrechtlichen Grundsätzen im Fall fortgeführter Geschäftstätigkeit trotz Aufgabe der Eintragungsabsicht	46
aa) Rechtsprechung des Bundesgerichtshofs und anderer oberster Gerichtshöfe des Bundes	46
(1) Voraussetzungen	48
(2) Rechtsfolge: unbeschränkte und gesamtschuldnerische Außenhaftung der Gesellschafter	50
bb) Schrifttum	51
III. Besonderheit: Änderung des Gesellschaftsvertrags einschließlich des Wechsels eines Gesellschafters	52
C. Handelndenhaftung, Abs. 2	53
I. Voraussetzungen: Handeln im Namen der Gesellschaft vor Eintragung	57
II. Rechtsfolge: unbeschränkte und gesamtschuldnerische Außenhaftung der Handelnden	61
III. Verhältnis der Handelndenhaftung zu anderen Haftungstatbeständen	64

A. Allgemeines

Die seit Inkrafttreten des GmbHG unveränderte Vorschrift befasst sich in fragmentarischer Form mit den Rechtsverhältnissen des »Rechtsgebildes«, das als »Vorgesellschaft« oder auch als »Vor-GmbH« bezeichnet wird, indem in Abs. 1 die Rechtsnatur und Verfassung der Vorgesellschaft und in Abs. 2 die Haftung der im Namen der (Vor-) Gesellschaft Handelnden angesprochen werden. Durch das **Gesetz zur Modernisierung des GmbH-Rechts und zur Bekämpfung von Missbräuchen (MoMiG)** vom 23. Oktober 2008 (BGBl. I, 2026) ist die Überschrift »Rechtszustand vor der Eintragung« hinzugefügt worden.

1

§ 11 GmbHG hat im Wege richterlicher Rechtsfortbildung einen **Funktionswandel** erfahren. Der Gesetzgeber hat – ausweislich der Begründung des Entwurfs eines Gesetzes über Gesellschaften mit beschränkter Haftung (GmbHG) vom 26. Februar 1973 durch die Bundesregierung – »von einer Regelung der zum Recht der Vorgesellschaft bestehenden Streitfragen« abgesehen, weil »es zweckmäßiger erscheint, sie der Wissenschaft und Rechtsprechung zur Klärung zu überlassen« (Gesetzesentwurf der Bundesregierung, BT-Drs. 7/253, S. 96; s. auch Rdn. 5, 19).

2

Zum Verständnis des Abs. 1 ist vor allem der **Zusammenhang mit folgenden Regelungen** zu beachten: Die Vorgesellschaft entsteht mit Abschluss des – notariell zu beurkundenden und von sämtlichen Gesellschaftern zu unterzeichnenden (§ 2 Abs. 1 GmbHG) – Gesellschaftsvertrags. Nach der (Mindest-)Leistung von Geld- oder Sacheinlagen (§§ 7 Abs. 2 und 3, 8 Abs. 2 GmbHG) ist die Gesellschaft von ihren Geschäftsführern unter Beifügung insbesondere des Gesellschaftsvertrags zur Eintragung in das Handelsregister anzumelden (§§ 7 Abs. 1, 8 Abs. 1 Nr. 1, 78 Halbs. 2 GmbHG). Vorbehaltlich des entsprechenden Ergebnisses einer Prüfung durch das (Register-)Gericht (§ 9c GmbHG) wird die Gesellschaft in das Handelsregister eingetragen. Die durch die Eintragung entstehende GmbH »hat selbstständig ihre Rechte und Pflichten« und ist juristische Person (§ 13 Abs. 1 Halbs. 1 GmbHG; s. auch § 13 GmbHG Rdn. 2 ff.).

3

Auf die Vorgesellschaft als »**notwendiger Vorstufe zur juristischen Person**« werden die Vorschriften des GmbH-Rechts angewendet, soweit diese nicht die Rechtsfähigkeit voraussetzen oder auf die besonderen Umstände bzw. Verhältnisse des Gründungsstadiums nicht hinreichend Rücksicht nehmen (s. Rdn. 8). Die Änderung des Gesellschaftsvertrags einer Vorgesellschaft einschließlich des Wechsels eines Gesellschafters bedarf – mangels Anwendbarkeit des § 53 GmbHG bzw. des § 15 GmbHG sowie vorbehaltlich anderweitiger Regelung des Gesellschaftsvertrags – einer von sämtlichen Gesellschaftern zu unterzeichnenden Vereinbarung gemäß § 2 GmbHG (s. Rdn. 52, § 2 GmbHG Rdn. 56 f.). Sofern trotz Abschlusses eines Gesellschaftsvertrags nach dem Willen ihrer Gründer keine GmbH entstehen soll, handelt es sich um eine »**unechte Vorgesellschaft**«, auf die das Recht der Gesellschaft bürgerlichen Rechts (GbR) oder der offenen Handelsgesellschaft (OHG) angewendet wird (s. Rdn. 10).

4

Im Wege richterlicher Rechtsfortbildung ist ein Konzept zur **Haftung der Gesellschafter für die von der Vorgesellschaft begründeten Verbindlichkeiten** entwickelt worden, das – entgegen der ursprünglichen Vorstellung des Gesetzgebers (»Vorbelastungsverbot«; s. Rdn. 20) – der Vorgesellschaft die Aufnahme des Geschäftsbetriebs und die Begründung von Verbindlichkeiten schon vor Eintragung der Gesellschaft in das Handelsregister erlaubt: Die Vorgesellschaft kann durch ihre Geschäftsführer als Vertretungsorgan nach außen auftreten und selbst Träger von Rechten und Pflichten, insbesondere von eingebrachten Vermögenswerten sein (s. Rdn. 14). Zu ihren Lasten begründete Verbindlichkeiten gehen mit der Eintragung »nahtlos« auf die GmbH über (s. Rdn. 9). Um trotz des Übergangs der Verbindlichkeiten die Unversehrtheit des Stammkapitals im Zeitpunkt der Eintragung wertmäßig sicherzustellen, haften die Gesellschafter der Gesellschaft gegenüber für die Differenz zwischen dem Stammkapital und dem Wert des Gesellschaftsvermögens im Zeitpunkt der Eintragung (»**Unterbilanzhaftung**«, »**Vorbelastungshaftung**«; s. Rdn. 23 ff.). Scheitert die Gründung der GmbH, haften die Gesellschafter für die entstandenen Verluste der Vorgesellschaft, wenn deren Geschäftstätigkeit sofort nach Aufgabe der Eintragungsabsicht beendet wird (»**Verlustdeckungshaftung**«; s. Rdn. 36 ff.) Wenn die Geschäftstätigkeit nicht sofort nach Aufgabe

5

der Eintragungsabsicht aufgegeben, sondern fortgeführt wird, haften die Gesellschafter – ebenso wie in dem Fall, in dem die Eintragung der Vorgesellschaft von Anbeginn an nicht beabsichtigt ist – nach personengesellschaftsrechtlichen Grundsätzen, also abhängig vom Geschäftsgegenstand nach dem Recht der Gesellschaft bürgerlichen Rechts (GbR) bzw. der offenen Handelsgesellschaft (OHG; §§ 128 ff. HGB, ggf. analog; s. Rdn. 46 ff.).

6   Dieses Konzept zur Haftung der Gesellschafter für die von der Vorgesellschaft begründeten Verbindlichkeiten hat Auswirkungen auf das Verständnis der **Handelndenhaftung** gemäß Abs. 2: Den Erwartungen eines Gläubigers, wegen seiner Ansprüche auf ein geprüftes, veröffentlichtes und gesetzlich gewährleistetes Stammkapital zugreifen zu können, ist Genüge getan, wenn die GmbH nach Erfüllung der gesetzlichen Anforderungen eingetragen ist, alle Verbindlichkeiten der Vorgesellschaft auf sie übergegangen sind und überdies die Gesellschafter für »Lücken im Stammkapital« aufkommen müssen, die im Zeitpunkt der Eintragung infolge einer Vorbelastung bestehen; aus diesem Grund erlischt die Handelndenhaftung mit der Eintragung der Gesellschaft in das Handelsregister. Die Handelndenhaftung erlangt Bedeutung, wenn die Eintragung der Gesellschaft unterbleibt; in einem solchen Fall tritt sie neben die (Verlustdeckungs-)Haftung der Gesellschafter. Ferner kommt die Handelndenhaftung neben der Haftung wegen vollmachtloser Vertretung gemäß § 179 BGB in Betracht, wenn die (Vor-)Gesellschaft beim Abschluss eines Rechtsgeschäfts nicht wirksam vertreten wird (s. Rdn. 53 ff.).

7   Von der – durch Abschluss des GmbH-Gesellschaftsvertrags entstehenden – Vorgesellschaft ist die »**Vorgründungsgesellschaft**« zu unterscheiden, die durch Abschluss eines (Vor-)Vertrages entsteht, durch den sich mehrere Personen zur Gründung einer GmbH verpflichten. Bei der Vorgründungsgesellschaft handelt es sich im Gegensatz zur Vorgesellschaft nicht um eine »notwendige Vorstufe zur juristischen Person« (s. § 2 GmbHG Rdn. 68 f.).

B. Vorgesellschaft

I. Rechtsnatur und Verfassung

1. Rechtsprechung des Bundesgerichtshofs

a) Rechtsnatur und anzuwendendes Recht

8   Der Bundesgerichtshof hat die – durch Abschluss des Gesellschaftsvertrags entstehende – Vorgesellschaft wie folgt charakterisiert: Die Vorgesellschaft untersteht als »**Rechtsgebilde eigener Art**« einem Sonderrecht, das den gesetzlichen und vertraglichen Gründungsvorschriften und dem Recht der eingetragenen GmbH, soweit es nicht die Eintragung voraussetzt, zu entnehmen ist (BGH, Urt. v. 12.07.1956 – II ZR 218/54, BGHZ 21, 242, 246 = NJW 1956, 1435; Urt. v. 02.05.1966 – II ZR 219/63, BGHZ 45, 338, 347 = NJW 1966, 1311; Urt. v. 24.10.1968 – II ZR 216/66, BGHZ 51, 30, 32 = NJW 1969, 509; Urt. v. 15.06.1978 – II ZR 205/76, BGHZ 72, 45, 48 f. = NJW 1978, 1978; Urt. v. 23.01.1981 – I ZR 30/79, BGHZ 79, 239, 241 = NJW 1981, 873; vgl. auch BGH, Urt. v. 16.06.1955 – II ZR 300/53, BGHZ 17, 385, 389 f. = NJW 1955, 1229 zur Vor-Genossenschaft; Urt. v. 23.04.1956 – II ZR 116/55, BGHZ 20, 281, 285 = NJW 1956, 946 zur Vor-Genossenschaft). Als »**notwendige Vorstufe zur juristischen Person**« untersteht sie dem Recht der eingetragenen GmbH, soweit es mit ihrem besonderen Zweck vereinbar ist und nicht die Eintragung im Handelsregister voraussetzt (BGH, Urt. v. 23.03.1981 – II ZR 27/80, BGHZ 80, 212, 214 = NJW 1981, 2125; Urt. v. 29.10.1992 – I ZR 264/90, BGHZ 120, 103, 105 f. = NJW 1993, 459; Urt. v. 23.10.2006 – II ZR 162/05, BGHZ 169, 270 Rn. 10 = NJW 2007, 589 zur Vor-AG; vgl. auch BGH, Urt. v. 20.06.1983 – II ZR 200/82, NJW 1983, 2822). Als »**werdende Kapitalgesellschaft**« ist sie bereits ein eigenständiges, von ihren Gesellschaftern verschiedenes »körperschaftlich strukturiertes ›Rechtsgebilde‹ mit eigenen Rechten und Pflichten« (BGH, Beschl. v. 16.03.1992 – II ZB 17/91, BGHZ 117, 323, 326 = NJW 1992, 1824 zur Vor-AG; vgl. auch BGH, Urt. v. 09.03.1981 – II ZR 54/80, BGHZ 80, 129, 132 = NJW 1981, 1373; Urt. v. 07.05.1984 – II ZR 276/83, BGHZ 91, 148, 151 = NJW 1984, 2164; Urt. v. 28.11.1997 – V ZR 178/96, NJW 1998, 1079; Urt. v. 24.10.2005 – II ZR 129/04, NZG 2006, 64 = ZIP 2005, 2257 vgl. außerdem

BGH, Urt. v. 27.01.1997 – II ZR 123/94, BGHZ 134, 333, 338 f.= NJW 1997, 1507: »Entwicklungsstufe«). Die Vorgesellschaft ist weder eine Personengesellschaft noch eine juristische Person, sondern eine »**Personenvereinigung eigener Art**«, die bis auf die noch fehlende Rechtsfähigkeit bereits der künftigen GmbH als deren Vorstufe entspricht; infolgedessen sind bereits die Vorschriften des GmbH-Rechts auf sie anzuwenden, soweit diese nicht die Rechtsfähigkeit voraussetzen oder auf die besonderen Umstände bzw. Verhältnisse des Gründungsstadiums nicht hinreichend Rücksicht nehmen (BGH, Urt. v. 18.01.2000 – XI ZR 71/99, BGHZ 143, 314, 319 = NJW 2000, 1193). Indes sind auf die Änderung des Gesellschaftsvertrags einer Vorgesellschaft einschließlich des Wechsels eines Gesellschafters § 53 GmbHG bzw. § 15 GmbHG nicht anwendbar (s. Rdn. 52, § 2 GmbHG Rdn. 56 f.).

Da die »Vorgesellschaft mit der Eintragung der GmbH in dieser aufgeht und damit als Vermögensträger wegfällt«, gehen sowohl das in der Vorgesellschaft **angesammelte Aktivvermögen** als auch die zu Lasten der Vorgesellschaft **begründeten Schulden** »nahtlos« **auf die eingetragene GmbH über** (BGH, Urt. v. 09.03.1981 – II ZR 54/80, BGHZ 80, 129, 137 ff. = NJW 1981, 1373; Urt. v. 07.05.1984 – II ZR 276/83, BGHZ 91, 148, 151 = NJW 1984, 2164; Urt. v. 27.01.1997 – II ZR 123/94, BGHZ 134, 333, 338 f. = NJW 1997, 1507; vgl. BGH, Beschl. v. 16.03.1992 – II ZB 17/91, BGHZ 117, 323, 326 f. = NJW 1992, 1824 zur Vor-AG: Vermögenswerte und Rechte und Pflichten gehen »mit der Eintragung automatisch auf die damit entstandene juristische Person über«; BGH, Urt. v. 08.07.1996 – II ZR 258/95, NJW 1996, 2645: Aktiva und Passiva gehen »mit der Eintragung der GmbH in das Handelsregister ohne weiteres auf die als solche [...] entstandene Gesellschaft über«). Der **Übergang der Verbindlichkeiten** der Vorgesellschaft auf die GmbH erfolgt, ohne dass es einer besonderen Eintritts- oder Genehmigungserklärung bedarf (BGH, Urt. v. 16.03.1981 – II ZR 59/80, BGHZ 80, 182, 183 = NJW 1981, 1452). Der Übergang der Aktiva und Passiva erfolgt im Rahmen einer »**Gesamtrechtsnachfolge**« (BGH, Urt. v. 26.10.1981 – II ZR 31/81, NJW 1982, 932; Urt. v. 24.10.1988 – II ZR 176/88, BGHZ 105, 300, 303 f. = NJW 1989, 710).

Die weitgehende Anwendung des GmbH-Rechts auf die Vorgesellschaft setzt voraus, dass nach dem Willen ihrer Gründer eine GmbH entstehen soll. Fehlt es an dieser Voraussetzung, weil die Parteien des Gesellschaftsvertrags **von Anbeginn an nicht beabsichtigen, die Eintragung der Gesellschaft zu betreiben**, handelt es sich bei einem solchen Zusammenschluss um eine »**unechte Vorgesellschaft**«, bei der lediglich nach außen der Schein besteht, eine GmbH gründen zu wollen; auf ein solches Gebilde sind diejenigen Vorschriften anzuwenden, die für die Gesellschaftsform gelten, die im konkreten Einzelfall tatsächlich betrieben wird, nämlich das **Recht der Gesellschaft bürgerlichen Rechts** (GbR) bzw. der **offenen Handelsgesellschaft** (OHG; BGH, Urt. v. 29.11.1956 – II ZR 282/55, BGHZ 22, 240, 244 f.; Urt. v. 24.10.1968 – II ZR 216/66, BGHZ 51, 30, 32 = NJW 1969, 509; Urt. v. 18.01.2000 – XI ZR 71/99, BGHZ 143, 314, 319 = NJW 2000, 1193; Urt. v. 31.03.2008 – II ZR 308/06, NJW 2008, 1441 Rn. 8 f.). Der Fall, dass die Gesellschafter von Anbeginn an nicht die Absicht haben, die Gesellschaft eintragen zu lassen, ist dem Fall vergleichbar, dass die Gesellschafter einer Vorgesellschaft, die vor ihrer Eintragung in das Handelsregister den Geschäftsbetrieb bereits aufgenommen hat und in diesem Stadium gescheitert ist, die **Geschäftstätigkeit trotz aufgegebener Eintragungsabsicht fortsetzen** (BGH, Urt. v. 04.11.2002 – II ZR 204/00, BGHZ 152, 290, 294 f. = NJW 2003, 429); hierbei handelt es sich nicht mehr um eine Vorgesellschaft, sondern um eine dem Recht der GbR bzw. der OHG unterliegende Personengesellschaft (BGH, Urt. v. 28.11.1997 – V ZR 178/96, NJW 1998, 1079; vgl. BGH, Urt. v. 09.03.1981 – II ZR 54/80, BGHZ 80, 129, 142 f. = NJW 1981, 1373; Urt. v. 17.01.1983 – II ZR 89/82, ZIP 1983, 299; Urt. v. 04.11.2000 – II ZR 204/00, BGHZ 152, 290, 294 f. = NJW 2003, 429; Urt. v. 23.10.2006 – II ZR 162/05, BGHZ 169, 270 Rn. 15 ff. = NJW 2007, 589 zur Vor-AG; s. auch Rdn. 46 ff.).

§ 11 GmbHG Rechtszustand vor der Eintragung

b) Geschäftsführung und Vertretung

11 Vor Eintragung der Gesellschaft muss zwingend ein Geschäftsführer bestellt werden, um die Eintragung herbeizuführen (§§ 7 Abs. 1, 78 Halbs. 2 GmbHG); dessen Bestellung kann, sofern sie nicht im Gesellschaftsvertrag gemäß § 6 Abs. 3 Satz 2 Alt. 1 GmbHG vorgenommen wird, durch Mehrheitsbeschluss der Gesellschafter gemäß §§ 6 Abs. 3 Satz 2 Alt. 2, 47 Abs. 1 GmbHG erfolgen (BGH, Urt. v. 23.03.1981 – II ZR 27/80, BGHZ 80, 212, 214 f. = NJW 1981, 2125). Die Vorgesellschaft kann durch ihre **Geschäftsführer als Vertretungsorgan** nach außen auftreten (BGH, Urt. v. 09.03.1981 – II ZR 54/80, BGHZ 80, 129, 132 = NJW 1981, 1373; Beschl. v. 16.03.1992 – II ZB 17/91, BGHZ 117, 323, 326 = NJW 1992, 1824 zur Vor-AG).

12 Die **Vertretungsmacht der Geschäftsführer** in der Vorgesellschaft ist – vorbehaltlich anderweitiger Regelung – durch deren Zweck begrenzt, die Entstehung der juristischen Person zu fördern und bis dahin das schon eingebrachte Vermögen zu verwalten und zu erhalten. Sofern ein als Sacheinlage eingebrachtes Handelsgeschäft fortgeführt wird, deckt sich die Vertretungsmacht weitgehend mit der umfassenden Vertretungsmacht des Geschäftsführers einer (eingetragenen) GmbH. Bei Bargründungen beschränkt sich die Vertretungsmacht grundsätzlich auf diejenigen Rechtshandlungen, die unerlässlich sind, um die Eintragungsvoraussetzungen und die Eintragung selbst herbeizuführen; allerdings können die Gesellschafter übereinstimmend die Vertretungsmacht des Geschäftsführers erweitern, indem sie ihn ermächtigen, bereits vor der Eintragung den Geschäftsbetrieb aufzunehmen und hierzu Verbindlichkeiten einzugehen (BGH, Urt. v. 09.03.1981 – II ZR 54/80, BGHZ 80, 129, 139 = NJW 1981, 1373; vgl. BGH, Urt. v. 16.03.1981 - II ZR 59/80, BGHZ 80, 182, 183 = NJW 1981, 1452).

13 Die für eine Vorgesellschaft handelnde Person hat beim Auftreten im Geschäftsverkehr deutlich zu machen, dass sie für ein Unternehmen handelt, dessen Haftungsfonds künftig beschränkt sein wird; andernfalls kommt unter dem Gesichtspunkt der **Rechtsscheinhaftung** eine persönliche Haftung des Handelnden in Betracht (BGH, Urt. v. 08.07.1996 – II ZR 258/95, NJW 1996, 2645 unter Bezugnahme auf § 4 Abs. 2 GmbHG a. F.; s. auch § 4 GmbHG Rdn. 26, 34 ff.).

c) Teilnahme am Rechtsverkehr

14 Die Vorgesellschaft kann selbst **Träger von Rechten und Pflichten**, insbesondere der eingebrachten Vermögenswerte (BGH, Beschl. v. 16.03.1992 – II ZB 17/91, BGHZ 117, 323, 326 = NJW 1992, 1824 zur Vor-AG; vgl. BGH, Urt. v. 29.11.1989 – IVa ZR 273/88, NJW-RR 1990, 220 = ZIP 1990, 94; Urt. v. 28.11.1997 – V ZR 178/96, NJW 1998, 1079), sowie **persönlich haftender Gesellschafter** einer Kommanditgesellschaft (KG) sein (BGH, Urt. v. 09.03.1981 – II ZR 54/80, BGHZ 80, 129, 132 = NJW 1981, 1373; Beschl. v. 12.11.1984 – II ZB 2/84, NJW 1985, 736; Beschl. v. 16.03.1992 – II ZB 17/91, BGHZ 117, 323, 326 = NJW 1992, 1824 zur Vor-AG). Sie ist **konto- und grundbuchfähig** (BGH, Urt. v. 02.05.1966 – II ZR 219/63, BGHZ 45, 338, 347 f. = NJW 1966, 1311; Beschl. v. 16.03.1992 – II ZB 17/91, BGHZ 117, 323, 326 = NJW 1992, 1824 zur Vor-AG) sowie **namens- und kennzeichenrechtsfähig** (BGH, Beschl. v. 16.03.1992 – II ZB 17/91, BGHZ 117, 323, 326 = NJW 1992, 1824 zur Vor-AG; Urt. v. 29.10.1992 – I ZR 264/90, BGHZ 120, 103, 105 f. = NJW 1993, 459). Die Vorgesellschaft kann im Zivilprozess **verklagt werden** (BGH, Urt. v. 23.01.1981 – I ZR 30/79, BGHZ 79, 239, 241 = NJW 1981, 873; Urt. v. 23.10.2006 – II ZR 162/05, BGHZ 169, 270 Rn. 7 = NJW 2007, 589 zur Vor-AG) und **Klage erheben** (BGH, Urt. v. 28.11.1997 – V ZR 178/96, NJW 1998, 1079; Urt. v. 31.03.2008 – II ZR 308/06, NJW 2008, 2441 Rn. 6). Sie ist **im Registerverfahren beteiligten- und insbesondere auch beschwerdefähig** (BGH, Beschl. v. 20.02.1989 – II ZB 10/88, BGHZ 107, 1, 2 = NJW 1989, 1610; Beschl. v. 16.03.1992 – II ZB 17/91, BGHZ 117, 323, 325 ff. = NJW 1992, 1824 zur Vor-AG; vgl. BGH, Beschl. v. 24.10.1988 – II ZB 7/88, BGHZ 105, 324, 327 f. = NJW 1989, 295; s. auch § 7 GmbHG Rdn. 6; § 9c GmbHG Rdn. 43) sowie **insolvenzrechtsfähig** (BGH, Beschl. v. 9.10.2003 – IX ZB 34/03, NJW-RR 2004, 258 = ZIP 2003, 2123). Die Vorgesellschaft ist »nach heute nahezu einhellig vertretener Meinung zum Auftreten und Handeln im Rechts- und Geschäftsverkehr im weiten Umfang berechtigt und dabei – abgesehen von der Rechtsfähigkeit im engeren Sinne –

einer juristischen Person bereits weitgehend angenähert« (BGH, Urt. v. 29.10.1992 – I ZR 264/90, BGHZ 120, 103, 106 = NJW 1993, 459).

d) Auflösung und Abwicklung (Liquidation)

Nach Rücknahme oder Ablehnung des Eintragungsantrags ist die **Auflösung** einer Vorgesellschaft durch **Beschluss der Gesellschafter** und die sich daran anschließende **Abwicklung (Liquidation) analog §§ 60 ff. GmbHG** möglich; die Gesellschaft besteht als Vorgesellschaft in Liquidation fort (BGH, Urt. v. 28.11.1997 – V ZR 178/96, NJW 1998, 1079; Urt. v. 31.03.2008 – II ZR 308/06, NJW 2008, 2441 Rn. 6). Außerdem kann eine Vor-Gesellschaft durch **Kündigung eines Gesellschafters** aus wichtigem Grund analog § 723 Abs. 1 Satz 2 und 3 Nr. 1 BGB aufgelöst werden; damit ein Gesellschafter nicht in die Gefahr kommt, durch eine Fortführung der Geschäfte der Vor-Gesellschaft in eine unbeschränkte Außenhaftung nach personengesellschaftsrechtlichen Grundsätzen zu geraten (s. Rdn. 46 ff.), ist ein wichtiger Grund insbesondere dann anzunehmen, wenn der Fortgang der Gesellschaftsgründung daran scheitert, dass ein Mitgesellschafter zur Leistung seiner Einlage außer Stande ist (BGH, Urt. v. 23.10.2006 – II ZR 162/05, BGHZ 169, 270 Rn. 15 f. = NJW 2007, 589 zur Vor-AG). In Abkehr von der früheren Rechtsprechung (BGH, Urt. v. 16.10.1963 – II ZR 19/62, NJW 1963, 859; Urt. v. 24.10.1968 – II ZR 216/66, BGHZ 51, 30, 34 = NJW 1969, 509; Urt. v. 13.12.1982 – II ZR 282/81, BGHZ 86, 122, 127 = NJW 1983, 876) sind nicht die Gesellschafter, sondern die **Geschäftsführer** für die Abwicklung (Liquidation) zuständig; denn die Kompetenzverteilung der §§ 730 ff. BGB passt nicht zu der – durch Fremdorganschaft geprägten – körperschaftlichen Struktur der Vor-Gesellschaft (BGH, Urt. v. 23.10.2006 – II ZR 162/05, BGHZ 169, 270 Rn. 27 = NJW 2007, 589 zur Vor-AG). 15

2. Schrifttum

Nachdem 1970 im Schrifttum vom »Rätsel Vorgesellschaft« gesprochen worden ist (*Weidemann* JurA 1970, 439, 440), wurde anlässlich des Urteils des Bundesgerichtshof vom 9.3.1981 zur »Unterbilanzhaftung« der Gesellschafter für die von der Vorgesellschaft begründeten Verbindlichkeiten (BGH, Urt. v. 09.03.1981 – II ZR 54/80, BGHZ 80, 129 = NJW 1981, 1373) die »Enträtselung der Vorgesellschaft« vermeldet (*Flume* NJW 1981, 1353; s. auch Rdn. 34). Anlässlich des Vorlagebeschlusses des Bundesgerichtshof an den Gemeinsamen Senat der obersten Gerichtshöfe des Bundes vom 4.3.1996 (II ZR 123/94, NJW 1996, 1210; vgl. auch BGH, Urt. v. 27.01.1997 – II ZR 123/94, BGHZ 134, 333 = NJW 1997, 1507) zur »Verlustdeckungshaftung« der Gesellschafter bei gescheiterter Gründung der GmbH ist die »Enträtselung des Rätsels Vorgesellschaft« wieder in Frage gestellt worden (*Schütz* GmbHR 1996, 727; s. auch Rdn. 45). 16

Der **Übergang der Rechte und Pflichten** von der Vorgesellschaft auf die durch die Eintragung »als solche« entstehende GmbH wird nach neuerer Auffassung nicht mit einer **Rechtsnachfolge**, sondern mit der **Identität von Vorgesellschaft und GmbH** begründet (vgl. Baumbach/Hueck/*Fastrich* § 11 Rn. 56 f.; Lutter/Hommelhoff/*Bayer* § 11 Rn. 5 Rowedder/*Schmidt-Leithoff* § 11 Rn. 15, 32, 135; Scholz/K. *Schmidt* § 11 Rn. 25, 31, 151 ff.; K. *Schmidt* GmbHR 1997, 869, 871); teilweise wird von einer »kraft objektiven Rechts eintretenden« **formwechselnden Umwandlung** gemäß § 190 Abs. 1 UmwG ausgegangen (*Ulmer/Habersack* § 11 Rn. 7, 12, 51, 90; *Roth*/Altmeppen § 11 Rn. 19, 60). 17

Nachdem der Bundesgerichtshof mit Urteil vom 29.1.2001 die Rechtsfähigkeit der Gesellschaft bürgerlichen Rechts (GbR) anerkannt hat (II ZR 331/00, BGHZ 146, 341 = NJW 2001, 1056), wird hinsichtlich der »Einordnung des Gebildes Vorgesellschaft in die Phalanx der Rechtsformen« indes eine »neuerliche Verdunkelung« beobachtet: Denn die Anerkennung der Rechtsfähigkeit der GbR habe auch die Anerkennung der Rechtsfähigkeit der Vorgesellschaft – anstelle der vielen Einzelfähigkeiten, die man ihr bisher schon zuerkannte – zur Folge, obwohl die Vorgesellschaft »nach eindeutigem Bekenntnis des Gesetzes« keine juristische Person sei; mit der Bejahung der Rechtsfähigkeit der Vorgesellschaft sei das »vorab als entscheidend angesehene Fehlen der Rechtsfähigkeit 18

§ 11 GmbHG   Rechtszustand vor der Eintragung

als Differenz zwischen Vorgesellschaft und Kapitalgesellschaft weggefallen« (*Zöller* FS Wiedemann 2002, 1383, 1388).

II. Haftung der Gesellschafter für die von der Vorgesellschaft begründeten Verbindlichkeiten

19 Hinsichtlich der Haftung der Gesellschafter für die Verbindlichkeiten einer in das Handelsregister **eingetragenen Gesellschaft** ist § 13 Abs. 2 GmbHG die maßgebende Bestimmung: Da für die Verbindlichkeiten der GmbH den Gläubigern nur das Gesellschaftsvermögen haftet, ist eine persönliche Haftung der Gesellschafter für die von der Gesellschaft begründeten Verbindlichkeiten ausgeschlossen. § 13 Abs. 2 GmbHG schließt indes nicht die Haftung der Gesellschafter für diejenigen Verbindlichkeiten aus, die **vor Eintragung** der Gesellschaft in das Handelsregister begründet worden sind und die mit der Eintragung von der Vorgesellschaft auf die GmbH übergehen (s. Rdn. 9). Hinsichtlich der Gesellschafterhaftung für diese Verbindlichkeiten ist ein im Wege richterlicher Rechtsfortbildung entwickeltes Konzept maßgebend, weil das Konzept des Gesetzgebers, der §§ 11, 13 GmbHG seit Inkrafttreten des GmbH-Gesetzes nicht geändert hat, als nicht praxisgerecht angesehen wird; der Gesetzgeber hat – ausweislich der Begründung des Entwurfs eines Gesetzes über Gesellschaften mit beschränkter Haftung (GmbHG) vom 26.2.1973 durch die Bundesregierung – »von einer Regelung der zum Recht der Vorgesellschaft bestehenden Streitfragen« abgesehen, weil »es zweckmäßiger erscheint, sie der Wissenschaft und Rechtsprechung zur Klärung zu überlassen« (Gesetzesentwurf der Bundesregierung, BT-Drs. 7/253, S. 96; s. auch Rdn. 2).

20 Nach der **ursprünglichen Vorstellung des Gesetzgebers** sollte das Tätigwerden der Geschäftsführer der Vorgesellschaft allein darauf gerichtet sein, die Eintragung der Gesellschaft in das Handelsregister herbeizuführen; das Stammkapital sei »von einer Vorwegbelastung mit Verbindlichkeiten, die nicht aus der Satzung ersichtlich sind, tunlichst freizuhalten« (»**Vorbelastungsverbot**«; BGH, Urt. v. 16.06.1955 – II ZR 300/53, BGHZ 17, 385, 390 f. = NJW 1955, 1229 zur Vor-Genossenschaft; Urt. v. 02.05.1966 – II ZR 219/63, BGHZ 45, 338, 343 = NJW 1966, 1311; Urt. v. 09.02.1970 – II ZR 137/69, BGHZ 53, 210, 212 = NJW 1970, 806; Urt. v. 15.12.1975 – II ZR 95/73, BGHZ 65, 378, 383 = NJW 1976, 419). Da in der Praxis, insbesondere bei der Einbringung eines Handelsgeschäfts im Wege der Sacheinlage, mit der Aufnahme des Geschäftsbetriebs häufig nicht bis zur Eintragung der Gesellschaft in das Handelsregister abgewartet werden kann, hat der **Bundesgerichtshof** durch die **Urteile vom 9.3.1981 und vom 27.1.1997** ein Konzept entwickelt, um - trotz des Übergangs der Verbindlichkeiten der Vorgesellschaft auf die GmbH (s. Rdn. 9) - die Unversehrtheit des Stammkapitals im Zeitpunkt der Eintragung anders als durch ein Vorbelastungsverbot sicherzustellen: Die Gesellschafter der Vorgesellschaft haften dafür, dass die Gesellschaft **im Zeitpunkt ihrer Eintragung** in das Handelsregister über das im Gesellschaftsvertrag verlautbarte Stammkapital verfügt; die – auch als »**Vorbelastungshaftung**« bezeichnete – »**Unterbilanzhaftung**« ist eine **unbeschränkte und anteilige (Innen-)Haftung der Gesellschafter** gegenüber der Gesellschaft für die von der Vorgesellschaft begründeten Verbindlichkeiten (BGH, Urt. v. 09.03.1981 – II ZR 54/80, BGHZ 80, 129, 136 ff. = NJW 1981, 1373; Urt. v. 27.01.1997 – II ZR 123/94, BGHZ 134, 333, 339 ff. = NJW 1997, 1507; s. auch Rdn. 23 ff.).

21 Wenn die Gesellschaft **nicht eingetragen** wird, ist hinsichtlich der Haftung der Gesellschafter einer Vorgesellschaft für deren Verbindlichkeiten wie folgt zu unterscheiden: Sofern die Geschäftstätigkeit der Vorgesellschaft **nach Aufgabe der Eintragungsabsicht sofort beendet** wird, besteht nach der Rechtsprechung des Bundesgerichtshof und anderer oberster Gerichtshöfe des Bundes eine »**Verlustdeckungshaftung**«; da die Verlustdeckungshaftung zusammen mit der Unterbilanzhaftung – eine Erscheinungsform der einheitlichen »Gründerhaftung« ist, handelt es sich bei der Verlustdeckungshaftung um eine **unbeschränkte und anteilige sowie grundsätzlich nur im (Innen-)Verhältnis zur Vorgesellschaft** bestehende Haftung der Gesellschafter (GemSOGB, Verfügungen vom 01.07.1996 und 14.08.1996 – 1/95, 1/96, WiB 1996, 934; BGH, Urt. v. 27.01.1997 – II ZR 123/94, BGHZ 134, 333, 334 ff. = NJW 1997, 1507; s. auch Rdn. 36 ff.). Sofern indes die Geschäftstätigkeit **trotz Aufgabe der Eintragungsabsicht nicht sofort beendet**, sondern fortgeführt wird, haften die Gesellschafter der Vorgesellschaft für deren Verbindlichkeiten nach **personengesell-**

schaftsrechtlichen Grundsätzen; bei dieser Haftung handelt es sich um eine **unbeschränkte und gesamtschuldnerische Außenhaftung** der Gesellschafter der Vorgesellschaft gegenüber den Gläubigern (BGH, Urt. v. 04.11.2002 – II ZR 204/00, BGHZ 152, 290, 294 f. = NJW 2003, 429; s. auch Rdn. 46 ff.). Sofern die Gesellschafter **von Anbeginn an nicht die Absicht haben**, die Gesellschaft eintragen zu lassen, haften die Gesellschafter einer solchen, als »**unechte Vorgesellschaft**« bezeichneten Gesellschaft nach **personengesellschaftsrechtlichen Grundsätzen** (s. auch Rdn. 10, 47).

Die Gründungsvorschriften sind auf die wirtschaftliche Neugründung einer Gesellschaft mittels »Aktivierung« einer Vorratsgesellschaft oder »Wiederbelebung« eines leeren (GmbH-)Mantels durch Ausstattung mit einem Unternehmen analog anzuwenden: Sowohl bei der »Aktivierung« einer Vorratsgesellschaft als auch bei der »Wiederbelebung« eines leeren (GmbH-)Mantels durch Ausstattung mit einem (neuen) Unternehmen ist die Kapitalaufbringung als zentrales, die Haftungsbegrenzung auf das Gesellschaftsvermögen rechtfertigendes Element nicht nur durch die registergerichtliche Präventivkontrolle (s. § 3 GmbHG Rdn. 29 ff., § 7 GmbHG Rdn. 4, § 8 GmbHG Rdn. 24, 32 und § 9c GmbHG Rdn. 25, 39), sondern auch durch analoge Anwendung des Haftungsmodells der Unterbilanzhaftung (Vorbelastungshaftung) der Gesellschafter sicherzustellen: Maßgeblicher Stichtag für das Bestehen und die Höhe einer Unterbilanzhaftung ist die – mit der Versicherung (§ 8 Abs. 2 GmbHG analog) zu verbindende – Anmeldung der mit der wirtschaftlichen Neugründung einhergehenden Änderungen des Gesellschaftsvertrags, insbesondere des Unternehmensgegenstands (vgl. § 54 GmbHG) bzw. deren Offenlegung gegenüber dem Registergericht; einer Gewährleistung der Unversehrtheit des im Gesellschaftsvertrag festgelegten Stammkapitals über diesen Zeitpunkt hinaus ist – anders als bei einer »regulären« (oder »echten«) rechtlichen Neugründung einer Gesellschaft – nicht veranlasst, weil der bereits als Gesellschaft wirksam entstandene Rechtsträger zu seiner weiteren rechtlichen Existenz keiner zusätzlichen Eintragung (mehr) bedarf (BGH, Beschl. v. 07.07.2003 – II ZB 4/02, BGHZ 155, 318, 326 f. = NJW 2003, 3198). Unterbleibt die Offenlegung der wirtschaftlichen Neugründung, ist die Haftung der Gesellschafter auf eine Unterbilanz begrenzt, die in dem Zeitpunkt besteht, zu dem die wirtschaftliche Neugründung entweder durch die Anmeldung der Satzungsänderungen oder durch die Aufnahme der wirtschaftlichen Tätigkeit erstmals nach außen in Erscheinung getreten ist (BGH, Urt. v. 06.03.2012 – II ZR 56/10, BGHZ 192, 341 Rn. 14 ff. = NJW 2012, 1875 in Abweichung zu BGH, Beschl. vom 26.11.2007 – II ZA 14/06, NZG 2008, 147 Rn. 4 = ZIP 2008, 217 und zu BGH, Beschl. v. 26.11.2007 – II ZA 15/06, DStR 2008, 933 Rn. 4; Urt. v. 10.12.2013 – II ZR 53/12, NZG 2014, 264 Rn. 8 = ZIP 2004, 418). Die Annahme einer zeitlich und der Höhe nach unbeschränkten Verlustdeckungshaftung der Gesellschafter ist als Sanktionsmittel bei einer Verletzung der Offenlegungspflicht nicht geboten; die Gesellschafter der wirtschaftlich neu gegründeten Gesellschaft haben im Rahmen der Unterbilanzhaftung (anteilig) den Wert des Gesellschaftsvermögens bis zur Höhe des zugesagten Stammkapitals, mithin die Kaptaldeckung, zu gewährleisten (BGH, Urt. v. 06.03.1012 – II ZR 56/10, BGHZ 192, 341 Rn. 27 f. = NJW 2012, 1875).

1. Unterbilanzhaftung bei erfolgter Eintragung der Gesellschaft

a) Rechtsprechung des Bundesgerichtshofs

Der Bundesgerichtshof hat durch **Urteil vom 9.3.1981** seine **frühere Rechtsprechung**, nach der das Stammkapital einer Gesellschaft vor ihrer Eintragung in das Handelsregister »von einer Vorwegbelastung mit Verbindlichkeiten, die nicht aus der Satzung ersichtlich sind, tunlichst freizuhalten« sei (BGH, Urt. v. 09.02.1970 – II ZR 137/69, BGHZ 53, 210, 212 = NJW 1970, 806; s. auch Rdn. 20), **aufgegeben** (BGH, Urt. v. 09.03.1981 – II ZR 54/80, BGHZ 80, 129, 136 ff. = NJW 1981, 1373):

Es sei »nicht daran vorbeizukommen, dass es ein Kerngedanke des Kapitalgesellschaftsrechts ist, die juristische Person nur mit einem garantierten Mindestkapital als der unerlässlichen Betriebs- und Haftungsgrundlage ins Leben treten zu lassen; darauf dass die GmbH wenigstens im Augenblick ihrer Eintragung, in dem sie ›als solche‹ entsteht (§ 11 Abs. 1 GmbHG), über diesen öffentlich verlautbarten Haftungsfonds tatsächlich verfügt, soll sich der Rechtsverkehr verlassen dürfen [...]. Es ist also im Grundsatz daran festzuhalten, dass es dem Zweck der Kapitalaufbringungsvorschriften widerspricht, das garantierte Anfangsvermögen der GmbH vorweg durch eine Belastung mit Verbindlichkeiten auszuhöhlen, die sich weder aus dem Gesetz noch aus der Satzung unmittelbar oder mittelbar ergibt.« Der Übergang der Verbindlichkeiten der Vorgesellschaft auf die in das Handelsregister eingetragene Gesellschaft könne allerdings »bei Verbindlichkeiten, die mit einer satzungsgemäß eingebrachten Sacheinlage [...] notwendig verbunden sind, zur Folge haben, dass der Wert des eingebrachten Gegenstandes den Betrag der dafür übernommenen Stammeinlage in Wirklichkeit nicht (oder nicht mehr) erreicht. In diesem Fall muss der Gesellschafter den Fehlbetrag in Geld ausgleichen (§ 9 GmbHG [...]; sog. Differenzhaftung). Der **Unversehrtheitsgrundsatz** wird hier also **nicht buchstäblich, sondern wertmäßig** verstanden, d. h. das eingebrachte Sachvermögen soll bei Aufstellung einer Bilanz einen Aktivüberschuss in Höhe der Stammkapitalziffer aufweisen.« Da der Grundsatz der wertmäßigen Aufbringung des Stammkapitals auch bei Bargründungen gelte, sei es folgerichtig »hier ebenfalls eine **Differenzhaftung** eingreifen zu lassen, also die Gesellschafter gegenüber der eingetragenen GmbH zur Ausfüllung der Kapitallücke zu verpflichten, die bilanzmäßig durch Vorbelastungen entstanden ist. Denn es macht vom Sinn der Kapitalaufbringungsvorschriften her grundsätzlich keinen Unterschied, ob z. B. ein als Sacheinlage eingebrachtes Unternehmen infolge ungünstiger Geschäftsabschlüsse nachträglich nicht mehr den in der Satzung festgesetzten Wert hat, ob schon vor Fälligkeit eingezahlte Bareinlagen bei der Eintragung verbraucht sind [...] oder ob das in Geldeinlagen und Einlageforderungen verkörperte Stammkapital durch Verbindlichkeiten aus einer gemeinsam gewollten vorzeitigen Geschäftsaufnahme schon vor der Eintragung aufgezehrt ist, so dass die GmbH mit einer Unterbilanz oder sogar überschuldet ins Leben tritt. Soll der gleiche, nunmehr ausdrücklich in § 9 GmbHG niedergelegte Rechtsgedanke in allen vergleichbaren Fällen sachgerecht zur Geltung kommen, so bedeutet dies, dass die Gesellschafter auch bei einer Bargründung der GmbH gegenüber anteilig für die Differenz zwischen dem Stammkapital (abzüglich solcher Gründungskosten, die der Sache nach zu Lasten der GmbH gehen, wie insbesondere Eintragungs- und Bekanntmachungsgebühren) und dem Wert des Gesellschaftsvermögens im Zeitpunkt der Eintragung haften, was gegebenenfalls eine Ausfallhaftung gemäß § 24 GmbHG einschließt. Damit sind die Interessen der Alt- und Neugläubiger ebenso wie die der Gesellschaft selbst mindestens genauso gewahrt wie bei einer Vorbelastungssperre.«

24 Durch die Unterbilanzhaftung wird gewährleistet, dass das **Stammkapital der Gesellschaft im Zeitpunkt ihrer Eintragung** in das Handelsregister im Interesse der Gläubiger **unversehrt** ist (BGH, Urt. v. 16.03.1981 – II ZR 59/80, BGHZ 80, 182, 183 = NJW 1981, 1452; Urt. v. 23.11.1981 – II ZR 115/81, GmbHR 1982, 235; Urt. v. 24.10.1988 – II ZR 176/88, BGHZ 105, 300, 302 f. = NJW 1989, 710; Urt. v. 06.12.1993 – II ZR 102/93, BGHZ 124, 282, 286 = NJW 1994, 724; Urt. v. 16.01.2006 – II ZR 65/04, BGHZ 165, 391 Rn. 24 = NJW 2006, 1594). Der Unterbilanzhaftungsanspruch, der gleichermaßen für Bar- wie für Sachgründungen gilt, dient nach Aufgabe des Vorbelastungsverbots der Sicherstellung des Unversehrtheitsgrundsatzes; er ist grundsätzlich wie der Anspruch auf Leistung fehlender Einlagen zu behandeln und unterliegt deshalb im Hinblick auf Herkunft und Regelungszweck denselben strengen Regeln der Kapitalaufbringung wie die ursprüngliche Einlageschuld (BGH, Urt. v. 16.01.2006 – II ZR 65/04, BGHZ 165, 391 Rn. 24 = NJW 2006, 1594; Urt. v. 06.03.2012 – II ZR 56/10, BGHZ 192, 341 Rn. 34 = NJW 2012, 1875)

aa) Voraussetzungen

25 Die Unterbilanzhaftung setzt eine **übereinstimmende Ermächtigung der Geschäftsführer** durch die Gesellschafter der Vorgesellschaft voraus, bereits vor Eintragung der Gesellschaft in das Handelsregister den Geschäftsbetrieb aufzunehmen und hierzu Verbindlichkeiten einzugehen; eine solche Ermächtigung bedarf keines förmlichen Beschlusses der Gesellschafter (BGH, Urt. v. 09.03.1981 – II ZR 54/80, BGHZ 80, 129, 139 = NJW 1981, 1373; Urt. v. 16.03.1981 – II ZR 59/80, BGHZ 80, 182, 183 = NJW 1981, 1452; Urt. v. 24.10.1988 – II ZR 176/88, BGHZ 105, 300, 303 = NJW 1989, 710). Ohne Ermächtigung durch die Gesellschafter wird die (Vor-)Gesellschaft durch ein Handeln des – insoweit vollmachtlosen – Geschäftsführers nicht verpflichtet, so

dass eine Unterbilanzhaftung der Gesellschafter nicht in Betracht kommt (zur Handelndenhaftung gemäß Abs. 2 s. Rdn. 55, 65).

bb) Rechtsfolge: unbeschränkte und anteilige Innenhaftung der Gesellschafter

Das Bestehen einer Unterbilanzhaftung und deren Höhe werden durch die Vermögensverhältnisse der Gesellschaft im Zeitpunkt ihrer Eintragung in das Handelsregister bestimmt. Die Vermögensverhältnisse sind durch eine auf diesen Zeitpunkt zu erstellende (**Vorbelastungs-**)**Bilanz** zu ermitteln: Im Hinblick auf die besondere Zweckbestimmung dieser Bilanz ist das Gesellschaftsvermögen grundsätzlich nach Fortführungsgrundsätzen mit seinen wirklichen Werten so zu bewerten, als würde es im Zeitpunkt der Eintragung der Gesellschaft (erstmals) als Einlage eingebracht (BGH, Urt. v. 06.12.1993 – II ZR 102/93, BGHZ 124, 282, 285 ff. = NJW 1994, 724). Im Fall einer negativen Fortbestehensprognose ist das Vermögen indes nach **Veräußerungswerten** (»Zerschlagungswerten«) zu bilanzieren (BGH, Urt. v. 29.09.1997 – II ZR 245/96, NJW 1998, 233). Sofern die Geschäftstätigkeit der Vorgesellschaft erfolgreich war und bis zur Eintragung der Gesellschaft schon zu einer Organisationseinheit geführt hat, die als Unternehmen anzusehen ist, das über seine einzelnen Vermögenswerte hinaus einen eigenen Vermögenswert darstellt, erfolgt die Bewertung des Vermögens nach der **Ertragswertmethode**; der Zweck der Unterbilanzhaftung hindert die Berücksichtigung des Geschäfts- oder Firmenwerts in der Bilanz nicht (BGH, Urt. v. 09.11.1998 – II ZR 190/97, BGHZ 140, 35, 36 f. = NJW 1999, 283; Urt. 18.03.2002 – II ZR 11/01, NZG 2002, 524). Bei einem als »Start-up-Unternehmen« zu bezeichnenden Unternehmen, das sich bis zur Eintragung in das Handelsregister noch in der Phase der operativen Vorbereitung des Geschäfts befunden hat, kann von einer als Unternehmen anzusehenden strukturierten Organisationseinheit nur in engen Ausnahmefällen und erst dann ausgegangen werden, wenn das von den Gründungsgesellschaftern verfolgte innovative Geschäftskonzept seine Bestätigung am Markt gefunden hat (BGH, Urt. v. 16.01.2006 – II ZR 65/04, BGHZ 165, 391 Rn. 14 = NJW 2006, 1594).

26

In ihrer **Höhe** ist die Unterbilanzhaftung nicht auf den Betrag des im Gesellschaftsvertrag verlautbarten Stammkapitals oder den Betrag der noch nicht geleisteten Einlagen beschränkt, sondern auf den **vollen Ausgleich des Verlusts** gerichtet, um zu gewährleisten, dass das Stammkapital der Gesellschaft im Zeitpunkt ihrer Eintragung in das Handelsregister unversehrt ist (BGH, Urt. v. 23.11.1981 – II ZR 115/81, GmbHR 1982, 235). Insofern besteht eine – nur durch das Erreichen der Stammkapitalziffer nach oben begrenzte – **unbeschränkte Haftung**. Vor der Eintragung freiwillig erbrachte Mehrleistungen sind nicht anders zu beurteilen als die (Mindest-)Leistungen auf die Geschäftsanteile, zu deren Erbringung die Gesellschafter gemäß § 7 Abs. 2 GmbHG verpflichtet sind; da sich Leistungen der Gesellschafter, die in das Vermögen der Vorgesellschaft erfolgen, regelmäßig auch im Vermögen der GmbH erhöhend auswirken, fällt die Unterbilanz nämlich niedriger aus, als sie ohne die freiwillige Mehrleistung ausfallen würde (BGH, Urt. v. 24.10.1988 – II ZR 176/88, BGHZ 105, 300, 303 f. = NJW 1989, 710; Urt. v. 27.01.1997 – II ZR 123/94, BGHZ 134, 333, 339 = NJW 1997, 1507; anders noch BGH, Urt. v. 09.03.1981 – II ZR 54/80, BGHZ 80, 129, 137 = NJW 1981, 1373; s. auch § 7 GmbHG Rdn. 21).

27

Die Gesellschafter haften für den Ausgleich der Unterbilanz **nur anteilig** entsprechend ihrer gesellschaftlichen Beteiligung (**pro rata**) und nicht als Gesamtschuldner (BGH, Urt. v. 09.03.1981 – II ZR 54/80, BGHZ 80, 129, 141 = NJW 1981, 1373; Urt. v. 16.03.1981 – II ZR 59/80, BGHZ 80, 182, 183 = NJW 1981, 1452; Urt. v. 24.10.1988 – II ZR 176/88, BGHZ 105, 300, 303 = NJW 1989, 710; Urt. v. 23.11.1981 – II ZR 115/81, GmbHR 1982, 235; Urt. v. 17.02.2003 – II ZR 281/00, NZG 2003, 393 = ZIP 2003, 625; Urt. v. 16.01.2006 – II ZR 65/04, BGHZ 165, 391 Rn. 10 = NJW 2006, 1594; Urt. v. 06.03.2012 – II ZR 56/10, BGHZ 192, 341 Rn. 15 = NJW 2012, 1875).

28

Die Unterbilanzhaftung der Gesellschafter besteht **nur im (Innen-)Verhältnis zur Gesellschaft**, weil mit der Aufgabe des Vorbelastungsverbots und der Einführung der Unterbilanzhaftung die für eine Außenhaftung der Gesellschafter der Vorgesellschaft sprechenden Gründe entfallen sind; da die Verbindlichkeiten aus den mit der Vorgesellschaft getätigten Geschäften auf die GmbH übergehen und

29

§ 11 GmbHG Rechtszustand vor der Eintragung

darüber hinaus die Unterbilanzhaftung auch die den Mindesteinlagebetrag übersteigende Zahlung ergreift, die »freiwillig« vor Eintragung der GmbH zur Erfüllung der Resteinlagepflicht vorgenommen wird, ist die besondere, für die Außenhaftung sprechende Gefahrenlage entfallen (BGH, Urt. v. 27.01.1997 – II ZR 123/94, BGHZ 134, 333, 339 ff. = NJW 1997, 1507; Urt. v. 19.03.2001 – II ZR 249/99, NJW 2001, 2092; vgl. BGH, Urt. v. 09.03.1981 – II ZR 54/80, BGHZ 80, 129, 144 f. = NJW 1981, 1373). Die Unterbilanzhaftung ist selbst dann als Innenhaftung ausgestaltet, wenn die GmbH vermögenslos ist oder nur einen Gesellschafter hat; ein Gläubiger ist darauf verwiesen, den Anspruch der Gesellschaft gegen ihre Gesellschafter auf Grund der Unterbilanzhaftung im Wege der Forderungspfändung geltend zu machen oder einen Insolvenzantrag gegen die GmbH zu stellen (BGH, Urt. v. 24.10.2005 – II ZR 129/04, NZG 2006, 64 = ZIP 2005, 2257).

30   Da der Anspruch auf Grund der Unterbilanzhaftung grundsätzlich wie ein Anspruch auf Leistung fehlender Bareinlagen zu behandeln ist, unterliegt er denselben strengen **Regeln der Kapitalaufbringung** wie die ursprüngliche Einlageverpflichtung (BGH, Urt. v. 06.12.1993 – II ZR 102/93, BGHZ 124, 282, 286 = NJW 1994, 724). Nach diesen Regeln ist bei der Unterbilanzhaftung ein automatisches Erlöschen des Anspruchs durch faktische Zweckerreichung infolge anderweitiger Auffüllung des Haftungsfonds ausgeschlossen; der – in der Jahresbilanz zu aktivierende – Anspruch auf Grund der Unterbilanzhaftung geht nicht automatisch unter, wenn die Gesellschaft nach dem Stichtag aus anderen Gründen über ein die Stammkapitalziffer deckendes Vermögen, namentlich über nicht ausgeschüttete Gewinne oder eine auflösungsfähige Kapitalrücklage i. S. d. § 272 Abs. 2 Nr. 4 HGB, verfügt (BGH, Urt. v. 16.01.2006 – II ZR 65/04, BGHZ 165, 391 Rn. 21 ff. = NJW 2006, 1594).

31   Ein Gesellschafter kann gegen den Anspruch der Gesellschaft auf Grund der Unterbilanzhaftung **nicht** mit Forderungen, die er gegen die GmbH besitzt, **aufrechnen** (§ 19 Abs. 2 Satz 2 GmbHG analog); wenn der Gegenanspruch des Gesellschafters vollwertig, fällig und liquide (d. h. nicht einwendungs- oder einredebehaftet) ist, kann indes die Gesellschaft den – in der Jahresbilanz zu aktivierenden – Anspruch auf Grund der Unterbilanzhaftung mit dem Jahresüberschuss bzw. dem Bilanzgewinn durch Ergebnisverwendungsbeschluss oder durch Auflösung von Kapital- oder Gewinnrücklagen anlässlich der Feststellung des Jahresabschlusses verrechnen (BGH, Urt. v. 16.01.2006 – II ZR 65/04, BGHZ 165, 391 Rn. 25 = NJW 2006, 1594).

cc) **Verjährung**

32   Hinsichtlich der Verjährung des Anspruchs auf Grund der Unterbilanzhaftung ist § 9 Abs. 2 GmbHG analog anzuwenden, weil dieser Anspruch und der Anspruch auf Grund der (Differenz-)Haftung wegen der Überbewertung einer Sacheinlage gemäß § 9 GmbHG angesichts der Schwierigkeiten ihrer Ermittlung in tatsächlicher Hinsicht einander gleichen (BGH, Urt. v. 24.10.1988 – II ZR 176/88, BGHZ 105, 300, 304 ff. = NJW 1989, 710 unter Bezugnahme auf § 9 Abs. 2 GmbHG a. F.; Urt. v. 10.12.2001 – II ZR 89/01, BGHZ 149, 273, 275 f. = NJW 2002, 824 zur Vor-Genossenschaft). Seit Inkrafttreten der – durch Art. 13 Nr. 1 des »Gesetzes zur Anpassung der Verjährungsvorschriften an das Gesetz zur Modernisierung des Schuldrechts« vom 9. Dezember 2004 (BGBl. I, 3214) erfolgten – Neuregelung verjährt der Anspruch der Gesellschaft in zehn Jahren seit der Eintragung der Gesellschaft in das Handelsregister (zur Neuregelung des § 9 Abs. 2 GmbHG s. § 9 GmbHG Rdn. 13 f.; zur Verjährung des Anspruchs auf Grund der Verlustdeckungshaftung s. Rdn. 44).

dd) **Darlegungs- und Beweislast**

33   Die Darlegungs- und Beweislast für das Bestehen eines Anspruchs auf Grund der Unterbilanzhaftung trägt grundsätzlich die **Gesellschaft** bzw. im Fall ihrer Insolvenz der **Insolvenzverwalter** (BGH, Urt. v. 29.09.1997 – II ZR 245/96, NJW 1998, 233). Sofern keine (Vorbelastungs-)Bilanz auf den (Stich-)Tag der Eintragung erstellt worden ist oder keine geordneten Geschäftsaufzeichnungen vorhanden sind, besteht eine sekundäre Darlegungslast der Gesellschafter für das Gegenteil (BGH, Urt. v. 17.02.2003 – II ZR 281/00, NZG 2003, 393 = ZIP 2003, 625; Urt. v. 16.01.2006 –

II ZR 65/04, BGHZ 165, 391 = NJW 2006, 1594). Anderes gilt bei unterbliebener Offenlegung der wirtschaftlichen Neugründung einer GmbH (s. Rdn. 22): Die Umgehung des der Aufbringung des satzungsmäßigen Stammkapitals dienenden registergerichtlichen Präventivschutzes rechtfertigt eine Beweislastumkehr; die Gesellschafter tragen die Darlegungs- und Beweislast dafür, dass zu dem Zeitpunkt, zu dem die wirtschaftliche Neugründung nach außen in Erscheinung getreten ist, keine Differenz zwischen dem satzungsmäßigen Stammkapital und dem Wert des Gesellschaftsvermögens besteht (BGH, Urt. v. 06.03.2012 – II ZR 56/10, BGHZ 192, 341 Rn. 42 = NJW 2012, 1875).

b) Schrifttum

Im Schrifttum wird der Rechtsprechung des Bundesgerichtshofs zu der – der Höhe nach unbeschränkten und entsprechend dem Beteiligungsverhältnis anteiligen, nur im (Innen-)Verhältnis zur Gesellschaft bestehenden – Unterbilanzhaftung weitgehend zugestimmt (vgl. Baumbach/Hueck/*Fastrich* § 11 Rn. 61 ff.; Lutter/Hommelhoff/*Bayer* § 11 Rn. 32 ff.; MüKo GmbHG/*Merkt* § 11 Rn. 156 ff.; Rowedder/*Schmidt-Leithoff* § 11 Rn. 28 ff.; *Ulmer/Habersack* § 11 Rn. 80 ff., 101; vgl. aber auch Scholz/*K. Schmidt* § 11 Rn. 91 ff., 142). 34

2. Haftung bei gescheiterter GmbH-Gründung

Da die Gesellschaft vor ihrer Eintragung in das Handelsregister nicht »als solche« besteht (§ 11 Abs. 1 GmbHG), scheitert die Gründung einer GmbH, wenn die Vorgesellschaft nicht in das Handelsregister eingetragen wird; dies kann daran liegen, dass die Gesellschafter der Vorgesellschaft die Eintragungsabsicht wegen (register-)gerichtlicher Ablehnung der Eintragung (§ 9c GmbHG) oder aus anderen Gründen aufgeben. Hinsichtlich der Haftung der Gesellschafter ist zu unterscheiden, ob die Geschäftstätigkeit der Vorgesellschaft nach Aufgabe der Eintragungsabsicht **sofort beendet** (zur **Verlustdeckungshaftung** s. Rdn. 36 ff.) oder **fortgeführt** wird (zur **Haftung nach personengesellschaftsrechtlichen Grundsätzen** s. Rdn. 46 ff.). Außerdem ist der Fall zu berücksichtigen, dass die Gesellschafter **von Anbeginn an nicht die Absicht haben, die Gesellschaft eintragen zu lassen** (»unechte Vorgesellschaft«; zur **Haftung nach personengesellschaftsrechtlichen Grundsätzen** s. Rdn. 10, 47). 35

a) Verlustdeckungshaftung im Fall sofortiger Beendigung der Geschäftstätigkeit

aa) Rechtsprechung des Bundesgerichtshofs und anderer oberster Gerichtshöfe des Bundes

Der Bundesgerichtshof hat durch **Urteil vom 27.1.1997** seine **frühere Rechtsprechung**, nach der die Gesellschafter einer Vorgesellschaft, die nicht in das Handelsregister eingetragen wird, für deren Verbindlichkeiten nur beschränkt – bis zur Höhe ihrer Einlageverpflichtung – haften, wenn die Geschäftstätigkeit nach Aufgabe der Eintragungsabsicht sofort beendet wird (BGH, Urt. v. 15.06.1978 – II ZR 205/76, BGHZ 72, 45, 48 ff. = NJW 1978, 1978; Urt. v. 09.03.1981 – II ZR 54/80, BGHZ 80, 129, 144 = NJW 1981, 1373; BGH, Urt. v. 16.03.1981 – II ZR 59/80, BGHZ 80, 182, 184 = NJW 1981, 1452; vgl. BGH Urt. v. 15.12.1975 – II ZR 95/73, BGHZ 65, 378, 382 ff. = NJW 1976, 419; Urt. v. 19.12.1977 – II ZR 202/76, BGHZ 70, 132, 138 = NJW 1978, 636; Urt. v. 17.01.1983 – II ZR 89/82, ZIP 1983, 299; Urt. v. 07.05.1984 – II ZR 276/83, BGHZ 91, 148, 152 = NJW 1984, 2164), **aufgegeben** (BGH, Urt. v. 27.01.1997 – II ZR 123/94, BGHZ 134, 333, 334 ff. = NJW 1997, 1507): 36

Gegen die Haftungsbeschränkung seien insbesondere nach Aufgabe des Vorbelastungsverbots und der Einführung der Unterbilanzhaftung (Vorbelastungshaftung) berechtigte Bedenken erhoben worden. Es entstehe ein »Wertungswiderspruch [...], wenn die Haftung der Gesellschafter in der Vor-GmbH beschränkt wird, nach Eintragung in Gestalt der Unterbilanzhaftung [...] jedoch eine unbeschränkte Haftung eingreifen soll [...]. Das Ungleichgewicht zwischen einer beschränkten Haftung vor Eintragung und einer unbeschränkten Einstandspflicht nach Eintragung würde bei Verlusten der Vorgesellschaft für die Gründer einen erheblichen Anreiz bieten, die Eintragung nicht weiterzubetreiben und die Vorgesellschaft zu liquidieren [...]. Ein **Haftungsgleichlauf vor** und nach Eintragung der GmbH erscheint daher unabdingbar. Er gebietet, eine unbeschränkte Haftung der mit der Aufnahme der Geschäftstätigkeit einverstandenen Gründer für sämtliche Anlaufverluste der Vor-GmbH anzuerkennen.« Außerdem benötige die »Unterbilanzhaftung, die erst nach Eintragung der Gesellschaft in das Handelsregister Rechtsfolgen entfaltet, [...] in der Entwicklungsstufe der Vor-GmbH ein gleichwertiges Äquivalent. Denn erst eine schon während des Bestehens der Vor-GmbH eingreifende unbeschränkte Haftung der Gründer kann die nach der Eintragung wirkende Vorbelastungs- oder Unterbilanzhaftung legitimieren [...]. Es erscheint unter diesem Gesichtspunkt geboten, von einer **einheitlichen Gründerhaftung** auszugehen [...], die sich in eine Verlustdeckungshaftung und eine Vorbelastungshaftung aufspaltet, jedoch auf den gleichen, der jeweiligen Gründungsphase angepassten Anspruchsvoraussetzungen basiert.« Mit Aufgabe des Vorbelastungsverbots und der Einführung der Unterbilanzhaftung (Vorbelastungshaftung) seien außerdem die Gründe entfallen, die bisher [...] im Gläubigerinteresse eine Außenhaftung erforderlich machten: »Entsprechend dem für die GmbH gültigen gesetzlichen Konzept ist die an die Eintragung der GmbH geknüpfte Vorbelastungshaftung (Unterbilanzhaftung) folgerichtig stets unter dem Gesichtspunkt der internen Haftung der Gesellschafter gesehen worden. Der **weitgehende Gleichlauf der Verlustdeckungshaftung mit der Vorbelastungshaftung**, die beide in einem engen Zusammenhang stehen, spricht somit nachdrücklich dafür, auch dieses Rechtsinstitut mit anteiliger Haftung auszuformen«.

37 Dem Urteil des Bundesgerichtshofs vom 27.01.1997 ist eine **Befassung des Gemeinsamen Senats der obersten Gerichtshöfe des Bundes** vorangegangen: Zuerst hat das Bundesarbeitsgericht, das von der Auffassung des Bundessozialgerichts zur unbeschränkten Haftung der Gesellschafter einer Vorgesellschaft (BSG, Urt. v. 28.02.1986 – 2 RU 21/85, BSGE 60, 29, 32 f. = ZIP 1986, 645; Urt. v. 28.02.1986 – 2 RU 22/85, BB 1986, 2271) abweichen wollte, dem Gemeinsamen Senat der obersten Gerichtshöfe des Bundes die Frage zur Entscheidung vorgelegt, ob die »Gesellschafter einer Vor-GmbH für nicht rechtsgeschäftlich begründete Verbindlichkeiten der Vor-GmbH nur beschränkt haften« (BAG, Beschl. v. 23.08.1995 – 10 AZR 908/94, BAGE 80, 353, 339 ff. = ZIP 1995, 1892). Da der Bundesgerichtshof von seiner früheren Rechtsprechung zu der – auf die Höhe ihrer Einlageverpflichtung – begrenzten Außenhaftung der Gesellschafter einer Vorgesellschaft abweichen wollte, hat er dem Gemeinsamen Senat der obersten Gerichtshöfe des Bundes mit Beschluss vom 4.3.1996 die Frage zur Entscheidung vorgelegt, ob »die Gesellschafter einer Vor-GmbH für Verbindlichkeiten dieser Gesellschaft unbeschränkt und grundsätzlich nur im Verhältnis zur Vor-Gesellschaft« haften (II ZR 123/94, NJW 1996, 1210). Da das Bundessozialgericht und das Bundesarbeitsgericht sich der Auffassung des Bundesgerichtshofs angeschlossen haben (BSG, Äußerung vom 31.05.1996 – 2 S (U) 3/96, KTS 1996, 599; BAG, Beschl. v. 10.07.1996 – 10 AZR 908/94, BAGE 83, 283 = NJW 1996, 3165; s. die Hinweise von *Goette* DStR 1996, 1615), hat sich das vom Bundesarbeitsgericht eingeleitete Verfahren vor dem Gemeinsamen Senat der obersten Gerichtshöfe des Bundes erledigt; das auf Vorlage des Bundesgerichtshofs eingeleitete Verfahren ist eingestellt worden. Der Gemeinsame Senat der obersten Gerichtshöfe des Bundes hat folgende Entscheidung getroffen (GemSOGB Verfügungen vom 01.07.1996 und 14.08.1996 – 1/95, 1/96, WiB 1996, 934):

> »Hinsichtlich der Haftung der Gesellschafter einer Vor-GmbH gilt nach nunmehr einheitlicher Rechtsprechung der Bundesgerichte, dass für rechtsgeschäftliche wie für gesetzliche Verbindlichkeiten der Vor-GmbH im Außenverhältnis nur die Vor-GmbH mit ihrem Gesellschaftsvermögen haftet; eine unmittelbare Außenhaftung der Gesellschafter kommt nur in Ausnahmefällen in Betracht«.

38 Durch die Verlustdeckungshaftung wird gewährleistet, dass die Gesellschafter der Vorgesellschaft deren nicht vom Gesellschaftsvermögen gedeckten Verluste ausgleichen; die Verlustdeckungshaftung ist eine Erscheinungsform der **einheitlichen**, regelmäßig als **Innenhaftung der Gesellschafter gegenüber der Vorgesellschaft (Verlustdeckungshaftung)** bzw. **gegenüber der GmbH (Unterbilanzhaftung)** ausgestalteten **Gründerhaftung** (BGH, Urt. v. 27.01.1997 – II ZR 123/94, BGHZ 134, 333, 334 ff. = NJW 1997, 1507). Im Gegensatz zur Unterbelastungshaftung bedarf es keiner Auffüllung des Stammkapitals (BGH, Urt. v. 06.03.2012 – II ZR 56/10, BGHZ 192, 341 Rn. 15

= NJW 2012, 1875). Die Verlustdeckungshaftung schließt eine unbeschränkte und gesamtschuldnerische Außenhaftung, wie sie für das personengesellschaftsrechtliche Haftungssystem kennzeichnend ist, aus (BGH, Urt. v. 04.11.2002 – II ZR 204/00, BGHZ 152, 290, 293 f. = NJW 2003, 429). Die Verlustdeckungshaftung kommt auch bei einer – mit der Vor-GmbH von ihrer körperschaftlichen Struktur her insoweit vergleichbaren – **Vor-Genossenschaft** in Betracht (BGH, Urt. v. 10.12.2001 – II ZR 89/01, BGHZ 149, 273, 274 f. = NJW 2002, 824; vgl. BSG, Urt. v. 08.12.1999 – B 12 KR 18/99, BSGE 85, 200, 205 ff. = NZG 2000, 611).

Der Rechtsprechung des **Bundesgerichtshofs** zur Verlustdeckungshaftung haben sich das **Bundesarbeitsgericht** (BAG, Urt. v. 22.01.1997 – 10 AZR 908/94, BAGE 85, 94, 98 f. = NJW 1997, 3331; Urt. v. 15.12.1999 – 10 AZR 165/98, BAGE 93, 151, 156 f. = NJW 2000, 2915; Urt. v. 04.04.2001 – 10 AZR 305/00, EzA § 11 GmbHG Nr. 6; Urt. v. 01.12.2004 – 5 AZR 117/04, ZIP 2005, 350 zur AG; Urt. v. 25.01.2006 – 10 AZR 238/05, NZG 2006, 507 = ZIP 2006, 1044; vgl. aber auch BAG, Urt. v. 27.05.1997 – 9 AZR 483/96, BAGE 86, 38, 41 = NJW 1998, 628), der **Bundesfinanzhof** (BFH, Urt. v. 07.04.1998 – VII R 82/97, BFHE 185, 356, 360 = NJW 1998, 2926) und das **Bundessozialgericht** (BSG, Urt. v. 08.12.1999 – B 12 KR 10/98, BSGE 85, 192 = NZG 2000, 590; Urt. v. 08.12.1999 – B 12 KR 18/99, BSGE 85, 200, 204 ff. = NZG 2000, 611 zur Vor-Genossenschaft) angeschlossen. 39

(1) Voraussetzungen

Die Verlustdeckungshaftung setzt das Einverständnis der Gesellschafter einer Vorgesellschaft, bereits vor Eintragung der Gesellschaft in das Handelsregister den Geschäftsbetrieb aufzunehmen, und dementsprechend die **übereinstimmende Ermächtigung der Geschäftsführer** voraus, nicht nur die Eintragung der Gesellschaft herbeizuführen, sondern darüber hinaus Verbindlichkeiten einzugehen; auf die Kenntnis der Gesellschafter vom Abschluss eines bestimmten Geschäfts kommt es nicht an (BGH, Urt. v. 04.11.2002 – II ZR 204/00, BGHZ 152, 290, 296 = NJW 2003, 429). Ohne Ermächtigung durch die Gesellschafter wird die Vorgesellschaft durch ein Handeln des – insoweit vollmachtlosen – Geschäftsführers nicht verpflichtet, so dass eine Verlustdeckungshaftung der Gesellschafter nicht in Betracht kommt (zur Handelndenhaftung gemäß Abs. 2 s. Rdn. 55, 65). 40

(2) Rechtsfolge: unbeschränkte und anteilige Innenhaftung der Gesellschafter

Das Bestehen einer Verlustdeckungshaftung und deren Höhe werden durch die Vermögensverhältnisse der Vorgesellschaft bestimmt: Nicht vom Gesellschaftsvermögen gedeckte Verluste sind von den Gesellschaftern auszugleichen. In ihrer Höhe ist die Verlustdeckungshaftung nicht auf den Betrag des im Gesellschaftsvertrag verlautbarten Stammkapitals oder den Betrag der noch nicht geleisteten Einlagen beschränkt, sondern **unbeschränkt** (BGH, Urt. v. 27.01.1997 – II ZR 123/94, BGHZ 134, 333, 334 ff. = NJW 1997, 1507; Urt. v. 06.03.2012 – II ZR 56/10, BGHZ 192, 341 Rn. 15 = NJW 2012, 1875). 41

Die Gesellschafter der Vorgesellschaft haften für deren Verluste nur **anteilig** entsprechend ihrer gesellschaftlichen Beteiligung **(pro rata)** und nicht als Gesamtschuldner (BGH, Urt. v. 27.01.1997 – II ZR 123/94, BGHZ 134, 333, 334 = NJW 1997, 1507). Die Haftung ist selbst dann anteilig, wenn die Gesellschafter der Vorgesellschaft wegen deren Vermögenslosigkeit ausnahmsweise gegenüber den Gläubigern haften (s. Rdn. 43); denn eine solche Außenhaftung kann nicht weiter gehen als die Haftung der Gesellschafter im (Innen-)Verhältnis zur Vorgesellschaft (BSG, Urt. v. 08.12.1999 – B 12 KR 10/98, BSGE 85, 192, 198 f. = NZG 2000, 590; vgl. BAG, Urt. v. 22.01.1997 – 10 AZR 908/94, BAGE 85, 94, 100 = NJW 1997, 3331; Urt. v. 15.12.1999 – 10 AZR 165/98, BAGE 93, 151, 156 ff. = NJW 2000, 2915; Urt. v. 04.04.2001- 10 AZR 305/00, EzA § 11 GmbHG Nr. 6; Urt. 25.01.2006 – 10 AZR 238/05, NZG 2006, 507 = ZIP 2006, 1044; vgl. aber auch BAG, Urt. v. 27.05.1997 – 9 AZR 483/96, BAGE 86, 38, 41 = NJW 1998, 628). 42

Die Verlustdeckungshaftung der Gesellschafter einer Vorgesellschaft besteht – ebenso wie die an die Eintragung der Gesellschaft in das Handelsregister anknüpfende Unterbilanzhaftung – **grundsätz-** 43 lich nur **im (Innen-)Verhältnis zur Gesellschaft**, ohne dass den Gläubigern hierdurch unzumutbare Nachteile entstehen; denn diese können den Verlustdeckungsanspruch der Vorgesellschaft gegen ihre Gesellschafter pfänden und verwerten (BGH, Urt. v. 27.01.1997 – II ZR 123/94, BGHZ 134, 333, 338 ff. = NJW 1997, 1507; Urt. v. 19.03.2001 – II ZR 249/99, NJW 2001, 2092; Urt. v. 06.03.2012 – II ZR 56/10, BGHZ 192, 341 Rn. 15 = NJW 2012, 1875). **Ausnahmsweise** kommt eine **Außenhaftung der Gesellschafter** der Vorgesellschaft in Betracht, wenn diese vermögenslos ist, keinen Geschäftsführer mehr hat, keine weiteren Gläubiger vorhanden sind oder es sich um eine Einpersonen-Vorgesellschaft handelt (BGH, Urt. v. 27.01.1997 – II ZR 123/94, BGHZ 134, 333, 341 = NJW 1997, 1507; Urt. v. 19.03.2001 – II ZR 249/99, NJW 2001, 2092; Urt. v. 09.07.2001 – II ZR 228/99, NJW 2002, 747; vgl. auch BGH, Urt. v. 24.10.2005 – II ZR 129/04, NZG 2006, 64 Rn. 6 = ZIP 2005, 2257). Denn die Innenhaftung wird den berechtigten Gläubiger- und Gesellschafterinteressen nur bei geordneten Verhältnissen der Gesellschaft gerecht, nämlich solange die Vorgesellschaft noch besteht und die Eintragung weiterhin betrieben wird oder wenn sie sich in Liquidation oder Insolvenz befindet, aber nicht masselos ist; nur in einem solchen Fall ist es für den Gläubiger erkennbar, wie er seine Ansprüche durchsetzen kann (BSG, Urt. v. 08.12.1999 – B 12 KR 10/98, BSGE 85, 192, 196 f. = NZG 2000, 590). Wenn ein Insolvenzverfahren mangels Masse nicht eröffnet wird, liegt eine zur Außenhaftung der Gesellschafter führende Vermögenslosigkeit der Vorgesellschaft vor (BAG, Urt. v. 22.01.1997 – 10 AZR 908/94, BAGE 85, 94, 100 = NJW 1997, 3331; Urt. v. 15.12.1999 – 10 AZR 165/98, BAGE 93, 151, 157 f. = NJW 2000, 2915; BFH, Urt. v. 07.04.1998 – VII R 82/97, BFHE 185, 356, 360 ff. = NJW 1998, 2926). Diese liegt auch im Fall der Einstellung eines Insolvenzverfahrens mangels Masse vor (BSG, Urt. v. 08.12.1999 – B 12 KR 10/98, BSGE 85, 192, 197 = NZG 2000, 590). Sie liegt auch dann vor, wenn ein Insolvenzverfahren wegen Masseunzulänglichkeit eingestellt wurde und die geltend gemachten Ansprüche zu den ausgefallenen Ansprüchen gehören; die Teilnahme am Insolvenzverfahren ist einem Gläubiger unzumutbar, wenn objektiv feststeht, dass eine Befriedigung seiner Ansprüche wegen deren schlechten Ranges aussichtslos ist (BAG, Urt. v. 25.01.2006 – 10 AZR 238/95, NZG 2006, 507 = ZIP 2006, 1044).

(3) Verjährung

44 Hinsichtlich der Verjährung des Anspruchs auf Grund der Verlustdeckungshaftung ist § 9 Abs. 2 GmbHG analog anzuwenden, weil diese Regelung auch auf die Verjährung des Anspruchs auf Grund der Unterbilanzhaftung angewendet wird (BGH, Urt. v. 10.12.2001 – II ZR 89/01, BGHZ 149, 273, 275 f. = NJW 2002, 824 zur Vor-Genossenschaft unter Bezugnahme auf § 9 Abs. 2 GmbHG a. F.). Seit Inkrafttreten der – durch Art. 13 Nr. 1 des »Gesetzes zur Anpassung der Verjährungsvorschriften an das Gesetz zur Modernisierung des Schuldrechts« vom 9. Dezember 2004 (BGBl. I, 3214) erfolgten – Neuregelung verjährt der Anspruch der Gesellschaft in **zehn Jahren**; für den Beginn der Verjährung ist auf den Zeitpunkt abzustellen, in dem das Scheitern der Gründung feststeht (zur Neuregelung des § 9 Abs. 2 GmbHG s. § 9 GmbHG Rdn. 13 f.; zur Übergangsregelung s. *Schmid* GmbHR 2008, 653; zur Verjährung des Anspruchs auf Grund der Unterbilanzhaftung s. Rdn. 32).

bb) Schrifttum

45 Im Schrifttum wird die Rechtsprechung des Bundesgerichtshofs und der anderen obersten Gerichtshöfe des Bundes zu der – der Höhe nach unbeschränkten und entsprechend der gesellschaftlichen Beteiligung anteiligen, grundsätzlich nur im (Innen-) Verhältnis zur Gesellschaft bestehenden – Verlustdeckungshaftung **kontrovers** diskutiert: Während ein Teil des Schrifttums von einer **Außenhaftung der Gesellschafter** ausgeht (vgl. Lutter/Hommelhoff/*Bayer* § 11 Rn. 19, 23; Scholz/*K. Schmidt* § 11 Rn. 99, 160; Rowedder/*Schmidt-Leithoff* § 11 Rn. 96 ff.; *Altmeppen* NJW 1997, 1509 f.; NJW 1997, 3272; *Beuthien* BB 1996, 1337; GmbHR 1996, 309; ZIP 1996, 305, 308 ff.; WM 2002, 2261 zur Vor-Genossenschaft; FS Hadding 2004, 309; *Enstahler* BB 1997, 257; *Flume* DB 1998, 45; *Jüntgen* JuS 1999, 728; *Kersting* GmbHR 2003, 1466; *Kleindiek* ZGR 1997, 427; Michalski/*Barth* NZG 1998, 525; *Raab* WM 1999, 1596; *Raiser/Veil* BB 1996, 1344;

K. Schmidt ZIP 1996, 353; ZIP 1996, 593; ZIP 1997, 671; *Schöpflin* JR 1998, 106; *Wilhelm* DB 1996, 921; DB 1996, 461; DStR 1998, 457; *Zöllner* FS Wiedemann 2002, 1383, 1404 ff.), geht ein anderer Teil des Schrifttums davon aus, dass die Haftung der Gesellschafter **grundsätzlich nur im (Innen-)Verhältnis zur Vorgesellschaft**, ausnahmsweise – namentlich bei deren Vermögenslosigkeit oder bei einer Einpersonen-Vorgesellschaft – unmittelbar gegenüber den Gläubigern der Vorgesellschaft besteht (vgl. Baumbach/Hueck/*Fastrich* § 11 Rn. 28 f.; MüKo GmbHG/*Merkt* § 11 Rn. 77 ff.; Ulmer/*Habersack* § 11 Rn. 119 ff.; *Dauner-Lieb* GmbHR 1996, 82; *Gehrlein* DB 1996, 561, 564 ff.; NJW 1996, 1193; *Goette* DStR 1996, 517; DStR 1997, 628; DStR 1998, 179; EWiR 1997, 849; EWiR 2000, 915; DStR 2000, 746; *Hartmann* WiB 1997, 66; *Lutter* JuS 1998, 1073, 1077; *Schütz* GmbHR 1996, 727; *Ulmer* ZIP 1996, 733; *Wiedenmann* ZIP 1997, 2029, 2032 f.). Angesichts des Wesens der Vorgesellschaft als »notwendiger Vorstufe zur juristischen Person«, auf die im Regelfall das Recht der Gesellschaft bürgerlichen Rechts (GbR) bzw. der offenen Handelsgesellschaft (OHG) nicht angewendet wird (s. Rdn. 8), verdient die Auffassung den Vorzug, nach der eine Haftung der Gesellschafter für die von der Vorgesellschaft begründeten Verbindlichkeiten grds. nur im (Innen-) Verhältnis zur Gesellschaft besteht; berechtigte Interessen der Gläubiger können berücksichtigt werden, indem in bestimmten Ausnahmefällen eine Außenhaftung der Gesellschafter angenommen wird.

b) Haftung nach personengesellschaftsrechtlichen Grundsätzen im Fall fortgeführter Geschäftstätigkeit trotz Aufgabe der Eintragungsabsicht

aa) Rechtsprechung des Bundesgerichtshofs und anderer oberster Gerichtshöfe des Bundes

Die Grundsätze der – unbeschränkten und entsprechend der gesellschaftlichen Beteiligung anteiligen, grundsätzlich nur im (Innen-)Verhältnis zur Gesellschaft bestehenden, – Verlustdeckungshaftung finden **keine Anwendung**, wenn der **Geschäftsbetrieb** der Vorgesellschaft nach Aufgabe der Eintragungsabsicht **nicht sofort beendet**, sondern **fortgeführt wird**; führt die Vorgesellschaft ihren Geschäftsbetrieb trotz Scheiterns der GmbH-Gründung fort, haben die Gesellschafter für sämtliche Verbindlichkeiten der Vorgesellschaft nach **personengesellschaftsrechtlichen Grundsätzen** – abhängig vom Geschäftsgegenstand nach dem Recht der Gesellschaft bürgerlichen Rechts (GbR) bzw. der offenen Handelsgesellschaft (OHG; §§ 128 ff. HGB, ggf. analog) – einzustehen: Nach aufgegebener Eintragungsabsicht ist nämlich der einzige Grund dafür entfallen, den Gläubigern der Vorgesellschaft die Inanspruchnahme der Gesellschafter zu versagen, der darin liegt, dass eine Kapitalgesellschaft notwendig ein Vorstadium durchlaufen muss und deren Gläubiger erwarten dürfen, sich wegen ihrer Ansprüche an eine alsbald entstehende GmbH mit einem gesetzlich kontrollierten und garantiertem, notfalls auf dem Wege der Unterbilanzhaftung aufzufüllenden Haftungsfonds halten zu können; entfällt diese Voraussetzung, müssen die Gesellschafter die Geschäftstätigkeit sofort einstellen und die Auflösung der Vorgesellschaft im Wege der Abwicklung veranlassen, um zu vermeiden, nicht nur wegen der neuen, sondern auch wegen der bis dahin begründeten Verbindlichkeiten der Vorgesellschaft persönlich in Anspruch genommen zu werden (BGH, Urt. v. 04.11.2002 – II ZR 204/00, BGHZ 152, 290, 294 f. = NJW 2003, 429; vgl. BGH, Urt. v. 09.03.1981 – II ZR 54/80, BGHZ 80, 129, 142 f. = NJW 1981, 1373; Urt. v. 18.01.2000 – XI ZR 71/99, BGHZ 143, 314, 319 = NJW 2000, 1193; BAG, Urt. v. 27.05.1997 – 9 AZR 483/96, BAGE 86, 38, 42 = NJW 1998, 628; Urt. v. 15.12.1999 – 10 AZR 165/98, BAGE 93, 151, 158 = NJW 2000, 2915; BFH, Urt. v. 07.4.1998 – VII R 82/97, BFHE 185, 356, 361 f. = NJW 1998, 2926; BSG, Urt. v. 08.12.1999 – B 12 KR 10/98, BSGE 85, 192, 199 = NZG 2000, 590). Mit Aufgabe der Eintragungsabsicht wird die Vor-Gesellschaft in eine »unechte Vor-Gesellschaft« in Form einer GbR bzw. OHG »umqualifiziert« (BGH, Urt. v. 23.10.2006 – II ZR 162/05, BGHZ 169, 270 Rn. 17 = NJW 2007, 589 zur Vor-AG; vgl. auch BGH, Urt. v. 31.03.2008 – II ZR 308/06, NJW 2008, 2441 Rn. 6 ff.).

Der Fall, dass die Gesellschafter einer Vorgesellschaft, die vor ihrer Eintragung in das Handelsregister den Geschäftsbetrieb bereits aufgenommen hat und in diesem Stadium gescheitert ist, die Geschäftstätigkeit nach aufgegebener Eintragungsabsicht fortsetzen, ist mit dem Fall vergleichbar, dass die Gesellschafter **von Anbeginn an nicht die Absicht haben, die Gesellschaft eintragen zu lassen**; die Gesellschafter einer solchen, als »unechte Vorgesellschaft« bezeichneten Gesellschaft haften nach personengesellschaftsrechtlichen Grundsätzen (BGH, Urt. v. 04.11.2002 – II ZR 204/00, BGHZ 152, 290, 294 = NJW 2003, 429; vgl. BGH, Urt. v. 29.11.1956 – II ZR 282/55, BGHZ 22, 240, 244 f.; Urt. v. 24.10.1968 – II ZR 216/66, BGHZ 51, 30, 32 = NJW 1969, 509; Urt. v. 18.01.2000 – XI ZR 71/99, BGHZ 143, 314, 319 = NJW 2000, 1193; Urt. v. 31.03.2008 – II ZR 308/06, NJW 2008, 2441 Rn. 8 f.).

(1) **Voraussetzungen**

48 Die Haftung nach personengesellschaftsrechtlichen Grundsätzen setzt – ebenso wie Unterbilanzhaftung und Verlustdeckungshaftung – das Einverständnis der Gesellschafter einer Vorgesellschaft, bereits vor Eintragung der Gesellschaft in das Handelsregister den Geschäftsbetrieb aufzunehmen, und dementsprechend die **übereinstimmende Ermächtigung der Geschäftsführer** voraus, nicht nur die Eintragung der Gesellschaft herbeizuführen, sondern darüber hinaus Verbindlichkeiten einzugehen; auf die Kenntnis der Gesellschafter vom Abschluss eines bestimmten Geschäfts kommt es nicht an (BGH, Urt. v. 04.11.2002 – II ZR 204/00, BGHZ 152, 290, 296 = NJW 2003, 429).

49 Die Aufgabe der Eintragungsabsicht und das Scheitern der Gründung lassen sich regelmäßig **anhand äußerer Umstände** feststellen: Solche Umstände liegen namentlich dann vor, wenn Gesellschafter bzw. Geschäftsführer die Gesellschaft nicht zur Eintragung in das Handelsregister anmelden, weil sie sich über die Bewertung einer zu leistenden Sacheinlage nicht einigen können, wenn Beanstandungen des (Register-)Gerichts im Eintragungsverfahren nicht umgehend behoben werden, wenn die Auflösung der Vorgesellschaft beschlossen oder ein Insolvenzantrag gestellt wird; eine lange Dauer des Eintragungsverfahrens lässt nicht ohne weiteres den Schluss darauf zu, dass die Gesellschafter die Eintragungsabsicht aufgegeben haben (BGH, Urt. v. 04.11.2002 – II ZR 204/00, BGHZ 152, 290, 295 f. = NJW 2003, 429; vgl. BAG, Urt. v. 27.05.1997 – 9 AZR 483/96, BAGE 86, 38, 42 = NJW 1998, 628; BFH, Urt. v. 07.04.1998 – VII R 82/97, BFHE 185, 356, 363 = NJW 1998, 2926).

(2) **Rechtsfolge: unbeschränkte und gesamtschuldnerische Außenhaftung der Gesellschafter**

50 Wenn die Vorgesellschaft ihren Geschäftsbetrieb trotz Scheiterns der GmbH-Gründung fortführt, haben die Gesellschafter für sämtliche Verbindlichkeiten der Vorgesellschaft nach personengesellschaftsrechtlichen Grundsätzen – abhängig vom Geschäftsgegenstand nach dem Recht der Gesellschaft bürgerlichen Rechts (GbR) bzw. der offenen Handelsgesellschaft (OHG), §§ 128 ff. HGB, ggf. analog) – einzustehen; dies gilt auch dann, wenn die Gesellschafter von Anbeginn an nicht die Absicht haben, die Gesellschaft eintragen zu lassen. Bei dieser Haftung nach personengesellschaftsrechtlichen Grundsätzen handelt es sich um eine **unbeschränkte und gesamtschuldnerische Außenhaftung** (BGH, Urt. v. 04.11.2002 – II ZR 204/00, BGHZ 152, 290, 294 f. = NJW 2003, 429; vgl. BAG, Urt. v. 15.12.1999 – 10 AZR 165/98, BAGE 93, 151, 158 = NJW 2000, 2915; BFH, Urt. v. 07.04.1998 – VII R 82/97, BFHE 185, 356, 361 f. = NJW 1998, 2926; BSG, Urt. v. 08.12.1999 – B 12 KR 10/98, BSGE 85, 192, 199 = NZG 2000, 590).

bb) **Schrifttum**

51 Im Schrifttum wird der Rechtsprechung des Bundesgerichtshofs und der anderen obersten Gerichtshöfe des Bundes zu der – der Höhe nach unbeschränkten und gesamtschuldnerischen, unmittelbar gegenüber den Gläubigern der Vorgesellschaft bestehenden – Haftung nach personengesellschaftsrechtlichen Grundsätzen, wenn die Geschäftstätigkeit der Vorgesellschaft trotz Aufgabe der Eintragungsabsicht nicht sofort beendet, sondern fortgeführt wird, **zugestimmt** (vgl. Baumbach/Hueck/*Fastrich* § 11 Rn. 33; Lutter/Hommelhoff/*Bayer* § 11 Rn. 21; MüKo GmbHG/*Merkt* § 11 Rn. 81, 174 ff.; Rowedder/*Schmidt-Leithoff* § 11 Rn. 22 f.; Scholz/*K. Schmidt* § 11 Rn. 163; Ulmer/*Habersack* § 11 Rn. 28; vgl. auch *Lutter* JuS 1998, 1073, 1077 f.; *Baumann/Müller* NZG 2001, 218; *Drygala* ZIP 2002, 2311; *Goette* EWiR 1997, 849; DStR 1998, 179; DStR 2000, 746;

EWiR 2000, 915; *Kothe* EWiR 1998, 373; *Langenbucher* JZ 2003, 628; *Lieb* JZ 2000, 1010, 1011; *Mätzig* JR 2003, 469; *Peetz* GmbHR 2003, 933; *Saenger* EWiR 1999, 171; EWiR 2002, 285; *K. Schmidt* NJW 2000, 1521, 1524; GmbHR 2001, 27, berichtigt GmbHR 2001, 76; GmbHR 2003, 99; *Schwarz* ZIP 1996, 2005). Es wird darauf hingewiesen, dass »jede andere Lösung zur Folge« hätte, »dass den interessierten Kreisen eine Gesellschaftsform zur Verfügung gestellt würde, bei der man die unmittelbare, unbeschränkte und gesamtschuldnerische Haftung den Gläubigern gegenüber vermeiden könnte, ohne dafür den ›Preis‹ einer Unterwerfung unter die Kapitalschutzregeln entrichten zu müssen« (*Goette* DStR 2003, 887, 889). Das – rückwirkende – Eingreifen der Haftung nach personengesellschaftsrechtlichen Grundsätzen (auch) hinsichtlich derjenigen Verbindlichkeiten, die vor Aufgabe der Eintragungsabsicht begründet worden sind, wird damit erklärt, dass die Gesellschafter, die die Geschäftstätigkeit der Vorgesellschaft fortsetzen, sich deren Verbindlichkeiten zu eigen machen (vgl. *Goette* EWiR 1997, 849, 850).

III. Besonderheit: Änderung des Gesellschaftsvertrags einschließlich des Wechsels eines Gesellschafters

Die Änderung des Gesellschaftsvertrags einer Vorgesellschaft einschließlich des Wechsels eines Gesellschafters bedarf – mangels Anwendbarkeit des § 53 GmbHG bzw. des § 15 GmbHG sowie vorbehaltlich anderweitiger Regelung des Gesellschaftsvertrags – der von sämtlichen Gesellschaftern zu unterzeichnenden Vereinbarung gemäß § 2 GmbHG (s. § 2 GmbHG Rdn. 56 f.). 52

C. Handelndenhaftung, Abs. 2

Nach der ursprünglichen Vorstellung des Gesetzgebers sollte das Tätigwerden des Geschäftsführers der Vorgesellschaft allein darauf gerichtet sein, die Eintragung der Gesellschaft in das Handelsregister herbeizuführen; das Stammkapital sei »von einer Vorwegbelastung mit Verbindlichkeiten, die nicht aus der Satzung ersichtlich sind, tunlichst freizuhalten« (»Vorbelastungsverbot«; BGH, Urt. v. 09.02.1970 – II ZR 137/69, BGHZ 53, 210, 212 = NJW 1970, 806; s. auch Rdn. 20). Da mit der Aufnahme des Geschäftsbetriebs in der Praxis häufig jedoch nicht bis zur Eintragung der Gesellschaft abgewartet werden kann, hat der Bundesgerichtshof durch die Urteile vom 9.3.1981 und vom 27.1.1997 im Wege richterlicher Rechtsfortbildung ein Konzept entwickelt, um trotz des Übergangs der Verbindlichkeiten der Vorgesellschaft auf die GmbH (s. Rdn. 9) die **Unversehrtheit des Stammkapitals** im Zeitpunkt der Eintragung **wertmäßig** sicherzustellen: Die Gesellschafter der Vorgesellschaft haften dafür, dass die Gesellschaft im Zeitpunkt ihrer Eintragung über das verlautbarte Stammkapital verfügt; die – auch als »Vorbelastungshaftung« bezeichnete – »Unterbilanzhaftung« ist eine unbeschränkte und anteilige (Innen-)Haftung der Gesellschafter gegenüber der Gesellschaft für die von der Vorgesellschaft begründeten Verbindlichkeiten (BGH, Urt. v. 09.03.1981 – II ZR 54/80, BGHZ 80, 129, 136 ff. = NJW 1981, 1373; Urt. v. 27.01.1997 – II ZR 123/94, BGHZ 134, 333, 339 ff. = NJW 1997, 1507; s. Rdn. 23 ff.). Scheitert die Gründung der GmbH, besteht eine »Verlustdeckungshaftung« der Gesellschafter der Vorgesellschaft, wenn deren Geschäftstätigkeit sofort nach Aufgabe der Eintragungsabsicht beendet wird; wegen des Gleichlaufs mit der Unterbilanzhaftung handelt es sich bei der Verlustdeckungshaftung um eine unbeschränkte und anteilige sowie grundsätzlich nur im (Innen-) Verhältnis zur Vorgesellschaft bestehende Haftung der Gesellschafter (BGH, Urt. v. 27.01.1997 – II ZR 123/94, BGHZ 134, 333, 334 ff. = NJW 1997, 1507; s. Rdn. 36 ff.). Wenn die Geschäftstätigkeit nicht sofort nach Aufgabe der Eintragungsabsicht aufgegeben, sondern fortgeführt wird, haften die Gesellschafter – ebenso wie in dem Fall, in dem die Eintragung der Vorgesellschaft von Anbeginn an nicht beabsichtigt ist – nach personengesellschaftsrechtlichen Grundsätzen, also abhängig vom Geschäftsgegenstand nach dem Recht der Gesellschaft bürgerlichen Rechts (GbR) bzw. der offenen Handelsgesellschaft (OHG; §§ 128 ff. HGB, ggf. analog; BGH, Urt. v. 04.11.2002 – II ZR 204/00, BGHZ 152, 290, 294 f. = NJW 2003, 429; s. Rdn. 46 ff.). 53

Dieses von der Rechtsprechung entwickelte Konzept zur Haftung der Gesellschafter einer Vorgesellschaft für deren Verbindlichkeiten hat auf das Verständnis der Handelndenhaftung gemäß Abs. 2 54

Auswirkungen: Da den Erwartungen eines Gläubigers, wegen seiner Ansprüche auf ein geprüftes, veröffentlichtes und gesetzlich gewährleistetes Stammkapital zugreifen zu können, voll genügt ist, wenn die GmbH nach Erfüllung der gesetzlichen Anforderungen eingetragen ist, alle Verbindlichkeiten der Vorgesellschaft auf sie übergegangen sind und überdies die Gesellschafter für »Lücken im Stammkapital« aufkommen müssen, die bei der Eintragung infolge von Vorbelastungen bestehen, **erlischt die Handelndenhaftung mit der Eintragung** der Gesellschaft in das Handelsregister (BGH, Urt. v. 16.03.1981 – II ZR 59/80, BGHZ 80, 182, 184f. = NJW 1981, 1452). Außerdem wird das Erlöschen der Handelndenhaftung damit begründet, dass sie auf dem Gedanken beruht, der im Namen der Vorgesellschaft Handelnde müsse gegenüber seinem Geschäftspartner dafür einstehen, das Rechtsgeschäft komme mit der durch die Eintragung in das Handelsregister zur juristischen Person erstarkten GmbH zustande (BAG, Beschl. v. 23.08.1995 – 10 AZR 908/94, BAGE 80, 335, 339 = ZIP 1995, 1892).

55 Nach heutigem Verständnis hat die Handelndenhaftung gemäß Abs. 2 vor allem folgende Bedeutung: Sie will den Gläubigern der Vorgesellschaft eine »**Notlösung**« bieten, wenn die Gesellschaft nicht eingetragen wird oder das in ihrem Namen eingegangene Geschäft nicht gegen sich gelten lässt. Ein Bedürfnis für die Haftung nach Abs. 2 besteht hiernach nur noch, wenn die **Eintragung der GmbH unterbleibt** oder der **Geschäftsführer eigenmächtig gehandelt** und deshalb die Vorgesellschaft nicht wirksam verpflichtet hat (BGH, Urt. v. 16.03.1981 – II ZR 59/80, BGHZ 80, 182, 183f. = NJW 1981, 1452). Der Bundesgerichtshof hat im Urteil vom 14.6.2004 zur Handelndenhaftung Folgendes ausgeführt (BGH, Urt. v. 14.06.2004 – II ZR 47/02, NJW 2004, 2519 zur AG):

Nach Aufgabe des gegenständlich verstandenen Vorbelastungsverbots seien wesentliche Funktionen, die der historische Gesetzgeber dieser Haftungsnorm zugewiesen hat, entfallen. »So hat die so genannte **Straf- und Druckfunktion** der Handelndenhaftung, nachdem nicht nur für das GmbH-Recht, sondern auch für das Aktienrecht die Wahrung des Unversehrtheitsgrundsatzes durch das Vorbelastungsverbot aufgegeben und der Übergang zur Unterbilanzhaftung vollzogen worden ist, **ihre Bedeutung verloren**. Dies trifft jedoch **nicht in gleicher Weise** auf die so genannte **Sicherungsfunktion** der Handelndenhaftung zu. Sie trägt dem Gedanken Rechnung, dass die mit der Vorgesellschaft in rechtsgeschäftlichen Kontakt tretenden Gläubiger nicht wissen können und mit der Unsicherheit nicht belastet werden sollen, ob die Gründer sämtlich das handelnde Organ ermächtigt haben, schon vor der Eintragung der Gesellschaft geschäftlich tätig zu werden [...]; fehlt diese Ermächtigung und ist demgemäß die Vertretungsmacht des Handelnden eingeschränkt, soll nach dem Willen des Gesetzgebers der Gläubiger wenigstens die als organschaftlicher Vertreter für die Gesellschaft auftretende Person in Anspruch nehmen dürfen. Unter diesem Blickwinkel hat die Handelndenhaftung nach wie vor ihren Platz. Sie ist zudem in Art. 7 der Publizitätsrichtlinie der EG [...] mit Bindungswirkung für die Mitgliedsstaaten niedergelegt und in der in diesem Zusammenhang auf das Aktienrecht übertragbaren GmbH-rechtlichen Rechtsprechung des Senats bis in die jüngste Zeit anerkannt worden«.

56 Die Gründungsvorschriften sind auf die wirtschaftliche Neugründung einer Gesellschaft mittels »**Aktivierung**« **einer Vorratsgesellschaft** oder »**Wiederbelebung**« **eines leeren (GmbH-)Mantels** durch Ausstattung mit einem Unternehmen analog anzuwenden: Sowohl bei der »Aktivierung« einer Vorratsgesellschaft als auch bei der »Wiederbelebung« eines leeren (GmbH-)Mantels durch Ausstattung mit einem (neuen) Unternehmen ist die Kapitalaufbringung als zentrales, die Haftungsbegrenzung auf das Gesellschaftsvermögen rechtfertigendes Element nicht nur durch die registergerichtliche Präventivkontrolle (s. § 3 GmbHG Rdn. 29 ff., § 7 GmbHG Rdn. 4, § 8 GmbHG Rdn. 24, 32 und § 9c GmbHG Rdn. 25, 39), sondern auch durch analoge Anwendung des Haftungsmodells der Unterbilanzhaftung (Vorbelastungshaftung) der Gesellschafter sicherzustellen (BGH, Beschl. v. 07.07.2003 – II ZB 4/02, BGHZ 155, 318, 326 = NJW 2003, 3198; s. auch Rdn. 22). Neben der Unterbilanzhaftung ist auch die Handelndenhaftung gemäß Abs. 2 analog in Betracht zu ziehen, wenn vor Anmeldung bzw. Offenlegung der wirtschaftlichen Neugründung der Geschäftsbetrieb der Gesellschaft aufgenommen wird, ohne dass dem alle Gesellschafter zugestimmt haben (BGH, Beschl. v. 07.07.2003 – II ZB 4/02, BGHZ 155, 318, 327 =

NJW 2003, 3198; Urt. v. 12.07.2011 – II ZR 71/11, NZG 2011, 1066 Rn. 11 = ZIP 2011, 1761). Die Handelndenhaftung ist – ebenso wie die Unterbilanzhaftung der Gesellschafter - auf den Zeitpunkt der Offenlegung oder zumindest der nach außen in Erscheinung tretenden wirtschaftlichen Neugründung zu beziehen, nicht auf den Zeitpunkt der Eintragung der mit der wirtschaftlichen Neugründung verbundenen anmeldepflichtigen Änderungen des Gesellschaftsvertrags (BGH, Urt. v. 12.07.2011 – II ZR 71/11, NZG 2011, 1066 Rn. 13 = ZIP 2011, 1761).

I. Voraussetzungen: Handeln im Namen der Gesellschaft vor Eintragung

Handelnder im Sinne des Abs. 2 ist nur derjenige, der **als Geschäftsführer** oder **wie ein Geschäftsführer rechtsgeschäftliche Erklärungen** für die Vorgesellschaft abgibt (BGH, Urt. v. 19.03.2001 – II ZR 249/99, NJW 2001, 2092; vgl. BGH, Urt. v. 09.02.1970 – II ZR 137/69, BGHZ 53, 206, 208 = NJW 1970, 806; Urt. v. 02.05.1974 – II ZR 111/71, NJW 1974, 1284; Urt. v. 31.5.1976 – II ZR 185/74, BGHZ 66, 359, 360 ff. = NJW 1976, 1685; Urt. v. 29.05.1980 – II ZR 225/87, ZIP 1980, 658). Als Handelnder kommt auch der Aufsichtsrat in Betracht (BGH, Urt. v. 14.06.2004 – II ZR 47/02, NJW 2004, 2519 zur AG). Ein Gesellschafter der Vorgesellschaft, der der Aufnahme des Geschäftsbetriebs vor Eintragung der Gesellschaft in das Handelsregister zugestimmt hat, ist – entgegen früherer Auffassung des Bundesgerichtshofs und des Reichsgerichts nicht Handelnder i. S. d. Abs. 2 (BGH, Urt. v. 26.01.1967 – II ZR 122/64, BGHZ 47, 25, 27 ff. = NJW 1967, 828; Urt. v. 15.12.1975 – II ZR 95/73, BGHZ 65, 378, 380 f. = NJW 1976, 419; Urt. v. 15.06.1978 – II ZR 205/76, BGHZ 72, 45, 46 f. = NJW 1978, 1978; Urt. v. 09.03.1981 – II ZR 54/80, BGHZ 80, 129, 135 = NJW 1981, 1373).

57

Die Handelndenhaftung gemäß Abs. 2 ist keine »bloße Veranlassungshaftung«, sondern eine »**Haftung aus rechtsgeschäftlichem Handeln**«, deren Grund darin liegt, dass dem Geschäftspartner, der sich mit der werdenden GmbH einlässt, in der Person des Handelnden ein Schuldner gegeben wird (BGH, Urt. v. 09.02.1970 – II ZR 137/69, BGHZ 53, 210, 214 = NJW 1970, 806; Urt. v. 15.12.1975 – II ZR 95/73, BGHZ 65, 378, 380 f. = NJW 1976, 419). Nicht nur rechtsgeschäftliches, sondern auch **rechtsgeschäftsähnliches Handeln** kann die Handelndenhaftung begründen; die Haftung umfasst namentlich auch Bereicherungsansprüche, die aus rechtsgeschäftsähnlichem Handeln der Geschäftsführer der Vorgesellschaft resultieren (OLG Karlsruhe NZG 1998, 268; vgl. *Michalski* NZG 1998, 248; *Ulmer/Habersack* § 11 Rn. 136; a. A. Scholz/*K. Schmidt* § 11 Rn. 117; *Schwab*, NZG 2013, 480). Da die Handelndenhaftung auf dem Gedanken beruht, dass der im Namen der Vorgesellschaft Handelnde gegenüber seinem Geschäftspartner dafür einstehen muss, dass das Rechtsgeschäft mit der durch die Eintragung in das Handelsregister zur juristischen Person erstarkten GmbH zustande kommt, erstreckt sie sich nicht auf Verbindlichkeiten, die durch einen für allgemeinverbindlich erklärten Tarifvertrag begründet worden sind (BAG, Urt. v. 23.08.1995 – 10 AZR 908/94, BAGE 80, 335, 339 = ZIP 1995, 1892; Urt. v. 22.01.1997 – 10 AZR 908/94, BAGE 85, 94, 97 f. = NJW 1997, 3331; Urt. v. 15.12.1999 – 10 AZR 165/98, BAGE 93, 151, 155 f. = NJW 2000, 2915; Urt. v. 04.04.2001 – 10 AZR 305/00, EzA § 11 GmbHG Nr. 6; Urt. v. 25.01.2006 – 10 AZR 238/05, NZG 2006, 507 = ZIP 2006, 1044). Sie erstreckt sich auch nicht auf die kraft Gesetzes entstandene Beitragsverpflichtungen zur gesetzlichen Unfallversicherung (BSG, Urt. v. 28.02.1986 – 2 RU 21/85, BSGE 60, 29, 31 f. = ZIP 1986, 645; Urt. v. 28.02.1986 – 2 RU 22/85, BB 1986, 2271). Steuern werden von der Handelndenhaftung nicht umfasst (BFH, Urt. v. 16.07.1996 – VII R 133/95, DStRE 1997, 265).

58

Bei einem Handeln **vor Abschluss des Gesellschaftsvertrags** kommt die Handelndenhaftung nicht in Betracht: Sofern der für eine **Vorgründungsgesellschaft** Handelnde beim Abschluss eines Vertrages mit Vertretungsmacht gehandelt hat, haften deren Gesellschafter für die Verbindlichkeiten der Vorgründungsgesellschaft unbeschränkt und persönlich (§§ 128 ff. HGB, ggf. in analoger Anwendung), ohne dass der Handelnde gemäß Abs. 2 haftet; sofern der Handelnde ohne Vertretungsmacht gehandelt hat, haftet er gemäß § 179 BGB (BGH, Urt. v. 07.05.1984 – II ZR 276/83, BGHZ 91, 148, 151 ff. = NJW 1984, 2164; Urt. v. 17.12.1984 – II ZR 69/84, GmbHR 1985, 214;

59

BAG Urt. v. 12.07.2006 – 5 AZR 613/05, BAGE 119, 59, 60 = NJW 2006, 3230; vgl. auch *Goette* DStR 1996, 1015 zu BGH 22.4.1996 – II ZR 303/94; s. auch § 2 GmbHG Rdn. 70).

60 Bei einem **Handeln nach Eintragung** der Gesellschaft in das Handelsregister kommt die Handelndenhaftung gemäß Abs. 2 nicht in Betracht (BGH, Urt. v. 09.11.1978 – II ZR 69/77, GmbHR 1980, 55; vgl. auch Scholz/*K. Schmidt* § 11 Rn. 107).

II. Rechtsfolge: unbeschränkte und gesamtschuldnerische Außenhaftung der Handelnden

61 Auf Grund der Handelndenhaftung gemäß Abs. 2 können die Vertragspartner der Vorgesellschaft den Handelnden unmittelbar in Anspruch nehmen (**Außenhaftung**). Sofern mehrere Personen gehandelt haben, haften diese als **Gesamtschuldner**. Die Handelndenhaftung tritt neben die Haftung der (Vor-)Gesellschaft für die von ihr begründeten Verbindlichkeiten; Handelnder und (Vor-)Gesellschaft haften als Gesamtschuldner (vgl. Lutter/Hommelhoff/*Bayer* § 11 Rn. 26; Rowedder/*Schmidt-Leithoff* § 11 Rn. 128; a. A. MüKo GmbHG/*Merkt* § 11 Rn. 137; *Bergmann* GmbHR 2003, 563, 572; vgl. aber auch Scholz/*K. Schmidt* § 11 Rn. 123). Der **Umfang** der Handelndenhaftung, einschließlich der **Verjährung** eines Anspruchs auf Grund der Handelndenhaftung, richtet sich nach dem mit dem Dritten abgeschlossen Rechtsgeschäft: Die Handelndenhaftung geht nicht weiter als die Haftung der Gesellschaft ginge, wenn sie bei Abschluss des Rechtsgeschäfts bereits in das Handelsregister eingetragen wäre; der Gläubiger soll rechtlich weder besser noch schlechter stehen, als wenn die Gesellschaft bei Vertragsschluss bereits eingetragen gewesen wäre (BGH, Urt. v. 09.02.1970 – II ZR 137/69, BGHZ 53, 210, 214 = NJW 1970, 806; Urt. v. 13.06.1977 – II ZR 232/75, BGHZ 69, 95, 104 = NJW 1977, 1683). Denn nur in dem Umfang, in dem die (eingetragene) GmbH haften würde, besteht ein berechtigtes Interesse des Vertragspartners an einer Haftung des Handelnden; der Vertragspartner soll nicht schlechter, aber auch nicht besser gestellt werden (vgl. Baumbach/Hueck/*Fastrich* § 11 Rn. 51).

62 Die Handelndenhaftung **erlischt mit der Eintragung** der Gesellschaft in das Handelsregister: Da die Verbindlichkeiten der Vorgesellschaft mit der Eintragung auf die GmbH übergehen (s. Rdn. 9), ist den Erwartungen eines Gläubigers, wegen seiner Ansprüche auf ein geprüftes, veröffentlichtes und gesetzlich gewährleistetes Stammkapital zugreifen zu können, insoweit Genüge getan; der Gläubiger erhält den Vertragspartner, mit dem er von vornherein rechnen durfte, ohne dass ein Grund dafür besteht, die persönliche Haftung des Handelnden fortbestehen zu lassen (BGH, Urt. v. 13.06.1977 – II ZR 232/75, BGHZ 69, 95, 103 f. = NJW 1977, 1683; Urt. v. 19.12.1977 – II ZR 202/76, BGHZ 70, 132, 141 f. = NJW 1978, 636; Urt. v. 16.03.1981 – II ZR 59/80, BGHZ 80, 182, 183 ff. = NJW 1981, 1452; Urt. v. 17.03.1980 – II ZR 11/79, BGHZ 76, 320, 323 f. = NJW 1980, 1630; Urt. v. 26.10.1981 – II ZR 31/81, NJW 1982, 932; Urt. v. 17.01.1983 – II ZR 89/82, ZIP 1983, 299; Urt. v. 20.06.1983 – II ZR 200/82, NJW 1983, 2822; Urt. v. 08.07.1996 – II ZR 258/95, NJW 1996, 2645; s. auch Rdn. 54).

63 Die Handelndenhaftung **erlischt** indes **nicht** mit der Eintragung der Gesellschaft in das Handelsregister, wenn der **Geschäftsführer** der Vorgesellschaft **vollmachtlos gehandelt** hat und deshalb die Vorgesellschaft nicht wirksam verpflichtet hat; da dann keine Verbindlichkeit der Vorgesellschaft existiert, kann mit der Eintragung folglich keine Verbindlichkeit der Vorgesellschaft auf die GmbH übergehen, so dass das Erlöschen der Handelndenhaftung mangels Haftung der GmbH nicht gerechtfertigt ist (BGH, Urt. v. 16.03.1981 – II ZR 59/80, BGHZ 80, 182, 183 f. = NJW 1981, 1452; vgl. Baumbach/Hueck/*Fastrich* § 11 Rn. 53; Lutter/Hommelhoff/*Bayer* § 11 Rn. 29; Ulmer/Habersack § 11 Rn. 147; a. A. Rowedder/*Schmidt-Leithoff* § 11 Rn. 130; vgl. aber auch Scholz/*K. Schmidt* § 11 Rn. 132).

III. Verhältnis der Handelndenhaftung zu anderen Haftungstatbeständen

64 Für das Verhältnis der Handelndenhaftung gemäß Abs. 2 zur Haftung der Gesellschafter der (Vor-)Gesellschaft gilt – ungeachtet der Verpflichtung der (Vor-)Gesellschaft zur Erfüllung für die in ihrem Namen begründeten Verbindlichkeiten – Folgendes: Sofern es nicht zur Eintragung der Gesell-

schaft in das Handelsregister kommt, tritt die **Handelndenhaftung neben die Verlustdeckungshaftung** der Gesellschafter der Vorgesellschaft. Vor allem bei »undurchsichtigen Gründungsverhältnissen« ist die Inanspruchnahme des Handelnden regelmäßig einfacher als die der Vorgesellschaft oder ihrer Gesellschafter (vgl. *Ulmer/Habersack* § 11 Rn. 123); durch die Handelndenhaftung wird die »fehlende Registerpublizität« der Vorgesellschaft ausgeglichen (*Bergmann* GmbHR 2003, 563, 570 f.; vgl. auch *Meyer* GmbHR 2002, 1176, 1183). Da mit der Eintragung der Gesellschaft in das Handelsregister und dem hierdurch bewirkten Übergang der Verbindlichkeiten der Vorgesellschaft auf die GmbH die Handelndenhaftung erlischt, besteht für die von der Vorgesellschaft begründeten Verbindlichkeiten die Handelndenhaftung nicht mehr, sondern nur noch die Unterbilanzhaftung der Gesellschafter.

Sofern die Gesellschafter der Vorgesellschaft den Geschäftsführer nicht ermächtigt haben, vor der Eintragung den Geschäftsbetrieb aufzunehmen und hierzu Verbindlichkeiten einzugehen, wird die (Vor-)Gesellschaft durch ein Handeln des – insoweit vollmachtlosen – Geschäftsführers nicht verpflichtet; außerdem besteht keine Unterbilanzhaftung bzw. Verlustdeckungshaftung der Gesellschafter (s. Rdn. 25, 40). Zum **Verhältnis** der Handelndenhaftung gemäß Abs. 2 **zur Haftung wegen vollmachtloser Vertretung gemäß § 179 BGB** werden im Schrifttum folgende Auffassungen vertreten: Während die Haftung des Geschäftsführers als eines Vertreters ohne Vertretungsmacht gemäß § 179 BGB nach einer Auffassung von der Handelndenhaftung gemäß Abs. 2 verdrängt wird (vgl. MüKo GmbHG/*Merkt* § 11 Rn. 134 f., 138; *Ulmer/Habersack* § 11 Rn. 128; Rowedder/*Schmidt-Leithoff* § 11 Rn. 124), wird nach einer anderen Auffassung die Handelndenhaftung von der Haftung wegen vollmachtloser Vertretung verdrängt (vgl. *Bergmann* GmbHR 2003, 563, 572; *Beuthien* GmbHR 1996, 561; *Meyer* GmbHR 2002, 1176, 1185 f.); nach einer dritten Auffassung kann der Geschäftsführer sowohl auf Grund der Handelndenhaftung als auch auf Grund der Haftung wegen vollmachtloser Vertretung in Anspruch genommen werden (vgl. Scholz/*K. Schmidt* § 11 Rn. 129, 132; *Lutter* JuS 1988, 1073, 1076). Da die Sicherungsfunktion der Handelndenhaftung dem Gedanken Rechnung trägt, dass die mit der Vorgesellschaft rechtgeschäftlich in Kontakt tretenden Gläubiger nicht wissen können, ob die Gründer sämtlich das handelnde Organ ermächtigt haben, ist die Auffassung vorzugswürdig, nach der die Handelndenhaftung unabhängig davon in Betracht kommt, ob der Handelnde (auch) wegen vollmachtloser Vertretung gemäß § 179 BGB haftet; Handelndenhaftung und Haftung wegen vollmachtloser Vertretung schließen einander nicht aus.

§ 12 Bekanntmachungen der Gesellschaft

¹Bestimmt das Gesetz oder der Gesellschaftsvertrag, dass von der Gesellschaft etwas bekannt zu machen ist, so erfolgt die Bekanntmachung im Bundesanzeiger (Gesellschaftsblatt). ²Daneben kann der Gesellschaftsvertrag andere öffentliche Blätter oder elektronische Informationsmedien als Gesellschaftsblätter bezeichnen.

Übersicht	Rdn.		Rdn.
A. Allgemeines	1	II. Gesellschaftsblatt bzw. Gesellschaftsblätter	10
B. Bekanntmachungen der Gesellschaft	5	1. Bundesanzeiger als »Basis-Gesellschaftsblatt«, Satz 1	10
I. Bekannt zu machende Tatsachen	6	2. Andere öffentliche Blätter oder elektronische Informationsmedien, Satz 2	13
1. Bekanntmachungspflicht aufgrund Gesetzes	6		
2. Bekanntmachungspflicht aufgrund Gesellschaftsvertrags	9		

A. Allgemeines

Die durch Art. 12 Nr. 1 des Justizkommunikationsgesetzes (JKomG) vom 22.03.2005 (BGBl. I, 837) eingefügte, durch Art. 10 Nr. 2a des Gesetzes über elektronische Handelsregister und Genos-

§ 12 GmbHG Bekanntmachungen der Gesellschaft

senschaftsregister sowie das Unternehmensregister (EHUG) vom 10.11.2006 (BGBl. I, 2553, 2579) und zuletzt durch Art. 2 Abs. 51 des Gesetzes vom 22.12.2011 (BGBl. I, 3044) geänderte Vorschrift regelt das Publikationsmedium für diejenigen **Bekanntmachungen, die von der Gesellschaft zu veranlassen sind**. Durch das Gesetz zur Modernisierung des GmbH-Rechts und zur Bekämpfung von Missbräuchen (MoMiG) vom 23.10.2008 (BGBl. I, 2026) ist die Überschrift »Bekanntmachungen der Gesellschaft« hinzugefügt worden. Die Vorschrift findet **keine Anwendung** auf die **vom (Register-) Gericht zu veranlassenden Bekanntmachungen** von Eintragungen in das Handelsregister (§ 10 HGB). Bekanntmachungen der Gesellschaft haben **zwingend im Bundesanzeiger** (Satz 1) und vorbehaltlich einer entsprechenden Bestimmung des Gesellschaftsvertrags **zusätzlich** in anderen öffentlichen Blättern oder elektronischen Informationsmedien zu erfolgen (Satz 2). Vor Inkrafttreten des § 12 GmbHG am 01.04.2005 (Art. 16 Abs. 1 JKomG) enthielt das GmbHG keine allgemeine Regelung über das Publikationsmedium für Bekanntmachungen der Gesellschaft; vielmehr enthielten die gesetzlichen Vorschriften, die Bekanntmachungen in bestimmten Fällen anordnen, Regelungen zum Publikationsmedium: Bekanntmachungen hatten »durch die im Gesellschaftsvertrag [...] bestimmten öffentlichen Blätter und in Ermangelung solcher durch die für Bekanntmachungen aus dem Handelsregister bestimmten öffentlichen Blätter« (§ 30 Abs. 2 Satz 2 GmbHG a. F.) oder »durch den Bundesanzeiger und die im Gesellschaftsvertrag [...] bestimmten anderen öffentlichen Blätter« zu erfolgen (§ 52 Abs. 2 Satz 2 GmbHG a. F.). Der in § 12 GmbHG definierte Begriff »Gesellschaftsblatt« wird nunmehr auch in anderen gesetzlichen Vorschriften verwendet (vgl. §§ 30 Abs. 2 Satz 2, 58 Abs. 1 Nr. 1 und 3, 65 Abs. 2, 73 Abs. 1 GmbHG).

2   Nachdem bereits mit der Änderung des § 25 Satz 1 AktG durch Art. 1 Nr. 1 des Transparenz- und Publizitätsgesetzes (TransPuG) vom 19.07.2002 (BGBl. I, 2681) der (elektronische) Bundesanzeiger als »Basis-Gesellschaftsblatt« für Bekanntmachungen einer Aktiengesellschaft eingeführt worden ist, führt § 12 Satz 1 GmbHG den **(elektronischen) Bundesanzeiger** als »Basis-Gesellschaftsblatt« für Bekanntmachungen einer GmbH ein (Gesetzesentwurf der Bundesregierung, BT-Drucks. 15/4067, S. 56). In Übereinstimmung mit § 25 Satz 2 AktG erlaubt § 12 Satz 2 GmbHG einer GmbH, durch Gesellschaftsvertrag neben dem (elektronischen) Bundesanzeiger weitere Publikationsmedien als **zusätzliche Gesellschaftsblätter** zu bezeichnen. Während der Wortlaut des § 12 Satz 2 GmbHG mit dem des § 25 Satz 2 AktG übereinstimmt, weicht die Formulierung des § 12 Satz 1 GmbHG von der des § 25 Satz 1 AktG ab, ohne dass hierdurch ein sachlicher Unterschied zwischen GmbH-rechtlicher und aktienrechtlicher Regelung bewirkt wird. Die durch § 12 GmbHG bewirkte Neuregelung im GmbH-Recht dient der »Vereinheitlichung der Bekanntmachungsvorschriften und sprachlichen Angleichung« im »Unternehmensrecht« (Gesetzesentwurf der Bundesregierung, BT-Drucks. 15/4067, S. 56; vgl. auch Beschlussempfehlung und Bericht des Rechtsausschusses des Deutschen Bundestages, BT-Drucks. 15/4952, S. 50). Die Vereinheitlichung und Angleichung bezieht nicht nur aktienrechtliche, sondern auch andere, insbesondere mitbestimmungsrechtliche Vorschriften mit ein, die eine Bekanntmachung im (elektronischen) Bundesanzeiger bestimmen; dies gilt namentlich für die Bekanntmachung der Mitglieder eines aufgrund gesetzlicher Vorschriften zu bestellenden Aufsichtsrats (§ 8 Satz 1 DrittelbG, § 19 Abs. 1 Satz 1 MitbestG).

3   Zur Umsetzung der Richtlinie 2003/58/EG des Europäischen Parlaments und des Rates zur Änderung der Richtlinie 68/151/EWG in Bezug auf die Offenlegungspflichten von Gesellschaften bestimmter Rechtsformen vom 15.07.2003 (ABl. EU Nr. L 221, 13) ist eine Novellierung insbesondere der §§ 8 ff., 325 ff. HGB erforderlich geworden; diese ist durch das Gesetz über elektronische Handelsregister und Genossenschaftsregister sowie das Unternehmensregister (EHUG) vom 10.11.2006 (BGBl. I, 2553, 2579) erfolgt, die zur Aufhebung des § 10 Abs. 3 GmbHG und Änderung des § 12 GmbHG sowie des § 52 Abs. 2 GmbHG geführt hat.

4   Durch das Gesetz zur Änderung von Vorschriften über die Verkündung und Bekanntmachungen sowie der Zivilprozessordnung, des Gesetzes betreffend die Einführung der Zivilprozessordnung und der Abgabenordnung vom 22.12.2011 (BGBl. I, 3044) wird der Tatsache Rechnung getragen, dass der Bundesanzeiger künftig ausschließlich elektronisch über das Internet herausgegeben, die gedruckter Ausgabe folglich durch die elektronische Veröffentlichung ersetzt wird: Das »Neben-

einander von gedrucktem Bundesanzeiger und elektronischem Bundesanzeiger wird beendet«, das »elektronische Publikationsorgan trägt die Bezeichnung ›Bundesanzeiger‹« (Gesetzesentwurf der Bundesregierung, BT-Drucks. 17/6610, S. 1). Wegen der neuen Bezeichnung ist in § 12 Satz 1 GmbHG das Wort »elektronisch« gestrichen worden. § 12 Satz 3 GmbHG (s. hierzu die Kommentierung in der Voraufl.) ist aufgehoben worden, weil es ein Nebeneinander von elektronischem Bundesanzeiger und gedrucktem Bundesanzeiger nicht mehr gibt und die diesbezüglichen Vorschriften obsolet geworden sind. Die Änderung ist am 01.04.2012 in Kraft getreten (Art. 6 Abs. 1 des Gesetzes vom 22.12.2011).

B. Bekanntmachungen der Gesellschaft

§ 12 GmbHG betrifft nur diejenigen Tatsachen, die aufgrund gesetzlicher oder gesellschaftsvertraglicher Bestimmung **von der Gesellschaft** bekannt zu machen sind. Für die **vom (Register-) Gericht zu veranlassenden Bekanntmachungen** gilt § 10 HGB (s. auch § 10 GmbHG Rdn. 18 ff.). 5

I. Bekannt zu machende Tatsachen

1. Bekanntmachungspflicht aufgrund Gesetzes

Aufgrund des GmbH-Gesetzes besteht eine Bekanntmachungspflicht der Gesellschaft bei der **Zurückzahlung eingezahlter Nachschüsse**, soweit sie nicht zur Deckung eines Stammkapitalverlustes erforderlich sind (§ 30 Abs. 2 Satz 2 GmbHG), bei der **Herabsetzung des Stammkapitals** (§ 58 Abs. 1 Nr. 1 und 3 GmbHG), bei der **Auflösung der Gesellschaft** und der Verteilung des Vermögens (§§ 65 Abs. 2, 73 Abs. 1 GmbHG) sowie bei der Erhebung einer auf Erklärung der **Nichtigkeit gerichteten Klage** (§ 75 Abs. 2 GmbHG i. V. m. § 246 Abs. 4 AktG). 6

Während der Gesetzentwurf der Bundesregierung zu Satz 1 die Formulierung »Bestimmt *dieses* Gesetz« enthielt (BT-Drucks. 15/4067; Hervorhebung nur hier), ist die Formulierung im Verlauf des Gesetzgebungsverfahrens zugunsten der Gesetz gewordenen Fassung »Bestimmt *das* Gesetz« (Hervorhebung nur hier) geändert worden; die Angleichung an den Wortlaut des § 25 Satz 1 AktG wurde auf Anregung des Bundesrates vorgenommen (vgl. auch Beschlussempfehlung und Bericht des Rechtsausschusses des Deutschen Bundestages, BT-Drucks. 15/4952, S. 50). Der Bundesrat hatte in seiner Stellungnahme zum Gesetzesentwurf der Bundesregierung die Forderung nach einer Angleichung wie folgt begründet (BT-Drucks. 15/4067, S. 68): 7

> »Nicht ersichtlich ist [...], warum § 12 GmbHG-E nur auf Bekanntmachungsbestimmungen des GmbH-Gesetzes abstellt (›Bestimmt dieses Gesetz‹), während § 25 S. 1 AktG für sämtliche Bekanntmachungsbestimmungen gilt (›Bestimmt das Gesetz‹). Die Formulierung des § 12 S. 1 GmbHG-E sollte insoweit an § 25 S. 1 AktG angepasst werden. Die Schaffung neuer Bekanntmachungspflichten außerhalb des GmbH-Gesetzes durch europarechtliche Vorgaben ist nicht auszuschließen. Solche Bekanntmachungsvorschriften fallen dann automatisch unter § 12 GmbHG-E.«

Angesichts des Wortlauts der Gesetz gewordenen Fassung des Satzes 1 ist davon auszugehen, dass sich eine Pflicht der Gesellschaft zur Bekanntmachung im (elektronischen) Bundesanzeiger nicht nur aus dem GmbH-Gesetz (»Bestimmt dieses Gesetz«), sondern **auch aus anderen Gesetzen** (»Bestimmt das Gesetz«) ergeben kann. 8

2. Bekanntmachungspflicht aufgrund Gesellschaftsvertrags

Der Gesellschaftsvertrag kann weitere Sachverhalte benennen, die im Bundesanzeiger oder zusätzlich in anderen Gesellschaftsblättern bekannt zu machen sind. Da der Gesellschaft insbesondere aufgrund der Regelung des § 16 Abs. 1 GmbHG ihre Gesellschafter bekannt sind, besteht bei einer GmbH, die typischerweise einen begrenzten Gesellschafterkreis aufweist, regelmäßig kein Bedürfnis für die Bekanntmachung eines Sachverhalts in einem Gesellschaftsblatt; aus diesem Grund wird eine Bekanntmachungspflicht nur selten im Gesellschaftsvertrag geregelt (vgl. *Noack* BB 2005, 599). 9

§ 12 GmbHG Bekanntmachungen der Gesellschaft

II. Gesellschaftsblatt bzw. Gesellschaftsblätter

1. Bundesanzeiger als »Basis-Gesellschaftsblatt«, Satz 1

10 Nachdem bereits mit der Änderung des § 25 Satz 1 AktG durch Art. 1 Nr. 1 TransPuG vom 19.07.2002 (BGBl. I, 2681) der (elektronische) Bundesanzeiger als »Basis-Gesellschaftsblatt« für Bekanntmachungen einer Aktiengesellschaft eingeführt worden ist, führt § 12 Satz 1 GmbHG den (elektronischen) Bundesanzeiger als **»Basis-Gesellschaftsblatt« für Bekanntmachungen einer GmbH** ein; es handelt sich hierbei um eine »Folgeänderung«, die der »Vereinheitlichung der Bekanntmachungsvorschriften« im »Unternehmensrecht« dient (Gesetzesentwurf der Bundesregierung, BT-Drucks. 15/4067, S. 56). Bekanntmachungen durch den Bundesanzeiger in der gedruckten Fassung wurden schon bei der Änderung des § 25 Satz 1 AktG im Jahr 2002 als »nicht mehr zeitgemäß« angesehen (vgl. Begründung des Gesetzesentwurfs zur Änderung des § 25 Satz 1 AktG durch die Bundesregierung, BT-Drucks. 14/8769, S. 11). Seit Inkrafttreten des Gesetzes vom 22.12.2011 (BGBl. I, 3044) ist aus dem »elektronischen Bundesanzeiger« der »Bundesanzeiger« geworden, da es eine gedruckte Ausgabe nicht mehr gibt (s. Rdn. 4).

11 Von der gesetzlichen Bestimmung des Bundesanzeigers als »Basis-Gesellschaftsblatt« für Bekanntmachungen einer GmbH kann nicht durch gesellschaftsvertragliche Regelung abgewichen werden; es handelt sich um »**zwingendes Gesetzesrecht**« (Gesetzesentwurf der Bundesregierung, BT-Drucks. 15/4067, S. 56).

12 Der Bundesanzeiger ist unter www.bundesanzeiger.de im Internet zugänglich. Für denjenigen, der eine Bekanntmachung – unentgeltlich – einsehen will, ist eine Registrierung nicht notwendig; für denjenigen, der einen Sachverhalt bekannt machen will, ist eine Registrierung erforderlich. Für die Durchführung einer Veröffentlichung im Bundesanzeiger sind die »Allgemeinen Geschäftsbedingungen für die entgeltliche Einreichung zur Publikation im Bundesanzeiger« maßgebend, die Bestimmungen zu elektronischen Datenformaten und Papiermanuskripten, zur Darstellung und Gestaltungsform, zu Berichtigungen, Veränderungen und Löschungen von erfolgten Bekanntmachungen, zu Terminen und Fristen, zur Haftung sowie zum anwendbaren Recht und Gerichtsstand enthalten. Die Publikationsentgelte ergeben sich aus einer Preisliste.

2. Andere öffentliche Blätter oder elektronische Informationsmedien, Satz 2

13 § 12 Satz 2 GmbHG stellt es – ebenso wie § 25 Satz 2 AktG – einer Gesellschaft frei, durch Gesellschaftsvertrag neben dem Bundesanzeiger **andere öffentliche Blätter** oder **elektronische Informationsmedien** als **(zusätzliche) Gesellschaftsblätter** zu bezeichnen. Angesichts des Wortlauts des § 12 Satz 2 GmbHG (»Daneben *kann* der Gesellschaftsvertrag« [Hervorhebung nur hier]) besteht **keine Verpflichtung** zur Bezeichnung weiterer Gesellschaftsblätter. Als »öffentliche Blätter« kommen örtliche oder überregionale Tageszeitungen, Amtsblätter oder der Bundesanzeiger in der gedruckten Fassung in Betracht. Als »elektronisches Informationsmedium« kommt die eigene Internetseite (Website) eines Unternehmens in Betracht (Gesetzesentwurf der Bundesregierung zum TransPuG, BT-Drucks. 14/8769, S. 12).

14 Die Bekanntmachung in dem durch Gesellschaftsvertrag bezeichneten (zusätzlichen) Gesellschaftsblatt kann eine Bekanntmachung im Bundesanzeiger nicht ersetzen, weil der Bundesanzeiger das »Basis-Gesellschaftsblatt« darstellt; durch § 12 Satz 2 GmbHG wird – ausweislich seiner Formulierung »daneben« – lediglich die **Möglichkeit** einer zusätzlichen Bekanntmachung in einem anderen Gesellschaftsblatt eröffnet. Von einer »Zweigleisigkeit der Bekanntmachung« wurde Abstand genommen (Gesetzesentwurf der Bundesregierung zum TransPuG, BT-Drucks. 14/8769, S. 11). Indes ersetzt die Bekanntmachung im Bundesanzeiger nicht die Bekanntmachung in einem anderen Medium, das im Gesellschaftsvertrag bestimmt ist (OLG Stuttgart, Beschl. v. 12.11.2010 – 8 W 444/10, NZG 2011, 29 = ZIP 2011, 84).

15 Wollen die Gesellschafter kein anderes öffentliches Blatt oder elektronisches Informationsmedium als (zusätzliches) Gesellschaftsblatt durch Gesellschaftsvertrag bezeichnen, empfiehlt sich der Ver-

zicht auf eine gesellschaftsvertragliche Regelung über Bekanntmachungen der Gesellschaft, da aufgrund zwingenden Gesetzesrechts Bekanntmachungen der Gesellschaft im Bundesanzeiger zu erfolgen haben; gleichwohl kommt die Aufnahme einer § 12 Satz 1 GmbHG wiedergebenden (deklaratorischen) Regelung im Gesellschaftsvertrag (z. B. »Bekanntmachungen der Gesellschaft erfolgen im Bundesanzeiger.«) in Betracht.

Zweiter Abschnitt Rechtsverhältnisse der Gesellschaft und der Gesellschafter

§ 13 Juristische Person; Handelsgesellschaft

(1) Die Gesellschaft mit beschränkter Haftung als solche hat selbständig ihre Rechte und Pflichten; sie kann Eigentum und andere dingliche Rechte an Grundstücken erwerben, vor Gericht klagen und verklagt werden.

(2) Für die Verbindlichkeiten der Gesellschaft haftet den Gläubigern derselben nur das Gesellschaftsvermögen.

(3) Die Gesellschaft gilt als Handelsgesellschaft im Sinne des Handelsgesetzbuchs.

Übersicht	Rdn.			Rdn.
A. Allgemeines	1	1.	Existenzvernichtender Eingriff	15
B. Die GmbH als Träger von Rechten und Pflichten (Abs. 1)	2	2.	Sonstige Fälle des Rechtsmissbrauchs	23
I. Umfang der Rechtsfähigkeit	2		a) Vermögensvermengung	24
II. Prozessuale Stellung der GmbH	6		b) Unterkapitalisierung	25
III. Beginn und Ende der Rechtsfähigkeit	7		c) Planmäßige Vermögensverlagerung	26
C. Beschränkung der Haftung auf das Gesellschaftsvermögen (Abs. 2)	9		d) Rechtsschein, Treuhand und Strohmannverhältnisse	27
I. Haftungsprivileg	9	III.	Umgekehrter Durchgriff	28
1. Grundsatz: Haftung des Gesellschaftsvermögens	9	IV.	Durchgriffshaftung zugunsten des Minderheitsgesellschafters	29
2. Haftung des Gesellschafters aus besonderem Rechtsgrund	10	V.	Zurechnungsdurchgriff	30
3. Ausgleichspflicht im Innenverhältnis	13	D.	Die GmbH als Handelsgesellschaft (Abs. 3)	32
II. Zugriff auf das Vermögen der Gesellschafter	14			

A. Allgemeines

Mit ihrer etwas altmodischen Formulierung beinhaltet die Vorschrift **drei Wesensmerkmale** der GmbH: (1) Die GmbH kann als juristische Person selbstständig am Geschäftsverkehr teilnehmen und dabei Rechte erwerben und Verpflichtungen eingehen. (2) Für sämtliche dabei entstehenden Verbindlichkeiten haftet allein das Gesellschaftsvermögen ohne Zugriffsmöglichkeit auf das Vermögen der Gesellschafter. (3) Auf die Tätigkeit der GmbH ist das Handelsrecht anwendbar. Die Behandlung der GmbH als eigenständiger Rechtsträger und die damit einhergehende **Beschränkung der Haftung auf das Gesellschaftsvermögen** (vgl. Rdn. 9 ff.) ermöglichen eine Teilnahme am Geschäftsverkehr mit einem überschaubaren persönlichen Risiko des Gesellschafters. Dies trägt zur unverminderten Attraktivität der GmbH bei. Gleichsam als Kehrseite birgt die Ausstattung der GmbH mit eigener Rechtspersönlichkeit die Gefahr eines **Formmissbrauchs** zum Nachteil der Gesellschaftsgläubiger. Als Folge hiervon hat die Rechtsprechung in Durchbrechung der in Abs. 2 angeordneten Haftungsbeschränkung bei Vorliegen besonderer Umstände einen Zugriff auf das persönliche Vermögen der Gesellschafter bejaht (vgl. Rdn. 14 ff.). In der Praxis führt dies dazu, dass an das Verhalten der Gesellschafter bestimmte Anforderungen gestellt werden, damit diese sich auf das Haftungsprivileg berufen können.

1

B. Die GmbH als Träger von Rechten und Pflichten (Abs. 1)

I. Umfang der Rechtsfähigkeit

2 Abs. 1 bestimmt die rechtliche Trennung von Gesellschaft und Gesellschafter (**Trennungsprinzip**). Er stellt klar, dass die GmbH selbst Träger von Rechten und Pflichten ist und damit als juristische Person eigenständig am Rechtsverkehr im eigenen Namen teilnimmt. Mit dieser Aussage hätte es sein Bewenden haben können, denn dass eine juristische Person Eigentum und andere dingliche Rechte an Grundstücken erwerben sowie vor Gericht **klagen und verklagt** werden kann, ist eine Selbstverständlichkeit (s. u. Rdn. 6). Ebenso selbstverständlich kann die GmbH auch **Eigentum** und sonstige dingliche Rechte an anderen Sachen als an Grundstücken, insbesondere an beweglichen Sachen, oder an Rechten erwerben, auch wenn diese in Abs. 1 nicht ausdrücklich genannt werden. Der Umfang der Rechtsfähigkeit unterscheidet sich insoweit nicht von dem einer natürlichen Person. Die GmbH kann **Verträge** im eigenen Namen abschließen, auch mit den Gesellschaftern. Sie kann Inhaber von **gewerblichen Schutzrechten** sein, d. h. Patent-, Gebrauchsmuster-, Geschmacksmuster- und Markenrechte erwerben. Ebenso kann sie an anderen Verbänden teilnehmen, also **Gesellschafterin** von Personen- und Kapitalgesellschaften oder Mitglied einer Genossenschaft oder eines Vereins sein. Die GmbH kann zwar kein Erfinder oder Urheber sein, ein Urheberecht aber im Erbgang erwerben (§ 28 f. UrhG) oder ein Nutzungsrecht hieran eingeräumt bekommen (§ 31 UrhG). Sie ist passiv, nicht aber aktiv **erbfähig**, kann mithin Erbin oder Vermächtnisnehmerin, nicht aber Erblasserin sein. Die GmbH ist wechsel- (Art. 91 WG) und scheckfähig (Art. 60 ScheckG), nicht aber deliktsfähig; sie haftet jedoch für deliktisches Verhalten ihrer Geschäftsführer nach § 31 BGB.

3 Da die Gesellschaft selbst weder die tatsächliche Gewalt über eine Sache (§ 854 BGB) auszuüben noch den erforderlichen Besitzwillen zu bilden vermag, übt sie den **Besitz** an Sachen durch ihre Organe, also in der Regel durch die Geschäftsführung, aus (BGH, Urt. v. 27.10.1971 – VIII ZR 48/70; NJW 1972, 43; Urt. v. 31.03.1971 – VIII ZR 256/69; NJW 1971, 1358). Allerdings erwirbt die Gesellschaft nicht automatisch Besitz an allen Sachen, die sich in der tatsächlichen Gewalt ihres Organs befinden. Voraussetzung ist, dass das Organ die tatsächliche Gewalt nicht für sich selbst, sondern für die Gesellschaft erlangt hat und ausüben will (BGH, Urt. v. 16.10.2003 – IX ZR 55/02; NJW 2004, 217; OLG Düsseldorf, Urt. v. 08.12.1999 – 11 U 23/99; GmbHR 2000, 283). Richtet sich der Besitzwille des Organs darauf, die tatsächliche Gewalt über die Sache für sich selbst auszuüben, ist nur das Organ Besitzer. Bei Gesamtgeschäftsführung muss sowohl die tatsächliche Gewalt als auch der Besitzwille bei sämtlichen Geschäftsführern vorliegen.

4 Der Umfang der Rechtsfähigkeit der GmbH wird dort fraglich, wo es um eine Teilnahme am Rechtsverkehr geht, die auf natürliche Personen zugeschnitten ist. Unstreitig kann der GmbH **Vollmacht** erteilt werden, nach überwiegender Auffassung auch Handlungsvollmacht (BFH, Urt. v. 15.10.1998 – III R 75/97; BB 1999, 249; OLG Hamburg, Urt. v. 06.03.1998 – 11 U 94/97; BB 1998, 971; LG Münster, Urt. v. 29.10.1981 – 7b O 100/81; BB 1982, 1748), nicht aber Prokura (KG, Beschl. v. 23.12.2001 – 1 W 6157/00; NotBZ 2002, 105). Arbeitnehmerin, Vorstand (§ 76 Abs. 3 AktG), Aufsichtsrat (§ 100 Abs. 1 AktG), Geschäftsführerin (§ 6 Abs. 2 GmbHG), Vormund (arg. § 1791a BGB), Betreuerin (arg. § 1897 BGB), Pflegerin (arg. §§ 1915, 1791a BGB) oder Insolvenzverwalterin (§ 56 Abs. 1 InsO; BGH, Beschl. v. 19.09.2013 – IX AR [VZ] 1/12; GmbHR 2013, 1265) kann die GmbH **nicht** sein. Ob sie Nachlassverwalterin oder -pflegerin sein kann, ist streitig (bejahend: Roth/*Altmeppen* § 13 Rn. 3; Michalski/*Michalski* § 13 Rn. 59; Baumbach/Hueck/*Fastrich* § 13 Rn. 4; verneinend: Lutter/*Hommelhoff* § 13 Rn. 2; Scholz/*Emmerich* § 13 Rn. 15). Das Amt der Testamentsvollstreckerin (arg. § 2210 Satz 3, 2163 Abs. 2 BGB) und des Liquidators (arg. § 66 Abs. 4) kann sie dagegen übernehmen.

5 Die GmbH kann grundsätzlich Träger des allgemeinen **Persönlichkeitsrechts** sein, allerdings nur im Rahmen der ihr zugewiesenen Funktion als Wirtschaftsunternehmen. Persönlichkeitsschutz kann die GmbH daher in der Regel (nur) dann beanspruchen, wenn sie in ihrem sozialen Geltungsanspruch als Arbeitgeber oder Wirtschaftsunternehmen betroffen ist (BGH, Urt. v. 08.02.1994 –

VI ZR 286/93; NJW 1994, 1281; Urt. v. 03.06.1986 – VI ZR 102/85; NJW 1986, 2951; Urt. v. 03.06.1975 – VI ZR 123/74; NJW 1975, 1882; OLG Frankfurt am Main, Urt. v. 28.02.1985 – 6 U 89/84; NJW 1985, 1649; Urt. v. 17.12.1981 – 6 U 49/81; NJW 1982, 648). Untersagt werden kann deswegen bspw. die verzerrende Verwendung eines von der GmbH benutzten Emblems, soweit diese eine herabsetzende Aussage über die Qualität der Produkte oder das Auftreten im Wirtschaftsleben aufweist; rein ideelle Belange, die sich nicht in einem geschäftlichen Interesse niederschlagen, müssen demgegenüber in der Regel zurücktreten (OLG Frankfurt am Main, Urt. v. 28.02.1985 – 6 U 89/84; NJW 1985, 1649; Urt. v. 17.12.1981 – 6 U 49/81; NJW 1982, 648). Die Firma der GmbH wird durch das Namensrecht des § 12 BGB geschützt (BGH, Urt. v. 29.10.1992 – I ZR 264/90; NJW 1993, 459; Urt. v. 17.04.1984 – VI ZR 246/82; NJW 1984, 1956).

II. Prozessuale Stellung der GmbH

Als Träger von Rechten und Pflichten kann die GmbH vor Gericht klagen und verklagt werden. Sie ist damit **partei-** (§ 50 Abs. 1 ZPO) und **prozessfähig** (BGHZ 121, 265 f.). Auch nach Aufgabe der Eintragungsabsicht bleibt die Vor-GmbH als Abwicklungs- oder als Personengesellschaft parteifähig; der nach Klageerhebung mit dem Wandel in eine Abwicklungsgesellschaft oder eine Personengesellschaft verbundene Wechsel der organschaftlichen Vertretung führt nicht zum Wegfall der Prozessfähigkeit (BGH, Urt. v. 31.03.2008 – II ZR 308/06; NJW 2008, 2441; zur Parteifähigkeit einer gelöschten GmbH: KG, Beschl. v. 06.06.2012 – 8 U 73/12; GmbHR 2012, 1143; OLG Koblenz, Urt. v. 09.03.2007 – 8 U 228/06; DB 2007, 1972; OLG Hamm, Urt. v. 20.02.1998 – 19 U 95/97; NZG 1998, 778; vgl. zur Parteifähigkeit der GmbH außerdem Kap. 5 Rdn. 249 ff.).

6

Vertreten wird die GmbH auch gerichtlich durch die Geschäftsführung (vgl. hierzu § 35 GmbHG sowie ausführl. Kap. 5 Rdn. 258). Daher kann ein Geschäftsführer (wohl aber ein Gesellschafter) im Prozess der GmbH nicht Zeuge sein, sondern nur als Partei vernommen werden (§ 445 ZPO; vgl. Kap. 5 Rdn. 311). Allgemeiner Gerichtsstand der GmbH ist deren satzungsmäßiger Sitz (§ 17 Abs. 1 ZPO). Daneben kann der Gesellschaftsvertrag noch einen weiteren Gerichtsstand bestimmen (§ 17 Abs. 3 ZPO; zum Gerichtsstand vgl. ausführl. Kap. 5 Rdn. 315 ff.). Der Gesellschaftsvertrag kann auch vorsehen, dass Streitigkeiten zwischen den Gesellschaftern und der GmbH vor einem **Schiedsgericht** ausgetragen werden. Dies gilt dann auch für Ansprüche aus § 51a (OLG Hamm, Beschl. v. 07.03.2000 – 15 W 355/99; NZG 2000, 1182; OLG Koblenz, Beschl. v. 21.12.1989 – 6 W 834/89; GmbHR 1990, 556; verneinend noch: OLG Köln, Beschl. v. 26.10.1988 – 16 Wx 114/88; GmbHR 1989, 207; LG Mönchengladbach, Beschl. v. 15.01.1986 – 7 O 221/85; GmbHR 1986, 390). Beschlussmängelstreitigkeiten sind dagegen nur schiedsfähig, wenn und soweit das schiedsgerichtliche Verfahren in einer dem Rechtsschutz durch staatliche Gerichte gleichwertigen Weise ausgestaltet ist (BGH, Urt. v. 06.04.2009 – II ZR 255/08; GmbHR 2009, 705; OLG Frankfurt am Main, Beschl. v. 09.09.2010 – 26 SchH 4/10; GmbHR 2011, 431). Hierzu zählt wegen der inter omnes-Wirkung des Schiedsspruchs insbesondere die Möglichkeit sämtlicher Gesellschafter, dem Verfahren beizutreten. Aus einem Urteil gegen die GmbH kann die Zwangsvollstreckung nur gegen diese betrieben werden (§ 750 ZPO).

III. Beginn und Ende der Rechtsfähigkeit

Die Rechtsfähigkeit der GmbH **beginnt** mit ihrer Eintragung in das Handelsregister. Dies folgt unmittelbar aus § 11 Abs. 1. Ist die Gesellschaft mit notariellem Abschluss des Gesellschaftsvertrages gegründet, aber noch nicht eingetragen, besteht eine Vor-GmbH, auf die grundsätzlich die Vorschriften des GmbH-Gesetzes anwendbar sind, soweit sie nicht die Rechtsfähigkeit voraussetzen (BGH, Urt. v. 29.10.1992 – I ZR 264/90; NJW 1993, 459; Urt. v. 01.06.1988 – [1] 1 OJs 22/83 [4/88]; NJW 1981, 1373; Urt. v. 23.03.1981 – II ZR 27/80; NJW 1981, 2125; vgl. zur Vor-GmbH auch ausführl. Kommentierung zu § 11).

7

Wann die Rechtspersönlichkeit der GmbH **endet**, ist dagegen nicht ausdrücklich geregelt. Sicher ist, dass die Auflösung (§§ 60 ff.) und die Nichtigkeitserklärung (§§ 75 ff.) nicht zum Erlöschen der Rechtspersönlichkeit führen, sondern die Gesellschaft mit einem veränderten Zweck, nämlich der

8

Liquidation, fortbestehen lassen (Scholz/*Emmerich* GmbHG, § 13 Rn. 6; Michalski/*Michalski* § 13 Rn. 28; vgl. auch Kap. 5 Rdn. 251 f.). Daher endet die Rechtsfähigkeit erst dann, wenn die Gesellschaft **vermögenslos** ist und im Handelsregister **gelöscht** wird (OLG Stuttgart, Urt. v. 30.08.1998 – 20 U 21/98; NZG 1999, 31; OLG Koblenz, Urt. v. 01.04.1998 – 1 U 463/97; NZG 1998, 637; OLG Köln, Urt. v. 11.03.1992 – 2 U 101/91; GmbHR 1992, 536; OLG Saarbrücken, Urt. v. 06.03.1991 – 1 U 143/90; GmbHR 1992, 311; wohl auch BayObLG, Beschl. v. 07.01.1998 – 3 Z BR 491/97; NZG 1998, 228). Daneben kann die GmbH auch im Wege der Verschmelzung erlöschen (§ 20 Abs. 1 UmwG), nicht dagegen im Wege des Formwechsels, da sich bei diesem nur die Rechtsform, nicht aber der Rechtsträger ändert (§ 202 Abs. 1 UmwG). Auch bei der Verschmelzung erlischt die GmbH erst mit Eintragung der Verschmelzung in das Handelsregister.

C. Beschränkung der Haftung auf das Gesellschaftsvermögen (Abs. 2)

I. Haftungsprivileg

1. Grundsatz: Haftung des Gesellschaftsvermögens

9   Eines der bedeutsamsten Wesensmerkmale der GmbH ist die Beschränkung der Haftung auf das Gesellschaftsvermögen als folgerichtige Konsequenz der Anerkennung der Gesellschaft als selbstständigen Rechtsträger. Die Haftungsbeschränkung schließt eine persönliche Haftung des Gesellschafters für Verbindlichkeiten der Gesellschaft aus. Den Gläubigern der Gesellschaft steht **nur das Gesellschaftsvermögen** als Haftungsmasse zur Verfügung.

2. Haftung des Gesellschafters aus besonderem Rechtsgrund

10 Der Gesellschafter kann aber infolge eines besonderen Rechtsgrundes für Verbindlichkeiten der Gesellschaft haften. Insbesondere bei der Vergabe von Darlehen an die GmbH ist gängige Praxis, aus der Darlehensverbindlichkeit der GmbH immer auch eine persönliche Verbindlichkeit des Gesellschafters zu machen, indem die Darlehensvergabe von einem **Schuldbeitritt**, einer **Bürgschaft**, einer **Patronatserklärung** oder einem **Garantieversprechen** des Gesellschafters abhängig gemacht wird (zur Abgrenzung BGH Urt. 19.09.1985 – VII ZR 338/84; NJW 1986, 580). Ohne ausdrückliche Regelung bedarf es der **Auslegung** des zugrunde liegenden Vertrages, ob eine Mitverpflichtung des Gesellschafters gewollt ist. Hierbei wird man eine gleichzeitige persönliche Verpflichtung des Gesellschafters ohne besondere Anhaltspunkte in aller Regel verneinen müssen. Das bloße Interesse des Gesellschaftsgläubigers an einem weiteren Schuldner reicht sicher nicht. Die persönliche Verpflichtung des Gesellschafters muss sich vielmehr zwingend aus der Natur des Vertrages oder aus dem Vorliegen besonderer Umstände ergeben, die den sicheren Schluss erlauben, dass das fragliche Rechtsgeschäft ohne eine gleichzeitige persönliche Verpflichtung des Gesellschafters nicht abgeschlossen worden wäre und sämtliche Beteiligten, einschließlich des Gesellschafters, hiervon erkennbar übereinstimmend ausgegangen sind. Dies wird bei der Vereinbarung von Unterlassungspflichten (typisches Beispiel: Wettbewerbsverbot) der Gesellschaft häufig der Fall sein, weil eine solche Verpflichtung – je nach Stellung des Gesellschafters innerhalb der Gesellschaft – für den Gläubiger wertlos sein kann, wenn der Gesellschafter selbst die fragliche Handlung soll vornehmen dürfen.

11 Ein selbstständiger Verpflichtungsgrund kann sich nicht nur aus einer vertraglichen Mitverpflichtung des Gesellschafters, sondern auch aus dessen **deliktischer** (z. B. Teilnahme an Insolvenzverschleppung oder aus § 15a Abs. 3 InsO; s. auch Rdn. 23 ff.) oder quasivertraglicher Haftung ergeben. Hauptanwendungsfall der Letzteren ist die Haftung aus **culpa in contrahendo** (§ 311 Abs. 3 BGB), die möglich ist, wenn der – meist gleichzeitig als Geschäftsführer auftretende – Gesellschafter bei Vertragsanbahnung, -verhandlung oder -abschluss mitgewirkt und hierbei in besonderem Maß das Vertrauen des Vertragspartners in Anspruch genommen hat. Allerdings stellt der BGH hieran – zu Recht – sehr hohe Anforderungen. Erforderlich ist, dass der Gesellschafter unter Hinweis auf seine besondere Sachkunde und Zuverlässigkeit dem Vertragspartner im Vorfeld einer (echten) Garantiezusage durch die Gesellschaft ein zusätzliches, von ihm ausgehendes Vertrauen auf die Vollständig-

keit und Richtigkeit der Garantierklärung hervorgerufen hat (BGH, Urt. v. 06.06.1994 – II ZR 292/91; NJW 1994, 2220; Urt. v. 01.07.1991 – II ZR 180/90; ZIP 1991, 1140). Die bloße Verletzung von vorvertraglichen Aufklärungspflichten reicht hierfür nicht (BGH, Urt. v. 06.06.1994 – II ZR 292/91; NJW 1994, 2220).

Scheidet der Gesellschafter aus der GmbH aus, bleibt seine vertraglich begründete persönliche (Mit-)Verpflichtung grundsätzlich bestehen. Ein Wegfall der Verpflichtung unter dem Gesichtspunkt des Wegfalls der Geschäftsgrundlage wird nur in Ausnahmefällen angenommen werden können (OLG Zweibrücken, Urt. v. 05.06.1998 – 2 U 25/84; ZIP 1985, 1196). In allen anderen Fällen führt das **Ausscheiden aus der Gesellschaft** nur dann zur Aufhebung der persönlichen Verpflichtungen, wenn dem Gesellschafter nach Treu und Glauben die Erfüllung des Vertrages nicht mehr zugemutet werden kann (OLG Zweibrücken, Urt. v. 05.06.1998 – 2 U 25/84; ZIP 1985, 1196). Wesentlich soll dies davon abhängen, ob dem Gesellschafter andere Möglichkeiten der Haftungsbefreiung zur Verfügung stehen, insbesondere eine Kündigung des seine persönlichen Haftung begründenden Schuldverhältnisses möglich ist (OLG Zweibrücken, Urt. v. 05.06.1998 – 2 U 25/84; ZIP 1985, 1196). Ein solches Kündigungsrecht aus wichtigem Grund wird man mit dem Ausscheiden aus der Gesellschaft und dem damit wegfallenden Interesse an deren finanziellen Absicherung ohne Weiteres annehmen können, wenn – wie in der Regel – die Gesellschafterstellung Anlass für die Übernahme der persönlichen Haftung war (so für die Bürgschaft OLG Zweibrücken, Urt. v. 05.06.1998 – 2 U 25/84; ZIP 1985, 1196; enger BGH, Urt. v. 10.06.1985 – III ZR 63/84; GmbHR 1985, 391, wonach das Ausscheiden ein wichtiger Grund sein kann). Die Kündigung kann allerdings nur unter Wahrung einer Kündigungsfrist erklärt werden, die so zu bemessen ist, dass sowohl der GmbH als auch dem Gesellschaftsgläubiger ein angemessener Zeitraum verbleibt, um ihre wirtschaftliche Dispositionen der durch die Kündigung geschaffenen veränderten Lage anzupassen (BGH, Urt. v. 10.06.1985 – III ZR 63/84; GmbHR 1985, 391). Die Kündigung wirkt in jedem Fall nur für zukünftige Verbindlichkeiten der Gesellschaft, sodass die persönliche Haftung für die bis zum Wirksamwerden der Kündigung begründeten Gesellschaftsschulden bestehen bleibt.

3. Ausgleichspflicht im Innenverhältnis

Stellt nur einer von mehreren Gesellschaftern im Einvernehmen mit den übrigen **Sicherheiten für Verbindlichkeiten der GmbH**, so soll regelmäßig anzunehmen sein, dass die Gesellschafter im Innenverhältnis eine Ausgleichspflicht wollen (BGH, Urt. v. 20.03.1986 – II ZR 125/85; WM 1986, 883). Die Höhe der Ausgleichspflicht bestimmt sich bei Fehlen anderweitiger Vereinbarungen nach den Beteiligungsverhältnissen.

II. Zugriff auf das Vermögen der Gesellschafter

Die Beschränkung der Haftung auf das Gesellschaftsvermögen setzt als Kehrseite voraus, dass die Gläubiger der Gesellschaft vor einer Aushöhlung der Haftungsmasse geschützt werden. Dieses Ziel verfolgen in erster Linie die Vorschriften über die **Erbringung und Erhaltung des Stammkapitals**. Da diese aber nur unzureichenden Schutz vor einer »Ausschlachtung« der Gesellschaft mit anschließender Insolvenzanmeldung bieten, hat die Rechtsprechung schon früh Grundsätze entwickelt, nach denen – ausnahmsweise – ein Zugriff auch auf das Vermögen der Gesellschafter möglich ist.

1. Existenzvernichtender Eingriff

Mit seiner richtungsweisenden, aber inzwischen teilweise überholten Entscheidung »**Bremer Vulkan**« (Urt. v. 17.09.2001 – II ZR 178/99; BGHZ 149, 10) hatte der BGH die **Voraussetzungen** für einen Durchgriff auf das Vermögen des Gesellschafters neu definiert (zur historischen Entwicklung ausführlich Michalski/*Michalski* § 13 Rn. 323 ff.) und in einer Vielzahl nachfolgender Entscheidungen konkretisiert. Danach wurde eine persönliche Haftung des Gesellschafters einer GmbH für die Gesellschaftsschulden für den Fall bejaht, dass der Gesellschafter auf die Zweckbindung des Gesellschaftsvermögens keine Rücksicht nimmt und der Gesellschaft durch offene oder verdeckte Entnahmen ohne angemessenen Ausgleich **Vermögenswerte entzieht**, die sie zur

Erfüllung ihrer Verbindlichkeiten benötigt, und die Gesellschaft dadurch in die Zahlungsunfähigkeit treibt (sog. existenzvernichtender Eingriff; vgl. BGH, Urt. v. 13.12.2004 – II ZR 206/02; GmbHR 2005, 225; Urt. v. 13.12.2004 – II ZR 256/02, BB 2005, 286; Urt. v. 25.02.2002 – II ZR 196/00; GmbHR 2002, 549; Urt. v. 24.06.2002 – II ZR 300/00; GmbHR 2002, 902; OLG Köln, Urt. v. 23.04.2006 – 7 U 31/05; ZIP 2007, 28; OLG Düsseldorf, Urt. v. 26.10.2006 – 6 U 248/05; ZIP 2007, 227; OLG München, Urt. v. 06.07.2005 – 7 U 2230/05; GmbHR 2005, 1486). Ein Gesellschafter, der auf diese Weise gezielt und zu betriebsfremden Zwecken in das Gesellschaftsvermögen eingreift, missbrauche die Rechtsform der GmbH und verliere damit grundsätzlich die Berechtigung, sich auf die Haftungsbeschränkung zu berufen. Die Existenzvernichtungshaftung war auf diese Weise als Außenhaftung der Gesellschafter gegenüber den Gesellschaftsgläubigern ausgestaltet.

16 Diese Rechtsprechung hat der BGH mit seiner Entscheidung »**Trihotel**« vom 16.07.2007 (II ZR 3/04; GmbHR 2007, 927 = BB 2007, 1970 = ZIP 2007, 1552) hinsichtlich der tatbestandlichen Voraussetzungen zwar **bestätigt**, die Existenzvernichtungshaftung jedoch auf eine **neue dogmatische Grundlage** gestellt. Das bisherige Konzept einer eigenständigen Haftungsfigur, die als Durchgriffs(außen)haftung ausgestaltet war, hat der BGH ausdrücklich aufgegeben. Wie bisher knüpft der BGH die Existenzvernichtungshaftung des Gesellschafters an den kompensationslosen Eingriff in das im Gläubigerinteresse zweckgebundene Gesellschaftsvermögen; er ordnet sie allerdings nunmehr – und darin liegt die neue dogmatische Grundlage – nicht mehr als eigenständige Außenhaftung gegenüber den Gläubigern der Gesellschaft ein, sondern als reine schadensersatzrechtliche **Innenhaftung** gegenüber der Gesellschaft. Ihre Grundlage findet diese Innenhaftung allein in § 826 BGB; der existenzvernichtende Eingriff wird damit von einer eigenständigen Haftungsfigur zu einer **besonderen Fallgruppe der sittenwidrigen vorsätzlichen Schädigung** (bestätigt durch BGH, Urt. v. 23.04.2012 – II ZR 252/10; ZIP 2012. 1071; Urt. v. 05.12.2007 – V R 26/06; GmbHR 2008, 332; BGH, Urt. v. 28.04.2008 – II ZR 264/06; NJW 2008, 2437 »**Gamma**«) mit der Folge, dass eine Haftung wegen Fahrlässigkeit ausscheidet (s. zu der neuen dogmatischen Grundlage des BGH auch *Altmeppen* NJW 2007, 2657 und ZIP 2008, 1201; *Paefgen* DB 2007, 1907; *Theiselmann* GmbHR 2007, 904; *Schwab* ZIP 2008, 341; *Vetter*, BB 2007, 1965; *Weller* ZIP 2007, 1681). Mit seiner die neue Rechtsprechung bestätigenden Entscheidung »**Sanitary**« (Urt. v. 09.02.2009 – II ZR 292/07; NJW 2009, 2127) hat der BGH schließlich klargestellt, dass eine Existenzvernichtungshaftung der Gesellschaft **auch im Stadium der Liquidation** der Gesellschaft in Betracht kommt. Dies kann schon dann der Fall sein, wenn der Liquidator unter Verstoß gegen § 73 Abs. 1 in sittenwidriger Weise das Gesellschaftsvermögen schädigt, ohne dass zugleich eine Insolvenzverursachung oder -vertiefung vorliegen muss (BGH, Urt. v. 09.02.2009 – II ZR 292/07; NJW 2009, 2127; ebenso BGH, Urt. v. 23.04.2012 – II ZR 252/10; ZIP 2012, 1071).

17 Die von dem BGH vorgenommene Änderung des Haftungskonzepts der Existenzvernichtungshaftung hat auch zu einer **Beseitigung** der bis dahin angenommenen **Subsidiarität** der Existenzvernichtungshaftung gegenüber den §§ 30, 31 GmbHG geführt. Bis zu Entscheidung »Trihotel« wurde angenommen, dass der Haftungsdurchgriff unter dem Gesichtspunkt des existenzvernichtenden Eingriffs dann nicht in Betracht komme, wenn über das Vermögen der Gesellschaft das **Insolvenzverfahren** eröffnet worden ist (BAG v. 14.12.2004 – 1 AZR 504/03; GmbHR 2005, 987; LAG Köln, Urt. v. 20.06.2003 – 4 Sa 128/03; ZIP 2003, 1893; näher dazu *Recq/Smyrek* GmbHR 2005, 1593). Gestützt wurde diese Sichtweise auf § 93 InsO, der einen – anderenfalls drohenden – »Wettlauf der Gesellschaftsgläubiger« gerade vermeiden wolle. Hieraus sollte für den Gesellschaftsgläubiger folgen, dass er erst nach Abschluss des Insolvenzverfahrens oder bei dessen Nichteröffnung mangels Masse Rückgriff auf die Gesellschafter nehmen kann, will er nicht riskieren, dass ein über seine Forderung anhängiges Verfahren infolge der späteren Eröffnung analog § 240 ZPO unterbrochen wird. Diese Auffassung hat der BGH ausdrücklich aufgegeben und statt dessen klargestellt, dass die Schadensersatzansprüche (der Gesellschaft) aus einer Existenzvernichtungshaftung gegenüber Erstattungsansprüchen aus §§ 31, 30 GmbHG nicht subsidiär sind, sondern dass zwischen beiden – soweit sie sich überschneiden – Anspruchskonkurrenz besteht.

Für den **Gesellschaftsgläubiger** bedeutet die Änderung des Haftungskonzepts Folgendes: Geht die Gesellschaft infolge des existenzvernichtenden Eingriffs in die Insolvenz, ist der der Gesellschaft gegenüber dem Gesellschafter daraus entstandene Schadensersatzanspruch allein von dem Insolvenzverwalter geltend zu machen. Dem Gesellschaftsgläubiger ist ein unmittelbarer Zugriff auf das Vermögen des Gesellschafters nicht möglich, er profitiert nur noch indirekt durch die Geltendmachung des Innenhaftungsanspruchs. Kommt es – insbesondere bei einer masselosen Insolvenz – nicht zu der Eröffnung eines Insolvenzverfahrens, ist der Gesellschaftsgläubiger auf den Umweg verwiesen, auf der Grundlage eines Titels gegen die Gesellschaft deren Innenhaftungsanspruch gegen den Gesellschafter zu pfänden und sich überweisen zu lassen (BGH, Urt. v. 16.07.2007 – II ZR 3/04; GmbHR 2007, 927«**Trihotel**«). Auch in einem solchen Fall scheidet ein unmittelbarer Durchgriff also zunächst aus. 18

Wie bereits nach altem Haftungskonzept (Außenhaftung) ist es auch nach neuem Haftungskonzept (Innenhaftung) nicht erforderlich, dass der Eingriff durch den Gesellschafter der GmbH selbst erfolgt. Es reicht vielmehr aus, dass der Eingreifende einen **beherrschenden Einfluss** auf die GmbH ausüben kann, etwa als Allein- oder Mehrheitsgesellschafter der Muttergesellschaft oder der Konzernmutter. In einer solchen Konstellation ist nicht auf die formaljuristische Konstruktion, sondern auf die tatsächliche Einflussmöglichkeit abzustellen (BGH, Urt. v. 16.07.2007 – II ZR 3/04; BB 2007, 1976; Urt. v. 13.12.2004 – II ZR 206/02; GmbHR 2005, 225). Eine solche Einflussmöglichkeit kann schon dann bestehen, wenn der Gesellschafter zwar nur über 50% der Geschäftsanteile verfügt, aber gleichzeitig alleiniger Geschäftsführer ist und die Gesellschafterversammlung ihn (deshalb) ohne seine Zustimmung weder abberufen noch ihm Weisungen erteilen kann (BGH, Urt. v. 13.12.2004 – II ZR 206/02; GmbHR 2005, 225). Folgerichtig scheidet umgekehrt eine Haftung des Neu-Gesellschafters aus, wenn der Eingriff schon vor der Übertragung des Geschäftsanteils auf ihn durch den Vor-Gesellschafter vorgenommen wurde und der Neu-Gesellschafter zu diesem Zeitpunkt keine Einflussmöglichkeiten oder Mitentscheidungsbefugnisse hatte, und zwar auch dann, wenn die Anteilsübertragung zum Zeitpunkt des Eingriffs bereits durch eine schuldrechtliche Vereinbarung angelegt war (OLG München, Urt. v. 20.05.2009 – 7 U 3724/08; ZIP 2010, 331). 19

Werden der Gesellschaft unter dem Gesichtspunkt des existenzvernichtenden Eingriffs Geldbeträge entzogen, so hat der rechtswidrig handelnde Gesellschafter **Verzugszinsen** ab der Entziehung zu entrichten (BGH Entsch. v. 13.12.2007 – IX ZR 116/06; GmbHR 2008, 322). 20

Unternehmerische Maßnahmen, die darauf abzielen, den **Geschäftsbetrieb einzustellen**, stellen nicht automatisch einen existenzvernichtenden Eingriff dar (BGH, Urt. v. 12.02.1996 – II ZR 279/94; GmbHR 1996, 366). Ein Gesellschafter ist grundsätzlich nicht verpflichtet, das Gesellschaftsunternehmen fortzuführen. Es steht ihm frei, den Geschäftsbetrieb einzustellen oder eine sich bietende Geschäftschance nicht zu ergreifen. Erst recht ist er nicht verpflichtet, die Ertragskraft der Gesellschaft durch **Investitionen** zu erhalten oder wiederherzustellen (BGH, Urt. v. 13.12.2004 – II ZR 206/02; GmbHR 2005, 225; Urt. v. 24.06.2002 – II ZR 300/00; GmbHR 2002, 902; OLG Köln, Urt. v. 18.12.2008 – 18 U 162/06; BeckRS 2009, 10826: Ausschluss vom konzerninternen Cash-Pool-System). Entscheidend ist allein, dass er sich des im Gesetz für die Einstellung der Unternehmenstätigkeit vorgeschriebenen Verfahrens bedient, also das Vermögen der Gesellschaft ordnungsgemäß verwertet und aus dem Erlös die Gläubiger befriedigt. Überträgt er dabei Vermögenswerte der Gesellschaft auf sich selbst oder auf eine andere Gesellschaft, an der er beteiligt ist, schuldet er der Gesellschaft eine marktgerechte Gegenleistung. Nur wenn er diese nicht erbringt, entzieht er der Gesellschaft vorhandenes Vermögen und nimmt ihr dadurch die Möglichkeit, in diesem Umfang ihre Verbindlichkeiten zu erfüllen (BGH, Urt. v. 13.12.2004 – II ZR 206/02; GmbHR 2005, 225; Urt. v. 24.06.2002. – II ZR 300/00; GmbHR 2002, 902). 21

Keinen existenzvernichtenden Eingriff stellen bloße **Managementfehler** dar (BGH, Urt. v. 13.12.2004 – II ZR 206/02; GmbHR 2005, 225; OLG Köln, Urt. v. 13.04.2006 – 7 U 31/05; ZIP 2007, 28). Unternehmerische Fehlentscheidungen oder sonstiges kaufmännisch unvernünftiges Wirtschaften, das zu einer Verminderung des Gesellschaftsvermögens führt, löst deshalb grundsätzlich keine persönliche Haftung des Gesellschafters aus, wenn es an einem gezielten, betriebsfremden 22

Zwecken dienenden Entzug von Vermögenswerten fehlt (BGH, Urt. v. 13.12.2004 – II ZR 206/02; GmbHR 2005, 225). Ob ein existenzvernichtender Eingriff oder lediglich ein Managementfehler vorliegt, ist **ex ante** und nicht ex post und auf der Grundlage einer Gesamtschau der Umstände des Einzelfalles zu beurteilen (OLG Köln, Urt. v. 13.04.2006 – 7 U 31/05; ZIP 2007, 28).

2. Sonstige Fälle des Rechtsmissbrauchs

23 Auch schon bevor der BGH seine Rechtsprechung zum existenzvernichtenden Eingriff entwickelt hat, basierte die Haftung des Gesellschafters für Verbindlichkeiten der Gesellschaft auf dem Gedanken des **Rechtsmissbrauchs**. Der BGH hatte hierzu verschiedene Fallgruppen entwickelt, bei denen regelmäßig angenommen werden konnte, dass die GmbH von dem Gesellschafter bloß vorgeschoben und ihre Rechtsform zum Zwecke der Benachteiligung der Gesellschaftsgläubiger missbraucht wurde. Diese Fälle des Rechtsmissbrauchs sind neben der Existenzvernichtung nach wie vor anwendbar und können – anders als der existenzvernichtende Eingriff – auch zu einer Durchgriffs(außen)haftung der Gesellschafter gegenüber den Gesellschaftsgläubigern führen. Alle Konstellationen beruhen dabei auf der Annahme, dass der Gesellschaftsgläubiger seine Forderung gegen die Gesellschaft nicht durchsetzen kann, weil anderenfalls ein Bedürfnis für eine zusätzliche Haftung der Gesellschafter nicht besteht.

a) Vermögensvermengung

24 Da die zum Schutz der Gesellschaftsgläubiger erlassenen Kapitalerhaltungsvorschriften darauf beruhen, dass ein selbstständiges Gesellschaftsvermögen gebildet und seinem Umfang nach von dem Eigenvermögen der Gesellschafter abgegrenzt bleibt, ist eine Durchgriffshaftung in den Fällen der **Vermengung von Gesellschafts- und Eigenvermögen** möglich (BGH Versäumnisurt. v. 14.11.2005 – II ZR 178/03; NJW 2006, 1346; Urt. v. 13.04.1994 – II ZR 16/93; NJW 1994, 1801; Urt. v. 16.09.1985 – II ZR 275/84; NJW 1986, 188; Urt. v. 12.11.1984 – II ZR 250/83; NJW 1985, 740; hierzu näher *Altmeppen* ZIP 2002, 1557). Eine solche setzt voraus, dass sich nicht ermitteln lässt, welcher Vermögensgegenstand zum Gesellschafts- und welcher zum Privatvermögen gehört. Dies ist dann der Fall, wenn das Gesellschaftsvermögen in den Büchern der Gesellschaft nur unzureichend ausgewiesen, die Buchführung aus anderen Gründen undurchsichtig oder die Vermögensabgrenzung zwischen Gesellschaft und Gesellschaftern sonst verschleiert worden ist (BGH, Urt. v. 13.04.1994 – II ZR 16/93; NJW 1994, 1801; Urt. v. 16.09.1985 – II ZR 275/84; NJW 1986, 188; Urt. v. 12.11.1984 – 250/83; NJW 1985, 740). Nicht ausreichend ist deshalb auch die wechselseitige Erfüllung von Zahlungsverpflichtungen innerhalb einer Unternehmensgruppe etwa im Rahmen eines »**Cash-Pools**«, solange diese ordnungsgemäß verbucht werden (zur Durchgriffshaftung im GmbH-Unternehmensverbund auch *Ulrich* GmbHR 2007, 1289). Die persönliche Haftung trifft nur diejenigen Gesellschafter, die für die Vermögensvermengung verantwortlich sind, nicht dagegen solche, die infolge ihrer geringen Beteiligung und fehlenden Mitspracherechte keinen **beherrschenden Einfluss** auf die Gesellschaft ausüben können (BGH, Urt. v. 13.04.1994 – II ZR 16/93; NJW 1994, 1801). Auch auf faktische Gesellschafter, die einen Strohmann vorschieben und deswegen formell keine Gesellschafterstellung einnehmen, finden die Grundsätze der Haftung unter dem Gesichtspunkt der Vermögensvermengung Anwendung (KG, Urt. v. 04.12.2007 – 7 U 77/07: ZIP 2008, 1535).

b) Unterkapitalisierung

25 Als einen Unterfall des Rechtsmissbrauchs, der zur Aufhebung des Trennungsprinzips (s. o. Rdn. 2) führt, wurde gelegentlich auch die erhebliche Unterkapitalisierung einer GmbH angesehen. Danach sollte es auf ein rechtsmissbräuchliches Vorschieben der Rechtsform der GmbH hindeuten, wenn das haftende Kapital der Gesellschaft völlig außerhalb des Rahmens liegt, der sich aus dem Zweck ergibt, dem das Vermögen gewidmet ist (OLG Hamburg, Urt. v. 15.02.1973 – 3 U 126/72; BB 1973, 1231; den Durchgriff wegen Unterkapitalisierung ebenfalls grundsätzlich bejahend: BSG, Urt. v. 01.02.1996 – 2 RU 7/95; NJW 1997, 94; Urt. v. 27.09.1994 – 10 Rar1/92; NJW-RR 1995,

730; Urt. v. 07.12.1983 – 7 Rar 20/82; NJW 1984, 2117; wohl auch BGH, Urt. v. 30.11.1978 – II Rar 204/76; NJW 1979, 2104 und OLG Oldenburg, Urt. v. 10.02.2000 – 8 U 1987/99; NZG 2000, 555; ablehnend dagegen BGH, Urt. v. 04.05.1977 – VIII ZR 298/75; NJW 1977, 1449; BAG, Urt. v. 10.02.1999 – 5 AZR 677–97; NJW 1999, 2299; Urt. v. 03.09.1998 – 8 AZR 189/97; GmbHR 1998, 1223). Dieser Auffassung hat der **BGH eine Absage erteilt**. Mit seiner Entscheidung »**Gamma**« vom 28.04.2008 (II ZR 264/06; NJW 2008, 2437 = GmbHR 2008, 805 = ZIP 2008, 1232; anders im Ergebnis noch die Vorinstanz: OLG Düsseldorf, Urt. v. 26.10.2006 – I-6 U 248/05; GmbHR 2007, 310; s. hierzu auch *Veil* NJW 2008, 3264; *Heeg/Kehbel* DB 2008, 1787) hat der BGH nunmehr klargestellt, dass für eine Gesellschafterhaftung wegen materieller Unterkapitalisierung im Wege höchstrichterlicher Rechtsfortbildung mangels einer Gesetzeslücke kein Raum besteht. Der BGH begründet dies damit, dass das GmbHG lediglich die Aufbringung des Mindeststammkapitals von 25.000 € vorschreibe, der Gesellschafter im Übrigen aber in seiner Finanzierungsentscheidung frei und insbesondere nicht verpflichtet sei, der Gesellschaft ein »mitwachsendes« Finanzpolster zur Verfügung zu stellen, falls sich herausstellt, dass die Gesellschaft – sei es von vornherein, sei es im Nachhinein – hinsichtlich ihres finanziellen Bedarfs, gemessen am Geschäftsumfang zu niedrig ausgestattet sei. Etwas anderes kann deshalb nur in Ausnahmefällen gelten, etwa wenn die Verwendung einer unterkapitalisierten Gesellschaft bewusst und planmäßig zum Zwecke der Gläubigerschädigung erfolgt oder wenn der Geschäftsbetrieb der Gesellschaft von vornherein auf einen Verlust ausgerichtet war (OLG Naumburg, Urt. v. 09.04.2008 – 6 U 148/07; GmbHR 2008, 1149; s. auch Ulmer/*Raiser* GmbHG, § 13 Rn. 164; *Petrak* GmbHR 2007, 1009).

c) Planmäßige Vermögensverlagerung

Allen Unterfällen der Durchgriffshaftung ist gemein, dass sie auf dem Gedanken des **treuwidrigen Missbrauchs der Rechtsform der GmbH** beruhen, durch den das Risiko in einer von der Rechtsordnung nicht mehr zu billigen Weise allein auf die Gesellschaftsgläubiger abgewälzt und diese dadurch geschädigt werden (OLG München, Urt. v. 08.09.1995 – 21 U 4968/94; NJW-RR 1996, 746). Ein solcher Rechtsmissbrauch liegt daher auch im Fall einer **planmäßigen Vermögensverlagerung** vor. Wird der GmbH planmäßig deren Vermögen entzogen und dieses auf eine Schwestergesellschaft verlagert, um den Zugriff der Gesellschaftsgläubiger zu verhindern und auf diese Weise das von der Gesellschaft betriebene Unternehmen ohne Rücksicht auf die entstandenen Schulden fortführen zu können, haften sowohl Gesellschafter als auch Schwestergesellschaft schon nach altem Rechtsverständnis den Gesellschaftsgläubigern nach § 826 BGB (BGH, Urt. v. 13.12.2004 – II ZR 256/02; BB 2005, 286; Urt. v. 20.09.2004 – II ZR 302/02; ZIP 2004, 2138; Urt. v. 24.06.2002 – II ZR 300/00; ZIP 2002, 1578; OLG Karlsruhe, Urt. v. 13.05.1977 – 15 U 132/75; BB 1978, 1332). Hinsichtlich des Gesellschafters dürfte im Fall einer planmäßigen Vermögensverlagerung in der Regel auch nach neuerem Verständnis ein **existenzvernichtender Eingriff** vorliegen (s. o. Rdn. 15 ff.); der BGH hatte dies seinerzeit gleichwohl offengelassen, weil zumindest die Haftung der Schwestergesellschaft unter diesem Gesichtspunkt zweifelhaft war (BGH, Urt. v. 20.09.2004 – II ZR 302/02; ZIP 2004, 2138). Grundsätzlich zulässig ist dagegen die Verwendung der GmbH zur **Haftungssegmentierung**, indem ein Unternehmen auf mehrere selbstständige Rechtsträger aufgeteilt wird (BGH, Urt. v. 16.09.1985 – II ZR 25/84; NJW 1986, 188). Ein die Haftung nach § 826 BGB begründender existenzvernichtender Eingriff liegt hingegen bei einer planmäßigen Vereinnahmung von Gesellschaftsforderungen durch den Gesellschafter vor (BGH, Beschl. v. 07.01.2007 – II ZR 314/05; GmbHR 2008, 257). Dies gilt jedoch dann nicht, wenn der Gesellschafter zwar Forderungen der GmbH gegen Dritte auf ein eigenes Konto einzieht, mit diesen Mitteln jedoch Verbindlichkeiten der Gesellschaft begleicht (BGH, Beschl. v. 02.06.2008 – II ZR 104/07; ZIP 2008, 1329).

d) Rechtsschein, Treuhand und Strohmannverhältnisse

Schließlich soll ein »Haftungsdurchgriff« denkbar sein, wenn der Gesellschafter zum Nachteil eines Gesellschaftsgläubigers den unzutreffenden **Rechtsschein** hervorgerufen hat, dass er für die Gesellschaftsschulden privat haftet (OLG Hamburg, Urt. v. 15.02.1973 – 3 U 126/72; BB 1973, 1232).

26

27

Bei einer solchen Konstellation dürfte es sich jedoch tatsächlich nicht um eine Frage des Haftungsdurchgriffs handeln. Der Sache nach handelt es sich vielmehr um einen Fall der rechtsgeschäftlichen Mitverpflichtung des Gesellschafters aus einem besonderen Rechtsgrund (oben Rdn. 10) – entweder nach Rechtsscheingrundsätzen oder aufgrund einer entsprechenden Auslegung der von dem Gesellschafter abgegeben Willenserklärung, die es erlaubt, in dieser die – konkludente – Vereinbarungen einer gleichzeitigen (Mit-)Haftung zu sehen. Ebenfalls **kein Fall des Haftungsdurchgriffs** ist das Vorschieben eines **Treuhänders oder Strohmannes** bei der Gründung der Gesellschaft oder dem Halten von Geschäftsanteilen. Ein solches Vorgehen kann zwar rechtfertigen, den Treugeber bzw. Hintermann als Gesellschafter zu behandeln (BGH, Urt. v. 22.10.1990 – II ZR 238/89; NJW 1991, 1057; Urt. v. 27.09.1990 – VII ZR 324/89; NJW-RR 1991, 144; Urt. v. 16.12.1991 -II ZR 294/90; NJW 1992, 1167; Urt. v. 13.04.1992; NJW 1992, 2023). Eine automatische Haftung für Verbindlichkeiten der Gesellschaft wird damit jedoch nicht begründet (BGH, Urt. v. 03.11.1976 – ZR 156/74; WM 1977, 73; OLG Frankfurt am Main, Urt. v. 27.11.1973 – 5 U 125/71; WM 1975, 810). Ein Zugriff auf das Privatvermögen des Gesellschafters erfordert also auch hier das Vorliegen eines den Durchgriff rechtfertigenden Haftungstatbestandes in Person des faktischen Gesellschafters (s. KG, Urt. v. 04.12.2007 – 7 U 77/07; ZIP 2008, 1535).

III. Umgekehrter Durchgriff

28 Ein sog. »umgekehrter Haftungsdurchgriff«, der es in bestimmten Fällen erlauben würde, wegen Privatverbindlichkeiten der Gesellschafter auf das Vermögen der Gesellschaft zuzugreifen, wird zu Recht allgemein abgelehnt (BGH, Beschl. v. 03.05.1999 II ZR 368-97; DStR 1999, 1822; Beschl. v. 06.05.1996 – II ZR 134/95; DStR 1996, 974; Urt. v. 12.02.1990 – II ZR 134/89; GmbHR 1990, 295; *Roth/Altmeppen* § 13 Rn. 149). Solange nicht (auch) ausdrücklich im Namen der Gesellschaft gehandelt wird, besteht für eine Haftung der Gesellschaft kein Raum. Da das Vermögen der Gesellschaft ausschließlich für deren Gläubiger reserviert ist, würde die Anerkennung eines »umgekehrten Durchgriffs« nicht nur ohne Not das Trennungsprinzip aufheben, sondern sich auch in Widerspruch zu den Kapitalerhaltungsvorschriften setzen (BGH, Beschl. v. 06.05.1996 – II ZR 134/95; DStR 1999, 1822; Beschl. v. 06.05.1996 – II ZR 134/95; DStR 1996, 974). Etwas anderes kann nur ganz ausnahmsweise bei Vorliegen besonders gelagerter Umstände gelten, die es rechtfertigen, der Gesellschaft die Schutzfähigkeit abzusprechen (OLG Düsseldorf, Urt. v. 08.12.1999 – 11 U 23/99; GmbHR 2000, 283).

IV. Durchgriffshaftung zugunsten des Minderheitsgesellschafters

29 Der Zugriff auf das Privatvermögen der beherrschenden Gesellschafter in den oben beschriebenen Fällen der Durchgriffshaftung steht nur der Gesellschaft, nicht jedoch auch den Minderheitsgesellschaftern zu. Diese sind durch das die Gesellschaft schädigende Verhalten des beherrschenden Gesellschafters zwar ebenfalls betroffen, doch handelt es sich dabei um eine lediglich **mittelbare Schädigung**, die in dem Wertverlust ihrer Beteiligung an der Gesellschaft besteht (sog. **Reflexschaden**). Demgemäß sind die Minderheitsgesellschafter darauf verwiesen, im Wege der actio pro socio (hierzu näher § 14 Rdn. 24 ff.) von dem beherrschenden Gesellschafter die Wiederherstellung des Gesellschaftsvermögens, also Leistung an die Gesellschaft, zu verlangen, ohne selbst zum Schadensersatz berechtigt zu sein (BGH NJW 1992, 368; OLG Hamm, Urt. v. 04.06.2002 – 27 U 212/01; NZG 2002, 780; ebenso BGH, Urt. v. 11.07.1988 – II ZR 243/87; NJW 1988, 2794; Urt. v. 10.11.1986 – II ZR 140/85; NJW 1987, 1077; OLG Düsseldorf v. 28.11.1996 – 6 U 11/95; ZIP 1997, 27 zur AG). Dies gilt auch dann, wenn die Gesellschaft durch Eröffnung des Insolvenzverfahrens aufgelöst wird (BGH, Urt. v. 14.05.2013 – II ZR 176/10; GmbHR 2013, 931). Dagegen liegt ein eigener ersatzfähiger Schaden des Minderheitsgesellschafters vor, wenn dieser der Gesellschaft ein Darlehen gewährt hat, das infolge eines existenzschädigenden Verhaltens der beherrschenden Gesellschafters von der Gesellschaft nicht mehr zurückgezahlt werden kann (BGH, Urt. v. 04.03.1985 – II ZR 271/83; NJW 1985, 1777 zur AG). Ein Fall der Durchgriffshaftung ist dies freilich nicht. Grundlage sowohl für den Wiederherstellungsanspruch als auch für den Schadens-

ersatzanspruch ist die Verletzung der aus dem Gesellschaftsverhältnis folgenden Treupflicht durch den beherrschenden Gesellschafter.

V. Zurechnungsdurchgriff

Unter der Überschrift »Zurechnungsdurchgriff« werden diejenigen Fälle behandelt, in denen es darum geht, ob und inwieweit bestimmte Eigenschaften, die in der Person eines Gesellschafters (der nicht Geschäftsführer ist) vorliegen, der **Gesellschaft zugerechnet** werden können. Hierzu zählt die Frage, ob die an den Eintritt einer bestimmten Rechtsfolge geknüpfte **Kenntnis eines Gesellschafters** der Gesellschaft zugerechnet werden kann (typischer Fall: Bösgläubigkeit des Gesellschafters, die zum Ausschluss des gutgläubigen Erwerbs durch die Gesellschaft führt). Auf derartige Fälle wird allgemein § 166 Abs. 2 BGB entsprechend angewandt. Danach kommt es auf die Kenntnis oder das Kennenmüssen des Gesellschafters (nur) dann an, wenn er der Geschäftsführung der Gesellschaft in Bezug auf das fragliche Rechtsgeschäft besondere Weisungen erteilt hat oder die Vornahme des Rechtsgeschäftes trotz Kenntnis und Weisungsmöglichkeit nicht verhindert hat (Scholz/*Emmerich* GmbHG, § 13 Rn. 72a; Michalski/*Michalski* § 13 Rn. 381; demgegenüber stellen BGH, Urt. v. 15.04.1997 – XI ZR 105/96; NJW 1997, 1917; Urt. v. 02.02.1996 -V ZR 239/94; NJW 1996, 1339, allein auf den Schutz des Rechtsverkehrs ab). Grundsätzlich verbleibt es also auch hier bei dem Trennungsprinzip (s. o. Rdn. 2). 30

Auch bei **Willensmängeln** i. S. d. §§ 116 bis 123 BGB kommt es grundsätzlich allein auf die durch die Geschäftsführung handelnde Gesellschaft an. Irrtümer seitens der Gesellschafter sind deshalb grundsätzlich unerheblich. Ob man auch hier ausnahmsweise zusätzlich einen Willensmangel des Gesellschafters berücksichtigen möchte, sofern die oben genannten Voraussetzungen vorliegen, dürfte davon abhängen, ob man § 166 Abs. 2 BGB auf Willensmängel für entsprechend anwendbar hält (bejahend: Palandt/*Heinrichs* § 166 Rn. 12). Jedenfalls für § 123 BGB stellt der BGH auch auf den Gesellschafter ab: Ist dieser durch arglistige Täuschung zur Erteilung einer besonderen Weisung an die Geschäftsführung veranlasst worden, kann er selbst das Rechtsgeschäft anfechten (BGH, Urt. v. 24.10 1968 – II ZR 214/66; NJW 1969, 925; ebenso, für andere Fälle von Willensmängeln aber offen lassend BGH, Urt. v. 02.05.2000 – XI ZR 150/99; NJW 2000, 2269). Umgekehrt ist ein Allein- oder Mehrheitsgesellschaft dann nicht Dritter i. S. d. § 123 Abs. 2 BGB, wenn er die Gesellschaft über seine Weisungsbefugnis zur Täuschung des Geschäftspartners verwendet (BGH, Urt. v. 22.01.1990 – II ZR 25/89; NJW 1990, 1915). 31

D. Die GmbH als Handelsgesellschaft (Abs. 3)

Abs. 3 stellt klar, dass die GmbH eine Handelsgesellschaft i. S. d. § 6 HGB ist und damit den Vorschriften des HGB unterliegt, ohne dass es darauf ankommt, ob die Gesellschaft ein Handelsgewerbe nach § 1 Abs. 2 HGB betreibt. Damit sind alle von der GmbH vorgenommenen Geschäfte Handelsgeschäfte i. S. d. § 343 HGB. Abs. 3 ist zwingend, kann also weder abbedungen noch widerlegt werden (Michalski/*Michalski* § 13 Rn. 301). 32

Für die Vor-GmbH soll Abs. 3 nicht gelten (Baumbach/Hueck/*Fastrich* § 11 Rn. 13; a. A. *Roth/Altmeppen* § 11 Rn. 44). Bis zur Eintragung in das Handelsregister kommt es für die Kaufmannseigenschaft der Vor-GmbH also darauf an, ob sie bereits ein Handelsgewerbe betreibt. Die Kaufmannseigenschaft gilt nur für die GmbH, nicht aber auch für deren Geschäftsführer und Gesellschafter (BGH, Versäumnisurt. v. 25.10.2005 – XI ZR 402/03; WM 2006, 177; Urt. v. 12.05.1986 – II ZR 225/85; WM 1986, 939). 33

§ 14 Einlagepflicht

Auf jeden Geschäftsanteil ist eine Einlage zu leisten. Die Höhe der zu leistenden Einlage richtet sich nach dem bei der Errichtung der Gesellschaft im Gesellschaftsvertrag festgesetzten Nennbetrag des Geschäftsanteils. Im Fall der Kapitalerhöhung bestimmt sich die Höhe der zu leistenden Einlage nach dem in der Übernahmeerklärung festgesetzten Nennbetrag des Geschäftsanteils.

§ 14 GmbHG Einlagepflicht

Übersicht	Rdn.		Rdn.
A. Einlagepflicht	1	b) Treuepflicht in Angelegenheiten der Geschäftsführung	13
B. Geschäftsanteil	2	c) Treuepflicht in sonstigen Gesellschaftsangelegenheiten	14
I. Definition des Geschäftsanteils	2		
II. Entstehung und Erlöschen	3	d) Rechtsfolge der Treuepflichtverletzung	16
III. Keine Verbriefung	4		
IV. Mehrere Geschäftsanteile	5	e) Loyalitätspflicht	17
C. Mitgliedschaft	6	3. Gleichbehandlungsgrundsatz	18
I. Allgemeines	6	4. Wettbewerbsverbot	21
1. Definition der Mitgliedschaft	6	5. Gesellschafterklage (actio pro socio)	23
2. Abspaltungsverbot	7	a) Allgemeines	23
3. Mitgliedschaft als »sonstiges Recht« i. S. d. § 823 Abs. 2 BGB	8	b) Voraussetzungen	24
4. Treuhänder als Gesellschafter	9	III. Gestaltung von Mitgliedschaftsrechten	26
II. Rechte und Pflichten aus der Mitgliedschaft	10	1. Unentziehbare Mitgliedschaftsrechte	26
1. Teilnahme- und Kontrollrechte	11	2. Abdingbare Mitgliedschaftsrechte	27
2. Treuepflicht	12	3. Einräumung von Sonderrechten, Begründung von Sonderpflichten	28
a) Allgemeines	12		

A. Einlagepflicht

1 § 14 wurde durch das am 01.11.2008 in Kraft getretene Gesetz zur Modernisierung des GmbH-Rechts und zur Bekämpfung von Missbräuchen (MoMiG – Gesetz vom 23.10.2008, BGBl. I, 2026) vollständig neu gefasst. Die Neufassung hat aber eher klarstellende Funktion. Dass auf jeden Geschäftsanteil eine Einlage zu leisten ist und dass sich die Höhe der Einlage nach dem Nennbetrag des Geschäftsanteils richtet, galt auch schon nach altem Recht und ergibt sich bereits aus § 3 Abs. 1 Nr. 4 und § 7 Abs. 2. § 14 Satz 1 und 2 stellt dies noch einmal ausdrücklich klar. Gleiches gilt für die Kapitalerhöhung: Auch bei dieser richtet sich die Höhe der Einlageverpflichtung nach dem in der Übernahmeerklärung festgesetzten Nennbetrag des Geschäftsanteils. Dadurch wird zudem deutlich gemacht, dass z. B. die Erhöhung des Nennbetrages eines Geschäftsanteils im Rahmen einer Kapitalerhöhung aus Gesellschaftsmitteln (§ 57h Abs. 1) oder im Zuge einer Einziehung (§ 34) keine Erhöhung der Einlageverpflichtung zur Folge hat.

B. Geschäftsanteil

I. Definition des Geschäftsanteils

2 Der Geschäftsanteil ist der Anteil des einzelnen Gesellschafters an der GmbH. Sein **Nennbetrag** entspricht der Höhe der von dem Gesellschafter übernommenen Stammeinlage. Er muss auf volle Euro lauten (vgl. § 5 Abs. 2 GmbHG). Die Summe der Nennbeträge aller Geschäftsanteile entspricht der Stammkapitalziffer (vgl. § 5 Abs. 3). Obgleich nach der Gesetzesbegründung zum MoMiG ein Auseinanderfallen der Summe der Nennbeträge der Geschäftsanteile und der Höhe des Stammkapitals nicht mehr zulässig ist (BT-Drucks. 16/6140, S. 31), soll genau ein solches Auseinanderfallen infolge einer späteren Einziehung eines Geschäftsanteils (§ 34) nach wie vor möglich sein (OLG Rostock, Urt. v. 20.06.2012 – 1 U 59/11, anders noch LG Neubrandenburg, Urt. v. 31.03.2011 – 10 O 62/09; GmbHR 2011, 823 als Vorinstanz; OLG Saarbrücken Urt. v. 01.12.2011 – 8 U 315/10; GmbHR 2012, 209; LG Dortmund, Urt. v. 01.03.2012 – 13 O 47/11; BB 2012, 2269: »jedenfalls dann, wenn die Gesellschafter rund zwei Monate später die Aufstockung der verbleibenden Geschäftsanteile in Höhe des Stammkapitals beschließen«; *Lutter* GmbHR 2010, 1177; *Ulmer* DB 2010, 321; a. A. LG Essen, Urt. v. 09.06.2010 – 42 O 100/09; GmbHR 2010, 1034; *Wanner-Laufer* NJW 2010, 1499; *Römermann* DB 2010, 209). Das Verhältnis der Nennbeträge zueinander bestimmt die Beteiligungsverhältnisse innerhalb der Gesellschaft und damit auch – vorbehaltlich zulässiger Abweichungen im Gesellschaftsvertrag – den **Umfang der Mitgliedschaft** eines jeden Gesellschafters. Dies ist insbesondere für die Verteilung des Jahres-

überschusses (§ 29 Abs. 3), die Anzahl der auf den Geschäftsanteil entfallenden Stimmen bei der Fassung von Gesellschafterbeschlüssen (§ 47 Abs. 2) sowie die Ausübung von Minderheitenrechten von Bedeutung, die nach dem Gesetz oder dem Gesellschaftsvertrag eine bestimmte Beteiligungsquote voraussetzen (z. B. 10 % für die Einberufung einer Gesellschafterversammlung, § 50 Abs. 1).

II. Entstehung und Erlöschen

Der Geschäftsanteil **entsteht** erst mit dem Entstehen der GmbH, d. h. mit deren Eintragung in das Handelsregister (§ 11 Abs. 1), oder im Rahmen einer späteren Kapitalerhöhung mit deren Eintragung (§ 54 Abs. 3). An der Vor-GmbH können noch keine Geschäftsanteile bestehen, also auch nicht übertragen werden. Daher kann ein Gesellschafterwechsel in der Vor-GmbH nur durch eine Änderung des Gesellschaftsvertrages vollzogen werden (BGH, Urt. v. 13.12.2004 – II ZR 409/02; NJW-RR 2005, 469; Urt. v. 27.01.1997 – II ZR 123/94; NJW 1997, 1507; OLG Thüringen, Urt. v. 05.12.2012 – 2 U 557/12; GmbHR 2013, 145; LG Dresden, Beschl. v. 04.03.1993 – 45 T 4/93; GmbHR 1993, 590; a. A. *K. Schmidt* GmbHR 1997, 869). Der Geschäftsanteil **erlischt** mit dem Erlöschen der GmbH (§ 74), mit der Einziehung des Geschäftsanteils (Amortisation, § 34) oder mit einer Kapitalherabsetzung, wenn diese zulasten des einzelnen Geschäftsanteils durchgeführt wird und diesen beseitigt (§ 58). Die Auflösung der GmbH (§ 60), die Ausschließung eines Gesellschafters (Kaduzierung, § 21), die Verwertung des Geschäftsanteils im Rahmen des Preisgaberechts (Abandon, § 27) und der Erwerb des Geschäftsanteils durch die Gesellschaft (§ 33) beseitigen den Geschäftsanteil dagegen nicht.

III. Keine Verbriefung

Der Geschäftsanteil wird **nicht verbrieft**, seine Übertragung erfolgt daher nur durch Abtretung (vgl. hierzu ausführl. § 15 Rdn. 3 ff.). Möglich, wenn auch in der Praxis von nur sehr geringer Bedeutung, ist die Ausgabe von Geschäftsanteilsscheinen. Bei diesen handelt es sich aber lediglich um Beweisurkunden, deren Besitz zur Geltendmachung der Mitgliedschaftsrechte nicht erforderlich ist, wenn die Mitgliedschaft auch auf andere Weise nachgewiesen werden kann (OLG Köln, Urt. v. 15.04.1994 – 20 U 149/93; GmbHR 1995, 293).

IV. Mehrere Geschäftsanteile

Ein Gesellschafter kann **mehrere selbstständige** Geschäftsanteile halten, entweder weil er bereits bei Gründung der Gesellschaft mehrere Geschäftsanteile übernommen hat (vgl. § 5 Abs. 2) oder weil er später Geschäftsanteile anderer Gesellschafter erwirbt (§ 15 Abs. 2) oder an einer Kapitalerhöhung mitwirkt, durch die ein neuer Geschäftsanteil gebildet wird (§ 57h Abs. 1). Seine Beteiligung an der Gesellschaft bestimmt sich dann nach der **Summe der Nennbeträge**. Mehrere Geschäftsanteile eines Gesellschafters können, müssen aber nicht **zusammengelegt** werden (näher hierzu unter § 15 Rdn. 11 ff.). Geschäftsanteile sind frei teilbar, solange jeder der neu gebildeten Geschäftsanteile auf volle Euro lautet. Der Nennbetrag des durch Zusammenlegung neu gebildeten Geschäftsanteils entspricht der Summe der zusammengelegten Geschäftsanteile. Die Summe der Nennbeträge der durch Teilung neu gebildeten Geschäftsanteile entspricht dem Nennbetrag des geteilten Geschäftsanteils.

C. Mitgliedschaft

I. Allgemeines

1. Definition der Mitgliedschaft

Die Mitgliedschaft des Gesellschafters in der Gesellschaft beschreibt die **Summe seiner Rechte und Pflichten** gegenüber der Gesellschaft und den anderen Gesellschaftern (BGH, Urt. v. 08.12.1971 – VIII ZR 133/70; DB 1972, 132). Sie wird durch den Geschäftsanteil verkörpert. Da bereits mit der Gründung der GmbH Rechte und Pflichten aus dem Gesellschaftsverhältnis begründet werden, kennt auch die Vor-GmbH eine Mitgliedschaft (Lutter/Hommelhoff/*Bayer* GmbHG, § 14

Rn. 3). Diese setzt sich nach Eintragung in das Handelsregister ohne Weiteres als Mitgliedschaft in der GmbH fort. Die Mitgliedschaft in der GmbH selbst ist mit dem Geschäftsanteil untrennbar verbunden. Sie entsteht mit dem Entstehen des Geschäftsanteils, wird mit dessen Übertragung übertragen und **erlischt** mit dessen Erlöschen (zu Entstehung und Erlöschen des Geschäftsanteils vgl. Rdn. 2). Dies erklärt, warum im Fall des Erwerbs eigener Geschäftsanteile durch die GmbH die durch den Geschäftsanteil verkörperte Mitgliedschaft nur ruht, also nach Übertragung des Geschäftsanteils wieder auflebt (BGH, Urt. v. 30.01.1995 – II ZR 45/94; GmbHR 1995, 291).

2. Abspaltungsverbot

7 Einzelne Teile der Mitgliedschaft können nicht isoliert übertragen werden (sog. Abspaltungsverbot; vgl. auch §47 Rdn. 9). Dies gilt auch für das Stimmrecht (BGH, Urt. v. 17.11.1986 – ZR 96/86; WM 1987, 70 für die AG; BayObLG v. 21.11.1985 – 3 Z 146/85; ZIP 1986, 303; OLG Koblenz, Urt. v. 16.01.1992 – U 963/91; GmbHR 1992, 464), sodass die isolierte Übertragung des Stimmrechts ohne Wirkung ist. Dagegen ist die Erteilung einer **Vollmacht zur Ausübung des Stimmrechts** möglich (vgl. ausführ. §47 Rdn. 15 ff.). Das Verbot der Stimmrechtsabspaltung führt allerdings dazu, dass die Stimmrechtsvollmacht nicht unwiderruflich erteilt werden kann, weil dies faktisch einer Übertragung gleichkommt (Lutter/Hommelhoff/*Bayer* GmbHG, §14 Rn. 15; Scholz/*K. Schmidt* GmbHG, §47 Rn. 21; Baumbach/Hueck/*Zöllner* §47 Rn. 50; §47 Rdn. 18). Eine Vereinbarung, die auf die – unwirksame – Übertragung des Stimmrechts gerichtet ist, kann unter Umständen in eine – wirksame – widerrufliche Stimmrechtsvollmacht umgedeutet werden (OLG Koblenz, Urt. v. 16.01.1992 – U 963/91; GmbHR 1992, 464; OLG Hamburg, Beschl. v. 22.02.1989 – 11 W 14, 15 u. 16/89; ZIP 1989, 300). Das Abspaltungsverbot gilt für mitgliedschaftliche Verwaltungs- und Vermögensrechte gleichermaßen. Nicht möglich ist daher die isolierte Übertragung des Gewinnanteils. Auch diese kann aber möglicherweise in eine Abtretung des Auszahlungsanspruches umgedeutet werden. Ist der abtretende Gesellschafter zum Zeitpunkt der Entstehung des Zahlungsanspruches jedoch kein Gesellschafter mehr, geht die Abtretung ins Leere, weil der Anspruch nie in der Person des Zedenten entstanden ist (BGH, Urt. v. 19.09.1983 – II ZR 12/83; NJW 1984, 492; näher hierzu *Müller* ZIP 1994, 342).

3. Mitgliedschaft als »sonstiges Recht« i. S. d. § 823 Abs. 2 BGB

8 Die Mitgliedschaft ist ein **sonstiges Recht** i. S. d. §823 Abs. 2 BGB, genießt also **deliktischen Schutz** (BGHZ 110, 323 für den Verein). Dies gilt allerdings nur für Angriffe Dritter, also nicht seitens der Mitgesellschafter, der Gesellschaft oder der Geschäftsführer. Eingriffe durch diese stellen eine Verletzung gesellschafts- oder sonstiger vertraglicher Verpflichtungen dar und sind demgemäß mit gesellschaftsrechtlichen Abwehr- oder Schadensersatzansprüchen zu begegnen (Michalski/*Ebbing* §14 Rn. 43 f.). Ebensowenig begründen Schädigungen der Gesellschaft durch Dritte, die – mittelbar – auch zu einer Wertminderung des Geschäftsanteils führen, einen deliktischen Schadensersatzanspruch des Gesellschafters (Scholz/*Winter* GmbHG, §14 Rn. 8).

4. Treuhänder als Gesellschafter

9 Wird ein Geschäftsanteil dadurch **treuhänderisch** gehalten (zur Zulässigkeit der Treuhand BGH, Urt. v. 19.04.1999 – II ZR 365/97; GmbHR 1999, 707; Urt. v. 13.04.1992 – II ZR 225/91; NJW 1992, 2024), dass der Treuhänder bei der Gründung der Gesellschaft oder bei dem späteren Erwerb des Geschäftsanteils aufgrund einer Treuhandabrede für einen Dritten, den Treugeber, handelt, wird allein der Treuhänder Gesellschafter mit allen Rechten und Pflichten (BGH, Urt. v. 19.09.1988 – II ZR 255/87; GmbHR 1989, 21; OLG Köln, Urt. v. 21.02.2002 – 18 U 124/01; NZG 2002, 870). Der Treuhänder unterliegt bei der Ausübung der mitgliedschaftlichen Rechte jedoch den **Weisungen** des Treugebers nach Maßgabe der Treuhandabrede. Diese Beschränkung wirkt allein im Innenverhältnis zum Treugeber und kann in Ausnahmefällen ihre Grenzen in der gesellschaftsrechtlichen Treuepflicht des Treuhänders finden (Lutter/Hommelhoff/*Bayer* GmbHG, §14 Rn. 17).

II. Rechte und Pflichten aus der Mitgliedschaft

Die mitgliedschaftlichen Rechte und Pflichten der Gesellschafter folgen aus dem Gesellschaftsverhältnis und sind von jenen zu unterscheiden, die ihre Grundlage in anderen vertraglichen (z. B. Dienst-, Miet-, Darlehens- oder Kaufvertrag) oder gesetzlichen Schuldverhältnissen (z. B. Bereicherung, Geschäftsführung ohne Auftrag; unerlaubte Handlungen) zwischen dem einzelnen Gesellschafter und der Gesellschaft oder den anderen Gesellschaftern haben. **Drittgeschäfte** folgen ihren jeweils eigenen Regeln, und zwar auch dann, wenn ihr Entstehen durch die Gesellschafterstellung motiviert ist (z. B. Gesellschafterdarlehen, Stimmbindungsverträge). Denkbar ist aber, dass die gesellschaftsvertragliche Verbundenheit der Vertragsparteien Berücksichtigung findet bei der Beantwortung von Wertungsfragen innerhalb des jeweiligen Rechtsverhältnisses, insbesondere bei der Ausfüllung des Grundsatzes von Treu und Glauben. Knüpft die Schuldrechtsbeziehung dagegen nicht an die Gesellschafterstellung an, stehen die Gesellschafter grundsätzlich Dritten gleich (Michalski/*Ebbing* § 14 Rn. 51; Scholz/*Winter* GmbHG, § 14 Rn. 16; vgl. auch BGH, Urt. v. 27.06.1988 – II ZR 143/87; NJW 1989, 166).

1. Teilnahme- und Kontrollrechte

Kern der mitgliedschaftlichen Rechte sind die Teilnahme- und Kontrollrechte des Gesellschafters. Diese beinhalten das Recht zur Teilnahme an den Gesellschafterversammlungen (§ 47), das Auskunfts- und Einsichtsrecht (§ 51a), das Gewinnbezugsrecht (§ 29 Abs. 1), die Minderheitsrechte im Zusammenhang mit der Einberufung einer Gesellschafterversammlung (§ 50), der Auflösung der Gesellschaft (§ 66 Abs. 2) und der Bestellung von Liquidatoren (§ 66 Abs. 2). Ob den Gesellschaftern trotz § 55 Abs. 2 GmbHG auch ein Bezugsrecht bei Kapitalerhöhungen zusteht, ist dagegen streitig (bejahend z. B. *Priester* DB 1980, 1925; Michalski/*Ebbing* § 14 Rn. 57).

2. Treuepflicht

a) Allgemeines

Die gesellschafterliche Treuepflicht bezeichnet den Oberbegriff einer ganzen Reihe von verschiedenen Pflichten der Gesellschafter im Verhältnis zur Gesellschaft und untereinander (BGH, Urt. v. 27.06.1988 – II ZR 143/87; ZIP 1988, 1118). Sie wird daher auch als »**mitgliedschaftliche Hauptpflicht**« (*Lutter* ZHR 1998, 164) bezeichnet. In der Rechtsprechung ist sie seit Langem anerkannt (z. B. BGHZ 98, 276; BGH, Beschl. v. 29.11.1993 – II ZR 61/93; DStR 1994, 215). Sie drückt sich in erster Linie als **aktive Förderpflicht** aus, wonach jeder Gesellschafter an allen Maßnahmen mitwirken muss, die zur Erhaltung des Gesellschaftsvermögens und zur Erreichung des Gesellschaftszwecks dringend geboten und ihm unter Berücksichtigung der eigenen schutzwürdigen Belange zumutbar sind (BGH, Urt. v. 25.09.1986 – II ZR 262/85; NJW 1987, 189; OLG Köln, Urt. v. 09.03.1999 – 22 U 145/98; NZG 1999, 1167). Die Treuepflicht gilt für den **Alleingesellschafter** einer GmbH grundsätzlich nicht, da die Gesellschaft diesem gegenüber kein gesondertes Eigeninteresse hat (BGH, Urt. v. 28.09.1992 – II ZR 299/91; NJW 1993, 193; Urt. v. 10.05.1993 – II ZR 74/92; NJW 1993, 1922; näher zum Eigeninteresse *Hartmann* GmbHR 2006, 1061; *Peifer* GmbHR 2008, 1074). Eine wichtige Ausnahme von diesem Grundsatz besteht allerdings in den Fällen der Durchgriffshaftung (s. § 13 Rdn. 14 ff.), da diese auch bei einer Einmann-GmbH Anwendung findet und daher – zumindest unter Gläubigerschutzgesichtspunkten – von einem Eigeninteresse der Gesellschaft auszugehen scheint.

b) Treuepflicht in Angelegenheiten der Geschäftsführung

Im Rahmen von Beschlüssen über Angelegenheiten der Geschäftsführung (z. B. bei satzungsmäßigen Zustimmungsvorbehalten zugunsten der Gesellschafterversammlung) muss sich jeder Gesellschafter bei der Stimmabgabe von den Interessen der Gesellschaft leiten lassen und die Sorgfalt eines ordentlichen Kaufmanns anwenden (OLG Düsseldorf, Urt. v. 14.03.1996 – 6 U 119/94; ZIP 1996, 1083; vgl. auch § 47 Rdn. 13). Dennoch darf und kann jeder Gesellschafter seine Stimme grundsätzlich nach seinen eigenen wirtschaftlichen Vorstellungen und persönlichen Anschauungen abgeben und die Interessen der Gesellschaft sowie die Zweckmäßigkeit von Geschäftsführungsmaßnahmen anders als seine Mitgesellschafter beurteilen. Deshalb kann die Treuepflicht nur in Ausnahmefällen ein bestimmtes **Abstimmungsverhalten** gebieten (OLG Hamm, Urt. v. 29.06.1992 – 8 U 279/91; ZIP 1993, 119; Urt. v. 09.12.1991 – 8 U 78/91; GmbHR 1992, 612). Voraussetzung hierfür ist, dass die vorgeschlagene Geschäftsführungsmaßnahme dringend geboten ist, um erhebliche Nachteile von der Gesellschaft abzuwenden, und den Gesellschaftern hierüber kein Entscheidungsspielraum mehr zusteht. Zusätzlich wird teilweise verlangt, dass die erforderliche Entscheidung ohne die Zustimmung des betreffenden Gesellschafters – etwa infolge des Erfordernisses der Einstimmigkeit oder einer bestimmter Mehrheit – nicht zustande kommen kann (Scholz/*Winter* GmbHG, § 14 Rn. 60). Folgt man diesem Ansatz, wird man allerdings davon ausgehen müssen, dass in den Fällen, in denen mehrere Gesellschafter zu einem bestimmten Abstimmungsverhalten verpflichtet sind, der gegenseitige Verweis auf den jeweils anderen nicht ausreicht, um sich dem zu entziehen. Grundsätzlich ist bei der Beurteilung der Frage, ob ein Gesellschafter zu einem bestimmten Abstimmungsverhalten verpflichtet ist, ein strenger Maßstab anzulegen. Keinem Gesellschafter kommt eine Deutungshoheit hinsichtlich der Frage zu, was im zwingenden Interesse der Gesellschaft liegt. Dies beurteilt sich nach objektiven Kriterien.

c) Treuepflicht in sonstigen Gesellschaftsangelegenheiten

14   Die gleichen Grundsätze gelten für die **Anpassung des Gesellschaftsvertrages** an veränderte Umstände. Auch hier gilt, dass eine Verpflichtung zur Mitwirkung hieran nur dann besteht, wenn die Anpassung im dringenden Interesse der Gesellschaft oder der Gesellschafter liegt und dem Gesellschafter eine Mitwirkung ohne Weiteres zuzumuten ist (BGH, Urt. v. 25.09.1986 – II ZR 262/85; NJW 1987, 189; OLG München, Urt. v. 26.04.1991 – 23 U 5879/90; DStR 1992, 1102).

Bei sonstigen Gesellschaftsangelegenheiten hängen **Inhalt** und **Reichweite** der Treuepflicht von den Umständen des Einzelfalls ab. Dabei sind der Gesellschaftszweck und der Umfang und die Dauer der Beteiligung, die persönliche Bindung der Gesellschafter untereinander (BGH, Urt. v. 27.06.1988 – II ZR 143/87; NJW 1989, 166; Urt. v. 25.09.1986 – 262/85; NJW 1987, 189; OLG Köln, Urt. v. 09.03.1999 – 22 U 145/98; NZG 1999, 1167; OLG Düsseldorf, Urt. v. 28.10.1993 – 6 U 160/92; GmbHR 1994, 172; OLG Hamm, Urt. v. 09.12.1991 – 8 U 71/91; GmbHR 1992, 612), die Art der zu beurteilenden gesellschaftlichen Maßnahme und das Maß der damit verbundenen Beeinträchtigung für den betroffenen Gesellschafter, die Auswirkung der Maßnahme auf die Interessen der Gesellschaft oder anderen Gesellschafter sowie die Bedeutung dieser Interessen (BGH, Urt. v. 10.06.1991 – II ZR 234/89; GmbHR 1991, 362; Urt. v. 15.04.1985 – II ZR 274/83; NJW 1985, 1901) zu berücksichtigen. Aus der Treuepflicht lässt sich aber **kein allgemeiner Bestandsschutz** der Gesellschaft herleiten (BGH, Urt. v. 20.03.1995 – II ZR 205/94; NJW 1995, 1743 für die AG), d. h. es besteht keine Pflicht, einem bestimmten Sanierungsprogramm zuzustimmen oder der Gesellschaft in der Krise Mittel zur Verfügung zu stellen. Die Treuepflicht kann aber verbieten, eine mehrheitlich angestrebte Sanierung aus rein eigennützigen Gründen zu verhindern (BGH, Urt. v. 20.02.1995 – II ZR 205/94; NJW 1995, 1743 für die AG). Ebenso soll die Rückzahlung eines Gesellschafterdarlehens dann nicht durchgesetzt werden dürfen, wenn die Gesellschaft dadurch in eine bedrohliche Liquiditätskrise geraten oder andere schwerwiegende Nachteile erleiden würde (Scholz/*Winter* GmbHG, § 14 Rn. 57).

15   Die Treuepflicht führt häufig zu **Informations- und Zustimmungspflichten** der Gesellschafter. Bei Vorliegen enger persönlicher Verbundenheit zwischen den Gesellschaftern kann die Treuepflicht gebieten, dem geschäftlich unerfahrenen Gesellschafter die Auswirkungen eines Beschlusses zu erläutern (BGH, Urt. v. 07.10.1991 – II ZR 194/90; DB 1991, 2588) sowie – zumindest dann, wenn die Übertragbarkeit der Geschäftsanteile gem. § 15 Abs. 5 eingeschränkt ist – ein an dem Geschäftsanteil bestehendes Treuhandverhältnis den Mitgesellschaftern gegenüber aufzudecken (OLG Hamburg, Beschl. v. 30.04.1993 – 11 W 13/93; BB 1993, 1030). Die Treuepflicht verpflichtet den Gesellschafter im Übrigen, die Mitgesellschafter über Vorgänge, die dessen mitglied-

schaftlichen Vermögensinteressen berühren und ihm nicht bekannt sein können, vollständig und zutreffend zu informieren (BGH, Urt. v. 11.12.2006 – II ZR 166/05; NJW 2007, 917). Aufgrund der gesellschaftsrechtlichen Treuepflicht kann ein Gesellschafter auch gehalten sein, einer Vergütung für der Gesellschaft gegenüber erbrachte Leistungen eines Mitgesellschafters zuzustimmen, nämlich dann, wenn die Leistung für die Gesellschaft unter Berücksichtigung der Ausgestaltung des Gesellschaftsvertrages, insbesondere des Gewinnverteilungsschlüssels, und der Beiträge der übrigen Gesellschafter vernünftigerweise nur gegen eine gesonderte Vergütung zu erwarten ist (BGH, Urt. v. 11.12.2006 – II ZR 166/05; NJW 2007, 917).

d) Rechtsfolge der Treuepflichtverletzung

Die Rechtsfolge einer Treuepflichtverletzung hängt von deren Art ab. Die treuwidrige Ausübung von **Mitgliedschaftsrechten** ist als Rechtsmissbrauch unbeachtlich (OLG Stuttgart, Urt. v. 08.10.1999 – 20 U 59/99; DB 1999, 2256; Scholz/*Winter* GmbHG, § 14 Rn. 61). Die treuwidrig abgegebene Stimme ist deshalb nichtig und wird bei der Feststellung des Abstimmungsergebnisses schlicht nicht mitgezählt (BGH, Urt. v. 12.07.1993 – II ZR 65/92; GmbHR 1993, 579; Urt. v. 19.11.1990 – II ZR 88/89; GmbHR 1991, 62; Urt. v. 09.11.1987 – II ZR 100/87; ZIP 1988, 22; OLG Hamburg, Urt. v. 28.06.1991 – 11 U 148/90; GmbHR 1992, 43). Dennoch soll ein treuwidriger Gesellschafterbeschluss nicht ebenfalls nichtig (weil mit nichtigen Stimmen gefasst), sondern (nur) anfechtbar sein (BGHZ 76, 357; Baumbach/Hueck/*Fastrich* § 13 Rn. 36; dagegen Nichtigkeit annehmend: OLG Hamm, Urt. v. 29.06.1992 – 8 U 279/91; ZIP 1993, 119; zu anfechtbaren Gesellschafterbeschlüssen vgl. ausführl. § 47 Rdn. 68 ff., insbes. Rdn. 75). Bei Beschlüssen, die einem **Einstimmigkeitserfordernis** unterliegen, kann eine treuwidrig abgegebene Gegenstimme ignoriert und Einstimmigkeit festgestellt werden. Ist die positive Zustimmung des Gesellschafters nach Gesetz oder Gesellschaftsvertrag Voraussetzung für das Zustandekommen eines wirksamen Beschlusses, kann die treuwidrig nicht abgegebene Stimme allerdings nicht einfach fingiert, sondern muss im Wege einer Leistungsklage erstritten und notfalls gem. § 894 ZPO erzwungen werden (näher *Koppensteiner* ZIP 1994, 1325; *K. Schmidt* GmbHR 1992, 9). Entsprechendes gilt für andere treuwidrig unterlassene Handlungen. Auch bei diesen sind die übrigen Gesellschafter grundsätzlich darauf verwiesen, den treuwidrigen Mitgesellschafter auf Vornahme der geschuldeten Handlung zu verklagen. Führt das treuwidrige Verhalten zu einem Schaden der Gesellschaft, kann dessen Ersatz verlangt werden (BGH, Urt. v. 30.09.1991 – II ZR 208/90; NJW 1992, 368; Urt. v. 03.07.1978 – II ZR 180/76; WM 1978, 1205; OLG Karlsruhe, Urt. v. 16.12.1983 – 15 U 99/82; WM 1984, 656).

16

e) Loyalitätspflicht

Der Gesellschafter unterliegt einer Loyalitätspflicht, die es ihm gebietet, die Belange der Gesellschaft zu wahren, und es ihm untersagt, die Gesellschaft durch das Voranstellen eigener Interessen zu schädigen (BGH, Urt. v. 03.07.1978 – II ZR 180/76; WM 1978, 1205). Hierzu zählt insbesondere das Verbot, sich in **Geschäftschancen der Gesellschaft** zu drängen, um sie für sich selbst zu nutzen (näher hierzu *Steck* GmbHR 2006, 1157). Ob der Gesellschafter einem Wettbewerbsverbot unterliegt, ist hierfür unerheblich (BGH, Urt. v. 03.07.1978 – II ZR 180/76; WM 1978, 1205). Illoyal ist es auch, sich **kreditgefährdend** oder sonstwie **geschäftsschädigend** über die Gesellschaft zu äußern (Lutter/Hommelhoff/*Bayer* GmbHG, § 14 Rn. 24; Scholz/*Winter* GmbHG, § 14 Rn. 59). Unter Umständen kann der Gesellschafter sogar verpflichtet sein, von ihm an sich zustehenden Rechten keinen Gebrauch zu machen. Dabei braucht er aber nicht ohne Weiteres seine eigenen Belange hinter diejenigen der Gesellschaft zurückzustellen. Vielmehr kommt es auf eine Abwägung der beiderseitigen Interessen an (BGH, Urt. v. 10.06.1991 – II ZR 234/89; GmbHR 1991, 362; OLG Frankfurt am Main, Urt. v. 15.01.1992 – 13 U 196/88; GmbHR 1993, 659). Allgemein gilt dabei, dass bei der **Ausübung eigennütziger Rechte** ein strengerer Maßstab anzulegen ist als bei reinen Maßnahmen der Geschäftsführung.

17

3. Gleichbehandlungsgrundsatz

18 Soweit im Gesellschaftsvertrag in zulässiger Weise nichts Abweichendes in Form von Sonderrechten und Sonderpflichten bestimmt ist, gilt im Gesellschaftsverhältnis der Grundsatz der gleichmäßigen Behandlung aller Gesellschafter (BGH, Urt. v. 27.11.1989 – II ZR 43/89; WM 1990, 182; Urt. v. 15.04.1985 – II ZR 274/83; NJW 1985, 1901). Dieser beinhaltet das Verbot einer willkürlichen, d.h. sachlich nicht gerechtfertigten verschiedenen Behandlung der Gesellschafter (BGH, Urt. v. 16.12.1991 – II ZR 58/91; NJW 1992, 892). Ob eine **verschiedene Behandlung** der Gesellschafter vorliegt, beurteilt sich danach, ob der im Gesetz oder Gesellschaftsvertrag für die betreffende Maßnahme bestimmte Maßstab für alle Gesellschafter in derselben Weise angelegt wurde. Außerhalb des Gesellschaftsverhältnisses liegende persönliche Verhältnisse der Gesellschafter haben grundsätzlich außer Betracht zu bleiben (Baumbach/Hueck/*Fastrich* § 13 Rn. 42; Michalski/*Michalski* § 13 Rn. 126; mit Einschränkung Scholz/*Winter* GmbHG, § 14 Rn. 45a). Liegt eine verschiedene Behandlung der Gesellschafter vor, kommt es darauf an, ob diese durch einen **sachlichen Grund** gerechtfertigt ist. Ein solcher sachlicher Grund kann (muss aber nicht) auch in einem vorausgegangenen pflichtwidrigen Verhalten des betroffenen Gesellschafters liegen, zu dem sich die verschiedene Behandlung als eine im Interesse der Gesellschaft liegende Gegenmaßnahme erweisen kann (Scholz/*Winter* GmbHG, § 14 Rn. 45b).

19 Eine treuwidrige Ungleichbehandlung kann sich auch aus einer einseitigen Belastung des Minderheitsgesellschafters durch die Thesaurierungspolitik der Gesellschaft ergeben. Dies ist dann der Fall, wenn die Mehrheit der Gesellschafter über Jahre die **Thesaurierung** der Gewinne beschließt, wenn die Mehrheitsgesellschafter gleichzeitig über erhebliche Geschäftsführerbezüge verfügen und auf diese Weise von dem wirtschaftlichen Erfolg der Gesellschaft profitieren, während der Minderheitsgesellschafter von dem wirtschaftlichen Ertrag der Gesellschaft vollständig abgeschnitten ist, und wenn kein sachlicher Grund für die Erforderlichkeit der Gewinnthesaurierung zur Verfolgung des Unternehmensgegenstandes erkennbar ist (OLG Brandenburg, Urt. v. 31.03.2009 – 6 U 4/08; DB 2009, 1342; die hiergegen gerichtete Nichtzulassungsbeschwerde hat der BGH mit Beschl. v. 21.06.2010 zurückgewiesen – II ZR 113/09).

20 Die **Rechtsfolge** eines Verstoßes gegen den Gleichbehandlungsgrundsatz ist darauf gerichtet, den Zustand herzustellen, der bei einer gebotenen Gleichbehandlung der Gesellschafter bestehen würde. Besteht der Verstoß gegen den Gleichbehandlungsgrundsatz in einer ungleichmäßigen Gewährung von Vorteilen, kann er entweder dadurch ausgeglichen werden, dass die begünstigten Gesellschafter zur Rückgewähr der Vorteile verpflichtet werden oder dem übergangenen Gesellschafter eine gleichartige Leistung zugebilligt wird. Die Entscheidung, welcher dieser beiden möglichen Ansätze gewählt wird, steht der Gesellschaft, nicht dem benachteiligten Gesellschafter zu (Scholz/*Winter* GmbHG, § 14 Rn. 48). Ist eine gleichartige Leistung nicht möglich und die Rückgewähr des gewährten Vorteils den begünstigten Gesellschaftern unzumutbar oder aus Rechtsgründen unmöglich, steht dem übergangenen Gesellschafter (nur) ein Ausgleichsanspruch gegen die Gesellschaft zu (BGH, Urt. v. 15.05.1972 – II ZR 70/70; BB 1972, 894). Beschlüsse der Gesellschafterversammlung, die unter Verletzung des Gleichheitsgrundsatzes gefasst wurden, sind nicht nichtig, sondern anfechtbar (BGH, Urt. v. 14.05.1990 – II ZR 126/89; NJW 1990, 2625; vgl. auch § 47 Rdn. 74).

4. Wettbewerbsverbot

21 Ein allgemeines, alle Gesellschafter treffendes Wettbewerbsverbot besteht nicht und lässt sich auch nicht aus der gesellschafterlichen Treuepflicht herleiten (BGH Entsch. v. 09.03.1987 – II ZR 215/86; GmbHR 1987, 302). Vielmehr bedarf die Begründung eines Wettbewerbsverbotes einer **besonderen Regelung** im Gesellschaftsvertrag. Soll es nachträglich eingefügt werden, ist hierfür eine satzungsändernde Mehrheit sowie gem. § 53 Abs. 3 GmbHG die Zustimmung sämtlicher davon betroffener Gesellschafter erforderlich (Michalski/*Michalski* § 13 Rn. 195). Auch ohne Regelung im Gesellschaftsvertrag wird aber ganz überwiegend ein **ungeschriebenes**, aus der Treuepflicht der Gesellschafter folgendes Wettbewerbsverbot für den geschäftsführenden Gesellschafter, den Mehrheitsgesellschafter sowie denjenigen Gesellschafter bejaht, der aufgrund von Sonderrechten Einfluss

auf die Geschäftsführung der GmbH nehmen kann (BGH, Urt. v. 04.12.2001 – XZR 167/99; NJW 2002, 1046; Urt. v. 05.12.1983 – II ZR 242/82; NJW 1984, 1351; Urt. v. 03.07.1978 – II ZR 180/76; WM 1978, 1205; OLG Köln, Urt. v. 22.02.1991 – 3 U 20/91; GmbHR 1991, 366). Eine 50 %ige Beteiligung am Stammkapital allein reicht hierfür allerdings nicht (OLG Karlsruhe, Urt. v. 06.11.1998 – 15 U 179/97; GmbHR 1999, 539; so im Ergebnis auch BGH, Urt. v. 09.03.1987 – II ZR 215/86; GmbHR 1987, 303; wo freilich hinzukam, dass bei Eintritt des Neugesellschafters die Konkurrenztätigkeit bereits ausgeübt wurde und trotz Kenntnis hiervon kein Wettbewerbsverbot in den Gesellschaftsvertrag aufgenommen wurde). Teilweise wird auch bei personalistisch strukturierten Gesellschaften, die auf eine enge persönliche Bindung oder Zusammenarbeit zwischen den Gesellschaftern angelegt sind, auch für den Minderheitsgesellschafter ein Wettbewerbsverbot befürwortet (Lutter/Hommelhoff/*Bayer* GmbHG, § 14 Rn. 26; *Timm* GmbHR 1981, 177). Ein Alleingesellschafter unterliegt dagegen grundsätzlich keinem Wettbewerbsverbot, weil seine Interessen von denen der Gesellschaft jedenfalls solange nicht getrennt werden können, als nicht Gläubigerinteressen gefährdet sind (BGH, Beschl. v. 07.01.2008 – II ZR 314/05, BeckRS 2008, 01767).

Die **Befreiung** von einem ungeschriebenen Wettbewerbsverbot erfordert eine entsprechende Regelung im **Gesellschaftsvertrag**. Hierzu bedarf es einer satzungsändernden Mehrheit sowie der Zustimmung sämtlicher ebenfalls einem ungeschriebenen Wettbewerbsverbot unterliegender, aber nicht befreiter Gesellschafter (abw. Michalski/*Michalski* § 13 Rn. 256: nur satzungsändernde Mehrheit). Dies folgt daraus, dass die Befreiung von einem Wettbewerbsverbot die **Einräumung eines Sonderrechts** darstellt und diese wegen des Gleichbehandlungsgrundsatzes die Zustimmung aller nicht bevorrechtigten Gesellschafter erfordert. Der Gesellschaftsvertrag kann allerdings auch eine Öffnungsklausel enthalten, die eine Befreiung vom Wettbewerbsverbot durch einfachen Gesellschafterbeschluss zulässt (LG Hamburg, Urt. v. 13.05.1998 – 417 O 182/97; NZG 1998, 687). Ist dies der Fall, genügt (unter Beachtung des § 47 Abs. 4 GmbHG) die einfache Mehrheit (BGH, Urt. v. 16.02.1981 – II ZR 168/79; NJW 1981, 1512). Ohne Öffnungsklausel ist ein einfacher Beschluss, der von einem Wettbewerbsverbot generell befreit, unwirksam, wenn er nicht den Formerfordernissen für eine Satzungsänderung entspricht. Dies gilt auch dann, wenn er einstimmig gefasst wurde. Etwas anderes gilt, wenn durch den Beschluss nur eine Einzelfallbefreiung ausgesprochen werden soll (näher Michalski/*Michalski* § 13 Rn. 257). Ist dagegen im Gesellschaftsvertrag ein Wettbewerbsverbot ausdrücklich vereinbart worden, so ist die Wettbewerbshandlung erlaubt, wenn alle Gesellschafter einwilligen, ohne dass ein Beschluss der Gesellschafterversammlung vorliegen muss (BGH, Urt. v. 24.03.1998 – I R 93 – 96; NJW 1998, 3663). 22

5. Gesellschafterklage (actio pro socio)

a) Allgemeines

Mit der im GmbH-Recht allgemein anerkannten actio pro socio (BGH, Urt. v. 16.03.1998 – II ZR 303/96, NZG 1998, 428; Urt. v. 14.05.1990 – II ZR 125/89; NJW 1990, 2627; OLG Köln, Urt. v. 05.11.1992 – 18 U 50/92; GmbHR 1993, 816; OLG Düsseldorf, Urt. v. 28.10.1993 – 6 U 160/92; ZIP 1994, 619; vgl. zur actio pro socio auch ausführl. Kap. 5 Rdn. 328 ff.) kann ein Gesellschafter einen Anspruch der Gesellschaft gegen einen Mitgesellschafter im Wege der Prozessstandschaft geltend machen und auf **Leistung an die Gesellschaft** klagen (OLG Düsseldorf, Urt. v. 28.10.1993 – 6 U 160/92; ZIP 1994, 619; Baumbach/Hueck/*Fastrich* § 13 Rn. 38; Michalski/*Ebbing* § 14 Rn. 95; a.A. Lutter/Hommelhoff/*Lutter* GmbHG, § 13 Rn. 52; *Roth/Altmeppen* § 13 Rn. 17: eigener aus dem Gesellschaftsverhältnis folgender Anspruch des Gesellschafters; die Einzelheiten sind umstritten, vgl. auch Darstellung des Meinungsstands in Kap. 5 Rdn. 328, 331). Diese Möglichkeit dient vor allem dem **Minderheitenschutz**. Sie erspart dem klagenden Gesellschafter den Umweg, zunächst die Gesellschaft zu einer Klage gegen den schädigenden Gesellschafter zu zwingen, wenn die Gesellschaft den Anspruch pflichtwidrig nicht geltend macht. Eine solche Konstellation kann insbesondere dann vorliegen, wenn der Gesellschafter, der die Leistung schuldet, 23

§ 14 GmbHG   Einlagepflicht

infolge der Mehrheitsverhältnisse die Erhebung der Klage vereitelt, indem er einen entsprechenden Einfluss auf die Geschäftsführung ausübt.

b) Voraussetzungen

24   Voraussetzung für eine Gesellschafterklage ist, dass es sich um einen **Anspruch der Gesellschaft gegen einen Gesellschafter aus dem Gesellschaftsverhältnis** handelt. Nicht erfasst werden also Ansprüche gegen Geschäftsführer oder solche gegen Gesellschafter, die nicht aus dem Gesellschaftsverhältnis, sondern aus Drittgeschäften stammen (Baumbach/Hueck/*Fastrich* § 13 Rn. 38). Da der Gesellschafter mit der actio pro socio einen Anspruch der Gesellschaft verfolgt, setzt dessen Geltendmachung grundsätzlich einen entsprechenden **Gesellschafterbeschluss** nach § 46 Nr. 8 voraus (OLG Köln v. 05.11.1992 – 18 U 50/92; GmbHR 1993, 816; OLG Düsseldorf Entsch. v. 28.10.1993 – 6 U 160/92; ZIP 1994, 621; Michalski/*Ebbing* § 14 Rn. 99; ebenso, allerdings mit anderem Ansatz *Roth/Altmeppen*, § 13 Rn. 20 ff.; a. A. Lutter/Hommelhoff/*Lutter* § 13 Rn. 53; näher *Gehrlein* ZIP 1993, 1525; vgl. auch § 46 Rdn. 33). Ein solcher Beschluss ist jedoch dann entbehrlich, wenn seine Herbeiführung durch den klagenden Gesellschafter nicht möglich ist (etwa weil die Geschäftsführung sich weigert, eine Gesellschafterversammlung einzuberufen und die Mindestbeteiligung für das Selbsthilferecht nicht erreicht ist) oder als aussichtslos oder zeitraubender, unnötiger Umweg erscheint (OLG Düsseldorf Entsch. v. 28.10.1993 – 6 U 160/92; ZIP 1994, 619; *Roth/Altmeppen* § 13 Rn. 23). Auch in einer Zwei-Personen-Gesellschaft ist ein Gesellschafterbeschluss entbehrlich, weil der klagende Gesellschafter diesen infolge des für den anderen geltenden Stimmrechtverbotes (§ 47 Abs. 4) ohne Weiteres herbeiführen könnte, die Beschlussfassung mithin bloße Formalität wäre (BGH, Urt. v. 04.02.1991 – II ZR 246/89; ZIP 1991, 582; Michalski/*Ebbing* § 14 Rn. 102).

25   Für die actio pro socio ist dann kein Raum, wenn die Gesellschaft ihren Anspruch ordnungsgemäß verfolgt. Abgrenzungsfragen ergeben sich, wenn die Gesellschaft nicht schlicht untätig bleibt, sondern sich die Gesellschafterversammlung ausdrücklich gegen die Geltendmachung des Anspruchs entscheidet. Denn in einem solchen Fall greift die Erhebung einer Gesellschafterklage in die Kompetenzordnung innerhalb der Gesellschaft ein, weil die Beurteilung, ob und unter welchen Voraussetzungen ein Anspruch gegen einen Gesellschafter geltend gemacht werden soll, der Gesellschafterversammlung, also der Mehrheit der Gesellschafter, und nicht einem einzigen von ihnen obliegt (in diesem Sinne auch *Roth/Altmeppen* § 13 Rn. 21). Dies gilt insbesondere dann, wenn die Gründe für die Nichtverfolgung eines Anspruchs kontrovers sind und innerhalb des Gesellschafterkreises durchaus unterschiedlich beurteilt werden können. Der einzelne Gesellschafter, der die Frage, ob die Gesellschaft einen Anspruch geltend machen soll, anders beurteilt als die Mehrheit, ist daher grundsätzlich auf die Erhebung einer **Anfechtungsklage** gegen den Beschluss der Gesellschafterversammlung verwiesen (OLG Köln, Urt. v. 05.11.1992 – 18 U 50/92; GmbHR 1993, 816; OLG Düsseldorf, Urt. v. 28.10.1993 – 6 U 160/92; ZIP 1994, 619; abweichend Michalski/*Ebbing* § 14 Rn. 104: nur bei einer Beschlussfassung über einen Verzicht auf den Anspruch, sonst sofortige actio pro socio möglich; zur Anfechtungsklage gem. § 243 Abs. 1 AktG analog vgl. ausführl. § 47 Rdn. 82 ff. sowie Kap. 5 Rdn. 396 ff.). In materieller Hinsicht wird eine solche Anfechtungsklage (nur) dann Erfolg haben, wenn die Beschlussfassung auf offensichtlich sachfremden Erwägungen beruht und die Nichtverfolgung des Anspruchs sich deshalb aus der Sicht eines gewissenhaften und den Interessen der Gesellschaft verpflichteten Gesellschafters als offensichtlich pflichtwidrig darstellt. Ausnahmsweise wird man auf die (vorherige) Erhebung einer Anfechtungsklage aber dann verzichten können, wenn nach den Umständen für den klagenden Gesellschafter erkennbar ist, dass die Gesellschaft auch nach einer der Anfechtungsklage stattgebenden Entscheidung keine Maßnahmen zur Geltendmachung des Anspruchs ergreifen wird, die Erhebung einer Anfechtungsklage für den Gesellschafter deshalb ein unzumutbarer Umweg wäre (ebenso *Roth/Altmeppen* § 13 Rn. 23).

III. Gestaltung von Mitgliedschaftsrechten

1. Unentziehbare Mitgliedschaftsrechte

Im Gesellschaftsvertrag können die Gesellschafter das Gesellschaftsverhältnis grundsätzlich inhaltlich frei gestalten. Allerdings setzt das Wesen der Mitgliedschaft der Satzungsautonomie Grenzen. Bestimmte Mitgliedschaftsrechte sind **unentziehbar** und mithin der Dispositionsfreiheit der Gesellschafter entzogen. Hierzu zählen das **Auskunfts- und Einsichtsrecht** des Gesellschafters (folgt unmittelbar aus § 51a Abs. 3), das Recht zur **Einberufung der Gesellschafterversammlung** nach § 50 (OLG Stuttgart, Urt. v. 14.02.1974 – 10 U 90/73; NJW 1974, 1566), das Recht auf **Teilnahme an der Gesellschafterversammlung** (BGH, Urt. v. 17.10.1988 – II ZR 18/88; GmbHR 1989, 120; OLG Frankfurt am Main, Beschl. v. 26.08.1983 – 20 W 528/83; GmbHR 1984, 99; vgl. auch § 48 Rdn. 4), das **Recht zur Erhebung der Anfechtungsklage** (BGHZ 104, 72; OLG Brandenburg, Urt. v. 17.01.1996 – 7 U 106/95; GmbHR 1996, 540: Anfechtungsfrist kann nicht geringer als einen Monat sein), das **Austrittsrecht** aus wichtigem Grund (BGH, Urt. v. 16.12.1991 – II ZR 58/91; NJW 1992, 892), das Recht zur **Erhebung der Auflösungsklage** gem. § 61 (BayObLG, Beschl. v. 25.07.1978 BReg. 1 Z 69/78; DB 1978, 2164), das Recht zur **Erhebung einer Gesellschafterklage** (actio pro socio) (Baumbach/Hueck/*Fastrich* § 13 Rn. 37; offengelassen von BGH, Urt. v. 13.05.1985 – II ZR 170/84; NJW 1985, 2830; dagegen Michalski/*Ebbing* § 13 Rn. 98: abdingbar, wenn Minderheitenschutz anders gewährleistet ist); das **Antragsrecht zur Bestellung und Abberufung von Liquidatoren** (§ 66) sowie das Recht zur **Preisgabe des Geschäftsanteils** bei unbeschränkter Nachschusspflicht (arg. § 66 Abs. 4). Bestimmungen im Gesellschaftsvertrag sowie Gesellschafterbeschlüsse, die unentziehbare Mitgliedschaftsrechte einschränken oder entziehen, sind **nichtig** (Michalski/*Ebbing* § 14 Rn. 62). 26

2. Abdingbare Mitgliedschaftsrechte

Grundsätzlich abdingbar sind dagegen das Recht auf einen **Gewinnanteil** (§ 29), das Recht auf eine **Liquidationsquote** (§ 72) und das **Stimmrecht** nach § 47 (BGH, Urt. v. 24.05.1993 – II ZR 73/92; GmbHR 1993, 591, bis hin zur Möglichkeit eines stimmrechtslosen Geschäftsanteils; hierzu *Schäfer*, GmbHR 1998, 113 und 168; vgl. auch § 47 Rdn. 9). Auch das Bezugsrecht des Gesellschafters im Fall einer Kapitalerhöhung – vorausgesetzt man bejaht seine Existenz (*Priester* DB 1980, 1925; Michalski/*Ebbing* § 14 Rn. 57) – kann durch den Gesellschaftsvertrag ausgeschlossen werden. All diesen Fällen ist allerdings gemein, dass eine durch Gesellschaftsvertrag vorgesehene Einschränkung der Zustimmung **des betroffenen Gesellschafters** bedarf; ein bloßer Mehrheitsbeschluss reicht nicht (Michalski/*Ebbing* § 14 Rn. 63 und 68). 27

3. Einräumung von Sonderrechten, Begründung von Sonderpflichten

Einzelnen Gesellschaftern können im Gesellschaftsvertrag **Sonderrechte** eingeräumt werden. Die nicht bevorrechtigten Gesellschafter müssen einer solchen Regelung zustimmen (anders wohl Lutter/Timm NJW 1982, 418: nur satzungsändernde Mehrheit); wird ein entsprechender Beschluss ohne **Zustimmung** der benachteiligten Gesellschafter gefasst, ist er **anfechtbar** (Michalski/*Ebbing* § 14 Rn. 82). Einmal eingeräumte Sonderrechte können nur mit Zustimmung des bevorrechtigten Gesellschafters durch eine nachträgliche Änderung des Gesellschaftsvertrages eingeschränkt werden (BGH, Urt. v. 10.10.1988 – II ZR 3/88; WM 1989, 250). 28

Gleiches gilt für ein im Gesellschaftsvertrag für bestimmte Entscheidungen angeordnetes **Einstimmigkeitserfordernis**; auch dessen Beseitigung bedarf eines einstimmigen Beschlusses (Roth/Altmeppen § 14 Rn. 18; abweichend jedoch OLG Stuttgart, Urt. v. 14.02.1974 – 10 U 90/73; NJW 1974, 1566: Auslegungsfrage; Michalski/*Ebbing* § 14 Rn. 65: nur bei erforderlicher Zustimmung aller Gesellschafter). Bei der Begründung von Sonderrechten haben die Gesellschafter eine weitgehende Gestaltungsfreiheit, der allerdings die Kapitalerhaltungsvorschriften, zwingende gesetzliche Kompetenzzuordnungen innerhalb der GmbH (z. B. §§ 53 Abs. 1, 60 Abs. 1 Nr. 2 GmbHG) sowie die 29 unentziehbaren Mitgliedschaftsrechte der anderen Gesellschafter Grenzen setzen (Scholz/*Winter* GmbHG, § 14 Rn. 21).

30 In der Praxis **häufig vorkommende Sonderrechte** sind das gegenüber der Beteiligungsquote erhöhte **Stimmrecht**, die Einräumung eines höheren **Gewinnanteils**, das Recht zur Übernahme eines anderen Geschäftsanteils, Zustimmungs- oder Einspruchsrechte bei Gesellschafterbeschlüssen, das Recht zur **Geschäftsführung** oder zur Ernennung des Geschäftsführers (BGH, Urt. v. 03.05.1988 – KZR 17/87; GmbHR 1988, 336; Urt. v. 10.10.1988 – II ZR 3/88; WM 1989, 250; OLG Stuttgart, Beschl. v. 28.12.1998 – 20 W 14/98; GmbHR 1999, 537), das **Entsenderecht** für Mitglieder des Aufsichts- oder Beirats, die Nutzung von Einrichtungen der Gesellschaft und die Befreiung von einem bestehenden Wettbewerbsverbot. Das Sonderrecht zur Geschäftsführung enthält regelmäßig zugleich die für die Bestellung als Geschäftsführer erforderliche rechtsgeschäftliche Erklärung der Gesellschaft; eines gesonderten Beschlusses der Gesellschafterversammlung über die Bestellung bedarf es in diesem Fall nicht (OLG Düsseldorf, Beschl. v. 26.09.2006 – 3 Wx 77/06; GmbHR 2007, 90).

31 Ein ohne die Zustimmung des betroffenen Gesellschafters gefasster **Beschluss über die Aufhebung des Sonderrechts** bedarf als satzungsändernder Beschluss der hierfür erforderlichen Mehrheit. Er soll gegenüber dem betroffenen Gesellschafter schwebend und bei Verweigerung der Genehmigung endgültig unwirksam sein. Die Erhebung einer Anfechtungsklage soll deshalb nicht erforderlich sein (*Waldenberger* GmbHR 1997, 55). Demgegenüber muss ein Beschluss, der ein erhöhtes Stimmrecht eines Gesellschafters ignoriert, von diesem angefochten werden. Ausnahmsweise ist die **Einschränkung oder Aufhebung eines Sonderrechts** ohne Zustimmung des Betroffenen möglich, wenn hierfür ein **wichtiger Grund** vorliegt. Ein solcher Grund liegt vor, wenn bei Abwägung der beteiligten Interessen das Fortbestehen des Sonderrechts für die Gesellschaft unzumutbar wäre (näher Scholz/*Winter* GmbHG, § 13 Rn. 27). Das Vorliegen eines wichtigen Grundes macht zwar die Zustimmung des betroffenen Gesellschafters, nicht aber den Beschluss der Gesellschafterversammlung über die Änderung des Gesellschaftsvertrages entbehrlich.

32 Der Gesellschaftsvertrag kann schließlich auch **Sonderpflichten**, wie etwa eine **Nachschusspflicht**, die **Pflicht zur Geschäftsführung** oder ein **Wettbewerbsverbot** (BGH, Urt. v. 03.05.1988 – KZR 17/87; WM 1988, 1357), begründen. Auch hier gilt grundsätzlich, dass derartige Pflichten nur mit Zustimmung des betroffenen Gesellschafters in den Gesellschaftsvertrag aufgenommen werden können (Michalski/*Ebbing* § 14 Rn. 94).

33 Sonderrechte und Sonderpflichten können auch zeitlich **befristet**, aufschiebend oder auflösend **bedingt** vereinbart werden. Sie sind Mitgliedschaftsrechte und -pflichten, die grundsätzlich mit der Veräußerung des Geschäftsanteils auf den Erwerber übergehen. In nicht wenigen Fällen – insbesondere bei der Einräumung eines Rechts zur Geschäftsführung – werden sie aber von den Beteiligten als höchstpersönlich gewollt, also an die Person des Gesellschafters geknüpft sein, sodass sie bei dessen Ausscheiden nicht auf den Rechtsnachfolger übergehen, sondern erlöschen (Scholz/*Winter* GmbHG, § 14 Rn. 23 f.). In der Praxis empfiehlt sich, dies in dem Gesellschaftsvertrag ausdrücklich zu regeln.

§ 15 Übertragung von Geschäftsanteilen

(1) Die Geschäftsanteile sind veräußerlich und vererblich.

(2) Erwirbt ein Gesellschafter zu seinem ursprünglichen Geschäftsanteil weitere Geschäftsanteile, so behalten dieselben ihre Selbständigkeit.

(3) Zur Abtretung von Geschäftsanteilen durch Gesellschafter bedarf es eines in notarieller Form geschlossenen Vertrages.

(4) [1]Der notariellen Form bedarf auch eine Vereinbarung, durch welche die Verpflichtung eines Gesellschafters zur Abtretung eines Geschäftsanteils begründet wird. [2]Eine ohne diese Form

getroffene Vereinbarung wird jedoch durch den nach Maßgabe des vorigen Absatzes geschlossenen Abtretungsvertrag gültig.

(5) Durch den Gesellschaftsvertrag kann die Abtretung der Geschäftsanteile an weitere Voraussetzungen geknüpft, insbesondere von der Genehmigung der Gesellschaft abhängig gemacht werden.

Übersicht

		Rdn.
A.	Allgemeines	1
B.	Übertragbarkeit des Geschäftsanteils (Abs. 1)	2
I.	Veräußerlichkeit	2
1.	Abtretung	3
	a) Allgemeines zur Abtretung gem. § 398 BGB	3
	b) Bestimmtheit der Abtretung	4
	c) Sicherungsabtretung	5
2.	Sonstige Verfügungen	6
	a) Verpfändung, § 1274 BGB	6
	b) Nießbrauch, § 1069 BGB	8
II.	Vererblichkeit	10
C.	Selbstständigkeit der Geschäftsanteile (Abs. 2)	11
I.	Grundsatz	11
II.	Teilung und Zusammenlegung von Geschäftsanteilen	12
D.	Formerfordernisse (Abs. 3 und Abs. 4)	14
I.	Allgemeines	14
1.	Zweck der notariellen Beurkundung, formersetzende Beurkundungswirkung	14
2.	Umfang der Beurkundung	16
	a) Nebenabreden, Änderungen	16
	b) Verpflichtung zur Abnahme, Übertragung eines Anspruchs, Gesamtrechtsnachfolge	19
	c) Vollmacht zur Abtretung	20
3.	Rechtsfolge bei Formverstoß	21
	a) Nichtigkeit von Abtretung und Verpflichtungsgeschäft	21
	b) Heilung	22
II.	Formzwang bei anderen Verfügungen	24
1.	Bestellung eines Pfandrechts	24
2.	Bestellung eines Nießbrauchs, Einräumung einer Unterbeteiligung	25
3.	Treuhänderische Beteiligung	26
4.	Geschäftsanteil haltende Gesellschaft bürgerlichen Rechts	28
III.	Formwirksamkeit und Auslandsbeurkundung	29
E.	Beschränkungen im Gesellschaftsvertrag (Abs. 5)	32
I.	Zustimmungserfordernis	32
II.	Erteilung der Zustimmung	35
III.	Einmanngesellschaft	36
IV.	Sonstige Verfügungen, Gesamtrechtsnachfolge	37
V.	Beschränkungen für Vererbung von Geschäftsanteilen	40

A. Allgemeines

§ 15 GmbHG bestimmt die grundsätzliche Möglichkeit, Geschäftsanteile zu veräußern, knüpft allerdings an die Wirksamkeit einer solchen Veräußerung **besondere Formerfordernisse** und belässt den Gesellschaftern die Möglichkeit, die Veräußerung durch eine entsprechende Regelung im Gesellschaftsvertrag von weiteren Voraussetzungen abhängig zu machen. 1

B. Übertragbarkeit des Geschäftsanteils (Abs. 1)

I. Veräußerlichkeit

Abs. 1 ordnet die grundsätzlich (weil nach Abs. 5 unter dem Vorbehalt abweichender gesellschaftsvertraglicher Gestaltung stehend) **freie Veräußerlichkeit** von Geschäftsanteilen an. Bei der Veräußerung ist zwischen dem schuldrechtlichen Kausalgeschäft und dem Verfügungsgeschäft (Abtretung) zu unterscheiden. Das der Abtretung zugrunde liegende Kausalgeschäft ist in der Praxis zumeist ein Kauf- oder Schenkungsvertrag, häufig ergibt sich aber auch der Rechtsgrund für die Abtretung bereits aus dem Gesellschaftsvertrag selbst (z. B. sog. »call options« oder »put options«). 2

§ 15 GmbHG Übertragung von Geschäftsanteilen

1. Abtretung

a) Allgemeines zur Abtretung gem. § 398 BGB

3   Da der Geschäftsanteil nicht verbrieft ist, wird er wie jedes andere Recht durch bloße Abtretung (§ 398 BGB) übertragen. Erforderlich ist also ein Vertrag zwischen dem Veräußerer und dem Erwerber, durch den die Inhaberschaft an dem Geschäftsanteil, also dessen dingliche Zuordnung, auf den Erwerber übertragen wird. Die Abtretung kann **bedingt** (z. B. auf die vollständige Zahlung des Kaufpreises) oder **befristet** (Vereinbarung eines bestimmten Übertragungsstichtags) sein (BGH, Urt. v. 23.11.1988 – VIII ZR 262/87; GmbHR 1989, 194; OLG Hamm, Urt. v. 23.05.1997 – 19 U 150/96; GmbHR 1997, 950; KG, Urt. v. 22.11.1996 – 5 U 1304/96; GmbHR 1997, 603); beides kommt in der Praxis häufig vor. Auch **künftige Geschäftsanteile** können abgetreten werden (BGH, Urt. v. 19.04.1999 – II ZR 365/97; GmbHR 1999, 708; Urt. v. 27.01.1997 – II ZR 123/94; GmbHR 1997, 406; Urt. v. 26.09.1994 – II Zr 166/93; GmbHR 1995, 120). Wirksam wird die Abtretung dann mit deren Entstehen. An der **Vor-GmbH** können noch keine Geschäftsanteile bestehen, also auch nicht übertragen werden. Daher kann ein Gesellschafterwechsel in der Vor-GmbH nur durch eine Änderung des Gesellschaftsvertrages vollzogen werden (BGH, Urt. v. 05.12.2005 – II ZR 13/04; NJW-RR 2005, 469; Urt. v. 27.01.1997 – II ZR 134/94; NJW 1997, 1507; OLG Thüringen, Urt. v. 05.12.2012 – 2 U 557/12; GmbHR 2013, 145; LG Dresden, Beschl. v. 04.03.1993 – 45 T 4/93; GmbHR 1993, 590; a. A. *K. Schmidt* GmbHR 1997, 869). In diesem Sinne ist die unwirksame Abtretung eines »Geschäftsanteils« an der Vor-GmbH nur dann als Abtretung eines zukünftigen Geschäftsanteils der eingetragenen GmbH zu verstehen, wenn den Erklärungen, die der Abtretung zugrunde liegen, zu entnehmen ist, dass ein zukünftiger Geschäftsanteil übertragen werden soll; ansonsten ist sie regelmäßig in einen Beitritt zur Vor-GmbH umzudeuten (OLG Thüringen, Urt. v. 05.12.2012 – 2 U 557/12).

b) Bestimmtheit der Abtretung

4   Ein Vertrag über die Übertragung von Geschäftsanteilen ist nur wirksam, wenn zweifelsfrei feststeht, welcher Geschäftsanteil auf wen übergehen soll (OLG Frankfurt am Main, Urt. v. 19.03.2013 – 5 U 220/12; ZIP 2013, 1429; OLG Brandenburg, Urt. v. 11.02.1998 – 3 U 55/97; NZG 1998, 951; KG, Urt. v. 22.11.1996 – 5 U 1304/96; GmbHR 1997, 603). Unumgänglich ist daher, den Geschäftsanteil im Abtretungsvertrag so genau wie möglich zu bezeichnen, was in der Regel über die laufende Nummer in der Gesellschafterliste und den Nennbetrag möglich ist. Eine historische Zuordnung der Geschäftsanteile in der Reihenfolge der Nennung der Gesellschafter in der Gesellschafterliste reicht nicht aus (OLG Frankfurt am Main, Urt. v. 19.03.2013 – 5 U 220/12; ZIP 2013, 1429). **Mehrere selbstständige Geschäftsanteile** sollten grundsätzlich einzeln bezeichnet werden. Eine zusammenfassende Bezeichnung bei Abtretung mehrerer Geschäftsanteile kann aber genügen, wenn keine ernsthaften Zweifel am Übertragungsgegenstand bestehen (BGH, Urt. v. 19.01.1987 – II ZR 81/86; NJW-RR 1987, 807; OLG Frankfurt am Main, Urt. v. 21.02.2012 – 11 U 97/11; GmbHR 2012, 514; KG, Urt. v. 22.11.1996 – 5 U 1304/96; NJW-RR 1997, 1259). Umgekehrt ist es bei der Übertragung von **Teilgeschäftsanteilen** erforderlich, dass sich nicht nur die Anteilsübertragung, sondern auch der Vollzug der Teilung aus dem beurkundeten Text ergibt, dass also hinreichend deutlich wird, welche Geschäftsanteile wie geteilt und welche neuen Geschäftsanteile dadurch entstehen (BGH, Beschl. v. 19.04.2010 – II ZR 150/09; ZIP 2010, 1446). Hierzu reicht es nicht, wenn die Gesellschafter lediglich vereinbaren, dass sie künftig mit einer bestimmten neuen Beteiligungsquote beteiligt sein sollen (OLG Oldenburg, Urt. v. 11.10.2007 – 1 U 17/07; DB 2008, 522). Die Notwendigkeit hinreichender Bestimmtheit besteht grundsätzlich nur für die Abtretung, nicht aber für das zugrunde liegende schuldrechtliche Verpflichtungsgeschäft. Ist dieses wirksam, bleibt der Gesellschafter zur Übertragung verpflichtet und hat ggf. gesellschaftsrechtliche Maßnahmen zu ergreifen, um die Bestimmtheit des Geschäftsanteils herbeizuführen (näher *Jasper/Rust* DB 2000, 1549).

Mangels Verbriefung kann die **Inhaberschaft** an einem Geschäftsanteil nur durch eine lückenlose Kette beginnend mit der Gründungsurkunde bis zur Urkunde über die letzte Übertragung nachgewiesen werden. Aus der in der Handelsregisterakte befindlichen letzten Gesellschafterliste (vgl. § 40) ergibt sich dagegen kein hinreichender Nachweis über die Inhaberschaft, da die Einreichung der Gesellschafterliste häufig zeitlich verzögert erfolgt und keine Gewähr dafür bietet, dass nicht zwischenzeitlich erneut über den Geschäftsanteil verfügt wurde. Ist die Abtretung aufschiebend oder auflösend bedingt, ist es ratsam, einen Beleg über den (Nicht-)Eintritt der Bedingung der Abtretungsurkunde beizufügen, um bei einer späteren Veräußerung die Wirksamkeit der vorausgegangenen Abtretung und damit auch die Inhaberschaft an dem Geschäftsanteil nachweisen zu können. Wirksamkeitsvoraussetzung ist dies freilich nicht.

c) Sicherungsabtretung

Auch durch eine Sicherungsabtretung wird der Geschäftsanteil wirksam übertragen, d. h. der Erwerber wird Gesellschafter mit allen mitgliedschaftlichen Rechten und Pflichten. Da die Übertragung des Geschäftsanteils aber nur als Sicherungsmittel dienen soll, ist die Einnahme der Gesellschafterstellung durch den Sicherungsnehmer und damit auch die Notwendigkeit, die Sicherungsabtretung offenzulegen, in der Regel aber nicht gewollt. Daher erscheint in der Praxis die Verpfändung des Geschäftsanteils häufig als das attraktivere Sicherungsmittel.

2. Sonstige Verfügungen

a) Verpfändung, § 1274 BGB

In der Praxis wichtiges Sicherungs- und Finanzierungsmittel ist die Verpfändung des Geschäftsanteils (s. hierzu *Bruhns* GmbHR 2006, 587). Diese ist nach § 1274 Abs. 2 BGB zulässig. Sie erfolgt nach den für die Übertragung des Geschäftsanteils geltenden Vorschriften (§ 1274 Abs. 1 BGB), ist also ebenfalls formbedürftig (§ 15 Abs. 3). Begründet wird das Pfandrecht durch einen Vertrag über dessen **Bestellung**. Ebenso wie die Übertragung selbst ist die Verpfändung weder anmeldepflichtig noch eintragungsfähig. Trotz Verpfändung bleibt der Verpfänder Inhaber des Geschäftsanteils, kann also sämtliche aus seiner Mitgliedschaft folgenden Rechte nach außen selbstständig wahrnehmen (Michalski/*Ebbing* § 15 Rn. 223; Baumbach/Hueck/*Fastrich* § 15 Rn. 50). Der Sicherungszweck wird durch eine nach innen, also lediglich im Verhältnis zwischen Pfandgläubiger und Verpfänder wirkende Einschränkung des Verpfänders bei der Ausübung der Mitgliedschaftsrechte erreicht (z.B. vorherige Zustimmung zur Stimmabgabe; Wahrnehmung von Auskunfts- und Einsichtsrechten auf Verlangen). Die Verpfändung des Geschäftsanteils ist von der Verpfändung der aus dem Geschäftsanteil entspringenden vermögensrechtlichen Ansprüche (z.B. auf Auszahlung des auf den Geschäftsanteil fallenden Gewinns) zu unterscheiden. Für diese gelten die §§ 1279 ff. BGB. Auch die Verpfändung eines künftigen Geschäftsanteils oder nur eines **Teils eines Geschäftsanteils** ist zulässig (Scholz/*Winter* GmbHG, § 15 Rn. 154, 157). Im letzteren Fall ist eine Teilung des Geschäftsanteils nicht erforderlich. Sie tritt erst im Fall der Verwertung des Geschäftsanteils ein (*Mertens* ZIP 1998, 1788). Werden bei einer **GmbH & Co. KG** im Rahmen der Verpfändung der Geschäftsanteile der Komplementär-GmbH auch Kommanditanteile verpfändet, ist diese Verpfändung formlos möglich und bedarf nicht der notariellen Beurkundung, da die gleichzeitige Beurkundung der Geschäftsanteile und der Kommanditanteile kein einheitliches Geschäft darstellt (*Werner* GmbHR 2008, 755).

Das Pfandrecht vermittelt dem Pfandgläubiger grundsätzlich nur das Recht, sich aus dem Pfand **zu befriedigen**, nicht aber auch aus dem Gewinnanspruch (Scholz/*Winter* GmbHG, § 15 Rn. 160). Etwas anderes gilt nur bei der Vereinbarung eines Nutzungspfandrechts (§§ 1273, 1213 Abs. 1 BGB). Die **Verwertung** des verpfändeten Geschäftsanteils erfolgt aufgrund eines vollstreckbaren Titels im Wege der Zwangsvollstreckung nach den Vorschriften über die Rechtspfändung (§ 1277 BGB), also i. d. R. durch eine von dem Vollstreckungsgericht angeordnete öffentliche Versteigerung (§§ 857, 844 Abs. 1 ZPO). Die Parteien des Verpfändungsvertrages können – allerdings erst nach Eintritt der Pfandreife (zum Zeitpunkt näher *Sieger/Hasselbach* GmbHR 1999, 636) – auch den freihändigen Verkauf durch einen zu solchen Verkäufen öffentlich ermächtigten Handelsmakler oder durch eine andere zur öffentlichen Versteigerung befugte Person vereinbaren (§ 1221 BGB). Eine in der Verpfändungsabrede getroffene Vereinbarung, nach welcher dem Pfandgläubiger im Verwertungsfall der Geschäftsanteil zu übertragen ist (Verfallvereinbarung), ist nichtig (§ 1229 BGB). Ebenso ist die Überweisung des Geschäftsanteils zur Einziehung oder an Zahlungs statt zum Nennwert (§ 835 ZPO) unzulässig (LG Berlin, Beschl. v. 09.03.1987 – 81 T 105/87; GmbHR 1988, 70; Scholz/*Winter* GmbHG, § 15 Rn. 176). Die **Aufhebung** der Verpfändung ist formlos möglich, entweder durch eine entsprechende Vereinbarung zwischen Verpfänder und Pfandgläubiger oder durch eine einseitige empfangsbedürftige Willenserklärung des Pfandgläubigers gegenüber dem Verpfänder (*Widder* GmbHR 2002, 898).

b) Nießbrauch, § 1069 BGB

8   Der Nießbrauch an einem Geschäftsanteil ist nach § 1069 Abs. 2 BGB zulässig. Seine **Bestellung** erfolgt nach den für die Übertragung des Geschäftsanteils geltenden Vorschriften (§ 1069 Abs. 1 BGB); der Vertrag über die Nießbrauchsbestellung ist folglich formbedürftig (§ 15 Abs. 3). Durch den Nießbrauch wird der Nießbraucher berechtigt, die Nutzungen des Geschäftsanteils zu ziehen, ohne die Gesellschafterstellung zu verändern (§§ 1068 Abs. 2, 1030 BGB). Die Nießbrauchsbestellung an Geschäftsanteilen kommt deshalb dann in Betracht, wenn jemand zwar an den vermögensrechtlichen Vorteilen der Gesellschaftsbeteiligung teilhaben, nicht aber die Position eines Gesellschafters eingeräumt bekommen soll. Die dem Nießbraucher gebührenden **Nutzungen** bestehen in dem von der Gesellschaft ausgeschütteten Gewinn, soweit er auf den Zeitraum des Nießbrauchs entfällt (BGH, Urt. v. 12.12.1974 – II ZR 166/72; WM 1975, 174). Wird der Nießbrauch während des laufenden Geschäftsjahrs bestellt oder aufgehoben, ist der Gewinn pro rata temporis zwischen dem Gesellschafter und dem Nießbraucher zu verteilen (§ 101 Nr. 2 BGB). An einem in die Rücklage eingestellten Gewinn sowie an einem Zuwachs stiller Reserven nimmt der Nießbraucher nicht teil (*Teichmann* ZGR 1972, 1; *Sudhoff* GmbHR 1971, 53). Werden Rücklagen aufgelöst und ausgeschüttet, so kommt es für die Verteilung zwischen Gesellschafter und Nießbraucher darauf an, in welchem Zeitabschnitt der verteilte Gewinn erzielt wurde (Hachenburg/*Zutt* Anh. § 15 Rn. 59; a. A. Scholz/*Seibt* GmbHG § 15 Rn. 214: zeitliche Entstehung des Gewinns unbeachtlich). Auch die Bestellung des Nießbrauchs nur für einen **Teil des Geschäftsanteils** ist möglich. Dem Nießbraucher steht in einem solchen Fall nur der entsprechende Teil des auf den Geschäftsanteil entfallenden Gewinns zu.

9   Da die Rechtsstellung des Gesellschafters durch die Einräumung des Nießbrauchsrechts unberührt bleibt (a. A. *Sudhoff* NJW 1974, 2205; *Petzold* GmbHR 1987, 381), verbleibt die Ausübung der **mitgliedschaftlichen Rechte** bei dem Gesellschafter (BGH, Urt. v. 09.11.1998 – II ZR 213 – 97; NJW 1999, 571 zur GbR; OLG Koblenz, Urt. v. 16.01.1991 – 6 U 963/91; GmbHR 1992, 464: auch bei Nießbrauch auf Lebenszeit und Erteilung einer Stimmrechtsvollmacht; Baumbach/Hueck/*Fastrich* § 15 Rn. 53; Lutter/Hommelhoff/*Bayer* GmbHG, § 15 Rn. 102; Roth/Altmeppen § 15 Rn. 57; Scholz/*Winter* GmbHG, § 15 Rn. 192; s. auch *Vedder* GmbHR 2008, 739). Beschränkungen für den nießbrauchsbestellenden Gesellschafter können sich daher nur aus der schuldrechtlichen Abrede über die Nießbrauchsbestellung und nur im Verhältnis zum Nießbraucher ergeben. Eine Ausnahme ergibt sich aus § 1071 BGB. Danach kann ein dem Nießbrauch unterliegendes Recht durch Rechtsgeschäft nur mit Zustimmung des Nießbrauchers aufgehoben werden. Hieraus folgt, dass der Gesellschafter vor der Vornahme von Rechtshandlungen, die den Bestand des Geschäftsanteils berühren (z. B. Mitwirkung an einer Beschlussfassung über die Liquidierung der Gesellschaft), die Zustimmung des Nießbrauchers einholen muss. Das Nießbrauchverhältnis **endet** mit der Dauer, auf die es eingegangen ist, spätestens mit dem Tod des Nießbrauchers (§ 1061 BGB). Darüber hinaus kann der Nießbrauch durch eine formlose Vereinbarung zwischen dem Gesellschafter und dem Nießbraucher (Baumbach/Hueck/*Fastrich* § 15 Rn. 52) oder durch eine einseitige empfangsbedürftige Willenserklärung des Nießbrauchers gegenüber dem Gesellschafter aufgehoben werden (§ 1064 BGB).

II. Vererblichkeit

10   Abs. 1 bestimmt die freie Vererblichkeit von Geschäftsanteilen. Bei der Vererbung geht der Geschäftsanteil nicht wie bei der Veräußerung im Wege einer rechtsgeschäftlichen Einzelrechts-

nachfolge, sondern durch **Gesamtrechtsnachfolge** über (§ 1922 BGB). Mehrere Erben werden als Erbengemeinschaft gesamthänderisch Inhaber des Geschäftsanteils (§ 2032 BGB) und sind als solche Mitberechtigte i. S. d. § 18 GmbHG. Geschäftsanteile können auch Gegenstand eines Vermächtnisses sein. In diesem Fall geht der Geschäftsanteil auf den Erben über, der allerdings zu dessen Abtretung an den Vermächtnisnehmer verpflichtet ist (§ 2174 BGB).

C. Selbstständigkeit der Geschäftsanteile (Abs. 2)

I. Grundsatz

Erwirbt ein Gesellschafter einen oder mehrere weitere Geschäftsanteile hinzu, so bleiben sämtliche von ihm gehaltenen Geschäftsanteile nach Abs. 2 zunächst selbstständig. Diese Regelung dient der Aufbringung des Stammkapitals. Um diese sicherzustellen, muss es der Gesellschaft möglich bleiben, den einzelnen Geschäftsanteil, auf den die Stammeinlage nicht voll erbracht wurde, gesondert zu kaduzieren (§ 21), den Rechtsvorgänger in Anspruch zu nehmen (§ 22) oder schließlich den Geschäftsanteil zu verwerten (§ 23). Die Selbstständigkeit des Geschäftsanteils ist zudem Voraussetzung dafür, dass der Regressschuldner gegen Zahlung des rückständigen Betrages den Geschäftsanteil auch erwerben kann (§ 22 Abs. 4). 11

II. Teilung und Zusammenlegung von Geschäftsanteilen

Mit dem ersatzlosen Wegfall des § 17 ist es den Gesellschaften freigestellt, in den Grenzen des § 5 individuell über die Stückelung der Geschäftsanteile zu entscheiden und Geschäftsanteile (auch auf Vorrat) zu teilen oder zusammenzulegen. Aus dem Zweck der Regelung des Abs. 2 (Rdn. 11) folgt allerdings, dass eine Zusammenlegung von vornherein nur möglich ist, wenn die Stammeinlagen auf die betreffenden Geschäftsanteile **voll geleistet** sind und eine **Nachschusspflicht nicht besteht** (BGH, Urt. v. 06.06.1988 – II ZR 318/87; NJW 1989, 168; KG, Urt. v. 22.11.1996 – 5 U 1304/96; GmbHR 1997, 603). Hinzukommen muss, dass die Geschäftsanteile keine unterschiedlichen Rechte vermitteln (Grund: Vermeidung von Unklarheiten über Inhalt und Umfang der mitgliedschaftlichen Rechte) sowie nicht unterschiedlich mit Rechten Dritter belastet sind (Scholz/*Winter* GmbHG, § 15 Rn. 104; einschränkend *Jasper/Rust* DB 2000, 1549: Zusammenlegung bei Treuhand und Unterbeteiligung möglich). Dagegen ist es nicht erforderlich, dass der Gesellschaftsvertrag die Zusammenlegung von Geschäftsanteilen ausdrücklich zulässt (KG, Urt. v. 10.03.2000 – 14 U 2105/98; NZG 2000, 787; Lutter/Hommelhoff/*Bayer* GmbHG, § 15 Rn. 23; Baumbach/Hueck/ *Fastrich* § 15 Rn. 19; a. A. *Roth/Altmeppen* § 15 Rn. 40; Scholz/*Winter* GmbHG, § 15 Rn. 105: Abs. 2 müsse ausdrücklich abbedungen werden). Dies schließt aber nicht aus, dass der Gesellschaftsvertrag die näheren Voraussetzungen und Modalitäten der Zusammenlegung regeln kann. 12

Die Teilung und die Zusammenlegung von Geschäftsanteilen stellen **keine Satzungsänderung** dar, weil der Nennbetrag eines Geschäftsanteils kein materieller Satzungsbestandteil ist (BGH, Urt. v. 06.06.1988 – II ZR 318/87; GmbHR 1988, 337). Sie erfolgen gem. § 46 Nr. 4 durch **Beschluss der Gesellschafterversammlung**, der der Zustimmung des betroffenen Gesellschafters bedarf (BGH, Beschl. v. 27.02.1997 – III ZR 75/96; GmbHR 1997, 605, hierzu näher *Irriger/Münstermann* GmbHR 2010, 617). Der Gesellschafterbeschluss kann auch dadurch zustande kommen, dass die Gesellschafter entsprechende Willenserklärungen im Rahmen eines Vertrages über die Abtretung eines Teilgeschäftsanteils oder eines zusammengelegten Geschäftsanteils abgeben (a. A. BGH, Beschl. v. 27.02.1997 – III ZR 75/96; GmbHR 1997, 605; wie hier *Jasper/Rust* DB 2000, 1549). 13

D. Formerfordernisse (Abs. 3 und Abs. 4)

I. Allgemeines

1. Zweck der notariellen Beurkundung, formersetzende Beurkundungswirkung

Sowohl die (dingliche) Abtretung des Geschäftsanteils (Abs. 3) als auch die (schuldrechtliche) Verpflichtung hierzu (Abs. 4) bedürfen zu ihrer Wirksamkeit der **notariellen Beurkundung** des Abtre- 14

tungs- und Verpflichtungsvertrages. Die gemeinsame Beurkundung beider Verträge aus Zeit- und Kostengründen ist in der Praxis die Regel. Für das Formerfordernis werden üblicherweise zwei **Gründe** genannt: Erschwerung des Handels mit Geschäftsanteilen (BGH, Urt. v. 10.03.2008 – II ZR 312/06; ZIP 2008, 877; Urt. v. 19.04.1999 – II Zr 365/97; GmbHR 1999, 709; Beschl. v. 27.02.1997 – III ZR 75/96; GmbHR 1997, 605; OLG München, Urt. v. 20.03.1996 – 7 U 5523/95; GmbHR 1996, 608) und Beweiserleichterung (BGH, Urt. v. 10.03.2008 – II ZR 312/06; ZIP 2008, 877; Urt. v. 19.04.1999 – II ZR 365/97; GmbHR 1999, 709; Michalski/*Ebbing* § 15 Rn. 55; näher hierzu *Walz* NZG 2003, 1134). Dem Schutz vor übereilten Entscheidungen soll das Formerfordernis dagegen nicht dienen (BGH, Beschl. v. 10.03.2008 – II ZR 312/06; GmbHR 1999, 709; OLG München, Urt. v. 20.03.1996 – 7 U 5523/95; GmbHR 1996, 608; a. A. OLG Stuttgart, Urt. v. 07.07.1989 – 9 U 13/89; DB 1989, 1817).

15 Nach § 127a BGB ersetzt die Aufnahme eines Vergleichs in das nach den Vorschriften der ZPO errichtete Protokoll die notarielle Beurkundung (ob diese Wirkung auch dem Beschluss nach § 278 Abs. 6 Satz 3 ZPO zukommt, ist streitig; näher MüKo ZPO/*Wolfsteiner* § 794 Rn. 80). Gleiches gilt für das schiedsgerichtliche Verfahren: Ist die Übertragung eines Geschäftsanteils Teil eines schiedsgerichtlichen Vergleichs, wird die Beurkundung durch die Aufnahme der Abtretungs- und Annahmeerklärung in den Schiedsspruch mit vereinbartem Wortlaut ersetzt (§ 1053 Abs. 3 ZPO).

2. Umfang der Beurkundung

a) Nebenabreden, Änderungen

16 Sowohl für das Verpflichtungsgeschäft als auch für das Verfügungsgeschäft gilt, dass die Erklärungen beider Vertragsparteien (BGH, Beschl. v. 08.05.2007 – VIII ZR 235/06; NJW 2007, 2117) sowie der gesamte Vertrag mit allen **Nebenabreden**, die nach dem Willen der Parteien Bestandteil der jeweiligen Vereinbarung sein sollen, beurkundet werden müssen (BGH, Urt. v. 27.06.2001 – VIII ZR 329/99; NJW 2002, 143; Urt. v. 25.09.1996 – VII ZR 172/95; ZIP 1996, 1902; Urt. v. 23.11.1988 – VIII ZR 262/87; GmbHR 1989, 195; OLG Hamburg, Urt. v. 26.01.2007 – 11 U 254/05; ZIP 2007, 1008; OLG Düsseldorf, Beschl. v. 23.05.1997 – 3 Wx 203/97; GmbHR 1997, 742; krit. *Heidenhain* NJW 1999, 3073; *Pohlmann* GmbHR 2002, 41; weniger streng auch BGH, Urt. v. 14.04.1986 – II ZR 155/85; DB 1986, 1513). Ist eine Schiedsvereinbarung als Teil eines einheitlichen, formbedürftigen Vertragswerks mitzubeurkunden, bedarf die maßgebliche Schiedsordnung regelmäßig nicht der Mitbeurkundung (OLG München, Beschl. v. 10.09.2013 – 34 SchH 10/13; GmbHR 2014, 36). Nebenabreden, die nur das schuldrechtliche Verpflichtungsgeschäft, nicht aber auch das dingliche Verfügungsgeschäft betreffen (z. B. ein von den Parteien vereinbartes Sanierungskonzept), müssen nur bei der Beurkundung des Verpflichtungsgeschäfts, nicht aber auch des Verfügungsgeschäfts verlesen werden (OLG Frankfurt am Main, Urt. v. 21.02.2012 – 11 U 97/11; GmbHR 2012, 513). Diese Unterscheidung kann bedeutsam werden für die Frage, ob ein formunwirksames Verpflichtungsgeschäft gem. Abs. 4 durch eine anschließende formwirksame Abtretung geheilt wurde (hierzu näher Rdn. 23 f.).

17 Maßgeblich für den Umfang der Beurkundungspflicht ist nicht, was die Parteien beurkunden wollen, sondern was sie als wirtschaftlich notwendig zusammenhängend betrachten (OLG Hamburg, Urt. v. 26.01.2007 – 11 U 254/05; ZIP 2007, 1008; zur Beurkundungspflicht von Finanzierungszusagen *Herrmann*, GmbHR 2009, 625). Angebot und Annahme können dabei aber getrennt beurkundet werden (§§ 128, 152 BGB). Auch **spätere Änderungen** oder Zusätze unterliegen dem Formzwang, wenn sie einen eigenen Regelungsgehalt haben, also über eine bloß redaktionelle Klarstellung hinausgehen (BGH, Urt. v. 08.05.2000 – II ZR 144-98; DStR 2000, 1272). Dies gilt allerdings nur für das Verfügungsgeschäft, nicht dagegen auch für das Verpflichtungsgeschäft; dessen nachträgliche Änderung ist formfrei, sofern die Abtretung bereits wirksam vollzogen wurde. Der Grund hierfür liegt darin, dass das Verpflichtungsgeschäft bereits durch die formgültige Abtretung geheilt wurde (Michalski/*Ebbing* § 15 Rn. 92).

Formbedürftig werden auch an sich **formfreie Abreden**, wenn sie mit den dem Beurkundungszwang unterliegenden Vereinbarungen derart **zusammenhängen**, dass sie ohne diese nicht getroffen worden wären (BGH, Urt. v. 14.04.1986 – II ZR 155/85; DB 1986, 1513; OLG München Entsch. v. 07.12.1994 – 7 U 4659/94; WM 1995, 671). Hierzu zählen aber nicht Maklerverträge über die Vermittlung von Geschäftsanteilen, die eine Vergütung auch im Fall des Nichtzustandekommens eines solchen Geschäfts vorsehen (BGH, Beschl. v. 27.02.1997 – III ZR 75/96; GmbHR 1997, 605). Ebensowenig unterliegen Abreden, aus denen sich die Verpflichtung zur Übertragung eines Geschäftsanteils von Gesetzes wegen oder nur mittelbar (z. B. Auftrag zum Erwerb eines Geschäftsanteils) ergibt, dem Formerfordernis (OLG Rostock, Urt. v. 01.10.1997 – 6 U 521/96; GmbHR 1998, 641). Schließlich gilt die Beurkundungspflicht nur für Verträge, **nicht** dagegen auch für **einseitige Rechtsgeschäfte**, wie z. B. Auslobung (§ 657 BGB) oder das Vermächtnis (§ 2174 BGB) (Baumbach/Hueck/*Fastrich* § 15 Rn. 31; Michalski/*Ebbing* § 15 Rn. 57).

18

b) Verpflichtung zur Abnahme, Übertragung eines Anspruchs, Gesamtrechtsnachfolge

Obwohl die **Verpflichtung zur Abnahme** eines Geschäftsanteils vom Wortlaut des Abs. 4 nicht erfasst wird, ist auch sie formbedürftig (OLG München, Urt. v. 20.03.1996 – 7 U 5523/95; GmbHR 1996, 608). Gleiches gilt für die **Übertragung eines Anspruchs auf Abtretung** eines Geschäftsanteils (BGH, Urt. v. 05.11.1979 – II ZR 83/79; NJW 1980, 1100; Baumbach/Hueck/*Fastrich* § 15 Rn. 26; Lutter/Hommelhoff/*Bayer* GmbHG, § 15 Rn. 30; *Roth/Altmeppen* § 15 Rn. 76; a. A. Scholz/*Winter* GmbHG, § 15 Rn. 45). Das Formerfordernis erstreckt sich nur auf die rechtsgeschäftliche Einzelrechtsnachfolge, nicht dagegen auf den Erwerb des Geschäftsanteils im Wege der **Gesamtrechtsnachfolge** (z. B. Erbschaft, Verschmelzung). In derartigen Fällen tritt der Erwerb kraft Gesetzes zum Zeitpunkt der Gesamtrechtsnachfolge ein; eines dem Formerfordernis entsprechenden »bestätigenden« Abtretungsvertrages bedarf es nicht.

19

c) Vollmacht zur Abtretung

Die **Vollmacht** zur Abtretung unterliegt gem. § 167 Abs. 2 BGB nicht dem Formerfordernis (BGH, Beschl. v. 27.02.1997 – II ZR 75/96; GmbHR 1997, 606); dies gilt auch dann, wenn sie unwiderruflich erteilt wurde oder eine Befreiung von den Beschränkungen des § 181 BGB vorsieht (Baumbach/Hueck/*Fastrich* § 15 Rn. 23). Formfrei ist nach § 182 Abs. 2 BGB auch die **Genehmigung** eines von einem vollmachtlosen Vertreter abgeschlossenen Verpflichtungs- oder Abtretungsvertrages (§ 177 Abs. 1 BGB) oder einer von einem Nichtberechtigten vorgenommenen Abtretung (§ 185 Abs. 2 BGB) (BGH, Urt. v. 23.11.1988 – VIII ZR 262/87; GmbHR 1989, 196). Gleiches gilt für die schuldrechtlich übernommene Verpflichtung, einen durch einen Vertreter ohne Vertretungsmacht abgeschlossenen Kaufvertrag über einen Geschäftsanteil zu genehmigen (BGH, Urt. v. 25.09.1996 – VIII ZR 172/95; ZIP 1996, 1902).

20

3. Rechtsfolge bei Formverstoß

a) Nichtigkeit von Abtretung und Verpflichtungsgeschäft

Eine nicht formgerechte Abtretung des Geschäftsanteils ist nichtig. Nur in ganz besonderen Ausnahmefällen kann der formnichtige Abtretungsvertrag nachträglich wirksam werden, wenn Umstände vorliegen, die es nach Treu und Glauben als untragbar erscheinen lassen, dem gewollten und nachträglich vollzogenen Gesellschafterwechsel die Anerkennung zu versagen (BGH Entsch. v. 07.06.1995 – VIII ZR 125/94; ZIP 1995, 1090; OLG München, Urt. v. 20.03.1996 – 7 U 5523/95; GmbHR 1996, 607). Auch das nicht beurkundete Verpflichtungsgeschäft ist grundsätzlich nichtig.

21

b) Heilung

Ein Formmangel der schuldrechtlichen Verpflichtung zur Übertragung eines Geschäftsanteils wird allerdings **durch eine formgerechte Abtretung** geheilt (Abs. 4 Satz 2). Die Abtretung muss dabei jedoch auch im Übrigen wirksam sein, d. h. weitere im Gesellschaftsvertrag vorgesehene Voraussetzungen

22

(Abs. 5) müssen erfüllt sein. Erfolgt die Abtretung unter einer aufschiebenden Bedingung, so tritt die Heilung erst ein, wenn die Bedingung erfüllt ist oder auf sie wirksam verzichtet wurde (BGH, Urt. v. 25.03.1998 – VIII ZR 185/96; ZIP 1998, 911; Urt. v. 23.11.1988 – VIII Zr 262/87; GmbHR 1989, 195; a. A. *Moll* MDR 1998, 1042). Weitere Voraussetzung für eine Heilung ist, dass die **Willensübereinstimmung der Vertragsparteien** über den Inhalt des (zu heilenden) Verpflichtungsgeschäftes auch noch zum Zeitpunkt des Abschlusses des Verfügungsgeschäftes (nicht dagegen bei dessen Wirksamkeit) besteht (BGHZ 127, 135; OLG Hamburg, Urt. v. 26.01.2007 – 11 U 254/05; ZIP 2007, 1008; OLG München, Urt. v. 20.03.1996 – 7 U 5523/95; GmbHR 1996, 609; *Pohlmann* GmbHR 1995, 413). Die formgerechte Abtretung heilt zudem nur denjenigen formnichtigen Verpflichtungsvertrag, in dessen Erfüllung sie erfolgt (BGH, Urt. v. 27.06.2001 – VIII ZR 329/99; NJW 2002, 143). Daraus folgt, dass ein Abtretungsvertrag, der mit anderen Personen auf Erwerberseite und/oder zu anderen schuldrechtlichen Bedingungen geschlossen wird, das formnichtige Verpflichtungsgeschäft nicht zu heilen vermag (BGH, Urt. v. 27.06.2001 – VIII ZR 329/99; NJW 2002, 143; OLG Hamburg, Urt. v. 26.01.2007 – 11 U 254/05; ZIP 2007, 1010). Die Heilungswirkung erstreckt sich auch auf die nur in dem Verpflichtungsgeschäft enthaltenen Nebenabreden (BGH, Urt. v. 19.01.1987 – II ZR 81/86; NJW-RR 1987, 807; OLG Hamburg, Urt. v. 26.01.2007 – 11 U 254/05; ZIP 2007, 1010). Widerspricht allerdings der formgültige Abtretungsvertrag inhaltlich dem formunwirksamen Verpflichtungsgeschäft in Bezug auf eine Nebenabrede, kommt eine Heilung für den widersprechenden Teil nicht in Betracht (OLG Hamburg, Urt. v. 26.01.2007 – 11 U 254/05; ZIP 2007, 1008).

23 Die formgültige und wirksame Abtretung heilt nur den Formmangel des Verpflichtungsgeschäftes, nicht dagegen auch andere materielle Nichtigkeitsgründe. Denkbar ist aber, dass das Verpflichtungsgeschäft durch den Abschluss des Abtretungsvertrages konkludent bestätigt wird, § 141 BGB (Scholz/*Winter* GmbHG, § 15 Rn. 77). Die Heilung wirkt nicht zurück, sondern erst vom Zeitpunkt der Wirksamkeit der formgerechten Abtretung (**ex nunc**). Die Vertragsparteien sind allerdings im Zweifel verpflichtet, sich einander so zu stellen, wie wenn der Vertrag von Anfang an gültig gewesen wäre, § 141 Abs. 2 BGB analog (Baumbach/Hueck/*Fastrich* § 15 Rn. 36; Scholz/*Winter* GmbHG, § 15 Rn. 78).

II. Formzwang bei anderen Verfügungen

1. Bestellung eines Pfandrechts

24 Der Beurkundungszwang beschränkt sich nicht nur auf die Abtretung von Geschäftsanteilen, sondern erfasst auch andere Verfügungen. Für einen Vertrag über die Bestellung eines Pfandrechts an einem Geschäftsanteil folgt er aus § 1274 Abs. 1 BGB, wonach die Pfandrechtsbestellung an einem Geschäftsanteil der gleichen Form bedarf wie die Übertragung eines Geschäftsanteils. Dagegen soll die schuldrechtliche Verpflichtung zur Bestellung eines Pfandrechts formfrei sein (Scholz/*Winter* GmbHG, § 15 Rn. 156; a. A. MüKo BGB/*Damrau* § 1274 Rn. 56). Begründet wird dies formal damit, dass § 1274 BGB nur die dingliche Bestellung des Pfandrechts behandelt und die Verweisung sich demgemäß nur auf die Vorschriften über die dingliche Übertragung des von dem Pfandrecht erfassten Rechts bezieht, also nur auf Abs. 3 und nicht auch auf Abs. 4. Dieses Ergebnis ist nicht unbedenklich, weil es dem Regelungszweck des § 15 GmbHG widerspricht, nicht nur den dinglichen Verfügungsakt, sondern auch schon die schulrechtliche Verpflichtung hierzu einem Formzwang zu unterwerfen. Aus der offensichtlichen Verknüpfung des Abs. 3 und Abs. 4 über einen gemeinsamen Regelungszweck könnte man daher ebenso gut folgern, dass beide die »für die Übertragung des Rechts geltenden Vorschriften« i. S. d. § 1274 Abs. 1 BGB sind. Dieser Schluss wird teilweise schon gezogen, denn die schuldrechtliche Verpflichtung soll dann formbedürftig sein, wenn bei der dinglichen Bestellung des Pfandrechts hierauf ausdrücklich Bezug genommen und so eine Einheit zwischen den beiden Rechtsgeschäften hergestellt wird (*Sieger/Hasselbach* GmbHR 1999, 633). Besonders relevant dürfte dieser Fall allerdings nicht sein, da die formgerechte Bestellung des Pfandrechts eine vorausgegangene formlose Verpfändungsverpflichtung ohnehin heilen würde. Keinem Formerfordernis unterliegen die bloße Sicherungsabrede ohne Verpfändungsverpflichtung und der Übergang des Pfandrechts durch Übertragung der gesicherten Forderung (§ 1250 Abs. 1 BGB).

2. Bestellung eines Nießbrauchs, Einräumung einer Unterbeteiligung

Da § 1069 Abs. 1 BGB dem § 1274 Abs. 1 BGB inhaltlich entspricht, gelten die für das Pfandrecht gemachten Ausführungen für die Bestellung eines **Nießbrauchs** an einem Geschäftsanteil sinngemäß. Die Einräumung einer **Unterbeteiligung** an einem Geschäftsanteil (näher hierzu *Blaurock/Berninger* GmbHR 1990, 11) ist formfrei (OLG Frankfurt am Main, Urt. v. 08.08.1985 – 15 U 233/83; GmbHR 1987, 57). 25

3. Treuhänderische Beteiligung

Die treuhänderische Beteiligung an einer GmbH stellt ein in der Praxis gängiges Gestaltungsmittel dar, um einen Nichtgesellschafter in wirtschaftlicher Hinsicht einem Gesellschafter gleichzustellen, ohne ihn materiell zum Gesellschafter machen zu müssen (näher zu den Motiven der Treuhand *Armbrüster* GmbHR 2001, 941). Obwohl es sich bei der Vereinbarung der Treuhand nicht um eine Verfügung über den Geschäftsanteil handelt, kann auch sie der notariellen Beurkundung bedürfen. 26

Allgemein wird bei der Beantwortung der Frage, inwieweit ein Treuhandvertrag dem Formerfordernis unterliegt, nach der Art der Treuhand differenziert (*Armbrüster* GmbHR 2001, 941; *Schulz* GmbHR 2001, 282): Verpflichtet sich ein Gesellschafter, seinen Geschäftsanteil künftig für einen Treugeber zu halten (sog. **Vereinbarungstreuhand**), bedarf diese Vereinbarung der notariellen Beurkundung, es denn die Treuhandvereinbarung bezieht sich auf einen Geschäftsanteil, der noch nicht vorhanden ist und dessen Entstehen noch nicht in die Wege geleitet ist (BGH, Beschl. v. 10.05.2006 – II ZR 109/04; GmbHR 2006, 875; Urt. v. 19.04.1999 – II ZR 365/97; GmbHR 1999, 707; BSG, Urt. v. 25.01.2006 – B 12 KR 30/04 R; GmbHR 2006, 645; BFH, Urt. v. 25.04.2006 – X R 57/04; GmbHR 2006, 997; OLG Frankfurt am Main, Urt. v. 25.01.2005 – 11 U 8/04; GmbHR 2005, 766; Urt. v. 27.11.1991 – 21 W 35/91; GmbHR 1992, 369; OLG Celle, Urt. v. 17.01.2001 – 9 U 151/00; NZG 2001, 368). Formfrei ist eine Vereinbarungstreuhand mithin nur dann, wenn sie vor Beurkundung des Gesellschaftsvertrages (nicht dagegen nach Gründung, aber vor Eintragung der Gesellschaft) vereinbart wird. Eine Vereinbarung, wonach der Treuhänder den Geschäftsanteil nicht vom Treugeber, sondern in dessen Auftrag von einem Dritten erwirbt (sog. **Erwerbstreuhand**), ist dagegen **formfrei** (BGH, Urt. v. 19.04.1999 – II ZR 365/97; GmbHR 1999, 707; *Armbrüster* GmbHR 2001, 941; a. A. *Schulz* GmbHR 2001, 286; *Kallmeyer* GmbHR 2006, 67). Ob eine Vereinbarung, wonach der Treugeber den bislang von ihm selbst gehaltenen Geschäftsanteil auf den Treuhänder überträgt (die Übertragung selbst ist natürlich formbedürftig) und dieser sich zugleich verpflichtet, den Geschäftsanteil zwar im eigenen Namen, aber für Rechnung des Treugebers zu halten (sog. **Übertragungstreuhand**), formbedürftig ist, ist streitig (verneinend: Baumbach/Hueck/*Fastrich* § 15 Rn. 56; *Armbrüster* GmbHR 2001, 941; bejahend: Michalski/*Ebbing* § 15 Rn. 209; Lutter/Hommelhoff/*Bayer* GmbHG, § 15 Rn. 92). 27

4. Geschäftsanteil haltende Gesellschaft bürgerlichen Rechts

Hält eine Gesellschaft bürgerlichen Rechts (GbR) einen Geschäftsanteil, so ist die Übertragung des Gesellschaftsanteils an der GbR grundsätzlich **nicht** nach Abs. 3 **formbedürftig** (Ulmer/*Winter/Löbbe* GmbHG, § 15 Rn. 53). Nach verbreiteter Auffassung in der Literatur (Nachweise bei BGH, Urt. v. 10.03.2008 – II ZR 312/06; ZIP 2008, 876) soll dies aber dann nicht gelten, wenn sich der Zweck der GbR auf das Halten und Verwalten von GmbH-Geschäftsanteilen beschränkt; in einem solchen Fall sei ohne Weiteres von einem Umgehungstatbestand auszugehen. Dieser Auffassung ist der BGH (Urt. v. 10.03.2008 – II ZR 312/06; ZIP 2008, 876 = GmbHR 2008, 589) nicht gefolgt: Die Übertragung eines Gesellschaftsanteils an einer GbR bedarf nach Ansicht des BGH nicht schon deswegen einer Beurkundung, weil das Gesellschaftsvermögen der GbR nur aus einem GmbH-Geschäftsanteil besteht. Der BGH begründet seine Auffassung damit, dass in einem solchen Fall die beiden Zwecke der Beurkundung (Erschwerung des Handels mit GmbH-Geschäftsanteilen und Beweiszweck; s. o. Rdn. 14) nicht berührt seien (ebenso schon die Vorinstanz OLG Frankfurt am Main, Urt. v. 04.10.2006 – 4 U 32/06; ZIP 2007, 2168). Dient die Errichtung der GbR allerdings dazu, die Formvorschrift des Abs. 3 unter Ausnutzung der personengesellschaftsrechtlichen Gestaltungsmög- 28 lichkeiten zu umgehen, führt dies auch nach Auffassung des BGH zu einer Beurkundungspflicht. Für den Fall der Errichtung einer der Mitarbeiterbeteiligung dienenden GbR, mittels derer die Mitarbeiter durch eine mittelbare Beteiligung am Gewinn der GmbH in ihrer Leistungsbereitschaft motiviert werden sollten, hat der BGH einen Umgehungstatbestand verneint, weil die Errichtung der GbR einem legitimen Ziel diene (Beschl. v. 22.03.2007 – IX ZB 8/95; ZIP 2008, 876).

III. Formwirksamkeit und Auslandsbeurkundung

29 Bei der Übertragung von Geschäftsanteilen mit erheblichem Wert stellt sich unter Kostengesichtspunkten in der Praxis häufig die Frage, ob auch eine Beurkundung im Ausland – vornehmlich in der Schweiz – dem Formerfordernis des Abs. 4 entspricht. Die Rechtsprechung lässt zumindest für den Fall der Übertragung von Geschäftsanteilen eine Beurkundung auch außerhalb des deutschen Rechtsraumes zu, wenn das betreffende Ortsrecht ein entsprechendes Rechtsgeschäft kennt und das ausländische Beurkundungsverfahren dem deutschen **gleichwertig** ist (näher *Ulrich* GmbHR 2007, 566; *Janßen/Robertz* GmbHR 2003, 433; vgl. zur Wirksamkeit der Auslandsbeurkundung auch ausführl. § 2 Rdn. 21 ff.). Eine solche Gleichwertigkeit liegt vor, wenn der beurkundende Notar eine nach Ausbildung und Stellung im Rechtsleben einem deutschen Notar vergleichbare Funktion ausübt und für die Errichtung der Urkunde ein Verfahrensrecht zu beachten hat, das den tragenden Grundsätzen des deutschen Beurkundungsrechts entspricht (BGH, Beschl. v. 16.02.1981 – II ZB 8/80; GmbHR 1981, 238; OLG Frankfurt am Main, Urt. v. 25.01.2005 – 11 U 8/04; GmbHR 2005, 766).

30 Die Gleichwertigkeit wurde für Beurkundungen in **Zürich** (BGH, Beschl. v. 16.02.1981 – II ZB 8/80; GmbHR 1981, 238; LG Köln, Beschl. v. 13.10.1989 – 87 T 20/89; GmbHR 1990, 171 für Verschmelzungsvertrag), in **Basel** (OLG Frankfurt am Main, Urt. v. 25.01.2005 – 11 U 8/04; GmbHR 2005, 766; OLG München v. 19.11.1997 – 7 U 2511/97; GmbHR 1998, 46), für Beurkundungen generell durch **Schweizer Notare** (BGH, Beschl. v. 03.07.1989 – II ZB 1/89; GmbHR 1990, 28; a. A. *Pilger* BB 2005, 1285; dagegen wiederum *Weller* BB 2005, 1807; zur Auswirkung der Schweizer GmbH-Reform 2007 auf die Beurkundung in der Schweiz *Schlößer* GmbHR 2007, 301; *Trendelburg* GmbHR 2008, 644), in **Österreich** (LG Kiel, Beschl. v. 25.04.1997 – 3 T 143/97; BB 1998, 120 für Verschmelzungsvertrag), in den **Niederlanden** (OLG Düsseldorf, Beschl. v. 29.03.1989 – I BGs 101/89; NJW 1989, 2200 für Kapitalerhöhungsbeschluss), **nicht** dagegen in den **USA** (OLG Stuttgart, Urt. v. 17.05.2000 – 20 U 68/99; GmbHR 2000, 724) bejaht. Auch für **Dänemark** wird die Gleichwertigkeit verneint (*Ulrich* GmbHR 2007, 569). Ob daneben auch die bloße Einhaltung der nach dem jeweiligen Ortsrecht geltenden Wirksamkeitsvoraussetzungen genügt, auch wenn dieses die freie Übertragbarkeit eines Anteils an einer der GmbH vergleichbaren Gesellschaft vorsieht, ist zweifelhaft (bejahend: BayObLG, Beschl. v. 18.10.1977 – BReg. 3 Z 68/76; DB 1977, 2320; *Michalski/Ebbing* § 15 Rn. 97; wohl auch OLG Stuttgart, Urt. v. 17.05.2000 – 20 U 68/99; GmbHR 2000, 721; OLG München v. 19.11.1997 – 7 U 2511/97; GmbHR 1998, 46; OLG Frankfurt am Main, Beschl. v. 10.04.1981 – 20 W 460/80; DB 1981, 1456; verneinend: *Lutter/Hommelhoff/Bayer* GmbHG, § 15 Rn. 28; vgl. zur Formwirksamkeit der Auslandsbeurkundung eines Gesellschaftsvertrags außerdem ausführl. § 2 Rdn. 21 ff.).

31 Die Frage der Gleichwertigkeit einer Auslandsbeurkundung hat durch das am 01.11.2008 in Kraft getretene Gesetz zur Modernisierung des GmbH-Rechts und zur Bekämpfung von Missbräuchen (**MoMiG**) **neuen Diskussionsstoff** erhalten. Die zum Handelsregister einzureichende Gesellschafterliste setzt – anders als nach bisherigem Recht – nunmehr einen Rechtsscheintatbestand, der zu dem Verlust der Inhaberschaft an dem Geschäftsanteil führen kann. Da § 40 Abs. 2 die Verpflichtung des Notars zur Einreichung der **Gesellschafterliste** und zur Abgabe der Bescheinigung, dass die vorgenommenen Veränderungen und die übrigen unveränderten Eintragungen dem Inhalt der zuletzt zum Handelsregister eingereichten Liste übereinstimmen, als öffentlich-rechtliche Pflicht kraft Amtes ausgestaltet und ein ausländischer Notar mithin nicht zur Einreichung und zur Bescheinigung verpflichtet ist, stellt sich die Frage, ob die gesteigerte Bedeutung der Gesellschafterliste und damit des Beitrags des Notars der Gleichwertigkeit einer Auslandsbeurkundung entgegensteht (näher hierzu

Bohrer DStR 2007, 995, *Berger/Kleissl* DB 2008, 2235). Die nach dem Inkrafttreten des MoMiG ergangenen Gerichtsentscheidungen haben die eingetretene Unklarheit nur noch vergrößert: Für einen Baseler Notar hat das LG Frankfurt am Main (Urt. v. 07.10.2009 – 3/13 O 46/09; NJW 2010, 683 = GmbHR 2010, 96) die Befugnis zur Einreichung einer Gesellschafterliste zum Handelsregister und damit die Gleichwertigkeit der Beurkundung wegen des Fehlens von Amtsbefugnissen in Deutschland in Zweifel gezogen (hierzu *Hasselmann* ZIP 2010, 2486). Hiergegen hat sich das OLG Düsseldorf (Beschl. v. 02.03.2011 – I-3 Wx 236/10: GmbHR 2011, 417 = ZIP 2011, 564) gewandt und eine solche Befugnis für einen in Basel residierenden Schweizer Notar und damit im Ergebnis auch die Gleichwertigkeit der Beurkundung »jedenfalls im Kanton Basel« ausdrücklich bejaht. Dieser Auffassung wiederum ist das OLG München (Beschl. v. 06.02.2013 – 31 Wx 8/13; GmbHR 2013, 269) entgegengetreten, indem es die Befugnis eines Baseler Notars zur Einreichung der Gesellschafterliste verneint hat. Der BGH ist der Auffassung des OLG München im Rechtsbeschwerdeverfahren ausdrücklich nicht gefolgt (Beschl. v. 17.12.2013 – II ZB 6/13; GmbHR 2014, 248 = NJW 2014, 2026 = ZIP 2014, 317). Er hat klargestellt, dass auch nach dem Inkrafttreten des MoMiG eine nach dem GmbHG erforderliche Beurkundung durch einen ausländischen Notar vorgenommen werden könne, sofern die ausländische Beurkundung der deutschen gleichwertig sei. In einem solchen Fall sei ein im Ausland ansässiger Notar auch zur Einreichung der Gesellschafterliste über eine Veränderung, an der er mitgewirkt hat, berechtigt. Da das Registergericht lediglich ein begrenztes inhaltliches Prüfungsrecht habe, dürfe es eine solche Gesellschafterliste auch nur dann zurückweisen, wenn ohne Weiteres feststeht, dass die ausländische Beurkundung nicht gleichwertig ist. Das sei bei einer Beurkundung eines Notars mit Sitz in Basel nicht der Fall. Auch wenn der Beschluss des BGH darauf hindeutet, dass der BGH auch nach Inkrafttreten des MoMiG an seiner bisherigen Linie zur Zulässigkeit einer Auslandsbeurkundung festhält, darf nicht übersehen werden, dass die Entscheidung nur das Registerverfahrensrecht betrifft und keine verbindliche Aussage zu der materiellen Wirksamkeit einer Beurkundug in Basel enthält. Ein Rest an Unsicherheit verbleibt also auch nach der Entscheidung des BGH (näher hierzu *Bayer* GmbHR 2013, 897; *Herrler*, GmbHR 2014, 225.

E. Beschränkungen im Gesellschaftsvertrag (Abs. 5)

I. Zustimmungserfordernis

Der Gesellschaftsvertrag kann die Abtretung der Geschäftsanteile an weitere Voraussetzungen knüpfen oder die Übertragbarkeit auch ganz ausschließen. Die in Abs. 5 besonders hervorgehobene Beschränkung in Form eines Zustimmungserfordernisses ist in der Praxis häufig (s. zu den Möglichkeiten der Vertragsgestaltung *Reichert* GmbHR 2012, 713). Derartige **Vinkulierungsklauseln** können vorsehen, dass die Abtretung des Geschäftsanteils der Zustimmung der »Gesellschaft«, der »Gesellschafter«, der »Gesellschafterversammlung« (BGH, Urt. v. 20.02.1989 – II ZR 148/88; GmbHR 1989, 327; BayObLG, Beschl. v. 18.03.1991 – BReg. 3 Z 69/90; GmbHR 1991, 573) oder – soweit vorhanden – eines anderen Organs (Aufsichtsrat, Beirat) oder nach h. M. sogar eines gesellschaftsfremden Dritten (Baumbach/Hueck/*Fastrich* § 15 Rn. 39; Michalski/*Ebbing* § 15 Rn. 152; a. A. Scholz/*Winter* § 15 Rn. 91) bedarf. Soll eine Vinkulierungsklausel **nachträglich** in den Gesellschaftsvertrag aufgenommen werden, bedarf ein entsprechender Beschluss der Zustimmung sämtlicher Gesellschafter (weil alle Gesellschafter davon betroffen sind); soll die Vinkulierung nicht alle, sondern nur einen oder mehrere bestimmte Geschäftsanteile betreffen, bedarf der Beschluss der satzungsändernden Mehrheit und zusätzlich der Zustimmung der betroffenen Gesellschafter (OLG München, Urt. v. 23.01.2008 – 7 U 3291/07; GmbHR 2008, 542; OLG Dresden, Beschl. v. 10.05.2004 – 2 U 86/04; GmbHR 2004, 1080; hierzu *Frenzel* GmbHR 2008, 983). Dies ergibt sich bereits aus § 53 Abs. 3.

32

Bestimmt der Gesellschaftsvertrag, dass die Verfügung über einen Geschäftsanteil der »**Zustimmung der Gesellschaft**« bedarf, so sind der oder die Geschäftsführer (bzw. Liquidator) in vertretungsberechtigter Anzahl und nicht die Gesellschafterversammlung für die Erteilung der Zustimmung zuständig (BGH, Urt. v. 14.03.1988 – II ZR 211/87; GmbHR 1988, 260; OLG Oldenburg, Urt. v. 11.10.2007 – 1 U 17/07; GmbHR 2008, 259, das allerdings »ausnahmsweise« einen einstimmigen Gesellschafterbeschluss genügen lässt, wenn die Abtretungen nur das Verhältnis der Personen

33

betreffen, die an dem einstimmigen Gesellschafterbeschluss beteiligt waren; die Zuständigkeit dagegen offengelassen: OLG Hamburg, Beschl. v. 05.06.1992 – 11 W 30/92; GmbHR 1992, 609); § 181 BGB findet dabei Anwendung. Falls der Gesellschaftsvertrag dem Geschäftsführer nicht ausdrücklich die alleinige Entscheidungsbefugnis zuweist, ist der Geschäftsführer aber im Innenverhältnis verpflichtet, die Zustimmung der Gesellschafterversammlung einzuholen (OLG Hamburg, Beschl. v. 05.06.1992 – II W 30/92; GmbHR 1992, 609). Unterbleibt dies, ist die Zustimmung – abgesehen von den Fällen des Missbrauchs der Vertretungsmacht – dennoch wirksam. Bestimmt der Gesellschaftsvertrag, dass die »**Zustimmung der Gesellschafter**« erforderlich ist, bedarf es der Auslegung, ob damit jeder einzelne Gesellschafter oder die Gesamtheit der Gesellschafter als Beschlussorgan (Gesellschafterversammlung) gemeint ist. Gibt der Gesellschaftsvertrag keine weiteren Anhaltspunkte, soll im Zweifel Letzteres anzunehmen sein (Scholz/*Winter* GmbHG, § 15 Rn. 93). Sieht der Gesellschaftsvertrag nichts anderes vor, bedarf der Beschluss der Gesellschafterversammlung der einfachen Mehrheit; der an dem Veräußerungsgeschäft beteiligte Gesellschafter darf mitstimmen (BayObLG, Beschl. v. 07.11.1991 – BReg. 3 Z 120/91; BB 1992, 226; Beschl. v. 18.03.1991 – BReg. 3 Z 69/90; GmbHR 1991, 573).

34   Eine im **Widerspruch zur Vinkulierung stehende Treuhandabrede** hat nach Auffassung des OLG Köln (Urt. v. 26.03.2008 – 18 U 7/07; ZIP 2008, 1683) zur Folge, dass in der Gesellschafterversammlung weder der Treugeber noch der Treuhänder das aus dem vinkulierten Geschäftsanteil folgende Stimmrecht ausüben können. Der Ausschluss des Treuhänders ergäbe sich aus seiner fortbestehenden Treuepflicht gegenüber der Gesellschaft; diese Treuepflicht werde verletzt, wenn er sich bei seinem Stimmverhalten von dem Treugeber beeinflussen lasse, sodass dieser mittelbar Einfluss auf die Entscheidungen in der Gesellschaft erhalte. Dies solle durch die Vinkulierung gerade ausgeschlossen werden. Die Entscheidung ist zur AG ergangen, aber auf die GmbH übertragbar.

II. Erteilung der Zustimmung

35   Enthält der Gesellschaftsvertrag keine besondere Regelung zu den Versagungsgründen, steht die Entscheidung über die Erteilung der Zustimmung grundsätzlich im **Ermessen** der hierzu Berechtigten (Baumbach/Hueck/*Fastrich* § 15 Rn. 46). Dieses findet allerdings seine Grenzen in der gesellschaftlichen Treuepflicht, die es untersagt, die Genehmigung grundlos, willkürlich, aus sachfremden Gründen oder unter Verstoß gegen den Gleichbehandlungsgrundsatz zu verweigern (Scholz/*Winter* GmbHG, § 15 Rn. 94). Der veräußerungswillige Gesellschafter hat in einem solchen Fall einen **Anspruch auf Erteilung der Zustimmung** (OLG Hamm, Urt. v. 06.04.2000 – 27 U 87/99; NJW-RR 2001, 111; OLG Koblenz, Urt. v. 12.01.1989 – U 1053/87; DB 1989, 672; vgl. auch KG, Urt. v. 02.01.2001 – 14 U 2955/99; NZG 2001, 508 sowie BGH, Beschl. v. 10.05.2006 – II ZR 209/04; GmbHR 2006, 875 zur Unbeachtlichkeit einer ablehnenden Stimmabgabe). Die Zustimmung ist, sofern der Gesellschaftsvertrag nichts Abweichendes regelt, **formfrei**, kann also auch durch schlüssiges Verhalten erteilt werden (BayObLG, Beschl. v. 18.03.1991 – BReg. 3 Z 68/90; GmbHR 1991, 573; OLG Hamm, Urt. v. 23.05.1997 – 19 U 150/96; GmbHR 1997, 951), etwa dadurch, dass der Erwerber unzweideutig als Gesellschafter behandelt wird. Ob auch die Eintragung in die Gesellschafterliste reicht, ist streitig (bejahend: Baumbach/Hueck/*Fastrich* § 15 Rn. 45; verneinend: Scholz/*Winter* GmbHG, § 15 Rn. 98). Die Zustimmung kann **vor, bei** und **nach** Abschluss des Abtretungsvertrages erteilt werden (BayObLG, Beschl. v. 18.03.1991 – BReg. 3 Z 68/90; GmbHR 1991, 573), selbst wenn der Gesellschaftsvertrag die vorherige Zustimmung erfordert (BGH, Urt. v. 08.04.1965 – II ZR 77/63; GmbHR 1965, 155; OLG Celle, Urt. v. 08.07.1998 – 9 U 233/97; GmbHR 1999, 131). Die einmal erteilte Zustimmung ist unwiderruflich (Baumbach/Hueck/*Fastrich* § 15 Rn. 47; Michalski/*Ebbing* § 15 Rn. 156). Eine nachträglich erteilte Zustimmung (Genehmigung) wirkt auf den Zeitpunkt des Abschlusses des Abtretungsvertrages zurück (§ 184 Abs. 1 BGB). Bis zur Erteilung der Zustimmung ist der Abtretungsvertrag schwebend, mit Verweigerung der Zustimmung endgültig unwirksam, selbst wenn die Zustimmung zu einem späteren Zeitpunkt dann doch noch erteilt wird (KG, Urt. v. 04.12.1997 – 2 U 8874/96; GmbHR 1998, 641; zur Beweislast BGH, Beschl. v. 10.05.2006 – II ZR 209/04; GmbHR 2006, 875). Erfolgt die Zustimmung nicht innerhalb einer **angemessenen Zeit**, soll sie als verweigert

gelten (KG, Urt. v. 04.12.1997 – 2 U 8874/96; GmbHR 1998, 641; a. A. *Roth/Altmeppen* § 15 Rn. 99). Die Zustimmung zu einem Treuhandvertrag über einen GmbH-Geschäftsanteil kann auch **konkludent** dadurch erteilt werden, dass die Gesellschafter den Treugeber dieser Funktion entsprechend behandeln (BGH, Beschl. v. 10.05.2006 – II ZR 109/04; GmbHR 2006, 875).

III. Einmanngesellschaft

Bei der Einmanngesellschaft haben satzungsmäßige Erschwerungen der Abtretbarkeit von Geschäftsanteilen **keine Wirkung** (BGH, Urt. v. 15.04.1991 – II ZR 209/90; GmbHR 1991, 311; OLG Hamburg, Beschl. v. 20.07.2005 – 11 W 3/05; GmbHR 2005, 1491). Der alleinige Gesellschafter kann sich über solche Bestimmungen ohne Weiteres hinwegsetzen, weil keine fremden Interessen betroffen sind (BGH, Urt. v. 15.04.1991 – ZR 209/90; GmbHR 1991, 311). Gleiches gilt, wenn in einer zweigliedrigen Gesellschaft der eine Gesellschafter einen Geschäftsanteil (nicht notwendigerweise alle) an den anderen veräußert (OLG Hamm, Urt. v. 17.11.1998 – 27 U 160/98; NZG 1999, 600; *Roth/Altmeppen* § 15 Rn. 93; Baumbauch/Hueck/*Fastrich* § 15 Rn. 39).

36

IV. Sonstige Verfügungen, Gesamtrechtsnachfolge

Die für die Abtretung von Geschäftsanteilen vorgesehenen Beschränkungen im Gesellschaftsvertrag gelten in aller Regel auch ohne ausdrückliche Erwähnung für **andere Verfügungen**, für die Begründung eines Treuhandverhältnisses an dem Geschäftsanteil (OLG Hamburg, Beschl. v. 30.04.1993 – 11 W 13/93; GmbHR 1993, 507; a. A. *Tebben* GmbHR 2007, 65) sowie für die Übertragung der Treugeberrechte im Ganzen (Scholz/*Winter* GmbHG, § 15 Rn. 16), nicht dagegen für die schuldrechtliche Einräumung einer Unterbeteiligung (OLG Frankfurt am Main, Urt. v. 07.09.1991 – 11 U 21/91; GmbHR 1992, 668; 1987, 57). Dass der statuarische Ausschluss der Abtretbarkeit auch die Verpfändung und die Bestellung eines Nießbrauchrechts erfasst, ergibt sich bereits aus §§ 1274 Abs. 2, 1069 Abs. 2 BGB. Ob auch der Abschluss eines Stimmbindungsvertrages (als Umgehungsgeschäft) noch von einer Vinkulierungsklausel erfasst wird, ist umstritten (bejahend: *Lutter/Grunewald* AG 1999, 109; Michalski/*Römermann* § 15 Rn. 164; verneinend: Baumbach/Hueck/*Zöllner* § 47 Rn. 113). Fraglich kann die Anwendbarkeit der Vinkulierungsklausel schließlich dann werden, wenn die geschützte Gesellschaft von einer Holdinggesellschaft gehalten wird und – nicht vinkulierte – Anteile an der Muttergesellschaft übertragen werden sollen. Teilweise wird hierin bereits dann ein **Umgehungsgeschäft** gesehen, wenn das Vermögen der Muttergesellschaft nur in der Beteiligung an der geschützten GmbH besteht (näher *Lutter/Grunewald* AG 1989, 409; *Kowalski* GmbHR 1992, 347). Dies erscheint zu streng. In derartigen Fällen wird man zunächst die Vinkulierungsklausel auszulegen haben, um festzustellen, ob die Gesellschafter auch den Fall der Veräußerung der Anteile an der Muttergesellschaft unter den Zustimmungsvorbehalt haben stellen wollen. Lässt sich dies nicht eindeutig bejahen, wird man ein Umgehungsgeschäft erst dann annehmen dürfen, wenn die Hinzuziehung der Muttergesellschaft gerade dazu dient, die Vinkulierung zu umgehen.

37

Der Gesellschaftsvertrag kann die sonstigen Verfügungen natürlich auch ausdrücklich regeln oder auch ganz unabhängig von den Beschränkungen der Abtretbarkeit eines Geschäftsanteils andere Voraussetzungen für die Zulässigkeit sonstiger Verfügungen normieren. Bedarf es nach dem Gesellschaftsvertrag zur Verpfändung eines Geschäftsanteils der Zustimmung der Gesellschaft, so gilt dieses Zustimmungserfordernis auch für die Sicherungsabtretung eines solchen Anteils (OLG Nürnberg Teil-Urt. v. 23.08.1988 – 1 U 3651/87; GmbHR 1990, 166; dazu *Michalski* GmbHR 1991, 89).

38

Ob Abtretungsbeschränkungen auch auf den gesetzlichen Übergang des Geschäftsanteils im Wege der **Gesamtrechtsnachfolge** anwendbar sind, ist durch Auslegung des Gesellschaftsvertrages zu ermitteln. In der Regel gelten sie für die Erbfolge (OLG Düsseldorf, Urt. v. 28.12.1989 – 6 U 119/89; GmbHR 1990, 504) und die Verschmelzung (Scholz/*Winter* GmbHG, § 15 Rn. 84a) nicht, während sie auf die Ausgliederung und Abspaltung im Zweifel Anwendung finden sollen (Scholz/*Winter* § 15 Rn. 84a; *Heidenhain* ZIP 1995, 802, 804; a. A. *Kallmeyer* GmbHR 1996, 243). Der schuldrechtliche **Verpflichtungsvertrag** über die Abtretung des Geschäftsanteils oder über des-

39

sen sonstiger Verfügung kann durch den Gesellschaftsvertrag dagegen nicht eingeschränkt werden; eine derartige Regelung wäre unbeachtlich (Scholz/*Winter* GmbHG, § 15 Rn. 79).

V. Beschränkungen für Vererbung von Geschäftsanteilen

40 Abs. 5 sieht lediglich Beschränkungen für die Abtretung (rechtsgeschäftlichen Einzelrechtsnachfolge) von Geschäftsanteilen, nicht dagegen auch für die **Vererbung** (Gesamtrechtsnachfolge) vor. Folglich ist der Ausschluss oder die Beschränkung der Vererblichkeit eines Geschäftsanteils im Gesellschaftsvertrag nicht möglich (Scholz/*Winter* GmbHG, § 15 Rn. 21 f.; Baumbach/Hueck/*Fastrich* § 15 Rn. 12; unscharf: OLG Düsseldorf, Urt. v. 28.12.1989 – 6 U 119/89; GmbHR 1990, 504). Eine die Vererblichkeit des Geschäftsanteils ausschließende oder einschränkende Klausel im Gesellschaftsvertrag ist **nichtig** (näher *Petzoldt* GmbHR 1977, 25; *Leßmann* GmbHR 1986, 409), der Geschäftsanteil geht ohne Rücksicht auf die anderslautende Regelung im Gesellschaftsvertrag ohne Weiteres auf den Erben über (OLG Koblenz, Urt. v. 19.01.1995 – 6 U 829/93; GmbHR 1995, 586).

41 Eine Vinkulierungsklausel findet dagegen grundsätzlich auch Anwendung auf Veräußerungen des Geschäftsanteils zur Durchführung letztwilliger Verfügungen (OLG Düsseldorf, Urt. v. 23.01.1987 – 7 U 244/85; GmbHR 1987, 475; Baumbach/Hueck/*Fastrich* § 15 Rn. 15; a. A. LG Düsseldorf, Urt. v. 21.05.1985 – 36 O 138/84; ZIP 1985, 1269; hierzu *Westermann* ZIP 1985, 1249). Ist ein vinkulierter Geschäftsanteil **Gegenstand eines Vermächtnisses**, unterliegt auch die Übertragung von dem Erben auf den Vermächtnisnehmer dem Zustimmungsvorbehalt. Der Erbe ist verpflichtet, alle ihm möglichen und zumutbaren Maßnahmen zu ergreifen, um diese Zustimmung herbeizuführen (Scholz/*Winter* GmbHG, § 15 Rn. 32; Michalski/*Ebbing* § 15 Rn. 39). Wird die Zustimmung dennoch nicht erteilt, ist die Erfüllung des Vermächtnisses unmöglich. Sieht also der Gesellschaftsvertrag die Unveräußerlichkeit von Geschäftsanteilen vor (nicht dagegen bei bloßer Vinkulierung, OLG Düsseldorf, Urt. v. 28.12.1989 – 6 U 119/89; GmbHR 1990, 507), kann die Anordnung eines Vermächtnisses auf eine unmögliche Leistung gerichtet (§ 2171 BGB) und damit unwirksam sein (Scholz/*Winter* GmbHG, § 15 Rn. 30).

42 Eine die Vererblichkeit ausschließende oder einschränkende Satzungsbestimmung kann möglicherweise in eine **zulässige Nachfolgeregelung umgedeutet** werden. So kann etwa eine satzungsmäßige Bestimmung, nach der Geschäftsanteile nur an einen näher umschriebenen Personenkreis vererbt werden können, dahin gehend ausgelegt werden, dass ein Erbe, der nicht zu diesem Personenkreis zählt, zur rechtsgeschäftlichen Übertragung an die bezeichneten Personen verpflichtet und die Gesellschaft hilfsweise zur Einziehung des Geschäftsanteils berechtigt ist (BGH, Urt. v. 05.11.1984 – II ZR 147/83; GmbHR 1985, 150; OLG Koblenz, Urt. v. 19.01.1995 – 6 U 829/93; GmbHR 1995, 586).

43 **Nachfolgeregelungen** im Gesellschaftsvertrag kommen in unterschiedlicher Form vor (näher hierzu *Langner/Heydel* GmbHR 2006, 291). So kann vorgesehen werden, dass beim Tode eines Gesellschafters der Geschäftsanteil eingezogen werden kann oder muss (§ 34 GmbHG, **Einziehungsklausel**; vgl. BGH, Urt. v. 20.12.1976 – II ZR 115/75; BB 1977, 563; OLG München, Urt. v. 06.07.1984 – 23 U 1899/84; ZIP 1984, 1349; hierzu *Habersack* ZIP 1990, 625), wobei die Einziehung auch an das Vorliegen bestimmter Voraussetzungen (z. B. Person des Erben, Nichterfüllung einer für den Erbfall angeordneten Abtretungspflicht) oder an eine bestimmte Frist geknüpft werden kann. Ebenso ist es zulässig, den oder die Erben allgemein oder nur bestimmte Erben zur Abtretung des im Wege der Erbfolge übergegangenen Geschäftsanteils an einen der Miterben, einen anderen Gesellschafter (BGH, Urt. v. 05.11.1984 – II ZR 147/83; GmbHR 1985, 150), einen Dritten (OLG Koblenz, Urt. v. 19.01.1995 – 6 U 829/93; GmbHR 1995, 586) oder an die Gesellschaft selbst zu verpflichten (**Abtretungsklausel**).

44 Anspruchsberechtigt aus einer Nachfolgeklausel ist die Gesellschaft, wenn der Gesellschaftsvertrag nicht einen anderen Begünstigten nennt (Scholz/*Winter* GmbHG, § 15 Rn. 26). Schließlich kann (und sollte) der Gesellschaftsvertrag Regelungen darüber enthalten, was mit Sonderrechten (z. B.

erhöhtes Stimmrecht, Recht zur Geschäftsführung) oder Sonderpflichten geschieht, die an den im Wege der Erbfolge übergegangenen Geschäftsanteil geknüpft sind.

§ 16 Rechtsstellung bei Wechsel der Gesellschafter oder Veränderung des Umfangs ihrer Beteiligung; Erwerb vom Nichtberechtigten

(1) Im Verhältnis zur Gesellschaft gilt im Fall einer Veränderung in den Personen der Gesellschafter oder des Umfangs ihrer Beteiligung als Inhaber eines Geschäftsanteils nur, wer als solcher in der im Handelsregister aufgenommenen Gesellschafterliste (§ 40) eingetragen ist. Eine vom Erwerber in Bezug auf das Gesellschaftsverhältnis vorgenommene Rechtshandlung gilt als von Anfang an wirksam, wenn die Liste unverzüglich nach Vornahme der Rechtshandlung in das Handelsregister aufgenommen wird.

(2) Für Einlageverpflichtungen, die in dem Zeitpunkt rückständig sind, ab dem der Erwerber gemäß Absatz 1 Satz 1 im Verhältnis zur Gesellschaft als Inhaber des Geschäftsanteils gilt, haftet der Erwerber neben dem Veräußerer.

(3) Der Erwerber kann einen Geschäftsanteil oder ein Recht daran durch Rechtsgeschäft wirksam vom Nichtberechtigten erwerben, wenn der Veräußerer als Inhaber des Geschäftsanteils in der im Handelsregister aufgenommenen Gesellschafterliste eingetragen ist. Dies gilt nicht, wenn die Liste zum Zeitpunkt des Erwerbs hinsichtlich des Geschäftsanteils weniger als drei Jahre unrichtig und die Unrichtigkeit dem Berechtigten nicht zuzurechnen ist. Ein gutgläubiger Erwerb ist ferner nicht möglich, wenn dem Erwerber die mangelnde Berechtigung bekannt oder infolge grober Fahrlässigkeit unbekannt ist oder der Liste ein Widerspruch zugeordnet ist. Die Zuordnung eines Widerspruchs erfolgt aufgrund einer einstweiligen Verfügung oder aufgrund einer Bewilligung desjenigen, gegen dessen Berechtigung sich der Widerspruch richtet. Eine Gefährdung des Rechts des Widersprechenden muss nicht glaubhaft gemacht werden.

Übersicht

	Rdn.
A. Allgemeines	1
B. Wechsel der Gesellschafter, Veränderung des Beteiligungsumfangs (Abs. 1)	2
I. Abtretung/Übergang/Übernahme eines (Teil-)Geschäftsanteils	2
II. Gesellschafterliste	4
1. Eintragung und Einreichung	4
a) Formfreie Gesellschafterwechsel/ Veränderungen des Beteiligungsumfangs	5
aa) Zuständigkeit der Geschäftsführer	5
bb) Mitteilung und Nachweis	6
cc) Konkludente Mitteilung	9
dd) Mitteilungsfrist, anderweitige Kenntnis	10
ee) Nichtigkeit und Anfechtbarkeit der Mitteilung	11
ff) Nachweis	13
gg) Regelungen im Gesellschaftsvertrag	14
b) Formbedürftige Gesellschafterwechsel/Veränderungen des Beteiligungsumfangs	15
2. Rechtsanspruch auf Einreichung der Gesellschafterliste	17
III. Rechtshandlungen vor Aufnahme der Gesellschafterliste im Handelsregister	19
1. Rechtslage bis zur Aufnahme (Abs. 1 Satz 1)	19
2. Legitimationswirkung, Wirksamkeitsfiktion (Abs. 1 Satz 2)	21
C. Haftung für rückständige Einlageverpflichtungen (Abs. 2)	26
I. Rückständige Einlageverpflichtung	27
II. Gesamtschuldnerische Haftung von Veräußerer und Erwerber	28
D. Gutgläubiger Erwerb von Geschäftsanteilen (Abs. 3)	30
I. Allgemeines	30
II. Eintragung in die Gesellschafterliste (Satz 1); Ausschluss des Vertrauensschutzes (Satz 2)	31
III. Kenntnis von der Unrichtigkeit, Widerspruch (Satz 3)	34
IV. Gutgläubiger Erwerb bei aufschiebend bedingter Anteilsübertragung	36
V. Übergangsvorschrift (§ 3 Abs. 3 EGGmbHG)	39

§ 16 GmbHG Rechtsstellung bei Wechsel der Gesellschafter

A. Allgemeines

1 § 16 wurde durch das am 01.11.2008 in Kraft getretene Gesetz zur Modernisierung des GmbH-Rechts und zur Bekämpfung von Missbräuchen (MoMiG – Gesetz vom 23.10.2008, BGBl. I, 2026) vollständig neu gefasst. Wie bereits § 16 a. F. ergänzt auch der neu gefasste § 16 die Regelung des § 15. Während dieser die Wirkung der Veräußerung eines Geschäftsanteils im Verhältnis zwischen Veräußerer und Erwerber und allen Dritten gegenüber (inter omnes) regelt, bestimmt § 16 Abs. 1 lediglich, unter welchen Voraussetzungen die Veräußerung des Geschäftsanteils gegenüber der Gesellschaft Wirkung entfaltet. § 16 statuiert damit keine Bedingung für die materielle Zuordnung des Geschäftsanteils – diese richtet sich ausschließlich nach § 15 –, sondern regelt die Frage, wer im Verhältnis zur Gesellschaft als neuer Gesellschafter gilt und damit seine mitgliedschaftlichen Rechte ausüben kann. Die Vorschrift dient dem **Schutz der Gesellschaft**, indem sie die Gesellschafterstellung von der – oft unklaren oder streitigen – materiellen Zuordnung des Geschäftsanteils entkoppelt und auf diese Weise Klarheit über den Gesellschafterbestand gibt. Im neu gefassten § 16 Abs. 2 wird die bisherige Regelung in § 16 Abs. 1 a. F. zur Haftung des Erwerbers für Einlageverpflichtungen aufgegriffen. Mit dem neuen § 16 Abs. 3 wird erstmals der gutgläubige Erwerb von Geschäftsanteilen ermöglicht.

B. Wechsel der Gesellschafter, Veränderung des Beteiligungsumfangs (Abs. 1)

I. Abtretung/Übergang/Übernahme eines (Teil-)Geschäftsanteils

2 Abs. 1 erfasst **jeden Gesellschafterwechsel**, also nicht nur die rechtsgeschäftliche Übertragung des Geschäftsanteils durch **Abtretung**, einschließlich der Sicherungsabtretung, sondern alle Formen des Anteilsübergangs, insbesondere im Wege der **Gesamtrechtsnachfolge**. Durch die ausdrückliche Bezugnahme auf die Veränderung des Beteiligungsumfangs wird klargestellt, dass Abs. 1 auch für die Übertragung von Teilgeschäftsanteilen oder für Veränderungen des Beteiligungsumfangs infolge Kapitalerhöhungen Geltung beansprucht.

3 Anders als bei § 16 Abs. 1 a. F. kommt eine analoge Anwendung der Vorschrift auf die **dingliche Belastung** des Geschäftsanteils durch die Bestellung eines Pfand- oder Nießbrauchsrechts **nicht mehr** in Betracht, da sich diese Rechte nicht aus der Gesellschafterliste ergeben und insoweit der Bezugspunkt fehlt (BGH, Beschl. v. 20.09.2011 – II ZB 17/10; ZIP 2011, 2141; OLG München, Beschl. v. 08.09.2009 – 31 Wx 82/09; NJW 2010, 305 = GmbHR 2009, beide unter Hinweis auf den Grundsatz der Registerklarheit; a. A. LG Aachen, Beschl. v. 06.04.2009 – 44 T 1/09; GmbHR 2009, 1218: Nießbrauchsrecht an Geschäftsanteil in Gesellschafterliste eintragungsfähig). Für dingliche Belastungen gilt aber nach wie vor, dass diese der Gesellschaft gegenüber bekannt gemacht werden müssen, wenn der Berechtigte seine aus der dinglichen Belastung folgenden Rechte gegenüber der Gesellschaft geltend machen möchte. Für die Verpfändung von Geschäftsanteilen ergibt sich dies bereits aus § 1280 BGB, wonach der Zugang der Verpfändungsanzeige unabdingbare Wirksamkeitsvoraussetzung ist.

II. Gesellschafterliste

1. Eintragung und Einreichung

4 Gem. § 40 Abs. 1 Satz 1 haben die Geschäftsführer unverzüglich nach Wirksamwerden jeder Veränderung in den Personen der Gesellschafter oder des Umfangs ihrer Beteiligung eine von ihnen unterschriebene Liste der Gesellschafter zum Handelsregister einzureichen, der auch die Nennbeträge und die laufenden Nummern der von einem Gesellschafter übernommenen Geschäftsanteile zu entnehmen sind. Hat ein Notar an den genannten Veränderungen mitgewirkt – was nicht nur bei formbedürftigen Anteilsübertragungen und Kapitalerhöhungen, sondern auch bei einer Verschmelzung (OLG Hamm, Beschl. v. 01.12.2009 – 15 W 304/09; ZIP 2010, 128) der Fall ist – hat er unverzüglich nach deren Wirksamwerden die Liste anstelle der Geschäftsführer zu unterschreiben, zum Handelsregister einzureichen und eine Abschrift an die Gesellschaft zu übermitteln. Die Liste muss dabei die Bescheinigung des Notars enthalten, dass die neue Liste mit den geänderten

Eintragungen der zuletzt eingereichten Liste unter Berücksichtigung der vorgenommenen Änderungen entspricht (§ 40 Abs. 2).

a) **Formfreie Gesellschafterwechsel/Veränderungen des Beteiligungsumfangs**

aa) **Zuständigkeit der Geschäftsführer**

Bei nicht formbedürftigen Gesellschafterwechsel oder Veränderungen des Beteiligungsumfangs (z. B. bei einer Gesamtrechtsnachfolge durch Erbschaft) ist die Gesellschafterliste von den **Geschäftsführern** zu unterzeichnen und einzureichen (§ 40 Abs. 1 Satz 1; zu den damit verbundenen Haftungsrisiken *Schneider* GmbHR 2009, 393; zu der Problematik des Todes des Alleingesellschafter-Geschäftsführers *Lange* GmbHR 2012, 986). Der Geschäftsführer ist auch dann zur Einreichung der Gesellschafterliste verpflichtet, wenn die zugrunde liegende Abtretung des Geschäftsanteils vor Inkrafttreten des MoMiG erfolgt ist, weil § 40 Abs. 2 den bei der Beurkundung mitwirkenden Notar erst ab diesem Zeitpunkt verpflichtet (KG, Beschl. v. 23.02.2012 – 25 W 97/11; GmbHR 2012, 686). Erforderlich und ausreichend ist dabei, dass die Geschäftsführer in vertretungsberechtigter Anzahl handeln (s. hierzu näher § 40 Rdn. 1 ff.).

5

bb) **Mitteilung und Nachweis**

Die Änderung der Liste durch die Geschäftsführer erfolgt **auf Mitteilung und Nachweis**. (§ 40 Abs. 1 Satz 2), in der Regel durch die betroffenen Gesellschafter. Ebenso wie bei § 16 a. F. setzt also die Wirksamkeit eines Wechsels der Gesellschafterstellung oder einer Veränderung des Beteiligungsumfangs im Verhältnis zur Gesellschaft die vorherige Unterrichtung der Gesellschaft in Person der Geschäftsführer voraus. Über die mitgeteilte Änderung muss – ebenso wie bei der Anmeldung nach § 16 a. F. – ein Nachweis beigefügt werden.

6

Zweifelhaft ist, ob die **Mitteilung** – so wie die Anmeldung nach altem Recht (BGH, Beschl. v. 20.12.1989 – VIII ZR 139/89; BB 1990, 873; BayObLG, Beschl. v. 26.10.1989 – BReg. 3 Z 65/89; BB 1990, 86; OLG Dresden, Beschl. v. 06.03.1998 – 7 W 1256/97; GmbHR 1999, 710) – als rechtsgeschäftsähnliche Handlung zu verstehen ist, auf die die **Vorschriften über Willenserklärungen** analog anzuwenden sind, oder ob es sich bei ihr lediglich um eine Wissensbekundung handelt. Die sprachliche Neufassung des § 40 Abs. 1 knüpft an den insoweit identischen Wortlaut des § 67 Abs. 3 AktG an, wonach die Löschung und Eintragung im Aktienregister auf Mitteilung und Nachweis erfolgen. Da zum Zeitpunkt der Neufassung des § 40 Abs. 1 auf die Mitteilung nach § 67 Abs. 3 AktG nach überwiegender Auffassung die Vorschriften über Willenserklärungen angewandt wurden (MüKo AktG/*Bayer* 67 Rn. 73), ist davon auszugehen, dass der Gesetzgeber mit der sprachlichen Neufassung – Mitteilung nach § 40 Abs. 1 statt Anmeldung nach § 16 a. F. – keine materielle Änderung verbinden wollte, sodass auch auf die Mitteilung des § 40 Abs. 1 die Vorschriften über Willenserklärungen analog anzuwenden sind. Wie jede Willenserklärung muss die Mitteilung mithin durch eine geschäftsfähige Person (§ 105 BGB) erfolgen und der Gesellschaft zugehen (§ 130 BGB). Minderjährige Mitteilende bedürfen der Einwilligung des gesetzlichen Vertreters, weil die Mitteilung nicht lediglich rechtlich vorteilhaft ist (§ 107 BGB). Bei einer Mitteilung durch einen rechtsgeschäftlichen Vertreter gelten die §§ 174, 180 BGB.

7

Die Mitteilung ist **formfrei**, kann also auch mündlich erfolgen (*Kort* GmbHR 2009, 169). Eine schriftliche Mitteilung ist jedoch zu Beweiszwecken ratsam. Die Gesellschaft wird bei der Entgegennahme der Mitteilung durch die Geschäftsführung vertreten. Auch bei Vorhandensein mehrerer gesamtvertretungsberechtigter Geschäftsführer reicht die Mitteilung gegenüber nur einem von ihnen (§ 35 Abs. 2 Satz 3 GmbHG). Die Mitteilung kann nicht mit einer **Bedingung** (unscharf BGH, Urt. v. 15.04.1991 – II ZR 209/90; GmbHR 1991, 311 zu § 16 a. F.), wohl aber mit einem künftigen Wirksamkeitsdatum versehen werden. Die **Rücknahme** einer Mitteilung ist bis zur Änderung der Gesellschafterliste noch möglich (Lutter/Hommelhoff/*Bayer* § 16 Rn. 17).

8

cc) Konkludente Mitteilung

9   Die Mitteilung kann auch **konkludent** erfolgen (*Kort* GmbHR 2009, 169; ebenso schon BGH, Urt. v. 24.06.1996 – II ZR 56/95; GmbHR 1997, 166; Urt. v. 15.04.1991 – II ZR 209/90; GmbHR 1991, 312; BayObLG, Beschl. v. 18.03.1991 – BReg. 3 Z 69/90; GmbHR 1991, 572; OLG Hamburg, Beschl. v. 20.07.2005 – 11 W 3/05; GmbHR 2005, 1490; OLG Schleswig, Urt. v. 30.09.2004 – 5 U 146/03; GmbHR 2004, 1584; OLG Hamm, Urt. v. 03.11.1997 – 8 U 197/96; GmbHR 1998, 138; Urt. v. 27.06.1983 – 8 U 225/82; GmbHR 1985, 22; Urt. v. 14.06.1995 – 8 U 297/94; BB 1995, 1816; OLG Nürnberg Teil-Urt. v. 23.08.1988 – 1 U 3651/87; GmbHR 1990, 168 zu § 16 a. F.). Von einer solchen konkludenten Mitteilung wird auszugehen sein, wenn die Gesellschaft den neuen Gesellschafter mit dessen Willen unzweideutig als Gesellschafter behandelt (BayObLG, Beschl. v. 18.03.1991 – BReg. 3 Z 69/90; GmbHR 1991, 572; OLG Hamm, Beschl. v. 10.07.2001 – 15 W 81/01; GmbHR 2001, 922; Urt. v. 03.11.1997 – 8 U 197/96; GmbHR 1998, 138; beide zu § 16 a. F.). **Erwirbt der Geschäftsführer** den Geschäftsanteil selbst, ist eine gesonderte Mitteilung nicht mehr erforderlich.

dd) Mitteilungsfrist, anderweitige Kenntnis

10   Die Mitteilung unterliegt **keiner Frist**; sie kann von der Gesellschaft auch nicht erzwungen werden (BGH, Urt. v. 29.01.2001 – II ZR 183/00; ZIP 2001, 514 zu § 16 a. F.). Eine **anderweitige Kenntnis** der Gesellschaft von dem Gesellschafterwechsel ist unbeachtlich (*Kort* GmbHR 2009, 169; *Mayer* ZIP 2009, 1037; ebenso zu § 16 a. F.: BGH, Urt. v. 29.01.2001 – II ZR 183/00; ZIP 2001, 514; Urt. v. 24.06.1996 – II ZR 56/95; GmbHR 1997, 165; Urt. v. 15.04.1991 – II ZR 209/90; GmbHR 1991, 312; BayObLG, Beschl. v. 20.12.1989 – VIII ZR 139/89; BB 1990, 86; OLG Koblenz, Urt. v. 19.01.1995 – 6 U 829/93; GmbHR 1995, 588; OLG Hamm, Urt. v. 08.07.1992 – 8 U 268/91; GmbHR 1993, 660; Urt. v. 27.06.1983 – 8 U 225/82; GmbHR 1985, 22). Eine Annahme der Mitteilung durch die Gesellschaft ist nicht erforderlich (offengelassen von BGH, Urt. v. 15.04.1991 – II ZR 209/90; GmbHR 1991, 313 zu § 16 a. F.).

ee) Nichtigkeit und Anfechtbarkeit der Mitteilung

11   Da auf die Mitteilung die Vorschriften über Willenserklärungen entsprechende Anwendung finden (vgl. Rdn. 7), kann die Mitteilung nichtig sein oder angefochten werden. **Nichtig** ist die Mitteilung durch eine nicht geschäftsfähige Person (§ 105 BGB). Ebenso ist eine Mitteilung durch einen vollmachtslosen Vertreter bei verweigerter Genehmigung durch die Mitteilungsberechtigten unwirksam. Demgegenüber liegt überhaupt keine Mitteilung vor, wenn sie durch eine nicht zur Mitteilung berechtigte Person erfolgt; eine diesbezügliche Erklärung geht ins Leere. In all diesen Fällen tritt die **Legitimationswirkung des Abs. 1** von vornherein nicht ein.

12   Die Mitteilung kann aus den in §§ 119 ff. BGB genannten Gründen angefochten werden. Die **Anfechtung** ist gegenüber der Gesellschaft zu erklären (§ 143 Abs. 3 BGB) und unterliegt den Fristen der §§ 121, 124 BGB. Anfechtungsberechtigt ist nur der Mitteilende selbst. Abweichend von dem Grundsatz, dass eine erfolgreiche Anfechtung rückwirkende Kraft (ex tunc) hat, wirkt die angefochtene Mitteilung nur von dem Zeitpunkt des Zugangs der Anfechtungserklärung (**ex nunc**) an (Lutter/Hommelhoff/*Bayer* GmbHG, § 16 Rn. 5).

ff) Nachweis

13   Mit der Mitteilung des Gesellschafterwechsels bzw. der Veränderung des Beteiligungsumfangs ist auch der Nachweis hierüber zu erbringen. Hierfür genügt »**jede überzeugende Unterrichtung der Gesellschaft**« (BGH, Urt. v. 24.06.1996 – II ZR 56/95; GmbHR 1997, 166; Urt. v. 26.09.1994 – II ZR 166/93; GmbHR 1995, 120; Urt. v. 15.04.1991 – II ZR 209/90; GmbHR 1991, 312; BayObLG, Beschl. v. 26.10.1989 – BReg. 3 Z 65/89; BB 1990, 86; OLG Hamburg, Beschl. v. 20.07.2005 – 11 W 3/05; GmbHR 2005, 1491; OLG Dresden, Beschl. v. 06.03.1998 – 7 W 1256/97; GmbHR 1999, 710; OLG Düsseldorf, Urt. v. 24.08.1995 – 6 U 124/94; GmbHR

1996, 445; OLG Koblenz, Urt. v. 19.01.1995 6 U 829/93; GmbHR 1995, 588; alle zu § 16 a. F.). Dies geschieht im Fall der Gesamtrechtsnachfolge durch Erbschaft etwa durch **Vorlage des Erbscheins** (näher hierzu auch *Wachter*, DB 2009, 159). Die Gesellschaft kann auf den Nachweis (nicht aber auf die Mitteilung) verzichten (BGH, Urt. v. 13.10.2008 – II ZR 76/07; NJW 2009, 229; Urt. v. 15.04.1991 – II ZR 209/90; WM 1991, 996 zu § 16 a. F.), die Entscheidung hierüber sowie über die Art und den Umfang des Nachweises trifft die Geschäftsführung nach pflichtgemäßen Ermessen (BGH, Urt. v. 24.06.1996 – II ZR 56/95; GmbHR 1997, 166; Urt. v. 15.04.1991 – II ZR 209/90; GmbHR 1991, 313; OLG Dresden, Beschl. v. 06.03.1998 – 7 W 1256/97; GmbHR 1999, 710; OLG Koblenz, Urt. v. 19.01.1995 – 6 U 829/93; GmbHR 1995, 588; OLG Hamm, Urt. v. 08.07.1992 – 8 U 268/91; GmbHR 1993, 660; alle zu § 16 a. F.). Ob der Nachweis des Überganges hinreichend ist, richtet sich nach **objektiven Kriterien**, also danach, ob ein sorgfältiger Geschäftsführer in der gegebenen Situation nach pflichtgemäßem Ermessen den Nachweis als ausreichend ansehen durfte und musste.

gg) Regelungen im Gesellschaftsvertrag

Die Mitteilung ist zwingend für die Unterzeichnung und Einreichung der neuen Gesellschafterliste durch die Geschäftsführer. Der Gesellschaftsvertrag kann allerdings Näheres zu der Form der Mitteilung regeln, etwa besondere Formerfordernisse aufstellen (z. B. Anmeldung durch Veräußerer und Erwerber im Fall einer Anteilsübertragung, Schriftform, Einschreiben, Vorlage des Erbscheins) oder etwa bestimmen, dass der Antrag auf Erteilung einer Genehmigung nach § 15 Abs. 5 zugleich als Mitteilung gilt.

b) Formbedürftige Gesellschafterwechsel/Veränderungen des Beteiligungsumfangs

Bei formbedürftigen Gesellschafterwechseln oder Veränderungen des Beteiligungsumfangs, also insbesondere bei der Übertragung von Geschäftsanteilen (bei Kettenabtretungen jeder Zwischenerwerb, LG München, Beschl. v. 20.08.2009 – 17 HK T 13711/09; GmbHR 2010, 151), Kapitalerhöhungen und Umwandlungen (OLG Hamm, Beschl. v. 01.12.2009 – 15 W 304/09; ZIP 2010, 128) ist die Gesellschafterliste nicht von den Geschäftsführern, sondern von dem mitwirkenden **Notar** zu unterzeichnen und einzureichen; die Gesellschaft erhält eine Abschrift (§ 40 Abs. 2 Satz 1). Der Notar wird hierbei von Amts wegen tätig; eine besondere Mitteilung ist daher nicht erforderlich. **Maßgeblicher Zeitpunkt** ist das Wirksamwerden des Gesellschafterwechsels oder Veränderung des Beteiligungsumfangs, ohne dass es auf etwaige später eintretende Unwirksamkeitsgründe ankommt. Mit Wirksamwerden der Veränderung hat der Notar die Liste **unverzüglich**, d. h. ohne schuldhaftes Zögern (§ 121 BGB), einzureichen.

Die einzureichende Gesellschafterliste ist mit einer **Bescheinigung** des Notars zu versehen, dass der unveränderte Inhalt der zuletzt eingereichten Liste zusammen mit den vorgenommenen Änderungen dem Inhalt der neu eingereichten Liste entsprechen (§ 40 Abs. 2 Satz 2). Die Pflicht zur Einreichung einer solchen Bescheinigung wurde durch das am 01.11.2008 in Kraft getretene Gesetz zur Modernisierung des GmbH-Rechts und zur Bekämpfung von Missbräuchen (MoMiG) neu eingefügt. Vorher war sie lediglich bei der Anmeldung von Änderungen des Gesellschaftsvertrages vorgesehen (§ 54).

2. Rechtsanspruch auf Einreichung der Gesellschafterliste

Dem eintretenden Gesellschafter steht gegenüber der Gesellschaft (nicht gegenüber deren Geschäftsführer persönlich; *Kort* GmbHR 2009, 173) ein Rechtsanspruch auf Einreichung der Gesellschafterliste oder – im Fall der Unrichtigkeit einer eingereichten Liste – einer korrigierten Gesellschafterliste zum Handelsregister zu. Methodisch folgt ein solcher Anspruch aus dem **Gesellschaftsverhältnis** als gesetzlichem Schuldverhältnis, das mit dem Anteilserwerb zwischen der Gesellschaft und dem eintretenden Gesellschafter entsteht und aufgrund dessen dieser gegenüber jener einen Anspruch darauf hat, die eingenommene Gesellschafterstellung (nach Mitteilung und hinreichendem Nachweis) anzuerkennen und die Ausübung der hieraus folgenden Mitgliedschaftsrechte zu ermöglichen. Hierzu zählt als unabdingbare Voraussetzung die Einreichung der neuen Gesellschafterliste. Nach allgemeinem Leistungsstörungsrecht folgt aus der Verletzung dieser Pflicht ein **Schadensersatzanspruch** gegenüber der Gesellschaft. Diesen Anspruch ergänzt § 40 Abs. 3 – für den Alt- und Neugesellschafter gleichermaßen – durch einen Ersatzanspruch gegen den Geschäftsführer persönlich.

18 Allerdings kann sich die Gesellschaft, die sich einem **Anspruch auf Korrektur einer eingereichten Liste** ausgesetzt sieht, zunächst auf die Legitimationswirkung des Abs. 1 berufen. Solange ein Gesellschafter in die Liste eingetragen ist und für die Gesellschaft nicht eindeutig feststeht, dass diese Eintragung unrichtig ist, kann die Gesellschaft auf die Legitimationswirkung der Eintragung verweisen und einen Streit darüber den Beteiligten überlassen (*Altmeppen* ZIP 2009, 353).

III. Rechtshandlungen vor Aufnahme der Gesellschafterliste im Handelsregister

1. Rechtslage bis zur Aufnahme (Abs. 1 Satz 1)

19 **Maßgeblicher Zeitpunkt** für die Wirksamkeit eines Gesellschafterwechsels oder einer Veränderung des Beteiligungsumfangs gegenüber der Gesellschaft ist die **Aufnahme** der diese Änderung wiedergebenden Gesellschafterliste im Handelsregister (Abs. 1 Satz 1). Bis zur Aufnahme der Liste muss die Gesellschaft in Bezug auf den betroffenen Geschäftsanteil folglich denjenigen als Gesellschafter behandeln, der als solcher in der zuletzt im Handelsregister aufgenommenen Liste eingetragen ist. Nur dieser ist vor Aufnahme der neuen Liste berechtigt, die Mitgliedschaftsrechte auszuüben und nur er hat ein Teilnahme- und Stimmrecht in den Gesellschafterversammlungen (zur Bindung des Erwerbers an Stimmabgabe des Veräußerers eines Geschäftsanteils *Noack* GmbHR 1994, 351). Ein nur von dem oder den nicht eingetragenen neuen Gesellschaftern gefasster Beschluss ist ein Nichtbeschluss, auch wenn alle Geschäftsanteile erworben wurden (BayObLG, Beschl. v. 26.10.1989 – BReg. 3 Z 65/89; BB 1990, 85 zu § 16 a. F.). Unwirksam ist auch ein Beschluss über die Ausschließung eines nicht in die Gesellschafterliste eingetragenen Gesellschafters (OLG Bremen, Urt. v. 21.10.2011 – 2 U 43/11; GmbHR 2012, 687). Anfechtungs- und Nichtigkeitsklagen gegen Beschlüsse kann ebenfalls nur der zuletzt Eingetragene erheben (OLG Hamm, Urt. v. 03.11.1997 – 8 U 197/96; GmbHR 1998, 138; OLG Düsseldorf, Urt. v. 24.08.1995 – 6 U 124/94; GmbHR 1996, 443 zu § 16 a. F.). Solange die neue Gesellschafterliste mit dem Gesellschafterwechsel oder der Änderung des Beteiligungsumfangs noch nicht im Handelsregister aufgenommen wurde, sind Rechtshandlungen desjenigen, der in der zuletzt im Handelsregister aufgenommenen Liste als Gesellschafter eingetragen ist, gegenüber der Gesellschaft und umgekehrt wirksam (BGHZ 112, 114 zu § 16 a. F.). Dies gilt auch dann, wenn die Gesellschaft anderweitige Kenntnis von der Veränderung hat. Auch in einem solchen Fall darf sie nicht den ihr bekannten Erwerber eines Geschäftsanteils, sondern muss den noch in der letzten Gesellschafterliste eingetragenen Veräußerer etwa zu den Gesellschafterversammlungen laden oder diesem die Dividenden auszahlen. Verstößt die Gesellschaft gegen diese Pflicht, macht sie sich gegenüber den Beteiligten schadensersatzpflichtig (BGH, Urt. v. 21.03.1990 – IV ZR 39/89; NJW 1990, 1916; Urt. v. 21.10.1968 – II ZR 181/66; NJW 1969, 133; OLG Düsseldorf, Urt. v. 24.08.1995 – 6 U 124/94; DB 1996, 568 zu § 16 a. F.).

20 Keine Relevanz hat die Aufnahme der Gesellschafterliste im Handelsregister für das Verhältnis zwischen Veräußerer und Erwerber eines Geschäftsanteils und gegenüber allen Dritten. Die **materielle Zuordnung des Geschäftsanteils** richtet sich allein nach § 15 GmbHG. Auch vor der Aufnahme der Liste ist deshalb allein der Erwerber und nicht der Veräußerer Inhaber des Geschäftsanteils und kann über diesen wirksam verfügen (zum gutgläubigen Erwerb des Geschäftsanteils vom – eingetragenen – Veräußerer s. u. Rdn. 30 ff.).

2. Legitimationswirkung, Wirksamkeitsfiktion (Abs. 1 Satz 2)

21 Mit der Aufnahme der Gesellschafterliste im Handelsregister gilt der neue oder im Umfang verändert beteiligte Gesellschafter (auch) im Verhältnis zur Gesellschaft **als Gesellschafter**, d. h. sämtliche mit dem übertragenen Geschäftsanteil verknüpften mitgliedschaftlichen Rechte und Pflichten, ins-

besondere das Recht, an der Willensbildung der Gesellschaft mitzuwirken (OLG Zweibrücken, Beschl. v. 15.12.2011 – 3 W 144/11; GmbHR 2012, 689), gehen **im Verhältnis zur Gesellschaft** auf ihn über. Der Veräußerer hingegen verliert gegenüber der Gesellschaft seine Gesellschafterstellung.

Anders als für den gutgläubigen Erwerb von Geschäftsanteilen existiert für die Legitimationswirkung des Abs. 1 **keine Übergangsregelung**. Hieraus ist methodisch im Wege des Umkehrschlusses zu folgern, dass ab dem Inkrafttreten des MoMiG am 01.11.2008 die Legitimationswirkung auch den Inhalt der nach altem Recht in das Handelsregister aufgenommenen Gesellschafterliste erfasst (*Horstkotte* ZInsO 2009, 209; s. auch OLG München, Beschl. v. 27.05.2009 – 31 Wx 38/09; ZIP 2009, 1421). 22

Da es sich bei Abs. 1 um eine gesetzliche Fiktion handelt, kommt es auf die **Wirksamkeit der Übertragung** des Geschäftsanteils grundsätzlich **nicht an** (BGH, Urt. v. 15.04.1991 – II ZR 209/90; GmbHR 1991, 311 zu § 16 a. F.). Gleiches gilt für die nachträgliche Anfechtung des Übertragungsvertrages. Die Anfechtung und erst recht die bloße Anfechtbarkeit des Anteilsübertragungsvertrages beseitigt die Legitimationswirkung der Aufnahme der Gesellschafterliste in das Handelsregister nicht (OLG Bremen, Urt. v. 21.10.2011 – 2 U 43/11; GmbHR 2012, 687). Dies stellt § 40 Abs. 2, der den Notar verpflichtet, die Gesellschafterliste ohne Rücksicht auf etwaige später eintretende Unwirksamkeitsgründe des Gesellschafterwechsel oder der Veränderung des Beteiligungsumfangs einzureichen, noch einmal ausdrücklich klar. Allein entscheidend, wer im Verhältnis zu der Gesellschaft als Gesellschafter zu behandeln ist, ist der Inhalt der in das Handelsregister aufgenommenen Gesellschafterliste. Der darin ausgewiesene vermeintliche Erwerber gilt im Verhältnis der Gesellschaft also auch dann als Gesellschafter, wenn der Abtretungsvertrag von vornherein nichtig ist oder später erfolgreich angefochten wurde. 23

Nach Abs. 1 Satz 2 gilt eine von dem Erwerber eines Geschäftsanteils in Bezug auf das Gesellschaftsverhältnis vorgenommene Rechtshandlung als von Anfang an (ex tunc) wirksam, wenn die Gesellschafterliste unverzüglich nach Vornahme der Rechtshandlung in das Handelsregister aufgenommen wird. Ausweislich der Begründung des Regierungsentwurfs des MoMiG (RegE, BT-Drucks. 16/6140, S. 90) trägt diese **Wirksamkeitsfiktion** dem Bedürfnis der Praxis Rechnung, dem Erwerber die Möglichkeit zu eröffnen, bereits vor Aufnahme der Liste in das Handelsregister unmittelbar nach Wirksamwerden des Erwerbs an der Fassung von Gesellschafterbeschlüssen mitzuwirken. Diese Möglichkeit ist etwa für den Erben des alleinigen Gesellschafter-Geschäftsführers bedeutsam, da er mangels Eintragung in die Gesellschafterliste sonst keinen Geschäftsführer bestellen könnte, der (erst) dann die neue, ihn als Gesellschafter ausweisende Liste einreichen kann (*Wachter* DB 2009, 159, s. hierzu auch *Roth/Altmeppen*, GmbHG § 16 Rn. 8). Derartige Rechtshandlungen sollen zunächst schwebend unwirksam sein. Wird die Liste unverzüglich nach Vornahme der Rechtshandlung in das Handelsregister aufgenommen, werden sie wirksam; fehlt es an der Unverzüglichkeit der Aufnahme, sind sie endgültig unwirksam (s. auch *Gasteyer/Goldschmidt* ZIP 2008, 1906 sowie *Barthel* GmbHR 2009, 569 zu den Rechtsfolgen einer unterbliebenen unverzüglichen Aufnahme). 24

Die Wirksamkeitsfiktion des Abs. 1 Satz 2 setzt voraus, dass die Gesellschafterliste **unverzüglich**, also ohne schuldhaftes Zögern (§ 130 BGB), nach Vornahme der Rechtshandlung in das Handelsregister aufgenommen wird. Dass diese Regelung die Rückwirkung damit – zumindest auch – von einem Umstand abhängig macht, der außerhalb der Sphäre der Beteiligten liegt, ist unproblematisch, weil die Gesellschafterliste elektronisch eingereicht wird, ein Verlust im Geschäftsgang des Handelsregisters also nicht zu befürchten ist. Der Sache nach kommt es deshalb auf die unverzügliche Einreichung der Liste durch die Geschäftsführer oder den Notar an, der die Aufnahme in das Handelsregister dann unmittelbar folgt. 25

C. Haftung für rückständige Einlageverpflichtungen (Abs. 2)

Abs. 2 knüpft in sprachlich bereinigter Form an die bisherige Regelung des § 16 Abs. 3 a. F. an. Danach haftet der Erwerber eines Geschäftsanteils neben dem Veräußerer für diejenigen Einlage- 26 verpflichtungen, die in dem Zeitpunkt der Aufnahme der neuen Gesellschafterliste in das Handelsregister rückständig sind. Über den Wortlaut der Vorschrift hinaus erfasst Abs. 2 nicht nur die aus § 14 folgende Einlageverpflichtung, sondern auch die Ausfallhaftung nach § 24 sowie die Haftung für Nachschüsse (§§ 26 ff.) und Nebenleistungen *Roth/Altmeppen* § 16 Rn. 25). Ob die Haftung des Erwerbers nach Abs. 2 auch die Fälle der verbotenen Rückzahlungen nach § 31 erfasst, wird unterschiedlich beantwortet. Die Solidarhaftung nach § 31 Abs. 3 fällt noch unproblematisch unter die Erwerberhaftung, weil sie nicht davon abhängt, dass der Verpflichtete auch etwas erlangt hat (*Roth/Altmeppen* § 16 Rn. 25). Problematischer sind die Fälle der Einlagenrückgewähr nach § 31 Abs. 1, weil dieser eine persönliche Haftung des Empfängers der Rückzahlung begründet, die dem Geschäftsanteil nicht als »dingliche Last« anhaftet (die Erwerberhaftung deshalb verneinend Lutter/*Hommelhoff* § 31 Rn. 7; Baumbach/Hueck/*Fastrich* § 16 Rn. 23; *Roth/Altmeppen* § 16 Rn. 27). Gleichwohl soll nach der Rechtsprechung auch die Empfängerhaftung nach § 31 Abs. 1 unter Abs. 2 fallen (OLG Köln, Urt. v. 31.03.2011 – 18 U 171/10; GmbHR 2011, 648). Nicht von Abs. 2 erfasst werden dagegen Verpflichtungen, die auf Drittgeschäften mit der Gesellschaft beruhen.

I. Rückständige Einlageverpflichtung

27 Rückständig ist eine Einlageverpflichtung, wenn sie **fällig, aber noch nicht bewirkt** ist (BGH, Urt. v. 04.03.1996 – II ZR 89/95; GmbHR 1996, 284; zur Beweislast: OLG Brandenburg, Urt. v. 05.04.2006 – 4 U 156/05; DB 2006, 996; LG Mönchengladbach, Urt. v. 10.08.1994 – 7 O 8/94; GmbHR 1995, 121; alle zu § 16 Abs. 3 a. F.). Wer zum Zeitpunkt des Fälligwerdens der Einlageverpflichtung Inhaber des Geschäftsanteils war, ist unerheblich. Die in Abs. 2 normierte Haftung knüpft an die gesetzliche Fiktion des Abs. 1 an. Dies bedeutet: Gilt der Inhaber eines Geschäftsanteils im Verhältnis zur Gesellschaft nicht als Gesellschafter, weil keine ihn ausweisende Gesellschafterliste in das Handelsregister aufgenommen wurde, haftet er der Gesellschaft gegenüber auch nicht auf die Einlageverpflichtung; es haftet neben dem Erwerber weiterhin derjenige, der in der zuletzt in das Handelsregister aufgenommen Gesellschafterliste in Bezug auf den Geschäftsanteil als Inhaber ausgewiesen ist. Die Anknüpfung der Haftung an die gesetzliche Fiktion des Abs. 1 bedeutet weiter: Die in Abs. 2 angeordnete Haftung soll auch dann gelten, wenn die **Übertragung des Geschäftsanteils unwirksam** war, weil es allein darauf ankommt, ob der Erwerber im Verhältnis zur Gesellschaft als neuer Gesellschafter gilt (BGH, Urt. v. 10.05.1982 – II ZR 89/81; NJW 1982, 2822; Urt. v. 15.04.1991 – II ZR 209/90; GmbHR 1991, 311; Urt. v. 14.02.2007 – VIII ZR 1/06; NJW 2007, 1059; a. A. OLG Hamm, Urt. v. 13.12.2005 – 27 U 43/05; ZIP 2006, 233; OLG Frankfurt am Main, Urt. v. 17.06.2009 – 13 U 104/08; ZIP 2009, 1522; alle zu § 16 Abs. 3 a. F.). Hierfür ist nicht die Wirksamkeit der Übertragung, sondern allein die Aufnahme der Gesellschafterliste in das Handelsregister nach Abs. 1 maßgeblich (s. o. Rdn. 22).

II. Gesamtschuldnerische Haftung von Veräußerer und Erwerber

28 Veräußerer und Erwerber haften für die rückständigen Einlageverpflichtungen als Gesamtschuldner i. S. d. §§ 421 ff. BGB (BGH, Urt. v. 26.09.1994 – II ZR 166/93; GmbHR 1995, 119; Urt. v. 25.02.1991 – II ZR 76/90; BB 1991, 714 zu § 16 Abs. 3 a. F.). Ob der in Anspruch Genommene gegen den anderen einen Ausgleichsanspruch nach § 426 BGB hat, richtet sich nach dem Inhalt der zwischen ihnen in dem Abtretungsvertrag oder dem diesem zugrunde liegenden Kausalgeschäft getroffenen Vereinbarung. Die Haftung nach Abs. 2 ist **zwingend** und kann daher im Gesellschaftsvertrag nicht ausgeschlossen oder gemildert werden (Lutter/Hommelhoff/*Bayer* GmbHG, § 16 Rn. 43; Scholz/*Winter* GmbHG, § 16 Rn. 41; beide zu § 16 Abs. 3 a. F.).

29 Ob die **Verpfändung** und die **Nießbrauchbestellung** ebenfalls eine gesamtschuldnerische Haftung des Pfandgläubigers und Nießbrauchberechtigten nach Abs. 2 auslöst, obwohl sie keinen Gesellschafterwechsel zur Folge haben, dürfte zweifelhaft sein (ablehnend Baumbach/Hueck/*Fastrich* § 16 Rn. 2/12; krit. auch *Geck* DStR 1996, 628; beide zu § 16 Abs. 3 a. F.). Dass die Haftung auch für die **Sicherungsabtretung** (OLG Hamm, Urt. v. 27.06.1983 – 8 U 225/82; GmbHR 1985, 22 zu § 16 Abs. 3 a. F.) und die Treuhandabtretung gilt, versteht sich dagegen von selbst. Hat der Gründer

einer **Vorrats-GmbH** das Stammkapital ordnungsgemäß eingezahlt, haftet er nicht nach Abs. 2, wenn die Erwerber der Geschäftsanteile das Stammkapital nach Aufnahme der Gesellschafterliste in das Handelsregister entnehmen (BGH, Urt. v. 09.01.2006 – II Zr 72/05; NJW 2006, 906 zu § 16 Abs. 3 a. F.).

D. Gutgläubiger Erwerb von Geschäftsanteilen (Abs. 3)

I. Allgemeines

Mit dem durch das MoMiG (s. Rdn. 1) neu eingefügten Abs. 3 wird der gutgläubige Erwerb von Geschäftsanteilen ermöglicht. Voraussetzung hierfür ist das Vorliegen eines **Vertrauenstatbestandes**, der durch den Inhalt der in das Handelsregister aufgenommenen Gesellschafterliste gesetzt wird. Die tatsächliche Kenntnisnahme des Erwerbers von dem Inhalt der Gesellschafterliste ist dafür nicht erforderlich; Abs. 3 schützt den abstrakten guten Glauben in die Richtigkeit der Liste. Ein gutgläubiger Erwerb von Geschäftsanteilen ist **nur bei rechtsgeschäftlicher Übertragung** möglich; er scheidet folglich bei anderen Erwerbstatbeständen, insbesondere bei der Gesamtrechtsnachfolge aus. Abs. 3 gilt demgegenüber auch für die Einräumung von **dinglichen Rechten** an einem Geschäftsanteil (»oder ein Recht daran«), sodass bei Vorliegen der tatbestandlichen Voraussetzungen auch der gutgläubige Erwerb eines Pfandrechts oder eines Nießbrauchrechts an dem Geschäftsanteil möglich ist, wenn der Besteller als Gesellschafter in die Gesellschafterliste eingetragen ist. Ein gutgläubiger Erwerb scheidet demgegenüber aus, wenn der Geschäftsanteil gar nicht existiert oder wenn der Erwerber nicht über die Berechtigung des Veräußerers, also die Rechtsinhaberschaft, sondern lediglich über dessen Verfügungsbefugnis irrt (BGH, Beschl. v. 20.09.2011 – II ZB 17/10; ZIP 2011, 2144; OLG München, Beschl. v. 11.03.2011 – 31 Wx 162/10; ZIP 2011, 612 n.rk.). Auch ein gutgläubiger lastenfreier Erwerb eines Geschäftsanteils ist nicht möglich (BGH a. a. O., [2144]), weil die Belastungen nicht eintragungsfähig sind und es damit an einem Bezugspunkt für den guten Glauben fehlt (vgl. Rdn. 3).

30

II. Eintragung in die Gesellschafterliste (Satz 1); Ausschluss des Vertrauensschutzes (Satz 2)

Der Erwerber eines Geschäftsanteils darf darauf vertrauen, dass die zuletzt in das Handelsregister aufgenommene Gesellschafterliste richtig ist, d. h. derjenige, der in dieser als Gesellschafter aufgeführt ist, auch Inhaber des betreffenden Geschäftsanteils ist (Satz 1). Dies gilt nach Satz 2 allerdings nicht, wenn die Liste zum Zeitpunkt des Erwerbs hinsichtlich des Geschäftsanteils weniger als 3 Jahre unrichtig und die Unrichtigkeit dem Berechtigten nicht zuzurechnen ist. Hieraus folgt, dass dann, wenn die Unrichtigkeit der Liste dem Berechtigten zuzurechnen ist, ein gutgläubiger Erwerb sofort, also ohne Ablauf der Dreijahresfrist, eintritt. Dies ist auch interessengerecht, weil der Berechtigte, der den Geschäftsanteil auf diese Weise verliert, nicht schutzwürdig ist.

31

Die **Dreijahresfrist** beginnt mit Aufnahme der Liste in das Handelsregister, die erstmals einen Nichtberechtigten als Inhaber des Geschäftsanteils ausweist. Wird anschließend eine bezüglich des Geschäftsanteils richtige Liste eingereicht, so beginnt hinsichtlich dieses Geschäftsanteils die Dreijahresfrist erneut, wenn später erneut eine unrichtige Liste in das Handelsregister aufgenommen wird (RegE, BT-Drucks. 16/6140, S. 93). Werden dagegen weitere Listen eingereicht, die durchgehend nicht den wahren Berechtigten als Inhaber des Geschäftsanteils ausweisen, werden sie insoweit als eine fortgeschriebene Liste behandelt (OLG München, Beschl. v. 08.09.2009 – 31 Wx 82/09; ZIP 2009, 1911). Wird eine ursprünglich richtige Liste nachträglich unrichtig, so beginnt die Dreijahresfrist mit diesem Zeitpunkt (*Götze/Bressler* NZG 2007, 894).

32

Wann die Unrichtigkeit der Gesellschafterliste dem Berechtigten **zuzurechnen** ist, sagt das Gesetz nicht und ist auf der Grundlage einer Risikoverteilung vorzunehmen, im Rahmen derer ein Verschulden des Berechtigten als wertender Gesichtspunkt berücksichtigt werden kann aber nicht muss (näher zum Merkmal der Zurechenbarkeit *Apfelbaum* BB 2008, 2470; *Bednarz* BB 2008, 1854). **Nicht** zuzurechnen ist die fehlerhafte Liste einem Berechtigten jedenfalls dann, wenn sie gefälscht wurde (*Apfelbaum* BB 2008, 2470) oder ohne Kenntnis und Mitwirkung des Berechtig-

33

ten eingereicht wurde. Umgekehrt liegt eine zurechenbare Unrichtigkeit etwa dann vor, wenn der Scheinerbe eines Gesellschafters in die Gesellschafterliste eingetragen wird und sich der wahre Erbe als materiell Berechtigter nicht darum kümmert, dass die Gesellschafterliste geändert wird und seine Rechtsstellung richtig wiedergibt (RegE, BT-Drucks. 16/6140, S. 93). Ob jeder Berechtigte künftig gehalten ist, die Gesellschafterliste spätestens alle 3 Jahre zu überprüfen, um den Vorwurf der Obliegenheitsverpflichtung und damit die Zurechenbarkeit der Unrichtigkeit zu vermeiden (in diese Richtung tendiert *Bednarz* BB 2008, 1854), erscheint zweifelhaft, da ein Gesellschafter auch unter Zugrundelegung einer Risikoverteilung zwischen den Beteiligten keine Veranlassung hat, ohne konkreten Anlass oder Verdacht, die Angaben im Handelsregister regelmäßig auf ihre Richtigkeit zu prüfen.

III. Kenntnis von der Unrichtigkeit, Widerspruch (Satz 3)

34 Ebenso wie bei § 932 Abs. 2 BGB für bewegliche Sachen scheidet auch bei Geschäftsanteilen ein gutgläubiger Erwerb aus, wenn dem Erwerber die Unrichtigkeit der Gesellschafterliste in Bezug auf den Veräußerer, also dessen mangelnde materielle Berechtigung, bekannt oder infolge grober Fahrlässigkeit unbekannt ist. **Grob fahrlässige Unkenntnis** liegt vor, wenn der Erwerber die im Verkehr erforderliche Sorgfalt in ungewöhnlich hohem Maße verletzt und dasjenige unbeachtet lässt, was im gegebenen Fall sich jedem hätte aufdrängen müssen (BGH, Urt. v. 09.02.2005 – VIII ZR 82/03; NJW 2005, 1365 zu § 932 Abs. 2 BGB). Hat der Käufer im Vorfeld des Anteilskaufs eine **Due Diligence** durchgeführt, schließt dies seinen guten Glauben nur dann aus, wenn er trotz konkreter Zweifel an der Rechtsinhaberschaft diesbezügliche Nachforschungen unterlassen hat (*Zessel* GmbHR 2009, 303; s. zum Umfang einer Due Diligence im Vorfeld eines Anteilserwerbs auch *Rodewald* GmbHR 2009, 196). **Maßgeblicher Zeitpunkt** für die Kenntnis oder grob fahrlässige Unkenntnis ist grundsätzlich der Abschluss des notariellen Abtretungsvertrages; eine danach erlangte Kenntnis ist unbeachtlich. Hängt die Wirksamkeit der Anteilsabtretung allerdings von der Erteilung einer Genehmigung ab (z. B. bei gesellschaftsvertraglicher Vinkulierung) ist der Zeitpunkt maßgeblich, zu dem diese Genehmigung erteilt wird. Steht demgegenüber – wie in der Praxis sehr häufig – die Abtretung des Geschäftsanteils unter einer aufschiebenden Bedingung, ist eine Kenntnis zwischen Abschluss des Abtretungsvertrages und Eintritt der Bedingung unschädlich (a. A. *Zessel* GmbHR 2009, 303 für den Fall, dass »die Parteien Einfluss auf den Bedingungseintritt« haben).

35 Ein gutgläubiger Erwerb scheidet auch aus, wenn der Gesellschafterliste ein **Widerspruch** zugeordnet ist. Diese Regelung ermöglicht dem wahren Berechtigten, innerhalb von 3 Jahren nach Eintritt der – ihm nicht zurechenbaren (s. o. Rdn. 31) – Unrichtigkeit der Liste einen gutgläubigen Erwerb des ihm zustehenden Geschäftsanteils auszuschließen, indem er die Zuordnung eines Widerspruchs zur Gesellschafterliste veranlasst. Zur Verhinderung von Missbräuchen setzt die Zuordnung eines Widerspruchs in Anlehnung an § 899 Abs. 2 BGB voraus, dass entweder derjenige zustimmt, gegen dessen Inhaberschaft sich der Widerspruch richtet, oder eine entsprechende einstweilige Verfügung vorliegt (Satz 4). Für den Erlass einer solchen einstweiligen Verfügung muss lediglich der Anspruch auf Einreichung einer korrigierten Liste (s. o. Rdn. 17), nicht aber auch eine darüber hinausgehende Gefährdung des Rechts des Widersprechenden glaubhaft gemacht werden (Satz 5) (zur Möglichkeit eines Widerspruchs bei Optionsgeschäften trotz Richtigkeit der Gesellschafterliste *Kamlah* GmbHR 2009, 841). Der Widerspruch verhindert nur den gutgläubigen Erwerb des Geschäftsanteils, nicht jedoch die Legitimationswirkung des Abs. 1. Der in der Gesellschafterliste Eingetragene gilt deshalb im Verhältnis zur Gesellschaft auch dann als Gesellschafter, wenn gegen die Eintragung in die Liste die Zuordnung eines Widerspruchs erfolgte.

Die Löschung des Widerspruchs gegen eine Gesellschafterliste ist als »actus contrarius« zur Zuordnungsmöglichkeit des Abs. 3 Satz 4 zulässig; ein einfacherer Weg durch Einreichung einer neuen Gesellschafterliste besteht nicht (KG, Beschl. v. 17.05.2013 – 12 W 30/12; NJW 2013, 2291).

IV. Gutgläubiger Erwerb bei aufschiebend bedingter Anteilsübertragung

Da die Wirksamkeit einer aufschiebend bedingten Abtretung von dem tatsächlichen Eintritt der Bedingung – zumeist ist es in der Praxis die Zahlung des Kaufpreises – abhängt, liegt ein Wechsel der Inhaberschaft an dem Geschäftsanteil und damit eine Veränderung in der Person des Gesellschafters noch nicht vor. Die **Einreichung einer neuen Gesellschafterliste**, die bloß auf die aufschiebend bedingte Anteilsübertragung hinweist und damit die Veränderung lediglich ankündigt, scheidet deshalb aus. Einzureichen ist die Gesellschafterliste vielmehr **erst nach Eintritt der Bedingung** (BGH, Beschl. v. 20.09.2009 – II ZB 17/10; ZIP 2011, 2141; ebenso OLG Hamburg, Beschl. v. 12.07.2010 – 11 W 51/10; GmbHR 2011, 32 = ZIP 2010, 2097 als Vorinstanz; OLG München, Beschl. v. 08.09.2009 – 31 Wx 82/09; NJW 2010, 305 = ZIP 2009, 1911).

36

Tritt der bis zum Eintritt der Bedingung noch als Gesellschafter eingetragene Veräußerer denselben Geschäftsanteil vor Eintritt der Bedingung erneut an einen Dritten unbedingt ab, stellt sich die Frage, ob dieser den Geschäftsanteil im – abstrakten – Vertrauen auf die sich aus der Gesellschafterliste ergebende Rechtsinhaberschaft des Veräußerers gutgläubig erwerben kann, wenn die aufschiebende Bedingung später eintritt. Die **Rechtsprechung verneint** einen solchen **gutgläubigen Zwischenerwerb** des Dritten (BGH, Beschl. v. 20.09.2011 – II ZB 17/10; ZIP 2011, 2141 mit zahlreichen Nachweisen zur gegenteiligen Auffassung im Schrifttum; ebenso OLG Hamburg, Beschl. v. 12.07.2010 – 11 W 51/10; GmbHR 2011, 32 = ZIP 2010, 2097 als Vorinstanz; OLG München, Beschl. v. 11.03.2011 – 31 Wx 162/10; GmbHR 2011, 425 = ZIP 2011, 612) und begründet dies mit § 161 Abs. 1 BGB, der die (absolute) Unwirksamkeit von Zwischenverfügungen anordnet. Dem stehe auch § 161 Abs. 3 BGB nicht entgegen, weil § 16 Abs. 3 BGB nur an die Rechtsinhaberschaft des Verfügenden, nicht aber auch an dessen Verfügungsfreiheit anknüpfe und deshalb einen gutgläubigen »bedingungsfreien« Erwerb, also den gutgläubigen Erwerb eines lastenfreien Geschäftsanteils, gerade nicht ermöglichen wolle (s. auch oben Rdn. 30; zusammenfassend *Mayer/Färber* GmbHR 2011, 785; kritisch *Bayer* GmbHR 2011, 1254; *Brandes* GmbHR 2012, 545).

37

Damit ist auch die Frage beantwortet, ob und welche Möglichkeiten die Parteien einer aufschiebend bedingten Anteilsübertragung haben, einen gutgläubigen Zwischenerwerb durch einen Dritten – etwa durch die Einreichung eines von dem Veräußerer bewilligten Widerspruchs – vorsorglich zu verhindern: keine. Da, so die Folgerung der Rechtsprechung, ein solcher gutgläubiger Zwischenerwerb nicht möglich sei, sei die Zuordnung eines Widerspruchs zur beim Handelsregister eingereichten Gesellschafterliste weder erforderlich noch zulässig (OLG München, Beschl. v. 11.03.2011 – 31 Wx 162/10; ZIP 2011, 612; a. A. LG Köln, Beschl. v. 16.06.2009 – 88 T 13/09; GmbHR 2009, 1215).

38

V. Übergangsvorschrift (§ 3 Abs. 3 EGGmbHG)

Bei Gesellschaften, die vor Inkrafttreten des MoMiG am 01.11.2008 gegründet worden sind, findet Abs. 3 für den Fall, dass die Unrichtigkeit der Gesellschafterliste bereits vor dem 01.11.2008 vorhanden und dem Berechtigten zuzurechnen ist, hinsichtlich des betreffenden Geschäftsanteils frühestens auf Rechtsgeschäfte nach dem 01.05.2009 Anwendung. Ist die Unrichtigkeit dem Berechtigten nicht zuzurechnen, so ist nicht der 01.05.2009, sondern der 01.11.2011 maßgebend (§ 3 Abs. 3 EGGmbHG). Im Fall der Zurechnung der Unrichtigkeit der Liste ist mithin ein gutgläubiger Erwerb frühestens bei Rechtsgeschäften nach dem 01.05.2009 möglich; fehlt es an einer Zurechnung, findet ein gutgläubiger Erwerb frühestens nach dem 01.11.2011 statt.

39

§ 17

(weggefallen)

§ 17 wurde durch das am 01.11.2008 in Kraft getretene Gesetz zur Modernisierung des GmbH-Rechts und zur Bekämpfung von Missbräuchen (MoMiG – Gesetz vom 23.10.2008, BGBl. I,

S. 2026) ersatzlos gestrichen. Die nach altem Recht bestehenden Einschränkungen in Bezug auf die Teilung von Geschäftsanteilen und der gleichzeitigen Übertragung von mehreren Teilen von Geschäftsanteilen an denselben Erwerber sind damit entfallen. Den Gesellschaftern ist damit sowohl bei der Errichtung der Gesellschaft als auch bei der späteren Übertragung von Geschäftsanteilen freigestellt, in den Grenzen des § 5 individuell über die Stückelung und die Höhe der Nennbeträge der Geschäftsanteile zu entscheiden.

§ 18 Mitberechtigung am Geschäftsanteil

(1) Steht ein Geschäftsanteil mehreren Mitberechtigten ungeteilt zu, so können sie die Rechte aus demselben nur gemeinschaftlich ausüben.

(2) Für die auf den Geschäftsanteil zu bewirkenden Leistungen haften sie der Gesellschaft solidarisch.

(3) [1]Rechtshandlungen, welche die Gesellschaft gegenüber dem Inhaber des Anteils vorzunehmen hat, sind, sofern nicht ein gemeinsamer Vertreter der Mitberechtigten vorhanden ist, wirksam, wenn sie auch nur gegenüber einem Mitberechtigten vorgenommen werden. [2]Gegenüber mehreren Erben eines Gesellschafters findet diese Bestimmung nur in bezug auf Rechtshandlungen Anwendung, welche nach Ablauf eines Monats seit dem Anfall der Erbschaft vorgenommen werden.

Übersicht	Rdn.		Rdn.
A. Allgemeines	1	1. Ausübung durch übereinstimmendes Handeln	6
B. Mitberechtigung am Geschäftsanteil (Abs. 1)	2	2. Ausübung durch gemeinsamen Vertreter	8
I. Allgemeines	2	C. Haftung der Mitberechtigten (Abs. 2)	10
II. Bruchteilsgemeinschaft, Gesamthandsgemeinschaft	3	D. Rechtshandlungen gegenüber den Mitberechtigten (Abs. 3)	13
III. Gemeinschaftliche Ausübung	5		

A. Allgemeines

1 Wird ein Geschäftsanteil nicht von einer einzelnen Person, sondern von mehreren **gemeinschaftlich gehalten**, kann unklar sein, wer die aus dem Geschäftsanteil folgenden Mitgliedschaftsrechte auszuüben berechtigt ist und an wen sich die Gesellschaft in allen den Geschäftsanteil betreffenden Angelegenheiten zu halten hat. § 18 trägt der Gefahr einer hieraus entstehenden Rechtsunsicherheit Rechnung, indem er zum Schutz der Gesellschaft Regeln aufstellt, die dieser den Rechtsverkehr mit den Mitberechtigten an dem Geschäftsanteil erleichtern.

B. Mitberechtigung am Geschäftsanteil (Abs. 1)

I. Allgemeines

2 Abs. 1 bestimmt, dass mehrere an einem Geschäftsanteil Berechtigte die aus dem Geschäftsanteil folgenden Mitgliedschaftsrechte nur gemeinschaftlich ausüben können. Eine solche Mitberechtigung besteht, wenn mehrere natürliche oder juristische Personen oder Personengemeinschaften gemeinsam Inhaber eines Geschäftsanteils sind. Dies ist bei **Bruchteils-** und **Gesamthandsgemeinschaften** an dem Geschäftsanteil der Fall, nicht dagegen bei einer Unterbeteiligung, einem Nießbrauch oder einem Pfandrecht an dem Geschäftsanteil, weil diese lediglich schuldrechtliche bzw. beschränkte Rechte an dem Geschäftsanteil vermitteln (Baumbach/Hueck/*Fastrich* § 18 Rn. 2; Michalski/*Ebbing* § 18 Rn. 7). Von § 18 ebenfalls nicht erfasst werden die Fälle, in denen der Geschäftsanteil von einer juristischen Person, Personenmehrheiten mit eigener Rechtspersönlichkeit oder Personenhandelsgesellschaften gehalten werden. Ob hierzu auch die BGB-Gesellschaft als Außengesellschaft infolge ihrer zwischenzeitlich anerkannten Teilrechtsfähigkeit zählt, wird inzwischen mehrheitlich bejaht

(Baumbach/Hueck/*Fastrich* § 18 Rn. 2; *Roth/Altmeppen* § 18 Rn. 6; analoge Anwendung: Lutter/ Hommelhoff/*Bayer* GmbHG, § 18 Rn. 2; Michalski/*Ebbing* § 18 Rn. 18 ff.; verneinend dagegen: Scholz/*Winter* GmbHG, § 18 Rn. 3a).

II. Bruchteilsgemeinschaft, Gesamthandsgemeinschaft

Bei der **Bruchteilsgemeinschaft** (§§ 741 ff. BGB) steht jedem Teilhaber ein ideeller, rechnerischer Anteil an dem ungeteilten Geschäftsanteil zu. Über diesen Anteil kann jeder Teilhaber frei verfügen, während die Übertragung des Geschäftsanteils nur durch alle möglich ist (§ 747 BGB). Eine Bruchteilsgemeinschaft kann dadurch entstehen, dass ein ungeteilter Geschäftsanteil an mehrere Personen abgetreten wird, ohne dass diese eine Gesamthandsgemeinschaft bilden. Möglich ist auch, dass nicht der Geschäftsanteil oder ein Teil des Geschäftsanteils, sondern lediglich ein ideeller, rechnerischer Teil des Geschäftsanteils auf einen einzigen Erwerber abgetreten wird, der dann mit dem Veräußerer eine Bruchteilsgemeinschaft bildet. In beiden Fällen bleibt der Geschäftsanteil ungeteilt.

Als **Gesamthandsgemeinschaft** an dem Geschäftsanteil kommen insbesondere die Erbengemeinschaft (§§ 2032 ff. BGB), die Gütergemeinschaft (§§ 1415 ff. BGB) und die BGB-Gesellschaft (§§ 705 ff. BGB) in Betracht, Letztere jedenfalls dann, wenn sie nur reine Innengesellschaft ist (s. o. Rdn. 2). Die Mitberechtigten sind nicht jeder für sich Gesellschafter (BGH, Urt. v. 03.11.1980 – II ZB 1/79; NJW 1981, 682), sondern immer nur gemeinsam mit den anderen Teilhabern der Bruchteilsgemeinschaft oder den anderen Gesamthandsberechtigten.

III. Gemeinschaftliche Ausübung

Durch die Anordnung der gemeinschaftlichen Ausübung der Rechte aus dem Geschäftsanteil soll Rechtsklarheit für die Gesellschaft geschaffen werden. § 18 dient insoweit dem Schutz der Gesellschaft. Die gemeinschaftliche Ausübung der Rechte aus dem Geschäftsanteil kann dadurch erfolgen, dass alle Mitberechtigten übereinstimmend **gemeinsam handeln** oder einen **gemeinsamen Vertreter** bestellen, der in ihrem Namen handelt.

1. Ausübung durch übereinstimmendes Handeln

Zu der gemeinschaftlichen Ausübung durch übereinstimmendes Handeln zählt auch die gemeinsame Ausübung des Stimmrechts, sodass allen Mitberechtigten ein Recht zur Teilnahme an den Gesellschafterversammlungen zusteht. Die gemeinsame Ausübung der Mitgliedschaftsrechte kann **nur einheitlich** erfolgen, d. h. kommt unter den Mitberechtigten keine Einigung über die Rechtsausübung zustande, so kann das Recht nicht ausgeübt werden (BayObLG, Urt. v. 21.10.1997 – XI ZR 296/96; BB 1997, 2547). Unterliegt einer der Mitberechtigten einem **Stimmrechtsverbot** (vgl. dazu § 47 Rdn. 31 ff.), soll die Ausübung des Stimmrechts nicht generell für den gemeinschaftlich gehaltenen Geschäftsanteil ausgeschlossen, sondern zu fragen sein, ob der Zweck des Stimmrechtsverbots den Gesamtausschluss vom Stimmrecht gebietet. Dies ist nur dann der Fall, wenn zu besorgen ist, dass die Mitberechtigten in gleicher Weise das Stimmrecht unsachlich ausüben (BGH, Urt. v. 14.12.1967 – II ZR 30/67; NJW 1968, 743).

Üben die Mitberechtigten die Rechte aus dem Geschäftsanteil durch übereinstimmendes Handeln aus, also ohne einen gemeinsamen Vertreter bestellt zu haben, kann fraglich werden, welche Auswirkungen es auf die gemeinschaftliche Ausübung der Rechte aus dem Geschäftsanteil hat, wenn das für die Bruchteils- oder Gesamthandsgemeinschaft anzuwendende Recht die **Möglichkeit der Rechtsausübung durch eine Mehrheit** der Mitberechtigten oder durch einen einzelnen Mitberechtigten vorsieht (§§ 745 Abs. 1, 744 Abs. 2 BGB für die Bruchteilsgemeinschaft, § 2038 Abs. 2 BGB für die Erbengemeinschaft; entsprechende Regelungen im Gesellschaftsvertrag sowie § 744 Abs. 2 BGB analog für die BGB-Gesellschaft). Die Rechtsprechung hat für den Fall, dass sämtliche Erben in der Gesellschafterversammlung der GmbH anwesend sind und über die Ausübung des aus dem gesamthänderisch gehaltenen Geschäftsanteil folgenden Stimmrechts mehrheitlich entscheiden und an dieser Mehrheitsentscheidung kein Zweifel besteht, angenommen, dass ein solches

§ 18 GmbHG Mitberechtigung am Geschäftsanteil

Mehrheitsvotum als einheitliche Stimmabgabe i. S. d. § 18 Abs. 1 zu werten ist (OLG Karlsruhe, Urt. v. 15.04.1994 – 15 U 143/93; GmbHR 1995, 826; ebenso OLG Jena, Urt. v. 18.04.2012 – 2 U 523/11; ZIP 2012. 2110; ablehnend Scholz/*Winter* GmbHG, § 18 Rn. 20; Michalski/*Ebbing* § 18 Rn. 44). Im gleichen Sinne hat der BGH entschieden, dass ein einzelnes Mitglied einer Erbengemeinschaft eine Anfechtungsklage auch alleine erheben kann, weil § 2038 Abs. 1 Satz 2 Halbs. 2 BGB jedem einzelnen die Befugnis zur Ergreifung notwendiger Erhaltungsmaßnahmen einräume und hierunter auch die rechtzeitige Erhebung einer Anfechtungsklage falle, weil nur sie einen rechtswidrigen Beschluss beseitigen könne (BGHZ 108, 21; i. Erg., jedoch mit abweichender Begründung, zustimmend Michalski/*Ebbing* § 18 Rn. 44).

2. Ausübung durch gemeinsamen Vertreter

8   Die Mitberechtigten können aber auch entscheiden, die Rechte aus dem Geschäftsanteil durch einen gemeinsamen Vertreter auszuüben. Der Gesellschaftsvertrag kann dies auch zwingend anordnen und nähere Bestimmungen zu der Person des gemeinsamen Vertreters treffen, z. B. vorschreiben, dass dieser ein Gesellschafter sein muss (BGH, Urt. v. 17.10.1988 – II ZR 18/88; GmbHR 1989, 121; OLG Jena ZIP, Urt. v. 18.04.2012 – 2 U 523/11; ZIP 2012, 2108; einschränkend für höchstpersönliche Mitgliedschaftsrechte wie Kündigungs- oder Informationsrecht *K. Schmidt* ZHR 146 [1982], 535). Ist dies nicht geschehen, steht den Mitberechtigten die Auswahl des Vertreters (oder mehrerer als Gesamtvertreter) sowie der zeitliche und sachliche Umfang der Vertretungsbefugnis grundsätzlich frei. Grenzen ergeben sich dort, wo das auf die Bruchteils- oder Gesamthandsgemeinschaft anzuwendende Recht eine bestimmte Person als gemeinsamen Vertreter zwingend vorschreibt. Ist etwa über einen Geschäftsanteil die Testamentsvollstreckung angeordnet oder unterliegt der Geschäftsanteil der Nachlassverwaltung, so kann die Erbengemeinschaft nur von dem Testamentsvollstrecker (§ 2205 BGB) oder Nachlassverwalter (§ 1984 BGB) gegenüber der Gesellschaft vertreten werden. Der Testamentsvollstrecker ist demzufolge dazu berechtigt, die Gesellschafterrechte eines zum Nachlass gehörenden Geschäftsanteils wahrzunehmen und auszuüben, soweit seine Verwaltungsbefugnis reicht (OLG Frankfurt am Main, Urt. v. 16.09.2008 – 5 U 187/07; GmbHR 2009, 152). Die gesetzlichen Vertreter sind mithin jeweils gemeinsame Vertreter **kraft Amtes**. Entsprechendes gilt für die eheliche Gütergemeinschaft, wenn der Ehevertrag die Verwaltung des Gesamtgutes durch einen Ehegatten anordnet (§ 1421 Satz 1 BGB), und für die BGB-Gesellschaft, wenn deren Geschäftsführung und Vertretung einem oder mehreren Gesellschaftern übertragen wurde (§§ 710, 714 BGB).

9   **Bestellung und Widerruf** des gemeinsamen Vertreters richten sich nach dem für die Bruchteils- oder Gesamthandsgemeinschaft geltenden Recht (BGH, Urt. v. 14.12.1967 – II ZR 30/67; NJW 1968, 743). Da sich der gemeinsame Vertreter gegenüber der Gesellschaft **legitimieren** muss (§ 174 BGB), ist eine schriftliche Bestellung ratsam, zumal die Ausübung des aus dem gemeinschaftlich gehaltenen Geschäftsanteil folgenden Stimmrechts durch den gemeinsamen Vertreter ohnehin einer schriftlichen Stimmrechtsvollmacht bedarf (§ 47 Abs. 3; zur Möglichkeit der mündlichen Erteilung in einer Gesellschafterversammlung BGH, Urt. v. 14.12.1967 – II ZR 30/67; NJW 1968, 743). Auch wenn die Mitberechtigten einen gemeinsamen Vertreter bestellt haben, können sie die gemeinschaftliche Ausübung der Rechte aus dem Geschäftsanteil jederzeit wieder an sich ziehen, wenn und soweit das auf die Bruchteils- oder Gesamthandsgemeinschaft anzuwendende Recht nichts Gegenteiliges bestimmt (s. o. Rdn. 7).

C. Haftung der Mitberechtigten (Abs. 2)

10 Für die auf den Geschäftsanteil zu bewirkenden Leistungen haften die Mitberechtigten der Gesellschaft solidarisch, d. h. als **Gesamtschuldner** (§ 421 BGB). Die gesamtschuldnerische Haftung ist zwingend, kann also durch den Gesellschaftsvertrag nicht abbedungen werden (OLG Hamm, Beschl. v. 18.12.1995 – 15 W 413/95; GmbHR 1996, 364). Auch abweichende Regelungen innerhalb der Bruchteils- oder Gesamthandsgemeinschaft wirken nur intern, also im Verhältnis der Mitberechtigten zueinander.

Für die **Erbengemeinschaft** folgt die gesamtschuldnerische Haftung bereits aus § 2058 BGB. Die Besonderheit besteht allerdings darin, dass bis zur Teilung des Nachlasses jeder Miterbe die Berichtigung der Nachlassverbindlichkeiten aus seinem sonstigen Vermögen verweigern kann (§ 2059 Abs. 1 Satz 1 BGB). Haftet der Erbe bereits unbeschränkbar, kann er die Haftung mit seinem sonstigen Vermögen auf den Teil der Verbindlichkeit beschränken, der seinem ideellen Anteil an dem Geschäftsanteil entspricht (§ 2059 Abs. 1 Satz 2 BGB). Die Gesellschaft hat die Möglichkeit, auf die Einrede der beschränkten Miterbenhaftung mit der Kaduzierung des von der Erbengemeinschaft gehaltenen Geschäftsanteils wegen rückständiger Einlagen (§ 21) oder mit der Fiktion der Preisgabe des Geschäftsanteils wegen rückständiger Nachschüsse (§ 27 Abs. 1 Satz 2) zu reagieren.

11

Die gesamtschuldnerische Haftung besteht für die »auf den Geschäftsanteil zu bewirkenden Leistungen«. Hierunter fallen **alle Leistungen**, die die Mitberechtigten aufgrund ihrer Stellung als Gesellschafter (nicht aus Drittgeschäften) schulden (insbesondere Stammeinlagen und Nachschüsse), einschließlich solcher, für die die Mitberechtigten nach § 16 Abs. 3 haften (näher zu der Frage, ob hierunter auch Schadensersatzansprüche aus Treuepflichtverletzungen fallen *Limmer* ZIP 1993, 413). Höchstpersönliche Verpflichtungen, wie etwa die Pflicht zur Geschäftsführung, werden von der gesamtschuldnerischen Haftung nicht erfasst (Baumbach/Hueck/*Fastrich* § 18 Rn. 7; Scholz/*Winter* GmbHG, § 18 Rn. 31).

12

D. Rechtshandlungen gegenüber den Mitberechtigten (Abs. 3)

Abs. 3 bestimmt, dass Rechtshandlungen, die die Gesellschaft gegenüber dem Inhaber eines Geschäftsanteils vorzunehmen hat, auch dann wirksam sind, wenn sie nur gegenüber einem Mitberechtigten vorgenommen werden, sofern die Mitberechtigten keinen gemeinsamen Vertreter bestimmt haben (s. dazu Rdn. 8 f.). Diese Regelung folgt praktischen Bedürfnissen; sie soll der Gesellschaft den Rechtsverkehr mit den aus Personenmehrheiten bestehenden Gesellschaftern erleichtern. Der Begriff der »Rechtshandlung« meint sämtliche **einseitigen Rechtsgeschäfte** und geschäftsähnliche Handlungen (z. B. Einforderung von Leistungen auf die Stammeinlagen, Einladung zur Gesellschafterversammlung – hierzu BGH, Urt. v. 14.12.1967 – II ZR 30/67; NJW 1968, 743 –, Mahnungen, Kündigungen, Kaduzierung). Der Abschluss von Verträgen zählt ebenso wenig dazu wie Zahlungen an den Gesellschafter (allg. Meinung; Baumbach/Hueck/*Fastrich* § 18 Rn. 9; Lutter/Hommelhoff/*Bayer* GmbHG, § 18 Rn. 6; Scholz/*Winter* GmbHG, § 18 Rn. 34).

13

Die Wirksamkeit einer gegenüber einem Mitberechtigten vorgenommenen Rechtshandlung auch im Verhältnis zu allen anderen Mitberechtigten greift nur dann, wenn **kein gemeinsamer Vertreter** vorhanden ist. Dies ist folgerichtig, da bei der Bestellung eines gemeinsamen Vertreters der Gesellschaft ein für alle handelnder Adressat bekannt ist und für die Erstreckung der Wirksamkeit kein Bedürfnis besteht. Ein gemeinsamer Vertreter ist dann »vorhanden« i. S. d. Abs. 3, wenn er von den Mitberechtigten wirksam bestellt wurde (s. Rdn. 8 f.) oder die Voraussetzungen für die Vertretereigenschaft kraft Amtes vorliegen (s. Rdn. 8) und die Gesellschaft Kenntnis hierüber hat. Ob eine Mitteilung des gemeinsamen Vertreters nach § 16 Abs. 1 GmbHG erforderlich ist, ist streitig (bejahend: Scholz/*Winter* GmbHG, § 18 Rn. 35; Michalski/*Ebbing* § 18 Rn. 51; verneinend: Baumbach/Hueck/*Fastrich* § 18 Rn. 5). In der Praxis dürfte diese Frage nicht besonders relevant werden. Sie stellt sich vornherein nur dann, wenn die Unterrichtung der Gesellschaft von der Bestellung unterblieben ist, die Gesellschaft jedoch anderweitige Kenntnis hiervon hat. Ein solcher Fall dürfte nicht häufig sein, da sich der gemeinsame Vertreter auch dann, wenn man eine Anmeldung nicht für erforderlich hält, der Gesellschaft gegenüber jedenfalls legitimieren muss (s. o. Rdn. 9) und hierin zwanglos eine Mitteilung gesehen werden könnte. Auch wenn ein gemeinsamer Vertreter vorhanden ist, kann die Gesellschaft ihre Rechtshandlungen unmittelbar gegenüber den Mitberechtigten vornehmen, wenn das für die Gemeinschaft anzuwendende Recht dem nicht entgegensteht oder der gemeinsame Vertreter diese Position nicht kraft Amtes ausübt (s. o. Rdn. 8). Abs. 3 gilt in einem solchen Fall allerdings nicht, d. h. die Gesellschaft muss die Rechtshandlung gegenüber allen Mitberechtigten vornehmen (Baumbach/Hueck/*Fastrich* § 18 Rn. 10; Lutter/Hommelhoff/*Bayer* GmbHG, § 18 Rn. 8; Scholz/*Winter* GmbHG, § 18 Rn. 35).

14

15 Gegenüber mehreren **Erben** eines Gesellschafters findet Abs. 3 nur in Bezug auf Rechtshandlungen Anwendung, die nach Ablauf eines Monats seit dem Anfall der Erbschaft vorgenommen werden. Der »Anfall der Erbschaft« meint den Erbfall, d. h. den Zeitpunkt des Todes des Erblassers (§ 1922 BGB). In dem Zeitraum von einem Monat nach dem Erbfall kann die Gesellschaft Rechtshandlungen also nur gegenüber allen Erben vornehmen und erst danach gegenüber einem mit Wirkung für alle. Diese Einschränkung dient dazu, den Erben ausreichend Zeit einzuräumen, sich über die Annahme der Erbschaft und die Bestellung eines gemeinsamen Vertreters schlüssig zu werden (Scholz/*Winter* GmbHG, § 18 Rn. 36; Michalski/*Ebbing* § 18 Rn. 79). Ist über einen Geschäftsanteil die Testamentsvollstreckung angeordnet oder unterliegt der Geschäftsanteil der Nachlassverwaltung, so kann die Erbengemeinschaft nur von dem Testamentsvollstrecker (§ 2205 BGB) oder Nachlassverwalter (§ 1984 BGB) gegenüber der Gesellschaft vertreten werden. Abs. 3 findet in einem solchen Fall keine Anwendung.

§ 19 Leistung der Einlagen

(1) Die Einzahlungen auf die Geschäftsanteile sind nach dem Verhältnis der Geldeinlagen zu leisten.

(2) [1]Von der Verpflichtung zur Leistung der Einlagen können die Gesellschafter nicht befreit werden. [2]Gegen den Anspruch der Gesellschaft ist die Aufrechnung nur zulässig mit einer Forderung aus der Überlassung von Vermögensgegenständen, deren Anrechnung auf die Einlageverpflichtung nach § 5 Abs. 4 Satz 1 vereinbart worden ist. [3]An dem Gegenstand einer Sacheinlage kann wegen Forderungen, welche sich nicht auf den Gegenstand beziehen, kein Zurückbehaltungsrecht geltend gemacht werden.

(3) Durch eine Kapitalherabsetzung können die Gesellschafter von der Verpflichtung zur Leistung von Einlagen höchstens in Höhe des Betrags befreit werden, um den das Stammkapital herabgesetzt worden ist.

(4) [1]Ist eine Geldeinlage eines Gesellschafters bei wirtschaftlicher Betrachtung und aufgrund einer im Zusammenhang mit der Übernahme der Geldeinlage getroffenen Abrede vollständig oder teilweise als Sacheinlage zu bewerten (verdeckte Sacheinlage), so befreit dies den Gesellschafter nicht von seiner Einlageverpflichtung. [2]Jedoch sind die Verträge über die Sacheinlage und die Rechtshandlungen zu ihrer Ausführung nicht unwirksam. [3]Auf die fortbestehende Geldeinlagepflicht des Gesellschafters wird der Wert des Vermögensgegenstandes im Zeitpunkt der Anmeldung der Gesellschaft zur Eintragung in das Handelsregister oder im Zeitpunkt seiner Überlassung an die Gesellschaft, falls diese später erfolgt, angerechnet. [4]Die Anrechnung erfolgt nicht vor Eintragung der Gesellschaft in das Handelsregister. [5]Die Beweislast für die Werthaltigkeit des Vermögensgegenstandes trägt der Gesellschafter.

(5) [1]Ist vor der Einlage eine Leistung an den Gesellschafter vereinbart worden, die wirtschaftlich einer Rückzahlung der Einlage entspricht und die nicht als verdeckte Sacheinlage im Sinne von Absatz 4 zu beurteilen ist, so befreit dies den Gesellschafter von seiner Einlageverpflichtung nur dann, wenn die Leistung durch einen vollwertigen Rückgewähranspruch gedeckt ist, der jederzeit fällig ist oder durch fristlose Kündigung durch die Gesellschaft fällig werden kann. [2]Eine solche Leistung oder die Vereinbarung einer solchen Leistung ist in der Anmeldung nach § 8 anzugeben.

(6) [1]Der Anspruch der Gesellschaft auf Leistung der Einlagen verjährt in zehn Jahren von seiner Entstehung an. [2]Wird das Insolvenzverfahren über das Vermögen der Gesellschaft eröffnet, so tritt die Verjährung nicht vor Ablauf von sechs Monaten ab dem Zeitpunkt der Eröffnung ein.

Übersicht

		Rdn.
A.	Einleitung	1
B.	Einzahlung auf die Geschäftsanteile, Abs. 1 (Gleichbehandlungsgrundsatz)	8
I.	Allgemeines	8
II.	Einforderung der Geschäftsanteile	11
	1. Einlageanspruch	11
	2. Leistungszeit	12
	3. Leistungsort	16
	4. Leistungshandlung	17
	a) Zahlung an Dritte	19
	b) Unbare Zahlung	24
	c) Zahlung durch Dritten und auf sonstige Weise	26
	d) Exkurs: wirtschaftliche Neugründung	30
III.	Verhältnismäßigkeit der Einzahlungen auf die Geschäftsanteile	31
	1. Leistungsverweigerungsrecht der Gesellschafter	32
	2. Zahlungsunfähigkeit und sonstige Unmöglichkeit der Leistung	35
	3. Freiwillige Mehrleistung	36
	4. Abtretung, Verpfändung der Einlageforderung	37
	a) Allgemeines	37
	b) Rechtsfolgen	38
	5. Pfändung der Einlageforderung	39
	6. Insolvenz und Liquidation der Gesellschaft	40
IV.	Beweislast	41
C.	Keine Befreiung von der Leistung auf die Stammeinlage, Abs. 2	42
I.	Befreiungsverbot Abs. 2 Satz 1 und Abs. 3	42
	1. Sachlicher Anwendungsbereich	42

		Rdn.
	2. Zeitlicher Anwendungsbereich	45
II.	Erlassverbot	46
	1. Allgemeines	46
	2. Rechtsfolge bei Verstoß gegen das Befreiungsverbot	47
III.	Stundungsverbot	48
IV.	Vergleich	50
V.	Aufrechnung, Abs. 2 Satz 2	52
	1. Aufrechnung durch Gesellschafter	52
	2. Aufrechnung durch Gesellschaft	58
	3. Aufrechnungsvertrag	61
	4. Vertretung der Gesellschaft	63
VI.	Zurückbehaltungsrecht, Abs. 2 Satz 3	64
VII.	Kapitalherabsetzung, Abs. 3	65
VIII.	Verdeckte Sacheinlage, Abs. 4	66
	1. Regelungszweck	66
	2. Tatbestand	68
	3. Rechtsfolgen	69
	4. Übergangsregeln	71
	5. Anwendung bei § 5a (Unternehmergesellschaft)	72
IX.	Fallgruppe des sog. »Hin- und Herzahlens«, Abs. 5	73
	1. Regelungszweck	73
	2. Bisherige Rechtsprechung zu der Fallgruppe sog. »Hin- und Herzahlens«	74
	3. Tatbestand, § 19 Abs. 5	76
	4. Verdeckte Finanzierung	80
	5. Heilung durch nachträgliche Erfüllung der Einlageschuld	81
	6. Rechtsfolgen eines Verstoßes	83
	7. Übergangsregeln	87
X.	Verjährung	88

A. Einleitung

§ 19 GmbHG sichert die Kapitalaufbringung und -erhaltung in der GmbH und steht daher in engem Zusammenhang mit den sonstigen Kapitalaufbringungs- und Kapitalerhaltungsregeln des GmbHG. Dementsprechend ist die Vorschrift auch in Ergänzung zu den §§ 5 Abs. 4, 7 Abs. 2 und Abs. 3, 8 Abs. 2 und 9, §§ 20 ff., §§ 30 ff., 46 Nr. 2, § 56 Abs. 1 und § 69 Abs. 1 GmbHG und als Teil des übergreifenden **Grundsatzes der Sicherung, der Schaffung und Erhaltung des Stammkapitals** zu verstehen, wobei durch das MoMiG der Wortlaut des § 19 Abs. 1 geändert und »Stammeinlagen« durch »Geschäftsanteile« ersetzt wurde. Diese Vorschriften sollen allesamt sicherstellen, dass das Stammkapital in der im Handelsregister eingetragenen Höhe auch tatsächlich zur Verfügung steht. Vorrangiges Ziel des § 19 GmbHG ist damit der **Schutz der Gesellschaftsgläubiger**. Die Bestimmungen des Abs. 2 bis Abs. 6 (eingeschlossen der neuen Abs. 4 und 5 durch Art. 1 des Gesetzes zur Modernisierung und zur Bekämpfung von Missbräuchen [MoMiG] vom 23.10.2008, BGBl. I 2008, S. 2026), sind daher zwingender Natur, während Abs. 1, der das Innenverhältnis zwischen den Gesellschaftern betrifft, dispositiven Charakter hat (Lutter/Hommelhoff/*Bayer* § 19 Rn. 1; Baumbach/Hueck/*Hueck/Fastrich*, § 19 Rn. 1; vgl. auch Roth/Altmeppen/*Roth* § 19 Rn. 4). 1

Die Bestimmungen des § 19 GmbHG finden nicht nur in der **Gründungsphase** – vor Handelsregistereintragung – sondern grundsätzlich auf **jeden Fall der Einzahlung auf die Geschäftsanteile** Anwendung, so insbesondere auch anlässlich einer Kapitalerhöhung – auch für die Zeit nach Han- 2

§ 19 GmbHG Leistung der Einlagen

delsregistereintragung (vgl. BGH, Urt. v. 16.02.1959 – II ZR 170/57, BGHZ 29, 300, 304 f. = NJW 1959, 934 f.; Baumbach/Hueck/*Hueck/Fastrich* § 19 Rn. 4; a. A. für Vorgründungsgesellschaft Lutter/Hommelhoff/*Bayer* GmbHG, § 19 Rn. 4). Für den Fall der Kapitalerhöhung erfolgt nunmehr ein Verweis in § 56 Abs. 2 GmbHG unmittelbar auf § 19 Abs. 2 Satz 2 und Abs. 4 GmbHG, was durch die insoweit erfolgten Gesetzesänderungen nach dem MoMiG erforderlich wurde, da die genannten Vorschriften (anders als z. B. die allgemeine Regelung in § 19 Abs. 2 Satz 1) aufgrund der Bezugnahme auf § 5 Abs. 4 bzw. auf die Anmeldung der Gesellschaft zur Eintragung in das Handelsregister sich unmittelbar nur auf die GmbH-Gründung bezieht (vgl. Begr. RegE vom 25.07.2007, BT-Drucks. 16/6140, S. 45). Für die Anwendbarkeit des § 19 Abs. 6 GmbHG im Rahmen der Kapitalerhöhung erfolgt in § 55 Abs. 4 GmbHG ein Verweis, während auf die Abs. 1 und 3 sowie Abs. 2 Satz 1 als Allgemeinregelungen zurückgegriffen wird, da gesonderte Bestimmungen für die Kapitalerhöhung insofern nicht bestehen.

3 Mit der Einschränkung des Abs. 1 (s. Rdn. 10), der nur auf Bareinlagen Anwendung findet (und bei gemischten Einlagen für den Teil der in Geld zu erbringen ist), gilt § 19 GmbHG sowohl für **Bar- als auch für Sacheinlagen** (vgl. BGH, Urt. v. 16.02.1959 – II ZR 170/57, BGHZ 29, 300, 304 f. = NJW 1959, 934 f.; vgl. auch Begr. RegE 1977, BT-Drucks. 8/1347, S. 38).

4 Die Abs. 2 und Abs. 3 gelten auch für alle mit der Einlagepflicht verbundenen **Neben- und Folgeansprüche**, daher also für Ansprüche wegen Differenzhaftung nach § 9 GmbHG, Verlustdeckungs- und Vorbelastungshaftung in der Gründungsphase nach § 11 GmbHG (OLG Köln v. 20.12.2001 – 18 U 138/01, GmbHR 2002, 1066), ebenso wegen solcher aus Ausfall- oder Rechtsvorgängerhaftung nach § 21 Abs. 3, 22, 24 GmbHG (Scholz/*U.H. Schneider*, § 19 Rn. 32; Hachenburg/*Ulmer*, § 19 Rn. 34; Baumbach/Hueck/*Hueck/Fastrich* § 19 Rn. 5).

5 Nicht in den Regelungsbereich der Abs. 2 und Abs. 3 fallen sonstige, neben den auf die Geschäftsanteile zu bewirkenden Leistungen, die nicht die Aufbringung von Vermögen i. H. d. satzungsmäßigen Stammkapitals bezwecken, wie Zahlung von Verzugszinsen nach § 20 GmbHG oder Vertragsstrafen, Nebenleistungen nach § 3 Abs. 2 GmbHG (RGZ 79, 271, 273; 87, 179, 180 ff.) und Nachschusspflichten nach §§ 26 bis 28 GmbHG (RG JW 1931, 3653), ebenso wie für ein vereinbartes Agio (Baumbach/Hueck/*Fastrich* § 19 Rn. 5, h. M.; a. A. betreffend Agio noch: R/S-L/*Roweder* § 19 Rn. 13).

6 Soweit es sich im Übrigen um **Leistungsverpflichtungen** handelt, die wie die Leistungsverpflichtung auf die Geschäftsanteile gleichmäßig allen Gesellschaftern auferlegt werden sollen, kommt Abs. 1 zur Anwendung (vgl. OLG Köln v. 25.03.1987 – 17 U 23/86, NJW-RR 1988, 356 f.; zum Gleichbehandlungsgrundsatz vgl. Rdn. 8 ff.). Abs. 1 gilt daher auch für ein vereinbartes Agio (MünchHdb GesR III/*Gummert* § 50 Rn. 15; Hachenburg/*Ulmer*, § 19 Rn. 17; Scholz/*U.H. Schneider* § 19 Rn. 15; Michalski/*Ebbing* § 19 Rn. 7; ebenso R/S-L/*Roweder* § 19 Rn. 3, der auf das hohe Maß an eigenkapitalähnlichem Charakter des Aufgelds abstellt; wohl a. A. Baumbach/Hueck/*Fastrich* § 19 Rn. 5). Ebenfalls unter Abs. 1 fallen **Einforderungen von Nachschüssen** nach § 26 GmbHG, **Zahlungsverpflichtungen aus Ausfall- oder Vorbelastungshaftung**; dies gilt auch für den Fall der Verlustdeckungshaftung, nachdem der BGH festgestellt hat, dass diese als anteilige Innenhaftung der Gesellschafter ausgestaltet ist (vgl. BGH, Urt. v. 27.01.1997 – II ZR 123/94, NJW 1997, 1507, 1508). Trifft eine Leistungsverpflichtung einen Gesellschafter aus nur individuellen Gründen, findet Abs. 1 keine Anwendung. **Nicht unter Abs. 1 fallen** daher Leistungspflichten der Gesellschafter gegenüber der Gesellschaft aus Zinsansprüchen und Vertragsstrafen. Dies gilt auch für Nebenleistungen nach § 3 Abs. 2 GmbHG, weil sie die Gesellschafter ungleich treffen und deshalb gesondert zu behandeln sind. Sacheinlagen sind nach § 7 Abs. 3 GmbHG vollständig vor Anmeldung der Gesellschaft zur Eintragung in das Handelsregister zu erbringen. Umstritten ist, ob Abs. 1 auch auf die **Zahlungspflicht aufgrund der Differenzhaftung** Anwendung findet. Zu unterscheiden ist die vom BGH (vgl. *Roth/Altmeppen* § 11 Rn. 12) anerkannte Differenzhaftung, die die Haftung der Gründergesellschafter in der Höhe meint, in der der Wert des Gesellschaftsvermögens im Zeitpunkt der Eintragung unter das Stammkapital gesunken ist. Damit ist gemeint die allgemeine Differenzhaftung nach § 11 GmbHG, im Unterschied zu der auf bestimmte Sacheinlagen bezogenen

Differenzhaftung des Sacheinlegers nach § 9 GmbHG. Diese Differenzierung wird bisweilen in der Literatur nicht konsequent vorgenommen. Die Differenzhaftung der Gründungsgesellschafter trifft die Gründer gemeinsam und betrifft einen anderen Zeitpunkt, nämlich den der Eintragung (vgl. *Roth/Altmeppen* § 11 Rn. 12). Daher findet Abs. 1 hinsichtlich des Anspruchs aus § 9 GmbHG **keine Anwendung**, weil sich an der Vorleistungspflicht des Sacheinlegers nichts ändert und sich dieser Anspruch gegen den einzelnen Gesellschafter richtet (Hachenburg/*Ulmer* § 19 Rn. 16; Michalski/*Ebbing* § 19 Rn. 7; a. A. Baumbach/Hueck/*Fastrich*, § 19 Rn. 4 für Differenzhaftung nach § 9 GmbHG; Meyer-Landrut/*Miller* § 19 Rn. 12; nicht eindeutig: Scholz/*U.H. Schneider* GmbHG, § 19 Rn. 21 verneinend für Zuzahlungsanspruch gem. § 9 Abs. 1 GmbHG; Scholz/*U.H. Schneider* GmbHG, § 19 Rn. 15 bejahend für Differenzzahlung nach § 9 GmbHG wegen überbewerteter Sacheinlage; so auch MünchHdb GesR III/*Gummert* § 50 Rn. 15). Diese Auffassung steht nunmehr auch im Einklang mit der Neufassung des Abs. 4, der die Rechtsfolgen der sog. »verdeckten Sacheinlagen« (vgl. Rdn. 66 ff.) auf eine Differenzhaftung des jeweiligen Gesellschafters beschränkt.

Durch Art. 1 des Gesetzes zur Modernisierung und zur Bekämpfung von Missbräuchen (MoMiG) vom 23.10.2008 (BGBl. I 2008, 2026) ist die bislang in § 19 Abs. 5 a. F. enthaltene Ausnahme von dem grundsätzlichen Verbot der Aufrechnung durch den Gesellschafter gegen die Einlageforderung in § 19 Abs. 2 n. F. überführt worden. Die bisherige Regelung in § 19 Abs. 4 a. F. war infolge der Aufhebung des § 7 Abs. 2 Satz 3 a. F. zu streichen (vgl. Begr. RegE vom 25.07.2007, BT-Drucks. 16/6140, S. 39). Schließlich ist die durch die Rechtsprechung entwickelte Fallgruppe des sog. »Hin- und Herzahlens« (vgl. Rdn. 73 ff. sowie Vorauflage, § 19 Rn. 81) in § 19 Abs. 5 n. F. verschoben worden, wodurch die Sachnähe der Vorschrift zu der Regelung der Fälle der verdeckten Sacheinlage (§ 19 Abs. 4 n. F.) verdeutlicht werden soll (vgl. Beschlussempfehlung und Bericht des Rechtsausschusses vom 24.06.2008, BT-Drucks. 16/9737, S. 97). 7

B. Einzahlung auf die Geschäftsanteile, Abs. 1 (Gleichbehandlungsgrundsatz)

I. Allgemeines

Abs. 1 regelt das **interne Verhältnis** der Gesellschaft zu den Gesellschaftern bei der Einforderung der Geldeinlagen durch die Gesellschaft. Nach Abs. 1 müssen die Gesellschafter Einzahlungen auf die Geschäftsanteile nach dem Verhältnis ihrer (übernommenen) Geldeinlagen leisten. Der darin zum Ausdruck kommende **Grundsatz der gleichmäßigen Heranziehung der Gesellschafter** bedeutet, dass jeder Gesellschafter gemessen an seinem übernommenen Kapitalanteil verpflichtet ist, seine Einlageverbindlichkeit dem Umfang nach zum gleichen prozentualen Anteil und zum gleichen Zeitpunkt in Geld zu zahlen (RGZ 65, 432, 434; 132, 396 [obiter]; Baumbach/Hueck/*Hueck/Fastrich* § 19 Rn. 9, Scholz/*U.H. Schneider*, § 19 Rn. 15; Hachenburg/*Ulmer* § 19 Rn. 11). 8

Mit Einfügung des Wortes »Geldeinlagen« durch die GmbH-Novellierung 1980 wurde klargestellt, dass Abs. 1 **ausschließlich auf Geldeinlagen** Anwendung findet, was auch sog. **gemischten Einlagen** einbezieht, d. h. Einlagen bestehend aus Sach- und Geldeinlagen, dort jedoch nur den Anteil der Geldeinlagen. Bei diesen ist lediglich der Anteil der Geldleistung für das Einzahlungsverhältnis ausschlaggebend, während der weitere als Sacheinlage zu erbringende Teil insoweit unberücksichtigt bleibt (Baumbach/Hueck/*Hueck/Fastrich* § 19 Rn. 4). 9

Auf **Sacheinlagen** findet Abs. 1 keine Anwendung (Hachenburg/*Ulmer* § 19 Rn. 19; Baumbach/Hueck/*Hueck/Fastrich* § 19 Rn. 9). Sacheinlagen sind vor Anmeldung der Gesellschaft zur Eintragung in das Handelsregister nach § 7 Abs. 3 voll zu erbringen, und zwar so, dass sie endgültig zur freien Verfügung der Gesellschaft stehen. Soweit nicht Sacheinlagen vereinbart sind, ist nach § 7 Abs. 2 Satz 1 GmbHG vor der Anmeldung auf jeden Geschäftsanteil ein Viertel des Nennbetrags einzuzahlen. § 19 Abs. 1 GmbHG bezieht sich daher zum einen der Höhe nach auf den Teil der Geldeinlagen, die über dem aus § 7 Abs. 2 GmbHG hinausgehen und zum anderen auf diejenigen Geldeinlagen, die nach der Anmeldung bzw. der Eintragung erfolgen. Gleichwohl bleibt § 19 GmbHG und damit auch der Grundsatz der Gleichbehandlung der Gesellschafter aus Abs. 1 auch vor der Eintragung und damit auf die Vorgesellschaft anwendbar (Scholz/*U.H. Schneider* GmbHG, 10

§ 19 GmbHG Leistung der Einlagen

§ 19 Rn. 8). Sollen bereits ausgeschiedene Gesellschafter wegen noch ausstehender Einlagen in Anspruch genommen werden, findet auch auf diese Abs. 1 und daher der Gleichbehandlungsgrundsatz Anwendung (OLG Hamm, Urt. v. 27.10.1999 – 8 U 273/98, NJW-RR 2001, 1182 f.).

II. Einforderung der Geschäftsanteile

1. Einlageanspruch

11 Für die Pflicht der Gesellschafter die gezeichnete Einlage zu leisten, besteht keine gesetzliche Anspruchsgrundlage, auch nicht in § 19 GmbHG. Vielmehr wird das Bestehen des Anspruchs als rechtsgeschäftliche Pflicht aus der Übernahme eines Geschäftsanteils bei Gründung einer GmbH oder im Rahmen einer Kapitalerhöhung hergeleitet (Hachenburg/*Ulmer* § 19 Rn. 6).

2. Leistungszeit

12 Eine gesetzliche Regelung hinsichtlich des Zeitpunkts der Leistung besteht in §§ 7 Abs. 2 und 3, 56a GmbHG nur hinsichtlich der Mindesteinlagen auf einen Geschäftsanteil, die vor Anmeldung der Gesellschaft bzw. der Kapitalerhöhung zu erbringen sind, nicht aber für die darüber hinausgehende Einlage auf einen Geschäftsanteil nach § 19 Abs. 1 GmbHG. Der Zeitpunkt, in dem diese »restliche Einlageleistung« zu erbringen ist, ergibt sich aus dem in der Satzung aufgenommenen festen **Einzahlungstermin** (RGZ 65, 432, 434; 76, 438; Scholz/*U.H. Schneider* GmbHG § 19 Rn. 9; Roth/Altmeppen/*Roth* § 19 Rn. 7). Eines Einforderungsbeschlusses durch die Gesellschafter bedarf es für diesen Fall nicht (BGH, Urt. v. 15.04.1991 – II ZR 209/90, ZIP 1991, 724, 726; OLG Zweibrücken, Urt. v. 11.12.1994 – 8 U 158/93 GmbHR 1996, 122; OLG Dresden, Urt. v. 17.07.1996 – 12 U 202/96 GmbHR 1997, 946, 947). Wurde hingegen ein fester Einzahlungstermin in der Satzung nicht aufgenommen, wird der Anspruch nicht mit Eintragung der Gesellschaft fällig. Vielmehr bedarf es dann eines **Gesellschafterbeschlusses** nach § 46 Nr. 2 GmbHG, mit dem die Resteinlage eingefordert wird (sog. **Einforderung**). Der Gesellschafterbeschluss konkretisiert den Leistungsort, die Leistungszeit und die Leistungshöhe der mit dem Geschäftsanteil übernommenen Einzahlungspflicht und bildet damit (nur) eine weitere Voraussetzung für dessen Fälligkeit; der Gesellschafterbeschluss allein führt aber noch nicht zur Fälligkeit (h. M., BGH BB 1961, 953; vgl. auch BFHE 93, 414, 417; Scholz/*U.H. Schneider* GmbHG, § 19 Rn. 10; Baumbach/Hueck/ *Hueck/Fastrich* § 19 Rn. 6; Hachenburg/*Ulmer* § 19 Rn. 7). Nach § 46 Nr. 2 GmbHG sind zwar die Gesellschafter für die Einforderung der Einlagen zuständig, indessen handelt es sich dabei nicht um eine zwingende Vorschrift. Nach Maßgabe des § 45 Abs. 2 GmbHG kann eine abweichende Regelung getroffen werden und die Einforderung einem anderen Gesellschaftsorgan – also auch dem Geschäftsführer – übertragen werden (BGH, Beschl. v. 11.12.1995 – II ZR 268/94, DStR 1996, 111, 112). Die Mitteilung durch den Vorsitzenden der Gesellschafterversammlung soll dem gleichstehen (so Scholz/*U.H. Schneider* GmbHG, § 19 Rn. 10). Hierzu bedarf es allerdings einer eindeutigen Festlegung in der Satzung (OLG Celle, Urt. v. 21.05.1997 – 9 U 204/96, GmbHG 1997, 748, 749). Von der Einforderung als der Entscheidung darüber, ob die Resteinlageschuld fällig gestellt werden soll oder nicht, zu unterscheiden ist deren Umsetzung. Sie obliegt regelmäßig den Geschäftsführern der Gesellschaft und wird – bei nicht immer einheitlichem Sprachgebrauch im Schrifttum – als **Anforderung** bezeichnet (BGH, Beschl. v. 11.12.1995 – II ZR 268/94, DStR 1996, 111, 112; BB 1961, 953; OLG Celle, Urt. v. 21.05.1997 – 9 U 204/96 GmbHG 1997, 748, 749; OLG Köln, Urt. v. 25.03.1987 – 17 U 23/86, MDR 1987, 675). Erst die Anforderung, d. h. die Mitteilung des Gesellschafterbeschlusses und die damit verbundene förmliche Aufforderung zur Leistung an den jeweiligen Gesellschafter, führt die Fälligkeit herbei (vgl. OLG München, Urt. v. 01.02.1984 – 7 U 4142/83, GmbHR 1985, 56; Scholz/*U.H. Schneider* GmbHG, § 19 Rn. 10; Baumbach/*Hueck/Hueck/Fastrich* § 19 Rn. 7). Dabei wird jeder Gesellschafter einzeln unter Angabe des Gesellschaftskontos aufgefordert seine Einlage zu überweisen. Die Gesellschafter müssen auf die Anforderung hin **sofort** leisten, anderenfalls entsteht der Zinsanspruch der Gesellschaft nach § 20 GmbHG ohne das Erfordernis weiterer Voraussetzungen (vgl. § 20 GmbHG Rdn. 3 ff.).

Ohne **Gesellschafterbeschluss** kann die (restliche) Einlage auf einen Geschäftsanteil – wenn ein fester Einzahlungstermin in der Satzung nicht aufgenommen wurde (vgl. Rdn. 12) – nicht angefordert werden. Eine Anforderung ohne Gesellschaftsbeschluss ist unwirksam (BGH, Urt. v. 03.02.1989 – V ZR 190/87, WM 1989, 190; BB 1961, 953; OLG München, Urt. v. 01.02.1984 – 7 U 4142/83, GmbHR 1985, 56, 57; Scholz/*U.H. Schneider* GmbHG, § 19 Rn. 10, Baumbach/*Hueck/Hueck/Fastrich* § 19 Rn. 7). Ohne Gesellschafterbeschluss können lediglich die Mindesteinlagen auf einen Geschäftsanteil eingefordert werden, weil diese nach § 7 Abs. 2, Abs. 3 GmbHG bereits vor Anmeldung der Gesellschaft ins Handelsregister vollständig zu erbringen sind. Eines Gesellschafterbeschlusses als Grundlage der Anforderung bedarf es aber in der **Insolvenz der Gesellschaft** nicht (OLG Jena, Beschl. v. 08.06.2007 – 6 U 311/07, DB 2007, 1581; OLG Dresden, 19.02.2002 – 2 U 2916/01, ZInsO, 2002, 328; OLG Hamm, Urt. v. 05.12.1984 – 8 U 12/84, GmbHG 1985, 326, 327; DB 1995, 1907; Roth/Altmeppen/*Roth* § 19 Rn. 7). Mit Eröffnung des Insolvenzverfahrens hat ausschließlich der Insolvenzverwalter die Befugnis, die ausstehenden Einzahlungen auf die Geschäftsanteile einzufordern. Zwischen der Einforderung und der Anforderung kann im Insolvenzverfahren nicht mehr unterschieden werden (Michalski/*Ebbing* § 19 Rn. 25). Vielmehr wird bereits mit der Einforderung durch den Insolvenzverwalter die Einlageleistung auf einen Geschäftsanteil fällig (OLG Hamm, Urt. v. 14.06.1995 – 8 U 297/94 DB 1995, 1907; anders noch OLG Hamm, Urt. v. 05.12.1984 – 8 U 12/84, GmbHG 1985, 326, 327, wonach Fälligkeit der Einzahlungsleistung auf die Geschäftsanteile – dort noch als Stammeinlage [§ 19 Abs. 1 a. F.] bezeichnet – bereits mit Eröffnung des Konkursverfahrens angenommen wurde). Der Insolvenzverwalter hat ebenso den Gleichbehandlungsgrundsatz zu beachten (Roth/Altmeppen/*Roth* § 19 Rn. 7; Baumbach/Hueck/*Hueck/Hueck/Fastrich* § 19 Rn. 9; Scholz/*U.H. Schneider* GmbHG, § 19 Rn. 27; a. A. Lutter/Hommelhoff/*Lutter/Hommelhoff*, § 46 Rn. 7 unter Hinweis auf OLG Dresden, 19.02.2002 – 2 U 2916/01, ZInsO, 2002, 328, worin diese Auffassung aber nicht vertreten wird). Auch im Fall der **Liquidation** bedarf es keines Einforderungsbeschlusses, sondern der Liquidator kann die Einlagen im Rahmen der Abwicklung einfordern, die sodann fällig werden. Voraussetzung der Einforderung ist aber, dass die Geltendmachung und Durchsetzung der Einlagenforderung für eine sachgemäße Liquidation tatsächlich erforderlich ist, vor allem zur Gläubigerbefriedigung; die Beweislast dafür, dass die Einforderung nicht notwendig ist, trägt der betroffene Gesellschafter (*Hoffmann* GmbHR 1976, 258, 264; Michalski/*Ebbing* § 19 Rn. 26). Die Pflicht zur Gleichbehandlung besteht auch in der Liquidation (OLG Hamm, Urt. v. 27.10.1999 – 8 U 273/98, NJW-RR 2001, 1182; Baumbach/Hueck/*Hueck/Hueck/Fastrich* § 19 Rn. 9).

13

Im Rahmen der Beschlussfassung über die Einforderung seiner Einzahlungspflicht auf die Geschäftsanteile ist der betroffene **Gesellschafter stimmberechtigt**; eine analoge Anwendung des § 47 Abs. 4 Satz 2 GmbHG kommt nicht in Betracht (BGH, Urt. v. 09.07.1990, GmbHR 1990, 452, 452 f.; OLG Celle, Urt. v. 12.05.1997 – 9 U 204/96, GmbHG 1997, 748, 749). Anwesenden Gesellschaftern gegenüber wird der Beschluss sofort wirksam und ist nicht nochmals gesondert mitzuteilen (h. M., BGH, Urt. v. 05.05.2003 – II ZR 50/01, DStR 2003, 1265; NJW-RR 2003, 1196; OLG Hamburg, Urt. v. 23.08.1991 – 11 U 55/91, GmbHR 1991, 578; OLG Dresden, Urt. v. 17.07.1996 – 12 U 202/96, GmbHR 1997, 946, 947; Lutter/Hommelhoff/*Bayer* GmbHG, § 19 Rn. 9; Roth/*Altmeppen* § 20 Rn. 5; MünchHdb GesR III/*Gummert* § 50 Rn. 12; a. A. Baumbach/Hueck/*Hueck/Hueck/Fastrich* § 19 Rn. 7).

14

Im **unternehmerischen Ermessen** der Gesellschafter liegt die Entscheidung darüber, wann und ob sie den Einforderungsbeschluss fassen und somit die Fälligkeit herbeiführen. Unterlassen die Gesellschafter einen Beschluss über die Einforderung der restlichen Einlagen oder schiebt der hierzu ermächtigte Geschäftsführer die Einforderung der Einlagen auf, liegt darin grundsätzlich kein Fall der **unzulässigen Stundung** vor (allg. M.; OLG Celle, Urt. v. 12.05.1997 – 9 U 204/96, GmbHG 1997, 748, 749; vgl. auch BFHE 93, 414, 417 f.; MünchHdb GesR III/*Gummert* § 50 Rn. 13; Lutter/Hommelhoff/*Lutter/Bayer* GmbHG, § 19 Rn. 15; Hachenburg/*Ulmer* § 19 Rn. 52; Meyer-Landrut/*Miller* § 19 Rn. 20; Baumbach/Hueck/*Hueck/Hueck/Fastrich* § 19 Rn. 21; a. A. einschränkend Scholz/*U.H. Schneider* GmbHG, § 19 Rn. 11 ff.). Unzulässig und damit unwirksam soll aber die verbindliche Zusage sein, untätig zu bleiben (Baumbach/Hueck/*Hueck/Hueck/Fastrich* § 19 Rn. 21).

15

Bisweilen wird in Ausnahmefällen auf die wirtschaftliche Lage der Gesellschaft abgestellt und in den Fällen, in denen die Einforderung der Einlage nötig wird – so z. B. bei dringendem Kapitalbedarf oder bei einer Gefährdung des Bestandes der Gesellschaft, ebenso wie bei einem Liquiditätsengpass und auch bei Vorliegen einer Unterbilanz – diese aber gleichwohl unterbleibt, als unzulässige Stundung erachtet (MünchHdb GesR III/*Gummert* § 50 Rn. 13; Scholz/*U.H. Schneider* GmbHG, § 19 Rn. 13).

3. Leistungsort

16   Die Gesellschafter können den Ort der Leistungshandlung **frei bestimmen**. Fehlt es an einer besonderen vertraglichen Vereinbarung, folgt nach Maßgabe des § 269 Abs. 1 BGB aus der Natur des Schuldverhältnisses, dass Leistungsort der Sitz der Gesellschaft ist (Hachenburg/*Ulmer* § 19 Rn. 8).

4. Leistungshandlung

17   Bei Eintritt des in der Satzung vorgesehenen festen Einzahlungstermins bzw. nach Anforderung durch den Geschäftsführer (vgl. Rdn. 12) haben die Gesellschafter wie bei der Leistung der Mindesteinlage auf einen Geschäftsanteil nach § 7 Abs. 2 und Abs. 3 GmbHG die darüber hinausgehende restliche Einlageverpflichtung sofort zu leisten, und zwar so, dass die Geschäftsführer hierüber frei verfügen können (vgl. § 8 Abs. 2 Satz 1 GmbHG). Obwohl die §§ 7 Abs. 2, 8 Abs. 2 GmbHG auf die Zahlung der Resteinlage keine Anwendung finden (vgl. BGH, Urt. v. 21.02.1994 – II ZR 60/93, GmbHR 1994, 394, 398), gilt der darin normierte Gedanke der »Leistung zur (endgültig) freien Verfügung der Geschäftsführer« auch hierfür (Baumbach/*Hueck*/Hueck/*Fastrich* § 19 Rn. 9).

18   Die notwendige Leistungshandlung wird regelmäßig durch **Barzahlung** oder durch **Überweisung auf das Gesellschaftskonto** und unter entsprechender Leistungsbestimmung erfüllt. Ob eine Zahlung auf eine Einlageschuld erfolgt ist, bestimmt sich allein nach den allgemeinen Vorschriften der §§ 362 ff. BGB, wonach lediglich erforderlich ist, dass sich eine Leistung einem bestimmten Schuldverhältnis zuordnen lässt (OLG München, Urt. v. 27.04.2006 – 23 U 5655/05, GmbHR 2006, 935, 936). Auch muss eine Tilgungsbestimmung nach außen zum Ausdruck gebracht werden. In Ermangelung einer ausdrücklichen Tilgungsbestimmung ist auf die Sicht des Leistungsempfängers und nicht die der Gesellschaftsgläubiger abzustellen (BGH, Urt. v. 22.06.1992 – II ZR 30/91, WM 1992, 1432; OLG Köln, Urt. v. 17.05.2001 – 18 U 17/01, NJW-RR 2002, 394, 395). Ausreichend ist, dass die bewirkte Leistung die allein geschuldete ist und daneben keine andere gleichartige Schuld besteht, auf welche die Leistung daneben oder stattdessen erbracht worden sein könnte (OLG München, Urt. v. 27.04.2006 – 23 U 5655/05, GmbHR 2006, 935, 936). Für eine Bareinzahlung reicht es aber nicht aus, dass der Gründungsgesellschafter, der zugleich als Geschäftsführer der zu gründenden GmbH bestellt ist, einen der zu erbringenden Einlage entsprechenden Barbetrag dem Notar anlässlich der notariellen Beglaubigung der Anmeldung der GmbH zum Handelsregister vorzeigt und die Nummern der vorgezeigten Geldscheine festgehalten werden, wenn nicht zugleich dieser Bargeldbetrag in das Sondervermögen der zu gründenden GmbH objektiv erkennbar übergeht (OLG Oldenburg, Urt. v. 26.07.2007 – 1 U 8/07, GmbHR 1043, 1044 f.). Im Fall **mehrerer Verbindlichkeiten** des Gesellschafters gegenüber der Gesellschaft, die durch die Zahlung nicht vollständig gedeckt sind, reicht es daher aus, wenn für den Empfänger ersichtlich ist, dass eine bestimmte Forderung nach dem Willen des Leistenden gedeckt werden soll. Die Leistung auf eine Einlageschuld ist u. a. dann anzunehmen, wenn sie bei mehreren offenen Forderungen genau den Betrag der offenen Einlageschuld abdeckt (BGH, Urt. v. 17.09.2001 II ZR 275/99, GmbHR 2001, 1114, 1115).

a) Zahlung an Dritte

19   Unschädlich waren bereits vor der Neuregelung des § 19 Abs. 5 i. d. F. des MoMiG **schuldrechtliche Verwendungsabsprachen** – auch dann, wenn sie zwischen dem Einleger und der Gesellschaft getroffen werden –, die nicht den mittelbaren oder unmittelbaren Rückfluss der eingezahlten Mittel an die Gesellschafter selbst bezwecken. Die Einlageleistung kann daher auch dergestalt erfolgen,

dass mit dem Gesellschafter eine Verwendungsabsprache getroffen wird, wonach die Geschäftsführung der Gesellschaft verpflichtet, wird mit den eingezahlten Mitteln in bestimmter Weise zu verfahren, z. B. einen bestimmten Kauf vorzunehmen oder einen Bankkredit abzulösen. Dies ist aus Sicht der Kapitalaufbringungsvorschriften dann unschädlich, wenn die Verwendungsabsprache allein der Investitionsentscheidung der Gesellschafter oder sonstiger, der Weisung der Gesellschafter unterliegender geschäftspolitischer Zwecke dient (BGH, Urt. v. 24.09.1990 II ZR 203/89, GmbHR 1990, 554, 555; ders. Urt. v. 02.12.2002 – II ZR 101/02, NJW 2003, 825; Scholz/*U.H. Schneider* GmbHG, § 19 Rn. 110; MünchHdb GesR III/*Gummert* § 50 Rn. 72).

Der Gesellschafter kann von seiner Einlageverpflichtung auch dadurch befreit werden, dass er **unmittelbar an einen Dritten** eine Zahlung vornimmt und dadurch eine Schuld der Gesellschaft ablöst. Der Gesellschafter wird dann von seiner Einlageschuld befreit, wenn er zum einen auf Veranlassung der Gesellschaft (bei alleinigem Gesellschafter-Geschäftsführer nach § 35 Abs. 4 GmbHG i. V. m. § 181 BGB) einen Gesellschaftsgläubiger befriedigt und dessen Forderung des Weiteren dem Vollwertigkeitsprinzip standhält, d. h. vollwertig, fällig und liquide ist (BGH, Urt. v. 25.11.1985 – II ZR 48/85, GmbHR 1986, 115, 116; OLG Stuttgart, Urt. v. 12.06.1986 – 7 U 22/86 DB 1986, 1514, 1515; OLG Hamm, Urt. v. 26.10.1999 – 27 U 26/99, GmbHR 2000, 386; Scholz/*U.H. Schneider* GmbHG, § 19 Rn. 111 ff.). Anerkannt ist dies bezogen auf die Resteinlage (vgl. BGH, Urt. v. 25.11.1985 – II ZR 48/85, a. a. O.; OLG Hamm, Urt. v. 26.10.1999 – 27 U 26/99, a. a. O.; Scholz/*U.H. Schneider* GmbHG, § 19 Rn. 112). Für die Mindesteinlage darf dies bezweifelt werden (vgl. BGH, Urt. v. 03.12.1990 II ZR 215/89, GmbHR 1991, 152; OLG Hamm, Urt. v. 26.10.1999 – 27 U 26/99, a. a. O.; Scholz/*U.H. Schneider* GmbHG, § 19 Rn. 111; MünchHdb GesR III/*Gummert* § 50 Rn. 73, a. A. Hachenburg/*Ulmer* § 19 Rn. 86 und *Ulmer* GmbHR 1993, 189, 190 ff.). 20

Die vereinzelt vertretene Auffassung, dass Zahlungen des Gesellschafters an Dritte wegen Umgehung der Sacheinlagevorschriften grundsätzlich unzulässig seinen, darf wohl als überholt gelten, zumindest dann, wenn die Zahlung auf Anweisung des Geschäftsführers erfolgt (so noch OLG Stuttgart, Urt. v. 24.01.1985 – 7 U 261/84, ZIP 1985, 476 aufgehoben durch BGH, Urt. v. 25.11.1985 – II ZR 48/85, GmbHR 1986, 115, 116). 21

Konzernunternehmen ebenso wie die KG mit der GmbH bei der **GmbH & Co. KG** bilden keine Einheit. Zahlungen innerhalb des Konzerns, daher also an das beherrschte Unternehmen oder das herrschende Konzernunternehmen, sind wie die unmittelbaren Zahlungen an Dritte zu behandeln. Zahlt der Gesellschafter der Komplementär-GmbH im Fall der GmbH & Co. KG an die KG, so muss das ebenso auf Veranlassung der Gesellschaft bzw. des Geschäftsführers der GmbH erfolgen und die Forderung muss vollwertig, fällig und liquide sein (BGH GmbHR 1986, 115, 116; Lutter/Hommelhoff/*Lutter/Bayer* GmbHG, § 19 Rn. 42; vgl. Rdn. 79). Insofern bedürfen aber die Eigengläubiger der GmbH des Schutzes. Der GmbH-Gesellschafter kann sich daher nach dem Vollwertigkeitsprinzip durch eine Leistung an die KG von seiner Einlageschuld nur befreien, wenn das verbleibende Vermögen der GmbH zur vollen Befriedigung sowohl der Eigengläubiger der GmbH als auch der Gläubiger der KG, soweit deren Ansprüche das Vermögen der Gesellschaft übersteigen, ausreicht (BGH GmbHR 1986, 115, 116; vgl. OLG Köln, WM 2002, 1015). 22

Bezahlt der Gesellschafter ohne entsprechende Anweisung eine Gesellschaftsverbindlichkeit bei einem Dritten, geht die Forderung gegen die Gesellschaft zwar auf ihn über (§§ 268 Abs. 3, 426 Abs. 2 BGB), indessen kann diese wegen des **Aufrechnungsverbots** nach § 19 Abs. 2 Satz 2 GmbHG (vgl. Rdn. 52 ff.) nicht gegen die Einlageforderung aufgerechnet werden. Im Übrigen muss die Forderung des Gesellschaftsgläubigers, auf die der Gesellschafter auf Veranlassung der Gesellschaft leistet, vollwertig, fällig und liquide sein (BGH GmbHR 1986, 115, 116; OLG Naumburg GmbHR 1999, 1037, 1038). Nach h. M. ist allerdings die Zahlung auf die Forderung eines Gesellschaftsgläubigers **zur Erfüllung der Mindesteinlage nicht zulässig**, weil der Gesellschaft eine Mindestliquidität zufließen soll und diese zumindest zu einem Zeitpunkt im Vermögen der Gesellschaft gewesen sein muss (BGH GmbHR 1986, 115, 116; OLG ZIP 1989, 238, 239; Baumbach/*Hueck*/*Fastrich* § 19 Rn. 13; *Heckschen/Heidinger* Die GmbH § 11 Rn. 53 f., ausführl. *Priester* BB 1987, 208 23

m. w. N.; nunmehr auch Hachenburg/*Ulmer* § 19 Rn. 52; a. A. nur noch Lutter/Hommelhoff/*Lutter/Bayer* GmbHG, § 19 Rn. 42).

b) Unbare Zahlung

24 Grundsätzlich ist die übernommene Stammeinlage in bar zu erbringen, wobei auch jede andere Form der Leistungserbringung in Betracht kommt, die der Barzahlung gleichkommt und sich mit § 19 Abs. 4 und Abs. 5 GmbHG (n. F.) vereinbaren lässt. Möglich ist die Zahlung durch Einreichung eines bestätigten – d. h. nicht einwendungsbehafteten – Bundesbankschecks (OLG Naumburg NJW-RR 1999, 1641, 1642; Scholz/*U.H. Schneider* GmbHG, § 19 Rn. 106). Sonstige Schecks oder Wechsel werden regelmäßig nur erfüllungshalber angenommen und wirken erst mit der Einlösung (OLG Düsseldorf BB 1988, 2126; OLG Stuttgart ZIP 1988, 477; Scholz/*U.H. Schneider* GmbHG, § 19 Rn. 106; Michalski/*Ebbing* § 19 Rn. 120). In jedem Fall hat die Zahlung aber zur Erfüllung der Einlageforderung zu erfolgen (vgl. zur Zweckbestimmung Rdn. 53).

25 Wird der Einlagebetrag auf ein **Bankkonto** der Gesellschaft **überwiesen**, ist dies einer Barzahlung gleichgestellt (Scholz/*U.H. Schneider* GmbHG, § 19 Rn. 106; *Wimmer* GmbHR 1997, 827). Unproblematisch ist dies, wenn das Geld auf dem Bankkonto thesauriert wird und bei der Anmeldung der Gesellschaft zum Handelsregister unversehrt vorhanden ist, d. h. der Gesellschaft zur freien Verfügung steht (*Goette* DStR 1997, 924, 925 f.). Anders kann die Lage zu beurteilen sein, wenn auf ein **debitorisches Konto** gezahlt wird (vgl. zu dieser Fragestellung: Lutter/Hommelhoff/*Bayer* GmbHG § 19 Rn. 43). Mit befreiender Wirkung ist nur dann geleistet, wenn der Geschäftsführer der Gesellschaft i. H. d. eingegangenen Betrages über neue Liquidität verfügen kann (BGH NJW 1991, 227; BayObLG GmbHR 1998, 736; OLG Stuttgart GmbHR 1995, 115; MünchHdb GesR III/*Gummert* § 50 Rn. 70 f.; Scholz/*U.H. Schneider* GmbHG, § 19 Rn. 108 f.). Hierfür ist es ausreichend, dass die Geschäftsführung infolge der Einzahlung in die Lage versetzt wird, erneut Kredit i. H. d. eingezahlten Betrages zu nehmen, ohne dass es auf eine »förmliche« Einräumung ankommt, d. h. die stillschweigende Gestattung der Bank ist ausreichend (BGH NJW-Spezial 2005, 126, 127; *Tillmann/Schiffers/Wälzholz* Die GmbH Rn. 159, keine Erfüllungshandlung, wenn Kreditinstitut keine neuen Verfügungen zulässt: OLG Hamm GmbHR 2005, 168). Bei Zahlung auf ein debitorisches Konto kann die Gesellschaft über den Betrag nicht frei verfügen, wenn die Kreditlinie durch die Bank gekündigt ist (BGH NJW 1991, 227). Vereinzelt wird vorgeschlagen die befreiende Wirkung in diesem Fall nur bei Kenntnis des Gesellschafters über den Umstand der Kündigung entfallen zu lassen (Scholz/*U.H. Schneider* GmbHG, § 19 Rn. 108; a. A. MünchHdb GesR III/*Gummert* § 50 Rn. 71 mit umfassender Begründung; nicht eindeutig: *Fleck* GmbHR 1993, 550, 552). Das gilt insbesondere dann, wenn die Geschäftsführer im Rahmen einer eingeräumten Kreditlinie über den zugeflossenen Betrag frei verfügen können. Eine freie Verfügungsmöglichkeit besteht auch dann nicht, wenn das Konto gepfändet ist oder die Bank nach Saldenverrechnung keine neuen Verfügungen zulässt, d. h. gesperrt ist (vgl. hierzu *Kowalski* EWiR, § 7 GmbHG 1/98, 415), die kontoführende Bank das Guthaben sogleich mit einem Debetsaldo verrechnen kann oder auf ein Geschäftskonto eingezahlt wird, bei dem die Kreditlinie bereits überschritten ist (OLG Düsseldorf GmbHR 1993, 292 f.). Die hier angeführten Beispiele sind nicht abschließend und auch bestehen in der Praxis Abgrenzungsschwierigkeiten, sodass anzuraten ist, im Zweifel auf ein Haben geführtes Konto die Einlageleistung zu überweisen (vgl. MünchHdb GesR III/*Gummert* § 50 Rn. 70; Scholz/*U.H. Schneider* GmbHG § 19 Rn. 108a beide mit weiteren Beispielen aus der Rechtsprechung).

c) Zahlung durch Dritten und auf sonstige Weise

26 Die Leistungshandlung muss nicht durch den Gesellschafter selbst erfolgen, sondern kann **auch von einem Dritten** (z. B. Treuhänder) für den Gesellschafter oder von dem Gesellschafter mit Mitteln eines Dritten erfolgen, wenn die eingezahlten Mittel der Gesellschaft uneingeschränkt zur freien Verfügung zukommen (Baumbach/*Hueck/Fastrich* § 19 Rn. 14). Die Einlageverpflichtung ist auch dann erfüllt, wenn ein Nichtberechtigter eine Sache an die Gesellschaft übereignet und die

übrigen Gesellschafter bzw. der Geschäftsführer gutgläubig waren; die Bösgläubigkeit des Sacheinlegers steht dem nicht entgegen (BGH ZIP 2003, 30; Lutter/Hommelhoff/*Lutter/Bayer* GmbHG, § 19 Rn. 13).

Die ursprünglich nach § 19 Abs. 5 Halbs. 1 a. F. unzulässige **Leistung an Erfüllung Statt** (§ 364 Abs. 1 BGB) auf die Bareinlageforderung bleibt weiterhin verboten. Zu befürchten wäre anderenfalls, das Risiko einer Überbewertung der Leistung (BGHZ 113, 335, 343; Hachenburg/*Ulmer* § 19 Rn. 86). Dieses Verbot findet auch auf Sacheinlagen entsprechende Anwendung, wenn anstelle der ursprünglich vereinbarten Sachleistung ein anderer Gegenstand treten soll (BayObLG WM 1978, 526; *Roth*/Altmeppen § 19 Rn. 43; Scholz/*U.H. Schneider* GmbHG, § 19 Rn. 103). Wenn ein Gesellschafter die Erbringung einer Sacheinlage übernommen hat, ist er aber nicht daran gehindert, die Sacheinlagepflicht durch eine Geldleistung zu erfüllen (Hachenburg/*Ulmer* § 19 Rn. 86; *Langenfeld* GmbHR 1981, 53, 54; Scholz/*U.H. Schneider* GmbHG § 19 Rn. 103); dies allerdings nur unter der Voraussetzung, dass sich die übrigen Gesellschafter mit der Vorgehensweise einverstanden erklären (MünchHdb GesR III/*Gummert* § 50 Rn. 67). Sachleistungen, die **erfüllungshalber** (§ 364 Abs. 2 BGB) auf die Bareinlageverpflichtung geleistet werden (z. B. **Scheckzahlung**), sind zulässig, weil die Bareinlageschuld erst dann erlischt, wenn der Erlös aus der erfüllungshalber hingegebenen Leistung in das Vermögen der Gesellschaft übergegangen ist (Lutter/Hommelhoff/*Lutter/Bayer* GmbHG § 19 Rn. 14; Scholz/*U.H. Schneider* GmbHG § 19 Rn. 103). Das Risiko angemessener Verwertung trägt der Gesellschafter, ein eventueller die Einlageschuld übersteigender Erlös ist aber an die Gesellschafter herauszugeben (Scholz/*U.H. Schneider* GmbHG, § 19 Rn. 105). Möglich ist aber auch die wahlweise Festsetzung alternative Leistungsmöglichkeiten im Gesellschaftsvertrag.

Die **Hingabe eines Schecks oder eines Wechsels** erfolgt im Zweifel erfüllungshalber, sodass erst mit Einlösung und Gutschrift des Schecks auf dem Konto der Gesellschaft die Einlageleistung erfüllt ist (OLG Dresden GmbHR 2000, 38, 39). Wird der Scheck zur Begleichung einer Verbindlichkeit der Gesellschaft an einen Dritten (GmbH-Gläubiger) weitergereicht, tritt Erfüllung mit dem Einlösen und dem dadurch bewirkten Erlöschen der Gesellschaftsverbindlichkeit ein (OLG Dresden GmbHR 2000, 38, 39; *Bayer* GmbHR 2004, 445, 452). In dem Fall, in dem Zahlungen an ein von dem Einlageschuldner beherrschtes Unternehmen erbracht oder an ein Unternehmen geleistet werden, das in Abhängigkeit zum Gesellschafter steht, wird – bei sachlichem und zeitlichem Zusammenhang – eine mittelbare Rückzahlung an den Gesellschafter vermutet und mithin ein Fall des § 19 Abs. 5 n. F. (BGHZ 110, 47, 66 ff.; ausführl. *Bayer* GmbHR 2004, 445, 455 m. w. N.).

Die **Beweislast** dafür, dass eine Einlage erbracht ist, trägt der sich hierauf berufende Gesellschafter, und zwar nach den allgemeinen Beweisgrundsätzen (BGH DStR 2004, 2112, 2113 m. Anm. *Goette*; OLG Brandenburg DB 2006, 996; OLG Köln GmbHR 1989, 293, 294; *Vossen* DStR 2004, 1299, 1300 f.). Das gilt grundsätzlich auch dann, wenn die Zahlungsvorgänge sehr lange zurückliegen. Der Nachweis kann auch aufgrund unstreitiger oder erwiesener Indiztatsachen erfolgen; insoweit handelt es sich um eine tatrichterlicher Beurteilung unterliegende Frage des im Einzelfall erforderlichen Beweismaßes (BGH GmbHR 2007, 1042). Bei nachgewiesener oder unstreitiger Einlageleistung auf ein Konto der Gesellschaft ist von der Erfüllung der Einlageschuld jedenfalls solange auszugehen, als nicht konkrete Anhaltspunkte über fehlende Erfüllung dargetan sind (BGH DStR 2005, 297, 298 m. Anm. *Goette*).

d) Exkurs: wirtschaftliche Neugründung

Von besonderer praktischer Bedeutung ist der Themenkreis der »**wirtschaftlichen Neugründung**«. Hier sind die Fälle der unternehmerisch noch nicht aktiven **Vorratsgesellschaften** (vgl. BGH, Beschl. v. 16.03.1992 – II ZB 17/91, NJW 1992, 1824) zu unterscheiden von denjenigen, bei denen eine GmbH ihren Geschäftsbetrieb zwischenzeitlich eingestellt hatte und zu einem späteren Zeitpunkt eine Geschäftstätigkeit wieder aufnimmt (**Mantelverwendung** – BGH, Urt. v. 07.07.2003 – II ZB 4/02, BGHZ 155, 318, 324; Beschl. v. 18.01.2010 – II ZR 61/09, ZIP 2010, 621 Rn. 6; vgl. auch BGH, Urt. v. 06.03.2012, Az.: II ZR 56/10, GmbHR 2012, 630). Im Einzelfall ist die Frage zu klären, ob es sich bereits um eine wirtschaftliche Neugründung oder noch um eine bloße Umorganisation der Gesellschaft handelt. Entscheidendes Kriterium hierfür ist, ob die Gesellschaft sich zumindest kurzzeitig als eine »leere Hülle« ohne Unternehmen dargestellt hat. Eine verzögerte Geschäftsaufnahme, innerhalb derer Planungs- und Vorbereitungsmaßnahmen erfolgen, ist daher keine wirtschaftliche Neugründung (ausführlich: § 3 GmbHG Rdn. 25 ff.); *Schmidt*, Handbuch der gesellschaftsrechtlichen Haftung in der GmbH-Insolvenz, 2013, Kap. 1 B; *Podewils*, GmbHR 2010, 684; Lutter/Hommelhoff/*Bayer*, § 3 Rn. 9 ff.).

III. Verhältnismäßigkeit der Einzahlungen auf die Geschäftsanteile

31 Der Gleichbehandlungsgrundsatz des Abs. 1 (vgl. Rdn. 8 ff.) bezieht sich sowohl auf die **Höhe** als auch auf das **Verfahren** der Einzahlung, ebenso wie auf die **Leistungszeit**. Die Einzahlungen auf die Geschäftsanteile müssen bei den Gesellschaftern gleichzeitig und – bezogen auf die jeweils übernommene Bareinlage – zu einem prozentual gleichen Anteil eingefordert werden (vgl. Rdn. 8). Für die Beurteilung der gleichmäßigen Behandlung ist auch bei der gemischten Einlage der Bareinlageteil als Bezugsgröße heranzuziehen (zu der Differenzierung »Mischeinlage« bzw. »gemischte Einlage« vgl. GmbH-Hdb/*Kallmeyer* Rn. I 261 f., Stand: April 2005). Abs. 1 ist abdingbar (allg. M.; RGZ 149, 293, 300; MünchHdb GesR III/*Gummert* § 50 Rn. 19; Hachenburg/*Ulmer* § 19 Rn. 31)

1. Leistungsverweigerungsrecht der Gesellschafter

32 Werden **der Höhe nach** unterschiedliche Einforderungen gegenüber den Gesellschaftern gestellt, so kann ein Gesellschafter die Zahlung des im Verhältnis zu den anderen Gesellschaftern höheren Betrages verweigern. Der Gesellschafter, dessen **Leistung vorzeitig eingefordert** wird, ist bis zum Fälligkeitszeitpunkt, in dem alle Gesellschafter leistungspflichtig werden, ebenso zur **Leistungsverweigerung** berechtigt. Der Gesellschafter gerät durch die Leistungsverweigerung nicht in Verzug (RGZ 65, 432, 434; Baumbach/Hueck/*Hueck/Fastrich* § 19 Rn. 11); die §§ 20, 21 GmbHG sind ausgeschlossen (RGZ 49, 149; 65, 432, 435; vgl. auch OLG Köln MDR 1987, 675). Ihm steht auch ein Auskunftsrecht über Höhe und Zeitpunkt der Zahlungsanforderung gegen die anderen Gesellschafter zu, wenn hierüber die Anforderung eine gleichmäßige Inanspruchnahme der Gesellschafter nicht erkennen lässt oder Zweifel hierüber bestehen (RGZ 65, 432, 435; Roth/Altmeppen/*Roth* § 19 Rn. 5; Baumbach/*Hueck/Fastrich* § 19 Rn. 11). Ein Ausschluss nach § 21 GmbHG findet nicht statt (RGZ 49, 149; 65, 432, 435; OLG Köln MDR 1987, 675). Das Leistungsverweigerungsrecht besteht bis zur Auskunftserteilung (RGZ 65, 533; Scholz/*U.H. Schneider* GmbHG, § 19 Rn. 24).

33 Soll ein Gesellschafter eine Leistung **vorzeitig oder anteilig höher** erbringen und fehlt es an einer Satzungsregelung über die Einforderung der Einzahlungen, muss hierüber zuvor ein **Gesellschafterbeschluss** gefasst werden, der nach § 53 Abs. 3 GmbHG nur mit Zustimmung aller und damit auch des benachteiligten Gesellschafters erfolgen kann. Die fehlende Zustimmung führt nicht zur Nichtigkeit, sondern zur Anfechtbarkeit des Beschlusses (Hachenburg/*Ulmer* § 19 Rn. 26; *Roth*/Altmeppen § 19 Rn. 5; Baumbach/Hueck/*Hueck/Hueck/Fastrich* § 19 Rn. 11). Will der Gesellschafter diesen Beschluss nicht gegen sich gelten lassen, muss er den Einforderungsbeschluss anfechten (Scholz/*U.H. Schneider* GmbHG, § 19 Rn. 24; Michalski/*Ebbing*, § 19 Rn. 24). Anderenfalls wird er so behandelt, als wenn er der Ungleichbehandlung zugestimmt hätte und kann sich dann gegenüber der Anforderung durch den Geschäftsführer nicht mehr auf den Einwand des Gleichbehandlungsgebots aus Abs. 1 berufen (OLG Köln MDR 1987, 675).

34 Wurde ein Gesellschafter erst gar nicht zur Zahlung aufgefordert, sind die Gesellschafter zwar weiterhin zur Leistung verpflichtet, ihnen steht aber ebenso ein zeitlich begrenztes Leistungsverweigerungsrecht zu (vgl. Rdn. 20; Scholz/*U.H. Schneider* GmbHG, § 19 Rn. 24). Werden hingegen alle Gesellschafter gleichmäßig zur Einlageleistung aufgefordert und verweigern einzelne Gesellschafter die Leistung, können sich die zahlungswilligen Gesellschafter nicht auf ein Zurückbehaltungsrecht berufen, denn mit der Zahlungsaufforderung allein ist dem Gleichbehandlungsgrundsatz Genüge getan. Ein Zurückbehaltungsrecht allgemeiner Art vergleichbar dem aus § 320 BGB besteht nicht (RGZ 149, 293, 300 f.; vgl. auch OLG Köln MDR 1987, 675). Der säumige Gesellschafter ist aber von Rechts wegen zur Entrichtung von **Verzugszinsen** verpflichtet (vgl. hierzu § 20 GmbHG

Rdn. 8) und kann mit seinem Geschäftsanteil ausgeschlossen werden (vgl. zum Kaduzierungsverfahren ausführl. Kommentierung zu § 21 GmbHG).

2. Zahlungsunfähigkeit und sonstige Unmöglichkeit der Leistung

Die **Zahlungsunfähigkeit** eines Gesellschafters oder die **Unmöglichkeit**, einen Gesellschafter zur Leistung heranzuziehen, entbindet die weiteren Gesellschafter nicht von ihrer eigenen Leistungspflicht (RGZ 149, 300; OLG München BB 1954, 758). Um dem Gleichbehandlungsgebot des Abs. 1 zu genügen, soll auch ein zahlungsunfähiger Gesellschafter zur Einlageleistung aufgefordert werden (vgl. Michalski/*Ebbing* § 19 Rn. 22). Der zahlungsunfähige Gesellschafter wird tatsächlich regelmäßig bereits deshalb zur Leistung aufgefordert werden, weil die Durchführung des Kaduzierungsverfahrens nach §§ 21 ff. GmbHG eine Zahlungsaufforderung voraussetzt. Ungeachtet der Zahlungsfähigkeit sollte jeder Gesellschafter zur Leistung aufgefordert werden, weil hierdurch den Gesellschaftern von vornherein die Möglichkeit des Einwandes der ungleichmäßigen Behandlung oder der Zahlungsverweigerung unter Behauptung der Zahlungsunfähigkeit eines Gesellschafters die Grundlage entzogen wird. 35

3. Freiwillige Mehrleistung

Zahlt ein Gesellschafter, ohne hierzu nach dem Gesellschaftsvertrag verpflichtet zu sein, mehr, sei es freiwillig oder irrtümlich, ist eine Rückforderung unter Hinweis auf eine rechtsgrundlos erfolgte Leistung bzw. auf Abs. 1 ausgeschlossen (Baumbach/Hueck/*Hueck/Fastrich* § 19 Rn. 11; a. A. R/S-L/*Pentz* § 19 Rn. 24, der im Fall der versehentlichen Mehrzahlung eine Anfechtung nach § 119 BGB als möglich erachtet). Der Gesellschafter hat aber einen Anspruch darauf, dass ihm bei einer nachfolgenden Einforderung die erfolgte Vorleistung angerechnet wird (Hachenburg/*Ulmer* § 19 Rn. 30; Scholz/*U.H. Schneider* GmbHG § 19 Rn. 25). 36

4. Abtretung, Verpfändung der Einlageforderung

a) Allgemeines

Allgemein anerkannt ist, dass eine Einlageforderung abtretbar (§§ 398 ff. BGB) und verpfändbar (§ 1274 Abs. 2 BGB) ist (BGHZ 69, 274, 282; Lutter/Hommelhoff/*Bayer* GmbHG, § 19 Rn. 49; *Roth*/Altmeppen § 19 Rn. 11; Scholz/*U.H. Schneider* GmbHG § 19 Rn. 145). Voraussetzung ist, dass der Gesellschaft im Gegenzug eine **vollwertige Gegenleistung** zufließt (h. M.; BGHZ 69, 274, 283 f. (Abtretung); BGHZ 53, 71, 72 = NJW 1970, 469; BGH GmbHR 1992, 522 (Pfändung und Abtretung); OLG Frankfurt am Main GmbHR 1977, 249 (Abtretung und Pfändung); OLG Köln GmbHR 1989, 293 (Pfändung und Abtretung); *Roth*/Altmeppen § 19 Rn. 11; Baumbach/Hueck/*Hueck/Fastrich* § 19 Rn. 42; Scholz/*U.H. Schneider* GmbHG § 19 Rn. 150 (Abtretung und Pfändung); *Bayer* ZIP 1989, 8; a. A. generell zulässig unter Verzicht auf Vollwertigkeit *K. Schmidt* ZHR 157 [1993], 291, 304, m. w. N.; für den Fall der Pfändung: *Volmer* GmbHR 1998, 579, 580 f.; vgl. auch Rdn. 27). Auf die Vollwertigkeit der Forderung soll es aber im Liquidationsstadium nicht ankommen, wenn die Gesellschaft ihren **Geschäftsbetrieb eingestellt** hat und ihr Vermögen sich in der Einlageforderung erschöpft, und wenn außerdem keine weiteren Gläubiger vorhanden sind oder diese ihre Ansprüche nicht mehr weiterverfolgen und die Gesellschaft die Mittel für einen Prozess gegen den Einlagenschuldner weder besitzt noch von einem dieser Gläubiger vorgeschossen erhält (BGHZ 53, 71, 72 ff.; BGH GmbHR 1992, 522; OLG Celle GmbHR 1994, 246, 247; Lutter/Hommelhoff/*Bayer* GmbHG, § 19 Rn. 50; Scholz/*U.H. Schneider* GmbHG, § 19 Rn. 151; GmbH-Hdb/*Kallmeyer* Rn. I 302; Stand: Juli 2003). Nach vereinzelt vertretener Auffassung sei für die Frage der Zulässigkeit der Abtretung bzw. Verpfändung zwischen der **Mindesteinlage** und der **Resteinlage** zu differenzieren. Zulässig sei danach die Abtretung und Verpfändung (und auch die Pfändung) nur des Anspruchs auf Zahlung der Resteinlage; vor der Handelsregistereintragung soll danach die Mindesteinlage nicht abtretbar sein (so nur noch Scholz/*U.H. Schneider* GmbHG, § 19 Rn. 147). Begründet wird dies damit, dass der Gesellschaft eine Mindestliquidität zufließen müsse. Da die Mindesteinlage aber auch als Sacheinlage erbracht werden kann, greift diese Argu- 37 mentation nicht durch und auch ist eine dahin gehende Einschränkung nicht geboten (Baumbach/Hueck/*Hueck/Fastrich* § 19 Rn. 42), noch sind anderweitige Hinderungsgründe ersichtlich (Lutter/Hommelhoff/*Bayer*, § 19 Rn. 50). Die Möglichkeit die Einlageforderung abtreten oder verpfänden zu können, kann dadurch unterbunden werden, dass sie in der Satzung nach den allgemeinen Bestimmungen ausgeschlossen wird (Michalski/*Ebbing* § 19 Rn. 95 unter Hinweis auf § 399 BGB).

b) **Rechtsfolgen**

38 Durch die Abtretung bzw. Verpfändung ändert sich nichts an der Rechtsstellung des Einlageschuldners. Er kann sich auf alle **Einreden und Einwendungen** berufen, die ihm gegen die Gesellschaft zustanden (§§ 412, 404 BGB; vgl. BGH NJW 1980, 2253; Baumbach/Hueck/*Hueck/Fastrich* § 19 Rn. 43; Hachenburg/*Ulmer* § 19 Rn. 122). Im Fall der Abtretung hat auch das Gleichbehandlungsgebot aus Abs. 1 Bestand (*Roth*/Altmeppen § 19 Rn. 13; Baumbach/Hueck/*Hueck/Fastrich* § 19 Rn. 43; auch für den Fall der Verpfändung: Michalski/*Ebbing* § 19 Rn. 98; auch Lutter/Hommelhoff/*Bayer* GmbHG, § 19 Rn. 51). Nach wohl überwiegender Auffassung wird durch die Abtretung oder die Verpfändung allein die Einlageforderung nicht fällig, sondern es bedarf – wenn sich der Fälligkeitszeitpunkt nicht schon aus der Satzung ergibt – eines **Einforderungsbeschlusses** nach § 46 Nr. 2 GmbHG (Baumbach/Hueck/*Hueck/Fastrich* § 19 Rn. 43; Michalski/*Ebbing* § 19 Rn. 97; *Roth*/Altmeppen § 19 Rn. 13; a.A. heute nur noch Scholz/*U.H. Schneider* GmbHG, § 19 Rn. 155 unter Hinweis auf frühere h.M.: RGZ 76, 434, 436; 149, 298, 302 und auf OLG Köln GmbHR 1989, 293, 294, worin das Gericht aber nur für den Fall der Pfändung das Bestimmungsrecht über die Fälligkeit auf den Pfandgläubiger übergegangen sieht). Mit der Abtretung der Einlageforderung entfällt der ihr zukommende Zweck der Kapitalaufbringung. Die Gesellschaft erhält in diesem Fall ein vollwertiges Äquivalent, sodass sich der Schutzzweck des Kaduzierungsverfahrens erübrigt und daher weder dem Zessionar noch der Gesellschaft das Ausschlussrecht nach § 21 GmbHG zusteht (vgl. § 21 GmbHG Rdn. 4; Scholz/*U.H. Schneider* GmbHG, § 19 Rn. 157; Baumbach/Hueck/*Hueck/Fastrich* § 19 Rn. 43; *Roth*/Altmeppen § 19 Rn. 13; Hachenburg/*Ulmer* § 19 Rn. 121). Dies gilt ebenfalls im Fall der Verpfändung (Lutter/Hommelhoff/*Bayer*, § 21 Rn. 4; Michalski/*Ebbing* § 19 Rn. 98). Eine **Aufrechnung des Einlagenschuldners** mit einer Forderung, die ihm unmittelbar gegen den Zessionar oder Vollstreckungsgläubiger zusteht, ist möglich. Dem steht § 19 Abs. 2 Satz 2 GmbHG nicht entgegen, jedoch kann er **nicht** mit Forderungen aufrechnen, die ihm gegen die Gesellschaft zustehen (BGHZ 53, 71, 75; BGH GmbHR 1968, 162, 163 f. m. Anm. *Pleyer*; Hachenburg/*Ulmer* § 19 Rn. 122; Scholz/*U.H. Schneider* GmbHG, § 19 Rn. 156; Michalski/*Ebbing* § 19 Rn. 98). Dem Zessionar steht es auch frei, den Einlageschuldner die Forderung zu **erlassen** oder zu **stunden** (Hachenburg/*Ulmer* § 19 Rn. 121; Scholz/*U.H. Schneider* GmbHG, § 19 Rn. 157).

5. **Pfändung der Einlageforderung**

39 Einlageforderungen sind ebenso unter der Voraussetzung pfändbar, dass der Gesellschaft dafür eine **vollwertige Gegenleistung** zufließt (h.M.; BGH GmbHR 1992, 522; OLG Köln GmbHR 1989, 293; OLG Hamm GmbHR 1992, 370, 371; Lutter/Hommelhoff/*Bayer* GmbHG, § 19 Rn. 49). Dies gilt auch für den Teil der Geschäftsanteile, der nach § 7 Abs. 2 GmbHG vor der Anmeldung zum Handelsregister eingezahlt werden muss. Zumindest nach Eintragung in das Handelsregister spielt die Unterscheidung zwischen Mindest- und Resteinlage keine Rolle mehr (allg. M.; a.A. nur Scholz/*U.H. Schneider* GmbHG, § 19 Rn. 147). Auch wenn die Einlageforderung nicht »vollwertig« ist, ist eine Pfändung gleichwohl ausnahmsweise zulässig, wenn aus besonderen Gründen der Zweck der Kapitalerhaltung entfallen ist. Das ist dann anzunehmen, wenn die Gesellschaft ihren **Geschäftsbetrieb vollständig und endgültig eingestellt** hat, ihr Vermögen sich in der Einlagenforderung erschöpft und mit anderen Gläubigern als dem Pfändungsgläubiger nicht mehr zu rechnen ist, weil diese ihre Ansprüche nicht mehr weiterverfolgen und die Gesellschaft die Mittel für einen Prozess gegen den Einlagenschuldner weder besitzt noch von einem dieser Gläubiger vorgeschossen erhält (vgl. auch »Abtretung« Rdn. 37; RGZ 149, 293; BGHZ 51, 71, 73; BGH GmbHR 1992, 522; OLG Köln GmbHR 1989, 293; OLG Hamm GmbHR 1992, 370, 371; *Roth*/Altmeppen § 19 Rn. 12; Lutter/Hommelhoff/*Bayer* GmbHG, § 19 Rn. 49). Begründet wird dies damit, dass

anderenfalls die Unpfändbarkeit dazu führen würde, dass der Einlageschuldner überhaupt nicht mehr zahlen müsste und hierdurch gegenüber dem einzigen aktiven Pfändungsgläubiger begünstigt wäre, wofür ein sachlicher Grund nicht besteht (OLG Hamm GmbHR 1992, 370, 371; im Fall der Liquidation: vgl. Rdn. 37; OLG Celle GmbHR 1994, 246, 247; bei Abweisung der Eröffnung des Insolvenzverfahrens mangels Kostendeckung und kein weiterer Gläubiger Vorschuss leistet: BGH NJW 2001, 304, 305; *Bayer* ZIP 1989, 8, 10; Lutter/Hommelhoff/*Bayer* GmbHG, § 19 Rn. 49). Die Pfändung ist indessen **ausgeschlossen**, wenn ein Gesellschafter die gegen ihn gerichtete Einlageforderung der Gesellschaft pfändet, weil damit das Aufrechnungsverbot aus § 19 Abs. 2 Satz 2 GmbHG umgangen werden würde (Hachenburg/*Ulmer* § 19 Rn. 146; *Roth*/Altmeppen § 19 Rn. 14). Die Pfändungsvoraussetzungen sollen nach vereinzelt vertretener Auffassung, wenn sie bei der Pfändung nicht vorliegen, später nachgeholt werden können (so Michalski/*Ebbing* § 19 Rn. 82 unter Hinweis auf BGH NJW 1992, 2229, 2230 – dort aber nicht eindeutig; im zu entscheidenden Fall lagen bei Erlass des Pfändungs- und Überweisungsbeschlusses die Pfändungsvoraussetzungen nicht vor und traten erst anschließend ein). Nach anderslautender Ansicht soll es für die Frage der Rechtmäßigkeit der Pfändung gar nicht auf die »Vollwertigkeit« ankommen, vielmehr sei die Pfändung einer ausstehenden Einlagenforderung ohne Einschränkung zulässig (Michalski/*Ebbing* § 19 Rn. 83 ff. mit umfassender Begründung; *Volmer* GmbHR 1998, 579, 582; *K. Schmidt* ZHR 157 [1993], 291, 315; *Berger* ZZP 107 [1994], 29, 36 ff.). Anders als bei der Abtretung und Verpfändung soll auch nach Pfändung der Einlageansprüche das Kaduzierungsverfahren zulässig sein, weil der wirtschaftliche Wert einer nur gepfändeten und überwiesenen Forderung der Gesellschaft im Zeitpunkt der Pfändung schon gar nicht zugeflossen ist, sondern dies erst mit der Einziehung durch den Gläubiger erfolgt und die Gesellschaft erst in diesem Moment von der gegen sie gerichteten Forderung des pfändenden Gläubigers befreit wird (OLG Celle GmbHR 1994, 801, 802; Lutter/Hommelhoff/*Bayer*, § 19 Rn. 49 und § 21 Rn. 4; *Müller* GmbHR 1970, 57, 60 ff.; vgl. auch Rdn. 26 und § 21 GmbHG Rdn. 4). Auch führt die Pfändung der Einlageforderung zu deren **unmittelbaren Fälligkeit** (RGZ 149, 298, 302; OLG Köln GmbHR 1989, 293, 294; Lutter/Hommelhoff/*Bayer*, § 19 Rn. 49; Baumbach/Hueck/*Hueck*/*Fastrich* § 19 Rn. 44; *Roth*/Altmeppen § 19 Rn. 15, der dies für sachdienlich hält, aber aus Sicht des Schuldners nicht begründet sieht; Scholz/*U.H. Schneider* GmbHG, § 19 Rn. 155; Hachenburg/*Ulmer* § 19 Rn. 124). Unter Hinweis auf den Zweck der zwangsweisen Befriedigung wird durch die h. M. die Geltung des Gleichbehandlungsgebots im Pfändungsfall hingegen verneint (BGH NJW 1980, 2253; Scholz/*U.H. Schneider* GmbHG, § 19 Rn. 134; *Roth*/Altmeppen § 19 Rn. 15; Baumbach/Hueck/*Hueck*/*Fastrich* § 19 Rn. 44; Michalski/*Ebbing* § 19 Rn. 89). Als **Rechtsfolge der Pfändung** verliert die Einlageforderung ihren Eigenkapitalcharakter. Der Gesellschafter darf dann gegen Forderungen des Gläubigers aufrechnen, wegen § 19 Abs. 2 Satz 2 GmbHG nicht hingegen mit solchen gegen die Gesellschaft (so auch nach § 19 Abs. 2 Satz 2 a. F.: Scholz/*U.H. Schneider* GmbHG, § 19 Rn. 156).

6. Insolvenz und Liquidation der Gesellschaft

Im Fall der Insolvenz kann der Insolvenzverwalter **ohne Gesellschafterbeschluss** nach § 46 Nr. 2 GmbHG die Leistung auf die Einlage einfordern (allg. M.; OLG Hamm GmbHR 1985, 326, 327; DB 1995, 1907; Baumbach/Hueck/*Hueck*/*Fastrich* § 19 Rn. 7 m. w. N. vgl. auch Rn. 11). Dasselbe gilt für den Liquidator im Rahmen der Abwicklung (Scholz/*U.H. Schneider* GmbHG § 19 Rn. 27; Ulmer/*Ulmer* § 19 Rn. 29). Insolvenzverwalter wie Liquidator müssen bei der Einforderung den Grundsatz der Gleichbehandlung nach Abs. 1 beachten (OLG Hamm NJW-RR 2001, 1182 f. für den Fall der Liquidation). Wird eine ausstehende Einlageforderung geltend gemacht, ist der **Insolvenz- bzw. Liquidationszweck** zu beachten, d. h. der Anspruch der Leistung der Einlage darf nur insoweit geltend gemacht und durchgesetzt werden, als er zur sachgemäßen Durchführung des Insolvenzverfahrens bzw. der Liquidation – vor allem der Gläubigerbefriedigung – auch tatsächlich erforderlich ist (RGZ 149, 293, 301). Die **Beweislast** dafür, dass eine Einforderung nicht erforderlich ist, tragen die betroffenen Gesellschafter (*Hofmann* GmbHR 1976, 258, 264 m. w. N.; Michalski/*Ebbing* § 19 Rn. 26; vgl. auch Rdn. 41). Weder der Insolvenzverwalter noch der Liquidator sind an die im Gesellschaftsvertrag oder durch Gesellschaftsbeschluss bestimmten Fälligkeitstermine gebunden. Die Verpflichtung, ausstehende Einzahlungen auf die Geschäftsanteile zu zahlen, wird nicht schon mit Eröffnung des Insolvenzverfahrens fällig (so aber noch OLG Hamm GmbHR 1985, 326, 327; Scholz/*U.H. Schneider* GmbHG, § 19 Rn. 28). Notwendige Voraussetzung der Fälligkeit ist vielmehr eine Anforderung durch den Insolvenzverwalter bzw. den Liquidator (BGH, BB 1978, 1635; so auch OLG Hamm DB 1995, 1907; Michalski/*Ebbing* § 19 Rn. 25 f.).

IV. Beweislast

41 Der Nachweis dafür, dass er der Einlageverpflichtung ordnungsgemäß nachgekommen ist, ist entsprechend den allgemeinen Grundsätzen durch den sich darauf berufenden Gesellschafter zu erbringen (BGH NJW 1992, 2698, 2699; DStR 2004, 2112, 2113; ZIP 2007, 1755 f.; OLG Brandenburg DB 2006, 996; Baumbach/Hueck/*Hueck/Fastrich* § 19 Rn. 15; Lutter/Hommelhoff/*Bayer*, § 19 Rn. 15). Das gilt nicht nur für behauptete Einzahlungen und das Erbringen von Sacheinlagen, sondern auch für die Erfüllungswirkung anderer Leistungsvorgänge wie z. B. die Zahlung an einen Gläubiger der Gesellschaft, und zwar grundsätzlich auch dann, wenn die Zahlungsvorgänge sehr lange Zeit zurückliegen (BGH DStR 2004, 2112, 2113; OLG Brandenburg DB 2006, 996). Bei lange zurückliegenden Zahlungsvorgängen ist es aber eine Frage des vom Tatrichter zu bestimmenden Beweismaßes, wie viele Umstände dargelegt und bewiesen werden müssen, wobei dem Gesellschafter auch die Grundsätze über die sekundäre Behauptungslast zugutekommen (OLG Brandenburg DB 2006, 996 – für 20 Jahre zurückliegende Einlagenzahlung). Diese Beweiserleichterung beruht auf dem Umstand, dass nach früherem Recht Einlageleistungen erst nach 30 Jahren verjährten, die Aufbewahrungspflichten für entsprechende Zahlungsbelege nach § 257 Abs. 4 HGB aber 10 Jahre betragen und die Gesellschafter daher hinsichtlich der ordnungsgemäßen Erfüllung der Einlageverpflichtung in erhebliche Beweisnot geraten konnten (*Voßen* DStR 2004, 1299, 1302; *Goette*, Anm. zu BGH vom 13.09.2004, II ZR 137/02, DStR 2004, 2113).

C. Keine Befreiung von der Leistung auf die Stammeinlage, Abs. 2

I. Befreiungsverbot Abs. 2 Satz 1 und Abs. 3

1. Sachlicher Anwendungsbereich

42 In Abs. 2 ist der **Grundsatz der realen Kapitalaufbringung** normiert. Im Interesse des Gläubigerschutzes wird darin jegliche Befreiung von der Verpflichtung zur Einlageleistung ausgeschlossen, ungeachtet ob diese bei Errichtung der Gesellschaft durch Gesellschaftsvertrag oder durch einen Kapitalerhöhungsbeschluss begründet wurde und auch ungeachtet dessen, ob sie als Bar- oder Sacheinlage zu erbringen ist (Begr. RegE 1977, BT-Drucks. 8/1347 S. 38; BGHZ 29, 300, 304 f.; Scholz/*U.H. Schneider* GmbHG, § 19 Rn. 29 ff.; Hachenburg/*Ulmer* § 19 Rn. 34). Unter das Befreiungsverbot des Abs. 2 fallen auch alle mit der Einlageforderung verbundenen **Neben- und Folgeansprüche**, die wie diese dem Aufbringen des Stammkapitals und damit der Sicherung der Gläubiger dienen. Daher erstreckt sich der Anwendungsbereich des Abs. 2 auch auf Ansprüche der Gesellschaft aus Ausfallhaftung nach § 21 Abs. 3 und § 24 GmbHG, auf Ansprüche aus Haftung der Rechtsvorgänger des zahlungsunfähigen oder -unwilligen Gesellschafters nach § 16 Abs. 2 und § 22 Abs. 1 GmbHG (RGZ 98, 277; RGZ 123, 8, 9 f.), Ansprüche aus der Vorbelastungshaftung bei Eintragung der Gesellschaft und auf Verlustausgleich bei Abbruch des Eintragungsverfahrens nach § 11 GmbHG und Ansprüche aus der Differenzhaftung nach §§ 9, 9a GmbHG wegen Überbewertung der Sacheinlage; erfasst sind auch sämtliche Nebenverpflichtungen von Gesellschaftern, die eine Sacheinlage zu erbringen haben, wie z. B. bei der Einbringung eines Handelsgeschäfts, die Haftung des Inferenten für die Außenstände (RGZ 79, 271, 273) und aus Gewährleistung und Schadensersatz (MünchHdb GesR III/*Gummert* § 50 Rn. 27; Scholz/*U.H. Schneider* GmbHG, § 19 Rn. 32; Hachenburg/*Ulmer* § 19 Rn. 34). Das Befreiungsverbot aus Abs. 2 findet nach h. M. auch entsprechende Anwendung auf **Erstattungsansprüche der Gesellschaft aus § 31 Abs. 1 GmbHG** (BGH GmbHR 2001, 142, 143; Lutter/Hommelhoff/*Lutter/Bayer* GmbHG § 31 Rn. 24; *Paul* ZInsO 2001, 243; s. auch § 31 GmbHG Rdn. 32; a. A. noch BGHZ 69, 274; *Preus* GmbHR 2001, 655; Baumbach/Hueck/*Hueck/Fastrich* § 31 Rn. 3) sowie auf **Ansprüche aus § 43a GmbHG** (*Zim-*

mermann EWiR 1999, 21, 22; a.A. OLG Naumburg GmbHR 1998, 1180, 1181 f. – auch gegen Analogie bei § 31 GmbHG; Michalski/*Ebbing* § 19 Rn. 31).

In dem Fall, in dem der Geschäftsanteil von einem **Treuhänder** gehalten wird, soll nach Auffassung der Rechtsprechung der dahinter stehende Treugeber mit Blick auf § 19 Abs. 2 GmbHG wie ein Gesellschafter behandelt und daher unmittelbar persönlich auf Zahlung der Einlage in Anspruch genommen werden (BGHZ 31, 258, 266; BGH WM 1992, 1233; OLG Hamburg DB 1984, 1515 f.; Scholz/*U.H. Schneider* GmbHG, § 19 Rn. 61; MünchHdb GesR III/*Gummert*, § 50 Rn. 27; Meyer-Landrut/*Miller* § 19 Rn. 17; a.A. Hachenburg/*Ulmer* § 2 Rn. 62, 66). 43

Ansprüche der Gesellschaft, die nicht der Aufbringung des Stammkapitals dienen, sind **von Abs. 2 nicht erfasst** (Hachenburg/*Ulmer* § 19 Rn. 35); d. h. Abs. 2 gilt nicht für Ansprüche auf Zahlung von Verzugszinsen (h.L.; a.A. Michalski/*Ebbing* § 19 Rn. 32 und § 20 Rn. 38) oder Vertragsstrafen nach § 20 GmbHG, für Nebenleistungen nach § 3 Abs. 2 GmbHG (RGZ 79, 271, 273), für ein vereinbartes Aufgeld (a.A. Meyer-Landrut/*Miller* § 19 Rn. 15), ebenso wie für eine vereinbarte Nachschusspflicht gem. §§ 26 ff. GmbHG (Hachenburg/*Ulmer* § 19 Rn. 35; Scholz/*U.H. Schneider* GmbHG, § 19 Rn. 32; Baumbach/Hueck/*Hueck/Fastrich* § 19 Rn. 5; Lutter/Hommelhoff/*Lutter/Bayer* GmbHG, § 19 Rn. 3). 44

2. Zeitlicher Anwendungsbereich

Das Befreiungsverbot setzt voraus, dass die Verpflichtung zur Einzahlung auf die Geschäftsanteile besteht, sodass nach Eintragung der Gesellschaft ins Handelsregister hinsichtlich der Resteinlage Abs. 2 greift. Dies gilt aber auch nach Eintritt der Gesellschaft in das Liquidations- und auch das Insolvenzstadium, sodass sowohl der **Liquidator** als auch der **Insolvenzverwalter** an das Befreiungsverbot gebunden sind (BayObLG ZIP 1985, 33). Auf die Vorgründungsgesellschaft, die eine GbR oder OHG, aber jedenfalls keine GmbH ist, findet Abs. 2 keine Anwendung (BGH WM 1984, 929; MünchHdb GesR III/*Gummert* § 50 Rn. 30; Scholz/*U.H. Schneider* GmbHG § 19 Rn. 34). Umstritten ist allerdings die Anwendbarkeit auf die Vorgesellschaft (so aber BGHZ 80, 129; BGH WM 1980, 955). Nach in der Literatur vertretener Auffassung soll während des Stadiums der Vorgesellschaft Abs. 2 anwendbar sein, wenn in Erfüllung zur Verpflichtung der Einbringung der Einlage Leistungen mit befreiender Wirkung erbracht werden können und die Frage, ob eine solche Leistung befreiend wirkt, nach den strengen Kriterien des Abs. 2 zu beurteilen ist (vgl. Scholz/*U.H. Schneider* GmbHG, § 19 Rn. 35 f.; MünchHdb GesR III/*Gummert* § 50 Rn. 30). 45

II. Erlassverbot

1. Allgemeines

Abs. 2 Satz 1 in der Fassung vor der GmbH-Novelle 1980 untersagte ausdrücklich noch den **Erlass** und die **Stundung** (»Die Stammeinlagen können ... weder erlassen noch gestundet werden«). Mit der GmbH-Novelle 1980 ist die Befreiung von der Leistungspflicht allgemeiner gehalten, meint aber nach dem Willen des Gesetzgebers in erster Linie die Stundung (vgl. § 202 Abs. 1 BGB a. F.) und den Erlassvertrag nach § 397 Abs. 1 BGB (Begr. RegE 1977, BT-Drucks. 871347, S. 38). Abs. 2 ist daher lediglich eine Klarstellung dahin gehend, dass auch jedes andere gleichgestellte, rechtsgeschäftliche Aufgeben des Zahlungsanspruchs durch diese Bestimmung erfasst ist. Dieser gesetzgeberische Gedanke ist mit der Regelung durch das MoMiG fortgesetzt worden, indem in Abs. 2 Satz 2 explizit eine Ausnahme formuliert wurde. Weiter unzulässig bleiben das **negative Schuldanerkenntnis** nach § 397 Abs. 2 BGB, der **Verzicht** der Gesellschaft auf andere gegen den Gesellschafter bestehende Forderungen (z. B. den Anspruch auf Rückzahlung eines Darlehens), damit der Gesellschafter die Bareinlage bewirken kann (OLG Köln, NJW-RR 1989, 354; OLG Hamburg NJW-RR 1986, 118), die Annahme einer anderen als der geschuldeten Leistung **an Erfüllung statt**, § 364 Abs. 1 BGB, oder die **Novation** (d. h. die Umwandlung des korporationsrechtlich besonders geschützten Einlageeinspruchs – u. a. durch §§ 21 ff. GmbHG – in eine einfache schuldrechtliche Forderung durch Vertrag zwischen Gesellschafter und Geschäftsführer) mit dem Inhalt, den Gesell- 46 schafter von seiner Verpflichtung zu befreien (Scholz/*U.H. Schneider* GmbHG, § 19 Rn. 39; *Roth/* Altmeppen § 19 Rn. 21 ff.; MünchHdb GesR III/*Gummert* § 50 Rn. 31). Einer Novation gleichgestellt und damit nicht mit § 19 Abs. 2 Satz 1 GmbHG vereinbar ist der Fall, dass die Einlageleistung nicht unmittelbar an die Komplementär-GmbH einer GmbH & Co. KG erbracht wird, auch wenn die Leistung bei der GmbH & Co. KG der Komplementär-GmbH gutgeschrieben wird (OLG Hamm GmbHR 1989, 162). Auch die Herabsetzung einzelner Geschäftsanteile bei gleichzeitiger entsprechender Erhöhung anderer Geschäftsanteile ist als Teilerlass der herabgesetzten Einlagen unzulässig (RGZ 130, 39, 43; Baumbach/Hueck/*Hueck/Fastrich* § 19 Rn. 19; Hachenburg/*Ulmer* § 19 Rn. 41). Zwar ändert sich in dem Fall der Neuzuweisung der Einlageverpflichtungen untereinander – quantitativ – nichts an dem Haftungsvolumen, allerdings besteht die Gefahr, dass zulasten der Gesellschaftsgläubiger solvente gegen weniger solvente Gesellschafter entlastet werden und es so zu einer qualitativen Verschiebung kommt. Unzulässig ist auch die Annahme einer fehlerhaften, mangelbehafteten oder unvollständigen Sacheinlage als Erfüllung oder die tatsächliche Nichteinforderung (Scholz/*U.H. Schneider* GmbHG, § 19 Rn. 39; MünchHdb GesR III/*Gummert* § 50 Rn. 31). Ein Rechtsgeschäft unterliegt bereits dann dem Verbot des § 19 Abs. 2 Satz 1 GmbHG, wenn es nur einen Teil der Forderung betrifft (*Roth*/Altmeppen § 19 Rn. 21).

2. Rechtsfolge bei Verstoß gegen das Befreiungsverbot

47 § 19 Abs. 2 GmbHG ist als eine dem Gläubigerschutz dienende Vorschrift **zwingend** (Hachenburg/*Ulmer* § 19 Rn. 40; Meyer-Landrut/*Miller* § 19 Rn. 14). Ihre Rechtsfolgen sind daher auch bei einvernehmlichem Handeln unwirksam. Das Befreiungsverbot ist ein **gesetzliches Verbot nach § 134 BGB**, das bei einem Verstoß zur **Nichtigkeit** sämtlicher rechtsgeschäftlicher Vereinbarungen zwischen der Gesellschaft und dem Gesellschafter zur Folge hat (Scholz/*U.H. Schneider* GmbHG, § 19 Rn. 28; MünchHdb GesR III/*Gummert* § 50 Rn. 35), und zwar ungeachtet der Kenntnis des Verbots oder eines Umgehungsbewusstseins bei den Gesellschaftern bzw. dem Geschäftsführer der Gesellschaft (Baumbach/Hueck/*Hueck/Fastrich* § 19 Rn. 17; Hachenburg/*Ulmer* § 19 Rn. 40).

III. Stundungsverbot

48 Nach § 19 Abs. 2 Satz 1 GmbHG ist auch die Stundung der Stammeinlagen verboten (allg. M.; vgl. Rdn. 46). Unter Stundung ist jedes rechtsgeschäftliche Hinausschieben der Fälligkeit einer Forderung bei Bestehenbleiben der Erfüllbarkeit zu verstehen, mit der Folge, dass der Schuldner zeitweilig zur Leistungsverweigerung berechtigt ist (vgl. § 271 Abs. 2 BGB; MünchHdb GesR III/*Gummert* § 50 Rn. 36). Die Stundung der Verpflichtung zur Einlageleistung bedeutet wirtschaftlich eine **Teilbefreiung**, weil dem Gläubiger für die gestundete Zeit die Nutzungsmöglichkeit entzogen ist und beim Schuldner verbleibt, womit eine Wertentzug begründet ist (Scholz/*U.H. Schneider* GmbHG, § 19 Rn. 46). Soweit die Fälligkeit der Einlageleistung festgelegt ist, was regelmäßig durch den im Gesellschaftsvertrag festgesetzten Zahlungstermin erfolgt, so dürfen weder die Gesellschafter noch die Geschäftsführer den Zahlungstermin ändern. Eine Regelung im Gesellschaftsvertrag, die die Gesellschafter oder den Geschäftsführer zur Stundung ermächtigt, ist ebenso unzulässig; denn wenn einmal die Fälligkeit eingetreten ist, greift das Stundungsverbot zwingend ein (MünchHdb GesR III/*Gummert* § 50 Rn. 36; Scholz/*U.H. Schneider* GmbHG, § 19 Rn. 46). Nachträglich kann auch durch eine Satzungsänderung keine Befristung eingeführt, bestehende Zahlungstermine aufgeschoben oder eine Stundung ausgesprochen werden. **Vor Eintragung der Gesellschaft** ins Handelsregister kann ein bis dahin im Gesellschaftsvertrag vorgesehener Fälligkeitstermin durch Satzungsänderung abgeändert werden (Scholz/*U.H. Schneider* GmbHG, § 19 Rn. 46; MünchHdb GesR III/*Gummert* § 50 Rn. 36; weiter gehend: Michalski/*Ebbing*, § 19 Rn. 48). Ist im Gesellschaftsvertrag **kein Fälligkeitszeitpunkt** bestimmt, können die Gesellschafter im Rahmen ihres unternehmerischen Ermessens den Fälligkeitszeitpunkt selbst bestimmen, wobei Gesellschafter und Geschäftsführer nicht verpflichtet sind, alsbald die zur Einforderung erforderlichen Maßnahmen zu treffen; die Nicht-Geltendmachung durch Unterlassen des entsprechenden Beschlusses (d. h. fehlende Einforderung) ist keine verbotene Stundung, sodass sich der Geschäftsführer – wegen fehlender Fälligkeit, mangels Einforderungsbeschlusses – nicht schadenersatzpflichtig macht (Hachenburg/*Ulmer* § 19 Rn. 52;

Scholz/*U.H. Schneider* GmbHG, § 19 Rn. 47). Unterlässt der Geschäftsführer entgegen einem Einforderungsbeschluss die Anforderung der Einlage, stellt auch dies keine verbotene Stundung dar, allerdings kann er sich hierdurch gegenüber der Gesellschaft schadensersatzpflichtig machen (MünchHdb GesR III/*Gummert* § 50 Rn. 37). Unzulässig ist auch das einem vorübergehenden oder dauerhaft zahlungsunfähigen Gesellschafter gewährte **Zahlungsmoratorium** (Hachenburg/*Ulmer* § 19 Rn. 49; Scholz/*U.H. Schneider* GmbHG, § 19 Rn. 48; im Einzelfall soll darin ein zulässiger Vergleich zu sehen sein: MünchHdb GesR III/*Gummert* § 50 Rn. 37). Mit Zustimmung der betroffenen Gesellschafter ist die Vorverlegung der Fälligkeit zulässig, kann aber anschließend nicht mehr rückgängig gemacht werden (RGZ 138, 106, 111; Michalski/*Ebbing* § 19 Rn. 46).

Ein Rechtsgeschäft mit einer dem Stundungsverbot widersprechenden Vereinbarung führt zu dessen **Nichtigkeit** (§ 134 BGB; vgl. Rdn. 47). Dies gilt auch für einen Gesellschaftsbeschluss, mit dem eine Stundung gewährt werden soll (Scholz/*U.H. Schneider* GmbHG, § 19 Rn. 49). 49

IV. Vergleich

Regelmäßig ist ein Verzicht teilweise oder im Ganzen auf die Einlageforderung im Wege des Vergleichs durch Rechtsgeschäft oder im Prozess **nicht zulässig**, weil die Einlageforderung nicht zur freien Disposition durch die Geschäftsführer bzw. Gesellschafter steht; nur Ausnahmsweise soll ein Vergleich über den Einlageanspruch möglich sein (h.M., Scholz/*U.H. Schneider* GmbHG, § 19 Rn. 50; a. A. Michalski/*Ebbing*, § 19 Rn. 49, der unter den weiteren Voraussetzungen eines Vergleichs diesen grundsätzlich für zulässig erachtet, was zum selben Ergebnis führen dürfte, vgl. dort Rn. 96). Voraussetzung eines wirksamen Vergleichs ist, dass ein ernsthafter rechtlich oder tatsächlich begründeter Streit durch beiderseitiges Nachgeben beendet wird (»echter Vergleich«, § 779 BGB; RGZ 79, 271, 274; BayObLG ZIP 1985, 33; OLG Hamm GmbHR 1988, 308; Scholz/*U.H. Schneider* GmbHG, § 19 Rn. 50; Lutter/Hommelhoff/*Bayer*, § 19 Rn. 20; enger: Hachenburg/*Ulmer* § 19 Rn. 45ff., wonach ein Vergleich nur bei Sekundäransprüchen zulässig sein soll; zur Zulässigkeit eines § 1 GWB berührenden Vergleichs BGHZ 65, 147, 151 = NJW 1976, 194). Ein Vergleich ist in diesen Fällen nicht nur wirtschaftlich sinnvoll, sondern vielmehr mindert das Prozessrisiko den Wert der Einlageforderung bzw. des Sekundäranspruchs, sodass durch den Vergleich keine Beeinträchtigung des Gesellschaftsvermögens vorliegt (Scholz/*U.H. Schneider* GmbHG, § 19 Rn. 50). So soll ein Vergleich abgeschlossen werden können und mithin zulässig sein, wenn Zweifel an der ordnungsgemäßen Erfüllung der Einlageleistung bestehen, daher also zweifelhaft ist, ob die Resteinlage bereits bezahlt wurde (Scholz/*U.H. Schneider* GmbHG, § 19 Rn. 50; hiergegen berechtigter Einwand, dass die Beweislast für die die Erfüllung der Einlagepflicht begründenden Tatsachen bei sich dem hierauf berufenden Gesellschafter liegt: MünchHdb GesR III/*Gummert* § 50 Rn. 121) und wenn zweifelhaft ist, ob rechtzeitig bezahlt wurde und ob die geschuldete Sacheinlage fehlerfrei war (a. A. im Hinblick auf einen Vergleich über die Fehlerfreiheit einer Sacheinlage, *Lamers* DNotZ 1992, 195). Ein Vergleich kommt nicht in Betracht, wenn ein Gesellschafter lediglich zahlungsunfähig ist oder Zweifel an seiner Zahlungsfähigkeit bestehen (BayObLG ZIP 1985, 107; Lutter/Hommelhoff/*Bayer*, § 19 Rn. 20; Ulmer/*Ulmer* § 19 Rn. 56; MünchHdb GesR III/*Gummert* § 50 Rn. 39). Im Fall der **Insolvenz eines Gesellschafters** ist anstelle der Vergleichsmöglichkeit (so nach früherer Rechtsordnung §§ 173 ff. KO, Zwangsvergleich, und § 82 VerglO, Vergleich zur Abwendung des Konkurses) der Insolvenzplan nach §§ 217 ff. InsO getreten. § 9b Abs. 1 Satz 2 GmbHG findet auf die Einlageforderung keine Anwendung (Ulmer/*Ulmer* § 19 Rn. 56; Scholz/*U.H. Schneider* GmbHG, § 19 Rn. 52). Vielmehr ist eine hinreichende und vorrangige Regelung dieses Falles mit dem Kaduzierungsverfahren sowie der Ausfallhaftung des betreffenden Gesellschafters (§ 21 Abs. 3 GmbHG) und der Mitgesellschafter (§ 24 GmbHG) getroffen worden. Im Fall der Insolvenz des Gesellschafters kann daher die Gesellschaft mit ihrer Einlageforderung am Insolvenzverfahren teilnehmen und wird insoweit quotal befriedigt. Beträgt die Quote weniger als 100%, kann sie den Geschäftsanteil des Gesellschafters einziehen und i. H. d. Ausfalls im Kaduzierungsverfahren Befriedigung suchen (vgl. §§ 21 ff. GmbHG). Alternativ kann die Gesellschaft auch unmittelbar das Kaduzierungsverfahren betreiben und den Geschäftsanteil einzuziehen. 50

§ 19 GmbHG Leistung der Einlagen

51 Bei Abschluss des Vergleichs wird die Gesellschaft durch Ihre Geschäftsführer vertreten. Für seine **Wirksamkeit** bedarf der Vergleich auch eines **Gesellschafterbeschlusses** (Ulmer/*Ulmer* § 19 Rn. 55; MünchHdb GesR III/*Gummert* § 50 Rn. 40; Zweifel wg. § 53 Abs. 3 Lutter/Hommelhoff/*Bayer* GmbHG, § 19 Rn. 20). Dies wird in analoger Anwendung zu § 46 Nr. 2 GmbHG (Scholz/*U.H. Schneider* § 19 Rn. 53) und teils aus einem »erst-recht-Schluss« aus § 46 Nr. 2 GmbHG (Ulmer/*Ulmer* § 19 Rn. 55) begründet.

V. Aufrechnung, Abs. 2 Satz 2

1. Aufrechnung durch Gesellschafter

52 Nach dem Wortlaut des § 19 Abs. 2 Satz 2 a. F. war die einseitige Aufrechnung eines Gesellschafters mit einer ihm zustehenden Forderung gegen die Einlageforderung der Gesellschaft nicht zulässig. Durch die aktuelle Fassung des § 19 Abs. 5, die durch das MoMiG eingeführt wurde, wurde die bislang in § 19 Abs. 5 a. F. enthaltene Ausnahme von dem grundsätzlichen Verbot der Aufrechnung durch den Gesellschafter gegen die Einlagenforderung in § 19 Abs. 2 Satz 2 i. d. F. des MoMiG überführt. Erfasst wird – wie in der bisherigen Regelung des Abs. 5 a. F. – damit nur noch der Fall einer ordnungsgemäß vereinbarten und damit auch der Prüfung durch das Registergericht unterworfenen sog. (**offenen**, bei der Gründung ausgewiesenen) **Sachübernahme**, bei der vereinbart wird, dass die Gesellschaft einen Vermögensgegenstand übernimmt und die Vergütung auf die Einlagepflicht des Gesellschafters angerechnet werden soll (vgl. Begr. RegE vom 25.07.2007, BT-Drucks. 16/6140, S. 39). Ohne eine entsprechende Vereinbarung liegt dagegen der Grundfall der verdeckten Sacheinlage vor, der nunmehr von § 19 Abs. 4 Satz 1 GmbHG i. d. F. des MoMiG erfasst wird (vgl. auch *Heinze* GmbHR 2008, 1065, 1068). Das in § 19 Abs. 2 Satz 2 GmbHG normierte **einseitige Aufrechnungsverbot** dient der Sicherung der Kapitalaufbringung und soll die Umgehung der Leistung auf die Einlagepflicht verhindern. Die einseitige Aufrechnung ist – mit der einzigen Ausnahme des § 19 Abs. 2 Satz 2 n. F. – verboten, weil sie der Gesellschaft kein Kapital zur freien Verfügung zuführt. Das Aufrechnungsverbot gilt für jede mögliche Gegenforderung des Gesellschafters ungeachtet dessen, woraus sie hergeleitet wird, ob sie gesellschaftsrechtlicher oder schuldrechtlicher Natur ist, und zu welchem Zeitpunkt sie entstanden ist. Unzulässig sind daher bspw. die Aufrechnung mit rückständigen Gewinndividenden (RGZ 47, 180, 185 f.), mit einer dem Gesellschafter zustehenden Darlehensforderung (OLG Frankfurt am Main NJW-RR 1995, 35 f.), mit einer dem Gesellschafter gegen die Gesellschaft zustehenden Schadensersatzforderung (RGZ 93, 326, 330), mit einer dem Gesellschafter abgetretenen Forderung eines Gesellschaftsgläubigers (BGHZ 53, 71, 72, 82) oder mit künftigen Lohnforderungen eines Gesellschafters für die eine Verrechnung vereinbart wird (BGH GmbHR 1978, 268 m. Anm. *Plander* GmbHR 1980, 30; BGH WM 1982, 1200).

53 Auch wenn durchaus ein Dritter die Einlageleistung für einen Gesellschafter bezahlen kann, ist die Aufrechnung des Gesellschafters mit einer **Forderung eines Dritten**, die ihm gegen die Gesellschaft zusteht und mit Zustimmung des Dritten erfolgt, gegen die eigene Einlageschuld des Gesellschafters nicht möglich (Scholz/*U.H. Schneider* GmbHG § 19 Rn. 55). Unzulässig ist im Rahmen der Vollstreckung einer eigenen Forderung des Gesellschafters gegen die Gesellschaft, dass der Gesellschafter die gegen ihn gerichtete Einlageforderung der Gesellschaft pfändet und sich zur Einziehung überweisen lässt, weil die Einlageforderung mit der Überweisung an den Gesellschafter zur Einziehung durch Konfusion untergehen würde und dies einer Aufrechnung gleichkäme (KG JW 1930, 3779; Ulmer/*Ulmer* § 19 Rn. 146; Baumbach/Hueck/*Hueck*/*Fastrich* § 19 Rn. 30; Scholz/*U.H. Schneider* GmbHG, § 19 Rn. 55; *Beise* GmbHR 1978, 101; MünchHdb GesR III/*Gummert* § 50 Rn. 43).

54 Erfolgt eine Zahlung an die Gesellschaft, ohne dass zunächst der Leistungszweck angegeben ist, so kann durch **nachfolgende Zweckbestimmung** als Leistungszweck die Einlageschuld bestimmt werden (so BGHZ 51, 157, 161 f.; a. A. OLG Oldenburg ZIP 1996, 2026; OLG Schleswig EWiR 1998, 1035), wobei dies nur solange möglich sein soll, als der gezahlte Betrag der Gesellschaft noch unverbraucht zur Verfügung steht (BGH NJW 1992, 2229, 2230; OLG Hamburg BB 1994,

1240; OLG Köln GmbHR 1986, 310; OLG Hamm GmbHR 1985, 326; Scholz/*U.H. Schneider* GmbHG, § 19 Rn. 55; MünchHdb GesR III/*Gummert* § 50 Rn. 44). Das Risiko der nach Verbrauch des Kapitals erfolgten Zweckbestimmung trägt der Gesellschafter (Scholz/*U.H. Schneider* GmbHG, § 19 Rn. 55). Unzulässig ist die **rückwirkende Zweckänderung**, bspw. durch Erklärung, der zuvor als Darlehen geleistete Betrag sei als Zahlung auf die Einlage anzusehen (BGH GmbHR 1983, 194; GmbHG 1992, 524). Eine solche Erklärung würde eine Aufrechnung mit dem Rückzahlungsanspruch aus Darlehen durch den Gesellschafter gegenüber der Einlageforderung der Gesellschaft bedeuten. Eine Aufrechnung, die ein Gesellschafter aufgrund einer im Gesellschaftsvertrag (§ 5 Abs. 4 Satz 1 GmbHG) oder im Kapitalerhöhungsbeschluss (§ 56 Abs. 1 GmbHG) enthaltenen Sachübernahmevereinbarung (§§ 5, 97 GmbHG) mit dem ihm hieraus zustehenden Vergütungsanspruch gegenüber der Einlageforderung der Gesellschaft erklärt hat, war auch bisher als **einzige zulässige Ausnahme** zum einseitigen Aufrechnungsverbot anerkannt und ist nunmehr i. S. d. § 19 Abs. 4 Satz 1 GmbHG n. F. weiterhin zulässig, wenn dies im Zuge einer **formgerecht vereinbarten Sachübernahme** geschieht, daher also die zur Aufrechnung gestellte Forderung des Gesellschafters aus einer Sachübernahme stammt, die nach §§ 5 Abs. 4, 19 Abs. 2 Satz 2, 55 Abs. 1, 56 Abs. 2 GmbHG beurkundet ist (BGHZ 15, 52, 57; Ulmer/*Ulmer* § 19 Rn. 91 ff., 98; Baumbach/Hueck/*Fastrich* § 19 Rn. 31; Scholz/*U.H. Schneider* GmbHG, § 19 Rn. 121).

Das Aufrechnungsverbot gilt auch im **Liquiditätsstadium** (BGH NJW 1970, 469; BB 1976, 852, 853); sofern sich aber der Zweck des Aufrechnungsverbots erledigt hat, weil alle Gesellschaftsgläubiger befriedigt, die Vermögensgegenstände im Wesentlichen verwertet und der Geschäftsbetrieb beendet sowie die Entstehung neuer Verbindlichkeiten nicht zu erwarten ist, soll eine Aufrechnung zulässig sein (BGH GmbHR 1968, 162; NJW 1979, 219). Der Gesellschafter kann auch im Fall der **Insolvenz der Gesellschaft** als Insolvenzgläubiger nicht gegen seine Einlageschuld aufrechnen. Insoweit geht das öffentliche Interesse der Gläubiger an der Beschaffung Einzahlungsschuld auf die Geschäftsanteile demjenigen eines Gesellschafter-Gläubigers vor (BGHZ 15, 52, 56 = NJW 1954, 1842; OLG Hamm, GmbHR 1985, 326; Scholz/*U.H. Schneider* GmbHG, § 19 Rn. 58). Das Aufrechnungsverbot ist durch den Insolvenzzweck begrenzt, der sich erledigt hat, wenn sämtliche Gläubiger befriedigt sind und mit dem Entstehen neuer Verbindlichkeiten nicht mehr zu rechnen ist (BGHZ 53, 71, 75; BGH GmbHR 1968, 162).

55

Das Aufrechnungsverbot des § 19 Abs. 2 Satz 2 GmbHG **gilt entsprechend** auch gegenüber dem Anspruch auf Verlustausgleich aus analoger Anwendung des § 302 Abs. 1 AktG (OLG Thüringen GmbHR 2005, 1058, 1060; *Petersen* GmbHR 2005, 1031, 1032 f.; krit. *Sinewe* EwiR 2005, 332).

56

Eine unter Nichtbeachtung des Aufrechnungsverbots erfolgte Aufrechnung ist **unwirksam** und hat zur Folge, dass die Einlagepflicht des Gesellschafters durch die Aufrechnungserklärung nicht erfüllt und mithin neu zu erbringen ist. Die mit Einführung des Abs. 4 n. F. gelegentlich geforderte Analogie (so zum RegEnt *Veil*, ZIP 2007, 1241, 1246; *Gsell* BB 2007, 2245) scheitert an dem Wortlaut in Abs. 2 Satz 2 und der fehlenden Regelungslücke; zudem ist Abs. 4 n. F. als Ausnahmeregelung eng zu interpretieren (Baumbach/Hueck/*Hueck*/*Fastrich* § 19 Rn. 32; Lutter/Hommelhoff/*Bayer* § 19 Rn. 36).

57

2. Aufrechnung durch Gesellschaft

Unberührt von der Neuregelung des § 19 Abs. 2 Satz 2 i. d. F. des MoMiG bleiben die bisher entwickelten **Grundsätze zulässiger Aufrechnung** durch die Gesellschaft bei einer fälligen, liquiden und vollwertigen Gegenforderung des Gesellschafters gegen die Gesellschaft (BGH ZIP 2009, 662, 663; *Wälzholz* GmbHR 2008, 841 [846]; Heckschen/Heidinger GmbHG/*Heidinger*, § 11 Rn. 315). Damit gilt das Aufrechnungsverbot aus Abs. 2 Satz 2 auch hinsichtlich der Aufrechnung der Gesellschaft mit der Einlageforderung gegenüber einer Gegenforderung des Gesellschafters. In Anbetracht der Neuregelung des § 19 Abs. 2 Satz 2 GmbHG n. F. ist eine Aufrechnung nur unter den dort genannten engen gesetzlichen Voraussetzungen möglich. Nach einer wohl überwiegenden Auffassung soll eine Aufrechnung durch die Gesellschaft zudem weiter einschränkend nur hinsichtlich der **Resteinlage** und nicht auch der Mindesteinlage möglich sein, weil mit der Min-

58

§ 19 GmbHG Leistung der Einlagen

desteinlage gewährleistet werden soll, dass der Gesellschaft auch eine Mindestliquidität zukommt (Ulmer/*Ulmer* § 7 Rn. 41; Scholz/*U.H. Schneider* GmbHG, § 19 Rn. 61; *Kutzer* GmbHR 1987, 299; *Priester* DB 1976, 1801; MünchHdb GesR III/*Gummert* § 50 Rn. 48; a. A. nicht zwingend, weil die Mindesteinlage auch in Form von Sacheinlagen erbracht werden kann, Michalski/*Ebbing* § 19 Rn. 66). Nach den in der Rechtsprechung entwickelten Grundsätzen muss die Gegenforderung – ergänzend zu den Voraussetzungen nach § 19 Abs. 2 Satz 2 GmbH –, mit der aufgerechnet werden darf **fällig, liquide und vollwertig** sein (BGHZ 15, 52, 59 f. = NJW 1954, 1842, 1843 f.; OLG Frankfurt am Main NJW-RR 1995, 35, 36; Ulmer/*Ulmer* § 19 Rn. 62, 65, 69 ff.; Baumbach/Hueck/*Hueck/Fastrich* § 19 Rn. 33; Scholz/*U.H. Schneider* GmbHG, § 19 Rn. 61 ff.; a.A. *Möhring* FS R. Schmidt 1976, 85 ff.; *Reuter* BB 1978, 1195 ff.). Die Gesellschaft darf danach nicht vor Fälligkeit der Gesellschafterforderung mit ihrer Einlageforderung aufrechnen, weil sie durch die verfrühte Leistung Zins- und Liquiditätsverluste erfahren würde; auch die Abzinsung der nicht fälligen Forderung vermag dies nicht abzuändern (Scholz/*U.H. Schneider* GmbHG, § 19 Rn. 63). Die Gegenforderung muss sodann liquide sein, was gegeben ist, wenn sie nach Grund und Höhe unbestritten ist und keine Einreden oder Einwendungen der Gesellschaft entgegenstehen (Ulmer/*Ulmer* § 19 Rn. 74; Lutter/Hommelhoff/*Bayer*, § 19 Rn. 33). Abschließend muss die Forderung des Gesellschafters auch vollwertig sein, daher also muss die Gesellschaft in der Lage sein, alle fälligen Gesellschaftsverbindlichkeiten zu erfüllen. Ist die Gesellschaft dagegen zahlungsunfähig oder überschuldet, so ist die Gesellschafterforderung im Wert gemindert, weil eine vollständige Durchsetzung der Forderung nicht mehr möglich ist (BGH GmbHR 1992, 522, 524; nicht eindeutig noch BGHZ 90, 370, 373; OLG Nürnberg GmbHR 1970, 276; OLG Hamburg GmbHR 1982, 158; Ulmer/*Ulmer* § 19 Rn. 75; Scholz/*U.H. Schneider* GmbHG, § 19 Rn. 63; a.A. *Möhring* FS R. Schmidt 1976, 91 ff., Aufrechnung auch bei fehlender Vollwertigkeit im Ermessen des Geschäftsführers, der ggf. schadenersatzpflichtig ist). Die **Beweislast** über die Vollwertigkeit der Gegenforderung trifft den Einlageschuldner (BGH GmbHR 1992, 522, 524). **Zur Aufrechnung zulässig** sind daher nach der bisherigen Rechtsprechung bspw. Ansprüche auf Rückzahlung eines Darlehens (OLG Düsseldorf ZIP 1994, 897), Ansprüche des Gesellschafters auf Auszahlung eines nach Eintragung entstandenen Gewinns, Gehaltsansprüche des Gesellschafter-Geschäftsführers, Aufwendungserstattungs- und Schadensersatzansprüche des Gesellschafters gegen die Gesellschaft. Eine wirksame Aufrechnung der Gesellschaft liegt aber dann nicht vor, wenn sie durch den Gesellschafter-Geschäftsführer für die Gesellschaft erklärt wird, der zugleich als Gesellschafter die Einlage schuldet (OLG Düsseldorf, BB 1993, 1747, 1748). Die Aufrechnung der Gesellschaft gegen einen Rückzahlungsanspruch des Gesellschafters mit eigenkapitalersetzenden Charakter des Darlehens ist mangels Vollwertigkeit nach altem Recht nicht zulässig gewesen (BGHZ 90, 370, 373 = NJW 1984, 1891; OLG Frankfurt am Main ZIP 1984, 837; OLG Köln ZIP 1986, 571; Scholz/*U.H. Schneider* GmbHG, § 19 Rn. 77) und nach Aufhebung des Eigenkapitalersatzrechts mit dem MoMiG nicht mehr per se ausgeschlossen (vgl. Baumbach/Hueck/*Fastrich*, § 19 Rn. 33).

59 Ungeachtet der vorerwähnten Voraussetzungen soll **ausnahmsweise** eine Aufrechnung durch die Gesellschaft auch dann möglich sein, wenn die Einlageforderung wegen der wirtschaftlichen Lage des Gesellschafters, wegen der Zahlungsunfähigkeit des Gesellschafters oder aus tatsächlichen Gründen uneinbringlich oder gefährdet ist (OLG Düsseldorf BB 1993, 1747, 1748 m. w. N.; Baumbach/Hueck/*Hueck/Fastrich* § 19 Rn. 33). Insoweit soll das Kaduzierungsverfahren nicht vorrangig sein (a. A.; Lutter/Hommelhoff/*Bayer*, § 19 Rn. 38, so aber Ulmer/*Ulmer* § 19 Rn. 76). In weiterer Ausnahme kann von der Voraussetzung der Vollwertigkeit abgesehen werden, wenn das Unterlassen der Aufrechnung die Gesellschaft schädigen würde, weil sie zur Erfüllung ihrer Verpflichtung gegenüber dem Gesellschafter mehr aufwenden müsste, als sie selbst erzielt (BGHZ 15, 52, 57 = NJW 1954, 1842; Hommelhoff/*Lutter/Bayer* GmbHG, § 19 Rn. 38).

60 Die im Übrigen ohne Vorliegen einer fälligen, liquiden und vollwertigen Gegenforderung erklärte Aufrechnung der Gesellschaft ist wegen § 19 Abs. 2 Satz 1 GmbHG i. V. m. § 134 BGB **unwirksam** mit der Konsequenz, dass die Einlageschuld nicht erloschen ist und fortbesteht.

3. Aufrechnungsvertrag

Durch die Neuregelung des § 19 Abs. 2 Satz 2 i. d. F. des MoMiG bleiben auch die bisher entwickelten Grundsätze der einvernehmlichen Verrechnung unberührt (*Wälzholz* GmbHR 2008, 841, 846; *Heinze* GmbHR 2008, 1065, 1068). Der **beidseitige Aufrechnungs- (oder Verrechnungs-)vertrag** unterscheidet sich von der einseitigen Aufrechnung dadurch, dass sich die Gesellschaft und der Einlageschuldner über die Aufrechnung zweier gegenläufiger Forderungen einigen. Dabei beurteilt sich die Zulässigkeit des Aufrechnungsvertrags nach denselben Grundsätzen wie die einseitige Aufrechnungserklärung durch die Gesellschaft, wobei nunmehr auch die gesetzliche Voraussetzung des § 19 Abs. 2 Satz 2 GmbHG n. F. zu beachten sind (Ulmer/*Ulmer* § 19 Rn. 60; Scholz/*U.H. Schneider* GmbHG, § 19 Rn. 80). Nicht erheblich ist, ob die Initiative zum Abschluss des Aufrechnungsvertrages von dem Gesellschafter oder der Gesellschaft ausging; vielmehr ist maßgeblich, dass der Wille auch der Gesellschaft auf Verrechnung geht (Scholz/*U.H. Schneider* GmbHG, § 19 Rn. 80; a.A. *H. Hefermehl*, Anm. zu HansOLG WuB II C, § 9 GmbHG 1.90.). Zulässig ist eine Aufrechnungsvereinbarung, ohne dass die Resteinlageforderung fällig, andererseits aber die Gegenforderung fällig, liquide und wirtschaftlich vollwertig sein muss (BGH NJW 1992, 2229; OLG Frankfurt am Main, NJW-RR 1995, 35, 36). Die Verrechnung vermeidet in diesen Fällen lediglich ein Hin- und Herzahlen (BGHZ 15, 52, 60f. = NJW 1954, 1842, 1843f.; MünchHdb GesR III/*Gummert* § 50 Rn. 52 m. w. N.). Nicht zulässig ist die Aufrechnungsvereinbarung, wenn die Gesellschaft dadurch keinen ausreichenden Gegenwert erhält. Dies ist dann anzunehmen, wenn die Gegenforderung, mit der die Einlageforderung verrechnet werden soll, **verjährt** und mithin nicht vollwertig ist (Scholz/*U.H. Schneider* GmbHG, § 19 Rn. 81). 61

Nicht zulässig ist die Einstellung einer Einlageforderung in ein **Kontokorrent**, weil dies dem Stundungs- und Erlassverbot widerspricht und eine vorweggenommene Aufrechnung bedeutet (*Roth/Altmeppen* § 19 Rn. 38; Baumbach/Hueck/*Hueck/Fastrich* § 19 Rn. 39). 62

4. Vertretung der Gesellschaft

Bei der **Erklärung der Aufrechnung** und bei Abschluss des Aufrechnungsvertrags wird die Gesellschaft von ihren **Geschäftsführern** vertreten, wobei diese nach pflichtgemäßem Ermessen handeln. Gesellschafter-Geschäftsführer können, auch wenn sie von den Beschränkungen des § 181 BGB befreit sind, sich selbst gegenüber keine Aufrechnungserklärung abgeben, weil dies nicht mit dem Vorrang der Gläubigerinteressen zu vereinbaren wäre (OLG Düsseldorf GmbHR 1993, 293; 1990, 135; OLG Hamm ZIP 1988, 1057; Ulmer/*Ulmer* § 19 Rn. 68; Lutter/Hommelhoff/*Bayer*, § 19 Rn. 35; Scholz/*U.H. Schneider* GmbHG, § 19 Rn. 74; Baumbach/Hueck/*Hueck/Fastrich* § 19 Rn. 40; a.A. OLG Karlsruhe GmbHR 1971, 8). Die Gesellschafter können auch einen Beschluss fassen und die Geschäftsführer anweisen, entsprechende Erklärungen für eine Aufrechnung oder Verrechnung abzugeben. Der Beschluss der Gesellschafter allein entfaltet aber mangels ordnungsgemäßer Vertretung keine Wirkung (HansOLG WM 1990, 636 m. Anm. *H. Hefermehl* WuB II C. § 19 GmbHG 1.90). 63

VI. Zurückbehaltungsrecht, Abs. 2 Satz 3

Dem Wortlaut nach schränkt Abs. 2 Satz 3 **Zurückbehaltungsrechte gegenüber Sacheinlagen** ein. Danach ist die Geltendmachung von Zurückbehaltungsrechten grundsätzlich verboten und nur ausnahmsweise zulässig, wenn sie sich unmittelbar auf den Gegenstand der Sacheinlage beziehen. Dies kommt nur bei einem **fälligen Anspruch des Gesellschafters auf Verwendungsersatz** nach §§ 273 Abs. 2, 1001 BGB in Betracht. Das kaufmännische Zurückbehaltungsrecht (§§ 369, 370 HGB) findet auf Sacheinlageforderungen keine Anwendung (Ulmer/*Ulmer* § 19 Rn. 83; Baumbach/Hueck/*Hueck/Fastrich* § 19 Rn. 41; Lutter/Hommelhoff/*Bayer*, § 19 Rn. 41). Auch wenn Zurückbehaltungsrechte gegenüber **Bareinlageansprüchen** ausdrücklich nicht erfasst sind, ergibt sich schon aus dem Zweck der Kapitalaufbringungsvorschriften, dass ein Gesellschafter gegenüber seiner Einlagepflicht kein Zurückbehaltungsrecht zusteht (Ulmer/*Ulmer* § 19 Rn. 83; Baumbach/Hueck/*Hueck/Fastrich* § 19 Rn. 41; Scholz/*U.H. Schneider* GmbHG, § 19 Rn. 85). Auf **gemischte** 64

Sacheinlagen kann das Zurückbehaltungsrecht daher nicht auf den in bar zu leistenden Teil der Einlage, sondern nur hinsichtlich der Sacheinlagepflicht bestehen.

VII. Kapitalherabsetzung, Abs. 3

65 Soweit die Gesellschafter ein über das Mindestkapital hinausgehendes Stammkapital im Gesellschaftsvertrag oder in einem Kapitalerhöhungsbeschluss festgelegt haben und dieses im Handelsregister eingetragen wurde, ist das Vertrauen in die Existenz dieses Stammkapitals durch das Erlassverbot des Abs. 2 geschützt. Sind nach Eintragung des Stammkapitals im Handelsregister die Einlagen noch nicht in vollem Umfang geleistet, so kann nach Abs. 3 das Stammkapital bis zur Höhe des Mindestkapitals herabgesetzt werden. Der Erlass der Einlageforderung ist allerdings nur i. H. d. Betrages zulässig, um den das Kapital herabgesetzt wurde; der Erlass kann wirksam erst nach ordnungsgemäß durchgeführter und bekannt gemachter Kapitalherabsetzung erfolgen (vgl. zu den Voraussetzungen der Kapitalherabsetzung § 58 GmbHG).

VIII. Verdeckte Sacheinlage, Abs. 4

1. Regelungszweck

66 § 19 Abs. 4 a. F. war als ergänzende Vorschrift zu § 7 Abs. 2 Satz 3 a. F. GmbHG zu verstehen. Die bisher in Abs. 4 a. F. enthaltene Regelung ist als Folgeänderung durch Aufhebung und Neuregelung des geltenden § 7 Abs. 2 Satz 3 i. d. F. des MoMiG zu streichen gewesen. Durch die im Rahmen des MoMiG erfolgte Neufassung des Abs. 4 und die weitere Aufhebung des Abs. 5 a. F. werden nunmehr die Rechtsfolgen der sog. **verdeckter Sacheinlagen auf eine Differenzhaftung** des Gesellschafters beschränkt. (vgl. Begr. RegE vom 25.07.2007, BT-Drucks. 16/6140, S. 39 f.).

Die bis zum Inkrafttreten des MoMiG entwickelte Rechtsprechung nimmt eine verdeckte Sacheinlage an, wenn zwar formell eine Bareinlage vereinbart und geleistet wird, die Gesellschaft bei wirtschaftlicher Betrachtung aber aufgrund einer im Zusammenhang mit der Übernahme der Einlage getroffenen Absprache einen Sachwert erhalten soll. Eine solche verdeckte Sacheinlage wurde in entsprechender Anwendung des § 19 Abs. 5 a. F. wegen der damit verbundenen Umgehung der gesetzlichen Sacheinlagevorschriften als nicht zulässig erachtet (h. M.; BGH NJW 2003, 3127; vgl. hierzu 1. Aufl., § 19 Rn. 82 m. w. N.). Mit der Neuregelung in § 19 Abs. 4 i. d. F. des MoMiG reagierte der Gesetzgeber auf die aus der Wissenschaft und Praxis geäußerte Kritik, dass als Rechtsfolge der verdeckten Sacheinlage die Unwirksamkeit sowohl des schuldrechtlichen Teils der verdeckten Sacheinlage als auch des dinglichen Erfüllungsgeschäfts analog § 27 Abs. 3 Satz 1 AktG angenommen wurde. Die Bareinlagepflicht des Inferenten bestand vor Inkrafttreten des MoMiG fort, sodass dieser in der Insolvenz die übernommene Einlage im wirtschaftlichen Ergebnis oft zweimal erbringen musste. Sein Anspruch gegen die Gesellschaft auf Rückgewähr der Leistung erschöpfte sich hingegen mitunter in einer wertlosen Insolvenzforderung (vgl. Begr. RegE vom 25.07.2007, BT-Drucks. 16/6140, S. 40; aktueller Überblick *Blasche* GmbHR 2010, 288 ff.; *Reimer/Wentzel* ZIP 2009, 1185 ff.). Die von der Rechtsprechung bis zum Inkrafttreten des MoMiG als möglich erachtete Heilung verdeckter Sacheinlagen durch Umwandlung der Bar- in eine Sacheinlage (vgl. 1. Aufl., § 19 Rn. 86) hatte in der Praxis nur geringe Bedeutung, da verdeckte Sacheinlagen häufig erst in der Insolvenz entdeckt wurden und eine Heilung in diesem Zeitpunkt nicht mehr möglich war.

67 Nunmehr werden verdeckte Sacheinlagen in Anlehnung an die Rechtslage bei ordnungsgemäß vereinbarten und offengelegten Sacheinlagen einer Differenzhaftung unterstellt: Erreicht der Wert der verdeckten Sacheinlage zum Zeitpunkt der Anmeldung der Gesellschaft bzw. zum Zeitpunkt ihrer effektiven Überlassung an die Gesellschaft, wenn diese zeitlich später erfolgt, den Betrag der übernommenen Einlage, so war nach dem ursprünglichen Regierungsentwurf vorgesehen, dass die Einlagepflicht vollständig erfüllt war bzw. bei fehlender Vollwertigkeit eine Teilerfüllung anzunehmen und die Differenz in bar zu erbringen wäre (**Erfüllungslösung** mit Differenzhaftung, vgl. Begr. RegE vom 25.07.2007, BT-Drucks. 16/6140, S. 40). Dieser Vorschlag hat sich indessen nicht durchgesetzt. In Anlehnung an einen Vorschlag des Handelsrechtsausschusses des Deutschen Anwalt-

vereins ist in § 19 Abs. 4 i. d. F. des MoMiG die »**Anrechnungslösung**« aufgenommen worden (vgl. Beschlussempfehlung und Bericht des Rechtsausschusses vom 24.06.2008, BT-Drucks. 16/9737, S. 97). Danach ist der Wert einer verdeckt eingebrachten Sacheinlage auf die Geldeinlagepflicht des Gesellschafters anzurechnen, d. h. der Gesellschafter wird von seiner Einlageverpflichtung nicht befreit. Die Anrechnung erfolgt ohne dass es einer Willenserklärung der Parteien bedarf als **gesetzliche Folge** des § 19 Abs. 4 Satz 3. Die Anrechnung erfolgt aber nach § 19 Abs. 4 Satz 4 auch dann, wenn die Sacheinlage bereits vor Eintragung der Gesellschaft eingebracht worden ist, erst nach Eintragung der Gesellschaft ins Handelsregister. Durch diese Regelung soll sicher- und klargestellt werden, dass einerseits der Geschäftsführer in der Anmeldung nach § 8 nicht versichern kann und darf, dass die Geldeinlage zumindest durch Anrechnung zumindest erloschen und mithin erfüllt sei, und andererseits der Richter die Eintragung auch in dem Fall, dass der Wert der verdeckten Sacheinlage den Wert der geschuldeten Geldeinlage erreicht, die Eintragung nach § 9c ablehnen kann (vgl. Beschlussempfehlung und Bericht des Rechtsausschusses vom 24.06.2008, BT-Drucks. 16/9737, S. 97; vgl. auch *Flieger* DB 2008, 1668 f.; *Oppenhoff* BB 2008, 1630 f.; *Wälzholz* Die GmbH, Rn. 7).

2. Tatbestand

Die abstrakte Umschreibung der Voraussetzungen für das Vorliegen einer verdeckten Sacheinlage in § 19 Abs. 4 Satz 1 setzt auf die in der Rechtsprechung vor Inkrafttreten des MoMiG entwickelte Definition auf, sodass insofern eine Kontinuität gewahrt bleibt. Eine verdeckte Sacheinlage wird danach angenommen, wenn zwar formell eine Bareinlage vereinbart und geleistet wird, die Gesellschaft bei wirtschaftlicher Betrachtung aber aufgrund einer im Zusammenhang mit der Übernahme der Einlage getroffenen Absprache einen Sachwert erhalten soll (h. M.; vgl. Rdn. 66 sowie 1. Aufl., § 19 Rn. 80; BGH NJW 2003, 3127; Baumbach/Hueck/*Hueck/Fastrich* § 19 Rn. 45 m. w. N.; *Roth/Altmeppen* § 19 Rn. 48 ff. und § 5 Rn. 68 ff.; Scholz/*U. H. Schneider* GmbHG, § 19 Rn. 139 f. m. w. N.; krit. und umfassend *Schöpflin* GmbHR 2003, 57.). Die verdeckte Sacheinlage erfordert danach zwei Tatbestandsmerkmale: Zum einen ist dies die **wirtschaftliche Entsprechung** und im Weiteren die **vorherige Abrede**. Ist nur ein Tatbestandsmerkmal erfüllt, liegt eine verdeckte Sacheinlage nicht vor, die Bareinlage ist nicht zu beanstanden, der Vorgang ist dann möglicherweise nach § 30 zu beurteilen. Entgegen teilweise geäußerten Forderungen im Rahmen der Neuregelungen des MoMiG ist auf die Normierung einer festen **Frist für den zeitlichen Zusammenhang** zwischen der Übernahme der Geldeinlage und dem Verkehrsgeschäft, den die Rechtsprechung als Indiz für eine Abrede über den wirtschaftlichen Erfolg einer Sacheinlage wertet, verzichtet worden, weil eine solche Frist leicht zu unterlaufen gewesen wäre und zudem angenommen wird, dass infolge der erheblichen Abmilderung der Rechtsfolgen verdeckter Sacheinlagen für den Gesellschafter zugleich das Bedürfnis nach einer entsprechenden Regelung gesunken sei. Angesichts dessen wurde eine ausdrückliche gesetzliche Fristenregelung eher eine zusätzliche Komplizierung des positiven Rechts anstelle einer Vereinfachung empfunden. Ausdrücklich offen gehalten wurde jedoch, dass es der Rechtsprechung frei stehe, die Voraussetzungen der verdeckten Sacheinlage innerhalb der gegebenen Definition zu entwickeln und Beweisregeln mit Zeitfaktoren zu verbinden (vgl. Beschlussempfehlung und Bericht des Rechtsausschusses vom 24.06.2008, BT-Drucks. 16/9737, S. 97; vgl. auch *Heinze* GmbHR 2008, 1065, 1066).

3. Rechtsfolgen

Mit der Neuregelung des § 19 Abs. 4 ergaben sich erhebliche Änderungen. So tritt mit Abs. 4 Satz 1 zum einen **keine Erfüllungswirkung** ein und der Gesellschafter ist damit weiterhin zur Leistung der Einlage verpflichtet. Abs. 4 Satz 3 bestimmt jedoch, dass der Wert einer verdeckt eingebrachten Sacheinlage auf die Geldeinlagepflicht des Gesellschafters anzurechnen ist (»**Anrechnungslösung**«, vgl. Rdn. 67). Damit wird die Haftung des Gesellschafters auf den Differenzbetrag beschränkt, um den der Wert der eingebrachten Vermögensgegenstände den Nennbetrag des übernommenen Geschäftsanteils unterschreitet (GmbHG/*Wicken* § 19 Rn. 19; Heckschen/Heidinger GmbHG/*Heidinger*, § 11 Rn. 238, mit möglichen Sonderfällen und Rechenbeispielen, Rn. 251 ff.). Eine

Abkehr von der bis dahin geltenden Rechtsprechung bedeutet die Regelung des § 19 Abs. 4 Satz 2 i. d. F. des MoMiG, wonach das zugrunde liegende schuldrechtliche und auch das dingliche Rechtsgeschäft nicht unwirksam werden (vgl. auch *Wälzholz* Die GmbH, Rn. 75). Aufgrund der generellen Reduzierung der Rechtsfolgen verdeckter Sacheinlagen auf eine **Differenzhaftung des Einlegers** wurde die Rechtslage erheblich vereinfacht, um das insbesondere an die mittelständische Wirtschaft gerichtete GmbH-Recht leicht handhabbar auszugestalten (vgl. Beschlussempfehlung und Bericht des Rechtsausschusses vom 24.06.2008, BT-Drucks. 16/9737, S. 97). Gläubigerschutzlücken entstanden durch die Neuregelungen nicht. Soweit die verdeckte Sacheinlage **vollwertig** ist, wird es nach der Gesetzesbegründung nicht als gerechtfertigt erachtet, dass als »Strafe« für die reine Nichteinhaltung der formalen Anforderungen an eine Sachgründung die Einlage nochmals vollständig verlangt werden könnte (vgl. Begr. RegE vom 25.07.2007, BT-Drucks. 16/6140, S. 40; vgl. auch Hecksehen/Heidinger GmbHG/*Heidinger* § 11 Rn. 230; zu der Frage des Vorliegens der Vollwertigkeit, vgl. Rdn. 77).

70 Im Fall der **fehlenden Vollwertigkeit** ergibt der Wert des Vermögensgegenstandes zusammen mit der Differenzleistung des Gesellschafters den Betrag der übernommenen Einlageverpflichtung. Die Tatsache, dass anders als im direkten Anwendungsfall des § 9 Abs. 1 das Sachgründungsverfahren nicht eingehalten worden ist, bleibt dabei nicht völlig unberücksichtigt, sondern es bleibt in mehrfacher Hinsicht ein »Sanktionsgefälle« erhalten. So trägt nach § 19 Abs. 4 Satz 3 im Fall der verdeckten Sacheinlage der Einleger die **Beweislast für die Vollwertigkeit** seiner Leistung, da mangels ordnungsgemäßer Offenlegung der Sacheinlage Unklarheiten über die Werthaltigkeit zu seinen Lasten gehen müssen. Sofern ihm dieser – mit steigendem zeitlichem Abstand zu der Einbringung der Sacheinlage zunehmend schwierigere – Nachweis nicht oder nicht in voller Höhe gelingt, trifft ihn die Haftung auf die Differenz, deren **Verjährungsbeginn** zudem in dem Fall, dass der Vermögensgegenstand nach der Anmeldung effektiv eingebracht wird, auf diesen Zeitpunkt hinausgeschoben wird. Die Anrechnung erfolgt aber auch in dem Fall, in dem die Sacheinlage bereits vor Eintragung der Gesellschaft eingebracht worden ist, erst nach der Eintragung der Gesellschaft in das Handelsregister. Damit darf der Geschäftsführer in der Anmeldung nach § 8 nicht versichern, die Geldanlage sei zumindest durch Anrechnung erloschen und mithin erfüllt (vgl. Beschlussempfehlung und Bericht des Rechtsausschusses vom 24.06.2008, BT-Drucks. 16/9737, S. 97; vgl. auch Hecksehen/Heidinger GmbHG/*Heidinger* § 11 Rn. 231). Der Gesellschafter hat zudem selbst ein Interesse an der ordnungsgemäßen Einbringung einer vollwertigen Sacheinlage, um nicht Jahre später in Beweisnöte für die Werthaltigkeit der Einlage zu geraten. Darüber hinaus kommt eine Haftung der Gesellschafter nach § 9a Abs. 2 bzw. der Geschäftsführer nach § 43 für einen Schaden in Betracht, der der Gesellschaft infolge der verdeckten Sacheinlage entstanden ist. Diese Sanktionen erschienen dem Gesetzgeber als ausreichend, um die Beteiligten davon abzuhalten, die Verpflichtung zur Offenlegung der Sacheinlage bewusst zu missachten (vgl. Begr. RegE vom 25.07.2007, BT-Drucks. 16/6140, S. 40).

4. Übergangsregeln

71 § 19 Abs. 4 GmbHG i. d. F. des MoMiG, der seit dem 01.11.2008 gilt, soll nach der Übergangsregelung des § 3 Abs. 4 EGGmbHG auch auf Einlageleistungen, die **vor dem 01.11.2008** bewirkt worden sind, Anwendung finden, soweit mit der Einlageleistungen gemäß der Rechtslage, die vor dem MoMiG gegolten hat, **wegen einer verdeckten Sacheinlage** keine Erfüllung der Einlagepflicht bewirkt worden ist. Es soll daher in diesen »Altfällen« eine Anrechnung der Einlageleistungen auf die Geldeinlagepflicht des Gesellschafters erfolgen, wenn darüber hinaus, vor dem 01.11.2008, wegen den aus der Unwirksamkeit folgenden Ansprüchen weder ein rechtskräftiges Urteil ergangen ist, noch hierüber ein Vergleich zwischen dem Gesellschafter und der Gesellschaft getroffen worden ist (vgl. § 3 Abs. 4 Satz 2 EGGmbHG). Bereits zum Zeitpunkt der Entwurffassung wurde eingewendet, dass § 3 Abs. 4 EGGmbHG gegen das schutzwürdiges Interesse in die Fortführung der bestehenden Rechtsprechung verstößt und durch diese Regelung sogar eine »echte« Rückwirkung vorliege, die verfassungsrechtlich bedenklich ist (*Ries* Stellungnahme für die Anhörung im Rechtsausschuss des Deutschen Bundestages am 23.01.2008, S. 11; *Felke* GmbHR-StB 2009, 17, 18 ff.,

der einen Verstoß gegen das Rechtsstaatsprinzip nach Art. 20 Abs. 3 GG sieht; zweifelnd: *Bormann* GmbHR 2007, 897, 900; *Pentz* GmbHR 2009, 126, 130; *Heinze* GmbHR 2008, 1065, 1173; so wohl auch: Heckschen/Heidinger GmbHG/*Heidinger* § 11 Rn. 233; wohl ergebnisorientiert, weil ursprünglich schlüssigen Klagen rückwirkend der Boden entzogen wird: *Goette* Stellungnahme für die Anhörung im Rechtsausschuss des Deutschen Bundestages am 23.01.2008, S. 6 und Einführung in das neue GmbH-Recht, Rn. 86; ebenso *Lips/Randel/Werwigh* DStR 2008, 2220, 2222). Von den Kritikern der Übergangsregelung werden auch verfehlte **sachen-** (*Bormann* GmbHR 2008, 865, 901) und **prozessrechtliche** (*Pentz* GmbHR 126, 132) **Konsequenzen** kritisiert. Dem wird entgegenzuhalten sein, dass eben keine Rückwirkung vorliegt, weil nicht das Gesetz geändert wird, sondern lediglich die bestehende Rechtsprechung und in diesem Fall nur ein eingeschränkter Vertrauensschutz besteht (*Wedemann* GmbHR 2008, 1131, 1133 [Fn. 14]; *Wälzholz* GmbHR 2008, 841, 846 und Die GmbH, Rn. 86, der die Anwendung auf Altfälle im Fall der verdeckten Einlage für unproblematisch hält; so wohl auch *Hirte* NJW 2009, 415, 416). Bisweilen wird darauf hingewiesen, dass spätestens seit Veröffentlichung des Regierungsentwurfes vom 23.05.2007 bekannt war, dass eine rückwirkende Regelung aufgenommen wird (*Hein/Suchan/Geeb* DStR 2008, 2289, 2296). Für vor Inkrafttreten des MoMiG vorgenommene verdeckte Sacheinlagen führt die Regelung des § 3 Abs. 4 EGGmbHG zu einer **rückwirkenden Heilung** des der verdeckten Sacheinlage zugrunde liegenden schuldrechtlichen Verpflichtungsgeschäfts und des zu ihrer Ausführung vorgenommenen Erfüllungsgeschäfts (ausführlich: *Fuchs* BB 2009, 170, 173).

5. Anwendung bei § 5a (Unternehmergesellschaft)

Ob § 19 Abs. 4 auch bei der Unternehmergesellschaft Anwendung findet, ist umstritten. Die Auffassung, die § 19 Abs. 4 für anwendbar hält, sieht, dass dies gegen das ausdrückliche Verbot der Sachgründung bei der Unternehmergesellschaft nach § 5a Abs. 2 Satz 2 läuft und dieser im Ergebnis geschwächt wird. Eine Nichtanwendung widerspreche jedoch dem gesetzgeberischen Interesse, das Gründungsverfahren bei der Unternehmergesellschaft zu vereinfachen; zudem dient der Ausschluss der Sacheinlage nach § 5a Abs. 2 Satz 2 nicht dem Schutz der Gesellschaftsgläubiger (vgl. Lutter/Hommelhoff/*Bayer* GmbH § 19 Rn. 69; *Gehrlein* Der Konzern 2007, 771, 779; *Wälzholz* GmbHR 2008, 841, 842 ff.; *Herrler* DB 2008, 2347, 2349; *Heinze* GmbHR 2008, 1065, 1066). Ein solcher Standpunkt macht das Verbot von Sacheinlagen wirkungslos. Eine Ausnahme für § 5a hat der Gesetzgeber nicht vorgesehen. Es sind die Argumente, die gegen die Sacheinlage bei der Unternehmergesellschaft zum Tragen gekommen sind, auch hier zu beachten (vgl. Baumbach/Hueck/*Hueck/Fastrich*, § 19 Rn. 4 und § 5a Rn. 12; *Wachter* GmbHR-Sonderheft 10/2008, 25, 33; *Hirte* ZInsO 2008, 933, 935; *Joost* ZIP 2007, 2242, 2244; *Heckschen* DStR 2009, 166, 171; *Freitag/Riemenschneider* ZIP 2007, 1485, 1486; so wohl auch *Roth/Altmeppen*, § 5a Rn. 15).

IX. Fallgruppe des sog. »Hin- und Herzahlens«, Abs. 5

1. Regelungszweck

In § 19 Abs. 5 i. d. F. des MoMiG ist nunmehr die von der Rechtsprechung entwickelte Fallgruppe des sog. »Hin- und Herzahlens«, daher also typischerweise Konstellationen, in denen eine Einlageleistung in geringem zeitlichen Aufwand aufgrund einer Darlehensabrede wieder an den Gesellschafter zurückfließen soll, normiert worden. Anders als bei der verdeckten Sacheinlage (Abs. 4) erreicht die Gesellschaft weder ein tatsächlicher Mittelzuwachs noch wird eine Altforderung des Gesellschafters gegen die Gesellschaft getilgt, sondern vielmehr soll die Einlageleistung durch eine neu begründete schuldrechtliche Forderung ersetzt werden. Bedeutung erlangt die Vorschrift nicht nur in den Fällen, in denen die Gesellschaft dem Gesellschafter aufgrund einer Absprache eine Geldeinlage im Wege eines **Neudarlehens** direkt wieder auszahlen soll. Diese Fallkonstellation kann insbesondere auch bei der Kapitalaufbringung im **Cash-Pool** auftreten, wenn die Einlage infolge der Einzahlung auf das in den Cash-Pool einbezogene Konto im Ergebnis wieder an den Inferenten zurückfließt und dies nicht im Sinne einer verdeckten Sacheinlage zu einer Tilgung bereits bestehender Darlehensverbindlichkeiten der Gesellschaft gegenüber dem Inferenten führt (vgl. Begr. RegE vom

25.07.2007, BT-Drucks. 16/6140, S. 34). Ursprünglich sah der Regierungsentwurf die Aufnahme der Regelung in § 8 Abs. 2 Satz 2 GmbHG-E vor. Letztlich wurde die Regelung in Abs. 5 n. F. verschoben, um hierdurch die Sachnähe der Vorschrift zu der Fallgruppe der verdeckten Sacheinlage in § 19 Abs. 4 n. F. zu dokumentieren. Ausdrücklich ausgeklammert werden durch § 19 Abs. 5 Satz 1 dabei Fallgestaltungen, die zwar auch als Einlagenrückgewähr gewertet werden könnten, zugleich aber die Kriterien einer verdeckten Sacheinlage erfüllen, da für sie in § 19 Abs. 4 eine Sonderregelung getroffen wird (vgl. Rdn. 66 ff.).

2. Bisherige Rechtsprechung zu der Fallgruppe sog. »Hin- und Herzahlens«

74 Für die Annahme eines Falls des »Hin- und Herzahlens« ist es nach der Rechtsprechung auf der Grundlage vor Inkrafttreten des MoMiG unerheblich, ob die Bareinzahlung aufgrund einer Übernahme- oder ähnlichen Abrede als Vergütung für Sachleistungen zufließt (BGH GmbHR 2001, 1114, 1115 m. Anm. *Müller*) oder umgekehrt Mittel für die Stammeinlageneinzahlung vorher durch entsprechendes Geschäft mit der Gesellschaft beschafft werden (BGHZ 125, 141, 143). Der Fallgruppe des »Hin- und Herzahlens« zugeordnet wurde daher z. B. der Sachverhalt, dass der Gesellschafter der Gesellschaft eine Sache überlässt, den diese bezahlt und sodann der Gesellschafter die Stammeinlage in gleicher Höhe – im entschiedenen Fall auch ratenweise – einzahlt (OLG Karlsruhe GmbHR 1992, 113, 114). Das gilt auch für den Fall, dass der Gesellschafter in der Gründungsphase mit der Bareinlageverpflichtung gleichzeitig einen Überlassungsvertrag mit der Gesellschaft vereinbart, die Einlage bezahlt und kurz darauf einen gleich hohen Betrag als Entgelt durch die Gesellschaft zurückerhält (vgl. BGHZ 28, 314, 316; OLG Köln BB 2000, 372). Ein Fall des »Hin- und Herzahlens« ist auch bei der Einbeziehung Dritter möglich, so wenn die Zahlung an den Dritten einer Zahlung an den Gesellschafter gleichkommt (Rückzahlung an ein mit dem Gesellschafter verbundenes Unternehmen: OLG Dresden NJW-RR 2000, 563, 564; verabredete Zahlung an Eltern: LG Dresden GmbHR 2001, 29, 30; Übertragung des einzubringenden Gegenstandes an Ehepartner des Gesellschafters, der absprachegemäß an Gesellschaft weiterveräußert: BGH DB 1972, 1972, 1974). Erfasst wird nach dieser Rechtsprechung jede Art der Umgehung der Sacheinlagevorschriften, wie insbesondere auch die Fälle, in denen durch ein Darlehen der Gesellschaft an den Gesellschafter die Bareinlage zurückgeführt wird (BGHZ 153, 107 = NJW 2003, 825, 826; BGH GmbHR 2006, 982, 983; OLG Thüringen, GmbHR 2006, 940, 941 m. Anm. *Werner*; OLG Schleswig BB 2000, 2014 f.; weiteren Fallkonstellationen Baumbach/Hueck/*Fastrich* § 19 Rn. 50 ff.; ebenso bei MünchHdb GesR III/*Gummert* § 50 Rn. 92; umfassend mit zahlreichen Bsp. aus der Rechtsprechung: *Bayer* GmbHR 2004, 445).

75 Unter die Fallgruppe des § 19 Abs. 5 n. F. dürfte auch der Sachverhalt des sog. »**Schütt-aus-Hol-zurück-Verfahrens**« fallen. Beim »Schütt-aus-Hol-zurück-Verfahren« (hierzu ausführl. *Roth* NJW 1991, 1913) wird der Bilanzgewinn der Gesellschaft an die Gesellschafter ausgeschüttet, worauf diese die Ausschüttung oder einen Teil in Form der Kapitalerhöhung zurückgewähren. Dieser Vorgang lässt sich auch als eine in Wahrheit eingebrachte Forderung der Gesellschafter in die Gesellschaft betrachten und damit als eine Sacheinlage. Deshalb hat der BGH zunächst einen Fall des Hin- und Herzahlens angenommen und die Grundsätze der verdeckten Sacheinlage nach alter Rechtslage angewandt. Danach konnten die Gewinnausschüttungsansprüche nur unter Beachtung der formellen Bestimmungen über Sacheinlagen in Eigenkapital umgewandelt werden (BGHZ 113, 335, 340 ff.). Da die auszuschüttenden Gewinne auf einem Jahresabschluss beruhen (vgl. §§ 29, 41 bis 42a, 46 Nr. 1 GmbHG, §§ 316 ff. HGB), bedarf die Werthaltigkeit des Gewinnausschüttungsanspruchs nicht der nochmaligen Überprüfung im Wege des Sacheinlageverfahrens (*Roth* NJW 1991, 1913, 1915). Der BGH hat in der Folgezeit seine Rechtsprechung korrigiert, sodass die Grundsätze der verdeckten Sacheinlage zumindest dann nicht mehr gelten sollten, wenn gegenüber dem Registergericht offengelegt wurde, dass die Kapitalerhöhung im Wege des »Schütt-aus-Hol-zurück-Verfahrens« erfolgen sollte. In diesen Fällen sei die Kapitalaufbringung nach den Grundsätzen der Kapitalerhöhung aus Gesellschaftsmitteln (§§ 57c ff. GmbHG; vgl. dortige Kommentierung) sicherzustellen (BGHZ 135, 381 = ZIP 1997, 1337; vgl. *Schöpfing* GmbHR 2003, 57, 59; *Lutter/Zöllner* ZHR 1996, 164, 180 ff.; *Priester* ZGR 1998, 856).

3. Tatbestand, § 19 Abs. 5

Mit Vorliegen der Voraussetzungen des § 19 Abs. 5 soll **Erfüllungswirkung** eintreten (vgl. Beschluss- 76
empfehlung und Bericht des Rechtsausschusses vom 24.06.2008, BT-Drucks. 16/9737, S. 97).
Dafür ist zunächst eine **vor Einlage getroffene Abrede** erforderlich. Erfolgt eine Abrede erst nach
Leistung der Einlage, soll dies nach einer in der Literatur vertretenen Auffassung die Gesellschafter
nicht benachteiligen, weil die Fälle der **nachträglichen Vereinbarung** unter die Kapitalerhaltungsgrundsätze des § 30 fallen und erst gar nicht an § 19 Abs. 5 GmbHG zu messen seien (vgl. *Bormann*
GmbHR 2007, 897, 902; *Wälzholz* GmbHR 2007, 841, 846 und Die GmbH Rn. 81; a.A. wohl:
Büchel GmbHR 2007, 1065, 1067, nochmalige Leistungspflicht bei fehlender Abrede vor der Ein-
lageleistung). Zu beachten ist die **Subsidiarität** des § 19 Abs. 5 im Verhältnis zu § 19 Abs. 4, d.h.
dass die Grundsätze des Abs. 5 nur in Betracht kommen, wenn keine verdeckte Sacheinlage i.S.d.
Abs. 4 vorliegt (*Heinze* GmbHR 2008, 1065, 1070; *Wälzholz* GmbHR 2007, 841, 845 und Die
GmbH Rn. 81 (Fn. 2)).

Erfüllungswirkung nach § 19 Abs. 5 tritt ein, wenn zudem der Anspruch der Gesellschaft gegen den 77
Gesellschafter **vollwertig** ist bzw. nach dem Gesetzeswortlaut »*wenn die Leistung durch einen vollwertigen Rückgewähranspruch gedeckt ist*«. Die Erfüllung der Einlageschuld kann demnach nur dann
angenommen werden, wenn die Einlagerückgewähr durch einen **voll- und auch gleichwertigen**
Gegenleistungs- oder Rückgewähranspruch gegen den Gesellschafter gedeckt ist und damit ein
reiner Aktivtausch vorliegt (vgl. Begr. RegE vom 25.07.2007, BT-Drucks. 16/6140, S. 34; Gegenäußerung der Bundesregierung zur Stellungnahme des Bundesrates [BR-Drucks. 354/07] vom
17.07.2007, S. 7; BGH DStR 2009, 1858). Systematisch führt § 19 Abs. 5 damit ebenso wie im
Bereich der Kapitalerhaltung eine **bilanzielle Betrachtungsweise** ein. Der Gedanke der bilanziellen
Betrachtungsweise zieht sich damit als roter Faden durch die Neuregelungen zum Haftkapitalsystem. Obwohl die Begründungen zu der Entwurffassung das Erfordernis auch einer gleichwertigen
Gegenleistung annehmen und dies bisweilen auch als Voraussetzung des § 19 Abs. 5 unterstellt
wird, ist diese Voraussetzung nicht in den Gesetzestext ausdrücklich eingeflossen. Gleichwertigkeit
bedeutet aber, dass ein »*an Stelle des Bareinlageleistungsanspruch tretender Zahlungsanspruch wie ein
als Einlage gesichertes Bankguthaben voll liquide sein muss*« (so *Jung* Stellungnahme für die Anhörung
im Rechtsausschuss des Deutschen Bundestages am 23.01.2008, S. 12). In diesem Sinne wird in
Ergänzung zu dem Gesetzestext erforderlich, dass der Gegenleistungs- oder Rückgewähranspruch
gegen den Gesellschafter nicht nur vollwertig und fällig, sondern auch liquide ist, daher also frei
von Einwendungen und Einreden (so wohl auch *Ulmer* ZIP 2008, 45, 54; *Heckschen/Heidinger*
Die GmbH § 11 Rn. 96; *Büchel* GmbHR 2007, 1065, 1067 f.). Vereinzelt wird zudem angeführt,
dass zwar für die Annahme des Vorliegens der Vollwertigkeit **keine marktübliche Verzinsung** verlangt werde, indessen aber die Unverzinslichkeit oder die Unterverzinslichkeit den realen wie auch
den bilanziellen Wert einer nicht fällig gestellten Forderung bei ihrer Fortschreibung mindere und
dies gegen die Annahme der Vollwertigkeit spreche (vgl. *Heinze* GmbHR 2008, 1065, 1071). Auf
»*Anregung aus der Wissenschaft*« ist in der abschließenden Neufassung des Abs. 5 ergänzend aufgenommen worden, dass der Rückzahlungsanspruch zur Sicherung der Kapitalaufbringung auch
liquide in dem Sinne sein muss, dass er **jederzeit fällig** ist bzw. durch Kündigung seitens der Gesellschaft fällig gestellt werden kann. Dieses Erfordernis ist eingeführt worden, weil erkannt worden ist,
dass »*beispielsweise bei einem erst nach längerer Zeit kündbaren Darlehen eine Prognose sehr unsicher
ist, ob der Rückzahlungsanspruch tatsächlich vollwertig ist*« (vgl. Beschlussempfehlung und Bericht des
Rechtsausschusses vom 24.06.2008, BT-Drucks. 16/9737, S. 97 f.) und um damit die Prognose der
Vollwertigkeit des Rückzahlungsanspruchs unabhängig von seiner Fälligkeit zu machen (*Wälzholz*
GmbHR 2007, 841, 845 und Die GmbH Rn. 81).

Die Versicherung zur endgültigen freien Verfügung der Geschäftsführer nach § 8 Abs. 2 GmbHG 78
bleibt auch im Fall des § 19 Abs. 5 erforderlich (vgl. Beschlussempfehlung und Bericht des Rechtsausschusses vom 24.06.2008, BT-Drucks. 16/9737, S. 98; ausführlich: *Heinze* GmbHR 2008, 1065,
1071 f.; *Heckschen/Heidinger* Die GmbH § 11 Rn. 98; *Wälzholz* Die GmbH, Rn. 83; wohl a.A.
Avvento BB 2010, 202). Zudem muss der Geschäftsführer nach § 19 Abs. 5 Satz 2 den Umstand des

Hin- und Herzahlens bzw. dessen Vereinbarung bei der Anmeldung nach § 8 GmbHG angeben. Vereinzelt wird kritisiert, dass die Versicherung sich nicht auch auf die Vollwertigkeit bezieht (so *Büchel* GmbHR 2008, 1065, 1068); wofür aber der Gesetzestext keinen Anlass gibt (so auch *Heckschen/Heidinger* Die GmbH § 11 Rn. 99). Problematisiert werden die Rechtsfolgen, für den Fall, dass eine Aufdeckung gegenüber dem Handelsregister erst gar nicht erfolgt. In diesem Fall sind die Voraussetzungen des § 19 Abs. 5 nicht erfüllt, sodass nach einer Auffassung der Gesellschafter nicht von seiner Einlageleistung befreit wird (*Wälzholz* GmbHR 2008, 841, 846). Andererseits erscheint § 19 Abs. 5 Satz 1 die Voraussetzungen für die Befreiung von der Pflicht zur Einlageleistung zu bestimmen, währen in § 19 Abs. 5 Satz 2 lediglich eine formelle Anzeigepflicht beim Handelsregister darstellt (*Heckschen/Heidinger* Die GmbH § 11 Rn. 104, mit vertiefter Auseinandersetzung der Systematik).

79   Für den Nachweis des Vorliegens der Vollwertigkeit nach § 19 Abs. 5 bestehen keine besonderen **Beweislastregelungen**. Eine Analogie des § 19 Abs. 4 Satz 5 kommt nicht in Betracht, vielmehr bleibt es bei der allgemeinen Beweislast für das Vorliegen der Vollwertigkeit zulasten des Gesellschafters (*Büchel* GmbHR 2007, 1065, 1067 f.; *Heinze* GmbHR 2008, 1065, 1071; *Heckschen/Heidinger* Die GmbH § 11 Rn. 107).

4. Verdeckte Finanzierung

80   Die Fallgruppe der »verdeckten Finanzierung« ist in des § 19 Abs. 5 i. d. F. des MoMiG aufgenommen worden (vgl. hierzu 1. Aufl., Rn. 35). Bis zur Einführung des aktuellen § 19 Abs. 5 wurde diese Fallgruppe einem verbotenen Erlass nach Abs. 2 Satz 1 gleichgestellt, weil der Einlageanspruch – vergleichbar der Novation – **in eine Darlehensforderung umgewandelt** und mittelbar oder unmittelbar aus dem Vermögen der Gesellschaft geleistet wird. Der Gesellschafter blieb daher weiterhin zur Einlageleistung verpflichtet. Mit Einführung des aktuellen § 19 Abs. 5 ist diese Fallgruppe »legalisiert« worden, wenn auch nur bei Vollwertigkeit der Rückforderung (vgl. Rdn. 77; *Heinze* GmbHR 2008, 1065, 1070). Künftig sind daher die Fälle der sog. verdeckten Finanzierung unter den Voraussetzungen des § 19 Abs. 5 zu beurteilen. Ein Fall verdeckter Finanzierung wurde durch die Rechtsprechung angenommen, wenn die Gesellschaft dem Gesellschafter oder einem mit diesem verbundenen Unternehmen (kurz vor oder nach Leistung der Einlage) ein Darlehen gewährt hat, damit er seine Einlage bezahlen kann (BGHZ 28, 77 f.; BGH DB 1958, 835; GmbHR 2003, 231; GmbHR 2004, 896; GmbHR 2006, 982, 983; OLG Thüringen GmbHR 2006, 940, 941; OLG Köln WM 1984, 740, 741; OLG Hamm GmbHR 1994, 472); dem gleichgestellt ist, dass der Gesellschafter zwar die Einlageleistung erbringt, aber sodann der Einlagebetrag als Darlehen wieder an ihn ausgezahlt wird (BGH GmbHR 2006, 43; GmbHR 2006, 306; OLG Hamm GmbHR 1992, 749; OLG Schleswig BB 2000, 2014) oder an ein mit diesem verbundenes Unternehmen (Scholz/*U.H. Schneider* GmbHG, § 19 Rn. 40; MünchHdb GesR III/*Gummert* § 50 Rn. 32 m. w. N. vgl. OLG Düsseldorf, Urt. v. 25.05.2012 – I 16 U 39/11, JurionRS 2012, 16613). Eine weitere Fallgruppe erfasst die Sachverhalte bei denen Dritte einbezogen werden, wenn daher die Gesellschaft gemeinsam mit dem Gesellschafter oder einem mit dem Gesellschafter verbundenen Unternehmen bei einem Dritten ein Darlehen aufnimmt und mit der Darlehensvaluta die Einlageverpflichtung des Gesellschafters erfüllt wird (RGZ 47, 180, 185; OLG Köln WM 1984, 740). Eine befreiende Einlageleistung wurde vor Einführung des § 19 Abs. 5 in der aktuellen Fassung auch im Fall der **mittelbar verdeckten Finanzierung** versagt, wenn der Einzahlungsbetrag mittelbar aus dem Vermögen der Gesellschaft stammt, was anzunehmen ist, wenn die Einlageleistung aus dem Vermögen eines Unternehmens erfolgt, an dem die Gesellschaft mittelbar oder unmittelbar eine wesentliche Beteiligung hält. Auch in dieser Fallgruppe wird nunmehr unter den Voraussetzungen des § 19 Abs. 5 (vgl. Rdn. 77) Erfüllungswirkung eintreten.

5. Heilung durch nachträgliche Erfüllung der Einlageschuld

81   Die Rechtsprechung hat vor der Neuregelung durch das MoMiG in entsprechenden Fallgestaltungen, wie sie nunmehr in Abs. 5 aufgenommen worden sind, einen Verstoß gegen die Kapital-

aufbringungsvorschriften angenommen, da es infolge des vereinbarten Mittelrückflusses an den Gesellschafter insbesondere an der erforderlichen Leistung zur endgültigen freien Verfügung der Geschäftsführer fehlte. Im Fall der Rückgewähr der Einlage als Darlehen wurde dabei eine »**Heilung**« im Sinne einer nachträglichen Erfüllung der Einlageschuld angenommen, wenn der Gesellschafter das Darlehen wieder an die Gesellschaft zurückgezahlt hat. Da dies in der Praxis zu Rechtsunsicherheiten und Einschränkungen in der wirtschaftlichen Betätigung der Gesellschaft führte, sollen die für den Bereich der Kapitalerhaltung (§ 30) in Bezug auf Rechtsgeschäfte der Gesellschaft mit den Gesellschaftern vorgesehenen Erleichterungen ausdrücklich auch auf den Bereich der Kapitalaufbringung übertragen werden. Die bisherige Heilungsrechtsprechung bleibt davon unberührt (vgl. Begr. RegE vom 25.07.2007, BT-Drucks. 16/6140, S. 34): Ist es also zu einer Darlehensgewährung gekommen, die nicht den Voraussetzungen des § 19 Abs. 5 entsprach, so kann dann, wenn das Darlehen gleichwohl zurückgezahlt wird, Erfüllung der Einlageschuld auch künftig angenommen werden (vgl. Begr. RegE vom 25.07.2007, BT-Drucks. 16/6140, S. 34 f.).

Die Voraussetzungen, unter denen eine Heilung auf der Grundlage der Rechtsprechung vor Einführung des MoMiG erfolgen konnte, waren im Einzelnen nicht abschließend geklärt (zu den einzelnen Voraussetzungen nach Einführung des MoMiG auch: *Wälzholz* Die GmbH, Rn. 87). Erforderlich ist danach aber eine **Satzungsänderung** mit entsprechender Mehrheit und den Angaben nach § 5 Abs. 4 GmbHG, wonach die bisherige Bar- in eine Sacheinlage umgewandelt wird. Gegenstand der nachgeholten Sacheinlage ist der Vermögensgegenstand, der als verdeckte Sacheinlage zu qualifizieren war und infolge der Nichtigkeit des Erfüllungsgeschäfts **erneut einzubringen und zu bewerten** ist (BGH GmbHR 2003, 1051, 1054). Die Bewertung ist auf den Zeitpunkt unmittelbar vor Anmeldung des Heilungsakts zum Handelsregister zu beziehen (BGHZ 132, 141, 155). Ein **Sachgründungsbericht** wird empfohlen, ein Ertragswertgutachten kann genügen (*Roth*/Altmeppen § 19 Rn. 93 m. w. N.). Jedenfalls bei der Verrechnung mit Gewinnansprüchen wird durch den BGH eine von einem Wirtschaftsprüfer testierte Bilanz neuesten Datums verlangt (BGHZ 132, 141, 155). 82

6. Rechtsfolgen eines Verstoßes

Anders als bei der verdeckten Sacheinlage nach § 19 Abs. 4 kommt es nicht nur zu einer wertmäßigen Anrechnung, sondern im Fall des § 19 Abs. 5 tritt **Erfüllungswirkung** ein (vgl. Beschlussempfehlung und Bericht des Rechtsausschusses vom 24.06.2008, BT-Drucks. 16/9737, S. 97). Sind die Voraussetzungen des § 19 Abs. 5 erfüllt, kann eine ordnungsgemäße Kapitalaufbringung selbstverständlich auch nicht mehr unter Berufung auf § 19 Abs. 2 Satz 1 abgelehnt werden. Zwar könnte man gegen die Neuregelung einwenden, dass auf diese Weise der im Rahmen der Kapitalaufbringung vorgesehene tatsächliche Mittelzufluss im Ergebnis infolge der vereinbarten Einlagenrückgewähr durch eine »schwächere« schuldrechtliche Forderung ersetzt wird. Andererseits wird das sog. Hin- und Herzahlen auch künftig nur dann zugelassen, wenn der Rückzahlungs- bzw. Gegenleistungsanspruch gleich- und vollwertig ist. Im Ergebnis wird damit ein angemessener Ausgleich zwischen Gesellschafts- und Gläubigerinteressen erreicht. Zudem ist kein Grund ersichtlich, im Bereich der Kapitalaufbringung und der Kapitalerhaltung unterschiedliche Maßstäbe anzulegen (vgl. Begr. RegE vom 25.07.2007, BT-Drucks. 16/6140, S. 35). 83

Fehlende Vollwertigkeit führt nicht wie bei der verdeckten Sacheinlage in der Neufassung lediglich zu einer Differenzhaftung des Inferenten, sondern hier gilt das auch vor dem MoMiG geltende »**Alles-oder-nichts-Prinzip**«, wonach die Bareinlage als nicht geleistet gilt und der Inferent somit erneut leisten muss (vgl. Gegenäußerung der Bundesregierung zur Stellungnahme des Bundesrates [BR-Drucks. 354/07] vom 17.07.2007, S. 6 f.; in der Stellungnahme des Bundesrates vom 06.07.2007 auch für den vorliegenden Fall eine Differenzhaftung befürwortet, BR-Drucks. 354/07 vom 06.07.2007, S. 14; aufgenommen durch *Schmidt* GmbHR 2008, 449, 452; *Wälzholz* GmbHR 2007, 841, 845). Besondere Bedeutung hat diese unterschiedliche Konsequenz auch für den Geschäftsführer, der u. U. nicht nur nach § 43 GmbHG (so aber *Wälzholz* GmbHR 2007, 841, 846 und Die GmbH, Rn. 81) sondern neben dem Gesellschafter nach § 9a GmbHG gesamtschuldnerisch haftet (detailliert: *Schmidt* GmbHR 2008, 449, 452). 84

85 Im Übrigen bleibt es bei den bisherigen Rechtsfolgen, wenn die Voraussetzungen des § 19 Abs. 5 nicht erfüllt sind: **Als Rechtsfolge eines Verstoßes gegen Abs. 5 besteht die Bareinlagepflicht fort**, sodass der Gesellschafter Gefahr läuft ein zweites Mal leisten zu müssen. Ihm steht ein Bereicherungsanspruch wegen der ersten Zahlung zu, der im Fall der Insolvenz der Gesellschaft allerdings nur mit der Insolvenzquote befriedigt wird; auch kann er im Insolvenzfall wegen Abs. 2 nicht aufrechnen (Baumbach/Hueck/*Hueck/Fastrich* § 19 Rn. 83; Scholz/*U.H. Schneider* GmbHG, § 19 Rn. 141). In Anwendung der bisherigen Rechtsprechung des BGH sind – anders als im Fall der verdeckten Sacheinlage nach § 19 Abs. 4 (vgl. Rdn. 67) – in entsprechender Anwendung des § 27 Abs. 3 Satz 1 AktG auch im GmbH-Recht sowohl der schuldrechtliche Verpflichtungsvertrag, als auch die »Rechtshandlung zu ihrer Ausführung der Gesellschaft gegenüber unwirksam« (BGHZ 155, 329; *Langenbucher* DStR 2003, 1838).

86 Der Gesellschaft steht ein **Bereicherungsanspruch auf die geleistete Vergütung** zu, während der Gesellschafter einen Herausgabeanspruch auf den eingebrachten Gegenstand und etwaiger Nutzungen hat; soweit die Sachleistung noch vorhanden ist, ist ihm diese nach §§ 985, 894 BGB zurückzugewähren (vgl. BGHZ 155, 329). An dem zurück zu übertragenden Vermögensgegenstand steht der Gesellschaft aber wegen der geleisteten Vergütung ein Zurückbehaltungsrecht nach § 273 Abs. 1 BGB zu (ZBR gestützt auf offene Einlageforderung: Ulmer/*Ulmer* § 19 Rn. 115; Michalski/*Ebbing* § 19 Rn. 148).

7. Übergangsregeln

87 § 19 Abs. 5 GmbHG i. d. F. des MoMiG, der seit dem 01.11.2008 gilt, soll nach der Übergangsregelung des § 3 Abs. 4 EGGmbHG auch auf Einlageleistungen, die **vor dem 01.11.2008** bewirkt worden sind, Anwendung finden, soweit die Einlageleistungen nach der Rechtslage vor dem MoMiG (u. a.) wegen der **Vereinbarung der Rückgewähr der Einlage** keine Erfüllung der Einlagepflicht bewirkt haben. Anders als in den Fällen der verdeckten Sacheinlage, bei der sich die Kritik auf eine verfassungswidrige Rückwirkung erschöpft (vgl. hierzu Rdn. 71), ist vorliegend zudem problematisch, dass eine Heilung der Altfälle kaum von der Aufdeckung in der Handelsregisteranmeldung abhängig sein kann, weil diese nach bisherigem Recht nicht vorgeschrieben war und die Regelung insoweit ins Leere läuft. Bisweilen wird zur Rettung der wenig geglückten Übergangsvorschrift daher eine korrigierende Auslegung des § 3 Abs. 4 EGGmbHG gefordert (vgl. *Wälzholz* GmbHR 2007, 841, 846 und Die GmbH, Rn. 86).

X. Verjährung

88 Bis zum Inkrafttreten des § 19 Abs. 6 GmbHG am 15.12.2004 (mit Art. 13 des »Gesetzes zur Anpassung von Verjährungsvorschriften an das Gesetz zur Schuldrechtsmodernisierung« vom 09.12.2004, BGBl. I 2004, 3214) enthielt das GmbH-Gesetz keine Regelung zur Verjährung des Einlageanspruchs. Für die Zeit bis zum 31.12.2001 wurde die regelmäßige 30-jährige Verjährung (§§ 195, 198 BGB a. F.) herangezogen (BGH NJW 2001, 3781). Die zwischenzeitliche Verkürzung der Regelverjährung zum 01.01.2002 auf nur 3 Jahre machte die Regelverjährung für Einlageschulden ungeeignet (vgl. einhellige Ablehnung: *Sontheimer* DStR 2005, 834, 837; *Roth*/Altmeppen § 19 Rn. 110; Baumbach/Hueck/*Hueck/Fastrich* § 19 Rn. 85 m. w. N.). Dies hat der Gesetzgeber erkannt und mit der Einführung des Abs. 6 reagiert. Nunmehr verjähren die Stammeinlageforderungen in **10 Jahren** ab dem Zeitpunkt ihrer Entstehung.

89 Trotz des Wortlauts des Abs. 6 **beginnt** die Verjährung mit der Fälligkeit (vgl. RegBegr BT-Drucks. 15/3653, S. 20, 21); maßgeblich ist daher ein im Gesellschaftsvertrag **festgelegter Zahlungstermin** oder die Einforderung bzw. Anforderung durch die Geschäftsführer (*Roth*/Altmeppen § 19 Rn. 111; *Thiessen* ZHR 168 [2004], 503, 519). Nach Abs. 6 Satz 2 wird im Fall der Insolvenz eine **Ablaufhemmung** von 6 Monaten wirksam, die mit dem Eröffnungsbeschluss beginnt (vgl. § 27 InsO). Dem Insolvenzverwalter soll damit die Möglichkeit eingeräumt werden, die Ansprüche zu prüfen und ggf. verjährungshemmende Maßnahmen zu ergreifen (vgl. RegBegr BT-Drucks. 15/3653, S. 20). Lassen vor Eröffnung des Insolvenzverfahrens die Geschäftsführer fällige Einlageforderungen

verjähren, kann dies zu einer möglichen Haftung nach § 43 Abs. 4 GmbH führen. Der Schadensersatzanspruch der Gesellschaft wegen Sorgfaltspflichtverstoß verjährt in 5 Jahren ab Schadenseintritt, daher also ab Verjährung der Einlageforderung (*Roth*/Altmeppen § 19 Rn. 112). Daneben besteht die Möglichkeit der Anfechtung nach § 129 InsO, § 3 AnfG, weil das Verjährenlassen eine anfechtbare Rechtshandlung der GmbH sein kann (RegBegr BT-Drucks. 15/3653, S. 21, 25).

Nach der Überleitungsvorschrift des Art. 229 § 12 Abs. 2 Satz 1 EGBGB findet die neue **10-jährige Verjährung** nicht nur auf Einlageforderungen Anwendung, die nach dem 14.12.2004 entstanden sind. Der Gesetzgeber wollte mit der Überleitungsvorschrift des Art. 229 § 12 Abs. 2 EGBGB die 10-jährige Verjährung vielmehr für alle Einlageforderungen einführen, die am 15.12.2004 noch nicht verjährt waren (*Sontheimer* DStR 2005, 834, 837). Nicht erfasst sind dagegen die Fälle, in denen die Stammeinlageforderung bis zum 15.12.2004 schon nach der alten 30-jährigen Frist verjährt ist (vgl. Art. 229 § 12 Abs. 1 Satz 2 i. V. m. § 6 Abs. 1 Satz 1 EGBGB; OLG Düsseldorf, Beschl. v. 30.11.2005, I-16 W 76/06 [rkr.], BB 2006, 741, 742). Für am 14.12.2004 noch nicht verjährte Einlageforderungen gilt nach Art. 229 § 12 Abs. 1 Satz 1 letzter Halbs. EGBGB nicht mehr die 3-jährige, sondern die 10-jährige Verjährungsfrist (in Ausnahme zu Art. 229 § 6 Abs. 3 EGBGB; OLG Düsseldorf BB 2006, 741, 742). Nach Art. 229 § 12 Abs. 2 Satz 2 EGBGB wird der vor dem 15.12.2004 **abgelaufene Zeitraum** in die Verjährungsfrist eingerechnet. Dabei ist zu berücksichtigen, dass die Verjährung vor diesem Datum nach dem bis dahin geltenden Recht lief. Art. 229 § 12 Abs. 2 Satz 2 EGBGB ist daher **verfassungskonform dahin auszulegen**, dass in die ab Inkrafttreten des Verjährungsanpassungsgesetzes am 15.01.2004 laufende 10-jährige Verjährungsfrist des § 19 Abs. 6 GmbHG lediglich die seit Inkrafttreten des Schuldrechtsmodernisierungsgesetzes, mithin ab dem 01.01.2002 verstrichenen Zeiträume der zuvor geltenden 3-jährigen Regelfrist des § 195 BGB n. F. einzurechnen sind (BGH, ZIP 2008, 643, 646; Besprechung bei *Stenzel* BB 2008, 1077). Nach Art. 229 § 6 Abs. 4 Satz 1 EGBGB galt die kurze Regelverjährung (§§ 195, 199 BGB) in den Fällen, in denen die alte 30-Jahres-Frist (§ 195 BGB a. F.) am 01.01.2002 noch nicht abgelaufen war und auch bis zum 31.12.2004 nicht abgelaufen wäre. Diese 3-Jahres-Frist wurde frühestens ab dem 01.01.2002 berechnet und lief daher frühestens am 31.12.2004 ab, sodass die neue 10-Jahres-Frist des § 19 Abs. 6 GmbHG erst ab dem 01.01.2002 berechnet werden kann (OLG Düsseldorf BB 2006, 741, 742; *Thiessen* NJW 2005, 2120 f.; Baumbach/Hueck/*Fastrich* § 19 Rn. 87; vgl. auch *Sontheimer* DStR 2005, 834, 837 f.; *Wagner* ZIP 2005, 558, 560; krit.: *Mansel/Budzikiewicz* NJW 2005, 321, 328 f.). 90

In den Fällen, in denen die alte 30-Jahres-Frist nach dem 31.12.2004, aber vor dem 31.12.2011 abgelaufen wäre, bewirkt Art. 229 § 12 Abs. 2 Satz 1 EGBGB, dass im Rahmen des Art. 229 § 6 Abs. 6 EGBGB nicht mehr die kurze Regelverjährung, sondern die neue 10-Jahres-Frist mit der 30-jährigen Frist verglichen wird. Läuft die 30-Jahres-Frist früher ab, so ist hiermit die Verjährung nach Art. 229 § 6 Abs. 4 Satz 2 EGBGB beendet (OLG Düsseldorf BB 2006, 741; *Thiessen* NJW 2005, 2121; krit.: *Undritz/Nissen* § 19 GmbHG 2/06, 343, 344). 91

§ 20 Verzugszinsen

Ein Gesellschafter, welcher den auf die Stammeinlage eingeforderten Betrag nicht zur rechten Zeit einzahlt, ist zur Entrichtung von Verzugszinsen von Rechts wegen verpflichtet.

Übersicht	Rdn.		Rdn.
A. Einleitung	1	IV. Einwendungen und Einreden	6
B. Voraussetzungen	2	C. Rechtsfolge: Verzugszinsen	8
I. Geldeinlage	2	D. Sonstige Verzugsfolgen, Vertragsstrafe	10
II. Fälligkeit	3	E. Verwendung	12
III. Nicht rechtzeitige Zahlung	5		

§ 20 GmbHG Verzugszinsen

A. Einleitung

1   § 20 GmbHG sieht die Verzinsungspflicht unter erleichterten Voraussetzungen – mit Ablauf des im Einforderungsbeschluss genannten Datums oder sofort nach Anforderung und ohne zusätzliche Mahnung – vor und ist insofern eine **Sonderregelung gegenüber § 288 Abs. 1 BGB** (*Roth*/Altmeppen § 20 Rn. 1; Lutter/Hommelhoff/*Bayer* GmbHG, § 20 Rn. 1). Dass § 20 GmbHG in § 25 GmbHG nicht genannt ist, beruht auf einem Redaktionsversehen, sodass die Vorschrift nach wohl überwiegender Ansicht **zwingend** ist und nicht durch Gesellschaftsvertrag beseitigt oder beschränkt werden kann (Roth/*Altmeppen* § 20 Rn. 12; Scholz/*Winter* GmbHG, § 20 Rn. 1, 18; Lutter/Hommelhoff/*Bayer* GmbHG, § 20 Rn. 5; Michalski/*Ebbing* § 20 Rn. 1; MünchHdb GesR III/*Gummert* § 50 Rn. 117; *Wachter* GmbHR 2002, 665, 666 f.; a.A. Baumbach/*Hueck/Hueck/Fastrich* § 20 Rn. 1; Hachenburg/*Müller* § 20 Rn. 6; HK GmbHG/*Bartl* § 20 Rn. 1; R/S-L/*Pentz* § 20 Rn. 2).

B. Voraussetzungen

I. Geldeinlage

2   Die Vorschrift gilt nur für **Stammeinlagen** (hier wurde der Begriff der Stammeinlage nicht durch »Einlage« oder »Geschäftsanteil« durch das MoMiG ersetzt, BegrRegE BR-Drucks. 354/07, S. 64), die **in Geld** zu leisten sind und nicht für Sacheinlagen (allg. M., Roth/*Altmeppen* § 20 Rn. 2; Baumbach/Hueck/*Hueck/Fastrich* § 20 Rn. 2). Sie findet ebenso auf sonstige – ergänzende – **Geldeinlagepflichten** Anwendung, die der Kapitalaufbringung dienen, wie aus Differenzhaftung nach § 9 GmbHG und aus der sog. Verlustdeckungs- (Baumbach/Hueck/*Hueck/Fastrich* § 20 Rn. 2; Michalski/*Ebbing* § 20 Rn. 5) und Vorbelastungshaftung der Gesellschafter (BGHZ 80, 129, 141 ff.) und aus Bareinlagepflichten, die anstelle einer fehlgeschlagenen Sacheinlage treten; bei **gemischten Einlagen** ist nur der Geldanteil zu verzinsen (Baumbach/Hueck/*Hueck/Fastrich* § 20 Rn. 2; Lutter/Hommelhoff/*Bayer*, § 20 Rn. 1; *Roth*/Altmeppen § 20 Rn. 2). § 20 GmbHG gilt nicht für alle sonstigen Leistungspflichten, insbesondere nicht für das Agio und Nachschüsse (§ 26 GmbHG), für Nebenpflichten (§ 3 Abs. 2 GmbHG) und auch nicht für die Haftung aus §§ 16 Abs. 3, 22, 24 GmbHG oder §§ 26 ff., 31, 31b GmbHG (Hachenburg/*Müller* § 20 Rn. 10; MünchHdb GesR III/*Gummert* § 50 Rn. 117). In diesen Fällen bleibt es bei den allgemeinen Verzugsregelungen der §§ 286 ff. BGB (*Roth*/Altmeppen § 20 Rn. 2 m. w. N.).

II. Fälligkeit

3   Die Zinspflicht des § 20 GmbHG setzt voraus, dass der auf die Stammeinlage zu zahlende Betrag **eingefordert** ist. Damit wird angeknüpft an das Erfordernis der Fälligstellung der Einlageforderung durch Gesellschafterbeschluss (§ 46 Nr. 2 GmbHG) und der anschließenden Anforderung durch die Geschäftsführer (Scholz/*Winter* GmbHG, § 20 Rn. 6 ff.; vgl. § 19 GmbHG Rn. 10 ff.). Die Anforderung bedarf keiner besonderen Form, ist aber empfangsbedürftig (OLG München GmbHR 1985, 56 f.; Lutter/Hommelhoff/*Bayer*, § 20 Rn. 3; Baumbach/*Lutter/Hueck/Fastrich* § 20 Rn. 4; Scholz/*Winter* GmbHG, § 20 Rn. 12). Die Satzung kann Regelungen vorsehen, wonach die Anforderung z. B. nur schriftlich oder durch Einschreiben, mit Zustellung durch den Gerichtsvollzieher oder eine zusätzliche Bekanntmachung in den Veröffentlichungsblättern der Gesellschaft erfolgen kann (Roth/*Altmeppen* § 20 Rn. 3; umstr., ob auch durch öffentliche Bekanntmachung; ablehnend: Scholz/*Winter* GmbHG, § 20 Rn. 12; R/S-L/*Pentz* § 20 Rn. 12; Michalski/*Ebbing* § 20 Rn. 16; krit. Hachenburg/*Müller* § 20 Rn. 34; bejahend: RGZ 85, 366, 368; Lutter/Hommelhoff/*Bayer*, § 20 Rn. 3). Fehlt der erforderliche Einforderungsbeschluss oder ist er nichtig, ist die Anforderung unwirksam (Baumbach/Hueck/*Hueck/Fastrich* § 20 Rn. 3; Roth/*Altmeppen* § 20 Rn. 3).

4   Eines Gesellschafterbeschlusses und der Anforderung bedarf es für den Eintritt der Verzinsungspflicht dann nicht, wenn im Gesellschaftsvertrag ein Zahlungstermin bestimmt ist (OLG Zweibrücken GmbHR 1996, 122; OLG Celle GmbHR 1997, 748 f.; OLG Dresden GmbHR 1997, 946, 947; Lutter/Hommelhoff/*Bayer*, § 20 Rn. 3). Die Anforderung ist auch dann entbehrlich bzw. sie erfolgt konkludent (Baumbach/Hueck/*Hueck/Fastrich* § 20 Rn. 3, vgl. BGH, Urt. v.

05.05.2003 – II ZR 50/01, GmbHR 2003, 954 f.), wenn die betroffenen Gesellschafter und auch die Geschäftsführer bei der Beschlussfassung über die Einlageeinforderung anwesend sind (BGH NJW-RR 2003, 1196; OLG Hamburg GmbHR 1991, 578; Lutter/Hommelhoff/*Bayer*, § 20 Rn. 3; Roth/*Altmeppen* § 20 Rn. 5 m. w. N.; vgl. § 19 GmbHG Rdn. 15).

III. Nicht rechtzeitige Zahlung

Der Gesellschafter hat **sofort** (§ 271 Abs. 1 BGB) nach Zugang der Anforderung zu zahlen, wenn nicht eine bestimmte Zahlungsfrist festgesetzt ist (Lutter/Hommelhoff/*Bayer*, § 20 Rn. 4; Baumbach/Hueck/*Hueck/Fastrich* § 20 Rn. 5). Der Gesellschafter muss so schnell, wie nach den Umständen möglich, leisten, wobei regelmäßig ein Zeitraum von 2 bis 3 Tagen nach Eintritt der Fälligkeit als noch rechtzeitig erachtet wird (OLG Köln BB 1995, 426, 427; OLG Brandenburg NZG 2001, 366, 367; Hachenburg/*Müller* § 20 Rn. 18; Baumbach/Hueck/*Hueck/Fastrich* § 20 Rn. 5, 12; Michalski/*Ebbing* § 20 Rn. 22). Nach Eintritt der Fälligkeit ist eine Mahnung nicht erforderlich. Auf ein Verschulden des säumigen Gesellschafters kommt es ebenso nicht an (h. M.; OLG Brandenburg NZG 2001, 366, 367; Roth/*Altmeppen* § 20 Rn. 6; Scholz/*Winter* GmbHG, § 20 Rn. 15; Baumbach/Hueck/*Hueck/Fastrich* § 20 Rn. 5; Hachenburg/*Müller* § 20 Rn. 16; a. A. nur: R/S-L/*Pentz* § 20 Rn. 19). 5

IV. Einwendungen und Einreden

Im Rahmen der Anforderung sind die **Grundsätze der Gleichbehandlung** nach § 19 Abs. 1 GmbHG zu beachten, sodass z. B. bei Anforderung der Einlage nur bei einzelnen Gesellschaftern oder bei allen, jedoch nicht entsprechend ihrem Anteil oder zu unterschiedlichen Fristen, dies durch den in Anspruch genommenen Gesellschafter eingewendet werden kann (vgl. § 19 GmbHG Rdn. 8 ff.; Lutter/Hommelhoff/*Bayer*, § 20 Rn. 3; Hachenburg/*Müller* § 20 Rn. 20). Eine insoweit mangelhafte Anforderung, berechtigt den Gesellschafter zur Leistungsverweigerung. Im Übrigen ist der Einforderungsbeschluss anzufechten, da es sonst bei der Zahlungspflicht bleibt (Scholz/*Winter* § 20 Rn. 14; Roth/*Altmeppen* § 20 Rn. 5). 6

Der Einlageanspruch der Gesellschaft unterliegt der **Verjährung**, die nach neuem § 19 Abs. 6 GmbHG 10 Jahre beträgt; die Frist beginnt mit Fälligkeit der Einlageleistung (vgl. § 19 GmbHG Rdn. 90 ff.). Ist die Einlageforderung verjährt, steht dem Gesellschafter ein Leistungsverweigerungsrecht zu; offene Zinsansprüche sind dann nach § 217 BGB mitverjährt. 7

C. Rechtsfolge: Verzugszinsen

Der Zinssatz nach § 20 GmbHG beträgt nach richtiger Ansicht 4 %; es handelt sich um einen **Fälligkeitszinssatz** i. S. d. § 246 BGB (LG Dresden ZIP 2000, 1835; Lutter/Hommelhoff/*Bayer*, § 20 Rn. 5; Baumbach/Hueck/*Hueck/Fastrich* § 20 Rn. 6; Roth/*Altmeppen* § 20 Rn. 9 ff.; Michalski/*Ebbing* § 20 Rn. 30). Der Wortlaut des § 20 GmbHG, der von einem Verzugszins spricht und daher bisweilen als Verweis auf § 288 Abs. 1 BGB verstanden wird (daher 5 % über dem Basiszinssatz: MünchHdb GesR III/*Gummert* § 50 Rn. 120; R/S-L/*Pentz* § 20 Rn. 19; *Wachter* GmbHR 2002, 665, 667; so wohl auch Scholz/*Winter* GmbHG, § 20 Rn. 17, der noch § 288 BGB a. F. zugrunde legt) ist irreführend (vgl. OLG Brandenburg NZG 2001, 366, 368). 8

Der Zins kann im Gesellschaftsvertrag über die gesetzliche Höhe von 4 % hinaus erhöht werden (allg. M.; Lutter/Hommelhoff/*Bayer* GmbHG, § 20 Rn. 5; Baumbach/Hueck/*Hueck/Fastrich* § 20 Rn. 6). Umstritten ist, ob die gesetzliche Zinspflicht darüber hinaus herabgesetzt oder gar gänzlich abbedungen werden kann. Diese Frage richtet sich danach, ob die Vorschrift des § 20 GmbHG als zwingend erachtet wird (vgl. Rdn. 1), denn dann ist eine Herabsetzung oder völlige Beseitigung nicht möglich (vgl. Roth/*Altmeppen* § 20 Rn. 12 m. w. N.). 9

D. Sonstige Verzugsfolgen, Vertragsstrafe

10 Ein weiter gehender Schaden nach § 288 Abs. 4 BGB ist durch § 20 GmbHG nicht ausgeschlossen (allg. M.; Baumbach/Hueck/*Hueck/Fastrich* § 20 Rn. 8; Roth/*Altmeppen* § 20 Rn. 13; Lutter/Hommelhoff/*Bayer* GmbHG, § 20 Rn. 6). Durch die Satzung kann daneben bei nicht rechtzeitiger Einzahlung auf die Stammeinlage eine **Vertragsstrafe** vorgesehen sein (allg. M.; Scholz/*Winter* GmbHG, § 20 Rn. 22). Soweit der Fälligkeitszins nicht die Vertragsstrafe übersteigt, wird vertreten, dass er durch die Vertragsstrafe absorbiert wird und nicht kumulativ neben der Vertragsstrafe steht (Roth/*Altmeppen* § 20 Rn. 13; Scholz/*Winter* GmbHG, § 20 Rn. 28; Hachenburg/*Müller* § 20 Rn. 50; a. A. Lutter/Hommelhoff/*Bayer*, § 20 Rn. 7). Die nachträgliche Einführung einer Vertragsstrafe erfolgt durch Satzungsänderung und bedarf nach § 53 Abs. 3 GmbHG der Zustimmung aller potenziell betroffenen Gesellschafter (Scholz/*Winter* GmbHG § 20 Rn. 23; Hachenburg/*Müller* § 20 Rn. 44 f.).

11 Die Vertragsstrafe kann in Geld, aber auch in dem Ausschluss oder in der Beschränkung von Mitgliedschaftsrechten (z. B. Gewinnbezug, Stimmrecht) bestehen (allg. M.; Lutter/Hommelhoff/*Bayer* GmbHG, § 20 Rn. 7). Für Vertragsstrafen gelten grundsätzlich die Bestimmungen des BGB, sodass zunächst auch ein Verzugseintritt nach § 339 BGB erforderlich ist (Baumbach/Hueck/*Hueck/Fastrich* § 20 Rn. 9). Der Anspruch auf **richterliche Herabsetzung** nach § 343 BGB ist möglich, solange es sich bei dem Gesellschafter nicht um einen Vollkaufmann nach § 348 HGB handelt (h. M.; Baumbach/Hueck/*Hueck/Fastrich* § 20 Rn. 9; Lutter/Hommelhoff/*Bayer*, § 20 Rn. 7; Scholz/*Winter* GmbHG, § 20 Rn. 27; MünchHdb GesR III/*Gummert* § 50 Rn. 12; a. A. Roth/*Altmeppen* § 20 Rn. 14; R/S-L/*Pentz* § 20 Rn. 25). Auch im Rahmen der Vertragsstrafe sind aber die Grundsätze über die Aufbringung des Stammkapitals zu beachten (Michalski/*Ebbing* § 20 Rn. 49).

E. Verwendung

12 Die Gesellschaft ist in der Verwendung der Zinsen aus § 20 GmbHG und den Vertragsstrafen – soweit sich aus § 30 GmbHG nichts anderes ergibt – frei und kann sie als außergewöhnliche Erträge über die GuV dem Bilanzgewinn zuführen und entsprechend ausschütten (Scholz/*Winter* GmbHG, § 20 Rn. 31; Lutter/Hommelhoff/*Bayer* GmbHG, § 20 Rn. 8).

§ 21 Kaduzierung

(1) ¹Im Fall verzögerter Einzahlung kann an den säumigen Gesellschafter eine erneute Aufforderung zur Zahlung binnen einer zu bestimmenden Nachfrist unter Androhung seines Ausschlusses mit dem Geschäftsanteil, auf welchen die Zahlung zu erfolgen hat, erlassen werden. ²Die Aufforderung erfolgt mittels eingeschriebenen Briefes. ³Die Nachfrist muß mindestens einen Monat betragen.

(2) ¹Nach fruchtlosem Ablauf der Frist ist der säumige Gesellschafter seines Geschäftsanteils und der geleisteten Teilzahlungen zugunsten der Gesellschaft verlustig zu erklären. ²Die Erklärung erfolgt mittels eingeschriebenen Briefes.

(3) Wegen des Ausfalls, welchen die Gesellschaft an dem rückständigen Betrag oder den später auf den Geschäftsanteil eingeforderten Beträgen der Stammeinlage erleidet, bleibt ihr der ausgeschlossene Gesellschafter verhaftet.

Übersicht	Rdn.		Rdn.
A. Einleitung	1	4. Androhung	15
B. Voraussetzungen, Abs. 1	3	5. Form	16
I. Geldeinlageverpflichtung	3	C. **Ausschluss (Kaduzierung), Abs. 2**	18
II. Verzögerte Einzahlung	6	I. Fruchtloser Ablauf der Nachfrist	18
III. Erneute Zahlungsaufforderung	7	II. Ausschlusserklärung	19
1. Bezifferung des Betrags	9	III. Rechtsfolgen	21
2. Adressat	10	D. **Ausfallhaftung, Abs. 3**	25
3. Setzen einer Nachfrist	13	E. **Rechtsbehelf**	28

A. Einleitung

In den §§ 21 bis 24 GmbHG werden die **Folgen nicht rechtzeitiger Einzahlung von Stammeinlagen** (»Geschäftsanteile«) geregelt, die dem Interesse der Sicherung der Kapitalaufbringung dienen. Die Durchführung des sehr einschneidenden Kaduzierungsverfahrens nach § 21 GmbHG steht dabei im **pflichtgemäßen Ermessen** der Geschäftsführer, die sich alternativ ebenso auch für die Beitreibung eines rückständigen Einlagebetrags im Klageverfahren entscheiden können (vgl. § 43 GmbHG, Roth/*Altmeppen* § 21 Rn. 1; MünchHdb GesR III/*Gummert* § 50 Rn. 129; Baumbach/Hueck/*Hueck/Fastrich* § 21 Rn. 1). Eine Pflicht der Gesellschaft zur Durchführung des Kaduzierungsverfahrens besteht nicht, sodass sie hierzu auch nicht von einem Gläubiger gezwungen werden kann (Scholz/*Emmerich* GmbHG, § 21 Rn. 3, 12 m. w. N.). Die Kaduzierung nach § 21 GmbHG ist ein Recht der Gesellschaft, das durch den Gesellschaftsvertrag weder ausgeschlossen, noch eingeschränkt wohl aber erweitert werden kann (vgl. § 25 GmbHG, **zwingende Vorschrift**; Scholz/*Emmerich* GmbHG, § 21 Rn. 3). 1

Anders als die Einziehung nach § 34 GmbHG führt die Kaduzierung zum **Ausschluss des Gesellschafters** und nicht zum Untergang des Geschäftsanteils; dieser bleibt bestehen. Der Gesellschafter verliert aber seinen Geschäftsanteil und haftet der Gesellschaft wegen fehlender Einlage weiterhin nach § 21 Abs. 3 GmbHG (Scholz/*Emmerich* GmbHG, § 21 Rn. 4; Roth/*Altmeppen* § 21 Rn. 3). 2

B. Voraussetzungen, Abs. 1

I. Geldeinlageverpflichtung

Die Kaduzierung des Geschäftsanteils findet nur bei **rückständigen Bareinlageverpflichtungen** sowie bei einer verzögerten Einzahlung von Nachschüssen nach § 28 GmbHG Anwendung. Auf andere Pflichten, wie bei einer Sacheinlagepflicht, ist § 21 GmbHG nicht anwendbar, es sei denn, dass sie sich in eine Geldeinlagepflicht zurückgewandelt hat (Lutter/Hommelhoff/*Bayer*, § 21 Rn. 3; Hachenburg/*Müller* § 20 Rn. 11; Scholz/*Emmerich* GmbHG, § 21 Rn. 5; Baumbach/Hueck/*Hueck/Fastrich* § 21 Rn. 3; Michalski/*Ebbing* § 21 Rn. 17; a. A. R/S-L/*Pentz* § 20 Rn. 26). § 21 GmbHG gilt auch für **Beträge aus Differenz- und Vorbelastungshaftung** (BGH ZIP 2003, 625, 627; Scholz/*Emmerich* GmbHG, § 21 Rn. 5a; Lutter/Hommelhoff/*Bayer*, § 20 Rn. 3; Roth/*Altmeppen* § 21 Rn. 5; krit. *Melber* GmbHR 1991, 563, 566 f.), nicht aber bei **Verlustdeckungshaftung** (vgl. Baumbach/Hueck/*Hueck/Fastrich* § 21 Rn. 3), ebenso wie bei **Mischeinlagen** hinsichtlich des Geldeinlageteils (Scholz/*Emmerich* GmbHG, § 21 Rn. 5a; *Fleck* GmbHR 1993, 550, 552), wobei sich dann die Folgen der Kaduzierung auf den ganzen Geschäftsanteil erstrecken (h. M.; Baumbach/Hueck/*Hueck/Fastrich* § 21 Rn. 3 m. w. N.). Keine Anwendung findet § 21 GmbHG bei Nebenleistungen, bei Verzugszinsen nach § 20 GmbHG und Vertragsstrafen, bei der Ausfallhaftung für die Einlageschulden der anderen Gesellschafter wegen § 24 GmbHG und für die unbeschränkte Nachschusspflicht nach § 27 GmbHG (Scholz/*Emmerich* GmbHG, § 21 Rn. 5 m. w. N.). 3

Umstritten ist die Frage, ob die Betreibung des Kaduzierungsverfahrens möglich ist, wenn die Einlageforderung abgetreten, gepfändet oder verpfändet ist (vgl. § 19 GmbHG Rdn. 26; so wohl die h. M., Roth/*Altmeppen* § 21 Rn. 4 m. w. N.). Für den Fall der Pfändung wird dies zu bejahen sein, weil der Gesellschaft der Wert der Forderung erst mit der Einziehung durch den Gläubiger zufließt (vgl. § 19 GmbHG Rdn. 27; OLG Celle GmbHR 1994, 801 f.; Scholz/*Emmerich* GmbHG, § 21 Rn. 12; Lutter/Hommelhoff/*Bayer*, § 21 Rn. 4; Michalski/*Ebbing* § 21 Rn. 62; a. A. Roth/Altmeppen/*Altmeppen*, § 21 Rn. 4 m. w. N.; Scholz/*U.H. Schneider* GmbHG, § 19 Rn. 157; Baumbach/Hueck/*Hueck/Fastrich* § 19 Rn. 42 ff.; nur für den Fall der Abtretung: Hachenburg/*Ulmer* § 19 Rn. 121, 123). 4

In dem Gesellschaftsvertrag können die Gesellschafter bestimmen, dass § 21 GmbHG auch in anderen Fällen Anwendung findet (Scholz/*Emmerich* GmbHG, § 21 Rn. 7; MünchHdb GesR III/*Gummert* § 50 Rn. 131), bspw. bei der Ausschließung eines Gesellschafters aus wichtigem Grund (BGH NJW 1983, 2380). 5

II. Verzögerte Einzahlung

6 Abs. 1 setzt eine »verzögerte Einzahlung« voraus, was -gleichbedeutend mit dem Fall des § 20 GmbHG (vgl. dort Rdn. 3 ff.) – dann vorliegt, wenn der Gesellschafter bei bestehender, fälliger und durchsetzbarer Einlageschuld diese nicht erbringt; die Voraussetzungen sind mit denen für Verzugszinsen nach § 20 GmbHG identisch (Hachenburg/*Müller* § 20 Rn. 23; Baumbach/Hueck/*Hueck/Fastrich* § 21 Rn. 3; Roth/*Altmeppen* § 21 Rn. 6). Die **Fälligkeit** wird regelmäßig durch den Einforderungsbeschluss der Gesellschafterversammlung nach § 46 Nr. 2 GmbHG und die anschließende Anforderung durch die Geschäftsführung hergestellt (OLG Celle GmbHR 1997, 748, 749; OLG München GmbHR 1985, 56 f.; Hachenburg/*Müller* § 21 Rn. 23). Entbehrlich sind diese, wenn die Leistung der Stammeinlagebeträge nach einem im Gesellschaftsvertrag festgesetzten Termin zu erfolgen haben (vgl. § 20 GmbHG Rdn. 4; Baumbach/Hueck/*Hueck/Fastrich* § 21 Rn. 4). Ein **Verschulden** ist nicht erforderlich (MünchHdb GesR III/*Gummert* § 50 Rn. 130; Scholz/*Emmerich* GmbHG, § 21 Rn. 6b; Michalski/*Ebbing* § 21 Rn. 30; Roth/*Altmeppen* § 21 Rn. 6).

III. Erneute Zahlungsaufforderung

7 Nach Abs. 1 Satz 1 hat die Gesellschaft den säumigen Gesellschafter »erneut« zur Zahlung aufzufordern. Die Aufforderung nach Abs. 1 kann grundsätzlich – anders als die Anforderung – erst nach Eintragung der Gesellschaft erfolgen (allg. M.; OLG München GmbHR 1998, 56 f.; Scholz/*Emmerich* GmbHG, § 21 Rn. 15a). Die Anforderung kann mit der Aufforderung nicht verbunden werden, auch ist eine besondere Frist zwischen der ersten (Anforderung) und der erneuten Zahlungsaufforderung nicht vorgeschrieben; die Frist muss aber so bemessen sein, dass der Gesellschafter die Möglichkeit hat, der Zahlungspflicht nachzukommen (Scholz/*Emmerich* GmbHG, § 21 Rn. 15a) und sie auch vorher zu prüfen (Baumbach/Hueck/*Hueck/Fastrich* § 21 Rn. 4 m. w. N.).

8 **Zuständig** für die Aufforderung sind die **Geschäftsführer** (Baumbach/Hueck/*Hueck/Fastrich* § 21 Rn. 6). In der Insolvenz der GmbH ist allein der **Insolvenzverwalter** für die Kaduzierung zuständig (vgl. § 80 Abs. 1 InSO; OLG Dresden GmbHR 1998, 884, 886 m. w. N.; Lutter/Hommelhoff/*Bayer*, § 21 Rn. 5), wobei er die Einlagen nur zum Zwecke der Liquidation einfordern dürfen soll, nicht auch für produktive Zwecke (Roth/*Altmeppen* § 21 Rn. 10 m. w. N.).

1. Bezifferung des Betrags

9 Abs. 1 stellt für die erneute Zahlungsaufforderung **Mindestkriterien** voraus. Die Zahlungsaufforderung muss zunächst den rückständigen Betrag nennen. Wird ein **niedriger** als der tatsächlich ausstehende Betrag beziffert, hat dies zur Folge, dass der Gesellschafter lediglich den zu niedrig angegebenen Betrag bezahlen muss, um den Ausschluss abzuwenden (allg. M.; Lutter/Hommelhoff/*Bayer* GmbHG, § 21 Rn. 9; Scholz/*Emmerich* GmbHG, § 21 Rn. 16; Baumbach/Hueck/*Hueck/Fastrich* § 21 Rn. 5; Roth/*Altmeppen* § 21 Rn. 11). Dies ist für den Fall der **überhöhten** Bezifferung umstritten, mit der h. M. aber anzunehmen (OLG Hamburg NJW-RR 1994, 1528, 1529; LG Hildesheim GmbHR 1998, 44, 45 für Aufforderung, »sämtliche« Stammeinlagen zu zahlen; Hachenburg/*Müller* § 21 Rn. 29; Lutter/Hommelhoff/*Bayer*, § 21 Rn. 9; Michalski/*Ebbing* § 21 Rn. 69.; a. A. Scholz/*Emmerich* GmbHG § 21 Rn. 16; Roth/*Altmeppen* § 21 Rn. 11, *Kortüm* EWiR 1993, 891).

2. Adressat

10 Die erneute Aufforderung ist **an die säumigen Gesellschafter** zu adressieren, regelmäßig also an die Gründungsgesellschafter und im Fall der Rechtsnachfolge die bei der Gesellschaft nach § 16 GmbHG angemeldeten Gesellschafter (Baumbach/Hueck/*Hueck/Fastrich* § 21 Rn. 7; Scholz/*Emmerich* GmbHG, § 21 Rn. 13; Michalski/*Ebbing* § 21 Rn. 47). Im Erbfall kann das Kaduzierungsverfahren gegen den **Erben** gerichtet werden, soweit dieser durch Erbschein ausgewiesen ist (Hachenburg/*Müller* § 21 Rn. 15; MünchHdb GesR III/*Gummert* § 50 Rn. 136).

11 Bei **mehreren säumigen Gesellschaftern** haben die Geschäftsführer nach pflichtgemäßem Ermessen (Scholz/*Emmerich* GmbHG, § 21 Rn. 14) zu entscheiden, ob und gegen welche Gesellschafter sie

das Kaduzierungsverfahren betreiben wollen, dabei jedoch die Einhaltung des Gleichbehandlungsgebots (§ 19 Abs. 1 GmbHG) zu beachten (OLG Köln NJW-RR 1988, 356; OLG Düsseldorf GmbHR 1962, 158f.; Hachenburg/*Müller* § 21 Rn. 7; Roth/*Altmeppen* § 21 Rn. 9). Dem steht nicht entgegen, dass die Gesellschaft gegen einzelne Gesellschafter oder gegen einzelne Gesellschafter unterschiedlich vorgeht, d. h. bei einem das Kaduzierungsverfahren betreibt, bei einem anderen Zahlungsklage erhebt und bei einem dritten die nahestehende Zahlungsfähigkeit abwartet. In jedem Fall muss die unterschiedliche Behandlung sachgerecht sein, und darf nicht auf einer willkürlichen Ungleichbehandlung beruhen (allg. M., Baumbach/Hueck/*Hueck/Fastrich* § 21 Rn. 7 m. w. N. MünchHdb GesR III/*Gummert* § 50 Rn. 136). Verfügt ein Gesellschafter über **mehrere Geschäftsanteile** (§ 15 Abs. 2 GmbHG), muss eindeutig sein, auf welche Geschäftsanteile sich die Aufforderung bezieht (Roth/*Altmeppen* § 21 Rn. 8 und 13; Baumbach/Hueck/*Hueck/Fastrich* § 21 Rn. 7).

Auch im Fall der **Insolvenz** des säumigen Gesellschafters kann das Kaduzierungsverfahren durchgeführt werden. Es richtet sich dann gegen den Insolvenzverwalter, der durch Zahlung der vollen rückständigen Einlage das Kaduzierungsverfahren abwenden kann (Lutter/Hommelhoff/*Bayer* GmbHG, § 21 Rn. 5; Scholz/*Emmerich* GmbHG, § 21 Rn. 14a; MünchHdb GesR III/*Gummert* § 50 Rn. 136; Roth/*Altmeppen* § 21 Rn. 8). 12

3. Setzen einer Nachfrist

Weitere Voraussetzung des Abs. 1 Satz 1 und 3 ist das Setzen einer Nachfrist unter Androhung des Ausschlusses mit dem Geschäftsanteil, auf welchen die Zahlung zu erfolgen hat. Die Nachfrist muss nach Abs. 1 Satz 3 »**mindestens**« **einen Monat** betragen, sodass eine 4-Wochen-Frist unwirksam ist (vgl. auch Hachenburg/*Müller* § 21 Rn. 31; Roth/*Altmeppen* § 21 Rn. 12). Ebenso reicht eine Aufforderung zur »prompten« oder »sofortigen« Zahlung nicht (OLG Köln OLGE 19, 369). Eine zu kurze und damit unwirksame Frist gilt nicht als mit einem Monat bemessen und setzt auch nicht die vorgesehene Frist von einem Monat in Gang (OLG Rostock GmbHR 1997, 449, 450 [inzidenter]; Hachenburg/*Müller* § 21 Rn. 31; Baumbach/Hueck/*Hueck/Fastrich* § 21 Rn. 5; Lutter/Hommelhoff/*Bayer*, § 21 Rn. 10; a. A. nur noch: Michalski/*Ebbing* § 21 Rn. 71 unter Hinweis auf OLG München OLGE 22, 15, 16; *Schuler* GmbHR 1961, 98, 99; Meyer-Landrut/*Miller* § 21 Rn. 5). Empfohlen wird daher, die Nachfrist mit den Worten des Gesetzes zu bestimmen (vgl. OLG Köln OLGE 19, 369; Scholz/*Emmerich* GmbHG, § 21 Rn. 17; vgl. Formulierungsvorschläge bei Hachenburg/*Müller* § 21 Rn. 31 und Lutter/Hommelhoff/*Bayer* GmbHG, § 21 Rn. 10: (allgemein:) »innerhalb von einem Monat seit Zugang des Schreibens«; (speziell:) »bis zum 31.08.2014«). Die Nachfrist kann aber, da es sich nach dem Wortlaut des § 21 Abs. 1 Satz 3 GmbHG um eine Mindestfrist handelt, auch mehr als einen Monat betragen. 13

Die Frist **beginnt** mit dem Zugang der erneuten Zahlungsaufforderung beim Gesellschafter und wird nach den allgemeinen Bestimmungen der §§ 187 ff. BGB berechnet (Scholz/*Emmerich* GmbHG, § 21 Rn. 17; Hachenburg/*Müller* § 21 Rn. 32; Baumbach/Hueck/*Hueck/Fastrich* § 21 Rn. 9). 14

4. Androhung

Dem säumigen Gesellschafter muss der Verlust des Geschäftsanteils für den Fall der nicht fristgerechten Zahlung angedroht werden. Ein bestimmter Wortlaut für die Androhung ist nicht vorgeschrieben. Die Androhung muss aber so gehalten sein, dass sie dem Gesellschafter deutlich macht, dass er im Fall der Nichtzahlung seinen Geschäftsanteil verliert (OLG Hamm GmbHR 1993, 360, 361). Das Wort »Ausschluss« muss nicht verwendet und es muss nicht auf den Verlust einer erfolgten Teilzahlung hingewiesen werden (wenn auch zweckmäßig, so: Lutter/Hommelhoff/*Bayer*, § 21 Rn. 11). Ein Hinweis auf die »Wahrung aller Rechte« oder »bei Gefahr der gesetzlichen Nachteile« ist aber nicht ausreichend (Hachenburg/*Müller* § 21 Rn. 33; Baumbach/Hueck/*Hueck/Fastrich* § 21 Rn. 5; Lutter/Hommelhoff/*Bayer*, § 21 Rn. 11). Hat der Gesellschafter mehrere Geschäftsanteile 15

(§ 15 Abs. 2 GmbHG), muss angegeben werden, für welchen Anteil die Androhung erfolgt (vgl. Rdn. 11; Hachenburg/*Müller* § 21 Rn. 34).

5. Form

16 Die erneute Zahlungsaufforderung hat nach Abs. 1 Satz 2 **mittels eingeschriebenen Briefes** zu erfolgen. Der Gesellschaftsvertrag kann hingegen weiter gehende Anforderungen stellen; auch ohne Regelung im Gesellschaftsvertrag ist die Wahl einer strengeren Zustellungsform möglich (Scholz/*Emmerich* GmbHG, § 21 Rn. 19; Hachenburg/*Müller* § 21 Rn. 35). Entscheidend ist, dass die strengere Form dem gleichen Beweiswert wie die gesetzliche Form genügt, was bei der Zustellung durch den Gerichtsvollzieher nach § 132 Abs. 1 BGB oder eine öffentliche Zustellung nach § 132 Abs. 2 BGB angenommen wird (OLG Hamm GmbHR 1995, 663 f.; Hachenburg/*Müller* § 21 Rn. 35; Baumbach/Hueck/*Hueck/Fastrich* § 21 Rn. 8; Lutter/Hommelhoff/*Bayer*, § 21 Rn. 14). Die erforderliche Schriftform nach Abs. 1 Satz 2 kann durch **notarielle Beurkundung** (§ 126 Abs. 3 BGB) und diese wiederum durch **Erklärung zu Protokoll nach § 127a BGB**, der nicht nur für Prozessvergleiche, sondern auf alle Willenserklärungen Anwendung findet, erfolgen; erforderlich ist dann aber auch die formgerechte Zustellung an den betroffenen Gesellschafter (OLG Rostock GmbHR 1997, 449, 450; Scholz/*Emmerich* GmbHG, § 21 Rn. 19; Lutter/Hommelhoff/*Bayer*, § 21 Rn. 8 m. w. N.). Eine Veröffentlichung in den Gesellschaftsblättern genügt hingegen nicht (Hachenburg/*Müller* § 21 Rn. 36; Roth/*Altmeppen*, § 21 Rn. 14; Michalski/*Ebbing* § 21 Rn. 76).

17 Die Zahlungsaufforderung ist eine empfangsbedürftige Willenserklärung und unterliegt den Voraussetzungen der §§ 130 ff. BGB, sodass sie erst mit Zugang beim Gesellschafter wirksam wird (§ 130 Abs. 1 BGB; umfassend hierzu: Hachenburg/*Müller* § 21 Rn. 37). Für den Nachweis des Zugangs genügt die Gesellschaft ihrer **Beweislast** durch Nachweis ordnungsgemäßer Absendung. Insofern wird mit Vorlage des Einlieferungsbelegs der ordnungsgemäße Zugang vermutet (Baumbach/Hueck/*Hueck/Fastrich* § 21 Rn. 8; Michalski/*Ebbing* § 21 Rn. 79). Dem Gesellschafter obliegt dann der verspätete oder nicht erfolgte Zugang (Roth/*Altmeppen* § 21 Rn. 14).

C. Ausschluss (Kaduzierung), Abs. 2

I. Fruchtloser Ablauf der Nachfrist

18 Soweit die Voraussetzungen des Abs. 1 erfüllt sind, ist das Kaduzierungsverfahren zulässig, wenn die gesetzte Frist nach Abs. 2 fruchtlos verstrichen ist. Der Gesellschafter kann aber trotz Fristablaufs die Zahlung der rückständigen und eingeforderten Einlage bis zum Zugang der Kaduzierungserklärung **nachholen**. Ausreichend ist die Zahlung des eingeforderten Betrages, nicht auch der Nebenforderungen, Verzugszinsen oder Vertragsstrafen (allg. M.; Baumbach/Hueck/*Hueck/Fastrich* § 21 Rn. 9; Roth/*Altmeppen* § 21 Rn. 15; Scholz/*Emmerich* GmbHG, § 21 Rn. 20; Hachenburg/*Müller* § 21 Rn. 49). Maßgebender Zeitpunkt ist der **Eingang der Zahlung** bei der Gesellschaft (Baumbach/Hueck/*Hueck/Fastrich* § 21 Rn. 9; Lutter/Hommelhoff/*Bayer*, § 21 Rn. 12; Michalski/*Ebbing* § 21 Rn. 85), nicht schon die Absendung des geschuldeten Betrages (so aber: Scholz/*Emmerich* GmbHG, § 21 Rn. 20), weil das Geld zur freien Verfügung der Gesellschaft stehen muss. Erfolgen Kaduzierung und die Zahlung gleichzeitig, soll vom Vorrang der Zahlung ausgegangen werden (Scholz/*Emmerich* GmbHG, § 21 Rn. 20; Hachenburg/*Müller* § 21 Rn. 49; Baumbach/Hueck/*Hueck/Fastrich* § 21 Rn. 9).

II. Ausschlusserklärung

19 Bei Vorliegen sämtlicher Kaduzierungsvoraussetzungen erfolgt der Ausschluss nicht kraft gesetzlicher Folge, sondern bedarf der **ausdrücklichen Erklärung**, die durch die Geschäftsführer nach pflichtgemäßem Ermessen zu erfolgen hat (Scholz/*Emmerich* GmbHG, § 21 Rn. 21; Baumbach/Hueck/*Hueck/Fastrich* § 21 Rn. 10; Lutter/Hommelhoff/*Bayer*, § 21 Rn. 12; Roth/*Altmeppen* § 21 Rn. 16). Die Erklärung hat nach Abs. 2 Satz 2 **durch eingeschriebenen Brief** zu erfolgen und deutlich zu machen, dass der Gesellschafter seines Geschäftsanteils und seiner bereits geleisteten Teilzah-

lungen zugunsten der Gesellschaft verlustig wird. Auch hier wird – auch wenn nicht zwingend – zu empfehlen sein, den Wortlaut des Gesetzes in der Erklärung aufzunehmen (vgl. Lutter/Hommelhoff/*Bayer*, §21 Rn.12; Baumbach/Hueck/*Hueck/Fastrich* §21 Rn.10). Ein bloßer Hinweis auf die gesetzlichen Folgen des §21 GmbHG reicht nicht aus (Michalski/*Ebbing* §21 Rn.95). Die Gesellschaft ist nicht gezwungen, mit Vorliegen der Voraussetzungen die Kaduzierung unverzüglich auszusprechen, muss aber eine mögliche Verwirkung im Auge behalten (vgl. OLG Hamburg NJW-RR 1994, 1528, 1529: 6 Monate nicht ausreichend, wenn Umstandsmoment fehlt; Lutter/Hommelhoff/*Bayer*, §21 Rn.12: »einige Monate« zulässig; ebenso Scholz/*Emmerich* GmbHG, §21 Rn.22). Für den Gesellschafter muss daher ersichtlich sein, dass die Kaduzierung seiner Geschäftsanteile weiterhin verfolgt wird (Baumbach/Hueck/*Hueck/Fastrich* §21 Rn.10, der »geringe Überschreitung« für zulässig hält, wenn deutlich wird, dass das Verfahren weiter betrieben werden soll).

Die Ausschlusserklärung wird mit Zugang wirksam und ist danach **unwiderruflich** (Scholz/*Emmerich* GmbHG, §21 Rn.22; Baumbach/Hueck/*Hueck/Fastrich* §21 Rn.10; Lutter/Hommelhoff/*Bayer*, §21 Rn.16; Michalski/*Ebbing* §21 Rn.89, 102). 20

III. Rechtsfolgen

Mit dem Zugang der Kaduzierungserklärung **verliert** der betroffene Gesellschafter mit Wirkung für die Zukunft **sämtliche Mitgliedschaftsrechte**, seinen Geschäftsanteil einschließlich der darauf geleisteten Zahlungen oder Sacheinlagen; er hört auf Gesellschafter zu sein (Scholz/*Emmerich* GmbHG, §21 Rn.25; Baumbach/Hueck/*Hueck/Fastrich* §21 Rn.11; Roth/*Altmeppen* §21 Rn.17). Der Gesellschafter erhält infolge der Kaduzierung **keine Entschädigung oder Abfindung**. Ein etwaiger Mehrerlös im Fall der Verwertung nach §23 GmbHG steht allein der Gesellschaft zu (h.M.; vgl. auch §23 GmbHG Rdn.9; Roth/*Altmeppen* §21 Rn.17; krit. Scholz/*Emmerich* GmbHG, §21 Rn.26a; a.A. *Melber* Die Kaduzierung in der GmbH, 1993, 76ff., 174ff., 208ff.). 21

Von den **gesellschaftsrechtlichen Pflichten** wird der Ausgeschlossene befreit. Insbesondere besteht dann keine Einlageverpflichtung mehr; jedoch tritt an ihre Stelle die – von der Einlageschuld zu unterscheidende – **subsidiäre Ausfallhaftung** nach Abs.3 (vgl. Rdn.25; Baumbach/Hueck/*Hueck/Fastrich* §21 Rn.11; Roth/*Altmeppen* §21 Rn.17; Scholz/*Emmerich* GmbHG, §21 Rn.26). Unberührt bleiben auch die Rechte, die vor der Kaduzierung entstanden sind, insbesondere der **Anspruch auf den Gewinnanteil**, jedoch nur unter der Voraussetzung, dass der Gewinnverteilungsbeschluss vor der Kaduzierung gefasst und damit zum Gläubigerrecht wurde (so Scholz/*Emmerich* GmbHG, §21 Rn.2; Lutter/Hommelhoff/*Bayer*, §21 Rn.14; Baumbach/Hueck/*Hueck/Fastrich* §21 Rn.11; Roth/*Altmeppen* §21 Rn.18; unter Verzicht auf den vorherigen Gewinnverteilungsbeschluss: OLG Hamm GmbHR 1989, 126; ebenso: Hachenburg/*Müller* §21 Rn.53). Nebenpflichten, die vor Kaduzierung fällig geworden sind, bspw. wegen Ausfallhaftung nach §24 GmbHG für Einlageschulden von Mitgesellschafter oder Ansprüche aus §20 GmbHG, hat der Ausgeschlossene zu erfüllen (MünchHdb GesR III/*Gummert* §50 Rn.139; Lutter/Hommelhoff/*Bayer*, §21 Rn.14). Ihm verbleibt auch das Recht, von der Gesellschaft die Verwertung des kaduzierten Geschäftsanteils nach §§22, 23 GmbHG zu verlangen (Scholz/*Emmerich* GmbHG, §21 Rn.27). 22

Der kaduzierte **Geschäftsanteil verfällt an die Gesellschaft** (Lutter/Hommelhoff/*Bayer*, §21 Rn.15 m.w.N.). Abzulehnen ist die frühere Auffassung, wonach nach der Kaduzierung der Geschäftsanteil als ein subjektloses (herrenloses) Recht fortbestehe (»unhaltbar«: Lutter/Hommelhoff/*Bayer*, §21 Rn.15; MünchHdb GesR III/*Gummert* §50 Rn.141). Nach wohl mehrheitlicher Auffassung stellt der Anteil nach der Kaduzierung vorübergehend ein **treuhänderisches Sondervermögen** der Gesellschaft dar, über das nur nach §§22 bis 24 GmbHG verfügt werden darf. In der Zeit, in der der Geschäftsanteil bei der Gesellschaft verbleibt, ruhen alle Rechte und Pflichten, insbesondere das Stimmrecht. Eine **Ausnahme** gilt für die Teilnahme an einer Kapitalerhöhung aus Gesellschaftsmitteln (Roth/*Altmeppen* §21 Rn.19f.; Scholz/*Emmerich* GmbHG, §21 Rn.29f.; MünchHdb GesR III/*Gummert* §50 Rn.141; Baumbach/Hueck/*Hueck/Fastrich* §21 Rn.11). Umstritten ist, ob die auf den **Geschäftsanteil entfallenden Gewinne** dem Erwerber (Baumbach/Hueck/*Hueck/Fastrich* §21 Rn.11; MünchHdb GesR III/*Gummert* §50 Rn.141; Scholz/*Emmerich* GmbHG, §21 23

Rn. 30) oder den übrigen Gesellschaftern zustehen (Hachenburg/*Müller*, § 21 Rn. 60 mit ausführl. Begründung).

24 **Rechte Dritter**, das sind die Gläubiger der Gesellschaft, an dem kaduzierten Geschäftsanteil – wie z. B. Pfandrecht oder Nießbrauch – gehen mit der Kaduzierung unter (Hachenburg/*Müller* § 21 Rn. 57; Roth/*Altmeppen* § 21 Rn. 21; Baumbach/Hueck/*Hueck/Fastrich* § 21 Rn. 13). Eine bereits eingeleitete Zwangsvollstreckung ist aufzuheben; schon entstandene Pfändungspfandrechte Dritter sind nach Widerspruchsklage gem. § 771 ZPO zu beseitigen (Scholz/*Emmerich* GmbHG, § 21 Rn. 28).

D. Ausfallhaftung, Abs. 3

25 Nach der Kaduzierung haftet der ausgeschlossene Gesellschafter **unbefristet** für den rückständigen und auch für den später eingeforderten Betrag der Stammeinlage. Die Haftung erstreckt sich auch auf die Kosten der Verwertung nach §§ 22, 23 GmbHG (Hachenburg/*Müller* § 21 Rn. 73; Baumbach/Hueck/*Hueck/Fastrich* § 21 Rn. 14; Roth/*Altmeppen* § 21 Rn. 25). Die Haftung des ausgeschlossenen Gesellschafters nach § 21 Abs. 3 GmbHG ist **subsidiär**, d. h. sie greift nur insoweit, als die Einlage weder zuvor bei den Rechtsvorgängern nach § 22 GmbHG, noch durch die Verwertung des Geschäftsanteils nach § 23 GmbHG realisiert werden kann. Nicht erforderlich ist, dass zuvor die Mitgesellschafter nach § 24 GmbHG herangezogen wurden (Lutter/Hommelhoff/*Bayer*, § 21 Rn. 15). Bei Beträgen, die nach der Kaduzierung fällig werden, haftet der Ausgeschlossene erst, nachdem der neue Inhaber – der Erwerber – wegen Nichtzahlung ausgeschlossen wurde (umstr., Hachenburg/*Müller* § 21 Rn. 77; Roth/*Altmeppen* § 21 Rn. 26; Scholz/*Emmerich* GmbHG, § 21 Rn. 34; Baumbach/Hueck/*Hueck/Fastrich* § 21 Rn. 15; Lutter/Hommelhoff/*Bayer* GmbHG, § 21 Rn. 17; a. A. *Schuler* GmbHR 1961, 98, 103; Meyer-Landrut/*Miller* § 21 Rn. 15).

26 Auf die Ausfallhaftung ist **§ 19 Abs. 2 GmbHG entsprechend** anwendbar, sodass Erlass, Verzicht, Stundung und Aufrechnung unzulässig sind (Scholz/*Emmerich* GmbHG, § 21 Rn. 37; Baumbach/Hueck/*Hueck/Fastrich* § 21 Rn. 14).

27 Der Ausgeschlossene wird durch die **Zahlung des Ausfalls** nicht wieder Gesellschafter, auch stehen ihm keine Ansprüche gegen die GmbH oder den Erwerber der Geschäftsanteile zu (allg. M.; Scholz/*Emmerich* GmbHG, § 21 Rn. 36; Lutter/Hommelhoff/*Lutter/Bayer* GmbHG, § 21 Rn. 17; Roth/*Altmeppen* § 21 Rn. 27).

E. Rechtsbehelf

28 Bei fehlenden materiellen oder formellen Voraussetzungen ist die Erklärung des Ausschlusses **nichtig**. Der zu Unrecht Ausgeschlossene kann **Feststellungsklage** sowohl gegen die Gesellschaft als auch gegen den vermeintlich neuen Gesellschafter erheben (Roth/*Altmeppen* § 21 Rn. 22; Lutter/Hommelhoff/*Bayer*, § 21 Rn. 18). Der Gerichtsstand ergibt sich aus § 22 ZPO.

§ 22 Haftung der Rechtsvorgänger

(1) Für eine von dem ausgeschlossenen Gesellschafter nicht erfüllte Einlageverpflichtung haftet der Gesellschaft auch der letzte und jeder frühere Rechtsvorgänger des Ausgeschlossenen, der im Verhältnis zu ihr als Inhaber des Geschäftsanteils gilt.

(2) Ein früherer Rechtsvorgänger haftet nur, soweit die Zahlung von dessen Rechtsnachfolger nicht zu erlangen ist; dies ist bis zum Beweis des Gegenteils anzunehmen, wenn der letztere die Zahlung nicht bis zum Ablauf eines Monats geleistet hat, nachdem an ihn die Zahlungsaufforderung und an den Rechtsvorgänger die Benachrichtigung von derselben erfolgt ist.

(3) ¹Die Haftung des Rechtsvorgängers ist auf die innerhalb der Frist von fünf Jahren auf die Einlageverpflichtung eingeforderten Leistungen beschränkt ²Die Frist beginnt mit dem Tag, ab

welchem der Rechtsnachfolger im Verhältnis zur Gesellschaft als Inhaber des Geschäftsanteils gilt.

(4) Der Rechtsvorgänger erwirbt gegen Zahlung des rückständigen Betrags den Geschäftsanteil des ausgeschlossenen Gesellschafters.

Übersicht

		Rdn.				Rdn.
A.	Einleitung	1	I.	Subsidiäre Haftung der unmittelbaren Rechtsvorgänger		7
B.	Haftungsvoraussetzungen, Abs. 1	2	II.	Nachweis der Zahlungsunfähigkeit		8
I.	Wirksame Kaduzierung	2	D.	Haftungsbegründungsfrist, Abs. 3		12
II.	Rechtsvorgänger	3	E.	Erwerb des Geschäftsanteils, Abs. 4		15
III.	Haftungsumfang	5	F.	Ausgleichs- und Erstattungsansprüche		18
C.	Stufenregress, Abs. 2	7				

A. Einleitung

§ 22 GmbHG ist in **Ergänzung und Fortführung des Kaduzierungsverfahrens** nach § 21 GmbHG zu verstehen und dient ebenso der Sicherung der Kapitalaufbringung. Die Vorschrift regelt die **Haftung der Rechtsvorgänger** des nach § 21 GmbHG ausgeschlossenen Gesellschafters für rückständige Einlageverpflichtungen auf die Geschäftsanteile. Es handelt sich hierbei um eine zwingende Norm (vgl. § 25 GmbHG), sodass eine Abschwächung oder ein gänzlicher Haftungsverzicht nicht möglich sind. Eine Verschärfung ist hingegen zulässig (allg. M.; Scholz/*Emmerich* GmbHG, § 22 Rn. 3; Baumbach/Hueck/*Hueck*/*Fastrich* § 22 Rn. 1). Die Haftung des Rechtsvorgängers aus § 16 Abs. 2 (vormals § 16 Abs. 3 a. F.) GmbHG bleibt neben § 22 GmbHG bestehen, sodass die Gesellschaft bzw. ihre Geschäftsführer nach pflichtgemäßem Ermessen (§ 43 GmbHG) entscheiden können, nach welcher Haftungsvorschrift sie vorgehen wollen (Hachenburg/*Müller* § 22 Rn. 6; Scholz/*Emmerich* GmbHG, § 22 Rn. 4; Lutter/Hommelhoff/*Bayer*, § 22 Rn. 19). Durch Art. 1 des Gesetzes zur Modernisierung und zur Bekämpfung von Missbräuchen (MoMiG) vom 23.10.2008 (BGBl. I 2008, 2026) sind § 19 Abs. 1 und Abs. 3 geändert worden. Hierdurch ergeben sich inhaltlich keine Ergänzungen. Es handelt sich lediglich um Folgeänderungen in Anknüpfung zu der Neuregelung des § 16 und der damit einhergehenden sprachlichen Modernisierung (vgl. Begr. RegE vom 25.07.2007, BT-Drucks. 16/6140, S. 41).

1

B. Haftungsvoraussetzungen, Abs. 1

I. Wirksame Kaduzierung

Da § 22 GmbHG auf § 21 GmbHG folgt, setzt die Haftung des Rechtsvorgängers voraus, dass der Geschäftsanteil des Nachmanns wirksam kaduziert wurde. Die Rechtsvorgänger können daher die Unwirksamkeit der Kaduzierung im Wege der Einrede oder durch Erhebung einer Feststellungsklage gegen die Gesellschaft geltend machen (Scholz/*Emmerich* GmbHG, § 22 Rn. 5; Roth/*Altmeppen* § 22 Rn. 2). Das Erfordernis einer wirksamen Kaduzierung ist auch im Fall der Insolvenz der Gesellschaft erforderlich (OLG Dresden GmbHR 1998, 884, 886; OLG Hamburg BB 2001, 2182, 2183; Lutter/Hommelhoff/*Lutter*/*Bayer* GmbHG, § 22 Rn. 1; Scholz/*Emmerich* GmbHG, § 22 Rn. 5).

2

II. Rechtsvorgänger

Nach Abs. 1 haften »der letzte und jeder frühere, bei der Gesellschaft angemeldete Rechtsvorgänger des Ausgeschlossenen«. Danach kommen diejenigen Rechtsvorgänger in Betracht, die bei der GmbH »angemeldet« waren, womit auf die Bestimmung des § 16 GmbHG Bezug genommen wird, d. h. die frühere Gesellschafterstellung muss gegenüber der Gesellschaft wirksam geworden sein (Scholz/*Emmerich* GmbHG, § 22 Rn. 6; Lutter/Hommelhoff/*Bayer*, § 22 Rn. 4; Roth/*Altmeppen* § 22 Rn. 2). Rechtsvorgänger in diesem Sinne ist auch derjenige, der lediglich treuhänderisch einen Geschäftsanteil für einen Dritten hält, also der **Treuhänder** (LG Ulm GmbHR 2000, 241;

3

§ 22 GmbHG Haftung der Rechtsvorgänger

Baumbach/Hueck/*Hueck/Fastrich* § 22 Rn. 4; Hachenburg/*Müller* § 22 Rn. 27). Bei **gemeinsamer Inhaberschaft** des Geschäftsanteils haften die Gesellschafter nach § 18 Abs. 2 GmbHG als Gesamtschuldner (Hachenburg/*Müller* § 22 Rn. 27; Baumbach/Hueck/*Hueck/Fastrich* § 22 Rn. 4). Dem Rechtsvorgänger gleichgestellt sind auch diejenigen, die der Gesellschaft gegenüber auch ohne Anmeldung als Gesellschafter gelten, etwa beim Erwerb im Wege der **Gesamtrechtsnachfolge** – z. B. durch Erbfall – und beim **Erwerb kraft Gesetzes**, so etwa im Fall der Anwachsung nach § 738 Abs. 1 Satz 1 BGB (Hachenburg/*Müller* § 22 Rn. 32; Roth/*Altmeppen* § 22 Rn. 3). Keiner Anmeldung bedarf auch der Gründungsgesellschafter (Lutter/Hommelhoff/*Bayer*, § 22 Rn. 4; Baumbach/Hueck/*Hueck/Fastrich* § 22 Rn. 4). Bei einem **Pfandverkauf**, d. h. bei einem durch Zwangsvollstreckung erworbenen Geschäftsanteil, ist der seinerzeitige Vollstreckungsschuldner und nicht der Vollstreckungsgläubiger Rechtsvorgänger i. S. d. § 22 GmbHG (Hachenburg/*Müller* § 22 Rn. 27; Scholz/*Emmerich* GmbHG, § 22 Rn. 7a; Baumbach/Hueck/*Hueck/Fastrich* § 22 Rn. 4). Rechtsvorgänger kann auch der nach § 21 GmbHG Ausgeschlossene sein, wenn er schon früher einmal Mitglied der Gesellschaft war (Lutter/Hommelhoff/*Bayer*, § 22 Rn. 4; Baumbach/Hueck/*Hueck/Fastrich* § 22 Rn. 4).

4 Ein nach § 16 GmbHG anzumeldender **Zwischenerwerber**, der gleichwohl nicht angemeldet wurde, haftet nicht nach § 22 GmbHG (Baumbach/Hueck/*Hueck/Fastrich* § 22 Rn. 4). Wird die Abtretung eines Geschäftsanteils rückgängig gemacht, gleich ob durch Rückerwerb oder aufgrund eines Rücktrittsrechts oder der Wandelung eines Kausalgeschäfts (Scholz/*Emmerich* GmbHG, § 22 Rn. 7), besteht die Haftung nach § 22 GmbHG, soweit der Rechtsübergang angemeldet war. Bei einem von Anfang an **unwirksamen** oder **nichtigen** (z. B. wegen Irrtumsanfechtung, § 119 Abs. 1 BGB) Anteilsübertragung, ist hingegen trotz Anmeldung eine Haftung nach § 22 GmbHG abzulehnen (h. M.; Hachenburg/*Müller* § 22 Rn. 29; Baumbach/Hueck/*Hueck/Fastrich* § 22 Rn. 4 m. w. N.; differenzierend Lutter/Hommelhoff/*Bayer*, § 22 Rn. 4).

III. Haftungsumfang

5 Die Rechtsvorgänger haftet nach § 22 GmbHG für die **fällige und rückständige Bareinlage**, für die der ausgeschlossene Gesellschafter einzustehen hätte, wenn er noch Gesellschafter wäre, wobei dies nicht nur für den Teilbetrag der Einlage gilt, der bis zur Kaduzierung fällig ist, sondern auch für den danach fällig gewordenen Teil (allg. M.; Baumbach/Hueck/*Hueck/Fastrich* § 22 Rn. 4). Es gilt insoweit der Bareinlagebegriff entsprechend § 21 GmbHG (vgl. § 21 GmbHG Rn. 3), sodass weder Zinsen nach § 20 GmbHG oder Vertragsstrafen, noch rückständige Nebenleistungen erfasst sind (Roth/*Altmeppen* § 22 Rn. 5; Lutter/Hommelhoff/*Bayer*, § 22 Rn. 2; Scholz/*Emmerich* GmbHG, § 22 Rn. 13).

6 Leistungen der Rechtsvorgänger wegen Haftung aus § 22 GmbHG dienen der Sicherung der Aufbringung des Stammkapitals, sodass auch auf diese § 19 Abs. 2 und Abs. 5 GmbHG Anwendung finden und eine Zahlung an Gläubiger der Gesellschaft auf Veranlassung der Gesellschaft nur dann befreiend wirkt, wenn auf eine vollwertige, fällige und liquide Forderung des Gläubigers gezahlt wird (OLG Köln GmbHR 1987, 478; Lutter/Hommelhoff/*Bayer*, § 22 Rn. 3; Roth/*Altmeppen* § 22 Rn. 5; Baumbach/Hueck/*Hueck/Fastrich* § 22 Rn. 8).

C. Stufenregress, Abs. 2

I. Subsidiäre Haftung der unmittelbaren Rechtsvorgänger

7 Die Rechtsvorgänger des ausgeschlossenen Gesellschafters haften nicht gesamtschuldnerisch und auch nicht gleichrangig, sondern **sukzessiv**, d. h. zunächst haftet nur der unmittelbare Rechtsvorgänger des Kaduzierten und soweit dieser zahlungsunfähig ist (daher auch subsidiär) der – in umgekehrter Reihenfolge zum Erwerb – jeweils folgende Nachmann (sog. **Staffelregress** nach Abs. 2). Diese Reihenfolge vom jeweils nächsten zum entferntesten (dem ersten) Inhaber des Geschäftsanteils ist zwingend, sodass sich die Gesellschaft nicht etwa den solventesten Zwischenerwerber aussuchen kann (sog. **Sprungregress**; ausführl. Michalski/*Ebbing* § 22 Rn. 26 ff.; Baumbach/

Hueck/*Hueck/Fastrich* § 22 Rn. 5; Lutter/Hommelhoff/*Bayer*, § 22 Rn. 5; Roth/*Altmeppen* § 22 Rn. 9; Michalski/*Ebbing*, § 22 Rn. 30).

II. Nachweis der Zahlungsunfähigkeit

Voraussetzung der Inanspruchnahme des Rechtsvorgängers ist, dass sein **Rechtsnachfolger zahlungsunfähig** ist. Auf die Zahlungsunfähigkeit des ausgeschlossenen Gesellschafters kommt es nicht an, insoweit findet Abs. 2 nur auf seine Rechtsvorgänger Anwendung (Roth/*Altmeppen* § 22 Rn. 10 m. w. N.). Darlegungs- und beweispflichtig für die Behauptung der Zahlungsunfähigkeit des zunächst verpflichteten Rechtsvorgängers ist die Gesellschaft, wobei ihr als Beweiserleichterung die widerlegliche Vermutung des § 22 Abs. 2 Halbs. 2 GmbHG zukommt. Den Nachweis der Zahlungsunfähigkeit kann sie auch anderweitig erbringen (Scholz/*Emmerich* GmbHG, § 22 Rn. 9, MünchHdb GesR III/*Gummert* § 50 Rn. 145; Baumbach/Hueck/*Hueck/Fastrich* § 22 Rn. 6). Beide Erklärungen nach § 22 Abs. 2 Halbs. 2 GmbHG sind nicht formgebunden und können daher auch mündlich abgegeben werden; die Monatsfrist läuft nach Zugang der jeweils letzten Erklärung (Roth/*Altmeppen* § 22 Rn. 10). Die Vermutung des Abs. 2 gilt auch hinsichtlich des letzten Rechtsvorgängers in der Kette, auch wenn eine Benachrichtigung seines Rechtsvorgängers ausscheidet (allg. M.; Lutter/Hommelhoff/*Bayer*, § 22 Rn. 6; Baumbach/Hueck/*Hueck/Fastrich* § 22 Rn. 6 m. w. N.).

8

Die Vermutung der Zahlungsunfähigkeit nach Abs. 2 ist **widerlegt** bei Beweis der Zahlungsfähigkeit eines vorrangig haftenden Rechtsvorgängers (Lutter/Hommelhoff/*Bayer*, § 22 Rn. 6).

9

Hat ein Rechtsvorgänger aufgrund der Vermutung des Abs. 2 gezahlt und stellt sich dann die Zahlungsfähigkeit eines vorrangig Haftenden heraus, kann der Rechtserwerb nach § 21 Abs. 4 GmbHG nicht mehr rückgängig gemacht werden; zuvor steht dem in Anspruch genommenen Rechtsvorgänger ein Leistungsverweigerungsrecht zu (Roth/*Altmeppen* § 22 Rn. 13; Baumbach/Hueck/*Hueck/Fastrich* § 22 Rn. 6).

10

Die Zahlungsunfähigkeit eines Rechtsvorgängers entlässt ihn nicht aus seiner Haftung, sondern begründet nur die der nachrangigen Rechtsvorgänger; die Gesellschaft kann ihn daher zu einem späteren Zeitpunkt, wenn dies aussichtsreich erscheint, erneut in Anspruch nehmen. Die Haftung des Rechtsvorgängers endet erst mit der Verwertung nach § 23 GmbHG oder mit Zahlung des rückständigen Einlagebetrages (Scholz/*Emmerich* GmbHG, § 22 Rn. 17; Lutter/Hommelhoff/*Bayer*, § 22 Rn. 10; Baumbach/Hueck/*Hueck/Fastrich* § 22 Rn. 7).

11

D. Haftungsbegründungsfrist, Abs. 3

Die Haftung des Rechtsvorgängers erstreckt sich auf die innerhalb von 5 Jahren nach Anmeldung des Anteilsübergangs auf seinen Rechtsnachfolger eingeforderte Einzahlung, wobei insoweit auf die Anforderung durch die Geschäftsführer abzustellen ist (Hachenburg/*Müller* § 22 Rn. 17; Scholz/*Emmerich* GmbHG, § 22 Rn. 15; Michalski/*Ebbing* § 22 Rn. 51). Ist der Zahlungstermin schon im Gesellschaftsvertrag bestimmt, so ist eine Zahlungsaufforderung entbehrlich und es kommt nur darauf an, ob der Fälligkeitstermin in die 5-Jahres-Frist fällt (Baumbach/Hueck/*Hueck/Fastrich* § 22 Rn. 9; Scholz/*Emmerich* GmbHG, § 22 Rn. 15).

12

Fristbeginn gem. Abs. 3 Satz 2 ist am Tage nach der wirksamen Anmeldung (§ 16 GmbHG) des Anteilsübergangs vom Rechtsvorgänger auf den Rechtsnachfolger oder, wenn die Anmeldung entbehrlich ist (vgl. Rdn. 3; z. B. beim Erben), mit dem hierfür maßgeblichen Zeitpunkt des Anteilsübergangs auf den Rechtsnachfolger (so Scholz/*Emmerich* GmbHG, § 22 Rn. 16; Lutter/Hommelhoff/*Bayer*, § 22 Rn. 8; ähnlich Baumbach/Hueck/*Hueck/Fastrich* § 22 Rn. 9, der auf das Ende der Gesellschafterstellung des Rechtsvorgängers abstellt; differenzierend: Michalski/*Ebbing*, § 22 Rn. 57 ff.; abweichend: Hachenburg/*Müller* § 22 Rn. 19).

13

14 Die innerhalb des 5-Jahres-Zeitraums fällig gewordenen Ansprüche unterliegen der **regelmäßigen Verjährung** (vgl. § 19 GmbHG Rdn. 89 ff.; Roth/*Altmeppen* § 22 Rn. 6; Baumbach/Hueck/*Hueck/Fastrich* § 22 Rn. 9).

E. Erwerb des Geschäftsanteils, Abs. 4

15 Bei Zahlung des rückständigen Betrages (vgl. Rdn. 5) erwirbt der Rechtsvorgänger ipso iure den kaduzierten Geschäftsanteil. Abs. 4 gilt dabei nur für den nach Abs. 2 haftenden Rechtsvorgänger, sodass ein Erwerb durch einen anderen – z. B. fernen Rechtsvorgänger – nicht möglich ist. Gleichwohl kann aber ein Dritter für einen Rechtsvorgänger gem. § 267 BGB leisten, mit der Folge, dass der Haftende – auch ohne seinen Willen (umstr.; so aber Baumbach/Hueck/*Hueck/Fastrich* § 22 Rn. 10; a. A. nur mit Einverständnis: Michalski/*Ebbing* § 22 Rn. 84; vgl. zum Meinungsstand: Roth/*Altmeppen* § 22 Rn. 18, gegen entsprechende Anwendung des § 267 BGB) – den Geschäftsanteil erwirbt (Hachenburg/*Müller* § 22 Rn. 56; Scholz/*Emmerich* GmbHG, § 22 Rn. 19; Lutter/Hommelhoff/*Bayer*, § 22 Rn. 8).

16 Der Erwerb des Geschäftsanteils erfolgt **kraft Gesetzes** und somit unabhängig vom Willen des zahlenden Rechtsvorgängers und auch ungeachtet möglicher Vorkaufsrechte anderer Gesellschafter. Dies gilt auch im Fall der Beitreibung der rückständigen Einlagebeträge im Wege der Zwangsvollstreckung (Scholz/*Emmerich* GmbHG, § 22 Rn. 20; Lutter/Hommelhoff/*Bayer*, § 22 Rn. 12; Roth/*Altmeppen* § 22 Rn. 20; Hachenburg/*Müller* § 22 Rn. 66). Eine Anmeldung nach § 16 GmbHG ist nicht erforderlich, ebenso wie die Zustimmung der Gesellschafter bei vinkulierten Geschäftsanteilen (Baumbach/Hueck/*Hueck/Fastrich* § 22 Rn. 11).

17 Der zahlende Rechtsvorgänger erwirbt den Geschäftsanteil, so wie er sich zwischenzeitlich gestaltet hat, d. h. mit allen Rechten und Pflichten, auch aus zwischenzeitlichen Satzungsänderungen (Scholz/*Emmerich* GmbHG, § 22 Rn. 22 m. w. N.). Nach der Kaduzierung anfallende Gewinnanteile sollen ihm zustehen (umstr.; vgl. § 21 GmbHG Rdn. 23), ebenso wie er für später fällig gewordene (Einlage-)Pflichten einstehen soll (Scholz/*Emmerich* GmbHG, § 22 Rn. 20; Baumbach/Hueck/*Hueck/Fastrich* § 22 Rn. 12).

F. Ausgleichs- und Erstattungsansprüche

18 Ausgleichs- und Erstattungsansprüche der Gesellschafter untereinander bestehen nicht; solche können sich nur aus zwischen ihnen getroffenen vertraglichen Grundlagen ergeben (h. M.; Scholz/*Emmerich* GmbHG, § 22 Rn. 12; Roth/*Altmeppen* § 22 Rn. 23; a. A. Lutter/Hommelhoff/*Bayer*, § 22 Rn. 16 ff.).

§ 23 Versteigerung des Geschäftsanteils

¹Ist die Zahlung des rückständigen Betrages von Rechtsvorgängern nicht zu erlangen, so kann die Gesellschaft den Geschäftsanteil im Wege öffentlicher Versteigerung verkaufen lassen. ²Eine andere Art des Verkaufs ist nur mit Zustimmung des ausgeschlossenen Gesellschafters zulässig.

Übersicht	Rdn.			Rdn.
A. Einleitung	1	C.	Wirkung der Verwertung	8
B. Verwertung des Anteils	2	I.	Übergang des Geschäftsanteils	8
I. Voraussetzungen	2	II.	Erlös	9
II. Öffentliche Versteigerung, S. 1	5	D.	Verfahrensmängel	11
III. Anderweitiger Verkauf, S. 2	6	E.	Unverkäuflichkeit des Geschäftsanteils	12

A. Einleitung

1 Nach wirksamer Kaduzierung des Geschäftsanteils nach § 21 GmbHG und erfolgloser Inanspruchnahme die Rechtsvorgänger gem. § 22 GmbHG kann der kaduzierte Geschäftsanteil nach

§ 23 GmbHG durch **Zwangsverkauf** verwertet werden. Die Vorschrift ebenso wie die §§ 21, 22 GmbHG der Sicherung der Kapitalaufbringung und ist daher ebenso zwingend (§ 25 GmbHG), sodass im Gesellschaftsvertrag allenfalls eine vereinfachte oder erweiterte Form der Verwertung vereinbart werden kann, nicht hingegen eine Reduzierung derselben (Lutter/Hommelhoff/*Bayer*, § 23 Rn. 1; Michalski/*Ebbing* § 23 Rn. 4).

B. Verwertung des Anteils

I. Voraussetzungen

Einer Verwertung nach § 23 GmbHG ist als notwendige Voraussetzung vorangestellt die wirksame Kaduzierung nach § 21 GmbHG und die erfolglose Inanspruchnahme aller Rechtsvorgänger nach § 22 GmbHG, wobei auch insoweit die gesetzliche Vermutung des § 22 Abs. 2 Halbs. 2 GmbHG gilt (vgl. § 22 GmbHG Rdn. 8). Liegen diese Voraussetzungen nicht vor, ist die Gesellschaft nicht zur Verfügung befugt, sodass ein dennoch erfolgter Verkauf unwirksam ist (vgl. Rdn. 11; OLG Rostock GmbHR 1997, 449; Baumbach/Hueck/*Hueck/Fastrich* § 23 Rn. 2); ein gutgläubiger Erwerb kommt nicht in Betracht (Roth/*Altmeppen* § 23 Rn. 2). Eine wirksame Kaduzierung kann aber jederzeit nachgeholt werden, mit der Folge, dass der Mangel geheilt wird (Scholz/*Emmerich* GmbHG, § 23 Rn. 3; Baumbach/Hueck/*Hueck/Fastrich* § 23 Rn. 10).

Ein fehlerhaft ausgeschlossener Gesellschafter kann gegen die Versteigerung **nicht** im Wege des **einstweiligen Rechtsschutzes** vorgehen, weil er mangels wirksamer Kaduzierung nicht gefährdet ist (OLG Rostock GmbHR 1997, 449; Baumbach/Hueck/*Hueck/Fastrich* § 23 Rn. 2; Roth/*Altmeppen* § 23 Rn. 2; a. A. Michalski/*Ebbing* § 23 Rn. 83). Eine Klage auf einstweilige Feststellung des Fortbestehens der Gesellschafterstellung (sog. **Regelungsverfügung** gem. § 940 ZPO) ist hingegen zulässig (OLG Rostock GmbHR 1997, 449).

Bei Vorliegen der (vorerwähnten) Zwangsverkaufsvoraussetzungen bestimmt § 23 Satz 1 GmbHG, dass »die Gesellschaft den Geschäftsteil im Wege öffentlicher Versteigerung verkaufen *kann*«. Hieraus wird der Gesellschaft überwiegend ein **Recht zur Veräußerung** zugestanden, ohne dass eine Verpflichtung und damit ein einklagbarer Anspruch auf Veräußerung der Gesellschafter, des Kaduzierten oder seiner Rechtsvorgänger sowie der Gesellschaftsgläubiger besteht (Baumbach/Hueck/*Hueck/Fastrich* § 23 Rn. 3; Roth/*Altmeppen* § 23 Rn. 5; Meyer-Landrut/*Miller* § 23 Rn. 3; einschränkend: MünchHdb GesR III/*Gummert* § 50 Rn. 148, Scholz/*Emmerich* GmbHG, § 23 Rn. 4; Michalski/*Ebbing* § 23 Rn. 13: Recht besteht nur hinsichtlich der Bestimmung des Zeitpunkts der Veräußerung; a. A. Pflicht zur unverzüglichen Beitreibung rückständiger Einlagen, mit Ausnahme der Aussichtslosigkeit: Lutter/Hommelhoff/*Bayer*, § 23 Rn. 3). Die Gesellschaft kann daher einen günstigen Zeitpunkt für die Veräußerung abwarten, der regelmäßig – ebenso wie der Ort des Verkaufs (vgl. Rdn. 5) – nach pflichtgemäßem Ermessen (§ 43 GmbHG) durch ihre Geschäftsführer bestimmt wird (übereinstimmend auch: Lutter/Hommelhoff/*Bayer*, § 23 Rn. 3; Michalski/*Ebbing* § 23 Rn. 13). Insoweit ist ein **Gesellschafterbeschluss** nicht erforderlich, jedoch kann die Gesellschaft den Geschäftsführer nach § 37 Abs. 1 GmbHG entsprechend anweisen (Meyer-Landrut/*Miller* § 23 Rn. 3; Hachenburg/*Müller* § 23 Rn. 11; Baumbach/Hueck/*Hueck/Fastrich* § 23 Rn. 3). Der Verwertungsversuch nach § 23 GmbHG hat zwingend vor einem weiteren Vorgehen nach §§ 21 Abs. 3 und 24 GmbHG zu erfolgen (Baumbach/Hueck/*Hueck/Fastrich* § 23 Rn. 3; Roth/*Altmeppen* § 23 Rn. 7). Nur ausnahmsweise kann auch der Versuch der Verwertung unterbleiben, wenn diese von vornherein **aussichtslos** ist, weil sie keinen wirtschaftlichen Erfolg erwarten lässt; das gilt insbesondere im Fall der Insolvenz bei nicht bestehender Sanierungsfähigkeit der Gesellschaft (OLG Hamm GmbHR 1993, 360, 362; LG Hildesheim NJW-RR 1998, 248, 249; Lutter/Hommelhoff/*Bayer* GmbHG, § 23 Rn. 3; Hachenburg/*Müller* § 23 Rn. 11; Scholz/*Emmerich* GmbHG, § 23 Rn. 4). Die **Beweislast** für das Vorliegen der Aussichtslosigkeit obliegt der Gesellschaft (Roth/*Altmeppen* § 23 Rn. 7). Im Insolvenzverfahren erfolgt der Verkauf durch den Insolvenzverwalter (Baumbach/Hueck/*Hueck/Fastrich* § 23 Rn. 3).

§ 23 GmbHG Versteigerung des Geschäftsanteils

II. Öffentliche Versteigerung, S. 1

5 Die Verwertung des kaduzierten Geschäftsanteils erfolgt nach Maßgabe des § 23 Satz 1 GmbHG im Wege einer öffentlichen Versteigerung und damit **nach den Bestimmungen des §§ 383 Abs. 3, 156 BGB** durch einen Gerichtsvollzieher oder eine andere zur Versteigerung befugte Person (z. B. Notar oder öffentlich bestellter Versteigerer) für die Gesellschaft (MünchHdb GesR III/*Gummert* § 50 Rn. 149; Baumbach/Hueck/*Hueck/Fastrich* § 23 Rn. 4). Dem vorausgehen muss ein **Antrag** der Gesellschaft (Scholz/*Emmerich* GmbHG, § 23 Rn. 6). Durch den Zuschlag erfolgen der Kaufvertrag und die Zuweisung des Geschäftsanteils an den Erwerber. Die Gesellschaft kann sich im Versteigerungsauftrag aber die Zustimmung zum Zuschlag vorbehalten (allg. M.; Lutter/Hommelhoff/*Bayer*, § 23 Rn. 4; Baumbach/Hueck/*Hueck/Fastrich* § 23 Rn. 4; Michalski/*Ebbing* § 23 Rn. 32; Hachenburg/*Müller* § 23 Rn. 25). In entsprechender Anwendung des § 1238 Abs. 1 BGB ist ein sofortiger Zuschlag des Anteils **nur gegen sofortige Barzahlung** der rückständigen Einlage zulässig (h. M.; Scholz/*Emmerich* GmbHG, § 23 Rn. 7a; MünchHdb GesR III/*Gummert* § 50 Rn. 150; Roth/*Altmeppen* § 23 Rn. 8; sofortige Barzahlung gestützt auf § 19 GmbHG: Michalski/*Ebbing*, § 23 Rn. 29; a. A. – ohne Begründung: Lutter/Hommelhoff/*Bayer*, § 23 Rn. 4). Die Bestimmungen des § 15 Abs. 3, Abs. 4 und Abs. 5 GmbHG sind im Fall der öffentlichen Versteigerung nicht anwendbar (allg. M.; Baumbach/Hueck/*Hueck/Fastrich* § 23 Rn. 4 m. w. N.). Die Versteigerung muss nicht an dem **Ort** erfolgen, in dem die Gesellschaft ihren Sitz hat. Insofern enthält § 23 GmbHG keine Vorgabe, sodass jeder andere Ort gewählt werden kann, der eine angemessene Verwertung erwarten lässt (vgl. § 383 Abs. 2 BGB; MünchHdb GesR III/*Gummert* § 50 Rn. 149; Baumbach/Hueck/*Hueck/Fastrich* § 23 Rn. 4). Es muss sichergestellt sein, dass jedermann einschließlich der übrigen Gesellschafter und des ausgeschlossenen Gesellschafters mitbieten kann, die hierzu auch berechtigt sind; **nicht berechtigt** ist hingegen die Gesellschaft, weil ihrem Erwerb § 33 Abs. 1 GmbHG entgegensteht (allg. M.; Scholz/*Emmerich* GmbHG, § 23 Rn. 7; Lutter/Hommelhoff/*Lutter/Bayer* GmbHG, § 23 Rn. 4). Zeit und Ort der Versteigerung sind durch den Gerichtsvollzieher oder eine andere zur Versteigerung befugte Person **öffentlich bekannt zu machen** (vgl. § 383 Abs. 2 BGB; Hachenburg/*Müller* § 23 Rn. 19; Baumbach/Hueck/*Hueck/Fastrich* § 23 Rn. 3); bisweilen wird zudem gefordert, dass der ausgeschlossene Gesellschafter, seine Rechtsvorgänger, sowie die Mitgesellschafter von der Gesellschaft entsprechend § 383 Abs. 2 BGB und § 65 Abs. 3 Satz 4 AktG gesondert zu unterrichten sind (Scholz/*Emmerich* GmbHG, § 23 Rn. 7). Einer Anmeldung des Erwerbers nach § 16 GmbHG bedarf es nicht, weil die Gesellschaft selbst veräußert (Lutter/Hommelhoff/*Bayer*, § 23 Rn. 4; Baumbach/Hueck/*Hueck/Fastrich* § 23 Rn. 4, 7; Michalski/*Ebbing* § 23 Rn. 49).

III. Anderweitiger Verkauf, S. 2

6 Nach § 23 Satz 2 GmbHG ist auch eine **andere Art des Verkaufs** mit Zustimmung des ausgeschlossenen Gesellschafters zulässig, sodass insbesondere ein freihändiger Verkauf (BGHZ 82, 49) oder eine Versteigerung mit eingeschränktem Bieterkreis möglich ist (Scholz/*Emmerich* GmbHG, § 23 Rn. 8; Roth/*Altmeppen* § 23 Rn. 10). Die erforderliche Zustimmung des kaduzierten Gesellschafters kann bereits durch Aufnahme in den Gesellschaftsvertrag im Voraus erklärt werden. Auch steht § 25 GmbHG nicht einer abweichenden Regelung der Verwertungsmodalitäten entgegen (Scholz/*Emmerich* GmbHG, § 23 Rn. 8; Hachenburg/*Müller* § 23 Rn. 4; Lutter/Hommelhoff/*Bayer*, § 23 Rn. 5). Erfolgt aber eine solche Regelung nachträglich durch Satzungsänderung, so müssen hierzu alle Gesellschafter nach § 53 Abs. 3 GmbHG (bzw. § 23 Satz 2 GmbHG) zustimmen (Baumbach/Hueck/*Hueck/Fastrich* § 23 Rn. 5; Roth/*Altmeppen* § 23 Rn. 10; Michalski/*Ebbing*, § 23 Rn. 43).

7 Bei der Verwertung nach Satz 2 (»freihändiger Verkauf«) sind die **Formvorschriften** des § 15 Abs. 3 und. 4 GmbHG zu beachten (vgl. § 15 GmbHG Rdn. 14 ff.; Scholz/*Emmerich* GmbHG, § 23 Rn. 9; krit. Roth/*Altmeppen* § 23 Rn. 11). Die wohl überwiegende Auffassung wendet hier auch die Veräußerungsbeschränkungen des § 15 Abs. 5 GmbHG an (so: Ehlke DB 1995, 561, 565; Lutter/Hommelhoff/*Bayer*, § 23 Rn. 5; Hachenburg/*Müller* § 23 Rn. 29; a. A. Michalski/*Ebbing*, § 23 Rn. 48), räumt allerdings ein, dass mit dem Verkauf die Gesellschaft zugleich ihre Zustimmung

hierzu erteilt (Roth/*Altmeppen* § 23 Rn. 12; Baumbach/Hueck/*Hueck/Fastrich* § 23 Rn. 5 – nicht aber eine ggf. erforderliche Gesellschafterversammlung).

C. Wirkung der Verwertung

I. Übergang des Geschäftsanteils

Der Übergang des Geschäftsanteils erfolgt nach Zuschlag bzw. Abschluss des Kaufvertrags bei freihändigem Verkauf und Abtretung an den Erwerber gem. §§ 413, 398 BGB. Der Erwerber des kaduzierten Geschäftsanteils **wird Gesellschafter** mit allen Rechten und Pflichten und erhält den Anteil, in dem Zustand wie er sich im Augenblick der Verwertung befindet, also frei von Rechten Dritter (Scholz/*Emmerich* GmbHG, § 23 Rn. 13; Lutter/Hommelhoff/*Bayer*, § 23 Rn. 8; Baumbach/Hueck/*Hueck/Fastrich* § 23 Rn. 7). Der Erwerber wird von der **Haftung** für alle rückständigen Einlagebeträge und insbesondere für den Betrag befreit, der zur Kaduzierung geführt hat; an ihre Stelle tritt der Kaufpreis (BGHZ 42, 89, 93; Baumbach/Hueck/*Hueck/Fastrich* § 23 Rn. 7 m. w. N.). Weitere Konsequenz dieses Umstandes ist, dass der Erwerber wegen § 19 Abs. 2 Satz 2 GmbHG gegen den Kaufpreisanspruch nicht aufrechnen kann und im Übrigen auch § 19 Abs. 3 und Abs. 5 GmbHG gelten (BGHZ 42, 89, 93; Baumbach/Hueck/*Hueck/Fastrich* § 23 Rn. 8). Eine Haftung nach § 24 GmbHG ist ebenso ausgeschlossen. Der Erwerber hat aber für die nach seinem Erwerb fällig werdende Stammeinlagen und für sonstige Leistungen (z. B. nach § 3 Abs. 2 GmbHG) einzustehen, sodass bei hierauf entstehenden Rückstand erneut kaduziert werden kann (Scholz/*Emmerich* GmbHG, § 23 Rn. 14; Baumbach/Hueck/*Hueck/Fastrich* § 23 Rn. 7).

8

II. Erlös

Führt die Verwertung zu einem **Mindererlös**, d. h. reicht der Kaufpreis nicht aus, um die rückständigen Einlagebeträge zu decken, führt dies gleichwohl zur Haftungsbefreiung des Erwerbers (vgl. Rdn. 8). In der Höhe der Differenz kommt nunmehr aber die **Ausfallhaftung** zunächst des ausgeschlossenen Gesellschafters nach § 21 Abs. 3 GmbHG und zweitrangig diejenige der übrigen Gesellschafter nach § 24 GmbHG zum Zuge (Scholz/*Emmerich* GmbHG, § 23 Rn. 15; Baumbach/Hueck/*Hueck/Fastrich* § 23 Rn. 9). Übersteigt der Kaufpreis die rückständige Einlageforderung und kommt es daher zu einem **Mehrerlös**, steht dieser der Gesellschaft und nicht dem ausgeschlossenen Gesellschafter zu. Jedoch soll der Mehrerlös auf die Ausfallhaftung (§ 21 Abs. 3 GmbHG) des ausgeschlossenen Gesellschafters für später fällige Beträge angerechnet werden (h. M.; Scholz/*Emmerich* GmbHG, § 23 Rn. 16; Roth/*Altmeppen* § 23 Rn. 16; Michalski/*Ebbing* § 23 Rn. 60 f.; Hachenburg/*Müller* § 23 Rn. 39; MünchHdb GesR III/*Gummert* § 50 Rn. 152; a. A. Baumbach/Hueck/*Hueck/Fastrich* § 23 Rn. 8; Lutter/Hommelhoff/*Bayer*, § 23 Rn. 8).

9

Mit dem Zwangsverkauf (auch bei Mindererlös) entfällt auch die Haftung der Rechtsvorgänger nach § 22 GmbHG (Baumbach/Hueck/*Hueck/Fastrich* § 23 Rn. 9).

10

D. Verfahrensmängel

Bei Fehlen der Voraussetzungen des Zwangsverkaufs führt dies zu dessen Unwirksamkeit; bei **Fehlen einer wirksamen Kaduzierung** kann dies durch eine nachträgliche wirksame Kaduzierung nachgeholt werden (vgl. Rdn. 2; § 185 Abs. 2 BGB). Unwirksam ist ein Verkauf auch, wenn zuvor nicht die Rechtsvorgänger nach § 22 GmbHG in Anspruch genommen wurden (Baumbach/Hueck/*Hueck/Fastrich* § 23 Rn. 10 m. w. N.; Lutter/Hommelhoff/*Bayer*, § 23 Rn. 11). Der Zwangsverkauf ist auch unwirksam, wenn **wesentliche Erfordernisse der öffentlichen Versteigerung** missachtet werden (Scholz/*Emmerich* GmbHG, § 23 Rn. 11). Auch hier ist eine Heilung ex tunc möglich, wenn der Gesellschafter die verfahrensfehlerhafte Versteigerung nachträglich genehmigt (Baumbach/Hueck/*Hueck/Fastrich* § 23 Rn. 10).

11

§ 24 GmbHG Aufbringung von Fehlbeträgen

E. Unverkäuflichkeit des Geschäftsanteils

12 Erweist sich der Geschäftsanteils als nicht verkäuflich – entweder von vornherein wegen Aussichtlosigkeit oder weil die Verkaufsbemühungen scheitern –, fällt er endgültig der Gesellschaft zu, die diesen zuvor nur treuhänderisch verwaltet hat (vgl. § 21 GmbHG Rdn. 23; Baumbach/Hueck/*Hueck/Fastrich* § 23 Rn. 6). Damit treten die Rechtsfolgen wie bei einem zulässigen Erwerb nach § 33 GmbHG ein, ohne dass aber eine Konfusion im Hinblick auf die rückständige Einlageschuld (Erlöschen des Geschäftsanteils) eintritt (so Lutter/Hommelhoff/*Bayer*, § 23 Rn. 6; Roth/*Altmeppen* § 23 Rn. 20; Hachenburg/*Müller* § 23 Rn. 47; a. A. Scholz/*Emmerich* GmbHG, § 23 Rn. 17; i. Erg. Streit nicht erheblich: Michalski/*Ebbing* § 23 Rn. 73); die Ausfallhaftung der ausgeschlossenen Gesellschafter nach § 21 Abs. 3 GmbHG und der übrigen Gesellschafter nach § 24 GmbHG bleibt bestehen (Baumbach/Hueck/*Hueck/Fastrich* § 23 Rn. 6).

§ 24 Aufbringung von Fehlbeträgen

¹Soweit eine Stammeinlage weder von den Zahlungspflichtigen eingezogen, noch durch Verkauf des Geschäftsanteils gedeckt werden kann, haben die übrigen Gesellschafter den Fehlbetrag nach Verhältnis ihrer Geschäftsanteile aufzubringen. ²Beiträge, welche von einzelnen Gesellschaftern nicht zu erlangen sind, werden nach dem bezeichneten Verhältnis auf die übrigen verteilt.

Übersicht	Rdn.		Rdn.
A. Einleitung	1	IV. Maßgeblicher Zeitpunkt	10
B. Voraussetzungen	2	C. Art und Umfang der Haftung, Verjährung	11
I. Geldeinlagebetrag	2		
II. Subsidiarität	3	D. Rückgriffsansprüche	16
III. Verpflichteter	4		

A. Einleitung

1 § 24 GmbHG ist nach Maßgabe des § 25 GmbHG eine **zwingende Vorschrift** und ordnet die **Ausfallhaftung** gegenüber der Gesellschaft für rückständige und nach §§ 21 bis 23 GmbHG uneinbringliche Einlagebeträge und ebenso wie für entsprechende Haftungsanteile von Mitgesellschaftern an (Roth/*Altmeppen* § 23 Rn. 2; Scholz/*Emmerich* GmbHG, § 24 Rn. 1). Damit wird im Interesse der Sicherung der Kapitalaufbringung das Prinzip der Haftungsbeschränkung jedes Gesellschafters auf den Betrag seiner Stammeinlage durchbrochen, d. h. die Haftung jedes einzelnen Gesellschafters geht über seine Stammeinlage hinaus und wird u. U. bis zum gesamten, auf das Stammkapital rückständigen Betrag erhöht (Roth/*Altmeppen* § 24 Rn. 1; Baumbach/Hueck/*Hueck/Fastrich* § 24 Rn. 1).

B. Voraussetzungen

I. Geldeinlagebetrag

2 Aus dem Zusammenhang mit den Bestimmungen der §§ 21 bis 23 GmbHG ergibt sich, dass § 24 GmbHG die Ausfallhaftung nur für **rückständige Geldeinlagebeträge** und diesen gleichgestellte Verbindlichkeiten erfasst, sodass auch der Geldanteil bei einer gemischten Einlage, die Vorbelastungs- (§ 11 GmbHG) und Differenzhaftung der Gesellschafter (§ 9 GmbHG; BGH GmbHR 1982, 235), sowie Geldeinlagen die anstelle einer Sacheinlage getreten sind (Scholz/*Emmerich* GmbHG, § 24 Rn. 3; Roth/*Altmeppen* § 24 Rn. 2; Michalski/*Ebbing* § 24 Rn. 12; *K. Schmidt* BB 1985, 154). Erfasst sind auch die nach der Kaduzierung eingeforderten – seit der Kaduzierung fällig gewordenen – Beträge, nicht aber die Haftung für Sachleistungen, ein Agio, Zinsen, Vertragsstrafen oder sonstige Nebenleistungen (Baumbach/Hueck/*Hueck/Fastrich* § 24 Rn. 2; Scholz/*Emmerich* GmbHG, § 24 Rn. 3; Roth/*Altmeppen* § 24 Rn. 4). Ob § 24 GmbHG auch auf die Verlustdeckungshaftung in der Vorgesellschaft entsprechend anwendbar ist, bleibt streitig (so: Lutter/Hom-

melhoff/*Bayer*, § 24 Rn. 15; a. A. KG Berlin GmbHR 1993, 647, 648; Scholz/*Emmerich* GmbHG, § 24 Rn. 3a; Roth/*Altmeppen* § 24 Rn. 3; *Gummert* DStR 1007, 1009).

II. Subsidiarität

Die Ausfallhaftung der Mitgesellschafter nach § 24 GmbHG greift dem Wortlaut nach subsidiär, d. h. in der Reihenfolge der §§ 21 bis 24 GmbHG **letztrangig** (Scholz/*Emmerich* GmbHG, § 24 Rn. 4; Roth/*Altmeppen* § 24 Rn. 5). Die Ausfallhaftung setzt aber voraus, dass der Geschäftsanteil gem. § 21 GmbHG wirksam kaduziert wurde und die Inanspruchnahme der Rechtsvorgänger nach § 22 GmbHG vergeblich war, wobei insoweit die Vermutung des § 22 Abs. 2 GmbHG gilt (Baumbach/Hueck/*Hueck*/*Fastrich* § 24 Rn. 3 m. w. N.). Auch muss die Verwertung nach § 23 GmbHG nicht oder nicht zur vollständigen Deckung der rückständigen Stammeinlage geführt haben, wobei der Versuch bei offensichtlicher Aussichtslosigkeit unterbleiben kann (vgl. § 23 GmbHG Rdn. 4; Scholz/*Emmerich* GmbHG, § 24 Rn. 5). Abschließend muss auch der Ausgeschlossene selbst vergeblich nach § 21 Abs. 3 GmbHG in Anspruch genommen worden sein; seine Zahlungsunfähigkeit ist aber zu beweisen (OLG Celle GmbHR 1994, 801; Scholz/*Emmerich* GmbHG, § 24 Rn. 6). Die **Beweislast** für das Vorliegen der Voraussetzungen der Ausfallhaftung trägt die Gesellschaft (Baumbach/Hueck/*Hueck*/*Fastrich* § 24 Rn. 3; Scholz/*Emmerich* GmbHG, § 24 Rn. 7; Michalski/*Ebbing*, § 24 Rn. 78).

3

III. Verpflichteter

§ 24 Satz 1 GmbHG erfasst die »übrigen Gesellschafter«, womit sämtliche Gesellschafter gemeint sind, mit Ausnahme des ausgeschlossenen Gesellschafters (§ 21 GmbHG) und seiner Rechtsvorgänger sowie des Erwerbers nach § 23 GmbHG, wobei ohne Belang ist, ob der Gesellschafter sich mit einer Geld- oder Sacheinlage beteiligt hat (Scholz/*Emmerich* GmbHG, § 24 Rn. 10; Baumbach/Hueck/*Hueck*/*Fastrich* § 24 Rn. 4). Hält die Gesellschaft eigene Geschäftsanteile, haftet sie nicht nach § 24 GmbHG (nunmehr allg. M.; Scholz/*Emmerich* GmbHG, § 24 Rn. 14).

4

Das gilt auch für den Gesellschafter der Vorgesellschaft, wenn dieser schon vor Eintragung der Gesellschaft seinen künftigen GmbH-Anteil veräußert hat (OLG Köln GmbHR 1997, 546; Roth/*Altmeppen*, § 24 Rn. 10; Baumbach/Hueck/*Hueck*/*Fastrich* § 24 Rn. 4; jetzt auch Lutter/Hommelhoff/*Bayer*, § 24 Rn. 9 unter Hinweis auf Änderung des MoMiG wegen § 16 Abs. 1 i. V. m. § 40 GmbHG; Michalski/*Ebbing* § 24 Rn. 23).

5

Hält ein Gesellschafter seinen Anteil als **Treuhänder** für einen Dritten, haftet er selbst aus § 24 GmbHG (Roth/*Altmeppen* § 24 Rn. 11; grds. zur Ausfallhaftung des Treuhänders vgl. LG Ulm EWiR 2000, 29 f. m. Anm. *Kowalski*); die Ausfallhaftung erstreckt sich auch auf den **Treugeber** (BGHZ 31, 258, 265 ff.; 118, 107, 110 ff.; umfassende Darstellung: *Köhl* GmbHR 1998, 119; Roth/*Altmeppen* § 24 Rn. 10; a. A. Michalski/*Ebbing* § 24 Rn. 45 m. w. N.; Hachenburg/*Müller* § 24 Rn. 33; *Ulmer* ZHR 156 [1992], 377, 382 ff.; krit. Baumbach/Hueck/*Hueck*/*Fastrich* § 24 Rn. 4; nicht eindeutig: Scholz/*Emmerich* GmbHG, § 24 Rn. 11).

6

Erhöht die Gesellschaft im Rahmen einer **Kapitalerhöhung** ihr Stammkapital und nimmt sie **neue Gesellschafter** auf, so haften nach § 24 GmbHG die neuen Gesellschafter für Einlagerückstände der Altgesellschafter und diese wiederum für Einlagerückstände der Neugesellschafter (h. M.; LG Mönchengladbach NJW-RR 1986, 837 f.; Hachenburg/*Müller* § 24 Rn. 19 f.; Baumbach/Hueck/*Hueck*/*Fastrich* § 24 Rn. 5; Scholz/*Emmerich* GmbHG, § 24 Rn. 16 f.; Lutter/Hommelhoff/*Bayer*, § 2 Rn. 8). Dies gilt ungeachtet des Umstandes, ob die Altgesellschafter der Kapitalerhöhung **zugestimmt** oder **widersprochen** haben; den der Kapitalerhöhung widersprechenden Gesellschaftern steht aber ein **Austrittsrecht** aus wichtigem Grund zu (h. M.; nicht eindeutig ist, ob ein ausdrücklicher Widerspruch erforderlich ist, so LG Mönchengladbach NJW-RR 1986, 837 f.; Roth/*Altmeppen* § 24 Rn. 16; Hachenburg/*Müller* § 24 Rn. 21; Michalski/*Ebbing* § 24 Rn. 52, oder ob ein »nicht zustimmen« hinreichend ist, womit auch dem Gesellschafter der sich der Stimme enthalten hat, ein Austrittsrecht gewährt werden würde, so Scholz/*Emmerich* GmbHG, § 24 Rn. 17). Das

7

Recht ist aber unverzüglich nach Beschlussfassung über die Kapitalerhöhung geltend zu machen und nicht etwa erst mit Eintritt des Haftungsfalls, weil es dann im Hinblick auf § 24 GmbHG keine befreiende Wirkung entfalten kann (LG Mönchengladbach NJW-RR 1986, 837 f.; Baumbach/Hueck/*Hueck/Fastrich* § 24 Rn. 5 m. w. N.).

8 Eine **Einschränkung** der Ausfallhaftung bei Kapitalerhöhung **analog § 32a a. F. Abs. 3 Satz 2 GmbHG** bzw. § 39 Abs. 5 InsO auf den geringfügig beteiligten (»Kleingesellschafterprivileg«: 10 % oder weniger am Stammkapital) und nicht geschäftsführend tätigen Gesellschafter bzw. die Beschränkung der Haftung nur für den Fall der Zustimmung oder Einlageübernahme (so *Gaiser* GmbHR 1999, 210, 213 f.; *Grunewald* FS Lutter 2000, 413, 416 ff.; Scholz/*Emmerich* GmbHG, § 24 Rn. 17; vgl. OLG Hamm, Urt. v. 26.01.2011 – I-8 U 142/10, GmbHR 2011, 588, 590) ist nicht sachgerecht und mangels Vergleichbarkeit der Interessenlagen abzulehnen.

9 Im Fall der **Verschmelzung** haften die Gesellschafter der aufnehmenden Gesellschaft für nicht voll eingezahlte Stammeinlagen des übertragenden Rechtsträgers und die Gesellschafter der übertragenden Gesellschaft für nicht voll eingezahlte Stammeinlagen der aufnehmenden Gesellschaft. Daher bedarf der Verschmelzungsbeschluss des übertragenden Rechtsträgers der Zustimmung aller (anwesenden) Anteilsinhaber, § 51 Abs. 1 Satz 1 UmwG, sowie der Zustimmung sämtlicher Gesellschafter der übernehmenden Gesellschaft, § 51 Abs. 1 Satz 3 UmwG (Roth/*Altmeppen* § 24 Rn. 12; Lutter/Hommelhoff/*Bayer*, § 24 Rn. 11).

IV. Maßgeblicher Zeitpunkt

10 Entscheidend für das Auslösen der Ausfallhaftung nach § 24 GmbHG ist, dass die Gesellschaftereigenschaft bei Eintritt der **Fälligkeit der Einlageschuld**, die Anlass des Kaduzierungsverfahrens ist, vorliegt; mit dem Fälligkeitseintritt entsteht aufschiebend bedingt der Haftungsanspruch (BGHZ 132, 390, 393 ff.; Scholz/*Emmerich* GmbHG, § 24 Rn. 15; Baumbach/Hueck/*Hueck/Fastrich* § 24 Rn. 6; Roth/*Altmeppen*, § 24 Rn. 13). Die anderslautende Ansicht, die davon ausgeht, dass auch die weiteren Voraussetzungen der §§ 21 bis 23 GmbHG erfüllt sein müssen (Hachenburg/*Müller* § 24 Rn. 28 f.; Michalski/*Ebbing* § 24 Rn. 30) hätte zur Konsequenz, dass jeder Gesellschafter der Haftung durch zwischenzeitliche Veräußerung des Geschäftsanteils entziehen könnte (vgl. BGH GmbHR 1996, 601, 603; hiergegen Michalski/*Ebbing* § 24 Rn. 31 ff.).

C. Art und Umfang der Haftung, Verjährung

11 Die Gesellschafter haften gem. § 24 Satz 1 GmbHG anteilig nach dem Verhältnis ihrer Geschäftsanteile (**pro rata**) und nicht gesamtschuldnerisch. Die Berechnung erfolgt nach dem Verhältnis der Nennbeträge der haftenden Gesellschafter, ungeachtet der Höhe der erfolgten Einzahlung und unter Gleichbehandlung der Geld- mit Sacheinlagen. Nicht berücksichtigt werden kaduzierte, noch eingezogene oder eigene Geschäftsanteile der Gesellschaft (Scholz/*Emmerich* GmbHG, § 24 Rn. 18; Baumbach/Hueck/*Hueck/Fastrich* § 24 Rn. 7; Berechnungsbeispiele bei Lutter/Hommelhoff/*Bayer*, § 24 Rn. 5 f. und Michalski/*Ebbing* § 24 Rn. 67 ff.).

12 Umstritten ist, ob die Frage der **Haftungsbegrenzung** im Rahmen des § 24 GmbHG. Die Haftung wird bisweilen summenmäßig auf den Betrag des Stammeinlage des kaduzierten Gesellschafters (*K. Schmidt* GesR, § 37 II 5d), 1128; *ders.* BB 1985, 154, 155; *ders.* BB 1995, 532; *ders.* FS Raiser 2005, 311, 317; Scholz/*Emmerich* GmbHG, § 24 Rn. 3a; Baumbach/Hueck/*Hueck/Fastrich* § 24 Rn. 7) oder auch auf die Höhe des ganzen Stammkapitals (Hachenburg/*Müller* § 24 Rn. 22) beschränkt. Eine unbeschränkte Haftung (*Gätsch* BB 1999, 701, 703 ff.; *Wilhelm* FS Flume II 1978, 337, 361 f.; Michalski/*Ebbing* § 24 Rn. 62 f.; Lutter/Hommelhoff/*Bayer*, § 24 Rn. 8; so wohl auch: Roth/*Altmeppen* § 24 Rn. 18) bleibt vor dem mit der Gründung einer GmbH (auch) verbundenen Hintergrund der Haftungsbegrenzung bedenklich.

13 Beträge, die nach § 24 Satz 2 GmbHG von einem Gesellschafter nicht zu erlangen sind, werden auf die übrigen Gesellschafter nach dem Verhältnis ihrer Nennbeträge verteilt. Die Umlage obliegt den

Geschäftsführern (Scholz/*Emmerich* GmbHG, § 24 Rn. 20). Die **Beweislast** der Haftungsvoraussetzungen trägt auch hier die Gesellschaft (vgl. Rdn. 3; Baumbach/Hueck/*Hueck/Fastrich* § 24 Rn. 8).

Die Ansprüche der Gesellschaft aus § 24 GmbHG sind **abtretbar und pfändbar**. Für sie gelten die Bestimmungen des § 19 Abs. 2 und Abs. 5 GmbHG (Scholz/*Emmerich* GmbHG, § 24 Rn. 21 f. m. w. N.; Baumbach/Hueck/*Hueck/Fastrich* § 24 Rn. 9; Lutter/Hommelhoff/*Bayer*, § 24 Rn. 14; auch § 19 Abs. 3: Roth/*Altmeppen* § 24 Rn. 19). 14

Der Anspruch aus Ausfallhaftung **verjährt** wie der Anspruch der Gesellschaft auf Leistung der Einlagen entsprechend § 19 Abs. 6 GmbHG in 10 Jahren (Baumbach/Hueck/*Hueck/Fastrich* § 24 Rn. 9; Roth/*Altmeppen* § 24 Rn. 19; zur Problematik der Verjährung nach neuem Schuldrecht vgl. § 19 GmbHG Rdn. 88 ff.). 15

D. Rückgriffsansprüche

Der zahlende Gesellschafter erwirbt nicht den Geschäftsanteil (Scholz/*Emmerich* GmbHG, § 24 Rn. 22a; Baumbach/Hueck/*Hueck/Fastrich* § 24 Rn. 10), hat aber einen Ausgleichsanspruch gegen den **ausgeschlossenen Gesellschafter** (§ 774 BGB analog, so Lutter/Hommelhoff/*Bayer* GmbHG, § 24 Rn. 16 bzw. Gesellschafterverhältnis i. V. m. § 426 BGB, so Scholz/*Emmerich* GmbHG, § 24 Rn. 23) und im Fall des § 24 Satz 2 GmbHG gegen die säumigen **Mitgesellschafter**, nicht hingegen gegen den **Rechtsvorgänger** nach i. S. d. § 22 GmbHG (Lutter/Hommelhoff/*Bayer* GmbHG, § 24 Rn. 16; Baumbach/Hueck/*Hueck/Fastrich* § 24 Rn. 10; Roth/Altmeppen/*Altmeppen*, § 24 Rn. 26). 16

Verletzen die Geschäftsführer ihre (Sorgfalts-)Pflicht zur ordnungsgemäßen Durchführung des Kaduzierungsverfahrens schuldhaft, haften sie der Gesellschaft nach § 43 GmbHG. Den **Gesellschaftern** gegenüber haften sie des Weiteren, wenn diese durch die Nachlässigkeit der Geschäftsführer zur Haftung nach § 24 GmbHG herangezogen werden, d. h. bei ordnungsgemäßem Verfahren nicht oder in geringerem Umfang hätten haften müssen. Die Einstandspflicht wird in Analogie zu § 31 Abs. 6 GmbHG hergeleitet (Roth/*Altmeppen* § 24 Rn. 27; Scholz/*Emmerich* GmbHG, § 24 Rn. 24; a. A. Baumbach/Hueck/*Hueck/Fastrich* § 24 Rn. 10, Haftung nur wegen unerlaubter Handlung, insbes. § 826 BGB). 17

§ 25 Zwingende Vorschriften

Von den in den §§ 21 bis 24 bezeichneten Rechtsfolgen können die Gesellschafter nicht befreit werden.

Die Vorschriften der § 21 bis 24 GmbHG stellen im Gläubigerinteresse die Aufbringung des Stammkapitals sicher und sind daher nach Maßgabe des § 25 GmbHG **zwingendes Recht**. Von dem Wortlaut des § 25 GmbHG nicht erfasst ist § 20 GmbHG, der aber gleichwohl zwingend ist, weil auch diese Bestimmung der Sicherung der Kapitalaufbringung dient (vgl. § 20 GmbHG Rdn. 1, 9). Zwingend sind diese Vorschriften insoweit, als die danach jeweils bestimmten Haftungsvoraussetzungen weder gemildert noch gänzlich abbedungen werden dürfen; eine Verschärfung der gesetzlichen Regelungen ist aber möglich (Scholz/*Emmerich* GmbHG, § 25 Rn. 1 f.; Baumbach/Hueck/*Hueck/Fastrich* § 25 Rn. 1). 1

§ 26 Nachschusspflicht

(1) Im Gesellschaftsvertrag kann bestimmt werden, dass die Gesellschafter über den Betrag der Stammeinlagen hinaus die Einforderung von weiteren Einzahlungen (Nachschüssen) beschließen können.

(2) Die Einzahlung der Nachschüsse hat nach Verhältnis der Geschäftsanteile zu erfolgen.

(3) Die Nachschußpflicht kann im Gesellschaftsvertrag auf einen bestimmten, nach Verhältnis der Geschäftsanteile festzusetzenden Betrag beschränkt werden.

§ 26 GmbHG Nachschusspflicht

Übersicht	Rdn.			Rdn.
A. Einleitung	1	III.	Weitere Voraussetzungen	8
B. Abgrenzung	3	IV.	Verpflichteter	11
C. Voraussetzungen	4	V.	Verjährung, Durchsetzung	12
I. Zulassung im Gesellschaftsvertrag	4	D.	Beschränkte Nachschusspflicht, Abs. 3	13
II. Einforderungsbeschluss	5			

A. Einleitung

1 In den §§ 26 bis 28 GmbHG wird die Möglichkeit geregelt, über den Gesellschaftsvertrag **Nachschusspflichten der Gesellschafter** einzuführen. Als Finanzinstrument und auch in der Gerichtspraxis haben diese Regelungen eine nur geringe Bedeutung (*Kornblum/Kleinle/Baumann/Steffan* GmbHR 1985, 42, 47; *Hommelhoff/Kleindiek* FS 100 Jahre GmbHG 1992, 421, 422 ff.; Baumbach/Hueck/*Hueck/Fastrich* § 26 Rn. 1; Lutter/Hommelhoff/*Lutter/Bayer* GmbHG, § 26 Rn. 1).

2 Bei den Nachschüssen handelt es sich um **Geldeinlagen**, die über die Stammeinlagen hinaus kraft Satzung zu erbringen sind und bei denen keine Anrechnung auf das Stammkapital erfolgt (Lutter/Hommelhoff/*Bayer*, § 26 Rn. 2; Roth/*Altmeppen* § 26 Rn. 2). Nachschusspflichten sind als Geldleistung zu erbringen; Sachleistungen können aber von der Gesellschaft an Erfüllung statt angenommen werden (Baumbach/Hueck/*Hueck/Fastrich* § 26 Rn. 2; MünchHdb GesR III/*Mayer* § 20 Rn. 16).

B. Abgrenzung

3 Nachschüsse sind streng abzugrenzen zu den **Stammeinlagen** (vgl. § 3 GmbHG Rdn. 10), weil anders als bei diesen hier die maßgeblichen Kapitalaufbringungs- und -erhaltungsvorschriften – namentlich die §§ 19, 24 und 30 GmbHG – keine Anwendung finden. Stundung, Erlass und Aufrechnung sind bezogen auf Nachschüsse möglich; § 19 Abs. 2 und Abs. 5 GmbHG finden hier keine Anwendung (Baumbach/Hueck/*Hueck/Fastrich* § 26 Rn. 2; Roth/*Altmeppen* § 26 Rn. 3). Eine weitere Abgrenzung erfolgt zu den **Nebenleistungspflichten** i. S. d. § 3 Abs. 2 GmbHG (vgl. § 3 GmbHG Rdn. 18 ff.), die sich dadurch unterscheiden, dass sie nicht durch Gesellschafterbeschluss angefordert werden müssen und nicht an das Verhältnis der Geschäftsanteile gebunden sind, sondern hiervon unabhängig vereinbart werden können (OLG Frankfurt am Main GmbHR 665, 666; Lutter/Hommelhoff/*Bayer*, § 26 Rn. 4; Scholz/*Emmerich* GmbHG, § 26 Rn. 6a). Freiwillige zusätzliche Leistungen eines Gesellschafters (sog. **freiwillige Zuschüsse**, außerhalb des Gesellschaftsvertrags und ohne Rückzahlungsanspruch) fließen wie Nachschüsse in das Vermögen der Gesellschaft und sind ggf. unter den Kapitalrücklagen zu verbuchen, sodass sie nur unter Beachtung des § 30 Abs. 1 GmbHG zurückgezahlt werden dürfen (Hachenburg/*Müller* § 24 Rn. 27; Scholz/*Emmerich* GmbHG, § 26 Rn. 7). Sodann hat eine Unterscheidung zu den **Gesellschafterdarlehen** zu erfolgen, die sich vor allem in der Frage der Rückzahlbarkeit und der Verzinsungsabrede sowie der Hingabe einer möglichen Sicherheitsleistung der Gesellschaft unterscheiden (Lutter/Hommelhoff/*Bayer*, § 26 Rn. 5; Hachenburg/*Müller* § 26 Rn. 22f; Scholz/*Emmerich* GmbHG, § 26 Rn. 8).

C. Voraussetzungen

I. Zulassung im Gesellschaftsvertrag

4 Nachschusspflichten können nur durch Aufnahme in dem Gesellschaftsvertrag – von Anfang an oder durch spätere Satzungsänderung, dann aber unter Beachtung des Zustimmungserfordernisses nach § 53 Abs. 3 GmbHG und der Formerfordernisse insbes. § 53 Abs. 2 GmbHG (notarielle Beurkundung) und § 54 Abs. 3 GmbHG (Eintragung ins Handelsregister) – begründet werden (Lutter/Hommelhoff/*Bayer*, § 26 Rn. 7; Scholz/*Emmerich* GmbHG, § 26 Rn. 9); fehlt es an diesen Erfordernissen kann kein Nachschuss verlangt werden (OLG München GmbHR 2000, 981; Scholz/*Emmerich* GmbHG, § 26 Rn. 9a). Weitere Ausgestaltungen bzw. Einschränkungen können im Gesellschaftsvertrag aufgenommen werden, sodass die Nachschusspflicht nur bei Eintritt

bestimmter Voraussetzungen entsteht, wie z. B. bei Zustimmung des Aufsichtsrats oder Eintritt in die Liquidationsphase (vgl. OLG Schleswig GmbHR 1994, 250, hierzu Revision nicht angenommen: BGH 1994, 710; Scholz/*Emmerich* GmbHG, § 26 Rn. 10; Roth/*Altmeppen* § 26 Rn. 8; Michalski/*Zeidler* § 26 Rn. 14).

II. Einforderungsbeschluss

Nach Aufnahme der Nachschussverpflichtung im Gesellschaftsvertrag bedarf es nach Abs. 1 für die Entstehung des Anspruchs auch eines entsprechenden Einforderungsbeschlusses der Gesellschafter (OLG Frankfurt am Main GmbHR 1992, 665). Hierbei handelt es sich um eine zwingende Bestimmung, sodass die Einforderung der Nachschüsse nicht an ein anderes Organ übertragen werden kann; allenfalls kann zusätzlich die Zustimmung eines solchen – z.B. des Aufsichtsrats – verlangt werden (Baumbach/Hueck/*Hueck/Fastrich* § 26 Rn. 8; Scholz/*Emmerich* GmbHG, § 26 Rn. 14; Roth/*Altmeppen* § 26 Rn. 10; Lutter/Hommelhoff/*Bayer*, § 26 Rn. 7). Wirksam können durch ein anderes Organ nur Leistungen eingefordert werden, wenn es sich nicht um echte Nachschüsse, sondern um sog. Nebenleistungen i. S. d. § 3 Abs. 2 GmbHG handelt (Scholz/*Emmerich* GmbHG, § 26 Rn. 14). Weil der Einforderungsbeschluss **konstitutive Bedeutung** hat, kann der Anspruch auf Leistung eines Nachschusses zuvor weder abgetreten noch gepfändet werden; auch können weder Gläubiger noch Insolvenzverwalter die Einforderung erzwingen (Baumbach/Hueck/*Hueck/Fastrich* § 26 Rn. 8; Scholz/*Emmerich* GmbHG, § 26 Rn. 16). 5

Für die Beschlussfassung ist ein Mehrheitsbeschluss nach Maßgabe des Gesellschaftsvertrages erforderlich, anderenfalls – soweit dieser keine Regelung trifft – ist **einfache Mehrheit** hinreichend (Michalski/*Zeidler* § 26 Rn. 19; Lutter/Hommelhoff/*Bayer*, § 26 Rn. 7; Baumbach/Hueck/*Hueck/Fastrich* § 26 Rn. 8). 6

Trifft der Gesellschaftsvertrag keine abweichende Regelung, ist der Nachschuss sofort nach weiterer **Anforderung durch die Geschäftsführer**, d.h. in Vollziehung des Einforderungsbeschlusses mit Zahlungsanforderung an die Gesellschafter, fällig (Baumbach/Hueck/*Hueck/Fastrich* § 26 Rn. 9; Scholz/*Emmerich* GmbHG, § 26 Rn. 17, 20; Roth/*Altmeppen* § 26 Rn. 11; Hachenburg/*Müller* § 24 Rn. 57 f.; nicht eindeutig: Lutter/Hommelhoff/*Bayer*, § 26 Rn. 9). Ob und wann Nachschüsse eingefordert werden, entscheidet die Gesellschafterversammlung nach eigenem Ermessen, wobei erforderlich ist, dass das Stammkapital bereits vollständig eingefordert ist, ohne dass es vollständig eingezahlt sein muss (Baumbach/Hueck/*Hueck/Fastrich* § 26 Rn. 8; Michalski/*Zeidler* § 26 Rn. 21). 7

III. Weitere Voraussetzungen

Die **Verteilung der Nachschüsse** bestimmt sich nach Abs. 2 nach dem Verhältnis der Geschäftsanteile, sodass Verstöße hiergegen den Einforderungsbeschluss anfechtbar machen und die benachteiligten Gesellschafter ein Zurückbehaltungsrecht nach §§ 242, 273 BGB besitzen (Baumbach/Hueck/*Hueck/Fastrich* § 26 Rn. 9; Scholz/*Emmerich* GmbHG, § 26 Rn. 24). Bei der Einforderung und Durchsetzung des Anspruchs auf Nachzahlung durch die Gesellschaft ist das Gleichbehandlungsgebot zu beachten (Roth/*Altmeppen* § 26 Rn. 15; Lutter/Hommelhoff/*Bayer*, § 26 Rn. 9). Abs. 2 ist aber **dispositiv**, sodass mit Zustimmung der betroffenen Gesellschafter (§ 53 Abs. 3 GmbHG) eine ungleiche Verteilung möglich ist (Baumbach/Hueck/*Hueck/Fastrich* § 26 Rn. 9; Roth/*Altmeppen* § 26 Rn. 14). 8

Im Übrigen sind die Bestimmungen des § 19 Abs. 2 und Abs. 5 GmbHG auf Nachschüsse nicht anwendbar, d.h. die Geschäftsführer sind befugt, den Gesellschaftern **Stundungen** zu bewilligen oder ihnen ihre Schuld ganz oder teilweise zu **erlassen** (Scholz/*Emmerich* GmbHG, § 26 Rn. 26; Baumbach/Hueck/*Hueck/Fastrich* § 26 Rn. 9; Roth/*Altmeppen* § 26 Rn. 14). Die Gesellschaft kann auch Sachleistungen an Erfüllung statt annehmen (Lutter/Hommelhoff/*Bayer*, § 26 Rn. 9) und auch gegen Forderungen der Gesellschaft aufrechnen (Baumbach/Hueck/*Hueck/Fastrich* § 26 Rn. 9). In jedem Fall ist aber der Gleichbehandlungsgrundsatz zu beachten, ebenso die Schranken des § 30 GmbHG, d.h. soweit eine Nachlassforderung entstanden ist und somit zum nach § 30 GmbHG 9

§ 27 GmbHG Unbeschränkte Nachschusspflicht

gebundenen Gesellschaftsvermögen gehört darf durch den Erlass – oder eine Stundung – das zur Erhaltung des Stammkapitals erforderliche Vermögen nicht wieder vermindert werden (Hachenburg/*Müller* § 26 Rn. 60; Lutter/Hommelhoff/*Bayer*, § 26 Rn. 9).

10 Der Einforderungsbeschluss kann von den Gesellschaftern – durch Gesellschaftsbeschluss wie die ursprüngliche Beschlussfassung (vgl. Rdn. 5) – **aufgehoben** werden, wenn noch keine Nachschüsse eingezahlt sind (Scholz/*Emmerich* GmbHG, § 26 Rn. 19). Nach erfolgter Einzahlung ist für die Rückzahlung § 30 Abs. 2 GmbHG zu beachten (Roth/*Altmeppen* § 26 Rn. 12).

IV. Verpflichteter

11 Zur Leistung des Nachschusses ist der zum Zeitpunkt der Fälligkeit **gemeldete Gesellschafter** nach Maßgabe des § 16 GmbHG verpflichtet. Wird der Geschäftsanteil nach Fälligkeit veräußert, haftet der Erwerber neben dem Veräußerer nach § 16 Abs. 3 GmbHG (Hachenburg/*Müller* § 26 Rn. 48; Roth/*Altmeppen* § 26 Rn. 13; Lutter/Hommelhoff/*Bayer*, § 26 Rn. 10; Scholz/*Emmerich* GmbHG, § 26 Rn. 21, 13). Erwirbt die Gesellschaft eigene Geschäftsanteile, besteht keine Nachschusspflicht (h. M. mit unterschiedlicher Begründung: Baumbach/Hueck/*Hueck/Fastrich* § 26 Rn. 10 m. w. N.; Hachenburg/*Müller* § 26 Rn. 49).

V. Verjährung, Durchsetzung

12 Der Anspruch verjährt nach **3 Jahren** gem. §§ 195, 199 BGB (Baumbach/Hueck/*Hueck/Fastrich* § 26 Rn. 9; Roth/*Altmeppen* § 26 Rn. 15). Für das Klage- wie das Zwangsvollstreckungsverfahren gelten keine Besonderheiten. Kann der Nachschuss bei einem Gesellschafter nicht beigetrieben werden, so fällt dieser aus; die übrigen Gesellschafter haften hierfür nicht (Hachenburg/*Müller* § 24 Rn. 64; Scholz/*Emmerich* GmbHG, § 26 Rn. 23; Lutter/Hommelhoff/*Bayer* § 26 Rn. 10).

D. Beschränkte Nachschusspflicht, Abs. 3

13 Nach Maßgabe des Abs. 3 kann die Nachschusspflicht im Gesellschaftsvertrag auf einen bestimmten, nach dem Verhältnis der Geschäftsanteile festzusetzenden Betrag beschränkt werden, was die Rechtsfolge des § 28 GmbHG zur Folge hat, d. h. hierdurch wird über § 28 GmbHG die Kaduzierung ermöglicht. Hinreichend ist, dass die Höchstbeträge der Nachschüsse bestimmbar sind; eine Beschränkung auf einen Prozentsatz am jährlich ausgeschütteten Gewinn ist nicht als beschränkt anzusehen und somit nicht hinreichend (Scholz/*Emmerich* GmbHG, § 26 Rn. 11 mit zulässigen Beschränkungsbeispielen; Lutter/Hommelhoff/*Bayer*, § 26 Rn. 11: »bis zur Höhe von 50% des Nominalbetrages« oder »jedoch höchstens pro Gesellschafter € 10.000,–«; Baumbach/Hueck/*Hueck/Fastrich* § 26 Rn. 4; Roth/*Altmeppen* § 26 Rn. 16).

14 Abs. 3 sieht die **gleichmäßige Verteilung** – nach den Verhältnissen der Geschäftsanteile – vor. Diese Bestimmung ist aber **dispositiv**, sodass mit Zustimmung der Gesellschafter (§ 53 Abs. 3 GmbHG) hiervon abgewichen werden kann (Scholz/*Emmerich* GmbHG, § 26 Rn. 12; Roth/*Altmeppen*, § 26 Rn. 17 mit Ausführung zu Rechtsfolgen bei fehlender Zustimmung).

§ 27 Unbeschränkte Nachschusspflicht

(1) [1]Ist die Nachschußpflicht nicht auf einen bestimmten Betrag beschränkt, so hat jeder Gesellschafter, falls er die Stammeinlage vollständig eingezahlt hat, das Recht, sich von der Zahlung des auf den Geschäftsanteil eingeforderten Nachschusses dadurch zu befreien, daß er innerhalb eines Monats nach der Aufforderung zur Einzahlung den Geschäftsanteil der Gesellschaft zur Befriedigung aus demselben zur Verfügung stellt. [2]Ebenso kann die Gesellschaft, wenn der Gesellschafter binnen der angegebenen Frist weder von der bezeichneten Befugnis Gebrauch macht, noch die Einzahlung leistet, demselben mittels eingeschriebenen Briefes erklären, daß sie den Geschäftsanteil als zur Verfügung gestellt betrachte.

(2) ¹Die Gesellschaft hat den Geschäftsanteil innerhalb eines Monats nach der Erklärung des Gesellschafters oder der Gesellschaft im Wege öffentlicher Versteigerung verkaufen zu lassen. Eine andere Art des Verkaufs ist nur mit Zustimmung des Gesellschafters zulässig. ²Ein nach Deckung der Verkaufskosten und des rückständigen Nachschusses verbleibender Überschuss gebührt dem Gesellschafter.

(3) Ist die Befriedigung der Gesellschaft durch den Verkauf nicht zu erlangen, so fällt der Geschäftsanteil der Gesellschaft zu. Dieselbe ist befugt, den Anteil für eigene Rechnung zu veräußern.

(4) Im Gesellschaftsvertrag kann die Anwendung der vorstehenden Bestimmungen auf den Fall beschränkt werden, dass die auf den Geschäftsanteil eingeforderten Nachschüsse einen bestimmten Betrag überschreiten.

Übersicht

		Rdn.			Rdn.
A.	Einleitung	1	IV.	Preisgabeerklärung	7
B.	Voraussetzungen	4	C.	Fingierte Preisgabe, Abs. 1 Satz 2	9
I.	Vollständige Zahlung der Stammeinlage	4	D.	Rechtsfolgen	10
II.	Einforderung des Nachschusses	5	E.	Betragsgrenze nach Abs. 4	14
III.	Keine Erfüllung der Nachschusspflicht	6			

A. Einleitung

Im Fall der im Gesellschaftsvertrag vorgesehenen unbeschränkten Nachschusspflicht besteht für den Gesellschafter die Gefahr einer unbeschränkten Inanspruchnahme. Mit § 27 GmbHG eröffnet sich ihm aber die Möglichkeit, sich von der Haftung für die eingeforderten Nachschüsse und jede weitere Nachschussforderung zu entziehen, indem er seinen Geschäftsanteil preisgibt. Das **Preisgaberecht** aus § 27 GmbHG (sog. **Abandon**) ist zwingend und kann bei Einführung einer unbeschränkten Nachschusspflicht nicht abbedungen und auch nicht eingeschränkt oder erschwert werden (allg. M.; RGZ 81, 368, 372; 128, 1, 16 f.; Lutter/Hommelhoff/*Bayer*, § 27 Rn. 1; Scholz/*Emmerich* GmbHG, § 27 Rn. 1; Michalski/*Zeidler* § 27 Rn. 6); möglich ist aber eine Erleichterung, z. B. durch Fristverlängerung (vgl. Baumbach/Hueck/*Hueck/Fastrich* § 27 Rn. 2). 1

Hält ein Gesellschafter **mehrere Geschäftsanteile**, kann der Abandon hinsichtlich jedes einzelnen Geschäftsanteils selbstständig (vgl. § 15 Abs. 2 GmbHG) und damit unterschiedlich ausgeübt werden; auch sind die Voraussetzungen für jeden Anteil getrennt zu beurteilen (Roth/*Altmeppen* § 27 Rn. 1). Wird das Preisgaberecht hinsichtlich aller Geschäftsanteile geltend gemacht, entsteht eine sog. »Keinmanngesellschaft« (Hachenburg/*Müller* § 27 Rn. 35; Baumbach/Hueck/*Hueck/Fastrich* § 27 Rn. 2). In diesem Fall wird die Gesellschaft aufgelöst und muss liquidiert werden (Scholz/*Emmerich* GmbHG, § 27 Rn. 4). 2

Durch den Gesellschaftsvertrag kann der Abandon auch für beschränkte Nachschusspflichten aufgenommen werden. Das Preisgaberecht kann aber nicht von einem »wirtschaftlich enttäuschten Finanzanleger« – in analoger Anwendung des § 27 GmbHG – in Anspruch genommen werden (Michalski/*Zeidler* § 27 Rn. 10; a. A. *Venrooy* GmbHR 1992, 141, 147 f.). 3

B. Voraussetzungen

I. Vollständige Zahlung der Stammeinlage

Die Preisgabe setzt voraus, dass die Stammeinlage vollständig einbezahlt ist. Dies hat er nach Abs. 1 Satz 1 binnen Monatsfrist zu tun, sodass zwar eine erklärte Preisgabe zunächst wegen fehlender Volleinzahlung der Stammeinlage unwirksam sein, dies aber vor Ablauf der Monatsfrist nachgeholt werden kann (Roth/*Altmeppen* § 27 Rn. 5, Hachenburg/*Müller* § 27 Rn. 15 ff.; Baumbach/Hueck/*Hueck/Fastrich* § 27 Rn. 3). Für die Frage des Preisgaberechts ohne Belang sind andere Rückstände, wie z. B. auf Zinsen, Vertragsstrafen oder Nebenleistungen nach § 3 Abs. 2 GmbHG, auch wenn 4 der Gesellschafter für diese auch nach Preisgabe weiterhin haftet (Lutter/Hommelhoff/*Bayer*, § 27 Rn. 1; Roth/*Altmeppen* § 27 Rn. 4; Scholz/*Emmerich* GmbHG, § 27 Rn. 7).

II. Einforderung des Nachschusses

5 Nach Abs. 1 Satz 1 wird neben der im Gesellschaftsvertrag aufgenommenen unbegrenzten Nachschusspflicht die Einforderung des Nachschusses durch **Gesellschafterbeschluss** und die Anforderung durch den Geschäftsführer vorausgesetzt (vgl. § 26 GmbHG Rdn. 5 ff.; Baumbach/Hueck/*Hueck*/*Fastrich* § 27 Rn. 3; Roth/*Altmeppen* § 27 Rn. 6; Ausübung des Abandons bereits nach Einforderung möglich: Scholz/*Emmerich* GmbHG, § 27 Rn. 9; Hachenburg/*Müller* § 27 Rn. 12).

III. Keine Erfüllung der Nachschusspflicht

6 Schließlich ist erforderlich, dass auf die eingeforderten Nachschüsse keine bzw. keine vollständige Zahlung erfolgt ist. Die vollständige Erfüllung der Nachschussverpflichtung beseitigt das Preisgaberecht, was aber nicht durch bloße Teilzahlungen geschieht (Roth/*Altmeppen* § 27 Rn. 8; Scholz/*Emmerich* GmbHG, § 27 Rn. 10).

IV. Preisgabeerklärung

7 Mit Zugang der Zahlungsaufforderung an den Gesellschafter läuft die Monatsfrist des Abs. 1 Satz 1, innerhalb derer die Preisgabeerklärung gegenüber der Gesellschaft zugehen muss. Die Berechnung erfolgt nach §§ 187 Abs. 1, 188 Abs. 2 BGB. Der Gesellschaftsvertrag kann eine Verlängerung dieser Frist vorsehen, eine Verkürzung ist ausgeschlossen. Möglich ist auch, dass die Gesellschaft eine verspätete Preisgabeerklärung annimmt (Scholz/*Emmerich* GmbHG, § 27 Rn. 12; Baumbach/Hueck/*Hueck*/*Fastrich* § 27 Rn. 5; Roth/*Altmeppen* § 27 Rn. 7).

8 Die Preisgabe erfolgt durch **einseitige empfangsbedürftige Willenserklärung** gegenüber dem Geschäftsführer, die formlos erfolgen kann, aber den eindeutigen Willen des Gesellschafters wiedergeben muss, dass er der Gesellschaft seinen Geschäftsanteil zur Befriedigung der Nachschussforderungen zur Verfügung stellt (Lutter/Hommelhoff/*Bayer*, § 27 Rn. 2; Baumbach/Hueck/*Hueck*/*Fastrich* § 27 Rn. 5). Zur Erklärung **berechtigt** ist, wer gegenüber der Gesellschaft zum Zeitpunkt der Abgabe nach § 16 GmbHG als Gesellschafter gilt (Scholz/*Emmerich* GmbHG, § 27 Rn. 13; Roth/*Altmeppen* § 27 Rn. 9). Bis zum Zugang der Preisgabeerklärung an die Gesellschaft kann diese **widerrufen** werden; nach Zugang ist der Widerruf ausgeschlossen, es verbleibt aber die Anfechtungsmöglichkeit nach §§ 119 ff. BGB (Baumbach/Hueck/*Hueck*/*Fastrich* § 27 Rn. 5; Hachenburg/*Müller* § 27 Rn. 32). Eine Rückgängigmachung soll auch durch Vereinbarung zwischen Gesellschafter und Gesellschaft möglich sein (so Roth/*Altmeppen* § 27 Rn. 13 a. E., allerdings mit unzutreffenden weiteren Verweisen).

C. Fingierte Preisgabe, Abs. 1 Satz 2

9 Zahlt der Gesellschafter den Nachschuss nicht und abandoniert er nicht innerhalb der Monatsfrist seinen Geschäftsanteil, geht nach Abs. 1 Satz 2 das Preisgaberecht **auf die Gesellschaft über**. Diese kann sodann durch ihren Geschäftsführer mittels eingeschriebenem Brief (ganz h. M.: § 125 BGB; Baumbach/Hueck/*Hueck*/*Fastrich* § 27 Rn. 6 m. w. N.; a. A. Michalski/*Zeidler* § 27 Rn. 34: teleologische Reduktion auf Anforderungen des § 126 BGB) dem Gesellschafter gegenüber erklären, dass sie die Geschäftsanteile als ihr zur Verfügung gestellt betrachtet. Ob sie hiervon Gebrauch macht, entscheiden die Gesellschaft bzw. ihre Geschäftsführer nach pflichtgemäßem Ermessen. Wahlweise kann die Gesellschaft aber auch gegen den Gesellschafter Zahlungsklage erheben und anschließend in dessen Vermögen vollstrecken (Scholz/*Emmerich* GmbHG, § 27 Rn. 16). Der Gesellschafter kann seinerseits das Preisgaberecht der Gesellschaft dadurch beseitigen, dass er die Nachschusszahlung in voller Höhe erfüllt (Roth/*Altmeppen* § 27 Rn. 11).

D. Rechtsfolgen

Mit der Preisgabe durch den Gesellschafter oder durch die fingierte Preisgabe **entfällt die Verpflichtung** des Gesellschafters zur **Zahlung des Nachschusses**; fortan haftet er nach Abs. 1 Satz 1 nur noch mit dem abandonierten Geschäftsanteil (Scholz/*Emmerich* GmbHG, § 27 Rn. 20; Baumbach/Hueck/*Hueck/Fastrich* § 27 Rn. 7; Roth/*Altmeppen* § 27 Rn. 13). Zwar büßt der Gesellschafter sein Verfügungsrecht infolge der Preisgabe ein, die Gesellschaft erhält aber lediglich ein Verwertungsrecht an dem Geschäftsanteil (Abs. 2), sodass der Gesellschafter weiterhin in seine Mitgliedschaftsposition (Vermögens- und Mitverwaltungsrechte, insbesondere Stimmrecht und Recht am Gewinnanteil) verbleibt (Roth/*Altmeppen* § 27 Rn. 12; Lutter/Hommelhoff/*Bayer*, § 27 Rn. 2; Scholz/*Emmerich* GmbHG, § 27 Rn. 19). 10

Die **Verwertung** des abandonierten Geschäftsanteils hat nach Abs. 2 Satz 1 **innerhalb eines Monats** nach der Preisgabeerklärung grundsätzlich nur durch Verkauf im Wege öffentlicher Versteigerung zu erfolgen. Eine andere Verwertungsart ebenso wie die Verlängerung der Monatsfrist ist mit Zustimmung des betroffenen Gesellschafters, Letztere auch durch Regelung im Gesellschaftsvertrag, möglich (Roth/*Altmeppen* § 27 Rn. 14; Scholz/*Emmerich* GmbHG, § 27 Rn. 24; Baumbach/Hueck/*Hueck/Fastrich* § 27 Rn. 8). Die Versteigerung erfolgt im Wesentlichen wie im Kaduzierungsverfahren nach § 23 GmbHG (vgl. § 23 GmbHG Rdn. 5 ff.), mit dem Unterschied, dass die Gesellschaft den Gesellschaftsanteil im eigenen Namen aber für Rechnung des Gesellschafters – der noch Inhaber des Anteils ist – veräußert und neben dem Gesellschafter auch die Gesellschaft zum Mitbieten berechtigt ist (Roth/*Altmeppen* § 27 Rn. 16; Scholz/*Emmerich* GmbHG, § 27 Rn. 23; Baumbach/Hueck/*Hueck/Fastrich* § 27 Rn. 8). Der Zuschlag darf durch die Gesellschaft zu jedem Preis gegeben werden, der die Verfahrenskosten deckt, muss aber nicht erteilt werden, wenn durch das Gebot ihre Forderung nicht gedeckt ist (Hachenburg/*Müller*, § 27 Rn. 58; Michalski/*Zeidler* § 27 Rn. 46, Baumbach/Hueck/*Hueck/Fastrich* § 27 Rn. 8) oder aus anderen Gründen, etwa weil der Erwerber nicht akzeptabel ist, daher insbesondere, wenn es sich bei dem Erwerber um einen Konkurrenten handelt (Hachenburg/*Müller* § 27 Rn. 59.; Scholz/*Emmerich* GmbHG, § 27 Rn. 23). Von der Versteigerung kann nur mit Zustimmung des betroffenen Gesellschafters abgesehen werden (Scholz/*Emmerich* GmbHG, § 27 Rn. 24). 11

Der **Erlös** steht der Gesellschaft zu; der Übererlös nach Abs. 2 Satz 3 dem Gesellschafter. Die Gesellschaft kann hiergegen mit anderen Verbindlichkeiten des Gesellschafters aufrechnen (Scholz/*Emmerich* GmbHG, § 27 Rn. 27; Roth/*Altmeppen* § 27 Rn. 19; Baumbach/Hueck/*Hueck/Fastrich* § 27 Rn. 8). 12

Ist die Veräußerung erfolglos geblieben oder ist die Veräußerung mit Zustimmung des Gesellschafters unterblieben, so fällt nach Abs. 3 Satz 1 – und damit kraft Gesetzes – der **Geschäftsanteil der Gesellschaft zu**. Rechte Dritter an dem Anteil erlöschen (Roth/*Altmeppen* § 27 Rn. 20; Scholz/*Emmerich* GmbHG, § 27 Rn. 30; Baumbach/Hueck/*Hueck/Fastrich* § 27 Rn. 9). Ein etwaiges Pfandrecht setzt sich aber am Übererlös fort (h. M. Scholz/*Emmerich* GmbHG, § 27 Rn. 28; Baumbach/Hueck/*Hueck/Fastrich* § 27 Rn. 10 m. w. N.; a. A. Roth/*Altmeppen* § 27 Rn. 21). Die Gesellschaft kann in weiterer Folge nach Abs. 3 Satz 2 frei veräußern, sodass auch ein Übererlös ihr zusteht. Der Erwerber ist in diesem Fall nicht Rechtsnachfolger des Gesellschafters, sondern der Gesellschaft und haftet daher nicht nach § 16 Abs. 3 GmbHG für rückständige Leistungen; für diese hat – mit Ausnahme der Nachschusspflicht – der ehemalige Gesellschafter weiterhin einzustehen (Hachenburg/*Müller* § 27 Rn. 65; Baumbach/Hueck/*Hueck/Fastrich* § 27 Rn. 9; Scholz/*Emmerich* GmbHG, § 27 Rn. 30; Roth/*Altmeppen* § 27 Rn. 20). 13

E. Betragsgrenze nach Abs. 4

Die unbeschränkte Nachschusspflicht kann in dem Gesellschaftsvertrag mit einer **bezifferten Grenze** für die Nachschüsse versehen werden, mit der Folge, dass nur bei Überschreitung dieser – und zwar in Summe der Nachschüsse – das Preisgaberecht greift und auch nur für diejenigen Nachschüsse, die darüber liegen. Bis zu dieser Grenze gilt an der Stelle des Preisgaberechts das Kaduzierungsver- 14

§ 28 GmbHG Beschränkte Nachschusspflicht

fahren über § 28 Abs. 1 Satz 2 GmbHG (vgl. § 28 GmbHG Rdn. 6; Scholz/*Emmerich* GmbHG, § 27 Rn. 3; Roth/*Altmeppen* § 27 Rn. 22 und § 28 Rn. 2; Hachenburg/*Müller* § 28 Rn. 14).

§ 28 Beschränkte Nachschusspflicht

(1) ¹Ist die Nachschußpflicht auf einen bestimmten Betrag beschränkt, so finden, wenn im Gesellschaftsvertrag nicht ein anderes festgesetzt ist, im Fall verzögerter Einzahlung von Nachschüssen die auf die Einzahlung der Stammeinlagen bezüglichen Vorschriften der §§ 21 bis 23 entsprechende Anwendung. ²Das gleiche gilt im Fall des § 27 Abs. 4 auch bei unbeschränkter Nachschußpflicht, soweit die Nachschüsse den im Gesellschaftsvertrag festgesetzten Betrag nicht überschreiten.

(2) Im Gesellschaftsvertrag kann bestimmt werden, daß die Einforderung von Nachschüssen, auf deren Zahlung die Vorschriften der §§ 21 bis 23 Anwendung finden, schon vor vollständiger Einforderung der Stammeinlagen zulässig ist.

Übersicht

		Rdn.			Rdn.
A.	Einleitung	1	C.	Unbeschränkte Nachschusspflicht mit beschränktem Preisgaberecht, Abs. 1 Satz 2	6
B.	Kaduzierung bei beschränkter Nachschusspflicht, Abs. 1 Satz 1	2	D.	Vorzeitige Einforderung, Abs. 2	7

A. Einleitung

1 Bei der beschränkten Nachschusspflicht ist der mögliche Umfang der Inanspruchnahme für den Gesellschafter – anders als bei der unbeschränkten Nachschusspflicht – von vornherein absehbar, sodass das Preisgaberecht des § 27 GmbHG als Befreiungsmöglichkeit insoweit nicht notwendigerweise herangezogen werden muss. Daher trifft § 28 GmbHG eine **abweichende Regelung** für die zwei Fälle der beschränkten Nachschusspflicht nach § 26 Abs. 3 und § 27 Abs. 4 GmbHG (vgl. Hachenburg/*Müller* § 28 Rn. 1 f.). Abs. 1 regelt die Haftung der Gesellschafter bei beschränkter Nachschusspflicht unter Verweis auf die Vorschriften der §§ 21 bis 23 GmbHG, womit die Regelungen (Verfahren und Rechtsfolgen) zum Kaduzierungsverfahren entsprechend gelten. Abs. 2 ermöglicht das Einfordern beschränkter Nachschüsse auch vor vollständiger Einforderung der Stammeinlagen, wenn im Gesellschaftsvertrag die Anwendung der Kaduzierungsregelungen aus §§ 21 bis 23 GmbHG nicht ausgeschlossen wurde.

B. Kaduzierung bei beschränkter Nachschusspflicht, Abs. 1 Satz 1

2 Nach Einforderung eines Nachschusses steht der Gesellschaft – wenn der Gesellschafter seiner Zahlungspflicht nicht nachkommt – ein **Wahlrecht** dahin gehend zu, im Wege der Leistungsklage und der Zwangsvollstreckung oder durch Kaduzierung und Verwertung nach §§ 21 bis 23 GmbHG gegen den Gesellschafter vorzugehen. Der kaduzierte Gesellschafter haftet aber – nach § 21 Abs. 3 GmbHG – für alle rückständigen und zukünftigen Nachschüsse, soweit sie bereits eingefordert sind, aber erst nach seinem Ausschluss fällig werden (ganz h.M.; Roth/*Altmeppen* § 28 Rn. 4; Scholz/*Emmerich* GmbHG, § 28 Rn. 3; Baumbach/Hueck/*Hueck/Fastrich* § 28 Rn. 5; Hachenburg/*Müller* § 28 Rn. 6; R/S-L/*Pentz* § 28 Rn. 2; a. A. Lutter/Hommelhoff/*Bayer*, § 28 Rn. 2).

3 Bei entsprechender gesellschaftsvertraglicher Regelung kann auch bei nicht vollständiger Einforderung der Stammeinlage eine Nachschussforderung geltend gemacht werden (vgl. § 28 Abs. 2 GmbHG), sodass es zu einer **Konkurrenzsituation** zwischen der Kaduzierung wegen rückständiger Stammeinlagen und wegen solcher aus Nachschuss kommen kann; Vorrang hat dann die Kaduzierung wegen ausstehender Stammeinlagen, zumindest müssen aber beide Kaduzierungsverfahren gleichzeitig geführt werden (Scholz/*Emmerich* GmbHG, § 28 Rn. 3a; R/S-L/*Pentz* § 28 Rn. 9;

Roth/*Altmeppen* § 28 Rn. 6; Baumbach/Hueck/*Hueck/Fastrich* § 28 Rn. 6; wohl auch Lutter/Hommelhoff/*Bayer* GmbHG, § 28 Rn. 3; differenzierend: Hachenburg/*Müller* § 28 Rn. 9).

Die Rechtsvorgänger haften analog § 22 für Rückstände auf die eingeforderten Nachschüsse, allerdings nur bis zu dem Betrag, auf den die Nachschusspflicht zum Zeitpunkt der Anmeldung ihres Austritts im Gesellschaftsvertrag beschränkt war, daher also nicht für eine spätere Erhöhung der Grenzen oder für eine erst nach ihrem Ausscheiden eingeführte Nachschusspflicht. Die übrigen Gesellschafter trifft die Ausfallhaftung nach § 24 GmbHG nicht, da auf diese in § 28 GmbHG nicht Bezug genommen wird (Scholz/*Emmerich* GmbHG, § 28 Rn. 4; Hachenburg/*Müller* § 28 Rn. 6; Roth/*Altmeppen* § 28 Rn. 5 f.; Baumbach/Hueck/*Hueck/Fastrich* § 28 Rn. 6; Lutter/Hommelhoff/*Bayer*, § 28 Rn. 2). 4

Der Gesellschaftsvertrag kann die Haftung nach § 28 GmbHG beseitigen und stattdessen eine andere Haftung oder die Rechtsfolge der Preisgabe nach § 27 GmbHG anordnen; insofern ist die Anwendung der §§ 21 bis 23 GmbHG im Fall der beschränkten Nachschusspflicht **nicht zwingend** (Hachenburg/*Müller* § 28 Rn. 2; Baumbach/Hueck/*Hueck/Fastrich* § 28 Rn. 3; Roth/*Altmeppen* § 28 Rn. 9; Lutter/Hommelhoff/*Bayer*, § 28 Rn. 4). Das Kaduzierungsverfahren kann daher ausgeschlossen oder abgeschwächt oder aber auch durch Aufnahme der Ausfallhaftung der übrigen Gesellschafter nach § 24 GmbHG verschärft werden, jedoch darf durch diese Maßnahmen die Aufbringung des Stammkapitals nicht gefährdet werden (Scholz/*Emmerich* GmbHG, § 28 Rn. 6). 5

C. Unbeschränkte Nachschusspflicht mit beschränktem Preisgaberecht, Abs. 1 Satz 2

Der unbeschränkten Nachschusspflicht kann eine beschränkte Nachschusspflicht nach §§ 26, 27 Abs. 4 GmbHG vorgeschaltet sein (sog. **gestufte Nachschusspflicht**), dergestalt, dass im Gesellschaftsvertrag vereinbart wird, dass das Preisgaberecht nach § 27 GmbHG erst eintritt, wenn die eingeforderten Nachschüsse eine bestimmte (Höchst-)Grenze überschreiten (vgl. § 27 GmbHG Rdn. 14; Hachenburg/*Müller*, § 28 Rn. 13). Solange die Summe der zusammengerechneten Nachschusspflichten – früherer und aktueller (ohne Belang ob auch gezahlte Nachschüsse: Lutter/Hommelhoff/*Bayer*, § 28 Rn. 5; a. A. Michalski/*Zeidler* § 28 Rn. 5, nur ausstehende Nachschüsse) – den festgesetzten Betrag nicht überschreitet, findet § 28 Abs. 1 Satz 1 GmbHG Anwendung (Baumbach/Hueck/*Hueck/Fastrich* § 28 Rn. 2; Roth/*Altmeppen* § 28 Rn. 2; Michalski/*Zeidler* § 28 Rn. 5; Hachenburg/*Müller*, § 28 Rn. 13). Die Festsetzung der Höchstgrenze liegt im Ermessen der Gesellschafter, führt aber bei einem Umgehungsversuch, der bspw. angenommen wird, wenn die Grenze des Nachschusses so hoch gesetzt wird, dass sie praktisch nie erreichbar ist (»das Hunderttausendfache des Stammkapitals«), zu deren Unwirksamkeit und in weiterer Folge zu der Annahme einer unbeschränkten Nachschusspflicht (Hachenburg/*Müller*, § 28 Rn. 15; Lutter/Hommelhoff/*Bayer*, § 28 Rn. 5). 6

D. Vorzeitige Einforderung, Abs. 2

Unter den Voraussetzungen, dass im Gesellschaftsvertrag – von Anfang an oder durch Änderung – ausdrücklich die Einforderung von Nachschüssen vor der vollständigen Einforderung der Stammeinlagen zugelassen wird und auf die Zahlung der vorzeitig eingeforderten Nachschüsse die §§ 21 bis 23 Anwendung finden, ist nach Maßgabe des § 28 Abs. 2 die vorzeitige Einforderung beschränkter Nachschüsse zulässig (Lutter/Hommelhoff/*Bayer*, § 28 Rn. 6; Roth/*Altmeppen* § 28 Rn. 7; Hachenburg/*Müller* § 28 Rn. 18). Nachschüsse, die vor der vollständigen Einforderung des vollständigen Stammkapitals eingezogen worden sind, sind nach § 30 Abs. 2 Satz 3 GmbHG gebunden und können vor vollständiger Einzahlung des Stammkapitals nicht zurückgezahlt werden (vgl. § 30 GmbHG Rdn. 82 ff.; Hachenburg/*Müller* § 28 Rn. 19; Roth/*Altmeppen* § 28 Rn. 8; Scholz/*Emmerich* GmbHG, § 28 Rn. 7). 7

§ 29 Ergebnisverwendung

(1) ¹Die Gesellschafter haben Anspruch auf den Jahresüberschuß zuzüglich eines Gewinnvortrags und abzüglich eines Verlustvortrags, soweit der sich ergebende Betrag nicht nach Gesetz oder Gesellschaftsvertrag, durch Beschluß nach Absatz 2 oder als zusätzlicher Aufwand auf Grund des Beschlusses über die Verwendung des Ergebnisses von der Verteilung unter die Gesellschafter ausgeschlossen ist. ²Wird die Bilanz unter Berücksichtigung der teilweisen Ergebnisverwendung aufgestellt oder werden Rücklagen aufgelöst, so haben die Gesellschafter abweichend von Satz 1 Anspruch auf den Bilanzgewinn.

(2) Im Beschluß über die Verwendung des Ergebnisses können die Gesellschafter, wenn der Gesellschaftsvertrag nichts anderes bestimmt, Beträge in Gewinnrücklagen einstellen oder als Gewinn vortragen.

(3) ¹Die Verteilung erfolgt nach Verhältnis der Geschäftsanteile. ²Im Gesellschaftsvertrag kann ein anderer Maßstab der Verteilung festgesetzt werden.

(4) ¹Unbeschadet der Absätze 1 und 2 und abweichender Gewinnverteilungsabreden nach Absatz 3 Satz 2 können die Geschäftsführer mit Zustimmung des Aufsichtsrats oder der Gesellschafter den Eigenkapitalanteil von Wertaufholungen bei Vermögensgegenständen des Anlage- und Umlaufvermögens und von bei der steuerrechtlichen Gewinnermittlung gebildeten Passivposten, die nicht im Sonderposten mit Rücklageanteil ausgewiesen werden dürfen, in andere Gewinnrücklagen einstellen. ²Der Betrag dieser Rücklagen ist entweder in der Bilanz gesondert auszuweisen oder im Anhang anzugeben.

Übersicht

	Rdn.
A. Allgemeines	1
I. Zeitlicher Anwendungsbereich	2
II. Altgesellschaften	3
1. Zweck des ÄndG	4
2. Anwendungsbereich	5
3. Vollausschüttungsgebot, § 7 Abs. 1 ÄndG	7
4. Handelsregistersperre, § 7 Abs. 2 Satz 1 ÄndG	9
5. Gesellschaftsvertragsänderung, § 7 Abs. 2 Satz 2 ÄndG	13
6. Wertaufholung bei Altgesellschaften, § 29 Abs. 4 GmbHG	17
B. Aufstellung des Jahresabschlusses	18
I. Geschäftsjahr	19
II. Aufstellungsfrist des Einzelabschlusses	22
III. Durch Geschäftsführer	23
IV. Aufstellung	28
1. Nach HGB	29
a) Gewinnbeteiligungen Dritter	29
b) Unter Berücksichtigung der teilweisen Ergebnisverwendung, Abs. 1 Satz 2	30
c) Bildung anderer Gewinnrücklagen gem. Abs. 4	32
d) Auflösung von Rücklagen, Abs. 1 Satz 2	38
e) Gewinnabführungsvertrag	42
2. Nach IAS	44
V. Nichtig aufgestellter Jahresabschluss	45
VI. Änderung des aufgestellten Jahresabschlusses durch die Geschäftsführer	46
C. Prüfung des Jahresabschlusses	48
I. Prüfungspflichtige Gesellschaft	48
II. Rechtsfolge bei Verstoß	50
D. Feststellung des Jahresabschlusses	51
I. Zweck der Feststellung	54
II. Durch Gesellschafter	56
1. Fristen der Feststellung des Jahresabschlusses	56
2. Ordentliche Gesellschafterversammlung	60
3. Form der Beschlussfassung	63
4. Änderung des aufgestellten Jahresabschlusses durch Gesellschafter	64
5. Mangelhafter Feststellungsbeschluss	66
6. Bestätigung des Feststellungsbeschlusses durch Gesellschafter	68
7. Änderung des Feststellungsbeschlusses durch Gesellschafter	69
III. Durch Nicht-Gesellschafter	73
1. Durch ein Organ	73
2. Weisungsbefugnis der Gesellschafter	75
E. Unterzeichnung des Jahresabschlusses durch die Geschäftsführer	77
F. Zweck des festgestellten Jahresabschlusses	79
I. Für die Geschäftsführer	80
II. Für die Gesellschafter	81
III. Für den Beirat	85
IV. Für das Handelsregister	86

V.	Für Kreditinstitute	93	7.	Verteilungsmaßstab, Abs. 3	141
VI.	Für das Finanzamt	96	8.	Mangelhafter Ergebnisverwendungsbeschluss	145
G.	**Gewinnverwendungsbeschluss**	97		
I.	Durch die Gesellschafter	101	9.	Änderung des Ergebnisverwendungsbeschlusses	149
	1. Fristen des Verwendungsbeschlusses	103	II.	Durch Nicht-Gesellschafter	150
	2. Ordentliche Gesellschafterversammlung	107		1. Durch ein Organ	150
	3. Form des Beschlusses	110		2. Weisungsbefugnis der Gesellschafter	151
	4. Inhalt der Beschlussfassung, Abs. 2	111	H.	**Besondere Formen der Ergebnisverwendung**	153
	a) Bildung von Rücklagen	113	I.	Gewinnvorschüsse der Gesellschafter	153
	b) Auflösung von Rücklagen	114	II.	Zinsen auf Stammeinlage/Abschläge	158
	c) Gewinnvortrag	115	III.	Entnahmerecht	160
	d) Verlustvortrag	116	I.	**Verdeckte Gewinnausschüttungen (vGA)**	161
	e) Gewinnausschüttung und Gewinnanspruch	117	I.	Tatbestandsvoraussetzung	162
	f) Gewinnanteilscheine	127	II.	Rechtsfolge	165
	g) Schütt-aus-Hol-zurück-Beschluss	128		1. Vertragliche Ebene	165
	5. Mehrheitserfordernisse und Schutz der Minderheitsgesellschafter	132		2. Gesellschaftsvertragliche Ebene	166
	6. Anspruch auf Fassung des Ergebnisverwendungsbeschlusses	140		3. Gesellschaftsrechtliche Ebene im Übrigen	167

A. Allgemeines

§ 29 GmbHG blieb durch das am 01.11.2008 in Kraft getretene »Gesetz zur Modernisierung des GmbH-Rechts und zur Bekämpfung von Missbräuchen« (MoMiG) und durch das am 29.05.2009 in Kraft getretene »Gesetz zur Modernisierung des Bilanzrechtes« (BilMoG) unverändert und regelt die sog. **offenen Gewinnausschüttungen**. In dieser Vorschrift sind die sog. verdeckten Gewinnausschüttungen (vGA) nicht geregelt. 1

I. Zeitlicher Anwendungsbereich

§ 29 GmbHG wurde in der heutigen Fassung durch das Bilanzrichtliniengesetz 1985 (BiRiLiG) eingeführt. Er gilt für alle Gesellschaften, die ab dem 01.01.1986 in das Handelsregister eingetragen wurden (Art. 13 BiRiLiG). Für Altgesellschaften, d. h. Gesellschaften, die vor dem 01.01.1986 im Handelsregister eingetragen waren, gilt § 29 GmbHG nur, soweit eine Änderung des Gesellschaftsvertrags nach Art. 12 § 7 Abs. 3 GmbHÄndG (im Nachfolgenden wird Art. 12 § 7 GmbHÄndG stets als § 7 ÄndG bezeichnet) im Handelsregister eingetragen worden ist. 2

II. Altgesellschaften

Für Altgesellschaften, d. h. Gesellschaften, die vor dem 01.01.1986 im Handelsregister eingetragen waren, gilt zunächst § 29 Abs. 1 GmbHG a. F. fort (§ 7 Abs. 3 ÄndG). Nach § 29 Abs. 1 a. F. GmbHG hatten die Gesellschafter Anspruch auf den sich nach der jährlichen Bilanz ergebenden Reingewinn, sofern nicht der Gesellschaftsvertrag etwas anderes bestimmte. Damit gilt für die Altgesellschaften das sog. **Vollausschüttungsgebot**. Nach damals h. M. (Scholz/*Emmerich* GmbHG, § 29 Rn. 10) wurde die Bildung von stillen Reserven für zulässig erachtet, weshalb die Wirkungen der Vollausschüttung begrenzt wurden. 3

1. Zweck des ÄndG

Der Gesetzgeber hatte bei den sog. Altgesellschaften die Problematik der Anpassung der Vollausschüttung nach § 29 GmbHG a. F. an die § 29 Abs. 1 GmbHG n. F. zu lösen, weshalb die Übergangsregelung des § 7 ÄndG geschaffen wurde. 4

§ 29 GmbHG Ergebnisverwendung

2. Anwendungsbereich

5 Der Anwendungsbereich von § 7 ÄndG erstreckt sich nach seinem Wortlaut auf alle Gesellschaften, die vor dem 01.01.1986 im Handelsregister eingetragen waren. Allerdings wird dabei der Zweck der Vorschrift außer Acht gelassen. § 7 ÄndG gilt nur für die Gesellschaften, bei denen das gesetzliche Ausschüttungsgebot des § 29 Abs. 1 GmbHG a. F. ganz oder teilweise fortgilt. § 7 ÄndG gilt also nicht für solche Gesellschaften, deren Gesellschaftsvertrag bereits eine von § 29 Abs. 1 GmbHG a. F. abweichende Gewinnausschüttung enthält (BGH vom 26.09.1988 – II ZR 34/88, BGHZ 105, 206, 211). § 7 ÄndG gilt auch nicht für Altgesellschaften, soweit der Gesellschaftsvertrag bereits eine eigene Regelung zur Gewinnverwendung enthält, selbst wenn diese über die Gewinnausschüttung nach § 29 Abs. 1 n. F. GmbHG hinausgeht (BGH vom 26.09.1988 – II ZR 34/88, BGHZ 105, 206, 211), oder wenn der Gesellschaftsvertrag bereits die Regelung des heutigen § 29 Abs. 1 GmbHG n. F. wiederholt (Scholz/*Emmerich* GmbHG, § 29 Rn. 12). Ein Gesellschaftsvertrag enthält ferner eine von § 29 GmbHG a. F. abweichende Regelung, sofern er bestimmt, dass die Geschäftsführer dem Beirat einen Vorschlag über die Gewinnverwendung zu unterbreiten und die Gesellschafterversammlung über den Vorschlag der Geschäftsführer und des Beirats mit einfacher Mehrheit zu entscheiden haben (BGH vom 17.02.1997 – II ZR 41/96, GmbHR 1997, 655, 657). Hierzu zählen auch Gesellschaften, deren Gesellschafter nach dem Gesellschaftsvertrag keinen Anspruch auf den Gewinn haben oder bei denen die Entscheidung über die Gewinnverwendung einem anderen Organ als der Gesellschafterversammlung übertragen ist (LG Essen vom 28.10.1988 – 43 T 2/88, GmbHR 1989, 85).

6 Wenn der Gesellschaftsvertrag einer sog. Altgesellschaft die Gewinnverwendung nicht regelt, sodass insoweit § 29 Abs. 1 GmbHG a. F. anwendbar bleibt (§ 7 Abs. 3 ÄndG), greift die Übergangsregelung des § 7 ÄndG ein. Sofern ein Gesellschaftsvertrag lediglich bestimmt, dass ein Teil des Gewinns oder »Gewinn« nur an Mitarbeiter vorab als Tantieme zu verwenden ist, fällt er somit unter § 7 ÄndG, da es im Übrigen bei der Regelung des § 29 GmbHG a. F. verbleibt (OLG München vom 30.10.1992 – 23 U 2689/92, GmbHR 1994, 63, 64).

3. Vollausschüttungsgebot, § 7 Abs. 1 ÄndG

7 § 7 Abs. 1 ÄndG statuiert den Grundsatz der Vollausschüttung und wiederholt in der Sache den § 29 Abs. 1 GmbHG a. F. (BayObLG vom 17.09.1987 – BReg. 3 Z 122/87, GmbHR 1988, 102). § 7 Abs. 1 ÄndG passt lediglich die Sprachregelung des § 29 Abs. 1 GmbHG a. F. an, indem der Begriff des Reingewinns durch die Begriffe des Jahresüberschusses (zuzüglich eines Gewinnvortrages und abzüglich eines Verlustvortrags) und des Bilanzgewinns ersetzt wird.

8 Von der Verteilung nach § 7 Abs. 1 Satz 1 ÄndG ausgeschlossen sind nur die Beträge, die nach Gesetz oder Gesellschaftsvertrag von der Verteilung unter den Gesellschaftern ausgeschlossen sind. Das Gesetz nimmt damit Bezug auf die Kapitalrücklage (§ 272 Abs. 2 HGB) und die Rücklage für eigene Anteile, § 272 Abs. 4 HGB.

4. Handelsregistersperre, § 7 Abs. 2 Satz 1 ÄndG

9 Nach § 7 Abs. 3 ÄndG finden § 29 Abs. 1 und 2 GmbHG Anwendung, sobald die Gesellschaftsvertragsänderung nach § 7 Abs. 2 ÄndG ins Handelsregister eingetragen ist. Zum Zwecke der beschleunigten Anwendung des § 29 Abs. 1 und 2 GmbHG bestimmt § 7 Abs. 2 Satz 1 ÄndG, dass Gesellschaftsvertragsänderungen nur ins Handelsregister eingetragen werden dürfen, wenn zugleich die Ergebnisverwendungsbestimmungen geändert werden, d. h. entweder durch die Einfügung einer Regelung, die dem § 29 Abs. 1 GmbHG a. F. entspricht, oder durch eine Regelung i. S. d. § 29 Abs. 2 GmbHG (OLG Stuttgart vom 10.01.1989 – 8 W 225/88, GmbHR 1989, 422) oder durch eine sonstige abweichende gesellschaftsvertragliche Regelung. Dabei muss der Wortlaut des Gesellschaftsvertrags nicht notwendigerweise geändert werden (LG Düsseldorf vom 12.03.1987 – 34 T 3/87, GmbHR 1988, 108). Damit führt § 7 Abs. 2 Satz 1 ÄndG zu einer **Handelsregistersperre**, die die Gesellschafter veranlassen soll, sich möglichst bald mit der Frage zu befassen, wie die Gewinn-

verwendung in ihrer Gesellschaft für die Zukunft geregelt werden soll (BGH vom 26.09.1988 – II ZR 34/88, BGHZ 105, 206, 209).

Die Registersperre gilt für sämtliche Anträge auf Eintragung von Gesellschaftsvertragsänderungen ins Handelsregister der GmbH, die nach dem 31.12.1995 beim Handelsregister eingegangen waren. War der Antrag vorher beim Amtsgericht eingegangen, galt keine Registersperre (OLG Hamm vom 28.10.1986 – 15 W 319/86, GmbHR 1987, 430, 432; OLG Celle 13.05.1986 – 1 W 10/86, GmbHR 1986, 433). 10

Die Handelsregistersperre gilt auch heute für Altgesellschaften, die in den Anwendungsbereich des § 7 ÄndG fallen. Denn der Gesetzgeber hat zum einen darauf verzichtet, Fristen für die Neuregelung des Gesellschaftsvertrages zu bestimmen. Zum anderen können sich Gesellschafter bewusst für die Anwendung des § 29 Abs. 1 GmbHG a. F. entscheiden. 11

Wurde bei einer Gesellschaftsvertragsänderung die Registersperre des § 7 Abs. 2 Satz 1 ÄndG übersehen, findet die Handelsregistersperre auf die nächste Gesellschaftsvertragsänderung Anwendung (OLG München vom 30.10.1992 – 23 U 2689/92, GmbHR 1994, 63, 64). 12

5. Gesellschaftsvertragsänderung, § 7 Abs. 2 Satz 2 ÄndG

§ 7 Abs. 2 Satz 2 ÄndG ermöglicht eine vereinfachte Gesellschaftsvertragsänderung. Die Gesellschafter haben die Wahl, entweder die Regelung des § 29 Abs. 1 GmbHG a. F. zu bestätigen oder die Regelung des § 29 Abs. 1 und 2 GmbHG n. F. anzuwenden oder im Rahmen der Vertragsfreiheit jede andere Regelung zu treffen. 13

Wollen die Gesellschafter das Vollausschüttungsgebot des § 29 Abs. 1 GmbHG a. F. beibehalten, haben sie den Gesellschaftsvertrag im Hinblick auf die Ergebnisverwendung zu bestätigen (LG Tübingen vom 17.07.1986 – 2 HT 1/86, GmbHR 1987, 190, 191). Dieser **Bestätigungsbeschluss**, der in der Regel den Wortlaut des Gesellschaftsvertrages nicht ändert, ist gleichwohl zum Handelsregister anzumelden, §§ 53, 54 (LG Köln vom 26.06.1987 – 87 T 10/87, GmbHR 1988, 108, 109). 14

Die Gesellschaftsvertragsänderung, die die Ergebnisverwendung bestätigt oder neu regelt, bedarf entgegen § 53 Abs. 2 Satz 1 GmbHG nur der **einfachen Mehrheit** (§ 7 Abs. 2 Satz 2 ÄndG). Etwaige Sonderrechte eines Gesellschafters (§ 35 BGB, § 53 Abs. 3 GmbHG) oder besondere gesellschaftsvertragliche Regelungen zum Schutz von Gesellschafterminderheiten bleiben unberührt. 15

Die einfache Mehrheit gilt dabei nicht nur für die Bestätigung oder Anpassung der Ergebnisverwendung, sondern darüber hinaus für jede Gesellschaftsvertragsänderung in diesem Zusammenhang. Weil § 7 Abs. 2 Satz 2 ÄndG das Mehrheitserfordernis des § 53 Abs. 2 Satz 1 GmbHG erheblich herabsetzt und damit den Minderheitenschutz aufweicht, besteht in der Literatur Einigkeit, dass die Schranken der Mehrheitsherrschaft aus Anlass dieser Gesellschaftsvertragsänderungen besonders streng beachtet werden müssen (Scholz/*Emmerich* GmbHG, § 29 GmbHG Rn. 22; Lutter/Hommelhoff/*Lutter/Hommelhoff* GmbHG, § 29 Rn. 41). Daher ist es der Mehrheit untersagt, die Anpassung der Ergebnisverwendung von § 29 Abs. 1 GmbHG a. F. an die Neuregelung dafür zu nutzen, in das Gewinnbezugsrecht der Minderheit einzugreifen. Ein Beschluss, dass die Hälfte des Gewinns in die Rücklagen eingestellt werden kann (vgl. § 58 Abs. 2 Satz 1 AktG), wäre danach nicht mit einfacher Mehrheit zu fassen (a. A. OLG München vom 30.10.1992 – 23 U 2689/92, GmbHR 1994, 63, 64). Ebenfalls nicht mit einfacher Mehrheit kann der Beschluss gefasst werden, dass das Gewinnbezugsrecht der Minderheit ganz oder teilweise beschränkt oder Gewinne thesauriert werden. 16

6. Wertaufholung bei Altgesellschaften, § 29 Abs. 4 GmbHG

Abs. 4 regelt die Wertaufholung und gilt auch für Altgesellschaften, was aus § 7 Abs. 3 ÄndG folgt. 17

B. Aufstellung des Jahresabschlusses

18 Jede Gesellschaft ist verpflichtet, einen Jahresabschluss nebst Lagebericht aufzustellen, §§ 6 Abs. 1, 242, 264 Abs. 1 HGB, § 13 Abs. 3 GmbHG. Der Einzelabschluss besteht unabhängig von der Größe der Gesellschaft aus den Rechenwerken der Bilanz und der GuV, die um einen Anhang erweitert werden (§§ 242 Abs. 3, 264 Abs. 1 Satz 1 HGB). Der Anhang erläutert die Rechenwerke und liefert zusätzliche Informationen (§§ 284 ff. HGB).

I. Geschäftsjahr

19 Der Gesellschaftsvertrag regelt regelmäßig das **Geschäftsjahr**. Das Geschäftsjahr muss mit dem Kalenderjahr nicht identisch sein.

20 Das Geschäftsjahr hat regelmäßig eine Dauer von **12 Monaten** (§ 240 Abs. 2 Satz 2 HGB). Ausnahmsweise hat das Geschäftsjahr eine kürzere Dauer, etwa bei der Gründung der Gesellschaft im Laufe des Geschäftsjahres, bei Fassung des Liquidationseröffnungsbeschlusses im Laufe des Geschäftsjahres für das abgelaufene Geschäftsjahr oder bei der Umstellung des Geschäftsjahres. Ausnahmsweise hat das Geschäftsjahr auch eine längere Dauer, etwa bei Verschmelzung der Gesellschaft auf eine Gesellschaft mit einem anderen Geschäftsjahr oder bei der Liquidation, § 73 GmbHG.

21 Das Geschäftsjahr kann **während des Geschäftsjahres** durch **Änderung des Gesellschaftsvertrages** geändert werden, sofern die Eintragung ins Handelsregister noch während des Geschäftsjahres erfolgt. Die Zustimmung des für die Gesellschaft zuständigen Finanzamtes ist notwendig (RG Recht 1909 Nr. 3283), sofern vom Grundsatz Geschäftsjahr gleich Kalenderjahr abgewichen werden soll. Umstritten ist, ob das Geschäftsjahr noch nach Ablauf des Geschäftsjahres geändert werden kann, etwa wenn die Gesellschaftsvertragsänderung nach Ablauf des Geschäftsjahres beschlossen wird oder der Antrag auf Eintragung ins Handelsregister nach Ablauf des Geschäftsjahres beim Handelsregister eingegangen ist oder die Gesellschaftsvertragsänderung nach Ablauf des Geschäftsjahres im Handelsregister eingetragen wird. Während teilweise jede Änderung des Geschäftsjahres nach Ablauf des Geschäftsjahres für unzulässig erachtet wird (Scholz/*Emmerich* GmbHG, § 29 Rn. 32; Lutter/Hommelhoff/*Lutter/Hommelhoff* GmbHG, § 53 Rn. 37), ist die Rechtsprechung z.T. großzügiger (LG Frankfurt am Main vom 09.03.1978 – 3/11 T 63/77, GmbHR 1978, 112, 113; OLG Karlsruhe RPfleger 1975, 178: offengelassen, ob auch Eintragung erforderlich ist). Dieser Rechtsprechung ist jedenfalls dann der Vorzug zu gewähren, wenn Gläubigerinteressen nicht gefährdet sind (etwa bei einem Gewinnabführungsvertrag) oder der Jahresabschluss noch nicht aufgestellt oder noch nicht festgestellt worden ist (a.A. OLG Frankfurt am Main vom 09.03.1999 – 20 W 94/99, GmbHR 1999, 484 unter Berufung auf den abstrakten Schutzzweck des § 54 Abs. 3 GmbHG; BFH vom 18.09.1996 – I B 31/96, GmbHR 1997, 670, 671).

II. Aufstellungsfrist des Einzelabschlusses

22 Die Aufstellungsfrist beträgt für alle Gesellschaften **3 Monate** nach Ende eines jeden Geschäftsjahres (§ 264 Abs. 1 Satz 2 HGB). Bei kleinen Gesellschaften (§ 267 HGB) kann die Aufstellungsfrist auf höchstens 6 Monate verlängert werden, sofern dies einem ordnungsgemäßen Geschäftsgang entspricht (§ 264 Abs. 1 Satz 3 HGB). Eine gesellschaftsvertragliche Regelung, die die Aufstellungsfrist generell auf 6 Monate bestimmt, wird von den Registergerichten zu Recht beanstandet (BayObLG vom 05.03.1987 – BReg. 3 Z 29/87, WM 1987, 502, 503 mit dem Hinweis, dass bei einer uneingeschränkten Anmeldung ein Teilvollzug der Anmeldung unzulässig ist; ADS § 264 HGB Rn. 28a), es sei denn, sie wiederholt lediglich den Wortlaut des Gesetzes.

III. Durch Geschäftsführer

23 Die Aufstellung des Jahresabschlusses ist die ureigene **Aufgabe aller Geschäftsführer** (§ 42a Abs. 1 Satz 1 GmbHG; vgl. dazu § 42a GmbHG Rdn. 1). Jeder Geschäftsführer hat gegen jeden anderen Geschäftsführer einen Anspruch auf Mitwirkung bei der Aufstellung des Jahresabschlusses. Die

Pflicht zur Unterzeichnung ist für jeden Geschäftsführer eine höchstpersönliche Pflicht, weshalb eine Vertretung durch einen anderen Geschäftsführer unzulässig ist (ADS § 245 Rn. 13a). Nur in extremen Ausnahmefällen ist ein Geschäftsführer von der Pflicht zur Unterzeichnung suspendiert, etwa durch höhere Gewalt in Form einer lang anhaltenden, schwerwiegenden Erkrankung. Bei einem Wechsel in der Geschäftsführung haben die Geschäftsführer zu unterzeichnen, die zum Zeitpunkt der Unterschriftsleistung zum Geschäftsführer bestellt waren. Bereits ausgeschiedene Geschäftsführer sind hierzu nicht mehr verpflichtet (ADS § 245 Rn. 14).

Die Verantwortlichkeit trifft nicht nur den bestellten Geschäftsführer, sondern auch den **faktischen Geschäftsführer**, also die Person, die nicht zum Geschäftsführer bestellt ist, aber sich so behandeln lassen muss, als sei sie bestellter Geschäftsführer. Für die Annahme der faktischen Geschäftsführung ist es nicht erforderlich, dass der Handelnde die bestellte Geschäftsführung völlig verdrängt. Entscheidend ist vielmehr, dass der Betreffende die Geschicke der Gesellschaft – über die interne Einwirkung auf die gesellschaftsvertragliche Geschäftsführung hinaus – durch eigenes Verhalten im Außenverhältnis, das die Tätigkeit des rechtlichen Geschäftsführungsorgans nachhaltig prägt, maßgeblich in die Hand genommen hat (BGH vom 11.07.2005 – II ZR 235/03, GmbHR 2005, 1187, 1188). Anhaltspunkte für das Gesamterscheinungsbild eines Außenauftritts sind: Führung des kaufmännischen und finanziellen Geschäftsbereichs in wesentlichen Punkten, Verfügungen über Geschäftskonten, Weisungen an die Buchhaltung oder die Personalverantwortlichen, Vollmachten gegenüber Kreditinstituten, Entscheidungen, welche Gläubiger bedient werden, standardmäßige Verwendung von Geschäftsunterlagen, Vereinbarungen über Zahlungskonditionen (BGH vom 25.02.2002 – II ZR 196/00, BGHZ 150, 61, 68 ff.; BGH vom 11.07.2005 – II ZR 235/03, GmbHR 2005, 1187, 1188). Gesellschaftsinterne Einwirkungen und Weisungen führen allein nicht zur faktischen Geschäftsführung (BGH vom 27.06.2005 – II ZR 113/03, GmbHR 2005, 1126, 1127; vgl. zum faktischen Geschäftsführer auch § 6 Rdn. 8). 24

Die Geschäftsordnung der Geschäftsführung oder eine sonstige Regelung der Geschäftsverteilung kann vorsehen, dass nur **ein Geschäftsführer** für die rechnerische Aufbereitung der Buchhaltung und des Jahresabschlusses zuständig ist. Für das Ergebnis dieser Tätigkeiten tragen alle Geschäftsführer Verantwortung. 25

Der Gesellschaftsvertrag kann die Aufstellung des Jahresabschlusses nicht auf ein anderes Organ der Gesellschaft delegieren. 26

Die Aufstellung des Jahresabschlusses beginnt mit der Einrichtung der Buchhaltung und deren Erstellung. Die Geschäftsführer können einzelne oder alle Aufgaben der Buchhaltungserstellung und einzelne oder alle Aufgaben der Jahresabschlusserstellung auf Dritte (z. B. Buchhaltungsgesellschaften, Steuerberater und Wirtschaftsprüfer) übertragen. Die **Übertragung** der Aufgabenerledigung **auf Dritte** ändert jedoch nichts an der Tatsache, dass die Geschäftsführer allein für diese Aufgaben zuständig sind. Daher müssen die Geschäftsführer entweder selbst oder in der Gesellschaft so viel Kenntnis vorhalten, dass die Dritten sachgerecht geführt werden können, da andernfalls die Geschäftsführer nach § 43 GmbHG haften (vgl. die ausführl. Kommentierung dort). Die Aussage »Der Jahresabschluss ist richtig, er wurde vom Steuerberater gemacht« mag die tägliche Praxis kennzeichnen, offenbart jedoch eine sträfliche Vernachlässigung der Pflichten als Geschäftsführer. 27

IV. Aufstellung

Zweck der Aufstellung des Jahresabschlusses ist es zunächst zu ermitteln, über **welches Vermögen** die Gesellschaft am Ende eines jeden Geschäftsjahres verfügt (Bilanz) und **welches Ergebnis** erzielt wurde (GuV). Damit ergibt sich aus der Bilanz und der GuV, welches Vermögen zur Verwendung der Gesellschafter zur Verfügung steht. 28

§ 29 GmbHG Ergebnisverwendung

1. Nach HGB

a) Gewinnbeteiligungen Dritter

29 Im Rahmen der Aufstellung des Jahresabschlusses kann der Gewinn dadurch gemindert sein, dass Dritte am Gewinn der Gesellschaft beteiligt sind. **Beispiele** dieser Art sind ertragsabhängige Miet- und Pachtverträge, partiarische Darlehen, stille Gesellschafter, Beteiligungen von Arbeitnehmern, gewinnabhängige Tantiemen von Geschäftsführern, Mitgliedern des Beirates und des Aufsichtsrates sowie Genussrechte. Derartige Gewinnbeteiligungen sind zulässig, können aber im Einzelfall bei einer Gewinnbeteiligung des Gesellschafters zu einer verdeckten Gewinnausschüttung führen. **Bilanzrechtlich** sind derartige Gewinnbeteiligungen als Verbindlichkeiten der Gesellschaft zu behandeln (BGH vom 29.09.1955 – II ZR 225/54; BGHZ 18, 205, 208; RG JW 1936, 180; Scholz/*Emmerich* GmbHG, § 29 Rn. 50). Ebenfalls eine Verbindlichkeit der Gesellschaft ist der Ausgleichsanspruch nach § 302 AktG, dessen Höhe nicht durch den festgestellten Jahresabschluss der abhängigen Gesellschaft festgelegt, sondern durch den zum Bilanzstichtag zutreffend ausgewiesenen Fehlbetrag bestimmt wird (BGH vom 14.02.2005 – II ZR 361/02, DStR 2005, 750, 751).

b) Unter Berücksichtigung der teilweisen Ergebnisverwendung, Abs. 1 Satz 2

30 Abs. 1 Satz 2 bestimmt, dass die Bilanz auch unter teilweiser Ergebnisverwendung aufgestellt werden kann. Damit darf der die Bilanz Aufstellende in die Kompetenz des zur Gewinnverwendung befugten Organs eingreifen. Die Geschäftsführer können im Gesellschaftsvertrag ermächtigt werden, über den Verbleib des Ergebnisses ganz oder teilweise zu entscheiden. In diesem Fall ist die Entscheidung desjenigen, der den Jahresabschluss aufstellt, für denjenigen **bindend**, der über die Feststellung des Jahresabschlusses und über die Gewinnverwendung zu entscheiden hat. Das Weisungsrecht der Gesellschafter ist insoweit begrenzt (vgl. § 37 GmbHG; zu Weisungen der Gesellschafter aufgrund von Gesellschafterbeschlüssen vgl. dort Rdn. 11 f., zu den Grenzen Rdn. 17).

31 Eine vollständige oder teilweise Verwendung des Jahresergebnisses liegt vor, wenn der Jahresüberschuss bereits bei der Aufstellung des Jahresabschlusses bilanzwirksam berücksichtigt worden ist. Hierzu gehören:
– die Abdeckung eines früheren Verlustvortrags,
– die Aufstockung von Gewinnrücklagen oder
– die Beachtung der gesetzlichen und steuerlichen Vorgaben, den Jahresüberschuss in einer bestimmten Weise zu verwenden.

c) Bildung anderer Gewinnrücklagen gem. Abs. 4

32 Abs. 4 enthält eine Sondervorschrift, die § 58 Abs. 2 AktG entspricht. Ziel der Vorschrift ist es, die Rücklagenbildung außerhalb der Ergebnisverwendung nach Abs. 2 zu erleichtern. Die praktische Bedeutung der Vorschrift hat sich seit dem Steuerentlastungsgesetz 1999/2000/2002 (BGBl. I 1999, S. 402) erhöht, da seither ein striktes **Gebot zur Wertaufholung** gilt.

33 Gäbe es die Vorschrift des Abs. 4 nicht, würden Wertaufholungen das Ergebnis der Gesellschaft erhöhen und zu ausschüttungsfähigen Gewinnen führen. Dem will Abs. 4 entgegenwirken, indem diese Vorschrift der Geschäftsführung ermöglicht, das Ergebnis in die anderen Gewinnrücklagen einzustellen und damit der Gewinnausschüttung zu entziehen.

34 Das Verhältnis des Abs. 4 zu Abs. 2 ist ungeklärt. *Emmerich* (Scholz/*Emmerich* GmbHG, § 29 Rn. 49) ist der Auffassung, dass Abs. 4 nur in den Fällen der gesetzlichen oder gesellschaftsvertraglichen Vollausschüttung praktische Bedeutung hat, wohingegen Abs. 4 im Übrigen den Abs. 2 lediglich wiederholt. Nach dieser Auffassung ist Abs. 4 eine **besondere Form der Ergebnisverwendung**. Abs. 4 bestimmt als grundsätzlich zuständiges Organ die Geschäftsführung, was dafür spricht, dass die Vorschrift bereits bei der Aufstellung des Jahresabschlusses zu beachten ist (aus Zweckmäßigkeitsgründen ebenso: Michalski/*Salje* § 29 Rn. 126).

Die Geschäftsführer sind nach Abs. 4 zuständig, über die Einstellung des Eigenkapitalanteils der **35**
Wertaufholung in die andere Gewinnrücklage zu entscheiden. Dabei sind sie in zweifacher Weise
der **Kontrolle** unterzogen: Zum einen können die Gesellschafter ihnen Weisungen nach den gesellschaftsvertraglichen Regelungen erteilen (vgl. dazu § 37 GmbHG Rdn. 11 f.). Zum anderen erfolgt
die Einstellung mit Zustimmung des Aufsichtsrates oder der Gesellschafter. Die Regelung in Abs. 4
ist nicht abschließend, sondern ermöglicht es, das Zustimmungserfordernis auf jedes andere Organ
der Gesellschaft zu übertragen (Michalski/*Salje* § 29 Rn. 128). Für die Zustimmung zur Rücklagenbildung gilt die einfache Mehrheit (Michalski/*Salje* § 29 Rn. 137).

Abs. 4 Satz 1 regelt **zwei Fälle:** Zum einen nimmt die Vorschrift auf § 280 Abs. 1 Satz 1 HGB Bezug. **36**
Hatte die Gesellschaft in einem früheren Geschäftsjahr für einen Vermögensgegenstand eine außerplanmäßige Abschreibung vorgenommen, hat sie die dadurch bedingte Wertminderung rückgängig
zu machen, wenn sich in einem späteren Geschäftsjahr herausstellt, dass die Gründe der Abschreibung nicht mehr bestehen. Abs. 4 Satz 1 betrifft im Rahmen der steuerlichen Gewinnermittlung
gebildete Passivposten (§ 273 HGB), die nicht im Sonderposten mit Rücklagenanteil ausgewiesen
werden dürfen.

Rechtsfolge der Wertaufholung ist, dass sie der Nachversteuerung unterliegt. Der der Gesellschaft **37**
nach Versteuerung verbleibende Betrag bildet den rücklagefähigen Eigenkapitalanteil (Michalski/*Salje* § 29 Rn. 130; Scholz/*Emmerich* GmbHG, § 29 Rn. 49). Haben die Geschäftsführer vorab
mit Zustimmung über den Eigenkapitalanteil verfügt, werden die anderen Gewinnrücklagen i. S. d.
§ 266 Abs. 3 A III Nr. 4 HGB erhöht. Ferner sind nach Abs. 4 Satz 2 wahlweise die Beträge in der
Bilanz gesondert auszuweisen oder im Anhang des Jahresabschlusses anzugeben.

d) Auflösung von Rücklagen, Abs. 1 Satz 2

Umstritten ist, ob die Auflösung von Rücklagen bereits mit der Feststellung des Jahresabschlus- **38**
ses durch das dafür zuständige Organ oder ob dies erst mit der Gewinnverwendung durch das
dann zuständige Organ beschlossen werden kann. Der Wortlaut des Abs. 1 Satz 2 ist unergiebig.
Da es sich bei der Auflösung von Rücklagen um einen **Akt der Gewinnverwendung**, nicht jedoch
der Feststellung des Jahresabschlusses handelt, kann darüber nur das Organ beschließen, das für
die Gewinnverwendung zuständig ist (Scholz/*Emmerich* GmbHG, § 29 Rn. 74; a. A. Baumbach/
Hueck/*Schulze-Osterloh* § 42 Rn. 172). Etwas anderes gilt, wenn der Gesellschaftsvertrag bereits
das für die Feststellung des Jahresabschlusses zuständige Organ mit der Auflösung von Rücklagen
ermächtigt (Michalski/*Salje* § 29 Rn. 57).

Bei der Auflösung von Rücklagen muss **zwingend § 30 GmbHG beachtet** werden (Michalski/*Salje* **39**
§ 29 Rn. 58; Scholz/*Emmerich* GmbHG, § 29 Rn. 74). Unter Rücklage i. S. d. § 29 Abs. 1 Satz 2
GmbHG sind sowohl die gesetzlichen als auch die gesellschaftsvertraglichen Rücklagen zu verstehen.

Soweit die Rücklage **aufgrund gesetzlicher Vorschriften** (z. B. § 272 Abs. 2 und 4 HGB) gebildet **40**
worden ist, darf die Auflösung nur erfolgen, soweit eine gesetzliche Ermächtigung vorliegt. Ein
hiergegen verstoßender Gewinnverwendungsbeschluss ist anfechtbar (Michalski/*Salje* § 29 Rn. 58).

Soweit die Rücklage **aufgrund gesellschaftsvertraglicher Regelungen** gebildet worden ist, ist die **41**
Auflösung der Rücklage im Einzelnen streitig: Z. T. wird in der Literatur das Vorliegen einer gesellschaftsvertragsändernden Mehrheit verlangt (Michalski/*Salje* § 29 Rn. 58); teilweise wird sogar Einstimmigkeit verlangt (Scholz/*Emmerich* GmbHG, § 29 Rn. 75), teilweise wird die einfache Mehrheit für ausreichend erachtet (Lutter/Hommelhoff/*Lutter/Hommelhoff* GmbHG, § 29 Rn. 27). Da
sich die Gesellschafter mit der Auflösung von Rücklage über Vorgaben des Gesellschaftsvertrages
hinwegsetzen, wird man insoweit von einem sog. satzungsändernden Beschluss auszugehen haben.
Dann ist es zutreffend, eine gesellschaftsvertragsändernde Mehrheit zu fordern.

§ 29 GmbHG Ergebnisverwendung

e) Gewinnabführungsvertrag

42 Ist die Gesellschaft Vertragspartnerin eines wirksamen Gewinnabführungsvertrages und hiernach als abhängige Gesellschaft verpflichtet, ihren Gewinn ganz oder teilweise an den anderen Vertragspartner abzuführen (vgl. § 291 Abs. 1 Satz 1 AktG), ist dieser Gewinnabführungsvertrag bereits im Rahmen der Aufstellung des Jahresabschlusses zu beachten. Die Gewinnabführungsverpflichtung ist entsprechend zu passivieren bzw. umgekehrt ist die Verlustausgleichsverpflichtung entsprechend zu aktivieren. Beim Voll-Gewinnabführungsvertrag ist für einen Gewinnverwendungsbeschluss kein Raum (Lutter/Hommelhoff/*Kleindiek* GmbHG, § 29 Rn. 10).

43 Ist die Gesellschaft Vertragspartnerin eines Gewinnabführungsvertrages und hiernach als herrschende Gesellschaft verpflichtet, den Gewinn eines anderen Unternehmens ganz oder teilweise entgegenzunehmen oder den Verlust eines anderen Unternehmens auszugleichen, ist dieser Gewinnabführungsvertrag bereits bei Aufstellung des Jahresabschlusses des herrschenden Unternehmens zu beachten. Soweit die Gesellschaft zum Verlustausgleich verpflichtet ist, ist die Höhe des Ausgleichsanspruchs nicht durch den festgestellten Jahresabschluss der beherrschten Gesellschaft begrenzt, sondern durch den zum Bilanzstichtag der beherrschten Gesellschaft zutreffend ausgewiesenen Fehlbetrag (BGH vom 14.03.2005 – II ZR 153/03, DB 2005, 937).

2. Nach IAS

44 [einstweilen frei]

V. Nichtig aufgestellter Jahresabschluss

45 Sollte sich nach Aufstellung des Jahresabschlusses ergeben, dass der Jahresabschluss nichtig ist, dürfen die Geschäftsführer nicht bis zum Eintritt der Heilung warten (vgl. § 256 Abs. 4 AktG analog). Vielmehr ist es ihre Aufgabe, ohne eine Weisung der Gesellschafter oder eines sonstigen Organs selbstständig einen rechtmäßigen Jahresabschluss aufzustellen (Lutter/Hommelhoff/*Kleindiek* GmbHG, § 42 Rn. 13). Dies gilt jedenfalls dann, solange der Mangel nicht durch Zeitablauf geheilt ist (IDW RS HFA 6 Rn. 16). S.a. *Brete/Thomsen* GmbHR 2008, 176; *Weilep/Weilep* BB 2006, 147, 151.

VI. Änderung des aufgestellten Jahresabschlusses durch die Geschäftsführer

46 Die Geschäftsführer sind berechtigt, den Jahresabschluss und den Lagebericht jederzeit zu ändern, jedenfalls solange die Feststellung noch nicht durch das Feststellungsorgan beschlossen worden ist (zu Anlässen: *Küting/Weber-Baetge/Fischer/Siefke* § 316 HGB Rn. 14). Genauer gesagt dürfte es heißen, dass die Änderungskompetenz der Geschäftsführer mit der Absendung der Einladung der Versammlung, die über die Feststellung zu beschließen hat, endet. Ab diesem Zeitpunkt geht die Änderungskompetenz auf das Gesellschaftsorgan über, das über die Feststellung des Jahresabschlusses zu beschließen hat.

47 Hatte der gesetzliche Abschlussprüfer im Zeitpunkt der Änderung bereits seine gesetzliche Prüfung beendet, ist gem. § 316 Abs. 3 HGB eine Nachtragsprüfung durchzuführen. Die Nachtragsprüfung ist nicht auf die geänderten Buchungen beschränkt, sondern führt dazu, dass die Unterlagen, d.h. der Jahresabschluss und der Lagebericht insgesamt neu zu prüfen sind, § 316 Abs. 1 Satz 1 HGB.

C. Prüfung des Jahresabschlusses

I. Prüfungspflichtige Gesellschaft

48 Kleine Gesellschaften i. S. d. § 267 Abs. 1 HGB müssen ihren Jahresabschluss durch einen Abschlussprüfer nicht prüfen lassen, § 316 Abs. 1 Satz 1 HGB. Wohl aber kann der Gesellschaftsvertrag die freiwillige Prüfung des Jahresabschlusses anordnen.

Dagegen besteht für mittlere und große Gesellschaften (vgl. § 267 Abs. 1 HGB) die Verpflichtung, ihren Jahresabschluss und Lagebericht prüfen zu lassen, § 316 Abs. 1 Satz 1 HGB. Im Gesellschaftsvertrag kann die gesetzliche Abschlussprüfung weder erweitert noch verringert werden (Lutter/Hommelhoff/*Kleindiek* GmbHG, Anh. § 42 Rn. 25). Wohl aber kann der Gesellschaftsvertrag – als freiwillige Abschlussprüfung – einen weiteren oder engeren Prüfungsumfang bestimmen. 49

II. Rechtsfolge bei Verstoß

Wurde die Prüfung des Jahresabschlusses nicht vorgenommen, obwohl eine gesetzliche Verpflichtung bestand, kann der Jahresabschluss nicht festgestellt werden, § 316 Abs. 1 Satz 2 HGB. Wird er gleichwohl festgestellt, ist der Feststellungsbeschluss analog § 256 Abs. 1 Nr. 2 AktG nichtig (Lutter/Hommelhoff/*Kleindiek* GmbHG, Anh. § 42 Rn. 30; ADS § 316 HGB Rn. 47). Der auf dieser Basis gefasste Gewinnverwendungsbeschluss ist gleichfalls nichtig (Lutter/Hommelhoff/*Kleindiek* GmbHG, Anh. § 42 Rn. 30), weshalb die Gesellschafter ihre »Gewinnansprüche« ohne Rechtsgrund erhalten haben und daher gem. § 812 Abs. 1 Satz 1 BGB zur Herausgabe verpflichtet sind. 50

D. Feststellung des Jahresabschlusses

Nach § 42a Abs. 1 Satz 1 GmbHG haben die Geschäftsführer den Jahresabschluss und den Lagebericht unverzüglich nach der Aufstellung den Gesellschaftern **zum Zwecke der Feststellung vorzulegen** (§ 46 Nr. 1 GmbHG). Ist der Jahresabschluss durch einen Abschlussprüfer zu prüfen, haben die Geschäftsführer ihn zusammen mit dem Lagebericht und dem Prüfungsbericht des Abschlussprüfers vorzulegen (§ 42a Abs. 1 Satz 2 GmbHG; vgl. zur Feststellung ausführl. § 42a GmbHG). Die Gesellschafter haben einen aus ihrer Mitgliedschaft resultierenden Anspruch auf Feststellung des Jahresabschlusses (BGH vom 14.09.1998 – II ZR 172/97, BGHZ 139, 299, 303; *Bascopé/Hering* GmbHR 2006, 183, 185). 51

Der Anspruch der Gesellschafter auf Vorlage des Jahresabschlusses und des Lageberichts ist ein Anspruch, der der Gesellschaftergesamtheit zusteht, und kein mitgliedschaftliches Individualrecht. Daher muss der Anspruch auf Vorlage im Wege der **Leistungsklage** – ggf. im Wege der **actio pro socio** – auf Vorlage an die Gesellschafterversammlung vor den Streitgerichten der ordentlichen Gerichtsbarkeit verfolgt werden (LG München vom 10.03.2005 – 5 HK O 21047/04, GmbHR 2005, 937, 938; vgl. auch § 42a Rn. 11 sowie – zur actio pro socio – ausführl. Kap. 5 Rdn. 328 ff.); er unterliegt nicht der Zuständigkeit der freiwilligen Gerichtsbarkeit. 52

Der Gesellschaftsvertrag kann die Feststellungskompetenz auch einem anderen Organ zuweisen (§ 45 Abs. 2 GmbHG), entweder der Geschäftsführung, dem Beirat oder dem Aufsichtsrat. Sofern die Feststellung des Jahresabschlusses einem anderen Organ zugewiesen ist, sind dessen Beschlüsse in gleicher Weise anfechtbar wie der Gesellschafterbeschluss selbst (BGH vom 25.02.1965 – II ZR 287/63, BGHZ 43, 261, 265; OLG Düsseldorf GmbHR 1983, 124, 125). Denkbar ist auch, dass sowohl die Feststellungskompetenz einem anderen Organ als auch die Verwendungskompetenz einem dritten Organ zugewiesen ist. 53

I. Zweck der Feststellung

Mit der Feststellung des Jahresabschlusses wird dieser für die Gesellschafter **verbindlich**. Die Feststellung hat damit rechtsgeschäftlichen Charakter und bindet die Gesellschafter (Michalski/*Salje* § 29 Rn. 54). Die Geschäftsführer haben den Gesellschaftern analog § 176 Abs. 1 Satz 2 AktG von sich aus sämtliche für die Abschlussfeststellung erforderlichen Informationen zu geben (Lutter/Hommelhoff/*Lutter/Hommelhoff* GmbHG, § 29 Rn. 12). 54

Die Feststellung des Jahresabschlusses gehört zum Kernbereich der Mitgliedschaft des Gesellschafters. Gleichwohl kann der Gesellschaftsvertrag bestimmen, dass ein anderes Organ für die Feststellung des Jahresabschlusses zuständig ist. 55

II. Durch Gesellschafter

1. Fristen der Feststellung des Jahresabschlusses

56 Die Gesellschafter haben **spätestens** bis zum Ablauf der **ersten 8 Monate** oder, wenn es sich bei der Gesellschaft um eine kleine Gesellschaft handelt (§ 267 Abs. 1 HGB), bis zum Ablauf der ersten 11 Monate des Geschäftsjahres über die Feststellung des Jahresabschlusses zu beschließen (§ 42a Abs. 2 Satz 1 GmbHG). Diese Endtermine können durch den Gesellschaftsvertrag nicht verlängert, wohl aber verkürzt werden, was ggf. bei Einbeziehung in einen Konzernabschluss sinnvoll ist (ADS § 42a GmbHG Rn. 42; vgl. auch § 42a GmbHG Rdn. 14).

57 Wird der Endtermin für die Feststellung des Jahresabschlusses versäumt, sind gleichwohl gefasste Feststellungsbeschlüsse allein wegen der Fristversäumnis weder rechtswidrig noch nichtig. Streitig wird die Frage diskutiert, wie zu verfahren ist, wenn der Endtermin versäumt wurde. Man wird in der Betrachtung zunächst zu unterscheiden haben, welches Organ die Fristversäumnis verursacht hat.

58 Haben die **Geschäftsführer** die Aufstellung des Jahresabschlusses **fristwidrig versäumt**, sind zum einen die allgemeinen Sanktionen der §§ 334, 335 HGB einschlägig; zum anderen können die Gesellschafter die Geschäftsführer abberufen oder ihnen die Entlastung verweigern (§ 46 Nr. 5 GmbHG) oder sie können Maßregeln der Überwachung einführen (§ 46 Nr. 6 GmbHG) oder aber die Geschäftsführer sind der Gesellschaft zum Schadensersatz verpflichtet (§ 43 Abs. 2 GmbHG).

59 Wesentlich kritischer ist die Frage zu beurteilen, wenn der bzw. die **Mehrheitsgesellschafter** die Beschlussfassung über die Feststellung des Jahresabschlusses **verzögern**. § 50 GmbHG hilft in der Sache nicht weiter, da der Mehrheitsgesellschafter gerade die Rechte aus dieser Vorschrift hintertreibt. Teilweise wird die Auffassung vertreten, den Feststellungsbeschluss als gefasst anzusehen, wenn dieser pflichtwidrig verzögert wird (*Gutbrod* GmbHR 1995, 551, 555 ff.; offen gelassen in BGH vom 14.09.1998 – II ZR 172/97, NJW 1998, 3646, 3648). Für diese Auffassung spricht zwar ihre vordergründige Einfachheit: Ihr ist aber entgegenzuhalten, dass nach dem Feststellungsbeschluss der Gewinnverwendungsbeschluss zu fassen ist und eine Fiktion der Bilanzfeststellung (wann liegt eine Pflichtwidrigkeit vor?) der Gewinnverwendung entgegensteht. Mit der herrschenden Auffassung haben die Minderheitsgesellschafter ihre Mitgesellschafter durch eine **Leistungsklage auf Beschlussfassung** über die Feststellung des Jahresabschlusses zu verklagen (Lutter/Hommelhoff/*Lutter/Hommelhoff* GmbHG, § 29 Rn. 33; Scholz/*Emmerich* GmbHG, § 29 Rn. 35). Diese wird nach § 894 ZPO vollstreckt.

2. Ordentliche Gesellschafterversammlung

60 Die Gesellschafterversammlung über die Feststellung des Jahresabschlusses wird regelmäßig mit der Gesellschafterversammlung über die Verwendung des Ergebnisses und die Entlastung der Geschäftsführer verbunden (sog. ordentliche Gesellschafterversammlung. Zur Beschlussfassung im sog. Umlaufverfahren: OLG Thüringen vom 09.01.2006 – 6 U 569/05, DB 2006, 271).

61 Der Gewinnverwendungsbeschluss wird regelmäßig in der ordentlichen Gesellschafterversammlung gefasst. Grundlage der Beschlussfassung ist der von der Geschäftsführung vorgelegte Entwurf des Jahresabschlusses und des Lageberichts.

62 Entsprechend dem Gesellschaftsvertrag haben der/die Geschäftsführer diese Unterlagen jedem Gesellschafter in angemessener Frist vor der Beschlussfassung zuzusenden. Es besteht Einigkeit, dass hierfür die Wochenfrist des § 51 Abs. 1 Satz 2 GmbHG nicht ausreichend ist (Lutter/Hommelhoff/*Lutter/Hommelhoff* GmbHG, § 29 Rn. 19); je nach Komplexität des Jahresabschlusses und der Vorbefassung der Gesellschafter während der Aufstellung des Jahresabschlusses kann eine **3-Wochen-Frist** zur Übermittlung der Unterlagen geboten sein.

3. Form der Beschlussfassung

Formerfordernisse bestehen für den Beschluss **nicht**. Schriftliche Beschlussfassung oder die Dokumentation in einer Niederschrift einer Gesellschafterversammlung ist jedoch empfehlenswert. Teilweise wird die Auffassung vertreten, dass die Feststellung des Jahresabschlusses **konkludent** im Ergebnisverwendungsbeschluss zu sehen sei (OLG Hamm vom 17.04.1991 – 8 U 173/90, DB 1991, 1924, 1925). Wegen des unterschiedlichen Zwecks von Feststellung und Ergebnisverwendung erscheint diese Auffassung bedenklich.

63

4. Änderung des aufgestellten Jahresabschlusses durch Gesellschafter

Die Gesellschafter sind nicht an den von den Geschäftsführern aufgestellten Jahresabschluss gebunden. Sie können den Jahresabschluss **beliebig abändern**, sind aber im Rahmen der Änderung an das Gesetz, den Gesellschaftsvertrag sowie an die Grundsätze ordnungsmäßiger Buchführung wie die Geschäftsführer selbst gebunden (BGH vom 14.05.1974 – VI ZR 8/73, GmbHR 1974, 109, 110). Ein wesentlicher Fall der Änderung durch die Gesellschafter sind sog. **wertaufhellende Tatsachen**, die am Bilanzstichtag vorlagen, aber erst bekannt wurden, als der Jahresabschluss den Gesellschaftern vorgelegt wurde. Spätere wertaufhellende Erkenntnisse machen den Jahresabschluss nicht fehlerhaft (IDW RS HFA 6 Rn. 15).

64

Jedenfalls bei Gesellschaften, die kraft Gesetzes zur Prüfung ihres Jahresabschlusses und Lageberichts verpflichtet sind, sollten sich die Gesellschafter frühzeitig ihre Änderungen überlegen und der Geschäftsführung mitteilen bzw. diese anweisen, da sie andernfalls das Risiko einer Nachtragsprüfung tragen, § 316 Abs. 3 Satz 1 HGB.

65

5. Mangelhafter Feststellungsbeschluss

Der Feststellungsbeschluss kann sowohl nichtig als auch anfechtbar sein. Er ist in analoger Anwendung des § 256 AktG nichtig, wenn er durch seinen Inhalt Vorschriften verletzt, die im öffentlichen Interesse oder zum Schutz der Gesellschaftsgläubiger gegeben sind. Der Feststellungsbeschluss ist bspw. **nichtig**, wenn einer der Gründe des § 241 AktG analog vorliegt, oder wenn ein Einladungsmangel vorliegt, der faktisch einer Nichteinladung gleichkommt (BGH vom 13.02.2006 – II ZR 200/04, ZIP 2006, 707, 708 Tz. 13) oder wenn der Jahresabschluss nichtig aufgestellt worden ist, etwa wenn Aktiva in unzulässiger Weise angesetzt oder überbewertet werden (BGH vom 01.03.1982 – II ZR 23/81, BGHZ 83, 341, 347; OLG Dresden vom 16.02.2006 – 2 U 290/05, DB 2006, 1606, 1607; vgl. aber auch OLG München vom 07.01.2008 – 7 U 3773/07, ZIP 2008, 793, wonach nicht aktivierte Rückzahlungsforderungen aufgrund von Schmiergeld- oder Bestechungszahlungen nicht bereits zur Nichtigkeit führen, da nach dem bilanziellen Vorsichts- und Realisationsprinzip Ansprüche erst dann bilanziell zu aktivieren sind, wenn sie hinreichend sicher und konkretisiert sind) oder wenn Rückstellungen oder Verbindlichkeiten nicht passiviert werden (OLG Dresden DB vom 16.02.2006 – 2 U 290/05, DB 2006, 1606, 1607; OLG Hamm vom 17.04.1991 – 8 U 173/90, DB 1991, 1924, 1925) und dies in ihrem Umfang nicht bedeutungslos ist, oder wenn der Jahresabschluss einer kraft Gesetzes prüfungspflichtigen Gesellschaft nicht geprüft worden ist, § 316 Abs. 1 Satz 2 HGB i. V. m. § 256 Abs. 1 Nr. 2 AktG analog (vgl. *Brete/Thomsen* GmbHR 2008, 176, 178). Im Regelfall führt aber die Mangelhaftigkeit nur zur Anfechtbarkeit des Feststellungsbeschlusses. Der Feststellungsbeschluss ist z. B. **anfechtbar**, wenn gesetzeswidrig stille Reserven oder offene Rücklagen gesellschaftsvertragswidrig gebildet werden (Lutter/Hommelhoff/*Lutter/Hommelhoff* GmbHG, § 29 Rn. 28).

66

Solange der Feststellungsbeschluss nicht angefochten wurde, ist er rechtmäßig und bildet die Rechtsgrundlage des Gewinnverwendungsbeschlusses. Mit Rechtskraft des Anfechtungsurteils wird der Feststellungsbeschluss rückwirkend beseitigt. Dadurch wird dem Gewinnverwendungsbeschluss analog § 243 AktG die Rechtsgrundlage entzogen. Die Gesellschaft ist hiernach verpflichtet, die Herausgabe von ohne Rechtsgrund ausgeschütteten Gewinnen vom Gesellschafter zu verlangen (§ 812 Abs. 1 Satz 1 BGB), es sei denn, es liegt ein Fall des § 32 GmbHG vor.

67

6. Bestätigung des Feststellungsbeschlusses durch Gesellschafter

68 Einer Bestätigung durch Beschluss der Gesellschafter zugänglich ist ein Erst-Feststellungsbeschluss, der an einem die Art und Weise seines Zustandekommens betreffenden, heilbaren Verfahrensfehler leidet (§ 244 Satz 1 AktG analog). Ein derartiger Verfahrensfehler liegt u. a. vor, wenn das Abstimmungsergebnis hinsichtlich des Erst-Feststellungsbeschlusses z. B. infolge von Zählfehlern, Mitzählen von unter Verletzung eines Stimmverbotes abgegebenen Stimmen fehlerhaft festgestellt worden ist. Ein wirksamer Bestätigungsbeschluss beseitigt nicht nur die Anfechtbarkeit des Erst-Feststellungsbeschlusses, sondern entzieht auch einer im Erstprozess mit der Anfechtung des Erstbeschlusses verbundenen, noch rechtshängigen Beschlussfeststellungsklage den Boden (BGH vom 12.12.2005 – II ZR 253/03, AG 2006, 158).

7. Änderung des Feststellungsbeschlusses durch Gesellschafter

69 Bei der Änderung eines festgestellten Jahresabschlusses ist zu unterscheiden, ob der Jahresabschluss fehlerfrei aufgestellt war, ob er fehlerhaft oder ob er nichtig war.

70 War der Jahresabschluss **fehlerfrei aufgestellt** worden, kann die Aufstellung nur geändert werden, wenn für die geänderte Aufstellung ein wichtiger Grund vorliegt (Lutter/Hommelhoff/*Kleindiek* GmbHG, § 42 Rn. 50). Soweit der Jahresabschluss bereits festgestellt wurde, kann vom Feststellungsorgan ein entsprechend geänderter Feststellungsbeschluss gefasst werden. Wurde bereits der Gewinnverwendungsbeschluss gefasst und führte die Änderung zu einer Reduzierung der Gewinnansprüche, bewirkt die Änderung des Feststellungsbeschlusses einen Eingriff in die Rechte der einzelnen Gesellschafter, weshalb die Änderung des Feststellungsbeschlusses neben der einfachen Mehrheit zugleich auch der Zustimmung aller betroffenen Gesellschafter bedarf (Lutter/Hommelhoff/*Kleindiek* GmbHG, § 42 Rn. 50).

71 War der Jahresabschluss **fehlerhaft aufgestellt**, kann die Aufstellung jederzeit berichtigt werden. Im Übrigen gilt dasselbe wie für die Änderung des fehlerfrei aufgestellten Jahresabschlusses.

72 Wurde der Jahresabschluss **nichtig** aufgestellt, ist die Geschäftsführung verpflichtet, den Jahresabschluss neu aufzustellen. Der aufgrund eines nichtig aufgestellten Jahresabschlusses gefasste Feststellungsbeschluss ist seinerseits nichtig, weshalb das Feststellungsorgan seinerseits zur Neufassung verpflichtet ist.

III. Durch Nicht-Gesellschafter

1. Durch ein Organ

73 Der Gesellschaftsvertrag kann die Beschlusskompetenz auch einem anderen Organ zuweisen, z. B. der Geschäftsführung, dem Beirat, einem Gesellschafter oder dem Gesellschafterausschuss, vgl. § 45 GmbHG. Dabei ist jedoch darauf zu achten, dass es sich um ein **Organ der Gesellschaft** handelt. Denn die Gewinnfeststellung ist Grundlage des Ergebnisverwendungsbeschlusses, weshalb mit dem Feststellungsbeschluss in den Kernbereich der Mitgliedschaft eingegriffen wird. Eine Übertragung auf ein außenstehendes Gremium, das nicht Organ der Gesellschaft ist, kommt daher nicht in Betracht (Michalski/*Salje* § 29 Rn. 69). Ein Organ liegt vor, wenn das Gremium in die Organisation der Gesellschaft eingebaut ist, in gesellschaftlichen Angelegenheiten entscheiden soll und ihre Begründung im Handelsregister eingetragen wurde (BGH vom 25.02.1965 – II ZR 287/63, BGHZ 43, 261, 263 f.).

74 Die Frage, ob das Gremium Organ der Gesellschaft ist, wird nicht danach beurteilt, wer Mitglied des Gremiums ist, da auch ein Organ vollständig mit Außenstehenden (Nicht-Geschäftsführern und Nicht-Gesellschaftern) besetzt sein kann. Die Organeigenschaft hängt davon ab, ob dem Gremium die Kompetenz durch den Gesellschaftsvertrag eingeräumt wurde (Lutter/Hommelhoff/*Lutter/Hommelhoff* GmbHG, § 47 Rn. 1). Denn nur durch diese formale Betrachtung ist gewährleistet, dass das Organ den gesellschaftsrechtlichen Rechten und Pflichten unterliegt und insbesondere die Interessen der Gesellschaft und der Gesellschafter gewahrt werden.

2. Weisungsbefugnis der Gesellschafter

Von der Ausgestaltung der Organrechte im Gesellschaftsvertrag hängt ab, ob die Gesellschafter berechtigt sind, dem Organ Weisungen zu erteilen oder die Beschlusskompetenz an sich zu ziehen. Sind diese Rechte nicht geregelt, bleibt für die Gesellschafter nur die Abschaffung des Organs, um ihre Rechte zu wahren. Dies setzt allerdings eine gesellschaftsvertragsändernde Mehrheit voraus.

Im Übrigen gelten für die Feststellung des Jahresabschlusses durch ein anderes Organ die Ausführungen der Beschlussfassung durch die Gesellschafter selbst entsprechend (vgl. dazu Rdn. 56 ff.).

E. Unterzeichnung des Jahresabschlusses durch die Geschäftsführer

Als Konsequenz aus der Aufstellungsverpflichtung des Jahresabschlusses durch die Geschäftsführer sind alle Geschäftsführer, auch die Stellvertreter (§ 44 GmbHG) und die faktischen (vgl. zum faktischen Geschäftsführer § 6 GmbHG Rdn. 8), verpflichtet, den Jahresabschluss zu unterzeichnen (§§ 264 Abs. 1 Satz 1, 245 HGB). Grundlage des zu unterzeichnenden Exemplars ist nicht der aufgestellte, sondern der festgestellte Jahresabschluss (BGH BB 1985, 567; Lutter/Hommelhoff/*Kleindiek* GmbHG, § 42 Rn. 14). Die Gesellschafter sind berechtigt, die Geschäftsführer anzuweisen, den von den Gesellschaftern festgestellten Jahresabschluss zu unterzeichnen.

Die Unterzeichnungspflicht ist eine öffentlich-rechtliche Verpflichtung und kann durch den Gesellschaftsvertrag **nicht abbedungen** werden. Ihr Verstoß ist bußgeldbewehrt (§ 334 Abs. 1 Nr. 1a HGB).

F. Zweck des festgestellten Jahresabschlusses

Der festgestellte Jahresabschluss hat unterschiedliche Funktionen, je nachdem, wem er vorgelegt wird.

I. Für die Geschäftsführer

Für die Geschäftsführer ist der Jahresabschluss zunächst ein **zahlenmäßiger Rechenschaftsbericht** ihrer Tätigkeit. Auf der Basis dieses Rechenschaftsberichts begehren die Geschäftsführer i. d. R. ihre **Entlastung**. Daher sollte der Jahresabschluss ehrlich sein, d. h. ein wahres Bild über die wirtschaftlichen und tatsächlichen Verhältnisse der Gesellschaft zum Bilanzstichtag abliefern. In diesem Zusammenhang haben die Geschäftsführer ein gebundenes Ermessen, ob und wie sie wen über die Gesellschaft und deren wirtschaftliche Verhältnisse neben den gesetzlichen Bestimmungen informieren. Insbesondere in wirtschaftlich kritischen Zeiten einer Gesellschaft kann es gegenüber den Gesellschaftern geboten sein, freiwillig einen Lagebericht zu erstellen, um über die wirtschaftlichen Verhältnisse der Gesellschaft umfassend zu informieren. Hierauf können insbesondere die Geschäftsführer bestehen, denen als einfaches Mitglied der Geschäftsführung die Befugnis zur Teilnahme an den Gesellschafterversammlungen genommen ist.

II. Für die Gesellschafter

Der Jahresabschluss stellt für die Gesellschafter eine wichtige Informationsquelle dar (sog. **interne Publizität**). Sie können wesentliche Informationen über die Gesellschaft unmittelbar aus der Bilanz entnehmen:

Üblicherweise ist das Jahresergebnis in der Bilanz als Summe des Passivpostens A V (Jahresüberschuss/Jahresfehlbetrag) und A IV (Gewinnvortrag/Verlustvortrag) ausgewiesen. Sollte jedoch die Bilanz unter dem Posten A IV eine Position »Bilanzgewinn« oder »Bilanzverlust« aufweisen, ist für die Gesellschafter zu entnehmen, dass bereits bei der Bilanzaufstellung die Geschäftsführer einen gewissen Teil des Ergebnisses verwandt haben und insoweit die Verwendungsentscheidung der Gesellschafter eingeschränkt wurde.

§ 29 GmbHG Ergebnisverwendung

83 Die Gesellschafter können entscheiden, dass ihnen weitere Informationen zur Verfügung gestellt werden. Insbesondere können die Gesellschafter beschließen, dass die Geschäftsführer angewiesen werden, den Jahresabschluss freiwillig prüfen zu lassen, obwohl die gesetzlichen Vorschriften nicht erfüllt sind.

84 Für die Gesellschafter hat der festgestellte Jahresabschluss vor allem Bedeutung im Hinblick auf den Gewinnverwendungsbeschluss.

III. Für den Beirat

85 Soweit bei der Gesellschaft ein Beirat oder ein sonstiges Organ eingerichtet ist, bestimmt in der Regel der Gesellschaftsvertrag die Rechte und die Pflichten dieses Organs. Nach diesseitiger Auffassung haben die Mitglieder des Beirates Anspruch auf Übergabe des festgestellten Jahresabschlusses, da sie andernfalls ihrer gesellschaftsvertraglichen Aufgabe nicht gerecht werden können. Der Anspruch richtet sich gegen die Gesellschafter, wenn Aufgabe des Beirates die Beratung der Gesellschafter ist. Im Übrigen richtet sich der Anspruch gegen die Geschäftsführer, wenn der Beirat die Geschäftsführer zu beraten und/oder zu überwachen hat.

IV. Für das Handelsregister

86 Nach §§ 325 ff. HGB ist die Gesellschaft verpflichtet, ihre Rechnungslegung gegenüber der Allgemeinheit zu veröffentlichen, d. h. zum Handelsregister einzureichen und im Bundesanzeiger bekannt zu machen, sog. **externe Publizität** (vgl. Lutter/Hommelhoff/*Kleindiek* GmbHG, Anh. § 42a Rn. 1). Dies gilt unabhängig davon, ob es sich um eine kleine oder große Gesellschaft handelt. Allerdings gibt es eine Vielzahl von Befreiungsvorschriften, insbesondere § 325 Abs. 2a, 2b HGB.

87 Die Unterlagen, die nach Maßgabe der §§ 325 Abs. 1 Satz 1, 326 f. HGB zu veröffentlichen sind, haben die Geschäftsführer als Organ einzureichen.

88 Nach § 325 Abs. 1 Satz 1 HGB haben die Geschäftsführer den Jahresabschluss **unverzüglich** nach seiner Vorlage an die Gesellschafter, spätestens jedoch vor Ablauf von 12 Monaten des dem Abschlussstichtag nachfolgenden Geschäftsjahres, einzureichen. Auf die Feststellung des Jahresabschlusses durch die Gesellschafter kommt es damit nicht an. In der GmbH haben die Geschäftsführer damit praktisch mit der Vorlage an die Gesellschafter den Jahresabschluss zum Handelsregister einzureichen. Falls die Gesellschafter abweichend vom Vorschlag der Geschäftsführer den Jahresabschluss feststellen, ist nach § 325 Abs. 1 Satz 3 Halbs. 2 HGB diese Änderung nachträglich einzureichen.

89 **Gegenstand der Einreichung** ist bei **kleinen Gesellschaften** (§ 267 Abs. 1 HGB) nur die Bilanz und der Anhang, § 326 Satz 1 HGB. Nicht eingereicht zu werden brauchen: die GuV, ein freiwillig aufgestellter Lagebericht, bei einer freiwillig geprüften Gesellschaft der Bestätigungsvermerk und der Prüfungsbericht, in Gesellschaften mit Aufsichtsrat/Beirat dessen Prüfungsbericht. Der Anhang darf vor seiner Einreichung um jene Angaben bereinigt werden, die die GuV betreffen, § 326 Satz 2 HGB. Die Entscheidung darüber, ob neben den Pflichtangaben weitere Angaben zum Handelsregister eingereicht werden sollen, treffen die Gesellschafter in der Regel mit einfacher Mehrheit. Die Geschäftsführer haben nach der Einreichung im Bundesanzeiger bekannt zu machen, bei welchem Handelsregister und unter welcher Nummer die Unterlagen eingereicht worden sind, § 325 Abs. 1 Satz 2 HGB.

90 Gegenstand der Einreichung bei einer **mittelgroßen Gesellschaft** (§ 267 HGB) ist der Jahresabschluss (Bilanz, GuV und Anhang) sowie der Lagebericht zusammen mit dem Bestätigungsvermerk oder dem Vermerk über seine Versagung; außerdem ist der Vorschlag über die Ergebnisverwendung einzureichen, sofern er sich nicht aus dem eingereichten Jahresabschluss ergibt. Hat die Gesellschaft einen Aufsichtsrat/Beirat, ist dessen Prüfungsbericht beizufügen, § 325 Abs. 1 Satz 1 HGB. Für den Inhalt des einzureichenden Jahresabschlusses sieht § 327 HGB Erleichterungen des Inhalts vor, dass die Bilanz in einer abgekürzten Form einzureichen ist, sofern zusätzliche Angaben gemacht werden, § 327 Nr. 1 HGB. Auch bei einzureichendem Anhang können Angaben fortgelassen werden,

§ 327 Nr. 2 HGB. Die Geschäftsführer haben nach der Einreichung im Bundesanzeiger bekannt zu machen, bei welchem Handelsregister und unter welcher Nummer die Unterlagen eingereicht worden sind, § 325 Abs. 1 Satz 2 HGB.

Bei **großen Gesellschaften** (§ 267 Abs. 3 HGB) sind zunächst die Unterlagen im Bundesanzeiger bekannt zu machen und die Bekanntmachung unter Beifügung der Unterlagen einer mittelgroßen Gesellschaft zum Handelsregister einzureichen. Es gelten für große Gesellschaften keinerlei Erleichterungen, weshalb bei ihnen die externe Publizität der internen entspricht. 91

Ein **vorsätzlicher Verstoß** gegen die Offenlegung (Form und Inhalt der Offenlegung) erfüllt den Tatbestand einer Ordnungswidrigkeit (§ 334 Abs. 1 Nr. 5 HGB) und kann mit einer Geldbuße von bis zu 25.000,– € geahndet werden (vgl. hierzu auch OLG München vom 18.02.2008 – 31 Wx 087/07, ZIP 2008, 551 f.). 92

V. Für Kreditinstitute

Ein Kreditinstitut darf einen Kredit von mehr als 250.000,– € nur gewähren, wenn es sich von dem Kreditnehmer während der gesamten Dauer des Kreditengagements (Rundschreiben 9/98 des BAKred vom 07.07.1998 – I 3 – 237 – 2/94 unter III.1.) die wirtschaftlichen Verhältnisse, insbesondere durch Vorlage der Einzel-Jahresabschlüsse offen legen lässt, § 18 Satz 1 KWG. Unter bestimmten Voraussetzungen kann von einer Offenlegung nach § 18 Satz 2 bis 4 KWG Abstand genommen werden. 93

Vorlegungspflichtig ist der **Jahresabschluss**, d.h. die von sämtlichen Geschäftsführern unterzeichnete Bilanz nebst Anlagen (GuV, Anhang, Lagebericht, Testat des Wirtschaftsprüfers oder Versagung) sowie der **Feststellungsbeschluss**, und zwar nicht nur des zeitlich letzten Bilanzstichtages, sondern möglichst auch der letzten 3 Jahre (Rundschreiben 9/98 des BAKred vom 07.07.1998 – I 3 – 237 – 2/94 unter III.1.a). Ohne Feststellungsbeschluss und Unterzeichnung durch die Geschäftsführer kann das Kreditinstitut die Wirksamkeit nicht prüfen (*Reischauer/Kleinhaus* § 18 KWG Rn. 15c begnügen sich mit dem unterschriebenen Jahresabschluss). Werden die Unterlagen nicht vollständig übergeben, hat das Kreditinstitut Ersatzunterlagen einzuholen. Unterlassen das Kreditinstitut oder die für die Einhaltung der Vorschriften verantwortlichen Personen die Einholung der Ersatzunterlagen, liegt ein Verstoß gegen § 18 Satz 1 KWG vor, weshalb die BaFin als zuständige Behörde gegen das Kreditinstitut oder die Personen ein Verfahren wegen einer Ordnungswidrigkeit einleiten (§ 56 Abs. 3 Nr. 4 KWG) und ein Bußgeld von bis zu 150.000,– € festsetzen kann (§ 56 Abs. 4 KWG). Über die Festsetzung des Bußgeldes hinaus ist die BaFin auch berechtigt, gegenüber dem Kreditinstitut und dessen Geschäftsleitern Anordnungen zu treffen, wenn gravierende Verstöße vorliegen, die die Sicherheit der dem Kreditinstitut anvertrauten Vermögenswerte gefährden oder die ordnungsgemäße Durchführung der Bankgeschäfte beeinträchtigen. Ändern die Geschäftsleiter trotz Vorwarnung ihr Verhalten nicht, kann die BaFin die Abberufung von Geschäftsleitern verlangen und ihnen die Ausübung ihrer Tätigkeit untersagen, § 36 Abs. 1 und 3 KWG. 94

In der Regel verweisen Darlehensverträge der Gesellschaft mit Kreditinstituten auf die Berichtspflichten nach § 18 KWG und verpflichten damit die Gesellschaft, jährlich die festgestellten Jahresabschlüsse dem Kreditinstitut zur Prüfung seiner Bonität vorzulegen. 95

VI. Für das Finanzamt

Der durch die Gesellschafter festgestellte Jahresabschluss ist **Grundlage der steuerlichen Gewinnermittlung** (§ 5 Abs. 1 Satz 1 EStG i. V. m. § 8 Abs. 1 Satz 1 KStG), sog. Steuerbilanz. 96

G. Gewinnverwendungsbeschluss

In §§ 42a Abs. 2 Satz 1, 46 Nr. 1 GmbHG wird zwischen dem Feststellungsbeschluss und dem Gewinnverwendungsbeschluss unterschieden. Die h. M. leitet hieraus ab, dass der Gewinnanspruch der Gesellschafter erst entsteht, wenn neben dem Feststellungsbeschluss (BGH 08.12.1997 – II ZR 97

203/96, WPM 1998, 450) ein **Gewinnverwendungsbeschluss** gefasst wurde, der die Verteilung der Beträge unter der Gesellschaft und den Gesellschaftern regelt (BGH vom 12.01.1998 – II ZR 82/93, BGHZ 137, 378, 381; BGH vom 03.11.1975 – II ZR 67/73, BGHZ 65, 230, 234; OLG Hamm vom 06.07.1988 – 8 U 315/86, GmbHR 1989, 126 für kaduzierte Geschäftsanteile; OLG München vom 28.11.2007 – 7 U 2282/07, DB 2008, 521; BayObLG vom 17.09.1987 – 3 Z 122/87, GmbHR 1988, 102, 103). Dies ist jedoch keinesfalls zwingend, § 45 Abs. 1 GmbHG. Die Gesellschafter können im Gesellschaftsvertrag auf den Gewinnverwendungsbeschluss verzichten (BayObLG vom 17.09.1987 – 3 Z 122/87, GmbHR 1998, 102, 103), sodass über die Gewinnverwendung mit der Feststellung zu entscheiden ist (Scholz/*Emmerich* GmbHG, § 29 Rn. 58; Lutter/ Hommelhoff/*Lutter/Hommelhoff* GmbHG, § 29 Rn. 22).

98 Sofern der Gesellschaftsvertrag ein **Vollausschüttungsgebot** vorsieht, ist ebenfalls ein Gewinnverwendungsbeschluss erforderlich, obwohl dieser wirtschaftlich nur formale Bedeutung hat (RGZ 87, 383, 386). Dies gilt ebenfalls für kaduzierte Gesellschafter (BGH vom 14.09.1998 – II ZR 172/97, NJW 1989, 3646 f.; a. A. OLG Hamm vom 06.07.1988 – 8 U 315/86, GmbHR 1989, 126).

99 In der Praxis werden der Feststellungsbeschluss und der Gewinnverwendungsbeschluss in der sog. ordentlichen Gesellschafterversammlung zusammengefasst, jedenfalls wenn dieselben Organe zuständig sind (s. auch oben Rdn. 60 ff.).

100 Anders als §§ 170 Abs. 2, 175 Abs. 2 Satz 1 AktG gibt § 42a GmbHG nach seinem Wortlaut den Geschäftsführern **keine Vorschlagspflicht** für die Ergebnisverwendung (*Gutbrod* GmbHR 1995, 551, 552; vgl. auch § 42a GmbHG Rdn. 10). Die h. M. (ADS § 42a GmbHG Rn. 15) bejaht eine Verpflichtung der Geschäftsführer, einen Gewinnverwendungsvorschlag zu unterbreiten zu Recht nur, wenn der Gesellschaftsvertrag eine entsprechende Regelung vorsieht oder die Gesellschafter eine entsprechende Weisung erteilt haben.

I. Durch die Gesellschafter

101 Nach §§ 46 Nr. 1, 29 Abs. 2 GmbHG entscheiden über die Gewinnverwendung grundsätzlich die Gesellschafter mit **einfacher Mehrheit**.

102 Stimmberechtigt sind alle Gesellschafter, auch die Gesellschafter-Geschäftsführer, die den Jahresabschluss aufgestellt und/oder den Jahresabschluss festgestellt haben. Auch die Gesellschafter, die vom Gewinnbezug ausgeschlossen sind oder einen festen Gewinnanspruch haben, sind stimmberechtigt. Der Erwerber eines Geschäftsanteils ist dann stimmberechtigt, wenn er den Übergang des Geschäftsanteils der Gesellschaft angezeigt hat, § 16 GmbHG.

1. Fristen des Verwendungsbeschlusses

103 Die Gesellschafter haben spätestens bis zum Ablauf der ersten **8 Monate** oder, wenn es sich bei der Gesellschaft um eine kleine Gesellschaft handelt (§ 267 Abs. 1 HGB), bis zum Ablauf der ersten 11 Monate des Geschäftsjahres über die Verwendung des Jahresergebnisses zu beschließen (§ 42a Abs. 2 Satz 1 GmbHG). Diese Endtermine können durch den Gesellschaftsvertrag nicht verlängert (§ 42a Abs. 2 Satz 2 GmbHG), wohl aber verkürzt werden (ADS § 42a GmbHG Rn. 42; vgl. auch § 42a GmbHG Rdn. 14).

104 Wird der Endtermin für die Feststellung des Jahresabschlusses versäumt, sind gleichwohl gefasste Gewinnverwendungsbeschlüsse allein wegen der Fristversäumnis weder rechtswidrig noch nichtig. Streitig wird die Frage diskutiert, wie zu verfahren ist, wenn der **Endtermin versäumt** wurde.

105 Haben die **Geschäftsführer** die Aufstellung des Jahresabschlusses **fristwidrig versäumt**, sind zum einen die allgemeinen Sanktionen der §§ 334, 335 HGB einschlägig, und zum anderen können die Gesellschafter die Geschäftsführer abberufen oder ihnen die Entlastung verweigern (§ 46 Nr. 5 GmbHG) oder sie können Maßregeln der Überwachung einführen (§ 46 Nr. 6 GmbHG) oder aber die Geschäftsführer sind der Gesellschaft zum Schadensersatz verpflichtet (§ 43 Abs. 2 GmbHG; s. auch oben Rdn. 58 zur parallelen Sachlage bei der Feststellung des Jahresabschlusses).

Wesentlich kritischer ist die Frage zu beurteilen, wenn der/die **Mehrheitsgesellschafter** die Beschlussfassung über die Verwendung des Jahresergebnisses **verzögern**. § 50 GmbHG hilft in der Sache nicht weiter, da der Mehrheitsgesellschafter gerade die Rechte aus dieser Vorschrift hintertreibt. Teilweise wird die Auffassung vertreten, den Gewinnverwendungsbeschluss als gefasst anzusehen, wenn dieser pflichtwidrig verzögert wird, aber der Jahresabschluss festgestellt ist (vgl. *Gutbrod* GmbHR 1995, 551, 555 ff.; offen gelassen in BGH vom 14.09.1998 – II ZR 172–97, NJW 1998, 3646, 3648). Mit der herrschenden Auffassung haben die Minderheitsgesellschafter ihre Mitgesellschafter durch eine **Leistungsklage** auf Beschlussfassung über die Feststellung des Jahresabschlusses zu verklagen (Lutter/Hommelhoff/*Lutter/Hommelhoff* GmbHG, § 29 Rn. 31; Scholz/*Emmerich* GmbHG, § 29 Rn. 64a; s. auch oben Rdn. 59 zur parallelen Sachlage bei der Feststellung des Jahresabschlusses). Diese wird nach § 888 ZPO vollstreckt.

106

2. Ordentliche Gesellschafterversammlung

Der Gewinnverwendungsbeschluss wird regelmäßig in der ordentlichen Gesellschafterversammlung gefasst. Grundlage der Beschlussfassung ist regelmäßig der Jahresabschluss und der Lagebericht.

107

Entsprechend dem Gesellschaftsvertrag haben der/die Geschäftsführer diese Unterlagen jedem Gesellschafter in angemessener Frist vor der Beschlussfassung **zuzusenden**. Es besteht Einigkeit, dass hierfür die Wochenfrist des § 51 Abs. 1 Satz 2 GmbHG nicht ausreichend ist (Lutter/Hommelhoff/*Lutter/Hommelhoff* GmbHG, § 29 Rn. 23); je nach Komplexität des Jahresabschlusses und der Vorbefassung der Gesellschafter während der Aufstellung des Jahresabschlusses kann eine **3-Wochen-Frist** zur Übermittlung der Unterlagen geboten sein.

108

Analog § 176 Abs. 1 Satz 2 AktG sind die Geschäftsführer verpflichtet, in der Gesellschafterversammlung – auf Wunsch – die Gesellschafter bei der Ergebnisverwendung zu **beraten** oder ihre Überlegungen zur Ergebnisverwendung durch die Gesellschafter vorzutragen.

109

3. Form des Beschlusses

Formerfordernisse bestehen für den Beschluss nicht. Schriftliche Beschlussfassung oder die Dokumentation in einer Niederschrift einer Gesellschafterversammlung ist jedoch empfehlenswert.

110

4. Inhalt der Beschlussfassung, Abs. 2

Die Gesellschafter sind **grundsätzlich frei**, über die Verwendung des Ergebnisses zu beschließen. Innerhalb der gesellschaftsvertraglichen Vorgaben können sie den Gewinn an die Gesellschafter ausschütten, Beträge in die Gewinnrücklage einstellen und/oder den Gewinn auf neue Rechnung vortragen, § 29 Abs. 2 GmbHG. Der BGH (BGH vom 30.06.2004 – VIII ZR 349/03, ZIP 2004, 1551, 1552) ist im Fall der Anteilsveräußerung der Auffassung, dass das nach § 29 Abs. 2 GmbHG bestehende Ermessen eingeschränkt ist, wenn im Anteils-Kaufvertrag eine diesbezügliche Regelung enthalten ist. Diese Auffassung ist nicht zwingend geboten, dies dürfte eine Frage des Schadensersatzes sein.

111

Abs. 2 gilt nicht nur in den Fällen, in denen bei der Aufstellung des Jahresabschlusses keine Ergebnisverwendung getätigt wurde (Abs. 1 Satz 1), sondern nach überwiegender Auffassung auch dann, wenn bei der Aufstellung bereits ein Teil des Ergebnisses verwandt wurde, Abs. 1 Satz 2 (Michalski/*Salje* § 29 Rn. 71). Der BGH (BGH vom 30.06.2004 – VIII ZR 349/03, ZIP 2004, 1551, 1552) ist im Fall der Anteilsveräußerung der Auffassung, dass das nach § 19 Abs. 2 GmbHG bestehende Ermessen eingeschränkt ist, wenn im Anteils-Kaufvertrag eine diesbezügliche Regelung enthalten ist. Diese Auffassung ist nicht zwingend geboten; dies dürfte eine Frage des Schadensersatzes sein.

112

§ 29 GmbHG Ergebnisverwendung

a) Bildung von Rücklagen

113 Die Gesellschafter können beschließen, den Jahresüberschuss oder den Bilanzgewinn oder einen Teil davon in die **Gewinnrücklage** (§ 272 Abs. 3 HGB) einzustellen. Damit wird dieser Teil des Ergebnisses von der Ausschüttung an die Gesellschafter ausgeschlossen.

b) Auflösung von Rücklagen

114 Rücklagen können wieder aufgelöst werden. Dies gilt jedoch nicht, soweit es sich um die Kapitalrücklage (§ 272 Abs. 2 HGB) oder um die Rücklage für eigene Anteile handelt, § 272 Abs. 4 HGB (Scholz/*Emmerich* GmbHG, § 29 Rn. 75). Die aufgelösten Rücklagen fließen als außerordentliche Erträge in den Jahresüberschuss des folgenden Geschäftsjahres ein (§ 277 Abs. 4 HGB). Bei der Auflösung von Rücklagen handelt es sich nach diesseitiger Auffassung um einen Beschluss zur Ergebnisverwendung (Scholz/*Emmerich* GmbHG, § 29 Rn. 74, Lutter/Hommelhoff/*Lutter/Hommelhoff* GmbHG, § 29 Rn. 27), und nicht um einen Beschluss der Feststellung des Jahresabschlusses (so aber Baumbach/Hueck/*Schulze-Osterloh* § 42 Rn. 172), weshalb das Feststellungsorgan für diesen Beschlussgegenstand zuständig ist.

c) Gewinnvortrag

115 Nach § 29 Abs. 1 Satz 1 GmbHG ist der Jahresüberschuss zunächst um Gewinnvorträge zu korrigieren. Die Gesellschafter können im Rahmen der Gewinnverwendung (BGH GmbHR 1976, 158, 159; Scholz/*Emmerich* GmbHG, § 29 Rn. 43) beschließen, den Jahresüberschuss oder den Bilanzgewinn oder einen Teil von ihnen als Gewinn vorzutragen. Das Ergebnis des nächsten Geschäftsjahres wird erhöht. Wirtschaftlich betrachtet handelt es sich bei dem Gewinnvortrag also um einen zeitlichen Aufschub des Beschlusses über die Ergebnisverwendung bis zum nächsten Ergebnisverwendungsbeschluss, weshalb Gewinnvorträge als vorübergehende Rücklagen bezeichnet werden (RGZ 167, 65, 69; OLG Düsseldorf vom 06.12.1962 – 6 U 126/62, NJW 1963, 2080, 2081; BFH vom 27.01.1977 – I R 39/75, BFHE 122, 43, 48). Damit wird dieser Teil des Ergebnisses von der Ausschüttung an die Gesellschafter ausgeschlossen.

d) Verlustvortrag

116 Nach Abs. 1 Satz 1 ist der Jahresüberschuss ferner um Verlustvorträge zu korrigieren. Während Gewinnvorträge das verwendungsfähige Ergebnis erhöhen, wird dieses durch Verlustvorträge entsprechend gemindert. Soweit durch den Verlustvortrag das Stammkapital angegriffen wird, ist dies nach §§ 30, 31 GmbHG unzulässig. Soweit durch den Verlustvortrag das Stammkapital zur Hälfte aufgebraucht ist, ist die Geschäftsführung verpflichtet, eine Gesellschafterversammlung einzuberufen, § 49 Abs. 3 GmbHG.

e) Gewinnausschüttung und Gewinnanspruch

117 Die Gesellschafter können beschließen, den Jahresüberschuss oder den Bilanzgewinn oder einen Teil von ihnen an die Gesellschafter auszuschütten. Gesellschafter in diesem Sinne ist der nach § 16 GmbHG bestimmte Gesellschafter. Ein Beschluss über die Gewinnausschüttung liegt bereits dann vor, wenn die Gesellschafterversammlung die Verrechnung des auf den Gesellschafter entfallenden Gewinns mit dessen negativen Verrechnungskonto beschließt (OLG München vom 28.11.2007 – 7 U 2282/07, GmbHR 2008, 362 f.).

118 Soweit die Gewinnausschüttung beschlossen wurde, entsteht ein **sofort fälliger Anspruch** der Gesellschafter gegen die Gesellschaft auf Auszahlung des Gesellschafteranteils (BayObLG vom 17.09.1987 – 3 Z 122/87, NJW 1988, 426, 427; Michalski/*Salje*, § 29 Rn. 74; Scholz/*Emmerich* GmbHG, § 29 Rn. 84; a. A. Lutter/Hommelhoff/*Lutter/Hommelhoff* GmbHG, § 29 Rn. 40, wonach der Gewinnanspruch bereits mit der Feststellung des Jahresabschlusses entsteht).

119 Mit der Beschlussfassung wandelt sich das Gewinnbezugsrecht des Gesellschafters endgültig in eine von der Mitgliedschaft **losgelöste Forderung** um (BGH vom 12.01.1998 – II ZR 82/93, BGHZ 137, 378, 381; BGH vom 03.11.1975 – II ZR 67/73, BGHZ 65, 230, 234; BGH vom 24.01.1957 – II ZR 208/55, BGHZ 23, 150, 154; BayObLG vom 17.09.1987 – 3 Z 122/87, GmbHR 1988, 102; 103), ohne dass es einer besonderen Mitteilung – etwa an nicht anwesende Gesellschafter – bedarf. Folglich ist die Forderung der Gesellschafter erst mit dem Ergebnisverwendungsbeschluss als Aufwand in der Gesellschaft zu erfassen; umgekehrt kann die Forderung grundsätzlich auch erst mit dem Ergebnisverwendungsbeschluss in der Buchhaltung des Gesellschafters aktiviert werden (vgl. BGH 14.09.1998 – II ZR 172–97, NJW 1998, 3646, 3647; BFH vom 25.03.1983 – III R 13/81, BFHE 138, 257, 258). Ausnahmsweise ist der Gewinnanspruch des Gesellschafters in seinem Jahresabschluss bereits vor Gewinnfeststellung der GmbH in den Fällen der sog. **phasengleichen Vereinnahmung** zu aktivieren, wenn er allein oder aufgrund der Konzernvermutung der §§ 17 Abs. 2, 18 Abs. 1 Satz 3 AktG an der GmbH beteiligt ist, da sich in diesen Fällen der Gewinnanspruch bereits zum Stichtag der Bilanz der abhängigen Gesellschaft so konkretisiert hat, dass der Gewinnanspruch als zu seinem Vermögen zugehörig angesehen werden kann (BGH BGH vom 12.01.1998 – II ZR 82/93, BGHZ 137, 378, 382 f. gegen BGH vom 03.11.1975 – II ZR 67/73, BGHZ 65, 230, 234 ff.; vgl. aber auch BFH vom 07.02.2007 – I R 15/06, GmbHR 2007, 939: erforderlich ist, dass durch »objektiv nachprüfbare Umstände belegt ist, dass der beherrschende Gesellschafter am maßgeblichen Bilanzstichtag unwiderruflich zur Ausschüttung eines bestimmten Betrags entschlossen war«).

120 Die sofortige Fälligkeit des Auszahlungsanspruchs ist jedenfalls dann unbedenklich, wenn die Gesellschafter auf die Anfechtung des Ergebnisverwendungsbeschlusses verzichtet haben. Besteht allerdings für die Geschäftsführer das Risiko, dass ein oder mehrere Gesellschafter den Ergebnisverwendungsbeschluss anfechten, haben sie nach diesseitiger Auffassung ein i. d. R. auszuübendes **Leistungsverweigerungsrecht** bis zur Rechtskraft des Anfechtungsurteils oder bis zum Ablauf der Anfechtungsfrist.

121 Der Gesellschaftsvertrag kann eine andere Fälligkeit des Auszahlungsanspruchs festlegen oder aber den Geschäftsführern das Recht einräumen, die Auszahlungsansprüche gleichmäßig unter den Gesellschaftern in Abhängigkeit von der Liquiditätslage der Gesellschaft zu befriedigen. Fraglich ist aber, ob die Gesellschafter im Gewinnverwendungsbeschluss eine **andere Fälligkeit** bestimmen können. Dies ist jedenfalls dann möglich, wenn der Beschluss mit sämtlichen Stimmen einstimmig gefasst wurde, da dann jeder Gesellschafter in die abweichende Fälligkeit eingewilligt hat (a. A. Scholz/*Emmerich* GmbHG, § 29 Rn. 84). Im Übrigen kann die Fälligkeit des Auszahlungsanspruchs im Ergebnisverwendungsbeschluss nicht geregelt werden.

122 Der Auszahlungsanspruch ist auf **Leistung in Geld** gerichtet. Etwas anderes kann der Gesellschaftsvertrag bestimmen (so auch: Scholz/*Emmerich* GmbHG, § 29 Rn. 84; Baumbach/Hueck/*Hueck-Fastrich* § 29 Rn. 55). Soweit der Gesellschaftsvertrag eine **Leistung in Natur** zulässt (z. B. eigene Anteile oder Vermögensgegenstände der Gesellschaft), stellt sich die Frage nach deren Bewertung. Der Buchwert ist jedenfalls nicht maßgeblich, weshalb die Geschäftsführung zur Vermeidung einer verdeckten Gewinnausschüttung ein Verkehrswertgutachten über den Wert des auszuschüttenden Vermögensgegenstandes einzuholen hat.

123 Die Geschäftsführer haben im Fall der Gewinnausschüttung zu prüfen, ob die **Voraussetzungen des Gewinnauszahlungsanspruches** gegeben sind, d. h. ob der Jahresabschluss wirksam aufgestellt und festgestellt ist und ob der Gewinnausschüttungsbeschluss wirksam gefasst wurde. Soweit im Zeitpunkt der Auszahlung der Gewinnansprüche durch die Auszahlung das Stammkapital angegriffen wird (§ 30 GmbHG), haben die Geschäftsführer ein Auszahlungsverweigerungsrecht (Michalski/*Salje* § 29 Rn. 109). Allerdings sind sie verpflichtet, bis zum Erhalt des Stammkapitals die Gesellschafter gleichmäßig zu befriedigen.

124 Der Gewinnanspruch **verjährt nach 3 Jahren** (§ 195 BGB). Die Verjährungsfrist beginnt nach § 199 Abs. 1 BGB am Ende des Kalenderjahres, in dem der Ergebniswendungsbeschluss gefasst ist

und der Gesellschafter von der Gewinnausschüttung Kenntnis erlangt hat. Der Gesellschaftsvertrag kann eine längere Verjährungsfrist bestimmen (§ 202 Abs. 2 BGB).

125 Der Gewinnanspruch ist **abtretbar, verpfändbar, pfändbar** und kann mit einem **Nießbrauchsrecht** belastet sein. Als zukünftiger Anspruch kann er bereits vor Fassung des Ergebnisverwendungsbeschlusses abgetreten, verpfändet und gepfändet werden. Der künftige Anspruch entsteht in der Person des Zessionars mit Fassung des Ausschüttungsbeschlusses (RGZ 98, 318, 320; BFH vom 21.05.1986 – I R 199/84, BFHE 147, 44, 46). Der Zessionar hat als bloß obligatorisch Berechtigter in der Gesellschafterversammlung kein Stimmrecht und kein Anfechtungsrecht des Ergebnisverwendungsbeschlusses (RGZ 98, 318, 320). Der Gesellschaftsvertrag kann ein Abtretungsverbot vorsehen (§ 399, 2. Alt. BGB). Das gilt nicht, sofern der Gesellschafter seinerseits ein Kaufmann ist (§ 354a HGB).

126 Wird der Geschäftsanteil **abgetreten**, hängt die Person des Gläubigers des Gewinnanspruchs davon ab, ob Veräußerer oder Erwerber der Gesellschaft den Übergang des Geschäftsanteils **angezeigt** haben, § 16 Abs. 1 GmbHG. Wenn dem Veräußerer noch Gewinnansprüche zustehen sollten, darf der Erwerber seine Gesellschafterrechte nicht dahin ausüben, dass diese Ansprüche verkürzt werden (OLG Hamm vom 26.11.1984 – 8 U 335/83, GmbHR 1985, 220). Hat sich der Veräußerer das Gewinnbezugsrecht vorbehalten, handelt es sich um die **Rückabtretung** des zukünftigen Gewinnanspruchs seitens des Erwerbers an den Veräußerer, weshalb der Veräußerer leer ausgeht, wenn die Gesellschafter keine Gewinnausschüttung beschließen (OLG Hamburg OLGE 30 [1915 I], 379, 380). Ob daneben Schadensersatzansprüche des Veräußerers möglich sind, hängt von der Ausgestaltung des Geschäftsanteilskaufvertrages oder von der Handhabung bei der Gesellschaft ab (OLG Hamm vom 26.11.1984 – 8 U 335/83, GmbHR 1985, 220). Steuerrechtlich ist darauf zu achten, dass der Gewinn – unabhängig von § 16 GmbHG durch den Inhaber der Geschäftsanteile zu versteuern ist, § 20 Abs. 2a EStG.

f) Gewinnanteilscheine

127 Die Gesellschaft kann über den Auszahlungsanspruch einen Gewinnanteilschein (oder Dividendenschein) erstellen. Je nach Ausgestaltung kann dieser eine **Inhaberschuldverschreibung** i. S. d. § 793 BGB verkörpern oder lediglich eine **Beweisurkunde** des Gewinnanspruchs darstellen (Palandt/*Sprau* § 793 Rn. 6). Sofern der Gewinnanteilschein als Inhaberschuldverschreibung ausgestaltet ist, verkörpert er gleichwohl nicht die Gesellschafterrechte, weshalb nur der Inhaber des Geschäftsanteils an der Feststellung des Jahresabschlusses und der Ergebnisverwendung mitzuwirken hat, selbst wenn er den Gewinnanteilschein schon veräußert hat (Hachenburg/*Goerdeler/Müller* § 29 Rn. 162).

g) Schütt-aus-Hol-zurück-Beschluss

128 Die sog. »Schütt-aus-Hol-zurück-Beschlüsse« waren im Wesentlichen steuerlich motiviert. Es wurden die unterschiedlichen Steuersätze auf ausgeschütteten und einbehaltenen Gewinnen ausgenutzt. Der Schütt-aus-Hol-zurück-Beschluss beinhaltet nicht nur eine Gewinnausschüttung, sondern auch einen vollständigen oder teilweisen **Rückfluss der ausgeschütteten Gewinne** an die Gesellschaft. Wegen des Rückflusses der Gewinne an die Gesellschaft bedarf es für diese Form der Ergebnisverwendung eines einstimmigen Beschlusses der Gesellschafter (§ 53 Abs. 3 GmbHG), soweit der Gesellschaftsvertrag nicht ein anderes bestimmt (Michalski/*Salje* § 29 Rn. 97). Nur in Ausnahmefällen können die Gesellschafter aufgrund Treuepflicht verpflichtet sein, einem Schütt-aus-Hol-zurück-Beschluss zuzustimmen.

129 Mit dem Schütt-aus-Hol-zurück-Beschluss kann das **Stammkapital der Gesellschaft erhöht** werden, indem entweder in der Gesellschaft die Forderung der Gesellschaft in Stammkapital umgebucht wird oder indem die Gesellschaft den Gewinn an die Gesellschafter auszahlt und diesen an die Gesellschaft zurückzahlen. Sofern die Umbuchung dem Registergericht offengelegt wird, ist zum einen der **Ergebnisverwendungsbeschluss beurkundungspflichtig** und es gelten die Grundsätze, die für eine Kapitalerhöhung aus Gesellschaftsmitteln gelten, §§ 57i, 57c, 57 Abs. 2 GmbHG

(BGH vom 18.02.1991 – II ZR 104/90, BGHZ 113, 335, 340 ff.; Scholz/*Emmerich* GmbHG, § 29 Rn. 93). Im Übrigen sind die **Grundsätze der Kapitalerhöhung** gegen Sacheinlage anzuwenden (BGH vom 18.02.1991 – II ZR 104/90, BGHZ 113, 335, 340 ff.; OLG Köln vom 22.05.1990 – 22 U 272/89, ZIP 1990, 717). Teilweise wurde und wird die Rückführung des Gewinnes als Bareinlage gehandhabt, weil die z. T. kostenträchtigen Sachkapitalerhöhungsvorschriften umgangen werden sollten. Damit stellt sich in diesen Fällen die Frage einer etwaigen **Heilungsmöglichkeit**. Seit BGH (BGH vom 04.03.1996 – II ZR 89/95, BGHZ 132, 141, 148 ff.) ist anerkannt, dass die Heilung möglich ist, sofern dies die Gesellschafter mit gesellschaftsvertragsändernder Mehrheit beschließen. Zu der Mitwirkung an der Beschlussfassung sind die Gesellschafter grundsätzlich unter dem Gesichtspunkt der Treuepflicht verpflichtet, jedenfalls dann, wenn sich die Gesellschafter über die geplante Einlage einig waren (BGH vom 07.07.2003 – II ZR 235/01, ZIP 2003, 1540, 1541; *Hirte* ZInsO, 2005, 403, 405). Einlagegegenstand ist nach h. A. die nicht erloschene Gesellschafterforderung auf Auszahlung des Gewinns (BGH vom 04.03.1996 – II ZR 89/95, BGHZ 132, 141, 156). Der Beschluss ist zum Handelsregister anzumelden und mit einem Bericht über die Einlageänderung, der von den Geschäftsführern und den betroffenen Gesellschaftern (Lutter/Hommelhoff/*Lutter/Bayer* GmbHG, § 5 Rn. 56, str.) zu unterzeichnen ist, einer Werthaltigkeitsbescheinigung, die i. d. R. von einem Wirtschaftsprüfer zu erstellen ist, sowie der Versicherung der Geschäftsführer, dass die eingebrachten Forderungen werthaltig sind und zur freien Verfügung der Geschäftsführung sind, zusammen zum Handelsregister einzureichen. Maßgebend für die Werthaltigkeit der Forderung ist der Zeitpunkt der Heilung (BGH vom 04.03.1996 – II ZR 89/95, BGHZ 132, 141, 156; BGH vom 07.07.2003 – II ZR 235/01, ZIP 2003, 1540, 1543), nicht jedoch der Zeitpunkt der ursprünglichen Leistung.

Mit dem Schütt-aus-Hol-zurück-Beschluss kann das Eigenkapital im Übrigen erhöht werden, indem **Nachschüsse** nach §§ 26 bis 28 GmbHG geleistet werden oder die Gesellschafter Einzahlungen in die Kapitalrücklage (§ 272 Abs. 2 Nr. 4 HGB) vornehmen (Scholz/*Emmerich* GmbHG, § 29 Rn. 93). Letzteres hat den Vorteil, dass die Beträge zu einem späteren Zeitpunkt vereinfacht zu einer Erhöhung des Stammkapitals verwendet werden können, § 57c GmbHG (LG Aachen GmbHR 1990, 512, 513; Scholz/*Emmerich* GmbHG, § 29 Rn. 93). 130

Mit dem Schütt-aus-Hol-zurück-Beschluss kann auch das **Fremdkapital der Gesellschaft erhöht** werden, indem entweder die ausgeschütteten Gewinne als Darlehen oder als stille Gesellschaftseinlage der Gesellschaft zur Verfügung gestellt werden. Der Abschluss des stillen Gesellschaftsvertrags kann einen Teilgewinnabführungsvertrag i. S. v. § 292 Abs. 1 Nr. 2 AktG darstellen. Wird die Darlehensforderung zu einem späteren Zeitpunkt zu einer Erhöhung des Stammkapitals verwandt, ist dies über eine Stammkapitalerhöhung durch Sacheinlage möglich. 131

5. Mehrheitserfordernisse und Schutz der Minderheitsgesellschafter

Der Beschluss über die Ergebnisverwendung wird mit **einfacher Mehrheit** gefasst. Der Gesellschaftsvertrag kann ein höheres Mehrheitserfordernis bestimmen. 132

Damit kann eine geringe Gesellschaftermehrheit die Ausschüttung an Minderheitsgesellschafter verhindern, indem bspw. der Jahresüberschuss oder Bilanzgewinn in die Rücklagen eingestellt oder als Gewinn vorgetragen wird. Die ursprünglich bei der Bilanzrechtsreform vorgesehene Mindestdividende (§ 42h EGGmbHG) wurde während des Gesetzgebungsverfahrens fallen gelassen (BT-Drucks. 10/4268, S. 130 ff.), weshalb sich eine Analogie zu § 254 AktG verbietet. Besonders kritisch bzw. diskussionsträchtig wird es für Minderheitsgesellschafter, wenn der Mehrheitsgesellschafter zugleich Geschäftsführer ist und ein auskömmliches Geschäftsführergehalt bezieht. 133

In Gesellschaftsverträgen findet sich häufig die Regelung, dass die Gesellschaft mit einem »**betriebswirtschaftlich sinnvollen Eigenkapital**« ausgestattet sein soll und dies durch Rücklagenbildung o. ä. zu bewerkstelligen ist. Soweit der Gesellschaftsvertrag eine Regelung enthält, ist diese Regelung vorrangig anwendbar und verbietet insoweit die vollständige Ausschüttung der Gewinne. 134

§ 29 GmbHG Ergebnisverwendung

135 Soweit der Gesellschaftsvertrag nicht weiter hilft, gelten die **allgemeinen Grundsätze**, nämlich das Verbot des Rechtsmissbrauchs, der Gleichbehandlungsgrundsatz der Gesellschafter und die Treuepflicht der Gesellschafter.

136 Rechtstheoretisch einfach zu begründen ist die **rechtsmissbräuchliche Thesaurierung** aufgrund der gesetzlichen Schranken der §§ 138, 242, 826 BGB (vgl. hierzu auch OLG Nürnberg vom 09.07.2008 – 12 U 690/07, DB 2008, 2415, 2418). In der Rechtspraxis sind allerdings kaum Anwendungsfälle denkbar, denn genauso wie die Gesellschafter das Recht haben, die Gesellschaft unterzukapitalisieren, haben sie das Recht, die Gesellschaft überzukapitalisieren. Dies hat zur Folge, dass die von der Gesellschafterversammlung getroffene Entscheidung über die Ergebnisverwendung nur äußerst restriktiv überprüft werden darf und in der Regel der Minderheit nur in extremen Ausnahmefällen der Nachweis einer rechtsmissbräuchlichen Thesaurierung gelingen wird (vgl. OLG Nürnberg, wie vor).

137 Ein **Verstoß gegen den Gleichbehandlungsgrundsatz** kommt auch nur ganz selten in Betracht, da § 29 Abs. 3 Satz 1 GmbHG eine Gewinnverwendung nach Maßgabe der Geschäftsanteile bestimmt und ein anderer Maßstab bereits im Gesellschaftsvertrag festgelegt sein muss (Michalski/*Salje* § 29 Rn. 41).

138 Es bleibt daher nur die **Treuepflicht** der Gesellschafter, um eine extreme Thesaurierung zu verhindern. In Anlehnung an § 254 Abs. 1 AktG wird darauf abgestellt, ob die Thesaurierung bei Abwägung der Interessen der Gesellschaft und den Interessen der einzelnen und aller Gesellschafter nach objektiven Maßstäben noch als kaufmännisch vertretbar angesehen werden kann (OLG Hamm vom 03.07.1991 – 8 U 11/91, GmbHR 1992, 458, 459; Scholz/*Emmerich* GmbHG, § 29 Rn. 71). In Anlehnung an § 58 AktG schlagen *Lutter/Hommelhoff* (Lutter/Hommelhoff GmbHG, § 29 Rn. 25) vor, 60 % des Jahresergebnisses auch gegen den Willen der Minderheitsgesellschafter in die Gewinnrücklage einzustellen, bis die Gewinnrücklagen das gesellschaftsvertragliche Stammkapital überschreiten. Da sich der Gesetzgeber allerdings gegen feste Mindestgewinne bzw. Thesaurierung entschieden hat, dürfte der Vorschlag von *Lutter/Hommelhoff* nicht weiterführen (Scholz/*Emmerich* GmbHG, § 29 Rn. 71). Insbesondere in allgemein wirtschaftlich kritischen Zeiten und in für Gesellschaften, deren Branche von Umwälzungen betroffen ist, ist es i. d. R. aus Vorsicht für die Gesellschaft geboten, mehr als 60 % des Jahresergebnisses und/oder mehr als die Stammkapitalziffer zu thesaurieren.

139 Will ein Minderheitsgesellschafter gegen den **Ergebnisverwendungsbeschluss** vorgehen, hat er diesen innerhalb der gesellschaftsvertraglichen Fristen **anzufechten**. In der Sache wird er nur in extremen, offen auf der Hand liegenden Fällen auch materiell Erfolg haben. Wenn er also auf Gewinnausschüttungen zum Bestreiten seines Lebensunterhalts angewiesen ist, kann eine Thesaurierungspolitik der Mehrheit für ihn prekäre Folgen haben. Dies wird noch dadurch verstärkt, dass nach der Rechtsprechung ein Austrittsrecht der Gesellschafter auch bei extremer Thesaurierung verwehrt wird (OLG München vom 09.06.1989 – 23 U 6437/88, GmbHR 1990, 221, 222).

6. Anspruch auf Fassung des Ergebnisverwendungsbeschlusses

140 Jeder Gesellschafter hat gegen den anderen Gesellschafter einen Anspruch auf Fassung des Ergebnisverwendungsbeschlusses. Sofern ein Gesellschafter sich pflichtwidrig weigert, begründet dies einen in der Treuepflicht (Lutter/Hommelhoff/*Lutter/Hommelhoff* GmbHG, § 29 Rn. 30) begründeten Anspruch auf Fassung des Ergebnisverwendungsbeschlusses. Dieser Anspruch kann durch **Leistungsklage** gegen die sich weigernden Gesellschaft geltend gemacht werden. Er wird nach § 888 ZPO vollstreckt.

7. Verteilungsmaßstab, Abs. 3

141 Maßstab für die Verteilung des Jahresüberschusses oder des Bilanzgewinns ist zunächst der **Gesellschaftsvertrag**, Abs. 3 Satz 2. Der Gesellschaftsvertrag kann insbesondere

– eine Gewinnverteilung **nach Köpfen**,

- eine Gewinnverteilung **analog § 60 Abs. 2 AktG**,
- eine **volle Ergebnisverteilung** nur, soweit die Einlage voll eingezahlt ist (BGH vom 14.07.1954 – II ZR 342/53, BGHZ 14, 264, 273),
- eine **prozentuale Ergebnisverteilung** nach dem prozentualen Grad der Einzahlung,
- eine Gewinnverteilung **nach Umsätzen der Gesellschafter** mit der Gesellschaft (RG JW 1936, 180, 181),
- **feste Gewinngarantien**,
- **Vorzugs- oder Sonderrechte** einzelner Gesellschafter, vgl. § 35 BGB, oder
- Verteilung unter Berücksichtigung von **getätigten Lieferungen** (RGZ 104, 349, 350/351)
- bestimmen. Ob es sich dabei immer um »sinnvolle« Verteilungsmaßstäbe handelt, darf bei Umsatz- oder Lieferungsmaßstäben bezweifelt werden.

Soweit der Gesellschaftsvertrag eine Regelung enthält, kann im Ergebnisverwendungsbeschluss einmalig hiervon als sog. **satzungsdurchbrechender Beschluss** nur abgewichen werden, wenn alle Gesellschafter einverstanden sind (vgl. § 53 Abs. 3 GmbHG). Im Übrigen kann eine dauerhafte Änderung des Verteilungsmaßstabes nur erzielt werden, wenn der **Gesellschaftsvertrag geändert** wird (RGZ 76, 155, 158; 37, 62, 64; 22, 113, 114). Hierfür ist Voraussetzung, dass § 53 Abs. 3 GmbHG beachtet wird. Teilweise wird vertreten, dass daneben noch § 33 BGB zu beachten ist, was nicht notwendigerweise zwingend ist, da die Zustimmung der Gesellschafterversammlung zum Abschluss eines Gewinnabführungsvertrages ebenfalls bereits **mit 3/4-Mehrheit** beschlossen werden kann. 142

Soweit der Gesellschaftsvertrag keine Regelung enthält, ist Verteilungsmaßstab der **Nennbetrag der Geschäftsanteile**, Abs. 3 Satz 1. Unerheblich ist, ob die Geschäftsführer die Einlage eingefordert haben, ob und wie viel die Gesellschafter auf die Einlage geleistet haben, ob es sich um eine Sach- oder Geldeinlage handelt, ob die Gesellschafter ein Aufgeld geleistet haben oder ob die Sacheinlage überbewertet wurde. § 60 Abs. 2 AktG findet keine Anwendung (Scholz/*Emmerich* GmbHG, § 29 Rn. 76). 143

Ein **Gewinnbezugsrecht der GmbH**, die Inhaberin eigener Anteile ist, besteht nicht; das Gewinnbezugsrecht ruht (BGH vom 08.12.1997 – II ZR 203/96, GmbHR 1998, 538, 539; BGH vom 30.01.1995 – II ZR 45/94, NJW 1995, 1027, 1029). Der rechnerisch auf die eigenen Anteile entfallende Gewinn fällt sofort den übrigen Gesellschaftern zu, es sei denn, die Gesellschaft hat über den Gewinnanspruch, der auf ihre eigenen Anteile entfällt, bereits verfügt. 144

8. Mangelhafter Ergebnisverwendungsbeschluss

Der Beschluss über die Ergebnisverwendung kann **nichtig** sein, wenn der Feststellungsbeschluss fehlt, es sei denn, der Ergebnisverwendungsbeschluss kann als konkludente Feststellung des Jahresabschlusses gedeutet werden, was jedoch nur in Betracht kommt, wenn für beide Beschlüsse dasselbe Organ zuständig ist. Der Beschluss über die Ergebnisverwendung ist ferner nichtig, wenn der Feststellungsbeschluss entweder selbst nichtig ist oder aufgrund einer Anfechtung aufgehoben wird (§ 253 Abs. 1 Satz 1 AktG analog; OLG Hamm vom 17.04.1991 – 8 U 173/90, DB 1991, 1924). Der Ergebnisverwendungsbeschluss ist überdies nichtig, wenn der Jahresabschluss nichtig aufgestellt wurde (OLG Hamm 17.04.1991 – 8 U 173/90, DB 1991, 1924, 1925), etwa weil die Gesellschafter gesetzlich gebotene Rückstellungen unterlassen haben (BGH vom 01.03.1982 – II ZR 23/81, BGHZ 83, 341, 346 ff.). Sofern der Ergebnisverwendungsbeschluss gegen das Kapitalerhaltungsgebot des § 30 GmbHG verstößt, ist er grundsätzlich wirksam (BGH vom 23.06.1997 – II ZR 220/95, BGHZ 136, 125, 129 ff.). 145

Ist der Beschluss über die Ergebnisverwendung nicht nichtig, ist er wirksam, solange er nicht rechtskräftig angefochten worden ist. **Anfechtbar** ist der Ergebnisverwendungsbeschluss, wenn ein anderer Verteilungsmaßstab gewählt wurde, als in dem Gesellschaftsvertrag oder dem Gesetz vorgesehen ist, wenn der Ergebnisverwendungsbeschluss dem Feststellungsbeschluss widerspricht (BGH vom 24.01.1957 – II ZR 208/55, BGHZ 23, 150, 154) oder wenn Rücklagen übermäßig 146 dotiert werden (OLG Hamm vom 03.07.1991 – 8 U 11/91, GmbHR 1992, 458 f.; BayObLG vom 17.09.1987 – 3 Z 122/87, GmbHR 1988, 102, 103; RGZ 87, 383, 386; OLG Düsseldorf vom 06.12.1962 – 6 U 126/62, NJW 1963, 2080, 2081). Während des Rechtsstreits über die Anfechtung haben die Geschäftsführer ein **Leistungsverweigerungsrecht** (Scholz/*Emmerich* GmbHG, § 29 Rn. 83; Lutter/Hommelhoff/*Lutter/Hommelhoff* GmbHG, § 29 Rn. 41), weshalb sie während dieser Zeit jedenfalls Gewinne nicht ausschütten müssen.

147 Wird die Nichtigkeit festgestellt oder der Gewinnverwendungsbeschluss aufgehoben, **erlischt** insoweit der Zahlungsanspruch der Gesellschafter.

148 Wenn die Gesellschafter das verteilungsfähige Ergebnis nicht vollständig verteilt haben, ist es eine Frage der Auslegung des Verwendungsbeschlusses, ob das nicht verteilte Ergebnis auf neue Rechnung vorgetragen werden soll. Führt dies nicht weiter, sind die Gesellschafter berechtigt, über das nicht verteilte Ergebnis erneut zu beschließen. Kommt ein derartiger Beschluss nicht zustande, bleibt es bei der Anfechtbarkeit des Ergebnisverwendungsbeschlusses, da insoweit das Gewinnbezugsrecht der Gesellschafter verletzt wurde (Scholz/*Emmerich* GmbHG, § 29 Rn. 81; Baumbach/Hueck/*Hueck/Fastrich* § 29 Rn. 45).

9. Änderung des Ergebnisverwendungsbeschlusses

149 Bei der Änderung eines nicht mangelbehafteten Ergebnisverwendungsbeschlusses ist zu unterscheiden, ob die Gesellschafter das Ergebnis thesauriert oder ob sie es ausgeschüttet haben. Soweit die Gesellschafter das Ergebnis **ausgeschüttet** haben, ist der Gewinnanspruch des einzelnen Gesellschafters entstanden; insoweit kann der Ergebnisverwendungsbeschluss nur geändert werden, wenn diese Gesellschafter zusätzlich in die Änderung eingewilligt haben. Soweit die Gesellschafter das Ergebnis **thesauriert** haben, kann dieser Beschlussgegenstand jederzeit geändert werden.

II. Durch Nicht-Gesellschafter

1. Durch ein Organ

150 Der Gesellschaftsvertrag kann die Beschlusskompetenz auch einem **anderen Organ zuweisen**, z. B. der Geschäftsführung, dem Beirat, einem Gesellschafter (so auch Scholz/*Emmerich* GmbHG, § 29 Rn. 62) oder dem Gesellschafterausschuss, vgl. § 45 GmbHG. Dabei ist jedoch darauf zu achten, dass es sich um ein Organ der Gesellschaft handelt, da andernfalls die Übertragung wegen des damit verbundenen Eingriffs in das Selbstbestimmungsrecht der Gesellschafter unwirksam ist, § 138 BGB (Scholz/*Emmerich* GmbHG, § 29 Rn. 62).

2. Weisungsbefugnis der Gesellschafter

151 Von der Ausgestaltung der Organrechte im Gesellschaftsvertrag hängt ab, ob die Gesellschafter berechtigt sind, dem Organ Weisungen zu erteilen oder die Beschlusskompetenz an sich zu ziehen. Im Gegensatz zum Feststellungsbeschluss greift das Organ mit dem Ergebnisverwendungsbeschluss besonders stark in die Rechte der Gesellschaft bei unterlassener Thesaurierung und der Gesellschafter bei unterlassener Gewinnausschüttung ein. Da es allerdings allein Sache der Gesellschafter ist, die Finanzierung der Gesellschaft darzustellen, unterliegt das Organ **besonderen Treuepflichten** gegenüber den Gesellschaftern. Sind die Rechte der Gesellschafter gegenüber dem Organ nicht geregelt, wird man daher beim Ergebnisverwendungsbeschluss wesentlich eher konkludentes Weisungsrecht der Gesellschafter annehmen müssen als bei dem Feststellungsbeschluss. Im Übrigen bleibt für die Gesellschafter nur die Abschaffung des Organs, um ihre Rechte zu wahren. Dies setzt allerdings eine gesellschaftsvertragsändernde Mehrheit voraus.

152 Im Übrigen gelten für die Ergebnisverwendung durch ein anderes Organ die Ausführungen der Beschlussfassung durch die Gesellschafter selbst entsprechend (vgl. Rdn. 101 ff.).

H. Besondere Formen der Ergebnisverwendung

I. Gewinnvorschüsse der Gesellschafter

Die Gesellschafter sind berechtigt, Gewinnvorschüsse (auch Vorabausschüttungen oder Zwischendividenden genannt) zu beschließen, selbst wenn der Gesellschaftsvertrag keine Ermächtigung vorsieht (vgl. § 59 AktG). Sollte der Gesellschaftsvertrag eine Regelung enthalten, dass Gewinnvorschüsse gezahlt werden dürfen, ist diese nicht nach § 134 BGB nichtig (a. A. HansOLG Hamburg GmbHR 1973, 124).

153

Voraussetzung ist, dass **im Zeitpunkt der Beschlussfassung** nach sorgfältiger kaufmännischer Beurteilung mit einem entsprechenden Bilanzgewinn am Ende des Geschäftsjahres zu rechnen ist, dass im Zeitpunkt der Auszahlung **kein Verstoß gegen § 30 GmbHG** vorliegt (RGZ 92, 77, 82; 85, 43, 44f.; RG DR 1942, 40, 41; BFH vom 27.03.1984 – VIII R 69/80, BFHE 141, 304, 308; BFH vom 27.01.1977 – I R 39/75, BFHE 122, 43, 45f.; HansOLG Hamburg GmbHR 1973, 123, 124; a. A. OLG Hamm vom 05.02.1992 – 8 U 159/91, GmbHR 1992, 456, 457; LG Essen vom 02.06.1981 – 45 O 238/80, ZIP 1981, 1094, 1095) und dass ein möglicher **Herausgabeanspruch** der Gesellschaft gegen die Gesellschafter **werthaltig** ist. Dies ist von den Geschäftsführern spätestens im Zeitpunkt der Auszahlung zu prüfen. Die sorgfältige kaufmännische Beurteilung erfordert in der Regel die Aufstellung eines Zwischenabschlusses auf den Zeitpunkt der Beschlussfassung (so Scholz/*Emmerich* GmbHG, § 29 Rn. 86) und eine ordentlich aufgestellte Liquiditätsplanung (so Lutter/Hommelhoff/*Lutter/Hommelhoff* GmbHG, § 29 Rn. 45).

154

Die Gewinnvorschüsse sind **Maßnahmen der Ergebnisverwendung**. Soweit der Gesellschaftsvertrag keine Sonderzuständigkeit begründet, ist das Organ zuständig, das den Ergebnisverwendungsbeschluss zu fassen hat. Es gilt die einfache Mehrheit (Michalski/*Salje* § 29 Rn. 87) und der Gewinnverteilungsschlüssel des Gesellschaftsvertrages, hilfsweise § 29 Abs. 3 GmbHG (vgl. oben Rdn. 141 ff.).

155

Gewinnvorschüsse sind **unzulässig**, sobald der Gewinnanspruch entstanden ist, mithin ab Fassung des Ergebnisverwendungsbeschlusses (a. A. OLG Hamm vom 05.02.1992 – 8 U 159/91, GmbHR 1992, 456, 457; Scholz/*Emmerich* GmbHG, § 29 Rn. 86 ab Aufstellung des Jahresabschlusses; a. A. Lutter/Hommelhoff/*Lutter/Hommelhoff* GmbHG, § 29 Rn. 45 ab Fassung des Feststellungsbeschlusses). Während der Liquidation sind Gewinnvorschüsse ebenfalls unzulässig, da während der Liquidation kein Gewinn ermittelt wird (Scholz/*Emmerich* GmbHG, § 29 Rn. 86).

156

Gewinnvorschüsse stehen unter dem **Vorbehalt**, dass ein Bilanzgewinn entsprechend der Vorabgewinnausschüttung erzielt wird (vgl. BGH AG 1978, 106, 107). Ist dies nicht der Fall, sind die Gesellschafter insoweit zur **Herausgabe** nach § 812 Abs. 1 Satz 2, 1. Alt. BGB verpflichtet. Der Herausgabeanspruch ist nicht gem. § 32 GmbHG ausgeschlossen, da dieser nur für den ordentlichen Ergebnisverwendungsbeschluss gilt. Ferner ist er nicht gem. § 818 Abs. 3 BGB ausgeschlossen, da jeder Gesellschafter den Vorbehalt der Rückforderung kennt, § 819 Abs. 1 BGB. Soweit der Beschluss über den Gewinnvorschuss während des Geschäftsjahres gefasst wurde, ist der Herausgabeanspruch bereits im Jahresabschluss zu aktivieren.

157

II. Zinsen auf Stammeinlage/Abschläge

Im Gesellschaftsvertrag kann eine Verzinsung der Stammeinlage vereinbart werden. Es gelten die Regelungen zu Gewinnvorschüssen entsprechend, weshalb die Regelung im Gesellschaftsvertrag nur wirksam ist, wenn sie – zumindest konkludent – unter dem Vorbehalt eines entsprechenden Bilanzgewinns steht (Michalski/*Salje* § 29 Rn. 92).

158

Entsprechendes gilt für Abschläge, d. h. feste Zahlungen der Gesellschaft an den Gesellschafter.

159

§ 29 GmbHG Ergebnisverwendung

III. Entnahmerecht

160 Das Entnahmerecht ist das Recht des einzelnen Gesellschafters, vorab die **Ausschüttung zukünftiger Gewinne** zu verlangen. Das Entnahmerecht sollte in dem Gesellschaftsvertrag verankert sein (Michalski/*Salje* § 29 Rn. 94); es kann aber auch durch Beschluss der Gesellschafter begründet werden (BGH vom 12.12.1983 – II ZR 14/83, NJW 1984, 1037), sofern alle Gesellschafter zustimmen, § 53 Abs. 3 GmbHG. Im Übrigen gelten die Grundsätze zu Gewinnvorschüssen entsprechend.

I. Verdeckte Gewinnausschüttungen (vGA)

161 Der Begriff der verdeckten Gewinnausschüttung (oder verdeckte Vorteilsgewährung, vVG) hat seine vornehmliche Bedeutung im Steuerrecht. Unter einer steuerrechtlichen vGA ist nach § 8 Abs. 3 Satz 2 KStG eine **Vermögensminderung** (verhinderte Vermögensmehrung) zu verstehen, die durch das Gesellschaftsverhältnis veranlasst ist, sich auf die Höhe des Unterschiedsbetrags gem. § 5 Abs. 1 Satz 1 EStG i. V. m. § 8 Abs. 1 KStG auswirkt und in keinem Zusammenhang mit einer offenen Ausschüttung steht. Steuerrechtlich soll damit der körperschaftsteuerliche Gewinn der Gesellschaft außerhalb der Steuerbilanz erhöht werden.

I. Tatbestandsvoraussetzung

162 Im Ausgangspunkt stimmen das Steuerrecht und das Gesellschaftsrecht in den Tatbestandsvoraussetzungen überein, dass eine vGA vorliegt, wenn die Gesellschaft aus ihrem Vermögen Leistungen an einen ihrer Gesellschafter erbringt, denen **keine gleichwertige Gegenleistung** gegenübersteht. Während es bei der gesellschaftsrechtlichen vGA darum geht, Vermögensverschiebungen zwischen der Gesellschaft und einem Gesellschafter zulasten der Gesellschaft oder eines Mitgesellschafters vorzubeugen, geht es bei der steuerrechtlichen vGA um die Ermittlung des körperschaftsteuerrechtlichen Gewinns und dessen Auswirkungen auf die Gesellschafter (OLG Frankfurt am Main vom 22.12.2004 – 13 U 177/02, GmbHR 2005, 550, 558; *Goette* DStR 1996, 272; *Hager* ZGR 1989, 71, 75 ff.).

163 **Gesellschaftsrechtlich** liegt eine vGA vor, wenn die Gesellschaft aus ihrem Vermögen an einen ihrer Gesellschafter eine Leistung vornimmt, der keine gleichwertige Gegenleistung gegenübersteht, sofern nicht ein Gewinnverwendungsbeschluss vorliegt (BGH vom 13.11.1995 – II ZR 113/94, GmbHR 1996, 111, 112; OLG Celle vom 18.08.1992 – 18 U 3/92, GmbHR 1993, 363, 364; BFH vom 13.12.2006 – VIII R 31/05, GmbHR 2007, 384, 385). Ob im Einzelfall ein Austauschgeschäft oder eine vGA vorliegt, richtet sich danach, ob ein gewissenhaft nach kaufmännischen Grundsätzen handelnder Geschäftsführer das Geschäft unter sonst gleichen Umständen zu den gleichen Bedingungen mit einem Nichtgesellschafter abgeschlossen hätte, wobei subjektive Erwägungen des Geschäftsführers keine Bedeutung haben (BGH vom 13.11.1995 – II ZR 113/94, GmbHR 1996, 111, 112; BGH vom 25.02.1987 – IVa ZR 162/85, GmbHR 1987, 345; OLG Düsseldorf vom 08.06.1989 – 8 U 197/88, GmbHR 1990, 134).

164 Die hierunter zu subsumierenden **Fallgestaltungen** sind vielfältiger Art: Hierunter fallen übermäßige oder überhöhte Vergütungen an die Gesellschafter-Geschäftsführer (BFH vom 05.03.2008 – I B 171/07, DB 2008, 1017), Erteilung einer Pensionszusage an Gesellschafter-Geschäftsführer ohne Einhaltung einer Probezeit (BFH 23.02.2005 – I R 70/04, GmbHR 2005, 775, 776), Zusage einer Alters- und/oder Invaliditätsversorgung, deren Passivierung zur Überschuldung der Gesellschaft führen würde (BFH vom 04.09.2002 – I R 7/01, ZIP 2003, 348, 349; *Hirte* ZInsO 2005, 403, 405), Erteilung einer Pensionszusage an 63 Jahre alten Gesellschafter-Geschäftsführer (BFH DStRE 26.07.2004 – 6 K 3566/02, 2005, 653), Zusage einer Nur-Pension ohne Barlohnumwandlung (BFH vom 09.11.2005 – I R 89/04, GmbHR 2006, 95, 97), Zahlung eines überhöhten Preises durch die Gesellschaft an die Gesellschafter (BGH vom 14.12.1959 – II ZR 187/57, BGHZ 31, 258, 275; OLG Celle vom 18.08.1992 – 18 U 3/92, GmbHR 1993, 363, 365), die Veräußerung oder Vermietung von Gesellschaftsvermögen zu weit unter dem Verkehrswert liegenden Preisen (BGH GmbHR 1972, 224, 225; OLG Celle vom 18.08.1992 – 18 U 3/92, GmbHR 1993, 363,

365; OLG Karlsruhe vom 16.12.1983 – 15 U 99/82, WM 1984, 656), die Nutzung eines Firmen-Pkw zur privaten Zwecken, obwohl im Dienstvertrag des Gesellschafter-Geschäftsführers die Nutzung nur für dienstliche Fahrten und für Fahrten zwischen Wohnung und Betrieb erlaubt war (BFH vom 23.02.2005 – I R 70/04, GmbHR 2005, 775, 776 m. Anm. *Briese* GmbHR 2005, 1271 ff.) oder im Dienstvertrag eine Regelung fehlt (*Schneider* ZGR 1985, 285), die Gewährung zinsloser oder günstiger Darlehen der Gesellschaft an die Gesellschafter, die grundlose Stundung von Schulden der Gesellschafter. Nicht nur das Verhältnis zwischen Gesellschaft und Gesellschafter kann Gegenstand einer vGA sein (BGH vom 14.05.1990 – II ZR 126/89, BGHZ 111, 224, 227), sondern auch das Verhältnis zwischen der Gesellschaft und einer der Gesellschaft nahestehenden Person (BGH vom 25.02.1987 – IVa ZR 162/85, GmbHR 1987, 345, 347; RG HRR 1941, Nr. 132) oder nahe stehenden Gesellschaft. So stellt bspw. eine vertraglich nicht geregelte private Kfz-Nutzung sowohl durch den Gesellschafter-Geschäftsführer als auch dessen Ehegatten eine vGA dar (BFH vom 23.02.2005 – I R 70/04, GmbHR 2005, 775, 776 m. Anm. *Hoffmann*).

II. Rechtsfolge

1. Vertragliche Ebene

Soweit die vGA in dem Abschluss eines Rechtsgeschäfts besteht, gelten zunächst die allgemeinen Grundsätze, d. h. es ist zu prüfen, ob das **Rechtsgeschäft wirksam** ist. Das Rechtsgeschäft kann unwirksam sein, weil der Geschäftsführer seine Vertretungsmacht zum Nachteil der Gesellschaft missbraucht hat. Hier gelten erleichternde Maßstäbe, denn wenn der Geschäftspartner Gesellschafter ist, genügt statt der Evidenz des Handelns der Pflichtverstoß des Gesellschafters gegen den Gesellschaftsvertrag (BGH vom 20.09.1962 – II ZR 209/61, BGHZ 38, 26, 34). Im Übrigen ist auch an die Auslegung des Vertrages, an den Wegfall der Geschäftsgrundlage und an die Sittenwidrigkeit zu denken. Auf diese Weise dürfte für die Mehrzahl aller Fälle eine angemessene Lösung zu finden sein. Da dies die ureigene Aufgabe der Geschäftsführer ist, machen sie sich bei Unterlassen der genauen Prüfung der Verhältnisse der Gesellschaft gegenüber schadensersatzpflichtig.

2. Gesellschaftsvertragliche Ebene

Häufig finden sich in Gesellschaftsverträgen Regelungen, die der Gesellschaft einen **Anspruch auf Ausgleich** einer vGA gegen den begünstigten Gesellschafter gewähren oder die Verhandlungsklauseln zwischen Gesellschaft und Gesellschafter vorsehen. In der Regel knüpfen diese Klauseln an eine steuerrechtliche vGA an. Insoweit verbietet sich eine weite Auslegung der gesellschaftsvertraglichen Klauseln, weil derartige Regelungen die Gesellschafter nicht vor eigenen und ihnen nachteiligen Entscheidungen schützen sollen (OLG Frankfurt am Main vom 22.12.2004 – 13 U 177/02, GmbHR 2005, 550, 558).

3. Gesellschaftsrechtliche Ebene im Übrigen

Mit der vGA wird in die innergesellschaftliche Kompetenzordnung eingegriffen: Während es für die offene Ergebnisverwendung eine geregelte innergesellschaftliche Zuständigkeit gibt, hebelt die vGA diese Kompetenzordnung aus. Daher sind vGA aus dem Verstoß gegen die innergesellschaftliche Kompetenzzuordnung, den Gleichbehandlungsgrundsatz und die Treuepflicht verboten (BGH vom 14.05.1990 – II ZR 126/89, BGHZ 111, 224, 227; BGH vom 13.11.1995 – II ZR 113/94, GmbHR 1996, 111, 112). In erster Linie kommen daher **Rückzahlungs- oder Schadensersatzansprüche** der Gesellschaft gegen den Gesellschafter in Betracht. Rechtsgrundlage des Rückgewähranspruchs ist nicht das allgemeine Bereicherungsrecht (a. A. OLG Brandenburg vom 18.02.1996 – 7 U 78/96, GmbHR 1997, 750), sondern § 31 Abs. 1 GmbHG analog (Lutter/Hommelhoff/*Lutter/Hommelhoff* GmbHG, § 29 Rn. 54; a. A. OLG Frankfurt am Main 22.12.2004 – 13 U 177/02, GmbHR 2005, 550, 558), weshalb dieser Anspruch analog § 31 Abs. 5 GmbHG verjährt. Im Ausnahmefall ist auch der übervorteilte Gesellschafter anspruchsberechtigt, wobei der Anspruch aber nur auf Zahlung an die Gesellschaft gerichtet ist (BGH vom 13.11.1995 – II ZR 113/94, GmbHR 1996, 111, 112). Rechtsgrundlage des Schadensersatzanspruchs ist die schuldhafte Verletzung des

Gesellschafters einer gegenüber der Gesellschaft bestehenden Treuepflicht (BGH vom 13.11.1995 – II ZR 113/94, GmbHR 1996, 111, 112; Lutter/Hommelhoff/*Lutter/Hommelhoff* GmbHG, § 29 Rn. 54). Soweit der Vertrag noch nicht durchgeführt wurde, hat die Gesellschaft ein **Leistungsverweigerungsrecht**. Schließlich können die Mitgesellschafter in Ausnahmefällen Ausgleichsansprüche gegen den Gesellschafter haben. Schuldner des Rückgewähranspruchs ist der Gesellschafter auch in den Fällen, in denen die Gesellschaft die vGA an einen Dritten geleistet hat.

168 Sämtliche Rechtsfolgen einer vGA werden jedoch **geheilt**, wenn durch die vGA das nach § 30 GmbHG geschützte Stammkapital nicht angegriffen wird, wenn die für die Abschlussfeststellung und Ergebnisverwendung zuständigen Organe der vGA zustimmen und wenn jeder Gesellschafter, dessen Gewinnanspruch durch die vGA gemindert wird, der vGA zustimmt. In diesem Fall wird aus der vGA eine offene Gewinnausschüttung.

§ 30 Kapitalerhaltung

(1) ¹Das zur Erhaltung des Stammkapitals erforderliche Vermögen der Gesellschaft darf an die Gesellschafter nicht ausgezahlt werden. ²Satz 1 gilt nicht bei Leistungen, die bei Bestehen eines Beherrschungs- oder Gewinnabführungsvertrages (§ 291 des Aktiengesetzes) erfolgen, oder durch einen vollwertigen Gegenleistungs- oder Rückgewähranspruch gegen den Gesellschafter gedeckt sind. ³Satz 1 ist zudem nicht anzuwenden auf die Rückgewähr eines Gesellschafterdarlehens und Leistungen auf Forderungen aus Rechtshandlungen, die einem Gesellschafterdarlehen wirtschaftlich entsprechen.

(2) ¹Eingezahlte Nachschüsse können, soweit sie nicht zur Deckung eines Verlustes am Stammkapital erforderlich sind, an die Gesellschafter zurückgezahlt werden. ²Die Zurückzahlung darf nicht vor Ablauf von drei Monaten erfolgen, nachdem der Rückzahlungsbeschluss nach § 12 bekanntgemacht ist. ³Im Fall des § 28 Abs. 2 ist die Zurückzahlung von Nachschüssen vor der Volleinzahlung des Stammkapitals unzulässig. ⁴Zurückgezahlte Nachschüsse gelten als nicht eingezogen.

Übersicht	Rdn.		Rdn.
A. Zweck der Vorschrift	1	h) Darlehen und gleichgestellte Leistungen von Gesellschaftern, Abs. 1 Satz 3	37
B. Tatbestand des Abs. 1	7	IV. An Gesellschafter	38
I. Verhältnis zu § 19 GmbHG	7	1. Gesellschafter	38
II. Normadressat	8	2. Gleichbehandelte Personen	41
III. Auszahlung	10	3. Zuzurechnende Dritte	44
1. Vermögensminderung aufseiten der Gesellschaft	11	4. Beurteilungszeitpunkt	47
2. Auf Veranlassung der Gesellschaft	12	V. Zur Erhaltung des Stammkapitals erforderliches Vermögen	51
3. Grundlage im Gesellschaftsverhältnis	15	1. Nominelles Stammkapital vs. Rücklagen	52
4. Beispiele einer Auszahlung	16	2. Unterbilanz	55
5. Einzelfälle der Auszahlung	17	a) Zeitpunkte der Unterbilanzermittlung	56
a) Austauschgeschäfte mit dem Gesellschafter	17	b) Zwischenbilanz zur Unterbilanzfeststellung	57
b) Darlehen an Gesellschafter	19	c) Aufstellungsgrundsätze der Zwischenbilanz	60
c) (Fiktives und reales) Cash-Pooling	23	d) Einzelheiten der Aufstellung	63
d) Sicherheitenbestellung zugunsten eines Gesellschafters	30	VI. Rechtsfolgen	64
e) Verkauf unter Verzicht auf Gewinnaufschlag	34	1. Auszahlungsverbot	64
f) Wechselseitige Beteiligungen	35	2. Erstattungsanspruch und Geschäftsführerhaftung	65
g) Verschmelzung des Gesellschafters auf die Gesellschaft	36		

3.	Nichtigkeit des Verpflichtungsgeschäfts und Verfügungsgeschäfts....	66	c) Volle Deckung des Stammkapitals, Abs. 2 Satz 1.............	79
4.	Konkurrenz zu allgemeinen Vorschriften......................	68	d) Volleinzahlung des Stammkapitals, Abs. 2 Satz 3 i. V. m. § 28 Abs. 2 GmbHG	82
VII.	Beweislast........................	69	2. Formelle Voraussetzungen, Abs. 2 Satz 2.......................	85
VIII.	Bilanzieller Ausweis	70	a) Gesellschafterbeschluss........	85
IX.	Steuerliche Behandlung verbotswidriger Auszahlungen.....................	72	b) Bekanntmachung............	86
C.	Nachschüsse, Abs. 2	73	c) Ablauf der Sperrfrist	87
I.	Zweck der Vorschrift................	73	V. Rechtsfolgen.....................	88
II.	Verhältnis zu Abs. 1................	74	1. Rückzahlung	88
III.	Gesellschaftsvertragliche Regelungen ...	75	2. Zulässige Rückzahlung, Abs. 2 Satz 4	92
IV.	Tatbestandsvoraussetzungen	76	3. Unzulässige Rückzahlung........	96
	1. Materielle Voraussetzungen	76	D. Haftung des Gesellschafters wegen existenzvernichtenden Eingriffs.......	97
	a) Nachschüsse	76		
	b) Eingezahlte Nachschüsse.......	78		

A. Zweck der Vorschrift

Die §§ 30, 31 GmbHG vervollständigen den **Schutz des Stammkapitals** der GmbH und zählen zu den »Grundpfeilern« oder dem »Kernstück« des GmbH-Rechts (BGH v. 30.06.1958 – II ZR 213/56, BGHZ 28, 77, 78; RG v. 24.11.1941 – II 97/41, RGZ 168, 292, 297 f.). Die Vorschrift des § 30 unterlag bis zur Erweiterung von Abs. 1 Satz 2 und Satz 3 durch das am 01.11.2008 in Kraft getretene »Gesetz zur Modernisierung des GmbH-Rechts und zur Bekämpfung von Missbräuchen« (MoMiG) seit 1892 im Wesentlichen keinen Änderungen. Die Ergänzung des Satz 2 durch das MoMiG erfolgte parallel zur Änderung des § 57 AktG und sollte die Unsicherheit über die Zulässigkeit von Darlehen und anderen Leistungen mit Kreditcharakter durch die GmbH an Gesellschafter (upstream-loans) und über die verbreitete Praxis des Cash-Pooling beseitigen. Durch die Anfügung des Satzes 3 sollte die Fortgeltung der Rechtsprechungsregeln zu den eigenkapitalersetzenden Gesellschafterregeln aufgegeben werden, indem generell angeordnet wird, dass Gesellschafterdarlehen und gleichgestellte Leistungen nicht wie haftendes Eigenkapital zu betrachten sind.

Vornehmlich werden durch das Auszahlungsverbot die Gesellschaft, die Gesellschaftsgläubiger und auch einzelne Gesellschafter geschützt (a. A. OLG Brandenburg v. 14.02.2006 – 6 U 157/04, ZIP 2006, 1864, 1865). Gleichwohl ist § 30 GmbHG **kein Schutzgesetz** i. S. v. § 823 Abs. 2 BGB (BGH v. 25.06.2001 – II ZR 38/99, GmbHR 2001, 771, 772). § 30 GmbHG ist **zwingend** und **weit auszulegen**. Jede Form der Umgehung fällt unter das Auszahlungsverbot (BGH v. 21.09.1981 – II ZR 104/80, BGHZ 81, 311, 315; v. 26.11.1979 – II ZR 104/77, BGHZ 75, 335; v. 02.12.1968 – II ZR 144/67, BGHZ 51, 157, 162; RG vom 24.11.1941 – II 97/41, RGZ 168, 292, 298).

Subjektive Elemente haben in § 30 GmbHG keine Bedeutung (Michalski/*Heidinger*, § 30 Rn. 46). Daher müssen die Geschäftsführer weder schuldhaft handeln noch das Bewusstsein haben, eine Auszahlung zu leisten. Die Gutgläubigkeit des Gesellschafters hat nur im Rahmen der Rechtsfolge Bedeutung, § 31 Abs. 2 GmbHG.

§ 30 GmbHG galt nicht im Bereich der BvS (arg. e. § 25 Abs. 5 und 6 DMBilG). Die besondere Kapitalbindung nach Abs. 1 ist unmittelbar anwendbar auf das nach § 27 DMBilG neu festgesetzte Stammkapital der Gesellschaft der ehemaligen DDR. Übersteigt in der Eröffnungsbilanz das Eigenkapital das Stammkapital, ist der übersteigende Betrag in eine Sonderrücklage einzustellen, auf die Abs. 1 entsprechend anwendbar ist (§ 27 Abs. 3 DMBilG).

§ 30 GmbHG verbietet es, dass die Geschäftsführer an die Gesellschafter Vermögen auszahlen, wenn und soweit dadurch eine Unterdeckung herbeigeführt oder noch vertieft wird oder gar eine Überschuldung herbeigeführt oder vertieft wird (BGH v. 25.02.2002 – II ZR 196/00, GmbHR 2002, 549, 550; v. 05.02.1990 – II ZR 114/89, ZIP 1990, 451, 453). Damit schützt § 30 GmbHG zunächst nur den rechnerischen Wert des Gesellschaftsvermögens. Im Übrigen will die Vorschrift nur Auszahlungen an Gesellschafter und ihnen nahestehende Personen verhindern, nicht aber Geschäfte mit sonstigen Dritten (BGH v. 19.03.1998 – IX ZR 22/97, ZIP 1998, 793, 795).

6 Abs. 1 verhindert nur, dass das zur Erhaltung des Stammkapitals erforderliche Vermögen ausgezahlt wird. Sofern – wie bei der nunmehr durch das MoMiG neu eingeführten UG möglich – das Mindeststammkapital von 25.000,00 € unterschritten wird und im Extremfall lediglich 1,00 € beträgt, darf dieser eine Euro nicht zur Auszahlung an die Gesellschafter gebracht werden, wenn dadurch eine Unterbilanz entsteht. Streitig ist indes die Frage, ob die nach § 5 Abs. 3 Nr. 1 GmbHG zu bildende gesetzliche Rücklage vom Auszahlungsverbot des Abs. 1 erfasst ist.

B. Tatbestand des Abs. 1

I. Verhältnis zu § 19 GmbHG

7 Während §§ 5 Abs. 4, 7 Abs. 2 und 3, 8 Abs. 2, 9, 9a, 9b und 19 GmbHG die **Aufbringung des Stammkapitals** schützen, dienen die Vorschriften der §§ 30, 31, 32, 33 und 43a GmbHG der **Erhaltung des Stammkapitals**. Daher finden §§ 30, 31 GmbHG keine Anwendung, soweit der Gesellschafter seine Stammeinlageschuld noch nicht erfüllt hat (OLG Brandenburg v. 08.06.2005 – 7 U 200/04, ZInsO 2005, 1217, 1219).

II. Normadressat

8 Abs. 1 wendet sich an die **Geschäftsführer**, und zwar sowohl an die bestellten als auch an die faktischen Geschäftsführer (BGH v. 25.06.2001 – II ZR 38/99, GmbHR 2001, 771, 772; Lutter/Hommelhoff/*Lutter/Hommelhoff* GmbHG, § 30 Rn. 3; zum faktischen Geschäftsführer vgl. ausführl. § 6 GmbHG Rdn. 8). Für die Beantwortung der Frage, ob der Betreffende faktischer Geschäftsführer ist, s. § 29 GmbHG Rdn. 24.

9 Abs. 1 gilt **nicht** für **leitende Angestellte oder Prokuristen**, selbst wenn sie organschaftliche Vertretungsmacht haben (BGH v. 25.06.2001 – II ZR 38/99, GmbHR 2001, 771, 772; Lutter/Hommelhoff/*Lutter/Hommelhoff* GmbHG, § 30 Rn. 3). Das schließt aber nicht aus, dass Handlungen dieses Personenkreises auch unter § 30 GmbHG fallen können. Denn der Geschäftsführer muss aufgrund seiner Überwachungspflicht dafür Sorge tragen, dass dieser Personenkreis keine Auszahlung i. S. d. Abs. 1 vornimmt. Nimmt der Personenkreis eine derartige Auszahlung vor, ist wegen des überragenden Zwecks der Vorschrift im Zweifel von einer fehlerhaften Überwachungstätigkeit auszugehen, weshalb die Zahlung als Auszahlung i. S. v. § 30 GmbHG gilt (BGH v. 25.06.2001 – II ZR 38/99, GmbHR 2001, 771, 772).

III. Auszahlung

10 Auszahlung i. S. d. Abs. 1 ist nicht nur eine Geldleistung, sondern **jede Art von Leistung**, der **keine gleichwertige Gegenleistung** gegenübersteht und die wirtschaftlich das zur Erhaltung des Stammkapitals erforderliche Vermögen verringert (BGH v. 14.12.1959 – II ZR 187/57, BGHZ 31, 258, 276; OLG Dresden v. 06.06.2003 – 7 U 2325/01, GmbHR 2003, 356, 358). Es ist unerheblich, ob der Auszahlung ein einseitiges Rechtsgeschäft, eine tatsächliche Handlung oder ein Vertrag zugrunde liegt. Eine Auszahlung liegt damit grundsätzlich nicht vor, soweit sich Leistung und Gegenleistung gleichwertig gegenüberstehen.

1. Vermögensminderung aufseiten der Gesellschaft

11 Entscheidend ist damit für das Tatbestandsmerkmal der Auszahlung die **Vermögensminderung** aufseiten der Gesellschaft, weshalb es unerheblich ist, ob aufseiten des Gesellschafters eine Vermögensmehrung eintritt (Hachenburg/*Goerdeler/Müller* § 30 Rn. 62; Michalski/*Heidinger* § 30 Rn. 35). Daher liegt keine Auszahlung vor, soweit sich Leistung und Gegenleistung gleichwertig gegenüberstehen (OLG Frankfurt am Main v. 30.11.1995 – 6 U 192/91, BB 1996, 445, 447). Somit ist die Rückzahlung einer auf eine beschlossene Erhöhung gezahlten Einlage lediglich als

Bilanzverkürzung zu bewerten und damit unschädlich (Michalski/*Heidinger* § 30 Rn. 37). Gleiches gilt für die Rückzahlung von Eigenkapital, soweit es aus freien Rücklagen entnommen wird (Hachenburg/*Goerdeler/Müller* § 30 Rn. 5). Ebenfalls liegt keine Vermögensminderung vor, wenn liquide Mittel auf eine Tochtergesellschaft übertragen werden, sofern sich durch den Mittelabfluss bei der Muttergesellschaft der Wert der Tochtergesellschaft erhöht (OLG München v. 06.07.2005 – 7 U 2230/05, GmbHR 2005, 1486, 1488).

2. Auf Veranlassung der Gesellschaft

Die Auszahlung muss auf Veranlassung der Gesellschaft (»darf nicht« i. S. v. Abs. 1) erfolgen. In der Regel ist eine Veranlassung der Gesellschaft anzunehmen (BGH v. 08.07.1985 – II ZR 16/85, BGHZ 95, 188, 193, wo die Gesellschaft im Einverständnis mit dem Gesellschafter geleistet hat; v. 13.07.1981 – II ZR 256/79, BGHZ 81, 252, 260; OLG Rostock v. 03.09.1997 – 6 U 557/96, GmbHR 1998, 329, 330). Dies gilt nur dann nicht, wenn die Gesellschaft an der Auszahlung nicht beteiligt war, etwa wenn der Gesellschafter oder ein Dritter auf Veranlassung des Gesellschafters die Gesellschaft bestiehlt oder Sachen unterschlägt (Hachenburg/*Goerdeler/Müller* § 30 Rn. 58; Michalski/*Heidinger* § 30 Rn. 38). **Keine Veranlassung** ist anzunehmen, wenn die Gesellschaft Schadensersatzansprüche aus unerlaubter Handlung oder aus Pflichtverletzungen oder Herausgabeansprüche aus Bereicherungsrecht oder aus Geschäftsführung ohne Auftrag erfüllt (Michalski/*Heidinger* § 30 Rn. 38). 12

Soweit ein Gesellschafter in anfechtbarer Weise einen Vermögensgegenstand in die Gesellschaft geleistet hat und die Gesellschaft daher zur Rückgewähr gem. §§ 143 InsO, 11 Abs. 1 AnfG verpflichtet ist, ist eine Veranlassung i. S. d. Abs. 1 gegeben (RGZ 74, 16, 17; 24, 14, 24). In der Regel muss die Gesellschaft gegen den Gesellschafter und dessen Mitgesellschafter gem. §§ 19, 21 ff., 24 GmbHG vorgehen. 13

Auch die **Leistung auf einen Ergebnisverwendungsbeschluss** ist eine Auszahlung i. S. v. § 30 GmbHG. Dies wird teilweise abgelehnt, weil sich der Umfang des Gesellschaftsvermögens durch den Ergebnisverwendungsbeschluss nicht verändert (*Sieker* ZGR 1995, 250, 265 ff.). Da aber der Gewinnausschüttungsbeschluss gerade die Gesellschaftereigenschaft voraussetzt, ist insoweit die Veranlassung gegeben (Hachenburg/*Goerdeler/Müller* § 30 Rn. 59) 14

3. Grundlage im Gesellschaftsverhältnis

Es werden nur die Auszahlungen erfasst, die ihre Grundlage im Gesellschaftsverhältnis haben (Michalski/*Heidinger* § 30 Rn. 41; Hachenburg/*Goerdeler/Müller* § 30 Rn. 59). **Maßgeblicher Zeitpunkt** für die Gesellschaftereigenschaft ist der Zeitpunkt des jeweiligen Vertragsabschlusses (Hachenburg/*Goerdeler/Müller* § 30 Rn. 60). Im Gegensatz dazu stehen die Austauschgeschäfte zwischen Gesellschaft und Gesellschafter, die wie zwischen fremden Dritten abgeschlossen werden. Ob eine Auszahlung ihre Grundlage im Gesellschaftsvertrag hat oder ein Austauschgeschäft vorliegt, bestimmt sich danach, ob ein gewissenhafter, nach kaufmännischen Grundsätzen handelnder Geschäftsführer das Geschäft unter sonst gleichen Bedingungen mit einem Nichtgesellschafter abgeschlossen hätte (OLG Düsseldorf v. 08.06.1989 – 8 U 197/88, GmbHR 1990, 134). 15

4. Beispiele einer Auszahlung

Praktische Bedeutung hat die Vorschrift damit vor allem für **verdeckte Gewinnausschüttungen** (vgl. dazu ausführl. § 29 GmbHG Rn. 161) und **eigenkapitalersetzende Gesellschafterdarlehen**. 16

Beispiele einer Auszahlung sind:
– die ganz oder teilweise unentgeltliche **Übereignung** einer Sache (Lutter/Hommelhoff/*Lutter/Hommelhoff* GmbHG, § 30 Rn. 8) der Gesellschaft;
– die **Abtretung einer Forderung** der Gesellschaft;

- die **Erfüllung einer Verbindlichkeit** des Gesellschafters durch die Gesellschaft (BGH v. 29.09.2008 – II ZR 234/07, DB 2008, 2584 ff.; BGH v. 29.05.2000 – II ZR 118/98, ZIP 2000, 1251, 1255);
- die **Verrechnung einer Forderung** der Gesellschaft mit dem Gesellschafter (BGH v. 10.10.1983 – II ZR 233/82, NJW 1984, 1036), wobei es unerheblich ist, wer die Aufrechnung erklärt hat und ob hierüber eine Vereinbarung geschlossen wurde;
- die **unterlassene Geltendmachung** einer Forderung gegen die Gesellschafter (BGH v. 10.05.1993 – II ZR 74/92, BGHZ 122, 333, 338; für den Fall des Nichtentstehens eines Schadensersatzanspruchs: BGH v. 31.01.2000 – II ZR 189/99, NZG 2000, 544 gegen *Altmeppen* DB 2000, 657, 660);
- Abschluss eines Vertrages mit **überhöhter Leistung** der Gesellschaft;
- Zahlung von **Vorabgewinnausschüttungen** oder von **Zinsen** auf die Stammeinlage (RG HRR 1942, 258, 259);
- die Zahlung einer **überhöhten Vergütung** eines Gesellschafter-Geschäftsführers (BGH v. 15.06.1992 – II ZR 88/91, NJW 1992, 2894; OLG Hamm v. 19.11.1991 – 27 U 145/91, DStR 1992, 591; OLG Düsseldorf v. 08.06.1989 – 8 U 197/88, GmbHR 1990, 134);
- die ungesicherte darlehensweise Weiterreichung der Stammeinlage von der Komplementär-GmbH an die KG in engem zeitlichen Zusammenhang (OLG Karlsruhe v. 25.05.2007 – 1 U 122/06, ZIP 2007, 2319, 2320; aber str. a. A. OLG Köln v. 05.02.2002 – 18 U 183/01, NZG 2003, 42 ff.).

5. Einzelfälle der Auszahlung

a) Austauschgeschäfte mit dem Gesellschafter

17 Auch Austauschgeschäfte mit dem Gesellschafter können unter die Auszahlung i. S. d. Abs. 1 fallen, wenn das Austauschgeschäft einem **Drittvergleich** nicht standhält. Dies ist der Fall, wenn die Leistung der Gesellschaft durch die Gegenleistung des Gesellschafters nicht ausgeglichen wird oder wenn – sollten Leistung und Gegenleistung ausgeglichen sein – nicht sicher zu erwarten ist, dass der Gesellschafter die von ihm zu erbringenden Leistungen erbringen wird (OLG Hamburg v. 31.08.2005 – 11 U 55/04, ZIP 2005, 1968, 1969). Die **Ausgeglichenheit von Leistung und Gegenleistung** ist anhand **objektiver Kriterien** zu messen, wobei allerdings dem Geschäftsführer der Gesellschaft ein objektiver unternehmerischer Ermessensspielraum einzuräumen ist (BGH v. 15.06.1992 – II ZR 88/91, NJW 1992, 2894, 2896; OLG Hamburg v. 31.08.2005 – 11 U 55/04, ZIP 2005, 1968, 1969; OLG Celle v. 18.08.1992 – 18 U 3/92, NJW 1993, 739). Auf subjektive Erwägungen, die dazu führen, dass der Geschäftsführer Leistung und Gegenleistung falsch beurteilt und in der Folge irrtümlich für ausgeglichen hält, kommt es nicht an (OLG Hamburg v. 31.08.2005 – 11 U 55/04, ZIP 2005, 1968, 1969).

18 **Beurteilungskriterien** für die Ausgeglichenheit von Leistung und Gegenleistung eines Anstellungsvertrages sind Art und Umfang der Tätigkeit, Art, Größe und Leistungsfähigkeit des Betriebs sowie Alter, Ausbildung, Berufserfahrung und Fähigkeiten des Gesellschafter-Geschäftsführers. Verschlechtern sich die Vermögensverhältnisse der Gesellschaft wesentlich, kann ein Organmitglied aufgrund der von ihm als solcher geschuldeten Treuepflicht gehalten sein, einer Herabsetzung seiner Bezüge zuzustimmen, vgl. § 87 Abs. 2 AktG. Für Gesellschafter-Geschäftsführer gilt dies unabhängig davon, ob und in welchem Umfang sie an der Gesellschaft beteiligt sind (BGH v. 15.06.1992 – II ZR 88/91, NJW 1992, 2894, 2896). Ist ein Gesellschafter-Geschäftsführer zu einer Anpassung seines Anstellungsvertrages verpflichtet und wurde dies unterlassen, stellt die Unterlassung eine Auszahlung dar, wenn der Anstellungsvertrag ohne Anpassung unausgeglichen ist.

b) Darlehen an Gesellschafter

19 Gewährt die Gesellschaft ihrem Gesellschafter ein Darlehen zu einem Zeitpunkt, in dem **keine Unterbilanz** vorliegt, ist dies keine Auszahlung i. S. v. § 30 GmbHG, denn der Auszahlung des Darlehens steht der Rückzahlungsanspruch der Gesellschaft gegen den Gesellschafter gegenüber (§ 488

Abs. 1 Satz 2 BGB). Ist jedoch der Darlehensrückzahlungsanspruch zum Zeitpunkt der Darlehensgewährung nicht werthaltig, weil die Bonität des Gesellschafters fragwürdig ist, liegt bereits insoweit eine Auszahlung vor. Erweist sich nach Darlehensgewährung die Bonität des Gesellschafters als fraglich, liegt bereits bei Darlehensgewährung eine Auszahlung vor, wenn die Gesellschaft sich nicht ausreichende übliche Sicherheiten hat bestellen lassen, bzw. liegt eine Auszahlung dann vor, wenn die Gesellschaft von ihrem Sonderkündigungsrecht keinen Gebrauch gemacht hat.

Gewährt die Gesellschaft ihrem Gesellschafter ein Darlehen zu einem Zeitpunkt, in dem sie eine Unterbilanz hat, so stellte diese Darlehensgewährung nach a. F. bereits eine Auszahlung dar (BGH v. 24.11.2003 – II ZR 171/01, BGHZ 157, 72, 75). Durch die Ergänzung des § 30 Abs. 1 Satz 2 durch das MoMiG wird nun klargestellt, dass das in Satz 1 der Bestimmung geregelte Verbot der Einlagenrückgewähr nicht bei Leistungen gelte, die bei Bestehen eines Beherrschungs- oder Gewinnabführungsvertrages erfolgen oder durch einen vollwertigen Gegenleistungs- oder Rückgewähranspruch gegen den Gesellschafter gedeckt sind. Infolgedessen liegt eine Auszahlung dann nicht vor, wenn der Darlehensrückzahlungsanspruch nebst Verzinsung auf die Dauer der Darlehenslaufzeit vollwertig und jederzeit vorrangig liquide ist. Umgekehrt bleibt auch nach neuer Rechtslage jede Kreditvergabe an die Gesellschafter verboten, wenn die Aktivierbarkeit des Rückzahlungsanspruchs nur geringsten Zweifeln unterliegt (*Altmeppen* ZIP 2009, 49, 53 m. w. N.). 20

Wird das Darlehen **zinslos** oder unter dem Zinssatz gewährt, der der Bonität des Gesellschafters entspricht, liegt in der Darlehensgewährung eine Auszahlung, da die Gesellschaft auf Gewinne verzichtet. 21

Stundet die Gesellschaft dem Gesellschafter die Rückzahlung des Darlehens, gelten die gleichen Grundsätze, d. h. der Gesellschafter muss stundungswürdig sein, ausreichende Sicherheiten bestellen und die Stundung angemessen entsprechend seiner Bonität verzinsen (Michalski/*Heidinger* § 30 Rn. 51; offen gelassen BGH v. 21.09.1981 – II ZR 104/80, BGHZ 81, 311, 320). Sofern dies nicht beachtet wird, hat die Gesellschaft einen sofort fälligen Anspruch gegen den Gesellschafter, ohne dass er sich auf die gewährte Stundung berufen kann (BGH v. 21.09.1981 – II ZR 104/80, BGHZ 81, 311, 320). 22

c) (Fiktives und reales) Cash-Pooling

Mit der Neuregelung des § 30 Abs. 1 Satz 2 GmbHG stellt der Gesetzgeber des MoMiG als Reaktion auf das November-Urteil des BGH (BGH v. 24.11.2003 – II ZR 171/01, BGHZ 157, 72 ff.) klar, dass sog. Cash-Pooling-Systeme generell zulässig sind. Diesen Gestaltungen im Konzern liegt der wirtschaftliche Gedanke zugrunde, Kreditzinsen in Unternehmensverbindungen zu ersparen, deren wirtschaftlicher Hintergrund nicht quasi grundgesetzlich geschützt ist (*Goette* ZIP 2005, 1481, 1484). Je nach Konsolidierung der Salden der beteiligten Unternehmen ist zwischen dem sog. **fiktiven Cash-Pooling** (notional Cash-Pooling) und dem sog. **realen Cash-Pooling** (Cash-Concentration) zu unterscheiden. Unabhängig von der Unterscheidung erfordert ein geordnetes Cash-Pooling einen Vertrag, aus dem hervorgeht, ob, vom wem und in welcher Form und in welchen Fälligkeiten die Gesellschaft die Rückzahlung verlangen kann (OLG München v. 24.11.2005 – 23 U 3480/05, GmbHR 2006, 144, 145). In materieller Hinsicht ist nach der Neuregelung des § 30 Abs. 1 Satz 3 lediglich die Vollwertigkeit des Rückgewähranspruchs entscheidend (vgl. Rdn. 27, sowie BGH v. 01.12.2008 – II ZR 102/07, ZIP 2009, 701). 23

Beim **fiktiven Cash-Pooling** verbleibt die Liquidität bei den am Cash-Pool beteiligten Gesellschaften, d. h. die Gesellschaft richtet beim Kreditinstitut auf ihren Namen ein Konto ein, auf dem alle übrigen Konten der Gesellschaft gebündelt werden. Das Kreditinstitut bildet lediglich – regelmäßig am Ende eines jeden Tages – einen fiktiven Gesamtsaldo zur Ermittlung der entsprechenden Soll- oder Habenzinsen aller beteiligten Gesellschaften. Die Finanzierung wird weiterhin durch die einzelne Gesellschaft sichergestellt. Das fiktive Cash-Pooling dient damit im Wesentlichen der Reduzierung der Soll-Zinsen. 24

25 Beim **realen Cash-Pooling** wird die Liquidität jeder teilnehmenden Gesellschaft von der jeweiligen teilnehmenden Gesellschaft auf ein oder mehrere Zielkonten und damit i. d. R. auf einen anderen oder gar mehrere Rechtsträger transferiert. Dabei werden die Konten zu einem bestimmten Zeitpunkt – i. d. R. werktäglich – auf Null (sog. zero-balancing) oder auf einen bestimmten Betrag (sog. target-balancing) gesetzt. Kontenüberträge können ebenfalls erst ab Überschreitung eines bestimmten Soll- oder Habensaldos durchgeführt werden.

26 Das (reale) Cash-Pooling setzt in **formeller Hinsicht** ein klares, belastbares und schriftliches **Vertragswerk** (OLG München v. 24.11.2005 – 23 U 3480/05, GmbHR 2006, 144, 145) sowie einen zustimmenden **Beschluss der Gesellschafterversammlung** jedenfalls dann voraus, wenn die Gesellschaft ihre Liquidität in wesentlichem Maße der Betreibergesellschaft überträgt. Die Zustimmung nach dem KWG ist keine formelle Voraussetzung (vgl. § 1 Abs. 1 Nr. 1 KWG »Publikum«).

27 In materieller Hinsicht sollen Cash-Pool-Systeme nach der Neufassung durch das MoMiG zulässig sein, wenn die Gewährung von Liquidität innerhalb des Konzerns durch einen vollwertigen Rückgewähranspruch gedeckt ist. Die Regierungsbegründung dazu hebt ausdrücklich hervor, die Neuregelung kehre zu der vor dem sog. November Urteil des BGH (BGH v. 24.11.2003 – II ZR 171/01, BGHZ 157, 72) herrschenden »bilanziellen Betrachtungsweise« zurück. Dabei gehöre die Realisierbarkeit des Rückgewähranspruchs per Definition zu seiner Vollwertigkeit, d. h., dass nur Forderungen, deren Realisierbarkeit gesichert erscheint, in der Bilanz zum Nennwert angesetzt werden dürfen. Zur Beurteilung der Vollwertigkeit eines Rückgewähranspruchs ist auf die Kreditwürdigkeit des Unternehmens, auf das die Liquiditätsstände übertragen werden, abzustellen. In der Regel kommt es dabei auf die Konzernkreditwürdigkeit an (*Engert* BB 2005, 1951, 1958). Maßgeblich sind ein angemessenes Verhältnis von Gesamtverschuldung des Konzerns, der Konzerninnenfinanzierung und der Ertragskraft der Gruppe. Ein Indiz – aber auch nicht mehr – für die Kreditwürdigkeit ist das Rating des Konzerns bei den Rating-Agenturen (*Fuhrmann* NZG 2004, 552, 554). Dies wird deutlich, wenn die Tochtergesellschaft regelmäßig die Muttergesellschaft finanziert, weshalb bei der Frage der Kreditwürdigkeit auf den Restkonzern, d. h. den Konzern ohne die Tochtergesellschaft, abzustellen ist, da andernfalls die Tochtergesellschaft durch ihre eigene Kreditwürdigkeit die Kreditwürdigkeit der Muttergesellschaft verbessert.

28 Zur Beurteilung der Frage der Vollwertigkeit kommen den sonstigen Darlehenskonditionen keine entscheidende Bedeutung zu. Sie sind allenfalls im Gesamtzusammenhang zu berücksichtigen (*Drygala/Kremer* ZIP 2007, 1289, 1293). Eine **ausreichende Besicherung kann zur Annahme der Vollwertigkeit erforderlich sein**, um die Fähigkeit der die Liquidität in Empfang nehmenden Gesellschaft auf Rückzahlung des Darlehens dauerhaft sicherzustellen (vgl. auch *Goette* DStR 2006, 768 zu § 30 a. F.). Allerdings gibt es keine Regel, dass eine Forderung nur bei Vorliegen banküblicher Sicherheiten bilanziell vollwertig ist (*Drygala/Kremer* ZIP 2007, 1289, 1293). Vor diesem Hintergrund empfiehlt sich die Installation eines **Frühwarn- und Informationssystems**, das in der Lage ist, alle internen und externen Risiken des Cash-Pooling-Systems abzubilden und den beteiligten Gesellschaften mitzuteilen, **Informationsrechte** der die Liquidität abgebenden Gesellschaft, **Handlungspflichten** bei der Anlage bzw. dem Verbot der Anlage von Liquiditätsüberschüssen, die **Aufrechterhaltung eigener Konten** und eigener Bankkontakte und schließlich die **Kündigungsmöglichkeit** des Cash-Pooling-Vertrages. Die Information über die internen (innerhalb der Unternehmensgruppe) und externen Risiken ist notwendige Voraussetzung dafür, dass die beteiligten Unternehmen in der Lage sind, ihre eigenen Pflichten zur Überprüfung der Vollwertigkeit uneingeschränkt zu erfüllen und ggf. den Vertrag über die Teilnahme am Cash-Pooling rechtzeitig zu kündigen.

29 Der Abschluss des Cash-Pooling-Vertrages und seine Durchführung sind im Abhängigkeitsbericht darzustellen (vgl. § 312 Abs. 1 Satz 2 AktG; *Hüffer* AG 2004, 416, 421 f.).

d) Sicherheitenbestellung zugunsten eines Gesellschafters

Bestellt die Gesellschaft eine Sicherheit zugunsten eines Gesellschafters, ist zunächst zu beachten, dass die **Zustimmung aller Gesellschafter** für die Sicherheitenbestellung erforderlich ist, da andernfalls ein Verstoß gegen § 53 Abs. 3 GmbHG vorliegt. Fehlt es an der Zustimmung, darf der Geschäftsführer die Sicherheit nicht bestellen. Die Gesellschaftersicherheit kann sowohl für Forderungen von Dritten gegen den Gesellschafter als auch zur Besicherung von Forderungen des Gesellschafters gegen Dritte bestellt werden (KG v. 11.01.2000 – 14 U 7683/97, NZG 2000, 479, 480).

Soweit die Gesellschaft einem Gesellschafter eine Sicherheit bestellen darf, ist das Geschäft auch **bilanziell** in seine einzelnen Rechtsgeschäfte zu zerlegen. Die Zusage der Sicherheit braucht nicht stets in der Bilanz passiviert zu werden (§ 251 Satz 1 HGB), sondern erst, wenn eine Inanspruchnahme droht, wobei sie dann als Rückstellung erfolgt, § 249 Abs. 1 Satz 1 HGB (OLG München v. 19.06.1998 – 21 U 6130/97, GmbHR 1998, 986), und als Verbindlichkeit, wenn die Gesellschaft in Anspruch genommen worden ist. Sobald die Sicherheitenbestellung in die Bilanz aufzunehmen ist, sei es als Rückstellung oder als Verbindlichkeit, ist auch der Freistellungsanspruch gegen den Gesellschafter zu aktivieren (Lutter/Hommelhoff/*Lutter/Hommelhoff* GmbHG, § 30 Rn. 25); i. d. R. liegt dem Freistellungsanspruch ein Auftrag zugrunde. Ob und in welchem Umfang der Freistellungsanspruch zu aktivieren ist, hängt von der Bonität des Gesellschafters und/oder den von ihm bestellten Sicherheiten ab.

Hieraus folgt zunächst: Die **Sicherheitenbestellung** zugunsten des Gesellschafters ist grundsätzlich **unterbilanzneutral** (Hachenburg/*Goerdeler/Müller* § 30 Rn. 66). Dies gilt nicht nur, solange die Sicherheit unter der Bilanz ausgewiesen ist, sondern auch, wenn die Inanspruchnahme aus der Sicherheit droht (a. A. Lutter/Hommelhoff/*Lutter/Hommelhoff* GmbHG, § 30 Rn. 33; a. A. *Steinbeck* WM 1999, 885, 887) oder sogar, soweit die Gesellschaft aus der Sicherheit in Anspruch genommen wird, sofern der Freistellungsanspruch der Gesellschaft gegen den Gesellschafter werthaltig ist und geltend gemacht wurde. Liegt die Werthaltigkeit nicht vor, ist mit der drohenden Inanspruchnahme eine Auszahlung gegeben.

Hieraus folgt ferner: Es entspricht kaufmännischen Gepflogenheiten, dass sich ein Dritter die Sicherheitenbestellung vergüten lässt. Dies gilt auch im Verhältnis zu den Gesellschaftern. Unterbleibt die **Vergütung**, liegt ein Fall des Verzichts auf Gewinn vor, weshalb schon aus diesem Grund die Sicherheitenbestellung eine Auszahlung ist. Die Höhe der Vergütung hängt von der Bonität des Gesellschafters und den von ihm bestellten Sicherheiten ab. Diese Begründung führt im wirtschaftlichen Ergebnis dazu, dass während einer Unterbilanz oder während einer Überschuldung keine Sicherheit aus dem Gesellschaftsvermögen an den Gesellschafter gegeben werden darf (Lutter/Hommelhoff/*Lutter/Hommelhoff* GmbHG, § 30 Rn. 44).

e) Verkauf unter Verzicht auf Gewinnaufschlag

Verkauft die Gesellschaft eine Sache oder Forderung an den Gesellschafter oder überlässt die Gesellschaft dem Gesellschafter eine Sache ohne Gewinnaufschlag, liegt insoweit eine Auszahlung vor, wenn der Gewinnaufschlag realisierbar ist. § 30 GmbHG ist jedoch nur dann einschlägig, wenn eine Unterbilanz verursacht wird, weshalb zusätzlich ein Verkauf unter Herstellungs- oder Anschaffungskosten bzw. Buchwert erforderlich ist.

f) Wechselseitige Beteiligungen

Erwirbt die Gesellschaft Geschäftsanteile von ihrer Muttergesellschaft, sei es originär durch eine Kapitalerhöhung bei der Muttergesellschaft oder derivativ von den Gesellschaftern der Muttergesellschaft, entsteht eine wechselseitige Beteiligung. Für die Aktiengesellschaft ist dies in §§ 19, 56 Abs. 2 AktG geregelt. Während ein Teil der Literatur (Scholz/*Westermann* GmbHG, § 30 Rn. 37) die wechselseitige Beteiligung bei der GmbH durch § 30 GmbHG lösen will, erachtet eine im Vordringen befindliche Meinung (*Verhoeven* GmbHR 1977, 97, 100; Hachenburg/*Goerdeler/Müller*

§ 30 Rn. 71) dies als Problematik des § 33 GmbHG analog. Nach der erstgenannten Meinung liegt eine Auszahlung an die Muttergesellschaft vor, wenn der Wert des erworbenen Anteils nicht zumindest der geleisteten Einlage entspricht. Nach der a. A. ist der Erwerb nur zulässig, soweit der Erwerb der Anteile aus nicht gebundenem Vermögen erfolgt. Letzterer Auffassung ist der Vorzug zu geben, weil sie die wechselseitige Beteiligung sachgerecht löst.

g) Verschmelzung des Gesellschafters auf die Gesellschaft

36 Eine Auszahlung liegt ebenfalls vor, wenn der Gesellschafter auf die Gesellschaft verschmolzen wird, sofern das Vermögen des Gesellschafters nicht ausgeglichen ist. Denn die Gesellschaft übernimmt die Verbindlichkeiten ihres Gesellschafters, ohne hierfür eine adäquate, den Vermögensverlust ausgleichende Gegenleistung zu erhalten (Widmann/Mayer/*Mayer* [81. Erg.Lfg] § 5 Rn. 40.1).

h) Darlehen und gleichgestellte Leistungen von Gesellschaftern, Abs. 1 Satz 3

37 Durch die Anfügung des neuen Satz 3 durch das MoMiG wird klargestellt, dass Tilgungsleistungen auf Gesellschafterdarlehen keine nach Satz 1 verbotenen Auszahlungen des zur Erhaltung des Stammkapitals erforderlichen Vermögens mehr sind. Dadurch wurde die Fortgeltung der sog. Rechtsprechungsregeln zu den eigenkapitalersetzenden Gesellschafterdarlehen aufgegeben werden, indem der Gesetzgeber des MoMiG generell anordnet, dass Gesellschafterdarlehen und gleichgestellte Leistungen nicht wie haftendes Eigenkapital zu behandeln sind. Damit wurde die Rechtsfigur des eigenkapitalersetzenden Gesellschafterdarlehens aufgegeben. (BT Drucksache 16/6140, S. 42, s. auch *Habersack* ZIP 2007, 2145 ff.). In der Konsequenz kann die Rückzahlung eines Gesellschafterdarlehens nicht mehr unter Berufung auf eine analoge Anwendung des § 30 verweigert werden. In der Insolvenz können diese Zahlungen jedoch, sofern sie innerhalb des Ein-Jahres-Zeitraumes liegen zurückgefordert oder nach dem Anfechtungsgesetz angefochten werden.

IV. An Gesellschafter

1. Gesellschafter

38 Der Wortlaut (»an die Gesellschafter«) erfasst nur **Auszahlungen an die Gesellschafter** i. S. v. § 16 GmbHG. Die Frage ist, ob dies auch für Gesellschafter in einem **Vertragskonzern** gilt. Der BGH hat hierzu die Auffassung vertreten, dass die Verpflichtungen zur Verlustübernahme und zur Sicherheitsleistung (§§ 302, 303 AktG analog) der einzig sichere Weg sei, um Gesellschafter und Gläubiger gegen eine Aushöhlung der bilanzmäßigen Substanz zu schützen (BGH v. 14.12.1987 – II ZR 170/87, GmbHR 1988, 174, 175), weshalb die Verlustübernahmeverpflichtung zumindest auch dazu dient, die Außerkraftsetzung der Kapitalsicherungsvorschriften auszugleichen (BGH v. 20.02.1989 – II ZR 167/88, GmbHR 1989, 196, 200). Mit Rücksicht darauf, dass die Verlustausgleichsverpflichtung nur auf das Ende des Geschäftsjahres der abhängigen Gesellschaft wirkt und § 31 GmbHG einen sofort fälligen Erstattungsanspruch begründet, geht § 31 GmbHG deutlich über § 302 AktG hinaus, weshalb die Rechtsprechung nicht unbedenklich ist. Voraussetzung ist nicht, dass der Verlustausgleich durch Barzahlung erfüllt werden muss. Vielmehr kann die Verlustausgleichsverpflichtung auch durch Aufrechnung erfüllt werden, wenn die Forderung der herrschenden Gesellschaft werthaltig ist (BGH ZInsO 2006, 818, 820 Tz. 11). Die Beweislast für die Werthaltigkeit der Forderung trifft das herrschende Unternehmen (BGH ZInsO 2006, 818, 820 Tz. 11). Ob der BGH mit dieser Entscheidung sein Dogma, § 302 AktG trete »an die Stelle der Kapitalerhaltungsvorschriften« aufgibt, bleibt abzuwarten, wäre wünschenswert (wohl auch *Goette* DStR 2006, 2132, 2136).

39 Aufgrund des Zwecks des § 30 GmbHG und um seine Umgebung zu verhindern, besteht aber Einigkeit, dass nicht nur unmittelbare Auszahlungen an die Gesellschafter geregelt sind, sondern auch **mittelbare Zahlungen** und alle **Umgehungsgeschäfte** (OLG Rostock GmbHR 1998, 329, 330; *Habersack* ZIP 2008, 2385 ff.; Hachenburg/*Goerdeler/Müller* § 30 Rn. 47; Michalski/*Heidinger* § 30 Rn. 66).

Mittelbare Leistungen an den Gesellschafter liegen immer dann vor, wenn die Auszahlung dem 40
Gesellschafter indirekt zugutekommt (Michalski/*Heidinger* § 30 Rn. 66). **Beispielsfälle** dieser Art
sind die Erfüllung einer Verbindlichkeit des Gesellschafters durch die Gesellschaft gegenüber einem
Dritten (BGH v. 29.03.1973 – II ZR 25/70, BGHZ 60, 324, 328; BGH LM § 30 GmbHG Nr. 1);
die Erfüllung einer Verbindlichkeit einer anderen Gesellschaft des Gesellschafters durch die Gesellschaft gegenüber einem Dritten (OLG Köln v. 06.03.1996 – 27 U 101/95, GmbHR 1996, 367);
die Übernahme einer Verbindlichkeit des Gesellschafters von einem Dritten (Michalski/*Heidinger*
§ 30 Rn. 66); das Eingehen einer Verbindlichkeit gegenüber einem Dritten, die nur den Interessen
des Gesellschafters dient (OLG Rostock. v. 03.09.1997 – 6 U 557/96, GmbHR 1998, 329, 330).

2. Gleichbehandelte Personen

Zahlt die Gesellschaft nicht an den Gesellschafter, sondern an den **Nießbraucher** aus, gilt dies als 41
Auszahlung an den Gesellschafter, da der Nießbraucher den vermögensrechtlichen Teil der Mitgliedschaft ausübt (Hachenburg/*Goerdeler/Müller* § 30 Rn. 51).

Zahlt die Gesellschaft an einen **Treuhänder** aus, liegt § 30 GmbHG unmittelbar vor, da der Treu- 42
händer Gesellschafter ist (vgl. § 14 GmbHG Rdn. 8).

Zahlt die Gesellschaft an den Treugeber (Hintermann) aus, gilt die Auszahlung analog § 46 Abs. 5 43
AktG als Auszahlung an den Gesellschafter (BGH v. 14.12.1959 – II ZR 187/57, BGHZ 31, 258,
266 f.; OLG Celle v. 28.11.1984 – 9 U 286/83, ZIP 1985, 100, 104; OLG Hamburg DB 1984,
1515, 1516).

3. Zuzurechnende Dritte

Zahlungen an Dritte erfasst der Wortlaut des § 30 GmbHG nicht. Zur **Vermeidung von Umge-** 44
hungen werden aber Zahlungen an Dritte als Zahlungen an den Gesellschafter behandelt, wenn es
sich bei den Dritten um **nahe Angehörige** (BGH v. 28.09.1981 – II ZR 223/80, BGHZ 81, 365,
369; Michalski/*Heidinger* § 30 Rn. 80), minderjährige Kinder, Ehegatten oder um **konzernrecht-**
lich verbundene Unternehmen i. S. d. § 15 AktG (BGH v. 20.03.1986 – II ZR 114/85, ZIP 1987,
1050; OLG München GmbHR 2006, 144, 145; OLG Dresden v. 06.06.2002 – 7 U 2325/01,
GmbHR 2003, 356, 358; *U.H. Schneider* ZGR 1985, 279, 285 ff.) handelt. **Stille Gesellschafter**
sind einem Gesellschafter gleich zu stellen, wenn sie aufgrund der vertraglichen Ausgestaltung des
stillen Gesellschaftsverhältnisses hinsichtlich ihrer vermögensmäßigen Beteiligung und ihres Einflusses auf die Geschicke der Gesellschaft weitgehend einem Gesellschafter gleichstehen (BGH v.
13.02.2006 – II ZR 62/04, DStR 2006, 860, 862 Tz. 24). Zahlungen an natürliche Personen, die
nicht nahe Angehörige sind, sind nur dann als Auszahlung an den Gesellschafter zu werten, wenn
dieser einen **messbaren Vorteil** hatte (Hachenburg/*Goerdeler/Müller* § 30 Rn. 52; Michalski/*Heidin-*
ger § 30 Rn. 80) oder die **Zahlung veranlasst** hat.

Man wird den Kreis der Dritten nicht nach § 138 InsO bestimmen können. Denn bei der Insol- 45
venzanfechtung geht es um Personen, die dem Schuldner nahe stehen, bei denen die Kenntnis
der Zahlungsunfähigkeit, des Eröffnungsantrages oder der Gläubigerbenachteiligung widerlich
vermutet wird (§§ 130 Abs. 3, 131 Abs. 2 Satz 2, 132 Abs. 3 InsO). Derartige subjektive Voraussetzungen spielen aber bei der Auszahlung an Dritte keine Rolle.

Ob die Gesellschaft gegen den Dritten einen **eigenen Anspruch** aus §§ 30, 31 GmbHG hat, richtet 46
sich nach h. M. danach, ob der Dritte den Verstoß gegen § 30 GmbHG gekannt hat oder hätte
kennen müssen (BGH v. 25.09.1981 – V ZR 244/80, BGHZ 81, 359, 369/370).

4. Beurteilungszeitpunkt

Maßgeblicher Zeitpunkt für die Beurteilung der Gesellschaftereigenschaft ist die **Begründung der** 47
Auszahlungsverpflichtung (BGH v. 25.09.1981 – V ZR 244/80, BGHZ 81, 252, 258; 13, 49, 54;
RG JW 1938, 1176; KG v. 11.01.2000 – 14 U 7683/97, NZG 2000, 479, 480; Michalski/*Heidin-*

ger § 30 Rn. 69; *Goette* DStR 1997, 1495, 1498), nicht die Auszahlung selbst. Wenn die Auszahlung zu einem Zeitpunkt geleistet wird, zu dem der Gesellschafter der Gesellschaft nicht mehr angehört, liegt gleichwohl eine Auszahlung vor, wenn die Auszahlungsverpflichtung während seiner Gesellschaftereigenschaft begründet worden ist.

48 Ist die Auszahlungsverpflichtung zu einem Zeitpunkt entstanden, zu dem der Gesellschafter **nicht mehr Gesellschafter** war, liegt grundsätzlich kein Fall des § 30 GmbHG vor (Hachenburg/*Goerdeler/Müller* § 30 Rn. 55), es sei denn, es gibt Anhaltspunkte für ein Umgehungsgeschäft, etwa wenn die Auszahlung innerhalb von etwa 6 Monaten nach dem Ausscheiden geleistet wurde. Dann besteht ein Indiz, dass die Auszahlung im Zusammenhang mit der Gesellschafterstellung begründet war.

49 Ist die Auszahlungsverpflichtung zu einem Zeitpunkt entstanden, zu dem der Gesellschafter **noch nicht Gesellschafter** war, liegt grundsätzlich kein Fall des § 30 GmbHG vor, es sei denn, es gibt Anhaltspunkte für ein Umgehungsgeschäft, etwa wenn die Auszahlung innerhalb von etwa 6 Monaten vor der Begründung der Gesellschafterstellung geleistet wurde. Dies findet man häufig in sog. »Management-Buy-Out-Konstellationen«, bei denen dem Management zur Finanzierung des Kaufpreises Mittel der Gesellschaft vorab zur Verfügung gestellt werden.

50 Maßgeblicher Zeitpunkt für die Beurteilung der Auszahlung an den dem Gesellschafter **zuzurechnenden Dritten** (s. o. Rdn. 44 f.) ist der Zeitpunkt der **Auszahlung** (BGH v. 13.02.2006 – II ZR 62/04, DStR 1996, 271, 272; *Goette* DStR 1997, 1495, 1499).

V. Zur Erhaltung des Stammkapitals erforderliches Vermögen

51 Geschützt wird nicht das Gesellschaftsvermögen als solches, sondern nur das zur Erhaltung des Stammkapitals erforderliche Gesellschaftsvermögen.

1. Nominelles Stammkapital vs. Rücklagen

52 Geschützt ist nur das **Stammkapital**, wie es im Handelsregister eingetragen ist. Unerheblich ist, ob das Stammkapital eingezahlt ist oder ob die Gesellschafter eine Kapitalerhöhung oder -herabsetzung beschlossen haben.

53 **Rücklagen** sind durch § 30 GmbHG nicht geschützt. Dies gilt nicht für Rücklagen nach § 27 Abs. 2 DMBilG, die kraft Verweisung (§ 27 Abs. 3 DMBilG) dem Anwendungsbereich des § 30 GmbHG unterliegen (vgl. auch Rdn. 4).

54 **Verbindlichkeiten** an Gesellschafter sind durch § 30 GmbHG ebenfalls nicht geschützt.

2. Unterbilanz

55 Nach § 30 GmbHG darf das Gesellschaftsvermögen nicht unter den nominellen Wert des Stammkapitals sinken, d. h. es darf weder eine Unterbilanz begründet oder vertieft werden, noch darf eine Überschuldung entstehen.

a) Zeitpunkte der Unterbilanzermittlung

56 Maßgeblicher Zeitpunkt für die Ermittlung der Unterbilanz ist der **Zeitpunkt der Auszahlung** (BGH GmbHR 1987, 187; Bork/Schäfer/*Thiessen* GmbHG, § 30 Rn. 15; Lutter/Hommelhoff/*Lutter/Hommelhoff* GmbHG, § 30 Rn. 17; Michalski/*Heidinger* § 30 Rn. 16). Dieser Zeitpunkt kann je nach Form der Auszahlung unterschiedlich sein; auch mehrere Zeitpunkte kommen in Betracht. Besteht die Auszahlung etwa in der Eingehung einer Verbindlichkeit, ist dieser Zeitpunkt maßgeblich. Besteht die Auszahlung in der Bestellung einer Sicherheit, ist die Unterbilanz jedenfalls auf den Zeitpunkt zu ermitteln, in dem die dem Gesellschafter gewährte Sicherheit in Anspruch genommen wird (KG v. 11.01.2000 – 14 U 7683/97, NZG 2000, 479, 481), wenn nicht sogar der Zeitpunkt maßgeblich ist, in dem die Inanspruchnahme erstmalig droht.

b) Zwischenbilanz zur Unterbilanzfeststellung

Streitig wird die Frage diskutiert, ob zwingend auf den Zeitpunkt der Unterbilanzermittlung eine Zwischenbilanz (auch Unterbilanzrechnung genannt, s. Hachenburg/*Goerdeler/Müller* § 30 Rn. 31; Lutter/Hommelhoff/*Lutter/Hommelhoff* GmbHG, § 30 Rn. 17) aufzustellen ist (bejahend: *Röhrkasten* GmbHR 1974, 36; *Meister* WM 1980, 390, 394; verneinend: Hachenburg/*Goerdeler/Müller* § 30 Rn. 43). Unabhängig wie man sich zu der Frage stellt, wird ein kaufmännisch handelnder Geschäftsführer eine Zwischenbilanz aufstellen müssen, insbesondere dann, wenn Zweifel am Vorliegen einer Unterbilanz bestehen. Ideal ist es, wenn der Geschäftsführer den Zwischenabschluss vor und nach der Auszahlung aufstellt, was ihm im Nachhinein die Argumentation erleichtert. Auch aus Gründen der Beweisführung wird die Aufstellung eines Zwischenabschlusses empfohlen (Michalski/*Heidinger* § 30 Rn. 29). Im Ergebnis besteht damit aus den Grundsätzen ordnungsmäßiger Unternehmensführung eine **Verpflichtung zur Aufstellung der Zwischenbilanz**. Eine Zwischenbilanz ist dann nicht erforderlich, wenn es aufgrund der Fehlbeträge der Vorjahre keine Anhaltspunkte für die Annahme gibt, dass die Unterbilanz nachhaltig beseitigt worden ist (BGH v. 13.03.2006 – II ZR 165/04, BB 2006, 1070, 1071 Tz. 8). 57

Solange die Zwischenbilanz nicht aufgestellt ist, haben die Geschäftsführer ein **Leistungsverweigerungsrecht** der Auszahlung (Hachenburg/*Goerdeler/Müller* § 30 Rn. 43). 58

Wurde eine Zwischenbilanz aufgestellt, haben die Gesellschafter **Anspruch auf Einsicht in die Zwischenbilanz** (vgl. § 51a Abs. 1 GmbHG). Der ausgeschiedene Gesellschafter hat Anspruch auf Vorlage der Zwischenbilanz nach § 810 BGB. 59

c) Aufstellungsgrundsätze der Zwischenbilanz

Die Zwischenbilanz wird aus dem Jahresabschluss abgeleitet. Maßgeblich ist der letzte festgestellte und wirksame Jahresabschluss. 60

In dem Zwischenabschluss wird das **Nettovermögen der Gesellschaft** ermittelt. Das Nettovermögen ermittelt sich aus der Summe aller nach § 42, §§ 246 ff. und §§ 266 ff. HGB angesetzten und bewerteten Aktiva abzüglich sämtlicher echten Passiva, also nicht vermindert um das Stammkapital selbst und die Rücklagen (BGH v. 11.05.1987 – II ZR 226/86, NJW 1988, 139; OLG Brandenburg v. 23.09.1998 – 7 U 78/98, GmbHR 1999, 298, 299; Lutter/Hommelhoff/*Lutter/Hommelhoff* GmbHG, § 30 Rn. 11; *Müller* DStR 1997, 1577). Zu den echten Passiva zählen die **Rückstellungen** (Michalski/*Heidinger* § 30 Rn. 13). **Rücklagen** und **Nachschusskapital** bleiben außer Ansatz. Das Nettovermögen der Gesellschaft entspricht damit den frei verfügbaren Rücklagen und den Gewinnvorträgen. 61

Der Zwischenabschluss wird grundsätzlich zu **Fortführungswerten** bewertet, weshalb die bisherige Bewertungs- und Bilanzierungspraxis beizubehalten ist. Die Gesellschaft ist an das Stetigkeitsgebot (§ 252 Abs. 1 Nr. 6 HGB) gebunden (*Goette* DStR 2006, 139, 145), darf aber, soweit dies bei Aufstellung des Jahresabschlusses zulässig wäre, im Rahmen des Zwischenabschlusses ihre Bewertungspraxis ändern (Hachenburg/*Goerdeler/Müller* § 30 Rn. 31). Die Fortführungswerte unterstellen eine geordnete Fortführung des Unternehmens trotz Unterbilanz. Führt allerdings die Auszahlungsveranlassung der Gesellschafter dazu, dass die Gesellschaft zu liquidieren oder zu zerschlagen ist, weil ihr lang- oder kurzfristig die betrieblichen Grundlagen entzogen wurden, sind in dem Zwischenabschluss die Vermögensgegenstände mit **Liquidations-** oder sogar mit **Zerschlagungswerten** anzusetzen (so auch Hachenburg/*Goerdeler/Müller* § 30 Rn. 31 für Liquidationswerte). Liquidationswerte sind die Werte, die im Rahmen einer durch die Gesellschafter beschlossenen ordnungsgemäßen Liquidation zugrunde zu legen sind (Uhlenbruck/*Uhlenbruck* § 19 InsO Rn. 25) Zerschlagungswerte sind die Werte, die im Rahmen einer Zwangsabwicklung der Gesellschaft zugrunde zu legen sind. Diese beinhalten auch mögliche Sozialplanverpflichtungen (a. A. Lutter/Hommelhoff/*Lutter/Hommelhoff* GmbHG, § 30 Rn. 12). 62

d) Einzelheiten der Aufstellung

63 Die Einzelheiten der Aufstellung sind (in alphabetischer Reihenfolge):
- **Eigene Anteile:** Soweit die Gesellschaft eigene Anteile erworben hat, sind die Anteile mit ihren Anschaffungskosten, d. h. einschließlich Aufgeld zu aktivieren. Zugleich ist aber auch zwingend eine neutralisierende Rücklage zu bilden (§ 272 Abs. 4 HGB), die als zur Ausschüttung nicht verwendbar zu bezeichnen ist (Hachenburg/*Goerdeler/Müller* § 30 Rn. 39).
- Ausstehende **Gesellschafterforderung:** Sind die Stammeinlagen begründet, aber noch nicht eingezahlt oder hat die Gesellschaft sonstige Forderungen gegen den Gesellschafter, ist die (Einlage-) Forderung gegen den Gesellschafter als Forderung zu aktivieren (§ 272 Abs. 1 HGB), soweit sie werthaltig ist (HansOLG Bremen 15.02.2001 – 2 U 129/99, DStR 2002, 1407; Hachenburg/*Goerdeler/Müller* § 30 Rn. 23).
- **Geschäfts- und Firmenwert:** Der selbst geschaffene Geschäfts- und Firmenwert darf nicht aktiviert werden. Streitig ist die Behandlung des derivativ erworbenen Geschäfts- und Firmenwertes (aktivierbar: Hachenburg/*Goerdeler/Müller* § 30 Rn. 35; Michalski/*Heidinger* § 30 Rn. 19; *Müller* DStR 1997, 1577, 1579; nicht aktivierbar: Lutter/Hommelhoff/*Lutter/Hommelhoff* GmbHG, § 30 Rn. 12). Er stellt zwar einen immateriellen Vermögensgegenstand dar (§ 266 Abs. 2 AI Nr. 2 HGB); dieser ist jedoch unsicher und für die Gläubiger nicht verwertbar. Daher ist er nicht anzusetzen.
- **Gründungskosten:** Aufwendungen für die Gründung der Gesellschaft sind wegen des Aktivierungsverbotes des § 248 Abs. 1 HGB in der Zwischenbilanz nicht zu aktivieren (Michalski/*Heidinger* § 30 Rn. 17).
- Aufwendungen für die **Ingangsetzung und Erweiterung des Geschäftsbetriebs**: Die Bilanzierungshilfen (§ 169 HGB) dürfen nicht aktiviert werden, da sie gem. § 269 Satz 2 HGB mit einer Ausschüttungssperre belegt sind (Hachenburg/*Goerdeler/Müller* § 30 Rn. 34; Michalski/*Heidinger* § 30 Rn. 18).
- **Rechnungsabgrenzungsposten:** Die aktiven und passiven Rechnungsabgrenzungsposten sind auf den Zeitpunkt der Zwischenbilanzaufstellung zu bilden (BGH v. 07.11.1988 – II ZR 46/88, GmbHR 1989, 152, 154; Hachenburg/*Goerdeler/Müller* § 30 Rn. 40; Michalski/*Heidinger* § 30 Rn. 22; a. A. Lutter/Hommelhoff/*Lutter/Hommelhoff* GmbHG, § 30 Rn. 16).
- **Rückstellung für ungewisse Verbindlichkeiten:** Die Rückstellungspflicht besteht dem Grunde nach jedenfalls dann, wenn ernsthaft mit ihrem Bestand gerechnet werden muss. Maßgeblich ist insoweit, ob der Bilanzierende bei sorgfältiger Abwägung aller in Betracht kommenden Umstände eine Rückstellungspflicht nicht verneinen durfte, wobei auch ein faktischer Leistungszwang genügen kann (BGH v. 22.09.2003 – II ZR 229/02, ZIP 2003, 2068 f.).
- **Schwebende Geschäfte:** sind grundsätzlich nicht zu bilanzieren, es sei denn, es liegen Vorleistungen, Erfüllungsrückstände oder drohende Verluste vor (BGH v. 07.11.1988 – II ZR 46/88, GmbHR 1989, 152, 154).
- **Sonderposten mit Rücklagenanteil:** Im Jahresabschluss ist der Sonderposten mit Rücklagenanteil gesondert auszuweisen, § 273 Satz 2 HGB. Der Sonderposten stellt aus wirtschaftlicher Sicht einen Mischposten zwischen Eigenkapital und Fremdkapital dar. Durch die erfolgswirksame Bildung des Sonderpostens wird ein sonst auszuweisender Gewinn der Gesellschaft vermindert oder ein sonst auszuweisender Verlust erhöht. Durch seine Bildung werden gewisse Beträge der Ausschüttung entzogen und es kommt zu einer Steuerstundung. Der Rückstellungsteil ist zu passivieren und in die Zwischenbilanz einzustellen (Lutter/Hommelhoff/*Lutter/Hommelhoff* GmbHG, § 30 Rn. 15; a. A. *Schmitt* GmbHR 2002, 349, 351/352). Der Eigenkapitalanteil des Sonderpostens wird dadurch ermittelt, dass die potenzielle Steuerbelastung in Abzug zu bringen ist.
- **Stille Reserven:** Durch die Anwendung der Grundsätze ordnungsmäßiger Bilanzierung ist es der Gesellschaft verwehrt, stille Reserven aufzudecken. Dies gilt sowohl für die zwangsweise als auch für die willkürlich gebildeten stillen Reserven (BGH v. 07.11.1988 – II ZR 46/88, GmbHR 1989, 152, 154; OLG Brandenburg v. 23.09.1998 – 7 U 78/98, GmbHR 1999, 298, 299; Lutter/Hommelhoff/*Lutter/Hommelhoff* GmbHG, § 30 Rn. 12; a. A. *Meister* WM 1980,

390, 394; *Sonnenhol/Stützle* DB 1979, 925, 927 f.). Etwas anderes gilt nur, wenn die Auflösung stiller Reserven den Grundsätzen ordnungsmäßiger Buchführung entspricht und im Jahresabschluss zulässig wäre, etwa im Fall einer Wertaufholung, § 280 HGB (*Müller* DStR 1997, 1577, 1579).

- **Verlustvortrag:** Der Verlustvortrag ist zu passivieren. Er hindert die Auszahlung so lange nicht, wie er durch Rücklagen gedeckt ist (Hachenburg/*Goerdeler/Müller* § 30 Rn. 37).
- **Wahlrechte:** Die Gesellschaft bleibt an die ausgeübten Wahlrechte gebunden. Daher braucht die Gesellschaft eine zulässigerweise unterbliebene Passivierung in dem Zwischenabschluss nicht nachzuholen (Lutter/Hommelhoff/*Lutter/Hommelhoff* GmbHG, § 30 Rn. 15).

VI. Rechtsfolgen

1. Auszahlungsverbot

Eine Auszahlung, die gegen § 30 Abs. 1 GmbHG verstößt, begründet im Sinne einer Einwendung ein **Leistungsverweigerungsrecht** der Gesellschaft (BGH v. 15.02.1996 – IX ZR 245/94, ZIP 1996, 538, 539). Das Auszahlungsverbot endet, sobald das Stammkapital nachhaltig wieder hergestellt ist. Das Auszahlungsverbot wird nicht dadurch geheilt, dass die Gesellschafter einen entsprechenden Gesellschafterbeschluss fassen. Ein derartiger Beschluss in Kenntnis des Auszahlungsverbotes wäre nichtig, § 241 Nr. 3 AktG analog (Hachenburg/*Goerdeler/Müller* § 30 Rn. 76). 64

2. Erstattungsanspruch und Geschäftsführerhaftung

Wird dennoch gegen das Auszahlungsverbot verstoßen, hat die Gesellschaft einen **gesellschaftsrechtlichen Erstattungsanspruch** (BGH v. 14.12.1959 – II ZR 187/57, BGHZ 31, 258, 265; Hachenburg/*Goerdeler/Müller* § 30 Rn. 66) gegen die Gesellschafter, § 31 GmbHG. Die Geschäftsführer haften gem. § 43 Abs. 1 und 3 GmbHG. Zur Beweislastverteilung der Geschäftsführerhaftung s. BGH v. 13.03.2006 – II ZR 165/04, BB 2006, 1070, 1071 Tz. 11. 65

3. Nichtigkeit des Verpflichtungsgeschäfts und Verfügungsgeschäfts

Offen ist die Diskussion, ob das **Verpflichtungsgeschäft nichtig** ist, wenn ein Verstoß gegen § 30 GmbHG vorliegt. Die Rechtsprechung (BGH v. 29.09.1977 – II ZR 157/76, BGHZ 69, 274, 280; RG vom 23.10.1931 – II 67/31, RGZ 133, 393, 395; 113, 241, 244; OLG Düsseldorf v. 08.06.1989 – 8 U 197/88, GmbHR 1990, 134) und die überwiegende Literatur (Michalski/*Heidinger* § 30 Rn. 88; a.A. *Groß/Sonnenhol* GmbHR 1995, 561, 562) nehmen eine Nichtigkeit des Verpflichtungsgeschäfts nach § 134 BGB nur an, wenn **bewusst** gegen § 30 GmbHG verstoßen wurde. Das OLG Frankfurt am Main (OLG Frankfurt am Main v. 22.12.2004 – 13 U 177/02, GmbHR 2005, 550, 557) sieht einen Verstoß gegen das Auszahlungsverbot des § 30 GmbHG stets als Nichtigkeitsgrund nach § 134 BGB an. Mit Rücksicht darauf, dass die Rechtsfolge in § 31 GmbHG abschließend geregelt ist, spricht viel dafür, die Nichtigkeit nicht anzunehmen (offen gelassen in BGH v. 23.06.1997 – II ZR 220/95, BGHZ 136, 125, 129) 66

Mit derselben Begründung ist auch das **Verfügungsgeschäft** als grundsätzlich **wirksam** zu erachten (Lutter/Hommelhoff/*Lutter/Hommelhoff* GmbHG, § 30 Rn. 52; a.A. OLG Düsseldorf v. 08.06.1989 – 8 U 197/88, GmbHR 1990, 134). 67

4. Konkurrenz zu allgemeinen Vorschriften

Neben dem gesellschaftsrechtlichen Regelwerk der §§ 30, 31, 43 Abs. 1 und 3 GmbHG finden die allgemeinen Vorschriften Anwendung, so §§ 812 ff., 823 ff., 985 BGB. Ferner sind Fälle denkbar, in denen ein Missbrauch der Vertretungsmacht des Geschäftsführers vorliegen kann (Michalski/*Heidinger* § 30 Rn. 84). 68

VII. Beweislast

69 Die Beweislast für das Vorliegen der Voraussetzungen des § 30 GmbHG liegt bei der **Gesellschaft** (BGH 17.02.2003 – II ZR 281/00, GmbHR 2003, 466, 467; ZIP 2000, 1251, 1254). Für die Behauptung des Gesellschafters, dass die Auszahlung für Mittel der Gesellschaft verwandt wurde, trifft den **Gesellschafter** die Beweislast (OLG Celle OLGR 1997, 128). Darlegungsschwierigkeiten bei unvollständigen oder ungeordneten Geschäftsunterlagen sind nach den Grundsätzen der sekundären Behauptungslast zu lösen (BGH v. 17.02.2003 – II ZR 281/00, GmbHR 2003, 466, 467). Das Vorliegen einer Unterbilanz ist von Amts wegen vom Gericht zu beachten.

VIII. Bilanzieller Ausweis

70 Streitig ist der Ausweis der verbotswidrigen Auszahlung im Jahresabschluss der Gesellschaft. Zunächst ist § 265 Abs. 5 HGB zu beachten, der eine weitere Untergliederung der Posten der Bilanz zulässt. Zum anderen ist aus § 272 Abs. 1 Satz 3 HGB zu entnehmen, dass auch nicht eingeforderte Einlagen offen vom Posten des gezeichneten Kapitals abgesetzt werden dürfen. Da die Auszahlung wirtschaftlich gesehen nichts anderes als eine Form der Rückzahlung von Eigenkapital ist, spricht viel dafür, das widerrechtlich ausgezahlte Kapital offen vom gezeichneten Kapital in einer Vorspalte als »Kapitalrückzahlung« abzusetzen (*Binz* DB 2004, 1273, 1274).

71 Soweit der Jahresabschluss prüfungspflichtig ist, trifft den Abschlussprüfer eine Redepflicht nach § 321 Abs. 1 Satz 3 HGB, und zwar nach diesseitiger Auffassung unabhängig davon, ob der Bestand des Unternehmens gefährdet ist (enger: *Binz* DB 2004, 1273, 1275).

IX. Steuerliche Behandlung verbotswidriger Auszahlungen

72 Zur steuerlichen Behandlung verbotswidriger Auszahlungen s. *Suchanek/Hagedorn* GmbHR 2006, 405.

C. Nachschüsse, Abs. 2

I. Zweck der Vorschrift

73 Abs. 2 knüpft an die Nachschusspflicht der §§ 26 bis 28 GmbHG an. Werden Nachschüsse geleistet, werden sie in der Bilanz der Gesellschaft in einem **besonderen Posten** innerhalb der Kapitalrücklage ausgewiesen (§ 42 Abs. 2 Satz 3 GmbHG), und zwar wie folgt: Einerseits ist der nachgeschossene Betrag nachrangig zum Stammkapital (§ 266 Abs. 3 Posten A I HGB), andererseits ist der Betrag vorrangig innerhalb der Kapitalrücklage (§ 266 Abs. 3 Posten A II HGB) auszuweisen. Diese bilanzielle Behandlung spiegelt sich konsequent in der Handhabung der nachgeschossenen Beträge wider: Nachgeschossene Beträge unterliegen nicht § 19 Abs. 2 und Abs. 5 GmbHG. Werden Kapitalrücklagen durch Verluste aufgezehrt, findet die Berichtspflicht der Geschäftsführer an die Gesellschafter gem. § 49 Abs. 2 GmbHG keine Anwendung. Damit werden die eingezahlten Nachschüsse gegenüber dem Stammkapital nachrangig behandelt. Jedoch erschwert § 30 Abs. 2 GmbHG die Rückzahlung einer Kapitalrücklage aus eingezahlten Nachschüssen, wodurch diese Kapitalrücklage vorrangig gegenüber den anderen Kapitalrücklagen behandelt wird.

II. Verhältnis zu Abs. 1

74 Abs. 2 steht neben Abs. 1. Werden eingezahlte Nachschüsse zurückgezahlt und wird durch die Rückzahlung das Stammkapital der Gesellschaft ganz oder teilweise angegriffen, liegt insoweit bereits ein Fall des Abs. 1 vor, der die Rückzahlung verbietet (Bork/Schäfer/*Thiessen* GmbHG, § 30 Rn. 165). Werden eingezahlte Nachschüsse zurückgezahlt und wird durch die Rückzahlung das Stammkapital nicht angegriffen, sind für die Rückzahlung die zusätzlichen Voraussetzungen des Abs. 2 zu beachten. Damit enthält Abs. 2 eine zusätzliche Sicherung des Nachschusskapitals, die nur zum Zuge kommt, wenn die Voraussetzungen des Abs. 1 nicht erfüllt sind (Hachenburg/*Goerdeler/Müller* § 30 Rn. 91).

III. Gesellschaftsvertragliche Regelungen

Abs. 2 ist **zwingend** (Michalski/*Heidinger* § 30 Rn. 130), mit Ausnahme von Satz 4 (s. Rdn. 94). Der Gesellschaftsvertrag kann die Rückzahlung von Nachschüssen nicht erleichtern, wohl aber erschweren (Michalski/*Heidinger* § 30 Rn. 130). 75

IV. Tatbestandsvoraussetzungen

1. Materielle Voraussetzungen

a) Nachschüsse

Abs. 2 gilt nur für **Nachschüsse i. S. d. §§ 26 bis 28 GmbHG**, d. h. für die Nachschüsse, die im Gesellschaftsvertrag geregelt sind (§ 26 Abs. 1 GmbHG), da die Gesellschaft und vor allem Gläubiger auf die Einforderung dieser Nachschüsse besonders vertrauen können müssen. 76

Hat ein Gesellschafter **freiwillige Leistungen** an die Gesellschaft erbracht, die nicht auf einer gesellschaftsvertraglichen Regelung beruhen, unterliegen diese dem Abs. 2 nicht. Gleiches gilt für **Nebenleistungen** i. S. d. § 3 Abs. 2 GmbHG. Werden diese zurückgefordert, können Abs. 1 (Hachenburg/*Goerdeler/Müller* § 30 Rn. 94) oder aber die Regelungen über die Rückzahlung eigenkapitalersetzender Darlehen Anwendung finden (Michalski/*Heidinger* § 31 Rn. 5). 77

b) Eingezahlte Nachschüsse

Abs. 2 gilt für die Rückzahlung von eingezahlten Nachschüssen, also von **tatsächlich erbrachten** Nachschüssen (Michalski/*Heidinger* § 30 Rn. 130). Ein Nachschuss ist tatsächlich erbracht, wenn die Verpflichtung erfüllt worden ist, sei es durch Zahlung oder durch Aufrechnung. 78

c) Volle Deckung des Stammkapitals, Abs. 2 Satz 1

Nachschüsse können zurückgezahlt werde, soweit das Stammkapital voll gedeckt ist. Führt also die Rückzahlung der Nachschüsse zu einer Unterbilanz, ist insoweit die Rückzahlung unzulässig. Gleiches gilt, soweit die Gesellschaft überschuldet ist (Michalski/*Heidinger* § 30 Rn. 132). 79

Die Rückzahlung an mehrere Gesellschafter ist als einheitlicher Vorgang zu betrachten. Führt die Rückzahlung zu einer teilweisen Unterbilanz, ist der Rückzahlungsanspruch eines jeden Gesellschafters anteilig durch die Geschäftsführer zu kürzen. Wurde gleichwohl ein Rückzahlungsanspruch eines Gesellschafters voll erfüllt, haben die Gesellschafter untereinander einen Ausgleichsanspruch (Michalski/*Heidinger* § 30 Rn. 132). 80

Maßgeblicher Zeitpunkt für die Beurteilung der Deckung ist der Zeitpunkt der Auszahlung, nicht der Zeitpunkt der Beschlussfassung. 81

d) Volleinzahlung des Stammkapitals, Abs. 2 Satz 3 i. V. m. § 28 Abs. 2 GmbHG

Sofern der Gesellschaftsvertrag bestimmt, dass Nachschüsse schon vor vollständiger Einzahlung der Stammeinlage eingefordert werden können (§ 28 Abs. 2 GmbHG), bestimmt Abs. 2 Satz 3, dass die Rückzahlung der Nachschüsse nicht zulässig ist, sofern das Stammkapital nicht vollständig eingezahlt ist. 82

Da in den übrigen Fällen des Nachschusses die Volleinzahlung des Stammkapitals allgemeine Voraussetzung für die Einforderbarkeit des Nachschusses ist, enthält Abs. 2 Satz 3 einen allgemeinen Rechtsgedanken, der in allen Fällen der Rückforderbarkeit des Nachschusses gilt (Michalski/*Heidinger* § 30 Rn. 133; Hachenburg/*Goerdeler/Müller* § 30 Rn. 98). 83

Trifft die Nachschusspflicht nicht sämtliche Gesellschafter, ist nicht auf die Volleinzahlung des Stammkapitals abzustellen. Es kommt dann nur darauf an, ob der zum Nachschuss verpflichtete Gesellschafter seine Stammeinlage vollständig eingezahlt hat (Hachenburg/*Goerdeler/Müller* § 30 Rn. 98; Michalski/*Heidinger* § 30 Rn. 133). 84

2. Formelle Voraussetzungen, Abs. 2 Satz 2

a) Gesellschafterbeschluss

85 Es muss ein Gesellschafterbeschluss auf Rückzahlung vorliegen, vgl. § 46 Nr. 3 GmbHG. Die Zuständigkeit der Gesellschafterversammlung ist nicht zwingend. Der Gesellschaftsvertrag oder der Beschluss über die Einforderung des Nachschusses kann die Zuständigkeit abweichend festlegen, da § 46 Nr. 3 GmbHG nicht zwingend ist (vgl. auch § 46 GmbHG Rdn. 19). Dieser Beschluss muss von dem zuständigen Organ wirksam gefasst sein. Für den Beschluss gelten keine besonderen Formvorschriften. Wegen der Bekanntmachung des Rückzahlungsbeschlusses (Satz 2) ist jedoch eine schriftliche Dokumentation geboten.

b) Bekanntmachung

86 Der Rückzahlungsbeschluss muss in den **Gesellschaftsblättern** bekannt gemacht werden (vgl. § 12 GmbHG; vgl. zur Fassung des § 12 GmbHG ab 01.01.2007 sowie zur Bekanntmachung im elektronischen Bundesanzeiger dort). Bestimmt der Gesellschaftsvertrag oder der Rückzahlungsbeschluss, dass neben dem elektronischen Bundesanzeiger in weiteren Blättern zu veröffentlichen ist, ist auch dort zu veröffentlichen. Zuständig für die Bekanntmachung sind die Geschäftsführer.

c) Ablauf der Sperrfrist

87 Die Zurückzahlung darf nach Abs. 2 Satz 2 erst erfolgen, wenn **3 Monate** abgelaufen sind (Sperrfrist), seit dem der Rückzahlungsbeschluss in den Gesellschaftsblättern bekannt gemacht wurde. Bestimmt der Gesellschaftsvertrag, dass nicht nur im elektronischen Bundesanzeiger zu veröffentlichen ist, beginnt die Frist zu laufen, sobald der Rückzahlungsbeschluss in dem zuletzt erschienenen Blatt veröffentlicht worden ist (Hachenburg/*Goerdeler/Müller* § 30 Rn. 101; Michalski/*Heidinger* § 30 Rn. 136). Hat der Geschäftsführer die Bekanntmachung in einem im Gesellschaftsvertrag oder Rückzahlungsbeschluss genannten Blatt unterlassen, beginnt die Frist nicht zu laufen.

V. Rechtsfolgen

1. Rückzahlung

88 Der Begriff der Rückzahlung ist weit zu fassen. Soweit der Rückzahlungsbeschluss keine Regelung enthält, haben die Gesellschafter Anspruch auf **Barauszahlung**.

89 Der Rückzahlungsbeschluss kann auch **jede Sachleistung** der Gesellschaft vorsehen (Hachenburg/*Goerdeler/Müller* § 30 Rn. 102), wobei die Geschäftsführer verpflichtet sind, die Sache mit dem **aktuellen Verkehrswert** zu bewerten. Maßgeblicher Zeitpunkt für die Ermittlung des Verkehrswertes ist der Zeitpunkt des Eintritts der letzten Tatbestandsvoraussetzung, d. h. der Ablauf der Sperrfrist. An etwaige Weisungen der Gesellschafter in Bezug auf die Wertermittlung sind die Geschäftsführer nicht gebunden, da ihnen andernfalls das Risiko des Abs. 1 droht.

90 Der Rückzahlungsanspruch kann ferner auch die **Umwandlung in Darlehen** vorsehen.

91 Zwingende Gläubigerschutzvorschriften sind wie etwa bei der Herabsetzung des Stammkapitals nach § 58 GmbHG nicht vorgesehen.

2. Zulässige Rückzahlung, Abs. 2 Satz 4

92 Sofern die Tatbestandsvoraussetzungen der Rückzahlung erfüllt sind, entsteht der **Anspruch auf Rückzahlung** (a. A. Hachenburg/*Goerdeler/Müller* § 30 Rn. 99, wonach die Forderung bereits mit der Beschlussfassung entsteht) und ist sofort fällig (§ 271 Abs. 1 BGB). Forderungsinhaber ist damit derjenige, der im Zeitpunkt der letzten Tatbestandsvoraussetzung (Ablauf der Sperrfrist) bei der Gesellschaft gem. § 16 GmbHG angemeldet war (a. A. Michalski/*Heidinger* § 30 Rn. 139, der auf die Beschlussfassung abstellt).

Zulässigerweise zurückgezahlte Nachschüsse gelten nach Abs. 2 Satz 4 als nicht eingezogen oder – besser ausgedrückt – »als nicht eingefordert«, da die Rückzahlung den Zustand vor Einforderung wiederherstellen soll (Hachenburg/*Goerdeler/Müller* § 30 Rn. 104). Wenn der Nachschussbetrag der Höhe nach begrenzt ist (s. §§ 26 Abs. 3, 27 Abs. 4 GmbHG), gelten die zurückgezahlten Beträge als nicht eingefordert, weshalb sie bei der Errechnung der bereits geleisteten Nachschüsse nicht mitgerechnet werden (Hachenburg/*Goerdeler/Müller* § 30 Rn. 104). 93

Abs. 2 Satz 4 ist **abdingbar**. Nach seinem Wortlaut hebt der Rückzahlungsbeschluss nur den Einforderungsbeschluss der Nachschüsse auf. Der Gesellschaftsvertrag oder der Rückzahlungsbeschluss können bestimmen, dass nach Rückzahlung die Nachschusspflicht endgültig erloschen ist (Hachenburg/*Goerdeler/Müller* § 30 Rn. 104). 94

Bilanziell findet bei der Rückzahlung ein **Passivtausch** statt, d. h. das Eigenkapital der Gesellschaft, i. d. R. die Kapitalrücklage (§ 272 Abs. 2 Nr. 4 HGB) wird vermindert zugunsten der Verbindlichkeiten gegenüber Gesellschaftern. Die Rückzahlung des Nachschusskapitals wird nicht in der GuV erfasst. 95

3. Unzulässige Rückzahlung

Liegt eine der Voraussetzungen des Abs. 2 nicht vor, müssen die daraufhin geleisteten Rückzahlungen der Gesellschaft erstattet werden, § 31 Abs. 1 GmbHG. War der Gesellschafter als Empfänger der Rückzahlung in gutem Glauben, kann seine Erstattungspflicht gemildert sein (§ 31 Abs. 2 GmbHG), wobei ihm sicherlich eine Prüfungspflicht der formellen Tatbestandsvoraussetzungen zugemutet werden muss. 96

D. Haftung des Gesellschafters wegen existenzvernichtenden Eingriffs

In einer ausgedehnten Rechtsprechung hatte der BGH in Übereinstimmung mit der Literatur die sog. **Haftung im qualifiziert faktischen Konzern** entwickelt. Diese Rechtsprechung lehnte sich an die konzernrechtlichen Bestimmungen der §§ 291 ff. AktG an (vgl. dazu auch Anhang 2 zum AktG Rdn. 11). 97

Mit der Entscheidung »Bremer Vulkan« (BGH v. 17.09.2001 – II ZR 178/99, BGHZ 149, 10, 16) gab der BGH diese Rechtsprechung auf und begründete unter dem Stichwort der sog. **Existenzvernichtungshaftung** einen neuen Haftungstatbestand des Gesellschafters. Dem liegt der Gedanke zugrunde, dass das Haftungssystem der GmbH dem Haftungssystem des Konzernrechts der §§ 292 ff. AktG, insbesondere der Verlustausgleichsverpflichtung, nicht folgt, sondern auf die Erhaltung des Stammkapitals und die Gewährleistung seines Bestandsschutzes beschränkt ist (BGH v. 17.09.2001 – II ZR 178/99, BGHZ 149, 10, LS 1 S. 1). Gerade dieser Bestandsschutz erfordert eine angemessene Rücksichtnahme des Gesellschafters auf die Eigenbelange der GmbH (BGH v. 17.09.2001 – II ZR 178/99, BGHZ 149, 10, LS 1 S. 2). 98

In einem weiteren Urteil hat der BGH (BGH v. 24.06.2002 – II ZR 300/00, BGHZ 151, 181, 187) im Hinblick auf Diskussionen in der Literatur klargestellt, dass es sich bei der Haftung des Gesellschafters aus dem existenzvernichtenden Eingriff um eine **Außenhaftung des Gesellschafters** (LS) handelt, die jedoch gegenüber der Haftung aus §§ 30, 31 GmbHG subsidiär ist. In dieser Entscheidung hebt der BGH zu Recht hervor, dass das Haftungsprivileg des Gesellschafters aus § 13 Abs. 2 GmbHG unabdingbar zur Voraussetzung hat, dass der Gesellschafter die Zweckbindung des Gesellschaftsvermögens zur Befriedigung der Gesellschaftsgläubiger von der Errichtung der Gesellschaft bis zu ihrer Liquidation bzw. zur Beendigung des Insolvenzverfahrens respektiert (BGH v. 24.06.2002 – II ZR 300/00, BGHZ 151, 181, LS 1). Sollte der Gesellschafter in einem ins Gewicht fallenden Maße die gebotene Rücksichtnahme vermissen lassen, weil er der Gesellschaft die zur Befriedigung der Gesellschaftsgläubiger erforderlichen Mittel entzieht, liegt ein Missbrauch der Rechtsform der GmbH vor, der zum Verlust des Haftungsprivilegs des § 13 Abs. 2 GmbHG führt. Dies gilt allerdings nicht, soweit der zugefügte Nachteil nicht bereits durch die Innenhaftung der §§ 30, 31 GmbHG ausgeglichen wird. Ein Entzug der Mittel liegt jedoch nicht vor, soweit der Ent- 99 zug auf – nicht eigennützigen – Managementfehlern im Rahmen des Betriebs des Unternehmens im weitesten Sinne beruht (OLG München v. 06.07.2005 – 7 U 2230/05, GmbHR 2005, 1486, 1489; *Gehrlein* BB 2005, 613, 614).

100 Durch die Grundsatzentscheidung »TRIHOTEL« vom 16.07.2007 (BGH v. 16.07.2007 – II ZR 3/04, BGHZ 173, 246 ff.) änderte der BGH das von ihm durch Rechtsfortbildung entwickelte Haftungskonzept der Durchgriffshaftung zugunsten der Gläubiger der GmbH und begründete die Existenzvernichtungshaftung dogmatisch neu. Danach ist die Existenzvernichtungshaftung kein Unterfall des gesellschaftsrechtlichen Durchgriffs, sondern eine besondere Fallgruppe der vorsätzlichen sittenwidrigen Schädigung. Sie ist keine Außenhaftung des Gesellschafters gegenüber den Gesellschaftsgläubigern, sondern eine reine Innenhaftung des Gesellschafters gegenüber der Gesellschaft. Und sie steht nicht subsidiär gegenüber §§ 30, 31 GmbHG, sondern in freier Anspruchsgrundlagenkonkurrenz neben den Ansprüchen des GmbHG (*Gloger/Goette/Huet* DStR 2008, 1141, 1142).

101 Die Existenzvernichtungshaftung nach § 826 BGB setzt dementsprechend voraus, dass ein existenzvernichtender Eingriff eines Gesellschafters vorliegt, der sittenwidrig und zumindest eventualvorsätzlich begangen sein muss und zu einem Schaden bei der Gesellschaft geführt hat.

102 Zu der Frage, wann ein existenzvernichtender Eingriff eines Gesellschafters vorliegt, können die Wertungsgesichtspunkte der bisherigen Rechtsprechung herangezogen werden (BGH v. 16.07.2007 – II ZR 3/04, BGHZ 173, 246; BGH v. 13.12.2007 – IX ZR 116/06, ZIP 2008, 455; OLG Karlsruhe v. 07.01.2008 – II ZR 314/05, ZIP 2008, 308). Danach liegt eine Existenzvernichtung vor, wenn der Gesellschafter auf die Zweckbindung des Gesellschaftsvermögens keine angemessene Rücksicht nimmt, indem er der Gesellschaft durch Entnahmen ohne angemessenen Ausgleich Vermögenswerte entzieht, die sie zur Erfüllung ihrer Verbindlichkeiten benötigt, und sie dadurch in die Insolvenz führt oder eine bereits bestehende Insolvenz vertieft.

103 Dieser existenzvernichtende Eingriff ist sittenwidrig nach § 826 BGB, wenn die Gesellschaft rechtsmissbräuchlich um Vermögen gebracht wird, das sie zur vorrangigen Befriedigung ihrer Gläubiger benötigt, wenn die Gesellschaft ausgeplündert wird oder eine »Selbstbedienung« des Gesellschafters vorliegt (*Weller* ZIP 2007, 1681, 1685). An einer gezielten Ausplünderung der Gesellschaft fehlt es regelmäßig bei bloßen Managementfehlern.

104 In seiner Entscheidung »Gamma« vom 28.04.2008 (BGH v. 28.04.2008 – II ZR 264/06, DB 2008, 1423 ff.) schränkte der BGH seine Rechtsprechung zum Vorliegen eines existenzvernichtenden Eingriffs weiter ein, indem er klarstellte, dass die materielle Unterkapitalisierung einer GmbH und die sog. Aschenputtel-Fälle in der Regel keinen existenzvernichtenden Eingriff i.S.d. § 826 BGB darstellen (vgl. hierzu auch *Waclawik* DStR 2008, 1486 ff.). In diesem Urteil versäumten die Gesellschafter einer Beschäftigungs- und Qualifizierungsgesellschaft (BQG) die sog. Remanenzkosten (Bezahlung der Sozialversicherungs- und Rentenversicherungsbeiträge für die übernommenen Arbeitnehmer) entgegen Branchenüblichkeit abzusichern. Der BGH verneinte einen Anspruch aus § 826 BGB wegen Unterkapitalisierung der Gesellschaft, da es einen Unterschied mache, ob einer Gesellschaft durch aktives Handeln Vermögen entzogen wird, oder ob durch eine unzureichende finanzielle oder rechtliche Ausstattung der Gesellschaft nicht sichergestellt ist, dass diese ihre Verbindlichkeiten bedienen kann (vgl. auch *Heeg/Kehbel* DB 2008, 1787, 1791). Nach dem GmbHG haben die Gesellschafter einer GmbH nicht die Aufgabe, die Lebensfähigkeit einer jeden GmbH sicherzustellen und die Gesellschaft mit einem mitwachsenden Finanzpolster auszustatten. Eine allgemeine Unterkapitalisierungshaftung sei zudem unpraktikabel, da es keine verlässlichen betriebswirtschaftlichen Erkenntnisse über das notwendige Eigenkapital bzw. die erforderliche allgemeine Finanzausstattung einer GmbH gebe (BGH v. 28.04.2008 – II ZR 264/06, DB 2008, 1423, 1425; a.A. OLG Düsseldorf als Vorinstanz v. 26.10.2006 – 6 U 248/05, ZIP 2007, 227, 228 f.).

§ 31 Erstattung verbotener Rückzahlungen

(1) Zahlungen, welche den Vorschriften des § 30 zuwider geleistet sind, müssen der Gesellschaft erstattet werden.

(2) War der Empfänger in gutem Glauben, so kann die Erstattung nur insoweit verlangt werden, als sie zur Befriedigung der Gesellschaftsgläubiger erforderlich ist.

(3) [1]Ist die Erstattung von dem Empfänger nicht zu erlangen, so haften für den zu erstattenden Betrag, soweit er zur Befriedigung der Gesellschaftsgläubiger erforderlich ist, die übrigen Gesellschafter nach Verhältnis ihrer Geschäftsanteile. [2]Beiträge, welche von einzelnen Gesellschaftern nicht zu erlangen sind, werden nach dem bezeichneten Verhältnis auf die übrigen verteilt.

(4) Zahlungen, welche auf Grund der vorstehenden Bestimmungen zu leisten sind, können den Verpflichteten nicht erlassen werden.

(5) [1]Die Ansprüche der Gesellschaft verjähren in den Fällen des Absatzes 1 in zehn Jahren sowie in den Fällen des Absatzes 3 in fünf Jahren. [2]Die Verjährung beginnt mit dem Ablauf des Tages, an welchem die Zahlung, deren Erstattung beansprucht wird, geleistet ist. [3]In den Fällen des Absatzes 1 findet § 19 Abs. 6 Satz 2 entsprechende Anwendung.

(6) [1]Für die in den Fällen des Absatzes 3 geleistete Erstattung einer Zahlung sind den Gesellschaftern die Geschäftsführer, welchen in betreff der geleisteten Zahlung ein Verschulden zur Last fällt, solidarisch zum Ersatz verpflichtet. [2]Die Bestimmungen in § 43 Abs. 1 und 4 finden entsprechende Anwendung.

Übersicht

		Rdn.
A.	Zweck der Vorschrift	1
B.	Erstattungsanspruch, Abs. 1	3
I.	Tatbestandsvoraussetzungen	3
II.	Gläubiger	5
	1. Gesellschaft	5
	2. Gesellschaftsgläubiger	7
	3. Zessionar	8
III.	Schuldner	9
	1. Gesellschafter	10
	2. Ausgeschiedener Gesellschafter	11
	3. Mitberechtigte	14
	4. Zessionar des Auszahlungsanspruchs	15
	5. Sonstige Dritte	17
IV.	Inhalt des Anspruchs	19
	1. Rechtsnatur des Erstattungsanspruchs	19
	2. Erstattung	20
	a) Von Geldleistungen	21
	b) Von Sachleistungen	22
	3. Einwendungen des Erstattungspflichtigen	25
	a) Beseitigung der Unterbilanz	25
	b) Sonstige Einwendungen	27
V.	Fälligkeit, Stundung, Verzug und Verzinsung des Erstattungsanspruchs	28
VI.	Erfüllung	32
VII.	Konkurrenz zu sonstigen Ansprüchen	33
VIII.	Beweislast	34
IX.	Internationale Zuständigkeit	35
X.	Bilanzieller Ausweis	36
C.	Beschränkung des Erstattungsanspruchs bei gutem Glauben, Abs. 2	38
I.	Guter Glaube	39
II.	Gegenstand des guten Glaubens	41
III.	Person des Gutgläubigen	43
IV.	Zeitpunkt der Gutgläubigkeit	45
V.	Rechtsfolge bei Gutgläubigkeit	46
	1. Erforderlichkeit zur Befriedigung	47
	2. Zeitpunkt der Erforderlichkeit	48
VI.	Beweislast	49
D.	Haftung der übrigen Gesellschafter, Abs. 3	51
I.	Bestehen eines primären Erstattungsanspruchs	52
II.	Entstehen und Fälligkeit der Subsidiär-Haftung	53
III.	Haftende Gesellschafter	55
IV.	Zeitpunkt der Gesellschaftereigenschaft	56
V.	Inhalt und Umfang der Haftung	58
VI.	Beweislast	63
VII.	Weitere Haftungstatbestände des Mitgesellschafters	64
E.	Erlass, Abs. 4	66
I.	Erlassvertrag	66
II.	Stundungsvertrag	68
III.	Vergleichbare Vereinbarungen, insbesondere Erfüllungssurrogate und Vergleich	70
F.	Verjährung, Abs. 5	74
I.	Beginn der Verjährung, Abs. 5 Satz 2	74
II.	Verjährungsfristen, Abs. 5 Satz 1	76
III.	Ende der Verjährung, Abs. 5 Satz 3	77

IV.	Verjährung konkurrierender Ansprüche .	78	III.	Verschulden, § 43 Abs. 1 GmbHG	83
G.	**Haftung der Geschäftsführer, Abs. 6** . . .	79	IV.	Umfang der Haftung	86
I.	Anspruchsberechtigter	81	V.	Verjährung, § 43 Abs. 4 GmbHG	87
II.	Anspruchsverpflichteter	82	VI.	Geltendmachung der Haftung	88

A. Zweck der Vorschrift

1 § 31 GmbHG knüpft an die Tatbestandsvoraussetzungen des § 30 GmbHG an und regelt dessen **Rechtsfolgen**. Diese Vorschrift hat einen doppelten Zweck, je nachdem, ob ein Verstoß gegen § 30 Abs. 1 oder Abs. 2 GmbHG vorliegt. Im ersten Fall zielt die Vorschrift auf die Wiederherstellung des Stammkapitals, während sie im zweiten Fall auf die Wiederherstellung einer nicht ordnungsgemäßen Rückzahlung von Nachschüssen gerichtet ist. Sie dient damit vor allem dem Schutz der Gesellschaft, aber auch ihren Gläubigern und Gesellschaftern.

2 § 31 GmbHG knüpft an die Regelungen über die Aufbringung der Stammeinlage an. Er hat eine Parallele in § 24 GmbHG, der ebenfalls die **kollektive Subsidiärhaftung** der Gesellschafter begründet.

B. Erstattungsanspruch, Abs. 1

I. Tatbestandsvoraussetzungen

3 Die Tatbestandsvoraussetzungen sind **in § 30 GmbHG** abschließend geregelt, an die § 31 GmbHG über die Formulierung »Zahlungen, welche den Vorschriften des § 30 zuwider geleistet sind« anknüpft. Abs. 1 unterscheidet nicht nach den unterschiedlichen Verstößen zwischen § 30 Abs. 1 und Abs. 2 GmbHG, sodass etwa bereits der Verstoß gegen die formalen Voraussetzungen des § 30 Abs. 2 GmbHG (z. B. unterlassene Bekanntmachung oder Nichteinhalten der Sperrfrist) den Erstattungsanspruch begründet.

4 Der Anspruch **entsteht**, sobald eine der Voraussetzungen des § 30 GmbHG erfüllt ist und ist **sofort fällig**, § 271 Abs. 1 BGB (BGH v. 24.03.80 – II ZR 213/77, BGHZ 76, 326, 328; BGH v. 08.12.1986 – II-ZR 55/86, NJW 1987, 779; Michalski/*Heidinger* § 31 Rn. 5). Damit kann der Anspruch bereits vor Auszahlung i. S. d. § 30 Abs. 1 GmbHG oder vor Rückzahlung i. S. d. § 30 Abs. 2 Satz 1 GmbHG entstehen und begründet insoweit ein **Leistungsverweigerungsrecht** der Geschäftsführer (§ 273 BGB). Der Erstattungsanspruch setzt keinen Gesellschafterbeschluss nach § 46 Nr. 2 GmbHG voraus (Michalski/*Heidinger* § 31 Rn. 5).

II. Gläubiger

1. Gesellschaft

5 Gläubiger des Erstattungsanspruchs ist die **Gesellschaft**. Die Gesellschaft wird vertreten durch ihre Geschäftsführer, Liquidatoren oder den Insolvenzverwalter (Michalski/*Heidinger* § 31 Rn. 6). Der Erstattungsanspruch ist ein mitgliedschaftlicher Anspruch. Daher können die Gesellschafter diesen Anspruch im Wege der **actio pro socio** geltend machen (Hachenburg/*Goerdeler/Müller* § 31 Rn. 13; Michalski/*Heidinger* § 31 Rn. 6; vgl. zur actio pro socio ausführl. Kap. 5 Rdn. 328 ff.).

6 Weil es sich um einen **mitgliedschaftlichen Anspruch** handelt, sind die Geschäftsführer aufgrund der Treuepflicht gehalten, den Anspruch bei allen betroffenen Gesellschaftern im gleichen Maße geltend zu machen. Dies verkennt OLG Brandenburg (OLG Brandenburg v. 14.02.2006, ZIP 2006, 1864, 1865 f.), das den mitgliedschaftlichen Anspruch auf einen rein gläubigerschützenden Anspruch verkürzen will (s. § 30 GmbHG Rdn. 2).

2. Gesellschaftsgläubiger

Da eine dem § 62 Abs. 2 Satz 1 AktG entsprechende Vorschrift fehlt, kann der Gesellschaftsgläubiger diesen Anspruch nicht aus eigenem Recht geltend machen. Auch ein Bereicherungsanspruch steht dem Gesellschaftsgläubiger nicht zu, da es an einer Leistung des Gesellschaftsgläubigers fehlt und der Gesellschafter nicht auf Kosten des Gesellschaftsgläubigers bereichert ist (RGZ 92, 77, 82 ff.; Hachenburg/*Goerdeler/Müller* § 31 Rn. 14; Michalski/*Heidinger* § 31 Rn. 7). Hat der Gesellschaftsgläubiger jedoch den Anspruch gepfändet und sich überweisen lassen, steht ihm der Anspruch zu.

3. Zessionar

Bei der Abtretung sind zwei Fälle zu unterscheiden, nämlich die Abtretung an einen Gesellschafter oder einen diesem nahe stehenden Dritten zum einen und die Abtretung an einen fremden Dritten zum anderen. Im ersten Fall kann die Abtretung ihrerseits einen Fall des § 30 Abs. 1 GmbHG darstellen, wenn die Forderung wegen der Lage der Gesellschaft nicht vollwertig ist und der Gesellschafter oder der diesem nahe stehende Dritte dennoch die Forderung zum Nennbetrag abgetreten erhält. Im zweiten Fall ist die Abtretung zulässig, wenn die Forderung des fremden Dritten entstanden und fällig ist, selbst wenn seine Forderung wegen der Lage der Gesellschaft nicht vollwertig ist (BGH v. 29.09.1977 – II ZR 157/76, BGHZ 69, 274, 283; BGH v. 07.11.1994 – II ZR 270/93, NJW 1995, 326, 330; OLG Karlsruhe v. 11.10.1990 – 9 U 137/88, BB 1991, 1728, 1729; Hachenburg/*Goerdeler/Müller* § 31 Rn. 15; Michalski/*Heidinger* § 31 Rn. 10).

III. Schuldner

Abs. 1 regelt nicht, wer die Zahlung zu erstatten hat. Entsprechend der Fälle, die in § 30 GmbHG erfasst sind, kann Erstattungspflichtiger der Gesellschafter oder ein ihm nahe stehender Dritter sein. In Betracht kommt aber auch eine Erstattungspflicht beider zusammen.

1. Gesellschafter

Schuldner des Erstattungsanspruchs ist der Gesellschafter, wenn er die nach § 30 GmbHG verbotene Leistung erhalten hat. Dies gilt auch, wenn auf Verlangen des Gesellschafters an einen Dritten ausgezahlt wurde (vgl. BGH v. 12.12.1983 – II ZR 14/83, NJW 1984, 1037; Michalski/*Heidinger* § 31 Rn. 13), wenn ein Dritter die Leistung als Vertreter des Gesellschafters in Empfang genommen hat, wenn sich die Leistung an den Dritten als Zahlung an den Gesellschafter darstellt (BGH v. 29.03.1973 – II ZR 25/70, BGHZ 60, 324, 330; RGZ 136, 260, 266; Michalski/*Heidinger* § 31 Rn. 15) oder wenn die Zahlung der Gesellschaft zu einer Tilgung ihrer Verbindlichkeit führte und der Gesellschafter von einer mittelbaren Verbindlichkeit, wie etwa der Bürgschaft, frei wurde (BGH v. 13.07.1981 – II ZR 256/79, BGHZ 81, 252, 260; BGH v. 06.06.1973 – IV ZR 164/71, BGHZ 67, 171, 182; Michalski/*Heidinger* § 31 Rn. 16).

2. Ausgeschiedener Gesellschafter

Tritt ein Gesellschafter seinen Geschäftsanteil ab, nachdem er eine nach § 30 GmbHG unzulässige Auszahlung erhalten hat, bleibt er Schuldner des Erstattungsanspruchs (BGH v. 20.02.1991 – 2 StR 421/90, GmbHR 1991, 195). Die Frage ist nur, ob dies auch gilt, wenn bei einem mehraktigen Rechtsgeschäft zwischen der Verpflichtung zur Auszahlung und der Auszahlung selbst ein Gesellschafterwechsel stattfindet. Die vorherrschende Auffassung will auf den zeitlich vorgelagerten Zeitpunkt der Begründung der Auszahlungsverpflichtung abstellen (BGH v. 13.07.1981 – II ZR 256/79, BGHZ 81, 252, 258; RGZ 133, 393, 395; Hachenburg/*Goerdeler/Müller* § 31 Rn. 17; Michalski/*Heidinger* § 31 Rn. 21).

Im Einzelfall kann die **Inanspruchnahme** des Altgesellschafters **unzulässig** sein, nämlich dann, wenn der Erwerber zum Alleingesellschafter wurde und der Erwerber den Altgesellschafter freizustellen hatte (BGH v. 12.12.1983 – II ZR 14/83, NJW 1984, 1037, 1038). Dies mag für den Einzelfall gerecht gewesen sein und dazu führen, dass der Altgesellschafter nur in Anspruch genommen wird, wenn der Alleingesellschafter seine Verpflichtungen nicht erfüllt. Sofern Gesellschafts- oder Gläubigerinteressen gefährdet werden oder werden könnten, dürfte allerdings ein Fall der unzulässigen Rechtsausübung nicht mehr vorliegen (Hachenburg/*Goerdeler/Müller* § 31 Rn. 18).

13 Der Erwerber kann jedoch nach § 31 Abs. 3 GmbHG haften. Zu Recht wirft *Heidinger* (Michalski § 31 Rn. 20) die Frage auf, ob analog § 16 Abs. 3 GmbHG der Erwerber für rückständige Leistungen des Veräußerers stets neben dem Veräußerer haftet. Diese Analogie wird abgelehnt, weil es sich um eine **persönliche Schuld** des Rückzahlungspflichtigen handelt und nicht um eine auf den Geschäftsanteil entfallende rückständige Leistung (Hachenburg/*Goerdeler/Müller* § 31 Rn. 17). Für diese Auffassung mag vordergründig der Wortlaut des § 16 Abs. 3 GmbHG sprechen, jedoch ist die Inhaberschaft des Geschäftsanteils, also die Gesellschaftereigenschaft materielle Voraussetzung des § 30 GmbHG, weshalb die Analogie zu befürworten ist.

3. Mitberechtigte

14 Steht ein Geschäftsanteil mehreren Mitberechtigten ungeteilt zu (vgl. § 18 Abs. 1 GmbHG), haftet jeder Mitberechtigte nur auf den Betrag, den er empfangen hat. Die Solidarhaftung kann nicht mit § 18 Abs. 2 GmbHG begründet werden, da die Rückzahlung keine auf den Geschäftsanteil zu bewirkende Leistung ist. Die Solidarhaftung ist jedoch gem. § 31 Abs. 3 GmbHG möglich.

4. Zessionar des Auszahlungsanspruchs

15 Sofern der Gesellschafter einen Auszahlungsanspruch nach § 30 GmbHG abtritt oder verpfändet oder sich ein Pfändungsgläubiger den Anspruch pfänden und überweisen lässt, ist der Zessionar oder Pfandgläubiger zur Erstattung verpflichtet. Ein Erwerb der Forderung frei von den Rechten der §§ 30, 31 GmbHG ist wegen § 404 BGB ausgeschlossen.

16 Ob daneben auch der Gesellschafter haftet, ist streitig. Die sich als überwiegend bezeichnende Auffassung lehnt dies ab, da der Gesellschafter in der Regel dem Anspruch des Dritten ausgesetzt sei (Michalski/*Heidinger* § 31 Rn. 23). Darauf kann es aber aus der Sicht der zu schützenden Gesellschaft nicht ankommen. Entscheidend ist, dass der Gesellschafter durch die Abtretung/Verpfändung/Pfändung an den Dritten (mindestens) mittelbar begünstigt ist, weshalb der Gesellschafter stets neben dem Zessionar/Pfandgläubiger des Auszahlungsanspruchs als Gesamtschuldner haftet (so auch Hachenburg/*Goerdeler/Müller* § 31 Rn. 20).

5. Sonstige Dritte

17 Soweit ein Dritter nicht selbst Leistungsempfänger ist, besteht **kein Erstattungsanspruch** gegen den Dritten. Hiervon gibt es Ausnahmen aufgrund eines **besonderen Näheverhältnisses** zwischen dem Dritten und der Gesellschaft; ein derartiges Näheverhältnis ist anerkannt bei Nießbrauchern am Unternehmen oder bei stillen Gesellschaftern an der Gesellschaft. Soweit der Dritte wegen eines besonderen Näheverhältnisses zum Gesellschafter, insbesondere weil er eine wirtschaftliche Einheit mit ihm bildet, der Sphäre des Gesellschafters zugerechnet wird, haftet in diesen Fällen der Dritte neben dem Gesellschafter als Gesamtschuldner auf die Erstattung des Betrages (Hachenburg/*Goerdeler/Müller* § 31 Rn. 21; Michalski/*Heidinger* § 31 Rn. 17; a. A. Hager, ZGR 1989, 71, 102 ff.). Ein besonderes Näheverhältnis wird weiterhin angenommen, wenn der Dritte der **Ehegatte** oder das **minderjährige Kind** des Gesellschafters ist (BGH v. 28.09.1981 – II ZR 223/80, BGHZ 81, 365, 368 f.; BGH v. 10.10.1983 – II ZR 233/82, NJW 1984, 1036), wenn der Dritte eine vom Gesellschafter **beherrschte Gesellschaft** ist (BGH v. 02.05.1990 – XII ZR 72/89, NJW 1991, 357; GmbHR 1986, 113, 114) oder wenn der Dritte ein mit dem Gesellschafter **verbundenes Unternehmen** ist (BGH v. 28.09.1981 – II ZR 223/80, BGHZ 81, 365, 368 f.; BGH v. 22.10.1990 – II ZR 238/89, NJW 1991, 1057, 1059; v. 02.05.1990 – XII ZR 72/89, NJW 1991, 357; v. 10.10.1983 – II ZR 233/82, NJW 1984, 1036).

18 In den Einzelheiten streitig wird die Frage diskutiert, ob ein Sicherungsnehmer des Gesellschafters (meist ein Kreditinstitut) der Gesellschaft die Sicherheit erstatten muss oder ob die Gesellschaft

die Gewährung der Sicherheit und die Befriedigung aus der Sicherheit verweigern darf. Die Rechtsprechung hält die Sicherheitenbestellung an den Sicherungsnehmer grundsätzlich für nicht nichtig und lässt den Sicherungsnehmer grundsätzlich nicht nach §§ 30, 31 GmbHG haften (BGH v. 19.03.1998 – IX ZR 22/97, BGHZ 138, 291, 287 f.; BGH v. 28.09.1981 – II ZR 223/80, WM 1982, 1402), es sei denn, der Sicherungsnehmer und der Gesellschafter haben bewusst zum Nachteil der Gesellschaft gehandelt (sog. Kollusion; vgl. BGH v. 28.09.1981 – II ZR 223/80, WM 1982, 1402: auch zum Schaden der Gläubiger). Ab wann ein **kollusives Verhalten** anzunehmen ist, ist streitig (*Abramenko* GmbHR 1997, 875, 878 ff.; *Mülbert* ZGR 1995, 579, 603 f.; *Groß/Sonnenhol* GmbHR 1995, 561; *Peltzer/Bell* ZIP 1993, 1757, 1764, die einen Anspruch gegen jeden fahrlässig handelnden Dritten bejahen, wobei sich die Fahrlässigkeit auf die Unterbilanz erstrecken soll). Das LG Frankfurt am Main (LG Frankfurt am Main v. 19.06.1997 – 2/25 O 374/96, ZIP 1997, 1464, 1469; krit.: *App* EWiR, § 30 GmbHG 2/97, 1091) will bereits Bösgläubigkeit i. S. d. Art. 17 WG genügen lassen. Entscheidend dürfte jedoch die Beantwortung der Frage sein, ob der Dritte den Gesellschafter so beeinflussen konnte, dass der Dritte einen maßgeblichen Einfluss auf den Gesellschafter hatte, sodass der Dritte wirtschaftlich einem Gesellschafter gleichbehandelt werden muss. Dies ist etwa gegeben, wenn die Sicherheitenbestellung erfolgt, weil der Dritte das Darlehensverhältnis bereits gekündigt hat oder die Kündigung angedroht hat oder wenn das Kreditinstitut gerade auf eine Sicherheitenbestellung der Gesellschaft besteht, weil der Gesellschafter über nicht ausreichende Sicherheiten verfügt.

IV. Inhalt des Anspruchs

1. Rechtsnatur des Erstattungsanspruchs

Der Erstattungsanspruch ist ein Anspruch, der die Mitgliedschaft des Gesellschafters voraussetzt und insoweit als **gesellschaftsrechtlicher Anspruch** bezeichnet werden kann. Im Fall der Veräußerung des Geschäftsanteils geht der Erstattungsanspruch auf den Erwerber nicht gem. § 16 Abs. 3 GmbHG über (Hachenburg/*Goerdeler/Müller* § 31 Rn. 12; Michalski/*Heidinger* § 31 Rn. 24). §§ 19 bis 25 GmbHG sind auf den Anspruch nicht anwendbar (Michalski/*Heidinger* § 31 Rn. 14). 19

2. Erstattung

Der Anspruch nach § 31 GmbHG ist auf Erstattung der Zahlung gerichtet, wobei der Begriff der Zahlung sich an die Auszahlung i. S. d. § 30 Abs. 1 GmbHG bzw. an die Rückzahlung gem. § 30 Abs. 2 GmbHG anlehnt. 20

a) Von Geldleistungen

Bestand die Auszahlung nach § 30 GmbHG in der Aus- oder Rückzahlung von Geld, ist § 31 GmbHG auf die Erstattung von Geld gerichtet (BGH v. 17.03.2008 – II ZR 24/07, DB 2008, 1090 f.). Bei der Höhe der Erstattung sind die beiden Abs. des § 30 GmbHG zu unterscheiden (anders wohl die h. M.: vgl. Michalski/*Heidinger* § 31 Rn. 27). Im Fall des § 30 Abs. 1 GmbHG darf die Gesellschaft die Erstattung nur für das geltend machen, was der Gesellschafter ausgezahlt erhalten hat, höchstens jedoch für den Betrag, der zur Erhaltung des Stammkapitals erforderlich ist. Daher kann der Erstattungsanspruch die Stammkapitalziffer überschreiten (BGH v. 29.03.1973 – II ZR 25/70, BGHZ 60, 324, 331). Im Fall des § 30 Abs. 2 GmbHG spielt die Erhaltung des Stammkapitals keine Rolle. Daher ist der Anspruch der Höhe nach auf die Erstattung des zurückgezahlten Betrags begrenzt. 21

b) Von Sachleistungen

Bestand die Auszahlung i. S. d. § 30 Abs. 1 GmbHG oder die Rückzahlung i. S. d. § 30 Abs. 2 GmbHG in einer Sachleistung (z. B. Übereignung einer Maschine, Abtretung einer Forderung oder Freiwerden von einer Verbindlichkeit), stellt sich die Frage, ob der Erstattungsanspruch auf Herausgabe der Sachleistung oder auf Geld gerichtet ist, d. h. nur auf Wertausgleich. Die überwiegende 22

Auffassung nimmt eine **Verpflichtung zur Herausgabe der Sachleistung** an, d. h. z. B. Rückübereignung von Gegenständen oder Warenzeichen (OLG Frankfurt am Main v. 30.11.1995 – 6 U 192/91, BB 1996, 445, 446), Wiederbegründung einer Gesellschaftsforderung (BGH v. 08.07.1985 – II ZR 269/84, BGHZ 95, 188, 193); wenn es sich um eine fällige Forderung handelt, kann die Gesellschaft unmittelbar Zahlung verlangen (BGH v. 08.07.1985 – II ZR 269/84, BGHZ 95, 188, 193). Ein Teil der Literatur vertritt die Auffassung, dass §§ 30, 31 GmbHG nicht die gegenstandsbezogene Vermögensbindung schützen wollen, sondern nur dessen vermögensmäßige Bindung. Daher seien §§ 30, 31 GmbHG stets auf Wertausgleich in Geld gerichtet. Für diese Auffassung spricht einerseits der Wortlaut des § 30 Abs. 1 GmbHG, der nicht jeden Leistungsaustausch zwischen Gesellschaft und Gesellschafter verbieten will, sondern nur denjenigen, der das Stammkapital angreift. Andererseits will § 30 Abs. 2 GmbHG jede Rückzahlung an den Gesellschafter verbieten, soweit die formalen Voraussetzungen des § 30 Abs. 2 GmbHG nicht erfüllt sind, weshalb hiernach stets der zurückgezahlte Gegenstand herauszugeben ist. Daher ist nach diesseitiger Auffassung der Erstattungsanspruch der §§ 30 Abs. 1, 31 GmbHG auf Geld, hingegen der Erstattungsanspruch der §§ 30 Abs. 2, 31 GmbHG auf Herausgabe der Sache gerichtet.

23 Soweit der Erstattungsanspruch auf Herausgabe der Sache gerichtet ist, ist es zutreffende Auffassung, dass der Gesellschafter eine **Ersetzungsbefugnis** dann hat, wenn die Gegenleistung im Rahmen eines Austauschgeschäfts wertmäßig hinter den Leistungen der Gesellschaft zurückbleibt. Dann kann der Empfänger seine Rückerstattungspflicht durch bare Zuzahlung abwenden (Michalski/*Heidinger* § 31 Rn. 31).

24 Soweit sich der Wert der Sache in der Zeit zwischen Auszahlung bzw. Rückzahlung gem. § 30 GmbHG einerseits und Erstattung gem. § 31 GmbHG verändert hat, ist die **Wertveränderung** entweder durch die Gesellschaft oder den Gesellschafter auszugleichen, was aus § 31 GmbHG unmittelbar folgt, da durch die Erstattungspflicht der Zustand hergestellt werden soll, der ohne die Auszahlung bzw. Rückzahlung bestehen würde. Die Wertveränderung ist **in bar** auszugleichen (BGH v. 10.05.1993 – II ZR 74/92, BGHZ 122, 333, 338 f. für den Wertverlust).

3. Einwendungen des Erstattungspflichtigen

a) Beseitigung der Unterbilanz

25 Fraglich ist, wie Gewinne bzw. Verluste der Gesellschaft zu behandeln sind, die der Gesellschaft in der Zeit zwischen der Auszahlung bzw. Rückzahlung nach § 30 GmbHG und der Erstattung nach § 31 GmbHG entstanden sind. Da nur in den Fällen des § 30 Abs. 1 GmbHG auf die Erhaltung des Stammkapitals abzustellen ist, kann sich diese Frage in den Fällen des § 30 Abs. 2 GmbHG nicht stellen.

26 Ein Teil der Literatur (Hachenburg/*Goerdeler/Müller* § 31 Rn. 24) und die frühere Rechtsprechung (BGH v. 11.05.1987 – II ZR 226/86, ZIP 1987, 1113, 1114) nahmen an, dass der Erstattungsanspruch aus §§ 31, 30 Abs. 1 GmbHG entfällt, sobald und soweit die Unterbilanz nachhaltig wieder beseitigt sei. Daher würden nicht kurzfristige (keine »Bilanzkosmetik«), sondern nur nachhaltige Gewinne den Erstattungsanspruch der Gesellschaft ganz oder teilweise entfallen lassen. Der hiergegen gerichteten Kritik (Lutter/Hommelhoff/*Lutter/Hommelhoff* GmbHG, § 31 Rn. 12) schloss sich der BGH an (BGH v. 29.05.2000 – II ZR 118/98, BGHZ 144, 336, 341 f.; BGH v. 16.01.2006 – II ZR 65/04, DB 2006, 775, 777): Ein einmal entstandener Erstattungsanspruch entfällt nicht, wenn das Gesellschaftsvermögen anderweitig bis zur Höhe des Stammkapitals hergestellt ist.

b) Sonstige Einwendungen

27 Im Übrigen sind die Einwendungen **ausgeschlossen**. Da es sich bei dem Erstattungsanspruch nicht um einen Bereicherungsanspruch handelt, kann sich der Erstattungspflichtige nicht auf den Wegfall der Bereicherung berufen.

V. Fälligkeit, Stundung, Verzug und Verzinsung des Erstattungsanspruchs

Der Anspruch aus § 31 GmbHG entsteht, sobald die Voraussetzungen des § 31 GmbHG verwirklicht sind, spätestens mit der Auszahlung i. S. d. § 30 Abs. 1 GmbHG und der Rückzahlung gem. § 30 Abs. 2 GmbHG (BGH v. 24.03.1980 – II ZR 213/77, BGHZ 76, 326, 328; *Meister* WM 1980, 390, 395). Er ist **sofort fällig**, § 271 BGB (BGH v. 08.12.1986 – II ZR 55/86, NJW 1987, 779). 28

Der Erstattungsanspruch darf nicht unverzinslich gestundet werden, da die **Stundung** ihrerseits eine Auszahlung i. S. d. § 30 GmbHG ist (*Schön* ZHR 1995, 361); die verzinsliche Stundung unter Berücksichtigung des Marktzinses und der Bonität des Gesellschafters ist zulässig, sofern die Forderung werthaltig ist. 29

Der Eintritt des **Verzugs** setzt grundsätzlich die Mahnung der Gesellschaft voraus, § 286 Abs. 1 Satz 1 BGB. Mit Rücksicht auf den Schutzzweck der §§ 30, 31 GmbHG ist es vertretbar zu begründen, dass der Erstattungspflichtige auch ohne Mahnung in Verzug kommt (§ 286 Abs. 2 Nr. 4 BGB). 30

Soweit die Gesellschaft in der Zeit zwischen Aus- bzw. Rückzahlung und Erstattung den Gegenstand selbst hätte nutzen können, hat der Erstattungspflichtige die **entgangenen Nutzungen** ebenfalls zu ersetzen, § 288 Abs. 4 BGB. Soweit die Gesellschaft in der Zeit zwischen Aus- bzw. Rückzahlung und Erstattung einen Verlust erwirtschaftet hat, der durch die Aus- bzw. Rückzahlung verursacht worden ist, hat der Erstattungspflichtige den Verlust zu ersetzen, § 288 Abs. 4 BGB. 31

VI. Erfüllung

In entsprechender Anwendung des § 19 Abs. 2 Satz 2 GmbHG kann gegen den Erstattungsanspruch **nicht aufgerechnet** werden (BGH v. 27.11.2000 – II ZR 83/00, BGHZ 146, 105, 107; OLG Thüringen v. 21.09.2004, 8 U 1187/03, DB 2005, 2347, 2348; a. A. *Reuter* DB 2005, 2339, 2341). 32

VII. Konkurrenz zu sonstigen Ansprüchen

Der Erstattungsanspruch ist **kein Anspruch gem. §§ 812 ff. BGB** (BGH v. 14.12.1959 – II ZR 187/57, BGHZ 31, 258, 265; Hachenburg/*Goerdeler/Müller* § 31 Rn. 4; Michalski/*Heidinger* § 31 Rn. 24), weshalb §§ 814, 817, 818 BGB auf den Erstattungsanspruch nicht anwendbar sind. Die Ansprüche aus §§ 812 ff. BGB, §§ 823 ff. BGB und aus Verletzung der gesellschaftsrechtlichen Treuepflicht einerseits und der Erstattungsanspruch aus § 31 GmbHG andererseits stehen nebeneinander. 33

VIII. Beweislast

Die **Gesellschaft** trägt die Beweislast für das Vorliegen der Voraussetzungen des § 30 Abs. 1 oder Abs. 2 GmbHG und für die Höhe des Erstattungsanspruchs nach § 31 Abs. 1 GmbHG. 34

IX. Internationale Zuständigkeit

Die Kapitalerhaltungsregelungen beruhen auf dem Gesellschaftsvertrag, weshalb der Anspruch aus § 31 GmbHG als vertraglich zu qualifizieren ist, Art. 5 Nr. 1 Buchst. a) EuGVO (OLG Koblenz v. 11.01.2001 – 6 U 1199/98, NZG 2001, 759, 760; *Lehmann* GmbHR 2005, 978, 980). Im Rahmen des Lugano-Übereinkommens folgt die internationale Zuständigkeit aus Art. 5 Nr. 1 (OLG München v. 27.07.2006 – 7 U 2287/06, GmbHG 2006, 1153, 1154). 35

X. Bilanzieller Ausweis

Der Erstattungsanspruch der Gesellschaft ist zu **aktivieren**, sobald der Anspruch geltend gemacht wird, er vollwertig und dem Grunde und der Höhe nach ausreichend konkretisiert ist. Der Anspruch ist wie eine ausstehende Einlage entsprechend § 272 Abs. 1 Satz 2 HGB zu bilanzieren, da es sich 36 hier um eine im Gesellschaftsverhältnis begründete Verpflichtung des Gesellschafters handelt (*Binz* DB 2004, 1273, 1274).

37 Im Prüfbericht hat der Abschlussprüfer gem. § 321 Abs. 1 Satz 3 HGB eine Redepflicht über erfolgte Aus- und Rückzahlungen (*Binz* DB 2004, 1273, 1274 f.).

C. Beschränkung des Erstattungsanspruchs bei gutem Glauben, Abs. 2

38 War der Empfänger in gutem Glauben, wird der Erstattungsanspruch insoweit eingeschränkt, dass die Erstattung nur insoweit verlangt werden kann, als sie zur Befriedigung der Gesellschaftsgläubiger erforderlich ist, Abs. 2.

I. Guter Glaube

39 Guter Glaube liegt vor, soweit nicht Kenntnis oder grob fahrlässige Unkenntnis vorliegen. Es gelten die **Grundsätze für § 932 Abs. 2 BGB analog** (OLG München v. 09.12.1982 – 24 U 227/82, DB 1983, 166, 167; Michalski/*Heidinger* § 31 Rn. 43; Hachenburg/*Goerdeler/Müller* § 31 Rn. 29; str.). **Grob fahrlässig** handelt, wer im Rechtsverkehr die erforderliche Sorgfalt in ungewöhnlich hohem Maße verletzt und so außer Acht lässt, was jedem hätte einleuchten müssen (BGH v. 05.10.1989 – IX ZR 265/88, NJW 1990, 899, 900; Michalski/*Heidinger* § 31 Rn. 43; Hachenburg/*Goerdeler/Müller* § 31 Rn. 31).

40 Ob jemand in gutem Glauben gehandelt hat oder nicht, ist eine Frage des Einzelfalls. Man wird zu unterscheiden haben zwischen dem Gesellschafter-Geschäftsführer, dem Gesellschafter und einem Dritten (Hachenburg/*Goerdeler/Müller* § 31 Rn. 31). Der **Gesellschafter-Geschäftsführer** ist in der Regel nicht in gutem Glauben, da er sich das Wissen der Gesellschaft zurechnen lassen muss und als Geschäftsführer bei jedem Geschäft mit einem Gesellschafter prüfen muss, ob die Voraussetzungen des § 30 Abs. 1 oder Abs. 2 GmbHG gegeben sind. Der **Gesellschafter**, gleichgültig ob er Minderheits- oder Mehrheitsgesellschafter ist (a. A. Michalski/*Heidinger* § 31 Rn. 44; Hachenburg/*Goerdeler/Müller* § 31 Rn. 31), hat ein Auskunfts- und Einsichtnahmerecht nach § 51a Abs. 1 GmbHG. Der Gesellschafter handelt in der Regel in gutem Glauben, sofern er nicht vor Abschluss der Auszahlung i. S. v. § 30 Abs. 1 GmbHG oder vor Rückzahlung i. S. v. § 30 Abs. 2 GmbHG bei dem Geschäftsführer Auskunft über die Unterbilanz oder die Rückzahlungsvoraussetzungen einholt. Ein **Dritter** handelt in der Regel gutgläubig.

II. Gegenstand des guten Glaubens

41 Abs. 2 beschreibt nicht, worauf sich der gute Glaube beziehen muss. Es besteht Einigkeit, dass es um den guten Glauben an die **tatsächlichen Umstände** der Auszahlung gem. § 30 Abs. 1 GmbHG oder der Rückzahlung gem. § 30 Abs. 2 GmbHG geht (Hachenburg/*Goerdeler/Müller* § 31 Rn. 32). In erster Linie geht es um den guten Glauben an den Stand des Gesellschaftsvermögens (OLG München v. 09.12.1982 – 24 U 227/82, DB 1983, 166, 167). Dazu gehört u. a. bei einer Auszahlung, dass der Empfänger gutgläubig war hinsichtlich der Unterbilanz und hinsichtlich der Ausgewogenheit eines etwaigen Austauschgeschäfts. Bei einer Rückzahlung gehört u. a. dazu, dass der Gesellschafter vom Ablauf der Sperrfrist ausgehen durfte, was nicht der Fall ist, wenn die Rückzahlung unmittelbar auf die Gesellschafterversammlung erfolgt.

42 Auf die Unkenntnis des gesetzlichen Verbots des § 30 GmbHG kann die Gutgläubigkeit des Abs. 2 nicht gestützt werden (OLG München v. 09.12.1982 – 24 U 227/82, DB 1983, 166, 167; Hachenburg/*Goerdeler/Müller* § 31 Rn. 33). Wohl aber ist ein Rechtsirrtum beachtlich (RGZ 77, 88, 92), etwa bei den formellen Voraussetzungen des § 30 Abs. 2 GmbHG.

III. Person des Gutgläubigen

43 Abs. 2 stellt auf den guten Glauben des **Leistungsempfängers** ab. Wurde die Aus- bzw. Rückzahlung an Mitberechtigte i. S. d. § 18 GmbHG geleistet, ist auf die Gutgläubigkeit eines jeden Mitberech-

tigten abzustellen, ohne dass die Bösgläubigkeit eines Mitberechtigten auf die anderen ausstrahlt (Michalski/*Heidinger* § 30 Rn. 46).

Problematisch sind die Fälle, in denen an einen Dritten ausgezahlt oder zurückgezahlt wurde, der gutgläubig ist, wohingegen der Gesellschafter bösgläubig ist. Der Dritte hat sich die Bösgläubigkeit des Gesellschafters zurechnen zu lassen, wenn der Dritte die Aus- oder Rückzahlung im Namen oder für Rechnung des Gesellschafters in Empfang nimmt (Hachenburg/*Goerdeler/Müller* § 31 Rn. 34; Michalski/*Heidinger* § 31 Rn. 47), wenn der Dritte in einem Näheverhältnis zum Gesellschafter steht (Hachenburg/*Goerdeler/Müller* § 31 Rn. 34; Michalski/*Heidinger* § 31 Rn. 48) oder wenn dem Dritten ein bösgläubiger Auszahlungs- oder Rückzahlungsanspruch abgetreten, verpfändet oder sonst über ihn verfügt wurde (Michalski/*Heidinger* § 31 Rn. 40; Hachenburg/*Goerdeler/Müller* § 31 Rn. 34). 44

IV. Zeitpunkt der Gutgläubigkeit

Maßgeblich für den guten Glauben ist der **Zeitpunkt der Auszahlung** i. S. d. § 30 Abs. 1 GmbHG bzw. der Rückzahlung i. S. d. § 30 Abs. 2 GmbHG (Michalski/*Heidinger* § 31 Rn. 50). 45

V. Rechtsfolge bei Gutgläubigkeit

In Anlehnung an §§ 9b und 43 Abs. 3 GmbHG kann die Erstattung bei Gutgläubigkeit nur insoweit verlangt werden, als dies zu Befriedigung der Gesellschaftsgläubiger erforderlich ist. Damit führt Abs. 2 nur zu einer Reduktion des primären Erstattungsanspruchs (Abs. 1), nicht jedoch der sekundären Ansprüche, z. B. aus Verzug. 46

1. Erforderlichkeit zur Befriedigung

Zur Befriedigung der Gläubiger erforderlich ist der Betrag, den die Gesellschaft aufwenden muss, um sämtliche Gläubiger zu befriedigen, soweit der Geldbetrag nicht aus dem Reinvermögen der Gesellschaft bedient werden kann. Es kommt nicht darauf an, ob die Gesellschaft zahlungsunfähig, überschuldet oder drohend zahlungsunfähig ist. Es ist ein Status zu erstellen und mit der Zielsetzung zu prüfen, ob das Aktivvermögen der Gesellschaft abzüglich des Stammkapitals ausreichend ist, sämtliche Gesellschaftsgläubiger zu befriedigen. Sofern dieser Status ausgeglichen ist, entfällt der Ausgleichsanspruch. Sofern das Reinvermögen negativ ist, besteht insoweit der Erstattungsanspruch nach Abs. 2, höchstens jedoch im Umfang des Abs. 1. 47

2. Zeitpunkt der Erforderlichkeit

Maßgeblicher Zeitpunkt für die Erforderlichkeit ist der **Zeitpunkt der Geltendmachung des Erstattungsanspruchs**. Maßgeblich ist hierfür nicht die erstmalige Geltendmachung, sondern es ist auf den Zeitpunkt der letzten mündlichen Verhandlung abzustellen. Verbessert sich die Ertragslage nach der letzten mündlichen Verhandlung, kann der Erstattungspflichtige die Verbesserung insoweit gem. § 767 ZPO entgegenhalten. Verschlechtert sich die Ertragslage nach der letzten mündlichen Verhandlung, kann die Gesellschaft im Rahmen der Verjährung diese Ansprüche zusätzlich geltend machen (vgl. auch Michalski/*Heidinger* § 31 Rn. 52). 48

VI. Beweislast

Den **Erstattungspflichtigen** trifft die Beweislast seiner Gutgläubigkeit. 49

Sofern der Beweis geführt ist, trifft die Gesellschaft die Beweislast hinsichtlich der Erforderlichkeit der Gläubigerbefriedigung. Die Anforderungen an die Darlegungs- und Beweislast dürfen nicht überspannt werden, um die Gesellschaft vor der Insolvenz durch Zahlungsunfähigkeit zu schützen. Ausreichend ist eine plausible Ertrags- und Liquiditätsplanung, die in ihren wesentlichen Eckpunkten durch Belege hinterlegt ist (Hachenburg/*Goerdeler/Müller* § 31 Rn. 39). 50

D. Haftung der übrigen Gesellschafter, Abs. 3

51 Ist die Erstattung von dem Erstattungspflichtigen nicht zu erlangen, haften die übrigen Gesellschafter der Gesellschaft im Verhältnis ihrer Geschäftsanteile, soweit es zur Befriedigung der Gesellschaftsgläubiger erforderlich ist. Abs. 3 Satz 1 begründet damit eine **Subsidiärhaftung der übrigen Gesellschafter**. Diese hat die folgenden **Voraussetzungen**:

I. Bestehen eines primären Erstattungsanspruchs

52 Es muss ein Erstattungsanspruch entstanden sein, wobei es gleichgültig ist, ob es sich um den nach Abs. 1 oder den nach Abs. 2 reduzierten handelt.

II. Entstehen und Fälligkeit der Subsidiär-Haftung

53 Die Haftung der übrigen Gesellschafter **entsteht** dem Grunde nach schon mit der verbotenen Aus- oder Rückzahlung an den Gesellschafter (BGH v. 11.07.2005 – II ZR 285/03, ZIP 2005, 1638, 1639).

54 Der Anspruch ist **fällig**, sobald die Erstattung von dem Empfänger nicht zu erlangen ist, Abs. 3 Satz 1 (vgl. BGH v. 11.07.2005 – II ZR 285/03, ZIP 2005, 1638, 1639). »Nicht zu erlangen« bedeutet nicht, dass der Erstattungspflichtige kein Geld oder kein sonstiges Vermögen hat (Hachenburg/*Goerdeler*/*Müller* § 31 Rn. 51), dass ein Vollstreckungsversuch fruchtlos verlaufen ist, oder dass ein Insolvenzantrag gegen den Erstattungspflichtigen gestellt worden ist. »Nicht zu erlangen« meint vielmehr, dass der Erstattungspflichtige den Anspruch aus Abs. 1 oder Abs. 2 binnen angemessener Frist seit seinem Entstehen **nicht erfüllt** (vgl. Hachenburg/*Goerdeler*/*Müller* § 31 Rn. 51; Michalski/*Heidinger* § 31 Rn. 55). Der Zweck der §§ 30, 31 GmbHG gebietet es, dass die Gesellschaft die Gesellschafter in die Subsidiär-Haftung nehmen kann, sobald sich der Erstattungspflichtige mit welchen Gründen auch immer gegen seine Inanspruchnahme verteidigt. Die Gesellschafter haften damit zumindest teilweise mit dem Erstattungspflichtigen als Gesamtschuldner und sind gemeinschaftlich zu verklagen.

III. Haftende Gesellschafter

55 Es haften die übrigen Gesellschafter nach dem **Verhältnis ihrer Geschäftsanteile**, Abs. 3 Satz 1. Ist der Erstattungspflichtige ein Dritter, haften sämtliche Gesellschafter. Wer Gesellschafter ist, bestimmt sich für die Gesellschaft nach § 16 Abs. 1 GmbHG. Wenn der angemeldete Gesellschafter ein Treuhänder ist, haften der Treuhänder und der Treugeber gesamtschuldnerisch (BGH v. 14.12.1959 – II ZR 187/57, BGHZ 31, 258, 265 ff.; HansOLG Hamburg DB 1984, 1515; Lutter/Hommelhoff/*Lutter*/*Hommelhoff* GmbHG, § 31 Rn. 21;). Sofern der Geschäftsanteil von mehreren gemeinschaftlich ungeteilt gehalten wird (§ 18 Abs. 1 GmbHG; s. dazu auch § 18 Rdn. 2), haften sie der Gesellschaft gesamtschuldnerisch, § 18 Abs. 2 GmbHG (vgl. auch § 18 Rdn. 10 ff.). Hält die Gesellschaft einen eigenen Geschäftsanteil, reduziert sich ihr Erstattungsanspruch nach Abs. 1 oder Abs. 2 nicht, denn die übrigen Gesellschafter haften für ihren Ausfall (Abs. 3 Satz 2).

IV. Zeitpunkt der Gesellschaftereigenschaft

56 Bei der Frage, welcher Zeitpunkt für die Gesellschaftereigenschaft maßgeblich ist, stehen sich zwei Auffassungen gegenüber: Während die sich als herrschend bezeichnende Auffassung auf den **Zeitpunkt der verbotswidrigen Auszahlung** abstellt, hält die Gegenmeinung den Zeitpunkt, in dem der **Ausfall des Erstattungspflichtigen feststeht** (Hachenburg/*Goerdeler*/*Müller* § 31 Rn. 42), für zutreffend. Aus dem Gesetzeswortlaut lässt sich weder für die eine noch für die andere Auffassung eine Begründung ableiten. Entscheidend dürfte allerdings sein, dass § 31 GmbHG die unzulässige Auszahlung nach § 30 Abs. 1 GmbHG und die unzulässige Rückzahlung nach § 30 Abs. 2 GmbHG beseitigen will. Daher spricht dieser Gedanke für eine Anknüpfung an den Zeitpunkt der Aus- bzw. Rückzahlung. Im Übrigen hätten es die Gesellschafter in der Hand, den Kreis der haftenden Gesellschafter zu verändern, wenn man auf den Zeitpunkt des Ausfalls abstellen würde (Michalski/*Hei-*

dinger § 31 Rn. 61). Damit würde die Wirkung des § 31 GmbHG deutlich entschärft werden, was nicht gewollt sein kann.

Für den Fall der **Veräußerung des Geschäftsanteils** haften grundsätzlich der Veräußerer (§ 16 Abs. 3 GmbHG) und der Erwerber (so für § 263 StGB: BGH v. 20.02.1991 – 2 StR 421/90, GmbHR 1991, 195; offen gelassen in BGH v. 11.07.2005 – II ZR 285/03, ZIP 2005, 1638, 1639). Dies gilt nur dann nicht, wenn die Abtretung der Geschäftsanteile und die Anzeige an die Gesellschaft vor der Auszahlung i. S. d. § 30 Abs. 1 GmbHG oder der Rückzahlung i. S. d. § 30 Abs. 2 GmbHG vorgenommen wurden (Michalski/*Heidinger* § 31 Rn. 60). Wenn der Veräußerer und der Erwerber nebeneinander haften, soll für den Erwerber eine Nachrangigkeit gelten, weshalb er nur haftet, wenn die Haftung beim Veräußerer nicht realisiert werden kann (BGH v. vom 12.12.1983 – II ZR 14/83, NJW 1984, 1037, 1038; Michalski/*Heidinger* § 13 Rn. 62). 57

V. Inhalt und Umfang der Haftung

Die Haftung der Gesellschafter ist stets auf die **Zahlung von Geld** gerichtet, selbst wenn der primär Erstattungspflichtige z. B. zur Herausgabe eines Gegenstandes verpflichtet ist (Michalski/*Heidinger* § 31 Rn. 64). Wird ein Mitgesellschafter nach Abs. 3 in Anspruch genommen, kann er von den Geschäftsführern Befreiung von der Verbindlichkeit unter den Voraussetzungen des Abs. 5 verlangen (Michalski/*Heidinger* § 31 Rn. 94) 58

Der **Umfang der Haftung** bestimmt sich grundsätzlich nach der Höhe der Primärhaftung, d. h. im Fall des § 30 Abs. 1 GmbHG auf den Betrag der Auszahlung und im Fall des § 30 Abs. 2 GmbHG auf den Betrag der Rückzahlung. Die einzige Beschränkung der Haftung der Höhe nach ist aus § 31 Abs. 3 Satz 1 GmbHG abzuleiten, wonach die Mitgesellschafter nur insoweit haften, als der Betrag zur Befriedigung der Gesellschaftsgläubiger erforderlich ist. Soweit also die Gesellschaft, obwohl sie überschuldet sein sollte, über ausreichend Liquidität verfügt, um die Gesellschaftsgläubiger zu befrieden, ist die Haftung der Mitgesellschafter begrenzt. 59

Die h. M. begrenzt die Haftung auf den **Betrag des Stammkapitals** (BGH v. 11.07.2005 – II ZR 285/03, ZIP 2005, 1638, 1639; v. 22.09.2003 – II ZR 229/02, ZIP 2003, 2068, 2071; v. 25.02.2002 – II ZR 196/00, ZIP 2002, 848, 850; offen gelassen in BGH v. 05.02.1990 – II ZR 114/89, NJW 1990, 1730, 1732), weil die Haftung der Gesellschafter »nach dem Verhältnis ihrer Geschäftsanteile« i. S. d. § 31 Abs. 3 Satz 1 GmbHG zugleich die Obergrenze auf das Stammkapital beschreibt (Hachenburg/*Goerdeler/Müller* § 31 Rn. 54). Der eigene Anteil des Gesellschafters am Stammkapital ist nicht abzuziehen (BGH v. 22.09.2003 – II ZR 229/02, ZIP 2003, 2068, 2071). 60

Die Mitgesellschafter haften entsprechend dem **Verhältnis des Nennwerts ihrer Geschäftsanteile** (Abs. 3 Satz 1), also nicht gesamtschuldnerisch. Maßgeblich ist das Beteiligungsverhältnis zu dem Zeitpunkt, in dem der Anspruch aus § 31 Abs. 1 GmbHG entsteht (Hachenburg/*Goerdeler/Müller* § 31 Rn. 55; Michalski/*Heidinger* § 31 Rn. 67). 61

Fällt ein mithaftender Gesellschafter aus, erhöht sich die Mithaftung der übrigen Gesellschafter ebenfalls im Verhältnis ihrer Geschäftsanteile (Abs. 3 Satz 2). Maßgeblich ist auch hier das Beteiligungsverhältnis zu dem Zeitpunkt, in dem der Anspruch aus § 31 Abs. 1 entsteht, und nicht zu dem, in dem der Ausfall feststeht. 62

VI. Beweislast

Die Beweislast für die Voraussetzungen des Abs. 3 trägt die **Gesellschaft**. Sie muss die Primärhaftung des Gesellschafters nachweisen sowie, dass der Erstattungspflichtige ausgefallen und die Haftung zur Befriedigung der Gesellschaftsgläubiger erforderlich ist. 63

VII. Weitere Haftungstatbestände des Mitgesellschafters

Einen weiteren Haftungstatbestand begründet die Rechtsprechung, sofern der **Gesellschafter schuldhaft gegen seine Gesellschafterpflichten verstoßen hat** (BGH v. 10.12.1984 – II ZR 64

308/83, BGHZ 93, 146, 150; BGH v. 27.03.1995 – II ZR 30/94, NJW 1995, 1960, 1961). Dabei stellt die Rechtsprechung klar, dass die Mitgesellschafter zunächst nur nach Abs. 3 haften (BGH v. 21.06.1999 – II ZR 47/98, ZIP 1999, 2817). Über den Rahmen des Abs. 3 hinaus haften die Mitgesellschafter der Gesellschaft jedoch auf **Schadensersatz**, wenn sie schuldhaft eigene Gesellschafterpflichten verletzt haben. Die Verletzungshandlung kann in der Zustimmung zu dem entsprechenden Gesellschafterbeschluss liegen. Für das Verschulden des Gesellschafters gelten § 276 BGB bzw. § 43 Abs. 1 GmbHG analog, sodass **leichte Fahrlässigkeit** ausreichend ist (BGH v. 10.12.1984 – II ZR 308/83, BGHZ 93, 146, 150 mit Verweis auf BGH v. 05.06.1975 – II ZR 23/74, NJW 1976, 191, 192). Die Literatur lehnt diese Rechtsprechung ab (Michalski/*Heidinger* § 31 Rn. 71; Hachenburg/*Goerdeler/Müller* § 31 Rn. 57). Dies ist allerdings nicht nachvollziehbar, weil unterschiedliche Anknüpfungspunkte der Haftung bestehen: Während § 31 GmbHG auf eine subsidiäre Haftung abstellt, begründet die Rechtsprechung eine verschuldensabhängige Gesellschafterhaftung, die ein eigenes Gesellschafterverschulden voraussetzt. Danach kann die Mitwirkung an einem ordnungsgemäß vorbereiteten Gesellschafterbeschluss kein Verschulden begründen.

65 Praktisch selten wird die **Haftung des Leistungsempfängers** oder eines anderen mitwirkenden Mitgesellschafters aus dem Gesichtspunkt der Verletzung der Treuepflicht gegenüber einem Mitgesellschafter sein (vgl. Michalski/*Heidinger* § 31 Rn. 72).

E. Erlass, Abs. 4

I. Erlassvertrag

66 Die Erstattungsansprüche aus Abs. 1 bis 3 können nicht erlassen werden, Abs. 4. Ein dennoch vereinbarter Erlass ist **nichtig**, § 134 BGB (Hachenburg/*Goerdeler/Müller* § 31 Rn. 58; Michalski/*Heidinger* § 31 Rn. 73).

67 Abs. 4 enthält zwingendes Recht. Die Vorschrift dient dem Schutz der Gesellschaft und ihrer Gläubiger. Zur Vermeidung der Umgehung muss daher auch die Verschuldenshaftung des BGH (vgl. Rdn. 64) von dieser Regelung erfasst sein.

II. Stundungsvertrag

68 Der Stundungsvertrag ist dem Wortlaut nach nicht von Abs. 4 erfasst (Hachenburg/*Goerdeler/Müller* § 31 Rn. 59). Gleichwohl würde eine Stundung dem Zweck des Abs. 4 widersprechen und damit einem Erlass gleichkommen. Daher ist auch die Stundung der Ansprüche aus Abs. 1 bis 3 **unwirksam** (Lutter/Hommelhoff/*Lutter/Hommelhoff* GmbHG, § 31 Rn. 26), unabhängig davon, ob die Stundung lang- oder kurzfristig ist (nur für die langfristige Stundung: Michalski/*Heidinger* § 31 Rn. 74).

69 Davon unbenommen ist es der Gesellschaft, Nebenansprüche zu Abs. 1 bis 3 zu stunden, etwa Ansprüche aus Verzug.

III. Vergleichbare Vereinbarungen, insbesondere Erfüllungssurrogate und Vergleich

70 Sicher ist, dass die Gesellschaft mit einer vollwertigen, fälligen und liquiden Gegenforderung des Gesellschafters **aufrechnen** kann (BGH v. 29.05.2000 – II ZR 118/98, GmbHR 2000, 771, 775).

71 Fraglich ist, ob auch der Gesellschafter mit einer derartigen Gegenforderung die Aufrechnung erklären kann. Die h. M. hielt dies für zulässig (OLG Naumburg v. 19.05.1998 – 11 U 2058/97, GmbHR 1998, 1180, 1181). Dies ist aber nicht unstreitig. Im Kern geht es um die Frage, ob § 19 Abs. 2 Satz 2 GmbHG analog im Rahmen des Erstattungsanspruchs Anwendung findet. Da es einen Wertungswiderspruch zwischen Kapitalaufbringung und Kapitalerhaltung bedeuten würde, würde man die Anwendung ablehnen, und weil bereits das GmbHG von 1891 die redaktionelle Abstimmung beider Vorschriften übersehen hatte, ist es zutreffende Auffassung, dass für den Erstattungsempfänger ein **Aufrechnungsverbot** gilt (BGH v. 27.11.2000 – II ZR 83/00, GmbHR 2001,

142, 143; Lutter/Hommelhoff/*Lutter/Hommelhoff* GmbHG, § 31 Rn. 24; Michalski/*Heidinger* § 31 Rn. 76).

Bei der Hingabe eines Gegenstandes **an Erfüllung statt** gelten die Ausführungen wie zur Aufrechnung entsprechend. Wenn die Gesellschaft einen vollwertigen Gegenstand akzeptiert, beseitigt dies insoweit die verbotswidrige Aus- oder Rückzahlung. 72

Ein **Vergleich**, auch ein Prozessvergleich, ist **grundsätzlich unzulässig**, weil das »Nachgeben« den wirtschaftlichen Folgen eines Erlasses gleichsteht (Abs. 4). Dies gilt nur dann nicht, wenn der Erstattungspflichtige zahlungsunfähig ist und sich mit der Gesellschaft zur Abwendung oder Beseitigung eines Insolvenzverfahrens vergleicht, § 93 Abs. 4 Satz 4 AktG analog (Lutter/Hommelhoff/*Lutter/Hommelhoff* GmbHG, § 31 Rn. 26; weiter gehend: Michalski/*Heidinger* § 31 Rn. 78; Hachenburg/*Goerdeler/Müller* § 31 Rn. 60). Da der Vergleich die Regressansprüche der Mitgesellschafter betrifft, wird gefordert, dass der Vergleich zusätzlich der **Zustimmung sämtlicher Mitgesellschafter** bedarf (Hachenburg/*Goerdeler/Müller* § 31 Rn. 60; Lutter/Hommelhoff/*Lutter/Hommelhoff* GmbHG, § 31 Rn. 26). 73

F. Verjährung, Abs. 5

I. Beginn der Verjährung, Abs. 5 Satz 2

Die Verjährung beginnt in den Fällen des Abs. 1 und 2 mit dem Ablauf des Tages, an dem die Aus- oder Rückzahlung vorgenommen wurde, S. 2. Dies gilt auch in den Fällen, in denen eine Sicherheit bestellt wurde. Dann liegt jedoch eine Auszahlung nicht bereits mit der Bestellung der Sicherheit vor (so aber BGH v. 10.07.2006 – II ZR 238/04, BGHZ 168, 292, 300), sondern erst, wenn die Sicherheit in Anspruch genommen wird, weil erst dies die zur Unterbilanz führende Auszahlung ist (vgl. § 30 GmbHG Rdn. 32). Auf die Kenntnis des Geschäftsführers von der Entstehung des Anspruchs kommt es nicht an (Hachenburg/*Goerdeler/Müller* § 31 Rn. 68; Michalski/*Heidinger* § 31 Rn. 79). 74

Fraglich ist, ob diese Argumentation auch für den Beginn der Verjährung gem. Abs. 3 gilt. Der Anspruch aus Abs. 3 entsteht nicht bereits mit der Auszahlung, sondern erst, wenn die Erstattung von dem Empfänger nicht zu erlangen ist, und wird dann sofort fällig, § 271 BGB. Folglich beginnt erst mit dem Ausfall des Erstattungspflichtigen die Verjährung (Michalski/*Heidinger* § 31 Rn. 83). 75

II. Verjährungsfristen, Abs. 5 Satz 1

Die Verjährungsfrist beträgt in den Fällen des Abs. 1 und 2 **10 Jahre**, hingegen in den Fällen des Abs. 3 **5 Jahre**. 76

III. Ende der Verjährung, Abs. 5 Satz 3

Für das Ende der Verjährungsfrist gelten die allgemeinen Regeln. Eine Besonderheit besteht nach Satz 3 nur in dem Fall des Abs. 1, in dem über das Vermögen der Gesellschaft das **Insolvenzverfahren** eröffnet worden ist. In diesem Fall tritt die Verjährung erst 6 Monate nach Eröffnung des Insolvenzverfahrens ein (§ 19 Abs. 6 Satz 2 GmbHG, Ablaufhemmung), d. h. nach Veröffentlichung des Eröffnungsbeschlusses. Diese Ausnahme setzt allerdings voraus, dass im Zeitpunkt des Erlasses des Eröffnungsbeschlusses die Verjährung noch nicht eingetreten war (*Nöll* ZInsO 2005, 964, 970). 77

IV. Verjährung konkurrierender Ansprüche

Soweit neben § 31 GmbHG konkurrierende Ansprüche bestehen, gelten für sie die dort geltenden Verjährungsvorschriften. Soweit allerdings gesellschaftsrechtliche Treuepflichten dadurch verletzt wurden, dass Gesellschaftsvermögen entzogen wurde, findet Abs. 5 analoge Anwendung (OLG Köln v. 29.06.2000 – 18 U 31/00, NZG 2000, 1137; Michalski/*Heidinger* § 31 Rn. 82). 78

G. Haftung der Geschäftsführer, Abs. 6

79 Sofern die Geschäftsführer zugleich Gesellschafter sind, sind sie gem. Abs. 6 zur Erstattung entweder nach Abs. 1, wenn sie Empfänger der Zahlung sind, oder nach Abs. 3 als Mitgesellschafter verpflichtet. Diese Verpflichtung besteht gegenüber der Gesellschaft und ist verschuldensunabhängig. Der Geschäftsführer ist der Gesellschaft gegenüber zum Schadensersatz gem. § 43 Abs. 1 GmbHG verpflichtet, wobei ein Verstoß gegen die Verpflichtungen des § 30 Abs. 1 GmbHG zu den besonders genannten Schadensersatztatbeständen des § 43 Abs. 3 GmbHG zählt (vgl. dazu auch § 43 GmbHG Rdn. 52 ff.).

80 Darüber hinaus begründet § 31 Abs. 6 GmbHG eine weitere **verschuldensabhängige Haftung** der Geschäftsführer, diesmal jedoch nur gegenüber bestimmten Gesellschaftern.

I. Anspruchsberechtigter

81 Anspruchsberechtigt sind die Gesellschafter i. S. d. Abs. 3, d. h. nur die mithaftenden Gesellschafter.

II. Anspruchsverpflichteter

82 Anspruchsverpflichtet sind die **Geschäftsführer**, die im Zeitpunkt der verbotswidrigen Aus- oder Rückzahlung Geschäftsführer waren. Mehrere Geschäftsführer haften den Gesellschaftern als Gesamtschuldner (§ 426 BGB). Soweit mehrere Geschäftsführer haften, haben sie ihrerseits untereinander Ausgleichsansprüche (§ 426 BGB) sowie Regressansprüche gegen den Erstattungspflichtigen.

III. Verschulden, § 43 Abs. 1 GmbHG

83 Ein oder mehrere Geschäftsführer haften nur, wenn eine oder mehrere von ihnen **schuldhaft** aus- oder zurückgezahlt haben. Dabei gilt der Verschuldensmaßstab des § 43 GmbHG Abs. 1 Satz 2 GmbHG, d. h. die Anwendung der Sorgfalt eines ordentlichen Geschäftsmannes (vgl. dazu ausführl. § 43 GmbHG Rdn. 7 ff. sowie insbes. Rdn. 36). Da es sich bei den Rechtsverhältnissen zwischen Gesellschaft und Gesellschafter ohnehin um kritisch Rechtsbeziehungen handelt und die Kapitalerhaltung zu den Kardinalpflichten der Geschäftsführer gehört, spielt die **interne Geschäftsverteilung** unter den Geschäftsführern keine Rolle (zur Wirksamkeit der internen Geschäftsverteilung: *Schneider/Schneider* GmbHR 2005, 1229, 1230; vgl. auch § 43 GmbHG Rdn. 11). Der für das Finanz- und Rechnungswesen nicht zuständige Geschäftsführer hat den hierfür zuständigen Geschäftsführer zu überwachen. Soweit daher eine verbotswidrige Aus- oder Rückzahlung vorgenommen wurde, spricht eine Vermutung dafür, dass sämtliche Geschäftsführer ihre Geschäftsführerpflichten schuldhaft verletzt haben, sei es durch positives Tun oder Unterlassen der Beaufsichtigung (Hachenburg/*Goerdeler/Müller* § 31 Rn. 64).

84 Soweit sich der Geschäftsführer in einem **entschuldbaren Verbotsirrtum** befand, haftet er nicht. Entschuldbar ist der Rechtsirrtum nur, wenn sich der Geschäftsführer sowohl hinsichtlich der wirtschaftlichen als auch hinsichtlich der rechtlichen Voraussetzungen der Aus- und Rückzahlung sachkundigen Rat eingeholt hat, weshalb die Einholung eines Rechtsrates allein nicht ausreichend ist (a. A. *Schneider/Schneider* GmbHR 2005, 1229, 1232). Auf eine qualifizierte Beratung kann sich der Geschäftsführer nur verlassen, wenn die Rechtswidrigkeit der Maßnahme nicht offenkundig ist.

85 Ein **Beschluss der Gesellschafterversammlung**, in dem die Geschäftsführung zur Aus- oder Rückzahlung angewiesen wurde, **exkulpiert nicht**. Denn der Beschluss, der zu einem Verstoß gegen die Kapitalerhaltungsvorschriften führt, ist für die Geschäftsführer unverbindlich (BGH v. 14.12.1959 – II ZR 187/57, BGHZ 31, 258, 278), was dazu führt, dass die Geschäftsführer dem Beschluss widersprechen müssen, dass sie ihn nicht ausführen dürfen und alles unternehmen müssen, dass die Auszahlung verhindert wird (Michalski/*Heidinger* § 31 Rn. 97; Hachenburg/*Goerdeler/Müller* § 31 Rn. 64).

IV. Umfang der Haftung

Die Haftung ist auf die **Ausfallhaftung gem. Abs. 3** gerichtet (vgl. dazu ausführl. oben Rdn. 59). 86
Das Verbot, den Anspruch zu erlassen (Abs. 4, vgl. Rdn. 66) oder – nur in Ausnahmefällen – einen Vergleich zu schließen, gilt für den Anspruch der Gesellschafter nicht.

V. Verjährung, §43 Abs. 4 GmbHG

Der Anspruch verjährt nach **5 Jahren**, §43 Abs. 4 Satz 2 GmbHG (vgl. auch ausführl. §43 GmbHG 87
Rdn. 58 ff.). Die Haftung beginnt mit der Zahlung der Mitgesellschafter gem. Abs. 3.

VI. Geltendmachung der Haftung

Die Geltendmachung des Anspruchs kann **unzulässig** sein. Dies ist etwa dann der Fall, wenn der 88
anspruchsberechtigte Gesellschafter den Geschäftsführer durch Beschluss angewiesen oder **mitgestimmt** hat, die Aus- oder Rückzahlung vorzunehmen, obwohl der Geschäftsführer einen Hinweis auf den Verstoß gegen §30 GmbHG gegeben hatte (Hachenburg/*Goerdeler*/*Müller* §31 Rn. 62; Michalski/*Heidinger* §31 Rn. 91), oder wenn dem Gesellschafter der Verstoß gegen §30 GmbHG vor Aus- und Rückzahlung **bekannt** war.

§32 Rückzahlung von Gewinn

Liegt die in §31 Abs. 1 bezeichnete Voraussetzung nicht vor, so sind die Gesellschafter in keinem Fall verpflichtet, Beträge, welche sie in gutem Glauben als Gewinnanteile bezogen haben, zurückzuzahlen.

Übersicht

	Rdn.		Rdn.
A. Zweck der Vorschrift	1	IV. Guter Glaube	8
B. Tatbestandsvoraussetzungen	2	1. Maßgeblicher Zeitpunkt	9
I. Rückforderungsanspruch der Gesellschaft	2	2. Person des Gutgläubigen	10
II. Aufgrund der Gewinnverteilung	4	C. Rechtsfolge	11
III. Einwendungsberechtigter	6	D. Beweislast	12

A. Zweck der Vorschrift

§32 GmbHG, der durch die Neuerungen des MoMiG keine Änderungen erfahren hat, schützt 1
den gutgläubigen Gesellschafter, der eine Gewinnausschüttung aufgrund eines Gewinnverteilungsbeschlusses erhalten hat. §32 GmbHG gewährt dem Gesellschafter eine Einwendung gegen den Rückforderungsanspruch der Gesellschaft (Michalski/*Heidinger* §32 Rn. 2; Hachenburg/*Goerdeler*/*Müller* §32 Rn. 1). Die Vorschrift schützt jedoch nicht vor Aus- oder Rückzahlungen gem. §30 GmbHG, da der gutgläubige Gesellschafter insoweit nur durch §31 Abs. 2 GmbHG geschützt ist. Damit unterscheidet sich §32 GmbHG grundlegend von §62 Abs. 1 Satz 2 AktG, der den gutgläubigen Aktionär bei jeder Form des Dividendenbezugs von der Rückforderung freistellt.

B. Tatbestandsvoraussetzungen

I. Rückforderungsanspruch der Gesellschaft

§32 GmbHG begründet keinen Rückforderungsanspruch, sondern setzt einen solchen voraus 2
(Hachenburg/*Goerdeler*/*Müller* §32 Rn. 3). Dieser Rückforderungsanspruch kann sich aus verschiedenen Grundlagen ergeben, nämlich aus einem Gesellschafterbeschluss (a. A. Hachenburg/*Goerdeler*/*Müller* §32 Rn. 4; Michalski/*Heidinger* §32 Rn. 4), etwa wenn die Gesellschafterversammlung eine Gewinnausschüttung zurückfordert, aus dem Gesellschaftsvertrag (a. A. Hachenburg/*Goerdeler*/*Müller* §31 Rn. 4; Michalski/*Heidinger* §32 Rn. 4), etwa bei einer sog. Schütt-aus-Hol-zurück-Regelung (vgl. §29 GmbHG Rdn. 131), aus §985 BGB oder aus §§812 ff. BGB. Der **Regelfall**

einer **Rückforderung** ist derjenige, dass die Gewinnausschüttung nichtig ist oder aufgrund einer Anfechtung für nichtig erklärt wurde. Die Gewinnausschüttung ist nichtig, wenn der Jahresabschluss analog § 256 AktG nicht aufgestellt wurde (s. § 29 GmbHG Rdn. 45), wenn bei prüfungspflichtigen Gesellschaften der Jahresabschluss nicht geprüft wurde (s. § 29 GmbHG Rdn. 50), wenn der Feststellungsbeschluss nichtig zustande gekommen ist (s. § 29 GmbHG Rdn. 66) oder wenn der Gewinnverteilungsbeschluss nichtig ist (s. § 29 GmbHG Rdn. 145). Sofern eine nicht nichtige, aber mangelbehaftete Gewinnausschüttung vorliegt, ist die Gewinnausschüttung solange wirksam, bis die Gesellschafter oder das Gericht die Wirksamkeit der Anfechtung gerichtlich festgestellt haben.

3   Der Rückforderungsanspruch der Gesellschaft muss **entstanden, fällig und durchsetzbar** sein. Soweit dem Rückforderungsanspruch selbst andere Einwendungen entgegenstehen, etwa aus §§ 814 BGB oder aus § 818 Abs. 3 BGB, bleiben diese neben § 32 GmbHG erhalten (Michalski/*Heidinger* § 32 Rn. 17; Hachenburg/*Goerdeler/Müller* § 32 Rn. 15).

II. Aufgrund der Gewinnverteilung

4   Geschützt ist nur der Gewinnanspruch aufgrund der Gewinnverwendung nach § 29 GmbHG (Michalski/*Heidinger* § 29 Rn. 9; Hachenburg/*Goerdeler/Müller* § 29 Rn. 9).

5   Daher werden folgende Ansprüche **nicht nach § 32 GmbHG** geschützt: Auszahlung i. S. d. § 30 Abs. 1 GmbHG oder Rückzahlung i. S. d. § 30 Abs. 2 GmbHG (vgl. § 31 Abs. 1 GmbHG), Gewinnvorschüsse (s. § 29 GmbHG Rdn. 153), Zinsen auf die Stammeinlage (s. § 29 GmbHG Rdn. 158), Entnahmen (s. § 29 GmbHG Rdn. 160), die doppelte Auszahlung von Gewinn, verdeckte Gewinnausschüttungen (vgl. § 29 GmbHG Rdn. 161), gewinnabhängige Tantiemen und vergleichbare Vergütungen, Ansprüche aus Genussscheinen oder Besserungsscheinen, Zinszahlungen, Zinsen auf partiarische Darlehen oder Ansprüche aus existenzvernichtenden Eingriffen (vgl. zu allem auch Michalski/*Heidinger* § 32 Rn. 10 f.; Hachenburg/*Goerdeler/Müller* § 32 Rn. 5, 7, 11).

III. Einwendungsberechtigter

6   § 32 GmbHG schützt nach seinem Wortlaut nur den **Gesellschafter** i. S. d. § 16 GmbHG.

7   Dem Gesellschafter stehen folgende Personen gleich: Der **Zessionar** des Gewinnanspruchs, denn die Einwendung aus § 32 GmbHG geht mit der Forderung auf Auszahlung des Gewinns auf den Zessionar über, § 401 BGB; außerdem der **Nießbraucher** am Geschäftsanteil (Michalski/*Heidinger* § 32 Rn. 7; Hachenburg/*Goerdeler/Müller* § 32 Rn. 6).

IV. Guter Glaube

8   Der gute Glaube muss sich auf den Bezug der Gewinnanteile beziehen. Der Gesellschafter darf daher weder Kenntnis noch grob fahrlässige Unkenntnis vom unzutreffenden Bezug der Gewinnanteile haben. Hierfür gilt der Maßstab der § 31 Abs. 2 GmbHG, § 932 Abs. 2 BGB, weshalb leicht fahrlässige Unkenntnis unschädlich ist (Lutter/Hommelhoff/*Lutter/Hommelhoff* GmbHG § 32 Rn. 4; Michalski/*Heidinger* § 32 Rn. 12; Hachenburg/*Goerdeler/Müller* § 32 Rn. 13). Der Gesellschafter darf somit keine Kenntnis bzw. grob fahrlässige Unkenntnis von der Nichtigkeit oder Anfechtbarkeit des Gewinnverwendungsbeschlusses haben.

1. Maßgeblicher Zeitpunkt

9   Maßgeblicher Zeitpunkt für die Beurteilung der Gutgläubigkeit ist der **Bezug der Gewinnanteile**, d. h. der Zufluss des Gewinns beim Gesellschafter (Lutter/Hommelhoff/*Lutter/Hommelhoff* GmbHG § 32 Rn. 4; Michalski/*Heidinger* § 32 Rn. 13). Spätere Bösgläubigkeit ist unschädlich.

2. Person des Gutgläubigen

10   Anders als in § 31 GmbHG kommt es in § 32 GmbHG auf die **Person des Gesellschafters** als Gutgläubigen an. Dies gilt auch in den Fällen der Abtretung des Gewinnanspruchs und des Nieß-

brauchs am Geschäftsanteil. Ist jedoch der Gesellschafter gutgläubig, der Zessionar oder Nießbrauchsberechtigte aber bösgläubig, etwa weil sie an der Gewinnfeststellung bzw. -verteilung mitgewirkt haben, wird teilweise die Auffassung vertreten, dass dann ihre Bösgläubigkeit entscheidend ist (Hachenburg/*Goerdeler/Müller* § 32 Rn. 14; Michalski/*Heidinger* § 32 Rn. 14). Zu dem gleichen Ergebnis gelangt man mit der Begründung, dass die Geltendmachung der Einwendung für den Dritten unzulässig ist, wenn er selbst bösgläubig war.

C. Rechtsfolge

Der gutgläubige Gesellschafter ist nicht verpflichtet, die erhaltenen Gewinnanteile zurückzuzahlen. Da § 32 GmbHG zu einer **Einwendung** führt, ist die Vorschrift von Amts wegen zu berücksichtigen. 11

D. Beweislast

Die Gesellschaft hat die Rechtsgrundlosigkeit der Gewinnausschüttung zu beweisen. Der gute Glaube des Gesellschafters wird vermutet. Soweit die Gesellschaft die Vermutung erschüttert, hat der Gesellschafter den guten Glauben zu beweisen, da die Gutgläubigkeit als rechtshindernde Tatsache der Rückzahlung des Gewinnanspruchs entgegensteht. 12

§ 32a

(weggefallen)

§ 32b

(weggefallen)

Durch Inkrafttreten des MoMiG sind die zuvor in §§ 32a, b GmbHG geregelten Bestimmungen zu den eigenkapitalersetzenden Gesellschafterdarlehen entfallen und mit Modifikationen in den §§ 44a, 135, 143 InsO sowie in § 6a AnfG übernommen. Nach früherer Rechtslage wurden Darlehen und entsprechende Leistungen, die in einer Krisensituation (d.h. zu einer Zeit, in der außenstehende Dritte der GmbH keine Finanzierung mehr gewährt hätten) von den Gesellschaftern der GmbH zur Verfügung gestellt wurden, wie Eigenkapital behandelt. Gleiches galt für Darlehen, die vor der Krise gewährt wurden, jedoch in der Krise von den Gesellschaftern stehen gelassen wurden. Solange diese Darlehen eigenkapitalersetzend waren, durften sie nicht zurückgezahlt werden. Erfolgte eine Auszahlung dennoch, war der betreffende Gesellschafter zur Rückzahlung verpflichtet. Zudem bestand eine Ausfallhaftung der übrigen Gesellschafter und eine Verpflichtung zum Schadensersatz für die Geschäftsführer. Nach neuer Rechtslage ist die Rückzahlung von Gesellschafterdarlehen auch in der Krisenzeit zulässig. Die Einbindung in die Vorschriften der InsO führt allerdings dazu, dass alle Gesellschafterdarlehen, und nicht nur die eigenkapitalersetzenden Darlehen, in der Insolvenz der Gesellschaft nachrangig sind, wenn nicht das Sanierungs- und Kleinbeteiligtenprivileg greift (§ 39 Abs. 1 Nr. 5 InsO). Zudem kann die Rückzahlung eines Gesellschafterdarlehens innerhalb eines Jahres vor Insolvenzantrag angefochten werden, ebenso die Besicherung eines Gesellschafterdarlehens innerhalb der letzten Jahre vor Insolvenzantrag (§ 135 Abs. 1 InsO). 1

§ 33 Erwerb eigener Geschäftsanteile

(1) Die Gesellschaft kann eigene Geschäftsanteile, auf welche die Einlagen noch nicht vollständig geleistet sind, nicht erwerben oder als Pfand nehmen.

(2) ¹Eigene Geschäftsanteile, auf welche die Einlage vollständig geleistet ist, darf sie nur erwerben, sofern, sie im Zeitpunkt des Erwerbs eine Rücklage in Höhe der Aufwendungen für den Erwerb bilden könnte, ohne das Stammkapital oder eine nach dem Gesellschaftsvertrag zu

§ 33 GmbHG Erwerb eigener Geschäftsanteile

bildende Rücklage zu mindern, die nicht zur Zahlung an die Gesellschafter verwandt werden darf. ²Als Pfand nehmen darf sie solche Geschäftsanteile nur, soweit der Gesamtbetrag der durch Inpfandnahme eigener Geschäftsanteile gesicherten Forderungen oder, wenn der Wert der als Pfand genommenen Geschäftsanteile niedriger ist, dieser Betrag nicht höher ist als das über das Stammkapital hinaus vorhandene Vermögen. ³Ein Verstoß gegen die Sätze 1 und 2 macht den Erwerb oder die Inpfandnahme der Geschäftsanteile nicht unwirksam; jedoch ist das schuldrechtliche Geschäft über einen verbotswidrigen Erwerb oder eine verbotswidrige Inpfandnahme nichtig.

(3) Der Erwerb eigener Geschäftsanteile ist ferner zulässig zur Abfindung von Gesellschaftern nach § 29 Abs. 1, § 122i Abs. 1 Satz 2, § 125 Satz 1 in Verbindung mit § 29 Abs. 1, § 207 Abs. 1 des Umwandlungsgesetzes, sofern der Erwerb binnen sechs Monaten nach dem Wirksamwerden der Umwandlung oder nach der Rechtskraft der gerichtlichen Entscheidung erfolgt und die Gesellschaft im Zeitpunkt des Erwerbs eine Rücklage in Höhe der Aufwendungen für den Erwerb bilden könnte, ohne das Stammkapital oder eine nach dem Gesellschaftsvertrag zu bildende Rücklage zu mindern, die nicht zu Zahlungen an die Gesellschafter verwandt werden darf.

Übersicht

		Rdn.			Rdn.
A.	Allgemeines	1	II.	Darstellung in der Bilanz	18
B.	Verbot des Erwerbs und der Inpfandnahme eigener, nicht voll eingezahlter Geschäftsanteile, Abs. 1	4	III.	Inpfandnahme	19
			IV.	Rechtsfolgen bei zulässigem Anteilserwerb	20
I.	Voraussetzungen	5	V.	Rechtsfolgen bei unzulässigen Anteilserwerb	23
II.	Rechtsfolge: Nichtigkeit	9			
III.	Unzulässige Umgehungen	11	VI.	Sonderproblem: Erwerb sämtlicher Geschäftsanteile (Kein-Mann-GmbH)	24
C.	Erwerb oder Inpfandnahme eigener, voll eingezahlter Geschäftsanteile, Abs. 2	14	D.	Erwerb im Rahmen von Umwandlungsvorgängen, Abs. 3	25
I.	Gegenleistung aus ungebundenem Vermögen	17	E.	Gegenseitige Beteiligungen im Konzern	28

A. Allgemeines

1 § 33 GmbHG wurde zuletzt mit Neufassung des § 272 HGB durch das zum 01.01.2010 in Kraft getretene Gesetz zur Modernisierung des Bilanzrechtes (**BilMoG** vom 25.05.2008 BGBl. I 1102) in Abs. 2 Satz 1 und Abs. 3 wesentlich modifiziert. Eine Änderung zuvor durch das am 01.11.2008 in Kraft getretene »Gesetz zur Modernisierung des GmbH-Rechts und zur Bekämpfung von Missbräuchen« (MoMiG) erfolgte nicht.

2 Die Vorschrift dient wie die Bestimmungen der §§ 30 bis 32 GmbHG den Grundsätzen der **Kapitalaufbringung** (Abs. 1) **und Erhaltung des Stammkapitals (Abs. 2)**, erlaubt aber abweichend vom Aktienrecht (vgl. insbesondere §§ 71 ff. AktG) generell und ohne prozentuale Begrenzung den **Erwerb eigener Anteile, wenn** die Schranken des § 33 Abs. 1 und Abs. 2 Satz 1 eingehalten sind: vollständige Aufbringung der Einlagen auf diese Geschäftsanteile und die Gesellschaft muss für den Erwerb eine fiktive Rücklage aus ungebundenem Vermögen bilden können. Anders als in § 33 GmbHG a. F. vorgesehen, muss die Gesellschaft aber im Jahresabschluss für den eigenen Geschäftsanteil keine zusätzliche Rücklage aus freien Mitteln mehr bilden. Abs. 3 gestattet den Erwerb eigener nicht voll eingezahlter Geschäftsanteile durch die Gesellschaft für eine Zeitspanne von 6 Monaten zum Zweck der Abfindung von Gesellschaftern im Rahmen der aufgeführten Umwandlungsvorgänge.

3 Der Erwerb eigener Geschäftsanteile nach § 33 ist von der **Kaduzierung** gem. § 21 GmbHG, der **Abandon** gem. § 27 GmbHG und der **Einziehung** der Geschäftsanteile nach § 34 GmbHG zu unterscheiden. Im Fall der Kaduzierung erwirbt die Gesellschaft den Geschäftsanteil regelmäßig nur als Treuhänder für einen zukünftigen Erwerber mit dem Ziel der Weiterveräußerung an diesen. Beim Abandon erwirbt die Gesellschaft zunächst nur die Verfügungsbefugnis über den Geschäfts-

anteil, um ihre Nachschussforderung zu befriedigen. Der Gesellschafter bleibt so lange beteiligt, bis sein abandonnierter Geschäftsanteil auf einen Dritten übertragen bzw. die Unverkäuflichkeit festgestellt wurde. Bei der Einziehung geht der Geschäftsanteil mit allen Rechten und Pflichten unter, bei § 33 bleibt der Anteil erhalten. Da die Vorschrift der Kapitalaufbringung und dem Kapitalschutz dient, ist § 33 GmbHG **zwingendes Recht** und kann durch den Gesellschaftsvertrag oder Beschlüsse der Gesellschafterversammlung nicht abbedungen wohl aber über die gesetzlichen Erfordernisse hinaus erschwert werden, wie bspw. die Bindung des Erwerbs an die Zustimmung der Gesellschafterversammlung (*Baumbach/Hueck* § 33 Rn. 1; Henssler/Strohn/*Fleischer* § 33 GmbHG Rn. 1; R/S-L/*Rowedder* § 33 Rn. 1; Scholz/*Westermann* GmbHG, § 33 Rn. 4). Die Inpfandnahme steht dem Erwerb ausdrücklich gleich.

B. Verbot des Erwerbs und der Inpfandnahme eigener, nicht voll eingezahlter Geschäftsanteile, Abs. 1

Abs. 1 dient der **Kapitalaufbringung** und verbietet zwingend den Erwerb und die Inpfandnahme von Geschäftsanteilen, auf die die Stammeinlage noch nicht oder nicht vollständig geleistet ist. Zweck dieses Verbotes ist es, zu verhindern, dass die GmbH ihre Einlageforderung dadurch verliert, dass sie sich selbst den noch ausstehenden Einlagebetrag schuldet. Damit wäre die Gesellschaft zugleich Gläubigerin und Schuldnerin der Einlageforderung, weshalb diese durch Konfusion erlöschen würde. Dies wollte der Gesetzgeber ausschließen.

I. Voraussetzungen

Das Verbot gilt, wenn objektiv noch irgendein Teil der Stammeinlage geschuldet ist. Dies gilt für Geld- und Sacheinlagen gleichermaßen und unabhängig davon, wie hoch der noch ausstehende Differenzbetrag ist (*Baumbach/Hueck* § 33 Rn. 2; Hachenburg/*Hohner* § 33 Rn. 14; Lutter/Hommelhoff GmbHG, § 33 Rn. 8 f.; R/S-L/*Rowedder* § 33 Rn. 3; Scholz/*Westermann* GmbHG, § 33 Rn. 5). Es bezieht sich jedoch nur auf **noch offene Einlagen** (nach § 3 Abs. 1 Nr. 4 GmbHG), geschuldete Nebenforderungen wie z. B. Zinsen, Kosten, Aufgelder oder Nachschüsse stellen keine Einlage dar (Baumbach/Hueck/*Fastrich* GmbHG, § 33 Rn. 2; Bork/Schäfer/*Thiessen* GmbHG, § 33 Rn. 5; Hachenburg/*Hohner* § 33 Rn. 17; *Lutter/Hommelhoff* GmbHG, § 33 Rn. 8; MünchHdb GesR III/*Kort* § 27 Rn. 4; *Roth/Altmeppen* § 33 Rn. 8; Scholz/*Westermann* GmbHG, § 33 Rn. 6). Sind diese noch vom veräußernden Gesellschafter zu erbringen, ist der GmbH ein Erwerb nach Abs. 1 möglich.

Darüber hinaus ist es unerheblich, ob die Einlage **eingefordert wurde** oder ob die Gesellschaft oder der Gesellschafter **Kenntnis** von der noch offenen Einlageleistung haben. Des Weiteren ist es unerheblich, aus welchem Grund die Volleinzahlung noch fehlt. Hingegen erfasst Abs. 1 nicht den Fall, dass die Einlage vollständig erbracht war, zu einem späteren Zeitpunkt jedoch unter Verstoß gegen § 30 GmbHG an den Gesellschafter zurückgezahlt worden ist. Der **Rückerstattungsanspruch nach § 31 GmbHG** stellt eine persönliche Schuld des Gesellschafters dar und ist insoweit kein Surrogat für Einlageansprüche (Baumbach/Hueck/*Fastrich* § 33 Rn. 2; Hachenburg/*Hohner* § 33 Rn. 19; *Roth/Altmeppen* § 33 Rn. 8; a. A. Scholz/*Westermann* § 33 Rn. 5).

Dem Verbot des Abs. 1 unterliegt **jede Form des Erwerbs** von Geschäftsanteilen, gleichgültig ob entgeltlich oder unentgeltlich. Auch der unentgeltliche Erwerb von nicht eingezahlten Geschäftsanteilen bspw. durch Schenkung oder Verfügung von Todes wegen ist daher unzulässig. Zwar muss die Gesellschaft in diesem Fall keine eigenen Mittel aufbringen, aber der noch ausstehende Einlagebetrag würde weiterhin durch Konfusion erlöschen. Es umfasst ferner den Erwerb im Weg der Ausschließung, durch öffentliche Zwangsversteigerung oder durch Ausübung von Erwerbsvorrechten. Nicht erfasst ist jedoch der Erwerb durch das Kaduzierungsverfahren, da die §§ 21 ff. GmbHG insoweit als leges speciales § 33 GmbHG vorgehen (*Lutter/Hommelhoff* GmbHG, § 33 Rn. 10; *Meyer-Landrut* § 33 Rn. 3). Gleichfalls nicht umfasst ist der **originäre Erwerb** eigener Anteile durch die Gesellschaft im Wege einer Kapitalerhöhung.

8 Dem Erwerbsverbot des Abs. 1 unterliegt auch **die Inpfandnahme** (§ 1273 BGB) eigener nicht voll eingezahlter Geschäftsanteile durch die Gesellschaft, jedoch nach wohl h. M. nur der rechtsgeschäftliche Erwerb eines Pfandrechts (*Lutter/Hommelhoff* GmbHG, § 33 Rn. 5 u. 29; Roth/*Altmeppen* § 33 Rn. 29; Scholz/*Westermann* GmbHG, § 33 Rn. 8; a.A. Ulmer/*Hohner/Panra* GmbHG, § 33 Rn. 12; Henssler/Strohn/*Fleischer* § 33 GmbHG Rn. 9, wonach sich das Verbot auch auf den Pfandrechtserwerb kraft Gesetzes sowie im Wege der Pfändung erstreckt). Auch die Begründung anderer Rechte als Pfandrechte am Geschäftsanteil zugunsten der Gesellschaft bleibt weiterhin möglich. Abs. 1 ist **enumerativ** und nicht analogiefähig (*Roth/Altmeppen* § 33 Rn. 36). Folglich sind bspw. die Bestellung eines Nießbrauchs und die Pfändung im Wege der Zwangsvollstreckung zulässig.

II. Rechtsfolge: Nichtigkeit

9 Der Erwerb bzw. die Inpfandnahme eines nicht voll eingezahlten Geschäftsanteils ist **nichtig** gem. § 134 BGB. Das gilt sowohl für das schuldrechtliche **Verpflichtungsgeschäft** als auch für das dingliche **Erfüllungsgeschäft**. Beim Erwerb bleibt der veräußernde Gesellschafter weiterhin Inhaber des Geschäftsanteils und haftet nach wie vor für die nicht voll erbrachte Stammeinlage. Indes ist der gezahlte Kaufpreis rechtsgrundlos erbracht und nach den Bestimmungen der §§ 812 ff. BGB mit dem Risiko der Entreicherung nach § 818 Abs. 3 BGB zurückzugewähren. Die Gesellschaft wird nicht Inhaberin des Geschäftsanteils und kann einen solchen lediglich im Rahmen eines Gutglaubenserwerbs gem. § 16 Abs. 3 GmbHG wirksam auf einen Dritten übertragen. Ferner kann eine solche Verfügung durch die Gesellschaft als Nichtberechtigte mit Zustimmung (auch konkludent) des wirklichen Anteilsinhabers wirksam werden, §§ 182 ff. BGB.

10 Eine **Heilung** des nichtigen Erwerbsvorganges ist nicht möglich, insbesondere nicht durch nachträgliche Volleinzahlung auf die Stammeinlage. In diesem Fall muss der Erwerb neu vorgenommen werden (Bork/Schäfer/*Thiessen* GmbHG, § 33 Rn. 19; Hachenburg/*Hohner* § 33 Rn. 28; *Lutter/Hommelhoff* GmbHG, § 33 Rn. 11; Scholz/*Westermann* § 33 Rn. 15).

III. Unzulässige Umgehungen

11 Aufgrund der Zielsetzung der Norm verbieten sich Umgehungsgestaltungen jeglicher Art (vgl. auch OLG Rostock vom 30.01.2013, Az. 1 U 75/11). Eine unzulässige Umgehungsgestaltung liegt bspw. vor, wenn im Fall der Veräußerung des Geschäftsanteils an die Gesellschaft die noch ausstehende Einlage mit dem Kaufpreis verrechnet werden soll. Da die Resteinlage bei Erwerb durch die Gesellschaft noch offen war, verstößt diese Fallgestaltung gegen Abs. 1. Ebenso besteht auch nicht die Möglichkeit, den Kaufvertrag aufschiebend bedingt zu schließen und mit dem Kaufpreis die noch geschuldete Einlageforderung gegen Übertragung des Geschäftsanteiles zu verrechnen (Baumbach/Hueck/*Fastrich* § 33 Rn. 8; *Lutter/Hommelhoff* GmbHG, § 33 Rn. 12, aber str. a.A. *Roth/Altmeppen* § 33 Rn. 10).

12 Eine unzulässige Umgehung liegt auch bei Erwerb des Geschäftsanteils **durch einen Dritten** im eigenen Namen aber **für Rechnung der Gesellschaft** vor (Hachenburg/*Hohner* § 33 Rn. 15; Scholz/*Westermann* § 33 Rn. 17). In diesem Fall ist der Dritte als vollmachtloser Vertreter zu behandeln, der den Geschäftsanteil auf eigene Rechnung erwirbt. Hierdurch erlischt die Einlageforderung nicht durch Konfusion, sondern besteht gegenüber Veräußerer und erwerbenden Dritten weiter, die gesamtschuldnerisch haften.

13 Hingegen liegt keine unzulässige Umgehung des Abs. 1 vor, wenn der Erwerb **gleichzeitig mit einer Herabsetzung des Stammkapitals** verbunden wird, die zu einem Erlass der noch ausstehenden Einlageverpflichtung führt. In diesem Fall gilt die Einlage als voll erbracht und der Geschäftsanteil kann durch die Gesellschaft erworben werden. Wegen der hohen Anforderungen, die gem. § 58 GmbHG mit der Herabsetzung des Stammkapitals (einschließlich des Sperrjahrs) verbunden sind, dürfte diese Möglichkeit jedoch kaum praktikabel sein (Baumbach/Hueck/*Fastrich* § 33 Rn. 7).

C. Erwerb oder Inpfandnahme eigener, voll eingezahlter Geschäftsanteile, Abs. 2

Abs. 2 will die **Erhaltung des Stammkapitals** sicherstellen und schränkt dementsprechend den Erwerb vollständig eingezahlter Geschäftsanteile ein. Danach ist der Gesellschaft der Erwerb vollständig eingezahlter Geschäftsanteile (ohne Höchstgrenze) unter der Voraussetzung gestattet, dass der für den Erwerb aufzubringende **Kaufpreis aus ungebundenem Vermögen** erfolgt. Das liegt vor, wenn es der Gesellschaft möglich ist, für den Anteil eine fiktive Rücklage zu bilden, die

(1) nicht zulasten des Stammkapitals geht, und

(2) keine nach dem Gesellschaftsvertrag zu bildende Rücklage mindert, die nicht zu Zahlungen an die Gesellschafter verwandt werden darf.

I. Gegenleistung aus ungebundenem Vermögen

Es versteht sich von selbst, dass diese Voraussetzungen immer dann erfüllt sind, wenn der Erwerb des Geschäftsanteils **unentgeltlich** erfolgt (bspw. durch Schenkung oder Verfügung von Todes wegen), mithin keine Gegenleistung zu erbringen ist, die zulasten des Stammkapitals oder der Rücklagen gehen könnte (Hachenburg/*Hohner* § 33 Rn. 40; *Roth/Altmeppen* § 33 Rn. 17). Beim **entgeltlichen Erwerb** kommt es hingegen darauf an, ob die Gesellschaft für den Erwerbspreis eine fiktive Rücklage bilden könnte, ohne das Stammkapital oder eine Rücklage zu mindern, die nicht zur Zahlung an die Gesellschafter verwandt werden darf. In der Praxis bedeutet dies, dass die Gesellschaft i. H. d. Gegenleistung über ungebundenes Vermögen verfügen muss, d. h. über **ausschüttungsfähige Rücklagen, Gewinnvortrag oder Jahresüberschuss** (Bork/Schäfer/*Thiessen* GmbHG, § 33 Rn. 27; Henssler/Strohn/*Fleischer* GesR, § 33 GmbHG Rn. 14). Ob die Gesellschaft insoweit über ausreichende Mittel verfügt, ist aus der fortgeschriebenen Ertragsbilanz nach §§ 42 GmbHG, 264 ff. HGB zu ermitteln (*Lutter/Hommelhoff* GmbHG, § 33 Rn. 15). Es gelten also die gleichen Grundsätze wie zu § 30 Abs. 1 GmbHG zur Feststellung des zur Erhaltung des Stammkapitals erforderlichen Vermögens (vgl. § 30 GmbHG Rdn. 52 ff.). Maßgebend ist der buch- und bilanzmäßige Ansatz der Aktiva abzüglich echter Schulden und Rückstellungen, sodass nicht aufgelöste stille Reserven bei Erwerb eigener Anteile grundsätzlich unberücksichtigt bleiben (BGH GmbHR 2000, 822; Hachenburg/*Hohner* § 33 Rn. 37; Ulmer/*Hohner/Paura* § 33 Rn. 47).

Nach § 33 Abs. 2 Satz 1 muss die Gesellschaft im Zeitpunkt des Erwerbs eine fiktive Rücklage aus ungebundenem Gesellschaftsvermögen bilden können. **Zu welchem konkreten Zeitpunkt** jedoch ausreichend freies Gesellschaftsvermögen zum Erwerb eigener Geschäftsanteile vorhanden sein muss, ist jedoch nach wie vor streitig. Diese Frage hat insbesondere dann Auswirkungen, wenn sich erst nach Abschluss des schuldrechtlichen Vertrages zeigt, dass die Gesellschaft nicht in der Lage ist, den Kaufpreis zu erbringen ohne das Stammkapital anzutasten oder gebundene Rücklagen zu mindern (etwa durch unerwartete Vermögensverschlechterung der GmbH). Der BGH (BGH vom 29.06.1998, II ZR 353/97, BGHZ 139, 132 [136]) und ein Teil der Literatur (vgl. *Kort*, in: MünchHdb. d. GesR, § 27 GmbHG Rn. 17; *Löwisch*, in: MüKo-GmbHG, § 33 Rn. 43; Priester GmbHR 2013, 1121 ff.) stellen insofern wegen der Parallele zu § 30 GmbHG auf den **Zeitpunkt des Erfüllungsgeschäftes** oder der Kaufpreisfälligkeit ab, wobei der BGH ausdrücklich offen ließ, ob kumulativ auch auf den Zeitpunkt des Verpflichtungsgeschäftes abzustellen ist. Daneben wird vertreten, dass es für das Vorliegen ausreichend freien Vermögens zum Erwerb eigener Anteile auf beide Zeitpunkte ankommen müsse (*Roth/Altmeppen* § 33 Rn. 16). Nach Ansicht des OLG Rostock (OLG Rostock vom 30.01.2013, Az. 1 U 75/11) ist der Zeitpunkt des Abschlusses des schuldrechtlichen Verpflichtungsgeschäftes maßgebend (ebenso *Bloching/Kettinger*, BB 2006, 172 ff.; Scholz/*Westermann* GmbHG, § 33 Rn. 26), da der Gesetzeswortlaut des § 33 Abs. 2 Satz 3 Halbs. 2 GmbHG insoweit eindeutig sei. Insbesondere bei Ratenzahlungen, führe dies zu eindeutigen und rechtssicheren Ergebnissen. In diesem Fall komm es weder auf den Zeitpunkt der Zahlung der letzten Rate an noch ist auf jeden einzelnen Fälligkeitstermin abzustellen.

II. Darstellung in der Bilanz

18 Durch das BilMog wurde die Darstellung eigener Anteile in der Bilanz grundlegend geändert. Während nach früherer Rechtslage die eigenen Geschäftsanteile einer GmbH grundsätzlich auf der Aktivseite der Bilanz und die besondere Rücklage hierfür aus freien Mitteln der Gesellschaft auf der Passivseite anzusetzen waren, ist nunmehr gem. § 272 Abs. 1a HGB n. F. – internationalem Brauch folgend – der Nennbetrag der erworbenen eigenen Geschäftsanteile offen vom Posten »Gezeichnetes Kapital« abzusetzen. Der Unterschiedsbetrag zwischen dem Nennbetrag und den Anschaffungskosten ist mit den frei verfügbaren Rücklagen zu verrechnen. Zur Begründung führt der Gesetzgeber an, dass der Erwerb eigener Anteile wirtschaftlich als Auskehrung freier Rücklagen zu begreifen sei, während spiegelbildlich jeder Wiederverkauf wirtschaftliche eine Kapitalerhöhung darstelle.

III. Inpfandnahme

19 Die Inpfandnahme voll eingezahlter Geschäftsanteile durch die Gesellschaft ist nur zulässig, wenn die gesicherten Forderungen oder die niedrigeren Verkehrswerte der verpfändeten Geschäftsanteile **durch freies Vermögen gedeckt** sind, S. 2. Sofern die Höhe der gesicherten Forderung das freie Vermögen der Gesellschaft übersteigt, wird als geltungserhaltende Reduktion teilweise angenommen, dass die Inpfandnahme dann zumindest für den Teilbetrag wirksam ist, für den das freie Vermögen der Gesellschaft reicht (Bork/Schäfer/*Thiessen* § 33 Rn. 68; *Meyer-Landrut* § 33 Rn. 8; Scholz/*Westermann* GmbHG, § 33 Rn. 25; R/S-L/*Rowedder* § 33 Rn. 31). Ebenso wie bei Abs. 1 betrifft auch das Verbot der Inpfandnahme nicht voll eingezahlter Geschäftsanteile nur die rechtsgeschäftliche Inpfandnahme (aber str. vgl. Rdn. 8).

IV. Rechtsfolgen bei zulässigem Anteilserwerb

20 Beim zulässigen Erwerb eines eigenen Geschäftsanteils durch die Gesellschaft **besteht der Anteil fort**. Der Geschäftsanteil kann von der Gesellschaft jederzeit **weiterveräußert** werden, wobei der erzielte Verkaufserlös in das Vermögen der Gesellschaft fließt.

21 Solange die Gesellschaft allerdings den Geschäftsanteil selbst hält, **ruhen** die damit verbundenen vermögensrechtlichen und nichtvermögensrechtlichen **Mitgliedschaftsrechte und -pflichten** (BGH, Beschl. v. 30.01.1995 – II ZR 45/94; GmbHR 1995, 291). Die GmbH hat also selbst insbesondere kein Recht auf Gewinnbezug aus eigenen Anteilen. Den weiteren Gesellschaftern bleibt es daher unbenommen, über den auf den eigenen Anteil der Gesellschaft rechnerisch entfallenden Gewinn zu beschließen. Sie können bspw. den verbleibenden Gewinnanteil auf sich verteilen oder die Bildung einer freien Rücklage anordnen. Ebenso wie kein Gewinnbezugsrecht besteht, ist die Gesellschaft auch nicht zum Nachschuss aus eigenen Geschäftsanteilen verpflichtet und nicht zur Teilnahme an einer Kapitalerhöhung berechtigt. Für den eigenen Anteil darf die Gesellschaft insbesondere auch nicht das Stimmrecht ausüben. Würde das Stimmrecht nicht ruhen, wären die Geschäftsführer der Gesellschaft in der Lage, sich auf Gesellschafterebene an der Willensbildung der GmbH zu beteiligen. Dieser Machtzuwachs der Verwaltung gegenüber den übrigen Gesellschaftern der GmbH, der desto größer ausfiele je höher die Beteiligung der GmbH mit eigenen Anteilen ist, ist nicht systemkonform und unerwünscht.

22 Sofern die Gesellschaft ihren eigenen Anteil rechtswirksam an einen Dritten weiterveräußert, leben die damit verbundenen vermögensrechtlichen und nichtvermögensrechtlichen Mitgliedschaftsrechte und -pflichten wieder auf und können vom Erwerber ex nunc ausgeübt werden.

V. Rechtsfolgen bei unzulässigen Anteilserwerb

23 Anders als bei Abs. 1 (s. Rdn. 9) hat ein Verstoß gegen Abs. 2 nur **Nichtigkeit** des zugrunde liegenden **Verpflichtungsgeschäftes** zur Folge, lässt jedoch das dingliche Geschäft unberührt. Wegen der Nichtigkeit des dinglichen Geschäftes steht der Gesellschaft ein Leistungsverweigerungsrecht zu. Zahlt sie dennoch den geforderten Kaufpreis erfolgt eine Rückabwicklung des Vertrages ent-

sprechend den Bestimmungen der §§ 812 ff. BGB. Danach ist der gezahlte Kaufpreises Zug um Zug gegen Rückabtretung des verbotswidrig übertragenen Geschäftsanteils zurückzugewähren. Für den unzulässigen Anteilserwerb kommt eine **Haftung des Geschäftsführers** aus § 43 GmbHG in Betracht. In der Regel trifft ihn ein Verschulden, da er die bilanziellen Verhältnisse der Gesellschaft – unter Umständen durch Aufstellung einer Zwischenbilanz – bei Abschluss des schuldrechtlichen Vertrags prüfen muss (*Bloching/Kettinger* BB 2006, 172; MünchHdb GesR III/*Kort* § 27 Rn. 25; Scholz/*Westermann* GmbHG, § 33 Rn. 31). Ein gutgläubiger Erwerb des Geschäftsanteils bei Weiterveräußerung an einen Dritten bleibt unter den Voraussetzungen des § 16 Abs. 3 GmbHG möglich.

VI. Sonderproblem: Erwerb sämtlicher Geschäftsanteile (Kein-Mann-GmbH)

Kontrovers diskutiert wird die Frage, ob die Gesellschaft durch Erwerb des **letzten noch ausstehenden Geschäftsanteils** zu einer sog. Kein-Mann-GmbH werden kann. Bei diesem Rechtskonstrukt hält die Gesellschaft alle Geschäftsanteile an sich selbst und bildet damit eine GmbH ohne Gesellschafter. Weil die mitgliedschaftlichen Rechte und Pflichten solange ruhen, wie der Geschäftsanteil von der Gesellschaft selbst gehalten wird (vgl. Rdn. 20), ist die Kein-Mann-GmbH zur Willensbildung auf Gesellschafterebene unfähig. Konsequenterweise lehnt die h. M. (*Baumbach/Hueck* § 33 Rn. 19; Bork/Schäfer/*Thiessen* Rn. 106; Henssler/Strohn/*Fleischer* § 33 GmbHG Rn. 24; Lutter/Hommelhoff/*Kleindiek* § 60 Rn. 24; *Steding* NZG 2003, 60 jeweils m. w. N.) die Zulässigkeit der Kein-Mann-Gesellschaft unter Berufung darauf ab, dass in diesem Fall kein funktionsfähiges Willensbildungsorgan (Gesellschafterversammlung) mehr vorhanden ist. Es besteht auch kein praktisches Bedürfnis für die Kein-Mann-GmbH. Teilweise wird die Kein-Mann-GmbH allenfalls als **kurzzeitige Interimslösung** für zulässig erachtet (Scholz/*Westermann* GmbHG, § 33 Rn. 44), wobei die Rechte der Gesellschafter von einem Pfleger oder einen analog zum Notgeschäftsführer bestellten »Notgesellschafter« gewahrt werden sollen. Auch böte sich so bei einem kurzfristigen Zwischenerwerb durch die Gesellschaft die Möglichkeit, den gesellschafterlosen Zustand bspw. durch Veräußerung eines Geschäftsanteils zu beenden.

24

D. Erwerb im Rahmen von Umwandlungsvorgängen, Abs. 3

Abs. 3 betrifft ausschließlich den **entgeltlichen Erwerb eigener Geschäftsanteile** durch die Gesellschaft in den Fällen der Fusion durch Aufnahme oder Neugründung (§§ 29 Abs. 1, 36 Abs. 1 UmwG), der grenzüberschreitenden Fusion (§§ 122a ff. UmwG), der Auf- oder Abspaltung (§ 125 i. V. m. § 29 Abs. 1 UmwG) und der formwechselnden Umwandlung (§ 207 UmwG).

25

Zur Erleichterung dieser Strukturveränderungen ist der Gesellschaft der Erwerb eigener nicht vollständig eingezahlter Anteile entgegen Abs. 1 möglich, wenn
(1) die vorbezeichnete Strukturveränderungen zur Abfindung von Gesellschaftern erfolgt,
(2) der Erwerb binnen einer **Ausschlussfrist von 6 Monaten** nach Wirksamwerden der Umwandlung oder nach Rechtskraft der gerichtlichen Entscheidung vorgenommen wird, und
(3) die Gesellschaft aus dem ihr zur Verfügung stehenden freien Vermögen eine fiktive Rücklage für den Kaufpreis bilden könnte.

26

Unter diesen Voraussetzungen tritt das Erwerbsverbot des Abs. 1 hinter Abs. 3 zurück (MünchHdb GesR III/*Kort* § 27 Rn. 33). Streitig ist dann jedoch, wie der **Anspruch auf die ausstehende Differenzeinlage** zu behandeln ist. Nach h.A. erlischt der Anspruch durch Konfusion endgültig, also auch für den Fall späterer Weiterveräußerung (*Baumbach/Hueck* § 33 Rn. 16; MünchHdb GesR III/*Kort* § 27 Rn. 33; Scholz/*Westermann* GmbHG, § 33 Rn. 45). Nach a. A. (*Roth/Altmeppen* § 33 Rn. 51; R/S-L/*Rowedder* § 33 Rn. 38) soll die Einlageverpflichtung des ausscheidenden Gesellschafters nicht durch Konfusion erlöschen. Zur Sicherung der Kapitalaufbringung sollen der ausgeschiedene Gesellschafter, die Mitgesellschafter und der etwaige spätere Erwerber für die Einlageforderung verhaftet bleiben. Zum Schutz des Stammkapitals ist der zuletzt genannten Auffassung der Vorzug zu geben.

27 Für die Abfindung von Gesellschaftern, die der Umwandlung widersprochen haben, muss allerdings weiterhin die Bildung einer fiktiven Rücklage mit Mitteln aus ungebundenem Gesellschaftsvermögen entsprechend Abs. 2 möglich sein. Ist die Gesellschaft hierzu **wirtschaftlich nicht in der Lage** weil sie nicht über ausreichend freies Vermögen verfügt, kann sie die geplante Umwandlungsmaßnahme nicht durchführen (*Baumbach/Hueck* § 33 Rn. 15 f.; Scholz/*Westermann* GmbHG, § 33 Rn. 45).

E. Gegenseitige Beteiligungen im Konzern

28 Es liegt unmittelbar auf der Hand, dass wechselseitige Beteiligungen in Konzernrechtsverhältnissen als mittelbare Selbstbeteiligungen einen ähnlichen Effekt in Bezug auf die Gefährdung des Stammkapitals haben können wie der Erwerb eigener Geschäftsanteile durch die GmbH. Daher ist heute allgemein anerkannt, dass die Grundsätze des § 33 GmbHG auch dann **analoge Anwendung** finden, wenn eine Untergesellschaft Anteile an der Obergesellschaft erwerben will (*Baumbach/Hueck* § 33 Rn. 21; Henssler/Strohn/*Fleischer* § 33 GmbHG Rn. 11; *Lutter/Hommelhoff* GmbHG, § 33 Rn. 40 ff.) – sog. **Verbot mittelbarer Selbstbeteiligung**. Neben Gründen des Kapitalschutzes, wonach insbesondere vermieden werden soll, dass mit einem nur einmal vorhandenen Stammkapital mehrere Gesellschaften betrieben werden, indem die Untergesellschaft als Einlage eine Beteiligung an ihrer Obergesellschaft hält (Bork/Schäfer/*Thiessen* § 33 Rn. 91) spricht gegen die wechselseitige Beteiligungen auch die Befürchtung, dass die Geschäftsführung der Untergesellschaft in der Gesellschafterversammlung der Obergesellschaft ihre Rechte aus dem Anteil nicht weisungsfrei ausüben kann. Daher ist der umgekehrte Fall, wonach die Muttergesellschaft Geschäftsanteile an ihrer Tochtergesellschaft erwerben will, evidenterweise kein Fall des § 33 GmbHG und einschränkungslos möglich (*Roth/Altmeppen* § 33 Rn. 40; Scholz/*Westermann* GmbHG, § 33 Rn. 13).

29 Die Einzelheiten der analogen Anwendung bei Anteilserwerb durch Tochtergesellschaften sind indes noch **umstritten**. Einigkeit besteht darin, dass nicht jede Form der mittelbaren Selbstbeteiligung den Bestimmungen des § 33 GmbHG unterfällt, sondern nur solche, bei denen die Untergesellschaft, die Anteile an ihrer Obergesellschaft erwerben will, ihrerseits von der Obergesellschaft beherrscht wird (Hachenburg/*Hohner* § 33 Rn. 80; R/S-L/*Rowedder* § 33 Rn. 34) oder zumindest in einer bestimmten qualifizierten Beteiligungshöhe gehalten wird (eine Beteiligungshöhe i. H. v. 25 % für ausreichend halten *Lutter/Hommelhoff* GmbHG, § 33 Rn. 41) bzw. ein sonstiges Abhängigkeitsverhältnis besteht. Findet § 33 GmbHG insoweit analoge Anwendung, darf die abhängige GmbH nur solche Anteile der herrschenden Obergesellschaft erwerben, die **voll eingezahlt** sind und für die sie aus dem ihr zur Verfügung stehenden freien Vermögen eine fiktive Rücklage bilden könnte. Daneben ist streitig, ob – in entsprechender Anwendung von § 328 AktG – die beherrschte Gesellschaft Geschäftsanteile an ihrer herrschenden Obergesellschaft nur in einer **bestimmten Höhe** halten darf. Dies befürwortet eine Meinung und beschränkt die Grenze auf 25 % des Stammkapitals (Scholz/*Westermann* GmbHG, § 33 Rn. 22; *Lutter/Hommelhoff* GmbHG, § 33 Rn. 41), und geht damit über den im Aktienrecht bestehenden Prozentsatz i. H. v. 10 % hinaus (vgl. §§ 71, 71c Abs. 2 und 71d AktG).

30 Handelt es sich bei der herrschenden Muttergesellschaft um eine Aktiengesellschaft, an der die beherrschte Tochter-GmbH Aktien erwerben will, gelten die Bestimmungen der §§ 71 ff. AktG.

§ 34 Einziehung von Geschäftsanteilen

(1) Die Einziehung (Amortisation) von Geschäftsanteilen darf nur erfolgen, soweit sie im Gesellschaftsvertrag zugelassen ist.

(2) Ohne die Zustimmung des Anteilsberechtigten findet die Einziehung nur statt, wenn die Voraussetzungen derselben vor dem Zeitpunkt, in welchem der Berechtigte den Geschäftsanteil erworben hat, im Gesellschaftsvertrag festgesetzt waren.

(3) Die Bestimmung in § 30 Abs. 1 bleibt unberührt.

Übersicht

		Rdn.			Rdn.
A.	Allgemeines	1	V.	Rechtsfolgen	26
B.	**Voraussetzungen der freiwilligen Einziehung**	4	D.	**Einziehungsverfahren**	27
I.	Regelung im Gesellschaftsvertrag	5	I.	Gesellschafterbeschluss	28
II.	Zustimmung des Betroffenen	7	II.	Bekanntgabe	32
III.	Kein Verstoß gegen Kapitalschutzvorschriften	9	III.	Rechtsstellung des Gesellschafters während der Einziehung	33
IV.	Rechtsfolgen	13	E.	**Wirkung der Einziehung**	34
C.	**Voraussetzungen der Zwangseinziehung, Abs. 2**	14	F.	**Sonderfälle**	37
			I.	Einziehung eines Teil-Geschäftsanteils	37
I.	Regelung im Gesellschaftsvertrag	15	II.	Einziehung eigener Geschäftsanteile	38
II.	Vorliegen eines Einziehungsgrundes	16	G.	**Exkurs: Abgrenzung zu Ausschluss und Austritt**	40
III.	Zahlung einer Einziehungsabfindung	19			
	1. Verkehrswert	20	I.	Ausschluss	42
	2. Gesellschaftsvertragliche Abfindungsbeschränkungen	22		1. Voraussetzungen	42
				2. Verfahren	46
	3. Ausscheiden bei Streit über die Höhe der Abfindung	24	II.	Austritt	49
				1. Voraussetzungen	49
IV.	Kein Verstoß gegen Kapitalschutzvorschriften	25		2. Verfahren	54

A. Allgemeines

§ 34 GmbHG blieb durch das am 01.11.2008 in Kraft getretene »Gesetz zur Modernisierung des GmbH-Rechts und zur Bekämpfung von Missbräuchen« (MoMiG) unverändert und ermöglicht die **Einziehung von Geschäftsanteilen** der GmbH (früher auch **Amortisation** genannt). Die Bestimmung ist simpel formuliert, erweist sich jedoch in der Praxis oftmals als schwierig (so auch *Fromm* GmbHR 2005, 1478). Die Bestimmung des § 34 GmbHG enthält große Lücken und beinhaltet lediglich einige **formelle Voraussetzungen** der Einziehung, ohne allerdings die Art und Weise der Durchführung sowie die Wirkung der Einziehung erschöpfend zu regeln. Die Einziehung von Geschäftsanteilen ist vom gesetzlich nicht geregelten Ausschluss und Austritt eines Gesellschafters zu unterscheiden (s. nachfolgend Rdn. 40), bei denen der Geschäftsanteil nicht vernichtet wird, sondern bestehen bleibt. 1

Die Einziehung regelt das **Ausscheiden eines Gesellschafters** aus der fortgesetzten Gesellschaft und ohne das Stammkapital herabzusetzen. Sie betrifft mithin einen wichtigen Problemkreis der GmbH. § 34 GmbHG regelt zwei Arten der Einziehung, die in der Praxis kaum relevante **freiwillige Einziehung** mit Zustimmung des betroffenen Gesellschafters (Abs. 1) und die häufiger stattfindende sog. **Zwangseinziehung** (Abs. 2) ohne Zustimmung des betroffenen Gesellschafters. Da der Gesellschafter bei der Zwangseinziehung gegen seinen Willen aus der Gesellschaft ausgeschlossen wird, führt diese regelmäßig zu Streit führt. Die Motive einer Zwangseinziehung können ganz unterschiedlich sein: So kann die zwangsweise Einziehung dem Schutz der anderen Gesellschafter vor dem Eintreten unerwünschter Personen in die GmbH dienen, was bspw. bei der Einziehung wegen drohender Verwertung des Geschäftsanteils durch Gläubiger des Gesellschafters sowie bei Ausschluss von Vererbung oder Schenkung im Gesellschaftsvertrag der Fall ist. Daneben ist die Zwangseinziehung in der Praxis oft ultima ratio, um sich von einem unerwünschten Gesellschafter zu trennen. 2

Durch die Einziehung wird der Geschäftsanteil des ausscheidenden Gesellschafters vernichtet (amortisiert) und die damit verbundenen mitgliedschaftsrechtlichen Rechte und Pflichten gehen unter. Das Stammkapital bleibt unverändert erhalten, was zu einer hinzunehmenden Diskrepanz zwischen der Summe des Stammkapitals und der Summe der Nennbeträge der verbliebenen Geschäftsanteile führt. Eine Erhöhung der Nennbeträge der Geschäftsanteile der verbleibenden Gesellschafter wird nach h.A. nicht verlangt (vgl. Rdn. 36). Nach Abs. 3 ist die Kapitalerhaltungsvorschrift des § 30 Abs. 1 GmbHG zu beachten. 3

B. Voraussetzungen der freiwilligen Einziehung

4 Die freiwillige Einziehung hat mehrere **zwingende Voraussetzungen**.

I. Regelung im Gesellschaftsvertrag

5 Eine erste Voraussetzung ist, dass der Gesellschaftsvertrag an sich die **Einziehung zulässt**. Ohne entsprechende Regelung im Gesellschaftsvertrag ist die Einziehung selbst mit Zustimmung des betroffenen Gesellschafters unzulässig. Indes genügt eine allgemein gehaltene Regelung im Gesellschaftsvertrag (etwa: »Die Einziehung von Geschäftsanteilen ist zulässig«), nähere Einzelheiten müssen nicht vorgesehen werden (allg. M., vgl. Baumbach/Hueck/*Hueck* GmbHG, § 34 Rn. 15; Scholz/*Westermann* GmbHG, § 34 Rn. 7). Ausreichend ist nach ganz h. M. auch, wenn dem Gesellschaftsvertrag **durch Auslegung** entnommen werden kann, dass eine freiwillige Einziehung möglich sein soll, bspw. wenn von Kündigung oder Rücktritt gesprochen wird (vgl. R/S-L/*Rowedder* § 34 Rn. 6; Scholz/*Westermann* GmbHG, § 34 Rn. 7).

6 Sofern die freiwillige Einziehung im Gesellschaftsvertrag nicht vorgesehen ist, kann sie noch **nachträglich** durch (notariell beurkundete, vgl. § 53 Abs. 2 GmbHG) **Änderung des Gesellschaftsvertrages** ermöglicht werden. Hierfür ist nach § 53 Abs. 3 GmbHG die Zustimmung aller Gesellschafter erforderlich, da auch die verbleibenden Gesellschafter durch höhere Belastungen oder Verschiebungen der Stimmverhältnisse betroffen sein können (so auch die wohl h. M., vgl. Lutter/*Hommelhoff* GmbHG, § 34 Rn. 19; R/S-L/*Rowedder* § 34 Rn. 10 und Rechtsprechung, BGHZ 9, 160). Die Gegenansicht (Bork/Schäfer/*Thiessen* § 34 Rn. 8; *Roth/Altmeppen* § 34 Rn. 9; Baumbach/*Hueck* § 34 Rn. 5; Meyer-Landrut § 34 Rn. 3; Scholz/*Westermann* GmbHG, § 34 Rn. 10) hält im Fall der nachträglichen Zulassung der freiwilligen Einziehung eine 3/4-Mehrheit für ausreichend, da der Gesellschafter, der seinen Geschäftsanteil vor entsprechender Änderung des Gesellschaftsvertrages erworben hat, aufgrund des Zustimmungserfordernisses des Abs. 2 ausreichend geschützt sei und mit der nachträglichen Zulassung der Einziehung für die Gesellschafter keine zusätzlichen Pflichten begründet werden.

II. Zustimmung des Betroffenen

7 Ferner ist die Zustimmung des betroffenen Gesellschafters notwendig. Die Zustimmungserklärung ist eine **formlose empfangsbedürftige Willenserklärung**, die gegenüber der Gesellschaft abzugeben ist. Die Zustimmung kann auch **konkludent** erklärt werden. Sie kann auch dadurch zum Ausdruck gebracht werden, dass der betroffene Gesellschafter dem Beschluss in der Gesellschafterversammlung zustimmt (Michalski/*Sosnitza* § 34 Rn. 14).

8 Ist der Geschäftsanteil durch bestehende Pfandrechte oder durch Nießbrauch mit **Rechten Dritter belastet**, so müssen diese der Einziehung des Geschäftsanteils zustimmen. Eine nicht eingeholte Zustimmung schadet nur, wenn die Mitberechtigten der Gesellschaft bekannt waren (§ 407 BGB), andernfalls können sich ihre Rechte durch dingliche Surrogation an der Abfindung fortsetzen.

III. Kein Verstoß gegen Kapitalschutzvorschriften

9 Weitere zwingende Voraussetzung für die Einziehung eines Geschäftsanteils ist, dass die **Stammeinlage** auf den einzuziehenden Geschäftsanteil **voll erbracht** ist. Dies ergibt sich aus dem Verbot des Erlasses der Einlageforderung des § 19 Abs. 2 GmbHG, weil anderenfalls mit der Einziehung der Einzahlungsanspruch erlöschen würde, was eine verbotene Befreiung von der Verpflichtung zur Leistung der Stammeinlage darstellen würde.

10 § 34 trifft keine Aussage darüber, ob die Gesellschaft bei der Einziehung dem betroffenen Gesellschafter eine Abfindung zu bezahlen hat. Wird aber eine Abfindung gezahlt, so stellt Abs. 3 mit dem Verweis auf § 30 Abs. 1 GmbHG klar, dass eine Abfindung zwingend aus freiem, **nicht im Stammkapital gebundenen Vermögen** zu leisten ist. Die Verweisung dient dem Grundsatz der

Kapitalerhaltung. Dementsprechend findet diese Voraussetzung keine Anwendung, wenn die Einziehung unentgeltlich erfolgt.

Bei der **entgeltlichen** Abfindung ist zur Beurteilung der Frage, ob die Gesellschaft über ausreichend freies Vermögen verfügt, die nach ordnungsgemäßen Grundsätzen aufgestellte letzte fortgeschriebene Jahresbilanz der Gesellschaft maßgebend. Ist nach dieser fraglich, ob genügend freies Vermögen vorhanden ist, ist gegebenenfalls eine Stichtagsbilanz auf den Tag aufzustellen, in dem die Abfindung für den eingezogenen Geschäftsanteil fällig ist. 11

Sofern ein nicht voll eingezahlter Geschäftsanteil eingezogen werden soll oder die Zahlung des Einziehungsentgelts zu einer Unterbilanz führen würde, kann die Einziehung nur nach einer **vorherigen Herabsetzung des Stammkapitals** vorgenommen werden. Die Kapitalherabsetzung hat den Anforderungen des § 58 GmbHG zu entsprechen. Die Einziehung darf aber erst dann erfolgen, wenn die Kapitalherabsetzung vollständig durchgeführt und in das Handelsregister eingetragen worden ist (R/S-L/*Rowedder* § 34 Rn. 15; Michalski/*Sosnitza* § 34 Rn. 18 f.). 12

IV. Rechtsfolgen

Zu den Rechtsfolgen der wirksamen Einziehung vgl. Rdn. 34 ff. Bei nicht ordnungsgemäßer Einziehung ist zwischen Mängeln des Einziehungsbeschlusses und übrigen Mängeln zu unterscheiden: Mängel des Einziehungsbeschlusses sind je nach Art des Mangels anfechtbar (bspw. bei Fehlen der notwendigen Grundlage im Gesellschaftsvertrag) oder nichtig (insbesondere Verstöße gegen die Kapitalschutzvorschriften analog § 241 Nr. 3 AktG) (Michalski/*Sosnitza* § 34 Rn. 27). Liegen sonstige Mängel der Einziehung vor, so führen diese zur Unwirksamkeit der Einziehung, die durch Feststellungsklage geltend gemacht werden kann. 13

C. Voraussetzungen der Zwangseinziehung, Abs. 2

Für die Einziehung von Geschäftsanteilen gegen den Willen des Betroffenen bestehen zum Schutz dieses Gesellschafters erhöhte Anforderungen aus § 34 Abs. 2. 14

I. Regelung im Gesellschaftsvertrag

Zunächst ist die zwangsweise Einziehung nur zulässig, wenn sie bei Gründung oder bei Eintritt des betroffenen Gesellschafters in die Gesellschaft in ihren Voraussetzungen **im Gesellschaftsvertrag geregelt** war. Eine nachträgliche Zulassung der Zwangseinziehung ist zulässig, bedarf indes in jedem Fall der Zustimmung aller Gesellschafter (§ 53 Abs. 3 GmbHG). Nur dann ist der Betroffene gegenüber einer späteren Zulassung der Zwangseinziehung im Gesellschaftsvertrag hinreichend geschützt. 15

II. Vorliegen eines Einziehungsgrundes

Die **Gründe** der Zwangseinziehung müssen im Gesellschaftsvertrag **präzise festgelegt** werden. Aus Gründen des Vertrauensschutzes sind sie so genau wie möglich zu formulieren, damit einerseits jedem Gesellschafter die mit der Einziehung formulierten Risiken deutlich werden als auch andererseits eine Möglichkeit zur gerichtlichen Überprüfung der Bestimmung gewährleistet ist. Allerdings reicht eine Generalklausel wie »Vorliegen eines wichtigen Grundes in der Person des Gesellschafters« aus, da derartige Umschreibungen üblich und gerichtlich nachprüfbar sind (*Sosnitza* Rn. 37). 16

Als Gründe, die zur Einziehung berechtigen, finden sich **in der Praxis** häufig: die Pfändung in einen Geschäftsanteil oder die Eröffnung des Insolvenzverfahrens über das Vermögen eines Gesellschafters (vgl. auch OLG Düsseldorf vom 21.06.2007 – I-9 U 7/07, DB 2007, 2308, wonach die Einziehung nicht mehr auf die Eröffnung des Insolvenzverfahrens gestützt werden kann, wenn diese bereits 4 Jahre zuvor erfolgte), um zu vermeiden, dass der Insolvenzverwalter oder Pfandgläubiger in den Gesellschafterkreis gelangt. Ferner die Abberufung als Geschäftsführer oder Beendigung der Mitarbeit in der Gesellschaft (BGH vom 19.09.2005 – II ZR 335, 97, BGHZ 164, 107 – sog. 17

Manager- oder Mitarbeitermodelle) und der Verstoß gegen ein Wettbewerbsverbot, für den nicht geschäftsführenden Gesellschafter allerdings nur, wenn ein entsprechendes Wettbewerbsverbot im Gesellschaftsvertrag verankert wurde. Mögliche Einziehungsgründe sind auch die Vererbung des Anteils an familienfremde Personen bei einer Familiengesellschaft sowie das Nichtmitwirken an der Finanzierung der Gesellschaft durch einen Gesellschafter. Schließlich ist die Einziehung eines Geschäftsanteils wegen eines tief greifenden Zerwürfnisses der Gesellschafter zulässig, wenn das Zerwürfnis von dem betroffenen Gesellschafter überwiegend verursacht worden ist und in der Person der Mitgesellschafter keine Umstände vorliegen, die deren Ausschließung oder die Auflösung der GmbH rechtfertigen (BGH vom 24.09.2013 – II ZR 216/11, GmbHR 2013, 1315 [1316] m.w.N.: *Böttcher* NZG 2014, 177 ff.).

18 Indes besteht nach gefestigter Rechtsprechung Einigkeit, dass die zwangsweise Einziehung eines Geschäftsanteiles in jedem Fall eines **sachlichen Grundes** bedarf. Eine sog. **Hinauskündigungsklausel**, wonach die Einziehung des Geschäftsanteiles im freien Ermessen der Mehrheitsgesellschafter steht, verstößt gegen § 138 Abs. 1 BGB und ist nichtig (BGH vom 13.04.1992 – II ZR 277/90, BGHZ 112, 103, 108; vom 19.09.1988 – II ZR 329/87, BGHZ 105, 213, 216 f.; vom 13.07.1981 – II ZR 56/80, BGHZ 81, 263, 268; OLG Düsseldorf vom 21.06.2007 – I-9 U 7/07, DB 2007, S. 2308). Ausschlaggebend ist hierfür, dass nach einer derartigen Vereinbarung Gesellschafter aus sachfremden Gründen ausgeschlossen werden können und damit einer Willkürherrschaft in der Gesellschaft insgesamt Vorschub geleistet werden kann. Ferner steht zu befürchten, dass ein von der jederzeitigen Ausschlussmöglichkeit bedrohter Gesellschafter von seinen Gesellschafterrechten keinen oder nur eingeschränkten Gebrauch macht bzw. die ihm obliegenden Pflichten nicht ordnungsgemäß erfüllt, sondern sich stattdessen den Wünschen der Mehrheitsgesellschafter beugt (BGH vom 13.04.1992 – II ZR 277/90, BGHZ 112, 103, 107 m.w.N.; Hachenburg/*Ulmer* § 34 Rn. 43; *Baumbach/Hueck* § 34 Rn. 8; *Lutter/Hommelhoff* GmbHG, § 34 Rn. 18). In seinen Urteilen vom 19.09.2005 hat der BGH entschieden, dass **Manager- und Mitarbeiter-Beteiligungsmodelle**, die diesem Personenkreis nur für die Dauer der Beschäftigung bei der Gesellschaft einen Geschäftsanteil einräumen, keine freie gegen § 138 BGB verstoßende Hinauskündigung darstellen (BGH vom 19.09.2005 – II ZR 342/03; BGHZ 164, 107; vom 19.09.2005 – II ZR 173/04, BGHZ 164, 117).

III. Zahlung einer Einziehungsabfindung

19 Dem wirksam durch Einziehung ausgeschlossenen Gesellschafter steht für den Anteilsverlust regelmäßig eine Einziehungsabfindung zu. Diese ist von der Gesellschaft geschuldet. In der Praxis wird über die **Höhe** der Abfindung regelmäßig gestritten.

1. Verkehrswert

20 Grundsätzlich hat der aus einer Gesellschaft ausscheidende Gesellschafter – soweit nicht gesellschaftsvertraglich etwas anderes bestimmt ist – Anspruch auf Abfindung zum vollen wirtschaftlichen Wert (**Verkehrswert**) **seines Anteils** (BGH vom 16.12.1991 – II ZR 58/91, BGHZ 116, 359, 369 f.; *Scholz* Rn. 22; *Lutter/Hommelhoff* GmbHG, § 34 Rn. 42). Der Verkehrswert ist der Betrag, den ein Dritter im Zeitpunkt der Einziehungsbeschlussfassung bei einer möglichst vorteilhaften Verwertung für den Erwerb des Geschäftsanteils zu zahlen bereit wäre. In der Praxis besteht bei der Festlegung des Verkehrswertes erhebliches Konfliktpotenzial, insbesondere im Fall von Minderheitsbeteiligung, für die sich auf dem freien Markt keine hohen Kaufpreise erzielen lassen.

21 In der Regel fordert die Wertermittlung die Einholung eines **Sachverständigengutachtens**. Dabei wird für die Unternehmensbewertung regelmäßig die **Ertragswertmethode** angewendet, wonach aus den in der Vergangenheit tatsächlich erzielten Erträgen auf die künftig erzielbaren Erträge geschlossen wird. Diese werden dann kapitalisiert (Michalski/*Sosnitza* § 34 Rn. 45). Die Substanzwertmethode stellt demgegenüber darauf ab, welche Aufwendungen nötig wären, um ein gleiches Unternehmen zu errichten. Dazu werden die Werte der einzelnen Wirtschaftsgüter summiert (Michalski/*Sosnitza* § 34 Rn. 45).

2. Gesellschaftsvertragliche Abfindungsbeschränkungen

Regelmäßig ist im Gesellschaftsvertrag vorgesehen, dass bei Einziehung eine unter dem Verkehrswert liegende Abfindungen zu zahlen ist. In der Praxis führen diese Abfindungsbeschränkungen häufig zu Streit: Selbst wenn ein Gesellschafter einer gesellschaftsvertraglich festgelegten Abfindungsbeschränkung ursprünglich zugestimmt hat, wird er im Zeitpunkt seines Ausscheidens regelmäßig nicht geneigt sein, einen Abfindungsanspruch zu akzeptieren, der erheblich unter Verkehrswert liegt.

Einigkeit besteht, dass Abfindungsbeschränkungen im Gesellschaftsvertrag **im Grundsatz zulässig** sind (BGH vom 16.12.1991 – II ZR 58/91, BGHZ 65, 22, 27; *Baumbach/Hueck* § 34 Rn. 22; *Sosnitza* Rn. 52). Im Einzelnen ist aber unklar, inwieweit der Gesellschaftsvertrag die Abfindungshöhe begrenzen darf. Der vollständige Ausschluss einer Abfindung verstößt jedenfalls gegen die guten Sitten und ist selbst dann nichtig gem. § 138 BGB, wenn der Gesellschafter grobe Interessen der Gesellschaft verletzt (OLG Karlsruhe v. 17.05.2013 – 7 U 57/12, n.rk.). Ein unangemessen niedriger Abfindungsbetrag kann entweder gem. § 138 BGB im Fall des anfänglichen Missverhältnisses nichtig sein oder als ursprünglich wirksame Abfindungsbeschränkung im Laufe der Zeit undurchsetzbar werden. Wann ein Abfindungsbetrag **unangemessen niedrig** ist, kann nur aufgrund der Umstände des jeweiligen Einzelfalles festgelegt werden. Der BGH hat sich dazu bislang zahlenmäßig nicht festgelegt. Vielmehr stellt er jeweils eine Einzelfallbetrachtung an; starre Regeln gibt es nicht (vgl. BGH v. 13.06.1994 – II ZR 38/93, BGHZ 126, 226, 243 f.).

Als **sittenwidrig** hat der BGH in der Vergangenheit (bei der KG) bspw. eine Beschränkung der Abfindung auf die **Hälfte des Buchwerts** des Geschäftsanteils angesehen (BGH v. 09.01.1989 – II ZR 83/88, NJW 1989, 2685, 2686). In der Regel sittenwidrig ist nach dem BGH des Weiteren eine Abfindung zum **Nennwert**, wenn der Verkehrswert des Anteils ein Vielfaches des Nennwertes beträgt (BGH v. 16.12.1991 – II ZR 58/91, BGHZ 116, 359, 376). Hingegen kann ausnahmsweise auch die entschädigungslose Einziehung zulässig sein, wenn die Gesellschaft eigene Anteile einzieht oder ideelle oder gemeinnützige Zwecke verfolgt.

3. Ausscheiden bei Streit über die Höhe der Abfindung

Es liegt in der Natur der Sache, dass eine zufriedenstellende Einigung über die Angemessenheit einer Abfindungshöhe nur schwer zu erlangen ist. Damit ein vor den Gerichten geführter Rechtsstreit über die Höhe der geschuldeten Abfindung die Gesellschaft nicht über Jahre hinweg blockieren kann, befürwortet eine stark vertretene Auffassung im Schrifttum, dass der Streit über die Höhe der Abfindung keinen Einfluss auf das Wirksamwerden der Einziehung hat (*Fromm* GmbHR 2005, 1480; *Goette* ZIP 2005, 1488; *Roth/Altmeppen* § 34 Rn. 15 ff.). Die wohl noch h. M. (*Baumbach/Hueck* § 34 Rn. 41, m. w. N.; Lutter/Hommelhoff/*Hommelhoff* GmbHG, § 34 Rn. 28 f.; Scholz/*Westermann* GmbHG, § 34 Rn. 56) stützt sich hier auf BGHZ 9, 157, wonach die Gesellschafterstellung erst mit Zahlung der geschuldeten Abfindung endet (sog. »Bedingungslösung«). Hiernach soll das Interesse des betroffenen Gesellschafters an einem gesicherten Abfindungsanspruch überwiegen. Da dies zu einem für beide Seiten unerträglichen Schwebezustand führt, ist diese Auffassung jedoch abzulehnen. Weil mangels höchstrichterlicher Rechtsprechung noch keine Abkehr von der Bedingungslösung zu verzeichnen ist, empfiehlt es sich in der Praxis eine satzungsrechtliche Bestimmung aufzunehmen, wonach im Fall des Einziehungsbeschlusses durch die Gesellschafterversammlung angeordnet wird, dass der betroffene Gesellschafter seine Gesellschafterstellung mit sofortiger Wirkung – also auch schon vor Zahlung seiner Abfindung – verliert (vgl. auch BGH v. 08.12.2008 – II ZR 263/07, NJW-RR 2009, 464 und Anm. *Goette* zu BGH v. 28.01.2008 – II ZR 290/06, DStR 2008, 2120, 2121).

IV. Kein Verstoß gegen Kapitalschutzvorschriften

Mit dem Verweis von Abs. 3 auf § 30 Abs. 1 GmbHG wird klargestellt, dass die Gesellschaft das Einziehungsentgelt grundsätzlich nur **aus freiem Vermögen** zu leisten hat. Nach neuerer Rspr. des

BGH (BGH v. 24.01.2012 – II ZR 109/11) ist der Einziehungsbeschluss nicht unwirksam, wenn im Zeitpunkt der Beschlussfassung der Einziehung feststeht, dass eine Zahlung der Abfindung nicht aus freiem Vermögen gedeckt werden kann. Allerdings haften die verbleibenden Gesellschafter im Wege einer Ausfallhaftung anteilig und persönlich für die Zahlung des Einziehungsentgeltes. Daneben muss der Geschäftsanteil **voll einbezahlt** sein.

V. Rechtsfolgen

26   Zu den Rechtsfolgen der wirksamen Zwangseinziehung, vgl. Rdn. 34 ff. Bei der unwirksamen Zwangseinziehung aufgrund von Mängeln des Einziehungsbeschlusses ist je nach Schwere des Mangels zwischen bloßer Anfechtbarkeit und Nichtigkeit zu unterscheiden. Nichtigkeitsgründe sind analog § 243 Nr. 3 AktG insbesondere ein Verstoß gegen Kapitalerhaltungsvorschriften oder wenn die gesellschaftsvertraglichen oder gesetzlichen Voraussetzungen der Einziehung fehlen. Dagegen sind Anfechtungsbeschlüsse anfechtbar, wenn die tatsächlichen Voraussetzungen für das Vorliegen eines wichtigen Grundes nicht gegeben sind oder bei der Beschlussdurchführung Verfahrensverstöße wie z. B. die Verletzung des rechtlichen Gehörs begangen wurden (vgl. Scholz/*Westermann* GmbHG, § 34 Rn. 48).

D. Einziehungsverfahren

27   Die Durchführung der Einziehung erfolgt durch **Einziehungsbeschluss der Gesellschafterversammlung** (§ 46 Abs. 1 Nr. 4 GmbHG) und **Erklärung** der Einziehung gegenüber dem betroffenen Gesellschafter.

I. Gesellschafterbeschluss

28   Über den Einziehungsbeschluss entscheidet die Gesellschafterversammlung mit **einfacher Mehrheit**, sofern nicht der Gesellschaftsvertrag etwas anderes bestimmt (str., aber h. M.; s. Bork/Schäfer/*Thiessen* § 34 Rn. 29; Lutter/Hommelhoff GmbHG, § 34 Rn. 44 m. w. N.). Für die Beschlussfassung gilt § 48 GmbHG.

29   Eine Einziehung ohne entsprechenden Beschluss der Gesellschafterversammlung (automatische Einziehung) ist wegen §§ 46 Abs. 1 Nr. 4, 47 GmbHG unzulässig. Dies gilt auch, wenn der Gesellschaftsvertrag die automatische Einziehung ausdrücklich vorsieht (*Baumbach/Hueck* § 34 Rn. 13; *Lutter/Hommelhoff* GmbHG, § 34 Rn. 21; R/S-L/*Roweder* § 34 Rn. 11).

30   Nach ganz h. M. kann die Befugnis zur Einziehung auf ein **anderes Organ übertragen** werden, etwa dem Beirat der Gesellschaft oder einem Gesellschafterausschuss, nicht jedoch einem außenstehenden Dritten wie etwa einem Schiedsgericht (vgl. auch Bork/Schäfer/*Thiessen* § 34 Rn. 29; *Lutter/Hommelhoff* GmbHG Rn. 20; aber str. a. A. R/S-L/*Roweder* § 34 Rn. 11).

31   Bei der zwangsweisen Einziehung unterliegt der betroffene Gesellschafter dem **Stimmverbot** des § 47 Abs. 4 Satz 1 GmbHG, jedenfalls wenn die Einziehung auf einen wichtigen Grund in der Person des betroffenen Gesellschafters gestützt wird (vgl. auch Bork/Schäfer/*Thiessen* § 34 Rn. 30, der ein generelles Stimmverbot bei der Zwangseinziehung befürwortet). Dies folgt aus dem Grundsatz, dass niemand Richter in eigener Sache sein kann. Dem betroffenen Gesellschafter steht ein Teilnahmerecht in der Gesellschafterversammlung jedoch selbstverständlich zu und er ist vor Beschlussfassung anzuhören.

II. Bekanntgabe

32   Der Einziehungsbeschluss ist dem Gesellschafter durch die Gesellschaft, vertreten durch die Geschäftsführung, mitzuteilen (*Fromm* GmbHR 2005, 1478; *Lutter/Hommelhoff* GmbHG, § 34 Rn. 47, 24). Hierfür genügt eine **formlose Mitteilung**. Ist der betroffene Gesellschafter indes auf der Gesellschafterversammlung anwesend, auf der der Einziehungsbeschluss gefasst wird, bedarf

es einer gesonderten Mitteilung durch die Geschäftsführung nicht (*Fromm* GmbHR 2005; R/S-L/*Rowedder* § 34 Rn. 12).

III. Rechtsstellung des Gesellschafters während der Einziehung

Während des laufenden Einziehungsverfahrens bleibt der betroffene Gesellschafter Gesellschafter mit allen Rechten und Pflichten. Ihm steht also insbesondere das **Stimmrecht** in der Gesellschafterversammlung zu und er ist **gewinnbezugsberechtigt**. Im Gegenzug ist der Gesellschafter jedoch auch verpflichtet, die mit dem Geschäftsanteil verbundenen Verpflichtungen zu erbringen, insbesondere ist er zur **Nachschusszahlung** verpflichtet. 33

E. Wirkung der Einziehung

Mit der Erklärung der wirksamen Einziehung gegenüber dem betroffenen Gesellschafter tritt die **Gestaltungswirkung** ein. Dem von der Einziehung betroffene Gesellschafter wird der Geschäftsanteil entzogen, sodann wird der Geschäftsanteil mit allen verknüpften Rechten und Pflichten vernichtet. 34

Das Verschwinden des Geschäftsanteils führt dazu, dass **dingliche Rechte Dritter**, die auf dem eingezogenen Geschäftsanteil lasten, untergehen. Sie können sich jedoch am Abfindungserlös **als Surrogat** fortsetzen (§§ 1075, 1287 BGB). Darüber hinaus bleiben die Rechte und Pflichten, die bis zum Zeitpunkt der Wirksamkeit der Einziehung entstanden sind, wie Ansprüche am festgestellten Jahresgewinn oder die Verpflichtung zur Zahlung von Nachschüssen, bestehen. Auch für die Haftung aus einer nicht aufgebrachten Einlage eines anderen Gesellschafters, haftet der Ausgeschiedene weiter (Scholz/*Westermann* GmbHG, § 34 Rn. 64). 35

Im **Innenverhältnis** erhöht der eingezogene Anteil das Verhältnis der von ihnen gehaltenen Beteiligungen. Das Stammkapital der Gesellschaft bleibt jedoch unverändert. Dadurch kommt es entgegen § 5 Abs. 3 Satz 3 GmbHG zu einem Auseinanderfallen der Summe des Stammkapitals und der Summe der Nennbeträge der verbliebenen Geschäftsanteile. Diese Diskrepanz ist hinzunehmen (vgl. OLG Rostock v. 20.06.2012 – 1 U 59/11, GmbHR 2013, 752, 754 f.). Die a. A., wonach Einziehungsbeschlüsse, die nicht gleichzeitig mit einer Anpassung der Nennbeträge verknüpft werden als Verstoß gegen das Kongruenzverbot des § 5 Abs. 3 Satz 2 GmbHG nichtig sind (vgl. insoweit OLG München v. 15.11.2007 – 7 U 2413/11; *Zöllner*, in: Baumbach/Hueck, 20. Aufl. 2013, § 46 Rn. 33) ist abzulehnen. Veränderungen in der Gesellschafterstruktur ergeben sich auch aus der zum Handelsregister einzureichenden Gesellschafterliste, die nach erfolgter Einziehung von den Geschäftsführer in vertretungsberechtigter Anzahl zum Handelsregister einzureichen ist, § 40 Abs. 1 GmbHG. 36

Aus der Anwachsung des eingezogenen Geschäftsanteiles folgen Auswirkungen auf das Stimmverhältnis der Gesellschafter untereinander und auf ihre Rechte und Pflichten, die sich entsprechend erhöhen (z. B. Pflicht zum Nachschuss).

F. Sonderfälle

I. Einziehung eines Teil-Geschäftsanteils

Die Teil-Einziehung eines Geschäftsanteils ist zulässig und unter Umständen geboten, wenn das freie Vermögen der Gesellschaft nicht ausreicht, um das Einziehungsentgelt für den gesamten Geschäftsanteil zu bezahlen. 37

II. Einziehung eigener Geschäftsanteile

Auch eigene Geschäftsanteile (§ 33 GmbHG) der Gesellschaft können eingezogen werden. Voraussetzung für eine solche Einziehung unter vereinfachten Bedingungen ist nur die **Zulassung im Gesellschaftsvertrag** und ein **entsprechender Beschluss** der Gesellschafterversammlung. 38

39 Bei fehlender Zulassung im Gesellschaftsvertrag ist eine Mitwirkung aller Gesellschafter an dem Beschluss auch ohne förmliche Satzungsänderung ausreichend (*Lutter/Hommelhoff* GmbHG, § 34 Rn. 8).

G. Exkurs: Abgrenzung zu Ausschluss und Austritt

40 Von der Einziehung zu unterscheiden sind der **Ausschluss** als zwangsweises und der **Austritt** eines Gesellschafters als freiwilliges Ausscheiden. Beide Rechtsbehelfe sind im Gesetz nicht geregelt. Dennoch ist im Grundsatz allgemein anerkannt, dass zu den zwingenden, unverzichtbaren Mitgliedschaftsrechten der Ausschluss und Austritt eines Gesellschafters auch ohne ausdrückliche Zulassung im Gesellschaftsvertrag, aber **stets nur aus wichtigem Grund** zählen (Michalski/*Sosnitza* Anh. § 34 Rn. 4). Dahinter steht der allgemeine Grundsatz, dass für jeden Partner eine Lösung von Verträgen mit langer oder unbefristeter Laufzeit in Extremfällen möglich sein muss. Ein Rückgriff auf diese Rechtsbehelfe ist jedoch nur zulässig, wenn der Gesellschaftsvertrag keine anderen Wege zur Verfügung stellt (Ulmer/*Ulmer* GmbHG § 34 Rn. 11).

41 Im Gegensatz zur Einziehung geht der Geschäftsanteil bei Ausschluss und Austritt nicht unter, sondern bleibt bestehen.

I. Ausschluss

1. Voraussetzungen

42 Der Ausschluss eines Gesellschafters ist bei Verzug mit der Zahlung der Stammeinlage (§ 21 GmbHG) oder von Nachschüssen (§ 28 GmbHG) gesetzlich vorgesehen. Daneben ist allgemein anerkannt, dass ein gesetzlich nicht geregelter Ausschluss möglich ist, wenn ein wichtiger Grund in der Person des Gesellschafters vorliegt (s. nachfolgend Rdn. 43) und keine andere weniger einschneidende Maßnahme gegenüber dem Gesellschafter ergriffen werden kann (s. nachfolgend Rdn. 44). Durch die Ausschließung darf auch nicht der Grundsatz der Kapitalaufbringung und -erhaltung verletzt werden.

43 An das Vorliegen eines wichtigen, zur Ausschließung berechtigenden Grundes sind **hohe Anforderungen** zu stellen. So darf den übrigen Gesellschaftern das Verbleiben des auszuschließenden Gesellschafters in der GmbH nicht weiter zumutbar sein. Dies liegt bspw. vor, wenn die Person oder das Verhalten des Gesellschafters, der ausgeschlossen werden soll, die Erreichung des Gesellschaftszwecks unmöglich macht oder erheblich gefährdet und deswegen bei Gesamtwürdigung sein Verbleib in der Gesellschaft untragbar erscheint. Der wichtige Grund setzt **kein Verschulden** des auszuschließenden Gesellschafters voraus. Als wichtige Gründe kommen **bspw.** infrage: andauernde schwere Erkrankung, gravierende Treuepflichtverletzungen gegenüber den verbleibenden Gesellschaftern, Verstoß gegen ein Wettbewerbsverbot oder Verlust der gesellschaftsvertraglich geforderten Familienzugehörigkeit bspw. durch Scheidung (vgl. auch *Lutter/Hommelhoff* GmbHG § 34 Rn. 54 f.; Scholz/*Seibt* GmbHG, Anhang § 34 Rn. 30).

44 Der Ausschluss ist **stets äußerstes Mittel**, sodass die verbleibenden Gesellschafter unter Umständen weniger einschneidende Maßnahmen wählen müssen (R/S-L/*Rowedder* § 34 Rn. 43). Als **mildere Maßnahmen** kommen insoweit auch in Betracht, den Geschäftsanteil zur Überwindung einer Sperrminorität teilweise einzuziehen, auf einen Treuhänder zu übertragen oder die Mitgliedschaftsrechte durch eine zur Berufsverschwiegenheit verpflichtete Person (Wirtschaftsprüfer, Rechtsanwalt etc.) wahrnehmen zu lassen (R/S-L/*Rowedder* § 34 Rn. 43), ferner dem betroffenen Gesellschafter ein Angebot zum freiwilligen Ausscheiden aus der Gesellschaft zu machen.

45 Beim Ausschluss eines Gesellschafters steht diesem grundsätzlich auch ein Abfindungsanspruch gegen die Gesellschaft i. H. d. Verkehrswertes zu. Auch diese Zahlung darf nicht zu einem Verstoß gegen die Vorschriften zur Aufbringung und Erhaltung des Stammkapitals führen (§§ 19 Abs. 2, 30 Abs. 1, 33 Abs. 2 GmbHG). Ein Ausschluss ist daher bei einem nicht voll eingezahlten Geschäftsanteil nur dann möglich, wenn sich ein Erwerber findet oder der Ausschluss mit einer Herabsetzung

des Stammkapitals verbunden werden soll. Soll der Geschäftsanteil auf die Gesellschaft übertragen werden, muss er **voll eingezahlt** sein und die Zahlung der Abfindung muss **aus ungebundenen Mitteln** der Gesellschaft erfolgen.

2. Verfahren

Liegen die Voraussetzungen vor so erfolgt der Ausschluss eines Gesellschafters – sofern nicht im Gesellschaftsvertrag etwas anderes vorgesehen – durch **Gesellschafterbeschluss** sowie **Ausschließungsurteil**. 46

Der Beschluss der Gesellschafterversammlung muss aufgrund der Schwere des Eingriffs nach zutreffender Auffassung mit einer qualifizierten Mehrheit von drei Vierteln der abgegeben Stimmen erfolgen (R/S-L/*Rowedder* § 34 Rn. 51; Scholz/*Winter* GmbHG, § 15 Rn. 140; a.A. MünchHdb GesR III/*Kort* § 29 Rn. 43, der eine Notwendigkeit dafür wegen der nachgeschalteten gerichtlichen Kontrolle verneint). Der vom Ausschluss bedrohte Gesellschafter hat **kein Stimmrecht**, § 47 Abs. 4 GmbHG. 47

Danach ist **Ausschließungsklage** durch die GmbH zu erheben. Der Ausschluss erfolgt durch Gestaltungsurteil, das grundsätzlich auch die Höhe der Abfindung für den verlorenen Geschäftsanteil festsetzt. Einer Ausschließungsklage bedarf es nicht, wenn der Gesellschaftsvertrag vorsieht, dass ein Gesellschafter aus wichtigem Grund aus der Gesellschaft ausgeschlossen werden kann. In diesem Fall gilt der betroffene Gesellschafter mit ordnungsgemäßer Beschlussfassung durch die Gesellschafterversammlung als ausgeschlossen (R/S-L/*Rowedder* § 34 Rn. 52). Gegen den Ausschließungsbeschluss der Gesellschafterversammlung kann Anfechtungsklage oder Nichtigkeitsklage eingelegt werden. Nach erfolgreichem Ausschluss kann die Gesellschaft den Geschäftsanteil verwerten, indem sie ihn entweder gem. § 34 GmbHG einzieht, ihn auf sich selbst oder einen weiteren Gesellschafter überträgt oder ihn an einen Dritten veräußert. 48

II. Austritt

1. Voraussetzungen

Spiegelbildlich zum Ausschluss steht jedem Gesellschafter auch ohne Regelung im Gesellschaftsvertrag das Recht zu, **jederzeit aus der Gesellschaft auszutreten**, wenn ein wichtiger Grund gegeben ist und ihm die weitere Mitgliedschaft in der GmbH nicht mehr zumutbar ist. Austrittsrechte sind häufig gesellschaftsvertraglich vorgesehen, wenn der Geschäftsanteil nicht oder nur eingeschränkt veräußerbar ist. 49

Das Austrittsrecht aus wichtigem Grund besteht unabhängig von seiner Zulassung im Gesellschaftsvertrag. Es ist **unabdingbar und nicht beschränkbar** (Lutter/*Hommelhoff* GmbHG, § 34 Rn. 70). Ein wichtiger Grund ist alles, was dem Gesellschafter den weiteren Verbleib in der Gesellschaft unzumutbar macht (Scholz/*Winter* GmbHG, § 15 Rn. 119 ff.; Ulmer/*Ulmer* GmbHG, Anh. § 34 Rn. 51). Er kann in der Person des Gesellschafters, der Mitgesellschafter und der Gesellschaft liegen. Allerdings muss dem Gesellschafter nach Abwägung der Gesamtumstände die Fortdauer der Mitgliedschaft **unzumutbar** sein. Auf ein Verschulden kommt es ebenso wie beim Ausschluss nicht an. 50

Zu den zum Austritt berechtigenden **wichtigen Gründen** zählen je nach den Umständen des Einzelfalles auch wesentliche Veränderungen der Gesellschafterstellung, Missbrauch der Mehrheitsherrschaft, dringender Geldbedarf des austretenden Gesellschafters, Berufsunfähigkeit des Gesellschafters oder sein Wegzug ins Ausland (vgl. hierzu Lutter/*Hommelhoff* GmbHG, § 34 Rn. 72 f.; MünchHdb GesR III/*Kort* § 29 Rn. 7 ff.; R/S-L/*Rowedder* § 34 Rn. 47). 51

Ebenso wie beim Ausschluss ist der Austritt nur als äußerstes Mittel zulässig, wenn auf weniger einschneidende Weise nicht zumutbare Verhältnisse geschaffen werden können. Milderes Mittel kann bspw. auch die Veräußerung des Geschäftsanteils sein (*Baumbach-Hueck* § 34 Anh Rn. 22), Anfechtung von rechtswidrigen Beschlüssen oder die Abberufung des pflichtwidrig handelnden Gesellschafters (vgl. Scholz/*Seibt* GmbHG § 34 Rn. 14). Indes wird es in der Praxis aber kaum 52 sinnvoll sein, einen austrittswilligen Gesellschafter ohne wichtigen Grund zum Verbleib in der Gesellschaft zu zwingen.

53 Schließlich darf der Austritt auch nicht zu einem Verstoß gegen die Vorschriften zur Aufbringung und Erhaltung des Stammkapitals führen (§§ 19 Abs. 2, 30 Abs. 1, 33 Abs. 2). Der austretende Gesellschafter hat unbeschadet einer anderen gesellschaftsvertraglichen Regelung Anspruch auf Abfindung zum Verkehrswert. Die Austrittserklärung kann nicht als Verzicht auf eine Abfindung ausgelegt werden (Bork/Schäfer/*Thiessen* § 34 Rn. 75).

2. Verfahren

54 Für das Austrittsverfahren sind prinzipiell die Grundsätze über die Ausschließung eines Gesellschafters anzuwenden (vgl. Rdn. 46 ff.).

55 Zunächst **erklärt** der austrittswillige Gesellschafter einseitig seinen Austritt gegenüber der Gesellschaft. Die Austrittserklärung ist formlos möglich (Bork/Schäfer/*Thiessen* § 34 Rn. 74; Lutter/Hommelhoff GmbHG, 34 Rn. 75).

56 Ist im Gesellschaftsvertrag das Austrittsrecht nicht geregelt, muss die **Gesellschafterversammlung** dem Austritt des Gesellschafters **zustimmen**. Für den Vollzug des Austritts kann die Gesellschaft nach ihrer Wahl den Geschäftsanteil einziehen oder Abtretung an sich oder einen Dritten verlangen. Sofern nach Austrittserklärung die Gesellschaft nicht innerhalb **angemessener Frist** den Geschäftsanteil einzieht oder abnimmt und die geschuldete Abfindung nicht leistet, wird weitgehend angenommen, dass der Gesellschafter die **Auflösungsklage** in entsprechender Anwendung von § 61 GmbHG erheben kann (Baumbach/Hueck § 34 Rn. 20; Lutter/Hommelhoff GmbHG, § 34 Rn. 77; Scholz/*Seibt* GmbHG, Anhang § 34 Rn. 21; a. A. OLG Koblenz ZIP 2005, 1873).

Dritter Abschnitt Vertretung und Geschäftsführung

§ 35 Vertretung der Gesellschaft

(1) Die Gesellschaft wird durch die Geschäftsführer gerichtlich und außergerichtlich vertreten. ²Hat eine Gesellschaft keinen Geschäftsführer (Führungslosigkeit), wird die Gesellschaft für den Fall, dass ihr gegenüber Willenserklärungen abgegeben oder Schriftstücke zugestellt werden, durch die Gesellschafter vertreten

(2) ¹Sind mehrere Geschäftsführer bestellt, sind sie alle nur gemeinschaftlich zur Vertretung der Gesellschaft befugt, es sei denn, dass der Gesellschaftsvertrag etwas anderes bestimmt. ²Ist der Gesellschaft gegenüber eine Willenserklärung abzugeben, genügt die Abgabe gegenüber einem Vertreter der Gesellschaft nach Absatz 1. ³An die Vertreter der Gesellschaft nach Absatz 1 können unter der im Handelsregister eingetragenen Geschäftsanschrift Willenserklärungen abgegeben und Schriftstücke für die Gesellschaft zugestellt werden. ⁴Unabhängig hiervon können die Abgabe und die Zustellung auch unter der eingetragenen Anschrift der empfangsberechtigten Person nach § 10 Abs. 2 Satz 2 erfolgen.

(3) ¹Befinden sich alle Geschäftsanteile der Gesellschaft in der Hand eines Gesellschafters oder daneben in der Hand der Gesellschaft und ist er zugleich deren alleiniger Geschäftsführer, so ist auf seine Rechtsgeschäfte mit der Gesellschaft § 181 des Bürgerlichen Gesetzbuchs anzuwenden. ²Rechtsgeschäfte zwischen ihm und der von ihm vertretenen Gesellschaft sind, auch wenn er nicht alleiniger Geschäftsführer ist, unverzüglich nach ihrer Vornahme in eine Niederschrift aufzunehmen.

Übersicht

	Rdn.
A. Allgemeines, Abs. 1	1
I. Abgrenzung Vertretung und Geschäftsführung	1
II. Wirkung der Vertretung	2
1. Allgemeines	2
2. Einzelfälle	3
3. Beweislast	6
III. Umfang der Vertretungsmacht, Zeichnung	7
IV. Übertragung der Vertretungsmacht	11
B. Aktivvertretung, Abs. 2 Satz 1	13
I. Grundsatz Gesamtvertretung	13
II. Anderweitige Regelung durch Satzung	14
III. Keine Dispositionsbefugnis für die Geschäftsführer	18
C. Passivvertretung, Abs. 2 Satz 2 bis 4	19
D. Führungslosigkeit, Abs. 1 Satz 2	23
E. Beschränkungen der Vertretungsmacht	24
I. In-Sich-Geschäfte, Abs. 3	24
1. Grundsatz	24
2. Anderweitige Regelung durch Satzung	26
3. Allein geschäftsführender Alleingesellschafter, Abs. 3 Satz 1	29
4. Aufnahme in Niederschrift, Abs. 3 Satz 2	31
5. Genehmigung von Willenserklärungen	32
II. Mitwirkungsbedürftige Vertretungsgeschäfte und Innengeschäfte	33
III. Sonstige Fälle	35
1. Rechtsgeschäfte mit anderen Geschäftsführern	35
2. Prozess gegen Geschäftsführer	36
F. Geschäftsführungsbefugnis	37
I. Grundsatz Gesamtgeschäftsführungsbefugnis	37
II. Vorsitzender der Geschäftsführung	38
III. Ressortverteilung	39
IV. Gesellschafterbeschluss	40

A. Allgemeines, Abs. 1

I. Abgrenzung Vertretung und Geschäftsführung

Die GmbH ist als juristische Person rechtsfähig, als solche aber auch handlungsunfähig. Sie benötigt daher Organe, um im Rechtsverkehr auftreten zu können. Für die Vertretung der GmbH im Geschäftsverkehr ist das zentrale Organ der Geschäftsführer, der Inhaber der **Vertretungsmacht** für die Gesellschaft ist. Die gesetzliche Vertretungsmacht der Geschäftsführer umfasst alle gerichtlichen und außergerichtlichen Geschäfte, die sich aus der Teilnahme der Gesellschaft am Rechtsverkehr ergeben. Vertretung bezeichnet dabei das nach außen gerichtete Handeln der Geschäftsführer für die GmbH und ist abzugrenzen von der **Geschäftsführungsbefugnis**, deren Umfang durch die rechtlichen Befugnisse des Geschäftsführers gegenüber der Gesellschaft und den Gesellschaftern bestimmt wird. Die Vertretungsmacht betrifft also das »Können« nach außen im Unterschied zur Geschäftsführungsbefugnis, die das »Dürfen« im Innenverhältnis beschreibt. Jede natürliche und unbeschränkt geschäftsfähige Person kann zum Geschäftsführer bestellt werden. Zu der Bestellung des Geschäftsführers und ihren Voraussetzungen s. o. § 6 GmbHG Rdn. 21 bis 30. 1

II. Wirkung der Vertretung

1. Allgemeines

Wirksame Vertretung der Gesellschaft setzt Handeln im Rahmen der Vertretungsmacht und im Namen der vertretenen Gesellschaft voraus. Die Vertretungsmacht wird mit der wirksamen Bestellung zum Geschäftsführer (Organ) begründet. Ohne sie ist eine Organstellung nicht denkbar. § 164 Abs. 2 BGB findet Anwendung, sodass das Anfechtungsrecht, das dem ohne erkennbaren Vertreterwillen Handelnden an sich gem. § 119 Abs. 1 BGB zustehen würde, ausscheidet. Für das Handeln im Namen und damit mit Wirkung für die Gesellschaft ist es unerheblich, ob ein Rechtsgeschäft ausdrücklich im Namen der Gesellschaft vorgenommen wird oder ob sich das nur aus den Umständen ergibt. Diese Regelung des früheren, durch das MoMiG aufgehobenen § 36 Halbs. 2 GmbHG entspricht § 164 Abs. 1 Satz 2 BGB. Sie gilt sowohl für schriftliche als auch für mündliche Erklärungen bzw. Rechtsgeschäfte. Bei sog. **unternehmensbezogenen Geschäften** ist der Wille der Beteiligten im Zweifel so auszulegen, dass die Gesellschaft als Inhaberin des Unternehmens Partei des Rechtsgeschäfts werden soll, hingegen nicht der die Gesellschaft Vertretende. Dies gilt z. B. in dem Fall, dass durch einen Geschäftsführer ein Mietvertrag über Gewerberäume abgeschlossen 2

§ 35 GmbHG Vertretung der Gesellschaft

wird (OLG Köln MDR 1999, 1012). Das soll auch dann gelten, wenn eine Falschbezeichnung des Inhabers oder andere Fehlvorstellungen über ihn vorliegen (BGH NJW 1990, 2678). War das Handeln als Vertreter hingegen **nicht erkennbar**, so tritt auch keine Wirkung der Vertretung für die Gesellschaft ein.

2. Einzelfälle

3   Wird ein Rechtsgeschäft, das sich auf den **Unternehmensgegenstand der Gesellschaft** bezieht, durch den Geschäftsführer abgeschlossen, so ist es als mit der Gesellschaft geschlossen anzusehen, wenn der anderen Rechtsgeschäftspartei die Vertreterstellung des handelnden Geschäftsführers und auch der Unternehmensgegenstand **bekannt** waren. Außerdem dürfen keine Hinweise auf ein Handeln des Geschäftsführers im eigenen Namen vorliegen (OLG Köln GmbHR 1999, 410).

4   Bei Zeichnung von **Wechseln** oder **Schecks** ergibt sich eine Verpflichtung der Gesellschaft nur, wenn sie selbst als Zeichner (z. B. Aussteller oder Indossant) genannt wird oder aus zusätzlichen Umständen im Zusammenhang mit der Scheckbegebung das Handeln des Vertreters als solches erkennbar ist; andernfalls haftet der Geschäftsführer auch gegenüber dem ersten Erwerber (BGHZ 65, 219).

5   Auch in dem Fall, dass weder ausdrücklich bekannt ist noch aus den Umständen hervorgeht, dass ein Rechtsgeschäft im Namen der Gesellschaft vorgenommen wird, kann die Vertretungswirkung bei einem sog. »**verdeckten Geschäft für den, den es angeht**« gegeben sein (BGHZ 114, 79). Diese Regelungen finden vor allem bei Verfügungsgeschäften zu Erfüllungszwecken Anwendung. Aber auch Bargeschäfte des täglichen Lebens sind hierfür ein Beispiel. Bei diesen fehlt ein schutzwürdiges Interesse an der genauen Kenntnis der anderen Partei (BGH NJW 1991, 2958, 2959).

3. Beweislast

6   Grundsätzlich liegt die Beweislast für das Handeln als Vertreter bei demjenigen, der sich darauf beruft, dass das Handeln eines Vertreters vorliegt (BGHZ 85, 258). Insoweit handelt es sich um einen Ausnahmetatbestand vom Normalfall des Handelns in eigenem Namen. Hingegen trägt die Beweislast für die Unternehmensbezogenheit des Geschäfts derjenige, der eine Erklärung abgegeben hat, sie aber nicht für sich gelten lassen will und sich deshalb auf die Unternehmensbezogenheit beruft (BGH NJW 1995, 43, 44).

III. Umfang der Vertretungsmacht, Zeichnung

7   Die gesetzliche Vertretungsmacht ist grundsätzlich **unbeschränkt** und kann grundsätzlich auch nicht beschränkt werden, auch nicht durch die Satzung oder den Anstellungsvertrag. Auch eine Beschränkung auf einen bestimmten Geschäftsbereich oder eine Niederlassung der Gesellschaft ist nicht möglich.

8   Der Geschäftsführer vertritt die Gesellschaft auch **im Prozess**, sei es als Klägerin, Beklagte, anderweitig Beteiligte oder auch als Betroffene nach OWiG (vgl. hierzu auch ausführl. Kap. 5 Rdn. 257 f.). Für die Zustellung einer Klage etc. an eine GmbH reicht die Zustellung an einen der Geschäftsführer aus (zur Passivvertretung s. u. Rdn. 19 bis 20).

9   Von der organschaftlichen Vertretungsmacht der Geschäftsführer **nicht umfasst** sind hingegen Rechtsgeschäfte im Rahmen der statutarischen oder gesetzlichen Organisation der Gesellschaft, z. B. also Firmenänderungen, Aufnahme neuer Gesellschafter, Kapitalerhöhungen, Umwandlungen etc. Für diese Geschäfte liegt die Zuständigkeit ausschließlich bei den Gesellschaftern bzw. bei den von der Satzung entsprechend benannten Organen.

10 Die Geschäftsführer zeichnen in der Weise, dass der Firma der Gesellschaft die Namensunterschrift beigefügt wird. Das war bis zur Neufassung durch das MoMiG in Abs. 3 ausdrücklich so geregelt. Diese Norm wurde im Hinblick darauf, dass sich dasselbe bereits aus den §§ 164 ff. BGB auch für gesetzliche Vertreter und damit für GmbH-Geschäftsführer ergibt, aufgehoben. Wichtig ist, dass

für den Rechtsverkehr das **Handeln des Geschäftsführers für die GmbH erkennbar** wird. Wenn bereits aufgrund unternehmensbezogenen Handelns deutlich wird, dass der Geschäftsführer für die GmbH auftritt, ist die firmenrechtlich korrekte Bezeichnung der Gesellschaft nicht mehr erforderlich (BGH BB 1990, 654; GmbHR 1991, 360). Hingegen ist im umgekehrten Fall, dass aufgrund Fehlens des Hinweises auf ein Handeln des Geschäftsführers für die GmbH der Erklärungsgegner auf einen unbeschränkt haftenden Erklärenden vertrauen durfte, eine persönliche Haftung des Geschäftsführers ggf. als Gesamtschuldner neben der GmbH denkbar. Auch mündliche Willenserklärungen sind wirksam, es sei denn, sie bedürfen nach dem Gesetz oder aufgrund einer Vereinbarung ausdrücklich einer anderen Form.

IV. Übertragung der Vertretungsmacht

Die Gesellschaft hat einen oder mehrere Geschäftsführer; die Vertretungsmacht obliegt dabei **ausschließlich dem oder den Geschäftsführer(n)** der Gesellschaft. Sie kann insbesondere nicht durch die Gesellschafter ganz oder teilweise, auch nicht nur vorübergehend, an sich gezogen werden; insbesondere auch nicht, wenn kein Geschäftsführer mehr vorhanden ist. In einem solchen Fall ist ein neuer Geschäftsführer durch die Gesellschafter oder ein Notgeschäftsführer durch das Registergericht zu bestellen (vgl. § 6 GmbHG Rdn. 4 bis 7); vgl. aber die durch das MoMiG eingeführte Vertretung der Gesellschaft durch die Gesellschafter in als nunmehr als »**Führungslosigkeit**« der Gesellschaft legaldefinierten Fällen, in welchen eine Gesellschaft überhaupt keinen Geschäftsführer hat (s. u. Rdn. 23). Die Vertretungsmacht kann auch **nicht auf einen Dritten** im Ganzen übertragen werden, eine solche sog. übertragende Vollmacht zur Geschäftsführung ist unzulässig und unwirksam (BGHZ 91, 334). Eine übertragende Vollmacht zur Geschäftsführung, z. B. als Generalvollmacht, ist auch im Fall der Ausgestaltung als befristet oder widerruflich und selbst im Fall der Zustimmung der Gesamtheit der Gesellschafter unwirksam. Es kommt in diesen Fällen lediglich eine einschränkende Auslegung in der Weise in Betracht, dass sich die Vollmacht lediglich auf solche Geschäfte bezieht, die nicht einem Organ der Gesellschaft ausschließlich vorbehalten sind (BGH NJW-RR 2002, 1325, 1326). 11

Bei der **Bestellung eines rechtsgeschäftlichen Vertreters** nach § 164 BGB bzw. eines Handlungsbevollmächtigten handelt es sich um die Gewährung von Vertretungsbefugnissen, die die organschaftlichen Befugnisse des/der Geschäftsführer(s) unberührt lassen. 12

B. Aktivvertretung, Abs. 2 Satz 1

I. Grundsatz Gesamtvertretung

Im Recht der GmbH gilt für alle Fälle der Aktivvertretung grundsätzlich Gesamtvertretung, solange der Gesellschaftsvertrag nichts anderes bestimmt (Abs. 2 Satz 1). Das bedeutet, dass, sofern mehrere Geschäftsführer bestellt sind, **alle bestellten Geschäftsführer** zusammenwirken und die erforderliche Erklärung gemeinsam abgeben müssen (sog. **echte Gesamtvertretung**); dabei können die Erklärungen zeitlich und/oder örtlich getrennt, ausdrücklich oder konkludent abgegeben werden (anders allerdings in Fällen der §§ 20, 29 GBO bei Erklärungen gegenüber dem Grundbuchamt). In allen solchen Fällen ist es aber erforderlich, dass die einzelnen Teilerklärungen miteinander übereinstimmen und jeweils wirksam sind (BGHZ 53, 210, 215). Anderenfalls ist die Erklärung der Gesellschaft insgesamt unwirksam. 13

II. Anderweitige Regelung durch Satzung

Die Satzung ist in der Ausgestaltung der Regelung zur Aktivvertretung frei (Lutter/Hommelhoff/ *Kleindiek* GmbHG, § 35 Rn. 36). In Betracht kommen die **modifizierte Gesamtvertretung**, bei der die Gesellschaft nur durch eine bestimmte Zahl oder eine bestimmte Kombination, aber eben nicht nur durch alle Geschäftsführer gemeinsam vertreten wird, oder die sog. **unechte Gesamtvertretung**, nach der die Gesellschaft durch einen Geschäftsführer zusammen mit einem Prokuristen vertreten werden kann, wobei aber die Möglichkeit der Vertretung der Gesellschaft durch einen, mehrere 14 oder alle Geschäftsführer unabhängig vom Prokuristen erhalten bleiben muss, da anderenfalls der Prokurist hinsichtlich seiner Vertretungsbefugnis in die Stellung eines Geschäftsführers gelangen würde. Weiterhin gibt es die Möglichkeit, in der Satzung **Einzelvertretungsbefugnis** (der Begriff Alleinvertretungsbefugnis wird in der Rechtsprechung synonym verwendet, BGH NZG 2007, 519, 529) für einen, mehrere oder alle Geschäftsführer vorzusehen.

15 Wird nur **ein Geschäftsführer** bestellt, ist ihm **Einzelvertretungsbefugnis** zu erteilen, da die Gesellschaft andernfalls nach außen handlungsunfähig würde. Scheidet bei zwei nur gesamtvertretungsberechtigten Geschäftsführern einer der beiden bei der Gesellschaft aus, so erstarkt nach der richtigen h. M. die Gesamtvertretungsberechtigung des verbleibenden Geschäftsführers zur Einzelvertretungsbefugnis bis wieder ein zweiter Geschäftsführer bestellt ist (vgl. zum Meinungsstand Roth/Altmeppen/*Altmeppen* § 35 Rn. 43). Allerdings muss die Einzelvertretungsbefugnis durch die Satzung zugelassen sein, was ggf. durch Auslegung zu ermitteln ist (vgl. den Fall der Einzelvertretungsbefugnis des nach Tod eines zusätzlich bestellten Geschäftsführers verbliebenen einzigen Geschäftsführers in BGH NZG 2007, 595). Es empfiehlt sich daher eine entsprechende Formulierung in der Satzung, dass im Fall des Vorhandenseins nur eines Geschäftsführers dieser Einzelvertretungsbefugnis hat. Hingegen wird der zunächst nur gesamtvertretungsberechtigte Geschäftsführer dann nicht einzelvertretungsbefugt, wenn die Satzung eine bestimmte Mindestzahl an Geschäftsführern vorsieht und diese unterschritten wird (BGH ZIP 1993, 706). Problematisch ist es auch, wenn der »vorletzte« Geschäftsführer wegfällt, ohne dass dies auf einer Entscheidung der Gesellschafter beruht (OLG Schleswig ZIP 2011, 662, 663 mit Verweis auf OLG Rostock OLG-Report 2002, 342).

16 Ist im Fall von gesetzlich gegebener Gesamtvertretung einer von zwei Geschäftsführern tatsächlich am Mitwirken verhindert, so führt dies noch nicht zur Einzelvertretungsbefugnis beim verbleibenden Geschäftsführer (BGHZ 34, 27, 29). Vielmehr ist ein weiterer Geschäftsführer, ggf. auch ein Notgeschäftsführer (vgl. hierzu § 6 GmbHG Rdn. 4 bis 7), zu bestellen. Ist ein Prokurist vorhanden, so hilft das nicht, da dieser dann eine organschaftliche Stellung erlangen würde, die seiner Stellung eines rechtsgeschäftlichen Vertreters widersprechen würde (s. o. Rdn. 14).

17 Hingegen ist es **nicht möglich**, einzelne Geschäftsführer von der Vertretungsbefugnis **auszunehmen** oder ihre Vertretungsbefugnis auf bestimmte Geschäftsarten oder in anderer Weise **inhaltlich einzuschränken** (Roth/Altmeppen/*Altmeppen* § 35 Rn. 47).

III. Keine Dispositionsbefugnis für die Geschäftsführer

18 Auch darf die Regelung der Vertretungsbefugnis nicht in die Disposition der Geschäftsführer selbst gestellt werden; die Übertragung der Ausgestaltung der Vertretungsbefugnisse auf einen (fakultativen) Aufsichtsrat oder einen Beirat hingegen kommt im Wege einer entsprechenden Satzungsregelung in Betracht. Die Geschäftsführer können sich aber gem. § 78 Abs. 4 Satz 1 AktG in analoger Anwendung einzeln zur Vornahme eines ganz **konkreten Geschäfts** oder einer **bestimmten Art von Geschäften** ermächtigen. Dies darf aber vom Umfang her nicht dazu führen, dass auf diese Weise durch die Geschäftsführer untereinander Einzelvertretungsbefugnis erteilt würde. Im Einzelfall sollte vielmehr ein konkreter Grund für die Erteilung der Ermächtigung vorliegen (z. B. bei zwei bestellten Geschäftsführern die Verhinderung des anderen Geschäftsführers). In Betracht kommt in Fällen der Gesamtvertretung auch, dass nach außen nur ein Geschäftsführer auftritt und der andere dem Geschäft vorher oder nachher zustimmt (§§ 182 ff. BGB).

C. Passivvertretung, Abs. 2 Satz 2 bis 4

19 Hingegen ist nach Abs. 2 Satz 2 für die Passivvertretung der Gesellschaft, also insbesondere für den Empfang von Willenserklärungen, auch dann ein Geschäftsführer als Empfänger einer Willenserklärung ausreichend, wenn zwei oder mehrere Geschäftsführer bestellt sind; dasselbe gilt im Fall der Führungslosigkeit der Gesellschaft bei der Abgabe der Willenserklärung gegenüber nur einem von mehreren vorhanden Gesellschaftern (s. u. Rdn. 23). Diese **passive Einzelvertretungsbefugnis**

des Geschäftsführers bzw. Gesellschafters ist mit Rücksicht auf das Interesse des Rechtsverkehrs an einer eindeutigen Vertretung der GmbH zwingend, kann also auch durch die Satzung nicht durch Gesamtvertretungsbefugnis ersetzt werden. Diese Regelungen gelten auch für die Zurechnung von Wissen, und zwar auch dann, wenn der entsprechende (wissende) Geschäftsführer bzw., Gesellschafter zwischenzeitlich ausgeschieden ist und es sich um Wissen handelt, das aktenkundig gemacht wurde. Dasselbe gilt für andere subjektive Tatbestände, z. B. Arglist, die der Gesellschaft, auch wenn sie nur bei einem Geschäftsführer vorliegt, zuzurechnen ist. Die für den Verjährungsbeginn erforderliche Kenntnis von anspruchsbegründenden Umständen der Gesellschaft (§ 199 Abs. 1 Satz 2 BGB) kann nicht nach § 166 Abs. 1 BGB durch ihren Geschäftsführer vermittelt werden, wenn dieser selbst Schuldner ist (BGH NJW-RR 2011, 832).

Nach dem durch das MoMiG neugefassten § 10 Abs. 1 Satz 1 GmbHG ist bei der Eintragung der Gesellschaft in das Handelsregister nunmehr auch eine inländische **Geschäftsanschrift** anzugeben (s. § 10 GmbHG). Abs. 2 Satz 3 begründet eine unwiderlegliche Vermutung, dass unter dieser eingetragenen Adresse ein Vertreter der Gesellschaft erreicht werden kann. Auf die tatsächliche Kenntnisnahme durch einen Vertreter der Gesellschaft hingegen kommt es nicht an, denn die Vermutung bezieht sich auf die Möglichkeit der Kenntnisnahme. Irrelevant ist auch der dem Erklärenden oder Zustellenden bekannte Umstand, dass die Vertreter der Gesellschaft sich dauerhaft im Ausland aufhalten oder untergetaucht sind (Begründung zum Gesetzentwurf des MoMiG der Bundesregierung vom 23.05.2007, S. 97). Die Neuregelung dient der Vereinfachung des Zugangs von Willenserklärungen und der Zustellung an alle Vertreter der Gesellschaft, also zunächst die Geschäftsführer und dann auch die Gesellschafter, sollten keine Geschäftsführer vorhanden sein. Die Begründung zum Gesetzentwurf der Bundesregierung vom 23.05.2007, S. 97 spricht von einer »Kanalisation« der Abgabe von Willenserklärungen und der Zustellungen auf diese Geschäftsanschrift hin. 20

Abs. 2 Satz 4 nimmt Bezug auf die ebenfalls durch das MoMiG neu geschaffene Möglichkeit für die Gesellschaft, eine Person in das Handelsregister eintragen zu lassen, die den Gläubigern als zusätzlicher Zustellungsempfänger neben den Vertretern der Gesellschaft zur Verfügung steht (s. Kap. 7 § 10 GmbHG). Die Abgabe von Willenserklärungen und Zustellungen können, sofern die Gesellschaft von dieser Möglichkeit Gebrauch macht, in derselben Weise wie bei den Vertretern der Gesellschaft auch bei diesen empfangsberechtigten Personen erfolgen. Für die Gesellschaft bedeutet die Eintragung einer weiteren Empfangsperson eine zweite Chance zur Kenntniserlangung von einem zuzustellenden Schriftstück, bevor der Gläubiger den Schritt der öffentlichen Bekanntmachung gehen kann (s. dazu u. Rdn. 22). 21

Sollte schließlich weder unter der im Handelsregister eingetragenen Geschäftsanschrift noch (soweit vorhanden) unter einer im Handelsregister eingetragenen Anschrift einer für Zustellungen empfangsberechtigten Person noch unter einer ohne Ermittlungen bekannten anderen inländischen Anschrift eine Zustellung möglich sein, droht der Gesellschaft die Zustellung im Wege der öffentlichen Bekanntmachung nach § 185 Nr. 2 ZPO. 22

D. Führungslosigkeit, Abs. 1 Satz 2

Das MoMiG hat mit Abs. 1 Satz 2 eine neue Regelung eingefügt (s. o. Rdn. 11), die im Wesentlichen Fälle der Passivvertretung erfasst. Demnach wird die Gesellschaft nunmehr in Fällen ihrer eigenen »**Führungslosigkeit**« (das sind nach der Legaldefinition alle Fälle, in denen eine Gesellschaft gar keinen Geschäftsführer hat) für den Fall, dass ihr gegenüber Willenserklärungen abgegeben oder Schriftstücke zugestellt werden, durch die Gesellschafter vertreten. Damit soll Fällen vorgebeugt werden, in denen die Gesellschafter versuchen, durch eine Abberufung der Geschäftsführer Zustellungen und den Zugang von Erklärungen an die Gesellschaft zu vereiteln. Insbesondere bestimmt § 170 Abs. 1 ZPO, dass bei nicht prozessfähigen Personen, also auch bei juristischen Personen, nur bei den gesetzlichen Vertretern zugestellt werden kann, und dass eine Zustellung an die Gesellschaft selbst unwirksam ist (§ 170 Abs. 1 Satz 2 ZPO). In den Fällen der Führungslosigkeit tritt an die Stelle des/der Geschäftsführer als Empfangsvertreter also jeder einzelne Gesellschafter. Dass jeder einzelne Gesellschafter ausreicht, folgt dem Grundsatz der passiven Einzelvertretungsbefugnis (s. o. 23

Rdn. 19). Dabei soll es nach der Begründung zum Gesetzentwurf der Bundesregierung (Begr. RegE, BT-Drucks. 16/6140, S. 102) für die Wirkung der Norm nicht darauf ankommen, ob die Gesellschafter von der Führungslosigkeit Kenntnis haben oder nicht. Der BGH hat klargestellt, dass § 35 Abs. 1 Satz 2 GmbHG nicht verhindert, dass die Gesellschaft im Fall der Führungslosigkeit prozessunfähig ist. Es bleibt bei der Notwendigkeit der Bestellung eines Notgeschäftsführers oder Prozesspflegers (auf Antrag des Klägers) in solchen Fällen. Der Gesetzgeber wollte durch die einschlägigen Neuregelungen des MoMiG nur Zustellungsmängel vermeiden, nicht aber die Grundsätze der Prozessfähigkeit ändern (BGH ZIP 2010, 2444).

E. Beschränkungen der Vertretungsmacht

I. In-Sich-Geschäfte, Abs. 3

1. Grundsatz

24 Auch für den Geschäftsführer gelten die Regelungen des § 181 BGB und damit das allgemeine **Verbot des Selbstkontrahierens**, und zwar grundsätzlich und über die seit der GmbHG-Novelle 1980 in Abs. 3 Satz 1 und Satz 2 geregelten Fälle hinaus. Demnach kann er als Vertreter der Gesellschaft keine Rechtsgeschäfte mit sich selbst vornehmen; ebenso wenig kann der Geschäftsführer Rechtsgeschäfte der Gesellschaft mit sich als Vertreter eines Dritten vornehmen (**Verbot der Mehrfachvertretung**; vgl. dazu umfassend *Auktor* NZG 2006, 334). In der Literatur werden mit teilweise guten Argumenten eine Zuordnung von § 181 BGB im Gesellschaftsrecht zu den Vorschriften, die lediglich das Innenverhältnis betreffen, (so *Krafka/Willer* NZG 2006, 495 ff.) oder sogar die grundsätzliche Nichtanwendbarkeit des § 181 BGB im Rahmen der organschaftlichen Vertretung (so *Hauschild* ZIP 2014, 954 ff.) gefordert. Die Rechtslage ist aber (noch) eine andere.

Nach den allgemeinen Regeln gelten Ausnahmen lediglich für die Erfüllung einer bereits bestehenden Verbindlichkeit (in der Praxis wichtigstes Beispiel: Auszahlung des Geschäftsführergehalts an sich selbst) und für rechtlich lediglich vorteilhafte Rechtsgeschäfte. Nicht erfasst sind auch sog. Sozialakte der körperschaftlichen Willensbildung (z. B. Stimmabgabe bei der Wahl des Geschäftsführers in der Gesellschafterversammlung durch den geschäftsführenden Gesellschafter). Ferner findet § 181 BGB keine Anwendung, wenn die Vertretenen auf der gleichen Seite eines Rechtsgeschäfts stehen, sodass eine abstrakt fassbare Interessenkollision fehlt (vgl. *Robles y Zepf* BB 2012, 1876, 1880 mit guten Beispielen zur Abgrenzung zwischen parallelen und gegenläufigen Willenserklärungen).

25 Besonders praxisrelevant sind die Verbote des Selbstkontrahierens und der Mehrfachvertretung bei der Stimmrechtsausübung in Tochtergesellschaften, in der GmbH & Co. KG, wenn Geschäfte zwischen der Komplementär-GmbH und der Kommanditgesellschaft abgeschlossen werden sollen, sowie innerhalb eines Konzerns, bei welchem eine Person mehrere Organfunktionen innehat.

2. Anderweitige Regelung durch Satzung

26 Der Gesellschaftsvertrag kann die **Befreiung** der oder eines Geschäftsführers von den Beschränkungen des § 181 BGB vorsehen. Möglich ist es auch, im Gesellschaftsvertrag ein Organ der Gesellschaft zur Befreiung der oder einzelner Geschäftsführer zu ermächtigen. Ist in der Satzung nicht bestimmt, welches Organ für die Befreiung zuständig sein soll, ist nach richtiger h. M. das Bestellungsorgan zuständig (Lutter/Hommelhoff/*Kleindiek* GmbHG, § 35 Rn. 52). Ob eine satzungsmäßige Grundlage für die Befreiung der oder einzelner Geschäftsführer (sog. **Öffnungsklausel**) erforderlich ist, ist umstritten. Die richtige Ansicht hält dies zumindest dann nicht für notwendig, wenn und solange es sich um Befreiungen für den Einzelfall handelt (BGHZ 75, 358, 362); auch eine Eintragung in das Handelsregister ist dann nicht erforderlich. Hingegen genügt für eine generelle Befreiung ein einfacher Gesellschafterbeschluss nicht; sie ist in den Gesellschaftsvertrag aufzunehmen (vgl. dazu etwa BGHZ 87, 59, 61; 114, 167, 170; KG NZG 2006, 718), zumindest als sog. Öffnungsklausel.

27 Die **Beschränkung der Befreiung** vom Selbstkontrahierungsverbot auf bestimmte Fälle ist als zulässig anzusehen, solange sich die Beschränkung in ihrem Umfang aus der im Handelsregister einzutragenden Formulierung zweifelsfrei bestimmen lässt (vgl. Baumbach/Hueck/*Zöllner*/*Noack* § 35 Rn. 133). In jedem Fall ist aber die Beschränkung der Befreiung auf eine der beiden Alternativen des § 181 BGB (also Verbot des Selbstkontrahierens nach 1. Alt. oder Verbot der Mehrfachvertretung nach 2. Alt.) zulässig.

28 Auch die Befreiung vom Selbstkontrahierungsverbot des § 181 BGB ist eine Tatsache, die gem. § 10 Abs. 1 Satz 2 GmbHG in das Handelsregister einzutragen ist, da sie zu einer Erweiterung der Vertretungsbefugnis führt. Dies gilt auch in Fällen der Beschränkung der Befreiung auf bestimmte Fälle, vgl. hierzu OLG Stuttgart NJW-Spezial 2007, 566, 567. Gem. § 15 Abs. 1 HGB dürfen sich Dritte auf den Inhalt des Handelsregisters grundsätzlich verlassen, was auch für die Befreiung nach § 181 BGB gilt, sofern der Dritte nicht weiß, dass das Handelsregister in diesem Punkte fehlerhaft ist, er also gutgläubig ist.

Ist von zwei gesamtvertretungsberechtigten Geschäftsführern nur einer von dem Verbot des Selbstkontrahierens befreit, so kann ihn der andere Geschäftsführer wirksam zur Einzelvertretung ermächtigen (BGHZ 64, 72, 76 ff.). Nach überwiegender Ansicht kann nur ein Vertreter, der selbst vom Verbot des Insichgeschäfts befreit ist, einem rechtsgeschäftlich Bevollmächtigten die Vornahme eines Insichgeschäfts gestatten (*Robles y Zepf* BB 2012, 1876, 1882). Es bedarf daher stets einer fortlaufenden Befreiungskette vom untersten Bevollmächtigten über den organschaftlichen Vertreter bis zur vertretenen Gesellschaft (*Auktor* NZG 2006 S. 334, 337). Geben zwei gesamtvertretungsberechtigte Geschäftsführer hingegen gemeinsam eine Erklärung ab und verstößt dabei die Mitwirkung eines der beiden gegen die Beschränkungen des § 181 BGB, kann die Erklärung nicht in eine zulässige Ermächtigung des anderen zur Einzelvertretung umgedeutet werden (*Robles y Zepf* BB 2012, 1876, 1882 m. w. N.).

3. Allein geschäftsführender Alleingesellschafter, Abs. 3 Satz 1

29 In Abs. 3 Satz 1 ist der Fall des allein geschäftsführenden Alleingesellschafters, auf dessen Geschäfte mit der Gesellschaft die Regelungen des § 181 BGB anzuwenden sind, gesetzlich geregelt. Bis zur Einfügung dieser Regelung ging die Rechtsprechung davon aus, dass der § 181 BGB auf den allein geschäftsführenden Alleingesellschafter keine Anwendung finde, da Schutzzweck des § 181 BGB die Vermeidung eines Interessenwiderstreits zwischen Vertreter und Vertretenem sei, nicht aber der Schutz der Gläubiger (BGHZ 56, 97). Seit der GmbHG-Novelle 1980 ist diese Auffassung überholt. Seitdem darf auch der allein geschäftsführende Alleingesellschafter mit der Gesellschaft weder im eigenen Namen noch als Vertreter für einen Dritten Rechtsgeschäfte tätigen. Auch beim allein geschäftsführenden Alleingesellschafter soll dem Rechtsverkehr unter Aspekten des Gläubigerschutzes und der Rechtssicherheit deutlich sein, ob sich die Vertretungsmacht des Geschäftsführers auch auf Insichgeschäfte erstreckt. Hieraus ergibt sich, dass Insichgeschäfte auch des allein geschäftsführenden Alleingesellschafters im Gesellschaftsvertrag gestattet sein müssen. Darüber hinaus wird man in diesen Fällen auch für einen konkreten Einzelfall die Befreiung vom Verbot des Selbstkontrahierens durch einfachen Gesellschafterbeschluss nicht ausreichen lassen können, sondern insoweit eine Ermächtigung im Gesellschaftsvertrag verlangen müssen, damit der Rechtsverkehr damit rechnen kann, dass von dieser Ermächtigung Gebrauch gemacht wird (BGHZ 87, 59; OLG Hamm NJW-RR 1998, 1193, 1194). Die im Drittinteresse angeordnete Anwendbarkeit des § 181 BGB würde anderenfalls weitgehend leer laufen, der mit § 10 Abs. 1 Satz 2 GmbHG beabsichtigte Schutz des Rechtsverkehrs durch Information würde verfehlt. Die herrschende Meinung bejaht darüber hinaus die analoge Anwendung des § 35 Abs. 3 auf Fälle, in denen die Ein-Personen-GmbH zwar weitere Geschäftsführer hat, die Gesellschaft aber bei dem konkreten Rechtsgeschäft durch den geschäftsführenden Alleingesellschafter vertreten wird, sowie auf Fälle der Mehrfachvertretung unter der Voraussetzung, dass der Geschäftsführer unmittelbar oder mittelbar alle Anteile an der anderen Vertragspartei hält (*Robles y Zepf* BB 2012, 1876, 1880 m. w. N.).

30 Wird bei einer **mehrgliedrigen GmbH** der Alleingeschäftsführer zum Alleingesellschafter, so erlischt die Befreiung von dem Verbot des Selbstkontrahierens nicht, wenn sie im Gesellschaftsvertrag normiert ist (Lutter/Hommelhoff/*Kleindiek* GmbHG, § 35 Rn. 54); anders ist es, wenn die Befreiung durch einfachen Gesellschafterbeschluss erteilt worden ist, da für den allein geschäftsführenden Gesellschafter dieser Weg der Befreiung auch für den konkreten Einzelfall nicht offensteht.

4. Aufnahme in Niederschrift, Abs. 3 Satz 2

31 Abs. 3 Satz 2 normiert, dass (zulässige) Insichgeschäfte der durch ihn als Geschäftsführer (nicht notwendigerweise als Alleingeschäftsführer) vertretenen Gesellschaft mit sich selbst unverzüglich nach ihrer Vornahme in einer Niederschrift aufzunehmen sind. Mit dem Begriff »**unverzüglich**« nimmt das GmbHG den in § 121 BGB als »ohne schuldhaftes Zögern« legaldefinierten Begriff der Unverzüglichkeit auf. Die Verpflichtung gilt für Fälle der Einzelvertretung ebenso wie für Fälle der Gesamtvertretung. Eine Verletzung dieser Dokumentationspflicht, die sich auf die wesentlichen Inhalte des Rechtsgeschäfts bezieht, führt nicht zur Unwirksamkeit des Rechtsgeschäfts selbst, kann aber zu Schadensersatzansprüchen führen, da § 35 Abs. 3 Satz 2 GmbHG als Schutzgesetz i. S. v. § 823 Abs. 2 BGB anzusehen ist. Nach der h. M. in der Literatur handelt es sich um einen Anwendungsfall der Durchgriffshaftung gegen den geschäftsführenden Alleingesellschafter selbst (Roth/Altmeppen/*Altmeppen* § 35 Rn. 93).

5. Genehmigung von Willenserklärungen

32 Eine von dem Verbot des Selbstkontrahierens erfasste Willenserklärung ist grundsätzlich **schwebend unwirksam** (§ 177 Abs. 1 BGB) und der Genehmigung (§ 184 BGB) zugänglich; die Genehmigung erfolgt durch Geschäftsführer in vertretungsberechtigter Zahl, soweit diese am Vertragsschluss nicht beteiligt waren. Stellt die Genehmigung ihrerseits ein Insichgeschäft dar, können nach richtiger Ansicht die Genehmigung nur Geschäftsführer erteilen, die ihrerseits von den Beschränkungen des § 181 BGB im erforderlichen Umfang befreit sind. Das ist der Fall, wenn es um ein Insichgeschäft geht, an dem die genehmigenden Geschäftsführer selbst entweder als Mehrvertreter oder als Vertragspartei beteiligt sind (*Robles y Zepf* BB 2012, 1876, 1882; a. A. u. a. Palandt/*Ellenberger* § 181 Rn. 18, der verlangt, dass der Genehmigende stets von den Beschränkungen des § 181 BGB befreit sein muss). Die Genehmigung kann auch durch die Gesamtheit der Gesellschafter im Wege des Mehrheitsbeschlusses nach § 47 Abs. 1 GmbHG oder durch schlüssiges Handeln aller Gesellschafter oder des Alleingesellschafters erfolgen, wobei der betroffene geschäftsführende Gesellschafter gem. § 47 Abs. 4 GmbHG vom Stimmrecht ausgeschlossen ist (E/F/S/*B. Schmidt* § 35 Rn. 52). Entsprechendes gilt im Fall des geschäftsführenden Alleingesellschafters, wobei in diesem Fall die Genehmigung ihre Grundlage in der Satzung haben muss (*Robles y Zepf* BB 2012, 1876, 1882).

II. Mitwirkungsbedürftige Vertretungsgeschäfte und Innengeschäfte

33 In den Fällen der sog. »**mitwirkungsbedürftigen Vertretungsgeschäfte**« (z. B. Abschluss eines Verschmelzungsvertrages nach §§ 4 ff. UmwG, Abschluss eines Unternehmensvertrages) hat der Geschäftsführer zwar als Organ der Gesellschaft die Vertretungsbefugnis inne, diese setzt aber zur Gültigkeit voraus, dass ihr ein **wirksamer Gesellschafterbeschluss** zugrunde liegt, der die Einhaltung des Gesellschafterwillens auch bei der Ausführung der Gesellschafterentscheidung sicherstellt (Lutter/Hommelhoff/*Lutter/Hommelhoff* GmbHG, § 35 Rn. 20). Andererseits können die Gesellschafter selbst aber nicht tätig werden, sondern würden dafür der Bevollmächtigung durch den Geschäftsführer bedürfen.

34 Die Vertretungsmacht des Geschäftsführers bei den sog. »**Innengeschäften**« (z. B. Erwerb eigener Geschäftsanteile durch die Gesellschaft, Einziehung, Genehmigung der Veräußerung nach § 15 Abs. 5 GmbHG, Verpflichtung zur Änderung des Gesellschaftsvertrages und Abschluss des Übernahmevertrages bei der Kapitalerhöhung nach § 55 GmbHG), die das Innenverhältnis der GmbH betreffen, ist umstritten. Bei der Verpflichtung zur Änderung des Gesellschaftsvertrages und dem Abschluss des Übernahmevertrages bei der Kapitalerhöhung vertreten nur die Gesellschafter die

Gesellschaft, das ist insoweit auch unstreitig (BGHZ 14, 31). In allen anderen Fällen wird von der h. M. angenommen, dass die Geschäftsführer die Gesellschaft vertreten. Allerdings gelten bei Fehlen der erforderlichen Gesellschafterbeschlüsse die Regeln des Missbrauchs der Vertretungsmacht durch den Geschäftsführer (Lutter/Hommelhoff/*Kleindiek* GmbHG, § 35 Rn. 22).

III. Sonstige Fälle

1. Rechtsgeschäfte mit anderen Geschäftsführern

Bei Rechtsgeschäften mit anderen Geschäftsführern können die Geschäftsführer die Gesellschaft zwar grundsätzlich vertreten; das gilt jedoch nicht für den Abschluss, die Änderung, die Kündigung oder die Aufhebung des Anstellungsvertrages (BGH NJW 1991, 1680, 1681). In diesen Fällen wird die Gesellschaft **durch die Gesellschafter** vertreten oder aber durch den **Beirat** oder den **Aufsichtsrat**. Ist ein Aufsichtsrat i. S. d. § 52 GmbHG gebildet, so ist dieser für die Vertretung der Gesellschaft grundsätzlich bei allen Rechtsgeschäften mit amtierenden und ausgeschiedenen Geschäftsführern zuständig (§ 52 Abs. 1 GmbHG i. V. m. § 112 AktG). Bei der mitbestimmten GmbH gilt dies kraft Gesetzes (§ 1 Abs. 1 Nr. 3 DrittelbG, § 25 Abs. 1 Satz 1 Nr. 2 MitbestG, § 3 Abs. 2 MontanMitbestG, § 3 Abs. 1 Satz 2 MontanMitbestErgG) ohnehin. 35

2. Prozess gegen Geschäftsführer

Auch in einem Prozess der Gesellschaft gegen einen Geschäftsführer wird die Gesellschaft bei Vorhandensein eines **Aufsichtsrates** durch diesen gem. § 52 Abs. 1 GmbHG i. V. m. § 112 AktG vertreten, um eine objektive Vertretung der Gesellschaft in dem Verfahren sicherzustellen. Auch dies gilt sowohl bei amtierenden als auch bei bereits ausgeschiedenen Geschäftsführern (BGH NZG 2004, 327). Ist ein Aufsichtsrat hingegen nicht vorhanden, so entscheiden **die Gesellschafter** über die Prozessvertretung der Gesellschaft (E/F/S/*B. Schmidt* § 35 Rn. 99). Im Fall eines Prozesses zwischen der Gesellschaft und einem Gesellschafter bei der zweigliedrigen Gesellschaft wird die Gesellschaft durch den jeweils anderen Gesellschafter vertreten, da der Geschäftsführer selbst nicht unabhängig agieren kann; Ähnliches gilt im Fall mehrerer Gesellschafter, die sich auf zwei fest gefügte Gesellschafterblöcke aufteilen (Lutter/Hommelhoff/*Kleindiek* GmbHG, § 35 Rn. 18). 36

F. Geschäftsführungsbefugnis

I. Grundsatz Gesamtgeschäftsführungsbefugnis

Der grundsätzlich als Gesamtvertretungsberechtigung geregelten Vertretungsmacht im Außenverhältnis entspricht die grundsätzlich als Gesamtgeschäftsführungsbefugnis ausgestaltete Vertretungsbefugnis im Innenverhältnis. Daraus ergibt sich auch die Notwendigkeit, Geschäftsführungsbeschlüsse grundsätzlich **einstimmig** zu fassen (E/F/S/*B. Schmidt* § 37 Rn. 17). Der Grundsatz der Gesamtgeschäftsführungsbefugnis ist **dispositiv**, d. h. der Gesellschaftsvertrag kann in mannigfaltiger Weise Abweichendes bestimmen, etwa Einzelgeschäftsführungsbefugnis einem, mehreren oder allen Geschäftsführern erteilen oder Mehrheitsentscheidungen innerhalb der Geschäftsführung zulassen. Ist eine Erleichterung der Vertretungsmacht im Außenverhältnis z. B. in Form der unechten Gesamtvertretung vorgesehen, so ist im Zweifel anzunehmen, dass diese Erleichterung auch im Hinblick auf die Geschäftsführungsbefugnis Anwendung findet. 37

II. Vorsitzender der Geschäftsführung

Bei Bestellung eines Vorsitzenden der Geschäftsführung kann diesem das **ausschlaggebende Stimmrecht** bei Mehrheitsentscheidungen oder ein **Vetorecht** eingeräumt werden, nach richtiger Auffassung aber kein Alleinentscheidungsrecht gegen die Mehrheit der anderen Geschäftsführer. Darüber hinaus haben die Geschäftsführer das Recht, in analoger Anwendung des § 115 HGB der Entscheidung eines einzelgeschäftsführungsbefugten Geschäftsführers zu widersprechen. Die entsprechende Handlung hat dann zu unterbleiben. 38

III. Ressortverteilung

39 In Betracht kommt auch die Vorgabe einer Ressortverteilung mit einer **Aufteilung der Geschäftsführungsbefugnis nach Sachgruppen** auf die einzelnen Geschäftsführer. Oftmals erfolgt eine derartige Ressort- oder Geschäftsverteilung in der Weise, dass zwar für die jeweils zugewiesenen Bereiche Einzelgeschäftsführungsbefugnis besteht, besonders bedeutsame Entscheidungen jedoch der gesamten Geschäftsführung zur Entscheidung vorgelegt werden müssen. Trotz der Regelung einer Geschäftsverteilung bleibt grundsätzlich die **Gesamtverantwortung** aller Geschäftsführer im Hinblick auf den geschäftlichen Erfolg der Gesellschaft, die Korrektur negativer Entwicklungen und die Beseitigung von Defiziten bestehen. Für die konkreten, im Rahmen der Einzelvertretungsberechtigung erfolgten Maßnahmen hingegen gilt dann auch Einzelverantwortung.

IV. Gesellschafterbeschluss

40 Abweichungen vom Grundsatz der Gesamtgeschäftsführungsbefugnis können grundsätzlich auch durch Gesellschafterbeschluss vorgenommen werden, solange damit nicht gegen Satzungsrecht verstoßen wird (vgl. E/F/S/*B. Schmidt* § 37 Rn. 17). Oftmals werden solche Regelungen in Form einer **Geschäftsordnung für die Geschäftsführung** zusammengefasst werden. Die Kompetenz zum Erlass einer solchen Geschäftsordnung kann im Gesellschaftsvertrag auch auf ein anderes Gesellschaftsorgan als die Gesellschafterversammlung übertragen werden. Äußert sich der Gesellschaftsvertrag nicht in anderer Weise, so können sich auch die Geschäftsführer selbst mit einstimmigem Beschluss eine Geschäftsordnung geben (Roth/Altmeppen/*Altmeppen* § 37 Rn. 34). Das Erfordernis der Zustimmung aller Geschäftsführer ergibt sich in diesem Fall daraus, dass in den Umfang der Geschäftsführungsbefugnis des einzelnen Geschäftsführers eingegriffen wird.

§ 35a Angaben auf Geschäftsbriefen

(1) ¹Auf allen Geschäftsbriefen gleichviel welcher Form, die an einen bestimmten Empfänger gerichtet werden, müssen die Rechtsform und der Sitz der Gesellschaft, das Registergericht des Sitzes der Gesellschaft und die Nummer, unter der die Gesellschaft in das Handelsregister eingetragen ist, sowie alle Geschäftsführer und, sofern die Gesellschaft einen Aufsichtsrat gebildet und dieser einen Vorsitzenden hat, der Vorsitzende des Aufsichtsrats mit dem Familiennamen und mindestens einem ausgeschriebenen Vornamen angegeben werden. ²Werden Angaben über das Kapital der Gesellschaft gemacht, so müssen in jedem Falle das Stammkapital sowie, wenn nicht alle in Geld zu leistenden Einlagen eingezahlt sind, der Gesamtbetrag der ausstehenden Einlagen angegeben werden.

(2) Der Angaben nach Absatz 1 Satz 1 bedarf es nicht bei Mitteilungen oder Berichten, die im Rahmen einer bestehenden Geschäftsverbindung ergehen und für die üblicherweise Vordrucke verwendet werden, in denen lediglich die im Einzelfall erforderlichen besonderen Angaben eingefügt zu werden brauchen.

(3) ¹Bestellscheine gelten als Geschäftsbriefe im Sinne des Absatzes 1. ²Absatz 2 ist auf sie nicht anzuwenden.

(4) ¹Auf allen Geschäftsbriefen und Bestellscheinen, die von einer Zweigniederlassung einer Gesellschaft mit beschränkter Haftung mit Sitz im Ausland verwendet werden, müssen das Register, bei dem die Zweigniederlassung geführt wird, und die Nummer des Registereintrags angegeben werden; im übrigen gelten die Vorschriften der Absätze 1 bis 3 für die Angaben bezüglich der Haupt- und der Zweigniederlassung, soweit nicht das ausländische Recht Abweichungen nötig macht. ²Befindet sich die ausländische Gesellschaft in Liquidation, so sind auch diese Tatsache sowie alle Liquidatoren anzugeben.

Übersicht	Rdn.			Rdn.
A. Allgemeines	1		2. Sitz	7
B. Sachlicher Anwendungsbereich, Abs. 1 und Abs. 3	2		3. Zuständiges Registergericht, HRB-Nummer	8
C. Ausnahmen, Abs. 2	3		4. Geschäftsführer	9
D. Ausländische Gesellschaften, Abs. 4	4		5. Aufsichtsratsvorsitzender	10
E. **Die Angaben im Einzelnen**	5		6. Steuernummern	11
I. Unbedingt erforderliche Angaben, Abs. 1 Satz 1	6	II.	Nur bedingt erforderliche Angaben, Abs. 1 Satz 2	12
1. Rechtsform	6	F.	**Sanktion bei Verstößen**	13

A. Allgemeines

Zweck des § 35a GmbHG, eingeführt in Umsetzung der 1969 ergangenen EG-Publizitätsricht- 1
linie, ist, dem Rechtsverkehr bestimmte Informationen über alle im Geschäftsverkehr auftretenden
Gesellschaften mit beschränkter Haftung zur Verfügung zu stellen, was insbesondere im Hinblick
auf die beschränkte Haftung dieser Gesellschaften bedeutsam ist. Weiterhin soll dem Rechtsverkehr
die Möglichkeit gegeben werden, über das zuständige Registergericht selbst weitere Informationen einzuholen. Die Bestimmung gilt nicht nur im inländischen Rechtsverkehr, sondern auch im
Rechtsverkehr mit dem Ausland und auch für ausländische Kapitalgesellschaften mit einer Zweigniederlassung oder einer Betriebsstätte in Deutschland.

B. Sachlicher Anwendungsbereich, Abs. 1 und Abs. 3

Die Angaben sind sowohl auf Geschäftsbriefen (Abs. 1) als auch auf Bestellscheinen (Abs. 3) zu 2
machen. Der Begriff **Geschäftsbriefe** ist weit auszulegen und umfasst sämtliche schriftlichen,
geschäftsbezogenen Mitteilungen der Gesellschaft gegenüber externen Dritten. Umfasst sind dabei
auch i. S. d. §§ 15 ff. AktG verbundene Unternehmen und Arbeitnehmer. Auch bei formularmäßiger Abfassung handelt es sich um Geschäftsbriefe. Umfasst sind auch mit modernen Telekommunikationsmedien übersandte Mitteilungen wie E-Mail, Telefax, Telex und Fernschreiben. Das
Schreiben muss an einen bestimmten Empfänger gerichtet sein, ohne aber notwendigerweise inhaltlich individualisiert sein zu müssen. Durch das »**Gesetz über elektronische Handelsregister und
Genossenschaftsregister sowie das Unternehmensregister**« (**EHUG**) wurden in Abs. 1 Satz 1 nach
Geschäftsbriefe die Worte »gleichviel welcher Form« eingefügt (vgl. BR-Drucks. 693/06, Art. 10
Nr. 3), ohne dass damit eine sachliche Änderung des Regelungsgehalts verbunden wäre (vgl. auch
Begründung der Bundesregierung zum Gesetzentwurf, BT-Drucks. 16/960, S. 48 – zu Art. 1 Nr. 13
EHUG bzgl. § 37a HGB). Die Ergänzung geht auf Art. 4 der EU-Publizitätsrichtlinie zurück, der
vorschreibt, dass die Pflichtangaben auf Geschäftsbriefen und Bestellscheinen unabhängig von der
Form dieser Dokumente zu machen sind.

C. Ausnahmen, Abs. 2

Eine gesetzliche Ausnahme ist in Abs. 2 für Mitteilungen und Berichte geregelt, für die üblicher- 3
weise Vordrucke verwendet werden, in denen lediglich die im Einzelfall erforderlichen besonderen
Angaben eingefügt zu werden brauchen. Der Begriff der »**Üblichkeit**« ist als eine branchenbezogene Üblichkeit zu verstehen (E/F/S/*B. Schmidt* § 35a Rn. 11). Unter »**Vordrucken**« sind Formulare
zu verstehen, in die lediglich noch die im Einzelfall erforderlichen Angaben eingefügt zu werden
brauchen. In Betracht kommen vor allem Rechnungen, Kontoauszüge, Lieferscheine, Auftragsbestätigungen, Mahnungen etc. Schließlich müssen die unter die Ausnahme fallenden Mitteilungen
im Rahmen einer **bestehenden Geschäftsverbindung** erfolgen, wobei es darauf ankommt, dass in
einem überschaubaren, zurückliegenden Zeitraum die Angaben bereits gemacht wurden.

D. Ausländische Gesellschaften, Abs. 4

4   Abs. 4 macht § 35a GmbHG auch für alle Zweigniederlassungen ausländischer Gesellschaften mit beschränkter Haftung anwendbar. Dabei sind die Angaben über das Registergericht und die Nummer des Registereintrags in jedem Fall zu machen. Nach den Änderungen durch das MoMiG ist nunmehr geregelt, dass die Angaben nach § 35a Abs. 1 bis 3 GmbHG auch durch **ausländische Gesellschaften** in Form einer **doppelten Angabenverpflichtung** sowohl für die ausländische Haupt- als auch für die inländische Zweigniederlassung gemacht werden müssen. Damit ist der bisher bestehende Streit) über das Bestehen einer doppelten Angabeverpflichtung zugunsten einer Stärkung der Transparenz und des Gläubigerschutzes entschieden worden. Deutsche Gesellschaften und Auslandsgesellschaften werden damit in vollem Umfang gleichbehandelt. Die Vorschriften des § 35a GmbHG sind im Übrigen insoweit anwendbar, als das jeweilige ausländische Recht keine Abweichungen nötig macht. Auch die Liquidation der ausländischen Gesellschaft selbst sowie ihre sämtlichen Liquidatoren sind anzugeben.

E. Die Angaben im Einzelnen

5   Zu unterscheiden ist zwischen den unbedingt erforderlichen Angaben nach Abs. 1 Satz 1 und den nur bedingt erforderlichen Angaben nach Abs. 1 Satz 2.

I. Unbedingt erforderliche Angaben, Abs. 1 Satz 1

1. Rechtsform

6   Dabei genügt die Angabe der allgemein geläufigen Abkürzung GmbH. Fehler in der Firmenbezeichnung begründen keine Haftung, sofern die GmbH durch Registergericht und Registernummer allein identifiziert werden kann (OLG Brandenburg NZG 1999, 166, 167). Befindet sich die GmbH in der Liquidation oder in der Insolvenz, so ist dies durch einen Zusatz (»i.L.« oder »in Liquidation« bzw. »i. Ins.« oder »in Insolvenz«) deutlich zu machen (Hachenburg/*Mertens* § 35a Rn. 9).

2. Sitz

7   Bei inländischen Gesellschaften geht es um den Sitz der Gesellschaft selbst, nicht um den Sitz einer Zweigniederlassung oder Betriebsstätte, von der der Brief stammt. Der Absendeort allein genügt nicht; der Sitz ist als solcher zu bezeichnen.

3. Zuständiges Registergericht, HRB-Nummer

8   Das Registergericht kann in üblicher Form abgekürzt werden, wenn dies eindeutig ist. Die Angaben sollen dem Rechtsverkehr ermöglichen, beim Registergericht selbstständig Erkundigungen einzuholen.

4. Geschäftsführer

9   Es müssen **alle Geschäftsführer** angegeben werden. Dazu zählen ggf. auch die **Stellvertreter** und die **Notgeschäftsführer** mit Familiennamen und zumindest einem ausgeschriebenen Vornamen. Bei Doppelnamen genügt die Angabe eines der Namen, wenn der Geschäftsführer im Geschäftsverkehr entsprechend zeichnet. Bei stellvertretenden Geschäftsführern ist der Stellvertreterzusatz zwar nicht notwendig aber zulässig, da gem. § 44 GmbHG sämtliche Regelungen, die für die Geschäftsführer gelten, auch auf die Stellvertreter der Geschäftsführer Anwendung finden (vgl. Baumbach/Hueck/*Zöllner/Noack* § 35a Rn. 8).

5. Aufsichtsratsvorsitzender

10   Besteht ein Aufsichtsrat i. S. d. § 52 GmbHG (sei es aufgrund Gesetzes, sei es aufgrund der Satzung), ist der Aufsichtsratsvorsitzende mit Familiennamen und mindestens einem Vornamen anzugeben. Bei

anderen eingerichteten Kontrollorganen ist der Vorsitzende nur zu nennen, wenn das Organ eine dem Aufsichtsrat nach § 52 GmbHG vergleichbare Rolle spielt (Roth/Altmeppen/*Altmeppen* § 35a Rn. 3).

6. Steuernummern

Nicht übersehen werden darf die Pflicht zur Angabe der vom Finanzamt erteilten **Steuernummer** oder ggf. der vom Bundesamt für Finanzen erteilten **USt-Identifikationsnummer**, die sich allerdings nicht aus § 35a GmbHG sondern aus § 14 Abs. 4 Nr. 2 UStG ergibt. Dies gilt jeweils nur für Rechnungen. 11

II. Nur bedingt erforderliche Angaben, Abs. 1 Satz 2

Angaben zum **Kapital der Gesellschaft** sind nach Abs. 1 Satz 2 freiwillig. Werden solche Angaben gemacht, so müssen sie gem. den Vorgaben des Abs. 1 Satz 2 mit Blick auf die Beschränkung der Haftung bei der GmbH in jedem Fall die Stammkapitalziffer angeben sowie den Gesamtbetrag ausstehender Einlagen, sofern es sich um in Geld zu leistende Einlagen handelt. In der Literatur wird teilweise auch die Angabe ausstehender Sacheinlagen verlangt (Scholz/*Schneider* GmbHG, § 35a Rn. 15). Dem ist zu folgen. Die Höhe des noch vorhandenen Kapitals ist nicht anzugeben. 12

F. Sanktion bei Verstößen

§ 79 Abs. 1 Satz 1 GmbHG regelt, dass Geschäftsführer oder Liquidatoren, die die Vorgaben des § 35a GmbHG nicht befolgen, hierzu vom Registergericht durch Festsetzung eines Zwangsgeldes, das gem. § 79 Abs. 1 Satz 2 GmbHG den Betrag von 5.000,– € nicht überschreiten darf, anzuhalten sind. Hierbei handelt es sich um eine bloße **Ordnungsvorschrift**, sodass die Wirksamkeit von Willenserklärungen in Geschäftsbriefen von einem Verstoß gegen die Vorschriften des § 35a GmbHG unberührt bleibt. 13

In Betracht kommt daneben in Ausnahmefällen (LG Detmold WM 1990, 1872 = NJW-RR 1990, 995) die **Anfechtbarkeit** einer durch den Vertragspartner abgegebenen Willenserklärung nach §§ 119, 123 BGB von Rechtsgeschäften aufgrund Irrtums oder arglistiger Täuschung (m.w.N. Roth/Altmeppen/*Altmeppen* § 35a Rn. 8). Dies könnte bspw. im Fall eines Irrtums über das Nichtbestehen einer Haftungsbeschränkung des Vertragspartners, wenn der Rechtsformzusatz »GmbH« weggelassen wird, der Fall sein. Auch **Schadensersatzansprüche** für den Vertragspartner sind denkbar, ggf. aus Rechtsscheinshaftung auch gegen den Geschäftsführer persönlich (LG Heidelberg NJW-RR 1997, 355). Als Anspruchsgrundlagen kommen § 280 Abs. 1 i.V. m. §§ 311 Abs. 2 Nr. 1, 242 BGB (culpa in contrahendo) sowie § 823 Abs. 2 i.V. m. § 35a GmbHG als Schutzgesetz und – allerdings in sehr seltenen Fällen – auch § 826 BGB in Betracht. 14

§ 36 Wirkung der Vertretung

(aufgehoben)

§ 37 Beschränkungen der Vertretungsbefugnis

(1) Die Geschäftsführer sind der Gesellschaft gegenüber verpflichtet, die Beschränkungen einzuhalten, welche für den Umfang ihrer Befugnis, die Gesellschaft zu vertreten, durch den Gesellschaftsvertrag oder, soweit dieser nicht ein anderes bestimmt, durch die Beschlüsse der Gesellschafter festgesetzt sind.

(2) ¹Gegen dritte Personen hat eine Beschränkung der Befugnis der Geschäftsführer, die Gesellschaft zu vertreten, keine rechtliche Wirkung. ²Dies gilt insbesondere für den Fall, dass die Vertretung sich nur auf gewisse Geschäfte oder Arten von Geschäften erstrecken oder nur unter gewissen Umständen oder für eine gewisse Zeit oder an einzelnen Orten stattfinden soll oder dass die Zustimmung der Gesellschafter oder eines Organs der Gesellschaft für einzelne Geschäfte erfordert ist.

§ 37 GmbHG Beschränkungen der Vertretungsbefugnis

Übersicht

	Rdn.
A. Allgemeines	1
B. Beschränkung der Vertretungsbefugnis im Innenverhältnis, Abs. 1	4
I. Beschränkungen aufgrund des Gesellschaftsvertrages	6
1. Allgemeines	6
2. Beachtung des Gesellschaftszwecks	7
3. Zustimmung anderer Organe	8
4. Befugnis zur Beschränkung der Geschäftsführungsbefugnis	10
II. Beschränkungen aufgrund von Gesellschafterbeschlüssen	11
1. Allgemeines	11
2. Wirksamkeit des Gesellschafterbeschlusses	12
III. Beschränkungen durch Gesetz	13
IV. Beschränkungen außerhalb der gesetzlichen und gesellschaftsvertraglichen Regelungen	14
1. Ungewöhnliche Geschäfte	14
2. Interesse der Gesellschaft	16
V. Grenzen der Beschränkungsmöglichkeiten	17
VI. Relevanz von Beschränkungen der Geschäftsführungsbefugnis im Außenverhältnis	18
1. Allgemeines – Missbrauch der Vertretungsmacht	18
2. Kollusives Zusammenwirken	20
3. Gesellschafter oder Organmitglied als Geschäftspartner	21
VII. Sonderfall: Weisungen durch Gesellschafterbeschluss	22
C. Unbeschränkbarkeit der Vertretungsmacht im Außenverhältnis, Abs. 2	25
I. Allgemeines	25
II. Einschränkung des § 37 Abs. 2 GmbHG	26

A. Allgemeines

1 § 37 GmbHG setzt die **zentrale Trennung** der Wirkung von Handlungen des Geschäftsführers im Innenverhältnis zur Gesellschaft und im Außenverhältnis voraus. Während Abs. 1 ausdrücklich regelt, dass Einschränkungen der Befugnis des Geschäftsführers, die Gesellschaft zu vertreten, mit verbindlicher Wirkung für den Geschäftsführer (also im **Innenverhältnis**) möglich sind, normiert Abs. 2, dass solche Regelungen gegen dritte Personen (also im **Außenverhältnis**) keine rechtliche Wirkung haben.

2 Die von § 37 GmbHG genannte Befugnis, die Gesellschaft zu vertreten, ist terminologisch zu trennen von dem Begriff der Vertretungsmacht. **Befugnis** i. S. d. § 37 Abs. 1 GmbHG meint die Kompetenz im Verhältnis zur Gesellschaft, **Vertretungsmacht** das objektive Können gegenüber Dritten.

3 **Inhaltlich** meint die Geschäftsführungsbefugnis die Befugnis, aber auch die Pflicht zur **Leitung des Unternehmens** durch den Geschäftsführer mit allen dazu gehörenden Maßnahmen und Entscheidungen. Der Geschäftsführer wird kontrollierend und koordinierend, planerisch und entscheidend tätig. Ihm stehen dafür alle sachlichen, personellen und finanziellen Mittel zu Gebote. Zu den im öffentlichen Interesse normierten Pflichten, aber eben auch nicht übertragbaren Kompetenzen der Geschäftsführer gehören die Pflicht zur Erhaltung des Stammkapitals (§§ 30, 31, 33 GmbHG), die Handelsregisterpflichten (§ 40 GmbHG), die Buchführungspflicht und die Pflicht zur Aufstellung eines Jahresabschlusses (§ 264 Abs. 1 HGB, §§ 41, 42 GmbHG), die Pflicht zur Einberufung der Gesellschafterversammlung (§ 49 GmbHG) die Insolvenzantragspflicht (§ 15a InsO) sowie steuerrechtliche Verpflichtungen (§ 34 AO).

B. Beschränkung der Vertretungsbefugnis im Innenverhältnis, Abs. 1

4 Die Geschäftsführer haben ihnen von den Gesellschaftern auferlegte Beschränkungen der Vertretungsbefugnis zu beachten. Zwar umfasst die Vertretungsbefugnis der Geschäftsführer grundsätzlich den gesamten Bereich der Geschäftsführung (vgl. § 35 Abs. 1 GmbHG), sie ist aber gem. Abs. 1 durch die Gesellschafter über den Gesellschaftsvertrag oder einzelne zu fassende Gesellschafterbeschlüsse im Innenverhältnis **beschränkbar**. Grundsätzlich können also die Geschäftsführer alle Maßnahmen und Entscheidungen treffen, die der Verfolgung des durch den Gesellschaftsvertrag vorgegebenen Gesellschaftszwecks zu dienen geeignet sind, solange der entsprechend den Anforderungen des § 37 Abs. 1 GmbHG normierte Wille der Gesellschafter dem nicht entgegensteht.

5 Abs. 1 sieht zwei Möglichkeiten der Beschränkung der Vertretungsbefugnis der Geschäftsführer vor: Beschränkung **durch den Gesellschaftsvertrag** sowie Beschränkung **durch einzelne Beschlüsse**

der Gesellschafter. Letzteres ist allerdings nur zulässig, wenn diese Möglichkeit nicht durch den Gesellschaftsvertrag wiederum ausgeschlossen ist. Daneben kommen Beschränkungen außerhalb des Gesellschaftsvertrages oder aufgrund Gesetzes in Betracht.

I. Beschränkungen aufgrund des Gesellschaftsvertrages

1. Allgemeines

Es gibt viele Möglichkeiten der Beschränkung der Vertretungsbefugnisse der Geschäftsführer durch Regelungen des Gesellschaftsvertrages. Dabei ist stets darauf zu achten, dass die Beschränkung derartig ausgestaltet ist, dass die gesetzlich vorgesehene Rolle der Geschäftsführer als der für die Gesellschaft Handelnden (auch im Hinblick auf Durchführungshandlungen) unberührt bleibt (BGH WM 1978, 1047). Dies ergibt sich nicht zuletzt aus den Haftungsregelungen, die die Geschäftsführer betreffen, und ihren gesetzlich geregelten organschaftlichen Pflichten. Die Vertretung der Gesellschaft nach außen durch ihre Geschäftsführer muss grundsätzlich immer die höchstrangige bleiben, die zuvor stattfindende Willensbildung hingegen kann auf die Gesellschafterversammlung übertragen oder an den Willen der Gesellschafterversammlung gebunden werden. 6

2. Beachtung des Gesellschaftszwecks

Maßnahmen, die dem gesellschaftsvertraglich festgelegten **Gesellschafts- oder Unternehmenszweck widersprechen**, sind **unzulässig**. Die Geschäftsführer müssen sich mit ihren Entscheidungen und Maßnahmen im Rahmen des Gesellschaftszweckes bewegen (E/F/S/*B. Schmidt* § 37 Rn. 5). 7

3. Zustimmung anderer Organe

Häufig sieht der Gesellschaftsvertrag auch vor, dass für bestimmte Entscheidungen oder Maßnahmen die vorherige Zustimmung (Einwilligung) der **Gesellschafterversammlung** oder auch eines **anderen Organs** (dazu s. u. Rdn. 11 ff.) erforderlich ist. Dabei kann es zu Auslegungsschwierigkeiten kommen, wenn solche Klauseln sehr allgemein oder abstrakt formuliert sind, wenn also bspw. geregelt ist, dass alle Geschäfte außerhalb des gewöhnlichen Geschäftsbetriebes der vorherigen Zustimmung der Gesellschafterversammlung bedürfen. Insofern kann sich je nach Interessenlage eine möglichst **präzise Umschreibung** solcher zustimmungspflichtiger Geschäfte empfehlen, um auch den Geschäftsführern die Anwendung der gesellschaftsvertraglichen Regelungen zu erleichtern. 8

Nicht übertragen werden können die im öffentlichen Interesse bestehenden Kompetenzen der Geschäftsführer betreffend die Pflicht zur Erhaltung des Stammkapitals (§§ 30, 31, 33 GmbHG), die Handelsregisterpflichten (§ 40 GmbHG), die Buchführungspflicht, die Pflicht zur Aufstellung eines Jahresabschlusses (§ 264 Abs. 1 HGB, §§ 41, 42 GmbHG), die Pflicht zur Einberufung der Gesellschafterversammlung (§ 49 GmbHG) die Insolvenzantragspflicht (§ 15a GmbHG) sowie steuerrechtliche Verpflichtungen (§ 34 AO). 9

4. Befugnis zur Beschränkung der Geschäftsführungsbefugnis

Nur der Gesellschaftsvertrag (nicht hingegen ein Gesellschafterbeschluss) kann Regelungen treffen, nach denen einem anderen Organ das Recht eingeräumt wird, die Geschäftsführungsbefugnis der Geschäftsführer einschränkende Regelungen zu erlassen, wobei dies zusätzlich oder alternativ zu Beschränkungsbefugnissen der Gesellschafterversammlung erfolgen kann (Baumbach/Hueck/*Zöllner/Noack* § 37 Rn. 26). Darüber hinaus kommt bei **Bestehen eines Aufsichtsrates** eine Beschränkung der Geschäftsführungsbefugnis durch Anwendung des § 111 Abs. 4 AktG in Betracht, die wiederum bei einem fakultativen Aufsichtsrat im Gesellschaftsvertrag ausgeschlossen werden kann. Demnach sind bestimmte Arten von Geschäften an die Zustimmung des Aufsichtsrates zu binden. Handelt es sich um einen obligatorischen Aufsichtsrat kann derselbe auch entgegen den Regelungen des Gesellschaftsvertrages andere Geschäfte an seine Zustimmung binden (Baumbach/Hueck/*Zöllner/Noack* § 37 Rn. 28). 10

II. Beschränkungen aufgrund von Gesellschafterbeschlüssen

1. Allgemeines

11 Abs. 1 nennt auch Gesellschafterbeschlüsse als Möglichkeit, eine Beschränkung der Vertretungsbefugnisse des Geschäftsführers im Innenverhältnis vorzunehmen. Inhaltlich kann dasselbe wie bei einer Regelung des Gesellschaftsvertrages auch durch einen Gesellschafterbeschluss geregelt werden. Auch im Fall des Tätigwerdens der Gesellschafterversammlung im Wege von einzelnen Gesellschafterbeschlüssen ist darauf zu achten, dass die Geschäftsführungsbefugnisse der Geschäftsführer nicht völlig entkernt werden und diese zu reinen Marionetten werden (s. o. Rdn. 6 und Rdn. 9). Auch hier gilt, dass die Geschäftsführer nicht zu schlichten Ausführungsorganen der Gesellschafterversammlung oder eines anderen Organs werden dürfen.

2. Wirksamkeit des Gesellschafterbeschlusses

12 Der Gesellschafterbeschluss muss wirksam sein, um den Geschäftsführer zu verpflichten, ihm Folge zu leisten; ein **schwebend unwirksamer Beschluss** löst keine Folgepflicht für die Geschäftsführer aus (BGHZ 31, 278). Schließlich muss ein Geschäftsführer einem **anfechtbaren Beschluss** (ein solcher liegt insbesondere immer bei Verstößen gegen Regelungen des Gesellschaftsvertrages zur Beschlussfassung vor) dann nicht Folge leisten, wenn der Beschluss wirksam angefochten worden ist (Baumbach/Hueck/*Zöllner/Noack* § 37 Rn. 22). Ist der Beschluss (bspw. durch Ablauf der Anfechtungsfrist) unanfechtbar geworden, müssen die Geschäftsführer ihn befolgen, denn die Entscheidung über die Anfechtung liegt bei den Gesellschaftern, die durch Nichtausübung des Anfechtungsrechts innerhalb der gesetzlichen Frist die Wirksamkeit des Beschlusses offenbar unberührt lassen wollen (vgl. hierzu BGHZ 76, 160; BGH WM 1965, 425). Solange der Beschluss anfechtbar ist, wird man für den Geschäftsführer keine Folgepflicht annehmen können, da er sich Haftungsrisiken aufgrund Handelns auf der Basis eines infolge Anfechtung möglicherweise ex tunc nichtigen Gesellschafterbeschlusses aussetzen würde. Dabei muss der Geschäftsführer aber die Wahrscheinlichkeit der Begründetheit einer möglichen Anfechtung prüfen; tendiert diese gegen Null, wird man eine Folgepflicht annehmen können.

III. Beschränkungen durch Gesetz

13 § 46 GmbHG sieht eine Reihe von Maßnahmen vor, die in die **originäre Zuständigkeit der Gesellschafterversammlung** fallen. Den Geschäftsführern fehlt demgemäß die entsprechende Befugnis zur Durchführung dieser Maßnahmen. Zusätzlich sind zu den einzelnen, gesetzlich geregelten Kompetenzen sog. **Annexkompetenzen** entwickelt worden, vgl. dazu § 46 GmbHG Rdn. 5 bis 40.

IV. Beschränkungen außerhalb der gesetzlichen und gesellschaftsvertraglichen Regelungen

1. Ungewöhnliche Geschäfte

14 Eine heute allgemeine Meinung hält darüber hinaus sog. ungewöhnliche Geschäfte für vorlagepflichtig. Bei der Bestimmung des Begriffs »ungewöhnliches Geschäft« herrscht indessen große Unklarheit und Unsicherheit, was den Umgang mit der Frage der Vorlagepflicht in der Praxis erheblich erschwert. Mit Blick auf Rechtssicherheit und Rechtsklarheit ist insoweit von einer **restriktiven Anwendung der Vorlagepflicht** bei sog. »ungewöhnlichen Geschäften« auszugehen. Die Treuepflicht der Geschäftsführer gebietet allerdings die Vorlage einer Entscheidung an und damit die Verlagerung der Entscheidung auf die Gesellschafterversammlung, wenn anzunehmen ist, dass die Maßnahme auf den Widerstand der Gesellschafter stoßen würde. Ein solcher Fall liegt auch bei zu erwartendem Widerspruch nur eines Minderheitsgesellschafters jedenfalls dann vor, wenn ein solcher Widerspruch angesichts von bei der konkreten Beschlussfassung zulasten anderer Gesellschafter eingreifender Stimmverbote dazu geführt hätte, dass ein Beschluss über die Vornahme der Maßnahme nicht zustande gekommen wäre (OLG Stuttgart GmbHR 2013, 535). Eine Vorlagepflicht kann nach dieser Rechtsprechung z. B. für Maßnahmen des Geschäftsführers bestehen, mit denen ein von der Gesellschaft geführter Rechtsstreit beendet wird, wenn zwischen den Gesellschaf-

tern bekanntermaßen Streit darüber besteht, ob der Rechtsstreit fortgeführt werden soll. Auch der Umstand, dass Unvorhergesehenes zu entscheiden ist, kann unabhängig von der wirtschaftlichen Größenordnung eine Vorlagepflicht begründen, da insoweit die Gesellschafterversammlung eine Regelung der eigenen Zuständigkeit z. B. bei Normierung eines Katalogs zustimmungspflichtiger Geschäfte gar nicht in Erwägung ziehen konnte (vgl. zu den ungewöhnlichen Geschäften oder Maßnahmen auch Lutter/Hommelhoff/*Kleindiek* GmbHG, § 37 Rn. 10 f.).

Auch gegenüber dem in diesem Zusammenhang gelegentlich benutzten Begriff der »**Abweichung von der Unternehmenspolitik**« o. ä. ist Zurückhaltung geboten, da die Gefahr besteht, sich auf das Gebiet nicht justiziabler Begrifflichkeiten zu begeben. Insoweit sollte es genügen, eine Entscheidung für vorlagepflichtig zu halten, wenn es um Änderungen des bislang im Unternehmen Geübten und Bewährten geht (Baumbach/Hueck/*Zöllner/Noack* § 37 Rn. 13 a. E.). 15

2. Interesse der Gesellschaft

Auch wenn die Vorlage im Interesse der Gesellschaft **erforderlich** erscheint (vgl. § 49 Abs. 2 GmbHG), z. B. weil aus der Maßnahme ein erhebliches Risiko für die Gesellschaft erwächst, kommt eine Vorlage an die Gesellschafterversammlung in Betracht. Aber auch insoweit handelt es sich um wenige Ausnahmefälle, denn die Gesellschafterversammlung hat jederzeit die Möglichkeit, konkrete Regelungen für eine Vorlagepflicht zu erlassen; macht sie von dieser Möglichkeit keinen Gebrauch, so muss der Geschäftsführer grundsätzlich davon ausgehen können, die erforderliche Geschäftsführungsbefugnis zu haben. 16

V. Grenzen der Beschränkungsmöglichkeiten

Die Beschränkung der Geschäftsführungsbefugnis ist nicht unbegrenzt möglich. Aus der Pflichtenstellung des Geschäftsführers ergibt sich, dass seine **Geschäftsführungskompetenz** nicht in der Weise entkernt werden darf, dass er im Rechtsverkehr nur noch als »Marionette« der Gesellschafter auftritt, die sich seiner lediglich zur Vertretung der Gesellschaft bedienen. Der Geschäftsführer darf durch die Bindung der Willensbildung der Gesellschaft an die Gesellschafter bzw. durch die vollständige Übertragung der Willensbildung auf die Gesellschafter oder ein anderes Organ nicht jede eigene Geschäftsführungsbefugnis verlieren. Er wäre dann nicht mehr Geschäftsführer im Sinne dieses Wortes und des Gesetzes. Das schließt aber z. B. die Bindung von auch weniger bedeutenden Geschäften an die vorherige Zustimmung der Gesellschafterversammlung nicht aus. 17

VI. Relevanz von Beschränkungen der Geschäftsführungsbefugnis im Außenverhältnis

1. Allgemeines – Missbrauch der Vertretungsmacht

Die idealtypische Trennung des rechtsgeschäftlichen Könnens der Geschäftsführer im Außenverhältnis von ihrem rechtsgeschäftlichen Dürfen im Innenverhältnis hat im Wesentlichen im Hinblick auf den Ausnahmefall des **Missbrauchs der Vertretungsmacht** Einschränkungen erfahren. In diesen Fällen muss sich der Vertragspartner so behandeln lassen, als sei das Geschäft unter Überschreitung der Vertretungsmacht vorgenommen worden (BGHZ 141, 363). Das bedeutet, dass die allgemeinen bürgerlich-rechtlichen Regelungen über die Vertretung ohne Vertretungsmacht (§§ 177 ff. BGB) Anwendung finden. Dazu gehört auch die Regelung, dass die persönliche Haftung des Geschäftsführers im Regelfall nach § 179 Abs. 3 Satz 1 BGB ausgeschlossen ist. 18

Allerdings ist mit Blick auf den Schutz des Rechtsverkehrs und im Sinne der Rechtsklarheit von dem Ausnahmefall des Missbrauchs der Vertretungsmacht nur in sehr zurückhaltender Weise Gebrauch zu machen. Grundsätzlich gilt, dass sich der Rechtsverkehr auf die knappe und prägnante Aussage des Handelsregisters zur Vertretungsmacht verlassen können muss. 19

2. Kollusives Zusammenwirken

20 Der erste, seit Langem diskutierte Fall des sog. Missbrauchs der Vertretungsmacht betrifft das kollusive Zusammenwirken des Geschäftsführers und des Geschäftspartners zum Schaden der Gesellschaft. Dieser Fall ist auch heute im Einzelnen noch stark umstritten. Für den **Geschäftsführer** wird allgemein ein **objektives Überschreiten** der Geschäftsführungsbefugnis als hinreichend angenommen, beim Geschäftspartner wird zwar nicht mehr die **tatsächliche Kenntnis** der Überschreitung der im Innenverhältnis geltenden Geschäftsführungsbefugnis verlangt; ob aber leicht fahrlässiges oder grob fahrlässiges Nichterkennen der Überschreitung oder sogar eine entsprechende Evidenz verlangt werden soll, ist weiterhin umstritten. Nach hiesiger Auffassung ist i. S. v. Rechtssicherheit und Rechtsklarheit ein **evidentes Überschreiten** der Geschäftsführungsbefugnis zu verlangen, das sich dem Geschäftspartner aufdrängen muss. Alle anderen Lösungen kommen nicht umhin, eine Erkundigungspflicht des Geschäftspartners zu etablieren, die aber schon unter dem Gesichtspunkt der Zumutbarkeit abzulehnen ist. Hingegen ist nach der Rechtsprechung des BGH jedenfalls ein bewusstes Handeln zum Nachteil der Gesellschaft seitens des Geschäftsführers nicht erforderlich (BGH DB 2006, 1722; s. a. OLG Hamm NZG 2006, 827).

3. Gesellschafter oder Organmitglied als Geschäftspartner

21 Anzunehmen ist eine Außenwirkung auch dann, wenn der Geschäftspartner selbst Gesellschafter oder Mitglied eines anderen Gesellschaftsorgans ist. Derartig eng mit der Gesellschaft verbundene Geschäftspartner haben jedenfalls die im Gesellschaftsvertrag normierten Beschränkungen der Geschäftsführungsbefugnis gegen sich gelten zu lassen (vgl. z. B. BGHZ 38, 32). Bei durch Gesellschafterbeschluss geregelten Beschränkungen der Geschäftsführungsbefugnis wird darauf abzustellen sein, ob der Gesellschafter den entsprechenden Gesellschafterbeschluss kannte oder zumindest kennen musste; nur dann wird auch in einem solchen Fall die Beschränkung der Geschäftsführungsbefugnis Wirkung auch im Außenverhältnis entfalten können (vgl. Baumbach/Hueck/*Zöllner*/*Noack* § 37 Rn. 41; instruktiv auch Roth/Altmeppen/*Altmeppen* § 37 Rn. 47 f.).

VII. Sonderfall: Weisungen durch Gesellschafterbeschluss

22 Gesellschafterbeschlüsse können auch einzelne Geschäftsführungsentscheidungen in ganz konkreten Einzelfällen dergestalt enthalten, dass sie positiv die Vornahme bestimmter Geschäfte anweisen. Diese **Weisungsbefugnis** für die Gesellschafterversammlung wird aus der überragenden Stellung derselben im Gesamtgefüge der GmbH abgeleitet. Dies gilt uneingeschränkt auch für die mitbestimmte GmbH (Roth/Altmeppen/*Altmeppen* GmbHG, § 37 Rn. 3). Auch für die Weisungsbefugnis der Gesellschafterversammlung gilt aber, dass sich die Gesellschafterversammlung nicht an die Stelle der gesetzlich zur Geschäftsführung berufenen Geschäftsführer setzen darf. Keine Bedenken bestehen insbesondere dann, wenn der Geschäftsführung gewisse Spielräume verbleiben. Wirtschaftlich nachteilige Weisungen beinhaltende Gesellschafterbeschlüsse sind grundsätzlich **anfechtbar**, sodass eine Folgepflicht für die Geschäftsführer erst dann besteht, wenn der entsprechende Beschluss unanfechtbar geworden ist. In der Einpersonengesellschaft gilt dies naturgemäß nicht (OLG Frankfurt am Main GmbHR 1997, 346). Allerdings dürfen auch dort die Weisungen nicht zur Überschuldung oder Zahlungsunfähigkeit der Gesellschaft führen; in diesen Fällen besteht nicht nur keine Folgepflicht für die Geschäftsführer, die Geschäftsführer dürfen die Weisung schlicht nicht befolgen (BGHZ 31, 278; BGH NJW 1974, 1089).

23 Auch das Weisungsrecht kann durch den Gesellschaftsvertrag **auf andere Organe**, z. B. auf einen Aufsichtsrat oder Beirat, **übertragen** werden. Das gilt aber nur für einen fakultativen Aufsichtsrat, da der die Weisungsbefugnis nicht umfassende § 111 Abs. 4 Satz 1 AktG gem. § 52 Abs. 1 GmbHG insoweit dispositiv ist, nicht aber für den obligatorischen Aufsichtsrat, für den die Verweisung auf den § 111 Abs. 4 Satz 1 AktG zwingend ist (Lutter/Hommelhoff/*Kleindiek* GmbHG, § 37 Rn. 19).

24 In der **GmbH & Co. KG** sind lediglich die Gesellschafter der Komplementär-GmbH gegenüber den Geschäftsführern der Komplementär-GmbH, die für diese die Geschäftsführung in der KG

ausüben, weisungsbefugt, da die Kommanditisten von der Geschäftsführung gem. § 164 Abs. 1 HGB ausgeschlossen sind.

C. Unbeschränkbarkeit der Vertretungsmacht im Außenverhältnis, Abs. 2

I. Allgemeines

Abs. 2 Satz 1 statuiert, dass die Vertretungsmacht der Geschäftsführer im Außenverhältnis nicht beschränkt werden kann, und zwar weder durch den Gesellschaftsvertrag, noch durch einen Gesellschafterbeschluss, noch durch den Anstellungsvertrag oder in irgendeiner anderen Weise. Abs. 2 Satz 2 zählt hierzu eine Reihe von Beispielen auf, nach denen eine Beschränkung im Außenverhältnis insbesondere nicht in der Weise in Betracht kommt, dass sich die Vertretung nur auf gewisse Geschäfte oder Arten von Geschäften erstrecken oder nur unter gewissen Umständen oder für eine gewisse Zeit oder an einzelnen Orten stattfinden soll oder dass die Zustimmung der Gesellschafter oder eines Organs der Gesellschaft für einzelne Geschäfte erforderlich ist. Die Aufzählung ist **nicht abschließend** und im Grunde genommen vor dem Hintergrund des generalklauselartig formulierten Satz 1 überflüssig. 25

II. Einschränkung des § 37 Abs. 2 GmbHG

Eine »Einschränkung« freilich erfährt Abs. 2 im Hinblick auf die unumstrittene und gesetzlich in § 35 Abs. 2 Satz 1 GmbHG geregelte Zulässigkeit der Modifizierung der in § 35 Abs. 2 Satz 1 GmbHG vorgesehenen (echten) Gesamtvertretungsberechtigung aller Geschäftsführer in eine modifizierte Gesamtvertretungsberechtigung, eine unechte Gesamtvertretungsberechtigung oder die Einzelvertretungsberechtigung (vgl. insoweit § 35 GmbHG Rdn. 13 bis 17). Dabei handelt es sich aber um Erleichterungen gegenüber der grundsätzlich vorgesehenen Gesamtvertretungsberechtigung, sodass die Interessen des Rechtsverkehrs unbeeinträchtigt bleiben. Darüber hinaus werden diese Erleichterungen im Handelsregister offengelegt. Auch für die Erleichterungen gilt schließlich, dass sie mit genereller Wirkung ausgestaltet werden müssen und nicht von weiteren sachlichen Voraussetzungen abhängig gemacht werden dürfen. 26

§ 38 Widerruf der Bestellung

(1) Die Bestellung der Geschäftsführer ist zu jeder Zeit widerruflich, unbeschadet der Entschädigungsansprüche aus bestehenden Verträgen.

(2) ¹Im Gesellschaftsvertrag kann die Zulässigkeit des Widerrufs auf den Fall beschränkt werden, daß wichtige Gründe denselben notwendig machen. ²Als solche Gründe sind insbesondere grobe Pflichtverletzung oder Unfähigkeit zur ordnungsmäßigen Geschäftsführung anzusehen.

Übersicht

	Rdn.			Rdn.
A. **Allgemeines**	1	V.	Erklärung gegenüber Geschäftsführer	20
I. Begriffsbestimmung	1	E.	**Folgen des Widerrufs der Bestellung**	21
II. Beschränkung und Beschränkbarkeit des Rechts auf Abberufung	2	I.	Eintragung ins Handelsregister	21
		II.	Auswirkungen auf Vertretungsberechtigung	22
B. **Widerruf der Bestellung ohne wichtigen Grund, Abs. 1**	6	III.	Anfechtung des Widerrufs, einstweiliger Rechtsschutz	23
C. **Widerruf der Bestellung aus wichtigem Grund, Abs. 2**	8	IV.	Auswirkung auf Anstellungsverhältnis	25
I. Vorliegen eines wichtigen Grundes	8		1. Trennungsprinzip	25
II. Verwirkung, Nachschieben von Gründen	13		2. Verknüpfung von Bestellung und Anstellung	26
D. **Das »Verfahren« beim Widerruf**	15		3. Zuständigkeit der ordentlichen Gerichte	29
I. Zuständigkeit für den Widerruf	15	F.	**Amtsniederlegung**	30
II. Tagesordnung, Anhörung	16	I.	Allgemeines	30
III. Beschlussfassung	17	II.	Amtsniederlegung zur Unzeit	31
IV. Notgeschäftsführer, Geschäftsführer aufgrund Sonderrechts	19			

III.	Wirksamkeitszeitpunkt, Auswirkungen auf Anstellungsverhältnis 32	II.	Amtsunfähigkeit des Geschäftsführers... 35
G.	Automatische Beendigung der Organstellung eines Geschäftsführers 34	III.	Umwandlungsvorgänge, Auflösung der GmbH, Insolvenz.................. 36
I.	Befristung der Bestellung, auflösende Bedingung 34	IV.	Tod des Geschäftsführers 37

A. Allgemeines

I. Begriffsbestimmung

1 Grundsätzlich kann gem. Abs. 1 die Bestellung des Geschäftsführers jederzeit und ohne Angabe von Gründen widerrufen werden. Terminologisch hat sich dafür der Begriff der **Abberufung** des Geschäftsführers durchgesetzt (so auch § 46 Nr. 5 GmbHG), der klarer ist als der Begriff »Widerruf«, der eine rückwirkende Beseitigung der Bestellung nahelegen könnte; dagegen wirkt der Widerruf (selbstverständlich) nur ex nunc für die Zukunft.

II. Beschränkung und Beschränkbarkeit des Rechts auf Abberufung

2 Gem. Abs. 2 ist die gesetzliche Regelung des Abs. 1 in der Weise **dispositiv**, dass die Möglichkeit des Widerrufs von dem **Vorliegen eines wichtigen Grundes** abhängig gemacht werden kann (vgl. dazu ausführl. Rdn. 8 bis 14). Auch die Statuierung anderer Voraussetzungen materieller Art (z. B. andere sachliche Gründe) oder formeller Art (z. B. qualifizierte Beschlussmehrheit, Fristbindung) ist denkbar; das Recht der Gesellschafter zum Widerruf der Bestellung im Fall des Vorliegens eines wichtigen Grundes darf allerdings **nicht eingeschränkt** werden (BGH NJW 1969, 1483).

3 Die Interessen des Geschäftsführers werden ausschließlich im Rahmen seines von der Organstellung zu unterscheidenden **Anstellungsverhältnisses** geschützt, das von dem Widerruf der Bestellung unberührt bleibt. Ansprüche nach § 628 Abs. 2 BGB bestehen daher nicht.

4 Möglich ist eine Einschränkung der freien Widerruflichkeit in **schuldrechtlichen Nebenabreden** zwischen dem geschäftsführenden Gesellschafter und den übrigen Gesellschaftern. Denkbar ist z. B. die Zustimmung des betroffenen geschäftsführenden Gesellschafters zum Widerruf der eigenen Bestellung. Eine solche Regelung findet aber ihre Grenze in dem in jedem Fall möglichen Widerruf aus wichtigem Grund, die nicht von der Zustimmung des betroffenen geschäftsführenden Gesellschafters abhängig gemacht werden darf (BGH NJW 1987, 1050).

5 In besonderen Einzelfällen kann die freie Widerruflichkeit der Bestellung unter dem Gesichtspunkt **gesellschafterlicher Treuepflicht** eingeschränkt sein. Das kann wiederum im Fall des langjährigen und/oder wirtschaftlich sehr erfolgreichen und/oder am Stammkapital namhaft beteiligten geschäftsführenden Gesellschafters das Vorliegen und die Angabe eines sachlichen Grundes notwendig machen, der freilich weniger engen und strengen Voraussetzungen unterliegt als der einen Widerruf der Bestellung stets ermöglichende wichtige Grund i. S. v. Abs. 2 (OLG Zweibrücken GmbHR 1998, 373, 374; vgl. hierzu auch *Kreklau* GmbHR 2007, 365).

Infolge der Entscheidung des EuGH in der Rechtssache »Danosa« können sich schwangere GmbH-Geschäftsführerinnen auf einen Schutz gegen eine schwangerschaftsbedingte Kündigung ihres Anstellungsvertrags sowie gegen den Widerruf ihrer Bestellung berufen. § 1 Abs. 1 MuSchG, wonach das Mutterschutzgesetz nur für Frauen gilt, die in einem Arbeitsverhältnis stehen, ist von den deutschen Gerichten insoweit richtlinienkonform auszulegen (vgl. *Kempermann* NJW Spezial 2013, 655, 656).

B. Widerruf der Bestellung ohne wichtigen Grund, Abs. 1

6 Der Widerruf der Bestellung ist grundsätzlich jederzeit, ohne Angabe von Gründen und auch ohne Gewährung vorheriger oder nachträglicher Anhörung (BGH NJW 1960, 1861) möglich.

Der Widerruf erfolgt als **actus contrarius** durch das auch **für die Bestellung zuständige Organ**. Liegt die Zuständigkeit, wie grundsätzlich nach § 46 Nr. 5 GmbHG gesetzlich vorgesehen, bei der Gesellschafterversammlung, bedarf es also eines wirksamen Gesellschafterbeschlusses. Auch der Widerruf der Bestellung ist gem. § 39 Abs. 1 GmbHG unverzüglich zur Eintragung in das Handelsregister anzumelden. Im Einzelnen s. u. § 39 GmbHG Rdn. 2 bis Rdn. 6. Der Beschluss des alleinigen Gesellschafters einer GmbH über seine eigene Abberufung als alleiniger Geschäftsführer ist regelmäßig rechtsmissbräuchlich und daher unwirksam, wenn er nicht zugleich einen neuen Geschäftsführer bestellt (OLG München BB 2011, 1105, ZIP 2011, 866). Der Grund liegt darin, dass durch einen solchen Versuch, sich der freiwillig übernommenen Verantwortung für die Gesellschaft und aller weiteren Pflichten zu entledigen, die gerade in wirtschaftlich schwierigen Situationen der Gesellschaft an das Amt des Geschäftsführers geknüpft sind, die überwiegenden Interessen anderer Beteiligter zurückgestellt werden (OLG München BB 2011, 1105, 1106).

In der **mitbestimmten GmbH** ergibt sich aus dem Verweis von § 31 MitbestG, § 12 Montan-MitbestG und § 13 MitBestErgG auf § 84 AktG, dass wie bei der Aktiengesellschaft ein Widerruf immer das Vorliegen eines wichtigen Grundes erfordert (vgl. § 84 AktG Rdn. 21 ff.). 7

C. Widerruf der Bestellung aus wichtigem Grund, Abs. 2

I. Vorliegen eines wichtigen Grundes

Bei der Entscheidung, ob ein **wichtiger Grund** vorliegt, handelt es sich um eine schwierige **Einzelfallentscheidung**, im Rahmen derer alle Umstände der widerstreitenden Interessen insbesondere unter dem Gesichtspunkt der **Zumutbarkeit** des Verbleibens des Geschäftsführers in seiner Organstellung für die Gesellschaft zu berücksichtigen sind (BGH NJW-RR 1992, 292, 295). Dabei sind die gesamten Umstände des Einzelfalls unter Berücksichtigung der Interessen der Beteiligten zu berücksichtigen (BGH NZG 2008, 785, 786). Bei der Interessenabwägung sind insbesondere die Schwere der Verfehlung, deren Folgen für die Gesellschaft, die Größe der Wiederholungsgefahr pflichtwidrigen Verhaltens, die Dauer der Tätigkeit für die Gesellschaft und besondere Verdienste des Geschäftsführers um das Unternehmen zu berücksichtigen. Ein Verschulden des Geschäftsführers ist hingegen ebenso wenig erforderlich wie ein der Gesellschaft entstandener Schaden. 8

In Abs. 2 Satz 2 werden beispielhaft die grobe Pflichtverletzung und die Unfähigkeit zur ordnungsgemäßen Geschäftsführung genannt. Durch die Wahl des Wortes »insbesondere« macht das Gesetz deutlich, dass es sich nicht um eine abschließende Aufzählung handelt. Das Gesetz scheint zwar mit den Beispielen andeuten zu wollen, dass der wichtige Grund in der Person des Geschäftsführers selbst liegen müsse. Doch können sich auch von seiner Person unabhängige Gründe für die Gesellschaft in unzumutbarer Weise auswirken, sodass sie als wichtiger Grund für den Widerruf hinreichen (Scholz/*Schneider* GmbHG, § 38 Rn. 43). 9

Als wichtige Gründe, die den Widerruf der Bestellung i. S. d. Abs. 2 Satz 1 rechtfertigen können, kommen u. a. **folgende Umstände** in Betracht: Tätlichkeiten gegenüber Mitarbeitern, anderen Geschäftsführern oder Gesellschaftern; unzureichende Buchführung (z. B. nicht fristgerechte Vorlage von Jahresabschlüssen nach § 42 Abs. 1, Abs. 2 GmbHG, vgl. KG ZIP 2011, 2304); ohne Beteiligung der Gesellschafterversammlung ausgesprochene Weigerung, einem Gesellschafter Einsicht in die Bücher der Gesellschaft zu gestatten (§ 52a Abs. 2 Satz 2 GmbHG, ebenfalls KG ZIP 2011, 2304); Fälschung von Abrechnungsbelegen; Missbrauch von Gesellschaftsvermögen für eigene Zwecke; Teilnahme an unseriösen Geschäften; Fehlen notwendiger Kenntnisse; lange andauernde Krankheit; schwerer Vertrauensbruch; Haft von längerer oder nicht absehbarer Dauer; Annahme von Schmiergeldern; Verstoß gegen vereinbarte Gesamtvertretung; Bilanzmanipulationen und Steuerhinterziehung; Beteiligung an strafbaren Handlungen; auf einem sachlich nachvollziehbaren Umstand beruhender Vertrauensentzug (vgl. zu diesen Beispielen und zu weiteren mit umfassenden Nachweisen E/F/S/*B. Schmidt* § 38 Rn. 10). Zum Fall eines »unheilbaren« Zerwürfnisses zwischen zwei Geschäftsführern OLG Stuttgart BeckRS 2013, 04338. Diese Aufzählung ist 10 nicht abschließend. Auch lässt sich die Begründung nicht pauschal vornehmen, sondern wird sich stets an den Gesamtumständen des Einzelfalls orientieren müssen.

11 Bei der **personalistischen GmbH**, insbesondere in der Form der **Zwei-Personen-GmbH**, sind an die Bejahung des wichtigen Grundes besonders hohe Ansprüche zu stellen (BGH NZG 2008, 785, 786; NJW RR 1993, 1253). Denn das dem betroffenen Gesellschafter auferlegte Stimmverbot (s. u. Rdn. 18) in einer Abstimmung über seine Abberufung aus wichtigem Grund führt zu einer faktischen Alleinentscheidung des jeweils anderen Gesellschafters, der auf diese Weise die Tätigkeit des abzuberufenden Geschäftsführers praktisch beliebig beenden kann. Aus diesem Grund wird bei der personalistischen Zwei-Personen-GmbH die Abberufung aufgrund Vertrauensentzuges nur dann in Betracht kommen, wenn der Vertrauensentzug nach der Beurteilung eines verständigen Betrachters auf berechtigten Zweifeln an der Rechtmäßigkeit oder an der Ordnungsmäßigkeit der Geschäftsführung beruht (BGH WM 1968, 1347, 1348). Ein bloßer Vertrauensverlust in die Zweckmäßigkeit der Geschäftsführung hingegen kann für die Abberufung nicht ausreichen (BGH NZG 2008, 785, 786). Die Zustimmung eines Minderheitsgesellschafters zu dem Beschluss, den Mehrheitsgesellschafter-Geschäftsführer der zweigliedrigen GmbH aus wichtigem Grund abzuberufen, kann treuwidrig und damit nichtig sein, wenn der jeweils erforderliche Grund fehlt (OLG Stuttgart ZIP 2013 S. 2108).

12 Während Gründe, die für die **außerordentliche Kündigung des Anstellungsverhältnisses** hinreichend sind, stets auch die Abberufung aus wichtigem Grund rechtfertigen können, ist das umgekehrt nicht der Fall (BGH NJW RR 1996, 156). Im Anstellungsverhältnis können die Interessen des Geschäftsführers weiter gehend geschützt werden, da die kollidierenden Interessen der Gesellschaft hier weniger schützenswert sind als im für die Gesellschaft selbst essentiellen Organverhältnis.

II. Verwirkung, Nachschieben von Gründen

13 Die Gesellschaft kann das Recht, sich auf das Vorliegen eines wichtigen Grundes zu berufen dann **verwirken**, wenn sie nach Kenntnis der den wichtigen Grund darstellenden Umstände unangemessen lange zuwartet oder sich für den betroffenen Geschäftsführer aus den Gesamtumständen ergibt, dass von der Widerrufsmöglichkeit kein Gebrauch mehr gemacht werden soll (BGH ZIP 1993, 1228 f.; ZIP 1992, 32).

14 Ein **Nachschieben von wichtigen Gründen** im Prozess ist dann möglich, wenn die Umstände bereits im Zeitpunkt des Beschlusses über den Widerruf der Bestellung vorlagen, selbst wenn sie zum damaligen Zeitpunkt dem für den Widerruf zuständigen Organ noch nicht bekannt waren. Eine erneute Beschlussfassung aber ist grundsätzlich erforderlich (BGH NJW-RR 1992, 292, 293). Anders in der Zwei-Personen-GmbH (BGH NJW 1992, 292, 294).

D. Das »Verfahren« beim Widerruf

I. Zuständigkeit für den Widerruf

15 Die Gesellschafterversammlung ist ebenso wie für die Bestellung des Geschäftsführers auch für den Widerruf der Bestellung (Abberufung) zuständig (§ 46 Nr. 5 GmbHG). Die üblichen Form- und Fristvorschriften gelten auch hier. »Zu jeder Zeit« bedeutet nicht, dass auf eine ordnungsgemäße Ladung oder die Mindestladungsfrist des § 51 Abs. 1 Satz 1 GmbHG verzichtet werden kann (*v. Schnurbein/Neufeld* BB 2011, 585, 588). Ist das Recht zur Bestellung des Geschäftsführers auf ein anderes Organ der Gesellschaft übertragen worden, so liegt auch die Zuständigkeit für den Widerruf bei diesem Organ. Diese fällt nur bei dessen Handlungsunfähigkeit an die Gesellschafterversammlung zurück. In der mitbestimmten GmbH ergibt sich aus der zwingenden Verweisung von § 31 Abs. 1 MitbestG, § 12 MontanMitbestG, § 13 MitbestErgG auf § 84 AktG, dass der **Aufsichtsrat** für Bestellung und Widerruf derselben zuständig ist. § 13 Abs. 1 Satz 3 MontanMitbestG regelt, dass der Arbeitsdirektor nicht gegen die Mehrheit der Stimmen der Arbeitnehmer abberufen werden darf.

II. Tagesordnung, Anhörung

In der **Tagesordnung** reicht die Nennung des Tagesordnungspunktes »Abberufung des Geschäftsführers« aus; die wichtigen Gründe müssen nicht angegeben werden (BGH NJW 1962, 393, 394). Eine **Anhörung** muss dem Geschäftsführer nicht gewährt werden; ebenso ist grundsätzlich eine Abmahnung entbehrlich (E/F/S/*B. Schmidt* § 38 Rn. 18 f.).

16

III. Beschlussfassung

Die Beschlussfassung der Gesellschafterversammlung erfolgt grundsätzlich mit **einfacher Mehrheit**. Das gilt für Organe, auf die die Kompetenz übertragen worden ist, entsprechend. Für die Abberufung aus wichtigem Grund darf keine qualifizierte Mehrheit durch den Gesellschaftsvertrag statuiert werden, da dieses Recht der Gesellschafter nicht eingeschränkt werden darf (s. o. Rdn. 2). Für andere Abberufungen ist das zulässig. Bei schweren Pflichtverletzungen des Geschäftsführers kommt eine Verpflichtung der Mitgesellschafter, dem Abberufungsverlangen eines Gesellschafters zuzustimmen, in Betracht (OLG Köln BeckRS 2010, 19299).

17

Bei der Beschlussfassung über den Widerruf der Bestellung eines **Gesellschafter-Geschäftsführers** aus wichtigem Grund trifft denselben in der Gesellschafterversammlung (soweit diese zuständig ist) ein **Stimmverbot** (BGHZ 34, 367, 371; 86, 177, 181; NZG 2008, 785, 786). Hingegen gilt bei einer Beschlussfassung über den Widerruf der Bestellung ohne wichtigen Grund kein Stimmverbot (BGHZ 86, 177 f.). In solchen Fällen kann der Gesellschafter seine Mitgliedschaftsrechte ausüben. Sein Teilnahmerecht an der Gesellschafterversammlung bleibt aber in jedem Fall unberührt ebenso wie sein Äußerungsrecht, insbesondere zu dem (behaupteten) wichtigen Grund, der dem Beschlussvorschlag betreffend den Widerruf zugrunde liegt (BGHZ 1987, 1890, 1891). Der betroffene Gesellschafter-Geschäftsführer ist also zur Gesellschafterversammlung einzuladen. Andernfalls ist der Beschluss fehlerhaft und anfechtbar.

18

IV. Notgeschäftsführer, Geschäftsführer aufgrund Sonderrechts

Die Bestellung eines Notgeschäftsführers kann ausschließlich **durch das Gericht**, das ihn bestellt hat, widerrufen werden. Dem Widerruf der Bestellung eines aufgrund eines Sonderrechts eines einzelnen Gesellschafters bestellten Geschäftsführers muss der Sonderrechtsinhaber zustimmen, wenn der Widerruf ohne wichtigen Grund erfolgt (BGH WM 1962, 201); bei Vorliegen eines wichtigen Grundes hingegen kommt es auf seine Zustimmung nicht an, wenn im Übrigen die erforderliche Mehrheit gegeben ist.

19

V. Erklärung gegenüber Geschäftsführer

Ist der Widerruf der Bestellung wirksam beschlossen worden, so muss er gegenüber dem Geschäftsführer durch Erklärung umgesetzt werden. Die Erklärung ist **formlos** wirksam (E/F/S/*B. Schmidt* § 38 Rn. 20). Der Widerruf wird erst mit **Zugang** dieser Erklärung beim betroffenen Geschäftsführer wirksam. Der Umsetzung bedarf es nicht mehr, wenn der Geschäftsführer bei der Beschlussfassung anwesend ist (BGH GmbHR 2003, 544 f.).

20

E. Folgen des Widerrufs der Bestellung

I. Eintragung ins Handelsregister

Der Beschluss über den Widerruf der Bestellung ist unmittelbar, ggf. nach Erklärung gegenüber dem Geschäftsführer (s. o. Rdn. 20), wirksam; die erforderliche Eintragung in das Handelsregister erfolgt nur zu **deklaratorischen** Zwecken.

21

II. Auswirkungen auf Vertretungsberechtigung

Die **Gesamtvertretungsberechtigung** eines zweiten vorhandenen Geschäftsführers erstarkt nach der richtigen h. M. unmittelbar zur Einzelvertretungsberechtigung (vgl. zum Meinungsstand Roth/

22

Altmeppen/*Altmeppen* § 35 Rn. 38). Die Eintragung des Widerrufs ist auch insoweit nur deklaratorisch. War aber überhaupt nur ein Geschäftsführer vorhanden oder sieht der Gesellschaftsvertrag zwingend die Vertretung der Gesellschaft durch mindestens zwei Geschäftsführer vor, so ist die Gesellschaft handlungsunfähig, was die sofortige Bestellung eines neuen (zusätzlichen) Geschäftsführers nötig macht.

III. Anfechtung des Widerrufs, einstweiliger Rechtsschutz

23 Der Widerruf der Bestellung des GmbH-Geschäftsführers ist in Analogie zu § 84 Abs. 3 Satz 4 AktG auch im Fall gerichtlicher Anfechtung so lange wirksam, bis durch rechtskräftiges gerichtliches Urteil das Gegenteil festgestellt ist (in der Lit. sehr str.; für die mitbestimmte GmbH ist das durch den zwingenden Verweis auf § 84 Abs. 3 Satz 4 AktG aber unumstr.). Gegen die Beschlussfassung kann durch jeden Gesellschafter im Wege des **einstweiligen Rechtsschutzes** vorgegangen werden, auch gegen den Widerruf der Bestellung eines Fremdgeschäftsführers (hierzu i. E. E/F/S/*B. Schmidt* § 38 Rn. 45 f.). Der Antrag auf Erlass einer einstweiligen Verfügung kann darauf gerichtet werden, das Organverhältnis bis zur Entscheidung in der Hauptsache aufrechtzuerhalten und eine anderweitige Eintragung in das Handelsregister zu verhindern. Das ist wiederum bei der mitbestimmten GmbH aufgrund der zwingenden Verweisung auf § 84 Abs. 3 Satz 4 AktG nicht möglich.

24 Gegenstand eines Antrags auf Erlass einer einstweiligen Verfügung nach § 940 ZPO kann umgekehrt auch sein, dass einem Geschäftsführer bis zur Entscheidung in der Hauptsache ein Tätigkeitsverbot und ein Verbot seiner Organtätigkeit als Geschäftsführer ausgesprochen werden (vgl. z. B. KG ZIP 2011, 2305). Ein solcher Antrag kann von Gesellschaftern gestellt werden, die den Widerruf einer Bestellung betreiben, worüber eine Beschlussfassung aber (noch) fehlt.

IV. Auswirkung auf Anstellungsverhältnis

1. Trennungsprinzip

25 Das Anstellungsverhältnis bleibt von dem Widerruf der Bestellung zunächst **grundsätzlich unberührt** (BGH NJW-RR 1996, 156). Der Widerruf betrifft zunächst nur das Organverhältnis. Das Anstellungsverhältnis ist von diesem unabhängig (sog. **Trennungsprinzip**). Gleichwohl kann das Trennungsprinzip nicht bedeuten, dass Änderungen in dem Organverhältnis stets ohne Auswirkung auf das Anstellungsverhältnis bleiben, und umgekehrt. Eine vertragliche Verknüpfung von Organverhältnis und Anstellungsverhältnis dergestalt, dass mit dem Widerruf der Bestellung auch die Kündigung des Anstellungsverhältnisses erklärt ist und umgekehrt, ist möglich, das Trennungsprinzip also insoweit »dispositiv« (vgl. BGH NJW 1999, 3263, 3264).

2. Verknüpfung von Bestellung und Anstellung

26 Im Einzelfall ist im Wege der **Auslegung** zu ermitteln, ob mit dem Widerruf der Bestellung zugleich das Anstellungsverhältnis gekündigt worden ist, und ob im umgekehrten Fall der Geschäftsführer mit der Niederlegung seines Geschäftsführeramtes (s. u. Rdn. 33) auch den Anstellungsvertrag kündigen wollte. Insbesondere im Fall eines Widerrufs ohne wichtigen Grund wird man i. Zw. nicht annehmen können, dass damit auch eine Kündigung des Anstellungsverhältnisses verbunden sein sollte (BGH NJW 2003, 351). Bei einem Widerruf aus wichtigem Grund hingegen wird man das annehmen können, allerdings ist gesondert zu prüfen, ob der den Widerruf rechtfertigende wichtige Grund geeignet ist, auch eine außerordentliche Kündigung des Anstellungsvertrages zu rechtfertigen, was nicht immer der Fall ist (s. o. Rdn. 12).

27 Hingegen wird eine wirksame **Kündigung des Anstellungsvertrages** grundsätzlich auch als Widerruf der Bestellung auszulegen sein (s. o. Rdn. 12); das gilt insbesondere bei einer Kündigung des Anstellungsvertrages aus wichtigem Grund. Umgekehrt wird auch eine Amtsniederlegung durch den Geschäftsführer als Kündigung des Anstellungsvertrages zu verstehen sein.

Bleibt das **Anstellungsverhältnis** trotz Beendigung des Organverhältnisses **bestehen**, so können dem Geschäftsführer nach den allgemeinen arbeitsrechtlichen Regelungen Tätigkeiten zugewiesen werden, die ihm unter Berücksichtigung seiner fachlichen Qualifikation und bisherigen Position zumutbar sind (BAG GmbHR 2003, 105, 109 f.). Ist er zu deren Erbringung nicht bereit, kann die Gesellschaft außerordentlich kündigen. Hingegen hat der Geschäftsführer nach Widerruf seiner Bestellung bei fortbestehendem Anstellungsverhältnis grundsätzlich keinen Anspruch auf Weiterbeschäftigung in einer seiner früheren Tätigkeit vergleichbaren leitenden Funktion (BGH BB 2011, 334). Eine Tätigkeit unterhalb der Organebene ist typischerweise nicht vereinbart. Sie stellt ein aliud zu der Geschäftsführertätigkeit dar und kann deshalb aus dem Anstellungsvertrag nicht hergeleitet werden. Ein Anspruch auf Weiterbeschäftigung würde nach dem BGH die in der freien Abberufbarkeit Ausdruck findende Organisationsfreiheit der Gesellschaft konterkarieren. Etwas anderes kann nur gelten, wenn sich dem Anstellungsvertrag eine dahin gehende Vereinbarung entnehmen lässt (BGH BB 2011, 334). 28

3. Zuständigkeit der ordentlichen Gerichte

Für Rechtsstreitigkeiten zwischen dem Geschäftsführer und der Gesellschaft sind die ordentlichen Gerichte und dort ggf. die **Kammer für Handelssachen** (§ 95 Abs. 1 Nr. 4a GVG) zuständig. Diese Zuständigkeit gilt ebenso für das der Organstellung zugrunde liegende Rechtsverhältnis, solange keine Abberufung erfolgt ist (BAG NJW 2013, 2140). Eine Klage gegen den Widerruf hat keine aufschiebende Wirkung; eine analoge Anwendung der §§ 117, 127 HGB kommt für die kapitalistische GmbH nicht in Betracht (BGHZ 86, 177, 180). 29

F. Amtsniederlegung

I. Allgemeines

Der grundsätzlich jederzeitigen Widerruflichkeit des Bestellungsbeschlusses ohne das Erfordernis der Angabe von Gründen entspricht das jederzeitige **Recht des Geschäftsführers**, sein Amt, ebenfalls ohne Angabe von Gründen, niederzulegen. Die Niederlegungserklärung ist eine empfangsbedürftige Willenserklärung. **Empfangszuständig** ist das für die Bestellung zuständige Organ, in der Regel also die nach § 46 Nr. 5 GmbHG zuständige Gesellschafterversammlung. Es reicht aber die Erklärung gegenüber einem Gesellschafter (BGHZ 149, 28). Der Wirksamkeit steht es nicht entgegen, wenn die Amtsniederlegungserklärung an die Gesellschaft adressiert ist, sofern sie einem Gesellschafter zugeht, und zwar auch dann, wenn es sich bei dem Gesellschafter zugleich um einen Mitgeschäftsführer handelt (OLG Hamm BeckRS 2010, 21010). Mündliche Erklärung reicht ebenfalls, wenn der Gesellschaftsvertrag nichts anderes vorsieht. Die Niederlegungserklärung ist sofort wirksam, kann aber auch mit Wirkung zu einem zeitlich späteren Termin erfolgen (BGH GmbHR 2003, 544). Mit Wirksamkeit der Niederlegung **endet die Haftung** des Geschäftsführers für die Erfüllung der Pflichten des Geschäftsführers. 30

II. Amtsniederlegung zur Unzeit

Erfolgt die Amtsniederlegung, ohne dass ein wichtiger Grund vorliegt, in einer für die Gesellschaft schwierigen Phase und so kurzfristig, dass die Bestellung eines neuen oder eines weiteren Geschäftsführers in einem angemessenen Zeitraum nicht möglich erscheint, kann es sich um eine rechtsmissbräuchliche Niederlegung zur Unzeit handeln, die den Geschäftsführer u. U. schadensersatzpflichtig machen kann (BGH NJW 1980, 2415). Die Gefahr, dass bei der Gesellschaft infolge ihrer Handlungsunfähigkeit Schäden eintreten, ist dabei nicht gering. In einigen besonderen Fällen wird daher vom Grundsatz der sofortigen Wirksamkeit der Amtsniederlegung abgewichen, insbesondere wenn der einzige Geschäftsführer, der auch alleiniger Gesellschafter ist, sein Amt z. B. unmittelbar nach Stellung eines Insolvenzantrages niederlegt und nicht sofort einen neuen Geschäftsführer bestellt (BayObLG NZG 1999, 1003). Nach ständiger obergerichtlicher Rechtsprechung ist die Amtsniederlegung durch den alleinigen Geschäftsführer, der zugleich alleiniger Gesellschafter ist, per se wegen Rechtsmissbrauchs unwirksam, wenn dieser davon absieht, einen neuen Geschäfts- 31 führer für die Gesellschaft zu bestellen (vgl. nur OLG München BB 2011, 1105, 1106). Daran hat sich durch das MoMiG nichts geändert, denn die neu eingeführte Vorschrift des § 35 Abs. 1 Satz 2 GmbHG gewährleistet bei Führungslosigkeit der Gesellschaft nur eine Passivvertretung (OLG München BB 2011, 1105, 1106). Dasselbe muss richtigerweise in Fällen gelten, in denen der sein Amt niederlegende Geschäftsführer Alleingesellschafter der Alleingesellschafterin der GmbH ist, in dem entschiedenen Fall eine UG gem. §a GmbHG (OLG München ZIP 2012, 1559). Ähnlich wird das zu Recht auch für Fälle vertreten, in denen der einzige Geschäftsführer zwar nicht Alleingesellschafter, wohl aber derjenige Mehrheitsgesellschafter ist, der die Geschicke der GmbH lenkt (OLG Köln NZG 2008, 340, 341), und für den Fall von zwei Gesellschaftergeschäftsführern, die beide gleichzeitig ihr Amt eines Geschäftsführers niederlegen und keinen neuen Geschäftsführer bestellen (KG OLG-Report 2001, 234).

III. Wirksamkeitszeitpunkt, Auswirkungen auf Anstellungsverhältnis

32 Die Amtsniederlegung aus wichtigem Grund ist stets mit sofortiger Wirkung möglich (Baumbach/Hueck/*Zöllner/Noack* § 38 Rn. 86). Nach ständiger Rechtsprechung des BGH wird die Amtsniederlegung auch dann als sofort wirksam behandelt, wenn über die objektive Berechtigung der geltend gemachten Gründe Streit besteht. Die Vermeidung von Unsicherheiten für den gesamten Rechtsverkehr überwiegt das Interesse der Gesellschaft an der Fortführung des Amtes durch den Geschäftsführer (vgl. OLG München ZIP 2012, 1559, 1560). Schon aus praktischen Gründen kommt eine Amtsfortführung durch den Geschäftsführer wohl ohnehin nur selten in Betracht. Für die »einfache« Amtsniederlegung kann der Gesellschaftsvertrag besondere Formen und Fristen festlegen.

33 Die Frage, ob mit der Amtsniederlegung auch eine Kündigung des Anstellungsverhältnisses erklärt wird, ist im Wege der Auslegung festzustellen und im Zweifel zu bejahen (s. o. Rdn. 27).

G. Automatische Beendigung der Organstellung eines Geschäftsführers

I. Befristung der Bestellung, auflösende Bedingung

34 Die Bestellung eines Geschäftsführers kann sowohl aufgrund einer Regelung im Gesellschaftsvertrag als auch aufgrund eines entsprechend gefassten Bestellungsbeschlusses befristet erfolgen oder unter den Eintritt einer auflösenden Bedingung gestellt werden. In der mitbestimmten GmbH ist durch den zwingenden Verweis auf § 84 Abs. 1 Satz 1 AktG die Dauer der Bestellung auf 5 Jahre begrenzt; eine erneute Bestellung ist möglich. Die gesetzlich befristete Organstellung wird durch einen nachträglichen Wegfall der Mitbestimmung nicht automatisch zu einer unbefristeten (E/F/S/*B. Schmidt* § 38 Rn. 30).

II. Amtsunfähigkeit des Geschäftsführers

35 Ein weiterer Fall der automatischen Beendigung der Organstellung eines Geschäftsführers ist das Eintreten der Amtsunfähigkeit in der Person des Geschäftsführers (s. o. § 6 GmbHG Rdn. 11 bis 19). Hingegen führt der Verlust von gesellschaftsvertraglichen Eignungsvoraussetzungen nicht ohne Weiteres zur automatischen Beendigung der Organstellung; in Betracht kommt i. d. R. die Abberufung, die freilich grundsätzlich auch ohne Vorliegen eines Grundes möglich ist.

III. Umwandlungsvorgänge, Auflösung der GmbH, Insolvenz

36 Bei **Umwandlungsvorgängen** (z. B. Verschmelzung) endet die Organstellung bei dem übertragenden Rechtsträger automatisch mit dem Erlöschen der Gesellschaft nach §§ 20 Abs. 1 Nr. 2, 131 Abs. 1 Nr. 2 UmwG. Hingegen führen die **Auflösung einer GmbH** (insbes. gem. § 60 GmbHG) und die Eröffnung des **Insolvenzverfahrens** nicht zur Beendigung der Organstellung. Während im Fall der Auflösung die Geschäftsführer grundsätzlich zu Liquidatoren der Gesellschaft werden, bleiben sie auch im Fall der Eröffnung des Insolvenzverfahrens im Amt und sind für alle diejenigen

Angelegenheiten zuständig, die nicht unter die Verwaltung des Insolvenzverwalters fallen, vor allem im innergesellschaftlichen Bereich (BGHZ 32, 114).

IV. Tod des Geschäftsführers

Ohne erbrechtliche Nachfolge endet das Geschäftsführeramt im Fall des Todes eines Geschäftsführers sofort und automatisch, und zwar auch dann, wenn es sich um ein mit einem Sonderrecht auf Benennung eines Geschäftsführers ausgestatteten Geschäftsanteil handelt (vgl. Baumbach/Hueck/*Zöllner/Noack* § 38 Rn. 83). 37

§ 39 Anmeldung der Geschäftsführer

(1) Jede Änderung in den Personen der Geschäftsführer sowie die Beendigung der Vertretungsbefugnis eines Geschäftsführers ist zur Eintragung in das Handelsregister anzumelden.

(2) Der Anmeldung sind die Urkunden über die Bestellung der Geschäftsführer oder über die Beendigung der Vertretungsbefugnis in Urschrift oder öffentlich beglaubigter Abschrift beizufügen.

(3) Die neuen Geschäftsführer haben in der Anmeldung zu versichern, daß keine Umstände vorliegen, die ihrer Bestellung nach § 6 Abs. 2 Satz 2 Nr. 2 und 3 sowie Satz 3 entgegenstehen und daß sie über ihre unbeschränkte Auskunftspflicht gegenüber dem Gericht belehrt worden sind. § 8 Abs. 3 Satz 2 ist anzuwenden.

(4) *[aufgehoben]*

Übersicht	Rdn.		Rdn.
A. Allgemeines	1	2. Mitwirkung des ausgeschiedenen Geschäftsführers	5
B. Inhalt der Anmeldung im Einzelnen, Abs. 1	2	3. Anlagen	7
C. Verfahren von Anmeldung und Eintragung	4	II. Persönliche Versicherungen der Geschäftsführer, Abs. 3	8
I. Form der Anmeldung, Anlagen, Abs. 2	4	III. Prüfung durch zuständiges Gericht	11
1. Form der Anmeldung	4	IV. Eintragung und Bekanntmachung	12

A. Allgemeines

Alle Veränderungen in den Personen der Geschäftsführer sind zur Eintragung in das Handelsregister beim zuständigen Registergericht anzumelden. Damit soll die Funktion des Handelsregisters als aktuelle Informationsquelle für den Rechtsverkehr sichergestellt werden. Vor diesem Hintergrund erklärt sich auch die Pflicht, den Zeitpunkt der Änderung anzugeben. Die Eintragung hat lediglich **deklaratorische Bedeutung** (s. u. Rdn. 12). 1

B. Inhalt der Anmeldung im Einzelnen, Abs. 1

Änderungen in der Person des Geschäftsführers i. S. d. Abs. 1 sind die Bestellung und das Ausscheiden eines Geschäftsführers, eines stellvertretenden Geschäftsführers sowie eines Notgeschäftsführers; in der Anmeldung sind Name, Vorname(n), Wohnort, Geburtsdatum sowie der Zeitpunkt des Amtsantritts anzugeben. Auch Namensänderungen einschließlich einen Namensbestandteil bildender Titel sind anzumelden. Über den Wortlaut von Abs. 1 hinaus sind auch Veränderungen der Vertretungsbefugnis der Geschäftsführer anzumelden, nicht nur die Beendigung der Vertretungsbefugnis (Lutter/Hommelhoff/*Kleindiek* GmbHG, § 39 Rn. 4). 2

Unter **Vertretungsbefugnis** i. S. d. § 39 GmbHG ist nach h. M. auch die Befreiung eines Geschäftsführers von den Beschränkungen des § 181 BGB (grundsätzliches Verbot des Selbstkontrahierens und der Mehrfachvertretung) zu fassen und demnach zur Eintragung anzumelden, und zwar auch 3 wenn sich die Befreiung nur auf bestimmte Arten von Rechtsgeschäften oder nur auf Rechtsgeschäfte mit bestimmten Personen bezieht (OLG Düsseldorf GmbHR 1995, 51).

C. Verfahren von Anmeldung und Eintragung

I. Form der Anmeldung, Anlagen, Abs. 2

1. Form der Anmeldung

4 Die Anmeldung hat jeweils elektronisch in **öffentlich beglaubigter Form** (§ 12 Abs. 1 HGB i. V. m. § 129 Abs. 1 Satz 1 BGB) durch die Geschäftsführer (§ 78 GmbHG) in vertretungsberechtigter Zahl zu erfolgen; die Anmeldung muss schriftlich abgefasst und die Unterschrift des Anmeldenden von einem Notar beglaubigt sein. **Notarielle Beurkundung** der Erklärung ersetzt die öffentliche Beglaubigung (§ 129 Abs. 2 BGB). Der neu bestellte Geschäftsführer kann bei der eigenen Anmeldung bereits mitwirken, es sei denn, sie wird erst zu einem späteren Zeitpunkt wirksam. Auch eine **Bevollmächtigung** zur Anmeldung muss in öffentlich beglaubigter Form erfolgen (§ 12 Abs. 1 Satz 2 HGB). Auch Prokuristen können wie Dritte diese Verpflichtung nur aufgrund einer Registervollmacht in öffentlich beglaubigter Form erfüllen.

2. Mitwirkung des ausgeschiedenen Geschäftsführers

5 Ein Geschäftsführer, der im Zeitpunkt der Unterzeichnung der Anmeldung schon ausgeschieden ist, ist nicht mehr zur Anmeldung berechtigt. Das gilt auch dann, wenn die Anmeldung in unmittelbarem zeitlichem Zusammenhang mit der Amtsniederlegung steht (OLG Bamberg ZIP 2012, 2058 und weitere obergerichtliche Rechtsprechung). Anderes gilt, wenn der Widerruf der Bestellung bzw. die Amtsniederlegung e mit Wirkung zum Zeitpunkt des Eingangs der entsprechenden Anmeldung beim Registergericht oder zum Zeitpunkt der Eintragung des Ausscheidens im Handelsregister erfolgt sind (OLG Frankfurt am Main NJW RR 1994, 105). Ist er der einzige Geschäftsführer, ist er in diesen Fällen sogar zur Anmeldung verpflichtet. Sind Geschäftsführer in vertretungsberechtigter Zahl nicht (mehr) vorhanden, so ist u. U. ein **Notgeschäftsführer** für die Vornahme der Anmeldung zu bestellen (s. dazu § 6 GmbHG Rdn. 4 bis 7).

6 Ein ausgeschiedener und damit nicht mehr anmeldeberechtigter Geschäftsführer kann die Anmeldung seines Ausscheidens, zu der die Gesellschafter verpflichtet sind, ggf. im Wege einer dann nach § 894 ZPO zu vollstreckenden Klage durchsetzen. Daneben kann er beim Registergericht die **Durchsetzung der Anmeldepflicht** durch Zwangsgeldfestsetzung gem. §§ 14 Satz 1 i. V. m. 132 ff. HGB anregen.

3. Anlagen

7 Der Anmeldung sind die **Urkunden** über die Bestellung des Geschäftsführers oder die Beendigung der Vertretungsbefugnis in Urschrift oder öffentlich beglaubigter Abschrift beizufügen. Durch das »Gesetz über elektronische Handelsregister und Genossenschaftsregister sowie das Unternehmensregister« (EHUG) wurden die Worte »für das Gericht des Sitzes der Gesellschaft« aus dem Gesetzestext gestrichen. Es handelt sich um eine Folgeänderung zur Änderung der §§ 13 ff. HGB. Das EHUG hat das Recht der Zweigniederlassungen vereinfacht, da bei Existenz eines zentralen Unternehmensregisters eine separate Registerführung für Zweigniederlassungen entbehrlich erscheint. In der Regel ist der entsprechende Beschluss der Gesellschafterversammlung oder das Niederlegungsschreiben des Geschäftsführers beizufügen. Nur bei Letzterem ist auch der Zugang der Willenserklärung beim zuständigen Organ der Gesellschaft nachzuweisen (OLG Düsseldorf ZIP 2004, 2007).

II. Persönliche Versicherungen der Geschäftsführer, Abs. 3

8 Die Geschäftsführer haben in der Anmeldung zu versichern, dass keine Umstände vorliegen, die ihrer Bestellung nach § 6 Abs. 2 Satz 2 Nr. 2 und 3 sowie Satz 3 GmbHG entgegenstehen, sie also

für das Amt des Geschäftsführers geeignet sind (vgl. i.E. §6 GmbHG Rdn. 11 bis 19). Durch das MoMiG ist die Bezugnahme in Abs. 3 auf §6 Abs. 2 GmbHG an die n. F. des §6 GmbHG angepasst worden. Es handelt sich lediglich um eine redaktionelle Folgeänderung. Weiterhin haben die Geschäftsführer zu versichern, dass sie über ihre unbeschränkte Auskunftspflicht gegenüber dem Gericht belehrt worden sind. Die Versicherungen sind persönliche und können daher nicht von einem Bevollmächtigten abgegeben werden. Es ist unschädlich, wenn zwischen dem Zeitpunkt der Versicherung und dem Wirksamwerden der Bestellung eine zeitliche Lücke von 2 Wochen liegt (OLG Hamm BeckRS 2010, 21013).

Dabei ist weder nach dem Wortlaut des §8 Abs. 3 GmbHG bzw. des §39 Abs. 3 GmbHG noch nach dem Sinn und Zweck dieser Regelungen die ausdrückliche Benennung jedes einzelnen Bestellungshindernisses gem. §6 Abs. 2 Satz 2 Nr. 2 und 3, Satz 3 GmbHG erforderlich (OLG Stuttgart ZIP 2013, 671, 672; vgl. auch BGH ZIP 2010, 1337 m. Anm. *Wachter*, S. 1339). Allerdings hat das OLG Frankfurt am Main in einer rechtskräftigen, wenn auch stark umstrittenen Entscheidung geurteilt, dass das Registergericht berechtigt sei, die Versicherung eines Geschäftsführers zu beanstanden, wenn sich seine Versicherung nur auf Berufs- und Gewerbeverbote im Bereich des Gegenstands des Unternehmens bezieht (OLG Frankfurt am Main, GmbHR 2010, 918). Die Entscheidung überzeugt schon deshalb nicht, weil die zu beurteilende Erklärung dem Wortlaut des Gesetzes folgte. Nach herrschender Meinung kann anstelle des Wortes »versichern« jede Wendung (»erklären«, »angeben« u. a.) verwendet werden, die hinreichend erkennen lässt, dass es sich um eine eigenverantwortliche Bekundung des Betroffenen handelt (zuletzt OLG Karlsruhe ZIP 2012, 1028). In der Formulierung der Versicherung muss sich niederschlagen, dass das Bestellungshindernis zeitlich an die Rechtskraft der Verurteilung anknüpft (BGH WM 2011, 1333). Nach §82 Abs. 1 Nr. 5 GmbHG sind falsche Angaben zur Eignung als Geschäftsführer strafbar.

Die Belehrung kann gem. §8 Abs. 3 Satz 2 GmbHG auch durch einen Notar oder einen im Ausland bestellten Notar, durch einen Vertreter eines vergleichbaren rechtsberatenden Berufes oder einen Konsularbeamten vorgenommen werden. Das ist auch gängige Praxis im Rahmen der öffentlichen Beglaubigung der Anmeldung durch einen Notar. Wohnt der Geschäftsführer im Ausland, sollte ein Nachweis über die Belehrung der Anmeldung beigefügt werden.

9

[entfallen]

10

III. Prüfung durch zuständiges Gericht

Zuständig für die Eintragung der Änderungen ist das für den Sitz der Gesellschaft zuständige Registergericht. Das galt bis zum 31.12.2006 auch für Änderungen, die eine Zweigniederlassung betreffen (§13c Abs. 1 HGB a. F.). §13c HGB ist durch das EHUG aufgehoben worden (s. o. Rdn. 7). Das zuständige Registergericht prüft die Anmeldung insbesondere im Hinblick darauf, ob der Bestellungsbeschluss ordnungsgemäß zustande gekommen ist (KG ZIP 2012, 2208). Dabei üben die Registergerichte zunächst nur eine rein **formelle Prüfung** aus. Ergeben sich dabei Zweifel an der Wirksamkeit der Bestellung wird durch das Registergericht Aufklärung betrieben, bevor die Eintragung erfolgt. Ein umfassendes materielles Prüfungsrecht betreffend die Wirksamkeit von Bestellung und Widerruf besteht aber nicht (OLG Naumburg NJW-RR 2001, 1183, 1184 m. w. N.). In Betracht kommt auch die Aussetzung des Verfahrens aus wichtigem Grund, insbesondere wenn die Entscheidung ganz oder z. T. von dem Bestehen oder Nichtbestehen eines Rechtsverhältnisses abhängt, das den Gegenstand eines anderen anhängigen Verfahrens bildet (§21 Abs. 1 FamFG; vgl. OLG München ZIP 2011, 2057, 2058).

11

IV. Eintragung und Bekanntmachung

Nach Prüfung erfolgen die Eintragung der Bestellung des Geschäftsführers bzw. seines Ausscheidens in das Handelsregister durch das Registergericht sowie die Bekanntmachung der Eintragung. Die Eintragung in das Handelsregister wirkt lediglich **deklaratorisch**; die Bestellung ist bereits mit Beschlussfassung und Erklärung gegenüber dem Geschäftsführer sowie dessen Annahme wirksam.

12

§ 40 GmbHG Liste der Gesellschafter

Dasselbe gilt für das Ausscheiden des Geschäftsführers infolge von Abberufung, Amtsniederlegung etc. Konstitutiv wirkt die Eintragung hingegen bei einer Änderung der Vertretungsverhältnisse durch Änderung des Gesellschaftsvertrages, die erst mit Eintragung in das Handelsregister wirksam wird.

§ 40 Liste der Gesellschafter

(1) ¹Die Geschäftsführer haben unverzüglich nach Wirksamwerden jeder Veränderung in den Personen der Gesellschafter oder des Umfangs ihrer Beteiligung eine von ihnen unterschriebene Liste der Gesellschafter zum Handelsregister einzureichen, aus welcher Name, Vorname, Geburtsdatum und Wohnort der letzteren sowie die Nennbeträge und die laufenden Nummern der von einem jeden derselben übernommenen Geschäftsanteile zu entnehmen sind. ²Die Änderung der Liste durch die Geschäftsführer erfolgt auf Mitteilung und Nachweis.

(2) Hat ein Notar an Veränderungen nach Absatz 1 Satz 1 mitgewirkt, hat er unverzüglich nach deren Wirksamwerden ohne Rücksicht auf etwaige später eintretende Unwirksamkeitsgründe die Liste anstelle der Geschäftsführer zu unterschreiben, zum Handelsregister einzureichen und eine Abschrift der geänderten Liste an die Gesellschaft zu übermitteln. Die Liste muss mit der Bescheinigung des Notars versehen sein, dass die geänderten Eintragungen den Veränderungen entsprechen, an denen er mitgewirkt hat, und die übrigen Eintragungen mit dem Inhalt der zuletzt im Handelsregister aufgenommenen Liste übereinstimmen.

(3) Geschäftsführer, welche die ihnen nach Absatz 1 obliegende Pflicht verletzen, haften denjenigen, deren Beteiligung sich geändert hat, und den Gläubigern der Gesellschaft für den daraus entstandenen Schaden als Gesamtschuldner.

Übersicht	Rdn.		Rdn.
A. Allgemeines, Einreichen der Liste durch die Geschäftsführer	1	C. Pflicht zur Anzeige durch den Notar, Abs. 2	13
B. Inhaltliche Angaben der Gesellschafterliste, Abs. 1 Satz 1	7	D. Haftung bei Verstoß, Abs. 3	18

A. Allgemeines, Einreichen der Liste durch die Geschäftsführer

1 Der beim Handelsregister durch die Geschäftsführer einzureichenden Gesellschafterliste kann der Rechtsverkehr einige **zentrale Informationen** zu den Gesellschaftern der Gesellschaft entnehmen. § 40 Abs. 1 Satz 1 GmbHG knüpft an die in § 8 Abs. 1 Nr. 3 GmbHG normierte Pflicht der Geschäftsführer an, bei Gründung der Gesellschaft eine Liste der Gesellschafter beim Handelsregister einzureichen. Nach dem Wirksamwerden einer jeden Veränderung der Beteiligungsverhältnisse an der GmbH ist eine neue, aktualisierte Gesellschafterliste durch die Geschäftsführer einzureichen.

2 Eine Eintragung dieser Informationen im Handelsregister selbst erfolgt nicht. Aufgrund Verletzung der Pflicht zur Einreichung der Gesellschafterliste beim Handelsregister kann nach Abs. 3 eine **persönliche Schadensersatzpflicht** der Geschäftsführer als Gesamtschuldner begründet werden (s. u. Rdn. 18).

3 Die Bedeutung der Gesellschafterliste ist mit Inkrafttreten des MoMiG stark gestiegen, da die Fälle des nunmehr grundsätzlich möglichen gutgläubigen Erwerbs von Geschäftsanteilen nach § 16 Abs. 3 Satz 1 GmbHG an die Gesellschafterliste anknüpfen und außerdem nach dem Vorbild des Aktienregisters gem. § 16 Abs. 1 Satz 1 GmbHG im Verhältnis zur Gesellschaft nur derjenige als Gesellschafter gilt, der als solcher in der im Handelsregister aufgenommenen Gesellschafterliste eingetragen ist. Vgl. zu den Neuregelungen betreffend die Gesellschafterliste *Götze/Bressler* NZG 2007, 894.

Abs. 1 Satz 2, neu gefasst durch das MoMiG, regelt, dass die Änderung der Gesellschafterliste durch die Geschäftsführer **auf Mitteilung und Nachweis**, in der Regel durch die betroffenen Gesellschafter (z. B. durch Vorlage eines Erbscheins), erfolgt. Zu denken ist dabei insbesondere an Änderungen infolge von Erbfolge oder anderen Fällen der Gesamtrechtsnachfolge oder aufgrund von Beurkundungen durch einen Notar im Ausland. Zu den Fällen von Änderungen in den Beteiligungsverhältnissen, an denen ein (deutscher) Notar mitwirkt, s. u. Rdn. 13 ff. Den Geschäftsführern obliegt daher eine **Prüfpflicht**, wodurch grundsätzlich die gebotene Sorgfalt bei Abgabe der Liste gewährleistet sein sollte (vgl. Begründung zum Gesetzentwurf der Bundesregierung vom 23.05.2007, S. 99). Aus den allgemeinen Sorgfaltspflichten der Geschäftsführer folgt, dass in den Fällen, in denen ein Geschäftsführer eine Änderung der Liste vornehmen möchte, weil er der Ansicht ist, eine Eintragung sei zu Unrecht erfolgt, den Betroffenen vor Veranlassung der Berichtigung die Möglichkeit zur Stellungnahme und Nachholung der Mitteilung gegeben werden muss (vgl. Begründung zum Gesetzentwurf der Bundesregierung vom 23.05.2007, S. 102). Es spricht vieles dafür, dass die Geschäftsführer eine veränderte Gesellschafterliste ohne die Mitteilung gar nicht einreichen dürfen (*Götze/Bressler* NZG 2007, 894, 895).

Die formlose Gesellschafterliste ist von den Geschäftsführern in vertretungsberechtigter Anzahl zu unterschreiben und beim zuständigen Registergericht einzureichen. Das gilt auch bei einer GmbH, die sich in der Insolvenz befindet. Nach ganz überwiegender Meinung ist die Unterzeichnung durch alle Geschäftsführer nicht notwendig. Eine Unterzeichnung durch einen Geschäftsführer und einen Prokuristen im Rahmen unechter Gesamtvertretung hingegen genügt nicht den gesetzlichen Anforderungen, da es sich um eine höchstpersönliche Pflicht der Geschäftsführer handelt (OLG Jena ZIP 2011, 1763, 1764).

Das Registergericht prüft zunächst nur die **formelle Ordnungsmäßigkeit** der Gesellschafterliste; es kann aber offensichtlichen Ungereimtheiten, ggf. auf Hinweis eines betroffenen Gesellschafters, wie bei der Anmeldung von Änderungen in den Personen der Geschäftsführer (s. o. § 39 GmbHG Rdn. 11) nachgehen und ggf. die Geschäftsführer zur Einreichung einer richtigen und vollständigen Liste nach § 388 Abs. 1 FamFG anhalten.

B. Inhaltliche Angaben der Gesellschafterliste, Abs. 1 Satz 1

Inhaltlich müssen der Gesellschafterliste der Name, der oder die Vorname(n), das Geburtsdatum und der Wohnort aller Gesellschafter zu entnehmen sein. Die Angabe einer vollständigen Adresse ist nicht erforderlich.

Die von den einzelnen Gesellschaftern **gehaltenen Stammeinlagen** sind ebenfalls anzugeben. Zu nennen sind die rechtlichen Eigentümer der Geschäftsanteile, auf die die Stammeinlagen erbracht wurden, nicht die wirtschaftlichen Eigentümer. Bei von mehreren Personen gemeinsam gehaltenen Geschäftsanteilen sind alle diese Personen zu nennen. Hält ein Gesellschafter mehrere Geschäftsanteile, sind diese im Einzelnen aufzuführen; es genügt nicht, die Höhe des Gesamtbetrages zu nennen (E/F/S/*B. Schmidt* § 40 Rn. 4). Hingegen bedarf es keiner Angaben darüber, in welcher Höhe die Stammeinlagen auf die Geschäftsanteile erbracht sind.

Bei **juristischen Personen** sind ihre vollständige Firma nebst Handelsregisternummer und zuständigem Registergericht sowie ihr Sitz zu nennen.

Durch das MoMiG) ist nun die Vergabe von durchlaufenden Nummern für die von einem jeden Gesellschafter übernommenen Geschäftsanteile hinzugekommen, was insbesondere Dokumentationszwecken im Hinblick auf den nunmehr möglichen gutgläubigen Erwerb von Geschäftsanteilen von den in der zuletzt zum Handelsregister eingereichten Gesellschafterliste eingetragenen Gesellschaftern gem. § 16 Abs. 3 Satz 1 GmbHG in der Fassung des MoMiG dient. Durch die Nummerierung gehören Zweifel an der Identität des jeweils übertragenen Geschäftsanteils, wie sie bisher bei der Veräußerung eines von mehreren Geschäftsanteilen gleichen Nennbetrags immer wieder entstanden, der Vergangenheit an. Eine Umnummerierung ist zulässig, solange die Transparenz der Beteiligungsverhältnisse darunter nicht leidet und jeder Geschäftsanteil durch die Angabe der bisherigen Nummerierung zweifelsfrei zu identifizieren bleibt (BGH NJW 2011, 1809, 1810; vgl. auch OLG Jena ZIP 2010, 831). Es gibt keinen Grundsatz der Gliederungskontinuität wie z. B. für den Jahresabschluss (§ 265 HGB), die rein tatsächlich in vielen Fällen auch gar nicht durchgehalten werden kann, z. B. in Fällen der Teilung oder Zusammenlegung von Geschäftsanteilen (BGH NJW 2011, 1809, 1810). Freilich empfiehlt sich mit dem BGH ein zurückhaltender Umgang mit Umnummerierungen schon unter Zweckmäßigkeitsgesichtspunkten. So wird die Aufnahme eines Testamentsvollstreckervermerks in die Gesellschafterliste z. B. vom OLG München richtigerweise abgelehnt (OLG München ZIP 2012, 1669).

11 Haben seit Einreichung der letzten Liste mehrere Veränderungen stattgefunden, so ist für jede Veränderung eine geänderte Liste einzureichen; dies gilt auch bei unmittelbarer zeitlicher Abfolge der Veränderungen., damit die Entwicklung sämtlicher ausgehend von der Liste der Gründungsgesellschafter lückenlos nachvollzogen werden kann (zuletzt OLG Köln ZIP 2014, 779).

12 Wie schon bisher wird auch weiterhin zumindest die Möglichkeit bestehen, in die Gesellschafterliste auch Angaben über untergegangene Geschäftsanteile aufzunehmen. Teilweise wird auch eine entsprechende Verpflichtung vertreten (*Götze/Bressler* NZG 2007, 894, 895).

C. Pflicht zur Anzeige durch den Notar, Abs. 2

13 Die Pflicht der Geschäftsführer zur Einreichung einer aktuellen Gesellschafterliste wird ersetzt durch eine entsprechende Pflicht des Notars, der an Veränderungen in den Beteiligungsverhältnisses der Gesellschaft mitgewirkt hat, insbesondere also in Fällen von Geschäftsanteilsveräußerungen, Kapitalerhöhungen (dazu OLG München ZIP 2010, 2145 für den Notar, der an der Kapitalerhöhung unmittelbar mitgewirkt hat) und Gesamtrechtsnachfolgen nach dem UmwG (*Bohrer* DStR 2007, 995, 998). In diesen Fällen hat der Notar anstelle der Geschäftsführer unverzüglich nach Wirksamwerden der Veränderungen und ohne Rücksicht auf etwaige später eintretende Unwirksamkeitsgründe die Liste anstelle der Geschäftsführer zu unterschreiben und zum Handelsregister einzureichen. In diesen Fällen kommt eine Einreichung der Gesellschafterliste durch die Geschäftsführer nicht in Betracht. Der Notar ist nicht gehindert, die aktualisierte Liste bereits vor Wirksamwerden der Veränderungen zu erstellen und mit der erforderlichen Notarbescheinigung zu versehen (OLG Jena ZIP 2010, 1795)

Hat der Notar Zweifel an der Wirksamkeit, muss er zunächst diese beseitigen, erst dann darf er die Gesellschafterliste unterschreiben und sie zum Handelsregister einreichen. Hier steht der Notar im Spannungsverhältnis seiner Pflichten, einerseits die Liste unverzüglich einreichen zu müssen, andererseits aber die Wirksamkeit der Veränderung zu überprüfen. Nach überwiegender Auffassung hat die Neufassung von Abs. 2 Satz 1 nicht zu einer über seine bisherigen notariellen Pflichten hinausgehenden Wirksamkeitsverantwortung des Notars geführt (*Hauschild* ZIP 2012, 660, 665). Die funktionale Nähe der Listentätigkeit des Notars zu den Aufgaben des Handelsregisters spreche für eine Heranziehung der registerrechtlichen Prüfungsmaßstäbe und damit für die Einräumung eines Ermessensspielraums (*Hauschild* ZIP 2012, 660, 665). Das Ermessen ist freilich pflichtgemäß und ermessensfehlerfrei auszuüben, sodass auch eine Überspannung der Anforderungen z. B. an Vertretungsnachweise nicht in Betracht kommt. Das wird richtigerweise dann gesehen, wenn der Notar entgegen der materiellrechtlichen Grundaussage des § 167 Abs. 2 BGB grundsätzlich auf die Vorlage beglaubigter Vollmachten bzw. Genehmigungserklärungen oder regelmäßig oder gar ausnahmslos auf apostillierten bzw. überbeglaubigten ausländischen Vertretungsnachweisen bestünde (*Hauschild* ZIP 2012, 660, 665). Die Zulassung von Fax- oder PDF-Kopien ist ebenfalls als ermessensfehlerfrei anzusehen, wenn die Umstände des Einzelfalles dies zulassen, z. B. bei als uneingeschränkt seriös bekannten Beteiligten oder bei konzerninternen Vorgängen (*Hauschild* ZIP 2012, 660, 665).

Der in der Praxis häufige Fall, dass die Wirksamkeit der Anteilsübertragung an den Eintritt aufschiebender Bedingungen (z. B. in Gestalt von ausstehenden Genehmigungen, kartellrechtlichen Freigaben etc.) geknüpft ist, sollte in der Vertragsgestaltung durch die Aufnahme von Informations- und Nachweispflichten der Vertragsparteien über den Eintritt der aufschiebenden Bedingungen (Vollzugsbestätigung) gegenüber dem Notar berücksichtigt werden. Vereinzelt wird eine aktive Überwachungspflicht des Notars selbst hinsichtlich des Eintritts der aufschiebenden Bedingungen verlangt (*Gehrlein* Der Konzern 2007, 771, 790), was in der Praxis allerdings große Schwierigkeiten aufwerfen dürfte und daher von der überwiegenden Meinung richtigerweise abgelehnt wird; das Risiko, dass die Vertragsparteien fälschlicherweise vom Eintritt der Bedingungen ausgehen, fällt allein in deren Sphäre (*Hauschild* ZIP 2012, 660, 661 m. w. N.). Trotzdem ist bei aufschiebend bedingten Anteilsübertragungen eine Mitwirkung des beurkundenden Notars zu bejahen und der Bedingungseintritt dem Notar von den Beteiligten mitzuteilen und nachzuweisen, damit er die Gesellschafterliste erstellen und einreichen kann (anders OLG Brandenburg ZIP 2013, 1073; vgl. dazu den richtigen Kurzkommentar von *Wachter* in EWiR 12/2013, 375, 376). Jedenfalls darf die Einreichung der Gesellschafterliste erst nach Eintritt der Bedingung erfolgen (OLG Hamburg ZIP 2010, 2097). Das Einreichen einer neuen Liste zur Ankündigung von Veränderungen in den Personen der Gesellschafter oder des Umfangs ihrer Beteiligung (sog. Zwei-Listen-Modell) kommt nicht in Betracht (BGH ZIP 2011, 2141).

Die Möglichkeit, dass Unwirksamkeitsgründe (z. B. Eintritt einer auflösenden Bedingung für die Veränderung in den Beteiligungsverhältnissen) eintreten können, ist für die Pflicht des Notars, die Liste unverzüglich nach Wirksamwerden der Veränderung einzureichen, irrelevant. Insoweit trifft den Notar auch keine Überwachungspflicht. Vielmehr trifft bei Eintritt eines solchen Ereignisses die Geschäftsführer die Pflicht, eine aktualisierte Gesellschafterliste nach Abs. 1 Satz 1 einzureichen. Die Pflicht zum Einreichen der Liste durch den mitwirkenden Notar ersetzt die Pflicht der Geschäftsführer in der Weise, dass deren Pflicht insoweit vollständig entfällt (vgl. Begründung zum Gesetzentwurf der Bundesregierung vom 23.05.2007, S. 100). 14

Problematisch ist der Fall, in dem Angebot und Annahme einer Abtretung von Geschäftsanteilen von unterschiedlichen Notaren beurkundet wurden; nach dem OLG München soll auch der das Angebot beurkundende Notare zur Einreichung der Gesellschafterliste befugt sein (OLG München BeckRS 2012, 22006).

In Fällen, in denen die Änderung unter Mitwirkung eines Notars bereits vor Inkrafttreten des MoMiG erfolgt, die Einreichung der Gesellschafterliste durch die Geschäftsführer nach alter Rechtslage aber unterblieben ist, liegt die Pflicht zur Erfüllung dieser Pflicht weiter bei den Geschäftsführern, selbst wenn sie erst später ins Amt gelangt sind, und nicht beim seinerzeit mitwirkenden Notar (KG ZIP 2012, 923).

Der Notar ist außerdem verpflichtet, eine Abschrift der geänderten Liste an die Gesellschaft zu übermitteln. Dies dient einerseits der Information der Gesellschafter im Hinblick auf die Regelung des § 16 Abs. 1 GmbHG, wonach nur derjenige im Verhältnis zur Gesellschaft als Inhaber eines Geschäftsanteils gilt, der in der im Handelsregister aufgenommenen Gesellschafterliste eingetragen ist. Andererseits können nur so die Geschäftsführer die eigene Pflicht zur Erstellung von künftigen Gesellschafterlisten erfüllen (vgl. Begründung zum Gesetzentwurf der Bundesregierung vom 23.05.2007, S. 100) und im Fall sich kreuzender Gesellschafterlisten, die zwei Notare ohne Kenntnis der jeweils anderen Veränderung in den Beteiligungsverhältnisses parallel zum Handelsregister einreichen, für die Einreichung einer neuen und richtigen Liste sorgen, (vgl. *Götze/Bressler* NZG 2007, 894, 896). Schließlich ist ein Geschäftsführer auch zur Korrektur einer vom Notar eingereichten unrichtigen Gesellschafterliste berechtigt (BGH EWiR 2014, 205 f.). Auch dieses Recht kann er nur ausüben, wenn er die vom Notar erstellte Liste erhält. Auf die Übermittlung an die Gesellschaft findet § 35 GmbHG in der Fassung des MoMiG Anwendung, sodass die Übermittlung an die im Handelsregister eingetragene Geschäftsanschrift oder (ggf.) die Zustellung an eine empfangsberechtigte Person nach § 10 Abs. 2 Satz 2 GmbHG in der Fassung des MoMiG und im Fall der Führungslosigkeit an einen Gesellschafter ausreichen. 15

Gemäß Abs. 2 Satz 2 muss die Liste in allen Fällen mit einer Bescheinigung des Notars darüber versehen sein, dass die geänderten Eintragungen den Veränderungen, an denen der Notar mitgewirkt hat, entsprechen und dass die übrigen Eintragungen mit dem Inhalt der zuletzt zum Handelsregister eingereichten Gesellschafterliste übereinstimmen. Dabei handelt es sich um eine in der Form des Vermerks (§ 39 BeurkG) errichtete öffentliche Urkunde, deren Übermittlung die Einreichung 16 eines digital signierten Dokumentes i. S. d. § 39a BeurkG und damit einen elektronischen Beglaubigungsvermerk erfordert (OLG Jena BeckRS 13504). Die Bescheinigung dient der Richtigkeitsgewähr, die damit neben der mehrjährigen Widerspruchsmöglichkeit den gutgläubigen Erwerb rechtfertigt. Anzuknüpfen ist an die aktuellste im Registerordner aufgenommene Gesellschafterliste, das ist nicht notwendigerweise die zuletzt dort aufgenommene Gesellschafterliste. Insoweit sind die formalen Prüfungspflichten des Notars im Hinblick auf die durch das MoMiG gestiegene Bedeutung der Gesellschafterliste erhöht (OLG München ZIP 2012, 1127, 1128).

17 Die Frage, ob auch ein ausländischer Notar die Einreichung der Gesellschafterliste vornehmen kann, ist vom BGH grundsätzlich bejaht worden. Jedenfalls darf das Registergericht eine zum Handelsregister eingereichte Gesellschafterliste nicht schon deshalb zurückweisen, weil sie von einem Notar mit Sitz in Basel/Schweiz eingereicht worden ist (BGH NJW 2014, 2016). Das OLG München lehnte dies bisher ab. Der deutsche Gesetzgeber könne ausländischen Notaren keine Pflichten auferlegen (das dürfte wohl unstreitig sein). Ein reines Recht des ausländischen Notars, die Gesellschafterliste einzureichen, könne es aber nicht geben, da § 40 Abs. 2 Satz 1 GmbHG die Pflicht der Geschäftsführer zur Einreichung der Liste nach § 40 Abs. 1 Satz 1 GmbHG nur dann entfallen lasse, wenn ein Notar verpflichtet (und eben nicht nur berechtigt) ist, seinerseits die Gesellschafterliste einzureichen. Das Gesetz beabsichtige strenge Alternativität in der Zuständigkeit im Sinne einer alleinigen Zuständigkeit des Geschäftsführers oder des Notars in den verschiedenen geregelten Fällen (OLG München ZIP 2013, 458, 459). Anderer Auffassung war schon vor der Entscheidung des BGH (BGH NJW 2014, 2026) das OLG Düsseldorf, das weniger formal als das OLG München und mit den allgemeinen rechtspolitischen Zielen (u. a. Deregulierung, Modernisierung) des MoMiG argumentiert (OLG Düsseldorf ZIP 2011, 564).

D. Haftung bei Verstoß, Abs. 3

18 Während das Gesetz in Abs. 3 ausdrücklich eine Haftung im Sinne einer Schadensersatzpflicht der Geschäftsführer für die Verletzung ihrer Pflicht zur Einreichung einer richtigen und vollständigen Gesellschafterliste nach Abs. 1 Satz 1 normiert, ist dies für den Notar im Hinblick auf seine Anzeigepflicht nach Abs. 1 Satz 2 nicht vorgesehen. Die **Ersatzpflicht der Geschäftsführer** bezieht sich typischerweise auf Schäden, die dadurch entstanden sind, dass ein Gläubiger auf den einer veralteten Gesellschafterliste zu entnehmenden und nicht aktualisierten Gesellschafterbestand vertraut hat, oder auf Kosten, die zur Ermittlung des aktuellen Gesellschafterbestandes entstanden sind (E/F/S/*B. Schmidt* § 40 Rn. 20). Durch das MoMiG ist ein Haftungstatbestand gegenüber denjenigen, deren Beteiligung sich geändert hat, hinzugekommen. Bei einer Anteilübertragung besteht die Haftung damit sowohl gegenüber dem Erwerber als auch gegenüber dem Veräußerer. Dem Notar drohen bei verspäteter Einreichung Schadensersatzansprüche gem. § 19 BNotO. Die Pflicht des Notars zur Einreichung der Gesellschafterliste kann durch das Amtsgericht mit Androhung und Festsetzung eines Zwangsgeldes durchgesetzt werden (OLG Köln ZIP 2014, 779).

§ 41 Buchführung

Die Geschäftsführer sind verpflichtet, für die ordnungsgemäße Buchführung der Gesellschaft zu sorgen.

Übersicht

	Rdn.		Rdn.
A. Allgemeines	1	1. Grundsätze ordnungsgemäßer Buchführung (GoB)	7
I. Beginn und Ende der Buchführungspflicht	2	2. Doppelte Buchführung	8
II. Erfüllung und Übertragung der Pflicht	4	3. Zu führende Bücher	9
B. Die Buchführungspflichten im Einzelnen	6	4. Ordnungsgemäße Buchführung	10
I. Führung von Handelsbüchern und Aufzeichnung aller Geschäftsvorfälle	7	II. Aufstellung der Eröffnungsbilanz, § 242 Abs. 1 HGB	16

III.	Aufstellung des Jahresabschlusses, § 242 Abs. 1 HGB	17	V.	Aufbewahrungspflichten, § 257 HGB	45
			VI.	Pflicht zur Erteilung des Auftrages zur Prüfung des Jahresabschlusses und Pflichten bei der Abschlussprüfung, § 318 HGB	48
	1. Gliederung und Grundsätze	21			
	a) Bilanz	21			
	b) Gewinn- und Verlustrechnung	24			
	c) Anhang	26		1. Kompetenz zur Wahl des Abschlussprüfers	48
	d) Lagebericht	28			
	e) Konzernabschluss	29		2. Vorlage des Jahresabschlusses an Abschlussprüfer	50
	aa) Pflicht zur Aufstellung eines Konzernabschlusses nach § 290 HGB	29		3. Vorlage des Prüfungsberichts	51
			VII.	Offenlegungspflichten, §§ 325, 326 HGB	52
	bb) Funktion des Konzernabschlusses	33	C.	**Rechtsfolgen bei Verstößen gegen Buchführungspflichten**	56
	cc) Gemeinschaftsunternehmen	35	I.	Rechtsfolgen nach StGB	56
	dd) Befreiung	37	II.	Rechtsfolgen nach HGB	57
	ee) Konzernabschluss nach IAS/IFRS	38		1. § 334 HGB	57
				2. § 331 HGB	59
	2. Aufstellungsfrist	39	III.	Schadensersatzpflicht der Geschäftsführer	60
IV.	Inventarpflicht, § 240 HGB	42			

A. Allgemeines

§ 41 GmbHG normiert die Pflicht der Geschäftsführer, für eine **ordnungsgemäße Buchführung** der Gesellschaft Sorge zu tragen. Die Verpflichtung der Gesellschaft zu einer ordnungsgemäßen Buchführung wiederum ergibt sich infolge der Qualifizierung der GmbH als Formkaufmann (§ 13 Abs. 3 GmbHG, § 6 Abs. 1 HGB; vgl. § 13 GmbHG Rdn. 32) aus den allgemeinen handelsrechtlichen und steuerrechtlichen Bestimmungen (§§ 238 Abs. 1, 242 HGB, § 140 AO). 1

I. Beginn und Ende der Buchführungspflicht

Die Buchführungspflicht beginnt mit der Aufnahme der Geschäftstätigkeit (BGHSt 3, 24, 26) und endet mit der Löschung der Gesellschaft durch Beendigung der Liquidation oder aus anderem Grund. Erster Geschäftsvorfall ist regelmäßig das Entstehen des Anspruchs der Gesellschaft auf Erbringung der Stammeinlagen. Buchführungspflicht besteht damit auch schon für die sog. **Vor-GmbH**. Auf die Eintragung der Gesellschaft in das Handelsregister kommt es also nicht an. Vor Abschluss des Gesellschaftsvertrages existiert die GmbH als juristische Person noch nicht; wird die Geschäftstätigkeit dennoch bereits vorher aufgenommen finden die Regelungen über die Gesellschaft bürgerlichen Rechts Anwendung, für die ebenfalls die Buchführungspflichten bestehen. 2

Während eines **Insolvenzverfahrens** geht die Buchführungspflicht auf den Insolvenzverwalter über (*KG* DB 1997, 1708, 1709). 3

II. Erfüllung und Übertragung der Pflicht

Die Buchführungspflicht ist eine **öffentlich-rechtliche Pflicht** und kann daher unter keinen Umständen auf ein anderes Organ oder einen fremden Dritten übertragen werden. Gleichwohl muss und kann sie oftmals gar nicht durch den oder die Geschäftsführer persönlich erfüllt werden. Vielmehr ist es dem Geschäftsführer im Rahmen seiner Buchführungspflicht gestattet, sich zu deren Erfüllung qualifizierten Fachpersonals oder auch externer Dritter (z. B. eines Steuerberaters) zu bedienen. Letzteres ist häufig insbesondere bei kleineren Gesellschaften der Fall. Dabei treffen den Geschäftsführer aber die Pflicht zur sorgfältigen Auswahl des Fachpersonals oder des sachverständigen Dritten sowie Überwachungspflichten in Form von regelmäßigen, auch unterjährigen Kontrollen und der Einrichtung und Einhaltung von Berichtspflichten für diejenigen, deren sich der Geschäftsführer zur Erfüllung seiner Pflichten bedient (vgl. BGH NJW 1995, 2850, 2851). 4

5 Bei Vorhandensein von mehreren Geschäftsführern trifft die Buchführungspflicht **alle Geschäftsführer**. Die Bestellung eines allein zuständigen »kaufmännischen Geschäftsführers« ist in der Weise, dass dies die Buchführungspflicht der anderen Geschäftsführer ausschließen würde, nicht möglich. Vielmehr treffen die übrigen Geschäftsführer in einem solchen Fall die gleichen Sorgfalts- und Überwachungspflichten hinsichtlich der Auswahl und der Tätigkeit des kaufmännischen Geschäftsführers wie bei Einsatz von qualifiziertem Personal oder eines Beraters (Roth/Altmeppen/*Altmeppen* § 41 Rn. 5).

B. Die Buchführungspflichten im Einzelnen

6 Der Inhalt und der Umfang der einzelnen Buchführungspflichten ergibt sich aus den **handelsrechtlichen Vorschriften über die Rechnungslegung** (§§ 238, 264 ff. HGB i. V. m. § 42a GmbHG) und aus den **Grundsätzen ordnungsgemäßer Buchführung**. Umfasst sind die Pflichten zur Aufstellung einer Eröffnungsbilanz und des Jahresabschlusses sowie ggf. des Konzernabschlusses, zur Führung von Handelsbüchern sowie Aufzeichnung aller Geschäftsvorfälle, die Inventarpflicht, die Pflicht zur Aufbewahrung aller geschäftsrelevanten Unterlagen sowie die Pflicht zur Erteilung des Abschlussprüfungsauftrages.

I. Führung von Handelsbüchern und Aufzeichnung aller Geschäftsvorfälle

1. Grundsätze ordnungsgemäßer Buchführung (GoB)

7 Der Geschäftsführer hat die Handelsbücher nach den Grundsätzen ordnungsgemäßer Buchführung (GoB) zu führen. Der Zweck der gesetzlichen Regelungen über die Pflicht zur Führung von Handelsbüchern liegt darin, dass Dritte davor geschützt werden sollen, dass die Geschäftsführung einer GmbH den Überblick über die wirtschaftlichen und finanziellen Verhältnisse der Gesellschaft verliert, und davor, dass nicht zutreffende Angaben zu diesen Verhältnissen gemacht werden, auf deren Grundlage Entscheidungen betreffend z. B. die Gewährung von Krediten oder den Abschluss überhaupt von Verträgen getroffen werden; die Führung von Handelsbüchern dient also sowohl der Selbstinformation als auch der Information des Rechtsverkehrs und der Gläubiger (BGHZ 125, 366, 378).

2. Doppelte Buchführung

8 Zur Erfüllung der Pflicht zur Führung von Handelsbüchern ist kein bestimmtes System vorgeschrieben. Erforderlich ist aber in aller Regel eine **doppelte Buchführung**, d. h. eine Buchung von Geschäftsvorfällen jeweils auf Bestands- und Erfolgskonten, die am Ende des Geschäftsjahres in die Erstellung von Jahresbilanz und Gewinn- und Verlustrechnung münden (§ 242 Abs. 3 HGB). Andernfalls ist die Erstellung dieser beiden zentralen Dokumente kaum möglich. Die Bücher sind so zu führen, dass sich ein sachverständiger Dritter in angemessener Zeit einen Überblick verschaffen kann; Entstehung und Abwicklung der Geschäftsvorfälle müssen sich verfolgen lassen.

3. Zu führende Bücher

9 Die Bücher, die üblicherweise zu führen sind, sind das **Grundbuch (Journal)** mit allen chronologisch aufgeführten Geschäftsvorfällen, das **Hauptbuch** mit einer sachlichen Gliederung nach Konten und die **Nebenbücher**, die sich auf einzelne Konten beziehen und bei großen Datenmengen anzulegen sind, um die Übersichtlichkeit zu wahren (z. B. für Forderungen aus Lieferungen und Leistungen oder Konten des Anlagevermögens). Datenträger sind zulässig und heute auch üblich; die Daten müssen aber innerhalb angemessener Frist lesbar gemacht werden können (§ 239 Abs. 4 Satz 2 HGB). Alle Eintragungen in die Handelsbücher müssen vollständig, richtig, zeitgerecht und geordnet vorgenommen werden (§ 239 Abs. 2 HGB). Sie müssen darüber hinaus unveränderlich sein.

4. Ordnungsgemäße Buchführung

An die ordnungsgemäße Buchführung werden bestimmte Voraussetzungen gestellt; so muss die Buchführung insbesondere vollständig, richtig, zeitgerecht, geordnet und unveränderlich sein.

Vollständig sind die Eintragungen in die Handelsbücher, wenn alle Geschäftsvorfälle, die Umfang oder Strukturierung des Vermögens, der Schulden, der Rechnungsabgrenzungsposten oder der Aufwendungen und Erträge verändern, erfasst sind.

Richtig sind die Eintragungen in die Handelsbücher, wenn die Geschäftsvorfälle in Übereinstimmung mit den tatsächlichen Verhältnissen (Geschäftsvorfall, Betrag oder Menge sowie Wertangaben) abgebildet werden. Für die Erfassung eines jeden Geschäftsvorfalls bedarf es als Grundlage eines Belegs (»Keine Buchung ohne Beleg« oder sog. **Belegprinzip**).

Zeitgerecht sind die Eintragungen in die Handelsbücher, wenn die Eintragungen zeitnah zum Geschäftsvorfall und in der richtigen Buchungsperiode erfolgen. Bei Kassenvorgängen ist grundsätzlich täglich zu buchen. Im Übrigen ist die Zeitnähe nach der Komplexität der Geschäftstätigkeit zu bewerten.

Geordnet ist die Eintragung in die Handelsbücher, wenn die Erfassung der Geschäftsvorfälle in sachlicher und zeitlicher Ordnung und planmäßig gegliedert in einem Kontensystem erfolgt und hinreichend identifizierbar ist.

Unveränderlich sind die Eintragungen in die Handelsbücher, wenn auch nach der Vornahme von Änderungen der ursprüngliche Inhalt noch feststellbar ist. Insofern kommen Änderungen nur in der Form von Umbuchungen oder Stornierungen in Betracht.

Darüber hinaus treffen den Geschäftsführer **weiter gehende Aufzeichnungspflichten**, bspw. umsatzsteuerliche Aufzeichnungspflichten oder die Pflicht zur Aufzeichnung nicht abzugsfähiger Betriebsausgaben. Auch die Pflicht zur Führung von Wareneingangs- und Warenausgangsbüchern zählt hierzu; diese Pflicht ergibt sich aus §§ 143, 144 AO.

II. Aufstellung der Eröffnungsbilanz, § 242 Abs. 1 HGB

Die Eröffnungsbilanz ist zu **Beginn der Geschäftstätigkeit** der GmbH durch die Geschäftsführer aufzustellen. Der Zeitpunkt ist also mit dem Beginn der Buchführungspflicht identisch. Regelmäßig wird das der Zeitpunkt des Abschlusses des Gesellschaftsvertrages sein (s. o. Rdn. 2). Die **Aufstellungsfrist** beträgt nach der h. M. unabhängig von der Größenklasse der GmbH in jedem Fall 3 Monate. Auf die Eröffnungsbilanz sind grundsätzlich die für den Jahresabschluss geltenden Vorschriften entsprechend anzuwenden, soweit sie sich auf die Bilanz beziehen (§ 242 Abs. 1 Satz 2 HGB).

III. Aufstellung des Jahresabschlusses, § 242 Abs. 1 HGB

Zum Ende eines jeden Geschäftsjahres hat der Geschäftsführer einen Jahresabschluss gem. den Vorschriften des HGB zu erstellen. Der Jahresabschluss besteht aus **Bilanz, Gewinn- und Verlustrechnung** und **Anhang**, vgl. §§ 242, 264 Abs. 1 Satz 1 HGB. Für mittelgroße und große Gesellschaften ist außerdem ein Lagebericht aufzustellen, § 264 Abs. 1 Satz 1 HGB. Das Gesetz zur Modernisierung des Bilanzrechts (**BilMoG**) vom 21.05.2008 sieht nunmehr für **kapitalmarktorientierte Gesellschaften** durch Einfügung eines neuen Satz 2 verpflichtend die Erweiterung des Jahresabschlusses um eine Kapitalflussrechnung und einen Eigenkapitalspiegel vor, die jeweils mit der Bilanz, Gewinn- und Verlustrechnung und dem Anhang eine Einheit bilden. Freiwillig können kapitalmarktorientierte Gesellschaften nach dem BilMoG den Jahresabschluss um eine Segmentberichterstattung erweitern dürfen. Eine kapitalmarktorientierte Kapitalgesellschaft ist seit Inkrafttreten des BilMoG (§ 264 HGB) eine Gesellschaft, die einen organisierten Markt i. S. d. § 2 Abs. 5 WpHG durch von ihr ausgegebene Wertpapiere i. S. d. § 2 Abs. 1 Satz 1 WpHG in Anspruch nimmt oder die Zulassung solcher Wertpapiere zum Handel an einem organisierten Markt beantragt hat.

§ 41 GmbHG Buchführung

18 Die Aufstellung des Jahresabschlusses erfolgt zwingend **in deutscher Sprache** und **in Euro**, § 244 HGB. Das Gesetz sieht die Unterzeichnung des Jahresabschlusses erst für den festgestellten Jahresabschluss vor, vgl. § 245 HGB. Es empfiehlt sich aber für den Geschäftsführer, bereits den aufgestellten Jahresabschluss unter Nennung des Datums der Aufstellung (»aufgestellt am ...«) zu unterzeichnen, um die Erfüllung der Pflicht zur rechtzeitigen Aufstellung des Jahresabschlusses nach § 264 Abs. 1 HGB zu dokumentieren. Denn die Feststellung ist Sache der Gesellschafter (§ 46 Nr. 1 GmbHG) und liegt außerhalb des Einflusses des Geschäftsführers.

19 Große Kapitalgesellschaften dürfen unter bestimmten Voraussetzungen anstelle des Einzelabschlusses nach HGB einen **Einzelabschluss nach IAS/IFRS** offen legen. Dieses Wahlrecht befreit sie aber nur von der Pflicht zur Offenlegung, nicht hingegen von der Pflicht zur Aufstellung eines Einzelabschlusses nach § 264 HGB und eines Abschlusses für die Zwecke der Besteuerung (Steuerbilanz).

20 Die jeweiligen Größenklassen von Gesellschaften, an deren Bestehen bestimmte Pflichten im Rahmen der Aufstellung des Jahresabschlusses oder Konzernabschlusses sowie die Geltung bestimmter Fristen oder auch die Befreiung von Pflichten anknüpfen, sind in den §§ 267, 267a HGB festgelegt. Dort finden sich auch Regelungen für das Erreichen einer anderen Größenklasse. Mit dem § 276a HGB ist durch das Kleinkapitalgesellschaften-Bilanzrechtsänderungsgesetz (MicroBilG, BGBl. I 2011, S. 2582) die neue Kategorie der Kleinstkapitalgesellschaft geschaffen worden, die neben die kleinen, mittelgroßen und großen Kapitalgesellschaften getreten sind.

1. Gliederung und Grundsätze

a) Bilanz

21 Das HGB nennt für Kapitalgesellschaften besondere **Gliederungsvorschriften** für die Bilanz (vgl. vor allem § 266 Abs. 2, 3 HGB). Bei der Aufstellung des Jahresabschlusses ist eine ganze Reihe von Grundsätzen zu beachten, die auf verschiedene Rechtsquellen verteilt sind. Dazu zählen HGB und GmbHG sowie von Rechtsprechung, Wissenschaft und den Fachvertretern des Berufsstandes der Wirtschaftsprüfer bzw. Steuerberater entwickelte Regeln. Zu den Grundsätzen zählen die Stetigkeit des Bilanzansatzes und die Angabe von Vorjahreszahlen.

22 Die Bilanzansätze sind dem Grunde nach auch für die Besteuerung der Gesellschaft maßgeblich (**Maßgeblichkeitsprinzip**). Andererseits kann aber eine Reihe von steuerlichen Wahlrechten nur ausgeübt werden, wenn ein Ansatz in der Handelsbilanz erfolgt, sodass das Maßgeblichkeitsprinzip z.T. auch umgekehrt gilt. Nicht zuletzt aufgrund der zunehmenden Bedeutung internationaler Rechnungslegungsvorschriften (insbesondere der IFRS) findet eine **zunehmende Abkoppelung** der Steuerbilanz von der Handelsbilanz statt.

23 § 274a HGB normiert eine Reihe von Erleichterungen für kleine Kapitalgesellschaften und Kleinstkapitalgesellschaften (§ 267a Abs. 2 HGB).

b) Gewinn- und Verlustrechnung

24 Für die Gliederung der Gewinn- und Verlustrechnung finden sich ebenfalls Vorgaben im HGB, insbesondere in § 275 HGB). § 275 HGB stellt für die Darstellung der Gewinn- und Verlustrechnung mit dem **Gesamtkostenverfahren** (Abs. 2) und dem **Umsatzkostenverfahren** (Abs. 3) zwei unterschiedliche Darstellungsvarianten zur Auswahl. Der wesentliche Unterschied liegt in der Ermittlung einzelner Erträge und Aufwendungen und im Ausweis einzelner Kostenarten.

25 § 276 HGB normiert eine Reihe von Erleichterungen für kleine und mittelgroße Kapitalgesellschaften sowie grundsätzlich auch für Kleinstkapitalgesellschaften.

c) Anhang

26 Zweck des Anhangs als drittem Teil des Jahresabschlusses ist die Offenlegung von Informationen über die Vermögens-, Finanz- und Ertragslage, die aus der Bilanz und der Gewinn- und Verlustrech-

nung nicht ohne Weiteres zu ersehen sind. Die §§ 284 ff. HGB nennen eine Reihe von Angaben, die im Anhang zu machen sind (u. a. Abweichungen von Bilanzierungs- und Bewertungsmethoden und alle Mitglieder des Geschäftsführungsorgans und des Aufsichtsrates) (vgl. dazu Baumbach/Hueck/*Schulze-Osterloh* § 42 Rn. 480 ff.).

§ 288 HGB normiert eine Reihe von Erleichterungen für kleine und mittelgroße Kapitalgesellschaften sowie Kleinstkapitalgesellschaften (§ 267a Abs. 2 HGB), wobei bei Kleinstkapitalgesellschaften unter bestimmten Voraussetzungen ganz auf den Anhang verzichtet werden kann (§ 264 Abs. 1 Satz 5 HGB). 27

d) Lagebericht

Nur mittelgroße und große Gesellschaften sind verpflichtet, einen Lagebericht gem. § 289 HGB aufzustellen, vgl. § 264 Abs. 1 Satz 4 HGB; dieser ist **nicht Bestandteil des Jahresabschlusses**. Im Lagebericht sind gem. § 289 HGB der Geschäftsverlauf und die Lage der Gesellschaft darzustellen, wobei insbesondere auch auf die Risiken der künftigen Entwicklung einzugehen ist. Ein weiterer Bestandteil ist eine Prognose über die voraussichtliche Entwicklung der Gesellschaft, die mindestens 2 Jahre ab dem Bilanzstichtag umfassen sollte. Durch das KonTraG wurde der Lagebericht erheblich aufgewertet; die Regelungen zur Aufstellung wurden genauer gefasst; der Abschlussprüfer nimmt ebenfalls zur Lage des Unternehmens Stellung und wird dazu vom Lagebericht ausgehen. Das Gesetz zur Modernisierung des Bilanzrechts (**BilMoG**) vom 25.05.2009 sieht auch für den Lagebericht Änderungen vor, wobei dies insbesondere kapitalmarktorientierte Unternehmen betrifft. 28

e) Konzernabschluss

aa) Pflicht zur Aufstellung eines Konzernabschlusses nach § 290 HGB

Nach § 290 Abs. 1 HGB war bisher durch eine GmbH ein Konzernabschluss aufzustellen, wenn ein oder mehrere Beteiligungsunternehmen i. S. d. § 271 Abs. 1 HGB unter der einheitlichen Leitung der GmbH als Mutterunternehmen stehen. § 271 Abs. 1 HGB definiert Beteiligungen als Anteile an anderen Unternehmen, die bestimmt sind, dem eigenen Geschäftsbetrieb durch Herstellung einer dauernden Verbindung zu den anderen Unternehmen zu dienen. 29

Nach § 290 Abs. 2 HGB hatte eine GmbH einen Konzernabschluss aufzustellen, wenn sie Inhaberin von Anteilen an Tochterunternehmen hält und dabei **Kontrolle ausübt**, entweder in der Form, dass sie über die Mehrheit der Stimmrechte in den Tochterunternehmen verfügt oder aber das Recht hat, die Mehrheit der Geschäftsführer oder Aufsichtsräte zu bestellen, oder aufgrund des Gesellschaftsvertrages oder eines anderen Vertrages das Recht hat, die Tochterunternehmen zu beherrschen (sog. »control«-Prinzip). 30

Grundsätzlich sind alle Tochterunternehmen jeder Rechtsform, und zwar auch ausländische in den Konzernabschluss einzubeziehen. 31

Das Gesetz zur Modernisierung des Bilanzrechts (**BilMoG**) vom 25.05.2009 hat eine Neufassung des § 290 Abs. 1 Satz 1 HGB vorgenommen. Danach knüpft die Verpflichtung zur Aufstellung eines Konzernabschlusses nach den handelsrechtlichen Vorschriften nunmehr nur noch an das Vorliegen eines mittelbaren oder unmittelbaren beherrschenden Einflusses an, während das Beteiligungserfordernis mit der Neufassung aufgegeben wird. Damit wird »formaljuristischen« Gestaltungen, die dazu dienen, Vermögensgegenstände oder Schulden aus dem Konzernabschluss fernzuhalten, zumindest teilweise der Boden entzogen (vgl. Begründung des Regierungsentwurfs vom 21.05.2008, S. 173). § 290 Abs. 2 HGB nennt Fälle, in denen stets ein beherrschender Einfluss eines Mutterunternehmens besteht. 32

§ 41 GmbHG Buchführung

bb) Funktion des Konzernabschlusses

33 Der Konzernabschluss hat reine Informationsfunktionen und ist im Grunde genommen eine **fiktive Darstellung des Konzerns als wirtschaftliche Einheit**, als handele es sich um lediglich ein Unternehmen. Dementsprechend ist – vereinfacht gesprochen – die Summe aller Einzelabschlüsse um alle diejenigen Geschäftsvorfälle zu bereinigen, die zwischen den einzelnen Konzerngesellschaften stattgefunden haben. Die Tochterunternehmen werden im Rahmen einer Vollkonsolidierung in den Konzernabschluss mit sämtlichen Vermögensgegenständen und Schulden einbezogen. Im Wege der Kapitalkonsolidierung werden die Wertansätze der Tochterunternehmen in der Bilanz des Mutterunternehmens mit dem Eigenkapital des Tochterunternehmens zum Erstkonsolidierungszeitpunkt verrechnet. Beim Eigenkapitalansatz erfolgt im Konzernabschluss die Korrektur der aufaddierten Vermögensgegenstände und Schulden durch separaten Ausweis der sog. Fremdanteile.

34 Der Konzernabschluss dient nicht als Besteuerungsgrundlage. Dazu werden allein die Einzelabschlüsse der Steuersubjekte verwendet. Der Konzernabschluss dient auch nicht als Grundlage für die Berechnung von Ausschüttungen.

cc) Gemeinschaftsunternehmen

35 Für Gemeinschaftsunternehmen, also grundsätzlich Unternehmen, die von mehreren Unternehmen mit jeweils gleichen Geschäftsanteilen gemeinsam beherrscht werden, erfolgt eine sog. **Teilkonsolidierung** als quotale Konsolidierung, die sich nach dem Anteil am Stammkapital richtet. Als Alternative kommt dafür eine Konsolidierung nach der sog. **Equity-Methode** in Betracht, im Rahmen derer die Anschaffungskosten in Abhängigkeit von der Entwicklung des Eigenkapitals des Tochterunternehmens fortgeführt werden.

36 Hält die GmbH an einem anderen Unternehmen Anteile von 20% bis 49%, kommt grundsätzlich nur eine Konsolidierung nach der Equity-Methode in Betracht, bei Beteiligungen unter 20% erfolgt die Einbeziehung in den Konzernabschluss grundsätzlich lediglich durch Ausweis des im Einzelabschluss anzusetzenden Wertes der Beteiligung.

dd) Befreiung

37 § 291 HGB sieht verschiedene Möglichkeiten für die **Befreiung der Gesellschaft** von der Pflicht zur Aufstellung eines Konzernabschlusses vor, s.i. E. dort.

ee) Konzernabschluss nach IAS/IFRS

38 **Börsennotierte Konzerne** müssen für nach dem 01.01.2005 begonnene Geschäftsjahre den Konzernabschluss nach den Regelungen von IAS/IFRS aufstellen. Hingegen haben nicht kapitalmarktorientierte Konzerne für ihre Konzernabschlüsse ein **Wahlrecht** zwischen einer Aufstellung nach HGB oder IAS/IFRS.

2. Aufstellungsfrist

39 Der **Jahresabschluss** muss bei mittelgroßen und großen Kapitalgesellschaften gem. § 264 Abs. 1 Satz 3 HGB **innerhalb von 3 Monaten** nach dem Bilanzstichtag aufgestellt werden; für kleine Kapitalgesellschaften sind bis zu 6 Monate erlaubt, wenn dies einem ordnungsgemäßen Geschäftsgang entspricht (§ 264 Abs. 1 Satz 4 HGB). Eine volle Ausschöpfung der Frist kommt aber insbesondere dann nicht in Betracht, wenn es Anzeichen für eine Krise der Gesellschaft gibt, sodass ein möglichst früher Einblick in die wirtschaftliche Lage der Gesellschaft u. a. im Interesse der Gläubiger erforderlich ist (PraxisHdb GmbHG-GF/*Weber* § 34 Rn. 20).

40 Der **Konzernabschluss** ist nach § 290 Abs. 1 Satz 1 HGB innerhalb der ersten 5 Monate des Konzerngeschäftsjahres für das vergangene Geschäftsjahr aufzustellen.

Für den **Lagebericht und den Konzernlagebericht** gelten die genannten Fristen jeweils entsprechend. 41

IV. Inventarpflicht, § 240 HGB

Nach § 240 HGB ist jeder Kaufmann und damit auch jede GmbH als Formkaufmann (vgl. 42
§ 13 GmbHG Rdn. 32 f.) zur Aufstellung eines Inventars verpflichtet. Unter einem Inventar ist die schriftliche Erfassung und Bewertung sämtlicher Vermögensgegenstände, die der Gesellschaft wirtschaftlich zuzuordnen sind, sowie der Schulden im Rahmen einer körperlichen Bestandsaufnahme (**Inventur**) zum Zeitpunkt des Beginns des Geschäftsbetriebes für den Schluss eines jeden Geschäftsjahres und zum Zeitpunkt der Beendigung des Geschäftsbetriebes zu verstehen. Da es hinsichtlich der Vermögensgegenstände auf die wirtschaftliche Zuordnung ankommt, sind auch unter Eigentumsvorbehalt eines Dritten erworbene Gegenstände und auch verpfändete Gegenstände zu erfassen.

Das Inventar dient dem Zweck der Erstellung der (Jahres-)Bilanz, in der u. a. alle Vermögensgegenstände 43
aufzuführen sind. Das Inventar ist daher grundsätzlich innerhalb derselben Fristen wie der Jahresabschluss (vgl. Rdn. 39), aber naturgemäß jeweils vor der Aufstellung des Jahresabschlusses zu erstellen. Für die Erstellung des Inventars gelten in Anlehnung an die Grundsätze ordnungsgemäßer Buchführung (GoB) die **Grundsätze ordnungsgemäßer Inventur** (GoI). Diesen zufolge müssen die Vermögensgegenstände und Schulden vollständig und richtig, nachprüfbar und klar erfasst werden.

In geeigneten Fällen kommen **Inventurvereinfachungsverfahren** nach § 241 HGB in Betracht, 44
wonach u. a. die Aufstellung des Inventars durch eine sog. Stichprobeninventur (§ 241 Abs. 1 HGB) vorgenommen werden kann. § 241 Abs. 2 HGB ermöglicht darüber hinaus eine sog. permanente Inventur, wenn eine Bestandsfortschreibung ausreicht, um eine genaue Erfassung der Vermögensgegenstände und der Schulden zu gewährleisten.

V. Aufbewahrungspflichten, § 257 HGB

In § 257 HGB sowie in § 147 AO hat der Gesetzgeber bestimmte Aufbewahrungspflichten normiert, 45
um die Dokumentation und die Nachprüfbarkeit der die GmbH betreffenden Geschäftsvorfälle zu gewährleisten. § 257 Abs. 3 HGB schreibt nur für die Eröffnungsbilanzen, die Jahresabschlüsse und die Konzernabschlüsse die Aufbewahrung im Original vor, im Übrigen ist eine Aufbewahrung als Wiedergabe auf Bildträgern oder auf anderen Datenträgern ausreichend. Die Wiedergaben müssen dabei identisch sein und innerhalb angemessener Frist lesbar gemacht werden können.

§ 257 Abs. 4 HGB normiert die folgenden **Aufbewahrungsfristen** 46
– **10 Jahre**: Handelsbücher, Inventare, Eröffnungsbilanzen, Jahresabschlüsse, Lageberichte, Konzernabschlüsse, Konzernlageberichte sowie die zu ihrem Verständnis erforderlichen Arbeitsanweisungen und sonstigen Organisationsunterlagen, Belege für Buchungen (Buchungsbelege in den nach § 238 Abs. 1 HGB zu führenden Büchern)
– **6 Jahre**: Empfangene Handelsbriefe und Wiedergaben abgesendeter Handelsbriefe.

Die Fristen beginnen nach § 257 Abs. 5 HGB mit dem Schluss des Kalenderjahres, in dem die 47
letzte Eintragung in das Handelsbuch gemacht, das Inventar aufgestellt, die Eröffnungsbilanz oder der Jahresabschluss festgestellt, der Konzernabschluss aufgestellt, der Handelsbrief empfangen oder abgesendet worden oder der Buchungsbeleg entstanden ist. Nach § 147 Abs. 3 Satz 2 AO kann die Frist u. U. länger laufen, soweit und solange die Unterlagen für Steuern von Bedeutung sind, für welche die Festsetzungsfrist noch nicht abgelaufen ist.

VI. Pflicht zur Erteilung des Auftrages zur Prüfung des Jahresabschlusses und Pflichten bei der Abschlussprüfung, § 318 HGB

1. Kompetenz zur Wahl des Abschlussprüfers

48 Mittelgroße und große GmbHs haben ihren Jahresabschluss und ihren Lagebericht unter Einbeziehung der Buchführung gem. § 316 Abs. 1 HGB durch einen Abschlussprüfer prüfen zu lassen. Bei kleinen GmbHs ist eine solche Prüfung zulässig, aber nicht erforderlich. Die **Wahl des Abschlussprüfers** obliegt grundsätzlich den Gesellschaftern der GmbH (§ 318 Abs. 1 HGB). Bei der GmbH kann der Gesellschaftsvertrag diese Kompetenz auch auf den (obligatorischen oder fakultativen) Aufsichtsrat oder den Beirat übertragen (PraxisHdb GmbH-GF/*Weber* § 35 Rn. 2). Es ist dann Aufgabe der Geschäftsführung, dafür Sorge zu tragen, dass dem gewählten Abschlussprüfer der Auftrag für die Durchführung der Prüfung erteilt wird. Bei dem Auftrag an den Abschlussprüfer handelt es sich um einen schuldrechtlichen Geschäftsbesorgungsvertrag mit werk- und dienstvertraglichen Elementen. Bei Zuständigkeit des Aufsichtsrates für die Wahl des Abschlussprüfers ist der Aufsichtsrat auch für die Erteilung des Prüfungsauftrages zuständig (§ 318 Abs. 1 Satz 4 HGB).

49 Falls keine gesonderte Wahl erfolgt, gilt der für den Einzelabschluss eines Mutterunternehmens gewählte Abschlussprüfer auch als Prüfer des Konzernabschlusses (§ 318 Abs. 2 HGB). Ist der Abschlussprüfer durch die Gesellschafter bzw. den Aufsichtsrat oder Beirat nicht bis spätestens zum Ablauf des Geschäftsjahres gewählt worden, ist die Geschäftsführung gem. § 318 Abs. 4 Satz 3 HGB verpflichtet, die Bestellung eines Abschlussprüfers beim zuständigen Amtsgericht zu beantragen.

2. Vorlage des Jahresabschlusses an Abschlussprüfer

50 Die Geschäftsführer sind nach § 320 Abs. 1 Satz 1 HGB verpflichtet, dem Abschlussprüfer **unverzüglich** nach der Aufstellung den Jahresabschluss und den Lagebericht vorzulegen. Sie haben darüber hinaus dem Abschlussprüfer die Prüfung der Bücher und Schriften der Kapitalgesellschaft sowie der Vermögensgegenstände und Schulden, namentlich der Kasse und der Bestände an Wertpapieren und Waren zu ermöglichen. Auch Aufklärungen und Nachweise, die für eine sorgfältige Prüfung erforderlich sind, sind gem. § 320 Abs. 2 HGB zu gewähren. Hinzu kommen **Erläuterungspflichten** in schriftlicher oder mündlicher Form, soweit die zur Verfügung gestellten Unterlagen nicht hinreichend sind, um die Richtigkeit und Vollständigkeit der Dokumentation zu gewährleisten.

3. Vorlage des Prüfungsberichts

51 Sind die Geschäftsführer für die Erteilung des Prüfungsauftrages zuständig, so ist von den Abschlussprüfern der Prüfungsbericht einschließlich dem Bestätigungsvermerk den Geschäftsführern zuzuleiten (§ 321 Abs. 5 Satz 1 HGB), die ihn dann an die Gesellschafter weiterzuleiten haben (vgl. § 42a Abs. 1 Satz 2 GmbHG). § 321 Abs. 5 Satz 2 Halbs. 2 HGB sieht bei Auftragserteilung durch den Aufsichtsrat vor, dass dem Vorstand einer AG (umfasst sind aber auch die Geschäftsführer einer GmbH mit einem Aufsichtsrat) **Gelegenheit zur Stellungnahme** zu gewähren ist, bevor der Bericht dem Aufsichtsrat zugeleitet wird.

VII. Offenlegungspflichten, §§ 325, 326 HGB

52 Die Geschäftsführer **mittelgroßer und großer GmbHs** trifft nach § 325 Abs. 1 HGB die Pflicht, den Jahresabschluss (bestehend aus Bilanz, GuV-Rechnung und Anhang und ggf. ergänzt um den Bestätigungsvermerk oder den Vermerk über dessen Versagung), den Lagebericht, den Bericht des Aufsichtsrates (soweit vorhanden) und den Beschluss zur Verwendung des Ergebnisses **durch Einreichung beim Betreiber des elektronischen Bundesanzeigers offenzulegen**.

53 Die Geschäftsführer **kleiner GmbHs** hingegen haben gem. § 326 HGB lediglich die Bilanz und den Anhang, und diesen lediglich soweit er sich auf die Bilanz bezieht, durch Einreichung beim Betreiber des elektronischen Bundesanzeigers offenzulegen. Die gesetzlichen Vertreter von Kleinstkapitalgesellschaften (§ 267a) können unter bestimmten Voraussetzungen ihre sich aus § 325 erge-

benden Pflichten auch dadurch erfüllen, dass sie die Bilanz in elektronischer Form zur dauerhaften Hinterlegung beim Betreiber des Bundesanzeigers einreichen und einen Hinterlegungsauftrag erteilen (§ 326 Abs. 2 HGB).

Die Offenlegungspflichten sind gem. § 325 Abs. 1 Satz 1 HGB grundsätzlich **unverzüglich** i. S. d. § 121 BGB, also ohne schuldhaftes Zögern, nach Vorlage des Jahresabschlusses an die Gesellschafter zu erfüllen, spätestens jedoch vor Ablauf des zwölften Monats des dem Abschlussstichtag nachfolgenden Geschäftsjahres. Bei kapitalmarktorientierten Gesellschaften, die keine Kapitalgesellschaften i. S. d. § 327a HGB sind (§ 264d HGB), ist diese Frist gem. § 325 Abs. 4 Satz 1 auf 4 Monate verkürzt. 54

§ 329 HGB regelt den **Prüfungsumfang des Betreibers des elektronischen Bundesanzeigers**. 55

C. Rechtsfolgen bei Verstößen gegen Buchführungspflichten

I. Rechtsfolgen nach StGB

Die schuldhafte (also vorsätzliche oder fahrlässige) Verletzung der Buchführungspflicht ist grundsätzlich nach § 283b StGB strafbar. Vgl. für die Krise der Gesellschaft auch § 283 Abs. 1 Nr. 5 und 6 StGB. § 283 Abs. 2 StGB dehnt die Strafbarkeit auf denjenigen aus, der durch eine schuldhafte Verletzung der Buchführungspflicht die Überschuldung oder Zahlungsunfähigkeit der Gesellschaft herbeiführt. 56

II. Rechtsfolgen nach HGB

1. § 334 HGB

Die Verletzung der Pflicht zur rechtzeitigen Einreichung oder Bekanntmachung eines Jahresabschlusses oder Konzernabschlusses, eines Lageberichtes oder Konzernlageberichtes kann das Bundesamt für Justiz als Ordnungswidrigkeit ahnden. 57

Bei prüfungspflichtigen Gesellschaften kommt im Fall der Nichtbeachtung der Vorschriften zur rechtzeitigen Aufstellung eines Jahresabschlusses oder Konzernabschlusses auch die Einschränkung oder gar die Versagung des Bestätigungsvermerks durch den Abschlussprüfer in Betracht. 58

2. § 331 HGB

§ 331 HGB schließlich sanktioniert eine vorsätzlich unrichtige Wiedergabe der Verhältnisse im Jahresabschluss, im Lagebericht oder in der Eröffnungsbilanz mit einer **Freiheitsstrafe** von bis zu 3 Jahren oder einer **Geldstrafe**. Dasselbe gilt für den Konzernabschluss. 59

III. Schadensersatzpflicht der Geschäftsführer

Die Geschäftsführer machen sich ggf. gegenüber der Gesellschaft gem. § 43 Abs. 2 GmbHG schadensersatzpflichtig. Die Verletzung von Buchführungspflichten, insbesondere die Nichteinreichung der Jahresabschlüsse beim Finanzamt, stellt eine schwerwiegende Pflichtverletzung des dafür zuständigen Geschäftsführers dar (BGH NJW-RR 2009, 618). Gläubiger hingegen können sich nicht auf § 41 GmbHG als Schutzgesetz i. S. d. § 823 Abs. 2 BGB stützen, da § 41 GmbHG die Art der Verletzung und den Kreis der geschützten Personen nicht hinreichend klar bestimmt (BGHZ 125, 366, 377 ff.). Auch die genannten Strafvorschriften (s. o. Rdn. 56) haben nach ganz h. M. keinen Schutzgesetzcharakter (E/F/S/*B. Schmidt* § 41 Rn. 41). 60

§ 42 Bilanz

(1) In der Bilanz des nach den §§ 242, 264 des Handelsgesetzbuchs aufzustellenden Jahresabschlusses ist das Stammkapital als gezeichnetes Kapital auszuweisen.

§ 42 GmbHG Bilanz

(2) ¹Das Recht der Gesellschaft zur Einziehung von Nachschüssen der Gesellschafter ist in der Bilanz insoweit zu aktivieren, als die Einziehung bereits beschlossen ist und den Gesellschaftern ein Recht, durch Verweisung auf den Geschäftsanteil sich von der Zahlung der Nachschüsse zu befreien, nicht zusteht. ²Der nachzuschießende Betrag ist auf der Aktivseite unter den Forderungen gesondert unter der Bezeichnung »Eingeforderte Nachschüsse« auszuweisen, soweit mit der Zahlung gerechnet werden kann. ³Ein dem Aktivposten entsprechender Betrag ist auf der Passivseite in dem Posten »Kapitalrücklage« gesondert auszuweisen.

(3) Ausleihungen, Forderungen und Verbindlichkeiten gegenüber Gesellschaftern sind in der Regel als solche jeweils gesondert auszuweisen oder im Anhang anzugeben; werden sie unter anderen Posten ausgewiesen, so muss diese Eigenschaft vermerkt werden.

Übersicht	Rdn.		Rdn.
A. Allgemeines	1	II. Ausweis auf Aktiv- und Passivseite	9
B. Sonderregelungen zum Stammkapital, Abs. 1	2	D. Ausleihungen, Forderungen und Verbindlichkeiten gegenüber Gesellschaftern, Abs. 3	11
I. Ausweis als »gezeichnetes Kapital«	2		
II. Ausstehende Einlagen	3	I. Gesellschafter	12
III. Eigenkapitalersetzende Darlehen	5	II. Ausweis als »Davon«-Ausweis	13
C. Sonderregelungen zu Nachschusspflichten, Abs. 2	6	III. Ausleihungen	14
		IV. Forderungen	15
I. Einziehungsbeschluss	7	V. Verbindlichkeiten	17

A. Allgemeines

1 § 42 GmbHG trifft in Ergänzung zu den auch für die GmbH geltenden Regelungen des Handelsgesetzbuches zur Erstellung des Jahresabschlusses (§§ 242 ff. HGB) einige **Sonderregelungen**, die das Stammkapital (Abs. 1), die Berücksichtigung von Nachschüssen (Abs. 2) sowie Ausleihungen, Forderungen und Verbindlichkeiten gegenüber Gesellschaftern (Abs. 3) betreffen.

B. Sonderregelungen zum Stammkapital, Abs. 1

I. Ausweis als »gezeichnetes Kapital«

2 Das Stammkapital ist bei einer GmbH gem. Abs. 1 in der Bilanz auf der Passivseite beim Eigenkapital als »gezeichnetes Kapital« auszuweisen. § 42 Abs. 1 GmbHG entspricht § 152 Abs. 1 Satz 1 AktG, der Entsprechendes für das Grundkapital der Aktiengesellschaft regelt. Ziel ist eine einheitliche Regelung für die Kapitalgesellschaften. Maßgebend für den Ausweis ist der nach § 3 Abs. 1 Nr. 3 GmbHG im Gesellschaftsvertrag bestimmte Betrag des Stammkapitals (§ 272 Abs. 1 Satz 2 HGB). Die Höhe der tatsächlichen Einzahlungen und der eingeforderten Beiträge spielt insoweit keine Rolle. Dasselbe gilt für die Eröffnungsbilanz auch vor Eintragung der GmbH in das Handelsregister.

II. Ausstehende Einlagen

3 Der Begriff »gezeichnetes Kapital« stellt klar, dass die Haftung nicht auf das eingezahlte Kapital, sondern auf das Stammkapital beschränkt ist (vgl. § 272 Abs. 1 Satz 1 HGB). Nach § 272 Abs. 1 Satz 2 Halbs. 1 HGB sind ausstehende Einlagen auf der Aktivseite vor dem Anlagevermögen **gesondert auszuweisen** und entsprechend zu bezeichnen; die davon eingeforderten Einlagen sind zu vermerken (§ 272 Abs. 1 Satz 3 Halbs. 2 HGB). Alternativ durften bisher die nicht eingeforderten ausstehenden Einlagen auch von dem Posten »gezeichnetes Kapital« offen abgesetzt werden; dann ist der verbleibende Betrag als Posten »eingefordertes Kapital« in der Hauptspalte der Passivseite auszuweisen und der eingeforderte aber noch nicht eingezahlte Betrag ist unter den Forderungen gesondert auszuweisen und entsprechend zu bezeichnen (vgl. E/F/S/*B. Schmidt* § 42 Rn. 16). Das-

selbe galt bisher für Erstattungsansprüche der Gesellschaft gem. § 30 GmbHG wegen verbotener Auszahlungen an die Gesellschafter.

Das Gesetz zur Modernisierung des Bilanzrechts (**BilMoG**) vom 25.05.2009 hat im Sinne einer Vereinheitlichung und Vereinfachung in der bilanziellen Abbildung durch Neufassung des § 272 HGB das den Unternehmen zugestandene Ausweiswahlrecht, die ausstehenden Einlagen im Wege des Brutto- oder des Nettoausweises in der Handelsbilanz zu zeigen, beseitigt und den Nettoausweis vorgeschrieben. Der Posten »Gezeichnetes Kapital« und der Posten »Nicht eingeforderte ausstehende Einlagen« muss demgemäß auf der Passivseite der Bilanz in der Vorspalte ausgewiesen und der nach Saldierung der beiden Posten verbleibende Betrag unter dem Posten »Eingefordertes Kapital« auf der Passivseite in der Hauptspalte gezeigt werden. Korrespondierend dazu muss der eingeforderte, aber noch nicht eingezahlte Betrag unter den Forderungen gesondert ausgewiesen und entsprechend bezeichnet werden. Ist das Kapital voll eingezahlt, muss es unter dem Posten »Gezeichnetes Kapital« in der Hauptspalte auszuweisen sein (vgl. schon Begründung zum Regierungsentwurf des Gesetzes zur Modernisierung des Bilanzrechts [**BilMoG**] vom 21.05.2008, S. 143).

III. Eigenkapitalersetzende Darlehen

Eigenkapitalersetzende Darlehen sind nicht als »gezeichnetes Kapital« auszuweisen, da der Eigenkapitalersatz lediglich Gläubigerschutzwirkung hat mit der Folge eines Rückzahlungsverbotes, das durch Beendigung der den Eigenkapitalersatz begründenden Umstände wieder enden kann. Eigenkapitalersatz hat insoweit keine bilanzielle Qualität.

C. Sonderregelungen zu Nachschusspflichten, Abs. 2

§ 42 Abs. 2 GmbHG trifft Regelungen im Hinblick auf das Recht der Gesellschaft zur **Einziehung von Nachschüssen der Gesellschafter** durch die Gesellschaft. Diese sind nach Abs. 2 erst dann zu aktivieren, wenn die Einziehung bereits wirksam beschlossen worden ist und die Gesellschafter keine Möglichkeit haben, sich durch Verweisung auf den Geschäftsanteil von der Zahlung der Nachschüsse zu befreien.

I. Einziehungsbeschluss

Der der Einziehung zugrunde liegende Beschluss muss spätestens am Bilanzstichtag gefasst werden. Mit der Formulierung »Verweisung auf den Geschäftsanteil« ist die grundsätzliche Möglichkeit der Gesellschafter gemeint, sich der Nachschusspflicht durch sog. Preisgabe des Geschäftsanteils, also dadurch, dass der Geschäftsanteil der Gesellschaft zur Befriedigung aus demselben zur Verfügung gestellt wird, zu entziehen. Diese Möglichkeit besteht grundsätzlich bei einer satzungsmäßig festgesetzten unbegrenzten Nachschusspflicht. Für die **Aktivierung von Nachschussforderungen** ist daher erforderlich, dass diese Möglichkeit für die Gesellschafter nicht mehr in Betracht kommt, z.B. weil die Monatsfrist nach § 27 Abs. 1 Satz 1 GmbHG abgelaufen ist, ohne dass durch den Gesellschafter von dem Recht auf Preisgabe Gebrauch gemacht wurde.

Erfolgt die entsprechende Beschlussfassung vor dem Bilanzstichtag, läuft die Monatsfrist aber erst nach dem Bilanzstichtag ab, so ist der Fristablauf wertaufhellende Tatsache mit der Folge, dass die Aktivierung geboten ist, wenn von dem Recht zur Preisgabe kein Gebrauch gemacht worden ist.

II. Ausweis auf Aktiv- und Passivseite

Die Nachschüsse sind gem. Abs. 2 Satz 2 auf der **Aktivseite bei den Forderungen** gesondert in der Höhe auszuweisen, in der mit der Zahlung gerechnet werden kann, in der also die Nachschussforderungen der Gesellschaft werthaltig sind.

Nach Satz 3 ist auf der **Passivseite** in dem Posten »**Nachschusskapital**« bei den Kapitalrücklagen ein dem Aktivposten entsprechender Betrag auszuweisen. Die Passivierung erfolgt also ebenfalls nur in der Höhe, in der mit der Zahlung gerechnet werden kann. Für die Passivierung müssen die

Voraussetzungen für die Aktivierung vorliegen (s. o. Rdn. 7). Werden die Nachschüsse eingezahlt, so bleibt der Passivposten »Nachschusskapital« zunächst bestehen, da er nur zu bestimmten Zwecken wie Deckung eines Verlustvortrages, Jahresfehlbetrages oder Bilanzverlustes etc. verwendet werden darf. Erst dann kann dieser Posten (teilweise) aufgelöst werden.

D. Ausleihungen, Forderungen und Verbindlichkeiten gegenüber Gesellschaftern, Abs. 3

11 § 42 Abs. 3 GmbHG ordnet für den Regelfall den gesonderten Ausweis oder aber die Angabe im Anhang von Ausleihungen, Forderungen und Verbindlichkeiten gegenüber Gesellschaftern unter diesen jeweiligen Bezeichnungen an. Halbs. 2 normiert, dass bei Ausweisung unter anderen Posten die jeweilige Eigenschaft anzugeben ist. Diese Vorschrift dient dem Zweck, die Beziehungen zwischen der GmbH und ihren Gesellschaftern offenzulegen.

I. Gesellschafter

12 Gesellschafter sind die jeweiligen Inhaber der Geschäftsanteile. Entscheidend ist die Gesellschafterstellung am Bilanzstichtag. Bei treuhänderisch gehaltenen Geschäftsanteilen wird neben dem Treuhänder auch der Treugeber als Gesellschafter angesehen. Ausleihungen, Forderungen und Verbindlichkeiten gegenüber dem Treugeber sind also ebenfalls anzugeben.

II. Ausweis als »Davon«-Ausweis

13 Als Ort für den gesonderten Ausweis von Ausleihungen, Forderungen und Verbindlichkeiten gegenüber Gesellschaftern kommt jeweils ein eigener Bilanzposten, ein sog. »Davon«-Ausweis bei anderen Bilanzpositionen mit entsprechendem Vermerk oder ein gesonderter Ausweis im Anhang in Betracht. Bei einem Ausweis als eigener Bilanzposten empfiehlt es sich, die Ausleihungen, Forderungen oder Verbindlichkeiten mit dem Zusatz »gegenüber Gesellschaftern« im Gliederungsschema des § 266 Abs. 2 HGB vor der jeweils entsprechenden Position »gegenüber verbundenen Unternehmen« auszuweisen.

III. Ausleihungen

14 Ausleihungen gegenüber Gesellschaftern, die in der Bilanz gesondert auszuweisen sind, sind auf längere Zeit angelegte Darlehen, die i. S. d. § 247 Abs. 2 HGB dazu bestimmt sind, dauernd dem Geschäftsbetrieb der Gesellschaft zu dienen (vgl. E/F/S/*B. Schmidt* § 42 Rn. 10). Zwar gibt es keine gesetzlich festgesetzte Mindestlaufzeit, die ein Darlehen zur Ausleihung qualifiziert, doch ist grundsätzlich bei einer Gewährung für mehr als 4 Jahre von einer Ausleihung auszugehen, während eine vereinbarte Laufzeit von weniger als einem Jahr regelmäßig gegen eine Ausleihung spricht. Aus Umsatzgeschäften herrührende und nicht in Darlehen umgewandelte Forderungen gehören jedenfalls nicht dazu.

IV. Forderungen

15 Zu den Forderungen gegenüber Gesellschaftern gehören neben Forderungen aus Lieferungen und sonstigen Leistungen sowie Forderungen aus kurzfristigen Darlehen (im Unterschied zu Ausleihungen, s. o. Rdn. 14), auch Ansprüche auf Rückgewähr aus verdeckter Gewinnausschüttung, die bei hinreichender Konkretisierung mit Kenntnis der Gesellschaft von der verdeckten Gewinnausschüttung und der Äußerung des Rückforderungswillens aktivierbar sind.

16 Nicht bei den Forderungen gegenüber Gesellschaftern auszuweisen sind **Einlagen ersetzende Forderungen** aus § 31 GmbHG (z. B. Anspruch aus Differenzhaftung nach § 9 Abs. 1 GmbHG, Anspruch aus Vorbelastungshaftung oder Anspruch auf Rückgewähr zu Unrecht erstatteter Gründungskosten); diese Ansprüche sind vielmehr wegen ihrer Bedeutung nach den ausstehenden Einlagen auf das gezeichnete Kapital auszuweisen.

V. Verbindlichkeiten

Schließlich sind auch Verbindlichkeiten gegenüber Gesellschaftern, wie z. B. aus Lieferungen und sonstigen Leistungen oder aus kurzfristigen Darlehen, in der Bilanz gesondert auszuweisen. Auch Dividenden und Zinsverbindlichkeiten zählen dazu. 17

Für die Verbindlichkeiten kommt ein Ausweis als »Verbindlichkeiten gegenüber Gesellschaftern« nach den »sonstigen Verbindlichkeiten« in Betracht, aber auch ein sog. »Davon«-Ausweis nach den jeweiligen Bilanzpositionen oder schließlich durch gesonderten Ausweis im Anhang. 18

§ 42a Vorlage des Jahresabschlusses und des Lageberichts

(1) ¹Die Geschäftsführer haben den Jahresabschluß und den Lagebericht unverzüglich nach der Aufstellung den Gesellschaftern zum Zwecke der Feststellung des Jahresabschlusses vorzulegen. ²Ist der Jahresabschluß durch einen Abschlußprüfer zu prüfen, so haben die Geschäftsführer ihn zusammen mit dem Lagebericht und dem Prüfungsbericht des Abschlußprüfers unverzüglich nach Eingang des Prüfungsberichts vorzulegen. ³Hat die Gesellschaft einen Aufsichtsrat, so ist dessen Bericht über das Ergebnis seiner Prüfung ebenfalls unverzüglich vorzulegen.

(2) ¹Die Gesellschafter haben spätestens bis zum Ablauf der ersten acht Monate oder, wenn es sich um eine kleine Gesellschaft handelt (§ 267 Abs. 1 des Handelsgesetzbuchs), bis zum Ablauf der ersten elf Monate des Geschäftsjahrs über die Feststellung des Jahresabschlusses und über die Ergebnisverwendung zu beschließen. ²Der Gesellschaftsvertrag kann die Frist nicht verlängern. Auf den Jahresabschluß sind bei der Feststellung die für seine Aufstellung geltenden Vorschriften anzuwenden.

(3) Hat ein Abschlußprüfer den Jahresabschluß geprüft, so hat er auf Verlangen eines Gesellschafters an den Verhandlungen über die Feststellung des Jahresabschlusses teilzunehmen.

(4) ¹Ist die Gesellschaft zur Aufstellung eines Konzernabschlusses und eines Konzernlageberichts verpflichtet, so sind die Absätze 1 bis 3 entsprechend anzuwenden. ²Das Gleiche gilt hinsichtlich eines Einzelabschlusses nach § 325 Abs. 2a des Handelsgesetzbuchs, wenn die Gesellschafter die Offenlegung eines solchen beschlossen haben.

Übersicht

		Rdn.
A.	Allgemeines	1
B.	**Vorlage an die Gesellschafter, Abs. 1**	2
I.	Grundsatz, Abs. 1 Satz 1	2
II.	Vorlage bei Abschlussprüfung, Abs. 1 Satz 2	3
III.	Vorlage bei Bestehen eines Aufsichtsrats, Abs. 1 Satz 3	4
IV.	Vorlage bei kleinen und mittelgroßen GmbHs	7
V.	Erfüllung der Vorlagepflicht	8
	1. Einsichtnahme durch Gesellschafter	8
	2. Unverzüglichkeit	9
	3. Vorschlag zur Ergebnisverwendung	10
VI.	Klagemöglichkeit der Gesellschafter bei Nichterfüllung	11
C.	**Feststellung des Jahresabschlusses und Ergebnisverwendung, Abs. 2**	12
I.	Frist für Beschlussfassung	13

		Rdn.
II.	Anwendbare Vorschriften	15
D.	**Teilnahme des Abschlussprüfers, Abs. 3**	16
I.	Recht der Gesellschafter auf Teilnahmeverlangen	16
II.	Teilnahmepflicht	17
III.	Auskunftsverweigerung des Abschlussprüfers	18
IV.	Form des Teilnahmeverlangens	19
	1. Anspruchsgegner	19
	2. Frist zur Ladung, Vertagung	20
V.	Beschlussfassung durch anderes Organ	21
VI.	Weigerung der Teilnahme durch Abschlussprüfer	22
E.	**Entsprechende Anwendung auf Konzernrechnungslegung und Einzelabschluss nach internationaler Rechnungslegung, Abs. 4**	23

§ 42a GmbHG Vorlage des Jahresabschlusses und des Lageberichts

A. Allgemeines

1 Während den Geschäftsführern im Rahmen ihrer in § 42 Abs. 1 GmbHG normierten Verpflichtung, für die ordnungsgemäße Buchführung der Gesellschaft zu sorgen, auch die Aufgabe obliegt, den Jahresabschluss aufzustellen, fällt es in die **originäre Zuständigkeit der Gesellschafter**, den Jahresabschluss festzustellen und über die Verwendung des Ergebnisses zu entscheiden (§ 46 Nr. 1 GmbHG). § 42a GmbHG regelt die Pflicht der Geschäftsführer zur Vorlage des Jahresabschlusses, ggf. zusammen mit dem Lagebericht, dem Prüfungsbericht und dem Bericht des Aufsichtsrates, um den Gesellschaftern die Beschlussfassung über die Feststellung des Jahresabschlusses zu ermöglichen. Dem schließen sich Regelungen betreffend die Beschlussfassung über die Feststellung selbst und betreffend die Teilnahmepflicht an den Verhandlungen über die Feststellung des Jahresabschlusses der Abschlussprüfer an. Auf Konzernabschluss und Konzernlagebericht sind die Regelungen gem. Abs. 4 entsprechend anzuwenden.

B. Vorlage an die Gesellschafter, Abs. 1

I. Grundsatz, Abs. 1 Satz 1

2 Die Geschäftsführer haben gem. Abs. 1 Satz 1 den Gesellschaftern den **Jahresabschluss** (bestehend aus Bilanz, Gewinn- und Verlustrechnung sowie dem Anhang, vgl. § 242 HGB) und den **Lagebericht**, soweit vorhanden (vgl. § 264 Abs. 1 Satz 4 HGB, bei kleinen Kapitalgesellschaften ist ein solcher nicht zwingend aufzustellen, weitere Erleichterungen bestehen unter Umständen für Kleinstkapitalgesellschaften, § 264 Abs. 1 Satz 5 HGB), unverzüglich vorzulegen. Schuldner dieser und der weiteren Vorlagepflichten nach § 42a Abs. 1 GmbHG sind die Geschäftsführer als Mitglieder des Vertretungsorgans, unabhängig von der internen Geschäftsverteilung. Im Prozess sind sie nach § 62 ZPO notwendige Streitgenossen.

II. Vorlage bei Abschlussprüfung, Abs. 1 Satz 2

3 Findet bei der Gesellschaft eine Abschlussprüfung statt, was bei mittelgroßen und großen GmbHs zwingend, bei kleinen und kleinsten GmbHs hingegen lediglich möglich ist, ist der Jahresabschluss gem. § 320 Abs. 1 Satz 1 HGB zunächst dem Abschlussprüfer zur Prüfung vorzulegen und gem. Abs. 1 Satz 2 erst nach Erhalt des Prüfungsberichtes zusammen mit dem Lagebericht und dem Prüfungsbericht des Abschlussprüfers den Gesellschaftern vorzulegen. Ein existierender Prüfungsbericht darf auch bei einer kleinen oder kleinsten GmbH den Gesellschaftern nicht vorenthalten werden.

III. Vorlage bei Bestehen eines Aufsichtsrats, Abs. 1 Satz 3

4 Hat die Gesellschaft einen Aufsichtsrat, sind gem. § 52 Abs. 1 GmbHG i. V. m. § 170 Abs. 1 Satz 2 AktG zunächst dem Aufsichtsrat bzw. einem zuständigen Ausschuss des Aufsichtsrates (§ 52 Abs. 1 GmbHG i. V. m. § 170 Abs. 3 Satz 2 AktG) anstelle der Gesellschafter der Jahresabschluss, der Lagebericht sowie ggf. der Prüfungsbericht des Abschlussprüfers vorzulegen. Der Aufsichtsrat ist selbst zur Prüfung von Jahresabschluss und Lagebericht verpflichtet, was lediglich beim fakultativen Aufsichtsrat durch den Gesellschaftsvertrag anders geregelt werden kann.

5 Ist der Aufsichtsrat aufgrund des Gesellschaftsvertrages selbst für die Feststellung des Jahresabschlusses zuständig, so sind durch die Geschäftsführer sämtliche Unterlagen dem Aufsichtsrat vorzulegen; die Pflicht zur Vorlage der Unterlagen an die Gesellschafter gem. § 42a GmbHG wird dadurch nach h. M. aber nicht verdrängt.

6 Der Aufsichtsrat wiederum übermittelt den Prüfungsbericht des Aufsichtsrats an die Geschäftsführer, die ihn zusammen mit dem Jahresabschluss, dem Lagebericht und ggf. dem Prüfungsbericht des Abschlussprüfers den Gesellschaftern vorlegen (vgl. Abs. 1 Satz 3). Nur, wenn der Aufsichtsrat selbst den Auftrag für die Abschlussprüfung erteilt, leitet der Aufsichtsrat den von den Geschäftsführern aufgestellten Jahresabschluss und den Lagebericht an den Abschlussprüfer weiter; nach Erhalt des Prüfungsberichts der Abschlussprüfer hat der Aufsichtsrat dem Jahresabschluss den eigenen Prü-

fungsbericht beizufügen und dann die gesamten Unterlagen an die Geschäftsführer zwecks Vorlage an die Gesellschafter zu übersenden.

IV. Vorlage bei kleinen und mittelgroßen GmbHs

Sind bei kleinsten, kleinen oder mittelgroßen GmbHs bei der Aufstellung des Jahresabschlusses größenabhängige Erleichterungen in Anspruch genommen worden, ist grundsätzlich der so aufgestellte Jahresabschluss den Gesellschaftern vorzulegen, es sei denn, sie verlangen aufgrund ihres Auskunfts- und Einsichtsrechts nach § 51a Abs. 1 GmbHG zusätzlich die Vorlage eines ohne Inanspruchnahme von Erleichterungen aufgestellten Jahresabschlusses, der aber nicht Gegenstand der Beschlussfassung über die Feststellung des Jahresabschlusses ist.

7

V. Erfüllung der Vorlagepflicht

1. Einsichtnahme durch Gesellschafter

Der Pflicht zur Vorlage des Jahresabschlusses genügen die Geschäftsführer i. d. R., wenn sie die Unterlagen zur **Einsichtnahme durch die Gesellschafter** in den Geschäftsräumen auslegen, wobei jeder Gesellschafter über die Auslage zu unterrichten ist. Allerdings sind die Unterlagen nach der h. M. auf Verlangen einem jeden Gesellschafter auch auszuhändigen. Bei der Einsichtnahme dürfen die Gesellschafter einen zur (ggf. berufsmäßigen) Verschwiegenheit verpflichteten Sachverständigen (z. B. einen Wirtschaftsprüfer, Steuerberater oder Rechtsanwalt) hinzuziehen oder ihr Recht durch solche Personen ausüben lassen.

8

2. Unverzüglichkeit

Alle Vorlagepflichten gem. § 42a Abs. 1 GmbHG sind durch die Geschäftsführer unverzüglich, also ohne schuldhaftes Zögern i. S. d. § 121 BGB, zu erfüllen, um den Gesellschaftern eine rechtzeitige Beschlussfassung über die Feststellung des Jahresabschlusses sowie über die Ergebnisverwendung, für die wiederum strenge Fristen zu beachten sind (s. u. Rdn. 13 f.), zu ermöglichen. Die Vorlagen haben also so rechtzeitig zu erfolgen, dass genügend Zeit für die Beschlussfassung über die Feststellung des Jahresabschlusses und die Gewinnverwendung sowie die Vorbereitung dieser Beschlüsse bleibt. Das schränkt das Erfordernis der unverzüglichen Vorlage aber nicht ein. Die Vorlagepflicht beginnt stets mit dem Eingang sämtlicher vollständiger Unterlagen bei den Geschäftsführern, da die Unterlagen dem Informationsbedürfnis der Gesellschaft nur entsprechen können, wenn sie als Einheit vollständig vorliegen.

9

3. Vorschlag zur Ergebnisverwendung

Zu einem Vorschlag zur Ergebnisverwendung sind die Geschäftsführer nach der richtigen Ansicht grundsätzlich **nicht verpflichtet** (a. A. Roth/Altmeppen/*Altmeppen* § 42a Rn. 33 m. w. N.); in der Praxis werden aber durchaus Vorschläge gemacht, was aufgrund der besonderen Vertrautheit der Geschäftsführer mit der wirtschaftlichen und finanziellen Lage der Gesellschaft auch sinnvoll und sachgerecht erscheint. Es ist auch möglich, eine entsprechende Verpflichtung der Geschäftsführer im Gesellschaftsvertrag vorzusehen. Besteht ein fakultativer Aufsichtsrat, ergibt sich das Erfordernis eines solchen Vorschlages aus § 52 GmbHG i. V. m. § 170 AktG, wonach der Vorstand und damit also die Geschäftsführung verpflichtet sind, dem Aufsichtsrat einen solchen Vorschlag vorzulegen.

10

VI. Klagemöglichkeit der Gesellschafter bei Nichterfüllung

Die Gesellschaft oder ein Gesellschafter kann bzw. können unter den Voraussetzungen der **actio pro socio** im Wege der **Leistungsklage** die rechtzeitige Erfüllung der Vorlagepflichten durch die Geschäftsführer durchzusetzen versuchen (vgl. auch § 29 GmbHG Rdn. 52; zur actio pro socio ausführl. Kap. 5 Rdn. 328 ff.). In engen Grenzen kommt auch die Erwirkung einer **einstweiligen Verfügung** in Betracht. Liegt die Zuständigkeit für die Beschlussfassung bei einem anderen Organ der Gesellschaft als den Gesellschaftern, sind die Vorlagepflichten diesem gegenüber zu erfüllen. Die

11

Gesellschafter sind dann auf das mitgliedschaftliche Informationsrecht nach § 51a GmbHG angewiesen, können aber auch die Vorlage des Jahresabschlusses an sich selbst verlangen (s. o. Rdn. 5).

C. Feststellung des Jahresabschlusses und Ergebnisverwendung, Abs. 2

12 Gem. § 46 Nr. 1 GmbHG beschließen grundsätzlich die Gesellschafter über die Feststellung des Jahresabschlusses und über die Verwendung des Ergebnisses. Für diese Beschlussfassung stellt § 42a Abs. 2 Satz 1 GmbHG einige Regeln auf.

I. Frist für Beschlussfassung

13 Abs. 2 Satz 1 regelt für die GmbH die Frist, innerhalb derer durch die Gesellschafter über die Feststellung des Jahresabschlusses und über die Ergebnisverwendung Beschluss gefasst werden muss. Bei mittelgroßen und großen GmbHs hat dies für das vorangegangene Geschäftsjahr vor dem Ablauf der ersten 8 Monate des laufenden Geschäftsjahres zu erfolgen, während die Gesellschafter kleiner GmbHs i. S. d. § 267 Abs. 1 HGB diesen Pflichten lediglich innerhalb der ersten 11 Monate nach Ablauf des Geschäftsjahres nachzukommen haben.

14 Abs. 2 Satz 2 bestimmt ausdrücklich, dass diese Fristen **nicht** durch den Gesellschaftsvertrag **verlängert** werden dürfen. Eine **Verkürzung** der Fristen im Gesellschaftsvertrag hingegen ist möglich. Die Geschäftsführer haben auf die Einhaltung der Fristen hinzuwirken. Allerdings führt ein Verstoß gegen die Fristen weder zur Unwirksamkeit noch zur Anfechtbarkeit des Beschlusses (vgl. auch § 29 GmbHG Rdn. 57 ff.).

II. Anwendbare Vorschriften

15 Abs. 2 Satz 3 schließlich normiert, dass die für die Aufstellung des Jahresabschlusses geltenden Vorschriften auch auf seine Feststellung anzuwenden sind. Daraus geht hervor, dass die Gesellschafter bei der Feststellung des Jahresabschlusses nicht an die durch die Geschäftsführer aufgestellte und vorgelegte Fassung des Jahresabschlusses gebunden sind; vielmehr können sie bei der Feststellung im Rahmen der auch für die Aufstellung geltenden Vorschriften von der vorgelegten Fassung abweichen. Für einen solchen Fall ordnet § 316 Abs. 3 HGB bei GmbHs, die der Pflicht zur Abschlussprüfung unterliegen, eine **Nachtragsprüfung** an. Nicht zuletzt um eine solche zu vermeiden, sollten vor Aufstellung des Jahresabschlusses und Vorlage an die Geschäftsführung die grundlegenden bilanzpolitischen Linien zwischen Gesellschaftern und Geschäftsführern abgestimmt und mögliche Differenzen geklärt werden.

D. Teilnahme des Abschlussprüfers, Abs. 3

I. Recht der Gesellschafter auf Teilnahmeverlangen

16 Jeder Gesellschafter hat das Recht, die Teilnahme des Abschlussprüfers an der Gesellschafterversammlung, die über die Feststellung des Jahresabschlusses beschließt, zu verlangen. Dabei handelt es sich um ein grundsätzlich **unentziehbares Minderheitsrecht**, das nur durch **einstimmigen Beschluss** entzogen oder eingeschränkt werden kann. § 42a Abs. 3 GmbHG normiert die der Ausfüllung dieses Rechts dienende Pflicht des Abschlussprüfers, an der Gesellschafterversammlung auf Verlangen auch nur eines Gesellschafters teilzunehmen. Dem Gesellschafter soll vor der Beschlussfassung die Möglichkeit gegeben werden, Fragen zum Abschluss zu stellen, offene Punkte zu klären, Zweifel auszuräumen, um dadurch seine Entscheidung betreffend die Feststellung des Jahresabschlusses auf eine sichere Grundlage stellen zu können. Diese Zweckrichtung der Vorschrift macht auch deutlich, dass eine Ausdehnung der Teilnahmepflicht des Abschlussprüfers auch auf die Beratung über die Ergebnisverwendung oder über andere Gegenstände nicht in Betracht kommt. Insoweit ist auch der Wortlaut des Gesetzes eindeutig.

II. Teilnahmepflicht

Die Teilnahmepflicht erschöpft sich naturgemäß nicht in der rein physischen Teilnahme des Abschlussprüfers an der Gesellschafterversammlung, sondern umfasst auch seine **Verpflichtung**, in den Grenzen des Prüfungsauftrages den Prüfungsbericht **zu erläutern** und Fragen zum Prüfungsbericht und zur Abschlussprüfung insgesamt zu beantworten. In diesem Rahmen ist der Abschlussprüfer zu einer Auskunftsverweigerung nicht berechtigt (Lutter/Hommelhoff/*Kleindiek* GmbHG, § 42a Rn. 40). 17

III. Auskunftsverweigerung des Abschlussprüfers

Ein Recht zur Auskunftsverweigerung kommt in analoger Anwendung des § 51a Abs. 2 GmbHG lediglich auf der Basis eines **Gesellschafterbeschlusses** in Betracht, wenn zu besorgen ist, dass die Auskunft zu gesellschaftsfremden Zwecken verwendet und dadurch der Gesellschaft oder einem verbundenen Unternehmen ein nicht unerheblicher Nachteil zugefügt wird (E/F/S/*B. Schmidt* § 42a Rn. 18). Es handelt sich dabei aber nicht nur um ein Recht des Abschlussprüfers, sondern auch um eine Pflicht, da der erforderliche Gesellschafterbeschluss (vgl. § 51a Abs. 2 Satz 2 GmbHG) für den Abschlussprüfer bindend ist. 18

IV. Form des Teilnahmeverlangens

1. Anspruchsgegner

Umstritten ist, ob der Gesellschafter selbst die Teilnahme des Abschlussprüfers von diesem verlangen kann, oder ob er sein Verlangen an den Geschäftsführer zu richten hat, der die Gesellschaft in ihrem vertraglichen Verhältnis zum Abschlussprüfer vertritt und das Teilnahmeverlangen geltend zu machen hat. Die h. M. fordert zu Recht, dass eine unmittelbare Ladung durch einen Gesellschafter nicht in Betracht kommt, da ein überraschendes Erscheinen in der Gesellschafterversammlung weder für die Geschäftsführer noch für die anderen Gesellschafter zumutbar ist. 19

2. Frist zur Ladung, Vertagung

Das Teilnahmeverlangen ist durch den Gesellschafter an die Geschäftsführer mit angemessener Frist zu richten, damit eine Ladung des Abschlussprüfers ebenfalls noch in angemessener Frist erfolgen kann. Stellt sich erst während der Gesellschafterversammlung heraus, dass die Teilnahme des Abschlussprüfers erforderlich ist, kann jeder Gesellschafter die **Vertagung** der Gesellschafterversammlung verlangen. Zu der neu angesetzten Versammlung ist dann der Abschlussprüfer zu laden. 20

V. Beschlussfassung durch anderes Organ

Für den Fall der (möglichen) Übertragung der Zuständigkeit für die Beschlussfassung über die Feststellung des Jahresabschlusses auf ein anderes Organ der Gesellschaft (s. o. Rdn. 5) kann das in Abs. 3 vorgesehene Recht eines jeden Gesellschafters entsprechend von jedem **Mitglied des zuständigen Organs** geltend gemacht werden. Zu verneinen ist aber ein daneben bestehendes Recht der Gesellschafter, ebenfalls die Teilnahme des Abschlussprüfers an einer sich neben dem beschlussfassenden Organ mit dem Jahresabschluss lediglich befassenden Gesellschafterversammlung zu verlangen, da sich die Teilnahmepflicht nur auf die Feststellung des Jahresabschlusses richtet. 21

VI. Weigerung der Teilnahme durch Abschlussprüfer

Im Fall einer Verweigerung der Teilnahme durch den Abschlussprüfer kann die Teilnahme durch die Gesellschaft oder aber durch einen Gesellschafter im Wege der **actio pro socio** gerichtlich durchgesetzt werden; außerdem kommen Schadensersatzansprüche wegen einer Pflichtverletzung nach § 280 BGB in Betracht. Ein trotzdem gefasster Beschluss ist grundsätzlich **anfechtbar**, wobei sich die Anfechtbarkeit auch auf den Ergebnisverwendungsbeschluss beziehen kann, der mit dem Beschluss über die Feststellung des Jahresabschlusses inhaltlich eng zusammenhängt (E/F/S/*B. Schmidt* § 42a Rn. 19). 22

E. Entsprechende Anwendung auf Konzernrechnungslegung und Einzelabschluss nach internationaler Rechnungslegung, Abs. 4

23 Soweit die GmbH auch einen Konzernabschluss und einen Konzernlagebericht aufzustellen hat, sind gem. Abs. 4 auch diese Unterlagen nebst dem Prüfungsbericht des Konzernabschlussprüfers sowie ggf. des Aufsichtsrates den Gesellschaftern zu ihrer Information vorzulegen. Dies gilt auch für die Fälle des zu Informationszwecken freiwillig unter Beachtung der gesetzlichen Vorschriften aufgestellten Konzernabschlusses und einen aufgrund freiwilliger Prüfung erstellten Prüfungsbericht. Dabei erübrigt sich aber eine Feststellung des Konzernabschlusses durch die Gesellschafter ebenso wie eine Prüfung durch den Aufsichtsrat.

24 Das TransPuG hat durch Inbezugnahme auch von Abs. 2 und Abs. 3 für den Konzernabschluss ein **förmliches Billigungsverfahren** vorgesehen; über die Billigung entscheiden grundsätzlich ebenfalls die Gesellschafter. Allerdings ist die Billigung nicht mit der Feststellung identisch, da der Konzernabschluss reine Informationsfunktionen hat. So ist auch die entsprechende Anwendung von Abs. 2 und Abs. 3 zu verstehen. Wie der Einzelabschluss kann auch der Konzernabschluss in einer anderen Fassung festgestellt werden als derjenigen, in der er durch die Geschäftsführer aufgestellt wurde, was aber wiederum eine Nachtragsprüfung nach § 316 Abs. 3 HGB erforderlich machen kann. Das Unterbleiben der Billigung des Konzernabschlusses bleibt ohne Sanktion, da der Konzernabschluss lediglich Informationsfunktionen hat.

25 Wird beschlossen, dass der nach **internationalen Rechnungslegungsregeln** (Art. 4 IAS – VO der EU) aufgestellte Einzelabschluss nach § 325 Abs. 2a HGB offengelegt wird, so ist dafür gem. Abs. 4 ebenfalls das Verfahren nach § 42a Abs. 1 bis Abs. 3 anzuwenden.

§ 43 Haftung der Geschäftsführer

(1) Die Geschäftsführer haben in den Angelegenheiten der Gesellschaft die Sorgfalt eines ordentlichen Geschäftsmannes anzuwenden.

(2) Geschäftsführer, welche ihre Obliegenheiten verletzen, haften der Gesellschaft solidarisch für den entstandenen Schaden.

(3) ¹Insbesondere sind sie zum Ersatze verpflichtet, wenn den Bestimmungen des § 30 zuwider Zahlungen aus dem zur Erhaltung des Stammkapitals erforderlichen Vermögen der Gesellschaft gemacht oder den Bestimmungen des § 33 zuwider eigene Geschäftsanteile der Gesellschaft erworben worden sind. ²Auf den Ersatzanspruch finden die Bestimmungen in § 9b Abs. 1 entsprechende Anwendung. ³Soweit der Ersatz zur Befriedigung der Gläubiger der Gesellschaft erforderlich ist, wird die Verpflichtung der Geschäftsführer dadurch nicht aufgehoben, dass dieselben in Befolgung eines Beschlusses der Gesellschafter gehandelt haben.

(4) Die Ansprüche auf Grund der vorstehenden Bestimmungen verjähren in fünf Jahren.

Übersicht

	Rdn.
A. Allgemeines	1
I. Reichweite der Haftung, Konkurrenzen	1
II. Versicherung, Haftungsfreistellung	4
III. Aufbau der Norm	6
B. **Verschuldensmaßstab Sorgfalt eines ordentlichen Geschäftsmannes, Abs. 1**	7
C. **Haftung bei Pflichtverletzungen, Abs. 2**	10
I. Pflichtverletzung und Grundsatz der Gesamtverantwortung	10
II. Die Pflichten des Geschäftsführers im Einzelnen	12
1. Allgemeines	12
2. Pflicht zur sorgfältigen Unternehmensleitung	16
3. Treuepflicht	20
4. Wettbewerbsverbot	21
5. Verschwiegenheitspflicht	26
a) Grundsatz	26
b) Verschwiegenheit im Rahmen von Unternehmenskäufen	28
c) Strafbarkeit	32
6. Pflicht zu kollegialer Zusammenarbeit	33
III. Verschulden	37

IV.	Schaden	38	G.	**Haftung gegenüber Dritten** ... 70
V.	Kausalität	40	I.	Haftung nach den Grundsätzen der culpa in contrahendo ... 70
VI.	Haftungsfreistellung und Haftungsverzicht	41	1.	Wirtschaftliches Eigeninteresse ... 70
	1. Meinungsstreit	41	2.	Inanspruchnahme besonderen persönlichen Vertrauens ... 72
	2. Grenzen der Einschränkbarkeit	43	II.	Deliktische Haftung ... 73
	3. Beschränkung aufgrund Gesellschaftsvertrag oder Beschlusses	45	III.	Deliktische Haftung wegen Verletzung öffentlich-rechtlicher Pflichten ... 76
	4. Nachträglicher Haftungsverzicht	46		1. Verletzung von steuerlichen Pflichten 77
VII.	Unterlassungsanspruch und weitere Rechtsfolgen bei Pflichtverletzungen	47		2. Nichtabführung von Sozialversicherungsbeiträgen ... 78
VIII.	Prozessuales, Darlegungs- und Beweislast	49		a) § 266a StGB als Schutzgesetz ... 79
D.	**Haftung bei Verstoß gegen die §§ 30, 33 GmbHG, Abs. 3**	52		b) Zeitliche Grenze der Haftung des Geschäftsführers ... 80
E.	**Verjährung, Abs. 4**	58		c) Tatbestand des § 266a StGB ... 81
I.	Dauer und Beginn der Verjährungsfrist	58		aa) Objektiver Tatbestand ... 81
II.	Reichweite des Abs. 4	60		bb) Zahlungsunfähigkeit, Rechtliche Unmöglichkeit der Zahlung ... 82
III.	Verlängerung und Verkürzung der Verjährungsfrist	63		cc) Subjektiver Tatbestand ... 85
F.	**Haftung des Geschäftsführers gegenüber Gesellschaftern**	65		d) Beweislast ... 86
I.	Grundsatz innergesellschaftliche Organhaftung	65		e) Anspruch der Sozialversicherung bei Verletzung der Insolvenzantragspflicht ... 87
II.	Anspruchsgrundlagen für Haftung gegenüber Gesellschaftern	66	H.	**Haftung gegenüber der KG bei der GmbH & Co. KG** ... 88
	1. Anstellungsvertrag	67		
	2. Deliktische Haftung	68		
	3. § 31 Abs. 6 GmbHG	69		

A. Allgemeines

I. Reichweite der Haftung, Konkurrenzen

§ 43 GmbHG umfasst die zentralen Regelungen für die **organschaftliche Innenhaftung** der GmbH-Geschäftsführer gegenüber der Gesellschaft, deren Leitung ihnen übertragen ist. Nach der Rechtsprechung umfasst die Organhaftung gem. § 43 GmbHG auch die Haftung des Geschäftsführers aus seinem Anstellungsvertrag, also z. B. aus Verstößen gegen das vertragliche Wettbewerbsverbot oder aus angemaßter Eigengeschäftsführung (BGH ZIP 1989, 1392). Daneben steht die Haftung nach § 64 GmbHG; die Haftungstatbestände von §§ 9a und 57 Abs. 4 GmbHG hingegen haben als leges speciales Vorrang vor § 43 GmbHG. Außerhalb des GmbHG kommen insbesondere noch realkonkurrierende deliktische Ansprüche nach § 823 Abs. 1 BGB, § 823 Abs. 2 BGB i. V. m. einem Schutzgesetz und § 826 BGB in Betracht. Vor Eintragung der Gesellschaft in das Handelsregister gelten die Regelungen der Handelndenhaftung nach § 11 Abs. 2 GmbHG. Die Geschäftsführerhaftung gegenüber Dritten hingegen ist von der Organhaftung des § 43 GmbHG strikt zu trennen; sie bedarf als Außenhaftung einer eigenen Grundlage. Den Geschäftsführer einer GmbH trifft auch keine Garantenpflicht gegenüber außenstehenden Dritten, eine Schädigung ihres Vermögens zu verhindern (BGHZ 194, 26; ZIP 2012, 1552). Die Pflichten aus der Organstellung zur ordnungsgemäßen Führung der Geschäfte der Gesellschaft aus § 43 Abs. 1 GmbHG, zu denen auch die Pflicht gehört, für die Rechtmäßigkeit des Handelns der Gesellschaft Sorge zu tragen, bestehen grundsätzlich nur dieser gegenüber und lassen bei ihrer Verletzung Schadensersatzansprüche grundsätzlich nur der Gesellschaft entstehen (BGHZ 194, 26; ZIP 2012, 1552).

Mehrere Geschäftsführer haften nach Abs. 2 als **Gesamtschuldner** (solidarisch), sofern ein jeder von ihnen pflichtwidrig und schuldhaft gehandelt hat. Die Geltendmachung der Schadensersatzansprüche obliegt gem. § 46 Nr. 8 GmbHG der Gesellschafterversammlung.

§ 43 GmbHG Haftung der Geschäftsführer

3 Die Haftung **beginnt** mit der Annahme der Bestellung zum Geschäftsführer und ist unabhängig von der Eintragung der Organstellung in das Handelsregister; die Eintragung ins Handelsregister wirkt auch für die Bestellung nur deklaratorisch. Die Haftung endet mit dem Abschluss der Tätigkeit als Geschäftsführer, kann also über die Beendigung des Anstellungsvertrages hinaus andauern. War die **Bestellung fehlerhaft**, ist der Geschäftsführer aber gleichwohl als solcher tätig geworden, dann trifft ihn dennoch die Geschäftsführerhaftung (BGHZ 47, 343).

II. Versicherung, Haftungsfreistellung

4 Die den Geschäftsführer treffenden Risiken können durch eine sog. **D&O-Versicherung** (Directors and Officers Liability Insurance) abgedeckt werden, die typischerweise von der Gesellschaft als Versicherungsnehmerin für die Geschäftsführer abgeschlossen wird. Sie deckt in der Regel Ansprüche der Gesellschaft oder Dritter gegen die Geschäftsführer (einschließlich der Rechtsschutzkosten) ab. Zumeist ist dabei ein Versicherungsschutz für vorsätzliche Pflichtverletzungen nicht gegeben.

5 Eine **Haftungsfreistellung** für den Geschäftsführer kommt in der Form einer Vereinbarung mit einem Dritten, z. B. mit einem Gesellschafter, in Betracht. Gegenüber der Gesellschaft kommt nach den Grundsätzen des Auftragsrechts ein Anspruch auf Haftungsfreistellung für den Fall der Inanspruchnahme durch einen Dritten in Betracht, wenn das haftungsbegründende Verhalten im Interesse der Gesellschaft lag.

III. Aufbau der Norm

6 Während Abs. 1 den Sorgfaltsmaßstab (Sorgfalt eines ordentlichen Geschäftsmannes) nennt und damit einen **Verschuldensmaßstab** für den Verstoß gegen ihre Pflichten durch die Geschäftsführer regelt, normiert Abs. 2 die (gesamtschuldnerische) Haftung der Geschäftsführer im Fall eines Verstoßes gegen eine ihrer Pflichten (das Gesetz spricht insoweit von Obliegenheiten). Abs. 3 enthält spezielle Haftungstatbestände im Zusammenhang mit Verstößen gegen die Regelungen der §§ 30, 33 GmbHG; Abs. 4 schließlich normiert eine 5-jährige Verjährungsfrist.

B. Verschuldensmaßstab Sorgfalt eines ordentlichen Geschäftsmannes, Abs. 1

7 Abs. 1 benennt mit der Sorgfalt eines ordentlichen Geschäftsmannes den Verschuldensmaßstab, nach dem zu bestimmen ist, ob es sich bei einem Verstoß gegen die Pflichten (Obliegenheiten) eines Geschäftsführers (Abs. 2) um einen schuldhaften, also fahrlässigen oder vorsätzlichen Verstoß handelt, der eine entsprechende Haftung begründen kann.

8 Mit der Sorgfalt eines ordentlichen Geschäftsmannes ist die **Sorgfalt eines selbstständigen, treuhänderischen Verwalters fremder Vermögensinteressen in verantwortlicher Position** (Lutter/Hommelhoff/*Kleindiek* GmbHG, § 43 Rn. 6 m. w. N.) gemeint. Umfang und Qualität dieses Sorgfaltsmaßstabes richten sich neben der Stellung und Funktion des Geschäftsführers nach der Art, der Branche und der Größe der Gesellschaft sowie ihrer wirtschaftlichen Positionierung am Markt, wobei die verschärften Anforderungen im kaufmännischen Verkehr zu beachten sind. Die übliche Sorgfalt reicht dann nicht aus, wenn die Üblichkeit nicht den Erwartungen besonnener und gewissenhafter Beurteilung entspricht (BGH NJW 1984, 801, 802).

9 Keine Rolle hingegen spielen die **persönlichen Eigenschaften** (Eigenarten, individueller Wissensstand, Fähigkeiten und Erfahrungen etc.) des Geschäftsführers (Lutter/Hommelhoff/*Kleindiek* GmbHG, § 43 Rn. 6 m. w. N.), da es sich um einen **objektiven Sorgfaltsmaßstab** handelt. Der Geschäftsführer kann sich daher auch nicht auf die eigene fachliche Untauglichkeit oder Unfähigkeit berufen.

C. Haftung bei Pflichtverletzungen, Abs. 2

I. Pflichtverletzung und Grundsatz der Gesamtverantwortung

Den Geschäftsführer treffen vielfältige Pflichten; sie sind im Einzelnen im Gesetz, im Gesellschaftsvertrag und im Anstellungsvertrag sowie ggf. auch in einer Geschäftsordnung für die Geschäftsführung geregelt; darüber hinaus gibt es im Recht der GmbH auch Weisungen der Gesellschafter, die von den Geschäftsführern zu befolgen sind. Aus dem Verstoß gegen eine jede dieser Pflichten kann grundsätzlich eine Haftung des Geschäftsführers folgen.

Die Pflichtverletzung muss sich aus einem **Tun oder Unterlassen** des Geschäftsführers selbst ergeben. Eine sachgemäße und rechtmäßige Geschäftsverteilung kann die Verantwortlichkeit von einzelnen, nicht zuständigen Geschäftsführern gegenüber derjenigen der zuständigen Geschäftsführer beschränken (E/F/S/*B. Schmidt* § 43 Rn. 16). Aufgrund des **Grundsatzes der Gesamtverantwortung** kann aber die Verantwortlichkeit für einzelne Pflichten nie ganz aufgehoben werden. Vielmehr treffen auch die nicht zuständigen Geschäftsführer Überwachungspflichten und die Verpflichtung, sich in gewissem Umfang über die Aufgabenstellungen und Entscheidungen im fremden Ressort zu informieren (E/F/S/*B. Schmidt* § 43 Rn. 16).

II. Die Pflichten des Geschäftsführers im Einzelnen

1. Allgemeines

Der Pflichtenkreis des Geschäftsführers der GmbH ist in § 43 Abs. 2 GmbHG nicht genannt. Vielmehr ergeben sich die Pflichten aus verschiedenen Bestimmungen des GmbHG und anderer Gesetze, wie z. B. der InsO. Dazu zählen der Einsatz und die Koordination von Unternehmensressourcen und die Leitung des Unternehmens innerhalb der Grenzen des Unternehmensgegenstands. Direkt aus dem Gesetz ergeben sich u. a. die Aufgaben der gerichtlichen und außergerichtlichen Vertretung, Anmeldungen zum Handelsregister (§§ 7, 8, 9, 9a, 9b, 39, 40 GmbHG), die Erhaltung des Stammkapitals (§§ 30, 31 GmbHG, die Erfüllung steuerlicher Pflichten der Gesellschaft (§ 34 AO), die Anmeldung einer Kapitalerhöhung (§§ 9a, 9b, 57 Abs. 4 GmbHG), die rechtzeitige Stellung des Insolvenzantrages (§ 64 GmbHG, § 15a InsO). Als Kooperationspflichten werden die Pflicht zur Buchführung und Aufstellung des Jahresabschlusses/Lageberichtes (§§ 41, 42 GmbHG, §§ 264, 242 HGB), die Einberufung der Gesellschafterversammlung (§ 49 GmbHG) und die Auskunftserteilung an die Gesellschafter (§ 51a GmbHG) bezeichnet. Der Geschäftsführer ist verpflichtet, Einzelweisungen der Gesellschafterversammlung zu folgen, da es über die zwingenden gesetzlichen Vorschriften hinaus keinen weisungsfreien Mindestbereich für den Geschäftsführer gibt. Weiterhin gibt es Treuepflichten, damit zusammenhängend Wettbewerbsverbot und Geheimhaltungspflichten (S. dazu insgesamt *Tamm/Fangerow* BB 2012, 1944).

Bei der Führung der Geschäfte der Gesellschaft ist den Geschäftsführern ein **weiter Handlungsspielraum** zu belassen, den die Geschäftsführer durch pflichtgemäße Ausübung geschäftlichen Entscheidungsermessens ausfüllen. Die durch den BGH in seiner »ARAG/Garmenbeck«-Entscheidung (BGHZ 135, 244) entwickelten Grundsätze für das Handeln des Vorstands einer Aktiengesellschaft gelten entsprechend für den oder die Geschäftsführer einer GmbH (BGH NJW 2003, 358, 359). Nach den Grundsätzen der »ARAG/Garmenbeck«-Entscheidung kommt eine Schadensersatzpflicht erst dann in Betracht, wenn die Grenzen eines verantwortungsbewussten, ausschließlich am Unternehmensinteresse orientierten, auf sorgfältigen Ermittlungen beruhenden Handelns überschritten sind. Im Rahmen eines solchen Handelns ist das bewusste Eingehen geschäftlicher Risiken ebenso wie das Eingehen der Gefahr von Fehlbeurteilungen und Fehleinschätzungen zulässig, ja im Hinblick auf den unternehmerischen Erfolg möglicherweise sogar notwendig. Der BGH orientiert sich insoweit deutlich erkennbar an der sog. **business judgement rule** des US-amerikanischen Rechts. Unternehmerisches Handeln ist stets risikobehaftet. Erst ein unverantwortliches Überspannen des Eingehens von Risiken kann Anlass für die Haftung von Geschäftsführern sein. Insbesondere dürfen die Geschäftsführer nicht gegen in der jeweiligen Branche anerkannte Erkenntnisse und

Erfahrungsgrundsätze verstoßen (vgl. für den Fall des Vorstands einer Genossenschaftsbank BGH ZIP 2002, 213, 214).

13 Für das GmbH-Recht hat die Anwendung dieser Grundsätze stets im Lichte der **Kompetenzverteilung** innerhalb der betroffenen Gesellschaft, insbesondere unter Berücksichtigung von das Entscheidungsermessen der Geschäftsführer reduzierenden Weisungen der Gesellschafter zu erfolgen (E/F/S/*B. Schmidt* § 43 Rn. 5 ff.).

14 Die pflichtenkonforme Wahrnehmung des unternehmerischen Ermessensspielraums, die im Resultat zu einer Haftungsprivilegierung des Geschäftsführers einer GmbH führt, setzt eine **angemessene Vorbereitung der unternehmerischen Entscheidungen** der Geschäftsführung voraus. Maßgebend ist, dass das unternehmerische Handeln auf einer sorgfältigen Ermittlung der Entscheidungsgrundlagen beruht. Dazu gehört, dass der Geschäftsführer alle verfügbaren Informationsquellen tatsächlicher und rechtlicher Art ausschöpft und auf dieser Grundlage die Vor- und Nachteile der bestehenden Handlungsoptionen sorgfältig abschätzt und den erkennbaren Risiken Rechnung trägt; nur wenn diese Anforderungen erfüllt sind, ist Raum für die Zubilligung unternehmerischen Ermessens (BGH NZG 2008, 751, 752). Umfasst sind insbesondere die Bewertung der rechtlichen und wirtschaftlichen Folgen, die sich aus einer bestimmten Entscheidung ergeben, sowie die Abwägung gegen Handlungsalternativen. Mit der Möglichkeit, eine Geschäftsführungsmaßnahme zu unterlassen, ist zumindest eine Handlungsalternative immer gegeben. Vgl. zur pflichtenkonformen Wahrnehmung des unternehmerischen Ermessens beim Erwerb eines anderen Unternehmens OLG Oldenburg NZG 2007, 435: Demnach ist der Ermessensspielraum überschritten, wenn die Grundlagen, Chancen und Risiken der Investitionsentscheidung nicht ausreichend aufgeklärt worden sind. Zumindest dann, wenn nicht ausreichende, gesicherte Erkenntnisse über ein zu erwerbendes Unternehmen vorhanden sind oder wenn vorhandene Informationen Unklarheiten aufweisen, wird eine umfassende **Due Diligence** durchzuführen sein. Wird dies unterlassen, kommt bei einer zu erheblichen Verlusten führenden Fehlinvestition eine Haftung der Geschäftsführer in Betracht.

15 Umfang und Intensität der Vorbereitung der unternehmerischen Unterscheidung sowie der Betrachtung von Folgen und Alternativen bestimmen sich im Wesentlichen nach der Höhe und dem Umfang des Risikos, mit dem eine beabsichtigte unternehmerische Entscheidung verbunden ist, und nach den im Fall der Risikoverwirklichung für die Gesellschaft zu erwartenden Schäden.

2. Pflicht zur sorgfältigen Unternehmensleitung

16 Die Pflicht zur ordnungsgemäßen Unternehmensleitung richtet sich auf die bestmögliche **Förderung des Gesellschaftszwecks**. Dabei sind Gesetz, Satzung und, soweit vorhanden, auch die Geschäftsordnung für die Geschäftsführung sowie der Anstellungsvertrag zu beachten. In der Satzung und ggf. in der Geschäftsordnung geregelte Zuständigkeiten und Zustimmungsvorbehalte sind ebenfalls zu berücksichtigen; Weisungen der Gesellschafter sind zu befolgen. Ein Geschäftsführer, der eine fällige Einlageforderung verjähren lässt, verletzt die Sorgfalt eines ordentlichen Geschäftsmannes (vgl. LG Wiesbaden ZIP 2013, 2060, 2061 mit Verweis auf die Begründung zum Entwurf eines Gesetzes zur Anpassung von Verjährungsvorschriften an das Gesetz zur Modernisierung des Schuldrechts, BT-Drucks. 15/3653 v. 24.08.2004, S. 25 re. Spalte).

17 Die Geschäftsführer haben für die **Erfüllung aller rechtlichen Pflichten** der GmbH verbandsrechtlicher, bürgerlich-rechtlicher oder öffentlich-rechtlicher Art Sorge zu tragen (**Legalitätsprinzip**). Das Legalitätsprinzip verbietet nicht nur eigenes gesetzwidriges Handeln der Geschäftsführer, sondern auch entsprechende Weisungen, die auf ein gesetzeswidriges Handeln gerichtet sind. Darüber hinaus ist der Geschäftsführer verpflichtet, das Unternehmen so zu organisieren und zu beaufsichtigen, dass keine Gesetzesverletzungen begangen werden (so für den Vorstand einer Aktiengesellschaft LG München I ZIP 2014, 570, auf den Geschäftsführer einer GmbH dem Grundsatz nach aber übertragbar).

18 Das GmbHG kennt anders als das AktG in § 91 Abs. 2 AktG keine ausdrückliche gesetzliche Pflicht der Geschäftsführung, geeignete Maßnahmen zu treffen, insbesondere ein Überwachungssystem

einzurichten, damit möglicherweise den Fortbestand der Gesellschaft gefährdende Entwicklungen früh erkannt werden. Dennoch trifft auch die Geschäftsführer der GmbH die Pflicht, stets in der Lage zu sein, die wirtschaftliche und finanzielle Lage der Gesellschaft zu überblicken und Risiken so rechtzeitig zu erkennen, dass wirksame Maßnahmen zu ihrer Beseitigung noch getroffen werden können. Aus dieser Pflicht folgt auch für den Geschäftsführer einer GmbH die Pflicht zur Einführung eines geeigneten und institutionalisierten **Risikokontrollsystems**, dessen Umfang und Komplexität sich an den Gegebenheiten der jeweiligen Gesellschaft zu orientieren hat (vgl. insgesamt E/F/S/*B. Schmidt* § 43 Rn. 24 ff.). Die Einrichtung umfassender sogenannter Compliance Management Systeme ist in den vergangenen Jahren in zahlreichen Gesellschaften unter dem Eindruck vieler bekannt gewordener Rechtsverstöße vorangeschritten und wird durch die Rechtsprechung als Sorgfaltspflicht von der Unternehmensleitung eingefordert (zuletzt LG München I ZIP 2014, 570 zur Haftung des Vorstands einer AG wegen Einrichtung eines mangelhaften Compliance-Systems zur Verhinderung von Schmiergeldzahlungen, nicht rechtskräftig, Az. des OLG München 7 U 113/14). Es wird allerdings weiterer Konsolidierungsbedarf bei der Compliance-Verantwortung gesehen, deren Konturen noch nicht mit letzter Schärfe gezogen sind (*Fleischer* Der Betrieb 2014, 345).

Auffassungen, nach denen solche Risikokontrollsysteme nur bei kapitalmarktorientierten oder bei nach § 1 MitBestG aufsichtsratspflichtigen Gesellschaften verlangt werden, verkennen die generelle Schutzwirkung der allgemeinen Geschäftsführerpflichten für die Gesellschaft, ihre Gesellschafter und ihre Gläubiger. **19**

3. Treuepflicht

Aus der Funktion des Geschäftsführers als **Verwalter fremder Vermögensinteressen** ergibt sich seine besondere Treuepflicht. Die Treuepflicht verpflichtet die Geschäftsführer, mit ganzer Kraft zum Wohlergehen der Gesellschaft beizutragen und Schaden von der Gesellschaft abzuwenden (BGH NJW 1989, 26, 27). Desweiteren muss sich der Geschäftsführer in allen Angelegenheiten, die das Interesse der Gesellschaft berühren, allein durch das **Wohl der Gesellschaft** und nicht durch seine eigenen Interessen leiten lassen (BGH NJW 1986, 585, 586). **20**

Der Geschäftsführer einer GmbH ist verpflichtet, Geschäftschancen nur für die Gesellschaft zu nutzen. Geschäfte, die in den Geschäftsbereich der Gesellschaft fallen, darf er nicht für sich selbst oder für einen Dritten tätigen bzw. einem Dritten zuweisen (vgl. *Fleischer* WM 2003, 1045). Anstelle eines Schadensersatzanspruchs kommt auch ein Eintrittsrecht der Gesellschaft in das konkrete Geschäft gem. § 88 Abs. 2 Satz 2 AktG in Betracht.

Ein Geschäftsführer kann gegen § 43 Abs. 1 GmbHG verstoßen und sich der Untreue nach § 266 StGB strafbar machen, wenn er unter Verletzung von Buchführungsvorschriften eine schwarze Kasse im Ausland einrichtet. Ein die Untreue ausschließendes Einverständnis der Gesellschafter liegt nur dann vor, wenn auch die Minderheitsgesellschafter mit der Frage der Billigung der Pflichtwidrigkeit befasst waren (BGH NJW 2010, 3458 ff.). In eng zu fassenden Ausnahmefällen (»Krise der GmbH«, vgl. OLG Köln ZIP 2009, 36) kann der Geschäftsführer verpflichtet sein, eine Änderung, namentlich eine Herabsetzung der eigenen Vergütung herbeizuführen.

4. Wettbewerbsverbot

Mit der Treuepflicht eng zusammenhängt das grundsätzliche Wettbewerbsverbot des Geschäftsführers, nach dem er Geschäftschancen allein für die Gesellschaft wahrzunehmen hat; er darf solche Chancen nicht in eigenem Interesse nutzen (**Geschäftschancenlehre**). Dem Geschäftsführer ist jede unternehmerische Tätigkeit im Bereich des satzungsmäßigen aber auch des unter Satzungsdurchbrechung tatsächlich gegebenen Unternehmensgegenstandes der Gesellschaft untersagt (E/F/S/*B. Schmidt* GmbHG, § 43 Rn. 36 ff.). **21**

Eine generelle **Befreiung vom Wettbewerbsverbot** kann nach richtiger Auffassung nur durch die Satzung bzw. einen die Satzung ändernden Beschluss erteilt werden (PraxisHdb GmbH-GF/*Zie-* **22** *mons* § 22 Rn. 62), ein einfacher Beschluss reicht aber für die Freigabe eines einzelnen Geschäfts aus (a. A. BGH GmbHR 1981, 189, 191, der einen Gesellschafterbeschluss grundsätzlich für ausreichend hält; vgl. zum Diskussionsstand Lutter/Hommelhoff/*Kleindiek* GmbHG, Anh. § 6 Rn. 23). Die richtige Auffassung macht zu Recht geltend, dass die in der Gestattung des Wettbewerbs liegende Einschränkung des Gesellschaftszwecks (Gewinnerzielung) und die mit der Gestattung einhergehende Satzungsdurchbrechung ein gewisses Maß an Publizität verlangen (vgl. PraxisHdb GmbH-GF/*Ziemons* § 22 Rn. 62).

23 Alle Meinungen lassen eine Befreiung vom Wettbewerbsverbot aufgrund eines Gesellschafterbeschlusses, der seinerseits aufgrund einer Öffnungsklausel in der Satzung gefasst wird, zu.

24 Mit **Beendigung** des Geschäftsführeramtes endet das organschaftliche Wettbewerbsverbot automatisch.

25 Der Geschäftsführer darf Geschäfte, die der Gesellschaft zuzuordnen sind, nicht für eigene Rechnung oder für Rechnung nahestehender Personen oder von ihm beherrschter Gesellschaften tätigen oder tätigen lassen. Dabei kommt es nicht darauf an, ob der Geschäftsführer privat oder in seiner Organfunktion von der Geschäftschance erfahren hat. In Betracht kommt aber die Einholung der Zustimmung der Gesellschafterversammlung zur Vornahme eines solchen Eigengeschäfts (BGH WM 1989, 1335).

5. Verschwiegenheitspflicht

a) Grundsatz

26 Die Geschäftsführer sind hinsichtlich aller **vertraulichen Angaben** sowie aller **Betriebs- und Geschäftsgeheimnisse** gegenüber Dritten zum Stillschweigen verpflichtet. Im Verhältnis zu anderen Organen, z. B. gegenüber dem Aufsichtsrat, besteht diese Verschwiegenheitspflicht grundsätzlich nicht. Auch gegenüber der Gesellschafterversammlung oder einzelnen Gesellschaftern besteht eine solche Geheimhaltungspflicht grundsätzlich nicht, da die Gesellschafter ihrerseits zur Verschwiegenheit verpflichtet sind (PraxisHdb GmbH-GF/*Ziemons* § 22 Rn. 64). Dies gilt nur dann nicht, wenn konkrete Umstände einen Missbrauch durch einzelne Organmitglieder befürchten lassen (Hachenburg/*Mertens* § 42 Rn. 48).

27 Gegenüber dem **Betriebsrat** sind die Geschäftsführer zur Weitergabe von Informationen nur befugt, soweit eine betriebsverfassungsrechtliche Verpflichtung zur Information besteht.

b) Verschwiegenheit im Rahmen von Unternehmenskäufen

28 Bei Unternehmenskäufen stellt sich die Frage der Zulässigkeit der Durchführung einer **Due Diligence** durch Interessenten, im Rahmen derer umfangreiche Informationen über die Gesellschaft zur Verfügung gestellt werden. Wollen alle Gesellschafter ihre Anteile verkaufen, ist das Zurverfügungstellen von Informationen unproblematisch, da regelmäßig alle Gesellschafter damit einverstanden sind (PraxisHdb GmbH-GF/*Ziemons* § 22 Rn. 65). Davon darf der Geschäftsführer auch grundsätzlich ausgehen.

29 Will nur ein Teil der Gesellschafter ihre jeweiligen Anteile verkaufen, ist ein **Gesellschafterbeschluss** herbeizuführen, der die Weitergabe der Informationen an den verkaufswilligen Gesellschafter zum Zwecke der Weiterleitung der Informationen an den Kaufinteressenten gestattet. Die Beschlussfassung muss einstimmig erfolgen (so auch PraxisHdb GmbH-GF/*Ziemons* § 22 Rn. 50; Lutter/Hommelhoff/*Kleindiek* GmbHG, § 43 Rn. 14 m. w. N.; Baumbach/Hueck/*Schulze-Osterloh/Servatius* § 85 Rn. 11; zuletzt OLG Köln EWiR 2014, 415, mit abweichender Anmerkung von *Wachter*). Um den Geheimhaltungsinteressen der Gesellschaft Rechnung zu tragen, reicht es nicht aus, dass ein mit Mehrheit gefasster Beschluss von der überstimmten Minderheit **angefochten** werden könnte, wenn die Interessen der Gesellschaft etwa dadurch verletzt werden, dass der Kaufinteressent in Wirklichkeit gar nicht an dem Erwerb der Anteile, sondern nur am Erhalt der Informationen

interessiert ist, oder wenn der Erwerber ein Wettbewerber der Gesellschaft ist. Der Schutz der überstimmten Gesellschafter ist in diesen Fällen nicht hinreichend sichergestellt.

Im Fall der Durchführung einer Due Diligence zwecks geplanten Erwerbs eines **Geschäftsbereichs** oder einer **Beteiligung** kann der Geschäftsführer hingegen die Durchführung einer Due Diligence gestatten. Handelt es sich um einen besonders bedeutenden oder großen Geschäftsbereich, ist aber ebenfalls ein die Weitergabe der Informationen gestattender Beschluss der Gesellschafterversammlung bzw. des Aufsichtsrates einzuholen. 30

In jedem Fall ist der Geschäftsführer aber verpflichtet, eine nach Möglichkeit vertragsstrafenbewehrte **Vertraulichkeitsvereinbarung** mit dem Erwerbsinteressenten abzuschließen. 31

c) Strafbarkeit

Die unbefugte Weitergabe von Betriebs- und Geschäftsgeheimnissen durch einen Geschäftsführer ist nach § 85 Abs. 1 GmbHG strafbar (bis zu ein Jahr Freiheitsstrafe oder Geldstrafe). 32

6. Pflicht zu kollegialer Zusammenarbeit

Die Geschäftsführer treffen **Loyalitätspflichten**, die Pflicht zu **kollegialer Zusammenarbeit** und gegenseitige **Informationspflichten**. Außerdem besteht die Pflicht der Geschäftsführer, sich gegenseitig zu **überwachen**, insbesondere auch Pflichtverletzungen durch andere Geschäftsführer zu verhindern (E/F/S/*B. Schmidt* § 43 Rn. 32). Diese Pflichten bestehen unabhängig vom Bestehen von Einzel- oder Gesamtgeschäftsführungsbefugnis und auch unabhängig davon, ob eine Ressortverteilung eingerichtet worden ist. Beschlüsse des Geschäftsführungsgremiums sind grundsätzlich auszuführen, es sei denn, sie sind rechtswidrig oder für die Gesellschaft nachteilig. 33

Die Pflicht zu kollegialer Zusammenarbeit der Geschäftsführer untereinander umfasst auch die Verpflichtung, vor der Einschaltung von Aufsichtsbehörden oder anderen externen Institutionen zur Durchführung von Untersuchungen gegen einen Mitgeschäftsführer zu versuchen, Missstände innergesellschaftlich abzustellen, also z. B. sämtliche Geschäftsführer und/oder den Aufsichtsrat oder die Gesellschafterversammlung zu informieren und zum Einschreiten zu veranlassen (PraxisHdb GmbH-GF/*Ziemons* § 22 Rn. 67). 34

Die Loyalitätspflichten gelten auch für die Zusammenarbeit mit den **anderen Gesellschaftsorganen**, also insbesondere mit der Gesellschafterversammlung und mit dem Aufsichts- oder Beirat. Es bestehen Beratungspflichten, Unterstützungspflichten und Informations- sowie Berichtspflichten im Hinblick auf Geschäfts- und Unternehmensplanung, Umsatz- und Ergebnisentwicklung, besonders bedeutende Geschäftsvorfälle sowie alle sonstigen für die Gesellschaft oder verbundene Unternehmen wichtigen Maßnahmen. 35

Bei Bestehen eines **obligatorischen Aufsichtsrates** aufgrund mitbestimmungsrechtlicher Vorschriften gelten die Loyalitätspflichten auch diesem Organ gegenüber, wobei dies bei einem qualifiziert mitbestimmten Aufsichtsrat aus der gesetzlich angeordneten Geltung der aktienrechtlichen Vorschriften folgt. 36

III. Verschulden

Der Geschäftsführer haftet grundsätzlich für **jede Form des Verschuldens**, also auch für leichte und leichteste Fahrlässigkeit (E/F/S/*B. Schmidt* § 43 Rn. 42). In dem aus seiner Position eines Geschäftsführers resultierenden Pflichtenkreis gibt es keinen Grund für eine Haftungserleichterung. Eine solche kann auch nicht durch Gesellschafterbeschluss (auch nicht, wenn der Beschluss einstimmig gefasst wird) oder durch den Gesellschaftsvertrag bzw. den Anstellungsvertrag eingerichtet werden, und zwar auch nicht bei der Einpersonen-GmbH. Hingegen wird die Haftung des Geschäftsführers außerhalb seines amtstypischen Pflichtenkreises von der h. M. in der Regel nach den Regeln der Arbeitnehmerhaftung auf grobe Fahrlässigkeit und Vorsatz beschränkt (BGH NJW 1994, 856). 37

IV. Schaden

38 Um eine Haftung des Geschäftsführers zu begründen, ist der Eintritt eines Schadens bei der Gesellschaft erforderlich. Der Schaden besteht regelmäßig in einer **Minderung des (geldwerten) Gesellschaftsvermögens**. Tritt der Schaden in Form eines Vermögensnachteils hingegen bei einem Gesellschafter ein, gründet sich darauf kein Schadensersatzanspruch gegen den Geschäftsführer; dies gilt auch bei der Einpersonen-GmbH. Vgl. zu Bußgeldern als Schaden und die Geschäftsleiterhaftung wegen Verbandsgeldbußen (**Bußgeldrückgriff**) *Fleischer* Der Betrieb 2014, 345.

39 § 254 BGB mit der Folge einer Reduzierung des Umfangs des zu leistenden Ersatzes ist insoweit nicht anwendbar, als es sich um ein Mitverschulden eines anderen Geschäftsführers oder auch eines nachgeordneten Mitarbeiters handelt (E/F/S/*B. Schmidt* § 43 Rn. 45). Der Geschäftsführer kann sich auch nicht auf die Verletzung von Überwachungspflichten von Gesellschaftern berufen (BGH NJW 1983, 1856). Vielmehr kommt grundsätzlich ein der GmbH – sei es über die Person des Mitgeschäftsführers, den Aufsichtsrat oder die Gesellschafterversammlung – zuzurechnendes **Mitverschulden** im Verhältnis zu dem auf Schadensersatz in Anspruch genommenen Geschäftsführer erst für die Zeit nach dessen Ausscheiden als Geschäftsführer in Betracht (OLG Oldenburg NZG 2007, 434). Mehrere Verantwortliche haften gem. § 43 Abs. 2 GmbHG der Gesellschaft nebeneinander als **Gesamtschuldner**; erst im Gesamtschuldnerausgleich nach § 426 Abs. 1 und 2 BGB können die Anteile an Verursachung und Verschulden Berücksichtigung finden (E/F/S/*B. Schmidt* § 43 Rn. 45). Ein typischer Fall für einen solchen ungleichen Gesamtschuldnerausgleich ist gegeben, wenn ein Geschäftsführer aufgrund Verletzung seiner Überwachungspflichten neben einem oder mehreren handlungs- oder unterlassungsverpflichteten Geschäftsführern haftet. Dies kann bis zu einer Reduzierung der Haftung des lediglich die Überwachungspflichten verletzenden Geschäftsführers auf Null führen (Baumbach/Hueck/*Zöllner/Noack* § 43 Rn. 29).

V. Kausalität

40 Zwischen der Pflichtverletzung und dem Schaden muss ein adäquat kausaler Zusammenhang bestehen. Außerdem muss der Schaden in den **Schutzbereich** der verletzten Pflicht bzw. Vorschrift fallen. Will der Geschäftsführer sich auf **rechtmäßiges Alternativverhalten** berufen, so trifft ihn dafür die Beweislast (BGH NJW 1996, 3343, 3345). Rechtmäßiges Alternativverhalten setzt voraus, dass in jedem Fall und nicht nur möglicherweise bei pflichtgemäßem Verhalten derselbe Erfolg eingetreten wäre (BGH NJW 1993, 520, 522).

VI. Haftungsfreistellung und Haftungsverzicht

1. Meinungsstreit

41 Heftig umstritten ist die Frage, ob und in welchem Umfang durch **privatrechtliche Vereinbarungen** die Haftung des Geschäftsführers eingeschränkt werden kann (vgl. *Altmeppen* DB 2000, 261). Dies ist nach hiesiger Auffassung im Wege einer Beschränkung der Haftung auch bei amtstypischen Pflichtverletzungen auf Vorsatz und grobe Fahrlässigkeit denkbar. Auch kann die Haftung auf bestimmte Schadensarten oder Schadenshöhen beschränkt werden; weiterhin kommt eine Modifizierung der Regeln über die Darlegungs- und Beweislast zugunsten des Geschäftsführers in Betracht, den grundsätzlich die Beweislast hinsichtlich seiner Behauptung, nicht pflichtwidrig oder zumindest nicht schuldhaft gehandelt zu haben, trifft (s. u. Rdn. 50 f.).

42 Der BGH hat zu dieser Frage ausgeführt, außerhalb des Anwendungsbereiches von § 43 Abs. 3 GmbHG (s. u. Rdn. 52 ff.) sei es Sache der Gesellschafter, ob und ggf. in welchem Umfang sie Ansprüche der Gesellschaft gegen einen pflichtwidrig handelnden Geschäftsführer verfolgen wollen. Daher könne schon im Vorfeld das Entstehen und der Umfang des Schadensersatzanspruches geregelt werden. Als Beispiele führt der BGH die Erteilung einer haftungsfreistellenden Gesellschafterweisung oder die Vereinbarung eines geminderten Sorgfaltsmaßstabes an (BGH NJW 2002, 3777; GmbHR 2003, 712, 713). Die Verfügung eines **Alleingesellschafter-Geschäftsführers** einer GmbH über das Vermögen der Gesellschaft löst nur dann eine Schadensersatzpflicht nach § 43

Abs. 2 GmbHG aus, wenn der Geschäftsführer damit gegen ein Verbot verstößt, das – wie etwa § 30 oder § 64 GmbHG – auch durch eine Weisung der Gesellschafterversammlung nicht außer Kraft gesetzt werden kann (BGH, NJW 2010, 618 ff.). Auch für den Alleingesellschafter-Geschäftsführer gilt, dass grundsätzlich bei Handeln auf Weisung der Gesellschafterversammlung eine Haftung ausscheidet.

2. Grenzen der Einschränkbarkeit

Von der Möglichkeit der Haftungsbeschränkung in jedem Fall ausgenommen ist aber der **Anwendungsbereich des Abs. 3**, da diese Norm dem Schutz der Gläubiger der Gesellschaft dient, der nicht zur Disposition der Gesellschafter gestellt werden darf, auch nicht durch Absenkung des Sorgfaltsmaßstabes. Das ist unumstritten. Eine weitere gesetzlich vorgegebene Grenze findet die Möglichkeit der Haftungsbeschränkung in § 276 Abs. 3 BGB, wonach eine Haftung wegen Vorsatzes dem Schuldner nicht im Voraus erlassen werden kann. Auch Haftungsfreistellungen oder Haftungsbeschränkungen im Zusammenhang mit Verstößen gegen zwingende Pflichten des Geschäftsführers sind nicht zuzulassen und damit unwirksam. Hierzu zählen insbesondere die im Allgemeininteresse bestehende Buchführungspflicht nach § 41 GmbHG, die Pflicht zur Einberufung der Gesellschafterversammlung nach § 49 Abs. 3 GmbHG und das Kreditverbot nach § 43a GmbHG (vgl. auch Lutter/Hommelhoff/*Hommelhoff/Kleindiek* GmbHG, § 43 Rn. 34). 43

Weiterhin wird man über die genannten gesetzlichen Grenzen hinaus die Unzulässigkeit einer Haftungsbeschränkung auch bei **existenzvernichtenden Eingriffen** sowie einer Beschränkung in Form einer **generellen Freistellung** von der Haftung für Sorgfaltspflichtverstöße jeglicher Art und Intensität im Vorhinein annehmen müssen. Aufgrund seiner Funktion einer Haftungsgrundlage für Dritte kann das Vermögen der GmbH nicht beliebig und pauschal möglicher Haftungsansprüche entäußert werden. Eine Konkretisierung und Spezifizierung der Haftungsbeschränkungen sind daher unerlässlich. 44

3. Beschränkung aufgrund Gesellschaftsvertrag oder Beschlusses

Nicht unumstritten ist auch die Frage, ob für (zulässige) Haftungsbeschränkungen eine Grundlage im Gesellschaftsvertrag oder zumindest ein entsprechender einstimmiger Gesellschafterbeschluss vorliegen muss, oder ob eine Regelung im Anstellungsvertrag ausreichend ist. Die h. M. nimmt zu Recht Letzteres an (vgl. nur BGH NJW 2002, 3778), wobei aber ein, wenn auch nicht notwendigerweise einstimmiger Beschluss, der Gesellschafter vorliegen muss (vgl. § 46 Nr. 8 GmbHG). 45

4. Nachträglicher Haftungsverzicht

Ein Haftungsverzicht im Nachhinein (auch durch **Genehmigung** bestimmter Maßnahmen) ist außerhalb des Anwendungsbereiches des Abs. 3 und abgesehen von den Fällen der Befolgung von sittenwidrigen Gesellschafterbeschlüssen in analoger Anwendung des § 46 Nr. 8 GmbHG grundsätzlich möglich (E/F/S/*B. Schmidt* § 43 Rn. 11). Die **Entlastung** durch die Gesellschafter gem. § 46 Nr. 5 GmbHG führt unter bestimmten Voraussetzungen diese Verzichtswirkung ebenfalls herbei. 46

VII. Unterlassungsanspruch und weitere Rechtsfolgen bei Pflichtverletzungen

Neben dem Schadensersatzanspruch wird aus Abs. 2 auch ein **vorbeugender Unterlassungsanspruch** abgeleitet und zwar für den Fall, dass eine schädigende Pflichtverletzung eines Geschäftsführers zu besorgen ist. 47

Ein Unterlassungsanspruch besteht auch bei einem Verstoß des Geschäftsführers gegen das Wettbewerbsverbot. Ebenso kann darin ein Grund für eine außerordentliche Kündigung des Anstellungsvertrages liegen (E/F/S/*B. Schmidt* § 43 Rn. 47). Bei Abschluss eines Vertrages mit einem Dritten mit sich selbst durch den Geschäftsführer kann die Gesellschaft zwischen **Schadensersatz** und einem **Eintritt** analog §§ 88 Abs. 2 AktG, 113 Abs. 1 HGB wählen. Die Ansprüche können aber nicht kumulativ geltend gemacht werden. Bei Wahl des Eintrittsrechts ist die GmbH so zu stellen, 48 als habe der Geschäftsführer den Vertrag für sie abgeschlossen; bei Wahl des Schadensersatzes hingegen kann sie die dem Geschäftsführer zufließenden Vermögenswerte abschöpfen, wird aber nicht selbst im Verhältnis zum Dritten Vertragspartner.

VIII. Prozessuales, Darlegungs- und Beweislast

49 Ein Prozess gegen den Geschäftsführer wegen Geltendmachung von Ansprüchen nach § 43 Abs. 2 GmbHG ist nicht vor dem Arbeitsgericht zu führen, sondern vor dem nach § 29 ZPO zuständigen Gericht (vgl. zur prozessualen Geltendmachung des Anspruchs auch ausführl. Kap. 5 Rdn. 643 ff.). Das ist der Gerichtsstand des Erfüllungsortes am Sitz der Gesellschaft. Da die Gesellschaft Anspruchsinhaberin ist, ist sie auch klagebefugt. Erforderlich ist ein **Gesellschafterbeschluss** (§ 48 Nr. 8 GmbHG), andernfalls ist die Klage unbegründet (BGHZ 97, 382, 390). Macht die GmbH selbst die Ansprüche nicht geltend, obwohl ein entsprechender Gesellschafterbeschluss gefasst wurde, oder unterliegt ein die Geltendmachung ablehnender Gesellschafterbeschluss der Anfechtung, kommt eine Geltendmachung der Ansprüche aus § 43 Abs. 2 GmbHG durch einen einzelnen oder mehrere Gesellschafter im Wege der **actio pro socio** in Betracht (zur actio pro socio vgl. ausführl. Kap. 5 Rdn. 328 ff.).

50 Die **Darlegungs- und Beweislast** der Gesellschaft wird in entsprechender Anwendung der §§ 93 Abs. 2 Satz 2 AktG, 34 Abs. 2 GenG erleichtert (vgl. BGH NJW 2003, 358; NZG 2008, 314; vgl. dazu auch ausführl. Kap. 5 Rdn. 647). Der BGH hat in der erstgenannten Entscheidung deutlich gemacht, dass die Gesellschaft den Eintritt eines Schadens und dessen Verursachung durch ein möglicherweise pflichtwidriges Verhalten (Tun oder Unterlassen) des Geschäftsführers darzulegen und zu beweisen hat. Hingegen obliegt es dem Geschäftsführer zu beweisen, dass das den Schaden herbeiführende Verhalten nicht pflichtwidrig gewesen ist oder es sich zumindest nicht um eine schuldhafte Pflichtverletzung handelte. Auch für die Geltendmachung eines rechtmäßigen Alternativverhaltens oder eine ihn bindende Weisung der Gesellschafter zu seiner Entlastung trifft den Geschäftsführer die Beweislast.

51 Für den Nachweis von Kausalität, Schadenseintritt und Schadenshöhe gelten die Erleichterungen des § 287 ZPO (BGH NJW 2003, 358).

D. Haftung bei Verstoß gegen die §§ 30, 33 GmbHG, Abs. 3

52 Abs. 3 regelt zwei besondere Fälle von Pflichtwidrigkeiten der Geschäftsführer, die eine Schadensersatzpflicht auslösen. Mit der Regelung dieser beiden Einzelfälle hat der Gesetzgeber den **Schutz der Gläubiger** der Gesellschaft ausdrücklich in das System der Haftung der Geschäftsführer aufgenommen.

53 S. 1, 1. Alt. regelt eine Schadensersatzpflicht des Geschäftsführers für den Fall, dass entgegen § 30 GmbHG Zahlungen aus dem zur Erhaltung des Stammkapitals erforderlichen Vermögen der Gesellschaft vorgenommen werden; S. 1, 2. Alt. hingegen begründet die Schadensersatzpflicht in dem Fall, dass entgegen den Bestimmungen des § 33 GmbHG eigene Geschäftsanteile der Gesellschaft erworben werden. Aus der jeweils passivischen Formulierung und der Schutzwirkung dieser Vorschrift für die Gläubiger der Gesellschaft ergibt sich, dass die Geschäftsführer aufgrund ihrer Überwachungspflichten ebenfalls dafür zu sorgen haben, dass solche Zahlungen und Erwerbe eigener Geschäftsanteile auch nicht durch Mitgeschäftsführer, Prokuristen oder durch andere Mitarbeiter vorgenommen werden. Eine Haftung von Prokuristen oder anderen nachgeordneten Mitarbeitern nach Abs. 3 hingegen besteht nicht; hier kommt eine Haftung allenfalls nach den Regeln des Deliktsrechts oder wegen Verletzung von Pflichten aus dem Anstellungsvertrag in Betracht.

54 Die Haftung des Geschäftsführers nach Satz 1, 1. Alt. tritt neben die Haftung desjenigen, der die Zahlung erhalten hat und daher nach § 31 Abs. 1 und Abs. 2 GmbHG auf Rückerstattung haftet (vgl. hierzu die ausführl. Kommentierung zu § 31 GmbHG). Der Geschäftsführer kann bei dem Leistungsempfänger Regress nehmen (Baumbach/Hueck/*Zöllner/Noack* § 43 Rn. 49). Aus § 31 Abs. 6 GmbHG ergibt sich, dass im Fall einer Ausfallhaftung der übrigen Gesellschafter nach § 31

Abs. 3 GmbHG, diesen die Geschäftsführer als Gesamtschuldner zum Ersatz verpflichtet sind (vgl. § 31 GmbHG Rdn. 79 ff.).

Abs. 3 Satz 2 macht für die in Abs. 3 geregelten Einzelfälle der Haftung des Geschäftsführers, und zwar nach h. M. (BGH NZG 2008, 314, 315 m.w. N.) nur für diese beiden Einzelfälle, die Beschränkungen des § 9b Abs. 1 GmbHG anwendbar. Das bedeutet, dass ein Verzicht der Gesellschaft auf Ersatzansprüche nach Abs. 3 oder ein Vergleich, den die Gesellschaft über diese Ansprüche abschließt, immer insoweit unwirksam ist, als der Ersatz zur Befriedigung der Gläubiger erforderlich ist (vgl. auch § 9b GmbHG Rdn. 2). 55

Abs. 3 Satz 3 schließlich regelt, dass die Ersatzpflicht der Geschäftsführer nicht dadurch entfällt, dass sie in Befolgung eines Gesellschafterbeschlusses handeln. Da es sich bei Abs. 3 um eine die Gläubiger der Gesellschaft schützende Vorschrift handelt, gilt dies wiederum ausdrücklich in dem Umfang, in dem der Ersatz zur Befriedigung der Gläubiger der Gesellschaft erforderlich ist (vgl. Baumbach/Hueck/*Zöllner/Noack* § 43 Rn. 52). 56

Offen ist die Frage, wie ein Schadensersatzanspruch gegenüber dem Geschäftsführer wegen unterlassener Geltendmachung eines Anspruchs aus § 31 GmbHG dogmatisch zu behandeln ist, insbesondere, ob nach Abs. 3 an die Pflichtverletzung des Verstoßes gegen § 30 GmbHG oder aber separat an die Nichtgeltendmachung des Erstattungsanspruches nach § 31 GmbHG anzuknüpfen ist. Die Entscheidung dieser Frage hat Folgen für den Beginn der Verjährung solcher Ansprüche (vgl. hierzu *Dahl/Schmitz* NZG 2008, 653, 655). 57

E. Verjährung, Abs. 4

I. Dauer und Beginn der Verjährungsfrist

Ansprüche nach Abs. 2 und Abs. 3 verjähren gem. Abs. 4 in **5 Jahren**. Das entspricht der Vorschrift des § 93 Abs. 6 AktG für Ansprüche gegen Mitglieder des Vorstands einer Aktiengesellschaft. Die Verjährung beginnt mit der Anspruchsentstehung, also grundsätzlich frühestens mit dem Eintritt des Schadens dem Grunde nach, sodass der Gesellschaft die Möglichkeit der Erhebung einer Feststellungsklage offen steht. Dafür muss der Schaden der Höhe nach noch nicht feststehen. 58

Auch nach der Neuregelung der bürgerlich-rechtlichen Verjährungsregelungen durch das am 01.01.2002 in Kraft getretene Gesetz zur Modernisierung des Schuldrechts kommt es auf Kenntnis oder grob fahrlässige Unkenntnis der Gesellschaft nicht an. Gem. § 200 Satz 1 BGB (§ 198 Satz 1 BGB a. F.) beginnt die Verjährungsfrist bei Ansprüchen, die nicht der regelmäßigen Verjährung unterliegen, und damit also auch im Fall des § 43 Abs. 4 GmbHG mit der Entstehung des Anspruchs, ohne dass es auf Kenntnis oder Kennenmüssen ankäme. Es handelt sich daher auch nicht um einen Fall der Jahresendverjährung (*Schmitt-Rolfes/Bergwitz* NZG 2006, 535, 536). 59

II. Reichweite des Abs. 4

Der Geltungsbereich des Abs. 4 erstreckt sich auf alle Ansprüche aus Abs. 2 und Abs. 3 **aus organschaftlicher Pflichtverletzung** oder aus Verletzung von **schuldrechtlichen Verpflichtungen**, die die Organstellung begleiten, wie z. B. Verpflichtungen aus dem Anstellungsvertrag (BGH NJW-RR 1989, 1255 f.). Dadurch wird die einheitliche Verjährung der Haftungsansprüche gegen Geschäftsführer gewährleistet. Hingegen unterliegen deliktische, bereicherungsrechtliche oder Ansprüche auf Herausgabe den jeweils eigenen Verjährungsregelungen (BGHZ 100, 190, 199 ff.). 60

Ansprüche aus der **Verletzung gesellschafterlicher Treuepflicht** durch den Gesellschaftergeschäftsführer unterliegen auch im Fall der Konkurrenz mit dem Anspruch aus § 43 GmbHG der regelmäßigen Verjährungsfrist des § 195 BGB, verjähren also nach 3 Jahren ab Kenntnis bzw. Kennenmüssen (BGH NJW 1999, 781). 61

In besonderen Einzelfällen kann sich der Anspruchsinhaber auf den **Einwand der Arglist** gegen die Einrede der Verjährung durch den Geschäftsführer berufen; allerdings reicht dafür insbesondere 62 bei der Einpersonen-Gesellschaft die Berufung darauf, dass der Geschäftsführer selbst geeignete Maßnahmen zur Verhinderung des Eintritts der Verjährung oder einen entsprechenden Hinweis unterlässt, nicht aus.

III. Verlängerung und Verkürzung der Verjährungsfrist

63 § 202 Abs. 2 BGB lässt die **Verlängerung** von Verjährungsfristen bis zu einer Dauer von 30 Jahren zu. Eine **Verkürzung** der Verjährungsfrist für Fälle der Haftung aufgrund Fahrlässigkeit ist ebenfalls möglich, und zwar nach richtiger und herrschender Auffassung sowohl in der Satzung als auch im Anstellungsvertrag. Bei Haftungsansprüchen nach §§ 30 und 33 GmbHG ist die Verkürzung der Verjährungsfrist allerdings mit Blick auf den Schutz der Gläubiger der Gesellschaft insoweit unwirksam, wie der Ersatz zur Befriedigung der Gläubiger erforderlich ist (BGH NZG 2002, 1170, 1171 f.). Im Hinblick auf die Rechte der Gesellschafterversammlung ist die Vereinbarung der Verkürzung der Verjährungsfrist durch einen nach Gesetz oder aufgrund Satzung zuständigen Aufsichtsrat ohne die Zustimmung der Gesellschafter nicht zulässig (Baumbach/Hueck/*Zöllner/ Noack* § 43 Rn. 60 a. E.).

64 Die **verjährungshemmende** Wirkung gem. § 204 BGB, z. B. durch die Zustellung eines Mahnbescheides oder durch die Erhebung einer Klage gegen den Geschäftsführer, setzt nicht voraus, dass der Beschluss nach § 46 Nr. 8 GmbHG ebenfalls vor Ablauf der Verjährungsfrist zustande kommt (BGH GmbHR 1999, 714, 715). Er kann innerhalb der durch die Hemmung der Verjährung »gewonnenen Zeit« nachgeholt werden.

F. Haftung des Geschäftsführers gegenüber Gesellschaftern

I. Grundsatz innergesellschaftliche Organhaftung

65 § 43 GmbHG normiert ausschließlich die Haftung des Geschäftsführers gegenüber der Gesellschaft, also die innergesellschaftliche Organhaftung. Das ist nicht unumstritten. Teilweise wird angenommen, dass bestimmte Pflichten wie Rechnungslegungs- und Auskunftspflichten organschaftliche Pflichten gegenüber den Gesellschaftern seien (Scholz/*Schneider* GmbHG, § 43 Rn. 301) und Haftungstatbestände begründen können. Dem ist mit Blick auf die vom Gesetzgeber intendierte Konzentration von Haftungsansprüchen bei der Gesellschaft nicht zu folgen. Dementsprechend ist nach h. M. § 43 GmbHG auch kein Schutzgesetz i. S. v. § 823 Abs. 2 BGB (E/F/S/*B. Schmidt* § 43 Rn. 61).

II. Anspruchsgrundlagen für Haftung gegenüber Gesellschaftern

66 Die Haftung gegenüber den Gesellschaftern muss sich vielmehr aus anderen Anspruchsgrundlagen ergeben. Hiermit ist ebenfalls aus Gründen der Anspruchskonzentration bei der Gesellschaft grundsätzlich sehr restriktiv umzugehen. Dafür kommt neben dem gesetzlich geregelten Fall des **§ 31 Abs. 6 GmbHG** grundsätzlich nur der **Anstellungsvertrag** in Betracht. Voraussetzung ist dabei grundsätzlich, dass beim Gesellschafter ein **eigenständiger Schaden** entstanden ist, der nicht nur ein Reflexschaden des bei der Gesellschaft eingetretenen Schadens ist. Eine doppelte Haftung des Geschäftsführers gegenüber Gesellschaft und Gesellschaftern, bei denen sich die Vermögenseinbuße der Gesellschaft im entsprechenden Wertverlust des Geschäftsanteils spiegelt, kommt nicht in Betracht. Die Einbuße ist grundsätzlich durch Ersatzleistung in das Vermögen der Gesellschaft auszugleichen (OLG Hamm NJW-RR 2002, 1259, 1260).

1. Anstellungsvertrag

67 Eine Haftung des Geschäftsführers gegenüber den Gesellschaftern aus dem Anstellungsvertrag kommt wiederum nur dann in Betracht, wenn der Anstellungsvertrag **ausdrückliche Schutzpflichten** zugunsten der Gesellschafter enthält, denn per se stellt der Anstellungsvertrag keinen Vertrag mit Schutzwirkung für die bzw. zugunsten der Gesellschafter dar (E/F/S/*B. Schmidt* § 43 Rn. 64).

2. Deliktische Haftung

Deliktische Haftungsansprüche nach § 823 Abs. 1 BGB wegen **Eingriffs in das Mitgliedschaftsrecht** als absolutes Recht i. S. d. § 823 Abs. 1 BGB durch Beeinträchtigung (also Beseitigung oder Verkürzung) der im Mitgliedschaftsrecht zusammengefassten Herrschafts-, Teilhabe- und Vermögenspositionen sind nach hiesiger Auffassung abzulehnen. Anders sieht das allerdings der BGH (BGHZ 110, 323, 334). Als Beispiele werden in der Literatur unerlaubte Strukturveränderungen, faktische Veränderungen des Unternehmensgegenstandes ohne entsprechende Satzungsänderung oder Verletzung des Gleichbehandlungsgrundsatzes z. B. bei der Veräußerung eigener Geschäftsanteile an einen Gesellschafter genannt (PraxisHdb GmbH-GF/*Ziemons* § 23 Rn. 6). Dem ist nicht zu folgen, da es sich nicht um einen Außeneingriff handelt, sondern um typische Verletzungen seiner körperschafts- und vertragsrechtlichen Pflichten durch den Geschäftsführer, die typischerweise auch durch die Gesellschaft zu sanktionieren sind (Baumbach/Hueck/*Zöllner/Noack* § 43 Rn. 65).

68

3. § 31 Abs. 6 GmbHG

Gem. § 31 Abs. 6 GmbHG haftet der Geschäftsführer gegenüber den Gesellschaftern in Höhe desjenigen Betrages, den sie im Fall eines Verstoßes gegen das Auszahlungsverbot gem. § 30 Abs. 1 GmbHG aufgrund ihrer Haftung gem. § 31 Abs. 3 GmbHG an einen oder mehrere Gesellschaftsgläubiger im Verhältnis ihrer Geschäftsanteile leisten müssen. In diesen Fällen haften mehrere Geschäftsführer als Gesamtschuldner (vgl. hierzu § 31 GmbHG Rdn. 79 ff.).

69

G. Haftung gegenüber Dritten

I. Haftung nach den Grundsätzen der culpa in contrahendo

1. Wirtschaftliches Eigeninteresse

Eine persönliche Haftung des Geschäftsführers gegenüber Dritten für die Folgen vorvertraglicher Pflichtverletzungen kommt grundsätzlich dann in Betracht, wenn er eine so enge Beziehung zum Gegenstand der Vertragsverhandlungen hat, dass er als eine Art **procurator in rem suam** tätig wird. Er handelt in diesen Fällen wie in eigener Sache. Der Geschäftsführer haftet dann unter dem Gesichtspunkt der culpa in contrahendo nach §§ 280 Abs. 1, 311 Abs. 3 BGB wegen unmittelbaren wirtschaftlichen Eigeninteresses. Die Rechtsprechung, namentlich der BGH, fasst die Voraussetzungen für eine solche Haftung zu Recht immer strenger (BGHZ 126, 181, 186), in der Literatur wird teilweise die Abschaffung dieser Haftungsfigur gefordert.

70

Eine Haftung aufgrund der Figur des unmittelbaren wirtschaftlichen Eigeninteresses ist daher nicht bereits in den Fällen zu bejahen, in denen der verhandelnde Geschäftsführer gleichzeitig Allein- oder Mehrheitsgesellschafter der GmbH ist (BGHZ 126, 181, 187), in denen er für Verbindlichkeiten der Gesellschaft Sicherheiten bestellt hat (ebenfalls BGHZ 126, 181, 187) oder in denen er durch den Abschluss des Vertrages einen Provisionsanspruch erwirbt. Der BGH bejaht hingegen die Möglichkeit der Haftung, wenn die Tätigkeit des Geschäftsführers auf die Beseitigung von Schäden abzielt, für die er andernfalls von der Gesellschaft selbst haftbar gemacht werden könnte (BGH ZIP 1986, 26, 30) oder in Fällen, in denen der Geschäftsführer von Anfang an die vertragliche Leistung nicht an die Gesellschaft weiterleiten, sondern von ihm selbst bestimmten Zwecken zuführen wollte.

71

2. Inanspruchnahme besonderen persönlichen Vertrauens

Wegen der Inanspruchnahme besonderen persönlichen Vertrauens haftet der Geschäftsführer, wenn er zusätzliches besonders auf sich bezogenes und über die normale Verhandlungsloyalität hinausgehendes Vertrauen bezüglich der Vollständigkeit und Richtigkeit seiner Erklärungen hervorruft und der Willensentschluss des anderen Teils darauf beruht (BGHZ 126, 181, 189). Im Grunde genommen muss der Geschäftsführer als Vertreter der GmbH eine von ihm selbst einzulösende **garantieähnliche Erklärung** gegenüber dem Vertragspartner abgegeben haben (vgl. auch OLG

72

Koblenz NJW-RR 2003, 1198, 1199). Das Unterlassen einer Aufklärung über die wahren finanziellen Verhältnisse der GmbH reicht nach der BGH-Rechtsprechung hingegen nicht aus (BGHZ 126, 181, 189 f.). Ebenso wenig reichen Hinweise auf die besondere Sachkunde oder die besondere persönliche Zuverlässigkeit des Geschäftsführers aus, um eine Haftung nach den Grundsätzen der einstmaligen culpa in contrahendo zu begründen. Dies sind Eigenschaften, die für den Geschäftspartner aufgrund der zentralen Stellung und Rolle des Geschäftsführers innerhalb des Gefüges der GmbH immer von besonderer Bedeutung sind und daher keine über den Normalfall hinausgehende Inanspruchnahme von Vertrauen darstellen.

II. Deliktische Haftung

73   Im Bereich des Deliktsrechts kommt eine Haftung des Geschäftsführers gegenüber Dritten in Betracht, wenn er diese unmittelbar im Zusammenhang mit seiner Tätigkeit als Geschäftsführer schädigt und dabei ein Schutzgut i. S. d. § 823 Abs. 1 BGB oder ein Schutzgesetz i. S. d. § 823 Abs. 2 BGB schuldhaft verletzt und dem Dritten dadurch einen Schaden zufügt. Dabei haftet auch die Gesellschaft in analoger Anwendung des § 31 BGB gegenüber dem Dritten als Gesamtschuldnerin (BGH NJW 2001, 964), aber (natürlich) nur dann, wenn die von ihm begangene Rechtsverletzung im Zusammenhang mit seiner Tätigkeit als Geschäftsführer steht.

74   Hinsichtlich der Frage, ob Verhaltenspflichten der Gesellschaft, die durch die Geschäftsführer zu erfüllen sind, auch **eigene Verhaltenspflichten der Geschäftsführer** begründen, deren Verletzung zu einer deliktischen Haftung führt, ist zu differenzieren. Verwirklicht ein Geschäftsführer durch **aktives Tun** in eigener Person einen deliktischen Haftungstatbestand, so ist seine deliktische Verantwortlichkeit unumstritten gegeben. Soweit eine Haftung aufgrund **Unterlassens** in Betracht kommt (z. B. durch vorangegangenes Handeln des Geschäftsführers selbst oder eines seiner nachgeordneten Mitarbeiter), beschränkt sich die persönliche Garantenstellung im Wesentlichen auf den Bereich allgemeiner Handlungspflichten, wie bei solchen Verkehrssicherungspflichten, bei denen dem Geschäftsführer auch der Allgemeinheit gegenüber eine besondere Verantwortung zukommt. Darüber hinaus kann aufgrund einer etwa angenommenen Garantenstellung der Geschäftsführer eine externe Haftung nicht begründet werden, denn grundsätzlich bleibt es bei der nur intern der Gesellschaft gegenüber bestehenden Verantwortlichkeit des Geschäftsführers (E/F/S/*B. Schmidt* § 43 Rn. 70).

75   Auch bei **Verstößen gegen das Wettbewerbsrecht** oder bei der **Verletzung von Marken** oder anderen Immaterialgüterrechten kommt eine persönliche Haftung des Geschäftsführers in Betracht, wenn er die Rechtsgutverletzung selbst schuldhaft herbeigeführt hat oder von der Möglichkeit, sie zu verhindern, keinen Gebrauch gemacht hat (BGH NJW 1987, 127, 129).

III. Deliktische Haftung wegen Verletzung öffentlich-rechtlicher Pflichten

76   An die Verletzung öffentlich-rechtlicher Pflichten kann eine deliktsrechtliche Haftung geknüpft werden, wenn eine Zuordnung im Ordnungswidrigkeiten- oder Strafrecht möglich ist.

1. Verletzung von steuerlichen Pflichten

77   Gem. § 69 AO kommt eine persönliche Haftung des Geschäftsführers bei der grob fahrlässigen oder vorsätzlichen Verletzung der gem. § 34 AO den Geschäftsführern obliegenden steuerlichen Pflichten in Betracht, wenn Steuerschulden nicht oder nicht rechtzeitig festgesetzt oder erfüllt werden oder wenn Steuervergütungen oder Steuererstattungen ohne rechtlichen Grund gezahlt werden. Ist hingegen die Pflichtverletzung für die Nichterfüllung der Steuerschuld nicht ursächlich, da die Gesellschaft auch bei Beachtung der Pflichten die Steuerschuld nicht hätte begleichen können, scheidet eine Haftung aus. Allein ein Antrag auf Eröffnung des Insolvenzverfahrens befreit einen GmbH-Geschäftsführer nicht von seiner Haftung wegen Nichtabführung der einbehaltenen Lohnsteuer nach §§ 34, 69 AO. Vielmehr haftet der Geschäftsführer auch während der dreiwöchigen Insolvenzantragspflicht und im Übrigen auch noch nach einem Insolvenzantrag, solange liquide

Mittel zur Zahlung der Lohnsteuer vorhanden sind und dem nicht durch die Bestellung eines (starken) Insolvenzverwalters oder die Eröffnung des Insolvenzverfahrens die Verfügungsbefugnis entzogen worden ist (BFH, ZIP 2009, 122 ff.; vgl. auch BGH, NJW 2007, 2118 ff.).

2. Nichtabführung von Sozialversicherungsbeiträgen

Im Rahmen seiner Amtstätigkeit nimmt der Geschäftsführer auch die **Arbeitgeberpflichten** der GmbH wahr und macht sich bei Verletzung dieser Pflichten u. U. selbst haftbar. Besonders haftungsträchtig ist die Nichtzahlung von Beiträgen an den Sozialversicherungsträger. Eine mögliche Schadensersatzpflicht kann sich gem. § 823 Abs. 2 BGB i. V. m. § 64 GmbHG oder i. V. m. § 266a StGB ergeben.

a) § 266a StGB als Schutzgesetz

Aus § 823 Abs. 2 BGB i. V. m. §§ 266a Abs. 1, 14 Abs. 1 Nr. 1 StGB können sich Ansprüche der Sozialversicherungsträger gegen den Geschäftsführer auf Zahlung nicht abgeführter **Arbeitnehmeranteile zur Sozialversicherung** ergeben. § 266a StGB sieht zunächst die Strafbarkeit des Vorenthaltens der Arbeitnehmeranteile (nicht hingegen der Arbeitgeberanteile) zur Sozialversicherung oder zur Bundesagentur für Arbeit vor. Doch sieht der BGH in § 266a StGB ein **Schutzgesetz i. S. d. § 823 Abs. 2 BGB**, das die Einzugsstellen der Sozialversicherungsbeiträge individuell gegen die Nichtabführung von Arbeitnehmeranteilen schützt (BGHZ 133, 370, 374; 134, 304, 307) und somit eine persönliche Haftung des Geschäftsführers nach § 823 Abs. 2 BGB begründet. Das ist nicht unumstritten, aber ständige höchstrichterliche Rechtsprechung. Ein Haftungstatbestand nach § 823 Abs. 2 BGB i. V. m. § 266a StGB ist auch dann gegeben, wenn die GmbH zwar zum Fälligkeitszeitpunkt nicht über die erforderlichen Mittel verfügt, der Geschäftsführer es jedoch pflichtwidrig unterlassen hat, die Erfüllung der Verpflichtung durch Bildung von Rücklagen, notfalls auch durch Kürzung der Nettolohnzahlung sicherzustellen (BGH NZG 2006, 904). Vgl. zu Tendenzen, sich durch ein in England durchgeführtes Insolvenzverfahren mit anschließender Restschuldbefreiung eventuellen Forderungen wegen Vorenthaltens oder Veruntreuens von Arbeitsentgelt nach § 823 Abs. 2 BGB i. V. m. §§ 266a, 14 Abs. 1 Nr. 1 StGB entledigen, *Dornblüth* ZIP 2014, 712).

b) Zeitliche Grenze der Haftung des Geschäftsführers

Ab dem Zeitpunkt der **Annahme seiner Bestellung** zum Geschäftsführer trifft den Geschäftsführer die Verantwortung zum Abführen der Sozialversicherungsbeiträge. Die Nichtabführung von Beiträgen durch seine Vorgänger ist für ihn insoweit von Bedeutung, als er nach Amtsantritt zur **unverzüglichen Prüfung**, ob tatsächlich alle fälligen Beiträge abgeführt worden sind, verpflichtet ist; ebenso ist er zur unverzüglichen Begleichung aller rückständigen Beiträge verpflichtet (BGH ZIP 2001, 1474, 1476). Andernfalls macht er sich seinerseits gem. § 266a StGB strafbar (s. u. Rdn. 81). Im Fall einer Ressortaufteilung bei einer mehrgliedrigen Geschäftsführung bleibt die Verantwortung für die Abführung der Sozialversicherungsbeiträge für alle Geschäftsführer bestehen, zumindest in Form von gerade in der finanziellen Krise zum Tragen kommenden Überwachungspflichten (BGHZ 133, 370, 377 f.), an die insbesondere in der finanziellen Krise hohe Ansprüche zu stellen sind. Wegen des im Strafrecht geltenden Analogieverbots und aufgrund des Wortlauts des § 14 Abs. 1 StGB kann die Haftung nach § 823 Abs. 2 BGB i. V. m. § 266a Abs. 1 StGB nicht auf den Geschäftsführer einer **Vor-GmbH** (KG ZIP 2002, 438, 439) oder auf einen **faktischen Geschäftsführer** (h. M.: KG NJW-RR 1997, 1126; vgl. zum faktischen Geschäftsführer auch § 6 GmbHG Rdn. 8 ff.) einer GmbH ausgedehnt werden. Die Verantwortlichkeit des Geschäftsführers endet mit seiner Abberufung bzw. mit seiner Niederlegung des Geschäftsführeramtes (BGHZ 133, 370, 376).

c) Tatbestand des § 266a StGB

aa) Objektiver Tatbestand

81 Der Tatbestand des § 266a StGB ist erfüllt, sobald fällige Arbeitnehmerbeiträge zur Sozialversicherung nicht abgeführt werden; die Fälligkeit tritt gem. § 23 Abs. 1 Satz 2 SGB IV am 15. des Monats, der dem Monat folgt, in dem die Beschäftigung, mit der das Entgelt erzielt wurde, ausgeübt wurde, und zwar nach der h. M. unabhängig von der tatsächlichen Zahlung oder Teilzahlung von Lohn oder Gehalt (BGH NJW 2002, 2480, 2481). Voraussetzung ist vielmehr lediglich, dass der Lohnanspruch entstanden ist (BGHZ 144, 311, 317 ff.). Als **echtes Unterlassungsdelikt** setzt § 266a StGB weiter voraus, dass dem Arbeitgeber die Abführung der Arbeitnehmeranteile **möglich und zumutbar** ist (vgl. BGH NJW 2002, 2480, 2481).

bb) Zahlungsunfähigkeit, Rechtliche Unmöglichkeit der Zahlung

82 Ist die GmbH hingegen vor dem Fälligkeitszeitpunkt **zahlungsunfähig**, entfällt die Strafbarkeit nach § 266a StGB und damit auch die persönliche Haftung nach § 823 Abs. 2 BGB. Zahlungsunfähigkeit besteht immer erst dann, wenn auch ohne Berücksichtigung anderer Verbindlichkeiten die Mittel zur Abführung der Arbeitnehmeranteile nicht zur Verfügung stehen. Denn dem Beitragsanspruch der Sozialversicherungsträger gebührt nach der Rechtsprechung des BGH (vgl. BGHZ 134, 304, 307 f.) auf der Basis des gesetzgeberischen Willens (insbesondere der Strafbewehrung der Nichtabführung nach § 266a StGB) der Vorrang vor den Ansprüchen anderer Gesellschaftsgläubiger. Das ist in der Literatur nicht unumstritten. Hat der Geschäftsführer die Zahlungsunfähigkeit i. S. d. § 266a StGB pflichtwidrig etwa dadurch herbeigeführt, dass er vor dem Fälligkeitszeitpunkt am 15. eines Monats fällige, einredefreie Forderungen dritter Gläubiger befriedigt hat, haftet der Geschäftsführer dennoch, da der objektive Tatbestand des § 266a StGB erfüllt ist. Muss sich aufgrund der finanziellen Situation der GmbH den Geschäftsführern aufdrängen, dass am 15. des Monats nicht ausreichende Mittel zur Abführung der Arbeitnehmerbeiträge vorhanden sein werden, sind sie verpflichtet durch besondere Maßnahmen die Fähigkeit zur Abführung der Arbeitnehmerbeiträge z. B. durch Aufstellung eines Liquiditätsplanes oder die Kürzung von Lohnauszahlungen so weit wie möglich sicherzustellen (BGHZ 134, 304, 309). Andernfalls ist der Tatbestand des § 266a StGB und damit die Haftung des Geschäftsführers verwirklicht.

83 **Rechtliche Unmöglichkeit** für die Abführung der Arbeitnehmeranteile besteht hingegen dann, wenn ein **Insolvenzverfahren** eröffnet, nach § 21 Abs. 2 InsO Sicherungsmaßnahmen verfügt oder nach §§ 935, 938 ZPO Sequestration etc. angeordnet worden sind. Der BGH verneint das deliktische Verschulden und damit eine Strafbarkeit und also auch eine Haftung des Geschäftsführers darüber hinaus, wenn der Geschäftsführer in der Situation der Insolvenzreife der GmbH keine Zahlungen mehr vornimmt, obwohl es ihm noch möglich wäre, da in einem solchen Fall seine Pflichten nach dem Sozialversicherungsrecht mit denjenigen aus § 15a InsO (eine dem Interesse der Gesamtheit der Gesellschaftsgläubiger dienende Spezialvorschrift) kollidieren (BGH ZIP 2001, 235, 238).

84 Für den Fall, dass die GmbH nicht mehr sämtliche sozialversicherungspflichtigen Ansprüche erfüllen kann, empfiehlt sich für die Geschäftsführer im Hinblick auf die vorzunehmenden Teilzahlungen die Aufnahme einer ausdrücklichen **Tilgungsbestimmung**, nach der die Zahlung auf die Arbeitnehmerbeiträge erfolgt, da andernfalls angenommen wird, dass die Teilzahlung jeweils zur Hälfte auf die Arbeitgeber- und die Arbeitnehmeranteile entfällt (BGH GmbHR 1998, 327, 329). § 366 Abs. 2 BGB findet keine Anwendung (BGH NJW 1998, 1484, 1485).

cc) Subjektiver Tatbestand

85 Die Haftung wegen der Nichtabführung von Sozialversicherungsbeiträgen setzt zumindest **dolus eventualis** und damit das Bewusstsein und den Willen voraus, die geschuldeten Beiträge bei Fälligkeit nicht an die Kasse abzuführen, wobei der Wille einer dauerhaften Vorenthaltung nicht erforderlich ist (vgl. BGH NJW 2001, 969, 971; BGHZ 133, 370, 382).

d) Beweislast

Die Beweislast folgt den allgemeinen Grundsätzen; es erfolgt keine Beweislastumkehr zugunsten des Sozialversicherungsträgers, der vielmehr alle Tatbestandsmerkmale des § 266a StGB, u. a. also auch die Zahlungsfähigkeit des Arbeitgebers, den Vorsatz und das Verschulden des Geschäftsführers darlegen und beweisen muss (BGHZ 133, 370, 379 f.). Allerdings trifft den Arbeitgeber eine sekundäre Darlegungslast; er muss den Vortrag des Sozialversicherungsträgers substanziiert bestreiten und sich aufgrund seiner Sachnähe zu den finanziellen Verhältnissen der Gesellschaft zu den Behauptungen der Gegenseite konkret äußern (BGH GmbHR 2002, 213, 215). 86

e) Anspruch der Sozialversicherung bei Verletzung der Insolvenzantragspflicht

Bei Verletzung der Insolvenzantragspflicht sind die Geschäftsführer gem. § 823 Abs. 2 BGB i. V. m. § 64 GmbHG den Gesellschaftsgläubigern zum Ersatz des Schadens, der aus der verspäteten oder unterlassenen Antragstellung resultiert, verpflichtet. Abweichend von seiner generellen Linie hat der BGH dazu entschieden, dass Ansprüche der Sozialversicherungsträger im Insolvenzverfahren unabhängig vom Zeitpunkt ihres Entstehens (vor oder nach Entstehen der Insolvenzantragspflicht) nie den vertraglichen Ansprüchen von Neugläubigern gleichzustellen sind, sondern dass die Sozialversicherungsträger lediglich Anspruch auf **Ersatz des Quotenschadens** haben (BGH GmbHR 1999, 715, 716). Der Quotenschaden beläuft sich auf die Differenz zwischen dem hypothetischen Betrag, den der Sozialversicherungsträger erhalten hätte, wenn der Insolvenzantrag rechtzeitig gestellt worden wäre, und dem Betrag, der tatsächlich als Insolvenzquote an den Sozialversicherungsträger ausgezahlt worden ist. 87

H. Haftung gegenüber der KG bei der GmbH & Co. KG

Im Fall der GmbH & Co. KG wird ausnahmsweise die **drittschützende Wirkung** eines Dienstverhältnisses zwischen der GmbH und ihrem Geschäftsführer auch zugunsten der KG angenommen, wenn die alleinige oder wesentliche Aufgabe der GmbH darin besteht, die Geschäfte der KG zu führen (BGH GmbHR 2002, 588, 589). Das gilt wegen der drittschützenden Wirkung seiner Organstellung auch für Fälle, in denen kein drittschützender Anstellungsvertag mit der GmbH abgeschlossen worden ist. So kann die KG den Geschäftsführer nicht nur im Fall einer unerlaubten Handlung unmittelbar auf Schadensersatz in Anspruch nehmen. Diese Ansprüche können ohne Beschluss der Komplementär-GmbH nach § 46 Nr. 8 GmbHG geltend gemacht werden (BGHZ 76, 326, 338), da nicht Ansprüche der GmbH, sondern die eines Dritten geltend gemacht werden. An dem notwendigen Schutzbedürfnis der KG fehlt es allerdings, wenn sämtliche Gesellschafter der KG mit dem Handeln des Geschäftsführers der Komplementär-GmbH einverstanden waren (BGH NZG 2013, 1021 Rn. 18). 88

§ 43a Kreditgewährung aus Gesellschaftsvermögen

¹Den Geschäftsführern, anderen gesetzlichen Vertretern, Prokuristen oder zum gesamten Geschäftsbetrieb ermächtigten Handlungsbevollmächtigten darf Kredit nicht aus dem zur Erhaltung des Stammkapitals erforderlichen Vermögen der Gesellschaft gewährt werden. ²Ein entgegen Satz 1 gewährter Kredit ist ohne Rücksicht auf entgegenstehende Vereinbarungen sofort zurückzugewähren.

Übersicht

	Rdn.
A. Allgemeines	1
B. Zur Erhaltung des Stammkapitals erforderliches Vermögen	2
C. »Kredit« und andere erfasste Geschäfte	4
D. Betroffene Kreditnehmer	5
E. Rechtsfolgen eines Verstoßes gegen das Kreditverbot	9
I. Wirksamkeit des Rechtsgeschäfts, Rückzahlung des Kredits	9
II. Haftung des Geschäftsführers	11

§ 43a GmbHG   Kreditgewährung aus Gesellschaftsvermögen

A. Allgemeines

1   Der zwingende § 43a GmbHG (Erleichterungen sind nicht zulässig) soll im **Interesse des Gläubigerschutzes** die Erhaltung des Stammkapitals durch das Verbot, an einen näher beschriebenen Personenkreis Kredite auszureichen, verbessern. Die Realisierung dieses Gläubigerschutzes soll durch die Normierung eines eigenständigen Rückgewähranspruches der Gesellschaft gegenüber dem jeweiligen Kreditnehmer erreicht werden. Demnach können Kredite an den von § 43a GmbHG betroffenen Personenkreis grundsätzlich nur aus freien Rücklagen oder aus Gewinnvorträgen erfolgen. Aber auch insoweit ist die Kreditgewährung nicht schrankenlos zulässig. Vielmehr hat eine Kreditgewährung, welcher Art auch immer, sich stets an der allgemeinen Sorgfaltspflicht des § 43 Abs. 1 GmbHG, ggf. an den Grenzen der §§ 30 ff. GmbHG (auch bei Krediten an Gesellschaftergeschäftsführer) und an den allgemeinen zivilrechtlichen Schranken der §§ 134, 138 BGB zu orientieren.

B. Zur Erhaltung des Stammkapitals erforderliches Vermögen

2   Da ein Kredit selbst in aller Regel bilanzneutral ist (dem Abgang i. d. R. aus der Kasse steht der schuldrechtliche Anspruch auf Rückzahlung gegen den jeweiligen Kreditnehmer gegenüber; es handelt sich um einen Aktivtausch), geht es in § 43a GmbHG nicht um die rechnerische Erhaltung des Stammkapitals, sondern vielmehr um die **Eindämmung der abstrakt-generellen Gefahr**, die für die Gesellschaft aus dem Risiko einer Insolvenz des Kreditnehmers erwächst. Die Werthaltigkeit des Kredits selbst spielt daher im Rahmen dieser Vorschrift ebenso wenig eine Rolle wie die tatsächliche Beeinträchtigung des Stammkapitals. Dementsprechend ist bei der Bestimmung des dem Verbot der Kreditgewährung unterliegenden Vermögens der Rückzahlungsanspruch gegenüber dem Kreditnehmer außer Acht zu lassen.

3   Der relevante Zeitpunkt für die Vornahme der Beurteilung ist nicht der Vertragsabschluss, sondern der **Zeitpunkt der tatsächlichen Kreditgewährung** (E/F/S/*B. Schmidt* § 43a Rn. 5). Erst nach der Auszahlung eintretende »Betroffenheit« des Stammkapitals führt nicht zum automatischen Eingreifen des § 43a GmbHG, hindert aber die Vertragsverlängerung und verpflichtet bei bestehender Kündigungsmöglichkeit zur unverzüglichen Erklärung der Kündigung. Demnach ist im Grunde genommen die Nichtwahrnehmung einer Kündigungsmöglichkeit als Kreditgewährung einzustufen (Michalski/*Michalski* § 43a Rn. 35).

C. »Kredit« und andere erfasste Geschäfte

4   Der Begriff des Kredits ist **weit auszulegen**. Dazu zählen neben Darlehen auch Bürgschaften und sonstige Sicherheiten zugunsten Dritter für Forderungen gegen den betroffenen Personenkreis, die Nichtgeltendmachung von Forderungen gegenüber dem betroffenen Personenkreis, Stundungen, Gehaltsvorschüsse, Wechselzeichnungen, Warenkredite u. a. Marktüblichkeit und Werthaltigkeit des Kredites sind ebenso ohne Bedeutung wie die Stellung von Sicherheiten jeder Art.

D. Betroffene Kreditnehmer

5   Nach dem Gesetzeswortlaut des Satzes 1 dürfen Kredite aus dem zur Erhaltung des Stammkapitals erforderlichen Vermögen der Gesellschaft nicht an **Geschäftsführer**, andere **gesetzliche Vertreter**, **Prokuristen** oder zum Geschäftsbetrieb ermächtigte **Handlungsbevollmächtigte** (vgl. § 54 HGB) gewährt werden. Zu den betroffenen Personen gehören auch der Gesellschaftergeschäftsführer, der stellvertretende Geschäftsführer, der Notgeschäftsführer, der fehlerhaft bestellte und der faktische Geschäftsführer, der Arbeitsdirektor, der Liquidator sowie der Generalbevollmächtigte. Da die Aufzählung abschließend ist, kommt hingegen eine (analoge) Anwendung auf Mitglieder eines obligatorischen Aufsichtsrates oder generell auf Gesellschafter nicht in Betracht (vgl. BGH ZIP 2004, 263, 264). Für Letztere gelten die Regeln des § 30 GmbHG. Für Gesellschaftergeschäftsführer finden sowohl die Regelungen des § 30 GmbHG als auch die Regelungen des § 43a GmbHG Anwendung.

In Anwendung des Rechtsgedankens der §§ 89 Abs. 3 Satz 1, 115 Abs. 2 AktG unterliegen dem Verbot des Satzes 1 als Kreditnehmer auch **Ehegatten, minderjährige Kinder** und andere nahe **Angehörige** von dem Verbot erfasster Personen (E/F/S/*B. Schmidt* § 43a Rn. 2). 6

Ein im Rahmen eines **Management-Buy-Out** durch die Ziel-GmbH an eine durch die Geschäftsführer zum Zwecke der Übernahme gegründete neue GmbH ausgereichter Kredit, unterliegt nicht dem Verbot des § 43a GmbHG, weil die Begünstigte selbst (zukünftige) Gesellschafterin ist, die Geschäftsführer selbst dagegen gar nicht begünstigt werden. Es empfiehlt sich in einem solchen Fall u.a. aus diesem Grund die Zwischenschaltung einer GmbH, denn eine Kreditgewährung an die Geschäftsführer selbst bzw. eine Besicherung einer Drittfinanzierung durch das Gesellschaftsvermögen unterliegt den Regelungen des Kreditverbotes (vgl. Baumbach/Hueck/*Zöllner/Noack* § 43a Rn. 4). 7

Der nach der h. M. relevante Zeitpunkt für die Vornahme der Beurteilung der Zugehörigkeit zum betroffenen Personenkreis ist, wie bei der Beurteilung des zur Erhaltung des Stammkapitals erforderlichen Vermögens (s. o. Rdn. 3), der **Zeitpunkt der Auszahlung der Kreditsumme**, nicht hingegen der Zeitpunkt des Vertragsschlusses (E/F/S/*B. Schmidt* § 43a Rn. 2). 8

E. Rechtsfolgen eines Verstoßes gegen das Kreditverbot
I. Wirksamkeit des Rechtsgeschäfts, Rückzahlung des Kredits

Ein Verstoß gegen das Verbot des § 43a Satz 1 GmbHG lässt die **Wirksamkeit des geschlossenen Rechtsgeschäftes** unberührt; das gilt für das Verpflichtungs- wie für das Erfüllungsgeschäft gleichermaßen. S. 2 stellt eine **eigenständige Anspruchsgrundlage** für die Rückzahlung des Kredites dar. Der Vertrag ist also rückabzuwickeln, § 812 BGB findet keine Anwendung. Umstritten ist die Frage, ob Gutgläubigkeit des Empfängers die Rückzahlungspflicht beschränken kann. Nach richtiger Ansicht kommt eine entsprechende Anwendung des § 31 Abs. 2 GmbHG aber nicht in Betracht (vgl. zum Meinungsstand Baumbach/Hueck/*Zöllner/Noack* § 43a Rn. 7). Hingegen wird eine entsprechende Anwendung des § 31 Abs. 4 und 5 zu Recht bejaht (Baumbach/Hueck/*Zöllner/Noack* § 43a Rn. 7). 9

Trotz Wirksamkeit des schuldrechtlichen Rechtsgeschäfts kann der Kreditnehmer im Fall eines Verstoßes gegen § 43a GmbHG einen Anspruch auf Auszahlung der Kreditsumme nicht durchsetzen, denn die Gesellschaft muss gegen das Auszahlungsverlangen des Kredits das ihr insoweit gem. § 242 BGB zustehende **Leistungsverweigerungsrecht** geltend machen (E/F/S/*B. Schmidt* § 43a Rn. 7). Auf der anderen Seite ergibt sich aber aus der Wirksamkeit des Rechtsgeschäfts, dass Zinszahlungen für den Zeitraum der Kapitalüberlassung unberührt bleiben. Gestellte Sicherheiten sind schon nach den allgemeinen Regeln nach § 812 BGB zurückzugewähren, da der Sicherungszweck als Rechtsgrund für die Stellung der Sicherheit entfallen ist (BGHZ 124, 371, 375). 10

II. Haftung des Geschäftsführers

Die **Geschäftsführer** haften der Gesellschaft nach § 43 GmbHG bei einem schuldhaften Verstoß gegen § 43a GmbHG auf Schadensersatz; § 43 Abs. 3 GmbHG findet entsprechende Anwendung (Roth/Altmeppen/*Altmeppen* § 43a Rn. 13). Eine Haftung gegenüber Gesellschaftsgläubigern kommt hingegen nicht in Betracht, da § 43a GmbHG **kein Schutzgesetz** i. S. d. § 823 Abs. 2 BGB ist (E/F/S/*B. Schmidt* § 43a Rn. 8). 11

§ 44 Stellvertreter von Geschäftsführern

Die für die Geschäftsführer gegebenen Vorschriften gelten auch für Stellvertreter von Geschäftsführern.

§ 44 GmbHG Stellvertreter von Geschäftsführern

Übersicht

	Rdn.		Rdn.
A. Allgemeines	1	D. Pflichten des Stellvertreters des Geschäftsführers	9
B. Beschränkungen im Innenverhältnis	4		
C. Stellvertreter des Geschäftsführers im Außenverhältnis	6	E. Aufsichtsratsmitglieder als Stellvertreter von Geschäftsführern	11

A. Allgemeines

1   Die Möglichkeit der Bestellung eines oder mehrerer Stellvertreter von Geschäftsführern (man spricht auch von stellvertretenden Geschäftsführern) setzt § 44 GmbHG voraus; sie ist demnach rechtlich zulässig. Da nach § 44 GmbHG ausnahmslos alle Vorschriften, die für die Geschäftsführer »gegeben« worden sind, auch auf den stellvertretenden Geschäftsführer Anwendung finden, besteht grundsätzlich im Hinblick auf die Beziehungen der Gesellschaft im Außenverhältnis zwischen dem Geschäftsführer und dem Stellvertreter kein Unterschied.

2   Dementsprechend wird die Stellvertretereigenschaft auch **nicht in das Handelsregister eingetragen** (BGH NJW 1998, 1071). Eine Eintragung in das Handelsregister würde den Geschäftsverkehr darüber hinaus in die Irre leiten. Auch auf den Geschäftsbriefen ist die Stellvertretereigenschaft nicht zu nennen, da diese von der ratio legis des § 35a GmbHG her nur die Publizität des Handelsregisters erweitert (die h. M. sieht das anders; wie hier aber E/F/S/*B. Schmidt* § 35a Rn. 8 m. w. N. auch für die h. M.).

3   Die Stellvertretereigenschaft gewinnt ihre Bedeutung im Innenverhältnis, in dem die Stellung des Stellvertreters, anders als im Außenverhältnis, beschränkt sein darf; andernfalls wäre § 44 GmbHG bedeutungslos. Zu der Frage, inwieweit die Beschränkungen im Innenverhältnis doch Auswirkungen auf das Außenverhältnis gewinnen, vgl. Rdn. 6 bis 8.

B. Beschränkungen im Innenverhältnis

4   Aus dem Begriff »Stellvertreter« lässt sich ableiten, dass die vom Gesetzgeber intendierte Beschränkung im Innenverhältnis so ausgestaltet ist, dass der Stellvertreter seine Geschäftsführerkompetenzen von dem ordentlichen Geschäftsführer **ableitet**, sei es dass er ihm nachgeordnet ist, sei es dass er nur im Fall seiner Verhinderung im Rechtsverkehr als sein Stellvertreter auftritt. Das ist der Regelfall und im Zweifel wird die Bezeichnung als »Stellvertreter« im Wege der Auslegung zu einem solchen Verständnis der Rolle des stellvertretenden Geschäftsführers führen. Andernfalls handelt es sich nicht um wirkliche Stellvertretung, sondern um **Titelabstufung**, die freilich in der Praxis nicht selten vorkommt. Das kann z. B. der Fall sein, wenn auch der stellvertretende Geschäftsführer ein keinem anderen (ordentlichen) Geschäftsführer unterstelltes Ressort hat (Baumbach/Hueck/*Zöllner/Noack* § 44 Rn. 5).

5   Die nach § 33 Abs. 1 MitbestG erforderliche Bestellung des Arbeitsdirektors als gleichberechtigtes Mitglied des zur gesetzlichen Vertretung des Unternehmens befugten Organs schließt seine Bestellung als Stellvertreter des Geschäftsführers i. S. d. § 44 GmbHG aus. Das Gesetz verlangt eigenständige Ressortverantwortung durch den Arbeitsdirektor (Baumbach/Hueck/*Zöllner/Noack* § 44 Rn. 6). Insoweit kommt die Verwendung des Begriffs »Stellvertreter des Geschäftsführers« für den Arbeitsdirektor allenfalls im Sinne der Titelabstufung in Betracht.

C. Stellvertreter des Geschäftsführers im Außenverhältnis

6   Aus dem Umstand, dass der Geschäftsverkehr den Grad der Beschränkungen, denen der Stellvertreter des Geschäftsführers unterliegt, regelmäßig nicht kennt (im Handelsregister ist die Stellvertretereigenschaft nicht eingetragen, s. o. Rdn. 2), ergibt sich die Notwendigkeit einer strengen Anwendung der Regelungen zur Vertretungsmacht nach §§ 35 ff. GmbHG. Dies folgt auch aus dem Rechtsgedanken des § 37 Abs. 2 GmbHG, nach dem gegen dritte Personen eine Beschränkung der Befugnis der Geschäftsführer, die Gesellschaft zu vertreten, keine rechtliche Wirkung hat.

Für die **Aktivvertretung** bedeutet dies, dass bei satzungsmäßig vorgesehener Einzelvertretungsbefugnis diese auch dem Stellvertreter des Geschäftsführers zukommt. Bei unechter, modifizierter oder gemischter Gesamtvertretung kann der Stellvertreter des Geschäftsführers problemlos mitwirken. Im Fall der **echten Gesamtvertretung** (vgl. § 35 Abs. 2 Satz 1 GmbHG) müssen nach der richtigen h. M. auch (alle) Stellvertreter der Geschäftsführer mitwirken (BGH GmbHR 1998, 181, 182; Baumbach/Hueck/*Zöllner/Noack* § 44 Rn. 8). Die gleiche Auffassung wird von der h. M. auch zu § 94 AktG vertreten (KölnKomm AktG/*Mertens*, § 94 Rn. 2). Soweit Anmeldungen zum Handelsregister gem. § 78 Halbs. 2 GmbHG durch sämtliche Geschäftsführer zu bewirken sind, ist dementsprechend auch die Mitwirkung (aller) Stellvertreter der Geschäftsführer erforderlich, also etwa bei der erstmaligen Anmeldung der Gesellschaft nach Gründung (§ 7 GmbHG) sowie bei der Anmeldung einer Kapitalerhöhung bzw. einer Kapitalherabsetzung (§ 57 bzw. § 58 GmbHG).

7

Für die **Passivvertretung** schließlich besteht die nach § 35 Abs. 2 Satz 2 GmbHG zwingende Einzelvertretungsbefugnis auch für den Stellvertreter des Geschäftsführers (Scholz/*Schneider* GmbHG, § 44 Rn. 7).

8

D. Pflichten des Stellvertreters des Geschäftsführers

Auch den Stellvertreter des Geschäftsführers treffen, unabhängig von der Ausgestaltung seiner Stellung im Innenverhältnis der Gesellschaft, bestimmte **Pflichten kraft Gesetzes**. Von besonderer Bedeutung sind dabei die Pflichten nach § 41 GmbHG (rechtzeitige und ordnungsgemäße Rechnungslegung), § 40 GmbHG (Einreichung der Gesellschafterliste), § 49 Abs. 2 und Abs. 3 GmbHG (Einberufung der Gesellschafterversammlung in besonderen Fällen) und § 15a InsO (Antrag zur Eröffnung eines Insolvenzverfahrens). Daneben treffen auch alle anderen Pflichten, die den Geschäftsführern obliegen, die Stellvertreter der Geschäftsführer gleichermaßen. Sie haben diese Pflichten u. U. auch gegen den Willen der ordentlichen Geschäftsführer zu erfüllen (Baumbach/Hueck/*Zöllner/Noack* § 44 Rn. 11).

9

Bei der Erfüllung ihrer gesetzlichen und vertraglichen Aufgaben und Pflichten haben auch die Stellvertreter der Geschäftsführer dem **Sorgfaltsmaßstab des § 43 Abs. 1 GmbHG** zu genügen (zum Sorgfaltsmaßstab vgl. ausführl. § 43 GmbHG Rdn. 7 bis 9). Eine darüber hinausgehende Aufsichtspflicht besteht für sie hingegen nach der richtigen h. M. nur für die in § 43 Abs. 3 GmbHG genannten Angelegenheiten (Baumbach/Hueck/*Zöllner/Noack* § 44 Rn. 12; a. A. Roth/Altmeppen/*Altmeppen* § 44 Rn. 4); in allen anderen Angelegenheiten trifft sie die Aufsichtspflicht nur, soweit sie die Funktionen eines ordentlichen Geschäftsführers wahrnehmen, also an der Geschäftsführung tatsächlich teilnehmen (Baumbach/Hueck/*Zöllner/Noack* § 44 Rn. 12).

10

E. Aufsichtsratsmitglieder als Stellvertreter von Geschäftsführern

§ 52 Abs. 1 GmbHG i. V. m. § 105 AktG ermöglicht die Bestellung eines Mitgliedes des Aufsichtsrates einer GmbH zum Stellvertreter von Geschäftsführern. Dabei gelten jedoch die engen Voraussetzungen des § 105 AktG. Anders als bei nach den Mitbestimmungsregelungen zu bestellenden Aufsichtsräten ist diese Bestimmung für den fakultativen Aufsichtsrat dispositiv, wobei aber auch hier die Funktion des fakultativen Aufsichtsrates eine gleichzeitige Wahrnehmung von geschäftsführenden und kontrollierenden Aufgaben nicht zulässt (OLG Frankfurt am Main BB 1987, 22). Daher scheidet eine **Doppelzugehörigkeit** in den Fällen bloßer Titelabstufung ebenso aus wie im Fall bestehender echter Gesamtvertretung und der daraus folgenden Notwendigkeit des Mitwirkens des Stellvertreters bei allen Vertretungsakten (Baumbach/Hueck/*Zöllner/Noack* § 44 Rn. 14).

11

§ 45 Rechte der Gesellschafter

(1) Die Rechte, welche den Gesellschaftern in den Angelegenheiten der Gesellschaft, insbesondere in Bezug auf die Führung der Geschäfte zustehen, sowie die Ausübung derselben bestimmen sich, soweit nicht gesetzliche Vorschriften entgegenstehen, nach dem Gesellschaftsvertrag.

§ 45 GmbHG Rechte der Gesellschafter

(2) In Ermangelung besonderer Bestimmungen des Gesellschaftsvertrages finden die Vorschriften der §§ 46 bis 51 Anwendung.

Übersicht

	Rdn.			Rdn.
A. Allgemeines	1		1. Körperschaftsrechtliche Prinzipien	6
B. Satzungsautonomie für Verwaltungsrechte der Gesellschafter, Abs. 1	2		2. Inhaltskontrolle	7
			3. Rückfallkompetenz	8
C. Grenzen der Satzungsautonomie	5		4. Erweiterung von Rechten der Gesellschafter und der Gesellschafterversammlung	9
I. Gesetzlich garantierte Rechte der Gesellschafter	5			
II. Grenzen nach BGB, Grundprinzipien des GmbH-Rechts	6	D.	Die Subsidiarität der gesetzlichen Regelung, Abs. 2	12

A. Allgemeines

1 Abs. 1 bestimmt, dass sich die Mitgliedschaftsrechte der Gesellschafter zunächst nach dem Gesellschaftsvertrag bestimmen. Abs. 2 hingegen normiert, dass dann, wenn der Gesellschaftsvertrag keine besonderen Regelungen trifft, die Vorschriften der §§ 46 bis 51 GmbHG Anwendung finden. Nach h. M. statuiert § 45 Abs. 2 GmbHG damit die **Dispositivität** oder die **Subsidiarität** der §§ 46 bis 51 GmbHG (Baumbach/Hueck/*Zöllner* § 45 Rn. 9).

B. Satzungsautonomie für Verwaltungsrechte der Gesellschafter, Abs. 1

2 Abs. 1 räumt den Gesellschaftern eine sehr weitgehende Freiheit bei der Gestaltung eines zentralen Teils des Gesellschaftsvertrages, nämlich der auf die Rolle der Gesellschafter bezogenen Organisationsstruktur der Gesellschaft, ein. »Rechte« i. S. d. Abs. 1 meint **ausschließlich die Mitgliedschaftsrechte** i. S. d. Verwaltungsrechte, nicht hingegen die Vermögensrechte der Gesellschafter. Das ergibt sich aus der systematischen Stellung von § 45 GmbHG im dritten Abschnitt des Gesetzes, ferner aus dem folgenden Abs. 2, der sich ausschließlich auf die §§ 46 bis 51 GmbHG und damit auf die Verwaltungsrechte bezieht, während die Vermögensrechte anderweitig geregelt sind, insbesondere in § 29 GmbHG (Gewinnbezugsrecht) und § 72 GmbHG (Vermögensverteilung im Fall der Liquidation; E/F/S/*B. Schmidt* § 45 Rn. 1). Es steht den Gesellschaftern also insbesondere frei, das Stimmrecht, das Recht zur Teilnahme an der Gesellschafterversammlung und das Recht zur Geltendmachung von Beschlussmängeln frei zu regeln.

3 Weiterhin kommt in Betracht, dass durch Regelungen des Gesellschaftsvertrages **zusätzliche Verwaltungsrechte** für einzelne oder alle Gesellschafter geschaffen werden können, und auch eine Ausdehnung der Kompetenzen der Gesellschafterversammlung ist möglich (E/F/S/*B. Schmidt* § 45 Rn. 7).

4 Schließlich folgt aus der Satzungsautonomie auch die Möglichkeit, andere, im Gesetz nicht ausdrücklich vorgesehene **Organe zu schaffen** und auf diese Kompetenzen z. B. der Gesellschafterversammlung zu übertragen (vgl. Lutter/Hommelhoff/*Bayer* GmbHG, § 45 Rn. 8). Davon wird durch die Praxis insbesondere durch Schaffung von **Beiräten**, **Gesellschafterausschüssen** oder **Verwaltungsräten** Gebrauch gemacht. Vom Gesetz ausdrücklich vorgesehen ist die Möglichkeit der Bildung eines **fakultativen Aufsichtsrates**, vgl. § 52 GmbHG.

C. Grenzen der Satzungsautonomie

I. Gesetzlich garantierte Rechte der Gesellschafter

5 Die sich aus Abs. 1 ergebende Gestaltungsfreiheit für die Verwaltungsrechte der Gesellschafter ist nicht grenzenlos. Bestimmte Rechte sind **gesetzlich garantiert**: Dazu zählen nach § 51a Abs. 3 GmbHG ausdrücklich das Informationsrecht und die in § 50 normierten Minderheitsrechte. Diese Minderheitsrechte können aber durch den Gesellschaftsvertrag z. B. durch Absenkung der zur Durchsetzung erforderlichen Quoten verstärkt werden (Baumbach/Hueck/*Zöllner* § 45 Rn. 12).

II. Grenzen nach BGB, Grundprinzipien des GmbH-Rechts

1. Körperschaftsrechtliche Prinzipien

Grenzen der Satzungsautonomie sind auch die §§ 134, 138 und 242 BGB sowie Vorschriften, die **zentrale körperschaftsrechtliche Prinzipien** oder ungeschriebene Prinzipien des GmbH-Rechts zum Ausdruck bringen, z. B. die Stellung der Gesellschafterversammlung als oberstes Organ der Gesellschaft, dessen Stellung nicht durch Zuweisung von zentralen Kompetenzen an andere Organe ausgehöhlt werden darf; dies gilt insbesondere für das **Recht zur Änderung der Satzung**, das der Gesellschafterversammlung u. a. die Kompetenz-Kompetenz sichert, da sie einmal auf ein anderes Organ übertragene Kompetenzen durch satzungsändernden Beschluss jederzeit wieder an sich ziehen kann. Nicht zur Disposition des Gesellschaftsvertrages schließlich stehen das **Recht zur Anfechtung von Gesellschafterbeschlüssen** (BGHZ 132, 278, 282) und die **actio pro socio** (vgl. zur actio pro socio ausführl. Kap. 5 Rdn. 328 ff.). Bei gravierenden Abweichungen hinsichtlich der mitgliedschaftlichen Verwaltungsrechte kann u. U. hinsichtlich einzelner Sachfragen eine Gesamtbetrachtung des Gesellschaftsvertrages auf seine Ausgewogenheit hin erforderlich sein (vgl. i. E. Baumbach/Hueck/*Zöllner* § 45 Rn. 7). 6

2. Inhaltskontrolle

§ 310 Abs. 4 Satz 1 BGB schließt ausdrücklich die Anwendbarkeit der Regelungen über die **Allgemeinen Geschäftsbedingungen** (§§ 305 ff. BGB) und damit u. a. Regelungen betreffend Inhaltskontrolle und Klauselverbote für Verträge auf dem Gebiet des Gesellschaftsrechts und damit auch für den Gesellschaftsvertrag einer GmbH aus. 7

3. Rückfallkompetenz

Sind Kompetenzen der Gesellschafterversammlung durch den Gesellschaftsvertrag auf ein anderes Organ übertragen worden, so ergibt sich im Fall der Funktionsunfähigkeit dieses Organs erneut die Zuständigkeit der Gesellschafterversammlung (sog. **Rückfallkompetenz**, vgl. BGHZ 12, 337, 340). 8

4. Erweiterung von Rechten der Gesellschafter und der Gesellschafterversammlung

Der Gesellschaftsvertrag kann die Kompetenzen der Gesellschafterversammlung oder auch die Verwaltungsrechte einzelner oder aller Gesellschafter erweitern (Baumbach/Hueck/*Zöllner* § 45 Rn. 10). 9

Bei der Zuweisung zusätzlicher Rechte an die Gesellschafterversammlung ist zu beachten, dass dies auf Kosten anderer Gesellschaftsorgane nur in einem Umfang gestattet ist, der die Stellung der anderen Organe im Kern unberührt lässt. Zu denken ist hier namentlich an die Stellung des Geschäftsführers, der nicht zum reinen Vollzugsorgan der Gesellschafterversammlung degradiert werden darf. Manche sehen die Grenze allein in rechtswidrigen Weisungen (vgl. Lutter/Hommelhoff/*Bayer* GmbHG, § 45 Rn. 4). 10

Als über die allgemeinen Verwaltungsrechte hinausgehende **Sonderrechte** einzelner oder aller Gesellschafter kommen Mehrstimmrechte, Vetorechte oder Weisungsrechte in Betracht (E/F/S/*B. Schmidt* § 45 Rn. 7; vgl. auch § 14 GmbHG Rdn. 28). Daneben ist die Einräumung von Entsenderechten hinsichtlich der Bestellung eines Geschäftsführers oder bei der Besetzung des Aufsichts- oder Beirates ebenso möglich wie die Einräumung des Rechts, selbst Mitglied des Aufsichts- oder Beirats zu werden. Entsenderechte umfassen dabei im Zweifel auch das Recht zur Abberufung der entsendeten Person (OLG Düsseldorf NJW 1990, 1122, 1123). Auch kommt die Gewährung zusätzlicher Minderheitsrechte z. B. auf Bestellung von Sonderprüfern oder auf zusätzliche Informationen in Betracht. 11

D. Die Subsidiarität der gesetzlichen Regelung, Abs. 2

Trifft der Gesellschaftsvertrag selbst keine Regelung, ist gem. Abs. 2 auf die §§ 46 bis 51 GmbHG zurückzugreifen; diese gelten also grundsätzlich erst subsidiär, freilich unter Beachtung der unter Rdn. 6 f. genannten Grundsätze für die Grenzen der gesellschaftsvertraglichen Gestaltungsfreiheiten 12 mit der Folge einer teilweisen Aufhebung der Subsidiarität. Regelungslücken des Gesellschaftsvertrages sind zunächst im Wege der **ergänzenden Vertragsauslegung** zu schließen (E/F/S/*B. Schmidt* § 45 Rn. 7). Die Auslegung erfolgt nach objektiven Maßstäben, sodass lediglich der Text des Gesellschaftsvertrages und die sonstigen zum Handelsregister eingereichten Unterlagen herangezogen werden dürfen. Erst in zweiter Linie wird auf die subsidiären Regelungen der §§ 46 bis 51 GmbHG zurückgegriffen (E/F/S/*B. Schmidt* § 45 Rn. 9).

§ 46 Aufgabenkreis der Gesellschafter

Der Bestimmung der Gesellschafter unterliegen:
1. die Feststellung des Jahresabschlusses und die Verwendung des Ergebnisses;
1a. die Entscheidung über die Offenlegung eines Einzelabschlusses nach internationalen Rechnungslegungsstandards (§ 325 Abs. 2a des Handelsgesetzbuchs) und über die Billigung des von den Geschäftsführern aufgestellten Abschlusses;
1b. die Billigung eines von den Geschäftsführern aufgestellten Konzernabschlusses;
2. die Einforderung der Einlagen;
3. die Rückzahlung von Nachschüssen;
4. die Teilung, die Zusammenlegung sowie die Einziehung von Geschäftsanteilen;
5. die Bestellung und die Abberufung von Geschäftsführern sowie die Entlastung derselben;
6. die Maßregeln zur Prüfung und Überwachung der Geschäftsführung;
7. die Bestellung von Prokuristen und von Handlungsbevollmächtigten zum gesamten Geschäftsbetrieb;
8. die Geltendmachung von Ersatzansprüchen, welche der Gesellschaft aus der Gründung oder Geschäftsführung gegen Geschäftsführer oder Gesellschafter zustehen, sowie die Vertretung der Gesellschaft in Prozessen, welche sie gegen die Geschäftsführer zu führen hat.

Übersicht

		Rdn.			Rdn.
A.	Allgemeines	1	VI.	Einforderung von Einlagen, Nr. 2	16
I.	Gesetzlich bestimmte Zuständigkeiten der Gesellschafterversammlung	1	VII.	Rückzahlung von Nachschüssen, Nr. 3	19
II.	Weitere Zuständigkeiten der Gesellschafterversammlung	2	VIII.	Teilung und Zusammenlegung von Geschäftsanteilen, Nr. 4	21
III.	Zuständigkeitsverlagerung auf andere Organe	3	IX.	Einziehung von Geschäftsanteilen, Nr. 4	22
B.	Die Zuständigkeiten im Einzelnen	5	X.	Bestellung, Abberufung und Entlastung von Geschäftsführern, Nr. 5	23
I.	Feststellung des Jahresabschlusses, Nr. 1	5		1. Bestellung und Abberufung; Annexkompetenzen	23
	1. Wirkung der Feststellung	5		2. Entlastung	25
	2. Frist für Beschlussfassung	6		3. Generalbereinigung	28
	3. Alternativen zur Beschlussfassung, rückwirkende Änderung	7	XI.	Maßregeln zur Prüfung und Überwachung der Geschäftsführung, Nr. 6	29
	4. Zuständigkeit anderer Organe	9	XII.	Bestellung von Prokuristen und Handlungsbevollmächtigten zum gesamten Geschäftsbetrieb, Nr. 7	31
II.	Verwendung des Ergebnisses, Nr. 1	10			
	1. Verwendungsbeschluss	10			
	2. Frist für Beschlussfassung, Klage	11	XIII.	Geltendmachung von Ansprüchen gegen Geschäftsführer oder Gesellschafter aus Gründung oder Geschäftsführung, Nr. 8 Halbs. 1	33
	3. Zuständigkeit anderer Organe	12			
III.	Offenlegung eines nach internationalen Rechnungslegungsstandards aufgestellten Einzelabschlusses, Nr. 1a	13		1. Ansprüche i. S. d. Nr. 8 Halbs. 1	33
				2. Reichweite der Zuständigkeit	35
IV.	Billigung eines nach internationalen Rechnungslegungsstandards aufgestellten Einzelabschlusses, Nr. 1a	14		3. Entsprechende Anwendung der Nr. 8 Halbs. 1	37
V.	Billigung eines Konzernabschlusses, Nr. 1b	15	XIV.	Vertretung der Gesellschaft in Prozessen gegen Geschäftsführer, Nr. 8 Halbs. 2	38

A. Allgemeines

I. Gesetzlich bestimmte Zuständigkeiten der Gesellschafterversammlung

§ 46 GmbHG enthält eine **nicht abschließende Aufzählung** von Beschlussgegenständen, die in die Zuständigkeit der Gesellschafter fallen; das Gesetz spricht von der »Bestimmung der Gesellschafter«. Aus § 47 Abs. 1 GmbHG ergibt sich, dass die Bestimmung von Angelegenheiten durch die Gesellschafter durch Beschlüsse erfolgt, welche nach § 48 Abs. 1 GmbHG in Gesellschafterversammlungen gefasst werden. Zuständig ist also im Grundsatz die Gesellschafterversammlung. Weitere, nicht in der Satzung zu regelnde Zuständigkeiten der Gesellschafterversammlung ergeben sich sowohl aus dem GmbHG (z. B. § 53 GmbHG (Satzungsänderungen), §§ 55 ff., 57 c ff., 58 ff. GmbHG (Kapitalmaßnahmen), § 66 GmbHG (Bestellung von Liquidatoren) etc.) als auch aus anderen Gesetzen (insbes. aus dem UmwG und dem HGB).

II. Weitere Zuständigkeiten der Gesellschafterversammlung

Schließlich folgt aus dem **Grundsatz der Allzuständigkeit** der Gesellschafter (E/F/S/*B. Schmidt* § 46 Rn. 1), dass die Gesellschafterversammlung praktisch jede Angelegenheit an sich ziehen kann. Das gilt aber nicht ausnahmslos. Insbesondere gibt es **zwingende Zuständigkeiten** des Aufsichtsrates und der Geschäftsführer, für Letztere z. B. die Vertretung der Gesellschaft, die Aufstellung des Jahresabschlusses sowie die Erfüllung von steuerlichen und sozialversicherungsrechtlichen Pflichten der Gesellschaft. Im Bereich dieser »potenziellen« Allzuständigkeit bedarf es allerdings im Gegensatz zu den gesetzlich bestimmten Zuständigkeiten (Rdn. 1) eines Aktes des »An-sich-Ziehens« durch die Gesellschafter in der Satzung oder durch einen Gesellschafterbeschluss.

III. Zuständigkeitsverlagerung auf andere Organe

Die Möglichkeit der **Verlagerung** von in § 46 GmbHG geregelten Zuständigkeiten auf ein **anderes Gesellschaftsorgan** ist für jede einzelne Angelegenheit gesondert zu betrachten (s. u. Ausführungen zu den einzelnen Angelegenheiten, Rdn. 5 bis 40). Eine generelle Verlagerung bedarf der Satzungsänderung; für eine **ad-hoc-Delegation** reicht zwar nach der richtigen h. M. ein Gesellschafterbeschluss, dieser bedarf jedoch der Zustimmung aller Gesellschafter, da in jeder Verlagerung von Zuständigkeiten eine Verkürzung des Rechtsschutzes für die Gesellschafter liegt (Baumbauch/Hueck/*Zöllner* § 46 Rn. 2).

Bestimmt der Gesellschaftsvertrag in negativer Wendung, dass bestimmte Angelegenheiten ausdrücklich nicht in die Zuständigkeit der Gesellschafterversammlung fallen, so ist bei Vorhandensein von mehr als nur einem weiteren Organ durch Auslegung des Gesellschaftsvertrages zu ermitteln, auf welches Organ die Zuständigkeit übergehen soll. Ist hingegen der Geschäftsführer das einzige Organ der Gesellschaft neben der Gesellschafterversammlung, dann ergibt sich zwanglos seine Zuständigkeit, soweit die Übertragung rechtlich zulässig ist (vgl. dazu im Folgenden jeweils die einzelnen Angelegenheiten).

B. Die Zuständigkeiten im Einzelnen

I. Feststellung des Jahresabschlusses, Nr. 1

1. Wirkung der Feststellung

Durch seine Feststellung wird der Jahresabschluss **verbindlich**. Die Feststellung bezieht sich auf den von den Geschäftsführern nach den §§ 264 ff. HGB aufgestellten Jahresabschluss, der aus der Jahresbilanz, der Gewinn- und Verlustrechnung und dem Anhang besteht (vgl. i. E. § 41 GmbHG Rdn. 17). Hingegen gehört der ggf. ebenfalls durch die Geschäftsführer aufzustellende und von den Geschäftsführern vorzulegende Lagebericht nicht zum Jahresabschluss, vgl. § 289 HGB. Bei ihrer Beschlussfassung ist die Gesellschafterversammlung nicht an die von den Geschäftsführern aufgestellte Fassung des Jahresabschlusses gebunden, sondern kann selbst **Änderungen vornehmen**, die aber stets im Rahmen der geltenden Gesetze bleiben müssen. Jeder Gesellschafter hat einen

Anspruch auf eine Abschrift des festgestellten Jahresabschlusses (LG Frankfurt am Main BB 1960, 1355).

2. Frist für Beschlussfassung

6   Die Feststellung des Jahresabschlusses muss **innerhalb der ersten 8 Monate** nach Ablauf des Geschäftsjahres, für welches der Jahresabschluss aufgestellt wurde, erfolgen (§ 42a Abs. 2 Satz 1 GmbHG). Bei kleinen Gesellschaften i. S. d. § 267 HGB beträgt die Feststellungsfrist hingegen 11 Monate, vgl. ebenfalls § 42a Abs. 2 Satz 1 GmbHG. Eine **Erzwingung der Feststellung** kommt weder durch die Geschäftsführer noch durch das Registergericht in Betracht. Für jeden einzelnen Gesellschafter wird ein **Anspruch gegen die Gesellschaft** auf Vornahme einer positiven Feststellung des Jahresabschlusses in der Literatur mehrheitlich bejaht (E/F/S/*B. Schmidt* § 46 Rn. 5); dieser Anspruch kann auch im Klagewege durchgesetzt werden, obwohl er sich auf einen inhaltlich genau bestimmten Jahresabschluss gar nicht richten kann. Bei der zweigliedrigen Gesellschaft kommt auch ein **Anspruch gegen den Mitgesellschafter** in Betracht. Allerdings ist die praktische Bedeutung solcher Ansprüche eher gering (vgl. Baumbach/Hueck/*Zöllner* § 46 Rn. 13).

3. Alternativen zur Beschlussfassung, rückwirkende Änderung

7   Die Beschlussfassung betreffend die Feststellung des Jahresabschlusses kommt auch in der Weise in Betracht, dass keiner der Gesellschafter dem aufgestellten und vorgelegten Jahresabschluss innerhalb einer bestimmten Frist **widerspricht**, sofern das in der Satzung so vorgesehen ist (Roth/Altmeppen/*Altmeppen* § 46 Rn. 6). Entbehrlich ist eine Beschlussfassung dann, wenn alle Gesellschafter auch Geschäftsführer sind und den Jahresabschluss zwecks Dokumentation der Aufstellung **unterschrieben** haben; da im Fall der Prüfungspflicht nach §§ 316 ff. HGB zwischen Aufstellung und Feststellung die Prüfung des Jahresabschlusses durch die Abschlussprüfer erfolgt, ist das aber nur im Fall eines nicht prüfungspflichtigen Jahresabschlusses möglich.

8   Eine **rückwirkende Änderung** des Jahresabschlusses durch erneute Beschlussfassung ist bei Zustimmung aller Gesellschafter vor Offenlegung immer möglich, nach Offenlegung nur, soweit die Änderung für die Gläubiger nicht ungünstiger ist. Stimmen nicht alle Gesellschafter zu, ist Voraussetzung, dass über die Ergebnisverwendung noch nicht Beschluss gefasst wurde oder die Änderung zu einer Erhöhung der Ausschüttung führt (vgl. zu Änderungen insgesamt Baumbach/Hueck/*Zöllner* § 46 Rn. 15).

4. Zuständigkeit anderer Organe

9   Die Zuständigkeit der Gesellschafterversammlung für die Feststellung des Jahresabschlusses ist **dispositiv**, sie kann also auf andere Organe (z. B. Aufsichtsrat, Beirat, Gesellschafterausschuss und nach h. M. auch die Geschäftsführer) übertragen werden, sofern diese Organe von den Gesellschaftern besetzt werden (Baumbach/Hueck/*Zöllner* § 46 Rn. 16).

II. Verwendung des Ergebnisses, Nr. 1

1. Verwendungsbeschluss

10 In die Zuständigkeit der Gesellschafterversammlung fällt auch die Beschlussfassung über die Verwendung des Jahresergebnisses, die die vorherige Feststellung des Jahresabschlusses voraussetzt. Die Geschäftsführer können einen **Vorschlag zur Verwendung** des Ergebnisses machen, der aber für die Gesellschafter **nicht bindend** ist. Ist in einem Geschäftsjahr ein **Jahresverlust** angefallen, so ist dieser grundsätzlich auf neue Rechnung vorzutragen. Für die Verwendung eines Jahresüberschusses zuzüglich eines eventuellen Gewinnvortrags und abzüglich eines eventuellen Verlustvortrags (§ 29 Abs. 1 GmbHG) ist ein Verwendungsbeschluss darüber zu fassen, ob der Jahresüberschuss in der Gesellschaft verbleiben oder ganz oder teilweise an die Gesellschafter ausgeschüttet werden soll. Erst mit dem Verwendungsbeschluss entsteht der Anspruch der Gesellschafter auf Auszahlung ihrer Gewinnanteile (BGHZ 23, 150, 154). Ein Verwendungsbeschluss kann auch **konkludent** gefasst

werden (BGH NJW 2002, 3774, 3775). Er erübrigt sich in Fällen, in denen der Gesellschaftsvertrag die Verwendung des Jahresergebnisses bereits regelt und dort auf einen ergänzenden förmlichen Verwendungsbeschluss verzichtet wird (E/F/S/*B. Schmidt* § 46 Rn. 4).

2. Frist für Beschlussfassung, Klage

Der Beschluss über die Ergebnisverwendung hat innerhalb derselben **Frist** wie die Beschlussfassung über die Feststellung des Jahresabschlusses (s. o. Rdn. 6) zu erfolgen. Die Ablehnung der Verteilung zumindest eines Teils des Jahresüberschusses kann treuwidrig sein; die die Ausschüttung des Gewinns begehrenden Gesellschafter können gegen eine Ablehnung der Ausschüttung ggf. mit einer **positiven Feststellungsklage** vorgehen. 11

3. Zuständigkeit anderer Organe

Die Zuständigkeit der Gesellschafterversammlung für die Beschlussfassung über die Ergebnisverwendung ist nach der richtigen Auffassung in derselben Weise **dispositiv** wie diejenige für die Feststellung des Jahresabschlusses, zumindest solange eine Einflussnahme der Gesellschafter auf die Besetzung der Organe gewahrt ist (s. o. Rdn. 9; E/F/S/*B. Schmidt* § 46 Rn. 8). 12

III. Offenlegung eines nach internationalen Rechnungslegungsstandards aufgestellten Einzelabschlusses, Nr. 1a

§ 325 Abs. 2 Buchst. a) HGB ermöglicht es nur großen Kapitalgesellschaften i. S. v. § 267 Abs. 3 HGB, einen nach internationalen Rechnungslegungsstandards aufgestellten Einzelabschluss anstelle des nach den HGB-Regeln aufgestellten Abschlusses mit »befreiender Wirkung« offenzulegen. Die befreiende Wirkung bezieht sich freilich nur auf die Offenlegung, nicht aber auf die nach wie vor erforderliche Aufstellung des Einzelabschlusses nach den Regeln des HGB. 13

IV. Billigung eines nach internationalen Rechnungslegungsstandards aufgestellten Einzelabschlusses, Nr. 1a

Die durch den Gesetzgeber vorgenommene terminologische Differenzierung zwischen der Feststellung des nach den Regeln des HGB aufgestellten Jahresabschlusses und der Billigung eines nach internationalen Rechnungslegungsstandards aufgestellten Einzelabschlusses ist vor dem Hintergrund, dass an die Feststellung des Ersteren weiter gehende Rechtsfolgen als an die Billigung des Letzteren anknüpfen, gerechtfertigt (vgl. weiter gehend Baumbach/Hueck/*Zöllner* § 46 Rn. 22). Insbesondere hat nur der nach den Regeln des HGB aufgestellte Jahresabschluss Bedeutung für die Ergebnisverwendung. Das Verfahren der Billigung entspricht dem Verfahren der Feststellung; inwieweit nachträgliche Änderungen des gebilligten Einzelabschlusses möglich sind, insbesondere inwieweit solche Änderungen leichter vorzunehmen sind als beim festgestellten Jahresabschluss, ist noch nicht endgültig geklärt (Baumbach/Hueck/*Zöllner* § 46 Rn. 23). 14

V. Billigung eines Konzernabschlusses, Nr. 1b

Unabhängig davon, ob ein Konzernabschluss nach den Regeln des HGB oder nach internationalen Rechnungslegungsstandards aufgestellt wird, sieht das Gesetz seine **Billigung** vor, für die die Gesellschafterversammlung zuständig ist. Dabei ist der Begriff Billigung vom Gesetzgeber in derselben bewussten Abgrenzung zur Feststellung des nach den Regeln des HGB aufgestellten Einzelabschlusses gewählt worden wie bei der Entscheidung über den nach internationalen Rechnungslegungsstandards aufgestellten Einzelabschluss (s. o. Rdn. 14). 15

VI. Einforderung von Einlagen, Nr. 2

Bei der Gründung einer GmbH sind zwingend nur jeweils 25 % der einzuzahlenden Geldeinlagen und die vollständigen Sacheinlagen vor der Anmeldung der Gesellschaft zum Handelsregister zu 16 entrichten, wobei in der Summe 50% des Mindeststammkapitals nach § 5 Abs. 1 GmbHG, also (derzeit) 12.500,– € erreicht sein müssen (vgl. § 7 Abs. 2 Satz 1 und Satz 2 GmbHG).

17 Der durch die Gesellschafter einzuzahlende Restbetrag der Geldeinlagen i. H. v. max. 75 % ist erst dann fällig, wenn und soweit die Gesellschafterversammlung die Einforderung beschließt; der Beschluss ist also Voraussetzung dafür, dass die Geschäftsführer die Einzahlung einfordern können (BGH WM 1989, 190). Mit dem Einforderungsbeschluss beginnt auch die Verjährungsfrist zu laufen (BGH WM 1987, 209). Bei der Beschlussfassung dürfen betroffene Gesellschafter mitwirken (BGH NJW 1991, 172, 173). Gegenüber den bei der Beschlussfassung anwesenden Gesellschaftern wird der Beschluss sofort wirksam, den abwesenden Gesellschaftern muss er mitgeteilt werden. Ausgeführt wird der Beschluss durch die Geschäftsführer.

18 Nr. 2 regelt die Zuständigkeit der Gesellschafterversammlung für die Einforderung, die durch Gesellschafterbeschluss oder durch den Gesellschaftsvertrag auf **andere Organe** der Gesellschaft, insbesondere auch auf den Geschäftsführer, übertragen werden kann, der sich von dem Interesse der Gesellschaft und dem Grundsatz der Gleichbehandlung aller Gesellschafter leiten zu lassen hat. Bei der Liquidation der Gesellschaft geht die Zuständigkeit automatisch auf den Liquidator, bei der Insolvenz auf den Insolvenzverwalter über; eines Gesellschafterbeschlusses bedarf es in diesen Fällen nicht mehr. Das gilt auch im Fall eines Pfändungs- und Überweisungsbeschlusses.

VII. Rückzahlung von Nachschüssen, Nr. 3

19 Der Gesellschaftsvertrag kann gem. § 26 GmbHG vorsehen, dass die Einforderung von über die Nennbeträge der Geschäftsanteile hinausgehenden Beträgen beschlossen werden kann. Nr. 3 regelt die Zuständigkeit der Gesellschafter für die Rückzahlung solcher Nachschüsse, die anders als die Zuständigkeit für die Einforderung von Nachschüssen auf ein anderes Organ der Gesellschaft übertragen werden kann (vgl. auch § 30 GmbHG Rdn. 85). Betroffene Gesellschafter sind stimmberechtigt (E/F/S/*B. Schmidt* § 46 Rn. 14). Die materiellen Voraussetzungen für die Rückzahlung von Nachschüssen finden sich in § 30 Abs. 2 GmbHG (vgl. ausführl. § 30 GmbHG Rdn. 73 ff.).

20 Eine hinreichend konkrete Regelung über die Rückzahlung im Gesellschaftsvertrag macht eine Beschlussfassung überflüssig. Ein Beschluss über die Verwendung des Jahresüberschusses, der die Ausschüttung eines über den Bilanzgewinn hinausgehenden Betrages vorsieht, kann konkludent einen Beschluss über die Rückzahlung von Nachschüssen enthalten (E/F/S/*B. Schmidt* § 46 Rn. 14).

VIII. Teilung und Zusammenlegung von Geschäftsanteilen, Nr. 4

21 Durch das MoMiG ist § 17 GmbHG aufgehoben worden, da im Rahmen der (neuen) Mindeststückelung nach § 5 Abs. 2 GmbHG die Teilung und Zusammenlegung von Geschäftsanteilen, die bisher nach § 17 Abs. 6 GmbHG nur in den Fällen der Veräußerung und der Vererbung möglich waren, wesentlich erleichtert worden ist. Vorratsteilungen sind nunmehr möglich. Auch Zusammenlegungen können jederzeit erfolgen. Geblieben ist das grundsätzliche Erfordernis **der Zustimmung** durch die Gesellschaft; über die Zustimmung entscheidet gem. Nr. 4 die Gesellschafterversammlung. Diese Voraussetzung für die Teilung ist aber **dispositiv**; der Gesellschaftsvertrag kann die Teilung und Zusammenlegung an höhere oder geringere Voraussetzungen knüpfen. Die Zuständigkeit für die Zustimmung kann auch auf andere Organe wie z. B. den Geschäftsführer übertragen werden (E/F/S/*B. Schmidt* § 46 Rn. 18). Im Unterschied zum bisherigen Recht bewirkt der Gesellschafterbeschluss nunmehr unmittelbar die Teilung (Lutter/Hommelhoff/*Bayer* GmbHG, § 46 Rn. 18), die Mitwirkung des Geschäftsführers beschränkt sich allenfalls auf die Einreichung der neuen Gesellschafterliste mit aktueller Nummerierung, sofern dies nicht durch den mitwirkenden Notar geschieht (§ 40 Abs. 2 GmbHG).

IX. Einziehung von Geschäftsanteilen, Nr. 4

22 Für die Beschlussfassung über die auch als **Amortisation** bezeichnete Einziehung von Geschäftsanteilen ist gem. Nr. 4 die Gesellschafterversammlung zuständig. Voraussetzung für eine Einziehung

ist allerdings ihre **Zulassung durch die Satzung** (§ 34 Abs. 1 GmbHG). Betroffene Gesellschafter sind bei der zwangsweisen Einziehung aus wichtigem Grund nicht stimmberechtigt. Umgesetzt wird der Einziehungsbeschluss durch die Einziehungserklärung des Geschäftsführers; eine Einziehungserklärung ohne wirksamen Beschluss führt keine wirksame Einziehung herbei.

X. Bestellung, Abberufung und Entlastung von Geschäftsführern, Nr. 5

1. Bestellung und Abberufung; Annexkompetenzen

Nr. 5 regelt die Zuständigkeit der Gesellschafterversammlung für die Bestellung und die Abberufung der Geschäftsführer. Wegen des engen Sachzusammenhangs erstreckt sich diese Zuständigkeit auch auf den Abschluss, die Kündigung, die Änderung und die Aufhebung des Anstellungsvertrages zwischen dem Geschäftsführer und der Gesellschaft, sog. **Annexkompetenz** (BGHZ 113, 237, 241). Diese Zuständigkeiten nach Nr. 5 umfassen nicht nur die interne Willensbildung durch Beschlussfassung, sondern auch die Vertretung der Gesellschaft sowohl im Organverhältnis als auch im Anstellungsverhältnis (Lutter/Hommelhoff/*Bayer* GmbHG, § 46 Rn. 23).

23

In der **mitbestimmten GmbH** ist gem. § 31 MitbestG, § 12 MontanMitbestG, § 13 MitbestErgG grundsätzlich der (obligatorische) Aufsichtsrat für die Bestellung und die Abberufung des Geschäftsführers zuständig. Beim **fakultativen Aufsichtsrat** hingegen bleibt es bei der Zuständigkeit der Gesellschafterversammlung. Die Zuständigkeit kann aber auf den fakultativen Aufsichtsrat oder auf andere Organe der Gesellschaft (z. B. auf einen Beirat) übertragen werden (vgl. Lutter/Hommelhoff/*Bayer* GmbHG, § 46 Rn. 24). Nr. 5 gilt auch bei der **Vor-GmbH**, sodass also schon nach Gründung aber noch vor der Eintragung ein Geschäftsführer bestellt werden kann.

24

2. Entlastung

Auch für die Erteilung der Entlastung des Geschäftsführers ist nach Nr. 5 die Gesellschafterversammlung zuständig. Auch insoweit kommt eine Übertragung auf ein anderes Organ, nicht aber auf die Geschäftsführer in Betracht (Baumbach/Hueck/*Zöllner* § 46 Rn. 48). »Entlastung« meint die Billigung der Amtsführung des jeweiligen Geschäftsführers für den Zeitraum, für den die Entlastung erteilt wird (in der Praxis ist das oft das zurückliegende Geschäftsjahr im Rahmen der Feststellung des Jahresabschlusses). Es ist eine einseitige körperschaftsrechtliche Erklärung, die keiner Ausführung oder Annahme bedarf (Baumbach/Hueck/*Zöllner* § 46 Rn. 41). Bei der Beschlussfassung hat die Gesellschafterversammlung ein denkbar weites Ermessen. Wird dieses weite Ermessen aber überschritten, so unterliegt der Beschluss der Anfechtung (für die Aktiengesellschaft BGH NJW 2003, 1032). Hat der Geschäftsführer die Entlastung durch unwahre Angaben erschlichen, so ist sie nach dem Rechtsgedanken des § 242 BGB unwirksam. Ein **Anspruch auf Entlastung** steht dem Geschäftsführer aber nicht zu, und zwar nach h. M. und höchstrichterlicher Rechtsprechung auch dann nicht, wenn sie ihm aus offenbar sachfremden Gründen verweigert wird (BGHZ 94, 324, 327). Die Gegenansicht hat freilich gute Argumente für sich (vgl. Baumbach/Hueck/*Zöllner* § 46 Rn. 46).

25

Rechtsfolge der Entlastung ist der Ausschluss sämtlicher Ersatzansprüche der Gesellschaft und der Gründe für eine außerordentliche Kündigung, soweit sie für das entlastende Organ aufgrund der Rechenschaftslegung und anderer Unterlagen, die zugänglich gemacht wurden, bei Anwendung der im Verkehr erforderlichen Sorgfalt erkennbar waren (Baumbach/Hueck/*Zöllner* § 46 Rn. 41). Im Übrigen entfalten Ausschlusswirkung nur die positive Kenntnis oder Erkennbarkeit durch alle Gesellschafter aufgrund eigener Tätigkeit in der Gesellschaft (BGH NJW 1959, 194). »Ersatzansprüche« in diesem Sinn umfasst Schadensersatzansprüche, aber auch alle anderen Ansprüche, die auf Maßnahmen der Geschäftsführung zurückgehen, z. B. also bereicherungsrechtliche Ansprüche oder Ansprüche aus angemaßter Eigengeschäftsführung (BGHZ 97, 382, 390; BGH NJW 1975, 977, 978).

26

27 Ein Gesellschaftergeschäftsführer ist bei der Beschlussfassung über die eigene Entlastung **nicht stimmberechtigt** (RGZ 55, 75, 76); bei einem Verstoß hiergegen ist der Beschluss anfechtbar (BGH NJW-RR 2003, 895, 896).

3. Generalbereinigung

28 Weitergehend als die Entlastung ist die sog. Generalbereinigung, bei der die Gesellschaft gegenüber dem Geschäftsführer auf alle denkbaren, also auch alle unbekannten Ersatzansprüche verzichtet, soweit ein Verzicht nicht aus rechtlichen Gründen (meist zum Zwecke des Gläubigerschutzes) ausgeschlossen ist (vgl. z. B. §§ 43 Abs. 3, 9b Abs. 1, 57 Abs. 4, 64 Satz 4 GmbHG). Die Generalbereinigung hat Vertragscharakter und kann deshalb auch nach §§ 119, 123 BGB angefochten werden (E/F/S/*B. Schmidt* § 46 Rn. 28). Die Zuständigkeit der Gesellschafterversammlung für die Generalbereinigung ergibt sich neben § 46 Nr. 8 GmbHG auch aus § 46 Nr. 5 GmbHG.

XI. Maßregeln zur Prüfung und Überwachung der Geschäftsführung, Nr. 6

29 Über Maßregeln (eigentlich: Maßnahmen) zur Prüfung und Überwachung der Geschäftsführung entscheidet nach Nr. 6 die Gesellschafterversammlung; sie sind von den jedem einzelnen Gesellschafter zustehenden Auskunfts- und Einsichtsrecht nach den §§ 51a und 51b GmbHG zu unterscheiden. Als Maßregeln kommen u. a. die Bestimmung einer (regelmäßigen) Berichterstattung durch die Geschäftsführer, die Verpflichtung zur Vorlage der Bücher und anderer Unterlagen, die Befragung von Mitarbeitern und Sachverständigen, der Erlass eines Zustimmungskataloges für bestimmte Angelegenheiten der Geschäftsführung, der Erlass eines Kataloges von verbotenen Geschäftsarten, Durchführung einer Sonderprüfung (§ 142 AktG analog) und die Etablierung eines an § 90 AktG angelehnten Berichts- und Informationssystems für die Geschäftsführung in Betracht.

30 Gesellschaftergeschäftsführer sind bei der Beschlussfassung über Maßnahmen nach § 46 Nr. 6 **nicht stimmberechtigt**. Die Zuständigkeit nach Nr. 6 kann durch den Gesellschaftsvertrag einem anderen Organ übertragen werden, insbesondere einem Beirat oder einem Aufsichtsrat (E/F/S/*B. Schmidt* § 46 Rn. 30). Das Recht zur **Bestellung von Sonderprüfern** ist für die Gesellschafterversammlung unverzichtbar (Baumbach/Hueck/*Zöllner* § 46 Rn. 51). Trotz Übertragung der Zuständigkeit auf ein anderes Organ liegt im Fall besonderer Gründe die jederzeitige Kompetenz zur Überwachung auch noch bei der Gesellschafterversammlung.

XII. Bestellung von Prokuristen und Handlungsbevollmächtigten zum gesamten Geschäftsbetrieb, Nr. 7

31 Die Zuständigkeit der Gesellschafterversammlung bezieht sich auf die **gesellschaftsinterne Willensbildung** über die Bestellung eines Prokuristen bzw. eines Handlungsbevollmächtigten zum gesamten Geschäftsbetrieb (sog. Generalhandlungsbevollmächtigter). Die Bestellung selbst erfolgt als Vertretungshandlung durch die Geschäftsführer, ebenso die Anmeldung zum Handelsregister, jeweils in vertretungsberechtigter Anzahl (Baumbach/Hueck/*Zöllner* § 46 Rn. 52 und Rn. 55). Eine Bestellung ohne Gesellschafterbeschluss ist daher wirksam (BGHZ 62, 166, 168). Ein zu Bestellender ist bei der Beschlussfassung über die eigene Bestellung nach richtiger und h. M. stimmberechtigt (Roth/Altmeppen/*Roth* § 46 Rn. 52).

32 Der **Widerruf der Prokura** bzw. der Generalhandlungsvollmacht hingegen bedarf keines Gesellschafterbeschlusses, sodass die Geschäftsführer dazu auch im Innenverhältnis berechtigt sind (E/F/S/*B. Schmidt* § 46 Rn. 35). Die Satzung kann anderes vorsehen. Auch der Abschluss des Anstellungsvertrages eines Prokuristen fällt in die Zuständigkeit der Geschäftsführer. Selbstverständlich kann aber die Gesellschafterversammlung kraft Weisung den Geschäftsführern bindende Vorgaben für den Widerruf der Prokura und den Inhalt des Anstellungsvertrages machen.

XIII. Geltendmachung von Ansprüchen gegen Geschäftsführer oder Gesellschafter aus Gründung oder Geschäftsführung, Nr. 8 Halbs. 1

1. Ansprüche i. S. d. Nr. 8 Halbs. 1

Nr. 8 weist der Gesellschafterversammlung die umfassende Zuständigkeit für die Geltendmachung von Ersatzansprüchen jeder Art gegenüber Gesellschaftern oder Geschäftsführern zu. Durch § 46 Nr. 8 GmbHG soll die Gesellschafterversammlung als das oberste Organ die Kontrolle darüber behalten, ob die inneren Gesellschaftsverhältnisse in einem Prozess offengelegt werden sollen, um Ansprüche geltend machen zu können. Die Ansprüche ergeben sich aus dem Gesichtspunkt der Pflichtverletzung bei Gründung oder Geschäftsführung (z. B. Gründerhaftung nach § 9a GmbHG oder Geschäftsführerhaftung nach § 43 GmbHG), aber auch aus Verstößen gegen ein Wettbewerbsverbot entsprechend § 113 HGB oder aus Unterbilanzhaftung (zum Geltungsbereich des § 46 Nr. 8 Halbs. 1 GmbHG vgl. auch Kap. 5 Rdn. 638). Die Zuständigkeit erstreckt sich auch auf Bereicherungsansprüche und Unterlassungsansprüche sowie auf **Nebenansprüche** möglicher Ersatzansprüche, wie z. B. Ansprüche auf Auskunft und Rechnungslegung. **Nicht erfasst** sind Ansprüche, die mit Gründung oder Geschäftsführung nicht im Zusammenhang stehen (z. B. Ansprüche auf Rückzahlung eines Darlehens oder aus Lieferung und Leistung). Das OLG Karlsruhe lehnt eine Anwendung auf die Geltendmachung von Ansprüchen einer GmbH & Co. KG gegen den Geschäftsführer ihrer Komplementär-GmbH ab, und zwar auch dann, wenn die KG ihre Ansprüche an die GmbH abgetreten hat und die GmbH dann die Ansprüche gegen den eigenen Geschäftsführer geltend macht (OLG Karlsruhe BeckRS 2013, 13837). Ein betroffener Gesellschafter hat bei der Beschlussfassung gem. § 47 Abs. 4 Satz 2 GmbHG **kein Stimmrecht** (vgl. auch Kap. 5 Rdn. 636). Einzelne Gesellschafter können die Ansprüche im Fall pflichtwidriger Verweigerung der Geltendmachung trotz wirksamen Gesellschafterbeschlusses oder bei Anfechtung eines ablehnenden Gesellschafterbeschlusses im Wege der **actio pro socio** geltend machen (vgl. zur actio pro socio ausführl. Kap. 5 Rdn. 328 ff.). Unter Umständen kann bei deren Aussichtslosigkeit sogar auf die vorherige Anfechtung verzichtet werden (BGH WM 1982, 928, 929; vgl. zur Geltendmachung von Ersatzansprüchen gem. § 46 Nr. 8 Halbs. 1 GmbHG auch ausführl. Kap. 5 Rdn. 629 ff.).

33

Der Insolvenzverwalter, der Liquidator und der Gesellschaftsgläubiger im Fall eines Pfändungs- und Überweisungsbeschlusses bedürfen keines Gesellschafterbeschlusses (BGH NJW 1960, 1667 für den Insolvenzverwalter; vgl. auch BGH ZIP 2004, 1708, 1710; vgl. Kap. 5 Rdn. 634).

34

2. Reichweite der Zuständigkeit

Die Zuständigkeit der Gesellschafterversammlung erstreckt sich auch auf die Geltendmachung von Ansprüchen gegenüber ausgeschiedenen Gesellschaftern und Geschäftsführern und auch auf die Geltendmachung gegenüber den Erben von Gesellschaftern und Geschäftsführern (Lutter/Hommelhoff/*Bayer* GmbHG, § 46 Rn. 35). Die Zuständigkeit umfasst **jede Form der Geltendmachung** (vgl. auch Kap. 5 Rdn. 633), von der schriftlichen Aufforderung über die Mahnung bis hin zur Klageerhebung, sowie jede Art der Erledigung (z. B. durch Vergleich, Aufrechnung, Erlass etc.). Maßnahmen des einstweiligen Rechtsschutzes sind nicht erfasst (vgl. Baumbach/Hueck/*Zöllner* § 46 Rn. 60).

35

Das Vorliegen eines wirksamen Beschlusses ist auch **im Außenverhältnis** Voraussetzung für die Vornahme wirksamer Rechtshandlungen (Baumbach/Hueck/*Zöllner* § 46 Rn. 61). Ohne Beschluss oder bei nichtigem Beschluss handelt der die Gesellschaft vertretende Geschäftsführer ohne Vertretungsmacht, eine Klage ohne Gesellschafterbeschluss ist daher ggf. als unbegründet abzuweisen (BGHZ 23, 259). Die Beschlussfassung kann aber während des Verfahrens noch nachgeholt und nachträglich in den Prozess eingeführt werden (BGH ZIP 2004, 1708, 1710; NJW 1998, 1646, 1647; vgl. auch Kap. 5 Rdn. 638 f.).

36

3. Entsprechende Anwendung der Nr. 8 Halbs. 1

37 Entsprechende Anwendung findet Nr. 8 Halbs. 1 auf die Geltendmachung von Ersatzansprüchen gegen Mitglieder eines obligatorischen oder fakultativen Aufsichtsrats, eines Beirats oder eines Verwaltungsrats wegen ihrer Tätigkeit als Organmitglieder, jedoch nicht für Ersatzansprüche gegenüber den Abschlussprüfern (h. M.; vgl. E/F/S/*B. Schmidt* § 46 Rn. 39; vgl. auch Kap. 5 Rdn. 631).

XIV. Vertretung der Gesellschaft in Prozessen gegen Geschäftsführer, Nr. 8 Halbs. 2

38 Nr. 8 Halbs. 2 regelt die Zuständigkeit der Gesellschafterversammlung für die Entscheidung darüber, durch wen die Gesellschaft in Prozessen gegen Geschäftsführer vertreten wird, um eine unvoreingenommene Prozessführung auch dann zu gewährleisten, wenn die Geschäftsführer insgesamt oder teilweise als Vertretungsorgan nicht in Betracht kommen (BGHZ 116, 353, 355). Diese Zuständigkeit gilt für alle Gerichtsbarkeiten, umfasst Aktiv- und Passivprozesse und schließt auch solche Prozesse gegen Geschäftsführer mit ein, in denen es nicht um Ersatzansprüche i. S. v. § 46 Nr. 8 Halbs. 1 GmbHG geht (vgl. BGHZ 116, 353, 355). Vielmehr werden alle Streitgegenstände erfasst. Anwendbar ist diese Vorschrift schließlich nach der h. M. auch auf Prozesse gegen **ehemalige Geschäftsführer** (BGHZ 116, 353, 355; E/F/S/*B. Schmidt* § 46 Rn. 39), soweit der Geschäftsführer der Gesellschaft nicht wie ein Dritter gegenübersteht. Die Rechtsprechung wendet außerdem die Vorschrift auch auf Prozesse wegen möglicher Ersatzansprüche i. S. v. Nr. 8 Halbs. 1 gegen Gesellschafter an, denen dieselbe Pflichtverletzung vorgeworfen wird wie einem ebenfalls in Anspruch genommenen Geschäftsführer, sodass eine unvoreingenommene Prozessführung (auch bei Vorhandensein mehrerer Geschäftsführer) nicht gewährleistet ist (BGHZ 97, 28, 35; vgl. hierzu auch Kap. 5 Rdn. 642, 289 ff.).

39 Die Entscheidung fällt nach **freiem Ermessen** der Gesellschafterversammlung. **Vertreter** kann ein Mitgeschäftsführer, ein Mitglied eines anderen Gesellschaftsorgans, ein Gesellschafter oder ein Dritter sein (E/F/S/*B. Schmidt* § 46 Rn. 42). An der Beschlussfassung kann der betroffene Gesellschaftergeschäftsführer nicht mitwirken, wohl aber der potenziell zu bestellende Vertreter (BGHZ 97, 28, 35). Der Vertreter ist im Prozess gesetzlicher Vertreter der Gesellschaft i. S. d. § 51 ZPO und entsprechend § 37 Abs. 1 GmbHG den **Weisungen der Gesellschafter** unterworfen. In Betracht kommt auch eine gesonderte Regelung im Gesellschaftsvertrag, die die Beschlussfassung überflüssig macht. Fehlt es an einem Beschluss trotz dessen Notwendigkeit, sind die Geschäftsführer im Außenverhältnis dennoch zur Vertretung befugt; ihre Vertretungsmacht endet erst mit der Bestellung eines Vertreters durch die Gesellschafter (PraxisHdb GmbH-GF/*Jaeger* § 19 Rn. 10). Der für einen **fakultativen Aufsichtsrat** gem. § 52 Abs. 1 GmbHG anwendbare § 112 AktG normiert die Vertretung der Gesellschaft durch den Aufsichtsrat in Prozessen gegen Geschäftsführer, wobei hiervon durch den Gesellschaftsvertrag anders als im Fall des obligatorischen Aufsichtsrates abgewichen werden kann. Beim obligatorischen Aufsichtsrat in der **mitbestimmten GmbH** gilt § 112 AktG zwingend.

40 Nach h. M. findet bei der **GmbH & Co. KG** Nr. 8 Halbs. 2 für die Bestellung des Vertreters in Prozessen zur Geltendmachung von Ersatzansprüchen der KG gegen den Geschäftsführer der GmbH entsprechende Anwendung (vgl. statt vieler Scholz/*K. Schmidt* GmbHG, § 46 Rn. 177).

§ 47 Abstimmung

(1) Die von den Gesellschaftern in den Angelegenheiten der Gesellschaft zu treffenden Bestimmungen erfolgen durch Beschlußfassung nach der Mehrheit der abgegebenen Stimmen.

(2) Jeder Euro eines Geschäftsanteils gewährt eine Stimme.

(3) Vollmachten bedürfen zu ihrer Gültigkeit der Textform.

(4) [1]Ein Gesellschafter, welcher durch die Beschlußfassung entlastet oder von einer Verbindlichkeit befreit werden soll, hat hierbei kein Stimmrecht und darf ein solches auch nicht für andere ausüben. [2]Dasselbe gilt von einer Beschlußfassung, welche die Vornahme eines Rechtsgeschäfts oder die Einleitung oder Erledigung eines Rechtsstreites gegenüber einem Gesellschafter betrifft.

Übersicht

		Rdn.
A.	**Überblick**	1
B.	**Gesellschafterbeschluss, Abs. 1**	2
I.	Beschlussfähigkeit	2
II.	Beschlussfassung	3
	1. Anwendbare Vorschriften	3
	2. Entscheidungsvorschlag, Beschlussantrag	4
	3. Entscheidungsmöglichkeiten, Mehrheit	5
	4. Form der Beschlussfassung	6
	5. Aufhebung eines Beschlusses	7
	6. Auslegung von Gesellschafterbeschlüssen	8
C.	**Stimmrecht, Abs. 2**	9
I.	Abspaltungsverbot, Dauer des Stimmrechts	9
II.	Träger des Stimmrechts	10
III.	Eigene Anteile der GmbH	11
IV.	Stimmgewicht	12
V.	Stimmrechtsausübung	13
VI.	Stimmbindungsvereinbarung	14
D.	**Ausübung des Stimmrechts durch Dritte**	15
I.	Rechtsgeschäftliche Vertretungsmacht zur Stimmrechtsausübung, Abs. 3	15
	1. Allgemeines	15
	2. Bevollmächtigte	17
	3. Umfang der Vollmacht	18
	4. Form der Vollmacht	19
	5. Untervollmacht	20
	6. Nachweis der Vollmacht	21
II.	Gesetzliche Vertretungsmacht zur Stimmrechtsausübung	22
III.	Stimmrechtsausübung durch Amtswalter	24
IV.	Stimmrechtsausübung durch Vertreter ohne Vertretungsmacht	25
V.	Stimmrechtsausübung und § 181 BGB	27
E.	**Stimmrechtsausübung bei Personenmehrheiten**	30
F.	**Stimmverbote, Abs. 4**	31
I.	Allgemeines	31
II.	Die Stimmverbote im Einzelnen	34
	1. Entlastung des Gesellschaftergeschäftsführers, Abs. 4 Satz 1, 1. Alt.	34
	2. Befreiung von einer Verbindlichkeit, Abs. 4 Satz 1, 2. Alt.	35
	3. Rechtsgeschäfte mit einem Gesellschafter, Abs. 4 Satz 2, 1. Alt.	36
	4. Rechtsstreitigkeiten mit einem Gesellschafter, Abs. 4 Satz 2, 2. Alt.	37
G.	**Dispositivität der gesetzlichen Regelungen zur Beschlussfassung**	38
H.	**Fehlerhafte Gesellschafterbeschlüsse**	39
I.	Nichtige Gesellschafterbeschlüsse	41
II.	Die Nichtigkeitsgründe im Einzelnen Vgl. zu den Nichtigkeitsgründen im Einzelnen auch § 241 AktG Rdn. 9 ff. (für die AG) sowie Kap. 5 Rdn. 353 ff.	43
	1. Einberufungsmängel, § 241 Nr. 1 AktG analog	43
	2. Beurkundungsmängel, § 241 Nr. 2 AktG analog	45
	3. Inhaltsmängel, § 241 Nr. 3 AktG analog	46
	4. Inhaltsmängel durch Verstoß gegen die guten Sitten, § 241 Nr. 4 AktG analog	49
	5. Nichtigkeit durch Urteil nach Anfechtung, § 241 Nr. 5 AktG analog	51
	6. Nichtigkeit aufgrund Löschung nach § 398 FamFG, § 241 Nr. 6 AktG analog	52
	7. Nichtigkeit des festgestellten Jahresabschlusses, § 256 AktG analog	53
	8. Nichtigkeit der Wahlen zum Aufsichtsrat, § 250 AktG analog	54
	a) Fakultativer Aufsichtsrat	54
	b) Obligatorischer Aufsichtsrat	55
III.	Rechtsfolgen, Heilung und Geltendmachung der Nichtigkeit (Nichtigkeitsklage)	56
	1. Rechtsfolgen	56
	2. Heilung	57
	3. Frist zur Geltendmachung der Nichtigkeit	59
	4. Bestätigungs- oder Genehmigungsbeschluss	60
	5. Nichtigkeitsklage, § 249 AktG analog Vgl. zur Nichtigkeitsklage auch ausführl. Kap. 5 Rdn. 447 ff. sowie (für die AG) §§ 249, 250 AktG	61
	a) Klagebefugnis	61
	b) Beklagter	62
	c) Frist, Verwirkung	63
	d) Zuständigkeit	64
	e) Darlegungs- und Beweislast	65
	f) Urteilswirkungen	66
IV.	Anfechtbare Gesellschafterbeschlüsse	68
V.	Die Anfechtungsgründe im Einzelnen	70
	1. Verfahrensverstöße	71
	2. Inhaltsmängel Vgl. zu den Inhaltsmängeln auch § 243 AktG Rdn. 13 ff. (für die AG) sowie Kap. 5 Rdn. 378	74
	a) Verstoß gegen gute Sitten, Bestimmtheitsgrundsatz, Gleichbehandlungsgrundsatz	74
	b) Verstoß gegen gesellschafterliche Treuepflicht	75
	3. Verstöße gegen die Satzung und sonstige Anfechtungsgründe	76
VI.	Rechtsfolgen, Heilung, Geltendmachung der Anfechtbarkeit (Anfechtungsklage)	78
	1. Rechtsfolgen, Anfechtungsfrist	78
	2. Eintragung ins Handelsregister	79

3.	Pflicht des Geschäftsführers zur Ausführung	80	
4.	Heilung........................	81	
5.	Anfechtungsklage Vgl. zur Anfechtungsklage auch ausführl. Kap. 5 Rdn. 396 ff. sowie (für die AG) §§ 245, 246 AktG............	82	
	a) Klagebefugnis.............	82	

  b) Frist 83
VII. Feststellungsklagen 85
  1. Voraussetzungen 85
  2. Verbindung mit positiver Beschlussfeststellungsklage 86
VIII. Unwirksame Beschlüsse 87
IX. Schiedsfähigkeit von Beschlussmängelstreitigkeiten...................... 88

A. Überblick

1 § 47 GmbHG enthält eine Reihe von Regelungen zur Beschlussfassung durch die Gesellschafter, die grundsätzlich in der Gesellschafterversammlung erfolgt (§ 48 Abs. 1 GmbHG). Abs. 1 statuiert den Grundsatz des Handelns der Gesellschafter im Wege der Beschlussfassung in den ihnen durch Gesetz oder Gesellschaftsvertrag übertragenen Angelegenheiten und die bei diesem Handeln erforderliche einfache Mehrheit der durch die Gesellschafter abgegebenen Stimmen. Nach Abs. 2 bestimmt sich das Stimmgewicht nicht nach Köpfen, sondern nach den Nominalgrößen der Geschäftsanteile: Je 1,– € eines Geschäftsanteils gewährt eine Stimme. Abs. 3 regelt, dass eine Vollmacht zur Ausübung des Stimmrechts der Textform (§ 126b BGB) bedarf. Abs. 4 schließlich statuiert eine Reihe von Stimmverboten; die Verbote richten sich auch auf die Ausübung des Stimmrechts für andere. Die Regelungen des § 47 GmbHG finden auch auf die **Vor-GmbH** Anwendung (*Hachenburg*/Hüffer § 47 Rn. 1).

B. Gesellschafterbeschluss, Abs. 1

I. Beschlussfähigkeit

2 Für die Beschlussfähigkeit einer Gesellschafterversammlung, im Rahmen derer Gesellschafterbeschlüsse zu fassen sind, sieht das Gesetz keine besonderen Anforderungen vor. Bei ordnungsgemäßer Einberufung gem. §§ 49 ff. GmbHG genügt die Anwesenheit nur eines Gesellschafters, der aber stimmberechtigt sein muss. Der Gesellschaftsvertrag kann davon abweichend die Beschlussfähigkeit von der Vertretung eines bestimmten Anteils der vorhandenen Stimmen (**Stimmquorum**) in der Gesellschafterversammlung abhängig machen. Das ist gerade bei Gesellschaften mit einem größeren Gesellschafterkreis auch empfehlenswert. Bei Feststellung des Vertretenseins der erforderlichen Anzahl an Stimmen, sind nach der (zutreffenden) h. M. alle stimmberechtigten Stimmen unabhängig von ihrem Stimmverhalten zu berücksichtigen (E/F/S/*B. Schmidt* § 47 Rn. 4). Im Fall der Statuierung eines Stimmquorums durch den Gesellschaftsvertrag folgt aus der gesellschaftlichen Treuepflicht für die Gesellschafter eine Pflicht zur Teilnahme, deren (bewusste) Verletzung dazu führt, dass sich die Gesellschafter im Fall deren Verletzung nicht auf die fehlende Beschlussfähigkeit berufen können (OLG Hamburg WM 1992, 272, 273).

II. Beschlussfassung

1. Anwendbare Vorschriften

3 Der Gesellschafterbeschluss ist ein Rechtsgeschäft sui generis, auf das grundsätzlich die allgemeinen Normen des Bürgerlichen Rechts über Rechtsgeschäfte Anwendung finden (E/F/S/*B. Schmidt* § 47 Rn. 1). Eine Sonderbehandlung erfahren Gesellschafterbeschlüsse allerdings im Fall ihrer Mangelhaftigkeit in Anlehnung an das Aktienrecht. §§ 134, 138 BGB kommen nicht zur Anwendung, sondern werden durch Regelungen über die Anfechtbarkeit ersetzt, die sich aber wiederum von den bürgerlich-rechtlichen Regelungen zur Anfechtbarkeit (insbes. §§ 119, 123 BGB) unterscheiden, s. u. Rdn. 39 ff. Die Vorschriften über Willensmängel (§§ 116 bis 123 BGB) sind insgesamt auf Gesellschafterbeschlüsse nicht anwendbar. Der Gesellschafterbeschluss bedarf als körperschaftsrechtliche Entscheidung grundsätzlich nicht des Zugangs bei einem Dritten (Baumbach/Hueck/*Zöllner* § 47 Rn. 5). Oftmals ist der Gesellschafterbeschluss freilich nur die gesellschafts-

interne Willensbildung, deren Umsetzung einer dann auch empfangsbedürftigen Willenserklärung bedarf, wie z. B. die Bestellung eines Geschäftsführers. Anderes gilt, wenn der Betroffene bei der Beschlussfassung anwesend ist (BGH NJW 2003, 1196, 1197). Gesellschafterbeschlüsse können grundsätzlich auch **aufschiebend oder auflösend bedingt** oder mit einer Befristung gefasst werden; §§ 139 und 141 BGB sind anwendbar, soweit der Beschlussgegenstand nicht bereits von seiner Natur her **bedingungsfeindlich** ist.

2. Entscheidungsvorschlag, Beschlussantrag

Grundlage für die Beschlussfassung ist grundsätzlich ein Entscheidungsvorschlag oder Beschlussantrag eines Gesellschafters, der durch seine Formulierung eine Beschlussfassung durch Zustimmung oder Ablehnung möglich machen muss. Zur Antragstellung ist jeder Gesellschafter berechtigt, und zwar auch, wenn er selbst nicht stimmberechtigt ist (E/F/S/*B. Schmidt* § 47 Rn. 2). Bei der Einpersonen-GmbH ist ein Antrag entbehrlich. Bei mehreren Anträgen entscheidet der Versammlungsleiter über die Reihenfolge der Beschlussfassungen, wobei die Anträge zum Verfahren vor den Anträgen zur Sache behandelt werden.

3. Entscheidungsmöglichkeiten, Mehrheit

In Betracht kommen sodann eine positive oder negative Sachentscheidung, aber auch die Ablehnung oder die Vertagung einer Sachentscheidung. Der Gesellschafterbeschluss bedarf gem. Abs. 1 grundsätzlich der Mehrheit der abgegebenen Stimmen, es sei denn Gesetz oder Satzung sehen eine **qualifizierte Mehrheit** für die Beschlussfassung vor. Das GmbHG fordert eine qualifizierte Mehrheit in § 53 Abs. 2 GmbHG für Änderungen des Gesellschaftsvertrages, in § 60 Abs. 1 Nr. 2 GmbHG für die Auflösung der Gesellschaft durch Gesellschafterbeschluss; das Erfordernis einer qualifizierten Mehrheit nach § 60 Abs. 1 Nr. 2 GmbHG findet analoge Anwendung auf die Ausschließung eines Gesellschafters (BGH WM 2003, 443); daneben findet sich das Erfordernis einer qualifizierten Mehrheit vor allem im Umwandlungsgesetz. Die Satzung kann auch im Fall eines bereits durch das Gesetz normierten qualifizierten Mehrheitserfordernisses eine darüber hinausgehende Qualifizierung regeln. Ungültige Stimmen und Stimmenthaltungen werden nicht mitgezählt (zu ungültigen Stimmen BGHZ 80, 212, 215). Ist die einfache Mehrheit der abgegebenen Stimmen erforderlich, so ist bei Stimmengleichheit der Antrag ebenso wie bei Nichterreichen der Mehrheit der abgegebenen Stimmen abgelehnt, mit der Folge einer negativen Sachentscheidung, die mit diesem Inhalt rechtliche Wirkung entfaltet (BGHZ 97, 28, 30).

4. Form der Beschlussfassung

Grundsätzlich muss ein Gesellschafterbeschluss nicht in einer bestimmten Form (z. B. in Form schriftlicher Protokollierung) gefasst werden (BGHZ 76, 154, 156). Für einige Beschlüsse ordnet allerdings das Gesetz eine bestimmte Form an; zu nennen sind insbesondere § 53 Abs. 2 GmbHG für Beschlüsse über die Änderung des Gesellschaftsvertrages und einige Vorschriften aus dem Umwandlungsgesetz, jeweils die **notarielle Form** vorschreiben. Schon aus Beweisgründen empfiehlt sich freilich grundsätzlich die Dokumentation der Beschlüsse in geeigneter Form. Ein Anspruch auf eine geheime Abstimmung besteht nicht.

5. Aufhebung eines Beschlusses

Sofern der Beschluss noch keine rechtlichen Bindungen gegenüber Gesellschafter oder Dritten begründet hat, kann jederzeit die **Aufhebung eines Beschlusses** beschlossen werden, und zwar nach h. M. mit der einfachen Mehrheit der abgegebenen Stimmen auch dann, wenn die Beschlussfassung selbst einer qualifizierten Mehrheit bedurfte (vgl. Roth/Altmeppen/*Roth* § 47 Rn. 12). Insbesondere bedarf ein Beschluss über die Aufhebung einer Satzungsänderung vor der Eintragung im Handelsregister weder der qualifizierten Mehrheit des § 53 Abs. 2 GmbHG noch der notariellen Beurkundung (Hdb GmbH/*Fischer/Gerber* § 4 Rn. 161). Hingegen müssen nach Eintragung des Erstbeschlusses in das Handelsregister und auch in dem Fall, dass lediglich eine Änderung und nicht eine vollständige Aufhebung des Erstbeschlusses vorgesehen ist, das Mehrheitserfordernis des § 53 Abs. 2 GmbHG erfüllt und die Beschlussfassung notariell beurkundet werden (Roth/Altmeppen/*Roth* § 47 Rn. 12).

6. Auslegung von Gesellschafterbeschlüssen

8 Die Auslegung von Gesellschafterbeschlüssen richtet sich nach den **allgemeinen Regeln** (OLG Köln BB 1982, 579). Demnach ist der wirkliche Wille der Gesellschafter zu berücksichtigen. Ist die Satzung betroffen, insbesondere durch einen satzungsändernden Beschluss, ist aufgrund der darin liegenden körperschaftlichen Regelung eine objektivierte, sich primär am Wortlaut orientierende Auslegung vorzunehmen (vgl. BGH NJW 1997, 1510, 1511).

C. Stimmrecht, Abs. 2

I. Abspaltungsverbot, Dauer des Stimmrechts

9 Gem. Abs. 2 gewähren je 1,– € eines Geschäftsanteils eine Stimme. Nachdem aufgrund des MoMiG § 5 Abs. 2 GmbHG in der Weise neu gefasst worden ist, dass der Nennbetrag einer Stammeinlage zwar auf volle Euro lauten muss, dabei aber nicht mehr durch fünfzig teilbar sein muss, erscheint es konsequent, nunmehr für jeden Euro eines Geschäftsanteils eine Stimme bei Abstimmungen zu gewähren (vgl. dazu ausführl. § 5 GmbHG Rdn. 3 bis 6). Abs. 2 stellt auch in der Fassung des MoMiG die Stimmberechtigung aller Gesellschafter im Verhältnis ihrer Beteiligung an der Gesellschaft sicher. Das Stimmrecht ist ein **mitgliedschaftliches Verwaltungsrecht** des Gesellschafters. Eine Gewährung von Stimmrechten an Nichtgesellschafter durch den Gesellschaftsvertrag oder eine Trennung des Stimmrechts von dem entsprechenden Geschäftsanteil ist nicht möglich, sog. **Abspaltungsverbot** (BGHZ 43, 267; vgl. auch § 14 GmbHG Rdn. 7). Umgekehrt ist aber die Schaffung von **stimmrechtslosen Geschäftsanteilen** möglich und zwar auch ohne Ausgleich durch einen Gewinnvorzug (vgl. zu stimmrechtslosen Geschäftsanteilen Baumbach/Hueck/*Zöllner* § 47 Rn. 33; außerdem § 14 GmbHG Rdn. 27). Das durch den Geschäftsanteil vermittelte Stimmrecht des Gesellschafters beginnt mit der Mitgliedschaft in der Gesellschaft und endet mit dem Ausscheiden des Gesellschafters aus der Gesellschaft bzw. durch die Löschung der Gesellschaft im Handelsregister. Das Stimmrecht erlischt nicht bereits durch Kündigung, die auch nach der Kündigung fortgeltende gesellschafterliche Treuepflicht gebietet aber Zurückhaltung bei der Stimmrechtsausübung, soweit nicht eigene Vermögensinteressen berührt sind (BGHZ 88, 320, 328). Das Stimmrecht kann durch den Gesellschafter auch schon ausgeübt werden, wenn er seine Stammeinlage noch nicht oder noch nicht voll erbracht hat (E/F/S/*B. Schmidt* § 47 Rn. 5).

II. Träger des Stimmrechts

10 Träger des Stimmrechts ist der **rechtliche Inhaber** des Geschäftsanteils, also bei der Treuhandübertragung des Geschäftsanteils der Treuhänder und bei der Verpfändung des Geschäftsanteils der pfandgebende Gesellschafter. Dasselbe gilt nach der h. M. auch für den Fall der Bestellung eines Nießbrauchs (Roth/Altmeppen/*Roth* § 47 Rn. 20).

III. Eigene Anteile der GmbH

11 Hält die GmbH eigene Geschäftsanteile der GmbH ruht das Stimmrecht für diese Anteile (BGHZ 119, 346, 356). Nach h. M. gilt das auch für Anteile, die durch einen Dritten treuhänderisch oder in anderer Weise für Rechnung der GmbH gehalten werden. Wechselseitige Beteiligungen zweier GmbHs führen zu einem Ruhen der Stimmrechte erst dann, wenn die wechselseitige Beteiligung so hoch ist, dass sie jeweils zu einem beiderseits beherrschenden Einfluss führt (Baumbauch/Hueck/*Zöllner* § 47 Rn. 57). Stimmrechte in einer Komplementär-GmbH ruhen hingegen nicht, wenn alle Anteile in der Hand der KG liegen (Baumbauch/Hueck/*Zöllner* § 47 Rn. 58).

IV. Stimmgewicht

Das Stimmgewicht bestimmt sich gem. Abs. 2 nicht nach Köpfen, sondern nach der Nominalgröße der jeweiligen Geschäftsanteile. Jeder Gesellschafter kann sein Stimmrecht aus einem Geschäftsanteil **nur einheitlich** ausüben (BGH MDR 1965, 26). Liegen mehrere Geschäftsanteile bei einem Gesellschafter ist eine unterschiedliche Stimmabgabe nach der h. M. nur aufgrund besonderer Interessenlagen zulässig, wie z. B. Stimmbindung für nur einen von mehreren Geschäftsanteilen oder gleichzeitige Treuhänderstellung für unterschiedliche Treugeber (Baumbach/Hueck/*Zöllner* § 47 Rn. 20). Die Rechtsfolge einer unzulässigen uneinheitlichen Stimmrechtsausübung wird in der Literatur unterschiedlich gesehen. Überzeugend ist allein die Auffassung, dass eine solche unzulässige uneinheitliche Stimmrechtsausübung unwirksam ist. Keine der abgegebenen Stimmen ist daher mitzuzählen (vgl. dazu E/F/S/*B. Schmidt* § 47 Rn. 9).

12

V. Stimmrechtsausübung

Bei der Stimmrechtsausübung sind die Gesellschafter nach § 138 BGB an die **guten Sitten** gebunden und unterliegen der gesellschafterlichen **Treuepflicht** (Roth/Altmeppen/*Roth* § 47 Rn. 43). Die Gesellschafter haben sich daher an den Interessen der Gesellschaft zu orientieren, was sie in Einzelfällen zu einem bestimmten Abstimmungsverhalten verpflichten kann (BGH NJW 1991, 172, 174; vgl. auch § 14 GmbHG Rdn. 13). Ein Verstoß gegen die guten Sitten oder gegen die gesellschafterliche Treuepflicht führt zur **Nichtigkeit** der Stimmabgabe und zur Nichtberücksichtigung der entsprechenden Stimmen bei der Beschlussfeststellung (BGH NJW 1991, 846). Bei der Beschlussfassung sind immer auch die Interessen der Gesellschafterminderheit in der Weise zu berücksichtigen, dass Eingriffe in deren Rechte nur in den Grenzen der Erforderlichkeit und Verhältnismäßigkeit zulässig sind.

13

VI. Stimmbindungsvereinbarung

Für die Ausübung des Stimmrechts kommt der Abschluss einer schuldrechtlichen Stimmbindungsvereinbarung in Betracht, in der sich ein Gesellschafter schuldrechtlich gegenüber einem Mitgesellschafter oder auch gegenüber einem Dritten zu einem bestimmten Abstimmungsverhalten verpflichtet. Eine solche Vereinbarung ist ohne Weiteres **formlos** wirksam, darf aber nicht dadurch zur Umgehung von Stimmverboten nach § 47 Abs. 4 GmbHG führen, dass sich ein Gesellschafter verpflichtet, der Weisung eines einem Stimmverbot unterliegenden Gesellschafters zu folgen (zu Stimmverboten s. BGHZ 48, 163, 166; außerdem Rdn. 31 ff.). Stimmbindungsvereinbarungen müssen **unentgeltlich** sein, andernfalls verstoßen sie gegen die guten Sitten und sind gem. § 138 BGB nichtig (Baumbach/Hueck/*Zöllner* § 47 Rn. 114). Eine Stimmbindungsvereinbarung begründet einen schuldrechtlichen Anspruch, der im Wege der **Klage auf Erfüllung** auch schon vor Abstimmung in der Gesellschafterversammlung gerichtlich durchgesetzt werden kann. Die Vollstreckung erfolgt gem. der Rechtsprechung dann im Fall einer inhaltlich bestimmbaren Abstimmungsverpflichtung nach § 894 ZPO (BGHZ 48, 163, 170), die Verurteilung ersetzt insoweit die abzugebenden Stimmen (BGH GmbHR 1990, 68). Hingegen ist nach h. M. nur in wenigen Ausnahmefällen einer drohenden schwerwiegenden Beeinträchtigung der Belange von Mitgesellschaftern die Inanspruchnahme **einstweiligen Rechtsschutzes** möglich (vgl. OLG Hamburg NJW 1992, 186). Ein trotz allem erfolgender Verstoß eines Gesellschafters gegen eine zulässige Stimmbindung führt ebenfalls nur in wenigen Ausnahmefällen (z. B. im Fall eines Stimmbindungsvertrages zwischen allen Gesellschaftern) zur Unwirksamkeit der Stimmabgabe und zur Anfechtbarkeit des Gesellschafterbeschlusses (E/F/S/*B. Schmidt* § 47 Rn. 14). Grundsätzlich betrifft der Verstoß ausschließlich das Verhältnis zwischen den Parteien der Vereinbarung und begründet Schadensersatzansprüche, die sich u. U. auch auf Naturalrestitution richten können. Die Vereinbarung einer Vertragsstrafe ist grundsätzlich möglich und auch empfehlenswert.

14

D. Ausübung des Stimmrechts durch Dritte

I. Rechtsgeschäftliche Vertretungsmacht zur Stimmrechtsausübung, Abs. 3

1. Allgemeines

15 Abs. 3 normiert das Erfordernis der Textform gem. § 126b BGB für Stimmrechtsvollmachten (s. u. Rdn. 19) und setzt damit die rechtliche Möglichkeit der Erteilung solcher Vollmachten voraus. Eine solche Vollmacht ist ein einseitiges Rechtsgeschäft und empfangsbedürftige Willenserklärung gegenüber dem Bevollmächtigten oder gegenüber der Gesellschaft (§ 167 Abs. 1 BGB). Die Stimmrechtsvollmacht eröffnet zugleich das Recht auf Teilnahme an der Gesellschafterversammlung, da die Teilnahme an der Gesellschafterversammlung notwendige Voraussetzung für die Stimmrechtsausübung ist. Daher ist aber **gleichzeitige Teilnahme von Gesellschafter und Bevollmächtigtem** nur mit Einverständnis der Mehrheit der Mitgesellschafter möglich, da die Teilnahme des Bevollmächtigten für die Ausübung des Stimmrechts des Gesellschafters gerade nicht erforderlich ist (vgl. OLG Stuttgart NJW-RR 1994, 167, 169).

16 Das Stimmrecht in einer GmbH kann in Einzelfällen daneben für einen Gesellschafter ohne Verstoß gegen das Verbot der Stimmrechtsabspaltung auch durch einen nichtberechtigten Nichtgesellschafter, der im eigenen Namen mit Zustimmung des Berechtigten (Legitimationsübertragung) handelt, ausgeübt werden. Erfolgt die Zustimmung in diesen Fällen erst durch nachfolgende Genehmigung, dann wirkt diese ohne zeitliche Rückwirkung (OLG Celle NZG 2007, 391), also ex nunc. Freilich werden dies Ausnahmefälle bleiben.

2. Bevollmächtigte

17 Als Bevollmächtigte kommen sowohl **Mitgesellschafter** als auch **Dritte** in Betracht. Die Gesellschafter können einen nicht zumutbaren Vertreter (z. B. einen Wettbewerber) durch Beschluss zurückweisen (Lutter/Hommelhoff/*Bayer* GmbHG, § 47 Rn. 22). Bei Bevollmächtigung eines Mitgesellschafters kann es zu Anwendungsfällen des § 181 BGB kommen (vgl. dazu unten Rdn. 27 bis 29). Die Möglichkeit, sich bei der Ausübung des Stimmrechts vertreten zu lassen, kann in der Satzung ausgeschlossen werden; auch eine Beschränkung der für die Bevollmächtigung in Betracht kommenden Personen auf bestimmte Gruppen wie Kaufleute, Rechtsanwälte, Wirtschaftsprüfer etc. kommt in Betracht. Auch die Prokura umfasst grundsätzlich ebenso wie die Generalhandlungsvollmacht das Recht zur Stimmrechtsausübung. Anders als die Stimmrechtsvollmacht ist die **Stimmrechtsbotschaft** im Sinne der Überbringung einer vorgefertigten Erklärung nur bei ihrer ausdrücklichen Zulassung durch den Gesellschaftsvertrag möglich (Baumbach/Hueck/*Zöllner* § 47 Rn. 56).

3. Umfang der Vollmacht

18 Die Stimmrechtsvollmacht ist **Wirksamkeitserfordernis** und nicht bloßes Legitimationsmittel. Sie kann sich auf bestimmte Tagesordnungspunkte beschränken, aber auch als generelle Stimmrechtsvollmacht ohne Beschränkung auf eine bestimmte Gesellschafterversammlung erteilt werden. Die Vollmacht darf **nicht** in der Weise **unwiderruflich** erteilt werden, dass die Rechtsmacht des Vollmachtgebers in der Gesellschaft zugunsten des Bevollmächtigten eingeschränkt wird (BGH NJW 1970, 468). Sie muss zumindest enden, wenn das ihr zugrunde liegende Rechtsverhältnis (z. B. Treuhand) endet, und den Widerruf aus **wichtigem Grund** zulassen (E/F/S/*B. Schmidt* § 47 Rn. 16; vgl. auch § 14 GmbHG Rdn. 7). Die Stimmrechtsvollmacht kann den Gesellschafter im Außenverhältnis nicht verdrängen, sodass bei theoretisch denkbarer widersprechender Stimmabgabe von Bevollmächtigtem und Gesellschafter die Stimme des Gesellschafters maßgebend ist.

4. Form der Vollmacht

19 Gem. § 126b BGB meint **Textform**, dass die Erklärung in einer Urkunde oder auf andere zur dauerhaften Wiedergabe in Schriftzeichen geeigneten Weise abgegeben, die Person des Erklärenden

genannt und der Abschluss der Erklärung durch Nachbildung der Namensunterschrift oder anders erkennbar gemacht werden muss. Damit sind Vollmachten in Form eines Telefaxes, Computerfaxes, einer Fotokopie oder einer E-Mail ohne eigenhändige Unterschrift, aber unter Namensnennung zulässig (E/F/S/*B. Schmidt* § 47 Rn. 17). Vollmachten müssen nicht in deutscher Sprache erteilt werden; zulässig ist vielmehr jede übersetzbare Sprache (vgl. OLG Brandenburg NJW-RR 1999, 543, 545).

5. Untervollmacht

Auch die Erteilung von **Untervollmacht** ist in Textform möglich. Im Außenverhältnis ist sie durch die Stimmrechtsvollmacht gedeckt, im Innenverhältnis zum Gesellschafter ist das anhand der Vollmachtserteilung gesondert festzustellen. 20

6. Nachweis der Vollmacht

Ein Vertreter, der die Vollmacht nicht nachweisen kann, kann zur Teilnahme an der Gesellschafterversammlung nur zugelassen werden, wenn kein Gesellschafter widerspricht. Nach h. M. ist ein Mehrheitsbeschluss dafür nicht ausreichend (RG JW 1934, 976, 977). Ohne Weiteres gültig ist seine Stimmrechtsausübung nur, wenn er Vollmachtserteilung in Textform nachweisen kann, andernfalls kommt Heilung nach § 180 Satz 2 BGB in Betracht. Erfolgt keine Heilung, ist der Beschluss anfechtbar, falls es auf die Stimmrechtsausübung für das Ergebnis ankam. 21

II. Gesetzliche Vertretungsmacht zur Stimmrechtsausübung

Gesetzliche Vertreter des Gesellschafters bedürfen **keiner Vollmacht**. Das gilt für Eltern (§§ 1626 Abs. 1, 1629 Abs. 2 BGB) ebenso wie für den Vormund (§ 1793 BGB), Betreuer (§ 1902 BGB) und Pfleger (§§ 1915, 1973 BGB). Besteht bei einem Minderjährigen eine vom Vormundschaftsgericht genehmigte Ermächtigung zum selbstständigen Betrieb eines Erwerbsgeschäftes (§ 112 BGB) und gehört der Geschäftsanteil zum Geschäftsvermögen, kann der beschränkt Geschäftsfähige selbst ohne besondere Einwilligung abstimmen (Baumbach/Hueck/*Zöllner* § 47 Rn. 43). Andernfalls ist eine Spezial- oder Generaleinwilligung des gesetzlichen Vertreters erforderlich. 22

Ist eine **juristische Person** Gesellschafterin einer GmbH, so wird ihr Stimmrecht durch ihr **Vertretungsorgan** ausgeübt, bei der AG also durch den Vorstand, bei der GmbH durch den Geschäftsführer etc. Da die Stimmrechtsausübung gegenüber der GmbH erfolgt, ist auch dann, wenn die Abstimmung ein Vorstandsmitglied der AG betrifft (z. B. Entlastung als Geschäftsführer der GmbH), nicht etwa der Aufsichtsrat nach § 112 AktG zuständig (Baumbach/Hueck/*Zöllner* § 47 Rn. 37). Ein Nachweis der Vertretungsmacht ist in jeder geeigneten Weise möglich, z. B. bei Vertretungsorganen von Handelsgesellschaften durch Vorlage eines aktuellen Handelsregisterauszuges. OHG, KG und GbR stimmen durch ihre vertretungsberechtigten Gesellschafter ab. 23

III. Stimmrechtsausübung durch Amtswalter

Im Fall der Insolvenz eines Gesellschafters ist allein der **Insolvenzverwalter** zur Ausübung des Stimmrechts berechtigt, bei Nachlassverwaltung der **Nachlassverwalter**, bei Testamentsvollstreckung aus einem zum Nachlass gehörenden Geschäftsanteil der **Testamentsvollstrecker**, freilich begrenzt auf solche Handlungen, die keine neuen Verpflichtungen der Erben bewirken. Inwieweit der Gesellschaftsvertrag die Stimmrechtsausübung durch den Testamentsvollstrecker ausschließen kann, ist nicht unumstritten (m. w. N. Baumbach/Hueck/*Zöllner* § 47 Rn. 42). Ist der Testamentsvollstrecker aus rechtlichen Gründen an der Stimmrechtsausübung verhindert (z. B. infolge von Abs. 4), dann sind die Erben selbst stimmberechtigt (BGHZ 108, 21, 28). 24

IV. Stimmrechtsausübung durch Vertreter ohne Vertretungsmacht

Eine Stimmabgabe ohne Vertretungsmacht, etwa bei fehlender Erteilung oder bei unwirksamer Erteilung (z. B. ohne Einhaltung des Formerfordernisses oder durch einen Nichtberechtigten), ist 25

schwebend unwirksam. Die schwebende Unwirksamkeit kann nach den allgemeinen Regeln durch **formlose Genehmigung** (§§ 180 Satz 2 i. V. m. 177 BGB) beseitigt werden. Auch § 177 Abs. 2 BGB (Aufforderung zur Genehmigung durch den Versammlungsleiter oder Geschäftsführer jeweils für die Gesellschaft) findet Anwendung (Baumbach/Hueck/*Zöllner* § 47 Rn. 55).

26 Für den Fall, dass das Ergebnis der Abstimmung durch den Versammlungsleiter bindend festgestellt wird, obwohl die Abstimmung unter Beteiligung eines Vertreters ohne Vertretungsmacht erfolgt ist, ist durch **Anfechtungsklage** kombiniert mit positiver Beschlussfeststellungsklage das abweichende Beschlussergebnis geltend zu machen (Baumbach/Hueck/*Zöllner* § 47 Rn. 55).

V. Stimmrechtsausübung und § 181 BGB

27 Schon vom Tatbestand her ist § 181 BGB in denjenigen Fällen, in denen es um Konflikte zwischen den Interessen des abstimmenden Gesellschafters oder seinem Vertreter und der Gesellschaft geht, wie z. B. bei einer Abstimmung über ein zwischen dem Abstimmenden und der Gesellschaft abzuschließendes Geschäft nicht anwendbar; denn die Abstimmung ist ein Vorgang gesellschaftsinterner Willensbildung, der Geschäftsabschluss selbst erfolgt in einem separaten Akt. Ausschließliche sedes materiae ist in diesen Fällen § 47 Abs. 4 GmbHG (s. u. Rdn. 36).

28 Hingegen findet nach mittlerweile h. M. **§ 181 BGB** bei Konflikten zwischen den Interessen eines Gesellschafters und dessen Vertreter in der Gesellschafterversammlung oder zwischen den Interessen zweier vertretener Gesellschafter – sog. Doppelvertretung – neben § 47 Abs. 4 GmbHG dann Anwendung, wenn der nicht vom Verbot des Selbstkontrahierens befreite Vertreter an der Beschlussfassung über eine Maßnahme mitwirkt, die seine eigenen Interessen in nicht unerheblichem Maße betrifft, wie z. B. seine eigene Bestellung zum Geschäftsführer, die Geltendmachung von Ersatzansprüchen oder die eigene Abberufung als Geschäftsführer (Baumbach/Hueck/*Zöllner* § 47 Rn. 60). Das gilt auch für die Stimmrechtsausübung juristischer Personen durch ihre Organe (s. o. Rdn. 23). Vorstandsmitglieder können sich daher nicht selbst zum Geschäftsführer der Tochtergesellschaft bestellen, wenn sie von den Beschränkungen des § 181 BGB nicht befreit sind. Außerdem gehören nach der h. M. in der Literatur auch Maßnahmen dazu, die die Grundlagen der Gesellschaft betreffen, so z. B. Änderungen des Gesellschaftsvertrages, Zustimmung zu einem Gesellschafterwechsel, Abschluss und Aufhebung von Unternehmensverträgen aufseiten der abhängigen Gesellschaft oder die Auflösung der Gesellschaft. Nach dieser Auffassung kommt hierbei die Vertretung zweier Gesellschafter durch einen Vertreter bzw. die Vertretung eines Gesellschafters durch seinen Mitgesellschafter nicht in Betracht. Diese Auffassung entspricht zwar nicht dem Wortlaut des § 181 BGB, da die Stimmabgabe jedenfalls im Grundsatz gegenüber der Gesellschaft erfolgt und nicht gegenüber dem Mitgesellschafter. Doch das am Wortlaut der Vorschrift orientierte Verständnis ist einem stärker teleologisch ausgeprägten Verständnis des § 181 BGB gewichen. Das ist auch richtig, denn die genannten Beschlüsse führen jeweils zu Vertragsabschlüssen bzw. zu Änderungen des zwischen den Vertretenen bestehenden Gesellschaftsvertrages.

29 An eine nach der h. M. grundsätzlich mögliche Auslegung der Erteilung der Vollmacht als gleichzeitige stillschweigende Befreiung des Vertreters von den Beschränkungen des § 181 BGB sind in Abhängigkeit von der Stärke des Interessenkonflikts und der Allgemeingültigkeit der Vollmacht hohe Anforderungen zu stellen (E/F/S/*B. Schmidt* § 47 Rn. 22).

E. Stimmrechtsausübung bei Personenmehrheiten

30 Bei in **Gütergemeinschaft** lebenden Ehegatten stimmt der verwaltende Ehegatte allein ab, bei gemeinschaftlicher Verwaltung beide gemeinsam, § 1421 BGB. Das gilt selbstverständlich nur, wenn der Geschäftsanteil zum Gesamtgut gehört. Im Fall der **Erbengemeinschaft** oder der **Bruchteilsgemeinschaft** steht das Stimmrecht allen gemeinsam zu (vgl. auch BGHZ 108, 21, 31 f.). Nach dem Prinzip des § 18 Abs. 1 GmbHG kann bei mehreren Mitberechtigten gemeinsam zustehenden Geschäftsanteilen das Stimmrecht gleichwohl nur einheitlich ausgeübt werden. In diesen Fällen müssen daher die Berechtigten rechtzeitig für Bevollmächtigung eines gemeinsamen Vertreters

und den Nachweis seiner Bevollmächtigung sorgen. Zur Schaffung einer eindeutigen Regelung empfiehlt sich die Aufnahme einer **Regelung in den Gesellschaftsvertrag**, nach der das Stimmrecht jeweils nur durch eine Person als Vertreter mehrerer Gesamtberechtigter oder Vertretungsberechtigter zulässig ist.

F. Stimmverbote, Abs. 4

I. Allgemeines

In Abs. 4 sieht der Gesetzgeber in **vier typischen Konfliktfällen** zwischen Eigeninteresse des Gesellschafters und Gesellschaftsinteresse ein Stimmverbot für den betroffenen Gesellschafter vor. Ziel der Vorschrift ist der Schutz des Gesellschaftsvermögens bzw. des Gesellschaftsinteresses zugunsten der Gesamtheit der Gesellschafter vor außerhalb der Gesellschaft stehenden Sonderinteressen einzelner Gesellschafter durch Ausschluss von Fällen des »Richtens in eigener Sache« (BGHZ 9, 157, 178) und von Insichgeschäften. Das Stimmverbot besteht hingegen nicht zugunsten der Gesellschaftsgläubiger (BGH ZIP 2013, 1508). Mit dieser Begründung scheidet ein Stimmverbot in der Einmann-GmbH grundsätzlich aus, weil dort ein solcher Interessengegensatz zwischen Einzelgesellschafter und Gesellschaftergesamtheit nicht besteht. Eine Ausdehnung des Anwendungsbereiches der Vorschrift kommt schon aus Gründen der Rechtssicherheit lediglich in Fällen in Betracht, in denen ein gleich gelagerter Interessenkonflikt vorliegt (BGHZ 97, 28, 33). Eine Ausdehnung auf einem Gesellschafter persönlich oder rechtliche nahe stehende Personen findet nicht statt (BGH DB 2003, 494, 496). Auch für Geschäfte des Alleingesellschafters (BGHZ 105, 324, 333) und bei einer sich auf alle Gesellschafter erstreckenden, gleichmäßigen Konfliktlage gelten die Stimmverbote nicht. Bei sog. körperschaftlichen Organisations- oder Sozialakten scheidet nach der ständigen Rechtsprechung des BGH ein Stimmverbot generell aus. Der BGH qualifiziert sowohl den Abschluss (BGH NJW 1989, 295) als auch die Kündigung eines Beherrschungs- und Gewinnabführungsvertrages als derartigen Organisationsakt, da primär gesellschafterliche Mitverwaltungsrechte, nicht verbandsfremde Sonderinteressen berührt sind (BGH ZIP 2011, 1465; vgl. zum Ganzen auch *Theiselmann* BB 2011, 2819, 2822). Ein Stimmverbot des Veräußerers eines Geschäftsanteils gilt nur dann für den Erwerber des Geschäftsanteils fort, wenn die Abtretung der Umgehung des Stimmverbots dient (BGH NZG 2008, 783, 784; im Anschluss an BGH NJW 1976, 713). 31

Für juristische Personen gelten die Stimmverbote, wenn eines ihrer Mitglieder, dessen wirtschaftliche Interessen mit denen der juristischen Person gleichzusetzen sind, betroffen ist.

Die Stimmverbote des Abs. 4 gelten auch im **Konzern**, ein Konzernprivileg wird von der Rechtsprechung nicht anerkannt (BGH NJW 1973, 1039, 1041). Das Stimmverbot erfasst auch Abstimmungen in **anderen Organen** der Gesellschaft, z. B. in einem Aufsichtsrat, in dem der Gesellschafter vertreten ist (Lutter/Hommelhoff/*Bayer* GmbHG, § 47 Rn. 29 und Rn. 35 ff.). 32

Ein Verstoß gegen das Stimmverbot nach Abs. 4 führt zur **Nichtigkeit der Stimmabgabe**. Die Stimme darf bei der Beschlussfeststellung nicht berücksichtigt werden (OLG Düsseldorf DB 2000, 1956, 1957). Die Gültigkeit des Beschlusses bleibt aber unberührt, wenn das Abstimmungsergebnis durch die Nichtberücksichtigung der nichtigen Stimmabgabe unverändert bleibt (E/F/S/*B. Schmidt* § 47 Rn. 30). In der unter Verletzung des Stimmverbotes erfolgenden Stimmabgabe liegt zugleich eine Verletzung der gesellschafterlichen Treuepflicht mit der Möglichkeit daraus folgender, u. U. auch deliktischer Schadensersatzverpflichtungen. Das Recht des Gesellschafters zur **Teilnahme** an der Gesellschafterversammlung bleibt von dem Stimmverbot unberührt. Auch unterliegt ein satzungsgemäß zum Versammlungsleiter in der Gesellschafterversammlung berufener Gesellschafter bei der Abstimmung über den Antrag, ihm die Versammlungsleitung im Hinblick auf einen Interessenkonflikt zu entziehen, keinem Stimmverbot nach Abs. 4 im Hinblick auf diesen Interessenkonflikt, da es sich um eine (Vor-)Frage der Versammlungsleitung handele, bei der weder ein Interessenkonflikt noch »ein Richten in eigener Sache« vorlägen (BGH ZIP 2010, 1640). 33

II. Die Stimmverbote im Einzelnen

1. Entlastung des Gesellschaftergeschäftsführers, Abs. 4 Satz 1, 1. Alt.

34 Das Stimmverbot nach Abs. 4 Satz 1, 1. Alt. soll verhindern, dass der Gesellschafter bei der Beschlussfassung über die eigene Entlastung als »**Richter in eigener Sache**« sein eigenes Wirken als Geschäftsführer, Liquidator oder Mitglied eines Aufsichtsrates, eines Beirates oder eines anderen Gesellschaftsorgans beurteilt. Dieses Stimmverbot findet auf alle Beschlüsse, die eine Billigung oder Missbilligung von Gesellschafterverhalten, so insbesondere die Einziehung seines Geschäftsanteils, seine Abberufung als Geschäftsführer (BGHZ 86, 177, 178), die außerordentliche Kündigung seines Anstellungsvertrages (BGH NJW 1987, 1889) oder die rechtlichen Folgen seiner Pflichtverletzungen (OLG Düsseldorf DB 2000, 1956, 1957) zum Gegenstand haben. Bezieht sich der Vorwurf auf mit anderen Geschäftsführern gemeinsam begangenen Pflichtverletzungen bezieht sich das Stimmverbot zusätzlich auf die Beschlussfassung betreffend die Entlastung der an der behaupteten Pflichtverletzung Beteiligten, da nur eine einheitliche Bewertung möglich ist (BGHZ 108, 21, 25).

2. Befreiung von einer Verbindlichkeit, Abs. 4 Satz 1, 2. Alt.

35 Unabhängig vom Rechtsgrund, vom Inhalt und vom Zusammenhang der Befreiung von einer Verbindlichkeit unterliegt der Gesellschafter bei der Beschlussfassung in jedem Fall einem Stimmverbot. Ist für die Verbindlichkeit durch einen Mitgesellschafter eine Bürgschaft bestellt worden, so unterliegt auch dieser wegen der unmittelbar wirkenden Akzessorietät zwischen Hauptschuld und Bürgschaft einem Stimmverbot. Abs. 4 Satz 1, 2. Alt. erfasst auch Beschlussfassungen über die **Geltendmachung von Forderungen**, da eine negative Sachentscheidung einer Befreiung von einer Verbindlichkeit zumindest nahekommt. Insbesondere ist auch jede dem Schuldner zugutekommende »**Lockerung**« einer Verbindlichkeit z. B. durch Stundung oder Zinslosstellung von Abs. 4 Satz 1, 2. Alt. erfasst (vgl. Lutter/Hommelhoff/*Bayer* GmbHG, § 47 Rn. 41). Er unterliegt bei den entsprechenden Beschlussfassungen einem Stimmverbot.

3. Rechtsgeschäfte mit einem Gesellschafter, Abs. 4 Satz 2, 1. Alt.

36 Auch bei der Vornahme eines Rechtsgeschäfts durch die Gesellschaft mit einem ihrer Gesellschafter hat dieser kein Stimmrecht. Erfasst sind einseitige Rechtsgeschäfte (z. B. Ausübung von Gestaltungsrechten, Genehmigungen etc.) zwei- und mehrseitige Rechtsgeschäfte (z. B. Verträge) sowie rechtsgeschäftsähnliche Handlungen (z. B. Mahnungen, Mängelanzeigen). Nicht betroffen sind hingegen grundsätzlich Beschlüsse über **innere Angelegenheiten** der Gesellschaft, auch wenn sie den persönlichen Rechtskreis des Gesellschafters betreffen, da der Gesellschafter insoweit nur seine gesellschafterlichen Verwaltungsrechte wahrnimmt (BGH NJW 1991, 172, 173). Erfasst sind hingegen auch **Vorbereitungshandlungen** zur Vornahme von entsprechenden Rechtsgeschäften gegenüber Gesellschaftern wie z. B. eine entsprechende Weisung, Beauftragung oder Ermächtigung an den Geschäftsführer, sowie Rechtsgeschäfte, die dem Gesellschafter nur mittelbar zugutekommen wie die Stellung einer Sicherheit zugunsten eines Vertragspartners des Gesellschafters, ohne dass es zu einem unmittelbaren Rechtsgeschäft mit dem Gesellschafter kommt (E/F/S/*B. Schmidt* § 47 Rn. 38). Ebenso genügt die nur mittelbare Beteiligung des Gesellschafters an einem Rechtsgeschäft, etwa über einen Treuhänder (BGHZ 56, 47, 53). Ist ein Gesellschafter auch Gesellschafter des Vertragspartners, so gilt das Stimmverbot nur dann, wenn die wirtschaftliche Verbindung so stark ist, dass das persönliche Interesse des Gesellschafters mit dem des Unternehmens, das Vertragspartner ist, praktisch identisch ist (BGHZ 56, 47, 53).

4. Rechtsstreitigkeiten mit einem Gesellschafter, Abs. 4 Satz 2, 2. Alt.

37 Sowohl bei der Einleitung als auch bei der **Erledigung** eines Rechtsstreits gegen einen Gesellschafter ist das Stimmrecht des betroffenen Gesellschafters ausgeschlossen. Zu den Rechtsstreitigkeiten im Sinne dieser Vorschrift gehören Klageverfahren aller Art, Mahnverfahren, Verfahren des einstweiligen Rechtsschutzes und Zwangsvollstreckungsverfahren sowie ein Verfahren vorbereitende Hand-

lungen (BGH NJW 1991, 172, 173). Auch die Beteiligung der Gesellschaft an Verfahren im Wege der Nebenintervention oder der Streitverkündung gehören dazu, und zwar unabhängig davon, ob der Gesellschafter auf der Seite des Prozessgegners steht, denn in diesem Fall ist die Entscheidung eine Entscheidung gegen den Beitritt aufseiten des Prozessgegners des Gesellschafters (E/F/S/*B. Schmidt* § 47 Rn. 40). Nicht erfasst hingegen ist die Beschlussfassung betreffend eine außergerichtliche Geltendmachung von Forderungen gegenüber Gesellschaftern.

G. Dispositivität der gesetzlichen Regelungen zur Beschlussfassung

Durch den Gesellschaftsvertrag kann von den in § 47 GmbHG für die Beschlussfassung vorgesehenen Regelungen in vielfältiger Weise abgewichen werden. Nur einige wenige **zentrale Grundsätze** sind stets zu beachten. Dazu zählt grundsätzlich insbesondere das **Mehrheitsprinzip**. Stichentscheid und Zulassung der relativen Mehrheit bei Wahlen für die Besetzung der Organe sind aber möglich. Hingegen ist eine Ersetzung des Mehrheitsprinzips durch das Prinzip der Einstimmigkeit mit wenigen Ausnahmen (z.B. Abberufung eines Geschäftsführers aus wichtigem Grund) grundsätzlich zulässig. Auch kommen die Statuierung zusätzlicher Stimmverbote sowie die Schaffung stimmrechtsloser Geschäftsanteile in Betracht. Eine **Abmilderung der Stimmverbote** nach § 47 Abs. 4 GmbHG durch den Gesellschaftsvertrag hingegen kommt nach der h. M. nur bezüglich der Vornahme von Rechtsgeschäften mit den Gesellschaftern (Satz 2, 2. Alt.) in Betracht (BGH DStR 1994, 869).

38

H. Fehlerhafte Gesellschafterbeschlüsse

Auf fehlerhafte Gesellschafterbeschlüsse finden grundsätzlich die **aktienrechtlichen Vorschriften** über die **Anfechtbarkeit** und die **Nichtigkeit** von Hauptversammlungsbeschlüssen in den §§ 241 ff. AktG Anwendung (BGHZ 51, 209, 210; vgl. insoweit auch die ausführliche Kommentierung der §§ 241 ff. AktG [für die AG], sowie Kap. 5 Rdn. 351 ff.). Anderes gilt nur, soweit Besonderheiten der GmbH Abweichungen erfordern. Auch für das Recht der GmbH gilt also die Unterscheidung nach Nichtigkeit und lediglich möglicher Anfechtbarkeit von Beschlüssen. Anfechtbare Gesellschafterbeschlüsse sind demnach durch Erhebung der Anfechtungsklage nachträglich vernichtbar. Hingegen ist die Bildung einer Sonderkategorie von Schein- oder Nichtbeschlüssen außerhalb des analog anzuwendenden Systems der aktienrechtlichen Vorschriften zu Beschlussmängeln durch eine ältere Rechtsprechung des BGH (BGHZ 11, 231, 236) und nach der heute h. M. überflüssig, da solche Beschlüsse sich ganz regelmäßig bereits durch die analoge Anwendung der §§ 241 ff. AktG als nichtig erweisen (Baumbach/Hueck/*Zöllner* § 47 Rn. 25 ff.). Das **Freigabeverfahren** nach § 246a HGB findet auf die GmbH keine analoge Anwendung (so zuletzt KG NZG 2011, 1068). Eine entsprechende Entscheidung könne nicht durch die Rechtsprechung, sondern nur durch den Gesetzgeber getroffen werden.

39

Die analog anzuwendenden Regelungen über Nichtigkeit und Anfechtbarkeit gelten für Beschlüsse **anderer Gesellschaftsorgane** als der Gesellschafterversammlung nur, wenn es sich um Beschlüsse im Bereich von auf das andere Gesellschaftsorgan durch den Gesellschaftsvertrag übertragenen Kompetenzen handelt (BGHZ 43, 261, 265). Hingegen gelten für **Beschlüsse eines Aufsichtsrates** aufgrund eigener gesetzlicher Zuständigkeit sowie für Beschlüsse der Geschäftsführung die allgemeinen Regeln (OLG Frankfurt am Main BB 2003, 1975, 1976).

40

I. Nichtige Gesellschafterbeschlüsse

Rechtsfolge besonders schwerwiegender Mängel von Beschlüssen ist deren Nichtigkeit, die gegenüber jedermann ohne gerichtliche Feststellung wirkt (vgl. § 241 AktG Rdn. 4 [für die AG]; vgl. zu den Nichtigkeitsgründen außerdem auch Kap. 5 Rdn. 353 ff.). Die Behandlung von Nichtigkeitsgründen in den §§ 241 ff. AktG ist nach h. M. abschließend und zwingend, sodass sie einer Regelung in der Satzung im Sinne einer Ausdehnung oder Begrenzung nicht zugänglich ist (Lutter/Hommelhoff/*Bayer* GmbHG, Anh. § 47 Rn. 9). Mit §§ 57j Satz 2 und 57n Abs. 2 Satz 4 GmbHG

41

finden sich aber auch im GmbHG ausdrücklich geregelte Fälle der Nichtigkeit von Gesellschafterbeschlüssen (s. dazu jeweils die dortige Kommentierung sowie Kap. 5 Rdn. 353).

42 Regelt ein Beschluss mehrere Fragen oder mehrere Aspekte einer Frage gleichzeitig, so ist in analoger Anwendung des § 139 BGB zu beurteilen, ob die Nichtigkeit den Beschluss insgesamt oder nur einzelne Teile des Beschlusses erfasst. Dabei gilt gem. § 139 BGB zunächst der gesamte Beschluss als unwirksam, es sei denn, es ist anzunehmen, der Beschluss wäre auch ohne den »primär nichtigen« Teil gefasst worden. Dafür muss der Beschluss inhaltlich in dem Sinne teilbar sein, dass der wirksam bleibende Teil des Beschlusses auch allein eine sinnvolle Regelung darstellt und dass die Gesellschafter bei Kenntnis der Wirksamkeit nur dieses Teils diese Teilregelung so getroffen hätten (BGH NJW 1996, 2087, 2088). Bilden mehrere Beschlüsse gemeinsam ein Regelwerk, so findet § 139 BGB darauf ebenfalls Anwendung (vgl. etwa BGHZ 112, 376, 378; vgl. hierzu auch Kap. 5 Rdn. 374).

II. Die Nichtigkeitsgründe im Einzelnen Vgl. zu den Nichtigkeitsgründen im Einzelnen auch § 241 AktG Rdn. 9 ff. (für die AG) sowie Kap. 5 Rdn. 353 ff.

1. Einberufungsmängel, § 241 Nr. 1 AktG analog

43 Nichtig sind Gesellschafterbeschlüsse, die in Gesellschafterversammlungen gefasst wurden, deren Einberufung unter Verstoß gegen Vorschriften über die Einberufung erfolgt war. Dabei kommt es auf die Relevanz des Mangels für das Beschlussergebnis nicht an. Als Einberufungsmängel mit der Rechtsfolge der Nichtigkeit kommen in Betracht: **Fehlen der Einberufung** gegenüber allen oder einzelnen Gesellschaftern; Einberufung durch einen Unbefugten; Einberufung nach § 50 Abs. 1 und Abs. 3 Satz 1 GmbHG trotz Fehlens der dort formulierten Voraussetzungen; Aufforderung zur Stimmabgabe im schriftlichen Verfahren durch einen Unbefugten oder nicht gegenüber allen Gesellschaftern; falsche oder fehlende Ortsangabe oder Datumsangabe (vgl. auch § 241 AktG Rdn. 10 ff. für die AG).

44 Widerspricht auf einer Vollversammlung kein Gesellschafter der Beschlussfassung trotz des Einberufungsmangels, liegt ein Beschlussmangel nicht vor (BGHZ 100, 264, 269; BGHZ 36, 207, 211). Darüber hinaus gilt, dass Einberufungsmängel von **nicht betroffenen Gesellschaftern** nicht gegen den Willen der betroffenen Gesellschafter geltend gemacht werden können. Ein nur einzelne Gesellschafter betreffender Einberufungsmangel kann daher durch deren Ladungs- oder Rügeverzicht auch ohne Vollversammlung, ggf. auch im Wege der Genehmigung des Beschlusses (§ 242 Abs. 2 Satz 4 AktG analog), beseitigt werden.

2. Beurkundungsmängel, § 241 Nr. 2 AktG analog

45 Die Nichtbeachtung des gesetzlichen Erfordernisses notarieller Beurkundung (z. B. bei Änderungen des Gesellschaftsvertrages gem. § 53 Abs. 2 GmbHG, bei Kapitalmaßnahmen und bei Umwandlungen nach dem UmwG) führt zur **Nichtigkeit** des jeweiligen Beschlusses. Das gilt hingegen nicht für das Erfordernis der Aufnahme einer Niederschrift nach § 48 Abs. 3 GmbHG sowie für vom Gesellschaftsvertrag angeordnete Beurkundungs-, Protokollierungs- und Niederschriftspflichten (Lutter/Hommelhoff/*Bayer* GmbHG, Anh. § 47 Rn. 15; vgl. auch § 241 AktG Rdn. 13 für die AG).

3. Inhaltsmängel, § 241 Nr. 3 AktG analog

46 Beschlüsse, die die Struktur der GmbH als Kapitalgesellschaft und ihre spezifische Einordnung in das System der Kapitalgesellschaften berühren würden (z. B. Eingriffe in die Zuständigkeiten der Geschäftsführer mit der Folge einer völligen Aushöhlung ihrer gesetzlich vorgesehenen Rolle innerhalb der Gesellschaft oder die Wegnahme von den Gesellschaftern nicht entziehbaren Verwaltungs- oder Minderheitsrechten), sind nach § 241 Nr. 3, 1. Alt. AktG analog nichtig (mit Beispielen Lutter/Hommelhoff/Bayer GmbHG, Anh. § 47 Rn. 16 ff.). Grundsätzlich ist die Bedeutung von § 241 Nr. 3, 1. Alt. AktG analog im Recht der GmbH aber sehr gering, da die in Betracht kommenden Fälle durch den Katalog des § 241 AktG meist direkt und ausdrücklich erfasst sind.

Zu den Vorschriften, die ausschließlich oder überwiegend zum Schutz der Gesellschaftsgläubiger oder sonst im öffentlichen Interesse gegeben sind, sind insbesondere die folgenden Vorschriften des GmbHG zu zählen: Regelungen über die Firma (§ 4 GmbHG) und die Kapitalaufbringung und -erhaltung (§ 5 Abs. 1 und Abs. 3 Satz 2, § 9, § 19 Abs. 2 und Abs. 3, §§ 21 bis 24, §§ 30 bis 33, § 55 Abs. 4, § 58 GmbHG). Im öffentlichen Interesse bestehen weiterhin die Strafvorschriften der §§ 82 ff. GmbHG und darüber hinaus außerhalb des GmbHG insbesondere zwingende Vorschriften der Mitbestimmungsgesetze (BGHZ 89, 48, 50) und des Gesetzes gegen Wettbewerbsbeschränkungen (vgl. auch § 241 AktG Rdn. 15 ff. für die AG). 47

Bei **Beschlussmängeln** nach § 241 Nr. 3 AktG analog kommt es allein auf einen Verstoß gegen den Inhalt der erfassten Vorschriften an; bloße Verfahrensverstöße haben nicht die Nichtigkeit zur Folge. 48

4. Inhaltsmängel durch Verstoß gegen die guten Sitten, § 241 Nr. 4 AktG analog

Ein Verstoß gegen die guten Sitten, aus dem die Nichtigkeit des betreffenden Beschlusses folgt, muss sich wie in den Fällen des § 241 Nr. 3 AktG analog stets auf den allein betrachteten Inhalt des Beschlusses beziehen, nicht hingegen auf Zweck oder Art seines Zustandekommens (BGHZ 15, 382, 285). Demnach sind Beschlüsse, die nach Beweggrund, Zweck oder Art des Zustandekommens gegen die guten Sitten verstoßen, nur anfechtbar (BGHZ 116, 359, 374). Das ist bei § 138 BGB anders. 49

Anderes aber gilt auch bei § 241 Nr. 4 AktG analog dann, wenn der Beschluss in unverzichtbare Rechte eines Gesellschafters eingreift, Gläubiger oder andere in sittenwidriger Weise schädigt, ohne dass diese die Möglichkeit zur Anfechtbarkeit von Beschlüssen haben (vgl. auch § 241 AktG Rdn. 18 für die AG). 50

5. Nichtigkeit durch Urteil nach Anfechtung, § 241 Nr. 5 AktG analog

Wird einer Anfechtungsklage rechtskräftig stattgegeben, so ergibt sich als Rechtsfolge aus dem Urteil auch die Nichtigkeit des Beschlusses. Die Wirkung der Nichtigkeit des Beschlusses besteht dann auch in diesen Fällen **ex tunc** (vgl. auch § 241 AktG Rdn. 19 für die AG). 51

6. Nichtigkeit aufgrund Löschung nach § 398 FamFG, § 241 Nr. 6 AktG analog

Ein Beschluss ist nichtig, wenn er von Amts wegen gem. § 398 FamFG im Handelsregister aufgrund rechtskräftiger Entscheidung gelöscht wird. Eine Löschung von Amts wegen kommt gem. § 395 FamFG dann in Betracht, wenn der Beschluss durch seinen Inhalt zwingende gesetzliche Vorschriften verletzt und seine Beseitigung im öffentlichen Interesse erforderlich erscheint (§ 398 FamFG). Auf die Bedeutung der Eintragung in das Handelsregister für die Wirksamkeit des Beschlusses i. S. konstitutiver oder nur deklaratorischer Wirkung kommt es dabei nach h. M. nicht an, da das Gesetz keine Unterscheidung trifft (E/F/S/*B. Schmidt* § 47 Rn. 59). Die zeitliche Begrenzung des § 242 Abs. 2 Satz 1 AktG analog gilt für Löschungen von Amts wegen nach § 398 FamFG gem. § 242 Abs. 2 Satz 3 AktG analog nicht (vgl. auch § 241 AktG Rdn. 20 ff. für die AG). 52

7. Nichtigkeit des festgestellten Jahresabschlusses, § 256 AktG analog

Die Nichtigkeit eines festgestellten Jahresabschlusses ergibt sich in analoger Anwendung des § 256 AktG auch durch Verstöße gegen **gläubigerschützende Vorschriften** (§ 256 Abs. 1 Nr. 1 AktG analog) wie z. B. durch die Nichtvornahme der Aufstellung eines Anhangs, die Nichtvornahme einer gesetzlich vorgeschriebenen Abschlussprüfung (§ 256 Abs. 1 Nr. 2 AktG analog), die Vornahme der Abschlussprüfung durch nicht bestellte oder den Anforderungen des Art. 25 EGHGB nicht entsprechende Personen (§ 256 Abs. 1 Nr. 3 AktG analog) und die Verletzung von Vorschriften von Gesetz oder Gesellschaftsvertrag betreffend die Einstellung von Beträgen in oder die Entnahme von Beträgen aus Kapital- oder Gewinnrücklagen (§ 256 Abs. 1 Nr. 4 AktG analog) sowie bei Verstößen gegen die Gliederung des Jahresabschlusses, soweit dadurch Klarheit und Übersichtlichkeit 53 des Jahresabschlusses beeinträchtigt werden (§ 256 Abs. 4 AktG analog). § 256 Abs. 5 AktG analog ordnet die Nichtigkeit schließlich unter bestimmten Voraussetzungen im Fall des Vorliegens von Unter- oder Überbewertungen an. Zu beachten ist auch § 256 Abs. 3 AktG analog. Von der Nichtigkeit des Beschlusses betreffend die Feststellung des Jahresabschlusses ist auch der Beschluss über die Verwendung des Jahresergebnisses umfasst, § 253 AktG analog (vgl. auch ausführl. § 256 AktG für die AG sowie Kap. 5 Rdn. 361, 370).

8. Nichtigkeit der Wahlen zum Aufsichtsrat, § 250 AktG analog

a) Fakultativer Aufsichtsrat

54 Bei der Beurteilung der Nichtigkeit von Wahlen zum Aufsichtsrat ist zwischen den Wahlen zu einem fakultativen Aufsichtsrat und den Wahlen zu einem obligatorischen Aufsichtsrat zu unterscheiden. Im Fall des fakultativen Aufsichtsrates kommt die analoge Anwendung von §§ 250 Abs. 1 Nr. 4, 100 AktG in Betracht, wenn das gewählte Mitglied des Aufsichtsrates bei Beginn seiner Amtszeit nicht eine natürliche, unbeschränkt geschäftsfähige Person ist (E/F/S/*B. Schmidt* § 47 Rn. 62). Da § 250 AktG den § 105 AktG nicht erwähnt, führt ein Verstoß gegen die in § 105 AktG formulierten Voraussetzungen nicht zur Nichtigkeit der Wahl. Außerdem verweist § 250 AktG auf die Nichtigkeitsgründe des § 241 Nr. 1 und 5 AktG, die ebenfalls auf die Wahl von Mitgliedern eines fakultativen Aufsichtsrates Anwendung finden, während die analoge Anwendung des § 241 Nr. 2 AktG schon deswegen nicht in Betracht kommt, da eine notarielle Beurkundung der Wahl gar nicht stattfindet (E/F/S/*B. Schmidt* § 47 Rn. 62; vgl. auch ausführl. § 250 AktG für die AG).

b) Obligatorischer Aufsichtsrat

55 Bei der Wahl von Mitgliedern eines obligatorischen Aufsichtsrates kommen daneben über die Verweisungsnormen der mitbestimmungsrechtlichen Vorschriften (z. B. § 1 Abs. 1 Nr. 3 DrittelbG, §§ 1 Abs. 1, 25 Abs. 1 Nr. 2 MitbestG) weitere Nichtigkeitsgründe hinzu, so insbesondere die Überschreitung der gesetzlich festgelegten Höchstzahl von Aufsichtsratsmitgliedern (§§ 250 Abs. 1 Nr. 3 i. V. m. 95 AktG analog), Überschreitung der Höchstzahl von Aufsichtsratsmandaten (§§ 250 Abs. 1 Nr. 4, 100 Abs. 2 Nr. 2 und 3 AktG analog), Verstoß gegen andere Regeln betreffend die Zusammensetzung des Aufsichtsrates (§§ 250 Abs. 1 Nr. 4 AktG, 96 Abs. 2, 97 Abs. 2 Satz 1, 98 Abs. 4 AktG analog). § 250 Abs. 1 Nr. 2 AktG findet nur bei Aufsichtsräten Anwendung, die nach dem MontanMitbestG gebildet worden sind (vgl. auch Kap. 5 Rdn. 360).

III. Rechtsfolgen, Heilung und Geltendmachung der Nichtigkeit (Nichtigkeitsklage)

1. Rechtsfolgen

56 Nichtige Gesellschafterbeschlüsse sind **rechtlich unwirksam**, sie entfalten daher keinerlei Rechtswirkung. Die rechtliche Unwirksamkeit ist von jedermann zu beachten, insbesondere auch von dem Geschäftsführer, der nichtige Beschlüsse nicht ausführen darf, und vom Registergericht, das nichtige Beschlüsse nicht in das Handelsregister eintragen darf.

2. Heilung

57 Die Heilung eines nichtigen Beschlusses kommt grundsätzlich nur bei Beschlüssen in Betracht, die in das Handelsregister einzutragen sind (E/F/S/*B. Schmidt* § 47 Rn. 66; vgl. Kap. 5 Rdn. 368 f.). Die Heilung führt zur **Unbegründetheit einer Nichtigkeitsklage**, die Möglichkeit zur Löschung von Amts wegen gem. § 398 FamFG bleibt unberührt (§ 242 Abs. 2 Satz 3 AktG analog; vgl. auch Kap. 5 Rdn. 371).

58 Ergibt sich die Nichtigkeit aus einem Verstoß gegen § 241 Nr. 2 AktG analog, also aus der fehlenden oder mangelbehafteten notariellen Beurkundung des Beschlusses (s. o. Rdn. 45), genügt für die Heilung bereits die Eintragung in das Handelsregister selbst (§ 242 Abs. 1 AktG analog; vgl. ausführl. die Kommentierung zu § 242 AktG für die AG, sowie Kap. 5 Rdn. 369). Bei Verstößen

gegen § 241 Nr. 1, Nr. 3 und Nr. 4 AktG, also im Fall von Verstößen gegen Vorschriften betreffend die Einberufung der Gesellschafterversammlung, bei Verstößen gegen das Wesen der Gesellschaft, gegen Gläubigerschutzvorschriften oder gegen im öffentlichen Interesse bestehende Vorschriften sowie bei inhaltlichen Verstößen gegen die guten Sitten tritt Heilung erst mit dem Ablauf von 3 Jahren nach Eintragung des nichtigen Beschlusses in das Handelsregister ein (BGHZ 80, 212, 217). Bei Verstößen gegen § 121 Abs. 4 AktG analog (Ladungsmängel) und der daraus resultierenden Nichtigkeit des Beschlusses nach § 241 Nr. 1 AktG analog kommt alternativ die **Heilung durch Genehmigung** des betroffenen, also nicht geladenen Aktionärs in Betracht (vgl. – für die AG – § 242 AktG Rdn. 8).

3. Frist zur Geltendmachung der Nichtigkeit

Obwohl eine Eintragung im Handelsregister nicht erfolgt, kann gem. § 256 Abs. 6 AktG analog die Nichtigkeit von Jahresabschlussfeststellungs- und Ergebnisverwendungsbeschlüssen bereits dann nicht mehr geltend gemacht werden, wenn 6 Monate bzw. 3 Jahre seit Bekanntmachung im Bundesanzeiger verstrichen sind (E/F/S/*B. Schmidt* § 47 Rn. 66).

59

4. Bestätigungs- oder Genehmigungsbeschluss

Sog. Bestätigungs- oder auch Genehmigungsbeschlüsse gelten als **Neuvornahme** des jeweiligen nichtigen Beschlusses, sie wirken daher nur ex nunc (§ 141 BGB analog).

60

5. Nichtigkeitsklage, § 249 AktG analog Vgl. zur Nichtigkeitsklage auch ausführl. Kap. 5 Rdn. 447 ff. sowie (für die AG) §§ 249, 250 AktG.

a) Klagebefugnis

Die Nichtigkeitsklage gem. § 249 AktG analog ist ein spezieller Rechtsbehelf zur Geltendmachung der Nichtigkeit eines Gesellschafterbeschlusses. Zur Erhebung einer Nichtigkeitsklage sind analog § 249 Abs. 1 Satz 1 AktG die Gesellschafter, jeder Geschäftsführer und auch die Mitglieder sowohl eines fakultativen als auch eines obligatorischen Aufsichtsrates berechtigt. Darüber hinaus kann im Hinblick auf Beschlüsse betreffend die Wahl zum obligatorischen Aufsichtsrat auch durch Betriebsräte und durch die im Unternehmen vertretenen Gewerkschaften einschließlich deren Spitzenorganisationen Nichtigkeitsklage erhoben werden (§ 250 Abs. 2 AktG analog). Besteht die Klageberechtigung für eine Nichtigkeitsklage, fehlt es für die Erhebung einer allgemeinen Feststellungsklage gem. § 256 ZPO an dem erforderlichen Feststellungsinteresse (BGHZ 70, 384, 388). Im Fall der Veräußerung eines Geschäftsanteils geht die Klageberechtigung erst im Zeitpunkt der ordnungsgemäßen Anmeldung des Erwerbs bei der Gesellschaft gem. § 16 Abs. 1 GmbHG auf den Erwerber über. Die Übertragung bleibt auf einen bereits anhängigen Prozess ohne Wirkung (§ 265 Abs. 2 ZPO; vgl. BGHZ 43, 261, 268).

61

b) Beklagter

Die Klage ist **gegen die Gesellschaft** zu richten, die stets durch ihre Geschäftsführer vertreten wird. § 246 Abs. 2 Satz 2 AktG findet keine analoge Anwendung (E/F/S/*B. Schmidt* § 47 Rn. 75).

62

c) Frist, Verwirkung

Die Erhebung einer Nichtigkeitsklage ist nicht an eine bestimmte **Frist** gebunden. Eine Frist kann insbesondere auch nicht durch die Satzung statuiert werden. Die unbeschränkte Möglichkeit zur Geltendmachung von Nichtigkeitsgründen liegt im öffentlichen Interesse und steht schon daher nicht zur Disposition der Gesellschafter. In Betracht kommt allenfalls eine **Verwirkung** der Geltendmachung der Nichtigkeit im Wege der Nichtigkeitsklage in bestimmten Ausnahmefällen (vgl. etwa BGHZ 22, 101, 106).

63

d) Zuständigkeit

64 Aus § 246 Abs. 3 Satz 1 AktG analog ergibt sich die **ausschließliche Zuständigkeit** des Landgerichts, in dessen Bezirk die Gesellschaft ihren Sitz hat, aus § 95 Abs. 1 Nr. 4a GVG ergibt sich die funktionelle Zuständigkeit der **Kammer für Handelssachen** im Fall einer entsprechenden Antragstellung (§ 96 Abs. 1 GVG). Mehrere Nichtigkeitsklagen sind gem. § 249 Abs. 2 Satz 1 AktG analog zu verbinden, mehrere Kläger sind notwendige Streitgenossen gem. § 62 ZPO.

e) Darlegungs- und Beweislast

65 Die Darlegungs- und Beweislast tragen grundsätzlich für alle Tatsachen, die die Mangelhaftigkeit des Beschlusses begründen können, die Kläger (E/F/S/*B. Schmidt* § 47 Rn. 79). Im Hinblick auf die genaue Kenntnis gesellschaftsinterner Tatsachen kann die Gesellschaft allerdings eine sog. **sekundäre Darlegungslast** treffen. Für den Streitwert gilt grundsätzlich § 247 AktG analog, mit Ausnahme von § 247 Abs. 1 Satz 2 AktG (OLG Karlsruhe GmbHR 1995, 302; vom BGH bisher offengelassen).

f) Urteilswirkungen

66 Wird der Nichtigkeitsklage durch das Urteil stattgegeben, so wird mit dem Urteil die **Nichtigkeit** des angegriffenen Beschlusses festgestellt. Der Beschluss ist dann als von Anfang unwirksam anzusehen (E/F/S/*B. Schmidt* § 47 Rn. 81). Das Urteil wirkt **inter omnes**, also jedermann gegenüber (§§ 249 Abs. 1 Satz 1, 248 Abs. 1 Satz 1 AktG analog; vgl. auch die ausdrückliche Regelung in § 252 Abs. 1 AktG analog). Aus der Tragweite der gerichtlichen Entscheidung ergibt sich die Verpflichtung für die Geschäftsführer, Gesellschafter, Aufsichtsrat oder Beirat über die Nichtigkeitsklage **unverzüglich zu informieren**, um ihnen die Möglichkeit der Teilnahme am Prozess als Nebenintervenienten zu ermöglichen (BGHZ 97, 28, 31). Im Fall der Klageabweisung wirkt das Urteil ausschließlich zwischen den Prozessbeteiligten. Ein nicht beteiligter Klageberechtigter ist also nicht gehindert, die Feststellung der Nichtigkeit aus denselben Gründen ebenfalls gerichtlich geltend zu machen.

67 Sämtliche Urteile, die einer Nichtigkeitsklage, welche einen anmeldungspflichtigen Gesellschafterbeschluss zum Gegenstand hatte, stattgeben, sind vom Geschäftsführer unverzüglich **zum Handelsregister einzureichen** (§ 248 Abs. 1 Satz 2 AktG analog); war der Beschluss im Handelsregister eingetragen, muss in analoger Anwendung des § 248 Abs. 1 Satz 3 AktG auch das Nichtigkeitsurteil eingetragen werden.

IV. Anfechtbare Gesellschafterbeschlüsse

68 Aus einem Verstoß gegen Gesetz oder Satzung durch einen Gesellschafterbeschluss kann sich seine Anfechtbarkeit gem. § 243 Abs. 1 AktG analog ergeben, wenn der Verstoß selbst nicht bereits einen Nichtigkeitsgrund darstellt. Der Begriff »Gesetz« umfasst nicht nur Gesetze im formellen Sinn, sondern alle in Deutschland geltenden Rechtsvorschriften des Privatrechts und des Öffentlichen Rechts, insbesondere also auch Rechtsverordnungen, Gewohnheitsrecht, allgemeine Rechtsgedanken und Rechtsgrundsätze (Art. 2 EGBGB). Verstöße gegen reine Ordnungsvorschriften in Gesetz oder Satzung berechtigen hingegen nicht zur Anfechtung. Dabei ist es im Einzelfall eine Auslegungsfrage, ob es sich bei der betroffenen Vorschrift lediglich um eine **Ordnungsvorschrift** handelt. So ist die Verwendung des Wortes »soll« ein Hinweis auf eine solche Ordnungsvorschrift. Die Satzung kann auch ausdrücklich statuieren, dass Verstöße gegen bestimmte Vorschriften nicht zur Anfechtung berechtigen. Sie qualifiziert die entsprechenden Vorschriften damit als Ordnungsvorschriften. Dies kann sie aber nur im Hinblick auf Verstöße gegen **dispositives Gesetzesrecht**. Ohne eine entsprechende Satzungsregelung führen aber auch Verstöße gegen dispositives Gesetzesrecht zur Anfechtbarkeit des Beschlusses. Auch kann die Satzung das Anfechtungsrecht nicht grundsätzlich für alle Gesellschafter oder für bestimmte Geschäftsanteile ausschließen.

69 Weiterhin muss das **Beschlussergebnis** zunächst **verbindlich festgestellt** worden sein, sei es aufgrund der erforderlichen notariellen Beurkundung oder durch einen in der Satzung vorgesehenen

oder mit einstimmigem Beschluss gewählten Versammlungsleiter (E/F/S/*B. Schmidt* § 47 Rn. 84). Hingegen ist die **Protokollierung** des Beschlussergebnisses selbst zur Herbeiführung der vorläufigen Verbindlichkeit nicht notwendigerweise erforderlich. Das Beschlussergebnis muss darüber hinaus auch **verkündet** worden sein. Bei Einigkeit aller Gesellschafter ist die verkündete Feststellung durch den Versammlungsleiter entbehrlich, da das Beschlussergebnis dennoch sicher feststeht. Fehlt die vorläufig verbindliche Beschlussfeststellung, führt der Beschlussmangel nicht zur Anfechtbarkeit mit der Folge, dass nach Ablauf der Anfechtungsfrist der Mangel nicht mehr geltend gemacht werden kann. Es gilt dann die tatsächliche Rechtslage (A/E/S/*B. Schmidt* § 47 Rn. 84).

V. Die Anfechtungsgründe im Einzelnen

Als Anfechtungsgründe kommen Beschlussmängel sowohl im Hinblick auf das Zustandekommen des Beschlusses, also im Hinblick auf das **Verfahren**, als auch im Hinblick auf den **Inhalt** des Beschlusses in Betracht. 70

Vgl. zu den Anfechtungsgründen im Einzelnen auch § 243 AktG Rdn. 2 ff. (für die AG), sowie Kap. 5 Rdn. 376 ff.

1. Verfahrensverstöße

Als Verstöße gegen das Verfahren können insbesondere die **folgenden Mängel** zur Anfechtung berechtigen: zu kurze Ladungsfrist; Tagesordnung nicht (vollständig oder rechtzeitig oder richtig) mitgeteilt; Nichtladung teilnahmeberechtigter Personen (z. B. Mitglieder eines Beirats oder Aufsichtsrates); Nichtteilnahme des Abschlussprüfers trotz Teilnahmeverlangens eines Gesellschafters (vgl. § 42a Abs. 3 GmbHG sowie die dortige Kommentierung); unzulässiger Zeitpunkt oder Ort der Versammlung; Beschlussunfähigkeit; Anwesenheit nicht teilnahmeberechtigter Personen; Verkennung der Gültigkeit von Stimmen oder von Mehrheitserfordernissen; falsche Auszählung der Stimmen; zu Unrecht erfolgter Ausschluss vom Stimmrecht; Nichtzulassung von ordnungsgemäß Bevollmächtigten; unzureichende Informationsgewährung; unzulässige Einschränkung des Rederechts; unberechtigte Auskunftsverweigerung; Abweichung von der Tagesordnung; Behinderung einer Antragstellung (vgl. zu den Verfahrensverstößen auch § 243 AktG Rdn. 5 ff. für die AG sowie Kap. 5 Rdn. 378). 71

Trotz Vorliegens eines Verfahrensverstoßes bleibt die Wirksamkeit eines Beschlusses unberührt, wenn der gerügte Mangel für das Beschlussergebnis **nicht ursächlich** war. Grundsätzlich wird diese Ursächlichkeit vermutet (vgl. BGH NJW 1998, 1317, 1318). Die Ursächlichkeit des Verfahrensverstoßes für das Beschlussergebnis kann nur in dem Fall verneint werden, dass bei vernünftiger Beurteilung offensichtlich ist, dass der Beschluss auch ohne den Mangel zustande gekommen wäre; eine Auswirkung des Verstoßes auf das Ergebnis muss also ausgeschlossen werden können (BGHZ 149, 158, 165). Insbesondere bei stabilen Mehrheitsverhältnissen stellt sich im Hinblick auf eine Verletzung der Partizipationsrechte (also des Informations-, des Teilnahme- und des Rederechts) eines Gesellschafters die Frage nach der Ursächlichkeit des Verstoßes für das Ergebnis der Beschlussfassung. Die Rechtsprechung des BGH stellt in Fällen der **Verletzung von Partizipationsrechten** auf das Abstimmungsverhalten eines objektiv urteilenden Gesellschafters ab. Ursächlichkeit ist dann gegeben, wenn ein objektiv urteilender Aktionär z. B. bei Erteilung der vorenthaltenen Informationen dem Beschlussantrag nicht zugestimmt hätte. Die h. M. in der Literatur hingegen stellt im Sinne eines erweiterten Minderheitenschutzes auf den Schutzzweck der Verfahrensbestimmungen ab, die Interessen aller Teilnahme- und Abstimmungsberechtigten an einer sachgerechten Teilhabe bei der Willensbildung der Gesellschaft sicherzustellen, sog. **Relevanztheorie** (zur Relevanztheorie E/F/S/*B. Schmidt* § 47 Rn. 90). Die Anfechtbarkeit entfällt nur in den Fällen, in denen eine Beeinträchtigung dieser Interessen nicht eingetreten ist; auf Ursächlichkeit kommt es in diesen Fällen gar nicht an. Zumindest für Informationsmängel hat sich die höchstrichterliche Rechtsprechung dieser Meinung zwischenzeitlich angeschlossen (vgl. z. B. BGHZ 149, 158, 164 f.; vgl. hierzu auch Kap. 5 Rdn. 379 sowie – für die AG – § 243 AktG Rdn. 12). Hingegen ist beiden Auffassungen zufolge im Fall des unberechtigten Ausschlusses von der Stimmabgabe sowie bei Fehlern der Beschlussfest- 72 stellung z. B. durch (Nicht-)Berücksichtigung gültiger bzw. ungültiger Stimmen oder durch schlicht falsches Zählen eine Anfechtbarkeit nur dann gegeben, wenn ohne den Fehler das Beschlussergebnis ein anderes gewesen wäre.

73 Ein wegen eines Verfahrensverstoßes anfechtbarer Beschluss kann durch einen den Mangel beseitigenden Beschluss **bestätigt** werden (BGH NJW 2004, 1165); es entfällt dann mit der erneuten Beschlussfassung die Anfechtbarkeit des Erstbeschlusses (§ 244 Abs. 1 AktG analog). Ist bereits Anfechtungsklage erhoben worden, wird diese unbegründet und kann in der Hauptsache für erledigt erklärt werden.

2. Inhaltsmängel
Vgl. zu den Inhaltsmängeln auch § 243 AktG Rdn. 13 ff. (für die AG) sowie Kap. 5 Rdn. 378.

a) Verstoß gegen gute Sitten, Bestimmtheitsgrundsatz, Gleichbehandlungsgrundsatz

74 Für Beschlüsse, die nach Zweck oder Art und Weise des Zustandekommens gegen die **guten Sitten** oder gegen das **Bestimmtheitsgebot** verstoßen, kommt grundsätzlich Anfechtbarkeit in Betracht (BGHZ 116, 359, 374). Die Anfechtbarkeit von Beschlüssen aufgrund von Inhaltsmängeln beruht darüber hinaus in vielen Fällen auf dem Gedanken des **Minderheitenschutzes** und der Einschränkung der Mehrheitsmacht. Anfechtbarkeit ist deshalb auch gegeben, wenn ein Beschluss gegen den **Gleichbehandlungsgrundsatz** verstößt (BGHZ 116, 359, 372; vgl. auch § 14 GmbHG Rdn. 20 a. E.). Ein solcher Verstoß liegt vor, wenn die Gesellschafter durch den Beschluss objektiv ungleich behandelt werden und diese Ungleichbehandlung nicht durch einen Sachgrund zur Wahrnehmung oder Förderung von Gesellschaftsinteressen gerechtfertigt ist. Gem. § 243 Abs. 2 AktG analog ist ein Beschluss anfechtbar, der der **Verschaffung von Sondervorteilen** für einen Gesellschafter oder einen Dritten zum Schaden der Gesellschaft oder der Mitgesellschafter dient (BGH WM 1976, 1226, 1227). Dabei handelt es sich im Grunde genommen um einen gesetzlich geregelten Fall einer verbotenen Ungleichbehandlung der Gesellschafter. Ein typischer Fall ist die Gewährung von sachwidrig hohen Vergütungen für einen Gesellschaftergeschäftsführer. Aber auch Beschlüsse über die Stärkung der gesellschaftsinternen Machtposition eines Gesellschafters (z. B. nachträgliche Einführung von Höchst- und Mehrstimmrechten) oder ein Beschluss über die ungleiche Einforderung von Einlagen können aus diesem Grunde anfechtbar sein (E/F/S/*B. Schmidt* § 47 Rn. 93).

b) Verstoß gegen gesellschafterliche Treuepflicht

75 Eine mögliche Anfechtbarkeit von Beschlüssen ergibt sich schließlich auch bei Verstößen gegen die **gesellschafterliche Treuepflicht**, die die Gesellschafter ebenso zu loyalem Verhalten gegenüber der Gesellschaft und gegenüber den Mitgesellschaftern wie zur Abwendung von Schaden von der Gesellschaft und zu Beiträgen zum Wohlergehen der Gesellschaft verpflichtet (BGH NJW 1989, 26, 27). Typische Fälle sind ungerechtfertigte Entlastungsbeschlüsse, Beschlüsse über die Nichtgeltendmachung von Organhaftungsansprüchen oder Beschlüsse, die den Gesellschaftszweck missachten. Die Anfechtbarkeit beruht in diesen Fällen darauf, dass die aufgrund der Treuepflichtverletzung nichtigen Stimmen nicht mitgezählt werden dürfen. Die Nichtberücksichtigung der nichtigen Stimmen muss dann zu einem anderen Ergebnis führen, der Verstoß gegen die gesellschafterliche Treuepflicht muss also kausal geworden sein für das Beschlussergebnis (BGHZ 14, 264, 267).

3. Verstöße gegen die Satzung und sonstige Anfechtungsgründe

76 Anfechtbarkeit ist auch gegeben, wenn der Beschlussinhalt gegen Satzungsregelungen verstößt, die nicht bloße Ordnungsvorschriften sind. Wichtig sind der **Gesellschaftszweck** (i. d. R. Gewinnerzielung) und der **Unternehmensgegenstand**. Insbesondere Geschäftsführungsentscheidungen der Gesellschafter sind hieran ebenso wie am konkreten Gesellschaftsinteresse auszurichten. Zwar steht auch den Gesellschaftern in Geschäftsführungsfragen ein weites unternehmerisches Ermessen zu; dieses ist allerdings als an das Gesellschaftsinteresse gebundenes Ermessen auf Ermessensfehler hin überprüfbar. Es kann z. B. bei der Entscheidung über die Entlastung des Geschäftsführers aufgrund

dessen offensichtlich die Gesellschaft schädigenden Verhaltens bis auf Null reduziert sein mit der Folge, dass nur die Entlastungsverweigerung ermessensfehlerfrei ist. Unternehmerische Unzweckmäßigkeit von Beschlüssen allein führt aber noch nicht zur Anfechtbarkeit (E/F/S/*B. Schmidt* § 47 Rn. 98).

Die bloße Verletzung von **schuldrechtlichen Bindungen** gegenüber Dritten oder einzelnen Gesellschaftern oder von testamentarischen Verfügungen ist für sich allein genommen regelmäßig kein Anfechtungsgrund (E/F/S/*B. Schmidt* § 47 Rn. 98). Vgl. zu speziellen Anfechtungsgründen für die GmbH außerdem Kap. 5 Rdn. 381 ff.

VI. Rechtsfolgen, Heilung, Geltendmachung der Anfechtbarkeit (Anfechtungsklage)

1. Rechtsfolgen, Anfechtungsfrist

Anfechtbare Beschlüsse sind rechtlich **zunächst wirksam**; sie können nur durch ein rechtskräftiges Urteil **rückwirkend vernichtet** werden (vgl. dazu ausführl. Kap. 5 Rdn. 384). Die Geltendmachung der Anfechtbarkeit kann grundsätzlich nur durch Erhebung der Anfechtungsklage erfolgen. Die Anfechtungsklage ist **fristgebunden** (vgl. Rdn. 83 f.). Nach Ablauf der Anfechtungsfrist ohne Geltendmachung der Anfechtung wird der anfechtbare Beschluss grundsätzlich endgültig wirksam.

2. Eintragung ins Handelsregister

Anfechtbare Beschlüsse können grundsätzlich auch vor Ablauf der Anfechtungsfrist in das Handelsregister eingetragen werden. Allerdings wird der Registerrichter bei noch laufender Anfechtungsfrist das Fristende abwarten und seinerseits typischerweise eine Frist zur Erhebung der Anfechtungsklage setzen. Im Fall einer erhobenen Anfechtungsklage kann der Registerrichter das Eintragungsverfahren unter Würdigung der Erfolgsaussichten des Anfechtungsverfahrens bis zum rechtskräftigen Abschluss desselben nach § 21 Abs. 1 Satz 1 FamFG aussetzen. Nach Ablauf der Anfechtungsfrist, ohne dass eine Anfechtungsklage erhoben worden ist, ist der Beschluss in das Handelsregister einzutragen, da der Beschluss nunmehr auch gegenüber dem Gericht wirksam geworden ist. Anderes gilt nach der h. M. in Fällen von Beschlüssen, die gegen zwingendes Gesetzesrecht verstoßen, ohne nichtig zu sein (PraxisHdb GmbH-GF/*Jaeger* § 19 Rn. 126).

3. Pflicht des Geschäftsführers zur Ausführung

Der Geschäftsführer hat einen anfechtbaren Gesellschafterbeschluss nach Ablauf der Anfechtungsfrist auszuführen, denn auch ihm gegenüber ist der Beschluss endgültig wirksam geworden. Vor Ablauf der Anfechtungsfrist hingengen soll nach der h. M. der Beschluss für den Geschäftsführer nicht bindend sein. Er soll vielmehr in eigener Verantwortung und bei drohender Schadensersatzhaftung darüber entscheiden, ob er dem Beschluss folgt oder nicht. Diese Lösung verkennt allerdings sowohl die Rolle des Geschäftsführers, insbesondere eines Fremdgeschäftsführers, im Organisationsgefüge der GmbH als auch die Tatsache, dass der anfechtbare Beschluss bis zur Erhebung der Anfechtungsklage uneingeschränkt wirksam ist. Es ist vielmehr der Initiative der anfechtungsbefugten Gesellschafter zu überlassen, im Wege der Erwirkung einer **einstweiligen Verfügung** eine Ausführung des anfechtbaren Beschlusses zu verhindern. Insoweit wird man den Geschäftsführer lediglich für verpflichtet halten, mit der Beschlussdurchführung so lange abzuwarten, wie mit dem Erlass und der Zustellung einer einstweiligen Verfügung zu rechnen ist, also bis zu 2 Wochen (vgl. zum Ganzen sehr instruktiv PraxisHdb GmbH-GF/*Jaeger* § 19 Rn. 125).

4. Heilung

Beschlüsse, die aufgrund einer Verletzung von Vorschriften anfechtbar sind, die dem Schutz nur eines einzelnen Gesellschafters dienen und verzichtbar sind (z. B. individuelle Teilnahme- und Informationsrechte, Gleichbehandlungsgrundsatz), können durch ausdrücklich oder stillschweigend erteilte **Genehmigung** des betroffenen Gesellschafters geheilt werden (PraxisHdb GmbH-GF/*Jaeger* § 19 Rn. 128; vgl. auch Kap. 5 Rdn. 386). Der Anfechtungsgrund entfällt dann. Die bloße Nichtrüge einer der genannten Verletzungen beseitigt aber grundsätzlich nicht bereits den Anfechtungsgrund (PraxisHdb GmbH-GF/*Jaeger* § 19 Rn. 128). Heilung kommt gem. § 244 Satz 1 AktG analog auch durch Bestätigung des anfechtbaren Beschlusses durch einen neuen, mangelfreien Beschluss (**Bestätigungsbeschluss**) in Betracht. Eine bereits erhobene Anfechtungsklage wird unbegründet und kann in der Hauptsache für erledigt erklärt werden. Eine solche bereits anhängige Anfechtungsklage kann mit dem Klageziel, dass ein anfechtbarer Beschluss für die Zeit bis zum Bestätigungsbeschluss für nichtig erklärt wird, weiterverfolgt werden, wenn der bestätigte Beschluss Grundlage für zwischenzeitlich vorgenommene Ausführungshandlungen oder Wirksamkeitsvoraussetzung für spätere Beschlüsse geworden war.

5. Anfechtungsklage Vgl. zur Anfechtungsklage auch ausführl. Kap. 5 Rdn. 396 ff. sowie (für die AG) §§ 245, 246 AktG.

a) Klagebefugnis

82 Die Anfechtung wird im Wege der Anfechtungsklage **gem. §§ 243 ff. AktG analog** gerichtlich geltend gemacht. Das Anfechtungsrecht gehört zu den unverzichtbaren Mitgliedschaftsrechten, eine Einschränkung der gesetzlich Anfechtungsberechtigten etwa durch die Satzung ist daher nicht möglich (vgl. Kap. 5 Rdn. 392 m. w. N.). Organen oder Organmitgliedern kann es durch die Satzung zusätzlich eingeräumt werden, nicht aber Dritten (vgl. Kap. 5 Rdn. 408 f. m. w. N.). **Anfechtungsbefugt** ist jeder Gesellschafter, der im Zeitpunkt der Klageerhebung in der in das Handelsregister aufgenommenen Gesellschafterliste genannt ist, unabhängig davon, ob er in seinen eigenen Rechten verletzt ist oder nicht, und unabhängig davon, ob er zum Zeitpunkt der Beschlussfassung bereits Gesellschafter war oder nicht (vgl. dazu ausführl. Kap. 5 Rdn. 400, 403). Das Anfechtungsrecht ist nicht abspaltbar, steht also Treugebern oder beschränkt dinglich Berechtigten nicht zu. Für die Anfechtungsbefugnis gilt § 251 Abs. 2 Satz 2 AktG analog. Hingegen findet § 245 Nr. 1 bis 3 AktG keine analoge Anwendung, die Teilnahme an der Gesellschafterversammlung und ein förmlicher Widerspruch sind also nicht erforderlich (E/F/S/*B. Schmidt* § 47 Rn. 100). Auch § 245 Nr. 4 AktG findet nach der höchstrichterlichen Rechtsprechung keine analoge Anwendung (BGHZ 76, 154, 159). Hingegen wird von der wohl h. M. den Geschäftsführern in analoger Anwendung des § 245 Nr. 5 AktG eine Anfechtungsbefugnis dann eingeräumt, wenn die dem Geschäftsführer obliegende Ausführung des anfechtbaren Beschlusses eine Straftat, Ordnungswidrigkeit oder eine ihn selbst schadensersatzpflichtig machende Handlung wäre (PraxisHdb GmbH-GF/*Jaeger* § 19 Rn. 131; vgl. zur Anfechtungsbefugnis ausführl. Kap. 5 Rdn. 399 ff.). In entsprechender Anwendung des § 246 Abs. 3 Satz 2 AktG sind die Kammern für Handelssachen auch für Anfechtungsklagen betreffend Beschlüsse der Gesellschafterversammlung einer GmbH funktionell ausschließlich zuständig (OLG München NZG 2007, 947).

b) Frist

83 Auch im GmbH-Recht ist die Anfechtungsklage **fristgebunden**; die strikte Regelung des § 246 AktG findet aber keine analoge Anwendung. Im Hinblick auf den kleineren und häufig durch persönliche Beziehungen verbundenen Gesellschafterkreis bei der GmbH soll ein größerer zeitlicher Spielraum gewährt werden, um alternative Lösungsmöglichkeiten ausloten zu können; die Anfechtungsklage gewinnt den Charakter der ultima ratio. Die höchstrichterliche Rechtsprechung verlangt, dass die Klage **mit aller zumutbaren Beschleunigung** erhoben wird (BHGZ 111, 224, 226). Dabei bleibt die Monatsfrist des § 246 AktG zwar **Leitbild** und darf als Minimum auch bei der GmbH durch eine Regelung der Anfechtungsfrist in der Satzung nicht unterschritten werden (BGHZ 104, 66, 72). Gerade bei einer personalistisch geprägten GmbH kommt im Einzelfall bei fehlender Satzungsregelung eine nicht unwesentliche Verlängerung in Betracht, wenn schwierige tatsächliche und rechtliche Fragen zu klären sind oder andere zwingende Gründe bestehen (vgl. BGHZ 111, 224, 226). Fehlen solche Gründe und ist auch keine abweichende Satzungsregelung vorhanden, wird sich das Gericht aber grundsätzlich sehr eng an der Monatsfrist orientieren (vgl. zur Anfechtungsfrist ausführl. Kap. 5 Rdn. 412 ff.).

Die Anfechtungsfrist beginnt mit der **Kenntnis des Gesellschafters** von dem Beschluss (vgl. Kap. 5 Rdn. 415). Nach richtiger Ansicht ist darüber hinaus die Erkennbarkeit des Beschlussmangels erforderlich für den Beginn des Fristlaufes (vgl. OLG Schleswig NZG 2000, 986). Bei Nichteinhaltung der Frist ist die Klage nicht als unzulässig, sondern als **unbegründet** abzuweisen. Die Wahrung der Frist ist eine materielle, von der klagenden Partei darzulegende und von Amts wegen durch das Gericht zu prüfende Klagevoraussetzung (BGH NJW 1998, 3344, 3345). 84

VII. Feststellungsklagen

1. Voraussetzungen

Die Erhebung einer allgemeinen Feststellungsklage gem. § 256 ZPO kommt in Betracht, wenn das **Beschlussergebnis nicht förmlich festgestellt** worden ist und auch auf andere Weise der Beschluss nicht feststeht (E/F/S/*B. Schmidt* § 47 Rn. 109). Eine solche allgemeine Feststellungsklage kann von interessierten Gesellschaftern, aber auch von der Gesellschaft selbst, von Organmitgliedern oder von Dritten gegen die GmbH erhoben werden. Diese allgemeine Feststellungsklage ist **nicht fristgebunden** und unterliegt lediglich der **Verwirkung**; sie kann also ausgeschlossen sein, wenn der Kläger durch das Zuwarten über einen längeren Zeitraum bei der Gegenseite den Eindruck erweckt hat, das Recht werde nicht mehr geltend gemacht (BGH NJW 1999, 2268). Die Frage, ob das Urteil in einem solchen Feststellungsverfahren Rechtswirkung nur **inter partes** oder **inter omnes** entfaltet, ist umstritten. Richtig ist die Ansicht, dass das Klage abweisende Urteil inter partes gilt, während das feststellende Urteil schon aus Gründen der Rechtssicherheit inter omnes Wirkung entfalten muss (vgl. hierzu E/F/S/*B. Schmidt* § 47 Rn. 112 m.w.N.). 85

2. Verbindung mit positiver Beschlussfeststellungsklage

Im Fall einer Nichtigkeits- oder Anfechtungsklage betreffend einen Gesellschafterbeschluss empfiehlt sich die Verbindung mit einer positiven Beschlussfeststellungsklage, da bei Wegfall eines Beschlusses sich häufig die Frage stellt, was denn stattdessen gilt bzw. möglicherweise beschlossen worden ist (vgl. zur positiven Beschlussfeststellungsklage ausführl. Kap. 5 Rdn. 463 ff.). Nach der h. M. gilt dann die Anfechtungsfrist auch für die positive Beschlussfeststellungsklage (OLG Celle OLGR 1998, 340, 342; vgl. auch Kap. 5 Rdn. 466 m.w.N.). Auch die Wirkung des Urteils richtet sich nach § 248 Abs. 1. S. 1 AktG. Das Urteil wirkt demnach auch gegenüber sämtlichen nicht am Rechtsstreit beteiligten Gesellschaftern und Organmitgliedern (BGHZ 97, 28, 31). Die Mitgesellschafter können an dem Rechtsstreit über eine positive Beschlussfeststellungsklage im Wege der Nebenintervention teilnehmen und so versuchen, ihre Interessen zu wahren und auf die Entscheidung des Gerichts Einfluss zu nehmen. Der Geschäftsführer der GmbH ist verpflichtet, die Erhebung der Klage und den Termin zur mündlichen Verhandlung unverzüglich in den Gesellschaftsblättern bekannt zu machen (§ 246 Abs. 4 AktG analog), sodass auch die Gesellschafter von dem Rechtsstreit Kenntnis erlangen können (vgl. BGHZ 97, 28, 31). 86

VIII. Unwirksame Beschlüsse

Neben nichtigen und anfechtbaren Beschlüssen kann es auch zu unwirksamen Beschlüssen kommen. Bei unwirksamen Beschlüssen handelt es sich um solche, die zwar ordnungsgemäß gefasst worden sind, zu deren Wirksamkeit aber noch ein weiteres Erfordernis hinzukommen muss, z. B. die Zustimmung eines Gesellschafters, in dessen unentziehbares Recht eingegriffen werden soll (BGHZ 15, 177, 181). Solange dieses **zusätzliche Erfordernis** erfüllbar ist, ist der Beschluss schwebend unwirksam und bindet solange die beteiligten Gesellschafter (OLG Hamm NZG 2002, 783, 785). Die Feststellung der Unwirksamkeit des Beschlusses kann im Wege einer negativen Feststellungsklage begehrt werden, sofern ein rechtliches Interesse an dieser Feststellung besteht. 87

IX. Schiedsfähigkeit von Beschlussmängelstreitigkeiten

88 Nach der Rechtsprechung des BGH sind Beschlussmängelstreitigkeiten im Recht der GmbH dann schiedsfähig, wenn die aktienrechtlichen Regelungen analog im Gesellschaftsvertrag oder außerhalb der Satzung unter Mitwirkung aller Gesellschafter und der Gesellschaft in einer Schiedsvereinbarung festgelegt sind und sofern und soweit das schiedsgerichtliche Verfahren in einer dem Rechtsschutz durch staatliche Gerichte gleichwertigen Weise ausgestaltet ist (BGHZ 180, 221 ff.; vgl. dazu *Böttcher*, NZG 2009, 700 ff.)

§ 48 Gesellschafterversammlung

(1) Die Beschlüsse der Gesellschafter werden in Versammlungen gefaßt.

(2) Der Abhaltung einer Versammlung bedarf es nicht, wenn sämtliche Gesellschafter in Textform mit der zu treffenden Bestimmung oder mit der schriftlichen Abgabe der Stimmen sich einverstanden erklären.

(3) Befinden sich alle Geschäftsanteile der Gesellschaft in der Hand eines Gesellschafters oder daneben in der Hand der Gesellschaft, so hat er unverzüglich nach der Beschlußfassung eine Niederschrift aufzunehmen und zu unterschreiben.

Übersicht	Rdn.		Rdn.
A. Allgemeines	1	6. Nichtzulassung	9
B. Grundsätzliche Beschlussfassung in einer Versammlung, Abs. 1	2	IV. Rederecht und Antragsrecht	10
		V. Versammlungsleitung	11
I. Gründung der Gesellschaft vor Gesellschafterversammlung	2	C. Beschlussfassungen außerhalb einer Gesellschafterversammlung, Abs. 2	15
II. Beschlussfähigkeit	3	I. Allgemeines	15
III. Teilnahmerecht	4	II. Zustimmung in Textform, Abs. 2, 1. Alt.	17
1. Teilnahmerecht und -pflicht	4	III. Einverständnis mit schriftlicher Stimmabgabe, Abs. 2, 2. Alt.	18
2. Amtswalter	5		
3. Stimmrechtsbevollmächtigung	6	IV. Sonstige Fälle	19
4. Organmitglieder	7	D. Beschlussfassung bei der Einpersonengesellschaft, Abs. 3	23
5. Dritte	8		

A. Allgemeines

1 Gem. Abs. 1 werden Beschlüsse der Gesellschafter grundsätzlich in einer Versammlung gefasst. Allerdings formuliert Abs. 2 bereits Ausnahmen von diesem Grundsatz. Danach bedarf es einer Gesellschafterversammlung nicht, wenn sämtliche Gesellschafter ihre Zustimmung zu dem Beschluss in Textform erklären oder mit der schriftlichen Abgabe der Stimmen einverstanden sind. Abs. 3 schließlich bestimmt, dass in der Einpersonen-GmbH ein Gesellschafterbeschluss unverzüglich nach Beschlussfassung zu protokollieren ist.

B. Grundsätzliche Beschlussfassung in einer Versammlung, Abs. 1

I. Gründung der Gesellschaft vor Gesellschafterversammlung

2 Beschlussfassungen in einer Gesellschafterversammlung setzen die **vorherige Gründung der Gesellschaft** voraus. Dazu muss der Gesellschaftsvertrag rechtswirksam abgeschlossen worden sein; die Eintragung der Gesellschaft in das Handelsregister ist nicht Voraussetzung (Baumbach/Hueck/ *Zöllner* § 48 Rn. 5). Gleichzeitige Abhaltung mit der Gründung und Beurkundung in derselben Urkunde sind möglich (BayObLG GmbHR 1990, 215).

II. Beschlussfähigkeit

Ist die Gesellschafterversammlung ordnungsgemäß einberufen worden (dazu § 49 GmbHG Rdn. 2 bis 7), kommt es für die Beschlussfähigkeit der Gesellschafterversammlung auf die Zahl und die Beteiligungshöhe der Gesellschafter nicht an; auch ein einziger erschienener Gesellschafter kann bei einem noch so kleinen Geschäftsanteil wirksam Beschlüsse fassen (vgl. OLG Köln NZG 2002, 381, 383). In der Praxis wird hiervon häufig durch die Statuierung von Quoren im Gesellschaftsvertrag abgewichen, nach denen das Erscheinen einer Mindestzahl von Gesellschaftern oder eine Mindestbeteiligungshöhe Voraussetzung für eine Beschlussfassung ist. Hieraus kann sich eine **Treuepflicht der Gesellschafter zur Teilnahme** an der Gesellschafterversammlung herleiten. Ein Fernbleiben zum Zwecke der Beschlussverhinderung ist dann eine Verletzung dieser Treuepflicht (OLG Hamburg WM 1992, 272). Die Statuierung eines Quorums wird durch die Satzung häufig durch Regeln über eine Folgeversammlung ergänzt, die ohne Erreichen eines bestimmten Quorums oder bei Erreichen eines niedrigeren Quorums beschlussfähig ist. Kombinierte Ladung zu Erst- und Folgeversammlung ist aber nicht möglich, da die Ladungsfrist auch dem Überlegen der Gesellschafter nach Scheitern der Erstversammlung dient.

III. Teilnahmerecht

1. Teilnahmerecht und -pflicht

Vom Teilnahmerecht ist das Stimmrecht streng zu trennen. Das **Teilnahmerecht** steht jedem Gesellschafter zu, auch wenn er vom Stimmrecht ausgeschlossen ist. Eine **Teilnahmepflicht** besteht grundsätzlich nicht (s. aber oben Rdn. 3 im Zusammenhang mit einer gesellschafterlichen Treuepflicht). Das Teilnahmerecht steht bei mehreren Mitberechtigten (z. B. Bruchteilsgemeinschaft) jedem einzelnen Mitberechtigten zu. Die Satzung kann hiervon abweichend regeln, dass mehrere Mitberechtigte einen gemeinsamen Vertreter zu benennen haben, dem dann allein das Teilnahmerecht zusteht. Im Übrigen handelt es sich aber um ein **im Kern unentziehbares Recht** (BGH GmbHR 1989, 120; OLG Frankfurt am Main GmbHR 1984, 99; vgl. auch § 14 GmbHG Rdn. 26). Dennoch kann der Gesellschaftsvertrag bei sachlicher Rechtfertigung das Recht auf Teilnahme unter bestimmten Voraussetzungen einschränken, wenn die Versagung in einem angemessenen Verhältnis zum Schutzzweck steht und ausreichend Sicherungen für den Gesellschafter getroffen werden (z. B. Vertretung durch eine unabhängige Person). Typischer Fall ist, wenn ohne Versagung der Teilnahme einem Konkurrenten Informationen zufließen würden. In schwerwiegenden Einzelfällen solcher Art ist sogar eine Versagung ohne Satzungsregelung möglich (Baumbach/Hueck/*Zöllner* § 48 Rn. 7).

2. Amtswalter

Gerichtlich bestellte Amtswalter, also z. B. Insolvenzverwalter oder Nachlassverwalter, haben ein eigenes Teilnahmerecht anstelle des Gesellschafters. Anstelle des geschäftsunfähigen und des beschränkt geschäftsfähigen Kindes steht das Teilnahmerecht dem gesetzlichen Vertreter zu; im (Normal-) Fall der gesetzlichen Vertretung durch die Eltern dürfen beide teilnehmen (Baumbach/Hueck/*Zöllner* § 48 Rn. 9). Im Übrigen gilt der Grundgedanke, dass die Teilnehmerzahl der Gesellschafterversammlung nicht ohne besondere Zulassung vermehrt werden soll. Ist Inhaber des Geschäftsanteils oder auch mehrerer Geschäftsanteile eine **juristische Person oder eine Personenhandelsgesellschaft**, so besteht das Teilnahmerecht nur für ein einzelvertretungsberechtigtes Vorstandsmitglied bzw. Geschäftsführungsmitglied (Baumbach/Hueck/*Zöllner* § 48 Rn. 10). Im Fall von Gesamtvertretungsberechtigung besteht das Teilnahmerecht ebenfalls nur für einen Vertreter, dem eine entsprechende Ermächtigung zu erteilen ist.

3. Stimmrechtsbevollmächtigung

Im Fall der Stimmrechtsbevollmächtigung übt der Bevollmächtigte das Teilnahmerecht des Vollmachtgebers aus. Nimmt der Vollmachtgeber selbst teil, muss der Bevollmächtigte nicht zur Teilnahme zugelassen werden; bei Bevollmächtigung mehrerer Personen muss nur einer der Bevollmächtigten zugelassen werden, ebenfalls um die Teilnehmerzahl nicht ohne besonderen Grund zu vermehren.

4. Organmitglieder

7 Organmitglieder (Geschäftsführer und Mitglieder des Aufsichtsrates) haben grundsätzlich nur in der **mitbestimmten GmbH** ein Teilnahmerecht, das sich aus § 118 Abs. 2 AktG ergibt; insoweit besteht aber auch eine Pflicht zur Teilnahme an der Gesellschafterversammlung. Im Übrigen muss ein Teilnahmerecht ausdrücklich durch den Gesellschaftsvertrag statuiert oder durch Gesellschafterbeschluss gewährt werden, sonst besteht es nicht. **Geschäftsführer haben kein Teilnahmerecht**, und zwar auch dann nicht, wenn die Gesellschaft eigene Anteile hält (E/F/S/*B. Schmidt* § 48 Rn. 7). Eine Pflicht zur Teilnahme des Geschäftsführers kann sich aber aus einem entsprechenden Gesellschafterbeschluss ergeben.

5. Dritte

8 Ein Teilnahmerecht für Dritte kann durch den Gesellschaftsvertrag nach der wohl überwiegenden Meinung (vgl. Baumbach/Hueck/*Zöllner* § 48 Rn. 12) nur bei Vorliegen eines Sachgrundes vorgesehen werden. Nicht selten ist etwa die Zulassung von Sachverständigen und Beratern zu finden. Inwieweit auch mit dem Teilnahmerecht verbundene Rechte (z. B. Rederecht) umfasst sind, ist im Einzelfall aus dem konkreten Inhalt ihrer Zulassung abzuleiten (E/F/S/*B. Schmidt* § 48 Rn. 7).

6. Nichtzulassung

9 Die **Nichtzulassung** teilnahmeberechtigter Gesellschafter, Bevollmächtigter, Amtswalter, Organe führt zur **Anfechtbarkeit** der in der Gesellschafterversammlung gefassten Beschlüsse. Das gilt auch bei stimmrechtslosen Anteilen, da das Teilnahmerecht ein selbstständiges Mitgliedschaftsrecht ist; auch auf die Ursächlichkeit für das Ergebnis der Abstimmung kommt es hierbei nicht an. Die Zulassung nicht teilnahmeberechtigter Gesellschafter oder Dritter hat hingegen grundsätzlich keinen Einfluss auf die Rechtmäßigkeit und die Wirksamkeit der Beschlussfassung.

IV. Rederecht und Antragsrecht

10 Rederecht und Antragsrecht stehen **jedem anwesenden Teilnahmeberechtigten** zu (Baumbach/Hueck/*Zöllner* § 48 Rn. 20). Das Rederecht umfasst das Recht, an den Beratungen aktiv teilzunehmen, das Wort zu ergreifen und in angemessenem Umfang sachbezogene Ausführungen zu machen; das Antragsrecht bezeichnet das Recht, Beschlussanträge zu stellen. Auch Rederecht und Antragsrecht bestehen bei stimmrechtslosen Geschäftsanteilen sowie in Fällen des Ruhens bzw. des Ausschlusses des Stimmrechts (E/F/S/*B. Schmidt* § 48 Rn. 3, 4). Auch eine Verletzung dieser beiden Rechte macht die in der Gesellschafterversammlung gefassten Beschlüsse anfechtbar (Baumbach/Hueck/*Zöllner* § 48 Rn. 20).

V. Versammlungsleitung

11 Die Bestellung eines Versammlungsleiters kann bei größeren Gesellschafterzahlen zweckmäßig sein. Ein Versammlungsleiter kann durch die Satzung vorgesehen werden und auch bereits der Person nach bestimmt werden. Aber auch ohne Satzungsgrundlage kann die Gesellschafterversammlung nach h. M. mit einfacher Mehrheit einen Versammlungsleiter bestellen (Baumbach/Hueck/*Zöllner* § 48 Rn. 16; a. A. OLG Frankfurt am Main NZG 1999, 406). Der Versammlungsleiter muss nicht notwendigerweise Gesellschafter sein. Häufig wird z. B. ein Geschäftsführer zum Versammlungsleiter gewählt.

12 Die **Aufgaben des Versammlungsleiters** sind die Eröffnung der Versammlung und ihre Schließung sowie die Leitung der Beratung und der Abstimmungen. Er erteilt das Wort, nimmt Anträge entgegen, entscheidet über die Reihenfolge der Behandlung von Gegenständen der Tagesordnung und

stellt die Abstimmungsergebnisse vorläufig verbindlich fest. Letzteres kann er nur, wenn dies vom Gesellschaftsvertrag so vorgesehen ist oder wenn alle Gesellschafter dem zugestimmt haben.

Darüber hinaus steht dem Versammlungsleiter die **Ordnungsgewalt** in der Sitzung zu mit dem Recht, nicht sachbezogen vortragenden Rednern das Wort zu entziehen und in Fällen schwerwiegender Störungen des Versammlungsablaufs auch einen Saalverweis gegenüber dem Störer auszusprechen, wenn ein milderes Mittel nicht zur Verfügung steht (Baumbach/Hueck/*Zöllner* § 48 Rn. 18). Der Versammlungsleiter bestimmt auch die Reihenfolge der Abarbeitung der Tagesordnungspunkte; allerdings geht dieses Recht nicht soweit, dass er auch Vertagungen oder Absetzungen von der Tagesordnung vornehmen könnte. 13

Der Versammlungsleiter hat für einen **zweckmäßigen Ablauf** der Versammlung und ihre **Protokollierung** einschließlich des Beschlussgeschehens zu sorgen. Grundsätzlich hingegen ist eine Protokollierung nicht gesetzlich vorgeschrieben. Sie kann aber durch den Gesellschaftsvertrag angeordnet werden. Niederschriften sieht das Gesetz lediglich für satzungsändernde Beschlüsse und bestimmte Beschlüsse aus dem Umwandlungsrecht vor sowie für die Einpersonengesellschaft (vgl. dazu unten Rdn. 23 bis 26). Die Protokollierungspflicht des Versammlungsleiters ist aber nicht Formvorschrift für den Beschluss selbst, von deren Einhaltung die Wirksamkeit des Beschlusses abhinge. Von einem Geschäftsführer, dem Versammlungsleiter oder anderen offiziellen Protokollanten erstellte Protokolle müssen Gesellschaftern zur Einsicht offen stehen. 14

C. Beschlussfassungen außerhalb einer Gesellschafterversammlung, Abs. 2

I. Allgemeines

Abs. 2 regelt zwei verschiedene Möglichkeiten der Beschlussfassung außerhalb einer Gesellschafterversammlung. Die erste Möglichkeit erfasst Fälle, in denen sämtliche Gesellschafter einem Beschlussantrag **in Textform zustimmen**, die zweite Möglichkeit hingegen Fälle, in denen sich alle Gesellschafter mit der **Abstimmung im schriftlichen Verfahren** einverstanden erklären, ohne dass Einstimmigkeit bei der Beschlussfassung selbst erforderlich wäre. Die Geschäftsführer haben im Fall einer erforderlichen Beschlussfassung die Möglichkeiten des § 48 Abs. 2 GmbHG stets als Alternativen zu der Einberufung einer Gesellschafterversammlung nach § 49 Abs. 1 GmbHG zu erwägen und auf die Belange der Gesellschafter dadurch Rücksicht zu nehmen, dass dieser weniger aufwendige Weg zur Beschlussfassung vorgezogen wird, wenn nicht schwerwiegende Maßnahmen mit möglicherweise kontroversen Meinungsäußerungen und ausführlicher Diskussion zu erwarten sind. Es bleibt jedem Gesellschafter überlassen, durch Ablehnung des schriftlichen Verfahrens dennoch die Einberufung einer Gesellschafterversammlung herbeizuführen. 15

Abs. 2 gilt grundsätzlich für **Beschlussgegenstände aller Art**, wobei allerdings bestimmte Beschlüsse aus dem UmwG (Formwechsel nach § 193 Abs. 1 Satz 2 UmwG, Verschmelzung nach § 13 Abs. 1 Satz 2 UmwG und Spaltung nach §§ 125, 13 Abs. 1 und Abs. 2 UmwG) ausgenommen sind. Nach h. M. ist Abs. 2 auch auf Beschlüsse über Satzungsänderungen und auf Auflösungsbeschlüsse anwendbar (m.w.N. E/F/S/*B. Schmidt* § 48 Rn. 17; a. A. für Satzungsänderungen der BGH in BGHZ 15, 324, 328). Bei Satzungsänderungen kann die notarielle Form dadurch gewahrt werden, dass die Stimmen jeweils zu Protokoll eines Notars gegeben werden. 16

II. Zustimmung in Textform, Abs. 2, 1. Alt.

Die erste Möglichkeit sieht die Zustimmung sämtlicher Gesellschafter zu einem Beschlussantrag in Textform (§ 126b BGB) vor. Es reichen also Zustimmungserklärungen per E-Mail, Fax oder Fernschreiben. Mit »sämtlichen Gesellschaftern« i. S. d. Vorschrift sind alle teilnahmeberechtigten Gesellschafter gemeint, also auch diejenigen, die kein Stimmrecht haben (OLG Düsseldorf ZIP 1989, 1556), denn ihr Teilnahmerecht wird durch Beschlussfassung mit Stimmabgabe in Textform ebenfalls berührt. Die Abstimmung erfolgt durch **Abgabe der Abstimmungserklärungen** gegenüber der Gesellschaft, die dabei durch einen Geschäftsführer oder durch einen von der Satzung vorgesehenen Abstimmungsleiter vertreten wird. Die Abstimmung kann auch im Wege des **Umlauf-** 17

verfahrens erfolgen, bei der das Beschlussformular reihum von einem Gesellschafter jeweils nach Abgabe seiner Abstimmungserklärung zum nächsten geschickt wird. Alle Stimmabgaben werden aber erst mit Eingang des Beschlussformulars bei demjenigen, der die Beschlussfassung in Gang gesetzt hat, als Vertreter der Gesellschaft wirksam. Das kann nach h. M. jeder Gesellschafter, aber auch ein Geschäftsführer oder ein durch die Satzung bestimmter Abstimmungsleiter sein (E/F/S/*B. Schmidt* § 48 Rn. 14). Die Abstimmungserklärung kann lediglich bis zum Zeitpunkt ihres Zugangs bei der Gesellschaft **widerrufen** werden (§ 130 Abs. 1 BGB). Feststellung des Beschlussergebnisses, Verkündung oder Mitteilung an die Gesellschafter sind entbehrlich (E/F/S/*B. Schmidt* § 48 Rn. 14; a. A. aber BGHZ 15, 324, 329), Letztere ist aber zweckmäßig und empfehlenswert.

III. Einverständnis mit schriftlicher Stimmabgabe, Abs. 2, 2. Alt.

18 Die zweite Möglichkeit sieht eine Abstimmung ohne Gesellschafterversammlung für den Fall vor, dass sich sämtliche Gesellschafter mit dem Verfahren der schriftlichen Stimmabgabe einverstanden erklären, auch wenn unterschiedliche Stimmabgaben erfolgen. Aufgrund eines **Redaktionsversehens** ist der Gesetzestext seit Einführung der Textform für die Abstimmung ohne Abhaltung einer Gesellschafterversammlung widersprüchlich, da sich im Rahmen der zweiten Möglichkeit des Abs. 2 die Einverständniserklärung auf eine schriftliche Stimmabgabe bezieht. Indessen muss sich bei richtigem Verständnis der Norm auch die Einverständniserklärung auf eine Stimmabgabe in Textform beziehen. Eine unterschiedliche Behandlung der beiden Möglichkeiten im Hinblick auf die Stimmabgabe ist weder praxistauglich noch sachgerecht (vgl. Baumbach/Hueck/*Zöllner* § 48 Rn. 37). Die **Einverständniserklärung** selbst hingegen ist formlos, also **auch konkludent**, solange sie hinreichend deutlich ist, oder stillschweigend möglich (BGHZ 28, 355, 358). Sie ist gegenüber der Gesellschaft abzugeben und bis zum Zugang bei der Gesellschaft widerruflich. In der Stimmabgabe in Textform liegt nach der h. M. nicht automatisch auch die Zustimmung zur Mehrheitsentscheidung im Verfahren der Stimmabgabe in Textform; andernfalls liefe die Normierung der zweiten Möglichkeit in Abs. 2 leer. Die Einverständniserklärung kann gleichzeitig mit der Stimmabgabe erfolgen und sogar noch nach der Stimmabgabe nachgeholt werden, womit der Beschluss dann wirksam wird (m. w. N. E/F/S/*B. Schmidt* § 48 Rn. 15). Fehlt hingegen das Einverständnis auch nur eines Gesellschafters, ist die Beschlussfassung endgültig unwirksam.

IV. Sonstige Fälle

19 Außerhalb einer Gesellschafterversammlung sind Beschlüsse auch in den folgenden Fällen möglich:

20 Im Rahmen formloser Zusammenkünfte gefasste Beschlüsse sind wirksam, wenn es sich bei der Zusammenkunft um eine **Vollversammlung** handelt, also alle teilnahmeberechtigten Gesellschafter anwesend sind und niemand der Fassung von Beschlüssen widerspricht (BGH ZIP 1999, 1352; Roth/Altmeppen/*Roth* § 48 Rn. 38). Es empfiehlt sich, in solchen Fällen durch Beschlussfassung im Wege der Stimmabgabe in Textform nach Abs. 2 den Beschluss durch alle Gesellschafter unterschreiben zu lassen, was insbesondere bei Vorhandensein nur weniger Gesellschafter unproblematisch möglich ist.

21 Der **Gesellschaftsvertrag** kann weitere Beschlussverfahren außerhalb einer Gesellschafterversammlung regeln, z. B. durch Zulassung **telefonischer Beschlussfassung** (als Rundruf oder im Wege der Konferenzschaltung) oder von Beschlussfassungen **mittels anderer moderner Medien**, die ebenfalls der Form des § 126b BGB nicht entsprechen, von mündlichen Beschlussfassungen auf Raten, kombinierten Formen der Beschlussfassung etc. Dies gilt nach richtiger Auffassung auch bei mitbestimmten GmbHs (Baumbach/Hueck/*Zöllner* § 48 Rn. 44). Entscheidend ist, dass die Beteiligung aller teilnahmeberechtigten, nicht lediglich der stimmberechtigten (so aber Baumbach/Hueck/*Zöllner* § 48 Rn. 44) Gesellschafter an der Beschlussfassung hinreichend sichergestellt ist.

22 In Fällen der sog. **kombinierten Beschlussfassung** ist es einem Teil der Gesellschafter gestattet, ihr Stimmrecht außerhalb der Gesellschafterversammlung – sei es mündlich oder schriftlich – wahrzunehmen, während die übrigen Gesellschafter ihre Stimmen in der Gesellschafterversammlung

abgeben. Eine solche kombinierte – vom Ablauf des § 48 Abs. 1 und 2 GmbHG abweichende – Beschlussfassung ist allerdings nur auf Basis einer Regelung im Gesellschaftsvertrag wirksam. Fehlt eine solche Regelung des Gesellschaftsvertrages, führt sogar eine einvernehmlich durch alle Gesellschafter durchgeführte kombinierte Beschlussfassung zur Nichtigkeit der gefassten Beschlüsse (BGH BB 2006, 1126). Der auf einer kombinierten Beschlussfassung beruhende Gesellschafterbeschluss ist erst mit der Feststellung des Beschlussergebnisses wirksam gefasst.

D. Beschlussfassung bei der Einpersonengesellschaft, Abs. 3

Ist nur ein Gesellschafter, der sämtliche Geschäftsanteile hält, vorhanden oder hält neben ihm nur noch die Gesellschaft selbst Geschäftsanteile, so kann der Gesellschafter jederzeit **ad hoc Beschlüsse** fassen. Er bildet gewissermaßen stets eine Vollversammlung der Gesellschafter. Das gilt nur dann nicht, wenn andere Gesellschaftsorgane ein Teilnahmerecht an einer Gesellschafterversammlung haben. Abs. 3 ist auch **nicht** anwendbar, wenn es mehr als einen Gesellschafter gibt und der weitere Gesellschafter vom Stimmrecht ausgeschlossen ist, am Beschluss nicht mitgewirkt hat oder den anderen Gesellschafter bevollmächtigt hatte (E/F/S/*B. Schmidt* § 48 Rn. 18).

In den Fällen des Abs. 3 ist der Gesellschafter verpflichtet, unverzüglich (ohne schuldhaftes Zögern i. S. v. § 121 BGB) nach der Beschlussfassung eine **Niederschrift** aufzunehmen und diese zu unterschreiben. Dabei wird durch die Rechtsprechung eine Niederschrift der Beschlussfassung in recht großzügiger Weise auch in dokumentierten Ausführungshandlungen gesehen (z. B. schriftliche Kündigungserklärung gegenüber einem Fremdgeschäftsführer für vorhergehende entsprechende Beschlussfassung, KG GmbHR 1999, 818). Hingegen gilt Abs. 3 bei Satzungsänderungen, für die eine notariell protokollierte Beschlussfassung gem. § 53 Abs. 2 GmbHG vorgesehen ist, nicht.

Rechtsfolge der Nichtbeachtung der Pflicht zur Niederschrift ist nicht die Nichtigkeit des Beschlusses. Die Nichtbeachtung kann aber zu erheblichen **Beweisschwierigkeiten** führen und **Schadensersatzpflichten** gegenüber der GmbH oder späteren anderen Gesellschaftern nach sich ziehen, da es sich um die Verletzung einer körperschaftsrechtlichen Pflicht des alleinigen Gesellschafters handelt (Roth/Altmeppen/*Roth* § 48 Rn. 44). Darüber hinaus kann im Rahmen der Anwendung des Grundsatzes von Treu und Glauben (venire contra factum proprium) dem Alleingesellschafter die Berufung auf einen nicht protokollierten Beschluss versagt werden, jedoch nicht darüber hinaus (Baumbach/Hueck/*Zöllner* § 48 Rn. 49 a. E.). Ihm muss die Möglichkeit des Beweisantritts über das Zustandekommen des Beschlusses grundsätzlich erhalten bleiben (E/F/S/*B. Schmidt* § 48 Rn. 21).

Für eine Reihe von Maßnahmen wird man schließlich bei der Einpersonengesellschaft eine Beschlussfassung überhaupt für **entbehrlich** halten, weil der entsprechende Entschluss des Alleingesellschafters bereits hinreichend ist. Dies gilt z. B. für Geschäftsführungsmaßnahmen des Gesellschaftergeschäftsführers bei der Einpersonengesellschaft sowie für die Geltendmachung von Schadensersatzansprüchen gegen frühere Gesellschafter oder Geschäftsführer (vgl. Baumbach/Hueck/*Zöllner* § 48 Rn. 50; OLG Köln GmbHR 1975, 373).

§ 49 Einberufung der Versammlung

(1) Die Versammlung der Gesellschafter wird durch die Geschäftsführer berufen.

(2) Sie ist außer in den ausdrücklich bestimmten Fällen zu berufen, wenn es im Interesse der Gesellschaft erforderlich erscheint.

(3) Insbesondere muß die Versammlung unverzüglich berufen werden, wenn aus der Jahresbilanz oder aus einer im Laufe des Geschäftsjahres aufgestellten Bilanz sich ergibt, daß die Hälfte des Stammkapitals verloren ist.

§ 49 GmbHG Einberufung der Versammlung

Übersicht	Rdn.		Rdn.
A. Allgemeines	1	V. Nichtigkeit von Beschlüssen gem. § 241 Nr. 1 AktG analog	7
B. Einberufung der Gesellschafterversammlung, Abs. 1	2	C. Pflicht zur Einberufung, Abs. 2 und Abs. 3	8
I. Grundsatz: Einberufungsbefugnis des Geschäftsführers	2	I. Einberufung im Interesse der Gesellschaft, Abs. 2	9
II. Einberufungsbefugnis des Aufsichtsrates	4	II. Verlust der Hälfte des Stammkapitals	10
III. Gesellschaftsvertragliche Ausweitung der Befugnisse	5	III. Einberufung in sonstigen Fällen	11
IV. Gegenstand der Einberufung	6		

A. Allgemeines

1 Die Vorschrift regelt den Grundsatz für die Einberufung der Gesellschafterversammlung (Abs. 1). In Abs. 2 und Abs. 3 werden einige Fälle genannt, in denen die Einberufung zwingend erforderlich ist. § 49 GmbHG wird durch die §§ 50, 51 GmbHG ergänzt, die ebenfalls einige Regelungen betreffend die Einberufung umfassen und insbesondere den Minderheitenschutz in diesem Zusammenhang sicherstellen sollen.

B. Einberufung der Gesellschafterversammlung, Abs. 1

I. Grundsatz: Einberufungsbefugnis des Geschäftsführers

2 Abs. 1 normiert die grundsätzliche **Befugnis der Geschäftsführer** für die Einberufung der Gesellschafterversammlung. Das Recht entsteht mit der wirksamen Bestellung des Geschäftsführers unabhängig von der Eintragung der Bestellung ins Handelsregister, die nur deklaratorische Bedeutung hat. Das gilt auch für den Notgeschäftsführer und den fehlerhaft bestellten Geschäftsführer (im Hinblick auf den Letzteren a. A. BGHZ 18, 334, 340 f.). Die Zuständigkeit für die Einberufung der Gesellschafterversammlung umfasst auch die Zuständigkeit für die **Einleitung anderer Abstimmungsverfahren**, die sich entweder aus § 48 Abs. 2 GmbHG ergeben oder durch den Gesellschaftsvertrag statuiert worden sind (Baumbach/Hueck/*Zöllner* § 49 Rn. 12; vgl. auch Lutter/Hommelhoff/*Bayer* GmbHG, § 49 Rn. 9). Abstimmungsverfahren nach § 48 GmbHG können daneben in jedem Fall von jedem einzelnen Gesellschafter eingeleitet werden. Die Zuständigkeit für die Einberufung umfasst grundsätzlich auch die **Befugnis zur Absage** der Gesellschafterversammlung; allerdings steht diese Befugnis als actus contrarius der Einberufung nach h. M. immer nur demjenigen zu, der die Einberufung vorgenommen hat bzw. dessen Amtsnachfolger (i. E. Baumbach/Hueck/*Zöllner* § 49 Rn. 13). Bei Einberufung durch einen Geschäftsführer kann also nur dieser die Gesellschafterversammlung wieder absagen; waren mehrere Geschäftsführer beteiligt, ist auch die Beteiligung aller an der Absage erforderlich. Dasselbe gilt im Fall der Einberufung durch eine Mehrzahl von Gesellschaftern, die eine Minderheit i. S. v. § 50 Abs. 1 GmbHG darstellen.

3 Die Zuständigkeit nach Abs. 1 kann in der Satzung nicht ausgeschlossen oder etwa in der Weise, dass nur mehrere Geschäftsführer gemeinsam die Einberufung vornehmen können, modifiziert werden (Baumbach/Hueck/*Zöllner* § 49 Rn. 4; a. A. E/F/S/*B. Schmidt* § 49 Rn. 6). Bei mehreren Geschäftsführern ist vielmehr jedenfalls jeder Einzelne zur Einberufung berechtigt und ggf. auch verpflichtet, unabhängig von Regelungen zu Vertretungsmacht und Geschäftsführungsbefugnis, denn es handelt sich lediglich um eine **innergesellschaftliche Verfahrenshandlung**. Die Zuständigkeit des Geschäftsführers bleibt auch im **Insolvenzverfahren** erhalten, bei einer Gesellschaft in Liquidation hingegen steht das Recht zur Einberufung den Liquidatoren zu (Lutter/Hommelhoff/ *Lutter/Hommelhoff* GmbHG, § 49 Rn. 3). Ein **Prokurist** ist nicht für die Einberufung zuständig (KG OLG 1924, 159). Bei der Vornahme der Einberufung kann sich ein Geschäftsführer **der Hilfe Dritter bedienen**, wobei aber erkennbar sein muss, dass die Einberufung auf einem Beschluss des Geschäftsführers selbst beruht, da andernfalls die Einberufung analog § 174 Satz 2 BGB unwirksam ist. Das Recht selbst kann aber nicht auf Dritte übertragen werden oder von Dritten aufgrund Vollmacht ausgeübt werden (Lutter/Hommelhoff/*Bayer* GmbHG, § 49 Rn. 4).

II. Einberufungsbefugnis des Aufsichtsrates

Eine Einberufungsbefugnis für den **Aufsichtsrat** als Organ, nicht jedoch für jedes einzelne Mitglied des Aufsichtsrates, ergibt sich aus § 52 Abs. 1 GmbHG i.V.m. § 111 Abs. 3 AktG, wenn das Wohl der Gesellschaft die Einberufung erfordert. § 111 Abs. 3 AktG ist beim obligatorischen Aufsichtsrat in mitbestimmten GmbHs zwingend, beim fakultativen Aufsichtsrat hingegen durch die Satzung abdingbar. Der entsprechende Aufsichtsratsbeschluss bedarf lediglich der einfachen Mehrheit (E/F/S/*B. Schmidt* § 49 Rn. 4). Besteht ein Beirat mit echter Organstellung, so steht auch ihm die Befugnis zur Einberufung der Gesellschafterversammlung zu, solange neben dem Beirat ein Aufsichtsrat nicht bestellt ist. Die Befugnis des Beirats steht aber zur Disposition des Gesellschaftsvertrages; aufgrund abweichender Auffassungen empfiehlt sich eine eindeutige Regelung im Gesellschaftsvertrag (Lutter/Hommelhoff/*Bayer* GmbHG, § 49 Rn. 6).

4

III. Gesellschaftsvertragliche Ausweitung der Befugnisse

Der Gesellschaftsvertrag kann die Befugnis zur Einberufung ausdehnen, z. B. einem Beirat zuteilen, der neben einem Aufsichtsrat besteht, einem jeden Gesellschafter oder ausgewählten Gesellschaftern oder einer Minderheit der Gesellschafter mit weniger als 10 % Anteil am Stammkapital oder an Prokuristen und außenstehende Institutionen wie z. B. einer Behörde. Auch können alle Gesellschafter zusammen jederzeit eine Gesellschafterversammlung verabreden, ohne dass es dann noch einer Einberufung bedürfte (OLG München BB 1994, 1307).

5

IV. Gegenstand der Einberufung

Die Einberufung einer Gesellschafterversammlung kann zu jedem sinnvollen Gegenstand einer Beratung oder einer Beschlussfassung erfolgen, soweit sich die Zuständigkeit der Gesellschafterversammlung auf diesen Gegenstand erstreckt. Dabei ist im Hinblick auf den zeitlichen und finanziellen Aufwand für die Teilnehmer der Grundsatz der Verhältnismäßigkeit zu wahren (Baumbach/Hueck/*Zöllner* § 49 Rn. 14). Andernfalls kann ein Verstoß gegen die Treuepflicht der einberufenden Minderheitsgesellschafter bzw. eine Pflichtverletzung des/der einberufenden Geschäftsführer vorliegen, ohne dass hiervon die Wirksamkeit der gefassten Beschlüsse betroffen wäre. Der Aufsichtsrat hingegen darf eine Gesellschafterversammlung ausschließlich in dem Fall einberufen, in dem das Wohl der Gesellschaft die Einberufung erfordert, § 111 Abs. 3 AktG also die Einberufung verlangt. Ein Verstoß hiergegen berührt die Wirksamkeit der in der Versammlung dann gefassten Beschlüsse freilich nicht (E/F/S/*B. Schmidt* § 49 Rn. 7).

6

V. Nichtigkeit von Beschlüssen gem. § 241 Nr. 1 AktG analog

Soweit eine Gesellschafterversammlung von einem **Unbefugten** einberufen worden ist, sind die in ihr gefassten Beschlüsse gem. § 241 Nr. 1 AktG analog nichtig, es sei denn es handelt sich um eine Vollversammlung nach § 51 Abs. 3 GmbHG.

7

C. Pflicht zur Einberufung, Abs. 2 und Abs. 3

Abs. 2 und Abs. 3 normieren Fälle, in denen eine Pflicht der Geschäftsführer zur Einberufung einer Gesellschafterversammlung besteht. Diese Pflicht trifft die Geschäftsführer als **Organpflicht**, deren Verletzung sie nach § 43 Abs. 2 GmbHG gegenüber der Gesellschaft, nicht aber gegenüber den Gesellschaftern oder den Gesellschaftsgläubigern schadensersatzpflichtig macht. Zu ersetzen ist der Schaden, der bei rechtzeitiger Einberufung der Gesellschafterversammlung hätte verhindert werden können (E/F/S/*B. Schmidt* § 49 Rn. 14). Eine Verletzung der Anzeigepflicht gegenüber den Gesellschaftern, dass die Hälfte des Stammkapitals verloren ist, ist nach § 84 Abs. 1 Nr. 1 StGB strafbar. § 84 Abs. 1 Nr. 1 StGB ist Schutzgesetz i. S. d. § 823 Abs. 2 BGB (E/F/S/*B. Schmidt* § 49 Rn. 14).

8

I. Einberufung im Interesse der Gesellschaft, Abs. 2

9 Mit den in Abs. 2 zunächst genannten ausdrücklich bestimmten Fällen sind § 49 Abs. 3 und § 50 Abs. 1 GmbHG sowie Fälle, für die die Satzung ausdrücklich die Einberufung einer Gesellschafterversammlung vorsieht, gemeint. Nach Abs. 2 besteht eine Pflicht zur Einberufung der Gesellschafterversammlung weiterhin dann, wenn die Einberufung im Interesse der Gesellschaft erforderlich erscheint. Diese Voraussetzung ist immer dann gegeben, wenn der Gesellschaft ohne Abhaltung einer Gesellschafterversammlung ein nicht unerheblicher Schaden droht. Diese Voraussetzung kann auch dadurch erfüllt sein, dass die Vornahme eines bestimmten Geschäftes im Interesse der Gesellschaft liegt, ohne die erforderliche Zustimmung der Gesellschafterversammlung aber nicht vorgenommen werden kann. Dann sind die Geschäftsführer verpflichtet, eine Gesellschafterversammlung einzuberufen (Baumbach/Hueck/*Zöllner* § 49 Rn. 17). Die beabsichtigte Vornahme aller außergewöhnlichen Maßnahmen, die ohnehin in die Kompetenz der Gesellschafter fallen (es sei denn, die Satzung bestimmt etwas anderes), macht die Einberufung einer Gesellschafterversammlung ebenfalls erforderlich (Lutter/Hommelhoff/*Bayer* GmbHG, § 49 Rn. 13). Genügt, wie in einem solchen Fall denkbar, die Herbeiführung eines schriftlichen Beschlusses (z.B. über die Zustimmung zur Vornahme eines zustimmungspflichtigen Geschäfts), kann anstelle der Einberufung der Gesellschafterversammlung auch ein Beschlussverfahren nach § 48 Abs. 2 GmbHG eingeleitet werden (s. § 48 GmbHG Rdn. 15 bis 22). Das kann im Hinblick auf die Verhältnismäßigkeit wegen entstehender Kosten für die Gesellschafter und ihres Zeitaufwandes auch geboten sein (vgl. Lutter/Hommelhoff/*Bayer* GmbHG, § 49 Rn. 13 a. E.).

II. Verlust der Hälfte des Stammkapitals

10 Abs. 3 normiert das Erfordernis der unverzüglichen (i.S.d. § 121 BGB, d.h. ohne schuldhaftes Zögern) Einberufung der Gesellschafterversammlung für den Fall, dass sich aus der Jahresbilanz oder aus einer Zwischenbilanz ergibt, dass das **Eigenkapital auf die Hälfte des Betrages des Stammkapitals** oder weniger abgesunken ist. Dies gilt selbstverständlich auch, wenn die Geschäftsführer außerhalb einer solchen Bilanz Kenntnis von einem entsprechenden Absinken des Eigenkapitals haben. Sind den Geschäftsführern Tatsachen bekannt, die den Verdacht auf ein entsprechendes Absinken des Eigenkapitals nahe legen, so sind sie verpflichtet, zumindest eine grobe Zwischenbilanz aufzustellen, um auf dieser Basis ggf. eine Gesellschafterversammlung einberufen zu können (vgl. BGH ZIP 1995, 560). Für die Feststellung der Vermögenswerte sind die Ansatz- und Bewertungsregeln der §§ 252ff. HGB maßgeblich, stille Reserven nur nach diesen Regeln aufzulösen, außerdem ist bei der Bewertung grundsätzlich von der Fortführung der Unternehmenstätigkeit auszugehen (»going concern«; E/F/S/*B. Schmidt* § 49 Rn. 11). Ist mit dem Fortbestand des Unternehmens dagegen nicht zu rechnen, treten an die Stelle der Fortführungswerte die Liquidationswerte (F/E/S/*B. Schmidt* § 49 Rn. 11). Den Anforderungen des Abs. 3 genügt die Einleitung des Beschlussverfahrens nach § 48 Abs. 2 GmbHG nicht.

III. Einberufung in sonstigen Fällen

11 Der Gesellschaftsvertrag kann die Pflicht zur Einberufung einer Gesellschafterversammlung in weiteren Fällen statuieren; eine **Einschränkung der gesetzlichen Pflichten** nach Abs. 3 ist nach allgemeiner Meinung nicht möglich und richtigerweise auch für Abs. 2 abzulehnen (dazu Baumbach/Hueck/*Zöllner* § 49 Rn. 22). Üblich ist etwa die Statuierung von Zustimmungserfordernissen durch die Gesellschafterversammlung zu bestimmten Maßnahmen der Geschäftsführung, die regelmäßig freilich auch durch Einleitung eines Beschlussverfahrens nach § 48 Abs. 2 GmbHG erfüllt werden können.

§ 50 Minderheitsrechte

(1) Gesellschafter, deren Geschäftsanteile zusammen mindestens dem zehnten Teil des Stammkapitals entsprechen, sind berechtigt, unter Angabe des Zwecks und der Gründe die Berufung der Versammlung zu verlangen.

(2) In gleicher Weise haben die Gesellschafter das Recht zu verlangen, daß Gegenstände zur Beschlußfassung der Versammlung angekündigt werden.

(3) ¹Wird dem Verlangen nicht entsprochen oder sind Personen, an welche dasselbe zu richten wäre, nicht vorhanden, so können die in Absatz 1 bezeichneten Gesellschafter unter Mitteilung des Sachverhältnisses die Berufung oder Ankündigung selbst bewirken. ²Die Versammlung beschließt, ob die entstandenen Kosten von der Gesellschaft zu tragen sind.

Übersicht

	Rdn.			Rdn.
A. Allgemeines	1	V.	Fehlerhafte Einberufung	7
B. Einberufungsverlangen nach Abs. 1	2	C.	Verlangen der Ankündigung von Gegenständen zur Beschlussfassung, Abs. 2	8
I. Anforderungen an die Minderheit	2			
II. Form des Einberufungsverlangens	3	D.	Recht zur Selbstbewirkung der Einberufung, Abs. 3	9
III. Adressat und Inhalt des Einberufungsverlangens	4	E.	Durchführung der einberufenen Gesellschafterversammlung	13
IV. Informationspflicht, Kosten	6			

A. Allgemeines

§ 50 GmbHG ist eine der wenigen Vorschriften des GmbHG, die der Minderheit der Gesellschafter ein besonderes Recht einräumt. Diese Regelung ist **zwingend** und kann durch den Gesellschaftsvertrag zum Schutz der Minderheit zwar verstärkt, nicht aber abgeschwächt werden (Lutter/Hommelhoff/*Bayer* GmbHG, § 50 Rn. 4; vgl. auch § 14 GmbHG Rdn. 24). Die Vorschrift räumt einer Minderheit von Gesellschaftern, deren Geschäftsanteile zusammen mindestens 10 % des Stammkapitals entsprechen, das Recht ein, die Einberufung einer Gesellschafterversammlung zu verlangen. Auf der nach § 50 GmbHG einberufenen Gesellschafterversammlung wird dann aber nach den auch in anderen Gesellschafterversammlungen geltenden Regeln abgestimmt und Beschluss gefasst.   **1**

B. Einberufungsverlangen nach Abs. 1

I. Anforderungen an die Minderheit

Die Minderheit muss Geschäftsanteile innehaben, die mindestens **10 % des Stammkapitals** entsprechen. Mit Stammkapital ist grundsätzlich die im Handelsregister eingetragene Stammkapitalziffer gemeint, jedoch sind die Beträge eigener Geschäftsanteile der Gesellschaft und eingezogener Geschäftsanteile ebenso abzuziehen wie nach § 27 GmbHG zur Verfügung gestellte Geschäftsanteile, die der Gesellschaft gehören und Geschäftsanteile eines ausgeschlossenen Gesellschafters (Lutter/Hommelhoff/*Bayer* GmbHG, § 50 Rn. 5). Für die Gesellschafterstellung gilt § 16 (Roth/Altmeppen/*Roth* § 50 Rn. 3). Gem. § 47 Abs. 4 GmbHG nicht stimmberechtigte Gesellschafter können auf der Seite der Minderheit berücksichtigt werden, da das Antragsrecht ein **Stimmrecht** nicht voraussetzt (E/F/S/*B. Schmidt* § 50 Rn. 2). Der Anteil i. H. v. 10 % muss im **Zeitpunkt der Geltendmachung** des Verlangens bestehen; fällt er danach weg, ist dem Verlangen nicht mehr Folge zu leisten und kann das Selbsthilferecht nach Abs. 3 (s. u. Rdn. 9 ff.) nicht mehr geltend gemacht werden (E/F/S/*B. Schmidt* § 50 Rn. 3).   **2**

II. Form des Einberufungsverlangens

Das Einberufungsverlangen bedarf **keiner besonderen Form** (Roth/Altmeppen/*Roth* § 50 Rn. 5). Auch mündliche und telefonische Geltendmachung sind demnach möglich. Auch kann die Geltendmachung durch einen **Bevollmächtigten** erfolgen (Baumbach/Hueck/*Zöllner* § 50 Rn. 5). Das   **3** wird bei einer Vielzahl von Minderheitsgesellschaftern, die gemeinsam das Einberufungsverlangen geltend machen, schon aus Gründen der Praktikabilität der Fall sein. Für die Vollmacht wird von der h. M. gem. § 47 Abs. 3 GmbHG analog Textform verlangt (vgl. E/F/S/*B. Schmidt* § 50 Rn. 4). Diese ist zumindest geeignet, um die Bevollmächtigung den Geschäftsführern nach § 174 Satz 1 BGB nachzuweisen, mag auch die dogmatische Begründung zweifelhaft sein (Baumbach/Hueck/*Zöllner* § 50 Rn. 5). Die Beifügung eines ausformulierten Beschlussantrags ist nicht erforderlich (E/F/S/*B. Schmidt* § 50 Rn. 4).

III. Adressat und Inhalt des Einberufungsverlangens

4   **Adressat** des Einberufungsverlangens ist die Gesellschaft, die hierbei grundsätzlich durch ihre Geschäftsführer vertreten wird. Zu einer solchen Passivvertretung ist jeder Geschäftsführer einzeln berechtigt (s. § 35 GmbHG Rdn. 19). Die Vertretung der Gesellschaft kommt auch durch andere Personen und Organe in Betracht, soweit solche ebenfalls berechtigt sind, die Gesellschafterversammlung einzuberufen.

5   **Inhaltlich** muss das Einberufungsverlangen den **Zweck und die Gründe** für die Einberufung der Gesellschafterversammlung angeben. Andernfalls sind die Vertreter der Gesellschaft zur Einberufung nicht verpflichtet. Das gilt sowohl bei Fehlen dieser Angaben als auch bei offensichtlicher Sinnlosigkeit des Beschlussgegenstandes, einem Verstoß gegen den Gesellschaftsvertrag sowie in Fällen missbräuchlichen Verlangens in Schädigungsabsicht. Darüber hinaus haben die Geschäftsführer oder ggf. anderweitig Berechtigten **kein Prüfungsrecht**. Insbesondere kommt es auch auf ihre Einschätzung der Erfolgsaussichten nicht an (E/F/S/*B. Schmidt* § 50 Rn. 5). Mit Zweck sind die Gegenstände für Beratung und Beschlussfassung der einzuberufenden Gesellschafterversammlung gemeint, die anzugebenden Gründe beziehen sich auf die Eilbedürftigkeit.

IV. Informationspflicht, Kosten

6   Die Geschäftsführer oder ggf. andere zur Einberufung Berechtigte haben den die Einberufung Verlangenden nach Prüfung des Vorliegens der Voraussetzungen möglichst rasch mitzuteilen, ob sie dem Verlangen stattgeben werden oder nicht. Sodann haben sie die Einberufung binnen angemessener Frist (BGH WM 1985, 568; a. A. geht von Unverzüglichkeit i. S. v. § 121 BGB aus, Baumbach/Hueck/*Zöllner* § 50 Rn. 9) vorzunehmen und dabei den Zeitpunkt für die Versammlung, die ebenfalls binnen angemessener Frist stattzufinden hat, festzulegen. Insoweit ist die Mindestfrist des § 51 Abs. 1 GmbHG zu beachten. In die Überlegungen zur Angemessenheit des Zeitpunkts für die Abhaltung der Gesellschafterversammlung fließen u. a. die Zahl der Gesellschafter und deren Umstände, z. B. die Nähe zum Versammlungsort, ein. Die **Kosten der Einberufung** und der Abhaltung der Versammlung, nicht aber die persönlichen Kosten der die Einberufung verlangenden Gesellschafter, trägt die Gesellschaft (Baumbach/Hueck/*Zöllner* § 50 Rn. 12). Mit der Einleitung eines Verfahrens nach § 48 Abs. 2 GmbHG (vgl. § 48 GmbHG Rdn. 15 bis 22) kann dem Einberufungsverlangen nicht entsprochen werden, es sei denn, die Minderheit begnügt sich von vornherein damit, dass ein Verfahren nach § 48 Abs. 2 GmbHG eingeleitet wird (Baumbach/Hueck/*Zöllner* § 50 Rn. 13).

V. Fehlerhafte Einberufung

7   Eine Einberufung der Gesellschafterversammlung trotz fehlenden Vorliegens der Voraussetzungen macht die in der Versammlung gefassten Beschlüsse nicht unwirksam, da die Gesellschafterversammlung auch ohne das Verlangen hätte einberufen werden können. Hingegen fehlt für die Erhebung einer Klage zur Erzwingung der Einberufung das Rechtsschutzbedürfnis, da den Minderheitsgesellschaftern das Selbstbewirkungsrecht nach Abs. 3 zusteht (E/F/S/*B. Schmidt* § 50 Rn. 5). Hinsichtlich der Kosten findet Abs. 3 Satz 2 auf Abs. 1 keine Anwendung; die Kosten sind in diesen Fällen von der Gesellschaft zu tragen.

C. Verlangen der Ankündigung von Gegenständen zur Beschlussfassung, Abs. 2

Abs. 2 gibt der Minderheit zusätzlich das Recht in gleicher Weise zu verlangen, dass Beschlussgegenstände auf die Tagesordnung einer Gesellschafterversammlung gesetzt werden. Dieses Recht ist insbesondere wichtig in Fällen, in denen eine Gesellschafterversammlung schon einberufen und eine Tagesordnung bereits bekannt gegeben worden ist, in Fällen also, in denen die **Erweiterung einer Tagesordnung** begehrt wird. Dem Verlangen muss nur gefolgt werden, wenn die Frist des § 51 Abs. 4 GmbHG für den oder die zusätzlichen Tagesordnungspunkte noch eingehalten werden kann (Roth/Altmeppen/*Roth* § 50 Rn. 7). Daraus leitet sich die Pflicht der Geschäftsführer ab, rasch zu handeln, schon um bei Verstreichen der Frist zusätzliche Kosten durch Einberufung und Abhaltung einer weiteren Gesellschafterversammlung zu vermeiden. Im Gegensatz zu Abs. 1 ist die Eilbedürftigkeit nur darzulegen, wenn es zu einer erheblichen Erweiterung der Tagesordnung kommt mit der Folge, dass die Abarbeitung in einem zeitlich angemessenen Rahmen nicht möglich erscheint.

D. Recht zur Selbstbewirkung der Einberufung, Abs. 3

Abs. 3 räumt den Minderheitsgesellschaftern, die von ihren Rechten nach Abs. 1 oder Abs. 2 Gebrauch gemacht haben, unter bestimmten Voraussetzungen das Recht ein, die begehrte Einberufung einer Gesellschafterversammlung oder Ankündigung eines Beschlussgegenstandes selbst zu bewirken. Dazu müssen zunächst alle Erfordernisse von Abs. 1 und Abs. 2 jeweils erfüllt sein; die den Geschäftsführer oder anderweitig Berechtigten verpflichtenden Voraussetzungen für eine Einberufung bzw. Ankündigung müssen also vorliegen (s. o. Rdn. 2 bis 6).

Außerdem müssen gem. Abs. 3 der Geschäftsführer und anderweitig zur Einberufung der Gesellschafterversammlung bzw. zur Ankündigung Berechtigte die Einberufung bzw. die Ankündigung entweder **abgelehnt**, nur **teilweise vorgenommen** oder die Vornahme für einen den Bedürfnissen der Minderheit **nicht gerecht werdenden Zeitpunkt** angekündigt haben. Auch bei Unterbleiben jeglicher Reaktion innerhalb angemessener Frist (zwei Wochen, vgl. Baumbach/Hueck/*Zöllner* § 50 Rn. 16) besteht das Recht zur Selbsthilfe. Das Recht zur Selbsthilfe besteht weiterhin in den Fällen, in denen Personen, an welche das Verlangen zu richten wäre, nicht vorhanden sind. Die wohl h. M. gewährt das Selbsthilferecht darüber hinaus in Fällen, in denen zwar keine Geschäftsführer vorhanden sind, ein zur Einberufung oder Ankündigung berechtigter Aufsichtsrat aber besteht (Baumbach/Hueck/*Zöllner* § 50 Rn. 17). Dem ist zu folgen, da das Verlangen gegenüber einem Aufsichtsrat mit dem Risiko nicht unerheblichen Zeitverlustes schwieriger geltend zu machen ist.

Für die Durchführung der Einberufung bzw. der Ankündigung können die Minderheitsgesellschafter von der Gesellschaft die **Herausgabe der Namen und der Anschriften** der Gesellschafter verlangen (Baumbach/Hueck/*Zöllner* § 50 Rn. 18). Im Rahmen der Einberufung haben sie darzulegen, woraus sich ihr Selbstbewirkungsrecht ableitet, also die Voraussetzungen des Abs. 3 einschließlich der Voraussetzungen von Abs. 1 bzw. Abs. 2. Das Erreichen des Quorums ergibt sich schon aus der Nennung der die Einberufung vornehmenden Gesellschafter. Daneben sind auch alle Erfordernisse des § 51 GmbHG bzw. der Satzung zu erfüllen. Das Selbstbewirkungsrecht kann nur für diejenigen Gegenstände ausgeübt werden, auf die sich auch das Einberufungsverlangen bezogen hat (E/F/S/*B. Schmidt* § 50 Rn. 9).

Nach Abs. 3 Satz 2 hat die Gesellschafterversammlung darüber zu entscheiden, ob die entstandenen Kosten von der Gesellschaft zu tragen sind, ohne dass dieser Beschlussgegenstand auf der Tagesordnung anzukündigen wäre (Baumbach/Hueck/*Zöllner* § 49 Rn. 21). Die Kosten umfassen sowohl die **Kosten der Einberufung** als auch die **Kosten der Durchführung** der Gesellschafterversammlung, soweit diese angemessen sind. Sonst kommt auch Teilübernahme durch die Gesellschaft in Betracht. Die Minderheitsgesellschafter, die die Gesellschafterversammlung einberufen haben, sind stimmberechtigt. Nach heute h. M. entscheidet die Gesellschafterversammlung im Rahmen pflichtgemäßen Ermessens (PraxisHdb GmbH-GF/*Jaeger* § 19 Rn. 32); die Gesellschafter haben bei der Abstimmung die gesellschafterliche Treuepflicht zu beachten. Die Gesellschaft dürfte grundsätzlich diejenigen Kosten, die im Gesellschaftsinteresse angefallen sind, zu tragen haben. Ein **Verstoß gegen** die **Treuepflicht** macht den Beschluss analog § 243 Abs. 1 AktG anfechtbar; eine entsprechende Anfechtungsklage können die Minderheitsgesellschafter mit einer positiven Beschlussfeststellungsklage verbinden, um die Kostentragungspflicht der Gesellschaft herbeizuführen (Baumbach/Hueck/*Zöllner* § 50 Rn. 22).

E. Durchführung der einberufenen Gesellschafterversammlung

13 Auf der nach § 50 GmbHG einberufenen Gesellschafterversammlung wird nach den auch in anderen Gesellschafterversammlungen geltenden Regeln abgestimmt und Beschluss gefasst. Doch ist in dieser Versammlung zu beachten, dass das Minderheitsrecht zur Einberufung einer Gesellschafterversammlung nicht ausgehöhlt wird und damit die Rechte aus § 50 GmbHG leer laufen. So kommt in einer solchen Versammlung eine **Vertagung nur bei Vorliegen dringender Sachgründe** in Betracht. Im Einzelnen sind die der Mehrheit gesetzten Grenzen und ihre für die Minderheit zu gewährleistende Durchsetzbarkeit noch stark umstritten und im Grunde erst in der Entwicklung (vgl. insgesamt Baumbach/Hueck/*Zöllner* § 50 Rn. 27).

§ 51 Form der Einberufung

(1) Die Berufung der Versammlung erfolgt durch Einladung der Gesellschafter mittels eingeschriebener Briefe. Sie ist mit einer Frist von mindestens einer Woche zu bewirken.

(2) Der Zweck der Versammlung soll jederzeit bei der Berufung angekündigt werden.

(3) Ist die Versammlung nicht ordnungsmäßig berufen, so können Beschlüsse nur gefaßt werden, wenn sämtliche Gesellschafter anwesend sind.

(4) Das gleiche gilt in bezug auf Beschlüsse über Gegenstände, welche nicht wenigstens drei Tage vor der Versammlung in der für die Berufung vorgeschriebenen Weise angekündigt worden sind.

Übersicht

	Rdn.		Rdn.
A. Allgemeines	1	D. Mangelhafte Einberufung, Abs. 3	11
B. Art und Weise der Einladung, Abs. 1	2	I. Vollversammlung	11
I. Adressat und Adresse	2	II. Rechtsfolgen der mangelhaften Einberufung	12
II. Form der Einladung, Abs. 1 Satz 1	5	E. Mangelhafte Ankündigung von Beschlussgegenständen, Abs. 4	14
III. Frist, Abs. 1 Satz 2	6		
IV. Abweichende Regelung durch Gesellschaftsvertrag	7	F. Absage und Verlegung einer Gesellschafterversammlung	15
C. Ankündigung des Zwecks der Versammlung, Abs. 2	8		

A. Allgemeines

1 Grundsätzlich bedürfen Gesellschafterversammlungen gem. Abs. 1 der ordnungsgemäßen Einberufung und rechtzeitiger Ankündigung der Tagesordnung; andernfalls können Beschlüsse nicht wirksam gefasst werden. Von diesem Grundsatz formulieren Abs. 3 und Abs. 4 für den Fall der Vollversammlung Ausnahmen. Abs. 2 regelt die Art und Weise sowie den Inhalt der Einberufung.

B. Art und Weise der Einladung, Abs. 1

I. Adressat und Adresse

2 Gem. Abs. 1 Satz 1 erfolgt die Einberufung der Gesellschafterversammlung durch die Einladung der Gesellschafter persönlich. Bei minderjährigen Gesellschaftern ist der **gesetzliche** Vertreter zu laden, bei unter Betreuung gestellten sowohl der **Betreuer** als auch der betreute Gesellschafter, dessen Ladung allerdings bei Geschäftsunfähigkeit unterbleiben kann. Bei Testamentsvollstreckung ist der **Testamentsvollstrecker**, bei eröffnetem Insolvenzverfahren ist der **Insolvenzverwalter** einzuladen

(Baumbach/Hueck/*Zöllner* § 51 Rn. 7). Für die Gesellschafterstellung maßgeblich ist die Erfassung des Gesellschafters in der Gesellschafterliste nach § 40 GmbHG. Im Fall einer unwirksamen Übertragung der Geschäftsanteile und der dennoch erfolgten Erfassung in der Gesellschafterliste, ist die Einladung an den **Scheingesellschafter** ausreichend. Es sind auch alle **nicht stimmberechtigten Gesellschafter** einzuladen, da das Teilnahmerecht auch ohne Stimmrecht besteht. Hat ein Gesellschafter kein Teilnahmerecht, entfällt auch die Einladung. Die Einladung ist an die in der im Handelsregister aufgenommenen Gesellschafterliste vermerkte Adresse zu senden. Ist die Adresse unrichtig geworden, muss die Gesellschaft nicht die richtige Adresse herausfinden, und zwar selbst dann nicht, wenn das Einladungsschreiben als unzustellbar zurückkommt (E/F/S/*B. Schmidt* § 51 Rn. 2). Der Gesellschafter hat an der mitgeteilten Adresse selbst für Nachsendung o. ä. Vorsorge zu treffen. Die mitgeteilte Adresse ist so lange maßgeblich, wie eine neue Adresse nicht mitgeteilt worden ist.

Bei einem **verstorbenen Gesellschafter** sind bekannte Erben unter deren Adresse einzuladen; sind Erben nicht bekannt, ist eine Nachlasspflegschaft i. S. d. § 1960 BGB einzuleiten, wobei im Fall eiliger Beschlüsse das Gericht die notwendigen Entscheidungen rasch zu treffen hat (Baumbach/Hueck/*Zöllner* § 51 Rn. 6). Ist der Tod bei der Gesellschaft nicht bekannt, reicht die Ladung des verstorbenen Gesellschafters unter seiner zuletzt mitgeteilten Anschrift. Entsprechendes gilt, wenn Eröffnung des Insolvenzverfahrens oder das Bestehen einer Betreuung oder Pflegschaft unbekannt sind. Die Gesellschaft kann in diesen Fällen wie bisher wirksam laden.

3

Hat der Gesellschafter jemanden schriftlich zur Stimmrechtsausübung bevollmächtigt, so kann er ihn auch als **Ladungsempfänger** bestimmen, dessen Einladung dann dem Einberufungserfordernis genügt (Baumbach/Hueck/*Zöllner* § 51 Rn. 8). **Teilnahmeberechtigte Nichtgesellschafter** müssen nicht nach Abs. 1 eingeladen werden; es genügt eine formlose Mitteilung binnen angemessener Frist (E/F/S/*B. Schmidt* § 51 Rn. 4).

4

II. Form der Einladung, Abs. 1 Satz 1

Abs. 1 Satz 1 verlangt die Einladung der Gesellschafter mittels Zustellung durch eingeschriebenen Brief. Das bedeutet zunächst, dass die Einladung **schriftlich in Papierform** erfolgen muss. Textform reicht nicht. Der Urheber der Einladung muss erkennbar sein, um die Zuständigkeit überprüfen zu können (Baumbach/Hueck/*Zöllner* § 51 Rn. 11). Aus guten Gründen bejaht die wohl h. M. darüber hinaus das Erfordernis der **namentlichen Unterzeichnung** durch den bzw. die Einberufenden (Roth/Altmeppen/*Roth* § 51 Rn. 2). Das gilt auch für die Selbstbewirkung der Einberufung durch Minderheitsgesellschafter (zur Selbstbewirkung s. § 50 GmbHG Rdn. 9 ff.). Weiterhin schreibt das Gesetz für die Zustellung einen Einschreibebrief vor; diesem Erfordernis entspricht nach (noch) h. M. nur das **Übergabeeinschreiben**, nicht aber das seit dem 01.09.1997 eingeführte Einwurfeinschreiben, bei dem lediglich der Vorgang des Einwurfs des Schreibens in den Briefkasten durch den Zusteller dokumentiert wird, ohne dass die Zustellung dem Absender selbst mitgeteilt würde (E/F/S/*B. Schmidt* § 51 Rn. 3). Das Landgericht Mannheim vertritt unter Hinweis auf eine fehlende Präzisierung der Vorschrift durch den Gesetzgeber nach Einführung des Einwurfeinschreibens im Jahr 1997 und auf die Anwendung der Vorschrift durch i. d. R. nicht rechtskundige Geschäftsführer die gegenteilige Auffassung (LG Mannheim NZG 2008, 111, 112; zustimmend *Köper* NZG 2008, 96). Vgl. zur denkbaren Möglichkeit einer persönlichen Übergabe der Einladung unter Quittierung des Empfangs und Verzicht auf die Rüge der Form nach § 242 Abs. 2 Satz 4 AktG analog durch den Gesellschafter *Leuering/Stein* NJW-Spezial 2013, 591 f.

5

III. Frist, Abs. 1 Satz 2

Gem. Abs. 1 Satz 2 ist die Einberufung der Gesellschafterversammlung mit einer Frist von **mindestens einer Woche** zu bewirken. Der **Fristlauf** beginnt an dem Tag, an dem mit der Zustellung der mittels eingeschriebener Briefe versendeten Einladungen zu rechnen ist, also 2 Tage nach Aufgabe der Briefe zur Post für Gesellschafter im Inland, im Ausland je nach Land entsprechend länger (vgl. Lutter/Hommelhoff/*Lutter/Bayer* GmbHG, § 51 Rn. 14). Bei Streik oder anderen, alle Gesellschaf-

6

ter betreffenden Postlaufhindernissen wird der Fristbeginn entsprechend hinausgeschoben; bei nur einzelne Gesellschafter betreffenden Postlaufhindernissen (Krieg in einem anderen Land etc.) wird der Fristlauf grundsätzlich nicht hinausgeschoben, doch kann die Gesellschaft zum gleichzeitigen Einsatz anderer Kommunikationsmittel (z. B. E-Mail) verpflichtet sein (Baumbach/Hueck/*Zöllner* § 51 Rn. 19). Die **Fristberechnung** erfolgt nach den §§ 187 Abs. 1, 188 Abs. 2 BGB. Ist der Tag des Fristbeginns z. B. ein Mittwoch, dann kann die Gesellschafterversammlung frühestens am Donnerstag der darauf folgenden Woche stattfinden. § 193 BGB findet nach h. M. Anwendung, da die Frist auch der Vorbereitung des Gesellschafters dient, der an Sonn- und Feiertagen Hindernisse entgegenstehen können (OLG Naumburg GmbHR 1998, 90, 90 f.).

IV. Abweichende Regelung durch Gesellschaftsvertrag

7 Der Gesellschaftsvertrag kann die Einberufung der Gesellschafterversammlung abweichend von den gesetzlichen Vorschriften modifizierend regeln, ist dabei aber trotz des dispositiven Charakters von § 51 GmbHG nicht völlig frei. Eine Erschwerung der Einberufung (längere Frist, öffentliche Bekanntmachung etc.) ist möglich, soweit die Abhaltung dadurch nicht über die Maßen erschwert wird. Erleichterungen sind grundsätzlich ebenfalls möglich (z. B. Zulassung der Einberufung im Wege moderner elektronischer Kommunikationsmittel oder der mündlichen, telefonischen Einberufung etc.), nicht aber die Abkürzung der Einberufungsfrist (vgl. dazu insgesamt Roth/Altmeppen/*Roth* § 51 Rn. 20).

C. Ankündigung des Zwecks der Versammlung, Abs. 2

8 Mit der Einladung zur Gesellschafterversammlung soll nach Abs. 2 der Zweck der Gesellschafterversammlung angekündigt werden. Damit ist die Mitteilung der **Tagesordnung** gemeint (Lutter/Hommelhoff/*Bayer* GmbHG, § 51 Rn. 17). Bereits die Wahl einer Sollvorschrift macht aber deutlich, dass die gleichzeitige Mitteilung der Tagesordnung nicht Voraussetzung für die Wirksamkeit der Einladung und damit der Einberufung der Gesellschafterversammlung ist. Hingegen kann die Tagesordnung auch noch später mitgeteilt werden, wobei aber eine **Mindestfrist von 3 Tagen** vor der Gesellschafterversammlung einzuhalten ist (Abs. 4). Die Berechnung der Frist erfolgt nach denselben Regeln wie die Fristberechnung bei der Einladung (s. o. Rdn. 6).

9 Inhaltlich hat die Tagesordnung alle **Beschluss- und Beratungsgegenstände** so genau zu nennen und zu beschreiben, dass die eingeladenen Gesellschafter sich ein hinreichendes Bild von den Gegenständen machen und sich auf die Gesellschafterversammlung vorbereiten können. Regelmäßig ist eine **stichwortartige Angabe** ausreichend (vgl. OLG Stuttgart NZG 2000, 159). Unter dem Tagesordnungspunkt »Sonstiges« oder »Verschiedenes« in der Ankündigung dürfen nur Gegenstände von geringerer Bedeutung beraten werden; Beschlussfassungen sind dabei ausgeschlossen (OLG München GmbHR 1994, 259). Keinesfalls darf es zu Überraschungen oder gar Überrumpelungen der Gesellschafter in der Gesellschafterversammlung kommen, es besteht ansonsten die Gefahr eines Ankündigungsmangels. Die Formulierung von Beschlussvorschlägen oder Beschlussanträgen ist zwar nicht erforderlich, kann aber sinnvoll sein. Das gilt auch bei Satzungsänderungen.

10 Das Erfordernis der Ankündigung des Zwecks der Gesellschafterversammlung kann durch den Gesellschaftsvertrag weder ausgeschlossen noch abgeschwächt werden (BGHZ 99, 119, 124).

D. Mangelhafte Einberufung, Abs. 3

I. Vollversammlung

11 Abs. 3 regelt, dass im Fall einer nicht ordnungsmäßig einberufenen Gesellschafterversammlung Beschlüsse nur gefasst werden können, wenn alle Gesellschafter anwesend sind, es sich also um eine sog. Vollversammlung handelt. Die Anwesenheit eines Gesellschafters ist auch im Fall der Vertretung durch einen Bevollmächtigten und bei Anwesenheit der gesetzlichen Vertreter gegeben. Dabei verlangen die h. M. und die höchstrichterliche Rechtsprechung (BGH NZG 2003, 127; Roth/Altmeppen/*Roth* § 51 Rn. 16) über den Wortlaut des Gesetzes hinaus aber nicht nur

die Anwesenheit aller Gesellschafter, sondern auch deren konkludent oder ausdrücklich erklärtes Einvernehmen damit, dass die Gesellschafterversammlung abgehalten und Beschlüsse gefasst werden. Auch bei einer Vollversammlung müssen nicht notwendigerweise alle Gesellschafter anwesend sein. So ist eine Vollversammlung auch möglich, wenn Ladungsmängel nur bei einem Teil der Gesellschafter vorliegen, diese aber sämtlich erschienen sind, während ordnungsgemäß geladene Gesellschafter oder solche, die vorher auf Ladung und Teilnahme verzichtet haben, nicht erschienen sind (E/F/S/*B. Schmidt* § 51 Rn. 13).

II. Rechtsfolgen der mangelhaften Einberufung

Mängel der Einberufung einer Gesellschafterversammlung können verschiedene Rechtsfolgen haben. So begründen bestimmte Mängel der Einberufung, unabhängig davon, ob sie nur einem Gesellschafter oder allen Gesellschaftern gegenüber bestehen, die **Nichtigkeit** der in der mangelhaft einberufenen Gesellschafterversammlung gefassten Beschlüsse, andere Mängel führen nur zu ihrer Anfechtbarkeit. Die Nichtigkeitsfolge tritt ein bei Fehlen der Einberufung, Einberufung nur eines Teils der Gesellschafter, Einberufung mit unvollständigem Inhalt (keine Ortsangabe, keine Zeitangabe, keine Angabe des Versammlungslokals etc.) und im Fall der Einberufung durch Unbefugte. Die Einladung an einen unzulässigen Ort oder zu einem unzulässigen Zeitpunkt hingegen führt jeweils nur zur **Anfechtbarkeit**. Dasselbe gilt für das Unterschreiten der Ladungsfrist. Der BGH behandelt allerdings Fälle, in denen die Ladung dem Gesellschafter infolge schwerwiegender Form- und Fristmängel die Teilnahme in einer Weise erschwert, die der Verhinderung seiner Anwesenheit gleichkommt, der Sache nach als Fälle der Nichtladung (*Gehrlein* Der Konzern 2007, 1, 11). Wird der Gesellschafter abends gegen 20.30 Uhr per E-Mail auf den folgenden Vormittag 10.00 Uhr geladen, liegt nach Auffasung des BGH ein Fall der Nichtladung mit Nichtigkeitsfolge für gefasste Beschlüsse vor (BGH BB 2006, 851). Vgl. zur Nichtigkeitsfolge auch § 47 GmbHG Rdn. 41 ff., 54 ff.; zur Anfechtbarkeitsfolge vgl. § 47 GmbHG Rdn. 70 bis 77. 12

Die Gesellschafter können widerruflich schon vor der Versammlung für einen oder alle zukünftigen Fälle auf die Einladung insgesamt oder auf einzelne ihrer Merkmale verzichten, wobei jeder Gesellschafter den **Verzicht nur für sich selbst** erklären kann. Auch die nachträgliche Erklärung des Einverständnisses mit der Beschlussfassung trotz Ladungsmangels oder ein Rügeverzicht sind möglich. Es tritt dann Heilung der Einberufungsmängel ein (Baumbach/Hueck/*Zöllner* § 51 Rn. 29 f.). 13

E. Mangelhafte Ankündigung von Beschlussgegenständen, Abs. 4

Abs. 4 normiert für die mangelhafte Ankündigung von Beschlussgegenständen zunächst dieselbe Rechtsfolge, die Abs. 3 für die mangelhafte Einberufung der Gesellschafterversammlung vorsieht (s. o. Rdn. 12 f.). Wirksame Beschlüsse können demnach nicht gefasst werden, es sei denn es sind alle Gesellschafter anwesend (Vollversammlung, s. o. Rdn. 11). Es ist aber allgemeine Meinung, dass trotzdem gefasste Beschlüsse nur anfechtbar, nicht hingegen nichtig sind (Baumbach/Hueck/*Zöllner* § 51 Rn. 37). Die Anfechtungsbefugnis steht insoweit nur denjenigen Gesellschaftern zu, denen gegenüber die Ankündigung unwirksam war. Wurde auf die Ankündigung gem. Abs. 2 oder auf die Rüge von Ladungsmängeln verzichtet oder dem Beschluss nachträglich zugestimmt (s. o. Rdn. 13), entfällt die Anfechtungsbefugnis (Baumbach/Hueck/*Zöllner* § 51 Rn. 38). 14

F. Absage und Verlegung einer Gesellschafterversammlung

Für die **Absage** einer bereits einberufenen Gesellschafterversammlung hat derjenige, der die Absage vornimmt, das bestmögliche Kommunikationsmittel zu wählen, das nicht notwendigerweise mit dem für die Einberufung gewählten Kommunikationsmittel übereinstimmen (Baumbach/Hueck/*Zöllner* § 51 Rn. 40). In einer trotz Absage abgehaltenen Gesellschafterversammlung gefasste Beschlüsse sind nach § 241 Nr. 1 AktG analog nichtig. Das gilt nicht in einer Vollversammlung (s. o. Rdn. 11). 15

16 Auch bei der **Verlegung** einer Gesellschafterversammlung stellt sich die Frage nach Frist und Form für die entsprechende Mitteilung an die Gesellschafter. Bei einer **Verlegung des Versammlungsortes** ist in den Fällen, in denen das neue Versammlungslokal mit demselben Zeitaufwand wie das ursprünglich benannte erreicht werden kann, eine sehr kurzfristig und formlos erfolgende Mitteilung ausreichend. Es müssen aber alle Gesellschafter informiert werden. Liegen neues und altes Versammlungslokal sehr nah beieinander, ist bei einer hinreichenden zeitlichen Verschiebung der Versammlung auch die Verständigung über die örtliche Verlegung am ursprünglichen Versammlungslokal ausreichend (Baumbach/Hueck/*Zöllner* § 51 Rn. 40). In allen anderen Fällen ist eine erneute Einberufung unter Wahrung der gesetzlichen Frist und Form vorzunehmen. Bei einer **Verlegung des Zeitpunkts** der Gesellschafterversammlung bedarf es hingegen immer der erneuten Einberufung unter Frist- und Formwahrung. Vorverlegung am selben Tag verlangt erneute Einberufung; Verschiebung nach hinten ist im Rahmen von ein bis 2 Stunden am selben Tag stets form- und fristlos möglich. Auch dabei sind aber die Interessen der Gesellschafter durch Abwägung nach Treu und Glauben im Einzelfall zu wahren. Bei unveränderter Tagesordnung muss diese weder bei zeitlicher noch bei örtlicher Verlegung erneut mitgeteilt werden (Baumbach/Hueck/*Zöllner* § 51 Rn. 42).

§ 51a Auskunfts- und Einsichtsrecht

(1) Die Geschäftsführer haben jedem Gesellschafter auf Verlangen unverzüglich Auskunft über die Angelegenheiten der Gesellschaft zu geben und die Einsicht der Bücher und Schriften zu gestatten.

(2) ¹Die Geschäftsführer dürfen die Auskunft und die Einsicht verweigern, wenn zu besorgen ist, daß der Gesellschafter sie zu gesellschaftsfremden Zwecken verwenden und dadurch der Gesellschaft oder einem verbundenen Unternehmen einen nicht unerheblichen Nachteil zufügen wird. ²Die Verweigerung bedarf eines Beschlusses der Gesellschafter.

(3) Von diesen Vorschriften kann im Gesellschaftsvertrag nicht abgewichen werden.

Übersicht

		Rdn.			Rdn.
A.	Allgemeines	1	I.	Gesellschaftsfremde Verwendung	12
B.	Auskunftsrecht, Abs. 1, 1. Alt.	2	II.	Besorgnis	13
I.	Auskunftsberechtigter	2	III.	Mildere Mittel	14
II.	Auskunftsverpflichteter	3	IV.	Einholung eines Gesellschafterbeschlusses	15
III.	Gegenstand des Auskunftsanspruchs	4	V.	Weitere Verweigerungsgründe	16
IV.	Umfang, Form, Frist und Kosten der Auskunftserteilung	5	VI.	Unterlassung der gesellschaftsfremden Verwendung von Informationen	17
C.	Einsicht der Gesellschafter in Bücher und Schriften, Abs. 1, 2. Alt.	8	E.	Regelungen in der Satzung, Abs. 3	18
D.	Schranken der Informationsansprüche, Abs. 2	11	F.	Unberechtigte Informationsverweigerung	19

A. Allgemeines

1 § 51a GmbHG regelt umfassende **mitgliedschaftliche Informationsansprüche** jedes einzelnen Gesellschafters, die ihm außerhalb der Gesellschafterversammlung zustehen. Sie stehen neben den Informationsrechten, die die Gesellschafter innerhalb der Gesellschafterversammlung im Hinblick auf die Beratungs- oder Beschlussgegenstände haben. Die Informationsansprüche sollen dem Gesellschafter insbesondere die Wahrnehmung seiner mitgliedschaftlichen Teilhaberechte ermöglichen (E/F/S/*B. Schmidt* § 51a Rn. 1). Es handelt sich um ein aus der Mitgliedschaft fließendes höchstpersönliches Individualrecht des Gesellschafters (BayObLGZ 1988, 349, 355), das im Verhältnis zur Geschäftsführung die unbeschränkte Aufsichts-, Weisungs- und Personalkompetenz der Gesellschaftergesamtheit aktualisiert (Roth/Altmeppen/*Roth* § 51a Rn. 4). Die praktische Bedeutung der

Vorschrift ist sehr groß. Abs. 1 gewährt neben dem **Auskunftsrecht** auch ein **Einsichtsrecht** in die Bücher und Schriften der Gesellschaft. Durch den die Informationen begehrenden Gesellschafter ist das im konkreten Fall weniger stark in die Belange der Gesellschaft eingreifende Recht zu wählen. Die erhaltenen Informationen muss der Gesellschafter vertraulich behandeln und darf sie nicht zu gesellschaftsfremden Zwecken verwenden oder an gesellschaftsfremde Dritte weitergeben.

B. Auskunftsrecht, Abs. 1, 1. Alt.

I. Auskunftsberechtigter

Gem. Abs. 1, 1. Alt. haben die Geschäftsführer zunächst jedem Gesellschafter auf Verlangen unverzüglich Auskunft über die Angelegenheiten der Gesellschaft zu geben. Träger dieses Mitgliedschaftsrechtes ist **jeder einzelne Gesellschafter** unabhängig von der Höhe seiner Beteiligung. Es kann schon in der Vor-GmbH geltend gemacht werden. Dieses Recht kann unabhängig von der Gesellschafterstellung **nicht übertragen** werden, ist aber auch durch **Bevollmächtigte** ausübbar, wenn deren Verschwiegenheit gesichert ist (Baumbach/Hueck/*Zöllner* § 51a Rn. 5). Steht einem Testamentsvollstrecker das Stimmrecht zu, hat er auch das Auskunftsrecht inne (Lutter/Hommelhoff/*Lutter* GmbHG, § 51a Rn. 4). Ist ein Gesellschafter insolvent, steht das Auskunftsrecht per sedem Insolvenzverwalter zu. Wie das Teilnahmerecht steht auch das Auskunftsrecht dem Gesellschafter im Fall stimmrechtsloser Geschäftsanteile oder im Fall des Ausschlusses seines Stimmrechts hinsichtlich bestimmter Angelegenheiten der Gesellschaft auch insoweit zu (Baumbach/Hueck/*Zöllner* § 51a Rn. 6). Der BGH hat klargestellt, das Ansprüche nach § 51a GmbHG nicht pfändbar sind (BGH ZIP 2013, 1071). Bei den Ansprüchen gem. § 51a GmbHG handelt es sich nicht um Nebenrechte, die im Fall einer Abtretung nach §§ 412, 401 BGB auf den Gläubiger übergehen. Eine Forderung ist der Pfändung grundsätzlich nur insoweit unterworfen, als sie übertragbar ist, was bei den Ansprüchen nach § 51a GmbHG nicht der Fall ist, da sie Ausfluss der Gesellschafterstellung selbst sind und von dieser nicht getrennt werden können. Aus denselben Gründen kommt auch eine gesonderte Pfändung der Ansprüche nach § 51 GmbHG nicht in Betracht (BGH ZIP 2013, 1071, 1072). Bei **Verpfändung und Nießbrauch** verbleibt das Auskunftsrecht also beim Gesellschafter, der allerdings gegenüber dem Pfandnehmer bzw. dem Inhaber des Nießbrauchs zur Einholung von für das bestellte Recht wesentlichen Informationen verpflichtet sein kann (Baumbach/Hueck/*Zöllner* § 51a Rn. 6). Das Auskunftsrecht besteht bis zum Ausscheiden aus der Gesellschafterstellung, also auch noch während eines Ausschließungs- oder Einziehungsverfahrens. **Ansprüche ausgeschiedener Gesellschafter** auf Informationen im Zusammenhang mit Gewinn- und Abfindungsansprüchen werden von der Rechtsprechung hingegen auf § 810 BGB gestützt (BGH GmbHR 1977, 153).

II. Auskunftsverpflichteter

Adressat des Auskunftsanspruchs sind gem. Abs. 1, 1. Alt. die **Geschäftsführer**, die insoweit aber für die Gesellschaft als Trägerin der Auskunftspflicht handeln. Die Geschäftsführer können die Aufgabe der Informationserteilung auch delegieren. Gerichtlich ist der Auskunftsanspruch dementsprechend gegenüber der Gesellschaft geltend zu machen (BGHZ 135, 51). Im Fall der Insolvenz der Gesellschaft bleibt der Anspruch gegen die Gesellschaft (mit Einschränkungen) bestehen; sie wird dann vom Insolvenzverwalter vertreten (Roth/Altmeppen/*Roth* § 51a Rn. 16).

III. Gegenstand des Auskunftsanspruchs

Gegenstand des Auskunftsanspruchs sind **alle Angelegenheiten der Gesellschaft**. Der Begriff der »Angelegenheiten der Gesellschaft« i. S. d. Abs. 1 ist denkbar weit, umfasst im Grunde genommen alles, was mit der Geschäftsführung, den wirtschaftlichen Verhältnissen, den Beziehungen der Gesellschaft zu Dritten zu tun hat, aber auch gesellschaftsinterne Beziehungen (Roth/Altmeppen/*Roth* § 51a Rn. 5). Auch die Verhältnisse von i. S. d. §§ 15 ff. AktG verbundenen Unternehmen können Angelegenheiten der Gesellschaft sein, wenn sie für die Gesellschaft selbst von wesentlicher Bedeutung sind (ausführlich Lutter/Hommelhoff/*Lutter* GmbHG, § 51a Rn. 13 ff.).

IV. Umfang, Form, Frist und Kosten der Auskunftserteilung

5 Die erteilten Auskünfte müssen **zutreffend und vollständig** sein. Bestehen Ungewissheiten, ist darauf hinzuweisen (Baumbach/Hueck/*Zöllner* § 51a Rn. 14). Allerdings sind schon aus Gründen der Praktikabilität dem Umfang der zu erteilenden Auskünfte Grenzen gesetzt, insbesondere durch den Zweck, den das Auskunftsverlangen hat, der in der Vorbereitung eines Beschlussgegenstandes, der Bewertung der Rechtmäßigkeit einer Geschäftsführungsmaßnahme etc. liegen kann (Baumbach/Hueck/*Zöllner* § 51a Rn. 15). Eine pauschal gestellte Frage darf ebenso pauschal beantwortet werden (BayObLG NJW-RR 1989, 932, 934). Die Auskunft kann **mündlich oder schriftlich** erteilt werden, die Wahl der Form steht dabei im Ermessen der Geschäftsführer, es sei denn eine mündliche Erteilung ist erkennbar ungeeignet (E/F/S/*B. Schmidt* § 51a Rn. 6).

6 Macht ein Gesellschafter, der im Zeitraum, auf welchen sich sein Auskunfts- und Einsichtsbegehren bezieht, einer der Geschäftsführer war, Informationsrechte nach § 51a Abs. 1 GmbHG geltend, bedarf deren Ausübung besonderer Begründung.

7 Die Auskunft hat nach dem Wortlaut des Gesetzes **unverzüglich** zu erfolgen, also ohne schuldhaftes Zögern (§ 121 BGB). Der Begriff der Unverzüglichkeit ist im Einzelfall unter den Gesichtspunkten der Bedeutung, der Dringlichkeit und auch des Umfangs des Auskunftsverlangens, seiner Schwierigkeit sowie der allgemeinen Belastung der Geschäftsführer zu bewerten. In einer Gesellschafterversammlung verlangte Auskünfte, die für die Beurteilung von Tagesordnungspunkten erforderlich sind, sind grundsätzlich sofort zu erteilen, sofern nicht die zu erteilenden Auskünfte so umfangreich und schwierig sind, dass die Geschäftsführer mit einem solchen Verlangen nicht rechnen mussten (vgl. KG WM 1994, 1479, 1485). Die **Kosten** der Anfrage trägt der jeweilige Gesellschafter selbst, die Kosten der Auskunftserteilung hingegen die Gesellschaft (Baumbach/Hueck/*Zöllner* § 51a Rn. 18).

C. Einsicht der Gesellschafter in Bücher und Schriften, Abs. 1, 2. Alt.

8 Neben dem Auskunftsanspruch steht den Gesellschaftern auch das Recht zur Einsicht in die Bücher und Schriften der Gesellschaft zu, Abs. 1, 2. Alt. Das Einsichtsrecht kann global und ohne Bezug auf konkrete Unterlagen oder Sachverhalte geltend gemacht werden (Lutter/Hommelhoff/*Lutter* GmbHG, § 51a Rn. 18 unter Verweis auf OLG Frankfurt am Main WM 1995, 1719, 1720). Der Anspruch nach Abs. 1, 2. Alt. richtet sich nur in äußerst wenigen Ausnahmefällen auch auf die Bücher und Schriften verbundener Unternehmen, z. B. bei der Führung einer 100 %igen Tochtergesellschaft wie eine Betriebsabteilung (Baumbach/Hueck/*Zöllner* § 51a Rn. 19).

9 **Bücher** i. S. v. Abs. 1, 2. Alt. sind die Handelsbücher nach § 238 Abs. 1 HGB. Mit **Schriften der Gesellschaft** (gleichbedeutend mit Papiere der Gesellschaft in § 118 HGB) hingegen sind die geschriebenen Geschäftsunterlagen der Gesellschaft einschließlich der Korrespondenz und der Buchungsbelege gemeint, ohne Beschränkung auf das nach § 257 HGB aufbewahrungspflichtige Schriftgut (A/E/S/*B. Schmidt* § 51a Rn. 7). Umfasst sind auch mit moderner Technik (z. B. EDV oder Mikrofilm) aufbewahrte Bücher (§ 239 Abs. 4 HGB) und Schriften der Gesellschaft (Baumbach/Hueck/*Zöllner* § 51a Rn. 21). Umstritten ist die Erstreckung des Anspruchs auch auf Protokolle von Aufsichtsratssitzungen (dazu instruktiv und m. w. N. Baumbach/Hueck/*Zöllner* § 51a Rn. 22).

10 Die Gewährung der Einsicht erfolgt **während der ordentlichen Geschäftszeiten** der Gesellschaft und nur in den **Geschäftsräumen**; das Recht zur Anfertigung von Abschriften oder Kopien ist grundsätzlich gegeben, solange keine schutzwürdigen Interessen entgegenstehen (OLG Köln WM 1986, 36, 38). Die Einsicht kann durch die Geschäftsführer auf die notwendigen Teile der Schriften oder Bücher beschränkt werden. Zur Einsicht kann sich der Gesellschafter in begründeten Fällen auch eines Sachverständigen bedienen, der entweder der beruflichen Schweigepflicht unterliegt (Rechtsanwalt, Steuerberater, Wirtschaftsprüfer) oder sich der Gesellschaft gegenüber entsprechend verpflichtet (Roth/Altmeppen/*Roth* § 51a Rn. 15).

D. Schranken der Informationsansprüche, Abs. 2

Gem. Abs. 2 Satz 1 dürfen die Geschäftsführer nach Abs. 1 verlangte Auskünfte oder die Einsicht **verweigern**, wenn zu besorgen ist, dass der Gesellschafter sie zu **gesellschaftsfremden Zwecken** verwenden und dadurch der Gesellschaft oder einem verbundenen Unternehmen einen nicht unerheblichen Nachteil zufügen wird. Die Beschränkung des Auskunftsrechts nach § 51a Abs. 2 ist auf das Auskunftsrecht des ausgeschiedenen Gesellschafters nach § 810 BGB entsprechend anwendbar, da das Einsichtsrecht eines ausgeschiedenen Gesellschafters nicht weiter gehen kann als das Einsichtsrecht eines Gesellschafters (OLG Naumburg BeckRS 2013, 22400; vgl. auch OLG München NJW-RR 2008, 423).

I. Gesellschaftsfremde Verwendung

Gesellschaftsfremde Verwendung meint **gesellschaftsschädliche Verwendung** oder Verwendung außerhalb des ordnungsgemäßen mitgliedschaftlichen Verhaltens, insbesondere also wenn die Verwendung nicht der Ausübung von Mitgliedschaftsrechten dient (E/F/S/*B. Schmidt* § 51a Rn. 13). Typischer Fall ist die Verwendung für Konkurrenzunternehmen oder die Verwendung für rein private Zwecke. Hingegen ist die Verwendung im Rahmen der Vorbereitung einer Veräußerung des eigenen Geschäftsanteils an der Gesellschaft nicht automatisch gesellschaftsfremd; die Weitergabe von Informationen an einen potenziellen Erwerber ist regelmäßig Voraussetzung für die Realisierung der Veräußerung, da sich der Erwerber hinreichende Kenntnisse über den Kaufgegenstand verschaffen wollen wird, etwa durch die Durchführung einer sog. **Due Diligence**. Es genügt dann nach h. M. regelmäßig eine strafbewehrte Vertraulichkeitsverpflichtung des Erwerbsinteressenten, die im Rahmen der Due Diligence erhaltenen Informationen vertraulich zu behandeln und nur für die Prüfung des Erwerbsvorhabens zu verwenden. Handelt es sich freilich bei dem potenziellen Erwerber um einen Konkurrenten, erhält die Weitergabe gesellschaftsfremden Charakter (PraxisHdb GmbH-GF/*Jaeger* § 19 Rn. 159). In Betracht kommt die Einsetzung eines neutralen, zur beruflichen Verschwiegenheit verpflichteten Treuhänders, der Auskünfte erhält und/oder Einsicht nehmen kann und an den Gesellschafter bzw. den Erwerbsinteressenten nur die Ergebnisse und Wertungen seiner Prüfung weitergeben darf (OLG Frankfurt am Main GmbHR 1995, 904, 905). s. hierzu insgesamt aber auch die Ausführungen zu § 43 GmbHG Rdn. 28 bis 31).

II. Besorgnis

Für eine Besorgnis i. S. d. Abs. 2 ist eine **konkrete Gefahr** für eine gesellschaftsfremde Verwendung erforderlich, also eine auf objektiv vorliegenden Umständen beruhende Wahrscheinlichkeit ihrer Realisierung (OLG Stuttgart GmbHR 1983, 242, 243). Ist der Gesellschafter zumindest nicht unwesentlich an einem Konkurrenzunternehmen beteiligt, wird eine konkrete Gefahr regelmäßig zu bejahen sein (PraxisHdb GmbH-GF/*Jaeger* § 19 Rn. 160). Der nicht unerhebliche Nachteil, den das Gesetz verlangt, wird häufig in einem Vermögensschaden liegen, kann sich aber auch in einem immateriellen Schaden (z. B. Rufschädigung) verwirklichen (PraxisHdb GmbH-GF/*Jaeger* § 19 Rn. 159). Nachteile mit Bagatellcharakter rechtfertigen die Verweigerung der verlangten Informationen aber ebenso wenig wie bloße Nachteile der Mitgesellschafter (E/F/S/*B. Schmidt* § 51a Rn. 13).

III. Mildere Mittel

Trotz Vorliegens der Voraussetzungen des § 51a Abs. 2 Satz 1 GmbHG ist der Geschäftsführer nicht zur vollständigen Verweigerung von Informationen berechtigt, wenn mildere Mittel, z. B. eine nur teilweise Versagung der Informationen, ausreichen, die drohenden Nachteile von der Gesellschaft abzuwenden (vgl. Roth/Altmeppen/*Roth* § 51a Rn. 32).

IV. Einholung eines Gesellschafterbeschlusses

15 Nach Abs. 2 Satz 2 sind die Geschäftsführer, die für die Gesellschaft Auskünfte erteilen und Einsicht in Bücher und Schriften der Gesellschaft gewähren, zur Einholung eines Gesellschafterbeschlusses verpflichtet, wenn sie von dem Recht auf Verweigerung von Informationen Gebrauch machen wollen. Bei der Beschlussfassung hat der betroffene Gesellschafter gem. § 47 Abs. 4 GmbHG kein Stimmrecht; ihm bleibt die Möglichkeit, die Informationserteilung nach § 51b GmbHG gerichtlich zu erzwingen. Liegt ein Verweigerungsgrund vor, dürfen sich darüber auch die Gesellschafter nicht hinwegsetzen. Der Beschluss muss substanziiert begründet werden (BGHZ 32, 159; a. A. Lutter/Hommelhoff/*Lutter* GmbHG, § 51a Rn. 30) und ist für die Geschäftsführer bindend.

V. Weitere Verweigerungsgründe

16 Neben den Fällen des Abs. 2 Satz 2 kommt eine Verweigerung der Informationserteilung auch dann in Betracht, wenn die Weitergabe der Informationen z. B. nach § 203 StGB **strafbar oder ordnungswidrig** ist oder sonst gegen zwingende gesetzliche Bestimmungen verstößt. Ein Gesellschafterbeschluss ist in diesen Fällen nicht erforderlich (Roth/Altmeppen/*Roth* § 51a Rn. 33). Dasselbe gilt in Fällen, in denen das Verlangen **rechtsmissbräuchlich oder treuwidrig** ist, z. B. weil die Informationen in einer unmittelbar bevorstehenden Gesellschafterversammlung ohnehin erteilt werden, kurz zuvor schon erteilt worden sind oder da ein Informationsinteresse deswegen fehlt, weil der die Einsicht begehrende Gesellschafter zu der Zeit, auf welche sich sein Einsichtsbegehren bezieht, selbst Geschäftsführer war und keine besonderen Gründe für das Auskunfts- bzw. Einsichtsbegehren geltend gemacht werden können (OLG München ZZG 2006, 597, 598). Eines Gesellschafterbeschlusses bedarf es auch dann nicht, wenn schon die Tatbestandsvoraussetzungen des Abs. 1 nicht gegeben sind, da z. B. der die Informationen Begehrende gar nicht Gesellschafter ist.

VI. Unterlassung der gesellschaftsfremden Verwendung von Informationen

17 Wird erst nachträglich festgestellt, dass die Informationserteilung hätte verweigert werden dürfen oder müssen, kann die Gesellschaft von dem Gesellschafter, der die Informationen erhalten hat, unter dem Gesichtspunkt der Treuepflicht die Unterlassung der gesellschaftsfremden Verwendung der Informationen verlangen.

E. Regelungen in der Satzung, Abs. 3

18 Abs. 3 normiert, dass die Regelungen des § 51a GmbHG **zwingend** sind. Das gilt im Sinne eines Mindeststandards, der durch den Gesellschaftsvertrag z. B. durch die Etablierung eines Berichtssystems erweitert werden kann. Denn ratio legis des § 51a GmbHG ist der Schutz der Rechtsstellung des Gesellschafters. Auch sind Vorschriften über das Verfahren und die Form des Informationsverlangens oder der Informationserteilung möglich, solange die Rechte selbst in ihrem Wesen unberührt bleiben (E/F/S/*B. Schmidt* § 51a Rn. 21). Vgl. zum Ausschluss von Auskunfts- und Einsichtsrechten in konkret-individuellen Vereinbarungen zwischen Gesellschaft und Gesellschaftern anlässlich des Ausscheidens eines Gesellschafters OLG München NZG 2006, 597, 598.

F. Unberechtigte Informationsverweigerung

19 Die Geschäftsführer, die die von einem Gesellschafter verlangten Informationen verweigern, müssen diesem die Gründe mitteilen; andernfalls ist es ihm unmöglich, sein Begehr ggf. im Wege des **Informationserzwingungsverfahrens** nach § 51b GmbHG weiterzuverfolgen. Liegt ein Beschluss i. S. v. Abs. 2 Satz 2 vor, ist dieser selbst grundsätzlich nicht anfechtbar (E/F/S/*B. Schmidt* § 51a Rn. 23); probates Rechtsmittel ist das Verfahren nach § 51b GmbHG. Im Fall des Eintritts eines Schadens infolge einer unberechtigten Informationsverweigerung kommen **Schadensersatzansprüche** des Gesellschafters gegen die Gesellschaft unter dem Gesichtspunkt der Pflichtverletzung in Betracht. § 51a GmbHG ist aber **nicht Schutzgesetz** i. S. v. § 823 Abs. 2 BGB. Die Gesellschaft

selbst wiederum kann sich an ihren Geschäftsführern nach § 43 GmbHG schadlos halten (E/F/S/*B. Schmidt* § 51a Rn. 26).

§ 51b Gerichtliche Entscheidung über das Auskunfts- und Einsichtsrecht

¹Für die gerichtliche Entscheidung über das Auskunfts- und Einsichtsrecht findet § 132 Abs. 1, 3 und 4 des Aktiengesetzes entsprechende Anwendung. ²Antragsberechtigt ist jeder Gesellschafter, dem die verlangte Auskunft nicht gegeben oder die verlangte Einsicht nicht gestattet worden ist.

Übersicht	Rdn.		Rdn.
A. Allgemeines	1	II. Antragsberechtigung, Antragsfrist, Antragsgegner	3
B. Einzelheiten zum Verfahren	2	III. Prozessuales	4
I. Anwaltszwang, Zuständigkeit	2	C. Stattgebende Entscheidung	6

A. Allgemeines

Wird dem Informationsbegehren eines Gesellschafters nicht entsprochen, steht dem betroffenen Gesellschafter das **Erzwingungsverfahren** nach § 51b GmbHG zur Verfügung. Für dieses Verfahren gelten im Wesentlichen die Regelungen des aktienrechtlichen Auskunftserzwingungsverfahrens nach § 132 AktG (vgl. daher auch § 132 AktG). Fehlt es an einem entsprechenden Verlangen oder sind die begehrten Informationen bereits erteilt worden, fehlt es an sachlichen Voraussetzungen des Informationsanspruchs oder liegen Gründe für die Verweigerung der begehrten Informationen vor, ist die Klage unbegründet. Verweigerungsgründe können im Verfahren nachgeschoben werden (Baumbach/Hueck/*Zöllner* § 51b Rn. 1). Unbegründet wird die Klage auch, wenn der Gesellschafter aus der Gesellschaft ausscheidet. Er verliert dann seine Informationsansprüche; § 265 ZPO findet keine (analoge) Anwendung. 1

B. Einzelheiten zum Verfahren

I. Anwaltszwang, Zuständigkeit

Das Verfahren nach § 51b GmbHG i. V. m. § 132 AktG findet ausschließlich **auf Antrag** statt; es besteht **kein Anwaltszwang**, vertretungsbefugt sind auch die in § 10 Abs. 2 FamFG genannten Personen (Lutter/Hommelhoff/*Lutter* GmbHG, § 51b Rn. 19). Für das Verfahren ist ausschließlich das für den **Sitz der Gesellschaft** zuständige Landgericht (Kammer für Handelssachen, soweit vorhanden) zuständig. Die Bundesländer Baden-Württemberg, Bayern, Hessen, Niedersachsen und Sachsen haben von der Möglichkeit der örtlichen Konzentration bei einem Eingangsgericht Gebrauch gemacht. Abweichende Vereinbarungen der **Zuständigkeit eines Schiedsgerichts** können für den Einzelfall, aber auch generell im Gesellschaftsvertrag bzw. in einem separaten Schiedsvertrag zwischen der Gesellschaft und den Gesellschaftern vereinbart werden (vgl. zu den Möglichkeiten einer Schiedsklausel ausführl. Kap. 4). 2

II. Antragsberechtigung, Antragsfrist, Antragsgegner

Antragsberechtigt ist nach § 51b Abs. 2 GmbHG jeder in die im Handelsregister aufgenommene Gesellschafterliste eingetragene Gesellschafter – unabhängig von der Höhe seiner Beteiligung – dem die verlangte Auskunft nicht gegeben oder die verlangte Einsicht nicht gestattet worden ist. Es genügt, dass die Gesellschaft auf ein Verlangen nicht reagiert hat. Die Fassung eines Beschlusses über die Verweigerung der Informationsgewährung nach § 51a Abs. 2 Satz 2 GmbHG ist nicht erforderlich (BGHZ 135, 48, 49). Eine **Antragsfrist** gibt es nicht; § 51b Satz 1 GmbHG verweist insbesondere nicht auf § 132 Abs. 2 AktG. In Betracht kommt aber die Verwirkung der Antragsberechtigung, wenn sich der Gesellschafter mit der Verweigerung der Erteilung von Auskünften bzw. der Gestattung von Einsichtnahme offensichtlich zufrieden gegeben hat (Baumbach/Hueck/*Zöllner* 3

Alexander

§ 51b Rn. 6). **Antragsgegner** ist die Gesellschaft, vertreten durch ihre Geschäftsführer. Bejaht man die Möglichkeit eines negativen Feststellungsantrages durch die Gesellschaft selbst, ist in diesen Fällen der entsprechende Gesellschafter der Antragsgegner. Der Antrag ist in hinreichend bestimmter Weise, also insbesondere unter Bezeichnung der betroffenen Angelegenheit und der Art der begehrten Information zu fordern (Baumbach/Hueck/*Zöllner* § 51b Rn. 8).

III. Prozessuales

4   Für das Verfahren (freiwillige Gerichtsbarkeit) gilt im Übrigen seit dem 01.09.2009 das FamFG, insbesondere also der Amtsermittlungsgrundsatz (§ 26 FamFG). Anders als noch das FGG sieht das FamFG in §§ 49 ff. unter bestimmten Voraussetzungen auch die Möglichkeit einer einstweiligen Anordnung vor (E/F/S/*B. Schmidt* § 51b Rn. 13). Rechtsmittel ist im Fall ihrer Zulassung durch das Landgericht die **Beschwerde** (§ 132 Abs. 3 Satz 2 AktG), für die die Oberlandesgerichte zuständig sind. Die Entscheidung über die Zulassung der Beschwerde sowie über die Kosten ist unanfechtbar. Die Zulassung der sofortigen Beschwerde durch das Landgericht setzt nicht mehr voraus, dass die Klärung einer Rechtsfrage von grundsätzlicher Bedeutung von der Durchführung des Beschwerdeverfahrens abhängig ist. Bei offensichtlichem Fehlen einer gesetzlichen Grundlage für die Entscheidung ist die Beschwerde auch ohne Zulassung möglich (BayObLG DB 1989, 2013). Will ein Oberlandesgericht von einer Entscheidung eines anderen Oberlandesgerichts oder des BGH abweichen, ist die Sache dem BGH zur Entscheidung vorzulegen. Gegen eine Entscheidung des Oberlandesgerichts gibt es nunmehr seit Inkrafttreten des FamFG unter bestimmten Voraussetzungen, wozu u. a. die Zulassung durch das OLG gehört, die Möglichkeit einer Rechtsbeschwerde zum BGH, §§ 70 ff. FamFG i. V. m. § 133 GVG.

5   Gem. § 132 Abs. 3 i. V. m. § 99 Abs. 5 Satz 3 AktG ist die rechtskräftige Entscheidung durch die Geschäftsführer **zum Handelsregister** einzureichen.

C. Stattgebende Entscheidung

6   Gibt das Gericht dem gestellten Antrag statt, ist die Gesellschaft verpflichtet, durch ihre Geschäftsführer die begehrten Informationen auch außerhalb einer Gesellschafterversammlung zu erteilen. Die Vollstreckung erfolgt gem. § 95 Abs. 1, 4 FamFG nach den Vorschriften der ZPO, insbesondere also nach § 888 ZPO. Im Hinblick auf die Herausgabe von Unterlagen zwecks Einsichtnahme kommt jedoch auch eine Vollstreckung § 883 ZPO in Betracht.

§ 52 Aufsichtsrat

(1) Ist nach dem Gesellschaftsvertrag ein Aufsichtsrat zu bestellen, so sind § 90 Abs. 3, 4, 5 Satz 1 und 2, § 95 Satz 1, § 100 Abs. 1 und 2 Nr. 2 und Abs. 5, § 101 Abs. 1 Satz 1, § 103 Abs. 1 Satz 1 und 2, §§ 105, 107 Abs. 4, §§ 110 bis 114, 116 des Aktiengesetzes in Verbindung mit § 93 Abs. 1 und 2 Satz 1 und 2 des Aktiengesetzes, § 124 Abs. 3 Satz 2, §§ 170, 171 des Aktiengesetzes entsprechend anzuwenden, soweit nicht im Gesellschaftsvertrag ein anderes bestimmt ist.

(2) ¹Werden die Mitglieder des Aufsichtsrats vor der Eintragung der Gesellschaft in das Handelsregister bestellt, gilt § 37 Abs. 4 Nr. 3 und 3a des Aktiengesetzes entsprechend. ²Die Geschäftsführer haben bei jeder Änderung in den Personen der Aufsichtsratsmitglieder unverzüglich eine Liste der Mitglieder des Aufsichtsrats, aus welcher Name, Vorname, ausgeübter Beruf und Wohnort der Mitglieder ersichtlich ist, zum Handelsregister einzureichen; das Gericht hat nach § 10 des Handelsgesetzbuchs einen Hinweis darauf bekannt zu machen, dass die Liste zum Handelsregister eingereicht worden ist.

(3) Schadensersatzansprüche gegen die Mitglieder des Aufsichtsrats wegen Verletzung ihrer Obliegenheiten verjähren in fünf Jahren.

Übersicht

		Rdn.
A.	**Allgemeines**	1
B.	**Fakultativer Aufsichtsrat, Abs. 1**	2
C.	**Mitglieder des Aufsichtsrates**	3
I.	Anzahl der Mitglieder	3
II.	Persönliche Voraussetzungen der Mitglieder	4
III.	Bestellung der Mitglieder	5
IV.	Abberufung	6
V.	Sonstige Beendigungsgründe	7
VI.	Entlastung	8
VII.	Vergütung	9
VIII.	Anmeldung zum Handelsregister, Abs. 2	10
D.	**Aufgaben des Aufsichtsrates**	11
I.	Allgemeines – Pflichten der Aufsichtsratsmitglieder	11
II.	Überwachung der Geschäftsführung, § 111 AktG	14
III.	Prüfung des Jahresabschlusses, § 171 AktG	19
IV.	Vertretung der Gesellschaft, § 112 AktG	20
E.	**Innere Ordnung des Aufsichtsrates**	21
I.	Geschäftsordnung	21
II.	Anzahl der Sitzungen, Teilnahmeberechtigung	22
III.	Willensbildung	23
IV.	Nichtigkeit von Beschlüssen bei Verstoß gegen Verfahrensvorschriften	24
V.	Ausschüsse des Aufsichtsrats	25
VI.	Weitere Organe neben dem Aufsichtsrat	26
F.	**Änderung durch das Bilanzrechtsmodernisierungsgesetz**	29

A. Allgemeines

Grundsätzlich besteht in der Verfassung der GmbH nicht die Notwendigkeit, einen Aufsichtsrat einzurichten. Hiervon kann einerseits bei Abschluss des Gesellschaftsvertrages freiwillig abgewichen werden, indem die Einrichtung eines Aufsichtsrates vertraglich vorgesehen wird. Für einen solchen sog. **fakultativen Aufsichtsrat** verweist § 52 Abs. 1 GmbHG auf eine Reihe von aktienrechtlichen Vorschriften zum im Aktienrecht stets obligatorischen Aufsichtsrat. Sie finden entsprechende Anwendung, soweit im Gesellschaftsvertrag nichts anderes bestimmt ist. Andererseits sehen einige Normen des Mitbestimmungsrechts sowie § 6 Abs. 2 InvG für Kapitalanlagegesellschaften unter bestimmten Voraussetzungen die zwingende Bildung eines Aufsichtsrates bei Gesellschaften vor, die in der Form einer GmbH betrieben werden, sog. **obligatorischer Aufsichtsrat**.

B. Fakultativer Aufsichtsrat, Abs. 1

Abs. 1 bezieht sich ausschließlich auf den fakultativen Aufsichtsrat, also den freiwillig nach dem Gesellschaftsvertrag gebildeten Aufsichtsrat. Im Gesellschaftsvertrag finden sich regelmäßig auch Regelungen zu den Zuständigkeiten, zur inneren Ordnung, zu seiner Besetzung etc. In den Punkten, zu denen sich keine Regelungen im Gesellschaftsvertrag finden, finden diejenigen Normen des Aktienrechts Anwendung, auf die Abs. 1 verweist. Diese Verweisung gilt auch für ein nach dem Gesellschaftsvertrag vorgesehenes Organ, das zwar nicht als Aufsichtsrat bezeichnet wird, dem aber durch den Gesellschaftsvertrag die Aufgabe der **Kontrolle der Geschäftsführung** übertragen ist (Roth/Altmeppen/*Altmeppen* § 52 Rn. 2). Andererseits scheidet die Anwendung des Abs. 1 auf ein Organ, das zwar im Gesellschaftsvertrag als Aufsichtsrat bezeichnet wird, dem aber die Kontrolle der Geschäftsführung nicht oder nur bruchstückhaft übertragen ist, aus. Die Aufzählung in Abs. 1 schließt die analoge Anwendung weiterer Vorschriften aus dem Aktienrecht nicht aus. Das ist eine Frage der Vertragsauslegung, die mit Zurückhaltung zu behandeln ist (vgl. Roth/Altmeppen/*Altmeppen* § 52 Rn. 4 f.).

C. Mitglieder des Aufsichtsrates

I. Anzahl der Mitglieder

Die Anzahl der Mitglieder des Aufsichtsrates kann frei gewählt werden und auch dem Aufsichtsrat selbst überlassen bleiben; sie kann nach h. M. auch nur ein Mitglied betragen (vgl. die überzeugenden Ausführungen bei Roth/Altmeppen/*Altmeppen* § 52 Rn. 7). Ist nichts geregelt, hat der Aufsichtsrat drei Mitglieder (§ 95 Satz 1 AktG).

II. Persönliche Voraussetzungen der Mitglieder

4   In Betracht kommt jede **natürliche, unbeschränkt geschäftsfähige Person** (§ 100 Abs. 1 Satz 1 AktG), nach h. M. hingegen keine juristische Person (vgl. Roth/Altmeppen/*Altmeppen* § 52 Rn. 8). **Ausgeschlossen** sind Geschäftsführer, Prokuristen, Generalbevollmächtigte und nach h. M. auch die gesetzlichen Vertreter eines von der Gesellschaft abhängigen Unternehmens (Grundsatz der Inkompatibilität, § 105 Abs. 1 AktG; E/F/S/*B. Schmidt* § 52 Rn. 12), nicht hingegen die Gesellschafter, solange sie nicht auch Mitglied der Geschäftsführung sind (BGHZ 135, 48, 57). Anders als bei der Aktiengesellschaft ist die zulässige Anzahl gleichzeitiger Mitgliedschaften in verschiedenen Aufsichtsräten nicht begrenzt, da § 100 Abs. 2 Nr. 1 AktG nicht gilt. Der Gesellschaftsvertrag kann in diesem Punkt anderes regeln; nicht selten fordert er auch besondere persönliche Voraussetzungen von den Mitgliedern, z. B. im Hinblick auf Alter, Familienzugehörigkeit oder spezifische Qualifikationen. Da § 101 Abs. 3 AktG nicht anwendbar ist, können auch **stellvertretende Mitglieder** des Aufsichtsrates im Gesellschaftsvertrag vorgesehen werden, die im Fall der Verhinderung des Mitgliedes, zu dessen Stellvertreter sie bestellt sind, dessen Aufgaben wahrnehmen.

III. Bestellung der Mitglieder

5   Die Bestellung der Mitglieder des Aufsichtsrates erfolgt grundsätzlich durch **Beschluss der Gesellschafterversammlung**, der der **Mehrheit** der abgegebenen Stimmen bedarf (E/F/S/*B. Schmidt* § 52 Rn. 22). Der Gesellschaftsvertrag kann die Bestellung in vielfältig abweichender Weise regeln (z. B. durch Statuierung von qualifizierten Mehrheitserfordernissen, von Vorschlags- oder Entsenderechten etc.); auch eine Ergänzungswahl durch den Aufsichtsrat kommt in Betracht. Eine Einflussnahme der Geschäftsführer auf die Auswahl und Bestellung der Mitglieder des Aufsichtsrates hingegen kommt nicht in Betracht, da eine der zentralen Aufgaben des Aufsichtsrates gerade die Kontrolle der Geschäftsführung ist. Die Bestellung erfolgt grundsätzlich **auf unbestimmte Zeit**, da § 102 AktG keine Anwendung findet; auch diesbezüglich kann der Gesellschaftsvertrag etwas anderes regeln. Die gerichtliche Ergänzung des fakultativen Aufsichtsrats einer GmbH nach § 104 Abs. 2 AktG analog ist ausgeschlossen (vgl. zuletzt mit zahlreichen weiteren Nachweisen OLG Frankfurt/M. ZIP 2014, 826).

IV. Abberufung

6   Für die Abberufung eines Mitglieds des Aufsichtsrates bedarf es nach § 103 Abs. 1 Satz 1 AktG eines **Beschlusses der Gesellschafterversammlung**, der nach h. M. aufgrund des anwendbaren § 103 Abs. 1 Satz 2 AktG einer **3/4-Mehrheit** bedarf (m. w. N. E/F/S/*B. Schmidt* § 52 Rn. 25). Auch diesbezüglich kann der Gesellschaftsvertrag aber anderes regeln. Ist das betroffene Aufsichtsratsmitglied zugleich Gesellschafter, ist es grundsätzlich bei der Beschlussfassung über die Abberufung stimmberechtigt; das ist nur dann anders, wenn die Abberufung aus wichtigem Grund erfolgt, wenn also das Verbleiben des betroffenen Mitglieds im Aufsichtsrat unzumutbar ist. In solchen Fällen können die übrigen Gesellschafter aufgrund ihrer Treuepflicht verpflichtet sein, sich an dem Beschluss zu beteiligen und der Abberufung zuzustimmen, worauf sie u. U. von den Mitgesellschaftern gerichtlich in Anspruch genommen werden können (E/F/S/*B. Schmidt* § 52 Rn. 25). Ein zur Entsendung eines Mitglieds des Aufsichtsrates Berechtigter kann das entsandte Aufsichtsratsmitglied jederzeit wieder abberufen; dazu kann er bei Vorliegen eines wichtigen Grundes (s. o.) gegenüber der Gesellschaft sogar verpflichtet sein; der entsprechende Anspruch der Gesellschaft kann klageweise geltend gemacht werden, während in diesen Fällen eine unmittelbare Abberufung durch die Gesellschafterversammlung gewissermaßen im Wege der Selbsthilfe nicht in Betracht kommt. Eine **gerichtliche Abberufung** eines Mitglieds des Aufsichtsrates kommt nicht in Betracht, auch nicht durch eine entsprechende Regelung im Gesellschaftsvertrag.

V. Sonstige Beendigungsgründe

7   Das Amt eines Mitglieds endet außerdem durch jederzeit zulässige Amtsniederlegung, durch den Wegfall der persönlichen Voraussetzungen (s. o. Rdn. 4), durch Ablauf einer vorher festgelegten

bestimmten Amtszeit sowie durch Tod. Das Amt endet hingegen nicht in der Liquidation; vielmehr richtet sich die Überwachungsfunktion nunmehr auf die Tätigkeit der Liquidatoren.

VI. Entlastung

Über die Entlastung der Mitglieder des Aufsichtsrates entscheidet die Gesellschafterversammlung. Den Mitgliedern des Aufsichtsrats steht ein Anspruch auf Entlastung nicht zu, auch nicht, wenn sie ganz offensichtlich willkürlich verweigert wird (E/F/S/*B. Schmidt* § 52 Rn. 19). Anders als im Aktienrecht (§ 120 Abs. 2 Satz 2 AktG) hat die Entlastung in der GmbH zur Folge, dass die Gesellschaft mit solchen Ersatzansprüchen, die der Gesellschafterversammlung bei sorgfältiger Prüfung aller Vorlagen und Berichte erkennbar waren, ausgeschlossen wird. Auch private Kenntnis aller Gesellschafter ist ausreichend (E/F/S/*B. Schmidt* § 52 Rn. 19).

8

VII. Vergütung

Für die **Vergütung** der Mitglieder des Aufsichtsrates gilt § 113 AktG. Sie muss daher im Gesellschaftsvertrag festgesetzt sein oder durch die Gesellschafterversammlung beschlossen werden. Eine Mindermeinung in der Literatur geht hingegen ganz grundsätzlich von einer stillschweigend üblichen Vergütung nach § 612 BGB analog aus (Hachenburg/Ulmer/*Raiser* § 52 Rn. 122). Dem folgt die h. M. zu Recht nicht (E/F/S/*B. Schmidt* § 52 Rn. 20). Ein Anspruch auf **Erstattung von Reisekosten** und anderen durch die Aufsichtsratstätigkeit veranlasste **Aufwendungen** hingegen besteht auch ohne Regelung im Gesellschaftsvertrag (§§ 670, 675 BGB). Nach § 113 Abs. 1 Satz 3 AktG soll die Vergütung in einem angemessenen Verhältnis zu den Aufgaben der Aufsichtsratsmitglieder und zur Lage der Gesellschaft stehen. Die Vergütung kann für die einzelnen Mitglieder des Aufsichtsrates unterschiedlich hoch ausgestaltet werden, wenn das sachgerecht ist. So kommt insbesondere eine im Vergleich zur Vergütung für die einfachen Mitglieder des Aufsichtsrates erhöhte Vergütung für den Vorsitzenden des Aufsichtsrates und auch den stellvertretenden Vorsitzenden in Betracht (E/F/S/*B. Schmidt* § 52 Rn. 20). **Beratungsverträge**, die sich auf Pflichten beziehen, die das Mitglied des Aufsichtsrates schon aufgrund seiner Mitgliedschaft im Aufsichtsrat zu erfüllen hat, sind nach § 113 AktG i. V. m. § 134 BGB **nichtig**. Im Übrigen findet § 114 AktG Anwendung, sodass in jedem Fall die Zustimmung des Aufsichtsrates erforderlich ist; sie erfolgt durch Beschlussfassung, bei der das betroffene Mitglied nicht stimmberechtigt ist (E/F/S/*B. Schmidt* § 52 Rn. 21).

9

VIII. Anmeldung zum Handelsregister, Abs. 2

Nach § 52 Abs. 2 Satz 1 GmbHG i. V. m. § 37 Abs. 4 Nr. 3 und Nr. 3a AktG (Nr. 3a sowie Bezugnahme darauf in § 52 Abs. 2 Satz 1 GmbHG zum 01.01.2007 neu eingefügt durch das »**Gesetz über elektronische Handelsregister und Genossenschaftsregister sowie das Unternehmensregister**« [EHUG], vgl. Art. 10 Nr. 5 EHUG sowie § 37 AktG) sind im Fall der Bestellung der Mitglieder des Aufsichtsrates schon vor der Eintragung der Gesellschaft in das Handelsregister u. a. die **Urkunden über die Bestellung** des Aufsichtsrates der Anmeldung zum Handelsregister sowie eine **Liste der Mitglieder des Aufsichtsrats** beizufügen, aus der die gem. § 37 Abs. 4 Nr. 3a AktG n. F. geforderten Angaben hervorgehen: Name, Vorname, ausgeübter Beruf und Wohnort. Nach dem durch das EHUG mit Wirkung zum 01.01.2007 ebenfalls **neu gefassten Abs. 2 Satz 2** haben die Geschäftsführer bei jeder Änderung in den Personen der Mitglieder des Aufsichtsrates nach dem durch das EHUG neu in das Gesetz eingefügten § 37 Abs. 4 Nr. 3a AktG unverzüglich eine (aktualisierte) Liste der Aufsichtsratsmitglieder zum Handelsregister einzureichen. Dabei handelt es sich um eine notwendige Folgeänderung zu § 37 AktG bzw. § 106 AktG. Die EU-Publizitätsrichtlinie fordert in Art. 2 Abs. 1 Buchst. d) ii) die Offenlegung der Personalien derjenigen, die als Mitglieder eines gesetzlich vorgesehenen Gesellschaftsorgans an der Verwaltung, Kontrolle oder Beaufsichtigung des Unternehmens teilnehmen; aus diesem Grund sei auch eine Liste der Aufsichtsratsmitglieder zu führen und zum Handelsregister einzureichen (vgl. Begründung des Gesetzentwurfs durch die Bundesregierung BT-Drucks. 16/960, S. 65 zu Art. 9 Nr. 1a) in Bezug auf § 37 AktG). Vor der Gesetzesänderung waren gem. § 52 Abs. 2 Satz 1 GmbHG i. V. m. § 40 Abs. 1 Nr. 4 AktG jeweils

10

a. F. in die gerichtliche Bekanntmachung der Eintragung der Gesellschaft in das Handelsregister Name, Beruf und Wohnort der Mitglieder des Aufsichtsrates aufzunehmen. Nach der Eintragung der Gesellschaft in das Handelsregister war jeder Wechsel von Mitgliedern des Aufsichtsrates durch die Geschäftsführer unverzüglich (ohne schuldhaftes Zögern, § 121 BGB) im (elektronischen) Bundesanzeiger sowie ggf. weiteren Gesellschaftsblättern bekannt zu machen. Die Bekanntmachungen hatten die Geschäftsführer zum Handelsregister einzureichen.

D. Aufgaben des Aufsichtsrates

I. Allgemeines – Pflichten der Aufsichtsratsmitglieder

11   Die **Aufgaben** des Aufsichtsrates ergeben sich zunächst aus den jeweiligen Vorschriften des Aktiengesetzes, die über Abs. 1 auf den fakultativen Aufsichtsrat der GmbH anzuwenden sind. Der Gesellschaftsvertrag kann darüber hinaus weitere Aufgaben, Rechte und Pflichten für den Aufsichtsrat festlegen, insbesondere gesetzlich der Gesellschafterversammlung zugewiesene Zuständigkeiten auf den Aufsichtsrat übertragen (z. B. Feststellung des Jahresabschlusses oder Bestellung und Abberufung des Geschäftsführers). Vgl. zu den Sorgfaltspflichten und den Überwachungs- und Beratungspflichten des fakultativen Aufsichtsrates der GmbH insbes. *Banspach/Nowak* Der Konzern 2008, 195.

12   Bei der Ausübung ihres Amtes sind die Mitglieder des Aufsichtsrates unabhängig und **frei von Weisungen Dritter** (anders das BVerwG in Fällen, in denen unter bestimmten Umständen [entsprechende Regelungen im Gesellschaftsvertrag vorausgesetzt] Städte und Gemeinden ihren Vertretern in Aufsichtsgremien von Unternehmen Weisungen erteilen können; Az.: 8 C 16.10). Die Mitglieder des Aufsichtsrates haben gem. §§ 116, 93 Abs. 1 Satz 1 AktG die Sorgfalt eines ordentlichen und gewissenhaften Mitgliedes des Aufsichtsrates zu beachten. Dabei werden normale Fähigkeiten, Erfahrungen und Kenntnisse eines Aufsichtsratsmitgliedes erwartet, bezogen jeweils auf den konkreten Zuschnitt des Unternehmens (E/F/S/*B. Schmidt* § 52 Rn. 14). Auch die Mitglieder des Aufsichtsrates unterliegen einer besonderen **Treuepflicht**. Sie haben sich vom Wohl der Gesellschaft leiten zu lassen und dürfen im Rahmen ihrer Tätigkeit erworbene Kenntnisse nicht zum eigenen Nutzen und zum Nachteil der Gesellschaft verwerten (E/F/S/*B. Schmidt* § 52 Rn. 14). Darüber hinaus unterliegen die Mitglieder des Aufsichtsrates der **Pflicht zum Stillschweigen** über vertrauliche und der Geheimhaltung unterliegende Daten. Die Mitglieder des Aufsichtsrats sind auch verpflichtet, sich umfassend über die Gegenstände der eigenen Tätigkeiten zu informieren, sich auf die Sitzungen des Aufsichtsrats gründlich vorzubereiten und an diesen regelmäßig teilzunehmen (E/F/S/*B. Schmidt* § 52 Rn. 14).

13   Im Fall einer **Pflichtverletzung** haften die Mitglieder des Aufsichtsrates gem. §§ 116, 93 Abs. 2 Satz 1 AktG jedes für sich persönlich und zusammen als Gesamtschuldner der Gesellschaft auf Schadensersatz. Die Haftung der Mitglieder eines freiwilligen Aufsichtsrates nach § 52 GmbHG ist begrenzt auf Schäden der Gesellschaft. Eine Haftung z. B. gegenüber Gläubigern infolge der Verletzung seiner Überwachungspflicht durch den Aufsichtsrat hinsichtlich der Beachtung des Zahlungsverbotes aus § 64 Satz 1 GmbHG kommt nicht in Betracht (BGH ZIP 2010, 1988). § 52 nimmt auf § 93 Abs. 3 Nr. 6 AktG nicht Bezug. Der freiwillige Aufsichtsrat ist eine allein im Interesse der Gesellschafter geschaffene Einrichtung. Nach §§ 116, 93 Abs. 2 Satz 2 AktG trifft die Mitglieder des Aufsichtsrates auch die **Beweislast** dafür, dass sie die Sorgfalt eines ordentlichen und gewissenhaften Mitgliedes des Aufsichtsrates beachtet haben. Die 5-jährige Verjährungsfrist für diese Ansprüche ist dispositiv, kann also sowohl verlängert, als auch verkürzt werden.

II. Überwachung der Geschäftsführung, § 111 AktG

14   Der Aufsichtsrat hat gem. Abs. 1 i. V. m. § 111 Abs. 1 AktG vor allem die Aufgabe, die Geschäftsführung zu überwachen. Er überprüft, grundsätzlich in Kooperation mit der Geschäftsführung, Rechtmäßigkeit sowie Zweckmäßigkeit und Wirtschaftlichkeit der Maßnahmen der Geschäftsführung, wobei sich diese Prüfung auf Maßnahmen von einer gewissen Bedeutung und auch auf Stich-

proben beschränken kann. Zur Überwachungstätigkeit gehört aber auch ein präventiver beratender Teil, der sich auf die laufenden Vorgänge und auf die in die Zukunft weisende Planung bezieht (PraxisHdb GmbH-GF/*Jaeger* § 20 Rn. 23).

Um diese Überwachungsfunktion erfüllen zu können, benötigt der Aufsichtsrat Informationen zu den zu überprüfenden Sachverhalten. Auf deren Zur-Verfügung-Stellung durch Gewährung von **Einsicht in Unterlagen** hat er nach § 111 Abs. 2 AktG einen Anspruch; er kann jederzeit schriftliche oder mündliche Berichte der Geschäftsführung anfordern (§ 90 Abs. 3 AktG). Um dem Aufsichtsrat eine pflichtgemäße Überwachung der Maßnahmen der Geschäftsführung zu ermöglichen, sind die Geschäftsführer verpflichtet, von sich aus über relevante Sachverhalte zu berichten, wenn nicht davon ausgegangen werden kann, dass der Aufsichtsrat seinerseits von sich aus eine Anfrage an die Geschäftsführung auf den Weg bringt oder bringen kann. Die Geschäftsführer haben auch die Mitglieder des Aufsichtsrates über die Beschlüsse der Gesellschafterversammlung zu informieren, soweit es sich um Beschlüsse handelt, deren Kenntnis zur Erfüllung der Aufgaben des Aufsichtsrats erforderlich ist. Die Mitglieder des Aufsichtsrates sind nach §§ 116 Satz 1, 93 Abs. 1 Satz 2 AktG im Hinblick auf von ihnen in ihrer Funktion als Aufsichtsrat erlangte Informationen gegenüber Dritten zum **Stillschweigen** verpflichtet, soweit es sich um vertrauliche Angaben und Geheimnisse der Gesellschaft, insbesondere Betriebs- oder Geschäftsgeheimnisse handelt. Die Satzung kann den Umfang der Verschwiegenheitspflicht näher bestimmen, auch erweitern und einschränken, freilich nicht beliebig (Baumbach/Hueck/*Zöllner*/*Noack* § 52 Rn. 67).

Nach § 111 Abs. 3 AktG ist der Aufsichtsrat verpflichtet, **eine Gesellschafterversammlung einzuberufen**, wenn das Wohl der Gesellschaft dies erfordert. An einer solchen Gesellschafterversammlung haben die Mitglieder des Aufsichtsrates ein Teilnahmerecht.

Nach § 111 Abs. 4 Satz 1 AktG können dem Aufsichtsrat Maßnahmen der Geschäftsführung nicht übertragen werden. § 111 Abs. 4 Satz 2 AktG schreibt aber einen **Katalog von geschäftsführenden Maßnahmen** vor, die durch den Vorstand nur mit der Zustimmung des Aufsichtsrates vorgenommen werden dürfen. Ein solcher Katalog kann durch die Satzung vorgegeben sein oder vom Aufsichtsrat selbst beschlossen werden. Anders als bei der Aktiengesellschaft kann das Erfordernis eines solchen Zustimmungskataloges durch die Satzung aber auch abbedungen werden. Die überwachende Funktion des Aufsichtsrates ist bei der Erstellung des Kataloges zu berücksichtigen. § 111 Abs. 4 Satz 3 AktG gibt der Geschäftsführung die Möglichkeit, bei Verweigerung der Zustimmung zu einem zustimmungspflichtigen Geschäft durch den Aufsichtsrat eine Beschlussfassung durch die Hauptversammlung zu verlangen. Abweichend vom Wortlaut des § 111 Abs. 4 Satz 4 AktG reicht für eine solche Beschlussfassung die **einfache Mehrheit**, die bei der GmbH auch für die Erteilung einer Weisung an die Geschäftsführer ausreichend ist.

Der fakultative Aufsichtsrat einer GmbH, dem die Zustimmung zu bestimmten Geschäften der Geschäftsführung nach § 52 Abs. 1 GmbHG i. V. m. § 111 Abs. 4 Satz 2 AktG vorbehalten ist, verletzt seine organschaftlichen Pflichten mit der Folge drohender Haftung bereits dann, wenn er ohne gebotene Information und darauf aufbauender Chancen- und Risikoabschätzung seine Zustimmung zu nachteiligen Geschäften erteilt; erst recht werden die organschaftlichen Pflichten verletzt, wenn der Aufsichtsrat die Geschäftsführung an von seiner Zustimmung nicht gedeckten Zahlungen nicht hindert (BGH NZG 2007, 187, 188).

III. Prüfung des Jahresabschlusses, § 171 AktG

Nach Abs. 1 i. V. m. § 171 AktG hat der Aufsichtsrat den Jahresabschluss, den Lagebericht und den Vorschlag für die Verwendung des Bilanzgewinns zu prüfen. Diese Pflicht erstreckt sich bei dem Mutterunternehmen eines Konzerns auch auf einen etwaigen **Konzernabschluss** und Konzernlagebericht (Lutter/Hommelhoff/*Lutter* GmbHG, § 52 Rn. 21). Bei den der gesetzlich vorgeschriebenen Abschlussprüfung unterliegenden Gesellschaften erteilt der Aufsichtsrat nach § 111 Abs. 2 Satz 3 AktG dem Abschlussprüfer den **Prüfungsauftrag** für den Jahres- und den Konzernabschluss gem. § 290 HGB. Der Abschlussprüfer hat nach § 171 Abs. 1 Satz 2 AktG an den Verhandlungen des Aufsichtsrates über den Jahresabschluss teilzunehmen und über die wesentlichen Ergebnisse seiner Prüfung zu berichten. Nach § 171 Abs. 3 AktG hat der Aufsichtsrat binnen eines Monats über das Ergebnis seiner Prüfung schriftlich zu berichten. Bei seiner Prüfung kann der Aufsichtsrat grundsätzlich von einer ordnungsgemäßen Abschlussprüfung ausgehen; er nimmt in erster Linie eine Analyse und eine wirtschaftliche Bewertung der vorgegebenen Daten und eine Prüfung bilanztechnischer Ansätze auf ihre Zweckmäßigkeit hin vor (E/F/S/*B. Schmidt* § 52 Rn. 7). Dazu gehört auch eine Darstellung von Art und Weise sowie Umfang der Prüfung der Geschäftsführung durch den Aufsichtsrat.

IV. Vertretung der Gesellschaft, § 112 AktG

20   Nach Abs. 1 i. V. m. § 112 AktG vertritt der Aufsichtsrat die Gesellschaft gegenüber den Geschäftsführern **gerichtlich und außergerichtlich**; das gilt auch gegenüber künftigen oder bereits ausgeschiedenen Geschäftsführern. Die Regelung dient der Sicherstellung einer unbefangenen, von sachfremden Erwägungen freien Vertretung der Gesellschaft gegenüber ihren Geschäftsführern. Nicht umfasst sind aber die gem. § 46 Nr. 5 GmbHG in die Zuständigkeit der Gesellschafterversammlung fallenden Akte der Bestellung und der Abberufung der Geschäftsführer und der damit sachlich zusammenhängende Abschluss, die Aufhebung und die Kündigung der Geschäftsführeranstellungsverträge, sowie die Entlastung des Geschäftsführers und die Geltendmachung von Ersatzansprüchen gegenüber dem Geschäftsführer. All dies verbleibt in der Zuständigkeit der Gesellschafterversammlung (Baumbach/Hueck/*Zöllner/Noack* § 52 Rn. 122 ff.). Es bleiben für die Zuständigkeit des Aufsichtsrates im Grunde genommen nur Geschäfte, die den Geschäftsführer nicht in seiner Funktion betreffen. Und auch insoweit sind Umsatzgeschäfte des täglichen Lebens ausgenommen.

E. Innere Ordnung des Aufsichtsrates

I. Geschäftsordnung

21   Die innere Ordnung des Aufsichtsrates ist im Wesentlichen im **Gesellschaftsvertrag** oder in einer **Geschäftsordnung** für den Aufsichtsrat festzulegen. § 52 Abs. 1 GmbHG verweist im Hinblick auf die innere Ordnung nur auf einige wenige Regelungen des Aktiengesetzes, namentlich auf § 110 AktG, und insbesondere nicht auf die insoweit im Aktienrecht zentralen Regelungen der §§ 107 bis 109 AktG. Nach § 110 Abs. 1 Satz 1 AktG kann jedes Mitglied des Aufsichtsrats unter Angabe des Zwecks und der Gründe verlangen, dass der Aufsichtsrat unverzüglich einberufen wird. Ist ein **Vorsitzender des Aufsichtsrates** nicht bestellt, so hat jedes Mitglied eine originäre Zuständigkeit für die Einberufung des Aufsichtsrates; im Fall des § 110 Abs. 1 Satz 1 AktG hat die Sitzung des Aufsichtsrates gem. S. 2 binnen 2 Wochen stattzufinden. In dem Fall, dass dem Verlangen nicht entsprochen wird, gewährt § 110 Abs. 2 AktG dem betroffenen Mitglied des Aufsichtsrates und auch den Geschäftsführern das Recht, die Sitzung selbst einzuberufen, auch wenn ein zuständiger Vorsitzender des Aufsichtsrates bestellt ist.

II. Anzahl der Sitzungen, Teilnahmeberechtigung

22   Gem. § 110 Abs. 3 Satz 1 AktG hat der Aufsichtsrat pro Kalenderhalbjahr **mindestens zwei Sitzungen** abzuhalten; nach Satz 2 kann bei der nie börsennotierten GmbH allerdings durch den Aufsichtsrat auch beschlossen werden, dass eine Sitzung nur einmal pro Kalenderhalbjahr abzuhalten ist. Eine Sitzung kann ausnahmsweise auch in Form einer Telefon- oder Videokonferenz abgehalten werden (PraxisHdb GmbH-GF/*Jaeger* § 20 Rn. 41). Die **Geschäftsführer** haben kein Recht auf Teilnahme an den Sitzungen des Aufsichtsrates, sind andererseits aber zur Teilnahme verpflichtet, wenn der Aufsichtsrat das wünscht. Auch die Teilnahme **Dritter** an Sitzungen des Aufsichtsrates kann durch den Gesellschaftsvertrag oder durch Beschluss des Aufsichtsrates zugelassen werden.

III. Willensbildung

Fehlen Regelungen in Gesellschaftsvertrag oder Geschäftsordnung für den Aufsichtsrat zum Verfahren der Willensbildung, kommt die **Anwendung von Vereinsrecht** in Betracht. § 32 Abs. 2 BGB lässt insoweit bei schriftlicher Zustimmung aller Mitglieder eine schriftliche Abstimmung zu. Beschlüsse des Aufsichtsrates werden gem. § 32 Abs. 1 Satz 3 BGB mit der einfachen Mehrheit der abgegebenen Stimmen gefasst; ungültige Stimmen und Enthaltungen sind nicht mitzuzählen. Bei Stimmengleichheit ist ein Antrag abgelehnt, da er nicht die Mehrheit erhalten hat (E/F/S/*B. Schmidt* § 52 Rn. 40). Die **Beschlussfähigkeit** des Aufsichtsrates ist im Fall ordnungsgemäßer Ladung aller Mitglieder und Erscheinen mindestens eines Mitgliedes gegeben. Die **Feststellung der Nichtigkeit** von Beschlüssen aufgrund von Verstößen gegen §§ 134, 138 BGB kann im Wege der gegen die Gesellschaft zu richtenden Feststellungsklage nach § 256 ZPO geltend gemacht werden; die Regelungen des Aktienrechts zur Anfechtbarkeit von fehlerhaften Beschlüssen finden auf Beschlüsse des Aufsichtsrates keine Anwendung (BGHZ 135, 244, 247). Ein Rechtsschutzinteresse können grundsätzlich nur Mitglieder des Aufsichtsrates, Geschäftsführer und Gesellschafter geltend machen. Im Klageverfahren wird die Gesellschaft grundsätzlich durch ihre Geschäftsführer (vgl. Kap. 5 Rdn. 258) und nur im Fall einer Klageerhebung durch einen Geschäftsführer durch den Aufsichtsrat vertreten (vgl. Kap. 5 Rdn. 290). Ein Klage abweisendes Urteil gilt nur inter partes, ein die Nichtigkeit feststellendes Urteil hingegen wirkt aus Gründen der Rechtssicherheit inter omnes (vgl. BGHZ 122, 342, 350).

23

IV. Nichtigkeit von Beschlüssen bei Verstoß gegen Verfahrensvorschriften

Im Fall von Verstößen gegen wesentliche Verfahrensvorschriften (z. B. Fehlen der Ladung etc.) kommt grundsätzlich ebenfalls die Nichtigkeit des Beschlusses in Betracht.

24

V. Ausschüsse des Aufsichtsrats

Der Aufsichtsrat kann Ausschüsse einsetzen, z. B. für Aufgaben der Vorbereitung der Verhandlungen und der Beschlüsse des Aufsichtsrates; denkbar sind aber auch für Ausschüsse beratende und beschließende Funktionen.

25

VI. Weitere Organe neben dem Aufsichtsrat

Nicht selten sieht der Gesellschaftsvertrag neben dem Aufsichtsrat ein weiteres Organ vor, das als **Beirat**, **Verwaltungsrat** o. ä. bezeichnet wird. § 52 Abs. 1 GmbHG mit seinen Verweisungen in das Aktiengesetz findet auf derartige Organe **keine Anwendung**, wenn ihnen nicht die Zuständigkeit zur Überwachung der Geschäftsführung obliegt (s. o. Rdn. 2). Unabhängig von der Bezeichnung des betroffenen Organs handelt es sich nur in diesen Fällen um einen Aufsichtsrat i. S. d. § 52 Abs. 1 GmbHG, dann aber auch immer, also auch, wenn er nicht als Aufsichtsrat bezeichnet wird (Roth/Altmeppen/*Altmeppen* § 52 Rn. 2).

26

Ein **Beirat** dient meist der **Beratung der Geschäftsführung** oder der Gesellschaft. Ihm werden aber oftmals auch Kompetenzen zugewiesen, die nach dem Gesetz der Gesellschafterversammlung oder der Geschäftsführung zustehen, wie z. B. die Beschlussfassung über die Feststellung des Jahresabschlusses oder die Gewinnverwendung. Bestimmte Kompetenzen weist das Gesetz aber **zwingend** den Gesellschaftern bzw. den Geschäftsführern zu. Das gilt bei den Gesellschaftern z. B. für Änderungen des Gesellschaftsvertrages, den Auflösungsbeschluss, den Ausschluss eines Gesellschafters, bei der Geschäftsführung z. B. für die Vertretung der Gesellschaft im Außenverhältnis, die Vornahme von Anmeldungen zum Handelsregister oder die Antragspflicht auf Eröffnung des Insolvenzverfahrens (vgl. Roth/Altmeppen/*Altmeppen* § 52 Rn. 48). Die Rechtsstellung der anderen Organe darf auch durch die Zuweisung von Zuständigkeiten an einen Beirat oder ein ähnliches Organ im Wesenskern nicht ausgehöhlt werden (A/E/S/*B. Schmidt* § 52 Rn. 55). Ein Beirat kann auch neben einem obligatorischen Aufsichtsrat einer GmbH eingerichtet werden; allerdings darf das nicht zu Einschränkungen der mitbestimmungsrechtlich vorgeschriebenen Rolle des obligato-

27

rischen Aufsichtsrates führen, z. B. durch Etablierung eines zweiten konkurrierenden, nicht mitbestimmten faktischen Aufsichtsrates unter der Bezeichnung »Beirat« (A/E/S/*B. Schmidt* § 52 Rn. 57). Für den Beirat kommt neben den allgemeinen Grundsätzen des Körperschaftsrechts grundsätzlich auch eine entsprechende Anwendung aktienrechtlicher Vorschriften für den Aufsichtsrat nach § 52 Abs. 1 GmbHG in Betracht, aber auch die Anwendung von Vorschriften, die den Geschäftsführer betreffen. Dies gilt jeweils umso mehr, je stärker der Beirat mit den Aufsichtsrat typischerweise kennzeichnenden Zuständigkeiten oder unternehmensleitenden Kompetenzen ausgestattet ist. Für § 90 AktG (**Informationsrecht**) und § 116 AktG (**Haftung**) wird man regelmäßig die Anwendbarkeit bejahen können; hinsichtlich § 113 AktG hat der BGH diese Frage ausdrücklich offen gelassen.

28   Ist ein Beirat lediglich durch einen **schuldrechtlichen Vertrag** eingerichtet worden, was grundsätzlich möglich ist, so richten sich seine Rechte und Pflichten einschließlich seiner Haftung ausschließlich nach dem entsprechenden Vertrag (E/F/S/*B. Schmidt* § 52 Rn. 58). Ein neues Organ im gesellschaftsrechtlichen Sinne wird in diesen Fällen hingegen nicht geschaffen.

F. Änderung durch das Bilanzrechtsmodernisierungsgesetz

29   Das Gesetz zur Modernisierung des Bilanzrechts (Bilanzrechtsmodernisierungsgesetz – BilMoG) vom 25.05.2009 hat Änderungen in den Regelungen des Aktiengesetzes für den Aufsichtsrat vorgenommen, die durch eine entsprechende Ergänzung der Verweisungen auf das Aktiengesetz in Abs. 1 auch für Aufsichtsräte in der GmbH gelten, soweit denn § 52 überhaupt Anwendung findet. Dabei gilt nunmehr, dass sowohl der durch das BilMoG neu eingefügte § 100 Abs. 5 AktG als auch der ebenfalls auf das BilMoG zurückgehende neue § 107 Abs. 4 AktG auch bei Bestehen eines Aufsichtsrates in einer GmbH zu beachten sind.

30   § 100 Abs. 5 AktG schreibt für Aufsichtsräte von durch den neuen, ebenfalls durch das BilMoG eingeführten § 264d HGB nunmehr definierten sog. **kapitalmarktorientierten Kapitalgesellschaften** vor, dass mindestens ein unabhängiges Mitglied des Gremiums über Sachverstand auf den Gebieten Rechnungslegung oder Abschlussprüfung verfügen muss. Kapitalmarktorientiert sind Kapitalgesellschaften gem. § 264d HGB dann, wenn sie einen organisierten Markt i. S. d. § 2 Abs. 5 WpHG durch von ihr ausgegebene Wertpapiere i. S. d. § 2 Abs. 1 Satz 1 WpHG in Anspruch nehmen oder die Zulassung solcher Wertpapiere zum Handel an einem organisierten Markt beantragt haben. Zu den betroffenen Wertpapieren zählen insbesondere auch Genussscheine und Inhaberschuldverschreibungen, Orderschuldverschreibungen sowie Zertifikate, die Schuldtitel vertreten, sodass durchaus auch eine GmbH kapitalmarktorientierte Kapitalgesellschaft i. S. d. § 264d HGB sein kann. Der **Unabhängigkeit**, die mindestens ein Mitglied des Aufsichtsrates aufweisen muss, können nicht nur die aktuelle Zugehörigkeit zur Geschäftsführung, die ohnehin ausgeschlossen ist (Inkompatibilität) sondern auch andere Gesichtspunkte, insbesondere unmittelbare oder mittelbare geschäftliche, finanzielle oder persönliche Beziehungen zur Geschäftsführung entgegenstehen, da sie Besorgnis der Befangenheit begründen, die der Wahrnehmung der Aufsichtsfunktion entgegen steht. **Sachverstand auf den Gebieten Rechnungslegung oder Abschlussprüfung** setzt voraus, dass zumindest ein Mitglied des Aufsichtsrates beruflich mit Rechnungslegung **und/oder** Abschlussprüfung befasst ist oder war (Begründung zum Regierungsentwurf vom 21.05.2008, S. 225). Neben Angehörigen der steuerberatenden oder wirtschaftsprüfenden Berufen kann dies bspw. auch für Finanzvorstände, fachkundige Angestellte aus den Bereichen Rechnungswesen und Controlling, Analysten sowie langjährige Mitglieder in Prüfungsausschüssen oder Betriebsräte, die sich diese Fähigkeit im Zuge ihrer Tätigkeit durch Weiterbildung angeeignet haben, zutreffen. Vgl. zum »unabhängigen Finanzexperten« auch *Gruber* NZG 2008, 12.

31   Mit § 107 Abs. 4 AktG, der über § 52 Abs. 1 GmbHG auch für eine kapitalmarktorientierte GmbH gelten soll, wird das in § 100 Abs. 5 AktG niedergelegte Erfordernis, dass mindestens ein Aufsichtsratsmitglied unabhängig sein und über Sachverstand in Rechnungslegung oder Abschlussprüfung verfügen muss, auf den Prüfungsausschuss des Aufsichtsrates, sofern ein solcher eingerichtet ist, ausgedehnt. Richtet der Aufsichtsrat oder die Gesellschafterversammlung einer kapitalmarktorientierten GmbH einen Prüfungsausschuss ein, muss mindestens ein Mitglied des Prüfungsausschus-

ses unabhängig sein und über Sachverstand in Rechnungslegung oder Abschlussprüfung verfügen. Hier dürfte regelmäßig Personalunion zwischen dem Aufsichtsratsmitglied i. S. d. § 100 Abs. 5 AktG und dem Mitglied des Prüfungsausschusses i. S. d. § 107 Abs. 4 AktG i. V. m. § 100 Abs. 5 AktG bestehen.

Vierter Abschnitt Abänderungen des Gesellschaftsvertrages

§ 53 Form der Satzungsänderung

(1) Eine Abänderung des Gesellschaftsvertrages kann nur durch Beschluß der Gesellschafter erfolgen.

(2) ¹Der Beschluß muß notariell beurkundet werden, derselbe bedarf einer Mehrheit von drei Vierteilen der abgegebenen Stimmen. ²Der Gesellschaftsvertrag kann noch andere Erfordernisse aufstellen.

(3) Eine Vermehrung der den Gesellschaftern nach dem Gesellschaftsvertrag obliegenden Leistungen kann nur mit Zustimmung sämtlicher beteiligter Gesellschafter beschlossen werden.

Übersicht	Rdn.		Rdn.
A. Allgemeines	1	b) Zusätzliche Erfordernisse aufgrund gesellschaftsvertraglicher Regelung, Abs. 2 Satz 2	26
B. Änderung des Gesellschaftsvertrags	5		
I. Anwendungsbereich des § 53 GmbHG	5		
II. Beschluss der Gesellschafter, Abs. 1	14	c) Zustimmung betroffener Gesellschafter bei Vermehrung ihrer Pflichten, Abs. 3	30
III. Anforderungen an die Form und Mitwirkung der Gesellschafter	16		
1. Form: notarielle Beurkundung, Abs. 2 Satz 1 Hs. 1	16	d) Pflicht zur Mitwirkung und Zustimmung?	37
2. Mitwirkung der Gesellschafter	21	e) Vertretung	39
a) Beschlussfassung mit 3/4-Mehrheit, Abs. 2 Satz 1 Halbs. 2	21	aa) Zulässigkeit rechtsgeschäftlicher Vertretung	39
		bb) Anforderungen an die Erteilung der Vertretungsmacht	40

A. Allgemeines

Die durch § 56 Abs. 1 Beurkundungsgesetz vom 28. August 1969 (BGBl. I, 1513) geänderte Vorschrift regelt die **Änderung des Gesellschaftsvertrags**, indem bestimmte Anforderungen an die hierbei einzuhaltende Form und die Mitwirkung der Gesellschafter aufgestellt werden: Eine Änderung des Gesellschaftsvertrags kann nur durch **Beschluss der Gesellschafter** erfolgen (Abs. 1), der notariell zu beurkunden ist (Abs. 2 Satz 1 Halbs. 1). Der Beschluss bedarf – vorbehaltlich einer anderweitigen Regelung des Gesellschaftsvertrags – einer **Mehrheit von 3/4 der abgegebenen Stimmen** (Abs. 2 Satz 1 Halbs. 2, Satz 2); bei einer Vermehrung ihrer Pflichten bedarf der Beschluss der **Zustimmung aller betroffenen Gesellschafter** (Abs. 3). Durch das Gesetz zur Modernisierung des GmbH-Rechts und zur Bekämpfung von Missbräuchen (MoMiG) vom 23. Oktober 2008 (BGBl. I, 2026) ist die Überschrift »Form der Satzungsänderung« hinzugefügt worden. Hieraus wird ersichtlich, dass die Begriffe »Gesellschaftsvertrag« und »Satzung« synonym zu verstehen sind. Die im Regierungsentwurf zum MoMiG vorgesehene Ergänzung des Abs. 2 um eine Regelung zur Änderung eines »beurkundungsfreien Mustergesellschaftsvertrags« ist nicht Gesetz geworden, da der Rechtsausschuss des Deutschen Bundestages den entsprechenden Vorschlag abgelehnt hat (s. § 2 GmbHG Rdn. 32 f.). 1

Durch § 53 GmbHG werden die bei der Errichtung einer Gesellschaft durch Abschluss eines Gesellschaftsvertrags zu beachtenden Anforderungen an die Mitwirkung der (Gründungs-)Gesellschafter (§ 2 GmbHG) hinsichtlich der Änderung des Gesellschaftsvertrags modifiziert: Der nach Maßgabe 2 des § 47 GmbHG zu treffende Beschluss bedarf – anders als der Abschluss des Gesellschaftsvertrags bei Errichtung der Gesellschaft – nicht der Mitwirkung, respektive Zustimmung sämtlicher Gesellschafter, sondern lediglich einer Mehrheit von 3/4 der abgegebenen Stimmen, sofern nicht Gesetz oder Gesellschaftsvertrag Abweichendes bestimmen (Abs. 2 Satz 1 Halbs. 2, Abs. 2 Satz 2, Abs. 3). Das **Mehrheitsprinzip** ist Ausdruck eines allgemeinen Prinzip des Körperschaftsrechts, das mit Entstehung der Körperschaft zur Anwendung kommt (vgl. Scholz/*Priester* § 53 Rn. 2). Dementsprechend gelten Besonderheiten für die Änderung des Gesellschaftsvertrags einer (Vor-)Gesellschaft, die (noch) nicht in das Handelsregister eingetragen ist (s. Rdn. 13, § 2 GmbHG Rdn. 56, § 11 GmbHG Rdn. 8 und § 54 GmbHG Rdn. 3).

3   Die Änderung des Gesellschaftsvertrags ist – ebenso wie der Abschluss des Gesellschaftsvertrags bei Errichtung der Gesellschaft (§ 7 Abs. 1 GmbHG) – unter Beifügung des vollständigen Wortlauts des (geänderten) Gesellschaftsvertrags **zur Eintragung in das Handelsregister anzumelden** (§ 54 Abs. 1 Sätze 1 und 2 Halbs. 1 GmbHG). Der Inhalt der Eintragung in das Handelsregister orientiert sich an den für den Abschluss des Gesellschaftsvertrags geltenden Vorschriften (§ 54 Abs. 2 GmbHG i. V. m. § 10 GmbHG). Vor Eintragung in das Handelsregister hat die Änderung des Gesellschaftsvertrags – vergleichbar mit der Errichtung der Gesellschaft, die vor ihrer Eintragung »als solche« nicht besteht (§ 11 Abs. 1 GmbHG) – **keine rechtliche Wirkung** (§ 54 Abs. 3 GmbHG).

4   Sowohl eine **Kapitalerhöhung** als auch eine **Kapitalherabsetzung** erfolgen durch eine oder aufgrund einer Änderung des Gesellschaftsvertrags, wobei – ergänzend und teilweise auch abweichend zu den §§ 53 f. GmbHG – besondere Anforderungen zu beachten sind (§§ 55 ff. bzw. §§ 58 ff. GmbHG).

B. Änderung des Gesellschaftsvertrags

I. Anwendungsbereich des § 53 GmbHG

5   Der Gesellschaftsvertrag enthält neben »echten« (»materiellen«, »mitgliedschaftsrechtlichen«, »körperschaftsrechtlichen«, »körperschaftlichen« oder »korporativen«) Satzungsbestandteilen vielfach auch »unechte« (»formelle«, »individualrechtliche« oder »nichtkorporative«) Satzungsbestandteile. »**Echte**« Satzungsbestandteile sind die für die Verfassung der Gesellschaft notwendigen oder sie zumindest prägenden Regelungen, welche die gegenwärtigen und künftigen Gesellschafter unmittelbar binden; zu ihrer Gültigkeit ist die Aufnahme in den Gesellschaftsvertrag erforderlich, die Aufnahme ist konstitutiv. »**Unechte**« Satzungsbestandteile sind Regelungen, die für die Verfassung der Gesellschaft nicht notwendig oder prägend sind; da solche Regelungen auch außerhalb des Gesellschaftsvertrags vereinbart werden können, hat ihre Aufnahme in den Gesellschaftsvertrag lediglich deklaratorische Wirkung (vgl. Scholz/*Priester* § 53 Rn. 5 ff.; Rowedder/Schmidt-Leithoff/*Schnorbus* § 53 Rn. 3 ff.; s. auch § 2 GmbHG Rdn. 9 ff. und § 3 GmbHG Rdn. 20). Prägnant ist formuliert worden: »Satzung muss immer auch Satzungstext sein, Satzungstext nicht immer Satzung« (Baumbach/Hueck/*Zöllner/Noack* § 53 Rn. 4).

6   Die in §§ 53 f. GmbHG geregelten Anforderungen sind (nur) für die Wirksamkeit der Änderung eines »echten« Satzungsbestandteils maßgebend, während sich die Wirksamkeit der Änderung eines »unechten« Satzungsbestandteils nach den jeweils maßgeblichen Rechtsvorschriften richtet – z. B. der Widerruf der Bestellung eines im Gesellschaftsvertrag bestellten (vgl. § 6 Abs. 3 Satz 2 Alt. 1 GmbHG) Geschäftsführers nach § 38 Abs. 1 GmbHG –, nicht nach den §§ 53 f. GmbHG (BGHZ 18, 205, 207 f.; OLG Brandenburg NZG 2001, 129; vgl. Baumbach/Hueck/*Zöllner/Noack* § 53 Rn. 17; Rowedder/Schmidt-Leithoff/*Schnorbus* § 53 Rn. 10; Scholz/*Priester* § 53 Rn. 17; zur Beseitigung überholter Satzungsbestandteile aus dem Wortlaut des Gesellschaftsvertrags s. Rdn. 8 f.).

7   Die (vollständige) **Neufassung des Gesellschaftsvertrags** stellt eine Änderung des Gesellschaftsvertrags dar, auf welche die §§ 53 f. GmbHG anwendbar sind (OLG Köln NJW-RR 1993, 223; OLG Zweibrücken RPfleger 1984, 104; NZG 2002, 93; zum Inhalt der Anmeldung s. § 54 GmbHG Rdn. 10; zur – nicht erforderlichen – Bescheinigung des Notars s. § 54 GmbHG Rdn. 20; zum Prüfungsumfang des [Register-]Gerichts s. § 54 GmbHG Rdn. 25). Auch die **Erweiterung oder**

Ergänzung des Gesellschaftsvertrags unterliegt den in §§ 53 f. GmbHG geregelten Anforderungen (OLG Köln NJW-RR 1996, 1439).

Im Gesellschaftsvertrag enthaltene Bestimmungen bleiben solange dessen Bestandteil, bis sie durch eine Änderung des Gesellschaftsvertrags (§§ 53 f. GmbHG) beseitigt worden sind; eine Änderung des Wortlauts des Gesellschaftsvertrags anders als durch – notariell zu beurkundenden und mit (mindestens) 3/4-Mehrheit zu fassenden – Beschluss der Gesellschafter und dessen Eintragung in das Handelsregister ist ausgeschlossen. Aus Gründen der Rechtssicherheit gilt dieses Erfordernis nicht nur für die Änderung »echter« Satzungsbestandteile, sondern auch für die Änderung »unechter« Satzungsbestandteile (s. Rdn. 6). Auch die **Beseitigung überholter Satzungsbestandteile** – z. B. Bestimmungen über die Einlagen auf das Stammkapital (§ 3 Abs. 1 Nr. 4 GmbHG) oder die Bestellung des ersten, im Gesellschaftsvertrag bestellten (vgl. § 6 Abs. 3 Satz 2 Alt. 1 GmbHG), mittlerweile abberufenen Geschäftsführers – aus dem Wortlaut des Gesellschaftsvertrags bedarf der Einhaltung dieser Anforderungen, ohne dass es darauf ankommt, ob die Änderung »unechte« oder »echte« Satzungsbestandteile betrifft (vgl. OLG Brandenburg NZG 2001, 129; vgl. Rowedder/Schmidt-Leithoff/*Schnorbus* § 53 Rn. 12 f.; Scholz/*Priester* § 53 Rn. 21; s. auch § 54 GmbHG Rdn. 18).

Bei der Beseitigung überholter Bestandteile des Gesellschaftsvertrags – Angaben zu den ursprünglichen (Gründungs-)Gesellschaftern und den von ihnen zu leistenden Einlagen auf das Stammkapital sowie zu den gegenwärtigen Gesellschaftern, Bestimmungen zur Übernahme des Gründungsaufwands durch die Gesellschaft sowie Bestimmungen über den Gegenstand einer Sacheinlage und den Nennbetrag des Geschäftsanteils, auf den sich die Sacheinlage bezieht, – ist neben den in §§ 53 f. GmbHG geregelten Anforderungen im Einzelnen Folgendes zu beachten: Die Angabe der **ursprünglichen (Gründungs-) Gesellschafter** mit den von ihnen auf das Stammkapital zu leistenden Einlagen (§ 3 Abs. 1 Nr. 4 GmbHG) darf im Wege der Änderung des Gesellschaftsvertrags beseitigt werden, ohne dass es darauf ankommt, ob die Leistungen auf die Geschäftsanteile vollständig erbracht sind; angesichts der jedem möglichen Einsichtnahme in den – beim Handelsregister aufbewahrten – ursprünglichen Gesellschaftsvertrag (§ 9 HGB) stehen Aspekte des Gläubigerschutzes einer (späteren) Beseitigung dieser Angaben nicht entgegen (BGH NJW 1989, 168; BayObLG NJW-RR 1997, 485; vgl. Scholz/*Priester* § 53 Rn. 23; a. A. OLG Hamm RPfleger 1984, 274; s. auch § 3 GmbHG Rdn. 12). Im Gesellschaftsvertrag dürfen die **gegenwärtigen Gesellschafter** – deklaratorisch – angegeben werden (OLG Frankfurt GmbHR 1973, 172; BayObLG NJW-RR 1992, 736; OLG Hamm NJW-RR 1996, 483; vgl. Scholz/*Priester* GmbHG, § 53 Rn. 25; s. auch § 3 GmbHG Rdn. 12). Eine im Gesellschaftsvertrag enthaltene Bestimmung zur **Übernahme des Gründungsaufwands** durch die Gesellschaft (§ 26 Abs. 2 AktG analog; s. § 3 GmbHG Rdn. 23) darf nach Ablauf einer Frist von fünf Jahren seit Eintragung der Gesellschaft in das Handelsregister im Wege der Änderung des Gesellschaftsvertrags beseitigt werden; die Anknüpfung an die fünfjährige Frist des § 9b Abs. 2 GmbHG erscheint hinsichtlich des Gründungsaufwands – wegen dessen Erwähnung in § 9a Abs. 1 GmbHG – sachgerechter als die Anknüpfung an die zehnjährige Frist des § 9 Abs. 2 GmbHG (vgl. LG Berlin GmbHR 1993, 590 unter Bezugnahme auf die fünfjährige Frist des § 9 Abs. 2 GmbHG a. F.). Eine im Gesellschaftsvertrag enthaltene Bestimmung über den Gegenstand einer **Sacheinlage** und den Nennbetrag des Geschäftsanteils, auf den sich die Sacheinlage bezieht (§ 5 Abs. 4 Satz 1 GmbHG), darf nach Ablauf einer Frist von zehn Jahren seit Eintragung der Gesellschaft in das Handelsregister beseitigt werden; die Anknüpfung an die zehnjährige Frist des § 9 Abs. 2 GmbHG ist sachgerecht, weil die Angabe im Gesellschaftsvertrag insbesondere der Geltendmachung eines Anspruchs wegen Überbewertung einer Sacheinlage gemäß § 9 GmbHG dient (vgl. Scholz/*Priester* § 53 Rn. 24).

Von der Änderung des Gesellschaftsvertrags wird dessen »Durchbrechung« unterschieden: Eine **Satzungsdurchbrechung** liegt vor, wenn für einen Sonderfall durch Beschluss der Gesellschafter vom Gesellschaftsvertrag abgewichen wird, ohne den Gesellschaftsvertrag selbst zu ändern und seine Geltung im Übrigen und für die Zukunft aufheben zu wollen (*Habersack* ZGR 1994, 354, 356). Bei einer »**zustandsbegründenden**« **Satzungsdurchbrechung** entfaltet der Beschluss – z. B. die generelle

Befreiung von einem im Gesellschaftsvertrag geregelten Wettbewerbsverbot – Dauerwirkung; bei einer »**punktuellen**« Satzungsdurchbrechung – z. B. Genehmigung einer Anteilsübertragung durch die Gesellschafterversammlung anstelle des nach dem Gesellschaftsvertrag hierfür zuständigen Aufsichtsrats – erschöpft sich die Wirkung in einem Einzelakt (vgl. Baumbach/Hueck/*Zöllner/Noack* § 53 Rn. 40 f.; Rowedder/Schmidt-Leithoff/*Schnorbus* § 53 Rn. 34; Scholz/*Priester* § 53 Rn. 29; vgl. aber auch *Zöllner* FS Priester 2007, S. 879 mit dem Anspruch, »Irrtümer« zu beseitigen, die auch in eigenen Meinungsäußerungen, namentlich der eigenen Kommentierung liegen).

11 Eine Satzungsdurchbrechung, durch die ein vom Gesellschaftsvertrag abweichender rechtlicher **Zustand** begründet wird, ist ohne Einhaltung der für die Änderung des Gesellschaftsvertrags geltenden Formvorschriften selbst dann **unwirksam**, wenn dieser Zustand auf einen bestimmten Zeitraum begrenzt ist: Eine solche (Dauerwirkung entfaltende) Abweichung vom Gesellschaftsvertrag hat nämlich nicht nur gesellschaftsinterne Bedeutung, sondern berührt auch den Rechtsverkehr und auch später hinzutretende Gesellschafter; wenn die – zum Handelsregister einzureichende – Satzungsurkunde den materiellen Satzungsinhalt nicht richtig und vollständig wiedergibt, wird der Rechtsverkehr über die Verhältnisse der Gesellschaft entgegen dem mit der Registerpublizität verfolgten Zweck unzutreffend informiert (BGHZ 123, 15, 19 zur Änderung der Amtszeit von Mitgliedern des Aufsichtsrats; OLG Hamm NJW-RR 1993, 867 zur Änderung der den Geschäftsführern im Gesellschaftsvertrag eingeräumten [Einzel-] Vertretungsbefugnis; OLG Köln NJW-RR 1996, 1439 zur Aufnahme eines Entsendungsrechts; OLG Köln DB 2000, 2465 zur Änderung des Unternehmensgegenstands einer Aktiengesellschaft; OLG Nürnberg BB 2000, 687 zur Abberufung eines Gesellschafter-Geschäftsführers, dem das Sonderrecht auf Bestellung zum Geschäftsführer eingeräumt ist; vgl. Scholz/*Priester* § 53 Rn. 30).

12 Im Gegensatz zu einer »zustandsbegründenden« Satzungsdurchbrechung liegt eine »**punktuelle**« **Satzungsdurchbrechung** dann vor, wenn sich die Wirkung des Beschlusses in der betreffenden Maßnahme erschöpft: Eine solche Satzungsdurchbrechung ist nicht nichtig, sondern anfechtbar, wobei den Gesellschaftern, die dem Beschluss zugestimmt haben, die Anfechtungsbefugnis fehlt; einer Eintragung des Beschlusses in das Handelsregister (§ 54 GmbHG), deren Fehlen grundsätzlich zur Nichtigkeit bzw. zur Unwirksamkeit führt (s. Rdn. 20 und § 54 GmbHG Rdn. 35), bedarf es ausnahmsweise nicht, weil sich der Beschluss definitionsgemäß bereits mit seiner Vornahme erledigt und folglich kein Interesse des Rechtsverkehrs an einer Eintragung in das Handelsregister besteht (vgl. Lutter/Hommelhoff/*Bayer* § 53 Rn. 31; Rowedder/Schmidt-Leithoff/*Schnorbus* § 53 Rn. 46 f.; Scholz/*Priester* § 53 Rn. 30a).

13 Vor Eintragung der Gesellschaft in das Handelsregister bedarf eine Änderung einschließlich einer Ergänzung des Gesellschaftsvertrags – vorbehaltlich anderweitiger Bestimmung des Gesellschaftsvertrags – der vertraglichen Vereinbarung aller Gesellschafter gemäß § 2 GmbHG, weil § 53 GmbHG **auf eine Vorgesellschaft nicht anwendbar** ist: Die – notariell zu beurkundende – Vereinbarung ist von sämtlichen Gesellschaftern zu unterzeichnen (s. Rdn. 2, § 2 GmbHG Rdn. 56, § 11 GmbHG Rdn. 8 und § 54 GmbHG Rdn. 3). Eine Änderung des Gesellschaftsvertrags gemäß § 53 GmbHG ist auch im **Stadium der Auflösung (Liquidation)** oder der **Insolvenz** möglich (BGHZ 24, 279, 286 zur AG; BayObLG NJW-RR 1987, 1175; NJW-RR 1996, 417; OLG Frankfurt NJW 1974, 463 zur Kapitalherabsetzung; OLG Karlsruhe NJW 1993, 1931).

II. Beschluss der Gesellschafter, Abs. 1

14 Eine Änderung des Gesellschaftsvertrags kann nur durch Beschluss der Gesellschafter erfolgen (Abs. 1). Die Regelung lässt eine Übertragung dieser Befugnis auf ein anderes Organ der Gesellschaft oder auf Dritte nicht zu; es handelt sich um eine »**zwingende Organzuständigkeit**« (vgl. Scholz/*Priester* § 53 Rn. 62;). Aus der »gesellschaftlichen Selbstverwaltung« (§ 45 Abs. 2 GmbHG) folgt zwar die Zulässigkeit, Befugnisse der Gesellschafterversammlung einem anderen Organ zuzuweisen; ausgenommen hiervon sind jedoch diejenigen Befugnisse, die der Gesellschafterversammlung zwingend zugewiesen sind, namentlich die Befugnis zur Änderung des Gesellschaftsvertrags (BGHZ 43, 261, 264; OLG Hamm BB 1982, 762). Aus diesem Grund ist eine im Gesellschaftsver-

trag enthaltene Bestimmung, durch welche die Geschäftsführer ermächtigt werden, das Geschäftsjahr zu bestimmen, unzulässig (a.A. OLG Stuttgart NJW-RR 1992, 1391). Es ist – anders als im Aktienrecht (vgl. § 179 Abs. 1 Satz 2 AktG) – unzulässig, dem Aufsichtsrat oder den Geschäftsführern die Befugnis einzuräumen, redaktionelle Änderungen des Gesellschaftsvertrags vorzunehmen (vgl. Baumbach/Hueck/*Zöllner/Noack* § 53 Rn. 55). Ein Beherrschungsvertrag, der dazu führt, dass die Zuständigkeit der Gesellschafterversammlung in Geschäftsführungsangelegenheiten zugunsten des herrschenden Unternehmens beseitigt und die Weisungsbefugnis der Gesellschafterversammlung auf diese übertragen wird (§ 291 Abs. 1 Satz 1 Alt. 1 AktG analog), berührt die Zuständigkeit der Gesellschafterversammlung dort nicht, wo ihr von Gesetzes wegen die Beschlusszuständigkeit zwingend zugewiesen ist; zum »weisungsfesten Kernbereich der ausschließlichen Kompetenz der Gesellschafterversammlung« gehört insbesondere die Befugnis zur Änderung des Gesellschaftsvertrags (OLG Stuttgart NZG 1998, 601, nachfolgend BGH NZG 1999, 999).

Der (Gesellschafter-)Beschluss über die Änderung des Gesellschaftsvertrags kann in einer **Versammlung** gefasst werden (§ 48 Abs. 1 GmbHG); bei Einberufung der Versammlung ist nicht nur deren Zweck (§ 51 Abs. 2 GmbHG), sondern auch der Gegenstand der beabsichtigten Änderung des Gesellschaftsvertrags, jedoch nicht notwendigerweise deren Wortlaut anzukündigen (vgl. *Lutter/Hommelhoff/Bayer* § 53 Rn. 10; s. auch § 51 GmbHG Rdn. 8 ff.). Der Abhaltung einer Versammlung bedarf es nicht, wenn sich alle Gesellschafter mit der zu treffenden Bestimmung oder mit der schriftlichen Stimmabgabe einverstanden erklären (§ 48 Abs. 2 BGB; vgl. Baumbach/Hueck/*Zöllner/Noack* § 53 Rn. 55; Scholz/*Priester* § 53 Rn. 65 f.; a.A. BGHZ 15, 324, 328; KG NJW 1959, 1446; OLG Hamm NJW 1974, 1057). Wegen des Erfordernisses notarieller Beurkundung (s. Rdn. 16 ff.) und der Möglichkeit rechtsgeschäftlicher Vertretung (s. Rdn. 39) erweist sich diese Art der Beschlussfassung aber als unpraktikabel. 15

III. Anforderungen an die Form und Mitwirkung der Gesellschafter

1. Form: notarielle Beurkundung, Abs. 2 Satz 1 Hs. 1

Der Beschluss der Gesellschafter über die Änderung des Gesellschaftsvertrags muss notariell beurkundet werden (Abs. 2 Satz 1 Halbs. 1). Das Erfordernis notarieller Beurkundung besteht aus Gründen der Beweissicherung und damit der Rechtssicherheit, aber auch zum Zweck der materiellen Richtigkeitsgewähr sowie zur Gewährleistung einer Prüfungs- und Belehrungsfunktion (BGHZ 105, 324, 338; s. auch § 2 GmbHG Rdn. 16). 16

Die **notarielle Beurkundung** des Beschlusses richtet sich bei einer **Mehrpersonen-Gesellschaft**, da es sich – anders als beim Abschluss eines Gesellschaftsvertrags (s. § 2 GmbHG Rdn. 18) – nicht um die Beurkundung von Willenserklärungen handelt, nach den Vorschriften des Dritten Abschnitts des Beurkundungsgesetzes (§§ 36 f. BeurkG): Vom Notar wird eine Niederschrift aufgenommen, welche die Bezeichnung des Notars und den Bericht über seine Wahrnehmungen enthält (§ 37 Abs. 1 Satz 1 BeurkG). Bei der Beschlussfassung in der Gesellschafterversammlung einer Mehrpersonen-Gesellschaft (§ 48 Abs. 1 GmbHG) ist vom Notar über den zur Abstimmung gestellten Wortlaut der Änderung des Gesellschaftsvertrags und den Abstimmungsvorgang sowie dessen Ergebnis zu berichten (vgl. Baumbach/Hueck/*Zöllner/Noack* § 53 Rn. 70 ff.; Scholz/*Priester* § 53 Rn. 69 f.). Sofern die Beurkundung des Beschlusses nach den (strengeren) Vorschriften über die Beurkundung von Willenserklärungen (§§ 6 ff. BeurkG) vorgenommen wird, ist dies unschädlich (vgl. *Lutter/Hommelhoff/Bayer* § 53 Rn. 16; Rowedder/Schmidt-Leithoff/*Schnorbus* § 53 Rn. 58). 17

Sofern der Beschluss über die Änderung des Gesellschaftsvertrags **außerhalb einer Gesellschafterversammlung** gefasst wird (§ 48 Abs. 2 GmbHG), geben die Gesellschafter ihre Stimmen zur Niederschrift eines Notars ab; wenn die Stimmabgaben zur Niederschrift verschiedener Notare erfolgt sind, werden die Niederschriften einem Notar übermittelt, der anschließend die Urkunde über die Fassung des Beschlusses erstellt (vgl. Baumbach/Hueck/*Zöllner/Noack* § 53 Rn. 74; Scholz/*Priester* § 53 Rn. 66). 18

19 Angesichts des mit der Beurkundung des Beschlusses über die Änderung des Gesellschaftsvertrags verfolgten Zwecks, insbesondere die materielle Richtigkeit des Beschlusses zu gewährleisten (s. Rdn. 16), begegnet ein **im Ausland gefasster Beschluss** über die Änderung des Gesellschaftsvertrags denselben Bedenken, die bei Abschluss des Gesellschaftsvertrags im Ausland bestehen (s. § 2 GmbHG Rdn. 21 ff.). Bevor nicht der deutsche Gesetzgeber eine ausdrückliche Regelung über die bei der Änderung eines Gesellschaftsvertrags im Ausland einzuhaltende Form geschaffen hat, ist von der **Maßgeblichkeit des Wirkungsstatuts** auszugehen, so dass die vom deutschen Recht vorgeschriebene Form notarieller Beurkundung bei einem Beschluss über die Änderung des Gesellschaftsvertrags (§ 53 Abs. 2 Satz 1 Halbs. 1 GmbHG) einzuhalten ist. Dieses Formerfordernis wird durch eine Beurkundung im Ausland erfüllt, wenn diese mit der Beurkundung durch einen deutschen Notar **gleichwertig** ist, was anhand der Umstände des Einzelfalls zu ermitteln ist; sofern ein ausländischer Notar nachweisbar über Kenntnisse deutschen (Gesellschafts-)Rechts verfügt und seine Haftung für Fehler nicht durch eine »Freizeichnungserklärung« ausschließt, kann mittels einer Beurkundung im Ausland die materielle Richtigkeit in demselben Maß gewährt werden wie mittels einer Beurkundung durch einen deutschen Notar (vgl. Baumbach/Hueck/*Zöllner/Noack* § 53 Rn. 75; MüKo GmbHG/*Harbarth* § 54 Rn. 77 f.; Rowedder/Schmidt-Leithoff/*Schnorbus* § 53 Rn. 59; a. A. Scholz/*Priester* § 53 Rn. 71 ff.; s. auch § 2 GmbHG Rdn. 28).

20 Die **Nichtbeachtung des (Form-)Erfordernisses** notarieller Beurkundung führt zur **Nichtigkeit** des Beschlusses über die Änderung des Gesellschaftsvertrags (§ 241 Nr. 2 AktG analog; OLG Brandenburg NZG 2001, 129; OLG Köln NJW-RR 1996, 1439; vgl. Scholz/*Priester* § 53 Rn. 68; s. auch § 47 GmbHG Rdn. 45). Wird die Änderung des Gesellschaftsvertrags aufgrund eines solchen Beschlusses in das Handelsregister eingetragen, obwohl sie nicht hätte eingetragen werden dürfen (s. § 54 GmbHG Rdn. 22), kann die Nichtigkeit nicht mehr geltend gemacht werden (§ 242 Abs. 1 AktG analog; vgl. Baumbach/Hueck/*Zöllner/Noack* § 53 Rn. 83; Lutter/Hommelhoff/*Bayer* § 53 Rn. 18; s. auch § 54 GmbHG Rdn. 35).

2. Mitwirkung der Gesellschafter

a) Beschlussfassung mit 3/4-Mehrheit, Abs. 2 Satz 1 Halbs. 2

21 Der Beschluss über die Änderung des Gesellschaftsvertrags bedarf, sofern nicht Gesetz oder Gesellschaftsvertrag Abweichendes bestimmen (Abs. 2 Satz 2, Abs. 3), einer Mehrheit von 3/4 der abgegebenen Stimmen (Abs. 2 Satz 1 Halbs. 2).

22 Für die Berechnung, ob eine 3/4-Mehrheit erreicht ist, kommt es – vorbehaltlich anderweitiger Bestimmung des Gesellschaftsvertrags (s. Rdn. 27) und anders als bei der Satzungsänderung einer Aktiengesellschaft (§ 179 Abs. 2 Satz 1 AktG) – allein auf die Mehrheit der abgegebenen und gültigen zustimmenden (»Ja«-)Stimmen, nicht auf die des vertretenen Kapitals an (vgl. Baumbach/Hueck/*Zöllner/Noack* § 53 Rn. 66; Rowedder/Schmidt-Leithoff/*Schnorbus* § 53 Rn. 64; Scholz/*Priester* § 53 Rn. 81 f.). Eine Änderung des Gesellschaftsvertrags liegt nicht vor, wenn 1/4 aller Stimmen und eine Stimme ablehnend (»Nein«) sind (»**Sperrminorität**«; vgl. Scholz/*Priester* § 53 Rn. 78).

23 Das in § 47 Abs. 4 GmbHG geregelte **Stimmverbot** findet bei einem Beschluss über die Änderung des Gesellschaftsvertrags keine Anwendung (OLG Stuttgart NZG 1998, 601).

24 Eine **förmliche Feststellung des Beschlussergebnisses**, ist – vorbehaltlich anderweitiger Bestimmung des Gesellschaftsvertrags (s. Rdn. 28) und anders als bei einer Aktiengesellschaft (§ 130 Abs. 2 AktG) – nicht erforderlich (vgl. Baumbach/Hueck/*Zöllner/Noack* § 53 Rn. 66 f.; MüKo GmbHG/*Harbarth* § 54 Rn. 91; Scholz/*Priester* § 53 Rn. 84).

25 Die Nichtbeachtung des Erfordernisses, den Beschluss (mindestens) mit einer 3/4-Mehrheit der abgegebenen Stimmen zu fassen, führt nicht zur Nichtigkeit, sondern zur **Anfechtbarkeit** des Beschlusses (§ 243 Abs. 1 AktG analog; BGHZ 104, 66, 68 ff.; BayObLG BB 1992, 226; zur Nichtbeachtung eines von Abs. 2 Satz 1 Halbs. 2 abweichenden, im Gesellschaftsvertrag geregelten Mehrheitserfordernisses s. Rdn. 27).

b) Zusätzliche Erfordernisse aufgrund gesellschaftsvertraglicher Regelung, Abs. 2 Satz 2

Der Gesellschaftsvertrag kann hinsichtlich seiner Änderung – neben der Form notarieller Beurkundung (Abs. 2 Satz 1 Halbs. 1) und der Beschlussfassung mit 3/4-Mehrheit (Abs. 2 Satz 1 Halbs. 2) – zusätzliche Erfordernisse aufstellen (Abs. 2 Satz 2). Die Änderung des Gesellschaftsvertrags darf durch zusätzliche Erfordernisse **erschwert**, jedoch nicht erleichtert werden (vgl. Rowedder/Schmidt-Leithoff/*Schnorbus* § 53 Rn. 67; Scholz/*Priester* § 53 Rn. 86). 26

Der Gesellschaftsvertrag darf hinsichtlich seiner Änderung eine **größere Stimmenmehrheit**, insbesondere Einstimmigkeit vorschreiben (vgl. Baumbach/Hueck/*Zöllner/Noack* § 53 Rn. 78; Rowedder/Schmidt-Leithoff/*Schnorbus* § 53 Rn. 67). Wenn eine – von § 53 Abs. 2 Satz 1 Halbs. 2 GmbHG abweichende, im Gesellschaftsvertrag vorgeschriebene – Mehrheit nicht erreicht wird, führt dies zur Anfechtbarkeit des Beschlusses (§ 243 Abs. 1 AktG analog; vgl. Scholz/*Priester* § 53 Rn. 90; zur Nichtbeachtung des in § 53 Abs. 2 Satz 1 Halbs. 2 GmbHG geregelten Erfordernisses der 3/4-Mehrheit s. Rdn. 25). 27

Ferner kann vorgesehen werden, dass die **Beschlussfähigkeit** von der Einhaltung bestimmter (Ladungs- oder Teilnahme-)Voraussetzungen abhängt oder es einer **förmlichen Feststellung des Abstimmungsergebnisses** unter Mitteilung des als verabschiedet geltenden Gegenstands der Beschlussfassung durch den Versammlungsleiter oder den beurkundenden Notar bedarf. Die Nichteinhaltung dieser Anforderungen macht den Beschluss anfechtbar (§ 243 Abs. 1 AktG analog; vgl. Scholz/*Priester* § 53 Rn. 87 ff.). 28

Der Gesellschaftsvertrag kann einen **Zustimmungsvorbehalt** zugunsten bestimmter Gesellschafter vorsehen; der Gesellschaftsvertrag darf indes keinen Zustimmungsvorbehalt zugunsten der Geschäftsführer oder des Aufsichtsrats, erst recht nicht zugunsten Dritter vorsehen, da dies mit der Satzungsautonomie der Gesellschafter nicht vereinbar wäre (vgl. Baumbach/Hueck/*Zöllner/Noack* § 53 Rn. 78; Lutter/Hommelhoff/*Bayer* § 53 Rn. 7). 29

c) Zustimmung betroffener Gesellschafter bei Vermehrung ihrer Pflichten, Abs. 3

Eine Vermehrung der den Gesellschaftern nach dem Gesellschaftsvertrag obliegenden Leistungen kann nur mit Zustimmung sämtlicher beteiligter Gesellschafter beschlossen werden (Abs. 3). Diese Regelung ist für eine Kapitalgesellschaft insofern notwendig, als die Beitragspflichten ihrer Gesellschafter im Grundsatz auf die Erbringung der Einlage beschränkt sind (MüKo GmbHG/*Harbarth* § 53 Rn. 129). 30

Eine Vermehrung der einen Gesellschafter treffenden Leistungspflicht liegt vor, wenn eine **neue Pflicht eingeführt** oder eine **bestehende Pflicht erweitert** wird; die Leistung kann sich auf eine Zahlung, auf die Vornahme einer sonstigen Handlung oder auf die Unterlassung eines Tuns beziehen. Die Einführung einer **Nachschusspflicht** (§ 26 GmbHG) stellt eine Vermehrung der Pflichten dar (KG NZG 2000, 688; OLG München GmbHR 2000, 981). Als weitere Beispiele werden im Schrifttum die Einführung von **Nebenleistungspflichten** (s. § 3 GmbHG Rdn. 18 ff.), die **Verschärfung von Einlagepflichten** durch Fristverkürzung, Einführung oder Erhöhung von Verzugszinsen, Einführung einer Vertragsstrafe oder Ausgestaltung als Gesamtschuld sowie die Begründung eines **Wettbewerbsverbots** genannt (vgl. Baumbach/Hueck/*Zöllner/Noack* § 53 Rn. 32; Scholz/*Priester* § 53 Rn. 50 ff.; Rowedder/Schmidt-Leithoff/*Schnorbus* § 53 Rn. 68). 31

Eine Vermehrung der Pflichten ist von einer **Verkürzung der Rechte** durch Änderung des Gesellschaftsvertrags zu unterscheiden, auf die § 53 Abs. 3 GmbHG grundsätzlich nicht anwendbar ist (BGHZ 116, 359, 362 f.; vgl. Scholz/*Priester* § 53 Rn. 54; Rowedder/Schmidt-Leithoff/*Schnorbus* § 53 Rn. 71). Wenn aber die Verkürzung der Rechte in ihrer Wirkung einer Vermehrung der Pflichten vergleichbar ist, kann diese nur mit Zustimmung des betroffenen Gesellschafters beschlossen werden (OLG Dresden GmbHR 2004, 1080 zur Einführung einer **Vinkulierung** von Geschäftsanteilen; vgl. OLG München GmbHR 2008, 541 zum Wegfall des Rechts eines Gesellschafters zur zustimmungsfreien Übertragung eines Geschäftsanteils). 32

33 Das **Erfordernis** der Zustimmung aller oder zumindest der betroffenen Gesellschafter kann sich **auch aus anderen gesetzlichen Bestimmungen** ergeben (vgl. BGHZ 116, 359, 363 zur Einführung der Möglichkeit einer Zwangseinziehung): Bei einer Änderung des – vom Unternehmensgegenstand (s. § 3 GmbHG Rn. 6 ff.) zu unterscheidenden – Gesellschaftszwecks (s. § 1 GmbHG Rdn. 4 ff.) folgt das Erfordernis der Zustimmung aller Gesellschafter aus § 33 Abs. 1 S. 2 BGB analog (vgl. Baumbach/Hueck/*Zöllner*/*Noack* § 53 Rn. 29). Bei einer Beeinträchtigung eines Sonderrechts oder -vorteils ergibt sich das Zustimmungserfordernis des betroffenen Gesellschafters aus § 35 BGB analog (BGH NJW-RR 1989, 542). Bei einer Änderung des Gesellschaftsvertrags, die einen Eingriff in den »Kernbereich der Mitgliedschaft« bewirkt, besteht ein (ungeschriebenes) Zustimmungserfordernis des betroffenen Gesellschafters (vgl. BGHZ 144, 146, 148 ff. zur Einführung eines Verzichts auf den Zugang zur staatlichen Gerichtsbarkeit bei einem eingetragenen Verein; BayObLG NZG 2005, 173 zum Eintritt eines neuen Gesellschafters als Komplementär einer Kommanditgesellschaft; BGH NJW 1985, 974 zur Aufhebung einer Verzinsung von Gesellschafterdarlehen bei einer KG; BGH NJW 1995, 194 zur Entziehung des Informationsrechts eines Gesellschafters einer KG; BGHZ 132, 263, 268 f. zur Bilanzfeststellung bei einer KG).

34 Die Zustimmung ist eine **empfangsbedürftige, der Gesellschaft gegenüber abzugebende Willenserklärung** des von der Vermehrung der Pflichten betroffenen Gesellschafters, die formlos erteilt werden kann; wegen der Prüfung des Beschlusses über die Änderung des Gesellschaftsvertrags durch das (Register-)Gericht empfiehlt sich indes die Abgabe einer **schriftlichen Erklärung** (s. auch § 54 GmbHG Rdn. 22 f.). Die Zustimmung kann auch in einer positiven Stimmabgabe im Rahmen der Beschlussfassung über die Änderung des Gesellschaftsvertrags liegen (vgl. Scholz/*Priester* § 53 Rn. 93 f.).

35 Bei der Zustimmung handelt es sich um eine (zusätzliche) Voraussetzung für die Wirksamkeit des Beschlusses über die Änderung des Gesellschaftsvertrags: Solange die Zustimmung nicht vorliegt, ist der Beschluss **schwebend unwirksam**; die Geschäftsführer können den betroffenen Gesellschafter zur Abgabe einer Erklärung auffordern, um den Schwebezustand zu beenden (§§ 108 Abs. 2, 177 Abs. 2 BGB analog). Ohne Zustimmung ist der Beschluss zumindest dem betroffenen Gesellschafter gegenüber (»relativ«) unwirksam (vgl. Rowedder/Schmidt-Leithoff/*Schnorbus* § 53 Rn. 74; Scholz/*Priester* § 53 Rn. 95 ff.).

36 Im Gesellschaftsvertrag kann bestimmt werden, dass – abweichend von § 53 Abs. 3 GmbHG – eine Zustimmung der betroffenen Gesellschafter zu einer nach Art, Ausmaß und Umfang bestimmten und für die betroffenen Gesellschafter deshalb absehbaren Vermehrung der Pflichten nicht erforderlich ist. Die Einführung einer solchen Bestimmung bedarf ihrerseits der Zustimmung der betroffenen Gesellschafter (vgl. Baumbach/Hueck/*Zöllner*/*Noack* § 53 Rn. 33; Scholz/*Priester* § 53 Rn. 51).

d) Pflicht zur Mitwirkung und Zustimmung?

37 Eine Pflicht der Gesellschafter zur Mitwirkung an der Beschlussfassung über die Änderung des Gesellschaftsvertrags und insbesondere zur Zustimmung besteht grundsätzlich nicht: Die Gesellschafter sollen frei darüber entscheiden können, ob sie an der Beschlussfassung teilnehmen, wie sie ihr Stimmrecht ausüben und ob sie, sofern ein zusätzliches Erfordernis aufgrund gesellschaftsvertraglicher Regelung besteht (Abs. 2 S. 2) oder sofern eine Vermehrung ihrer Pflichten vorliegt (Abs. 3), der Änderung zustimmen. Ausnahmsweise kann sich aus der **gesellschaftsrechtlichen Treuepflicht** die Pflicht ergeben, einer Änderung des Gesellschaftsvertrags zuzustimmen: Die im Personengesellschaftsrecht entwickelten Grundsätze – die Treuepflicht kann einem Gesellschafter gebieten, einer Anpassung des Gesellschaftsvertrags an veränderte Umstände zuzustimmen, die mit Rücksicht auf das Gesellschaftsverhältnis dringend geboten und ihm unter Berücksichtigung seiner eigenen schutzwerten Belange zumutbar ist – finden auch auf die Beziehungen der Gesellschafter einer personalistisch ausgestalteten GmbH Anwendung; anhand der konkreten Umstände des Einzelfalls ist eine Abwägung vorzunehmen, ob und in welcher Form dem Gesellschafter eine Mitwirkung an der Änderung des Gesellschaftsvertrags zumutbar ist (BGHZ 98, 276, 279 f. zu einer Kapitalerhöhung; BGH NJW 1987, 3192 zu einer Kapitalerhöhung; vgl. Baumbach/Hueck/

Zöllner/Noack § 53 Rn. 85; *Lutter/Hommelhoff/Bayer* § 53 Rn. 38; *Scholz/Priester* § 53 Rn. 98; s. auch § 47 GmbHG Rdn. 13).

Eine Pflicht zur Mitwirkung und insbesondere zur Zustimmung einer Änderung des Gesellschaftsvertrags kann sich aus einer schuldrechtlichen Vereinbarung einzelner oder aller Gesellschafter ergeben; derartige Vereinbarungen, die häufig als »**Stimmbindungsvereinbarungen**« bezeichnet werden, bedürfen zu ihrer Wirksamkeit nicht der notariellen Beurkundung: Bei den in der Praxis häufigen Fällen, in denen ein Gesellschafter sich unabhängig von einer konkreten Beschlussfrage generell zu einem bestimmten Stimmverhalten verpflichtet, etwa um Mehrheitsverhältnisse unter den Gesellschaftern oder die Interessenwahrung einer Gesellschaftergruppe dauerhaft sicherzustellen, steht bei Abschluss der Stimmbindungsvereinbarung ein konkreter Beschlussgegenstand noch nicht im Raum, so dass eine notarielle Belehrung über ein konkretes, mit der Abstimmung verbundenes Risiko nicht erfolgen kann, sondern nur eine generelle Aufklärung über die mit einer Stimmbindung verbundenen Risiken möglich wäre; der (Belehrungs-)Zweck der notariellen Beurkundung eines Beschlusses über die Änderung des Gesellschaftsvertrags (s. Rdn. 16) erstreckt sich indes nicht auf eine solche generelle Aufklärung (OLG Köln, Urteil vom 25.07.2002 – 18 U 60/02, GmbHR 2003, 416; OLG Köln NJW-RR 1996, 1439; vgl. Baumbach/Hueck/*Zöllner/Noack* § 53 Rn. 86; *Lutter/Hommelhoff/Bayer* § 53 Rn. 40; *Scholz/Priester* § 53 Rn. 36; s. auch § 47 GmbHG Rdn. 14).

38

e) Vertretung

aa) Zulässigkeit rechtsgeschäftlicher Vertretung

Gesellschafter können sich – vorbehaltlich anderweitiger Bestimmung des Gesellschaftsvertrags – bei der Ausübung des Stimmrechts zur Beschlussfassung über die Änderung des Gesellschaftsvertrags durch einen Bevollmächtigten vertreten lassen (vgl. *Lutter/Hommelhoff/Bayer* § 53 Rn. 8; s. auch § 47 GmbHG Rdn. 15 ff.). Auf die **rechtsgeschäftliche Vertretung** finden – vorbehaltlich anderweitiger spezieller Regelung – die §§ 164 ff. BGB Anwendung; insbesondere die Regelung des § 181 BGB zu Insichgeschäften ist zu beachten, wobei in der Bevollmächtigung auch die Befreiung des Vertreters vom Selbstkontrahierungsverbot liegen kann (BGH NJW 1989, 168; vgl. *Goette* DStR 2000, 697 zu BGH, Beschluss vom 03.04.2000 – II ZR 379/99; vgl. auch Scholz/*Priester* § 53 Rn. 101 f.; s. auch § 47 GmbHG Rdn. 27 ff.).

39

bb) Anforderungen an die Erteilung der Vertretungsmacht

Vorbehaltlich anderweitiger Bestimmung des Gesellschaftsvertrags bedarf eine zur Abstimmung berechtigende Vollmacht zu ihrer Gültigkeit der **Textform** (§ 47 Abs. 3 GmbHG i. V. m. § 126b BGB). Die Erteilung der Vertretungsmacht zur Ausübung des Stimmrechts, um einen Beschluss über die Änderung des Gesellschaftsvertrags zu fassen, bedarf – im Einklang mit der Regelung des § 167 Abs. 2 BGB – nicht der für den Beschluss über die Änderung des Gesellschaftsvertrags vorgeschriebenen notariellen Beurkundung (vgl. Scholz/*Priester* § 53 Rn. 77; Rowedder/Schmidt-Leithoff/*Schnorbus* § 53 Rn. 61; s. auch § 47 GmbHG Rdn. 19; zur Beifügung der Vollmachtsurkunde bei der Anmeldung der Änderung des Gesellschaftsvertrags zur Eintragung in das Handelsregister s. § 54 GmbHG Rdn. 16). Wenn überhaupt keine Vertretungsmacht oder diese nicht formgerecht erteilt worden ist, kommt nicht nur bei einer Mehrpersonen-Gesellschaft, sondern auch bei einer Einpersonen-Gesellschaft eine Genehmigung durch den Vertretenen in Betracht: Bei der Stimmabgabe handelt es sich um ein einseitiges Rechtsgeschäft, das – anders als bei Gründung der Gesellschaft (s. § 2 GmbHG Rdn. 50) – gegenüber der (bereits) entstandenen Gesellschaft abzugeben ist; eine **Genehmigung** durch den Vertretenen ist möglich (§ 180 Satz 2 BGB i. V. m. § 177 Abs. 1 BGB; OLG Frankfurt NZG 2003, 438; s. auch § 47 GmbHG Rdn. 25 f.).

40

§ 54 Anmeldung und Eintragung der Satzungsänderung

(1) ¹Die Abänderung des Gesellschaftsvertrages ist zur Eintragung in das Handelsregister anzumelden. ²Der Anmeldung ist der vollständige Wortlaut des Gesellschaftsvertrags beizufügen; er muß mit der Bescheinigung eines Notars versehen sein, daß die geänderten Bestimmungen des Gesellschaftsvertrags mit dem Beschluß über die Änderung des Gesellschaftsvertrags und die unveränderten Bestimmungen mit dem zuletzt zum Handelsregister eingereichten vollständigen Wortlaut des Gesellschaftsvertrags übereinstimmen.

(2) Bei der Eintragung genügt, sofern nicht die Abänderung die in § 10 bezeichneten Angaben betrifft, die Bezugnahme auf die bei dem Gericht eingereichten Dokumente über die Abänderung.

(3) Die Abänderung hat keine rechtliche Wirkung, bevor sie in das Handelsregister des Sitzes der Gesellschaft eingetragen ist.

Übersicht

	Rdn.
A. Allgemeines	1
B. Anmeldung und Eintragung einer Änderung des Gesellschaftsvertrags	7
I. Anmeldung, Abs. 1	7
1. Anmeldung durch Geschäftsführer oder Bevollmächtigte	11
2. Form der Anmeldung	13
3. Beizufügende Unterlagen	15
a) Notariell beurkundeter Gesellschafterbeschluss	15
b) Vollständiger Wortlaut des (geänderten) Gesellschaftsvertrags, Abs. 1 Satz 2 Halbs. 1	17
c) Bescheinigung des Notars, Abs. 1 Satz 2 Halbs. 2	19
d) Nachweis der Einhaltung anderer (Zustimmungs-)Erfordernisse	21
II. Prüfung durch das (Register-)Gericht	22
III. Eintragung	28
1. Inhalt der Eintragung, Abs. 2	28
2. Bekanntmachung	33
3. Rechtliche Wirkung der Eintragung	34
a) »Konstitutive« Wirkung der Eintragung, Abs. 3	34
b) Heilung nichtiger Beschlüsse	35

A. Allgemeines

1 Die zuletzt durch Art. 10 Nr. 6 des Gesetzes über elektronische Handelsregister und Genossenschaftsregister sowie das Unternehmensregister (EHUG) vom 10. November 2006 (BGBl. I, 2553, 2579) geänderte Vorschrift regelt die **Anmeldung** einer Änderung des Gesellschaftsvertrags zur Eintragung in das Handelsregister, den **Inhalt der Eintragung** und die **rechtliche Wirkung der Eintragung**. Durch das Gesetz zur Modernisierung des GmbH-Rechts und zur Bekämpfung von Missbräuchen (MoMiG) vom 23. Oktober 2008 (BGBl. I, 2026) ist die Überschrift »Anmeldung und Eintragung der Satzungsänderung« hinzugefügt worden.

2 Der Gesellschaftsvertrag einer Gesellschaft kann **durch Beschluss der Gesellschafter** geändert werden (§ 53 Abs. 1 GmbHG). Dieser Beschluss bedarf – anders als der von sämtlichen Gesellschaftern zu unterzeichnende Gesellschaftsvertrag bei Errichtung der Gesellschaft (§ 2 Abs. 1 Satz 2 GmbHG) – nicht der Mitwirkung sämtlicher Gesellschafter, sondern lediglich einer **Mehrheit von 3/4 der abgegebenen Stimmen**, sofern nicht Gesetz oder Gesellschaftsvertrag Abweichendes bestimmen (§ 53 Abs. 2 Satz 1 Halbs. 2, Abs. 2 Satz 2, Abs. 3 GmbHG). Die Änderung des Gesellschaftsvertrags ist – ebenso wie der Abschluss des Gesellschaftsvertrags bei Errichtung der Gesellschaft (§ 7 Abs. 1 GmbHG) – unter Beifügung des vollständigen Wortlauts des (geänderten) Gesellschaftsvertrags **zur Eintragung in das Handelsregister anzumelden** (§ 54 Abs. 1 Satz 1 und 2 Halbs. 1 GmbHG). Vor ihrer Eintragung in das Handelsregister hat die Änderung des Gesellschaftsvertrags – vergleichbar mit der Errichtung der Gesellschaft, die vor ihrer Eintragung »als solche« nicht besteht (§ 11 Abs. 1 GmbHG) – keine rechtliche Wirkung (§ 54 Abs. 3 GmbHG).

3 Da § 53 GmbHG auf die Änderung des Gesellschaftsvertrags einer – vor Eintragung der Gesellschaft in das Handelsregister bestehenden – Vorgesellschaft keine Anwendung findet (s. § 2 GmbHG

Rdn. 56, § 11 GmbHG Rdn. 8 und § 53 GmbHG Rdn. 13), ist § 54 GmbHG – mit Ausnahme des Abs. 1 Satz 2, der analog angewendet wird (s. § 8 GmbHG Rdn. 6 f.) – **auf eine Vorgesellschaft nicht anwendbar** (vgl. Scholz/*Priester* § 54 Rn. 4).

Eine nach dem 31.12.2001 erfolgte Änderung des Stammkapitals (**Kapitalerhöhung** oder **Kapitalherabsetzung**), die durch eine oder aufgrund einer Änderung des Gesellschaftsvertrags erfolgt (s. § 53 GmbHG Rdn. 4), darf nur dann in das Handelsregister eingetragen werden, wenn das Kapital auf Euro umgestellt ist (»Registersperre«; § 1 Abs. 1 S. 4 EGGmbHG). 4

Für die Entgegennahme der Anmeldung der Änderung des Gesellschaftsvertrags, für die Prüfung und für die Eintragung in das Handelsregister ist das (**Register-**)**Gericht zuständig**, in dessen Bezirk die Gesellschaft ihren Sitz hat (vgl. Baumbach/Hueck/*Zöllner/Noack* § 54 Rn. 15). Sofern die Änderung des Gesellschaftsvertrags den im Gesellschaftsvertrag bestimmten (Satzungs-)Sitz der Gesellschaft (§ 4a GmbHG) betrifft, ist die Änderung beim **Gericht des bisherigen Sitzes** anzumelden (§ 13h Abs. 1 HGB). Das Gericht des bisherigen Sitzes überprüft die förmliche Richtigkeit der Anmeldung; es hat insbesondere zu prüfen, ob die Anmeldung in der erforderlichen Form und durch die hierzu berufenen Personen erfolgt ist sowie ob der Anmeldung der vollständige Wortlaut des geänderten Gesellschaftsvertrags nebst Notarbescheinigung beigefügt ist (OLG Frankfurt NZG 2002, 1119; OLG Köln NZG 2005, 87). Wird der Sitz aus dem Bezirk des Gerichts des bisherigen Sitzes in den Bezirk eines anderen Gerichts verlegt, so hat das Gericht des bisherigen Sitzes von Amts wegen die Verlegung dem Gericht des neuen Sitzes mitzuteilen (§ 13h Abs. 2 Satz 1 HGB). Das **Gericht des neuen Sitzes** hat zu prüfen, ob der Sitz ordnungsgemäß verlegt und die Unterscheidbarkeit der Firma (§ 30 Abs. 1 HGB) gewährleistet ist; ist dies der Fall, hat das Gericht die Verlegung einzutragen und dabei die ihm mitgeteilten Eintragungen ohne weitere Nachprüfung zu übernehmen (§ 13h Abs. 2 Sätze 3 und 4 HGB). Dieser Regelung legt die gesetzgeberische Vorstellung zugrunde, dass die Eintragung einer Sitzverlegung nicht wie die Neueintragung einer Gesellschaft zu behandeln ist; aus diesem Grund ist dem Gericht des neuen Sitzes die Beanstandung der ihm mitgeteilten Eintragungen im Rahmen seiner Prüfung, die anlässlich der Sitzverlegung stattfindet, versagt (BayObLG DB 1978, 838 zu § 13c HGB a. F.; OLG Hamm NJW-RR 1997, 167; OLG Oldenburg BB 1977, 12 zu § 13c HGB a. F.; LG Augsburg NZG 2009, 194; s. auch § 4a GmbHG Rdn. 10). Sofern der Gesellschaftsvertrag nicht nur hinsichtlich des Sitzes, sondern auch hinsichtlich anderer Bestimmungen geändert worden ist, ist das Gericht des neuen Sitzes für die Prüfung der gesamten Änderung zuständig (OLG Frankfurt RPfleger 1991, 508 zu § 13c HGB a. F.; OLG Hamm NJW-RR 1991, 1001 zu § 13c HGB a. F.; OLG Zweibrücken GmbHR 1992, 678 zu § 13c HGB a. F.; OLG Celle GmbHR 1995, 303; OLG Hamm NJW-RR 1995, 356; s. auch § 4a GmbHG Rdn. 10). Die Eintragung ist dem Gericht des bisherigen Sitzes mitzuteilen, das die erforderlichen Eintragungen von Amts wegen vornimmt (§ 13h Abs. 2 Sätze 5 und 6 HGB). Für die Wirksamkeit der Sitzverlegung ist die Eintragung in das Handelsregister des neuen Sitzes, nicht die (deklaratorische) Eintragung in das Handelsregister des bisherigen Sitzes entscheidend (OLG Hamm DB 2004, 972). 5

In das Handelsregister ist nicht nur die Änderung des Gesellschaftsvertrags durch Beschluss der Gesellschafter einzutragen, sondern auch ein Urteil, das einen – im Wege der Anfechtungsklage oder Nichtigkeitsklage angegriffenen – Beschluss für nichtig erklärt bzw. dessen Nichtigkeit feststellt; mit dem Urteil ist der vollständige Wortlaut des Gesellschaftsvertrags, wie er sich unter Berücksichtigung des Urteils und aller bisherigen Änderungen ergibt, mit der Bescheinigung eines Notars zum Handelsregister einzureichen (§ 248 AktG analog bzw. § 249 AktG analog; § 44 HRV; vgl. Scholz/*Priester* § 54 Rn. 5, 16; s. auch Rdn. 35). 6

B. Anmeldung und Eintragung einer Änderung des Gesellschaftsvertrags

I. Anmeldung, Abs. 1

Die Änderung des Gesellschaftsvertrags ist zur Eintragung in das Handelsregister anzumelden (§ 54 Abs. 1 Satz 1 GmbHG). Das Handelsregister dient bei Eintragungen, die Kapitalgesellschaften 7 betreffen, nicht nur der Sicherheit und Leichtigkeit des Rechtsverkehrs, sondern soll den Schutz des anlagesuchenden Publikums sowie der Gesellschaftsgläubiger gewährleisten, indem Gesellschaft und Gesellschaftsvertrag in das Register nur dann eingetragen werden, wenn die im öffentlichen Interesse sowie im Interesse der Gesellschaftsgläubiger aufgestellten Normativbedingungen erfüllt und zwingende, ihren Schutz bezweckende Vorschriften nicht verletzt sind; da die Beachtung dieser Vorschriften nicht nur bei der Errichtung der Gesellschaft kontrolliert werden muss (vgl. § 9c GmbHG), ist jede Umgestaltung des Gesellschaftsvertrags zur Eintragung in das Handelsregister anzumelden, wobei der Inhalt der Anmeldung gewährleisten muss, dass das (Register-)Gericht die ihm zufallenden Aufgaben der Prüfung und Eintragung erfüllen kann (BGH NJW 1987, 3191).

8 Das (Register-)Gericht kann die Anmeldung einer Änderung des Gesellschaftsvertrags nicht durch die **Festsetzung von Zwangsgeld** erzwingen (§ 79 Abs. 2 GmbHG), weil keine öffentlich-rechtliche Verpflichtung besteht, die Eintragung einer Änderung des Gesellschaftsvertrags zu betreiben (vgl. Baumbach/Hueck/*Zöllner/Noack* § 54 Rn. 1; Scholz/*Priester* § 54 Rn. 23). Indes dient die Abhängigkeit der Wirksamkeit der Änderung von der Eintragung in das Handelsregister (§ 54 Abs. 3 GmbHG) dem Zweck, die Vorlage des Gesellschafterbeschlusses an das Gericht und damit die Gesetzmäßigkeitsprüfung zu erreichen (BGH NJW 1987, 3191).

9 Bei einer Änderung von Firma, Sitz, Unternehmensgegenstand, Höhe des Stammkapitals, Vertretungsbefugnis der Geschäftsführer sowie ggf. vereinbarter Zeitdauer der Gesellschaft, bei der eine »**ausdrückliche Eintragung**« in das Handelsregister erforderlich ist (§ 54 Abs. 2 GmbHG i.V.m. § 10 GmbHG; s. Rdn. 28 f.), sind die geänderten Bestimmungen des Gesellschaftsvertrags schlagwortartig in der Anmeldung hervorzuheben, da dies dem (Register-)Gericht hilft, Fehler zu vermeiden; hierdurch kann eine erhöhte Gewähr für die Richtigkeit der Wiedergabe im Handelsregister erreicht werden (BGH NJW 1987, 3191; BayObLG GmbHR 1979, 15; GmbHR 1985, 262; OLG Düsseldorf GmbHR 1978, 155; NZG 1999, 118; OLG Frankfurt NZG 2003, 1075; OLG Hamm NZG 2002, 782). Bei einer Änderung sonstiger Bestimmungen des Gesellschaftsvertrags, bei der lediglich eine »**bezugnehmende Eintragung**« in das Handelsregister erfolgt (s. Rdn. 30), reicht es aus, dass in der Anmeldung auf beigefügte Unterlagen, insbesondere auf den Gesellschafterbeschluss verwiesen wird (BayObLG GmbHR 1979, 15; GmbHR 1985, 262).

10 Auch bei einer (vollständigen) **Neufassung des Gesellschaftsvertrags** müssen die »ausdrücklich« eintragungspflichtigen Änderungen durch schlagwortartige Hervorhebung angegeben werden (BayObLG GmbHR 1979, 15; GmbHR 1985, 262; OLG Hamm NZG 2002, 782; offen gelassen von OLG Düsseldorf NZG 1999, 118).

1. Anmeldung durch Geschäftsführer oder Bevollmächtigte

11 Die Gesellschaft wird bei der Anmeldung einer Änderung des Gesellschaftsvertrags durch ihre **Geschäftsführer (in vertretungsberechtigter Zahl)** gesetzlich vertreten (OLG Hamm NZG 2001, 1039; vgl. BGHZ 105, 324, 327 f.); eine Vertretung durch sämtliche Geschäftsführer ist nicht erforderlich, weil § 78 Halbs. 2 GmbHG auf die Anmeldung einer Änderung des Gesellschaftsvertrags, sofern keine Kapitalerhöhung oder -herabsetzung vorliegt, nicht anwendbar ist. Die Gesellschaft kann auch, sofern der Gesellschaftsvertrag eine entsprechende Vertretungsregelung vorsieht, durch einen Geschäftsführer und einen Prokuristen vertreten werden (vgl. Baumbach/Hueck/*Zöllner/Noack* § 54 Rn. 2). Sofern die anzumeldende Änderung die Vertretungsregelung betrifft, ist für die Anmeldung die bisherige Vertretungsregelung maßgebend, weil die Änderung erst mit der Eintragung wirksam wird (§ 54 Abs. 3 GmbHG; vgl. Scholz/*Priester* § 54 Rn. 6; s. auch Rdn. 34).

12 Die Anmeldung der Änderung des Gesellschaftsvertrags darf auch im Wege **rechtsgeschäftlicher Vertretung** durch einen Bevollmächtigten – z. B. einen Justiziar oder den die Änderung des Gesellschaftsvertrags beurkundenden Notar – erfolgen (vgl. § 12 Abs. 1 Satz 2 HGB; vgl. Lutter/Hommelhoff/*Bayer* § 54 Rn. 2; Scholz/*Priester* § 54 Rn. 7).

2. Form der Anmeldung

Die Anmeldung ist in **öffentlich beglaubigter Form** einzureichen (§ 12 Abs. 1 Satz 1 HGB). Ist durch Gesetz für eine Erklärung öffentliche Beglaubigung vorgeschrieben, so muss die Erklärung **schriftlich** abgefasst und die Unterschrift des Erklärenden **von einem Notar beglaubigt** werden (§ 129 Abs. 1 Satz 1 BGB). Eine Unterzeichnung durch Handzeichen ist ausreichend, wenn das Handzeichen notariell beglaubigt wird (§ 129 Abs. 1 Satz 2 BGB i. V. m. § 126 Abs. 1 BGB). Die öffentliche Beglaubigung einer Unterschrift oder eines Handzeichens kann durch die notarielle Beurkundung der Erklärung ersetzt werden (§ 129 Abs. 2 BGB). 13

Sofern die Anmeldung aufgrund rechtsgeschäftlicher Vertretung durch einen **Bevollmächtigten** erfolgt (s. Rdn. 12), bedarf die **Vollmachtsurkunde öffentlich beglaubigter Form** (§ 12 Abs. 1 Satz 2 HGB). Ein Notar, der die Änderung des Gesellschaftsvertrags beurkundet hat, gilt als bevollmächtigt, die Anmeldung im Namen der Berechtigten zu beantragen (§ 378 FamFG; vgl. Baumbach/Hueck/*Zöllner/Noack* § 54 Rn. 3; MüKo GmbHG/*Harbarth* § 54 Rn. 13; Scholz/*Priester* § 54 Rn. 7). Zur öffentlichen Beglaubigung der Vollmachtsurkunde müssen die Unterschriften oder die Handzeichen derjenigen, welche die Vollmachtsurkunde ausstellen, notariell beglaubigt werden (§ 129 Abs. 1 Satz 1 BGB bzw. § 129 Abs. 1 Satz 2 BGB i. V. m. 126 BGB); die öffentliche Beglaubigung der Vollmachtsurkunde kann durch die notarielle Beurkundung der Bevollmächtigung ersetzt werden (§ 129 Abs. 2 BGB). 14

3. Beizufügende Unterlagen

a) Notariell beurkundeter Gesellschafterbeschluss

Der **Beschluss** über die Änderung des Gesellschaftsvertrags bedarf notarieller Beurkundung (§ 53 Abs. 2 Satz 1 Halbs. 1 GmbHG). Der Anmeldung ist, obwohl nicht ausdrücklich gesetzlich vorgeschrieben, eine Ausfertigung (§§ 47 ff. BeurkG) oder beglaubigte Abschrift (§ 42 BeurkG) der **notariellen Urkunde** beizufügen, um dem (Register-) Gericht eine Überprüfung der Ordnungsmäßigkeit des Beschlusses zu ermöglichen (OLG Hamm NZG 2002, 425). 15

Sofern das Stimmrecht bei der Beschlussfassung durch einen Bevollmächtigten ausgeübt worden ist, bedarf die Vollmacht zu ihrer Gültigkeit der **Textform** (§ 47 Abs. 3 GmbHG i. V. m. § 126b BGB; s. § 53 GmbHG Rdn. 40). Eine Vollmacht muss der Anmeldung bei entsprechender Beurkundung nicht beigefügt werden (vgl. Baumbach/Hueck/*Zöllner/Noack* § 54 Rn. 14; MüKo GmbHG/*Harbarth* § 54 Rn. 40). 16

b) Vollständiger Wortlaut des (geänderten) Gesellschaftsvertrags, Abs. 1 Satz 2 Halbs. 1

Der Anmeldung ist der vollständige Wortlaut des Gesellschaftsvertrags beizufügen (Abs. 1 Satz 2 Halbs. 1). Aus dem Zusammenhang und dem Sinn der Vorschrift ergibt sich, dass der Wortlaut des **geänderten Gesellschaftsvertrags** einzureichen ist. Sinn dieser Vorschrift ist die Erleichterung des Rechtsverkehrs: Die bei Errichtung der Gesellschaft bewirkte Klarheit und Verlässlichkeit des Handelsregisters soll bei einer Änderung des Gesellschaftsvertrags erhalten bleiben; der neueste Stand des Gesellschaftsvertrags soll jederzeit aus einer einzigen, beim Handelsregister hinterlegten Urkunde entnommen werden können, über deren Inhalt sich jeder durch Einsicht in die Registerakten (§ 9 HGB) unterrichten kann (BayObLG BB 1988, 2198 zur Änderung des Gesellschaftsvertrags vor Eintragung der Gesellschaft in das Handelsregister; KG NJW-RR 1997, 794 zur Änderung des Gesellschaftsvertrags vor Eintragung der Gesellschaft in das Handelsregister; OLG Celle RPfleger 1982, 288; OLG Zweibrücken NZG 2002, 93; s. auch § 8 GmbHG Rdn. 6 f.). 17

Bei der – redaktionellen – Zusammenstellung des vollständigen Wortlauts des (geänderten) Gesellschaftsvertrags dürfen nur Änderungen des Gesellschaftsvertrags aufgrund einer Beschlussfassung der Gesellschafter berücksichtigt werden; überholte Bestandteile des Gesellschaftsvertrags – z. B. Bestimmungen über die Einlagen auf das Stammkapital (§ 3 Abs. 1 Nr. 4 GmbHG) oder die Bestellung des ersten, im Gesellschaftsvertrag bestellten (vgl. § 6 Abs. 3 Satz 2 Alt. 1 GmbHG) und 18 mittlerweile abberufenen Geschäftsführers – dürfen nicht ohne förmlichen Gesellschafterbeschluss beseitigt werden (vgl. Scholz/*Priester* § 54 Rn. 17 f.; s. auch § 53 GmbHG Rdn. 8 f.).

c) Bescheinigung des Notars, Abs. 1 Satz 2 Halbs. 2

19 Der vollständige Wortlaut des (geänderten) Gesellschaftsvertrags muss mit einer Bescheinigung eines Notars versehen sein, dass die geänderten Bestimmungen des Gesellschaftsvertrags mit dem Beschluss über die Änderung des Gesellschaftsvertrags und die unveränderten Bestimmungen mit dem zuletzt beim Handelsregister eingereichten vollständigen Wortlaut des Gesellschaftsvertrags übereinstimmen (Abs. 1 Satz 2 Halbs. 2). Zur Erstellung der Bescheinigung hat der Notar zu prüfen, ob die redaktionelle Ableitung des Wortlauts des (geänderten) Gesellschaftsvertrags zutreffend ist, indem der Wortlaut des (noch) geltenden, beim Handelsregister zuletzt eingereichten Gesellschaftsvertrags an der betreffenden Stelle durch den Wortlaut des beurkundeten Beschlusses ersetzt wird; die Bescheinigung muss nicht notwendig von dem Notar ausgestellt sein, der den Gesellschafterbeschluss über die Änderung des Gesellschaftsvertrags beurkundet hat (vgl. Baumbach/Hueck/*Zöllner/Noack* § 54 Rn. 11; Scholz/*Priester* § 54 Rn. 19). Die Bescheinigung stellt ein einfaches Zeugnis i. S. d. § 39 BeurkG dar.

20 Bei einer (vollständigen) Neufassung des Gesellschaftsvertrags entfällt das – regelmäßig durch die Bescheinigung erfüllte – Klarstellungsbedürfnis, weil sich aus dem beim Handelsregister einzureichenden neugefassten Gesellschaftsvertrag unmittelbar und ohne Weiteres ergibt, dass der jetzt maßgebliche Gesellschaftsvertrag in vollem Umfang neu beschlossen worden ist; da einer Bescheinigung des Notars in einem solchen Fall keine selbstständige Bedeutung zukommen kann, ist sie entbehrlich (OLG Celle RPfleger 1982, 288; OLG Zweibrücken RPfleger 1984, 104; NZG 2002, 93; LG Bonn GmbHR 1994, 558).

d) Nachweis der Einhaltung anderer (Zustimmungs-)Erfordernisse

21 Der Gesellschaftsvertrag kann für die Änderung desselben – über die Erfordernisse der notariellen Beurkundung und der Zustimmung mit 3/4-Mehrheit der abgegebenen Stimmen hinausgehend – noch andere Erfordernisse aufstellen (§ 53 Abs. 2 Satz 2 GmbHG), insbesondere die Zustimmung sämtlicher oder zumindest bestimmter Gesellschafter vorsehen (s. § 53 GmbHG Rdn. 26 ff.); eine Vermehrung der den Gesellschaftern nach dem Gesellschaftsvertrag obliegenden Leistungen kann nur mit Zustimmung der betroffenen Gesellschafter beschlossen werden (§ 53 Abs. 3 GmbHG; s. § 53 GmbHG Rdn. 30 ff.). In einem solchen Fall ist die Einhaltung dieser (Zustimmungs-)Erfordernisse nachzuweisen (vgl. Baumbach/Hueck/*Zöllner/Noack* § 54 Rn. 12; Scholz/*Priester* § 54 Rn. 12; s. auch § 53 GmbHG Rdn. 34).

II. Prüfung durch das (Register-)Gericht

22 Bei einer Änderung des Gesellschaftsvertrags findet, ohne dass dies ausdrücklich gesetzlich geregelt ist, eine **Prüfung durch das (Register-)Gericht** statt (vgl. BayObLG NJW-RR 2002, 248; NJW-RR 1993, 494; OLG Hamm NJW-RR 1996, 482; NZG 2001, 1038; OLG Köln NJW-RR 1993, 223). Der **Prüfungsumfang** ist – anders als bei der Prüfung des Inhalts des Gesellschaftsvertrags im Rahmen der Errichtung der Gesellschaft – nicht auf die in § 9c Abs. 2 GmbHG genannten Verstöße beschränkt: Diese Vorschrift, die durch Art. 9 Nr. 4 des Handelsrechtsreformgesetz (HRefG) vom 22. Juni 1998 (BGBl. I, 1474) eingefügt worden ist, findet ausweislich der Gesetzesbegründung durch die Bundesregierung nicht nur bei der Prüfung einer Kapitalerhöhung gemäß § 57a GmbHG, sondern auch bei der Prüfung einer Änderung des Gesellschaftsvertrags keine Anwendung; da das Interesse an der (schnellen) Entstehung der juristischen Person durch Eintragung der Gesellschaft in das Handelsregister bei der Änderung des Gesellschaftsvertrags einer bereits entstandenen Gesellschaft nicht mehr besteht, soll dem Gericht »grundsätzlich auch die Prüfung in formeller und materieller Hinsicht zustehen« (Gesetzesentwurf der Bundesregierung, BT-Drs. 13/8444, S. 77, 80; vgl. BayObLG NJW-RR 2002, 248; s. auch § 9c GmbHG Rdn. 13).

Wird eine Änderung des Gesellschaftsvertrags zur Eintragung in das Handelsregister angemeldet, 23
hat das (Register-)Gericht zunächst die **Ordnungsmäßigkeit der Anmeldung**, die Legitimation der
anmeldenden Personen, die Vollständigkeit der beizufügenden Unterlagen sowie die Übereinstimmung des Inhalts der Anmeldung mit dem Inhalt der Änderungsbeschlusses zu prüfen (BayObLG
GmbHR 1985, 261; OLG Hamm NZG 2002, 425). Ferner hat das Gericht die **formelle Rechtmäßigkeit des Beschlusses**, vor allem dessen ordnungsgemäße Beurkundung (OLG Hamm NZG
2002, 425; OLG Köln NJW-RR 1993, 223) und dessen ordnungsgemäßes Zustandekommen,
insbesondere die Frage, ob die beschlussfassenden Personen Gesellschafter oder zur Ausübung des
Stimmrechts der Gesellschafter befugt waren, zu überprüfen (OLG Hamm NZG 2001, 1038;
vgl. aber auch BayObLG BB 1992, 226 für den Fall einer Ergebnisfeststellung durch den Versammlungsleiter gemäß § 130 Abs. 2 AktG analog). Das Gericht hat außerdem zu prüfen, ob in
materiell-rechtlicher Hinsicht Nichtigkeits- oder Unwirksamkeitsgründe vorliegen, insbesondere
ob die geänderten Bestimmungen wegen Verstoßes gegen gesetzliche Bestimmungen oder gegen allgemeine Grundsätze des Gesellschaftsrechts unwirksam sind (BayObLG DB 1972, 1015; NJW-RR
1987, 927; OLG Hamm NJW-RR 1996, 482). Eine auf einem **nichtigen Gesellschafterbeschluss**
beruhende Änderung des Gesellschaftsvertrags darf das Gericht nicht eintragen, selbst wenn die
Nichtigkeit durch die Eintragung geheilt würde (OLG Köln NJW-RR 1993, 223; BayObLG DB
1972, 1015). Dem (Register-)Gericht ist die Beanstandung eines **anfechtbaren Gesellschafterbeschlusses**, der nicht innerhalb der maßgebenden Frist angefochten worden ist, verwehrt (OLG
Köln BB 1982, 579; vgl. auch BayObLG BB 1992, 226; NJW-RR 1993, 494). Ist eine – gegen
den Beschluss über die Änderung des Gesellschaftsvertrags gerichtete – **Anfechtungsklage** bereits
erhoben, kommt die Aussetzung des auf Eintragung gerichteten Verfahrens in Betracht; außerdem kann das Gericht, wenn ein Rechtsstreit zwar angekündigt, aber noch nicht anhängig ist,
einem der Beteiligten eine Frist zur Erhebung der Klage bestimmen (§§ 21 Abs. 1, 381 FamFG;
vgl. Rowedder/Schmidt-Leithoff/*Schnorbus* § 54 Rn. 25; zur Aussetzung s. § 9c GmbHG Rdn. 41;
zur Anwendbarkeit des Freigabeverfahrens gemäß § 246a AktG analog auf Beschlüsse über eine
Kapitalerhöhung oder -herabsetzung s. § 57 GmbHG Rdn. 11).

Das (Register-)Gericht darf indes **nicht die Zweckmäßigkeit einer Änderung** prüfen, weil eine über 24
die Rechtmäßigkeitskontrolle hinausgehende Zweckmäßigkeitskontrolle in unzulässiger Weise in
die Satzungsfreiheit eingreift (BayObLG GmbHR 1985, 261; NJW-RR 1993, 494; OLG Karlsruhe NJW 1993, 1931). Dies gilt grundsätzlich auch hinsichtlich einer Kontrolle, ob geänderte
Bestandteile des Gesellschaftsvertrags unklar oder widersprüchlich sind, wenn diese nur gesellschaftsinterne Bedeutung haben und somit für außenstehende Dritte nicht bedeutsam sind; jedenfalls müssen aber Widersprüche zwischen geänderten und unveränderten Bestimmungen in den
für Nichtgesellschafter relevanten Teilen gerügt werden (BayObLG NJW-RR 1993, 494; GmbHR
1985, 261; KG GmbHR 2005, 1612).

Gegenstand der Prüfung des (Register-)Gerichts ist lediglich die (angemeldete) **Änderung des** 25
Gesellschaftsvertrags: Nur wenn gegen die Zulässigkeit der (angemeldeten) Änderung Bedenken
bestehen, darf das Gericht die Eintragung ablehnen; das Gericht darf die Eintragung einer zulässigen Änderung nicht deshalb ablehnen, weil der Inhalt des Handelsregisters oder der Gesellschaftsvertrag in anderer Hinsicht zu Beanstandungen Anlass gibt, sondern kann in einem solchen Fall
nur das auf Feststellung eines Mangels gerichtete Verfahren (§ 399 Abs. 4 FamFG) durchführen
(BayObLG NJW-RR 1997, 485). Eine zur Eintragung angemeldete (vollständige) Neufassung des
Gesellschaftsvertrags unterliegt der (register-)gerichtlichen Prüfung auch insoweit, als der Gesellschaftsvertrag mit der ursprünglichen Fassung übereinstimmende Regelungen trifft (KG GmbHR
2005, 1612; OLG München NZG 2006, 35).

Ist die **Anmeldung unvollständig** oder steht der Eintragung ein (**behebbares**) **Hindernis** entgegen, 26
setzt das Gericht durch **Zwischenverfügung** eine Frist zur Vervollständigung der Unterlagen oder
zur Behebung des Hindernisses (§§ 25 Abs. 1 Satz 3 Halbs. 1 HRV); ohne der Gesellschaft hierzu
zunächst Gelegenheit gegeben zu haben, ist die Ablehnung der Eintragung unzulässig (OLG
Hamm NZG 2002, 425; vgl. zur Ablehnung der Eintragung und zu anderen Maßnahmen s. auch

§ 9c GmbHG Rdn. 40 ff.). Für die Beurteilung, ob die Eintragungsvoraussetzungen vorliegen, ist allein auf den Zeitpunkt der Eintragung abzustellen; da es nicht erforderlich ist, dass sämtliche Voraussetzungen schon zum Zeitpunkt der Anmeldung vorliegen, können die Voraussetzungen auch nachträglich, insbesondere nach gerichtlicher Zwischenverfügung herbeigeführt werden (OLG Hamm NZG 2002, 425).

27 Gegen einen die Eintragung ablehnenden Beschluss kann die Gesellschaft, vertreten durch ihre Geschäftsführer in vertretungsberechtigter Zahl, **Beschwerde** (§§ 58 ff. Fam FG) sowie ggf. **Rechtsbeschwerde** (§§ 70 ff. FamFG) einlegen (BGHZ 105, 324, 327; BayObLG NJW-RR 1997, 485; OLG Hamm NZG 2001, 1038; s. auch § 9c GmbHG Rdn. 43). Gegen die erfolgte Eintragung ist eine Beschwerde nicht statthaft (vgl. MüKo GmbHG/*Harbarth* § 54 Rn. 88; Scholz/*Priester* § 54 Rn. 47; s. auch § 9c GmbHG Rdn. 44).

III. Eintragung

1. Inhalt der Eintragung, Abs. 2

28 Bei der Eintragung genügt, sofern die Änderung nicht die in § 10 GmbHG bezeichneten Angaben betrifft, die Bezugnahme auf die beim (Register-)Gericht eingereichten Urkunden über die Änderung (§ 54 Abs. 2 GmbHG; vgl. § 43 HRV). Nach dem Gegenstand der Änderung wird dementsprechend zwischen einer »ausdrücklichen Eintragung« und einer »bezugnehmenden Eintragung« unterschieden (vgl. Scholz/*Priester* § 54 Rn. 50 ff.).

29 Sofern die Änderung die in § 10 GmbHG bezeichneten Angaben betrifft, muss die Eintragung den Inhalt der Änderung wiedergeben (»**ausdrückliche Eintragung**«); eine Wiedergabe des genauen Wortlauts ist indes nicht erforderlich (vgl. Baumbach/Hueck/*Zöllner/Noack* § 54 Rn. 34a; Rowedder/Schmidt-Leithoff/*Schnorbus* § 54 Rn. 29). Eine »ausdrückliche Eintragung« ist erforderlich, wenn **Firma, Sitz Unternehmensgegenstand, Höhe des Stammkapitals, Vertretungsbefugnis der Geschäftsführer** sowie ggf. vereinbarte **Zeitdauer der Gesellschaft** geändert werden; die inländische Geschäftsanschrift, der Tag des Abschlusses des Gesellschaftsvertrags und die Personen der Geschäftsführer sowie eine ggf. benannte empfangsberechtigte Person sind, obwohl in § 10 Abs. 1 GmbHG erwähnt, für eine Änderung des Gesellschaftsvertrags und deren Eintragung in das Handelsregister ohne Bedeutung (vgl. Scholz/*Priester* § 54 Rn. 51; zur Anmeldung s. Rdn. 9).

30 Sofern die Änderung des Gesellschaftsvertrags **sonstige Bestimmungen** betrifft, braucht die Eintragung – neben der Tatsache der Änderung – lediglich Bezug auf eingereichte Urkunden zu nehmen (»**bezugnehmende Eintragung**«). In der (register-) gerichtlichen Praxis erfolgt eine allgemeine Bezeichnung des Gegenstands der Änderung (§ 43 Nr. 6 lit. a HRV; zur Anmeldung s. Rdn. 9).

31 Bei jeder Eintragung in das Handelsregister ist der **Tag der Eintragung** anzugeben, (§ 27 Abs. 4 HRV; vgl. § 382 Abs. 2 FamFG), weil dies im Hinblick auf die Wirksamkeit von Interesse ist. Außerdem ist es üblich, das **Datum des Gesellschafterbeschlusses** über die Änderung des Gesellschaftsvertrags einzutragen, um eine Identifizierung der Änderung zu erleichtern (vgl. Baumbach/Hueck/*Zöllner/Noack* § 54 Rn. 37; MüKo GmbHG/*Harbarth* § 54 Rn. 94; Scholz/*Priester* § 54 Rn. 61).

32 Das Gesetz über elektronische Handelsregister und Genossenschaftsregister sowie das Unternehmensregister (EHUG) vom 10. November 2006 (BGBl. I, 2553, 2579) hat zu einer redaktionellen Änderung des Abs. 2 Satz 1 (Art. 10 Nr. 6 lit. a EHUG) geführt.

2. Bekanntmachung

33 Das Gesetz über elektronische Handelsregister und Genossenschaftsregister sowie das Unternehmensregister (EHUG) vom 10. November 2006 (BGBl. I, 2553) hat zur Aufhebung des Abs. 2 Satz 2 (Art. 10 Nr. 6 lit. b EHUG) und des § 10 Abs. 3 GmbHG (Art. 10 Nr. 2 EHUG) sowie zur Änderung des § 10 HGB (Art. 1 Nr. 2 EHUG) geführt. Diese Änderung folgt aus dem »Verzicht auf Zusatzbekanntmachungen« (Gesetzesentwurf der Bundesregierung, BT-Drs. 16/960, S. 67). Vom

(Register-)Gericht ist seitdem (nur) der Inhalt der Eintragung in das Handelsregister bekanntzumachen (§ 10 HGB; s. § 10 GmbHG Rdn. 18 ff.).

3. Rechtliche Wirkung der Eintragung

a) »Konstitutive« Wirkung der Eintragung, Abs. 3

Die Änderung des Gesellschaftsvertrags hat keine rechtliche Wirkung, bevor sie in das Handelsregister eingetragen ist (Abs. 3). Wegen dieser (»**konstitutiven**«) **Wirkung** der Eintragung kann eine Änderung des Gesellschaftsvertrags **keine Rückwirkung** haben (vgl. Rowedder/Schmidt-Leithoff/*Schnorbus* § 54 Rn. 41; Scholz/*Priester* § 54 Rn. 54 f.); dies gilt selbst dann, wenn der Beschluss sich selbst rückwirkende Kraft beilegt (OLG Hamm NZG 2007, 318 zum eingetragenen Verein). Wegen dieser Wirkung ist auch eine Änderung des Gesellschaftsvertrags im Hinblick auf das **Geschäftsjahr** nicht mit Rückwirkung möglich; die Änderung des Geschäftsjahrs muss innerhalb des betreffenden Jahres eingetragen sein (BFH GmbHR 1997, 670; vgl. OLG Frankfurt GmbHR 1999, 484; OLG Schleswig NJW-RR 2000, 1425). Ein im Zeitpunkt der Eintragung noch laufendes Geschäftsjahr kann verkürzt oder verlängert werden, indem ein anderer, nach der Eintragung liegender Ablaufzeitpunkt gewählt wird.

34

b) Heilung nichtiger Beschlüsse

Wird ein Beschluss über die Änderung des Gesellschaftsvertrags in das Handelsregister eingetragen, obwohl er **wegen Verstoßes gegen** die Anforderungen an die **Beurkundung nichtig** ist und nicht hätte eingetragen werden dürfen (s. Rdn. 24), kann die Nichtigkeit nicht mehr geltend gemacht werden (§ 242 Abs. 1 AktG analog; »Heilung«; BGH NJW 1996, 257; vgl. *Lutter/Hommelhoff/Bayer* § 54 Rn. 19; Scholz/*Priester* § 54 Rn. 59; s. auch § 47 GmbHG Rdn. 58). Eine **aus anderen Gründen resultierende Nichtigkeit** des Beschlusses kann nicht mehr geltend gemacht werden, wenn der Beschluss in das Handelsregister eingetragen wird und seitdem **drei Jahre** verstrichen sind (§ 242 Abs. 2 Satz 1 AktG analog; BGHZ 144, 365, 368; 80, 212, 216 f. zu einem Beschluss über die Bestellung eines Geschäftsführers; BGH AG 1984, 149 zur Änderung des Gesellschaftsvertrags einer GmbH; BGHZ 99, 211, 217 zu einem satzungsändernden Beschluss einer Aktiengesellschaft; OLG Stuttgart NZG 2001, 40 zu einem Beschluss über eine Kapitalerhöhung; vgl. *Lutter/Hommelhoff/Bayer* § 54 Rn. 13; Scholz/*Priester* § 54 Rn. 59; zur Eintragung eines Urteils, durch das die Nichtigkeit eines Beschlusses festgestellt wird, s. Rdn. 6). Die Eintragung eines **anfechtbaren Beschlusses** über die Änderung des Gesellschaftsvertrags führt nicht zu einem Verlust des Rechts, die Anfechtbarkeit des Beschlusses durch Erhebung einer Anfechtungsklage innerhalb der maßgeblichen Frist geltend zu machen (§§ 243 ff. AktG analog; vgl. Scholz/*Priester* § 54 Rn. 58; zur Eintragung eines Urteils, durch das ein Beschluss für nichtig erklärt wird, s. Rdn. 6).

35

§ 55 Erhöhung des Stammkapitals

(1) Wird eine Erhöhung des Stammkapitals beschlossen, so bedarf es zur Übernahme jeder auf das erhöhte Kapital zu leistenden Stammeinlage einer notariell aufgenommenen oder beglaubigten Erklärung des Übernehmers.

(2) ¹Zur Übernahme einer Stammeinlage können von der Gesellschaft die bisherigen Gesellschafter oder andere Personen, welche durch die Übernahme ihren Beitritt zu der Gesellschaft erklären, zugelassen werden. ²Im letzteren Falle sind außer dem Betrage der Stammeinlage auch sonstige Leistungen, zu welchen der Beitretende nach dem Gesellschaftsvertrage verpflichtet sein soll, in der in Absatz 1 bezeichneten Urkunde ersichtlich zu machen

(3) Wird von einem der Gesellschaft bereits angehörenden Gesellschafter eine Stammeinlage auf das erhöhte Kapital übernommen, so erwirbt derselbe einen weiteren Geschäftsanteil.

(4) Die Bestimmungen in § 5 Abs. 2 und 3 über die Nennbeträge der Geschäftsanteile sowie die Bestimmungen in § 19 Abs. 6 über die Verjährung des Anspruchs der Gesellschaft auf Leistung

§ 55 GmbHG   Erhöhung des Stammkapitals

der Einlagen sind auch hinsichtlich der an dem erhöhten Kapital übernommenen Geschäftsanteile anzuwenden.

Übersicht

		Rdn.
A.	Normzweck	1
B.	Systematischer Zusammenhang und Abgrenzung	2
C.	Abfolge einer Kapitalerhöhung gegen Geldeinlagen	4
D.	Kapitalerhöhungsbeschluss, Abs. 1	9
I.	Satzungsänderung	9
II.	Inhalt	10
E.	Übernahme	16
I.	Form und Kosten, Abs. 1	17
II.	Bezugsrecht	18
	1. Formelle Voraussetzungen des Bezugsrechtsausschlusses	20
	2. Materielle Voraussetzungen des Bezugsrechtsausschlusses	22
	3. Der sog. faktische Bezugsrechtsausschluss	23
	4. Anfechtbarkeit	24
III.	Zulassungsbeschluss, Abs. 2 Satz 1	25
IV.	Inhalt der Übernahmeerklärung, Abs. 2 Satz 2	26
F.	Bildung neuer Geschäftsanteile, Mindestbeträge, Abs. 3	27
G.	Aufstockung bestehender Geschäftsanteile	28
H.	Registersperre	30
J.	Ausgabepreis	31
K.	Bewirken der Einlagen	33
I.	Allgemeines, anwendbare Vorschriften	33
II.	Cash-Pooling	34
III.	Nachweis der Erfüllung bei Insolvenz	37
IV.	Verjährung	38
L.	Voreinzahlung auf künftige, noch nicht beschlossene Kapitalerhöhung	40
I.	Einzahlung vor Kapitalerhöhungsbeschluss	40
II.	Einzahlung im Zeitraum zwischen Kapitalerhöhungsbeschluss und Eintragung	44
M.	Unzulässigkeit der Übernahme mehrerer Stammeinlagen, Anwendbarkeit von Gründungsvorschriften, Abs. 4	46
N.	Umstellung auf Euro	47
O.	Kapitalerhöhung im Insolvenz- bzw. Liquidationsverfahren und bei der Vor-GmbH	48

A. Normzweck

1 § 55 GmbHG regelt den Grundfall der Kapitalerhöhung gegen Einlagen (also der Einbringung neuer Mittel in das Gesellschaftsvermögen), nämlich die **Kapitalerhöhung durch Geldeinlagen**. Jede Kapitalerhöhung dient der Erhöhung des Stammkapitals, jedoch nur die Kapitalerhöhung gegen Einlagen führt auch zu einer Erhöhung des Eigenkapitals der Gesellschaft.

B. Systematischer Zusammenhang und Abgrenzung

2 Die Kapitalerhöhung führt zu einer Änderung der Satzung, da der Betrag des Stammkapitals gem. § 3 Abs. 1 Nr. 3 GmbHG zwingend in der Satzung enthalten sein muss. Folglich finden die Vorschriften über die **Satzungsänderung** (§§ 53, 54 GmbHG) unmittelbar Anwendung.

3 §§ 55 bis 57b GmbHG regeln die Erhöhung des Stammkapitals gegen Einlagen, also durch Vermehrung des Gesellschaftsvermögens (sog. **effektive Kapitalerhöhung**). Die Kapitalerhöhung gegen Einlagen kann entweder durch Geldeinlagen erfolgen, was Regelungsgegenstand von § 55 GmbHG ist. Oder die Kapitalerhöhung erfolgt durch die Erbringung von Sacheinlagen (§ 56 GmbHG). Zusätzlich wurde durch das MoMiG das bereits aus dem Aktienrecht (§§ 202 ff. AktG) bekannte Institut der genehmigten Kapitalerhöhung eingeführt, die eine Ermächtigung an die Geschäftsführung zur Erhöhung des Stammkapitals beinhaltet (§ 55a GmbHG). Die genehmigte Kapitalerhöhung kann im Wege der Geld- oder Sacheinlage erfolgen. Die Kapitalerhöhung aus Gesellschaftsmitteln (§§ 57c bis 57o GmbHG) führt hingegen nicht zu einer Vermehrung des Gesellschaftsvermögens, sondern nur zu einer Umwandlung von nicht durch Kapitalerhaltungsvorschriften gebundenem Gesellschaftsvermögen (Rücklagen) in gebundenes Gesellschaftsvermögen (Eigenkapital). Es werden also keine neuen Finanzmittel eingebracht, vielmehr wird vorhandenes Gesellschaftsvermögen umgebucht.

C. Abfolge einer Kapitalerhöhung gegen Geldeinlagen

Die Kapitalerhöhung vollzieht sich in folgenden Schritten (vgl. *Ulmer*/Habersack/Winter, § 55 Rn. 1; *Lutter/Hommelhoff* GmbHG, § 55 Rn. 3; Baumbach/Hueck/*Zöllner* § 55 Rn. 8; Heckschen/Heidinger/*Heckschen* A Rn. 2): 4

Im ersten Schritt **beschließt die Gesellschafterversammlung** gem. §§ 53 Abs. 2, 55 GmbHG mit qualifizierter Mehrheit die satzungsändernde Kapitalerhöhung. Falls nicht sämtliche Gesellschafter zur Teilnahme an der Kapitalerhöhung zugelassen werden sollen, ist ein Bezugsrechtsausschluss im Rahmen des Satzungsänderungsbeschlusses erforderlich.

Im zweiten Schritt wird durch den **Zulassungsbeschluss** (Abs. 2 Satz 1) festgelegt, wer als Übernehmer zur Zeichnung des Erhöhungsbetrages zugelassen werden soll. In der Praxis erfolgt der Zulassungsbeschluss in der Regel zusammen mit dem Erhöhungsbeschluss (vgl. *Ulmer*/Habersack/Winter, § 55 Rn. 1; Heckschen/Heidinger/*Heckschen* A Rn. 228). 5

In einem dritten Schritt erfolgt die Übernahme des Erhöhungsbetrages durch (zumindest notariell beglaubigte) **Übernahmeerklärungen der Übernehmer** (Abs. 1) und Annahme durch die Gesellschaft, wodurch ein **Übernahmevertrag** zustande kommt (vgl. *Ulmer*/Habersack/Winter, § 55 Rn. 1). Aus Kostengründen sollte die Übernahme separat von der Beurkundung des Kapitalerhöhungsbeschlusses notariell beglaubigt werden. 6

In einem vierten Schritt müssen die Übernehmer die **Einlagen bewirken** (§ 57 Abs. 2 GmbHG), ob ganz oder teilweise richtet sich nach § 56a GmbHG. 7

Als fünfter Schritt erfolgen die **Anmeldung zum Handelsregister** (§ 57 GmbHG), die Prüfung durch das Registergericht (§§ 57, 57a GmbHG) und die konstitutive Eintragung der Kapitalerhöhung in das Handelsregister. Nach der Aufhebung von § 57b GmbHG durch das MoMiG macht das Registergericht gem. § 10 HGB die Eintragung bekannt; anders als nach der aufgehobenen Bestimmung des § 57b GmbHG sind außer dem Inhalt der Eintragungen keine weiteren Angaben bekannt zu geben. 8

D. Kapitalerhöhungsbeschluss, Abs. 1

I. Satzungsänderung

Die Kapitalerhöhung ist als **Satzungsänderung** notariell zu beurkunden (§ 53 Abs. 2 Satz 1 Halbs. 1 GmbHG). Der Gesellschafterbeschluss bedarf einer Mehrheit von 3/4 der abgegebenen Stimmen oder einer durch die Satzung vorgeschriebenen höheren Mehrheit (§ 53 Abs. 2 Satz 1 Halbs. 2 und Satz 2 GmbHG). 9

II. Inhalt

Der Beschluss kann den Betrag des erhöhten Stammkapitals als festen Betrag festlegen (§ 3 Abs. 1 Nr. 3 GmbHG). Dann kann die Kapitalerhöhung nur zur Eintragung in das Handelsregister angemeldet werden, wenn das erhöhte Kapital vollständig geleistet und die Mindesteinlagen erbracht sind (vgl. *Ulmer*/Habersack/Winter, § 55 Rn. 16). Üblicherweise werden in dem Erhöhungsbeschluss sowohl der **Erhöhungsbetrag** (»um € 25.000«) als auch der **erhöhte Betrag** (»auf € 50.000«) angegeben. Gem. § 54 Abs. 1 Satz 2 GmbHG ist auch der Wortlaut des Gesellschaftsvertrages abzuändern; entsprechend soll der Beschluss festlegen, an welcher Stelle und auf welche Weise der Gesellschaftsvertrag geändert wird, z. B.: 10

»§ X des Gesellschaftsvertrages wird wie folgt geändert: § X Stammkapital – Das Stammkapital der Gesellschaft beträgt € 50.000.«

Im Aktienrecht ist anerkannt, dass der Kapitalerhöhungsbeschluss nicht den genauen Betrag der Kapitalerhöhung enthalten muss; es ist im Aktienrecht vielmehr ausreichend, dass der Kapitalerhöhungsbeschluss einen **Mindest- und einen Höchstbetrag** der Kapitalerhöhung festsetzt (OLG 11

Hamburg NZG 2000, 549). Teilweise wird nicht einmal die Festsetzung eines Mindestbetrages für erforderlich gehalten. Auch im GmbH-Recht wird nach h. M. die Festlegung eines Höchstbetrags (bzw. eines Mindest- und Höchstbetrages) der Kapitalerhöhung in dem Erhöhungsbeschluss für ausreichend gehalten (vgl. *Ulmer*/Habersack/Winter, § 55 Rn. 17; Baumbach/Hueck/*Zöllner* § 55 Rn. 11; Roth/*Altmeppen* § 55 Rn. 3). Nach einer Mindermeinung muss der Gesamtbetrag des Stammkapitals nicht in der Satzung angegeben werden; ausreichend sei, dass die Handelsregisteranmeldung den Erhöhungsbetrag bzw. den Betrag des erhöhten Stammkapitals genau beziffert. § 54 Abs. 1 Satz 2 GmbHG sei durch § 57 GmbHG als lex specialis verdrängt (vgl. Roth/*Altmeppen* § 55 Rn. 5). Nach zutreffender h. M. ergibt sich der endgültige Inhalt der Satzungsänderung (bzw. der geänderten Satzung) – d. h. der Erhöhungsbetrag bzw. der Betrag des erhöhten Stammkapitals – nach Übernahme der Geschäftsanteile und ist vom Notar anlässlich der Anmeldung gem. § 54 Abs. 1 Satz 2 GmbHG zu bestätigen (vgl. *Lutter/Hommelhoff*, GmbHG, § 55 Rn. 9; *Leuring/Simon* NJW-Spezial 2005, 363). Es ist Aufgabe der Geschäftsführer, die Fassung des Gesellschaftsvertrags an das Ergebnis der Übernahmen anzupassen; gemeinsam mit dem Notar soll die Geschäftsführung den neuen Wortlaut der Satzung nach § 54 Abs. 1 Satz 2 GmbHG anfertigen und beim Handelsregister einreichen (vgl. *Gerber/Pilz* GmbHR 2005, 1324, 1328 mit eingehender Analyse; *Ulmer*/Habersack/Winter § 55 Rn. 22).

12 Falls ein Höchstbetrag festgelegt wird, soll nach h. M. eine **Frist** von höchstens 6 Monaten für die Durchführung der Kapitalerhöhung bestimmt werden, damit nicht die Grenzen zum genehmigten Kapital verwischt werden (vgl. *Ulmer*/Habersack/Winter, § 55 Rn. 17; MüKo AktG/*Pfeifer* § 182 Rn. 37 zum Aktienrecht). In jedem Fall ist die Kapitalerhöhung unverzüglich (§ 121 Abs. 1 BGB) durchzuführen (vgl. Roth/*Altmeppen* § 55 Rn. 5).

13 **Nebenverpflichtungen** im Zusammenhang mit der Kapitalerhöhung, z. B. ein über den Nennbetrag hinausgehender Ausgabepreis für die Stammeinlagen (Aufgeld oder Agio), aber auch Nachschusspflichten, Vinkulierung oder Vorzugsrechte, müssen als **Satzungsbestandteil** (§ 3 Abs. 2 GmbHG) im Erhöhungsbeschluss enthalten sein (vgl. *Ulmer*/Habersack/Winter, § 55 Rn. 24; Roth/*Altmeppen* § 55 Rn. 31). Im Fall eines Aufgeldes muss zwischen einem erhöhten Ausgabebetrag (»echtes«, gesellschaftsrechtlich veranlasstes Agio, dass der Gesellschafter kraft seiner Mitgliedschaft schuldet) und einer rein schuldrechtlichen Verpflichtung zur Zahlung eines Aufgeldes unterschieden werden, das als sonstige Zuzahlung gem. § 272 Abs. 2 Nr. 4 HGB in die Kapitalrücklagen erbracht wird (*Brandi* NZG 2004, 600, 604 zur Aktiengesellschaft m. w. N.). Das rein schuldrechtliche Agio – das z. B. im Rahmen eines Beteiligungsvertrages im Venture Capital-Bereich neben der Leistung auf die Stammeinlage i. H. d. Nennwerts häufig vereinbart wird – ist anders als das gesellschaftsrechtlich veranlasste Agio, also der über den Nennbetrag hinausgehende Ausgabebetrag, nicht im Kapitalerhöhungsbeschluss festzulegen; nur das »echte«, gesellschaftsrechtliche Aufgeld muss im Erhöhungsbeschluss enthalten sein (a. A. zum Aktienrecht: BayObLG NZG 2002, 853). Zur Festsetzung in der Übernahmeerklärung gem. § 55 Abs. 2 Satz 2 GmbHG s. Rdn. 26.

14 Im Fall der **Sacheinlage** bedarf der Kapitalerhöhungsbeschluss weiterer Festsetzungen, vgl. § 56 Rdn. 2 ff.

15 Soll das Kapital durch Aufstockung von Geschäftsanteilen erfolgen, ist dies ebenfalls im Kapitalerhöhungsbeschluss festzusetzen (BGH NJW 1989, 168, 169).

E. Übernahme

16 Die Übernahme eines Geschäftsanteils erfolgt **durch Vertrag**. Damit sind die Übernahmeerklärung des jeweiligen Übernehmers nach Abs. 1 sowie eine Erklärung der Gesellschaft erforderlich.

I. Form und Kosten, Abs. 1

17 Die Übernahmeerklärung ist entweder zu **beurkunden** oder notariell zu **beglaubigen** (Abs. 1). Die Übernahme kann vor oder nach dem Kapitalerhöhungsbeschluss erklärt werden. Falls die Übernahme in einer getrennten Urkunde beglaubigt wird, wird nur die **Beglaubigungsgebühr** erhoben,

sofern der Notar nicht auch den Entwurf fertigt. Im Fall der Beurkundung statt der Beglaubigung wird dagegen eine volle **Beurkundungsgebühr gem.** § 36 Abs. 1 KostO erhoben. Die für die notarielle Beurkundung einer Übernahmeerklärung gem. Abs. 1 nach den Regeln der KostO in Ansatz gebrachten Gebühren verstoßen nicht gegen die Gesellschaftssteuerrichtlinie, da die Beurkundung nicht zwingend vorgeschrieben ist (OLG Karlsruhe GmbHR 2005, 771). Das Formerfordernis des Abs. 1 gilt auch für die Vollmacht zur Übernahme (vgl. Baumbach/Hueck/*Zöllner* § 55 Rn. 32).

II. Bezugsrecht

Die Gesellschafter haben im Fall der Kapitalerhöhung ein **gesetzliches Bezugsrecht** auf die neuen Geschäftsanteile analog § 186 AktG (vgl. Baumbach/Hueck/*Zöllner* § 55 Rn. 20; *Lutter/Hommelhoff* GmbHG, § 55 Rn. 17; a.A. *Ulmer*/Habersack/Winter § 55 Rn. 44 ff.; *Roth/Altmeppen* § 55 Rn. 20). Der BGH hat die Streitfrage, ob das Bezugsrecht ein (ungeschriebenes) gesetzliches Recht analog § 186 AktG darstellt oder auf dem (freilich inhaltlich gebundenen) Zulassungsbeschluss nach § 55 Abs. 2 GmbHG beruht, bislang offen gelassen (BGH NZG 2005, 551, 552). Bis zu einer höchstrichterlichen Entscheidung sollte der Erhöhungsbeschluss daher genaue Bestimmungen darüber enthalten, wer zur Übernahme zugelassen wird; falls der Erhöhungsbeschluss die Übernehmer nicht bezeichnet, kann dies noch in einem gesonderten Zulassungsbeschluss gem. Abs. 2 Satz 1 erfolgen. 18

Sofern nach dem Erhöhungsbeschluss einzelne Gesellschafter nicht an der Kapitalerhöhung teilnehmen sollen, bedarf dies unabhängig von der dogmatischen Herleitung einer **sachlichen Rechtfertigung**. Dies folgt nach zutreffender Auffassung aus einer analogen Anwendung von § 186 Abs. 3 AktG (vgl. Baumbach/Hueck/*Zöllner* § 55 Rn. 25; zu anderen dogmatischen Herleitungen *Ulmer*/Habersack/Winter § 55 Rn. 51 ff.; *Lutter/Hommelhoff* GmbHG, § 55 Rn. 17 bis 26; Roth/*Altmeppen* § 55 Rn. 23). 19

1. Formelle Voraussetzungen des Bezugsrechtsausschlusses

Der Bezugsrechtsausschluss ist analog § 186 Abs. 3 Satz 1 AktG Bestandteil des Erhöhungsbeschlusses, bedarf einer Mehrheit von mindestens 3/4 des bei der Beschlussfassung vertretenen Stammkapitals, also der sog. **3/4-Kapitalmehrheit**, und ist notariell zu beurkunden (vgl. Baumbach/Hueck/*Zöllner* § 55 Rn. 25). Nach a.A. genügt eine Mehrheit von 3/4 der abgegebenen Stimmen, der sog. **3/4-Stimmenmehrheit** gem. § 53 Abs. 2 GmbHG (vgl. Roth/*Altmeppen* § 55 Rn. 7; *Lutter/Hommelhoff* GmbHG, § 55 Rn. 21) oder sogar die einfache Mehrheit. Durch die Bestimmung der Kapitalmehrheit wird die Stimmenmehrheit qualitativ zur Kapitalmehrheit gesteigert. Wo eine Kapitalmehrheit verlangt wird, werden die Stimmen nicht nur gezählt, sondern gewogen. Dadurch wird der Einfluss von Geschäftsanteilen, die mit Mehrstimmrechten ausgestattet sind, in Schranken gehalten (MüKo AktG/*Volhard* § 130 Rn. 38 zum Aktienrecht). Zum Schutz der Minderheitsgesellschafter scheint die analoge Anwendung des qualifizierten Mehrheitserfordernisses gem. § 186 Abs. 3 Satz 1 AktG sachgerecht. 20

Der Bezugsrechtsausschluss muss analog § 186 Abs. 4 Satz 1 AktG zur Tagesordnung **angekündigt** werden (Baumbach/Hueck/*Zöllner* § 55 Rn. 25; Heckschen/Heidinger/*Heckschen* E Rn. 91). Die Geschäftsführung hat der Gesellschafterversammlung analog § 186 Abs. 4 Satz 2 AktG einen **schriftlichen Bericht** über den Grund für den teilweisen oder vollständigen Ausschluss des Bezugsrechts vorzulegen (Baumbach/Hueck/*Zöllner* § 55 Rn. 25; Heckschen/Heidinger/*Heckschen* E Rn. 91; nach *Lutter/Hommelhoff* GmbHG, § 55 Rn. 21 kann der Bericht auch mündlich erfolgen, falls der Eingriff in die Mitgliedschaft nicht schwerwiegend ist; um hier Anfechtungspotenzial zu vermeiden, sollte der Bericht nach hier vertretener Auffassung jedoch in Schriftform erfolgen). 21

2. Materielle Voraussetzungen des Bezugsrechtsausschlusses

Der Bezugsrechtsausschluss stellt einen schwerwiegenden Eingriff in das Mitgliedschaftsrecht dar. Daher bedarf der Bezugsrechtsausschluss der **sachlichen Rechtfertigung**. Für das Aktienrecht ist das von der höchstrichterlichen Rechtsprechung seit BGHZ 71, 40 (»Kali & Salz«) anerkannt. 22

Für das GmbH-Recht soll nach der Literatur nichts anderes gelten (vgl. Baumbach/Hueck/*Zöllner* § 55 Rn. 26 ff.; *Lutter/Hommelhoff* GmbHG, § 55 Rn. 22). Die Gesellschaft muss ein berechtigtes Interesse am Bezugsrechtsausschluss haben, dieser muss erforderlich und verhältnismäßig sein.

3. Der sog. faktische Bezugsrechtsausschluss

23 Unter das Schlagwort vom sog. »faktischen Bezugsrechtsausschluss« fallen unterschiedliche Fallgestaltungen, in denen zwar **formell kein Ausschluss** des Gesellschafters von der Teilnahme an der Kapitalerhöhung erfolgt, ein Gesellschafter aber faktisch an der Ausübung seines Bezugsrechts etwa aus den folgenden Gründen gehindert ist: Für die Übernahme der Geschäftsanteile wird eine Sacheinlage festgesetzt, die nicht gattungsmäßig bestimmt ist und von dem Gesellschafter nicht erbracht werden kann (z. B. ein besonderes Unternehmen). Oder es wird ein den inneren Wert der Geschäftsanteile übersteigendes Aufgeld beschlossen; dies wird aber nur ausnahmsweise als treuwidrig erachtet, sofern die übrigen Gesellschafter wussten oder fahrlässig nicht beachtet haben, dass der Gesellschafter das überhöhte Aufgeld nicht aufbringen kann, denn grundsätzlich erfährt der bestehende Geschäftsanteil durch das überhöhte Aufgeld einen Wertzuwachs, auch wenn der Gesellschafter sich entscheidet, nicht an der Kapitalerhöhung teilzunehmen. Auch ein Gesellschafterbeschluss, der den Gesellschafter nur faktisch an der Ausübung seines Bezugsrechts hindert, kann als Verstoß gegen die gesellschaftsrechtliche Treuepflicht oder analog § 243 Abs. 2 AktG aufgrund der Verfolgung von Sonderinteressen angefochten werden.

4. Anfechtbarkeit

24 Ein treuwidriger Bezugsrechtsausschluss anlässlich einer Kapitalerhöhung hat nur die Anfechtbarkeit des zugrunde liegenden Beschlusses wegen Gesetzesverletzung i. S. v. § 243 Abs. 1 AktG zur Folge, keine Nichtigkeit analog § 241 Nr. 3 AktG (BGH NZG 2005, 551). Die Einhaltung der Treupflicht gehört nach der ständigen Rechtsprechung des BGH nicht zu den tragenden Strukturprinzipien des GmbH-Rechts; ihre Verletzung führt daher selbst bei gravierenden Eingriffen in die Rechtsstellung des betreffenden Gesellschafters regelmäßig nur zur Anfechtbarkeit des Gesellschafterbeschlusses. Daher gilt für die Geltendmachung von eng begrenzten Ausnahmen abgesehen regelmäßig die Monatsfrist des § 246 Abs. 1 AktG als Maßstab (BGH NZG 2005, 551).

III. Zulassungsbeschluss, Abs. 2 Satz 1

25 Die gesetzliche Regelung in Abs. 2 Satz 1 geht ersichtlich davon aus, dass die Geschäftsanteile durch Zulassungsbeschluss ausgegeben werden. Geht man jedoch mit der h. M. von einem gesetzlichen Bezugsrecht aus, ist ein **Zulassungsbeschluss** nur erforderlich, falls einzelne Gesellschafter von der Teilnahme an der Kapitalerhöhung ausgeschlossen werden (vgl. Heckschen/Heidinger/*Heckschen* E Rn. 65 ff.; *Lutter/Hommelhoff* GmbHG, § 55 Rn. 27; weiter differenzierend Baumbach/Hueck/*Zöllner* § 55 Rn. 28). Für die Praxis sollte man vorerst einen ausdrücklichen Zulassungsbeschluss vorsehen, bis die Frage höchstrichterlich entschieden ist.

IV. Inhalt der Übernahmeerklärung, Abs. 2 Satz 2

26 Notwendiger Inhalt ist der Nennbetrag des übernommenen Geschäftsanteils (Abs. 2 Satz 2), die Bezeichnung des Übernehmers, die Gesellschaft, deren Geschäftsanteile übernommen werden sollen, sowie die Bezeichnung des Kapitalerhöhungsbeschlusses (falls die Übernahmeerklärung gesondert erklärt wird; vgl. Roth/*Altmeppen* § 55 Rn. 31; nach Baumbach/Hueck/*Zöllner* § 55 Rn. 33 muss die Kapitalerhöhungsmaßnahme zumindest identifizierbar sein). Falls Dritte als neue Gesellschafter zur Teilnahme an der Kapitalerhöhung zugelassen werden, muss die Übernahmeerklärung gem. Abs. 2 Satz 2 auch **sonstige Leistungen** (§ 3 Abs. 2 GmbHG) aufführen, zu welchen der neue Gesellschafter nach dem Gesellschaftsvertrag verpflichtet ist; das umfasst z. B. ein statutarisch festgelegtes Aufgeld, Nebenleistungs- und Nachschusspflichten (§§ 26 bis 28 GmbHG). Für **Sacheinlagen** gilt § 56 Abs. 1 GmbHG.

F. Bildung neuer Geschäftsanteile, Mindestbeträge, Abs. 3

Neue Geschäftsanteile können entweder an die Gesellschafter oder, im Fall des Bezugsrechtsausschlusses oder bei Verzicht auf die Ausübung des Bezugsrechts durch die Altgesellschafter, an Dritte gewährt werden. Werden die neu gebildeten Geschäftsanteile von einem der Gesellschaft bereits angehörenden Gesellschafter übernommen, so ist nach der Regelvorstellung des Gesetzgebers gem. Abs. 3 ein **neuer Geschäftsanteil** zu bilden. Nicht nur im Rahmen der Gründung, sondern auch im Rahmen der Kapitalerhöhung gelten §§ 5 Abs. 2 und 3 i. V. m. 55 Abs. 4 GmbHG. Folglich gilt für die neu gebildeten Geschäftsanteile insbesondere, dass mehrere neu gebildete Geschäftsanteile übernommen werden dürfen und dass ihr Nennbetrag auf mindestens einen vollen Euro lauten muss (§ 5 Abs. 2 Satz 1 GmbHG).

G. Aufstockung bestehender Geschäftsanteile

Die Kapitalerhöhung im Wege der Nennwerterhöhung (sog. Aufstockung) unterliegt **besonderen Voraussetzungen** (KG NZG 2005, 397). Sie ist nur zulässig, wenn eine Haftung der Rechtsvorgänger nach § 22 Abs. 4 GmbHG nicht in Betracht kommt, d. h. wenn die alten Geschäftsanteile voll eingezahlt sind und keine Nachschusspflicht besteht oder falls die aufzustockenden Anteile noch vom Gründer (bzw. seinen Rechtsnachfolgern) gehalten werden (BGHZ 63, 116; KG NZG 2005, 397) oder der jetzige Inhaber nach Ablauf der Frist nach § 22 Abs. 3 allein für die ausstehenden Einlagen haftet (vgl. Baumbach/Hueck/*Zöllner* § 55 Rn. 46). Ferner muss die Aufstockung in den Kapitalerhöhungsbeschluss aufgenommen werden, weil es andernfalls bei der Regelung des § 55 Abs. 3 bliebe, wonach der Gesellschafter, der der Gesellschaft bereits angehört, nach der Kapitalerhöhung einen weiteren Geschäftsanteil erwirbt (BGH NJW 1989, 168, 169).

Die Bestimmungen in § 5 Abs. 2 und 3 GmbHG über die Nennbeträge der Geschäftsanteile sind entsprechend hinsichtlich der an dem erhöhten Kapital übernommenen Geschäftsanteile anzuwenden; entsprechend muss der Nennbetrag des aufgestockten Geschäftsanteils auf volle Euro lauten (§ 55 Abs. 4 i. V. m. § 5 Abs. 2 Satz 1 GmbHG). Die Regelung betrifft auch nach neuem Recht nicht den Erhöhungsbetrag, sondern den Nennbetrag des durch Aufstockung erhöhten Geschäftsanteils (vgl. zur Rechtslage vor Inkrafttreten des MoMiG KG NZG 2005, 397, 398; *Roth/Altmeppen* § 55 Rn. 35; unklar *Lutter/Hommelhoff* GmbHG, § 55 Rn. 15).

H. Registersperre

Durch das **MoMiG** wurde die in § 86 GmbHG enthaltene Regelung aufgehoben und durch § 1 GmbH-Einführungsgesetz (EGGmbHG) ersetzt. Falls Gesellschaften ihr Kapital noch nicht auf Euro umgestellt haben oder lediglich eine Umrechnung des DM-Betrages in Euro ohne Glättung der Euro-Beträge erfolgt ist, darf die Kapitalerhöhung nach dem 31.12.2001 nur eingetragen werden (sog. **Registersperre**), wenn das Kapital auf Euro umgestellt und die in Euro berechneten Nennbeträge der Geschäftsanteile auf einen durch zehn teilbaren Betrag, mindestens jedoch auf 50,– € gestellt werden (§ 1 Abs. 1 Satz 4 EGGmbHG). § 1 Abs. 3 Satz 3 EGGmbHG bestimmt, dass im Fall einer Kapitalveränderung die allgemeinen Bestimmungen Anwendung finden; die Teilungsregeln nach bisherigem Recht werden somit aufgehoben.

J. Ausgabepreis

Die Ausgabe der neu gebildeten Geschäftsanteile bzw. die Nennwerterhöhung muss mindestens zum Nennwert der Geschäftsanteile erfolgen. Eine sog. **Unterpari-Emission** ist nicht zulässig (Baumbach/Hueck/*Hueck/Fastrich* § 5 Rn. 9).

Der Ausgabepreis für neue Anteile bei einer Kapitalerhöhung in der GmbH muss auch dann den **inneren Wert** der Anteile angemessen widerspiegeln und darf nicht zu niedrig sein, wenn das Bezugsrecht nicht ausgeschlossen wird. Ist dies nicht der Fall, wird ein faktischer Zwang zur Teilnahme an der Kapitalerhöhung bewirkt, der mit den Grundsätzen des GmbH-Rechts nicht vereinbar ist und als Verstoß gegen die gesellschaftsrechtliche Treuepflicht zur Anfechtbarkeit führt (OLG

Stuttgart NZG 2000, 156 m. krit. Anm. von *Gätsch* BB 2000, 1158; ebenso vgl. *Ulmer*/Habersack/ Winter, § 55 Rn. 25 m. w. N.; Baumbach/Hueck/*Zöllner* § 55 Rn. 13). Dies ist jedenfalls im Fall des Bezugsrechtsausschlusses anerkannt (vgl. *Lutter/Hommelhoff* GmbHG, § 55 Rn. 24). Die Wertermittlung hat sich nach anerkannten Bewertungsmaßstäben zu richten, was die Praxis vor erhebliche Unsicherheit stellt.

K. Bewirken der Einlagen

I. Allgemeines, anwendbare Vorschriften

33 Es können Geld- oder Sacheinlagen geleistet werden. Zu **Sacheinlagen** vgl. § 56 GmbHG. Zu den Bestimmungen über **Mindesteinlagen** vgl. § 56a GmbHG. Die Einlage muss endgültig zur freien Verfügung der Gesellschaft stehen (§ 57 Abs. 2 GmbHG). Für die Leistung der Einlagen gelten die **allgemeinen Vorschriften**, insbesondere das Verbot der Befreiung von der Leistungspflicht (§ 19 Abs. 1 GmbHG), das Aufrechnungsverbot (§ 19 Abs. 2 Satz 2 GmbHG), der Ausschluss des Zurückbehaltungsrechts (§ 19 Abs. 2 Satz 3 GmbHG), die Bestimmungen über Verzugszinsen (§ 20 GmbHG), das Kaduzierungsverfahren (§§ 20 ff. GmbHG) und die Ausfallhaftung (§ 24 GmbHG).

II. Cash-Pooling

34 Im Fall der vorabgesprochenen Einlagenrückgewähr (»einfaches Hin- und Herzahlen«) führt die Einlageleistung nicht zur wirksamen Tilgung der durch die Kapitalerhöhung begründeten Bareinlageverpflichtung, falls die Gegenleistung nicht durch einen vollwertigen Rückgewähranspruch gedeckt ist, der jederzeit fällig ist oder durch fristlose Kündigung durch die Gesellschaft fällig werden kann (§ 19 Abs. 5 Satz 1 GmbHG). Auch im Fall der verdeckten Sacheinlage in der Fallgruppe des Hin- und Herzahlens wird der Inferent von seiner Einlageverpflichtung nicht befreit, soweit nicht eine Anrechnung des Wertes der verdeckten Sacheinlage erfolgt (§ 19 Abs. 4 GmbHG). In Bezug auf das Cash-Pooling gilt unter dem Gesichtspunkt der **Kapitalaufbringung** nach Inkrafttreten des MoMiG was folgt (BGH WM 2009, 1574 Tz. 10 ff. – Cash-Pool II; *Meier-Reimer/Wenzel* ZIP 2008, 1449, 1454; *Bormann/Urlichs* DStR 2009, 641 ff.; zu insolvenzrechtlichen Problemen im Cash-Pool *Klinck/Gärtner* NZI 2008, 457): Die rechtliche Beurteilung von Zahlungen in den Cash-Pool und insbes. die **Abgrenzung** der Fallgruppen des **(einfachen) Hin- und Herzahlens** und der **verdeckten Sacheinlage** in der Fallgruppe des Hin- und Herzahlens hängt davon ab, ob der Gesellschafter vor der Einlageleistung Altforderungen gegen die Gesellschaft aus dem Cash-Pool hatte, also der Saldo unter dem Cash-Pool negativ war. Wenn die Gesellschaft anschließend Mittel aus der Kapitalerhöhung in den Pool fließen lässt und sich durch das »Herzahlen« im Rahmen des Cash-Poolings bereits bestehende Altforderungen des Inferenten verringern, liegt eine verdeckte Sacheinlage (§ 19 Abs. 4 GmbHG) der gegen die Gesellschaft gerichteten Altforderung vor, denn bei wirtschaftlicher Betrachtung ist der GmbH kein Barbetrag zugeflossen, sondern die anteilige Befreiung der Gesellschaft von ihren Altverbindlichkeiten gegenüber dem Inferenten (Näher zur Abgrenzung zwischen verdeckter Sacheinlage im Wege des Hin- und Herzahlens und dem einfachen Hin- und Herzahlen nach bisheriger Rechtslage *Mayer* in FS-Priester, 445). War der Saldo der Gesellschaft unter dem Cash-Pool dagegen positiv und bringt die Gesellschaft die Mittel aus der Kapitalerhöhung in den Cash-Pool ein, sodass die Einlage bei wirtschaftlicher Betrachtung an den Inferenten zurückfließt, findet § 19 Abs. 5 GmbHG Anwendung. Gewährt eine GmbH z. B. nach der Fassung der Kapitalerhöhungsbeschlusses ein Neudarlehen an den Gesellschafter, so besteht keine sacheinlagefähige Forderung (BGH NZG 2006, 24). Denn es ist anerkannt, dass Forderungen (oder sonstige obligatorische Rechte) der GmbH gegen ihren Gesellschafter nicht einlagefähig sind (s. § 5 Rdn. 33). Wird somit das Neudarlehen in geringem zeitlichen Abstand zur Einlageleistung an den Gesellschafter gezahlt, gilt dieses »Herzahlen« auf das Zielkonto des Inferenten im Rahmen des Cash-Poolings wirtschaftlich als Rückzahlung der Einlage im Sinne von § 19 Abs. 5 GmbHG.

35 Keine Frage des Bewirkens der Einlage, d. h. der Kapitalaufbringung, sind die folgenden Fragen der **Kapitalerhaltung**, die an dieser Stelle jedoch im Sachzusammenhang mit dem Thema Cash-Pool

dargestellt werden (vgl. auch § 30 GmbHG Rdn. 23 bis 29). Zum bisherigen Recht galt Folgendes: Werden im Rahmen des Cash-Pool-Verfahrens Kredite an Gesellschafter gewährt (sog. **aufsteigende Darlehen** (*upstream loans*)), die nicht aus Rücklagen oder Gewinnvorträgen, sondern aus dem gebundenen Vermögen der GmbH gewährt werden, galten diese bis zum Inkrafttreten des MoMiG grundsätzlich auch dann als verbotene Auszahlungen i. S. v. § 30 Abs. 1 GmbHG, wenn der Rückzahlungsanspruch im Einzelnen vollwertig sein sollte (BGHZ 157, 72 = NJW 2004, 1111 – sog. »November-Urteil«; zu sonstigen Finanzierungshilfen *Wessels* ZIP 2004, 793). Dies sollte nach zutreffender Auffassung jedoch nur gelten, falls eine Unterbilanz besteht (*Goette* DStR 2006, 767, 768; ausführ. *Wessels* ZIP 2006, 1701, 1703; *Haas/Oechsler* NZG 2006, 806; *Habersack/Schürnbrand* BB 2006, 288, 289; *Vetter/Schwandtner* German Law Journal 2008, 1155, 1164). Die Darlehenshingabe an den Gesellschafter war aber unstreitig jedenfalls dann verboten, wenn bereits eine Unterbilanz bestand oder dadurch entsteht, dass der Rückzahlungsanspruch der Gesellschaft nicht vollwertig ist (*Habersack/Schürnbrand* BB 2006, 288; *Hentzen* ZGR 2005, 480, 488 f.; *J. Vetter* ZGR 2005, 788, 819 ff.; *Henze* WM 2005, 717, 719). Der BGH hatte ausdrücklich offen gelassen, ob auch bei Bestehen einer Unterbilanz die Gewährung eines Darlehens aus gebundenem Vermögen **ausnahmsweise zulässig** sein kann, wenn die Darlehensvergabe im Interesse der Gesellschaft liegt, die Darlehensbedingungen dem Drittvergleich standhalten und die Kreditwürdigkeit des Gesellschafters selbst bei Anlegung strengster Maßstäbe außerhalb jedes vernünftigen Zweifels steht oder die Rückzahlung des Darlehens durch werthaltige Sicherheiten voll gewährleistet ist. Für die Voraussetzungen eines solchen Ausnahmetatbestands wäre der Gesellschafter darlegungs- und beweispflichtig. Die Rechtsprechung hatte in jüngster Zeit ausdrücklich betont, dass nach § 30 Abs. 1 GmbHG verbotene Auszahlungen nicht dadurch privilegiert sind, dass sie im Rahmen eines Cash-Pool-Verfahrens erfolgen (BGH GmbHR 2006, 447; OLG München BB 2006, 286; *Bayer/Lieder* GmbHR 2006, 449). Bei Bestehen eines Beherrschungsvertrags war ein Cash Pool auch nach bisherigem Recht bis zur Grenze der Existenzvernichtung zulässig (*Wessels* ZIP 2006, 1701, 1707).

Die Diskussion bis zum Inkrafttreten des MoMiG war im Anschluss an das Urteil des BGH (BGHZ 157, 72 = NJW 2004, 1111) von erheblicher Rechtsunsicherheit hinsichtlich der Zulässigkeit von aufsteigenden Darlehen (*upstream loans*) geprägt (*Klinck/Gärtner* NZI 2008, 457, 458 m. w. N.). Mit dem **MoMiG** verfolgt der Gesetzgeber erklärtermaßen das Ziel, ein höheres Maß an Rechtssicherheit für den Einsatz des Finanzierungsinstruments »Cash-Pooling« zu schaffen und zur »bilanziellen Betrachtungsweise« zurückzukehren (Begr. RegE-MoMiG, BT-Drucks. 16/6140, S. 98; *Klinck/Gärtner* NZI 2008, 457, 458 m. w. N.; *Hirte* ZInsO 2008, 689, 691). § 30 Abs. 1 Satz 2 GmbHG bestimmt daher, dass eine Leistung keine Auszahlung aus dem zur Erhaltung des Stammkapitals erforderlichen Vermögens darstellt, soweit sie durch einen vollwertigen Gegenleistungs- oder Rückgewähranspruch gedeckt ist. Ausweislich der Regierungsbegründung zum MoMiG geht das Gesetz von einem Gebot der Vollwertigkeit und einem Deckungsgebot aus. Die **Vollwertigkeit** beurteile sich nach einer bilanziellen Betrachtungsweise und setze insbesondere die Durchsetzbarkeit des Rückgewähranspruchs voraus (*Lutter/Hommelhoff* GmbHG § 30 Rn. 28). Das **Deckungsgebot** bedeute, dass bei einem Austauschvertrag der Zahlungsanspruch gegen den Gesellschafter nicht nur vollwertig, sondern auch wertmäßig nach Marktwerten und nicht nach Abschreibungswerten (d. h. Bilanzwerten) den geleisteten Gegenstand decken muss (Begr. RegE-MoMiG, BT-Drucks. 16/6140, S. 99; *Winter* DStR 2007, 1484, 1486). Nach anderer Auffassung setzt Vollwertigkeit voraus, dass das Darlehen auch einem Dritten zu denselben Bedingungen gewährt würde (**Fremdvergleich**) (*Hirte* ZInsO 2008, 689, 692 m. w. N.; a. A. *Winter* DStR 2007, 1484, 1487). Vollwertigkeit ist danach nicht gegeben, wenn das Darlehen nicht oder zu niedrig verzinst ist, sofern sich dies nicht in anderen Konditionen (z. B. Sicherheitenbestellung) niederschlägt (*Hirte* ZInsO 2008, 689, 692 m. w. N.). Für die Beurteilung der Vollwertigkeit ist auf den Zeitpunkt der Ausreichung des Darlehens abzustellen. Spätere nicht vorhersehbare Entwicklungen der Forderung gegen den Gesellschafter und Abwertungen führen nicht nachträglich zu einer verbotenen Auszahlung (Begr. RegE-MoMiG, BT-Drucks. 16/6140, S. 99). Das Auszahlungsverbot des § 30 Abs. 1 Satz 1 GmbHG gilt nicht für Leistungen, die bei Bestehen eines Beherrschungs- oder Gewinnabführungsvertrages erfolgen (§ 30 Abs. 1 Satz 2 GmbHG). Durch die Formulierung »bei Bestehen« wird klargestellt, dass nicht nur Leistungen an einen anderen Vertragsteil des Beherrschungs- oder Gewinnabführungsvertrags privilegiert sind, sondern auch

36

Leistungen an Dritte; die Leistung muss auch nicht »auf Grund« des Unternehmensvertrags erfolgen (*Hirte* ZInsO 2008, 689, 692). Allerdings darf die Geschäftsführung der beherrschten GmbH dann nicht in den Cash-Pool einzahlen, wenn der Verlustausgleichsanspruch nicht mehr durchgesetzt werden kann; dann darf eine entsprechende nachteilige Weisung des herrschenden Unternehmens nicht mehr ausgeführt werden (*Vetter/Schwandtner* German Law Journal 2008, 1155, 1169 m. w. N.). Für das Cash-Pooling bedeutet das, dass aufsteigende Darlehen (*upstream loans*) aufgrund der nunmehr angeordneten bilanziellen Betrachtungsweise grds. nicht gegen die Kapitalerhaltungsvorschriften verstoßen, wenn der Darlehensrückgewähranspruch aus dem Cash-Pool im Zeitpunkt der Auszahlung den vorgenannten Voraussetzungen entspricht (was insbes. Vollwertigkeit voraussetzt).

III. Nachweis der Erfüllung bei Insolvenz

37 Zu den Anforderungen die Rechtsprechung an den Nachweis der Erfüllung der Einlageschuld im Fall der Insolvenz *Henkel* NZI 2005, 649.

IV. Verjährung

38 Die Verjährung der Einlageleistungspflicht ist mit dem »Gesetz zur Modernisierung des Schuldrechts« vom 09.12.2004 neu geregelt worden. Nach dem Wortlaut von §§ 55 Abs. 4, 19 Abs. 6 GmbHG verjährt der Anspruch der Gesellschaft auf Leistung der Einlagen in 10 Jahren von seiner Entstehung an; entgegen dem Wortlaut beginnt die Verjährung jedoch erst **mit Fälligkeit** (Baumbach/Hueck/*Hueck/Fastrich* § 19 Rn. 12; *Roth/Altmeppen* § 19 Rn. 111). Die Eröffnung des Insolvenzverfahrens über das Vermögen der Gesellschaft verlängert gegebenenfalls die Verjährungsfrist um bis zu 6 Monate (§ 19 Abs. 6 Satz 2 GmbHG). Die **Übergangsregelung** Art. 229 § 12 Abs. 2 Satz 2 EGBGB ist gesetzeskonform auszulegen, wobei Beginn und Ende der Verjährungsfrist umstritten sind (BGH NZG 2008, 311; *Stenzel* BB 2008, 1077 m. w. N.).

39 Die für »Altfälle« noch nicht verjährter Einlageforderungen der GmbH maßgebliche besondere Überleitungsvorschrift des Art. 229 § 12 Abs. 2 EGBGB ist verfassungskonform dahin auszulegen, dass in die ab 15.12.2004 laufende neue 10-jährige Verjährungsfrist des § 19 Abs. 6 GmbHG lediglich die seit Inkrafttreten des Schuldrechtsmodernisierungsgesetzes, mithin ab 01.01.2002 verstrichenen Zeiträume der zuvor geltenden 3-jährigen Regelfrist des § 195 BGB n. F. einzurechnen sind (BGH NZG 2008, 311).

L. Voreinzahlung auf künftige, noch nicht beschlossene Kapitalerhöhung

I. Einzahlung vor Kapitalerhöhungsbeschluss

40 Grundsätzlich kann die Zahlung auf die Einlageleistung nur nach der Fassung des Kapitalerhöhungsbeschlusses – in der Regel verbunden mit den Übernahmeerklärungen – erfolgen. Der Kapitalerhöhungsbeschluss ist nach der Rechtsprechung des BGH die maßgebliche **Zäsur** (BGH NJW 2007, 515; 2004, 2592; 2002, 1716).

41 Wenn die Zahlung auf die Einlageleistung bewirkt wird, bevor die Kapitalerhöhung beschlossen wird, handelt es sich um eine sog. **Zahlung auf künftige Einlageschuld**; diese hat grds. keine Schuld tilgende Wirkung (BGH NJW 2004, 2592).

42 Hiervon macht der BGH für den Fall eine Ausnahme, dass sich der vor dem Beschluss über die Kapitalerhöhung eingezahlte **Betrag als solcher** – also nicht nur wertmäßig – im **Zeitpunkt der Beschlussfassung** über die Kapitalerhöhung zweifelsfrei noch **im Gesellschaftsvermögen** befindet (BGH DStR 2008, 1392 Rn. 14 mit Vorgaben zu den entsprechenden Belehrungspflichten des Notars; BGH NJW 2004, 2592). Erfüllt ist diese Voraussetzung nach der höchstrichterlichen Rechtsprechung, wenn sich der geschuldete Betrag entweder in der Kasse der Gesellschaft befindet oder wenn der Gesellschafter auf ein Konto der Gesellschaft einzahlt und dieses anschließend und fortdauernd bis zur Fassung des Kapitalerhöhungsbeschlusses ein Guthaben in entsprechender Höhe ausweist. Dagegen reicht es nicht aus, dass der Überweisungsbetrag mit Schulden der Gesell-

schaft verrechnet wird; das gilt selbst dann, wenn das Kreditinstitut eine erneute Verfügung über das Kreditkonto in entsprechender Höhe gestattet (BGH DStR 2008, 1392 Rn. 14; BGH NJW 2004, 2592). Dem steht es nicht gleich, dass auf ein debitorisches Konto der Gesellschaft eingezahlt wird und die Bank nach Verrechnung der Gutschrift eine Verfügung über den Einlagebetrag zulässt (BGH NJW 2004, 2592; anschaulich auch OLG Oldenburg DStRE 2006, 883). An diesen Grundsätzen hat sich auch nach Inkrafttreten des MoMiG nichts geändert. Auch wenn das Gericht gem. § 8 Abs. 2 Satz 2 GmbHG den Einzahlungsbeleg nicht mehr als Regelnachweis, sondern nur bei erheblichen Zweifeln an der Richtigkeit der Versicherung verlangen kann.

Unter engen Voraussetzungen hat die Einzahlung ausnahmsweise auch dann Schuld tilgende Wirkung, wenn die **Voreinzahlung aus Sanierungsgründen geboten** ist (so jetzt BGH NJW 2007, 515; noch offen gelassen in BGH NJW 2004, 2592; NJW 2001, 67; dazu *Goette* FS-Priester, 95 ff.; kritisch und mit eigener Konzeption vgl. *Ulmer/*Habersack/Winter, § 56a Rn. 26 ff.). Dabei stellt der BGH folgende, in der Praxis wohl äußerst selten erfüllten Anforderungen an die Voreinzahlung zu Sanierungszwecken (BGH NJW 2007, 515; teilweise kritisch *Lutter/Hommelhoff* GmbHG § 56 Rn. 19 bis 26): 43

– Es liegt ein akuter Sanierungsfall vor, wobei von dem 3-Wochen-Zeitraum gem. § 64 Abs. 1 Satz 1 GmbHG auszugehen ist.
– Alternative Maßnahmen kommen nicht in Betracht (z. B. die Einzahlung in die Kapitalrücklage oder auf ein Sonderkonto).
– Die Gesellschaft ist objektiv sanierungsfähig.
– Die Voreinzahlung ist objektiv zur »durchgreifenden« Sanierung geeignet (d. h. die Voreinzahlung muss den Insolvenzgrund beseitigen und das Unternehmenskonzept muss auf Dauer tragfähig sein).
– Die Rettung der sanierungsbedürftigen Gesellschaft würde scheitern, falls die übliche Reihenfolge der Durchführung der Kapitalerhöhung beachtet werden müsste.
– Die Vorleistung ist, schon um einer nachträglichen Umwidmung von zu anderen Zwecken geleisteten Zahlungen vorzubeugen, eindeutig und für Dritte erkennbar mit dem Tilgungszweck der Kapitalerhöhung zu verbinden.
– Die Beschlussfassung wird »mit der gebotenen Beschleunigung nachgeholt«. Das setzt einen engen zeitlichen Zusammenhang zwischen Voreinzahlung und Kapitalerhöhungsbeschluss voraus. Wenn möglich, muss auch eine Universalversammlung unter Verzicht auf Ladungsfristen einberufen werden.

Auch die h. M. in der Literatur und die überwiegende OLG-Rechtsprechung gehen von einer Tilgungswirkung der Voreinzahlung, die aus Sanierungsgründen geboten ist, aus (vgl. Baumbach/Hueck/*Zöllner* § 56a Rn. 9 ff.; *Langenfeld* Rn. 586), wobei folgende weitere, formale Anforderungen genannt werden:
– Auch nach der Literatur muss die Zweckbestimmung der Zahlung als Vorleistung auf künftige Einlageschuld spätestens im Zahlungszeitpunkt in für Dritte nachprüfbarer Weise festgelegt sein; dabei ist jedoch streitig, ob Schriftform ausreicht oder notarielle Beurkundung/Beglaubigung (gem. § 55 Abs. 1 GmbHG) erforderlich ist.
– Es muss eine Offenlegung im Kapitalerhöhungsbeschluss und in der Versicherung in der Handelsregisteranmeldung erfolgen.

II. Einzahlung im Zeitraum zwischen Kapitalerhöhungsbeschluss und Eintragung

Der Gesellschafter erfüllt seine Einlagepflicht, wenn die Zahlung in dem Zeitraum zwischen dem Kapitalerhöhungsbeschluss und der Eintragung der Kapitalerhöhung in das Handelsregister erfolgt (BGH NJW-RR 2005, 338). Eine **wertgleiche Deckung** bis zu der Eintragung der Kapitalerhöhung in das Handelsregister ist **nicht erforderlich** (BGHZ 150, 197, 199 ff.; anders noch BGHZ 119, 177; *Henze* BB 2002, 955; anders für Zahlungen vor dem Kapitalerhöhungsbeschluss s. o. Rdn. 40 bis 43). Ausreichend ist auch eine Zahlung auf ein im Debet geführtes laufendes Konto der Gesellschaft, sofern die Geschäftsführung die Möglichkeit hat, über den eingezahlten Betrag frei zu ver- 44 fügen. Dabei ist nicht entscheidend, ob der Gesellschaft ein entsprechender Kreditrahmen förmlich eingeräumt worden ist. Es reicht vielmehr aus, dass die Geschäftsführung infolge der Einzahlung in die Lage versetzt wird, erneut Kredit i. H. d. eingezahlten Betrages in Anspruch zu nehmen, mag das auch auf einer nur stillschweigenden Gestattung der Bank beruhen (BGHZ 150, 197, 199 ff.).

45 Beim bislang aufgrund der unterschiedlichen Besteuerung ausgeschütteter und von der Gesellschaft einbehaltener Gewinne beliebten sog. »**Schütt-aus-Hol-zurück-Verfahren**« sind nach der höchstrichterlichen Rechtsprechung die Sachkapitalerhöhungsvorschriften – allerdings in modifizierter Form – anzuwenden. Wird gegenüber dem Registergericht offengelegt, dass eine Kapitalerhöhung im Schütt-aus-Hol-zurück-Verfahren durchgeführt werden soll, genügt es, die Voraussetzungen ihrer Eintragung an der für die Kapitalerhöhung aus Gesellschaftsmitteln geltenden Regelung auszurichten. Die Grundsätze der verdeckten Sacheinlage finden in diesem Fall keine Anwendung (BGH NJW 1997, 2516 = BGHZ 135, 381; Heckschen/Heidinger/*Heidinger* K Rn. 218). Nach Aufgabe des gespaltenen Körperschaftssteuersatzes und der Einführung des Halbeinkünfteverfahrens dürfte das Verfahren nur noch selten anzutreffen sein (vgl. *Ulmer*/Habersack/Winter, § 55 Rn. 8 Rn. 96 m. w. N. und Rn. 104). Näher zum Schütt-aus-Hol-zurück-Verfahren vgl. § 29 GmbHG Rdn. 128 bis 131.

M. Unzulässigkeit der Übernahme mehrerer Stammeinlagen, Anwendbarkeit von Gründungsvorschriften, Abs. 4

46 Auch nach Inkrafttreten des **MoMiG** gilt das Verbot der Übernahme mehrerer Geschäftsanteile (*N. Meister* NZG 2008, 767, 769; str., vgl. § 5 Rdn. 5). Nach bisherigem Recht führte das Prinzip der Einheitlichkeit der Beteiligung (gem. § 5 Abs. 2 GmbHG a. F.) dazu, dass jeder Gesellschafter bei der Gründung nur eine Stammeinlage übernehmen konnte; aufgrund der Verweisung in § 55 Abs. 4 GmbHG a. F. galt dieser Grundsatz der Einheitlichkeit entsprechend bei der Kapitalerhöhung. Da § 5 Abs. 2 Satz 2 GmbHG durch das MoMiG nicht ersatzlos entfallen ist, sondern den Grundsatz der Einheitlichkeit der Beteiligung nur bei der Gründung der Gesellschaft aufgibt, ist daraus zu folgern, dass der Grundsatz im Anschluss an die Gründung, also insbesondere bei nachfolgenden Kapitalerhöhungen, weiterhin Geltung beansprucht.

Der neue Abs. 4 beschränkt die Anwendung der Gründungsvorschriften bei Kapitalerhöhungen auf die Bestimmungen über die Nennbeträge der Geschäftsanteile. Da es sich bei § 5 Abs. 2 Satz 2 GmbHG nicht um eine Bestimmung über die Nennbeträge, sondern über die Anzahl der übernehmbaren Geschäftsanteile handelt, gilt diese Vorschrift nicht für Kapitalerhöhungen (ausführlich *N. Meister* NZG 2008, 767, 769; str., vgl. § 5 Rdn. 5).

Ungeachtet der Nennung der §§ 5 Abs. 2 und 3 sowie 19 Abs. 6 in Abs. 4 finden selbstverständlich auch die übrigen Vorschriften des Kapitalaufbringungsrechtes Anwendung (vgl. Gehrlein/Ekkenga/Simon/*Bohrmann*, § 55 Rn. 61). Dies gilt insbesondere für die in § 19 Abs. 2 Satz 1 enthaltene Regelung, wonach von der Verpflichtung zur Leistung der Einlage die Gesellschafter nicht befreit werden können. Dies gilt aber auch für die Vorschriften über die verdeckte Sacheinlage gem. § 19 Abs. 4 GmbHG und die Vorschriften zum Hin- und Herzahlen gem. § 19 Abs. 5 GmbHG.

N. Umstellung auf Euro

47 Hinsichtlich der Euro-Umstellung wird auf § 1 EGGmbHG verwiesen.

O. Kapitalerhöhung im Insolvenz- bzw. Liquidationsverfahren und bei der Vor-GmbH

48 Auch im **Insolvenzverfahren** ist die Durchführung einer Kapitalerhöhung heute unstreitig zulässig, aber wohl in der Regel nur sinnvoll, wenn die Ansprüche der Altgläubiger durch einen Sanierungsplan reduziert werden können (ausführl. *Ulmer*/Habersack/Winter § 55 Rn. 34; *Friedrich* ZGR 2004, 842, 843 m. w. N.; *Lutter/Hommelhoff* GmbHG, § 55 Rn. 45; *Roth/Altmeppen* § 55 Rn. 10; Baumbach/Hueck/*Zöllner* § 55 Rn. 5). Das gilt entsprechend im Liquidationsverfahren (*Ulmer*/Habersack/Winter § 55 Rn. 32).

Nach der Rechtsprechung des BGH berührt die Eröffnung des Insolvenzverfahrens die **Wirksamkeit** des Kapitalerhöhungsbeschlusses nicht (BGH NJW 1995, 460; KG NZG 2000, 104; *Friedrich* ZGR 2004, 842, 851; a. A. Baumbach/Hueck/*Zöllner* § 55 Rn. 5; *Lutter/Hommelhoff* GmbHG, § 55 Rn. 46; *Roth/Altmeppen* § 55 Rn. 10). Allerdings begründet die Eröffnung des Insolvenzverfahrens in der Regel einen wichtigen Grund für den Übernehmer, sich von seinen Leistungspflichten zu lösen (*Ulmer*/Habersack/Winter § 55 Rn. 33). Wird ein Auflösungsbeschluss gefasst (und damit das Liquidationsverfahren eingeleitet), ist zu prüfen, ob damit ein vor dem Liquidationsverfahren gefasster Kapitalerhöhungsbeschluss seine Grundlage verliert (*Ulmer*/Habersack/Winter § 55 Rn. 32 m. w. N.). 49

Gem. § 11 Abs. 1 GmbHG besteht die Gesellschaft mit beschränkter Haftung als solche vor Eintragung in das Handelsregister des Sitzes der Gesellschaft nicht. Anerkannt ist, dass auf die sog. Vor-GmbH die für die GmbH geltenden Vorschriften Anwendung finden, soweit nicht Sinn und Zweck der anzuwendenden Regelung entgegensteht (vgl. Gehrlein/Ekkenga/Simon/*Bohrmann*, § 55 Rn. 62). Jedoch bedarf die Kapitalerhöhung in der Gründungsphase wie im Übrigen jede Änderung des Gesellschaftsvertrages auch nach überwiegender Meinung neben der notariellen Beurkundung der Zustimmung aller Gesellschafter. Von diesem Einstimmigkeitserfordernis kann nur dann abgewichen werden, wenn die Gesellschafter auch bereits für die Vor-GmbH ein qualifiziertes Mehrheitserfordernis vereinbart hätten. Möglich ist deshalb, einen einstimmigen Beschluss vor Eintragung der GmbH in das Handelsregister zu fassen, der jedoch erst in der Zeit nach Eintragung der GmbH im Handelsregister wirksam werden soll (vgl. Lutter/Hommelhoff/*Lutter*, § 55 Rn. 30). 50

Zur **Treuepflicht** Minderheitsgesellschafter mit Sperrminorität im Sanierungsfall *von Schorlemer/ Stupp* NZI 2003, 345. 51

§ 55a Genehmigtes Kapital

(1) Der Gesellschaftsvertrag kann die Geschäftsführer für höchstens fünf Jahre nach Eintragung der Gesellschaft ermächtigen, das Stammkapital bis zu einem bestimmten Nennbetrag (genehmigtes Kapital) durch Ausgabe neuer Geschäftsanteile gegen Einlagen zu erhöhen. Der Nennbetrag des genehmigten Kapitals darf die Hälfte des Stammkapitals, das zur Zeit der Ermächtigung vorhanden ist, nicht übersteigen.

(2) Die Ermächtigung kann auch durch Abänderung des Gesellschaftsvertrags für höchstens fünf Jahre nach deren Eintragung erteilt werden.

(3) Gegen Sacheinlagen (§ 56) dürfen Geschäftsanteile nur ausgegeben werden, wenn die Ermächtigung es vorsieht.

Übersicht

	Rdn.
A. Überblick	1
B. Verfahrensablauf	6
C. Ermächtigung der Geschäftsführung	7
I. Ermächtigung in der Gründungssatzung oder durch satzungsändernden Beschluss	7
II. Zuständigkeit für die Ausnutzung der Ermächtigung	8
III. Eintragung der Ermächtigung in das Handelsregister	9
D. Inhalt und Schranken der Ermächtigung	12
I. Zwingender Inhalt	12
II. Fakultativer Inhalt	14
1. Sacheinlagen	14
2. Bezugsrechtsausschluss: Direktausschluss und Ausschlussermächtigung	15
3. Bedingungen der Geschäftsanteilsausgabe	19
E. Durchführung der Kapitalerhöhung durch die Geschäftsführung	22
F. Bezugsrecht; Bezugsrechtsausschluss	26
1. Formelle und materielle Anforderungen beim Direktausschluss des Bezugsrechts	27
2. Formelle und materielle Anforderungen beim Bezugsrechtsausschluss durch die Geschäftsführung aufgrund Ausschlussermächtigung	29
G. Ausgabe von Geschäftsanteilen gegen Sacheinlagen, Abs. 3	33

§ 55a GmbHG Genehmigtes Kapital

A. Überblick

1 Die Regelung zum genehmigten Kapital wurde durch das **MoMiG** eingefügt (vgl. *Wälzholz* GmbHR 2008, 841, 846 m. w. N.). Der neue § 55a soll für die GmbH die für Aktiengesellschaften bereits vorgesehene Möglichkeit einer Kapitalerhöhung in Form eines genehmigten Kapitals schaffen. § 55a ist den aktienrechtlichen Regelungen zum genehmigten Kapital nachgebildet (vgl. Gehrlein/Ekkenga/Simon/*Bormann*, § 55a Rn. 2).

2 Der Gesellschaftsvertrag kann die Geschäftsführung ermächtigen, das Stammkapital der Gesellschaft bis zu einem bestimmten Nennbetrag zu erhöhen. Die **Ermächtigung** endet nach Ablauf von 5 Jahren (Abs. 1 Satz 1). Der Nennbetrag des genehmigten Kapitals darf die Hälfte des Stammkapitals, das z. Zt. der Ermächtigung vorhanden ist, nicht übersteigen (Abs. 1 Satz 2).

3 Nach der aktienrechtlichen Literatur bezweckt das genehmigte Kapital, der Gesellschaft **schnell und flexibel** neues Kapital zu beschaffen (MüKo AktG/*Bayer* § 202 Rn. 2; *Veil* in K. Schmidt/Lutter [Hrsg.], AktG, 2008, § 202 Rn. 1.) Nach der höchstrichterlichen Rechtsprechung zum Aktienrecht (BGHZ 136, 133 – Siemens/Nold) soll das Institut des genehmigten Kapitals der Aktiengesellschaft die erforderliche Bewegungsfreiheit u. a. bei der Verbindung mit anderen Unternehmen geben, um die sich auf dem Kapitalmarkt bietenden Gelegenheiten rasch und flexibel ausnutzen zu können. Die Notwendigkeit, schnell und flexibel zu handeln, bestehe in erhöhtem Maße im heutigen Wirtschaftsleben. Insbesondere Unternehmenserweiterungen, die durch einen Unternehmens- oder Beteiligungserwerb erfolgen und nur gegen Ausgabe von Aktien vorgenommen werden können, weil die Übertragung von dem Aktienerwerb abhängig gemacht wird, erfordern in der Regel rasche Entscheidungen.

4 Dieser **Normzweck** gilt nur teilweise entsprechend für das GmbH-Recht. Nach der Gesetzesbegründung zu § 55a GmbHG (Begr. BT-Drucks. 16/9737 S. 99) kann auch eine GmbH durch Einführung eines genehmigten Kapitals Kosten sparen, da die Durchführung der genehmigten Kapitalerhöhung keine weitere notariell beurkundete Satzungsänderung erfordert. Anders als bei der Aktiengesellschaft liege der Vorteil des genehmigten Kapitals allerdings in geringerem Umfang in der Kostenersparnis und einer Beschleunigung des Kapitalerhöhungsverfahrens, da die Einberufung einer Gesellschafterversammlung aufgrund der typischerweise personalistischen Struktur der GmbH mit weitaus geringerem Zeit- und Kostenaufwand als bei der Aktiengesellschaft erfolgen kann, weshalb für ein genehmigtes Kapital keine praktische Bedeutung gesehen wurde und im Übrigen auch nach wie vor teilweise nicht gesehen wird (vgl. Gehrlein/Ekkenga/Simon/*Bormann*, § 55a Rn. 4). Daher ist bislang in der Literatur auch kein Regelungsbedarf für ein genehmigtes Kapital gesehen worden (*Ulmer*/Habersack/Winter § 55 Rn. 11; *Cramer* GmbHR 2009, 406, 407 f.).

5 Es fällt auf, dass die Regelung des genehmigten Kapitals im Aktienrecht fünf Paragrafen (§§ 202 bis 206 AktG) umfasst, während die GmbH-rechtliche Regelung mit nur einem Paragrafen sehr viel schlanker gehalten ist. Insofern stellt sich die Frage, ob bzw. inwieweit die umfangreicheren aktienrechtlichen Bestimmungen teilweise **analoge Anwendung** auf das GmbH-Recht finden (*Cramer* GmbHR 2009, 406, 407; *Priester* GmbHR 2008, 1177, 1178). Ferner stellt sich die Frage, ob bzw. inwieweit die ausdifferenzierte aktienrechtliche Rechtsprechung zum genehmigten Kapital auch für das GmbH-Recht herangezogen werden kann. Es ist damit zu rechnen, dass die Beantwortung einer Vielzahl von Fragen vorläufig, bis zu einer ersten Klärung durch die Rechtsprechung, mit einer erheblichen Rechtsunsicherheit verbunden bleiben werden. Hier hätte eine ausführlichere Gesetzesbegründung sicherlich ein höheres Maß an Rechtssicherheit geboten.

B. Verfahrensablauf

6 Folgende **Verfahrensschritte** sind zur Durchführung einer genehmigten Kapitalerhöhung erforderlich (vgl. auch *Böhringer* BWNotZ 2008, 104, 108):
– Ermächtigung der Geschäftsführung zur Kapitalerhöhung in der Gründungssatzung oder durch satzungsändernden Gesellschafterbeschluss; die Ermächtigung kann einen Bezugsrechts-

ausschluss enthalten oder die Geschäftsführung zum Ausschluss des gesetzlichen Bezugsrechts ermächtigen;
- Anmeldung und Eintragung der Satzungsermächtigung im Handelsregister und Bekanntmachung der Eintragung durch das Gericht gem. 10 HGB;
- Ausnutzung der Ermächtigung durch Beschluss der Geschäftsführung über die Ausgabe neuer Geschäftsanteile; ggf. Bezugsrechtsausschluss durch die Geschäftsführung bzw. Zulassung bestimmter Personen zur Übernahme des erhöhten Kapitals; Festsetzung der Ausgabebedingungen, sofern nicht bereits durch den Gesellschafterbeschluss erfolgt;
- Abschluss eines Übernahmevertrags zwischen der GmbH und dem Übernehmer;
- Leistung der (Mindest-)Einlagen;
- Anmeldung und Eintragung der Durchführung der genehmigten Kapitalerhöhung im Handelsregister; damit wird die Kapitalerhöhung wirksam und es entstehen zugleich die Mitgliedschaftsrechte der Übernehmer der neuen Geschäftsanteile; Bekanntmachung der Eintragung durch das Gericht gem. 10 HGB;
- Information der Gesellschafter in der nächsten Gesellschafterversammlung.

C. Ermächtigung der Geschäftsführung

I. Ermächtigung in der Gründungssatzung oder durch satzungsändernden Beschluss

Die Geschäftsführung kann durch die Gründungssatzung oder durch satzungsändernden Beschluss der Gesellschafterversammlung ermächtigt werden, das Stammkapital zu erhöhen (Abs. 1 Satz 1 oder Abs. 2). Sofern die Ermächtigung durch satzungsändernden Beschluss erteilt wird, bedarf dieser Beschluss einer **Mehrheit**, die mindestens einer Mehrheit von drei Viertel der abgegebenen Stimmen erfordert (§ 53 Abs. 2 Satz 1 GmbHG) (*Böhringer* BWNotZ 2008, 104, 108). Der Gesellschaftsvertrag kann davon abweichende, verschärfte Mehrheitserfordernisse vorsehen (§ 53 Abs. 2 Satz 2 GmbHG).

7

II. Zuständigkeit für die Ausnutzung der Ermächtigung

Die Geschäftsführung entscheidet nach pflichtgemäßem Ermessen über die Ausnutzung der Ermächtigung (so zum Aktienrecht MüKo AktG/*Bayer*, 3. Aufl. 2011, § 202 Rn. 87). Während die Hauptversammlung nach Aktienrecht keinen Einfluss mehr auf den bereits ermächtigten Vorstand hat und diesem keine weiteren Weisungen über die Modalitäten der Kapitalerhöhung mehr erteilen kann (*Veil* in K. Schmidt/Lutter [Hrsg.], AktG, 2. Aufl. 2010, § 202 Rn. 13; MüKo AktG/*Bayer* § 202 Rn. 86), gilt dies nicht für die Gesellschafterversammlung der GmbH, die grundsätzlich jede Angelegenheit an sich ziehen kann, sofern der Gesellschaftsvertrag nichts anderes bestimmt (sog. **Allzuständigkeit**) (allgemein zur Allzuständigkeit Baumbach/Hueck/*Zöllner*, GmbHG, § 46 Rn. 89; ebenso *Cramer* GmbHR 2009, 406, 408; *Priester* GmbHR 2008, 1177, 1179; *Lutter/Hommelhoff* GmbHG, § 55a Rn. 9; a.A. *Wicke* GmbHG, § 55a Rn. 7, 13).

8

III. Eintragung der Ermächtigung in das Handelsregister

Da das genehmigte Kapital nur in der Gründungssatzung oder durch Satzungsänderung geschaffen werden kann, gilt grundsätzlich – wie für jede andere Satzungsänderung auch – dass die Satzungsänderung nach Ausnutzung der Ermächtigung zur Kapitalerhöhung zur Eintragung in das Handelsregister anzumelden und einzutragen ist (*Böhringer* BWNotZ 2008, 104, 108). Die Satzungsänderung (d.h. die Kapitalerhöhung) hat gem. § 54 Abs. 3 GmbHG keine rechtliche Wirkung, bevor sie in das Handelsregister eingetragen ist.

9

Fraglich ist dagegen, ob die die Ermächtigung zur Kapitalerhöhung erteilende Satzungsänderung selbst **Gegenstand der Eintragung** in das Handelsregister ist. Dafür spricht der Wortlaut von § 55 Abs. 2 GmbHG, der von der Eintragung der Ermächtigung spricht (*Roth/Altmeppen* § 55a Rn. 22; *Priester* GmbHR 2008, 1177, 1178).

10

11 Zudem sieht § 10 Abs. 2 Satz 1 GmbHG n. F. mit Inkrafttreten des Gesetzes zur Umsetzung der Aktionärsrichtlinie (ARUG) am 01.09.2009 vor, dass auch Satzungsbestimmungen über das genehmigte Kapital im Handelsregister einzutragen sind. Auf eine Analogie zu § 39 Abs. 2 AktG (*Priester* GmbHR 2008, 1177, 1178; a. A. *Roth/Altmeppen* § 55a Rn. 22) muss und kann dann nicht mehr zurückgegriffen werden, um zu begründen, dass auch die Satzungsbestimmungen über die Ermächtigung zu Kapitalerhöhung einzutragen sind.

D. Inhalt und Schranken der Ermächtigung

I. Zwingender Inhalt

12 Die Ermächtigung kann nur für einen Zeitraum von **höchstens 5 Jahren** nach Eintragung der Gründungssatzung (Abs. 1 Satz 1) bzw. der Satzungsänderung (Abs. 2), welche die Ermächtigung enthält, erteilt werden. Die Dauer der Ermächtigung ist zwingend in der Gründungssatzung bzw. in dem Ermächtigungsbeschluss in einer Weise anzugeben, dass sich das Fristende bei Eintragung aus dem Handelsregister eindeutig ermitteln lässt (So zum Aktienrecht MüKo AktG/*Bayer*, 3. Aufl. 2011, § 202 Rn. 58; *Veil* in K. Schmidt/Lutter [Hrsg.], AktG, 2. Aufl. 2010, § 202 Rn. 17). Somit kann ein konkretes Enddatum (z. B. 31.12.2009) oder die Berechnungsgrundlage (z. B. 5 Jahre ab Eintragung im Handelsregister) angegeben werden. Fristüberschreitung, fehlende oder ungenaue Fristangaben führen zur Nichtigkeit der Satzung bzw. des satzungsändernden Beschlusses (so zum Aktienrecht *Hüffer*, AktG, 10. Aufl. 2012, § 202 Rn. 11; MüKo AktG/*Bayer*, 2. Aufl. 2005, § 202 Rn. 59; *Veil* in K. Schmidt/Lutter [Hrsg.], AktG, 2. Aufl. 2010, § 202 Rn. 17).

13 Ferner muss der **Nennbetrag** bestimmt sein, bis zu dem die Geschäftsführung ermächtigt wird, das Stammkapital zu erhöhen (Abs. 1 Satz 1). Der Nennbetrag des genehmigten Kapitals darf die Hälfte des Stammkapitals, das z. Zt. der Ermächtigung vorhanden ist, nicht übersteigen (Abs. 1 Satz 2). Bei der Berechnung sollen alle bereits durchgeführten Kapitalerhöhungen, die noch am gleichen Tag wie die Ermächtigung in das Handelsregister eingetragen werden, berücksichtigt werden (MüKo AktG/*Bayer*, 3. Aufl. 2011, § 202 Rn. 66 m. w. N.; *Hüffer*, AktG, 10. Aufl. 2012, § 202 Rn. 14). Ein Muster einer entsprechenden Satzungsbestimmung findet sich z. B. bei *Herrler* DNotZ 2008, 903, 909; *Heckschen*, Das MoMiG in der notariellen Praxis, 1. Aufl. 2009, Rn. 660 ff.

II. Fakultativer Inhalt

1. Sacheinlagen

14 Gegen Sacheinlagen dürfen Geschäftsanteile nur ausgegeben werden, wenn die Ermächtigung es vorsieht (Abs. 3).

2. Bezugsrechtsausschluss: Direktausschluss und Ausschlussermächtigung

15 Anders als in § 203 Abs. 1 Satz 1 i. V. m. § 186 Abs. 3 Satz 1 AktG bzw. in § 203 Abs. 2 Satz 1 AktG regelt § 55a GmbHG nicht, ob die statutarische Ermächtigung unmittelbar einen Bezugsrechtsausschluss enthalten kann (sog. **Direktausschluss**) oder eine Ermächtigung zum Ausschluss des Bezugsrechts durch die Geschäftsführung (sog. **Ausschlussermächtigung**) (*Wälzholz* GmbHR 2008, 841, 846). Das verwundert vielleicht weniger, wenn man bedenkt, dass das GmbH-Recht keine § 186 AktG entsprechende Regelung kennt, sodass bereits streitig ist, ob mit der h. M. im GmbH-Recht überhaupt von einem gesetzlichen Bezugsrecht (analog § 186 AktG) auszugehen ist (s. § 55 Rdn. 18).

16 Geht man jedoch mit der h. M. von einem **gesetzlichen Bezugsrecht** der Altgesellschafter aus, stellt sich die Frage, ob davon auszugehen ist, dass das Bezugsrecht analog § 186 Abs. 3 Satz 1 AktG auch im Rahmen einer genehmigten Kapitalerhöhung nach GmbH-Recht ganz oder teilweise ausgeschlossen werden kann. Im Fall der ordentlichen Kapitalerhöhung geht die h. M. davon aus, dass die Gesellschafterversammlung analog den formellen und materiellen Voraussetzungen des § 186

Abs. 3 AktG das Bezugsrecht ausschließen kann (*Heckschen* DStR 2001, 1437, 1439). Davon ist auch beim genehmigten Kapital gem. § 55a GmbHG auszugehen.

Schwieriger zu beantworten ist die Frage, ob § 203 Abs. 1 Satz 1 i. V. m. § 186 Abs. 3 Satz 1 AktG (Direktausschluss) und/oder § 203 Abs. 2 Satz 1 AktG (Ausschlussermächtigung) im GmbH-Recht analog anwendbar sind. Dabei verwundert, dass der Gesetzgeber des MoMiG keine den vorstehenden aktienrechtlichen Regelungen zum Direktausschluss bzw. zur Ausschlussermächtigung entsprechenden Bestimmungen im GmbHG vorgesehen hat, wenn er in der Sache beide Möglichkeiten des Bezugsrechtsausschlusses ermöglichen wollte. Es fällt an dieser Stelle schwer zu entscheiden, ob der Gesetzgeber vorsätzlich oder fahrlässig auf eine entsprechende Regelung zum Bezugsrechtsausschluss verzichtet hat. Die ohnehin in Bezug auf das genehmigte Kapital dürre **Gesetzesbegründung** schweigt sich hierzu aus. 17

Wenn man allerdings das Institut der genehmigten Kapitalerhöhung für die GmbH-rechtliche Praxis als flexibles Institut der Unternehmensfinanzierung und Transaktionsgestaltung erhalten möchte, wird man davon ausgehen müssen, dass ein Bezugsrechtsausschluss sowohl im Wege des Direktausschlusses als auch auf Grundlage einer Ausschlussermächtigung an die Geschäftsführung zulässig ist (im Ergebnis ebenso *Lutter/Hommelhoff* GmbHG, § 55a Rn. 23; *Roth/Altmeppen* § 55a Rn. 20; *Priester* GmbHR 2008, 1177, 1182; *Cramer* GmbHR 2009, 406, 409). Andernfalls würde dem Institut der genehmigten Kapitalerhöhung die ihm innewohnende Flexibilität und Schnelligkeit genommen, die erforderlich ist, um etwa – z. B. auch unter Einsatz eines Bezugsrechtsausschlusses – die für einen Unternehmenserwerb erforderliche Akquisitionswährung (Geschäftsanteile) im Wege der Kapitalerhöhung zu schaffen. Schon bislang war es möglich, im Rahmen einer ordentlichen Kapitalerhöhung das Stammkapital um einen Höchstbetrag zu erhöhen, wobei nach h. M. eine Zeichnungsfrist von nicht mehr als 6 Monaten vorzusehen war, damit die ordentliche Kapitalerhöhung von einem genehmigten bzw. einem Vorratskapital abzugrenzen war (*Ulmer/Habersack/Winter* § 55 Rn. 17). Wenn dem genehmigten Kapital darüber hinaus eine praktische Bedeutung zukommen soll, muss man von der Möglichkeit der Ausschlussermächtigung ausgehen. 18

Ohne ausdrückliche **Festlegung im Ermächtigungsbeschluss** ist die Geschäftsführung jedoch nicht zum Ausschluss des Bezugsrechts ermächtigt (*Lutter/Hommelhoff* GmbHG, § 55a Rn. 23; MüKo AktG/*Bayer*, 3. Aufl. 2011, § 202 Rn. 73 zum Aktienrecht).

3. Bedingungen der Geschäftsanteilsausgabe

Die Gesellschafterversammlung kann die Ermächtigung zur Kapitalerhöhung auf mannigfaltige Weise beschränken. So kann die Kapitalerhöhung bspw. nur zu einem bestimmten **Zweck** genehmigt werden (z. B. Übernahme eines bestimmten Unternehmens). 19

Ferner kann der **Ausgabebetrag** der neuen Geschäftsanteile bestimmt werden, sofern der Mindestnennbetrag eingehalten wird (*Hüffer*, AktG, 10. Aufl. 2012, § 202 Rn. 16; MüKo AktG/*Bayer*, 3. Aufl. 2011, § 202 Rn. 76). 20

Die ordentlichen Kapitalerhöhung kann entweder durch Ausgabe neuer Geschäftsanteile erfolgen (so der gesetzlich normierte Fall gem. § 55 Abs. 3 GmbHG) oder durch **Aufstockung** des Nennbetrags bereits bestehender Geschäftsanteile (*Ulmer*/Habersack/Winter, GmbHG § 55 Rn. 27). Das setzt wegen § 22 GmbHG voraus, dass sich der aufzustockende Geschäftsanteil entweder noch in der Hand des Gründers befindet oder voll eingezahlt ist (BGHZ 63, 116, 117). Zudem muss die Aufstockung bei der ordentlichen Kapitalerhöhung im Kapitalerhöhungsbeschluss festgesetzt sein, da es andernfalls bei der gesetzlichen Regel des § 55 Abs. 3 GmbHG verbliebe, wonach die Kapitalerhöhung durch Übernahme neuer Geschäftsanteile erfolgt (BGH NJW 1989, 168, 169; *Ulmer/Habersack/Winter* § 55 Rn. 28). Auch die genehmigte Kapitalerhöhung kann unter denselben Voraussetzungen durch Aufstockung bestehender Geschäftsanteile erfolgen; die Festsetzung kann entweder bereits im Ermächtigungsbeschluss oder durch Beschluss der Geschäftsführung erfolgen (ebenso *Lutter/Hommelhoff* GmbHG, § 55a Rn. 13). 21

§ 55a GmbHG Genehmigtes Kapital

E. Durchführung der Kapitalerhöhung durch die Geschäftsführung

22 Die Geschäftsführung entscheidet nach pflichtgemäßem Ermessen über die Ausgabe neuer Geschäftsanteile auf Grundlage der statutarischen Ermächtigung zur Kapitalerhöhung. Die Entscheidung setzt jedoch die Eintragung der Ermächtigung im Handelsregister voraus (*Böhringer* BWNotZ 2008, 104, 108; Münch-KommAktG/*Bayer*, 3. Aufl. 2011, § 202 Rn. 10). Die Entscheidung ist Geschäftsführungsmaßnahme; entsprechend ist bei mehreren Geschäftsführern ein **Geschäftsführungsbeschluss** über die Kapitalerhöhung zu fassen (ein Muster findet sich bei *Lutter/Hommelhoff* GmbHG, § 55a Rn. 19). Die Geschäftsführung entscheidet also, ob und wann und in welcher Höhe das Stammkapital erhöht wird (*Hüffer*, AktG, 10. Aufl. 2012, § 202 Rn. 20). Ferner entscheidet die Geschäftsführung im Rahmen von Gesetz und Satzung und Weisungen der Gesellschafterversammlung über die Bedingungen der Ausgabe der neuen Geschäftsanteile.

23 Geht man – entgegen der h. M. – von der Erforderlichkeit eines Zulassungsbeschlusses aus (so *Ulmer*/Habersack/Winter § 55 Rn. 38 ff. und 44 ff.), müssen die Übernehmer auch dann ausdrücklich zur Teilnahme an der Kapitalgesellschaft zugelassen werden, wenn das Bezugsrecht der Altgesellschafter nicht ausgeschlossen wird. Nach h. M. ist jedoch analog § 186 Abs. 1 AktG von einem gesetzliche Bezugsrecht der Altgesellschafter auszugehen, sodass die Zulassung zur Übernahme nur dann ausdrücklich beschlossen werden muss, wenn die Altgesellschafter von ihrem gesetzlichen Bezugsrecht ausgeschlossen und Dritte zur Übernahme von Geschäftsanteilen zugelassen werden. Bis zu einer Klärung durch die Rechtsprechung, sollte in jedem Fall ein ausdrücklicher **Zulassungsbeschluss** gem. § 55 Abs. 2 Satz 1 GmbHG erfolgen.

24 Ferner sind eine notariell beglaubigte (oder beurkundete) **Übernahmeerklärung** der Übernehmer (§ 55 Abs. 1 GmbHG) sowie das jeweilige Zustandekommen des **Übernahmevertrags** erforderlich.

25 Die Geschäftsführung hat die Durchführung der Erhöhung des Stammkapitals zur **Eintragung in das Handelsregister** anzumelden (§ 57 Abs. 1 GmbHG) und die Versicherung nach §§ 7 und 8 GmbHG abzugeben (*Böhringer* BWNotZ 2008, 104, 108). Das Gericht kann bei erheblichen Zweifeln an der Richtigkeit der Versicherung Nachweise (z. B. Einzahlungsbelege) verlangen (§ 8 Abs. 2 Satz 2 GmbHG). Mit der Eintragung der Durchführung der Erhöhung des Stammkapitals ist das Stammkapital erhöht (§ 54 Abs. 3 GmbHG). Damit werden die Satzungsbestimmungen über die Ermächtigung zur Kapitalerhöhung unrichtig und sind anzupassen (*Lutter/Hommelhoff* GmbHG, § 55a Rn. 33).

Diesbezüglich ist umstritten, ob analog § 179 Abs. 1 Satz 2 AktG ein ausdrücklicher Gesellschafterbeschluss erforderlich ist (so *Lutter/Hommelhoff* GmbHG, § 55a Rn. 34) oder den Geschäftsführern eine »Annexkompetenz« zur Satzungsänderung zukommt (*Roth/Altmeppen* § 55a Rn. 31 m. w. N.). Die Gesetzesmaterialien zum Gesetz zur Umsetzung der Aktionärsrichtlinie (ARUG), insbesondere die Gegenäußerung der Bundesregierung zur Stellungnahme des Bundesrates (BT-Drucks. 16/11642, S. 57, 60) sprechen für eine »Anmerkungskompetenz«:

Aus der Anmeldung der Durchführung der Kapitalerhöhung gem. § 57 GmbHG, an welcher der Notar zwingend mitwirkt, ergibt sich, dass der Notar die aktualisierte Gesellschafterliste zum Handelsregister einreichen muss (§ 40 Abs. 2 GmbHG). Die Notarbescheinigung gem. § 54 Abs. 1 Satz 2 GmbHG ist erforderlich, weil nach Vollzug der Kapitalerhöhung die Stammkapitalziffer in der Satzung angepasst werden muss.

Dieser satzungsändernde Beschluss selbst bedarf jedoch als reine Fassungsänderung wie bei Satzungsänderungen durch den Aufsichtsrat nach § 179 Abs. 1 Satz 2 AktG nicht der notariellen Beurkundung. Denn in der Ermächtigung des Geschäftsführers zur Durchführung der genehmigten Kapitalerhöhung liegt zugleich eine Ermächtigung zur redaktionellen Anpassung der Stammkapitalziffer in der Satzung. Anderenfalls müsste die Gesellschafterversammlung wieder einen notariell zu beurkundenden Beschluss über die Anpassung des Satzungswortlauts fassen. Damit wäre der Sinn des genehmigten Kapitals, nämlich die rasche und unkomplizierte Kapitalerhöhung, wieder beseitigt. Selbstverständlich ist es auch möglich, die Ermächtigung ausdrücklich in die Satzung aufzunehmen.

Eine ausdrückliche Regelung wie in § 179 Abs. 1 Satz 2 AktG ist aufgrund der weitreichenden Satzungsautonomie in der GmbH nicht erforderlich. Da es sich bei der Fassungsänderung aber um eine Satzungsänderung handelt, nur eben eine nicht beurkundungspflichtige, muss der Notar der elektronisch beglaubigten Abschrift des aktuellen Satzungswortlauts die Notarbestätigung beifügen (§ 54 Abs. 1 Satz 2 GmbHG).

F. Bezugsrecht; Bezugsrechtsausschluss

Wie bereits vorstehend unter (Rdn. 15 bis 18) dargelegt, ist sowohl von einem Bezugsrecht der Altgesellschafter auf neue Geschäftsanteile aus einer genehmigten Kapitalerhöhung als auch von der Möglichkeit eines Bezugsrechtsausschlusses im Wege des Direktausschlusses oder auf Grundlage einer Ausschlussermächtigung auszugehen. 26

1. Formelle und materielle Anforderungen beim Direktausschluss des Bezugsrechts

Hinsichtlich der formellen Voraussetzungen gilt grundsätzlich dasselbe wie bei der ordentlichen Kapitalerhöhung (§ 55 Rdn. 20 bis 21 und *Cramer* GmbHR 2009, 406, 410). Die Berichtspflichten sind allerdings insoweit beschränkt, dass es ausreicht, dass die Maßnahme, zu deren Durchführung der Vorstand ermächtigt werden soll, im Interesse der Aktiengesellschaft liegt, allgemein umschrieben wird und der Hauptversammlung in dieser Form bekannt gegeben wird (BGHZ 136, 133, 139 – Siemens/Nold zum aktienrechtlichen genehmigten Kapital). 27

Abweichungen zu den Grundsätzen bei der ordentlichen Kapitalerhöhung (s. hierzu § 55 Rdn. 22) ergeben sich hinsichtlich der materiellen Anforderungen an den Direktausschluss des Bezugsrechts im Rahmen der genehmigten Kapitalerhöhung. Denn die Ermächtigung zur Kapitalerhöhung ist auf einen künftigen Zeitpunkt gerichtet, sodass sich die für die sachliche Rechtfertigung eines Bezugsrechtsausschlusses relevanten Tatumstände im Zeitpunkt der Fassung des Gesellschafterbeschlusses nicht notwendigerweise bereits deutlich abzeichnen. Daher sind die Grundsätze zur sachlichen Rechtfertigung eines Bezugsrechtsausschlusses und zur entsprechenden Berichterstattung im Fall einer genehmigten Kapitalerhöhung entsprechend zu modifizieren (MüKo AktG/*Bayer*, 3. Aufl. 2011, § 203 Rn. 95 zum Aktienrecht). Entsprechend hat die höchstrichterliche Rechtsprechung zum Aktienrecht anerkannt, dass weder der Direktausschluss noch die Ausschlussermächtigung im Zeitpunkt der Beschlussfassung durch die Hauptversammlung den strengen Anforderungen an die sachliche Rechtfertigung gemäß der Kali + Salz-Rechtsprechung genügen müssen (dazu § 55 Rdn. 22); vielmehr ist es ausreichend, dass die Maßnahme, zu deren Durchführung der Vorstand ermächtigt werden soll, im Interesse der Aktiengesellschaft liegt, allgemein umschrieben wird und der Hauptversammlung in dieser Form bekannt gegeben wird (BGHZ 136, 133, 139 – Siemens/Nold). Diese Erwägungen finden auf das genehmigte Kapital gem. § 55a GmbHG ebenfalls Anwendung (ebenso *Priester* GmbHR 2008, 1177, 1182).

Dagegen wird jedoch eingewandt, dass aufgrund der personalistischen Struktur der GmbH strengere Anforderungen an den Bezugsrechtsausschluss zu stellen sind (vgl. *Cramer* GmbHR 2009, 406, 410 f.). Das überzeugt nicht, da dem Rechtsinstitut andernfalls die bezweckte Flexibilität genommen wird (ebenso *Herrler* DNotZ 2008, 903, 912 f.). 28

2. Formelle und materielle Anforderungen beim Bezugsrechtsausschluss durch die Geschäftsführung aufgrund Ausschlussermächtigung

Nach der Siemens/Nold-Entscheidung zum Aktienrecht (BGHZ 136, 133, 139) genügt eine generell-abstrakte Umschreibung des Vorhabens in der Ausschlussermächtigung. Die Gesellschafterversammlung muss aber ersehen können, dass und warum Ermächtigung zum Bezugsrechtsausschluss innerhalb der Ermächtigungsfrist im Gesellschaftsinteresse liegt (*Hüffer*, AktG, 10. Aufl. 2012, § 203 Rn. 26). 29

§ 55a GmbHG Genehmigtes Kapital

30 Im GmbH-Recht wird für den Fall der Ausschlussermächtigung vertreten, dass diese Lockerungen der Anforderungen des Holzmann-Urteils (BGHZ 83, 319, 325) durch Siemens/Nold (BGHZ 136, 133) und Commerzbank/Mangusta (BGHZ 164, 241) entsprechend gelten (*Priester* GmbHR 2008, 1177, 1182; a. A. *Cramer* GmbHR 2009, 406, 410 f.).

31 Der Bezugsrechtsausschluss durch die Geschäftsführung auf Grundlage der Ausschlussermächtigung bedarf sachlicher Rechfertigung; d. h. entsprechend den (strengen) Anforderungen der Kali + Salz-Rechtsprechung im Aktienrecht muss der Bezugsrechtsausschluss in Interesse der GmbH liegen, für den Zweck der Maßnahme geeignet, erforderlich und verhältnismäßig sein (BGHZ 83, 319, 321). Maßgeblich ist Zeitpunkt der Entscheidung der Geschäftsführung (*Hüffer*, AktG, 10. Aufl. 2012, § 203 Rn. 35 zum Aktienrecht). Soweit die Ermächtigung Vorgaben macht, ist die Geschäftsführung hieran gebunden.

32 Im Aktienrecht ist streitig, ob der Vorstand die Aktionäre vor der Durchführung der genehmigten Kapitalerhöhung schriftlich über den Bezugsrechtsausschluss und dessen Gründe zu informieren hat. Der BGH hat eine solche Vorab-Berichtspflicht des Vorstands abgelehnt (BGHZ 164, 241, 244 ff.). Allerdings räumt er dem Aktionär die Möglichkeit ein, mittels allgemeiner Feststellungsklage (§ 256 ZPO) auf Feststellung der Nichtigkeit des rechtswidrigen Vorstandsbeschlusses zu klagen (BGHZ 164, 249, 253 ff.). Es dürfte davon auszugehen sein, dass die Rechtsprechung diese Grundsätze entsprechend auf einen Geschäftsführungsbeschluss über die Ausnutzung des genehmigten Kapitals im GmbH-Recht anwenden würde. Allerdings wird in der Literatur vertreten, dass die Geschäftsführung die Gesellschafter im Regelfall vorab zu informieren hat (*Priester* GmbHR 2008, 1177, 1182). Zum Aktienrecht hat der BGH zudem entschieden, dass der Vorstand der Hauptversammlung nach Ausnutzung des genehmigten Kapitals detailliert über die Durchführung der Kapitalmaßnahme Bericht zu erstatten hat (BGHZ 136, 133, 140 – Siemens/Nold; BGH BGHZ 164, 241 ff. – Commerzbank/Mangusta I). Die Erwägungen des BGH hierzu gelten entsprechend für das GmbH-Recht. Der BGH hat ausgeführt, dass der Verzicht auf eine Vorabinformationspflicht dem Sinn und Zweck des genehmigten Kapitals als einem flexiblen Finanzierungsinstrument entspreche. Das Institut des genehmigten Kapitals soll der Gesellschaft die erforderliche Bewegungsfreiheit geben, um sich auf dem Beteiligungs- und Kapitalmarkt bietende Gelegenheiten rasch und flexibel ausnutzen zu können; insbesondere Unternehmenserweiterungen, die durch einen Unternehmens- oder Beteiligungserwerb erfolgen und nur gegen Ausgabe von Gesellschaftsanteilen vorgenommen werden können, weil die Übertragung von dem Anteilserwerb abhängig gemacht wird, erfordern in der Regel rasche Entscheidungen (BGHZ 164, 241 ff. – Commerzbank/Mangusta I). Ferner führte der BGH in der Commerzbank/Mangusta I-Entscheidung aus, dass das genehmigte Kapital dieser gebotenen Flexibilität weitgehend wieder beraubt wäre, wenn man den Vorstand verpflichten würde, vor seiner Ausübung die Aktionäre über die beabsichtigte Kapitalerhöhung schriftlich zu informieren. Diese teleologischen Erwägungen des BGH können auf das GmbH-Recht übertragen werden, sodass auch hier von einem »System der Nachkontrolle« aufgrund eines nachträglichen Berichts der Geschäftsführung an die Gesellschafterversammlung auszugehen ist (a. A. *Cramer* GmbHR 2009, 406, 411).

G. Ausgabe von Geschäftsanteilen gegen Sacheinlagen, Abs. 3

33 Beinahe wortgleich mit § 205 Abs. 1 AktG bestimmt Abs. 3, dass Geschäftsanteile nur dann gegen Sacheinlagen ausgegeben werden dürfen, wenn die Ermächtigung es vorsieht. Soweit die Ermächtigung keine zwingenden oder sonstigen konkreten Vorgaben enthält, entscheidet die Geschäftsführung nach pflichtgemäßem Ermessen.

34 Fraglich ist, inwieweit § 56 GmbHG (Sacheinlagen) oder § 205 AktG (Ausgabe gegen Sacheinlagen) heranzuziehen sind. § 56 Abs. 1 GmbHG bestimmt, dass die Ausgabe von Geschäftsanteilen gegen Sacheinlagen gewisse Festsetzungen »im Beschluss über die Kapitalerhöhung« voraussetzt. Damit war nach bisherigem Recht der Kapitalerhöhungsbeschluss der Gesellschafterversammlung gemeint. Denkbar wäre allerdings nach neuem Recht (und zwar in Bezug auf das genehmigte Kapital gem. § 55a GmbHG), dass der Begriff »Beschluss« auch den Beschluss der Geschäftsfüh-

rung über die Ausnutzung der Ermächtigung umfasst (so wohl *Lutter/Hommelhoff* GmbHR, § 55a Rn. 30; *Roth/Altmeppen* § 55a Rn. 37). Dies würde der Lage im Aktienrecht entsprechen, wonach gem. § 205 Abs. 2 AktG die für eine Sacheinlage erforderlichen Festsetzungen sowohl im Ermächtigungsbeschluss der Hauptversammlung als auch (falls keine entsprechende Festsetzung durch die Hauptversammlung erfolgt ist) durch den Vorstand erfolgen kann. Allein eine solche Auslegung erhält der Geschäftsführung die erforderliche Flexibilität, auf Marktgegebenheiten ohne vorherige Einschaltung der Gesellschafterversammlung rasch reagieren zu können.

Diese Auslegung von §§ 55a Abs. 4, 56 GmbHG führt allerdings zu einem gespaltenen Verständnis des Begriffs »Beschluss über die Erhöhung des Stammkapitals«. Enthält bspw. der Gesellschafterbeschluss nur teilweise die gem. § 56 Abs. 1 Satz 1 GmbHG zwingenden Festsetzungen, müssten diese noch durch Geschäftsführungsbeschluss konkretisiert werden. § 56 Abs. 1 Satz 1 GmbHG spricht jedoch nur von einem Beschluss, nicht von einer Mehrzahl von Beschlüssen. Die Wortlautauslegung von § 56 Abs. 1 Satz 1 GmbHG lässt somit ein Verständnis der Kompetenzverteilung zur Festsetzung von Sacheinlagen wie in § 205 Abs. 2 AktG nicht zu. Die Wortlautauslegung legt vielmehr nahe, dass »Beschluss über die Erhöhung des Stammkapitals« im Sinne von § 56 Abs. 1 Satz 1 GmbHG – im Einklang mit dem bisherigen Verständnis des Begriffs – ausschließlich den Gesellschafterbeschluss meint. Eine analoge Anwendung von § 205 Abs. 2 AktG scheidet aus, weil §§ 55a Abs. 4, 56 Abs. 1 Satz 1 GmbHG eine klare und abschließende Regelung treffen. Folglich müssen die in § 56 Abs. 1 Satz 1 GmbHG geforderten Festsetzungen im Ermächtigungsbeschluss der Gesellschafterversammlung erfolgen; eine spätere Festsetzung durch die Geschäftsführung genügt im GmbH-Recht nicht. 35

Nach § 56 Abs. 1 Satz 1 GmbHG müssen der Gegenstand der Sacheinlagen und der Nennbetrag des Geschäftsanteils, auf den sich die Sacheinlage bezieht, im Kapitalerhöhungsbeschluss festgesetzt sein. Anders als im Aktienrecht (dazu *Veil* in K. Schmidt/Lutter [Hrsg.], AktG, 2. Aufl. 2010, § 205 Rn. 4 m. w. N.) kann sich die statutarische Ermächtigung somit nicht entweder auf einen konkreten Sacheinlagegegenstand beziehen oder allgemein zur Kapitalerhöhung gegen Sacheinlagen ermächtigen. Vielmehr gilt nach den allgemeinen Grundsätzen zu § 56 GmbHG, dass der Gegenstand der einzubringenden Sacheinlage im Gesellschaftsvertrag so genau bestimmt sein muss, dass über seine Identität kein Zweifel besteht (vgl. § 56 Rdn. 2). Wie bereits erwähnt, hat der Gesetzgeber des MoMiG damit dem Institut der genehmigten Kapitalerhöhung ein erhebliches Maß an Flexibilität und praktischer Handhabbarkeit genommen. Insofern wird sich das genehmigte Kapital im Wege der Sachkapitalerhöhung nur noch anbieten, wenn bereits eine konkrete Maßnahme (z. B. ein Unternehmenserwerb) in Aussicht genommen worden ist. 36

§ 56 GmbHG ist auch im Übrigen auf die genehmigte Kapitalerhöhung nach § 55a Abs. 4 GmbHG anzuwenden (vgl. § 56 Rdn. 1 ff.).

Auch bei der Unternehmergesellschaft ist ein genehmigtes Kapital durchaus möglich, auch wenn die praktische Notwendigkeit noch geringer ist, als bei der GmbH. Zu berücksichtigen ist, dass gem. § 5a Abs. 2 Satz 2 GmbHG Sacheinlagen bei der Unternehmergesellschaft ausgeschlossen sind. Ferner ist zu berücksichtigen, dass gem. § 5a Abs. 2 Satz 1 GmbHG der Kapitalerhöhungsbetrag vor der Handelsregisteranmeldung voll eingezahlt werden muss. 37

§ 56 Kapitalerhöhung mit Sacheinlagen

(1) ¹Sollen Sacheinlagen geleistet werden, so müssen ihr Gegenstand und der Nennbetrag des Geschäftsanteils, auf den sich die Sacheinlage bezieht, im Beschluß über die Erhöhung des Stammkapitals festgesetzt werden. ²Die Festsetzung ist in die in § 55 Abs. 1 bezeichnete Erklärung des Übernehmers aufzunehmen.

(2) Die §§ 9 und 19 Abs. 2 Satz 2 und Abs. 4 finden entsprechende Anwendung.

§ 56 GmbHG   Kapitalerhöhung mit Sacheinlagen

Übersicht

	Rdn.			Rdn.
A.	Normzweck 1	D.	Sacheinlagebericht	7
B.	Festsetzung der Sacheinlage im Gesellschafterbeschluss, Abs. 1 Satz 1........ 2	E.	Sicherung der Kapitalaufbringung im Übrigen, Abs. 2	9
C.	Festsetzung der Sacheinlage in der Übernahmeerklärung, Abs. 1 Satz 2........ 5			

A. Normzweck

1 Bei Sacheinlagen besteht die **Gefahr der Überbewertung**. Das Gesetz sieht daher für die Sachkapitalerhöhung, ähnlich wie im Fall der Sachgründung, eine Überprüfung der Werthaltigkeit der Sacheinlagen durch das Registergericht vor. Eine solche registergerichtliche **Werthaltigkeitskontrolle** (§§ 56, 57a, 9c GmbHG) erfordert aber insbesondere, dass der Gegenstand der Sacheinlagen in nachvollziehbarer Weise dokumentiert wird. Dem dienen die in Abs. 1 geforderten Festsetzungen. Durch das MoMiG wurde die Sonderregelung für eine 1-Personen-GmbH aufgehoben (vgl. Rdn. 3). Der Verweis auf § 19 Abs. 4 GmbHG schließt eine Umgehung der Sacheinlagevorschriften bei der Kapitalerhöhung aus (vgl. *Ulmer*/Habersack/Winter, § 56 Rn. 1). Der Verweis auf § 19 Abs. 2 Satz 2 GmbHG ist erforderlich, da die Vorschrift unmittelbar nur für die Gründung gilt.

B. Festsetzung der Sacheinlage im Gesellschafterbeschluss, Abs. 1 Satz 1

2 Zunächst sind die allgemein für Kapitalerhöhungsbeschlüsse geltenden Festsetzungen gem. § 55 oder § 55a GmbHG in den Beschluss aufzunehmen (*Ulmer*/Habersack/Winter § 56 Rn. 20). Sollen Sacheinlagen geleistet werden, so müssen ferner ihr **Gegenstand** und der **Nennbetrag des Geschäftsanteils**, auf den sich die Sacheinlage bezieht, im Kapitalerhöhungsbeschluss festgesetzt werden (Abs. 1 Satz 1). Nach der höchstrichterlichen Rechtsprechung (BGH DStR 2008, 413; ebenso *Ulmer*/Habersack/Winter § 56 Rn. 20) muss sich der Charakter einer Sachkapitalerhöhung entgegen dem Wortlaut von Abs. 1 Satz 1 nicht unmittelbar aus dem Erhöhungsbeschluss, sondern kann sich auch aus der mit ihm in einer Urkunde zusammengefassten Übernahmeerklärung ergeben. Soweit § 56 Abs. 1 GmbHG eine entsprechende Festsetzung im Kapitalerhöhungsbeschluss verlangt, beruht dies nur darauf, dass es hier – anders als bei der Gründung einer GmbH (§§ 3 Abs. 1 Nr. 4, 5 Abs. 4 GmbHG) – einer Festsetzung in der Satzung nicht bedarf, was aber die strengere Form der Beurkundung nicht ausschließt. Was Gegenstand der Sacheinlage sein kann, entspricht dem für die Gründung geltenden Recht (s. § 5 GmbHG Rdn. 28 bis 35, insbes. 21 ff.). Bei der Sacheinlagefestsetzung muss der Gegenstand der einzubringenden Sacheinlage im Gesellschaftsvertrag so genau **bestimmt** sein, dass über seine Identität kein Zweifel besteht (BGH NZG 2000, 1226; KG NZG 1999, 1235). So ist z. B. klarzustellen, ob Aktiva und Passiva übergehen sollen (OLG Düsseldorf NJW 1993, 2123). Und sollen etwa einzelne Gegenstände aus einer durch Sammelbezeichnung gekennzeichneten Sachgesamtheit nicht mit eingebracht werden, so müssen diese im Erhöhungsbeschluss ausdrücklich und deutlich genannt sein (OLG Düsseldorf NJW 1996, 605).

3 Darüber hinaus muss nach h. M. die **Person der Übernehmers** im Kapitalerhöhungsbeschluss festgesetzt werden (unstr.; vgl. *Ulmer*/Habersack/Winter, § 56 Rn. 21; Roth/*Altmeppen* § 56 Rn. 2; Baumbach/Hueck/*Zöllner* § 56 Rn. 10; Lutter/*Hommelhoff* GmbHG, § 56 Rn. 4).

4 **Fehlen** jegliche Festsetzungen, ist von einer **Barkapitalerhöhung** auszugehen. Der Übernehmer schuldet dann eine Geldzahlung (Baumbach/Hueck/*Zöllner* § 56 Rn. 12). Sind die Festsetzungen unvollständig, haben die Sacheinlagen nach h. M. ebenfalls keine Tilgungswirkung; die Einlagepflicht richtet sich auf eine Geldleistung (*Roth/Altmeppen* § 56 Rn. 4). Erreicht der Wert der Sacheinlage im Zeitpunkt der Anmeldung der Kapitalerhöhung zum Handelsregister trotz im Übrigen ordnungsgemäßer Festsetzung nicht den im Beschluss festgesetzten Nennbetrag des für die Sacheinlage übernommenen Geschäftsanteils, greift die Differenzhaftung nach §§ 56 Abs. 2 i. V. m. 9 GmbHG (BGH NZG 2004, 910, 912).

C. Festsetzung der Sacheinlage in der Übernahmeerklärung, Abs. 1 Satz 2

Nach Abs. 1 Satz 2 muss die Übernahmeerklärung zusätzlich zu den Angaben nach § 55 Abs. 2 Satz 2 GmbHG auch die Festsetzungen betreffend den Gegenstand der Sacheinlage und den Nennbetrag des Geschäftsanteils enthalten, die grds. auch im Sachkapitalerhöhungsbeschluss (dazu näher oben Rdn. 2) enthalten sein müssen. Bezugnahme auf die Festsetzungen im Beschluss genügt (näher *Ulmer*/Habersack/Winter § 56 Rn. 28 zu den beurkundungsrechtlichen Erfordernissen).

Die Übernahmeerklärung kann in notariell beglaubigter Form getrennt von dem Kapitalerhöhungsbeschluss abgegeben werden.

D. Sacheinlagebericht

Ob bei der Kapitalerhöhung gegen Sacheinlagen ein **Sachkapitalerhöhungsbericht** im Rahmen des Eintragungsverfahrens vorgelegt werden muss, hat der BGH bislang offen gelassen (BGH NJW-RR 2004, 1341). Dies erscheint jedoch zweifelhaft, weil das Gesetz einen Sachkapitalerhöhungsbericht mangels Verweisung auf § 5 Abs. 4 GmbHG in den einschlägigen Vorschriften der §§ 56 ff. GmbHG nicht verlangt und ein gesetzgeberisches Versehen fern liegt (BGH NJW-RR 2004, 1341; *Ulmer/Habersack/Winter* § 56 Rn. 56). Nach der h. L. ist ein Sachkapitalerhöhungsbericht nicht erforderlich (vgl. Baumbach/Hueck/*Zöllner* § 56 Rn. 17; *Lutter/Hommelhoff* GmbHG, § 56 Rn. 7; *Roth/Altmeppen* § 56 Rn. 7; a. A. Scholz/*Priester* GmbHG, § 56 Rn. 89 f.). Die instanzgerichtliche Rechtsprechung ist uneinheitlich (dafür: OLG Stuttgart GmbHR 1982, 109; OLG Jena GmbHR 1994, 701; dagegen: OLG Köln NJW-RR 1996, 1250; LG Memmingen NZG 2005, 322; offen gelassen: BayObLG NJW 1995, 1971). Nach §§ 57a, 9c Abs. 1 Satz 2 GmbHG kann das Registergericht aber im Einzelfall Nachweise über die Werthaltigkeit verlangen (vgl. § 57a GmbHG Rdn. 2). Auch wenn Prüfungsmaßstab mit Inkrafttreten des MoMiG einen »nicht unwesentliche« Überbewertung der Sacheinlage ist (§ 9 Abs. 1 Satz 2 GmbHG), dürfte sich der Prüfungsmaßstab des Gerichts nicht wesentlich ändern (vgl. *Ulmer*/Habersack/Winter, § 57a Rn. 4). Zur Beschleunigung des Vorgangs sollte der Handelsregisteranmeldung daher in der Regel eine aktuelle Bilanz oder eine Bestätigung eines Wirtschaftsprüfers beigefügt werden (*Langenfeld* Rn. 568).

Soll eine **verdeckte Sacheinlage** geheilt werden, verlangt der BGH einen Bericht über die Änderung der Einlagendeckung von der Bar- zur Sacheinlage, der von allen Geschäftsführern und den von der Änderung betroffenen Gesellschaftern erstattet und unterzeichnet werden muss. Die Vollwertigkeit der einzubringenden Forderung ist – bezogen auf den Zeitpunkt der Prüfung, der unmittelbar vor der Anmeldung zur Eintragung in das Handelsregister zu liegen hat – durch eine von einem Wirtschaftsprüfer testierte Bilanz nachzuweisen (BGH NJW 1996, 1473, 1477).

E. Sicherung der Kapitalaufbringung im Übrigen, Abs. 2

Nach Abs. 2 gilt die Differenzhaftung (§ 9 GmbHG) entsprechend, falls die (Sach-)Einlagen überbewertet sind (zu den Voraussetzungen der Differenzhaftung vgl. § 9 GmbHG Rdn. 6 bis 17). Ein Gesellschafter wird von seiner Sacheinlageverpflichtung durch Aufrechnung nur frei, falls die Aufrechnung durch den Gesellschafter den Festsetzungen im Sachkapitalerhöhungsbeschluss entspricht (§§ 56 Abs. 2, 19 Abs. 2 Satz 2 GmbHG). Zudem verweist Abs. 2 auf die Regelung der verdeckten Sacheinlage (§§ 56 Abs. 2, 19 Abs. 4 GmbHG). Weitere Verweise auf das Gründungsrecht enthalten §§ 56a bis 57a GmbHG. Danach gelten insbes. die folgenden **Vorschriften zur Sachgründung** entsprechend für die Sachkapitalerhöhung: §§ 7 Abs. 2 Satz 1 und Abs. 3, 8 Abs. 2 Satz 2 9c Abs. 1 sowie 19 Abs. 5 GmbHG.

§ 56a Leistungen auf das neue Stammkapital

Für die Leistungen der Einlagen auf das neue Stammkapital finden § 7 Abs. 2 Satz 1 und Abs. 3 sowie 19 Abs. 5 entsprechende Anwendung.

§ 56a GmbHG Leistungen auf das neue Stammkapital

Übersicht

	Rdn.		Rdn.
A. Normzweck	1	D. Volleinzahlungsgebot bei Sacheinlagen	4
B. Mindesteinzahlung bei Geldeinlagen	2	E. Bewirken der Einlage, dass sie endgültig zur freien Verfügung steht	5
C. Abschaffung der Sicherheitsleistung bei Einpersonen-GmbH	3	F. Vorleistung	6

A. Normzweck

1 § 56a GmbHG dient der realen Aufbringung der Stammeinlagen durch die **Pflicht zur Voll- oder Mindesteinzahlung** der Stammeinlagen und das Gebot, die Einlagen endgültig zur freien Verfügung der Geschäftsführer zu leisten. Dabei wird weitgehend auf das Gründungsrecht verwiesen. Das **MoMiG** sieht die Aufhebung der Sonderregelungen für Ein-Personen-GmbHs vor (vgl. unten Rdn. 3 sowie Begr. RegE-MoMiG, BT-Drucks. 16/6140, S. 80).

B. Mindesteinzahlung bei Geldeinlagen

2 Vor Anmeldung der Kapitalerhöhung muss mindestens 1/4 jeder einzelnen Geldeinlage eingezahlt sein (§§ 56a i. V. m. 7 Abs. 2 Satz 1 GmbHG). Im Fall der Kapitalerhöhung durch Erhöhung der Nennbeträge bestehender Geschäftsanteile (sog. **Aufstockung**) ist die entsprechende Anwendung von § 7 Abs. 2 Satz 1 GmbHG umstritten: Nach h. M. ist 1/4 des Aufstockungsbetrags einzuzahlen; ob auf die bereits bestehenden Geschäftsanteile früher bereits Zahlungen über den Mindestbetrag hinaus geleistet wurden, spielt demnach keine Rolle (BayObLG ZIP 1986, 707; *Ulmer*/Habersack/Winter § 56a Rn. 6; Baumbach/Hueck/*Zöllner* § 56a Rn. 2). Nach anderer Auffassung bezieht sich das 1/4-Kriterium auf die gesamte Einlage und nicht nur den Erhöhungsbetrag, wenn keine Unterbilanz besteht; entsprechend sind die früher schon auf die Einlage geleisteten Zahlungen in voller Höhe anzurechnen (*Roth/Altmeppen* § 56a Rn. 3). Nach h. M. muss der Übernehmer auch im Zeitpunkt der Aufstockung seine Leistungsfähigkeit durch Einzahlung eines Viertels des Aufstockungsbetrages nachweisen.

C. Abschaffung der Sicherheitsleistung bei Einpersonen-GmbH

3 Handelt es sich bei der GmbH um eine Einpersonen-GmbH, musste der Gesellschafter vor Inkrafttreten des MoMiG für den noch ausstehenden Restbetrag der Geldeinlage eine Sicherung bestellt haben. Besondere Sicherungen bei der Gründung einer Einpersonen-GmbH sind nach der Begründung MoMiG verzichtbar und gehen über das von der Einpersonen-GmbH-Richtlinie (89/667/EWG) Geforderte hinaus (vgl. Begr. RegE-MoMiG, BT-Drucks. 16/6140, S. 80). Der Gesetzgeber hat das Erfordernis der Sicherheitsleistung daher abgeschafft.

D. Volleinzahlungsgebot bei Sacheinlagen

4 Sacheinlagen sind vor der Anmeldung der Kapitalerhöhung vollständig zu leisten (§§ 56a, 7 Abs. 3 GmbHG).

E. Bewirken der Einlage, dass sie endgültig zur freien Verfügung steht

5 Sowohl Sacheinlagen (§§ 56a, 7 Abs. 3 GmbHG) wie auch Geldeinlagen – auch wenn dies in § 7 GmbHG nicht ausdrücklich bestimmt ist – sind so zu bewirken, dass sie endgültig zur freien Verfügung der Geschäftsführer stehen (*Roth/Altmeppen* § 56a Rn. 4). Bei einer Kapitalerhöhung ist die Bareinlage schon dann zur (endgültig) freien Verfügung der Geschäftsführung geleistet worden, wenn sie nach dem Kapitalerhöhungsbeschluss in ihren uneingeschränkten Verfügungsbereich gelangt ist und nicht an den Einleger zurückfließt; auf sog. wertgleiche Deckung kommt es nach der neueren Rechtsprechung nicht mehr an (BGH NJW 2002, 1716). Entsprechend ordnet § 56a GmbH nach Inkrafttreten des MoMiG die Geltung von § 19 Abs. 5 GmbHG an. Ist vor der Einlage eine Leistung an den Gesellschafter vereinbart worden, die wirtschaftlich einer Rückzahlung der Einlage entspricht und die nicht als verdeckte Sacheinlage im Sinne von § 9 Abs. 4 zu beurteilen ist,

so befreit dies gem. § 19 Abs. 5 den Gesellschafter von seiner Einlageverpflichtung nur dann, wenn die Leistung durch einen vollwertigen Rückgewähranspruch gedeckt ist, der jederzeit fällig ist oder fristlose Kündigung durch die Gesellschaft fällig werden kann. Zu § 19 Abs. 5 vgl. § 19 Rdn. 73 ff.

F. Vorleistung

Zu Vorleistungen vgl. § 55 GmbHG Rdn. 40 ff. 6

§ 57 [Anmeldung der Erhöhung]

(1) Die beschlossene Erhöhung des Stammkapitals ist zur Eintragung in das Handelsregister anzumelden, nachdem das erhöhte Kapital durch Übernahme von Geschäftsanteilen gedeckt ist.

(2) ¹In der Anmeldung ist die Versicherung abzugeben, dass die Einlagen auf das neue Stammkapital nach § 7 Abs. 2 Satz 1 und Abs. 3 bewirkt sind und dass der Gegenstand der Leistungen sich endgültig in der freien Verfügung der Geschäftsführer befindet. ²§ 8 Abs. 2 Satz 2 gilt entsprechend.

(3) Der Anmeldung sind beizufügen:
1. die in § 55 Absatz 1 bezeichneten Erklärungen oder eine beglaubigte Abschrift derselben;
2. eine von den Anmeldenden unterschriebene Liste der Personen, welche die neuen Geschäftsanteile übernommen haben; aus der Liste müssen die Nennbeträge der von jedem übernommenen Geschäftsanteile ersichtlich sein;
3. bei einer Kapitalerhöhung mit Sacheinlagen die Verträge, die den Festsetzungen nach § 56 zugrunde liegen oder zur ihrer Ausführung geschlossen worden sind.

(4) Für die Verantwortlichkeit der Geschäftsführer, welche die Kapitalerhöhung zur Eintragung in das Handelsregister angemeldet haben, finden § 9a Abs. 1 und 3, § 9b entsprechende Anwendung.

Übersicht	Rdn.		Rdn.
A. Allgemeines	1	2. Versicherung der freien Verfügbarkeit	7
B. Voraussetzungen der Anmeldung, Abs. 1	2	D. Anlagen zur Anmeldung, Abs. 3	8
C. Inhalt der Anmeldung	3	E. Haftung der anmeldenden Geschäftsführer, Abs. 4	9
I. Konkrete Bezeichnung der Änderungen	3		
II. Versicherung, Abs. 2	5	F. Heilung von Mängeln durch Eintragung	10
1. Versicherung über das Bewirken der Leistung	6		

A. Allgemeines

§ 57 GmbHG ergänzt die Vorschriften über die Anmeldung von Satzungsänderungen (§ 54 GmbHG). Als Satzungsänderung hat die Kapitalerhöhung keine rechtliche Wirkung, bevor sie in das Handelsregister eingetragen ist (§ 54 Abs. 3 GmbHG). Anders als nach § 54 GmbHG ist die Anmeldung durch sämtliche Geschäftsführer zu bewirken, § 78 GmbHG. Zur Zulässigkeit der Stellvertretung vgl. § 78 GmbHG Rdn. 7. Die Anmeldung einer beschlossenen Erhöhung des Stammkapitals obliegt auch nach Eröffnung des Insolvenzverfahrens allen Geschäftsführern. Der Insolvenzverwalter kann deshalb für die GmbH in einem solchen Anmeldeverfahren keine zulässigen Rechtsmittel einlegen (BayObLG NZG 2004, 582). Die Anmeldung hat elektronisch in öffentlich beglaubigter Form zu erfolgen (§ 12 Abs. 1 Satz 1 HGB). 1

B. Voraussetzungen der Anmeldung, Abs. 1

Nach Abs. 1 muss der im Kapitalerhöhungsbeschluss festgesetzte Kapitalerhöhungsbetrag **vollständig** durch entsprechende **wirksame Übernahmeerklärungen** übernommen worden sein. Liegt eine 2

§ 57 GmbHG Anmeldung der Erhöhung

Überzeichnung vor, hat der Registerrichter der Gesellschaft die Berichtigung der Anmeldung aufzugeben (Baumbach/Hueck/*Zöllner* § 57 Rn. 5). Liegt die Summe der in den Übernahmeerklärungen übernommenen Erhöhungsbeträge unter dem im Kapitalerhöhungsbeschluss festgesetzten Erhöhungsbetrag, ist die Eintragung abzulehnen (Baumbach/Hueck/*Zöllner* § 57 Rn. 5; *Roth/Altmeppen* § 57 Rn. 4). Bei einer Kapitalerhöhung um einen Mindest- und Höchstbetrag oder nur um einen Höchstbetrag (vgl. § 55 GmbHG Rdn. 11) müssen sich die Übernahmeerklärungen im Rahmen des Erhöhungsbeschlusses halten. Ferner müssen die Voraussetzungen nach § 56a GmbHG erfüllt sein.

C. Inhalt der Anmeldung
I. Konkrete Bezeichnung der Änderungen

3   In der Anmeldung sind nicht nur die geänderten Bestimmungen des Gesellschaftsvertrages im Einzelnen zu bezeichnen, nach § 10 Abs. 1 Satz 1 GmbHG insbesondere die Höhe des Stammkapitals, vielmehr ist auch der Inhalt der Änderungen in der Handelsregisteranmeldung konkret zumindest im Sinne einer **schlagwortartigen Bezeichnung** hervorzuheben. Dabei reicht eine Bezugnahme auf die beigefügte Änderungsurkunde auch dann nicht aus, wenn im Einzelfall keine Zweifel über den Umfang der Satzungsänderung auftreten können, da das Gebot der Rechtssicherheit eine einheitliche Betrachtungsweise erfordert (BGH NJW 1987, 3191; OLG Frankfurt am Main NJW-RR 2003, 1616; OLG Düsseldorf GmbHR 1993, 169; OLG Hamm FGPrax 2001, 250; BayObLG DB 1979, 84, 1985, 1223). Diesen Anforderungen wird eine Handelsregisteranmeldung nicht gerecht, die nicht die einzelnen Paragrafen des Gesellschaftsvertrages betreffend das Stammkapital bezeichnet, welche geändert wurden. Wird der Inhalt der Änderung durch »Erhöhung des Stammkapitals« nur abstrakt, nicht aber in der gebotenen Weise konkret durch zumindest schlagwortartige Bezeichnung mitgeteilt, wird dies nicht als ausreichend angesehen. Dabei bedarf es bezüglich der Erhöhung des Stammkapitals zwar **nicht zwingend der Angabe des Kapitalerhöhungsbetrages**, da sich der notwendige Inhalt durch schlagwortartige Kennzeichnung auch durch Angabe des alten und des neuen Stammkapitals hinreichend klar entnehmen lässt, ist aber in der Praxis üblich und empfehlenswert (OLG Frankfurt am Main NJW-RR 2003, 1616; a. A. *Lutter/Hommelhoff* GmbHG, § 57 Rn. 4). Anstelle der Angabe des neuen Stammkapitals genügt die Angabe des Kapitalerhöhungsbetrags (Baumbach/Hueck/*Zöllner* § 57 Rn. 7). Lautet der Kapitalerhöhungsbeschluss auf einen Höchstbetrag, muss aus der Anmeldung erkennbar sein, in welcher Höhe der Stammkapital erhöht worden ist (*Ulmer*/Habersack/Winter § 57 Rn. 6).

4   Empfehlenswert ist eine **Formulierung**, die sowohl den Ausgangsbetrag, den Erhöhungsbetrag und den erhöhten Betrag des Stammkapitals bezeichnet, z. B.:

> »*Die Satzung wurde durch Erhöhung des Stammkapitals von € [...] um € [...] auf nunmehr € [...] geändert.*«

II. Versicherung, Abs. 2

5   In der Anmeldung ist die Versicherung der Geschäftsführer abzugeben, dass die Einlagen auf das neue Stammkapital bewirkt sind und dass der Gegenstand der Einlageleistung sich endgültig in der freien Verfügung der Geschäftsführer befindet (Abs. 2 Satz 1). Das Gericht kann bei erheblichen Zweifeln an der Richtigkeit der Versicherung Nachweise (unter anderem Einzahlungsbelege) verlangen (Abs. 2 Satz 2 i. V. m. § 8 Abs. 2 Satz 2 GmbHG).

1. Versicherung über das Bewirken der Leistung

6   Bei Geldeinlagen muss versichert werden, dass die Mindesteinlagen gem. §§ 56a, 7 Abs. 2 Satz 1 GmbHG (d. h. ein Viertel der Geldeinlagen oder sämtliche Sacheinlagen) bewirkt worden sind; die von den einzelnen Übernehmern geleisteten Geldbeträge sind nach h. M. gesondert anzugeben (*Ulmer*/Habersack/Winter § 57 Rn. 8; *Lutter/Hommelhoff* GmbHG, § 57 Rn. 5; Baumbach/Hueck/*Zöllner* § 57 Rn. 10). Bei Volleinzahlung der Geschäftsanteile muss in der Versicherung des

Geschäftsführers nicht im Einzelnen angegeben werden, welcher Gesellschafter welchen Betrag eingezahlt hat (LG Hagen RNotZ 2008, 46; OLG Frankfurt am Main DNotZ 1992, 744; OLG Düsseldorf DNotZ 1986, 180).

2. Versicherung der freien Verfügbarkeit

Es handelt sich nicht um die gleiche Versicherung wie bei der Gründung; denn § 57 GmbHG verweist nicht auf § 7 Abs. 2 Satz 2 GmbHG, weil im Rahmen der Gründung bereits mindestens 12.500,- € eingezahlt sein worden müssen. Für den Fall der Barkapitalerhöhung hat der BGH (BGH NJW 2002, 1716) ausdrücklich das Erfordernis der wertgleichen Deckung zum Zeitpunkt der Anmeldung aufgegeben. Dies unterscheidet die Versicherung über die endgültige, freie Verfügbarkeit der Einlageleistung bei der Barkapitalerhöhung von dem Fall der Gründung (*Meyding/Schnorbus/Hennig* ZNotP 2006, 122, 129). Bei der Versicherung sollte nicht an den Wortlaut des § 8 Abs. 2 Satz 1 GmbHG angeknüpft, vielmehr sollte die Versicherung nach den Vorgaben des Bundesgerichtshofs formuliert werden. Nach Auffassung des Bundesgerichtshofes gilt: »Die Versicherung des Geschäftsführers hat dahin zu lauten, dass der Betrag der Einzahlung zur freien Verfügung der Geschäftsführung für die Zwecke der Gesellschaft eingezahlt und auch in der Folge nicht an den Einleger zurückgezahlt worden ist.« (BGH NJW 2002, 1716). In Anlehnung an die höchstrichterliche Rechtsprechung und den Formulierungsvorschlag bei *Böhringer* (*Böhringer* BWNotZ 2008, 104, 107; abweichend *Lutter/Hommelhoff* GmbHG, § 57 Rn. 7) könnte eine Versicherung des Geschäftsführers wie folgt lauten:

▶ **Muster:**

»Der Geschäftsführer versichert, dass

a) das Vermögen der Gesellschaft – abgesehen von dem im Gesellschaftsvertrag übernommenen Gründungsaufwand (Kosten, Gebühren und Steuern) – durch keinerlei Verbindlichkeiten vorbelastet oder gar aufgezehrt ist,

b) der Gegenstand der Leistungen zur freien Verfügung der Geschäftsführung für die Zwecke der Gesellschaft eingezahlt wurde, sich endgültig in der freien Verfügung der Geschäftsführung befindet und nicht an den Einleger zurückgezahlt worden ist,

[Alternative 1) bei Volleinzahlung:]

c) die Gesellschafter * Namen * ihre Geschäftsanteile vollständig, und zwar insgesamt * Betrag * bewirkt haben.

[Alternative 2) bei Teileinzahlung:]

c) die Gesellschafter auf ihre Einlageverpflichtungen folgende Beträge einbezahlt haben:

Name des Gesellschafters: * Name *

Nummer des Geschäftsanteils: * Nummer *

Nennbetrag des Geschäftsanteils in EUR: * Betrag *

Einzahlungsbetrag in EUR: * Betrag *«

D. Anlagen zur Anmeldung, Abs. 3

Über die ausdrücklich in Abs. 3 genannten Anlagen hinaus müssen das notarielle Beschlussprotokoll über die Kapitalerhöhung und die Neufassung des Satzungswortlauts (§ 54 Abs. 1 GmbHG) beigefügt werden (vgl. *Lutter/Hommelhoff* GmbHG, § 57 Rn. 9 ff.; Baumbach/Hueck/*Zöllner* § 57 Rn. 17, 21). Somit sind der Anmeldung beizufügen (auf Grundlage der Rechtslage vor Inkrafttreten des MoMiG: bereits unter Berücksichtigung des MoMiG: *Gustavus* A 108 mit Muster):

– der **notariell beurkundete Erhöhungsbeschluss** in elektronisch beglaubigter Abschrift;

§ 57 GmbHG Anmeldung der Erhöhung

- die zumindest unterschriftsbeglaubigten **Übernahmeerklärungen** (Abs. 3 Nr. 1) in elektronisch beglaubigter Abschrift;
- elektronisch beglaubigte **Liste der Übernehmer** (Abs. 3 Nr. 2); die Liste muss von sämtlichen Geschäftsführern unterschrieben sein und Name, Vorname, Geburtsdatum und Wohnort der Übernehmer enthalten (§ 8 Abs. 1 Nr. 3 GmbHG). Bei einer Handelsgesellschaft genügt die Angabe von Firma und Sitz (*Ulmer*/Habersack/Winter § 57 Rn. 14). Nach Abs. 3 Nr. 2 Halbs. 2 müssen die Nennbeträge der von dem jeweiligen Übernehmer übernommenen Geschäftsanteile in der Liste aufgeführt werden; ausweislich der Begründung zum MoMiG (Begr. RegE-MoMiG, BT-Drucks. 16/6140, S. 110) soll die Änderung in Abs. 3 der für § 8 Abs. 1 Nr. 3 GmbHG vorgeschlagenen Änderung entsprechen; das ist jedoch nicht der Fall, da § 8 Abs. 1 Nr. 3 GmbHG zusätzlich die Angabe der laufenden Nummern der jeweiligen Geschäftsanteile verlangt; für eine sachlichen Unterschied ist kein Grund ersichtlich, sodass von einem Versehen des Gesetzgebers auszugehen ist; entgegen dem Wortlaut muss neben dem Nennbetrag somit auch die laufende Nummer des Geschäftsanteils angegeben werden; die Liste ist von allen Anmeldenden zu unterschreiben, also von sämtlichen Geschäftsführern (Baumbach/Hueck/*Zöllner* § 57 Rn. 19);
- elektronisch beglaubigte Abschrift der **Einbringungsverträge** und die Übernahme begleitende Verträge bei Sacheinlagen (Abs. 3 Nr. 3) sowie elektronisch beglaubigte Abschriften der Unterlagen zum Nachweis des Werts der Sacheinlagen (*Lutter/Hommelhoff* GmbHG, § 57 Rn. 14);
- elektronisch beglaubigte Abschrift der **Neufassung des Satzungswortlauts**: Die Bildung neuer Geschäftsanteile nach einer Kapitalerhöhung stellt – anders als der Kapitalerhöhungsbeschluss – keine Satzungsänderung dar (BGH NJW 1989, 168, 169). Bei der Anmeldung einer Kapitalerhöhung zur Eintragung in das Handelsregister genügt es daher, dass die auf das erhöhte Kapital zu leistenden Stammeinlagen in den Erklärungen der Übernehmer der Geschäftsanteile und in der Liste der Übernehmer enthalten sind; eine Aufnahme der auf das erhöhte Kapital zu leistenden Einlagen und der Übernehmer der Geschäftsanteile in die Satzung ist nicht erforderlich; das gilt auch dann, wenn die neuen Geschäftsanteile noch nicht voll eingezahlt sind (BayObLG NJW 1982, 1400). Allerdings ist die Neufassung des Satzungswortlauts nach § 54 Abs. 1 GmbHG erforderlich, auch wenn nur die Kapitalziffer geändert wird (vgl. Baumbach/Hueck/*Zöllner* § 57 Rn. 21; *Krafka/Kühn* Rn. 1046; a. A. *Roth/Altmeppen* § 57 Rn. 5);
- elektronisch beglaubigte Abschrift der aktuellen **Gesellschafterliste** soll nach § 40 Abs. 2 GmbHG vom Urkundsnotar selbst Bescheinigung gem. § 40 Abs. 2 Satz 2 GmbHG zusätzlich zur Liste der Übernehmer (Abs. 3 Nr. 2) eingereicht werden (vgl. *Krafka/Kühn* Rn. 1046; *Gustavus* A 108: »Komplettliste«); dies ist erforderlich, damit beim Handelsregister eine komplette aktualisierte Liste sämtlicher Gesellschafter und nicht nur die Liste der Übernehmer vorliegt.

E. Haftung der anmeldenden Geschäftsführer, Abs. 4

9   Kapitalerhöhungen sind – anders als sonstige Satzungsänderungen – gem. § 78 GmbHG durch sämtliche Geschäftsführer anzumelden. Werden in der Anmeldung falsche Angaben gemacht, haften die anmeldenden Geschäftsführer nach Abs. 4 entsprechend den §§ 9a Abs. 1 und 3, 9b GmbHG (ausführlich *Ulmer*/Habersack/Winter § 57 Rn. 26 ff.). Nach § 57 Abs. 4, 9a Abs. 3 GmbHG besteht keine **Ersatzpflicht**, wenn die Geschäftsführer die die Ersatzpflicht begründenden Tatsachen weder kannten noch bei Anwendung der Sorgfalt eines ordentlichen Geschäftsmannes (§ 43 GmbHG, vgl. § 43 GmbHG Rdn. 7 bis 9) kennen mussten.

F. Heilung von Mängeln durch Eintragung

10 Die Eintragung des Kapitalerhöhungsbeschlusses im Handelsregister soll unter den Voraussetzungen von § 242 AktG analog zur **Heilung** führen (Baumbach/Hueck/*Zöllner* § 57 Rn. 28). Ein nichtiger Kapitalerhöhungsbeschluss wird somit in entsprechender Anwendung von § 242 Abs. 2 AktG durch Heilung wirksam, wenn er 3 Jahre im Handelsregister eingetragen ist (OLG Stuttgart NZG 2001, 40; *Geißler* NZG 2006, 527). Formmängel werden analog § 242 Abs. 1 AktG sofort geheilt (*Lutter/Hommelhoff* GmbHG, § 57 Rn. 23). Für die Zeit zwischen Eintragung und Eintritt der Heilung, also dem Zeitpunkt, bis zu dem die Nichtigkeit geltend gemacht werden kann, ist

nach verbreiteter Auffassung entsprechend den Regeln über fehlerhafte Gesellschaftsverhältnisse von einer vorläufigen Entstehung der neuen Mitgliedschaft auszugehen mit der Folge, dass der Neugesellschafter, der die Anteile übernommen hat, als stimmberechtigt anzusehen ist und unter seiner Mitwirkung gefasste Beschlüsse wirksam sind. Tritt die Heilungswirkung nicht ein, hat danach mit Wirkung ex nunc eine Rückabwicklung nach den Regeln über die fehlerhafte Gesellschaft zu erfolgen (OLG Stuttgart NZG 2001, 40).

Das **Freigabeverfahren** nach § 246a AktG soll im GmbH-Recht entsprechend Anwendung finden (*Roth/Altmeppen* § 57 Rn. 14; *Geißler* GmbHR 2008, 128; *Herbarth* GmbHR 2005, 966; zweifelnd Baumbach/Hueck/*Zöllner* § 54 Rn. 28 ff.; ablehnend *Sauerbruch* GmbHR 2007, 189). 11

Mängel des Übernahmevertrages können nach Eintragung der Kapitalerhöhung nur dann geltend gemacht werden, wenn sie von dem Übernehmer nicht zurechenbar veranlasst wurden (vgl. Baumbach/Hueck/*Zöllner* § 57 Rn. 27). 12

Eine erfolgte Handelsregisteranmeldung ist wirkungslos, wenn es vollständig an einer Handelsregisteranmeldung fehlt. In diesem Fall mangelt es an einer Veranlassung durch die Gesellschaft (vgl. Gehrlein/Ekkenga/Simon/*Bormann*, § 57 Rn. 27). Haben nicht sämtliche Geschäftsführer an der Handelsregisteranmeldung mitgewirkt, wird man wohl von einer Veranlassung durch die Gesellschaft ausgehen müssen, sodass die Handelsregisteranmeldung allenfalls als fehlerhaft zu betrachten ist (vgl. Gehrlein/Ekkenga/Simon/*Bormann*, § 57 Rn. 27). 13

Eine Kapitalerhöhung wird erst wirksam, wenn sie im Handelsregister eingetragen ist (vgl. Gehrlein/Ekkenga/Simon/*Bormann*, § 57 Rn. 29). Erst mit Wirksamkeit der Handelsregistereintragung entstehen für den Übernehmenden Gesellschafterrechte. Die Eintragung der Kapitalerhöhung in das Handelsregister ist ebenfalls Voraussetzung für die Kaduzierung des neuen Geschäftsanteiles (vgl. Gehrlein/Ekkenga/Simon/*Bormann*, § 57 Rn. 29). 14

§ 57a Ablehnung der Eintragung

Für die Ablehnung der Eintragung durch das Gericht findet § 9c Abs. 1 entsprechende Anwendung.

Übersicht

	Rdn.		Rdn.
A. Prüfungsumfang	1	B. Werthaltigkeitskontrolle	2

A. Prüfungsumfang

Das Gericht prüft die Ordnungsmäßigkeit der Kapitalerhöhung einschließlich der Übernahmen nach § 55 GmbHG und ihrer Anmeldung (§§ 57a, 9c Abs. 1 Satz 1 GmbHG). Ferner prüft das Gericht, ob die Einlagen nicht unwesentlich überbewertet sind (§§ 57a, 9c Abs. 1 Satz 2 GmbHG). 1

B. Werthaltigkeitskontrolle

Nach h. M. ist ein **Sachkapitalerhöhungsbericht** grundsätzlich nicht erforderlich (vgl. § 56 Rdn. 7). Ob die in § 57a GmbHG enthaltene Verweisung auf § 9c Abs. 1 GmbHG eine ausreichende Rechtsgrundlage für das Registergericht bietet, um bei einer Kapitalerhöhung durch eine Sacheinlage einen Sachkapitalerhöhungsbericht zu fordern, ist streitig (vgl. LG Memmingen NZG 2005, 322; a. A. Baumbach/Hueck/*Zöllner* § 57a Rn. 10). Da ein solcher Bericht vom Gesetz nicht gefordert wird und auch eine Analogie zu § 5 Abs. 4 Satz 2 GmbHG zweifelhaft ist (vgl. OLG Stuttgart BB 1982, 398), da andernfalls ein solcher Bericht auch von Gesellschaftern erstellt werden müsste, die gegen den Erhöhungsbeschluss gestimmt oder sogar enthalten haben oder nicht anwesend waren (vgl. Lutter/Hommelhoff/*Lutter*, § 56 Rn. 7) sprechen die besseren Gründe dagegen (vgl. OLG Köln, GmbHR 1996, 684). Jedenfalls kann das Registergericht von Amts wegen Ermittlungen anstellen (§ 12 FGG; ab 01.09.2009: § 26 FamFG) und nach pflichtgemäßem Ermessen die Vorlage von 2

Nachweisen über die Werthaltigkeit der Sacheinlagen (z. B. Nachweise über Anschaffungs- und Herstellungskosten oder Bewertungsgutachten von Sachverständigen) verlangen. Das Gericht kann auch Sachverständige mit der Nachprüfung der Bewertung beauftragen (BayObLG NJW 1995, 1971). Das Registergericht kann über die gesetzlichen Bestimmungen hinausgehende Versicherungen und Nachweise nur dann verlangen, wenn sich im konkreten Einzelfall begründete Zweifel an der Einhaltung der Kapitalerhöhungsvorschriften ergeben. Werden im Rahmen einer Kapitalerhöhung die bisherigen Gesellschafter zur Übernahme der neuen Stammeinlagen zugelassen, ist das Registergericht nicht befugt, allein aufgrund seiner durch statistische Erhebungen gewonnenen Erkenntnis, dass in dieser Fallgruppe tatsächlich häufig verdeckte Sachkapitalerhöhungen vorliegen, generell weitere Nachweise zu verlangen, um dies auszuschließen (KG NZG 1998, 777; a. A. Baumbach/Hueck/*Zöllner* § 57a Rn. 9 m. w. N.). Man wird wohl annehmen müssen, dass nur für den Fall, dass sich auf Grundlage der mit der Anmeldung eingereichten Unterlagen begründete Zweifel ergeben, die auf eine wesentliche Überbewertung der Sacheinlage hindeuten, weitere Unterlagen anzufordern sind. Bestehen keine Anhaltspunkte, ist keine Ausforschungsermittlung einzuleiten. Die Lockerung des Prüfungsmaßstabs soll den Eintragungsvorgang beschleunigen (Begr. RegE-MoMiG, BT-Drucks. 16/6140, S. 86 f.). Nach *Ulmer* ist jedoch keine erhebliche Änderung des Prüfungsumfangs der Gerichte zu erwarten, da die Ausgabe von Geschäftsanteilen unter Nennwert (Unterpari-Emission) weiterhin unzulässig ist (vgl. *Ulmer*/Habersack/Winter, § 57a Rn. 4). Maßgeblicher **Bewertungszeitpunkt** ist die Anmeldung (OLG Düsseldorf NJW-RR 1996, 605; Baumbach/Hueck/*Zöllner* § 57a Rn. 11 und die h. M. in der Lit.; a. A. OLG Thüringen GmbHR 1994, 710: wonach Bewertungsstichtag der Zeitpunkt des Kapitalerhöhungsbeschlusses sei; ebenfalls a. A. *Meyding/Schnorbus/Hennig* ZNotP 2006, 122: Eintragungszeitpunkt, die sich aber zu Unrecht auf die h. M. mit BGHZ 80, 129 berufen, da dieser Fall die Gründung betrifft; wiederum anders *Ulmer*/Habersack/Winter, § 57a Rn. 18, der auf den Zeitpunkt der Einbringung abstellt).

3 Zum Prüfungsverfahren im Übrigen und Rechtsmitteln vgl. § 9c GmbHG Rdn. 5 ff.

§ 57b

(weggefallen)

§ 57c Kapitalerhöhung aus Gesellschaftsmitteln

(1) Das Stammkapital kann durch Umwandlung von Rücklagen in Stammkapital erhöht werden (Kapitalerhöhung aus Gesellschaftsmitteln).

(2) Die Erhöhung des Stammkapitals kann erst beschlossen werden, nachdem der Jahresabschluss für das letzte vor der Beschlussfassung über die Kapitalerhöhung abgelaufene Geschäftsjahr (letzter Jahresabschluss) festgestellt und über die Ergebnisverwendung Beschluss gefasst worden ist.

(3) Dem Beschluss über die Erhöhung des Stammkapitals ist eine Bilanz zugrunde zu legen.

(4) Neben den §§ 53 und 54 über die Abänderung des Gesellschaftsvertrags gelten die §§ 57d bis 57o.

Übersicht	Rdn.		Rdn.
A. Normzweck	1	I. Verbindung von Kapitalerhöhung aus Gesellschaftsmitteln mit ordentlicher Kapitalerhöhung	8
B. Voraussetzungen der Kapitalerhöhung aus Gesellschaftsmitteln	3		
C. Beschlussmängel	7	II. Verbindung von Kapitalerhöhung aus Gesellschaftsmitteln mit Kapitalherabsetzung	9
D. Verbindung mit anderen Kapitalmaßnahmen	8	E. Anmeldung zum Handelsregister	10

A. Normzweck

Bei der Kapitalerhöhung aus Gesellschaftsmitteln werden Rücklagen der Gesellschaft zur Durchführung der Kapitalerhöhung verwendet. Ungebundenes und ausschüttungsfähiges Eigenkapital wird zu **gebundenem Stammkapital** umgewandelt. Es findet also nur nominell eine Kapitalerhöhung durch »Umbuchung« von Bilanzpositionen innerhalb des Eigenkapitals der Gesellschaft, mithin ein sog. Passivtausch statt, ohne dass der Gesellschaft neue Mittel effektiv zufließen (vgl. Gehrlein/Ekkenga/Simon/*Kowalski*, § 57c Rn. 1). Dementsprechend wird auch die Kapitalbasis der Gesellschaft durch die Kapitalerhöhung aus Gesellschaftsmitteln nicht verbreitert, sondern bleibt das Eigenkapital gem. §§ 266 Abs. 3 A, 272 HGB summenmäßig unverändert. Auch bei der Kapitalerhöhung aus Gesellschaftsmitteln gilt der Grundsatz der **effektiven Kapitalaufbringung** (vgl. Gehrlein/Ekkenga/Simon/*Kowalski*, § 57c Rn. 3). Erhöhte Praxisrelevanz dürfte die Kapitalerhöhung aus Gesellschaftsmitteln bei der Unternehmergesellschaft erlangen (vgl. § 5a GmbHG Rdn. 8). 1

Anders als bei der effektiven Kapitalerhöhung (§ 55 Abs. 2 GmbHG) findet keine Übernahme von Geschäftsanteilen statt. Eine Verschiebung der Beteiligungsverhältnisse findet damit nicht statt. Vielmehr stehen die neuen Gesellschaftsanteile zwingend den Altgesellschaftern im Verhältnis ihrer bisherigen Beteiligung zu (§ 57j GmbHG). Dies wird damit begründet, dass die Gesellschafter mittels ihrer bestehenden Mitgliedschaft in der GmbH bereits am Substanzwert der Kapital- und Gewinnrücklagen anteilig beteiligt sind (*Lutter/Hommelhoff* GmbHG, § 57c Rn. 5). 2

B. Voraussetzungen der Kapitalerhöhung aus Gesellschaftsmitteln

Die Erhöhung des Stammkapitals darf erst nach der **Feststellung des Jahresabschlusses** für das letzte vor der Beschlussfassung über die Kapitalerhöhung abgelaufene Geschäftsjahr beschlossen werden. Darüber hinaus muss auch der **Beschluss über die Gewinnverwendung** gefasst worden sein (Abs. 2), sofern nicht die Ausnahmeregelung nach § 57n Abs. 2 Satz 2 GmbHG eingreift. Der Jahresabschluss muss – auch im Fall einer kleinen Gesellschaft im Sinne von §§ 316 Abs. 1 Satz 1, 267 Abs. 1 HGB – geprüft und mit dem **uneingeschränkten Bestätigungsvermerk** des Abschlussprüfers versehen sein (§§ 57e, 57f GmbHG). 3

Dem Beschluss über die Kapitalerhöhung aus Gesellschaftsmitteln ist eine **Bilanz** zugrunde zu legen (Abs. 3). Dies kann die Bilanz des letzten Jahresabschlusses sein; falls die 8-Monats-Frist nach § 57e Abs. 1 GmbHG überschritten ist, muss eine Zwischenbilanz erstellt werden, die den Anforderungen gem. § 57f GmbHG genügt. 4

Die Kapitalerhöhung aus Gesellschaftsmitteln ist Satzungsänderung (Abs. 4, §§ 53, 54 GmbHG). Insofern ist ein **satzungsändernder Beschluss** erforderlich, der den gesetzlichen Mehrheitserfordernissen von drei Vierteln des Stammkapitals (§ 53 Abs. 2 Satz 1 GmbHG) oder der satzungsmäßigen Mehrheit (§ 53 Abs. 2 Satz 2 GmbHG) unterliegt. 5

Der Kapitalerhöhungsbeschluss muss folgende **Angaben** enthalten: 6
- Angabe eines **festen Erhöhungsbetrages**; die Erhöhung um einen Höchstbetrag ist bei der Kapitalerhöhung aus Gesellschaftsmitteln anders als im Fall der effektiven Kapitalerhöhung unzulässig (*Lutter/Hommelhoff* GmbHG, § 57c Rn. 10; Baumbach/Hueck/*Zöllner* § 57c Rn. 3.); ausreichend ist jedoch die eindeutige Berechenbarkeit aufgrund einer Rechenoperation (Ulmer/Habersack/Winter § 57c Rn. 8 unter Verweis auf OLG Karlsruhe ZIP 2007, 270, 272 f.);
- die **neue Stammkapitalziffer** (*Lutter/Hommelhoff* GmbHG, § 57c Rn. 10; a.A. Baumbach/Hueck/*Zöllner* § 57c Rn. 3; für die letztgenannte Ansicht spricht, dass die neue Stammkapitalziffer vom Registergericht durch eine simple Rechenoperation ermittelt werden kann);
- die Angabe, **welche Bilanz** (Jahresabschlussbilanz oder Zwischenbilanz) dem Beschluss zugrunde gelegt wird (*Lutter/Hommelhoff* GmbHG, § 57c Rn. 10; Baumbach/Hueck/*Zöllner* Baumbach/Hueck § 57c Rn. 3); teilweise wird vertreten, dass der Kapitalerhöhungsbeschluss auch unter der aufschiebenden Bedingung der Feststellung der zugrunde liegenden Bilanz gefasst werden könne. In Anbetracht der grundsätzlichen Bedingungsfeindlichkeit von Gesellschafterbeschlüs-

sen und des Umstandes, dass in diesem Fall die Grundlage für die Kapitalerhöhung fehlen würde, ist aus Gründen der Rechtssicherheit hiervon abzuraten;
- die Angabe, dass **Kapitalerhöhung durch Umwandlung von Rücklagen** erfolgt (*Lutter/Hommelhoff* GmbHG, § 57c Rn. 10; Baumbach/Hueck/*Zöllner* § 57c Rn. 3). Bei Vorhandensein mehrerer Rücklagen ist anzugeben, zulasten welcher und in welcher Höhe die Umwandlung erfolgen soll (Baumbach/Hueck/*Zöllner* § 57c Rn. 3); in § 57d GmbHG wird geregelt, welche Rücklagen umwandlungsfähig sind (§ 57d GmbHG Rn. 3 ff.);
- die **Art der Erhöhung** (§ 57 Abs. 2 Satz 1 GmbHG), also durch Bildung neuer Geschäftsanteile oder durch Erhöhung des Nennbetrags bestehender Geschäftsanteile;
- **Festlegungen zur Gewinnbeteiligung**, falls von § 57n Abs. 1 GmbHG abgewichen werden soll;
- ggf. **Anpassungsregeln** zu den mit den Geschäftsanteilen verbundenen Nebenrechten und -pflichten (Baumbach/Hueck/*Zöllner* § 57c Rn. 3; § 57m GmbHG).

C. Beschlussmängel

7 Verstöße gegen die Reihenfolge der Beschlussfassungen gem. Abs. 2 und die Pflicht zur Zugrundelegung einer Bilanz nach Abs. 3 führen analog § 241 Nr. 3 AktG zur Nichtigkeit. Dies wird mit dem Gläubigerschutzcharakter der genannten Bestimmungen begründet (*Ulmer*/Habersack/Winter § 57c Rn. 15; *Roth*/*Altmeppen* § 57c Rn. 14; *Lutter*/*Hommelhoff* GmbHG, § 57c Rn. 11; teilweise a. A. Baumbach/Hueck/*Zöllner* § 57c Rn. 5). Falls die zugrunde liegende Bilanz unrichtig ist und tatsächlich nicht bestehende Rücklagen ausweist, ist der Jahresabschluss analog § 256 Abs. 1 Nr. 1 AktG nichtig. Dies führt zur Nichtigkeit des Kapitalerhöhungsbeschlusses analog § 241 Nr. 3 AktG (Baumbach/Hueck/*Zöllner* § 57c Rn. 7). Eine Unterdeckung aufgrund des Umstands, dass die in der Bilanz ausgewiesenen Rücklagen tatsächlich nicht existieren, führt nach h. M. nicht zu einer Einzahlungspflicht des Gesellschafters (Baumbach/Hoeck/*Zöllner* § 57d Rn. 8), sondern nur zu einem Ausschüttungsverbot hinsichtlich künftiger Jahresüberschüsse bis zur Auffüllung. Dem entspricht, dass die Kapitalerhöhung aus Gesellschaftsmitteln grundsätzlich nicht mit Einlageleistungen der Gesellschafter verbunden ist. Nach a. A. muss jedoch die in § 9 GmbHG geregelte Differenzhaftung analog gelten (Scholz/*Priester* GmbHG, § 57i Rn. 20).

D. Verbindung mit anderen Kapitalmaßnahmen

I. Verbindung von Kapitalerhöhung aus Gesellschaftsmitteln mit ordentlicher Kapitalerhöhung

8 Nach der Rechtsprechung kann die Kapitalerhöhung aus Gesellschaftsmitteln (§ 57c GmbHG) sowie die effektive Kapitalerhöhung (§§ 55, 56 GmbHG) zu einem Gesellschafterbeschluss zusammengefasst werden, wenn alle Gesellschafter einverstanden sind und kumulativ alle gesetzlichen Voraussetzungen beider Erhöhungsarten vorliegen (OLG Düsseldorf NJW 1986, 2060; LG München Rpfleger 1983, 157). Die h. L. geht dagegen von der Unzulässigkeit eines einheitlichen Beschlusses aus (*Ulmer*/Habersack/Winter vor § 57c Rn. 17; Baumbach/Hueck/*Zöllner* § 57c Rn. 8; *Lutter*/ *Hommelhoff* GmbHG, § 57c Rn. 15). Unproblematisch können jedoch in derselben Gesellschafterversammlung getrennte Beschlüsse über die beiden Arten der Kapitalerhöhung gefasst werden (*Roth*/*Altmeppen* § 57c Rn. 7).

II. Verbindung von Kapitalerhöhung aus Gesellschaftsmitteln mit Kapitalherabsetzung

9 Die Verbindung einer Kapitalerhöhung aus Gesellschaftsmitteln ist weder mit einer ordentlichen Kapitalherabsetzung (§ 58 GmbHG) noch mit einer vereinfachten Kapitalherabsetzung (§§ 58a ff. GmbHG) möglich. Bei der ordentlichen Kapitalherabsetzung liegt es daran, dass nach § 58 Abs. 1 Nr. 3 GmbHG die Herabsetzung erst mehr als ein Jahr nach dem Herabsetzungsbeschluss im Handelsregister angemeldet werden kann, während der Beschluss über die Kapitalerhöhung aus Gesellschaftsmitteln innerhalb der 8-Monats-Frist gem. §§ 57e, 57f GmbHG anzumelden ist. Hinsichtlich der vereinfachten Kapitalherabsetzung ist die Begründung, dass die Kombination irreführend sei und nach § 58a Abs. 2 GmbHG vorab die Auflösung aller Rücklagen voraussetzt (*Ulmer*/

Habersack/Winter § 57c Rn. 18 f.; *Roth/Altmeppen* § 57c Rn. 8; *Lutter/Hommelhoff* GmbHG, § 57c Rn. 16; a. A. Baumbach/Hueck/*Zöllner* § 57c Rn. 10).

E. Anmeldung zum Handelsregister

§ 57c Abs. 4 GmbHG verweist u. a. auf § 54 GmbHG. Daraus ergibt sich, dass auch die Kapitalerhöhung aus Gesellschaftsmitteln zum Handelsregister anzumelden ist und im Handelsregister einzutragen ist, wobei die Eintragung auch in diesem Fall konstitutiv wirkt. 10

§ 57d Ausweisung von Kapital- und Gewinnrücklagen

(1) Die Kapital- und Gewinnrücklagen, die in Stammkapital umgewandelt werden sollen, müssen in der letzten Jahresbilanz und, wenn dem Beschluss eine andere Bilanz zugrunde gelegt wird, auch in dieser Bilanz unter »Kapitalrücklage« oder »Gewinnrücklagen« oder im letzten Beschluss über die Verwendung des Jahresergebnisses als Zuführung zu diesen Rücklagen ausgewiesen sein.

(2) Die Rücklagen können nicht umgewandelt werden, soweit in der zugrunde gelegten Bilanz ein Verlust, einschließlich eines Verlustvortrags, ausgewiesen ist.

(3) Andere Gewinnrücklagen, die einem bestimmten Zweck zu dienen bestimmt sind, dürfen nur umgewandelt werden, soweit dies mit ihrer Zweckbestimmung vereinbar ist.

Übersicht

	Rdn.			Rdn.
A. Normzweck	1	I.	Arten von Gewinn- und Kapitalrücklagen	3
B. Bilanzausweis der Kapital- und Gewinnrücklagen	2	II.	Keine Verlustsituation	7
C. Umwandlungsfähige Gewinn- und Kapitalrücklagen	3	D.	Andere Gewinnrücklagen mit Zweckbestimmung, Abs. 3	8
		E.	Rechtsfolgen eines Verstoßes	9

A. Normzweck

Durch die in § 57d GmbHG enthaltene Regelung soll sichergestellt werden, dass die GmbH tatsächlich über ausreichende Rücklagen verfügt, um den Betrag der Kapitalerhöhung zu decken (*Lutter/Hommelhoff* GmbHG, § 57d Rn. 1). Zu diesem Zweck definiert die Vorschrift, welche Rücklagen umwandlungsfähig sind und bestimmt, dass die in Eigenkapital zu wandelnden Rücklagen in der (bzw. den) der Kapitalerhöhung zugrunde liegenden Bilanz (bzw. Bilanzen) ausgewiesen sein müssen; insbesondere die auch bei kleinen Gesellschaften erforderliche Prüfung der Bilanz(en) (§ 57e GmbHG) sichert die reale Kapitalaufbringung. 1

B. Bilanzausweis der Kapital- und Gewinnrücklagen

Die Kapital- und Gewinnrücklagen müssen grundsätzlich in der letzten Jahresbilanz (§ 57e GmbHG) ausgewiesen sein. Wird der Kapitalerhöhung eine Zwischenbilanz (§ 57f GmbHG) zugrunde gelegt, müssen die Rücklagen gem. Abs. 1 in beiden Bilanzen ausgewiesen sein. Falls die Rücklagen im letzten Gewinnverwendungsbeschluss (§ 29 GmbHG) als Zuführung zu Kapital- oder Gewinnrücklage ausgewiesen sind, reicht der zusätzliche Ausweis in der Zwischenbilanz (*Roth/Altmeppen* § 57d Rn. 4). 2

C. Umwandlungsfähige Gewinn- und Kapitalrücklagen

I. Arten von Gewinn- und Kapitalrücklagen

Ausdrücklich als umwandlungsfähig genannt (Abs. 1) sind Kapital- und Gewinnrücklagen. **Kapitalrücklagen** sind sämtliche Einlagen von Gesellschaftern, die nicht Stammkapital sind. Als Kapitalrücklage sind nach § 272 Abs. 2 HGB auszuweisen: (1) Aufgelder bei der Ausgabe von Geschäftsanteilen, (2) Options- oder Wandlungsprämien, (3) Zuzahlungen bei Gewährung von Vorzügen 3 und (4) sonstige Zuzahlungen in die Kapitalrücklage, wie z. B. eingezahlte Nachschüsse gem. § 26 GmbHG (*Ulmer*/Habersack/Winter § 57d Rn. 7).

4 **Gewinnrücklagen** sind Rücklagen aus einbehaltenen Jahresüberschüssen (§ 272 Abs. 3 Satz 1 HGB). Dazu zählen nach § 266 Abs. 3 A III HGB Rücklagen für eigene Anteile und satzungsmäßige Rücklagen und andere Gewinnrücklagen. Rücklagen für eigene Anteile sind nach h. M. nicht umwandlungsfähig, solange die eigenen Anteile noch aktiviert sind (ausführlich *Roth/Altmeppen* § 57d Rn. 6; *Ulmer*/Habersack/Winter § 57d Rn. 3 m. w. N.).

5 Damit sind grundsätzlich alle **offenen Rücklagen** umwandlungsfähig.

6 **Nicht umwandlungsfähig** sind dagegen die folgenden Positionen:
 – **Stille Reserven** müssen erst aufgelöst und in den nach Abs. 1 maßgeblichen Bilanzen ausgewiesen werden, bevor sie umwandlungsfähig sind (Baumbach/Hueck/*Zöllner* § 57d Rn. 1).
 – **Künftige Rücklagen** sind nicht umwandlungsfähig (vgl. Gehrlein/Ekkenga/Simon/*Kowalski*, § 57d Rn. 5).
 – Der **Jahresüberschuss** oder **Bilanzgewinn** ist nur umwandlungsfähig, wenn ein Gewinnverwendungsbeschluss gefasst wurde und der Gewinn bzw. Überschuss bereits der Gewinnrücklage zugewiesen worden ist.
 – Die nach § 247 Abs. 3 HGB zulässigen Passivposten für Zwecke der Steuern vom Einkommen und Ertrag (**Sonderposten mit Rücklagenanteil**) sind bei Kapitalgesellschaften gem. § 273 Satz 2 HGB auf der Passivseite vor den Rückstellungen auszuweisen. Sie sind ein Mischposten aus Eigenkapital und Fremdkapital und werden entsprechend zwischen dem Eigenkapital und dem Fremdkapital (also vor den Rückstellungen) ausgewiesen. Die Bildung einer steuerfreien Rücklage bewirkt zunächst nur eine Gewinnverlagerung, wirtschaftlich also eine Steuerstundung. I. H. d. aufgeschobenen Steuerbelastung hat der Sonderposten Rückstellungscharakter und entspricht einer Rückstellung für die latente Steuerverbindlichkeit. Daneben hat der Sonderposten Eigenkapitalcharakter (MüKo AktG/*Hennrichs* § 247 HGB Rn. 25–27; *Ulmer*/Habersack/Winter § 57d Rn. 13). Sonderposten mit Rücklagenanteil sind mangels Rücklagencharakter nicht umwandlungsfähig (*Lutter/Hommelhoff* GmbHG, § 57d Rn. 6)

II. Keine Verlustsituation

7 Die Rücklagen dürfen nicht umgewandelt werden, »soweit« in der zugrunde gelegten Bilanz ein Verlust oder Verlustvortrag ausgewiesen ist (Abs. 2). »Soweit« bedeutet, dass nur die **positive Differenz** aus umwandlungsfähigen Rücklagen und dem ausgewiesenen Verlust einschließlich Verlustvortrag umgewandelt werden kann (*Roth/Altmeppen* § 57d Rn. 11). Zwischen dem Stichtag der der Kapitalerhöhung zugrunde gelegten Jahres- oder Zwischenbilanz bis zur Anmeldung beim Handelsregister dürfen keine Vermögensminderungen eingetreten sein (§ 57i Abs. 1 Satz 2 GmbHG).

D. Andere Gewinnrücklagen mit Zweckbestimmung, Abs. 3

8 Zweckgebundene Gewinnrücklagen dürfen nur dann in Stammkapital umgewandelt werden, soweit dies mit ihrer Zweckbestimmung vereinbar ist (Abs. 3). Die Zweckbindung richtet sich nach dem Gesellschafterbeschluss, mit dem die Zweckbindung festgesetzt wurde. Eine Umwandlung in Stammkapital wäre z. B. unvereinbar, wenn die Rücklage ausweislich des Gewinnverwendungsbeschlusses für freiwillige soziale Leistungen bestimmt ist (*Roth/Altmeppen* § 57d Rn. 7). In der Praxis ist dies jedoch regelmäßig unproblematisch, weil der Kapitalerhöhungsbeschluss, also der Beschluss über Umwandlung der Rücklagen, als (ggf. konkludente) Aufhebung der Zweckbindung verstanden wird (Baumbach/Hueck/*Zöllner* § 57d Rn. 10). Beruht die Zweckbindung auf einer Satzungsbestimmung, so muss die Satzung entsprechend geändert werden. Die Satzungsänderung über die Aufhebung der Zweckbindung und die Kapitalerhöhung aus Gesellschaftsmitteln können in einem einheitlichen Beschluss gefasst werden (Baumbach/Hueck/*Zöllner* § 57d Rn. 11).

E. Rechtsfolgen eines Verstoßes

Verstöße gegen Abs. 1 und Abs. 2 führen aufgrund ihres gläubigerschützenden Charakters analog § 241 Nr. 3 AktG zur Nichtigkeit (*Roth/Altmeppen* § 57d Rn. 12; differenzierend Baumbach/Hueck/*Zöllner* § 57d Rn. 4 und Rn. 8). Ein Verstoß gegen Abs. 3 führt unstreitig nicht zur Nichtigkeit, sondern nur zur Anfechtbarkeit (Baumbach/Hueck/*Zöllner* § 57d Rn. 11; *Roth/Altmeppen* § 57d Rn. 12; vgl. zur Anfechtbarkeit von Beschlüssen in der GmbH auch ausführl. Kap. 5 Rdn. 376 ff., zur Anfechtungsklage gem. § 243 AktG analog Kap. 5 Rdn. 352 ff.).

9

§ 57e Zugrundelegung der letzten Jahresbilanz; Prüfung

(1) Dem Beschluss kann die letzte Jahresbilanz zugrunde gelegt werden, wenn die Jahresbilanz geprüft und die festgestellte Jahresbilanz mit dem uneingeschränkten Bestätigungsvermerk der Abschlussprüfer versehen ist und wenn ihr Stichtag höchstens acht Monate vor der Anmeldung des Beschlusses zur Eintragung in das Handelsregister liegt.

(2) Bei Gesellschaften, die nicht große i. S. d. § 267 Abs. 3 des Handelsgesetzbuchs sind, kann die Prüfung auch durch vereidigte Buchprüfer erfolgen; die Abschlussprüfer müssen von der Versammlung der Gesellschafter gewählt sein.

Übersicht	Rdn.		Rdn.
A. Normzweck	1	II. 8-Monats-Frist	3
B. Voraussetzungen der Verwendung der letzten Jahresbilanz	2	III. Prüferbestellung	4
		C. Umfang der Prüfung	5
I. Bilanz mit uneingeschränktem Bestätigungsvermerk	2	D. Mängel, Rechtsfolgen	6

A. Normzweck

Nach § 57e GmbHG muss die Jahresbilanz, die Grundlage der Kapitalerhöhung sein soll, geprüft und testiert sein. Dies gilt auch dann, wenn es sich bei der Jahresbilanz um die Bilanz zum Ende eines Rumpfgeschäftsjahres handelt (vgl. Gehrlein/Ekkenga/Simon/*Kowalski*, § 57e Rn. 1). Die Vorschrift hat somit vor allem eine Kontrollfunktion zum Schutz der Gesellschaftsgläubiger. Kann die Jahresbilanz nicht verwendet werden, etwa nach Ablauf der 8-Monats-Frist, muss eine Zwischenbilanz gem. § 57f GmbHG erstellt werden.

1

B. Voraussetzungen der Verwendung der letzten Jahresbilanz

I. Bilanz mit uneingeschränktem Bestätigungsvermerk

Die Verwendung der Bilanz aus dem Jahresabschluss (Jahresbilanz) als Grundlage der Kapitalerhöhung aus Gesellschaftsmitteln setzt voraus, dass die Jahresbilanz geprüft und mit dem uneingeschränkten Bestätigungsvermerk des Abschlussprüfers versehen ist (Abs. 1). Damit wird auch für kleine GmbHs (§ 267 Abs. 1 HGB), deren Jahresabschlüsse normalerweise nach § 316 Abs. 1 Satz 1 HGB nicht geprüft werden müssen, eine Abschlussprüfung festgelegt (vgl. Gehrlein/Ekkenga/Simon/*Kowalski*, § 57e Rn. 2).

2

II. 8-Monats-Frist

Der Stichtag der Jahresbilanz, die der Kapitalerhöhung zugrunde gelegt wird, darf nicht mehr als 8 Monate vor der Anmeldung des Kapitalerhöhungsbeschlusses liegen (Abs. 1). Es ist fraglich, ob es ausreicht, wenn die entsprechende Handelsregisteranmeldung innerhalb der 8-Monats-Frist **per Telefax** beim Handelsregister eingeht und in öffentlich-beglaubigter Form nachgereicht wird (für den Fall einer Verschmelzungsanmeldung OLG Jena NZG 2003, 43). Wiedereinsetzung in den vorigen Stand ist ausgeschlossen; jede geringste Fristüberschreitung schadet (OLG Frankfurt am

3

Main BB 1981, 1253, 1254). Teilweise wird vertreten, dass nur eine vollständige und mangelfreie Registeranmeldung Frist wahrend ist (*Lutter/Hommelhoff* GmbHG, § 57g Rn. 10; *Ulmer*/Habersack/Winter § 57e bis g Rn. 17). Zutreffend ist hier zu differenzieren: Eine Anmeldung nur pro forma, also wenn die Anmeldungsvoraussetzungen wie z. B. der Erhöhungsbeschluss gar nicht vorliegen, ist nicht ausreichend (*Heckschen* L Rn. 224; Michalski/*Hermanns* § 57e Rn. 9). Wird die Anmeldung jedoch nicht wegen Unvollständigkeit zurückgewiesen, sondern ergeht nur eine Zwischenverfügung, bleibt die Frist gewahrt, wenn die nachgereichten Unterlagen innerhalb der 8-Monats-Frist beim Gericht eingehen (Baumbach/Hueck/*Zöllner* § 57e Rn. 4). Liegt der Bilanzstichtag mehr als 8 Monate zurück, bedarf es einer Sonderbilanz nach § 57f GmbHG.

III. Prüferbestellung

4   Bei kleinen und mittelgroßen GmbHs (§ 267 Abs. 1 und 2 HGB) kann die Abschlussprüfung auch durch vereidigte Buchprüfer (Abs. 2 Halbs. 1) oder Buchprüfungsgesellschaft (§ 319 Abs. 1 HGB) erfolgen. Bei großen Kapitalgesellschaften kommen nur Wirtschaftsprüfer oder Wirtschaftsprüfergesellschaften infrage (§ 319 Abs. 1 Satz 1 HGB). Die Abschlussprüfer müssen von der Gesellschafterversammlung gewählt sein (Abs. 2 Halbs. 2), sofern die Satzung diese Kompetenz nicht auf ein anderes Gesellschaftsorgan verlagert (vgl. § 57f Abs. 3 Satz 2 GmbHG i. V. m. § 318 Abs. 1 Satz 2 HGB); auch die Beschlussfassung im Umlaufverfahren (§ 48 Abs. 2 GmbHG) ist möglich. Wenn eine bereits geprüfte Jahresbilanz zugrunde gelegt wird und deren Prüfer anderweitig bestellt wurde, genügt auch deren nachträgliche Bestätigung durch die Gesellschafterversammlung (*Roth/Altmeppen* § 57e Rn. 5).

C. Umfang der Prüfung

5   Grundsätzlich richtet sich der Umfang der Prüfung nach §§ 316 ff. HGB. Bei kleinen GmbHs ist der Prüfungsumfang aber umstritten; entweder genügt eine Prüfung entsprechend den Anforderungen für Sonderbilanzen nach § 57f GmbHG (*Ulmer*/Habersack/Winter § 57e bis g Rn. 5; *Roth/Altmeppen* § 57e Rn. 4; Baumbach/Hueck/*Zöllner* § 57e Rn. 2) oder die §§ 316 ff. HGB finden entsprechende Anwendung (Michalski/*Hermanns* § 57e Rn. 5, wonach die in § 57f Abs. 3 Satz 2 GmbHG in Bezug genommenen Vorschriften nicht den Prüfungsgegenstand betreffen.

D. Mängel, Rechtsfolgen

6   Wird dem Beschluss keine geprüfte und mit dem uneingeschränkten Bestätigungsvermerk zu versehender Jahresabschluss zugrunde gelegt, ist der Beschluss analog § 243 Nr. 3 AktG **nichtig** (BayObLG ZIP 2002, 1398, 1400 zur Aktiengesellschaft; vgl. auch Kap. 5 Rdn 309). Die Nichtigkeit kann analog § 242 Abs. 2 AktG nach 3 Jahren nicht mehr geltend gemacht werden. Zu inhaltlichen Mängeln der Bilanz vgl. § 57c GmbHG Rdn. 7.

7   Wird die 8-Monats-Frist bereits mit der Beschlussfassung überschritten, ist der Beschluss analog § 243 Nr. 3 AktG nichtig (Baumbach/Hueck/*Zöllner* § 57e Rn. 5). Ansonsten stellt die Überschreitung der 8-Monats-Frist zwar ein Eintragungshindernis dar; dieses wird aber mit der (versehentlichen) Eintragung im Handelsregister **geheilt** (*Ulmer*/Habersack/Winter § 57e bis g Rn. 19; *Roth/Altmeppen* § 57e Rn. 8).

§ 57f Anforderungen an die Bilanz

(1) ¹Wird dem Beschluß nicht die letzte Jahresbilanz zugrunde gelegt, so muß die Bilanz den Vorschriften über die Gliederung der Jahresbilanz und über die Wertansätze in der Jahresbilanz entsprechen. ²Der Stichtag der Bilanz darf höchstens acht Monate vor der Anmeldung des Beschlusses zur Eintragung in das Handelsregister liegen.

(2) ¹Die Bilanz ist, bevor über die Erhöhung des Stammkapitals Beschluß gefaßt wird, durch einen oder mehrere Prüfer darauf zu prüfen, ob sie dem Absatz 1 entspricht. ²Sind nach dem

abschließenden Ergebnis der Prüfung keine Einwendungen zu erheben, so haben die Prüfer dies durch einen Vermerk zu bestätigen. ³Die Erhöhung des Stammkapitals kann nicht ohne diese Bestätigung der Prüfer beschlossen werden.

(3) ¹Die Prüfer werden von den Gesellschaftern gewählt; falls nicht andere Prüfer gewählt werden, gelten die Prüfer als gewählt, die für die Prüfung des letzten Jahresabschlusses von den Gesellschaftern gewählt oder vom Gericht bestellt worden sind. ²Im übrigen sind, soweit sich aus der Besonderheit des Prüfungsauftrags nichts anderes ergibt, § 318 Abs. 1 Satz 2, § 319 Abs. 1 bis 4, § 319a Abs. 1, § 319b Abs. 1, § 320 Abs. 1 Satz 2, Abs. 2 und die §§ 321 und 323 des Handelsgesetzbuchs anzuwenden. ³Bei Gesellschaften, die nicht große im Sinne des § 267 Abs. 3 des Handelsgesetzbuchs sind, können auch vereidigte Buchprüfer zu Prüfern bestellt werden.

Übersicht	Rdn.		Rdn.
A. Normzweck	1	C. 8-Monats-Frist	3
B. Gliederung der Bilanz und Wertansätze in der Bilanz	2	D. Prüfung, Prüferbestellung, Prüfungsumfang	4

A. Normzweck

Die Überschrift von § 57f GmbHG ist irreführend. Es geht im Ergebnis nicht um die Anforderungen, die an eine Bilanz zu stellen sind. Vielmehr geht es darum, welche Anforderungen an eine Erhöhungssonderbilanz, also eine Zwischenbilanz, die der Kapitalerhöhung zugrunde gelegt wird, zu stellen sind (vgl. Gehrlein/Ekkenga/Simon/*Kowalski*, § 57f Rn. 1). Dem Kapitalerhöhungsbeschluss kann statt der letzten Jahresbilanz auch eine Zwischenbilanz zugrunde gelegt werden. Liegt der Stichtag des Jahresabschlusses mehr als 8 Monate zurück, muss eine Zwischenbilanz erstellt werden. § 57f GmbHG legt die inhaltlichen Anforderungen an die Kapitalerhöhungssonderbilanz fest.

B. Gliederung der Bilanz und Wertansätze in der Bilanz

Die Bilanz muss den Vorschriften über die Gliederung der Jahresbilanz und über die Wertansätze in der Jahresbilanz entsprechen (Abs. 1 Satz 1). Daneben muss auch der Grundsatz der Bilanzkontinuität gegenüber der letzten Jahresbilanz gewahrt sein (vgl. Baumbach/Hueck/*Zöllner*, § 57f Rn. 2). Der Erstellung einer Gewinn- und Verlustrechnung neben der Zwischenbilanz bedarf es nicht (*Ulmer*/Habersack/Winter § 57e bis g Rn. 11). Die Bilanz ist von der Geschäftsführung aufzustellen.

2

C. 8-Monats-Frist

Der Stichtag der Zwischenbilanz darf höchstens 8 Monate vor der Anmeldung des Erhöhungsbeschlusses zur Eintragung in das Handelsregister liegen (Abs. 1 Satz 2). Insoweit wird auf die Ausführungen unter § 57e GmbHG Rdn. 3 verwiesen.

3

D. Prüfung, Prüferbestellung, Prüfungsumfang

Die Zwischenbilanz muss vor der Beschlussfassung über die Kapitalerhöhung geprüft und mit dem uneingeschränkten Bestätigungsvermerk des Abschlussprüfers versehen sein (Abs. 2). Auch die Feststellung der Bilanz in einem gesonderten Beschluss vor dem Kapitalerhöhungsbeschluss ist erforderlich (ausdrücklich nur für die Jahresbilanz nach § 57c Abs. 2 GmbHG; Michalski/*Hermanns* § 57f Rn. 5; Baumbach/Hueck/*Zöllner* § 57f Rn. 12).

4

Hinsichtlich der **Prüferbestellung** gelten die Ausführungen zu § 57e entsprechend (§ 57e Rdn. 4).

5

Prüfungsinhalt ist, ob die Bilanz den Vorschriften über die Gliederung der Jahresbilanz und der Wertansätze in der Jahresbilanz entsprechen (Abs. 2 Satz 1 i. V. m. Abs. 1 Satz 1). Der **Prüfungsumfang** ist im Vergleich zur Jahresabschlussprüfung (§§ 316 ff. HGB) jedoch eingeschränkt (Abs. 3 Satz 2), da die Vorschriften des HGB, auf die verwiesen wird, nur insoweit anzuwenden sind,

6

als dies den Besonderheiten des Prüfungsauftrags hier nicht widerspricht. Als Besonderheit wird angeführt, dass die Zwischenbilanz nicht als Grundlage der Beurteilung der Lage der Gesellschaft dient; insofern sind der Prüfungsbericht (§ 321 HGB) und die Informationsrechte der Abschlussprüfer (§ 320 Abs. 1 Satz 2 und Abs. 2 HGB) eingeschränkt (Baumbach/Hueck/*Zöllner* § 57f Rn. 5). Schwerpunktmäßig hat sich die Prüfung auf die Kontrolle des in der Zwischenbilanz ausgewiesenen Eigenkapitals zu erstrecken (*Ulmer*/Habersack/Winter § 57e bis g Rn. 14).

§ 57g Vorherige Bekanntgabe des Jahresabschlusses

Die Bestimmungen des Gesellschaftsvertrags über die vorherige Bekanntgabe des Jahresabschlusses an die Gesellschafter sind in den Fällen des § 57f entsprechend anzuwenden.

1   Die Norm ist **lückenhaft**, da sie nur den Fall regelt, dass die Satzung Bestimmungen über die vorherige Bekanntgabe des Jahresabschlusses an die Gesellschafter enthält. Dann sind diese Satzungsbestimmungen entsprechend auf die Zwischenbilanz in den Fällen des § 57f GmbHG anzuwenden. Fehlt jedoch eine Satzungsregelung über die Vorlage, ist unstreitig § 42a Abs. 1 GmbHG entsprechend anzuwenden (*Roth/Altmeppen* § 57g Rn. 1; Michalski/*Hermanns* § 57g Rn. 2; Baumbach/Hueck/*Zöllner* § 57g Rn. 1 m. w. N.). Streitig ist, ob analog § 42a Abs. 1 Satz 3 GmbHG auch die Vorlage an einen etwa bestehenden Aufsichtsrat erforderlich ist (vgl. Michalski/*Hermanns* § 57g Rn. 2; *Roth/Altmeppen* § 57g Rn. 1).

§ 57h Arten der Kapitalerhöhung

(1) ¹Die Kapitalerhöhung kann vorbehaltlich des § 57l Abs. 2 durch Bildung neuer Geschäftsanteile oder durch Erhöhung des Nennbetrags der Geschäftsanteile ausgeführt werden. ²Die neuen Geschäftsanteile und die Geschäftsanteile, deren Nennbetrag erhöht wird, müssen auf einen Betrag gestellt werden, der auf volle Euro lautet.

(2) ¹Der Beschluss über die Erhöhung des Stammkapitals muss die Art der Erhöhung angeben. ²Soweit die Kapitalerhöhung durch Erhöhung des Nennbetrags der Geschäftsanteile ausgeführt werden soll, ist sie so zu bemessen, dass durch sie auf keinen Geschäftsanteil, dessen Nennbetrag erhöht wird, Beträge entfallen, die durch die Erhöhung des Nennbetrags des Geschäftsanteils nicht gedeckt werden können.

Übersicht	Rdn.		Rdn.
A. Normzweck	1	D. Mindestnennbeträge und Teilbarkeit der neuen oder aufgestockten Geschäftsanteile	5
B. Bildung neuer Geschäftsanteile	2		
C. Nennbetragserhöhung bestehender Geschäftsanteile (Aufstockung)	4	E. Spitzenbeträge	6
		F. Mängel, Rechtsfolgen	8

A. Normzweck

1   Die Norm erlaubt **Kapitalerhöhung aus Gesellschaftsmitteln** sowohl durch Bildung neuer Geschäftsanteile wie auch durch Aufstockung bestehender Geschäftsanteile (Abs. 1 Satz 1). Mit dem MoMiG wurde § 5 Abs. 2 abgeändert. Geschäftsanteile können nunmehr mit jedem Nennwert gebildet werden, der durch 1,00 € teilbar ist (vgl. hierzu ausführl. § 5 GmbHG Rdn. 2 ff.). Abs. 1 Satz 2 enthält hierzu eine für die Kapitalerhöhung aus Gesellschaftsmitteln korrespondierende Vorschrift. Bei den Gesellschaftern dürfen keine Spitzenbeträge entstehen (§ 57h Abs. 2 Satz 2). Dieses Problem hat jedoch erheblich an Relevanz verloren, da der Gesetzgeber nun generell einen Mindestnennbetrag von einem vollen Euro zulässt.

B. Bildung neuer Geschäftsanteile

Nach § 57j GmbHG sind die Gesellschafter zwar zwingend Verhältnis wahrend am erhöhten Stammkapital beteiligt. Durch Kapitalerhöhungsbeschluss kann und muss (Abs. 2 Satz 1) bestimmt werden, ob die Erhöhung durch **Neubildung von Geschäftsteilen** oder **Aufstockung der Nennbeträge** bestehender Geschäftsanteile erfolgen soll. Auch eine Kombination aus beiden Arten der Erhöhung ist möglich (vgl. § 57l Abs. 2 Satz 3 GmbHG für den Fall teileingezahlter Geschäftsanteile; Baumbach/Hueck/*Zöllner* § 57h Rn. 8; *Lutter/Hommelhoff* GmbHG, § 57h Rn. 5; *Roth/Altmeppen* § 57h Rn. 5). Lediglich bei teileingezahlten Geschäftsanteilen kommt ausschließlich die Kapitalerhöhung durch Nennbetragserhöhung (Aufstockung) in Betracht (§ 57l Abs. 2 Satz 2 GmbHG). 2

Ist ein Gesellschafter **Inhaber mehrerer Geschäftsanteile**, nehmen alle Geschäftsanteile Verhältnis wahrend an der Kapitalerhöhung teil. Mit Zustimmung des Gesellschafters, der mehrere Geschäftsanteile hält, soll es auch möglich sein, ihm nur einen neuen Geschäftsanteil zu gewähren (Baumbach/Hueck/*Zöllner* § 57h Rn. 5). 3

C. Nennbetragserhöhung bestehender Geschäftsanteile (Aufstockung)

Mit Inkrafttreten des MoMiG steht die Aufstockung als gleichwertige Alternative neben der Ausgabe neuer Geschäftsanteile. Vorteile der Aufstockung nach altem Recht in Fällen, in denen der Mindestnennbetrag von 50,– € aufgrund des geringen Umfangs der Kapitalerhöhung nicht erreicht wurde, gibt es im Fall der Herabsetzung des Mindestnennbetrags auf einen vollen Euro durch das MoMiG nicht mehr. 4

D. Mindestnennbeträge und Teilbarkeit der neuen oder aufgestockten Geschäftsanteile

Die neuen Geschäftsanteile und die Geschäftsanteile, deren Nennbeträge durch Aufstockung erhöht wird, müssen auf einen Betrag gestellt werden, der auf volle Euro lautet (Abs. 1 Satz 2). Damit entfallen die vor Inkrafttreten des MoMiG geltenden, strengeren Anforderungen (Mindestnennbetrag von 50,– € und Teilbarkeit durch 10). 5

E. Spitzenbeträge

Bei den Gesellschaftern dürfen im Fall der Kapitalerhöhung durch Nennbetragserhöhung (Aufstockung) keine Spitzenbeträge entstehen (Abs. 2 Satz 2); entsprechend ist der Umfang der Kapitalerhöhung aus Gesellschaftsmitteln festzulegen. Im Fall der Kapitalerhöhung durch Ausgabe neuer Geschäftsanteile hingegen ist die Entstehung von Spitzenbeträgen möglich, da die Gesellschafter zwingend Verhältnis wahrend an der Kapitalerhöhung partizipieren (§ 57j GmbHG) und zugleich das Mindestnennbetragserfordernis von einem vollen Euro gilt (Abs. 1 Satz 2). Allerdings kann ein Erhöhungsbeschluss, der zu solchen Spitzenbeträgen führt, **treuwidrig und anfechtbar** sein (Baumbach/Hueck/*Zöllner* § 57k Rn. 1). Dem Problem kommt nach Inkrafttreten des MoMiG nur noch geringere praktische Relevanz zu, da die strengeren Voraussetzungen für Mindestnennbetrag und Teilbarkeit entfallen sind. Falls es, z. B. nach Versäumen der Anfechtungsfrist, doch zur Entstehung der Spitzenbeträge kommt, also wenn »auf einen Geschäftsanteil nur ein Teil eines neuen Geschäftsanteils entfällt« (§ 57k Abs. 1 GmbHG), können die verbleibenden Spitzenbeträge zu neuen Geschäftsanteilen zusammengefasst werden; das setzt jedoch voraus, dass der aus den Spitzenbeträgen zusammengefasste Geschäftsanteil auf einen vollen Eurobetrag lautet. Zu den Rechten an dem aus Spitzenbeträgen zusammengefassten Geschäftsanteil vgl. § 57k GmbHG. 6

Wird der Mindestnennbetrag von 1,– € durch den Spitzenbetrag nicht erreicht, vermittelt der Spitzenbetrag – mangels abweichender Satzungsregelung – nach § 47 Abs. 2 GmbHG **kein Stimmrecht**. Hier soll unter Berufung auf § 57l Abs. 2 Satz 4 GmbHG entgegen der Satzungsregelung kraft Gesetzes gelten, dass jeweils 1,– € Nennbetrag eine Stimme gewähren (zum alten Recht: Baumbach/Hueck/*Zöllner* § 57h Rn. 4; § 47 GmbHG Rdn. 67). 7

§ 57i GmbHG Anmeldung und Eintragung des Erhöhungsbeschlusses

F. Mängel, Rechtsfolgen

8 Mängel führen zur Nichtigkeit analog § 241 Nr. 3 AktG (Verstoß gegen Gläubigerschutzvorschriften; vgl. dazu auch Kap. 5 Rdn. 353). Das ist für einen Verstoß gegen Abs. 2 Satz 2 umstritten (für Anfechtbarkeit: Baumbach/Hueck/*Zöllner* § 57h Rn. 10; für Nichtigkeit: *Ulmer*/Habersack/Winter § 57h Rn. 18; *Roth/Altmeppen* § 57h Rn. 12).

§ 57i Anmeldung und Eintragung des Erhöhungsbeschlusses

(1) ¹Der Anmeldung des Beschlusses über die Erhöhung des Stammkapitals zur Eintragung in das Handelsregister ist die der Kapitalerhöhung zugrunde gelegte, mit dem Bestätigungsvermerk der Prüfer versehene Bilanz, in den Fällen des § 57f außerdem die letzte Jahresbilanz, sofern sie noch nicht nach § 325 Abs. 1 des Handelsgesetzbuchs eingereicht ist, beizufügen. ²Die Anmeldenden haben dem Registergericht gegenüber zu erklären, daß nach ihrer Kenntnis seit dem Stichtag der zugrunde gelegten Bilanz bis zum Tag der Anmeldung keine Vermögensminderung eingetreten ist, die der Kapitalerhöhung entgegenstünde, wenn sie am Tag der Anmeldung beschlossen worden wäre.

(2) Das Registergericht darf den Beschluß nur eintragen, wenn die der Kapitalerhöhung zugrunde gelegte Bilanz für einen höchstens acht Monate vor der Anmeldung liegenden Zeitpunkt aufgestellt und eine Erklärung nach Absatz 1 Satz 2 abgegeben worden ist.

(3) Zu der Prüfung, ob die Bilanzen den gesetzlichen Vorschriften entsprechen, ist das Gericht nicht verpflichtet.

(4) Bei der Eintragung des Beschlusses ist anzugeben, dass es sich um eine Kapitalerhöhung aus Gesellschaftsmitteln handelt.

Übersicht

	Rdn.			Rdn.
A. Normzweck	1	III.	Inhalt der Handelsregisteranmeldung	5
B. Anmeldung des Kapitalerhöhungsbeschlusses	3	IV.	Anlagen zur Handelsregisteranmeldung	7
I. Form	3	C.	Gegenstand der gerichtlichen Eintragungsprüfung	9
II. Anmeldende, zivil- und strafrechtliche Verantwortung	4	D.	Eintragung	10
		E.	Mängel, Rechtsfolgen	12

A. Normzweck

1 § 57i GmbHG regelt den Inhalt der **Handelsregisteranmeldung** sowie den **Umfang der Prüfungspflicht** des Registergerichts.

2 Die Vorschrift wurde durch Art. 10 Nr. 7 des »**Gesetzes über elektronische Handelsregister und Genossenschaftsregister sowie das Unternehmensregister**« EHUG (Inkrafttreten zum 01.01.2007, vgl. BGBl. I, 2553) geändert: In Abs. 1 Satz 1 wurden nach den Wörtern »noch nicht« die Wörter »nach § 325 Abs. 1 des Handelsgesetzbuches« eingefügt werden (vgl. Art. 10 Nr. 7 EHUG). Nach der Begründung der Bundesregierung zum Gesetzentwurf handelt es sich dabei lediglich um eine Klarstellung, da infolge der Änderung des § 325 HGB durch das EHUG die Einreichung der Jahresabschlüsse nicht mehr zum Handelsregister, sondern beim Betreiber des elektronischen Bundesanzeigers erfolgt (vgl. BT-Drucks. 16/960, S. 66 f. Begründung zu Art. 10 Nr. 7 i. V. m. Begründung zu Art. 9 Nr. 10 EHUG).

B. Anmeldung des Kapitalerhöhungsbeschlusses

I. Form

3 Die Handelsregisteranmeldung muss in öffentlich beglaubigter Form erfolgen (§ 12 Abs. 2 HGB).

II. Anmeldende, zivil- und strafrechtliche Verantwortung

Die Anmeldung des Kapitalerhöhungsbeschlusses (Abs. 1) ist durch sämtliche Geschäftsführer zu bewirken (§ 78 GmbHG). Machen die anmeldenden Geschäftsführer vorsätzlich falsche Angaben über das Fehlen von Vermögensminderungen i. S. v. Abs. 1 Satz 2, droht ihnen nach § 82 Abs. 1 Nr. 4 GmbHG strafrechtliche und nach § 823 Abs. 2 BGB i. V. m. § 82 Abs. 1 Nr. 4 GmbHG zivilrechtliche Haftung.

III. Inhalt der Handelsregisteranmeldung

Neben den nachfolgend aufgeführten Anlagen, hat die Handelsregisteranmeldung folgenden Inhalt:

In der Anmeldung muss erklärt werden, dass es sich um eine **Kapitalerhöhung aus Gesellschaftsmitteln** handelt (str.; Baumbach/Hueck/*Zöllner* § 57i Rn. 5). Ebenso sollte die Anmeldung Angaben zum **Erhöhungsbetrag** und zur **neuen Stammkapitalziffer** enthalten. Folgender Formulierungsvorschlag dürfte allen Bedenken gerecht werden und somit in der Praxis zu empfehlen sein (vgl. *Gustavus*, A 109; a. A. A/E/S/*Ensthaler* § 57i Rn. 1, der Bezugnahme auf das notarielle Beschlussprotokoll ausreichen lässt):

▶ Muster

»Das Stammkapital wurde aus Gesellschaftsmitteln von € [...] um € [...] auf € [...] erhöht. § X der Satzung wurde entsprechend geändert.«

Ferner muss die Anmeldung die **Versicherung** der Anmeldenden nach Abs. 1 Satz 2 – bei mehreren Geschäftsführern jeder für sich – enthalten, dass nach ihrer Kenntnis seit dem Stichtag der zugrunde gelegten Bilanz bis zum Tag der Anmeldung keine Vermögensminderung der Gesellschaft eingetreten ist, die der Kapitalerhöhung entgegenstünde, wenn sie am Tag der Anmeldung beschlossen worden wäre. Dies soll gewährleisten, dass der Kapitalerhöhungsbetrag der Gesellschaft tatsächlich zur Verfügung steht. Nach *Vossius* ist in Betracht zu ziehen, ob den beurkundenden Notar eine Aufklärungs- und Belehrungspflicht hinsichtlich der Versicherung nach Abs. 1 Satz 2 trifft (§ 17 Abs. 1 Satz 1 BeurkG), wenn der Geschäftsführer offensichtlich von der in Kapital umzuwandelnden Rücklage keinen Sicherheitsabschlag wegen der »cash burn rate« macht (*Vossius* FD-MA 2008, 261681). Die Geschäftsführer sind verpflichtet, sich zu vergewissern, dass das zur Umwandlung in gebundenes Stammkapital vorgesehene Eigenkapital zum Zeitpunkt der Anmeldung noch vollständig vorhanden ist: Unkenntnis schützt nicht, falls die Geschäftsführer versäumt haben, sich in angemessener Form zu informieren (*Ulmer*/Habersack/Winter § 57i Rn. 10).

IV. Anlagen zur Handelsregisteranmeldung

Der Handelsregisteranmeldung in der Form des § 12 HGB sind folgende Anlagen beizufügen (*Gustavus*, A 109 mit Muster; *Döbereiner* Beck'sche Online-Formulare, 7.8.8.3.2):
– der **Erhöhungsbeschluss** in elektronisch beglaubigter Abschrift;
– die **zugrunde gelegte Bilanz** in elektronisch beglaubigter Abschrift. Der Bilanzstichtag darf höchstens 8 Monate vor der Anmeldung liegen (§ 57e Abs. 1 GmbHG im Fall der Jahresbilanz und § 57f Abs. 1 Satz 2 GmbHG im Fall der Zwischenbilanz); auch der uneingeschränkte Prüfungsvermerk der zuständigen Abschlussprüfer muss vorliegen (§ 57e Abs. 1 GmbHG im Fall der Jahresbilanz und § 57f Abs. 2 Satz 3 GmbHG im Fall der Zwischenbilanz);
– zusätzlich ist die elektronisch beglaubigte Abschrift der **letzten Jahresbilanz** einzureichen, wenn dem Kapitalerhöhungsbeschluss eine Zwischenbilanz zugrunde gelegt wurde (Abs. 1 Satz 1); wurde dem Erhöhungsbeschluss eine Zwischenbilanz zugrunde gelegt, so muss die Jahresbilanz nur testiert sein, falls dies nach allgemeinen Vorschriften geboten ist, weil es sich um eine mittelgroße oder große Kapitalgesellschaft handelt, da bereits die Zwischenbilanz mit den uneingeschränkten Bestätigungsvermerken des zuständigen Abschlussprüfers versehen wird (*Ulmer*/Habersack/Winter § 57i Rn. 8). Die Jahresbilanz muss nur eingereicht werden, sofern sie noch nicht bereits beim Handelsregister eingereicht worden ist. Daran ändert auch das **EHUG** in der

Sache nichts, durch die Änderung von § 325 HGB (s. o. Rdn. 2) erfolgt nur eine redaktionelle Änderung der Vorschrift (vgl. auch Begr. RegE EHUG zu Art. 10 zu Nr. 7, S. 168);
- die **Erklärung** der Anmeldenden, dass nach ihrer Kenntnis seit dem Stichtag der zugrunde gelegten Bilanz bis zum Tag der Anmeldung keine Vermögensminderung der Gesellschaft eingetreten ist, die der Kapitalerhöhung entgegenstünde, wenn sie am Tag der Anmeldung beschlossen worden wäre (Abs. 1 Satz 2); Vertretung ist bei der Abgabe der Erklärung nicht möglich, die in beglaubigter Form abzugeben ist (Baumbach/Hueck/*Zöllner* § 57i Rn. 7);
- nach h. M. der **vollständige Wortlaut der geänderten Satzung** mit der Bescheinigung des Notars nach § 54 Abs. 1 Satz 2 GmbHG, dass die geänderten Bestimmungen der Satzung mit dem Satzungsänderungsbeschluss und die unveränderten Bestimmungen mit dem zuletzt beim Handelsregister eingereichten vollständigen Wortlaut des Gesellschaftsvertrags übereinstimmen (*Gustavus*, A 109; Baumbach/Hueck/*Zöllner* § 57i Rn. 11; a. A. *Roth/Altmeppen/Roth* § 57i Rn. 6, sofern der neue Stammkapitalbetrag in der Anmeldung beziffert ist), in elektronischer Abschrift.

8   Da bei einer Kapitalerhöhung aus Gesellschaftsmitteln immer zwingend ein deutscher Notar mitwirkt, ist dieser gem. § 40 Abs. 2 GmbHG anstelle der Geschäftsführer verpflichtet, die **aktualisierte Gesellschafterliste** in elektronisch beglaubigter Abschrift einzureichen (ausführlich *Mayer* DNotZ 2008, 403, 407 ff.).

C. Gegenstand der gerichtlichen Eintragungsprüfung

9   Das Registergericht prüft die Anmeldung nebst Anlagen. Geprüft wird insbesondere, ob die Bilanzen festgestellt sind, ob sie mit dem uneingeschränkten Prüfungsvermerk – soweit erforderlich – versehen sind, die Einhaltung der Acht-Monats-Frist und ob die in den Bilanzen ausgewiesenen Rücklagen den beschlossenen Erhöhungsbetrag vollumfänglich abdecken (§ 57d Abs. 1 GmbHG); ferner darf die Basisbilanz keinen Verlust ausweisen (§ 57d Abs. 2 GmbHG). Allerdings braucht das Registergericht nicht prüfen, ob die Bilanzen den gesetzlichen Vorschriften entsprechen (§ 57i Abs. 3 GmbHG). Die Einhaltung von § 57h und § 57l GmbHG ist ebenfalls Gegenstand gerichtlicher Prüfung (näher zum weiteren Prüfungsumfang noch *Ulmer*/Habersack/Winter § 57i Rn. 13 ff.; Baumbach/Hueck/*Zöllner* § 57i Rn. 13).

D. Eintragung

10 Die Eintragung des Kapitalerhöhungsbeschlusses erfolgt unter der Angabe, dass es sich um eine Kapitalerhöhung aus Gesellschaftsmitteln handelt (Abs. 4, § 54 Abs. 2 Satz 1 GmbHG; *Roth/Altmeppen* § 57i Rn. 10). Gem. §§ 57c Abs. 4, 54 Abs. 3 GmbHG hat die Eintragung der Kapitalerhöhung aus Gesellschaftsmitteln im Handelsregister **konstitutive Wirkung**. Die Mitgliedschaftsrechte entstehen kraft Gesetzes mit der Eintragung (§ 57j GmbHG), es bedarf keiner Übernahmeerklärungen (A/E/S/*Ensthaler* § 57i Rn. 4).

11 Bis zum Inkrafttreten des EHUG war die Eintragung nach § 57c Abs. 4, 54 Abs. 2 GmbHG vom Registergericht durch Veröffentlichung im Bundesanzeiger und den Blättern gem. § 10 HGB a. F. bekannt zu machen. Durch das **EHUG** wird § 54 Abs. 2 Satz 2 GmbHG aufgehoben, der Gesetzgeber verzichtet also auf die Zusatzbekanntmachung des Kapitalerhöhungsbeschlusses. Es bleibt aber bei der Bekanntmachung von Eintragungen durch das Gericht gem. § 10 HGB.

E. Mängel, Rechtsfolgen

12 Kommt es versehentlich zu Eintragung eines nichtigen Erhöhungsbeschlusses, wird **bloße Formnichtigkeit** analog § 242 Abs. 1 AktG mit Eintragung **geheilt** (*Ulmer*/Habersack/Winter § 57i Rn. 23). Sonstige Nichtigkeitsgründe können zwar analog § 242 Abs. 2 AktG durch Eintragung und Ablauf von 3 Jahren geheilt werden; die Heilung tritt rückwirkend ab dem Zeitpunkt der Eintragung ein, wenn die Frist abgelaufen ist (*Roth/Altmeppen* § 57i Rn. 11); bis zu diesem Heilungszeitpunkt sind die Anteilsrechte aber nichtig. Die Grundsätze der fehlerhaften Gesellschaft finden

im Fall der Kapitalerhöhung aus Gesellschaftsmitteln keine Anwendung (Baumbach/Hueck/*Zöllner* § 57i Rn. 19).

§ 57j Verteilung der Geschäftsanteile

¹Die neuen Geschäftsanteile stehen den Gesellschaftern im Verhältnis ihrer bisherigen Geschäftsanteile zu. ²Ein entgegenstehender Beschluss der Gesellschafter ist nichtig.

Übersicht	Rdn.		Rdn.
A. Gebot der Verhältnis wahrenden Kapitalerhöhung	1	C. Rechte Dritter	4
B. Automatischer Zuwachs der Geschäftsanteile	2	D. Rechtsfolgen	5

A. Gebot der Verhältnis wahrenden Kapitalerhöhung

Bislang ist die Proportionalität der Kapitalerhöhung aus Gesellschaftsmitteln zwingend vorgeschrieben. S. 1 weist die aus der Kapitalerhöhung entstehenden Geschäftsanteile den Gesellschaftern zwingend genau im Verhältnis ihrer bisherigen Geschäftsanteile zu. Hintergrund der Regelung ist, dass die Gesellschafter auch im Verhältnis ihrer bisherigen Beteiligung am Stammkapital an den umgewandelten Rücklagen beteiligt sind, weshalb ihnen das erhöhte Stammkapital in demselben Verhältnis wirtschaftlich zusteht (vgl. Gehrlein/Ekkenga/Simon/*Kowalski*, § 57j Rn. 2). 1

B. Automatischer Zuwachs der Geschäftsanteile

Mit der Eintragung des Kapitalerhöhungsbeschlusses ist das Stammkapital von Gesetzes wegen automatisch erhöht; die neuen Geschäftsanteile fallen den bestehenden Gesellschaftern kraft Gesetzes unmittelbar dinglich zu (*Ulmer*/Habersack/Winter § 57j Rn. 3; Baumbach/Hueck/*Zöllner* § 57j Rn. 5 f.). 2

Gem. § 16 GmbHG erwirbt im Verhältnis zur Gesellschaft nur der in die Gesellschafterliste eingetragene Gesellschafter die neuen Geschäftsanteile. 3

C. Rechte Dritter

Dingliche Rechte Dritter setzen sich an den im Nennbetrag erhöhten oder neu gebildeten Geschäftsanteilen fort. 4

D. Rechtsfolgen

Weist der Erhöhungsbeschluss abweichend von der zwingenden Vorschrift des Satzes 1 die neuen Geschäftsanteile nicht Verhältnis wahrend zu, ist der Beschluss gem. Satz 2 auch dann **nichtig**, wenn er einstimmig gefasst wird oder der in seinen Rechten negativ betroffene Gesellschafter ausdrücklich der abweichenden Verteilung zugestimmt hat (OLG Dresden NZG 2001, 756 zu § 212 AktG; ebenso *Ulmer*/Habersack/Winter § 57j Rn. 9; Roth/Altmeppen § 57j Rn. 3; Baumbach/Hueck/*Zöllner* § 57j Rn. 4; a. A. Scholz/*Priester* § 57j Rn. 3). 5

§ 57k Teilrechte; Ausübung der Rechte

(1) Führt die Kapitalerhöhung dazu, dass auf einen Geschäftsanteil nur ein Teil eines neuen Geschäftsanteils entfällt, so ist dieses Teilrecht selbstständig veräußerlich und vererblich.

(2) Die Rechte aus einem neuen Geschäftsanteil, einschließlich des Anspruchs auf Ausstellung einer Urkunde über den neuen Geschäftsanteil, können nur ausgeübt werden, wenn Teilrechte, die zusammen einen vollen Geschäftsanteil ergeben, in einer Hand vereinigt sind oder wenn sich

§ 57k GmbHG Teilrechte; Ausübung der Rechte

mehrere Berechtigte, deren Teilrechte zusammen einen vollen Geschäftsanteil ergeben, zur Ausübung der Rechte (§ 18) zusammenschließen.

Übersicht

		Rdn.			Rdn.
A.	Normzweck	1	C.	Rechtsnatur von Teilrechten	5
B.	Entstehung von Teilrechten	2	D.	Ausübung von Teilrechten	6

A. Normzweck

1 § 57k GmbHG regelt, welche **Rechte an Spitzenbeträgen** bestehen, die bei der Kapitalerhöhung im Wege der Bildung neuer Geschäftsanteile entstehen können. Im Fall der Nennbetragserhöhung (Aufstockung) ist das Erhöhungsvolumen so zu bemessen, dass keine Spitzenbeträge entstehen können (§ 57h Abs. 2 Satz 2 GmbHG), sodass sich das Problem der Spitzenbeträge nicht stellt.

B. Entstehung von Teilrechten

2 Da die Kapitalerhöhung aus Gesellschaftsmitteln zwingend Verhältnis wahrend sein muss (§ 57j GmbHG), entstehen unter Umständen sog. Spitzenbeträge, wenn der neue Anteil, der dem Gesellschafter im Verhältnis seiner bisherigen Beteiligung zusteht, nicht den gesetzlichen Anforderungen an den auf volle Euro sich belaufenden Mindestnennbetrag gem. § 57h Abs. 1 Satz 2 GmbHG entspricht (Baumbach/Hueck/*Zöllner* § 57k Rn. 1). Aufgrund der Absenkung der Mindestnennbeträge und der Lockerung der Teilbarkeitsregeln, die mit dem MoMiG in Kraft treten, verliert das Problem der Spitzenbeträge praktisch an Relevanz (*Ulmer*/Habersack/Winter § 57k Rn. 2).

3 Die Summe der entstehenden Teilrechte muss nach h. M. mindestens einem oder mehreren Geschäftsanteilen entsprechen, der bzw. die einen Mindestnennbetrag von 1 € haben (*Roth*/Altmeppen § 57k Rn. 1; *Lutter*/Hommelhoff GmbHG, § 57k Rn. 1; *Priester* GmbHR 1980, 240; wohl a. A. *Ulmer*/Habersack/Winter § 57k Rn. 3; Baumbach/Hueck/*Zöllner* § 57k Rn. 4). Folglich ist nach h. M. die Nennbetragserhöhung und/oder Ausgabe neuer Geschäftsanteile so zu bemessen, dass ein neuer Anteil oder mehrere neue Anteile gebildet werden, die sämtliche Spitzen vollständig aufnehmen (Scholz/*Priester* GmbHG, § 57k Rn. 3). Dafür spricht, dass Abs. 1 von einem »Teil eines neuen Geschäftsanteils« spricht.

4 Der Beschluss über die Kapitalerhöhung aus Gesellschaftsmitteln muss die Teilrechte betragsmäßig festsetzen, da unterschiedliche Möglichkeiten der Teilrechtsbildung bestehen (*Ulmer*/Habersack/Winter § 57k Rn. 5; Scholz/*Priester* GmbHG, § 57k Rn. 5).

C. Rechtsnatur von Teilrechten

5 Teilrechte vermitteln eine selbstständige Mitgliedschaft in der GmbH genauso wie volle Geschäftsanteile (*Ulmer*/Habersack/Winter § 57k Rn. 4; *Lutter*/Hommelhoff GmbHG, § 57k Rn. 2). Entsprechend sind die Teilrechte selbstständig veräußerlich und vererblich (Abs. 1). Sie sind auch selbstständig belastbar (*Lutter*/Hommelhoff GmbHG, § 57k Rn. 2; *Roth*/Altmeppen § 57k Rn. 4). Eine Bruchteilsgemeinschaft kann zwischen den Inhabern der Teilrechte begründet werden, entsteht aber nicht automatisch mit Entstehung der Teilrechte (*Ulmer*/Habersack/Winter § 57k Rn. 4). Für die Abtretung von Teilrechten gilt nach h. M. die Formvorschrift § 15 GmbHG entsprechend (*Ulmer*/Habersack/Winter § 57k Rn. 7; *Lutter*/Hommelhoff GmbHG, § 57k Rn. 2; *Roth*/Altmeppen § 57k Rn. 4; Baumbach/Hueck/*Zöllner* § 57k Rn. 6).

D. Ausübung von Teilrechten

6 Die Rechte aus den Teilrechten (i. H. d. Spitzenbeträge) können nur geltend gemacht werden, wenn solche Teilrechte, die zusammen einen vollen Geschäftsanteil ergeben, von einem Gesellschafter gehalten werden oder wenn sich mehrere Inhaber von Teilrechten, deren Teilrechte zusammen einen Geschäftsanteil ergeben, zur Ausübung ihrer Mitgliedschaftsrechte zusammenschließen (Abs. 2).

Die Gesellschafter können sich zu einer reinen Innengesellschaft oder zu einer Außengesellschaft zusammenschließen; im Verhältnis zur GmbH findet nur im ersten Fall § 18 GmbHG Anwendung (*Lutter/Hommelhoff* GmbHG, § 18 Rn. 2; *Ulmer*/Habersack/Winter § 57k Rn. 10 m.w.N.; a.A. *Roth/Altmeppen* § 57k Rn. 5 ff.; Scholz/*Priester* GmbHG, § 57k Rn. 10). Werden die Teilrechte in eine BGB-Außengesellschaft eingebracht, so verschmelzen die Teilrechte zu einem Geschäftsanteil, der der rechtsfähigen Außengesellschaft gehört (*Ulmer*/Habersack/Winter § 57k Rn. 10 [str.]; ebenso zur Rechtsfolge der Verschmelzung der Teilrechte Scholz/*Priester* GmbHG, § 57k Rn. 10). Solange die Teilrechte weder in einer Hand vereint sind noch sich die Gesellschafter zur Ausübung ihrer Mitgliedschaftsrechte aus den Teilrechten zusammengeschlossen haben, ruhen die Rechte aus den Teilrechten (Baumbach/Hueck/*Zöllner* § 57k Rn. 7).

§ 57l Teilnahme an der Erhöhung des Stammkapitals

(1) Eigene Geschäftsanteile nehmen an der Erhöhung des Stammkapitals teil.

(2) ¹Teileingezahlte Geschäftsanteile nehmen entsprechend ihrem Nennbetrag an der Erhöhung des Stammkapitals teil. ²Bei ihnen kann die Kapitalerhöhung nur durch Erhöhung des Nennbetrags der Geschäftsanteile ausgeführt werden. ³Sind neben teileingezahlten Geschäftsanteilen vollständig eingezahlte Geschäftsanteile vorhanden, so kann bei diesen die Kapitalerhöhung durch Erhöhung des Nennbetrags der Geschäftsanteile und durch Bildung neuer Geschäftsanteile ausgeführt werden. ⁴Die Geschäftsanteile, deren Nennbetrag erhöht wird, können auf jeden Betrag gestellt werden, der auf volle Euro lautet.

Übersicht	Rdn.		Rdn.
A. Eigene Anteile	1	C. Teilbarkeit bei der Erhöhung teileingezahlter Geschäftsanteile	5
B. Teileingezahlte Geschäftsanteile	2	D. Mängel, Rechtsfolgen	7

A. Eigene Anteile

Auch eigene Anteile (§ 33 GmbHG) nehmen an der Erhöhung des Stammkapitals teil. Normzweck des Abs. 1 ist es im Hinblick auf eigene Anteile, die bestehenden Beteiligungsquoten auch im Fall der Umwandlung der Rücklagen in Stammkapital zu wahren (*Roth/Altmeppen* § 57l Rn. 1), da auch eigene Geschäftsanteile eine Beteiligung an den Rücklagen enthalten, welche bei der Kapitalerhöhung aus Gesellschaftsmitteln in Stammkapital umgewandelt werden (vgl. Gehrlein/Ekkenga/Simon/*Kowalski*, § 57l Rn. 1).   1

B. Teileingezahlte Geschäftsanteile

Gem. Abs. 2 Satz 1 nehmen auch teileingezahlte Geschäftsanteile an der Kapitalerhöhung aus Gesellschaftsmitteln teil und zwar in voller Höhe ihres Nennbetrages, also nicht lediglich i.H.d. Teileinzahlung. Das ist konsequent, weil auch der teileingezahlte Geschäftsanteil ein volles Mitgliedschaftsrecht repräsentiert (Baumbach/Hueck/*Zöllner* § 57l Rn. 2; *Roth/Altmeppen* § 57l Rn. 3).   2

Bei teileingezahlten Gesellschaftsanteilen darf die Erhöhung nur durch Nennbetragserhöhung erfolgen, nicht durch Bildung neuer Geschäftsanteile (Abs. 2 Satz 2). Durch diese Regelung wird zugunsten der Gesellschaftergläubiger gewährleistet, dass gegebenenfalls der durch die Umwandlung der Rücklagen in dem Geschäftsanteil repräsentierte Wert kaduziert (§ 21 GmbHG) und verwertet (§ 23 GmbHG) werden kann (*Roth/Altmeppen* § 57l Rn. 2).   3

Sind neben den teileingezahlten Geschäftsanteilen auch voll eingezahlte Geschäftsanteile vorhanden, dann kann bei den voll eingezahlten Geschäftsanteilen die Kapitalerhöhung durch beide Arten der Kapitalerhöhung, also durch Erhöhung des Nennbetrags oder durch Bildung neuer Geschäftsanteile erfolgen (Abs. 2 Satz 3).   4

§ 57m GmbHG Verhältnis der Rechte; Beziehungen zu Dritten

C. Teilbarkeit bei der Erhöhung teileingezahlter Geschäftsanteile

5 Vor Inkrafttreten des MoMiG sah der Gesetzgeber eine Erleichterung hinsichtlich der Teilbarkeit im Fall der Nennbetragserhöhung (Aufstockung) der Geschäftsanteile vor. Es genügte bis zum Inkrafttreten des MoMiG, wenn der aufgestockte Nennbetrag durch fünf teilbar war (Abs. 2 Satz 4 a. F.).

6 Nach dem **MoMiG** ist eine solche Erleichterung nicht mehr erforderlich, da der Mindestnennbetrag generell auf den vollen Euro herabgesetzt wurde. Entsprechend sieht § 57l Abs. 2 Satz 4 vor: »Die Geschäftsanteile, deren Nennbetrag erhöht wird, können auf jeden Betrag gestellt werden, der auf volle Euro lautet.« Damit ist einfach, einen Kapitalerhöhungsbetrag festzusetzen, der Spitzenbeträge vermeidet, wie in § 57h Abs. 2 Satz 2 GmbHG vorgeschrieben.

D. Mängel, Rechtsfolgen

7 Werden die eigenen Anteile nicht oder nicht vollständig im Rahmen des Kapitalerhöhungsbeschlusses berücksichtigt, ist dieser **nichtig** (*Roth/Altmeppen* § 57l Rn. 5). Ein Verstoß gegen Abs. 2 Satz 2 führt analog § 241 Nr. 3 AktG zur Nichtigkeit (*Baumbach/Hueck/Zöllner* § 57l Rn. 3 differenzierend zwischen Gesamtnichtigkeit des Beschlusses und Teilnichtigkeit des Beschlussteils; stets Gesamtnichtigkeit nimmt die h.L. an: *Lutter/Hommelhoff* GmbHG, § 57l Rn. 4; *Michalski-Hermanns* § 57l Rn. 9; *Roth/Altmeppen* § 57l Rn. 5; vgl. auch Kap. 5 Rdn. 353).

§ 57m Verhältnis der Rechte; Beziehungen zu Dritten

(1) Das Verhältnis der mit den Geschäftsanteilen verbundenen Rechte zueinander wird durch die Kapitalerhöhung nicht berührt.

(2) ¹Soweit sich einzelne Rechte teileingezahlter Geschäftsanteile, insbesondere die Beteiligung am Gewinn oder das Stimmrecht, nach der je Geschäftsanteil geleisteten Einlage bestimmen, stehen diese Rechte den Gesellschaftern bis zur Leistung der noch ausstehenden Einlagen nur nach der Höhe der geleisteten Einlage, erhöht um den auf den Nennbetrag des Stammkapitals berechneten Hundertsatz der Erhöhung des Stammkapitals, zu. ²Werden weitere Einzahlungen geleistet, so erweitern sich diese Rechte entsprechend.

(3) Der wirtschaftliche Inhalt vertraglicher Beziehungen der Gesellschaft zu Dritten, die von der Gewinnausschüttung der Gesellschaft, dem Nennbetrag oder Wert ihrer Geschäftsanteile oder ihres Stammkapitals oder in sonstiger Weise von den bisherigen Kapital- oder Gewinnverhältnissen abhängen, wird durch die Kapitalerhöhung nicht berührt.

Übersicht	Rdn.		Rdn.
A. Normzweck	1	D. Teileingezahlte Geschäftsanteile, Abs. 2 .	11
B. Rechte und Pflichten aus der Mitgliedschaft, Abs. 1	2	E. Mängel, Rechtsfolgen	13
C. Förmliche Satzungsänderung	9	F. Anpassung kapital- oder gewinnorientierter Beziehungen zu Dritten, Abs. 3	14

A. Normzweck

1 § 57m GmbHG beruht auf dem gesetzlichen Leitbild, dass sich durch die Kapitalerhöhung aus Gesellschaftsmitteln außer der Bindung weiteren Vermögens als Stammkapital und der damit verbundenen Entstehung neuer oder Erhöhung bestehender Geschäftsanteile materiell nichts ändern soll (*Lutter/Hommelhoff* GmbHG, § 57m Rn. 1). Das bedeutet zum einen, dass Mitgliedschaftsrechte gleicher Art und im gleichen Verhältnis wie vor der Kapitalerhöhung bestehen sollen. Das bedeutet zum anderen, dass die rechtliche Stellung der Gesellschafter, Gläubiger oder Schuldner der Gesellschaft nicht beeinträchtigt werden soll (*Lutter/Hommelhoff* GmbHG, § 57m Rn. 1).

B. Rechte und Pflichten aus der Mitgliedschaft, Abs. 1

Das **Verhältnis** der mit den Geschäftsanteilen verbundenen Rechte zueinander bleibt durch die Kapitalerhöhung **unberührt** (Abs. 1). Bestehen nur Geschäftsanteile gleicher Art – also nur voll eingezahlte Anteile ohne Vorzugsrechte oder Nebenleistungspflichten –, ist durch § 57j GmbHG bereits gewährleistet, dass die neuen Mitgliedschaftsrechte den Gesellschaftern strikt im Verhältnis ihrer bisherigen Stammkapitalbeteiligung zustehen (*Lutter/Hommelhoff* GmbHG, § 57m Rn. 3).

Soweit Mitgliedschaftsrechte wie z. B. das Informationsrecht den Gesellschaftern **nach Köpfen** zustehen, stehen sie den Gesellschaftern auch weiterhin nach Köpfen zu. Räumt die Satzung einzelnen Gesellschaftern höchstpersönlich **Sondervorteile**, wie z. B. das Recht auf Geschäftsführung, ein (vgl. dazu auch § 6 GmbHG Rdn. 27), ist eine solches nicht mit dem Geschäftsanteil verbunden und bleibt von der Kapitalerhöhung unberührt (*Roth/Altmeppen* § 57m Rn. 5). Die automatische proportionale Zuordnung der Geschäftsanteile (§ 57j GmbHG) führt dann nicht zu dem Ergebnis, dass die mit den Geschäftsanteilen verbundenen Mitgliedschaftsrechte nach der Kapitalerhöhung im selben Verhältnis bestehen bleiben, wenn z. B. Vorzugsrechte, Sondervorteile oder Nebenleistungspflichten bestehen. Im Einzelnen gilt Folgendes:

– **Vermögensrechtliche Vorzugsrechte:** Bestimmt die Satzung Gewinn- oder Liquidationsvorzüge, die sich am Nennwert der Geschäftsanteile orientieren, so würde sich der Vorzug bei einer Erhöhung des Nennwerts des Geschäftsanteils erhöhen und die Gewinnbezugsrechte der übrigen Gesellschafter würden entsprechend vermindert (*Lutter/Hommelhoff* GmbHG, § 57m Rn. 6; *Roth/Altmeppen/Roth* § 57m Rn. 3). Der Prozentsatz der Vorzugsdividende ist somit nach unten anzupassen, damit sich nach der Kapitalerhöhung derselbe absolute Betrag des Gewinnvorzugs ergibt.

Beispiel: Steht einem Vorzugsgesellschafter auf einen Geschäftsanteil von 100.000,– € eine Vorzugsdividende von 10 % zu und wird das Stammkapital um 100 % auf 200.000,– € erhöht, so ist der Prozentsatz der Vorzugsdividende auf 5 % anzupassen. Durch die Anpassung wird gewährleistet, dass der Vorzugsgesellschafter unabhängig von der Umwandlung der Rücklagen durch Kapitalerhöhung aus Gesellschaftsmitteln weiterhin einen absoluten Dividendenbetrag von 10.000,– € erhält.

– **Verwaltungsrechtliche Vorzugsrechte:** Als verwaltungsrechtliche mitgliedschaftliche Vorzugsrechte kommen etwa das Recht auf Geschäftsführung oder Entsendungsrechte in den Aufsichtsrat in Betracht. Im Fall der Kapitalerhöhung im Wege der Bildung eines neuen Geschäftsanteils würde es zu einer Vervielfältigung der Herrschaftsrechte kommen, wenn mit dem neuen Geschäftsanteil dieselben verwaltungsrechtlichen Vorzugsrechte eingeräumt würden; sie erstrecken sich daher nicht auf den neuen Geschäftsanteil (*Roth/Altmeppen* § 57m Rn. 4; *Lutter/Hommelhoff* GmbHG, § 57m Rn. 7).

– **Minderheitenrechte:** Minderheitenrechte sollen durch die Kapitalerhöhung aus Gesellschaftsmitteln nicht verändert werden. Sind die Minderheitenrechte z. B. an absolute Nennbeträge gekoppelt (z. B. Einberufungsrecht ab 10.000,– € des Stammkapitals), sind diese Beträge entsprechend anzupassen (näher *Ulmer*/Habersack/Winter § 57m Rn. 10; *Lutter/Hommelhoff* GmbHG, § 57m Rn. 9).

– **Nebenleistungspflichten:** Nebenleistungspflichten dürfen durch die Kapitalerhöhung aus Gesellschaftsmitteln nicht vermehrt werden. Auch hier gilt, falls die Nebenleistungspflichten nennwertbezogen definiert sind, dass eine entsprechende Anpassung erforderlich sein kann (Baumbach/Hueck/*Zöllner* § 57m Rn. 5).

Darüber hinaus richtet sich die Ausgestaltung der Mitgliedschaftsrechte nach der Satzung, die sich durch die Kapitalerhöhung mit Ausnahme der Änderung der Stammkapitalziffer nicht ändert. Enthält die Satzung z. B. Abtretungsbeschränkungen, gestattet sie die Einziehung von Geschäftsanteilen oder bestimmt sie Erwerbsvorrechte von Mitgesellschaftern, finden diese Satzungsbestimmungen auch für die neuen oder im Nennbetrag erhöhten Geschäftsanteile Anwendung (LG Bonn AG 1970, 19; *Lutter/Hommelhoff* GmbHG, § 57m Rn. 2).

C. Förmliche Satzungsänderung

9 Die Satzung ändert sich automatisch mit Eintragung des Kapitalerhöhungsbeschlusses kraft Gesetzes hinsichtlich der nach Abs. 1 erforderlichen Anpassungen. Dennoch ist der Satzungswortlaut nach h. M. durch förmlichen **Satzungsänderungsbeschluss** anzupassen; die geänderte Satzung ist mit der Vollständigkeitsbescheinigung des Notars gem. § 54 Abs. 1 Satz 2 GmbHG beim Handelsregister einzureichen (*Lutter/Hommelhoff* GmbHG, § 57m Rn. 10; Baumbach/Hueck/*Zöllner* § 57m Rn. 9; a. A. *Roth/Altmeppen* § 57m Rn. 8 wonach die Satzungsänderung zur Klarstellung zwar wünschenswert, aber nicht zwingend erforderlich ist; noch anders *Ulmer*/Habersack/Winter § 57m Rn. 14: die formelle Satzungsänderung könne mit einfacher Mehrheit beschlossen oder an ein anderes Gesellschaftsorgan delegiert werden).

10 Abs. 1 ist **dispositiv**. Die Gesellschafter können also durch Satzungsänderungsbeschluss ihre Rechte untereinander abweichend von den kraft Gesetzes eintretenden Rechtsfolgen regeln (Scholz/*Priester* GmbHG, § 57m Rn. 13; *Roth/Altmeppen* § 57m Rn. 9; ebenso mit Zustimmung aller Gesellschafter: Baumbach/Hueck/*Zöllner* § 57m Rn. 10; a. A. *Ulmer*/Habersack/Winter § 57m Rn. 15; *Lutter/Hommelhoff* GmbHG, § 57m Rn. 5). Anders als die ausdrückliche Regelung in § 57j Satz 2 GmbHG bestimmt Abs. 1 gerade nicht, dass die mitgliedschaftlichen Rechte zwingend Verhältnis wahrend zuzuordnen sind.

D. Teileingezahlte Geschäftsanteile, Abs. 2

11 Den Fall der Satzungsanpassung bei teileingezahlten Geschäftsanteilen hat der Gesetzgeber ausdrücklich in Abs. 2 geregelt. Soweit sich die einzelnen Rechte teileingezahlter Geschäftsanteile, insbesondere die Beteiligung am Gewinn oder das Stimmrecht, abweichend vom gesetzlichen Regelfall gem. §§ 29 Abs. 3 Satz 1, 47 Abs. 2 GmbHG nach der je Geschäftsanteil geleisteten Einlage bestimmen, stehen diese Rechte den Gesellschaftern bis zur Leistung der noch ausstehenden Einlagen nur **nach der Höhe der geleisteten Einlage**, erhöht um den auf den Nennbetrag des Stammkapitals berechneten Prozentsatz der Erhöhung des Stammkapitals, zu, vgl. Abs. 2. Eine solche abweichende Regelung wird sich in der Praxis eher selten finden (*Ulmer*/Habersack/Winter § 57m Rn. 16). Leistet der Gesellschafter später weiter Einzahlungen auf seinen bislang nur teilweise eingezahlten Geschäftsanteil, erhöhen sich seine Rechte entsprechend proportional (*Roth/Altmeppen* § 57m Rn. 10; Baumbach/Hueck/*Zöllner* § 57m Rn. 7).

12 Hinsichtlich der **Verteilung des Liquidationserlöses** gilt nach § 72 GmbHG, dass die Gesellschafter am Liquidationsüberschuss im Verhältnis ihrer Geschäftsanteile beteiligt sind, soweit die Satzung keinen abweichenden Verteilungsschlüssel bestimmt (vgl. § 72 Rdn. 6 f.). Sind die Einlagen auf die Geschäftsanteile jedoch in unterschiedlichem Verhältnis eingezahlt, gilt nach h. M. § 271 Abs. 3 AktG analog für die GmbH (*Lutter/Hommelhoff* GmbHG, § 57m Rn. 13; vgl. die Kommentierung zu § 271 AktG).

E. Mängel, Rechtsfolgen

13 Wird keine Abs. 1 entsprechende Satzungsregelung getroffen und haben die betroffenen Gesellschafter nicht zugestimmt, besteht ein **Eintragungshindernis** (*Lutter/Hommelhoff* GmbHG, § 57m Rn. 16).

F. Anpassung kapital- oder gewinnorientierter Beziehungen zu Dritten, Abs. 3

14 Der wirtschaftliche Inhalt vertraglicher Beziehungen der Gesellschaft zu Dritten, die von den bisherigen Kapital- oder Gewinnverhältnissen abhängen, sollen durch die Kapitalerhöhung nicht verändert werden (Abs. 3). Die Norm gewährt einen **Schutz vor der Verwässerung der Gläubigerposition** Dritter (MüKo AktG/*Habersack* § 221 Rn. 271, 303 ff. zur aktienrechtlichen Parallelvorschrift des § 216 Abs. 3 AktG; ausführl. auch MüKo AktG/*Volhard* § 216 Rn. 40 ff.). Verträge mit Dritten werden automatisch mit der Eintragung der Kapitalerhöhung im Handelsregister angepasst. Von den Kapital- oder Gewinnverhältnissen abhängige Rechte Dritter, die »von der Gewinnausschüt-

tung der Gesellschaft, dem Nennbetrag oder Wert ihrer Geschäftsanteile oder ihres Stammkapitals oder in sonstiger Weise von den bisherigen Stammkapitalverhältnissen abhängen«, sind z. B. Tantiemeregelungen, Gewinnansprüche von Stillen Gesellschaftern oder Darlehensnehmern (im Fall partiarischer Darlehen), Ansprüche aus Beherrschungs- und Gewinnabführungsverträgen und Ansprüche aus Genussrechten (*Lutter/Hommelhoff* GmbHG, § 57m Rn. 14; *Roth/Altmeppen* § 57m Rn. 12; Baumbach/Hueck/*Zöllner* § 57m Rn. 11; vgl. zu § 216 Abs. 3 AktG auch ausführl. die Kommentierung zu § 216 AktG).

§ 57n Gewinnbeteiligung der neuen Geschäftsanteile

(1) Die neuen Geschäftsanteile nehmen, wenn nichts anderes bestimmt ist, am Gewinn des ganzen Geschäftsjahres teil, in dem die Erhöhung des Stammkapitals beschlossen worden ist.

(2) ¹Im Beschluß über die Erhöhung des Stammkapitals kann bestimmt werden, daß die neuen Geschäftsanteile bereits am Gewinn des letzten vor der Beschlußfassung über die Kapitalerhöhung abgelaufenen Geschäftsjahrs teilnehmen. ²In diesem Fall ist die Erhöhung des Stammkapitals abweichend von § 57c Abs. 2 zu beschließen, bevor über die Ergebnisverwendung für das letzte vor der Beschlußfassung abgelaufene Geschäftsjahr Beschluß gefaßt worden ist. ³Der Beschluß über die Ergebnisverwendung für das letzte vor der Beschlußfassung über die Kapitalerhöhung abgelaufene Geschäftsjahr wird erst wirksam, wenn das Stammkapital erhöht worden ist. ⁴Der Beschluß über die Erhöhung des Stammkapitals und der Beschluß über die Ergebnisverwendung für das letzte vor der Beschlußfassung über die Kapitalerhöhung abgelaufene Geschäftsjahr sind nichtig, wenn der Beschluß über die Kapitalerhöhung nicht binnen drei Monaten nach der Beschlußfassung in das Handelsregister eingetragen worden ist; der Lauf der Frist ist gehemmt, solange eine Anfechtungs- oder Nichtigkeitsklage rechtshängig ist.

Übersicht	Rdn.		Rdn.
A. Normzweck	1	D. Voraussetzungen der Beteiligung am Gewinn des vorangegangenen Geschäftsjahrs	4
B. Beteiligung der neuen Geschäftsanteile am Gewinn des laufenden Geschäftsjahrs	2	E. Mängel, Rechtsfolgen	5
C. Abweichende Regelung	3		

A. Normzweck

Die Regelung in Abs. 1 schafft insbesondere bei späterer Veräußerung der erhöhten oder neu gebildeten Anteile aus der Kapitalerhöhung übersichtliche Verhältnisse, weil die Dividendenberechtigung nicht zeitanteilig zu berechnen ist, sondern jeweils für ein ganzes Geschäftsjahr übergeht. Das erleichtert die Übersicht, weil kein Zwischenabschluss erforderlich ist. Nach Abs. 2 ist es zulässig, die neuen oder aufgestockten Geschäftsanteile bereits am Gewinn des letzten Geschäftsjahres zu beteiligen. Dann müssen die besonderen, zwingenden Erfordernisse gem. Abs. 2 beachtet werden. Ein besonderes praktisches Bedürfnis für solche »Dividendenoptik« ist anders als im Aktienrecht nicht ersichtlich (*Ulmer*/Habersack/Winter § 57n Rn. 3). 1

B. Beteiligung der neuen Geschäftsanteile am Gewinn des laufenden Geschäftsjahrs

Grundsätzlich nehmen die neuen Geschäftsanteile am Gewinn des gesamten Geschäftsjahres teil, in dem die Kapitalerhöhung beschlossen wurde (Abs. 1). Das Gesetz stellt auf den **Zeitpunkt der Beschlussfassung** ab, nicht den Zeitpunkt der Wirksamkeit der Kapitalerhöhung mit Eintragung im Handelsregister. Wird die Kapitalerhöhung am Ende eines Geschäftsjahres beschlossen, sodass die Kapitalerhöhung erst im darauf folgenden Geschäftsjahr eingetragen wird, nehmen die neuen Geschäftsanteile gem. der gesetzlichen Regelfolge (Abs. 1) – mangels abweichender Beschlussfassung – automatisch am Gewinn des letzten Geschäftsjahres vor dem Wirksamwerden der Kapitalerhöhung teil. 2

C. Abweichende Regelung

3 Die Regelung ist **dispositiv**, die Gesellschafter sind also frei eine abweichende Gewinnberechtigung zu beschließen. Besonderheiten gelten nur für den Fall, dass die neuen Geschäftsanteile am Gewinn des letzten Jahres vor der Beschlussfassung über die Kapitalerhöhung teilnehmen sollen (Abs. 2) – vgl. nachfolgend unter Rdn. 4. Abweichend von der gesetzlichen Regelfolge nach Abs. 1 kann eine nur **zeitanteilige Gewinnberechtigung** oder auch ein **vollständiger oder teilweiser Ausschluss** von der Gewinnbeteiligung beschlossen werden (*Roth/Altmeppen* § 57n Rn. 2; *Baumbach/Hueck/Zöllner* § 57n Rn. 2).

D. Voraussetzungen der Beteiligung am Gewinn des vorangegangenen Geschäftsjahrs

4 Im Erhöhungsbeschluss kann auch eine Teilnahme der neuen Anteile am Vorjahresgewinn, also am Gewinn des letzten vor der Beschlussfassung über die Kapitalerhöhung abgelaufenen Geschäftsjahres, beschlossen werden (Abs. 2 Satz 1). Das setzt voraus, dass der **Kapitalerhöhungsbeschluss** – abweichend von der in § 57c GmbHG normierten Reihenfolge – **vor dem Ergebnisverwendungsbeschluss** für das letzte Geschäftsjahr beschlossen wird (Abs. 2 Satz 2). Dadurch soll sichergestellt werden, dass die Gesellschaft keine Mittel ausschüttet, die für die Kapitalerhöhung erforderlich sind (*Lutter/Hommelhoff* GmbHG, § 57n Rn. 2 m. w. N.). Die Beteiligung der neuen Anteile aus einer Kapitalerhöhung aus Gesellschaftsmitteln am Gewinn des letzten Geschäftsjahres ist daher nicht möglich, wenn für das Vorjahr bereits ein Gewinnverwendungsbeschluss gefasst worden ist; mit Zustimmung sämtlicher Gesellschafter kann allerdings der bereits gefasste Gewinnverwendungsbeschluss aufgehoben bzw. geändert werden; deren Zustimmung ist erforderlich, falls mit dem Gewinnverwendungsbeschluss bereits Dividendenansprüche (d. h. Gläubigerrechte) der Gesellschafter entstanden sind (*Lutter/Hommelhoff* GmbHG, § 57n Rn. 2 m. w. N.). Der Beschluss über die Ergebnisverwendung für das Vorjahr wird erst mit Eintragung der Kapitalerhöhung im Handelsregister wirksam (Abs. 2 Satz 3); der Zeitpunkt der Wirksamkeit wird also durch das Gesetz aufgeschoben (*Baumbach/Hueck/Zöllner* § 57n Rn. 8). Der Erhöhungsbeschluss muss im Fall der Gewinnbeteiligung an den Vorjahresergebnissen binnen 3 Monaten nach der Beschlussfassung eingetragen werden (Abs. 2 Satz 4); der Lauf der Frist ist gehemmt (§ 209 BGB), solange eine Anfechtungs- oder Nichtigkeitsklage rechtshängig (§ 261 ZPO) ist. Nach Inkrafttreten des Gesetzes zur Umsetzung der Aktionärsrichtlinie (ARUG) spielt es – im Einklang mit der Neufassung von § 8 Abs. 1 GmbHG durch das MoMiG – für den Fristenlauf keine Rolle mehr, ob eine etwa erforderliche staatliche Genehmigung bereits erteilt wurde.

E. Mängel, Rechtsfolgen

5 **Verstoß gegen gesetzliche Reihenfolge**: Wird der Beschluss über die Verwendung der Vorjahresergebnisse unter Verstoß gegen Abs. 2 Satz 2 vor dem Kapitalerhöhungsbeschluss gefasst, so dürfte der Kapitalerhöhungsbeschluss bei Zustimmung sämtlicher Gesellschafter regelmäßig als (konkludente) **Abänderung des Gewinnverwendungsbeschlusses** auszulegen sein (*Lutter/Hommelhoff* GmbHG, § 57n Rn. 2; *Baumbach/Hueck/Zöllner* § 57n Rn. 5); tatsächlich liegt dann kein Verstoß gegen die zwingende Norm vor. Fehlt die Zustimmung sämtlicher Gesellschafter, ist der Kapitalerhöhungsbeschluss **nichtig oder teilnichtig** (§ 139 BGB; näher *Baumbach/Hueck/Zöllner* § 57n Rn. 6; *Lutter/Hommelhoff* GmbHG, § 57n Rn. 2; vgl. auch Kap. 5 Rdn. 353 ff.).

6 **Fristüberschreitung**: Wurde ein Ergebnisverwendungsbeschluss für das letzte Geschäftsjahr gefasst, sind er und der Kapitalerhöhungsbeschluss nichtig, wenn die Kapitalerhöhung nicht binnen 3 Monaten nach der Beschlussfassung über die Kapitalerhöhung eingetragen wird (§ 57n Abs. 2 Satz 4 GmbHG). Zur Hemmung der Frist s. Rdn. 4 a. E.

§ 57o Anschaffungskosten

[1] Als Anschaffungskosten der vor der Erhöhung des Stammkapitals erworbenen Geschäftsanteile und der auf sie entfallenden neuen Geschäftsanteile gelten die Beträge, die sich für die einzelnen

Geschäftsanteile ergeben, wenn die Anschaffungskosten der vor der Erhöhung des Stammkapitals erworbenen Geschäftsanteile auf diese und auf die auf sie entfallenden neuen Geschäftsanteile nach dem Verhältnis der Nennbeträge verteilt werden. ²Der Zuwachs an Geschäftsanteilen ist nicht als Zugang auszuweisen.

Nach Satz 1 sind die für die bisherigen Geschäftsanteile bilanziell ausgewiesenen Anschaffungskosten im Fall der Kapitalerhöhung aus Gesellschaftsmitteln auf die alten und neuen Anteile im Verhältnis der Nennbeträge zu verteilen (*Ulmer*/Habersack/Winter § 57o Rn. 2). Diese bilanzrechtliche Vorschrift findet sich systematisch überraschend im GmbHG. Sie ist nur relevant für Gesellschafter, die bilanzierungspflichtig sind. Durch Satz 1 wird verhindert, dass durch die Kapitalerhöhung ein **Wertzuwachs ausgewiesen** wird, weil der bisherige Wert der Geschäftsanteile im Verhältnis von altem Stammkapital und Erhöhungsbetrag auf alte und neue Geschäftsanteile insgesamt zu verteilen ist. Die Kapitalerhöhung im Wege der Nennbetragserhöhung lässt den Wertansatz des Geschäftsanteils unberührt, sodass keine gesetzliche Sonderregelung erforderlich war (*Roth/Altmeppen* § 57o Rn. 1). 1

Nach Satz 2 ist der **automatische dingliche Zuwachs** an Geschäftsanteilen mit Eintragung der Kapitalerhöhung nicht bilanzmäßig als Zugang auszuweisen. Damit wird ein Gewinnausweis bei dem Gesellschafter vermieden. Zwar erhält der Gesellschafter durch die Umwandlung von Rücklagen in Stammkapital erweiterte Mitgliedschaftsrechte. Doch ist damit keine Werterhöhung der Beteiligung verbunden, weil mit dem Mehr an Stammkapital zugleich eine Reduzierung der Rücklagen verbunden ist; es handelt sich um einen bloßen Umbuchungsvorgang. Daher untersagt Satz 2 den Bilanzausweis der neu ausgegebenen Geschäftsanteile. 2

Die Kapitalerhöhung aus Gesellschaftsmitteln stellt einen **steuerlich neutralen Vorgang** dar (vgl. den mit § 57o Satz 1 GmbHG fast wortgleichen § 3 KapErhStG). 3

§ 58 Herabsetzung des Stammkapitals

(1) Eine Herabsetzung des Stammkapitals kann nur unter Beobachtung der nachstehenden Bestimmungen erfolgen:
1. der Beschluß auf Herabsetzung des Stammkapitals muß von den Geschäftsführern in den Gesellschaftsblättern bekannt gemacht werden; in dieser Bekanntmachung sind zugleich die Gläubiger der Gesellschaft aufzufordern, sich bei derselben zu melden; die aus den Handelsbüchern der Gesellschaft ersichtlichen oder in anderer Weise bekannten Gläubiger sind durch besondere Mitteilung zur Anmeldung aufzufordern;
2. die Gläubiger, welche sich bei der Gesellschaft melden und der Herabsetzung nicht zustimmen, sind wegen der erhobenen Ansprüche zu befriedigen oder sicherzustellen;
3. die Anmeldung des Herabsetzungsbeschlusses zur Eintragung in das Handelsregister erfolgt nicht vor Ablauf eines Jahres seit dem Tage, an welchem die Aufforderung der Gläubiger in den Gesellschaftsblättern stattgefunden hat;
4. mit der Anmeldung ist die Bekanntmachung des Beschlusses einzureichen; zugleich haben die Geschäftsführer die Versicherung abzugeben, daß die Gläubiger, welche sich bei der Gesellschaft gemeldet und der Herabsetzung nicht zugestimmt haben, befriedigt oder sichergestellt sind.

(2) Die Bestimmung in § 5 Absatz 1 über den Mindestbetrag des Stammkapitals bleibt unberührt. Erfolgt die Herabsetzung zum Zweck der Zurückzahlung von Einlagen oder zum Zweck des Erlasses zu leistender Einlagen, so dürfen die verbleibenden Nennbeträge der Geschäftsanteile nicht unter den in § 5 Abs. 2 und 3 bezeichneten Betrag herabgehen.

§ 58 GmbHG Herabsetzung des Stammkapitals

Übersicht

		Rdn.			Rdn.
A.	Normzweck	1	IV.	Ablauf der Jahresfrist	14
B.	Abgrenzung ordentliche und vereinfachte Kapitalherabsetzung	4	V.	Anmeldung; Versicherung	16
			VI.	Eintragung	20
C.	Voraussetzungen der ordentlichen Kapitalherabsetzung	5	VII.	Vollzug des festgelegten Zwecks	21
I.	Kapitalherabsetzungsbeschluss	5	D.	Mindestbetrag des Stammkapitals	22
	1. Inhalt des Kapitalherabsetzungsbeschlusses	6	E.	Gesamtnennbetrag und Mindestbetrag der Geschäftsanteile	23
	2. Anteilige Herabsetzung der Geschäftsanteile	8	F.	Kombination aus Kapitalerhöhung und Kapitalherabsetzung	24
	3. Zustimmung durch Gesellschafter	9	G.	Zulässigkeit der Kapitalherabsetzung in der Liquidation oder Insolvenz	25
II.	Gläubigeraufruf	10	H.	Mängel, Rechtsfolgen	26
III.	Befriedigung oder Sicherung der Gläubiger	13			

A. Normzweck

1 § 58 GmbHG dient der **effektiven Kapitalherabsetzung**, also der Verringerung des durch die Kapitalerhöhungsvorschriften gebundenen Stammkapitals. Ziel wird häufig die **Beseitigung einer Unterbilanz** sein (Baumbach/Hueck/*Zöllner* § 58 Rn. 1).

2 Insbesondere die folgenden **Zwecke** einer ordentlichen Kapitalherabsetzung werden genannt (Ulmer/Habersack/Winter/*Casper* § 58 Rn. 5 ff.):
- Zurückzahlung des freigewordenen Betrags an die Gesellschafter (Abs. 2 Satz 2);
- Abfindung ausscheidender Gesellschafter (Heckschen/Heidinger/*Heckschen* M Rn. 243);
- Erlass ausstehender und nicht voll eingezahlter Stammeinlagen (Abs. 2 Satz 2; *Lutter/Hommelhoff* GmbHG, § 58 Rn. 1);
- Korrektur unwirksamer Übernahme- bzw. Beitrittserklärungen bzw. fehlerhafter Kapitalerhöhungen (vgl. *Lutter/Hommelhoff* GmbHG, § 58 Rn. 1; Gehrlein/Ekkenga/Simon/*Schulze*, § 58 Rn. 9);
- Gewinnausschüttung (vgl. Gehrlein/Ekkenga/Simon/*Schulze*, § 58 Rn. 9);
- Heilung verdeckter Sacheinlagen (*Lutter/Hommelhoff* GmbHG, § 58 Rn. 1); oder
- Rücklagenbildung (*Lutter/Hommelhoff* GmbHG, § 58 Rn. 1).

3 Da durch die Kapitalherabsetzung der **Haftungsfonds der Gläubiger verringert** wird, bestimmt das Gesetz gewisse Schutzvorkehrungen zugunsten der Gesellschaftsgläubiger (*Roth/Altmeppen* § 58 Rn. 1). Die Kapitalherabsetzung ermöglicht dabei, das gebundene Stammkapital unter Befreiung von der Bindungswirkung des § 30 anderen Zwecken zuzuführen. In bilanzieller Hinsicht wird dabei lediglich die Position gezeichnetes Kapital auf der Passivseite gem. § 266 Abs. 3 A I HGB verringert (vgl. Gehrlein/Ekkenga/Simon/*Schulze*, § 58 Rn. 2).

B. Abgrenzung ordentliche und vereinfachte Kapitalherabsetzung

4 Das GmbHG sieht zwei Arten der Kapitalherabsetzung vor, die **ordentliche Kapitalherabsetzung** (§ 58 GmbHG) und die **vereinfachte Kapitalherabsetzung** (§§ 58a bis 58f GmbHG), die auch als nominelle Kapitalherabsetzung bezeichnet wird (vgl. Gehrlein/Ekkenga/Simon/*Schulze*, § 58 Rn. 5). Bei der ordentlichen Kapitalherabsetzung soll bisher durch die Stammkapitalziffer gebundenes Vermögen zur Ausschüttung kommen oder zumindest ausschüttungsfähig gemacht werden, während die vereinfachte Kapitalherabsetzung dazu dient, eine bereits durch verbrauchtes Stammkapital entstandene Unterbilanz auszugleichen (Baumbach/Hueck/*Zöllner* § 58 Rn. 2; *Roth/Altmeppen* § 58 Rn. 2). Häufig geht die vereinfachte Kapitalherabsetzung mit einer anschließenden effektiven Kapitalerhöhung einher und dient Sanierungszwecken. Da der Haftungsfonds bereits (teilweise) verbraucht ist, kommt auch kein Vermögen der Gesellschaft zur Ausschüttung. Entsprechend sieht der Gesetzgeber ein geringeres Gefahrenpotential für die Gläubiger der GmbH und hat ein vereinfachtes, beschleunigtes Verfahren vorgesehen (Ulmer/Habersack/Winter/*Casper* § 58

Rn. 2). Bei der ordentlichen Kapitalherabsetzung wird der Gläubigerschutz durch Sicherheitsleistung gewährleistet; bei der vereinfachten Kapitalherabsetzung durch die 5-jährige Ausschüttungssperre (Baumbach/Hueck/*Zöllner* § 58 Rn. 2). Bei der vereinfachten Kapitalherabsetzung bedarf es somit keines Gläubigeraufrufs und auch ein Sperrjahr braucht nicht abgewartet zu werden (K. Schmidt/Uhlenbruck/*K. Schmidt* Rn. 364).

C. Voraussetzungen der ordentlichen Kapitalherabsetzung

I. Kapitalherabsetzungsbeschluss

Die Kapitalherabsetzung ist **Satzungsänderung**. Dementsprechend muss der Kapitalherabsetzungsbeschluss die Anforderungen der §§ 53, 54 GmbHG oder strengerer Bestimmungen in der Satzung erfüllen. Finden die gesetzlichen Bestimmungen Anwendung, muss der Beschluss mit einer Stimmenmehrheit von mindestens 3/4 (§ 53 Abs. 2 Satz 1 GmbHG) gefasst werden. Der Beschluss unterliegt keiner materiellen Beschlusskontrolle (*Lutter/Hommelhoff* GmbHG, § 58 Rn. 5 unter Berufung auf die Rechtsprechung zum Aktienrecht – BGH NJW 1998, 2054). Es gilt aber das Gleichbehandlungsgebot und die mitgliedschaftliche Treuepflicht.

1. Inhalt des Kapitalherabsetzungsbeschlusses

Der Beschluss sollte folgenden **Inhalt** haben:

Der Beschluss muss die neue **Stammkapitalziffer** festlegen. (»Das Stammkapital wird von € [...] um € [...] auf € [...] herabgesetzt.«) Zulässig ist auch die Herabsetzung um einen **Maximalbetrag**. Allerdings muss der Herabsetzungsbetrag nach dem Beschlussinhalt bestimmbar sein. Zulässig ist es etwa, den Herabsetzungsbetrag von der Höhe der Unterbilanz in einem erst aufzustellenden Jahresabschluss abhängig zu machen (näher Ulmer/Habersack/Winter/*Casper* § 58 Rn. 27; Baumbach/Hueck/*Zöllner* § 58 Rn. 18; *Lutter/Hommelhoff* GmbHG, § 58 Rn. 7). Nicht zulässig ist es dagegen, die Festsetzung des Herabsetzungsbetrags in das Ermessen der Geschäftsführung zu stellen (*Lutter/Hommelhoff* GmbHG, § 58 Rn. 7).

In dem Kapitalerhöhungsbeschluss muss der **Zweck** der Kapitalherabsetzung festgesetzt werden (BayObLG BB 1979, 240). Auch wenn eine § 222 Abs. 3 AktG entsprechende Regelung im GmbHG fehlt, so wird aus Gründen des Gläubigerschutzes unter Heranziehung des Rechtsgedankens des § 222 Abs. 3 AktG die Auffassung vertreten, dass Gläubiger bei einer Zweckangabe besser entscheiden können, ob sie der Kapitalherabsetzung ihre Zustimmung geben oder nicht. Die Zweckangabe ist insbesondere erforderlich, damit der Registerrichter prüfen kann, ob die Herabsetzungsgrenze gem. Abs. 2 Satz 2 eingreift (Ulmer/Habersack/Winter/*Casper* § 58 Rn. 28). Auch die Angabe mehrerer Zwecke ist zulässig (*Lutter/Hommelhoff* GmbHG, § 58 Rn. 8).

2. Anteilige Herabsetzung der Geschäftsanteile

Mangels abweichender Bestimmung werden die Nennwerte sämtlicher Geschäftsanteile anteilig herabgesetzt (*Lutter/Hommelhoff* GmbHG, § 58 Rn. 10). Ein solches Verhältnis wahrende Herabsetzung tritt jedoch nur dann automatisch ein, wenn kein Geschäftsanteil im Nennwert unter 1,– € sinkt oder auf einen vollen Euro-Betrag lautet. Würde die automatische Rechtsfolge nicht die Anforderungen an Mindestnennbetrag des Geschäftsanteils und Teilbarkeit automatisch erfüllen, muss die Art und Weise der Durchführung der Kapitalherabsetzung als notwendige Anweisung an die Geschäftsführung über die Art des Vollzuges angegeben werden, also ob die Herabsetzung durch Verringerung des Nennbetrages der Geschäftsanteile, Zusammenlegung oder Einziehung erfolgen soll (*Lutter/Hommelhoff* GmbHG, § 58 Rn. 9). Aufgrund der Herabsetzung des Mindestnennbetrags eines Geschäftsanteils auf volle Euro durch das MoMiG dürfte das Problem künftig kaum relevant werden.

3. Zustimmung durch Gesellschafter

9 Soll die Kapitalherabsetzung nicht zulasten aller Gesellschafter im Verhältnis der Nennbeträge ihrer Geschäftsanteile gehen, müssen dem Beschluss sämtliche Gesellschafter zustimmen, deren Geschäftsanteile überproportional herabgesetzt werden. Nach a. A. müssen alle Gesellschafter zustimmen (vgl. Gehrlein/Ekkenga/Simon/*Schulze*, § 58 Rn. 15).

II. Gläubigeraufruf

10 Der Kapitalherabsetzungsbeschluss muss von den Geschäftsführern in den **Gesellschaftsblättern bekannt** gemacht werden. Basisgesellschaftsblatt ist der elektronische Bundesanzeiger (§ 12 Satz 1 GmbHG). In dieser Bekanntmachung sind zugleich die Gläubiger der Gesellschaft aufzufordern, sich bei der Gesellschaft zu melden (Abs. 1 Nr. 1). Mit Inkrafttreten des ARUG ist kein dreimaliger Gläubigeraufruf mehr erforderlich. In einem elektronischen Medium wie dem Bundesanzeiger genügt die einmalige Bekanntmachung (BT-Drucks. 16/13098 Art. 1 zu Nr. 41a der Begründung). Durch das Justizkommunikationsgesetz wurde Abs. 1 Nr. 1 und Nr. 3 mit Wirkung vom 01.04.2005 an den durch das Gesetz neu eingefügten § 12 GmbHG angepasst, der den Begriff des Gesellschaftsblatts bzw. der Gesellschaftsblätter definiert (*Terbrack* DStR 2005, 2045; *Spindler/Kramski* NZG 2005, 746). Nach Art. 61 Abs. 4 EGHGB konnten die Landesregierungen durch Rechtsverordnung bestimmen, dass bis zum 31.12.2009 Eintragungen vollständig oder als Hinweisbekanntmachung auch in den Printmedien bekannt zu machen sind. Gebrauch gemacht wurde von dieser Ermächtigung in Berlin, Niedersachsen, Rheinland-Pfalz und Sachsen-Anhalt in Form von Übergangsregelungen, die jedoch sämtlich zum 31.12.2007 ausgelaufen sind. Damit gilt heute deutschlandweit gem. § 10 HGB i. d. F. des EHUG, dass die gerichtlichen Bekanntmachungen – mangels abweichender freiwilliger zusätzlicher Veröffentlichung aufgrund Satzungsbestimmung – nur in dem von der Landesjustizverwaltung bestimmten Informations- und Kommunikationssystem (http://www.handelsregisterbekanntmachungen.de) zu erfolgen haben (*Noack* NZG 2006, 801, 802; Baumbach/Hopt/*Hopt*, § 10 Rn. 1). Aufgrund der sog. Spiegelung der auf der Internetseite der Länder veröffentlichten Informationen im Unternehmensregister (www.unternehmensregister.de) gem. § 8b Abs. 2 Nr. 1, Abs. 3 Satz 2 HGB ist damit auch den Vorgaben des europäischen Rechts Genüge getan (näher *Paefgen* ZIP 2008, 1654, 1655).

11 Die Bekanntmachung des Beschlusses muss nicht den **vollständigen Wortlaut** des Kapitalherabsetzungsbeschlusses wiedergeben (*Casper* in Ulmer/Habersack/Winter § 58 Rn. 40; Baumbach/Hueck/*Zöllner* § 58 Rn. 23; a. A. Roth/Altmeppen § 58 Rn. 16 wonach der gesamte Beschluss samt Zweckangabe zu veröffentlichen ist). Ausreichend sind die Angaben, dass und in welchem Umfang die Kapitalherabsetzung beschlossen wurde. Im Fall der Kapitalherabsetzung um einen Maximalbetrag sind auch die Parameter für die Bestimmung des endgültigen Herabsetzungsbetrages zu nennen. Angaben zu Zweck der Herabsetzung und Art der Anpassung der Nennbeträge sind entbehrlich (Baumbach/Hueck/*Zöllner* § 58 Rn. 23; *Lutter/Hommelhoff* GmbHG, § 58 Rn. 15). Die Gläubiger müssen – anders als im Aktienrecht (§ 225 Abs. 1 Satz 2 AktG) – nach h. M. auch nicht auf ihre Rechte hingewiesen werden (*Lutter/Hommelhoff* GmbHG, § 58 Rn. 15; Baumbach/Hueck/*Zöllner* § 58 Rn. 23; *Roth/Altmeppen* § 58 Rn. 17).

12 **Bekannte Gläubiger** sind durch **besondere Mitteilung** zur Anmeldung bei der Gesellschaft aufzufordern (Abs. 1 Nr. 1 a. E.). Für die gesonderte Mitteilung schreibt das Gesetz keine ausdrückliche Frist vor; man wird jedoch davon ausgehen, dass sie unverzüglich nach der Bekanntmachung bzw. bei späterer Entstehung, nach Kenntnis, zu erfolgen hat (Baumbach/Hueck/*Zöllner* § 58 Rn. 25; nach *Lutter/Hommelhoff* GmbHG, § 58 Rn. 16 reicht es hingegen, wenn die Mitteilung in angemessener Frist vor Ablauf des Sperrjahres erfolgt). Gegenüber nach diesem Zeitpunkt hinzutretenden Gläubigern soll eine weitere Mitteilungspflicht bestehen (Baumbach/Hueck/*Zöllner* § 58 Rn. 24).

III. Befriedigung oder Sicherung der Gläubiger

Entgegen dem Wortlaut von Abs. 1 Nr. 2, begründet die Norm keine Ansprüche der Gläubiger auf Befriedigung oder Sicherstellung. Die Vorschrift ist vielmehr als **registerverfahrensrechtliche Obliegenheit** der Gesellschaft i. R. d. Kapitalherabsetzung zu verstehen, bei deren Verletzung Gläubiger der Gesellschaft durch Widerspruch die Eintragung der Kapitalherabsetzung in das Handelsregister verhindern können (Baumbach/Hueck/*Zöllner* § 58 Rn. 26 ff.; Gehrlein/Ekkenga/Simon/*Schulze*, § 58 Rn. 23). Die Gläubiger müssen sich bei der Gesellschaft »melden« und »nicht zustimmen«. Ob hierfür eine empfangsbedürftige Willenserklärung erforderlich ist, dürfte wohl ein akademischer Streit sein (dafür: *Lutter/Hommelhoff* GmbHG, § 58 Rn. 18; a. A. Baumbach/Hueck/*Zöllner* § 58 Rn. 27). Ein Gläubigerwiderspruch hindert mangels Befriedigung oder Sicherstellung die Eintragung der Kapitalherabsetzung nur bis zum Zeitpunkt der Einreichung der Handelsregisteranmeldung beim Registergericht (Baumbach/Hueck/*Zöllner* § 58 Rn. 29 m. w. N.; a. A. *Roth/Altmeppen* § 58 Rn. 22 und 25: bis zur Eintragung, wenn frühere Anmeldung nicht möglich und zumutbar war). Dabei sind alle zum Löschen der Forderung führenden Rechtshandlungen unter Befriedigung zu verstehen. Darunter fallen neben der Erfüllung gem. § 362 BGB auch Erfüllungssurrogate, wie die Aufrechnung gem. §§ 387 ff. BGB oder die Hinterlegung gem. §§ 372 ff. BGB (vgl. Gehrlein/Ekkenga/Simon/*Schulze*, § 58 Rn. 25). Die Sicherstellung richtet sich nach den Vorschriften der §§ 232 bis 240 BGB, die statt Befriedigung infrage kommt. Nach überwiegender Auffassung ist allerdings eine Sicherstellung dann nicht erforderlich, wenn der Gläubiger bereits i. S. d. §§ 232 ff. BGB gesichert ist oder wenn zumindest eine wirtschaftlich gleichwertige Absicherung der Forderung besteht (vgl. Gehrlein/Ekkenga/Simon/*Schulze*, § 58 Rn. 26). Auch im Hinblick auf bestrittene Forderungen wird man eine Sicherstellung annehmen müssen, da ansonsten die Gesellschaft sich durch Bestreiten einer Forderung dieser einfach entledigen kann. Eine Grenze wird man nur bei offensichtlich nicht bestehenden und missbräuchlichen Forderungsansprüchen ziehen müssen, die nicht zum Widerspruch berechtigen und daher auch keiner Sicherstellung bedürfen (vgl. Gehrlein/Ekkenga/Simon/*Schulze*, § 58 Rn. 26).

IV. Ablauf der Jahresfrist

Erst nach Ablauf eines Jahres (Sperrjahr) seit dem Tage, an welchem der Gläubigeraufruf stattgefunden hat, darf der Kapitalherabsetzungsbeschluss zur Eintragung ins Handelsregister angemeldet werden (Abs. 1 Nr. 3).

Um die Sperrfrist von einem Jahr zu **umgehen**, werden in der Praxis **Verschmelzungs- und Spaltungsmaßnahmen** benutzt, um Ausschüttungen vornehmen zu können. Das Umwandlungsgesetz (UmwG) verlangt nicht, dass nach einer Verschmelzung die Stammkapitalziffer des aufnehmenden Rechtsträgers der Summe der Stammkapitalziffern der an der Verschmelzung beteiligten Rechtsträger entsprechen muss. Wird z. B. eine GmbH mit einem Stammkapital von 1,0 Mio. € auf eine GmbH mit dem Mindeststammkapital von 25.000,– € verschmolzen, ist das Mindestkapital des aufnehmenden Rechtsträgers ausreichend (Heckschen/Heidinger/*Heckschen* M Rn. 251). Es wird allerdings in der Literatur erörtert, ob in einem solchen Fall die Ausschüttungssperre nach § 58d GmbHG analog anzuwenden ist (Heckschen/Heidinger/*Heckschen* M Rn. 251 m. w. N.).

V. Anmeldung; Versicherung

Die Handelsregisteranmeldung ist nach § 78 GmbHG von sämtlichen Geschäftsführern vorzunehmen. Für die Anmeldung gelten §§ 54 Abs. 1 i. V. m. 58 Abs. 1 Nr. 4 GmbHG (vgl. die Muster-Anmeldungen bei *Krafka/Kühn*, Rn. 1073; *Gustavus*, A 110).

17 Die Anmeldung **beinhaltet** die Angabe der herabgesetzten **Stammkapitalziffer** sowie die Angabe des **Zwecks** der Herabsetzung etwa wie folgt:

▶ Muster

»Das Stammkapital der Gesellschaft wurde von € [...] um € [...] auf € [...] herabgesetzt. § X der Satzung wurde entsprechend geändert. Die Kapitalherabsetzung erfolgt zum Zweck [...].«

18 Ferner beinhaltet die Anmeldung die **Versicherung** entsprechend dem Wortlaut von Abs. 1 Nr. 4 Halbs. 2. Problematisch ist die Versicherung nur mit Blick auf streitige Forderungen. Sind die Forderungen offensichtlich unbegründet oder erweisen sie sich als nach sorgfältiger Prüfung als nicht bestehend, braucht weder Befriedigung noch Sicherheit geleistet werden. Allerdings sind die Geschäftsführer bei der Beurteilung dem Risiko zivilrechtlicher Haftung und strafrechtlicher Verantwortlichkeit (§ 82 Abs. 2 Nr. 1 GmbHG; ggf. als Schutzgesetz i. S. v. § 823 Abs. 2 BGB) ausgesetzt (*Lutter/Hommelhoff* GmbHG, § 58 Rn. 21).

19 Der Handelsregisteranmeldung sind folgende **Anlagen** beizufügen:
– elektronisch beglaubigte Abschrift des notariell beurkundeten **Herabsetzungsbeschlusses**;
– elektronisch beglaubigte Abschrift des vollständigen **Satzungswortlauts** mit der notariellen Bescheinigung gem. § 54 Abs. 1 Satz 2 GmbHG;
– elektronisch beglaubigte Abschrift der aktuellen **Gesellschafterliste** unter Berücksichtigung der angemeldeten Kapitalherabsetzung durch den beurkundenden Notar nebst Bescheinigung (§ 40 Abs. 2 GmbHG); nach bisherigem Recht sollte dabei eine Pflicht zur Einreichung der Gesellschafterliste nur bestehen, falls die Kapitalherabsetzung ungleichmäßig erfolgt und dementsprechend eine Änderung im Umfang der Beteiligung eintritt (*Lutter/Hommelhoff* GmbHG, § 58 Rn. 27); das ist mit der Wortlaut von § 40 Abs. 1 Satz 1 GmbHG i. V. m. § 40 Abs. 2 Satz 1 GmbHG (»nach Wirksamwerden jeder Veränderung [...] des Umfangs ihrer Beteiligung«) und der Aufwertung der Gesellschafterliste durch das MoMiG unvereinbar;
– elektronisch beglaubigte Abschrift des Belegs für die Bekanntmachung gem. Abs. 1 Nr. 1 (vgl. Abs. 1 Nr. 4);
– ein Nachweis über die besondere Mitteilung gegenüber bekannten Gläubigern gem. § 58 Abs. 1 Nr. 1 Halbs. 3 GmbHG ist nach h. M. nicht erforderlich (*Casper* in Ulmer/Habersack/Winter § 58 Rn. 59 m. w. N.).

VI. Eintragung

20 Die Eintragung und Bekanntmachung des Kapitalherabsetzungsbeschlusses richtet sich nach §§ 54 Abs. 2 Satz 1, 10 GmbHG sowie den entsprechenden Vorschriften der Handelsregisterverordnung. Die Eintragung hat **konstitutive** Wirkung. Eine Zusatzbekanntmachung findet nach der Streichung von § 54 Abs. 2 Satz 2 GmbHG und § 10 Abs. 3 GmbHG durch das EHUG nicht mehr statt. Ausweislich der Gesetzesbegründung zum EHUG soll künftig grundsätzlich nur der im Handelsregister eingetragene Text bekannt gemacht werden. Die bislang verschiedentlich angeordneten zusätzlichen Bekanntmachungen werden als Fehlerquelle angesehen und seien aufgrund des Online-Zugangs zum Handelsregister nicht mehr erforderlich (Grundsatz des Verzichts auf Zusatzbekanntmachungen).

VII. Vollzug des festgelegten Zwecks

21 Nach der Eintragung der Kapitalherabsetzung im Handelsregister müssen die Geschäftsführer die Vorgaben des Herabsetzungsbeschlusses umsetzen, also z. B. den Herabsetzungsbetrag in die Rücklage buchen (*Lutter/Hommelhoff* GmbHG, § 58 Rn. 27).

D. Mindestbetrag des Stammkapitals

22 Das Stammkapital darf nicht unter den Mindestbetrag des Stammkapitals i. H. v. 25.000,– € gem. Abs. 2 Satz 1, § 5 Abs. 1 GmbHG herabgesetzt werden. Umstritten ist, ob ausnahmsweise eine **vor-**

übergehende Herabsetzung unter die Mindeststammkapitalziffer von 25.000,– € zulässig ist, wenn gleichzeitig eine Kapitalerhöhung beschlossen wird, die wieder ein Stammkapital über 25.000,– € herstellt; für eine Analogie zu § 228 AktG ist jedoch angesichts der Möglichkeit der vereinfachten Kapitalherabsetzung im GmbH-Recht kein Raum (ablehnend h. M.: LG Saarbrücken GmbHR 1992, 380; LG Frankfurt am Main GmbHR 1992, 381; *Casper* in Ulmer/Habersack/Winter § 58 Rn. 26; K. Schmidt/Uhlenbruck/*K. Schmidt* Rn. 363; *Lutter/Hommelhoff* GmbHG, § 58 Rn. 6; Scholz/*Priester* GmbHG, § 58 Rn. 33; a. A. Baumbach/Hueck/*Zöllner* § 58 Rn. 4). Bei der vereinfachten Kapitalerhöhung ist es nach § 58a Abs. 4 GmbHG ausdrücklich gestattet, das Stammkapital auf unter 25.000,– € herabzusetzen, wenn zeitgleich eine Erhöhung auf den gesetzlichen Mindestbetrag beschlossen wird, sodass die Frage keine praktische Relevanz mehr hat.

E. Gesamtnennbetrag und Mindestbetrag der Geschäftsanteile

Der Gesamtbetrag der Stammeinlagen muss nach §§ 58 Abs. 2 Satz 2, 5 Abs. 3 Satz 2 GmbHG mit der herabgesetzten Stammkapitalziffer **übereinstimmen** (unstr.; *Roth/Altmeppen* § 58 Rn. 13 m. w. N.). Ferner muss der Mindestnennbetrag jedes Geschäftsanteils auf volle Euro lauten (§ 58 Abs. 2 Satz 2, § 5 Abs. 2 Satz 1 GmbHG). Das gilt jedoch nur für die in der Verweisungsnorm des Abs. 2 Satz 2 genannten Fälle, also die Kapitalherabsetzung zum Zwecke der Zurückzahlung von Einlagen oder zum Zweck des Erlasses von Einlageforderungen. Dient die Herabsetzung z. B. der Beseitigung einer Unterbilanz, gelten die Anforderung an Mindestnennbetrag und Teilbarkeit der Geschäftsanteile nach § 5 GmbHG nicht (a. A. entgegen dem Wortlaut *Roth/Altmeppen* § 58 Rn. 13). Diese Rechtsfolge bei der Kapitalherabsetzung zur Beseitigung einer Unterbilanz ist unter Geltung des neuen Rechts schwer nachvollziehbar, da ohnehin der Mindestnennbetrag jedes Geschäftsanteils auf volle Euro abgesenkt worden ist (§ 5 Abs. 2 Satz 1 GmbHG) (unkritisch Ulmer/Habersack/Winter/*Casper* § 58 Rn. 19; kritisch *Wicke* GmbHG § 58 Rn. 3); die Gesetzesbegründung ist zur dieser Frage nicht ergiebig.

23

F. Kombination aus Kapitalerhöhung und Kapitalherabsetzung

Die Kombination aus Kapitalerhöhung und -herabsetzung ist zwar auch im Fall der ordentlichen Kapitalherabsetzung möglich; aufgrund des Sperrjahres nach Abs. 1 Nr. 3 wird sie aber praktisch kaum mehr relevant, vielmehr findet die vereinfachte Kapitalherabsetzung (§ 58a GmbHG) Anwendung.

24

G. Zulässigkeit der Kapitalherabsetzung in der Liquidation oder Insolvenz

In der Liquidation ist die ordentliche Kapitalherabsetzung zwar möglich, aber sinnlos. Denn die Schutzregeln des Liquidationsrechts (§ 73 GmbHG) sind zusätzlich zu beachten. Dann kann aber auch nach § 73 GmbHG verteilt werden (*Lutter/Hommelhoff* GmbHG, § 58 Rn. 28). In der Insolvenz ist die vereinfachte Kapitalherabsetzung sinnvoller (*Lutter/Hommelhoff* GmbHG, § 58 Rn. 28).

25

H. Mängel, Rechtsfolgen

Wird das Mindeststammkapital unterschritten, führt das zur **Nichtigkeit der Kapitalherabsetzung**. Andere Beschlussmängel, etwa fehlende Angaben, begründen einerseits ein Eintragungshindernis und andererseits die Anfechtbarkeit des Beschlusses (vgl. *Roth/Altmeppen* § 58 Rn. 27f; Gehrlein/Ekkenga/Simon/*Schulze*, § 58 Rn. 34ff.).

26

§ 58a Vereinfachte Kapitalherabsetzung

(1) Eine Herabsetzung des Stammkapitals, die dazu dienen soll, Wertminderungen auszugleichen oder sonstige Verluste zu decken, kann als vereinfachte Kapitalherabsetzung vorgenommen werden.

§ 58a GmbHG   Vereinfachte Kapitalherabsetzung

(2) Die vereinfachte Kapitalherabsetzung ist nur zulässig, nachdem der Teil der Kapital- und Gewinnrücklagen, der zusammen über zehn vom Hundert des nach der Herabsetzung verbleibenden Stammkapitals hinausgeht, vorweg aufgelöst ist. Sie ist nicht zulässig, solange ein Gewinnvortrag vorhanden ist.

(3) ¹Im Beschluß über die vereinfachte Kapitalherabsetzung sind die Nennbeträge der Geschäftsanteile dem herabgesetzten Stammkapital anzupassen. ²Die Geschäftsanteile müssen auf einen Betrag gestellt werden, der auf volle Euro lautet.

(4) ¹Das Stammkapital kann unter den in § 5 Abs. 1 bestimmten Mindestnennbetrag herabgesetzt werden, wenn dieser durch eine Kapitalerhöhung wieder erreicht wird, die zugleich mit der Kapitalherabsetzung beschlossen ist und bei der Sacheinlagen nicht festgesetzt sind. ²Die Beschlüsse sind nichtig, wenn sie nicht binnen drei Monaten nach der Beschlußfassung in das Handelsregister eingetragen worden sind. ³Der Lauf der Frist ist gehemmt, solange eine Anfechtungs- oder Nichtigkeitsklage rechtshängig ist. ⁴Die Beschlüsse sollen nur zusammen in das Handelsregister eingetragen werden.

(5) Neben den §§ 53 und 54 über die Abänderung des Gesellschaftsvertrags gelten die §§ 58b bis 58f.

Übersicht	Rdn.			Rdn.
A. **Normzweck**	1	III.	Kapitalherabsetzungsbeschluss	8
I. Gläubigerschutz	1	IV.	Anpassung der Nennbeträge, Abs. 3	11
II. Zulässige Zwecke der vereinfachten Kapitalherabsetzung	2	V.	Einhaltung der Mindeststammkapitalhöhe, Abs. 4	13
B. **Voraussetzungen der vereinfachten Kapitalherabsetzung**	6	VI.	Anmeldung, Abs. 5	15
I. Auflösung von Rücklagen (10%-Grenze)	6	VII.	Eintragung	17
II. Fehlen eines Gewinnvortrags	7	C.	**Verweis auf § 58b bis § 58f GmbHG**	18

A. Normzweck

I. Gläubigerschutz

1   Die vereinfachte Kapitalherabsetzung (§§ 58a bis 58f GmbHG) dient der **Sanierung von Unternehmen** (*Lutter/Hommelhoff* GmbHG, §58a Rn.3). Der Gläubigerschutz wird bei der vereinfachten Kapitalherabsetzung, die auch als nominelle Kapitalherabsetzung bezeichnet wird (vgl. Gehrlein/Ekkenga/Simon/*Schulze*, §58a Rn.1) durch Verwendungszweckbindung der frei gewordenen Beträge (§§ 58b, 58c GmbHG) und die vorübergehenden Ausschüttungsbeschränkungen (§ 58d GmbHG) gewährleistet. Da das Gesellschaftsvermögen vorerst nicht verteilt und damit den Gläubigern entzogen werden kann, bedarf es bei der vereinfachten Kapitalherabsetzung anders als bei der ordentlichen Kapitalherabsetzung weder des Gläubigeraufrufs (§ 58 Abs. 1 Nr. 1 GmbHG) noch der Sicherheitsleistung bzw. Befriedigung der Gläubiger (§ 58 Abs. 1 Nr. 2 GmbHG) oder des Sperrjahrs (§ 58 Abs. 1 Nr. 3 GmbHG). Die vereinfachte Kapitalherabsetzung kann also **sofort vollzogen** werden (*Lutter/Hommelhoff* GmbHG, § 58a Rn. 6).

II. Zulässige Zwecke der vereinfachten Kapitalherabsetzung

2   Nach dem Gesetz dient die vereinfachte Kapitalherabsetzung dazu »Wertminderungen auszugleichen oder sonstige Verluste zu decken« (Abs. 1); das ist irreführend, weil der GmbH aufgrund der Kapitalherabsetzung keine neuen Finanzmittel zugeführt werden, vielmehr wird nur die **Stammkapitalziffer verringert** und dadurch eine bestehende Unterbilanz beseitigt (vgl. Baumbach/Hueck/*Zöllner* § 58a Rn. 6). Der Sache nach zielt die vereinfachte Kapitalherabsetzung also auf die Beseitigung einer Unterbilanz (Ulmer/Habersack/Winter/*Casper* § 58a Rn. 12). Häufig wird zugleich mit der vereinfachten Kapitalherabsetzung eine Kapitalerhöhung durchgeführt, um die Gesellschaft wieder zu kapitalisieren.

Eine Kapitalherabsetzung, die zum Zwecke der **Abdeckung von Verlusten** vorgenommen wird, kann auch dann durchgeführt werden, wenn diese Verluste erst künftig einzutreten drohen, in Höhe dieser drohenden Verluste gem. § 249 Abs. 1 HGB Rückstellungen in der Bilanz zu bilden sind und die dadurch eingetretene Situation zur Überschuldung der Gesellschaft führt oder diese sonst in wirtschaftliche Schwierigkeiten bringt. Erweist sich später, dass die Verluste in der angenommenen Höhe nicht eingetreten sind und werden die Rückstellungen in dieser Höhe aufgelöst, ist der Betrag in die Kapitalrücklage (§ 266 Abs. 3 A II HGB) einzustellen (BGH NJW 1993, 57, 61 zum Aktienrecht; Ulmer/Habersack/Winter/*Casper* § 58a Rn. 13 m. w. N.). 3

Als weiterer zulässiger Zweck ist die **Vermeidung einer Unterbilanz** der übertragenden GmbH im Fall einer **Abspaltung und Ausgliederung** gem. § 139 UmwG anerkannt (Heckschen/Heidinger/*Heckschen* M Rn. 253). 4

Unzulässig ist die vereinfachte Kapitalherabsetzung dagegen zum Zwecke der Rücklagenauffüllung oder zum Erlass ausstehender Einlageforderungen (Baumbach/Hueck/*Zöllner* § 58a Rn. 8 f.). Nach a. A. soll die Rücklagenauffüllung zumindest als untergeordneter Nebenzweck der vereinfachten Kapitalherabsetzung zulässig sein (*Lutter/Hommelhoff* GmbHG, § 58a Rn. 18 mit Formulierungsvorschlag). Gemeint ist wohl, dass die durch die Herabsetzung frei gewordenen Beträge nicht ohne vorangegangenen Verlustausgleich in die Kapitalrücklagen eingestellt werden dürfen (Baumbach/Hueck/*Zöllner* § 58a Rn. 8); wie sich aus § 58b Abs. 2 GmbHG ergibt, kann aber ein zum Verlustausgleich nicht benötigter überschießender Betrag bis zur erlaubten Grenze in die Rücklagen eingestellt werden. Dabei sind jedoch die restriktiven Grenzen des § 58b Abs. 2 GmbHG zu beachten (näher mit einem Rechenbeispiel Ulmer/Habersack/Winter/*Casper* § 58a Rn. 16 m. w. N.) 5

B. Voraussetzungen der vereinfachten Kapitalherabsetzung

I. Auflösung von Rücklagen (10%-Grenze)

Voraussetzung für die Zulässigkeit der Herabsetzung ist, dass sie der Verlustdeckung dient und keine Kapital- oder Gewinnrücklagen bestehen, welche 10% des nach der Herabsetzung verbleibenden Kapitals übersteigen, vgl. Abs. 2 Satz 1 (vgl. Gehrlein/Ekkenga/Simon/*Schulze*, § 58a Rn. 11). Zunächst sind somit Kapitalrücklagen (§ 272 Abs. 2 HGB) und Gewinnrücklagen (§ 272 Abs. 3 HGB) aufzulösen, bevor die Kapitalherabsetzung durchgeführt werden darf, wenn andernfalls die 10%-Grenze überschritten würde. Sonstige Rücklagen oder stille Reserven müssen nicht vorab aufgelöst werden (*Lutter/Hommelhoff* GmbHG, § 58a Rn. 12). 6

II. Fehlen eines Gewinnvortrags

Es darf auch kein Gewinnvortrag (§ 266 Abs. 3 A IV HGB) bestehen, Abs. 2 Satz 2. 7

III. Kapitalherabsetzungsbeschluss

Abs. 5 verweist auf § 53 GmbHG; der Herabsetzungsbeschluss ist somit **satzungsändernd** und muss – mangels abweichender Satzungsbestimmungen – mit **3/4 der abgegebenen Stimmen** gefasst werden. 8

Im Beschluss muss der **Betrag**, die **Art** (»vereinfachte Kapitalherabsetzung«) und der **Zweck** (»zur Deckung von Verlusten«) der Kapitalherabsetzung festgesetzt werden. Wie bei der ordentlichen Kapitalherabsetzung genügt nach umstrittener Auffassung die Angabe eines **Maximalbetrages** (Baumbach/Hueck/*Zöllner* § 58a Rn. 17; a. A. Ulmer/Habersack/Winter/*Casper* § 58a Rn. 26; *Lutter/Hommelhoff* GmbHG, § 58a Rn. 17: nur ausnahmsweise, sofern der Geschäftsführung kein Ermessensspielraum eingeräumt wird; Teil des Herabsetzungsbetrages, der nicht zum Verlustausgleich benötigt wird, könne in die Kapitalrücklage eingestellt werden). Nach h. M. muss auch der Zweck der Kapitalerhöhung angegeben werden (*Lutter/Hommelhoff* GmbHG, § 58a Rn. 18; Roth/Altmeppen § 58a Rn. 12: a. A. Baumbach/Hueck/*Zöllner* § 58a Rn. 19 mit ausführlicher Begründung: ausreichend sei die Angabe, dass es sich um vereinfachte Kapitalherabsetzung handelt). 9

§ 58a GmbHG   Vereinfachte Kapitalherabsetzung

Zu den Nennbeträgen nachfolgend Rdn. 11 f., 13.

10 Nach h. M. ist eine sachliche Rechtfertigung des Kapitalherabsetzungsbeschlusses nicht erforderlich (BGHZ 138, 71 – Sachsenmilch zu Aktiengesellschaft; Ulmer/Habersack/Winter/*Casper* § 58a Rn. 31 ff.; differenzierend *Lutter/Hommelhoff* GmbHG, § 58a Rn. 15a; nach Baumbach/Hueck/*Zöllner* § 58a Rn. 23 muss die Kapitalherabsetzung erforderlich und verhältnismäßig sein). Der Sanierungszweck kann unter Umständen eine Mitwirkungspflicht der Gesellschafter an der Kapitalherabsetzung aufgrund ihrer mitgliedschaftlichen Treuepflicht begründen (BGHZ 129, 136 – »Girmes« zu Aktiengesellschaft).

IV. Anpassung der Nennbeträge, Abs. 3

11 Im Beschluss über die vereinfachte Kapitalherabsetzung sind die Nennbeträge der Geschäftsanteile dem herabgesetzten Stammkapital anzupassen (Abs. 3 Satz 1), d. h. die Nennbeträge müssen ausdrücklich im Beschluss festgesetzt werden (*Roth/Altmeppen* § 58a Rn. 14). Sie müssen zudem auf einen Betrag gestellt werden, der auf volle Euro lautet (Abs. 3 Satz 2).

12 Vor Inkrafttreten des MoMiG waren gem. § 58a Abs. 3 Satz 3 bis 5 a. F. voll eingezahlte Geschäftsanteile, deren Nennbetrag durch die Herabsetzung unter 50,– € fallen würde, gem. Abs. 3 Satz 3 a. F. zu gemeinschaftlichen (§ 18 GmbHG) Geschäftsanteilen **zu vereinigen**, wenn die Geschäftsanteile nicht mit einer Nachschusspflicht (§ 26 GmbHG) oder mit Rechten Dritter belastet oder nach dem Gesellschaftsvertrag nicht mit verschiedenen Rechten und Pflichten (z. B. ein Gewinnvorzug oder einer Liquidationspräferenz) ausgestattet waren. Mit Inkrafttreten des MoMiG wurde der Mindestnennbetrag jedes Geschäftsanteils auf volle Euro verringert und folgerichtig die komplexe Regelung über die Zusammenlegung von Geschäftsanteilen in Abs. 3 Satz 3 bis 5 a. F. gestrichen (Ulmer/Habersack/Winter/*Casper* § 58a Rn. 37).

V. Einhaltung der Mindeststammkapitalhöhe, Abs. 4

13 Grundsätzlich darf mit der Kapitalherabsetzung nicht die Mindeststammkapitalziffer von 25.000,– € gem. § 5 Abs. 1 GmbHG unterschritten werden. Die Herabsetzung darf bis auf Null erfolgen (BGH NJW 1993, 57; NJW 1999, 3197 zum Aktienrecht; zu den Modalitäten näher *Lutter/Hommelhoff* GmbHG, § 58a Rn. 21). Ausnahmsweise ist es bei der vereinfachten Kapitalherabsetzung nach Abs. 4 Satz 1 möglich, das Stammkapital unter einen Gesamtnennbetrag von 25.000,– € herabzusetzen, wenn zugleich mit der Kapitalherabsetzung eine **Kapitalerhöhung** beschlossen wird, durch welche der Mindeststammkapitalbetrag von 25.000,– € wieder überschritten wird. Dabei darf es sich um keine Sachkapitalerhöhung handeln. Auch im Fall der UG (haftungsbeschränkt) kommt eine Herabsetzung auf einen Betrag von unter 25.000,– € (außer im Fall einer gleichzeitigen Kapitalerhöhung, mit der das Mindeststammkapital von 25.000,– € überschritten wird) nicht in Betracht, da Abs. 4 Satz 1 nur auf § 5 Abs. 1 GmbHG verweist, nicht aber auf § 5a GmbHG.

14 Wurde dem Gesellschafter einer – personalistisch strukturierten – GmbH bei einer Kapitalerhöhung im Anschluss an eine vereinfachte Kapitalherabsetzung auf Null ein gesetzeskonformes, seiner bisherigen Beteiligung entsprechendes Bezugsrecht eingeräumt, so gebietet die **Treupflicht** der Gesellschaftermehrheit nicht ohne Weiteres, diesem durch **Änderung der Beteiligungsverhältnisse** statt dessen die Übernahme einer von ihm gewünschten Kleinstbeteiligung einzuräumen (BGH DStR 2005, 975; a. A. Baumbach/Hueck/*Zöllner* § 58a Rn. 35). Bei einer solchen personalistisch strukturierten GmbH ist vielmehr grundsätzlich auf ein Bestehenbleiben der bisherigen Beteiligungsverhältnisse bei der Kapitalerhöhung gerade auch im Verfahren nach Abs. 4 Bedacht zu nehmen.

VI. Anmeldung, Abs. 5

15 Abs. 5 verweist auf § 54 GmbHG (ausführl. Baumbach/Hueck/*Zöllner* § 58a Rn. 30 ff.). Bei der vereinfachten Kapitalherabsetzung muss die Anmeldung von allen Geschäftsführern gemeinsam vorgenommen werden, auch wenn eine Verweisung in § 78 Halbs. 2 GmbHG fehlt (*Lutter/Hommelhoff*

GmbHG, § 58a Rn. 23; Baumbach/Hueck/*Zöllner* § 58a Rn. 30; a.A. Scholz/*Priester* GmbHG, § 58a Rn. 32).

Die Reichweite der Prüfungskompetenz des Registergerichts ist umstritten. Im Einzelfall soll der Registerrichter auch die Vorlage einer Zwischenbilanz verlangen können (*Krafka/Kühn* Rn. 1077); in der Regel soll eine plausible Fortführung der letzten Jahresbilanz ausreichen (»management accounts«), ohne dass ein formaler Zwischenabschluss erstellt werden muss (Baumbach/Hueck/*Zöllner* § 58a Rn. 31). 16

VII. Eintragung

Wird die Kapitalherabsetzung mit der Kapitalerhöhung kombiniert, sind beide Beschlüsse nach Abs. 4 Satz 2 **nichtig**, wenn sie nicht binnen 3 Monaten nach der Beschlussfassung im Handelsregister eingetragen worden sind. Sie sollen nur zusammen ins Handelsregister eingetragen werden (Abs. 4 Satz 4). Im Übrigen gelten die allgemeinen Regelungen (Abs. 5, § 54 GmbHG). 17

C. Verweis auf § 58b bis § 58f GmbHG

Zusätzlich gelten die §§ 58b bis 58f GmbHG. 18

§ 58b Beträge aus Rücklagenauflösung und Kapitalherabsetzung

(1) Die Beträge, die aus der Auflösung der Kapital- oder Gewinnrücklagen und aus der Kapitalherabsetzung gewonnen werden, dürfen nur verwandt werden, um Wertminderungen auszugleichen und sonstige Verluste zu decken.

(2) ¹Daneben dürfen die gewonnenen Beträge in die Kapitalrücklage eingestellt werden, soweit diese zehn vom Hundert des Stammkapitals nicht übersteigt. ²Als Stammkapital gilt dabei der Nennbetrag, der sich durch die Herabsetzung ergibt, mindestens aber der nach § 5 Abs. 1 zulässige Mindestnennbetrag.

(3) Ein Betrag, der auf Grund des Absatzes 2 in die Kapitalrücklage eingestellt worden ist, darf vor Ablauf des fünften nach der Beschlußfassung über die Kapitalherabsetzung beginnenden Geschäftsjahrs nur verwandt werden
1. zum Ausgleich eines Jahresfehlbetrags, soweit er nicht durch einen Gewinnvortrag aus dem Vorjahr gedeckt ist und nicht durch Auflösung von Gewinnrücklagen ausgeglichen werden kann;
2. zum Ausgleich eines Verlustvortrags aus dem Vorjahr, soweit er nicht durch einen Jahresüberschuß gedeckt ist und nicht durch Auflösung von Gewinnrücklagen ausgeglichen werden kann;
3. zur Kapitalerhöhung aus Gesellschaftsmitteln.

Übersicht	Rdn.		Rdn.
A. Normzweck	1	C. 5-Jahres-Frist, Beschränkung der Verwendung der Kapitalrücklage	3
B. Beschränkung der Verwendung der frei gewordenen Beträge.	2	D. Mängel, Rechtsfolgen.	6

A. Normzweck

Die in § 58b GmbHG enthaltene Regelung ergänzt § 58a GmbHG und regelt die Verwendung der durch die vereinfachte Kapitalherabsetzung gewonnenen Beträge. In wirtschaftlicher Hinsicht entspricht diese Regelung dem aktienrechtlichen Vorbild der §§ 230, 231 AktG (vgl. Gehrlein/Ekkenga/*Schulze*, § 58b Rn. 1), auch wenn sich die Regelungstechnik unterscheidet. Die durch die Kapitalherabsetzung von der strengen Vermögensbindung des Stammkapitals befreiten Beträge werden durch § 58b GmbHG einer **Verwendungsbindung** zu abschließend genannten 1

§ 58b GmbHG Beträge aus Rücklagenauflösung und Kapitalherabsetzung

Zwecken unterworfen. Sofern die durch die Herabsetzung frei gewordenen Beträge in die Kapitalrücklage eingestellt werden, ist ihre Verwendung für die Dauer von 5 Jahren beschränkt. Die Regelung dient also dem Gläubigerschutz, allerdings in weniger rigoroser Art und Weise als im Fall der gewöhnlichen Kapitalherabsetzung, da der Verlust bereits eingetreten ist und kein Kapital an die Gesellschafter ausgeschüttet wird (Ulmer/Habersack/Winter/*Casper* § 58b Rn. 2). Dementsprechend handelt es sich bei der in § 58b GmbHG enthaltenen Regelung in erster Linie um eine Bilanzierungsvorschrift. Durch die Verringerung der Stammkapitalziffer wird auf der Passivseite ein Spielraum und damit ein Buchgewinn geschaffen (vgl. Gehrlein/Ekkenga/Simon/*Schulze*, § 58b Rn. 1).

B. Beschränkung der Verwendung der frei gewordenen Beträge

2 Die durch die Kapitalherabsetzung frei gewordenen Beträge, also der Buchgewinn, dürfen nur zu **zwei Zwecken** verwandt werden: Zur Verlustdeckung (Abs. 1) und zur Auffüllung der Kapitalrücklage, soweit die Kapitalrücklage nicht 10% des Stammkapitals übersteigt (Abs. 2). Dabei muss die Kapitalherabsetzung immer zunächst der Verlustdeckung dienen; nur soweit das Stammkapital erreicht ist, kann der überschießende Betrag bis zur erlaubten Grenze (10% der herabgesetzten Stammkapitalziffer, wobei der Berechnung der Stammkapitalziffer mindestens das Mindeststammkapital gem. § 5 Abs. 1 GmbHG i. H. v. 25.000,– € zugrunde zu legen ist) in die Kapitalrücklage eingestellt werden.

C. 5-Jahres-Frist, Beschränkung der Verwendung der Kapitalrücklage

3 Wird ein Betrag, der nicht zum Verlustausgleich erforderlich ist, gem. Abs. 2 in die Kapitalrücklage eingestellt, darf er für einen vorübergehenden Zeitraum nicht aufgelöst und an die Gesellschafter ausgeschüttet, sondern nur zu **folgenden Zwecken** verwandt werden:
– zum **Ausgleich eines Jahresfehlbetrags** (§ 266 Abs. 3 A V HGB), soweit er nicht durch einen Gewinnvortrag (§ 266 Abs. 3 A IV HGB) aus dem vorangegangenen Geschäftsjahr gedeckt ist und nicht durch Auflösung von Gewinnrücklagen ausgeglichen werden kann;
– zum **Ausgleich eines Verlustvortrags** (§ 266 Abs. 3 A IV HGB), soweit er nicht durch einen Jahresüberschuss (§ 266 Abs. 3 A V HGB) gedeckt ist und nicht durch Auflösung von Gewinnrücklagen ausgeglichen werden kann;\
– zur Kapitalerhöhung aus Gesellschaftsmitteln (§§ 57c ff. GmbHG), da diese zu einer strengeren Kapitalbindung führt und insoweit unbedenklich ist (*Wicke* GmbHG § 58b Rn. 3).

4 Der Zeitraum der Verwendungsbindung **beginnt** mit dem Tag der Beschlussfassung über die vereinfachte Kapitalherabsetzung und endet mit Ablauf des fünften nach diesem Tag beginnenden Geschäftsjahres.

5 Die 5-Jahres-Frist kann zulässigerweise **verkürzt** werden, indem die Kapitalrücklage zur Kapitalerhöhung aus Gesellschaftsmitteln verwandt wird. Danach kann sich unmittelbar eine ordentliche Kapitalherabsetzung mit dem Sperrjahr (Dauer: 1 Jahr, § 58 Abs. 1 Nr. 3 GmbHG) anschließen (*Lutter/Hommelhoff* GmbHG, § 58b Rn. 8 ff.; Baumbach/Hueck/*Zöllner* § 58b Rn. 10). Die Gläubiger sind berechtigt, Sicherheit zu verlangen, und somit hinreichend geschützt.

D. Mängel, Rechtsfolgen

6 Verletzt ein Jahresabschluss die Verwendungsbindung gem. § 58b GmbHG, ist er analog § 241 Nr. 3 AktG **nichtig** (vgl. auch Kap. 5 Rdn. 353). Soweit Gewinnverwendungsbeschlüsse auf einem nichtigen Jahresabschluss beruhen, sind sie ebenfalls nichtig. Unzulässige Zahlungen der nach Abs. 1 bis 3 gebundenen Beträge verletzen gläubigerschützende Normen. Die Auszahlungen sind nach § 812 BGB zurück zu gewähren. Die Handelnden machen sich **schadensersatzpflichtig** (ausführl. Baumbach/Hueck/*Zöllner* § 58b Rn. 14; *Lutter/Hommelhoff* GmbHG, § 58b Rn. 3; *Roth/Altmeppen* § 58b Rn. 8). Teilweise wird eine analoge Anwendung von § 31 GmbHG befürwortet (Baumbach/Hueck/*Zöllner* § 58b Rn. 14).

§ 58c Nichteintritt angenommener Verluste

¹Ergibt sich bei Aufstellung der Jahresbilanz für das Geschäftsjahr, in dem der Beschluß über die Kapitalherabsetzung gefaßt wurde, oder für eines der beiden folgenden Geschäftsjahre, dass Wertminderungen und sonstige Verluste in der bei der Beschlußfassung angenommenen Höhe tatsächlich nicht eingetreten oder ausgeglichen waren, so ist der Unterschiedsbetrag in die Kapitalrücklage einzustellen. ²Für einen nach Satz 1 in die Kapitalrücklage eingestellten Betrag gilt § 58b Abs. 3 sinngemäß.

Übersicht	Rdn.			Rdn.
A. Normzweck	1	II.	Relevanter Zeitraum	6
B. Voraussetzungen	2	C.	Rechtsfolge	7
I. Nichteintritt oder Nichtbestehen von Verlusten	2	D.	Mängel, Rechtsfolgen	8

A. Normzweck

Wurde das Stammkapital übermäßig herabgesetzt, weil Verluste in der bei der Beschlussfassung über die Kapitalherabsetzung angenommenen Höhe nicht »eingetreten« oder »ausgeglichen« waren, ist der Unterschiedsbetrag in die Kapitalrücklage einzustellen. Damit soll verhindert werden, dass ein ausschüttungsfähiger Bilanzgewinn faktisch aus dem vor der Kapitalherabsetzung vorhandenen Stammkapital entsteht (*Lutter/Hommelhoff* GmbHG, § 58c Rn. 1; Baumbach/Hueck/*Zöllner* § 58c Rn. 1). § 58c GmbHG dient damit dem Gläubigerschutz, da hierdurch eine Ausschüttung der überschüssigen Beträge an die Gesellschafter verhindert wird (vgl. Gehrlein/Ekkenga/Simon/*Schulze*, § 58c Rn. 1). § 58c Satz 1 GmbHG ist dabei der Vorschrift des § 232 AktG nachgebildet. 1

B. Voraussetzungen

I. Nichteintritt oder Nichtbestehen von Verlusten

Ferner müssen Verluste tatsächlich nicht eingetreten oder bereits im Zeitpunkt der Beschlussfassung ausgeglichen gewesen sein. Dabei kommt es nicht darauf an, weshalb die im Zeitpunkt der Beschlussfassung angenommenen Verluste tatsächlich nicht eintreten oder ausgeglichen waren (Baumbach/Hueck/*Zöllner* § 58c Rn. 4). 2

Bspw. können für hinreichend konkrete und wahrscheinliche ungewisse Verbindlichkeiten rechtmäßig gebildete Rückstellungen (§ 249 HGB) aufzulösen sein, wenn sich das Risiko nachträglich nicht realisiert. Dann beruht die Rückstellungsbildung nicht unbedingt auf einer Fehleinschätzung, wenn das Risiko im Zeitpunkt der Beschlussfassung zutreffend abgebildet worden ist. Dennoch ist die Rückstellung aufzulösen, wenn feststeht, dass die Verbindlichkeit nicht besteht oder entstehen kann. Erst recht ist eine Rückstellung ganz oder teilweise aufzulösen, wenn sie aufgrund einer Fehleinschätzung des Risikos überhöht gebildet wurde. 3

Ein Verlust war »ausgeglichen«, wenn im Zeitpunkt der Beschlussfassung bereits wieder alles in Ordnung war (*Lutter/Hommelhoff* GmbHG, § 58c Rn. 2), etwa wenn es zu einer Wertaufholung durch Anstieg des Börsenkurses von Beteiligungen zum Zeitpunkt der Beschlussfassung über die Kapitalherabsetzung gekommen war (Beispiele bei *Lutter/Hommelhoff* GmbHG, § 58c Rn. 2 und 3; Baumbach/Hueck/*Zöllner* § 58c Rn. 4). 4

Zur Einstellung in die Kapitalrücklage ist regelmäßig dasjenige Organ der Gesellschaft verpflichtet, welches den betreffenden Jahresabschluss feststellt. Regelmäßig fertigt der Geschäftsführer den Bilanzentwurf nach § 41 GmbHG i.V.m. § 246 HGB während die Gesellschafterversammlung gem. § 46 Nr. 1 GmbHG die endgültige Entscheidung über die Einstellung trifft, vorbehaltlich einer abweichenden Verteilung der Zuständigkeit in der Satzung (vgl. Gehrlein/Ekkenga/Simon/*Schulze*, § 58c Rn. 7). 5

§ 58d GmbHG Gewinnausschüttung

II. Relevanter Zeitraum

6 Der Unterschiedsbetrag, also der tatsächlich nicht eingetretene oder im Zeitpunkt bereits ausgeglichene Verlust, muss sich in dem Jahresabschluss für das laufende Geschäftsjahr, in dem über die Kapitalherabsetzung beschlossen wurde, oder in einem der beiden folgenden Geschäftsjahre ergeben.

C. Rechtsfolge

7 Ist der Tatbestand erfüllt, muss der Unterschiedsbetrag in die **Kapitalrücklage eingestellt** werden. Die Verwendung der solchermaßen gebildeten Rücklage ist entsprechend § 58b Abs. 3 GmbHG beschränkt für einen Zeitraum, der mit Korrektur des angenommenen Verlustes im Jahresabschluss (für das laufende Geschäftsjahr oder eines der beiden Folgegeschäftsjahre) beginnt und mit Ablauf des nach der Korrektur beginnenden Geschäftsjahres endet.

D. Mängel, Rechtsfolgen

8 Wird § 58c GmbHG bei der Feststellung des Jahresabschlusses nicht beachtet, führt dies zur **Nichtigkeit** analog § 243 Nr. 3 AktG und analog § 256 Abs. 1 Nr. 1 AktG (vgl. auch Kap. 5 Rdn. 353, 361). Das gilt auch für den Gewinnverwendungsbeschluss, der auf dem nichtigen Jahresabschluss beruht (Baumbach/Hueck/*Zöllner* § 58c Rn. 8; *Lutter/Hommelhoff* GmbHG, § 58c Rn. 8).

§ 58d Gewinnausschüttung

(1) ¹Gewinn darf vor Ablauf des fünften nach der Beschlußfassung über die Kapitalherabsetzung beginnenden Geschäftsjahrs nur ausgeschüttet werden, wenn die Kapital- und Gewinnrücklagen zusammen zehn vom Hundert des Stammkapitals erreichen. ²Als Stammkapital gilt dabei der Nennbetrag, der sich durch die Herabsetzung ergibt, mindestens aber der nach § 5 Abs. 1 zulässige Mindestnennbetrag.

(2) ¹Die Zahlung eines Gewinnanteils von mehr als vier vom Hundert ist erst für ein Geschäftsjahr zulässig, das später als zwei Jahre nach der Beschlußfassung über die Kapitalherabsetzung beginnt. ²Dies gilt nicht, wenn die Gläubiger, deren Forderungen vor der Bekanntmachung der Eintragung des Beschlusses begründet worden waren, befriedigt oder sichergestellt sind, soweit sie sich binnen sechs Monaten nach der Bekanntmachung des Jahresabschlusses, auf Grund dessen die Gewinnverteilung beschlossen ist, zu diesem Zweck gemeldet haben. ³Einer Sicherstellung der Gläubiger bedarf es nicht, die im Fall des Insolvenzverfahrens ein Recht auf vorzugsweise Befriedigung aus einer Deckungsmasse haben, die nach gesetzlicher Vorschrift zu ihrem Schutz errichtet und staatlich überwacht ist. ⁴Die Gläubiger sind in der Bekanntmachung nach § 325 Abs. 2 des Handelsgesetzbuchs auf die Befriedigung oder Sicherstellung hinzuweisen.

Übersicht	Rdn.		Rdn.
A. Normzweck	1	II. Beschränkung der Ausschüttungshöhe	5
B. Ausschüttungsbeschränkungen	2	C. Gläubigersicherung	6
I. Umfassendes Ausschüttungsverbot	2	D. Mängel, Rechtsfolgen	7

A. Normzweck

1 § 58d entspricht der in § 233 AktG enthaltenen Regelung. Die Norm soll dazu dienen, aus den laufenden Gewinnen der Gesellschaft wieder einen **ausreichenden Reservefonds** zu bilden, indem zunächst (für einen 5-Jahreszeitraum) ein Verbot der Gewinnausschüttung besteht, bis die Rücklagen i. H. v. bis zu 10 % des herabgesetzten Stammkapitals wieder aufgefüllt worden sind. Darüber hinaus ist die Gewinnausschüttung grundsätzlich bis zum dritten Jahr nach der Beschlussfassung über die Kapitalherabsetzung auf 4 % des Stammkapitals beschränkt. Die Regelung erweitert die dem **Gläubigerschutz** dienende Vermögensbindung der §§ 58a bis c auf spätere Gewinne (vgl. Gehrlein/Ekkenga/Simon/*Schulze*, § 58d Rn. 1). Die gläubigerschützende Wirkung der Regelung

dürfte jedoch praktisch nur begrenzte Relevanz haben, da der Mindestbetrag des Reservefonds nur 2.500,– € beträgt (näher Ulmer/Habersack/Winter/*Casper* § 58d Rn. 3).

B. Ausschüttungsbeschränkungen

I. Umfassendes Ausschüttungsverbot

Abs. 1 verbietet jegliche Gewinnausschüttung, solange die Gewinn- und Kapitalrücklagen zusammen nicht 10 % der herabgesetzten Stammkapitalziffer erreichen. Auch hier ist bei der Berechnung wieder vom herabgesetzten Stammkapital, mindestens aber von einem Betrag von 25.000,– € auszugehen. Der Gewinn darf nur nicht ausgeschüttet werden, dagegen sind z. B. der Vortrag der Gewinne oder eine Kapitalerhöhung aus Gesellschaftsmitteln zulässig (Baumbach/Hueck/*Zöllner* § 58d Rn. 2). Ebenfalls von Abs. 1 nicht erfasst sind Zahlungen aus anderen Rechtsgründen. Hierzu gehören etwa Zahlungen an Gesellschafter unter der Voraussetzung, dass diese eine angemessene Gegenleistung erbringen. Ebenfalls zulässig sollen die Rückzahlung gewährter Darlehen sein (vgl. Gehrlein/Ekkenga/Simon/*Schulze*, § 58d Rn. 6). 2

Umstritten ist, ob auch die Gewinnabführung aufgrund eines Gewinnabführungsvertrages von dem Gewinnausschüttungsverbot nach Abs. 1 erfasst ist (unstr.: *Casper* in Ulmer/Habersack/Winter § 58d Rn. 5 m. w. N.; Baumbach/Hueck/*Zöllner* § 58d Rn. 4). Bei der Begebung von Gewinnschuldverschreibungen oder gewinnabhängigen Genussrechten kann Umgehung zu prüfen sein (Baumbach/Hueck/*Zöllner* § 58d Rn. 4); grundsätzlich sind diese aber nicht erfasst, sofern die Gewinnrechte gegen eine angemessene Gegenleistung gewährt werden (Ulmer/Habersack/Winter/*Casper* § 58d Rn. 5). 3

Das Verbot beginnt nach h. M. mit dem **Tag der Beschlussfassung** über die Kapitalherabsetzung (Baumbach/Hueck/*Zöllner* § 58d Rn. 5; *Lutter/Hommelhoff* GmbHG, § 58d Rn. 1; *Roth/Altmeppen* § 58d Rn. 5 m. w. N. zur Gegenansicht, die auf den Eintragungszeitpunkt abstellt) und endet mit Ablauf des fünften Geschäftsjahres nach der Beschlussfassung. 4

II. Beschränkung der Ausschüttungshöhe

Erreichen die Rücklagen bereits 10 % des herabgesetzten Stammkapitals, findet die umfassende Ausschüttungssperre nach Abs. 1 keine Anwendung mehr. Allerdings ist auch dann – für einen Zeitraum bis zum dritten Geschäftsjahr nach dem Kapitalherabsetzungsbeschluss – nur eine Gewinnausschüttung i. H. v. **4 % des Stammkapitals** zulässig. Für die Bemessung gilt jeweils das zum Jahresabschlussstichtag gültige Stammkapital (Baumbach/Hueck/*Zöllner* § 58d Rn. 7). 5

C. Gläubigersicherung

Die Beschränkung der Ausschüttungshöhe auf 4 % des jeweiligen Stammkapitals gilt nicht, wenn für die Gläubiger Sicherheit geleistet wird. Zur Vermeidung der Ausschüttungsbeschränkung muss an Gläubiger Sicherheit geleistet werden, deren Forderungen vor der Bekanntmachung (§ 10 HGB) der Eintragung des Kapitalherabsetzungsbeschlusses begründet waren und die sich zudem innerhalb von 6 Monaten nach der Bekanntmachung des Jahresabschlusses (§ 325 HGB), aufgrund dessen die Gewinnverteilung beschlossen worden ist, bei der Gesellschaft gemeldet haben. Nach § 10 HGB (i. d. F. des EHUG) gilt die Bekanntmachung des Kapitalherabsetzungsbeschlusses mit der Bekanntmachung in dem von der Landesjustizverwaltung bestimmten Informations- und Kommunikationssystem als erfolgt. Die Gläubiger sind in der Bekanntmachung des Jahresabschlusses nach § 325 Abs. 2 HGB n. F. auf die Möglichkeit der Befriedigung oder Sicherstellung hinzuweisen (Abs. 2 Satz 4). Eine Sicherstellung zugunsten dinglich gesicherter Gläubiger ist nach näherer Maßgabe des Abs. 2 Satz 3 nicht erforderlich. Als praktischer Anwendungsfall wird im Fall einer GmbH nur § 30 PfandBG erörtert (Ulmer/Habersack/Winter/*Casper* § 58d Rn. 15 m. w. N.). 6

D. Mängel, Rechtsfolgen

7 Ein gegen Abs. 1 oder Abs. 2 verstoßender Gewinnausschüttungsbeschluss ist nach h. M. analog § 241 Nr. 3 AktG **nichtig** (*Roth/Altmeppen* § 58d Rn. 15; Baumbach/Hueck/*Zöllner* § 58d Rn. 16; *Lutter/Hommelhoff* GmbHG, § 58d Rn. 9; vgl. auch Kap. 5 Rdn. 353). Gegen § 58d GmbHG verstoßende Zahlungen sind nach § 812 Abs. 1 Satz 1 BGB zurückzuzahlen. Bei Verschulden kommt auch eine Geschäftsführerhaftung nach § 43 GmbHG in Betracht (*Roth/Altmeppen* § 58d Rn. 16; Baumbach/Hueck/*Zöllner* § 58d Rn. 18).

8 Für die Praxis wird empfohlen, soweit über 4 % hinausgehende Ausschüttungen vorgenommen werden sollen, dass hinsichtlich des überschießenden Betrages eine **aufschiebende Bedingung** aufgenommen wird, dass der Jahresabschluss mit dem entsprechenden Hinweis veröffentlicht wurde und dass Gläubiger, die sich binnen 6 Monaten melden, sichergestellt und befriedigt worden sind (Baumbach/Hueck/*Zöllner* § 58d Rn. 16; *Lutter/Hommelhoff* GmbHG, § 58d Rn. 7). Nach a. A. führt eine solche Verfahrensweise zur Nichtigkeit (*Roth/Altmeppen* § 58d Rn. 15).

§ 58e Beschluss über die Kapitalherabsetzung

(1) ¹Im Jahresabschluß für das letzte vor der Beschlußfassung über die Kapitalherabsetzung abgelaufene Geschäftsjahr können das Stammkapital sowie die Kapital- und Gewinnrücklagen in der Höhe ausgewiesen werden, in der sie nach der Kapitalherabsetzung bestehen sollen. ²Dies gilt nicht, wenn der Jahresabschluß anders als durch Beschluß der Gesellschafter festgestellt wird.

(2) Der Beschluß über die Feststellung des Jahresabschlusses soll zugleich mit dem Beschluß über die Kapitalherabsetzung gefaßt werden.

(3) ¹Die Beschlüsse sind nichtig, wenn der Beschluß über die Kapitalherabsetzung nicht binnen drei Monaten nach der Beschlußfassung in das Handelsregister eingetragen worden ist. ²Der Lauf der Frist ist gehemmt, solange eine Anfechtungs- oder Nichtigkeitsklage rechtshängig ist.

(4) Der Jahresabschluß darf nach § 325 des Handelsgesetzbuchs erst nach Eintragung des Beschlusses über die Kapitalherabsetzung offengelegt werden.

Übersicht	Rdn.		Rdn.
A. Normzweck	1	C. Voraussetzungen	3
B. Bilanzielle Vorwegnahme der Kapitalherabsetzung	2	D. Offenlegungssperre	6

A. Normzweck

1 Die rein bilanzrechtlich an § 243 AktG angelehnte Norm gestattet bereits in dem letzten Jahresabschluss vor dem Geschäftsjahr, in dem die Kapitalherabsetzung beschlossen wird, das Stammkapital und die Gewinn- und Kapitalrücklagen unter Vorwegnahme der künftigen Kapitalherabsetzung bereits so auszuweisen, als sei die Kapitalherabsetzung bereits vollzogen. Diese bilanzielle Vorwegnahme soll der **Sanierung der Gesellschaft** dienen, ist aber reine »Bilanzoptik«. Aus der Gewinn- und Verlustrechnung können aber die tatsächlichen Kapitalverhältnisse entnommen werden. Die Regelung ist im Zusammenhang mit § 58f GmbHG zu sehen, wonach einer zugleich mit der Kapitalherabsetzung beschlossenen Kapitalerhöhung ebenso bilanziell Rückwirkung beigelegt werden kann (Ulmer/Habersack/Winter/*Casper* § 58e Rn. 1).

B. Bilanzielle Vorwegnahme der Kapitalherabsetzung

2 Durch die Norm wird das Stichtagsprinzip (§ 252 Abs. 1 Nr. 3 HGB) für die in Abs. 1 genannten Eigenkapitalpositionen durchbrochen (*Roth/Altmeppen* § 58e Rn. 1). Die Norm räumt eine bilanzielle Gestaltungsmöglichkeit ein, verpflichtet aber nicht zur Vorwegnahme des Bilanzausweises der Kapitalherabsetzung (Baumbach/Hueck/*Zöllner* § 58e Rn. 2).

C. Voraussetzungen

Der Jahresabschluss für das Vorjahr muss **von der Gesellschafterversammlung durch Gesellschafterbeschluss festgestellt** sein (Abs. 1 Satz 2). Nicht ausreichend ist eine Feststellung durch den Aufsichtsrat, Beirat oder Gesellschafterausschuss, selbst wenn die Satzung die Feststellungskompetenz auf die genannten Organe delegiert haben sollte (*Lutter/Hommelhoff* GmbHG, § 58e Rn. 2).

Der Beschluss über die Feststellung des Jahresabschlusses soll zugleich mit dem Beschluss über die Kapitalherabsetzung gefasst werden (Abs. 2), d. h. **in derselben Gesellschafterversammlung**. Es handelt sich hierbei um eine Sollvorschrift; Verstoß begründet nach h. M. keinen Mangel der Beschlüsse (*Baumbach/Hueck/Zöllner* § 58e Rn. 6; *Lutter/Hommelhoff* GmbHG, § 58e Rn. 4).

Der Beschluss über die Feststellung des Jahresabschlusses und der Beschluss über die Kapitalherabsetzung sind nichtig, wenn der Beschluss über die Kapitalherabsetzung nicht **binnen 3 Monaten** nach dem Herabsetzungsbeschluss in das Handelsregister **eingetragen** worden ist (Abs. 3 Satz 1). Die Fristberechnung folgt allgemeinen Regeln (§§ 187, 188 BGB). Die Fristhemmung bestimmt sich nach Abs. 3 Satz 2 und entspricht der Regelung in § 57n Abs. 3 Satz 4 GmbHG (vgl. § 57n GmbHG Rdn. 4). Zu Nichtigkeit und Heilung *Brete/Thomson* GmbHR 2008, 176 ff.

D. Offenlegungssperre

Nach Abs. 4 darf der Jahresabschluss, der den vorgezogenen Kapitalausweis enthält, erst nach der Eintragung des Kapitalherabsetzungsbeschlusses offengelegt werden. Die Pflichten nach §§ 325, 326 HGB werden insoweit zeitlich aufgeschoben, damit die Gläubiger nicht auf einen gegebenenfalls unwirksamen Jahresabschluss vertrauen (*Baumbach/Hueck/Zöllner* § 58e Rn. 15 ff.).

§ 58f Kapitalherabsetzung bei gleichzeitiger Erhöhung des Stammkapitals

(1) ¹Wird im Fall des § 58e zugleich mit der Kapitalherabsetzung eine Erhöhung des Stammkapitals beschlossen, so kann auch die Kapitalerhöhung in dem Jahresabschluß als vollzogen berücksichtigt werden. ²Die Beschlussfassung ist nur zulässig, wenn die neuen Geschäftsanteile übernommen, keine Sacheinlagen festgesetzt sind und wenn auf jeden neuen Geschäftsanteil die Einzahlung geleistet ist, die nach § 56a zur Zeit der Anmeldung der Kapitalerhöhung bewirkt sein muss. ³Die Übernahme und die Einzahlung sind dem Notar nachzuweisen, der den Beschluß über die Erhöhung des Stammkapitals beurkundet.

(2) ¹Sämtliche Beschlüsse sind nichtig, wenn die Beschlüsse über die Kapitalherabsetzung und die Kapitalerhöhung nicht binnen drei Monaten nach der Beschlußfassung in das Handelsregister eingetragen worden sind. ²Der Lauf der Frist ist gehemmt, solange eine Anfechtungs- oder Nichtigkeitsklage rechtshängig ist. ³Die Beschlüsse sollen nur zusammen in das Handelsregister eingetragen werden.

(3) Der Jahresabschluß darf nach § 325 des Handelsgesetzbuchs erst offen gelegt werden, nachdem die Beschlüsse über die Kapitalherabsetzung und Kapitalerhöhung eingetragen worden sind.

Übersicht	Rdn.		Rdn.
A. Normzweck	1	C. Voraussetzungen	3
B. Bilanzielle Vorwegnahme der Kapitalerhöhung	2	D. Offenlegungssperre	5
		E. Mängel, Rechtsfolgen	6

A. Normzweck

§ 58f GmbHG ergänzt § 58e GmbHG für den Fall, dass die Kapitalherabsetzung mit einer Kapitalerhöhung verbunden wird. Dadurch kann erreicht werden, dass die Kapitalherabsetzung aus der Bilanz nicht ersichtlich wird (*Lutter/Hommelhoff* GmbHG, § 58f Rn. 1). § 58f GmbHG durchbricht dabei das Stichtagsprinzip des § 252 Abs. 1 Nr. 3 HGB, wodurch die Sanierung einer Gesellschaft erleichtert und eine optische Bilanzkosmetik sowohl auf der Passiv- als auch auf der Aktivseite erlaubt wird (vgl. Gehrlein/Ekkenga/Simon/*Schulze*, § 58f Rn. 1).

B. Bilanzielle Vorwegnahme der Kapitalerhöhung

2 Abs. 1 Satz 1 gestattet auch das Stammkapital unter Vorwegnahme der künftigen Kapitalerhöhung bereits so auszuweisen, als sei diese bereits vollzogen. Die Rückbeziehung nur der Kapitalerhöhung ohne eine vereinfachte Kapitalherabsetzung ist unzulässig (*Lutter/Hommelhoff* GmbHG, § 58f Rn. 3).

C. Voraussetzungen

3 Da der rückwirkende Vollzug der Kapitalerhöhung ergänzend zur rückwirkenden Kapitalherabsetzung erfolgt, müssen kumulativ die Voraussetzungen des § 58e Abs. 1 und 2 GmbHG und des § 58f Abs. 1 GmbHG vorliegen (Baumbach/Hueck/*Zöllner* § 58f Rn. 4):
  – Rückwirkender Vollzug ist nur für **das letzte Geschäftsjahr** vor dem Kapitalherabsetzungsbeschluss möglich.
  – Kapitalherabsetzungs- und Kapitalerhöhungsbeschluss müssen zugleich (Abs. 1 Satz 1) beschlossen werden, d. h. **in derselben Gesellschafterversammlung** (*Lutter/Hommelhoff* GmbHG, § 58f Rn. 6; *Roth/Altmeppen* § 58f Rn. 4; kritisch Baumbach/Hueck/*Zöllner* § 58f Rn. 6).
  – Die Kapitalerhöhung muss durch **Geldeinlage** erbracht werden (Abs. 1 Satz 2).
  – Die neuen Geschäftsanteile müssen bereits vor der Beschlussfassung über die Kapitalerhöhung übernommen werden (*Lutter/Hommelhoff* GmbHG, § 58f Rn. 7; a. A. Baumbach/Hueck/*Zöllner* § 58f Rn. 9). Zur **Übernahmeerklärung** und deren Annahme vgl. § 55 GmbHG Rdn. 16 ff.
  – Die **Mindesteinzahlung** (25 %) auf das übernommene Stammkapital muss vollständig erbracht sein und zur freien Verfügung der Gesellschaft stehen (§§ 58f Abs. 1 Satz 2, 56a, 7 Abs. 2 Satz 1 und 8 Abs. 2 GmbHG); im Fall der Einpersonen-GmbH gilt § 7 Abs. 2 Satz 3 GmbHG analog (Baumbach/Hueck/*Zöllner* § 58f Rn. 8).
  – Die Übernahme und die Einzahlung sind dem **beurkundenden Notar spätestens zum Zeitpunkt der Beurkundung der Kapitalerhöhung nachzuweisen** (Abs. 1 Satz 3). Ihm ist somit die zumindest notariell beglaubigte Übernahmeerklärung vorzulegen. Hinsichtlich der Einzahlung kann z. B. eine Einzahlungsquittung der Bank mit Angabe der Tilgungsbestimmung vorgelegt werden (Ulmer/Habersack/Winter/*Casper* § 58f Rn. 11 f.; *Lutter/Hommelhoff* GmbHG, § 58f Rn. 9).

4 Alle drei Beschlüsse, d. h. der Beschluss über die Feststellung des Jahresabschlusses, der Beschluss über die Kapitalherabsetzung und der Beschluss über die Kapitalerhöhung sind **nichtig**, wenn die Feststellung des Jahresabschlusses auch die Rückwirkung enthält und der Beschluss über die vereinfachte Kapitalherabsetzung nicht **binnen 3 Monaten** nach dem Herabsetzungsbeschluss in das Handelsregister **eingetragen** worden ist (§ 58e Abs. 3 Satz 1 GmbHG). Die Fristberechnung folgt allgemeinen Regeln (§§ 187, 188 BGB). Die Fristhemmung bestimmt sich nach § 58e Abs. 3 Satz 2 GmbHG und entspricht der Regelung in § 57n Abs. 3 Satz 4 GmbHG (vgl. § 57n GmbHG Rdn. 4).

D. Offenlegungssperre

5 Der Jahresabschluss darf erst offengelegt werden, nachdem die Beschlüsse über Kapitalherabsetzung und Kapitalerhöhung im Handelsregister eingetragen worden sind (Abs. 3). Ausführlich zur entsprechenden Regelung gem. § 58e Abs. 4 GmbHG s. o. § 58e GmbHG Rdn. 6.

E. Mängel, Rechtsfolgen

6 Sind die gläubigerschützenden Vorschriften des Abs. 1 nicht erfüllt, ist der Beschluss über die Feststellung des Jahresabschlusses, welcher die Kapitalmaßnahmen vorwegnimmt, analog § 256 Abs. 1 AktG **nichtig** (*Roth/Altmeppen* § 58f Rn. 8; im Grundsatz ebenso Baumbach/Hueck/*Zöllner* § 58f Rn. 12; vgl. auch Kap. 5 Rdn. 353, 361). Zum Erfordernis der Eintragung binnen 3 Monaten s. o. Rdn. 4.

§ 59

(weggefallen)

Fünfter Abschnitt Auflösung und Nichtigkeit der Gesellschaft

§ 60   Auflösungsgründe

(1) Die Gesellschaft mit beschränkter Haftung wird aufgelöst:
1. durch Ablauf der im Gesellschaftsvertrag bestimmten Zeit;
2. durch Beschluss der Gesellschafter; derselbe bedarf, sofern im Gesellschaftsvertrag nicht ein anderes bestimmt ist, einer Mehrheit von drei Vierteilen der abgegebenen Stimmen;
3. durch gerichtliches Urteil oder durch Entscheidung des Verwaltungsgerichts oder der Verwaltungsbehörde in den Fällen der §§ 61 und 62;
4. durch die Eröffnung des Insolvenzverfahrens; wird das Verfahren auf Antrag des Schuldners eingestellt oder nach der Bestätigung eines Insolvenzplans, der den Fortbestand der Gesellschaft vorsieht, aufgehoben, so können die Gesellschafter die Fortsetzung der Gesellschaft beschließen;
5. mit der Rechtskraft des Beschlusses, durch den die Eröffnung des Insolvenzverfahrens mangels Masse abgelehnt worden ist;
6. mit der Rechtskraft einer Verfügung des Registergerichts, durch welche nach § 399 des Gesetzes über das Verfahren in Familiensachen und in den Angelegenheiten der freiwilligen Gerichtsbarkeit ein Mangel des Gesellschaftsvertrags festgestellt worden ist;
7. durch die Löschung der Gesellschaft wegen Vermögenslosigkeit nach § 394 des Gesetzes über das Verfahren in Familiensachen und in den Angelegenheiten der freiwilligen Gerichtsbarkeit.

(2) Im Gesellschaftsvertrag können weitere Auflösungsgründe festgesetzt werden.

Übersicht	Rdn.		Rdn.
A. Überblick	1	VII. Löschung wegen Vermögenslosigkeit, Abs. 1 Nr. 7	13
B. Gesetzliche Auflösungsgründe	5	VIII. Weitere gesetzliche Auflösungsgründe	14
I. Ablauf der gesellschaftsvertraglich bestimmten Zeit, Abs. 1 Nr. 1	5	1. Rechtskraft eines Nichtigkeitsurteils, Amtslöschung	14
II. Gesellschafterbeschluss, Abs. 1 Nr. 2	6	2. Erwerb des letzten Anteils durch die Gesellschaft	15
III. Urteil oder Verwaltungsakt, Abs. 1 Nr. 3	9	3. Verlegung des Sitzes ins Ausland	16
IV. Eröffnung des Insolvenzverfahrens, Abs. 1 Nr. 4	10	C. Satzungsmäßige Auflösungsgründe, Abs. 2	18
V. Ablehnung der Eröffnung des Insolvenzverfahrens, Abs. 1 Nr. 5	11	D. Rückgängigmachung der Auflösung:	20
VI. Feststellungsverfügung des Registergerichts, Abs. 1 Nr. 6	12		

A. Überblick

Die in § 60 Abs. 1 GmbHG bezeichneten (und weitere gesetzliche) sowie gesellschaftsvertraglich festgelegte Gründe führen zur Auflösung der Gesellschaft. Hiermit ist zunächst lediglich eine **Änderung des Zwecks der Gesellschaft** verbunden, die von der werbenden Gesellschaft zur Liquidationsgesellschaft übergeht, für welche die Regeln der §§ 65 bis 74 GmbHG gelten. So, wie die Gesellschaft nicht in einem Akt entsteht, sondern verschiedene Gründungsstadien durchläuft, handelt es sich auch bei der Auflösung um einen gestreckten Vorgang. Aus §§ 60 ff. GmbHG und (bis 31.08.2009) § 141a FGG bzw. § 394 FamFG (ab 01.09.2009) folgt, dass die Gesellschaft nicht von selbst wieder aus dem Rechtsleben verschwindet (»von selber stirbt«); vielmehr bedarf es des   1

§ 60 GmbHG Auflösungsgründe

Eintritts bestimmter Ereignisse, um die Gesellschaft zur Liquidationsgesellschaft zu machen und schließlich ihre Existenz als juristische Person zu beenden (vgl. *Goette* § 10 Rn. 1, 4).

2 Die aufgelöste Gesellschaft **besteht fort**, vgl. § 69 Abs. 1 GmbHG; **neuer Gesellschaftszweck** wird die Beendigung der laufenden Geschäfte und die Verteilung des Gesellschaftsvermögens an die Gesellschafter, §§ 70, 72 GmbHG. Die Auflösung ist gem. § 65 GmbHG im Handelsregister einzutragen und bekannt zu machen. Vertretungsorgan der in Liquidation befindlichen Gesellschaft werden die Liquidatoren, §§ 66 ff. GmbHG. Die Firma der Gesellschaft bleibt bestehen, ist jedoch mit einem auf die Abwicklung deutenden Zusatz zu versehen (analog § 153 HGB), z. B. »i.L.«, »i. Abw.«. Die **(Voll-)Beendigung** der Gesellschaft tritt erst mit Abschluss des Auflösungsverfahrens ein, jedenfalls mit Vermögenslosigkeit und Eintragung des Erlöschens der Gesellschaft im Handelsregister (str., vgl. Achilles/Ensthaler/Schmidt/*Ensthaler/Zech* § 60 Rn. 4).

3 Lediglich in Ausnahmefällen ist an die Auflösung kein mehraktiges Liquidationsverfahren geknüpft, sodass Auflösung und (Voll-) Beendigung zusammenfallen; dies gilt neben den Fällen der Verschmelzung und Umwandlung vor allem für die Löschung der Gesellschaft im Handelsregister wegen Vermögenslosigkeit (§ 141a FGG bzw. § 394 FamFG, § 60 Abs. 1 Nr. 7 GmbHG).

4 Bei Konzernverhältnissen und verschmelzungsfähigen Rechtsträgern (§ 3 UmwG) kann sich – bei entsprechenden Gesellschafterverhältnissen – z. B. eine Verschmelzung auf Mutter oder Tochter (upstream- oder downstream merger), § 20 Abs. 1 Nr. 2 UmwG, eine Aufspaltung (§ 131 Abs. 1 Nr. 2 UmwG) oder eine Vermögensübertragung (§ 176 Abs. 3 Satz 2 UmwG) als (u. U. auch steuergünstigere) **Alternative** zur Auflösung und Liquidation empfehlen. Nicht zur Auflösung und Abwicklung führen die Handlungsunfähigkeit der Gesellschaft (insoweit ist ein Notgeschäftsführer zu bestellen), eine Umwandlung oder Verschmelzung (bei übertragender Umwandlung erlischt die Gesellschaft ohne Liquidation) und die bloße Unternehmenseinstellung.

B. Gesetzliche Auflösungsgründe

I. Ablauf der gesellschaftsvertraglich bestimmten Zeit, Abs. 1 Nr. 1

5 Erforderlich für eine Auflösung der Gesellschaft infolge Zeitablaufs ist eine eindeutige, nicht notwendig kalendermäßige **Bestimmbarkeit des Zeitpunkts** durch Anknüpfung an ein objektiv bestimmbares, künftiges, gewisses Ereignis (BayObLG, Beschl. v. 09.12.1974 – BReg. 2 Z 57/74; BB 1975, 249; z. B. Tod oder bestimmtes Alter von Geschäftsführer oder Gesellschafter, Ablauf eines gewerblichen Schutzrechtes). Fehlen der Registereintragung oder Bekanntmachung der satzungsmäßigen Zeitbestimmung gem. § 10 Abs. 2 und 3 GmbHG sind unschädlich. Kann der Eintritt des relevanten Zeitpunkts einer grundsätzlich hinreichend bestimmten Befristung aus praktischen Gründen nicht ausreichend zuverlässig festgestellt werden, ist zu erwägen, die Befristung in eine Verpflichtung zur Mitwirkung an einem Auflösungsbeschluss gem. § 60 Abs. 1 Nr. 2 GmbHG umzudeuten. Vor Ablauf der satzungsmäßigen Frist können die Gesellschafter zur Vermeidung der (automatisch mit Fristablauf eintretenden) Auflösung die Satzung ändern. Nach Fristablauf kommt ein Fortsetzungsbeschluss in Betracht (s. § 65 GmbHG Rdn. 10 f.).

II. Gesellschafterbeschluss, Abs. 1 Nr. 2

6 Von Gesetzes wegen ist nach Abs. 1 Nr. 2 für einen Auflösungsbeschluss der Gesellschafterversammlung eine **Mehrheit von 3/4** der abgegebenen (nicht notwendigerweise der vorhandenen) Stimmen erforderlich, wobei die Satzung schärfere oder geringere Mehrheitserfordernisse vorsehen kann. Bei Bestehen von Sonderrechten (s. § 14 GmbHG Rdn. 26 ff.) ist nach allgemeinen Grundsätzen auch die Zustimmung der begünstigten Gesellschafter erforderlich. Sieht die Satzung die Auflösung durch Minderheitenbeschluss vor, so liegt darin die Einräumung eines Kündigungsrechts nach Abs. 2 (Baumbach/Hueck/*Haas* § 60 Rn. 17). Soll nach der Satzung die Gesellschaft für eine bestimmte Zeit bestehen, ist vor Fristablauf eine Auflösung durch Gesellschafterbeschluss nach Abs. 1 Nr. 2 allein nicht möglich, vielmehr muss zunächst die Satzung entsprechend geändert werden, um den Weg zu einem Auflösungsbeschluss zu ebnen (Roth/Altmeppen/*Altmeppen* § 60 Rn. 16; Baumbach/

Hueck/*Haas* § 60 Rn. 18). Die Auflösbarkeit als solche ist **nicht abdingbar**, sodass eine Satzungsbestimmung über die »Unauflöslichkeit« der Gesellschaft einem mit Zustimmung aller Gesellschafter gefassten Auflösungsbeschluss nicht entgegensteht. Ein Auflösungsbeschluss muss nicht als solcher bezeichnet sein, sofern der Auflösungswille hinreichend zum Ausdruck kommt. In einem Beschluss, eine in alleinigem Anteilsbesitz stehende GmbH »sofort still zu liquidieren«, kann ein verschleierter Auflösungsbeschluss i. S. v. Abs. 1 Nr. 2 gesehen werden (BGH, Urt. v. 23.11.1998 – II ZR 70/97; NJW 1999, 1481, 1483).

Der Auflösungsbeschluss bedarf keiner besonderen Begründung oder Rechtfertigung (BGH, Urt. v. 01.02.1988 – II ZR 75/87; BGHZ 103, 184), muss sich aber ggf. an der **gesellschafterlichen Treuepflicht** messen lassen (BGH, Urt. v. 28.01.1980 – II ZR 124/78; BGHZ 76, 352, 353 ff.). Treuwidrigkeit liegt noch nicht darin, dass – falls keine Veräußerung des Unternehmens im Ganzen möglich ist – im Rahmen der Abwicklung das Gesellschaftsvermögen zerschlagen und hierdurch das dem einzelnen Gesellschafter zustehende Auseinandersetzungsguthaben vermindert wird. Irrelevant ist auch die Argumentation der Minderheit gegenüber einem mehrheitlich gefassten Auflösungsbeschluss, dass sie nach ihrer persönlichen Lage von den Auswirkungen der Auflösung ungleich schwerer als die Mehrheit getroffen werde (BGH, Urt. v. 28.01.1980 – II ZR 124/78; BGHZ 76, 352, 353 ff.). Anders verhält es sich in einer Zweipersonengesellschaft, wenn der Mehrheitsgesellschafter allein mit seinen Stimmen die Auflösung herbeiführen kann und die Auflösung durch Gründung einer Auffanggesellschaft, auf die er Vermögen und Geschäftsbetrieb der GmbH zielgerichtet überleitet, vorbereitet und damit schon – z. B. durch Abwerbung der Mitarbeiter – vor der Beschlussfassung über die Auflösung beginnt.

7

Der Auflösungsbeschluss ist – vorbehaltlich der Vorschriften über die Einmann-GmbH und bei Festschreibung einer bestimmten Zeitdauer oder der Unauflösbarkeit in der Satzung – **formlos** (BGH, Urt. v. 23.11.1998 – II ZR 70/97; NJW 1999, 1481, 1483), sogar durch wechselseitige »Kündigungen«, nicht jedoch durch bloße einverständliche Betriebseinstellung (vgl. BAG, Urt. v. 11.03.1998 – 2 AZR 414/97; NJW 1998, 3371, 3372), möglich. Der Auflösungsbeschluss als solcher stellt keine Satzungsänderung dar (geändert wird der Gesellschaftszweck, nicht der satzungsmäßige Unternehmensgegenstand) und bedarf zur Wirksamkeit grundsätzlich nicht der Registereintragung. Der Beschluss wird mit seiner Fassung oder einem späteren, im Beschluss genannten Zeitpunkt **wirksam**, bzw. – bei Erfordernis der Registereintragung – mit einer solchen Eintragung wirksam. Im Hinblick auf die aufzustellende Eröffnungsbilanz (§ 71 GmbHG) kann es zweckmäßig sein, das Ende des Geschäftsjahres im Beschluss als Auflösungszeitpunkt zu bestimmen.

8

III. Urteil oder Verwaltungsakt, Abs. 1 Nr. 3

Gem. § 61 GmbHG kann die Gesellschafterminderheit mittels Auflösungsklage die Auflösung der Gesellschaft durch Gestaltungsurteil herbeiführen. Die Auflösung im Verwaltungswege nach § 62 GmbHG ist dem Auflösungsurteil verwandt, spielt in der Praxis allerdings seit fast 60 Jahren keine Rolle mehr (Baumbach/Hueck/*Haas* § 62 Rn. 1); s. Erläuterungen zu § 61 GmbHG und zu § 62 GmbHG.

9

IV. Eröffnung des Insolvenzverfahrens, Abs. 1 Nr. 4

Die Eröffnung eines Insolvenzverfahrens ist ebenfalls ein Auflösungsgrund. Ab diesem Zeitpunkt sind die Befugnisse der Gesellschaftsorgane auf das Innenverhältnis sowie die Verwaltung des nicht vom Insolvenzbeschlag erfassten Vermögens beschränkt, sämtliche andere Kompetenzen gehen auf den Insolvenzverwalter über (vgl. hierzu ausführl. Kap. 3 Rdn. 54 ff.).

10

V. Ablehnung der Eröffnung des Insolvenzverfahrens, Abs. 1 Nr. 5

Die Zurückweisung eines Insolvenzantrags mangels die Verfahrenskosten deckender Masse (vgl. Kap. 3 Rdn. 50 f.) führt zur Auflösung der Gesellschaft nach Abs. 1 Nr. 5. Die Auflösung tritt ein mit

11

§ 60 GmbHG Auflösungsgründe

Rechtskraft des Ablehnungsbeschlusses, § 26 InsO. Gem. § 65 Abs. 1 Satz 2 und 3 GmbHG wird die Auflösung der Gesellschaft von Amts wegen (deklaratorisch) im Handelsregister eingetragen.

VI. Feststellungsverfügung des Registergerichts, Abs. 1 Nr. 6

12 In der Praxis nur geringe Bedeutung hat die Auflösung der Gesellschaft mit Rechtskraft der von Amts wegen zu treffenden, registerrichterlichen Feststellungsverfügung über einen (nicht behobenen) Mangel des Gesellschaftsvertrages nach § 3 Nr. 1 bzw. Nr. 4 GmbHG (Fehlen von Angaben zu Firma/Sitz bzw. Höhe des Stammkapitals) oder Nr. 3 (Nichtigkeit der Bestimmungen zum Stammkapital) gem. § 144a Abs. 2 Satz 1 FGG. Seit Inkrafttreten des am 27.06.2008 vom Bundestag beschlossenen FGG-RG zum 01.09.2009 ist die entsprechende Verfügung in § 399 FamFG geregelt. Bei Verfahrenseinleitung hat das Gericht Gelegenheit zur Mängelbeseitigung zu geben und auf die Auflösungsfolge hinzuweisen (s. § 75 GmbHG Rdn. 19 ff.).

VII. Löschung wegen Vermögenslosigkeit, Abs. 1 Nr. 7

13 Abs. 1 Nr. 7 sieht die Auflösung (und gleichzeitige Vollbeendigung) der Gesellschaft infolge Löschung von Amts wegen aufgrund von Vermögenslosigkeit durch das Registergericht gem. § 141a FGG, bzw. seit Inkrafttreten des FGG-RG am 01.09.2009 gem. § 394 FamG vor. Der Begriff der Vermögenslosigkeit i. S. v. § 141a FGG bzw. § 394 FamFG knüpft weder an einer Überschuldung/Unterbilanz noch an einer Unterkapitalisierung an; aus § 66 Abs. 5 GmbHG ergibt sich vielmehr, dass das **Fehlen verwertbaren Vermögens** Voraussetzung einer Amtslöschung wegen Vermögenslosigkeit ist. So lange überhaupt noch Vermögen, wenn auch möglicherweise weit unterhalb des Stammkapitalbetrages vorhanden ist, kommt eine Amtslöschung wegen Vermögenslosigkeit – auch von Vorratsgesellschaften – nicht in Betracht (für AG: BGH, Beschl. v. 16.03.1992 – II ZB 17/91; BGHZ 117, 323, 332). Umstritten ist, ob selbst bei nur vermeintlicher Vermögenslosigkeit aufgrund der formalen Löschung Vollbeendigung eintritt, mit der Folge, dass das noch vorhandene Gesellschaftsvermögen ohne Nachtragsliquidation gem. § 66 Abs. 5 GmbHG den ehemaligen Gesellschaftern gesamthänderisch zufällt (Achilles/Ensthaler/Schmidt/ *Ensthaler/Zech* § 60 Rn. 16). Nach h. M. ist in Fällen, in denen sich nachträglich doch noch Gesellschaftsvermögen herausstellt, eine nachträgliche Liquidation nach § 66 Abs. 5 GmbHG erforderlich (Roth/Altmeppen/*Altmeppen* § 75 Rn. 67; Baumbach/Hueck/*Haas* § 66 Rn. 37). Nach h. M. führt die Löschungseintragung nämlich nicht zur (Voll-) Beendigung der Gesellschaft, sondern lediglich zu ihrer Auflösung (Lehre vom Doppelbestand der Beendigung; vgl. Lutter/Hommelhoff/*Kleindiek* 60 Rn. 17). Demgemäß besteht eine im Handelsregister zwar gelöschte, aber noch nicht vermögenslose Gesellschaft bis zur Vollbeendigung als Abwicklungsgesellschaft fort. Sie ist weiterhin rechtsfähig, aber bis zur gerichtlichen Ernennung eines Liquidators nicht handlungsfähig (OLG Koblenz, Urt. v. 09.03.2007 – 8 U 228/06; DB 2007, 1972). Bestehen in einem Gerichtsverfahren Anhaltspunkte dafür, dass noch verwertbares Vermögen vorhanden ist, bleibt die Gesellschaft trotz Löschung rechts- und parteifähig; beim Aktivprozess genügt die Tatsache der Geltendmachung eines Vermögensanspruchs und im Passivprozess die substanziierte Behauptung des Klägers, bei der Gesellschaft sei noch Vermögen vorhanden (BGH NZG 2011, 26 Tz. 22). Wird ein Gerichtsverfahren wegen Verlust der Prozessfähigkeit gem. § 241 ZPO unterbrochen, weil eine Gesellschaft wegen Vermögenslosigkeit im Handelsregister gelöscht wird, stehen der anderen Partei die folgenden Möglichkeiten offen, das Verfahren fortzusetzen: Sie kann, jedenfalls soweit noch Vermögen vorhanden ist, als »Beteiligte« die Ernennung von Liquidatoren durch das Gericht durchsetzen; zu erwägen ist auch eine Bestellung eines Liquidators analog § 237 Abs. 4 AktG oder die Bestellung eines Prozesspflegers in analoger Anwendung von § 57 ZPO (BAG, Beschl. v. 19.09.2007 – 3 AZB 11/07; NJW 2008, 603, 604). Entscheiden die Gesellschafter sich zu einer Fortsetzung der wegen vermeintlicher Vermögenslosigkeit gelöschten Gesellschaft als werbende Gesellschaft, reicht hierzu ein schlichter Fortsetzungsbeschluss und dessen Eintragung allerdings nicht; vielmehr ist die bei einer wirtschaftlichen Neugründung erforderliche Registerkontrolle gem. §§ 7, 8 GmbHG herbeizuführen (OLG Celle, Beschl. v. 03.01.2008 – 9 W 124/07; NZG 2008, 271).

VIII. Weitere gesetzliche Auflösungsgründe

1. Rechtskraft eines Nichtigkeitsurteils, Amtslöschung

Zu den weiteren, gesetzlichen Auflösungsgründen zählt die Rechtskraft eines **Nichtigkeitsurteils** gem. § 75 GmbHG (vgl. Kommentierung zu § 75 GmbHG). Darüber hinaus sind z. B. die **Amtslöschung** gem. § 144 Abs. 1 Satz 2 FGG, bzw. § 397 Abs. 1 Satz 2 FamFG nach Inkrafttreten des FGG-RG, wegen zentraler Satzungsmängel (Fehlen bzw. Nichtigkeit von Satzungsbestimmung zur Stammkapitalhöhe oder Nichtigkeit der Bestimmungen zum Unternehmensgegenstand), s. § 75 GmbHG Rdn. 19, die Amtslöschung der Eintragung der GmbH nach § 142 FGG (Löschung unzulässiger Eintragungen wegen Fehlens einer wesentlichen Voraussetzung, bzw. FamFG seit Inkrafttreten des FGG-RG), s. § 75 GmbHG Rdn. 18, § 38 Abs. 1 KWG (Aufhebung der Erlaubnis gem. § 32 KWG) und §§ 3 Abs. 1 Satz 1, 17 VereinsG (Vereinsverbot) zu nennen.

2. Erwerb des letzten Anteils durch die Gesellschaft

Umstritten ist, ob mit Erwerb des letzten Anteils durch die Gesellschaft, z. B. durch Kaduzierung (vgl. § 21 GmbHG), diese (konkludent) aufgelöst ist oder weitere Voraussetzung einer Auflösung ist, dass es sich hierbei um einen Dauerzustand handelt. Jedenfalls kann die aufgelöste **Keinmann-Gesellschaft** nach Übertragung eines Anteils auf einen Dritten wieder fortgesetzt werden, wobei die Anteilsveräußerung einen konkludenten Fortsetzungsbeschluss darstellen kann (vgl. Achilles/Ensthaler/Schmidt/*Ensthaler/Zech* § 60 Rn. 6).

3. Verlegung des Sitzes ins Ausland

Vor Inkrafttreten des MoMiG ging die h. M. davon aus, dass sowohl die (nachträgliche) Verlegung des tatsächlichen Verwaltungssitzes als auch die (nachträgliche) Verlegung des satzungsmäßigen Sitzes der Gesellschaft (der gem. § 4a GmbH alt regelmäßig am Ort, an dem die Gesellschaft einen Betrieb hat, oder am Ort der Geschäftsleitung oder Verwaltung anknüpfen musste) ins Ausland zur Auflösung der Gesellschaft führten (vgl. RG, Urt. v. 22.01.1916 – Rep. V 293/15; RGZ 88, 53, 55; BGH, Urt. v. 21.03.1996 – V ZR 10/85; BGHZ 97, 269; BayObLG, Beschl. v. 07.05.1992 – 3Z BR 14/92; NJW-RR 1993, 43, 44). Zu Inlandssachverhalten hat der BGH explizit entschieden, dass schon die faktische, gegen § 4a Abs. 2 GmbHG alt verstoßende, Verlagerung des Sitzes der Gesellschaft zu einem nachträglichen – dem gleichartigen anfänglichen Nichtigkeitsgrund vergleichbaren – Satzungsmangel führt, der eine entsprechende Anwendung von § 144a Abs. 2 FGG bzw. § 399 Abs. 2 FamFG rechtfertigt (BGH, Beschl. v. 02.06.2008 – II ZB 1/06; NJW 2008, 2914, 2915). Streitig war (vgl. Baumbach/Hueck/*Hueck/Fastrich* 19. Aufl. 2010, § 4a Rn. 9), ob eine Sitzverlegung ins Ausland durch Satzungsbeschluss als Auflösungsbeschluss zu werten war und zur Liquidation führte, oder einen bloß nichtigen Satzungsänderungsbeschluss darstellte (s. § 75 GmbHG Rdn. 19 a. E.). Die Verlagerung des Verwaltungssitzes ins Ausland ohne Änderung des inländischen Satzungssitzes führte – jedenfalls wenn der Satzungssitz gem. § 4a Abs. 2, 2. Alt. bzw. 3 GmbHG alt am Ort der Geschäftsleitung bzw. am Ort der Durchführung der Verwaltung anknüpfte – infolge der entstandenen Abweichung zur Nichtigkeit der Satzungsbestimmung über den Sitz mit der Konsequenz der Amtsauflösung nach § 144a FGG bzw. § 399 FamFG. Eine isolierte Verlegung des tatsächlichen Verwaltungssitzes ohne gleichzeitige Änderung des – weiterhin z. B. am Betriebsort anknüpfenden – satzungsmäßigen Sitz wurde zumindest bei einem tatsächlichen Verwaltungssitz in Ländern, die das Personalstatut einer Gesellschaft nach der Gründungstheorie beurteilt, für zulässig gehalten (vgl. OLG Hamm, Beschl. v. 01.02.2001 – 15 W 309/00; NJW 2001, 2183; a. A. wohl BayObLG, Beschl. v. 07.05.1992 – 3Z BR 14/92; NJW-RR 1993, 43, 44). Bei Fällen mit **Gemeinschaftsrechtsbezug** wurde vor Inkrafttreten des MoMiG aufgrund der Niederlassungsfreiheit gem. Art. 43, 48 EG (vgl. auch EuGH, Urt. v. 11.03.2004 – C-9/02; NJW 2004, 2439 – de Lasteyrie du Saillant; EuGH, Urt. v. 05.11.2002 – C-208/00; NJW 2002, 3614, 3616 f. – Überseering; EuGH, Urt. v. 30.09.2003 – C-167/01; NJW 2003, 3331, 3333. – Inspire Art; EuGH, Urt. v. 13.12.2005 – C-411/03; NJW 2006, 425, 426 – Sevic) diskutiert, ob der Verwaltungssitz ins Ausland verlegt werden kann, sofern der satzungsmäßige Sitz in Deutschland verbleibt (vgl. Achilles/Ensthaler/Schmidt/*Ensthaler/Zech* § 60 Rn. 6; Schlussan-

§ 60 GmbHG Auflösungsgründe

träge des Generalanwalts *Maduro*, DB 2008, 1257 – Cartesio; Behme/Nohlen NZG 2008, 497 ff.; offen gelassen von BayObLG, Beschl. v. 11.02.2004 – 3Z BR 175/03; BB 2004, 699).

17 Das entsprechende Konzept wurde durch § 4a GmbHG in der Fassung seit Inkrafttreten des MoMiG, auch für Fälle ohne Gemeinschaftsrechtsbezug und obwohl – wie der EuGH in der Entscheidung Cartesio (EuGH, Urt. v. 16.12.2008 – C-210/06; NJW 2009, 569 Tz. 109 ff.) später ausgeführt hat – sich die Niederlassungsfreiheit nicht auf Fälle der Verlegung des Sitzes einer nach dem Recht eines Mitgliedstaates gegründeten Gesellschaft in einen anderen Mitgliedstaat ohne Änderung des für sie maßgeblichen Rechts bezieht, explizit vom Gesetzgeber verankert. Gem. § 4a GmbHG ist Sitz der Gesellschaft nunmehr jeder beliebige Ort »im Inland«, den der Gesellschaftsvertrag bestimmt. Hierdurch soll deutschen Gesellschaften ermöglicht werden, einen Verwaltungssitz zu wählen, der nicht notwendig mit dem Satzungssitz übereinstimmt. Damit ist der alten Rechtsprechung, wonach bei Abweichung des Verwaltungssitzes vom Satzungssitz ein Amtslöschungsverfahren geboten ist, der Boden entzogen (*Heckschen* DStR 2009, 166, 168). Im Übrigen sollte der Spielraum deutscher Gesellschaften erhöht werden, ihre Geschäftätigkeit ausschließlich im Rahmen einer (Zweig-)Niederlassung, die alle Geschäftsaktivitäten erfasst, außerhalb des deutschen Hoheitsgebietes zu entfalten. Erforderlich ist lediglich eine inländische Geschäftsanschrift, die neben dem Gesellschaftssitz gem. § 10 Abs. 1 GmbHG im Register eingetragen werden muss und die dann auch aufrechtzuerhalten ist. Damit ist ein »Wegzug« einer GmbH aus Deutschland grundsätzlich ermöglicht, insbesondere können im Ausland tätige Konzerntöchter in der Rechtsform der GmbH agieren. Allerdings kommt es bezüglich deren Behandlung im Drittstaat darauf an, ob dieser der Sitz- oder Gründungstheorie folgt. Probleme können sich – vorbehaltlich einer Rückverweisung nach IPR – dann ergeben, wenn das Recht des Drittstaates – wie die ehemalige Rechtslage in Deutschland – einen Rechtsverlust beim Grenzübertritt vorsieht (vgl. *Peter* GmbHR 2008, 245), bzw. nach Rückverweisung aus dem Land, in dem der Verwaltungssitz liegt, deutsches Kollisionsrecht anwendbar ist und aufbauend auf der Sitztheorie ein Verwaltungssitz im Ausland unzulässig ist (*Heckschen* DStR 2009, 166, 168). Innerhalb der Europäischen Union dürften sich im Hinblick auf die Niederlassungsfreiheit, Art. 43, 48 EG, allerdings keine Probleme ergeben, da alle Mitgliedsstaaten der Gründungstheorie folgen dürften (vgl. auch *Wachter* GmbHR 2008, Sonderheft Oktober, S. 80, 82; BGH, Urt. v. 27.10.2008 – II ZR 158/06; NJW 2009, 289, 290 Tz. 19). Eine identitätswahrende Verlegung des Satzungssitzes ins Ausland ist aber weiterhin nicht möglich, da sowohl nach Gründungs- als auch nach Sitztheorie Satzungssitz und Gesellschaftsstatut übereinstimmen müssen (Lutter/Hommelhoff/*Bayer* § 4a Rn. 17). Ein entsprechender Gesellschafterbeschluss ist nichtig, seine Eintragung im Handelsregister zurückzuweisen (§ 382 Abs. 3 FamFG). Erfolgte eine Eintragung, ist das Auflösungsverfahren einzuleiten, § 399 Abs. 4 FamFG (Rowedder/Schmidt-Leithoff/*Schmidt-Leithoff* § 4a Rn. 15). Allerdings würde ein gesetzlicher Auflösungs- bzw. Liquidationszwang gegen die gemeinschaftsrechtliche Niederlassungsfreiheit verstoßen, wenn hierdurch eine identitätswahrende Umwandlung in das Recht des Zuzugstaates verhindert würde, es sei denn, dem stünden zwingende Gründe des Allgemeinwohls des Wegzugstaates entgegen (EuGH, Urt. v. 16.12.2008 – C-210/06; NJW 2009, 569, Tz. 111 ff.).

C. Satzungsmäßige Auflösungsgründe, Abs. 2

18 Auflösungsgründe können auch in der Satzung festgelegt werden, wobei allerdings die gesetzlichen Auflösungsgründe nicht abbedungen werden können (Baumbach/Hueck/*Haas* § 60 Rn. 89; vgl. auch Kap. 5 Rdn. 490). Beispiele für satzungsmäßige Auflösungsgründe sind die Insolvenz eines Gesellschafters oder Geschäftsführers, der Tod eines Gesellschafters, Änderungen von Voraussetzungen hinsichtlich des Geschäftsgegenstandes (Verlust eines Patentes, Entzug einer behördlichen Erlaubnis, Feststellung einer Unterbilanz oder eines bestimmten Jahresfehlbetrages, Ausscheiden/Einstellung der Mitarbeit eines bestimmten Gesellschafters), Auflösung der KG bei einer GmbH & Co. KG, wobei (unbeachtliche) Überschneidungen zu Abs. 1 Nr. 1 möglich sind. Bei solchen satzungsmäßigen Gründen ist im Hinblick auf die einschneidenden Folgen eine **hinreichende Bestimmtheit** erforderlich; zu unbestimmt und streitträchtig z. B. »Eintritt wichtiger Gründe«, »Unmöglichkeit der Zweckerreichung« oder »mangelnde Rentabilität«. Solche Klauseln können jedoch zu Kündigungs-

klauseln umgedeutet werden (Scholz/*K. Schmidt/Bitter* § 60 Rn. 76); im Übrigen sind die zugrunde liegenden Sachverhalte ggf. über § 61 GmbHG erfasst, s. § 61 GmbHG Rdn. 2.

Umstritten ist, inwiefern eine auf eine satzungsmäßige **Kündigungsklauseln** wie »Die Gesellschaft kann mit einer Frist von sechs Monaten zum Ende eines Geschäftsjahres gekündigt werden« gestützte Kündigung zu einer Auflösung der Gesellschaft führt oder bloß ein **Austrittsrecht** des kündigenden Gesellschafters verleiht. Nach h. M. führt die Kündigung der Gesellschaft bei Fehlen satzungsmäßiger Regelungen zu den Rechtsfolgen der Kündigung (Austritt des Kündigenden bzw. Ausschluss bei Kündigung durch die Gesellschaft unter Regelung des Schicksals des betroffenen Geschäftsanteils) im Zweifel zur Auflösung der Gesellschaft (vgl. z. B. Baumbach/Hueck/*Haas* § 60 Rn. 90; Scholz/*K. Schmidt/Bitter* § 60 Rn. 77). 19

D. Rückgängigmachung der Auflösung:

Nach h. M. kann bei Behebung des Auflösungsgrundes (außer bei Vorliegen einer Amtslöschung gem. Abs. 1 Nr. 5 und Nr. 7) in Fällen, in denen noch nicht mit der Verteilung des Gesellschaftsvermögens unter die Gesellschafter begonnen wurde (§ 274 AktG analog), per **Fortsetzungsbeschluss** die Abwicklungsgesellschaft wieder in eine werbende Gesellschaft verwandelt werden; dieser Beschluss muss nach h. M. analog § 274 Abs. 1 Satz 2 AktG grundsätzlich mit einer **Mehrheit von 3/4** der abgegebenen Stimmen bzw. der für den Auflösungsbeschluss von der Satzung vorgesehenen Mehrheit gefasst werden (Baumbach/Hueck/*Haas* § 60 Rn. 92; Scholz/*K. Schmidt/Bitter* GmbHG, § 60 Rn. 88). Streitig ist die Fortsetzungsmöglichkeit im Fall der Auflösung nach § 60 Abs. 1 Nr. 5 (verneinend: BayObLG, Beschl. v. 14.10.1993 – 3Z BR 116/93; NJW 1994, 594; OLG Köln, Beschl. v. 22.02.2010 – 2 Wx 18/10; NZG 2010, 507, 508; bejahend, falls Auflösungsgrund beseitigt wird: Lutter/Hommelhoff/*Kleindiek* § 60 Rn. 33; Scholz/*K. Schmidt/Bitter* § 60 Rn. 97). Teilweise wird vertreten, einem gegen die Fortsetzung stimmenden Gesellschafter stehe in den Fällen einer Auflösung gem. Abs. 1 Nr. 1 oder Abs. 2 ein **außerordentliches Austrittsrecht** mit Recht auf Abfindung gem. dem zu erwartenden Liquidationserlöses zu, weil bei Fortsetzung der satzungsmäßig verankerte Anspruch auf den Liquidationserlös durch Gewinnansprüche ersetzt wird, die der satzungsmäßigen bzw. gesetzlichen Dispositionsbefugnisse der Gesellschafter unterliegen (Scholz/*K. Schmidt/Bitter* § 60 Rn. 89; Lutter/Hommelhoff/*Kleindiek* § 60 Rn. 35). Zu erwägen ist auch, die Zustimmung von Gesellschaftern, denen durch die Fortsetzung zusätzliche Lasten aufgebürdet werden, gem. § 53 Abs. 3 GmbHG zu fordern. 20

Zum Teil wird ein Fortsetzungsbeschluss auch **nach Beginn der Verteilung** des Gesellschaftsvermögens unter die Gesellschafter für zulässig gehalten; insoweit wird lediglich gefordert, dass der Auflösungsgrund beseitigt und die Gesellschaft weder insolvenzreif noch masselos ist (Roth/Altmeppen/*Altmeppen* § 60 Rn. 44) bzw. der Höhe des gesetzlichen Mindestkapitals (OLG Düsseldorf, Beschl. v. 13.07.1979 – 3 W 139/79; GmbHR 1979, 227) bzw. dem satzungsmäßigen Stammkapital entsprechen (RG, Beschl. v. 25.10.1927 – II B 14/27; RGZ 118, 337); nach § 31 Abs. 6 GmbHG sind allerdings die von den Gesellschaftern empfangenen Leistungen zurückzugewähren, wobei die Liquidatoren wegen des vorrangigen § 72 GmbHG nicht nach § 31 Abs. 6 GmbHG und §§ 43 Abs. 3 und 30 Abs. 1 GmbHG haften. Nach einer Schlussverteilung in einem Insolvenzverfahren und darauf beruhender Aufhebung des Insolvenzverfahrens ist eine Fortsetzung der Gesellschaft nicht möglich, selbst wenn die Gesellschaft im Handelsregister noch nicht gelöscht ist (OLG Celle, Beschl. v. 29.12.2010 – 9 W 136/10; DStR 2011, 487). Im Falle einer Fortsetzung nach tatsächlicher Stilllegung des Geschäftsbetriebs (Wiederbelebung eines Gesellschaftsmantels) finden die Grundsätze über die wirtschaftliche Neugründung Anwendung (BGH, Beschl. v. 10.12.2013 - II ZR 53/12; NJW-RR 2014, 416 Tz. 10), s. auch § 70 GmbHG Rdn. 15. 21

Im Fall des Abs. 1 Nr. 1 bedarf der Fortsetzungsbeschluss der **Form** einer Satzungsänderung (Scholz/*K. Schmidt/Bitter* § 60 Rn. 85, s. auch Rdn. 5). Zur Fortsetzung einer wegen vermeintlicher Vermögenslosigkeit gem. Abs. 1 Nr. 7 gelöschten Gesellschaft vgl. OLG Celle, Beschl. v. 03.01.2008 – 9 W 124/07; NZG 2008, 271. 22

§ 61 GmbHG Auflösung durch Urteil

§ 61 Auflösung durch Urteil

(1) Die Gesellschaft kann durch gerichtliches Urteil aufgelöst werden, wenn die Erreichung des Gesellschaftszweckes unmöglich wird, oder wenn andere, in den Verhältnissen der Gesellschaft liegende, wichtige Gründe für die Auflösung vorhanden sind.

(2) ¹Die Auflösungsklage ist gegen die Gesellschaft zu richten. ²Sie kann von Gesellschaftern erhoben werden, deren Geschäftsanteile zusammen mindestens dem zehnten Teil des Stammkapitals entsprechen.

(3) Für die Klage ist das Landgericht ausschließlich zuständig, in dessen Bezirk die Gesellschaft ihren Sitz hat.

Übersicht	Rdn.			Rdn.
A. Überblick	1	C.	Passivlegitimation und Klagebefugnis, Abs. 2	5
B. Klagegrund, Abs. 1	2			
I. Wichtiger Grund	2	D.	Zuständigkeit, Abs. 3	7
II. Subsidiarität der Auflösungsklage	4			

A. Überblick

1 Während bei Vorliegen der erforderlichen Mehrheit ein Auflösungsbeschluss gem. § 60 Abs. 1 Nr. 2 GmbHG in Betracht kommt, steht die Auflösungsklage bei Vorliegen eines wichtigen Grundes als Instrument des **Minderheitenschutzes** für Gesellschafter zur Verfügung, deren Geschäftsanteile zusammen mindestens 10% des Stammkapitals der Gesellschaft darstellen. Diese **unabdingbare** Vorschrift ist Ausgleich für die im Vergleich zur Aktiengesellschaft geringere Fungibilität der Anteile an einer GmbH. Satzungsbestimmungen, die für den Fall der Erhebung der Auflösungsklage die Einziehung des Geschäftsanteils des klagenden Gesellschafters vorsehen, sind unzulässig (str., a. A. *Meister/Klöcker*, Münchener Vertragshandbuch, Gesellschaftsrecht, IV. 25 Anm. 56: nur bei übermäßiger Abfindungsbeschränkung); die Unwirksamkeit der entsprechenden Satzungsbestimmung steht zwar nicht der Ersteintragung einer GmbH, wohl aber einer entsprechenden (späteren) Satzungsänderung, entgegen (OLG München Beschl. v. 01.07.2010 – 31 Wx 102/10; DNotZ 2010, 937, 938). Die Auflösung gem. § 60 Abs. 1 Nr. 3 GmbHG erfolgt mit Rechtskraft eines gerichtlichen Gestaltungsurteils. Bei Schiedssprüchen gem. § 1055 ZPO fordert die wohl h. M. die Vollstreckbarerklärung gem. § 1060 ZPO (vgl. Baumbach/Hueck/*Haas* § 61 Rn. 23; Lutter/Hommelhoff/*Kleindiek* § 61 Rn. 6; vgl. auch Kap. 7 Rdn. 78 ff.). Die Geltendmachung des Rechts aus § 61 GmbHG bedarf keiner Zustimmung eines Nießbrauchers oder Pfandgläubigers gem. §§ 1071, 1276 BGB (Lutter/Hommelhoff/*Kleindiek* § 61 Rn. 2).

Vgl. zur Auflösungsklage auch ausführl. Kap. 5 Rdn. 532 ff.

B. Klagegrund, Abs. 1

I. Wichtiger Grund

2 Der Klagegrund des wichtigen, in den Verhältnissen der Gesellschaft liegenden Grundes für die Auflösung erfordert, dass der Fortbestand der Gesellschaft für den Kläger dauerhaft aus in der Gesellschaft, nicht in der Person des Klägers, liegenden Gründen **unzumutbar** ist (Baumbach/Hueck/*Haas* § 61 Rn. 11; s. auch Kap. 5 Rdn. 532). Hierzu zählen zunächst finanzielle Gründe, wie dauernde Unrentabilität der Gesellschaft (nicht jedoch bereits der Eintritt erheblicher Verluste oder fehlende Kreditfähigkeit). **Persönliche Gründe** stellen erst dann einen in den Verhältnissen der Gesellschaft liegenden, wichtigen Grund dar, wenn sie Auswirkungen haben, welche unmittelbar den Bestand der Gesellschaft gefährden. Dies ist z. B. der Fall, wenn eine tief greifende Zerrüttung zwischen den Gesellschaftern vorliegt, welche auf Dauer eine Verständigung über zentrale Fragen der Fortführung der Gesellschaft unmöglich macht; auf ein Verschulden kommt es grundsätzlich nicht an, ein Klägerverschulden kann die Klage allerdings unbegründet machen (BGH, Urt. v. 23.02.1981 – II ZR

229/79; BGHZ 80, 346; BGH, Urt. v. 15.04.1985 – II ZR 274/83; NJW 1985, 1901). Das Gesetz nennt als wichtigen Grund das unbehebbare Unmöglichwerden des Gesellschaftszweckes, was u. a. durch Auslegung des satzungsmäßigen Unternehmensgegenstandes zu ermitteln ist. So kann ein Konflikt zweier gleich starker Gesellschaftergruppen, der eine für das Unternehmen notwendige Willensbildung unmöglich macht, eine Auflösung wegen Unmöglichwerdens der Erreichung des Gesellschaftszweckes rechtfertigen (OLG Brandenburg BB 2008, 1868).

Keine wichtigen Gründe sind regelmäßig die Verletzung gesellschaftsvertraglicher oder organschaftlicher Pflichten oder die Insolvenz eines Gesellschafters oder die Pfändung von dessen Anteil (Baumbach/Hueck/*Haas* § 61 Rn. 11). Das Gericht hat bei seiner Entscheidung über das Vorliegen eines wichtigen Grundes – trotz der Formulierung »kann« im Gesetz – kein Ermessen (Baumbach/Hueck/*Haas* § 61 Rn. 21). 3

II. Subsidiarität der Auflösungsklage

Die Auflösungsklage ist wegen der einschneidenden, zur Auflösung der Gesellschaft führenden Konsequenzen, stets **subsidiär**, d.h. es darf kein milderes Mittel zur Behebung der Störung zur Verfügung stehen (Baumbach/Hueck/*Haas* § 61 Rn. 5; Scholz/*K. Schmidt/Bitter* § 61 Rn. 3; s. auch Kap. 5 Rdn. 533). Insoweit kommen als **mildere Mittel** in Betracht: Veräußerung des Geschäftsanteils des Minderheitsgesellschafters zu einem angemessenen Preis, vorausgesetzt, die Mitgesellschafter oder ein Dritter haben ein Angebot zum vollen Verkehrswert oder aber zumindest zum Liquidationswert unterbreitet (BGH, Urt. v. 15.04.1985 – II ZR 274/03; NJW 1985, 1901) oder die Erhebung einer **Ausschließungsklage** gegen einen Gesellschafter (zum Ausschluss eines Gesellschafters aus der GmbH sowie zur Ausschließungsklage vgl. ausführl. Kap. 5 Rdn. 493 ff. und Rdn. 507 ff.). Für das Bestehen weniger einschneidender Mittel trägt der Gegner der Auflösungsklage die Darlegungs- und Beweislast (BGH, Urt. v. 23.02.1981 – II ZR 229/79; BGHZ 80, 346; BGH, Urt. v. 15.04.1985 – II ZR 274/03; NJW 1985, 1901). Auf einen Austritt aus wichtigem Grund – was nach h. M. praeter legem möglich ist – soll sich der Gesellschafter nur einlassen müssen, wenn die Mitgesellschafter sich bindend damit einverstanden erklären, dass der Minderheitsgesellschafter eine angemessene Entschädigung für sein Ausscheiden erhält (vgl. MünchHdb GesR III/*Weitbrecht* § 62 Rn. 10). Einem Gesellschafter steht ein Recht, die Auflösung der Gesellschaft zu betreiben, dann zu, wenn er sich bei der Verwirklichung eines Kündigungsrechts Verzögerungsversuchen der anderen Gesellschafter oder anderen Schwierigkeiten ausgesetzt sieht (OLG Naumburg, Urt. v. 05.04.2012 – 2 U 106/11; NZG 2012, 629, 630). 4

C. Passivlegitimation und Klagebefugnis, Abs. 2

Die Auflösungsklage ist gem. § 61 Abs. 2 GmbHG **gegen die Gesellschaft** zu richten (vgl. Kap. 5 Rdn. 538 f.). Diese wird gem. § 51 Abs. 1 ZPO, § 35 Abs. 1 GmbHG durch die Geschäftsführer in vertretungsberechtigter Zahl vertreten. **Klagebefugt** sind nur ein oder mehrere Gesellschafter, die zusammen 10% des Stammkapitals der Gesellschaft halten; mehrere Gesellschafter sind **notwendige Streitgenossen** nach § 62 ZPO (Lutter/Hommelhoff/*Kleindiek* § 61 Rn. 3; s. auch Kap. 5 Rdn. 535 ff.). Die 10%-Schwelle kann durch die Satzung nur erleichtert, nicht verschärft werden (Scholz/*K. Schmidt/Bitter* § 61 Rn. 2). Ein Kläger, der seine Beteiligung während des Auflösungsverfahrens veräußert, verliert seine Klagebefugnis; die Anteilsveräußerung stellt keine für den Fortgang des Verfahrens nach § 265 ZPO unbeachtliche Abtretung der Streitsache dar. Ein Klägerwechsel gem. § 263 ZPO ist jedoch statthaft (Baumbach/Hueck/*Haas* § 61 Rn. 14), bei Unterschreiten der 10%-Grenze wird die Klage – z.B. wenn der Erwerber des Anteils nicht im Rahmen der Klageänderung Partei wird – unzulässig (Lutter/Hommelhoff/*Kleindiek* § 61 Rn. 3). 5

Die übrigen Gesellschafter können der Gesellschaft in dem Rechtsstreit als Streithelfer gem. §§ 66, 69 ZPO beitreten; das Gericht hat sie zur Wahrung des rechtlichen Gehörs von der Auflösungsklage zu informieren (Lutter/Hommelhoff/*Kleindiek* § 61 Rn. 4; Kap. 5 Rdn. 541). 6

§ 62 GmbHG Auflösung durch eine Verwaltungsbehörde

D. Zuständigkeit, Abs. 3

7 Für das Auflösungsverfahren besteht eine **ausschließliche Zuständigkeit** des Landgerichts am Sitz der Gesellschaft. Funktionell zuständig sind gem. § 95 Nr. 4a GVG, § 13 Abs. 3 GmbHG die Kammern für Handelssachen. Gerichtsstandsvereinbarungen sind wegen der ausschließlichen Zuständigkeit unzulässig (vgl. Kap. 5 Rdn. 540 m. w. N.). Die Vereinbarung eines Schiedsgerichts ist zulässig. Im Hinblick auf die Vergleichsfähigkeit des Streitgegenstandes i. S. v. § 1030 Abs. 1 Satz 2 ZPO kommt es allerdings nicht auf die Parteien des Auflösungsverfahrens, sondern auf die Gesellschafter an. Daher muss die Schiedsvereinbarung bereits in der Satzung erfolgt sein bzw. ist im Wege der Satzungsänderung zu vereinbaren (Lutter/Hommelhoff/*Kleindiek* § 61 Rn. 5).

Zu den Urteilswirkungen und der Möglichkeit einstweiligen Rechtsschutzes vgl. Kap. 5 Rdn. 544 ff.

§ 62 Auflösung durch eine Verwaltungsbehörde

(1) Wenn eine Gesellschaft das Gemeinwohl dadurch gefährdet, daß die Gesellschafter gesetzwidrige Beschlüsse fassen oder gesetzwidrige Handlungen der Geschäftsführer wissentlich geschehen lassen, so kann sie aufgelöst werden, ohne daß deshalb ein Anspruch auf Entschädigung stattfindet.

(2) Das Verfahren und die Zuständigkeit der Behörden richtet sich nach den für streitige Verwaltungssachen landesgesetzlich geltenden Vorschriften.

Übersicht	Rdn.		Rdn.
A. Überblick	1	C. Verfahren, Abs. 2	5
B. Voraussetzungen einer Auflösungsverfügung, Abs. 1	2		

A. Überblick

1 § 62 GmbHG regelt die Auflösung einer GmbH durch privatrechtsgestaltenden Verwaltungsakt wegen Gemeinwohlgefährdung. Dieser führt nach h. M. gem. den § 43 Abs. 1 VwVfG entsprechenden Landesnormen bereits mit seiner Bekanntgabe zur Auflösung der Gesellschaft (Lutter/Hommelhoff/*Kleindiek* § 62 Rn. 2). § 62 GmbHG ist **subsidiär** gegenüber anderen Normen, die zur hoheitlichen Gesellschaftsauflösung führen, z. B. aufgrund § 17 VereinsG oder nach § 38 KWG, oder die Gefahrenabwehr auf andere Weise ermöglichen (Baumbach/Hueck/*Haas* § 62 Rn. 10). Es gilt der **Verhältnismäßigkeitsgrundsatz** als Ausfluss des verfassungsrechtlichen Übermaßverbotes. Daher sind z. B. Untersagungsverfügungen gewerberechtlicher oder immissionsschutzrechtlicher Art, die den Bestand der Gesellschaft nicht berühren, grundsätzlich vorrangig einzusetzen. Auch sind ggf. gesellschaftsinterne Maßnahmen, wie z. B. die Abberufung von Geschäftsführern oder die Ausschließung von Gesellschaftern, ausreichend (Lutter/Hommelhoff/*Kleindiek* § 62 Rn. 1). Die praktische Relevanz der Norm ist daher äußerst gering.

B. Voraussetzungen einer Auflösungsverfügung, Abs. 1

2 Die Gesellschafter müssen gem. Abs. 1 **gesetzeswidrige Beschlüsse** fassen oder gesetzeswidrige Handlungen der Geschäftsführer wissentlich geschehen lassen, z. B. im Hinblick auf zwingende Vorschriften des Gesellschaftsrechts, des Kartell- und Wettbewerbsrechts, des Steuer-, Gewerbe- und Strafrechts. Gegenstand einer Auflösung im Verwaltungswege können z. B. gewerbsmäßige Betrugsunternehmen, Gesellschaften zur Verfolgung kartellrechtswidriger Ziele, zur Subventionserschleichung (z. B. Scheinexporte) oder zum Menschenhandel sein (Lutter/Hommelhoff/*Kleindiek* § 62 Rn. 3) sein. Fälle, in denen nach § 62 GmbHG vorgegangen wurde, sind indes mit Ausnahme eines vom KG 1937 entschiedenen Falles (nicht bekannt geworden (Baumbach/Hueck/*Haas* § 62 Rn. 1).

3 Soweit Maßnahmen der **Geschäftsführung** in Rede stehen, muss eine über entsprechende Einflussmöglichkeiten gegenüber der Geschäftsführung verfügende Anzahl von Gesellschaftern die geset-

zeswidrigen Handlungen der Geschäftsführer wissentlich geschehen lassen oder die Augen hiervor verschließen (Lutter/Hommelhoff/*Kleindiek* § 62 Rn. 4).

Die Rechtsverletzungen durch Gesellschafterbeschlüsse bzw. Maßnahmen der Geschäftsführung müssen zu einer **Gefährdung des Allgemeinwohls** führen, d.h. die Interessen breiter Verkehrskreise oder der Öffentlichkeit müssen in erheblichem Maße beeinträchtigt werden. Der Begriff der »Gefährdung des Allgemeinwohls« kann mit dem moderneren, gefahrenabwehrrechtlichen Begriff der »Gefahr für die öffentliche Sicherheit und Ordnung« ausgefüllt werden (Achilles/Ensthaler/Schmidt/*Ensthaler/Zech* § 62 Rn. 2).

4

C. Verfahren, Abs. 2

Für den Erlass des Verwaltungsaktes betreffend die Auflösung ist analog § 396 Abs. 1 AktG die sachlich oberste Landesbehörde zuständig, regelmäßig das Wirtschaftsministerium (Scholz/*K. Schmidt/Bitter* § 61 Rn. 8 und 10). Die Kontrolle der Entscheidung erfolgt im verwaltungsgerichtlichen Verfahren (Baumbach/Hueck/*Haas* § 62 Rn. 11).

5

§ 63

(weggefallen)

§ 64 Haftung für Zahlungen nach Zahlungsunfähigkeit oder Überschuldung

¹Die Geschäftsführer sind der Gesellschaft zum Ersatz von Zahlungen verpflichtet, die nach Eintritt der Zahlungsunfähigkeit der Gesellschaft oder nach Feststellung ihrer Überschuldung geleistet werden. ²Dies gilt nicht von Zahlungen, die auch nach diesem Zeitpunkt mit der Sorgfalt eines ordentlichen Geschäftsmanns vereinbar sind. ³Die gleiche Verpflichtung trifft die Geschäftsführer für Zahlungen an Gesellschafter, soweit diese zur Zahlungsunfähigkeit der Gesellschaft führen mussten, es sei denn, dies war auch bei Beachtung der in Satz 2 bezeichneten Sorgfalt nicht erkennbar. ⁴Auf den Ersatzanspruch finden die Bestimmungen in § 43 Absatz 3 und 4 entsprechende Anwendung.

Übersicht

	Rdn.			Rdn.
A. Überblick	1		2. Anspruchsberechtigte	25
B. Insolvenzantragspflicht	8		a) Haftung gegenüber der Gesellschaft	25
I. Verpflichtete	8			
II. Antragsgründe	9		b) Haftung gegenüber den Gesellschaftern?	26
1. Zahlungsunfähigkeit	9			
a) Voraussetzungen nach § 17 Abs. 2 InsO	9		c) Haftung gegenüber Gesellschaftsgläubigern	27
b) Berücksichtigung von Forderungen der Gesellschafter	10	C.	Geschäftsführerhaftung wegen Masseschmälerung, § 64 Satz 1 und 2	34
c) Relevanter Zeitpunkt	11	I.	Zahlungen nach Eintritt der Insolvenzreife, § 64 Satz 1	35
2. Überschuldung	12			
a) Voraussetzungen nach § 19 Abs. 2 InsO	13	II.	Ausschluss der Haftung, § 64 Satz 2	36
		III.	Verschulden	39
b) Fortführungsprognose	17	D.	Insolvenzverursachungshaftung, § 64 Satz 3	40
c) Erstellung einer Überschuldungsbilanz	18	I.	Zahlungen	43
aa) Aktivseite	19	II.	Kausalität	46
bb) Passivseite	20	III.	Entlastung, Verschulden	50
III. Zeitpunkt der Antragspflicht	22	IV.	Rechtsfolge	51
IV. Verstoß gegen die Antragspflicht (Insolvenzverschleppungshaftung)	24	E.	Weitere Aspekte der Geschäftsführerhaftung in der Unternehmenskrise	52
1. Abgrenzungen	24			

A. Überblick

1 § 64 GmbHG regelt die Haftung der Geschäftsführer der Gesellschaft im Zusammenhang mit deren Zahlungsunfähigkeit und Überschuldung. Mit Inkrafttreten des MoMiG wurde die bisher in § 64 Abs. 1 GmbHG enthaltene Insolvenzantragspflicht entsprechend ihrem Regelungszweck in die Insolvenzordnung (§ 15a InsO) verlagert (vgl. Begr. RegE MoMiG, BT-Drucks. 16/6140, S. 55). Die Antragspflicht gilt nun rechtsformübergreifend für alle (auch ausländische [z. B. Limited], vgl. *Wälzholz* DStR 2007, 1914, 1916 m. w. N., Roth/Altmeppen/*Altmeppen* Vorb. § 64 Rn. 11 ff., str.) juristischen Personen und Gesellschaften ohne Rechtspersönlichkeit, bei denen keine natürliche Person persönlich haftender Gesellschafter ist (§ 15a Abs. 1 und 2 InsO). § 15 Abs. 3 und 4 InsO erstrecken – und dies ist die inhaltliche Neuerung hinsichtlich der Bestimmungen zur Insolvenzantragspflicht seit Inkrafttreten des MoMiG – die Insolvenzantragspflicht bei Führungslosigkeit und Insolvenzreife einer juristischen Person, also auch bei der GmbH, auf die Gesellschafter, was einer Vermeidung der Umgehung der Insolvenzantragspflicht, insbesondere durch sog. »Firmenbestatter«, dienen soll.

2 § 60 Abs. 1 Nr. 4 und 5 GmbHG regeln sowohl für die Eröffnung des Insolvenzverfahrens als auch für dessen Ablehnung mangels Masse, dass die Gesellschaft in diesen Fällen aufgelöst ist (vgl. § 60 GmbHG Rdn. 10 f.). Hintergrund ist die Überlegung, dass eine Kapitalgesellschaft, deren als juristische Person verselbstständigte Vermögensmasse verloren gegangen ist, keine Existenzberechtigung mehr hat (Roth/Altmeppen/*Altmeppen* Vorb. § 64 Rn. 6). Insbesondere aufgrund der problematischen Insolvenzstatistik der Rechtsform der GmbH, nach der lange Zeit über 50 % der Insolvenzen masselos waren, sind die insolvenzrechtlichen Vorschriften des GmbHG von herausragender Bedeutung (Roth/Altmeppen/*Altmeppen* Vorb. § 64 Rn. 4).

3 Den Geschäftsführern der GmbH obliegt die fortwährende Überwachung der wirtschaftlichen Lage der Gesellschaft (**Beobachtungspflicht bzw. Selbstprüfungspflicht**; vgl. auch § 43 GmbHG Rdn. 18); zeichnen sich wirtschaftliche Schwierigkeiten ab, haben sich die Geschäftsführer – insbesondere im Hinblick auf den im Vergleich zur Zahlungsunfähigkeit – weniger augenfälligen und ggf. früher ansetzenden Insolvenzgrund der Überschuldung einen konkreten Überblick über die Vermögensverhältnisse zu verschaffen (vgl. BGH, Urt. v. 06.06.1994 – II ZR 292/91; NJW 1994, 2220). Weiterhin sind ggf. eine Gesellschafterversammlung gem. § 49 Abs. 3 GmbHG wegen hälftigen Stammkapitalverlustes bzw. Ausweis eines nicht durch Eigenkapital gedeckten Fehlbetrages nach § 269 Abs. 3 HGB einzuberufen sowie Sanierungsmöglichkeiten zu prüfen und mit den Gesellschaftern zu erörtern (Lutter/Hommelhoff/*Kleindiek* Anh. zu § 64 Rn. 13, 14; Roth/Altmeppen/*Altmeppen* Vorb. § 64 Rn. 35, 40). Die entsprechende Beobachtungspflicht besteht – ungeachtet einer Ressortverteilung – für jeden der Geschäftsführer einzeln (Lutter/Hommelhoff/*Kleindiek* § 64 Rn. 14 f.). Im Übrigen dürfte für Steuerberater/Wirtschaftsprüfer, unabhängig vom erteilten Auftrag, eine allgemeine, anlassbezogene Vertragspflicht bestehen, ungefragt auf offenkundige Gefahren hinzuweisen, die erkannt wurden oder bei ordnungsgemäßer Auftragsdurchführung hätten erkannt werden können. So ist z. B. anlässlich einer aus dem vom Berater erstellten Jahresabschluss ersichtlichen bilanziellen Überschuldung die Prüfung insolvenzrechtlicher Überschuldungstatbestände zu empfehlen, bzw. auf eine eventuelle Insolvenzantragspflicht hinzuweisen (vgl. *Gräfe* DStR 2010, 618, 621 f., 669 ff.; OLG Schleswig, Urt. v. 02.09.2011 – 17 U 14/11; NZG 2012, 307; OLG Celle, Urt. v. 06.04.2011 – 3 U 190/10; DStR 2012, 539, 540). Drittschutz zugunsten des Geschäftsführers dürfte der Steuerberatungsvertrag mit der GmbH grundsätzlich wohl nicht zeitigen (OLG Schleswig, Urt. v. 02.09.2011 – 17 U 14/11; NZG 2012, 307, 308; OLG Köln, Urt. v. 23.02.2012 – 8 U 45/11; NZG 2012, 504, 505 f.); Rechtsprechung des BGH in diesem Zusammenhang ist indes noch nicht ergangen (vgl. Gräfe DStR 2010, 669 ff.; beim USt-Mandat hat der BGH demgegenüber Drittschutz bejaht, BGH, Urt. v. 25.01.2011 – XI ZR 195/08; NZG 2011, 1348).

4 Bei Geschäftsführerlosigkeit besteht nach Maßgabe von § 15 Abs. 3 und 4 InsO auch für die Gesellschafter Anlass, nachzuforschen, wie es um die Vermögensverhältnisse der Gesellschaft steht, wobei der kleinbeteiligte Gesellschafter (10 %) naturgemäß weniger oder keinen Anlass zu der-

artigen Nachforschungen hat (vgl. Begr. RegE MoMiG, BT-Drucks. 16/6140, S. 55). Allerdings ist zweifelhaft, ob sich Minderheitsgesellschafter angesichts dieser unverbindlichen Äußerung des Gesetzgebers, die im Gesetzeswortlaut keinen Niederschlag gefunden hat, in Sicherheit wiegen können (vgl. *Römermann* GmbHR 2008, Sonderheft Oktober, S. 62, 70). Ein Kleinbeteiligungsprivileg begründet das Gesetz gerade nicht (Roth/Altmeppen/*Altmeppen* Vorb. § 64 Rn. 63). Erfasst von den Pflichten bei Geschäftsführerlosigkeit ist auch der Erbe des Alleingesellschafter-Geschäftsführers (Roth/Altmeppen/*Altmeppen* Vorb. § 64 Rn. 62).

Nach der früher h. M. bestand eine **Insolvenzantragspflicht** erst ab Kenntnis von Zahlungsunfähigkeit oder Überschuldung (BGH, Urt. v. 09.07.1979 – II ZR 118/77; BGHZ 75, 96) bzw. einem Sich-der-Kenntnisnahme-Verschließen bzw. einer böswilligen Unkenntnis der Insolvenzantragspflicht (Roth/Altmeppen/*Altmeppen* Vorb. § 64 Rn. 71; BGH, Urt. v. 06.06.1994 – II ZR 292/91; BGHZ 126, 181, 199; für AG: OLG Frankfurt am Main, Urt. v. 18.08.2004 – 23 U 170/03; NZG 2004, 1157, 1159; zum Insolvenzantrag vgl. auch Kap. 3 Rdn. 21 ff.). Beachtliche Tendenzen im Schrifttum und die neuere Rechtsprechung gehen aber im Hinblick auf das öffentliche Interesse an rechtzeitiger Insolvenzantragsstellung dahin, bereits bei evident vorliegender bzw. objektiv zutage tretender Insolvenzreife und unabhängig von entsprechender Kenntnis des Geschäftsführers eine Insolvenzantragspflicht anzunehmen (BGH, Urt. v. 29.11.1999 – II ZR 273/98; NJW 2000, 668; Lutter/Hommelhoff/*Kleindiek* Anh. zu § 64 Rn. 51; Scholz/*K. Schmidt* § 64 Rn. 33 Rowedder/Schmidt-Leithoff/*Schmidt-Leithoff/Baumert* Vor § 64 Rn. 75). Selbst die früher h. M. verlagert, spätestens im Rahmen der auch bei Fahrlässigkeit eingreifenden Insolvenzverschleppungshaftung gem. § 823 Abs. 2 BGB, § 15a Abs. 1 InsO, den Anknüpfungspunkt der Haftung weg von der Erlangung positiver Kenntnis hin zur fahrlässigen Verkennung der Insolvenzreife und der wegen fehlenden Sanierungsaussichten bestehenden Pflicht zur unverzüglichen Insolvenzantragsstellung (BGH, Urt. v. 09.07.1979 – II ZR 118/77; BGHZ 75, 96; BGH, Urt. v. 06.06.1994 – II ZR 292/91; 126, 181). Damit wird de facto die nicht hinreichende Beobachtung der wirtschaftlichen Lage und damit eine Beobachtungspflicht konstituiert und sanktioniert (Achilles/Ensthaler/Schmidt/*Ensthaler/Zech* § 64 Rn. 14 f.). Hinsichtlich der Insolvenzantragspflicht der Gesellschafter im Fall der **Führungslosigkeit** (§ 15 Abs. 3 und 4 InsO) führt die Begründung zum RegE MoMiG, BT-Drucks. 16/6140, S. 55, aus, dass der Gesellschafter zur Haftungsvermeidung darlegen und beweisen muss, dass er die Umstände, die auf die Zahlungsunfähigkeit, die Überschuldung und die Führungslosigkeit schließen lassen, nicht kannte. Nach der Formulierung (»es sei denn«) wird für den Fall der Geschäftsführerlosigkeit vermutet, dass der Gesellschafter sowohl den Insolvenzgrund als auch die Führungslosigkeit kannte. Grundsätzlich ist positive Kenntnis erforderlich, es soll aber auch bereits – parallel zur Diskussion in Bezug auf Geschäftsführer – das bewusste Verschließen vor der Kenntnis reichen (Begr. zum RefE MoMiG, S. 63; Begr. zum RegE MoMiG, S. 66), manche lassen auch das Kennenmüssen genügen (*Konu/Topoglu/Caclagno* NZI 2010, 244).

Geschäftsführer (und in bestimmten Fällen, bis wieder ein Geschäftsführer bestellt ist, auch Gesellschafter) stehen damit in einem Konfliktfeld, einerseits zur Vermeidung einer **Haftung** nach § 43 GmbHG nicht verfrüht Insolvenzantrag zu stellen (sondern die Drei-Wochen-Frist gem. § 15a Abs. 1 InsO für aussichtsreiche Sanierungsversuche zu nutzen), andererseits wegen ansonsten drohender Insolvenzverschleppungshaftung oder der Haftung wegen Masseschmälerung sowie Insolvenzverursachungshaftung (§ 64 GmbHG) einen solchen Antrag auch nicht verspätet zu stellen (vgl. zu den unterschiedlichen Haftungsgrundlagen bzw. deren Abgrenzung auch Rdn. 24). Zulasten der Geschäftsführer wirkt sich zudem aus, dass – wie skizziert – ihr Pflichtenkreis bzw. die Sanktionen nicht abschließend geklärt sind. Zur Vermeidung persönlicher Haftung sollte der Geschäftsführer (und ggf. der Gesellschafter) in der Krise sich daher intensiv fachkundig beraten lassen (Lutter/Hommelhoff/*Kleindiek* Anh. zu § 64 Rn. 71).

§ 64 Satz 1 und Satz 2 GmbHG sieht hinsichtlich Zahlungen nach Eintritt der Zahlungsunfähigkeit oder nach Feststellung der Überschuldung – zur Vermeidung eines »Gläubigerwettlaufs« – ein Zahlungsverbot nebst Innenhaftung der Geschäftsführer gegenüber der Gesellschaft wegen Masseschmälerung vor. § 64 Satz 3 GmbH bewirkt eine (Innen-)Haftung für Zahlungen an Gesellschafter, die zur Zahlungsunfähigkeit führen, womit das Zahlungsverbot (bzw. die korrespondierende Haftung) bereits vor den Zeitpunkt der materiellen Insolvenzreife vorverlegt wird. Die Verletzung von § 15a Abs. 1 InsO durch die Geschäftsführer wird nach h. M. demgegenüber auch in Form einer als Außenhaftung angelegten Haftung aus Insolvenzverschleppung gem. § 823 Abs. 2 BGB i. V. m. § 15a Abs. 1 InsO zivilrechtlich sanktioniert, sodass es doch zu einem »Gläubigerwettlauf« kommen kann (a. A. Roth/Altmeppen/*Altmeppen*: Organhaftung auf Verlustausgleich auf Basis einer Innenhaftung gem. § 64 Satz 1 GmbHG § 93 Abs. 3 Nr. 6 AktG § 130 Abs. 2 HGB).

B. Insolvenzantragspflicht

I. Verpflichtete

8   Bei Vorliegen von Zahlungsunfähigkeit oder Überschuldung (sog. **Insolvenzreife**), also in Übereinstimmung mit den Eröffnungsgründen des Insolvenzverfahrens gem. §§ 16 ff. InsO (vgl. zu den Eröffnungsgründen ausführl. Kap. 3 Rdn. 33 ff.), hat jeder der Geschäftsführer (bzw. Liquidator) und unabhängig von der Ressortverteilung (BGH, Urt. v. 01.03.1993 – II ZR 61/92, dann II ZR 81/94; NJW 1994, 2149; vgl. zur Ressortverteilung unter mehreren Geschäftsführern § 35 GmbHG Rdn. 39) nach § 15a Abs. 1 Satz 1 InsO ohne schuldhaftes Zögern Insolvenzantrag zu stellen. Dementsprechend ist gem. § 15 InsO auch jeder einzelne Geschäftsführer – bzw. im Fall der Führungslosigkeit im Sinne von § 35 Abs. 1 Satz 2 GmbHG: Gesellschafter – antragsberechtigt und -verpflichtet. Bei der GmbH sind, anders als bei der AG und der Genossenschaft, Aufsichtsräte im Fall der Führungslosigkeit nicht zur Stellung eines Insolvenzantrages bei Vorliegen von dessen Voraussetzungen verpflichtet. Dies gilt sowohl für Mitglieder eines fakultativen Aufsichtsrates gem. § 52 GmbH als auch für Mitglieder von Aufsichtsräten, die nach zwingenden gesetzlichen Bestimmungen, also z. B. Mitbestimmungsgesetz und Drittelmitbestimmungsgesetz zu bilden sind (vgl. *Blöse* GmbHR 2008, Sonderheft Oktober, S. 71, 77; a. A. für § 31 Abs. 1 MitbestG: *Poertzgen* ZInsO 2007, 574, 577). Vom MoMiG unberührt bleibt die bisherige Rechtsprechung des BGH zum faktischen Geschäftsführer (Begr. RegE MoMiG, BT-Drucks. 16/6140, S. 56). Wer als sog. faktischer Geschäftsführer – infolge fehlerhafter Bestellung oder ohne Bestellungsakt (vgl. § 6 GmbHG Rdn. 8) – mit Einverständnis der Gesellschafter die Geschäftsführung faktisch ausübt, ist ebenso gem. § 15a Abs. 1 InsO verpflichtet (BGH, Urt. v. 21.03.1988 – II ZR 194/87; NJW 1988, 1789). Hiervon zu unterscheiden ist die bloß **drohende Zahlungsunfähigkeit** i. S. v. § 18 InsO, wenn also die Gesellschaft voraussichtlich nicht in der Lage sein wird, die bestehenden Zahlungspflichten im Zeitpunkt der Fälligkeit zu erfüllen. Die drohende Zahlungsunfähigkeit begründet ein Insolvenzantragsrecht nach § 18 Abs. 1 und 3 InsO, aber keine Pflicht zur Stellung eines Insolvenzantrages und folglich auch keine Haftung (Lutter/Hommelhoff/*Kleindiek* Anh. zu § 64 Rn. 6; zur drohenden Zahlungsunfähigkeit auch Kap. 3 Rdn. 40 f.). Gem. § 18 Abs. 3 InsO kommt es bei der Antragsstellung wegen drohender Zahlungsunfähigkeit auf die Vertretungsberechtigung an, d. h. nicht jeder Geschäftsführer ist einzeln berechtigt, sondern nur Geschäftsführer in vertretungsberechtigter Anzahl. Im Innenverhältnis bedarf es zur Antragstellung wegen bloß drohender Zahlungsunfähigkeit jedoch – da die Eröffnung des Insolvenzverfahrens gem. § 60 Abs. 1 Nr. 4 GmbHG zur Gesellschaftsauflösung führt – der Zustimmung der Gesellschafterversammlung mit der für einen Auflösungsbeschluss gem. § 60 Abs. 1 Nr. 2 GmbHG erforderlichen Mehrheit (Baumbach/Hueck/*Haas* § 60 Rn. 29; Lutter/Hommelhoff/*Kleindiek* Anh. zu § 64 Rn. 6).

II. Antragsgründe

1. Zahlungsunfähigkeit

a) Voraussetzungen nach § 17 Abs. 2 InsO

9   Gem. § 17 Abs. 2 Satz 1 InsO besteht Zahlungsunfähigkeit, wenn eine Gesellschaft außerstande ist, ihre im Sinne von § 271 BGB fälligen Geldverbindlichkeiten zu begleichen. Voraussetzung ist, dass der Gläubiger der Gesellschaft ernsthaft die Zahlung eingefordert hat, wobei das Übersenden einer Rechnung allerdings genügt (BGH, Beschl. v. 19.07.2007 – IX ZB 36/07; BGHZ 173, 286;

BGH, Urt. v. 14.02.2008 – IX ZR 38/04; NJW-RR 2008, 870, 872). Zahlungsunfähigkeit ist gem. § 17 Abs. 2 Satz 2 InsO in der Regel dann anzunehmen, wenn die Gesellschaft ihre Zahlungen eingestellt hat. Bei **Zahlungseinstellung**, d. h. äußerlichem Verhalten des Schuldners, bei dem sich für die beteiligten Verkehrskreise der berechtigte Eindruck aufdrängt, der Schuldner sei nicht in der Lage, seine fälligen und eingeforderten Zahlungsverpflichtungen zu erfüllen (BGH, Urt. v. 20.12.2007 – IX ZR 93/06; NZI 2008, 231, Tz. 21; BGH, Urt. v. 30.06.2011 – IX ZR 134/10; NZI 2011, 589 Tz. 12), obliegt es der Gesellschaft, die Vermutung der Zahlungsunfähigkeit zu widerlegen. Eine Zahlungseinstellung kann aus einem einzelnen, aber auch aus einer Gesamtschau mehrerer darauf hindeutender, in der Rpsr. entwickelter Indizien gefolgert werden; sind derartige Indizien vorhanden, bedarf es zunächst keiner darüber hinausgehenden Darlegung und Feststellung der genauen Höhe der gegen die Gesellschaft bestehenden Verbindlichkeiten oder gar einer Unterdeckung von mindestens 10 % (BGH, Beschl. v. 13.06.2006 – IX ZB 238/05; NJW-RR 2006, 1422 Tz. 6; BGH, Urt. v. 30.06.2011 – IX ZR 134/10; NJW-RR 2011, 1413 Tz. 13). Allerdings kann die Vermutung widerlegt werden, indem z. B. nachgewiesen wird, dass eine Liquiditätsbilanz im maßgeblichen Zeitraum eine Deckungslücke von weniger als 10 % ausweist (BGH, Urt. v. 30.06.2011 – IX ZR 134/10; NJW 2011, 1413 Tz. 20), s. auch Rdn. 11. Wichtige Indizien für eingetretene oder unmittelbar bevorstehende Zahlungsunfähigkeit sind Rückstände bei den Sozialversicherungsträgern (BGH, Urt. v. 06.02.2002 – VIII ZR 185/00; BB 2002, 903, 904), z. B. Nichtabführen von Sozialversicherungsbeiträgen über ein halbes Jahr (BGH, Beschl. v. 13.06.2006 – IX ZB 238/05; NJW-RR 2006, 1422), Steuer- und Gehaltsrückstände (BGH, Urt. v. 14.02.2008 – IX ZR 38/04; NJW-RR 2008, 870) oder die ausschließliche Begleichung von Neuschulden (OLG Hamburg, Beschl. v. 29.12.2003 – 11 W 90/03; GmbHR 2004, 797), sich immer wieder erneuernde Forderungsrückstände infolge ständig verspäteter Begleichung von Verbindlichkeiten (»Operieren am Rande des finanzwirtschaftlichen Abgrundes«) sowie die Existenz diverser, gegen die Gesellschaft betriebener Vollstreckungsverfahren (BGH, Urt. v. 30.06.2011 – IX ZR 134/10; NZI 2011, 589 Tz. 16 f.). Hiervon zu unterscheiden ist die **bloße Zahlungsunwilligkeit**, z. B. aufgrund von Zahlungsstockungen wegen eines momentanen Liquiditätsengpasses infolge verspäteter Zahlung von Schuldnern der Gesellschaft oder deren Zahlungsunwilligkeit bei gleichzeitiger Möglichkeit zur kurzfristigen Liquiditätsbeschaffung durch Beleihung freien Gesellschaftsvermögens (s. u. Rdn. 11). Keine Zahlungsunfähigkeit liegt nach h. M. vor, wenn die Gesellschaft lediglich **Lieferverpflichtungen** nicht erfüllen kann, solange hieraus noch keine auf Geld gerichteten Schadensersatz- oder sonstige Verbindlichkeiten entstanden sind (Baumbach/Hueck/*Haas* § 64 Rn. 34; Scholz/*K. Schmidt* Vor § 64 Rn. 6 f.; a. A. Rowedder/Schmidt-Leithoff/*Schmid-Leithoff/ Baumert* Vor § 64 Rn. 90). Auch dann, wenn ein gesetzliches oder behördliches Zahlungsverbot besteht, ist die Gesellschaft nicht zahlungsunfähig (Lutter/Hommelhoff/*Kleindiek* Anh. zu § 64 Rn. 12). Forderungen, die ursprünglich ernsthaft eingefordert waren, sind dann nicht mehr zu berücksichtigen, wenn zwischenzeitlich ein Stillhalteabkommen – das keine Stundungsabrede enthalten muss – mit dem Gläubiger geschlossen wurde (BGH, Urt. v. 20.12.2007 – IX ZR 93/06; DB 2008, 696, 697; BGH, Beschl. v. 19.07.2007 – IX ZB 36/07; BGHZ 173, 286). Andererseits sind »erzwungene Stundungen« auch dann zu berücksichtigen, wenn der Schuldner – im Sinne des Erfordernisses des »ernsthaften Einforderns« – den Schuldner zur Zahlung aufgefordert hat, dann aber, z. B. wegen Aussichtslosigkeit oder Rücksichtnahme, nicht den sofortigen Zusammenbruch des Schuldners verantworten zu wollen, weitere Bemühungen einstellt, ohne sein Einverständnis mit einer einstweiligen Nichterfüllung der Verbindlichkeiten zum Ausdruck zu bringen; im Übrigen ist bei der Annahme, der Gläubiger habe stillschweigend in eine spätere oder nachrangige Befriedigung seiner Forderung eingewilligt, Zurückhaltung geboten (BGH, Urt. v. 14.02.2008 – IX ZR 38/04; NJW-RR 2008, 870, 872).

b) Berücksichtigung von Forderungen der Gesellschafter

Zu den bei der Prüfung der Zahlungsunfähigkeit zu berücksichtigenden fälligen Geldverbindlichkeiten zählen grundsätzlich auch Forderungen der Gesellschafter gegenüber der Gesellschaft. Dies galt bis zum Inkrafttreten des MoMiG nach wohl h. M. insoweit nicht, als Gesellschafterforderungen

10

als eigenkapitalersetzende Darlehen zu behandeln waren und daher einem Auszahlungsverbot gem. oder analog § 30 GmbHG unterlagen, bzw. die Geltendmachung gem. § 32a GmbHG ausgeschlossen war (str., vgl. MünchHdb GesR III/*Marsch-Barner/Diekmann* § 45 Rn. 57; Scholz/*K. Schmidt/ Bitter* Vor § 64 Rn. 7; Baumbach/Hueck/*Haas* § 64 Rn. 34a). Nach a. A. waren Forderungen der Gesellschafter nur dann nicht zu berücksichtigen, wenn ein qualifizierter Rangrücktritt (s. Rdn. 20) erklärt war (Roth/Altmeppen/*Altmeppen*, 5. Aufl. § 64 Rn. 10). Seit Inkrafttreten des MoMiG dürfen Geschäftsführer Zahlungen nicht mehr vornehmen, soweit diese zur Zahlungsunfähigkeit der Gesellschaft führen müssen (§ 64 Satz 3 GmbHG). Da also zur Zahlungsunfähigkeit führende Leistungen, auch auf Gesellschafterdarlehen, von vornherein zu unterbleiben (vgl. *Gehrlein* BB 2009, 846, 849) haben, dürfen Gesellschafterverbindlichkeiten letztlich nicht mehr zur Zahlungsunfähigkeit führen (*Wicke* GmbHG § 64 Rn. 3; *Dahl/Schmitz* NZG 2009, 567, 569). Dies ist konsistent mit der Regelung in Tz. 35 des IDW Prüfungsstandards »Beurteilung eingetretener oder drohender Zahlungsunfähigkeit bei Unternehmen« (IDW PS 800), wonach Verbindlichkeiten, die aufgrund gesetzlicher Vorschriften nicht erfüllt werden dürfen, im Liquiditätsstatus nicht in Ansatz zu bringen sind (vgl. auch FAS IDW, ZIP 2009, 201, 205). Soweit – ausnahmsweise – § 64 Satz 3 GmbH nicht entgegensteht, sollen fällige Zahlungspflichten gegenüber Gesellschaftern zu berücksichtigen sein (Scholz/*K. Schmidt/Bitter* Vorb. § 64 Rn. 7). Andere halten die Nichtpassivierung von Gesellschafterforderungen im Liquiditätsstatus für abwegig und sind der Auffassung, dass fällige Forderungen der Gesellschafter, solange es kein Stillhalteabkommen mit dem Gesellschafter gibt, zu berücksichtigen sind (Roth/Altmeppen/*Altmeppen* Vorb. § 64 Rn. 23). Jedenfalls nicht zu berücksichtigen sind Forderungen, hinsichtlich derer auch schon für die Zeit vor Insolvenzeröffnung ein Rangrücktritt i. S. v. § 19 Abs. 2 Satz 2 InsO vereinbart ist (Lutter/Hommelhoff/*Kleindiek* Anh. zu § 64 Rn. 10). Derartige Rangrücktritte werden in der Praxis schon mit Blick auf den zweiten Antragsgrund der Überschuldung angezeigt sein (s. u. Rdn. 16).

c) **Relevanter Zeitpunkt**

11 Streitig ist, ab welchem **Zeitpunkt** Zahlungsunfähigkeit vorliegt und sich z. B. eine kurzfristige Zahlungsstockung infolge nicht rechtzeitigen Eingangs fälliger Forderungen (s. Rdn. 9) zur Zahlungsunfähigkeit entwickelt hat. Die Fragestellung ist relevant, wenn es nicht zu einer nach außen offenbarten Zahlungseinstellung kommt. In solchen Fällen bedarf es einer Liquiditätsbilanz, die sich nicht in einem stichtagsbezogenen Liquiditätsstatus erschöpft. In diese sind die zum Stichtag fälligen und ernsthaft eingeforderten Verbindlichkeiten den aktuell verfügbaren liquiden Mitteln und den kurzfristig (innerhalb von 3 Wochen) verwertbaren Vermögensbestandteilen gegenüberzustellen (BGH, Beschl. v. 19.07.2007 – IX ZB 36/07; BGHZ 173, 286 Tz. 30). Der BGH und die mittlerweile wohl herrschende Meinung nehmen Zahlungsunfähigkeit bei einer Liquiditätslücke von mindestens 10 % der fälligen Verbindlichkeiten über einen Zeitraum von 3 Wochen an, soweit nicht ausnahmsweise mit an Sicherheit grenzender Wahrscheinlichkeit zu erwarten ist, dass die Deckungslücke demnächst vollständig oder fast vollständig beseitigt wird, und den Gesellschaftsgläubigern ein Zuwarten nach den besonderen Umständen des Einzelfalls zuzumuten ist (BGH, Urt. v. 24.05.2005 – IX ZR 123/04; NJW 2005, 3062, 3065 f., BGH, Beschl. v. 27.07.2006 – IX ZB 204/04; NJW 2006, 3553, 3554 f. Tz. 16; BGH, Urt. v. 08.12.2005 – IX ZR 182/01; NJW 2006, 1348, 1350 f. Tz. 25; Lutter/Hommelhoff/*Kleindiek* GmbHG Anh. zu § 64 Rn. 9 f.; Roth/ Altmeppen/*Altmeppen* Vorb. § 64 Rn. 18 f.; *K. Schmidt/Uhlenbruck* GmbH in Krise, Sanierung und Insolvenz Rn. 5.18; vgl. auch Kap. 3 Rdn. 35). Wiederherstellung der Liquidität und Zahlungswiederaufnahme beseitigen die Zahlungsunfähigkeit (Baumbach/Hueck/*Haas* § 64 Rn. 40; Lutter/ Hommelhoff/*Kleindiek* Anh. zu § 64 Rn. 12).

2. Überschuldung

12 Hinsichtlich des Überschuldungsbegriffs ist zu unterscheiden zwischen der früheren Fassung von § 19 Abs. 2 InsO (1999), teilweise auch »einstufiger Überschuldungsbegriff« (Roth/Altmeppen/ *Altmeppen* Vor § 64 Rn. 33; Baumbach/Hopt/*Roth* § 130a Rn. 3), »exekutorischer Überschuldungsbegriff« (*Ahrendt/Plischkauer* NJW 2009, 964) oder »herkömmlicher zweistufiger Überschuldungs-

begriff« (Spindler/Stilz/*Fleischer* § 92 Rn. 56; Lutter/Hommelhoff/*Kleindiek* § 64 Rn. 18) genannt, und § 19 Abs. 2 InsO in der Fassung seit Finanzmarktstabilisierungsgesetz. Die ursprüngliche Befristung der Fassung seit Finanzmarktstabilisierungsgesetz vom 18.10.2008 bis 31.11.2010 ist, nach einer zwischenzeitlichen Verlängerung bis 31.12.2013, aufgrund des vom Bundestag am 09.11.2012 beschlossenen Gesetzes zur Einführung einer Rechtsbehelfsbelehrung im Zivilprozess und zur Änderung anderer Vorschriften (BGBl 2012, 2424) gänzlich entfallen. Mithin gilt bis auf Weiteres der sog. **zweistufige (modifizierte) Überschuldungsbegriff**.

a) Voraussetzungen nach § 19 Abs. 2 InsO

Gem. § 19 Abs. 2 Satz 1 Halbs. 1 InsO liegt (vorbehaltlich einer positiven Fortführungsprognose gem. § 19 Abs. 2 Satz 1 Halbs. 2 InsO) Überschuldung vor, wenn das Aktivvermögen der Gesellschaft nicht mehr die bestehenden Verbindlichkeiten deckt, wobei bilanziell unter Verbindlichkeiten das Fremdkapital verstanden wird: Übersteigt das Fremdkapital das Aktivvermögen, ist der entsprechende Saldo in der Handelsbilanz gem. § 268 Abs. 3 HGB auf der Aktivseite gesondert unter der Bezeichnung »nicht durch Eigenkapital gedeckter Fehlbetrag« auszuweisen.   13

Der (mittlerweile bis auf Weiteres festgeschriebene) sog. (zweistufige) modifizierte Überschuldungsbegriff des Finanzmarktstabilisierungsgesetzes knüpft zunächst an das Ergebnis einer solchen **rechnerischen Überschuldung** rechnerischen Überschuldung an. Gleichwohl liegt gem. § 19 Abs. 2 Satz 1 Halbs. 2 InsO keine Überschuldung vor, wenn die Fortführung des Unternehmens nach den Umständen überwiegend wahrscheinlich ist. Hintergrund dieser mit dem Finanzmarktstabilisierungsgesetz eingeführten Neuerung (mit der letztlich der modifizierte Überschuldungsbegriff der 1999 von der InsO abgelösten Konkursordnung eine Renaissance erlebte) war die Erwägung, dass die weltweite Finanzkrise des Jahres 2008 zu einem erheblichen Wertverfall des bilanzierten Aktivvermögens vieler Unternehmen und in der Folge zur – eine Insolvenzantragspflicht auslösenden – rechnerischen Überschuldung geführt hätte, auch wenn sich der »Turnaround« in wenigen Monaten abzeichnete (FMStG, BT-Drucks. 16/10600, S. 21). Im Rahmen der zunächst erfolgten Verlängerung der Geltung des modifizierten (zweistufigen) Überschuldungsbegriffs bis 31.12.2013 hatte der Bundestag um eine Evaluierung von dessen Auswirkungen gebeten, um Entscheidungsgrundlagen für eine abermalige Verlängerung oder gänzliche Entfristung zu erlangen. Die Ende 2012 schlussendlich verabschiedete Entfristung beruht auf einem entsprechenden Gutachten von Bitter/Hommerich, Zukunft des Überschuldungsbegriffs 2012.   14

Nach dem modifizierten (zweistufigen) Überschuldungsbegriff müssen rechnerische Überschuldung und negative Fortführungsprognose kumulativ gegeben sein, beide Merkmale stehen gleichberechtigt nebeneinander. So gibt die **Fortführungsprognose** (deren inhaltliche Anforderungen unverändert geblieben sind, vgl. Baumbach/Hueck/*Haas* § 64 Rn. 44) nicht lediglich, wie beim einstufigen Überschuldungsbegriff gemäß InsO 1999, Aufschluss darüber, ob statt Zerschlagungs- bzw. Liquidationswerten Fortführungswerte im Überschuldungsstatus angesetzt werden können (wobei die Darlegungs- und Beweislast für eine positive Fortführungsprognose mit der Folge einer Bewertung des Vermögens zu Fortführungswerten beim Geschäftsführer lag, BGH, Urt. v. 18.10.2010 – II ZR 151/09; NZG 2010, 1393 Tz. 13). Eine positive Fortführungsprognose schließt demgegenüber nunmehr eine Insolvenzantragspflicht wegen Überschuldung aus (Roth/Altmeppen/*Altmeppen* Vorb. § 64 Rn. 29; Lutter/Hommelhoff/*Kleindiek* Anh. zu § 64 Rn. 26). Dabei ist ein Geschäftsbetrieb, der trotz rechnerischer Überschuldung keinen Insolvenzantrag stellt, für ein positives Ergebnis der Fortführungsprognose darlegungs- und beweispflichtig. Im Rahmen der Überschuldungsprüfung wird der Geschäftsführer regelmäßig mit der Fortführungsprognose beginnen (erste Stufe). Ist das Prognoseergebnis negativ (oder lässt sich kein eindeutiges Ergebnis ableiten), kommt es auf einen Überschuldungsstatus nach Zerschlagungs- bzw. Liquidationswerten an (zweite Stufe). Sollte dieser (ausnahmsweise) positiv sein, liegt keine Überschuldung vor (Lutter/Hommelhoff/*Kleindiek*, Anh. zu § 64 Rn. 27).   15

Bei Aufstellung der Überschuldungsbilanz auf der zweiten Stufe werden die Aktivposten grundsätzlich mit **Zerschlagungs- bzw. Liquidationswerten** angesetzt. Diese sind einschlägig, wenn   16 die Gesellschaft – mangels positiver Fortführungsprognose – nicht mehr überlebensfähig ist. Bei positiver Fortführungsprognose, wenn z. B. zusätzlich die zweite Stufe »verprobt« werden soll, sind Fortführungswerte (»going concern«) anzusetzen. Führt die »Verprobung« gleichwohl zu einem negativen Ergebnis, d. h. die Gläubiger könnten nicht voll befriedigt werden, ist die Fortführungsprognose zu überprüfen (vgl. MünchHdb GesR III/*Diekmann/Marsch-Barner* § 45 Rn. 69; s. auch Kap. 3 Rdn. 44). Trotz negativer Fortführungsprognose besteht keine Insolvenzantragspflicht, wenn (was regelmäßig unwahrscheinlich ist) die (auf der zweiten Stufe) aufgestellte Überschuldungsbilanz zu Liquidationswerten die Überschuldung entfallen lässt (OLG Naumburg, Urt. v. 20.08.2003 – 5 U 67/03; GmbHR 2004, 361 f.). Umgekehrt besteht unter dem (zweistufigen) modifizierten Überschuldungstatbestand bei positiver Fortführungsprognose grundsätzlich keine Notwendigkeit der Aufstellung einer Überschuldungsbilanz (Scholz/*K. Schmidt/Bitter* Vor § 64 Rn. 31).

b) Fortführungsprognose

17 Eine positive Fortführungs- bzw. Fortbestehensprognose setzt voraus, dass die Gesellschaft davon ausgehen kann, dass sie trotz derzeitiger Krise über die erforderliche Liquidität verfügen wird, um einen Einnahmenüberschuss zu erzielen, aus dem die gegenwärtigen und künftigen Verbindlichkeiten auch mittelfristig (nach h. M. 2 Jahre bzw. bis zum Ende des folgenden Geschäftsjahres, Lutter/Hommelhoff/*Kleindiek*, Anh. zu § 64 Rn. 28; Baumbach/Hueck/*Haas* § 64 Rn. 46b) im Sinne einer überwiegenden Wahrscheinlichkeit gedeckt sein werden (§ 19 Abs. 2 Satz 1 Halbs. 2). Um dies zu belegen, ist seitens der Geschäftsführung ein dokumentierter **Finanzplan** mit Zahlungsfähigkeitsprognose aufzustellen; eine Ertragsfähigkeitsprognose ist entbehrlich, da aus Gläubigersicht unerheblich ist, worauf sich die Zahlungsfähigkeit der Gesellschaft gründet und das Ziel der Fortführungsprognose nicht die Ertragsfähigkeit bzw. Gewinnerzielung oder risikoadäquate Eigenkapitalverzinsung ist (Baumbach/Hueck/*Haas* § 64 Rn. 46a). Die Aufstellung eines solchen Finanzplans setzt eine intensive Prüfung von Budgetierung, Umsatz, Ertrag und Liquidität voraus. Hierbei sollten die Geschäftsführer möglichst sachverständigen Rat einholen (Lutter/Hommelhoff/*Kleindiek* Anh. zu § 64 Rn. 28). Im Rahmen der Insolvenzverschleppungshaftung hat zwar der Gläubiger das Vorliegen der Insolvenzreife, insbesondere rechnerische Überschuldung, darzulegen und zu beweisen, wobei ggf. die Grundsätze der Beweisvereitelung dem Gläubiger zugutekommen, wenn der Geschäftsführer seine Pflicht zur Führung und Aufbewahrung von Büchern und Belegen verletzt hat (BGH, Urt. v. 12.03.2007 – II ZR 315/05; NJW 2007, 3130 Tz. 14). Sodann obliegt es dem Geschäftsführer, eine positive Fortführungsprognose darzutun und ggf. zu beweisen (Achilles/Ensthaler/Schmidt/*Ensthaler/Zech* § 64 Rn. 10; Roth/Altmeppen/*Altmeppen* Vorb. § 64 Rn. 37 ff.),

c) Erstellung einer Überschuldungsbilanz

18 Bei Erstellung der Überschuldungsbilanz bzw. des Überschuldungsstatus' hat die Handelsbilanz nur indizielle Bedeutung (BGH, Urt. v. 12.03.2007 – II ZR 315/05; NJW 2007, 3130, 3131; BGH, Beschl. v. 05.11.2007 – II ZR 262/06; NJW-RR 2008, 495, 496; Hinweisbeschl. v. 15.10.2007 – II ZR 236/06; NZG 2008, 148, 149; BGH, Urt. v. 07.03.2005 – II ZR 138/03; NJW-RR 2005, 766, 767). Neben den in Rdn. 16 skizzierten Weichenstellungen betreffend des Ansatzes von Fortführungswerten bzw. Liquidations-/Zerschlagungswerten bestehen u. a. folgende Besonderheiten:

aa) Aktivseite

19 Auf der Aktivseite anzusetzen sind alle Vermögenswerte, die im Fall der Insolvenzeröffnung zu den **verwertbaren Bestandteilen der Masse** gehören würden (BGH, Urt. v. 13.07.1992 – II ZR 269/91; BGHZ 119, 214), soweit sie vollwertig und liquide sind (vgl. auch Kap. 3 Rdn. 47). Anzusetzen sind auch – in Durchbrechung von § 248 Abs. 2 HGB – unentgeltlich erworbene Vermögenswerte im Fall ihrer Verwertbarkeit (BGH, Urt. v. 13.07.1992 – II ZR 269/91; BGHZ 119, 214) sowie der Firmenwert (allerdings nur, wenn mit einer Veräußerung zumindest eines Teils des Geschäftsbetriebs zusammen mit der Firma durch den Insolvenzverwalter zu rechnen ist, vgl. OLG Celle, Urt. v. 05.12.2001 – 9 U 204/01; NZG 2002, 730). **Ansprüche gegenüber Gesellschaftern** (auf

rückständige Einlagen, Nachschüsse, Erstattung verbotener Rückzahlungen) **und Geschäftsführern** (Schadensersatzansprüche gegen Geschäftsführer, soweit nicht hierauf verzichtet wurde; vgl. MünchHdb GesR III//*Diekmann/Marsch-Barner* § 45 Rn. 62) sowie Verlustausgleichspflichten einer Obergesellschaft gem. § 302 AktG (Lutter/Hommelhoff/*Kleindiek* Anh. zu § 64 Rn. 31) sind ebenfalls anzusetzen. Gleiches gilt für Patronatserklärungen Dritter, wenn sie nicht nur zugunsten bestimmter, sondern aller Gläubiger der Gesellschaft wirken (Lutter/Hommelhoff/*Kleindiek* § 61 Rn. 2). **Nicht anzusetzen** sind eigene Geschäftsanteile (str.; Lutter/Hommelhoff/*Kleindiek* Anh. zu § 64 Rn. 31; a.A. Baumbach/Hueck/*Haas* § 64 Rn. 51), Bürgschaften und Aufwendungen für die Ingangsetzung des Geschäftsbetriebes (Lutter/Hommelhoff/*Kleindiek* Anh. zu § 64 Rn. 31). Stille Reserven sind, soweit in der Insolvenz realisierbar, mit dem Ansatz von Zerschlagungswerten aufzudecken (*Thümmel* BB 2002, 1105).

bb) Passivseite

Auf der Passivseite anzusetzen sind – ohne Bindung an die Passivierungsregeln für die Jahresbilanz – **Verbindlichkeiten**, soweit sie in der Insolvenz geltend gemacht werden können (h. M., vgl. z. B. Lutter/Hommelhoff/*Kleindiek* Anh. zu § 64 Rn. 32). **Nicht anzusetzen** sind das Stammkapital nebst freien Rücklagen (Scholz/*K. Schmidt/Bitter* Vor § 64 Rn. 42) und Forderungen, die aufschiebend bedingt für den Fall der Insolvenz erlassen wurden; hierunter fallen z. B. Gesellschafterforderungen, die mit qualifiziertem Rangrücktritt (Erklärung des Gesellschafters, wonach er wegen der Forderungen »erst nach Befriedigung sämtlicher Gesellschaftsgläubiger und – bis zur Abwendung der Krise – auch nicht vor, sondern nur zugleich mit den Einlagenrückgewähransprüchen seiner Mitgesellschafter berücksichtigt« wird, vgl. BGH, Urt. v. 08.01.2001 – II ZR 88/99; NJW 2001, 1280) oder mit einem aufschiebend bedingten Erlass versehen sind. **Gesellschafterdarlehen** sind in der Überschuldungsbilanz zu berücksichtigen, außer es wurde gem. § 19 Abs. 2 Satz 2 InsO nach Maßgabe der Regeln zum »qualifizierten Rangrücktritt« ausdrücklich ein Nachrang vereinbart. Der bloße Umstand der generellen Nachrangigkeit von Gesellschafterforderungen in der Insolvenz gem. § 39 Abs. 1 Nr. 5 InsO reicht demgegenüber für eine Nichtberücksichtigung ebenso wenig wie eine Nachrangvereinbarung für den bloßen Fall der Insolvenz, anders als der Wortlaut von § 19 Abs. 2 Satz 2 InsO vermuten lassen würde. Vielmehr wollte der Gesetzgeber die bewährte Warnfunktion der bisherigen Praxis qualifizierter Rangrücktritt, auch hinsichtlich deren zeitlicher Reichweite, beibehalten, um einer unkontrollierbaren Zunahme masseloser Verfahren entgegen zu wirken (vgl. Beschlussempfehlung und Bericht des Rechtsausschusses vom 24.06.2008 zum MoMiG, BT-Drucks. 16/9737, S. 105). Daher ist für eine Nichtberücksichtigung erforderlich, dass explizit ein Nachrang für den Insolvenzfall, auch hinter solche Gesellschafter-Kreditgeber, die keine Rangrücktrittserklärung abgegeben haben (§ 39 Abs. 1 Nr. 5 InsO), vereinbart wird, und sich der Gesellschafter darüber hinaus generell verpflichtet, die Forderung (vor Insolvenzeröffnung) nicht geltend zu machen. Lediglich die vom BGH bei Entwicklung der Regeln zum qualifizierten Rücktritt (BGH, Urt. v. 08.01.2001 – II ZR 88/99; NJW 2001, 1280, 1281) weiter aufgestellte Anforderung, dass die Rangrücktrittserklärung die Gesellschafterleistung mit statuarischem Eigenkapital gleich stellt (d.h. Rücktritt in den Rang des § 199 Satz 2 InsO), hat sich erübrigt (vgl. Beschlussempfehlung und Bericht des Rechtsausschusses vom 24.06.2008 zum MoMiG, BT-Drucks. 16/9737, S. 105). Erfolgt trotz des Rangrücktritts eine Rückzahlung, so gelten die Anfechtungstatbestände der §§ 44a, 135 Abs. 1 und 2 InsO bzw. der § 6 Abs. 1, § 6a AnfG.

Rückstellungen sind nur insoweit zu passivieren, als sie Risiken betreffen, die sich auch unter Annahme der Insolvenz verwirklichen können (Lutter/Hommelhoff/*Kleindiek* Anh. zu § 64 Rn. 33); nicht passivierungspflichtig sind daher Aufwandsrückstellungen oder allgemeine Garantierisiken. Gleiches gilt nach mittlerweile h. M. für die Kosten des etwaigen Insolvenzverfahrens selbst (Lutter/Hommelhoff/*Kleindiek* Anh. zu § 64 Rn. 33; Scholz/*K. Schmidt/Bitter* Vor § 64 Rn. 49). Zu passivieren sind hingegen Rückstellungen für ungewisse Verbindlichkeiten (BGH, Urt. v. 22.09.2003 – II ZR 229/02; NJW 2003, 3629, 3632), wenn z. B. ein Sachverständiger im Gewährleistungsprozess Mängel – wenn auch teilweise – bestätigt hat (OLG Naumburg, Urt. v. 24.11.2006 – 10 U 50/06; DStR 2007, 1220), Kosten für im Rahmen der Abwicklung entstehende Lasten, wie etwa Sozialplanverbindlichkeiten (str. a. A. OLG Celle, Urt. v. 05.12 2001 – 9 U 204/01; NZG 2002, 730, 731), sowie Betriebsrentenansprüche und unverfallbare Versorgungsanwartschaften – unabhängig von der Einstandspflicht des Pensionssicherungsvereins (Lutter/Hommelhoff/*Kleindiek* Anh. zu § 64 Rn. 34). Aufgrund des Stichtagsprinzips sind noch nicht fällige Verbindlichkeiten aus Zug um Zug zu erfüllenden Dauerschuldverhältnissen (z. B. Sukzessivlieferverträge, Miet- und Arbeitsverhältnisse) so lange nicht zu passivieren, wie die zu beanspruchende Gegenleistung einen entsprechenden Vermögenszuwachs bewirkt; eine Rentabilitätsvermutung greift insoweit regelmäßig aber nur unter der Fortsetzungsprämisse (»going concern«), während unter der Liquidationsprämisse in der Regel von fehlender Verwertbarkeit auszugehen sein dürfte (Scholz/*K. Schmidt*/*Bitter* Vor § 64 Rn. 43). Betagte und bedingte Verbindlichkeiten sind im Hinblick auf § 41 InsO zu passivieren, wobei Eventualverbindlichkeiten nur dann zu passivieren sind, wenn mit einer Inanspruchnahme zu rechnen ist, ggf. mit Abschlägen nach dem Grad der Inanspruchnahmewahrscheinlichkeit (Scholz/*K. Schmidt*/*Bitter* Vor § 64 Rn. 44).

III. Zeitpunkt der Antragspflicht

22 Der Antrag gem. § 15a InsO ist ohne schuldhaftes Zögern ab Insolvenzreife (Zahlungsunfähigkeit oder Überschuldung), spätestens binnen 3 Wochen nach Kenntnis von der Insolvenzreife, zu stellen (s. Rdn. 5); strittig ist, ob und inwiefern fahrlässige Unkenntnis (was v. a. im Hinblick auf den Zeitpunkt der Überschuldung relevant ist) für den Fristbeginn ausreicht. Während die frühere h. M. Kenntnis von der Insolvenzreife bzw. böswillige Unkenntnis forderte (BGH, Urt. v. 09.07.1979 – II ZR 118/77; BGHZ 75, 96; Baumbach/Hueck/*Schulze-Osterloh* 18. Aufl. 2006, § 64 Rn. 43; Roth/Altmeppen/*Altmeppen* Vorb. § 64 Rn. 71), soll nun Fahrlässigkeit bzw. **Erkennbarkeit** ausreichen (Baumbach/Hueck/*Haas* § 64 Rn. 84 BGHZ 143, 184, 185 bzw. NJW 2000, 668; Lutter/Hommelhoff/*Kleindiek* § 64 Rn. 28; Scholz/*K. Schmidt*/*Bitter* § 64 Rn. 46). Jedenfalls soll es genügen, wenn die eine Überschuldung begründenden Fakten und Zahlen, z. B. aufgrund einer Bilanz, objektiv und evident zutage liegen, wobei positive Kenntnis nicht erforderlich ist, während bloß fahrlässige Nichtkenntnis i. S. v. Erkennbarkeit aufgrund der schwierigen Erkennbarkeit und Beweisbarkeit des Eintritts der Überschuldung ggf. nicht ausreichen soll. Allerdings verschwimmen objektive und subjektive Elemente im Rahmen der Antragsfrist gem. § 15a InsO und insbesondere der Haftungsfolge wegen Insolvenzverschleppung (d. h. verspäteter Antragsstellung): Selbst die Auffassung, welche im Rahmen von § 15a InsO und der Drei-Wochen-Frist auf positive Kenntnis/böswillige Unkenntnis abstellt, lässt eine Haftung wegen Insolvenzverschleppung bereits früher eintreten, indem insoweit auf Erkennbarkeit (und damit Fahrlässigkeit) abgestellt wird (Lutter/Hommelhoff/*Kleindiek* Anh. zu § 64 Rn. 52), s. auch Rdn. 29. Ein Geschäftsführer muss insoweit für eine Organisation Sorge tragen, die ihm die zur Wahrnehmung seiner Pflichten erforderliche Übersicht über die wirtschaftliche und finanzielle Situation der Gesellschaft jederzeit ermöglicht (BGH, Urt. v. 19.06.2012 – II ZR 243/11; NJW-RR 2012, 1122 Tz. 11). Verfügt der Geschäftsführer nicht über eigene Sachkunde, muss er bei Anzeichen einer Krise unverzüglich qualifizierten Rat einholen und auf die unverzügliche Vorlage des Prüfungsergebnisses hinwirken (BGH, Urt. v. 27.03.2012 – II ZR 171/10; NZG 2012, 672 Tz. 19).

23 Wenn von vornherein feststeht, dass etwaige Sanierungsversuche scheitern und somit eine nicht behebbare Insolvenzreife vorliegt, darf die **Drei-Wochen-Frist** nicht abgewartet werden (*Thümmel* BB 2002, 1105). Die (höchstens) dreiwöchige Frist ist vielmehr nur dann eröffnet ist, wenn eine rechtzeitige Sanierung »ernstlich« zu erwarten ist. Die Voraussetzungen dieser Ausnahme hat nach allgemeinen Grundsätzen derjenige zu beweisen, der sich darauf beruft (BGH, Urt. v. 24.01.2012 – II ZR 119/10; DB 2012, 794 Tz. 11). Maßgeblich ist dabei die ex-ante-Sicht, wobei dem Geschäftsleiter bei der Beurteilung der Insolvenzreife ein gewisser Beurteilungsspielraum zugebilligt wird (BGH, Urt. v. 06.06.1994 – II ZR 292/91; BGHZ 126, 181, 199; BGH, Urt. v. 12.02.2007 – II ZR 308/05; NZG 2007, 396 Tz. 16). Das OLG Hamburg hat darüber hinaus in einer skeptisch aufgenommenen Entscheidung eine »maßvolle Verlängerung« der Drei-Wochen-Frist in besonderen Umständen des Einzelfalls für möglich erachtet (OLG Hamburg, Urt. v. 25.06.2010 – 11 U

133/06; NZG 2010, 1225; kritisch: Reul/Heckschen/Wienberg/*Heckschen* Insolvenzrecht in der Gestaltungspraxis, Rn. 864).

IV. Verstoß gegen die Antragspflicht (Insolvenzverschleppungshaftung)

1. Abgrenzungen

Die Insolvenzantragspflicht ist in § 15a Abs. 4 und 5 InsO **strafrechtlich** bewehrt, wobei auch ein fahrlässiges Unterlassen des Insolvenzantrages strafbar ist. Anknüpfungspunkt der **zivilrechtlichen Insolvenzverschleppungshaftung** ist der Vorwurf verspäteter Insolvenzantragsstellung (bzw. ungenügender Beobachtung der Gesellschaft im Hinblick auf deren Insolvenzreife, s. o. Rdn. 3), wobei die Insolvenzantragspflicht als Schutzgesetz i. S. v. § 823 Abs. 2 BGB gesehen wird (vgl. Lutter/Hommelhoff/*Kleindiek* Anh. zu § 64 Rn. 64; BGH, Urt. v. 16.12.1958 – VI ZR 245/57; BGHZ 29, 100; a. A. Organhaftung auf Verlustausgleich auf Basis einer Innenhaftung gem. § 64 Satz 1 GmbHG § 93 Abs. 3 Nr. 6 AktG, § 130a Abs. 2 HGB zugunsten der Gesellschaft anstelle direkten Gläubigerschutzes: Roth/Altmeppen/*Altmeppen* § 64 Rn. 33 ff.). Der von der Verletzung der Insolvenzantragspflicht (Insolvenzverschleppungshaftung) wiederum zu unterscheidende Vorwurf, der Masse zugedachtes Vermögen in der Zeit zwischen Fristbeginn bzw. Insolvenzreife und Antragstellung pflichtwidrig vermindert zu haben, ist Gegenstand von § 64 Satz 1 und 2 GmbHG **(Haftung wegen Masseschmälerung)**. Der durch das MoMiG neu eingefügte Satz 3 von § 64 GmbHG begründet schließlich eine Haftung der GmbH-Geschäftsführer für zur Herbeiführung der Zahlungsunfähigkeit führende Leistungen an Gesellschafter. Hierbei hatte der Gesetzgeber »leveraged finance«-Transaktionen (bzw. einen Schutz vor Ausplünderung der Gesellschaft bei fremdfinanzierten Unternehmenskäufen zur Kaufpreisfinanzierung) im Blick; die Regelung erfasst darüber hinaus auch sonstige liquiditätsentziehende Vermögenstransfers der GmbH im Konzern, soweit diese zur Erfüllung von (Fremd-)Verbindlichkeiten benötigt werden **(Insolvenzverursachungshaftung)**. Nicht erfasst von § 64 GmbHG sind Vorwürfe gegenüber der Geschäftsführung, eine angezeigte Sanierung sei unterblieben oder fehlerhaft durchgeführt worden; insoweit ist § 43 GmbHG Ansatzpunkt (vgl. Lutter/Hommelhoff/*Kleindiek* Anh. zu § 64 Rn. 62). Gleiches gilt für den Vorwurf, bei bloß drohender Zahlungsunfähigkeit sei die erforderliche Zustimmung der Gesellschafterversammlung zur Insolvenzantragsstellung unterblieben (s. Rdn. 8). Schließlich kann der Anstellungsvertrag eines GmbH-Geschäftsführers wegen Verletzung der Insolvenzantragspflicht fristlos gekündigt werden (BGH Hinweisbeschl. v. 15.10.2007 – II ZR 236/06; DB 2008, 287). Zur Frage der Haftung des den Jahresabschluss aufstellenden Steuerberaters bzw. Regressmöglichkeiten des Geschäftsführers Rdn. 3 und: Wagner/Zabel NZI 2008, 660.

2. Anspruchsberechtigte

a) Haftung gegenüber der Gesellschaft

Gegenüber der Gesellschaft haften die Geschäftsführer für den Schaden, der der Gesellschaft durch pflichtwidrige Verspätung oder Unterlassung eines Insolvenzantrags entstanden ist, gem. § 43 Abs. 2 GmbHG (BGH, Urt. v. 18.03.1974 – II ZR 2/72; NJW 1974, 1088). Eine entsprechende Weisung der Gesellschafter beseitigt grundsätzlich die Pflichtwidrigkeit (BGH, Urt. v. 18.03.1974 – II ZR 2/72; NJW 1974, 1088, 1089), es sei denn die Haftung der Geschäftsführer gegenüber der Gesellschaft ist zur Befriedigung der Gesellschaftsgläubiger gem. § 43 Abs. 3 Satz 3 GmbHG erforderlich.

b) Haftung gegenüber den Gesellschaftern?

Gegenüber den Gesellschaftern stellt nach h. M. weder § 15a Abs. 1 InsO noch § 15a Abs. 4 InsO ein Schutzgesetz dar (Lutter/Hommelhoff/*Kleindiek* Anh. zu § 64 Rn. 66; Scholz/*K. Schmidt* § 64 Rn. 47). Diskutiert wird die Einbeziehung von nach Eintritt der Insolvenzreife beigetretenen Neugesellschaftern in den Schutzbereich von § 15 Abs. 1 InsO (vgl. Roth/Altmeppen/*Altmeppen* Vorb. § 64 Rn. 123).

§ 64 GmbHG Haftung für Zahlungen nach Zahlungsunfähigkeit oder Überschuldung

c) Haftung gegenüber Gesellschaftsgläubigern

27 Gegenüber den Gesellschaftsgläubigern besteht eine **Insolvenzverschleppungshaftung** der Geschäftsführer aus § 823 Abs. 2 BGB i. V. m. § 15a Abs. 1 InsO (vgl. zu § 64 Abs. 1 GmbH alt: BGHZ 29, 100; BGH 138, 211, 214; zu § 15a InsO: Scholz/*K. Schmidt* § 64 Rn. 64; Baumbach/Hueck/*Haas* § 64 Rn. 109; Palandt/*Sprau* § 823 Rn. 65). Die parallel bestehende Haftung aus § 823 Abs. 2, § 15 Abs. 4 InsO hat keine eigenständige Bedeutung (vgl. zur alten Rechtslage: Achilles/Ensthaler/Schmidt/*Ensthaler/Zech* § 64 Rn. 13). Teile der Literatur lehnen diese, von der Rspr. begründete Insolvenzverschleppungshaftung ab und verweisen u. a. auf vertragliche bzw. sonstige deliktische Ansprüche nach § 823 BGB, § 263 StGB, § 826 BGB bzw. § 311 Abs. 3 BGB bzw. auf ein bloßes Innenhaftungsmodell (Roth/Altmeppen/*Altmeppen* § 64 Rn. 33 ff.; vgl. auch Kap. 3 Rdn. 149).

28 Die **objektiven Voraussetzungen** der Insolvenzreife sind grundsätzlich von demjenigen darzulegen und zu beweisen, der daraus Rechte für sich herleiten möchte; allerdings gilt die Insolvenzreife nach den Grundsätzen der Beweisvereitelung als bewiesen, wenn der Geschäftsführer die ihm obliegende Pflicht zur Führung und Aufbewahrung von Büchern und Belegen verletzt hat und dem Gläubiger deshalb die Darlegung näherer Einzelheiten nicht möglich ist (BGH, Urt. v. 24.01.2012 – II ZR 119/10; DB 2012, 794 Tz. 15 f.). Ebenso obliegt es im Rahmen der sekundären Darlegungslast ggf. dem Geschäftsführer, im Einzelnen darzulegen, welche in der Handelsbilanz, auf die sich der Gläubiger im Rahmen der primären Darlegungslast ggf. beruft, nicht abgebildeten stillen Reserven oder sonstige maßgeblichen Werte ggf. vorhanden sind (BGH, Urt. v. 27.04.2009 – II ZR 253/07; NZG 2009, 750 Tz. 9). Hat der Insolvenzverwalter durch Vorlage einer Handelsbilanz und den Vortrag, dass weder stille Reserven noch aus der Bilanz nicht ersichtliche Vermögenswerte vorhanden sind, die Überschuldung der GmbH dargelegt, hat der in Anspruch genommene Geschäftsführer im Rahmen der sekundären Darlegungslast substanziiert zu etwaigen stillen Reserven oder in der Bilanz nicht abgebildeten Werten vorzutragen (BGH, Urt. v. 19.11.2013 - II ZR 229/11; NZG 2014, 100 Tz. 17). Zur Darlegungs- und Beweislast im Hinblick auf die Fortführungsprognose s. Rdn. 17 a. E.

29 In **subjektiver Hinsicht** muss zur Verletzung der Antragspflicht gem. § 15a InsO nach h. M. Fahrlässigkeit treten (vgl. zur Differenzierung des Fristbeginns der Insolvenzantragspflicht gem. § 15a InsO und des Verschuldensgrads bei der Insolvenzverschleppungshaftung Rdn. 5 und 22). Die Haftung des Geschäftsführers setzt damit voraus, dass der Geschäftsführer fahrlässig verkannt hat, dass objektiv Insolvenzreife bestand und mangels Aussicht auf Sanierung die Pflicht zur unverzüglichen Stellung eines Insolvenzantrags vorlag (BGH, Urt. v. 09.07.1979 – II ZR 118/77; BGHZ 75, 96; BGH, Urt. v. 06.06.1994 – II ZR 292/91; BGHZ 126, 181). Eine schuldhafte Verletzung der Insolvenzantragspflicht kann zu verneinen sein, wenn ein selbst nicht sachkundiger Geschäftsleiter nach qualifizierter Beratung durch einen über die erheblichen Umstände ordnungsgemäß informierten Berufsträger und eigener Plausibilitätskontrolle von der Stellung eines Insolvenzantrages absieht (BGH, Urt. v. 14.05.2007 – II ZR 48/06; NJW 2007, 2118, 2120). Das Verschulden wird bei der zivilrechtlichen Insolvenzverschleppungshaftung (im Gegensatz zur strafrechtlichen Sanktion) vermutet (Strohn NZG 2011, 1161, 1162).

30 Hinsichtlich des **Haftungsumfangs** ist zwischen Altgläubigern, deren Ansprüche vor Insolvenzreife der Gesellschaft begründet waren, und Neugläubigern zu differenzieren (BGH, Urt. v. 06.06.1994 – II ZR 292/91; BGHZ 126, 181; s. auch Kap. 3 Rdn. 149 f.). Bei der Abgrenzung zwischen Neu- und Altgläubigern ist nicht der Zeitpunkt des Vertragsschlusses maßgeblich, sondern der Zeitpunkt der Krediteinräumung seitens des Gläubigers. So ist eine Bank, bei der eine GmbH einen Kontokorrentkredit unterhält, Neugläubigerin, soweit sich das von ihr in Anspruch genommene Kreditvolumen im Stadium der Insolvenzverschleppung erhöht (BGH, Urt. v. 05.02 2007 – II ZR 234/05; NJW-RR 2007, 759, 760). Neugläubiger soll auch sein, wer auf vor Insolvenzreife geschlossene Verträge nach Eintritt der Insolvenzreife ungesicherte Leistungen erbringt, obwohl ihm bei Kenntnis der Insolvenzreife jedenfalls ein Leistungsverweigerungsrecht gem. § 321 BGB (Dürftigkeitseinrede) zugestanden hätte (OLG Oldenburg, Urt. v. 02.12.2009, 1 U

74/08; Schneider GWR 2010, 170; Roth/Altmeppen/*Altmeppen* § 64 Rn. 124). **Altgläubiger** haben Anspruch auf den sog. **Quotenschaden**, nämlich die Differenz zwischen hypothetischer Quote ohne Pflichtverletzung und der tatsächlichen Quote, die sich insbesondere durch neu seitens der GmbH eingegangene Verbindlichkeiten verschlechtern kann (BGH, Urt. v. 06.06.1994 – II ZR 292/91; BGHZ 126, 181). **Neugläubigern** gegenüber, die mit der Gesellschaft kontrahiert haben, haften Geschäftsführer in vollem Umfang für den entstandenen **Vertrauensschaden** (negatives Interesse) bzw. den **Individualschaden**, auch soweit dieser durch die Insolvenzquote gedeckt ist (BGH, Urt. v. 05.02 2007 – II ZR 234/05; NJW-RR 2007, 759, 761) In Abkehr von der ursprünglichen Rechtsprechung, wonach vom Schadensersatzanspruch die – erst nach Abschluss des Insolvenzverfahrens feststehende – Quote abzuziehen war (BGH, Urt. v. 06.06.1994 – II ZR 292/91; BGHZ 126, 181, 201), findet keine derartige Kürzung um die Insolvenzquote mehr statt: vielmehr wird dem Geschäftsführer entsprechend § 255 BGB i.V.m. §§ 273 ff. BGB ein Anspruch auf Abtretung der Insolvenzforderung des Neugläubigers gegen die Gesellschaft zugebilligt (BGH, Urt. v. 05.02 2007 – II ZR 234/05; NJW-RR 2007, 759, 761). Grundsätzlich kann der Neugläubiger Ersatz des Vertrauensschadens verlangen, also das, was der Gläubiger ohne Erlangung eines Gegenwerts aufgewendet hat, z.B. in Form von Aufwendungen für Waren- und Lohnkosten wegen des Vertragsschlusses, ausnahmsweise kann auch entgangener Gewinn geltend gemacht werden, wenn dem Neugläubiger wegen des Vertragsschlusses mit der insolventen Gesellschaft ein Gewinn entgangen ist, den er ohne den Vertragsschluss anderweitig hätte erzielen können (BGH, Urt. v. 27.04.2009 – II ZR 253/07; DStR 2009, 1384, 1385 f. Tz. 15 f.). Der Schadensersatzanspruch eines Neugläubigers ist auch nicht im Rahmen einer Vorteilsanrechnung um etwaige Beträge zu kürzen, die der Neugläubiger zur Begleichung seiner Altforderungen im Zeitraum der Insolvenzverschleppung von der Schuldnerin erhalten hat. Obwohl der Gläubiger auf Kosten der übrigen Gläubiger während der Phase der Insolvenzverschleppung etwas erhalten hat, kann dies die Geschäftsführer, die hierzu Gesellschaftsmittel, keine eigenen Mittel aufgewandt haben, nicht entlasten. Einem leichtfertigen Neugläubiger kann allerdings bei erkennbar gefährdeten Forderungen ein Mitverschulden anzurechnen sein (BGH, Urt. v. 06.06.1994 – II ZR 292/91; BGHZ 126, 181).

Streitig ist die Behandlung der Ansprüche **gesetzlicher** (insbesondere deliktischer) **Neugläubiger**. 31 Nach einer Ansicht kommt eine Haftung auf den Vertrauensschaden (negatives Interesse) dann in Betracht, wenn eine deliktische Schädigung durch rechtzeitige Insolvenzantragsstellung verhindert worden wäre, wofür der Gläubiger darlegungs- und beweispflichtig ist (Lutter/Hommelhoff/*Kleindiek* Anh. § 64 Rn. 73). Die Rspr. und wohl auch herrschende Literatur verneint demgegenüber eine Insolvenzverschleppungshaftung zugunsten deliktischer Neugläubiger auf das negative Interesse (Baumbach/Hueck/*Haas* § 64 Rn. 129; Rowedder/Schmidt-Leithoff/*Schmidt-Leithoff/Baumert* § 64 Rn. 85; BGH, Urt. v. 25.07.2005 – II ZR 390/03; BGHZ 164, 50). Der Schutzzweck der Insolvenzverschleppungshaftung auf Grundlage von § 15a InsO wird alleine darin gesehen, eine insolvenzreife Gesellschaft vom Geschäftsverkehr fernzuhalten, nicht aber potenzielle Deliktsgläubiger nach Insolvenzreife zu schützen. Allein der Kreditgewährungsschaden von vertraglichen Neugläubigern (d.h. Erbringung von Vorleistungen, ohne einen werthaltigen Gegenleistungsanspruch zu erhalten – BGH, Urt. v. 25.07.2005 – II ZR 390/03 BGHZ 164, 50, 60; BGH, Urt. v. 27.04.2009 – II ZR 253/07; NZG 2009, 750 Tz. 15) soll vom Schutzzweck erfasst sein (a.A. Lutter/Hommelhoff/*Kleindiek* Anh. zu § 64 Rn. 76). Daher sind auch Sozialversicherungsträger, die während der Verfahrensverschleppung Ansprüche auf Abführung von Sozialversicherungsbeiträgen erworben haben, nicht in den Schutz der Insolvenzverschleppungshaftung einbezogen (BGH, Urt. v. 08.03.1999 – II ZR 159/98; NJW 1999, 2182, 2183; BGH, Urt. v. 07.07.2003 – II ZR 241/02; BB 2003, 2144, 2145). Ebenso hat der BGH entschieden, dass sich der Schutzzweck der Insolvenzverschleppungshaftung nicht auf den Schaden erstreckt, der einem Arbeitnehmer in Gestalt der Uneinbringlichkeit eines Entgeltfortzahlungsanspruchs gem. § 3 EFZG entsteht (BGH Hinweisbeschl. v. 20.10.2008 – II ZR 211/07; NZG 2009, 280 Tz. 2). Gesetzliche Neugläubiger sind allerdings wie (vertragliche) Altgläubiger zu behandeln (Baumbach/Hueck/*Haas* § 64 Rn. 129; Rowedder/Schmidt-Leithoff/*Schmidt-Leithoff/Baumert* § 64 Rn. 85).

32 Der Quotenschaden der Altgläubiger wird analog § 93 Abs. 5 Satz 4 AktG grundsätzlich als **Gesamtgläubigerschaden** (neben den Ansprüchen der Gesellschaft) vom Insolvenzverwalter für die Masse geltend gemacht, ohne dass die entsprechenden Ansprüche dem Insolvenzverwalter abgetreten werden müssten (§ 92 Satz 1 InsO; vgl. BGHZ 110, 342). Dies gilt aber nicht bei Nichteröffnung bzw. Aufhebung des Insolvenzverfahrens (Lutter/Hommelhoff/*Kleindiek* Anh. zu § 64 Rn. 78). Der – durch das negative Interesse begrenzte (BGH, Urt. v. 05.02 2007 – II ZR 234/05; NJW-RR 2007, 759, 761) – **Individualschaden** eines Neugläubigers wird nach h. M. nicht im Rahmen der Gesamtschadensliquidation vom Insolvenzverwalter, sondern – auch während der Insolvenz – unmittelbar gegenüber den Geschäftsführern geltend gemacht (BGH, Urt. v. 30.03.1998 – II ZR 146/96; BGHZ 138, 211, 214 ff.; Lutter/Hommelhoff/*Kleindiek* Anh. zu § 64 Rn. 80; Baumbach/Hueck/*Haas* § 64 Rn. 141; differenzierend: Scholz/*K. Schmidt* Anh. zu § 64 Rn. 68 f.).

33 Nach neuer Rechtsprechung des BGH **verjährt** der Anspruch der Neugläubiger aus Insolvenzantragsverschleppung nach den für deliktische Ansprüche allgemein geltenden Vorschriften, d. h. §§ 195, 199 BGB; § 43 Abs. 4 GmbHG findet keine Anwendung (BGH, Urt. v. 15.03.2011 – II ZR 204/09; NJW 2011, 2427 Tz. 17 ff.). Die bis dahin herrschende Lehre nahm generell, d. h. für Alt- und Neugläubiger, eine Verjährung analog §§ 64 Satz 4, 43 Abs. 4 GmbHG in 5 Jahren ab Schadenseintritt an (Scholz/*K. Schmidt* Anh. § 64 Rn. 77; Lutter/Hommelhoff/*Kleindiek* Anh. zu § 64 Rn. 85; a. A. Rowedder/Schmidt-Leithoff/*Schmidt-Leithoff/Baumert* § 64 Rn. 90: nach §§ 195, 199 BGB). Offen ist, ob die neue Rechtsprechung des BGH zur Anwendbarkeit der deliktischen Verjährung auch auf Altgläubiger Anwendung findet (vgl. *Haas* NZG 2011, 691).

C. Geschäftsführerhaftung wegen Masseschmälerung, § 64 Satz 1 und 2

34 Im Vorfeld des insolvenzrechtlichen Verfügungsverbotes nach § 80 Abs. 1 InsO darf der Geschäftsführer zwar noch Zahlungen tätigen, ist jedoch gem. § 64 Satz 1 und 2 GmbHG gegenüber der Gesellschaft zu deren Ersatz verpflichtet, soweit solche Zahlungen nicht mit der Sorgfalt eines ordentlichen Kaufmanns vereinbar sind. Bezweckt sind – bis zum Verlust der Verfügungsbefugnis gem. § 80 Abs. 1 InsO bzw. der Überwindung der Unternehmenskrise – der **Schutz des Gesellschaftsvermögens** sowie grundsätzlich (s. aber Rdn. 36 f.) eine gleichmäßige und ranggerechte Befriedigung der Gläubiger im Vorfeld der Insolvenz (BGH, Urt. v. 29.11.1999 – II ZR 273/98; BGHZ 143, 184, 186). Auf einen Schaden der Gesellschaft kommt es nicht an. § 64 Satz 1 GmbHG statuiert einen Ersatzanspruch eigener Art gegen den Geschäftsführer (vgl. Urt. v. 29.11.1999 – II ZR 273/98; BGHZ 146, 264, 278), der keinen einer Teilnahme Dritter (§ 830 BGB) zugänglichen Deliktstatbestand darstellt (BGH Hinweisbeschl. v. 11.02.2008 – II ZR 291/06; NJW 2008, 1066, 1067). § 64 Satz 1 und 2 GmbHG gilt gem. § 71 Abs. 4 GmbHG auch für den Liquidator (vgl. Baumbach/Hueck/*Haas* § 64 Rn. 8), nicht jedoch für den Vorstand eines Vereins (BGH Hinweisbeschl. v. 08.02.2010 – II ZR 54/09; NJW-RR 2010, 1047 Tz. 5 f.). Der Anspruch gegen den Geschäftsführer verjährt in 5 Jahren ab Zahlung, §§ 64 Satz 4, 43 Abs. 4 GmbHG (Lutter/Hommelhoff/*Kleindiek* § 64 Rn. 41). Das Zahlungsverbot des § 64 Satz 1 GmbHG gilt ab Eintritt der Insolvenzreife, nicht erst ab Ende der Insolvenzantragsfrist (BGH, Urt. v. 16.03.2009 – II ZR 280/07; NJW 2009, 2454 Tz. 12; BGH, Urt. v. 29.11.1999 – II ZR 273/98; BGHZ 143, 184, 188) und grundsätzlich bis zur Insolvenzeröffnung (Baumbach/Hueck/*Haas* § 64 Rn. 67a).

I. Zahlungen nach Eintritt der Insolvenzreife, § 64 Satz 1

35 Zahlungen i. S. v. § 64 Satz 1 GmbHG sind zunächst Geldzahlungen (aus Barbeständen, Kontoguthaben oder unter Erhöhung eines Schuldsaldos, nicht aber Zahlungen von debitorischem Bankkonto, da dies einen bloßen, masseneutralen Gläubigeraustausch zur Folge hat, BGH, Urt. v. 29.11.1999 – II ZR 273/98; NJW 2000, 668; BGH, Urt. v. 25.01.2010 – II ZR 258/08; NJW-RR 2010, 607 Tz. 20), aber auch die Minderung eines Schuldsaldos auf einem Konto der Gesellschaft durch Einreichung eines Kundenschecks (Urt. v. 06.06.1994 – II ZR 292/91 BGHZ 143, 184, 186 ff.), die Leistung von Diensten (OLG Düsseldorf, Urt. v. 19.01.1995 – 6 U 272/93; GmbHR 1996, 616) sowie die Übertragung von Rechten und Lieferung von Waren (Lutter/Hommelhoff/

Kleindiek § 64 Rn. 7) oder sonstige **Leistungen, die das Gesellschaftsvermögen schmälern** (BGH, Urt. v. 06.06.1994 – II ZR 292/91; BGHZ 126, 181, 194). Keine Zahlung ist nach mittlerweile h. M. die bloße Begründung einer Verbindlichkeit (BGH, Urt. v. 06.06.1994 – II ZR 292/91; BGHZ 146, 184, 187 f.; BGH, Urt. v. 30.03.1998 – II ZR 146/96; BGHZ 138, 211, 216; BGH, Urt. v. 26.03.2007 – II ZR 310/05; NJW-RR 2007, 984 Rn. 8; Lutter/Hommelhoff/*Kleindiek* § 64 Rn. 64; Baumbach/Hueck/*Haas* § 64 Rn. 66; Scholz/*K. Schmidt* § 64 Rn. 23, Rowedder/Schmidt-Leithoff/*Schmidt-Leithoff/Baumert* § 64 Rn. 30). Gleiches gilt für das bloße Unterlassen eines Erwerbs, die Nichtgeltendmachung einer Forderung (Scholz/*K. Schmidt* § 64 Rn. 22; *Wicke* § 64 Rn. 20; MüKo GmbHG/*Müller* § 64 Rn. 135; unklar: Baumbach/Hueck/*Haas* § 64 Rn. 63 und 65), oder die unterbliebene Kündigung eines Dauerschuldverhältnisses (Baumbach/Hueck/*Haas* § 64 Rn. 66; Ziemons/Jäger/*Mätzig*, § 64 Rn. 48; skeptisch: R/S/L/*Schmidt-Leithoff/Baumert* § 64 Rn. 30). Allerdings hat der Geschäftsführer einer insolvenzreifen GmbH aufgrund seiner Masseerhaltungspflicht dafür zu sorgen, dass Zahlungen von Gesellschaftsschuldnern nicht auf ein debitorisch geführtes Bankkonto der Gesellschaft geleistet werden – anderenfalls haftet er nach § 64 Satz 1 (BGH, Urt. v. 26.03.2007 – II ZR 310/05; NJW-RR 2007, 984, 985). Grundsätzlich fällt auch die Begleichung von Verbindlichkeiten anderer Konzerngesellschaften aus Mitteln, die der Gesellschaft von diesen im Wege eines vorweggenommenen Aufwendungsersatzes zur Verfügung gestellt wurden, nach der Rechtsprechung des BGH unter § 64 Satz 1 GmbHG (BGH, Urt. v. 05.05.2008 – II ZR 38/07; NJW 2008, 2504, 2505). Solche Zahlungen können aber im Hinblick auf § 266 StGB im Sinne von § 64 Satz 2 GmbHG gerechtfertigt sein (s. Rdn. 38). An einer haftungsauslösenden Rechtshandlung fehlt es indes, wenn die Vermögensminderung auf einer Vollstreckungshandlung des Gläubigers beruht (BGH, Urt. v. 16.03.2009 – II ZR 32/08; NJW 2009, 1598; OLG München, Urt. v. 19.01.2011 – 7 U 4342/10; NZG 2011, 465). Anders verhält es sich wiederum bei einer Kontenverrechnung zulasten der Gesellschaft im Fall einer »cross-pledge« – Vereinbarung über die wechselseitige Haftung von Konten der Gesellschaft und des Geschäftsführers, da diese mit Wissen und Wollen des Geschäftsführers aufgrund der Besonderheit der Vereinbarung veranlasst ist, bzw. der Geschäftsführer diese hätte verhindern können (OLG München, Urt. v. 13.02.2013 – 7 U 2831/12; NZG 2013, 498).

II. Ausschluss der Haftung, § 64 Satz 2

Mit der Sorgfalt eines ordentlichen Kaufmanns zu vereinbarende Zahlungen begründen keine Haftung. Hierbei ist zu berücksichtigen, dass es im Hinblick auf Sanierungsversuche bzw. zur Wahrung von Veräußerungschancen notwendig sein kann, den Zahlungs-, Kredit- und Leistungsverkehr aufrechtzuerhalten. Vor dem Hintergrund der in § 64 Satz 2 GmbHG niedergelegten Vermutung der Pflichtwidrigkeit sollte daher der Maßstab des **ordentlichen Geschäftsleiters in der Unternehmenskrise** ausschlaggebend sein (Lutter/Hommelhoff/*Kleindiek* § 64 Rn. 12). Dieser hat sich in der Unternehmenskrise (auch) an der Abwendung größerer Nachteile für die Masse sowie dem öffentlichen Interesse am Fortbestand überlebensfähiger Betriebe zu orientieren, und nicht alleine am besonderen Zweck von § 64 Satz 1 GmbHG auszurichten, die verteilungsfähige Masse einer insolvenzreifen Gesellschaft im Interesse der Gesamtheit der Gläubiger zu erhalten und eine zu ihrem Nachteil gehende bevorzugte Befriedigung einzelner Gläubiger zu verhindern (so noch BGH, Urt. v. 06.06.1994 – II ZR 292/91; BGHZ 146, 264, 274 f.). Zunächst kann sich der Geschäftsführer durch den Nachweis entlasten, ein ausreichender Gegenwert sei in das Gesellschaftsvermögen gelangt und dort voll erhalten geblieben (vgl. BGH, Urt. v. 18.03.1974 – II ZR 2/72; NJW 1974, 1088, 1089; A/E/S/*Ernsthaler/Zech* § 64 Rn. 22), wenn man bei einer ausreichenden Gegenleistung nicht von vornherein das Vorliegen einer Zahlung i. S. v. § 64 Satz 1 verneint. Im Übrigen sind Zahlungen bzw. Leistungen zur Abwendung größerer Nachteile für die Masse grundsätzlich privilegiert (BGH, Urt. v. 06.06.1994 – II ZR 292/91; BGHZ 146, 264, 274 f.) und der Geschäftsführer als ordentlicher Kaufmann in der Unternehmenskrise nicht generell zur Gläubigergleichbehandlung verpflichtet, weil sich dies mit der Aufrechterhaltung des Geschäftsbetriebs regelmäßig kaum vereinbaren lässt. So können Zahlungen, ohne die der Betrieb im Zweifel sofort eingestellt werden müsste, was jede Chance auf Sanierung oder Fortführung im Insolvenzverfahren zunichtemacht

36

(z. B. Strom, Wasser), gerechtfertigt sein (BGH Beschl. v. 05.11.2007 – II ZR 262/06; NJW-RR 2008, 495, 496).

37 Mit Rücksicht auf die **Einheitlichkeit der Rechtsordnung** kann es einem Geschäftsführer im Übrigen nicht angesonnen werden, die – nicht strafbewehrte – Massesicherungspflicht nach § 64 GmbHG zu erfüllen, fällige Leistungen an die Sozialkassen oder die Steuerbehörden hingegen nicht zu erbringen, wenn er sich dadurch strafrechtlicher Verfolgung aussetzt (BGH, Urt. v. 14.05.2007 – II ZR 48/06; NJW 2007, 2118, 2120; BGH, Urt. v. 02.06.2008 – II ZR 27/07; NJW-RR 2008, 1253, 1254). So ist – in Abkehr von der ursprünglichen Rechtsprechung des BGH (vgl. noch BGH, Urt. v. 06.06.1994 – II ZR 292/91; BGHZ 146, 264) – das Abführen der Arbeitnehmeranteile der Sozialversicherung oder von Umsatz- oder Lohnsteuer, entsprechend der sozial- und steuerrechtlichen Normbefehle, mit der Sorgfalt eines ordentlichen Geschäftsleiters vereinbar und führt nicht zu einer Erstattungspflicht (BGH, Urt. v. 14.05.2007 – II ZR 48/06; NJW 2007, 2118, 2119 f.; BGH, Urt. v. 29.09.2008 – II ZR 162/07; NJW 2009, 295 Tz. 10; BFH, Urt. v. 27.02.2007 – VII R 67/05; BFHE 216, 491). Diese Rspr. bezieht sich nicht nur auf laufende, erst nach Insolvenzreife fällig werdende Steuerforderungen und Arbeitnehmeranteile zur Sozialversicherung, sondern auch auf Rückstände (BGH, Urt. v. 25.01.2011 – II ZR 196/09; BB 2011, 781 Tz. 13; 18). Nicht mit der Sorgfalt vereinbar und eine Erstattungspflicht auslösend ist hingegen – unabhängig ob den Zeitraum vor oder nach Insolvenzreife betreffend – die Zahlung von Arbeitgeberbeträgen zur Sozialversicherung nach Insolvenzreife, da § 266a Abs. 1 StGB lediglich das Vorenthalten der Arbeitnehmeranteile unter Strafe stellt (BGH, Urt. v. 29.09.2008 – II ZR 162/07; NJW 2009, 2599 Tz. 6; BGH, Urt. v. 25.01.2011 – II ZR 196/09; BB 2011, 781 Tz. 19 f.). Im Übrigen erfordert die Sorgfalt des ordentlichen Kaufmannes, dass Zahlungen an eine insolvenzreife Gesellschaft von deren Schuldnern nicht auf ein debitorisches Gesellschaftskonto erfolgen. Vielmehr ist, wie auch bei der Einlösung von Kundenschecks, ein neues, kreditorisch geführtes Konto bei einer anderen Bank zu eröffnen und den aktuellen Gesellschaftsschuldnern die geänderte Bankverbindung unverzüglich bekannt zu geben (BGH, Urt. v. 26.03.2007 – II ZR 310/05; NJW-RR 2007, 984, 985; BGH, Urt. v. 29.11.1999 – II ZR 273/98; BGHZ 143, 184, 188).

38 Ein interner Haftungsausschluss oder -verzicht und ein **Handeln auf Weisung** der Gesellschafter befreien gem. § 43 Abs. 3 Satz 3 GmbHG insoweit nicht von der Haftung, als der Ersatzanspruch zur Befriedigung von Gesellschaftsgläubigern erforderlich ist (BGH, Urt. v. 14.12.1959 – II ZR 187/57; BGHZ 31, 258). Die Begründung des RegE des MoMiG führt zur Problematik der Weisungsgebundenheit und Abhängigkeit von (Fremd-) Geschäftsführern dementsprechend aus (BT-Drucks. 16/6140, S. 47), dass die Weisungsgebundenheit dort endet, wo ein Geschäftsführer durch Ausführung einer Weisung eine ihn treffende gesetzliche Pflicht verletzen und sich selbst der Gesellschaft gegenüber schadensersatzpflichtig machen würde. Anders verhält sich der Fall, wenn der Geschäftsführer sich bei Nichtbefolgung einer Weisung zur Verwendung treuhänderisch erhaltener Gelder anderer Konzerngesellschaften der Untreue strafbar machen würde, wenn er diese Gelder weisungswidrig nicht für die Zahlung von deren Verbindlichkeiten verwendet (BGH, Urt. v. 05.05.2008 – II ZR 38/07; NJW 2008, 2504, 2505).

III. Verschulden

39 **Fahrlässigkeit** aufseiten des Geschäftsführers reicht nach h. M. (BGH, Urt. v. 06.06.1994 – II ZR 292/91; NJW 1994, 2220) für eine Haftung gem. § 64 Satz 1 und 2 GmbHG aus, wobei die Erkennbarkeit der Insolvenzreife vermutet wird und den Geschäftsführer die **Darlegungs- und Beweislast** fehlender Erkennbarkeit – trotz entsprechender organisatorischer Vorkehrungen – trifft (BGH, Urt. v. 29.11.1999 – II ZR 273/98; BGHZ 143, 185 f.). Jeder Geschäftsführer hat ab Eintritt einer Krise – ungeachtet einer Ressortaufteilung – eine Beobachtungspflicht, auch hinsichtlich Zahlungen anderer Geschäftsführer (BGH, Urt. v. 01.03.1993 – II ZR 61/92; NJW 1994, 2149), s. auch Rdn. 3.

D. Insolvenzverursachungshaftung, § 64 Satz 3

Zweck der durch das MoMiG neu eingefügten Erstattungspflicht für zur Zahlungsunfähigkeit der Gesellschaft führende Leistungen an Gesellschafter ist die Ergänzung der – nach Abschaffung des Eigenkapitalersatzrechts und der Rückkehr zur bilanziellen Betrachtungsweise bei Kreditgewährungen an Gesellschafter (vgl. Begr. RegE MoMiG, BT-Drucks. 16/6140, S. 41) – verbleibenden Mechanismen zum **Schutz der Gesellschaftsgläubiger gegen Vermögensverschiebungen** zwischen Gesellschaft und Gesellschaftern. Durch den bereits im Vorfeld einer Insolvenz anwendbaren § 64 Satz 3 GmbHG wird der Abzug von Vermögenswerten sanktioniert, welche die Gesellschaft bei objektiver Betrachtung zur Erfüllung ihrer Verbindlichkeiten braucht (Begr. RegE MoMiG, BT-Drucks. 16/6140, S. 46). Insoweit ist das Auszahlungsverbot des § 64 Satz 3 zeitlich vor den Eintritt der materiellen Insolvenzreife, an welche § 64 Satz 1 anknüpft, vorverlegt (Rowedder/Schmidt-Leithoff/*Schmidt-Leithoff/Baumert* § 64 Rn. 56, Lutter/Hommelhoff/*Kleindiek* § 64 Rn. 70). Zwischenzeitlich hat der BGH klargestellt, dass für § 64 Satz 3 kein Raum ist, wenn bereits Zahlungsunfähigkeit eingetreten ist; demgemäß kann eine Zahlung an einen Gesellschafter nicht mehr zur Zahlungsfähigkeit führen, wenn bereits zuvor, unter Berücksichtigung fälliger, d. h. ernsthaft eingeforderter Forderungen, einschließlich solcher von Gesellschaftern, eine liquiditätsmäßige Deckungslücke von mehr als 10 % bestand. Liegt Zahlungsunfähigkeit vor, ist vielmehr, bei Meidung einer Haftung gem. § 64 Satz 1, die Befriedigung zu verweigern und Insolvenzantrag zu stellen (BGH, Urt. v. 09.10.2012 – II ZR 298/11; NZG 2012, 1379 Tz. 11 f.). Wie bei § 64 Satz 1 GmbHG, handelt es sich bei § 64 Satz 3 GmbHG nicht um einen Schadensersatzanspruch, sondern einen unabhängig von einem Schaden bestehenden Erstattungsanspruch eigener Art (vgl. *Greulich/Bunnemann* NZG 2006, 681, 686; Lutter/Hommelhoff/*Kleindiek* § 64 Rn. 20).

Durch § 64 Satz 3 GmbHG wird das an der Bilanz anknüpfende Verbot der Rückzahlung von zum Erhalt des Stammkapitals erforderlichen Vermögens gem. § 30 Abs. 1 GmbHG ergänzt, indem – im Sinne eines sog. Solvenztests, also eines **liquiditätsorientierten Ansatzes** – auch solche Zahlungen erfasst werden, die zwar das Stammkapital nicht antasten, aber zur Zahlungsunfähigkeit führen. Ergänzt werden ebenso die Regelungen gem. §§ 129 ff. InsO und dem Anfechtungsgesetz zu gläubigerbenachteiligenden, insbesondere gesellschafterbegünstigenden Rechtshandlungen, soweit deren z. T. kurze Fristen bereits abgelaufen sind, der Gläubigerbenachteiligungsvorsatz und die entsprechende Kenntnis des Empfängers nicht bewiesen werden können und die Vermutungsregeln, namentlich gegenüber nahestehenden Personen, nicht erfüllt sind (Begr. RegE MoMiG, BT-Drucks. 16/6140, S. 46). Erfasst ist schließlich ein Teilbereich der auf § 826 BGB gestützten sog. Existenzvernichtungshaftung, die – obwohl sie primär Gesellschafter betrifft – auch Geschäftsführer als Teilnehmer (§§ 830, 840 BGB) treffen kann. Die von der Rechtsprechung sukzessive entwickelte, allgemeine **Existenzvernichtungshaftung** sanktioniert -im Rahmen einer Innenhaftung gegenüber der Gesellschaft Insolvenz verursachende oder vertiefende, kompensationslose Eingriffe von Gesellschaftern in das, der Zweckbindung zur vorrangigen Befriedigung von Gesellschaftergläubigern dienende, Gesellschaftsvermögen, die einen erheblichen und sittenwidrigen, die Gläubigerbelange missachtenden Vermögensentzug darstellen (BGH, Urt. v. 16.07.2007 – II ZR 3/04; NJW 2007, 2689, 2691 – Trihotel), vorausgesetzt, dass aus einer ex-ante Sicht die Insolvenz der Gesellschaft praktisch unausweichlich war (BGH, Urt. v. 16.07.2007 – II ZR 3/04; NJW 2007, 2689, 2694 – Trihotel). Mit § 64 Satz 3 GmbH, der am Geschäftsführer als Auslöser oder Gehilfe, und nicht am Gesellschafter als Empfänger der existenzbedrohenden Vermögensverschiebung ansetzt, war keine abschließende Regelung der Existenzvernichtungshaftung beabsichtigt, insbesondere sollte der weiteren Rechtsfortbildung nicht vorgegriffen werden (Begr. RegE MoMiG, BT-Drucks. 16/6140, S. 46). Mit der Haftung im Rahmen von § 64 Satz 3, der an Fahrlässigkeit anknüpft, hat sich allerdings zulasten der Geschäftsführer das Haftungsgefüge verschärft, da auf Gesellschafter- (bzw. Empfänger-)Ebene nach den Regeln zur Existenzvernichtung gem. § 826 BGB nur eine Haftung für Vorsatz in Betracht kommt. Dogmatisch sind beide Institute, d. h. die Existenzvernichtungshaftung gem. § 826 BGB wie auch das Zahlungsverbot gem. § 64 Satz 3 GmbHG, Ausfluss der schon während der Lebensdauer der Gesellschaft bestehenden Zweckbindung des Gesellschaftsvermögens zur vorrangigen Gläubigerbefriedigung (vgl. Klof DStR 2007, 1536, 1537), was Pendant der Haftungskonzentration gem. § 13 Abs. 2 GmbHG ist.

42 Aufgrund des stark insolvenzrechtlichen Bezugs qualifiziert der Gesetzgeber § 64 Satz 3 GmbHG als insolvenzrechtliche Norm, die gem. Art. 3 Abs. 1, Art. 4 Abs. 1 und 2 Satz 1 EuInsVO auch in Insolvenzverfahren über das Vermögen **ausländischer Gesellschaften** anzuwenden ist, deren Tätigkeitsmittelpunkt in Deutschland liegt. Die Neuregelung soll dazu beitragen, die z.T. geringeren Gründungsvoraussetzungen ausländischer Gesellschaften zu kompensieren, die bei einer Tätigkeit in Deutschland nicht dem strengen Insolvenzrecht ihres Herkunftsstaates unterliegen (Begr. RegE MoMiG, BT-Drucks. 16/6140, S. 47).

I. Zahlungen

43 Der Begriff der Zahlungen ist, wie in § 64 Satz 1 GmbHG (s. Rdn. 35), nicht auf reine Geldleistungen beschränkt, sondern erfasst nach Auffassung des Gesetzgebers auch sonstige vergleichbare **Leistungen zulasten des Gesellschaftsvermögens**, durch die der Gesellschaft im Ergebnis Liquidität entzogen wird. Im Ausgangspunkt ist damit keine Einschränkung des zu § 64 Satz 1 GmbHG entwickelten Begriffsverständnisses verbunden (Begr. RegE MoMiG, BT-Drucks. 16/6140, S. 46). Der BGH hat die Frage, ob auch andere Leistungen als Geldleistungen als Zahlungen zu verstehen sind, wenn sie durch den Entzug von Vermögenswerten die Zahlungsunfähigkeit herbeiführen, bislang offen gelassen (BGH, Urt. v. 09.10.2012 – II ZR 298/11; NZG 2012, 1379 Tz. 13). Aus dem Tatbestand auszuscheiden sein dürften – mangels Auswirkung auf die Aktivseite der Liquiditätsbilanz – wohl Verfügungen über Vermögensgegenstände, die nicht (kurzfristig) beleih- oder versilberbar sind (Rowedder/Schmidt-Leithoff/*Schmidt-Leithoff/Baumert* § 64 Rn. 63). Streitig ist, ob auch der Verzicht auf bzw. die Nichtgeltendmachung von Zahlungs- oder sonstigen zu Liquidität führenden, werthaltigen und einredefreien Ansprüchen gegenüber dem Gesellschafter wegen ihrer Auswirkungen auf die Aktivseite der Liquiditätsbilanz als Zahlung anzusehen ist (so Baumbach/Hueck/*Haas* § 64 Rn. 98; Henssler/Strohn/*Arnold* § 64 Rn. 52; Greulich/Bunnemann NZG 2006, 681, 684; Ziemons/Jäger/*Mätzig* § 64 Rn. 79). Schließlich wird die Auffassung vertreten, dass auch die bloße Begründung von »zerstörerischen« Verbindlichkeiten, durch die eine Zahlungsunfähigkeit herbeigeführt wird, als Zahlung im Sinne von § 64 Satz 3 zu werten sei (Baumbach/Hueck/*Haas* § 64 Rn. 99; Saenger/Inhester/*Kolmann* § 64 Rn. 90; ablehnend die h.M.: Scholz/*K. Schmidt* § 64 Rn. 75; Lutter/Hommelhoff/*Kleindiek* § 64 Rn. 24; *Wicke* § 64 Rn. 27; Spindler/Stilz/*Fleischer* § 92 Rn. 42; Henssler/Strohn/*Arnold* § 64 Rn. 52; *Knof* DStR 2007, 1536, 1538; *Desch* BB 2010, 2586, 2588 f.). Das dieser Auffassung zugrunde liegende Konzept, wonach auch Einwirkungen auf die Zahlungsfähigkeit, die nicht in der Weggabe von Aktiva bestehen, als Zahlungen zu werten sind, dürfte der BGH aber inzwischen verworfen haben, indem er auf den laut Gesetzgeber bewusst engen Anwendungsbereich von § 64 Satz 3 verwies (BGH, Urt. v. 09.10.2012 – II ZR 298/11; NZG 2012, 1379 Tz. 13; Brand NZG 2012, 1374, 1375; auch Haas (NZG 2013, 41, 42) wertet das genannte Urteil als Absage an den von ihm vertretenen Ansatz, wobei man mit dem vom BGH definierten Anwendungsbereich zu § 64 Satz 3 aber »(gut) leben« könne, vgl. hierzu Rdn. 49).

44 **Sicherheitsleistungen** der Gesellschaft zugunsten eines Gesellschafters werden, jedenfalls soweit sie sich innerhalb kurzer Zeit in Liquidität umwandeln lassen, als Zahlung im Zeitpunkt ihrer Bereitstellung angesehen, soweit die Inanspruchnahme der Sicherheit wahrscheinlich und der Rückgriffsanspruch nicht werthaltig ist (vgl. *Knof* DStR 2007, 1536, 1538; Lutter/Hommelhoff/*Kleindiek* § 64 Rn. 24; Baumbach/Hueck/*Haas* § 64 Rn. 98; Rowedder/Schmidt-Leithoff/*Schmidt-Leithoff/Baumert* § 64 Rn. 65). Bei Personalsicherheiten ist indes streitig, ob deren bloße Begründung unter den genannten Umständen eine Zahlung darstellt, was die wohl überwiegende Auffassung, ohne zwischen Personal- und Realsicherheiten zu differenzieren, bejaht. Andere sehen in der Verpflichtung, zu einem späteren Zeitpunkt Liquidität im Gesellschafterinteresse abzuführen, stets eine Zahlung (wie auch in der Bestellung von Realsicherheiten), berücksichtigen Wahrscheinlichkeit der Inanspruchnahme bzw. Werthaltigkeit des Rückgriffsanspruchs dann aber im Rahmen der Prognose betreffend die Insolvenzverursachung im Zeitpunkt der Sicherheitengestellung (Köln-

Komm/*Merten/Cahn* § 92 Rn. 40, 42). Ein weiterer Ansatz verneint, da die bloße Begründung von Verbindlichkeiten nach h. M. und BGH generell keine Zahlung darstellt (s. Rdn. 43 a. E.), auch für die Übernahme von Personalsicherheiten das Vorliegen einer Zahlung im Sinne von § 64 Satz 3 (Scholz/*K. Schmidt* § 64 Rn. 75; MüKo GmbHG/*Müller* § 64 Rn. 159; *Nolting-Hauff/Greulich* GmbHR 2013, 169, 174). In Bezug auf Realsicherheiten wird demgegenüber grundsätzlich das Vorliegen einer Zahlung bei der Bestellung liquiditätsschmälernder Realsicherheiten bejaht (Scholz/*K. Schmidt* § 64 Rn. 75; MüKo GmbHG/*Müller* § 64 Rn. 159), wobei dann immer noch die Kausalität zur Zahlungsunfähigkeit zu prüfen ist. Im Übrigen ist – vgl. auch die Diskussion zu § 30 Abs. 1 GmbHG – ungeklärt, ob bei einer später eingetretenen Wertminderung des Rückgriffsanspruchs im Unterlassen, zuvor die Sicherheit zurückzufordern, bereits eine Zahlung zu sehen ist (vgl. *Greulich/Bunnemann* NZG 2006, 681, 684; *Orthmann/Weber* BB 2012, 1939, 1042). Bei Personalsicherheiten dürfte dies zu verneinen sein, da im Rahmen von § 64 Satz 3 die unterbliebene Befreiung von einer bloßen Verbindlichkeit nicht anders als deren Begründung betrachtet werden kann; insoweit kommt aber ggf. eine Haftung der Geschäftsführung nach § 43 Abs. 2 GmbHG in Betracht (vgl. *Orthmann/Weber* BB 2012, 1939, 1042). Schließlich wird, analog der Diskussion bei § 30 Abs. 1 GmbHG, erörtert, ob bei der Beurteilung gem. § 64 Satz 3 ggf. auch auf den Zeitpunkt der (drohenden) Sicherheiteninanspruchnahme abzustellen ist, wogegen ggf. sog. limitation language zu vereinbaren ist (Langenbucher/Bliesener/Spindler/*Castor* Bankrechts-Kommentar 16. Kapitel Rn. 110; *Kollmorgen/Santelmann/Weiss* BB 2009, 1818, 1820; *Nolting-Hauff/Greulich* GmbHR 2013, 169, 175). Bei Personalsicherheiten ist die bloße Existenz der Verbindlichkeit bereits im Liquiditätsstatus zu berücksichtigen (vgl. *Brand* NZG 2012, 1374, 1375 f.), sodass ggf. bereits dies zur Zahlungsunfähigkeit nebst Insolvenzantragspflicht und Haftung gem. § 64 Satz 1 GmbHG führt. Andernfalls kann eine Zahlung auf die Personalsicherheit im Sinne von § 64 Satz 3 relevant werden. Bei Realsicherheiten stellt sich die Frage, ob das bloße passive »Duldenmüssen« der Sicherheitenverwertung als Zahlung im Sinne von § 64 Satz 3 gewertet werden kann, oder ob der Zeitpunkt der Sicherheitenbestellung (allein) maßgeblich ist (vgl. *Kollmorgen/Santelmann/Weiss* BB 2009, 1818, 1820; *Theusinger/Kapteina* NZG 2011, 881, 886). Ob auch ohne limitation language ein Leistungsverweigerungsrecht gegenüber dem Sicherungsnehmer besteht, ist strittig (bejahend: *Brand* NZG 2012, 1374, 1376; *Nolting-Hauff/Greulich* GmbHR 2013, 169, 175; Scholz/*K. Schmidt* § 64 Rn. 75).

45 Auch beim **Konzern-Cash Pooling** wird diskutiert, ob eine Untätigkeit des Geschäftsführers, insbesondere die Nichtbeendigung der Teilnahme am Cash Pooling bei Bedrohung der eigenen Liquidität bzw. die unterlassene Geltendmachung eigener Zahlungsansprüche, einer aktiven Zahlung gleichsteht (vgl. *Greulich/Rau* NZG 2008, 284, 287). Von § 64 Satz 3 GmbHG erfasst sind auch Zahlungen an mit den Gesellschaftern wirtschaftlich oder rechtlich eng verbundene Personen bzw. Gesellschaften, sodass im Konzern auch Zahlungen an Schwestergesellschaften, wie bei § 30 Abs. 1 GmbHG sowie der Existenzvernichtungshaftung, betroffen sind (vgl. *Knof* DStR 2007, 1536, 1538; Lutter/Hommelhoff/*Kleindiek* § 64 Rn. 28). Auch fällige Gesellschafterforderungen sind im Liquiditätsstatus zu berücksichtigen.

II. Kausalität

46 Die Erstattungspflicht der Geschäftsführer gem. § 64 Satz 3 GmbHG setzt eine Kausalität der Zahlung für den Eintritt der Zahlungsunfähigkeit voraus (die Verursachung von Überschuldung wird von § 64 Satz 3 nicht sanktioniert, vgl. Lutter/Hommelhoff/*Kleindiek* § 64 Rn. 27). Eine Verursachung von Zahlungsunfähigkeit scheidet aus, wenn der Gesellschaft durch eine Gegenleistung des Gesellschafters im Ergebnis in gleichem Maße wieder liquide Vermögenswerte zugeführt werden (Begr. RegE MoMiG, BT-Drucks. 16/6140, S. 47; Rowedder/Schmidt-Leithoff/*Schmidt-Leithoff/Baumert* § 64 Rn. 64). Da nur »im Ergebnis« wieder liquide Vermögenswerte zufließen müssen, um eine Haftung zu vermeiden, ist nicht erforderlich, dass die **Gegenleistung** selbst unmittelbar Liquiditätsqualität aufweist. Ausreichend ist, dass nach dem mit der Sorgfalt eines ordentlichen Kaufmanns zu erwartenden Geschäftsgang die Gegenleistung für einen Liquiditätszufluss sorgen wird, wie z. B. beim Bezug von betriebsnotwendigen IT-Dienstleistungen im Konzern (vgl. *Greulich/Rau*

NZG 2008, 284, 287), oder wenn der Leistungsaustausch der Gesellschaft mit den Gesellschaftern in der Krise Bestandteil eines Erfolg versprechenden Sanierungsplanes ist (vgl. *Knof* DStR 2007, 1580, 1584).

47 Im Übrigen soll der Geschäftsführer keineswegs für jegliche Zahlungen an Gesellschafter haften, die in irgendeiner Weise für eine – möglicherweise erst mit erheblichem zeitlichem Abstand eintretende – Zahlungsunfähigkeit der Gesellschaft mitursächlich geworden sind. Die Zahlung muss vielmehr ohne Hinzutreten weiterer, im Zahlungszeitpunkt noch nicht feststehender, Kausalbeiträge zur Zahlungsunfähigkeit der Gesellschaft führen. Im Zeitpunkt der Leistung hat sich also klar abzuzeichnen, dass die Gesellschaft nach dem normalen Lauf der Dinge ihre Verbindlichkeiten nicht mehr wird erfüllen können. Außergewöhnliche Ereignisse, welche die Zahlungsfähigkeit hätten retten können, bleiben außer Betracht (Begr. RegE MoMiG, BT-Drucks. 16/6140, S. 47). Regelmäßig wird für eine Haftung zu fordern sein, dass, neben einer zeitlichen Nähe zum Eintritt der Zahlungsunfähigkeit, der Zahlung aus der objektiven Warte eines ordentlichen und umfassend informierten Kaufmanns eine gewichtige Bedeutung zukommt, sie die Funktion der Gesellschaft als Haftungsträger nachhaltig beeinträchtigt und sich als »**Weichenstellung ins Aus**« darstellt (*Greulich/Rau* NZG 2008, 284, 288; *Nolting/Hauff/Greulich* GmbHR 2013, 169, 174).

48 Bei Zahlungen, die zu einer Liquiditätslücke von mehr als 10 % führen, ist der Kausalzusammenhang regelmäßig zu bejahen (vgl. *Böcker/Poertzgen* WM 2007, 1203, 1207 f., BGH, Urt. v. 09.10.2012 – II ZR 298/11; Baumbach/Hueck/*Haas* § 64 Rn. 99; Lutter/Hommelhoff/*Kleindiek* § 64 Rn. 29; kritisch: *Greulich/Rau* NZG 2008, 284, 288). Im Übrigen wird der Kausalzusammenhang dann bejaht, wenn die Zahlung mit überwiegender Wahrscheinlichkeit von mehr als 50 % dazu führt, dass die Gesellschaft unter normalem Verlauf der Dinge ihre Verbindlichkeiten nicht mehr erfüllen kann. Insoweit ist eine **Solvenzprognose** auf Grundlage einer kontinuierlichen Finanzplanung, welche die gesamte Finanzlage der Gesellschaft bis zur Fälligkeit aller bestehenden Verbindlichkeiten des laufenden und des darauf folgenden Geschäftsjahres zutreffend berücksichtigt, angezeigt (vgl. *Knof* DStR 2007, 1536, 1539 f. und DStR 2007, 1580 ff.; Lutter/Hommelhoff/*Kleindiek* § 64 Rn. 28 f.); diskutiert wird insoweit, ob im Sinne einer business judgement rule ein überprüfungsfreier Bereich unternehmerischen Ermessens zuzubilligen ist (vgl. *Meyer* BB 2008, 1742, 1746). Teilweise wird hingegen vertreten, dass nur solche Zahlungen an Gesellschafter Zahlungsunfähigkeit herbeiführen, die nicht gleichzeitig die fälligen Verbindlichkeiten reduzieren, z. B. vorfällige Zins- oder Tilgungszahlungen, ungerechtfertigte Zahlungen von Management fees oder Beratungsgebühren an Gesellschafter (vgl. *Niesert/Hohler* NZI 2009, 345, 350). Hinsichtlich der Darlegungs- und Beweislast wird eine Kausalitätsvermutung abgelehnt, jedoch eine sekundäre Darlegungslast des Geschäftsführers angenommen, wenn auf eine ordnungsgemäße Solvenzprognose unterblieb oder diese, einschließlich der Finanzplanung, nicht hinreichend dokumentiert wurde (vgl. *Greulich/Rau* NZG 2008, 284, 288 f.).

49 In Anlehnung an Roth/Altmeppen/*Altmeppen* § 64 Rn. 63 ff. hat der BGH (BGH, Urt. v. 09.10.2012 – II ZR 298/11; NZG 2012, 1379) mittlerweile unter dem Aspekt der Verursachung von Zahlungsunfähigkeit entschieden, dass sich § 64 Satz 3 nicht auf Fälle beziehe, in denen der Gesellschafter einen **fälligen Anspruch** gegen die Gesellschaft habe. § 64 Satz 3 verbietet lediglich Insolvenz begründende (offene oder verdeckte) Ausschüttungen an Gesellschafter (Roth/Altmeppen/*Altmeppen* § 64 Rn. 78) bzw. Insolvenz begründende Zahlungen, die nicht gleichzeitig die fälligen Verbindlichkeiten reduzieren, z. B. vorfällige Zins- oder Tilgungszahlungen, ungerechtfertigte Zahlungen von Management Fees oder Beratungsgebühren an Gesellschafter (vgl. *Niesert/Hohler* NZI 2009, 345, 350). Der BGH nennt in diesem Zusammenhang Zahlungen auf nicht im insolvenzrechtlichen Sinne fällige und daher nicht in die Liquiditätsbilanz einzustellende Forderungen, wie tatsächlich nicht ernsthaft eingeforderte oder einem Rangrücktritt unterliegende Gesellschafterforderungen (BGH, Urt. v. 09.10.2012 – II ZR 298/11; NZG 2012, 1379 Tz. 13). Weiter erfasst sind von § 64 Satz 3 nach Auffassung des BGH die eher theoretischen Fälle, in denen eine nur unwesentliche, nicht zur Zahlungsunfähigkeit führende Deckungslücke besteht, aus der aufgrund der Zahlung eine wesentliche Deckungslücke wird (BGH, Urt. v. 09.10.2012 – II ZR 298/11;

NZG 2012, 1379 Tz. 13), z. B. weil sich aufgrund Herabsetzung der relativen Deckungsquote eine bestehende Liquiditätslücke auf über 10 % erhöht (vgl. Beispiel bei *Nolting-Hauff/Greulich* GmbHG 2013, 169, 171 Fn. 15). Im Übrigen haftet ein Geschäftsführer, wenn die Gesellschaft unter Berücksichtigung einer Gesellschafterforderung zahlungsunfähig ist, schon nach § 64 Satz 1 für hierauf geleistete Zahlungen: Ist die Gesellschaft aus diesem Grund zahlungsunfähig, hat der Geschäftsführer den Gesellschafteranspruch nicht zu befriedigen, sondern Insolvenzantrag zu stellen (BGH, Urt. v. 09.10.2012 – II ZR 298/11; NZG 2012, 1379 Tz. 12). Ausnahmsweise mag schließlich eine an sich statthafte, weil nicht zur Zahlungsunfähigkeit führende, Zahlung auf eine Gesellschafterforderung im Sinne von § 64 Satz 3 doch Insolvenz verursachend sein, wenn z. B. weitere Kreditgeber die Gewährung oder Verlängerung ihrer Kredite vom Fortbestand des Gesellschafterkredits abhängig gemacht haben, und die Begleichung der Gesellschafterforderung ihrerseits zum Anlass für eine Kreditrückführung nehmen (BGH, Urt. v. 09.10.2012 – II ZR 298/11; NZG 2012, 1379 Tz. 13).

III. Entlastung, Verschulden

§ 64 Satz 2 GmbH gibt dem Geschäftsführer eine Entlastungsmöglichkeit, wenn er die Tatbestandsmerkmale des Zahlungsverbots, insbesondere die Eignung der Zahlung, die Zahlungsunfähigkeit herbeizuführen, auch unter Anwendung der Sorgfalt eines ordentlichen Kaufmannes nicht erkennen konnte. Da die Herbeiführung der künftigen Zahlungsunfähigkeit zum objektiven Tatbestand gehört, betrifft der Entlastungsbeweis Fälle, in denen der Geschäftsführer diese subjektiv aufgrund besonderer Umstände nicht erkennen konnte (Begr. RegE MoMiG, BT-Drucks. 16/6140, S. 47). Allerdings stellt die Entlastungsmöglichkeit gerade nicht auf die subjektiv-individuelle Erkennbarkeit durch den Geschäftsführer oder Liquidator ab, sondern die Sorgfalt eines ordentlichen Kaufmannes (Lutter/Hommelhoff/*Kleindiek* § 64 Rn. 38). Gesellschafterweisungen entlasten den Geschäftsführer nicht, da die Weisungsgebundenheit endet, wo der Geschäftsführer durch Ausübung der Weisung eine ihn treffende Pflicht verletzen und sich gegenüber der Gesellschaft ersatzpflichtig machen würde. Dementsprechend schneidet § 43 Abs. 3 GmbHG, auf den § 64 verweist, dem Geschäftsführer den Einwand, er habe auf eine Gesellschafterweisung gehandelt, ab. In Zweifelsfällen hat der Geschäftsführer sein Amt niederzulegen, statt die von den Gesellschaftern gewünschte Zahlung vorzunehmen (Begr. RegE MoMiG, BT-Drucks. 16/6140, S. 47).

IV. Rechtsfolge

In dem Umfang, wie Zahlungen zur Zahlungsunfähigkeit führen mussten, haben die Geschäftsführer solche Zahlungen grundsätzlich ungekürzt und Zug um Zug gegen Abtretung etwaiger Erstattungsansprüche der Insolvenzmasse zu erstatten (vgl. *Greulich/Bunnemann* NZG 2006, 681, 686). Neben einer Erstattungspflicht der Geschäftsführer begründet § 64 Satz 3 ein Zahlungsverbot (vgl. *Knof* DStR 2007, 1536, 1537; *Gehrlein* BB 2008, 846, 849) und ein entsprechendes **Leistungsverweigerungsrecht** (BGH, Urt. v. 09.10.2012 – II ZR 298/11; NZG 2012, 1379 Rn. 10 ff.; Lutter/Hommelhoff/*Kleindiek* § 64 Rn. 33; Scholz/*K. Schmidt* § 64 Rn. 91; Henssler/Strohn/*Arnold* § 64 Rn. 65; a.A. Baumbach/Hueck/*Haas* § 64 Rn. 107 und *Haas* NZG 2013, 41, 44; Rowedder/Schmidt-Leithoff/*Schmidt-Leithoff/Baumert* § 64 Rn. 72), insoweit greift § 64 Satz 3 GmbH unabhängig von einer Zahlungsunfähigkeit bzw. Insolvenz ein. Ungeklärt ist, ob bei Ansprüchen Dritter, bei denen die Gesellschaft für Rechnung des Gesellschafters handelt bzw. für diesen haftet, ebenfalls das Leistungsverweigerungsrecht Platz greift (vgl. Rdn. 44). Der Einwand, dass die Zahlungsunfähigkeit auch ohne die Zahlung an die Gesellschafter eingetreten wäre (rechtmäßiges Alternativverhalten) ist irrelevant (*Böcker/Poertzgen* WM 2007, 1203, 1208).

E. Weitere Aspekte der Geschäftsführerhaftung in der Unternehmenskrise

Die Inanspruchnahme von Geschäftsführern durch Vertragspartner (v. a. Kreditgeber) mit der Argumentation, sie hätten von der problematischen wirtschaftlichen Lage unterrichtet und so vor Schaden bewahrt werden müssen, setzt am Rechtsinstitut des **Verschuldens bei Vertragsver-**

handlungen bzw. § 311 Abs. 3 BGB an (Lutter/Hommelhoff/*Kleindiek* Anh. zu § 64 Rn. 63). Die Voraussetzungen für die Geltendmachung eines solchen, individuellen Vertrauensschadens auf quasi-vertraglicher Grundlage wurden im Hinblick auf den verbesserten deliktischen Schutz über die deliktische Insolvenzverschleppungshaftung seit der Entscheidung BGH mit Urt. v. 06.06.1994 – II ZR 292/91 NJW 1994, 2220 verschärft (Scholz/*K. Schmidt*, Anh. § 64 Rn. 82): Ein wirtschaftliches Eigeninteresse (z. B. die Abwendung einer Schadensersatzpflicht gegenüber der Gesellschaft oder die private Nutzung einer Lieferung an die Gesellschaft) eines Allein- oder Mehrheitsgesellschafters reicht regelmäßig nicht; Gleiches gilt für die bloße Teilnahme an Vertragsverhandlungen. Erforderlich für eine Eigenhaftung ist vielmehr die **Inanspruchnahme besonderen Vertrauens**, d. h. wenn der Geschäftsführer beim Verhandlungspartner ein zusätzliches, von ihm selbst ausgehendes Vertrauen auf die Vollständigkeit und Richtigkeit seiner Erklärungen hervorgerufen hat (BGH, Urt. v. 01.07.1991 – II ZR 180/90; NJW-RR 1991, 1312, 1313 f.) bzw. Erklärungen im Vorfeld einer Garantiezusage abgibt (BGH, Urt. v. 06.06.1994 – II ZR 292/91; NJW 1994, 2220, 2222).

53 Auch eine **vorsätzliche sittenwidrige Schädigung** (§ 826 BGB) begründet eine Eigenhaftung des Geschäftsführers. Diese Anspruchsgrundlage wird z. B. für die Bundesagentur für Arbeit relevant, die als Leistungsträger der Verpflichtung zur Zahlung von Konkursgeld nicht in den Schutzbereich von § 15a InsO fällt. Eine vorsätzliche sittenwidrige Schädigung scheidet jedoch aus, wenn der Geschäftsführer berechtigterweise vom Erfolg eingeleiteter Sanierungsmaßnahmen ausgehen konnte (BGH, Urt. v. 26.06.1989 – II ZR 289/88; NJW 1989, 3277). Hingegen kann von Umständen, welche die Sinnlosigkeit (weiterer) Sanierungsmaßnahmen offenbaren, sodass der verhandelnde Geschäftsführer damit rechnet, dass die Erfüllung von Verbindlichkeiten nicht möglich bzw. schwerwiegend gefährdet ist, dies dem Verhandlungspartner aber nicht offen legt, auf den nach § 826 BGB erforderlichen Schädigungsvorsatz geschlossen werden (OLG Celle, Urt. v. 19.11.1993 – 4 U 46/91; NJW 1994, 615).

§ 65 Anmeldung und Eintragung der Auflösung

(1) ¹Die Auflösung der Gesellschaft ist zur Eintragung in das Handelsregister anzumelden. ²Dies gilt nicht in den Fällen der Eröffnung oder der Ablehnung der Eröffnung des Insolvenzverfahrens und der gerichtlichen Feststellung eines Mangels des Gesellschaftsvertrags. ³In diesen Fällen hat das Gericht die Auflösung und ihren Grund von Amts wegen einzutragen. ⁴Im Falle der Löschung der Gesellschaft (§ 60 Abs. 1 Nr. 7) entfällt die Eintragung der Auflösung.

(2) ¹Die Auflösung ist von den Liquidatoren in den Gesellschaftsblättern bekanntzumachen. ²Durch die Bekanntmachung sind zugleich die Gläubiger der Gesellschaft aufzufordern, sich bei derselben zu melden.

Übersicht	Rdn.		Rdn.
A. Überblick	1	C. Bekanntmachung der Auflösung, Abs. 2	6
B. Eintragung der Auflösung, Abs. 1	2	D. Verfahren bei Fortsetzung der Gesell-	
I. Anmeldung	2	schaft	10
II. Eintragung	4		

A. Überblick

1 Außer bei gleichzeitiger Satzungsänderung (s. § 60 GmbHG Rdn. 8) ist die Registereintragung der Auflösung lediglich **deklaratorisch** (Baumbach/Hueck/*Haas* § 65 Rn. 15). Die Anmeldung der Auflösung wird – bei noch nicht wirksamer Auflösung (s. Rdn. 5) zweckmäßigerweise, bei bereits wirksamer Auflösung notwendig – mit der Anmeldung der Liquidatoren gem. § 67 GmbHG und dem Erlöschen der Vertretungsbefugnis der Geschäftsführer, die nicht Liquidatoren sind, verbunden (Lutter/Hommelhoff/*Kleindiek*, § 65 Rn. 1). Die Eintragung der Auflösung als Folge des Übergangs der Gesellschaft von einer werbenden zur Liquidationsgesellschaft ist von deren Löschung infolge

Vollbeendigung zu trennen, die gem. § 74 Abs. 1 GmbHG, § 31 Abs. 2 HGB anzumelden ist. Die in § 65 Abs. 2 GmbHG geregelte, dreimalige Bekanntmachungspflicht dient dem Gläubigerschutz.

B. Eintragung der Auflösung, Abs. 1

I. Anmeldung

Die Auflösung der Gesellschaft ist zur Eintragung ins Handelsregister anzumelden, soweit keine Ausnahme gem. Abs. 1 Satz 2 bis 4 besteht und die Auflösung nicht durch – ohnehin anmeldepflichtigen – satzungsändernden Gesellschafterbeschluss erfolgt (Baumbach/Hueck/*Haas* § 65 Rn. 2). Zur Anmeldung **verpflichtet** sind – ab Wirksamkeit der Auflösung – nach § 78 GmbHG die Liquidatoren in der jeweils vertretungsberechtigten Anzahl; dies sind regelmäßig gem. § 66 Abs. 1 GmbHG die früheren Geschäftsführer (unter Fortgeltung der satzungsmäßigen Vertretungsregelung), soweit keine abweichende Satzungsregelung oder ein etwas anderes regelnder Gesellschafterbeschluss existiert. Setzt die Auflösung eine Satzungsänderung voraus und wird beides gleichzeitig angemeldet, sind noch die Geschäftsführer zur Anmeldung befugt (BayObLG, Beschl. v. 31.03.1994; GmbHR 1994, 478). Die Anmeldung hat **unverzüglich** (ohne schuldhaftes Zögern) zu erfolgen, wobei ein kurzfristiges Hinausschieben zur Einholung von Rechtsrat bei zweifelhafter Rechtslage oder zur Erleichterung der Übernahme des Unternehmens durch einen Gesellschafter unschädlich ist (Baumbach/Hueck/*Haas* § 65 Rn. 9). Die Anmeldepflicht entfällt ab der Wirksamkeit eines Fortsetzungsbeschlusses (Baumbach/Hueck/*Haas* § 65 Rn. 6).

Die Anmeldung der Auflösung erfolgt gem. § 12 Abs. 1 HGB elektronisch in **öffentlich beglaubigter Form. Öffentlich zu beglaubigen sind auch die** entsprechenden Vollmachten, wenn sich der/die Anmeldungsberechtigte(n) vertreten lassen möchte(n) In der Anmeldung ist der Auflösungsgrund zu nennen (und nicht lediglich die Auflösung als solche zu behaupten), die der Auflösung zugrunde liegenden Unterlagen (bzw. bei Erlöschen infolge Zeitablaufs ein Hinweis auf die entsprechende Satzungsänderung) sind beizufügen (Baumbach/Hueck/*Haas* § 65 Rn. 10).

II. Eintragung

Die Eintragung der Auflösung der Gesellschaft erfolgt in Spalte 6 des Handelsregisters. Der Auflösungsgrund kann angegeben werden, in den Fällen von § 60 Abs. 1 Nr. 4 bis 6 GmbHG ist der Grund anzugeben (Abs. 1 Satz 3). In den letztgenannten Fällen besteht keine Anmeldepflicht; das Registergericht erhält die entsprechenden Beschlüsse für die von Amts wegen erfolgende Eintragung vom Insolvenzgericht mitgeteilt, § 31 InsO.

Bei Löschung infolge Vermögenslosigkeit (§ 60 Abs. 1 Nr. 7 GmbHG) entfällt die Eintragung der Auflösung, da die Gesellschaft mit der Löschung beendet ist. Es besteht demgemäß auch hier keine Anmeldepflicht, beim Registergericht kann jedoch die Löschung angeregt werden (Achilles/Ensthaler/Schmidt/*Ensthaler/Zech* § 65 Rn. 9). Wird die Auflösung der Gesellschaft und Bestellung einer der Geschäftsführer nun zum Liquidator unter Befristung gem. § 163 BGB, z. B. zum Ende des Geschäftsjahres, beschlossen, so kann die Eintragung der Auflösung erst in dem Jahr erfolgen, in dem die Wirkungen der Beschlussfassung eingetreten sind; die Anmeldung kann jedoch bereits zuvor erfolgen (OLG Hamm, Beschl. v. 08.02.2007 – 15 W 37/07, 414/06; GmbHR 2007, 762).

C. Bekanntmachung der Auflösung, Abs. 2

Die Bekanntmachung der Auflösung seitens der Liquidatoren gem. Abs. 2 ist von der Eintragungsbekanntmachung der Löschung durch das Registergericht nach § 10 HGB zu unterscheiden. Die Bekanntmachung der Auflösung dient der **Unterrichtung der Gläubiger** im Hinblick auf deren Befriedigung gem. § 70 GmbHG vor Verteilung des restlichen Vermögens. Eine Bekanntmachung erfolgt daher nicht bei Auflösung durch Insolvenz. Stattdessen wird der gerichtliche Eröffnungsbeschluss (§ 28 InsO) gem. § 30 Abs. 1 InsO durch das Insolvenzgericht bekannt gemacht. Streitig ist, ob die Bekanntmachung auch bei faktischer Vermögenslosigkeit (vgl. § 141a FGG bzw. § 394 FamFG, § 60 Abs. 1 Nr. 7 GmbHG) der Gesellschaft entfällt, weil in diesen Fällen eine Gläubigergefährdung bereits eingetreten ist und eine Vermögensverteilung nicht möglich ist (Achilles/ Ensthaler/Schmidt/*Ensthaler/Zech* § 65 Rn. 14). Die strengere Auffassung hält die Bekanntmachung nur dann für entbehrlich, wenn nach Löschung einer GmbH nach § 141a Abs. 1 Satz 1 FGG bzw. § 394 FamFG nur noch rechtsgeschäftliche Erklärungen für die Gesellschaft abzugeben oder sonstige Abwicklungsmaßnahmen vorzunehmen sind, ohne dass sich verteilungsbedürftiges Vermögen herausgestellt hätte (Baumbach/Hueck/*Haas* § 65 Rn. 17).

7   Der entsprechende Anzeigenauftrag zur Veröffentlichung der Bekanntmachung im elektronischen Bundesanzeiger kann mittels Formblatt (über das Internet erhältlich) beim Bundesanzeiger Verlag geschaltet werden; das Formblatt zum Anzeigenauftrag enthält auch einen Textvorschlag. Als zweckmäßiger **Wortlaut** der Bekanntmachung wird vorgeschlagen (vgl. Lutter/Hommelhoff/*Kleindiek*, § 65 Rn. 8):

▶ **Muster:**

»X-GmbH

Die Gesellschaft ist aufgelöst. Die Gläubiger der Gesellschaft werden hiermit gem. § 65 Abs. 2 GmbHG aufgefordert, sich unter Angabe des Grundes und der Höhe ihres Anspruches bei der Gesellschaft zu melden.

X-Stadt, den ...

Der Liquidator«

8   Die Bekanntmachung der Auflösung ist zwingend mit der **Aufforderung an die Gläubiger**, sich bei der Gesellschaft zu melden, zu verbinden. Die Bekanntmachung hat unverzüglich nach Wirksamwerden der Auflösung zu erfolgen. An bekannte Gläubiger muss keine gesonderte Aufforderung ergehen, weil sie selbst dann, wenn sie sich nicht bei der Gesellschaft melden, nach § 70 GmbHG (ggf. durch Hinterlegung nach § 73 Abs. 2 Satz 1 GmbHG) zu befriedigen sind (Achilles/Ensthaler/Schmidt/*Ensthaler/Zech* § 65 Rn. 9).

9   Die Bekanntmachung erfolgt im **elektronischen Bundesanzeiger** sowie etwaigen, daneben bestehenden Gesellschaftsblättern (§ 12 GmbHG). Bis zum Inkrafttreten des ARUG hatte die Bekanntmachung dreimal zu erfolgen, wobei Mindest- oder Höchstzeiträume zwischen den Bekanntmachungen nicht vorgesehen waren. Seit Inkrafttreten des ARUG am 01.09.2009 ist das Erfordernis dreimaliger Bekanntmachung entfallen, da diese ohnehin im elektronischen Bundesanzeiger gespeichert wird (Roth/Altmeppen/*Altmeppen* § 65 Rn. 39). Gem. § 73 Abs. 1 GmbHG beginnt mit der Aufforderung das sog. **Sperrjahr**, vor dessen Ablauf das Vermögen der Gesellschaft nicht unter die Gesellschafter verteilt werden darf, § 73 Abs. 1 GmbHG (Baumbach/Hueck/*Haas* § 65 Rn. 19).

D. Verfahren bei Fortsetzung der Gesellschaft

10 Wird die Gesellschaft nach Auflösung fortgesetzt, ist diese Tatsache zur Eintragung im Handelsregister anzumelden. Anmeldung und Eintragung sind aber entbehrlich, wenn die Auflösung der Gesellschaft nicht eingetragen worden war und sich die zwischenzeitlich erfolgte Auflösung auch nicht aus anderen aus dem Handelsregister ersichtlichen Umständen (wie z. B. Zeitablauf gem. § 60 Abs. 1 Nr. 1 GmbHG, Eröffnung des Insolvenzverfahrens, § 60 Abs. 1 Nr. 4) ergibt (Baumbach/Hueck/*Haas* § 65 Rn. 20; Achilles/Ensthaler/Schmidt/*Ensthaler/Zech* § 65 Rn. 11).

11 Die Eintragung der Fortsetzung wird vom Registergericht gem. § 10 HGB bekannt gemacht. Eine Bekanntmachung entsprechend Abs. 2 durch Liquidatoren oder Geschäftsführer ist nicht erforderlich (Baumbach/Hueck/*Haas* § 65 Rn. 22).

§ 66 Liquidatoren

(1) In den Fällen der Auflösung außer dem Fall des Insolvenzverfahrens erfolgt die Liquidation durch die Geschäftsführer, wenn nicht dieselbe durch den Gesellschaftsvertrag oder durch Beschluß der Gesellschafter anderen Personen übertragen wird.

(2) Auf Antrag von Gesellschaftern, deren Geschäftsanteile zusammen mindestens dem zehnten Teil des Stammkapitals entsprechen, kann aus wichtigen Gründen die Bestellung von Liquidatoren durch das Gericht erfolgen.

(3) ¹Die Abberufung von Liquidatoren kann durch das Gericht unter derselben Voraussetzung wie die Bestellung stattfinden. ²Liquidatoren, welche nicht vom Gericht ernannt sind, können auch durch Beschluß der Gesellschafter vor Ablauf des Zeitraums, für welchen sie bestellt sind, abberufen werden.

(4) Für die Auswahl der Liquidatoren findet § 6 Abs. 2 Satz 2 und 3 entsprechende Anwendung.

(5) ¹Ist die Gesellschaft durch Löschung wegen Vermögenslosigkeit aufgelöst, so findet eine Liquidation nur statt, wenn sich nach der Löschung herausstellt, daß Vermögen vorhanden ist, das der Verteilung unterliegt. ²Die Liquidatoren sind auf Antrag eines Beteiligten durch das Gericht zu ernennen.

Übersicht

	Rdn.			Rdn.
A. Überblick	1	IV.	Anspruch des Liquidators auf Vergütung, Dienstverhältnis	9
B. Bestimmung der Liquidatoren durch die Gesellschaft, Abs. 1	2	D.	Abberufung, Abs. 3	10
I. Geborene Liquidatoren	2	I.	Durch Gesellschafterversammlung	10
II. Gekorene Liquidatoren	3	II.	Durch Registergericht	11
III. Früherer Geschäftsführer	5	III.	Kündigung des Dienstverhältnisses	12
C. Gerichtliche Bestellung, Abs. 2	6	IV.	Niederlegung durch Liquidator	13
I. Wichtiger Grund	6	E.	Persönliche Eignung, Abs. 4	14
II. Antragsrecht, Auswahl der Liquidatoren	7	F.	Nachtragsliquidation, Abs. 5	15
III. Zuständigkeit, Rechtsmittel	8			

A. Überblick

Die aufgelöste Gesellschaft ist, außer bei Auflösung gem. § 60 Abs. 1 Nr. 4 GmbHG (dann Abwicklung nach dem Insolvenzverfahren durch den Insolvenzverwalter) und gem. § 60 Abs. 1 Nr. 7 GmbHG (wegen Vermögenslosigkeit keine Liquidation möglich) zu liquidieren. Die Geschäftsführer werden, sofern sich an die Auflösung der Gesellschaft eine Liquidation anschließt, durch Liquidatoren ersetzt, welche nach § 70 GmbHG im Rahmen der Abwicklung die Geschäfte führen und die Gesellschaft nach außen vertreten. Nach heute h.L. sind die §§ 66 ff. GmbHG, soweit sie keine Registereintragung voraussetzen, auf die zu liquidierende Vor-GmbH entsprechend anzuwenden (Baumbach/Hueck/*Haas* § 66 Rn. 3).

B. Bestimmung der Liquidatoren durch die Gesellschaft, Abs. 1

I. Geborene Liquidatoren

Grundsätzlich erfolgt die Liquidation durch die (ehemaligen) Geschäftsführer der werbenden Gesellschaft, sog. »geborene Liquidatoren« (Abs. 1 Halbs. 1). Die Geschäftsführer sind regelmäßig zur Übernahme dieses Amtes verpflichtet, die Auflösung der Gesellschaft allein ist kein Grund für eine außerordentliche Kündigung des Organschafts- und/oder Dienstverhältnisses. Eine gleichwohl erfolgte (wirksam mögliche) Niederlegung des Amtes als geborener Liquidator begründet u. U. Schadensersatzansprüche (Scholz/*K. Schmidt* § 66 Rn. 6; Lutter/Hommelhoff/*Kleindiek* § 66 Rn. 2).

II. Gekorene Liquidatoren

3   Sog. »gekorene Liquidatoren« sind solche, die **durch Satzung oder Gesellschafterbeschluss** bestimmt werden. Sie erlangen ihr Amt mit Wirksamwerden der Auflösung oder – im Fall eines Gesellschafterbeschlusses – mit dessen Wirksamwerden bzw. ab dem darin bestimmten Termin. Die Eintragung der Liquidatoren ins Handelsregister ist lediglich deklaratorisch, aber im Hinblick auf die Handelsregisterpublizität gem. § 15 Abs. 1 HGB empfehlenswert (Achilles/Ensthaler/Schmidt/*Ensthaler/Zech* § 66 Rn. 3). Bis zum Zeitpunkt der Amtserlangung der gekorenen Liquidatoren bleiben die Geschäftsführer als geborene Liquidatoren im Amt (Lutter/Hommelhoff/*Kleindiek* § 66 Rn. 2). Fällt der gekorene Liquidator jedoch weg (Amtsausschlagung, Abberufung oder Amtsniederlegung), so lebt im Zweifel das Amt des Geschäftsführers als geborener Liquidator nicht wieder auf (wohl h. M., vgl. Scholz/*K. Schmidt* § 66 Rn. 31; LG Frankenthal, Beschl. v. 18.12.1995 – 1 T 552/95; GmbHR 1996, 131). In solchen Fällen sind per Gesellschafterbeschluss oder hilfsweise durch das Registergericht andere Liquidatoren zu bestellen; die gerichtliche Bestellung kann bei empfindlicher Störung der Handlungsfähigkeit der Gesellschaft von irgendeinem Beteiligten (auch Gläubiger) per – vorübergehender – Notbestellung (§§ 29, 48 Abs. 1 Satz 2 BGB) bis zur anderweitigen Mangelbehebung bzw. gem. § 66 Abs. 2 GmbHG erfolgen (Achilles/Ensthaler/Schmidt/*Ensthaler/Zech* § 66 Rn. 5).

4   Grundsätzlich ist die Bestellung eines Liquidators im Wege des **Gesellschafterbeschlusses** vorrangig vor einem satzungsmäßig bestimmten Liquidator, weil auch ein satzungsmäßiger Liquidator jederzeit durch Gesellschafterbeschluss abberufen werden kann. Der Gesellschafterbeschluss zur Bestellung eines von der Satzung abweichenden Liquidators stellt daher keine Satzungsänderung dar und kann, vorbehaltlich anderweitiger Satzungsregelungen, mit einfacher Mehrheit gefasst werden. Allerdings kann die per Satzung erfolgte Benennung eines Gesellschafters zum Liquidator ein Sonderrecht darstellen, das nur aus wichtigem Grunde entzogen werden kann (Baumbach/Hueck/*Haas* § 66 Rn. 14). Eine Übertragung des Rechts zur Bestellung der Liquidatoren auf den Aufsichtsrat/Beirat, einen einzelnen Gesellschafter oder einen Dritten ist nicht möglich (Achilles/Ensthaler/Schmidt/*Ensthaler/Zech* § 66 Rn. 4; Lutter/Hommelhoff/*Kleindiek* GmbHG, § 66 Rn. 4; a. A. Scholz/*K. Schmidt* § 66 Rn. 10). § 66 Abs. 1 GmbHG gilt auch für die mitbestimmte GmbH und verdrängt die Bestellungskompetenz des Aufsichtsrats; keine Anwendung findet § 66 Abs. 1 GmbHG in Fällen der Nachtragsliquidation, weil insoweit das Gericht die Liquidatoren bestellt (Baumbach/Hueck/*Haas* § 66 Rn. 15 f.).

III. Früherer Geschäftsführer

5   Ein früherer Geschäftsführer, der nicht Liquidator ist, kann aus nachwirkender Geschäftsführerpflicht noch zur Erfüllung von Organpflichten gehalten sein (OLG Köln, Beschl. v. 10.09.1990 – 2 W 146/90; GmbHR 1991, 66: Abgabe eidesstattlicher Erklärung nach §§ 807, 900 ZPO), solange ein Liquidator wegen der Kürze der Amtszeit oder aus anderen Gründen noch keinen hinreichenden Einblick in die Gesellschaftsverhältnisse hat (Lutter/Hommelhoff/*Kleindiek* § 66 Rn. 13).

C. Gerichtliche Bestellung, Abs. 2

I. Wichtiger Grund

6   Ein wichtiger Grund für eine Bestellung von Liquidatoren durch das Amtsgericht i. S. d. Abs. 2 liegt – unabhängig davon, ob schon Liquidatoren vorhanden sind oder nicht – vor, wenn ordnungsgemäße Liquidatoren nicht vorhanden sind und mit ihrer Bestellung nach Abs. 1 auch nicht zu rechnen ist (Roth/Altmeppen/*Altmeppen* § 66 Rn. 33). Bei der gerichtlichen Bestellung von Liquidatoren sind die schützenswerten Interessen der Minderheit gegenüber den Belangen der Mehrheit abzuwägen. **Wichtige Gründe** können sein, dass ein ordentlicher Liquidator dauerhaft fehlt und die Gesellschaft deshalb durch einen Notliquidator gem. §§ 29, 48 Abs. 1 Satz 2 BGB abgewickelt wird oder objektiv begründete Bedenken gegen die Unparteilichkeit eines vorhandenen Liquidators oder

dessen Fähigkeit zu ordnungsgemäßer Geschäftsführung und Abwicklung (BayObLG, Beschl. v. 06.12.1995 – 3Z BR 216/95; NJW-RR 1996, 1384) bestehen. Im Hinblick auf die bevorstehende Vollbeendigung der Gesellschaft ist deren Interesse selbst weniger maßgeblich. Auch nach Abberufung von Liquidatoren bzw. bei noch vorhandenen (aber abzuberufenden) Liquidatoren (Abs. 3) kann ein wichtiger Grund für eine Neubestellung vorliegen, soweit eine ordnungsgemäße Liquidation im Gesellschafterinteresse, insbesondere im Hinblick auf die Minderheitsgesellschafter, nicht gewährleistet ist. In diesem Fall kann in der gerichtlichen Bestellung nach § 66 Abs. 2 GmbHG gleichzeitig eine Abberufung nach Abs. 3 liegen (Lutter/Hommelhoff/*Kleindiek* § 66 Rn. 5; Achilles/Ensthaler/Schmidt/*Ensthaler/Zech* § 66 Rn. 6).

II. Antragsrecht, Auswahl der Liquidatoren

Das Antragsrecht kann gem. Abs. 2 durch eine Minderheit von 10 % des Stammkapitals (unabhängig von der Höhe des damit verbundenen Stimmrechts) geltend gemacht werden. Dieses Minderheitsrecht darf durch die Satzung nicht beseitigt oder eingeschränkt werden; eine Erweiterung (z. B. Antragsberechtigung für jeden Gesellschafter oder 5 % des Stammkapitals) ist jedoch zulässig (Lutter/Hommelhoff/*Kleindiek* § 66 Rn. 5; Roth/Altmeppen/*Altmeppen* § 66 Rn. 31). Geringere Voraussetzungen hinsichtlich des Antragsrecht bestehen bei der neben § 66 Abs. 2 GmbHG anwendbaren Notbestellung durch das Registergericht gem. §§ 29, 48 Abs. 1 Satz 2 BGB; insoweit ist jeder Beteiligte, auch ein Gläubiger, antragsberechtigt. Bei der gerichtlichen Bestellung gem. § 66 Abs. 2 GmbHG gilt der **Amtsermittlungsgrundsatz**. Bejaht das Registergericht einen wichtigen Grund, so hat es die Bestellung vorzunehmen; es besteht trotz der Formulierung »kann« **kein Ermessen**. Bei **Auswahl der Liquidatoren** und deren Anzahl ist das Registergericht im Rahmen von § 6 Abs. 2 Satz 2 und Satz 3 GmbHG frei und nicht an Vorschläge der Antragsteller (BayObLG, Beschl. v. 27.01.1987 – 3 Z 186/86; GmbHR 1987, 306) oder Satzungsregeln gebunden. Von einer Bestellung ist jedoch abzusehen, wenn die in Betracht kommende Person bereits erklärt hat, das Amt nicht zu übernehmen, wobei ein bestellter Liquidator nicht zur Amtsübernahme verpflichtet ist. (Baumbach/Hueck/*Haas* § 66 Rn. 21; Lutter/Hommelhoff/*Kleindiek* § 66 Rn. 5; Achilles/Ensthaler/Schmidt/*Ensthaler/Zech* § 66 Rn. 9).

7

III. Zuständigkeit, Rechtsmittel

Die **Zuständigkeit** liegt beim Amtsgericht am Gesellschaftssitz (§ 7 Abs. 1 GmbHG). Dieses entscheidet in seiner Funktion als Gericht der freiwilligen Gerichtsbarkeit gem. § 375 Nr. 6 FamFG i. V. m. § 23a Abs. 1 Nr. 2 GVG (BayObLG NJW-RR 1990, 52; Baumbach/Hueck/*Haas* § 66 Rn. 21; Lutter/Hommelhoff/*Kleindiek* § 66 Rn. 6; Scholz/*K. Schmidt* GmbHG, § 66 Rn. 13). Gegen die Entscheidung über die Bestellung ist gem. § 402 Abs. 1, 58 ff. FamFG binnen Monatsfrist (§ 63 FamFG) Beschwerde bei dem Gericht einzulegen, dessen Beschluss angefochten wird (§ 64 Abs. 1 FamFG). Wird der Beschwerde nicht abgeholfen, entscheidet das örtlich zuständige OLG (§ 119 Abs. 1 Nr. 1 Buchst. b) GVG) als Beschwerdegericht (§§ 68, 69 FamFG). Über die sich hieran ggf. anschließende Rechtsbeschwerde gem. §§ 470 ff. FamFG entscheidet der BGH (§ 133 GVG).

8

IV. Anspruch des Liquidators auf Vergütung, Dienstverhältnis

Bei gerichtlicher Bestellung kommt nach h. M. mit der bloßen Amtsübernahme (d. h. ohne vertragliche Vereinbarung) kein Dienstvertrag mit der Gesellschaft zustande (Baumbach/Hueck/*Haas* § 66 Rn. 23; Roth/Altmeppen/*Altmeppen* § 66 Rn. 41). Der Anspruch des Liquidators auf **Vergütung** und Auslagenersatz wird vom Registergericht auf Antrag (regelmäßig mit dem Bestellungsantrag verbunden) analog § 265 Abs. 4 Satz 2 AktG festgesetzt. Ein Anwalt kann als Liquidator insoweit zusätzlich eine Vergütung nach RVG erhalten, als ein als Liquidator erfahrener Nichtjurist anwaltlichen Rat in Anspruch nehmen müsste (Baumbach/Hueck/*Haas* § 66 Rn. 23; BGH, Urt. v. 17.09.1998 – IX ZR 237/97; BGHZ 139, 309).

9

D. Abberufung, Abs. 3

I. Durch Gesellschafterversammlung

10 Mit Ausnahme des gerichtlich nach Abs. 2 bestellten Liquidators kann die Gesellschafterversammlung jeden Liquidator jederzeit und ohne wichtigen Grund abberufen, Abs. 3 Satz 2. Nach h. M. kann dieses Recht durch die Satzung nicht beschränkt, z. B. vom Vorliegen eines wichtigen Grundes abhängig gemacht, werden (Lutter/Hommelhoff/*Kleindiek* § 66 Rn. 11; a. A. Baumbach/Hueck/*Haas* § 66 Rn. 24, jedoch die Zweckmäßigkeit einer solchen Satzungsbestimmung bezweifelnd). Der Notliquidator gem. § 29 BGB kann und muss nicht abberufen werden, weil sein Amt automatisch mit der Bestellung von Liquidatoren in ausreichender Zahl endet (Lutter/Hommelhoff/*Kleindiek* § 66 Rn. 11).

II. Durch Registergericht

11 Nach Abs. 3 Satz 1 kann das **Registergericht** bei entsprechender Antragstellung und wichtigem Grund i. S. v. Abs. 2 jeden Liquidator, nicht nur den gerichtlich bestellten, abberufen. Ein wichtiger Grund liegt z. B. bei grober Pflichtverletzung oder Unfähigkeit eines Liquidators (OLG Düsseldorf, Beschl. v. 19.09.2001 – 3 Wx 41/01; DB 2002, 39) oder bei objektiven Bedenken gegen dessen Unparteilichkeit und/oder erheblichen Streitigkeiten im Verhältnis zu einzelnen Gesellschaftern vor; ein Verschulden des Abzuberufenden ist nicht erforderlich, maßgeblich ist, ob der Abwicklungszweck gefährdet ist (BayObLG, Beschl. v. 06.12.1995 – 3Z BR 216/95; NJW-RR 1996, 1384). Antragsberechtigung, Zuständigkeit, Verfahren und Rechtsbehelfe entsprechen den Regelungen über die gerichtliche Bestellung eines Liquidators, wobei bei der Abberufung nicht nur die abberufenen Liquidatoren und die Gesellschaft, sondern nach h. M. auch die Gesellschafter, die den abberufenen Liquidator bestellt haben, antragsberechtigt sind (vgl. OLG Düsseldorf NZG, Urt. v. 22.07.1998 – 3 Wx 202/98; 1998, 853, 854).

III. Kündigung des Dienstverhältnisses

12 Für die Kündigung des Dienstverhältnisses mit dem Liquidator gelten die mit der Gesellschafterversammlung getroffenen Vereinbarungen, einschließlich der sich aus dem noch mit der werbenden Gesellschaft geschlossenen Dienstvertrag ergebenden Vereinbarungen. Sind keine Vereinbarungen getroffen worden, kommt es hinsichtlich der schuldrechtlichen Grundlage des Tätigwerdens jenseits der Organstellung und insbesondere hinsichtlich der Kündigungsfrist darauf an, ob der Liquidator sich im Hinblick auf die Aufgaben im Zusammenhang mit der Liquidation auf eine zeitlich und persönlich intensivere Tätigkeit, für die er vergütet wird, einstellen konnte, oder ob die Tätigkeit nebenher und auch neben anderer (z. B. anwaltlicher Tätigkeit) erfolgen kann. Im ersten Fall gilt mangels abweichender Vereinbarungen § 622 BGB, ansonsten besteht die Möglichkeit zur Kündigung mit sofortiger Wirkung gem. § 627 BGB. Eine fristlose Kündigung aus wichtigem Grund gem. § 626 BGB ist jederzeit möglich, wobei für den Liquidator seine Abberufung regelmäßig einen wichtigen Grund darstellt, nicht aber für die Gesellschaft, außer in den Fällen des § 66 Abs. 3 GmbHG (Lutter/Hommelhoff/*Kleindiek* § 66 Rn. 12).

IV. Niederlegung durch Liquidator

13 Liquidatoren können zu jedem Zeitpunkt, unabhängig vom Bestehen eines wichtigen Grundes, ihr **Amt niederlegen**. Die Niederlegung zur Unzeit macht ggf. schadensersatzpflichtig (Baumbach/Hueck/*Haas* § 66 Rn. 29). Die Amtsniederlegung erfolgt grundsätzlich durch Erklärung gegenüber der Gesellschaft, die hierbei entsprechend § 35 Abs. 2 Satz 3 GmbHG von jedem Liquidator einzeln vertreten wird, oder gegenüber den Gesellschaftern, wenn kein anderer Liquidator vorhanden ist. Der gerichtlich bestellte Liquidator legt sein Amt durch Erklärung gegenüber dem Registergericht nieder (Lutter/Hommelhoff/*Kleindiek* § 66 Rn. 10; Achilles/Ensthaler/Schmidt/*Ensthaler/Zech* § 66 Rn. 12). Gleiches gilt im Fall der Einpersonen-Gesellschaft, wenn keine weiteren Liquidatoren vorhanden sind (BayObLG, Beschl. v. 13.01.1994 – 3Z BR 311/09; NJW-RR 1994, 617). Die

Amtsniederlegung bedeutet in der Regel die gleichzeitige Kündigung des Dienstvertrages, wobei jedoch bei Nichtbeachtung der Kündigungsfrist (z. B. Fehlen eines wichtigen Grundes bei sofortiger Amtsniederlegung) eine Schadensersatzpflicht droht.

E. Persönliche Eignung, Abs. 4

Die Satzung kann besondere **Qualifikationserfordernisse** für die Liquidatoren aufstellen; für ein Abweichen hiervon bei Bestellung eines Liquidators durch Gesellschafterbeschluss ist eine Satzungsänderung (in Abweichung des Grundsatzes vom Vorrang des Gesellschafterbeschlusses, s. o. Rdn. 4) erforderlich. Im Übrigen nimmt Abs. 4 hinsichtlich der persönlichen Eignung der Liquidatoren auf § 6 Abs. 2 Satz 2 und Satz 3 GmbHG (z. B. Verurteilung wegen Insolvenzstraftat, Berufsverbot, Betreuung unter Einwilligungsvorbehalt gem. § 1903 BGB) Bezug (vgl. § 6 GmbHG Rdn. 11). Mangels Verweisung auf § 6 Abs. 2 Satz 1 GmbHG können – im Unterschied zum Amt des Geschäftsführers – auch **juristische Personen** (z. B. Treuhandgesellschaften in der Rechtsform einer Kapitalgesellschaft oder juristische Personen des öffentlichen Rechts), Personenhandelsgesellschaften und Partnerschaftsgesellschaften als Liquidatoren bestellt werden. Voraussetzung ist jedoch, dass deren Organmitglieder die Eignungsanforderungen gem. § 6 Abs. 2 Satz 2 und 3 GmbHG erfüllen, s. auch § 67 GmbHG Rdn. 7 f. Gesellschaften bürgerlichen Rechts scheiden trotz Anerkennung ihrer Rechtsfähigkeit mangels Registerpublizität, welche über die Vertretungsverhältnisse Aufschluss geben würde, aus (Scholz/*K. Schmidt* § 66 Rn. 3a).

14

F. Nachtragsliquidation, Abs. 5

Abs. 5 regelt einen speziellen Fall der sog. Nachtragsliquidation, nämlich, dass eine Löschung nach § 141a FGG bzw. § 394 FamFG einer **vermeintlich vermögenslosen Gesellschaft** erfolgt ist und sich nachträglich noch abzuwickelndes Vermögen findet. Über Abs. 5 hinaus findet allgemein eine Nachtragsliquidation statt, wenn sich nach Vollbeendigung einer Gesellschaft (d. h. deren Löschung) noch verteilungsfähiges Vermögen findet (selbst wenn zur Realisierung noch ein Aktivprozess nötig sein sollte) oder gem. § 273 Abs. 4 Satz 1 AktG analog noch **Abwicklungsmaßnahmen** erforderlich sind. Unter solchen Abwicklungsmaßnahmen werden im Wesentlichen rechtsgeschäftliche Willenserklärungen und sonstige Handlungen verstanden, die im Interesse des Gläubigerschutzes eine gesetzliche Vertretung der Gesellschaft verlangen (OLG Hamm, Beschl. v. 08.05.2001 – 15 W 43/01; NJW-RR 2002, 324, 326; OLG Stuttgart, Beschl. v. 07.12.1994 – 8 W 311/93; NJW-RR 1995, 805, 806); hierzu gehören z. B. die Erteilung von Zeugnissen für Arbeitnehmer, der Empfang einer Zustellung, die Mitwirkung an der Auszahlung eines hinterlegten Betrages, die Wahrnehmung von Grundpfandrechten, u. U. auch die Mitwirkung an einem gegen die Gesellschaft gerichteten Prozess, die Abgabe von Erklärungen (Baumbach/Hueck/*Haas* § 60 Rn. 105). Soweit die Abwicklungsmaßnahmen keine »echte« Nachtragsliquidation einer noch fortbestehenden, eintragungspflichtigen evtl. gar bilanzierungspflichtigen Gesellschaft implizieren, sondern es ausschließlich um die Erledigung nachwirkender Handlungspflichten der erloschenen Gesellschaft geht, welche den Fortbestand einer Liquidations-Gesellschaft nicht bedürfen, wird eine Nachtragsliquidation von manchen für unverhältnismäßig gehalten. Dies gilt z. B. für die Zustellung von Schriftstücken, die statt an einen Nachtragsliquidator nach einem obiter dictum des OLG Jena (OLG Jena, Beschl. v. 08.06.2007 – 6 U 311/07; NZG 2007, 717, 719) auch an den Verwahrer erfolgen könne. Der BGH hat die Frage, ob der gegen eine gelöschte Gesellschaft gerichtete Anspruch auf Eintragung einer Sicherungshypothek gegen einen Nachtragsliquidator durchzusetzen ist, oder gegen einen analog § 1903 BGB zu bestellenden Pfleger, offen gelassen (BGH, Urt. v. 10.10.1988 – II ZR 92/88; BGHZ 105, 259). Für die Bekanntgabe von Bescheiden über die einheitliche und gesonderte Gewinnfeststellung des Gewinns einer ebenfalls aufgelösten Kommanditgesellschaft hält das OLG München die Bestellung eines Nachtragsliquidators für die gelöschte GmbH, der gegenüber diese Bescheide bekannt gegeben werden sollen, für angezeigt, wobei in einem solchen Fall der Aufgabenkreis des Nachtragsliquidators auf die Entgegennahme dieser Feststellungsbescheide zu beschränken sein soll (OLG München, Beschl. v. 07.05.2008 – 31 Wx 28/08; DB 2008, 1311, s. zur Beschränkung des Aufgabenkreises auch Rdn. 16).

15

16 Der **Nachtragsliquidator** ist nicht mit dem ursprünglichen Liquidator identisch und kann weder durch Satzung noch durch Gesellschafterbeschluss bestimmt (oder ggf. abberufen) werden. Allein das Registergericht ist für die Bestellung eines solchen Liquidators zuständig (Lutter/Hommelhoff/ *Kleindiek* § 66 Rn. 14), das bei einer angestrebten Nachtragsliquidation analog § 273 Abs. 4 AktG auf Antrag eines Beteiligten tätig wird (OLG Koblenz, Urt. v. 09.03.2007 – 8 U 228/06; DB 2007, 1972). Seit Inkrafttreten des FGG-RG am 01.09.2009 ergibt sich die Zuständigkeit aus §§ 376f FamFG, 23a Abs. 1 Nr. 2, Abs. 2 Nr. 4 GVG. Zuständig ist gem. § 17 Nr. 2 Buchst. b) RPflG der Richter. Gegen gerichtliche Entscheidungen, welche die Bestellung eines Nachtragsliquidators betreffen, ist analog § 273 Abs. 5 AktG die Beschwerde binnen eines Monats, § 63 FamFG, gegeben (Baumbach/Hueck/*Haas* § 66 Rn. 39). Streitig ist, ob die Nachtragsliquidation auf die Vornahme bestimmter Maßnahmen beschränkbar ist (ablehnend: OLG Koblenz, Urt. v. 09.03.2007 – 8 U 228/06; DB 2007, 1972; befürwortend: OLG München, Beschl. v. 07.05.2008 – 31 Wx 28/08; DB 2008, 1311, 1313; KG, Beschl. v. 07.07.1998 – 1 W 6250/96; DB 1998, 2009; offen gelassen: BAG, Urt. v. 19.03.2002 – 9 AZR 752/00; NJW 2003, 80, 82). Räumt der eine Nachtragsliquidation (bestandskräftig) anordnende Beschluss dem Nachtragsliquidator nur einen beschränkten Aufgabenkreis ein, nämlich die Vertretung in einem bestimmten Zivilprozess, und entspricht die Beendigung dieses Verfahrens dem gewöhnlichen Lauf der Dinge, so entfällt bei unterbliebener Darlegung eines weiteren Vertretungsbedarfs die Legitimation für die Fortsetzung der Nachtragsliquidation (OLG Düsseldorf, Beschl. v. 18.04.2011 – I-3 Wx 98/11). Bestellt das Registergericht im Fall der Nachtragsliquidation wegen Beteiligung der Gesellschaft an einem Rechtsstreit durch bestandskräftigen Beschluss den Nachtragsliquidator ohne Einschränkung seines Kompetenzbereichs, so darf dieser unbeschränkt als Nachtragsliquidator der Gesellschaft tätig werden; eine nachträgliche »Konkretisierung« und Begrenzung des Kompetenz- und Wirkungskreises des Nachtragsliquidators auf die Durchführung des Rechtsstreits begründet als »Teilabberufung« ein Beschwerderecht des Nachtragsliquidators (OLG Düsseldorf, Urt. v. 19.11.2013 - I-3 Wx 83/13; NZG 2014, 230). Nach Eintragung des Erlöschens einer GmbH im Handelsregister aufgrund einer entsprechenden Anmeldung ihres Liquidators scheidet eine Amtslöschung gem. § 142 FGG bzw. (seit 01.09.2009) mit dem Ziel einer Wiedereintragung der Liquidationsgesellschaft unter ihren früheren § 395 FamFG Vertretungsverhältnissen aus. Stattdessen kommt nur die gerichtliche Bestellung eines Nachtragsliquidators in Betracht (OLG Hamm, Beschl. v. 08.05.2001 – 15 W 43/10; NJW-RR 2002, 324, 325 f.).

17 Bei der Nachtragsliquidation wird die Gesellschaft, die gemäß der herrschenden Lehre vom Doppeltatbestand der Beendigung (s. § 60 GmbHG Rdn. 13) trotz Löschung als Abwicklungsgesellschaft fortbesteht (OLG Koblenz, Urt. v. 09.03.2007 – 8 U 228/06; DB 2007, 1972), (deklaratorisch) im Handelsregister eingetragen; bei der Eintragung handelt es sich nicht um eine Wiedereintragung, sondern um die Löschung des unrichtigen Löschungsvermerks. Die Nachtragsliquidation unterliegt den **Verfahrensregeln** der (lediglich fortgesetzten, ursprünglichen) Liquidation, wobei weder neue Gläubigeraufrufe noch die erneute Einhaltung eines Sperrjahres nötig sind. Ggf. sind aber weitere Liquidations-Jahresabschlüsse und bei Beendigung der Nachtrags-Liquidation eine Liquidations-Schlussrechnung aufzustellen (Baumbach/Hueck/*Haas* § 60 Rn. 109; MünchHdb GesR III/*Weitbrecht* § 63 Rn. 62 f.).

§ 67 Anmeldung der Liquidatoren

(1) Die ersten Liquidatoren sowie ihre Vertretungsbefugnis sind durch die Geschäftsführer, jeder Wechsel der Liquidatoren und jede Änderung ihrer Vertretungsbefugnis sind durch die Liquidatoren zur Eintragung in das Handelsregister anzumelden.

(2) Der Anmeldung sind die Urkunden über die Bestellung der Liquidatoren oder über die Änderung in den Personen derselben in Urschrift oder öffentlich beglaubigter Abschrift beizufügen.

(3) ¹In der Anmeldung haben die Liquidatoren zu versichern, daß keine Umstände vorliegen, die ihrer Bestellung nach § 66 Abs. 4 in Verbindung mit § 6 Abs. 2 Satz 2 Nr. 2 und 3 sowie Satz 3

entgegenstehen, und dass sie über ihre unbeschränkte Auskunftspflicht gegenüber dem Gericht belehrt worden sind. ²§ 8 Abs. 3 Satz 2 ist anzuwenden.

(4) Die Eintragung der gerichtlichen Ernennung oder Abberufung der Liquidatoren geschieht von Amts wegen.

Übersicht

		Rdn.			Rdn.
A.	Überblick....................	1	D.	Versicherung, Abs. 3	7
B.	Anmeldepflicht, Abs. 1............	2	E.	Eintragung, Abs. 4	9
C.	Beilagen, Abs. 2 und Abs. 5 a. F.	5			

A. Überblick

In Anlehnung an die Bestimmungen der §§ 6, 8 und 39 GmbHG regelt § 67 GmbHG die (nur bei gerichtlich bestellten oder abberufenen Liquidatoren entbehrliche) **Anmeldung der Liquidatoren** zur (deklaratorischen) Eintragung ihrer Person und ihrer Vertretungsmacht in das Handelsregister. Die Anmeldung gem. § 67 GmbHG wird regelmäßig mit der Anmeldung der Auflösung der Gesellschaft gem. § 65 GmbHG und ggf. mit der Anmeldung des Wegfalls der Vertretungsbefugnis der bisherigen Geschäftsführer nach § 39 GmbHG verbunden sein.   1

B. Anmeldepflicht, Abs. 1

Trotz des unklaren Wortlauts ist **anmeldepflichtig**, wer im Zeitpunkt der Entstehung der Anmeldepflicht vertretungsberechtigtes Gesellschaftsorgan ist: Wenn der Auflösungsbeschluss zugleich Satzungsänderung ist, wird dieser – da die hiermit verbundene Satzungsänderung erst mit Eintragung wirksam wird – durch die Geschäftsführer angemeldet (s. § 65 GmbHG Rdn. 2). Als geborene Liquidatoren (s. § 66 GmbHG Rdn. 2) sind die (ehemaligen) Geschäftsführer (selbst, wenn sich ihre Vertretungsmacht nicht ändert) anmeldepflichtig; existieren (schon) gekorene Liquidatoren (s. § 66 GmbHG Rdn. 2 ff.), so unterliegen diese der Anmeldepflicht. Keine Anmeldepflicht besteht bei der registergerichtlichen Bestellung/Abberufung von Liquidatoren nach § 66 Abs. 2 und 3 GmbHG sowie bei der Notbestellung von Liquidatoren nach §§ 29, 48 Abs. 1 Satz 2 BGB (Scholz/*K. Schmidt* § 67 Rn. 6).   2

Die **Anmeldung** erfolgt elektronisch in öffentlich beglaubigter Form, § 12 HGB. Vertretung bei der Anmeldung ist unter den Voraussetzungen von § 12 Abs. 1 Satz 2 HGB zulässig, soweit die (eigene) Versicherung des (vertretenen) Liquidators nach § 67 GmbHG in öffentlich beglaubigter Form beigefügt wird (Baumbach/Hueck/*Haas* § 78 Rn. 4). Für die Anmeldung der Liquidatoren genügt – anders als bei der Anmeldung der Errichtung der Gesellschaft – eine vertretungsberechtigte Anzahl der Liquidatoren gem. § 78 GmbHG (Achilles/Ensthaler/Schmidt/*Ensthaler/Zech* § 67 Rn. 2; Baumbach/Hueck/*Haas* § 67 Rn. 6; Roth/Altmeppen/*Altmeppen* § 67 Rn. 5).   3

Angemeldet werden die Liquidatoren, die Art der Vertretungsmacht und eine evtl. Befreiung von § 181 BGB sowie alle nachfolgenden Änderungen. Inzwischen ist höchstrichterlich geklärt, dass auch bei der Bestellung von nur einem (ersten) Liquidator die Anmeldung einer (abstrakten) Vertretungsregelung im Hinblick auf evtl. künftig bestellte weitere Liquidatoren, neben der Anmeldung der konkreten Vertretungsbefugnis des einzigen Liquidators, erforderlich ist (BGH, Beschl. v. 07.05.2007 – II ZB 21/06; NJW-RR 2007, 1261, 1262).   4

C. Beilagen, Abs. 2 und Abs. 5 a. F.

Die der Anmeldung **beizufügenden Urkunden** über Bestellung bzw. Änderung in der Person der Liquidatoren sind gem. Abs. 2 in Urschrift oder nach § 42 BeurkG in beglaubigter Abschrift der Handelsregisteranmeldung beizufügen. Ausreichend ist z. B. die/eine Urschrift des protokollierten oder schriftlich gefassten Gesellschafterbeschlusses oder eine öffentlich beglaubigte Abschrift der Sterbeurkunde bei Tod des Liquidators (Baumbach/Hueck/*Haas* § 67 Rn. 9). Dabei ist darauf zu   5 achten, dass – soweit ein einziger Liquidator bestellt wird – die abstrakte Einzelvertretungsbefugnis nicht mit einer Bezugnahme auf § 68 Abs. 1 Satz 2 dargelegt werden kann; vielmehr ist für die gewünschte Einzelvertretungsbefugnis im Rahmen der abstrakten Vertretungsregelung, z. B. bei nur einem Liquidator, eine Satzungsregelung oder ein Gesellschafterbeschluss erforderlich (OLG München, Beschl. v. 12.05.2010 – 31 Wx 47/10; MittBayNot 2011, 161, 162). Im Übrigen ist eine **Bezugnahme auf Eintragungen** oder bei den Registerakten befindliche Urkunden zulässig, z. B. ein Hinweis bei geborenen Liquidatoren auf deren Eintragung als Geschäftsführer bzw. bei satzungsmäßig bestellten Liquidatoren auf die entsprechende Satzungsbestimmung, wobei hinsichtlich Letzterem teilweise die Versicherung des satzungsmäßig bestellten Liquidators gefordert wird, zwischenzeitlich sei durch Gesellschafterbeschluss kein anderer Liquidator bestellt worden (Baumbach/Hueck/*Haas* § 67 Rn. 9, a. A. Achilles/Ensthaler/Schmidt/*Ensthaler/Zech* § 67 Rn. 6).

6 Die Liquidatoren hatten gem. dem bis 31.12.2006 geltenden Abs. 5, öffentlich beglaubigt gem. § 41 BeurkG, ihre **Unterschrift** zur **Aufbewahrung** bei Gericht zu **zeichnen**. Mit Inkrafttreten des EHUG ist Abs. 5 ersatzlos entfallen.

D. Versicherung, Abs. 3

7 Wie bei §§ 8 Abs. 3, 39 Abs. 3 GmbHG, hat grundsätzlich jeder (also auch solche, welche an der Anmeldung, für die vertretungsberechtigte Anzahl genügt, nicht mitwirken) der Liquidatoren höchstpersönlich (keine Vertretung zulässig) die **Versicherung** abzugeben, dass keines der in § 6 Abs. 2 Satz 2 Nr. 2 und 3 sowie Satz 3 GmbHG genannten Bestellungshindernisse besteht und er, entsprechend § 53 Abs. 2 BZRG, vom Registergericht oder von einem Notar, über die unbeschränkte Auskunftspflicht über solche Verurteilungen belehrt worden ist, die nach § 32 Abs. 2 BZRG nicht oder nur nach § 32 Abs. 3 und Abs. 4 BZRG in ein Führungszeugnis aufzunehmen sind. Die Versicherung muss sich nicht auf § 6 Abs. 2 Nr. 1 GmbHG erstrecken (OLG München, Beschl. v. 22.04.2009 – 31 Wx 40/09; NJW-RR 2009, 970). Auch sind die Straftatbestände, welche Bestellungshindernisse darstellen, nicht ausdrücklich oder im Einzelnen zu benennen; ausreichend ist die Versicherung, noch nie, weder im Inland noch im Ausland, wegen einer Straftat verurteilt worden zu sein (BGH, Beschl. v. 17.05.2010 – II ZB 5/10; NZG 2010, 829; a. A. OLG München, Beschl. v. 27.04.2009 – 31 Wx 42/09; NZG 2009, 717), oder eine dem Gesetzestext wörtlich entsprechende Versicherung (OLG Stuttgart, Beschl. v. 10.10.2012 – 8 W 241/11). Sind juristische Personen oder sonstige rechtsfähige Gesellschaften Liquidator, haben deren Vertreter allesamt die Versicherung namens und für die juristische Person, also nicht für die Vertretungsorgane, abzugeben (vgl. *Kühn* NZG 2012, 731 f.). Die Versicherung wird als Teil der Anmeldung öffentlich beglaubigt (Baumbach/Hueck/*Haas* § 66 GmbHG Rn. 10 f.).

8 Grundsätzlich müssen sowohl gekorene als auch geborene Liquidatoren die Versicherung abgeben. Bei geborenen Liquidatoren mag eine kurz vorher als Geschäftsführer abgegebene Versicherung ausreichen (ein Jahr Abstand zu lange, BayObLG, Beschl. v. 27.08.1982 – BReg. 3 Z 96/82; DB 1982, 2126). Umstritten ist, ob bei **gerichtlich bestellten Liquidatoren** (vgl. § 66 GmbHG Rdn. 6 ff.) eine Versicherung im Hinblick auf die im Zusammenhang mit der Bestellung von Amts wegen ohnehin vorgenommenen Überprüfung der Bestellungsvoraussetzungen erforderlich ist (verneinend: Baumbach/Hueck/*Haas* § 67 Rn. 14; Roth/Altmeppen/*Altmeppen* § 67 Rn. 11).

E. Eintragung, Abs. 4

9 Eintragung und Löschung der Liquidatoren erfolgt von Amts wegen. In Ausübung pflichtgemäßen Ermessens kann das Registergericht von der Eintragung eines von ihm bestellten Nachtragsliquidators einer wegen Vermögenslosigkeit gelöschten Gesellschaft absehen, wenn die zu erwartende Abwicklungstätigkeit im Hinblick auf deren Inhalt und Umfang eine Eintragung nicht erfordert (OLG München, Beschl. v. 21.10.2010 – 3 Wx 127/10; NZG 2011, 38).

§ 68 Zeichnung der Liquidatoren

(1) ¹Die Liquidatoren haben in der bei ihrer Bestellung bestimmten Form ihre Willenserklärungen kundzugeben und für die Gesellschaft zu zeichnen. ²Ist nichts darüber bestimmt, so muß die Erklärung und Zeichnung durch sämtliche Liquidatoren erfolgen.

(2) Die Zeichnungen geschehen in der Weise, daß die Liquidatoren der bisherigen, nunmehr als Liquidationsfirma zu bezeichnenden Firma ihre Namensunterschrift beifügen.

Übersicht	Rdn.		Rdn.
A. Überblick	1	1. Gesetzliche Grundregel	4
B. Vertretungsregelungen, Abs. 1	2	2. Abweichungen durch Gesellschafts-	
I. Vertretungsmacht	2	vertrag	5
II. Gesamt- und Einzelvertretung	4	C. Zeichnungsregelung, Abs. 2	8

A. Überblick

§ 68 GmbHG regelt, in Entsprechung zu § 35 GmbHG bei der werbenden Gesellschaft, die Vertretungsmacht im Außenverhältnis und die Art und Weise der Zeichnung. Die Vertretungsregeln (sowie eine etwaige Befreiung vom Verbot des § 181 BGB) werden gem. § 67 GmbHG zur (deklaratorischen) Eintragung im Handelsregister angemeldet. 1

B. Vertretungsregelungen, Abs. 1

I. Vertretungsmacht

Von der in § 70 GmbHG für das Innenverhältnis geregelten Geschäftsführungsbefugnis ist die 2
das Außenverhältnis zu Dritten betreffende Vertretungsmacht zu unterscheiden. Die Vertretungsmacht der Liquidatoren ist, ebenso wie die der Geschäftsführer, nach §§ 71 Abs. 4 i. V. m. 37 Abs. 2 GmbHG **unbeschränkbar**. Durch den Abwicklungszweck entstehende Beschränkungen der Geschäftsführungsbefugnis im Innenverhältnis schlagen grundsätzlich nicht auf die Vertretungsmacht durch (OLG Stuttgart, Urt. v. 28.02.1986 – 2 U 148/05; NJW-RR 1986, 836), es sei denn, die allgemeinen Grundsätze zum Missbrauch der Vertretungsmacht greifen Platz (vgl. OLG Köln, Urt. v. 22.12.2004 – 11 U 113/02).

Das Verbot des **§ 181 BGB** findet auch in der Liquidation Anwendung. Eine Befreiung hiervon ist möglich, setzt aber eine entsprechende Satzungsregelung oder einen aufgrund einer satzungsmäßigen Ermächtigung gefassten Gesellschafterbeschluss voraus. Streitig ist, ob die für die werbende Gesellschaft einschlägige Ermächtigung zur Befreiung von § 181 BGB auch für die Liquidationsgesellschaft gilt (bejahend: BayObLG, Beschl. v. 19.10.1995 – 3Z BR 218/95; BB 1995, 2544; OLG Zweibrücken, Beschl. v. 19.06.1998 – 3 W 90/98; NJW-RR 1999, 38; Rowedder/Schmidt-Leithoff-L/*Gesell* § 68 Rn. 6; Lutter/Hommelhoff/*Kleindiek* § 68 Rn. 4; a. A. OLG Hamm, Beschl. v. 06.07.2013 – 15 Wx 281/09; RNotZ 2010, 544; vgl. für den Geschäftsführer ausführl. § 35 GmbHG Rdn. 24 ff.). Nach mittlerweile wohl h. M. gilt eine satzungsmäßige Befreiung des Geschäftsführers nicht auch für ihn als geborenen Liquidator (so aber BayObLG, Beschl. v. 19.10.1995 – 3Z BR 218/95; BB 1995, 2544; Scholz/*K. Schmidt* § 68 Rn. 5a; a. A. BayObLG, Beschl. v. 14.05.1985 – BReg. 3Z 41/85; BB 1985, 1148, 1149; OLG Hamm, Beschl. v. 02.01.1997 – 15 W 195/96; NJW-RR 1998, 1044, 1045., wohl auch BGH, Urt. v. 03.11.2008 – II ZR 236/07; NJW-RR 2009, 333 Tz. 11; Lutter/Hommelhoff/*Kleindiek* § 68 Rn. 4; Baumbach/Hueck/*Haas* § 64 Rn. 4). 3

§ 68 GmbHG Zeichnung der Liquidatoren

II. Gesamt- und Einzelvertretung

1. Gesetzliche Grundregel

4   Als gesetzliche Grundregel gilt: Ist nur ein Liquidator bestellt, so hat dieser, entsprechend § 35 Abs. 2 Satz 1 und 2 GmbHG, Alleinvertretungsmacht hinsichtlich Aktiv- und Passivvertretung. Bei mehreren Liquidatoren besteht hinsichtlich Aktivvertretung **Gesamtvertretungsmacht** aller Liquidatoren, unabhängig davon, ob es sich um geborene oder gekorene Liquidatoren handelt (BGH, Urt. v. 03.11.2008 – II ZR 236/07; NJW-RR 2009, 333 Tz. 9). Dies gilt auch für geborene Liquidatoren, wenn deren Vertretungsmacht als Geschäftsführer bisher anders geregelt war (s. Rdn. 5). Ist einer der Liquidatoren verhindert oder fällt dieser weg, können die anderen Liquidatoren bei Fehlen einer entsprechenden Satzungsbestimmung die Gesellschaft nicht alleine vertreten (BGH, Urt. v. 08.02.1993 – II ZR 62/92; BGHZ 121, 263). Vielmehr ist bei vorübergehender Verhinderung ein Notliquidator nach §§ 29, 48 BGB und bei dauerhafter Verhinderung ein Ersatzliquidator durch Gesellschafterbeschluss oder gerichtliche Bestellung nach § 66 Abs. 2 GmbHG (vgl. § 66 GmbHG Rdn. 6 ff.) einzusetzen. Für die Passivvertretung gilt gem. §§ 69 Abs. 1, 35 Abs. 2 Satz 3 GmbHG, dass die Abgabe einer Willenserklärung gegenüber einem Liquidator genügt (Baumbach/Hueck/*Haas* § 68 Rn. 3; vgl. auch § 35 GmbHG Rdn. 19).

2. Abweichungen durch Gesellschaftsvertrag

5   Von der gesetzlichen Vertretungsregelung kann **abgewichen** werden, z. B. in Gestalt der Einräumung von Einzelvertretung durch jeden Liquidator einzeln, Vertretung durch jeweils zwei von mehreren Liquidatoren oder unechte Gesamtvertretung mit einem Prokuristen. Beim alleinigen Liquidator kann allerdings wegen des auch während der Liquidation geltenden Grundsatzes der Selbstorganschaft die Vertretungsmacht des Liquidators nicht an die Mitwirkung eines Prokuristen geknüpft werden. Von der gesetzlichen Vertretungsregelung abweichende Regelungen können von der **Satzung** explizit für Liquidatoren vorgesehen sein. Nach überkommener Auffassung sollten trotz des Wortlauts von Abs. 1 Satz 2 die für die Geschäftsführer vorgesehenen satzungsmäßigen Vertretungsregeln für diese auch als geborene Liquidatoren fortgelten (in keinem Fall aber für Dritte, die gekorene Liquidatoren werden), wenn für den Fall der Liquidation nichts anderes bestimmt ist (vgl. Baumbach/Hueck/*Schulze-Osterloh/Noack* 16. Aufl. § 68 Rn. 4; Scholz/*K. Schmidt* § 68 Rn. 5) Insbesondere die Rechtsprechung und mittlerweile wohl auch die h.L. geht allerdings davon aus, dass die satzungsmäßig festgelegte Einzelvertretungsbefugnis mehrerer Geschäftsführer mit der Auflösung und Liquidation entfällt, sodass an ihre Stelle die gesetzlich festgelegte Gesamtvertretungsbefugnis tritt, soweit die Satzung nicht vorsieht, dass die Einzelvertretungsmacht auch für die Stellung als Liquidatoren Gültigkeit behalten soll (BGH, Urt. v. 03.11.2008 – II ZR 236/07; NJW-RR 2009, 333 Tz. 11; OLG Karlsruhe Urt. 09.10.2007 – 8 U 63/07; ZIP 2008, 505; BayObLG, Beschl. v. 24.10.1996 – 3Z BR 262/96; DB 1997, 34; OLG Zweibrücken, Beschl. v. 19.06.1998 – 3 W 90/98; NJW-RR 1999, 38; Lutter/Hommelhoff/*Kleindiek* § 68 Rn. 2; Baumbach/Hueck/*Haas* § 64 Rn. 4; Rowedder/Schmidt-Leithoff/*Gesell* § 68 Rn. 3). Bei der Bestellung der Liquidatoren durch **Gesellschafterbeschluss** kann von der gesetzlichen und – nach h. M. – auch der satzungsmäßigen Vertretungsregelung abgewichen werden. In letzterem Fall ist streitig, ob insoweit ein einfacher Gesellschafterbeschluss ausreicht, vorausgesetzt, dass die Satzung neben der Vertretungsregelung für Liquidatoren nicht zusätzlich bestimmt, dass eine Abweichung von der Satzungsregelung nur mit größerer Mehrheit beschlossen werden kann (so Lutter/Hommelhoff/*Kleindiek* GmbHG, § 68 Rn. 2; Rowedder/Schmidt-Leithoff/*Gesell* § 68 Rn. 4 Baumbach/Hueck/*Haas* § 64 Rn. 5 f.), oder in jedem Fall eine qualifizierte Mehrheit erforderlich ist und auch nur für eine Einzelfallregelung auf eine (notarielle) Satzungsänderung verzichtet werden kann (so Scholz/*K. Schmidt* § 66 Rn. 5a); jedenfalls zulässig ist die Herbeiführung einer Vertretungsregelung für die Liquidatoren mittels einfachen Gesellschafterbeschlusses, soweit die Satzung keine Bestimmungen hierfür enthält (OLG Naumburg, Beschl. v. 28.12.2012).

6   Nachträgliche **Änderungen** der Vertretungsregelungen sind über den Wortlaut von Abs. 1 auch nach Bestellung der Liquidatoren hinaus zulässig, weil die Liquidatoren ja sogar abberufen bzw. neu

bestellt werden könnten (vgl. § 66 Abs. 3 GmbHG). Dementsprechend kann auch die Vertretungsregelung, wenn die Satzung keine andere Mehrheit vorsieht, mit einfacher Mehrheit geändert werden (Baumbach/Hueck/*Haas* § 66 Rn. 6; Scholz/*K. Schmidt* § 68 Rn. 5 f.). Wie bei § 35 GmbHG sind bei Gesamtvertretungsmacht wechselseitige Ermächtigungen der Liquidatoren und nachträgliche Genehmigungen des Handelns in nicht vertretungsberechtigter Zahl möglich, §§ 182 ff. BGB (Lutter/Hommelhoff/*Kleindiek* § 68 Rn. 2; vgl. auch § 35 GmbHG Rdn. 18).

Eine vom **Gericht** im Zusammenhang mit der Bestellung eines Liquidators nach § 66 Abs. 2 GmbHG getroffene Vertretungsregelung (vgl. § 66 GmbHG Rdn. 6 ff.) kann, wie auch die Abberufung eines solchen Liquidators, nur durch das Gericht erfolgen. Trifft das Gericht keine Vertretungsregelung, gilt bei Fehlen von Satzungsregelungen § 68 Abs. 1 Satz 2 GmbHG. Durch Gesellschafterbeschluss kann die Vertretung eines gerichtlich nach § 66 Abs. 2 GmbHG bzw. §§ 29, 48 BGB bestellten (Not-)Liquidators nicht geregelt werden (Baumbach/Hueck/*Haas* § 68 Rn. 9). 7

C. Zeichnungsregelung, Abs. 2

Die Firma der aufgelösten Gesellschaft bleibt firmenrechtlich identisch und wird über §§ 30, 37 HGB, § 12 BGB sowie das Recht des unlauteren Wettbewerbs und das Markenrecht geschützt. Ihr ist jedoch ein **Zusatz**, üblicherweise, »in Liquidation«, »in Abwicklung«, »i.L.«, »in Liq.« oder »i.A.« beizufügen (Lutter/Hommelhoff/*Kleindiek* GmbHG, § 68 Rn. 6; Baumbach/Hueck/*Haas* § 68 Rn. 11). 8

Abs. 2 ist bloße **Ordnungsvorschrift**. Auch bei ihrer Nichtbeachtung kann für die in Liquidation befindliche Gesellschaft gem. den allgemeinen Regeln, wie z. B. die Grundsätze über unternehmensbezogene Geschäfte, gehandelt werden. Ein Verstoß gegen die dem Verkehrsschutz dienende, jedoch kein Schutzgesetz i. S. d. § 823 Abs. 2 BGB darstellende Regelung in Abs. 2 kann jedoch zu einem Irrtum eines Geschäftspartners über eine verkehrswesentliche Eigenschaft und damit zu einem Anfechtungsrecht nach § 119 Abs. 2 BGB führen. Auch eine Schadensersatzpflicht der Abwicklungsgesellschaft aus Verschulden bei Vertragsschluss nach §§ 280 Abs. 1, 313 Abs. 2 i. V. m. 241 Abs. 2 BGB, für welche die Liquidatoren über §§ 71 Abs. 4, 43 Abs. 1 und 2 GmbHG haften, ist denkbar (Baumbach/Hueck/*Haas* § 66 Rn. 13). 9

§ 69 Rechtsverhältnisse von Gesellschaft und Gesellschaftern

(1) Bis zur Beendigung der Liquidation kommen ungeachtet der Auflösung der Gesellschaft in bezug auf die Rechtsverhältnisse derselben und der Gesellschafter die Vorschriften des zweiten und dritten Abschnitts zur Anwendung, soweit sich aus den Bestimmungen des gegenwärtigen Abschnitts und aus dem Wesen der Liquidation nicht ein anderes ergibt.

(2) Der Gerichtsstand, welchen die Gesellschaft zur Zeit ihrer Auflösung hatte, bleibt bis zur vollzogenen Verteilung des Vermögens bestehen.

Übersicht	Rdn.		Rdn.
A. Überblick	1	III. Dritter Abschnitt des GmbHG	8
B. Anwendbare bzw. unanwendbare Vorschriften, Abs. 1	2	1. Geschäftsführung, §§ 35 ff. GmbHG	8
I. Erster Abschnitt des GmbHG	2	2. Gesellschafterlisten, Buchführungspflicht, Haftung der Geschäftsführer, § 40 bis 44 GmbHG	9
II. Zweiter Abschnitt des GmbHG	3		
1. Einziehung ausstehender Einlagen	3		
2. Nachschüsse, § 26 GmbHG	4	3. Gesellschafterrechte, §§ 45, 46 GmbHG	10
3. Gewinnauszahlungsanspruch, § 29 GmbHG	5	4. Beschlussfassung, Gesellschafterversammlung, Aufsichtsrat, §§ 47 bis 52 GmbHG	11
4. Erhaltung des Stammkapitals, §§ 30 ff. GmbHG	6	IV. Vierter Abschnitt des GmbHG	12
5. Erwerb eigener Anteile, Einziehung, §§ 33, 34 GmbHG	7	C. Gerichtsstand, Abs. 2	13

A. Überblick

1 Zwischen werbender und aufgelöster Gesellschaft besteht Identität (OLG Köln, Beschl. v. 25.04.1984 – 2 Wx 9/84; BB 1984, 1066). Grundsätzlich gelten daher bis zum Schluss der Abwicklung die für die werbende Gesellschaft bestimmten Vorschriften (über den zu engen Wortlaut von § 69 GmbHG hinaus nicht nur hinsichtlich der Rechtsverhältnisse der Gesellschafter und der Gesellschaft sowie der Vertretung und Geschäftsführung) auch für die Liquidationsgesellschaft, soweit sich nicht aus dem Fünften Abschnitt des GmbHG oder dem Zweck der Abwicklung etwas anderes ergibt.

B. Anwendbare bzw. unanwendbare Vorschriften, Abs. 1

I. Erster Abschnitt des GmbHG

2 **Weitgehend unanwendbar** sind die Vorschriften des 1. Abschnittes des GmbHG (§§ 1 bis 11 GmbHG), da und soweit sich ihr Inhalt in der Errichtung der Gesellschaft erschöpft (Baumbach/Hueck/*Haas* § 69 Rn. 2). Ob und inwieweit Nebenleistungspflichten (§ 3 Abs. 2 GmbHG) fortbestehen, bedarf der Ermittlung durch Auslegung des Gesellschaftsvertrages. **Anwendbar** auf die Liquidationsgesellschaft sind § 4 GmbHG (Firma), ergänzt um einen Zusatz gem. § 68 Abs. 2 GmbHG, § 4a GmbHG (Sitz der Gesellschaft) sowie hinsichtlich der Auswahl der Liquidatoren – über § 66 Abs. 4 GmbHG – § 6 Abs. 2 Satz 2 und 3 GmbHG sowie – sinngemäß – § 6 Abs. 3 GmbHG. § 67 Abs. 3 Satz 2 GmbHG erklärt hinsichtlich der Belehrung im Zusammenhang mit der Liquidatorenanmeldung § 8 Abs. 3 Satz 2 GmbHG für anwendbar. Bereits entstandene Ansprüche bestehen gem. §§ 9, 9a GmbHG (Differenzhaftung der Gründung und Ansprüche aus Vorbelastungshaftung) fort; sie sind vom Liquidator geltend zu machen. Auch § 9b GmbHG (Verzicht und Verjährung) ist während der Liquidation anwendbar (Lutter/Hommelhoff/*Kleindiek* § 69 Rn. 4; Baumbach/Hueck/*Haas* § 69 Rn. 2).

II. Zweiter Abschnitt des GmbHG

1. Einziehung ausstehender Einlagen

3 **Weitgehend anwendbar** sind die Vorschriften des 2. Abschnittes des GmbHG (§§ 13 bis 25 GmbHG). Für die **Einziehung noch ausstehender Einlagen** geltend Besonderheiten: Noch ausstehende Einlagen sind, auch ohne Gesellschafterbeschluss nach § 46 Nr. 2 GmbHG, fällig und vom Liquidator einziehbar. Sie müssen insoweit nicht geleistet werden, wie sie zur Gläubigerbefriedigung nicht erforderlich sind, wofür der Gesellschafter darlegungs- und beweispflichtig ist (Scholz/*K. Schmidt* § 69 Rn. 23; Lutter/Hommelhoff/*Kleindiek* § 69 Rn. 5). Sobald keine Gläubiger mehr erkennbar sind und der Gesellschaftsbetrieb eingestellt ist, entfallen die den Erlass und die Aufrechnung betreffenden Schutzregelungen nach § 19 GmbHG. Der Gleichbehandlungsgrundsatz gilt zwar fort, gleichwohl sind sachliche Differenzierungen zwischen zahlungsfähigen und -unfähigen Gesellschaftern zulässig (Lutter/Hommelhoff/*Kleindiek* GmbHG, § 69 Rn. 5). Eine Einforderung ist auch dann zulässig, wenn sie nach Abschluss der Gläubigerbefriedigung nur noch der Vermögensverteilung unter die Gesellschafter gem. § 72 GmbHG dient, wobei dies die Unterbreitung eines Auseinandersetzungsplanes voraussetzt (Baumbach/Hueck/*Haas* § 69 Rn. 4).

2. Nachschüsse, § 26 GmbHG

4 Nachschüsse i. S. v. § 26 GmbHG, deren Einforderung gem. § 26 Abs. 1 GmbHG vor Auflösung beschlossen wurde, können auch in der Abwicklung eingefordert werden. Die Einforderung aufgrund eines nach Auflösung gefassten Beschlusses setzt voraus, dass eingeforderte Nachschüsse nach Maßgabe des Gesellschaftsvertrages nicht nur als zusätzliches Betriebskapital dienen sollen (was der Regelfall ist, sodass zumeist Nachschüsse nicht mehr nachgefordert werden können), sondern auch zum Zwecke der Gläubigerbefriedigung zur Verfügung stehen sollen (eine derartige Auslegung setzt deutliche Hinweise im Gesellschaftsvertrag voraus; vgl. dazu Baumbach/Hueck/*Haas* § 69 Rn. 5; Lutter/Hommelhoff/*Kleindiek* § 69 Rn. 6).

3. Gewinnauszahlungsanspruch, § 29 GmbHG

§ 29 GmbHG wird während der Abwicklung durch §§ 72, 73 GmbHG ersetzt: An die Stelle des Gewinnauszahlungsanspruchs tritt der Anspruch auf Vermögensverteilung bei Abschluss der Abwicklung. Ein vor der Auflösung gefasster Ergebnisverwendungsbeschluss unterliegt zwar nicht § 73 GmbHG, jedoch § 30 GmbHG, wobei regelmäßig die Tilgung passivierter Verbindlichkeiten das Gesellschaftsvermögen nicht mindert und hinsichtlich § 30 GmbHG unschädlich ist. Ein nach Auflösung gefasster Ergebnisverwendungsbeschluss, der sich auf die Zeit vor der Auflösung bezieht, bildet lediglich einen bei der Vermögensverteilung gem. §§ 72, 73 GmbHG zu berücksichtigenden Rechnungsposten (vgl. BFH, Urt. v. 12.09.1973 – I R 9/72; BStBl. II 1974, 14, 15; Baumbach/Hueck/*Haas* § 69 Rn. 6; Scholz/*K. Schmidt* § 69 Rn. 28; R/S-L/*Gesell* § 69 Rn. 9).

4. Erhaltung des Stammkapitals, §§ 30 ff. GmbHG

Die Vorschriften zur Erhaltung des Stammkapitals, §§ 30 bis 32 GmbHG, bleiben auch während der Abwicklung anwendbar und werden durch § 73 GmbHG ergänzt. Soweit nach Übergangsrecht zum MoMiG (vgl. § 103d EGInsO) noch anwendbar, geltend auch die mittlerweile entfallenen Regeln zum Eigenkapitalersatzrecht (vgl. §§ 32a, b GmbHG alt) einschließlich der vom BGH entwickelten Grundsätze über eigenkapitalersetzende Darlehen, sog. Rechtsprechungsregeln (Baumbach/Hueck/*Haas* § 69 Rn. 8). Seither sind die insolvenzrechtlichen Regeln gem. §§ 39, 44a, 135 und 143 InsO, sowie §§ 6 und 6a AnfG, anwendbar, was sich allerdings – rechtsformunabhängig – aus den genannten Gesetzen ergibt (Scholz/*K. Schmidt* § 69 Rn. 37). Ebenfalls anwendbar in der Liquidation ist die Existenzvernichtungshaftung (Lutter/Hommelhoff/*Kleindiek* § 69 Rn. 8).

5. Erwerb eigener Anteile, Einziehung, §§ 33, 34 GmbHG

§ 33 GmbHG über den Erwerb eigener Anteile und § 34 GmbHG über die Einziehung von Geschäftsanteilen sind während der Abwicklung grundsätzlich anwendbar, wobei eine Entgeltzahlung als Vermögensverteilung den Schranken des § 73 Abs. 1 GmbHG unterliegt und erst nach Befriedigung aller Gläubiger und Ablauf des Sperrjahrs zulässig ist (Lutter/Hommelhoff/*Kleindiek* § 69 Rn. 9; Baumbach/Hueck/*Haas* § 69 Rn. 9).

III. Dritter Abschnitt des GmbHG

1. Geschäftsführung, §§ 35 ff. GmbHG

§ 35 GmbHG wird hinsichtlich der Bestimmungen zur Geschäftsführung weitgehend durch die spezielleren Regelungen in §§ 68 und 70 GmbHG verdrängt. Auch in der Abwicklung anwendbar sind der im Rahmen des MoMiG eingefügte § 35 Abs. 1 Satz 2 GmbHG (Lutter/Hommelhoff/*Kleindiek* GmbHG, § 69 Rn. 10), sowie § 35 Abs. 2 Satz 2 GmbHG zur Passivvertretung und § 35 Abs. 3 GmbHG zum Einmann-Gesellschafter-Abwickler (Scholz/*K. Schmidt* § 69 Rn. 35). Für Angaben auf Geschäftsbriefen wird § 35a GmbHG durch § 71 Abs. 5 GmbHG ergänzt. Gem. § 71 Abs. 4 GmbHG findet § 37 GmbHG entsprechende Anwendung, während §§ 38 und 39 GmbHG durch §§ 66 Abs. 3 und 67 GmbHG ersetzt werden.

2. Gesellschafterlisten, Buchführungspflicht, Haftung der Geschäftsführer, § 40 bis 44 GmbHG

Auch den Liquidatoren obliegt die Pflicht zur Einreichung von **Gesellschafterlisten** (§ 40 GmbHG) bei Änderungen in den Personen der Gesellschafter oder deren Beteiligungsumfanges (Baumbach/Hueck/*Haas* § 68 Rn. 15). §§ 41 bis 42a GmbHG hinsichtlich der **Buchführungspflicht** sind auch während der Abwicklung anwendbar (Baumbach/Hueck/*Haas* § 69 Rn. 16). Die Vorschriften über die **Haftung der Geschäftsführer nach § 43 GmbHG** finden insgesamt Anwendung, obwohl § 43 Abs. 3 GmbHG in § 71 Abs. 4 GmbHG nicht erwähnt ist. Für Kredite an bestimmte Personen oder Abwickler gilt § 43a GmbHG entsprechend. § 44 GmbHG ermöglicht die Bestellung stellvertretender Liquidatoren (Baumbach/Hueck/*Haas* § 69 Rn. 17).

3. Gesellschafterrechte, §§ 45, 46 GmbHG

10 Die Gesellschafterrechte bestimmen sich auch in der Abwicklung grundsätzlich nach dem Gesellschaftsvertrag, § 45 GmbHG, der für den Zeitraum der Abwicklung Besonderheiten vorsehen kann. Abwicklungsbedingt modifiziert ist die **Zuständigkeit der Gesellschafterversammlung**: Hinsichtlich der Feststellung des Jahresabschlusses ist § 46 Nr. 1 GmbHG durch § 71 Abs. 2 Satz 1 GmbHG ersetzt. Da nur noch die Vermögensverteilung nach §§ 72 und 73 GmbHG ansteht, kommen Ergebnisverwendungsbeschlüsse nicht mehr in Betracht (s. Rdn. 5). Da ausstehende Einlagen vom Liquidator auch ohne Gesellschafterbeschluss eingefordert werden können, ist § 46 Nr. 2 GmbHG ohne Bedeutung (s. Rdn. 3 und § 70 GmbHG Rdn. 2). § 46 Nr. 3 GmbHG (Rückzahlung von Nachschüssen) und § 46 Nr. 4 GmbHG (Teilung und Einziehung von Geschäftsanteilen) sind auch in der Abwicklung relevant. § 46 Nr. 5 GmbHG ist hinsichtlich der Geschäftsführerbestellung durch § 66 GmbHG ersetzt. Die Entscheidung über die Entlastung der Liquidatoren obliegt auch in der Abwicklung der Gesellschafterversammlung. Gleiches gilt für die Prüfung und Überwachung der Geschäftsführung (§ 46 Nr. 6 GmbHG). Es besteht auch während der Abwicklung ein Weisungsrecht der Gesellschafter (auch gegenüber einem gerichtlich bestellten Liquidator), wobei die Weisungen nicht dem Abwicklungszweck entgegenlaufen dürfen. Ebenso ist die Gesellschafterversammlung auch weiterhin (im Innenverhältnis) zur Beschlussfassung über die Bestellung von Prokuristen und Handlungsbevollmächtigten zum gesamten Geschäftsbetrieb zuständig (§ 46 Nr. 7 GmbHG). § 46 Nr. 8 GmbHG (Geltendmachung von Ersatzansprüchen und Prozessführung gegen Geschäftsführer) gilt ebenfalls und erstreckt sich auch auf Ersatzansprüche und die Prozessführung gegen Liquidatoren (Baumbach/Hueck/*Haas* § 69 Rn. 18; A/E/S/*Ensthaler/Zech* § 69 Rn. 9).

4. Beschlussfassung, Gesellschafterversammlung, Aufsichtsrat, §§ 47 bis 52 GmbHG

11 §§ 47 bis 52 GmbHG gelten im Wesentlichen auch in der Liquidation. § 49 Abs. 1 und 2 GmbHG sind während der Liquidation anwendbar, wobei die Gesellschafterversammlung durch die Liquidatoren einberufen wird. § 49 Abs. 3 GmbHG ist nicht anwendbar, da im Hinblick auf den Abwicklungszweck der Gesellschaft Kapitalerhöhungsbeschlüsse der Gesellschafter (ohne Fortsetzungsbeschluss) nicht zu erwarten sind (arg. § 84 Abs. 1 GmbHG, der Liquidatoren nicht erwähnt). Ein im Gesellschaftsvertrag vorgesehener Aufsichtsrat bleibt bestehen, ebenso ein nach Mitbestimmungsrecht erforderlicher Aufsichtsrat. Ihre Kompetenz erstreckt sich jedoch nicht auf die Bestellung der Liquidatoren (Baumbach/Hueck/*Haas* § 69 Rn. 19).

IV. Vierter Abschnitt des GmbHG

12 Soweit mit dem Wesen der Liquidation vereinbar, sind auch die Vorschriften des 4. Abschnitts anwendbar (BayObLG, Beschl. v. 22.05.1987 – BReg. 3Z 163/86; NJW-RR 1987, 1175, 1177). **Satzungsänderungen** können die Firma betreffen, soweit das Unternehmen der Gesellschaft zusammen mit der Firma veräußert wird (RG, Beschl. v. 29.05.1923 – II B 1/23; RGZ 107, 31, 33). Ansonsten dürften Firmenänderungen jedoch regelmäßig nicht mit dem Liquidationszweck vereinbar sein. Satzungsänderungen hinsichtlich des Sitzes der Gesellschaft sind ebenso zulässig (vgl. § 4a GmbHG Rdn. 14), wie Änderungen, welche der Vereinfachung der rechtlichen Struktur während der Liquidation dienen. Der Unternehmensgegenstand kann nicht geändert werden, wenn damit nur der Umstand der Abwicklung zum Ausdruck gebracht werden soll, da sich der Abwicklungszweck bereits aus dem Abwicklungszusatz gem. § 68 Abs. 2 GmbHG ergibt. **Kapitalmaßnahmen** sind zulässig, wenn dafür einleuchtende Gründe bestehen, wie z. B. zur Vorbereitung der Fortsetzung der Gesellschaft aufgrund Fortsetzungsbeschlusses, zur Beschaffung von Mitteln (durch Kapitalerhöhung, vgl. BayObLG, Beschl. v. 12.01.1995 – 3Z BR 314/94; NJW-RR 1996, 417) für eine Befriedigung der Gesellschaftsgläubiger oder zur Minderung des steuerpflichtigen Vermögens (durch Kapitalherabsetzung, vgl. OLG Frankfurt am Main NJW 1974, 463) für die Dauer der Abwicklung (Baumbach/Hueck/*Haas* § 69 Rn. 21 ff.; Lutter/Hommelhoff/*Kleindiek* GmbHG, § 69 Rn. 13). Bei einer Kapitalherabsetzung sind allerdings auch die Gläubigerschutzvorschriften für die

Abwicklungsgesellschaft zu berücksichtigen, insbesondere § 73 GmbHG (vgl. OLG Frankfurt am Main, Beschl. v. 14.09.1973 – 20 W 639/73; NJW 1974, 463, 464).

C. Gerichtsstand, Abs. 2

Falls sich der Sitz der GmbH i. S. v. § 17 Abs. 1 Satz 2 ZPO (als Ort, an dem die Verwaltung der Gesellschaft durchgeführt wird) im Rahmen der Abwicklung nicht mehr feststellen lässt, schafft § 69 Abs. 2 GmbHG Klarheit: Danach ist allgemeiner Gerichtsstand der Verwaltungssitz im Zeitpunkt der Auflösung. Daneben entsteht im Fall, dass während der Abwicklung der Verwaltungssitz verlegt wird, ein weiterer Gerichtsstand am neuen Verwaltungssitz (Baumbach/Hueck/*Haas* § 69 Rn. 25). 13

§ 70 Aufgaben der Liquidatoren

¹Die Liquidatoren haben die laufenden Geschäfte zu beendigen, die Verpflichtungen der aufgelösten Gesellschaft zu erfüllen, die Forderungen derselben einzuziehen und das Vermögen der Gesellschaft in Geld umzusetzen; sie haben die Gesellschaft gerichtlich und außergerichtlich zu vertreten. ²Zur Beendigung schwebender Geschäfte können die Liquidatoren auch neue Geschäfte eingehen.

Übersicht	Rdn.		Rdn.
A. Überblick	1	II. Erfüllung der Verpflichtungen der aufgelösten Gesellschaft	7
B. Liquidationskonzept	2	III. Einziehung von Gesellschaftsforderungen	10
C. Einzelne Maßnahmen, S. 1	6	IV. Veräußerung des Gesellschaftsvermögens	11
I. Beendigung laufender bzw. schwebender Geschäfte	6	V. Weitere Aufgaben	12

A. Überblick

§ 70 GmbHG regelt im Innenverhältnis die Aufgabe der Liquidatoren und, i. V. m. § 72 GmbHG, den von ihnen zu verwirklichenden Liquidationszweck. Ansatzweise ist, in Überschneidung zu § 68 GmbHG, auch die Vertretungsmacht geregelt. Weitere Rechte und Pflichten der Liquidatoren sind im Detail in § 71 GmbHG niedergelegt. Zwar bleiben Organstruktur und Kompetenzverteilung der GmbH in der Liquidation grundsätzlich fortbestehen. Allerdings impliziert der von den Liquidatoren zu verwirklichende Liquidationszweck gewisse Einschränkungen der Befugnisse der Gesellschafter. 1

B. Liquidationskonzept

Aus **eigener Machtbefugnis** und ohne Möglichkeit entgegenlaufender Satzungsbestimmungen, Gesellschafterbeschlüsse und Weisungen haben die Liquidatoren – soweit zu Liquidationszwecken erforderlich – ausstehende Stammeinlagen einzufordern (ein Gesellschafterbeschluss gem. § 46 Nr. 2 GmbHG ist nicht erforderlich, OLG Jena, Beschl. v. 08.06.2007 – 6 U 311/07; NZG 2007, 717, 718; vgl. § 69 GmbHG Rdn. 10), die gläubigerschützenden Verfahrensregelungen (insbes. § 73 GmbHG) einzuhalten und offene Forderungen zu befriedigen (Roth/Altmeppen/*Altmeppen* § 70 Rn. 10 ff.). Die Liquidatoren haben im Übrigen nach Maßgabe gesellschaftsvertraglicher Abwicklungsrichtlinien und Gesellschafterweisungen (s. Rdn. 4) ein Liquidationskonzept aufzustellen und der Gesellschafterversammlung zur Billigung verlegen, sowie die Gesellschaft nach pflichtgemäßem Ermessen abzuwickeln (Roth/Altmeppen/*Altmeppen* § 70 Rn. 22). 2

Grundsätzlich haben die Liquidatoren sich zunächst an den zu befriedigenden **Gläubigerinteressen** zu orientieren, und erst in zweiter Linie die Interessen sämtlicher Gesellschafter, einschließlich der Minderheitsgesellschafter, an einer optimalen Realisierung ihres Wertanteils am Gesellschaftsvermögen zu vertreten (Roth/Altmeppen/*Altmeppen* § 70 Rn. 4). Die Vertretungsmacht der Liquida- 3

§ 70 GmbHG   Aufgaben der Liquidatoren

toren wird durch den Liquidationszweck allerdings (vorbehaltlich der Grundsätze des Missbrauchs der Vertretungsmacht) nicht eingeschränkt (OLG Stuttgart, Urt. v. 28.02.1986 – 2 U 148/85; NJW-RR 1986, 836), s. auch § 68 GmbHG Rdn. 2.

4   Der Gesellschaftsvertrag kann **Abwicklungsrichtlinien** aufstellen, ebenso können Gesellschafterbeschlüsse zur Abwicklung, wie z. B. Zustimmung zu Verfügungen bei Anteilsvinkulierung (vgl. OLG Hamm, Urt. v. 13.11.1978 – 8 U 140/78; GmbHR 1979, 141, 142), oder zu einer Umfirmierung (s. auch § 69 GmbHG Rdn. 12), erforderlich werden. Weisungen können durch die Gesellschafterversammlung zwar grundsätzlich erteilt werden, bzw. in Zweifelsfällen können von den Liquidatoren Gesellschafterentscheidungen herbeigeführt werden. Richtschnur für die Liquidatoren sind jedoch der Gläubigerschutz und der Liquidationszweck. In diesem Rahmen zulässige Gesellschafterbeschlüsse bedürfen grundsätzlich (s. aber auch Rdn. 5) der einfachen (oder einer abweichenden satzungsgemäßen) Mehrheit (Baumbach/Hueck/*Haas* § 70 Rn. 12). Gesellschafterbeschlüsse, die zur Verringerung der Ausschüttungen aus § 72 GmbHG führen, bedürfen der Zustimmung der betroffenen Gesellschafter (Achilles/Ensthaler/Schmidt/*Ensthaler/Zech* § 70 Rn. 7). Bei Veräußerung des Unternehmens nebst Firma ist jedenfalls ein Gesellschafterbeschluss zur Firmenänderung erforderlich, nach wohl h. M. jedoch nicht bei bloßer Veräußerung des Unternehmens ohne Firma, sofern dies zeitnah erfolgt (Baumbach/Hueck/*Haas* § 70 Rn. 8). Bei Veräußerung des gesamten Vermögens wird von manchen allerdings entsprechend § 179a AktG die Zustimmung der Gesellschafterversammlung gefordert (*Wicke* GmbHG § 70 Rn. 5). Im Übrigen ist auf § 311b BGB hinzuweisen.

5   Das nach Maßgabe des Vorstehenden zu verfolgende **Liquidationskonzept** kann vorsehen, dass das von der Gesellschaft betriebene Unternehmen – zur Vermeidung von Zerschlagungsverlusten – möglichst als Ganzes oder in Teilen (u. U. nebst Firma) an einen bzw. verschiedene Dritte veräußert wird, oder dass die unternehmerische Tätigkeit unter Einzelverwertung der Vermögensgegenstände eingestellt wird (Lutter/Hommelhoff/*Kleindiek* § 70 Rn. 4). Das Liquidationskonzept sollte unbedingt der Gesellschafterversammlung zur Billigung mit einfacher Mehrheit vorgelegt werden. Ist beabsichtigt, die zeitnahe Vollbeendigung im Hinblick auf ein besseres Ergebnis zurückzustellen, wird (für ein entsprechendes Liquidationskonzept oder einzelne Weisungen in diese Richtung) ein Gesellschafterbeschluss mit einer Mehrheit von 3/4 für die zeitlich beschränkte Fortführung für erforderlich gehalten (Lutter/Hommelhoff/*Kleindiek* § 70 Rn. 7; Scholz/*K. Schmidt* § 70 Rn. 16), wobei ggf. dann auch Austrittsrechte vorzusehen sind (vgl. Rowedder/Schmidt-Leithoff/*Gesell* § 70 Rn. 9 Fn. 29).

C. Einzelne Maßnahmen, S. 1

I. Beendigung laufender bzw. schwebender Geschäfte

6   Entsprechend dem Liquidationszweck ist die Geschäftstätigkeit der Gesellschaft insgesamt zu beenden. Noch nicht erfüllte Aufträge können noch ausgeführt werden. Dauerschuldverhältnisse sind zum voraussichtlichen Ende der Liquidation zu beenden, notfalls durch Kündigung. Zur Vermeidung von Liquidationsverlusten ist eine zeitlich **begrenzte Geschäftsfortführung** allerdings zulässig, wobei – über den Wortlaut von § 70 Satz 2 GmbHG hinaus – im Rahmen des Abwicklungszwecks bzw. des Liquidationskonzeptes (s. Rdn. 2 ff.) sinnvolle neue Geschäfte vorgenommen werden dürfen (Baumbach/Hueck/*Haas* § 70 Rn. 4). Insoweit kommt es darauf an, dass das betreffende Geschäft objektiv dem Liquidationszweck dient (d. h. keine Rückumwandlung der Gesellschaft in eine werbende Gesellschaft impliziert) und auch subjektiv mit dieser Intention vorgenommen wird (Scholz/*K. Schmidt* § 70 Rn. 16). **Unzulässig** sind jedoch z. B. der kreditfinanzierte Grundstückserwerb von einem Gesellschafter (OLG Karlsruhe, Urt. v. 03.10.1956 – 1 U 44/56; GmbHR 1960, 24, 25) oder der Beitritt der Liquidationsgesellschaft zu einer neuen GmbH. Für die Abwicklung nötiges Personal kann eingestellt werden (Scholz/*K. Schmidt* § 70 Rn. 16), ebenso kann ein belastetes Grundstück zur Rettung einer der Gesellschaft zustehenden Hypothek erworben werden (vgl. RG v. 30.09.1899 – Rep. V 137/99; RGZ 44, 84 zu einer Genossenschaft). Soweit eine vorteilhafte Verwertung des von der Gesellschaft betriebenen Unternehmens zu erwarten ist, können auch die

Erlangung, Verlängerung oder Verteidigung von gewerblichen Schutzrechten sowie Maßnahmen gegen unlauteren Wettbewerb zulässig sein (Scholz/*K. Schmidt* § 70 Rn. 16).

II. Erfüllung der Verpflichtungen der aufgelösten Gesellschaft

Eigentliches, im Gläubigerinteresse liegendes Ziel der Liquidation ist die Tilgung der Gesellschaftsschulden sowohl gegenüber Dritten als auch, sofern nicht (nach Rechtslage bis zum MoMiG) eigenkapitalersetzend bzw. einem Rangrücktritt unterliegend, gegenüber Gesellschaftern. Hierzu hat sich der Liquidator einen Überblick über die **offenen Verpflichtungen** zu verschaffen, die Liquidität zu gewährleisten bzw. die Fälligkeiten abzustimmen und ggf. auch über eine Beschleunigung von Fälligkeiten, z. B. durch Kündigung oder Aufhebungsvertrag, ggf. unter Abzinsung, zu entscheiden. Hierbei ist in Erfüllung der entsprechenden Beobachtungspflicht (s. auch Erläuterung zu § 64 GmbHG Rdn. 3 und § 71 Rdn. 1 GmbHG) stets im Auge zu behalten, ob ggf. nach § 15a InsO ein Insolvenzantrag zu stellen ist (Lutter/Hommelhoff/*Kleindiek* § 70 Rn. 9) oder eine Zahlung an Gesellschafter zu einer Zahlungsunfähigkeit führen (§ 64 Satz 3 GmbHG).

Die Liquidatoren unterliegen grundsätzlich **keiner Pflicht zur Gläubigergleichbehandlung**, da das Liquidationsverfahren kein Insolvenzverfahren ist (BGHZ 53, 71, 74). Bei Masselosigkeit (§ 60 Abs. 1 Nr. 5 GmbHG) ist strittig, ob lediglich zu gewährleisten ist, dass Liquidatoren selbst, Gesellschafter und diesen nahestehende Personen nicht vorrangig befriedigt werden (BGH, Urt. v. 18.11.1969 – II ZR 83/68; BGHZ 53, 71; OLG Stuttgart, Urt. v. 24.06.2009 – 14 U 5/09), ob ein generelles Gleichbehandlungsgebot besteht (Scholz/*K. Schmidt* § 70 Rn. 10), oder ob lediglich das Anfechtungsgesetz ggf. Platz greift (Roth/Altmeppen/*Altmeppen* § 70 Rn. 17). In keinem Fall können jedoch die Liquidatoren verhindern, dass ein Gläubigerwettlauf im Rahmen der Einzelzwangsvollstreckung zu ungleichen Ergebnissen führt.

Ansprüche von Gesellschaftern aus normalen Verkehrsgeschäften (auch aus Darlehen vgl. Lutter/Hommelhoff/*Kleindiek* § 70 Rn. 10) werden vorbehaltlich § 64 Satz 3 GmbHG wie Drittverbindlichkeiten befriedigt (s. § 72 GmbHG Rdn. 4). Gleiches gilt für entstandene Dividendenansprüche aus vor Auflösung gefassten Gewinnverwendungsbeschlüssen (s. § 69 GmbHG Rdn. 5). Lediglich mit einem vertraglichen Rangrücktritt ausgestattete Darlehen dürfen erst nach Erfüllung der vorrangigen Verbindlichkeiten und einem Sperrjahr (§ 73 GmbHG) ausgezahlt werden (Baumbach/Hueck/*Haas* § 70 Rn. 6). Vor Inkrafttreten des MoMiG bestand im Übrigen nach den sog. Rechtsprechungsregeln zu eigenkapitalersetzenden Darlehen für eigenkapitalersetzende Darlehen ein Leistungsverweigerungsrecht der Gesellschaft (und eine entsprechende Pflicht der Geschäftsführung, hiervon Gebrauch zu machen). In der Liquidation führte dies dazu, dass solche Darlehen erst zum Abschluss der Liquidation und nach Ablauf des Sperrjahres zurückgezahlt werden dürften. Durch den im Rahmen des MoMiG eingeführten § 30 Abs. 1 Satz 3 GmbHG wurden die Rechtsprechungsregeln zu eigenkapitalersetzenden Darlehen abgeschafft. Damit sind auch in der Krise gewährte oder stehen gelassene Darlehen künftig in der Liquidation grundsätzlich wie normale Drittverbindlichkeiten zu behandeln – vorbehaltlich § 64 Satz 3 GmbHG (vgl. Lutter/Hommelhoff/*Kleindiek* § 70 Rn. 11). Im Übrigen gelten die anfechtungsrechtlichen Bestimmungen – so ist gem. § 135 InsO in der Fassung seit MoMiG jede Befriedigung einer gesetzlich subordinierten Gesellschafterleistung (§ 39 Abs. 1 Nr. 5 InsO) innerhalb des letzten Jahres vor Insolvenzantragstellung anfechtbar. Außerhalb der Insolvenz gelten §§ 6, 6a AnfG.

III. Einziehung von Gesellschaftsforderungen

In Vorbereitung der Vermögensverteilung gem. § 72 GmbHG sind nach Satz 1 die Forderungen der Gesellschaft, auch nicht auf eine Geldzahlung gerichtete Ansprüche, zu **realisieren**. Dies kann mittels Aufrechnung, Verkauf und Abtretung oder sonstiger Vereinbarung erfolgen, aufgrund derer der Gesellschaft Geld zufließt. Geltend zu machen sind sowohl Forderungen gegenüber Dritten als auch Forderungen gegenüber Gesellschaftern, unabhängig ob aus Verkehrsgeschäften oder – soweit in Übereinstimmung mit dem Liquidationszweck (s. auch § 69 GmbHG Rdn. 3) – aus dem Gesellschaftsverhältnis. Auf eine Einlageforderung, Nachschusszahlung, oder aus Differenzhaftung oder Vorbelastungshaftung in Anspruch genommene Gesellschafter sind darlegungs- und beweispflichtig, dass die gegen sie geltend gemachte Forderung aus dem Gesellschaftsverhältnis für den Liquidationszweck nicht benötigt wird (Baumbach/Hueck/*Haas* §70 Rn.7). Auch im Liquidationsstadium gilt, dass ein Anspruch des Gesellschafters auf Leistung von Schadensersatz an sich persönlich wegen einer Minderung des Werts seiner Beteiligung, die aus einer Schädigung der Gesellschaft resultiert (sog. mittelbarer oder Reflex-Schaden), regelmäßig nur durch Leistung von Schadensersatz an die Gesellschaft ausgeglichen werden kann (BGH, Urt. v. 14.05.2013 – II ZR 176/10; NJW 2013, 2586 Tz. 18).

IV. Veräußerung des Gesellschaftsvermögens

11   Neben Forderungen sind nach Satz 1 auch die sonstigen Aktivposten der Gesellschaft grundsätzlich in Barvermögen umzuwandeln (s. §72 GmbHG Rdn. 7). Dies kann durch die komplette oder teilweise Veräußerung des von der Gesellschaft betriebenen Unternehmens (nebst Firma) geschehen, was zur Vermeidung von Zerschlagungsverlusten regelmäßig geboten sein wird. In diesem Fall kann auch eine zeitweise Unternehmensfortsetzung angebracht sein (s. Rdn. 4 f.). Eine Unternehmensveräußerung an einen der Gesellschafter kann gegen den Gleichbehandlungsgrundsatz und die gesellschafterliche Treuepflicht verstoßen; dies bedeutet, dass der Liquidator sämtlichen Gesellschaftern das Unternehmen anbieten muss. Bloß nutzungshalber der Gesellschaft überlassene Gegenstände sind analog §732 BGB zurückzugeben (Baumbach/Hueck/*Haas* §70 Rn. 8). Ausschüttungen in Natur setzen allerdings eine Zustimmung sämtlicher Gesellschafter voraus (Baumbach/Hueck/*Haas* §70 Rn. 13).

V. Weitere Aufgaben

12   Schließlich haben die Liquidatoren das Gesellschaftsvermögen mit der Sorgfalt eines ordentlichen Kaufmanns zu verwalten, Anmeldungen und Bekanntmachungen gem. §§65, 67 GmbHG vorzunehmen, die steuerlichen Pflichten – auch aus der Zeit vor der Auflösung – (§ 34 Abs. 1 AO) und die Pflichten bei Vermögensverteilung und Abschluss der Liquidation gem. §§72 bis 74 GmbHG zu erfüllen (Achilles/Ensthaler/Schmidt/*Ensthaler/Zech* §70 Rn. 11).

13   Schwebende **Prozesse** sind fortzuführen. Existieren keine geborenen Liquidatoren, sind bis zur Bestellung gekorener Liquidatoren die Prozesse nach §241 ZPO auszusetzen, es sei denn die Gesellschaft ist nach §246 ZPO durch einen vor der Liquidation bestellten Prozessbevollmächtigten vertreten (Achilles/Ensthaler/Schmidt/*Ensthaler/Zech* §70 Rn. 9).

14   Im Übrigen besteht auch für Liquidatoren eine insolvenzrechtliche Beobachtungspflicht, s. §71 GmbHG Rdn. 1, 9. Bei Ablehnung der Insolvenzeröffnung mangels Masse trifft den Liquidator allerdings nur dann eine Insolvenzantragspflicht, wenn die Gesellschaft in der Liquidation nach zwischenzeitlicher Beseitigung der Insolvenzlage erneut insolvenzreif wird. Entsprechend haftet der Liquidator eines durch Gesellschafterbeschluss aufgelösten (§60 Abs. 1 Nr. 2 GmbHG), an sich aber nach wie vor »lebensfähigen« oder nach Insolvenzüberwindung wieder »lebensfähig« gewordenen GmbH, wenn diese im Stadium zwischen Auflösung und Beendigung der GmbH zahlungsunfähig oder überschuldet wird (vgl. BGH, Beschl. v. 28.10.2008 – 5 StR 166/08; NJW 2009, 157 Tz. 30).

15   Auch in der Liquidation finden die Grundsätze der wirtschaftlichen Neugründung (vgl. BGH, Beschl. v. 09.12.2002 - II ZB 12/02; BGHZ 153, 158) Anwendung (s. §60 GmbHG Rdn. 21); allerdings ist allein die mit der Fortführung beabsichtigte Zweckänderung von einer Abwicklung hin zu einer werbenden Gesellschaft als solche noch keine wirtschaftliche Neugründung. Vielmehr ist danach zu differenzieren, ob noch nennenswerte Liquidationsaufgaben i.R.v. §70 GmbHG wahrgenommen werden, die auf den Schluss der Liquidation zusteuern, oder ob die Abwicklung über längere Zeit nicht betrieben wurde und deshalb vom Vorliegen eines leeren Gesellschaftsmantels ohne Geschäftsbetrieb auszugehen ist (BGH, Urt. v. 10.12.2013 - II ZR 53/12; NJW-RR 2014, 416 Tz. 15).

§ 71 Eröffnungsbilanz; Rechte und Pflichten

(1) Die Liquidatoren haben für den Beginn der Liquidation eine Bilanz (Eröffnungsbilanz) und einen die Eröffnungsbilanz erläuternden Bericht sowie für den Schluß eines jeden Jahres einen Jahresabschluss und einen Lagebericht aufzustellen.

(2) ¹Die Gesellschafter beschließen über die Feststellung der Eröffnungsbilanz und des Jahresabschlusses sowie über die Entlastung der Liquidatoren. ²Auf die Eröffnungsbilanz und den erläuternden Bericht sind die Vorschriften über den Jahresabschluß entsprechend anzuwenden. ³Vermögensgegenstände des Anlagevermögens sind jedoch wie Umlaufvermögen zu bewerten, soweit ihre Veräußerung innerhalb eines übersehbaren Zeitraums beabsichtigt ist oder diese Vermögensgegenstände nicht mehr dem Geschäftsbetrieb dienen; dies gilt auch für den Jahresabschluß.

(3) ¹Das Gericht kann von der Prüfung des Jahresabschlusses und des Lageberichts durch einen Abschlußprüfer befreien, wenn die Verhältnisse der Gesellschaft so überschaubar sind, daß eine Prüfung im Interesse der Gläubiger und der Gesellschafter nicht geboten erscheint. ²Gegen die Entscheidung ist die sofortige Beschwerde zulässig.

(4) Im übrigen haben sie die aus §§ 37, 41, 43 Absätze 1, 2 und 4, § 49 Absätze 1 und 2, § 64 sich ergebenden Rechte und Pflichten der Geschäftsführer.

(5) ¹Auf den Geschäftsbriefen ist anzugeben, dass sich die Gesellschaft in Liquidation befindet; im Übrigen gilt § 35a entsprechend.

Übersicht	Rdn.		Rdn.
A. Überblick	1	II. Liquidationsschlussbilanz	7
B. Externe Liquidationsrechnungslegung, Abs. 1 bis 3	3	C. Interne Liquidationsrechnungslegung	8
I. Liquidationseröffnungsbilanz und Jahresabschlüsse, Abs. 1	3	D. Weitere Rechte und Pflichten der Liquidatoren, Abs. 4	10
		E. Geschäftsbriefe, Abs. 5	11

A. Überblick

§ 71 Abs. 1 bis 3 regeln die externe Liquidationsrechnungslegung, Abs. 4 und 5 weitere Rechte und Pflichten der Liquidatoren bzw. die Angabe der Liquidation auf Geschäftsbriefen. Vor Umsetzung des BiRiLiG war hinsichtlich der Pflicht der Liquidatoren zur Bilanzaufstellung streitig, ob vom sog. »going-concern-Prinzip« (**Fortführungsprinzip**) abzurücken und stattdessen eine auf (Zerschlagungs-)Verkehrswerte abstellende Vermögensbilanz, u. U. unter radikaler Neubewertung des Gesellschaftsvermögens, erforderlich ist, oder ob eine (leicht modifizierte) Fortführung der bisherigen Buchwerte zu erfolgen hat. Nunmehr ist in Anlehnung an § 270 AktG für die **externe Rechnungslegung** der GmbH eine nach dem Fortführungsprinzip fortgeführte Ertragsbilanz gem. HGB-Rechnungslegung vorgeschrieben (§ 71 Abs. 2 Satz 2 GmbHG). Nach der Intention des Gesetzgebers sollen die Bewertungen für die Abschlüsse während der Liquidation grundsätzlich nicht im Hinblick auf den zu erwartenden Liquidationserlös (also z. B. ohne Einbeziehung stiller Reserven) erfolgen (Roth/Altmeppen/*Altmeppen* § 70 Rn. 21; Rowedder/Schmidt-Leithoff/*Gesell* § 71 Rn. 10). Der **Bewertungsspielraum** in der Liquidationsgesellschaft ist allerdings insofern gegenüber dem in der werbenden Gesellschaft enger, als zur Veräußerung anstehendes oder nicht mehr genutztes Anlagevermögen wie Umlaufvermögen zu bewerten ist (§ 71 Abs. 2 Satz 3 GmbHG). Neben der externen Rechnungslegung ist aus Zweckmäßigkeitserwägungen eine zusätzliche, **interne Liquidationsbilanz**, auch Liquidationsbilanz im engeren Sinne genannt, erforderlich. Durch sie wird die an den wahrscheinlichen Veräußerungswerten orientierte Vermögenslage der Gesellschaft erkennbar (Achilles/Ensthaler/Schmidt/*Ensthaler/Schönbohm* § 71 Rn. 1), was für eine ordnungsgemäße Abwicklung nach Maßgabe des Liquidationskonzepts und auch im Hinblick auf die insolvenzrechtliche Beobachtungspflicht der Liquidatoren (s. auch § 70 GmbHG Rdn. 7) bzw.

§ 71 GmbHG   Eröffnungsbilanz; Rechte und Pflichten

der Gesellschafter, falls die aufgelöste Gesellschaft mangels Liquidator führungslos ist, relevant ist (Lutter/Hommelhoff/*Kleindiek*, §71 Rn. 2).

2   **Fehlende Fachkenntnisse** entschuldigen den Liquidator nicht hinsichtlich seiner Pflichten nach §71 GmbHG. Bei fehlenden Geldmitteln zur Rechnungslegung wird von ihm sogar der Einsatz eigener Mittel verlangt (OLG Stuttgart NJW-RR 1995, 805, 806), solange die Rechnungslegungspflicht nicht auf den Insolvenzverwalter übergegangen ist und der Liquidator auch nicht sein Amt niedergelegt hat (Baumbach/Hueck/*Haas* §71 Rn. 11; Lutter/Hommelhoff/*Kleindiek* GmbHG, §71 Rn. 1; a. A. Roth/Altmeppen/*Altmeppen* §71 Rn. 1: kein Einsatz eigener Mittel). Die Gesellschafter können keine Befreiung von der Pflicht zur Aufstellung der Liquidationseröffnungsbilanz und der weiteren Liquidationsabschlüsse erteilen (OLG Stuttgart, Beschl. v. 07.12.1994 – 8W 311/93; Stuttgart NJW-RR 1995, 805, 806).

B. Externe Liquidationsrechnungslegung, Abs. 1 bis 3

I. Liquidationseröffnungsbilanz und Jahresabschlüsse, Abs. 1

3   Aus Abs. 1 folgt die Pflicht der Liquidatoren zur Aufstellung einer Liquidationseröffnungsbilanz auf den Stichtag (s. Rdn. 5) nebst erläuternden Berichts sowie eines jährlichen Jahresabschlusses nebst Lagebericht innerhalb von 3 Monaten (§264 Abs. 1 Satz 2 HGB; vgl. Lutter/Hommelhoff/*Kleindiek*, §71 Rn. 6). Streitig ist, ob die Fristverlängerung des §264 Abs. 1 Satz 3 HGB für kleine Kapitalgesellschaften auf höchstens 6 Monate entsprechend anwendbar ist (vgl. *Wicke*, GmbHG, §71 Rn. 2). Vorbehaltlich abweichender Regelungen in §71 Abs. 2 Satz 3 sind gem. Abs. 2 Satz 2 nach dem **Fortführungsprinzip** (§252 Abs. 1 Nr. 2 HGB) die allgemeinen Vorschriften entsprechend anwendbar, auch wenn der Geschäftsbetrieb nur noch zeitlich begrenzt und mit der Zielrichtung der Liquidation fortgeführt wird (h. M., Roth/Altmeppen/*Altmeppen* §71 Rn. 21; Lutter/Hommelhoff/*Kleindiek*, §71 Rn. 2; a. A. Baumbach/Hueck/*Haas* §71 Rn. 16: grundsätzlich kein Fortführungsprinzip mehr ab Erreichen des Abwicklungsstadiums). Die historischen Anschaffungs- oder Herstellungskosten stellen nach §§252 Abs. 1 Nr. 2, 253 Abs. 1 Satz 1 HGB die Höchstkosten dar. Stille Reserven, wie sie z. B. bei Grundstücken entstanden sein mögen, sind in der externen Liquidationsbilanz nicht auszuweisen (Achilles/Ensthaler/Schmidt/*Ensthaler/Zech* §71 Rn. 3). Selbst hinsichtlich veräußerungsfähiger immaterieller Vermögensgegenstände gelten nach h. M. die entsprechenden Bilanzierungsverbote in der Abwicklung fort (Lutter/Hommelhoff/*Kleindiek*, §71 Rn. 2).

4   Von den Bewertungsgrundsätzen einer fortgeführten Ertragsbilanz nach HGB ist auf die Bewertungsgrundsätze einer Vermögensbilanz grundsätzlich erst dann überzugehen, wenn die Betriebstätigkeit der zu liquidierenden Gesellschaft eingestellt ist und daher bei der Bilanzerstellung die Vermögensverteilung unmittelbar bevorsteht und der Erlös bereits feststeht (s. auch Rdn. 7). Im Übrigen schreibt Abs. 2 Satz 3 eine **Bewertung wie Umlaufvermögen** bereits dann und insoweit vor, wie die Veräußerung eines Gegenstandes des Anlagevermögens innerhalb eines übersehbaren (h. M.: bis ein Jahr ab Bilanzerstellung, vgl. *Roth/Altmeppen* §71 Rn. 23; Baumbach/Hueck/*Haas* §71 Rn. 20; Lutter/Hommelhoff/*Kleindiek*, §71 Rn. 2; a. A. Scholz/*K. Schmidt* GmbHG, §71 Rn. 24: bis 2 Jahre bei hinreichend sicherer Veräußerungserwartung) Zeitraums vorgesehen ist oder der Gegenstand aus dem laufenden Geschäftsbetrieb effektiv herausgenommen worden ist. Die Bewertung wie Umlaufvermögen bedeutet im Wesentlichen, dass das Niederstwertgebot nach §253 Abs. 3 Satz 2 a. F. bzw. 253 Abs. 4 Satz 2 n. F. HGB bei einer Obergrenze i. H. d. ursprünglichen Anschaffungs- bzw. Herstellungskosten gilt. Bislang erfolgte Abschreibungen nach §253 Abs. 2 a. F. bzw. 253 Abs. 3 n. F. HGB sind nach Maßgabe von §280 Abs. 1 a. F. bzw. 253 Abs. 5 n. F. HGB aufzuholen, soweit der Markt- bzw. Zeitwert den Buchwert übersteigt (Roth/Altmeppen/*Altmeppen* §71 Rn. 24; Baumbach/Hueck/*Haas* §71 Rn. 20).

5   **Stichtag** der Eröffnungsbilanz ist der Tag der materiellen Auflösung. Der Erstellung der Eröffnungsbilanz hat eine Inventur vorauszugehen, §§240 ff. HGB (*Roth/Altmeppen* §71 Rn. 20). Auf den gleichen Stichtag ist eine Schlussbilanz der werbenden Gesellschaft (ebenfalls von den Liqui-

datoren) zu erstellen, die weitgehend der Eröffnungsbilanz entspricht, aber – im Gegensatz zur Eröffnungsbilanz – auch eine GuV umfasst. Im Hinblick auf §§ 72, 73 GmbHG scheiden Gewinnausschüttungen aus (Lutter/Hommelhoff/*Kleindiek* § 71 Rn. 8). Die Schlussbilanz der werbenden Gesellschaft enthält auch einen Anhang und ggf. einen Lagebericht. Der Bericht der Eröffnungsbilanz soll, vergleichbar dem Anhang in der regulären Rechnungslegung, entsprechend §§ 284 ff. HGB informieren und ähnlich dem Lagebericht den voraussichtlichen Verlauf und die Aussichten der Liquidation skizzieren (Lutter/Hommelhoff/*Kleindiek*, § 71 Rn. 5 ff.).

Die **laufende Liquidationsrechnungslegung** hat im Jahresabstand ab Stichtag der Liquidationseröffnungsbilanz zu erfolgen. Nach h. M. ist es jedoch möglich, durch einfachen (d. h. nicht satzungsändernden) Gesellschafterbeschluss festzulegen, dass zwei Rumpfgeschäftsjahre (d. h. zunächst bis zum Stichtag der Liquidationseröffnungsbilanz und danach bis zum Stichtag des regulären Geschäftsjahres) eingefügt werden und im Übrigen das satzungsmäßige Geschäftsjahr als maßgebliche Rechnungslegungsperiode beibehalten wird (Baumbach/Hueck/*Haas* § 71 Rn. 23; Roth/Altmeppen/*Altmeppen* § 71 Rn. 13). Erforderlich ist ein Jahresabschluss (bestehend aus Bilanz, GuV und Anhang) sowie ggf. ein – mit liquidationsspezifischen Erläuterungen versehener – Lagebericht (vgl. § 264 Abs. 1 Satz 1 HGB). Die Aufstellung des Jahresabschlusses erfolgt nach den allgemeinen Regeln, also durch den/die Liquidator(en), festgestellt wird der Jahresabschluss durch die Gesellschafterversammlung oder nach Maßgabe von ggf. abweichenden (fortgeltenden) Satzungsbestimmungen. Die Prüfungspflicht und die Offenbarungspflicht bestimmen sich ebenfalls nach den allgemeinen Regeln (d. h. keine Prüfungspflicht bei kleiner GmbH i. S. v. §§ 267 Abs. 1 i. V. m. 316 Abs. 1 HGB, sowie größenabhängige Offenlegungspflicht nach §§ 325 ff. HGB). Gem. § 71 Abs. 3 GmbHG, der auch Anwendung findet, wenn über das Vermögen der Gesellschaft das Insolvenzverfahren eröffnet ist (OLG München, Beschl. v. 09.01.2008 – 31 Wx 66/07; NJW-RR 2008, 775), kann eine prüfungspflichtige Gesellschaft durch gerichtliche Entscheidung **von der Prüfungspflicht freigestellt** werden. Die Befreiungsmöglichkeit erstreckt sich allerdings nicht auf Zeiträume vor Auflösung der Gesellschaft bzw. Eröffnung eines Insolvenzverfahrens (OLG München, Beschl. v. 09.01.2008 – 31 Wx 66/07; NJW-RR 2008, 775; OLG München, Beschl. v. 10.08.2005 – 31 Wx 61/05; NZG 2006, 69, 70). Zuständig ist das Amtsgericht des Gesellschaftssitzes (§§ 23a Abs. 1 Nr. 2, Abs. 2 Nr. 4 GVG; § 375 Nr. 6, §§ 376, 377 FamFG). Gegen die Entscheidung über die Freistellung von der Prüfungspflicht findet seit der Änderung aufgrund Inkrafttretens des FGG-RG die Beschwerde statt (§ 71 Abs. 3 Satz 2 GmbHG). Nach § 71 Abs. 2 Satz 1 GmbHG beschließen die Gesellschafter über die Feststellung der Eröffnungsbilanz und der Jahresabschlüsse (sowie die Entlastung der Liquidatoren).

II. Liquidationsschlussbilanz

Auch die Erstellung einer – auf einen Stichtag unmittelbar vor der Vermögensverteilung bezogenen – Schlussbilanz (als **Vermögensbilanz**) nebst GuV und Anhang gehört, obwohl im Gesetz nicht ausdrücklich vorgeschrieben, zu den Pflichten der Liquidatoren (Scholz/*K. Schmidt* § 71 Rn. 30; Baumbach/Hueck/*Haas* § 71 Rn. 28). Aufgrund der unmittelbar bevorstehenden Zerschlagung und Vermögensaufteilung ist das Fortführungsprinzip aufzugeben und die verbleibenden Vermögenswerte sind auf Verkehrswerte, ggf. über die Anschaffungs- oder Herstellungskosten hinaus, umzubewerten (Scholz/*K. Schmidt* § 71 Rn. 30). Aufgrund des bevorstehenden Endes der Gesellschaft ist ein Lagebericht entbehrlich. Empfehlenswert ist jedoch die Beifügung eines Verteilungsplanes im Anhang, der die geplante Verteilung der Verteilungsmasse, insbesondere auch die Verteilungsart (s. § 72 GmbHG Rdn. 7), festlegt. Liquidationsschlussbilanz mit GuV und Anhang (nebst Verteilungsplan) bedürfen entsprechend § 46 Nr. 1 GmbHG der Feststellung. Als Teil der externen Rechnungslegung unterliegt die Liquidationsschlussbilanz auch im Übrigen den in Rdn. 6 dargestellten allgemeinen Grundsätzen zur Feststellung, Prüfung und Offenlegung (Lutter/Hommelhoff/*Kleindiek*, § 71 Rn. 12 f.).

C. Interne Liquidationsrechnungslegung

8   Teil der internen Liquidationsrechnungslegung ist die **Schlussrechnung** des Liquidators gem. § 74 Abs. 1 GmbHG. Da gegenüber den Gesellschaftern bereits mit der Liquidationsschlussbilanz Rechnung gelegt wird und dieser im Anhang ein Verteilungsplan beigefügt werden sollte (Baumbach/Hueck/*Haas* § 71 Rn. 28; Scholz/*K. Schmidt* § 71 Rn. 30), stellt sich die Schlussrechnung regelmäßig als bloße Vollzugsmeldung hinsichtlich der im Zusammenhang mit der Liquidationsschlussbilanz erfolgten externen Rechnungslegung dar (Lutter/Hommelhoff/*Kleindiek*, § 71 Rn. 13).

9   Als Teil der internen Rechnungslegung ist es darüber hinaus zweckmäßig, sich von Beginn der Liquidation an ein möglichst marktorientiertes Vermögensbild durch **periodische Aufstellung eines Vermögensstatus** zu verschaffen (s. auch Rdn. 1). Hieraus lässt sich ein mögliches Liquidationsergebnis ableiten und der aufgestellte Liquidationsplan fortschreiben (Achilles/Ensthaler/Schmidt/*Ensthaler/Zech* § 71 Rn. 6). Zudem dient ein solcher Vermögensstatus der Erfüllung der Organpflichten der Liquidatoren im Hinblick auf die Insolvenzantragspflicht gem. § 15a InsO (Lutter/Hommelhoff/*Kleindiek*, § 71 Rn. 11).

D. Weitere Rechte und Pflichten der Liquidatoren, Abs. 4

10   Abs. 1 regelt die Rechte und Pflichten der Liquidatoren nicht abschließend, sondern nach Maßgabe von § 69 GmbHG gelten ergänzend (§ 7 Abs. 5 GmbHG) die Regelungen für Geschäftsführer. Die Haftung der Liquidatoren bestimmt sich nach § 73 Abs. 3 GmbHG sowie § 43 Abs. 3 und 4 GmbHG, wobei zu berücksichtigen ist, dass die Aufgaben eines Liquidators von denen des Geschäftsführers einer werbenden Gesellschaft abweichen.

E. Geschäftsbriefe, Abs. 5

11   Abs. 5 schreibt vor, dass auf Geschäftsbriefen anzugeben ist, dass sich die Gesellschaft in Liquidation befindet. Diese Verpflichtung ist gem. § 79 Abs. 1 GmbHG strafbewehrt.

§ 72 Vermögensverteilung

¹Das Vermögen der Gesellschaft wird unter die Gesellschafter nach Verhältnis ihrer Geschäftsanteile verteilt. ²Durch den Gesellschaftsvertrag kann ein anderes Verhältnis für die Verteilung bestimmt werden.

Übersicht	Rdn.		Rdn.
A. Überblick	1	I. Gläubiger, Verteilungsschlüssel	6
B. Liquidationsguthaben	2	II. Verteilungsart, Verteilungsfehler	7
C. Verteilung	6		

A. Überblick

1   Die Vermögensverteilung gem. § 72 GmbHG setzt voraus, dass **alle Gesellschaftsgläubiger befriedigt** bzw. gesichert sind und das **Sperrjahr gem. § 73 GmbHG abgelaufen** ist. Das verteilungsfähige Vermögen wird dann nach dem Verhältnis der Nennbeträge der Geschäftsanteile der Gesellschafter zueinander, verteilt. Die Vermögensverteilung erfolgt grundsätzlich in Geldmitteln, es sei denn, ein einstimmiger Gesellschafterbeschluss oder eine Satzungsbestimmung sehen vor, dass Vermögenswerte nicht in Geldmittel umzusetzen sind, soweit dies nicht zur Befriedigung der Gläubiger erforderlich ist. Mit Ablauf des Sperrjahres wird die Verteilungsmasse (Liquidationsguthaben) zu einem gegen die Gesellschaft gerichteten Zahlungsanspruch. Der Liquidator vertritt hierbei die Gesellschaft. Ist er selbst Gesellschafter, kann er »in Erfüllung einer Verbindlichkeit« gem. § 181 BGB an sich selbst leisten (Lutter/Hommelhoff/*Kleindiek* § 72 Rn. 1).

B. Liquidationsguthaben

Nach erfolgter Befriedigung oder Sicherung von Gesellschaftsgläubigern (wozu auch Gesellschafter mit ihren Drittgläubigeransprüchen gehören, s. Rdn. 4) sind zur Ermittlung des letztlich gem. § 72 Satz 1 GmbH unter den Gesellschaftern zu verteilenden Vermögen, des sog. Liquidationsguthabens bzw. der Verteilungsmasse, noch **künftige Ansprüche** gegen die GmbH und bestimmte Ansprüche der Gesellschafter abzusetzen. Für künftige Verbindlichkeiten der Gesellschaft, insbesondere noch anfallende Steuern und Abgaben (für welche die Liquidatoren persönlich nach § 69 AO haften), restliche Vergütungsansprüche des Liquidators sowie die Kosten der Aufbewahrung der Schriften der GmbH nach § 74 GmbHG sind Rücklagen zu bilden, um welche das Liquidationsguthaben sich verringert (Lutter/Hommelhoff/*Kleindiek* § 72 Rn. 3).

Vom Liquidationsguthaben zu unterscheiden sind **Rückübertragungsansprüche** nutzungshalber überlassener Gegenstände (s. diese Rdn. 3), Drittgläubigeransprüche der Gesellschafter (s. Rdn. 4) sowie mitgliedschaftliche Ansprüche (s. Rdn. 5). Gegenstände (z. B. Gebäude, Grundstücke, gewerbliche Schutzrechte), die der Gesellschaft lediglich zur Nutzung überlassen worden sind, sind spätestens (BGH, Urt. v. 29.06.1981 – II ZR 165/80; WM 1981, 1126: grundsätzlich sofort, es sei denn die gesellschafterliche Treupflicht verlangt längerer Belassung bei der Gesellschaft) nach Befriedigung oder Sicherung der Drittgläubigerverbindlichkeiten und unabhängig von § 73 GmbHG zurückzugeben (Lutter/Hommelhoff/*Kleindiek* § 72 Rn. 5). Insbesondere kommt es nicht auf die Erstellung der Schlussbilanz an (BGH WM 1981, 1126), da die Gefahr des zufälligen Untergangs (einschließlich der Abnutzung durch bestimmungsgemäßen Verbrauch) beim Gesellschafter liegt. Allerdings kann es der Treuepflicht der Gesellschafter untereinander widersprechen, wenn zur – evtl. auch in der Liquidation angezeigten – Betriebsführung notwendige Gegenstände von erheblicher Bedeutung zurück verlangt würden. Im Insolvenzfall greift § 135 Abs. 3 InsO.

Drittgläubigeransprüche der Gesellschafter, die unabhängig von der Gesellschafterstellung im Rahmen eines normalen Verkehrsgeschäftes begründet worden sind, unterliegen weder § 72 GmbHG noch der Sperre gem. § 73 GmbHG. Sie werden, wie Ansprüche Dritter, befriedigt; erst danach kann von Verteilungsmasse bzw. Liquidationsguthaben gesprochen werden (Lutter/Hommelhoff/*Kleindiek* § 72 Rn. 6). Allerdings ist § 64 Satz 3 GmbHG zu beachten.

Mitgliedschaftliche Ansprüche der Gesellschafter, die ihren Rechtsgrund im Gesellschafterverhältnis haben (z. B. Nebenleistungsvergütungen, Rückzahlung von Nachschüssen, gesellschaftsvertraglich festgelegte obligatorische Darlehen in Form stehen gelassener Gewinne, Finanzplankredite), werden im Rahmen von § 72 GmbHG lediglich zu – nicht die Verteilungsmasse mindernde – Rechnungsposten, die bei der Verteilung vorab zu befriedigen sind. Reicht die Verteilungsmasse hierfür nicht aus, ist eine anteilige Kürzung der mitgliedschaftlichen Ansprüche nach dem für den Anteil am Liquidationsguthaben geltenden Schlüssel vorzunehmen (Lutter/Hommelhoff/*Kleindiek* GmbHG, § 72 Rn. 7).

C. Verteilung

I. Gläubiger, Verteilungsschlüssel

Gläubiger bei der Verteilung des Gesellschaftsvermögens sind grundsätzlich die **Gesellschafter**, wobei die Satzung z. B. auch eine gemeinnützige Einrichtung benennen kann (vgl. § 55 Abs. 1 Nr. 4 AO). Der **Verteilungsschlüssel** ist nach Satz 1, mangels anderer Satzungsbestimmungen (Satz 2), nach dem Verhältnis der Nennbeträge der Geschäftsanteile der Gesellschafter zu bestimmen. Die auf die verbleibenden Stammanteile entfallenden Bruchteile erhöhen sich, wenn Geschäftsanteile ohne Änderung des Stammkapitals eingezogen wurden. Der Wert einer ursprünglich zu Eigentum eingebrachten Sacheinlage ist irrelevant. Wurden Stammeinlagen im gleichen Verhältnis erbracht, ist dies für die Ermittlung der Liquidationsanteile irrelevant. Wurden Stammeinlagen dagegen in einem relativ ungleichen Verhältnis von den Gesellschaftern nicht erbracht und reicht das Vermögen nicht zur Erstattung der Einlagenzahlung aus, so ist die Einlagenzahlung noch zu erbringen (Beispiel: A und B haben jeweils 30.000,– € Stammeinlagen übernommen; A hat voll, B nur 10.000,– €

§ 73 GmbHG Sperrjahr

einbezahlt. Ohne die ausstehende Einlagenforderung ist der Liquidationserslös 6.000,–€; B hat daher 7.000,–€ einzuzahlen, um die Auszahlung von 13.000,–€ an A zu ermöglichen, vgl. Roth/Altmeppen/*Altmeppen* § 72 Rn. 10). Andernfalls erfolgt eine Ausgleichung unterschiedlich erbrachter Leistungen auf die Einlagen entsprechend § 271 Abs. 3 AktG, indem die geleisteten Einlagen erstattet werden und der weitere Überschuss entsprechend dem Verhältnis der Anteile ausgekehrt wird (Rowedder/Schmidt-Leithoff/*Gesell* § 72 Rn. 12; VG Berlin, Urt. v. 05.07.2012 – VG 29 K 496.10).

II. Verteilungsart, Verteilungsfehler

7 Hinsichtlich der **Verteilungsart** entscheiden zunächst die Satzung bzw. Vereinbarungen sämtlicher Gesellschafter. Bestimmt die Satzung einen »Rückerwerb« durch die Gesellschafter, so bedeutet dies i. d. R. eine Übereignung eingebrachter Gegenstände unter Anrechnung auf das Liquidationsguthaben, ggf. gegen Zuzahlung. Auch ist eine Sachleistung auf den Liquidationsanspruch an Erfüllungs statt denkbar (Lutter/Hommelhoff/*Kleindiek* § 72 Rn. 10; Roth/Altmeppen/*Altmeppen* § 72 Rn. 7). Andernfalls wird das im Rahmen der Abwicklung versilberte Gesellschaftsvermögen verteilt. Zum Verteilungsplan als Anlage der Liquidationsschlussbilanz s. auch Erläuterung zu § 71 GmbHG Rdn. 7 f.

8 Bei **Verteilungsfehlern**, wie z. B. Überzahlungen infolge Berechnungsfehlern oder unrichtiger rechtlicher Beurteilung, besteht aus der gesellschafterlichen Treuepflicht bzw. nach § 812 BGB eine Rückzahlungspflicht der zu Unrecht begünstigten Gesellschafter gegenüber der Gesellschaft. Ggf. kann auch ein direkter Ausgleichsanspruch unter den Gesellschaftern bestehen, da ein Vorgehen zunächst gegen die (u. U. bereits gelöschte) Gesellschaft und eine nachfolgende Vollstreckung der Ansprüche gegenüber dem begünstigten Mitgesellschafter dem benachteiligten Gesellschafter unzumutbar ist (Baumbach/Hueck/*Haas* § 72 Rn. 21; Scholz/*K. Schmidt* § 72 Rn. 17). Im Übrigen haften die Liquidatoren gem. §§ 71 Abs. 4, 43 GmbHG der Gesellschaft, gegenüber den Gesellschafter allenfalls aus Delikt.

§ 73 Sperrjahr

(1) Die Verteilung darf nicht vor Tilgung oder Sicherstellung der Schulden der Gesellschaft und nicht vor Ablauf eines Jahres seit dem Tage vorgenommen werden, an welchem die Aufforderung an die Gläubiger (§ 65 Abs. 2) in den Gesellschaftsblättern erfolgt ist.

(2) ¹Meldet sich ein bekannter Gläubiger nicht, so ist der geschuldete Betrag, wenn die Berechtigung zur Hinterlegung vorhanden ist, für den Gläubiger zu hinterlegen. ²Ist die Berichtigung einer Verbindlichkeit zur Zeit nicht ausführbar oder ist eine Verbindlichkeit streitig, so darf die Verteilung des Vermögens nur erfolgen, wenn dem Gläubiger Sicherheit geleistet ist.

(3) ¹Liquidatoren, welche diesen Vorschriften zuwiderhandeln, sind zum Ersatz der verteilten Beträge solidarisch verpflichtet. ²Auf den Ersatzanspruch finden die Bestimmungen in § 43 Absatz 3 und 4 entsprechende Anwendung.

Übersicht	Rdn.		Rdn.
A. Überblick	1	C. Haftung der Liquidatoren, Abs. 3	8
B. Voraussetzungen für die Verteilung des Gesellschaftsvermögens, Abs. 1 und Abs. 2	2	I. Haftung der Liquidatoren gegenüber der Gesellschaft	9
I. Tilgung oder Sicherstellung der Gesellschaftsschulden	2	II. Haftung der Liquidatoren gegenüber den Gesellschaftsgläubigern	12
II. Ablauf der Sperrfrist	6	III. Persönliche steuerrechtliche Haftung der Liquidatoren	13
III. Rechtsschutz für Gläubiger	7	D. Haftung der Gesellschafter	14

A. Überblick

§ 73 GmbHG bezweckt den Schutz der Gesellschaftsgläubiger und ergänzt die Regelungen des § 72 GmbHG zur Verteilung. § 73 GmbHG begründet eine bei der werbenden Gesellschaft nicht bekannte, absolute **Ausschüttungssperre** ab Auflösung der Gesellschaft bis zum Ablauf des Sperrjahres und der vollständigen Befriedigung bzw. Sicherstellung der letzten bekannten Verbindlichkeit. Diese Ausschüttungssperre ist unabdingbar (OLG, Urt. v. 11.04.1996 – 1 U 265/94; Rostock, NJW-RR 1996, 1185, 1186) und greift selbst bei reichhaltig ausgestatteten Rücklagen ein. Da auch unbekannten Gläubigern der Zeitraum von einem Jahr ab Bekanntmachung der Auflösung gem. § 65 Abs. 2 GmbHG zustehen muss, um evtl. bestehende Ansprüche zu erkennen, darf selbst bei Zustimmung sämtlicher bekannter Gesellschaftsgläubiger keine Vermögensverteilung vor Ablauf des Sperrjahres erfolgen (Lutter/Hommelhoff/*Kleindiek*, § 73 Rn. 1). Bis zum Inkrafttreten des ARUG am 01.09.2009 begann das Sperrjahr erst nach dreimaliger Bekanntmachung; dieses Erfordernis hat sich aufgrund Veröffentlichung im elektronischen Bundesanzeiger nebst Speicherung erübrigt (vgl. Roth/Altmeppen/*Altmeppen* § 66 Rn. 38). Die Verteilung von Sachwerten an Gesellschafter ist ebenfalls von der Leistungssperre betroffen (Baumbach/Hueck/*Haas* § 73 Rn. 12); Zahlungen an Gesellschafter auf Drittgläubigeransprüche der Gesellschaft sind hingegen zulässig (s. § 72 GmbHG Rdn. 4). § 73 GmbHG verbietet auch die Gewährung neuer Darlehen an Gesellschafter (BGH, Urt. v. 02.03.2009 – II ZR 264/07; NZG 2009, 659 Tz. 19; Lutter/Hommelhoff/*Kleindiek*, § 77 Rn. 2). Im Übrigen gilt § 43a GmbHG auch in der Abwicklung.

1

B. Voraussetzungen für die Verteilung des Gesellschaftsvermögens, Abs. 1 und Abs. 2

I. Tilgung oder Sicherstellung der Gesellschaftsschulden

Unabhängig davon, ob bekannte Gesellschaftsgläubiger ihren Anspruch geltend machen, sind deren unbestrittene und fällige Forderungen zu erfüllen. Soweit Abs. 2 Satz 1 darauf abstellt, Forderungen bekannter Gläubiger, die sich nicht melden, seien zu hinterlegen, wird hierdurch kein neuer Hinterlegungstatbestand geschaffen, sondern ein solcher vorausgesetzt (Achilles/Ensthaler/Schmidt/*Ensthaler* § 73 Rn. 16). Umstrittene, unklare (z. B. aufgrund vom Gläubiger auszuübenden Wahlrechts), betagte Forderungen oder solche, hinsichtlich derer sich der Gläubiger im Annahmeverzug befindet oder die erst nach der Abwicklung entstehen (wie z. B. Steuerschulden, vgl. BFH, Urt. v. 16.06.1971 – I R 58/68; BStBl. II 1971, S. 614), sind »derzeit nicht ausführbar« i. S. v. Abs. 2 Satz 2; sie sind daher nach Wahl des Liquidators durch **Hinterlegung** nach §§ 372 bis 386 BGB und der HinterlO beim Amtsgericht des Leistungsortes (i. S. v. §§ 269, 270 BGB) oder durch **Sicherheitsleistung** nach §§ 232 bis 240 BGB zu berücksichtigen. Nach h. M. genügt im Interesse der Beschleunigung der Liquidation über den Wortlaut hinaus auch die Stellung von im Wirtschaftsleben **üblichen Sicherheiten**, wie z. B. einer selbstschuldnerischen Bankbürgschaft (Roth/Altmeppen/*Altmeppen* § 73 Rn. 6; Baumbach/Hueck/*Haas* § 73 Rn. 7). Die Bürgschaft eines Gesellschafters genügt dagegen nur, wenn sich der Gläubiger hiermit einverstanden erklärt. Schwierigkeiten bereiten regelmäßig Rentenverbindlichkeiten. Kann mit den Begünstigten keine Lösung im Wege einer Abfindung oder Überleitung auf eine Versicherung gefunden werden, bleibt nur eine Sicherheitsleistung auf Grundlage einer versicherungsmathematischen Berechnung (Lutter/Hommelhoff/*Kleindiek* § 77 Rn. 7).

2

Gläubigern der Gesellschaft verschafft § 73 Abs. 1 GmbHG keinen Anspruch auf **Sicherstellung offener Forderungen**; die Sicherstellung ist aber erforderliche Voraussetzung für eine rechtmäßige Vermögensverteilung, für welche die Liquidatoren nach Maßgabe von § 73 Abs. 3 GmbHG haften (Baumbach/Hueck/*Haas* § 73 Rn. 4). Für offensichtlich unbegründete Forderungen gegen die Gesellschaft ist entgegen dem zu engen Wortlaut von Abs. 2 Satz 2 keine Sicherheit zu leisten. Die Liquidatoren haben also pflichtgemäß, unter Beachtung ihrer Haftung nach Abs. 3, abzuwägen, welche Forderungen sie für offensichtlich unbegründet halten. Im Verschuldensfall haften sie, wenn sich eine Forderung im Nachhinein als begründet erweist (Achilles/Ensthaler/Schmidt/*Ensthaler* § 73 Rn. 21).

3

§ 73 GmbHG   Sperrjahr

4   Die Liquidatoren unterliegen bei der Befriedigung der Gesellschaftsgläubiger keinem **Gleichbehandlungsgebot** (h. M., vgl. Baumbach/Hueck/*Haas* § 73 Rn. 3; Roth/Altmeppen/*Altmeppen* § 73 Rn. 5; a. A. für Steuerschulden: BFH, Urt. v. 26.04.1984 – V R 128/79; BStBl. II 1984, S. 776; BFH, Urt. v. 17.07.1985 – I R 205/80; BStBl. II 1985, S. 702). Es besteht keine Rangordnung zwischen den Gläubigern (BGH, Urt. v. 18.11.1969 – II ZR 83/68; BGHZ 53, 74) und es erfolgt auch keine Differenzierung zwischen Alt- und Neugläubigern. Stets ist aber – auch in Erfüllung der Beobachtungspflicht der Liquidatoren im Hinblick auf § 15a InsO und § 64 Satz 3 GmbHG – zu gewärtigen, dass, sollte eine vollständige Befriedigung aller Gläubiger (wahrscheinlich) nicht möglich sein, **Insolvenzantrag** zu stellen ist (Achilles/Ensthaler/Schmidt/*Ensthaler* § 73 Rn. 8) bzw. zur Zahlungsunfähigkeit führende Leistungen unterbleiben. Bei nur noch sehr geringer Masse sind ggf. anteilige Quoten zu leisten (BayObLG, Beschl. v. 27.08.1982 – BReg. 3 Z 96/82; GmbHR 1982, 274).

5   **Bekannt** ist ein Gläubiger i. S. v. Abs. 2, dessen Forderung dem Grunde und der Höhe nach den Liquidatoren im Wesentlichen bekannt ist. Der Bestand oder die künftige Entstehung einer Forderung brauchen nicht zweifelsfrei festzustehen (Roth/Altmeppen/*Altmeppen* § 73 Rn. 2 f.). Kennenmüssen reicht nicht, jedoch ist eine Forderung schon dann bekannt, wenn sie sich aus den Gesellschaftsunterlagen ergibt (RGZ 92, 77, 80; Baumbach/Hueck/*Haas* § 73 Rn. 6). Zu Beweiszwecken sollten Gläubiger ihre Forderungen gegenüber den Liquidatoren anmelden. Forderungen **unbekannter Gläubiger** gehen zwar weder mit Ablauf des Sperrjahres noch mit Verteilung des Gesellschaftsvermögens unter, mangels verteilbarem Vermögen sind sie dann jedoch nicht mehr realisierbar. Eine Bereicherungshaftung der begünstigten Gesellschafter scheidet aus, da diese weder rechtsgrundlos noch unmittelbar auf Kosten des Gläubigers bereichert sind (RG v. 21.01.1918 – Rep. VI 339/17; RGZ 92, 77, 82; RG v. 23.04.1929 – II 406/28; RGZ 124, 210, 214). Haben die Liquidatoren die Vermögensverteilung ordnungsgemäß nach Maßgabe von Abs. 1 und 2 vorgenommen, scheidet auch deren Haftung aus (Achilles/Ensthaler/Schmidt/*Ensthaler* § 73 Rn. 10).

II. Ablauf der Sperrfrist

6   Die in Abs. 1 normierte, **absolute Ausschüttungssperre** (BGH, Urt. v. 02.03.2009 – II ZR 264/07; NZG 2009, 659 Tz. 19) beginnt im Augenblick der Auflösung und endet nach Ablauf einer Frist von einem Jahr ab dem tatsächlichen Ausgabetag des Gesellschaftsblattes (bei mehreren Gesellschaftsblättern: des letzten), das die dritte Gläubigeraufforderung nach § 65 Abs. 2 GmbHG enthält. Die Sperrfrist kann also deutlich länger als ein Jahr sein. Die Sperrfrist führt weder zu einer Stundung der Forderungen der Gesellschaftsgläubiger (Baumbach/Hueck/*Haas* § 73 Rn. 5) noch ist sie eine Ausschlussfrist binnen derer Gläubiger ihre Forderungen anzumelden hätten; vorbehaltlich einer Verjährung oder Verwirkung, etc. bestehen deren Forderungen vielmehr nach allgemeinen Bestimmungen fort. Meldet sich nach der Sperrfrist ein bisher unbekannter Gläubiger, ist eine ggf. bereits begonnene Verteilung zu unterbrechen und zunächst die bekannt gewordene Forderung zu erfüllen (Lutter/Hommelhoff/*Kleindiek* § 73 Rn. 4). Mit vollständiger Vermögensverteilung verlieren unbekannte Gläubiger, die ohne Verstoß gegen § 73 GmbHG übergangen wurden, die Möglichkeit zur Realisierung ihrer Ansprüche (RG v. 23.04.1929 – II 406/28; RGZ 124, 210, 214 f.; OLG Hamburg, Urt. v. 04.10.1985 – 11 U 18/83; GmbHR 1986, 121). Vorabausschüttungen auf den Liquidationserlös (soweit nach Ablauf des Sperrjahrs zulässig) stehen, wie eine Vorab-Dividende im Rahmen von § 29 GmbHG, unter dem Vorbehalt, dass ein entsprechender Liquidationserlös (bzw. Jahresgewinn) vorhanden ist; andernfalls besteht ein vertraglicher Rückgewähranspruch auf Rückzahlung der Vorabausschüttung (BGH, Urt. v. 02.03.2009 – II ZR 264/07; NZG 2009, 659 Tz. 21).

III. Rechtsschutz für Gläubiger

7   Bei rechtswidrigen Vermögensverteilungen durch die Liquidatoren können die Gesellschaftsgläubiger einen **Unterlassungsanspruch analog § 1004 BGB** geltend machen, der im Wege der einstweiligen Verfügung nach § 935 ZPO gesichert werden kann. Dieser Anspruch ist gegen die Liquidatoren,

nicht gegen die Gesellschaft gerichtet (str.; Achilles/Ensthaler/Schmidt/*Ensthaler/Schönbohm* §73 Rn. 15; Lutter/Hommelhoff/*Kleindiek* §73 Rn. 10: auch gegen Gesellschaft; Scholz/*K. Schmidt* §73 Rn. 15). Darüber hinaus können nach Maßgabe von §916 f. ZPO durch dinglichen Arrest Forderungen gegen die Gesellschaft gesichert werden, soweit Geldforderungen oder Ansprüche, die in eine Geldforderung übergehen können, betroffen sind (Baumbach/Hueck/*Haas* §73 Rn. 10).

C. Haftung der Liquidatoren, Abs. 3

Die Liquidatoren sind verpflichtet, mit der Vermögensverteilung erst nach Befriedigung bzw. Sicherstellung bekannter Gesellschaftsgläubiger sowie Ablauf des Sperrjahres zu beginnen. Halten sich die Liquidatoren daran, sind sie weder gegenüber der Gesellschaft noch gegenüber unbekannt gebliebenen Gesellschaftsgläubigern in der Haftung. Andernfalls liegt sowohl ein Verstoß gegen §73 GmbHG als auch – sobald das Stammkapital durch die Vermögensverteilung beeinträchtigt wird – gegen §§30, 31 GmbHG vor; §§30, 31 GmbHG bleiben nämlich anwendbar, bis §73 GmbHG die Vermögensverteilung gestattet. Außer in Fällen kollusiven Zusammenwirkens sind gegen §73 GmbHG verstoßende Rechtsgeschäft sowohl schuldrechtlich als auch dinglich (vgl. BGH, Urt. v. 04.07.1973 – VII ZR 156/72; NJW 1973, 1695, 1696) wirksam (Lutter/Hommelhoff/*Kleindiek* §73 Rn. 11).

I. Haftung der Liquidatoren gegenüber der Gesellschaft

Obwohl die Gesellschaft selbst bei einem Verstoß gegen §73 GmbHG keinen Schaden erleidet, sondern der benachteiligte Gesellschafter, ist die Gesellschaft Inhaberin des **verschuldensabhängigen Anspruchs** aus Abs. 3 (RGZ 109, 387). **Darlegungs- und beweispflichtig** für fehlendes Verschulden ist der Liquidator. Abs. 3 findet sowohl bei der pflichtwidrigen Verteilung von Geldvermögen als auch der pflichtwidrigen Verteilung von Sachwerten der Gesellschaft Anwendung (Achilles/Ensthaler/Schmidt/*Ensthaler/Schönbohm* §73 Rn. 23).

Der **Ersatzanspruch** ist der Höhe nach begrenzt durch die Höhe des Anspruchs des betroffenen Gläubigers sowie den (zu Unrecht) verteilten Betrag (wohl h. M., Lutter/Hommelhoff/*Kleindiek* §73 Rn. 12; Achilles/Ensthaler/Schmidt/*Ensthaler* §73 Rn. 25; a. A. Baumbach/Hueck/*Haas* §73 Rn. 14: i. H. d. rechtswidrig ausgeschütteten Beträge, wobei der Liquidator einwenden kann, dass ein Teil hiervon nicht zur Gläubigerbefriedigung notwendig ist). Der Erlös aus der Schadensliquidation gem. Abs. 3 steht nur dem jeweils betroffenen Gläubiger und nicht allen Gläubigern, die sich verspätet gemeldet haben, zu. Die Geltendmachung hängt nicht von einem Gesellschafterbeschluss nach §46 Nr. 8 GmbHG ab (str., vgl. Roth/Altmeppen/*Altmeppen* §73 Rn. 20; ablehnend: Baumbach/Hueck/*Haas* §73 Rn. 20; bejahend: Rowedder/Schmidt-Leithoff/*Gesell* §73 Rn. 78) und ein Gesellschafterbeschluss kann die Verantwortlichkeit der Liquidatoren auch nicht beseitigen. Nach h. M. besteht subsidiär ein **Gläubigerverfolgungsrecht** analog §§93 Abs. 5, 268 Abs. 2 AktG, wenn der Gläubiger von der GmbH keine Geltendmachung des Anspruchs zu erwarten hat (Scholz/*K. Schmidt* §73 Rn. 29; Baumbach/Hueck/*Haas* §73 Rn. 13). Im Übrigen ist der Gläubiger ggf. auf eine Nachtragsliquidation bzw. eine Pfändung und Überweisung des Anspruchs nach Abs. 3 angewiesen (vgl. Lutter/Hommelhoff/*Kleindiek* §73 Rn. 13). Im Fall eines gepfändeten Ersatzanspruchs oder falls ein solcher von einem Insolvenzverwalter geltend gemacht wird, bedarf es nach einhelliger Meinung auch keines Gesellschafterbeschlusses gem. §46 Nr. 8 GmbHG (Rowedder/Schmidt-Leithoff/*Gesell* §73 Rn. 28).

Die Liquidatoren haften **gesamtschuldnerisch** nach §§421 ff. BGB. Mehrere Liquidatoren sind nach Maßgabe der §§426, 254 BGB zum Ausgleich verpflichtet. Der Anspruch aus Abs. 3 **verjährt** nach Abs. 3 Satz 2, §43 Abs. 4 GmbHG in 5 Jahren ab der pflichtwidrigen Verteilung. Ein etwaiger Verzicht wäre gem. Abs. 3 Satz 2, §§43 Abs. 3 Satz 2, 9b Abs. 1 Satz 1 GmbHG unwirksam.

II. Haftung der Liquidatoren gegenüber den Gesellschaftsgläubigern

12 Nach mittlerweile wohl h. M. dürfte Gesellschaftsgläubigern – unbeschadet eines etwaigen Gläubigerverfolgungsrechts, s. a. Rdn. 10 – ein eigener Direktanspruch aus §§ 73 Abs. 3 i. V. m. 823 Abs. 2 BGB zur Seite stehen (dafür: Lutter/Hommelhoff/*Kleindiek* § 73 Rn. 14; Achilles/Ensthaler/Schmidt/*Ensthaler* § 73 Rn. 29; Scholz/*K. Schmidt* § 73 Rn. 32; Baumbach/Hueck/*Haas* § 73 Rn. 22; a. A. Bork/Schäfer/*Servatius* § 73 Rn. 15). Ersetzt wird mit dem Gesamtgläubigerschaden der Betrag, den der jeweilige Gläubiger bei Beachtung des § 73 GmbHG erhalten hätte (Achilles/Ensthaler/Schmidt/*Ensthaler* § 73 Rn. 30).

III. Persönliche steuerrechtliche Haftung der Liquidatoren

13 Vor Beginn der Verteilung haben die Liquidatoren Steuerschulden zu tilgen oder sicherzustellen. Ein Verstoß hiergegen, der auch dann vorliegt, wenn nach Ablauf des Sperrjahres bei der Verteilung bekannt war bzw. bekannt sein musste, dass mit höheren Steuern zu rechnen ist als Mittel zu deren Bezahlung zurückbehalten wurden (BFH, Urt. v. 01.02.1973 – I R 170/70; DB 1973, 1218), führt zur besonderen Haftung des Liquidators nach § 69 AO (Lutter/Hommelhoff/*Kleindiek* § 73 Rn. 18).

D. Haftung der Gesellschafter

14 Analog § 31 GmbHG haften die Gesellschafter bei Verstößen gegen §§ 73 Abs. 1 und Abs. 2 GmbHG auf **Rückgewähr an die Gesellschaft**, unabhängig davon, ob es als Folge der Auszahlung zu einer Unterbilanz kam oder nicht (vgl. Roth/Altmeppen § 73 Rn. 25 f.; BGH, Urt. v. 02.03.2009 – II ZR 264/07; NZG 2009, 659 Tz. 19). Streitig ist, ob daneben ein – wegen der Möglichkeit eines Entreicherungseinwandes nach § 818 Abs. 3 BGB schwächerer – Bereicherungsanspruch gem. § 812 Abs. 1 Satz 1 BGB besteht, oder ein solcher mangels Unmittelbarkeit einer Bereicherung auf Kosten der Gläubiger ausscheidet und stattdessen ein Anspruch aus § 31 i. V. m. §§ 264 Abs. 3, 62 Abs. 2 AktG analog zu bejahen ist (vgl. Baumbach/Hueck/*Haas* § 73 Rn. 23). Analog § 31 Abs. 3, Abs. 6 GmbHG besteht eine Mithaftung der Gesellschafter, sowie eine Regressmöglichkeit gegenüber den Liquidatoren und analog § 31 Abs. 4 GmbHG ein Erlassverbot (Achilles/Ensthaler/Schmidt/*Ensthaler* § 73 Rn. 31). Zur fehlenden Bereicherungshaftung der Gesellschafter bei rechtmäßiger Verteilung s. a. Rdn. 5.

15 Nach Maßgabe von § 426 Abs. 2 BGB können die Liquidatoren bei den Gesellschaftern i. H. d. von diesen empfangenen Leistungen **Rückgriff** nehmen (Roth/Altmeppen/*Altmeppen* § 73 Rn. 31; Baumbach/Hueck/*Haas* § 73 Rn. 24), da bei einer Zahlung des Liquidators nach § 73 Abs. 3 GmbHG der Anspruch der Gesellschaft gegenüber dem Gesellschafter analog § 31 GmbHG auf den Liquidator übergeht.

16 Im Übrigen kommt auch im Stadium der Liquidation der Gesellschaft eine Existenzvernichtungshaftung der Gesellschafter aus § 826 BGB für missbräuchliche, zur Insolvenz der GmbH führende oder diese vertiefende kompensationslose Eingriffe in das der Zweckbindung zur vorrangigen Befriedigung der Gesellschaftergläubiger dienende Gesellschaftervermögen in Betracht. Da § 73 GmbHG das Gläubigerinteresse am Erhalt des Gesellschaftervermögens besonders hervorhebt, reicht bereits eine sittenwidrige Schädigung des im Interesse der Gesellschaftsgläubiger zweckgebundenen Vermögens, ohne dass zugleich die »Zusatzkriterien« einer Insolvenzverursachung oder -vertiefung erfüllt sind (BGH, Urt. v. 09.02.2009 – II ZR 292/07; NJW 2009, 2127 Tz. 37-Sanitary). Ein existenzvernichtender Eingriff kann auch darin liegen, dass Gesellschafter-Geschäftsführer einer GmbH in Liquidation das Gesellschaftsvermögen an eine Gesellschaft, die von ihnen abhängig ist, veräußern, wenn die Vermögensgegenstände unter Wert übertragen werden, wobei im Liquidationsstadium ein gegen § 73 GmbHG verstoßender Vermögensentzug ausreicht (BGH, Urt. v. 23.04.2012 – II ZR 252/10; NZG 2012, 668 Tz. 13).

§ 74 Schluss der Liquidation

(1) ¹Ist die Liquidation beendet und die Schlußrechnung gelegt, so haben die Liquidatoren den Schluß der Liquidation zur Eintragung in das Handelsregister anzumelden. ²Die Gesellschaft ist zu löschen.

(2) ¹Nach Beendigung der Liquidation sind die Bücher und Schriften der Gesellschaft für die Dauer von zehn Jahren einem der Gesellschafter oder einem Dritten in Verwahrung zu geben. ²Der Gesellschafter oder der Dritte wird in Ermangelung einer Bestimmung des Gesellschaftsvertrags oder eines Beschlusses der Gesellschafter durch das Gericht bestimmt.

(3) ¹Die Gesellschafter und deren Rechtsnachfolger sind zur Einsicht der Bücher und Schriften berechtigt. ²Gläubiger der Gesellschaft können von dem Gericht zur Einsicht ermächtigt werden.

Übersicht	Rdn.		Rdn.
A. Überblick	1	C. Aufbewahrung der Bücher und Schriften der Gesellschaft, Abs. 2	8
B. Anmeldung des Schlusses der Liquidation und Löschung der Gesellschaft, Abs. 1	2	D. Einsichtsrecht, Abs. 3	11
I. Schluss der Liquidation	2	I. Gesellschafter, Abs. 3 Satz 1	11
II. Anmeldung und Löschung	5	II. Gesellschaftsgläubiger, Abs. 3 Satz 2	12
		III. Ehemalige Geschäftsführer	13

A. Überblick

Die Liquidation ist beendet (im Gegensatz zur [Voll-] Beendigung der Gesellschaft, die zu deren Erlöschen führt), wenn das Sperrjahr gem. § 73 GmbHG abgelaufen ist, kein verteilungsfähiges Vermögen mehr vorhanden ist und auch sonst keine Abwicklungsmaßnahmen mehr zu treffen sind (Lutter/Hommelhoff/*Kleindiek* § 74 Rn. 2). Für dieses Stadium trifft § 74 GmbHG (unvollständige) Regelungen.

B. Anmeldung des Schlusses der Liquidation und Löschung der Gesellschaft, Abs. 1

I. Schluss der Liquidation

Laufende Rechtsstreitigkeiten stehen einer Anmeldung der Beendigung der Liquidation entgegen. Bei Aktivprozessen, soweit diese die Behauptung der Gesellschaft implizieren, noch Vermögen zu haben, fehlt es an der erforderlichen Vermögenslosigkeit (OLG Koblenz, Urt. v. 09.03.2007 – 8 U 228/06; NZG 2007, 431; BayObLG, Beschl. v. 23.09.1993 – 3Z BR 172/93; NJW-RR 1994, 230). Bei laufenden Passivprozessen steht einer Anmeldung der Beendigung der Liquidation entgegen, dass noch nicht abschließend geklärt ist, ob sämtliche Gesellschaftsverbindlichkeiten befriedigt sind bzw. der Gesellschaft eventuell ein Kostenerstattungsanspruch zusteht. Nach h. M. wird daher auch ein Passivprozess als weitere Abwicklungsmaßnahme und damit als Löschungshindernis betrachtet (BGH, Urt. v. 18.01.1994 – XI ZR 95/93; NJW-RR 1994, 542; Baumbach/Hueck/*Haas* § 74 Rn. 19; Scholz/*K. Schmidt* § 74 Rn. 17b; a. A. BGH, Urt. v. 29.09.1981 – VI ZR 21/80; NJW 1982, 238: Löschung macht Klage unzulässig; a.A. BAG, Urt. v. 09.07.1981 – 2 AZR 329/79; NJW 1982, 1831, 1832: Löschung bei nicht auf Vermögensleistung zielenden Klagen unzulässig, Parteifähigkeit besteht zumindest bei Klage auf Feststellung der Unwirksamkeit einer Kündigung fort). Bei dennoch erfolgter Löschung ist ein Prozess Anlass für eine Nachtragsliquidation (Baumbach/Hueck/*Haas* § 74 Rn. 19). Ist auf die Anmeldung des Liquidators das Erlöschen der Gesellschaft im Handelsregister eingetragen worden, so scheidet eine Amtslöschung dieser Eintragung gem. § 142 FGG bzw. § 395 FamFG mit dem Ziel der Wiedereintragung der Liquidationsgesellschaft unter ihren früheren Vertretungsverhältnissen aus. Es kommt nur die gerichtliche Bestellung eines Nachtragsliquidators in Betracht (OLG Hamm, Beschl. v. 08.05.2001 – 15 W 43/01; NJW-RR 2002, 324, 325 f.). Im Übrigen ist auch einer gelöschten GmbH die Möglichkeit nicht genommen, von ihr in Anspruch genommene Vermögensrechte gerichtlich durchzusetzen oder Ansprüche abzu-

§ 74 GmbHG Schluss der Liquidation

wehren, die nach ihrer Ansicht nicht entstanden sind; die Gesellschaft bleibt insoweit parteifähig (BGH, Urt. v. 18.01.1994 – XI ZR 95/93; NJW-RR 1994, 542).

3 Sind für noch **ungeklärte Verbindlichkeiten**, wie Registergerichtskosten, Steuern, Aufbewahrung der Bücher und Schriften nach Abs. 2, noch Rücklagen gebildet – und im Übrigen das verteilungsfähige Vermögen erschöpft – ist die Liquidation noch nicht beendet (BayObLG, Beschl. v. 27.08.1982 – BReg. 3 Z 96/82; DB 1982, 2126). Insoweit ist entweder eine Vorabbefriedigung (d.h. Zahlung statt bloßer Rücklagenbildung) sämtlicher Gläubiger erforderlich (unabdingbar nach Baumbach/Hueck/*Haas* § 74 Rn. 11) oder aber, was umstritten ist, eine Hinterlegung oder treuhänderische Verwaltung des Zurückbehaltenen im Wege der Aussonderung aus dem Gesellschaftsvermögen und der nachfolgenden Verwaltung für Abwicklungszwecke (Scholz/*K. Schmidt* § 74 Rn. 1).

4 Umstritten ist der Charakter der **Schlussrechnung**. Regelmäßig wird sie mit der Liquidationsschlussbilanz identisch sein, und sich auf eine Vollzugsmeldung hinsichtlich Ablauf und Ergebnis des bereits in der Liquidationsschlussbilanz enthaltenen Verteilungsplans beschränken (s. § 71 GmbHG Rdn. 8). Auf Grundlage der Schlussrechnung sollte eine Schlussentlastung der Liquidatoren gem. §§ 71 Abs. 2 Satz 1, 46 Nr. 5 GmbHG stattfinden, wobei allerdings die Liquidatoren – ebenso wie die Geschäftsführer der werbenden Gesellschaft – keinen einklagbaren Anspruch auf Entlastung haben (Roth/Altmeppen/*Altmeppen* § 74 Rn. 11).

II. Anmeldung und Löschung

5 Die Anmeldung des Schlusses der Liquidation erfolgt durch die **Liquidatoren** in vertretungsberechtigter Zahl. Mit Löschung der Gesellschaft erlischt auch ihr Amt, sodass die Anmeldung nach Abs. 1 gleichzeitig die Anmeldung der Beendigung ihres Amtes gem. § 67 Abs. 1 GmbHG ist (BGH, Beschl. v. 23.02.1970 – II ZB 5/69; BGHZ 53, 264).

6 Entgegen des Wortlauts von § 74 Abs. 1 Satz 2 GmbHG und vorbehaltlich der Fälle der Amtslöschung nach § 141a Abs. 1 FGG bzw. § 394 FamFG überprüft das **Registergericht** aufgrund der Anmeldung nach dem Amtsermittlungsgrundsatz (§ 12 FGG bzw. § 26 FamFG), ob die Liquidation beendet und eine ordnungsgemäße Verwahrung nach Abs. 2 gewährleistet ist. Bei Vorliegen aller Voraussetzungen wird die Gesellschaft gem. Abs. 1 Satz 2 gelöscht und die Löschung vom Registergericht gem. § 10 HGB bekannt gemacht.

7 Umstritten ist, ob mit der Löschung der Gesellschaft deren **Vollbeendigung** einhergeht und evtl. noch vorhandenes Vermögen, weil eine juristische Person ohne Eintragung nicht möglich ist, auf die Gesellschafter als Gesamthänder übergeht (Rowedder/Schmidt-Leithoff/*Pentz* § 13 Rn. 9; Achilles/Ensthaler/Schmidt/*Ensthaler* § 74 Rn. 9, § 66 Rn. 19), oder ob darüber hinaus – wie die h. M. annimmt – erforderlich ist, dass die gelöschte Gesellschaft auch tatsächlich vermögenslos war (Scholz/*K. Schmidt* § 74 Rn. 14; Baumbach/Hueck/*Haas* § 74 Rn. 16). Praktische Relevanz hat die Unterscheidung hinsichtlich Aktiva nicht, da bei noch vorhandenem Vermögen jedenfalls gem. § 66 Abs. 5 GmbHG eine Nachtragsliquidation durchzuführen ist. Ein Nachtragsliquidator für eine gem. § 74 Abs. 1 GmbHG gelöschte Gesellschaft ist zur Führung eines Zivilprozesses gegen die Gesellschaft zur Titulierung eines behaupteten Anspruchs nur dann zu bestellen, wenn die Existenz von Gesellschaftsvermögen konkret vorgetragen werden kann; hierzu reicht die einfache Behauptung unwirksamer Stammeinlageleistung nicht aus (KG, Beschl. v. 13.02.2007 – 1 W 272/06; DB 2007, 851). Noch bestehende (unbekannte) Verbindlichkeiten stehen der Vollbeendigung auch nach h. M. nicht entgegen. Sie erlöschen, wobei Kreditsicherheiten zugunsten eines unberücksichtigt gebliebenen Gläubigers, selbst akzessorische Sicherheiten, Bestand haben (Scholz/*K. Schmidt* § 74 Rn. 16; Baumbach/Hueck/*Haas* § 74 Rn. 16).

C. Aufbewahrung der Bücher und Schriften der Gesellschaft, Abs. 2

8 Zu verwahren sind Bücher und Schriften i. S. v. § 51a GmbHG, also nicht nur die in § 257 HGB genannten Unterlagen (BayObLG, Beschl. v. 14.06.1967 – BReg. 2 Z 20/67; NJW 1968, 56; Roth/

Altmeppen/*Altmeppen* § 74 Rn. 12; vgl. auch § 51a GmbHG Rdn. 9). Die Person des **Verwahrers** ergibt sich aus dem Gesellschaftsvertrag bzw. Gesellschafterbeschluss (die beide die Bestimmung auch den Liquidatoren überlassen können) oder – hilfsweise – Beschluss des Gerichts nach Abs. 2 Satz 2 im unternehmensrechtlichen Verfahren, §§ 375 Nr. 6, 402 FamFG. Das Gericht kann jeden zum Verwahrer bestimmen, der hierzu auch durch Gesellschaftsvertrag, Beschluss oder Einigung hätte bestimmt werden können; das Bestimmungsrecht ist nach allgemeinen Grundsätzen nur dahin begrenzt, dass das Gericht nicht »sehenden Auges« einen handgreiflich ungeeigneten Verwahrer bestimmen darf (OLG Düsseldorf, Beschl. v. 31.05.2010 – I-3 Wx 104/10; FGPrax 2010, 304). **Antragsberechtigt** ist jeder Liquidator, jeder Gesellschafter, jeder Gläubiger sowie der Insolvenzverwalter. Der durch Satzung, Gesellschafterbeschluss oder Gericht bestimmte Verwahrer ist zur Aufbewahrung nicht verpflichtet (OLG Stuttgart, Beschl. v. 03.01.1984 – 8 W 477/83; BB 1984, 2169).

Die **Aufbewahrungsfrist** beginnt mit der Aufbewahrung. Überschreiten Aufbewahrungsfristen nach § 257 Abs. 4 und 5 HGB und steuerrechtliche Aufbewahrungsfristen nach § 147 AO die Frist von 10 Jahren, so sind diese Fristen maßgeblich (Baumbach/Hueck/*Haas* § 74 Rn. 8). 9

Das Gericht kann die Erfüllung der Pflicht der Liquidatoren, für die Aufbewahrung zu sorgen, nicht **erzwingen**, sie kann aber notfalls im Klageweg durch jeden Gesellschafter oder Gläubiger durchgesetzt werden (BayObLG, Beschl. v. 14.06.1967 – BReg. 2 Z 20/67; NJW 1968, 56). 10

D. Einsichtsrecht, Abs. 3

I. Gesellschafter, Abs. 3 Satz 1

Das Einsichtsrecht steht gem. Abs. 3 Satz 1 den Gesellschaftern zu, nach h. M. allerdings nur solchen, die im Zeitpunkt der Beendigung Gesellschafter waren (Baumbach/Hueck/*Haas* § 74 Rn. 13; Lutter/Hommelhoff/*Kleindiek*, § 74 Rn. 16: frühere Gesellschafter bei berechtigtem Interesse gem. § 810 BGB; a. A. Roth/Altmeppen/*Altmeppen* § 74 Rn. 16; Rowedder/Schmidt-Leithoff/*Gesell* § 74 Rn. 10: auch frühere Gesellschafter). Klageweise geltend gemacht wird das Einsichtsrecht durch Klage gegen den Verwahrer vor dem Prozessgericht (Baumbach/Hueck/*Haas* § 74 Rn. 13). 11

II. Gesellschaftsgläubiger, Abs. 3 Satz 2

Gesellschaftsgläubiger können sich gem. Abs. 3 Satz 2, wenn sie ein berechtigtes Interesse an der Einsichtnahme glaubhaft machen, vom Gericht zur Einsichtnahme ermächtigen lassen. Das Gericht entscheidet wie bei Bestimmung des Verwahrers, s. Rdn. 8. Der Verwahrer ist nach h. M. Antragsgegner und zu hören (Achilles/Ensthaler/Schmidt/*Ensthaler* § 74 Rn. 19). Der Bestellung eines Nachtragsliquidators bedarf es nicht (für den Fall eines Einsichtnahmeverfahrens eines Gesellschafters: OLG Hamm, Beschl. v. 08.05.2001 – 15 W 43/01; NJW-RR 2002, 324, 326). Für die gerichtliche Ermächtigung reicht die schlüssige Darlegung eines (auch verjährten) Anspruchs und von Anhaltspunkten, dass im Liquidationsverfahren Ansprüche der gelöschten GmbH nicht mit der erforderlichen Sorgfalt, Sachkunde und Unparteilichkeit geltend gemacht worden sind (*Roth/Altmeppen* § 74 Rn. 16 f.). Die gerichtliche Ermächtigung kann mit einer – durch Zwangsgeld sanktionierten – Gestattungsanordnung gegenüber dem Verwahrer verbunden werden (OLG Oldenburg, Beschl. v. 10.02.1983 – 5 W 77/82; BB 1983, 1434). Fehlt eine solche Gestattungsanordnung, kann der ermächtigte Gläubiger sein Einsichtsrecht durch Klage gegen den Verwahrer geltend machen (Baumbach/Hueck/*Haas* § 74 Rn. 14). 12

III. Ehemalige Geschäftsführer

Ehemaligen Geschäftsführern steht ein Einsichtsanspruch analog § 810 BGB zur Seite, der bei gegen sie gerichteten Schadensersatzansprüchen relevant werden kann (Roth/Altmeppen/*Altmeppen* § 74 Rn. 18). Unter den Voraussetzungen von § 810 BGB sind auch **sonstige Dritte**, wie z. B. nach h. M. im Zeitpunkt der Beendigung der Gesellschaft bereits ausgeschiedene ehemalige Gesellschaf- 13 ter, zur Einsichtnahme berechtigt. Auch dieser Anspruch ist nach h.M. vor dem Prozessgericht einzuklagen (Achilles/Ensthaler/Schmidt/*Ensthaler* § 74 Rn. 22).

§ 75 Nichtigkeitsklage

(1) Enthält der Gesellschaftsvertrag keine Bestimmungen über die Höhe des Stammkapitals oder über den Gegenstand des Unternehmens oder sind die Bestimmungen des Gesellschaftsvertrags über den Gegenstand des Unternehmens nichtig, so kann jeder Gesellschafter, jeder Geschäftsführer und, wenn ein Aufsichtsrat bestellt ist, jedes Mitglied des Aufsichtsrats im Wege der Klage beantragen, dass die Gesellschaft für nichtig erklärt werde.

(2) Die Vorschriften der §§ 246 bis 248 des Aktiengesetzes finden entsprechende Anwendung.

Übersicht	Rdn.			Rdn.
A. Überblick	1	IV.	Rechtsschutzbedürfnis	10
B. Nichtigkeitsgründe, Abs. 1	3	V.	Zuständigkeit	11
I. Fehlende Satzungsbestimmung zur Höhe des Stammkapitals	5	VI.	Urteil, Anmeldung	12
		D.	Überblick über Amtslöschungs- und Amtsauflösungsverfahren	13
II. Bestimmung über den Unternehmensgegenstand	6	I.	Allgemeines zu den Amtsverfahren	14
C. Nichtigkeitsklage, Abs. 1 und Abs. 2	7	II.	Amtslöschung unzulässiger Eintragungen	16
I. Rechtsnatur der Klage	7	III.	Amtslöschung nichtiger Gesellschaften	18
II. Aktiv- und Passivlegitimation	8	IV.	Amtsauflösung	19
III. Klagefrist	9	V.	Löschung vermögensloser Gesellschaften	22

A. Überblick

1 Eine GmbH genießt nach ihrer (konstitutiven) Eintragung im Interesse der Rechtssicherheit **weitreichenden Bestandsschutz**. Etwaige Mängel sind grundsätzlich ex nunc zu beheben. Unterbleibt die Beseitigung von Mängeln, so kann dies Anlass zu einer Auflösungsklage gem. § 61 GmbHG geben, falls eine Fortsetzung der Gesellschaft ohne Beseitigung der Mängel unzumutbar ist. § 75 GmbHG stellt – neben der Amtslöschung gem. § 397 FamG und der Amtsauflösung gem. § 399 FamFG – eine der wenigen zur Nichtigkeit (d. h. Zwangsauflösung und Abwicklung der Gesellschaft führende, § 77 Abs. 1 GmbHG) Regelungen dar.

2 Aufgrund des Bestandsschutzes der eingetragenen GmbH kann sich eine Nichtigkeit der Gesellschaft insbesondere nicht aus den allgemeinen Vorschriften über Rechtsgeschäfte ergeben; **Nichtigkeit i. S. v. § 75 GmbHG** folgt demgemäß nicht schon allgemein aus Mängeln (z. B. Geschäftsunfähigkeit) beim Abschluss des Gründungsvertrags oder Beitritt zu einer GmbH (KG, Beschl. v. 14.11.2000 – 1 W 6828/99; NJW-RR 2001, 1117 f.), aus einer Scheingründung (BGH, Urt. v. 26.06.1951 – V ZR 35/50; BGHZ 2, 378, 381 f.) oder aus sonstigen, gegen geltendes Recht (mit Ausnahme von § 75 Abs. 1 GmbHG) verstoßenden und deshalb insoweit für sich betrachtet nichtigen Vertragsbestimmungen (KG, Urt. v. 23.03.1999 – 14 U 1956/97; NZG 1999, 1235, 1236). Die Nichtigkeit einer Gesellschaft i. S. v. § 75 GmbHG führt im Übrigen lediglich zur Abwicklung der Gesellschaft, § 77 Abs. 1 GmbH, weder zu einer ex tunc- noch einer ex nunc-Nichtigkeit i. S. d. BGB. Praktische Relevanz kommt § 75 GmbHG angesichts der Kontrolle der Satzung im Rahmen der notariellen Beurkundung und des Eintragungsverfahrens vor dem Registergericht kaum zu (Baumbach/Hueck/*Haas* § 75 Rn. 1 ff.; Achilles/Ensthaler/Schmidt/*Achilles* § 75 Rn. 1 ff.).

Vgl. zur Nichtigkeitsklage gem. § 75 GmbHG auch ausführ. Kap. 5 Rdn. 550 ff.

B. Nichtigkeitsgründe, Abs. 1

3 Nichtigkeit i. S. v. § 75 GmbHG kann nur aus den dort **abschließend** aufgeführten und daher nicht analogiefähigen Satzungsmängeln folgen (BGH, Beschl. v. 09.10.1956 – II ZB 11/56; BGHZ 21,

378, 381 f.; KG, Beschl. v. 14.11.2000 – 1 W 6828/99; NJW-RR 2001, 1117 f.; OLG Frankfurt am Main, Beschl. v. 04.12.2001 – 20 W 31/01; NJW-RR 2002, 605). Die in Abs. 1 genannten Gründe entsprechen den in § 397 FamG, genannten Amtslöschungstatbeständen. Irrelevant ist, ob ein Nichtigkeitsgrund bereits von Anfang an vorhanden war oder erst durch nachträgliche Satzungsänderungen entstanden ist (Achilles/Ensthaler/Schmidt/*Achilles* § 75 Rn. 4).

Andere Mängel bei wesentlichen Satzungsbestandteilen, d. h. Fehlen oder Nichtigkeit der Bestimmungen über Firma und Sitz (§ 3 Abs. 1 Nr. 1 GmbHG), zum Betrag des Stammkapitals (§ 3 Abs. 1 Nr. 3 GmbHG) und zur Stammeinlage (§ 3 Abs. 1 Nr. 4 GmbHG) werden über das Amtsauflösungsverfahren gem. § 399 FamG erfasst, s. Rdn. 13 ff.

I. Fehlende Satzungsbestimmung zur Höhe des Stammkapitals

Zur Nichtigkeit i. S. v. § 75 GmbHG führt nur das **vollständige Fehlen** einer Satzungsregelung. Bei einem lediglich fehlerhaft festgesetzten Stammkapital, z. B. entgegen § 5 Abs. 1 GmbHG auf 2.500,– € oder auf eine andere Währung als Euro bzw. DM (nach Maßgabe von § 1 EGGmbHG), kommt nur ein Amtsauflösungsverfahren gem. § 399 FamFG, in Betracht, falls die nichtige Satzungsbestimmung nicht durch eine Satzungsänderung ersetzt und der Mangel geheilt wird (vgl. § 399 FamFG). Im Hinblick auf den Kapitalaufbringungs- und Kapitalerhaltungsgrundsatz stellt also nur das gänzliche Fehlen einer Satzungsbestimmung zur Höhe des Stammkapitals nach h. M. einen unheilbaren Mangel dar, bei dem nur eine vollständige Neugründung hilft (Roth/Altmeppen/*Altmeppen* § 75 Rn. 14 f.; Achilles/Ensthaler/Schmidt/*Achilles* § 75 Rn. 5; a. A. auch Mangel des fehlenden Stammkapitals heilbar: Lutter/Hommelhoff/*Kleindiek* § 76 Rn. 1), s. auch § 76 GmbHG Rdn. 1.

II. Bestimmung über den Unternehmensgegenstand

Eine Nichtigkeitsklage kommt – vorbehaltlich einer Heilung der zur Nichtigkeit führenden Mängel nach § 76 GmbHG – einerseits bei völligem Fehlen einer Satzungsbestimmung zum Unternehmensgegenstand in Betracht, andererseits aber auch dann, wenn der Unternehmensgegenstand im Sinne der allgemeinen Vorschriften nichtig ist, z. B. bei verbotenem (§ 134 BGB), sittenwidrigen (§ 138 BGB) oder bloß zum Schein vereinbarten (§ 117 GmbHG) Unternehmensgegenstand, z. B. Drogenhandel als illegaler Unternehmensgegenstand. Insbesondere kann eine kartellrechtswidrige Zusammenarbeit im Rahmen eines kooperativen Gemeinschaftsunternehmens zur Nichtigkeitserklärung der Gesellschaft gem. § 75 führen (wobei in Ermangelung eines rechtskräftigen Urteils gem. § 75 jedenfalls das satzungsmäßige Wettbewerbsverbot nichtig ist) (BGH, Urt. v. 23.06.2009 – KZR 58/07; NJW-RR 2010, 615 Tz. 17). Streitig ist, ob dies auch bei endgültiger Verweigerung einer Genehmigung des Unternehmensgegenstands gilt. Ebenfalls umstritten ist, ob ein nachträgliches Verbot des Unternehmensgegenstandes oder eine Abweichung des tatsächlich verfolgten Unternehmensgegenstands vom ursprünglich gewollten zur Nichtigkeit führt. Eine bloß unzureichende Konkretisierung des Unternehmensgegenstandes stellt jedenfalls keinen Nichtigkeitsgrund i. S. v. § 75 GmbHG dar, sondern lediglich ein Eintragungshindernis (vgl. zu den aufgeworfenen Fragen Baumbach/Hueck/*Haas* § 75 Rn. 14 ff.; Roth/Altmeppen/*Altmeppen* § 75 Rn. 10 ff.; Achilles/Ensthaler/Schmidt/*Achilles* § 75 Rn. 6).

C. Nichtigkeitsklage, Abs. 1 und Abs. 2

I. Rechtsnatur der Klage

Die Nichtigkeit einer Gesellschaft tritt nicht automatisch ein, sondern ist im Wege einer **Gestaltungsklage** herbeizuführen. Die hierfür anzustrengende Nichtigkeitsklage bezweckt ein Gestaltungsurteil, dessen Erlass gem. § 77 GmbHG rechtsgestaltend die Auflösung der Gesellschaft mit Wirkung gegenüber Jedermann für die Zukunft bewirkt und insoweit den Auflösungstatbeständen des § 60 GmbHG entspricht (Roth/Altmeppen/*Altmeppen* § 75 Rn. 7). Die Nichtigkeitsklage kann auch im Wege einer Widerklage erhoben werden. Nach wohl h. M. ist es nicht möglich, Nichtigkeitsgründe der Gesellschaft lediglich einredeweise, z. B. als Leistungsverweigerungsrecht, entgegen zu halten (Achilles/Ensthaler/Schmidt/*Achilles* § 75 Rn. 7; vgl. auch Kap. 5 Rdn. 550 m. w. N.). Ein Klage abweisendes Urteil erzeugt Rechtskraft nur zwischen den Parteien (Achilles/Ensthaler/Schmidt/*Achilles* § 75 Rn. 9).

II. Aktiv- und Passivlegitimation

8   Nur der begrenzte, in Abs. 1 genannte **Personenkreis** – bei mehreren Klägern in Mitberechtigung (§ 18 GmbHG) bzw. Klagen aus demselben Rechtsgrund in notwendiger Streitgenossenschaft – ist zur Klageerhebung aktivlegitimiert (vgl. auch Kap. 5 Rdn. 551). Die Klage ist **gegen die Gesellschaft** zu richten, die durch ihre Geschäftsführer bzw. Liquidatoren in vertretungsberechtigter Zahl, und bei Existenz eines Aufsichtsrats gleichzeitig auch durch diesen zusammen mit Geschäftsführern/Liquidatoren vertreten wird, vgl. Abs. 2, § 246 Abs. 2 AktG (Roth/Altmeppen/*Altmeppen* § 75 Rn. 20 ff.; Kap. 5 Rdn. 552 ff.) Klageerhebung und Prozesstermin sind gem. Abs. 2 i. V. m. §§ 246 Abs. 4, 407 AktG in den Gesellschaftsblättern **bekannt zu machen** (s. Kap. 5 Rdn. 559).

III. Klagefrist

9   Eine Klagefrist von einem Monat existiert nach h. M. entgegen der missverständlichen Verweisung auf die Monatsfrist des § 246 Abs. 1 AktG nicht (vgl. Kap. 5 Rdn. 557 m. w. N.). Streitig ist, ob eine 3-Jahres-Frist analog § 275 Abs. 3 AktG ab Eintragung der Gesellschaft im Handelsregister Anwendung findet (Baumbach/Hueck/*Haas* § 75 Rn. 26) oder ob – in Anlehnung an diese Frist – die Grundsätze der Verwirkung und des widersprüchlichen Verhaltens anzuwenden sind (Roth/Altmeppen/*Altmeppen* § 75 Rn. 24).

IV. Rechtsschutzbedürfnis

10   Bei nach § 76 GmbHG heilbaren Nichtigkeitsmängeln fordert die h. M. für das **Rechtsschutzbedürfnis** einer Klageerhebung zudem, dass die Gesellschaft zur Beseitigung der Mängel bzw. zur Auflösung nicht bereit ist, sodass sich analog § 275 Abs. 2 AktG eine Aufforderung zur Mängelbeseitigung empfiehlt (Rowedder/Schmidt-Leithoff/*Baukelmann* § 75 Rn. 29; Baumbach/Hueck/*Haas* § 75 Rn. 27: Aufforderung erforderlich). Ein paralleles Amtslöschungsverfahren nach § 397 Abs. 1 Satz 2 FamFG lässt das Rechtsschutzbedürfnis nicht entfallen, eine rechtskräftige Löschung führt allerdings zur Erledigung der Nichtigkeitsklage (Achilles/Ensthaler/Schmidt/*Achilles* § 75 Rn. 8; Roth/Altmeppen/*Altmeppen* § 75 Rn. 26; vgl. auch Kap. 5 Rdn. 558). Zu den Rechtsfolgen einer Heilung gem. § 76 GmbHG s. Erläuterungen dort Rdn. 3. In der Liquidation dürfte kein Rechtsschutzbedürfnis für eine Nichtigkeitsklage gem. § 75 GmbH bestehen, weil Rechtsfolge der Nichtigerklärung ja ohnehin nur die bereits eingetretene Auflösung ist (Rowedder/Schmidt-Leithoff/*Baukelmann* § 75 Rn. 3).

V. Zuständigkeit

11   Die gerichtliche Zuständigkeit liegt gem. § 75 Abs. 2 GmbHG, § 246 Abs. 3 AktG i. V. m. § 95 Abs. 2 GVG beim Landgericht, Kammer für Handelssachen, am Sitz der Gesellschaft (vgl. hierzu auch. Kap. 5 Rdn. 456). Eine Vereinbarung über die Zuständigkeit eines Schiedsgerichts ist grundsätzlich zulässig, im Hinblick auf die hohen Anforderungen des BGH (BGH, Urt. v. 29.03.1996 – II ZR 124/95; BGHZ 132, 278, 285 ff.) an die Herbeiführung der erforderlichen Gestaltungswirkung auch in Bezug auf Dritte werden die mit einer Befassung von Schiedsgerichten verbundenen Risiken allerdings regelmäßig als nicht beherrschbar angesehen (Achilles/Ensthaler/Schmidt/*Achilles* § 75 Rn. 8).

VI. Urteil, Anmeldung

12   Das rechtskräftige, stattgebende Nichtigkeitsurteil ist ein **Gestaltungsurteil** (s. auch Rdn. 7). Es ist mit Rechtskraftzeugnis zur Eintragung ins Handelsregister (s. § 77 Abs. 1 GmbHG) durch

die Liquidatoren (da die Auflösung bereits eingetreten ist, nicht mehr durch die Geschäftsführer) analog § 248 Abs. 1 Satz 2 AktG einzureichen (so Roth/Altmeppen/*Altmeppen* § 75 Rn. 28; Baumbach/Hueck/*Haas* § 75 Rn. 31). Manche Autoren fordern zusätzlich, neben der Einreichung des Nichtigkeitsurteils, eine förmliche Anmeldung der Nichtigkeit zum Handelsregister (so Lutter/Hommelhoff/*Kleindiek* § 75 Rn. 5; Scholz/*K. Schmidt* § 75 Rn. 22); in der Praxis sollte es allerdings kein Problem bereiten, die Einreichung mit einer Anmeldung zum Handelsregister zu verbinden. Vgl. zu den Urteilswirkungen auch Kap. 5 Rdn. 560 f.

D. Überblick über Amtslöschungs- und Amtsauflösungsverfahren

Während den Gesellschaftern die Möglichkeit offen steht, Gründungs-, Satzungs- und Eintragungsmängel durch entsprechende Beschlussfassung zu beheben bzw. ggf. mit der Auflösungsklage nach § 61 GmbHG oder einer Nichtigkeitsklage gem. § 75 GmbHG zu reagieren, stehen dem **Registergericht** gem. §§ 395 ff. FamFG, verschiedene Maßnahmen bis hin zur Löschung der Gesellschaft zur Verfügung. Die Einleitung eines Verfahrens gem. §§ 395 ff. FamFG, das Verfahren selbst und der Beschwerdeweg unterliegen dem FamFG. Es gilt der Amtsermittlungsgrundsatz nach § 26 FamFG (Achilles/Ensthaler/Schmidt/*Achilles* § 75 Rn. 10 f.). 13

I. Allgemeines zu den Amtsverfahren

Die **Verfahrenseinleitung** erfolgt anlässlich sonstiger registerrichterlicher Verpflichtungen oder infolge von Anregungen von Gesellschaftsbeteiligten oder Dritten, z. B. den in § 380 FamFG bezeichneten berufsständischen Vertretungen. Die Einleitung des Verfahrens steht im pflichtgemäßen Ermessen des Registergerichts, das sich u. U. im Rahmen einer Ermessensreduzierung auf Null auf eine Einschreitenspflicht verkürzen kann, wenn gravierende Anhaltspunkte für die Existenz zu sanktionierender Mängel bestehen (str., s. Achilles/Ensthaler/Schmidt/*Achilles* § 75 Rn. 11). 14

Ein **Beschwerderecht** steht vornehmlich der betroffenen **Gesellschaft** zu. Einzelne Gesellschafter sind nur beschwerdeberechtigt bei Eingriffen in zu ihren Gunsten bestehende Sonderrechte oder bei Eingriffen, die Bestand und Inhalt ihrer Gesellschafterrechte grundlegend infrage stellen und sie damit individuell in eigenen sachlichen Rechten verletzen würden (BayObLG, Beschl. v. 10.01.2001 – 3Z BR 385/00; NJW-RR 2001, 613; OLG Zweibrücken, Beschl. v. 28.02.1990 – 3 W 183/99; NJW-RR 1990, 672, 673). Die bloße Beeinträchtigung allgemeiner Mitgliedschaftsrechte und die darin liegende mittelbare, reflexartige Rechtsbeeinträchtigung oder die Berührung sonstiger rechtlicher Interessen verleiht noch keine Beschwerdeberechtigung. Im Übrigen ist erforderlich, dass der Gesellschafter der der Registereintragung zugrunde liegenden Beschlussfassung wegen Gesetzes- oder Satzungsverstoß widersprochen hat und er dagegen mit Anfechtungs- oder Feststellungsklage vorgeht bzw. vorgehen kann (OLG Hamm, Beschl. v. 28.01.1976 – 15 W 20/75; OLGZ 1976, 392, 395; KG, Beschl. v. 21.11.1966 – 1 W 2437/66; OLGZ 1967, 97, 100). Für das Beschwerderecht von Organmitgliedern, insbesondere wenn sie eine zu Unrecht erfolgte Löschung ihrer Organstellung geltend machen, gilt das Gleiche (vgl. BayObLG, Beschl. v. 14.01.1993 – 3Z BR 5/93; NJW-RR 1993, 698). Die in § 380 FamFG bezeichneten Berufständevertretungen sind gegen ablehnende Entscheidungen des Gerichts beschwerdebefugt. Keine Beschwerdebefugnis steht außenstehenden Dritten, z. B. Gesellschaftsgläubigern, zu (BayObLG, Beschl. v. 10.01.2001 – 3Z BR 385/00; NJW-RR 2001, 613). 15

II. Amtslöschung unzulässiger Eintragungen

Von Amts wegen können nach pflichtgemäßem Ermessen gem. § 395 FamFG Registereintragungen gelöscht werden, die wegen eines – ursprünglich vorhandenen oder erst nachträglich entstandenen (BayObl, Beschl. v. 31.03.1994 – 3Z BR 8/94; BayObLGZ 1994, 102, 104 f.) – Mangels einer wesentlichen Voraussetzung unzulässig sind. Hierzu gehören fehlende **Verfahrensvoraussetzungen**, wie z. B. das Fehlen einer ordnungsgemäßen Anmeldung (z. B. infolge Rücknahme oder Antragsstellung durch Unbefugten); dies ist jedoch unbeachtlich, wenn die Eintragung im Ergebnis gleichwohl zutreffend war bzw. wurde, nur Ordnungsvorschriften verletzt wurden, das Registergericht 16 von einer ordnungsgemäßen Anmeldung ausgehen durfte oder der Mangel bei Eintragung beseitigt war. Nach § 395 FamFG kommt eine **Löschung der Gesellschaft** (nur) in Betracht, wenn deren Eintragung aufgrund eines wesentlichen Verfahrensmangels erfolgte, die Eintragung der Gesellschaft also z. B. gar nicht beantragt war (str., vgl. Baumbach/Hueck/*Fastrich/Haas/Noack/Zöllner* Anh. § 77 Rn. 19). Umgekehrt kann gem. § 395 FamFG eine Amtslöschung einer Gesellschaft wegen Vermögenslosigkeit ihrerseits gelöscht werden, wenn die Löschung der Gesellschaft im Handelsregister erfolgt ist, obwohl über ihren Widerspruch gegen die Ankündigung der Löschung noch nicht rechtskräftig entschieden worden ist (OLG Düsseldorf, Beschl. v. 05.04.2006 – 3 Wx 222/05; NJW-RR 2006, 903, 904). Streitig ist, ob bei Nichtigkeit des Beitritts sämtlicher Gesellschafter, bzw. der Erklärung des Gründers einer Einpersonen-GmbH, ausnahmsweise eine Nichtexistenz (sog. Scheingesellschaft) mit der Folge einer Amtslöschung nach § 395 FamFG anzunehmen ist (ablehnend KG, Beschl. v. 14.11.2000 – 1 W 6828/99; NJW-RR 2001, 1117, 1118).

17 Darüber hinaus können **materiellrechtliche Mängel** aufgegriffen werden, z. B. die Eintragung eines gem. § 6 Abs. 2 GmbHG ausgeschlossenen Geschäftsführers oder einer nicht existierenden Zweigniederlassung (Achilles/Enthaler/Schmidt/*Achilles* § 75 Rn. 12 ff.). Materiellrechtliche Mängel können jedoch nicht zur Löschung der Gesellschaft insgesamt führen, da insoweit § 397 FamFG die speziellere Regelung ist. Im Übrigen hat § 398 FamFG hinsichtlich materiellrechtlicher Mängel, die in die Zuständigkeit der Gesellschafterversammlung fallen und ins Handelsregister einzutragen sind, Vorrang und entfaltet hinsichtlich § 395 FamFG Sperrwirkung. Nach § 398 FamFG reichen das Fehlen wesentlicher Eintragungsvoraussetzungen bzw. bloße Mängel beim Zustandekommen eines Gesellschafterbeschlusses nicht aus, vielmehr ist erforderlich, dass der zu löschende Gesellschafterbeschluss inhaltlich gegen zwingendes, auch nicht durch die Satzung abdingbares Recht verstößt (z. B. Mindestnennbetrag und – vor Inkrafttreten des MoMiG – Teilung von Stammeinlagen, Kapitalaufbringung und -erhaltung sowie gesetz- und sittenwidrige Beschlüsse) und darüber hinaus ein öffentliches Interesse an der Löschung des Beschlusses besteht (z. B. Schweregrad und Dauer der Gesetzesverletzung, Interesse der Gesellschaftsgläubiger). Bloße Satzungsverstöße können nur durch eine Beschlussanfechtung der Gesellschafter selbst aus der Welt geschaffen werden (Achilles/Enthaler/Schmidt/*Achilles* § 75 Rn. 17).

III. Amtslöschung nichtiger Gesellschaften

18 Aus Bestandsschutzgründen kommt eine zwangsweise Löschung der Gesellschaft (insgesamt) nur unter den materiellrechtlichen Voraussetzungen in Betracht, gem. denen nach § 75 GmbHG Nichtigkeitsklage erhoben werden kann. Beide Verfahren **konkurrieren**, wobei dem Gericht hinsichtlich des Einschreitens – entgegen dem Wortlaut von § 397 Satz 2 FamFG – kein Ermessen zusteht. Bei einem anhängigen Nichtigkeitsrechtsstreit gem. § 75 GmbHG kommt allerdings eine Aussetzung des Amtslöschungsverfahrens gem. § 381 FamFG in Betracht (Roth/Altmeppen/*Altmeppen* § 75 Rn. 34 f.). Eine Amtslöschung führt zur Erledigung des Nichtigkeitsprozesses und umgekehrt, während eine Verneinung der Nichtigkeits- bzw. Löschungsvoraussetzungen für das jeweils andere Verfahren keine Bindungswirkung zeitigt (Achilles/Enthaler/Schmidt/*Achilles* § 75 Rn. 15). Eine Amtslöschung kommt insbesondere in Bezug auf kartellrechtswidrige Gesellschaften in Betracht (vgl. *Theurer* BB 2013, 137, 141).

IV. Amtsauflösung

19 Gem. § 399 FamFG besteht eine Auflösungsbefugnis von Amts wegen, wenn entgegen § 3 Abs. 1 Nr. 1 und 4 GmbHG die Satzung **keine Bestimmungen zu Firma, Sitz und Stammeinlage** enthält oder die vorhandenen Bestimmungen nichtig sind. § 399 FamFG ist auch anwendbar bei **Nichtigkeit der Bestimmungen zum Stammkapital** gem. § 3 Abs. 1 Nr. 3 GmbHG (deren Fehlen stellt einen Fall des § 75 GmbHG sowie von § 397 FamFG dar). Die Firma der GmbH ist nichtig, wenn gegen zwingende Vorgaben hinsichtlich der Firma verstoßen wird, z. B. gegen § 4 GmbHG oder §§ 18, 22, 30 HGB. Verstöße gegen die Satzungsbestimmungen zum Stammkapital und zur Stammeinlage sind nur dann nach § 399 FamFG sanktioniert, wenn die Mindestbeträge nach § 5

Abs. 1 GmbHG unterschritten werden oder der Gesamtbetrag der übernommenen Stammeinlagen entgegen § 5 Abs. 3 Satz 2 GmbHG nicht dem Stammkapital entspricht. Dies kann z. B. aufgrund von Einziehungen vor der Einführung des (für die gesamte Dauer der Gesellschaft geltenden) Konvergenzgebots gem. § 5 Abs. 3 Satz 2 der Fall sein, für die seinerzeit keine Aufstockung o. ä. durchgeführt wurde (vgl. DNot-Report 2011, 193, 194). Im Übrigen kommt eine Amtsauflösung in Betracht, wenn die Gesellschaft ihren satzungsmäßigen Sitz ins Ausland verlegt (s. auch § 60 GmbHG Rdn. 17). Demgegenüber stellt seit dem MoMiG ein Auseinanderfallen von Satzungssitz und Verwaltungssitz keinen Auflösungsgrund mehr dar (s. zum alten Recht auch § 60 GmbHG Rdn. 16).

Bei der **Einmann-GmbH** war nach der Rechtslage bis zum Inkrafttreten des MoMiG die Erfüllung der Stammeinlage-Volleinzahlungs- bzw. Sicherungspflicht gem. § 19 Abs. 4 GmbHG in der Fassung bis zum Inkrafttreten des MoMiG durch eine zusätzliche Amtsauflösungsmöglichkeit gem. § 144b FGG gesichert. 20

Eine **Heilung** der Mängel ist durch Satzungsänderung gem. § 53 GmbHG stets möglich, wozu das Gericht unter Fristsetzung aufzufordern hat. Nach fruchtlosem Fristablauf hat das Gericht die rechtskräftige Feststellung des Mangels nach § 399 FamFG zu verfügen. Hiergegen ist Beschwerde (§§ 399 Abs. 3, 63 Abs. 1 FamFG) möglich (Roth/Altmeppen/*Altmeppen* § 75 Rn. 46). Mit Rechtskraft der Feststellungsverfügung ist die Gesellschaft gem. § 60 Abs. 1 Nr. 6 GmbHG aufgelöst. Die Auflösung wird von Amts wegen ins Handelsregister eingetragen. 21

V. Löschung vermögensloser Gesellschaften

Zur Löschung vermögensloser Gesellschaften gem. § 394 FamFG s. Erklärungen zu § 60 GmbHG Rdn. 13. Eine Gesellschaft, die ihre eigene Löschung wegen Vermögenslosigkeit von Amts wegen angeregt hat, ist nicht beschwerdebefugt, wenn das Registergericht das Amtslöschungsverfahren einstellt (OLG München, Beschl. v. 12.05.2011 – 31 Wx 205/11; NZG 2011, 709). 22

§ 76 Heilung von Mängeln durch Gesellschafterbeschluss

Ein Mangel, der die Bestimmungen über den Gegenstand des Unternehmens betrifft, kann durch einstimmigen Beschluss der Gesellschafter geheilt werden.

Übersicht	Rdn.		Rdn.
A. Überblick	1	C. Rechtsfolgen der Heilung	3
B. Voraussetzung der Heilung	2		

A. Überblick

Satzungsmängel sind, wie z. B. aus § 399 FamFG folgt, grundsätzlich heilbar. Für die in § 75 GmbHG genannten Mängel des Unternehmensgegenstands normiert § 76 GmbHG dies explizit, wobei in Abweichung von § 53 GmbHG das Erfordernis der **Einstimmigkeit** begründet wird. Die wohl noch h. M. verneint hingegen die Möglichkeit der Heilung des dritten, in § 75 GmbHG genannten Nichtigkeitsgrundes des Fehlens einer Bestimmung zur Stammkapitalhöhe (so Rowedder/Schmidt-Leithoff/*Baukelmann* § 75 Rn. 12; Achilles/Ensthaler/Schmidt/*Achilles* § 76 Rn. 1; a. A. Lutter/Hommelhoff/*Kleindiek* § 76 Rn. 1; Baumbach/Hueck/*Haas* § 76 Rn. 3). Dieser wäre damit der einzige nicht heilbare Mangel, der nur durch eine vollständige Neugründung behoben werden kann. 1

B. Voraussetzung der Heilung

Erforderlich ist, entgegen dem insoweit ungenauen Wortlaut, zunächst ein **Beschluss mit satzungsändernder Mehrheit** gem. § 53 GmbHG bzw. der einschlägigen Satzungsbestimmung. Getrennt 2

§ 77 GmbHG   Wirkung der Nichtigkeit

hiervon, jedoch nach h. M. notwendigerweise in notariell beurkundeter Form, ist zusätzlich die Zustimmung der übrigen Gesellschafter (d. h. der nicht anwesenden oder nicht positiv abstimmenden) Gesellschafter erforderlich (Lutter/Hommelhoff/*Kleindiek* § 76 Rn. 2; Baumbach/Hueck/*Haas* § 76 Rn. 8). Im Einzelfall kann aufgrund der gesellschafterlichen Treuepflicht für Gesellschafter, die an der mangelbehafteten Gründung schuldhaft mitgewirkt haben, eine Zustimmungspflicht bestehen (Achilles/Ensthaler/Schmidt/*Achilles* § 76 Rn. 2; Baumbach/Hueck/*Haas* § 76 Rn. 8).

C. Rechtsfolgen der Heilung

3   Der Zeitpunkt der Heilung bestimmt sich nach der (konstitutiven) Eintragung der Satzungsänderung. Wird die Heilung vor Erlass eines Urteils gem. § 75 GmbHG bzw. des Beschlusses nach § 397 FamFG eingetragen, so entzieht dies dem jeweiligen Verfahren die Grundlage, s. auch § 75 GmbHG Rdn. 10. Die Nichtigkeitsklage muss dann zur Vermeidung einer Klageabweisung als unbegründet für erledigt erklärt werden. Ein gleichwohl ergangenes Nichtigkeitsurteil führt mit seiner Rechtskraft auch bei Vorliegen eines Heilungsbeschlusses zu den in § 77 GmbHG geregelten Nichtigkeitswirkungen, wenn der Heilungsbeschluss vor Schluss der letzten Tatsachenverhandlung gefasst wurde und folglich hätte berücksichtigt werden müssen. In diesem Fall ist ein Fortsetzungsbeschluss erforderlich, um das aufgrund § 77 GmbHG eingetretene Liquidationsstadium wieder zu beenden (Achilles/Ensthaler/Schmidt/*Achilles* § 76 Rn. 3).

§ 77   Wirkung der Nichtigkeit

(1) Ist die Nichtigkeit einer Gesellschaft in das Handelsregister eingetragen, so finden zum Zwecke der Abwicklung ihrer Verhältnisse die für den Fall der Auflösung geltenden Vorschriften entsprechende Anwendung.

(2) Die Wirksamkeit der im Namen der Gesellschaft mit Dritten vorgenommenen Rechtsgeschäfte wird durch die Nichtigkeit nicht berührt.

(3) Die Gesellschafter haben die versprochenen Einzahlungen zu leisten, soweit es zur Erfüllung der eingegangenen Verbindlichkeiten erforderlich ist.

Übersicht

		Rdn.			Rdn.
A.	Überblick	1	C.	Wirksamkeit von Rechtsgeschäften vor Nichtigerklärung, Abs. 2	3
B.	Rechtsfolgen der Nichtigerklärung, Abs. 1	2	D.	Einlagerückstände, Abs. 3	4
			E.	Fortsetzungsbeschluss	5

A. Überblick

1   Aus § 77 GmbHG folgt, dass mit »Nichtigkeit« der Gesellschaft gerade nicht die zivilrechtliche (ex tunc) Nichtigkeit gemeint ist, sondern die Gesellschaft ab Rechtskraft des Nichtigkeitsurteils i. S. v. § 60 GmbHG aufgelöst ist und abgewickelt wird. § 77 GmbHG wird bei Eintragung eines Löschungsvermerkes nach § 397 Abs. 1 Satz 2 FamFG entsprechend angewendet, wobei hier die Auflösung mit Eintragung des Löschungsvermerks erfolgt (Lutter/Hommelhoff/*Kleindiek* § 77 Rn. 1 ff.).

B. Rechtsfolgen der Nichtigerklärung, Abs. 1

2   Die für nichtig erklärte Gesellschaft (der Nichtigkeitsvermerk im Handelsregister ist im Fall des § 75 GmbHG deklaratorisch, bei § 397 FamFG konstitutiv) ist nach den allgemeinen Regeln der §§ 66 ff. GmbHG abzuwickeln. Vorbehaltlich abweichender Satzungsbestimmungen sind die Geschäftsführer als Liquidatoren anzumelden, die fortan intern die aus dem Liquidationszweck folgenden Schranken zu beachten haben (Lutter/Hommelhoff/*Kleindiek* § 77 Rn. 2).

C. Wirksamkeit von Rechtsgeschäften vor Nichtigerklärung, Abs. 2

Die Gesellschaft war ausweislich § 77 Abs. 2 GmbHG zu jedem Zeitpunkt rechts- und parteifähig und bleibt dies bis zum Ende der Abwicklung. Darüber hinaus waren bzw. sind auch die im Innenverhältnis vorgenommenen Rechtsgeschäfte und Rechtsverhältnisse (Gesellschafterbeschlüsse, Gesellschafterstellung und entsprechende Rechte und Pflichten; bewirkte Einlageleistung) unabhängig von einer Kenntnis des Nichtigkeitsgrundes wirksam (Achilles/Ensthaler/Schmidt/*Achilles* § 77 Rn. 3). 3

D. Einlagerückstände, Abs. 3

Trotz des etwas unklaren Wortlauts sind im Rahmen der Liquidation nicht nur insoweit Einlagen zu leisten, wie dies zur Schuldentilgung oder Sicherstellung schwebender Verbindlichkeiten nach § 69 GmbHG erforderlich ist. Auch soweit es im Hinblick auf den Ausgleich unter den Gesellschaftern im Rahmen der Schlussverteilung nach § 72 GmbHG noch ausstehender Einlagen bedarf, sind die Einlagen einzufordern (Achilles/Ensthaler/Schmidt/*Achilles* § 77 Rn. 4). 4

E. Fortsetzungsbeschluss

Wird der der Nichtigkeitserklärung zugrunde liegende Mangel beseitigt (was nach Maßgabe von § 76 GmbHG möglich ist), können die Gesellschafter nach den allgemeinen Regeln die Fortsetzung der Gesellschaft beschließen (s. Erläuterung zu § 60 GmbHG Rdn. 20 ff.; vgl. auch Kap. 5 Rdn. 564). Der Fortsetzungsbeschluss bedarf der Eintragung im Handelsregister, die erst nach (oder gleichzeitig mit) Wirksamwerden der Heilung des zur Nichtigkeit führenden Mangels möglich ist (Baumbach/Hueck/*Haas* § 77 Rn. 7). 5

Sechster Abschnitt Ordnungs-, Straf- und Bußgeldvorschriften

§ 78 Anmeldepflichtige

Die in diesem Gesetz vorgesehenen Anmeldungen zum Handelsregister sind durch die Geschäftsführer oder die Liquidatoren, die in § 7 Abs. 1, § 57 Abs. 1, § 57i Abs. 1, § 58 Abs. 1 Nr. 3 vorgesehenen Anmeldungen sind durch sämtliche Geschäftsführer zu bewirken.

Übersicht	Rdn.		Rdn.
A. Einleitung	1	D. Ausgestaltung der Anmeldung und Zuständigkeit	8
B. Anmeldung zum Handelsregister	2		
C. Anmeldebefugnis	5	E. Folgen fehlerhafter Eintragungen	12

A. Einleitung

Die Vorschrift legt fest, **welche Personen** für die im GmbH-Gesetz vorgesehenen Anmeldungen befugt sind. Sofern keine besondere Regelung besteht, ist § 78 GmbHG auch für Anmeldungen in Angelegenheiten der GmbH nach dem HGB oder sonstigen Gesetzen anzuwenden (z. B. Lutter/Hommelhoff GmbHG, § 78 Nr. 1). 1

B. Anmeldung zum Handelsregister

Unter einer Anmeldung ist der **Antrag an das Registergericht** auf Eintragung eines die Gesellschaft betreffenden eintragungsfähigen Umstandes in das Handelsregister zu verstehen. Es handelt sich um eine **Verfahrenshandlung** zur Einleitung des gerichtlichen Eintragungsverfahrens (z. B. BayObLG GmbHR 2000, 493, 494). Nur in Ausnahmefällen sieht das Gesetz eine Eintragung von Amts wegen vor (Scholz/*Winter* GmbHG, § 78 Rn. 6). 2

3 Im Regelfall setzt die Eintragung in das Handelsregister eine Anmeldung voraus, d.h. es gilt der **Anmeldegrundsatz**. Für die Geschäftsführer oder Liquidatoren der Gesellschaft besteht eine öffentliche Anmeldepflicht für alle in das Handelsregister einzutragenden Tatsachen (§ 15 Abs. 1 HGB), deren Eintragung deklaratorisch ist und nicht von Amts wegen zu erfolgen hat (BGHZ 105, 324, 327 f.).

4 Bei konstitutiv wirkenden Eintragungen besteht keine öffentlich-rechtliche Anmeldepflicht (Scholz/*Winter* GmbHG, § 78 Rn. 8).

C. Anmeldebefugnis

5 Die Anmeldungen sind von den **Geschäftsführern oder Liquidatoren** vorzunehmen. Die in Halbs. 2 genannten Angelegenheiten (Gesellschaftsgründung, Kapitalerhöhung und -herabsetzung) bedürfen einer Anmeldung durch sämtliche Geschäftsführer. In den anderen Fällen hat die Anmeldung durch die Geschäftsführer oder Liquidatoren **in vertretungsberechtigter Zahl** zu erfolgen (Scholz/*Winter* GmbHG, § 78 Rn. 1; vgl. auch § 7 GmbHG Rdn. 6 f.).

6 Die Befugnis und die Pflicht zur Anmeldung **enden** mit dem Ausscheiden aus dem Amt als Geschäftsführer oder Liquidator (*Lutter/Hommelhoff* GmbHG, § 78 Rn. 1), sodass bspw. der bisherige Geschäftsführer oder Liquidator sein eigenes Ausscheiden nicht mehr selbst zum Handelsregister anmelden kann, sofern die Abberufung oder Amtsniederlegung nicht erst ab dem Zeitpunkt der Eintragung wirksam werden soll und entsprechend befristet ist (Scholz/*Winter* GmbHG, § 78 Rn. 11).

7 Eine **Bevollmächtigung zur Anmeldung** ist möglich (§ 12 Abs. 2 HGB). Allerdings muss sich die Vollmacht auf die besondere Organaufgabe des Geschäftsführers oder Liquidators beziehen, sodass die allgemeine Prokura, Handlungsvollmacht oder, soweit zulässig, Generalvollmacht nicht ausreichen (*Lutter/Hommelhoff* GmbHG, § 78 Rn. 2). Die Vollmacht bedarf der **öffentlichen Beglaubigung** (§ 12 Abs. 2 Satz 1 HGB). Anmeldungen, die durch sämtliche Geschäftsführer oder Liquidatoren zu bewirken sind, können nicht Gegenstand einer Vollmacht sein (Scholz/*Winter* GmbHG, § 78 Rn. 19).

D. Ausgestaltung der Anmeldung und Zuständigkeit

8 Die Anmeldung kann zusammen mit anderen Erklärungen verbunden werden (BayObLG BB 1993, 1830). Es ist unzulässig, die Anmeldung durch **Bedingungen oder Befristungen** zu beschränken (BayObLG GmbHR 1992, 672, 674).

9 Nach § 12 Abs. 1 HGB bedarf die Anmeldung der Form der **öffentlichen Beglaubigung**, d.h. die Anmeldung hat schriftlich zu erfolgen und die Unterschrift des Geschäftsführers oder Liquidators muss von einem Notar beglaubigt sein. Möglich ist auch, die Anmeldung durch eine notarielle Urkunde über die Anmeldeerklärung oder durch Protokollierung im Rahmen eines gerichtlichen Vergleiches vorzunehmen (Großkomm HGB/*Hüffer* § 12 Rn. 2 ff.).

10 Das **Amtsgericht**, in dessen Bezirk die Gesellschaft ihren Sitz hat, ist für die Anmeldungen zuständig (§ 8 HGB, § 125 FGG).

11 Das Registergericht prüft, ob die Anmeldung **formell** und – z.T. auch – **materiell ordnungsgemäß** ist. Durch eine **Zwischenverfügung** wird den Geschäftsführern oder Liquidatoren bei Mängeln der Anmeldung die Möglichkeit gegeben, die gerügten Mängel zu beseitigen. Gegen eine Zwischenverfügung oder Ablehnung der beantragten Eintragung kann die unbefristete Beschwerde (§ 19 FGG) und die weitere Beschwerde (§ 27 FGG) erhoben werden, falls keine Abhilfe erfolgt (Scholz/*Winter* GmbHG, § 78 Rn. 25).

E. Folgen fehlerhafter Eintragungen

Ist eine Eintragung fehlerhaft erfolgt, so hat das Registergericht die Möglichkeit, unter den Voraussetzungen der §§ 142 Abs. 1, 144 Abs. 2 FGG die **Eintragung zu löschen**, falls es sich um eine inhaltlich unrichtige deklaratorische Eintragung handelt (*Hachenburg/Ulmer* GmbHG, § 78 Rn. 28). 12

Hat die Eintragung dagegen **konstitutive Wirkung**, so werden die Mängel der Anmeldung grundsätzlich durch die Eintragung **geheilt**, sofern nicht ein Unbefugter die Anmeldung vorgenommen hat. In diesem Fall ist eine Löschung der Anmeldung von Amts wegen analog § 142 FGG möglich (*Scholz/Winter* GmbHG, § 78 Rn. 27). 13

§ 79 Zwangsgelder

(1) ¹Geschäftsführer oder Liquidatoren, die §§ 35a, 71 Abs. 5 nicht befolgen, sind hierzu vom Registergericht durch Festsetzung von Zwangsgeld anzuhalten; § 14 des Handelsgesetzbuches bleibt unberührt. ²Das einzelne Zwangsgeld darf den Betrag von fünftausend Euro nicht übersteigen.

(2) In Ansehung der in §§ 7, 54, 57 Abs. 1, § 58 Abs. 1 Nr. 3 bezeichneten Anmeldungen zum Handelsregister findet, soweit es sich um die Anmeldung zum Handelsregister des Sitzes der Gesellschaft handelt, eine Festsetzung von Zwangsgeld nach § 14 des Handelsgesetzbuches nicht statt.

Übersicht	Rdn.		Rdn.
A. Einleitung	1	B. Tatbestände und Rechtsfolgen	2

A. Einleitung

Die Vorschrift ermöglicht dem Registergericht **Organpflichten** durch Festsetzung von Zwangsgeld durchzusetzen. § 14 HGB wird ergänzt und nicht ersetzt. Das Zwangsgeld ist eine **Beugemaßnahme**, d. h. weder Strafe noch Bußgeld (*Scholz/Winter* GmbHG, § 79 Rn. 11). 1

B. Tatbestände und Rechtsfolgen

Erforderlich ist die **Verletzung** der in Abs. 1 aufgeführten **Organpflichten**, wobei die Generalklausel zu § 14 HGB mit der aus Abs. 2 folgenden Einschränkung anzuwenden ist (*Scholz/Winter* GmbHG, § 79 Rn. 3 ff.). 2

Der Verstoß gegen die Organpflicht **indiziert die Rechtswidrigkeit**. Ein Verschulden ist für die Festsetzung des Zwangsgeldes nicht erforderlich. Ob bei der Festlegung der Frist zwischen Androhung und Festsetzung des Zwangsgeldes oder bei der Bemessung der Höhe des Zwangsgeldes das Verschulden eine Rolle spielt, ist umstritten (*Scholz/Winter* GmbHG § 79 Rn. 13; *Baumbach/Hueck/Schulze/Osterloh* § 79 Rn. 6; *Lutter/Hommelhoff* GmbHG, § 79 Rn. 2). 3

Bei **konstitutiven Eintragungen** ist nach Abs. 2 eine Festsetzung von Zwangsgeld **unzulässig**. 4

Die Zwangsgeldfestsetzung richtet sich gegen die Kraft ihrer Organstellung **anmeldepflichtigen Personen** (*Lutter/Hommelhoff* GmbHG, § 79 Rn. 2). Das einzelne Zwangsgeld darf **max. 5.000,– €** betragen, kann jedoch wiederholt festgesetzt werden (*Rowedder/Zimmermann* GmbHG § 79 Rn. 14). Die **Mindesthöhe** des Zwangsgeldes beträgt 5,– € (Art. 6 Abs. 1 Satz 1 EGStGB). 5

§§ 80, 81

(weggefallen)

§ 82 Falsche Angaben

(1) Mit Freiheitsstrafe bis zu drei Jahren oder mit Geldstrafe wird bestraft, wer
1. als Gesellschafter oder als Geschäftsführer zum Zweck der Eintragung der Gesellschaft über die Übernahme der Geschäftsanteile, die Leistung der Einlagen, die Verwendung eingezahlter Beträge, über Sondervorteile, Gründungsaufwand und Sacheinlagen,
2. als Gesellschafter im Sachgründungsbericht,
3. als Geschäftsführer zum Zweck der Eintragung einer Erhöhung des Stammkapitals über die Zeichnung oder Einbringung des neuen Kapitals oder über Sacheinlagen,
4. als Geschäftsführer in der in § 57i Abs. 1 Satz 2 vorgeschriebenen Erklärung oder
5. als Geschäftsführer einer Gesellschaft mit beschränkter Haftung oder als Geschäftsleiter einer ausländischen juristischen Person in der nach § 8 Abs. 3 Satz 1 oder § 39 Abs. 3 Satz 1 abzugebenden Versicherung oder als Liquidator in der nach § 67 Abs. 3 Satz 1 abzugebenden Versicherung falsche Angaben macht.

(2) Ebenso wird bestraft, wer
1. als Geschäftsführer zum Zweck der Herabsetzung des Stammkapitals über die Befriedigung oder Sicherstellung der Gläubiger eine unwahre Versicherung abgibt oder
2. als Geschäftsführer, Liquidator, Mitglied eines Aufsichtsrats oder ähnlichen Organs in einer öffentlichen Mitteilung die Vermögenslage der Gesellschaft unwahr darstellt oder verschleiert, wenn die Tat nicht in § 331 Nr. 1 oder Nr. 1a des Handelsgesetzbuchs mit Strafe bedroht ist.

§ 83

(weggefallen)

§ 84 Verletzung der Verlustanzeigepflicht

(1) Mit Freiheitsstrafe bis zu drei Jahren oder mit Geldstrafe wird bestraft, wer es als Geschäftsführer unterläßt, den Gesellschaftern einen Verlust in Höhe der Hälfte des Stammkapitals anzuzeigen.

(2) Handelt der Täter fahrlässig, so ist die Strafe Freiheitsstrafe bis zu einem Jahr oder Geldstrafe.

1 Die früher in Abs. 1 normierte Strafbarkeit der unterlassenen Beantragung des Insolvenzverfahrens wird seit dem MoMiG vom 23.10.2008 rechtsformübergreifend von § 15a Abs. 4 und 5 InsO abgedeckt (vgl. *Lutter/Hommelhoff* GmbHG, § 84 Vorbemerkung).

§ 85 Verletzung der Geheimhaltungspflicht

(1) Mit Freiheitsstrafe bis zu einem Jahr oder mit Geldstrafe wird bestraft, wer ein Geheimnis der Gesellschaft, namentlich ein Betriebs- oder Geschäftsgeheimnis, das ihm in seiner Eigenschaft als Geschäftsführer, Mitglied des Aufsichtsrats oder Liquidator bekanntgeworden ist, unbefugt offenbart.

(2) ¹Handelt der Täter gegen Entgelt oder in der Absicht, sich oder einen anderen zu bereichern oder einen anderen zu schädigen, so ist die Strafe Freiheitsstrafe bis zu zwei Jahren oder Geldstrafe. ²Ebenso wird bestraft, wer ein Geheimnis der in Absatz 1 bezeichneten Art, namentlich ein Betriebs- oder Geschäftsgeheimnis, das ihm unter den Voraussetzungen des Absatzes 1 bekannt geworden ist, unbefugt verwertet.

(3) ¹Die Tat wird nur auf Antrag der Gesellschaft verfolgt. ²Hat ein Geschäftsführer oder ein Liquidator die Tat begangen, so sind der Aufsichtsrat und, wenn kein Aufsichtsrat vorhanden ist, von den Gesellschaftern bestellte besondere Vertreter antragsberechtigt. ³Hat ein Mitglied

des Aufsichtsrats die Tat begangen, so sind die Geschäftsführer oder die Liquidatoren antragsberechtigt.

Übersicht	Rdn.			Rdn.
A. Einleitung	1	D.	Tathandlung	7
B. Täter	3	E.	Fehlende Befugnis	9
C. Gesellschaftsgeheimnis	4	F.	Strafantrag und Verjährung	13

A. Einleitung

Der Tatbestand der Verletzung von Geheimhaltungspflichten orientiert sich an § 404 AktG und ist in Abs. 1 dem Tatbestand des § 203 StGB nachgebildet. Abs. 2 Satz 2 entspricht § 204 StGB (Scholz/*Tiedemann* GmbHG, § 85 Rn. 1). 1

Die Wahrung von Betriebs- und Geschäftsgeheimnisse erfolgt **im Interesse der Gesellschaft**, aber auch der Gesellschafter, geheime Umstände, die zur Geschäftstätigkeit der Gesellschaft gehören, als Vermögenswert zu schützen (Baumbach/Hueck/*Schulze/Osterloh* § 85 Rn. 1; *Lutter/Hommelhoff* GmbHG § 85 Rn. 1). 2

B. Täter

Die Verletzung von Geheimhaltungspflichten setzt voraus, dass der Täter zum Zeitpunkt, als ihm das Gesellschaftsgeheimnis bekannt wurde, **Geschäftsführer**, **Liquidator** oder **Mitglied des Aufsichtsrates** der GmbH war. Nur **Organmitglieder** einer GmbH können daher den Straftatbestand des § 85 GmbHG verwirklichen (Scholz/*Tiedemann* GmbHG § 85 Rn. 3). Wichtig ist, dass die in § 85 GmbHG normierte Schweigepflicht auch nach dem Ausscheiden aus dem Amt zu beachten ist, also ein »Wettbewerbsverbot ohne zeitliche Einschränkung und Entschädigung« (BGHZ 91, 6) begründet. 3

C. Gesellschaftsgeheimnis

Das »Gesellschaftsgeheimnis« ist der Oberbegriff, wobei allerdings unter den Begriff des »Betriebs- und Geschäftsgeheimnisses« in der Regel bereits **alle geheim zu haltenden wirtschaftlichen Tatsachen**, Erkenntnisse und Vorgänge fallen werden (Scholz/*Tiedemann* GmbHG, § 85 Rn. 6). 4

Zum Teil wird für den Geheimnisbegriff auf den Willen des Betriebsinhabers abgestellt (»**Willenstheorie**«). Bei einem anderen Ansatz ist das berechtigte wirtschaftliche Interesse an der Geheimhaltung entscheidend (»**Interessentheorie**«). Nach h. M. sind sowohl der Wille als auch das berechtigte Interesse zu kombinieren (Baumbach/Hueck/*Schulze/Osterloh* § 85 Rn. 7 m. w. N.; Scholz/*Tiedemann* GmbHG, § 85 Rn. 7 m. w. N.) 5

Den Geheimhaltungswillen bilden bei einer GmbH sowohl die **Gesamtheit der Gesellschafter** als auch – aus eigenem oder abgeleitetem Recht – die Geschäftsführer und Betriebsleiter (Scholz/*Tiedemann* GmbHG, § 85 Rn. 9). 6

D. Tathandlung

Eine **Offenbarung des Geheimnisses** liegt in der Mitteilung der geheimen Information an einen anderen, dem das Geheimnis bis dahin nicht bekannt war (*Lutter/Hommelhoff* GmbHG, § 85 Rn. 6). 7

Ein Geheimnis wird **verwertet**, wenn der wirtschaftliche Wert des Geheimnisses für eigene oder fremde Zwecke nutzbar gemacht wird (Baumbach/Hueck/*Schulze/Osterloh* § 85 Rn. 42). 8

E. Fehlende Befugnis

Die Tathandlungen der Offenbarung oder Verwertung eines Geheimnisses sind nur dann strafbar, wenn der Täter unbefugt handelt. 9

§§ 86, 87 GmbHG (weggefallen)

10   Ein Geschäftsführer handelt bspw. nicht unbefugt, wenn er im **Einverständnis aller Gesellschafter** ein Geheimnis der Gesellschaft offenbart. Allerdings muss die Zustimmung der Gesellschafter in Kenntnis der Tragweite der Freigabe erteilt werden und bereits **bei Vornahme der Tathandlung** vorliegen. Eine nachträgliche Zustimmung ist möglicherweise als Verzicht auf den gem. Abs. 3 erforderlichen Strafantrag zu werten (Scholz/ *Tiedemann* GmbHG, § 85 Rn. 20).

11   Besteht eine **gesetzliche Pflicht zur Offenlegung** von Geheimnissen, fehlt es ebenfalls an einer Verletzungshandlung. Dies gilt bspw. bei den mit der **Insolvenzantragspflicht** nach § 64 GmbHG verbundenen Informationspflichten (Scholz/ *Tiedemann* GmbHG, § 85 Rn. 21). Ein Geschäftsführer handelt auch dann nicht unbefugt, wenn er einen tatsächlich bestehenden presserechtlichen Auskunftsanspruch erfüllt (LG München I WRP 2007, 99 ff.).

12   Wird ein Geheimnis **gegen Entgelt** offenbart oder besteht eine Bereicherungs- bzw. Schädigungsabsicht, so liegt eine qualifizierte Verletzung von Geheimhaltungspflichten gem. § 85 Abs. 1 Satz 1 GmbHG vor, die zu einer erhöhten Strafe führt (*Roth/Altmeppen* GmbHG, § 85 Rn. 16).

F. Strafantrag und Verjährung

13   Es handelt sich um ein **Antragsdelikt** (Abs. 3). Das Antragsrecht wird durch die **Organe**, also grundsätzlich die Geschäftsführer oder Liquidatoren wahrgenommen. Sollten die zuständigen Organe an der Tat beteiligt sein, so ist von den Gesellschaftern ein besonderer Vertreter zu bestellen (Scholz/ *Tiedemann* GmbHG, § 85 Rn. 41).

14   Im Fall einer Offenbarung als Tathandlung (Abs. 1) **verjährt** die Tat gem. § 78 Abs. 3 Nr. 5 StGB in 3 Jahren. Eine Tat nach Abs. 2 verjährt gem. § 78 Abs. 3 Nr. 4 StGB in 5 Jahren.

§§ 86, 87

(weggefallen)

Einleitung AktG

Übersicht

	Rdn.			Rdn.
A.	**Die Rechtsform der AG**	4	III. Hauptversammlung/Gesellschafterversammlung	15
I.	Kernbestimmungen	4		
II.	Die »kleine AG«	7	IV. Übertragbarkeit der Anteile, Stellung der Mitglieder	16
B.	**Strukturvergleich mit der GmbH**	11	V. Kapitalbeschaffung	21
I.	Gesellschaftsgründung und Gestaltungsfreiheit	11	**C.**	**Kriterien der Rechtsformwahl, Vor- und Nachteile der AG als Rechtsform**	23
II.	Geschäftsführung	13		

Die AG gilt als die »grande dame« des deutschen Gesellschaftsrechts. Das deutsche Aktienrecht hat die AG über mehrere Reformschritte und vor allem durch das Aktiengesetz 1965 zum Grundtypus der großen Publikumsgesellschaft geprägt. Im Zuge der Entwicklung des Aktienrechts hat sich die AG als die Rechtsform des deutschen Gesellschaftsrechts entwickelt, die im Geschäfts- und Wirtschaftsverkehr die höchste Reputation genießt. Sie ist die allein in Betracht kommende Rechtsform bei der Inanspruchnahme des Kapitalmarktes, der insbesondere der GmbH mangels Fungibilität ihrer Anteile verschlossen ist. Mit der zunehmenden Bedeutung des »going public« als Finanzierungskonzept ist auch die Zahl der in der Rechtsform der AG organisierten Gesellschaften in Deutschland gestiegen. Sie steht allerdings in keinem auch nur annähernd vergleichbaren Verhältnis zur Verbreitung der Rechtsform der GmbH. **1**

Im Jahr 1994 hat der Gesetzgeber das »Gesetz für kleine Aktiengesellschaften und zur Deregulierung des Aktienrechts« (BGBl. I 1994, S. 1961) verabschiedet mit dem erklärten Ziel, damit dem beklagten Eigenkapitaldefizit im Mittelstand entgegen treten zu wollen und ein Signal zu geben, die AG für mittelständische Unternehmen als Alternative zur GmbH und zur Personenhandelsgesellschaft zu nutzen (RegBegr. BT-Drucks. 12/6721, S. 5 f.). Das Gesetz hat die »kleine AG« ermöglicht. Damit ist nicht etwa eine neue Rechtsform bezeichnet; gemeint sind vielmehr die in den Vorschriften des AktG verwirklichten Erleichterungen und Änderungen insbesondere für nicht börsennotierte Aktiengesellschaften, die zur Steigerung der Attraktivität der Rechtsform der AG vor allem für mittelständische Unternehmen beitragen sollten und nach ersten empirischen Erkenntnissen (*Hölters/Buchta* DStR 2003, 79) auch tatsächlich beigetragen haben. **2**

Mit der Gesetzgebung von 1994 wurde eine Reformkonzeption in die Wege geleitet, welche den Ansatz, den Kapitalmarkt für andere Gesellschaftsformen als die AG (und die KGaA) zu öffnen (Marsch-Barner/Schäfer/*Marsch-Barner* Hdb. börsennotierte AG, § 1 Rn. 2), verwarfen. Statt dessen verfolgten die seither in rascher Folge einsetzenden Reformgesetze den Grundgedanken, um das ursprünglich am Modell der großen Publikumsgesellschaft orientierte Aktiengesetz für die verschiedenen Realtypen »privater«, »offener« und »großer« AGen aufzufächern und für die unterschiedlichen Bedürfnisse der Unternehmen auf diese Weise das jeweils passende Rechtskleid zur Verfügung zustellen (*Habersack* AG 2009, 1, 3). Mit dieser prinzipiellen Maßgabe sind seit 1994 insbesondere das Stückaktiengesetz, das KonTraG, NaStraG, Gesetz zur Regelung von öffentlichen Angeboten zum Erwerb von Wertpapieren und von Unternehmensübernahmen, TransPuG, Spruchverfahrensneuordnungsgesetz, BilanzrechtsreformG, UMAG, MoMiG, VorstAG und ARUG verabschiedet und in das AktG eingearbeitet worden (näher MüKoAktG/*Habersack* Einl. Rn. 33 ff., 59 ff.). Sichtbaren Ausdruck hat diese Konzeption der Reformgesetzgebung darin gefunden, dass Formalien, die auf die Publikums-AG zugeschnitten sind, für personalistisch strukturierte Gesellschaften abgeschafft, Erleichterungen für AGen mit kleinem Gesellschafterkreis geschaffen und insgesamt vielfach eine Unterscheidung zwischen börsennotierten und nichtbörsennotierten Gesellschaften in das AktG eingeführt wurden (vgl. *Schäfer* NJW 2008, 2536 ff.). **3**

Einleitung AktG

A. Die Rechtsform der AG

I. Kernbestimmungen

4 Die Rechtsform der AG wird vor allem durch die Kernbestimmungen des AktG zum Organisationsstatut der Gesellschaft, zur Kapitalverfassung der AG sowie zur Gestaltungsfreiheit der Aktionäre konstituiert. Diese weisen die AG als eine Rechtsform aus, die nicht dafür geschaffen und geeignet ist, etwa nach schweizerischem Muster als Organisationsform für Kleinunternehmen eingesetzt zu werden. Die AG als Körperschaft mit den drei voneinander unabhängigen **Pflichtorganen Vorstand, Aufsichtsrat und Hauptversammlung**, denen der Gesetzgeber jeweils fest umrissene Zuständigkeiten zugewiesen hat, weist ein komplexes und nicht auf Flexibilität hin angelegtes Organisationsstatut auf. Dieses Modell des AktG soll eine ausdifferenzierte Machtbalance durch Gewaltenteilung zwischen den Organen gewährleisten. Es bietet den Rahmen für die Einpassung der Mitbestimmung der Arbeitnehmer der Gesellschaft auf Unternehmensebene, vor allem auf der Ebene des den Vorstand kontrollierenden Aufsichtsrats.

5 Die Kapitalverfassung ist vor allem dadurch geprägt, dass der Kapitalschutz in der AG streng verfasst ist. Insbesondere darf **nur der Bilanzgewinn**, nicht aber freies Eigenkapital **ausgeschüttet werden**, § 57 Abs. 3 AktG. Die AG ist so konzipiert, dass sie jederzeit den Gang an die Börse beschreiten kann, um sich am Kapitalmarkt neue Mittel zu beschaffen. Unabhängig vom Börsengang stellen vor allem die Ausgabe von Vorzugsaktien oder die Schaffung genehmigten Kapitals (§§ 192 ff. AktG) geeignete Mittel dar, kurzfristig Kapital für die AG zu beschaffen.

6 Die Ausrichtung der AG am Typus der börsennotierten Publikumsgesellschaft hat schließlich auch für den in § 23 Abs. 5 AktG niedergelegten **Grundsatz der Satzungsstrenge** Pate gestanden. Auf der Grundlage standardisierter Satzungen sollen insbesondere Kapitalanleger ohne näheres Studium der Satzung darauf vertrauen dürfen, dass in der Rechtsform der AG die Koordinaten der Organisations- und Kapitalverfassung beachtet werden. Für die Eigenkapitalgewinnung über die Börse wird dies als ein zentraler Aspekt des Organisationsrechts der AG angesehen.

II. Die »kleine AG«

7 Mit der Schaffung der »kleinen AG« durch das Deregulierungsgesetz (vgl. oben Rdn. 2) hat der Gesetzgeber die Kernbestimmungen des AktG nicht über Bord geworfen, wohl aber Neuerungen und Vereinfachungen eingeführt, die zur Modernisierung und Attraktivitätssteigerung der Rechtsform der AG insbesondere für Gesellschaften mit überschaubarem Aktionärskreis führen sollten.

8 Das Gesetz über die »kleine AG« schuf **keine neue Rechtsform**, sondern modifizierte und deregulierte bestimmte Vorschriften des AktG mit dem Ziel, die Eigenkapitalausstattung mittelständischer Unternehmen durch Erleichterung des Zugangs zur Aktiengesellschaft zu befördern, den Generationswechsel im Wirtschaftsleben zu befördern, indem die für die AG typische Trennung von Kapitaleignerstellung und Management vermehrt genutzt werde, um geeignete Fremd-Manager zu finden, und nicht zuletzt der weiteren Konzentration im Wirtschaftsleben dadurch vorzubeugen, dass vermehrt der Zugang zum Kapitalmarkt beschritten werde, um die Selbstständigkeit des Unternehmens zu erhalten (Begr. zum Gesetzesentwurf BT-Drucks. 12/762, 5 f.).

9 Zu den seinerzeit eingeführten **wichtigsten Bestimmungen** (näher *Priester* BB 1996, 333) gehört, dass das AktG seither die **Einpersonen-Gründung** (§ 2 AktG) erlaubt bei gleichzeitigem Schutz der Gläubigerinteressen durch das Erfordernis, für ausstehende Einlagen eine Sicherung bestellen zu müssen (§ 36 Abs. 2 Satz 2 AktG). Erleichterungen gelten für die Einberufung und Durchführung der Hauptversammlung. Wenn alle Aktionäre der Gesellschaft namentlich bekannt sind, muss die Einberufung nicht mehr notwendig über die Gesellschaftsblätter und damit mindestens über den elektronischen Bundesanzeiger, sondern kann per eingeschriebenem Brief erfolgen, § 121 Abs. 4 AktG. Die **Beurkundung von Hauptversammlungsbeschlüssen** ist bei nicht-börsennotierten Aktiengesellschaften nur noch erforderlich, wenn Beschlüsse gefasst werden, die von Gesetzes wegen einer 3/4- oder größeren Mehrheit bedürfen, § 130 Abs. 1 Satz 3 AktG. Bei anderen als den

damit insbesondere erfassten satzungsändernden Beschlüssen genügt ein vom Vorsitzenden des Aufsichtsrats unterzeichnetes **privatschriftliches Protokoll**. Die **Gewinnverwendungsregeln** wurden dergestalt geändert, dass die Satzung Vorstand und Aufsichtsrat zur Einstellung eines beliebigen Teils des Jahresüberschusses in Gewinnrücklagen ermächtigen kann, § 58 Abs. 2 Satz 2 AktG (die Regelung ist später allerdings auch auf börsennotierte Gesellschaften erstreckt worden).

Eine weitere und durchaus bedeutende Neuerung durch das Deregulierungsgesetz betrifft die **Mitbestimmung der Arbeitnehmer** auf Unternehmensebene. Gesellschaften, die weniger als 500 Arbeitnehmer beschäftigen, unterfallen nicht der Unternehmensmitbestimmung; bei ihr sind nach § 96 Abs. 1 AktG nur Aufsichtsratsmitglieder der Aktionäre, nicht aber solche der Arbeitnehmer zu wählen. Die Regelung gilt für die ab dem 10.08.1994 in das Handelsregister eingetragenen Gesellschaften bzw. für die vor diesem Stichtag eingetragenen Aktiengesellschaften dann, wenn es sich um Familiengesellschaften i. S. d. § 1 Abs. 1 Nr. 1 Satz 2 DrittelbG handelt.

B. Strukturvergleich mit der GmbH

I. Gesellschaftsgründung und Gestaltungsfreiheit

Da sowohl die AG als auch die GmbH von nur einer Person gegründet werden kann, besteht der wesentliche Unterschied zwischen beiden Gesellschaftsformen bei der Gründung darin, dass bei der AG der **Aufsichtsrat** ein notwendiges Organ jeder AG ist und mit mindestens drei Personen besetzt werden muss, § 95 AktG. Für die GmbH ist der Aufsichtsrat grundsätzlich nur fakultativ vorgesehen; er ist ausnahmsweise mitbestimmungsrechtlich vorgeschrieben, wenn die GmbH in der Regel mehr als fünfhundert Arbeitnehmer hat, § 1 Abs. 1 Nr. 3 DrittelbG. Einen weiteren Unterschied bildet die **unterschiedliche Mindestkapitalausstattung**, die bei der GmbH im Zuge der Reform durch das MoMiG (vgl. Erl. zu § 5 GmbHG) nunmehr wesentlich von der Mindestausstattung der AG i. H. v. 50.000,– € gem. § 7 AktG abweicht.

Die in § 23 Abs. 5 AktG niedergelegte **Satzungsstrenge der AG**, die im Interesse der Kapitalanleger nicht disponible gesetzliche Grundstrukturen der AG schafft, findet im Recht der GmbH keine Entsprechung. Nach § 45 GmbHG besteht die Freiheit der Gesellschafterversammlung, in der Satzung der GmbH von den gesetzlichen Vorgaben abweichende Regelungen vorsehen zu können. Damit wird es in der GmbH vor allem möglich, Sonderrechte für einzelne Gesellschafter und insbesondere ihren Einfluss auf die Unternehmensführung abzusichern. Bei der GmbH ist es möglich, auch ohne Kapitalmehrheit, also etwa nach Veräußerung von Anteilen über die dort zulässigen Mehrstimm- oder Vetorechte gegenüber Gesellschafterbeschlüssen die Herrschaft über das Unternehmen zu behalten. Bei der AG sind Sonderrechte für einzelne Aktionäre nur eingeschränkt bei der Gewinnverteilung und dadurch möglich, dass stimmrechtslose Vorzugsaktien ausgegeben werden; ihr Umfang ist auf die Hälfte des Grundkapitals beschränkt, § 139 Abs. 2 AktG.

II. Geschäftsführung

Zentrale Unterschiede zwischen den Gesellschaftsformen bestehen bei der Ordnung der Geschäftsführung. Das AktG sieht die grundsätzliche **Autonomie des Vorstands der AG** vor, während die **Geschäftsführung der GmbH weisungsabhängig** ist. Die Gesellschafter einer GmbH bestimmen nicht nur die Geschäftspolitik und entscheiden über außergewöhnliche Geschäftsführungsmaßnahmen, sie können den Geschäftsführern auch hinsichtlich der laufenden Geschäfte Weisungen erteilen, §§ 37 Abs. 1, 46 Nr. 6 GmbHG. Die Bestellung der Geschäftsführer der GmbH erfolgt direkt durch die Gesellschafterversammlung, § 46 Nr. 5 GmbHG; bei der AG ist dies die Aufgabe des Aufsichtsrats, § 84 Abs. 1 AktG.

Der Vorstand der AG leitet die Gesellschaft unter eigener Verantwortung, § 76 Abs. 1 AG; weder der Aufsichtsrat noch die Hauptversammlung sind berechtigt, Weisungen zu erteilen. Die Kontroll- und Einflussmöglichkeiten der Anteilseigner gegenüber dem Management der AG sind mediatisiert. Als **Kontrollorgan** ist der **Aufsichtsrat** vorgesehen, dessen Mitglieder in der nicht mitbestimmten Gesellschaft von der Hauptversammlung der Aktionäre bestellt werden. Dem Aufsichtsrat können

Einleitung AktG

keine Geschäftsführungsaufgaben übertragen werden; er bzw. die Satzung hat jedoch einen Katalog von Zustimmungsvorbehalten aufzustellen, durch den der Vorstand vor Durchführung bestimmter Maßnahmen an die Entscheidung des Aufsichtsrats gebunden wird, § 111 Abs. 4 Satz 2 AktG. Unter dem Einfluss der Corporate Governance-Diskussion ist allerdings die strikte Dichotomie von Leitung und Kontrolle zugunsten einer tendenziell kooperativ angelegten Organisationsverfassung, insbesondere einer engen Fühlungnahme und gemeinsamen Beratung von Vorstand und Aufsichtsrat rechtstatsächlich und ausweislich z. B. von § 111 Abs. 4 Satz 2 AktG auch normativ weiter entwickelt worden (vgl. *Lutter* DB 2009, 775 ff.; *Säcker* BB 2006, 897).

III. Hauptversammlung/Gesellschafterversammlung

15 Wesentliche Unterschiede für die Durchführung von Gesellschafterversammlungen bzw. Hauptversammlungen bestehen nicht mehr, seitdem das AktG für »kleine Aktiengesellschaften« die Einberufungs- und Protokollierungsvorschriften vereinfacht hat (vgl. Rdn. 8). Unterschiede bestehen hinsichtlich der **Feststellung des Jahresabschlusses**, mit der über die Bilanzierung und die dabei bestehenden Spielräume die Höhe des Jahresergebnisses sowie der zur Ausschüttung anstehende Gewinn beeinflusst wird. Bei der GmbH obliegt die Entscheidung über die Feststellung des Jahresabschlusses **den Gesellschaftern**. Sie entscheiden sowohl über die Gewinnbilanzierung als auch über die Verwendung des Gewinns, § 46 Nr. 1 GmbHG. Bei der AG entscheiden **Vorstand und Aufsichtsrat** über die Feststellung des Jahresabschlusses, § 172 AktG, und die Möglichkeit der Hauptversammlung, über die Gewinnausschüttung zu entscheiden, ist grundsätzlich dadurch beschränkt, dass Vorstand und Aufsichtsrat über bis zu 50 % des Jahresüberschusses in Gewinnrücklagen einstellen können; durch die Satzung kann allerdings diese Rücklagenentscheidungskompetenz von Vorstand auf Aufsichtsrat beschränkt oder ganz ausgeschlossen werden, § 58 Abs. 2 Satz 2 AktG.

IV. Übertragbarkeit der Anteile, Stellung der Mitglieder

16 Bei der AG ist die **Übertragung von Aktien** grundsätzlich **formfrei** möglich. Zur Gewährleistung des Schutzes gegenüber unerwünschten Veräußerungen von Aktien und Aktienpaketen, durch die Außenstehende Einfluss auf die Gesellschaft erlangen, sieht das AktG die Ausgabe vinkulierter Namensaktien vor. Die Wirksamkeit ihrer Übertragung hängt von der Zustimmung des Vorstands ab, wenn nicht die Satzung diese Kompetenz auf den Aufsichtsrat oder die Hauptversammlung übertragen hat, § 68 Abs. 2 AktG. In der Satzung können weitere Modalitäten der Übertragung von Namensaktien geregelt werden.

17 Die **GmbH-Geschäftsanteile** sind **frei veräußerlich**. Die Übertragungsrechtsgeschäfte bedürfen aber der notariellen Beurkundung, § 15 Abs. 3, 4 GmbHG. Im Gesellschaftsvertrag kann die Abtretung der Anteile an weitere Voraussetzungen, insbesondere an die Genehmigung der Gesellschaft geknüpft werden, § 15 Abs. 5 GmbHG.

18 Die Möglichkeit, **Mitglieder** der Gesellschaft **auszuschließen**, ist bei beiden Gesellschaftsformen satzungsmäßig vorgesehen, §§ 237 ff. AktG, § 34 GmbHG. Die Einziehung führt zur Vernichtung der Mitgliedsstelle. Wenn diese Konsequenz vermieden werden soll, muss eine Verpflichtung zur Übertragung der Mitgliedschaft vorgesehen werden; entsprechende schuldrechtliche Abreden sind bei beiden Gesellschaftsformen möglich, eine satzungsrechtliche Verankerung lässt sich dagegen nur bei der GmbH vorsehen.

19 **Nebenpflichten der Gesellschafter** können in der AG satzungsmäßig nur für vinkulierte Namensaktien (§ 68 Abs. 2 AktG) und inhaltlich eingeschränkt festgelegt werden, sofern es sich um wiederkehrende nicht in Geld bestehende Leistungen handelt, § 55 AktG. Bei der GmbH können dagegen nach § 3 Abs. 2 GmbHG sämtliche Nebenpflichten im Gesellschaftsvertrag verankert werden.

20 Hinsichtlich der **Informationsrechte** der Gesellschafter ist der Aktionär auf sein begrenztes Fragerecht nach § 131 AktG beschränkt, während dem GmbH-Gesellschafter das umfassende Auskunfts- und Einsichtsrecht nach § 51a GmbHG zusteht.

V. Kapitalbeschaffung

Die AG bietet die Möglichkeit, **Eigenkapital über die Börse** zu beschaffen. Neben der AG kommt nur die Kommanditgesellschaft auf Aktien (KGaA) als börsenfähige Rechtsform in Betracht (§§ 30, 49, 51 BörsG, § 15 BörsZulVO). Außerhalb des Börsengangs stellen vor allem die **Ausgabe von Vorzugsaktien** oder die **Schaffung genehmigten Kapitals** zur Bedienung von Wandelschuldverschreibungen (§§ 192 ff. AktG) typische Mittel der kurzfristigen Kapitalbeschaffung für die AG dar. 21

Bei der GmbH sind die Möglichkeiten zur Kapitalbeschaffung geringer. Insbesondere ist der Gang zum öffentlichen Kapitalmarkt ausgeschlossen, weil die Geschäftsanteile einer GmbH (ebenso wie die Personengesellschaftsanteile) zum Handel an der Börse nicht zugänglich sind. 22

C. Kriterien der Rechtsformwahl, Vor- und Nachteile der AG als Rechtsform

Die AG bietet dem Rechtsanwender Vor- und Nachteile, deren Bedeutung für die Wahl der Rechtsform nur im Einzelfall unter Berücksichtigung der jeweiligen Umstände sachgerecht ermittelt werden kann. Aus dem komplexen Geflecht von betriebswirtschaftlichen und rechtlichen Entscheidungskriterien lassen sich letztlich kaum allgemeingültige oder generalisierungsfähige Gesichtspunkte hervorheben, welche die Rechtsformwahl determinieren. Allenfalls lassen sich einzelne grundsätzliche Gesichtspunkte anführen, die bei der Entscheidung der optimalen Rechtsform für die Unternehmung typischerweise Bedeutung haben; sie machen die präzise Analyse im Einzelfall indes nicht entbehrlich. Im Vordergrund stehen dabei Fragen der steuerrechtlichen Behandlung der jeweiligen Rechtsform und Fragen der sachgerechten (zivil- bzw. gesellschaftsrechtlichen) Gestalt bzw. Gestaltbarkeit der zu wählenden Rechtsform. 23

In **steuerrechtlicher Hinsicht** hat die Körperschaftsteuerreform aus dem Jahr 2000 mit dem Inkrafttreten des StSenkG vom 23.10.2000 (BGBl. I, 1433) und dem StSenkErgG vom 19.12.2000 (BGBl. I, 1812) in Abhängigkeit von der Ertragstärke des Unternehmens und der Gewinnverwendung die **ertragsteuerliche Vorteilhaftigkeit** der Kapitalgesellschaft im Vergleich zur Personengesellschaft bewirkt (*Priester* DStR 2001, 795). Die Ausschüttungen der Kapitalgesellschaft haben zudem Einfluss auf die erbschafts- und schenkungssteuerliche Anteilsbewertung, sodass auch für die **Nachlassplanung** Kapitalgesellschaften als Rechtsform insgesamt und insbesondere die »kleine AG« eine nicht unbedeutende Rolle spielen (*Frank* ZEV 2003, 192). Wegen der dafür maßgeblichen Einzelheiten und deren Berechtigung im Einzelfall ist im vorliegenden Rahmen auf die weiterführende Spezialliteratur zu verweisen (vgl. näher *Jacobs*, Unternehmensbesteuerung und Rechtsform, 4. Aufl. 2009; *Brönner*, Die Besteuerung der Gesellschaften, 18. Aufl. 2007). 24

In **zivil- und gesellschaftsrechtlicher Hinsicht** hat die Entscheidung für die Wahl einer Rechtsform mit **Haftungsbeschränkung** auf das Gesellschaftsvermögen regelmäßig eine erhebliche Bedeutung. Wenn diese Entscheidung unter Ausschluss der – hier nicht näher zu behandelnden – KGaA und der AG & Co zugunsten einer juristischen Person führt, stellt sich weiterhin die Frage der Wahl vor allem zwischen der Rechtsform der AG und der GmbH. Insofern sind zumindest für mittelständische Unternehmungen bei der Rechtsformwahlentscheidung differenziertere Überlegungen anzustellen, seitdem der Gesetzgeber im Interesse der Förderung der »kleinen AG« eine Vereinfachung (Deregulierung) verschiedener Bestimmungen des AktG vorgenommen hat (vgl. Rdn. 7–10). Den oben (Rdn. 11–22) aufgeführten Rechtsformunterschieden zwischen den beiden Gesellschaftsformen kommt regelmäßig wesentliche Bedeutung für die Auswahlentscheidung zu – auf sie ist deshalb besonders zu achten –, ohne jedoch die Entscheidung zugunsten einer Rechtsform zu präjudizieren. 25

Während die Kriterien Haftungsbeschränkung, Rechnungslegung und Publizität sowie Mitbestimmung wegen der diesbezüglichen Gleichstellung beider Gesellschaftsformen keine Bedeutung für die Wahlentscheidung haben, schafft die **strikte Organisationsverfassung der AG** mit dem aus mindestens drei Personen bestehenden Aufsichtsrat einen unvermeidbar höheren Organisations- und Kostenaufwand bei Wahl der Rechtsform der AG. Dem steht eine anders austarierte Machtbalance zwischen dem Management der Gesellschaft und den Anteilseignern in der AG gegenüber. Der Umstand, dass in der GmbH die Gesellschafterversammlung die Kontrolle und die bestehenden Weisungsbefugnisse 26

Einleitung AktG

gegenüber der Geschäftsführung ausüben und in der AG die Überwachungsaufgabe dem Aufsichtsrat zusteht, der wiederum von der Hauptversammlung gewählt wird (vgl. Rdn. 14), verschafft dem eigenverantwortlich handelnden Management der AG eine exponiertere Rechtsstellung: Der Vorstand der AG kann zwar durch pflichtgemäß einzuführende Vorbehalte nach § 111 Abs. 4 Satz 2 AktG bei seinen Maßnahmen an die Zustimmung des Aufsichtsrat gebunden werden, ihm obliegt aber rechtlich allein die Initiative für Geschäftsführungs- und Leitungsmaßnahmen; dieses Initiativrecht kann weder auf den Aufsichtsrat noch auf die Hauptversammlung übertragen werden. Welche Rechtsform unter dem Aspekt der Unternehmensorganisation und Unternehmensführung im Einzelfall besser geeignet ist, hängt somit von der Grundentscheidung ab, ob ein weitgehend **eigenverantwortlich handelndes Management** oder eine **unmittelbare Einflussnahme** der Anteilseigner, die bis in die Maßnahmen des Tagesgeschäfts reichen kann, gewünscht oder für erforderlich gehalten wird.

27   Die **Gestaltungsfreiheit der GmbH-Satzung** verleiht den Gesellschaftern eine Flexibilität, die in der Aktiengesellschaft wegen des Grundsatzes der Satzungsstrenge nicht besteht. Signifikante Bedeutung hat diese Freiheit vor allem dann, wenn für einzelne Gesellschafter **Sonderrechte** vorgesehen werden und der **Einfluss einzelner Gesellschafter** auf die Unternehmensführung gewährleistet werden soll (vgl. oben Rdn. 12). In der AG ist es begrenzt möglich, durch besondere Vorkehrungen Entsprechendes zu erreichen. Dazu gehört die **Ausgabe stimmrechtsloser Vorzugsaktien**, mit der ein Vorzug bei der Gewinnverteilung eingeräumt werden kann. Die **Ausgabe vinkulierter Namensaktien**, deren Übertragung an die Zustimmung der Hauptversammlung geknüpft werden kann, kommt in Betracht, wenn Einfluss auf die Veräußerung der Aktien genommen werden soll. Nicht zuletzt hat sich in der Rechtspraxis der Abschluss von **Pool- und Konsortialvereinbarungen** über die Besetzung des Aufsichtsrats zwischen bestimmten (Gründer-) Gesellschaftern sowie die Festlegung eines breiten Zustimmungskatalogs in der Geschäftsordnung des Aufsichtsrats bewährt, mit denen Gestaltungsmöglichkeiten geschaffen werden, die den Vorteil der Satzungsfreiheit im GmbH-Recht zumindest relativieren.

28   In verschiedenen Situationen kann es angeraten erscheinen, die in der AG verwirklichte grundsätzliche Immunisierung der Entscheidungen der Unternehmensleitung gegenüber Einwirkungsrechten der Anteilseigner zu erreichen, um zu vermeiden, dass sich Meinungsverschiedenheiten zwischen den Anteilseignern negativ auf die Unternehmensführung auswirken. Solche für die Rechtsform der AG sprechenden Entscheidungssituationen können sich insbesondere ergeben in Familienunternehmen mit verschiedenen Gesellschafterstämmen oder auch im Zusammenhang mit der Unternehmensnachfolgeregelung, bei der ein Eintritt mehrerer untereinander zerstrittener Erben erfolgen wird.

29   Die **Möglichkeiten der AG zur Kapitalbeschaffung** über den Kapitalmarkt bieten den wohl bedeutendsten Grund für die Gründung einer AG. Die GmbH bietet insofern keine vergleichbaren Möglichkeiten, zumal der Gang an die Börse im Rechtskleid der GmbH nicht realisiert werden kann (vgl. Rdn. 21 f.). Das AktG schafft die besonderen Möglichkeiten der Kapitalbeschaffung auch durch die **formfreie Übertragbarkeit der Aktien**. Die damit gewährleistete Handelbarkeit der Aktie ist nicht immer gewünscht, weil nicht ausgeschlossen ist, dass Außenstehende durch Aktienerwerb Einfluss auf die AG erhalten. Das AktG ermöglicht es, durch die Ausgabe vinkulierter Namenaktien (vgl. Rdn. 21, 27) die freie Handelbarkeit der Aktie zu begrenzen.

30   Für im **Konzernverbund** stehende Gesellschaften gibt es ebenfalls keine sich vorrangig aufdrängende Rechtsform. Sowohl im Bereich der privatwirtschaftlichen wie auch der öffentlichen Unternehmen finden sich unterschiedliche Gestaltungsformen, bei denen sowohl die konzernleitenden Obergesellschaften als auch die Konzernunternehmen in verschiedensten Rechtsformen geführt werden. Die AG bietet sich nicht zuletzt als **Rechtsform für Holdinggesellschaften** an. Die dabei gewollte organisatorische Trennung von Unternehmensleitung und operativem Geschäft (vgl. Anhang 2 zum AktG Rdn. 15) sowie die geforderten Fähigkeiten, den Konzern effektiv und von externen Zielvorgaben unabhängig zu steuern, lassen sich im Rechtsformmodell der AG in geeigneter Weise umsetzen (vgl. näher die Erl. in Kap. 2).

Aktiengesetz (AktG)

In der Fassung vom 06.09.1965 (BGBl. I, 1089) zuletzt geändert durch Art. 26 G v. 23.07.2013 (BGBl. I, 2586)

– Auszug –

Erstes Buch Aktiengesellschaft

Erster Teil Allgemeine Vorschriften

§ 1 Wesen der Aktiengesellschaft

(1) ¹Die Aktiengesellschaft ist eine Gesellschaft mit eigener Rechtspersönlichkeit. ²Für die Verbindlichkeiten der Gesellschaft haftet den Gläubigern nur das Gesellschaftsvermögen.

(2) Die Aktiengesellschaft hat ein in Aktien zerlegtes Grundkapital.

Übersicht	Rdn.		Rdn.
A. Die AG als Gesellschaft	1	III. Die AG als Kapitalgesellschaft	6
I. Die AG als Körperschaft	1	B. Die Haftung für Verbindlichkeiten	8
II. Die AG als juristische Person	3		

A. Die AG als Gesellschaft

I. Die AG als Körperschaft

Die AG wird durch das Gründungsrechtsgeschäft des oder der Gründer errichtet und ist bei Gründung durch mehrere Personen bzw. wegen der Möglichkeit des Hinzutretens weiterer Aktionäre bei der Einpersonengründung als **Personenverband zur gemeinsamen Zweckverfolgung** angelegt und damit eine Gesellschaft. Sie kann zu jedem beliebigen Zweck gegründet werden (BGH, Urt. v. 10.01.2005 – AnwZ (B) 27/03, AnwZ (B) 28/03, Z 161, 376 – Rechtsanwälte), ist nach § 3 Abs. 1 AktG i. V. m. § 6 HGB eine Handelsgesellschaft und unterliegt damit notwendig den Bestimmungen des Handelsrechts. 1

Die AG entspricht ihrer Struktur nach dem **Organisationsmodell des Vereins** i. S. d. §§ 21 ff. BGB und ist deshalb als Körperschaft verfasst. Sie hat eine durch die **Satzung** geregelte, den überindividuell verselbstständigten Verband betreffende Ordnung (§§ 2, 23 AktG). Sie handelt durch ihre Organe Vorstand, Aufsichtsrat und Hauptversammlung, denen jeweils bestimmte Kompetenzen zugewiesen sind (§§ 76 ff., 95 ff., 118 ff. AktG) und bindet die Mitglieder der Körperschaft über ein mitgliedschaftliches Rechte- und Pflichtenverhältnis (§§ 53 ff. AktG) an die Körperschaft. Die rechtliche Bedeutung der körperschaftlichen Verfassung der AG zeigt sich insbesondere darin, dass die Vorschriften der §§ 21 ff. BGB auf die AG entsprechend anwendbar sind; folglich haftet die AG nach § 31 BGB für deliktisches Verhalten ihrer Vorstandsmitglieder (vgl. Erl. zu § 93 AktG Rdn. 19). 2

II. Die AG als juristische Person

Nach § 1 Abs. 1 Satz 2 AktG hat die AG eine **eigene Rechtspersönlichkeit** und ist damit eine juristische Person. Die AG ist selbst Trägerin von Rechten und Pflichten. Die AG hat eigenes, ihr zugeordnetes Gesellschaftsvermögen, das vom Vermögen der Aktionäre getrennt ist (sog. **Trennungsprinzip**; BGH, Urt. v. 16.10.2003 – IX ZR 55/02, Z 156, 310, 314). Die AG nimmt als real 3 existierender Verband am Rechtsleben teil und ist als fiktive (juristische) Person durch ihre Organe handlungsfähig (*K. Schmidt* GesR, § 8 II).

4 Die AG besteht als juristische Person ab der Eintragung im Handelsregister, § 41 Abs. 1 Satz 1 AktG. Bis dahin besteht die juristische Person als solche nicht; es besteht eine Vor-AG (vgl. Erl. zu § 41 AktG). Mit der Löschung im Handelsregister endet die juristische Person, §§ 262 Abs. 1 Nr. 6, 273 Abs. 1 Satz 2 AktG.

5 Die AG ist als juristische Person **parteifähig** (§ 50 ZPO) und – nach allerdings nicht unbestrittener Auffassung (vgl. *Jauernig* ZPO, § 20 II 1) – auch **prozessfähig** (§ 51 ZPO). Die AG ist ferner grundbuchfähig, Bankkonten können unter der Firma der AG errichtet werden und die juristische Person ist auch mit der Maßgabe Sachbesitzer i. S. d. § 854 BGB, dass der Vorstand der AG kraft seiner Organstellung eigenen Besitz vermittelt (BGH, Urt. v. 16.10.2003 – IX ZR 55/02, Z 156, 310, 316 – für GmbH). Die AG ist nach § 11 Abs. 1 Satz 1, § 19 Abs. 1 InsO **insolvenzfähig** und damit Verfahrenssubjekt.

III. Die AG als Kapitalgesellschaft

6 Die Aktiengesellschaft hat nach § 1 Abs. 2 AktG ein **in Aktien zerlegtes Grundkapital**. Sie ist damit eine Kapitalgesellschaft. Der Begriff wird im AktG nicht verwendet, findet sich aber in anderen Gesetzen als Sammelbezeichnung für die AG, KGaA und die GmbH (§ 3 Abs. 1 Nr. 2 UmwG, § 1 Abs. 1 Nr. KStG) und bezeichnet die Existenz satzungsmäßig festgelegten Nennkapitals, nämlich des Grundkapitals der AG (bzw. des Stammkapitals bei der GmbH). Dabei handelt es sich um eine **rein nominelle Bilanzziffer**, für die kraft Gesetzes ein bestimmter Mindestbetrag vorgeschrieben ist (vgl. § 7 AktG: 50.000,– €). Der Begriff des Grundkapitals unterscheidet sich sowohl vom (bilanziellen) Eigenkapital als auch vom Vermögen der Kapitalgesellschaft, seine jeweilige Höhe bildet jedoch den Bezugspunkt für die Regeln der Kapitalaufbringung und Kapitalerhaltung. Diese nämlich verbieten die Rückgewähr von Einlagen (§ 57 Abs. 1 und 2 AktG), sie erlauben der werbenden AG unter den Aktionären nur den Bilanzgewinn auszuschütten (§ 57 Abs. 3 AktG) und verbieten der AG wiederum grundsätzlich, eigene Aktien zu erwerben (§§ 71 bis 71e AktG).

7 Das Grundkapital der AG ist in Aktien zerlegt, Abs. 2. Der **Begriff** »**Aktie**« bezeichnet in diesem Zusammenhang die (quotale) Beteiligung des Aktionärs am Grundkapital der AG. Seine in anderen Zusammenhängen übliche Bedeutung als Bezeichnung der Mitgliedschaft bzw. als das die Mitgliedschaft verbriefende Wertpapier bleibt davon unberührt. Mit der Zerlegung des Grundkapitals fordert das AktG eine Aufteilung des Grundkapitals in mehrere Aktien. Die Zahl der Aktien ist nach § 23 Abs. 2 Nr. 4 AktG in der Satzung anzugeben. Für die Einpersonen-AG gelten insofern keine Besonderheiten. Eine nachträgliche Neuaufteilung der Stückelung ist möglich (vgl. § 8 AktG Rdn. 6).

B. Die Haftung für Verbindlichkeiten

8 Für Verbindlichkeiten der Gesellschaft haftet **nur diese selbst mit ihrem Gesellschaftsvermögen**, Abs. 1 Satz 2. Eine Haftung der Gesellschafter für Verbindlichkeiten der Gesellschaft ist damit grundsätzlich ausgeschlossen. In diesem Grundsatz findet das für die Zuordnung von Rechten und Pflichten maßgebliche Trennungsprinzip (s. Rdn. 3) seine Entsprechung im Haftungsrecht.

9 Die Beschränkung der Haftung auf das Gesellschaftsvermögen ist unter bestimmten Voraussetzungen durchbrochen, mit der Folge, dass dann die Gesellschafter ausnahmsweise unmittelbar für Verbindlichkeiten der Gesellschaft haften. Die Voraussetzungen, unter denen ein solcher **Haftungsdurchgriff auf die Gesellschafter** zugelassen wird, sind im Gesetz nicht im Einzelnen benannt und bedürfen wegen des damit verbundenen Eingriffs in grundlegende Strukturprinzipien des Körperschaftsrechts bei der AG nicht anders als bei der GmbH (vgl. § 13 GmbHG Rdn. 14 ff.) besonders sorgfältiger Begründung und Rechtfertigung; dabei darf – wie die Rechtsprechung betont – nicht »leichtfertig und schrankenlos« über die juristische Person als Haftungssubjekt hinweggegangen werden (BGH, Urt. v. 08.07.1970 – VIII ZR 28/69, Z 54, 222, 224; Urt. v. 05.11.1980 – VIII ZR 230/79, Z 78, 318, 333). Solche für Ausnahmesituationen entwickelten Begründungen werden

im Grundsatz entweder darin gesehen, dass die Rechtsform der juristischen Person objektiv missbraucht wird (sog. **Institutsmissbrauch**) bzw. dass die Berufung auf das Trennungsprinzip **gegen Treu und Glauben** verstoßen würde. Dabei werden auch in der Rechtsprechung die Vermögens- oder Sphärenvermischung und die materielle Unterkapitalisierung der Gesellschaft als Begründung für eine Durchgriffshaftung angeführt (vgl. die Nachweise bei § 13 GmbHG Rdn. 20 ff.).

Wesentlicher Haftungstatbestand einer Durchgriffshaftung ist nach dem derzeitigen Stand der Rechtsentwicklung die für die GmbH entwickelte Haftung wegen »**existenzvernichtenden Eingriffs**« (vgl. dazu ausführl. § 13 GmbHG Rdn. 15 ff.). Diese Rechtsprechung, die grundsätzlich auf die Rechtslage bei der AG übertragbar ist(MüKo AktG/*Heider*, § 1 Rn. 62 f.; *Kölbl* BB 2009, 1194, 1200) hat zur Folge, dass der bzw. die Gesellschafter das Haftungsprivileg verlieren, wenn der Gesellschaft unter Missachtung der Zweckbindung des Gesellschaftsvermögens zur vorrangigen Befriedigung der Gesellschaftsgläubiger Vermögenswerte entzogen werden und dadurch die Fähigkeit der Gesellschaft, ihre Verbindlichkeiten zu erfüllen beeinträchtigt wird; dabei geht es um Maßnahmen, die nicht nur einzelne begrenzte und ausgleichsfähige Nachteilszufügungen enthalten, sondern um einen Abzug von Vermögen, Ertragschancen usw., welcher die Gesellschaft in den vorhersehbaren wirtschaftlichen Zusammenbruch treiben muss und auch tatsächlich treibt (BGH, Urt. v. 16.07.2007 – II ZR 3/04, Z 173, 246 ff. – TRIHOTEL; vgl. a. BGH, Urt. v. 28.04.2008 – II ZR 264/06, Z 176, 204 – Gamma; Urt. v. 09.02.2009 – II ZR 292/07, Z 179, 344 – Sanitary). Die Haftung wegen existenzvernichtenden Eingriffs wird in der neuen Rechtsprechung als Fallgruppe von § 826 eingeordnet, die durch die Gesellschaft geltend zu machen ist (BGH, Urt. v. 16.07.2007 – II ZR 3/04, Z 173, 246, 255 Tz. 23 ff.; dazu *Kölbl* BB 2009, 1194 ff.). Die Haftungsgrundsätze sind auch im Liquidationsstadium anwendbar (BGH, Urt. v. 09.02.2009 – II ZR 292/07, Z 179, 344). 10

§ 2 Gründerzahl

An der Feststellung des Gesellschaftsvertrags (der Satzung) müssen sich eine oder mehrere Personen beteiligen, welche die Aktien gegen Einlagen übernehmen.

Übersicht	Rdn.		Rdn.
A. Normzweck	1	C. Gründerpersonen	3
B. Feststellung der Satzung	2	D. Übernahme der Aktien	4

A. Normzweck

Die Vorschrift regelt die grundsätzlichen Anforderungen an die Errichtung der AG. Sie verlangt die **Feststellung der Satzung**, sieht die Möglichkeit der Gründung durch **eine oder mehrere Personen** vor und verlangt die **Übernahme der Aktien** durch die Gründer. Der Klammerzusatz enthält die Legaldefinition, dass der Begriff des Gesellschaftsvertrages mit dem der Satzung identisch ist. Nähere Einzelheiten zum Gründungsrecht, insbesondere zur Unterscheidung der Bargründung von der Sachgründung, ergeben sich erst aus den Folgebestimmungen (vgl. § 27 AktG). Neben den Gründungsbestimmungen des AktG kann die AG auch nach den Vorschriften des UmwG entstehen. Das AktG enthält auf die danach bestehenden und häufig praktizierten Möglichkeiten, insbesondere die Entstehung durch einen **identitätswahrenden Formwechsel** nach §§ 238 ff. UmwG (Formwechsel einer GmbH in eine AG) oder nach §§ 214 ff. UmwG (Formwechsel einer Personengesellschaft in eine AG), keinen Hinweis. Zu Grundlagen und Einzelheiten dieser Entstehungstatbestände des UmwG vgl. die Erläuterungen im Anhang zum BGB. 1

B. Feststellung der Satzung

Die Feststellung der Satzung kann auf verschiedene Art und Weise erfolgen. Die Feststellung **durch Vertrag** kommt in Betracht, wenn – wie im Regelfall – eine AG mit mehreren Mitgliedern errichtet werden soll. Mehrere Gründer schließen dabei den Gesellschaftsvertrag. Bei der **Ein-Personen-AG** 2 kann die Satzung nicht durch Vertrag, sondern nur durch einseitiges Rechtsgeschäft festgestellt werden. Zulässig ist überdies die sog. **Strohmanngründung**. Bei ihr stellt der spätere Alleinaktionär unter Mitwirkung einer oder mehrerer weiterer Personen, deren Aktien nach der Eintragung (§ 41 AktG) übernommen werden, die Satzung durch Vertrag fest. Die Feststellung der Satzung bedarf der **notariellen Beurkundung**, § 23 Abs. 1 AktG.

C. Gründerpersonen

3   Die Errichtung der AG kann durch **natürliche und juristische Personen** erfolgen. Gründer kann jede natürliche Person sein. Für minderjährige Personen handeln dabei die gesetzlichen Vertreter, die ihrerseits nach §§ 1822 Nr. 3, 1643 Abs. 1 BGB der Genehmigung des Vormundschaftsgerichts bedürfen. Ferner kommen juristische Personen als Gründer in Betracht, solche des Privatrechts (wie die AG oder GmbH) und auch solche des öffentlichen Rechts (wie Städte und Gemeinden). Gründungsfähig sind ferner die **Personenhandelsgesellschaften** (OHG und KG, einschließlich der GmbH & Co. KG) sowie die Gesellschaft bürgerlichen Rechts, soweit diese als Außengesellschaft mit Gesamthandsvermögen nach heute anerkannter Rechtslage rechtsfähig ist (BGH, Urt. v. 29.01.2001 – II ZR 331/00, Z 146, 341, 343 ff.). Noch nicht gesichert ist, dass auch **Erbengemeinschaften** und die in **Gütergemeinschaft** lebenden Ehegatten Gründer einer AG sein können (*Hüffer/Koch* AktG, § 2 Rn. 11).

D. Übernahme der Aktien

4   Jeder Gründer hat Aktien zu übernehmen und es müssen auch **alle Aktien** tatsächlich übernommen werden. Eine **Stufengründung** lässt das geltende AktG nicht zu; erst mit der Übernahme aller Aktien entsteht die Vor-AG. Personen, die keine Einlageverpflichtung und damit keine Aktie übernehmen, können nicht Gründer der AG sein.

§ 3 Formkaufmann; Börsennotierung

(1) Die Aktiengesellschaft gilt als Handelsgesellschaft, auch wenn der Gegenstand des Unternehmens nicht im Betrieb eines Handelsgewerbes besteht.

(2) Börsennotiert im Sinne dieses Gesetzes sind Gesellschaften, deren Aktien zu einem Markt zugelassen sind, der von staatlich anerkannten Stellen geregelt und überwacht wird, regelmäßig stattfindet und für das Publikum mittelbar oder unmittelbar zugänglich ist.

1   Die Vorschrift ergänzt in Abs. 1 die in §§ 1 ff. HGB getroffenen Regelungen zur Kaufmannseigenschaft und fingiert die AG jedenfalls als Handelsgesellschaft. Sie ist damit – ebenso wie die GmbH nach § 13 Abs. 3 GmbHG – **Kaufmann kraft Rechtsform**. Geschäfte der AG sind daher stets **Handelsgeschäfte**, Angestellte sind stets **Handlungsgehilfen** i. S. d. §§ 59 ff. HGB.

2   Abs. 2 enthält die **Legaldefinition** für den aktienrechtlichen Begriff der **börsennotierten Gesellschaften**. Auf sie wird im AktG an verschiedenen Stellen Bezug genommen, insbesondere um für die nichtbörsennotierten Gesellschaften bestimmte Vereinfachungen und Erleichterungen vorzusehen (§ 110 Abs. 3 Satz 2 AktG – Sitzungshäufigkeit, § 130 Abs. 1 Satz 3 AktG – Hauptversammlungsniederschrift, § 134 Abs. 1 Satz 2 AktG – Stimmrechtsbeschränkungen) oder umgekehrt bestimmte Rechtsverschärfungen für börsennotierte Gesellschaften festzulegen (§ 171 Abs. 2 Satz 2 AktG – Berichtspflichten des Aufsichtsrats, § 328 Abs. 3 AktG – Stimmrechtsausschluss).

3   Die Börsennotierung hängt nach § 3 Abs. 2 AktG von der Zulassung der Aktien zu den erfassten Märkten ab. Gemeint sind die Zulassung der Aktien zum regulierten Markt (§§ 32 ff. BörsG), nicht dagegen der Freiverkehr nach § 48 BörsG. Auf die Zulassung an einer deutschen Börse kommt es nicht an, sodass die Notierung an einer ausländischen Börse den Anforderungen des § 3 Abs. 2 AktG genügt (*Böcker* RNotZ 2002, 129, 131).

§ 4 Firma

Die Firma der Aktiengesellschaft muss, auch wenn sie nach § 22 des Handelsgesetzbuchs oder nach anderen gesetzlichen Vorschriften fortgeführt wird, die Bezeichnung »Aktiengesellschaft« oder eine allgemein verständliche Abkürzung dieser Bezeichnung enthalten.

Die Vorschrift schreibt vor, dass die AG unabhängig davon, ob sie neu gegründet oder fortgeführt wird, einen **Rechtsformzusatz**, nämlich die Bezeichnung »Aktiengesellschaft« führen müssen. Eine nähere Regelung des Rechts der Firma der AG enthält § 18 HGB; das AktG beschränkt sich – wie die Parallelregelung in § 4 GmbHG auch – darauf, dass die Rechtsverhältnisse der AG durch den Rechtsformzusatz transparent werden sollen.

Das Recht der Firmenbildung geht in § 18 Abs. 1 HGB von dem heute geltenden Grundsatz aus, dass es mit dazu beitragen soll, Gestaltungsfreiheit und Wettbewerbsfähigkeit der AG zu gewährleisten. In den Grenzen des Irreführungsverbots kann die Firma sowohl **Sach- als auch Personenfirma** sowie eine **Fantasiebezeichnung** sein. Da die Firma aber eine Namensfunktion hat, muss sie eine Bezeichnung sein, die in der Lage ist, die AG als Inhaberin des Unternehmens zu individualisieren; der Rechtsformzusatz allein reicht dafür nicht aus (BGH, Urt. v. 14.07.1966 – II ZB 4/66, Z 46, 7, 12 f.). Deswegen verlangt § 18 Abs. 1 HGB von einer zulässigen Firma, dass sie **kennzeichnungsfähig** ist und **Unterscheidungskraft** hat (vgl. näher *Lutter/Welp* ZIP 1999, 1073 und die Erl. zu § 4 GmbHG).

Zur Irreführung geeignete Angaben sind nach § 18 Abs. 2 HGB verboten. Für die Irreführungseignung kommt es auf die objektive Sicht eines durchschnittlichen Adressaten an, nicht dagegen auf die besondere Sicht eines Teils der angesprochenen Verkehrskreise. Im Verfahren vor dem Registergericht gilt der noch liberalere Maßstab der ersichtlichen, nämlich offenkundigen Irreführung als Eintragungshindernis, § 18 Abs. 2 Satz 2 HGB.

Der Rechtsformzusatz kann in **abgekürzter Form** verwendet werden. Die Abkürzungsbefugnis schließt die Befugnis, Wortteile, wie z. B. »Aktien ...« nicht ein. Letztlich bleibt nur die Verwendung der Abkürzung AG. Der Standort des Rechtsformzusatzes in der Firma ist weder in § 4 AktG noch in § 18 HGB reglementiert, kann also grundsätzlich frei gewählt werden.

§ 5 Sitz

Sitz der Gesellschaft ist der Ort im Inland, den die Satzung bestimmt.

Übersicht

		Rdn.			Rdn.
A.	Regelungszweck	1	I.	Sitzwahl durch die Satzung	2
B.	Bestimmung des Gesellschaftssitzes durch die Satzung	2	II.	Satzungssitz und Verwaltungssitz	4
			C.	Sitzverlegung	5

A. Regelungszweck

Der Gesellschaftssitz hat Bedeutung vor allem im Verfahrensrecht. In der streitigen Gerichtsbarkeit begründet der Sitz der Gesellschaft ihren **allgemeinen Gerichtsstand**, § 17 Abs. 1 Satz 1 ZPO. Für die der freiwilligen Gerichtsbarkeit zugewiesenen **Registersachen** bestimmt sich die örtliche Zuständigkeit nach dem Gesellschaftssitz, vgl. § 14 AktG. Der Gesellschaftssitz hat ferner Bedeutung für die **Zuständigkeit des Insolvenzgerichts**, §§ 3, 4 InsO (BayObLG, Urt. v. 25.07.2003 – 1Z AR 72/03, NJW-RR 2004, 986), für die Bestimmung der Hauptniederlassung nach § 13 Abs. 1 HGB sowie für den Ort der Hauptversammlung, § 121 Abs. 5 AktG. Die Bestimmung des Gesellschaftssitzes ist notwendiger Satzungsbestandteil, § 23 Abs. 3 Nr. 1 AktG. Mit der Neuregelung des § 5 AktG durch das MoMiG sind – ebenso wie für die GmbH in der Parallelregelung des § 4a GmbHG – die bisher geltenden Beschränkungen der freien Wahl des Gesellschaftssitzes aufgehoben. Damit soll die

§ 6 AktG Grundkapital

Möglichkeit für die AG eröffnet werden, sich mit der Hauptverwaltung an einem Ort unabhängig von dem in der Satzung gewählten Sitz niederzulassen (BT-Drucks. 16/6140, S. 29).

B. Bestimmung des Gesellschaftssitzes durch die Satzung

I. Sitzwahl durch die Satzung

2   Die Vorschrift statuiert den **Grundsatz der Maßgeblichkeit des Satzungssitzes**. Der Satzungssitz für eine AG, die dem deutschen AktG unterfallen soll, muss im Inland liegen; andernfalls ist keine Anmeldung zum Handelsregister nach § 36 AktG möglich (BGH, Urt. v. 21.11.1955 – II ARZ 1/55, Z 19, 102, 105 f.; Urt. v. 19.02.1959 – II ZR 22/58, Z 29, 320, 328). Dagegen sind nach der nunmehr geltenden Rechtslage bei Vorhandensein einer wirksamen Satzungsbestimmung die tatsächlichen Sitzverhältnisse der Gesellschaft ohne Bedeutung. Die Bestimmung des Gesellschaftssitzes in der Satzung muss örtlich so genau erfolgen, dass es möglich ist, dass jeweils zuständigem Gericht eindeutig zu bestimmen. Erforderlichenfalls, etwa im Fall des Gesellschaftssitzes in einer Großstadt oder Großgemeinde mit mehreren Gerichtsbezirken, sind präzisierende Ortsangaben erforderlich (z. B. Hamburg-Altona).

3   Jede Gesellschaft hat regelmäßig nur einen Sitz. Die ausnahmsweise Zulassung eines **Doppelsitzes** ist in der Rechtsprechung gelegentlich befürwortet worden, stößt aber wegen der damit verbundenen Unklarheit – wie auch im Recht der GmbH (vgl. Baumbach/Hueck/*Hueck/Fastrich* § 4a Rn. 7) – auf Bedenken (anders OLG Frankfurt am Main, Beschl. v. 29.12.2000 – 20 W 460/00, FGPrax 2001, 86; BayObLG, Beschl. v. 29.03.1985 – BReg. 3 Z 22/85, ZIP 1985, 929; *König* AG 2000, 18, 21 ff.).

II. Satzungssitz und Verwaltungssitz

4   Nach der Neuregelung durch das MoMiG (Rdn. 1) sind die bisher geltenden Beschränkungen für die Wahl des Verwaltungssitzes, wonach dieser entweder am Betriebsort, Geschäftsleitungsort und dem Ort der Verwaltung liegen mussten, entfallen. Satzungssitz und Geschäftssitz können seither auseinanderfallen (*Blasche* GWR 2010, 25). Die Gesellschaft ist somit frei, sich mit ihrer Hauptverwaltung unabhängig von dem in ihrer Satzung gewählten Sitz niederzulassen. Der Gesetzgeber hat damit auf die inländischen Gesellschaften im Verhältnis zu EU-Auslandsgesellschaften benachteiligende Situation reagiert, für die bereits nach den europäischen Freiverkehrsregeln des EG-Vertrages anerkannt war, ihren effektiven Verwaltungssitz in einen anderen EU-Staat – etwa nach Deutschland – zu verlegen (zur europäischen Rechtslage beim Umzug von Gesellschaften innerhalb Europas vgl. EuGH, Urt. v. 30.09.2003 – C-167/01, Slg. 2003, I-10155 – Inspire Art: *Wöhlert* GWR 2009, 161 ff.). Der deutschen AG (und der GmbH) steht nunmehr die nämliche Möglichkeit offen.

C. Sitzverlegung

5   Die Verlegung des Satzungssitzes erfordert nach Abs. 1 eine **Satzungsänderung**. Auch nach europäischem Recht ist eine identitätswahrende Sitzverlegung ins Ausland nicht möglich (EuGH, Urt. v. 16.12.2008 – C-210/06, Slg. 2008, I-9641 – Cartesio). Die Verlegung des Satzungssitzes **ins Ausland** durch Beschluss der Hauptversammlung bedeutet einen Auflösungsbeschluss nach § 262 Abs. 1 Nr. 2 AktG (BGH, Urt. v. 11.07.1957 – II ZR 318/55; a. A. Spindler/Stilz/*Drescher*, § 5 Rn. 10 – für Nichtigkeit des Beschlusses gem. § 241 Nr. 3).

§ 6 Grundkapital

Das Grundkapital muß auf einen Nennbetrag in Euro lauten.

1   Das Grundkapital ist das gesetzlich notwendig vorgesehene **Mindesteigenkapital der AG**, vgl. § 1 Abs. 2 AktG. Es ist in das Handelsregister einzutragen, § 23 Abs. 3 Nr. 3 AktG, und muss nach § 6 AktG einen Nennbetrag haben, der in Euro auszudrücken ist. Für vor dem 01.01.2001 eingetra-

gene Gesellschaften darf der Nennbetrag des Grundkapitals weiterhin auf DM lauten, § 1 Abs. 2 EGAktG.

Da das Grundkapital einen **Nennbetrag** haben muss, ist es **in Ziffern** auszudrücken. Diese Verpflichtung betrifft nur das Grundkapital und nach geltender Rechtsalge nicht (mehr) die Aktien. Nennbetragsaktien sind nach § 8 AktG zulässig, aber nicht mehr zwingend vorgeschrieben. Das Grundkapital kann also auch in Stückaktien zerlegt werden, § 8 Abs. 3 AktG. 2

Wird das Grundkapital nicht vorschriftsgemäß beziffert, ist die Eintragung der Satzung nach § 38 Abs. 1 Satz 2 AktG **abzulehnen**. Erfolgt die Eintragung trotzdem, ist die AG zwar wirksam entstanden, das Fehlen der Bezifferung ist aber **Nichtigkeitsgrund** nach § 275 Abs. 1 Satz 1, 1. Alt. AktG und rechtfertigt ein Amtsauflösungsverfahren, § 262 Abs. 1 Nr. 5 AktG i. V. m. § 399 FamFG. 3

§ 7 Mindestnennbetrag des Grundkapitals

Der Mindestnennbetrag des Grundkapitals ist fünfzigtausend Euro.

Die Vorschrift verlangt vor allem aus **Gründen des Gläubigerschutzes** (*Engert* GmbHR 2007, 337 ff.), dass bei der AG der Nennbetrag des Grundkapitals von mindestens 50.000,– € beträgt. Damit soll zugleich erreicht werden, dass Gesellschaften, die Grundkapital in dieser Höhe nicht aufbringen können oder wollen, nicht in der Rechtsform der AG gegründet werden. Tatsächlich liegt das Grundkapital deutlich höher (*Eidenmüller/Engert* AG 2005, 97, 99). 1

§ 7 AktG nennt lediglich einen Mindestnennbetrag; das AktG kennt demgegenüber **keinen Höchstbetrag**. Die Höhe des Grundkapitals ist vom gesetzlichen Mindestnennbetrag abgesehen nicht vorgeschrieben und wird von den Aktionären deshalb frei festgelegt. Dabei ist zu beachten, dass ein hohes Grundkapital die Schwelle für **Nachgründungsverfahren** nach § 52 AktG erhöht, andererseits ist dann aber bei Verlusten der Gesellschaft auch eine frühere Einberufung der Hauptversammlung nach § 92 Abs. 1 AktG erforderlich. Auch wenn es keine betriebswirtschaftlich zwingende Regel für die Bemessung des notwendigen oder zweckmäßigen Grundkapitals der AG gibt, erscheint es angezeigt, die Regelungen des sog. Nachgründungsrechts (§ 52 AktG) zu beachten. Die dort erfassten Erwerbspflichten der AG, die Verträge mit beteiligten Aktionären über mehr als 10 % des Grundkapitals der Gesellschaft betreffen, sollen die AG vor einer Umgehung der Kapitalschutzregeln schützen und verlangen deshalb die Beachtung der besonderen Rechtsregeln des § 52 AktG (vgl. Erl. zu § 52 AktG); andernfalls sind die erfassten Verträge unwirksam. Durch eine entsprechende Bemessung des Grundkapitals können diese Konsequenzen vermieden werden. 2

Bei der Festlegung des Nennbetrages des Grundkapitals sind die **Vorschriften des § 8 AktG** zu beachten. Da das Grundkapital in Aktien zerlegt ist, ergibt sich seine Höhe in Abhängigkeit davon, ob Nennbetrags- oder Stückaktien ausgegeben werden, entweder durch die Multiplikation des Aktiennennbetrages mit der Anzahl der Aktien (§ 8 Abs. 1 und 2 AktG) bzw. – bei unterschiedlichen Nennbeträgen – aus der Addition der Teilprodukte, oder aber die Ziffer des Grundkapitals entspricht derjenigen der Aktien bzw. der auf sie entfallenden anteiligen Beträge. 3

Die Höhe des Grundkapitals ist **in der Satzung anzugeben**, § 23 Abs. 3 Nr. 3 AktG. Sie darf den Mindestbetrag des § 7 AktG nicht unterschreiten. Andersfalls ist die Eintragung der AG im Register abzulehnen, § 38 Abs. 1 Satz 2 AktG. Erfolgt die Eintragung trotzdem, liegt ein Satzungsmangel vor, der die gerichtliche Auflösung nach § 262 Abs. 1 Nr. 5 AktG i. V. m. § 399 FamFG zur Folge hat. Ein Kapitalherabsetzungsbeschluss, der gegen § 7 AktG verstößt, ist – von dem Ausnahmefall des § 228 AktG abgesehen – gem. § 241 Abs. 1 Nr. 3, 2. Alt. AktG nichtig. 4

§ 8 Form und Mindestbeträge der Aktien

(1) Die Aktien können entweder als Nennbetragsaktien oder als Stückaktien begründet werden.

(2) ¹Nennbetragsaktien müssen auf mindestens einen Euro lauten. ²Aktien über einen geringeren Nennbetrag sind nichtig. ³Für den Schaden aus der Ausgabe sind die Ausgeber den Inhabern als Gesamtschuldner verantwortlich. ⁴Höhere Aktiennennbeträge müssen auf volle Euro lauten.

(3) ¹Stückaktien lauten auf keinen Nennbetrag. ²Die Stückaktien einer Gesellschaft sind am Grundkapital in gleichem Umfang beteiligt. ³Der auf die einzelne Aktie entfallende anteilige Betrag des Grundkapitals darf einen Euro nicht unterschreiten. ⁴Absatz 2 Satz 2 und 3 findet entsprechende Anwendung.

(4) Der Anteil am Grundkapital bestimmt sich bei Nennbetragsaktien nach dem Verhältnis ihres Nennbetrags zum Grundkapital, bei Stückaktien nach der Zahl der Aktien.

(5) Die Aktien sind unteilbar.

(6) Diese Vorschriften gelten auch für Anteilscheine, die den Aktionären vor der Ausgabe der Aktien erteilt werden (Zwischenscheine).

Übersicht	Rdn.		Rdn.
A. Regelungszweck	1	C. Unteilbarkeit der Aktien, Abs. 5	5
B. Aktienformen, Abs. 1 bis 4	2	D. Zwischenscheine, Abs. 6	7

A. Regelungszweck

1 § 8 AktG legt fest, dass die Zerlegung des Grundkapitals (§ 1 Abs. 2 AktG) in **Nennbetrags- oder Stückaktien** zu erfolgen hat. Dabei legt die Regelung durch die Alternativ-Formulierung fest, dass erstens nicht beide Aktiensorten zugleich begründet werden können, mithin eine Entscheidung für die eine oder andere Sorte zu treffen ist, und zweitens weitere Aktiensorten (wie z. B. eine Quotenaktie) nicht zulässig sind. Die nachträgliche Umstellung der Aktiensorte setzt notwendig eine Satzungsänderung nach dem §§ 179 ff. voraus.

B. Aktienformen, Abs. 1 bis 4

2 Die beiden allein zulässigen Aktiensorten sind die Nennbetrags- oder Stückaktie. Die **Nennbetragsaktie** lautet auf einen aus der Aktienurkunde ersichtlichen Nennbetrag. Bei der Nennbetragsaktie lässt sich somit aus der Aktie selbst das Verhältnis zum Grundkapital ableiten, vgl. Abs. 4. Der Nennbetrag muss bei neu auszugebenden Aktien auf Euro lauten (zur Rechtslage für Altfälle, die vor dem 01.01.1999 zur Eintragung in das Handelsregister angemeldet wurden, und weiterhin, bis zur Vornahme einer Kapitalmaßnahme auf DM lauten dürfen vgl. § 3 Abs. 5 EGAktG und Spindler/Stilz/*Vatter* Rn. 64 ff.). Der **Mindestnennbetrag** beträgt nach Abs. 2 Satz 1 1,– €; die Regelung soll sog. Penny-Stocks verhindern und wird einerseits durch die scharfe Nichtigkeitssanktion für geringere Nennbeträge nach Abs. 1 Satz 2 und die Schadensersatzpflicht der Ausgeber nach Abs. 2 Satz 3 sanktioniert. Soweit ein höherer Nennbetrag ausgewiesen werden soll, hat dieser auf einen vollen Euro-Betrag zu lauten, Abs. 2 Satz 4. Von dieser Möglichkeit wird insbesondere in den Fällen Gebrauch gemacht werden, in denen eine Beteiligung von Kleinanlegern oder eine breite Streuung der Aktien nicht gewünscht ist.

3 Ist das Grundkapital in **Stückaktien** zerlegt, entfällt auf jede Aktie ein anteiliger Betrag des Grundkapitals, ohne dass sie auf einem Nennbetrag lautet. Nur das, nicht aber ein mitgliedschaftliches subjektives Recht ist gemeint, wenn Abs. 3 Satz 2 vom »Beteiligtsein« am Grundkapital handelt. Somit ist aus der Stückaktie selbst die Beteiligungsquote am Grundkapital nicht ersichtlich; diese ergibt sich vielmehr aus dem Verhältnis der Gesamtzahl der Stückaktien zum Grundkapital, vgl. Abs. 4. Folgerichtig bestimmt § 182 Abs. 1 Satz 5 AktG für die Kapitalerhöhung einer AG mit

Stückaktien, dass die Zahl der Aktien in demselben Verhältnis wie das Grundkapital erhöht werden muss, weil andernfalls der Wert der bereits bestehenden Aktien vermindert werden könnte. Stückaktien kennen keine quantitativen Unterscheidungsmerkmale, sie haben notwendig den gleichen Umfang, Abs. 3 Satz 2.

Die Satzung muss nach § 23 Abs. 3 Nr. 4 AktG bestimmen, ob das Grundkapital in Nennbetrags- oder Stückaktien zerlegt ist. Die Satzung muss also entweder die Nennbeträge oder aber die Aktienzahl angeben. 4

C. Unteilbarkeit der Aktien, Abs. 5

Aus dem **Unteilbarkeitsprinzip** des Abs. 5 ergibt sich in erster Linie, dass eine Aktie nicht in mehrere Mitgliedschaftsrechte aufgespalten werden kann. Entsprechende Rechtsgeschäfte verstoßen gegen § 134 BGB und sind nichtig. Ebenso folgt aus Abs. 5 das sog. **Abspaltungsverbot**, nämlich die Abspaltung der Verwaltungsrechte (insbesondere Stimmrechte) sowie des aus der Mitgliedschaft folgenden Rechts auf Gewinnteilhabe von der Mitgliedschaft (BGH, Urt. v. 17.11.1986 – II ZR 96/86, NJW 1987, 780). Zulässig ist dagegen die Abtretung des (ggf. auch künftigen) Anspruchs auf Dividendenzahlung (BGH, Urt. v. 28.10.1993 – IX ZR 21/93, Z 124, 27). 5

Kein Verstoß gegen Abs. 5 liegt in der **Neustückelung** der Aktien. Mit ihr geht keine Teilung i. S. d. Vorschrift einher; vielmehr wird das Verhältnis zwischen Aktie und Grundkapital neu festgesetzt. Die Neustückelung kann somit durch satzungsändernden Beschluss der Hauptversammlung jederzeit herbeigeführt werden (Spindler/Stilz/ *Vatter* Rn. 26 ff.). 6

D. Zwischenscheine, Abs. 6

Zwischenscheine (**Interimsscheine**) sind gem. Abs. 6 Anteilsscheine, die den Aktionären vor der Ausgabe der Aktien erteilt werden. Mit ihnen erhalten die Aktionäre eine Verbriefung ihrer Mitgliedschaft in der Zeit zwischen der Eintragung der Gesellschaft in das Handelsregister und der Ausgabe der Aktienurkunden. Der Zwischenschein hat deshalb einen nur vorläufigen Charakter. Er muss gem. § 10 Abs. 3 AktG auf den Namen lauten. Die Übertragung des Zwischenscheins erfolgt nach denselben Grundsätzen wie die der Namensaktie, § 68 Abs. 4 AktG. Einen Anspruch auf Ausgabe von Zwischenscheinen ergibt sich aus dem AktG nicht; ein solcher Anspruch kann aber in der Satzung begründet werden. Praktische Bedeutung haben Zwischenscheine insbesondere bei der Ausgabe von Inhaberaktien, da diese erst nach der vollen Leistung des Ausgabebetrages ausgegeben werden dürfen, vgl. § 10 Abs. 2 Satz 1 AktG. 7

§ 9 Ausgabebetrag der Aktien

(1) Für einen geringeren Betrag als den Nennbetrag oder den auf die einzelne Stückaktie entfallenden anteiligen Betrag des Grundkapitals dürfen Aktien nicht ausgegeben werden (geringster Ausgabebetrag).

(2) Für einen höheren Betrag ist die Ausgabe zulässig.

Übersicht	Rdn.		Rdn.
A. Normzweck	1	C. Überpari-Emission	8
B. Verbot der Unterpari-Emission	2		

A. Normzweck

Die Vorschrift verbietet, Aktien für einen geringeren Betrag als den Nennbetrag (bei Nennbetragsaktien) oder den auf die einzelne Stückaktie entfallenden anteiligen Betrag des Grundkapitals (bei Stückaktien) auszugeben. Das Verbot der Unterpari-Emission dient dem **Gläubigerschutz** durch die Sicherung der Kapitalaufbringung (BGH, Urt. v. 14.03.1977 – II ZR 156/75, Z 68, 191, 195). 1

§ 9 AktG Ausgabebetrag der Aktien

Abs. 2 gestattet der Gesellschaft, den Ausgabebetrag oberhalb des geringsten Ausgabebetrages festzusetzen.

B. Verbot der Unterpari-Emission

2 Das Verbot der Unterpari-Emission orientiert sich am **sog. geringsten Ausgabebetrag**; dieser darf nicht unterschritten werden. Nach Abs. 1 bezeichnet der geringste Ausgabebetrag denjenigen Betrag, den der übernehmende (zeichnende) Aktionär auf die neue Aktie als Einlage zu leisten hat. Das Verbot der Unterpari-Emission besteht nach Abs. 1 auch für Sachgründungen. Im Fall der **Sachgründung** entspricht der geringste Ausgabebetrag dem Wert, den eine etwaige Sacheinlage wenigstens erreichen muss (vgl. auch Rdn. 4). Die Höhe des geringsten Ausgabebetrages ergibt sich aus der Übernahmeerklärung. Sie entspricht bei Nennbetragsaktien dem Nennbetrag, § 8 Abs. 2 AktG, bei Stückaktien dem auf sie entfallenden anteiligen Betrag des Grundkapitals, § 8 Abs. 3 AktG. Da § 9 AktG nicht zwischen den beiden Aktiensorten unterscheidet, unterliegen Nennbetrags- und Stückaktien denselben kapitalschützenden Regelungen.

3 Eine etwaige Differenz zwischen dem geringsten Ausgabebetrag und dem tatsächlichen Ausgabebetrag wird als **Agio** (Aufgeld) bezeichnet. Werden die Aktien mit einem Agio ausgegeben, so ist von den Aktionären auch dieses Aufgeld zu leisten. Das Agio wird in der Bilanz als Kapitalrücklage verbucht, § 272 Abs. 2 Nr. 1 AktG. Davon zu unterscheiden sind **Aufgelder auf schuldrechtlicher Grundlage**. Sie sind grundsätzlich in einem besonderen Bilanzposten abzubilden. Im Zusammenhang mit Kapitalmaßnahmen ist die Vereinbarkeit mit den Kapitalaufbringungsvorschriften zweifelhaft (OLG München, Urt. v. 27.09.2006 – 7 U 1857/06, BB 2006, 2711; vgl. a. BGH, Urt. v. 15.10.2007 – II ZR 216/06, DB 2007, 2826 – zur GmbH).

4 Das Verbot des Abs. 1 gilt auch bei **Sacheinlagen** (vgl. Rdn. 2) und wird in § 36a Abs. 2 Satz 3 AktG bestärkt. Insofern zielt das AktG darauf ab, eine Überbewertung der Einlagegegenstände zu vermeiden. Diesem Ziel dienen insbesondere die Sondervorschriften zum Schutz gegen die Überbewertung von Sacheinlagen, §§ 27, 32 Abs. 2, 33 Abs. 2 Nr. 4, 34 Abs. 1, 37 Abs. 4 Nr. 2 und 38 Abs. 2 Satz 2 AktG (BGH, Urt. v. 16.02.1959 – II ZR 170/57, Z 29, 300, 305). Der Schutzzweck wird durch eine Gründerhaftung verstärkt (vgl. Rdn. 6).

5 Bei **Kapitalerhöhungen** ist das Verbot des Abs. 1 gleichfalls zu beachten, § 182 Abs. 3 AktG. Daraus ergibt sich in der praktischen Konsequenz, dass dann, wenn der Börsenkurs unter den geringsten Ausgabebetrag gefallen ist, zunächst eine Kapitalherabsetzung erforderlich wird, um mit Aussicht auf Erfolg frisches Kapital durch Ausgabe neuer Aktien einwerben zu können.

6 Bei einem **Verstoß gegen Abs. 1** ist die Eintragung der Gesellschaft abzulehnen, § 38 Abs. 1 Satz 2 und Abs. 2 Satz 2 AktG. Wird die Gesellschaft trotzdem eingetragen, hat die Eintragung heilende Wirkung, sodass die AG wirksam entstanden ist. Die Voraussetzungen einer Nichtigerklärung nach § 275 AktG, §§ 397, 398 FamFG liegen nicht vor. Deshalb sind die Aktionäre im Interesse des Schutzes Dritter an der Kapitalaufbringung kraft Gesetzes verpflichtet, ihre Einlagen bis zur Höhe der Ausgabebeträge zu erbringen (unstr.; vgl. MüKo AktG/*Heider* § 9 Rn. 30). Im Fall der Überbewertung einer Sacheinlage ist nach der Rechtsprechung des BGH eine Haftung des Aktionärs i. H. d. Fehlbetrags zu leisten (sog. **Differenzhaftung**; BGH, Urt. v. 14.03.1977 – II ZR 156/75, Z 68, 191, 195; BGH, Urt. v. 12.03.2007 – II ZR 302/05, Z 171, 293 Rn. 5). Diese Rechtslage entspricht der in § 9 Abs. 1 GmbHG für die GmbH gesetzlich geregelten Haftung der Gesellschafter (vgl. § 9 GmbHG). Weitergehend erstreckt sich im Recht der AG die Differenzhaftung auch darauf, soweit der Wert der Sacheinlage ein geschuldetes Aufgeld nicht deckt (BGH, Urt. v. 06.12.2011 – II ZR 149/10, NZG 2012, 69; dazu *Verse* ZGR 2012, 875).

7 Im Fall einer gegen Abs. 1 verstoßenden **Kapitalerhöhung** ist der entsprechende Beschluss der Hauptversammlung nach § 241 Nr. 3, 2. Alt. AktG nichtig (vgl. dazu auch § 182 AktG Rdn. 21). Seine Eintragung darf im Handelsregister weder erfolgen, noch hat eine trotzdem erfolgende Eintragung heilende Wirkung (MüKo AktG/*Heider* § 9 Rn. 33).

C. Überpari-Emission

Werden die Aktien zu einem über dem Nennbetrag oder bei Stückaktien zu einem den anteiligen Betrag des Grundkapitals übersteigenden Betrag ausgegeben, liegt eine nach Abs. 2 zulässige Überpari-Emission vor. Die sich ergebende Differenz ist das sog. Agio (vgl. oben Rdn. 3). Bei Kapitalerhöhungen muss die Überpari-Emission bereits im Erhöhungsbeschluss vorgesehen sein, § 182 Abs. 3 AktG (vgl. BGH, Urt. v. 06.10.1960 – II ZR 150/58, Z 33, 175, 178). Der Zeichnungsschein hat in diesem Fall den Einzahlungsbetrag und das Agio gesondert auszuweisen (LG Frankfurt am Main AG 1992, 240).

8

§ 10 Aktien und Zwischenscheine

(1) Die Aktien können auf den Inhaber oder auf Namen lauten.

(2) ¹Sie müssen auf Namen lauten, wenn sie vor der vollen Leistung des Ausgabebetrags ausgegeben werden. ²Der Betrag der Teilleistungen ist in der Aktie anzugeben.

(3) Zwischenscheine müssen auf Namen lauten.

(4) ¹Zwischenscheine auf den Inhaber sind nichtig. ²Für den Schaden aus der Ausgabe sind die Ausgeber den Inhabern als Gesamtschuldner verantwortlich.

(5) In der Satzung kann der Anspruch des Aktionärs auf Verbriefung seines Anteils ausgeschlossen oder eingeschränkt werden.

Übersicht

	Rdn.			Rdn.
A. Regelungszweck	1	II.	Namensaktie	3
B. Inhaber- und Namensaktien, Abs. 1 und 2	2	III.	Wahl zwischen Aktienform	7
		C.	Zwischenscheine, Abs. 3 und 4	8
I. Inhaberaktie	2	D.	Verbriefung der Aktien, Abs. 5	9

A. Regelungszweck

Die Vorschrift betrifft die **wertpapiermäßige Verbriefung des Mitgliedschaftsrechts** des Aktionärs. Nach Abs. 1 stellt der Gesetzgeber den Beteiligten die Inhaber- und Namensaktien als Alternativen zur Verfügung, über deren Wahl sie gemäß den jeweiligen Vorstellungen frei entscheiden können, auch im Sinne einer Kombination beider Aktienformen. Im Unterschied zur Inhaberaktie ist die Namensaktie entgegen ihrem Wortsinn ein sog. geborenes Orderpapier; mit der Innehabung der Namensaktie ist noch keine Legitimation des Inhabers gegeben. Die durch Gesetz für kleine Aktiengesellschaften und zur Deregulierung des AktG (vgl. Einl. Rdn. 7–10) eingeführte Regelung in Abs. 5 geht von einem Anspruch des Aktionärs auf Verbriefung aus (ebenso Spindler/Stilz/*Vatter* Rn. 29; a.A. *Schwennicke* AG 2001, 118, 119 ff.), der aber nach dieser Vorschrift beschränkt werden kann. Die durch die Aktiengesetznovelle 2013 (BT-Drucks. 17/8989) geplante Änderung des § 10 Abs. 1 und 2 ist wegen Ablaufs der Legislaturperiode nicht mehr beschlossen worden. Die vorgesehenen Änderungen sollten vor allem das Wahlrecht zwischen Inhaber- und Namensaktien betreffen und insbesondere die Beteiligungstransparenz bei nicht börsennotierten AGen erhöhen (vgl. *DAV-Handelsrechtsausschuss* NZG 2012, 380; *Götze/Arnold/Carl* NZG 2012, 321; *Merkner/ Schmidt-Bendun* DB 2012, 98).

1

B. Inhaber- und Namensaktien, Abs. 1 und 2

I. Inhaberaktie

In der Praxis dominiert traditionell die Inhaberaktie. Sie entspricht in geeigneter Weise dem Typus des als Kapitalanleger agierenden Aktionärs. Die Inhaberaktie stellt ihrem Wortsinn entsprechend ein Wertpapier dar, für dessen Inhaber (Besitzer) gem. § 1006 BGB die widerlegbare Vermutung

2

der materiellen Berechtigung spricht (BGH NJW 1994, 939, 940); die Vermutung besteht gem. § 1006 Abs. 3 BGB auch bei mittelbarem Besitz, insbesondere in den Fällen der Depotverwahrung (Spindler/Stilz/*Vatter* Rn. 46). Die Inhaberaktie wird gem. § 793 BGB behandelt (OLG Oldenburg AG 2000, 367 f.). Die Übertragung der Mitgliedschaft erfolgt insbesondere durch sachenrechtliche Übereignung der Urkunde gem. §§ 929 ff. BGB. Der Inhaber der Aktienurkunde ist berechtigt, Dividendenzahlungen zu beanspruchen und Bezugsrechte auszuüben. Im Bestreitensfall hat die Gesellschaft das fehlende Eigentum an der Aktienurkunde des Inhabers nachzuweisen. Umgekehrt kann die Gesellschaft Schuld befreiend an den Urkundeninhaber leisten, § 793 Abs. 1 Satz 2 BGB.

II. Namensaktie

3   Auch Namensaktien sind Wertpapiere. Sie erlauben aber eine bessere Kommunikation zwischen der AG und ihren Aktionären, weil der Gesellschaft ihre Aktionäre durch Eintragung in das Aktienregister (§ 67 AktG) namentlich bekannt sind. Die Übertragung der Namensaktie kann an die Zustimmung der Gesellschaft gebunden werden, § 68 Abs. 2 Satz 1 AktG (sog. **vinkulierte Namensaktie**). Die Vinkulierung ist in der Satzung festzustellen. Sie ist Voraussetzung für die Begründung von Nebenleistungspflichten nach § 55 AktG und ein Entsenderecht in den Aufsichtsrat, § 101 Abs. 2 Satz 2 AktG. Sie eignet sich deshalb vor allem für die AG mit begrenztem Aktionärskreis wie insbesondere die Familien-AG.

4   Abs. 2 Satz 1 verlangt die Ausgabe von Namensaktien, wenn der **Ausgabebetrag noch nicht vollständig geleistet** ist. Damit soll gewährleistet werden, dass die AG ihren Schuldner in Anspruch nehmen kann. Ausgabe im Sinne dieser Vorschrift ist die Begebung der Urkunde, durch die der Aktionär Eigentum an der Urkunde erlangt. Ausgabebetrag ist der Nennbetrag der Aktie (§ 8 Abs. 2 AktG) oder bei Stückaktien der auf sie entfallende anteilige Betrag des Grundkapitals (§ 8 Abs. 3 Satz 3 AktG), jeweils unter Berücksichtigung eines ggf. zu leistenden Agios (vgl. Erl. zu § 9 AktG Rdn. 3).

5   Die in der Vorschrift genannten Leistungen sind entweder (Schuld befreiende) Zahlungen oder Sacheinlagen i. S. d. § 27 AktG, die nach Betrag oder Wert den Ausgabebetrag erreichen. Der **Vermerk von Teilleistungen** auf der Namensaktie erfolgt, damit der gute Glaube eines Erwerbers an die Volleinzahlung im Weiterveräußerungsfall ausgeschlossen wird; dies wiederum ist bedeutsam, weil der gutgläubige Erwerber nach h. M. nicht für die rückständige Einlage haftet (OLG Köln, Urt. v. 08.02.2001 – 14 U 9/99, AG 2002, 92 f.).

6   Davon unbenommen bleibt auch ohne den Teilleistungseintrag die wertpapiermäßige Verbriefung gültig. Vorstand und Aufsichtsrat machen sich aber schadenersatzpflichtig, §§ 93 Abs. 3 Nr. 4, 116 AktG, insbesondere weil der gutgläubige Erwerber nicht einlagepflichtig ist.

III. Wahl zwischen Aktienform

7   Die Wahl der Aktienform hat **durch die Satzung** zu erfolgen, § 23 Abs. 3 Nr. 5 AktG. Die Umstellung von Inhaber auf Namensaktien und umgekehrt erfordert deshalb grundsätzlich einen satzungsändernden Beschluss der Hauptversammlung mit einer 3/4-Mehrheit, § 179 Abs. 2 Satz 1 AktG. § 179 Abs. 3 AktG findet keine Anwendung, weil Inhaber- und Namensaktien keine verschiedenen Aktiengattungen darstellen.

C. Zwischenscheine, Abs. 3 und 4

8   Zwischenscheine (vgl. § 8 AktG Rdn. 7) müssen den Berechtigten **namentlich** bezeichnen, dürfen also nicht als Inhaberpapier ausgegeben werden. Die Ausgabe von Zwischenscheinen ist vor der Volleinzahlung möglich. Wie bei Namensaktien (vgl. oben Rdn. 4) ist ein Vermerk von Teilleistungen möglich und sinnvoll.

D. Verbriefung der Aktien, Abs. 5

Abs. 5 bezweckt eine **Kostenersparnis** bezüglich der mit der Verbriefung von Mitgliedschaftsrechten in Aktienurkunden einhergehenden Kosten. Die Regelung wurde durch das Deregulierungsgesetz eingeführt und später im Hinblick auf die Euroumstellung und die damit einhergehenden Kosten für die Veränderung der Aktien erweitert. Die kostensparende Vereinfachung kann insbesondere dadurch erreicht werden, dass die Satzung die Verbriefung aller Mitgliedsrechte in einer (**Global-**) **Urkunde** und deren Hinterlegung vorschreibt (vgl. *Perwein* AG 2012, 611 ff.). Ein weiter gehender Verzicht auch auf die Verbriefung in der Globalurkunde ist nicht zulässig (OLG München, Urt. v. 04.05.2005 – 23 U 5121/04, NZG 2005, 756, 757). Damit behält das Effektenwesen jedenfalls seine wertpapierbezogene Grundlage (*Seibert* DB 1999, 267, 269).

§ 11 Aktien besonderer Gattung

¹Die Aktien können verschiedene Rechte gewähren, namentlich bei der Verteilung des Gewinns und des Gesellschaftsvermögens. ²Aktien mit gleichen Rechten bilden eine Gattung.

Während § 8 AktG bestimmt, dass die Zerlegung des Grundkapitals in die Aktiensorten Nennbetrags- oder Stückaktien erfolgen kann, betrifft § 11 AktG verschiedene Aktiengattungen. Die Definition des Begriffs der **Aktiengattung** hat Bedeutung für die Anwendung der § 23 Abs. 3 Nr. 4 AktG (Satzungsbestimmung), § 129 Abs. 1 Satz 2 AktG (Aufstellung des Teilnehmerverzeichnisses), § 179 Abs. 3 AktG (Änderung des Verhältnisses mehrerer Gattungen zueinander), § 182 Abs. 2 AktG (Erhöhung des Grundkapitals) und § 222 Abs. 2 AktG (Kapitalherabsetzung). Eine Aktiengattung bilden alle Aktien, die **dieselben mitgliedschaftlichen Rechte und Pflichten** gewähren, § 11 Satz 2 AktG. Gattungsbegründend wirken alle von der Gesellschaft eingeräumten Mitgliedschaftsrechte, einschließlich der ausdrücklich erwähnten Rechte bei der Verteilung des Gewinns und des Gesellschaftsvermögens, sowie alle auferlegten Mitgliedschaftspflichten. § 11 Satz 1 AktG überlässt die inhaltliche Ausgestaltung einer Aktiengattung der Autonomie des Satzungsgebers. Nicht zu den Aktiengattungen begründenden Merkmalen gehören solche, die nicht die mit der Mitgliedschaft verbundenen Rechte und Pflichten betreffen und – wie die Verbriefung und Ausgabe zu unterschiedlichen Nennbeträgen – lediglich einzelne Aktiengruppen bezeichnen. **Besondere Aktiengattungen** bilden die nachfolgend genannten:

Die **Stammaktie** ist die von den Gründern geschaffene Ausgangsform. Stammaktien mit gleichen Rechten (z. B. Stimmrecht gewährende Stammaktien) bilden eine Gattung.

Vorzugsaktien sind regelmäßig dadurch gekennzeichnet, dass sie dem Berechtigten Vorzüge bei der Gewinnverteilung (§ 58 Abs. 4 AktG) oder bei der Verteilung des Abwicklungsüberschusses (§ 271 AktG) gewähren. Der Vorzug muss in der Satzung festgelegt und objektiv bestimmbar sein, § 23 Abs. 3 Nr. 4 AktG. Vorzugsaktien können auch dadurch begründet werden, dass einem Teil der Aktionäre Nebenleistungspflichten gem. § 55 AktG auferlegt werden, die andere (eben die Berechtigten der Vorzugsaktien) nicht treffen. Gem. § 12 Abs. 1 Satz 2 AktG können Vorzugsaktien in den Grenzen des § 139 Abs. 2 AktG und nach Maßgabe des § 139 Abs. 1 AktG auch ohne Stimmrecht ausgegeben werden.

Mehrstimmrechtsaktien dürfen nach § 12 Abs. 1 Satz 1 AktG nicht mehr ausgegeben werden. Für nach altem Recht ausgegebene Mehrstimmrechtsaktien galt die Übergangsregelung des § 5 EGAktG bis zum 01.06.2003. **Höchststimmrechte** können nach § 134 Abs. 1 Satz 2 AktG für den Fall vorgesehen werden, dass einem Aktionär mehrere Aktien an einer nichtbörsennotierten Gesellschaft gehören; gattungsbegründend wirkt eine solche Festlegung von Höchststimmrechten nicht.

Die **Einführung bzw. Aufhebung** einer Aktiengattung bedarf nach § 23 Abs. 3 Nr. 4 AktG eines satzungsändernden Beschlusses. Der satzungsändernde Beschluss zur Veränderung des Verhältnisses mehrerer Gattungen zum Nachteil einer Gattung bedarf nach § 179 Abs. 3 AktG überdies der Zustimmung der beteiligten Aktionäre und ist in der Form eines Sonderbeschlusses nach § 179 Abs. 2 AktG zu fassen.

§ 12 Stimmrecht. Keine Mehrstimmrechte

(1) ¹Jede Aktie gewährt das Stimmrecht. ²Vorzugsaktien können nach den Vorschriften dieses Gesetzes als Aktien ohne Stimmrecht ausgegeben werden.

(2) Mehrstimmrechte sind unzulässig.

Übersicht	Rdn.		Rdn.
A. Allgemeines	1	C. Entzug, Ausschluss und Beschränkung	
B. Abspaltungsverbot	2	des Stimmrechts, Mehrstimmrechte	3

A. Allgemeines

1 § 12 AktG regelt **stimmrechtsbezogene Grundfragen** des Aktienrechts, die in den §§ 133 bis 137 AktG ergänzt werden. § 12 AktG sieht zunächst die Verknüpfung von Stimmrecht und Aktie mit der Folge vor, dass jede Aktie grundsätzlich ein Stimmrecht gewährt und ein Stimmrecht ohne Aktie nicht besteht, Abs. 1 Satz 1. Überdies wird in Abs. 2 festgelegt, dass jede Aktie das gleiche Stimmrecht gewährt.

B. Abspaltungsverbot

2 Das Stimmrecht ist eines der zentralen Verwaltungsrechte des Aktionärs. Eine Abspaltung des Stimmrechts von der Mitgliedschaft ist ausgeschlossen, sog. **Abspaltungsverbot** (BGH, Urt. v. 17.11.1986 – II ZR 96/86 NJW 1987, 780). Mit der Ausübung des Stimmrechts wirkt der Aktionär am Zustandekommen von Hauptversammlungsbeschlüssen mit. Einzelheiten der Stimmrechtsausübung sind in Sonderbestimmungen geregelt (vgl. §§ 123 Abs. 2 bis 4, 128, 129 Abs. 3, 134 ff. AktG).

C. Entzug, Ausschluss und Beschränkung des Stimmrechts, Mehrstimmrechte

3 Das Stimmrecht kann dem Aktionär gegen seinen Willen **nicht entzogen** werden. Auch die Umwandlung der Aktien in stimmrechtslose Vorzugsaktien bedarf der Zustimmung des Aktionärs (BGH, Urt. v. 19.12.1977 – II ZR 136/76, Z 70, 117, 122; vgl. Erl zu § 139 AktG). Der **Stimmrechtsausschluss** bei Vorzugsaktien ist zulässig (Abs. 1 Satz 2), er ist aber an die besonderen Voraussetzungen der §§ 139 bis 141 AktG gebunden.

4 Für die Ausübung des Stimmrechts gilt, dass **jede Aktie eine Stimme** vermittelt. Deshalb ist es denkbar und zulässig, dass ein Aktionär aus mehreren Aktien uneinheitlich abstimmt.

5 **Mehrstimmrechte**, nach denen eine Aktie mehr Stimmen gibt, als ihrer Beteiligungsquote entspricht, sind nach geltendem Recht unzulässig, vgl. Abs. 2. Für die nach früherem Recht zulässigerweise begründete Mehrstimmrechte galt eine Übergangsregelung nach § 5 EGAktG, deren Befristung am 01.06.2003 ausgelaufen ist. Im Einzelfall sind die nach § 5 Abs. 1 EGAktG zulässigen Fortgeltungsbeschlüsse zu beachten.

6 Zu beachten sind zahlreiche Möglichkeiten der **Beschränkung des Stimmrechts**. So darf die Satzung der AG **Höchststimmrechte** bei nichtbörsennotierten Gesellschaften nach § 134 Abs. 1 Satz 2 bis 4 AktG einführen. Gesetzliche Beschränkungen des Stimmrechts folgen aus der Nichtbeachtung bestimmter aktien- bzw. kapitalmarktrechtlicher Verpflichtungen, vgl. §§ 20 Abs. 7, 21 Abs. 4 AktG, § 28 WpHG, 59 WpÜG. Nach § 136 Abs. 1 Satz 1 AktG ist die Stimmrechtsausübung in den dort geregelten Fällen der Interessenkollision nicht zulässig. Beschränkungen des Stimmrechts auf autonom geschaffener rechtsgeschäftlicher Grundlage durch **Stimmbindungs-, Konsortial- oder Poolverträge** sind grundsätzlich zulässig (BGH, Urt. v. 20.03.1995 – II ZR 205/94, Z 129, 136). Grenzen für solche Verträge ergeben sich neben dem Knebelungsverbot und der Schranke der guten Sitten aus der Bindung an die gesellschaftsbezogene Treuepflicht der Aktionäre, die ein Stimm-

verhalten verbietet, welches gegen das Gesellschaftsinteresse verstößt (BGH, Urt. v. 20.03.1995 – II ZR 205/94, Z 129, 136).

§ 13 Unterzeichnung der Aktien

¹Zur Unterzeichnung von Aktien und Zwischenscheinen genügt eine vervielfältigte Unterschrift. ²Die Gültigkeit der Unterzeichnung kann von der Beachtung einer besonderen Form abhängig gemacht werden. ³Die Formvorschrift muß in der Urkunde enthalten sein.

Die Vorschrift regelt einen Ausschnitt des Rechts der Aktienurkunde bzw. des Zwischenscheins. § 13 AktG will den Vorgang der **Aktienunterzeichnung technisch erleichtern**, insbesondere damit die massenweise Emission von Aktienurkunden praktisch bewältigt werden kann. Aus diesem Grunde genügt für die Unterzeichnung von Aktienurkunden bzw. Zwischenscheinen abweichend von §§ 126, 127 BGB, welche die eigenhändige Namensunterschrift fordern, die **vervielfältigte Unterschrift**. 1

Die Gültigkeit der Aktienurkunde setzt ihre **Unterzeichnung** voraus, Satz 1. Diese kann wirksam nur von Vorstandsmitgliedern in vertretungsberechtigter Zahl (§ 78 AktG) oder von dazu bevollmächtigten Personen erfolgen. Die Unterschrift kann eigenhändig erfolgen, sie kann aber nach Satz 1 auch in vervielfältigter Form wiedergegeben werden. Erforderlich ist somit die vervielfältigende Wiedergabe der Unterschrift; eine bloße Namensangabe reicht nicht aus. Auf welche Weise die Vervielfältigung erfolgt, wird in § 13 AktG nicht vorgeschrieben. In Betracht kommen somit Wiedergaben (Faksimile) durch Stempel, Druck oder andere Vervielfältigungen der Unterschrift auf der Urkunde. 2

Nach Satz 2 kann die Gültigkeit der Unterzeichnung von weiteren Erfordernissen abhängig gemacht werden. In Betracht kommen insbesondere zusätzliche Unterschriften weiterer Personen, z. B. von Aufsichtsratsmitgliedern. Derartige Erfordernisse sind in der Satzung oder durch Beschluss der Hauptversammlung zu regeln (MüKo AktG/*Heider* § 14 Rn. 27). Zum Schutz des Rechtsverkehrs verlangt Satz 3, dass solche besonderen Gültigkeitserfordernisse in den Urkundentext aufgenommen werden. 3

§ 14 Zuständigkeit

Gericht im Sinne dieses Gesetzes ist, wenn nichts anderes bestimmt ist, das Gericht des Sitzes der Gesellschaft.

Die Vorschrift regelt die **örtliche Zuständigkeit** von Gerichten, sofern im **Verfahren der freiwilligen Gerichtsbarkeit** nach dem FamFG zu entscheiden ist. Eine Regelung der sachlichen Zuständigkeit trifft § 14 AktG nicht. Für die streitige Gerichtsbarkeit ergibt sich die Zuständigkeit der Gerichte grundsätzlich aus den §§ 12 ff. ZPO. Erfasst werden die Tätigkeit des Registergerichts nach § 23a Abs. 1 Nr. 2, Abs. 2 GVG und Maßnahmen nach § 375 Nr. 3 i. V. m. § 377 Abs. 1 FamFG. Für Streitsachen der freiwilligen Gerichtsbarkeit sind die Zuständigkeitsregeln der §§ 98 Abs. 1, 132 Abs. 1, 260 Abs. 1 AktG zu beachten. 1

Ausschließlich zuständig sind gem. § 376 Abs. 1 FamFG die Amtsgerichte. Maßgeblich für die örtliche Zuständigkeit ist das Amtsgericht, in dessen Bezirk der Satzungssitz der Gesellschaft liegt, § 5 Abs. 1 AktG. Gem. § 377 Abs. 1 FamFG findet eine Konzentration auf das Amtsgericht statt, in dessen Bezirk das Landgericht seinen Sitz hat, wenn nicht in dem betreffenden Bundesland eine Sonderregelung besteht, § 376 Abs. 2 FamFG. Bei den §§ 376, 377 FamFG handelt es sich um vorrangig anwendbare andere Bestimmungen i. S. d. § 14 (*Jänig/Leißring* ZIP 2010, 110 ff.). Hat die Gesellschaft ausnahmsweise einen Doppelsitz (vgl. § 5 AktG Rdn. 3) sind die Gerichte beider Gesellschaftssitze zuständig. 2

§ 15 Verbundene Unternehmen

Verbundene Unternehmen sind rechtlich selbständige Unternehmen, die im Verhältnis zueinander in Mehrheitsbesitz stehende Unternehmen und mit Mehrheit beteiligte Unternehmen (§ 16), abhängige und herrschende Unternehmen (§ 17), Konzernunternehmen (§ 18), wechselseitig beteiligte Unternehmen (§ 19) oder Vertragsteile eines Unternehmensvertrags (§§ 291, 292) sind.

§ 16 In Mehrheitsbesitz stehende Unternehmen und mit Mehrheit beteiligte Unternehmen

(1) Gehört die Mehrheit der Anteile eines rechtlich selbständigen Unternehmens einem anderen Unternehmen oder steht einem anderen Unternehmen die Mehrheit der Stimmrechte zu (Mehrheitsbeteiligung), so ist das Unternehmen ein in Mehrheitsbesitz stehendes Unternehmen, das andere Unternehmen ein an ihm mit Mehrheit beteiligtes Unternehmen.

(2) ¹Welcher Teil der Anteile einem Unternehmen gehört, bestimmt sich bei Kapitalgesellschaften nach dem Verhältnis des Gesamtnennbetrags der ihm gehörenden Anteile zum Nennkapital, bei Gesellschaften mit Stückaktien nach der Zahl der Aktien. ²Eigene Anteile sind bei Kapitalgesellschaften vom Nennkapital, bei Gesellschaften mit Stückaktien von der Zahl der Aktien abzusetzen. ³Eigenen Anteilen des Unternehmens stehen Anteile gleich, die einem anderen für Rechnung des Unternehmens gehören.

(3) ¹Welcher Teil der Stimmrechte einem Unternehmen zusteht, bestimmt sich nach dem Verhältnis der Zahl der Stimmrechte, die es aus den ihm gehörenden Anteilen ausüben kann, zur Gesamtzahl aller Stimmrechte. ²Von der Gesamtzahl aller Stimmrechte sind die Stimmrechte aus eigenen Anteilen sowie aus Anteilen, die nach Absatz 2 Satz 3 eigenen Anteilen gleichstehen, abzusetzen.

(4) Als Anteile, die einem Unternehmen gehören, gelten auch die Anteile, die einem von ihm abhängigen Unternehmen oder einem anderen für Rechnung des Unternehmens oder eines von diesem abhängigen Unternehmens gehören und, wenn der Inhaber des Unternehmens ein Einzelkaufmann ist, auch die Anteile, die sonstiges Vermögen des Inhabers sind.

§ 17 Abhängige und herrschende Unternehmen

(1) Abhängige Unternehmen sind rechtlich selbständige Unternehmen, auf die ein anderes Unternehmen (herrschendes Unternehmen) unmittelbar oder mittelbar einen beherrschenden Einfluß ausüben kann.

(2) Von einem in Mehrheitsbesitz stehenden Unternehmen wird vermutet, daß es von dem an ihm mit Mehrheit beteiligten Unternehmen abhängig ist.

§ 18 Konzern und Konzernunternehmen

(1) ¹Sind ein herrschendes und ein oder mehrere abhängige Unternehmen unter der einheitlichen Leitung des herrschenden Unternehmens zusammengefaßt, so bilden sie einen Konzern; die einzelnen Unternehmen sind Konzernunternehmen. ²Unternehmen, zwischen denen ein Beherrschungsvertrag (§ 291) besteht oder von denen das eine in das andere eingegliedert ist (§ 319), sind als unter einheitlicher Leitung zusammengefaßt anzusehen. ³Von einem abhängigen Unternehmen wird vermutet, daß es mit dem herrschenden Unternehmen einen Konzern bildet.

(2) Sind rechtlich selbständige Unternehmen, ohne daß das eine Unternehmen von dem anderen abhängig ist, unter einheitlicher Leitung zusammengefaßt, so bilden sie auch einen Konzern; die einzelnen Unternehmen sind Konzernunternehmen.

§ 19 Wechselseitig beteiligte Unternehmen

(1) ¹Wechselseitig beteiligte Unternehmen sind Unternehmen mit Sitz im Inland in der Rechtsform einer Kapitalgesellschaft, die dadurch verbunden sind, daß jedem Unternehmen mehr als der vierte Teil der Anteile des anderen Unternehmens gehört. ²Für die Feststellung, ob einem Unternehmen mehr als der vierte Teil der Anteile des anderen Unternehmens gehört, gilt § 16 Abs. 2 Satz 1, Abs. 4.

(2) Gehört einem wechselseitig beteiligten Unternehmen an dem anderen Unternehmen eine Mehrheitsbeteiligung oder kann das eine auf das andere Unternehmen unmittelbar oder mittelbar einen beherrschenden Einfluß ausüben, so ist das eine als herrschendes, das andere als abhängiges Unternehmen anzusehen.

(3) Gehört jedem der wechselseitig beteiligten Unternehmen an dem anderen Unternehmen eine Mehrheitsbeteiligung oder kann jedes auf das andere unmittelbar oder mittelbar einen beherrschenden Einfluß ausüben, so gelten beide Unternehmen als herrschend und als abhängig.

(4) § 328 ist auf Unternehmen, die nach Absatz 2 oder 3 herrschende oder abhängige Unternehmen sind, nicht anzuwenden.

§ 20 Mitteilungspflichten

(1) ¹Sobald einem Unternehmen mehr als der vierte Teil der Aktien einer Aktiengesellschaft mit Sitz im Inland gehört, hat es dies der Gesellschaft unverzüglich schriftlich mitzuteilen. ²Für die Feststellung, ob dem Unternehmen mehr als der vierte Teil der Aktien gehört, gilt § 16 Abs. 2 Satz 1, Abs. 4.

(2) Für die Mitteilungspflicht nach Absatz 1 rechnen zu den Aktien, die dem Unternehmen gehören, auch Aktien,
1. deren Übereignung das Unternehmen, ein von ihm abhängiges Unternehmen oder ein anderer für Rechnung des Unternehmens oder eines von diesem abhängigen Unternehmens verlangen kann;
2. zu deren Abnahme das Unternehmen, ein von ihm abhängiges Unternehmen oder ein anderer für Rechnung des Unternehmens oder eines von diesem abhängigen Unternehmens verpflichtet ist.

(3) Ist das Unternehmen eine Kapitalgesellschaft, so hat es, sobald ihm ohne Hinzurechnung der Aktien nach Absatz 2 mehr als der vierte Teil der Aktien gehört, auch dies der Gesellschaft unverzüglich schriftlich mitzuteilen.

(4) Sobald dem Unternehmen eine Mehrheitsbeteiligung (§ 16 Abs. 1) gehört, hat es auch dies der Gesellschaft unverzüglich schriftlich mitzuteilen.

(5) Besteht die Beteiligung in der nach Absatz 1, 3 oder 4 mitteilungspflichtigen Höhe nicht mehr, so ist dies der Gesellschaft unverzüglich schriftlich mitzuteilen.

(6) ¹Die Gesellschaft hat das Bestehen einer Beteiligung, die ihr nach Absatz 1 oder 4 mitgeteilt worden ist, unverzüglich in den Gesellschaftsblättern bekanntzumachen; dabei ist das Unternehmen anzugeben, dem die Beteiligung gehört. ²Wird der Gesellschaft mitgeteilt, daß die Beteiligung in der nach Absatz 1 oder 4 mitteilungspflichtigen Höhe nicht mehr besteht, so ist auch dies unverzüglich in den Gesellschaftsblättern bekanntzumachen.

(7) ¹Rechte aus Aktien, die einem nach Absatz 1 oder 4 mitteilungspflichtigen Unternehmen gehören, bestehen für die Zeit, für die das Unternehmen die Mitteilungspflicht nicht erfüllt, weder für das Unternehmen noch für ein von ihm abhängiges Unternehmen oder für einen anderen, der für Rechnung des Unternehmens oder eines von diesem abhängigen Unternehmens

handelt. ²Dies gilt nicht für Ansprüche nach § 58 Abs. 4 und § 271, wenn die Mitteilung nicht vorsätzlich unterlassen wurde und nachgeholt worden ist.

(8) Die Absätze 1 bis 7 gelten nicht für Aktien eines Emittenten im Sinne des § 21 Abs. 2 des Wertpapierhandelsgesetzes.

§ 21 Mitteilungspflichten der Gesellschaft

(1) ¹Sobald der Gesellschaft mehr als der vierte Teil der Anteile einer anderen Kapitalgesellschaft mit Sitz im Inland gehört, hat sie dies dem Unternehmen, an dem die Beteiligung besteht, unverzüglich schriftlich mitzuteilen. ²Für die Feststellung, ob der Gesellschaft mehr als der vierte Teil der Anteile gehört, gilt § 16 Abs. 2 Satz 1, Abs. 4 sinngemäß.

(2) Sobald der Gesellschaft eine Mehrheitsbeteiligung (§ 16 Abs. 1) an einem anderen Unternehmen gehört, hat sie dies dem Unternehmen, an dem die Mehrheitsbeteiligung besteht, unverzüglich schriftlich mitzuteilen.

(3) Besteht die Beteiligung in der nach Absatz 1 oder 2 mitteilungspflichtigen Höhe nicht mehr, hat die Gesellschaft dies dem anderen Unternehmen unverzüglich schriftlich mitzuteilen.

(4) ¹Rechte aus Anteilen, die einer nach Absatz 1 oder 2 mitteilungspflichtigen Gesellschaft gehören, bestehen nicht für die Zeit, für die sie die Mitteilungspflicht nicht erfüllt. ²§ 20 Abs. 7 Satz 2 gilt entsprechend.

(5) Die Absätze 1 bis 4 gelten nicht für Aktien eines Emittenten im Sinne des § 21 Abs. 2 des Wertpapierhandelsgesetzes.

§ 22 Nachweis mitgeteilter Beteiligungen

Ein Unternehmen, dem eine Mitteilung nach § 20 Abs. 1, 3 oder 4, § 21 Abs. 1 oder 2 gemacht worden ist, kann jederzeit verlangen, daß ihm das Bestehen der Beteiligung nachgewiesen wird.

1 Die Vorschriften der §§ 15 bis 22 AktG regeln die Grundbegriffe des Rechts der verbundenen Unternehmen. Dieses Rechtsgebiet umfaßt die Definitionsnormen der §§ 15 bis 19 AktG, die Mitteilungspflichten der §§ 20 bis 22 AktG sowie das materielle Konzernrecht der §§ 291 bis 338 AktG. Die Erläuterung dieser Vorschriften erfolgt im Rahmen des Kap. 2; auf dieses Kapitel wird an dieser Stelle verwiesen.

Zweiter Teil Gründung der Gesellschaft

§ 23 Feststellung der Satzung

(1) ¹Die Satzung muß durch notarielle Beurkundung festgestellt werden. ²Bevollmächtigte bedürfen einer notariell beglaubigten Vollmacht.

(2) In der Urkunde sind anzugeben
1. die Gründer;
2. bei Nennbetragsaktien der Nennbetrag, bei Stückaktien die Zahl, der Ausgabebetrag und, wenn mehrere Gattungen bestehen, die Gattung der Aktien, die jeder Gründer übernimmt;
3. der eingezahlte Betrag des Grundkapitals.

(3) Die Satzung muß bestimmen
1. die Firma und den Sitz der Gesellschaft;

2. den Gegenstand des Unternehmens; namentlich ist bei Industrie- und Handelsunternehmen die Art der Erzeugnisse und Waren, die hergestellt und gehandelt werden sollen, näher anzugeben;
3. die Höhe des Grundkapitals;
4. die Zerlegung des Grundkapitals entweder in Nennbetragsaktien oder in Stückaktien, bei Nennbetragsaktien deren Nennbeträge und die Zahl der Aktien jeden Nennbetrags, bei Stückaktien deren Zahl, außerdem, wenn mehrere Gattungen bestehen, die Gattung der Aktien und die Zahl der Aktien jeder Gattung;
5. ob die Aktien auf den Inhaber oder auf den Namen ausgestellt werden;
6. die Zahl der Mitglieder des Vorstands oder die Regeln, nach denen diese Zahl festgelegt wird.

(4) Die Satzung muß ferner Bestimmungen über die Form der Bekanntmachungen der Gesellschaft enthalten.

(5) ¹Die Satzung kann von den Vorschriften dieses Gesetzes nur abweichen, wenn es ausdrücklich zugelassen ist. ²Ergänzende Bestimmungen der Satzung sind zulässig, es sei denn, daß dieses Gesetz eine abschließende Regelung enthält.

Übersicht

	Rdn.		Rdn.
A. Regelungszweck	1	II. Satzungsfeststellung	11
B. Feststellung der Satzung, Abs. 1	2	C. Aktienübernahmeerklärung, Abs. 2	14
I. Begriff der Satzung	3	D. Notwendiger Satzungsinhalt, Abs. 3 und 4	18
1. Materielle Satzungsbestimmungen	4		
2. Formelle Satzungsbestimmungen	5	E. Grenzen der Satzungsautonomie, Abs. 5	25
3. Auslegung der Satzung	6	I. Abweichungen	26
4. Mängel der Satzung	8	II. Ergänzungen	27
a) Vor der Eintragung	8	III. Satzungsergänzende (schuldrechtliche) Nebenabreden	30
b) Nach der Eintragung	10		

A. Regelungszweck

Die Vorschrift enthält verschiedene grundlegende und bezüglich des Mindestinhalts der Satzung **zwingende Regelungen** des Aktienrechts. Mit der Feststellung der Satzung gem. Abs. 1 wird der Gesellschaftsvertrag der AG abgeschlossen. Die Satzung muss den in Abs. 3 und 4 ausgewiesenen **Mindestinhalt** aufweisen sowie eine **Aktienübernahmeerklärung** der Gründer gem. Abs. 2 enthalten. Abs. 5 regelt den **Grundsatz der Satzungsstrenge**. Nach diesem Grundsatz muss die AG die gesetzlich vorgeschriebene Grundstruktur aufweisen, die im Interesse der Kapitalanleger und der Verkehrsfähigkeit der Aktien nicht disponibel ist.

B. Feststellung der Satzung, Abs. 1

Mit der Feststellung der Satzung bezeichnet das AktG in § 23 Abs. 1 Satz 1 den **Abschluss des Gesellschaftsvertrages** bzw. im Fall der Gründung durch einen Gesellschafter das einseitige Gründungsrechtsgeschäft (vgl. § 2 AktG Rdn. 2). Die Begriffe Gesellschaftsvertrag und Satzung werden vom AktG ausweislich von § 2 AktG synonym verwendet.

I. Begriff der Satzung

Beim aktienrechtlichen Satzungsbegriff ist zwischen förmlichem und materiellem Verständnis zu unterscheiden. Während der **förmliche Satzungsbegriff** den gesamten Inhalt der Satzungsurkunde umfasst, ist der **materielle Satzungsbegriff** enger auf diejenigen Inhalte begrenzt, die die korporativen Rechtsverhältnisse der Gesellschaft und ihre Beziehungen zu den Gründern bzw. den künftigen Aktionären umfassen. Zentrale Bedeutung hat diese Unterscheidung vor allem für die **Satzungsauslegung** (vgl. dazu Rdn. 6).

1. Materielle Satzungsbestimmungen

4 Materielle Satzungsbestimmungen, also solche mit nicht nur schuldrechtlichem, sondern **korporativem Charakter**, gelten nicht nur für die derzeitigen, bei Inkrafttreten der Bestimmung vorhandenen Gesellschafter oder einzelne von ihnen, sondern für einen unbestimmten Personenkreis, zu dem sowohl gegenwärtige als auch künftige Gesellschafter gehören (BGH, Urt. v. 11.10.1993 – II ZR 155/92, Z 123, 347, 350). Dazu gehören insbesondere die Regelungen zur Ausgestaltung der Einlagepflicht gem. Abs. 2 sowie die des notwendigen Satzungsinhalts gem. Abs. 3 und 4. Materiellen Charakter haben ferner die gesellschaftsrechtlichen Verpflichtungen der AG gegenüber ihren Aktionären (z. B. Sonderrechte), abweichende Regelungen gem. Abs. 5 Satz 1, ergänzende Regelungen gem. Abs. 5 Satz 2, Bestimmungen zur Wahl des Aufsichtsratsvorsitzenden gem. § 107 Abs. 1 Satz 1 AktG und solche zur Dauer der Gesellschaft, §§ 39 Abs. 2 i. V. m. 262 Abs. 1 Nr. 1 AktG sowie entsprechende Gerichtsstandsklauseln (BGH, Urt. v. 11.10.1993 – II ZR 155/92, Z 123, 350).

2. Formelle Satzungsbestimmungen

5 Neben den materiellen kann die Satzung formelle, nicht korporative Bestimmungen enthalten. Sie haben damit keinen überindividuellen, sondern regelmäßig einen **schuldrechtlichen Charakter**, entfalten also Bindungswirkung nur für die an der Vereinbarung beteiligten Personen. Die Besonderheit formeller Satzungsklauseln liegt neben ihrer Auslegung nach allgemeinen Auslegungsgrundsätzen der §§ 133, 157 BGB (vgl. Rdn. 6) darin, dass sie ohne Rücksicht auf das für Satzungsänderungen vorgeschriebene Verfahren (vgl. dazu die Erl. zu § 179 AktG) geändert werden können. Formelle Satzungsbestimmungen sind solche, die wegen Abs. 5 nicht wirksam als materielle Satzungsregelung vereinbart werden können: die Bestellung der ersten Aufsichtsratsmitglieder (vgl. § 30 AktG), die Begründung über § 55 AktG hinausgehender Nebenleistungspflichten, Absprachen über Sondervorteile (vgl. § 26 Abs. 1 AktG) sowie Regelungen zur Tragung des Gründungsaufwands (vgl. § 26 Abs. 2 AktG).

3. Auslegung der Satzung

6 Bei der Auslegung der Satzung ist zwischen materiellen und formellen Satzungsbestimmungen (vgl. Rdn. 4 f.) zu unterscheiden. **Materielle Satzungsinhalte** unterliegen einer von den allgemeinen Grundsätzen der Rechtsgeschäftsauslegung nach §§ 133, 157 BGB abweichenden **Auslegung nach dem objektiven Erklärungswert** (BGH, Urt. v. 11.11.1985 – II ZB 5/85, Z 96, 245, 250; Urt. v. 11.10.1993 – II ZR 155/92, Z 123, 347, 350 f.). Die Auslegung orientiert sich nicht anders als bei der Auslegung von Gesetzen am **Wortlaut** unter Berücksichtigung des üblichen Sprachgebrauchs und der Verkehrssitte sowie am erkennbar werdenden **Zweck der Bestimmung**. Auf allgemein zugängliche Unterlagen – wie die Registerakten nebst den Anmeldeunterlagen gem. § 37 Abs. 4 AktG – kann zurückgegriffen werden. Subjektive Kriterien dagegen – wie die Absichten und Erwägungen der Gründer, die Dritten nicht erkennbar geworden sind – finden bei der Auslegung materieller Satzungsklauseln keine Berücksichtigung. Die Anwendbarkeit der Grundsätze objektiver Auslegung für materielle Satzungsbestimmungen ist vor der Eintragung (vgl. *Hüffer/Koch* AktG, § 23 Rn. 40) der AG nicht unbestritten, wird aber wegen der Anerkennung der Vorgesellschaft als einer Gesellschaft, auf die das Recht der AG bereits weitgehend anzuwenden ist, zu Recht befürwortet (vgl. MüKo AktG/*Pentz* § 23 Rn. 48).

7 **Formelle Satzungsbestimmungen** unterliegen im Unterschied zu dem materiellen (korporativen) Satzungsbestimmungen den Grundsätzen der objektiven Auslegung nicht. Für sie gelten vielmehr die **allgemeinen Grundsätze** der Auslegung von Willenserklärungen nach §§ 133, 157 BGB. Insofern kommt es maßgeblich auf den **Willen der Satzungsurheber** an.

4. Mängel der Satzung

a) Vor der Eintragung

Gründungsmängel können in der Zeit zwischen der förmlichen Errichtung der AG (vgl. § 29 AktG) und dem Zeitpunkt des Vollzugsbeginns insbesondere durch die Entgegennahme der Kapitaleinlagen oder der Vornahme von Rechtsgeschäften der Vor-Gesellschaft mit Dritten von den Gründern nach den allgemeinen Bestimmungen über Mängel von Willenserklärungen (§§ 104 ff. BGB) geltend gemacht werden. § 139 BGB findet nach umstrittener Rechtsauffassung keine Anwendung (MüKo AktG/*Pentz* § 23 Rn. 167; *Hüffer/Koch* AktG, § 23 Rn. 41; a. A. GroßkommAktG/*Röhricht* § 23 Rn. 212).

Ist die **Vor-Gesellschaft in Vollzug** gesetzt, gelten für sie die Regeln der **fehlerhaften Gesellschaft** (*Paschke* ZHR 155, 1991, 1). Mängel können deshalb nicht mehr uneingeschränkt geltend gemacht werden; in Betracht kommt aber die Auflösung und Abwicklung der Vor-Gesellschaft (BGH, Urt. v. 12.05.1954 – II ZR 167/53, Z 13, 320 für die Vor-GmbH). Eine Verpflichtung der Gründer, die Mängel zu heilen und die Eintragung der Gesellschaft weiter zu betreiben, besteht grundsätzlich nicht, es sei denn, die Treuepflicht gebietet ausnahmsweise ein entsprechendes Verhalten (GroßkommAktG/*Röhricht* § 23 Rn. 214).

b) Nach der Eintragung

Das Registergericht hat die ordnungsgemäße Errichtung und Anmeldung der Gesellschaft zu prüfen und bei Vorhandensein von Mängeln die Eintragung nach Fristsetzung zum Zwecke der Behebung der Mängel (§ 26 Satz 2 HRV) abzulehnen, wobei nach § 38 Abs. 3 AktG materielle Satzungsmängel nur eingeschränkt ein Eintragungshindernis bedeuten. Gelangt die Gesellschaft trotz mangelhafter Satzung zur Eintragung, entsteht die Gesellschaft als vollgültige AG, unabhängig davon, ob die Satzungsmängel nach § 38 AktG kein Eintragungshindernis darstellen oder aber das Registergericht ein bestehendes Eintragungshindernis nicht beachtet hat (BGH, Urt. v. 09.10.1956 – II ZB 11/56, Z 21, 378, 382 f.). Ausnahmen ergeben sich aus § 275 AktG. Im Fall eines nach § 275 Abs. 1 Satz 1 AktG erheblichen Mangels kann das Registergericht die Löschung der AG von Amts wegen vornehmen, § 397 FamFG (vgl. Erl. zu § 275 AktG). Fehlende oder nichtige Bestimmungen nach § 23 Abs. 3 AktG können zur Auflösung der AG nach § 262 Abs. 1 Nr. 5 AktG, § 398 FamFG führen (vgl. dazu Erl. zu § 262 AktG). Ein Verstoß gegen § 23 Abs. 4 AktG wird dagegen nicht sanktioniert. Obwohl das AktG für Gründungsmängel keine Heilung durch Zeitablauf vorsieht, können nach zutreffender Auffassung Mängel der Gründungssatzung in entsprechender Anwendung von § 242 Abs. 2 AktG nach der 3-Jahres-Frist seit Eintragung nicht mehr geltend gemacht werden, zumal das AktG nichtige Satzungsbestimmungen unter den Voraussetzungen des § 38 Abs. 3 AktG hinnimmt (str.; vgl. BGH, Urt. v. 19.06.2000 – II ZR 73/99, Z 144, 365 ff.; a. A. *Goette* FS Röhricht 2005, 115, 123 ff.).

II. Satzungsfeststellung

Die Feststellung der Satzung hat den hybriden Charakter eines **schuld- und organisationsrechtlichen Rechtsgeschäfts**. Mit der schuldrechtlichen Komponente werden die Vereinbarungen der Gründer über die Errichtung der AG und die damit einhergehenden Rechten und Pflichten (Einlagepflichten, ggf. Aufteilung der Anteile) erfasst, der organisationsrechtliche Teil betrifft die vom Gesetz weitgehend vorgeschriebenen Regelungen über die korporative Struktur der AG. Die Feststellung erfolgt regelmäßig durch inhaltlich übereinstimmende, aufeinander bezogenen **Willenserklärungen der Gründer** bzw. das entsprechende Rechtsgeschäft bei der Ein-Personen-Gründung (vgl. § 2 AktG Rdn. 2). Die allgemeinen Regeln des Willenserklärungs- und Vertragsrechts der §§ 104 ff. BGB sind grundsätzlich anwendbar. Für die **rechtsgeschäftliche Vertretung** gelten die Vorschriften der §§ 164 ff. BGB. Die Vollmacht bedarf jedoch abweichend von § 167 Abs. 2 BGB der notariellen Beglaubigung, §§ 23 Abs. 1 Satz 2 AktG, 129 BGB, 40 BeurkG; ohne diese ist die Vollmacht nichtig, § 125 BGB. Der Prokurist bedarf dagegen keiner notariell beglaubigten

Vollmacht; die Vorlage des Registerauszuges reicht aus (str.; vgl. GroßkommAktG/*Röhricht* § 23 Rn. 62).

12 Die Satzungsfeststellung muss **durch notarielle Beurkundung** festgestellt werden, Abs. 1 Satz 1. Die Erklärungen können in getrennten, inhaltlich aufeinander Bezug nehmenden Urkunden enthalten ein. Für die Niederschrift gelten die Vorschriften der §§ 8 ff. BeurkG. Der vollständige Wortlaut der Satzung muss nicht in jeder Niederschrift enthalten sein; er muss aber zumindest in einer Urkunde aufgeführt sein. Der vollständige Wortlaut der Satzung ist analog § 181 Abs. 1 Satz 2 AktG zum Handelsregister einzureichen (OLG Frankfurt am Main OLGZ 1981, 310, 311).

13 Erfolgt bei Verwaltungssitz der AG im Inland die **Satzungsfeststellung im Ausland**, ist die Form des Abs. 1 Satz 1 einzuhalten (h. M.; vgl. *Hüffer/Koch* AktG, § 23 Rn. 10; offen gelassen von BGH, Urt. v. 16.02.1981 – II ZB 8/80, Z 80, 76, 78). Die **Beurkundung im Ausland** genügt unter der Voraussetzung materieller Gleichwertigkeit nach ebenfalls h. M. dem Beurkundungserfordernis des Abs. 1 Satz 1. Die Gleichwertigkeit ist gegeben, wenn die ausländische Urkundsperson nach Vorbildung und Stellung im Rechtsleben eine der Tätigkeit des deutschen Notars entsprechende Funktion ausübt und ein Verfahrensrecht zu beachten hat, das den tragenden Grundsätzen des deutschen Beurkundungsrecht entspricht (BGH, Urt. v. 16.02.1981 – II ZB 8/80, Z 80, 76, 78; näher zur Gleichwertigkeit MüKo AktG/*Pentz* § 23 Rn. 33 ff.; vgl. zur Auslandsbeurkundung bzw. Gleichwertigkeit auch § 15 GmbHG Rdn. 26 f. – in Bezug auf die Übertragung von GmbH-Geschäftsanteilen). Ein deutscher Notar kann wegen der Regelungen des KonsularG im Ausland nicht wirksam tätig werden; die so beurkundete Satzungsfeststellung wäre nach § 125 BGB formnichtig.

C. Aktienübernahmeerklärung, Abs. 2

14 Abs. 2 schreibt eine Aktienübernahmeerklärung vor. Mit ihr verpflichten sich die Gründer zur Übernahme von Aktien und in der Konsequenz zur Leistung der entsprechenden Einlage, § 54 AktG. Bei ihr handelt es sich rechtstechnisch um eine von der Feststellung der Satzung verschiedene Erklärung; sie gehört nicht zum Satzungsinhalt gem. Abs. 3 (*Hüffer* NJW 1979, 1065, 1066).

15 Die Verpflichtung trifft die oder den **Gründer**, Abs. 2 Nr. 1. Gründer kann nur sein, wer Aktien übernimmt. Die Angabe der Gründer in der Urkunde muss die **Individualisierung** der Personen **ermöglichen**. Deshalb sind bei natürlichen Personen der Vor- und Nachname, bei juristischen Personen die Firma und der Sitz anzugeben. Auf die Vertretungsregeln findet die Formvorschrift des Abs. 1 Satz 2 keine Anwendung; diese gilt nur für die Satzungsfeststellung.

16 Zu den erforderlichen Angaben ist gem. Abs. 2 Nr. 2 zu unterscheiden: Bei **Nennbetragsaktien** sind der Nennbetrag (§ 8 Abs. 2 AktG), der Ausgabebetrag (§ 9 AktG) und ggf. die Aktiengattung (§ 11 AktG) anzugeben, die der einzelne Gründer übernimmt. Bei Stückaktien lässt die Vorschrift die Angabe ihrer Zahl sowie die ihres Ausgabebetrages und ggf. der Gattung genügen; eine Angabe des auf die einzelne Stückaktie entfallenden anteiligen Betrags des Grundkapitals (§ 8 Abs. 3 Satz 3 AktG) ist nicht geboten. Obwohl es nach dem Wortlaut des Abs. 2 Nr. 2 auszureichen scheint, dass die Summe der Nennbeträge (bzw. bei Stückaktien die Anzahl der Aktien) und die Summe der Ausgabebeträge für jeden einzelnen Gründer angegeben werden, sind nach zutreffender Auffassung zur unmissverständlichen Festlegung der Rechte und Pflichten im Verhältnis zwischen den Gründern und der AG weitere Angaben erforderlich. Dieses Erfordernis besteht bei Ausgabe von Aktien mit unterschiedlichen Nenn- und/oder Ausgabebeträgen und bei Zeichnung verschiedener Gattungen durch einen Gründer; anzugeben ist, wie viele Aktien der jeweiligen Art jeder Gründer übernimmt (MüKo AktG/*Pentz* § 23 Rn. 59). Werden unterschiedliche Aktiengattungen ausgegeben, ist die Aufteilung der Nennbeträge bzw. bei Stückaktien die Aufteilung der Stückzahl nach der jeweiligen Gattungsart erforderlich. Werden **Namens- und Inhaberaktien** ausgegeben, ist anzugeben, welcher Gründer welche Anzahl übernimmt.

17 Nach Abs. 2 Nr. 3 ist ferner der **eingezahlte Betrag des Grundkapitals** anzugeben. Dabei handelt es sich um den von den Gründern im Zeitpunkt der Satzungsfeststellung tatsächlich eingezahlten

Betrag. Er unterscheidet sich durch den zeitlichen Bezugspunkt und damit ggf. auch der Summe nach von dem bei der Anmeldung nach § 37 Abs. 1 Satz 1 AktG anzugebenden Betrag.

D. Notwendiger Satzungsinhalt, Abs. 3 und 4

Aus den Abs. 3 und 4 ergibt sich der notwendige Satzungsinhalt: 18
- **Firma und Sitz (Abs. 3 Nr. 1)**: vgl. dazu die Erl. zu §§ 4 und 5 AktG.
- **Gegenstand des Unternehmens (Abs. 3 Nr. 2)**: Gegenstand des Unternehmens ist die Tätigkeit, welche die Gesellschaft zu betreiben beabsichtigt (BGH, Beschl. v. 16.03.1992 – II ZB 17/91, Z 117, 323). Er ist vom **Gesellschaftszweck** zu unterscheiden, mit dem der Sinn des Verbandes (insbesondere Gewinnerzielung) bezeichnet wird. Während die Zweckänderung nach der auch für die AG geltenden Regelung in § 33 Abs. 1 Satz 2 BGB der Zustimmung aller Aktionäre bedarf, genügt für die Änderung des Unternehmensgegenstandes eine Mehrheitsentscheidung, § 179 Abs. 2 AktG (vgl. § 179 AktG Rdn. 12 ff.). Die Angabe des Unternehmensgegenstandes hat nach Abs. 3 Nr. 2 bei Handels- und Industrieunternehmen **individualisiert** zu erfolgen, damit nichtssagende Angaben (z.B. Betrieb eines Kaufmannsgeschäfts) unterbleiben (BayObLG, Beschl. v. 22.06.1995 – 3Z BR 71/95, NJW-RR 1996, 413, 414). Anzugeben ist deshalb insbesondere, ob Produkte erzeugt, bearbeitet oder gehandelt werden; sie sind ggf. der Art nach zu bezeichnen (z.B. Herstellung und Vertrieb von Bekleidungsgegenständen). Bei Dienstleistungen ist die Art der Tätigkeit anzugeben (z.B. Anlageberatung). Allgemeinbezeichnungen (Im- und Export von Waren aller Art) sind nur ausnahmsweise zulässig, wenn eine nähere Konkretisierung nicht möglich ist (BayObLG, Beschl. v. 15.01.2003 – 3Z BR 225/02, NZG 2003, 482). Zusätze (z.B. »und verwandte Geschäfte«, »einschließlich der Gründung von Zweigniederlassungen« oder »einschließlich des Erwerbs von Beteiligungen«) und die Angabe von Hilfsgeschäften sind zulässig. Deren Angabe kann im Hinblick auf die von § 52 Abs. 9 AktG gewährleistete Nachgründungsfreiheit, für deren Reichweite es auf den satzungsmäßigen Unternehmensgegenstand ankommt (vgl. § 52 AktG Rdn. 20–22), angezeigt sein.
- **Höhe des Grundkapitals (Abs. 3 Nr. 3)**: Gefordert wird eine **konkrete Angabe in Euro** (vgl. § 6 AktG). Mittelbare Angaben, etwa die Angabe der Zahl der Aktien und ihrer Ausgabebeträge, reichen nicht aus. 20
- **Zerlegung des Grundkapitals (Abs. 3 Nr. 4)**: In Anknüpfung an § 1 Abs. 2 AktG soll die Angabe die Zerlegung des Grundkapitals benennen. Notwendig sind deshalb Angaben über die Aktiensorten (Nennbetrags- oder Stückaktien) und über die Einteilung des Grundkapitals (Nennbeträge bzw. Aktienzahl) sowie über die Aktiengattung und die Zahl der Aktien jeder Gattung bei mehreren Aktiengattungen (vgl. dazu insbes. § 8 AktG Rdn. 2–4 sowie zu den besonderen Gattungen § 11 AktG Rdn. 2–4). 21
- **Inhaber- und Namensaktien (Abs. 3 Nr. 5)**: Anzugeben ist, ob Inhaber- oder Namensaktien bzw. beide Aktienarten ausgegeben werden. Dabei haben die Gründer grundsätzlich die freie Wahl (dazu Erl. zu § 10 AktG Rdn. 2 ff.). 22
- **Zahl der Vorstandsmitglieder (Abs. 3 Nr. 6)**: Wegen der vom Gesetz in Abs. 3 Nr. 6 zugelassenen Varianten (konkrete Zahl oder Angabe der Regel zu ihrer Festlegung) muss keine **konkrete Angabe der Zahl** erfolgen. Die Festlegung von Mindest- oder Höchstzahlen ist ebenfalls zulässig. Ebenso wird eine Angabe als zulässig angesehen, nach der die Zahl der Vorstandsmitglieder durch den Aufsichtsrat festgelegt wird (BGH NZG 2002, 817, 818). Bei den Angaben sind die stellvertretenden Mitglieder nach § 94 AktG einzubeziehen. 23
- **Form der Bekanntmachung (Abs. 4)**: Die Regelung steht in sachlichem Zusammenhang mit derjenigen des § 25 AktG, die die sog. **Pflichtbekanntmachung** regelt. Diese sind im elektronischen Bundesanzeiger vorzunehmen; daneben kann nach § 25 Satz 2 AktG die Satzung andere Blätter oder elektronische Informationsmedien als Medien der Pflichtbekanntmachung vorsehen (s. auch § 25 AktG Rdn. 1). Diese Regelungen des § 25 AktG sind abschließender Art, weswegen § 23 Abs. 4 AktG nur die sog. **freiwilligen Bekanntmachungen**, die Gesetz oder Satzung vorsehen, ohne dass die Gesellschaftsblätter als Publikationsmedium vorgeschrieben werden, erfasst. Für solche freiwilligen Bekanntmachungen ist in der Satzung eine Form zu bestimmen. 24

Für die Formwahl bestehen keine gesetzlichen Vorgaben; in Betracht kommen insbesondere der elektronische Bundesanzeiger, Tageszeitungen oder (eingeschriebene) Briefe.

E. Grenzen der Satzungsautonomie, Abs. 5

25 Nach dieser Regelung sind die gesetzlichen Regelungen weitgehend zwingend; die Satzungsautonomie ist erheblich eingeschränkt. Die Rechtslage bei der AG weist damit einen fundamentalen Unterschied zur Rechtslage bei der GmbH auf (vgl. Einl. zu diesem Kapitel Rdn. 26). Damit soll in der AG der für erforderlich gehaltene Schutz von Gläubigern und künftigen Aktionären gewährleistet werden. Auf diesen Schutz kann sich auch der Kapitalmarkt verlassen; dadurch wiederum soll die Fungibilität die Aktie gestärkt werden (zur rechtspolitischen Bewertung und Problematik s. *Fleischer* ZHR 168, 2004, 673, 691 f.; *Grundmann/Möslein* ZGR 2003, 317, 363 f.).

I. Abweichungen

26 Abweichungen sind nur gestattet, wenn das Gesetz sie ausdrücklich zulässt. Eine Abweichung in diesem Sinn liegt vor, wenn die gesetzliche Regelung durch eine andere ersetzt wird. Die ausdrückliche Zulassung durch das Gesetz ist gegeben, wenn sich die Befugnis aus dem Wortlaut des Gesetzes eindeutig ergibt (vgl. die detaillierte Übersicht bei GroßkommAktG/*Röhricht* Rn. 177 ff.). Allein das Schweigen des Gesetzes begründet keine Abweichungsbefugnis.

II. Ergänzungen

27 **Satzungsbestimmungen, die das Gesetzesrecht ergänzen**, sind grundsätzlich zulässig, sofern nicht das AktG eine abschließende Regelung enthält. Eine Ergänzung des Gesetzesrechts liegt vor, wenn das Gesetz den entsprechenden Regelungsinhalt nicht enthält oder aber der Rechtsgedanke einer gesetzlichen Regelung weiterentwickelt wird. Vereinzelt sind Ergänzungen durch die Satzung **ausdrücklich zugelassen**: §§ 8 Abs. 2, 11, 25 Satz 2, 39 Abs. 2 i. V. m. 262 Abs. 1 Nr. 1, 55 Abs. 1, 63 Abs. 3, 68 Abs. 2 Satz 1, 100 Abs. 4, 107 Abs. 1 Satz 1, 113 Abs. 1 Satz 2, 119 Abs. 1, 121 Abs. 1, Abs. 2 Satz 3, 134 Abs. 4 und 237 Abs. 1 Satz 2 AktG.

28 Ob eine Norm eine abschließende Regelung enthält, ist durch Auslegung zu ermitteln. **Abschließende Regelungen** enthalten: §§ 242, 275, 107 Abs. 3 Satz 1 (BGH, Urt. v. 25.02.1982 – II ZR 123/81, Z 83, 106, 115), 130 Abs. 4 Satz 1 AktG. **Keine abschließende Regelung** enthält § 134 Abs. 3 AktG; die Satzung kann somit regeln, dass der Stimmrechtsvertreter Aktionär sein muss.

29 Im Wege ergänzender Regelung in der Satzung sind insbesondere **zulässig**: für Vorstandsmitglieder geltende **persönliche Anforderungen** (Höchstalter, berufliche Qualifikation, Zugehörigkeit zur Familie; vgl. *Hüffer/Koch* AktG, § 23 Rn. 38), für den Aufsichtsrat die **Bestellung eines Ehrenvorsitzenden**, für Aktionäre die **Erweiterung des Auskunftsrechts**, die Bildung **fakultativer Gremien** (Beirat, Verwaltungsrat) sowie **Gerichtsstandsvereinbarungen** (BGH, Urt. v. 11.10.1993 – II ZR 155/92, Z 123, 347, 349 ff.).

III. Satzungsergänzende (schuldrechtliche) Nebenabreden

30 Hierbei handelt es sich um Vereinbarungen, die Aktionäre bei der Gründung oder nachträglich treffen, um ihre Rechtsverhältnisse untereinander bzw. im Verhältnis zur AG **außerhalb der Satzungsurkunde** zu regeln. Ihre Zulässigkeit ist im Grundsatz unbestritten (BGH, Urt. v. 25.01.1960 – II ZR 22/59, Z 32, 17, 29); allerdings können solche Abreden nicht bewirken, dass eine bestimmte organisationsrechtliche Regelung der Satzung geändert wird (BGH, Urt. v. 07.06.1993 – II ZR 81/92, Z 123, 15, 20). Bei ihnen handelt es sich um regelmäßig schuldrechtliche Abreden, die auch den Charakter einer **Innengesellschaft bürgerlichen Rechts** zwischen den beteiligten Aktionären haben können (*Baumann/Reiß* ZGR 1989, 157, 200 f.). Ihre Verletzung kann insbesondere Schadenersatzansprüche auslösen. Da es sich um von der Satzung verschiedene, selbstständige Abreden handelt, ist zweifelhaft, ob ein Hauptversammlungsbeschluss wegen Verstoßes gegen eine Nebenabrede angefochten werden kann (so BGH, Urt. v. 27.10.1986 – II ZR 240/85, NJW 1987, 1890,

1891 zur GmbH für den Fall, dass sämtliche Gesellschafter gebunden sind; dazu näher § 243 AktG Rdn. 2 ff.).

Solche Nebenreden betreffen insbesondere **Stimmbindungs- und Konsortialvereinbarungen** (vgl. dazu § 133 AktG Rdn. 7 ff.), Abreden zur **Besetzung von Vorstand und Aufsichtsrat** sowie **Vorkaufsrechte** und **Informationspflichten** (vgl. *Baumann/Reiß* ZGR 1989, 157, 181 ff.). In Betracht kommen ferner Abreden von über die Einlagepflicht hinausgehenden Leistungspflichten. 31

§ 24 Umwandlung von Aktien

Die Satzung kann bestimmen, daß auf Verlangen eines Aktionärs seine Inhaberaktie in eine Namensaktie oder seine Namensaktie in eine Inhaberaktie umzuwandeln ist.

Die Vorschrift enthält die Regelung, dass die Satzung dem einzelnen Aktionär ein **Recht auf Umwandlung** von Inhaber- in Namensaktien oder umgekehrt einräumen kann. Die Regelung ist gegenständlich begrenzt auf den **Wechsel der Urkundenart**, sie gilt nicht für Aktien verschiedenen Ausgabebetrages oder unterschiedlicher Gattung. 1

Das Recht des Aktionärs wird **durch die Satzung** geschaffen. Es kann durch die Satzung näher ausgestaltet, beschränkt oder auch wieder entzogen werden. In Betracht kommen insbesondere Zustimmungsvorbehalte zugunsten des Vorstands, die Beschränkung auf bestimmte Aktiengattungen oder Aktienarten bzw. Form- und Kostentragungsregeln für das Umwandlungsbegehren. 2

Äußert ein Aktionär sein Umwandlungsverlangen, hat der Vorstand dieses durchzuführen. Dazu ist der Urkundentext abzuändern oder es sind neue Aktien gegen Rückgabe der alten auszugeben; die Neuausgabe ist im Aktienregister einzutragen, § 67 AktG. 3

Neben der Umwandlung auf Verlangen des Aktionärs kommt eine Umwandlung im Wege der **Satzungsänderung** in Betracht. In diesem Fall bedarf es eines Beschlusses der Hauptversammlung nach §§ 179 ff. AktG. Durch den satzungsändernden Beschluss sind die Aktionäre zur Mitwirkung an der Durchführung der Umwandlung verpflichtet. Die Zustimmung jedes Aktionärs ist darüber hinaus nach h. M. nicht erforderlich (OLG Hamburg AG 1970, 230; MüKo AktG/*Pentz* § 24 Rn. 12). 4

§ 25 Bekanntmachungen der Gesellschaft

¹Bestimmt das Gesetz oder die Satzung, daß eine Bekanntmachung der Gesellschaft durch die Gesellschaftsblätter erfolgen soll, so ist sie in den Bundesanzeiger einzurücken. ²Daneben kann die Satzung andere Blätter oder elektronische Informationsmedien als Gesellschaftsblätter bezeichnen.

Satz 1 bestimmt – in Übereinstimmung mit der Parallelregelung in § 12 GmbHG – den **elektronischen Bundesanzeiger als Pflichtmedium** für die sog. Pflichtbekanntmachungen der Gesellschaft und ersetzt damit die Druckausgabe des Bundesanzeigers. Die Regelung bezieht sich nur auf die sog. Pflichtbekanntmachungen der Gesellschaft, also diejenigen Bekanntmachungen, für die im Gesetz zwingend die Publikation in den Gesellschaftsblättern vorgeschrieben ist (insbesondere §§ 20 Abs. 6, 64 Abs. 2, 97 Abs. 1, 106, 121 Abs. 3 AktG) oder unter den Vorbehalt anderslautender Satzungsbestimmungen gestellt sind (§ 63 Abs. 1 AktG). In der Satzung können gem. Satz 2 **weitere Medien** bestimmt werden, über die die Bekanntmachungen zu erfolgen haben. Eine Pflicht, von dieser Möglichkeit Gebrauch zu machen und neben dem Bundesanzeiger andere Gesellschaftsblätter zu benennen, besteht nicht und ist angesichts der Verfügbarkeit des Bundesanzeigers über das Internet auch nicht zu empfehlen. 1

Von den sog. Pflichtbekanntmachungen sind die sog. **freiwilligen Bekanntmachungen** zu unterscheiden, die ebenfalls durch Gesetz oder Satzung vorgeschrieben sind, ohne dass aber die Gesellschaftsblätter als Publikationsmedium vorgeschrieben werden. Insofern sind die Gründer verpflich- 2 tet, die Art und Weise der Publikation in der Satzung zu regeln, § 23 Abs. 4 AktG (vgl. § 23 AktG Rdn. 24).

§ 26 Sondervorteile. Gründungsaufwand

(1) Jeder einem einzelnen Aktionär oder einem Dritten eingeräumte besondere Vorteil muß in der Satzung unter Bezeichnung des Berechtigten festgesetzt werden.

(2) Der Gesamtaufwand, der zu Lasten der Gesellschaft an Aktionäre oder an andere Personen als Entschädigung oder als Belohnung für die Gründung oder ihre Vorbereitung gewährt wird, ist in der Satzung gesondert festzusetzen.

(3) ¹Ohne diese Festsetzung sind die Verträge und die Rechtshandlungen zu ihrer Ausführung der Gesellschaft gegenüber unwirksam. ²Nach der Eintragung der Gesellschaft in das Handelsregister kann die Unwirksamkeit nicht durch Satzungsänderung geheilt werden.

(4) Die Festsetzungen können erst geändert werden, wenn die Gesellschaft fünf Jahre im Handelsregister eingetragen ist.

(5) Die Satzungsbestimmungen über die Festsetzungen können durch Satzungsänderung erst beseitigt werden, wenn die Gesellschaft dreißig Jahre im Handelsregister eingetragen ist und wenn die Rechtsverhältnisse, die den Festsetzungen zugrunde liegen, seit mindestens fünf Jahren abgewickelt sind.

Übersicht	Rdn.		Rdn.
A. Regelungszweck	1	D. Rechtsfolgen, Abs. 3	6
B. Festsetzung von Sondervorteilen, Abs. 1	2	E. Änderungen und Beseitigung, Abs. 4 und 5	8
C. Festsetzung des Gründungsaufwands, Abs. 2	5		

A. Regelungszweck

1 Die Vorschrift bezweckt zusammen mit der Vorschrift des § 27 AktG den **Schutz von Gläubigern und Aktionären** vor den Risiken, die mit der Einführung von Sondervorteilen für bestimmte Aktionäre bzw. mit der Regelung von Gründerentschädigungen bei der Gründung der AG verbunden sein können. Solche Risiken entstehen, wenn die Gründung der AG als ein Geschäft zulasten von Aktionären oder Gläubigern betrieben würde (*Junker* ZHR 159, 1995, 207, 209 f.). § 26 AktG begegnet den Risiken dadurch, dass die Vorschrift Sondervorteile und Gründungsentschädigungsregeln **publizitätspflichtig** macht; die Verletzung der Publizitätspflicht stellt einen Errichtungsmangel dar, der ein Eintragungshindernis und die zivilrechtliche Unwirksamkeit der betroffenen Rechtsgeschäfte zur Folge hat.

B. Festsetzung von Sondervorteilen, Abs. 1

2 Abs. 1 schafft ein **Transparenzerfordernis für Sondervorteile**. Diese müssen in der Satzung unter Bezeichnung des Berechtigten festgesetzt werden. Sondervorteile im Sinne dieser Regelung sind solche Rechte, die Aktionären oder Dritten aus Anlass der Gründung gewährt werden, **ohne aus der Mitgliedschaft selbst hervorzugehen**. Grundsätzlich kommen Vorteile jeder Art in Betracht, insbesondere Vorteile vermögensrechtlicher Art (z. B. Provisionen, Bezugs- und Lieferverträge) und nicht-vermögensrechtlicher Art (z. B. Einsichts- und Informationsrechte). Nicht jedes vorteilhafte Geschäft mit der AG bedeutet aber zugleich einen Sondervorteil. Abs. 1 verlangt die Gewährung eines Vorteils **aus Anlass der Gründung**. Ein Anlassfall ist gegeben, wenn die Vorteilsgewährung mit der Gesellschaftsgründung in einem sachlichen Zusammenhang steht. Das Gesetz stellt nicht darauf ab, wer die entsprechende Leistung zu erbringen hat, sodass sowohl Leistungen der AG als

auch solche von Aktionären erfasst werden. Ab- und auszugrenzen vom Begriff des Sondervorteils sind die aus der Mitgliedschaft folgenden Sonderrechte i. S. d. § 11 Satz 1 AktG (§ 11 AktG Rdn. 1).

Dem Erfordernis der Festsetzung in der Satzung ist nur dann Genüge getan, wenn die Angaben detailliert und korrekt erfolgen. Andernfalls ist die betroffene vertragliche Einigung gegenüber der Gesellschaft nach Abs. 3 unwirksam. Die **zivilrechtliche Wirksamkeit** vereinbarter Sondervorteile wird von Abs. 1 nicht abschließend geregelt; sie hängt insgesamt davon ab, dass kein Verstoß gegen Vorschriften des AktG oder andere Bestimmungen vorliegt. 3

Eine Rechtspflicht zur Aufnahme des gesamten vorteilsgewährenden Vertragstextes in die Satzung ergibt sich aus Abs. 1 nicht. Nach § 37 Abs. 4 Nr. 2 AktG sind entsprechende Verträge der Registeranmeldung lediglich beizufügen. 4

C. Festsetzung des Gründungsaufwands, Abs. 2

Nach Abs. 2 ist der Gesamtbetrag der Entschädigung- bzw. Entlohnungszahlungen aus Anlass der Gesellschaftsgründung in der Satzung festzusetzen. Einzelangaben genügen dem Erfordernis nicht, sind andererseits aber auch nicht erforderlich (BGHZ 107, 1). Überhöhte Vergütungen stellen Sondervorteile i. S. d. Abs. 1 dar. Sie sind nur wirksam, wenn der Berechtigte in der Satzung gem. Abs. 1 genau bezeichnet wird (s. Rdn. 3). 5

D. Rechtsfolgen, Abs. 3

Fehlende oder unrichtige Festsetzungen in der Satzung sind **Errichtungsmängel i. S. d. § 38 Abs. 1 AktG** und führen zur Ablehnung der Eintragung, sofern der Mangel nicht – ggf. durch eine Verfügung angeregt – behoben wird. Eine **Schadenersatzpflicht** der Gründer und der Vergütungsempfänger kommt nach § 46 bzw. § 47 Nr. 1 AktG in Betracht. Abs. 3 Satz 1 ordnet die **zivilrechtliche Unwirksamkeit** der gegen Abs. 1 oder 2 verstoßenden Verträge gegenüber der AG an. Die Gesellschaft muss die Leistung auf die unwirksamen Verträge verweigern bzw. hat die zu Unrecht gewährte Leistung zurückzufordern. 6

Bis zum Zeitpunkt der Eintragung der AG in das Handelsregister kann die fehlende Festsetzung durch Änderung der Satzung **nachgeholt** werden; damit wird der Mangel der Vereinbarung geheilt. Nach der Eintragung der AG ist die Heilung nach Abs. 3 Satz 2 nicht mehr möglich. 7

E. Änderungen und Beseitigung, Abs. 4 und 5

Die Änderung der in der Satzung getroffenen Festsetzungen ist nach Abs. 4 erst nach einer **Frist von 5 Jahren** seit Eintragung der AG in das Handelsregister zulässig. Mit dieser Regelung, deren Frist der Verjährungsfrist nach § 51 AktG entspricht, soll verhindert werden, dass der Ersatzpflicht nach §§ 46, 47 AktG rückwirkend die Grundlage entzogen wird. 8

Die **Beseitigung von Festsetzungen** ist im Unterschied zu deren Änderung nur unter den engen Voraussetzungen des Abs. 5 möglich. Da neben der Eintragungsdauer von 30 Jahren vorausgesetzt wird, dass die Festsetzung seit mindestens 5 Jahren abgewickelt, d. h. regelmäßig durch Erfüllung erloschen ist (§ 362 Abs. 1 BGB), führt die Regelung zu der aus Sicht des Aktionärs- und Gläubigerschutzinteresses letztlich wohl übertriebenen Konsequenz, dass das Gesetz die Publizität selbst nur noch historisch bedeutsamer Satzungsfestsetzungen verlangt. 9

§ 27 Sacheinlagen, Sachübernahmen; Rückzahlung von Einlagen

(1) ¹Sollen Aktionäre Einlagen machen, die nicht durch Einzahlung des Ausgabebetrags der Aktien zu leisten sind (Sacheinlagen), oder soll die Gesellschaft vorhandene oder herzustellende Anlagen oder andere Vermögensgegenstände übernehmen (Sachübernahmen), so müssen in der Satzung festgesetzt werden der Gegenstand der Sacheinlage oder der Sachübernahme, die Person, von der die Gesellschaft den Gegenstand erwirbt, und der Nennbetrag, bei Stückaktien die Zahl

der bei der Sacheinlage zu gewährenden Aktien oder die bei der Sachübernahme zu gewährende Vergütung. ²Soll die Gesellschaft einen Vermögensgegenstand übernehmen, für den eine Vergütung gewährt wird, die auf die Einlage eines Aktionärs angerechnet werden soll, so gilt dies als Sacheinlage.

(2) Sacheinlagen oder Sachübernahmen können nur Vermögensgegenstände sein, deren wirtschaftlicher Wert feststellbar ist; Verpflichtungen zu Dienstleistungen können nicht Sacheinlagen oder Sachübernahmen sein.

(3) ¹Ist eine Geldeinlage eines Aktionärs bei wirtschaftlicher Betrachtung und aufgrund einer im Zusammenhang mit der Übernahme der Geldeinlage getroffenen Abrede vollständig oder teilweise als Sacheinlage zu bewerten (verdeckte Sacheinlage), so befreit dies den Aktionär nicht von seiner Einlageverpflichtung. ²Jedoch sind die Verträge über die Sacheinlage und die Rechtshandlungen zu ihrer Ausführung nicht unwirksam. ³Auf die fortbestehende Geldeinlagepflicht des Aktionärs wird der Wert des Vermögensgegenstandes im Zeitpunkt der Anmeldung der Gesellschaft zur Eintragung in das Handelsregister oder im Zeitpunkt seiner Überlassung an die Gesellschaft, falls diese später erfolgt, angerechnet. ⁴Die Anrechnung erfolgt nicht vor Eintragung der Gesellschaft in das Handelsregister. ⁵Die Beweislast für die Werthaltigkeit des Vermögensgegenstandes trägt der Aktionär.

(4) ¹Ist vor der Einlage eine Leistung an den Aktionär vereinbart worden, die wirtschaftlich einer Rückzahlung der Einlage entspricht und die nicht als verdeckte Sacheinlage im Sinne von Absatz 3 zu beurteilen ist, so befreit dies den Aktionär von seiner Einlageverpflichtung nur dann, wenn die Leistung durch einen vollwertigen Rückgewähranspruch gedeckt ist, der jederzeit fällig ist oder durch fristlose Kündigung durch die Gesellschaft fällig werden kann. ²Eine solche Leistung oder die Vereinbarung einer solchen Leistung ist in der Anmeldung nach § 37 anzugeben.

Übersicht	Rdn.			Rdn.
A. Regelungszweck	1		3. Mischeinlage	9
B. Formen der Sachgründung und ihre Satzungsanforderungen, Abs. 1	2		4. Verdeckte Sacheinlage	10
		C.	Anforderungen, Abs. 2	15
I. Sacheinlagen	3	I.	Einlagefähigkeit	15
II. Sachübernahmen	5	II.	Bewertung	18
III. Abgrenzung	7	D.	Verdeckte Sacheinlage, Hin- und Herzahlen, Abs. 3, 4	20
1. Fingierte Sacheinlage	7			
2. Gemischte Sacheinlage	8			

A. Regelungszweck

1 § 27 AktG geht von der **Zulässigkeit der Sachgründung** aus, unterstellt diese aber **besonderen Publizitätsregeln**. Die Regelung bezweckt den Schutz von Gläubigern und Aktionären vor unzureichender Aufbringung des Mindestvermögens i. H. d. Grundkapitals. Die Kapitalaufbringung bedarf gerade bei der Sachgründung besonderer Sicherungsvorkehrungen, weil die Gefahr besteht, dass die eingebrachten Gegenstände überbewertet oder gar nicht werthaltig sind. Wie in § 26 AktG greift der Gesetzgeber zum Instrument der **Satzungspublizität**; darüber hinaus sehen die Prüfungs- und Einlagevorschriften (§§ 31 ff. AktG) sowie die Kontrolle durch das Registergericht nach § 38 AktG weitere Sicherungsvorkehrungen gegenüber unsoliden Sachgründungen vor.

B. Formen der Sachgründung und ihre Satzungsanforderungen, Abs. 1

2 Das Gesetz nennt in Abs. 1 zwei Varianten regelungsbedürftiger Gründungsgeschäfte: die **Sacheinlage** (dazu Rdn. 3 f.) und die **Sachübernahme** (dazu Rdn. 5 ff.). Abs. 1 Satz 2 fingiert die Übernahme eines Vermögensgegenstandes als Sacheinlage, wenn die dafür zu leistende Vergütung auf die Einlage eines Aktionärs angerechnet werden soll (dazu Rdn. 7). Besondere Bedeutung hat die im Gesetz nicht besonders erwähnte verdeckte Sacheinlage (dazu unter Rdn. 10).

I. Sacheinlagen

Als Sacheinlage wird jede Einlage bezeichnet, die nicht durch Zahlung des Ausgabebetrages zu erbringen ist. Somit unterliegt jede Leistung, die **nicht in Geld** zu erbringen ist, den Regeln über die Sacheinlage. Die Sacheinlage erfolgt auf der Grundlage einer Sacheinlagevereinbarung, die materiell unselbstständiger Bestandteil des Gesellschaftsvertrages ist (BGH, Urt. v. 02.05.1966 – II ZR 219/63, Z 45, 338, 345 zur GmbH). Deren Vollzug erfolgt nach den für den jeweiligen Vermögensgegenstand einschlägigen Regeln für bewegliche Sachen (§§ 929 ff. BGB), Immobilien (§§ 873 ff., 925 BGB) sowie für Forderungen und Rechte (§§ 398 ff., 413 BGB). 3

Abs. 1 Satz 1 verlangt eine **Festsetzung in der Satzung**, die Folgendes betrifft: den Gegenstand der Sacheinlage, die Person des Einlegers; bei Nennbetragsaktien den Nennbetrag, bei Stückaktien die Zahl der für die Sacheinlage zu gewährenden Aktien. Jeweils haben die Angaben genau und vollständig zu sein. Zunächst ist also das Objekt der Sacheinlage genau zu bezeichnen. Dabei genügt die **objektive Bestimmbarkeit** (z. B. »alle Grundstücke des Einlegers, die am Gründungstag auf seinen Namen im Grundbuch von ... eingetragen sind«). Die Person des Einlegers ist nach Name (Firma) und Anschrift zu bezeichnen. Ist das Grundkapital in Nennbetragsaktien zerlegt, ist der Nennbetrag der zu gewährenden Aktien in der Satzung festzusetzen. Bei Stückaktien lässt Abs. 1 Satz 1 die zahlenmäßige Angabe der zu gewährenden Aktien genügen. 4

II. Sachübernahmen

Eine Sachübernahme ist nach Abs. 1 Satz 1, 2. Alt. jede Übernahme eines Vermögensgegenstandes, insbesondere die Übernahme von vorhandenen oder herzustellenden Anlagen durch die Gesellschaft gegen Gewährung einer Vergütung, die nicht in der Begründung von Mitgliedsrechten (Aktien) besteht. In der **Leistung der Vergütung** liegt der wesentliche Unterschied zur Sacheinlage. 5

Als Voraussetzung für die Zulässigkeit von Sacheinlagen bestimmt Abs. 1 in Parallele zu den Sacheinlagen (vgl. Rdn. 4), dass **in der Satzung** folgende Angaben festgesetzt werden müssen: Der Gegenstand der Sachübernahme, die Person, von der die Gesellschaft den Gegenstand erwirbt, und die bei der Sachübernahme zu gewährende Vergütung. Vertragspartner der Sachübernahmevereinbarung kann im Aktienrecht (anders für die GmbH; vgl. § 5 Abs. 4 GmbHG sowie die Kommentierung dort) auch ein Dritter sein, da kein notwendiger Bezug zu einer Einlagepflicht besteht (BGH, Urt. v. 10.11.1958 – II ZR 3/57, Z 28, 314, 318 f.). Der Vollzug der Sachübernahmevereinbarung erfolgt wie bei der Sacheinlage nach den allgemeinen Regeln des bürgerlichen Rechts. 6

III. Abgrenzung

1. Fingierte Sacheinlage

Soll die Gesellschaft einen Vermögensgegenstand übernehmen, für den eine Vergütung gewährt wird, die auf die Einlage eines Gründers angerechnet werden soll, so gilt dies nach Abs. 1 Satz 2 als Sacheinlage (sog. fingierte Sacheinlage). Die Verknüpfung der Bareinlage mit der Sachübernahme durch eine **Verrechnungsabrede** führt dazu, dass der Gesamtvorgang wie eine Sacheinlage zu behandeln ist. Im Hinblick darauf, dass für Bareinlagen ein Aufrechnungsverbot besteht (§ 66 Abs. 1 Satz 2 AktG), liegt die Bedeutung der Sacheinlagefiktion des Abs. 1 Satz 2 in der sofortigen Fälligkeit der Einlageverpflichtung (§ 36a Abs. 2 Satz 1 AktG). 7

2. Gemischte Sacheinlage

Als gemischte Sacheinlage wird eine Sacheinlage bezeichnet, deren Wert den Ausgabebetrag der dafür zu gewährenden Aktien übersteigt und bei der deswegen für die Wertdifferenz eine Vergütung gezahlt wird. Der Sache nach handelt es sich um eine **Mischform von Sacheinlage und Sachübernahme**. Die gemischte Sacheinlage wird nach h. M. einheitlich als Sacheinlage behandelt (*Hüffer/Koch* AktG, § 27 Rn. 8). In der Satzung ist die gemischte Sacheinlage durch Bezeichnung sowohl 8 des einzubringenden Vermögensgegenstandes als auch der zusätzlich neben der Ausgabe von Aktien zu gewährenden Vergütung festzusetzen.

3. Mischeinlage

9 Der Fall einer Mischeinlage liegt vor, wenn ein Gründer auf jede von ihm übernommene Aktie sowohl Bareinlagen als auch Sacheinlagen zu leisten hat (OLG Jena, Beschl. v. 12.10.2006 – 6 W 452/06, NZG 2007, 147). Davon wiederum ist der Sachverhalt zu unterscheiden, dass ein Gründer Bar- und Sacheinlagen getrennt nach den jeweils verschiedenen Einlagefestsetzungen für die übernommenen Aktien zu leisten hat. Für Mischeinlagen wird teilweise eine Bezifferung des Wertes der Sacheinlage in der Satzung gefordert (*Hüffer/Koch* AktG, § 36 Rn. 12); ein gesetzlicher Anhaltspunkt findet sich dafür aber in § 27 AktG nicht. Deshalb ist es ausreichend, wenn in der Satzung die Sacheinlage bestimmt wird und gleichzeitig die Gründer zur Bareinzahlung einer Wertdifferenz verpflichtet werden (Hdb AG/*Zätzsch* § 3 Rn. 233). Die Wertfestsetzung für die Sacheinlage empfiehlt sich, weil andernfalls der Umfang der Bareinlage und damit der Mindestforderungsbetrag nach § 36a AktG nicht zweifelsfrei feststeht.

4. Verdeckte Sacheinlage

10 Unter einer verdeckten Sacheinlage wird der Sachverhalt verstanden, dass die Kapitalaufbringung formell im Wege der Bareinlage erfolgt, im Zusammenhang, damit aber ein Geschäft vereinbart wird, bei dem die Gesellschaft einen Gegenstand vom Schuldner der Bareinlage oder einem Dritten im Interesse des Bareinlegers erwerben soll, das für sich genommen als Sacheinlage festzusetzen ist. Das Recht der verdeckten Sacheinlage ist – in Anlehnung an die durch das MoMiG gestaltete Rechtslage in § 19 Abs. 4 GmbHG (vgl. auch die dortige Kommentierung) – mit der Neuregelung durch das ARUG in § 27 Abs. 3 Satz 1 nunmehr auch im AktG legal definiert. »Verdeckt« ist das Sacheinlagegeschäft also deswegen, weil der wirtschaftliche Vorgang der Sacheinlage in **rechtlich getrennte Geschäfte** aufgespalten wird, sodass zwar formell eine Bareinlage geleistet wird, der Einlagebetrag materiell aber nur der Vergütung einer Sachleistung dient und der Gesellschaft im wirtschaftlichen Ergebnis **keine Barleistung zufließt** (BGH, Urt. v. 04.03.1996 – II ZR 89/95, Z 132, 133, 135 zur GmbH).

11 Abzugrenzen ist die verdeckte Sacheinlage von zulässigen Verwendungsabreden und Sachübernahmeabreden im Rahmen des gesetzlichen Sachgründungsrechts (vgl. Rdn. 5). Rechtsprechung (grundlegend BGH, Urt. v. 15.01.1990 – II ZR 164/88, Z 110, 47; Urt. v. 13.04.1992 – II ZR 277/90, Z 118, 83) und Literatur (vgl. *Habersack* in FS Priester 2007, 157 ff.) haben dabei zunächst **typische Tatbestände** herausgearbeitet, die als verdeckte Sacheinlage erfasst werden können. Sie betreffen vor allem die Fälle der **Forderungseinbringung** und die des **Hin- und Herzahlens**. Dabei geht es um Fallgestaltungen, in denen eine Forderung des Einlegers (Inferenten) gegen die Gesellschaft oder auch eine Drittforderung eingebracht wird, und im Zusammenhang damit eine Abtretung, eine Aufrechnung oder ein Hin- und Herzahlen der Forderungssummen mit der baren Einlageleistung erfolgt. Eine weitere Fallgestaltung bildet die sog. **Cash-Pool-Bildung** zur Liquiditätsbündelung im Konzern. Die Rechtsprechung des BGH verzichtet heute auf den Nachweis einer Absicht zur Umgehung des Sachgründungsrechts als Tatbestandsvoraussetzung einer verdeckten Sacheinlage und lässt offen, ob der Tatbestand rein objektiv zu erfassen ist. Sie sieht eine Umgehung der auf Publizität und Wertdeckungskontrolle zielenden Sachgründungsvorschriften des AktG (ebenso wie derjenigen des GmbHG) als gegeben an, wenn eine Abrede des Einlageschuldners mit den Gründern vorliegt, die den wirtschaftlichen Erfolg einer Sacheinlage umfasst. Für eine solche Abrede spricht eine tatsächliche Vermutung, wenn ein enger sachlicher und zeitlicher Zusammenhang zwischen Leistung und Rückfluss besteht (BGH, Urt. v. 04.03.1996 – II ZR 89/95, Z 132, 133 ff.; Urt. v. 02.12.2002 – II ZR 101/02, Z 153, 107, 109 f.; Urt. v. 16.01.2006 – II ZR 76/04, Z 166, 8 Tz. 12 ff.).

12 Die **Forderungseinbringung** kann eine verdeckte Sacheinlage darstellen, wenn Forderungen des Gründers gegen die AG mit der baren Einlageforderung der AG verrechnet werden. In der Tilgung

mit zuvor zugeflossenen Geldmitteln liegt eine verdeckte Sacheinlage, wenn der Inferent, anstelle der AG Barmittel zuzuführen, die Forderung nicht zum Gegenstand einer Sacheinlage gemacht hat. Regelmäßig muss es sich deshalb um Altforderungen handeln (BGH, Urt. v. 18.02.1991 – II ZR 104/90, Z 113, 335, 341; Urt. v. 21.02.1994 – II ZR 60/93, Z 125, 141, 149 f.; Urt. v. 04.03.1996 – II ZB 8/95, Z 132, 141, 144 f.). Bei der Verrechnung von Forderungen, die erst nach der Begründung der baren Einlageforderung entstanden sind (sog. Neuforderungen), liegt eine verdeckte Forderungseinbringung vor, wenn die Verrechnung bereits bei der Begründung der Einlagepflicht beschlossen bzw. abgesprochen war (BGH, Urt. v. 16.09.2002 – II ZR 1/00, Z 152, 37 ff.). Entsprechendes gilt in den Fällen der Kapitalerhöhung (BGH, Urt. v. 16.09.2002 – II ZR 1/00, Z 152, 37, 43). Die Verrechnung durch die Aktionäre selbst verbietet bereits § 66 (vgl. § 66 Rdn. 5 ff.).

Eine besondere Regelung haben die Fälle des **Hin- und Herzahlens** der baren Einlageverpflichtung und anschließend der Valuta etwa für die Rückzahlung einer Darlehensverbindlichkeit erfahren. Sie sind nunmehr – in Anlehnung an die durch das MoMiG gestaltete Rechtslage in § 19 Abs. 5 GmbHG (vgl. auch die dortige Kommentierung) – mit der Neuregelung durch das ARUG in § 27 Abs. 4 geregelt. 13

Umstritten ist, ob und unter welchen Voraussetzungen die Grundsätze der verdeckten Sacheinlage in Fällen Anwendung findet, in denen **Vorratsgesellschaften** oder vermögenslos bzw. unternehmenslos gewordene sog. **Mantelgesellschaften** bei der Gründung Verwendung finden (vgl. *Herchen* DB 2003, 2211 ff.; *Emde* GmbHR 2003, 1034 ff.; *Heidinger* ZHR 2005, 101 ff.; *Weitnauer* NZG 2006, 298 ff.). Nach der höchstrichterlichen Rechtsprechung ist in den Fällen der »wirtschaftlichen Neugründung« das Sachgründungsrecht analog anzuwenden; ein solcher Fall kann bei der Verwendung einer noch ungebrauchten Vorratsgesellschaft und bei der Verwendung des eines gebrauchten vermögenslosen Gesellschaftsmantels gegeben sein (BGH, Beschl. v. 09.12.2002 – II ZB 12/02, Z 153, 158 ff.; Beschl. v. 07.07.2003 – II ZB 4/02, Z 155, 318 ff. jeweils zur GmbH). In diesen Fällen könnten die Gründungsvorschriften, insbesondere die zur Sicherung der realen Kapitalaufbringung, umgangen werden. Insofern bilden Vermögenslosigkeit der implantierten Gesellschaft, die Änderung des Unternehmensgegenstandes, die Umplatzierung der Aktien, eine Sitzverlegung sowie die Bestellung eines neuen Vorstandes Indizien für eine wirtschaftliche Neugründung (BGH, Beschl. v. 07.07.2003 – II ZB 4/02, Z 155, 318, 325). 14

C. Anforderungen, Abs. 2

I. Einlagefähigkeit

Sacheinlagen können nach Abs. 2 Halbs. 1 nur Vermögensgegenstände sein, deren **wirtschaftlicher Wert feststellbar** ist. Der Begriff des Vermögensgegenstandes in diesem Sinn ist nicht identisch mit dem des Bilanzrechts (§§ 240 ff. HGB). Grundsätzlich sind zwar alle aktivierungsfähigen Gegenstände als Sacheinlage geeignet, Abs. 2 Halbs. 2 nimmt aber Verpflichtungen zu **Dienstleistungen** als Sacheinlage generell aus. Auf der anderen Seite sind bestimmte, nicht aktivierungsfähige Vermögensgegenstände einlagefähig. Entscheidend ist, ob die einzubringenden Vermögensgegenstände einen feststellbaren wirtschaftlichen Wert haben und sie im Wege der Vermögensaussonderung zur realen Kapitalaufbringung geeignet sind. 15

Einlagefähig sind danach **bewegliche und unbewegliche Sachen**, sofern die Gesellschaft das Eigentum daran erwerben soll. Entsprechendes gilt für **dingliche Rechte** an Sachen (Dienstbarkeiten, Nießbrauch). **Obligatorische Nutzungsrechte** können trotz fehlender Aktivierungsfähigkeit einlagefähig sein, wenn mit ihrer Nutzungsdauer ihr wirtschaftlicher Wert feststeht (BGH, Urt. v. 15.05.2000 – II ZR 359/98, Z 144, 290, 294) und die Vermögensaussonderung zugunsten der Gesellschaft stattfindet, dadurch, dass sie Besitz erlangt. **Forderungen gegen Dritte**, die auf die Gesellschaft übertragen werden sollen, sind einlagefähig, ebenso wie **Forderungen gegen die AG**; insofern liegen die praktischen Probleme bei der sachgerechten Bewertung (OLG Düsseldorf, Urt. v. 28.03.1991 – 6 U 163/90, ZIP 1991, 161, 162 zur Kapitalerhöhung durch Umwandlung von fälligen Verbindlichkeiten in haftendes Kapital). Einlagefähig sind auch **Sachgesamtheiten**, insbe- 16 sondere Unternehmen, einschließlich des Kundenstamms, des good will und gewerblicher Schutzrechte. Einlagefähig sind auch nicht entgeltlich erworbene **immaterielle Vermögensgegenstände**, selbst wenn der Einleger sie selbst nicht aktivieren durfte (§ 248 Abs. 2 HGB).

17 **Nicht einlagefähig** sind Forderungen gegen den Aktionär, solange sie nicht ausgesondert und in das Vermögen der Gesellschaft überführt werden. Nicht einlagefähig sind nach Abs. 2 auch Verpflichtungen zu Dienstleistungen; dies gilt nach dem Wortlaut der Regelung nicht nur bei Verpflichtungen von Gründern, sondern nach h. M. auch dann, wenn es sich um Ansprüche gegen Dritte handelt (vgl. *Penné* WPg 1988, 35, 39 f.; a. A. *Sudhoff/Sudhoff* NJW 1982, 129, 130).

II. Bewertung

18 Neben der Einlagefähigkeit verlangt das AktG eine **sachgerechte Bewertung** der Sacheinlage. Unzulässig ist sowohl die Überbewertung (§§ 9 Abs. 1, 34 Abs. 1 Nr. 2, 36a Abs. 2 Satz 3, 38 Abs. 2 Satz 2 AktG) als auch eine Unterbewertung, weil verhindert werden soll, dass verdeckte Reserven gebildet werden (*Hüffer/Koch* AktG, § 27 Rn. 27). Bei Gegenständen des Anlagevermögens kommt es auf den **Wiederbeschaffungswert** an. Gegenstände des Umlaufvermögens sind mit dem **Veräußerungswert** zu bewerten. Maßgeblich ist der Zeitpunkt der Anmeldung.

19 Im Fall der Überbewertung liegt ein **Errichtungsmangel** vor, der ein Eintragungshindernis i. S. d. § 38 Abs. 2 Satz 2 AktG darstellt. Die Gesellschafter haben bis zur Eintragung die Möglichkeit, die Wertansätze zu berichtigen und die Einlage nachzubessern. Wird die AG ungeachtet der Fehlbewertung eingetragen, so entsteht die AG; die Gründer trifft eine Differenzhaftung wegen ihrer Kapitaldeckungszusage (BGH, Urt. v. 14.03.1977 – II ZR 156/75, Z 68, 191, 195). Überdies kommt eine Haftung nach den §§ 46 ff. AktG in Betracht. Zur Strafbarkeit des Verhaltens vgl. § 396 Abs. 1 Nr. 1 AktG.

D. Verdeckte Sacheinlage, Hin- und Herzahlen, Abs. 3, 4

20 Das Recht der verdeckten Sacheinlage bei der AG ist mit der Neuregelung durch das ARUG in Abs. 3 in Parallele an die durch das MoMiG gestaltete Rechtslage in § 19 Abs. 4 GmbHG geregelt worden. Auf die Kommentierung zu § 19 Abs. 4 GmbHG wird an dieser Stelle verwiesen. Entsprechendes gilt für die inhaltsgleichen Vorschriften bezüglich des sog. Hin- und Herzahlens in § 19 Abs. 5 GmbHG und die nunmehr durch das ARUG eingeführte Parallelregelung in § 27 Abs. 4 AktG; auch insofern wird auf die Kommentierung zu § 19 Abs. 5 GmbHG verwiesen.

§ 28 Gründer

Die Aktionäre, die die Satzung festgestellt haben, sind die Gründer der Gesellschaft.

1 Die Vorschrift bestimmt den **Begriff des Gründers**; er gilt einheitlich für das gesamte AktG. Bedeutung hat die Vorschrift insbesondere für die Reichweite der zivil- und strafrechtlichen Gründerhaftung nach §§ 46, 399 Abs. 1 Satz 1 und 2 AktG.

2 Gründer können **natürliche und juristische Personen** bzw. gründerfähige Personenvereinigungen (vgl. § 2 AktG Rdn. 3) sein. Die Gründereigenschaft hängt von der rechtswirksamen Mitwirkung an der Feststellung der Satzung ab. Die Beteiligung nur an schuldrechtlichen Vereinbarungen in der Gründungsphase begründet die Gründereigenschaft nicht. Personen, die als Treuhänder oder Strohmann im eigenen Namen, wenn auch auf fremde Rechnung, an der Feststellung der Satzung mitwirken, sind Gründer i. S. d. § 28 AktG.

§ 29 Errichtung der Gesellschaft

Mit der Übernahme aller Aktien durch die Gründer ist die Gesellschaft errichtet.

Die Vorschrift stellt klar, dass im Zeitpunkt der Übernahme aller Aktien die Gesellschaft errichtet ist, ohne dass mangels Eintragung bereits die AG als juristische Person entstanden ist. Die vor der Eintragung bestehende Vor-AG, die eine Gesamthandsgesellschaft eigener Art darstellt (vgl. § 41 AktG Rdn. 2–9), entsteht schon mit dem Abschluss der Beurkundung der Satzungsfeststellung. Durch die Aktienübernahme wird die **Einlagepflicht begründet** (vgl. § 2 AktG Rdn. 4). Aus § 29 AktG selbst ergeben sich keine Rechtsfolgen. 1

§ 30 Bestellung des Aufsichtsrats, des Vorstands und des Abschlußprüfers

(1) ¹Die Gründer haben den ersten Aufsichtsrat der Gesellschaft und den Abschlußprüfer für das erste Voll- oder Rumpfgeschäftsjahr zu bestellen. ²Die Bestellung bedarf notarieller Beurkundung.

(2) Auf die Zusammensetzung und die Bestellung des ersten Aufsichtsrats sind die Vorschriften über die Bestellung von Aufsichtsratsmitgliedern der Arbeitnehmer nicht anzuwenden.

(3) ¹Die Mitglieder des ersten Aufsichtsrats können nicht für längere Zeit als bis zur Beendigung der Hauptversammlung bestellt werden, die über die Entlastung für das erste Voll- oder Rumpfgeschäftsjahr beschließt. ²Der Vorstand hat rechtzeitig vor Ablauf der Amtszeit des ersten Aufsichtsrats bekanntzumachen, nach welchen gesetzlichen Vorschriften der nächste Aufsichtsrat nach seiner Ansicht zusammenzusetzen ist; §§ 96 bis 99 sind anzuwenden.

(4) Der Aufsichtsrat bestellt den ersten Vorstand.

Übersicht	Rdn.		Rdn.
A. Regelungszweck	1	C. Erster Vorstand, Abs. 4	8
B. Erster Aufsichtsrat, Abs. 1 bis 3	2	D. Erster Abschlussprüfer, Abs. 1	12

A. Regelungszweck

Die Vorschrift will die Handlungsfähigkeit der **noch nicht eingetragenen Vor-AG** sicherstellen. Sie regelt deshalb die Bestellung und Rechtsverhältnisse des ersten Aufsichtsrats, des Abschlussprüfers für das erste Geschäftsjahr sowie des ersten Vorstands. 1

B. Erster Aufsichtsrat, Abs. 1 bis 3

Die **Gründer** haben im Zusammenhang mit der Errichtung der Gesellschaft nach Abs. 1 den **ersten Aufsichtsrat** der Gesellschaft zu bestellen. Aus den §§ 36, 37 AktG ergibt sich, dass ohne diese Bestellung die AG nicht in das Handelsregister eingetragen werden kann. Für diese Bestellung sind grundsätzlich alle Vorschriften heranzuziehen, die nach Eintragung der Gesellschaft für die Bestellung des Aufsichtsrats gelten. Deshalb kann insbesondere nur Aufsichtsrat werden, wer die persönlichen Voraussetzungen der §§ 100, 105 AktG erfüllt. Gründer selbst sind aufsichtsratsfähig und sind auch befugt, bei der Beschlussfassung über die eigene Bestellung mitzuwirken. Die Gründer, die anstelle der nach Eintragung zuständigen Hauptversammlung tätig werden, beschließen entsprechend § 133 AktG mit einfacher Mehrheit, sofern die Satzung keine andere Mehrheit vorsieht. Die Mehrheit berechnet sich nach den Aktiennennbeträgen der anwesenden Gründer. Eine Vertretung ist nach Maßgabe des § 134 Abs. 3 AktG zulässig. 2

Die Bestellung bedarf nach Abs. 1 Satz 2 der **notariellen Beurkundung**. Die Bestellung kann mit der Feststellung der Satzung gem. § 23 Abs. 1 AktG verbunden werden. Für die Erklärung der Annahme des Aufsichtsratsmandats ist die notarielle Beurkundung nicht vorgesehen. Für die Amtsniederlegung und die Abberufung des ersten Aufsichtsrats gelten die allgemeinen gesetzlichen Aufsichtsratsregelungen. Unbeschadet anderweitiger Satzungsbestimmungen ist für die Abberufung eine **3/4-Mehrheit** 3 der abgegebenen Stimmen der Gründer erforderlich (vgl. § 103 Abs. 1 Satz 2 AktG). Der Beschluss bedarf der notariellen Beurkundung (vgl. § 130 Abs. 1 Satz 1 AktG); nach der ebenfalls entsprechend anwendbaren Regelung des § 130 Abs. 1 Satz 3 AktG reicht bei nicht börsennotierten Gesellschaften auch ein privatschriftliches Protokoll. Das 3/4-Mehrheits-Erfordernis steht dem nicht entgegen, weil der Maßstab des § 130 AktG derjenige der Kapitalmehrheit ist, der für die Abberufung nicht gilt.

4 Die **Zahl der Aufsichtsratsmitglieder** bestimmt sich für den ersten Aufsichtsrat nach der allgemeinen gesetzlichen Regelung des § 95 AktG (vgl. § 95 AktG Rdn. 2). Höhere und durch drei teilbare Zahlen können in der Satzung vorgesehen werden. Sie gelten dann auch für den ersten Aufsichtsrat, wenn nicht die Satzung eben dafür eine Sonderregelung getroffen hat. Der erste Aufsichtsrat ist nach Abs. 2 grundsätzlich mitbestimmungsfrei. Anders ist dies unter den Voraussetzungen des § 31 AktG, wenn Gegenstand einer Sacheinlage oder Sachübernahme ein Unternehmen ist (vgl. § 31 AktG Rdn. 1).

5 Der erste Aufsichtsrat hat zunächst die ihm speziell **zugewiesenen Aufgaben**: Er hat den ersten Vorstand zu bestellen (Abs. 4), die Gründungsprüfung vorzunehmen (§ 33 Abs. 1 AktG) und an der Anmeldung nach § 36 Abs. 1 AktG mitzuwirken. Ferner bestehen die sich aus §§ 111, 112 AktG ergebenden allgemeinen Aufgaben bereits in der Vor-AG. Neben der Haftung nach den allgemeinen Vorschriften der §§ 116, 93 haftet der erste Aufsichtsrat für Pflichtverletzungen bei der Gründungsprüfung gesamtschuldnerisch nach § 48 AktG.

6 Die **Amtszeit** des ersten Aufsichtsrats endet gem. Abs. 3 Satz 1 mit der Beendigung der Hauptversammlung, die nach § 120 AktG über die Entlastung für das erste Geschäftsjahr beschließt. Dies ist in der Regel die erste sog. ordentliche Hauptversammlung, die sowohl für die Entgegennahme oder Feststellung des ersten Jahresabschlusses und ggf. für den ersten Gewinnverwendungsbeschluss (§ 175 AktG) zuständig ist; sie hat spätestens 8 Monate nach Ablauf des ersten Geschäftsjahres stattzufinden (vgl. §§ 120 Abs. 1 Satz 1, 175 Abs. 1 Satz 2 AktG). Die Amtszeit hat daher eine **Höchstdauer von 20 Monaten** ab der Eintragung. Eine Bestellung für eine längere Zeit als die Höchstdauer ist nicht unwirksam, ist aber von Gesetzes wegen auf die Höchstdauer beschränkt.

7 Einen **gesetzlichen Vergütungsanspruch** haben die Mitglieder des ersten Aufsichtsrats nicht. Eine Vergütung kann aber als Gründerlohn oder Sondervorteil vereinbart werden; die Wirksamkeit einer solchen Vereinbarung zulasten der Gesellschaft setzt die Festsetzung in der Satzung voraus (§ 26 Abs. 1, Abs. 3 Satz 1 AktG). Die Hauptversammlung der eingetragenen AG kann nachträglich über die Zuwendung einer Vergütung beschließen, § 113 Abs. 2 AktG.

C. Erster Vorstand, Abs. 4

8 Der erste Aufsichtsrat hat den ersten Vorstand zu bestellen. Dabei handelt es sich um eine zwingende Aufgabe, deren Durchführung Voraussetzung für die Eintragung der Gesellschaft im Handelsregister ist, Abs. 4. Kommt der Aufsichtsrat dieser Pflicht nicht nach, können die Gründer eine Auswechselung des ersten Aufsichtsrats durch Abberufung der bisherigen Mitglieder erreichen (vgl. Rdn. 3); eine Ersatzbestellung durch das Gericht ist vor der Eintragung nicht vorgesehen (vgl. OLG Frankfurt am Main, Urt. v. 21.08.1995 - 20 W 580/94, NJW-RR 1996, 290). Die Bestellung erfolgt durch **Beschluss** gem. § 108 AktG mit **einfacher Mehrheit**. Der erste Aufsichtsrat ist auch zuständig für den Abschluss des Anstellungsvertrages. Nach Eintragung geht der Anstellungsvertrag von der Vor-AG auf die AG über. Für die Zusammensetzung gilt § 76 Abs. 2 AktG i. V. m. der Satzung.

9 Dem ersten Vorstand sind nach dem Gesetz **besondere Aufgaben** zugewiesen. Sie betreffen vor allem die **Herbeiführung der Eintragung** und dabei die Prüfung der Gründungsvorgänge (§ 33 AktG) und die **Anmeldung der Gesellschaft** zur Eintragung in das Handelsregister (§ 36 AktG). Hinzu kommen der Abschluss der Verträge über Sacheinlagen und Sachübernahmen, die Zahlung anfallender Steuern und Gebühren (§ 36 Abs. 2 AktG), die Einrichtung eines Bankkontos für die Entgegennahme der Geldeinlagen (§§ 36 Abs. 2, 37 Abs. 1 AktG) sowie die Bedienung der satzungsmäßigen Sondervorteile und Gründungsaufwendungen. Die Verpflichtung zur Bekanntgabe nach § 30 Abs. 3 Satz 2 AktG dient der Vorbereitung der ggf. erforderlichen Beteiligung der

Arbeitnehmer im Aufsichtsrat (dazu *Hüffer/Koch* AktG, § 30 Rn. 9). Ferner gelten die allgemeinen Bestimmungen über den Vorstand, soweit sich nicht aus den Sonderregeln etwas anderes ergibt. Die Sorgfaltspflichten bestimmen sich also nach § 93 Abs. 1 Satz 1 AktG. Die Haftung für Maßnahmen im Rahmen der Gründung bestimmt sich nach § 48 AktG.

Die **Vergütung** stellt **keinen Gründungsaufwand** dar, sodass die AG aus dem Anstellungsvertrag zur Zahlung der Vergütung wirksam verpflichtet wird, ohne dass die Satzungspublizität des § 26 Abs. 2 AktG eingehalten werden muss (BGH, Urt. v. 14.06.2004 – II ZR 47/02, NJW 2004, 2519, 2520). 10

Die Organstellung **endet durch Zeitablauf**; es gilt § 84 Abs. 1 Satz 1 AktG. Damit gilt eine Höchstdauer von 5 Jahren, deren Lauf mit der Aufnahme der Tätigkeit unabhängig von der Eintragung der AG beginnt. 11

D. Erster Abschlussprüfer, Abs. 1

Die Gründer haben gem. Abs. 1 Satz 1 den ersten Abschlussprüfer zu bestellen. Dabei sind die für den ersten Aufsichtsrat geltenden Grundsätze anzuwenden (vgl. Erl. in Rdn. 3). Die Bestellung bedarf nach Abs. 1 Satz 2 **der notariellen Beurkundung**. Wird die Bestellung nicht vorgenommen, ist die AG trotzdem wirksam errichtet; das Registergericht hat die Eintragung vorzunehmen, § 38 Abs. 1 AktG. Nach der Eintragung kann eine gerichtliche Ersatzbestellung nach § 318 Abs. 4 AktG erfolgen. 12

Neben der Bestellung sind die Gründer auch befugt, den **Prüfauftrag** zu erteilen. Nach Eintragung ist es Sache des ersten Vorstands, den Prüfauftrag zu erteilen (§§ 78 AktG, 318 Abs. 1 Satz 4 HGB). 13

Abschlussprüfer können Wirtschaftsprüfer und Wirtschaftsprüfungsgesellschaften sein, § 319 HGB. Sie haben die allgemeinen Aufgaben nach den §§ 316 ff. HGB für das erste Geschäftsjahr. 14

§ 31 Bestellung des Aufsichtsrats bei Sachgründung

(1) ¹Ist in der Satzung als Gegenstand einer Sacheinlage oder Sachübernahme die Einbringung oder Übernahme eines Unternehmens oder eines Teils eines Unternehmens festgesetzt worden, so haben die Gründer nur so viele Aufsichtsratsmitglieder zu bestellen, wie nach den gesetzlichen Vorschriften, die nach ihrer Ansicht nach der Einbringung oder Übernahme für die Zusammensetzung des Aufsichtsrats maßgebend sind, von der Hauptversammlung ohne Bindung an Wahlvorschläge zu wählen sind. ²Sie haben jedoch, wenn dies nur zwei Aufsichtsratsmitglieder sind, drei Aufsichtsratsmitglieder zu bestellen.

(2) Der nach Absatz 1 Satz 1 bestellte Aufsichtsrat ist, soweit die Satzung nichts anderes bestimmt, beschlußfähig, wenn die Hälfte, mindestens jedoch drei seiner Mitglieder an der Beschlußfassung teilnehmen.

(3) ¹Unverzüglich nach der Einbringung oder Übernahme des Unternehmens oder des Unternehmensteils hat der Vorstand bekanntzumachen, nach welchen gesetzlichen Vorschriften nach seiner Ansicht der Aufsichtsrat zusammengesetzt sein muß. ²§§ 97 bis 99 gelten sinngemäß. ³Das Amt der bisherigen Aufsichtsratsmitglieder erlischt nur, wenn der Aufsichtsrat nach anderen als den von den Gründern für maßgebend gehaltenen Vorschriften zusammenzusetzen ist oder wenn die Gründer drei Aufsichtsratsmitglieder bestellt haben, der Aufsichtsrat aber auch aus Aufsichtsratsmitgliedern der Arbeitnehmer zu bestehen hat.

(4) Absatz 3 gilt nicht, wenn das Unternehmen oder der Unternehmensteil erst nach der Bekanntmachung des Vorstands nach § 30 Abs. 3 Satz 2 eingebracht oder übernommen wird.

(5) § 30 Abs. 3 Satz 1 gilt nicht für die nach Absatz 3 bestellten Aufsichtsratsmitglieder der Arbeitnehmer.

§ 32 AktG Gründungsbericht

1 Für den Fall der Sachgründung durch Einbringung oder Übernahme eines Unternehmens finden sich in § 31 AktG besondere Regeln, die eine möglichst rasche Beteiligung der Arbeitnehmer des übernommenen Unternehmens am Aufsichtsrat der aufnehmenden Gesellschaft bezwecken. Die Gründer haben gem. Abs. 1 Satz 1 die Zahl von Aufsichtsratsmitgliedern zu bestellen, die bei Anwendung der gesetzlichen Mitbestimmungsregeln maßgeblich sind. Abs. 3 soll die Beteiligung der Arbeitnehmervertreter im Aufsichtsrat gewährleisten. Zu diesem Zweck hat die Bekanntmachung nach Abs. 3 Satz 1 zu erfolgen; danach erfolgt die Beteiligung der Arbeitnehmervertreter am ersten Aufsichtsrat durch Ergänzung oder Neuwahl, Abs. 3 Satz 3. Abs. 4 schließt die Ergänzung oder Neuwahl des Aufsichtsrats aus, wenn das Unternehmen erst nach der Bekanntmachung gem. § 30 Abs. 3 Satz 2 AktG übernommen wird. Abs. 5 betrifft die Aufsichtsratsmitglieder der Arbeitnehmer; die Beschränkung ihrer Amtszeit wird durch diese Vorschrift aufgehoben, sodass die Amtsdauer der Mitglieder des Aufsichtsrats verschieden ist, je nachdem, ob es sich um Vertreter der Aktionäre handelt – deren Amtsdauer endet mit der ersten ordentlichen Hauptversammlung, § 30 Abs. 3 AktG – oder um Arbeitnehmervertreter – sie haben eine normale Amtszeit, § 102 AktG.

§ 32 Gründungsbericht

(1) Die Gründer haben einen schriftlichen Bericht über den Hergang der Gründung zu erstatten (Gründungsbericht).

(2) ¹Im Gründungsbericht sind die wesentlichen Umstände darzulegen, von denen die Angemessenheit der Leistungen für Sacheinlagen oder Sachübernahmen abhängt. ²Dabei sind anzugeben
1. die vorausgegangenen Rechtsgeschäfte, die auf den Erwerb durch die Gesellschaft hingezielt haben;
2. die Anschaffungs- und Herstellungskosten aus den letzten beiden Jahren;
3. beim Übergang eines Unternehmens auf die Gesellschaft die Betriebserträge aus den letzten beiden Geschäftsjahren.

(3) Im Gründungsbericht ist ferner anzugeben, ob und in welchem Umfang bei der Gründung für Rechnung eines Mitglieds des Vorstands oder des Aufsichtsrats Aktien übernommen worden sind und ob und in welcher Weise ein Mitglied des Vorstands oder des Aufsichtsrats sich einen besonderen Vorteil oder für die Gründung oder ihre Vorbereitung eine Entschädigung oder Belohnung ausbedungen hat.

1 § 32 AktG verpflichtet die Gründer, einen **schriftlichen Gründungsbericht** zu erstatten. Die Verpflichtung besteht sowohl bei Bar- als auch bei Sachgründungen. Damit soll die gerichtliche Gründungsprüfung gem. § 38 AktG erleichtert und zugleich ein **Schutz gegen unzureichende Gründungen** erreicht werden. Dann, wenn die Gründungsprüfer erklären oder es offensichtlich ist, dass eine Unrichtigkeit oder Unvollständigkeit des Berichts oder sein Verstoß gegen gesetzliche Vorschriften vorliegt, führt dies zur Ablehnung der Eintragung, § 38 Abs. 2 Satz 1 AktG.

2 Der Bericht ist **von den Gründern** zu erstatten. Eine Vertretung ist dabei nicht zulässig (*Hüffer/Koch* AktG, § 32 Rn. 2). Das Gesetz verlangt die Schriftform und damit die eigenhändige Namensunterschrift, § 126 BGB. Für die Richtigkeit und Vollständigkeit des Berichts sind die Gründer strafrechtlich nach § 399 Abs. 1 Nr. 2 AktG verantwortlich und sie haften gegenüber der AG nach § 46 AktG und gegenüber den Aktionären und Gesellschaftsgläubigern gem. § 823 Abs. 2 BGB i. V. m. § 399 Abs. 1 Nr. 2 AktG auf Schadenersatz.

3 Der **Inhalt des Gründungsberichts** erstreckt sich auf die allgemeinen Angaben über den Hergang der Gründung (§ 32 Abs. 1 AktG). Er hat Angaben darüber zu enthalten, ob und ggf. welche Sonderbeziehungen der Gesellschaft zu Vorstands- und Aufsichtsratsmitgliedern i. S. v. Abs. 3 bestehen. Angaben nach Abs. 3 sind insbesondere im Fall der Strohmanngründung und immer dann erforderlich, wenn für Mitglieder des Vorstands oder des Aufsichtsrats Sondervorteile oder Gründungsbelohnungen oder -entschädigungen i. S. d. § 26 AktG eingeräumt werden. Die Pflicht zur Offenlegung folgt aus dem Gesellschaftsvertrag und besteht auch dann, wenn die Leistung nicht von der AG,

sondern einem Dritten erbracht werden soll. Anzugeben sind der Name des Empfängers und der Umfang des dem einzelnen Organmitglied eingeräumten Vorteils (*Hüffer/Koch* AktG, § 32 Rn. 6).

Spezielle Angaben sind bei **Sacheinlagen** erforderlich, Abs. 2. Sind diese in der Satzung festgesetzt (§ 27 Abs. 1 Satz 1 AktG), hat der Gründungsbericht die wesentlichen Umstände darzulegen, von denen die Angemessenheit der Leistung abhängt. Dies betrifft vor allem Angaben als Grundlage für die Überprüfung der Werthaltigkeit der Leistungen gem. Abs. 2 Satz 2 Nr. 1–3. 4

Bei einer **Änderung der wesentlichen Umstände** nach Erstattung des Gründungsberichts ist in einem Nachtrag auf diese Änderungen hinzuweisen. 5

§ 33 Gründungsprüfung. Allgemeines

(1) Die Mitglieder des Vorstands und des Aufsichtsrats haben den Hergang der Gründung zu prüfen.

(2) Außerdem hat eine Prüfung durch einen oder mehrere Prüfer (Gründungsprüfer) stattzufinden, wenn
1. ein Mitglied des Vorstands oder des Aufsichtsrats zu den Gründern gehört oder
2. bei der Gründung für Rechnung eines Mitglieds des Vorstands oder des Aufsichtsrats Aktien übernommen worden sind oder
3. ein Mitglied des Vorstands oder des Aufsichtsrats sich einen besonderen Vorteil oder für die Gründung oder ihre Vorbereitung eine Entschädigung oder Belohnung ausbedungen hat oder
4. eine Gründung mit Sacheinlagen oder Sachübernahmen vorliegt.

(3) ¹In den Fällen des Absatzes 2 Nr. 1 und 2 kann der beurkundende Notar (§ 23 Abs. 1 Satz 1) anstelle eines Gründungsprüfers die Prüfung im Auftrag der Gründer vornehmen; die Bestimmungen über die Gründungsprüfung finden sinngemäße Anwendung. ²Nimmt nicht der Notar die Prüfung vor, so bestellt das Gericht die Gründungsprüfer. ³Gegen die Entscheidung ist die Beschwerde zulässig.

(4) Als Gründungsprüfer sollen, wenn die Prüfung keine anderen Kenntnisse fordert, nur bestellt werden
1. Personen, die in der Buchführung ausreichend vorgebildet und erfahren sind;
2. Prüfungsgesellschaften, von deren gesetzlichen Vertretern mindestens einer in der Buchführung ausreichend vorgebildet und erfahren ist.

(5) ¹Als Gründungsprüfer darf nicht bestellt werden, wer nach § 143 Abs. 2 nicht Sonderprüfer sein kann. ²Gleiches gilt für Personen und Prüfungsgesellschaften, auf deren Geschäftsführung die Gründer oder Personen, für deren Rechnung die Gründer Aktien übernommen haben, maßgebenden Einfluß haben.

Übersicht	Rdn.		Rdn.
A. Regelungszweck 1		C. Externe Prüfung, Abs. 3 3	
B. Gründungsprüfung durch Vorstand und Aufsichtsrat, Abs. 1 2			

A. Regelungszweck

Die Vorschrift bezweckt die **Gewährleistung der ordnungsgemäßen Errichtung** der Gesellschaft. Dazu wird auf der Grundlage des Gründungsberichts der Gründer eine Prüfung des Gründungsgeschehens durch die Verwaltung der Gesellschaft oder in besonderen Fällen durch externe Prüfer, nämlich entweder den Urkundsnotar oder durch besondere Gründungsprüfer verlangt. Die Vorschrift dient dem Schutz der künftigen Gläubiger und Aktionäre. Im Hinblick auf das nach § 34 Abs. 3 Satz 2 AktG bestehende Einsichtsrecht für jedermann dient die Vorschrift überdies dem 1

Informationsinteresse der Öffentlichkeit. Die Gründungsprüfung nach § 33 AktG erleichtert schließlich die gerichtliche Gründungsprüfung nach § 38 AktG.

B. Gründungsprüfung durch Vorstand und Aufsichtsrat, Abs. 1

2 Jedes Vorstands- und Aufsichtsratsmitglied hat den Hergang der Gründung zu prüfen, Abs. 1. Die Gründungsprüfung ist **Eintragungsvoraussetzung** (vgl. §§ 37 Abs. 4 Nr. 4, 38 Abs. 1 Satz 2 AktG). Die zu Unrecht eingetragene AG ist aber dennoch wirksam entstanden; eine Nichtigkeitsklage oder Amtslöschung ist nicht statthaft (*Hüffer/Koch* AktG, § 33 Rn. 2). Die Prüfungspflicht ist **persönlicher Natur** und erlaubt deshalb keine Stellvertretung. Bei Nichterfüllung kann die betreffende Person abberufen werden (vgl. § 30 AktG Rdn. 8). Der Umfang der Gründungsprüfung wird durch § 34 AktG näher geregelt.

C. Externe Prüfung, Abs. 3

3 Unter den Voraussetzungen des Abs. 2 Nr. 1–4 hat **zusätzlich** zu der Prüfung des Gründungshergangs durch die Verwaltungsmitglieder eine Prüfung durch einen oder mehrere gerichtlich zu bestellende **Gründungsprüfer** stattzufinden. Liegen nur die Bestellungsgründe des Abs. 2 Nr. 1 und 2 vor, kann anstelle des gerichtlich zu bestellenden Gründungsprüfers auch der Gründungsnotar von den Gründern mit der Prüfung beauftragt werden, Abs. 3. Mit dieser Regelung soll insbesondere die Gründung der sog. kleinen AG erleichtert werden (vgl. *Hermanns* ZIP 2002, 1785). Diese Erleichterung kommt nicht in Betracht, wenn die Voraussetzungen des Abs. 2 Nr. 3 oder 4 vorliegen; die Erleichterung wird damit nur in den Fällen der Bargründung gewährt.

4 Bei der **Notarprüfung** hat die Beauftragung durch die Gründer zu erfolgen. Beauftragt werden kann nur der Urkundsnotar, also derjenige Notar, der die Satzung festgestellt hat (§ 23 Abs. 1 AktG). Der Notar kann nach der Regierungsbegründung zu § 33 AktG den Auftrag ablehnen (BT-Drucks. 14/8769, S. 12); in diesem Fall hat eine Prüfung durch gerichtlich bestellte Prüfer stattzufinden. Rechte und Pflichten des Notars bei der Prüfung ergeben sich analog §§ 33, 34, 35 Abs. 1 AktG. Seine Verantwortlichkeit gibt sich aus § 19 BNotO. Die **Kosten** der Notarprüfung haben anders als bei der gerichtlichen Prüferbestellung nicht die Gesellschaft, sondern die den Auftrag erteilenden Gründer zu tragen. Entsprechend der Rechtslage zu den Gründungskosten können die Notarprüfungskosten nach Maßgabe des § 26 Abs. 2 AktG von der Gesellschaft übernommen werden (vgl. *Hermanns* ZIP 2002, 1785, 1788; vgl. auch § 26 AktG Rdn. 5).

5 Für die **gerichtliche Bestellung der Prüfer** ist das Amtsgericht des Gesellschaftssitzes zuständig, § 375 Nr. 3 FamFG. Die Bestellung erfolgt **auf Antrag**; antragsberechtigt sind sowohl die Gründer als auch der Vorstand. Das Gericht hat bei der Auswahl die sachlichen und persönlichen Bestellungsvoraussetzungen der Abs. 4 und 5 zu beachten, kann im Übrigen aber nach freiem Ermessen entscheiden. Die Antragsberechtigten können Vorschläge unterbreiten, an die das Gericht nicht gebunden ist. Die Bestellung erfolgt im Beschlusswege. Der gerichtlich bestellte Prüfer kann die Annahme des Amtes ablehnen. Schuldner der Kosten der gerichtlichen Bestellung ist die Gesellschaft (BayObLG, Beschl. v. 14.08.1973 – 3 Z 121/72, Z 1973, 235, 240).

6 Die **sachliche Eignung** ist nur anhand der gesetzlichen Kriterien des Abs. 4 Nr. 1 und 2 zu prüfen. § 319 Abs. 1 HGB findet im Rahmen der Gründungsprüfung keine Anwendung. Wirtschaftsprüfer und Wirtschaftsprüfungsgesellschaften können aber zu Prüfern bestellt werden. Hinsichtlich der **persönlichen Eignung** sind die **Bestellungsverbote des Abs. 5** zu beachten. Im Interesse einer unparteiischen Prüfung sind nach Abs. 5 Satz 2 auch Prüfer ausgeschlossen, auf die die Gründer oder Personen, für deren Rechnung die Gründer Aktien übernommen haben, maßgebenden Einfluss haben. Der Begriff des maßgebenden Einflusses ist unterhalb der Schwelle des beherrschenden Einflusses des § 17 Abs. 1 AktG anzusiedeln (vgl. MüKo AktG/*Pentz* § 33 Rn. 60). Erst recht sind auch Personen von der Bestellung zum Prüfer ausgeschlossen, die aufgrund einer Interessenkollision keine unparteiische Prüfung gewährleisten. Gründer, Verwaltungsmitglieder oder Angestellte der Gesellschaft sind daher nicht zum Prüfer geeignet.

§ 33a Sachgründung ohne externe Gründungsprüfung

(1) Von einer Prüfung durch Gründungsprüfer kann bei einer Gründung mit Sacheinlagen oder Sachübernahmen (§ 33 Abs. 2 Nr. 4) abgesehen werden, soweit eingebracht werden sollen:
1. übertragbare Wertpapiere oder Geldmarktinstrumente im Sinne des § 2 Abs. 1 Satz 1 und Abs. 1a des Wertpapierhandelsgesetzes, wenn sie mit dem gewichteten Durchschnittspreis bewertet werden, zu dem sie während der letzten drei Monate vor dem Tag ihrer tatsächlichen Einbringung auf einem oder mehreren organisierten Märkten im Sinne von § 2 Abs. 5 des Wertpapierhandelsgesetzes gehandelt worden sind,
2. andere als die in Nummer 1 genannten Vermögensgegenstände, wenn eine Bewertung zu Grunde gelegt wird, die ein unabhängiger, ausreichend vorgebildeter und erfahrener Sachverständiger nach den allgemein anerkannten Bewertungsgrundsätzen mit dem bei zulegenden Zeitwert ermittelt hat und wenn der Bewertungsstichtag nicht mehr als sechs Monate vor dem Tag der tatsächlichen Einbringung liegt.

(2) Absatz 1 ist nicht anzuwenden, wenn der gewichtete Durchschnittspreis der Wertpapiere oder Geldmarktinstrumente (Absatz 1 Nr. 1) durch außergewöhnliche Umstände erheblich beeinflusst worden ist oder wenn anzunehmen ist, dass der beizulegende Zeitwert der anderen Vermögensgegenstände (Absatz 1 Nr. 2) am Tag ihrer tatsächlichen Einbringung auf Grund neuer oder neu bekannt gewordener Umstände erheblich niedriger ist als der von dem Sachverständigen angenommene Wert.

Übersicht

	Rdn.			Rdn.
A. Regelungszweck	1	C.	Gegenausnahmen, Abs. 2	6
B. Ausnahmen von der externen Gründungsprüfung, Abs. 1	2			

A. Regelungszweck

Das AktG verlangt sowohl für die Sach- und Nachgründung (§§ 33 Abs. 2 Nr. 4, 52 Abs. 4 Satz 1) als auch für die Kapitalerhöhung gegen Sacheinlagen (§§ 183 Abs. 3 Satz 1, 194 Abs. 4 Satz 1 und 2005 Abs. 3 Satz 12) die Durchführung einer externen Werthaltigkeitsprüfung. Nachdem zunächst die europarechtlichen Vorgaben in der Kapitalrichtlinie von 1976 in der geänderten Richtlinie aus dem Jahr 2006 dereguliert wurden, hat der deutsche Gesetzgeber mit dem ARUG der Richtlinie entsprechenden Regelungen in das AktG überführt (vgl. *Merkner/Decker* NZG 2009, 887 ff.). Im Bereich der Gründung mit Sacheinlagen oder Sachübernahmen hat § 33a AktG den Grundsatz der externen Gründungsprüfung aufgelockert, ohne das Kapitalschutzsystem des AktG zu beseitigen (*Böttcher* NZG 2008, 481, 483). Abs. 1 der Vorschrift schafft Ausnahmeregelungen, mit denen vor allem das Werturteil des geregelten Marktes gleichsam das Werturteil eines sachverständigen Gründungsprüfers ersetzt. In Abs. 2 regelt der Gesetzgeber Gegenausnahmen, bei deren Vorliegen die externe Prüfung erforderlich bleibt.

B. Ausnahmen von der externen Gründungsprüfung, Abs. 1

Die Ausnahme betrifft nach der **Nr. 1** die Gründung unter Einbringung von übertragbaren Wertpapieren und Geldmarktinstrumenten i. S. d. § 2 Abs. 1 Satz 1 und Abs. 1a WpHG. Gedacht ist dabei in erster Linie an Aktien und Rentenpapiere (*Seibert* ZIP 2008, 906, 907). Insgesamt werden von der Regelung aber sämtliche in den Bezugsvorschriften des WpHG legal definierten Wertpapiere und Geldmarktinstrumente erfasst.

Die Ausnahme von der externen Sachgründung setzt weiter voraus, dass diese Wertpapiere mit dem gewichteten Durchschnittspreis der letzten 3 Monate vor dem Tag ihrer tatsächlichen Einbringung auf einem oder mehreren organisierten Märkten bewertet werden. Der Begriff des organisierten Marktes wird unter Rückgriff auf § 2 Abs. 5 WpHG verwendet. Der gewichtete Durchschnittspreis wird insbesondere für die an den deutschen organisierten Märkten gehandelten Wertpapiere von der BaFin laufend ermittelt. Auf ihn kann deshalb regelmäßig zurückgegriffen werden. Die Verwendung von Preisen anderer Anbieter schließt das Gesetz nicht aus (vgl. BR-Drucks. 847/08, S. 30). Die Drei-Monatsspanne entspricht der des § 5 WpÜG-AngebotsVO. Der Tag der tatsächlichen Einbringung ergibt sich aus den beim Registergericht einzureichenden Antragsunterlagen.

4   Nr. 2 in Abs. 1 erfasst alle sonstigen, in Nr. 1 nicht genannten Vermögensgegenstände, die einer Bewertung zugänglich sind und von einem Sachverständigen unter den näher bestimmten Voraussetzungen mit dem bei zulegendem Zeitwert bewertet worden sind. Der Sachverständige hat in Anlehnung an die zu §§ 33 Abs. 4, 143 Abs. 1 Nr. 1 AktG anerkannten Grundsätze ausreichend vorgebildet und erfahren zu sein. Die zusätzlich vom Gesetz geforderte Unabhängigkeit des Sachverständigen entspricht begrifflich der Unabhängigkeit des externer Finanzexperten i. S. d. § 100 Abs. 5 AktG und ist wie dort zu bestimmen (vgl. Erl. zu § 100 Rdn. 9). Der Bewertungsstichtag darf nicht länger als 6 Monate zurückliegen; auch insofern ist – wie in Nr. 1 – auf den Tag der tatsächlichen Einbringung abzustellen.

5   Vom Erfordernis der externen Werthaltigkeitsprüfung »kann« unter den genannten Voraussetzungen abgesehen werden. Damit ist kein zwingender Entfall der Prüfung gemeint. Der Gesetzgeber wollte mit der Ermessensregel zum Ausdruck bringen, dass von den Erleichterungen des § 33a AktG und dem entsprechenden Wahlrecht nur Gebrauch gemacht werden kann, wenn ausschließlich die in § 33a AktG aufgezählten Vermögensgegenstände eingebracht werden. Sollen daneben auch andere Vermögensgegenstände eingebracht werden, deren Wert sich nicht in gleicher Weise feststellen lässt, muss für diese Gegenstände eine externe Werthaltigkeitsprüfung durchgeführt werden (BT-Drucks. 16/11642, S. 30). Entsprechendes gilt für die Fälle des § 36 Abs. 2 Satz 2 AktG, weil in diesen Fällen die Sacheinlage tatsächlich erst innerhalb eines Zeitraums von 5 Jahren nach der Eintragung der Gesellschaft zu erbringen ist (*Merkner/Decker* NZG 2009, 887, 889, Fn. 15).

C. Gegenausnahmen, Abs. 2

6   Abs. 2 erklärt bei Einbringung von Wertpapieren oder Geldmarktinstrumenten i. S. d. Abs. 1 Nr. 1 diese Ausnahmevorschrift für nicht anwendbar und damit im Sinne einer Rückausnahme die nach den allgemeinen Vorschriften vorzunehmende externe Gründungsprüfung für anwendbar, wenn ihr gewichteter »**durch außergewöhnliche Umstände erheblich beeinflusst**« worden ist. Die innere Grund für diese Ausnahme liegt darin, dass unter den genannten Umständen die Preisbildung an geregelten Märkten versagt. Außergewöhnliche Umstände in diesem Sinn liegen vor, wenn der Handel mit den betreffenden Papieren über einen längeren völlig zum Erliegen gekommen ist bzw. ausgesetzt war oder der Markt durch Missbrauch oder verbotene Kursmanipulation künstlich beeinflusst worden ist (BT-Drucks. 16/11642, S. 31 unter Hinweis auf § 20a Abs. 1WpHG). Die Durchführung erlaubter Rückkaufprogramme, Maßnahmen zur Kursstabilisierung im Rahmen von § 20a Abs. 3 WpHG, § 5 MaKonV) bzw. sonstiges marktübliches Verhalten i. S. d. § 20a Abs. 2 WpHG begründen dagegen keine außergewöhnlichen Umstände (BT-Drucks. 16/11642, S. 31). Die Erheblichkeitsschwelle ist in der gesetzlichen Regelung nicht näher präzisiert, wird aber bei einer Wertabweichung von 5% angenommen (*Zetsche* Der Konzern 2008, 321, 330). Der Gesetzgeber hat allerdings nicht auf die naheliegende Konkretisierung durch die Regelung in § 5 Abs. 4 WpÜG-AngebotsVO Bezug genommen; eine Orientierung der Auslegung von § 33a Abs. 2 an diesem Tatbestand wird dennoch empfohlen (*Merkner/Decker* NZG 2009, 887, 890 f.).

7   Bei der Einbringung anderer Vermögensgegenstände i. S. von Abs. 1 Nr. 2 besteht nach Abs. 2 eine Gegenausnahme, wenn anzunehmen ist, dass der beizulegende Zeitwert der anderen Vermögensgegenstände (Abs. 1 Nr. 2) am Tag ihrer tatsächlichen Einbringung **aufgrund neuer oder neu bekannt gewordener Umstände erheblich niedriger** ist als der von dem Sachverständigen angenommene Wert. Hinreichend ist somit, dass Umstände darauf hindeuten, dass die Sachverständigenbewertung erheblich zu hoch ausgefallen sein könnte; darauf, dass dadurch die reale Kapitalaufbringung gefährdet ist, kommt es nicht an (BT-Drucks. 16/11642, S. 32). Die Erheblichkeitsschwelle wird vom Gesetzgeber wiederum nicht näher konkretisiert (vgl. schon Rdn. 6).

Der maßgebliche Zeitraum, innerhalb dessen bei der Bewertung anderer Vermögensgegenstände 8
kein außergewöhnlichen Umstände eintreten oder neu bekannt werden dürfen, ist die Zeit bis
zur tatsächlichen Einbringung. Danach eintretende neue Umstände spielen im vereinfachten Eintragungsverfahren keine Rolle. Werden allerdings vor der Anmeldung Umstände bekannt; dies
schon vor der Einbringung eingetreten waren, kommt eine Anmeldung im vereinfachten Verfahren
wegen der nach § 37a Abs. 2 AktG erforderlichen Versicherung nicht mehr in Betracht (BT-Drucks.
16/11642, S. 32).

§ 34 Umfang der Gründungsprüfung

(1) Die Prüfung durch die Mitglieder des Vorstands und des Aufsichtsrats sowie die Prüfung
durch die Gründungsprüfer haben sich namentlich darauf zu erstrecken,
1. ob die Angaben der Gründer über die Übernahme der Aktien, über die Einlagen auf das
   Grundkapital und über die Festsetzung nach §§ 26 und 27 richtig und vollständig sind;
2. ob der Wert der Sacheinlagen oder Sachübernahmen den geringsten Ausgabebetrag der dafür
   zu gewährenden Aktien oder den Wert der dafür zu gewährenden Leistungen erreicht.

(2) ¹Über jede Prüfung ist unter Darlegung dieser Umstände schriftlich zu berichten. ²In dem
Bericht ist der Gegenstand jeder Sacheinlage oder Sachübernahme zu beschreiben sowie anzugeben, welche Bewertungsmethoden bei der Ermittlung des Wertes angewandt worden sind. ³In
dem Prüfungsbericht der Mitglieder des Vorstands und des Aufsichtsrats kann davon sowie von
Ausführungen zu Absatz 1 Nr. 2 abgesehen werden, soweit nach § 33a von einer externen Gründungsprüfung abgesehen wird.

(3) ¹Je ein Stück des Berichts der Gründungsprüfer ist dem Gericht und dem Vorstand einzureichen. ²Jedermann kann den Bericht bei dem Gericht einsehen.

Abs. 1 regelt Fragen des Prüfungsumfangs der Gründungsprüfung nach § 33 AktG. Die Rege- 1
lung nennt **wesentliche Prüfungsgegenstände** in den Nr. 1 und 2, ohne diese aber abschließend
(»namentlich«) festzulegen. Gemäß dem Zweck, die Ordnungsgemäßheit der Errichtung der
Gesellschaft zu prüfen (vgl. § 33 AktG Rdn. 1), sind grundsätzlich alle Vorgänge, die mit der Gründung zusammenhängen, zu prüfen. Geschäftsgeheimnisse sind zu wahren. Aus der Benennung
der Einzelprüfungsgegenstände in den Nr. 1 und 2 wird gefolgert, dass die Zweckmäßigkeit der
gewählten Rechtsform, die Liquidität der Gründer und die Lebensfähigkeit des Unternehmens
nicht zu prüfen sind (*Hüffer/Koch* AktG, § 34 Rn. 2). Aus § 38 Abs. 2 Satz 1 AktG ergibt sich, dass
die Gründungsprüfer auch den Bericht der Verwaltungsmitglieder zu prüfen haben; deshalb ist es
erforderlich, dass zunächst der Prüfbericht der Verwaltungsmitglieder erstellt wird.

Der Bericht hat sich auf »**jede**« Prüfung zu beziehen, Abs. 2 Satz 1. Damit unterscheidet das Gericht 2
zwischen dem Bericht der Gründungsprüfer und dem der Verwaltungsmitglieder. Letztere, also
Vorstand und Aufsichtsrat, sollen aber in einer **gemeinsamen Urkunde** berichten können (MüKo
AktG/*Pentz* § 34 Rn. 19). Der Bericht ist schriftlich abzufassen, also mit eigenhändiger Namensunterschrift zu versehen, Abs. 2 Satz 1 i. V. m. § 126 BGB. Der Bericht hat alle Umstände darzulegen, die Gegenstand der Prüfung waren. Bei Sacheinlagen und -übernahmen sind auch die
Gegenstände zu beschreiben und die zur Wertermittlung angewandten Methoden anzugeben (dazu
Schiller AG 1991, 20, 24 ff.).

Der durch das ARUG eingeführte Abs. 2 Satz 3 schränkt ausnahmsweise den Umfang der Berichts- 3
pflicht ein. Findet nach § 33a AktG eine externe Prüfung der Werthaltigkeit des Einlagegegenstandes nicht statt, muss sich der Bericht nicht auf den Wert der Sacheinlagen oder Sachübernahmen
zu erstrecken. Der Bericht braucht dann auch – abweichend von Abs. 2 Satz 2 – keine Beschreibung
der Sacheinlagen und Sachübernahmen zu enthalten. Die Erstellung des Gründungsberichts durch
die Gründer wird durch Abs. 2 Satz 3 nicht berührt; die Mitglieder des Vorstands und des Aufsichtsrats bleiben zur Prüfung des Hergangs der Gründung sowie zur Erstattung eines entsprechenden
Berichts verpflichtet.

§ 35 AktG Meinungsverschiedenheiten zw. Gründern/Gründungsprüfern. Vergütung u. Auslagen

4   Die Einschränkung der Berichtspflicht entbindet die Mitglieder des Vorstands und des Aufsichtsrats nicht von den entsprechenden Angaben gegenüber dem Registergericht. Diese Angaben sind Gegenstand der Anmeldung und der darin abzugebenden Erklärung gem. § 37a Abs. 1 und 2 AktG.

5   Der Bericht der Gründungsprüfer ist dem Gericht und dem Vorstand in je einfache Ausfertigung einzureichen, Abs. 3 Satz 1. Eine Aushändigung des Berichts an die Gründer sieht das Gesetz nicht vor, verbietet diese aber auch nicht. Der Prüfungsbericht der Verwaltungsmitglieder wird von Abs. 3 nicht erfasst. Er ist gem. § 37 Abs. 4 Nr. 4 AktG nur beim Registergericht einzureichen.

6   Den Bericht der Gründungsprüfer kann **jedermann einsehen**, Abs. 3 Satz 2. Das Einsichtsrecht besteht nur bei Gericht. Es ist nicht an den Nachweis eines rechtlichen oder wirtschaftlichen Interesses gebunden.

§ 35   Meinungsverschiedenheiten zwischen Gründern und Gründungsprüfern. Vergütung und Auslagen der Gründungsprüfer

(1) Die Gründungsprüfer können von den Gründern alle Aufklärungen und Nachweise verlangen, die für eine sorgfältige Prüfung notwendig sind.

(2) ¹Bei Meinungsverschiedenheiten zwischen den Gründern und den Gründungsprüfern über den Umfang der Aufklärungen und Nachweise, die von den Gründern zu gewähren sind, entscheidet das Gericht. ²Die Entscheidung ist unanfechtbar. ³Solange sich die Gründer weigern, der Entscheidung nachzukommen, wird der Prüfungsbericht nicht erstattet.

(3) ¹Die Gründungsprüfer haben Anspruch auf Ersatz angemessener barer Auslagen und auf Vergütung für ihre Tätigkeit. ²Die Auslagen und die Vergütung setzt das Gericht fest. ³Gegen die Entscheidung ist die Beschwerde zulässig; die Rechtsbeschwerde ist ausgeschlossen. ⁴Aus der rechtskräftigen Entscheidung findet die Zwangsvollstreckung nach der Zivilprozeßordnung statt.

1   Abs. 1 gibt den Gründungsprüfern ein **umfassendes Informationsrecht**. Die Regelung begründet – wie sich aus Abs. 2 Satz 3 ergibt – keinen zwangsweise durchsetzbaren Rechtsanspruch, sondern eine **Obliegenheit der Gründer**. Das Informationsrecht steht allein den Gründungsprüfern, nicht dagegen den Verwaltungsmitgliedern. Bei mehreren Prüfern ist jeder Einzelne berechtigt, das Informationsbegehren zu stellen. Die Aufklärung und Nachweise können von den einzelnen Gründern oder von ihnen zusammen verlangt werden. Inhalt und Umfang des Informationsrechts wird von Abs. 1 durch den Maßstab der Notwendigkeit für eine sorgfältige Prüfung beschrieben und steht damit in sachlichem Zusammenhang mit dem von § 34 AktG festgelegten Prüfungsumfang (vgl. § 34 AktG Rdn. 1).

2   Abs. 2 regelt ein Verfahren, das bei **Meinungsverschiedenheiten** zwischen Gründern und Gründungsprüfern über den Umfang der zu gewährenden Informationen entscheidet. Zuständig ist nach §§ 375 Nr. 3, 377 Abs. 1 FamFG, 23a Abs. 1 Nr. 2, Abs. 2 GVG das Amtsgericht, in dessen Bezirk die künftige AG ihren Sitz (§ 14 AktG) haben wird. Das Gericht entscheidet auf Antrag, den zu stellen die Gründer und die Gründungsprüfer berechtigt sind. Die gerichtliche Entscheidung ergeht durch unanfechtbaren Beschluss, Abs. 2 Satz 2.

3   Der zur Abgabe weiterer Informationen tenorierte Beschluss kann nicht zwangsweise durchgesetzt werden. Verweigern die Gründer dem Beschlussinhalt zuwider die Information, wird der Prüfungsbericht nicht erstattet, Abs. 2 Satz 3, mit der Folge, dass ein Eintragungshindernis entsteht (vgl. § 33 AktG Rdn. 2). Erstatten die Gründungsprüfer den Bericht ungeachtet der nicht gegebenen Information, hat das Gericht besonderen Anlass zu prüfen, ob ein der Eintragung entgegenstehender offensichtlicher Mangel i. S. d. § 38 Abs. 2 Satz 1 AktG vorliegt. Überdies kommt im Verweigerungsfall eine Schadensersatzpflicht nach § 49 AktG in Betracht.

4   Abs. 3 Satz 1 begründet einen **Anspruch** der Gründungsprüfer auf **Auslagenersatz und Vergütung**. Die konkreten Beträge können im Interesse der Unabhängigkeit der Prüfung nicht wirksam durch Vereinbarung mit der AG festgelegt werden; sie sind vom Gericht festzusetzen, Abs. 3 Satz 2. Für

das Verfahren gelten die zu § 35 Abs. 2 AktG bestehenden Grundsätze (vgl. Rdn. 2). Die Leistungen sind Gründungsaufwand i. S. d. § 26 Abs. 2 AktG. Leistungsschuldner sind die AG bzw. vor Eintragung die Vor-AG, nicht dagegen die Gründer (*Hüffer/Koch* AktG, § 35 Rn. 7).

§ 36 Anmeldung der Gesellschaft

(1) **Die Gesellschaft ist bei dem Gericht von allen Gründern und Mitgliedern des Vorstands und des Aufsichtsrats zur Eintragung in das Handelsregister anzumelden.**

(2) **Die Anmeldung darf erst erfolgen, wenn auf jede Aktie, soweit nicht Sacheinlagen vereinbart sind, der eingeforderte Betrag ordnungsgemäß eingezahlt worden ist (§ 54 Abs. 3) und, soweit er nicht bereits zur Bezahlung der bei der Gründung angefallenen Steuern und Gebühren verwandt wurde, endgültig zur freien Verfügung des Vorstands steht.**

Übersicht	Rdn.		Rdn.
A. Regelungszweck................	1	C. Kapitalaufbringung bei Bareinlagen,	
B. Anmeldung, Abs. 1.............	2	Abs. 2..........................	6

A. Regelungszweck

Die Vorschrift ist Bestandteil der Regelungen des AktG zur **Verhinderung unseriöser AG-Gründungen**. Deswegen schreibt Abs. 1 vor, dass die Eintragung der Gesellschaft erst nach vorheriger Anmeldung erfolgen darf und die Anmeldung wiederum setzt bei Bareinlagen voraus, dass eine in § 36a AktG der Höhe nach bestimmte Mindestzahlung auf die Einlagepflicht geleistet wurde. Für Sacheinlagen enthält § 36a Abs. 2 AktG besondere Vorschriften; diese gelten nach der Reform durch das MoMiG unverändert auch für die Einmann-AG. Der Inhalt der Anmeldung wird von § 37 AktG näher geregelt. 1

B. Anmeldung, Abs. 1

Die Anmeldung der AG ist nach Abs. 1 von **allen Gründern** sowie den **Mitgliedern des Vorstands und des Aufsichtsrats** vorzunehmen. Melden nicht alle dazu verpflichteten Personen an, ist die Anmeldung nicht ordnungsgemäß und die Gesellschaft ist dann nicht eintragungsfähig, § 38 Abs. 1 AktG. Dieser Fall liegt auch dann vor, wenn nicht alle von Gesetz oder Satzung geforderten Mitglieder des Vorstands und Aufsichtsrats bestellt sind und deshalb an der Anmeldung nicht mitwirken. Anmeldepflichtig sind auch die stellvertretenden Vorstandsmitglieder, § 94 AktG. Eine Anmeldung durch Bevollmächtigte ist im Hinblick auf die mit der Anmeldepflicht einhergehende persönliche Verantwortlichkeit im Straf- und Zivilrecht (§§ 46, 48, 399 AktG) entgegen der Regelung in § 12 Abs. 2 HGB nicht zulässig; die Zulässigkeit der gesetzlichen Vertretung bleibt davon unbenommen (BayObLG, Beschl. v. 12.06.1986 – BReg. 3 Z 29/86, NJW 1987, 136). 2

Die Anmeldung hat **im Namen der Vorgesellschaft** zu erfolgen. Die Vor-AG ist bereits im Anmeldeverfahren beteiligungsfähig und wird dabei durch die Mitglieder ihres zuständigen Organs in vertretungsberechtigter Zahl vertreten (BGH, Beschl. v. 16.03.1992 – II ZB 17/91, Z 117, 323, 327). § 36 AktG schreibt darüber hinaus die Beteiligung der weiteren in Abs. 1 genannten Personen vor, um diese Personen zusätzlich in die Verantwortung für die Ordnungsgemäßheit und Richtigkeit der Anmeldevorgänge einzubeziehen (BGHZ 117, 328). Bei Zurückweisung der Anmeldung hat die verfahrensbeteiligte Vor-AG die **Beschwerdebefugnis**; diese wird insoweit vom Vorstand vertreten, ohne dass die Mitwirkung aller Anmelder erforderlich ist (BGH, Beschl. v. 16.03.1992 – II ZB 17/91, Z 117, 329). Daneben werden auch die Gründer für beschwerdebefugt gehalten, damit im Anmeldeverfahren keine Abhängigkeit vom Vorstand der Vorgesellschaft eintritt (*Hüffer/Koch* AktG, § 36 Rn. 3). Eine Beschwerdebefugnis des Aufsichtsrats besteht dagegen mangels eines neben dem Interesse der Vor-AG, die durch den Vorstand vertreten wird, bestehenden Eigeninteresses des Aufsichtsrats an der Anmeldung nicht (*Hüffer/Koch* AktG, § 36 Rn. 3). 3

4   **Zuständig** ist das Amtsgericht, in dessen Bezirk die angemeldete Gesellschaft ihren Sitz haben soll, §§ 14 AktG, §§ 375 Nr. 3, 377 Abs. 1 FamFG, 23a Abs. 1 Nr. 2, Abs. 2 GVG. Für die Anmeldung gelten die Formvorschriften des § 12 Abs. 1 HGB. Insbesondere ist die Anmeldung in **öffentlich beglaubigter Form** (§§ 129 Abs. 1 BGB, 39, 40 BeurkG) vorzunehmen, die durch notarielle Beurkundung ersetzt werden kann (§ 129 Abs. 2 BGB).

5   Für die Gründer und die Verwaltungsmitglieder besteht eine **Pflicht zur Anmeldung**. Sie folgt aus dem Gesellschaftsvertrag bzw. der Organstellung und ist deshalb auch klageweise durchsetzbar (str.) und nach § 894 ZPO vollstreckbar. Wird die Anmeldung zurückgenommen, was durch alle Anmelder oder von einzelnen erfolgen kann, liegt eine ordnungsgemäße Anmeldung nicht mehr vor; eine Eintragung der Gesellschaft darf dann nicht mehr erfolgen.

C. Kapitalaufbringung bei Bareinlagen, Abs. 2

6   Abs. 2 betrifft die erforderliche Kapitalaufbringung im Fall von Bareinlagen. In der Anmeldung ist nach dieser Regelung i. V. m. weiteren Vorschriften **zu erklären**: (1) der Betrag, zu dem die Aktien ausgegeben werden (§§ 37 Abs. 1 Satz 1, 9 AktG), (2) der auf jede Aktie eingeforderte Betrag (§ 36 Abs. 2 Satz 1 AktG), (3) dass der eingeforderte Betrag mindestens ein Viertel des geringsten Ausgabebetrags und bei höherem Ausgabebetrag auch den Mehrbetrag umfasst (§ 36a Abs. 1 AktG), (4) der auf jede Aktie ordnungsgemäß eingezahlte Betrag (§§ 37 Abs. 1 Satz 1 Halbs. 2, 36 Abs. 2 Satz 1, 54 Abs. 3 AktG) und (5) dass der Vorstand über die eingezahlten Beträge endgültig frei verfügen kann, soweit sie nicht bereits zur Bezahlung der bei der Gründung angefallenen und wegen § 26 Abs. 2 AktG in der Satzung festgesetzten Steuern und Gebühren verwandt wurden (§§ 36 Abs. 2 Satz 1, 54 Abs. 3 AktG). Wegen der endgültigen freien Verfügbarkeit der eingezahlten Beträge besteht nach § 37 Abs. 1 Satz 2 AktG eine Nachweispflicht, die im Regelfall der Einzahlung mittels Gutschrift auf ein Konto durch eine Bestätigung des kontoführenden Instituts zu erbringen ist.

7   Die **freie Verfügbarkeit** der eingezahlten Beträge ist nicht gegeben, wenn eine Rückzahlung vereinbart wird (BGH, Urt. v. 05.04.1993 – II ZR 195/91, Z 122, 180, 184 f.). Wird dem Gründer für die Einlage ein Darlehen der Vor-AG gewährt oder verbürgt sich die Vor-AG für ein Darlehen, fehlt es ebenfalls an der freien Verfügbarkeit i. S. d. Abs. 2 (BGH, Urt. v. 30.06.1958 – II ZR 213/56, Z 28, 77, 78). Ebenso ist der Fall zu behandeln, dass die Zahlung auf ein debitorisches Konto erfolgt, sodass die Bank die Zahlung mit dem Schuldsaldo verrechnen kann (BGH, Urt. v. 24.09.1990 – II ZR 203/89, NJW 1991, 226 f.), es sei denn, der Vorstand kann im Rahmen einer gewährten Kreditlinie über den eingezahlten Betrag verfügen (BGH, Urt. v. 10.06.1996 – II ZR 98/95, DStR 1996, 1416, 1417). Ist die neu gegründete Gesellschaft in ein Cash-Pool-System eingebunden, bei dem die einzelnen Guthabenpositionen der verschiedenen Konzernunternehmen miteinander verrechnet werden, fließen die Einlagen an den Cash-Pool und gelangen deshalb nicht zur freien Verfügung des Vorstandes (BGH, Urt. v. 18.05.2006 – IX ZR 53/05, NJW 2006, 1736 ff.). Zweifelhaft ist die freie Verfügbarkeit der Einzahlung der Bareinlage, wenn sie unter Verwendungsbindungen erfolgt (*Ihrig*, Die endgültige freie Verfügung über die Einlage von Kapitalgesellschaftern, 1991, 183 ff.). Die freie Verfügbarkeit ist jedenfalls dann nicht gegeben, wenn sie dem Interesse des Einlegers an der Rückführung der Einlage dient (BGH, Urt. v. 18.02.1991 – II ZR 104/90, Z 113, 335, 343 ff.).

8   Die Bareinlagen müssen nach Abs. 2 **endgültig** zur freien Verfügung des Vorstands stehen. Dieser Verpflichtung stehen insbesondere vertraglich vereinbarte Rückzahlungsverpflichtungen entgegen.

9   Verfügt der Vorstand der Gesellschaft bereits vor der Anmeldung über Bareinlagen, fließen die entsprechenden Mittel von der Gesellschaft ab und stehen deshalb dem Vorstand nicht mehr zur freien Verfügung. Im Hinblick darauf, dass das AktG keine Thesaurierungspflicht des Vorstands für eingegangene Einlagezahlungen vorsieht und unter dem Vorbehalt einer wertgleichen Deckung hat der BGH Dispositionen über Einlagebeträge vor der Anmeldung als unschädlich angesehen, wenn sich der Wert im Zeitpunkt der Anmeldung noch im Vermögen der Gesellschaft befindet (BGH, Urt. v. 13.07.1992 – II ZR 263/91, Z 119, 177, 187 f.).

§ 36a Leistung der Einlagen

(1) Bei Bareinlagen muß der eingeforderte Betrag (§ 36 Abs. 2) mindestens ein Viertel des geringsten Ausgabebetrags und bei Ausgabe der Aktien für einen höheren als diesen auch den Mehrbetrag umfassen.

(2) ¹Sacheinlagen sind vollständig zu leisten. ²Besteht die Sacheinlage in der Verpflichtung, einen Vermögensgegenstand auf die Gesellschaft zu übertragen, so muß diese Leistung innerhalb von fünf Jahren nach der Eintragung der Gesellschaft in das Handelsregister zu bewirken sein. ³Der Wert muß dem geringsten Ausgabebetrag und bei Ausgabe der Aktien für einen höheren als diesen auch dem Mehrbetrag entsprechen.

Übersicht	Rdn.			Rdn.
A. Zweck der Vorschrift	1	C.	Sacheinlagen, Abs. 2	5
B. Bareinlagen, Abs. 1	2			

A. Zweck der Vorschrift

Die Vorschrift regelt die **Höhe des Mindestbetrags**, der vor der Anmeldung der Gesellschaft auf die Bareinlage einzuzahlen ist. Für Sacheinlage sieht Abs. 2 eine besondere Regelung vor. 1

B. Bareinlagen, Abs. 1

Bei **Bareinlagen** beträgt der vor der Anmeldung zu zahlende Mindestbetrag **ein Viertel des geringsten Ausgabebetrags**, §§ 36a Abs. 1, 36 Abs. 2 AktG. Bei der den geringsten Ausgabebetrag überschreitenden Überpari-Emission (vgl. § 9 AktG Rdn. 8) ist zudem das Agio (vgl. § 9 AktG Rdn. 3) in voller Höhe einzuzahlen. 2

Zahlungen auf den gesetzlichen Mindestbetrag haben unter den Voraussetzungen der §§ 36 Abs. 2, 54 Abs. 3 AktG **Schuld befreiende Wirkung**. Freiwillige Mehrleistungen haben Schuld befreiende Wirkung nur dann, wenn der Gegenwert im Zeitpunkt der Eintragung noch zur Verfügung steht (BGH, Urt. v. 24.10.1988 – II ZR 176/88, Z 105, 300, 303 zur GmbH unter Aufgabe seiner früheren Rechtsprechung); ist dies nicht der Fall, trifft die Gesellschafter eine Unterbilanzhaftung (BGH, Urt. v. 09.03.1981 – II ZR 54/80, Z 80, 129, 140 ff.; vgl. dazu § 41 AktG Rdn. 7 f.). Diese zur Rechtslage bei der GmbH entwickelte Rechtsprechung ist auf die gleichartige Rechtslage bei der AG zu übertragen (*Hüffer/Koch* AktG, § 36a Rn. 3). 3

Die Satzung kann einen höheren Betrag als den des § 36a AktG festschreiben, § 23 Abs. 5 Satz 2 AktG. Die Anmeldung setzt in diesem Fall voraus, dass der höhere Betrag ordnungsgemäß eingezahlt ist, wenn der Vorstand diesen eingefordert hat, § 36 Abs. 2 Satz 1 AktG; zu der Einforderung des höheren Betrages ist der Vorstand verpflichtet. Fordert der Vorstand weniger ein, handelt er pflichtwidrig; für die Anmeldung ist dies aber unschädlich, da § 36a Abs. 1 AktG maßgeblich auf den eingeforderten Betrag abstellt. 4

C. Sacheinlagen, Abs. 2

Die Rechtslage bei **Sacheinlagen** wird von Abs. 2 in der Weise geregelt, dass die Sacheinlage **grundsätzlich vor der Anmeldung zu leisten** ist (Satz 1), dass aber die (dingliche) Erfüllung einer Sacheinlageverpflichtung später, nämlich innerhalb der Frist von 5 Jahren nach der Eintragung zu bewirken ist (Satz 2). Die Verpflichtung zur Sacheinlage vor der Anmeldung nach Satz 1 betrifft deshalb praktisch vor allem die schuldrechtlichen Gebrauchs- und Nutzungsrechte; der darauf bestehende Anspruch muss nach Satz 1 vor der Anmeldung begründet werden. Die einen dinglichen Übertragungsakt erfordernden Einlagegeschäfte müssen dagegen nach Satz 2 nicht vor der Anmeldung vollzogen werden (vgl. *Krebs/Wagner* AG 1998, 467). 5

6　Der **Wert der Sacheinlage** muss dem geringsten Ausgabebetrag entsprechen und auch den Mehrbetrag umfassen, wenn ein solches Agio vorgesehen ist, Abs. 2 Satz 3. Die Regelung wiederholt damit das Verbot der Unter-pari-Emission der §§ 34 Abs. 1 Nr. 2, 37 Abs. 1 Satz 1, 38 Abs. 2 Satz 2, 9 Abs. 1 AktG. Wird die AG trotz eines Verstoßes gegen das Verbot eingetragen, so ist sie wirksam entstanden; die AG hat bei »erheblicher Überbewertung« gegen die Gründer einen Anspruch auf Zahlung des Differenzbetrages (BGH, Urt. v. 27.02.1975 – II ZR 111/72, Z 64, 52, 62). Es liegt der Sache nach der Fall einer gemischten Sacheinlage vor (vgl. § 27 Rdn. 8).

§ 37 Inhalt der Anmeldung

(1) ¹In der Anmeldung ist zu erklären, daß die Voraussetzungen des § 36 Abs. 2 und des § 36a erfüllt sind; dabei sind der Betrag, zu dem die Aktien ausgegeben werden, und der darauf eingezahlte Betrag anzugeben. ²Es ist nachzuweisen, daß der eingezahlte Betrag endgültig zur freien Verfügung des Vorstands steht. ³Ist der Betrag gemäß § 54 Abs. 3 durch Gutschrift auf ein Konto eingezahlt worden, so ist der Nachweis durch eine Bestätigung des kontoführenden Instituts zu führen. ⁴Für die Richtigkeit der Bestätigung ist das Institut der Gesellschaft verantwortlich. ⁵Sind von dem eingezahlten Betrag Steuern und Gebühren bezahlt worden, so ist dies nach Art und Höhe der Beträge nachzuweisen.

(2) ¹In der Anmeldung haben die Vorstandsmitglieder zu versichern, daß keine Umstände vorliegen, die ihrer Bestellung nach § 76 Abs. 3 Satz 2 Nr. 2 und 3 sowie Satz 3 entgegenstehen, und daß sie über ihre unbeschränkte Auskunftspflicht gegenüber dem Gericht belehrt worden sind. ²Die Belehrung nach § 53 Abs. 2 des Bundeszentralregistergesetzes kann schriftlich vorgenommen werden; sie kann auch durch einen Notar oder einen im Ausland bestellten Notar, durch einen Vertreter eines vergleichbaren rechtsberatenden Berufs oder einen Konsularbeamten erfolgen.

(3) In der Anmeldung sind ferner anzugeben:
1. eine inländische Geschäftsanschrift,
2. Art und Umfang der Vertretungsbefugnis der Vorstandsmitglieder.

(4) Der Anmeldung sind beizufügen
1. die Satzung und die Urkunden, in denen die Satzung festgestellt worden ist und die Aktien von den Gründern übernommen worden sind;
2. im Fall der §§ 26 und 27 die Verträge, die den Festsetzungen zugrunde liegen oder zu ihrer Ausführung geschlossen worden sind, und eine Berechnung des der Gesellschaft zur Last fallenden Gründungsaufwands; in der Berechnung sind die Vergütungen nach Art und Höhe und die Empfänger einzeln anzuführen;
3. die Urkunden über die Bestellung des Vorstands und des Aufsichtsrats;
3a. eine Liste der Mitglieder des Aufsichtsrats, aus welcher Name, Vorname, ausgeübter Beruf und Wohnort der Mitglieder ersichtlich ist;
4. der Gründungsbericht und die Prüfungsberichte der Mitglieder des Vorstands und des Aufsichtsrats sowie der Gründungsprüfer nebst ihren urkundlichen Unterlagen.

(5) Für die Einreichung von Unterlagen gilt § 12 Abs. 2 des Handelsgesetzbuchs entsprechend.

1　§ 37 AktG ergänzt die Bestimmungen der §§ 36, 36a AktG, indem der **notwendige Inhalt der Anmeldung** festgelegt und bestimmt wird, welche **Nachweise** gegenüber dem Register zu führen sind, und welche **Unterlagen** beizufügen sind. Die Vorschrift soll damit die effektive Durchführung der Gründungsprüfung durch das Registergericht gewährleisten.

2　Nach Abs. 1 sind die genannten Inhalte der Anmeldung (vgl. dazu i. E. Erl. zu § 36 AktG Rdn. 6) »zu erklären« (Abs. 1 Satz 1 Halbs. 1), »zu versichern« (Abs. 2) bzw. »anzugeben« (Abs. 1 Satz 1 Halbs. 2). Zwischen diesen geforderten Erklärungen besteht der Sache nach kein Unterschied; jeweils geht es darum, dass die Anmeldepflichtigen (vgl. § 36 AktG Rdn. 2–5) **Wissenserklärungen**, also bestimmte Tatsachen an das Gericht mitzuteilen haben, ohne damit eigene Willenserklärungen abzugeben. Die Anmeldepflichtigen tragen für die Richtigkeit im Zeitpunkt der Anmeldung die zivil- und strafrechtliche Verantwortung, §§ 46 ff., 399 AktG (vgl. BGH, Urt. v. 16.03.1992 – II ZB 17/91, Z 117, 323, 328). Soweit die Anmeldepflichtigen etwas »nachzuweisen« (Abs. 1 Satz 1 und 5) haben, haben sie zusätzlich zu den in Abs. 4 genannten Unterlagen Beweisurkunden beizufügen.

Inhaltlich umfasst die Anmeldung drei Komponenten, nämlich den Antrag auf Eintragung (§ 36 Abs. 1 AktG; vgl. dort Rdn. 2), die Mitteilungen und Nachweise über die Kapitalaufbringung bei Bar- bzw. Sacheinlagen (Abs. 1; vgl. § 36 AktG Rdn. 6 f.) und die Versicherung der Vorstandsmitglieder gem. Abs. 2. 3

Der Nachweis der Bareinlage durch Kontogutschrift (§ 54 Abs. 3 AktG) ist gem. Abs. 1 Satz 3 durch **Bankbestätigung** zu führen. Der Inhalt der Bestätigung der Bank ist im Hinblick auf deren Haftung nach Abs. 1 Satz 4 auf den begrenzten Kenntnisstand der Bank aus der Kontoführung und deswegen darauf zu konzentrieren, dass die Einzahlung erfolgt ist und der eingezahlte Betrag dem Vorstand zur freien Verfügung steht, wobei sich die Bestätigung der Verfügungsfreiheit nur darauf beziehen muss, dass der Bank keine Gegenrechte aus der Kontoführung zustehen (*Hüffer/Koch* AktG, § 37 Rn. 3a mit kritischem Hinweis auf die eine weitergehende Verantwortlichkeit der bestätigenden Bank nicht ausschließende Formulierungen in BGH, Urt. v. 18.02.1991 – II ZR 104/90, Z 113, 335, 350; Urt. v. 13.07.1992 – II ZR 263/91, Z 119, 177, 180 f.; vgl. a. *Bayer* in FS Horn 2006, 271, 287 ff.). Insofern unterscheiden sich der Inhalt der Erklärung der Bank von derjenigen von Vorstand, Aufsichtsrat und Gründern bei ihrer nach § 36 Abs. 2 AktG geforderten Erklärung darüber, dass die ordnungsgemäß eingezahlten Mittel endgültig zur freien Verfügung des Vorstands stehen (vgl. § 36 AktG Rdn. 7 und *Butzke* ZGR 1994, 94, 97 ff.). 4

Die Vorstandsmitglieder haben je für sich die **Versicherungen nach Abs. 2** abzugeben. Hinsichtlich der Bestellungshindernisse nach § 76 Abs. 3 AktG genügen pauschale Wiederholungen des Wortlauts von § 37 Abs. 2 AktG nicht; vielmehr wird die unmittelbar auf § 76 Abs. 3 AktG bezogene Erklärung verlangt, dass keiner der dort aufgeführten Inhabilitätsgründe vorliegt. Überdies haben die Vorstandsmitglieder zu versichern, dass sie durch Gericht oder Notar über ihre diesbezügliche unbeschränkte Auskunftspflicht gegenüber dem Gericht belehrt worden sind, Abs. 2 i. V. m. § 53 Abs. 2 BZRG. Ausweislich der durch das MoMiG eingeführten Klarstellung zu der schon bisher geltenden Rechtslage in Abs. 2 Satz 2 (vgl. BT-Drucks. 16/1640, S. 35) hat die Belehrung schriftlich zu erfolgen. Unter Berücksichtigung des Umstandes, dass die Geschäftstätigkeit der Gesellschaft nach § 5 AktG nunmehr auch aus dem Ausland geführt werden kann, hat der Gesetzgeber klargestellt, dass die Belehrung auch durch einen ausländischen Notar oder einen deutschen Konsularbeamten vorgenommen werden kann. Vertreter eines »vergleichbaren rechtsberatenden Berufs« sind die Rechtsanwälte (BT-Drucks. 16/1640, S. 35). 5

Nach Abs. 3 ist zunächst eine **inländische Geschäftsanschrift** anzugeben (Nr. 1). Mit dieser durch das MoMiG neu eingeführten Pflichtangabe wollte der Gesetzgeber in erster Linie Zustellungsprobleme zulasten von Gesellschaftsgläubigern beseitigen (BT-Drucks. 16/1640, S. 34 und 42 f.). Geschäftsanschrift ist in erster Linie die Anschrift des Geschäftslokals der Hauptniederlassung. Besitzt die Gesellschaft eine solche nicht, insbesondere in den Fällen, in denen die Gesellschaft ihren Verwaltungssitz im Ausland hat (vgl. § 5 Rdn. 4 f.), kommt die inländische Wohnanschrift des Vorstands, eines oder des alleinigen Gesellschafters, oder die inländische Anschrift eines als Zustellungsbevollmächtigten eingesetzten Vertreters (z. B. Steuerberater, Rechtsvertreter). Der Ort der inländischen Anschrift kann frei gewählt werden. Im Fall der **Änderung** der inländischen Geschäftsanschrift besteht eine Anmeldepflicht nach § 31 HGB. 6

Ferner ist gem. Nr. 2 anzugeben, welche **Vertretungsbefugnis** die Vorstandsmitglieder haben. Sie ergibt sich aus dem Gesetz (§ 78 Abs. 1, 2 AktG) oder der Satzung (§ 78 Abs. 2 Satz 1, Abs. 3 AktG) und ist in **abstrakter Form** anzugeben (Gesamtvertretung, Einzelvertretung usw.), ohne dass grundsätzlich eine namentliche Nennung der Vorstandsmitglieder erforderlich ist; gelten aber für einzelne Vorstandsmitglieder keine besonderen Vertretungsbefugnisse – wie die Befreiung vom Verbot des § 181 BGB, Einzelvertretung bei sonst gegebener Gesamtvertretung – sind diese unter namentlicher Zuordnung anzugeben (BGH, Urt. v. 28.02.1983 – II ZB 8/82, Z 87, 59, 60 f.). 7

8 Die der Anmeldung **beizufügenden Anlagen** sind in Abs. 4 anschließend aufgelistet. Die **Nr. 3a** wurde durch das »Gesetz über elektronische Handelsregister und Genossenschaftsregister sowie das Unternehmensregister« (EHUG) eingefügt. Die Einfügung wurde notwendig aufgrund Art. 2, 3 der EU-Publizitätsrichtlinie: Danach müssen auch die Personalien derjenigen offengelegt werden, die als Mitglieder eines gesetzlich vorgesehenen Gesellschaftsorgans an der Verwaltung, Kontrolle oder Beaufsichtigung des Unternehmens teilnehmen (vgl. RegBegr. BT-Drucks. 16/960, S. 65 zu § 37 zu Buchst. a)).

9 Die durch das EHUG eingeführte Regelung verlangt mit dem Verweis auf § 12 Abs. 2 HGB die Einreichung der Dokumente auf elektronischem Wege bzw. begnügt sich mit der Übermittlung einer elektronischen Aufzeichnung, § 12 Abs. 2 Satz 2 HGB, bzw. erfordert ein mit einem einfachen elektronischen Zeugnis (§ 39a BeurkG) versehenes Dokument, § 12 Abs. 2 Satz 2 Halbs. 2 HGB.

10 Abs. 6 wurde durch das »Gesetz über elektronische Handelsregister und Genossenschaftsregister sowie das Unternehmensregister« (EHUG) aufgehoben. Es handelte sich um eine Aufbewahrungsvorschrift, aus der sich ergab, dass die einzureichenden Schriftstücke in Urschrift, Ausfertigung oder in öffentlich beglaubigter Abschrift eingereicht werden konnten; die Anmeldepflichtigen hatten insoweit ein Wahlrecht. Die Aufhebung ist eine Folgeänderung aufgrund der Einführung der elektronisch geführten Handelsregister (vgl. RegBegr. BT-Drucks. 16/960, S. 65 zu § 37 Buchst. c)).

§ 37a Anmeldung bei Sachgründung ohne externe Gründungsprüfung

(1) ¹Wird nach § 33a von einer externen Gründungsprüfung abgesehen, ist dies in der Anmeldung zu erklären. ²Der Gegenstand jeder Sacheinlage oder Sachübernahme ist zu beschreiben. ³Die Anmeldung muss die Erklärung enthalten, dass der Wert der Sacheinlagen oder Sachübernahmen den geringsten Ausgabebetrag der dafür zu gewährenden Aktien oder den Wert der dafür zu gewährenden Leistungen erreicht. ⁴Der Wert, die Quelle der Bewertung sowie die angewandte Bewertungsmethode sind anzugeben.

(2) In der Anmeldung haben die Anmeldenden außerdem zu versichern, dass ihnen außergewöhnliche Umstände, die den gewichteten Durchschnittspreis der einzubringenden Wertpapiere oder Geldmarktinstrumente im Sinne von § 33a Abs. 1 Nr. 1 während der letzten drei Monate vor dem Tag ihrer tatsächlichen Einbringung erheblich beeinflusst haben könnten, oder Umstände, die darauf hindeuten, dass der beizulegende Zeitwert der Vermögensgegenstände im Sinne von § 33a Abs. 1 Nr. 2 am Tag ihrer tatsächlichen Einbringung auf Grund neuer oder neu bekannt gewordener Umstände erheblich niedriger ist als der von dem Sachverständigen angenommene Wert, nicht bekannt geworden sind.

(3) Der Anmeldung sind beizufügen:
1. Unterlagen über die Ermittlung des gewichteten Durchschnittspreises, zu dem die einzubringenden Wertpapiere oder Geldmarktinstrumente während der letzten drei Monate vor dem Tag ihrer tatsächlichen Einbringung auf einem organisierten Markt gehandelt worden sind,
2. jedes Sachverständigengutachten, auf das sich die Bewertung in den Fällen des § 33a Abs. 1 Nr. 2 stützt.

1 Die mit dem ARUG eingeführte Vorschrift ergänzt die Regelungen des § 37 AktG für die Fälle des § 33a, in denen von einer externen Werthaltigkeitsprüfung von Sacheinlagen abgesehen wird. In der Anmeldung muss dann die ausdrückliche Erklärung enthalten sein, dass von den Erleichterungen des § 33a AktG Gebrauch gemacht wird. Ferner muss die Anmeldung die Angaben enthalten, die ansonsten Gegenstand des Prüfungsberichts wären. Abs. 2 regelt, welche besondere Erklärung an die Stelle der externen Prüfung und Prüfungsberichte zu treten hat. Abs. 3 ergänzt die Liste der mit der Anmeldung vorzulegenden Unterlagen.

2 Abs. 1 verlangt, dass in der Anmeldung die **Erklärung** enthalten sein muss, dass **nach § 33a AktG** von einer externen Gründungsprüfung abgesehen wird. Nicht dargelegt zu werden braucht darin, dass die Voraussetzungen des § 33a vorliegen.

Die Anmeldung muss eine »Beschreibung der Sacheinlage« und die Bewertungsgrundlagen enthalten, Abs. 1 Satz 2. Während die Festsetzung in der Satzung (§ 27 Abs. 1 Satz 1 AktG) vor allem der Konkretisierung des Einlagegegenstandes dient, soll die Beschreibung der Sacheinlage zusammen mit den Angaben zur Bewertung nach § 37a Abs. 1 vornehmlich gewährleisten, dass Außenstehende die Werthaltigkeit des Einlagegegenstandes selbst einzuschätzen vermögen. Die Beschreibung hat deshalb nicht nur konkretisierende oder individualisierende, sondern insbesondere auch wertbildende Faktoren anzugeben.

Nach Abs. 1 Satz 3 ist anzugeben, dass der Wert der Sacheinlage wenigstens der Zahl und dem Nennbetrag oder – falls kein Nennbetrag vorhanden ist – dem rechnerischen Wert der für eine solche Sacheinlage auszugebenden Aktien entspricht. Der Wert der Sacheinlage muss beziffert und als Geldbetrag in Euro angegeben werden, Abs. 1 Satz 4. Stichtag ist der Tag der tatsächlichen Einbringung. Die Quelle der Bewertung und die bei der Bewertung angewandte Methode sind nach Abs. 1 Satz 4 ebenfalls anzugeben.

Von den Anmeldenden ist nach Abs. 2 und ergänzend zu den Erklärungen nach § 37 Abs. 1 und 2 AktG in Bezug auf die Richtigkeit den von ihnen in Anspruch genommenen Bewertungsgrundlagen eine Erklärung abzugeben. Mit der nach Abs. 2 verlangten Erklärung versichern die Anmeldenden, dass ihnen bis zum Tag der Anmeldung keine außergewöhnlichen Umstände im Sinne von § 33a Abs. 2 AktG bekannt geworden sind, die gegen die Richtigkeit der für die Bewertung der Sacheinlagen angeführten, beschriebenen und – soweit möglich – auch eingereichten Bewertungsunterlagen sprechen. Damit übernehmen die Anmeldenden die zivilrechtliche (§§ 46, 48 AktG) und strafrechtliche (§ 39 AktG) Haftung für die Ordnungsmäßigkeit des Vorgangs. Zugleich übernehmen sie damit der Verantwortung für die im Rahmen des ohne externe Prüfung erfolgenden, vereinfachten Eintragungsverfahrens verlangte Absicherung der effektiven, realen Kapitalaufbringung (BT-Drucks. 16/11642, S. 33). Nennenswerten Spielraum für eine abweichende Fassung der Erklärung eröffnet der Wortlaut des Abs. 2 nicht.

Abs. 3 regelt, welche Anlagen der Anmeldung über § 37 Abs. 4 hinaus beizufügen sind. Die Vorschrift geht im Interesse erhöhter Transparenz und Nachprüfbarkeit des Gründungsvorgangs bewusst über die von der Kapitalrichtlinie geforderten Pflichten hinaus (BT-Drucks. 16/11642, S. 33).

§ 38 Prüfung durch das Gericht

(1) ¹Das Gericht hat zu prüfen, ob die Gesellschaft ordnungsgemäß errichtet und angemeldet ist. ²Ist dies nicht der Fall, so hat es die Eintragung abzulehnen.

(2) ¹Das Gericht kann die Eintragung auch ablehnen, wenn die Gründungsprüfer erklären oder es offensichtlich ist, daß der Gründungsbericht oder der Prüfungsbericht der Mitglieder des Vorstands und des Aufsichtsrats unrichtig oder unvollständig ist oder den gesetzlichen Vorschriften nicht entspricht. ²Gleiches gilt, wenn die Gründungsprüfer erklären oder das Gericht der Auffassung ist, daß der Wert der Sacheinlagen oder Sachübernahmen nicht unwesentlich hinter dem geringsten Ausgabebetrag der dafür zu gewährenden Aktien oder dem Wert der dafür zu gewährenden Leistungen zurückbleibt.

(3) ¹Enthält die Anmeldung die Erklärung nach § 37a Abs. 1 Satz 1, hat das Gericht hinsichtlich der Werthaltigkeit der Sacheinlagen oder Sachübernahmen ausschließlich zu prüfen, ob die Voraussetzungen des § 37a erfüllt sind. ²Lediglich bei einer offenkundigen und erheblichen Überbewertung kann das Gericht die Eintragung ablehnen.

(4) Wegen einer mangelhaften, fehlenden oder nichtigen Bestimmung der Satzung darf das Gericht die Eintragung nach Absatz 1 nur ablehnen, soweit diese Bestimmung, ihr Fehlen oder ihre Nichtigkeit
1. Tatsachen oder Rechtsverhältnisse betrifft, die nach § 23 Abs. 3 oder auf Grund anderer zwingender gesetzlicher Vorschriften in der Satzung bestimmt sein müssen oder die in das Handelsregister einzutragen oder von dem Gericht bekanntzumachen sind,

2. Vorschriften verletzt, die ausschließlich oder überwiegend zum Schutze der Gläubiger der Gesellschaft oder sonst im öffentlichen Interesse gegeben sind, oder
3. die Nichtigkeit der Satzung zur Folge hat.

Übersicht	Rdn.		Rdn.
A. Allgemeines	1	B. Umfang der Prüfung	3

A. Allgemeines

1 Das Gericht prüft nach der Anmeldung die **Eintragungsfähigkeit** der Gesellschaft. Die Prüfung erstreckt sich auf folgende Umstände: die Ordnungsgemäßheit der Errichtung und Anmeldung (Abs. 1 Satz 1), die Ordnungsgemäßheit der Berichte der Gründer und der Organmitglieder (Abs. 2 Satz 1), die Bewertung von Sacheinlagen oder Sachübernahmen (Abs. 2 Satz 2) und die Eintragungsfähigkeit der Satzung (Abs. 3).

2 Die Prüfung erstreckt sich ihrem **Umfang** nach vorbehaltlich der durch das ARUG eingeführten Regelung in Abs. 3 auf **alle formellen und materiellen Eintragungsvoraussetzungen**. Insbesondere bei Sacheinlagen und Sachübernahmen erstreckt sich die Prüfung auf deren Wert (vgl. auch Rdn. 6). Hinsichtlich der erforderlichen Genehmigungen (s. § 37 Abs. 4 Nr. 5 AktG) wird nur geprüft, ob die Genehmigungen vorliegen; ob sie zu Recht erteilt worden sind, gehört nicht zum Gegenstand der registergerichtlichen Prüfung. Das Gericht hat eine **Rechtsprüfung** vorzunehmen; es hat also nicht zu prüfen und darüber zu entscheiden, ob die gewählten Satzungsbestimmungen zweckmäßig und interessengerecht sind; erst recht erstreckt sich die Prüfung nicht auf die Wirtschaftlichkeit des beabsichtigten Geschäftsbetriebs oder die Markt- und Wettbewerbsfähigkeit der Gesellschaft. Die gerichtliche Prüfung kann naturgemäß nur den Sachstand zum Zeitpunkt der Anmeldung berücksichtigen. Zur freien Verfügbarkeit von Geldeinlagen vgl. § 36 AktG Rdn. 7.

B. Umfang der Prüfung

3 Bei der Prüfung der **Errichtung der Gesellschaft** ist in formeller Hinsicht die Einhaltung der Formvorschriften für die Erklärungen und Vollmachten zu überprüfen. Materiell hat das Gericht insbesondere die Vollständigkeit und Rechtmäßigkeit (Wirksamkeit) des Gesellschaftsvertrages zu prüfen. Materielle Satzungsmängel dürfen allerdings vom Gericht nach Abs. 3 nur noch eingeschränkt als Eintragungshindernis behandelt werden (vgl. dazu noch unter Rdn. 10–12).

4 Die Prüfung der **Anmeldung der Gesellschaft** erstreckt sich in formeller Hinsicht auf die Formvorschriften, die Kontrolle der Vollständigkeit der Anmelder nebst ihrer formgerechten Bestellung sowie die Vollständigkeit der eingereichten Anlagen. In materieller Hinsicht bezieht sich die Prüfung auf die Vollständigkeit und der inhaltlichen Übereinstimmung der Erklärungen der Anmelder über die Kapitalaufbringung mit den gesetzlichen Erfordernissen und der dazu einzureichenden Nachweise sowie der Versicherungen der Vorstandsmitglieder gem. § 37 Abs. 2 AktG. Eine Überprüfung der inhaltlichen Richtigkeit der Erklärungen ist dem Gericht regelmäßig nicht möglich; sie wird aber durchgeführt, wenn es dafür begründeten Anlass gibt.

5 Die Prüfung der **Gründungs- und Prüfungsberichte** wird das Gericht zunächst an den dort ausgewiesenen Ergebnissen orientieren. Diese sind für das Gericht **nicht bindend**. Bei negativer Aussage der Berichte, kann das Gericht die Eintragung gestützt auf eben diesen Umstand ablehnen, Abs. 2 Satz 1. Im Übrigen hat das Gericht zu prüfen, ob »offensichtliche« Mängel vorliegen. Damit wird kein einschränkender Prüfungsmaßstab gesetzt, sondern zum Ausdruck gebracht, dass die Ablehnung der Eintragung zu erfolgen hat, wenn nach Prüfung des Gerichts ein Mangel vorhanden und in diesem Sinn offensichtlich ist (*Hüffer/Koch* AktG, § 38 Rn. 8). Ein Ermessensspielraum steht dem Gericht unbeschadet der »kann«-Formulierung des Gesetzes nicht zu; diese bringt zum Ausdruck, dass das Gericht die Eintragung nicht ablehnen darf, wenn die Eintragungsvoraussetzungen vor-

liegen, umgekehrt die Eintragung aber abzulehnen hat, wenn die Voraussetzungen nicht erfüllt sind (*Hüffer/Koch* AktG, § 38 Rn. 16).

Hinsichtlich der **Sacheinlagen und Sachübernahmen** kann sich entweder aus dem Bericht der Gründungsprüfer oder nach eigenständiger Prüfung durch das Gericht ergeben, dass der Wert der Sacheinlagen oder Sachübernahmen hinter dem geringsten Ausgabebetrag der dafür zu gewährenden Aktien oder Gegenleistung zurückbleibt; in diesem Fall ist die Eintragung abzulehnen, wenn der Wert »nicht unwesentlich« zurückbleibt, Abs. 2 Satz 2. Der vom Gesetz gewählte Maßstab reflektiert die regelmäßig bestehenden Bewertungsschwierigkeiten für Sacheinlagen oder Sachübernahmen. Damit soll gewährleistet werden, dass nicht schon jede geringfügige Differenz zu einem Eintragungshindernis gereicht (*Hüffer/Koch* AktG, § 38 Rn. 9). Bei **Sacheinlagen** muss der Grundsatz der Kapitalaufbringung gefährdet sein (MüKo AktG/*Pentz* § 38 Rn. 59 f.); bei **Sachübernahmen** muss eine eindeutige und offensichtliche Überbewertung vorliegen; dies wird regelmäßig dann anzunehmen sein, wenn der übliche Spielraum von Bewertungsunterschieden überschritten wird (MüKo AktG/*Pentz* § 38 Rn. 60).

Ist für die Sacheinlage ein höherer Ausgabebetrag festgesetzt (§ 9 Abs. 2 AktG), hat sich die Prüfung ungeachtet des abweichenden Wortlauts von Abs. 2 Satz 2 auch darauf zu beziehen, ob das Agio geleistet wurde. Auch in der Anmeldung haben sämtliche Anmeldepflichtigen die Beachtung von § 36a AktG zu erklären (§ 37 Abs. 1 AktG), dass mithin der Wert der Sacheinlage dem festgesetzten höheren Ausgabebetrag entspricht (vgl. § 36a AktG Rdn. 6). Die nach dem Wortlaut des Abs. 2 Satz 2 bestehende Begrenzung der Prüfung der Werthaltigkeit der Sacheinlage durch das Gericht auf die Deckung des geringsten Ausgabebetrages beruht auf einem Redaktionsversehen des Gesetzgebers (GroßkommAktG/*Röhricht* § 27 Rn. 100; MüKo AktG/*Pentz* § 36a Rn. 28, anders jedoch § 38 Rn. 59).

Nach der Regelung in Abs. 3 Satz 1 hat das Gericht in Fällen, in denen von § 33a AktG Gebrauch gemacht wird, hinsichtlich der Werthaltigkeit der Sacheinlagen und Sachübernahmen nur zu prüfen, ob die Voraussetzungen des § 37a AktG erfüllt sind, ob also die in § 37a Abs. 1 AktG vorgeschriebenen Erklärungen vorliegen und die nach Abs. 2 notwendigen Versicherungen abgegeben sind. Insofern hat das Gericht nach Abs. 3 Satz 1 ausnahmsweise nur eine rein formale Prüfung vorzunehmen; Ermittlungen zur Werthaltigkeit der Sacheinlage oder Sachübernahme darf das Gericht ebenso wenig anstellen wie eine Überprüfung der Richtigkeit der Werthaltigkeitserklärungen vornehmen (BT-Drucks. 16/11642, S. 34). Das gilt auch, soweit der Gründungsbericht und die Prüfungsberichte Angaben zur Werthaltigkeit der Sacheinlagen und Sachübernahmen enthalten. Die grundsätzlich nach Abs. 2 Satz 1 gegebene Prüfungszuständigkeit des Gerichts wird durch Abs. 3 Satz 1 eingeschränkt (BT-Drucks. 16/11642, S. 34). Das Gericht darf auch nicht prüfen, ob die Voraussetzungen des § 33a Abs. 1 AktG oder einer Gegenausnahme nach § 33a Abs. 2 AktG vorliegen.

Abs. 3 Satz 2 schafft zu der begrenzten Prüfungszuständigkeit des Gerichts eine eng begrenzte Ausnahme. Mit ihr soll vermieden werden, dass das Gericht die Eintragung auch dann vorzunehmen hätte, wenn es im Einzelfall offenkundig ist, dass die Sacheinlage oder Sachübernahme erheblich überbewertet ist. »Offenkundig« sind nur solche Tatsachen, die der Allgemeinheit bzw. dem zuständigen Registerrichter – insbesondere aus früheren Verfahren – bekannt sind. Wegen der begrifflichen Grenzen des § 291 ZPO nachgebildeten Begriffs der Offenkundigkeit eröffnet die Ausnahmevorschrift dem Gericht keine eigenen Ermittlungsbefugnisse.

Abs. 4 Nr. 1 bis 3 errichtet Schranken für die Beachtlichkeit der sich bei der Prüfung durch das Registergericht ergebenden inhaltlichen Satzungsmängel. Nach Maßgabe der in Nr. 1 bis 3 geregelten Bestimmungen darf das Registergericht inhaltliche Satzungsmängel nur eingeschränkt als Eintragungshindernis behandeln. Das Verhältnis der in den Nr. 1 bis 3 geregelten Fälle wurde vom Gesetzgeber nicht präzise geregelt. Allgemein anerkannt ist, dass das **Fehlen zwingender Satzungsbestimmungen i. S. d. Nr. 1** schon für sich allein ein Eintragungshindernis bedeutet.

Das sachgerechte Verständnis der Rechtslage für die Fälle der **Gesetzeswidrigkeit von einzelnen Satzungsbestimmungen** erschließt sich aus einem Vergleich mit der Rechtslage für die materielle Beschlussnichtigkeit von Hauptversammlungsbeschlüssen nach § 241 AktG: Nicht alle dort geregelten Nichtigkeitsgründe gelten für die registergerichtliche Prüfung als Eintragungshindernis; der vom Gesetzgeber des Handelsrechtsreformgesetzes von 1998 neu gestaltete § 38 Abs. 4 AktG hat die Unterschiede der Erheblichkeit von Gesetzesverstößen als Eintragungshindernis nach § 38 AktG einerseits und als Beschlussnichtigkeitsgrund nach § 241 AktG andererseits bewusst in Kauf genommen, um die Eintragung der AG im Register zu beschleunigen (BT-Drucks. 13/8444, S. 76 f.). Soweit **zwingende Satzungsinhalte** betroffen sind, ergibt sich, dass abgesehen von Verstößen gegen Vorschriften zum Schutz der Gläubiger oder sonstiger öffentlicher Interessen die in § 241 Nr. 3 und Nr. 4 AktG zusätzlich geregelten Fälle der Unvereinbarkeit »mit dem Wesen der Aktiengesellschaft« und des Verstoßes gegen die guten Sitten keine inhaltlichen Satzungsmängel sind, die ein Eintragungshindernis darstellen. Ebenso wenig stellen nach der gesetzlichen Wertung in § 38 Abs. 4 AktG im Vergleich zum Beschlussfassungsrecht der §§ 241 ff. AktG solche Mängel ein Hindernis für die Eintragung der AG dar, die einen Hauptversammlungsbeschluss i. S. d. § 243 AktG anfechtbar machen.

12 Die **Nichtigkeit von Satzungsinhalten**, die die Nichtigkeit der Satzung insgesamt betreffen, stellen nach Abs. 4 Nr. 3 ein Eintragungshindernis dar. Ein solcher Fall liegt insbesondere vor, wenn ein Gesetzesverstoß über § 139 BGB die Gesamtnichtigkeit der Satzung zur Folge hat. Die Regelung gilt sowohl für zwingende als auch für fakultative Satzungsbestimmungen.

13 **Zuständig** ist das **Amtsgericht** des Gesellschaftssitzes, §§ 375 Nr. 3, 377 Abs. 1 FamFG, 23a Abs. 1 Nr. 2, Abs. 2 GVG, 14 AktG. Das Gericht verfügt nach Prüfung die Eintragung bzw. weist die Anmeldung durch Beschluss zurück, Abs. 1 Satz 2. Bei behebbaren Eintragungshindernissen hat das Gericht nach § 26 Abs. 2 HRV durch eine sog. Zwischenverfügung Abhilfe durch die Anmelder zu ermöglichen. Gegen eine ablehnende Entscheidung des Gerichts sowie gegen Zwischenverfügungen ist die (fristlose) Beschwerde nach § 63 FamFG gegeben. Beschwerdeberechtigt sind die Anmelder, einschließlich der durch den Vorstand vertretenen Vor-AG (BGH, Beschl. v. 16.03.1992 – II ZB 17/91, Z 117, 323, 325 ff.). Die Entscheidung des Beschwerdegerichts kann, sofern die Verletzung des Gesetzes gerügt wird, mit der weiteren Beschwerde angefochten werden, §§ 70, 72 FamFG. Die Eintragung ist nicht rechtsmittelfähig (BGH, Beschl. v. 21.03.1988 – II ZB 69/87, Z 104, 61, 63).

§ 39 Inhalt der Eintragung

(1) ¹Bei der Eintragung der Gesellschaft sind die Firma und der Sitz der Gesellschaft, eine inländische Geschäftsanschrift, der Gegenstand des Unternehmens, die Höhe des Grundkapitals, der Tag der Feststellung der Satzung und die Vorstandsmitglieder anzugeben. ²Wenn eine Person, die für Willenserklärungen und Zustellungen an die Gesellschaft empfangsberechtigt ist, mit einer inländischen Anschrift zur Eintragung in das Handelsregister angemeldet wird, sind auch diese Angaben einzutragen; Dritten gegenüber gilt die Empfangsberechtigung als fortbestehend, bis sie im Handelsregister gelöscht und die Löschung bekannt gemacht worden ist, es sei denn, dass die fehlende Empfangsberechtigung dem Dritten bekannt war. ³Ferner ist einzutragen, welche Vertretungsbefugnis die Vorstandsmitglieder haben.

(2) Enthält die Satzung Bestimmungen über die Dauer der Gesellschaft oder über das genehmigte Kapital, so sind auch diese Bestimmungen einzutragen.

1 Die Vorschrift legt verbindlich den **Inhalt der Eintragung im Handelsregister** fest. Damit wird die Publizität der wesentlichen Verhältnisse der Gesellschaft gewährleistet (*Fleischer* NZG 2006, 561). Nach der durch das MoMiG geänderten Vorschrift ist nunmehr auch eine inländische Geschäftsadresse anzugeben; dabei handelt es sich um eine Pflichtangabe (vgl. a. § 37 Abs. 3 Nr. 1). Freiwillig und nach eigenem Ermessen kann die Gesellschaft zusätzlich zu der inländischen Geschäftsanschrift eine Person in das Register eintragen lassen, die den Gläubigern als **zusätzlicher Zustellungsempfänger** neben den Vertretern der Gesellschaft dient. Gedacht ist diese als zusätzliche Option eingeführte Regelung für solche Gesellschaften, die Bedenken haben, ob die eingetragene Geschäftsanschrift ununterbrochen für Zustellungen geeignet ist und sich somit Risiken aus den öffentlichen Zustellungen ergeben können (BT-Drucks. 16/6140, S. 36 f.). Die Registerpublizität erstreckt sich gem. Abs. 1 Satz 2 auf die eingetragenen Angaben. Sie hat in den Fällen gläubigerschützende Bedeutung,

in denen die Rechtsbeziehung zu der eingetragenen Person als Zustellempfänger im Innenverhältnis zur Gesellschaft beendet wurde. Scheitert dagegen die Zustellung an die eingetragene Person aus tatsächlichen Gründen, insbesondere weil die Anschrift nicht mehr existiert, bleibt dem Gläubiger die Möglichkeit der Zustellung über § 185 Nr. 2 ZPO.

Die Eintragung, die in Abt. B des Handelsregisters erfolgt (§§ 3 Abs. 3, 43 HRV) und mit dem Datum des Eintragungstages versehen wird, § 382 FamFG, wird den Anmeldern (§ 36 Abs. 1 AktG) bekannt gegeben, § 383 FamFG. Daneben erfolgt eine Bekanntmachung nach § 30 AktG. Die Eintragung im Handelsregister kann von jedermann zu Informationszwecken eingesehen werden, § 9 Abs. 1 HGB. 2

§ 40

(weggefallen)

Die Vorschrift ergänzte die allgemeine Bekanntmachungsvorschrift des § 10 Abs. 1 Satz 1 HGB. Durch § 40 AktG wurde der Inhalt der vom Handelsregister vorzunehmenden Bekanntmachung erweitert. Die über die in § 10 HGB geregelte Bekanntmachung des Inhalts der Eintragung hinausgehende Bekanntmachung nach § 40 AktG bezweckte eine weiter gehende Information des Rechtsverkehrs über die in § 40 AktG genannten Gesellschaftsverhältnisse. Diese Regelung wurde durch das »Gesetz über elektronische Handelsregister und Genossenschaftsregister sowie das Unternehmensregister« (EHUG) aufgehoben. 1

§ 41 Handeln im Namen der Gesellschaft vor der Eintragung. Verbotene Aktienausgabe

(1) ¹Vor der Eintragung in das Handelsregister besteht die Aktiengesellschaft als solche nicht. ²Wer vor der Eintragung der Gesellschaft in ihrem Namen handelt, haftet persönlich; handeln mehrere, so haften sie als Gesamtschuldner.

(2) Übernimmt die Gesellschaft eine vor ihrer Eintragung in ihrem Namen eingegangene Verpflichtung durch Vertrag mit dem Schuldner in der Weise, daß sie an die Stelle des bisherigen Schuldners tritt, so bedarf es zur Wirksamkeit der Schuldübernahme der Zustimmung des Gläubigers nicht, wenn die Schuldübernahme binnen drei Monaten nach der Eintragung der Gesellschaft vereinbart und dem Gläubiger von der Gesellschaft oder dem Schuldner mitgeteilt wird.

(3) Verpflichtungen aus nicht in der Satzung festgesetzten Verträgen über Sondervorteile, Gründungsaufwand, Sacheinlagen oder Sachübernahmen kann die Gesellschaft nicht übernehmen.

(4) ¹Vor der Eintragung der Gesellschaft können Anteilsrechte nicht übertragen, Aktien oder Zwischenscheine nicht ausgegeben werden. ²Die vorher ausgegebenen Aktien oder Zwischenscheine sind nichtig. ³Für den Schaden aus der Ausgabe sind die Ausgeber den Inhabern als Gesamtschuldner verantwortlich.

Übersicht	Rdn.		Rdn.
A. Regelungszweck	1	D. Schuldübernahme, Abs. 2	18
B. Rechtsverhältnisse der Vor-AG, Abs. 1 Satz 1	2	E. Übernahme nicht in der Satzung festgesetzter Verpflichtungen, Abs. 3	19
I. Mehrpersonen-Vorgesellschaft	2	F. Übertragungs- und Ausgabeverbot, Abs. 4	20
II. Einpersonen-Vorgesellschaft	10		
C. Handelndenhaftung, Abs. 1 Satz 2	13		

A. Regelungszweck

Die Vorschrift regelt vor allem die Rechtsverhältnisse der Gesellschaft vor der Eintragung im Handelsregister und der für die nicht eingetragene Gesellschaft handelnden Personen. Die Vorschrift geht von dem Grundsatz aus, dass die AG als juristische Person erst mit der Eintragung im Handels- 1

§ 41 AktG Handeln im Namen der Gesellschaft vor der Eintragung. Verbotene Aktienausgabe

register entsteht, und regelt deshalb in Abs. 1, dass die AG vorher als solche nicht besteht. Nach dem Gesetzestext bleibt offen, welchen Charakter die Vor-AG hat. Das Gesetz begnügt sich mit der Festlegung einer persönlichen Haftung der für die Vor-AG Handelnden (Abs. 1 Satz 2). Die Übernahme von Verpflichtungen betreffen die Regelungen des Abs. 2 und 3. Abs. 4 schließt den Gesellschafterwechsel vor der Eintragung der AG aus.

B. Rechtsverhältnisse der Vor-AG, Abs. 1 Satz 1

I. Mehrpersonen-Vorgesellschaft

2   Der Gesetzgeber hat die Regelung der Rechtsverhältnisse der AG vor ihrer Eintragung bewusst (vgl. RegBegr. zum AktG 1965, abgedruckt bei *Kropff*, S. 60) offen gelassen und sich in § 41 Abs. 1 Satz 1 AktG auf die nur eine negative Aussage enthaltende Regelung beschränkt, dass die AG vor der Eintragung im Handelsregister als solche, nämlich als juristische Person, nicht besteht. Im Wege richterlicher Rechtsfortbildung ist seit der Schaffung des AktG auch eine rechtliche Ordnung der Rechtsverhältnisse der Gesellschaft in der Zeit vor der Eintragung entwickelt worden. Dabei wird unterschieden zwischen der **Zeit bis zur Errichtung** der AG und der anschließenden Zeit von der **Errichtung bis zur Eintragung**. Den Zeitraum bis zur Errichtung der AG, also der Übernahme aller Aktien durch die Gründer (§ 29 AktG), regelt das AktG mittelbar dadurch, dass es in § 23 Abs. 1 Satz 2 AktG die regelmäßig unverbindliche Vereinbarung der Gründer zur Errichtung der Gesellschaft voraussetzend eine notariell beglaubigte Vollmacht im Fall der Vertretung bei der Errichtung verlangt. Wenn sich die Gründer verbindlich zur Errichtung der Gesellschaft verpflichten wollen, ist hierzu ein notarieller Gründungsvorvertrag erforderlich; aus ihm heraus entsteht eine sog. **Vorgründungsgesellschaft**. Bei dieser handelt es sich regelmäßig um eine Gesellschaft bürgerlichen Rechts i. S. d. §§ 705 ff. BGB. Sie ist bei Beschränkung ihrer Tätigkeit auf das Ziel der Errichtung der Gesellschaft eine reine Innengesellschaft, oder aber Außengesellschaft, wenn zur Vorbereitung der Gründung Außen-Rechtsgeschäfte vorgenommen, insbesondere (Gesamthands-) Vermögen von Dritten erworben wird; handelt es sich dabei um Handelsgeschäfte entsteht die Vorgründungsgesellschaft als OHG i. S. d. § 105 HGB (MüKo AktG/*Pentz* § 41 Rn. 9 ff.).

3   Mit der Errichtung der AG (§ 29 AktG) entsteht die sog. **Vor-AG** (auch Vorgesellschaft oder Gründungsgesellschaft genannt). Bei der Vor-AG handelt es sich nach der schon früh ergangenen Rechtsprechung des BGH um eine **Gesamthandsgesellschaft eigener Art**, für die ein Sonderrecht gilt, »das aus den im Gesetz oder im Gesellschaftsvertrag gegebenen Gründungsvorschriften und dem Recht der rechtsfähigen Gesellschaft, soweit nicht die Eintragung vorausgesetzt ist, besteht« (BGH, Urt. v. 12.07.1956 – II ZR 218/54, Z 21, 242, 246; zuletzt BGH, Urt. v. 23.10.2006 – II ZR 162/05, Z 169, 270). Die Vorgesellschaft muss bereits die Organe der AG haben, nämlich den ersten Aufsichtsrat und den ersten Vorstand (vgl. § 30 Abs. 1 bis 3 AktG); sie kann die Firma gem. der Satzung bereits führen (§§ 4, 23 Abs. 3 Nr. 1 AktG), hat aber, um Irreführungen zu vermeiden, den **Zusatz »in Gründung«** (»i.G.«) zu führen. An die Stelle der Hauptversammlung tritt die Versammlung der Gründer, die den ersten Aufsichtsrat und den ersten Abschlussprüfer zu bestellen hat (§ 30 Abs. 1 AktG). Der **Zweck der Vor-AG** beschränkt sich nach dem vom Gesetz vorausgesetzten Regelfall auf das Bewirken der Eintragung der Gesellschaft im Handelsregister. Dazu darf der Vorstand alle Rechtsgeschäfte vornehmen, die nach Gesetz und den Festsetzungen in der Satzung notwendig oder zugelassen sind (BGH, Urt. v. 09.03.1981 – II ZR 54/80, Z 80, 129, 139). Dazu gehört insbesondere der Abschluss von Verträgen und die Vornahme von Rechtshandlungen betreffend die Satzungsfestsetzungen über den Gründungsaufwand (§ 26 Abs. 2 AktG) und über die Einlagen (§ 36a AktG) und Sachübernahmen (§ 27 Abs. 1 Satz 1 AktG). Auf diesen Zweck der Vorgesellschaft beschränken sich die Geschäftsführungs- und Vertretungsbefugnis des Vorstandes (BGH, Urt. v. 09.03.1981 – II ZR 54/80, Z 80, 129, 139). Allerdings anerkennt die Rechtsprechung, nachdem sie zunächst Rechtshandlungen, mit denen das Grundkapital durch Eingehen von Verbindlichkeiten über die Gründungsnotwendigkeiten hinaus für unzulässig erachtet hatte (sog. **Vorbelastungsverbot**, vgl. BGH, Urt. v. 02.05.1966 – II ZR 219/63, Z 45, 338), inzwischen einen erweiterten Zweck der Vorgesellschaft und damit eine erweiterte Geschäftsführungs- und

Vertretungsbefugnis des Vorstands, wenn das Einverständnis aller Gründer vorliegt. Diese Rechtsprechung ist zur GmbH entwickelt worden (vgl. Erl. zu § 11 GmbHG) und gilt – auch wenn die höchstrichterliche Rechtsprechung dies bisher offen gelassen hat (vgl. BGH, Beschl. v. 16.03.1992 – II ZB 17/91, Z 117, 323, 326 f.; Urt. v. 13.07.1992 – II ZR 263/91, 119, 177, 186) – auch für die Vor-AG (OLG Karlsruhe ZIP 1998, 1981). An die Stelle des sog. Vorbelastungsverbots hat die Rechtsprechung die sog. **Vorbelastungs- (Unterbilanz-)haftung** gesetzt (vgl. dazu Rdn. 7).

Im **Innenverhältnis**, also dem Verhältnis der Gesellschafter untereinander, gilt zunächst bereits für die Vor-AG das Recht der Gesellschaftsorgane. Für die Bestellung der Organe gilt grundsätzlich das Beschlussfassungsrecht der AG (§§ 118, 133 AktG). Für die Einberufung gelten die Vereinfachungen des § 121 Abs. 4 AktG. Für die Versammlungs- und Beschlussförmlichkeiten wird dagegen überwiegend das Regelungsmodell der §§ 47 ff. AktG und nicht das für die Publikums-AG geltende Recht für anwendbar gehalten (*Hüffer* AktG, § 41 Rn. 7). Für die Niederschrift ist wiederum die vereinfachende Regelung des § 130 Abs. 1 Satz 3 AktG (privatschriftliches Protokoll) anwendbar. Die laufende Geschäftsführung liegt beim Vorstand. Der Vorstand kann alle zur Durchführung der Gründung erforderlichen Maßnahmen treffen, insbesondere Mindestbar- und Sacheinlagen entgegennehmen und die Gesellschaft zum Handelsregister anmelden. Darüber hinausgehende Betätigungen der Vorgesellschaft darf der Vorstand durchführen, wenn die Zustimmung aller Gesellschafter vorliegt oder wenn sich bereits aus der Satzung das entsprechende Einverständnis ergibt (BGH, Urt. v. 14.06.2004 – II ZR 47/02, NJW 2004, 2519).

4

Im **Außenverhältnis** gilt, dass der Vor-AG auch ohne eigene Rechtspersönlichkeit die Teilnahme am Rechtsverkehr möglich ist (vgl. oben Rdn. 3). Der als Organ handelnde Vorstand verpflichtet mithin die Vor-AG und nicht die Gründer (BGH, Urt. v. 09.03.1981 – II ZR 54/80, Z 80, 129, 139). In Parallele zur Rechtslage bei der Vor-GmbH (vgl. dazu § 11 GmbHG Rdn. 1 ff.) wird auch für die Vor-AG angenommen, dass sie **kontofähig** und **grundbuchfähig** ist (BGH, Urt. v. 02.05.1966 – II ZR 219/63, Z 45, 347, 348); die Vor-AG ist **wechsel- und scheckfähig** (BGH, Beschl. v. 16.03.1992 – II ZB 17/91, Z 117, 323, 326 – zur GmbH), sie ist **aktiv und passiv parteifähig** (BGH, Urt. v. 28.11.1997 – V ZR 178/96, NJW 1998, 1079 – zur GmbH) und sie ist **insolvenzfähig** (BGH, Beschl. v. 09.10.2003 – IX ZB 34/03, NZG 2003, 1167 – zur GmbH). Der Umfang der Vertretungsmacht ist entgegen der früher vertretenen Auffassung nach der Aufgabe des Vorbelastungsverbots durch die Rechtsprechung (oben Rdn. 3) nicht mehr notwendig auf den engen Kreis der für die Gründung notwendigen Geschäfte beschränkt. Eine unbeschränkte und unbeschränkbare Vertretungsmacht besteht wiederum nicht, weil § 82 AktG die Registereintragung voraussetzt und sie mit der im Wege richterlicher Rechtsfortbildung geschaffenen unbeschränkten (Unterbilanz-) Haftung der Gesellschafter und dem damit verbundenen Risiko schwerlich zu vereinbaren wäre (vgl. BGH, Urt. v. 13.12.1982 – II ZR 282/81, Z 86, 122, 125 – zur GmbH).

5

Die **Haftungsrechtslage bei der Vor-AG** ist dadurch gekennzeichnet, dass zwischen der Haftung der Vor-AG, der Haftung ihrer Gesellschafter und der sog. Handelndenhaftung nach § 41 Abs. 1 Satz 2 AktG zu unterscheiden ist. Für Verbindlichkeiten der Vor-AG ist deren Haftung mit dem Gesellschaftsvermögen Konsequenz der Teilrechtsfähigkeit und heute allgemein anerkannt (*Hüffer* AktG, § 41 Rn. 4). Die Vor-AG wird als Träger des Gesellschaftsvermögens durch das Handeln des Vorstands als Organ verpflichtet. Unerlaubte Handlungen oder andere zum Schadensersatz führende Verhaltensweisen der Organe oder Organmitglieder muss sich die Vor-AG gem. § 31 BGB analog zurechnen lassen (MüKo AktG/*Pentz* § 41 Rn. 54).

6

Neben der Haftung der Vorgesellschaft hat die Rechtsprechung des BGH unter Aufgabe des sog. Vorbelastungsverbots (vgl. Rdn. 3) eine **Vorbelastungshaftung** in richterlicher Rechtsfortbildung entwickelt. Sie bedeutet eine Haftung der mit dem vorzeitigen Geschäftsbeginn einverstandenen Gesellschafter gegenüber der (eingetragenen) Gesellschaft auf den Betrag, um den das tatsächliche Gesellschaftsvermögen im Zeitpunkt der Eintragung hinter dem Betrag des Nennkapitals zurückbleibt; dies kann regelmäßig nur durch eine Bilanz auf den Stichtag der Eintragung festgestellt werden und wird deshalb auch als **Unterbilanzhaftung** bezeichnet. Sie ist von BGHZ 80, 129, 140 ff. als unbeschränkte (Innen-) Haftung der Gesellschafter nicht gegenüber den Gläubigern,

7

sondern gegenüber der Gesellschaft konzipiert und sukzessive entwickelt worden. Es handelt sich um eine **anteilige Innenhaftung**; der Differenzbetrag ist von den Gesellschaftern im Verhältnis ihrer Kapitalanteile zu tragen (BGH, Urt. v. 27.01.1997 – II ZR 123/94, Z 134, 333, 339 ff. – zur GmbH; BGH, Urt. v. 10.12.2001 – II ZR 89/01, Z 149, 273, 274 – zur Vor-Genossenschaft).

8 Im Fall des Scheiterns der Gründung und dem damit einhergehenden Scheitern der Eintragung besteht eine **Verlustdeckungshaftung**, nämlich eine Haftung der Gründer für die entstandenen Anlaufverluste. Die Haftung ist der Höhe nach unbegrenzt. Im Unterschied zur Vorbelastungshaftung umfasst die Verlustdeckungshaftung nicht die Pflicht, das dem Grundkapital entsprechende Vermögen wieder herzustellen; sie ist begrenzt auf die Haftung für die Verluste, die nach der erforderlichen Liquidation der Vor-AG (BGH, Urt. v. 04.11.2002 – II ZR 204/00, Z 152, 290, 293 ff.) verbleiben.

9 **Schuldner** der Haftung sind die Gründer, die der vorzeitigen Geschäftsaufnahme zugestimmt haben. Inhaber des Anspruchs ist entsprechend der Konzeption als Innenhaftung die Vor-AG (zur Kritik an diesem Konzept vgl. *Beuthien* ZIP 1996, 305; *Ulmer* ZIP 1996, 733). **Gläubiger** der Vor-AG können einzelne Gründer grundsätzlich nur dann in Anspruch nehmen, wenn sie zuvor die Ansprüche der Vor-AG gepfändet haben. Die damit erforderliche Inanspruchnahme der Vor-AG ist in den Fällen der Vermögenslosigkeit der Vorgesellschaft aussichtslos und unzumutbar. Deshalb lässt die Rechtsprechung in diesen Fällen ausnahmsweise auch den direkten Zugriff der Gläubiger auf die Gründer zu (BGH, Urt. v. 27.01.1997 – II ZR 123/94, Z 134, 333, 341).

II. Einpersonen-Vorgesellschaft

10 Bei der **Einmanngründung** (vgl. § 2 AktG Rdn. 2) besteht die besondere Situation, dass es schon aus tatsächlichen Gründen nicht möglich ist, im Zeitraum von der Errichtung bis zur Eintragung von einer **teilrechtsfähigen Gesamthandsgemeinschaft** mehrerer Personen auszugehen. Die zur Mehrpersonen-Vorgesellschaft entwickelten Grundsätze können daher auf die Einpersonen-Vorgesellschaft nicht ohne Weiteres übertragen werden. Die deshalb gebotene gesetzliche Sonderregelung der Rechtsverhältnisse der Einpersonen-Vor-AG hat der Gesetzgeber weder in § 41 AktG noch an anderer Stelle getroffen. Auch für die Fälle der Spaltung zur Neugründung nach dem UmwG liegt keine diesbezügliche gesetzliche Regelung vor, obwohl diese wünschenswert wäre, wenn der Fall einer Einmanngründung durch den übertragenden Rechtsträger als Gründer vorliegt (dazu *Bruski* AG 1997, 17). Für das Aktienrecht ist – wie für das GmbH-Recht auch (vgl. Erl. zu § 1 GmbHG) – ungeklärt und umstritten, ob die Einpersonen-Vorgesellschaft als teilrechtsfähige Wirkungseinheit oder lediglich als Sondervermögen des Alleingründers entsteht (MüKo AktG/*Pentz* § 41 Rn. 79 ff.).

11 Für die **Innenbeziehungen** der Einpersonen-Vorgesellschaft ist davon auszugehen, dass der Gründer gehalten ist, die Mindesteinlage nach § 36 Abs. 2 Satz 1 AktG in das Sondervermögen in der Weise zu überführen, dass nur noch der vom ersten Aufsichtsrat bestellte Vorstand darüber verfügen kann (*Hüffer* AktG, § 41 Rn. 17d). Bezüglich der nach § 36 Abs. 2 Satz 2 AktG zu bestellender Sicherheit ist der Vorstand für die Einpersonen-Vorgesellschaft in der Lage, den Gründer in Anspruch zu nehmen. Im Fall des Scheiterns der Eintragung, insbesondere wegen der Zurückweisung durch das Gericht oder wegen Rücknahme der Anmeldung, endet die Vermögenssonderung, wobei der Gründer als Rechtsträger der gesonderten Vermögenswerte seine Rechtsstellung behält, ohne dass eine Liquidation stattfindet. Erfolgt die Eintragung, trifft den Alleingründer eine **Unterbilanzhaftung** nach den für die Mehrpersonen-Vorgesellschaft entwickelten Grundsätzen (vgl. oben Rdn. 7 f. und *Hüffer* AktG, § 41 Rn. 17d).

12 Im **Außenverhältnis** wird mangels anerkannter Rechtsfähigkeit der Vor-Gesellschaft der Gründer durch das Handeln des Vorstands im Namen der Gesellschaft berechtigt und verpflichtet. Für den Gründer entstehen dabei erhebliche Haftungsrisiken, weil die Gläubiger der Vorgesellschaft für befugt gehalten werden, nicht nur auf das Sondervermögen des Gründers zuzugreifen, sondern ihn – nach allerdings nicht gesicherter Auffassung (vgl. Ulmer/*Ulmer* § 11 Rn. 84) – auch mit seinem Privatvermögen in Anspruch zu nehmen. Dies wird insbesondere deswegen befürwortet, weil

es für die Gläubiger vor der Eintragung an einer hinreichenden Sicherung durch die gesonderten Vermögenswerte der Vorgesellschaft mangelt (*Hüffer* AktG, § 41 Rn. 17 f.).

C. Handelndenhaftung, Abs. 1 Satz 2

Abs. 1 Satz 1 regelt in inhaltlicher Übereinstimmung mit § 11 Abs. 2 GmbHG (vgl. die Erl. zu dieser Vorschrift) und in Umsetzung von Art. 7 Kapitalschutzrichtlinie der EU die sog. Handelndenhaftung, nämlich die Haftung derjenigen, die im Namen der Gesellschaft handeln. Nach Aufgabe des Vorbelastungsverbots und richterrechtlicher Ausformung einer unbeschränkten internen Gründerhaftung als Unterbilanz bzw. Verlustdeckungshaftung (vgl. oben Rdn. 7 f.) erscheint die gesetzliche Handelndenhaftung konzeptionell anachronistisches und auch praktisch als weitgehend bedeutungsloses Haftungsmodell. Die Grundidee, den Geschäftspartner der Vor-AG vor dem Risiko zu sichern, wegen des Scheiterns der Eintragung keinen Schuldner zu haben (sog. Sicherungsfunktion; vgl. BGH, Urt. v. 09.02.1970 – II ZR 137/69, Z 53, 210, 214), trägt infolge der richterlichen Rechtsfortbildung die Vorschrift nicht mehr (zur rechtspolitischen Kritik *Weimar* GmbHR 1988, 289). 13

Haftungsschuldner ist nach dieser Regelung jeder, der vor Eintragung der AG in ihrem Namen handelt, regelmäßig sind es somit die Vorstandsmitglieder, ohne dass es auf die Zustimmung der Gründer ankommt (BGH, Beschl. v. 15.12.1975 – II ZR 95/73, Z 65, 378, 381). Die Gründer haften alleine aus § 41 Abs. 1 Satz 2 AktG nicht, auch dann nicht, wenn sie der Aufnahme von Geschäften zugestimmt haben (BGH, Urt. v. 26.01.1967 – II ZR 122/64, Z 47, 25, 28 f.). Auch die Aufsichtsratsmitglieder haften nicht, wenn sie die AG nur im Innenverhältnis, insbesondere bei der Be- und Anstellung des ersten Vorstands vertreten haben (BGH, Urt. v. 14.06.2004 – II ZR 47/02, NJW 2004, 2519, 2520). Wer als Organmitglied im Rechtsverkehr handelt, haftet nach § 41 Abs. 1 Satz 2 AktG (BGH, Urt. v. 24.10.1968 – II ZR 216/66, Z 51, 30, 35). 14

Ein **Handeln im Namen der Gesellschaft** liegt vor, wenn entweder für die künftige AG oder für die Vor-AG gehandelt wird (BGH, Urt. v. 07.05.1984 – II ZR 276/83, Z 91, 148, 149 – zur GmbH). Auf den Umstand, dass der Geschäftspartner das Nichtbestehen der AG kannte, kommt es nicht an. Die Haftung betrifft nur das rechtsgeschäftliche Handeln gegenüber Dritten (BGH, Urt. v. 17.03.1980 – II ZR 11/79, Z 76, 320, 325) bzw. das rechtsgeschäftsähnliche, zu Ansprüchen aus ungerechtfertigter Bereicherung führende Handeln (OLG Karlsruhe, Urt. v. 11.12.1997 – 11 U 20/97, NZG 1998, 268, 269). Die Unterlassung der Erfüllung gesetzlicher Verbindlichkeiten wie dem Abführen sozialversicherungsrechtlicher Verbindlichkeiten (BAG ZIP 1995, 1893) wird von der Vorschrift ebenso wenig erfasst wie das Begehen unerlaubter Handlungen nach §§ 823 ff. BGB. Schließlich setzt die Vorschrift voraus, dass die Handlung nach der Errichtung, aber vor der Eintragung erfolgte (BGH, Urt. v. 07.05.1984 – II ZR 276/83, Z 91, 148, 150 ff. – zur GmbH). 15

Inhalt und Umfang der Haftung bestimmen nach der in Aussicht genommenen Verpflichtung der Gesellschaft (BGHZ 53, 210, 214). Die Haftung ist **akzessorisch**, sodass dann, wenn die Gesellschaft bspw. Erfüllung schuldet, auch der Handelnde Erfüllung schuldet. 16

Ein **Ausschluss** bzw. eine **Beschränkung der Haftung** nach Abs. 1 Satz 2 kann durch Vertrag mit dem Geschäftspartner bewirkt werden. Die Regelung in Abs. 1 Satz 2 ist dispositiv (BGH, Urt. v. 09.02.1970 – II ZR 137/69, Z 53, 210, 213). Ein (stillschweigender) Haftungsausschluss kann aber nicht schon dann angenommen werden, wenn der Geschäftspartner die Verhältnisse der Gesellschaft bei Geschäftsabschluss kennt. 17

D. Schuldübernahme, Abs. 2

Die Regelung des Abs. 2 steht im Zusammenhang mit der Handelndenhaftung nach Abs. 1 Satz 2; sie will eine Vereinfachung der Enthaftung des Handelnden dadurch erreichen, dass die Vereinbarung einer befreienden Schuldübernahme zwischen der eingetragenen AG und dem für sie vor der Eintragung handelnden Vorstandsmitglied ohne Genehmigung des Geschäftspartners und damit abweichend von § 415 Abs. 1 Satz 1 BGB wirksam ist. Die Vorschrift ist nur anwendbar, wenn 18 die Verbindlichkeit im Namen der künftigen AG begründet wurde. Weiterhin kommt es darauf an, dass die Schuldübernahme rechtzeitig, nämlich innerhalb von 3 Monaten seit der Eintragung, vereinbart und dem Geschäftspartner mitgeteilt wird.

E. Übernahme nicht in der Satzung festgesetzter Verpflichtungen, Abs. 3

19 Die Regelung des Abs. 3 betrifft die genannten Verpflichtungen, die in Ermangelung der nach §§ 26, 27 AktG erforderlichen Satzungspublizität nicht wirksam begründet wurden. Diese kann die AG nach der Verbotsregelung des Abs. 3 nicht übernehmen, auch dann nicht, wenn der Gläubiger mitwirken sollte. Auf diese Weise wird eine Umgehung der §§ 26, 27 AktG ausgeschlossen.

F. Übertragungs- und Ausgabeverbot, Abs. 4

20 Die Regelung des Abs. 4 Satz 1 schließt die Übertragung der Mitgliedschaft in der Vor-AG aus. Da Satzungsänderungen von der Regelung nicht betroffen werden, bezieht sie sich auf die Übertragung der Mitgliedschaft durch Rechtsgeschäft. Der Eintritt oder das Ausscheiden von Gründern durch (einstimmige) Satzungsänderung in der Form des § 23 Abs. 1 Satz 1 AktG bleibt davon unberührt. Die schuldrechtlichen Übertragungsrechtsgeschäfte werden von Abs. 4 Satz 1 nicht berührt; sie sind wirksam.

21 Abs. 4 Satz 2 verbietet die Ausgabe von Aktien oder Zwischenscheinen vor Eintragung der AG. Im Interesse der Verkehrssicherheit wird damit eine wirksame wertpapierrechtliche Verbriefung der Mitgliedschaft in der Vor-AG und damit auch deren gutgläubiger Erwerb ausgeschlossen. Für den durch eine verbotene Ausgabe entstehenden Schaden haften die Ausgeber persönlich als Gesamtschuldner (Abs. 4 Satz 3). Sie sind überdies nach Maßgabe des Ordnungswidrigkeitenrechts verantwortlich (§ 405 Abs. 1 Nr. 2 AktG).

§ 42 Einpersonen-Gesellschaft

Gehören alle Aktien allein oder neben der Gesellschaft einem Aktionär, ist unverzüglich eine entsprechende Mitteilung unter Angabe von Name, Vorname, Geburtsdatum und Wohnort des alleinigen Aktionärs zum Handelsregister einzureichen.

1 Die Vorschrift regelt einen Teilaspekt des Rechts der Einmann-AG. Ausgehend von der Zulässigkeit der Einmann-AG, die auch in § 2 und § 36 Abs. 2 Satz 2 AktG bestätigt wird, bezweckt § 42 AktG die Publizität dieser Situation durch die Verpflichtung zur Mitteilung zum Handelsregister.

2 Die Mitteilungspflicht besteht sowohl im Fall der Einmann-AG-Gründung als auch dem, dass durch nachträgliche Vereinigung alle Anteile einer Person gehören. Erfasst wird auch der Fall, dass alle Aktien einem Aktionär und der AG selbst gehören. Der Tatbestand »gehören« stellt auf die **Inhaberschaft am Vollrecht**, also auf die Eigentümerstellung an der Aktie ab. Deshalb ist es zweifelhaft, ob auch die insbesondere über abhängige Unternehmen kraft der Fiktion des § 16 Abs. 4 AktG zuzurechnenden Aktien dem betreffenden Aktionär gehören (*Blanke* BB 1994, 1505 f.) und die Mitteilungspflicht nach § 42 AktG auslösen (so *Hoffmann-Becking* ZIP 1995, 1, 3).

3 **Zuständig** ist das Registergericht des Gesellschaftssitzes, § 14 AktG. Da keine Anmeldung, sondern lediglich eine Mitteilung erforderlich ist, erfolgt keine Eintragung in das Handelsregister. Die einzureichende (und damit schriftliche) Mitteilung wird in die Registerakten aufgenommen; in diesem kann sie von jedermann eingesehen werden, § 9 Abs. 1 HGB.

§§ 43, 44

(weggefallen)

§ 45 Sitzverlegung

(1) Wird der Sitz der Gesellschaft im Inland verlegt, so ist die Verlegung beim Gericht des bisherigen Sitzes anzumelden.

(2) ¹Wird der Sitz aus dem Bezirk des Gerichts des bisherigen Sitzes verlegt, so hat dieses unverzüglich von Amts wegen die Verlegung dem Gericht des neuen Sitzes mitzuteilen. ²Der Mitteilung sind die Eintragungen für den bisherigen Sitz sowie die bei dem bisher zuständigen Gericht aufbewahrten Urkunden beizufügen; bei elektronischer Registerführung sind die Eintragungen und die Dokumente elektronisch zu übermitteln. ³Das Gericht des neuen Sitzes hat zu prüfen, ob die Verlegung ordnungsgemäß beschlossen und § 30 des Handelsgesetzbuchs beachtet ist. ⁴Ist dies der Fall, so hat es die Sitzverlegung einzutragen und hierbei die ihm mitgeteilten Eintragungen ohne weitere Nachprüfung in sein Handelsregister zu übernehmen. ⁵Mit der Eintragung wird die Sitzverlegung wirksam. ⁶Die Eintragung ist dem Gericht des bisherigen Sitzes mitzuteilen. ⁷Dieses hat die erforderlichen Löschungen von Amts wegen vorzunehmen.

(3) ¹Wird der Sitz an einen anderen Ort innerhalb des Bezirks des Gerichts des bisherigen Sitzes verlegt, so hat das Gericht zu prüfen, ob die Sitzverlegung ordnungsgemäß beschlossen und § 30 des Handelsgesetzbuchs beachtet ist. ²Ist dies der Fall, so hat es die Sitzverlegung einzutragen. ³Mit der Eintragung wird die Sitzverlegung wirksam.

Die Vorschrift regelt die registerrechtliche Behandlung der **Verlegung des Gesellschaftssitzes**. Die Zuständigkeiten von dem bisherigen und dem nach dem Wechsel zuständigen Registergericht und das dabei zu beachtende Verfahrensrecht werden festgelegt. Die Regelung betrifft die **Sitzverlegung im Inland**; die Sitzverlegung in das Ausland oder vom Ausland in das Inland werden von ihr nicht erfasst (vgl. auch § 5 AktG Rdn. 4 f.). 1

Abs. 1 begründet die **Pflicht zur Anmeldung** der Sitzverlegung. Anzumelden ist die Sitzverlegung elektronisch in der durch § 12 Abs. 1 HGB vorgeschriebenen öffentlich beglaubigten Form beim bisherigen Sitzgericht. Dies hat durch den Vorstand der AG zu erfolgen (§ 78 AktG) oder einen dazu vom Vorstand Bevollmächtigten. 2

Zu **Zuständigkeit und Verfahren** geht Abs. 2 zunächst davon aus, dass das Gericht des bisherigen Gesellschaftssitzes die formelle Ordnungsgemäßheit der Anmeldung prüft. Die materielle Prüfungskompetenz liegt beim Gericht des neuen Gesellschaftssitzes (Abs. 2 Satz 3), das vom bisherigen Sitzgericht nach Abs. 2 Satz 1 bei Vorliegen einer formell ordnungsgemäßen Anmeldung von Amts wegen eine Verlegungsmitteilung nebst den in Abs. 2 Satz 2 genannten Anlagen erhält. Die Sitzverlegung, d. h. der zur Sitzverlegung erforderliche satzungsändernde Beschluss, wird gem. Abs. 2 Satz 4 in das Register des neuen Sitzgerichts eingetragen; die Sitzverlegung wird damit nach Abs. 2 Satz 5 wirksam. Eine Eintragung des Beschlusses in das Register des bisherigen Sitzgerichts sieht § 45 AktG nicht vor und hat nach h. M. abweichend von § 181 Abs. 3 AktG auch nicht zu erfolgen (MüKo AktG/*Pentz* § 45 Rn. 10). Das Gericht des neuen Sitzes teilt die Eintragung dem bisher zuständigen Registergericht mit, Abs. 2 Satz 6. 3

Für Sitzverlegungen **innerhalb des Gerichtsbezirks** bleibt das bisherige Registergericht zuständig. In diesem Fall hat das bisherige Sitzgericht auch die materielle Prüfung der Anmeldung vorzunehmen, Abs. 3 Satz 1. Die Sitzverlegung, die einzutragen ist, wenn sich keine Beanstandungen ergeben (Abs. 3 Satz 2), wird mit der Eintragung wirksam, Abs. 3 Satz 3. 4

§ 46 Verantwortlichkeit der Gründer

(1) ¹Die Gründer sind der Gesellschaft als Gesamtschuldner verantwortlich für die Richtigkeit und Vollständigkeit der Angaben, die zum Zwecke der Gründung der Gesellschaft über Übernahme der Aktien, Einzahlung auf die Aktien, Verwendung eingezahlter Beträge, Sondervorteile, Gründungsaufwand, Sacheinlagen und Sachübernahmen gemacht worden sind. ²Sie sind ferner dafür verantwortlich, daß eine zur Annahme von Einzahlungen auf das Grundkapital bestimmte

Stelle (§ 54 Abs. 3) hierzu geeignet ist und daß die eingezahlten Beträge zur freien Verfügung des Vorstands stehen. ³Sie haben, unbeschadet der Verpflichtung zum Ersatz des sonst entstehenden Schadens, fehlende Einzahlungen zu leisten und eine Vergütung, die nicht unter den Gründungsaufwand aufgenommen ist, zu ersetzen.

(2) Wird die Gesellschaft von Gründern durch Einlagen, Sachübernahmen oder Gründungsaufwand vorsätzlich oder aus grober Fahrlässigkeit geschädigt, so sind ihr alle Gründer als Gesamtschuldner zum Ersatz verpflichtet.

(3) Von diesen Verpflichtungen ist ein Gründer befreit, wenn er die die Ersatzpflicht begründenden Tatsachen weder kannte noch bei Anwendung der Sorgfalt eines ordentlichen Geschäftsmannes kennen mußte.

(4) Entsteht der Gesellschaft ein Ausfall, weil ein Aktionär zahlungsunfähig oder unfähig ist, eine Sacheinlage zu leisten, so sind ihr zum Ersatz als Gesamtschuldner die Gründer verpflichtet, welche die Beteiligung des Aktionärs in Kenntnis seiner Zahlungsunfähigkeit oder Leistungsunfähigkeit angenommen haben.

(5) ¹Neben den Gründern sind in gleicher Weise Personen verantwortlich, für deren Rechnung die Gründer Aktien übernommen haben. ²Sie können sich auf ihre eigene Unkenntnis nicht wegen solcher Umstände berufen, die ein für ihre Rechnung handelnder Gründer kannte oder kennen mußte.

Übersicht	Rdn.		Rdn.
A. Regelungszweck	1	D. Entlastungsbeweis, Abs. 3	7
B. Haftung für Angaben, Abs. 1	2	E. Haftung für Leistungsunfähigkeit, Abs. 4	8
C. Haftung für Schäden, Abs. 2	5	F. Haftungsschuldner, Abs. 5	10

A. Regelungszweck

1 Die Vorschrift soll – wie die weitgehend identische Parallelvorschrift des § 9a GmbHG – die **Aufbringung des dem Grundkapital entsprechenden Mindestvermögens** der AG gewährleisten, indem eine Haftung der Gründer für Unregelmäßigkeiten beim Gründungshergang geschaffen wird, die Ersatzansprüche der eingetragenen AG begründet. Aktionäre und Gläubiger der Gesellschaft können Ansprüche aus § 46 AktG nicht herleiten; die Vorschrift ist auch kein Schutzgesetz i. S. d. § 823 Abs. 2 BGB. § 46 AktG begründet **eigenständige Anspruchsgrundlagen**, die unabhängig von möglicherweise bestehenden Ansprüchen wegen Vertragsverletzung oder unerlaubter Handlung in Betracht kommen. Die Haftung ist eine Haftung für (vermutetes) Verschulden mit einer Beweislastumkehr in Abs. 3.

B. Haftung für Angaben, Abs. 1

2 Abs. 1 begründet eine Haftung für die **Richtigkeit und Vollständigkeit** der in der Regelung abschließend genannten Angaben. Da die Angaben »zum Zweck der Gründung« gemacht worden sein müssen, sind zunächst alle gem. § 37 AktG gegenüber dem Registergericht gemachten Angaben haftungsrelevant. Die Einbeziehung der Angaben gegenüber Behörden, die eine Genehmigung erteilt haben, gehört nach § 37 Abs. 4 Nr. 5 AktG ebenfalls zu den zum Zweck der Gründung gemachten Angaben (h. M.; vgl. z. B. MüKo AktG/*Pentz* § 46 Rn. 23). Einbezogen sind überdies Angaben gegenüber Bewertungssachverständigen (*Hüffer/Koch* AktG, § 46 Rn. 6). Da Abs. 1 nicht danach differenziert, wer die Angaben macht, ist eine Einbeziehung auch solcher Angaben geboten, die nicht von Gründern, sondern von Dritten gemacht wurden. Die Haftung der Gründer für Fremdangaben wird durch das Verschuldenserfordernis des Abs. 3 – allerdings verbunden mit einer Beweislastverteilung zulasten der Gründer – begrenzt.

3 Die Haftung setzt voraus, dass die Angaben **objektiv unrichtig oder unvollständig** sind. Maßgeblich dafür ist grundsätzlich der Zeitpunkt, in dem die Angaben gemacht wurden. Bei Angaben gegenüber dem Registergericht kommt es auf den Zeitpunkt des Eingangs der Anmeldung an.

Nicht ordnungsgemäße Angaben können haftungsbefreiend berichtigt werden; nachträglich entstehende Tatsachen sind bis zur Eintragung nachzutragen, wenn andernfalls die bereits gemachten Angaben unrichtig oder unvollständig sind.

Abs. 1 Satz 3 enthält eine Regelung zum **Haftungsumfang**, nach der nicht nur eine Verpflichtung zum Schadensersatz besteht, sondern zusätzlich und unabhängig vom Eintritt eines Schadens im Übrigen die fehlenden Einzahlungen zu leisten und eine Vergütung zu ersetzen ist, die entgegen § 26 Abs. 2 AktG nicht unter den Gründungsaufwand aufgenommen worden ist. Auch die Verpflichtung zur Einzahlung und zum Vergütungsersatz ist abhängig von verschuldet unzutreffend Angaben beim Gründungsgeschehen; damit wird nicht eine verschuldensunabhängige Garantiehaftung (so *Hüffer/Koch* AktG, § 46 Rn. 10) eingeführt, sondern ein gesetzlich angeordneter Mindestschaden für ersatzfähig gestellt.   4

C. Haftung für Schäden, Abs. 2

Ergänzend zur Haftung wegen falscher Angaben verpflichtet Abs. 2 zum Schadensersatz bei **Schädigung der Gesellschaft** durch Einlagen, Sachübernahmen oder Gründungsaufwand. Die insofern neben der Haftung aus Abs. 1 in Betracht kommenden Anwendungsfälle sind vor allem die Überbewertung von Sacheinlagen, oder die Einbringung von für die Gesellschaft unbrauchbaren Einlagegegenständen, mögen diese auch korrekt bewertet sein; in Betracht kommt ferner ein wegen überhöhter Vergütungen schädigender Gründungsaufwand.   5

Die Gründer haften **als Gesamtschuldner** auf Schadensersatz. Bei Überbewertung von Sacheinlagen ist deshalb nach h. M. die Differenz zwischen dem wirklichen und dem festgesetzten Wert zu ersetzen, während bei Sachübernahmen nach ebenfalls h. M. das Recht der AG zur Rückgabe der Sache und ein Anspruch auf Zahlung des vollen Wertersatzes gegeben ist. Bei Vergütungen der Gründer liegt der Schaden der Gesellschaft in der ungerechtfertigten Überhöhung.   6

D. Entlastungsbeweis, Abs. 3

Abs. 3 stellt zunächst klar, dass die Haftungsregelungen in Abs. 1 und 2 einen **Verschuldenshaftungstatbestand** begründen. Die Haftung nach Abs. 4 unterliegt eigenen Regeln (vgl. Rdn. 8). Ferner ordnet die Regelung inzident eine Verschuldensvermutung mit Entlastungsmöglichkeit und damit eine **Umkehr der Beweislast** für den Exkulpationsbeweis an. Die Gründer müssen den haftungsbefreienden Nachweis führen, dass sie hinsichtlich der die Ersatzpflicht begründenden Umstände die Sorgfalt eines ordentlichen Geschäftsmannes beobachtet haben.   7

E. Haftung für Leistungsunfähigkeit, Abs. 4

Erleidet die AG einen Ausfall wegen Zahlungsunfähigkeit eines Gründungsaktionärs, so besteht ein Anspruch der AG auf Schadensersatz nach Abs. 4. Der Ausfall der Gesellschaft mit dem Zahlungsanspruch setzt keine Kaduzierung (§ 64 AktG) voraus. Der Ausfall ist schon dann gegeben, wenn die Zahlung nicht zu erlangen ist. Für den Fall der Sacheinlage ist dem Zahlungsausfall der Fall gleichgestellt, dass der Gründer nicht in der Lage ist, die geschuldete Leistung zu erbringen.   8

Die Haftung nach Abs. 4 ist als **wissensabhängige Garantiehaftung** konzipiert. Abs. 3 findet auf den nachfolgenden Haftungstatbestand keine Anwendung. Haftungsvoraussetzung ist der Umstand, dass die Gründer die Beteiligung des säumigen Aktionärs in Kenntnis seiner Zahlungs- oder Leistungsunfähigkeit angenommen haben. Die erforderliche Kenntnis ist nur bei positiver Kenntnis der Gründer gegeben (*Hüffer/Koch* AktG, § 46 Rn. 15). Die gesamtschuldnerische Haftung trifft wegen § 425 Abs. 2 BGB nur diejenigen Gründer, die über die erforderliche Kenntnis verfügt haben. Die Beweislast für das Vorliegen der Kenntnis von der Zahlungs- oder Leistungsunfähigkeit liegt bei der AG.   9

F. Haftungsschuldner, Abs. 5

10 Haftungsschuldner sind zunächst die Gründer; neben ihnen sind in gleicher Weise wie diese Personen verantwortlich, für deren Rechnung jemand als Gründer Aktien übernommen hat, Abs. 5. Dies gilt gleichermaßen in Fällen der den Gründungsbeteiligten bekannten offenen Treuhandschaft sowie bei einer sog. Strohmanngründung für den nicht in Erscheinung tretenden Hintermann als Treugeber. Die haftungsrelevante verschuldete Unkenntnis oder Kenntnis des Gründers von haftungsbegründenden Umständen wird dem Treugeber nach der **Zurechnungsregel** des Abs. 5 Satz 2 und damit unabhängig von zivilrechtlichen Zurechnungstatbeständen zugerechnet.

§ 47 Verantwortlichkeit anderer Personen neben den Gründern

Neben den Gründern und den Personen, für deren Rechnung die Gründer Aktien übernommen haben, ist als Gesamtschuldner der Gesellschaft zum Schadenersatz verpflichtet,
1. wer bei Empfang einer Vergütung, die entgegen den Vorschriften nicht in den Gründungsaufwand aufgenommen ist, wußte oder nach den Umständen annehmen mußte, daß die Verheimlichung beabsichtigt oder erfolgt war, oder wer zur Verheimlichung wissentlich mitgewirkt hat;
2. wer im Fall einer vorsätzlichen oder grobfahrlässigen Schädigung der Gesellschaft durch Einlagen oder Sachübernahmen an der Schädigung wissentlich mitgewirkt hat;
3. wer vor Eintragung der Gesellschaft in das Handelsregister oder in den ersten zwei Jahren nach der Eintragung die Aktien öffentlich ankündigt, um sie in den Verkehr einzuführen, wenn er die Unrichtigkeit oder Unvollständigkeit der Angaben, die zum Zwecke der Gründung der Gesellschaft gemacht worden sind (§ 46 Abs. 1), oder die Schädigung der Gesellschaft durch Einlagen oder Sachübernahmen kannte oder bei Anwendung der Sorgfalt eines ordentlichen Geschäftsmannes kennen mußte.

1 Die Vorschrift **erweitert den Kreis der haftpflichtigen Personen**, um – wie bei § 46 AktG – im Interesse der Kapitalaufbringung Unregelmäßigkeiten durch Einschaltung weiterer Personen in das Gründungsgeschehen auszuschließen. Einbezogen werden die sog. **Gründungsgenossen** (Nr. 1 und 2) und die **Emittenten** (Nr. 3). Der Kreis der für die genannten Person und geregelten Haftungstatbestände ist in § 47 AktG abschließend geregelt. Gründer und die in § 46 Abs. 5 AktG genannten Personen sind ausweislich des Einleitungssatzes von der Regelung in § 47 AktG nicht erfasst.

2 Die Schadensersatzansprüche stehen auch in § 47 AktG (zu der entsprechenden Rechtslage bei § 46 vgl. dort Rdn. 1) allein der eingetragenen AG zu (sog. Innenhaftung). Eine drittschützende Wirkung zugunsten von Aktionären oder Gläubigern kommt den Vorschriften nicht zu; solche Ansprüche können sich aber aus § 823 Abs. 2 BGB i. V. m. § 399 Abs. 1 Nr. 3 AktG ergeben. Weitergehende Ansprüche insbesondere von Kapitalanlegern begründet das Kapitalmarktrecht, vor allem durch die sog. Prospekthaftung aus Vertrag bzw. aus §§ 44 ff. BörsenG (dazu Schäfer/Hamann/*Hamann* §§ 44, 45 BörsenG Rn. 42 ff., 47 ff.).

3 Nr. 1 regelt den Fall der **Verheimlichung von Gründungsaufwand**. Der Gesellschaft haftet zum einen den **Empfänger einer verheimlichten Vergütung**, die von der Gesellschaft unter Verstoß gegen § 26 Abs. 2 AktG nicht in den satzungsmäßigen Gründungsaufwand aufgenommen wurde. Subjektiv setzt die Empfängerhaftung voraus, dass der Empfänger wusste oder nach den Umständen annehmen musste, dass die Verheimlichung beabsichtigt oder erfolgt war. Die subjektiven Tatbestandsvoraussetzungen setzen zumindest voraus, dass der Empfänger der Haftung kennt oder kennen muss. Aber selbst in diesem Fall kommt eine Haftung nur ausnahmsweise in Betracht, weil in der Satzung der erforderliche Gesamtaufwand nicht aufgegliedert ist. In Betracht zu ziehen sind deshalb Fälle, in denen entweder kein Gründungsaufwand festgesetzt ist, oder der festgesetzte Betrag im Hinblick auf die empfangene Vergütung offensichtlich zu niedrig ist. Darüber hinaus kommt eine Haftung für solche Personen in Betracht, welche die als Anlage zur Handelsregisteranmeldung erforderliche aufgegliederte Berechnung des Gründungsaufwands der Gesellschaft kennen oder kennen müssten. Dies sind die **Rechtsberater** der Gründer, Notare und Gründungsprüfer. Ebenso haften **unredlich Mitwirkende**, die verheimlichte Vergütungen zwar nicht selbst empfangen haben, die aber bei der Verheimlichung einer solchen Vergütungsleistung an einen Dritten wissentlich mitgewirkt haben. Insofern werden Ratgeber einbezogen, die haften, wenn sie mindestens bedingt vorsätzlich (*Hüffer/Koch* AktG, § 47 Rn. 7) daran mitgewirkt haben, dass die Zahlung an den Dritten nicht in den satzungsmäßigen Gründungsaufwand aufgenommen wurde.

Nr. 2 begründet ebenfalls eine **Haftung von Mitwirkenden**. Die Mitwirkung muss sich auf einen Verstoß der Gründer oder Treugeber gegen die Haftungsbestimmungen des § 46 Abs. 2 oder Abs. 5 AktG beziehen und ist tatbestandlich erheblich, sofern der Dritte »wissentlich«, also mit Vorsatz mitwirkt. Dies kommt insbesondere auch in den Fällen der Schädigung der Gesellschaft durch Übernahme von Einlagen oder Sachübernahmen in Betracht. 4

Nr. 3 AktG regelt die **Haftung der sog. Emittenten**, nämlich solcher Personen, die vor Eintragung der Gesellschaft oder innerhalb von 2 Jahren danach die Aktien öffentlich ankündigen, um sie am Markt zu platzieren. Subjektiv setzt dieser Haftungstatbestand voraus, dass der Schädiger wusste oder bei Anwendung der Sorgfalt eines ordentlichen Kaufmanns hätte kennen müssen, dass die Gründungsangaben unrichtig oder unvollständig sind. Der Emittent haftet nur bei Vorsatz oder Fahrlässigkeit, auf ein Verschulden der Gründer oder deren Treugeber kommt es dagegen – anders als bei ihrer eigenen Haftung (vgl. § 46 Abs. 3 AktG) – nicht an. Den Emittenten trifft somit nach dieser Regelung eine **eigene Prüfungsobliegenheit**. Die Vorschrift richtet sich in erster Linie an Kreditinstitute und Anlagevermittler; betroffen sein können aber auch Mitglieder von Vorstand und Aufsichtsrat, nicht dagegen Gründer (vgl. oben Rdn. 3). 5

§ 48 Verantwortlichkeit des Vorstands und des Aufsichtsrats

¹Mitglieder des Vorstands und des Aufsichtsrats, die bei der Gründung ihre Pflichten verletzen, sind der Gesellschaft zum Ersatz des daraus entstehenden Schadens als Gesamtschuldner verpflichtet; sie sind namentlich dafür verantwortlich, daß eine zur Annahme von Einzahlungen auf die Aktien bestimmte Stelle (§ 54 Abs. 3) hierzu geeignet ist, und daß die eingezahlten Beträge zur freien Verfügung des Vorstands stehen. ²Für die Sorgfaltspflicht und Verantwortlichkeit der Mitglieder des Vorstands und des Aufsichtsrats bei der Gründung gelten im übrigen §§ 93 und 116 mit Ausnahme von § 93 Abs. 4 Satz 3 und 4 und Abs. 6.

Die Vorschrift dient wie die Vorschriften der §§ 46, 47 AktG auch dem **Schutz der Kapitalaufbringung** in der AG. § 48 AktG begründete eine Haftung der Mitglieder der Verwaltung der AG für die Verletzung ihrer Pflichten bei der Gesellschaftsgründung aus vermutetem Verschulden, §§ 48 Satz 2 i. V. m. 93 Abs. 1, Abs. 2 Satz 2 AktG. Wie bei §§ 46, 47 AktG steht der Anspruch der eingetragenen Gesellschaft zu. Die Ansprüche können aber unter den Voraussetzungen des § 93 Abs. 5 AktG auch von den Gesellschaftsgläubigern geltend gemacht werden, § 48 Satz 2 AktG. Weitere Ansprüche Dritter können sich aus § 823 Abs. 2 BGB i. V. m. § 399 Abs. 1 Nr. 1 AktG ergeben. 1

Die von § 48 AktG beispielhaft (»namentlich«) genannten Pflichtverletzungstatbestände sind die mangelhafte Auswahl einer geeigneten Kapitaleinzahlungsstelle (§ 54 Abs. 3 AktG) und falsche Angaben zur freien Verfügung des Vorstands über eingezahltes Kapital (§ 36 Abs. 2 AktG). Über diese ausdrücklich genannten Verletzungstatbestände hinaus kommen Pflichtverletzungen bei der Gründungsprüfung (§§ 33 Abs. 1, 34 AktG) in Betracht, etwa die Pflichtverletzung bei der ordnungsgemäßen Prüfung der Werthaltigkeit einer Sacheinlage. Nicht geklärt ist, ob der Betrieb eines als Sacheinlage eingebrachten Unternehmens vor der Eintragung nach § 48 AktG zu beurteilen ist; sofern es sich um werbende unternehmerische Tätigkeit handelt, sollte diese nicht als gründungsspezifische Tätigkeit angesehen und deshalb nicht der Haftung der Organe nach § 48, wohl aber der nach §§ 93, 116 AktG unterstellt werden (ebenso *Hüffer/Koch* AktG, § 48 Rn. 3). 2

Durch den Verweis auf § 93 Abs. 4 Satz 1 AktG in § 48 Satz 2 AktG wird klargestellt, dass die **Ersatzpflicht nicht eintritt**, wenn die getroffene Maßnahme durch einen gesetzmäßigen Beschluss der Hauptversammlung gedeckt ist. Die von § 48 Satz 2 AktG weiterhin angeordnete Nichtgeltung der Verweisungsregelung für die §§ 93 Abs. 4 Satz 3 und 4 und Abs. 6 AktG betrifft die Rechtslage 3 zu Verzicht, Vergleich und Verjährung betreffend die Ersatzansprüche; dafür gelten die Sondervorschriften der §§ 50, 51 AktG. Anders als die sonst inhaltsgleichen, aber eben nicht anwendbaren Vorschriften des § 93 AktG stellen die §§ 50, 51 AktG wegen der zu beachtenden Fristen nicht auf den Zeitpunkt der Entstehung des Anspruchs, sondern auf den der Eintragung der AG ab.

§ 49 Verantwortlichkeit der Gründungsprüfer

§ 323 Abs. 1 bis 4 des Handelsgesetzbuchs über die Verantwortlichkeit des Abschlußprüfers gilt sinngemäß.

1 Die Vorschrift regelt die Verantwortlichkeit der Gründungsprüfer für ihre sich aus § 33 Abs. 2 bis 5 AktG ergebenden Pflichten. Die Einzelheiten der Haftung ergeben sich aus § 323 Abs. 1 bis 4 HGB. Diese Vorschrift sieht eine nicht dispositive, **verschuldensabhängige Schadensersatzhaftung** für Pflichtverletzungen der AG oder des mit ihr verbundenen Unternehmens vor. In Abhängigkeit vom Verschuldensmaßstab bestehen Haftungshöchstgrenzen nach § 323 Abs. 2 HGB. Die Verjährung der in § 49 AktG wurzelnden Ansprüche regelt § 51 AktG.

§ 50 Verzicht und Vergleich

¹Die Gesellschaft kann auf Ersatzansprüche gegen die Gründer, die neben diesen haftenden Personen und gegen die Mitglieder des Vorstands und des Aufsichtsrats (§§ 46 bis 48) erst drei Jahre nach der Eintragung der Gesellschaft in das Handelsregister und nur dann verzichten oder sich über sie vergleichen, wenn die Hauptversammlung zustimmt und nicht eine Minderheit, deren Anteile zusammen den zehnten Teil des Grundkapitals erreichen, zur Niederschrift Widerspruch erhebt. ²Die zeitliche Beschränkung gilt nicht, wenn der Ersatzpflichtige zahlungsunfähig ist und sich zur Abwendung des Insolvenzverfahrens mit seinen Gläubigern vergleicht oder wenn die Ersatzpflicht in einem Insolvenzplan geregelt wird.

1 Die Vorschrift betrifft nur den **Abschluss von Verzichts- und Vergleichsverträgen** über die (sekundären) Einstandspflichten für die Kapitalaufbringung nach den §§ 46 bis 48 AktG. Sie erfasst dagegen nicht ebensolche Verträge über (primäre) Kapitaleinlagepflichten der Gründer nach den §§ 36a, 54 Abs. 2, 63 AktG. Vergleich und Verzichtsabreden darüber sind bis zum Zeitpunkt der Verjährung zeitlich unbegrenzt unzulässig, § 66 Abs. 1 AktG. In den Fällen der sekundären Einstandspflichten sollen Verzicht und Vergleich erst möglich sein, nachdem der Einfluss der Gründer auf die AG und ihre Organe durch Zeitablauf regelmäßig nicht mehr spürbar ist und der Schadensumfang zuverlässig erkennbar ist. Deshalb soll die Gesellschaft innerhalb von 3 Jahren nach ihrer Eintragung auf Ersatzansprüche weder verzichten noch sich über sie vergleichen dürfen; auch später ist ein Verzicht und Vergleich nur mit Zustimmung der Hauptversammlung wirksam und auch dies im Interesse des Minderheitenschutzes nur, wenn nicht eine Minderheit Widerspruch zu Protokoll erhebt, deren Anteile zusammen 10 % des Grundkapitals erreichen. Eine Ausnahme gilt nach Satz 2 bei Zahlungsunfähigkeit des Ersatzpflichtigen bei einem Vergleich mit den Gläubigern zur Abwendung des Insolvenzverfahrens oder bei einer Regelung durch Insolvenzplan. Unter Missachtung des § 50 AktG geschlossene Verträge sind grundsätzlich unwirksam, § 134 BGB. Für den Vertragsschluss ohne die nach § 50 AktG erforderliche Zustimmung der Hauptversammlung fehlt dem Vorstand die Vertretungsmacht; sie sind schwebend unwirksam, § 177 BGB; in den Fällen des Widerspruchs zu Protokoll gilt dies entsprechend (*Hüffer/Koch* AktG, § 50 Rn. 4).

2 § 50 AktG gilt ausdrücklich nicht für die Haftung der Gründungsprüfer nach § 49 AktG. Insofern ist zwar nach § 323 Abs. 4 HGB eine vertragliche vereinbarte Haftungsbeschränkung verboten. Dagegen können nach Entstehen des Anspruchs Verzichts- und Vergleichsverträge wirksam geschlossen werden; der Vorstand ist dabei an die Beachtung der Sorgfaltspflichten des § 93 Abs. 1 AktG gebunden.

§ 51 Verjährung der Ersatzansprüche

¹Ersatzansprüche der Gesellschaft nach den §§ 46 bis 48 verjähren in fünf Jahren. ²Die Verjährung beginnt mit der Eintragung der Gesellschaft in das Handelsregister oder, wenn die zum Ersatz verpflichtende Handlung später begangen worden ist, mit der Vornahme der Handlung.

§ 51 AktG normiert eine **Sonderverjährung** für alle Ersatzansprüche aus §§ 46 bis 48 AktG. Die **Verjährungsfrist** beträgt 5 Jahre und beginnt abweichend von § 200 Satz 1 BGB grundsätzlich mit der Eintragung der AG in das Handelsregister. Entsteht der Anspruch später, kommt es für den Verjährungsbeginn auf die Vornahme der anspruchsbegründenden Handlung an, § 51 Satz 2 AktG. Konkurrierende Ansprüche aus unerlaubter Handlung unterfallen der aktienrechtlichen Sonderverjährung nach h. M. nicht (MüKo AktG/*Pentz* § 51 Rn. 6). 1

Nicht erfasst sind die Ansprüche gegen die Gründungsprüfer aus § 49 AktG. Für sie gilt die Regelverjährung der §§ 195, 199 BGB. Für die Ausgleichsansprüche von Gesamtschuldnern untereinander nach § 426 Abs. 1 BGB gilt die Regelung des § 51 AktG ebenfalls nicht. 2

§ 52 Nachgründung

(1) ¹Verträge der Gesellschaft mit Gründern oder mit mehr als 10 vom Hundert des Grundkapitals an der Gesellschaft beteiligten Aktionären, nach denen sie vorhandene oder herzustellende Anlagen oder andere Vermögensgegenstände für eine den zehnten Teil des Grundkapitals übersteigende Vergütung erwerben soll, und die in den ersten zwei Jahren seit der Eintragung der Gesellschaft in das Handelsregister geschlossen werden, werden nur mit Zustimmung der Hauptversammlung und durch Eintragung in das Handelsregister wirksam. ²Ohne die Zustimmung der Hauptversammlung oder die Eintragung im Handelsregister sind auch die Rechtshandlungen zu ihrer Ausführung unwirksam.

(2) ¹Ein Vertrag nach Absatz 1 bedarf der schriftlichen Form, soweit nicht eine andere Form vorgeschrieben ist. ²Er ist von der Einberufung der Hauptversammlung an, die über die Zustimmung beschließen soll, in dem Geschäftsraum der Gesellschaft zur Einsicht der Aktionäre auszulegen. ³Auf Verlangen ist jedem Aktionär unverzüglich eine Abschrift zu erteilen. ⁴Die Verpflichtungen nach den Sätzen 2 und 3 entfallen, wenn der Vertrag für denselben Zeitraum über die Internetseite der Gesellschaft zugänglich ist. ⁵In der Hauptversammlung ist der Vertrag zugänglich zu machen. ⁶Der Vorstand hat ihn zu Beginn der Verhandlung zu erläutern. ⁶Der Niederschrift ist er als Anlage beizufügen.

(3) ¹Vor der Beschlußfassung der Hauptversammlung hat der Aufsichtsrat den Vertrag zu prüfen und einen schriftlichen Bericht zu erstatten (Nachgründungsbericht). ²Für den Nachgründungsbericht gilt sinngemäß § 32 Abs. 2 und 3 über den Gründungsbericht.

(4) ¹Außerdem hat vor der Beschlußfassung eine Prüfung durch einen oder mehrere Gründungsprüfer stattzufinden. 2§ 33 Abs. 3 bis 5, §§ 34, 35 über die Gründungsprüfung gelten sinngemäß. ³Unter den Voraussetzungen des § 33a kann von einer Prüfung durch Gründungsprüfer abgesehen werden.

(5) ¹Der Beschluß der Hauptversammlung bedarf einer Mehrheit, die mindestens drei Viertel des bei der Beschlußfassung vertretenen Grundkapitals umfaßt. ²Wird der Vertrag im ersten Jahr nach der Eintragung der Gesellschaft in das Handelsregister geschlossen, so müssen außerdem die Anteile der zustimmenden Mehrheit mindestens ein Viertel des gesamten Grundkapitals erreichen. ³Die Satzung kann an Stelle dieser Mehrheiten größere Kapitalmehrheiten und weitere Erfordernisse bestimmen.

(6) ¹Nach Zustimmung der Hauptversammlung hat der Vorstand den Vertrag zur Eintragung in das Handelsregister anzumelden. ²Der Anmeldung ist der Vertrag mit dem Nachgründungsbe-

richt und dem Bericht der Gründungsprüfer mit den urkundlichen Unterlagen beizufügen. ³Wird nach Absatz 4 Satz 3 von einer externen Gründungsprüfung abgesehen, gilt § 37a entsprechend.

(7) ¹Bestehen gegen die Eintragung Bedenken, weil die Gründungsprüfer erklären oder weil es offensichtlich ist, daß der Nachgründungsbericht unrichtig oder unvollständig ist oder den gesetzlichen Vorschriften nicht entspricht oder daß die für die zu erwerbenden Vermögensgegenstände gewährte Vergütung unangemessen hoch ist, so kann das Gericht die Eintragung ablehnen. ²Enthält die Anmeldung die Erklärung nach § 37a Abs. 1 Satz 1, gilt § 38 Abs. 3 entsprechend

(8) Einzutragen sind der Tag des Vertragsschlusses und der Zustimmung der Hauptversammlung sowie der oder die Vertragspartner der Gesellschaft.

(9) Vorstehende Vorschriften gelten nicht, wenn der Erwerb der Vermögensgegenstände im Rahmen der laufenden Geschäfte der Gesellschaft, in der Zwangsvollstreckung oder an der Börse erfolgt.

Übersicht	Rdn.		Rdn.
A. Regelungszweck................	1	III. Wirksamkeitsvoraussetzungen, weitere	
B. Anwendungsfälle und Voraussetzungen,		Anforderungen..................	11
Abs. 1 bis 5..................	2	C. Registerverfahren, Abs. 6 bis 8......	16
I. Typische Anwendungsfälle..........	2	D. Ausnahmeregeln, Abs. 9..........	20
II. Besondere Anwendungsfälle.........	6		

A. Regelungszweck

1   Die Vorschrift erfasst die Fälle der sog. Nachgründung, nämlich Verträge der Gesellschaft, die zeitnah zum Gründungsgeschehen mit in erheblichem Umfang beteiligten Gründern oder Neuaktionären geschlossen werden und den Erwerb von Vermögensgegenständen gegen eine Vergütung in erheblicher Höhe betreffen. Für den Abschluss solcher Verträge ist die Vertretungsmacht des Vorstands an die Zustimmung der Hauptversammlung gebunden und das Gesetz unterwirft sie Anforderungen, die nach den §§ 27, 32 ff. AktG für Sachgründungen gelten. Die Vorschrift dient in erster Linie dem Schutz vor einer Umgehung der Gründungsvorschriften für die Kapitalaufbringung, weil in zeitlicher Nähe zur Gründung stehende Erwerbspflichten der AG nicht geringere Risiken für den Kapitalschutz der AG bedeuten wie die Sachgründung selbst. Neben dem Gläubiger- und Minderheitenschutz gegenüber Mehrheitsaktionären und der Verwaltung verfolgt das Nachgründungsrecht auch das Ziel des Schutzes gegenüber einem unsachgemäßen Einflussnahmen der Gründer (BGH, Urt. v. 15.01.1990 – II ZR 164/88, Z 110, 47, 55).

B. Anwendungsfälle und Voraussetzungen, Abs. 1 bis 5

I. Typische Anwendungsfälle

2   Ein Nachgründungsfall i. S. d. Abs. 1 Satz 1 liegt vor, wenn die eingetragene AG Verträge über den Erwerb von Vermögensgegenständen schließt, die mit einem **10 % des Grundkapitals** übersteigenden Betrag zu vergüten sind und in den ersten 2 Jahren nach der Eintragung der AG im Handelsregister geschlossen werden.

3   Abs. 1 erfasst in der geltenden Gesetzesfassung nur einen Gründer, der mit 10 % am Grundkapital beteiligter Neu-Aktionär ist. Gründer sind die Personen, die die Satzung festgestellt haben (§ 28 AktG). Nicht erforderlich ist, dass der Gründer z. Zt. des Vertragsschlusses noch Aktionär ist. Dem Gründer sind diejenigen Personen gleich zu stellen, die der Gesellschaft vor der Eintragung beigetreten sind (*Priester* DB 2001, 467 f.). Gesamtrechtsnachfolger von Gründern fallen nach dem Normzweck nicht unter § 52 AktG. Bei der Einschaltung von **Treuhändern** oder dem **Erwerb von Tochtergesellschaften** liegt nach dem Wortlaut des § 52 AktG ein Nachgründungssachverhalt nicht vor; unter dem Gesichtspunkt der Umgehung des Schutzzwecks der Norm wird aber die Erstreckung des Anwendungsbereichs der Norm auf diese Sachverhalte befürwortet (*Priester* DB 2001, 467, 469; *Reichert* ZGR 2001, 555, 572 ff.). Die **Anteile nahestehender Personen** werden

dem Aktionär bei der Berechnung seiner Beteiligungsquote zugerechnet (*Dormann/Fromholzer* AG 2001, 242, 243 ff.). **Geschäfte mit Dritten** werden seit der Neufassung des Gesetzes im Jahr 2001 nicht mehr erfasst, wobei in den Gesetzesmaterialien allerdings ausdrücklich auf die Gefahr der Umgehung nachgründungspflichtiger Geschäfte hingewiesen wurde, die von der Rechtsprechung richterrechtlich bewältigt werden solle (RegBegr. BT-Drucks. 14/4051, S. 10). Zur Eingrenzung der Umgehungssachverhalte kann auf die zur verdeckten Sacheinlage und zur verbotenen Einlagenrückgewähr entwickelten Grundsätze zurückgegriffen werden (vgl. *Pentz* NZG 2001, 346, 351 sowie § 57 AktG). Verträge mit einem Gründer oder Aktionär nahe stehenden Personen können einen solchen Umgehungssachverhalt darstellen; zur Bestimmung des Kreises nahestehender Personen kann auf die Wertungen des § 89 Abs. 3 AktG bzw. auf die Regelungen zum Eigenkapitalersatz nach § 32a Abs. 3 GmbHG zurückgegriffen werden (*Dormann/Fromholzer* AG 2001, 242, 243 ff.).

Die von § 52 AktG erfassten **Geschäftsgegenstände** sind nicht nur die in Abs. 1 beispielhaft genannten Fälle des Erwerbs vorhandener oder herzustellender Anlagen, sondern **Vermögensgegenstände aller Art**. Das Gesetz knüpft damit an die entsprechende Gründungsregelung des § 27 AktG an (vgl. § 27 AktG Rdn. 3). **Dienstleistungen** und darauf gerichtete Ansprüche sind – wie bei § 27 AktG auch (vgl. § 27 AktG Rdn. 15) – keine Geschäftsgegenstände, deren Einbringung h. M. eine Nachgründungspflicht auslöst. Dagegen wird heute verbreitet vorgebracht, Gläubiger und Aktionäre seien davor zu schützen, dass die junge AG Leistungen vergütet, die nicht einlage- oder übernahmefähig sind oder Dienste Dritter sein sollen (*Hüffer/Koch* AktG, § 52 Rn. 4). Dem steht entgegen, dass eine Umgehung der §§ 27, 32 ff. AktG allerdings so lange infrage steht, als danach Dienstleistungen nicht gründungsfähig sind. Kein nachgründungspflichtiger Geschäftsgegenstand liegt in den in § 52 Abs. 9 AktG erfassten Ausnahmesachverhalten vor (Erwerb im Rahmen laufender Geschäfte, in der Zwangsvollstreckung oder an der Börse; vgl. Rdn. 20–23). 4

Die **Vergütung**, die nur erheblich ist, wenn sie 10 % des Grundkapitals übersteigt, wird an der Höhe des Grundkapitals nach der Eintragung gemessen. Der Nennbetrag ausgegebener Bezugsaktien bzw. der auf sie entfallende anteilige Betrag ist der eingetragenen Satzungsziffer hinzuzuaddieren (§ 203 AktG). Unerheblich ist, ob und welcher Höhe Einzahlungen geleistet wurden. Ebenso wenig kommt es darauf an, zu welchem Betrag die Aktien ausgegeben wurden (*Zimmer* DB 2000, 1265). Nicht berücksichtigt werden Kapital- und Gewinnrücklagen. Maßgeblich ist die zu zahlende Gesamtvergütung für den Vermögensgegenstand; die Aufspaltung in Teilbeträge eines einheitlichen Geschäfts zum Zwecke der Unterschreitung der Vergütungsgrenze stellt einen unzulässigen Umgehungssachverhalt dar (MüKo AktG/*Pentz* § 52 Rn. 24). Die Vergütungshöhe bezeichnet einen zahlenmäßig zu erfassenden Schwellenwert; die demgegenüber verbreitet vertretene Auffassung, die Überschreitung des Schwellenwerts sei nur beachtlich, wenn die Vergütung aus Vermögen der AG beglichen werden soll, das zur Deckung des Grundkapitals benötigt wird (so insbesondere *Hüffer/Koch* AktG, § 52 Rn. 5a; *Drygala* in FS Huber (2006), 691, 696 ff.), ist mit dem Wortlaut der Vorschrift und dem weiter gehenden Zweck der Regelung nicht vereinbar (vgl. MüKo AktG/*Pentz* § 52 Rn. 23; *Schmidt/Seipp* ZIP 2000, 2089, 2091 f.; *Werner* NZG 2000, 231, 232 f.). 5

II. Besondere Anwendungsfälle

Das Nachgründungsrecht ist in den Fällen einer **formwechselnden Umwandlung** in die AG über § 197 Satz 1 UmwG anwendbar. Umstritten ist, ob dies auch in den Fällen gilt, in denen der formwechselnde Rechtsträger eine GmbH ist. Die ist schon angesichts des klaren Wortlauts der §§ 197 Satz 1, 220 Abs. 3 Satz 2, 245 Abs. 1 Satz 2 UmwG zu bejahen; die Erwägung, es könnten in diesem Fall keine aktienrechtlichen Einlageverpflichtungen umgangen werden (vgl. *Martens* ZGR 1999, 548) verfängt nicht, weil der Schutzzweck des § 52 AktG weiter gefasst ist (h. M.; vgl. *Lutter/Joost* UmwG, § 20 Rn. 29; *Dieckmann* ZIP 1996, 2149; a. A. *Zimmer* DB 2000, 1265, 1268 f.). 6

Nach § 67 UmwG sind in den Fällen der **Verschmelzung durch Aufnahme** die Vorschriften der §§ 52 Abs. 3, 4, 7 bis 9 AktG sinngemäß anzuwenden. 7

8   Die **Kapitalerhöhung gegen Sacheinlagen** ist nach h. M. ebenfalls an die Voraussetzungen und Anforderungen des § 52 AktG gebunden, sofern sie innerhalb von 2 Jahren seit der Eintragung der AG im Handelsregister erfolgt. Dies ist zu befürworten, obwohl § 183 AktG für Sachkapitalerhöhungen ein der Nachgründung vergleichbares Prüfverfahren vorsieht. Allerdings sieht § 52 AktG strengere Maßstäbe vor (z. B. Prüfpflicht des Aufsichtsrats, Mehrheitserfordernis nach § 52 Abs. 5 AktG), deren Anwendung durch das Verfahren nach § 183 AktG nicht kompensiert wird.

9   Die **Gründung einer Tochtergesellschaft** durch die eingetragene AG im 2-Jahres-Zeitraum wird vereinzelt als weiterer Fall der Nachgründung angesehen (z. B. *Kubis* AG 1993, 118). Der h. M. entspricht dies nicht, in den Fällen der Gründung einer 100 %-Tochtergesellschaft der AG schon nach dem Wortlaut des § 52 AktG nicht, weil die Gründer und Aktionäre am Gründungsgeschäft nicht beteiligt sind. Bei Übernahme von Anteilen an der Tochtergesellschaft durch Gründer oder maßgeblich beteiligte Aktionäre der AG ist nicht anders zu entscheiden, weil es am schuldrechtlichen Geschäft mit der AG fehlt, die ihrerseits auch keine Gegenleistung schuldet; eine analoge Anwendung verbietet sich wegen des Willens des Gesetzgebers den Anwendungsbereich der Vorschrift auf die geregelten Sachverhalte zu begrenzen (*Reichert* ZGR 2001, 554, 582 ff.; *Hüffer/Koch* AktG, § 52 Rn. 12). Aus denselben Gründen scheidet auch die Anwendung von § 52 AktG auf Unternehmensverträge (MüKo AktG/*Pentz* § 52 Rn. 13) sowie bei Kapitalerhöhungen der Tochtergesellschaft (*Bröcker* ZIP 1999, 1029, 1031) aus.

10 Der **Erwerb einer Vorratsgesellschaft** stellt wirtschaftlich eine Neugründung dar (BGH, Beschl. v. 09.12.2002 – II ZB 12/02, Z 153, 158 – zur GmbH); deshalb läuft bei Verwertung der Vorratsgesellschaft die 2-Jahres-Frist des § 52 Abs. 1 Satz 1 AktG neu an.

III. Wirksamkeitsvoraussetzungen, weitere Anforderungen

11 Die in den Anwendungsbereich von § 52 AktG fallenden Verträge sind nur unter den Voraussetzungen wirksam, dass die **Hauptversammlung** mit **qualifizierter Mehrheit** (Abs. 5) zustimmt, ihre Eintragung in das Handelsregister erfolgt und das **Schriftform** des Abs. 2 Satz 1 gewahrt ist, Abs. 1 Satz 1. Über die Schriftform des § 125 Satz 1 BGB hinaus können sich strengere Formerfordernisse insbesondere daraus ergeben, dass Vertragsgegenstand ein Grundstück (§ 311b BGB) oder ein GmbH-Anteil ist (§ 15 GmbHG) ist. Die Verträge werden vor dem Ablauf der 2-Jahres-Frist nur mit Zustimmung der Hauptversammlung und zusätzlich mit der Eintragung in das Handelsregister wirksam, Abs. 1 Satz 1. Nach Ablauf der 2-Jahres-Frist kommt allerdings eine **Bestätigung** der nichtigen Verträge gem. § 141 BGB durch beide Vertragsteile in Betracht. Nach h. M. genügt sogar die einseitige Genehmigung durch den Vorstand der AG gem. §§ 182 Abs. 1, 184 BGB, weil § 52 AktG nicht den Vertragspartner schützt (*Zimmer* DB 2000, 1265, 1270; *Hüffer/Koch* AktG, § 52 AktG Rn. 7; a. A. MüKo AktG/*Pentz* § 52 Rn. 61). Nach Abs. 1 Satz 2 sind unter Durchbrechung des sachenrechtlichen Abstraktionsprinzips auch die Ausführungsgeschäfte ohne die Zustimmung der Hauptversammlung und die Registereintragung unwirksam. Anerkannt ist allerdings, dass die Ausführungsgeschäfte wirksam werden, wenn die genannten Erfordernisse erfüllt sind, ohne dass es einer erneuten Vornahme bedarf (*Hüffer/Koch* AktG, § 52 Rn. 9). Unter Verstoß gegen Abs. 1 Satz 1 geleistete Zahlungen an Gründer oder Aktionäre sind aktienrechtswidrig und deshalb nach § 62 AktG zu behandeln.

12 **Abs. 2 Satz 2 bis 6** enthalten **weitere Erfordernisse**. Vorgeschrieben sind zunächst bestimmte Publizitätserfordernisse. Deren Verletzung hat die Anfechtbarkeit des Vertrages gem. § 243 Abs. 1 AktG zur Folge. Vorzunehmen ist die Auslegung der Verträge, die Erteilung von Abschriften und eine Erläuterung durch den Vorstand zu Beginn der Hauptversammlung, Abs. 2 Satz 2 ff. Der Vertrag ist überdies dem Protokoll der Hauptversammlung als Anlage beizufügen. Die durch das ARUG eingeführte Regelung in Abs. 2 Satz 4 wird den Gesellschaften die Möglichkeit eröffnen, den Vertrag alternativ über ihre Internetseite zugänglich zu machen. Macht die Gesellschaft von dieser Möglichkeit Gebrauch, entfällt die Verpflichtung zur Auslegung bzw. Erteilung von Abschriften nach Satz 2 und 3. Die ursprünglich geltende Verpflichtung, den Vertrag in der Hauptversammlung »auszulegen«, ist durch das ARUG in Satz 5 durch die Verpflichtung den Vertrag »zugänglich zu machen« ersetzt wor-

den. Damit ist es den Gesellschaften möglich, den Aktionären die Information auf elektronischem Wege (z. B. über bereit sehende Monitore) zu geben (BT-Drucks. 16/11642, S. 35).

Vor dem Beschluss der Hauptversammlung muss der Aufsichtsrat den Vertrag prüfen und einen **schriftlichen Bericht** erstatten, Abs. 3 Satz 1. Für diesen sog. **Nachgründungsbericht** gelten die für die Gründungsprüfung geltenden Vorschriften der § 32 Abs. 2 und 3 AktG entsprechend. 13

Nach Abs. 4 hat eine zusätzliche Prüfung des Vertrages durch einen oder mehrere Gründungsprüfer zu erfolgen. Insofern ordnet Abs. 4 Satz 2 die sinngemäße Geltung der §§ 33 Abs. 3 bis 5, 34, und 35 AktG an. Gem. Abs. 4 Satz 3 kann auch bei der Nachgründung von einer Prüfung durch einen oder mehrere Gründungsprüfer abgesehen werden, sofern nach § 33a AktG eine Gründungsprüfung nicht erforderlich wäre. 14

Der Beschluss der Hauptversammlung bedarf gem. Abs. 5 Satz 1 mindestens einer **Mehrheit von 3/4** des bei der Beschlussfassung vertretenen Grundkapitals. Wird der Vertrag im ersten Jahr nach der Eintragung der Gesellschaft in das Handelsregister geschlossen, müssen die Anteile der zustimmenden Mehrheit mindestens 1/4 des gesamten Grundkapitals erreichen, Abs. 5 Satz 2. Die Mehrheitserfordernisse können in der Satzung verschärft, nicht aber abgemildert werden, Abs. 5 Satz 3. 15

C. Registerverfahren, Abs. 6 bis 8

Nach der Zustimmung der Hauptversammlung hat der **Vorstand** in vertretungsberechtigter Zahl der Mitglieder den Vertrag in der Form des § 12 HGB beim Gericht des Gesellschaftssitzes **anzumelden**. Der Anmeldung sind die in Abs. 6 Satz 2 genannten Unterlagen beizufügen. 16

Findet eine externe Prüfung nicht statt, sind also bei der Anmeldung die besonderen Voraussetzungen des § 37a AktG zu beachten, sieht Abs. 6 Satz 2 eine besondere Bestimmung darüber vor, welche Unterlagen der Anmeldung zum Handelsregister beizufügen sind. 17

Das Registergericht prüft die Anmeldung in formeller und materieller Hinsicht. Für die Prüfung gelten die zu § 38 AktG entwickelten Grundsätze (vgl. § 38 AktG Rdn. 3). Besteht ein in Abs. 7 genanntes Bedenken, muss das Gericht die Eintragung ablehnen; ein Ermessen des Gerichts besteht dabei nicht (*Hüffer/Koch* AktG, § 52 Rn. 17). Bestehen keine der in Abs. 7 angeführten Bedenken, trägt das Gericht den Tag des Vertragsschlusses in das Handelsregister ein; der Text des Vertrages wird nicht eingetragen, Abs. 8 Satz 1; über den Inhalt der eingereichten Dokumente kann sich der Rechtsverkehr online unterrichten. 18

In den Fällen, in denen eine externe Werthaltigkeitsprüfung nicht stattfindet, prüft das Gericht nach Abs. 7 Satz 2 lediglich, ob die Anmeldung einschließlich der besonderen Erklärung nach Inhalt und Form den gesetzlichen Anforderungen entspricht. Lediglich bei offenkundiger und erheblicher Überbewertung (§ 38 Abs. 3 Satz 2) kann das Gericht die Eintragung ablehnen. Ein besonderes Verfahren zur Erzwingung einer Neubewertung sieht das Gesetz für den Fall der Nachgründung nicht vor. 19

D. Ausnahmeregeln, Abs. 9

Gem. Abs. 9 gelten die Vorschriften des Nachgründungsrechts unter den genannten Voraussetzungen nicht. Die Regelungen setzen die Vorgaben des § 11 Abs. 2 der europäischen Kapitalrichtlinie von 1977 um (vgl. BT-Drucks. 14/4051, S. 10). 20

Der Begriff »**laufende Geschäfte**« umfasst alle Geschäfte, die sich im Bereich des satzungsmäßig bestimmten Unternehmensgegenstandes bewegen. Daneben fällt auch der Erwerb marktgängiger Güter, deren Erwerb objektiv notwendig ist, in den nachgründungsfreien Geschäftsbereich. Hilfsgeschäfte, ohne die der Unternehmensgegenstand nicht verfolgt werden kann, sind auch befreit (näher *Krieger* FS Claussen 1997, 223, 232; *Diekmann* ZIP 1996, 2149, 2150; *Schwab* Die Nachgründung, 128). 21

Der **Erwerb in der Zwangsvollstreckung** ist nach Abs. 9 ebenfalls privilegiert. Die Vorschrift gilt für alle Arten der Zwangsvollstreckung und umfasst den Erwerb nach den §§ 165 ff., 173 InsO. Nach 22

h. M. ist jedoch eine einschränkende Auslegung des Inhalts vorzunehmen, dass die Vollstreckung aufgrund eines Titels der AG erfolgen muss (KölnKomm AktG/*Kraft* § 52 Rn. 57; a. A. MüKo AktG/*Pentz* § 52 Rn. 59).

23 Abs. 9 stellt ferner den Erwerb an der Börse **nachgründungsfrei**. Da der Börsenbegriff einschränkungslos verwendet wird, ist der Erwerb an jeder Börse, auch an der Warenbörse (*Hartmann/Barcaba* AG 2001, 437, 442) privilegiert.

§ 53 Ersatzansprüche bei der Nachgründung

¹Für die Nachgründung gelten die §§ 46, 47, 49 bis 51 über die Ersatzansprüche der Gesellschaft sinngemäß. ²An die Stelle der Gründer treten die Mitglieder des Vorstands und des Aufsichtsrats. ³Sie haben die Sorgfalt eines ordentlichen und gewissenhaften Geschäftsleiters anzuwenden. ⁴Soweit Fristen mit der Eintragung der Gesellschaft in das Handelsregister beginnen, tritt an deren Stelle die Eintragung des Vertrags über die Nachgründung.

1 Für die **Verantwortlichkeit bei der Nachgründung** gelten nach Satz 1 die Vorschriften der §§ 46, 47, 49 bis 51 AktG sinngemäß. Damit wird die Haftung in Nachgründungsfällen derjenigen in Gründungsfällen grundsätzlich gleich gestellt.

2 **Haftungsrechtliche Besonderheiten** ergeben sich daraus, dass bei der Nachgründung die AG als juristische Person tätig wird. Dem trägt die Regelung der Sätze 2 und 3 Rechnung. Für die Fristbestimmungen der §§ 47 Nr. 3, 50 Satz 1 und 51 AktG gilt die Regelung des Satz 4.

Dritter Teil Rechtsverhältnisse der Gesellschaft und der Gesellschafter

§ 53a Gleichbehandlung der Aktionäre

Aktionäre sind unter gleichen Voraussetzungen gleich zu behandeln.

Übersicht	Rdn.		Rdn.
A. Überblick	1	b) Verzicht auf Gleichbehandlung	12
I. Bedeutung der Norm	1	c) Sachliche Rechtfertigung	13
II. Verhältnis Gleichbehandlungsgrundsatz und Treuepflicht	2	IV. Rechtsfolgen	15
B. Gleichbehandlungsgebot	4	1. Beschlüsse der Hauptversammlung	15
I. Inhalt	4	2. Maßnahmen der Verwaltung	16
II. Normadressaten	5	3. Aktive Gleichbehandlung	17
III. Maßstab	6	**C. Mitgliedschaftliche Treuepflicht**	18
1. »Gleiche Voraussetzungen«	7	I. Allgemeines	18
2. Ungleichbehandlung	8	II. Adressaten und Wirkungsrichtungen der Treuepflicht	19
3. Zulässigkeit der Ungleichbehandlung	9	III. Inhalt und Umfang der Treuepflicht	21
a) Satzungsbestimmungen	10	IV. Rechtsfolgen	27

A. Überblick

I. Bedeutung der Norm

1 Art. 42 der Kapitalrichtlinie 77/91/EWG v. 13.12.1976 (ABl. Nr. L 26, S. 1, geändert durch RL 2006/68/EG v. 06.09.2006 – ABl. Nr. L 264, S. 32), beinhaltet die Verpflichtung der Mitgliedstaaten, sicherzustellen, dass diejenigen Aktionäre gleichzubehandeln sind, die sich in denselben Verhältnissen befinden. Als Folge der Umsetzung der Richtlinie wurde im Jahr 1979 der Gleichbehandlungsgrundsatz in § 53a AktG aufgenommen (2. KoordG – BGBl. I 1978, S. 1959). Überwiegend wird angenommen, dass die Vorschrift zwar nicht überflüssig, doch zumindest ent-

behrlich sei (*Hüffer/Koch* AktG § 53a Rn. 1; MüKo AktG/*Bungeroth* § 53a Rn. 2). Die Vorschrift habe nur klarstellenden Charakter, da der Gleichbehandlungsgrundsatz als **allgemeiner Grundsatz des Gesellschaftsrechts** schon zuvor anerkannt war (GroßkommAktG/*Henze/Notz* § 53a Rn. 3; *Hüffer/Koch* AktG § 53a Rn. 1; KölnKomm AktG/*Drygala* § 53a Rn. 2). Allerdings trägt die Kodifizierung des Grundsatzes zur Transparenz der Rechtsordnung bei (K. Schmidt/Lutter/*Fleischer* AktG § 53a Rn. 1; MüKo AktG/*Bungeroth* § 53a Rn. 2).

II. Verhältnis Gleichbehandlungsgrundsatz und Treuepflicht

Die ausdrückliche Normierung des Gleichbehandlungsgrundsatzes wirft die Frage auf, ob durch die gesetzliche Verankerung im Umkehrschluss zugleich eine Aussage dazu getroffen wurde, dass im Gegensatz zu anderen Gesellschaftsformen (Personengesellschaften und GmbH) eine **zusätzliche mitgliedschaftliche Treuebindung** neben dem Gleichbehandlungsgrundsatz nicht bestehen soll (zur Treuepflicht s. ausführl. Rdn. 18 ff.). Fest steht, dass der Gesetzgeber laut Gesetzesbegründung keine inhaltliche Änderung mit der Einfügung des § 53a AktG schaffen wollte (BGH, Urt. v. 09.11.1992 – II ZR 230/91, Z 120, 141, 150 – Bremer Bankverein; GroßkommAktG/*Henze/Notz* § 53a Rn. 3). 2

Mit der h. M. und spätestens seit der »**Linotype**«-Entscheidung des BGH (Urt. v. 01.02.1988 – II ZR 75/87, Z 103, 184, 194 f.) ist nunmehr auch ohne ausdrückliche Normierung davon auszugehen, dass auch im Aktienrecht eine mitgliedschaftliche Treupflicht besteht (GroßkommAktG/*Henze/Notz* Anh. § 53a Rn. 8; MüKo AktG/*Bungeroth* Vor § 53a Rn. 18). Resultat ist, dass sich der im AktG verankerte Gleichbehandlungsgrundsatz und die daneben bestehende mitgliedschaftliche Treuebindung gegenseitig **funktional und konzeptionell ergänzen** (K. Schmidt/Lutter/*Fleischer* AktG § 53a Rn. 12). Dass diese Sichtweise zutreffend ist, beruht nicht zuletzt darauf, dass sich der Gleichbehandlungsgrundsatz und die Treuebindung an unterschiedliche Adressatenkreise richten. Nur durch das **Nebeneinander beider Grundsätze** ist ein vollumfänglicher Schutz der Aktionäre – Minderheits- und Mehrheitsaktionäre gleichermaßen – gewährleistet (*Hüffer/Koch* AktG § 53a Rn. 13). Ob im Gleichbehandlungsgebot darüber hinaus – wie weithin angenommen (*Hüffer/Koch* AktG § 53a Rn. 2 m.w.N.) – ein »Ausfluss« der Treuepflicht zu sehen ist, welcher in der weiter reichenden und praktisch bedeutsameren Treuepflicht aufgeht, ist noch nicht abschließend geklärt (K. Schmidt/Lutter/*Fleischer* AktG § 53a Rn. 12). 3

B. Gleichbehandlungsgebot

I. Inhalt

Der Gleichbehandlungsgrundsatz besagt, dass Aktionäre unter gleichen Bedingungen gleich zu behandeln sind (MüKo AktG/*Bungeroth* § 53a Rn. 4; MünchHdb GesR IV/*Wiesner* § 17 Rn. 11). § 53a AktG enthält somit das Verbot, Aktionäre ohne genügende sachliche Rechtfertigung und in diesem Sinne willkürlich unterschiedlich zu behandeln (*Hüffer/Koch* AktG § 53a Rn. 4). Infolge des Bezugs auf die »gleichen Voraussetzungen« verlangt die Norm keine absolute, sondern nur eine relative Gleichbehandlung (K. Schmidt/Lutter/*Fleischer* AktG § 53a Rn. 14). § 53a AktG enthält **kein eigenständiges subjektives Recht** des einzelnen Aktionärs – auch kein Sonderrecht nach § 35 BGB (Hölters/*Laubert* AktG § 53a Rn. 4). Der Gleichbehandlungsgrundsatz ist vielmehr **integraler Bestandteil der Mitgliedschaft** (GroßkommAktG/*Henze/Notz* § 53a Rn. 21; K. Schmidt/Lutter/*Fleischer* AktG § 53a Rn. 14). 4

II. Normadressaten

Auch wenn der Normadressat des Gleichbehandlungsgrundsatzes in § 53a AktG nicht genannt wird, ergibt sich aus der systematischen Stellung der Vorschrift, dass nur **die AG** – damit Vorstand, Aufsichtsrat und Hauptversammlung – Schuldnerin der Gleichbehandlungspflicht ist (K. Schmidt/Lutter/*Fleischer* AktG § 53a Rn. 2; *Hüffer/Koch* AktG § 53a Rn. 5). Im Verhältnis der Aktionäre untereinander entfaltet § 53a AktG keine Wirkung (Hölters/*Laubert* AktG § 53a Rn. 5). **Begünstigter** 5 des Gleichbehandlungsgrundsatzes ist der **einzelne Aktionär** (GroßkommAktG/*Henzel/Notz* § 53a Rn. 29; MüKo AktG/*Bungeroth* § 53a Rn. 6), allerdings nur in Bezug auf seine Mitgliedschaft. Die Ungleichbehandlung im Rahmen schuldrechtlicher Beziehungen zwischen AG und Aktionären ist von § 53a AktG grds. nicht erfasst (Hölters/*Laubert* AktG § 53a Rn. 5). Dies gilt allerdings nur, solange sich die Aktionärsstellung des Vertragspartners der AG nicht auf das Zustandekommen des schuldrechtlichen Vertrages ausgewirkt hat (K. Schmidt/Lutter/*Fleischer* AktG § 53a Rn. 18). **In zeitlicher Hinsicht** schützt § 53a AktG den Aktionär nur vor Ungleichbehandlungen während der Dauer seiner Mitgliedschaft (K. Schmidt/Lutter/*Fleischer* AktG § 53a Rn. 23). **Dritte** – hierunter fallen auch die Inhaber von Wandel- und Optionsanleihen – können sich nicht auf das Gleichbehandlungsgebot des § 53a AktG berufen (K. Schmidt/Lutter/*Fleischer* AktG § 53a Rn. 17).

III. Maßstab

6 Hinsichtlich des Maßstabes, an dem das Gleichbehandlungsgebot zu messen ist, wird wie folgt differenziert: Auf der ersten Stufe ist zu klären, wann und unter welchen Voraussetzungen überhaupt »**gleiche Voraussetzungen**« anzunehmen sind. Erst auf der zweiten Stufe kann beurteilt werden, ob ein Aktionär im Verhältnis zu anderen Aktionären **objektiv ungleich behandelt** worden ist. Letztlich liegt auf der dritten Stufe ein Verstoß gegen § 53a AktG nur dann vor, wenn **keine Rechtfertigung** für die Ungleichbehandlung gegeben ist.

1. »Gleiche Voraussetzungen«

7 § 53a AktG bestimmt, dass die Aktionäre unter »gleichen Voraussetzungen« gleich zu behandeln sind. Hier wird nach sog. Haupt- und Hilfsrechten unterschieden. Hinsichtlich der **Hauptrechte** des Aktionärs (wie bspw. dem Stimmrecht, dem Anspruch auf Gewinnbeteiligung sowie dem Bezugsrecht) richtet sich die Gleichbehandlung proportional nach dem Maß seiner Beteiligung am Grundkapital der AG (*Hüffer/Koch* AktG § 53a Rn. 6; K. Schmidt/Lutter/*Fleischer* AktG § 53a Rn. 25). Dies gilt ebenso für die Inanspruchnahme des Aktionärs aus seiner Einlagepflicht (MüKo AktG/*Bungeroth* § 53a Rn. 12). Zu beachten ist, dass durch die Schaffung unterschiedlicher Aktiengattungen (vgl. Rdn. 10) die Geltung des Gleichbehandlungsgebotes im Verhältnis der Aktionäre unterschiedlicher Aktiengattungen ausgeschlossen wird, da in diesem Verhältnis keine »gleichen Voraussetzungen« mehr bestehen (KölnKomm AktG/*Drygala* § 53a Rn. 29). In Bezug auf die **Hilfsrechte** (wie bspw. das Recht auf Teilnahme an der Hauptversammlung, das Rederecht, das Auskunftsrecht sowie das Anfechtungsrecht) gilt eine Gleichbehandlung nach Köpfen, d. h., jedem Aktionär stehen solche Rechte ohne Rücksicht auf das Maß seiner Beteiligung zu (*Hüffer/Koch* AktG § 53a Rn. 7; GroßkommAktG/*Henze/Notz* § 53a Rn. 52 f.; MüKo AktG/*Bungeroth* § 53a Rn. 13). Von der h. M. wird das Maß der Kapitalbeteiligung jedoch als Anknüpfungspunkt für eine Differenzierung hinsichtlich der Bemessung der Redezeit auf der Hauptversammlung angesehen (MüKo AktG/*Bungeroth* § 53a Rn. 13; K. Schmidt/Lutter/*Fleischer* AktG § 53a Rn. 26; krit. KölnKomm AktG/*Drygala* § 53a Rn. 26 unter Hinweis auf den Gedanken des Minderheitenschutzes und der ansonsten schwer erklärlichen Existenz des § 131 Abs. 2 Satz 2 AktG).

2. Ungleichbehandlung

8 Gemeinhin wird zwischen formaler und materieller Ungleichbehandlung differenziert, allerdings werden beide Erscheinungsformen der Ungleichbehandlung von § 53a AktG erfasst (K. Schmidt/Lutter/*Fleischer* AktG § 53a Rn. 27). Eine **formale Ungleichbehandlung** liegt vor, wenn Aktionäre schon äußerlich ungleich behandelt werden (*Hüffer/Koch* AktG § 53a Rn. 9), indem z. B. einigen Aktionären Vorteile gewährt oder Beschränkungen auferlegt werden, von denen die restlichen Aktionäre nicht betroffen sind (KölnKomm AktG/*Drygala* § 53a Rn. 12). Als Beispiele sind hier zu nennen: Der Ausschluss einzelner Aktionäre vom Bezugsrecht, die Einführung von Höchststimmrechten für ausländische Aktionäre, die Gewährung unterschiedlicher Gewinnanteile für Inhaber gleichartiger Aktien, der auf den Großaktionär beschränkte Erwerb eigener Aktien sowie die Erteilung von Informationen nur an einzelne Aktionäre (K. Schmidt/Lutter/*Fleischer* AktG § 53a

Rn. 28; KölnKomm AktG/*Drygala* § 53a Rn. 13). Eine **materielle Ungleichbehandlung** zeichnet sich hingegen dadurch aus, dass objektiv gesehen zunächst keine Ungleichbehandlung anzunehmen ist, die vorzunehmende Maßnahme sich bei einigen Aktionären aber schwerwiegender auswirkt als bei anderen (KölnKomm AktG/*Drygala* § 53a Rn. 12). Als immer wieder angeführtes Beispiel ist der Fall zu nennen, dass eine Kapitalherabsetzung im Verhältnis von 1:10 durchgeführt wird. Zwar sind hiervon objektiv gesehen alle Aktionäre betroffen, dennoch verliert nur derjenige Aktionär, der weniger als zehn Aktien in seinem Besitz hat, seine Mitgliedschaft (KölnKomm AktG/*Drygala* § 53a Rn. 14; *Hüffer/Koch* AktG § 53a Rn. 9). Auch in der nachträglichen Einführung von Höchststimmrechten liegt – entgegen der Rechtsprechung des BGH im Mannesmann-Urteil (BGH, Urt. v. 19.12.1977 – II ZR 136/76, Z 70, 117, 121 f.) – eine materielle Ungleichbehandlung zulasten solcher Aktionäre, deren Aktienbestand die Höchstgrenze überschreitet (K. Schmidt/Lutter/*Fleischer* AktG § 53a Rn. 29).

3. Zulässigkeit der Ungleichbehandlung

Eine formelle oder materielle Ungleichbehandlung führt für sich allein noch nicht zu einem Verstoß gegen das Gleichbehandlungsgebot (K. Schmidt/Lutter/*Fleischer* AktG § 53a Rn. 31). Vielmehr ist § 53a AktG erst dann verletzt, wenn die Ungleichbehandlung nicht von der Satzung der AG gedeckt ist (Rdn. 10), der Aktionär nicht wirksam auf sein Recht auf Gleichbehandlung verzichtet hat (Rdn. 12) und auch nicht sachlich gerechtfertigt ist (Rdn. 13). 9

a) Satzungsbestimmungen

Wie sich aus § 53a AktG ergibt, ist der Gleichbehandlungsgrundsatz **zwingender Natur** (MüKo AktG/*Bungeroth* § 53a Rn. 15; GroßkommAktG/*Henze/Notz* § 53a Rn. 20). In erheblichem Umfang (nicht jedoch insgesamt, Hölters/*Laubert* AktG Rn. 7), stellt das AktG das Gleichbehandlungsgebot allerdings **zur Disposition der Satzung** (MüKo AktG/*Bungeroth* § 53a Rn. 21). So ist bspw. die Schaffung unterschiedlicher Aktiengattungen in §§ 11, 12 i. V. m. § 23 Abs. 3 Nr. 4 AktG im Wege der Ausstattung mit unterschiedlichen Rechten durch die Satzung ausdrücklich erlaubt. Ebenso können Nebenleistungspflichten (§ 55 AktG) und auch die Möglichkeit der Zwangseinziehung (§ 237 Abs. 1 AktG) nur für einen Teil der Aktien begründet werden. Im Ergebnis ergeben sich »gleiche Voraussetzungen« (vgl. oben Rdn. 7) nur für die Inhaber gleichartiger Aktien (*Hüffer/Koch* AktG § 53a Rn. 5; K. Schmidt/Lutter/*Fleischer* AktG § 53a Rn. 32). Darüber hinaus können auch ohne Schaffung verschiedener Aktienarten die Stimmrechte einzelner Aktionäre nach § 134 Abs. 1 und 2 AktG beschränkt und eine von dem gesetzlichen Verteilungsschlüssel des § 60 Abs. 1 und 2 AktG abweichende Gewinnverteilung festgelegt werden (§ 60 Abs. 3 AktG). Aufgrund der in § 23 Abs. 5 AktG normierten **Satzungsstrenge** ist es der AG nicht möglich, außerhalb der im Gesetz vorgesehenen Möglichkeiten weitere, den Grundsatz der Gleichbehandlung einschränkende Regelungen in die Satzung aufzunehmen (GroßkommAktG/*Henze/Notz* § 53a Rn. 85; MüKo AktG/*Bungeroth* § 53a Rn. 22). Auch im **Recht der verbundenen Unternehmen** sind gewisse Ungleichbehandlungen zugunsten des Aktionärs, der zugleich herrschendes Unternehmen ist, erlaubt (vgl. §§ 291 ff., 308, 311, 320 AktG), allerdings sieht das AktG für diese Bevorzugung verschiedene Ausgleichsmechanismen vor (z. B. §§ 304 ff. AktG, MüKo AktG/*Bungeroth* § 53a Rn. 25 ff.; GroßkommAktG/*Henze/Notz* § 53a Rn. 158 ff.). 10

Zu beachten ist, dass das Gleichbehandlungsgebot selbst die Möglichkeit zur Einführung von Durchbrechungen dieses Gebotes in die Satzung begrenzt (MüKo AktG/*Bungeroth* § 53a Rn. 23). So ist die Aufnahme einer statutarischen Ungleichbehandlung **nur bei der Gründung der AG problemlos möglich** (GroßkommAktG/*Henze/Notz* § 53a Rn. 89; MüKo AktG/*Bungeroth* § 53a Rn. 23). Die Gründersatzung wird nach § 23 AktG nur durch einstimmigen Beschluss sämtlicher Gründer verbindlich für und gegen alle zukünftigen Aktionäre festgestellt (vgl. § 23 AktG Rdn. 11). **Spätere Satzungsänderungen** sind hingegen nur möglich, wenn dabei gegenüber den bereits vorhandenen Aktionären die Schranken des § 53a AktG eingehalten werden (MüKo AktG/*Bungeroth* § 53a Rn. 23). Kein Verstoß gegen § 53a AktG liegt insofern vor, wenn sämtliche Aktionäre an der 11

Veränderung in gleicher Weise teilhaben können, z. B. durch die Einräumung eines direkten oder indirekten Bezugsrechts, das ihrer bisherigen Beteiligung entspricht (KölnKomm AktG/*Drygala* § 53a Rn. 32). Fehlt eine solche Teilhabemöglichkeit, liegt dennoch kein Verstoß gegen § 53a AktG vor, wenn alle benachteiligten Aktionäre der Maßnahme zustimmen (zum hierin liegenden Verzicht s. Rdn. 12), wenn es zu einem Sonderbeschluss gem. § 179 Abs. 3 AktG kommt oder wenn die Ungleichbehandlung sachlich gerechtfertigt ist (MüKo AktG/*Bungeroth* § 53a Rn. 23). Dagegen verstößt auch die nachträgliche Einführung eines Entsendungsrechts gem. § 101 Abs. 2 AktG ohne die Zustimmung sämtlicher Aktionäre nicht gegen § 53a AktG. Der Gesetzgeber hat § 101 Abs. 2 AktG als Sonderrecht i. S. d. § 35 BGB ausgestattet und damit zum Ausdruck gebracht, dass solche Entsenderechte ihre sachliche Rechtfertigung in sich tragen (BGH, Beschl. v. 08.06.2009 – II ZR 111/08, DStR 2009, 2547 m. Anm. *Goette*).

b) Verzicht auf Gleichbehandlung

12 Ein pauschaler Verzicht des Aktionärs auf den Schutz durch den Gleichbehandlungsgrundsatz wird zutreffend abgelehnt; demgegenüber soll es dem Aktionär aber möglich bleiben, im **konkreten Einzelfall** auf sein Gleichbehandlungsrecht zu verzichten (GroßkommAktG/*Henze/Notz* § 53a Rn. 95 f.; *Hüffer/Koch* AktG § 53a Rn. 5; MüKo AktG/*Bungeroth* § 53a Rn. 19). Hierfür bedarf es einer ausdrücklichen oder schlüssigen Erklärung. Eine solche kann z. B. in der positiven Stimmabgabe des betroffenen Aktionärs für einen ihn benachteiligenden Beschluss der Hauptversammlung liegen (K. Schmidt/Lutter/*Fleischer* AktG § 53a Rn. 37).

c) Sachliche Rechtfertigung

13 Ist die Ungleichbehandlung nicht durch die Satzung oder das Gesetz gedeckt und liegt auch kein wirksamer Verzicht des Aktionärs vor, ist eine Abwägung vorzunehmen, ob die Ungleichbehandlung den relevanten Rechten und Interessen nicht in ausreichendem Maße Rechnung trägt (*Hüffer/Koch* AktG § 53a Rn. 10). Das Gleichbehandlungsgebot verbietet nämlich nicht jede Form der Ungleichbehandlung, sondern nur die willkürliche, sachlich nicht gerechtfertigte (Hölters/*Laubert* AktG § 53a Rn. 11; K. Schmidt/Lutter/*Fleischer* AktG § 53a Rn. 34). Zur sachlichen Rechtfertigung kommen lediglich **Interessen der AG** in Betracht, nicht jedoch Interessen Dritter oder Sonderinteressen einzelner Aktionäre (MüKo AktG/*Bungeroth* § 53a Rn. 15). Eine sachgerechte Abwägung durch die AG ist zu bejahen, wenn der durch die Ungleichbehandlung erfolgende Eingriff in die Mitgliedschaft des betroffenen Aktionärs **geeignet** und **erforderlich** ist, um ein anerkennenswertes Interesse der AG (hierzu Rdn. 14) zu wahren, und auch unter Berücksichtigung der Aktionärsinteressen **verhältnismäßig** erscheint (*Hüffer/Koch* AktG § 53a Rn. 10). Diese Kriterien entsprechen denjenigen, die allgemein als Schranken für den Eingriff in Mitgliedschaftsrechte heranzuziehen sind (sog. »bewegliche Schranken der Stimmrechtsvollmacht«, entwickelt von *Zöllner*, Die Schranken mitgliedschaftlicher Stimmrechtsmacht, 1963, 351 ff.) und durch den BGH zur sog. **materiellen Beschlusskontrolle** fortentwickelt wurden (BGH, Urt. v. 13.03.1978 – II ZR 142/76, Z 71, 40, 43 ff. – Kali + Salz; BGH, Urt. v. 16.02.1981 – II ZR 168/79, Z 80, 69, 74 – Süßen; BGH, Urt. v. 19.04.1982 – II ZR 55/81, Z 83, 319, 322 – Holzmann). Die **Darlegungs- und Beweislast** für das Vorliegen der Ungleichbehandlung trägt der Aktionär, für die sachliche Rechtfertigung die AG (K. Schmidt/Lutter/*Fleischer* AktG § 53a Rn. 34).

14 Welche **Interessen der AG** eine Ungleichbehandlung rechtfertigen können, kann nicht pauschal beantwortet werden (KölnKomm AktG/*Drygala* § 53a Rn. 17). Die Rechtsprechung hat folgende Sachgründe als hinreichend anerkannt: Die nachträgliche Einführung von Höchststimmrechten zum Schutz vor Überfremdung (BGH, Urt. v. 06.10.1960 – II ZR 150/58, Z 33, 175, 186 f.); der Ausschluss von Kleinaktionären vom Genussrechtsbezug an einer ertragsschwachen Gesellschaft, wenn Genussrechte als Kapitalanlage uninteressant sind (BGH, Urt. v. 09.11.1992 – II ZR 230/91, Z 120, 141 f.); die Verweigerung einer nach Satzung erforderlichen Zustimmung des Vorstand zur Übertragung vinkulierter Namensaktien, weil ansonsten eine Sperrminorität entstünde (LG Aachen, Urt. v. 19.05.1992, AG 1992, 410, 412).

IV. Rechtsfolgen

1. Beschlüsse der Hauptversammlung

Wurde durch die Hauptversammlung ein Beschluss unter Verstoß gegen § 53a AktG getroffen, so ist dieser Beschluss grundsätzlich nicht nichtig, sondern gem. § 243 Abs. 1 AktG **anfechtbar** (*Hüffer/Koch* AktG § 53a Rn. 12; K. Schmidt/Lutter/*Fleischer* AktG § 53a Rn. 39). An eine Nichtigkeit des Beschlusses ist nur ausnahmsweise zu denken, z. B. wenn er darauf gerichtet ist, den Gleichbehandlungsgrundsatz für die AG gänzlich aufzuheben (MüKo AktG/*Bungeroth* § 53a Rn. 29).

15

2. Maßnahmen der Verwaltung

Wurde eine Maßnahme der Verwaltung unter Verstoß gegen § 53a AktG durchgeführt, ist zu unterscheiden: Übliche Rechtsfolge einer Ungleichbehandlung durch die Verwaltung ist, dass die Maßnahme der Verwaltung **unwirksam** bzw. sogar **nichtig** ist und die Verwaltung verpflichtet ist, die getroffene Maßnahme rückabzuwickeln (MüKo AktG/*Bungeroth* § 53a Rn. 31; GroßkommAktG/*Henze*/*Notz* § 53a Rn. 127). Hat bspw. der Vorstand von einem Aktionär die ausstehende Einlage eingefordert und von einem anderem Aktionär nicht, so steht ersterem ein **Zurückbehaltungsrecht** zu (*Hüffer*/*Koch* AktG § 53a Rn. 12; MüKo AktG/*Bungeroth* § 53a Rn. 28).

16

3. Aktive Gleichbehandlung

Der ungleich behandelte Aktionär kann von der AG verlangen, ebenso gestellt zu werden, wie die AG den anderen Aktionär gestellt bzw. behandelt hat (»**Recht auf aktive Gleichbehandlung**«, *Hüffer*/*Koch* AktG § 53a Rn. 12; MüKo AktG/*Bungeroth* § 53a Rn. 32). Dies kommt bspw. bei der Zustimmung zur Übertragung von vinkulierten Namensaktien in Betracht (MüKo AktG/*Bungeroth* § 53a Rn. 32). Die aktive Gleichbehandlung scheidet aus, wenn die AG mit ihrer Leistung gegenüber dem ungleichbehandelten Aktionär zugleich gegen das Verbot der Einlagenrückgewähr nach § 57 AktG verstoßen würde (keine »Gleichbehandlung im Unrecht«; K. Schmidt/Lutter/*Fleischer* AktG § 53a Rn. 40). In diesen Fällen kommt nur die Rückabwicklung der unwirksamen Maßnahme in Betracht.

17

C. Mitgliedschaftliche Treuepflicht

I. Allgemeines

Der Gleichbehandlungsgrundsatz betrifft als Normadressaten nur die AG bzw. deren Organe (s. o. Rdn. 5). Wenn es um die Frage geht, ob auch der einzelne Aktionär auf die Belange der übrigen Aktionäre oder der AG Rücksicht zu nehmen hat, hilft § 53a AktG nicht weiter. Hierfür bedarf es der Begründung einer eigenen Rechtsbeziehung zwischen den Aktionären, der sog. **mitgliedschaftlichen Treuepflicht**. Diese gründet in einem **richterrechtlich geschaffenen generalklauselartigen Rechtssatz** (MüKo AktG/*Bungeroth* Vor § 53a Rn. 20; *Hüffer*/*Koch* AktG § 53a Rn. 15), mit dem die Rspr. und Rechtslehre vornehmlich (aber nicht ausschließlich) ein Instrument des Minderheitenschutzes etabliert hat (K. Schmidt/Lutter/*Fleischer* AktG § 53a Rn. 42). Lange war umstritten, ob aufgrund der kapitalistischen Struktur der AG eine solche mitgliedschaftliche Treuepflicht überhaupt im Aktienrecht bestehen kann (vgl. MüKo AktG/*Bungeroth* Vor § 53a Rn. 18 m. w. N.). Spätestens seit der wegweisenden »**Linotype**«-Entscheidung des BGH ist jedoch davon auszugehen, dass mitgliedschaftliche Treuepflichten nicht nur im Personengesellschafts- und GmbH-Recht, aber auch im Aktienrecht umfassend bestehen (BGH, Urt. v. 01.02.1988 – II ZR 75/87, Z 103, 184).

18

II. Adressaten und Wirkungsrichtungen der Treuepflicht

Die **mitgliedschaftliche Treuepflicht** bindet nur Aktionäre, nicht jedoch den Alleinaktionär (K. Schmidt/Lutter/*Fleischer* AktG § 53a Rn. 51). Außenstehende Dritte – worunter auch Stimmrechtsvertreter zu fassen sind (hierzu ausf. KölnKomm AktG/*Drygala* § 53a Rn. 85 ff.) – unterliegen somit keinen Treuebindungen. Ob auch mittelbare Gesellschafter, also die Gesellschafter einer

19

Gesellschaft, die Aktionärin der AG ist, einer Treuebindung unterworfen sind, ist noch nicht endgültig entschieden, wird aber von der h. Lit. weitgehend – wenn auch zurückhaltend – angenommen (K. Schmidt/Lutter/*Fleischer* AktG § 53a Rn. 51; *Hüffer/Koch* AktG § 53a Rn. 18). Letztlich unterliegt auch die AG einer **spiegelbildlichen Treuepflicht gegenüber ihren Aktionären** (BGH, Urt. v. 20.03.1995 – II ZR 205/94, Z 129, 136, 144 f. – Girmes; MüKo AktG/*Bungeroth* Vor § 53a Rn. 30). Diese beinhaltet die Pflicht, dem einzelnen Aktionär die ungehinderte und sachgemäße Wahrnehmung seiner Mitgliedschaftsrechte zu ermöglichen (KölnKomm AktG/*Drygala* § 53a Rn. 91). Konkret resultiert hieraus z. B. die Pflicht der AG, den Aktionären gegen Kostenerstattung Protokollabschriften ihrer Wortbeiträge in der Hauptversammlung zukommen zu lassen (BGH, Urt. v. 19.09.1994 – II ZR 248/92, Z 127, 107, 111 f. – BMW) oder einem Aktionär die Zustimmung zur Veräußerung vinkulierter Aktien zu erteilen (BGH, Urt. v. 01.12.1986 – II ZR 287/85, NJW 1987, 1019, 1020), wenn dies nicht bereits unter dem Gesichtspunkt der Gleichbehandlung angezeigt ist (vgl. Rdn. 17).

20 Die Treuepflicht betrifft nicht nur das Vertikalverhältnis zwischen AG und Aktionären, sondern wirkt sich insbesondere auch zwischen den Aktionären aus. Diese **horizontale Treuepflicht** gilt vor allem für den **Mehrheitsaktionär** gegenüber den Minderheitsaktionären, da dieser aufgrund seiner Machtstellung entscheidenden Einfluss auf das Schicksal der AG und damit auf die Interessen der anderen Aktionäre ausüben kann (BGH, Urt. v. 01.02.1988 – II ZR 75/87, Z 103, 184 – Linotype; MüKo AktG/*Bungeroth* Vor § 53a Rn. 26). Auch die **Minderheitsaktionäre** sind jedoch der gesellschaftsrechtlichen Treuepflicht gegenüber ihren Mitaktionären unterworfen (BGH, Urt. v. 20.03.1995 – II ZR 205/94, Z 129, 136, 142 ff. – Girmes), und zwar nach zutreffender h. Lit. grds. **unabhängig von der Höhe der jeweiligen Beteiligung** – also auch unabhängig von einer etwaigen Sperrminorität oder anderen Einflussposition (K. Schmidt/Lutter/*Fleischer* AktG § 53a Rn. 50; MüKo AktG/*Bungeroth* Vor § 53a Rn. 26). Ob der AG aus dem rücksichtslosen Verhalten eines Minderheitsaktionärs letztendlich ein Schaden entsteht, ist keine Frage einer (wirkungsbezogenen) Treuepflicht, sondern der Kausalität (KölnKomm AktG/*Drygala* § 53a Rn. 94). Auch zufällig eintretende Antrags- oder Sperrminderheiten unterliegen somit (ebenso wie Zufallsmehrheiten) der mitgliedschaftlichen Treuepflicht (K. Schmidt/Lutter/*Fleischer* AktG § 53a Rn. 50; *Hüffer/Koch* AktG § 53a Rn. 21).

III. Inhalt und Umfang der Treuepflicht

21 In inhaltlicher Hinsicht ist jeder Aktionär verpflichtet, in Ausübung seiner im Gesellschaftsinteresse gegründeten mitgliedschaftlichen Befugnisse diejenigen Handlungen vorzunehmen, die der Förderung des Gesellschaftszweckes dienen, und zuwiderlaufende Maßnahmen zu unterlassen. Dabei hat er auf die Interessen seiner Mitaktionäre in angemessener Weise Rücksicht zu nehmen (*Hüffer/Koch* AktG § 53a Rn. 16). Die Treuepflicht enthält in Form der **Rücksichtnahmepflicht** somit vor allem eine Schranke für die Ausübung von Aktionärsrechten. Zusätzlich kann sich aus ihr die Pflicht des Aktionärs ergeben, durch aktives Tun zum Gelingen der gesellschaftlichen Zwecksetzung beizutragen, allerdings ist eine solche **Förderpflicht** nach ganz h. M. auf Ausnahmefälle beschränkt (MüKo AktG/*Bungeroth* Vor § 53a Rn. 28; K. Schmidt/Lutter/*Fleischer* AktG § 53a Rn. 54 f.).

22 Die **Intensität der Treuepflicht** – also das Maß der gebotenen Rücksichtnahme bzw. Förderpflicht – hängt von dem betroffenen Aktionärsrecht ab: So wird eine Beschränkung von Vermögensrechten (anders als bloße Mitwirkungsrechte ohne direkte finanzielle Auswirkungen) wenn überhaupt nur im Ausnahmefall angezeigt sein (MüKo AktG/*Bungeroth* Vor § 53a Rn. 25). Die in weiten Teilen des Schrifttums zur Ermittlung der gebotenen Handlungsweise vorgeschlagene **Einteilung in eigennützige und uneigennützige Rechte** (so z. B. GroßkommAktG/*Henzel/Notz* Anh. § 53a Rn. 78; Spindler/Stilz/*Cahn/v. Spannenberg* AktG § 53a Rn. 51; *Hüffer/Koch* AktG § 53a Rn. 17; Hölters/*Laubert* AktG § 53a Rn. 17) hilft zur Konkretisierung des Pflichtenumfangs nur in geringem Maße weiter, was vor allem damit zusammenhängt, dass sie nicht trennscharf vorgenommen werden kann (K. Schmidt/Lutter/*Fleischer* AktG § 53a Rn. 55): So wird z. B. das Stimmrecht teilweise als eigennütziges Recht eingeordnet (so z. B. *Hüffer/Koch* AktG § 53a Rn. 16), was jedenfalls in

dieser Pauschalität nicht zu überzeugen vermag (vgl. KölnKomm AktG/*Drygala* § 53a Rn. 98). Darüber hinaus entspricht eine solche abstrakte Einteilung nicht der in der Rechtswirklichkeit meist auftretenden komplizierten Gemengelage zwischen Aktionärs- und Gesellschaftsinteressen (MüKo AktG/*Bungeroth* AktG Vor § 53a Rn. 25). Weitere Anhaltspunkte zur Ermittlung des Pflichtenumfangs ergeben sich aus der **konkreten Realstruktur** der AG, da in einer personalisierten AG mehr Raum für die Anerkennung von Treuepflichten besteht als in Publikumsgesellschaften (*Hüffer/Koch* AktG § 53a Rn. 17; K. Schmidt/Lutter/*Fleischer* § 53a Rn. 54; abw.: Spindler/Stilz/*Cahn/v. Spannenberg* AktG § 53a Rn. 45). Letztlich kann ein Aktionär im konkreten Einzelfall auf eine treuegemäße Behandlung **verzichten**. Diesbezüglich gilt nichts anderes als beim Gleichbehandlungsgrundsatz (vgl. Rdn. 12).

Treuepflichtverstöße kommen unter dem Gesichtspunkt der **Rücksichtnahmepflicht** vor allem bei der **Ausübung des Stimmrechts** in Betracht (MüKo AktG/*Bungeroth* Vor § 53a Rn. 27). Dem Aktionär ist es somit verboten, Beschlüsse herbeizuführen, die ihm einseitig Vorteile zulasten der AG oder seiner Mitaktionäre gewähren, sowie Beschlüsse zu verhindern, die im Interesse der AG und der Mitaktionäre erforderlich sind (KölnKomm AktG/*Drygala* § 53a Rn. 85 und 100). 23

Für den **Mehrheitsaktionär** hat die Rechtsprechung z. B. folgendes Abstimmverhalten als Treuepflichtverletzung anerkannt: Die Stimmabgabe des Mehrheitsaktionärs für die Auflösung der AG, nachdem er mit dem Vorstand bereits die Übernahme wesentlicher Teile des Gesellschaftsvermögens vereinbart hat (BGH, Urt. v. 01.02.1988 – II ZR 75/87, Z 103, 184, 193 – Linotype); die Entlastung von Vorstand und Aufsichtsrat trotz schwerwiegender und eindeutiger Satzungs- oder Gesetzesverstöße (BGH, Urt. v. 25.11.2002 – II ZR 133/01, Z 153, 47, 51 – Macrotron); die Wahl eines Abschlussprüfers, gegen den erkennbar die Besorgnis der Befangenheit besteht (BGH, Urt. v. 25.11.2002 – II ZR 49/01, Z 153, 32, 43 f. – HypoVereinsbank); die ohne sachlichen Grund erfolgte Ersetzung eines Abschlussprüfers gegen den Willen der Aktionärsminderheit (BGH, Urt. v. 23.09.1991 – II ZR 189/90, AG 1992, 58, 59); die Festsetzung eines hohen Aktiennennwerts bei einer Kapitalerhöhung nach Herabsetzung auf Null und infolgedessen die Entstehung hoher Spitzen mit dem Ergebnis, dass Kleinaktionäre aus der AG ausscheiden müssen (BGH, Urt. v. 05.07.1999 – II ZR 126/98, Z 142, 167 – Hilgers). Darüber hinaus wird aus der Treuepflicht des Mehrheitsaktionärs ein **Wettbewerbsverbot** abgeleitet (h. M.; GroßkommAktG/*Henzel/Notz* Anh. § 53a Rn. 78; *Armbrüster* ZIP 1997, 1269, 1271), allerdings schließt der BGH jedenfalls solche Fälle aus, in denen die Wettbewerbslage bereits vor der Mehrheitsbeteiligung bestand (BGH, Urt. v. 25.06.2008 – II ZR 133/07, NZG 2008, 831; KölnKomm AktG/*Drygala* § 53a Rn. 117). 24

Für den **Minderheitsaktionär** wirkt sich die Rücksichtnahmepflicht vor allem dann aus, wenn er durch eine Sperrminorität eine Blockadepolitik betreiben kann. Hier verstößt er gegen seine mitgliedschaftliche Treuepflicht, wenn er eine mehrheitlich angestrebte und nötige Sanierung oder Kapitalmaßnahme aus eigennützigen Motiven verhindert (BGH, Urt. v. 20.03.1995 – II ZR 205/94, Z 129, 136, 151 – Girmes). Darüber hinaus kann auch die Ausübung sonstiger Minderheitenrechte in engen Grenzen einen Treuepflichtverstoß beinhalten, so z. B. wenn der Minderheitsaktionär zum Zwecke des Einstreichens ungerechtfertigter Sondervorteile missbräuchliche Anfechtungsklagen erhebt (s. hierzu § 57 AktG Rdn. 7) oder wenn die Erhebung der Klage oder Ausübung eines sonstigen Rechts (z. B. Rede- und Auskunftsrecht) auf der Hauptversammlung querulatorischer Natur ist (KölnKomm AktG/*Drygala* § 53a Rn. 121; MüKo AktG/*Bungeroth* Vor § 53a Rn. 27). 25

Die mitgliedschaftliche Treuepflicht kann sich nur im Ausnahmefall in einer **aktiven Förderpflicht** der Aktionäre ausdrücken. Eine solche kann insbesondere keine Vermögensopfer des betroffenen Aktionärs nach sich ziehen, da das Gesetz hierzu in den §§ 54, 55 AktG eine abschließende Regelung getroffen hat (BGH, Urt. v. 20.03.1995 – II ZR 205/94, Z 129, 136, 151 – Girmes; K. Schmidt/Lutter/*Fleischer* AktG § 53a Rn. 55; KölnKomm AktG/*Drygala* § 53a Rn. 122). Die aktive Förderpflicht des Aktionärs besteht deshalb vor allem bei Mitwirkungsrechten, allerdings auch hier nur in Ausnahmefällen und in sehr beschränktem Umfang: Als Beispiel gelten die Pflicht des Alleinaktionärs (oder des Mehrheitsaktionärs bei bestimmten Anwesenheitsquoren) zur Teilnahme 26 an der Hauptversammlung oder die Mitwirkungspflicht bei der Heilung von Gründungs- oder Satzungsmängeln (GroßkommAktG/*Henzel Notz* Anh § 53a Rn. 83 – zur Mitwirkungspflicht bei der Heilung verdeckter Sacheinlagen s. KölnKomm AktG/*Drygala* § 53a Rn. 124 f.).

IV. Rechtsfolgen

27 Unmittelbar erzeugt die mitgliedschaftliche Treuepflicht Handlungs- und Unterlassungspflichten (*Hüffer/Koch* AktG § 53a Rn. 27). So steht dem Aktionär bspw. ein klagbarer **Erfüllungsanspruch** zu, wenn die AG ihm ein berechtigtes Begehren – wie z. B. die nach § 68 Abs. 2 AktG erforderliche Zustimmung – treuwidrig verweigert (MüKo AktG/*Bungeroth* Vor § 53a Rn. 41). Ein **Unterlassungsanspruch** des Aktionärs kommt z. B. bei Verstößen eines Mehrheitsaktionärs gegen das aus der Treuepflicht folgende Wettbewerbsverbot in Betracht (s. Rdn. 24; K. Schmidt/Lutter/*Fleischer* AktG § 53a Rn. 69).

28 Verstößt ein Aktionär bei der Stimmrechtsausübung gegen seine Treuepflicht, ist zu beachten, dass nicht der Beschluss der Hauptversammlung als solcher, sondern nur die **Stimmabgabe** des betreffenden Aktionärs **nichtig** ist (MüKo AktG/*Bungeroth* Vor § 53a Rn. 42; *Hüffer/Koch* AktG § 53a Rn. 22). Seine Stimme darf bei der Stimmauszählung nicht berücksichtigt werden. In der Praxis wird der Versammlungsleiter die Stimme allerdings nur bei evidenten Pflichtverletzungen außer Acht lassen (K. Schmidt/Lutter/*Fleischer* AktG § 53a Rn. 63). Wird sie mitgezählt, so sind die übrigen Aktionäre berechtigt, den Beschluss im Wege der Anfechtungsklage anzugreifen und mit einer positiven Beschlussfeststellungsklage zu verbinden (MüKo AktG/*Bungeroth* Vor § 53a Rn. 42). Im Rahmen der Anfechtungsklage ist sodann zu prüfen, ob die Nichtberücksichtigung der Stimmabgabe zu einem anderen Beschlussergebnis geführt hätte (KölnKomm AktG/*Drygala* § 53a Rn. 139).

29 Ein Verstoß gegen die Treuepflicht kann überdies **Schadensersatzansprüche** der AG sowie der übrigen Aktionäre zur Folge haben (GroßkommAktG/*Henze/Notz* § 53a Rn. 145; *Hüffer/Koch* AktG § 53a Rn. 21). Bei Schadensersatzansprüchen der AG in Fällen treuwidrigen Stimmverhaltens wird eine Ersatzpflicht des Aktionärs von der h. M. nur in Fällen vorsätzlicher Pflichtverstöße angenommen, da eine bereits bei Fahrlässigkeit eingreifende Haftung die Handlungsfreiheit unangemessen einengen würde (BGH, Urt. v. 20.03.1995 – II ZR 205/94, Z 129, 136, 163 – Girmes; KölnKomm AktG/*Drygala* § 53a Rn. 131). Welcher **Verschuldensmaßstab** bei sonstigen Treuepflichtverletzungen angelegt werden soll, ist hingegen noch unklar (MüKo AktG/*Bungeroth* Vor § 53a Rn. 33). Teilweise wird hier nach dem Rechtsgedanken der §§ 277, 708 BGB für eine Beschränkung auf Fälle grober Fahrlässigkeit plädiert (*Hüffer/Koch* AktG § 53a Rn. 28), andere befürworten das vorsätzliche Handeln als Verschuldensmaßstab (KölnKommAktG/*Drygala* § 53a Rn. 132; MüKo AktG/*Bungeroth* Vor § 53a Rn. 44). Eine höchstrichterliche Entscheidung steht hierzu noch aus (offengelassen von BGH, Urt. v. 20.03.1995 – II ZR 205/94, Z 129, 136, 162 – Girmes). Die Aktionäre können lediglich individuelle Schäden geltend machen, nicht jedoch sog. Reflexschäden, die allein im Gesellschaftsvermögen entstanden sind und deren Geltendmachung nur der AG zusteht (KölnKommAktG/*Drygala* § 53a Rn. 136).

§ 54 Hauptverpflichtung der Aktionäre

(1) Die Verpflichtung der Aktionäre zur Leistung der Einlagen wird durch den Ausgabebetrag der Aktien begrenzt.

(2) Soweit nicht in der Satzung Sacheinlagen festgesetzt sind, haben die Aktionäre den Ausgabebetrag der Aktien einzuzahlen.

(3) ¹Der vor der Anmeldung der Gesellschaft eingeforderte Betrag kann nur in gesetzlichen Zahlungsmitteln oder durch Gutschrift auf ein bei einem Kreditinstitut oder einem nach § 53 Abs. 1 Satz 1 oder § 53b Abs. 1 Satz 1 oder Abs. 7 des Gesetzes über das Kreditwesen tätigen Unternehmen der Gesellschaft oder des Vorstands zu seiner freien Verfügung eingezahlt werden. ²Forderungen des Vorstands aus diesen Einzahlungen gelten als Forderungen der Gesellschaft.

(4) ¹Der Anspruch der Gesellschaft auf Leistung der Einlagen verjährt in zehn Jahren von seiner Entstehung an. ²Wird das Insolvenzverfahren über das Vermögen der Gesellschaft eröffnet, so tritt die Verjährung nicht vor Ablauf von sechs Monaten ab dem Zeitpunkt der Eröffnung ein.

Übersicht	Rdn.		Rdn.
A. Überblick	1	C. Erfüllung der Einlageverpflichtung, Abs. 2 und 3	12
B. Begrenzung der Einlageverpflichtung, Abs. 1	2	I. Anwendungsbereich	12
I. Bar- und Sacheinlageverpflichtungen	3	1. Sachlicher Anwendungsbereich	12
II. Gläubiger und Schuldner	4	2. Zeitlicher Anwendungsbereich	13
1. Gläubiger der Einlageforderung	4	II. Zulässige Zahlungsarten	14
2. Schuldner der Einlageleistung	5	1. Gesetzliche Zahlungsmittel (Barzahlung)	15
a) Bareinlage	5	2. Kontogutschrift	16
b) Sacheinlage	6	a) Empfangszuständigkeit	17
III. Unter- und Obergrenze	7	b) Kontoführende Stelle	18
1. Grundsätze	7	c) Kreditinstitute als Gründer	19
2. Selbständige und unselbständige Nebenpflichten	9	III. Freie Verfügbarkeit des Vorstandes	20
3. Schuldrechtliche Nebenabreden	11	D. Verjährung der Einlageforderung, Abs. 4	21

A. Überblick

§ 54 AktG betrifft die Einlageverpflichtung des Aktionärs und dient der **Umsetzung des Grundsatzes der realen Kapitalaufbringung** (K. Schmidt/Lutter/*Fleischer* AktG § 54 Rn. 1; Hölters/*Laubert* AktG § 54 Rn. 1). Die Vorschrift ist im engen Zusammenhang mit den §§ 36, 36a AktG einerseits und den §§ 63 bis 66 sowie § 188 Abs. 2 AktG andererseits zu sehen, die allesamt Bestandteil der aktienrechtlichen Kapitalaufbringungsvorschriften sind (MünchHdb Ges IV/*Wiesner* § 16 Rn. 5). 1

B. Begrenzung der Einlageverpflichtung, Abs. 1

Abs. 1 legt lediglich die **Obergrenze der Einlagepflicht** fest und dient insofern der **internen Risikobegrenzung** (*Hüffer/Koch* AktG § 54 Rn. 1; MüKo AktG/*Bungeroth* § 54 Rn. 1). Nicht behandelt wird damit die Frage, ob ein Aktionär zur Einlageleistung verpflichtet ist. Diese Verpflichtung resultiert vielmehr daraus, dass der Aktionär im Gründungsstadium die Aktien nach § 29 AktG übernimmt oder im Rahmen einer Kapitalerhöhung nach § 185 AktG zeichnet (*Hüffer/Koch* AktG § 54 Rn. 2; MüKo AktG/*Bungeroth* § 54 Rn. 3, 4). Als integraler Bestandteil der Mitgliedschaft ist die Einlagepflicht nicht isoliert von der Mitgliedschaft denkbar (*Hüffer/Koch* AktG § 54 Rn. 2). Zwischen mitgliedschaftlichen Rechten und der Einlagepflicht besteht kein Gegenseitigkeitsverhältnis i. S. d. §§ 320 ff. BGB (*Hüffer/Koch* AktG § 54 Rn. 2). Eine Einschränkung in Bezug auf die Ausübung oder Geltendmachung mitgliedschaftlicher Rechte ergibt sich höchstens aus gesetzlichen Sonderregeln wie §§ 60 Abs. 1, 134 Abs. 2, 271 Abs. 3 AktG (K. Schmidt/Lutter/*Fleischer* AktG § 57 Rn. 5). 2

I. Bar- und Sacheinlageverpflichtungen

Die übernommene Einlageverpflichtung kann von dem Aktionär durch eine **Bar- oder Sacheinlage** erbracht werden, wobei auch eine Kombination aus beiden zulässig ist (MünchHdb GesR IV/*Wiesner* § 16 Rn. 3). Die Bareinlage ist dabei die Regel, die Sacheinlage die Ausnahme (Hölters/*Laubert* AktG § 54 Rn. 3). Eine Sacheinlage ist im Rahmen der Gründung nach § 27 Abs. 1 Satz 1 AktG nur zulässig, wenn sie in der Satzung festgesetzt wurde. Soll eine Sacheinlage im Rahmen einer Kapitalerhöhung geleistet werden, so ist sie nach § 183 Abs. 1 Satz 1 AktG in dem Beschluss über die Kapitalerhöhung festzusetzen. 3

II. Gläubiger und Schuldner

1. Gläubiger der Einlageforderung

4 Die Einlageforderung entsteht unabhängig von der Registereintragung (vgl. Rdn. 2). Gläubigerin der Einlageforderung ist die Gesellschaft – vor ihrer Eintragung ins Handelsregister als Vor-AG und danach als juristische Person (*Hüffer/Koch* AktG § 54 Rn. 3).

2. Schuldner der Einlageleistung

a) Bareinlage

5 Schuldner der Bareinlage ist der **Aktionär,** unabhängig davon, ob er die Aktie als Gründer übernommen, bei einer Kapitalerhöhung gezeichnet oder derivativ erworben hat (K. Schmidt/Lutter/ *Fleischer* AktG § 54 Rn. 10). Da die Bareinlage untrennbarer Bestandteil der Mitgliedschaft ist, geht eine noch nicht erbrachte Bareinlageverpflichtung auf den Erwerber der Aktie über (*Hüffer/Koch* AktG § 54 Rn. 4; MüKo AktG/*Bungeroth* § 54 Rn. 12). Mit der **Übertragung der Aktie** enden sämtliche mitgliedschaftlichen Pflichten des Aktionärs, damit auch seine originäre Bareinlageverpflichtung (*Hüffer/Koch* AktG § 54 Rn. 4). Allerdings kann der veräußernde Aktionär sowie jeder weitere Voraktionär für die Erbringung der Einlageleistung neben dem jetzigen Inhaber der Aktie weiterhin nach § 65 AktG subsidiär in Anspruch genommen werden (KölnKomm AktG/*Drygala* § 54 Rn. 9). Dies gilt unabhängig davon, ob es sich um Namens- oder Inhaberaktien handelt (*Hüffer/Koch* AktG § 65 Rn. 3 sowie §§ 63 bis 65 Rn. 42). Nach h.M. ist ein **gutgläubiger lastenfreier Erwerb** bei Ausgabe der Aktien unter Verstoß gegen § 10 Abs. 2 AktG jedenfalls bei derivativem Zweiterwerb der Aktie möglich, sodass nicht der (nach Maßstab des § 932 Abs. 2 BGB) gutgläubige Erwerber die ausstehende Einlage schuldet, sondern der ursprüngliche Aktionär (K. Schmidt/Lutter/*Fleischer* AktG § 54 Rn. 11, vgl. ausführl. KölnKomm AktG/*Drygala* § 54 Rn. 14 ff.; MüKo AktG/*Bungeroth* § 54 Rn. 14 ff.; MüKo AktG/*Bayer* § 63 Rn. 12).

b) Sacheinlage

6 Bei Sacheinlagen sind Besonderheiten zu beachten. Schuldner einer Sacheinlage kann nur der **Aktionär** bzw. sein **Gesamtrechtsnachfolger** sein, der sich zur Leistung der Sacheinlage in der Satzung verpflichtet hat (GroßkommAktG/*Henze* § 54 Rn. 21; MüKo AktG/*Bungeroth* § 54 Rn. 13). Überträgt der Aktionär seine Aktie vor Erbringung der Sacheinlage, so geht die Sacheinlageverpflichtung nicht auf den Erwerber der Aktie über. Der bisherige Aktionär bleibt weiterhin zur Erbringung der Sacheinlage verpflichtet (*Hüffer/Koch* AktG § 54 Rn. 4; MünchHdb GesR IV/*Wiesner* § 16 Rn. 3). Der Erwerber erwirbt die Aktie aber nicht gänzlich ohne Einlageverpflichtung. Vielmehr wandelt sich die urspr. Sacheinlageverpflichtung in eine Bareinlageverpflichtung des erwerbenden Aktionärs um, wenn die Sacheinlage nicht vom bisherigen Aktionär erbracht wird (GroßkommAktG/*Henze* § 54 Rn. 32; MüKo AktG/*Bungeroth* § 54 Rn. 13; *Hüffer/Koch* AktG § 54 Rn. 4). Zum Schutz des gutgläubigen Erwerbers gelten dieselben Regeln wie bei Bareinlagen (vgl. Rdn. 5; Hölters/*Laubert* AktG § 54 Rn. 4).

III. Unter- und Obergrenze

1. Grundsätze

7 Die **Untergrenze** der vom Aktionär zu erbringenden Einlageleistung ist nicht in Abs. 1 normiert (GroßkommAktG/*Henze* § 54 Rn. 44; K. Schmidt/Lutter/*Fleischer* AktG § 54 Rn. 8). Sie ergibt sich aus §§ 9 Abs. 1 i. V. m. 8 Abs. 2 Satz 1 AktG (Nennbetragsaktien) bzw. § 8 Abs. 3 Satz 3 AktG (Stückaktien). § 54 AktG regelt lediglich die **Obergrenze**. Die Einlageleistung ist der Höhe nach auf den **Ausgabebetrag** der Aktie begrenzt. Dieser beläuft sich bei Nennbetragsaktien auf den Nennbetrag bzw. bei Stückaktien auf den auf die einzelne Aktie entfallenden anteiligen Betrag des Grundkapitals – jeweils zuzüglich eines vom Aktionär zu erbringenden Aufgelds (Agio). Dies ergibt sich

aus § 9 Abs. 2 AktG, der bestimmt, dass ein höherer Ausgabebetrag zulässig ist (*Hüffer/Koch* AktG § 54 Rn. 5; MüKo AktG/*Bungeroth* § 54 Rn. 7; vgl. auch § 9 AktG Rdn. 2 ff.).

Zweck der Festsetzung der Obergrenze ist insbesondere der **generelle Ausschluss über den Ausgabebetrag hinausgehender Nachschusspflichten** der Aktionäre (MüKo AktG/*Bungeroth* § 54 Rn. 7). Eine teilweise Ausnahme von diesem Grundsatz liegt in der Leistung von **unterbewerteten Sacheinlagen** (*Hüffer/Koch* AktG § 54 Rn. 5): Hier muss der Aktionär die Leistung ohne höhere Aktienzuteilung vollständig erbringen, obwohl der Wert der Sache über dem Ausgabebetrag liegt (K. Schmidt/Lutter/*Fleischer* AktG § 54 Rn. 7). Bei Scheitern der Sacheinlage ist zu beachten, dass sich die Geldleistungspflicht nicht nach dem Wert der Sacheinlage, sondern nach dem Ausgabebetrag richtet, sodass die interne Risikobegrenzung (vgl. Rdn. 2) jedenfalls hinsichtlich der Geldeinlagepflicht erhalten bleibt (Hölters/*Laubert* AktG § 54 Rn. 5). Daneben können in solchen Fällen unabhängig von der in § 54 Abs. 1 AktG normierten Obergrenze Schadensersatzansprüche der AG entstehen (MüKo AktG/*Bungeroth* § 54 Rn. 8). 8

2. Selbständige und unselbständige Nebenpflichten

Die einzige echte **Ausnahme** von der in § 54 AktG aufgestellten Obergrenze liegt in der mitgliedschaftlichen Nebenleistungsverpflichtung nach § 55 AktG. Darüber hinausgehende, an die Mitgliedschaft anknüpfende Pflichten (»**selbständige Nebenpflichten**«) können grds. nicht begründet werden (MüKo AktG/*Bungeroth* § 54 Rn. 21; K. Schmidt/Lutter/*Fleischer* AktG § 54 Rn. 15); die §§ 54, 55 AktG sind insofern abschließend und zwingend (MüKo AktG/*Bungeroth* § 54 Rn. 22). Somit ist nicht nur die Einführung sog. Nachschusspflichten verboten, sondern **jede Form der körperschaftlichen Verpflichtung gegenüber der AG**, sofern sie über die Einlageverpflichtung nach § 54 AktG hinausgeht und nicht von § 55 AktG erfasst ist. Unzulässig sind somit folgende Verpflichtungen, wenn sie an die Mitgliedschaft der Aktionäre knüpfen und nicht nur schuldrechtlich vereinbart worden sind (dazu Rdn. 11): Die Verpflichtung zu Sach- oder Dienstleistungen, zur Gewährung eines Darlehens, zur Vornahme eines Rechtsgeschäfts oder zur Unterlassung von Wettbewerb, zur Übernahme von Organpositionen in der AG und zur Beteiligung an einer Kapitalerhöhung von § 54 AktG. Darüber hinaus sind auch körperschaftliche Verpflichtungen zur Übertragung der Aktien auf die AG oder Dritte unzulässig (ausführl. bei MüKo AktG/*Bungeroth* § 54 Rn. 21; KölnKomm AktG/*Drygala* § 54 Rn. 23). 9

Satzungsbestimmungen oder Beschlüsse der Hauptversammlung, welche die Einrichtung einer über die §§ 54, 55 AktG hinausgehenden Einlage-, Nachschuss- oder sonstigen Pflicht begründen sollen, sind nach § 23 Abs. 5 Satz 1 AktG unwirksam bzw. nach § 241 Nr. 3 AktG nichtig (MüKo AktG/*Bungeroth* § 54 Rn. 21; K. Schmidt/Lutter/*Fleischer* AktG § 54 Rn. 14). Die rechtsgrundlose Leistung können Aktionäre nach § 812 Abs. 1 Satz 1 BGB zurückfordern (KölnKomm AktG/*Drygala* § 54 Rn. 22). Zulässig ist hingegen die satzungsmäßige Begründung sog. **unselbständiger Nebenpflichten** zur Sicherung ausstehender Einlagen (allg. M.; KölnKomm AktG/*Drygala* § 54 Rn. 25), da die Einlageverpflichtung der Aktionäre hierdurch nicht erhöht wird. 10

3. Schuldrechtliche Nebenabreden

Unbenommen bleibt es den Aktionären, **schuldrechtliche Vereinbarungen** untereinander oder mit der AG darüber zu treffen, ob und in welchem Umfang Nachschusspflichten etc. zu erbringen sind. Solche Verpflichtungen sind nicht Bestandteil der Mitgliedschaft und können damit nicht – bzw. nur im Wege der Schuldübernahme nach §§ 414, 415 BGB (*Hüffer/Koch* AktG § 54 Rn. 8) – mit der Aktie auf einen Erwerber übergehen (ausführl. dazu MüKo AktG/*Bungeroth* § 54 Rn. 30 ff., 41 f.; KölnKomm AktG/*Drygala* § 54 Rn. 31 ff.; *Hüffer/Koch* AktG § 54 Rn. 7 ff.). Schuldrechtliche Nebenabreden können in den Satzungstext aufgenommen werden; allerdings empfiehlt es sich, den schuldrechtlichen Charakter der Abrede innerhalb des Satzungstextes klarzustellen (K. Schmidt/Lutter/*Fleischer* AktG § 54 Rn. 21; MüKo AktG/*Bungeroth* § 54 Rn. 35 ff.; KölnKomm AktG/*Drygala* § 54 Rn. 33). Ihre rechtliche Behandlung richtet sich nicht nach Aktienrecht, sondern nach BGB (*Hüffer/Koch* AktG § 54 Rn. 8). 11

C. Erfüllung der Einlageverpflichtung, Abs. 2 und 3

I. Anwendungsbereich

1. Sachlicher Anwendungsbereich

12 Abs. 2 und 3 regeln die Frage, wie der Aktionär seine Einlageverpflichtung wirksam erfüllen kann. Die Regelungen der Abs. 2 und 3 beziehen sich nur auf Bar-, nicht auf Sacheinlagen. Die Erbringung von Sacheinlagen ist in § 36a Abs. 2 bzw. § 188 Abs. 2 Satz 1 AktG geregelt (MüKo AktG/*Bungeroth* § 54 Rn. 44). Abs. 2 enthält die Klarstellung, dass die **Einlageverpflichtung durch Einzahlung** zu erfüllen ist, soweit nicht die Erbringung von Sacheinlagen in der Satzung oder im Kapitalerhöhungsbeschluss festgesetzt ist. Damit wird deutlich, dass die Bareinlageverpflichtung durch eine Sacheinlageverpflichtung nur überlagert, nicht aber verdrängt wird (*Hüffer/Koch* AktG § 54 Rn. 10). Wandelt sich die Sacheinlage ganz oder teilweise in eine Bareinlage um, so folgt daraus, dass die Abs. 2 und 3 nunmehr auf die Bareinlage anzuwenden sind.

2. Zeitlicher Anwendungsbereich

13 Entgegen dem unklaren Wortlaut, der auf die Einforderung der Einlagepflichten vor der Anmeldung zur Eintragung ins Handelsregister abstellt und sich nicht auf den Leistungszeitpunkt bezieht, kommt es nach allg. M. weder auf die Einforderung noch auf den Zeitpunkt der Anmeldung an (KölnKomm AktG/*Drygala* § 54 Rn. 60). Von Bedeutung ist vielmehr, dass der **Leistungszeitpunkt** (nicht: der Einforderungszeitpunkt) **vor dem Zeitpunkt der Eintragung** liegt (KölnKomm AktG/*Drygala* § 54 Rn. 60): So ist Abs. 3 zu beachten, wenn die Leistung vor Eintragung erfolgt und zwar unabhängig davon, ob die Beiträge erst nach Anmeldung eingefordert wurden (K. Schmidt/Lutter/*Fleischer* AktG § 54 Rn. 26). Erfolgt die Leistung hingegen nach der Eintragung, richtet sich die Frage ihrer Erfüllungswirkung nicht nach Abs. 3, sondern nach den allgemeinen Vorschriften der §§ 362 ff. BGB (*Hüffer/Koch* AktG § 54 Rn. 11; K. Schmidt/Lutter/*Fleischer* AktG § 54 Rn. 26), jedoch unter besonderer Berücksichtigung der in §§ 63 bis 66 AktG geregelten Kapitalaufbringungsvorschriften. Darüber hinaus ist Abs. 3 nach h. M. trotz entgegenstehenden Wortlauts nicht nur im Gründungsstadium, sondern **auch bei Kapitalerhöhungen** zu beachten (MüKo AktG/*Bungeroth* § 54 Rn. 45; KölnKomm AktG/*Drygala* § 54 Rn. 61). Maßgeblich ist auch dort der Zeitpunkt der Eintragung der Kapitalerhöhung in das Handelsregister (MüKo AktG/*Bungeroth* § 54 Rn. 46).

II. Zulässige Zahlungsarten

14 Im Grundsatz sind die Voraussetzungen für die Erfüllbarkeit einer Verpflichtung in den §§ 362 ff. BGB geregelt. Um gegenüber den Gläubigern der AG in ausreichendem Maße sicherzustellen, dass zumindest der in §§ 36, 36a AktG geforderte Mindesteinlagebetrag zum Zeitpunkt der Handelsregistereintragung wirksam gegenüber der AG erbracht wurde, hat der Gesetzgeber für Bareinlageleistungen, die vor diesem Zeitpunkt erbracht werden, angeordnet, dass die grds. erfüllungstauglichen Zahlungsarten der §§ 362 ff. BGB auf die **Barzahlung** und die **Kontogutschrift** beschränkt werden (*Hüffer/Koch* AktG § 54 Rn. 12). Auf andere Weise kann nicht schuldbefreiend geleistet werden, insb. nicht durch Direktzahlung an Gesellschaftsgläubiger gem. § 362 Abs. 2 BGB (Hölters/*Laubert* AktG § 54 Rn. 10). Wurde auf andere Weise geleistet, steht dem Einlageschuldner ein Anspruch aus §§ 812 ff. BGB zu, welcher jedoch gem. § 66 Abs. 1 Satz 2 AktG nicht mit der Einlageforderung aufgerechnet werden kann (K. Schmidt/Lutter/*Fleischer* AktG § 54 Rn. 28, 35; *Hüffer/Koch* AktG § 54 Rn. 20). Die **Beweislast** für die schuldbefreiende Leistung der Einlagen trägt der Inferent, der sich hierauf beruft (*Hüffer/Koch* AktG § 54 Rn. 20).

1. Gesetzliche Zahlungsmittel (Barzahlung)

15 Die Erfüllungswirkung einer Einlageleistung des Aktionärs tritt nach Abs. 3 Satz 1, 1. Alt. ein, wenn eine Barzahlung des Aktionärs **in gesetzlichen Zahlungsmitteln** erfolgt ist. Es gelten ausschließlich **Euro**, keine ausländischen Banknoten und Münzen (GroßkommAktG/*Henze* § 54 Rn. 85; K.

Schmidt/Lutter/*Fleischer* AktG § 54 Rn. 28). Die Banknoten oder Münzen müssen dem Vorstand nicht nur übergeben, sondern nach §§ 929 ff. BGB übereignet werden (*Hüffer/Koch* AktG § 54 Rn. 13; K. Schmidt/Lutter/*Fleischer* AktG § 54 Rn. 28).

2. Kontogutschrift

Die Erfüllungswirkung einer Einlageleistung des Aktionärs tritt nach Abs. 3 Satz 1, 2. Alt. auch bei einer Kontogutschrift ein. 16

a) Empfangszuständigkeit

Als Kontoinhaber kommt sowohl die **AG** in ihrer Form als **Vor-AG** als auch der **Vorstand** in Betracht. Der letztere Fall ist missverständlich, da es sich hier nicht um ein Privatkonto des Vorstandes handeln darf (K. Schmidt/Lutter/*Fleischer* AktG § 54 Rn. 33; GroßkommAktG/*Henze* § 54 Rn. 104). Gemeint ist vielmehr, dass der Vorstand berechtigt ist, für die Vor-AG ein Konto zu eröffnen, dessen Inhaberin die Vor-AG selber ist, das nur unter anderer Bezeichnung geführt wird und welches mit der Eintragung der AG ohne Weiteres zu einem eigenen Konto der AG wird (KölnKomm AktG/*Drygala* § 54 Rn. 69; *Hüffer/Koch* AktG § 54 Rn. 19). Die gesetzliche Regelung ist ein Relikt aus der Zeit, in der die Vor-AG als noch nicht kontofähig angesehen wurde. Insbesondere die Fiktion des Abs. 3 Satz 2 ist nach heutigem Stand der Dogmatik entbehrlich (K. Schmidt/Lutter/*Fleischer* AktG § 54 Rn. 33; zur Kontofähigkeit der Vor-AG s. § 41 AktG Rdn. 5). 17

b) Kontoführende Stelle

Um eine europarechtswidrige Diskriminierung zu vermeiden, kommen als »Kreditinstitut« sowohl inländische als auch ausländische Unternehmen (unter den Voraussetzungen der §§ 53 Abs. 1 Satz 1, 53b Abs. 1, 7 KWG) in Betracht (MüKo AktG/*Bungeroth* § 54 Rn. 60; *Hüffer/Koch* AktG § 54 Rn. 14 f.). Damit stellt sich die Frage, in welcher Währung die Einlage zu erbringen ist. Nach wohl h. M. kann nicht nur eine Überweisung des Einlagebetrages in Euro, sondern auch die Überweisung in einer anderen Währung schuldbefreiende Wirkung haben. Dies gilt unabhängig davon, ob die Gutschrift im Inland oder im Ausland erfolgt (K. Schmidt/Lutter/*Fleischer* AktG § 54 Rn. 31; *Hüffer/Koch* AktG § 54 Rn. 16). 18

c) Kreditinstitute als Gründer

Ist das Kreditinstitut, bei dem die AG bzw. der Vorstand das Konto unterhält, zugleich auch Gründer der AG, ist zu differenzieren: Unstrittig ist, dass ein Konto bei dem Kreditinstitut für den Empfang von Einlageleistungen unterhalten werden kann, die **von anderen Gründern** an die AG überwiesen werden (*Hüffer/Koch* AktG § 54 Rn. 17; MüKo AktG/*Bungeroth* § 54 Rn. 63; KölnKomm AktG/*Drygala* § 54 Rn. 77). Problematisch ist dagegen der Fall, dass das Kreditinstitut eine **Doppelrolle** einnimmt und sich durch die Gutschrift auf ein bei ihr selbst geführtes Konto – also durch interne Umbuchung – von ihrer eigenen Einlageschuld befreit (GroßkommAktG/*Henze* § 54 Rn. 96). Gegen die schuldbefreiende Wirkung einer solchen internen Umbuchung wird von einer Auffassung in der Literatur eingewandt, dass es auf Seiten des Kreditinstitutes an dem Erfordernis **der endgültigen Aussonderung des Einlagebetrages** aus dem eigenen Vermögen fehlt. Insbesondere würden in einem solchen Fall keine Zahlungsmittel zugeführt, sondern lediglich eine neue Forderung (abstraktes Schuldanerkenntnis) gegen den Inferenten begründet, wodurch die Einlageschuld vor dem Hintergrund der bezweckten »realen Kapitalaufbringung« jedenfalls nicht erfüllt werden könne (so KölnKomm AktG/*Lutter* [2. Aufl.] § 54 Rn. 37; MüKo AktG/*Bungeroth* § 54 Rn. 65 sowie Vorauﬂ./*Mildner* § 54 Rn. 20). Dennoch geht die h. M. zu Recht von der **grds. schuldbefreienden Wirkung** solcher Einlageleistungen aus: So hat der Gesetzgeber in § 27 Abs. 4 AktG ausdrücklich den Austausch der Einlageforderung gegen eine schuldrechtliche Forderung zugelassen, woraus abgeleitet werden kann, dass eine »bloße« Forderungsbegründung durchaus mit dem Grundsatz der realen Kapitalaufbringung vereinbar ist (KölnKomm AktG/*Drygala* § 54 Rn. 78). Darüber hinaus spricht der Wortlaut der Vorschrift (bei »einem« Kreditinstitut) jedenfalls nicht gegen die Schuld 19 befreiende Wirkung einer internen Umbuchung (K. Schmidt/Lutter/*Fleischer* AktG § 54 Rn. 32). Dem freilich gewichtigen Vorbringen einer **fehlenden freien Verfügbarkeit der Einlage** (so Köln-Komm AktG/*Lutter* [2. Aufl.] § 54 Rn. 37) ist allerdings durch entsprechende Vertragsgestaltung entgegenzuwirken: Der Bank darf es nicht erlaubt sein, auf das Konto zuzugreifen (insb. durch einen ausdrückl. Verzicht der Bank auf Pfandrechte aus AGB, s. KölnKomm AktG/*Drygala* § 54 Rn. 79; *Hüffer/Koch* AktG § 54 Rn. 18).

III. Freie Verfügbarkeit des Vorstandes

20 Während § 36 Abs. 2 Satz 1 AktG fordert, dass der eingeforderte Einlagebetrag »*endgültig* zur freien Verfügung des Vorstandes« stehen muss (vgl. § 36 AktG Rdn. 7), spricht § 54 Abs. 3 Satz 1 AktG nur davon, dass der eingeforderte Betrag »zur freien Verfügung des Vorstandes« stehen muss. Inhaltlich ist damit keine Differenzierung verbunden (MüKo AktG/*Bungeroth* § 54 Rn. 68; ähnlich KölnKomm AktG/*Drygala* § 54 Rn. 80 f., der von unterschiedlichen zeitlichen Anknüpfungspunkten ohne materielle Abweichung spricht). Freie Verfügbarkeit liegt wie bei § 36 AktG dann vor, wenn die Einlage der Gesellschaft **effektiv und endgültig zugeflossen ist** und der Vorstand nach eigenem pflichtgemäßen Ermessen darüber frei verfügen kann (*Hüffer/Koch* AktG § 54 Rn. 18; MüKo AktG/*Bungeroth* § 54 Rn. 69; vgl. § 36 AktG Rdn. 7). Einzahlungen auf ein debitorisch geführtes Bankkonto der AG erfolgen nur dann zur freien Verfügbarkeit des Vorstandes, wenn ihm die Bank einen entsprechenden Kreditrahmen zugesprochen hat (BGH, Urt. v. 13.07.1992, Z 119, 177, 190; GroßkommAktG/*Henze* § 54 Rn. 112 m. w. N.; krit. im Hinbl. auf Zweck des gesetzlichen Grundkapitals nach MoMiG und ARUG KölnKomm AktG/*Drygala* § 54 Rn. 82 ff., 90). Freie Verfügbarkeit scheidet u. a. aus, wenn der Vorstand mit Aktionären eine **Verwendungsabsprache** trifft, wonach die Einlagen den Aktionären zeitnah (z. B. im Wege eines Kredites) zurückgewährt werden sollen (so BGH, Urt. v. 18.02.1991, Z 113, 335, 347 ff.; eingehend K. Schmidt/Lutter/*Kleindiek* AktG § 36 Rn. 25). Hingegen scheidet die freie Verfügbarkeit nach h. M. nicht aus, wenn der Vorstand mit dem Inferenten anderweitige Verwendungsabsprachen trifft, nach denen die Einlage in bestimmter Weise Dritten gegenüber zu verwenden ist (KölnKomm AktG/*Drygala* § 54 Rn. 83; K. Schmidt/Lutter/*Kleindiek* AktG § 36 Rn. 24). Zur freien Verfügbarkeit bei Leistung der Einlage einer Bank auf ein von ihr geführtes Konto, s. Rdn. 19.

D. Verjährung der Einlageforderung, Abs. 4

21 Die aktienrechtliche Sonderverjährung des Abs. 4 bestimmt, dass der Anspruch der AG auf Leistung der Einlage in **10 Jahren verjährt**. Die Verjährungsfrist beginnt mit der Entstehung der Einlageforderung. Dies ist der Zeitpunkt, ab dem die Einlageforderung gerichtlich durch Leistungs- und Feststellungsklage geltend gemacht werden kann, mithin fällig ist (Hölters/*Laubert* AktG § 54 Rn. 18; *Hüffer/Koch* AktG § 54 Rn. 21). Fälligkeit tritt entweder mit der Leistungsaufforderung durch den Vorstand (vgl. § 63 Abs. 1 AktG) oder unmittelbar durch satzungsmäßige Festlegung eines Zahlungstermins ein (KölnKomm AktG/*Drygala* § 54 Rn. 101). Bei wirtschaftlicher Neugründung beginnt die Verjährungsfrist neu zu laufen, d. h., es kann nicht auf den Entstehungszeitpunkt der Einlagepflicht bei ursprünglicher Gründung abgestellt werden (LG München I, Urt. v. 30.08.2012 – 5 HKO 5699/11, NZG 2012, 1384).

22 Abs. 4 Satz 2 beinhaltet eine **gesetzliche Ablaufhemmung** für den Fall der Insolvenz der AG, nach welcher die Verjährung nicht vor Ablauf von 6 Monaten ab dem Zeitpunkt der Eröffnung des Insolvenzverfahrens eintritt. Dies soll dem Insolvenzverwalter die Möglichkeit geben, etwaige Ansprüche gegen Aktionäre zu prüfen und weitere, den Ablauf hemmende Handlungen vorzunehmen (K. Schmidt/Lutter/*Fleischer* AktG § 54 Rn. 37).

§ 55 Nebenverpflichtungen der Aktionäre

(1) ¹Ist die Übertragung der Aktien an die Zustimmung der Gesellschaft gebunden, so kann die Satzung Aktionären die Verpflichtung auferlegen, neben den Einlagen auf das Grundkapital wie-

derkehrende, nicht in Geld bestehende Leistungen zu erbringen. ²Dabei hat sie zu bestimmen, ob die Leistungen entgeltlich oder unentgeltlich zu erbringen sind. ³Die Verpflichtung und der Umfang der Leistungen sind in den Aktien und Zwischenscheinen anzugeben.

(2) Die Satzung kann Vertragsstrafen für den Fall festsetzen, daß die Verpflichtung nicht oder nicht gehörig erfüllt wird.

Übersicht	Rdn.			Rdn.
A. Überblick	1	II.	Leistungsstörungen	9
B. Begründung einer Nebenleistungspflicht	2	1.	Anwendbarkeit des allg. Leistungsstörungsrechts	9
I. Vinkulierte Namensaktien	2	2.	Sicherung der Nebenleistungspflicht	10
II. Satzungsbestimmung	3	D.	Übergang der Nebenleistungspflicht	11
1. Regelung der Nebenleistungspflicht, Abs. 1 Satz 1	4	E.	Änderung und Beendigung der Nebenleistungspflicht	12
2. Regelung der Entgeltlichkeit, Abs. 1 Satz 2	5	I.	Änderung	12
III. Angabe in der Aktie, Abs. 1 Satz 3	6	II.	Beendigung und Aufhebung	13
IV. Rechtsfolge von Verstößen	7	III.	Auflösung, Insolvenz und Umwandlung der AG	15
C. Inhalt und Umfang der Nebenleistungspflicht	8	IV.	Kündigung	16
I. Inhalt der Nebenleistungspflicht	8			

A. Überblick

§ 55 AktG behandelt wie auch § 54 AktG Beitragspflichten des Aktionärs. § 55 AktG ergänzt hierbei § 54 AktG, der die mitgliedschaftliche Leistungspflicht auf die Erbringung der Einlage beschränkt und bildet gleichzeitig dessen **einzige echte Ausnahme** (K. Schmidt/Lutter/*Fleischer* AktG § 55 Rn. 1). Während es sich bei § 54 AktG um eine zwingende Regelung handelt, ist § 55 AktG **fakultativ** (MüKo AktG/*Bungeroth* § 55 Rn. 2). Die Regelung geht auf die genossenschaftlich organisierte Zuckerrübenindustrie zurück, kann jedoch auch in sämtlichen anderen Wirtschaftsbereichen zur Anwendung gelangen (MüKo AktG/*Bungeroth* § 55 Rn. 3; *Hüffer/Koch* AktG § 55 Rn. 1). In der Rechtspraxis kommen Nebenleistungspflichten nach § 55 AktG allerdings nur noch ausgesprochen selten vor, da insbesondere die Zuckerrübenindustrie mittlerweile nur noch in Ausnahmefällen auf das Modell der Nebenleistungs-AG zurückgreift (KölnKomm AktG/*Drygala* § 55 Rn. 5, der insofern von »totem Recht« spricht). 1

B. Begründung einer Nebenleistungspflicht

I. Vinkulierte Namensaktien

Nebenleistungspflichten können nach Abs. 1 Satz 1 nur bei Aktien begründet werden, deren Übertragung an die Zustimmung der AG gebunden ist. Diese **Beschränkung auf vinkulierte Namensaktien** gem. § 68 Abs. 2 AktG stellt sicher, dass die Gesellschaft Einfluss auf die Auswahl eines zukünftigen Aktionärs/Nebenleistungsschuldners nehmen kann (K. Schmidt/Lutter/*Fleischer* AktG § 55 Rn. 7). 2

II. Satzungsbestimmung

Eine Nebenleistungspflicht i. S. d. § 55 AktG kann einem Aktionär nur durch Satzungsbestimmung auferlegt werden, nicht jedoch durch bloße schuldvertragliche Vereinbarung zwischen AG und Aktionär (MüKo AktG/*Bungeroth* § 55 Rn. 5; K. Schmidt/Lutter/*Fleischer* AktG § 55 Rn. 8). 3

1. Regelung der Nebenleistungspflicht, Abs. 1 Satz 1

Nach Abs. 1 Satz 1 müssen mitgliedschaftliche Nebenleistungsverpflichtungen **in der Satzung festgelegt**, aber nicht in sämtlichen Einzelheiten bestimmt sein (K. Schmidt/Lutter/*Fleischer* AktG § 55 4

Rn. 8). Erforderlich ist nur, dass die Satzung den Nebenleistungspflichten nach **Art, Inhalt und Umfang** einen Rahmen vorgibt. Dieser Rahmen wird durch Vorstand, Aufsichtsrat oder außenstehende Dritte nach billigem Ermessen ausgefüllt (GroßkommAktG/*Henze* § 55 Rn. 7; Hölters/*Laubert* AktG § 55 Rn. 5). Soweit Einzelheiten nicht geregelt sind, greifen die gerichtlich nachprüfbaren Vorschriften der §§ 315 ff. BGB ein (MüKo AktG/*Bungeroth* § 55 Rn. 5). Nebenleistungspflichten können nicht nur in die Gründungssatzung aufgenommen werden. Die spätere Aufnahme, Erhöhung oder Verschärfung von Nebenleistungspflichten ist allerdings nach § 180 Abs. 1 AktG nur mit Zustimmung des betroffenen Aktionärs möglich (K. Schmidt/Lutter/*Fleischer* AktG § 55 Rn. 9).

2. Regelung der Entgeltlichkeit, Abs. 1 Satz 2

5   Nach Abs. 1 Satz 2 muss die Satzung eine Bestimmung dazu enthalten, ob die Leistung entgeltlich oder unentgeltlich erfolgt. Auch hier ist nur das generelle »Ob«, nicht aber die Festlegung der Höhe des Entgelts für die Wirksamkeit der Nebenleistungspflicht entscheidend (GroßkommAktG/*Henze* § 55 Rn. 12). Zu beachten ist auch heute noch, dass § 10 Satz 1 EGAktG eine Übergangsvorschrift für Aktiengesellschaften enthält, die bereits vor dem 01.01.1966 eine Nebenleistungspflicht in ihrer Satzung aufgenommen haben, in der aber keine Aussage zur Entgeltlichkeit enthalten sind. Die Satzungsregelungen solcher Altgesellschaften bleiben wirksam. Jedoch kann eine **Änderung der Nebenleistungspflicht oder des Unternehmensgegenstandes** nach § 10 Satz 2 EGAktG bei Altgesellschaften nur erfolgen, wenn zugleich auch die Frage der Entgeltlichkeit in der Satzung aufgenommen wird (GroßkommAktG/*Henze* § 55 Rn. 10; MüKo AktG/*Bungeroth* § 55 Rn. 6). Um dem Verbot der Einlagenrückgewähr nach § 57 AktG gerecht zu werden, schreibt § 61 AktG vor, dass die von der AG als Gegenleistung zu zahlende Vergütung nicht den Wert der Nebenleistung übersteigen darf (s. § 61 AktG Rdn. 4 ff.).

III. Angabe in der Aktie, Abs. 1 Satz 3

6   Nach Abs. 1 Satz 3 ist die Nebenleistungspflicht **in der Aktienurkunde gesondert** aufzunehmen. Die Pflicht zur Kenntlichmachung umfasst jedoch – anders als bei der Satzung, vgl. Rdn. 5 – nicht die Entgeltlichkeit oder Unentgeltlichkeit der Nebenverpflichtung (K. Schmidt/Lutter/*Fleischer* AktG § 55 Rn. 18). Die Regelung beinhaltet hingegen nicht die Verpflichtung der AG, einzelne verbriefte Aktienurkunden an die Aktionäre auszugeben (Spindler/Stilz/*Cahn/v. Spannenberg* AktG § 55 Rn. 23). Wird von der AG nach § 10 Abs. 5 AktG nur eine Globalurkunde ausgefertigt, so ist die Regelung des Abs. 1 Satz 3 gegenstandslos (GroßkommAktG/*Henze* § 55 Rn. 22; MüKo AktG/*Bungeroth* § 55 Rn. 9).

IV. Rechtsfolge von Verstößen

7   Ein Verstoß **gegen Abs. 1 Satz 1 und Satz 2** führt zur **Unwirksamkeit der Nebenleistungspflicht** (*Hüffer/Koch* AktG § 55 Rn. 10; KölnKomm AktG/*Drygala* § 55 Rn. 49). Diese kann somit nicht entstehen. Erbringt der Aktionär dennoch Leistungen zur Erfüllung seiner (unwirksamen) Nebenleistungspflicht, kann er das Erbrachte gem. §§ 812 ff. BGB zurückverlangen. Entgeltzahlungen zur Vergütung unwirksamer Nebenleistungspflichten stellen eine nach § 57 AktG verbotene Einlagenrückgewähr dar und sind gem. § 62 AktG zurückzugewähren (KölnKomm AktG/*Drygala* § 55 Rn. 49). Ein **Verstoß gegen Abs. 1 Satz 3** führt hingegen weder zur Nichtigkeit der ausgegebenen Urkunde, noch wird die Wirksamkeit der Nebenleistungspflicht davon berührt (KölnKomm AktG/*Drygala* § 55 Rn. 50; MüKo AktG/*Bungeroth* § 55 Rn. 12). Die Nebenleistungspflicht entsteht, wobei im Fall einer Weiterveräußerung der (fehlerhaften) Aktie ein **gutgläubiger lastenfreier Erwerb** mit dem endgültigen Untergang der Nebenleistungspflicht in Betracht kommt (näher dazu KölnKomm AktG/*Drygala* § 55 Rn. 56; MüKo AktG/*Bungeroth* § 55 Rn. 12 und 42 ff.).

C. Inhalt und Umfang der Nebenleistungspflicht

I. Inhalt der Nebenleistungspflicht

Entscheidend ist, dass sich die Nebenleistungspflicht nur auf **wiederkehrende, nicht in Geld bestehende Leistungen des Aktionärs** beziehen darf. Sowohl einmalige als auch andauernde Leistungspflichten können nicht Gegenstand einer Nebenleistungspflicht nach § 55 AktG sein (GroßkommAktG/*Henze* § 55 Rn. 17; Hüffer/*Koch* AktG § 55 Rn. 4). Damit scheiden insbesondere solche Nebenleistungspflichten aus, die auf ein Unterlassen des Aktionärs gerichtet sind (dazu ausführl. MüKo AktG/*Bungeroth* § 55 Rn. 17) oder die den Aktionär bspw. verpflichten sollen, einem bestimmten Verband oder Berufszweig anzugehören (K. Schmidt/Lutter/*Fleischer* AktG § 55 Rn. 13). Zudem ist es nach Abs. 1 Satz 1 untersagt, dass die Nebenleistungspflicht des Aktionärs – unmittelbar oder mittelbar – in einer Geldleistung besteht, wodurch eine Umgehung der Einlagevorschriften verhindert werden soll (MüKo AktG/*Bungeroth* § 55 Rn. 15; *Hüffer*/*Koch* AktG § 55 Rn. 4). Unzulässig sind somit insbesondere Leistungen in Form anderer Zahlungsmittel aber auch die Verpflichtung zur Übernahme von Bürgschaften, Garantien oder sonstigen Sicherheiten (K. Schmidt/Lutter/*Fleischer* AktG § 55 Rn. 14; Hölters/*Laubert* AktG § 55 Rn. 4).

8

II. Leistungsstörungen

1. Anwendbarkeit des allg. Leistungsstörungsrechts

Bei Nichterfüllung, verspäteter oder mangelhafter Erfüllung von Nebenleistungspflichten (bzw. korrespondierender Entgeltpflichten) findet trotz der korporativen Rechtsnatur der Ansprüche das Leistungsstörungsrecht des BGB (also §§ 275 ff., 323 ff., 434 ff. BGB) entsprechende Anwendung (K. Schmidt/Lutter/*Fleischer* AktG § 55 Rn. 20; KölnKomm AktG/*Drygala* § 55 Rn. 35). Die Rechtsfolgen beschränken sich allerdings auf die jeweils betroffene Einzelleistung; die Stammverpflichtung des Aktionärs wird hiervon nicht berührt (Hölters/*Laubert* AktG § 55 Rn. 7).

9

2. Sicherung der Nebenleistungspflicht

Kommt der Aktionär seiner Nebenleistungspflicht ganz oder teilweise nicht nach, fragt sich, welche Möglichkeiten der AG (neben den Rechten aus allgemeinem Leistungsstörungsrecht) zustehen, gegen den Aktionär vorzugehen. Die AG ist **nicht berechtigt**, ein **Kaduzierungsverfahren** nach § 64 AktG einzuleiten, da in der Nebenleistung keine »Einlage« i. S. d. § 54 AktG liegt (*Hüffer/Koch* AktG § 55 Rn. 4). Dies gilt auch dann, wenn die Kaduzierung für den Fall der Verletzung von Nebenpflichten in der Satzung etwa in Form einer Vertragsstrafe vorgesehen ist (KölnKomm AktG/*Drygala* § 55 Rn. 39). Auch die Zahlungspflicht der Vormänner nach § 65 AktG ist nicht auf die Nebenleistungspflicht des Aktionärs anzuwenden (K. Schmidt/Lutter/*Fleischer* AktG § 55 Rn. 22). Die **Einziehung der Aktien** für den Fall der Nichterfüllung der Nebenleistungspflicht ist nur zulässig, wenn diese Möglichkeit nach § 237 AktG in der Satzung enthalten ist (MüKo AktG/*Bungeroth* § 55 Rn. 29). Wirksamstes Mittel ist die in § 55 Abs. 2 AktG genannte Möglichkeit, eine **Vertragsstrafe** in die Satzung aufzunehmen (GroßkommAktG/*Henze* § 55 Rn. 56; K. Schmidt/Lutter/*Fleischer* AktG § 55 Rn. 21). Diese Möglichkeit stellt keine mittelbare Geldleistung des Aktionärs an die AG dar, sondern dient der AG zur Sicherstellung der Erfüllung der Nebenleistungspflicht durch den Aktionär (MüKo AktG/*Bungeroth* § 55 Rn. 28). Letztlich steht es der AG im Falle der Veräußerung der Aktie frei, die gem. § 68 Abs. 2 AktG erforderliche Zustimmung zur Übertragung von einer Sicherheitenstellung des Veräußerers für die Erbringung der Nebenpflichten durch den Erwerber oder der Übernahme rückständiger Nebenleistungen durch den Erwerber abhängig zu machen (K. Schmidt/Lutter/*Fleischer* AktG § 55 Rn. 22).

10

D. Übergang der Nebenleistungspflicht

Da es sich bei der Nebenleistungspflicht um eine mitgliedschaftliche Verpflichtung handelt, die **untrennbar mit der Aktie verknüpft** ist (K. Schmidt/Lutter/*Fleischer* AktG § 55 Rn. 25), geht die Nebenleistungspflicht mit der Übertragung der Aktie ohne Weiteres auf den Erwerber der Aktie

11

über (GroßkommAktG/*Henze* § 55 Rn. 32; MüKo AktG/*Bungeroth* § 55 Rn. 20; *Hüffer/Koch* AktG § 55 Rn. 4). Der Übergang der Nebenpflicht kann nicht einmal mit Zustimmung der AG ausgeschlossen werden (Hölters/*Laubert* § 55 Rn. 8). Ferner ist eine **generelle Abtretung** des Nebenleistungsanspruchs der AG nicht möglich – auch nicht mit Zustimmung des Aktionärs (KölnKomm AktG/*Drygala* § 55 Rn. 73; Hölters/*Laubert* § 55 Rn. 8; a. A. *Hüffer/Koch* AktG § 55 Rn. 7). Hiervon zu unterscheiden ist die grds. nach allgemeinen Regeln mögliche Abtretung bereits fälliger, aus der Nebenleistungspflicht resultierender Einzelansprüche auf einmalige Leistung (KölnKomm AktG/*Drygala* § 55 Rn. 54; MüKo AktG/*Bungeroth* § 55 Rn. 21). Zu beachten ist aus Sicht der AG, dass nach der Übertragung **nur noch der Erwerber**, nicht aber der vorherige Aktionär für die Erfüllung der zukünftigen (also bei Übergang noch nicht fälligen) Nebenleistungspflicht einzustehen hat (KölnKomm AktG/*Drygala* § 55 Rn. 54). Fehlt die nach Abs. 1 Satz 3 erforderliche Kennzeichnung der Aktie (vgl. oben Rdn. 6), kommt es bei Übertragung der Mitgliedschaft zu einem gutgläubigen lastenfreien Erwerb (ausführl. MüKo AktG/*Bungeroth* § 55 Rn. 42 und KölnKomm AktG/*Drygala* § 55 Rn. 56).

E. Änderung und Beendigung der Nebenleistungspflicht

I. Änderung

12 Bei jeder Änderung der Nebenleistungspflicht ist § 180 Abs. 1 AktG anzuwenden, gleichgültig ob es sich um eine Erweiterung oder Verminderung der satzungsmäßigen Nebenleistungspflicht des betroffenen Aktionärs handelt (MüKo AktG/*Bungeroth* § 55 Rn. 8; differenzierend hingegen *Hüffer/Koch* AktG § 180 Rn. 3; vgl. auch § 180 AktG Rdn. 2 f.).

II. Beendigung und Aufhebung

13 Die Nebenleistungspflicht **endet** für den betroffenen Aktionär zum Zeitpunkt der Übertragung der Aktie an einen Dritten (Hölters/*Laubert* § 55 Rn. 9). Die Nebenleistungsverpflichtung als solche geht dadurch nicht unter, sondern ist von dem Erwerber fortzuführen (s. Rdn. 11). Der Altaktionär bleibt allerdings zur Erbringung rückständiger Einzelleistungen verpflichtet (K. Schmidt/Lutter/*Fleischer* AktG § 55 Rn. 30). Darüber hinaus endet die Nebenleistungspflicht auch im Fall der Zweckerreichung (KölnKomm AktG/*Drygala* § 55 Rn. 64) sowie mit Fristablauf bei Befristung bzw. Bedingungseintritt bei auflösender Bedingung (Hölters/*Laubert* AktG § 55 Rn. 8).

14 Einigkeit besteht darüber, dass die **endgültige Aufhebung** der mitgliedschaftlichen Nebenleistungspflicht nicht durch einzelvertragliche Vereinbarung zwischen Aktionär und AG möglich ist. Satzungsbestimmungen können nur durch eine **entsprechende Satzungsänderung** aufgehoben werden (*Hüffer/Koch* AktG § 55 Rn. 8; MüKo AktG/*Bungeroth* § 55 Rn. 33). Umstritten ist, ob § 180 Abs. 1 AktG auch bei der Aufhebung anzuwenden ist. Die h. M. geht zutreffend davon aus, dass die Zustimmung des betroffenen Aktionärs nur erforderlich ist, wenn dem Aktionär ein mit seiner Nebenleistungspflicht korrespondierendes Nebenleistungsrecht zusteht, m.a.W. wenn es sich um eine entgeltliche Nebenleistungspflicht handelt (*Hüffer/Koch* AktG § 55 Rn. 8; MüKo AktG/*Bungeroth* § 55 Rn. 34, KölnKomm AktG/*Drygala* § 55 Rn. 65; abw. noch Voraufl./*Mildner*, Rn. 14). Die **Aufhebung der Vinkulierung** durch satzungsändernden Hauptversammlungsbeschluss bewirkt ebenfalls den Wegfall der Nebenleistungspflicht (vgl. Rdn. 2).

III. Auflösung, Insolvenz und Umwandlung der AG

15 Mit **Auflösung der AG** (§ 262 AktG) erlischt grds. die Nebenleistungspflicht. Eine Ausnahme ist dann geboten, wenn sich die Nebenleistung im Abwicklungsstadium als erforderlich erweist (MüKo AktG/*Bungeroth* § 55 Rn. 36). Dieselben Grundsätze gelten bei **Insolvenz** der AG (ausführl. KölnKomm AktG/*Drygala* § 55 Rn. 68 ff.). Die **Umwandlung** der AG durch Formwechsel, Verschmelzung, Spaltung oder Vermögensübertragung lässt die Nebenverpflichtung grds. (d.h. vorbehaltlich anderweitiger Satzungsregelungen) unberührt, da die Gläubigerstellung auf den neuen Rechtsträger übergeht (K. Schmidt/Lutter/*Fleischer* AktG § 55 Rn. 34; MüKo AktG/*Bungeroth* § 55

Rn. 37). Die Nebenleistungspflichten erlöschen hingegen, wenn der aufnehmende Rechtsträger bei Verschmelzung und Spaltung keine vinkulierten Namensaktien (KölnKomm AktG/*Drygala* § 55 Rn. 72) oder gar keine Aktien (so im Fall des sog. upstream-merger) ausgibt.

IV. Kündigung

Eine **ordentliche Kündigung** der Nebenleistungspflicht ist nur möglich, wenn dies in der Satzung vorgesehen ist (K. Schmidt/Lutter/*Fleischer* AktG § 55 Rn. 33; GroßkommAktG/*Henze* § 55 Rn. 45). Die Möglichkeit einer **außerordentlichen Kündigung** muss dem Aktionär bei Unzumutbarkeit der Inanspruchnahme aus der Nebenpflicht nach allgemeinen zivilrechtlichen Grundsätzen bei Dauerschuldverhältnissen eingeräumt werden (ausführl. KölnKomm AktG/*Drygala* § 55 Rn. 33 f.; GroßkommAktG/*Henze* § 55 Rn. 46 f.; *Hüffer/Koch* AktG § 55 Rn. 9; MüKo AktG/*Bungeroth* § 55 Rn. 49). 16

§ 56 Keine Zeichnung eigener Aktien; Aktienübernahme für Rechnung der Gesellschaft oder durch ein abhängiges oder in Mehrheitsbesitz stehendes Unternehmen

(1) Die Gesellschaft darf keine eigenen Aktien zeichnen.

(2) ¹Ein abhängiges Unternehmen darf keine Aktien der herrschenden Gesellschaft, ein in Mehrheitsbesitz stehendes Unternehmen keine Aktien der an ihm mit Mehrheit beteiligten Gesellschaft als Gründer oder Zeichner oder in Ausübung eines bei einer bedingten Kapitalerhöhung eingeräumten Umtausch- oder Bezugsrechts übernehmen. ²Ein Verstoß gegen diese Vorschrift macht die Übernahme nicht unwirksam.

(3) ¹Wer als Gründer oder Zeichner oder in Ausübung eines bei einer bedingten Kapitalerhöhung eingeräumten Umtausch- oder Bezugsrechts eine Aktie für Rechnung der Gesellschaft oder eines abhängigen oder in Mehrheitsbesitz stehenden Unternehmens übernommen hat, kann sich nicht darauf berufen, daß er die Aktie nicht für eigene Rechnung übernommen hat. ²Er haftet ohne Rücksicht auf Vereinbarungen mit der Gesellschaft oder dem abhängigen oder in Mehrheitsbesitz stehenden Unternehmen auf die volle Einlage. ³Bevor er die Aktie für eigene Rechnung übernommen hat, stehen ihm keine Rechte aus der Aktie zu.

(4) ¹Werden bei einer Kapitalerhöhung Aktien unter Verletzung der Absätze 1 oder 2 gezeichnet, so haftet auch jedes Vorstandsmitglied der Gesellschaft auf die volle Einlage. ²Dies gilt nicht, wenn das Vorstandsmitglied beweist, daß es kein Verschulden trifft.

Übersicht

		Rdn.			Rdn.
A.	Überblick	1		2. Sonstige Rechtsfolgen	11
B.	Verbot der Übernahme eigener Aktien, Abs. 1	2	D.	Übernahme für Rechnung der AG, Abs. 3	13
I.	Zeichnung eigener Aktien	2	I.	Tatbestand	13
II.	Rechtsfolgen eines Verstoßes gegen Abs. 1	4	II.	Rechtsfolgen	15
	1. Nichtigkeit der Zeichnung	4		1. Pflichten des Übernehmers	16
	2. Heilung der Nichtigkeit	5		2. Rechte des Übernehmers aus der Aktie	17
	3. Rechtsfolgen der Heilung	6			
C.	Übernahme durch abhängige Unternehmen, Abs. 2	7	III.	Mittelbare Übernahme für Rechnung der AG	19
I.	Erfasste Unternehmen	8	IV.	Übernahme durch ein abhängiges Unternehmen für Rechnung der AG	20
II.	Verbotene Handlungen	9			
III.	Rechtsfolgen eines Verstoßes gegen Abs. 2	10	E.	Haftung der Vorstandsmitglieder, Abs. 4	21
	1. Wirksamkeit der Übernahme	10			

§ 56 AktG Keine Zeichnung eigener Aktien; Aktienübernahme für Rechnung der Gesellschaft

A. Überblick

1 § 56 AktG behandelt den **originären Erwerb von eigenen Aktien** und enthält diesbezüglich in Abs. 1 ein Zeichnungsverbot für die AG. Die Vorschrift dient der Verwirklichung des Grundsatzes der **realen Kapitalaufbringung** und soll zugleich das in früheren Jahren bestehende Unwesen von Vorrats- und Verwertungsaktien, die zu Stimmrechtsmanipulationen missbraucht wurden, verhindern (Hölters/*Laubert* AktG § 56 Rn. 2; *Hüffer/Koch* AktG § 56 Rn. 1). In Bezug auf den derivativen Erwerb eigener Aktien wird die Vorschrift durch §§ 71 ff. AktG ergänzt.

B. Verbot der Übernahme eigener Aktien, Abs. 1

I. Zeichnung eigener Aktien

2 Abs. 1 verbietet der AG die Zeichnung eigener Aktien durch die AG. Der im Gesetz verwendete Begriff »Zeichnung« ist untechnisch zu verstehen und wird weit ausgelegt (Hölters/*Laubert* AktG § 56 Rn. 2). Zeichnung i. S. d. Abs. 1 beinhaltet jede **rechtsgeschäftliche Erklärung**, die auf den originären Erwerb eigener Aktien abzielt (GroßkommAktG/*Henze* § 56 Rn. 7; *Hüffer/Koch* AktG § 56 Rn. 3; MüKo AktG/*Bungeroth* § 56 Rn. 8 f.). Somit ist neben der regulären oder genehmigten Kapitalerhöhung (§§ 185 und 203 Abs. 1 AktG enthalten den Begriff »Zeichnung«) auch die Bezugserklärung nach § 198 AktG bei der Durchführung einer bedingten Kapitalerhöhung erfasst (KölnKomm AktG/*Drygala* § 56 Rn. 6). Auch wenn die konkrete Durchführungsweise schwer vorstellbar ist, ist es der AG nach dem Wortlaut auch bei der eigenen Gründung verboten, eigene Aktien zu übernehmen (*Hüffer/Koch* AktG § 56 Rn. 3; KölnKomm AktG/*Drygala* § 56 Rn. 6).

3 Etwas anderes gilt nur in Fällen der **Kapitalerhöhung aus Gesellschaftsmitteln:** Da der Grundsatz der realen Kapitalaufbringung durch die Umwandlung von Gesellschaftsmitteln nicht tangiert wird, ist es der AG nach § 215 AktG gestattet, junge Aktien zu übernehmen, die im Zuge einer Kapitalerhöhung aus Gesellschaftsmitteln ausgegeben werden (GroßkommAktG/*Henze* § 56 Rn. 8; *Hüffer/Koch* AktG § 56 Rn. 3; MüKo AktG/*Bungeroth* § 56 Rn. 9).

II. Rechtsfolgen eines Verstoßes gegen Abs. 1

1. Nichtigkeit der Zeichnung

4 Findet die Zeichnung von Aktien unter Verstoß gegen Abs. 1 statt, sind die entsprechenden rechtsgeschäftlichen Zeichnungs- oder Übernahmeerklärungen nach § 134 BGB **nichtig** (GroßkommAktG/*Henze* § 56 Rn. 9). Die vorgenommene Kapitalerhöhung darf von Vorstand und Vorsitzendem des Aufsichtsrats nicht gem. § 188 Abs. 1 AktG zur Eintragung in das Handelsregister angemeldet werden; das Handelsregister darf eine dennoch angemeldete Kapitalerhöhung nicht eintragen (MüKo AktG/*Bungeroth* § 56 Rn. 10). Nichts anderes gilt für die bedingte Kapitalerhöhung und deren lediglich deklaratorische Eintragung nach § 201 AktG, da bereits die Übernahme der Aktien nichtig ist (*Hüffer/Koch* AktG § 56 Rn. 4; MüKo AktG/*Bungeroth* § 56 Rn. 11; KölnKomm AktG/*Drygala* § 56 Rn. 9, 12).

2. Heilung der Nichtigkeit

5 Wird entgegen dem Verbot in Abs. 1 die Kapitalerhöhung in das Handelsregister eingetragen, so ist aus dem Bezug von Abs. 4 Satz 1 (Anordnung der Haftung der Vorstandsmitglieder auf die volle Einlage) auf Abs. 1 die – wenn auch teilweise als rechtspolitisch zweifelhaft angesehene – Schlussfolgerung zu ziehen, dass die **Nichtigkeit geheilt** wird: Die gesamte Kapitalerhöhung ist wirksam, die Aktien entstehen rechtsgültig und stehen der AG als eigene Aktien zu (GroßkommAktG/*Henze* § 56 Rn. 14; *Hüffer/Koch* AktG § 56 Rn. 5; MüKo AktG/*Bungeroth* § 56 Rn. 13, 16; KölnKomm AktG/*Drygala* § 56 Rn. 11 ff.).

3. Rechtsfolgen der Heilung

Nach h. M. sind aufgrund der vergleichbaren Interessenlage die §§ 71b und 71c AktG entsprechend auf die durch Heilung entstandenen Aktien anzuwenden (Hölters/*Laubert* AktG § 56 Rn. 5; K. Schmidt/Lutter/*Fleischer* AktG § 56 Rn. 11; für direkte Anwendung: KölnKomm AktG/*Drygala* § 56 Rn. 13; MüKo AktG/*Bungeroth* § 56 Rn. 16). Aus deren Anwendung ergibt sich, dass der AG aus den eigenen Aktien einerseits **keine Rechte** – mit Ausnahme des Rechts aus § 215 AktG – zustehen und andererseits die **Verpflichtung der AG** besteht, die Aktien binnen Jahresfrist zu veräußern oder nach Ablauf der Jahresfrist einzuziehen (KölnKomm AktG/*Drygala* § 56 Rn. 13 ff.; MüKo AktG/*Bungeroth* § 56 Rn. 16). Zur bei Verstoß gegen Abs. 1 nur bei Heilung in Betracht kommenden **Haftung der Vorstandsmitglieder nach Abs. 4** s. Rdn. 21 ff.

C. Übernahme durch abhängige Unternehmen, Abs. 2

Auch Abs. 2 dient primär dem Grundsatz der Kapitalaufbringung und soll **Umgehungsversuchen vorbeugen**, indem bestimmte Formen der mittelbaren Selbstzeichnung durch die Übernahme von Aktien durch abhängige Unternehmen verboten werden (Hölters/*Laubert* AktG § 56 Rn. 6).

I. Erfasste Unternehmen

Von der Vorschrift des Abs. 2 Satz 1 sind solche Unternehmen betroffen, die im Verhältnis zur AG entweder als **abhängiges Unternehmen** nach § 17 AktG oder als ein **in Mehrheitsbesitz stehendes Unternehmen** nach § 16 AktG gelten (Hüffer/Koch AktG § 56 Rn. 7; KölnKomm AktG/*Lutter* § 56 Rn. 14). Der Unternehmensbegriff ist in diesem Zusammenhang in Übereinstimmung mit den konzernrechtlichen Regelungen rechtsformneutral auszulegen (*Hüffer/Koch* AktG § 56 Rn. 7). Daneben kommt auch die Abhängigkeit durch einen **Beherrschungs- oder Gewinnabführungsvertrag** nach § 291 Abs. 1 AktG in Betracht (Hölters/*Laubert* AktG § 56 Rn. 7), was zwar nicht zwingend unter dem Gesichtspunkt der realen Kapitalaufbringung, wohl aber durch eine hiermit intendierte Vermeidung von Verwaltungsstimmen zu rechtfertigen ist (K. Schmidt/Lutter/*Fleischer* AktG § 56 Rn. 13; KölnKomm AktG/*Drygala* § 56 Rn. 17). Keine Anwendung findet Abs. 2 auf Unternehmensbeteiligungen, die sich unter den Grenzen der §§ 16, 17 bzw. 291 AktG bewegen (K. Schmidt/Lutter/*Fleischer* AktG § 56 Rn. 14).

II. Verbotene Handlungen

Auch wenn das Gesetz in Abs. 2 nicht nur die Kapitalerhöhung, sondern auch die Gründung erfasst, sind praktisch wenige Fälle denkbar, in denen ein abhängiges Unternehmen Aktien an einer noch nicht gegründeten AG übernimmt. Es fehlt in diesen Fällen regelmäßig an dem Tatbestandsmerkmal der Abhängigkeit bzw. des Stehens in Mehrheitsbesitz (*Hüffer/Koch* AktG § 56 Rn. 9; MüKo AktG/*Bungeroth* § 56 Rn. 31). Hauptanwendungsfall ist damit die **Übernahme von Aktien im Rahmen von Kapitalerhöhungen**, die Kapitalerhöhung aus Gesellschaftsmitteln ist hiervon allerdings wiederum nicht betroffen (vgl. Rdn. 3; MüKo AktG/*Bungeroth* § 56 Rn. 35 ff.; K. Schmidt/Lutter/*Fleischer* AktG § 56 Rn. 16).

III. Rechtsfolgen eines Verstoßes gegen Abs. 2

1. Wirksamkeit der Übernahme

Anders als bei Abs. 1 ist Rechtsfolge einer gegen Abs. 2 verstoßenden Aktienübernahme nicht die Nichtigkeit des Übernahmevertrages. Abs. 2 Satz 2 bestimmt vielmehr, dass ein Verstoß gegen Abs. 2 Satz 1 keine Unwirksamkeit der Übernahme zur Folge hat, sodass das abhängige oder in Mehrheitsbesitz stehende Unternehmen Aktionär wird (K. Schmidt/Lutter/*Fleischer* AktG § 56 Rn. 17) und die **Einlageverpflichtung wirksam entsteht** (GroßkommAktG/*Henze* § 56 Rn. 35; *Hüffer/Koch* AktG § 56 Rn. 10). Auf diese Weise soll eine weitere Gefährdung der realen Kapitalaufbringung vermieden werden (K. Schmidt/Lutter/*Fleischer* AktG § 56 Rn. 17). Da es sich trotz der Wirksamkeit der Übernahme weiterhin um einen Verstoß gegen Abs. 2 handelt, ist der Vorstand nach h. M. auch in diesem Fall nicht berechtigt, die Kapitalerhöhung zum Handelsregister anzumelden; das Handelsregister ist ebenfalls verpflichtet, die Eintragung der Kapitalerhöhung abzulehnen (*Hüffer/Koch* AktG § 56 Rn. 10; MüKo AktG/*Bungeroth* § 56 Rn. 38; KölnKomm AktG/*Drygala* § 56 Rn. 28). Im Gegensatz zu Abs. 1 ist das Handelsregister im Fall einer bedingten Kapitalerhöhung aufgrund der in diesem Fall lediglich deklaratorischen Wirkung nicht zur Ablehnung der Eintragung berechtigt (KölnKomm AktG/*Drygala* § 56 Rn. 29; *Hüffer/Koch* AktG § 56 Rn. 10). Zu beachten ist, dass eine **schuldrechtliche Verpflichtung** des abhängigen oder in Mehrheitsbesitz stehenden Unternehmens zur Übernahme von Aktien unter Verstoß gegen Abs. 2 von der allg. M. als nichtig angesehen wird (KölnKomm AktG/*Drygala* § 56 Rn. 30).

2. Sonstige Rechtsfolgen

11 Obwohl die Übernahme der Aktie wirksam ist, geht die h. M. davon aus, dass die Parallelvorschriften der **§§ 71b bis 71d AktG** zum derivativen Erwerb von eigenen Aktien auch auf den originären Erwerb nach § 56 Abs. 2 AktG **analog anzuwenden** sind (*Hüffer/Koch* AktG § 56 Rn. 11; KölnKomm AktG/*Drygala* § 56 Rn. 25 ff.; für eine direkte Anwendung: MüKo AktG/*Bungeroth* § 56 Rn. 41). Aus der Anwendung des §§ 71d i. V. m. §§ 71b AktG ergibt sich, dass das abhängige Unternehmen zwar sämtliche Pflichten aus der Aktie zu erfüllen hat, ihm aber **keine Mitgliedschaftsrechte** aus der Aktie zustehen. Eine Ausnahme gilt nur in Bezug auf die Teilnahme an einer Kapitalerhöhung aus Gesellschaftsmitteln (MüKo AktG/*Bungeroth* § 56 Rn. 42). Darüber hinaus besteht analog § 71c Abs. 1 i. V. m. § 71d Satz 2, 4 AktG die Pflicht, die Aktien **innerhalb eines Jahres zu veräußern**. Diese Pflicht trifft jedoch nicht das abhängige, sondern wie bei § 71d AktG das herrschende Unternehmen (KölnKomm AktG/*Drygala* § 56 Rn. 32; MüKo AktG/*Bungeroth* § 56 Rn. 50 f.; abw.: K. Schmidt/Lutter/*Fleischer* AktG § 56 Rn. 18). Der Grund hierfür liegt in der nach der Jahresfrist erforderlichen Einziehung der Aktien nach § 71c Abs. 2 AktG, zu welcher nur das herrschende Unternehmen, um dessen Aktien es geht, in der Lage ist (KölnKomm AktG/*Drygala* § 56 Rn. 32). Die direkte Veräußerung durch das abhängige Unternehmen ist allerdings nicht unzulässig (KölnKomm AktG/*Drygala* § 56 Rn. 32).

12 Der AG obliegt nach § 160 AktG eine **Berichtspflicht** in ihrem Jahresabschluss (im Anhang) über jeden Verstoß gegen Abs. 2 Satz 1 (*Hüffer/Koch* AktG § 56 Rn. 11; MüKo AktG/*Bungeroth* § 56 Rn. 52). Dies umfasst Angaben über Bestand, Zugang, Verwertung und Erlösverwendung (K. Schmidt/Lutter/*Fleischer* AktG § 56 Rn. 18; KölnKomm AktG/*Drygala* § 56 Rn. 34). Zur **Haftung der Vorstandsmitglieder** bei einer Zeichnung durch die AG unter Verstoß gegen Abs. 2 Satz 1, s. u. Rdn. 21 f.

D. Übernahme für Rechnung der AG, Abs. 3

I. Tatbestand

13 Abs. 3 enthält den Eintritt bestimmter Rechtsfolgen für den Fall der Aktienübernahme im Wege **mittelbarer Stellvertretung**, wenn also der Übernehmer nach außen im eigenen Namen, im Innenverhältnis aber für Rechnung der AG oder eines abhängigen oder in Mehrheitsbesitz stehenden Unternehmens der AG (vgl. §§ 16, 17 AktG) handelt (K. Schmidt/Lutter/*Fleischer* AktG § 56 Rn. 19). Auch hier ist nur der **originäre Erwerb**, nicht aber der derivative Erwerb von Aktien gemeint (vgl. Rdn. 1); Letzterer ist abschließend in § 71c AktG geregelt (MüKo AktG/*Bungeroth* § 56 Rn. 53). Für Rechnung der AG bedeutet, dass die AG das **wirtschaftliche Risiko** aus der Aktienübernahme ganz oder zumindest teilweise zu tragen hat (GroßkommAktG/*Henze* § 56 Rn. 47; MüKo AktG/*Bungeroth* § 56 Rn. 57). Dies ist grundsätzlich der Fall, wenn die spätere Übernahme der Aktien durch die AG geplant ist (MüKo AktG/*Bungeroth* § 56 Rn. 57) oder wenn die AG zugunsten des Übernehmers eine Kursgarantie o. Ä. übernimmt (*Hüffer/Koch* AktG § 56 Rn. 12). Darüber hinaus liegt eine Übernahme des Risikos auch dann vor, wenn bei **geplanter Weiterveräußerung** an Dritte zwischen der Gesellschaft und dem Übernehmer ein Auftragsverhältnis, ein Geschäftsbesorgungsvertrag, ein Kommissionsverhältnis oder ein ähnliches Verhältnis (§ 406 HGB) besteht, welches dem Übernehmer einen **Aufwendungsersatzanspruch nach § 670 BGB** gewährt

(K. Schmidt/Lutter/*Fleischer* AktG § 56 Rn. 22). Ohne Bedeutung ist in diesem Zusammenhang, ob die AG gegenüber dem Übernehmer weisungsbefugt i. S. d. § 665 BGB bzw. § 384 i. V. m. § 406 HGB ist (MüKo AktG/*Bungeroth* § 56 Rn. 58).

Insbesondere im Rahmen von Börsengängen oder Kapitalerhöhungen kommt eine Anwendung des Abs. 3 in Betracht, wenn sich eine **Konsortialbank** verpflichtet, die Aktien aus der Kapitalerhöhung mit der Verpflichtung zu übernehmen, diese an die Investoren weiterzugeben. Hat sich die AG im Gegenzug verpflichtet, der Konsortialbank einen etwaigen Mindererlös zu erstatten bzw. nicht platzierte Aktien zu übernehmen, liegt hierin eine Risikoübernahme und damit ein Fall des § 56 Abs. 3 AktG (GroßkommAktG/*Henze* § 56 Rn. 58 ff.; *Hüffer/Koch* AktG § 56 Rn. 13; MüKo AktG/*Bungeroth* § 56 Rn. 59; *Winter* FS Röhricht 2005, 709, 713). Keine Anwendung findet Abs. 3 hingegen bei Übernahme des vollen wirtschaftlichen Risikos durch die Konsortialbank, nach h. M. auch nicht bei Abgeltung der Risikoübernahme durch eine Provision, sofern die Provision aus dem Mehrerlös gezahlt wird, der bei der Emission gegenüber dem Ausgabebetrag erzielt wird (Hölters/*Laubert* AktG § 56 Rn. 12; K. Schmidt/Lutter/*Fleischer* AktG § 56 Rn. 23; krit. KölnKomm AktG/*Drygala* § 56 Rn. 63 ff.). 14

II. Rechtsfolgen

Im Gegensatz zu den Regelungen in Abs. 1 und Abs. 2 stellt sich die Vorschrift des Abs. 3 nicht als eigentliche Verbotsnorm dar (MüKo AktG/*Bungeroth* § 56 Rn. 65; K. Schmidt/Lutter/*Fleischer* AktG § 56 Rn. 24). Die Übernahme der Aktie trotz der Vereinbarung, dass die Übernahme für Rechnung der AG erfolgt, ist daher wirksam (MüKo AktG/*Bungeroth* § 56 Rn. 65; K. Schmidt/Lutter/*Fleischer* AktG § 56 Rn. 24). Der Übernehmer wird Aktionär der AG (GroßkommAktG/*Henze* § 56 Rn. 64). 15

1. Pflichten des Übernehmers

Der Übernehmer kann sich nach Abs. 3 Satz 1 nicht darauf berufen, dass er die Aktie nicht für eigene Rechnung übernommen hat. Hieraus folgt, dass der Übernehmer sämtliche Pflichten zu erfüllen hat, die sich aus der Übernahme der Aktie ergeben (*Hüffer/Koch* AktG § 56 Rn. 14; MüKo AktG/*Bungeroth* § 56 Rn. 65 f.), d. h., er haftet insbesondere nach Abs. 3 Satz 2 auf die volle Einlage. Er wird so behandelt, als wenn es das Innenverhältnis zwischen ihm und der AG nicht geben würde, weswegen er sich auch nicht auf eventuell abweichende Vereinbarungen aus diesem Verhältnis berufen kann (GroßkommAktG/*Henze* § 56 Rn. 69; Hölters/*Laubert* AktG § 56 Rn. 13). Dies bedeutet nicht, dass das Rechtsverhältnis damit aufgehoben wäre. Dieses besteht unverändert fort, sodass die AG bspw. weiterhin berechtigt ist, einen bei Weiterveräußerung der Aktie an Dritte erzielten Erlös nach § 667 BGB bzw. § 384 Abs. 2 Halbs. 2 HGB herauszuverlangen (*Hüffer/Koch* AktG § 56 Rn. 14). Der Übernehmer kann allerdings keine Rechte gegen die AG herleiten, insb. nicht auf Aufwendungsersatz gem. § 670 BGB (K. Schmidt/Lutter/*Fleischer* AktG § 56 Rn. 27; ausführl.: KölnKomm AktG/*Drygala* § 56 Rn. 76). 16

2. Rechte des Übernehmers aus der Aktie

Abs. 3 Satz 3 ordnet an, dass dem Übernehmer aus der Aktie jedenfalls so lange **keine Rechte** zustehen, bis er die Aktie für eigene Rechnung übernommen hat. Damit sind **alle mitgliedschaftlichen Rechte** des Aktionärs erfasst, also nicht nur seine Verwaltungsrechte wie das Stimmrecht, sondern auch sämtliche Vermögensrechte bis hin zur Versagung der Teilhabe an einem Liquidationserlös (*Hüffer/Koch* AktG § 56 Rn. 15; K. Schmidt/Lutter/*Fleischer* AktG § 56 Rn. 26). Lediglich sein Recht auf Teilnahme an einer Kapitalerhöhung aus Gesellschaftsmitteln bleibt unberührt (MüKo AktG/*Bungeroth* § 56 Rn. 69). 17

Die Rechte aus der Aktie leben wieder auf, wenn der Übernehmer die Aktie **für eigene Rechnung übernimmt**. Da er bereits rechtswirksamer Aktionär ist, bedeutet die Übernahme für eigene Rechnung nicht den Erwerb der Aktie, sondern vielmehr, dass das Innenverhältnis zwischen Übernehmer 18 und AG beendet bzw. aufgelöst sein muss (GroßkommAktG/*Henze* § 56 Rn. 77; *Hüffer/Koch* AktG § 56 Rn. 16). Die Beendigung kommt in der Regel durch den Abschluss eines **Aufhebungsvertrages** zustande, wobei dem Übernehmer in Ausnahmefällen auch ein außerordentliches Kündigungsrecht zustehen kann (K. Schmidt/Lutter/*Fleischer* AktG § 56 Rn. 28; MüKo AktG/*Bungeroth* § 56 Rn. 78 f.).

III. Mittelbare Übernahme für Rechnung der AG

19 Es ist allgemeine Auffassung, dass Abs. 3 über die ausdrücklich genannten Fälle hinaus auch anzuwenden ist, wenn der Übernehmer die Aktien nicht unmittelbar für die AG oder für ein von der AG beherrschtes Unternehmen übernimmt, sondern die Übernahme **für Rechnung eines Dritten** erfolgt, der seinerseits für Rechnung der AG oder für ein von der AG beherrschtes Unternehmen handelt (zu den Besonderheiten, die sich aus der Mehrstufigkeit des Innenverhältnisses ergeben, vgl. GroßkommAktG/*Henze* § 56 Rn. 91; KölnKomm AktG/*Drygala* § 56 Rn. 91; MüKo AktG/*Bungeroth* § 56 Rn. 82 ff.).

IV. Übernahme durch ein abhängiges Unternehmen für Rechnung der AG

20 Besonderheiten ergeben sich bei der Anwendung des **Abs. 3**, wenn ein im Verhältnis zur AG abhängiges oder im Mehrheitsbesitz stehendes Unternehmen die Aktien an der AG nicht nur (in Anwendung des **Abs. 2**) übernimmt, sondern die Übernahme zusätzlich auch noch (in Anwendung des Abs. 3) für Rechnung der AG erfolgt. In diesen Fällen kommen **beide Vorschriften kumuliert zur Anwendung**, wobei das in Abs. 2 Satz 1 genannte Verbot vorrangig anzuwenden ist (MüKo AktG/*Bungeroth* § 56 Rn. 87). Zu beachten ist, dass die nachträgliche Übernahme der Aktien für eigene Rechnung i. S. von Abs. 3 Satz 3 hier nicht möglich ist, da die schuldrechtliche Vereinbarung, die eine gem. Abs. 2 Satz 1 verbotene Aktienübernahme zum Gegenstand hat, ungeachtet des Abs. 2 Satz 2 nach § 134 BGB nichtig ist (vgl. Rdn. 10; Einzelheiten bei GroßkommAktG/*Henze* § 56 Rn. 98 ff., MüKo AktG/*Bungeroth* § 56 Rn. 87 ff. sowie KölnKomm AktG/*Drygala* § 56 Rn. 89).

E. Haftung der Vorstandsmitglieder, Abs. 4

21 Kommt es bei einer Kapitalerhöhung entgegen der Abs. 1 und 2 zu einer Zeichnung durch die AG, haftet jedes Mitglied des Vorstandes nach Abs. 4 Satz 1 im Fall eines vom jeweiligen Vorstandsmitglied zu widerlegenden **Verschuldens** auf die volle Einlage. Hierbei handelt es sich nicht um eine Ausprägung des § 93 Abs. 1 AktG, sondern um eine **eigenständige Anspruchsgrundlage** (KölnKomm AktG/*Drygala* § 56 Rn. 35). Mehrere Vorstandsmitglieder haften **gesamtschuldnerisch** i. S. d. §§ 421 ff. BGB (K. Schmidt/Lutter/*Fleischer* AktG § 56 Rn. 30). In den Fällen des Abs. 1 ist die Heilung logische Voraussetzung für die durch Abs. 4 begründete schadensersatzrechtliche »Auffüllungspflicht« (KölnKomm AktG/*Drygala* § 56 Rn. 38) des Vorstands (vgl. oben, Rdn. 5 f.). Die AG ist berechtigt, die Einlageleistung von dem Vorstandsmitglied zu verlangen, wobei dieses im Gegenzug berechtigt ist, von der AG wahlweise die Übertragung der Aktien auf ihn oder die Erstattung eines etwaigen Veräußerungserlöses – begrenzt auf die Höhe der geleisteten Einlage – zu verlangen (GroßkommAktG/*Henze* § 56 Rn. 22; MüKo AktG/*Bungeroth* § 56 Rn. 19).

22 Im Fall eines Verstoßes gegen Abs. 2 Satz 1 tritt das Vorstandsmitglied als **akzessorischer Schuldner der Einlageverpflichtung** neben das abhängige oder in Mehrheitsbesitz stehende Unternehmen (nur hier passt die Formulierung »auch«, vgl. *Hüffer/Koch* AktG § 56 Rn. 17; GroßkommAktG/*Henze* § 56 Rn. 43). Folglich wird das Vorstandsmitglied von seiner Verpflichtung frei, wenn die Tochtergesellschaft die Einlage selbst gegenüber der AG leistet. Erbringt hingegen das Vorstandsmitglied die Einlageleistung, kann es von dem abhängigen oder in Mehrheitsbesitz stehenden Unternehmen nicht nur Übertragung der Aktie oder Herausgabe des Veräußerungserlöses verlangen (vgl. Rdn. 21), sondern wahlweise auch Erstattung der aufgewendeten Mittel (MüKo AktG/*Bungeroth* § 56 Rn. 46; krit. hierzu KölnKomm AktG/*Drygala* § 56 Rn. 37).

§ 57 Keine Rückgewähr, keine Verzinsung der Einlagen

(1) ¹Den Aktionären dürfen die Einlagen nicht zurückgewährt werden. ²Als Rückgewähr gilt nicht die Zahlung des Erwerbspreises beim zulässigen Erwerb eigener Aktien. ³Satz 1 gilt nicht bei Leistungen, die bei Bestehen eines Beherrschungs- oder Gewinnabführungsvertrages (§ 291 AktG) erfolgen oder durch einen vollwertigen Gegenleistungs- oder Rückgewähranspruch gegen den Aktionär gedeckt sind. ⁴Satz 1 ist zudem nicht anzuwenden auf die Rückgewähr eines Aktionärsdarlehens und Leistungen auf Forderungen aus Rechtshandlungen, die einem Aktionärsdarlehen wirtschaftlich entsprechen.

(2) Den Aktionären dürfen Zinsen weder zugesagt noch ausgezahlt werden.

(3) Vor Auflösung der Gesellschaft darf unter die Aktionäre nur der Bilanzgewinn verteilt werden.

Übersicht

	Rdn.			Rdn.
A. **Überblick**	1		2. Bestehen eines Beherrschungs- oder Gewinnabführungsvertrages, Abs. 1 Satz 3, 1. Alt.	22
I. Grundsätzliches	1			
II. Verhältnis zur kapitalmarktrechtlichen Informationshaftung	4		3. Deckung durch vollwertigen Gegenleistungs- oder Rückgewähranspruch, Abs. 1 Satz 3, 2. Alt.	26
B. **Einlagenrückgewähr, Abs. 1**	5		a) Allgemeines	26
I. Begriff der Einlagenrückgewähr	5		b) Vollwertigkeitserfordernis	28
1. Offene Zuwendungen	7		c) Deckungsgebot	30
2. Verdeckte Zuwendungen	8		d) Insbesondere: Aufsteigende Darlehen	32
a) Grundlagen	8			
b) Subjektive Voraussetzungen?	15		4. Rückgewähr von Aktionärsdarlehen, Abs. 1 Satz 4	35
3. Zuwendungen unter Beteiligung von Dritten	16		5. Weitere Ausnahmen vom Verbot der Einlagenrückgewähr	36
a) Zuwendungen der AG an Dritte	17			
b) Zuwendungen von Dritten an die Aktionäre	19		C. **Zinsverbot, Abs. 2**	37
c) Zuwendungen von Dritten an Dritte	20		D. **Verbot sonstiger Vermögensverteilung, Abs. 3**	39
II. Ausnahmen vom Verbot der Einlagenrückgewähr	21		E. **Rechtsfolgen**	40
1. Zulässiger Erwerb von eigenen Aktien, Abs. 1 Satz 2	21		I. § 57 AktG als Verbotsgesetz	40
			II. Schadensersatzansprüche der AG	45

A. Überblick

I. Grundsätzliches

§ 57 AktG enthält den aktienrechtlichen **Grundsatz der Vermögensbindung**. Zusammen mit dem Grundsatz der realen Kapitalaufbringung bildet er das notwendige Korrelat zu der in § 1 Abs. 1 Satz 2 AktG enthaltenen Regelung, wonach zur Befriedigung der Gesellschaftsgläubiger als Haftungsmasse lediglich das Gesellschaftsvermögen zur Verfügung steht (K. Schmidt/Lutter/*Fleischer* AktG § 57 Rn. 1). Der Begriff »Vermögensbindung« ist genauer als der oft anzutreffende, jedoch besser auf die GmbH zugeschnittene Begriff der »Kapitalerhaltung«, da der aktienrechtliche Kapitalschutz durch seine Bindung des gesamten Gesellschaftsvermögens über eine bloße Erhaltung des Grundkapitals hinausgeht (K. Schmidt/Lutter/*Fleischer* AktG § 57 Rn. 6; Hüffer/Koch AktG § 57 Rn. 2; GroßkommAktG/*Henze* § 57 Rn. 5).

1

§ 57 AktG ist nicht nur **Gläubigerschutzvorschrift**, sondern zugleich auch **Schutzvorschrift für nicht partizipierende Aktionäre**, in dem diese vor verdeckten Gewinnausschüttungen zugunsten anderer Aktionäre geschützt werden (Hüffer/Koch AktG § 57 Rn. 1). Zugleich wahrt § 57 AktG das **Kompetenzgefüge der AG** in Bezug auf die originäre Entscheidungsbefugnis der Hauptversammlung zur Ausschüttung von Bilanzgewinnen (Hüffer/Koch AktG § 57 Rn. 1; *Schön* FS Röhricht 2005, 559, 560 ff.; abw.: K. Schmidt/Lutter/*Fleischer* § 57 Rn. 3). Die Vorschrift ist nicht nur Ver-

2

botsgesetz i. S. v. § 134 BGB (allerdings ohne dessen Rechtsfolgen, s. Rdn. 40 ff.), sondern kann als zwingendes Recht gem. § 23 Abs. 5 AktG auch nicht abgeändert werden (GroßkommAktG/*Henze* § 57 Rn. 6). Ihre unionsrechtliche Grundlage findet die Vorschrift in Art. 15 Abs. 1 der Kapitalrichtlinie 77/91/EWG v. 13.12.1976 (ABl. Nr. L 26, S. 1), geändert durch RL 2006/68/EG v. 06.09.2006 (ABl. Nr. L 264, S. 32).

3 Durch das am 01.11.2008 in Kraft getretene Gesetz zur Modernisierung des GmbH-Rechts und zur Bekämpfung von Missbräuchen v. 23.10.2008 (**MoMiG** – BGBl. I S. 2026) kam es zu zwei wichtigen Ergänzungen des § 57 Abs. 1 AktG: Zum einen wurden durch Satz 3 die vorher bestehenden Rechtsunsicherheiten in Bezug auf Darlehen der AG an Aktionäre (insb. im sog. »Cash Pool«) beseitigt (s. hierzu Rdn. 26 ff.). Zum anderen wurde durch Satz 4 im Zuge der Aufgabe des Eigenkapitalersatzrechts klargestellt, dass in der Rückgewähr eines Aktionärsdarlehens kein Verstoß gegen das Verbot der Einlagenrückgewähr liegt (Rdn. 35).

II. Verhältnis zur kapitalmarktrechtlichen Informationshaftung

4 Bestehen im Bereich der kapitalmarktrechtlichen Informationshaftung Ansprüche gegen die AG (z. B. aus §§ 37b, 37c WpHG, § 44 BörsG oder § 826 BGB), stellt sich die Frage, ob die AG eine Schadensersatzleistung an geschädigte Anleger/Aktionäre auch dann erbringen darf, wenn in dieser Vermögenszuwendung zugleich ein Verstoß gegen § 57 AktG liegen würde. Die h. M. geht von einem absoluten **Vorrang des Anlegerschutzes** gegenüber dem aus § 57 AktG resultierenden Gläubigerschutz aus: Haftungsansprüche, die aus fehlerhafter Kapitalmarktinformation resultieren, seien nicht mitgliedschaftlich begründet. Vielmehr stünden deliktisch geschädigte Anleger der AG als Drittgläubiger gegenüber, weswegen für eine Beschränkung dieser Haftung auf den das Grundkapital und die gesetzliche Rücklage übersteigenden Betrag kein Anlass bestehe (BGH, Urt. v. 09.05.2005 – II ZR 287/02, NJW 2005, 2450, 2451 f. – EM.TV und OLG Stuttgart, Urt. v. 28.04.2008 – 5 U 6/08, NZG 2008, 951, 952; *Bayer* WM 2013, 961, 966; *Hüffer/Koch* § 57 Rn. 5; für Vorrang des Gläubigerschutzes *Kindler* FS Hüffer, S. 417, 421 ff.). Insbesondere wird die vereinzelt vorgeschlagene Differenzierung in originären und derivativen Erwerb (so z. B. GroßkommAktG/*Henze* § 57 Rn. 19 ff.) mittlerweile weitgehend abgelehnt (so Hölters/*Laubert* AktG § 57 Rn. 3 m. w. N. sowie *Bayer* WM 2013, 961, 966 mit einem umfassenden Meinungsbild; vgl. auch K. Schmidt/Lutter/*Fleischer* AktG § 57 Rn. 66 f.). Dies entspricht auch der Rechtsprechung des EuGH, der hierin keinen Verstoß gegen den in Art. 15 EU-KapitalRL (Rdn. 1) normierten Grundsatz der Kapitalerhaltung sieht (EuGH, Urt. v. 19.12.2013 – C-174/12, EuZW 2014, 223 m. Anm. *Kalss*; krit. hierzu *Fleischer/Schneider/Thaten* NZG 2012, 801).

B. Einlagenrückgewähr, Abs. 1

I. Begriff der Einlagenrückgewähr

5 § 57 Abs. 1 Satz 1 AktG verbietet die Rückgewähr von Einlagen. Diese Formulierung ist insofern missverständlich, als dass hierdurch nicht lediglich die Rückgewähr der von dem betreffenden Aktionär selbst erbrachten Einlageleistungen gemeint ist (allg. M., vgl. *Hüffer/Koch* AktG § 57 Rn. 2). Es kommt somit nicht darauf an, ob das Zurückgewährte Einlage i. S. d. § 54 Abs. 1 AktG ist, ob der betreffende Aktionär seine Einlageleistung bereits vollständig erbracht hat, ob er selbst Schuldner der Einlagepflicht war oder ob diese bereits von seinem Vorgänger erfüllt worden ist (GroßkommAktG/*Henze* § 57 Rn. 8).

6 Vielmehr verbietet die Vorschrift über den Wortlaut hinaus **jede Leistung der AG an Aktionäre**, wenn sie sich nicht als Auskehrung des Bilanzgewinns aufgrund eines förmlichen und wirksamen Gewinnverwendungsbeschlusses darstellt, von einer speziellen gesetzlichen Erlaubnis gedeckt ist oder der Leistung eine gleichwertige Gegenleistung des Aktionärs gegenübersteht (allg. M., vgl. *Hüffer/Koch* AktG § 57 Rn. 2; K. Schmidt/Lutter/*Fleischer* AktG § 57 Rn. 9). Damit ist unter dem Verbot des § 57 AktG jede Beeinträchtigung des Gesellschaftsvermögens zu verstehen, wobei eine **wertmäßige, keine gegenständliche Betrachtung** maßgebend ist (K. Schmidt/Lutter/*Fleischer*

AktG § 57 Rn. 9; Hölters/*Laubert* AktG § 57 Rn. 5). Ob mit der Leistung zugleich eine nach § 30 GmbHG geforderte Unterbilanz eintritt, ist irrelevant, da anders als im Recht der GmbH nicht lediglich das zur Deckung der Grundkapitalziffer erforderliche Vermögen geschützt wird (*Hüffer/Koch* AktG § 57 Rn. 2).

1. Offene Zuwendungen

Zunächst unterfallen sog. »offene Zuwendungen« dem Anwendungsbereich des § 57 AktG. Hierunter fallen **einseitige Vermögensabflüsse**, wie bspw. die Zahlung einer Dividende ohne ausreichenden Bilanzgewinn oder ohne entsprechenden Gewinnverwendungsbeschluss (GroßkommAktG/*Henze* § 57 Rn. 26; MüKo AktG/*Bayer* § 57 Rn. 76), eine Vorauszahlung auf eine Dividende, soweit diese nicht von § 59 AktG gedeckt ist (GroßkommAktG/*Henze* § 57 Rn. 28) oder die Zahlung an einen Aktionär, damit dieser eine Anfechtungsklage gegen die AG zurücknimmt (wird die Zahlung als Vergleich, Beratungshonorar, Übernahme von Verfahrenskosten o. Ä. deklariert, liegt eine verdeckte Zuwendung [dazu Rdn. 8] vor; *Hüffer/Koch* AktG § 57 Rn. 7, 13; MüKo AktG/*Bayer* § 57 Rn. 88). Darüber hinaus fallen hierunter auch Kursgarantien, bei denen sich die AG verpflichtet, einem Aktionär bei negativer Kursentwicklung der Aktie die Kursdifferenz zu erstatten bzw. die Aktie zurückzuerwerben (*Hüffer/Koch* AktG § 57 Rn. 14; K. Schmidt/Lutter/*Fleischer* AktG § 57 Rn. 22). Auch sog. Treueboni, also Prämien für eine langjährige Mitgliedschaft, die Aktionäre zu einer langfristigen Kapitalanlage motivieren sollen, sind als offener Verstoß einzuordnen (KölnKomm AktG/*Drygala* § 57 Rn. 35). Gleiches gilt für sog. Präsenzboni, die zur Steigerung der HV-Präsenz gezahlt werden (K. Schmidt/Lutter/*Fleischer* AktG § 57 Rn. 10).

7

2. Verdeckte Zuwendungen

a) Grundlagen

Aus dem Grundsatz der Vermögensbindung (Rdn. 1) folgt, dass nicht nur (ohnehin nur selten vorkommende) offene Zuwendungen vom Verbot der Einlagenrückgewähr erfasst sein können, sondern auch zweiseitige Geschäfte zwischen AG und Aktionär, bei welchen es durch ein **Missverhältnis der ausgetauschten Leistungen** zu einer »verdeckten Zuwendung« (oder auch »verdeckten Gewinnausschüttung«, vgl. K. Schmidt/Lutter/*Fleischer* AktG § 57 Rn. 11) zugunsten des Aktionärs kommt (KölnKomm AktG/*Drygala* § 57 Rn. 37). Hintergrund ist, dass es der AG grds. gestattet sein soll, Rechtsgeschäfte mit Aktionären der AG einzugehen. Ein Verstoß gegen das Verbot der Einlagenrückgewähr liegt grundsätzlich dann vor, wenn der Aktionär nicht wie jeder Dritte – also »at arm's length« – behandelt wird, sodass das zwischen der AG und dem Aktionär abgeschlossene Rechtsgeschäft von dessen Aktionärsstellung beeinflusst wird (*Hüffer/Koch* AktG § 57 Rn. 8; MüKo AktG/*Bayer* § 57 Rn. 31). Dementsprechend wurde vor Inkrafttreten des MoMiG darauf abgestellt, ob ein gewissenhaft nach kaufmännischen Grundsätzen handelnder Geschäftsleiter das Geschäft unter sonst gleichen Umständen zu gleichen Bedingungen auch mit einem Nichtaktionär abgeschlossen hätte (sog. Drittvergleich, vgl. MüKo AktG/*Bayer* § 57 Rn. 31).

8

Aufgrund der im Zuge des MoMiG angeordneten **bilanziellen Betrachtungsweise** (s. Rdn. 26), kommt es zur Feststellung einer verdeckten Zuwendung jedoch nicht mehr auf den Drittvergleich an (KölnKomm AktG/*Drygala* § 57 Rn. 48 f., 115; abw.: K. Schmidt/Lutter/*Fleischer* AktG § 57 Rn. 44). Vielmehr muss der **objektive Maßstab** des § 57 Abs. 1 Satz 3 AktG beachtet, mithin darauf abgestellt werden, ob die vereinbarte Gegenleistung oder der Rückgewähranspruch vollwertig ist und sich mit dem abgeflossenem Vermögen deckt (hierzu ausführlich Rdn. 26 ff.). Angesichts des grds. Abstellens auf Marktwerte (soweit vorhanden, s. Rdn. 12 ff.) wird dieser Maßstab in der Regel zu denselben Ergebnissen führen wie der früher herangezogene Drittvergleich (*Hüffer/Koch* AktG § 57 Rn. 8). Dennoch können sich aufgrund des Wegfalls des normativen Drittvergleichskriteriums durchaus Unterschiede ergeben, insbesondere da Erwägungen, die das »Ob« eines Geschäfts betreffen, nunmehr außer Betracht bleiben (vgl. Rdn. 31; KölnKomm AktG/*Drygala* § 57 Rn. 49). Die **Beweislast** dafür, dass ein Missverhältnis zwischen Leistung und Gegenleistung vorliegt, trägt der-

9

jenige, der sich auf § 57 AktG beruft. Dies ist als Inhaberin des Rückgewähranspruchs aus § 62 AktG im Zweifel die AG (KölnKomm AktG/*Drygala* § 57 Rn. 62).

10 Die **Fallgestaltungen**, bei denen eine verdeckte Zuwendung vorliegt, sind äußerst vielfältig (vgl. nur die umfangreichen Fallbeispielsammlungen bei MüKo AktG/*Bayer* § 57 Rn. 31 ff. sowie 76 ff.; GroßkommAktG/*Henze* § 57 Rn. 48 ff.). Neben klassischen Umsatzgeschäften wie dem Erwerb von Gegenständen o. Ä. durch die AG über Marktpreis (oder der Veräußerung unter Marktpreis (vgl. Rdn. 13) können hierunter z. B. die Zahlung überhöhter Honorare an Aktionäre oder die Zahlung von Honoraren ohne erkennbare Gegenleistung fallen. Weiterhin stellt die Rückzahlung eines noch nicht fälligen Darlehens durch die AG, wodurch der bürgende Aktionär vorzeitig von seiner Bürgenhaftung befreit wird (KG, Urt. v. 24.7.1998 – 14 U 2121/97, NZG 1999, 161) oder die Übernahme von Bauleistungen zu offenkundig nicht kostendeckenden Preisen (BGH, Urt. v. 01.12.1986 – II ZR 306/85, NJW 1987, 1194) eine verdeckte Zuwendung dar (Beispiele aus K. Schmidt/Lutter/*Fleischer* AktG § 57 Rn. 21; *Hüffer/Koch* AktG § 57 Rn. 12; Hölters/*Laubert* § 57 Rn. 10). Auch die Übernahme eines dem Großaktionär zur Last fallenden Prospekthaftungsrisikos durch die AG stellt eine verbotene Einlagenrückgewähr dar, wenn dieser Übernahme kein Freistellungsanspruch oder sonstige (bilanziell relevante) Vorteile der AG gegenüberstehen (BGH, Urt. v. 31.05.2011 – II ZR 141/09, NJW 2011, 2719 – Dritter Börsengang; *Hüffer/Koch* AktG § 57 Rn. 16).

11 Aus § 57 Abs. 1 Satz 3, 2. Alt. AktG ist ersichtlich, dass auch die **Darlehensgewährung** an den Aktionär ohne vollwertigen Rückzahlungsanspruch gegen das Verbot der Einlagenrückgewähr verstößt (Hölters/*Laubert* AktG § 57 Rn. 10). Darüber hinaus kommt als verbotene Rückgewähr die **Besicherung** eines durch einen Aktionär aufgenommen Kredits in Betracht, da es sich hierbei um eine Leistung der Gesellschaft handelt, die dem Aktionär zugute kommt (*Hüffer/Koch* AktG § 57 Rn. 27; *Kiefner/Theusinger* NZG 2008, 801, 804 ff.). Zu beachten ist, dass eine Beeinträchtigung des Gesellschaftsvermögens nach ganz h. M. nicht erst im Zeitpunkt der Sicherungsverwertung, sondern bereits – losgelöst von der Frage, wie wahrscheinlich der Eintritt des Sicherungsfalls ist – im Zeitpunkt der Stellung der Sicherheit erfolgt (MüKo AktG/*Bayer* § 57 Rn. 104; Spindler/Stilz/*Cahn/v. Spannenberg* AktG § 57 Rn. 38).

12 Zur Feststellung eines objektiven Missverhältnisses zwischen Leistung und Gegenleistung sind bei Umsatzgeschäften – soweit vorhanden – die **Marktpreise** heranzuziehen (KölnKomm AktG/*Drygala* § 57 Rn. 61). Bei der oftmals nicht exakt möglichen Ermittlung der zu vergleichenden Werte ist angesichts der Auslegungsbedürftigkeit des Vollwertigkeitsbegriffs dem Vorstand zwar kein allgemeiner Beurteilungsspielraum, aber ein »gewisser unternehmerischer Handlungsspielraum« einzuräumen (BGH, Urt. v. 01.12.1986 – II ZR 306/85, NJW 1987, 1194, 1195; K. Schmidt/Lutter/*Fleischer* AktG § 57 Rn. 12), der allerdings aufgrund der gesetzlichen Gebundenheit nicht unter § 93 Abs. 1 Satz 2 AktG fällt (KölnKomm AktG/*Drygala* § 57 Rn. 56 f.; *Kiefner/Theusinger* NZG 2008, 801, 805).

13 Ist ein **Marktwert ermittelbar**, so bildet er grds. bei Erwerbsgeschäften der AG die Obergrenze und bei Veräußerungsgeschäften die Untergrenze (MüKo AktG/*Bayer* § 57 Rn. 38). Aber auch in dem Fall, dass der Aktionär ein Geschäft mit der AG zu einem Preis abgeschlossen hat, der nachweisbar unterhalb des Marktwertes liegt, kann eine verdeckte Zuwendung ausnahmsweise ausscheiden, wenn der AG weitere Vorteile zufließen, sodass insgesamt eine angemessene Kompensation vorliegt (*Hüffer/Koch* AktG § 57 Rn. 9; MüKo AktG/*Bayer* § 57 Rn. 38). Bei Umsatzgeschäften mit Aktionären zum **Selbstkostenpreis** wird ein Verstoß gegen § 57 AktG dann angenommen, wenn die AG am Markt einen höheren Wert hätte erzielen können (h. M., vgl. K. Schmidt/Lutter/*Fleischer* AktG § 57 Rn. 14). Zu beachten ist, dass auch bilanziell neutrale Geschäfte eine verdeckte Zuwendung darstellen können, s. Rdn. 30.

14 Kann **kein Marktwert** ermittelt werden bzw. existiert ein solcher nicht, so ist auf hypothetische Marktwerte zurückzugreifen (K. Schmidt/Lutter/*Fleischer* AktG § 57 Rn. 13), wofür marktübliche Bewertungsmethoden anzuwenden sind (KölnKomm AktG/*Drygala* § 57 Rn. 64). Eine solche

Preisfindung wird in aller Regel nicht zu einem festen Preis, sondern zu einer **Preisspanne** führen, innerhalb derer kein Missverhältnis zwischen Leistung und Gegenleistung vorliegt (K. Schmidt/Lutter/*Fleischer* AktG § 57 Rn. 13). Geht es um die Vergütung kaum greifbarer (Service-) Leistungen, trägt ausnahmsweise (vgl. Rdn. 9) der Aktionär die Darlegungs- und Beweislast (*Hüffer/Koch* AktG § 57 Rn. 10; K. Schmidt/Lutter/*Fleischer* AktG § 57 Rn. 13; abw.: KölnKomm AktG/*Drygala* § 57 Rn. 63).

b) Subjektive Voraussetzungen?

Ein **subjektives Element**, wonach die AG die Leistung bewusst nur aufgrund der Aktionärseigenschaft des Empfängers (causa societatis) erbracht hat, ist nach überwiegender Auffassung für das Vorliegen eines Verstoßes gegen § 57 AktG nicht vorauszusetzen (*Hüffer/Koch* AktG § 57 Rn. 11; Hölters/*Laubert* AktG § 57 Rn. 9; MüKo AktG/*Bayer* § 57 Rn. 45; GroßkommAktG/*Henze* § 57 Rn. 47; abw.: Spindler/Stilz/*Cahn/v. Spannenberg* AktG § 57 Rn. 24 ff.; KölnKomm AktG/*Drygala* § 57 Rn. 88 ff.). Anderenfalls könne mit »Hilfe der Torheit der Verwaltung der AG« die Schutzvorschrift unterlaufen werden (so zutreffend MüKo AktG/*Bayer* § 57 Rn. 45). Dem ist im Grundsatz beizupflichten, da das AktG an anderer Stelle ausdrückliche Regelungen dazu enthält, unter welchen Voraussetzungen der Vorstand für eine gegen § 57 AktG verstoßende Auskehrung nicht verantwortlich ist (vgl. § 93 Abs. 3 Nr. 1 und Nr. 2 AktG) bzw. der Aktionär nicht verpflichtet ist, die empfangene Zuwendung zurück zu gewähren (vgl. § 62 Abs. 1 Satz 2 AktG). Solche Regelungen wären im Grundsatz überflüssig, wenn es sich bei § 57 AktG um eine Norm handelte, die auch ein subjektives Element erfordert (vgl. Heidel/*Drinhausen* § 57 AktG Rn. 9). Überdies spricht auch der Wegfall des Drittvergleichs und die eingeführte bilanzielle Betrachtungsweise gegen eine Anknüpfung an subjektive Elemente (so auch *Hüffer/Koch* AktG § 57 Rn. 11). An eine Ausnahme im Sinne einer Ermöglichung des Gegenbeweises könnte höchstens in Bezug auf Kleinaktionäre zu denken sein, die der AG primär als Dritte, nicht als Mitglieder der Gesellschaft gegenüberstehen (näher K. Schmidt/Lutter/*Fleischer* AktG § 57 Rn. 20).

15

3. Zuwendungen unter Beteiligung von Dritten

Seinem Wortlaut nach erfasst § 57 AktG nur den Fall, dass eine Leistung unmittelbar von der AG an den Aktionär erfolgt. Um eine Aushöhlung der Vorschrift im Wege der mittelbaren Stellvertretung zu verhindern, sind darüber hinaus auch Vermögensverlagerungen unter Beteiligung Dritter erfasst, wenn sie bei wirtschaftlicher Betrachtung einer Einlagenrückgewähr gleichkommen (K. Schmidt/Lutter/*Fleischer* AktG § 57 Rn. 29; KölnKomm AktG/*Drygala* § 57 Rn. 120). Zu den Folgen für Verpflichtungs- und Erfüllungsgeschäfte s. u. Rdn. 44.

16

a) Zuwendungen der AG an Dritte

Zum Einen kommen Zuwendungen in Betracht, die von der AG an eine Person erbracht werden, die nicht Aktionär der AG ist, wenn diese Person dem Aktionär zuzurechnen ist und der Aktionär letztlich (mittelbar) einen wirtschaftlichen Vorteil erlangt (*Hüffer/Koch* AktG § 57 Rn. 19). Auch wenn es sich bei dem Dritten um eine Person handelt, die wirtschaftlich als Aktionär anzusehen ist, wie bspw. bei der Leistung an einen **Treugeber**, kann die Leistung dem Aktionär direkt zugerechnet werden (*Hüffer/Koch* AktG § 57 Rn. 19; MüKo AktG/*Bayer* § 57 Rn. 59 f.). Gleiches gilt für Fälle, in denen der Dritte die Leistung für Rechnung des Aktionärs erhält (*Hüffer/Koch* AktG § 57 Rn. 19) oder als **nahestehende Person** anzusehen ist, wie bspw. Ehegatten, Kinder oder auch verbundene Unternehmen (MüKo AktG/*Bayer* § 57 Rn. 65; Hölters/*Laubert* AktG § 57 Rn. 13).

17

Eine Anwendung des § 57 AktG kommt auch in Betracht, wenn an **ehemalige oder künftige Aktionäre** geleistet wird (K. Schmidt/Lutter/*Fleischer* AktG § 57 Rn. 33). Bei früheren Aktionären ist dies insbesondere der Fall, wenn dem Aktionär die Leistungszusage noch vor seinem Ausscheiden gegeben wurde (BGH, Urt. v. 13.11.2007 – XI ZR 294/07, NZG 2008, 106). Darüber hinaus ist der Schutzbereich berührt, wenn die Leistung in einem engen zeitlichen und sachlichen Zusammenhang zur Einlage erfolgt. Eine feste zeitliche Grenze lässt sich hierfür nicht ziehen (*Hüffer/Koch*

18

AktG § 57 Rn. 18). Vorschläge bewegen sich zwischen 6 Monaten (so KölnKomm AktG/*Lutter* [2. Aufl.] § 57 Rn. 40) und 3 Jahren (BGH, Urt. v. 04.03.1996 – II ZR 89/95, Z 132, 141, 146).

b) Zuwendungen von Dritten an die Aktionäre

19 Auch Zuwendungen, die von Dritten an den Aktionär geleistet werden, können § 57 AktG unterfallen, nämlich dann, wenn diese Leistung nicht für Rechnung des Dritten, sondern von diesem vielmehr für Rechnung der AG geleistet wird (KölnKomm AktG/*Drygala* § 57 Rn. 120). Entsprechendes folgt aus dem Rechtsgedanken der §§ 56 Abs. 2, 71a AktG für Fälle, in welchen zwar auf eigene Rechnung geleistet wird, es sich bei dem Leistenden jedoch um ein von der AG abhängiges oder in ihrem Mehrheitsbesitz stehendes Unternehmen handelt (*Hüffer/Koch* AktG § 57 Rn. 17; MüKo AktG/*Bayer* § 57 Rn. 49). Zu beachten ist, dass dem Dritten in diesen Fällen analog § 56 Abs. 3 Satz 1 AktG kein Aufwendungsersatz gegen die AG zusteht (vgl. § 56 AktG Rdn. 16; *Hüffer/Koch* AktG § 57 Rn. 17, 33; MüKo AktG/*Bayer* § 57 Rn. 167).

c) Zuwendungen von Dritten an Dritte

20 Möglich ist auch, dass weder die AG noch der Aktionär in die Leistungsbeziehung eingebunden sind, die erbrachte Leistung aber dennoch der Regelung des § 57 AktG unterfällt, was typischerweise bei Leistungen zwischen Schwester-Tochtergesellschaften einer AG in Betracht kommt (GroßkommAktG/*Henze* § 57 Rn. 97; MüKo AktG/*Bayer* § 57 Rn. 74).

II. Ausnahmen vom Verbot der Einlagenrückgewähr

1. Zulässiger Erwerb von eigenen Aktien, Abs. 1 Satz 2

21 Bei dem Erwerb eigener Aktien handelt es sich um ein **Umsatzgeschäft zwischen AG und Aktionär**. Abs. 1 Satz 2 stellt klar, dass es der AG erlaubt ist, dieses Umsatzgeschäft mit dem Aktionär einzugehen, wenn und soweit der Erwerb eigener Aktien nach dem Gesetz zulässig ist. Aber auch hier ist das Umsatzgeschäft weiterhin an Abs. 1 Satz 1 zu messen, sodass trotz der gesetzlichen Zulässigkeit des Erwerbs ein Verstoß gegen § 57 AktG vorliegt, wenn der Kaufpreis nicht angemessen ist, d.h. die Aktien zu einem überhöhten Preis von der AG erworben werden (*Hüffer/Koch* AktG § 57 Rn. 20; MüKo AktG/*Bayer* § 57 Rn. 82).

2. Bestehen eines Beherrschungs- oder Gewinnabführungsvertrages, Abs. 1 Satz 3, 1. Alt.

22 Gemäß Abs. 1 Satz 3, 1. Alt. gilt das Verbot aus Satz 1 nicht bei Leistungen, die bei Bestehen eines Beherrschungs- oder Gewinnabführungsvertrages i. S. d. § 291 AktG erfolgen. Die Verbotsausnahme findet ihre Rechtfertigung in dem in § 302 AktG normierten Verlustausgleichsanspruch der AG gegen das herrschende Unternehmen (KölnKomm AktG/*Drygala* § 57 Rn. 98). Die Vollwertigkeit dieses Anspruchs spielt hierbei keine Rolle: Anders als die Ausnahme in der 2. Alt. enthält die 1. Alt. gerade kein bilanzielles Vollwertigkeitserfordernis (K. Schmidt/Lutter/*Fleischer* AktG § 57 Rn. 37 m. w. N.; abw.: *Hüffer/Koch* AktG § 57 Rn. 21 unter Hinweis auf einen Konflikt mit Artt. 15, 16 EU-KapitalRL).

23 Satz 3, 1. Alt. wurde mit dem MoMiG eingefügt und erweitert das vorher bereits in § 291 Abs. 3 AktG a. F. normierte »**Konzernprivileg**«, wonach lediglich Leistungen, die »aufgrund« eines entsprechenden Vertrages erfolgten, nicht vom Verbot der Einlagenrückgewähr erfasst waren. Nach der a. F. war eine Kausalität des Beherrschungs- und Gewinnabführungsvertrages bspw. in der Form einer Weisung des herrschenden Unternehmens zur Einlagenrückgewähr erforderlich (Hölters/*Laubert* AktG § 57 Rn. 15).

24 Aufgrund der nunmehr gewählten Formulierung »**bei Bestehen**« (der Wortlaut des § 291 Abs. 3 AktG wurde entsprechend angepasst) kommt es nur noch auf die Existenz eines Beherrschungs- oder Gewinnabführungsvertrages an, etwaige Kausalitätsgesichtspunkte spielen hingegen keine Rolle mehr (Hölters/*Laubert* AktG § 57 Rn. 15). Überdies sind hierdurch nicht nur Leistungen zwi-

schen den Vertragsparteien aus dem Anwendungsbereich des § 57 Abs. 1 AktG herausgenommen, sondern auch Leistungen an Dritte (z. B. andere Konzernunternehmen), die auf Veranlassung des herrschenden Unternehmens erfolgen (*Hüffer/Koch* AktG § 57 Rn. 21). Letztlich gilt die Ausnahme nicht nur für den im (isolierten) Gewinnabführungsvertrag vertragsmäßig festgesetzten Gewinn, sondern für sämtliche abgeführte Leistungen, d. h., das Verbot der Einlagenrückgewähr wird nunmehr generell suspendiert (*Kiefner/Theusinger* NZG 2008, 801, 803; *Hüffer/Koch* AktG § 57 Rn. 21; krit. zur Neuregelung *Habersack* FS Schaumburg, 2009, S. 1291, 1295 ff.).

Anders als für den Vertragskonzern enthält das AktG für den **faktischen Konzern** keine ausdrückliche Befreiung vom Verbot der Einlagenrückgewähr. Dennoch ist auch dort von einer (zeitweisen) Sperrung des § 57 Abs. 1 Satz 1 AktG auszugehen, da von der h. M. in den §§ 311 ff. AktG eine die §§ 57, 62, 93 Abs. 3 Nr. 1 AktG verdrängende Spezialregelung gesehen wird (BGH, Urt. v. 01.12.2008 – II ZR 102/07, Z 179, 71 Rz. 11 – MPS; MüKo AktG/*Bayer* § 57 Rn. 147; *Habersack* ZGR 2009, 347, 356). Maßnahmen zulasten einer abhängigen Gesellschaft lösen somit keinen sofortigen Rückgewähranspruch nach § 62 AktG aus, sondern einen i. S. d. § 311 Abs. 2 AktG zeitlich gestreckten Ausgleich (BGH, Urt. v. 01.12.2008 – II ZR 102/07, Z 179, 71 Rz. 11 – MPS). Erfolgt kein Ausgleich, lebt der Rückgewähranspruch jedoch – zusammen mit einer etwaigen Schadensersatzpflicht nach § 317 AktG – wieder auf (MüKo AktG/*Bayer* § 57 Rn. 147).

25

3. Deckung durch vollwertigen Gegenleistungs- oder Rückgewähranspruch, Abs. 1 Satz 3, 2. Alt.

a) Allgemeines

Das Verbot der Einlagenrückgewähr gilt nach Abs. 1 Satz 3, 2. Alt. nicht bei Leistungen, die durch einen vollwertigen Gegenleistungs- oder Rückgewähranspruch gegen den Aktionär gedeckt sind. Genau genommen handelt es sich hierbei nicht um eine Ausnahmevorschrift, sondern um eine **Konkretisierung des bei verdeckten Zuwendungen anzusetzenden Maßstabs** (vgl. oben, Rdn. 11; KölnKomm AktG/*Drygala* § 57 Rn. 115). Die hierdurch angeordnete **bilanzielle Betrachtungsweise** für sämtliche Rechtsgeschäfte zwischen AG und Aktionär (vgl. auch § 30 Abs. 1 Satz 2, 2. Alt. GmbHG) beruht auf der Intention des MoMiG-Gesetzgebers, Rechtsunsicherheiten, die infolge des »November-Urteils« des BGH (Urt. v. 24.11.2003 – II ZR 171/01, Z 157, 72) eingetreten waren, zu beseitigen. Nach diesem (zum Recht der GmbH ergangenen) Urteil verstießen Kreditgewährungen an Gesellschafter, die zulasten des gebundenen GmbH-Vermögens erfolgten, gegen das Verbot der Einlagenrückgewähr, wobei keine Rolle spielte, ob der aus der Kreditgewährung resultierende Rückzahlungsanspruch gegen den Gesellschafter im Einzelfall vollwertig war (BGH, Urt. v. 24.11.2003 – II ZR 171/01, Z 157, 72, 75 ff.). Hierdurch ergab sich eine Vielzahl von Problemen in Bezug auf Darlehen der Gesellschaft an Aktionäre (sog. »upstream loans«) sowie insbesondere auf die weit verbreitete – und vom Gesetzgeber als ökonomisch sinnvoll erachtete – Praxis des sog. »Cash Pooling« zur Konzernfinanzierung. Durch die so deklarierte »Rückkehr« zur bilanziellen Betrachtungsweise sollten diese Probleme beseitigt werden (Begr. RegE MoMiG, BT-Drucks. 16/6140, S. 41; angesichts der vorher h. M. kritisch zum Begriff der »Rückkehr« Hölters/*Laubert* AktG § 57 Rn. 20 m. w. N.). Infolge der Neuregelung gab der BGH ausdrücklich seine im November-Urteil zum Ausdruck gekommene Meinung auf und erstreckte darüber hinaus die bilanzielle Betrachtungsweise auch auf Altfälle aus der Zeit vor Inkrafttreten des MoMiG (BGH, Urt. v. 01.12.2008 – II ZR 102/07, Z 179, 71 Rz. 12 – MPS).

26

Gem. § 57 Abs. 1 Satz 3, 2. Alt. AktG wird nunmehr bei einer Leistung, die durch einen vollwertigen Gegenleistungs- oder Rückgewähranspruch gedeckt ist, kein verbotener Vermögensabfluss zulasten der AG angenommen. Unter den Ausnahmetatbestand können damit »normale« Austauschgeschäfte sowie Darlehensgewährungen an Aktionäre fallen. Darüber hinaus kann nach ganz h. M. auch die **Besicherung** eines vom Aktionär aufgenommenen Kredits gem. Abs. 1 Satz 3, 2. Alt. mit dem Verbot der Einlagenrückgewähr vereinbar sein. Die Vollwertigkeitsprüfung bezieht sich dann nicht wie im Normalfall auf eine Gegenleistungs- oder Rückgewährpflicht, sondern auf den Rückgriffsanspruch, welcher der AG im Fall der Inanspruchnahme der Sicherheit gegenüber dem

27

Aktionär zusteht (hierzu *Kiefner/Theusinger* NZG 2008, 801, 804 ff.; näher zu den Voraussetzungen *Hüffer/Koch* AktG § 57 Rn. 27).

b) Vollwertigkeitserfordernis

28 Leistungsbeziehungen zu Aktionären sollen dann dem Verbot der Einlagenrückgewähr entzogen sein, wenn das Geschäft aufgrund der Vollwertigkeit des Gegenleistungs- bzw. Rückzahlungsanspruchs der AG als **bloßer Aktivtausch** verstanden werden kann, wofür gemäß der von der Regierungsbegründung betonten bilanziellen Betrachtungsweise die **allgemeinen Bilanzierungsgrundsätze** maßgeblich sind (Begr. RegE MoMiG, BT-Drucks. 16/6140, S. 41, 52). Vollwertigkeit liegt immer dann vor, wenn die Durchsetzbarkeit absehbar nicht gefährdet erscheint, sodass bilanziell kein Abwertungsbedarf besteht (*Winter* DStR 2007, 1484, 1486; *Kiefner/Theusinger* NZG 2008, 801, 804). Dies ist der Fall, wenn dem Rückgewähranspruch unter Berücksichtigung der Bonität des Darlehensnehmers kein über das allgemeine Kreditrisiko hinausgehendes Risiko anhaftet oder hinreichende Sicherheiten bestehen (*Mülbert/Leuschner* NZG 2009, 281, 282). Auf eine an Sicherheit grenzende Wahrscheinlichkeit der Rückzahlung bzw. Gegenleistung kommt es hingegen nicht an (BGH, Urt. v. 01.12.2008 – II ZR 102/07, Z 179, 71 Rz. 13 – MPS). Wenn die Vollwertigkeit nur in einem geringen Maße fehlt, ist die gesamte Leistung der AG als verbotene Einlagenrückgewähr zu werten (sog. »Alles-oder-Nichts-Prinzip«, K. Schmidt/Lutter/*Fleischer* AktG § 57 Rn. 50; Hölters/*Laubert* AktG § 57 Rn. 18).

29 Hierbei kommt es auf den **Zeitpunkt** an, in welchem die AG ihre Leistung erbringt (*Hüffer/Koch* AktG § 57 Rn. 25). Dies ist bei der Besicherung eines Kredits durch die AG der Zeitpunkt der Stellung der Sicherheit, nicht erst der Zeitpunkt der Inanspruchnahme (vgl. Rdn. 11; *Hüffer/Koch* AktG § 57 Rn. 27). Spätere, nicht vorhersehbare negative Entwicklungen der Forderung gegen den Aktionär und bilanzielle Abwertungen führen nicht nachträglich zu einem Verstoß gegen § 57 AktG, können jedoch zu einer Verlustanzeigepflicht (§ 92 Abs. 1 AktG) oder – bei sog. Stehenlassen einer Forderung trotz offensichtlicher Verschlechterung der finanziellen Lage des Aktionärs – zu einem Sorgfaltspflichtverstoß des Vorstands führen (Begr. RegE MoMiG, BT-Drucks. 16/6140, S. 41).

c) Deckungsgebot

30 Das sog. Deckungsgebot setzt voraus, dass der Gegenleistungs- bzw. Rückzahlungsanspruch gegen den Aktionär – über das Vollwertigkeitserfordernis hinaus – die Leistung der Gesellschaft auch wertmäßig der Höhe nach »deckt«. Maßgeblich ist allein der **Verkehrswert**, nicht der ggf. darunter liegende Buchwert (*Hüffer/Koch* AktG § 57 Rn. 9; K. Schmidt/Lutter/*Fleischer* AktG § 57 Rn. 17). Dies entsprach auch vor Einführung des Abs. 1 Satz 3 der h. M. (GroßkommAktG/*Henze* § 57 Rn. 57). So verstößt z. B. die bilanzneutrale Auskehr stiller Reserven gegen das Verbot der Einlagenrückgewähr (K. Schmidt/Lutter/*Fleischer* AktG § 57 Rn. 43). Dies gilt auch für die Überlassung selbst erstellter immaterieller Vermögensgegenstände, die dem Aktivierungsverbot des § 248 Abs. 2 Satz 2 HGB unterfallen, an den Hauptaktionär (K. Schmidt/Lutter/*Fleischer* AktG § 57 Rn. 17).

31 Auf einen über das Deckungsgebot hinausgehenden Drittvergleich, wie er bei der Feststellung verdeckter Zuwendungen vor Inkrafttreten des MoMiG als ungeschriebenes Tatbestandsmerkmal vorausgesetzt wurde, kommt es im Rahmen des Abs. 1 Satz 3, 2. Alt. nicht mehr an (vgl. Rdn. 11; KölnKomm AktG/*Drygala* § 57 Rn. 49; differenzierend K. Schmidt/Lutter/*Fleischer* AktG § 57 Rn. 43; *Hüffer/Koch* AktG § 57 Rn. 8 f., 24). Dies führt z. B. zur grds. Zulässigkeit der aufsteigenden Sicherheitenbestellung, die vor der Reform von der überwiegenden Meinung wegen ihrer fehlender Drittvergleichbarkeit noch als Verstoß gegen § 57 AktG gewertet wurde (*Kiefner/Theusinger* NZG 2008, 801, 806 m. w. N.; *Hüffer/Koch* AktG § 57 Rn. 27; vgl. MüKo AktG/*Bayer* § 57 Rn. 104 f.).

d) Insbesondere: Aufsteigende Darlehen

In Bezug auf das Vollwertigkeitskriterium bei der Gewährung aufsteigender Darlehen (sog. »upstream loans«) kommt es maßgeblich auf die Realisierbarkeit der Rückzahlungsansprüche an, da diese ansonsten in der Bilanz nicht zum Nennwert angesetzt werden dürfen (*Kiefner/Theusinger* NZG 2008, 801, 806). Maßgeblich für die Bewertung der Vollwertigkeit ist der Zeitpunkt der Valutierung des Darlehens (vgl. Rdn. 29; *Habersack*, FS Schaumburg, 2009, S. 1291, 1302). Zu beachten ist, dass die Verwaltungsorgane der kreditgebenden AG verpflichtet sind, ein **Überwachungssystem** einzuführen, um laufend etwaige Änderungen des Kreditrisikos zu überprüfen und auf eine spätere Bonitätsverschlechterung mit einer Kreditkündigung oder der Anforderung von Sicherheiten reagieren zu können (BGH, Urt. v. 01.12.2008 – II ZR 102/07, Z 179, 71 Rz. 14 – MPS). 32

Die **Besicherung des Rückzahlungsanspruchs** ist in Bezug auf dessen Vollwertigkeit nicht zwingend erforderlich, da eine solche auch keine notwendige Bedingung für dessen Aktivierung zum Nennwert ist (K. Schmidt/Lutter/*Fleischer* AktG §57 Rn. 48; offen gelassen von BGH, Urt. v. 01.12.2008 – II ZR 102/07, Z 179, 71 Rn. 11 – MPS). Zu beachten ist jedoch, dass sich eine Besicherung dennoch auf die bilanzielle Bewertung einer schuldrechtlichen Forderung auswirkt, weswegen hierdurch z. B. über Zweifel an der Bonität eines Schuldners hinweggeholfen und ein an sich gebotener Abschreibungsbedarf abgewendet werden kann (K. Schmidt/Lutter/*Fleischer* AktG §57 Rn. 48). 33

Die angemessene **Verzinsung** eines aufsteigenden Darlehens kann nicht pauschal als zwingende Voraussetzung des Ausnahmetatbestands des §57 Abs. 1 Satz 3, 2. Alt. gefordert werden: Unabhängig davon, ob als Vollwertigkeits- oder Deckungskriterium eingeordnet (hierzu K. Schmidt/Lutter/*Fleischer* AktG §57 Rn. 51–54), besteht im Hinblick auf die vom Gesetzgeber intendierte Erleichterung der Konzernfinanzierung (Rdn. 26; Begr. RegE MoMiG, BT-Drucks. 16/6140, S. 41) weitgehend Einigkeit darüber, dass die Darlehensgewährung jedenfalls dann keine Verzinsung erfordert, wenn sie im Cash Pool erfolgt (Hölters/*Laubert* AktG §57 Rn. 22). Sonstige kurzfristige Darlehen können auch ohne (bzw. ohne angemessene) Verzinsung vollwertig sein, wenn sie ordentlich kündbar sind bzw. zeitnah abgezogen werden können (Hölters/*Laubert* AktG §57 Rn. 21; *Kiefner/Theusinger* NZG 2008, 801, 804). Darlehensgewährung mit einer mehr als 1-jährigen Laufzeit müssen hingegen angemessen verzinst sein, um den Anforderungen des Ausnahmetatbestandes in Satz 3, 2. Alt. gerecht zu werden, da hier ansonsten nach allg. Bilanzierungsregeln eine Abwertung der Forderung angezeigt ist (*Hüffer/Koch* AktG §57 Rn. 26). Umstritten ist, ob infolge einer nach diesen Grundsätzen unzureichenden Verzinsung das Darlehen in voller Höhe (so z. B. K. Schmidt/Lutter/*Fleischer* AktG §57 Rn. 50) oder nur hinsichtlich der Differenz zwischen gebotenem Bilanzansatz und Nennwert (so z. B. *Kiefner/Theusinger* NZG 2008, 801, 804) als verbotene Einlagerückgewähr zu sehen ist. Vorzugswürdig erscheint – jedenfalls in diesem Kontext (anders bei Rdn. 28) – Letzteres, da der Zinsanspruch rechtlich gesehen eine selbstständige Verpflichtung darstellt, die neben die Rückgewährpflicht tritt und sich nicht ohne Weiteres in das bipolar gedachte Verhältnis zwischen Leistung und Gegenleistung bzw. Leistung und Rückgewähranspruch einordnen lässt (*Kiefner/Theusinger* NZG 2008, 801, 804). 34

4. Rückgewähr von Aktionärsdarlehen, Abs. 1 Satz 4

Gem. Abs. 1 Satz 4 ist das Verbot der Einlagenrückgewähr auf die Rückgewähr eines Darlehens, welches der AG von einem Aktionär gewährt wurde, sowie auf die Rückgewähr von Forderungen aus Rechtshandlungen, die einem Aktionärsdarlehen wirtschaftlich entsprechen, nicht anzuwenden. Hintergrund dieser Verbotsausnahme ist das bis zum MoMiG geltende Eigenkapitalersatzrecht bzw. dessen sog. **Rechtsprechungsregeln**: In der Krise der Gesellschaft gewährte Aktionärsdarlehen wurden aufgrund ihrer »Kapitalersatzfunktion« wie haftendes Eigenkapital behandelt und über eine analoge Anwendung der §§ 57, 62 AktG der Kapitalbindung unterworfen (s. hierzu Voraufl./*Mildner* §57 Rn. 22 ff.). Mit der Einfügung des Abs. 1 Satz 4 wurden die Rechtsprechungsregeln mitsamt der Rechtsfigur des »eigenkapitalersetzenden Gesellschafterdarlehens« aufgegeben (Begr. RegE 35

MoMiG, BT-Drucks. 16/6140, S. 42). Die Rechtsfolgen von Aktionärsdarlehen sind nunmehr ausschließlich im Insolvenzrecht (§§ 39, 44a, 135 InsO) bzw. dem Recht der Gläubigeranfechtung (§§ 6, 6a AnfG) zu finden (s. hierzu Kapitel 15). Auf »Altfälle«, in denen das Insolvenzverfahren vor Inkrafttreten des MoMiG eröffnet worden ist, finden die Rechtsprechungsregeln als z. Zt. der Verwirklichung des Entstehungstatbestands des Schuldverhältnisses geltendes Gesetzesrecht weiterhin Anwendung (BGH, Urt. v. 26.01.2009 – II ZR 260/07, Z 179, 249 Rz. 14 ff.).

5. Weitere Ausnahmen vom Verbot der Einlagenrückgewähr

36 Weitere Ausnahmen vom Verbot des § 57 Abs. 1 Satz 1 AktG finden sich in § 71d Satz 2 AktG (Erwerb wechselseitiger Beteiligungen), § 222 Abs. 3 (Rückzahlungen infolge einer Kapitalherabsetzung), § 237 Abs. 2 AktG (Zahlung des Einziehungsentgelts) und § 323 Abs. 2 AktG (Leistungen der eingegliederten Gesellschaft an die Hauptgesellschaft). Überdies gelten zulässige Vergütungen von Nebenleistungen gem. § 55 Abs. 1 Satz 2 AktG nicht als Verstoß gegen § 57 Abs. 1 Satz 1 AktG. Keine Ausnahme liegt in § 26 AktG, denn die Auskehrung des satzungsmäßigen Sondervorteils ist nur zulässig, wenn dabei die Grundsätze des § 57 Abs. 1 AktG beachtet werden, sodass der Leistung der AG eine entsprechende und angemessene Gegenleistung des Aktionärs gegenüberzustehen hat, der Gründerlohn also einem **Drittvergleich** standhalten muss (*Hüffer/Koch* AktG § 57 Rn. 4; MüKo AktG/*Bayer* § 57 Rn. 92).

C. Zinsverbot, Abs. 2

37 Abs. 2 besitzt keine eigenständige Bedeutung, sondern konkretisiert lediglich dasjenige, was bereits in Abs. 1 normiert ist (KölnKomm AktG/*Drygala* § 57 Rn. 129; *Hüffer/Koch* AktG § 57 Rn. 30). Erfasst ist nicht nur die Zahlung, sondern schon die Zusage. Die in Abs. 2 genannten verbotenen Zinszahlungen bzw. -zusagen beziehen sich nur auf die Verzinsung der von den Aktionären geleisteten oder nicht geleisteten **Einlagen** (*Hüffer/Koch* AktG § 57 Rn. 30). Im Umkehrschluss bedeutet dies, dass die Zahlung von Vorzugsdividenden, Abschlägen auf den Bilanzgewinn nach § 59 AktG sowie Vorabdividenden nach § 60 Abs. 2 AktG zulässig bleiben, da diese davon abhängig sind, dass überhaupt ein verteilungsfähiger Bilanzgewinn bei der AG ausgewiesen ist (MüKo AktG/*Bayer* § 57 Rn. 116). Daneben sind auch Zahlungen von Zinsen auf Aktionärsdarlehen ohne weiteres möglich, da solche Darlehen nicht mehr als haftendes Eigenkapital behandelt werden (s. Rdn. 35; KölnKomm AktG/*Drygala* § 57 Rn. 131).

38 Neben dem Verbot, Zinsen auf die Einlagen zu leisten, umfasst Abs. 2 auch die Fälle, in denen dem Aktionär von der AG eine sog. **Garantiedividende** versprochen wird (MüKo AktG/*Bayer* § 57 Rn. 115). Zulässig sind Garantiedividenden nur, wenn diese nicht von der AG selbst, sondern von einem Dritten für eigene Rechnung versprochen werden (*Hüffer/Koch* AktG § 57 Rn. 30; MüKo AktG/*Bayer* § 57 Rn. 122).

D. Verbot sonstiger Vermögensverteilung, Abs. 3

39 Abs. 3 normiert, dass nur der Bilanzgewinn an die Aktionäre verteilt werden darf. Auch hierbei handelt es sich lediglich um eine anders gefasste Formulierung des Abs. 1 (GroßkommAktG/*Henze* § 57 Rn. 181; MüKo AktG/*Bayer* § 57 Rn. 131). Entgegen der ungenauen Formulierung, dass »vor der Auflösung« der AG nur der Bilanzgewinn unter den Aktionären verteilt werden kann, versteht es sich von selbst, dass es der AG auch während der Auflösung der AG nicht erlaubt ist, mehr als den Bilanzgewinn unter den Aktionären zu verteilen (*Hüffer/Koch* AktG § 57 Rn. 31; MüKo AktG/*Bayer* § 57 Rn. 132).

E. Rechtsfolgen

I. § 57 AktG als Verbotsgesetz

40 § 57 AktG und das darin normierte Verbot der Einlagenrückgewähr stellt ein Verbotsgesetz dar, mit der Folge, dass die AG ein verbotswidriges Rechtsgeschäft weder erfüllen muss (**Leistungs-**

verweigerungsrecht) noch erfüllen darf (**Leistungsverbot** – MüKo AktG/*Bayer* § 57 Rn. 154 f.; Hölters/*Laubert* AktG § 57 Rn. 28). Umgekehrt kann der Aktionär aus einem verbotswidrigen Verpflichtungsgeschäft keine Erfüllung verlangen (BGH, Urt. v. 12.03.2013 – II ZR 179/12, Z 196, 312 Rn. 18). Lange war umstritten, ob und in welchem Ausmaß verbotswidrige Rechtsgeschäfte auch von der **Nichtigkeitsrechtsfolge des § 134 BGB** erfasst sind, was insbesondere für die zur Rückgewähr verbotswidrig erbrachter Sachleistungen zur Verfügung stehenden Anspruchsgrundlagen von Relevanz ist (zur hiermit verbundenen Streitfrage des Anspruchsinhalts des § 62 AktG s. dort, Rdn. 12 ff.).

Die **traditionelle Auffassung** ging von der Nichtigkeit sowohl des Verfügungs- als auch des Verpflichtungsgeschäfts aus, wobei einige Autoren zwischen offener und verdeckter Einlagenrückgewähr differenzierten (so z. B. noch *Hüffer* AktG [10. Aufl.] § 57 Rn. 23): Nach dieser Ansicht war die AG berechtigt, den an den Aktionär gewährten Gegenstand nach § 985 BGB heraus zu verlangen, da der Aktionär nicht Eigentümer werden konnte. Die Rückabwicklungsvorschriften der §§ 812 ff. BGB, welche aufgrund der kollidierenden Vorschriften zur Entreicherung, Verjährung und Haftungsverschärfung die Rechtslage stark verkomplizieren würden, wurden nach dieser Ansicht hingegen durch die speziellere Vorschrift des § 62 AktG verdrängt (*Hüffer* AktG [10. Aufl.] § 57 Rn. 25). 41

Die mittlerweile **herrschende Literaturansicht** vertritt die gegenteilige Auffassung, geht also von der Wirksamkeit sowohl des Verpflichtungs- als auch des Verfügungsgeschäfts aus und zwar unabhängig davon, ob es sich um eine offene oder verdeckte Einlagenrückgewähr handelt (so z. B. MüKo AktG/*Bayer*, § 57 Rn. 162 ff.; K. Schmidt/Lutter/*Fleischer* AktG § 57 Rn. 74; *Winter* NZG 2012, 1371). Die aus einem Verstoß gegen § 57 AktG resultierenden Rückgewähransprüche der AG richten sich infolgedessen allein nach der speziellen Bestimmung des § 62 AktG. Insbesondere aus § 985 BGB könne kein Anspruch geltend gemacht werden, was aufgrund abweichender Verjährungsfristen (§ 62 Abs. 3 AktG: 10 Jahre; § 985 BGB: 30 Jahre) von großer Relevanz sein kann. 42

Der **Bundesgerichtshof** hat diese Streitfrage (mit Urt. v. 12.03.2013 – II ZR 179/12, NJW 2013, 1742) zugunsten der h. Lit. entschieden. Der Senat stellte dabei einen Gleichlauf mit seiner bereits bestehenden Rechtsprechung im Recht der GmbH her (BGH, Urt. v. 23.06.1997 – II ZR 220/95, Z 136, 125, 130 – PIT): Zwar enthalte § 57 AktG ein gesetzliches Verbot i. S. d. § 134 BGB. Allerdings greife die Rechtsfolge des § 134 BGB nur, »wenn sich nicht aus dem Gesetz ein anderes ergibt«. Eine solche andere gesetzliche Regelung enthalte § 62 AktG (BGH, Urt. v. 12.03.2013 – II ZR 179/12, NJW 2013, 1742 Rz. 15; zum Anspruchsinhalt des § 62 AktG s. dort, Rdn. 12 ff.). Darüber hinaus spreche gegen die Nichtigkeitsfolge insbesondere des Erfüllungsgeschäfts, dass § 57 AktG nicht die gegenständliche Zusammensetzung des Kapitals schützt, sondern nur seine wertmäßige Erhaltung bezweckt, was jedenfalls nicht den Leistungsaustausch mit Aktionären als solchen missbilligt (BGH, Urt. v. 12.03.2013 – II ZR 179/12, NJW 2013, 1742 Rz. 19). 43

Durch die Wirksamkeit beider Rechtsgeschäfte werden insbesondere Konkurrenzprobleme mit dem Bereicherungsrecht sowie mit dem Anspruch aus § 985 BGB vermieden (vgl. Rdn. 41) und eine unter dem Gesichtspunkt der Rechtssicherheit bedeutsame klare Eigentumszuordnung erreicht (BGH, Urt. v. 12.03.2013 – II ZR 179/12, NJW 2013, 1742 Rz. 18). Zwar wird ein Aussonderungsrecht der AG nach § 47 InsO an Gegenständen, die entgegen § 57 AktG ausgekehrt wurden, verhindert (BGH, Urt. v. 12.03.2013 – II ZR 179/12, NJW 2013, 1742 Rz. 18), allerdings ist nicht zu erkennen, weswegen die AG bei Insolvenz des Aktionärs besser stehen soll als dessen sonstige Gläubiger (K. Schmidt/Lutter/*Fleischer* AktG § 57 Rn. 74). Diese Grundsätze gelten grundsätzlich auch für Rechtsgeschäfte, die von der AG mit Dritten geschlossen wurden (vgl. oben Rdn. 16 ff.). Besonderheiten ergeben sich bzgl. der Frage, ob die AG das wirksame, verbotswidrige Rechtsgeschäft mit dem Dritten erfüllen muss (s. hierzu MüKo AktG/*Bayer* § 57 Rn. 166). 44

II. Schadensersatzansprüche der AG

45 Bei schuldhaft unter Verstoß gegen das Verbot der Einlagenrückgewähr getätigten Zuwendungen haften die Mitglieder der Verwaltungsorgane gem. § 93 Abs. 3 Nr. 1, 2, 5 (ggf. i. V. m. § 116) AktG. Die Haftung umfasst den vollen Umfang des verbotenen Vermögensabflusses, nicht lediglich den Betrag, der nicht bereits über § 62 AktG vom begünstigten Aktionär zurückerlangt werden kann (Spindler/Stilz/*Cahn/v. Spannenberg* AktG § 57 Rn. 97; abw.: GroßkommAktG/*Henze* § 57 Rn. 227). Gegenüber dem begünstigten Aktionär können die Verwaltungsmitglieder allerdings im Innenverhältnis Regress nehmen (MüKo AktG/*Bayer* § 57 Rn. 168). Darüber hinaus kommt unter den Voraussetzungen des § 117 AktG auch die Inanspruchnahme eines Aktionärs, der missbräuchlich seinen Einfluss zur Veranlassung der Einlagenrückgewähr ausgenutzt hat, in Betracht, und zwar unabhängig davon, ob der Aktionär selbst durch die Rückgewähr begünstigt wurde (anders MüKo AktG/*Bayer* § 57 Rn. 170).

§ 58 Verwendung des Jahresüberschusses

(1) ¹Die Satzung kann nur für den Fall, daß die Hauptversammlung den Jahresabschluß feststellt, bestimmen, daß Beträge aus dem Jahresüberschuß in andere Gewinnrücklagen einzustellen sind. ²Auf Grund einer solchen Satzungsbestimmung kann höchstens die Hälfte des Jahresüberschusses in andere Gewinnrücklagen eingestellt werden. ³Dabei sind Beträge, die in die gesetzliche Rücklage einzustellen sind, und ein Verlustvortrag vorab vom Jahresüberschuß abzuziehen.

(2) ¹Stellen Vorstand und Aufsichtsrat den Jahresabschluß fest, so können sie einen Teil des Jahresüberschusses, höchstens jedoch die Hälfte, in andere Gewinnrücklagen einstellen. ²Die Satzung kann Vorstand und Aufsichtsrat zur Einstellung eines größeren oder kleineren Teils des Jahresüberschusses ermächtigen. ³Auf Grund einer solchen Satzungsbestimmung dürfen Vorstand und Aufsichtsrat keine Beträge in andere Gewinnrücklagen einstellen, wenn die anderen Gewinnrücklagen die Hälfte des Grundkapitals übersteigen oder soweit sie nach der Einstellung die Hälfte übersteigen würden. ⁴Absatz 1 Satz 3 gilt sinngemäß.

(2a) ¹Unbeschadet der Absätze 1 und 2 können Vorstand und Aufsichtsrat den Eigenkapitalanteil von Wertaufholungen bei Vermögensgegenständen des Anlage- und Umlaufvermögens und von bei der steuerrechtlichen Gewinnermittlung gebildeten Passivposten, die nicht im Sonderposten mit Rücklageanteil ausgewiesen werden dürfen, in andere Gewinnrücklagen einstellen. ²Der Betrag dieser Rücklagen ist entweder in der Bilanz gesondert auszuweisen oder im Anhang anzugeben.

(3) ¹Die Hauptversammlung kann im Beschluß über die Verwendung des Bilanzgewinns weitere Beträge in Gewinnrücklagen einstellen oder als Gewinn vortragen. ²Sie kann ferner, wenn die Satzung sie hierzu ermächtigt, auch eine andere Verwendung als nach Satz 1 oder als die Verteilung unter die Aktionäre beschließen.

(4) Die Aktionäre haben Anspruch auf den Bilanzgewinn, soweit er nicht nach Gesetz oder Satzung, durch Hauptversammlungsbeschluß nach Absatz 3 oder als zusätzlicher Aufwand auf Grund des Gewinnverwendungsbeschlusses von der Verteilung unter die Aktionäre ausgeschlossen ist.

(5) Sofern die Satzung dies vorsieht, kann die Hauptversammlung auch eine Sachausschüttung beschließen.

Übersicht

		Rdn.
A.	**Allgemeines**	1
I.	Grundzüge und systematische Stellung	1
II.	Terminologie	4
B.	**Einstellung in andere Gewinnrücklagen bei Feststellung des Jahresüberschusses, Abs. 1 bis 2a**	6
I.	Feststellung des Jahresabschlusses durch Beschluss der Hauptversammlung, Abs. 1	7
II.	Feststellung des Jahresabschlusses durch Vorstand und Aufsichtsrat, Abs. 2	10
1.	Regelfall, Abs. 2 Satz 1	10
2.	Satzungsspielraum, Abs. 2 Satz 2	13
3.	Rücklagenbildung im Konzern	16
	a) Rücklagenbildung in der abhängigen Gesellschaft	16
	b) Modifizierte Anwendung des § 58 auf die herrschende AG?	19
III.	Einstellung in Sonderrücklagen durch Vorstand und Aufsichtsrat, Abs. 2a	23
1.	Allgemeines	23
2.	Wertaufholungen, Satz 1, 1. Alt.	26
3.	Passivposten, Satz 1, 2. Alt.	27
C.	**Gewinnverwendung durch die Hauptversammlung, Abs. 3**	28
I.	Allgemeines	28
II.	Möglichkeiten der Gewinnverwendung	31
D.	**Anspruch der Aktionäre auf Bilanzgewinn, Abs. 4**	34
I.	Mitgliedschaftlicher Gewinnbeteiligungsanspruch	34
II.	Schuldrechtlicher Gewinnauszahlungsanspruch	37
E.	**Sachausschüttung, Abs. 5**	39
F.	**Rechtsfolgen bei Verstoß gegen § 58 AktG**	42

A. Allgemeines

I. Grundzüge und systematische Stellung

§ 58 AktG behandelt die Verwendung des Jahresüberschusses zur Bildung von Rücklagen (Abs. 1 bis 3) bzw. zur Verteilung unter die Aktionäre durch Dividendenausschüttung (Abs. 4 und 5) und regelt diesbezüglich die **Kompetenzverteilung** zwischen Verwaltung und Hauptversammlung (K. Schmidt/Lutter/*Fleischer* AktG § 58 Rn. 2). In den Abs. 1 und 2 wird geregelt, wer berechtigt oder verpflichtet ist, zulasten des Bilanzgewinns bei Feststellung des Jahresabschlusses Gewinnrücklagen aus dem Jahresüberschuss zu bilden. Steht der Bilanzgewinn fest, ermöglicht Abs. 3 der Hauptversammlung im Rahmen ihres Beschlusses über die Gewinnverwendung die Einstellung weiterer Beträge in Gewinnrücklagen. Ein noch verbleibender Bilanzgewinn wird durch Abs. 4 den Aktionären als Anspruch zugewiesen. Die Bindung der Hauptversammlung an den Jahresabschluss gem. § 174 Abs. 1 Satz 2 AktG führt dazu, dass der Bilanzgewinn, über dessen Verwendung die Hauptversammlung nach Abs. 3 zu entscheiden hat, von vornherein durch eine von Vorstand und Aufsichtsrat nach Abs. 2 Satz 1 beschlossene Einstellung in andere Gewinnrücklagen im Jahresabschluss gemindert ist. Letztlich regelt Abs. 5 den Sonderfall der Sachdividende. 1

Zweck der Regelung ist der **Ausgleich zwischen den divergierenden Interessen** der Verwaltung auf Selbstfinanzierung und der Aktionäre an möglichst großer Kapitalrendite (*Hüffer/Koch* AktG § 58 Rn. 1; KölnKomm AktG/*Drygala* § 58 Rn. 14). Dieser Konflikt besteht, weil das AktG – anders als das GmbHG in dessen § 29 – dem Vorstand und Aufsichtsrat weitreichende Kompetenzen bezüglich der Auf- und Feststellung des Jahresabschlusses und damit auch der Rücklagenbildung überträgt. Kern der Norm ist der sog. »**Halbteilungsgrundsatz**« des Abs. 2 Satz 1, welcher für Vorstand und Aufsichtsrat bei der Feststellung des Jahresüberschusses die Möglichkeit einer Einstellung bis zur Hälfte des Jahresüberschusses in »andere Gewinnrücklagen« vorsieht (Hölters/*Laubert* AktG § 58 Rn. 1). Hieraus lässt sich erkennen, dass der Gesetzgeber beide Interessen als gleichwertig einstuft (Spindler/Stilz/*Cahn/v. Spannenberg* AktG § 58 Rn. 3; ausführl. zur hieran geäußerten rechtspol. Kritik KölnKomm AktG/*Drygala* § 58 Rn. 20). 2

§ 58 AktG steht in engem Sachzusammenhang mit den Vorschriften über die Feststellung des Jahresabschlusses und dem Gewinnverwendungsbeschluss (§§ 172, 173, 174 AktG) und bildet darüber hinaus mit der Anfechtung des Letzteren wegen übermäßiger Rücklagenbildung nach § 254 AktG eine systematische Einheit (K. Schmidt/Lutter/*Fleischer* AktG § 58 Rn. 10). Insofern überrascht die **systematische Stellung der Norm** (krit. z. B. *Hüffer/Koch* AktG § 58 Rn. 5). Der Grund für ihre Aufnahme in den dritten Teil des AktG (Rechtsverhältnisse der Gesellschaft und ihrer Aktionäre) 3 liegt in ihrer grundlegenden Bedeutung für das Verhältnis der AG zu den Aktionären (Hölters/*Laubert* AktG § 58 Rn. 4). Darüber hinaus rechtfertigt Abs. 4 der Vorschrift, der zusammen mit § 57 Abs. 3 AktG dem Grundsatz der Kapitalerhaltung dient, ihre systematische Stellung in unmittelbarer Umgebung der Kapitalschutzvorschriften der §§ 54 ff. AktG (*Hüffer/Koch* AktG § 58 Rn. 5; K. Schmidt/Lutter/*Fleischer* AktG § 58).

II. Terminologie

4 § 58 AktG baut im Wesentlichen auf der Terminologie der im HGB geregelten Ermittlung des Jahresergebnisses auf (K. Schmidt/Lutter/*Fleischer* AktG § 58 Rn. 7). Der Oberbegriff **Jahresabschluss** umfasst die Jahresbilanz, die Gewinn- und Verlustrechnung (GuV) sowie den Anhang (§§ 242 Abs. 3, 264 Abs. 1, 284 ff. HGB). Der in § 58 Abs. 1 und Abs. 2 AktG behandelte **Jahresüberschuss** bezeichnet den positiven Saldo aller in der GuV ausgewiesenen Erträge, Aufwendungen und Steuern (§ 275 HGB). Ist der Saldo negativ, liegt ein Jahresfehlbetrag vor, der Oberbegriff ist das Jahresergebnis (K. Schmidt/Lutter/*Fleischer* AktG § 58 Rn. 7).

5 Die Abs. 3 und 4 knüpfen hingegen an den **Bilanzgewinn** an, der nach Maßgabe des § 158 Abs. 1 AktG durch Ergänzung der GuV um die Positionen Gewinn- und Verlustvorträge aus dem Vorjahr (§ 158 Nr. 1 AktG), Entnahmen aus Kapital- und Gewinnrücklagen (Nr. 2 und 3 AktG) sowie eine neue Einstellung in Gewinnrücklagen (Nr. 4) ermittelt wird. **Gewinnrücklagen** werden gem. § 272 Abs. 3 HGB aus dem Ergebnis vorangegangener Geschäftsjahre gebildet und sind in gesetzliche Rücklagen (§§ 150, 300 AktG), Rücklagen für Anteile an einem herrschenden oder mit Mehrheit beteiligten Unternehmen (§ 272 Abs. 4 AktG), satzungsmäßige Rücklagen und sog. »**andere Gewinnrücklagen**« zu unterteilen. Um die Dotierung Letzterer geht es in den Abs. 1 bis 2a. Hierunter sind solche Gewinnrücklagen zu verstehen, zu deren Bildung die AG weder durch gesetzliche noch durch satzungsmäßige Vorschrift verpflichtet ist (vgl. § 266 Abs. 3 A III Nr. 4 HGB; KölnKomm AktG/*Drygala* § 58 Rn. 11). Zu beachten ist, dass eine Satzungsgrundlage gem. § 58 Abs. 1 oder Abs. 2 Satz 2 AktG (Rdn. 7 ff. und 13 ff.) eine Rücklage sinnigerweise nicht zu einer satzungsmäßigen Grundlage i. S. d. § 266 Abs. 3 A III Nr. 3 HGB macht (MüKo AktG/*Bayer* § 58 Rn. 3; *Hüffer/Koch* AktG § 58 Rn. 4).

B. Einstellung in andere Gewinnrücklagen bei Feststellung des Jahresüberschusses, Abs. 1 bis 2a

6 Die Feststellung des Jahresabschlusses erfolgt nach § 172 AktG im Regelfall dadurch, dass der Aufsichtsrat den vom Vorstand aufgestellten und ihm vorgelegten Jahresabschluss billigt. Die Hauptversammlung ist – bis auf wenige Ausnahmen (vgl. z. B. § 234 Abs. 2 Satz 1 AktG) – nur dann zur Feststellung des Jahresabschlusses berufen, wenn Vorstand und Aufsichtsrat dies beschließen oder wenn der Aufsichtsrat den Jahresabschluss nicht genehmigt hat (§ 173 Abs. 1 Satz 1 AktG). § 58 Abs. 1 bis 2a AktG beinhalten **Kompetenzregelungen** in Bezug auf die Bildung von anderen Gewinnrücklagen **im Rahmen der Feststellung des Jahresabschlusses**. Abs. 1 behandelt hierbei den Fall der Feststellung des Jahresabschlusses durch die Hauptversammlung (Rdn. 7 ff.). Erst im Anschluss hieran wird in Abs. 2 der ungleich häufigere Fall der Feststellung durch Vorstand und Aufsichtsrat normiert (Rdn. 10 ff.). Darüber hinaus räumt Abs. 2a dem Vorstand und Aufsichtsrat eine zusätzliche Befugnis zur Einstellung des Eigenkapitalanteils von Wertaufholungen und Passivposten in andere Gewinnrücklagen ein (Rdn. 23 ff.).

I. Feststellung des Jahresabschlusses durch Beschluss der Hauptversammlung, Abs. 1

7 Ist die Hauptversammlung zur Feststellung des Jahresabschlusses berufen, kann die Satzung nach Abs. 1 vorschreiben, dass bestimmte Beträge aus dem Jahresüberschuss in andere Gewinnrücklagen einzustellen sind. Ohne entsprechende Satzungsabrede ist es der Hauptversammlung in diesem Stadium verboten, die anderen Gewinnrücklagen zu dotieren (*Hüffer/Koch* AktG § 58 Rn. 6). Hiervon ist die Möglichkeit der Hauptversammlung zur Rücklagenbildung im Rahmen des Gewinnverwendungsbeschlusses nach Abs. 3 zu unterscheiden (K. Schmidt/Lutter/*Fleischer* AktG § 58 Rn. 13 f.). Die Vorschrift **konkretisiert § 173 Abs. 2 Satz 2 AktG**, wonach die Hauptversammlung nur diejeni-

gen Beiträge in Gewinnrücklagen einstellen darf, die nach Gesetz (§§ 150, 300 AktG) oder Satzung einzustellen sind, und legt fest, dass die Einstellung in andere Gewinnrücklagen (§ 266 Abs. 3 A III 4 HGB) zu erfolgen hat (Hölters/*Waclawik* AktG § 58 Rn. 6).

Der Umfang der Einstellung in andere Gewinnrücklagen **muss durch Satzungsregelung abschließend feststehen**, sodass für eine Willensbildung der Hauptversammlung kein Platz bleibt (*Hüffer/ Koch* AktG § 58 Rn. 6). Ein entsprechender Hauptversammlungsbeschluss zur Rücklageneinstellung ist ohnehin weder erforderlich, noch ist für einen solchen Raum (Hölters/*Waclawik* AktG § 58 Rn. 7; anders noch Vorauft./*Mildner* Rn. 12). Gleichgültig ist hierbei, ob die Höhe der Einstellung durch einen **absoluten Einstellungsbetrag** oder durch einen **festen Prozentsatz** bestimmt wird. Ohne hinreichende Bestimmtheit ist die Satzungsbestimmung nichtig (K. Schmidt/Lutter/*Fleischer* AktG § 58 Rn. 15). Eine satzungsmäßige Ermächtigung der Hauptversammlung, die ihr einen eigenen Entscheidungsspielraum zubilligt, ist ebenso unzulässig (Spindler/Stilz/*Cahn/v. Spannenberg* AktG § 58 Rn. 32). 8

Nach Abs. 1 Satz 2 darf bei Feststellung des Jahresabschlusses **höchstens die Hälfte des Jahresüberschusses** in andere Gewinnrücklagen eingestellt werden. Vor Berechnung dieser Höchstgrenze ist der Jahresüberschuss nach Maßgabe des Satzes 3 zu **bereinigen**, d. h., vorab sind von ihm noch die Beträge, die in die gesetzliche Rücklage einzustellen sind (vgl. §§ 150, 300 AktG), sowie ein etwaiger Verlustvortrag abzuziehen. Diese Regelung ist jedoch **nicht abschließend**, sodass bspw. auch der Aufwand für die Sonderrücklage nach § 218 Satz 2 AktG sowie die Einstellung in die Kapitalrücklage nach § 232 AktG vorab abzuziehen sind (Hölters/*Waclawik* AktG § 58 Rn. 9; zu weiteren Abzugsposten s. ausführl. KölnKomm AktG/*Drygala* § 58 Rn. 36 ff.). Zu beachten ist, dass eine Satzungsregelung, die die Höchstgrenze überschreitet, nicht nichtig ist. Vielmehr ist in solchen Fällen der höchstzulässige Betrag einzustellen (MüKo AktG/*Bayer* § 58 Rn. 34). Von Bedeutung ist dies häufig bei Satzungsbestimmungen mit absoluter Betragsfestlegung, wenn der nach Satz 3 verminderte Jahresüberschuss nicht mindestens doppelt so hoch ist (Hölters/*Waclawik* AktG § 58 Rn. 8). 9

II. Feststellung des Jahresabschlusses durch Vorstand und Aufsichtsrat, Abs. 2

1. Regelfall, Abs. 2 Satz 1

Stellen Vorstand und Aufsichtsrat selbst den Jahresabschluss fest (§ 172 AktG), sind sie nach Abs. 2 zur Entscheidung über die Bildung anderer Gewinnrücklagen ermächtigt. Im gesetzlichen Regelfall – also wenn keine abweichende Satzungsbestimmung nach Abs. 2 Satz 2 vorliegt – kann wie bei Abs. 1 nur die **Hälfte des Jahresüberschusses** in andere Gewinnrücklagen eingestellt werden. Vorstand und Aufsichtsrat können jedoch (anders als die Hauptversammlung nach Abs. 1) nicht durch Satzungsregelung zur Dotierung von anderen Gewinnrücklagen verpflichtet werden (KölnKomm AktG/*Drygala* § 58 Rn. 49; Hölters/*Waclawik* AktG § 58 Rn. 6), Abs. 2 ist insoweit zwingend (*Hüffer/Koch* AktG § 58 Rn. 9). Die zusätzliche Schranke des Abs. 2 Satz 3 gilt nur für satzungsmäßige Ermächtigungen nach Abs. 2 Satz 2 (Rdn. 13 ff.) und ist deswegen auf den gesetzlichen Regelfall nicht anwendbar (K. Schmidt/Lutter/*Fleischer* AktG § 58 Rn. 21). 10

Bzgl. der **Berechnung des max. einzustellenden Betrages**, verweist Abs. 2 Satz 4 auf Abs. 1 Satz 3, d. h., vorab sind die dort aufgeführten Posten vom Jahresüberschuss abzuziehen (s. Rdn. 9). Hinzukommend haben Vorstand und Aufsichtsrat bei der »Bereinigung« des Jahresüberschusses zu beachten, dass bei Abschlagszahlungen nach § 59 AktG der verbleibende Bilanzgewinn nach Bildung der Gewinnrücklagen mindestens den Betrag der Abschlagszahlungen erreichen muss (A/D/S § 58 AktG Rn. 59) und dass bei Ausgabe von Belegschaftsaktien zulasten des Jahresüberschusses nach § 204 Abs. 3 AktG die Dotierungsbefugnis der Verwaltung um den hierzu aufgewendeten Betrag gemindert ist (A/D/S § 58 AktG Rn. 60; MüKo AktG/*Bayer* § 58 Rn. 50). 11

Die Entscheidung, ob und in welchem Umfang Vorstand und Aufsichtsrat von der Möglichkeit nach Abs. 2 Gebrauch machen, steht in ihrem **pflichtgemäßen Ermessen** (K. Schmidt/Lutter/*Fleischer* AktG § 58 Rn. 18; MüKo AktG/*Bayer* § 58 Rn. 37). Hierbei haben sie die Sorgfalt 12 eines ordentlichen und gewissenhaften Geschäftsleiters bzw. Aufsichtsratsmitglieds anzuwenden (§ 93 Abs. 1 Satz 1 bzw. § 116 Satz 1 AktG). Da es sich bei der Rücklagenbildung um eine **unternehmerische Entscheidung der Verwaltung** handelt, findet § 93 Abs. 1 Satz 2 AktG Anwendung (KölnKomm AktG/*Drygala* § 58 Rn. 54; K. Schmidt/Lutter/*Fleischer* AktG § 58 Rn. 20). Unklar ist, ob die Verwaltung im Einzelfall pflichtwidrig mit der Folge ihrer Haftbarkeit handeln kann, obwohl sie sich an den gesetzlichen Rahmen hält (dafür z. B. K. Schmidt/Lutter/*Fleischer* AktG § 58 Rn. 20; dagegen: Spindler/Stilz/*Cahn/v. Spannenberg* AktG § 58 Rn. 37). Die Frage spielt allerdings angesichts des Fehlens klarer betriebswirtschaftlicher Grundsätze zur idealen Höhe des Eigenkapitals (Hölters/*Waclawik* AktG § 258 Rn. 12) und der Anwendbarkeit des § 93 Abs. 1 Satz 2 AktG praktisch nur eine sehr geringe Rolle. Darüber hinaus ist auch bei Feststellung eines pflichtwidrigen Verwaltungshandelns ein infolgedessen eingetretener Schaden der Gesellschaft nur schwer vorstellbar (Spindler/Stilz/*Cahn/v. Spannenberg* AktG § 58 Rn. 37; *Hüffer/Koch* AktG § 58 Rn. 10).

2. Satzungsspielraum, Abs. 2 Satz 2

13   Nach Abs. 2 Satz 2 kann die Satzung den durch Satz 1 eingeräumten Handlungsspielraum der Verwaltung erweitern und beschränken, indem ihr die Einstellung von mehr oder von weniger als der Hälfte des Jahresüberschusses erlaubt wird. Hierbei ist es sowohl zulässig, den Vorstand und Aufsichtsrat zu ermächtigen, den gesamten Jahresüberschuss in andere Gewinnrücklagen einzustellen (BGH, Urt. v. 01.03.1971 – II ZR 53/69, Z 55, 359, 360 ff.), als auch, der Verwaltung diese Befugnis vollumfänglich zugunsten der Hauptversammlung zu nehmen (*Hüffer/Koch* AktG § 58 Rn. 12).

14   In Bezug auf die **Formulierung der Satzungsermächtigung** ist umstritten, ob eine bloße Wiederholung des Gesetzeswortlauts des Abs. 2 Satz 2 genügt, die Verwaltung also pauschal zur Einstellung »eines höheren Teils des Jahresüberschusses« ermächtigt werden kann (hierfür z. B. KölnKomm AktG/*Drygala* § 58 Rn. 48; A/D/S § 58 Rn. 53; GroßkommAktG/*Henze* § 58 Rn. 39). Dies ist abzulehnen. Wie sich aus der **Warnfunktion der Vorschrift** (K. Schmidt/Lutter/*Fleischer* AktG § 58 Rn. 24) ergibt, muss die Klausel vielmehr so formuliert sein, dass die Aktionäre erweiterte Befugnisse der Verwaltung bei der Festsetzung des Bilanzgewinns klar bei ihrer Beteiligungsentscheidung erkennen können (Hölters/*Laubert* AktG § 58 Rn. 16). Daher ist die Festlegung einer klaren Obergrenze oder eines Prozentsatzes (bzw. eine Kombination beider Modelle) in der Satzung erforderlich (so auch K. Schmidt/Lutter/*Fleischer* AktG § 58 Rn. 24; MüKo AktG/*Bayer* § 58 Rn. 46).

15   Dem Satzungsspielraum ist im konkreten Einzelfall durch Satz 3 insofern eine Grenze gesetzt, als Vorstand und Aufsichtsrat keine Beträge in andere Gewinnrücklagen einstellen dürfen, wenn die anderen Gewinnrücklagen **die Hälfte des Grundkapitals übersteigen** oder sie nach Einstellung der weiterhin nach Satz 1 erlaubten Hälfte übersteigen würden. Hiervon bleibt die Befugnis im Rahmen des gesetzlichen Regelfalls nach Abs. 1 Satz 1 jedoch unberührt, sodass die Einstellung bis zur Hälfte (solange sie satzungsmäßig nicht nach unten korrigiert wurde) auch in diesem Fall möglich ist (K. Schmidt/Lutter/*Fleischer* AktG § 58 Rn. 25; MüKo AktG/*Bayer* § 58 Rn. 47).

3. Rücklagenbildung im Konzern

a) Rücklagenbildung in der abhängigen Gesellschaft

16   Bei **Fehlen eines Gewinnabführungsvertrages** (§ 291 Abs. 1 Satz 1, 1. Alt. AktG) erfolgt die Rücklagendotierung nach den allgemeinen Regeln, d. h. § 58 AktG ist uneingeschränkt anwendbar (allg. M., *Hüffer/Koch* AktG § 58 Rn. 14; K. Schmidt/Lutter/*Fleischer* AktG § 58 Rn. 26).

17   Ungleich komplizierter ist die Situation bei **Bestehen eines Gewinnabführungsvertrags** zwischen herrschender und abhängiger Gesellschaft: Hier zeigt § 301 Satz 2 AktG, dass die Bildung von anderen Gewinnrücklagen trotz der Verpflichtung der abhängigen Gesellschaft zur Abführung ihres »ganzen Gewinns« (§ 291 Abs. 1 Satz 1 AktG) grundsätzlich möglich bleibt (MüKo AktG/*Bayer* § 58 Rn. 54; *Hüffer/Koch* AktG § 58 Rn. 15), falls dies im Gewinnabführungsvertrag so vorgesehen ist (Spindler/Stilz/*Cahn/v. Spannenberg* AktG § 58 Rn. 64; Hölters/*Waclawik* § 58 Rn. 46). Unklar ist hingegen, ob für die **Anwendung von § 58 Abs. 2 AktG** überhaupt noch Raum ist oder ob stattdessen ausschließlich

der Inhalt des Gewinnabführungsvertrages gilt mit der Folge, dass die Verwaltung der Tochter ohne Beachtung der Regelungen des Abs. 2 im Rahmen der vertraglichen Vorgaben andere Gewinnrücklagen dotieren könnte. Letzteres ist nach allg. M. jedenfalls bei 100%-Tochtergesellschaften der Fall, da in solchen Fällen niemand ein schützenswertes Interesse an der Einhaltung des Abs. 2 hat (KölnKomm AktG/*Drygala* § 58 Rn. 64; *Hüffer/Koch* AktG § 58 Rn. 15; MüKo AktG/*Bayer* § 58 Rn. 56).

Ob dies auch gilt, wenn an der Tochtergesellschaft noch weitere, außenstehende Aktionäre beteiligt sind, hängt hingegen nach zutreffender h. M. von der Art des diesen Aktionären zustehenden Ausgleichs ab (*Hüffer/Koch* AktG § 58 Rn. 15; K. Schmidt/Lutter/*Fleischer* AktG § 58 Rn. 26; KölnKomm AktG/*Drygala* § 58 Rn. 64 f.): Schuldet die AG einen **festen Ausgleich** gem. § 304 Abs. 2 Satz 1 AktG, besteht kein Anlass für einen zusätzlichen Schutz durch § 58 Abs. 2 AktG (Spindler/Stilz/*Cahn/v. Spannenberg* AktG § 58 Rn. 65). Schuldet die AG hingegen einen **variablen Ausgleich** gem. § 304 Abs. 2 Satz 2 AktG, hängt die Höhe der Ausgleichsleistung von dem auf die Aktien der Mutter entfallenden Gewinnanteil ab, sodass die Bildung von Gewinnrücklagen in der Tochtergesellschaft den zu zahlenden Ausgleich senkt. Hier erscheint eine Beschränkung des Einflusses der Verwaltung auf die Vermögensinteressen der außenstehenden Aktionäre angebracht, § 58 Abs. 2 AktG ist somit anzuwenden (Spindler/Stilz/*Cahn/v. Spannenberg* AktG § 58 Rn. 66; MüKo AktG/*Bayer* § 58 Rn. 57). Es ist allerdings darauf hinzuweisen, dass es der herrschenden AG im Normalfall möglich sein wird, diese Hürde durch satzungsmäßige Ermächtigung nach Abs. 2 Satz 2 zu überwinden (K. Schmidt/Lutter/*Fleischer* AktG § 58 Rn. 26; KölnKomm AktG/*Drygala* § 58 Rn. 65).

18

b) Modifizierte Anwendung des § 58 auf die herrschende AG?

Innerhalb von Konzernen vermindert die Bildung von Gewinnrücklagen in Tochtergesellschaften den bei der Muttergesellschaft anfallenden Jahresüberschuss und damit den verteilbaren Bilanzgewinn (K. Schmidt/Lutter/*Fleischer* AktG § 58 Rn. 27). Vor dem Hintergrund, dass der Vorstand der herrschenden AG auf eine weitläufige Rücklagenbildung in der Tochtergesellschaft hinwirken kann (Spindler/Stilz/*Cahn/v. Spannenberg* AktG § 58 Rn. 66; MüKo AktG/*Bayer* § 58 Rn. 69), ergibt sich eine **weit über die Grenzen des Abs. 2 hinausgehende Thesaurierungsmacht der Verwaltung** der herrschenden AG. Diese nimmt sogar noch zu, je tiefer der Konzern gestaffelt ist (MüKo AktG/*Bayer* § 58 Rn. 61; *Hüffer/Koch* AktG § 58 Rn. 16). Es wird deutlich, dass der »Halbteilungsgrundsatz« des Abs. 2 (s. Rdn. 2) nur auf selbstständige Aktiengesellschaften zugeschnitten ist, nicht jedoch auf Konzerne.

19

Teilweise wird hierin eine verdeckte Regelungslücke gesehen, die durch eine **konzerndimensionale Gesamtbetrachtung** zu schließen sei: Der Konzernmutter seien die bei Tochtergesellschaften gebildeten Rücklagen zuzurechnen. Wird die so bestimmte Höchstgrenze des Abs. 2 Satz 1 durch Vorstand und Aufsichtsrat der herrschenden AG überschritten, habe dies nach einer Untergruppe dieser Literaturansicht entsprechend § 256 Abs. 1 Nr. 4 AktG die Nichtigkeit des Jahresabschlusses (so z. B. *Geßler*, FS Meilicke, 1985, S. 18, 26), nach einer anderen Untergruppe ein Sonderprüfungsrecht analog § 258 AktG (so *Lutter*, FS Goerdeler, 1987, S. 327, 338) zur Folge.

20

Nach mittlerweile absolut h. M. ist eine analoge Anwendung des § 58 Abs. 2 AktG auf den Gesamtkonzern jedoch **systemwidrig** und daher – zumindest *de lege lata* – abzulehnen: An keiner Stelle behandele das AktG die Unternehmen eines Konzerns als rechtliche Einheit (Spindler/Stilz/*Cahn/v. Spannenberg* AktG § 58 Rn. 75). Würde § 58 AktG dennoch auf den Gesamtkonzern angewendet, würde dies einen »Durchbruch zum Verständnis des Konzerns als ein Unternehmen im Rechtssinne darstellen« (so *Hüffer/Koch* AktG § 58 Rn. 17), was die Grenzen zulässiger Rechtsfortbildung übersteigt (K. Schmidt/Lutter/*Fleischer* AktG § 58 Rn. 29). Es verbleibt daher auch in Konzernkonstellationen bei der wörtlichen Anwendung des § 58 Abs. 2 AktG.

21

Innerhalb der h. M. wird überwiegend vertreten, dass die Konzernkonstellation zwar nicht bei der Berechnung der Höchstgrenze nach Abs. 2 Satz 1, wohl aber auf Ebene der **Ermessensausübung** Eingang finden müsse: So habe die Konzernleitung bei der Bildung von Gewinnrücklagen in der herrschenden AG bereits eingestellte Gewinnrücklagen in Tochtergesellschaften **angemessen zu berück-**

22

sichtigen (so z. B. K. Schmidt/Lutter/*Fleischer* AktG § 58 Rn. 28 f.). Eine Verletzung dieser Pflicht führe nicht zu einer Nichtigkeit des Jahresabschlusses, sondern zu einem Sonderprüfungsrecht analog § 258 AktG bzw. zu einer Verweigerung der Entlastung nach § 120 AktG. Dieser Meinung kann grundsätzlich ohne Vorbehalte beigepflichtet werden, allerdings ist zweifelhaft, ob hierin eine über die gesetzliche Regelung hinausgehende Beschränkung des durch § 58 Abs. 2 AktG eingeräumten Ermessens liegt, immerhin hat der Vorstand der herrschenden AG die Interessen der Aktionäre bei seiner Thesaurierungsentscheidung ohnehin zu berücksichtigen (ebenso *Hüffer/Koch* AktG § 58 Rn. 17).

III. Einstellung in Sonderrücklagen durch Vorstand und Aufsichtsrat, Abs. 2a

1. Allgemeines

23 Abs. 2a erlaubt Vorstand und Aufsichtsrat die Einstellung des Eigenkapitalanteils von Wertaufholungen bei Vermögensgegenständen des Anlage- und Umlaufvermögens (Satz 1, 1. Alt.) sowie von bei der steuerrechtlichen Gewinnermittlung gebildeten Passivposten, die nicht in Sonderposten mit Rücklageanteil ausgewiesen werden dürfen (Satz 1, 2. Alt.), in andere Gewinnrücklagen. Hierin liegt keine Verpflichtung zur Rücklagenbildung, die Vorschrift räumt vielmehr ein **Wahlrecht** ein, worüber Vorstand und Aufsichtsrat nach pflichtgemäßem Ermessen zu entscheiden haben (Hölters/*Waclawik* AktG § 58 Rn. 17). Zweck der Norm ist die **Bindung nachträglich aufgedeckter stiller Reserven zur Liquiditätssicherung**, indem verhindert wird, dass Wertaufholungen zu einem Anstieg des Jahresüberschusses und damit des verteilbaren Bilanzgewinns führen, obwohl der AG keine echten finanziellen Mittel zugeflossen sind (RegBegr. BT-Drucks. 10/4268, S. 123 f.).

24 Da die Zuständigkeit von Vorstand und Aufsichtsrat zur Feststellung des Jahresabschlusses vorausgesetzt wird, ist Abs. 2a bei Feststellung durch die Hauptversammlung nicht anwendbar (KölnKomm AktG/*Drygala* § 58 Rn. 87; MüKo AktG/*Bayer* § 58 Rn. 76). Wird von der in Abs. 2a geregelten Möglichkeit Gebrauch gemacht, ist der in die Rücklage einzustellende Betrag nach Abs. 2a Satz 2 entweder in der Bilanz gesondert (durch einen sog. »Davon-Vermerk«) oder im Anhang **auszuweisen** (K. Schmidt/Lutter/*Fleischer* AktG § 58 Rn. 36). Die in Abs. 2a erfassten Beträge dürfen auch dann in die Sonderrücklage eingestellt werden, wenn die Thesaurierungsquote schon zuvor ausgeschöpft worden ist. Dies ergibt sich aus der Formulierung »**unbeschadet der Absätze 1 und 2**« (KölnKomm AktG/*Drygala* § 58 Rn. 80). Machen Vorstand und Aufsichtsrat von der Möglichkeit des Abs. 2a Gebrauch, hat dies zur Folge, dass sich die paritätische Gewinnverwendungszuständigkeit (vgl. Rdn. 2) zugunsten der Verwaltung verschiebt (näher Hölters/*Waclawik* AktG § 58 Rn. 18).

25 Steht kein bzw. **kein ausreichender Jahresüberschuss** zur Verfügung, ist umstritten, ob eine Dotierung nach Abs. 2a dennoch möglich ist, wenn durch sie ein Bilanzverlust entsteht oder vertieft wird. Nach einer Literaturansicht soll die Dotierung in solchen Fällen im Verlustjahr nicht möglich sein, vielmehr in späteren Überschussjahren nachgeholt werden können (Hölters/*Waclawik* AktG § 58 Rn. 22; A/D/S § 58 AktG Rn. 95 ff.; *Hüffer* AktG [10. Aufl.] § 58 Rn. 18). Nach zutreffender, mittlerweile wohl h. M. ist eine Rücklagenbildung hingegen auch in solchen Fällen ohne Einschränkungen möglich, da sich weder aus dem Gesetzeswortlaut noch aus teleologischen Erwägungen etwas Gegenteiliges ergibt (*Hüffer/Koch* AktG § 58 Rn. 18; K. Schmidt/Lutter/*Fleischer* AktG § 58 Rn. 35).

2. Wertaufholungen, Satz 1, 1. Alt.

26 Abs. 2a S. 1, 1. Alt. erlaubt die Einstellung des Eigenkapitalanteils von Wertaufholungen in andere Gewinnrücklagen. Wertaufholungen bei Vermögensgegenständen des Anlage- und Umlaufvermögens sind nach § 253 Abs. 5 Satz 1 HGB dann geboten, wenn die **besonderen Abschreibungsgründe** in § 253 Abs. 3 Satz 3 und 4 HGB **nicht mehr vorliegen** bzw. nach § 253 Abs. 4 **nachträglich wegfallen**. In dem Umfang, in welchem die Gründe für die außerplanmäßige Abschreibung nicht mehr bestehen, ist die Wertaufholung angezeigt (Hölters/*Waclawik* AktG § 58 Rn. 17). Einzustellen ist hierbei **nur der Eigenkapitalanteil** solcher Wertaufholungen, also der Aufholungsbetrag abzüglich etwaiger Steuermehrbelastungen – Gewerbe- und Körperschaftsteuer sowie Solidaritätszuschlag (KölnKomm AktG/*Drygala* § 58 Rn. 82; Hölters/*Waclawik* AktG § 58 Rn. 21). Fällt mangels Gewinn

keine Steuerbelastung an, kann der gesamte Wertaufholungsbetrag eingestellt werden (A/D/S § 58 AktG Rn. 91). Das Wertaufholungsgebot in § 253 Abs. 5 Satz 1 AktG hat durch das Gesetz zur Modernisierung des Bilanzrechts v. 25.5.2009 (BGBl. I S. 1102 – BilMoG) an Bedeutung gewonnen, da im Zuge der Beseitigung der sog. »umgekehrten Maßgeblichkeit« und der Entkopplung von Handels- und Steuerbilanz die Möglichkeit entfallen ist, in der Handelsbilanz an einem niedrigeren steuerrechtlich zulässigen Wertansatz festzuhalten (K. Schmidt/Lutter/*Fleischer* AktG § 58 Rn. 32).

3. Passivposten, Satz 1, 2. Alt.

Nach Abs. 2a Satz 1, 2. Alt. darf auch der Eigenkapitalanteil von solchen Passivposten in andere Gewinnrücklagen eingestellt werden, die bei der steuerrechtlichen Gewinnermittlung gebildet wurden und die nicht im Sonderposten mit Rücklageanteil ausgewiesen werden dürfen. Nach **Streichung der handelsrechtlichen Regelungen über Sonderposten mit Rücklageanteil** (§§ 247 Abs. 3, 273 HGB a. F.) durch das BilMoG läuft letztgenannte Einschränkung allerdings ins Leere (KölnKomm AktG/*Drygala* § 58 Rn. 84). Unklar ist, wie bzgl. Satz 1, 2. Alt. hiermit umgegangen werden soll. Teilweise wird angesichts der offenkundig unzureichenden gesetzlichen Abstimmung zwischen aktien- und handelsrechtlicher Regelung von einer grds. Unzulässigkeit der Einstellung von Sonderrücklagen nach Alt. 2 ausgegangen (so z. B. KölnKomm AktG/*Drygala* § 58 Rn. 85). Ein generelles Außer-Acht-Lassen dieser Thesaurierungsmöglichkeit ginge angesichts der nicht eindeutigen teleologischen Zielsetzung der o. g. Streichung allerdings zu weit (ebenso *Hüffer/Koch* AktG § 58 Rn. 19; Spindler/Stilz/*Cahn/v. Spannenberg* AktG § 58 Rn. 52a). Es verbleibt vielmehr bei einer wortlautgetreuen Anwendung der 2. Alt.: Da die Verwaltung nunmehr **für sämtliche steuerrechtlich gebildeten Passivposten** eine Gewinnrücklage bilden kann, hat diese Thesaurierungsmöglichkeit erheblich an Bedeutung gewonnen (K. Schmidt/Lutter/*Fleischer* AktG § 58 Rn. 33).

27

C. Gewinnverwendung durch die Hauptversammlung, Abs. 3

I. Allgemeines

Abs. 3 behandelt den Gewinnverwendungsbeschluss der Hauptversammlung, der anders als die Abs. 1 bis 2a nicht an den Jahresüberschuss, sondern an den Bilanzgewinn anknüpft und in engem Zusammenhang mit der Vorschrift des § 174 AktG steht. § 58 Abs. 3 AktG eröffnet der Hauptversammlung verschiedene Möglichkeiten der Gewinnverwendung, die auch miteinander kombiniert werden können (Hölters/*Waclawik* AktG § 58 Rn. 28): Neben der Ausschüttung (vgl. Rdn. 37) steht es der Hauptversammlung frei, den Bilanzgewinn ganz oder teilweise in andere Gewinnrücklagen einzustellen (Satz 1, 1. Alt.), auf neue Rechnung vorzutragen (Satz 1, 2. Alt.) oder – im Fall einer entsprechenden Satzungsregelung – anders zu verwenden (Satz 2), s. Rdn. 31 ff.

28

Der Gewinnverwendungsbeschluss wird gem. § 133 Abs. 1 AktG mit einfacher Stimmenmehrheit gefasst, allerdings kann die Satzung auch eine qualifizierte Mehrheit vorschreiben (MüKo AktG/*Bayer* § 58 Rn. 83; K. Schmidt/Lutter/*Fleischer* AktG § 58 Rn. 37). Die Hauptversammlung ist hierbei nach § 174 Abs. 1 Satz 2 AktG an den im Jahresabschluss ausgewiesenen Bilanzgewinn gebunden. An den ihr nach § 124 Abs. 3 Satz 1 AktG mit dem Inhalt des § 170 Abs. 2 AktG von der Verwaltung zu unterbreitenden Gewinnverwendungsvorschlag ist sie hingegen nicht gebunden (K. Schmidt/Lutter/*Fleischer* AktG § 58 Rn. 37; MüKo AktG/*Bayer* § 58 Rn. 81).

29

Auch eine **satzungsmäßige Regelung der Gewinnverwendung** ist möglich, soweit es um einen Ausschluss der Befugnis nach Abs. 3 geht (KölnKomm AktG/*Drygala* § 58 Rn. 98): So kann die Satzung die Ausschüttung des gesamten Bilanzgewinns oder eines Teils anordnen, sie andererseits aber auch ganz ausschließen (BGH, Urt. v. 04.12.2012 – II ZR 17/12, NZG 2013, 233 Rz. 19). Letzteres kann insb. zur Wahrung des steuerrechtlichen Gemeinnützigkeitsprivilegs erforderlich sein (MüKo AktG/*Bayer* § 58 Rn. 87). Auch ein satzungsmäßiges Verbot, Gewinn auf neue Rechnung vorzutragen oder Rücklagen zu bilden, ist möglich (MüKo AktG/*Bayer* § 58 Rn. 92). Darüber hinaus ist nach ganz h. M. auch die satzungsmäßige Verpflichtung zur Bildung von Rücklagen möglich, da sonst die Vorschrift des § 158 Abs. 1 Nr. 4 Buchst. c) AktG leerliefe (*Hüffer/Koch* AktG

30

§ 58 Rn. 25a m. w. N.). Letztlich ist über die satzungsmäßige Ermächtigung zu einer anderen Verwendung des Bilanzgewinns (s. Rdn. 33) hinaus nach h. M. auch die satzungsmäßige Verpflichtung hierzu möglich (KölnKomm AktG/*Drygala* § 58 Rn. 110; *Hüffer/Koch* AktG § 58 Rn. 25).

II. Möglichkeiten der Gewinnverwendung

31 Die Hauptversammlung kann nach Abs. 3 Satz 1, 1. Alt. unabhängig von Abs. 1 bis 2a **weitere Beträge in Gewinnrücklagen einstellen**. Eine Höchstgrenze besteht hierbei nicht, d. h., der gesamte Bilanzgewinn kann in Gewinnrücklagen eingestellt werden. Zu beachten ist jedoch, dass der Beschluss in diesem Fall gem. § 254 AktG anfechtbar sein kann, worin allerdings auch der einzige Schutz der Minderheit vor einem »Aushungern« liegt (K. Schmidt/Lutter/*Fleischer* AktG § 58 Rn. 39). Die Hauptversammlung ist nicht auf eine Dotierung der anderen Gewinnrücklagen i. S. von § 266 Abs. 3 A III Nr. 4 HGB beschränkt, sondern kann den Bilanzgewinn daneben auch in die gesetzliche Gewinnrücklage (§§ 150 Abs. 1 und 2, 300 AktG) einstellen. Dies ergibt sich aus der Formulierung der Norm, die nur von der Einstellung in »Rücklagen« statt »anderen Rücklagen« spricht (*Hüffer/Koch* AktG § 58 Rn. 23; Hölters/*Waclawik* AktG § 58 Rn. 24).

32 Satz 1, 2. Alt. ermöglicht der Hauptversammlung, den Bilanzgewinn ganz oder teilweise mit einfacher Beschlussmehrheit **auf neue Rechnung vorzutragen** (K. Schmidt/Lutter/*Fleischer* AktG § 58 Rn. 40). Dies hat gegenüber der Einstellung in Gewinnrücklagen den Vorteil, dass der Gewinnvortrag im nächsten Jahr gem. § 158 Abs. 1 Satz 1 Nr. 1 AktG automatisch in den Bilanzgewinn einfließt, ohne dass es dazu eines weiteren Beschlusses der Hauptversammlung bedarf (Hölters/*Waclawik* AktG § 58 Rn. 27). Der Gewinnvortrag wird im nächsten Jahr nicht Teil des Jahresüberschusses und ist damit einer möglichen Thesaurierung nach Abs. 2 entzogen.

33 Letztlich kann die Hauptversammlung gem. Satz 2 auch beschließen, den Bilanzgewinn ganz oder teilweise **einer anderen Verwendung zuzuführen**. Dies ist nach Abs. 3 Satz 2 allerdings nur möglich, wenn die Satzung die Hauptversammlung hierzu ermächtigt (MüKo AktG/*Bayer* § 58 Rn. 91) oder verpflichtet (s. Rdn. 30). Da es im Verhältnis zwischen AG und Aktionären keine weitere Alternative neben der Thesaurierung oder der Ausschüttung des Bilanzgewinns gibt, kommt unter dem Begriff »andere Verwendung« lediglich die Zuwendung an Dritte in Betracht, was praktisch nur bei der Förderung gemeinnütziger Zwecke denkbar ist (KölnKomm AktG/*Drygala* § 58 Rn. 107 ff.; *Hüffer/Koch* AktG § 58 Rn. 25).

D. Anspruch der Aktionäre auf Bilanzgewinn, Abs. 4

I. Mitgliedschaftlicher Gewinnbeteiligungsanspruch

34 Nach Abs. 4 haben die Aktionäre Anspruch auf den Bilanzgewinn, soweit dieser nicht durch Gesetz, Satzung, Hauptversammlungsbeschluss oder als zusätzlicher Aufwand von der Verteilung ausgeschlossen ist. Dieser **abstrakte Gewinnbeteiligungsanspruch** hat seine Rechtsgrundlage in der Mitgliedschaft des Aktionärs und ist vom konkreten, schuldrechtlichen Gewinnauszahlungsanspruch zu unterscheiden (zu diesem Rdn. 37 f.). Der Anspruch entsteht mit Feststellung des Jahresabschlusses (BGH, Urt. v. 08.10.1952 – II ZR 313/51, Z 7, 263, 264; K. Schmidt/Lutter/*Fleischer* AktG § 58 Rn. 44) und ist aufgrund seiner untrennbaren Verbindung zur Mitgliedschaft **nicht selbstständig verkehrsfähig**, also insb. nicht abtretbar (*Hüffer/Koch* AktG § 58 Rn. 26).

35 Inhaltlich ist der Anspruch auf die **Teilhabe am Bilanzgewinn** gerichtet, allerdings nur nach Maßgabe des Gewinnverwendungsbeschlusses und im Rahmen der rechtlichen Ausgestaltung der Aktie (z. B. Stamm- oder Vorzugsdividende, *Hüffer/Koch* AktG § 58 Rn. 26). Da das Ausschüttungsvolumen erst mit dem Gewinnverwendungsbeschluss der Hauptversammlung feststeht, handelt es sich hierbei um keinen Zahlungsanspruch, sondern um einen gegen die AG einklagbaren **Anspruch auf Herbeiführung des Gewinnverwendungsbeschlusses**, falls die Hauptversammlung dies nicht von sich aus innerhalb der Frist des § 175 Abs. 1 Satz 2 AktG unternimmt (allg. M., Spindler/Stilz/*Cahn/v. Spannenberg* AktG § 58 Rn. 91; K. Schmidt/Lutter/*Fleischer* AktG § 58 Rn. 44). Ein stattgebendes Urteil ist nach § 888 ZPO vollstreckbar (*Hüffer/Koch* AktG § 58 Rn. 26).

Ein **gesetzlicher Ausschluss** kommt hierbei insbesondere bei einer Kapitalherabsetzung in Betracht 36
(§ 225 Abs. 2 bzw. §§ 230, 233 Abs. 2 AktG). Daneben dürfen auch keine nach § 268 Abs. 8 HGB
gesperrten Beträge ausgeschüttet werden (K. Schmidt/Lutter/*Fleischer* AktG § 58 Rn. 49). Ein **satzungsmäßiger Ausschluss** kommt im Fall des Bestehens einer Klausel nach § 58 Abs. 3 Satz 2 AktG
(s. Rdn. 30), ein **Ausschluss durch Hauptversammlungsbeschluss** in den Fällen des § 58 Abs. 3
Satz 1 AktG (s. Rdn. 28 ff.) in Betracht. Mit **zusätzlichem Aufwand** ist vor allem der Fall gemeint,
dass die Hauptversammlung in ihrem Gewinnverwendungsbeschluss von den Vorschlägen der Verwaltung abweicht und sich aufgrund dessen die Höhe von am Ausschüttungsbetrag orientierten
Tantiemen, Boni o. Ä. ändert, was nicht mehr im Jahresabschluss berücksichtigt werden kann
(näher KölnKomm AktG/*Drygala* § 58 Rn. 125; *Hüffer/Koch* AktG § 58 Rn. 27).

II. Schuldrechtlicher Gewinnauszahlungsanspruch

Vom mitgliedschaftlichen Anspruch auf den Bilanzgewinn nach Abs. 4 ist der **konkrete Gewinn-** 37
auszahlungsanspruch jedes einzelnen Aktionärs zu trennen (MüKo AktG/*Bayer* § 58 Rn. 102).
Dieser ist **auf Ausschüttung des Bilanzgewinns und damit grds. auf die Zahlung von Geld gerichtet** (zu Sachdividenden Rdn. 39 ff.) und entsteht mit Wirksamwerden des Gewinnverwendungsbeschlusses nach § 174 i. V. m. § 58 Abs. 3 AktG (vgl. Rdn. 28 ff.; K. Schmidt/Lutter/*Fleischer* AktG
§ 58 Rn. 45). Mit der Beschlussfassung tritt nach § 271 Abs. 1 BGB grds. auch die Fälligkeit des
Anspruchs ein (MüKo AktG/*Bayer* § 58 Rn. 114). Anders als der Anspruch nach Abs. 4 ist dieser
konkrete Zahlungsanspruch **schuldrechtlicher Natur** und damit insbesondere selbstständig abtretbar (*Hüffer/Koch* AktG § 58 Rn. 28).

Ist der konkrete Gewinnauszahlungsanspruch einmal entstanden, ist er nach allgemeiner Meinung 38
nicht wieder entziehbar, insbesondere nicht durch einen nachfolgenden, ihn aufhebenden Hauptversammlungsbeschluss. Eine Ausnahme hiervon ist nur bei Zustimmung sämtlicher Aktionäre
zu machen (BGH, Urt. v. 08.10.1952 – II ZR 313/51, Z 7, 263, 264; *Hüffer/Koch* AktG § 58
Rn. 28). Nach zutreffender h. M. entfällt der Anspruch auch dann nicht, wenn nach dem Gewinnverwendungsbeschluss, aber noch vor Auszahlung so hohe Verluste verzeichnet werden, dass die
Auszahlung aus der gesetzlichen Rücklage oder sogar aus dem Grundkapital erfolgen müsste (K.
Schmidt/Lutter/*Fleischer* AktG § 58 Rn. 48; *Hüffer/Koch* AktG § 58 Rn. 28; abw.: MüKo AktG/*Bayer* § 58 Rn. 118; GroßkommAktG/*Henze* § 58 Rn. 102). Die Aktionäre haben nach ganz h. M.
einen Anspruch auf **Verbriefung** ihres konkreten Gewinnauszahlungsanspruchs, falls diese nicht
durch die Satzung ausgeschlossen ist (K. Schmidt/Lutter/*Fleischer* AktG § 58 Rn. 51). Zur Verbriefung s. ausführl. *Hüffer/Koch* AktG § 58 Rn. 29 ff.; KölnKomm AktG/*Drygala* § 58 Rn. 144 ff.

E. Sachausschüttung, Abs. 5

Nach Abs. 5 kann die Hauptversammlung – sofern die Satzung dies vorsieht – statt einer Bar- 39
ausschüttung die Sachausschüttung beschließen. Diese Möglichkeit wurde erst 2002 durch das
Transparenz- und Publizitätsgesetz gesetzlich festgeschrieben (TransPuG – BGBl. I 2002, S. 2681),
entsprach allerdings – unter der Voraussetzung der Zustimmung sämtlicher Aktionäre – schon
vorher der h. M. (KölnKomm AktG/*Lutter* [2. Aufl.] § 58 Rn. 107). Die vorausgesetzte **Satzungsbestimmung** kann zum einen bereits in der Ursprungssatzung enthalten sein, zum anderen nachträglich durch Satzungsänderung geschaffen werden. Hierfür gelten die allgemeinen Regeln (§§ 179 ff.
AktG), d. h., eine einfache Mehrheit kann genügen, sofern dies nach § 179 Abs. 2 Satz 2 AktG
so vorgesehen ist. Entgegen der Regierungsbegründung (Begr. RegE. BT-Drucks. 14/8769, S. 13)
unterliegt der Satzungsänderungsbeschluss nach h. M. keiner Inhaltskontrolle dahin gehend, ob
hierdurch die Minderheitsaktionäre ausreichend berücksichtigt werden (K. Schmidt/Lutter/*Fleischer* AktG § 58 Rn. 58). **Ohne Satzungsbestimmung** ist eine Sachausschüttung nur möglich,
wenn eine solche individuell mit dem Aktionär vereinbart wird (§ 364 BGB) oder diesem ein Wahlrecht (§ 262 BGB) zwischen Sach- und Barausschüttung eingeräumt wird (*Hüffer/Koch* AktG § 58
Rn. 31; Hölters/*Waclawik* AktG § 58 Rn. 36).

40 Über die bloße Satzungsbestimmung hinaus ist in jedem Einzelfall ein **Hauptversammlungsbeschluss zur konkreten Sachausschüttung** erforderlich. Dieser ist Teil des Gewinnverwendungsbeschlusses, ein hiervon separater Sonderbeschluss ist nicht erforderlich (Hölters/*Waclawik* AktG § 58 Rn. 37). Mangels anderweitiger Regelung genügt für die Beschlussfassung die einfache Mehrheit nach § 133 Abs. 1 AktG (kritisch hierzu *DAV Handelsrechtsausschuss* NZG 2002, 115, 116). Zum Ausschüttungsbeschluss hat die Verwaltung nach § 124 Abs. 3 Satz 1 AktG Vorschläge zu unterbreiten, an die die Hauptversammlung nicht gebunden ist (K. Schmidt/Lutter/*Fleischer* AktG § 58 Rn. 59). Eine bloße Ermächtigung der Verwaltung zur Ausgestaltung der Sachausschüttung reicht somit nicht aus (Hüffer/*Koch* AktG § 58 Rn. 32).

41 **Inhaltlich** muss der Beschluss die Sachausschüttung nach Art und Höhe bestimmen und dabei so konkret gefasst sein, dass allein anhand dessen Vorgaben die Sachausschüttung vorgenommen werden kann, was neben der Individualisierung des Sachwerts auch dessen **Bewertung** voraussetzt (Hölters/*Waclawik* AktG § 58 Rn. 37). Ob diese Bewertung der auszuschüttenden Sachwerte zu Buch- oder zu Verkehrswerten zu erfolgen hat, hat der Gesetzgeber offen gelassen (RegBegr. BT-Drucks. 14/8769, S. 13). Die wissenschaftliche Diskussion hierzu ist noch nicht abgeschlossen, wenngleich die wohl h. M. zu einer Ausschüttung zum Verkehrswert tendiert (KölnKomm AktG/*Drygala* § 58 Rn. 184; K. Schmidt/Lutter/*Fleischer* AktG § 58 Rn. 60; Spindler/Stilz/*Cahn/v. Spannenberg* AktG § 58 Rn. 110; a. A. MüKo AktG/*Bayer* § 58 Rn. 110). Keine echten Beschränkungen ergeben sich hinsichtlich des auszuschüttenden Sachwertes: So kann die AG durchaus auch nicht fungible Vermögenswerte ausschütten, allerdings kann sich ein Ausschluss im Einzelfall z. B. aus dem Gleichbehandlungsgebot ergeben, wenn nicht jeder Aktionär in gleicher Weise über die Möglichkeit verfügt, den Gegenstand zu nutzen bzw. zu Geld zu machen: So z. B. bei der Ausschüttung nicht an der Börse gehandelter Aktien, die dem Großaktionär einer Publikumsgesellschaft zu einer qualifizierten Kapitalmehrheit verhilft (K. Schmidt/Lutter/*Fleischer* AktG § 58 Rn. 59; näher Hölters/*Waclawik* AktG § 58 Rn. 35 und KölnKomm AktG/*Drygala* § 58 Rn. 175 ff.).

F. Rechtsfolgen bei Verstoß gegen § 58 AktG

42 Ein **Verstoß gegen Abs. 1 oder Abs. 2** führt nach § 256 Abs. 1 Nr. 4 AktG zur Nichtigkeit des festgestellten Jahresabschlusses (Hüffer/*Koch* AktG § 58 Rn. 34; MüKo AktG/*Bayer* § 58 Rn. 134). Aus der Nichtigkeit resultiert zugleich die Nichtigkeit des darauf aufbauenden Gewinnverwendungsbeschlusses, sodass auch der Gewinnanspruch des Aktionärs nach Abs. 4 nicht wirksam entsteht. Zu beachten ist, dass die Nichtigkeit des Jahresabschlusses gem. § 256 Abs. 6 AktG mit Ablauf von 6 Monaten seit Bekanntgabe geheilt wird. Zu den Rechtsfolgen einer satzungsmäßigen Überschreitung der Höchstgrenze des Abs. 1 Satz 2 s. Rdn. 9. Ein **Verstoß gegen Abs. 2a** führt hingegen nur dann zur Nichtigkeit des Jahresabschlusses, wenn der Verstoß in der zu hohen Bewertung der thesaurierten Gewinnaufholung liegt. Wird die Gewinnaufholung hingegen zu niedrig bewertet, treten keine Rechtsfolgen ein, weil die Verwaltung insofern ein Wahlrecht hat (s. Rdn. 23; K. Schmidt/Lutter/*Fleischer* AktG § 58 Rn. 63; Hüffer/*Koch* AktG § 58 Rn. 35).

43 Bei **Verstößen bei Beschluss über die Gewinnverwendung nach Abs. 3** ist zu unterscheiden: Missachtet ein Gewinnverwendungsbeschluss nach Abs. 3 die Bindung an den festgestellten Jahresabschluss nach § 174 Abs. 1 Satz 2 AktG, ist er gem. § 241 Abs. 1 Nr. 3 AktG nichtig (A/D/S § 58 AktG Rn. 151). Im Übrigen führen Verstöße gegen Abs. 3 oder gegen die Satzung nach § 243 Abs. 1 AktG zur Anfechtbarkeit (MüKo AktG/*Bayer* § 58 Rn. 137). Darüber hinaus kann eine übermäßige Rücklagenbildung oder ein nicht gerechtfertigter Gewinnvortrag zur Anfechtbarkeit nach § 254 AktG führen (K. Schmidt/Lutter/*Fleischer* AktG § 58 Rn. 64).

§ 59 Abschlagszahlung auf den Bilanzgewinn

(1) Die Satzung kann den Vorstand ermächtigen, nach Ablauf des Geschäftsjahrs auf den voraussichtlichen Bilanzgewinn einen Abschlag an die Aktionäre zu zahlen.

(2) ¹Der Vorstand darf einen Abschlag nur zahlen, wenn ein vorläufiger Abschluß für das vergangene Geschäftsjahr einen Jahresüberschuß ergibt. ²Als Abschlag darf höchstens die Hälfte des Betrags gezahlt werden, der von dem Jahresüberschuß nach Abzug der Beträge verbleibt, die nach Gesetz oder Satzung in Gewinnrücklagen einzustellen sind. ³Außerdem darf der Abschlag nicht die Hälfte des vorjährigen Bilanzgewinns übersteigen.

(3) Die Zahlung eines Abschlags bedarf der Zustimmung des Aufsichtsrats.

Übersicht

		Rdn.				Rdn.
A.	Überblick	1	C.	Höhe der Abschlagszahlung		5
B.	**Voraussetzungen der Abschlagszahlung**	2	I.	Vorläufiger Abschluss		5
I.	Satzungsregelung	2	II.	Jahresüberschuss		6
II.	Beschluss des Vorstandes und Zustimmung des Aufsichtsrates	3	D.	**Rechtsfolgen**		7
			I.	Verkehrsfähiges Gläubigerrecht		7
1.	Beschluss des Vorstandes	3	II.	Bilanzielle Auswirkung		8
2.	Beschluss des Aufsichtsrates	4	III.	Rückgewährverpflichtung		9

A. Überblick

§ 59 AktG ermöglicht Abschlagszahlungen auf den Bilanzgewinn. Hierin liegt eine **Lockerung des § 58 AktG** (*Hüffer/Koch* AktG § 59 Rn. 1), die jedoch an strenge Voraussetzungen geknüpft ist (K. Schmidt/Lutter/*Fleischer* AktG § 59 Rn. 1). Durch die Regelung soll die Attraktivität der deutschen AG im Vergleich zu festverzinslichen Papieren (Begr. RegE bei *Kropff*, Aktiengesetz, S. 79; *Hüffer/Koch* AktG § 59 Rn. 1) sowie zu ausländischen Gesellschaften erhöht werden. Insbes. bei der US-amerikanischen AG ist es üblich, dass Gewinnausschüttungen nicht für das abgelaufene Geschäftsjahr, sondern für jedes abgelaufene Quartal und somit in regelmäßigen Abständen bereits unterjährig erfolgen (vgl. Hölters/*Waclawik* AktG § 59 Rn. 2; K. Schmidt/Lutter/*Fleischer* AktG § 59 Rn. 18). Durch die in § 59 AktG enthaltene Regelung wurde eine Steigerung der Attraktivität jedoch nicht erreicht (Hölters/*Waclawik* AktG § 59 Rn. 2; MüKo AktG/*Bayer* § 59 Rn. 3), was insbesondere damit zusammenhängt, dass Vorabausschüttungen und Interimsdividenden weiterhin nicht zulässig sind (*Siebel/Gebauer* AG 1999, 385; *Hüffer/Koch* AktG § 59 Rn. 1). § 59 AktG ist daher **nahezu bedeutungslos** geblieben (KölnKomm AktG/*Drygala* § 59 Rn. 5). 1

B. Voraussetzungen der Abschlagszahlung

I. Satzungsregelung

Nach Abs. 1 ist eine Abschlagszahlung nur zulässig, wenn diese Möglichkeit in der Satzung der AG vorgesehen ist. Eine solche Regelung kann entweder in der Ursprungssatzung enthalten sein oder durch nachträgliche Satzungsänderung (§§ 179 ff. AktG) eingeführt werden (Hölters/*Waclawik* AktG § 59 Rn. 3). Eine bloße Beschlussfassung der Hauptversammlung ohne entsprechende Satzungsregelung genügt jedenfalls nicht (*Hüffer/Koch* AktG § 59 Rn. 2). Die Satzung kann die Zulässigkeit von Abschlagszahlungen von weiteren Voraussetzungen abhängig machen, die gesetzlichen Voraussetzungen (Rdn. 3 ff.) allerdings nicht lockern (MüKo AktG/*Bayer* § 59 Rn. 6). 2

II. Beschluss des Vorstandes und Zustimmung des Aufsichtsrates

1. Beschluss des Vorstandes

Über eine Abschlagszahlung beschließt nach § 59 Abs. 2 Satz 1 AktG ausschließlich der Vorstand. Die in der Satzung enthaltene Möglichkeit einer Abschlagszahlung muss als **Ermächtigung** ausgestaltet sein, die Satzung kann Abschlagszahlungen demnach nicht zwingend vorschreiben (K. Schmidt/Lutter/*Fleischer* AktG § 59 Rn. 8). Eine Ermächtigung beinhaltet zugleich, dass die Entscheidung über die Vornahme im **eigenen Ermessen** des Vorstands steht (GroßkommAktG/*Henze* § 59 Rn. 14; *Hüffer/Koch* AktG § 59 Rn. 2; K. Schmidt/Lutter/*Fleischer* AktG § 59 Rn. 8). Für jede neue Abschlagszahlung hat eine neue Beschlussfassung zu erfolgen (MüKo AktG/*Bayer* § 59 Rn. 9). 3

2. Beschluss des Aufsichtsrates

4 Daneben ist nach Abs. 3 zwingend die **Zustimmung des Aufsichtsrates** erforderlich. Dies erfordert einen Beschluss des Gesamtaufsichtsrates; eine Übertragung der Zustimmungserteilung auf einen Ausschuss des Aufsichtsrates ist mithin unzulässig (*Hüffer/Koch* AktG § 59 Rn. 2; K. Schmidt/Lutter/*Fleischer* AktG § 59 Rn. 9). Eine Abschlagszahlung kann nur vorgenommen werden, wenn der Aufsichtsrat seine »Zustimmung« zeitlich vor der Auszahlung der Abschlagszahlung erteilt hat – eine Genehmigung i.S.d. § 184 Abs. 1 BGB reicht insofern nicht aus (GroßkommAktG/*Henze* § 59 Rn. 15; *Hüffer/Koch* AktG § 59 Rn. 2).

C. Höhe der Abschlagszahlung

I. Vorläufiger Abschluss

5 Auch wenn die formellen Voraussetzungen der Ermächtigung zur Abschlagszahlung vorliegen, ist eine Abschlagszahlung gem. Abs. 2 dem Grunde und der Höhe nach beschränkt. Eine Abschlagszahlung ist zeitlich erst möglich, wenn ein **vorläufiger Abschluss für das vergangene Geschäftsjahr** vorliegt. Dies bedeutet, dass das vergangene Geschäftsjahr bereits abgelaufen sein muss (GroßkommAktG/*Henze* § 59 Rn. 4). »Vorläufig« bedeutet nur, dass Bilanz und Gewinn- und Verlustrechnung bereits von dem Vorstand aufgestellt wurden, diese aber noch nicht geprüft und festgestellt worden sind. Überdies können auch Anhang und Lagebericht noch ausstehen (MüKo AktG/*Bayer* § 59 Rn. 8).

II. Jahresüberschuss

6 Aus dem vorläufigen Abschluss muss sich nach Abs. 2 Satz 1 ein **Jahresüberschuss** ergeben (*Hüffer/Koch* AktG § 59 Rn. 3). Hiermit ist die in § 275 Abs. 2 Nr. 20 bzw. Abs. 3 Nr. 19 HGB aufgeführte Zahl gemeint (K. Schmidt/Lutter/*Fleischer* AktG § 59 Rn. 7). Ein Gewinnvortrag aus dem Vorjahr und Entnahmen aus Rücklagen (§ 158 Abs. 1 Satz 1 Nr. 1–3 AktG) dürfen nicht berücksichtigt werden, da solche bilanzpolitischen Maßnahmen erst im Rahmen des endgültigen Jahresabschlusses zu treffen sind (MüKo AktG/*Bayer* § 59 Rn. 8). Der vorhandene Jahresabschluss ist der Höhe nach jedoch nicht unbeschränkt für Abschlagszahlungen nutzbar. Vielmehr ist er **in doppelter Hinsicht durch Abs. 2 Satz 2 und 3 begrenzt**, um die Belange der Gesellschaftsgläubiger nicht zu gefährden (vgl. Begr. RegE bei *Kropff*, Aktiengesetz, S. 79; K. Schmidt/Lutter/*Fleischer* AktG § 59 Rn. 10). Nach Abs. 2 Satz 2 darf die Abschlagszahlung zunächst die Hälfte des Betrags nicht überschreiten, der sich nach Abzug aller nach Gesetz (§§ 150, 300 AktG) oder Satzung (§ 58 Abs. 1 AktG) in Gewinnrücklagen einzustellenden Beträge von dem nach Abs. 2 Satz 1 ermittelten Jahresüberschusses ergibt. Nach Abs. 2 Satz 3 darf der Abschlag darüber hinaus nicht die Hälfte des vorjährigen Bilanzgewinns (§ 158 Abs. 1 Satz 1 Nr. 5 AktG) übersteigen.

D. Rechtsfolgen

I. Verkehrsfähiges Gläubigerrecht

7 Werden sämtliche Voraussetzungen des § 59 AktG eingehalten, entsteht zu dem Zeitpunkt des Beschlusses des Vorstandes – aber nicht vor der Bekanntgabe der Zustimmungserteilung des Aufsichtsrates – ein **selbstständiges und verkehrsfähiges Gläubigerrecht** der Aktionäre (MüKo AktG/*Bayer* § 59 Rn. 17; KölnKomm AktG/*Drygala* § 59 Rn. 17).

II. Bilanzielle Auswirkung

8 Die Abschlagszahlung erfolgt erst nach Ablauf des Geschäftsjahres und verändert den Jahresabschluss daher nicht (*Hüffer/Koch* AktG § 59 Rn. 4). Sie stellt auch keine Verwendung des Jahresergebnisses i.S.d. § 268 Abs. 1 HGB dar (K. Schmidt/Lutter/*Fleischer* AktG § 59 Rn. 14). Die erfolgte Abschlagszahlung ist jedoch bei der Rücklagenbildung und Gewinnverteilung insofern zu berücksichtigen, als Verwaltung und Hauptversammlung über den bereits ausgeschütteten Teil des Bilanzgewinns keine Rücklagen mehr bilden oder Ausschüttungen vornehmen können (KölnKomm

AktG/*Drygala* § 59 Rn. 18). Die bereits erfolgte Abschlagszahlung ist daher **informationshalber** im Gewinnverwendungsbeschluss der Hauptversammlung nach § 174 AktG anzugeben (*Hüffer/Koch* AktG § 59 Rn. 4; MüKo AktG/*Bayer* § 59 Rn. 19).

III. Rückgewährverpflichtung

Stellt sich nach der endgültigen Feststellung des Jahresabschlusses heraus, dass der Bilanzgewinn der AG nicht ausreichend ist, um die Abschlagszahlung zu finanzieren, oder wurden andere Voraussetzungen des § 59 AktG bei der Abschlagszahlung nicht beachtet, so stellt sich die Auszahlung als **verbotene Einlagenrückgewähr** nach § 57 AktG dar (MüKo AktG/*Bayer* § 59 Rn. 20 f.). Die Aktionäre sind nach § 62 Abs. 1 AktG verpflichtet, der AG den unzulässig ausgeschütteten Differenzbetrag **zurückzugewähren** (MüKo AktG/*Bayer* § 59 Rn. 20; *Hüffer/Koch* AktG § 59 Rn. 4). Da es sich zugleich um die Auszahlung eines (wenn auch vermeintlichen) Gewinnanspruchs handelt, kommt ein Rückzahlungsanspruch nicht in Betracht, wenn der Aktionär nach § 62 Abs. 1 Satz 2 AktG gutgläubig war (MüKo AktG/*Bayer* § 59 Rn. 20 f.; *Hüffer/Koch* AktG § 59 Rn. 4). Parallel dazu ist zu prüfen, ob die Verwaltung nach §§ 93 Abs. 3 Nr. 2, 116 AktG haftbar gemacht werden kann, wobei die Privilegierung des § 93 Abs. 1 Satz 2 AktG nicht zur Anwendung kommt (MüKo AktG/*Bayer* § 59 Rn. 20 f.; KölnKomm AktG/*Drygala* § 59 Rn. 21). Hierbei stellt der ausgezahlte Betrag den Mindestschaden dar, der sich insoweit mindert, als es tatsächlich gelingt, die Ansprüche nach § 62 AktG gegen die Aktionäre durchzusetzen (KölnKomm AktG/*Drygala* § 59 Rn. 21).

§ 60 Gewinnverteilung

(1) Die Anteile der Aktionäre am Gewinn bestimmen sich nach ihren Anteilen am Grundkapital.

(2) ¹Sind die Einlagen auf das Grundkapital nicht auf alle Aktien in demselben Verhältnis geleistet, so erhalten die Aktionäre aus dem verteilbaren Gewinn vorweg einen Betrag von vier vom Hundert der geleisteten Einlagen. ²Reicht der Gewinn dazu nicht aus, so bestimmt sich der Betrag nach einem entsprechend niedrigeren Satz. ³Einlagen, die im Laufe des Geschäftsjahrs geleistet wurden, werden nach dem Verhältnis der Zeit berücksichtigt, die seit der Leistung verstrichen ist.

(3) Die Satzung kann eine andere Art der Gewinnverteilung bestimmen.

Übersicht	Rdn.		Rdn.
A. Überblick	1	III. Unterschiedliche Leistungszeitpunkte	7
B. Regelfall: Quotale Gewinnbeteiligung, Abs. 1	3	D. Abweichende Gewinnbeteiligung, Abs. 3	8
		I. Gestaltung bei Kapitalerhöhungen	10
C. Ausnahmefall: Vorabdividende, Abs. 2	4	II. Sonstige Gestaltungen	13
I. Allgemeines	4	E. Dividendenverzicht	14
II. Leistungen in ungleicher Höhe	5		

A. Überblick

§ 60 AktG regelt die Frage, wie ein Bilanzgewinn unter den Aktionären zu verteilen ist, und stellt diesbezüglich in Abs. 1 und 2 zwei **Verteilungsschlüssel** auf, die durch Satzungsbestimmung nach Abs. 3 abgeändert werden können (K. Schmidt/Lutter/*Fleischer* AktG § 60 Rn. 1). § 60 AktG orientiert sich am **Prinzip der Gleichbehandlung** aller Aktionäre und ist insofern Ausfluss des § 53a AktG (MüKo AktG/*Bayer* § 60 Rn. 3). »Gewinn« meint hierbei denjenigen Teil des Bilanzgewinns, der nach § 174 Abs. 2 Nr. 2 AktG im Gewinnverwendungsbeschluss der Hauptversammlung zur Ausschüttung vorgesehen ist (*Hüffer/Koch* AktG § 60 Rn. 1).

§ 60 AktG richtet sich allein an den **Vorstand** der AG. Die Hauptversammlung hat zwar zu beschließen, ob und in welcher Höhe ein Bilanzgewinn ausgeschüttet werden soll (§ 174 Abs. 2 Nr. 2 AktG). Die konkrete Ausführung der Gewinnausschüttung fällt hingegen nicht in den Zuständigkeitsbereich der Hauptversammlung, sondern ist **Geschäftsführungsmaßnahme** (BGH,

§ 60 AktG Gewinnverteilung

Urt. v. 28.06.1982, Z 84, 303; *Hüffer/Koch* AktG § 60 Rn. 1; MüKo AktG/*Bayer* § 60 Rn. 1). Bei der Verteilung ist der Vorstand strikt an die in Abs. 1 und 2 normierten Verteilungsschlüssel bzw. an eine abweichende Satzungsbestimmung nach Abs. 3 gebunden; er hat bei der Ausführung des Gewinnverwendungsbeschlusses also keinerlei Spielraum (K. Schmidt/Lutter/*Fleischer* AktG § 60 Rn. 2). Jede Gewinnverteilung, die der Vorstand in Abweichung zu den Regelungen in Abs. 1 bis 3 vornimmt, stellt sich als **verbotene Einlagenrückgewähr** nach § 57 AktG dar, mit der Folge einer Rückerstattungspflicht des Aktionärs nach § 62 AktG (GroßkommAktG/*Henze* § 60 Rn. 35; MüKo AktG/*Bayer* § 60 Rn. 35). Daneben kann sich der Vorstand bei einer von § 60 AktG abweichenden Gewinnverteilung auch nach § 93 Abs. 3 Nr. 1 AktG schadensersatzpflichtig machen (GroßkommAktG/*Henze* § 60 Rn. 35; MüKo AktG/*Bayer* § 60 Rn. 35).

B. Regelfall: Quotale Gewinnbeteiligung, Abs. 1

3   Der Regelfall der Gewinnverteilung ist in Abs. 1 enthalten und gilt nur für den Fall »**gleichmäßiger**« **Einlageleistung** (vgl. zur ungleichmäßigen Einlageleistung s. Rdn. 4 ff.). Danach richtet sich die Gewinnverteilung unter den Aktionären danach, in welchem Verhältnis jeder einzelne Aktionär am **Grundkapital der AG** beteiligt ist. Hat die AG **Nennbetragsaktien** nach § 8 Abs. 2 AktG ausgegeben, so ist das Verhältnis der Nennbeträge der von dem Aktionär gehaltenen Aktien zum Grundkapital der AG entscheidend (K. Schmidt/Lutter/*Fleischer* AktG § 60 Rn. 5). Bei der Ausgabe von **Stückaktien** nach § 8 Abs. 3 AktG ist die Anzahl der von dem Aktionär an der AG gehaltenen Aktien durch die Anzahl sämtlicher vorhandener Aktien zu dividieren (*Hüffer/Koch* AktG § 60 Rn. 2; MüKo AktG/*Bayer* § 60 Rn. 7). Der sich daraus ergebende Bruchteil ist maßgeblich dafür, welchen Anteil der betreffende Aktionär an dem auszuschüttenden Bilanzgewinn hat (*Hüffer/Koch* AktG § 60 Rn. 2). Ein vereinbartes Aufgeld (**Agio**) stellt nach allg. M. keine Leistung auf das Grundkapital dar und bleibt deswegen bei der Gewinnverteilung außer Betracht (MüKo AktG/*Bayer* § 60 Rn. 8; KölnKomm AktG/*Drygala* § 60 Rn. 14).

C. Ausnahmefall: Vorabdividende, Abs. 2

I. Allgemeines

4   Werden die Einlagen in ungleicher Höhe (Satz 1) oder zu unterschiedlichen Zeitpunkten (Satz 3) geleistet, greift die in Abs. 2 enthaltene Sonderregelung. Unter Einlageleistung sind sowohl **Bar- als auch Sacheinlagen** zu verstehen (GroßkommAktG/*Henze* § 60 Rn. 8; MüKo AktG/*Bayer* § 60 Rn. 8). Auch hier bleibt die Leistung oder Nichtleistung eines vereinbarten Aufgelds außer Betracht (h. M., MüKo AktG/*Bayer* § 60 Rn. 10; KölnKomm AktG/*Drygala* § 60 Rn. 14). Einlageleistungen sind nur dann vom Aktionär zu erbringen und nach § 60 AktG zu berücksichtigen, wenn sie fällig sind (MüKo AktG/*Bayer* § 60 Rn. 10). Die **Fälligkeit** setzt eine **Einforderung durch den Vorstand** nach § 63 AktG voraus. Dennoch bereits auf die Einlageleistung (vorfristig) erbrachte Zahlungen haben einerseits keine Tilgungswirkung und können andererseits auch nicht bei der Gewinnverteilung des § 60 AktG berücksichtigt werden, da sich sonst Aktionäre durch vorfristige Leistung Vorteile bei der Gewinnverteilung verschaffen könnten (GroßkommAktG/*Henze* § 60 Rn. 12; MüKo AktG/*Bayer* § 60 Rn. 10).

II. Leistungen in ungleicher Höhe

5   Abs. 2 verdrängt die Grundregel des § 60 Abs. 1 AktG bereits dann, wenn nur ein einziger Aktionär mehr oder weniger geleistet hat als die übrigen Aktionäre (GroßkommAktG/*Henze* § 60 Rn. 10; K. Schmidt/Lutter/*Fleischer* AktG § 60 Rn. 7; MüKo AktG/*Drygala* § 60 Rn. 11). Haben hingegen sämtliche Aktionäre im selben Verhältnis ihre Einlageverpflichtung erfüllt (z. B. zu je 50 %), kommt Abs. 2 nicht zur Anwendung. Bei Nennbetragsaktien kommt es hierbei nicht auf die absolute Höhe der erbrachten Leistungen an, sondern allein auf die **Leistung im Verhältnis zum Nennbetrag**. Bei Stückaktien weist die von den Aktionären auf jede Aktie zu erbringende Einlageleistung hingegen immer den gleichen Wert auf.

Sind Einlagen auf das Grundkapital nicht in demselben Verhältnis geleistet worden, so erhalten alle Aktionäre nach § 60 Abs. 2 Satz 1 AktG vom auszuschüttenden Gewinn (§§ 174 Abs. 2 Nr. 2, 58 Abs. 3 AktG) eine **Vorabdividende von 4%** auf ihre tatsächlich geleisteten Einlagen (MüKo AktG/*Bayer* § 60 Rn. 11). Reicht der auszuschüttende Gewinn nicht für die Vorabdividende aus, bestimmt sich die Dividende gem. Abs. 2 Satz 2 nach einem entsprechend niedrigeren Prozentsatz. Ist nach der vollständigen Zuteilung der Vorabdividende hingegen noch ein ausschüttungsfähiger Bilanzgewinn vorhanden, so ist dieser Rest nach Abs. 1 unter allen Aktionären gleichmäßig zu verteilen, gleich ob diese ihre fälligen Einlageleistungen bereits erbracht haben oder nicht (allg. M., *Hüffer/Koch* AktG § 60 Rn. 4; MüKo AktG/*Bayer* § 60 Rn. 11). 6

III. Unterschiedliche Leistungszeitpunkte

Neben der Einlageleistung in unterschiedlicher Höhe kommt auch der Fall in Betracht, dass Einlageleistungen zu unterschiedlichen Zeitpunkten des Geschäftsjahres geleistet werden (GroßkommAktG/*Henze* § 60 Rn. 11; *Hüffer/Koch* AktG § 60 Rn. 5). Auch hier reicht es aus, wenn nur ein einziger Aktionär seine Einlageleistung verspätet erbringt (MüKo AktG/*Bayer* § 60 Rn. 12; KölnKomm AktG/*Drygala* § 60 Rn. 16). Die Vorabdividende nach Abs. 2 Satz 1 wird dann nur **zeitanteilig** ausgeschüttet (KölnKomm AktG/*Drygala* § 60 Rn. 20), wobei es für die Berechnung nicht auf den Tag der Fälligkeit, sondern auf den Tag der Leistung ankommt (*Hüffer/Koch* AktG § 60 Rn. 5; MüKo AktG/*Bayer* § 60 Rn. 12). Im Übrigen gelten dieselben Grundsätze wie bei Abs. 2 Satz 1, d. h. ein nach Zahlung der (zeitanteilig angepassten) Vorabdividende verbleibender Rest wird wiederum nach Abs. 1 verteilt. Reicht der Bilanzgewinn nicht aus, wird eine entsprechende Kürzung nach Abs. 2 Satz 2 vorgenommen (MüKo AktG/*Bayer* § 60 Rn. 12). Nach zutreffender Ansicht findet die Regelung des Abs. 2 Satz 3 auch bei **unterjährigen Kapitalerhöhungen** Anwendung, bei denen durch die Zeichnung neuer Aktien Einlagepflichten entstehen, die neben Einlagepflichten aus alten Aktien treten (ausführl. KölnKomm AktG/*Drygala* § 60 Rn. 21; MüKo AktG/*Bayer* § 60 Rn. 13). 7

D. Abweichende Gewinnbeteiligung, Abs. 3

Abs. 1 und 2 stehen zur Disposition der Satzung, in dieser kann nach Abs. 3 ein abweichender Gewinnverteilungsschlüssel vorgesehen sein. Hierin liegt eine Durchbrechung der Satzungsstrenge zugunsten der Satzungsautonomie, was damit gerechtfertigt wird, dass die Gewinnverteilung nur die Aktionäre, nicht jedoch Gesellschaftsgläubiger betrifft (K. Schmidt/Lutter/*Fleischer* AktG § 60 Rn. 12; *Hüffer/Koch* AktG § 60 Rn. 6). Der **Vorrang der Satzung** gilt uneingeschränkt, wenn die Gewinnverteilung abschließend von der Satzungsbestimmung geregelt wird. Wird in der Satzung nur ein Teil der Gewinnverteilung geregelt, kann der gesetzl. Verteilungsschlüssel ergänzend herbeigezogen werden. Wird die Satzungsbestimmung z. B. aufgrund einer Gesetzesänderung undurchführbar, erfolgt die Gewinnverteilung wieder nach den Abs. 1 und 2 (K. Schmidt/Lutter/*Fleischer* AktG § 60 Rn. 13). Die abweichende Satzungsregelung muss abschließend in der Satzung selbst enthalten sein (BGH, Urt. v. 28.06.1982 – II ZR 69/81, Z 84, 303, 311), die Ermächtigung eines Gesellschaftsorgans oder eines Dritten zur Festlegung einer abweichenden Gewinnbeteiligung ist nicht möglich (MüKo AktG/*Bayer* § 60 Rn. 16; K. Schmidt/Lutter/*Fleischer* AktG § 60 Rn. 14). 8

Ist der abweichende Verteilungsschlüssel nicht bereits in der Ursprungssatzung enthalten, sondern soll **nachträglich in die Satzung eingeführt** werden, bedarf es nach ganz h. M. nicht nur einer Satzungsänderung gem. §§ 179 ff. AktG, sondern darüber hinaus der Zustimmung jedes Aktionärs, der von der Änderung negativ betroffen wird (KölnKomm AktG/*Drygala* § 60 Rn. 28 ff.; K. Schmidt/Lutter/*Fleischer* AktG § 60 Rn. 16; abw. Spindler/Stilz/*Cahn/v. Spannenberg* AktG § 60 Rn. 21 ff., für die ein mit qualifizierter Mehrheit gefasster Sonderbeschluss der betroffenen Aktionäre ausreicht). 9

I. Gestaltung bei Kapitalerhöhungen

In der Praxis ist es üblich, bei Kapitalerhöhungen im Erhöhungsbeschluss eine von § 60 Abs. 1 und 2 AktG abweichende Verteilungsregelung zugunsten der jungen Aktien zu treffen. Dies ist grds. zulässig, da jeder Kapitalerhöhung zugleich eine Satzungsänderung zugrunde liegt (K. Schmidt/ 10

Lutter/*Fleischer* AktG § 60 Rn. 17). Junge Aktien können nach allgemeiner Ansicht rückwirkend am Gewinn des Geschäftsjahres oder einer Teilperiode beteiligt werden. Darüber hinaus ist nach wohl h. M. auch die Beteiligung an einem bereits abgelaufenen Geschäftsjahr möglich (*Hüffer/Koch* AktG § 60 Rn. 10 m. w. N.; ausführl. KölnKomm AktG/*Drygala* § 60 Rn. 46 ff. mit Erläuterung relevanter Sonderfälle; a. A. *Mertens*, FS Wiedemann, 2002, 1113 ff.).

11 Anders als bei der einfachen Satzungsänderung (s. Rdn. 9) bedarf es trotz der nachteiligen Wirkung auf die Gewinnansprüche alter Aktien hier **keiner Zustimmung sämtlicher betroffener Altaktionäre**. Für einen ausreichenden Ausgleich sorgt vielmehr das Bezugsrecht, ein weiter reichender Schutz der Altaktionäre ist nicht erforderlich (MüKo AktG/*Bayer* § 60 Rn. 23; KölnKomm AktG/*Drygala* § 60 Rn. 33; *Hüffer/Koch* AktG § 60 Rn. 9). Die Zustimmung sämtlicher betroffener Aktionäre ist allerdings nach h. M. auch dann nicht erforderlich, wenn das **Bezugsrecht** nach § 186 Abs. 3 AktG im Kapitalerhöhungsbeschluss **ausgeschlossen** wird. Hier erscheint die Berücksichtigung der Ungleichbehandlung von alten und jungen Aktien im Rahmen der (gerichtl.) Prüfung der sachlichen Rechtfertigung der Kapitalmaßnahme nach den »Kali+Salz«-Kriterien des BGH (Urt. v. 13.03.1978 – II ZR 142/76, BGHZ 71, 40, 44 ff.) als ausreichend (so auch *Hüffer/Koch* AktG § 60 Rn. 9; MüKo AktG/*Bayer* § 60 Rn. 24; KölnKomm AktG/*Drygala* § 60 Rn. 35). Eine gerichtliche Klärung der Frage steht allerdings noch aus (*Hüffer/Koch* AktG § 60 Rn. 9). Zur Herstellung von Rechtssicherheit empfiehlt sich deswegen die Aufnahme einer **klarstellenden Klausel** in die (Ursprungs-) Satzung, nach welcher abweichende Gewinnverteilungsregelungen zugunsten junger Aktien ausdrücklich gestattet sind (KölnKomm AktG/*Drygala* § 60 Rn. 34 mit konkretem Formulierungsvorschlag).

12 Eine Ausnahme von diesen Grundsätzen gilt für die Ausgabe neuer Aktien über die Ausnutzung **genehmigten Kapitals**. Erfolgt diese unter Ausschluss des Bezugsrechts und gleichzeitiger Bevorzugung der neuen Aktien gegenüber den Alt-Aktien, ist nach zutreffender h. M. die Zustimmung sämtlicher betroffener Aktionäre erforderlich (*Mertens*, FS Wiedemann, 2002, 1113, 1123 ff.; KölnKomm AktG/*Drygala*; *Hüffer/Koch* AktG § 60 Rn. 9; MüKo AktG/*Bayer* § 60 Rn. 27). Zur Begründung wird der **wenig effektive Rechtsschutz** beim genehmigten Kapital angeführt. Einerseits kann der Ermächtigungsbeschluss der Hauptversammlung als Folge der Siemens/Nold-Entscheidung des BGH (Urt. v. 23.06.1997 – II ZR 132/93, BGHZ 136, 133, 140 f.) nicht mehr erfolgreich durch Anfechtungsklage angegriffen werden (Hölters/*Laubert* AktG § 60 Rn. 8). Andererseits hilft auch eine grds. mögliche Unterlassungsklage im Regelfall nicht weiter, da der Vorstand die Hauptversammlung erst nachträglich von der Kapitalmaßnahme unterrichten muss (BGH, Urt. v. 10.10.2005 – II ZR 148/03, Z 164, 241 – Mangusta/Commerzbank I).

II. Sonstige Gestaltungen

13 Neben der **Gewährung von Vorzugsaktien** nach §§ 11, 139 AktG als wichtigstem Anwendungsfall abweichender Gewinnverteilungsabreden (hierzu *Hüffer/Koch* AktG § 60 Rn. 7; KölnKomm AktG/*Drygala* § 60 Rn. 42) sind die weiteren Anwendungsfälle sehr vielfältig. Erwähnenswert ist, dass es als zulässig angesehen wird, dass der **Gewinnbezug einzelner Aktionäre** ganz ausgeschlossen, der Höhe nach begrenzt oder auch nur unter bestimmten Voraussetzungen ausgeschlossen wird (KölnKomm AktG/*Drygala* § 60 Rn. 43; K. Schmidt/Lutter/*Fleischer* AktG § 60 Rn. 18). Darüber hinaus können abweichend von Abs. 2 Satz 1 nicht voll einbezahlte Aktien vom Gewinn ausgeschlossen und umgekehrt die gleichmäßige Gewinnverteilung nach Abs. 1 auch bei ungleicher Einlageleistung angeordnet werden (MüKo AktG/*Bayer* § 60 Rn. 21; weitere Beispiele bei KölnKomm AktG/*Drygala* § 60 Rn. 43). Aus **steuerlicher Sicht** ist zu beachten, dass eine abweichende Gewinnverteilung nicht nur ertragsteuerliche, sondern möglicherweise auch schenkungssteuerliche Auswirkungen haben kann.

E. Dividendenverzicht

14 In der Praxis kann sich die Notwendigkeit eines Gewinnverzichts des Großaktionärs ergeben, so z. B. um die Dividende außenstehender Aktionäre aufzubessern, damit diese von Anfechtungsklagen gegen ertragsmindernde Strukturmaßnahmen absehen (*Hüffer/Koch* AktG § 60 Rn. 11;

KölnKomm AktG/*Drygala* § 60 Rn. 48). In konstruktiver Hinsicht lässt sich dies durch einen **verfügenden Vertrag** zwischen AG und verzichtendem Aktionär über den künftigen schuldrechtlichen Dividendenauszahlungsanspruch analog § 397 BGB erreichen, wobei die AG von ihrem Vorstand vertreten wird (KölnKomm AktG/*Drygala* § 60 Rn. 66; MüKo AktG/*Bayer* § 60 Rn. 38). Zum Verzicht bedarf es insb. keiner Satzungsregelung gem. Abs. 3, da er keine Auswirkungen auf den jeweils anwendbaren Gewinnverteilungsschlüssel hat (*Hüffer/Koch* AktG § 58 Rn. 11). Die teilweise diskutierte zusätzliche oder ausschließliche Beschlussfassung der Hauptversammlung, die den Bilanzgewinn mit Zustimmung des verzichtenden Aktionärs ausschließlich auf die Mitaktionäre verteilt, ist aufgrund ihres Anfechtungsrisikos nicht zu empfehlen (KölnKomm AktG/*Drygala* § 60 Rn. 67). Ein genereller Verzicht auf den abstrakten Gewinnbeteiligungsanspruch ist ausgeschlossen (zu diesem § 58 AktG Rdn. 34 ff., MüKo AktG/*Bayer* § 60 Rn. 38).

Der Vertrag bewirkt, dass der Auszahlungsanspruch des Aktionärs gar nicht erst entsteht. Hierdurch wird der Gewinnverwendungsbeschluss der Hauptversammlung nicht berührt, vielmehr wird der verteilbare Bilanzgewinn nach dem gültigen Verteilungsschlüssel auf die übrigen Aktionäre verteilt (K. Schmidt/Lutter/*Fleischer* AktG § 60 Rn. 20). Noch ungeklärt ist, ob der verzichtende Aktionär gleichzeitig der AG vorgeben kann, dass der Verzichtsbetrag nicht ausgeschüttet, sondern in Gewinnrücklagen eingestellt wird (hierzu *Hüffer/Koch* AktG § 60 Rn. 12). 15

§ 61 Vergütung von Nebenleistungen

Für wiederkehrende Leistungen, zu denen Aktionäre nach der Satzung neben den Einlagen auf das Grundkapital verpflichtet sind, darf eine den Wert der Leistungen nicht übersteigende Vergütung ohne Rücksicht darauf gezahlt werden, ob ein Bilanzgewinn ausgewiesen wird.

Übersicht	Rdn.		Rdn.
A. Regelungsgegenstand	1	1. Höhe der Vergütung	4
B. Voraussetzungen und Höhe des Vergütungsanspruchs	3	2. Wertermittlung	5
		3. Berücksichtigung bei Gewinnverteilung	6
I. Voraussetzungen des Vergütungsanspruchs	3	C. Der Vergütungsanspruch	7
II. Höhe des Vergütungsanspruchs	4	D. Rechtsfolgen von Verstößen	9

A. Regelungsgegenstand

§ 61 AktG betrifft die **Vergütung von Nebenleistungspflichten**, zu deren Erbringung sich der Aktionär aufgrund einer entsprechenden Satzungsbestimmung nach § 55 AktG gegenüber der AG verpflichtet hat (GroßkommAktG/*Henze* § 61 Rn. 3). Aus § 61 AktG selbst ist jedoch nicht die zwingende Vergütung korporativer Nebenleistungspflichten zu ziehen. Die Klärung der Frage, ob die Nebenleistung vergütet wird, ist gem. § 55 Abs. 1 Satz 2 AktG vielmehr dem Satzungsgeber überlassen (vgl. § 55 AktG Rdn. 5). Sieht die Satzung ein Entgelt für die nach § 55 AktG zu erbringende Leistung vor, darf dessen Höhe gem. § 61 AktG den Wert der Nebenleistung nicht übersteigen (K. Schmidt/Lutter/*Fleischer* AktG § 61 Rn. 2). Die Vorschrift regelt mithin die **Höchstgrenze der Vergütung**. 1

Sinn und Zweck des § 61 AktG liegt darüber hinaus in der **Abgrenzung gegenüber dem Verbot der Einlagenrückgewähr** des § 57 AktG, indem klargestellt wird, dass die Zahlung einer satzungsmäßigen Vergütung i. S. d. § 55 Abs. 1 Satz 2 AktG keine verbotene Einlagenrückgewähr i. S. d. § 57 AktG darstellt und ohne Rücksicht auf einen etwaigen Bilanzgewinn ausgezahlt werden darf (*Hüffer/Koch* AktG § 61 Rn. 1; K. Schmidt/Lutter/*Fleischer* AktG § 61 Rn. 1; KölnKomm AktG/*Drygala* § 61 Rn. 3). 2

B. Voraussetzungen und Höhe des Vergütungsanspruchs

I. Voraussetzungen des Vergütungsanspruchs

3 § 61 AktG regelt die Vergütungshöchstgrenze für entgeltliche Nebenleistungen i. S. d. § 55 AktG (zu dessen Voraussetzungen s. § 55 AktG Rdn. 2 ff.). Die Erbringung einer Nebenleistung darf nur dann von der AG vergütet werden, wenn die Entgeltlichkeit der Nebenleistungspflicht in der Satzung der AG enthalten ist (s. § 55 AktG Rdn. 3 f.). Ohne **satzungsmäßige Grundlage** darf keine Zahlung vorgenommen werden (zur Ausnahme nach § 10 EGAktG s. § 55 AktG Rdn. 5). Die Vergütungsobergrenze **nichtkorporativer Nebenleistungspflichten** richtet sich hingegen nicht nach § 61 AktG, sondern allein nach § 57 AktG (K. Schmidt/Lutter/*Fleischer* AktG § 61 Rn. 4). Die Höchstgrenze des § 61 AktG gilt auch nicht für **Schadensersatzansprüche** der Aktionäre gegen die AG z. B. aufgrund einer Pflichtverletzung aus dem Nebenleistungsverhältnis (KölnKomm AktG/*Drygala* § 61 Rn. 4; MüKo AktG/*Bayer* § 61 Rn. 3).

II. Höhe des Vergütungsanspruchs

1. Höhe der Vergütung

4 § 61 AktG bestimmt, dass die in der Satzung festgelegte Höhe der Vergütung den **Wert der Nebenleistung** nicht übersteigen darf. Dies stellt keine Sonderbestimmung dar, sondern ist **Ausdruck eines allgemeinen Rechtsgedankens**, der sich auch in § 57 AktG wiederfindet (vgl. § 57 AktG Rdn. 8 ff., 26 ff.; MüKo AktG/*Bayer* § 61 Rn. 1; K. Schmidt/Lutter/*Fleischer* AktG § 61 Rn. 2). Ist in der Satzung nur geregelt, dass ein Entgelt zu leisten ist, entscheidet der Vorstand unter Berücksichtigung des § 61 AktG über die Höhe der zu leistenden Vergütung (*Hüffer/Koch* AktG § 61 Rn. 2).

2. Wertermittlung

5 Hinsichtlich der Ermittlung des Nebenleistungswerts kommt es nicht auf den Zeitpunkt der Vereinbarung der Vergütung, sondern allein auf den **Zeitpunkt der konkret zu erbringenden Nebenleistung** an. Zu diesem Zeitpunkt darf die Höhe der Vergütung den **marktüblichen Anschaffungswert** nicht überschreiten. Ist ein Marktpreis nicht ermittelbar, ist auf den günstigsten Preis abzustellen, für den die AG die Leistung bei Dritten hätte einkaufen können (MüKo AktG/*Bayer* § 61 Rn. 5). Nach zutreffender h. M. ist die **statutarische Festlegung einer Mindest- oder Festvergütung** wirksam: Mit Überschreitung der Grenze des § 61 AktG entfällt nur ihre Regelungswirkung, die Satzungsregelung ist also (vorübergehend) nicht anwendbar (*Hüffer/Koch* AktG § 61 Rn. 2; KölnKomm AktG/*Drygala* § 61 Rn. 9; MüKo AktG/*Bayer* § 61 Rn. 6; a. A. Hüffer AktG [10. Aufl.] § 61 Rn. 2; Hölters/*Laubert* AktG § 61 Rn. 5).

3. Berücksichtigung bei Gewinnverteilung

6 Trotz der in § 61 AktG statuierten Vergütungshöchstgrenze bleibt es der AG unbenommen, in ihrer Satzung gem. § 60 Abs. 3 AktG eine Regelung zu treffen, nach welcher derjenige Teil der Vergütung, der über dem Marktwert der Nebenpflicht liegt, nicht über § 61 AktG an den betroffenen Aktionär auszuzahlen, sondern ihm zugunsten bei der Gewinnverteilung zu berücksichtigen ist (MüKo AktG/*Bayer* § 61 Rn. 8; K. Schmidt/Lutter/*Fleischer* AktG § 61 Rn. 10). Auf diese Weise wird die überschießende Vergütung aus dem Bilanzgewinn gezahlt, sodass die gesetzliche Höchstgrenze des § 61 AktG ohne Verstoß gegen § 57 AktG überschritten werden kann (Hölters/*Laubert* AktG § 61 Rn. 6).

C. Der Vergütungsanspruch

7 Der Vergütungsanspruch des betroffenen Aktionärs beruht auf seiner Mitgliedschaft und hat damit (ebenso wie der mitgliedschaftliche Gewinnbeteiligungsanspruch, vgl. § 58 AktG Rdn. 34 ff.) **körperschaftlichen Charakter** (*Hüffer/Koch* AktG § 61 Rn. 3). Aufgrund seiner untrennbaren Verbindung zur Mitgliedschaft kann der Vergütungsanspruch des Aktionärs nur zusammen mit der Aktie

gehandelt werden und ist **weder übertragbar, pfändbar noch verpfändbar** (MüKo AktG/*Bayer* § 61 Rn. 10; *Hüffer/Koch* AktG § 61 Rn. 3).

Von diesem mitgliedschaftlichen Stammrecht des Aktionärs ist der **konkrete, schuldrechtliche Zahlungsanspruch**, der mit Erbringung der korrespondierenden Nebenleistung entsteht, zu unterscheiden. Über dieses **selbstständige Gläubigerrecht** kann der Aktionär frei verfügen (K. Schmidt/Lutter/*Fleischer* AktG § 61 Rn. 8). Dieser Zahlungsanspruch ist mit der Leistungsklage geltend zu machen, allerdings ist die satzungsmäßige Anordnung des Schiedsverfahrens möglich (MüKo AktG/*Bayer* § 61 Rn. 12). 8

D. Rechtsfolgen von Verstößen

Überschreitet die Vergütung den nach § 61 Abs. 1 AktG zulässigen Höchstbetrag, liegt in dem Überschussbetrag eine **verbotene Einlagenrückgewähr nach § 57 AktG**, die nach § 62 AktG von dem Aktionär zurückzufordern ist (K. Schmidt/Lutter/*Fleischer* AktG § 61 Rn. 10; zur Auszahlung des Überschussbetrages im Rahmen der Gewinnverwendung s. Rdn. 6). Der Aktionär kann sich hierbei nicht auf eine etwaige Gutgläubigkeit nach § 62 Abs. 1 Satz 2 AktG berufen, da die Erfüllung von Vergütungsansprüchen keine Dividendenzahlung darstellt (MüKo AktG/Bayer § 61 Rn. 14). Daneben haften Vorstand und Aufsichtsrat gem. §§ 93 Abs. 3 Nr. 1 und 5, 116 AktG für schuldhaft veranlasste, durchgeführte oder zugelassene Überschusszahlungen. 9

§ 62 Haftung der Aktionäre beim Empfang verbotener Leistungen

(1) ¹Die Aktionäre haben der Gesellschaft Leistungen, die sie entgegen den Vorschriften dieses Gesetzes von ihr empfangen haben, zurückzugewähren. ²Haben sie Beträge als Gewinnanteile bezogen, so besteht die Verpflichtung nur, wenn sie wußten oder infolge von Fahrlässigkeit nicht wußten, daß sie zum Bezug nicht berechtigt waren.

(2) ¹Der Anspruch der Gesellschaft kann auch von den Gläubigern der Gesellschaft geltend gemacht werden, soweit sie von dieser keine Befriedigung erlangen können. ²Ist über das Vermögen der Gesellschaft das Insolvenzverfahren eröffnet, so übt während dessen Dauer der Insolvenzverwalter oder der Sachwalter das Recht der Gesellschaftsgläubiger gegen die Aktionäre aus.

(3) ¹Die Ansprüche nach diesen Vorschriften verjähren in zehn Jahren seit dem Empfang der Leistung. ²§ 54 Abs. 4 Satz 2 findet entsprechende Anwendung.

Übersicht	Rdn.		Rdn.
A. **Überblick**	1	V. **Inhalt und Umfang des Anspruchs**	12
B. **Rückgewähranspruch nach Abs. 1 Satz 1**	2	1. Allgemein	12
I. Rechtsnatur des Anspruchs und Anspruchskonkurrenz	2	2. Insbesondere: Rückgewähr von Sachleistungen	14
II. Gläubiger des Anspruchs	3	C. **Gutgläubiger Dividendenbezug nach Abs. 1 Satz 2**	19
III. Schuldner des Anspruchs	4	I. Gewinnanteile	20
1. Aktionär	4	II. Gutgläubigkeit	21
2. Zeitpunkt des Empfangs	5	D. **Geltendmachung durch Dritte, Abs. 2**	22
3. Haftung von Rechtsnachfolgern, Vor- und Nachmännern	6	I. Geltendmachung durch Gläubiger, Abs. 2 Satz 1	22
4. Inanspruchnahme von Dritten	7	II. Geltendmachung in der Insolvenz, Abs. 2 Satz 2	24
a) Grundsatz	8		
b) Ausnahmen	9		
IV. Empfang verbotener Leistungen	10	E. **Verjährung, Abs. 3**	25

A. Überblick

§ 62 AktG beinhaltet einen **Rückgewähranspruch** der AG gegenüber den Aktionären, der aus der strikten Vermögensbindung im Aktienrecht resultiert und die Verbotstatbestände der §§ 57 ff., 1

71 ff. AktG flankiert (K. Schmidt/Lutter/*Fleischer* AktG § 62 Rn. 1; KölnKomm AktG/*Drygala* § 62 Rn. 5; MüKo AktG/*Bayer* § 62 Rn. 1). § 62 Abs. 1 Satz 1 AktG greift ein, wenn aktienrechtliche Verbote von der AG nicht eingehalten werden und stellt sicher, dass der Aktionär die Leistungen, die er entgegen eines ausdrücklichen Verbotes von der AG empfangen hat, an diese zurückzugewähren hat (*Hüffer/Koch* AktG § 62 Rn. 1).

B. Rückgewähranspruch nach Abs. 1 Satz 1

I. Rechtsnatur des Anspruchs und Anspruchskonkurrenz

2   Abs. 1 Satz 1 begründet einen spezifisch aktienrechtlichen Rückgewähranspruch, der nicht schuldrechtlicher, sondern **körperschaftlicher Art** ist (GroßkommAktG/*Henze* § 62 Rn. 11; *Hüffer/Koch* AktG § 62 Rn. 2; MüKo AktG/*Bayer* § 62 Rn. 7; KölnKomm AktG/*Drygala* § 62 Rn. 16). Als **spezialgesetzliche Regelung** verdrängt die Vorschrift bereicherungsrechtliche Ansprüche und insb. deren Privilegierungen aus §§ 814, 817 Satz 2 BGB (*Hüffer/Koch* AktG § 62 Rn. 1). Zwar lässt der § 62 Abs. 1 Satz 1 AktG etwaige Ansprüche aus §§ 985 ff. BGB unberührt, allerdings spielen solche in der Praxis angesichts der Wirksamkeit der einem verbotenen Vermögensabfluss zugrunde liegenden Verfügungsgeschäfte kaum mehr eine Rolle (vgl. § 57 AktG Rdn. 40 ff.). Deliktsrechtliche Ansprüche (insb. § 826 BGB) bleiben ebenso unberührt, da sie auf Schadensersatz und nicht auf Rückgewähr gerichtet sind (K. Schmidt/Lutter/*Fleischer* AktG § 62 Rn. 20). Aus § 66 Abs. 2 AktG ergibt sich ein **Befreiungs- und Aufrechnungsverbot** für den Anspruch aus § 62 Abs. 1 Satz 1 AktG.

II. Gläubiger des Anspruchs

3   Gläubiger des Anspruchs aus Abs. 1 Satz 1 ist **ausschließlich die AG** (GroßkommAktG/*Henze* § 62 Rn. 19). Ein Recht der Aktionäre, die Forderung im Wege der actio pro socio geltend zu machen, besteht nicht (GroßkommAktG/*Henze* § 62 Rn. 55; KölnKomm AktG/*Drygala* § 62 Rn. 96). Auch die in Abs. 2 normierten Gläubigerrechte führen nicht zu einem direkten Anspruch Dritter gegenüber den Aktionären, wie sie im Recht der Personengesellschaften vorgesehen sind (GroßkommAktG/*Henze* § 62 Rn. 19; *Hüffer/Koch* AktG § 62 Rn. 3; MüKo AktG/*Bayer* § 62 Rn. 8, 78 ff.), sondern geben den Gläubigern nur ein Recht auf eine **Prozessstandschaft** (vgl. dazu unten Rdn. 22 f.).

III. Schuldner des Anspruchs

1. Aktionär

4   Schuldner des Anspruchs aus Abs. 1 Satz 1 ist lediglich derjenige Aktionär, der die verbotswidrige Leistung empfangen hat (*Hüffer/Koch* AktG § 62 Rn. 4; MüKo AktG/*Bayer* § 62 Rn. 11). Unerheblich für die Haftung des Aktionärs ist, ob er die Mitgliedschaft im eigenen Interesse oder treuhänderisch für einen Dritten (Hintermann) hält (K. Schmidt/Lutter/*Fleischer* AktG § 62 Rn. 8). Die Weitergabe der verbotenen Vermögenszuwendung an den Hintermann vermag den Treuhand-Aktionär nicht von seiner Rückgewährpflicht zu befreien (MüKo AktG/*Bayer* § 62 Rn. 15). Darüber hinaus kann der Aktionär auch dann in Anspruch genommen werden, wenn die Leistung an einen Dritten erfolgt, sofern die Leistung dem Aktionär wie ein eigener Empfang zuzurechnen ist (MüKo AktG/*Bayer* § 62 Rn. 14). Dies ist in etwa der Fall, wenn die Zuwendung an den Dritten für Rechnung oder auf Weisung des Aktionärs erfolgt, sowie bei Leistungen an nahe Angehörige oder verbundene Unternehmen (s. hierzu § 57 AktG Rdn. 17 ff.; K. Schmidt/Lutter/*Fleischer* AktG § 62 Rn. 10). Zur eigenen Haftung des Dritten bzw. Hintermanns nach § 62 Abs. 1 Satz 1 AktG s. Rdn. 7 ff.

2. Zeitpunkt des Empfangs

5   Entscheidend ist, ob der Empfänger zum Zeitpunkt des Empfangs der Leistung, **Aktionär der AG** war (*Hüffer/Koch* AktG § 62 Rn. 4; MüKo AktG/*Bayer* § 62 Rn. 12; KölnKomm AktG/*Drygala* § 62 Rn. 21). Ob er auch noch Aktionär zum Zeitpunkt der Inanspruchnahme durch die AG ist,

spielt hingegen keine Rolle (GroßkommAktG/*Henze* § 62 Rn. 21; MüKo AktG/*Bayer* § 62 Rn. 12). Ausnahmsweise kommt auch dann ein Rückforderungsanspruch gegenüber einem **Nichtaktionär** in Betracht, wenn die Leistung an einen zukünftigen oder ehemaligen Aktionär erbracht wird und die Leistung in einem engen zeitlichen und sachlichen Zusammenhang (causa societatis) mit der Aktionärseigenschaft des Empfängers gestanden hat (vgl. § 57 AktG Rdn. 18 sowie GroßkommAktG/*Henze* § 62 Rn. 25; MüKo AktG/*Bayer* § 57 Rn. 13; *Hüffer/Koch* AktG § 62 Rn. 5).

3. Haftung von Rechtsnachfolgern, Vor- und Nachmännern

Hat der Aktionär eine verbotene Leistung empfangen und überträgt er seine Aktie später auf einen Rechtsnachfolger, so hängt die Frage, wer für die Rückführung der empfangenen Leistung in Anspruch zu nehmen ist, davon ab, ob die Aktie im Wege der Gesamt- oder Einzelrechtsnachfolge übertragen worden ist. Nur im ersten Fall kommt eine Inanspruchnahme des neuen Aktionärs aus Abs. 1 Satz 1 in Betracht, während im Fall der Einzelrechtsnachfolge allein der ehemalige Aktionär, nicht aber der neue Aktionär Schuldner des Anspruchs aus Abs. 1 Satz 1 ist (GroßkommAktG/*Henze* § 62 Rn. 35; *Hüffer/Koch* AktG § 62 Rn. 4; MüKo AktG/*Bayer* § 62 Rn. 24 ff.). Eine **Haftung von Vormännern** - wie in § 65 AktG für die Einlageschuld normiert - besteht im Fall des § 62 Abs. 1 Satz 1 AktG nicht (GroßkommAktG/*Henze* § 62 Rn. 38; MüKo AktG/*Bayer* § 62 Rn. 27; KölnKomm AktG/*Drygala* § 62 Rn. 39).

6

4. Inanspruchnahme von Dritten

In Fallkonstellationen, in denen die AG eine verbotene Leistung nicht an den Aktionär direkt, sondern an einen Dritten erbringt, stellt sich die Frage, ob die AG auch gegenüber dem Dritten einen Rückgewähranspruch nach Abs. 1 Satz 1 geltend machen kann.

7

a) Grundsatz

Im Grundsatz gilt, dass Dritte nicht Schuldner eines Anspruchs nach Abs. 1 sein können; dies ist eine Folge der spezifisch aktienrechtlichen, an die Mitgliedschaft anknüpfenden Rechtsnatur des Rückgewähranspruchs (K. Schmidt/Lutter/*Fleischer* AktG § 62 Rn. 13). Soweit Dritte aber wegen der Vermeidung von Umgehungstatbeständen eine Leistung empfangen, die sich nach § 57 AktG als verbotene Einlagerückgewähr darstellt (vgl. dazu § 57 AktG Rdn. 17 ff.), kann die Zuwendung von dem Dritten nicht nach § 62 Abs. 1 Satz 1 AktG, sondern grundsätzlich nur dann von ihm zurückgefordert werden, wenn der AG ein **gesonderter Rechtsgrund** als Anspruchsgrundlage für die Rückforderung zur Verfügung steht (GroßkommAktG/*Henze* § 62 Rn. 25; KölnKomm AktG/*Drygala* § 62 Rn. 30). Die früher oft einschlägigen Ansprüche aus §§ 812 ff. und §§ 985 ff. BGB spielen allerdings aufgrund der grundsätzlichen Wirksamkeit sowohl des Verpflichtungs- als auch des Verfügungsgeschäfts (vgl. § 57 AktG Rdn. 40 ff.) nur noch eine untergeordnete Rolle.

8

b) Ausnahmen

Eine eigene – spezifisch aktienrechtliche – Haftung des Dritten nach § 62 Abs. 1 Satz 1 AktG kann sich ausnahmsweise dann ergeben, wenn es sich bei dem Dritten um einen sog. **faktischen Aktionär** oder **aktionärsgleichen Dritten** handelt. So kann bspw. der Treugeber des Strohmann-Aktionärs trotz fehlender formaler Aktionärsstellung auf aktienrechtliche Rückgewähr in Anspruch genommen werden (BGH, Urt. v. 13.11.2007 – XI ZR 294/07, NZG 2008, 106; s. zur Haftung des Treuhänders oben, Rdn. 4), was sich aus dem Rechtsgedanken des § 46 Abs. 5 AktG ergibt (MüKo AktG/*Bayer* § 62 Rn. 18). Weitere anerkannte Ausnahmefälle betreffen den rechtsgeschäftlichen oder gesetzlichen Vertreter des Aktionärs, der die Mitgliedschaft im eigenen Interesse zu seinem Vorteil instrumentalisiert (K. Schmidt/Lutter/*Fleischer* AktG § 62 Rn. 14) sowie den Nießbraucher, atypischen Pfandgläubiger oder stillen Gesellschafter (ausführl. z. B. MüKo AktG/*Bayer* § 62 Rn. 18 ff.). Zusätzlich ergibt sich aus den Rechtsgedanken der §§ 89 Abs. 3 Satz 1, 115 Abs. 2 AktG die Möglichkeit einer direkten Inanspruchnahme von Ehegatten, Lebenspartnern und minderjährigen Kindern des Aktionärs (str.: so wie hier MüKo AktG/*Bayer* § 62 Rn. 20; abw. K. Schmidt/

9

Lutter/*Fleischer* AktG § 62 Rn. 15). Die Rückgewährpflicht des aktionärsgleichen Dritten tritt neben die Rückgewährpflicht des Aktionärs (MüKo AktG/*Bayer* § 62 Rn. 17). Der Dritte und der Aktionär haften in diesem Fall als **Gesamtschuldner** (GroßkommAktG/*Henze* § 62 Rn. 34; MüKo AktG/*Bayer* § 62 Rn. 29).

IV. Empfang verbotener Leistungen

10 Nach Abs. 1 Satz 1 entsteht eine Rückgewährverpflichtung des Aktionärs, wenn er entgegen den Vorschriften des AktG eine Leistung von der AG empfangen hat. Der in Abs. 1 Satz 1 verwendete Begriff der Leistung erfasst nicht nur Zahlungen, sondern **jede vermögenswerte Zuwendung**. Hierunter fallen auch Sachleistungen, die bloße Duldung der Inanspruchnahme von Gesellschaftseinrichtungen, Bereitstellung von Personal, die Stellung von Sicherheiten, die Zuwendung immaterieller Güter etc. (MüKo AktG/*Bayer* § 62 Rn. 30; *Hüffer/Koch* AktG § 62 Rn. 6; K. Schmidt/Lutter/*Fleischer* AktG § 62 Rn. 6).

11 Die Leistung, die der Aktionär von der AG empfangen hat, muss **entgegen den Vorschriften des AktG** geleistet worden sein. Hauptanwendungsfall sind neben Verstößen gegen §§ 59, 60, 61 AktG damit Leistungen, die nach § 57 AktG als offene oder verdeckte Zuwendungen zu qualifizieren sind, einschließlich Zahlungen aufgrund abgekaufter Anfechtungsklagen (vgl. § 57 AktG Rdn. 7 sowie *Hüffer/Koch* AktG § 62 Rn. 7). Darüber hinaus fallen hierunter auch Dividendenzahlungen ohne wirksamen Gewinnverwendungsbeschluss oder die Zahlung des Erwerbspreises beim unzulässigen Erwerb eigener Aktien (*Hüffer/Koch* AktG § 62 Rn. 7; ausführl. Fallsammlung bei MüKo AktG/*Bayer* § 62 Rn. 32 ff.). Demgegenüber können Verstöße gegen andere Gesetze (seien sie auch noch so gravierend) sowie andere schuldrechtliche Unwirksamkeitsgründe nicht zu einer Anwendung des § 62 Abs. 1 Satz 1 AktG führen (MüKo AktG/*Bayer* § 62 Rn. 32). Seit dem MoMiG (Gesetz zur Modernisierung des GmbH-Rechts und zur Bekämpfung von Missbräuchen v. 23.10.2008 – BGBl. I S. 2026) ist die Rückzahlung von Aktionärsdarlehen nicht mehr aktienrechtlich verboten, sodass der Empfänger einer solchen Tilgungsleistung auch nicht rückgewährpflichtig ist (vgl. § 57 AktG Rdn. 35).

V. Inhalt und Umfang des Anspruchs

1. Allgemein

12 Der Anspruch aus § 62 Abs. 1 Satz 1 AktG ist auf Rückgewähr verbotswidrig empfangener Leistungen gerichtet. Unklar ist, ob hierdurch ein Schutz des Gesellschaftsvermögens in seiner gegenständlichen Zusammensetzung oder nur eine bilanzielle Wiederherstellung erreicht werden soll (s. hierzu Rdn. 14). Kann die vom Aktionär empfangene Leistung ihrer Natur nach nicht gegenständlich herausgegeben werden (so z. B. bei Dienstleistungen oder Gebrauchsüberlassungen), beschränkt sich der Anspruch der AG analog § 346 Abs. 2 Nr. 1 BGB auf die Leistung von Wertersatz (h. M., s. z. B. *Hüffer/Koch* AktG § 62 Rn. 11; Heidel/*Drinhausen* § 62 AktG Rn. 5; *Witt* ZGR 2013, 669, 677). Bestand die entgegen § 57 AktG geleistete Vermögenszuwendung in der Übernahme einer Verpflichtung zugunsten des Aktionärs (z. B. Übernahme von Prospektrisiko oder Sicherheitsleistung), zielt der Anspruch auf Freistellung durch den Aktionär (BGH, Urt. v. 31.05.2011 – II ZR 141/09, NJW 2011, 2719 Rz. 25; *Hüffer/Koch* AktG § 62 Rn. 9). Der Rückgewähranspruch ist nach h. M. erst ab Verzugseintritt zu verzinsen (MüKo AktG/*Bayer* § 62 Rn. 45; GroßkommAktG/*Henze* § 62 Rn. 39; KölnKomm AktG/*Drygala* § 62 Rn. 70; anders *Hüffer/Koch* AktG § 62 Rn. 11, der sich über eine analoge Anwendung des § 63 Abs. 2 AktG für die Verzinsung ab Fälligkeit ausspricht).

13 Jeder Aktionär kann von der AG nur auf Rückgewähr einer von ihm selbst empfangenen Leistung in Anspruch genommen werden. Eine **gesamtschuldnerische Haftung** von Aktionären untereinander besteht nur, wenn mehrere Aktionäre Empfänger ein und derselben Zuwendung geworden sind (vgl. BGH, Urt. v. 18.06.2007 – II ZR 86/06, Z 173, 1 Rn. 12 zur GmbH) oder neben die Haftung eines (Strohmann-) Aktionärs die Haftung des Hintermanns als faktischer Aktionär tritt (vgl. Rdn. 9).

2. Insbesondere: Rückgewähr von Sachleistungen

Umstritten ist, ob im Fall von Sachleistungen der begünstigte Aktionär nach § 62 Abs. 1 Satz 1 AktG den empfangenen Gegenstand als solchen oder nur dem Werte nach (bzw. bei verdeckter Gewinnausschüttung durch Erstattung der Differenz zum Marktpreis) zurückzugewähren hat. Auf die Ansprüche aus §§ 812 ff. oder § 985 BGB kann sich die AG zwecks gegenständlicher Rückgewähr aufgrund der Wirksamkeit der zugrunde liegenden Verpflichtungs- und Erfüllungsgeschäfte jedenfalls nicht mehr stützen (BGH, Urt. v. 12.03.2013 – II ZR 179/12, NJW 2013, 1742; vgl. § 57 AktG Rdn. 40 ff.). Diese Wirksamkeit begründet der BGH vor allem damit, dass § 57 AktG das Gesellschaftsvermögen wertmäßig erhalten soll, nicht jedoch den Leistungsaustausch als solchen missbilligt (BGH, Urt. v. 12.03.2013 – II ZR 179/12, NJW 2013, 1742 Rz. 19). Dies spricht auf den ersten Blick für eine bloß wertmäßige Erstattung abgeflossener Vermögensgegenstände durch § 62 AktG wodurch der AG also nur ein Anspruch auf Erstattung des Zuwendungswerts bei offener und der Wertdifferenz zum Marktpreis bei verdeckter Gewinnausschüttung zukommen würde (so z. B. K. Schmidt/Lutter/*Fleischer* AktG § 62 Rn. 18; KölnKomm AktG/*Drygala* § 62 Rn. 61 ff.).

14

Genau besehen verbietet die bilanzorientierte Wirkungsweise des § 57 AktG allerdings keineswegs einen gegenständlichen Ansatz des Rückgewähranspruchs (BGH, Urt. v. 12.03.2013 – II ZR 179/12, NJW 2013, 1742, Rz. 19; vgl. *Bayer/Scholz* AG 2013, 426, 427 f.; *Witt* ZGR 2013, 669, 676). Die Frage der Wirkungsweise ist nämlich von der hier einzig relevanten Frage zu trennen, ob die Rückgewähr der Vermögenszuwendung nach § 62 AktG die AG so stellen soll, als habe sie das verbotswidrige Geschäft gar nicht (Anspruch auf gegenständliche Rückgewähr; hierfür *Bayer/Scholz* AG 2013, 426, 427 f.; *Witt* ZGR 2013, 669, 676) oder zu marktüblichen Bedingungen abgewickelt (Anspruch auf wertmäßige Rückgewähr bzw. Differenzerstattung; so z. B. K. Schmidt/Lutter/*Fleischer* AktG § 62 Rn. 18; KölnKomm AktG/*Drygala* § 62 Rn. 61 ff.; *K. Schmidt* GesR § 29 II 2b; *Joost* ZHR 149, 1985, 419, 420; differenzierend zwischen offener und verdeckter Zuwendung *Hüffer/Koch* AktG § 62 Rn. 9 f.). Abstrakt betrachtet tragen beide Lösungen dem Anliegen einer bilanziellen Vermögensbindung gleichermaßen Rechnung (Spindler/Stilz/*Cahn/v. Spannenberg* AktG § 57 Rn. 97; *Bayer/Scholz* AG 2013, 426, 427).

15

Bei § 62 Abs. 1 Satz 1 AktG spricht indessen nicht nur aus gesetzgebungshistorischer Sicht (Abschlussbericht zu BT-Drucks. 4/3296, S. 12, abgedr. bei *Kropff*, Aktiengesetz, 1965, S. 83; *Witt* ZGR 2013, 669, 672) viel für eine **Anlehnung des Anspruchsinhalts an § 346 BGB** und infolgedessen für eine im Grundsatz **gegenständliche Wiederherstellung des Gesellschaftsvermögens** (im Ergebnis wohl auch BGH, Urt. v. 12.03.2013 – II ZR 179/12, NJW 2013, 1742, Rz. 19, der von einer gegenständlichen Rückgewähr über § 62 AktG ausgeht, ohne sich zu den Modalitäten einer solchen zu äußern): So wie § 62 AktG betrifft auch § 346 BGB die Rückgewähr erbrachter Leistungen trotz wirksamer Verpflichtungs- und Verfügungsgeschäfte, weswegen sich ein zumindest partieller Gleichlauf der Rückgewährnormen durchaus anbietet (*Bayer/Scholz* AG 2013, 426, 427; *Witt* ZGR 2013, 669, 672). Eine solche Wiederherstellung »in corpore« entspricht im Übrigen auch der Rechtsprechung des BGH zum § 31 GmbHG (vgl. BGH, Urt. v. 17.03.2008 – II ZR 24/07, Z 176, 62) und es ist nicht ersichtlich, weswegen § 62 AktG – trotz gleichem normativen Ausgangspunkt – einen anderen Anspruchsinhalt haben sollte (*Witt* ZGR 2013, 669, 672).

16

Die Pflicht zur gegenständlichen Rückgewähr ist überdies insbesondere von Vorteil, wenn es sich bei der Sachleistung um einen betriebsnotwendigen, nicht ohne Weiteres wiederbeschaffbaren Gegenstand handelt (die Gegenauffassungen berufen sich zur Lösung des Problems auf die mitgliedschaftliche Treuepflicht des rückgewährpflichtigen Aktionärs, vgl. *Hüffer/Koch* AktG § 62 Rn. 10). Darüber hinaus wird dem Aktionär nicht gegen seinen Willen ein Rechtsgeschäft zu marktüblichen Konditionen aufgedrängt. Hierin läge faktisch eine Vertragsanpassung qua Gesetz, für die es auch bzw. gerade bei Wirksamkeit des Verpflichtungsgeschäftes keinerlei Grundlage gibt (GroßkommAktG/*Henze* § 57 Rn. 208; *Bayer/Scholz* AG 2013, 426, 427; anders Spindler/Stilz/*Cahn/v. Spannenberg* AktG § 57 Rn. 93; die Gegenansicht räumt dem Aktionär hier zur Befreiung von der Wertersatzpflicht die einseitige Option einer gegenständlichen Rückgewähr ein, vgl. KölnKomm AktG/*Drygala* § 62 Rn. 65). Zu beachten ist, dass es der AG und dem Aktionär durchaus

17

offenbleibt, einvernehmlich die Rückgewähr auf eine bloße Wertausgleichspflicht zu beschränken, indem hierzu die Konditionen des unter Verstoß gegen § 57 AktG geschlossenen Vertrags auf ein marktübliches Niveau angehoben werden (MüKo AktG/*Bayer* § 62 Rn. 50; *Witt* ZGR 2013, 669, 677).

18 Durch eine partielle analoge Anwendung der **Wertersatzregelungen** in § 346 Abs. 2 und 3 BGB lassen sich überdies bei zufälligem Untergang oder Wertminderung des Gegenstandes interessengerechte Ergebnisse erzielen. Insbesondere werden der AG hierdurch nur diejenigen Risiken aufgebürdet, die sie auch hätte tragen müssen, wäre der Gegenstand nicht ausgekehrt worden (vgl. § 346 Abs. 3 Nr. 2 BGB; näher bei *Bayer/Scholz* AG 2013, 326, 427 und *Witt* ZGR 2013, 669, 677).

C. Gutgläubiger Dividendenbezug nach Abs. 1 Satz 2

19 Bei § 62 AktG handelt es sich weder um eine verschuldensabhängige noch um eine wissensabhängige Norm (GroßkommAktG/*Henze* § 62 Rn. 64; KölnKomm AktG/*Drygala* § 62 Rn. 77). Zum Schutz der Aktionäre macht Abs. 1 Satz 2 hiervon eine Ausnahme und bestimmt, dass derjenige Aktionär, der verbotswidrig einen »Gewinnanteil« von der AG bezogen hat, diesen nur dann nach Abs. 1 Satz 1 zurückzugewähren hat, wenn er wusste oder infolge von Fahrlässigkeit nicht wusste, dass er zum Bezug nicht berechtigt war. Hintergrund dieser Privilegierung des gutgläubigen Aktionärs ist die Erwägung, dass die Nichtigkeit eines Gewinnverwendungsbeschlusses nicht selten auf gesellschaftsinternen Vorgängen beruht, in die der Aktionär im Regelfall keinen Einblick hat (K. Schmidt/Lutter/*Fleischer* AktG § 62 Rn. 21).

I. Gewinnanteile

20 Das Privileg des Abs. 1 Satz 2 ist auf den **Bezug von Gewinnanteilen** beschränkt und erfasst damit nur solche Zuwendungen an den Aktionär, die sich auf Dividendenzahlungen beziehen (GroßkommAktG/*Henze* § 62 Rn. 65). **Hauptanwendungsfälle** sind damit eine durchgeführte Gewinnausschüttung, die auf einem nichtigen oder unwirksamen Gewinnverwendungsbeschluss nach § 174 AktG beruht sowie unwirksame Dividendenabschläge nach § 59 AktG (MüKo AktG/*Bayer* § 62 Rn. 61; KölnKomm AktG/*Drygala* § 62 Rn. 79; K. Schmidt/Lutter/*Fleischer* AktG § 62 Rn. 22). Andere Zahlungen (wie Zinszahlungen auf gewährte Darlehen u.ä.) sind von Abs. 1 Satz 2 nicht erfasst und auch eine analoge Anwendung des Abs. 1 Satz 2 scheidet aus (*Hüffer/Koch* AktG § 62 Rn. 13). Auf die Bezeichnung der Leistung oder auf eine subjektive Einschätzung des Aktionärs als Auszahlung eines Gewinnanteils kommt es nicht an, vielmehr sind allein objektive Umstände maßgeblich, die aus Sicht eines objektiv denkenden Aktionärs die Leistung als Auszahlung eines Gewinnanteils charakterisieren (KölnKomm AktG/*Drygala* § 62 Rn. 79; MüKo AktG/*Bayer* § 62 Rn. 61). Der Aktionär trägt die **Beweislast** dafür, dass er die Leistung als Gewinnanteil bezogen hat (*Hüffer/Koch* AktG § 62 Rn. 14; K. Schmidt/Lutter/*Fleischer* AktG § 62 Rn. 25).

II. Gutgläubigkeit

21 Gutgläubigkeit bedeutet, dass der Aktionär weder positive Kenntnis noch fahrlässige Unkenntnis von dem verbotswidrigen Gewinnbezug haben durfte (MüKo AktG/*Bayer* § 62 Rn. 64). Auch leichte Fahrlässigkeit reicht aus (GroßkommAktG/*Henze* § 62 Rn. 72; KölnKomm AktG/*Lutter* § 62 Rn. 33). Dabei sind an den Sorgfaltsmaßstab der Aktionäre unterschiedliche Maßstäbe anzulegen, je nachdem, ob es sich um einen sachlich bewanderten Aktionär handelt oder nicht (*Hüffer/Koch* AktG § 62 Rn. 13; KölnKomm AktG/*Drygala* § 62 Rn. 83; MüKo AktG/*Bayer* § 62 Rn. 69). Zur Frage, welche Kenntnis maßgeblich ist, wenn der Aktionär sein Gewinnbezugsrecht an einen Dritten abgetreten hat vgl. ausführl. GroßkommAktG/*Henze* § 62 Rn. 82 ff. sowie MüKo AktG/*Bayer* § 62 Rn. 72 ff. Der gute Glaube an den rechtmäßigen Gewinnbezug muss sich auf den **Zeitpunkt des Empfangs des Gewinnanteils** beziehen. Dem Aktionär erst später bekannt werdende Umstände können keinen Rückforderungsanspruch seitens der AG begründen (MüKo AktG/*Bayer* § 62 Rn. 70). Die **Beweislast** für die Bösgläubigkeit des Aktionärs trägt die AG (*Hüffer/Koch* AktG § 62 Rn. 14; K. Schmidt/Lutter/*Fleischer* AktG § 62 Rn. 25).

D. Geltendmachung durch Dritte, Abs. 2

I. Geltendmachung durch Gläubiger, Abs. 2 Satz 1

Auch wenn der Anspruch aus Abs. 1 Satz 1 nur der AG zusteht (s. Rdn. 3) und die Rechtsverfolgung grds. Sache des Vorstands ist, sind Gläubiger der AG im Wege der **Prozessstandschaft** berechtigt, den Anspruch gegenüber dem Aktionär im gerichtlichen Wege geltend zu machen, soweit sie von der AG keine Befriedigung erlangen können (*Hüffer/Koch* AktG §62 Rn. 15; K. Schmidt/Lutter/*Fleischer* AktG §62 Rn. 27). Der Gläubiger der AG wird durch die in Abs. 2 Satz 1 vorgesehene Möglichkeit nicht selbst zum Inhaber des Anspruchs aus Abs. 1, sondern lediglich dazu ermächtigt, einen fremden Anspruch im eigenen Namen geltend zu machen (GroßkommAktG/*Henze* §62 Rn. 101; MüKo AktG/*Bayer* §62 Rn. 80; *Hüffer/Koch* AktG §62 Rn. 15; KölnKomm AktG/*Drygala* §62 Rn. 101). Daraus folgt nach ganz h. M., dass der Gläubiger nicht berechtigt ist, Zahlung an sich selbst zu fordern, sondern **ausschließlich an die AG** (*Hüffer/Koch* AktG §62 Rn. 16; GroßkommAktG/*Henze* §62 Rn. 108; K. Schmidt/Lutter/*Fleischer* AktG §62 Rn. 28). Die Gläubigerbefugnis ist aber nicht auf die klageweise Durchsetzung der Gesellschaftsansprüche beschränkt, sondern schließt auch das Recht ein, den Aktionär durch Mahnung in Verzug zu setzen (K. Schmidt/Lutter/*Fleischer* AktG §62 Rn. 28; *Hüffer/Koch* AktG §62 Rn. 15).

22

Die Möglichkeit der Geltendmachung durch den Gläubiger besteht nur, wenn dem Gläubiger eine **eigene fällige Forderung** gegenüber der AG zusteht (*Hüffer/Koch* AktG §62 Rn. 16; MüKo AktG/*Bayer* §62 Rn. 87). Unerheblich ist, ob die Forderung den Rückgewähranspruch über- oder unterschreitet (K. Schmidt/Lutter/*Fleischer* AktG §62 Rn. 29). Zusätzlich ist erforderlich, dass der Gläubiger von der AG **keine Befriedigung erlangen kann**, allerdings reicht nicht aus, dass die zahlungsfähige AG die Leistung verweigert (K. Schmidt/Lutter/*Fleischer* AktG §62 Rn. 31). Dies bedeutet, dass die AG entweder objektiv illiquide (zahlungsunfähig) oder überschuldet sein muss bzw. die Eröffnung des Insolvenzverfahrens mangels Masse abgelehnt worden ist (GroßkommAktG/*Henze* §62 Rn. 127; *Hüffer/Koch* AktG §62 Rn. 16; MüKo AktG/*Bayer* §62 Rn. 90). Der Gläubiger ist für sämtliche Voraussetzungen des Abs. 2 Satz 1 **beweispflichtig** (MüKo AktG/*Bayer* §62 Rn. 90). Den Nachweis der Uneinbringlichkeit kann er z. B. durch einen fruchtlosen Vollstreckungsversuch aber auch mithilfe der von der AG geführten Bücher erbringen (KölnKomm AktG/*Drygala* §62 Rn. 106). In der Praxis wird die Prozessstandschaft des Gläubigers nur dann in Betracht kommen, wenn mangels Masse gem. §26 Abs. 1 InsO kein Insolvenzverfahren eröffnet wird, da ansonsten die Zuständigkeit gem. Abs. 2 Satz 2 dem Insolvenzverwalter zufällt (MüKo AktG/*Bayer* §62 Rn. 90).

23

II. Geltendmachung in der Insolvenz, Abs. 2 Satz 2

Ist über das Vermögen der AG das Insolvenzverfahren eröffnet, so bestimmt Abs. 2 Satz 2, dass das Recht des Vorstandes (bzw. der Gläubiger nach Abs. 2 Satz 1) zur Geltendmachung des Anspruchs aus §62 Abs. 1 AktG nicht weiter besteht. Dieses Recht steht nur noch dem Insolvenzverwalter bzw. dem Sachwalter zu (vgl. GroßkommAktG/*Henze* §62 Rn. 136; *Hüffer/Koch* AktG §62 Rn. 18; MüKo AktG/*Bayer* §62 Rn. 102 ff.). Ein bereits anhängiger Rechtsstreit wird gem. §280 ZPO unterbrochen. Der Insolvenzverwalter kann den Rechtsstreit im Anschluss aufnehmen, ist hierzu aber nicht verpflichtet. Die Gläubigerbefugnis gem. Abs. 2 Satz 1 lebt erst nach Beendigung des Insolvenzverfahrens wieder auf (K. Schmidt/Lutter/*Fleischer* AktG §62 Rn. 31).

24

E. Verjährung, Abs. 3

Die in Abs. 3 enthaltene Verjährungsregelung ist dahingehend angepasst worden, dass Ansprüche gegenüber Aktionären aus Abs. 1 nicht mehr – wie bisher – nach fünf, sondern **nach 10 Jahren** verjähren. Die Frist beginnt zu dem Zeitpunkt zu laufen, zu dem der Aktionär die verbotswidrige Zuwendung empfangen hat; das Ende der Verjährung wird nach §188 Abs. 2 BGB berechnet (*Hüffer/Koch* AktG §62 Rn. 19). Zu beachten ist die in Satz 2 durch Verweis auf §54 Abs. 4 Satz 2 AktG angeordnete **automatische Ablaufhemmung** zugunsten des Insolvenzverwalters, der hier-

25

durch Gelegenheit erhalten soll, etwaige Rückgewähransprüche zu prüfen und geltend zu machen (KölnKomm AktG/*Drygala* § 62 Rn. 127).

§ 63 Folgen nicht rechtzeitiger Einzahlung

(1) ¹Die Aktionäre haben die Einlagen nach Aufforderung durch den Vorstand einzuzahlen. ²Die Aufforderung ist, wenn die Satzung nichts anderes bestimmt, in den Gesellschaftsblättern bekanntzumachen.

(2) ¹Aktionäre, die den eingeforderten Betrag nicht rechtzeitig einzahlen, haben ihn vom Eintritt der Fälligkeit mit fünf vom Hundert für das Jahr zu verzinsen. ²Die Geltendmachung eines weiteren Schadens ist nicht ausgeschlossen.

(3) Für den Fall nicht rechtzeitiger Einzahlung kann die Satzung Vertragsstrafen festsetzen.

§ 64 Ausschluß säumiger Aktionäre

(1) Aktionären, die den eingeforderten Betrag nicht rechtzeitig einzahlen, kann eine Nachfrist mit der Androhung gesetzt werden, daß sie nach Fristablauf ihrer Aktien und der geleisteten Einzahlungen für verlustig erklärt werden.

(2) ¹Die Nachfrist muß dreimal in den Gesellschaftsblättern bekanntgemacht werden. ²Die erste Bekanntmachung muß mindestens drei Monate, die letzte mindestens einen Monat vor Fristablauf ergehen. ³Zwischen den einzelnen Bekanntmachungen muß ein Zeitraum von mindestens drei Wochen liegen. ⁴Ist die Übertragung der Aktien an die Zustimmung der Gesellschaft gebunden, so genügt an Stelle der öffentlichen Bekanntmachungen die einmalige Einzelaufforderung an die säumigen Aktionäre; dabei muß eine Nachfrist gewährt werden, die mindestens einen Monat seit dem Empfang der Aufforderung beträgt.

(3) ¹Aktionäre, die den eingeforderten Betrag trotzdem nicht zahlen, werden durch Bekanntmachung in den Gesellschaftsblättern ihrer Aktien und der geleisteten Einzahlungen zugunsten der Gesellschaft für verlustig erklärt. ²In der Bekanntmachung sind die für verlustig erklärten Aktien mit ihren Unterscheidungsmerkmalen anzugeben.

(4) ¹An Stelle der alten Urkunden werden neue ausgegeben; diese haben außer den geleisteten Teilzahlungen den rückständigen Betrag anzugeben. ²Für den Ausfall der Gesellschaft an diesem Betrag oder an den später eingeforderten Beträgen haftet ihr der ausgeschlossene Aktionär.

§ 65 Zahlungspflicht der Vormänner

(1) ¹Jeder im Aktienregister verzeichnete Vormann des ausgeschlossenen Aktionärs ist der Gesellschaft zur Zahlung des rückständigen Betrags verpflichtet, soweit dieser von seinen Nachmännern nicht zu erlangen ist. ²Von der Zahlungsaufforderung an einen früheren Aktionär hat die Gesellschaft seinen unmittelbaren Vormann zu benachrichtigen. ³Daß die Zahlung nicht zu erlangen ist, wird vermutet, wenn sie nicht innerhalb eines Monats seit der Zahlungsaufforderung und der Benachrichtigung des Vormanns eingegangen ist. ⁴Gegen Zahlung des rückständigen Betrags wird die neue Urkunde ausgehändigt.

(2) ¹Jeder Vormann ist nur zur Zahlung der Beträge verpflichtet, die binnen zwei Jahren eingefordert werden. ²Die Frist beginnt mit dem Tage, an dem die Übertragung der Aktie zum Aktienregister der Gesellschaft angemeldet wird.

(3) ¹Ist die Zahlung des rückständigen Betrags von Vormännern nicht zu erlangen, so hat die Gesellschaft die Aktie unverzüglich zum Börsenpreis und beim Fehlen eines Börsenpreises durch öffentliche Versteigerung zu verkaufen. ²Ist von der Versteigerung am Sitz der Gesellschaft kein angemessener Erfolg zu erwarten, so ist die Aktie an einem geeigneten Ort zu verkaufen. ³Zeit,

Ort und Gegenstand der Versteigerung sind öffentlich bekanntzumachen. ⁴Der ausgeschlossene Aktionär und seine Vormänner sind besonders zu benachrichtigen; die Benachrichtigung kann unterbleiben, wenn sie untunlich ist. ⁵Bekanntmachung und Benachrichtigung müssen mindestens zwei Wochen vor der Versteigerung ergehen.

Übersicht

	Rdn.
A. Überblick zu den §§ 63 bis 65 AktG ...	1
B. **Folgen nicht rechtzeitiger Einzahlung, § 63 AktG**	6
I. Aufforderung zur Leistung der Einlagen, § 63 Abs. 1 AktG	6
1. Einlage, § 63 Abs. 1 Satz 1 AktG	6
a) Bareinlageverpflichtung	6
b) Sacheinlageverpflichtung	8
2. Adressat der Aufforderung	9
3. Aufforderung zur Einzahlung	13
a) Zuständigkeit	13
b) Inhalt der Aufforderung	14
4. Bekanntmachung, § 63 Abs. 1 Satz 2 AktG	15
II. Rechtswirkungen der Zahlungsaufforderung	17
1. Erfüllbarkeit und Fälligkeit der Einlageschuld	17
2. Zinspflicht, § 63 Abs. 2 Satz 1 AktG	20
3. Weitergehender Schadensersatz, § 63 Abs. 2 Satz 2 AktG	21
4. Vertragsstrafen, § 63 Abs. 3 AktG	23
C. **Ausschluss säumiger Aktionäre, § 64 AktG**	25
I. Voraussetzungen des Kaduzierungsverfahrens	25
II. Einleitung und Durchführung des Kaduzierungsverfahrens	28
1. Zuständigkeit und Ermessen des Vorstands	28
2. Nachfristsetzung mit Androhung, § 64 Abs. 1 AktG	30
3. Bekanntmachungen der Nachfrist, § 64 Abs. 2 AktG	32
4. Ausschlusserklärung, § 64 Abs. 3 AktG	33
III. Wirkungen der Kaduzierung	36
IV. Ausfallhaftung des ausgeschlossenen Aktionärs, § 64 Abs. 4 Satz 2 AktG	39
D. **Zahlungspflicht der Vormänner, § 65 AktG**	40
I. Allgemeines	40
II. Regressverfahren, § 65 Abs. 1 AktG	42
1. Schuldner der Zahlungspflicht	42
2. Zahlungsunfähigkeit der jeweiligen Nachmänner	43
3. Inhalt und Umfang der Haftung	46
4. Zeitliche Beschränkung der Haftung	48
5. Rechtsfolgen der Zahlung durch den Vormann	49
III. Verwertungsverfahren, § 63 Abs. 3 AktG	50
1. Verpflichtung zur Verwertung	50
2. Durchführung des Verkaufs	51
3. Rechtswirkungen beim Erwerber der Aktie	55
4. Rechtswirkungen bei Vormännern und ausgeschlossenem Aktionär	56
5. Scheitern des Verkaufs wegen Unverkäuflichkeit der Aktie	58

A. Überblick zu den §§ 63 bis 65 AktG

Die §§ 63 bis 65 AktG beinhalten Regeln für die Einforderung und die effektive Durchsetzung der aus § 54 AktG resultierenden Hauptpflicht des Aktionärs zur Leistung seiner versprochenen Einlage. Die Vorschriften sind damit integraler Bestandteil des **Grundsatzes der realen Kapitalaufbringung** (*Hüffer/Koch* AktG § 64 Rn. 1; MüKo AktG/*Bayer* § 63 Rn. 1; K. Schmidt/Lutter/*Fleischer* AktG § 64 Rn. 1). 1

§ 63 Abs. 1 AktG regelt, wie die zu erbringenden Einlageleistungen fällig gestellt werden und tritt insofern neben die Regelungen der §§ 36 Abs. 2, 36a, 37 Abs. 1, 54 Abs. 3 sowie 188 Abs. 2 AktG, die ebenfalls die Einforderung der Einlagen zum Gegenstand haben. In **§ 63 Abs. 2 und 3 AktG** sind Sanktionen enthalten, die sich für den Aktionär aus einer nicht rechtzeitigen Erbringung der Einlageleistung ergeben können (*Hüffer/Koch* AktG § 63 Rn. 1). Neben diesen »regulären« Sanktionen geben die §§ 64 und 65 AktG unmittelbaren Zugriff auf das Mitgliedschaftsrecht des erfüllungsunwilligen oder erfüllungsunfähigen Aktionärs (KölnKomm AktG/*Drygala* § 64 Rn. 2; *Hüffer/Koch* AktG § 63 Rn. 1). 2

§ 64 AktG sieht für den Fall, dass der Aktionär seine Einlageleistung auch nach Ablauf der Zahlungsfrist nach § 63 Abs. 1 AktG nicht erbringt, die Möglichkeit vor, die Aktien zugunsten der AG 3 zu kaduzieren, sodass der säumige Aktionär wie im Rahmen einer entschädigungslosen Enteignung aus der AG ausscheidet (MüKo AktG/*Bayer* § 64 Rn. 2; KölnKomm AktG/*Drygala* § 64 Rn. 2). Die drohende Kaduzierung soll den Aktionär zur Erfüllung seiner offenen Einlageschuld anhalten und wirkt insofern als Druckmittel (K. Schmidt/Lutter/*Fleischer* AktG § 64 Rn. 1).

4 Wurde das Kaduzierungsverfahren vollständig durchgeführt, greift § 65 AktG ein. Nach dessen Abs. 1 und Abs. 2 ist die AG verpflichtet, die Vormänner des ausgeschlossenen Aktionärs auf Zahlung der noch ausstehenden Einlagen in Anspruch zu nehmen. Kann von den Vormännern keine (vollständige) Zahlung erlangt werden, ordnet Abs. 3 ein Verfahren zur Verwertung kaduzierter Aktien durch Verkauf an der Börse oder durch Versteigerung an.

5 Erst wenn sowohl das Regress- als auch das Verwertungsverfahren nach § 65 AktG nicht zu einer vollständigen Leistung der offenen Einlageschuld geführt hat, greift die wiederum in § 64 Abs. 4 Satz 2 AktG geregelte Ausfallhaftung des ausgeschlossenen Aktionärs. Diese Haftung tritt an die Stelle der Einlageverpflichtung, sodass der säumige Aktionär auch im Fall seines Ausschlusses aus der Gesellschaft nicht von seiner Zahlungsverpflichtung befreit wird.

B. Folgen nicht rechtzeitiger Einzahlung, § 63 AktG

I. Aufforderung zur Leistung der Einlagen, § 63 Abs. 1 AktG

1. Einlage, § 63 Abs. 1 Satz 1 AktG

a) Bareinlageverpflichtung

6 Unter § 63 Abs. 1 Satz 1 AktG sind nicht sämtliche Einlageverpflichtungen der Aktionäre, sondern **nur offene Bareinlageverpflichtungen** zu verstehen (*Hüffer/Koch* AktG § 63 Rn. 2; MüKo AktG/*Bayer* § 63 Rn. 4f.). Neben dem Nennbetrag bzw. dem anteiligen Betrag des Grundkapitals ist hierzu ein etwaiges Agio zu zählen (K. Schmidt/Lutter/*Fleischer* AktG § 63 Rn. 5). Nebenleistungspflichten aus der Aktie (§ 55 AktG) und sonstige Nebenforderungen aus der Einlageverpflichtung (wie Vertragsstrafen, Zinsen etc., vgl. § 63 Abs. 2 und 3 AktG) werden von der Aufforderung zur Einlageleistung nach § 63 Abs. 1 AktG hingegen nicht erfasst (GroßkommAktG/*Gehrlein* § 63 Rn. 3; MüKo AktG/*Bayer* § 63 Rn. 4; *Hüffer/Koch* AktG § 63 Rn. 2). Ebenso wenig ist § 63 AktG auf die Verpflichtung zur Rückgewähr verbotswidrig empfangener Leistungen nach § 62 AktG anwendbar (K. Schmidt/Lutter/*Fleischer* AktG § 63 Rn. 4).

7 Entgegen dem Wortlaut, der in eine andere Richtung deutet, werden auch Bareinlageleistungen von § 63 AktG erfasst, die entgegen der zwingenden Anordnung der §§ 36 Abs. 2, 36a Abs. 1, 188 Abs. 2 AktG **nicht vor Eintragung der AG bzw. der Kapitalerhöhung geleistet** wurden (GroßkommAktG/*Gehrlein* § 63 Rn. 4; *Hüffer/Koch* AktG § 63 Rn. 2; MüKo AktG/*Bayer* § 63 Rn. 6; K. Schmidt/Lutter/*Fleischer* AktG § 63 Rn. 5). Für diesen Teil der Bareinlageleistung gilt § 63 AktG mit der Besonderheit, dass es keiner förmlichen Fälligstellung durch eine Bekanntmachung nach Abs. 1 bedarf, d. h. die Rechtsfolgen des Abs. 2 und 3 und die Möglichkeit, nach §§ 64, 65 AktG vorzugehen, treten ggf. *ipso iure* – also ohne Bekanntmachung – ein (GroßkommAktG/*Gehrlein* § 63 Rn. 4; MüKo AktG/*Bayer* § 63 Rn. 6).

b) Sacheinlageverpflichtung

8 Sacheinlageverpflichtungen unterfallen nicht der Regelung des § 63 AktG, da die Bestimmung des § 36a Abs. 2 AktG eine **abschließende Fälligkeitsregelung** beinhaltet (GroßkommAktG/*Gehrlein* § 63 Rn. 5; *Hüffer/Koch* AktG § 63 Rn. 2; MüKo AktG/*Bayer* § 63 Rn. 7). Es verstößt nicht gegen § 23 Abs. 5 AktG, wenn die Satzung der AG sowohl in Bezug auf die Fälligkeit als auch in Bezug auf die Rechtsfolgen einer nicht rechtzeitigen Erbringung einer Sacheinlage (wie Vertragsstrafe, Verzugszins) eine von § 36a Abs. 2 AktG abweichende, an § 63 Abs. 1 Satz 1 AktG orientierte Regelung enthält (MüKo AktG/*Bayer* § 63 Rn. 8). Wandelt sich die Sacheinlageverpflichtung ganz oder teilweise in eine **Bareinlageverpflichtung** um, so ist ausschließlich § 63 AktG anzuwenden (GroßkommAktG/*Gehrlein* § 63 Rn. 7; MüKo AktG/*Bayer* § 63 Rn. 9; *Hüffer/Koch* AktG § 63 Rn. 2).

2. Adressat der Aufforderung

Nach § 63 AktG hat sich die Aufforderung zur Einlageleistung an die »Aktionäre« zu richten. Nach dem Gesetz kommen nur solche Aktionäre in Betracht, an die **Namensaktien** ausgegeben worden sind, da gem. § 10 Abs. 2 Satz 2 AktG nur bei solchen die Ausgabe vor Leistung des vollen Ausgabebetrags gestattet ist. Adressat des § 63 AktG ist somit der nach § 67 Abs. 2 AktG **zum Zeitpunkt der Bekanntmachung** der Aufforderung **im Aktienregister eingetragene Aktionär** (MüKo AktG/*Bayer* § 63 Rn. 10; K. Schmidt/Lutter/*Fleischer* AktG § 63 Rn. 7). 9

Wird die Aktie nach der Aufforderung **verkauft**, geht die fällige Einlageverpflichtung auf den Erwerber über, sobald dieser im Aktienregister eingetragen wird. Wird der Erwerber nicht eingetragen, kann die AG nur nach den §§ 64, 65 AktG vorgehen (Hölters/*Laubert* § 63 Rn. 4; Spindler/Stilz/*Cahn* AktG § 63 Rn. 7). Dagegen treffen die Nebenpflichten nach Abs. 2 und 3 immer nur den Aktionär, in dessen Person sie erfüllt sind, weswegen bereits entstandene Zins-, Schadensersatz- oder Vertragsstrafepflichten (zu diesen Rdn. 21 ff.) nicht auf den Erwerber übergehen (K. Schmidt/Lutter/*Fleischer* AktG § 63 Rn. 8; KölnKomm AktG/*Drygala* § 63 Rn. 10). 10

Da die Ausgabe von **Inhaberaktien** vor vollständiger Leistung des Ausgabebetrages gem. § 10 Abs. 2 Satz 1 AktG nicht in Betracht kommt, ist § 63 AktG auf die Inhaber solcher Aktien im gesetzgeberisch intendierten Regelfall nicht anzuwenden. Werden Inhaberaktien hingegen verbotswidrig bereits vor Leistung des vollen Ausgabebetrags ausgegeben, findet § 63 AktG Anwendung (MüKo AktG/*Bayer* § 63 Rn. 11), d. h., zunächst haftet der ursprüngliche Aktionär für die noch offene Bareinlage, bei Übertragung der Aktie der Erwerber. 11

Etwas anderes gilt nur dann, wenn der Erwerber von der noch nicht beglichenen Einlageforderung keine Kenntnis hatte: Hier wird der **gutgläubige Erwerber** geschützt, d. h., diesen trifft nach h. M. keine Einlagepflicht. Der Veräußerer verbleibt Schuldner der (Rest-) Einlage (K. Schmidt/Lutter/*Fleischer* AktG § 63 Rn. 9; KölnKomm AktG/*Drygala* § 63 Rn. 11). Darüber hinaus treffen ihn nach mittlerweile h. M. auch die Nebenpflichten nach § 63 Abs. 2 und 3, obwohl er nicht mehr Aktionär ist (*Hüffer/Koch* AktG § 63 Rn. 4; KölnKomm AktG/*Drygala* § 63 Rn. 11; K. Schmidt/Lutter/*Fleischer* AktG § 63 Rn. 9; a. A. wohl nur noch GroßkommAktG/*Gehrlein* § 63 Rn. 17). Ebenso wird der gutgläubige Erwerb geschützt, wenn entgegen § 10 Abs. 2 Satz 2 AktG auf der Namensaktie eine überhöhte Einlageleistung quittiert wurde (MüKo AktG/*Bayer* § 63 Rn. 13). Der Erwerber haftet in diesem Fall nur für die vermeintliche Resteinlage (Hölters/*Laubert* AktG § 63 Rn. 4). 12

3. Aufforderung zur Einzahlung

a) Zuständigkeit

Die Aufforderung nach § 63 AktG ist **Geschäftsführungsmaßnahme**, für die **ausschließlich der Vorstand** zuständig ist. Dieser kann die Aufforderung in vertretungsberechtigter Zahl bekanntmachen (*Hüffer/Koch* AktG § 63 Rn. 5; MüKo AktG/*Bayer* § 63 Rn. 25; Hölters/*Laubert* AktG § 63 Rn. 5). Im Fall der Insolvenz der AG geht das Recht auf den **Insolvenzverwalter** über (*Hüffer/Koch* AktG § 63 Rn. 5; MüKo AktG/*Bayer* § 63 Rn. 27, 62). Zu welchem Zeitpunkt und in welchem Umfang die Aufforderung an die Aktionäre bekanntgemacht wird, steht im **pflichtgemäßen Ermessen** des Vorstandes, das weder durch Satzung noch durch Hauptversammlungsbeschluss eingeschränkt werden kann (KölnKomm AktG/*Drygala* § 63 Rn. 15; Hölters/*Laubert* AktG § 63 Rn. 6). Ein wirtschaftliches Bedürfnis der AG zur Leistung der Einlagepflicht ist nicht nötig (MüKo AktG/*Bayer* § 63 Rn. 28). Bei seiner Entscheidung hat der Vorstand den Grundsatz der **Gleichberechtigung** der Aktionäre (§ 53a AktG) zu beachten (s. hierzu § 53a AktG Rdn. 16 sowie ausführl. KölnKomm AktG/*Drygala* § 63 Rn. 17 f.). Im Innenverhältnis ist gem. § 111 Abs. 4 Satz 2 AktG die satzungsmäßige Einrichtung eines **Zustimmungsvorbehalts des Aufsichtsrats** möglich, was jedoch aufgrund der unbeschränkten Vertretungsmacht des Vorstands keinerlei Außenwirkung für die Aktionäre hat (K. Schmidt/Lutter/*Fleischer* AktG § 63 Rn. 12; KölnKomm AktG/*Drygala* § 63 Rn. 15; abw.: MüKo AktG/*Bayer* § 63 Rn. 26). 13

b) Inhalt der Aufforderung

14 Die Zahlungsaufforderung muss **eindeutig und bestimmt** sein (K. Schmidt/Lutter/*Fleischer* AktG § 63 Rn. 16). Die Schuldner der Einlage sind hierbei (entweder durch Verweis auf Aktienregister oder Beschreibung der Aktie nach Art und Serie) unzweideutig zu benennen (GroßkommAktG/ *Gehrlein* § 63 Rn. 19; KölnKomm AktG/*Drygala* § 63 Rn. 19). Für Einlageschuldner muss klar erkennbar sein, ob sie die gesamte (Rest-) Einlage oder nur einen (genau anzugebenden) Teil einzuzahlen haben (MüKo AktG/*Bayer* § 63 Rn. 32; *Hüffer/Koch* AktG § 63 Rn. 6). Ihnen sind ein **bestimmter Zahlungstermin**, der genügend Zeit für die rechtzeitige Einzahlung gewährt (MüKo AktG/*Bayer* § 63 Rn. 32), und die genauen Zahlungsmodalitäten (Gesellschaftskasse, Bankverbindung) anzugeben (*Hüffer/Koch* AktG § 63 Rn. 6). Letztlich müssen Firma und Sitz der AG benannt werden und der Vorstand als Urheber der Aufforderung erkennbar sein (GroßkommAktG/*Gehrlein* § 63 Rn. 18).

4. Bekanntmachung, § 63 Abs. 1 Satz 2 AktG

15 Die Bekanntmachung hat nach § 63 Abs. 1 Satz 2 AktG in den **Gesellschaftsblättern** zu erfolgen. Neben dem obligatorischen elektronischen Bundesanzeiger (§ 25 Satz 1 AktG) können hierzu gem. § 25 Satz 2 AktG noch weitere Blätter oder elektronische Informationsmedien gehören, wenn dies in der Satzung so vorgesehen ist (K. Schmidt/Lutter/*Fleischer* AktG § 63 Rn. 18). Bei Bekanntmachung nach dem gesetzlichen Regelfall kommt es für die Entstehung und die Fälligkeit der Einlageschuld nicht darauf an, ob die Bekanntmachung dem Aktionär zugegangen ist bzw. er von ihr Kenntnis erlangt hat (*Hüffer/Koch* AktG § 63 Rn. 6; MüKo AktG/*Bayer* § 63 Rn. 34).

16 Die Satzung kann statt der Bekanntmachung in den Gesellschaftsblättern eine **andere Form der Bekanntmachung** vorsehen, z.B. sehen kleinere Gesellschaften häufig die Bekanntgabe mittels Brief oder eingeschriebenem Brief vor (MüKo AktG/*Bayer* § 63 Rn. 35; K. Schmidt/Lutter/*Fleischer* AktG § 63 Rn. 19). Wird diese Variante gewählt, so bedarf es für Entstehung und Fälligkeit der Einlageaufforderung eines Zugangs beim betreffenden Aktionär (MüKo AktG/*Bayer* § 63 Rn. 36; K. Schmidt/Lutter/*Fleischer* AktG § 63 Rn. 19).

II. Rechtswirkungen der Zahlungsaufforderung

1. Erfüllbarkeit und Fälligkeit der Einlageschuld

17 Die Bekanntmachung der Aufforderung nach § 63 AktG führt zur **Erfüllbarkeit der Einlageschuld**. Abweichend von § 271 Abs. 1 BGB kann die Einlageschuld vorher nicht erfüllt werden. Dies ist damit zu begründen, dass der AG keine Zahlungen aufgedrängt werden sollen und der Aktionär sich auch keine Vorteile bzgl. der Gewinnbeteiligung oder des Stimmrechts verschaffen soll (Spindler/Stilz/*Cahn* AktG § 63 Rn. 17; Hölters/*Laubert* AktG § 63 Rn. 9). In der Insolvenz der AG kann dies zu der ernüchternden Konsequenz führen, dass der Aktionär seine Einlage nochmals an die AG zu erbringen hat und mit seinem bereicherungsrechtlichen Rückforderungsanspruch weitestgehend ausfallen wird.

18 Darüber hinaus tritt mit Verstreichen des in der Zahlungsaufforderung benannten Zahlungstermins die **Fälligkeit der Einlageschuld** ein (*Hüffer/Koch* AktG § 63 Rn. 6; K. Schmidt/Lutter/*Fleischer* AktG § 63 Rn. 21). Dies gilt allerdings nicht, wenn die Fälligkeit schon vor der Anmeldung begründet war (vgl. Rdn. 7; MüKo AktG/*Bayer* § 63 Rn. 37 ff.; KölnKomm AktG/*Drygala* § 63 Rn. 21). Ohne Aufforderung kann die Einlageforderung jedenfalls grds. nicht fällig werden (BGH, Urt. v. 15.01.1990 – II ZR 164/88, Z 110, 47, 76). Zur Zinspflicht des Aktionärs ab Eintritt der Fälligkeit s. Rdn. 20.

19 Auch nach **Abtretung oder Verpfändung** der Einlageforderung bleibt allein der Vorstand zur fälligkeitsbegründenden Zahlungsaufforderung nach § 63 Abs. 1 AktG berechtigt (ausführl. hierzu MüKo AktG/*Bayer* § 63 Rn. 44). Dies gilt grds. auch bei Pfändung der Einlageforderung gem. § 829 ZPO, allerdings geht die Befugnis zur Zahlungsaufforderung mit erfolgter Überweisung zur

Einziehung bzw. an Zahlungs statt (§ 835 ZPO) auf den Gesellschaftsgläubiger über (Hölters/*Laubert* AktG § 63 Rn. 9; MüKo AktG/*Bayer* § 63 Rn. 45; KölnKomm AktG/*Drygala* § 63 Rn. 25).

2. Zinspflicht, § 63 Abs. 2 Satz 1 AktG

Ein Aktionär, der bei Eintritt der Fälligkeit seine Einlageverpflichtung i. S. d. § 63 Abs. 1 AktG nicht erfüllt hat, muss nach § 63 Abs. 2 Satz 1 AktG 5 % Jahreszinsen auf den rückständigen Betrag zahlen. Hierbei handelt es sich um **Fälligkeitszinsen**, auf ein Verschulden oder den Verzugseintritt kommt es nicht an (BGH, Urt. v. 05.04.1993 – II ZR 195/91, Z 122, 180, 201; MüKo AktG/*Bayer* § 63 Rn. 48). Die Regelung in Abs. 2 Satz 1 ist zwingend i. S. d. § 23 Abs. 5 AktG, d. h., sie kann durch Satzung weder vermindert, erhöht oder gänzlich abgeschafft werden (MüKo AktG/*Bayer* § 63 Rn. 49; GroßkommAktG/*Gehrlein* § 63 Rn. 39; *Hüffer*/*Koch* AktG § 63 Rn. 8). Höhere Zinsen können über Abs. 2 Satz 2 als Verzugsschaden nach § 288 BGB oder ggf. über Abs. 3 als Vertragsstrafe geltend gemacht werden, was beides jedoch zusätzlich den Eintritt des Verzuges voraussetzt.

20

3. Weitergehender Schadensersatz, § 63 Abs. 2 Satz 2 AktG

Die Geltendmachung eines weiteren Schadens ist nach § 63 Abs. 2 Satz 2 AktG nicht ausgeschlossen. Die Vorschrift stellt **keine eigenständige Anspruchsgrundlage** dar und verweist auf die Vorschriften des allgemeinen Schuldrechts (K. Schmidt/Lutter/*Fleischer* AktG § 63 Rn. 23): Insbesondere der Ersatz eines Verzugsschadens nach Maßgabe der §§ 286 ff. BGB kommt hier in Betracht, was neben der Fälligkeit noch Verzug und Verschulden des Aktionärs erfordert (*Hüffer*/*Koch* AktG § 63 Rn. 8). Mit Verzugseintritt haftet der Aktionär nach § 288 BGB auf Verzugszinsen i. H. v. 5 % über dem Basiszinssatz. Ein darüber hinausgehender Verzugsschaden kann z. B. in zusätzlichen Fremdfinanzierungskosten der AG liegen (Spindler/Stilz/*Cahn* AktG § 63 Rn. 21).

21

In der Bekanntgabe der Zahlungsaufforderung ist **keine Mahnung i. S. d. § 286 BGB** zu sehen, da durch sie die Fälligkeit begründet wird, eine Mahnung jedoch erst nach Eintritt der Fälligkeit erklärt werden kann (MüKo AktG/*Bayer* § 63 Rn. 42). Darüber hinaus setzt eine bloße Zahlungsaufforderung i. S. d. § 63 AktG den Aktionär nach zutreffender h. M. grundsätzlich auch dann nicht in Verzug, wenn man hierin eine Zeitbestimmung i. S. d. § 286 Abs. 2 Nr. 1 oder 2 BGB sieht (ausführl. MüKo AktG/*Bayer* § 63 Rn. 42). Auch die hier ausnahmsweise (durch gesetzliche Ermächtigung in § 63 Abs. 1 AktG) mögliche einseitige Zeitbestimmung i. S. d. § 286 Abs. 2 Nr. 1, 2 BGB erfordert nämlich einen tatsächlichen Zugang beim Aktionär, woran es bei einer bloßen Bekanntmachung i. S. d. § 63 Abs. 1 Satz 2 AktG mangelt (h. M.: BGH, Urt. v. 15.01.1990 – II ZR 164/88, Z 110, 47, 71, 76; KölnKomm AktG/*Drygala* § 63 Rn. 30; MüKo AktG/*Bayer* § 63 Rn. 42; Hölters/*Laubert* AktG § 63 Rn. 11; a. A. noch *Hüffer* AktG [10. Aufl.] § 63 Rn. 8). Ist dem Aktionär die Zahlungsaufforderung im konkreten Einzelfall hingegen tatsächlich – z. B. durch Übersendung der öffentlichen Bekanntmachung per E-Mail – zugegangen, ist der Verzugseintritt mit Ablauf der gesetzlichen Zahlungsfrist zu bejahen (MüKo AktG/*Bayer* § 63 Rn. 43).

22

4. Vertragsstrafen, § 63 Abs. 3 AktG

Nach Abs. 3 kann die Satzung bestimmen, dass eine nicht rechtzeitige Bareinlageleistung eine Vertragsstrafe nach sich zieht, für welche die **§§ 339 ff. BGB, § 348 HGB** gelten (K. Schmidt/Lutter/*Fleischer* AktG § 63 Rn. 25; MüKo AktG/*Bayer* § 63 Rn. 52; Hölters/*Laubert* AktG § 63 Rn. 12). Die Vertragsstrafe muss ausdrücklich in der Satzung festgeschrieben sein. Anders als die Fälligkeitszinsen nach § 63 Abs. 2 Satz 1 AktG setzt das Eingreifen einer Vertragsstrafe nach § 339 Satz 1 BGB den Verzug des Aktionärs voraus (Spindler/Stilz/*Cahn* AktG § 63 Rn. 23). Wegen § 341 Abs. 3 BGB verfällt der Anspruch der AG auf Zahlung der Vertragsstrafe, wenn sich die AG den Anspruch bei Annahme der nicht rechtzeitigen Leistung nicht vorbehalten hat (Hölters/*Laubert* AktG § 63 Rn. 13; KölnKomm AktG/*Drygala* § 63 Rn. 35).

23

Üblicherweise sieht die Vertragsstrafenregelung vor, dass der Aktionär zur Zahlung eines bestimmten Geldbetrages verpflichtet wird, allerdings kommt grds. auch jede andere Leistung in Betracht

24

(Spindler/Stilz/*Cahn* AktG § 63 Rn. 24). Es ist allerdings nicht möglich, dem Aktionär seine Mitgliedschaft zu entziehen, da der § 64 AktG insofern eine abschließende Regelung bereithält (MüKo AktG/*Bayer* § 63 Rn. 56; Spindler/Stilz/*Cahn* AktG § 63 Rn. 24). Unzulässig ist auch die Suspendierung einzelner Mitgliedsrechte wie etwa des Stimmrechts. Aufgrund des Satzungsvorbehalts in § 60 Abs. 3 AktG (s. § 60 AktG Rdn. 8) gilt allerdings eine Ausnahme bzgl. des Gewinnbezugsrechts (K. Schmidt/Lutter/*Fleischer* AktG § 63 Rn. 25; MüKo AktG/*Bayer* § 63 Rn. 56). Fälligkeitszinsen nach § 63 Abs. 2 Satz 1 AktG können uneingeschränkt neben der Vertragsstrafe geltend gemacht werden (BGH, Urt. v. 25.03.1963 – II ZR 83/62, NJW 1963, 1197). Hingegen ist die Vertragsstrafe mit einem Schadensersatz i. S. d. § 63 Abs. 2 Satz 2 AktG zu verrechnen (vgl. §§ 340 Abs. 2, 341 BGB, Hölters/*Laubert* AktG § 63 Rn. 12).

C. Ausschluss säumiger Aktionäre, § 64 AktG

I. Voraussetzungen des Kaduzierungsverfahrens

25 § 64 AktG knüpft an § 63 AktG an und teilt dessen Anwendungsvoraussetzungen (K. Schmidt/Lutter/*Fleischer* AktG § 64 Rn. 6), d. h., die Vorschrift ist nur auf denjenigen Aktionär anwendbar, der einer ordnungsgemäßen Aufforderung zur Erbringung seiner Einlageleistung nicht rechtzeitig nachgekommen ist.

26 Unter Einlage ist hierbei wie bei § 63 Abs. 1 AktG (vgl. Rdn. 6) nur eine **Bareinlageforderung** i. S. d. § 54 Abs. 1 AktG (wiederum einschließlich eines etwaigen Agios) zu verstehen (K. Schmidt/Lutter/*Fleischer* AktG § 64 Rn. 7; MüKo AktG/*Bayer* § 64 Rn. 10). Anders als bei § 63 AktG (s. Rdn. 8) kann die Satzung den Anwendungsbereich des § 64 AktG nicht auf offene Sacheinlagen ausweiten (Spindler/Stilz/*Cahn* AktG § 64 Rn. 5). Darüber hinaus ist jede Satzungsbestimmung, die das Kaduzierungsverfahren zugunsten oder zuungunsten der Aktionäre verändert, nach § 23 Abs. 5 AktG ausgeschlossen (Hölters/*Laubert* AktG § 64 Rn. 20; KölnKomm AktG/*Drygala* § 64 Rn. 56).

27 **Nicht rechtzeitig** leistet ein Aktionär, wenn er den in der Aufforderung angegebenen Zahlungstermin (vgl. Rdn. 14) verstreichen lässt (Hüffer/*Koch* AktG § 64 Rn. 3). Keine Rolle spielt, ob die Einlageforderung bei der Gründung oder bei einer Kapitalerhöhung entstanden ist oder ob sie bereits vor Eintragung der AG bzw. der Kapitalerhöhung fällig war (Hölters/*Laubert* AktG § 64 Rn. 4; KölnKomm AktG/*Drygala* § 64 Rn. 14).

II. Einleitung und Durchführung des Kaduzierungsverfahrens

1. Zuständigkeit und Ermessen des Vorstands

28 Die Entscheidung über die Kaduzierung fällt in die **alleinige Zuständigkeit des Vorstands** (Spindler/Stilz/*Cahn* AktG § 64 Rn. 18; K. Schmidt/Lutter/*Fleischer* AktG § 64 Rn. 14), allerdings kann die Satzung nach § 111 Abs. 4 Satz 2 AktG ein Zustimmungserfordernis des Aufsichtsrats vorsehen, das sich jedoch nur im Innenverhältnis, nicht im Verhältnis zum Aktionär auswirkt (KölnKomm AktG/*Drygala* § 63 Rn. 10; abw.: MüKo AktG/*Bayer* § 64 Rn. 26). Eine **abweichende Zuständigkeitsordnung** kann die Satzung nach h. M. nicht vorsehen, was aus dem sachlichen Zusammenhang mit § 63 AktG folgt, in welchem explizit die Zuständigkeit des Vorstands zur Einforderung vorgesehen ist (Spindler/Stilz/*Cahn* AktG § 64 Rn. 18; K. Schmidt/Lutter/*Fleischer* AktG § 64 Rn. 14; Hüffer/*Koch* AktG § 64 Rn. 2; KölnKomm AktG/*Drygala* § 63 Rn. 11; abw.: MüKo AktG/*Bayer* § 64 Rn. 28).

29 Ob die AG ein Kaduzierungsverfahren durchführt, steht im **pflichtgemäßen Ermessen des Vorstandes**. Alternativ steht ihm auch die Geltendmachung der Einlageforderung im Wege einer gewöhnlichen Leistungsklage offen (MüKo AktG/*Bayer* § 64 Rn. 31; Spindler/Stilz/*Cahn* § 64 Rn. 20; Hölters/*Laubert* AktG § 64 Rn. 7). Er ist auch berechtigt, ein eingeleitetes Kaduzierungsverfahren wieder einzustellen (GroßkommAktG/*Gehrlein* § 64 Rn. 22; KölnKomm AktG/*Drygala* § 64 Rn. 5). Im Rahmen seiner Ermessensentscheidung hat er vor allem den **Gleichbehandlungs-**

grundsatz des § 53a AktG zu beachten (*Hüffer/Koch* AktG § 64 Rn. 2; Spindler/Stilz/*Cahn* § 64 Rn. 21).

2. Nachfristsetzung mit Androhung, § 64 Abs. 1 AktG

Das Kaduzierungsverfahren beginnt nach § 64 Abs. 1 Satz 2 AktG damit, dass dem säumigen Aktionär eine **Nachfrist** gesetzt wird. Dies ist erstmals zulässig, wenn der in der Einzahlungsaufforderung genannte Zahlungstermin fruchtlos verstrichen ist (*Hüffer/Koch* AktG § 64 Rn. 4; MüKo AktG/*Bayer* § 64 Rn. 39; Hölters/*Laubert* AktG § 64 Rn. 8). Die Nachfrist kann nach ganz h. M. nicht mit der gem. § 63 Abs. 1 Satz 1 AktG vorausgehenden Aufforderung verbunden werden (Spindler/ Stilz/*Cahn* AktG § 64 Rn. 22; MüKo AktG/*Bayer* § 64 Rn. 39).

Die Nachfrist beinhaltet die **Aufforderung**, die ausstehende Einlage bis zu einem dort zu bestimmenden Zeitpunkt erbringen zu müssen. Der Zeitpunkt der Leistung kann im Rahmen der in § 64 Abs. 2 AktG bestimmten Frist sowohl mit einem fixen Datum als auch mit einer vom Aktionär selbst auszurechnenden Frist bestimmt werden (GroßkommAktG/*Gehrlein* § 64 Rn. 27; MüKo AktG/*Bayer* § 64 Rn. 40; Spindler/Stilz/*Cahn* AktG § 64 Rn. 24). Nach § 64 Abs. 1 AktG muss die Nachfrist zwingend mit der **Androhung** versehen sein, dass die Aktien des säumigen Aktionärs und die von ihm bereits erbrachten Einlagen im Fall der Nichtzahlung gegenstandslos für verlustig erklärt werden. Die Erklärung muss die betroffenen Aktionäre hinreichend **individualisieren** (Spindler/Stilz/*Cahn* AktG § 64 Rn. 23; Hölters/*Laubert* AktG § 64 Rn. 9). Eine Erklärung, die sich pauschal an alle Aktionäre richtet, die mit ihren Zahlungen in Rückstand sind, ist nicht ausreichend (MüKo AktG/*Bayer* § 64 Rn. 42; K. Schmidt/Lutter/*Fleischer* AktG § 63 Rn. 20).

3. Bekanntmachungen der Nachfrist, § 64 Abs. 2 AktG

Nach § 64 Abs. 2 Satz 1 AktG ist die Nachfrist grundsätzlich dreimal in den Gesellschaftsblättern (vgl. Rdn. 15) bekanntzumachen, wobei nach Satz 2 die erste Bekanntmachung mindestens 3 Monate und die letzte Bekanntmachung mindestens einen Monat vor dem dort bestimmten Fristablauf zu liegen hat. Zwischen den einzelnen Bekanntmachungen muss nach Satz 3 ein Zeitraum von mindestens 3 Wochen liegen. Die Fristberechnung ergibt sich aus §§ 187 ff. BGB (GroßkommAktG/*Gehrlein* § 64 Rn. 31; MüKo AktG/*Bayer* § 64 Rn. 46; Spindler/Stilz/*Cahn* AktG § 64 Rn. 27). Im Fall von **vinkulierten Namensaktien** (§ 68 Abs. 2 AktG) genügt nach § 64 Abs. 2 Satz 4 AktG alternativ auch eine einmalige und zeitlich auf wenigstens einen Monat verkürzte **Einzelaufforderung** an den säumigen Aktionär. Anders als die Bekanntmachung muss diese Einzelaufforderung dem Aktionär jedoch zugehen, wofür die AG beweispflichtig ist (MüKo AktG/*Bayer* § 64 Rn. 47; Hölters/*Laubert* AktG § 64 Rn. 10; K. Schmidt/Lutter/*Fleischer* AktG § 64 Rn. 23).

4. Ausschlusserklärung, § 64 Abs. 3 AktG

Ist die Nachfrist nach § 64 Abs. 2 AktG wirksam bekanntgemacht worden und wurde die fällige Einlageschuld nicht innerhalb der dort genannten Frist vollständig erfüllt, so bedarf es für die tatsächliche Ausschließung des säumigen Aktionärs nach § 64 Abs. 3 AktG einer ebenfalls in den Gesellschaftsblättern der AG bekannt zu machenden **Ausschlusserklärung**. Eine andere Form der Veröffentlichung (wie z. B. die Erklärung gegenüber dem betroffenen Aktionär) reicht nicht aus (BGH, Urt. v. 28.01.2002 – II ZR 259/00, NZG 2002, 333; Hölters/*Laubert* AktG § 64 Rn. 11).

Entgegen dem missverständlichen Wortlaut des Abs. 3 besteht keine Verpflichtung des Vorstands zur Erklärung des Ausschlusses. Vielmehr hat er hierüber nach **pflichtgemäßem Ermessen** zu entscheiden, wobei er vor allem den Gleichbehandlungsgrundsatz zu beachten hat (K. Schmidt/ Lutter/*Fleischer* AktG § 64 Rn. 24). Die Ausschlusserklärung muss nicht unverzüglich nach Ablauf der Nachfrist erfolgen, bei längerem Zuwarten kann das Kaduzierungsrecht jedoch verwirkt sein (MüKo AktG/*Bayer* § 64 Rn. 50; K. Schmidt/Lutter/*Fleischer* AktG § 64 Rn. 24).

Erst zum **Zeitpunkt der Veröffentlichung** der Ausschlusserklärung wird der Aktionär seiner Aktie und etwaiger Einzahlungen **verlustig**. Im Umkehrschluss bleibt der Aktionär bis zu diesem Zeitpunkt berechtigt, seiner Einlageverpflichtung nachzukommen. Erfüllt der säumige Aktionär vor dem Tag bzw. sogar noch am Tag der Bekanntmachung der Ausschlusserklärung seine Einlageschuld vollständig, so ist die Ausschließung abgewendet (GroßkommAktG/*Gehrlein* § 64 Rn. 37; *Hüffer*/*Koch* AktG § 64 Rn. 6; *Hölters*/*Laubert* AktG § 64 Rn. 5). Zu beachten ist, dass die AG bei Bekanntmachung der Ausschlusserklärung noch **Inhaberin der Einlageforderung** sein muss, was scheitert, wenn die AG die Einlageforderung zwischenzeitlich an einen Dritten abgetreten hat; allein die Pfändung oder Verpfändung der Einlageforderung führt hingegen noch nicht zum Gläubigerwechsel (MüKo AktG/*Bayer* § 64 Rn. 23 ff.; K. Schmidt/Lutter/*Fleischer* AktG § 64 Rn. 12).

III. Wirkungen der Kaduzierung

36 § 64 Abs. 3 Satz 1 AktG bestimmt, dass der Aktionär durch die Bekanntmachung seiner Aktien und der darauf bereits geleisteten Einzahlungen zugunsten der Gesellschaft **verlustig** wird. Dies bedeutet, dass der Aktionär seine Mitgliedschaft und damit sämtliche Rechte und auch sämtliche Pflichten aus der Aktie verliert (*Hüffer*/*Koch* AktG § 64 Rn. 7; MüKo AktG/*Bayer* § 64 Rn. 58). Dies gilt nicht für seine bereits entstandenen Gläubigerrechte gegenüber der AG, wie z. B. seinen konkreten Gewinnauszahlungsanspruch (vgl. § 58 AktG Rdn. 37 f.; KölnKomm AktG/*Drygala* § 64 Rn. 38). Die bereits erbrachten Einlagen verbleiben ersatzlos bei der AG – ein Erstattungsanspruch ist ausgeschlossen, sodass bereits erbrachte Einlageleistungen dem zukünftigen Neuaktionär zugutekommen (MüKo AktG/*Bayer* § 64 Rn. 59). Rechte Dritter, die an der Aktie bestanden (z. B. Pfand- oder Nießbrauchrechte), werden gegenstandslos und gehen unter (MüKo AktG/*Bayer* § 64 Rn. 64; Hölters/*Laubert* AktG § 64 Rn. 15). War die Aktie verbrieft, wird die alte Aktienurkunde kraftlos. Ein gutgläubiger Erwerb kommt nicht in Betracht (*Hüffer*/*Koch* AktG § 64 Rn. 7; MüKo AktG/*Bayer* § 64 Rn. 73; Spindler/Stilz/*Cahn* AktG § 64 Rn. 40). Die Kaduzierung ist unumkehrbar, d. h., ihre Rechtsfolgen können auch nicht durch Vereinbarung zwischen AG und Aktionär rückgängig gemacht werden (KölnKomm AktG/*Drygala* § 64 Rn. 44).

37 Die Kaduzierung führt nicht dazu, dass die Mitgliedschaft als solche untergeht. Ohne auf die in dogmatischer Hinsicht umstrittene Frage einzugehen, wem die Aktie nach der Ausschließung zusteht (nach h. M. wird sie vorübergehend von der AG erworben, vgl. dazu nur MüKo AktG/*Bayer* § 64 Rn. 69 ff.; KölnKomm AktG/*Drygala* § 64 Rn. 42 f.), besteht jedenfalls Einigkeit über ihre Behandlung: Die AG muss die Mitgliedschaft **nach § 65 AktG verwerten** (K. Schmidt/Lutter/*Fleischer* AktG § 64 Rn. 37; *Hüffer*/*Koch* AktG § 64 Rn. 8; MüKo AktG/*Bayer* § 64 Rn. 70). Eine Aktivierung scheidet aus, weil sich der Wert der Aktie in der bereits aktivierten Einlageforderung erschöpft (Spindler/Stilz/*Cahn* AktG § 64 Rn. 43; KölnKomm AktG/*Drygala* § 64 Rn. 43). Die Aktien sind nach § 160 Abs. 1 Nr. 2 AktG im Anhang auszuweisen (*Hüffer*/*Koch* AktG § 64 Rn. 8). Im Rahmen der §§ 71 Abs. 2 Satz 1, 71c Abs. 2 AktG sind kaduzierte Aktien nicht zu berücksichtigen (MüKo AktG/*Bayer* § 64 Rn. 70).

38 Soweit einzelverbriefte Aktienurkunden ausgegeben worden sind, hat die AG nach § 64 Abs. 4 Satz 1 Halbs. 1 AktG anstelle der alten, **neue Aktien auszugeben** (GroßkommAktG/*Gehrlein* § 64 Rn. 49 ff.). Entsprechend § 64 Abs. 4 Satz 1 AktG ist auf der neuen Aktienurkunde nicht nur der Betrag der auf die Aktie bereits erbrachten Teilleistungen nach § 10 Abs. 2 Satz 2 AktG, sondern zusätzlich auch der noch ausstehende Einlagebetrag als eingezahlt zu vermerken (MüKo AktG/*Bayer* § 64 Rn. 76; KölnKomm AktG/*Drygala* § 64 Rn. 48).

IV. Ausfallhaftung des ausgeschlossenen Aktionärs, § 64 Abs. 4 Satz 2 AktG

39 An die Stelle der mit der Kaduzierung untergegangenen Einlageverpflichtung tritt gem. § 64 Abs. 4 Satz 2 AktG die **Ausfallhaftung** des ausgeschlossenen Aktionärs. Er kann allerdings nur dann von der Gesellschaft in Anspruch genommen werden, wenn und soweit die Gesellschaft die fällige Einlage nicht von den Vormännern nach § 65 Abs. 1 AktG bzw. im Wege des Verkaufs nach § 65 Abs. 3 AktG erlangen kann (MüKo AktG/*Bayer* § 64 Rn. 86), die Ausfallhaftung ist folglich **subsidiär**. Waren Teile der Einlage zum Zeitpunkt der Ausschließung noch nicht nach § 63 Abs. 1 AktG fällig, so kommt die subsidiäre Haftung des ausgeschlossenen Aktionärs für diese Beträge erst in Betracht,

wenn zuvor gegenüber dem Neuaktionär ein weiteres Kaduzierungsverfahren durchgeführt worden ist (*Hüffer/Koch* AktG § 64 Rn. 9; MüKo AktG/*Bayer* § 64 Rn. 87). Die in § 66 AktG enthaltenen Erlass- und Aufrechnungsverbote gelten auch für die Ausfallhaftung des § 64 Abs. 4 Satz 2 AktG (MüKo AktG/*Bayer* § 64 Rn. 84). Leistet der ausgeschlossene Aktionär aufgrund seiner Haftungsverpflichtung aus § 64 Abs. 4 Satz 2 AktG, so ist ihm im Gegenzug nicht die Inhaberschaft an der neuen Aktie zu gewähren; vielmehr kann er die Aktie nur im Wege des Kaufs nach § 65 Abs. 3 AktG erneut erwerben (MüKo AktG/*Bayer* § 65 Rn. 11).

D. Zahlungspflicht der Vormänner, § 65 AktG

I. Allgemeines

§ 65 AktG beinhaltet die Verpflichtung der AG, die Aktie des ausgeschlossenen Aktionärs zu verwerten, um dem Grundsatz der Kapitalaufbringung zu entsprechen (MüKo AktG/*Bayer* § 65 Rn. 7; *Hüffer/Koch* AktG § 65 Rn. 1). Zweck des § 65 AktG ist, die **Zahlung der rückständigen Geldeinlage** zu erreichen (*Hüffer/Koch* AktG § 65 Rn. 1). Dies erfolgt dadurch, dass nach § 65 Abs. 1 AktG zunächst die Vormänner des ausgeschlossenen Aktionärs auf Zahlung der ausstehenden Einlageleistung in Anspruch zu nehmen sind. Erst wenn von keinem der Vormänner die vollständige Zahlung der ausstehenden Einlageforderung zu erlangen ist, ist die Aktie nach § 65 Abs. 3 AktG zu verkaufen. Die Durchführung dieses Regress- und des Verwertungsverfahrens nach § 65 AktG steht nicht im Ermessen des Vorstandes, er ist dazu **gesetzlich verpflichtet** (Hölters/*Laubert* § 65 Rn. 3). § 65 AktG ist in vollem Umfang erschöpfend i. S. d. § 23 Abs. 5 AktG und damit **nicht abänderbar** (Spindler/Stilz/*Cahn* AktG § 65 Rn. 5; *Hüffer/Koch* AktG § 65 Rn. 1).

40

§ 65 AktG ist nur anwendbar, wenn eine wirksame Kaduzierung nach § 64 AktG stattgefunden hat (KölnKomm AktG/*Drygala* § 65 Rn. 10). Bei **fehlerhafter Kaduzierung** bleibt der hiervon Betroffene weiterhin Aktionär der AG. Eine Aktienurkunde in seinem Besitz verkörpert weiterhin seine Mitgliedschaft, sodass die neu ausgegebene Urkunde der AG ungültig ist. Weder ein Vormann im Rahmen des Regressverfahrens nach Abs. 1 noch ein Dritter im Verwertungsverfahren nach Abs. 3 können die Aktien erwerben. Auch der gutgläubige Erwerb ist ausgeschlossen (MüKo AktG/*Bayer* § 65 Rn. 99; s. dort auch zu den Rechten der Käufer nach unwirksamen Erwerb).

41

II. Regressverfahren, § 65 Abs. 1 AktG

1. Schuldner der Zahlungspflicht

Schuldner der Zahlungspflicht kann nach dem Wortlaut jeder im Aktienregister verzeichnete Vormann des ausgeschlossenen Aktionärs sein, was den Kreis tauglicher Schuldner auf Inhaber von Namensaktien und Zwischenscheinen eingrenzt. Unter Berücksichtigung des Normzwecks einer realen Kapitalaufbringung ist eine solche wortlautgetreue Eingrenzung jedoch nicht zu rechtfertigen (Hölters/*Laubert* AktG § 65 Rn. 3). Daher können Vormänner auch haften, wenn gar keine Aktienurkunden ausgegeben wurden (MüKo AktG/*Bayer* § 65 Rn. 23), wenn die Eintragung ausgegebener Namenspapiere im Aktienregister unterblieben ist oder wenn entgegen § 10 Abs. 2 Satz 1 AktG nicht voll eingezahlte Inhaberaktien ausgegeben wurden (jedenfalls, wenn sie nicht anschließend gutgläubig und lastenfrei erworben wurden, hierzu Rdn. 11; MüKo AktG/*Bayer* § 65 Rn. 24). War der ausgeschlossene Aktionär erster Aktieninhaber (als Gründer bzw. Zeichner einer Aktie im Rahmen einer Kapitalerhöhung), kommt mangels Vormann nur eine Verwertung nach § 65 Abs. 3 AktG in Betracht (K. Schmidt/Lutter/*Fleischer* AktG Rn. 6; MüKo AktG/*Bayer* § 65 Rn. 16).

42

2. Zahlungsunfähigkeit der jeweiligen Nachmänner

Mangels eigener Nachmänner i. S. d. § 65 Abs. 1 AktG haftet der unmittelbare Vormann des ausgeschlossenen Aktionärs stets und ohne Weiteres **bereits aufgrund der Kaduzierung** (Hölters/*Laubert* AktG § 65 Rn. 3; KölnKomm AktG/*Drygala* § 65 Rn. 16; MüKo AktG/*Bayer* § 65 Rn. 27). Die weiteren Vormänner haften hingegen im **strengen Stufen- oder Staffelregress**, d. h. nur dann und insoweit, als der noch offene Einlagebetrag vom jeweiligen Nachmann nicht zu erlangen ist (*Hüffer/*

43

Koch AktG § 65 Rn. 4; MüKo AktG/*Bayer* § 65 Rn. 28). Ein sog. Sprungregress ist ausgeschlossen, weswegen ein Haftungsvorrang des jeweils späteren Vormannes besteht (Spindler/Stilz/*Cahn* AktG § 65 Rn. 18). Ist die **AG selbst Vormann**, was z. B. in Betracht kommt, wenn sie gem. § 71 Abs. 1 Nr. 3, 5 oder 6 AktG erworbene, nicht voll eingezahlte Aktien abgegeben hat, können im Interesse der realen Kapitalaufbringung die der AG jeweils vorgehenden Vormänner in Anspruch genommen werden (h. M.: MüKo AktG/*Bayer* § 65 Rn. 20; KölnKomm AktG/*Drygala* § 65 Rn. 17; Spindler/ Stilz/*Cahn* AktG § 65 Rn. 14; Hölters/*Laubert* AktG § 65 Rn. 3; a. A. *Hüffer/Koch* AktG § 65 Rn. 4, der ein Erlöschen der Ansprüche durch Konfusion vertritt).

44 Die AG muss sich an diese vorgegebene Reihenfolge der Inanspruchnahme halten und kann auf den früheren Vormann immer nur dann zugreifen, wenn sein direkter Nachfolger **zahlungsunfähig** ist. Ein Verstoß gegen diese Reihenfolge führt dazu, dass eine Zahlung nicht zum Erwerb der kaduzierten Aktie führt, der zahlende Vormann die erhaltene Aktienurkunde herausgeben muss und lediglich seine Leistung nach § 812 Abs. 1 Satz 1 BGB herausverlangen kann (Spindler/Stilz/*Cahn* AktG § 65 Rn. 68). Bei Inanspruchnahme eines Vormanns ist die AG gem. Abs. 1 Satz 2 verpflichtet, dessen jeweiligen Vormann von der Zahlungsaufforderung zu **benachrichtigen**, was jedoch keine Haftungsvoraussetzung für § 65 Abs. 1 AktG ist (Spindler/Stilz/*Cahn* AktG § 65 Rn. 24), sondern vielmehr im Rahmen der in Abs. 1 Satz 3 aufgestellten Vermutungsregelung eine Rolle spielt.

45 Die AG trägt die **Darlegungs- und Beweislast** bzgl. der Zahlungsunfähigkeit eines Nachmanns (MüKo AktG/*Bayer* § 65 Rn. 28; Spindler/Stilz/*Cahn* AktG § 65 Rn. 21). Der Nachweis wird der AG durch die **widerlegbare Vermutung in Abs. 1 Satz 3** erleichtert: Hiernach wird vermutet, dass die Zahlung nicht zu erlangen ist, wenn die Zahlung nicht innerhalb eines Monats seit der Zahlungsaufforderung und der Benachrichtigung des Vormanns nach Abs. 1 Satz 2 eingegangen ist. Liegen die Voraussetzungen der Vermutung nicht vor oder wird sie von dem in Anspruch genommenen Vormann widerlegt, genügen zum Nachweis die Eröffnung des Insolvenzverfahrens, dessen Ablehnung mangels Masse oder ein fruchtloser Pfändungsversuch (KölnKomm AktG/*Drygala* § 65 Rn. 18).

3. Inhalt und Umfang der Haftung

46 Die Haftung des Vormannes ist aufgrund der Bedingung, dass der Nachmann zahlungsunfähig ist, nur **subsidiär** (*Hüffer/Koch* AktG § 65 Rn. 5). Die Haftung resultiert aus einem gesetzlichen Schuldverhältnis als Nachwirkung früherer Mitgliedschaft des Vormannes (KölnKomm AktG/ *Drygala* § 65 Rn. 9; Spindler/Stilz/*Cahn* § 64 Rn. 15). Wie die Einlagepflicht unterliegt auch die Haftung nach § 65 Abs. 1 AktG dem Befreiungs- und Aufrechnungsverbot des § 66 Abs. 1 AktG (K. Schmidt/Lutter/*Fleischer* AktG § 65 Rn. 16; *Hüffer/Koch* AktG § 65 Rn. 5).

47 Nach § 65 Abs. 1 ist der Vormann zur Zahlung des »rückständigen Betrags« verpflichtet, weswegen der eingeforderte Betrag in seiner Höhe **auf die noch ausstehende Einlageschuld begrenzt** ist (*Hüffer/Koch* AktG § 65 Rn. 6; K. Schmidt/Lutter/*Fleischer* AktG § 65 Rn. 17). Dem jeweils in Anspruch genommenen Vormann werden dabei sämtliche vorangegangenen Teilzahlungen sowohl des ausgeschlossenen Aktionärs als auch der vorrangig in Anspruch genommenen Vormänner angerechnet (KölnKomm AktG/*Drygala* § 65 Rn. 11). Nicht umfasst von der Zahlungspflicht sind Nebenforderungen nach § 63 Abs. 2 und Abs. 3 sowie die Kosten des Kaduzierungsverfahrens (MüKo AktG/*Bayer* § 65 Rn. 42).

4. Zeitliche Beschränkung der Haftung

48 Eine Haftung des Vormannes ist nach § 65 Abs. 2 Satz 1 AktG auf die Zahlung solcher Beträge beschränkt, die **binnen 2 Jahren** eingefordert werden. Die Frist beginnt nach § 65 Abs. 2 Satz 2 AktG mit dem Tag, an dem die Übertragung der Aktie auf den betreffenden Vormann zum Aktienregister der AG angemeldet bzw. nach der neuen Formulierung des § 67 Abs. 3 AktG mitgeteilt worden ist (MüKo AktG/*Bayer* § 65 Rn. 44). Die Berechnung der Frist erfolgt nach §§ 187 Abs. 1, 188 Abs. 2 BGB (*Hüffer/Koch* AktG § 65 Rn. 7). Diese zeitliche Haftungsbegrenzung gilt nur für

solche ausstehenden Einlageforderungen, die in der Zeit fällig geworden sind, in der der Vormann nicht mehr Aktionär der AG gewesen ist (GroßkommAktG/*Gehrlein* § 65 Rn. 33). War die Einlageforderung bereits zum Zeitpunkt seiner Aktionärsstellung fällig, haftet der Vormann ohne die zeitliche Begrenzung des § 65 Abs. 2 Satz 1 AktG (*Hüffer/Koch* AktG § 65 Rn. 7; MüKo AktG/*Bayer* § 65 Rn. 43; KölnKomm AktG/*Drygala* § 65 Rn. 35).

5. Rechtsfolgen der Zahlung durch den Vormann

Mit Zahlung der ausstehenden Einlageleistung geht die Mitgliedschaft kraft Gesetzes auf den zahlenden Vormann über (so *Hüffer/Koch* AktG § 65 Rn. 6; MüKo AktG/*Bayer* § 65 Rn. 51, 53). Der Übergang erfolgt ex nunc, sodass Dividendenansprüche oder Bezugsrechte, die nach Kaduzierung, aber noch vor der Zahlung begründet wurden, ihm nicht zustehen (K. Schmidt/Lutter/*Fleischer* AktG § 65 Rn. 18). Hatte die AG die Aktien des ausgeschlossenen Aktionärs einzeln verbrieft, steht auch dem erwerbenden Vormann ein Verbriefungsrecht zu, sodass er nach § 65 Abs. 1 Satz 4 AktG seine Einlageleistung nur **Zug-um-Zug gegen Übergabe der Aktienurkunden** anzubieten hat (MüKo AktG/*Bayer* § 65 Rn. 60 f.; *Hüffer/Koch* AktG § 65 Rn. 6). Zahlt der Vormann die gesamte ausstehende Einlageverpflichtung, so resultiert daraus zugleich, dass sämtliche dem Vormann folgenden Nachmänner sowie der säumige Aktionär von ihrer Regress- bzw. Ausfallhaftung befreit werden (GroßkommAktG/*Gehrlein* § 65 Rn. 49; MüKo AktG/*Bayer* § 65 Rn. 62).

49

III. Verwertungsverfahren, § 63 Abs. 3 AktG

1. Verpflichtung zur Verwertung

§ 65 Abs. 3 AktG sieht eine **Verpflichtung zum Verkauf** der Aktie vor, wenn die AG keine Zahlung von den Vormännern erlangen kann. Dies ist der Fall, wenn das nach Kaduzierung eingeleitete Regressverfahren nach Abs. 1 nicht zur Begleichung des rückständigen Einlagebetrags geführt hat bzw. das Regressverfahren mangels Vormänner nicht durchgeführt werden konnte (Spindler/Stilz/*Cahn* AktG § 65 Rn. 49). Wird die Aktie im Rahmen des Verwertungsverfahrens nach Abs. 3 veräußert, obwohl ein zahlungsfähiger Vormann zur Verfügung stand, geht die Regressforderung gegen den zahlungsfähigen Vormann nicht unter und der Erwerber hat die Aktienurkunde Zug-um-Zug gegen Rückzahlung des Kaufpreises herauszugeben. Dies gilt allerdings nicht, wenn Letzterer bei Erwerb in gutem Glauben war (§§ 366 HGB, 932, 1244 BGB, 16 WG analog; ausführl. bei MüKo AktG/*Bayer* § 65 Rn. 105).

50

2. Durchführung des Verkaufs

Der Vorstand hat den Verkauf **unverzüglich** (vgl. § 121 Abs. 1 Satz 1 BGB) einzuleiten, allerdings steht es ihm offen, bei außerordentlich schlechtem Aktienkurs einen besseren Kurs abzuwarten, falls die AG nicht auf eine sofortige Kapitalzufuhr angewiesen ist (KölnKomm AktG/*Drygala* § 65 Rn. 44; Spindler/Stilz/*Cahn* AktG § 65 Rn. 50).

51

Ist die kaduzierte Aktie zum Handel am regulierten Markt zugelassen bzw. in den Freiverkehr einbezogen, hat der **Verkauf über die Börse** stattzufinden (*Hüffer/Koch* AktG § 65 Rn. 8; MüKo AktG/*Bayer* § 65 Rn. 83). Die Ermittlung des Börsenpreises erfolgt nach §§ 24, 48 Abs. 3 BörsG. Ein hiervon abweichender Verkauf ist unzulässig (KölnKomm AktG/*Drygala* § 65 Rn. 49; MüKo AktG/*Bayer* § 65 Rn. 83).

52

Sind die Aktien nicht über eine Börse handelbar, so sind die Aktien im Wege **öffentlicher Versteigerung** zu verkaufen (Abs. 3 Satz 1, 2. Alt.). Diese soll grundsätzlich am Sitz der AG, ausnahmsweise – wenn Letzteres keinen angemessenen Erfolg verspricht – an einem geeigneten Ort erfolgen (Abs. 3 Satz 2). Zeit, Ort und Gegenstand der Versteigerung sind gem. § 65 Abs. 3 Satz 3 AktG mindestens 2 Wochen vorher öffentlich bekannt zu machen. Darüber hinaus sind der ausgeschlossene Aktionär sowie seine Vormänner nach Abs. 3 Satz 4 ebenfalls 2 Wochen vorher besonders zu benachrichtigen. Die Benachrichtigungspflicht entfällt ausnahmsweise, wenn sie »untunlich« ist, woran jedoch nur in sehr seltenen Fällen zu denken sein kann (so z. B. bei konkreten Anhaltspunkten für eine Störung

53

des Verfahrens durch die zu benachrichtigende Person, KölnKomm AktG/*Drygala* § 65 Rn. 52). Zur Vermeidung einer persönlichen Haftung, ist dem Vorstand zu empfehlen, die Benachrichtigung durch Einschreiben oder – bei unbekanntem Aufenthaltsort – durch öffentliche Zustellung vorzunehmen (MüKo AktG/*Bayer* § 65 Rn. 86; Hölters/*Laubert* AktG § 65 Rn. 9).

54 Das Verfahren nach § 65 Abs. 3 AktG ist der Pfandverwertung nachgebildet, weswegen sich die **Rechtsfolgen eines fehlerhaften Verkaufs** aus entsprechender Anwendung der pfandrechtlichen Vorschriften der §§ 1243, 1244 BGB ergeben (KölnKomm AktG/*Drygala* § 65 Rn. 61): Dies bedeutet, dass **formelle Mängel** (z. B. Unterlassen der öffentlichen Bekanntmachung nach Abs. 3 Satz 3) der Wirksamkeit der Veräußerung nicht entgegenstehen (KölnKomm AktG/*Drygala* § 65 Rn. 62). **Materielle Mängel** (wie z. B. der Verkauf außerhalb der Börse trotz Börsenpreises) führen hingegen zur Unwirksamkeit der Veräußerung, es sei denn, der Erwerber war gutgläubig (Hölters/*Laubert* AktG § 65 Rn. 16).

3. Rechtswirkungen beim Erwerber der Aktie

55 Der Erwerber der Aktie zahlt keinen Kaufpreis i. e. S., der Verwertungserlös ist vielmehr als Einlageleistung zu betrachten (so GroßkommAktG/*Gehrlein* § 65 Rn. 66; Hüffer/*Koch* AktG § 65 Rn. 10; KölnKomm AktG/*Drygala* § 65 Rn. 56; a. A. wohl teilweise MüKo AktG/*Bayer* § 65 Rn. 95 f.; Hölters/*Laubert* AktG § 65 Rn. 12 spricht von einer »Doppelnatur« des Verwertungserlöses), sodass auch das in § 66 AktG normierte **Aufrechnungs- und Befreiungsverbot** zur Anwendung und eine erneute Kaduzierung in Betracht kommt (Spindler/Stilz/*Cahn* AktG § 65 Rn. 64). Die Einlageschuld gilt mit der Zahlung als erfüllt, gleich ob der Verwertungserlös die Einlageschuld abdeckt oder nicht. Hiervon abgesehen erwirbt der Erwerber die Aktie mit allen Rechten und Pflichten (Hüffer/*Koch* AktG § 65 Rn. 10; MüKo AktG/*Bayer* § 65 Rn. 94; Spindler/Stilz/*Cahn* AktG § 65 Rn. 59).

4. Rechtswirkungen bei Vormännern und ausgeschlossenem Aktionär

56 Mit der Zahlung des Erwerbers auf die Einlage werden sämtliche **Vormänner** von ihrer Regresspflicht aus § 65 AktG befreit, und zwar unabhängig von der Höhe des Verwertungserlöses (MüKo AktG/*Bayer* § 65 Rn. 90; Hölters/*Laubert* AktG § 65 Rn. 10).

57 Der **ausgeschlossene Aktionär** wird von seiner **Ausfallhaftung nach § 64 Abs. 4 Satz 2 AktG** dagegen nur befreit, wenn der Verwertungserlös den Wert der ausstehenden Einlage erreicht, wobei zu beachten ist, dass die Kosten der Verwertung den Erlös mindern (KölnKomm AktG/*Drygala* § 65 Rn. 57). Ist der Kaufpreis niedriger, so haftet der ausgeschlossene Aktionär weiterhin nach § 64 Abs. 4 Satz 2 AktG auf den verbleibenden Differenzbetrag (GroßkommAktG/*Gehrlein* § 65 Rn. 68; MüKo AktG/*Bayer* § 65 Rn. 91). Kann im Rahmen des Verkaufs ein **Übererlös** erzielt werden, steht dieser nur der AG zu, nicht dem ausgeschlossenen Aktionär (MüKo AktG/*Bayer* § 65 Rn. 92; KölnKomm AktG/*Drygala* § 65 Rn. 58; a. A. GroßkommAktG/*Gehrlein* § 65 Rn. 69). Nach h. M. ist der Übererlös auch nicht auf später fällig werdende Einlageforderungen zu verrechnen (Spindler/Stilz/*Cahn* AktG § 65 Rn. 62; KölnKomm AktG/*Drygala* § 65 Rn. 58; MüKo AktG/*Bayer* § 65 Rn. 93).

5. Scheitern des Verkaufs wegen Unverkäuflichkeit der Aktie

58 Kann die Aktie auch nicht im Wege des § 65 Abs. 3 AktG verkauft werden, so erwirbt die AG endgültig – nicht nur vorläufig, vgl. Rdn. 37 – das Eigentum an ihr (Hüffer/*Koch* AktG § 65 Rn. 10). Trotz der Vereinigung von Schuldner- und Gläubigerstellung führt dies aber nicht zum Untergang der Ausfallhaftung nach § 64 Abs. 4 Satz 2 AktG (MüKo AktG/*Bayer* § 65 Rn. 98; KölnKomm AktG/*Drygala* § 65 Rn. 59; Hüffer/*Koch* AktG § 65 Rn. 10). Die AG hat die Aktien nunmehr wie im Fall eines zulässigen Erwerbs gem. § 71 AktG nach § 266 Abs. 2 B III 2 HGB zu bilanzieren (MüKo AktG/*Bayer* § 65 Rn. 97).

§ 66 Keine Befreiung der Aktionäre von ihren Leistungspflichten

(1) ¹Die Aktionäre und ihre Vormänner können von ihren Leistungspflichten nach den §§ 54 und 65 nicht befreit werden. ²Gegen eine Forderung der Gesellschaft nach den §§ 54 und 65 ist die Aufrechnung nicht zulässig.

(2) Absatz 1 gilt entsprechend für die Verpflichtung zur Rückgewähr von Leistungen, die entgegen den Vorschriften dieses Gesetzes empfangen sind, für die Ausfallhaftung des ausgeschlossenen Aktionärs sowie für die Schadenersatzpflicht des Aktionärs wegen nicht gehöriger Leistung einer Sacheinlage.

(3) Durch eine ordentliche Kapitalherabsetzung oder durch eine Kapitalherabsetzung durch Einziehung von Aktien können die Aktionäre von der Verpflichtung zur Leistung von Einlagen befreit werden, durch eine ordentliche Kapitalherabsetzung jedoch höchstens in Höhe des Betrags, um den das Grundkapital herabgesetzt worden ist.

Übersicht	Rdn.			Rdn.
A. Überblick	1	C.	Entsprechende Anwendbarkeit, Abs. 2	10
B. Befreiungs- und Aufrechnungsverbot, Abs. 1	2	I.	Rückgewährverpflichtung der Aktionäre, Abs. 2, 1. Alt.	11
I. Von Abs. 1 erfasste Leistungspflichten	2	II.	Ausfallhaftung des ausgeschlossenen Aktionärs, Abs. 2, 2. Alt.	12
II. Befreiungsverbot, Abs. 1 Satz 1	3	III.	Verunglückte Sacheinlage, Abs. 2, 3. Alt.	13
III. Aufrechnungsverbot, Abs. 1 Satz 2	5	D.	Befreiung durch Kapitalherabsetzung, Abs. 3	14
1. Aufrechnung durch den Aktionär	6			
2. Aufrechnung durch die AG	7			

A. Überblick

§ 66 AktG ist eine **zentrale Vorschrift** im System der **Kapitalaufbringung**; sie dient über § 66 Abs. 2 AktG zudem dem Grundsatz der **Kapitalerhaltung** (*Hüffer/Koch* AktG, § 66 Rn. 1). § 66 AktG ist **zwingend** und kann nach § 23 Abs. 5 AktG nicht durch eine abweichende Satzungsbestimmung abgedungen werden (MüKo AktG/*Bayer* § 66 Rn. 5). Jeder Verstoß gegen § 66 AktG führt zur Nichtigkeit nach § 134 BGB (*Hüffer/Koch* AktG, § 66 Rn. 12; AnwK-AktR/*Bergheim* § 66 Rn. 16; MüKo AktG/*Bayer* § 66 Rn. 5). 1

B. Befreiungs- und Aufrechnungsverbot, Abs. 1

I. Von Abs. 1 erfasste Leistungspflichten

Abs. 1 bezieht sich in Bezug auf den Aktionär auf **jede Form der Einlageschuld** nach § 54 AktG. Dabei ist es gleichgültig, ob es sich um eine Bar- oder Sacheinlage, um eine Einlage im Wege der Gründung oder der Kapitalerhöhung oder um eine Einlage handelt, die vor der Eintragung der AG im Handelsregister oder erst nach der Eintragung zu erbringen ist (MüKo AktG/*Bayer* § 66 Rn. 6 f.; MünchHdb GesR IV/*Wiesner* § 16 Rn. 24). Forderungen aus einer Sachübernahme fallen ebenfalls unter Abs. 1 (BGH, Urt. v. 20.11.206 – II ZR 176/05, Z 170, 47 Tz. 11. 17 ff.). Hat ein Aktionär bei einer Überbewertung von Sacheinlagen den Differenzbetrag zwischen dem Wert der Sacheinlage und dem geringsten Ausgabebetrag in Geld zu leisten (sog. Differenzhaftungsanspruch in Analogie zu § 9 Abs. 1 AktG), gilt das Befreiungs- und Aufrechnungsverbot des § 66 Abs. 1 AktG gleichfalls (BGH, Urt. v. 06.12.2011 – II ZR 149/10, Z 191, 364 Tz. 18, 23). Das Aufgeld ist bei der Aktiengesellschaft nach § 9 Abs. 2 AktG Teil des Ausgabebetrags und der mitgliedschaftlichen Leistungspflicht der Aktionäre nach § 54 Abs. 1 AktG, von der sie nach § 66 Abs. 1 AktG grundsätzlich nicht befreit werden können (BGH, Urt. v. 06.12.2011 – II ZR 149/10, Z 191, 364 Tz. 18). § 66 AktG ist auch auf die Zahlungspflicht des Vormanns aus § 65 Abs. 1 AktG anzuwenden, wenn und soweit eine Kaduzierung einer Aktie nach § 64 AktG stattgefunden hat. § 66 AktG bezieht sich aber weder beim Aktionär noch beim Vormann auf Nebenleistungspflichten nach § 55 AktG bzw. 2

auf Nebenpflichten wie Verzugszinsen, Schadensersatzansprüche sowie Vertragsstrafen (*Hüffer/Koch* AktG, § 66 Rn. 2; AnwK-AktR/*Bergheim* § 66 Rn. 5; MüKo AktG/*Bayer* § 66 Rn. 9).

II. Befreiungsverbot, Abs. 1 Satz 1

3 § 66 AktG spricht ausdrücklich nicht davon, dass dem Aktionär und seinen Vormännern die Leistungspflichten aus §§ 54, 65 AktG nicht »erlassen« werden können, sondern davon, dass sie von diesen Leistungspflichten **nicht befreit** werden können. Das Befreiungsverbot ist weiter als ein Erlassverbot (GroßkommAktG/*Gehrlein* § 66 Rn. 10). Unter die Befreiung fällt jedes Rechtsgeschäft, welches die Ansprüche der AG aus §§ 54, 65 **nach Grund, Höhe, Inhalt oder Leistungszeitpunkt aufheben oder auch nur beeinträchtigen würde** (MüKo AktG/*Bayer* § 66 Rn. 10; *Hüffer/Koch* AktG, § 66 Rn. 3; AnwK-AktR/*Bergheim* § 66 Rn. 2; MünchHdb GesR IV/*Wiesner* § 16 Rn. 25).

4 Unter das Befreiungsverbot fallen insbesondere ein **Erlassvertrag**, ein **negatives Schuldanerkenntnis** sowie eine **Leistung an Erfüllung Statt** (vgl. nur *Hüffer/Koch* AktG, § 66 Rn. 4; AnwK-AktR/*Bergheim* § 66 Rn. 6; MüKo AktG/*Bayer* § 66 Rn. 11 ff.; MünchHdb GesR IV/*Wiesner* § 16 Rn. 25). Auch eine **Stundungsabrede** unterfällt dem Befreiungsverbot des Abs. 1, da es eine Befreiung auf Zeit darstellt (*Hüffer/Koch* AktG, § 66 Rn. 4; AnwK-AktR/*Bergheim* § 66 Rn. 6; MüKo AktG/*Bayer* § 66 Rn. 21; MünchHdb GesR IV/*Wiesner* § 16 Rn. 25). Von dem Stundungsverbot ist die zulässige Ermessensentscheidung des Vorstandes nach § 63 Abs. 1 AktG zu unterscheiden, zu welchem Zeitpunkt und in welcher Höhe er die Einlagen von den Aktionären einfordert (s. §§ 63 bis 65 AktG Rdn. 12). Dieses unterfällt nur dann dem Befreiungsverbot des Abs. 1, wenn sich der Vorstand gegenüber dem Aktionär zugleich in Form einer Abrede oder einseitigen Erklärung verpflichtet, die Einlage für einen bestimmten Zeitraum nicht einzufordern (GroßkommAktG/*Gehrlein* § 66 Rn. 20). Auch die **Umwandlung einer Geld- in eine Sacheinlage** unterfällt dem Befreiungsverbot, da dies gegen die zwingenden Sacheinlagebestimmungen des § 27 AktG verstoßen würde (*Hüffer/Koch* AktG, § 66 Rn. 4; MüKo AktG/*Bayer* § 66 Rn. 17; MünchHdb GesR IV/*Wiesner* § 16 Rn. 25). Ein Vergleich über unter § 66 Abs. 1 AktG fallende Ansprüche ist trotz des dort enthaltenen Verbotes, die Aktionäre von ihren Leistungspflichten zu befreien, zulässig, wenn er wegen tatsächlicher oder rechtlicher Ungewissheit über den Bestand oder Umfang des Anspruchs geschlossen wird und sich dahinter nicht nur eine Befreiung in der Form eines Vergleichs versteckt (BGH, Urt. v. 06.12.2011 – II ZR 149/10, Z 191, 364 Tz. 24; näher *Priester* AG 2012, 525). Zwar kann durch den Abschluss eines Vergleichs objektiv eine Befreiung des Aktionärs von seinen Leistungspflichten eintreten. Wegen der Unklarheit, ob und in welchem Umfang ein Anspruch besteht, steht eine solche Befreiung bei einem Vergleichsschluss, der die durch die Unklarheit gezogenen Grenzen nicht überschreitet, aber gerade nicht fest (BGH, Urt. v. 06.12.2011 – II ZR 149/10, Z 191, 364 Tz. 25).

III. Aufrechnungsverbot, Abs. 1 Satz 2

5 Abs. 1 Satz 2 enthält das sog. Aufrechnungsverbot. Sinn und Zweck des Verbotes wird grundsätzlich so umschrieben, dass das Vermögen der AG nicht durch Befreiung von Verbindlichkeiten, sondern durch versprochene Barzahlung, demnach durch Liquidität, hergestellt werden soll (*Hüffer/Koch* AktG, § 66 Rn. 5). *Lutter* (KölnKomm AktG/*Lutter* § 66 Rn. 14) und *Bayer* (MüKo AktG/*Bayer* § 66 Rn. 35) meinen, dass der Gefahr vorgebeugt werden soll, dass »zwar gleiche, aber tatsächlich ungleichwertige Forderungen zur Aufrechnung gestellt werden mit der Folge, dass damit materiell eine Teilbefreiung erreicht wird«. Das Aufrechnungsverbot gilt nicht uneingeschränkt, vielmehr ist zu unterscheiden, ob der Aktionär oder die AG die Aufrechnung erklärt.

1. Aufrechnung durch den Aktionär

6 Das Aufrechnungsverbot gilt **uneingeschränkt für den Aktionär** (und ebenso für die Vormänner). Es ist dem Aktionär versagt, mit einer eigenen Forderung, die ihm gegenüber der AG zusteht, die Aufrechnung gegenüber seiner Leistungspflicht aus § 54 AktG zu erklären (*Hüffer/Koch* AktG, § 66 Rn. 5; AnwK-AktR/*Bergheim* § 66 Rn. 7; MüKo AktG/*Bayer* § 66 Rn. 36; MünchHdb GesR

IV/*Wiesner* § 16 Rn. 27). Hierfür steht dem Aktionär nur der förmliche Weg der Sacheinlage nach § 27 AktG zur Verfügung.

2. Aufrechnung durch die AG

Auf die AG ist das Aufrechnungsverbot ebenfalls anzuwenden, jedoch besteht Einigkeit, dass es der AG unter bestimmten Voraussetzungen möglich ist, ihre Einlageforderung mit einer Forderung des Aktionärs aufzurechnen (GroßkommAktG/*Gehrlein* § 66 Rn. 35; *Hüffer/Koch* AktG, § 66 Rn. 6; AnwK-AktR/*Bergheim* § 66 Rn. 8; MüKo AktG/*Bayer* § 66 Rn. 38 ff.; MünchHdb GesR IV/*Wiesner* § 16 Rn. 28 f.). Eine Aufrechnung ist für die AG ausgeschlossen, wenn mit einer **Einlageforderung** aufgerechnet werden soll, die bereits vor der Eintragung der AG im Handelsregister zu erfüllen war. § 54 Abs. 3 AktG enthält eine abschließende Aufzählung der Tilgungsmöglichkeiten (s. § 54 AktG Rdn. 14) und verbietet insofern eine Aufrechnung (*Hüffer/Koch* AktG, § 66 Rn. 6; MüKo AktG/*Bayer* § 66 Rn. 34; MünchHdb GesR IV/*Wiesner* § 16 Rn. 29). Bezüglich Einlageforderungen, die erst nach der Eintragung der AG im Handelsregister zu erfüllen sind, soll die AG hingegen berechtigt sein, die Aufrechnung gegenüber Forderungen des Aktionärs, die diesem gegenüber der AG zustehen, zu erklären. Die Zulässigkeit der Aufrechnung soll nach ganz h. M. davon abhängig sein, ob die (Gegen-) Forderung des Aktionärs **werthaltig**, d. h. vollwertig, fällig und liquide ist (*Hüffer/Koch* AktG, § 66 Rn. 6 f.; AnwK-AktR/*Bergheim* § 66 Rn. 8; MüKo AktG/*Bayer* § 66 Rn. 38 ff., 54). Voraussetzung der Aufrechnung mit einer werthaltigen Forderung ist aber, dass diese zum Zeitpunkt der Begründung der Einlageschuld noch nicht bestanden hat (MüKo AktG/*Bayer* § 66 Rn. 51). Anderenfalls soll es sich um einen typischen Fall der **verdeckten Sacheinlage** handeln (vgl. nur MüKo AktG/*Bayer* § 66 Rn. 51).

Die **Vollwertigkeit** der Forderung des Aktionärs bedeutet, dass sich die Gesellschaft nicht in Zahlungsschwierigkeiten befinden darf oder nach § 19 InsO bereits zahlungsunfähig bzw. überschuldet ist (*Hüffer/Koch* AktG, § 66 Rn. 7; MüKo AktG/*Bayer* § 66 Rn. 41). Die **Fälligkeit** der Forderung des Aktionärs muss entgegen § 387 BGB bereits zum Zeitpunkt der Aufrechnungserklärung vorliegen. **Liquide** ist die Forderung des Aktionärs, wenn sie sowohl dem Grunde als auch der Höhe nach außerhalb jeder Zweifel begründet ist (*Hüffer/Koch* AktG, § 66 Rn. 7; MüKo AktG/*Bayer* § 66 Rn. 44). Im Ergebnis liegt nach der h. M. eine werthaltige Forderung dann vor, wenn die AG dazu in der Lage wäre, die Forderung des Aktionärs zum Zeitpunkt der Aufrechnungserklärung zu erfüllen (MüKo AktG/*Bayer* § 66 Rn. 38).

Ob die Auffassung der h. M. überzeugt, hängt davon ab, ob es richtig sein kann, dass für Forderungen, die vor der Begründung der Einlageschuld bereits bestanden haben, eine Prüfung der Werthaltigkeit (also der wirtschaftlichen Situation der AG) nach §§ 33, 183 AktG durch einen unabhängigen Wirtschaftsprüfer sowie dem Handelsregister vorzunehmen ist, während die Werthaltigkeit allein von dem (möglicherweise befangenen) Vorstand zu beurteilen ist, wenn es sich um eine Forderung handelt, die erst nach der Begründung der Einlageforderung entstanden ist. Der strikte Grundsatz der Kapitalaufbringung und -erhaltung sowie der Sinn und Zweck des § 66 Abs. 1 Satz 2 AktG, nämlich eine Tilgung durch die Befreiung von Verbindlichkeiten zu unterbinden (s. Rdn. 3), spricht – entgegen der h. M. – für eine generelle Unzulässigkeit der Aufrechnung nicht nur durch den Aktionär, sondern auch durch die AG.

C. Entsprechende Anwendbarkeit, Abs. 2

Abs. 2 enthält drei Alternativen, in denen die Befreiungs- und Aufrechnungsverbote des Abs. 1 entsprechend anzuwenden sind.

I. Rückgewährverpflichtung der Aktionäre, Abs. 2, 1. Alt.

Abs. 1 ist auch auf Leistungen anzuwenden, die der Aktionär entgegen den Vorschriften des AktG von der AG erlangt und somit an die AG zurückzugewähren hat. Dabei kommen Pflichtverletzungen nach §§ 57, 59, 60 sowie 61 AktG in Betracht (*Hüffer/Koch* AktG, § 66 Rn. 8. Soweit Dritte für die Rückgewähr von empfangenen Leistungen nicht ausnahmsweise selbst nach den §§ 57, 59, 60 oder 61 AktG, sondern nur nach den §§ 812 ff. BGB in Anspruch genommen werden können, ist § 66 Abs. 2 AktG auf diese bereicherungsrechtlichen Ansprüche nicht anzuwenden (MüKo AktG/*Bayer* § 66 Rn. 60).

II. Ausfallhaftung des ausgeschlossenen Aktionärs, Abs. 2, 2. Alt.

12 Nach Abs. 2 gilt das Befreiungs- und Aufrechnungsverbot des Abs. 1 auch für Ausfallhaftungsansprüche, die der AG gegenüber einem ausgeschlossenen Aktionär nach § 64 Abs. 4 Satz 2 AktG zustehen. Diese Regelung ist notwendig, da die originäre Einlageverpflichtung des ausgeschlossenen Aktionärs nicht fortbesteht und durch die Ausfallhaftung ersetzt wird (vgl. § 65 AktG Rdn. 27 sowie *Hüffer/Koch* AktG, § 66 Rn. 9).

III. Verunglückte Sacheinlage, Abs. 2, 3. Alt.

13 Abs. 2 normiert, dass Abs. 1 auch auf **Schadensersatzansprüche** gegenüber dem Aktionär wegen nicht gehöriger Leistung (insbesondere Verzug, Unmöglichkeit und Sachmängelhaftung) einer Sacheinlage anzuwenden ist. Überwiegend wird angenommen, dass diese Regelung überflüssig sei, da sich die Sacheinlageverpflichtung in diesen Fällen zwangsläufig in eine Bareinlageverpflichtung umwandelt und § 66 Abs. 1 AktG daher bereits originär auf diese Ansprüche anzuwenden ist (*Hüffer/Koch* AktG, § 66 Rn. 10; a. A. MüKo AktG/*Bayer* § 66 Rn. 63). Abs. 1 bezieht sich allerdings nur auf die Einlageleistung, die der Höhe nach auf den Ausgabebetrag begrenzt ist. Soweit Abs. 2 auch die Haftung für einen Mehrwert umfassen soll, der daraus resultieren kann, dass der Ausgabebetrag mit einem niedrigeren Wert als dem wahren Wert der Sacheinlage angesetzt worden ist (sog. **unterbewertete Sacheinlage**), so wäre § 66 Abs. 2 AktG keineswegs überflüssig, da sie in diesem Fall über die Regelung in Abs. 1 hinausgeht. *Bayer* geht davon aus, dass der Aktionär über die Regelung des Abs. 2 auch für den Mehrwert einzustehen hat (MüKo AktG/*Bayer* § 66 Rn. 63; a. A. die h. M. wie GroßkommAktG/*Gehrlein* § 66 Rn. 5; *Hüffer/Koch* AktG, § 66 Rn. 10).

D. Befreiung durch Kapitalherabsetzung, Abs. 3

14 Im Rahmen der Ausnahmevorschrift des Abs. 3 ist zu beachten, dass eine Befreiung von der Erbringung der Einlageleistung nur in Fällen der ordentlichen Kapitalerhöhung sowie der Kapitalherabsetzung durch Einziehung von Anteilen möglich ist. Eine Befreiung bei der vereinfachten Kapitalherabsetzung scheidet bereits aufgrund der Bestimmung des § 230 AktG aus (*Hüffer/Koch* AktG, § 66 Rn. 11; MüKo AktG/*Bayer* § 66 Rn. 30 ff.; MünchHdb GesR IV/*Wiesner* § 16 Rn. 31).

§ 67 Eintragung im Aktienregister

(1) ¹Namensaktien sind unter Angabe des Namens, Geburtsdatums und der Adresse des Inhabers sowie der Stückzahl oder der Aktiennummer und bei Nennbetragsaktien des Betrags in das Aktienregister der Gesellschaft einzutragen. ²Der Inhaber ist verpflichtet, der Gesellschaft die Angaben nach Satz 1 mitzuteilen. ³Die Satzung kann Näheres dazu bestimmen, unter welchen Voraussetzungen Eintragungen im eigenen Namen für Aktien, die einem anderen gehören, zulässig sind. ⁴Aktien, die zu einem inländischen, EU- oder ausländischen Investmentvermögen nach dem Kapitalanlagegesetzbuch gehören, dessen Anteile oder Aktien nicht ausschließlich von professionellen und semiprofessionellen Anlegern gehalten werden, gelten als Aktien des inländischen, EU- oder ausländischen Investmentvermögens, auch wenn sie im Miteigentum der Anleger stehen; verfügt das Investmentvermögen über keine eigene Rechtspersönlichkeit, gelten sie als Aktien der Verwaltungsgesellschaft des Investmentvermögens. verfügt das Investmentvermögen über keine eigene Rechtspersönlichkeit, gelten sie als Aktien der Verwaltungsgesellschaft des Investmentvermögens.

(2) ¹Im Verhältnis zur Gesellschaft gilt als Aktionär nur, wer als solcher im Aktienregister eingetragen ist. ²Jedoch bestehen Stimmrechte aus Eintragungen nicht, die eine nach Absatz 1 Satz 3 bestimmte satzungsmäßige Höchstgrenze überschreiten oder hinsichtlich derer eine satzungsmäßige Pflicht zur Offenlegung, dass die Aktien einem anderen gehören, nicht erfüllt wird. ³Ferner bestehen Stimmrechte aus Aktien nicht, solange ein Auskunftsverlangen gemäß Absatz 4 Satz 2 oder Satz 3 nach Fristablauf nicht erfüllt ist.

(3) Geht die Namensaktie auf einen anderen über, so erfolgen Löschung und Neueintragung im Aktienregister auf Mitteilung und Nachweis.

(4) ¹Die bei Übertragung oder Verwahrung von Namensaktien mitwirkenden Kreditinstitute sind verpflichtet, der Gesellschaft die für die Führung des Aktienregisters erforderlichen Angaben gegen Erstattung der notwendigen Kosten zu übermitteln. ²Der Eintragende hat der Gesellschaft auf ihr Verlangen innerhalb einer angemessenen Frist mitzuteilen, inwieweit ihm die Aktien, als deren Inhaber er im Aktienregister eingetragen ist, auch gehören; soweit dies nicht der Fall ist, hat er die in Absatz 1 Satz 1 genannten Angaben demjenigen zu übermitteln, für den er die Aktien hält. ³Dies gilt entsprechend für denjenigen, dessen Daten nach Satz 2 oder diesem Satz übermittelt werden. ⁴Absatz 1 Satz 4 gilt entsprechend; für die Kostentragung gilt Satz 1. ⁵Wird der Inhaber von Namensaktien nicht in das Aktienregister eingetragen, so ist das depotführende Institut auf Verlangen der Gesellschaft verpflichtet, sich gegen Erstattung der notwendigen Kosten durch die Gesellschaft an dessen Stelle gesondert in das Aktienregister eintragen zu lassen. ⁶§ 125 Abs. 5 gilt entsprechend. ⁷Wird ein Kreditinstitut im Rahmen eines Übertragungsvorgangs von Namensaktien nur vorübergehend gesondert in das Aktienregister eingetragen, so löst diese Eintragung keine Pflichten infolge des Absatzes 2 und nach § 128 aus und führt nicht zur Anwendung von satzungsmäßigen Beschränkungen nach Absatz 1 Satz 3.

(5) ¹Ist jemand nach Ansicht der Gesellschaft zu Unrecht als Aktionär in das Aktienregister eingetragen worden, so kann die Gesellschaft die Eintragung nur löschen, wenn sie vorher die Beteiligten von der beabsichtigten Löschung benachrichtigt und ihnen eine angemessene Frist zur Geltendmachung eines Widerspruchs gesetzt hat. ²Widerspricht ein Beteiligter innerhalb der Frist, so hat die Löschung zu unterbleiben.

(6) ¹Der Aktionär kann von der Gesellschaft Auskunft über die zu seiner Person in das Aktienregister eingetragenen Daten verlangen. ²Bei nichtbörsennotierten Gesellschaften kann die Satzung Weiteres bestimmen. ³Die Gesellschaft darf die Registerdaten sowie die nach Absatz 4 Satz 2 uns 3 mitgeteilten Daten für ihre Aufgaben im Verhältnis zu den Aktionären verwenden. ⁴Zur Werbung für das Unternehmen darf sie die Daten nur verwenden, soweit der Aktionär nicht widerspricht. ⁵Die Aktionäre sind in angemessener Weise über ihr Widerspruchsrecht zu informieren.

(7) Diese Vorschriften gelten sinngemäß für Zwischenscheine.

Übersicht	Rdn.
A. Überblick	1
B. Anwendungsbereich	2
C. Aktienregister, Abs. 1	3
I. Pflicht zur Führung des Aktienregisters	4
II. Eintragung der Aktionäre	5
III. Andere Eintragungen	6
IV. Legitimationsaktionäre	7
D. Eintragungswirkungen, Abs. 2	9
I. Verhältnis AG zum Aktionär	9
II. Legitimationswirkung	10
E. Übertragung der Namensaktie, Abs. 3	12
I. Erfordernis der Mitteilung	13
II. Pflicht zur Mitteilung zur Vermeidung eines freien Meldebestands	14
III. Nachweis der Übertragung	16
IV. Rechtsfolgen der wirksamen Mitteilung	17
V. Auskunftsverlangen der AG	18
F. Pflichten der Kreditinstitute, Abs. 4	19
G. Löschung von Eintragungen, Abs. 5	20
I. Voraussetzungen der Löschung	20
II. Benachrichtigung und Widerspruch	21
III. Beteiligte	22
IV. Rechtsfolgen des Löschungsverfahrens	23
H. Umgang mit den Daten des Aktienregisters, Abs. 6	24

A. Überblick

1 Die Vorschrift beinhaltet die Verpflichtung der AG, in bestimmten Fällen ein **Aktienregister** zu führen. Der Zweck der Vorschrift liegt in der Rechtsklarheit über die Personen, die der AG gegenüber als Aktionäre gelten und denen damit – unabhängig von der wirklichen Rechtslage – die Rechte und Pflichten aus der Aktie zustehen (*Hüffer/Koch* AktG, § 67 Rn. 1; MüKo AktG/*Bayer* § 67 Rn. 1). Die Vorschrift wurde grundlegend durch das im Jahr 2001 in Kraft getretene Gesetz zur Namensaktie und zur Erleichterung der Stimmrechtsausübung – Namensaktiengesetz (NaStraG) geändert (MüKo AktG/*Bayer* § 67 Rn. 2). Die Reformierung wurde nicht nur aufgrund der immer größer werdenden Beliebtheit der Namensaktie (auch bei börsennotierten Unternehmen), sondern auch durch die Einbeziehung von Namensaktien in die Girosammelverwahrung bei der Deutsche Börse Clearing AG notwendig. Im Rahmen des Gesetzes zur Begrenzung der mit Finanzinvestitionen verbundenen Risiken (Risikobegrenzungsgesetz – RisikoBegrG) wurde die Vorschrift erneut geändert, insbesondere in Bezug auf die Eintragung der »wahren Eigentümer« im Aktienregister sowie bestimmter Stimmrechtsverbote.

B. Anwendungsbereich

2 Die Gründer müssen sich bei der Gründung der AG nach § 8 Abs. 1 AktG entscheiden, ob Nennbetragsaktien oder Stückaktien begründet werden sollen. Beide Formen sind parallel zueinander nicht möglich (MünchHdb GesR IV/*Wiesner* § 11 Rn. 8). Demgegenüber ist es der AG erlaubt, sowohl auf den Namen lautende als auch auf den Inhaber lautende Aktien auszugeben. Solange keine Aktienausgabe erfolgt ist, weil bspw. bei Inhaberaktien nach § 10 Abs. 1 AktG noch nicht der volle Ausgabebetrag gezahlt worden ist, kann die AG **Zwischenscheine** ausgeben, die nach § 10 Abs. 3 AktG zwangsläufig auf den Namen lauten müssen (vgl. § 10 AktG Rdn. 8). Solange eine Aktienausgabe überhaupt nicht erfolgt ist, handelt es sich um sog. **unverkörperte Mitgliedschaften**. § 67 AktG bezieht sich nur auf **Namensaktien** – nach § 67 Abs. 7 AktG sind die Vorschriften der § 67 Abs. 1 bis 6 AktG auch auf **Zwischenscheine** sinngemäß anzuwenden. Sind Namensaktien in einer Globalurkunde verbrieft, so unterfällt auch diese Globalurkunde dem Regelungsgehalt des § 67 AktG, da es sich bei einer Globalurkunde nicht um eine unverkörperte Mitgliedschaft handelt (*Hüffer/Koch* AktG, § 67 Rn. 10). Auf Inhaberaktien oder unverkörperte Mitgliedschaften ist § 67 AktG hingegen nicht, auch nicht entsprechend anzuwenden (*Hüffer/Koch* AktG, § 67 Rn. 6, 10; MüKo AktG/*Bayer* § 67 Rn. 17).

C. Aktienregister, Abs. 1

3 Früher wurde das Aktienregister im Gesetz noch als **Aktienbuch** bezeichnet. Mit der vorgenommenen Gesetzesänderung wurde klargestellt, dass das heutige Aktienregister nicht nur in Form eines Buches, sondern auch **in elektronischer Form** geführt werden kann (*Hüffer/Koch* AktG, § 67 Rn. 4). In welcher Form die AG das Aktienregister führen kann, vgl. *Hüffer/Koch* AktG, § 67 Rn. 4. Die Darstellung eines einfachen Aktienregisters findet sich bei *Happ* AktienR, Rn. 4.08.

I. Pflicht zur Führung des Aktienregisters

4 Sind Namensaktien oder Zwischenscheine ausgegeben, so folgt daraus die **Verpflichtung des Vorstandes**, ein Aktienregister einzurichten und zu führen (OLG München, Urt. v. 04.05.2005 – 23 U 5121/04, NZG 2005, 756; a. A. *Happ* FS Bezzenberger 2000, 111). Der Vorstand ist berechtigt, die Führung des Aktienregisters auf Dritte zu delegieren, ohne jedoch dadurch aus seiner Verantwortung entlassen zu werden (OLG München, Urt. v. 04.05.2005 – 23 U 5121/04, NZG 2005, 756, 757; *Hüffer/Koch* AktG, § 67 Rn. 5; MüKo AktG/*Bayer* § 67 Rn. 14). Von dieser Übertragungsmöglichkeit wird in der Praxis regelmäßig Gebrauch gemacht; insbesondere Banken haben sich über Tochtergesellschaften darauf spezialisiert, gewerbsmäßig Aktienregister für eine börsennotierte AG zu führen. Bei der Verpflichtung des Vorstandes handelt es sich um ein **einklagbares Recht**, welches nicht nur von Inhabern von Namensaktien, sondern auch von Inhabern von Inhaberaktien sowie

von Inhabern von unverkörperten Mitgliedschaften geltend gemacht werden kann (*Hüffer/Koch* AktG, § 67 Rn. 5; MüKo AktG/*Bayer* § 67 Rn. 15).

II. Eintragung der Aktionäre

Der Vorstand hat bei der Eröffnung des Aktienregisters (von Amts wegen) **sämtliche Aktionäre** in das Aktienregister einzutragen, die die ersten Inhaber der ausgegebenen Urkunden von Namensaktien sind (*Hüffer/Koch* AktG, § 67 Rn. 8; MüKo AktG/*Bayer* § 67 Rn. 19). Die gleiche Verpflichtung besteht, wenn nach der Eröffnung des Aktienregisters weitere Urkunden über Namensaktien ausgegeben werden oder Inhaberaktien in verbriefte Namensaktien nach § 24 AktG umgewandelt werden. Die Rechtsvorgänger der erstmals einzutragenden Aktionäre sind hingegen nicht im Aktienregister einzutragen. Inhaber im Rechtssinne des Abs. 1 sind auch der Sicherungseigentümer und der Vollrechtstreuhänder (*Schneider/Müller-v. Pilchau* WM 2011, 721, 722 f.; a. A. *Ziemons* BB 2012, 523, 525). Welche inhaltlichen Angaben zu den Aktionären erforderlich sind, ergibt sich aus § 67 Abs. 1 Satz 1. Sind juristische Personen oder Personenhandelsgesellschaften Aktionäre, muss die Angabe die Firma und den Sitz des Unternehmens mit der Adresse umfassen. Abs. 1 Satz 4 enthält eine Sonderregelung für Aktien, die zu einem in- oder ausländischen Investmentvermögen nach dem Investmentgesetz gehören. Zur Pflicht des Aktionärs zur Meldung der erforderlichen Angaben sowie den Rechtsfolgen, wenn diese Meldung nicht erfolgt, s. Rdn. 14.

5

III. Andere Eintragungen

Umstritten ist die Frage, ob der Vorstand berechtigt ist, **weitere fakultative Eintragungen** im Aktienregister vorzunehmen, die sich nicht unmittelbar aus § 67 AktG ergeben. Der Vorstand ist verpflichtet, Rechtsänderungen von sich aus im Aktienregister vorzunehmen, die sich auf die Aktie selbst beziehen, wie bspw. die Änderung des Nennbetrages, die Umwandlung in Inhaberaktien etc. (vgl. *Hüffer/Koch* AktG, § 67 Rn. 9; MüKo AktG/*Bayer* § 67 Rn. 72). Rechtsänderungen, die sich auf die Mitgliedschaft des Aktionärs als solche beziehen, darf der Vorstand nur unter den Voraussetzungen des Abs. 3 vornehmen (*Hüffer/Koch* AktG, § 67 Rn. 9; MüKo AktG/*Bayer* § 67 Rn. 72). Nicht eintragungspflichtig, aber nach h. M. **eintragungsfähig**, sind zusätzliche Angaben, die die Aktie konkretisieren, wie ein Nießbrauch, ein Pfandrecht oder eine Testamentsvollstreckung (*Happ* FS Bezzenberger 2000, 111; *Hüffer/Koch* AktG, § 67 Rn. 9; MüKo AktG/*Bayer* § 67 Rn. 29).

6

IV. Legitimationsaktionäre

Bisher wurde darüber diskutiert, ob auch sog. **Legitimationsaktionäre** im Aktienregister einzutragen sind (dazu ausführl. MüKo AktG/*Bayer* § 67 Rn. 21). Dies wurde teilweise angezweifelt, da diese nicht rechtlicher Inhaber der Aktie sind, sondern nur von dem wirklichen Aktionär ermächtigt wurden, die Rechte aus der Aktie im eigenen Namen, aber auf fremde Rechnung auszuüben (MünchHdb GesR IV/*Wiesner* § 14 Rn. 53). Bei Legitimationsaktionären handelt es sich üblicherweise entweder um Kreditinstitute oder um Dritte, die die Aktien für eine andere Person halten (sog. *beneficial shareholder*). Mittlerweile wird die Eintragungsfähigkeit von der ganz h. M. als zulässig erachtet, was sich nunmehr auch aus der Regelung des Abs. 4 Satz 2 ergibt, der (mittelbar) die Eintragung von depotführenden Banken als **Platzhalter** ausdrücklich als zulässig erachtet (s. Rdn. 17). Aus der Eintragungsfähigkeit resultiert aber kein einklagbarer Anspruch des Dritten auf Eintragung im Aktienregister (*Noack* NZG 2008, 721, 722). Soweit es sich um Legitimationsaktionäre handelt, wird diesen im Aktienregister zulässigerweise die übliche **Zusatzbezeichnung** »Fremdbesitz« hinzugefügt (MüKo AktG/*Bayer* § 67 Rn. 22).

7

Durch RisikoBegrG wurde in Abs. 1 Satz 3 nunmehr nochmals (wiederum indirekt) bestätigt, dass die Eintragung von Legitimationsaktionären im Aktienregister zulässig ist. Zugleich wurde gesetzlich bestimmt, dass die Satzung der AG Regelungen vorsehen kann, dass die Rechte eines im Aktienregister eingetragenen Legitimationsaktionärs eingeschränkt werden können oder auch die Eintragung des Legitimationsaktionärs im Aktienregister ganz ausgeschlossen werden kann. Eine dieser Einschränkungen kann bspw. nach der neu eingeführten Regelung in Abs. 2 Satz 2 sein, dass

8

die Satzung ein **Ausschluss des Stimmrechts** des Legitimationsaktionärs vorsehen kann, wenn er (i) der AG nicht mitteilt, dass die Aktien einer anderen Person gehören oder (ii) eine bestimmte Höchstgrenze des Aktienbesitzes überschreitet. Der Sinn und Zweck der gesetzlichen Neuregelung in Abs. 1 Satz 3 ist zumindest auf die Versagung der Eintragung des Legitimationsaktionärs im Aktienregister fragwürdig (vgl. a. *Grigoleit/Rachlitz* ZHR 174, 2010, 12, 25 ff.; *Noack* NZG 2008, 721, 723), da der Vorstand der AG bereits nach bisheriger Rechtslage berechtigt gewesen ist, die Eintragung von Legitimationsaktionären zu versagen und es eben keinen Eintragungsanspruch des Dritten gab. Vielmehr stellt sich jetzt die Frage, ob dem Legitimationsaktionär ein Eintragungsanspruch zusteht, wenn die Satzung der AG keine entsprechende Bestimmung vorsieht. Nicht gesichert ist, ob es gem. Abs. 1 Satz 3 im Wege entsprechender Satzungsregelung auch möglich ist, über den Legitimationsaktionär hinaus die Eintragung weiterer Dritter (z. B. Vermögensverwalter) in das Aktienregister zu öffnen, die im eigenen Namen für Fremdbesitz eingetragen werden, ohne eine Ermächtigung zur Ausübung des Stimmrechts zu haben (vgl. *Noack* NZG 2008, 721, 722; dagegen *Hüffer/Koch* AktG, § 67 Rn. 8a).

D. Eintragungswirkungen, Abs. 2

I. Verhältnis AG zum Aktionär

9 Abs. 2 ist das Kernstück des § 67 AktG. Die Vorschrift legt verbindlich die Rechtsbeziehung zwischen AG und Aktionär in Bezug auf die im AktG genannten Rechte und Pflichten des Aktionärs fest, die aus der Namensaktie erwachsen können. § 67 AktG bestimmt ausdrücklich, dass im **Verhältnis zur AG** nur derjenige als Aktionär gilt, der im Aktienregister eingetragen ist. Damit wird klargestellt, dass § 67 AktG keinerlei Aussagen zum Verhältnis der Aktionäre untereinander enthält. Erst Recht trifft er keine Aussage dazu, ob der im Aktienregister eingetragene Aktionär auch der wirkliche Inhaber der Aktie ist (*Hüffer/Koch* AktG, § 67 Rn. 11; MüKo AktG/*Bayer* § 67 Rn. 37). Die **materielle Rechtslage** in Bezug auf die Inhaberschaft kann durch § 67 AktG weder verändert werden (MünchHdb GesR IV/*Wiesner* § 14 Rn. 44), noch ist die Eintragung Wirksamkeitsvoraussetzung für einen wirksamen Erwerb einer Namensaktie (*Hüffer/Koch* AktG, § 67 Rn. 11).

II. Legitimationswirkung

10 Nach umstrittener, wenn auch überwiegender Auffassung enthält § 67 AktG eine **unwiderlegbare Vermutung** und keine Fiktion (KG, Urt. v. 20.12.2002 – 14 U 5141/00, NJW-RR 2003, 542, 543; zum Meinungsstand vgl. MüKo AktG/*Bayer* § 67 Rn. 39 sowie *Hüffer/Koch* AktG, § 67 Rn. 13). Diese unwiderlegbare Vermutung tritt ein, wenn die Eintragung des Aktionärs in formeller Hinsicht ordnungsgemäß durch den Vorstand erfolgt ist (*Hüffer/Koch* AktG, § 67 Rn. 12; MüKo AktG/*Bayer* § 67 Rn. 69). Abs. 2 ist formell zu betrachten, sodass keine ordnungsgemäße Eintragung vorliegt, wenn der Vorstand aufgrund positiver Kenntnis eine tatsächlich erfolgte Übertragung von Aktien im Aktienregister einträgt, hierfür aber keine Mitteilung nach Abs. 3 erhalten hat (MünchHdb GesR IV/*Wiesner* § 14 Rn. 46). Aus Abs. 2 resultiert eine **Legitimationswirkung**, die sich auf sämtliche Rechte und Pflichten des Aktionärs erstreckt, gleich ob diese zugunsten oder zuungunsten des eingetragenen Aktionärs wirken. **Pflichten:** Nur der im Aktienregister eingetragene Aktionär, nicht der wirkliche Inhaber der Namensaktie ist nach § 54 AktG verpflichtet, die Einlageleistung zu erbringen und nur er kann nach § 65 AktG als Vormann in Anspruch genommen werden. **Rechte:** Nur der im Aktienregister eingetragene Aktionär ist berechtigt, die Stimmrechte auszuüben (zu Einschränkungen des Stimmrechts eines im Aktienregister eingetragenen Aktionärs s. Rdn. 8 und Rdn. 18), Anfechtungsklagen zu erheben, Minderheitenrechte wahrzunehmen sowie Dividenden von der AG zu beziehen (vgl. nur *Hüffer/Koch* AktG, § 67 Rn. 14; MüKo AktG/*Bayer* § 67 Rn. 40). Im Fall des **Dividendenbezugs** ergibt sich eine abweichende Sichtweise, wenn die AG Gewinnanteilsscheine ausgegeben hat, die als selbstständige Inhaberaktien nicht Bestandteil der Namensaktie sind (MünchHdb GesR IV/*Wiesner* § 14 Rn. 29) und die damit auch einem Dritten, der nicht im Aktienregister eingetragen ist, einen Anspruch auf Dividendenbezug verschaffen können (MüKo AktG/*Bayer* § 67 Rn. 45).

Ist der im Aktienregister eingetragene Aktionär in Wirklichkeit nicht der rechtliche Inhaber der 11
Aktie, so hat der rechtliche Inhaber der Aktie keine unmittelbaren Ansprüche gegenüber der AG,
sondern muss seine Ansprüche gegenüber dem im Aktienregister eingetragenen Aktionär geltend
machen (*Hüffer/Koch* AktG, § 67 Rn. 15; MüKo AktG/*Bayer* § 67 Rn. 38). So hat der rechtliche
Inhaber der Aktie bspw. bezogene Dividendenansprüche im Wege der §§ 812 ff. BGB von dem im
Aktienregister zu Unrecht eingetragenen Aktionär zurückzuverlangen. Die Legitimationswirkung
des § 67 AktG geht sogar soweit, dass der übernehmende Rechtsträger im Fall einer Verschmelzung
erst dann berechtigt ist, die Rechte aus den von dem im Aktienregister eingetragenen übertragenden
Rechtsträger übernommenen Aktien wahrzunehmen, wenn der übernehmende Rechtsträger im
Aktienregister als Gesamtrechtsnachfolger eingetragen worden ist (MüKo AktG/*Bayer* § 67 Rn. 37).

E. Übertragung der Namensaktie, Abs. 3

Abs. 3 enthält die Verpflichtung, dass der Vorstand eine Änderung in Bezug auf die Aktionärs- 12
stellung im Aktienregister nur vornehmen darf, wenn ihm dies nach Abs. 3 nicht nur mitgeteilt,
sondern die Rechtsänderung auch **nachgewiesen** worden ist. Leitgedanke des Abs. 3 ist das vollständige Aktienregister, welches eine ununterbrochene Kette der Inhaber der Namensaktien aufführen
soll, in dem nach einer Aktienübertragung der bisherige Inhaber im Aktienregister gelöscht (gerötet
o. ä.) und der neue Inhaber im Aktienregister eingetragen wird (*Hüffer/Koch* AktG, § 67 Rn. 16).

I. Erfordernis der Mitteilung

Der Vorstand darf nur auf Mitteilung tätig werden, die als **einseitige, empfangsbedürftige, geschäfts-** 13
ähnliche Handlung qualifiziert wird (*Hüffer/Koch* AktG, § 67 Rn. 17; AnwK-AktR/*Heinrich* § 67
Rn. 17; MünchHdb GesR IV/*Wiesner* § 14 Rn. 42). Die Mitteilung bedarf keiner besonderen Form
(MüKo AktG/*Bayer* § 67 Rn. 78). Das Gesetz sprach bisher nicht davon, wer die Mitteilung nach
Abs. 3 machen darf. Soweit die Aktienübertragung im Wege des Börsenhandels stattfindet, wird
die Mitteilung in der Praxis regelmäßig von der involvierten **Bank** gemacht. Bei außerbörslichen
Verkäufen bestand bisher Einigkeit darüber, dass sowohl der **Erwerber** als auch der **Verkäufer**
berechtigt sind, die Mitteilung zu machen (vgl. MüKo AktG/*Bayer* § 67 Rn. 80). Beim Verkäufer
ist aber fraglich, ob dieser nur seine eigene Löschung oder auch die Neueintragung des Erwerbers
mit der Konsequenz mitteilen darf, dass der Erwerber in das Aktienregister – möglicherweise auch
gegen seinen Willen – eingetragen wird. Wie sogleich zu sehen sein wird (s. Rdn. 13), darf nur
der Erwerber selbst die Mitteilung seiner Eintragung im Aktienregister vornehmen. Bei privaten
Aktienübertragungen empfiehlt es sich, eine ausdrückliche Regelung zur Mitteilung nach Abs. 3 im
Kaufvertrag aufzunehmen.

II. Pflicht zur Mitteilung zur Vermeidung eines freien Meldebestands

Die Sicherstellung des vollständigen Aktienregisters war praktisch nicht mehr umsetzbar, da nach 14
vormaliger Rechtslage Einigkeit bestand, dass im Fall der Aktienübertragung nur die Eintragung
der Löschung, nicht aber auch die Paralleleintragung des neuen Aktionärs erforderlich ist (MüKo
AktG/*Bayer* § 67 Rn. 87 f.). Den Erwerber traf bisher keine rechtliche Verpflichtung, sich im Aktienregister eintragen zu lassen (MüKo AktG/*Bayer* § 67 Rn. 80; a. A. *Hüffer/Koch* AktG, § 67 Rn. 17).
Der Aktionär war bisher auch im Fall eines börslichen Handels berechtigt, der involvierten Bank
die Weisung zu erteilen, die Daten des Erwerbers nicht weiterzugeben. Für die Fälle dieses freien
Meldebestandes sieht Abs. 4 Satz 2 seit dem Inkrafttreten des Gesetzes zur Unternehmensintegrität
und Modernisierung des Aktiengesetzes (UMAG) vor, dass an der Aktienübertragung beteiligte
Kreditinstitute auf Aufforderung des Vorstandes der AG verpflichtet sind, diese sog. **Leerposten** des
Erwerbers selbst zu besetzen (s. Rdn. 19).

Das RisikoBegrG sieht nunmehr in Abs. 1 Satz 2 vor, dass der Inhaber verpflichtet ist, die in Abs. 1 15
Satz 1 genannten Angaben gegenüber der AG mitzuteilen. Trotz der Neuregelung sollte im Fall der
Übertragung einer Aktie auch der bisherige Inhaber weiterhin berechtigt bleiben, seine Löschung

weiterhin selbst zu beantragen. Dies muss nicht zuletzt daraus resultieren, dass das Unterlassen der Anmeldepflicht durch den Erwerber nicht sanktioniert ist (*Noack* NZG 2008, 721).

III. Nachweis der Übertragung

16 Den Vorstand trifft eine **formelle Überprüfungspflicht**, ob eine Übertragung der Aktien wirksam stattgefunden hat (MüKo AktG/*Bayer* § 67 Rn. 89). Erhält die AG eine Mitteilung von einem Kreditinstitut, welches an einem börslichen Handel der Aktie beteiligt gewesen ist, so darf der Vorstand darauf vertrauen, dass die Mitteilung richtig ist (*Hüffer/Koch* AktG, § 67 Rn. 18; MüKo AktG/*Bayer* § 67 Rn. 90). Im Übrigen hat sich der Vorstand durch die **Vorlage geeigneter Unterlagen** (Kaufvertrag, Indossament o. ä.) darüber zu vergewissern, dass der Übergang der Aktie wirksam ist (*Hüffer/Koch* AktG, § 67 Rn. 18; MünchHdb GesR IV/*Wiesner* § 14 Rn. 42).

IV. Rechtsfolgen der wirksamen Mitteilung

17 Sind die formellen Voraussetzungen der Mitteilung nach Abs. 3 erfüllt, so ist der Vorstand verpflichtet, **unverzüglich** eine **Umschreibung des Aktienregisters** vorzunehmen (MüKo AktG/*Bayer* § 67 Rn. 92), wobei insbesondere vor bevorstehenden Hauptversammlungen eine kurzfristige Aussetzung der Umschreibung für einen Zeitraum von 3 bis max. 7 Tagen zulässig ist (sog. Umschreibungsstopp; BGH, Urt. v. 21.09.2009 – II ZR 174/08, Z 182, 272 Tz. 20 ff.; vgl. *v. Nussbaum* NZG 2009, 456, 457; *Hüffer/Koch* AktG, § 67 Rn. 20; MüKo AktG/*Bayer* § 67 Rn. 93), um die Übereinstimmung des Teilnehmerverzeichnisses mit dem Aktienregister zu gewährleisten. Nimmt der Vorstand die Eintragung nicht vor, so ist der Erwerber bzw. der Verkäufer berechtigt, die AG im gerichtlichen Wege auf Vornahme der Eintragung zu verklagen (*Hüffer/Koch* AktG, § 67 Rn. 20).

V. Auskunftsverlangen der AG

18 Nach dem durch das RisikoBegrG eingeführten **Auskunftsverlangen** gem. Abs. 4 Satz 2 bis 4 ist der Vorstand der AG berechtigt, den im Aktienregister eingetragenen Aktionär danach zu fragen, inwieweit diesem die Aktien tatsächlich gehören, für die dieser im Aktienregister eingetragen ist (näher *Schneider/Müller-v. Pilchau* WM 2011, 721, 723). Materielle Voraussetzungen des Auskunftsverlangens sieht das AktG nicht vor. Eine Form ist ebenfalls nicht vorgeschrieben, im Hinblick auf die Rechtsfolgen ist jedoch mindestens die Textform sachgerecht; der Zugang des Verlangens sollte überdies dokumentiert werden (vgl. *Noack* NZG 2008, 721, 724). Der Aktionär hat innerhalb einer angemessener Frist (nicht weniger als 14 Tage nach der Gesetzesbegründung; vgl. BT-Drucks. 16/7438, S. 14) der AG mitzuteilen, ob ihm die Aktien gehören. Gehören dem Aktionär die Aktien nicht, so hat er der AG mitzuteilen, für wen er die Aktien hält. Kommt der Aktionär diesem Auskunftsverlangen nicht nach oder wird das Auskunftsverlangen von ihm unrichtig beantwortet, resultiert daraus der **Ausschluss des Stimmrechts** des Aktionärs. Das Stimmrecht lebt wieder auf, sobald die verlangte Auskunft nachträglich erteilt wird.

F. Pflichten der Kreditinstitute, Abs. 4

19 Abs. 4 Satz 1 enthält die Verpflichtung der an einer Übertragung von Namensaktien mitwirkenden Kreditinstitute, die Mitteilung nach Abs. 3 an die AG gegen Kostenerstattung zu übermitteln (vgl. dazu ausführl. MüKo AktG/*Bayer* § 67 Rn. 94 ff. sowie *Hüffer/Koch* AktG, § 67 Rn. 21 f.). Der im Zuge des UMAG neu eingefügte Satz 2 des Abs. 4, der erst auf Empfehlung des Rechtsausschusses in das UMAG eingefügt worden ist, betrifft den unter Rdn. 13 beschriebenen freien Meldebestand. Um solche **Leerposten** zu vermeiden, sind Kreditinstitute auf Verlangen des Vorstandes verpflichtet, sich anstelle des (nicht eintragungswilligen) Erwerbers in das Aktienregister eintragen zu lassen. Damit übernimmt das Kreditinstitut im Verhältnis gegenüber der AG sämtliche Rechte und Pflichten aus der Aktie und trägt damit als **Platzhalter** auch das Solvenzrisiko des wirklichen Erwerbers. Da das Kreditinstitut nach § 135 AktG das Stimmrecht aus den Aktien nicht ausüben darf, unterliegt das im Aktienregister eingetragene Kreditinstitut keiner Meldepflicht nach §§ 15 ff. WpHG (*Hüffer/Koch* AktG, § 67 Rn. 21) und auch keinen Verpflichtungen aus dem WpÜG wegen

einer Zurechnung von Stimmrechten nach § 30 WpÜG. Dies wurde durch das zum 01.01.2007 in Kraft getretene »Gesetz über elektronische Handelsregister und Genossenschaftsregister sowie das Unternehmensregister« (EHUG) nunmehr durch die Einführung des Satz 4 gesetzlich klargestellt.

G. Löschung von Eintragungen, Abs. 5

I. Voraussetzungen der Löschung

Abs. 5 enthält eine Verpflichtungs-, keine Ermessensvorschrift (MüKo AktG/*Bayer* § 67 Rn. 105), wann und unter welchen Voraussetzungen der Vorstand die Löschung eines zu Unrecht im Aktienregister eingetragenen Aktionärs (von Amts wegen) vorzunehmen hat (KölnKomm AktG/*Lutter/Drygala* § 67 Rn. 38). **Einfache Berichtigungen** (Schreibfehler etc.), die der Vorstand jederzeit vornehmen darf, unterfallen nicht Abs. 5 (MüKo AktG/*Bayer* § 67 Rn. 101). Abs. 5 spricht von **formeller Unrichtigkeit**, sodass eine Löschung nach Abs. 5 zu unterbleiben hat, wenn eine zunächst ordnungsgemäße Eintragung durch eine Aktienübertragung materiell, aber nicht formell unwirksam geworden ist (*Hüffer/Koch* AktG, § 67 Rn. 23; KölnKomm AktG/*Lutter/Drygala* § 67 Rn. 39). Eine Änderung kann nur durch eine entsprechende Mitteilung nach Abs. 3 erreicht werden.

20

II. Benachrichtigung und Widerspruch

Ist ein Aktionär zu Unrecht eingetragen, so hat der Vorstand ein Löschungsverfahren nach den Bestimmungen des Abs. 5 Satz 1 einzuleiten. Dabei hat er alle Beteiligten ausdrücklich und unmissverständlich darüber zu benachrichtigen (kein Formerfordernis, Schriftform ist zu Beweiszwecken dennoch ratsam), dass er eine Löschung des Aktionärs vornehmen will (*Hüffer/Koch* AktG, § 67 Rn. 24). Die Benachrichtigung muss den Beteiligten eine **angemessene Frist** einräumen, um (ggf. durch Hilfe von Rechtsberatern) überprüfen zu können, ob sie Einwände gegen die Löschung haben. Die Frist sollte **einen Monat** nicht unterschreiten (so MüKo AktG/*Bayer* § 67 Rn. 10). Bestehen Einwände gegen die Löschung, so steht den Beteiligten nach Abs. 5 ein **Widerspruchsrecht** zu, welches nicht zu begründen ist (MüKo AktG/*Bayer* § 67 Rn. 112).

21

III. Beteiligte

Beteiligte sind nicht nur der **betroffene Aktionär**, sondern auch sein **unmittelbarer Vormann** sowie sämtliche übrigen **Vormänner**, soweit diese noch nach § 65 AktG in Anspruch genommen werden können. Wann Vormänner nicht mehr in Anspruch genommen werden können, ist nicht – wie es die h. M. meint – zwangsläufig nur nach der in § 65 Abs. 2 AktG enthaltenen Frist zu ermitteln (so aber *Hüffer/Koch* AktG, § 67 Rn. 24; MünchHdb GesR IV/*Wiesner* § 14 Rn. 49). Allein auf § 65 Abs. 2 AktG abzustellen, ist zu kurz gedacht, da sich für jeden Vormann auch eine weitaus längere Frist für seine Inanspruchnahme ergeben kann (s. § 65 AktG Rdn. 35). Nimmt der Vorstand die Löschung nicht vor oder leitet er gar kein Löschungsverfahren ein, so ist jeder Beteiligte berechtigt, die Einleitung des Löschungsverfahrens im gerichtlichen Wege gegenüber der AG geltend zu machen.

22

IV. Rechtsfolgen des Löschungsverfahrens

Erfolgt kein Widerspruch, so ist der Vorstand zur **Vornahme der Löschung verpflichtet**. Wird die Löschung nicht vorgenommen, so können die Beteiligten die AG auf Vornahme der Löschung verklagen. Der Aktionär scheidet aus dem Aktienregister mit Wirkung **ex nunc** aus (*Hüffer/Koch* AktG, § 67 Rn. 26; MüKo AktG/*Bayer* § 67 Rn. 117). An seine Stelle tritt sein unmittelbarer Vormann, dem nunmehr sämtliche Rechte und Pflichten aus der Namensaktie im Verhältnis zur AG zustehen, auch wenn er nicht rechtlicher Inhaber der Aktie ist (*Hüffer/Koch* AktG, § 67 Rn. 26; MüKo AktG/*Bayer* § 67 Rn. 117). Wurde von einem der Beteiligten ein **Widerspruch erhoben**, so ist der Vorstand gehindert, die beabsichtigte Löschung vorzunehmen. Es steht aber im Ermessen des Vorstandes, ob er die Löschung in einem gerichtlichen Verfahren weiter betreiben will oder nicht (MüKo AktG/*Bayer* § 67 Rn. 114). Grundsätzlich ist es nicht nur der AG, sondern auch

23

jedem der übrigen Beteiligten gestattet, den Widersprechenden auf Rücknahme des Widerspruchs im Wege der **Leistungsklage** in Anspruch zu nehmen (*Hüffer/Koch* AktG, § 67 Rn. 25; MüKo AktG/*Bayer* § 67 Rn. 114). Daher kann der Vorstand die Beteiligten darauf verweisen, die Klage auf Rücknahme des Widerspruchs selbst zu führen (*Hüffer/Koch* AktG, § 67 Rn. 25; MüKo AktG/*Bayer* § 67 Rn. 113).

H. Umgang mit den Daten des Aktienregisters, Abs. 6

24 Die Neuregelung des Abs. 6 trägt dem **datenschutzrechtlichen Aspekt** Rechnung, dass die Ausgabe von Namensaktien und damit die Führung eines Aktienregisters auch bei einer AG mit einem großen Aktionärskreis in Betracht kommt (MüKo AktG/*Bayer* § 67 Rn. 126). Nunmehr ist der einzelne Aktionär (von nichtbörsennotierten Gesellschaften für die Abs. 6 Satz 2 eine Ausnahme ermöglicht) nicht mehr berechtigt, Einsicht in das gesamte Aktienregister, sondern nur bezüglich derjenigen Daten zu verlangen, die **über seine Person** dort enthalten sind (vgl. ausführl. MüKo AktG/*Bayer* § 67 Rn. 127 ff.; *Hüffer/Koch* AktG, § 67 Rn. 28 ff.). Zugleich wird der AG über Abs. 6 Satz 3 bis 5 die Möglichkeit eröffnet, die aus dem Aktienregister ersichtlichen Daten auch für eigene Zwecke (wie Investor-Relations-Maßnahmen u. ä) zu verwenden und dadurch mit ihren Aktionären – auch für Werbemaßnahmen eigener Produkte – in Verbindung zu treten (vgl. ausführl. MüKo AktG/*Bayer* § 67 Rn. 132 ff.; *Hüffer/Koch* AktG, § 67 Rn. 31).

§ 68 Übertragung von Namensaktien. Vinkulierung

(1) ¹Namensaktien können auch durch Indossament übertragen werden. ²Für die Form des Indossaments, den Rechtsausweis des Inhabers und seine Verpflichtung zur Herausgabe gelten sinngemäß Artikel 12, 13 und 16 des Wechselgesetzes.

(2) ¹Die Satzung kann die Übertragung an die Zustimmung der Gesellschaft binden. ²Die Zustimmung erteilt der Vorstand. ³Die Satzung kann jedoch bestimmen, daß der Aufsichtsrat oder die Hauptversammlung über die Erteilung der Zustimmung beschließt. ⁴Die Satzung kann die Gründe bestimmen, aus denen die Zustimmung verweigert werden darf.

(3) Bei Übertragung durch Indossament ist die Gesellschaft verpflichtet, die Ordnungsmäßigkeit der Reihe der Indossamente, nicht aber die Unterschriften zu prüfen.

(4) Diese Vorschriften gelten sinngemäß für Zwischenscheine.

Übersicht	Rdn.			Rdn.
A. Überblick	1	III.	Satzungserfordernis	12
B. Übertragbarkeit von Namensaktien, Abs. 1	2	IV.	Ausgestaltung der Satzung	13
I. Übertragung durch Indossament	3	V.	Zustimmungserteilung	15
II. Weitere Übertragungsmöglichkeiten	6	1.	Entscheidung über die Zustimmungserteilung	16
C. Vinkulierte Namensaktien, Abs. 2	8	2.	Erteilung der Zustimmungserklärung	18
I. Hintergrund	8	VI.	Rechtsfolgen	19
II. Rechtsgeschäftliche Übertragungen	10	D.	Prüfungspflicht der AG, Abs. 3	20

A. Überblick

1 Wie § 67 AktG wurde auch § 68 AktG im Zuge des im Jahr 2001 in Kraft getretenen Gesetzes zur Namensaktie und zur Erleichterung der Stimmrechtsausübung – Namensaktiengesetz (NaStraG) – umfassend geändert (vgl. auch *Hüffer/Koch* AktG, § 68 Rn. 1; MüKo AktG/*Bayer* § 68 Rn. 1). Bei § 68 AktG handelt es sich nicht nur um eine Ergänzungsvorschrift zu § 67 AktG. Die Norm beinhaltet in Abs. 1 und Abs. 2 vielmehr eigenständige – und vom Aktienregister losgelöste – **Regelungen zur Übertragbarkeit von Namensaktien**, wobei die Abs. 1 bis 3 über Abs. 4 auch auf Zwischenscheine sinngemäß anzuwenden sind.

B. Übertragbarkeit von Namensaktien, Abs. 1

Abs. 1 Satz 1 bestimmt durch die Verwendung des Wortes »auch«, dass für die Übertragung von Namensaktien alternative Übertragungsmöglichkeiten in Betracht kommen, sodass sich die in Abs. 1 genannte Übertragung im Wege des **Indossaments** nur als eine der möglichen Übertragungsformen darstellt (*Hüffer/Koch* AktG, § 68 Rn. 3). Durch die Zulassung der Übertragung durch Indossament handelt es sich bei Namensaktien um sog. **geborene Orderpapiere** (*Hüffer/Koch* AktG, § 68 Rn. 2; MüKo AktG/*Bayer* § 68 Rn. 21).

I. Übertragung durch Indossament

Für die Wirksamkeit der Übertragung einer Namensaktie im Wege des Indossaments ist es nicht erforderlich, dass die Übertragung der Aktie auch im Aktienregister durch eine entsprechende Mitteilung nach Abs. 3 eingetragen worden ist (*Hüffer/Koch* AktG, § 68 Rn. 4). Die Übertragung der Aktie erfolgt durch Indossament. Nach Abs. 1 kommen die Vorschriften der Art. 12, 13 und 16 WechselG sinngemäß zur Anwendung. Daneben sind nach überzeugender Auffassung auch die Vorschriften der Art. 14, 18 und 19 WechselG sinngemäß anzuwenden (so MüKo AktG/*Bayer* § 68 Rn. 8). Nach Art. 13 Abs. 1 WechselG erfolgt die Übertragung dadurch, dass der Verkäufer (Indossant) auf der Aktienurkunde bzw. auf einem mit der Aktie verbundenen Anhang eine **schriftliche Übertragungserklärung** aufsetzt, die mit dem Namen des Erwerbers (Indossatar) versehen wird. Aus der Übertragungserklärung muss hervorgehen, dass die Inhaberschaft an der Aktie von dem Indossant auf den Indossatar übergehen soll (sog. **Vollindossament**). Zusätzlich zum Indossament ist nach h. M. auch die **formfreie Einigung** sowie die **Übergabe** (bzw. ein Übergabesurrogat nach §§ 929 ff. BGB) erforderlich (so *Hüffer/Koch* AktG, § 68 Rn. 4; MüKo AktG/*Bayer* § 68 Rn. 3). Will der neue Inhaber die Namensaktie als Indossant auf einen weiteren Indossatar übertragen, so kann er die Namensaktie ebenfalls nach Art. 13 Abs. 1 WechselG übertragen. Jedem Indossant steht nach Art. 13 Abs. 2 WechselG auch die alternative Möglichkeit zur Verfügung, die Übertragung im Wege eines sog. Blankoindossaments vorzunehmen. Bei einem **Blankoindossament** wird nur der Indossant, hingegen nicht der Indossatar (zwingend auf der Rückseite) der Aktienurkunde vermerkt (*Hüffer/Koch* AktG, § 68 Rn. 3, 5; MüKo AktG/*Bayer* § 68 Rn. 10, 11).

Liegt eine formgerechte Übertragung der Aktie im Wege des Voll- oder Blankoindossaments vor, so resultiert daraus sowohl eine Legitimationsfunktion als auch eine Transportfunktion. Die **Legitimationsfunktion** dient nach Art. 16 Abs. 1 WechselG dazu, eine widerlegbare Vermutung für die Inhaberschaft an der Aktie zu begründen, die dann vermutet wird, wenn auf der Aktie eine ununterbrochene Indossamentenkette vorhanden ist, wobei vorhandene Blankoindossamente in der Reihe nicht schädlich sind (*Hüffer/Koch* AktG, § 68 Rn. 8; MüKo AktG/*Bayer* § 68 Rn. 13 f.). Die **Transportfunktion** dient nach Art. 16 Abs. 2 WechselG dem erweiterten Gutglaubensschutz des Inhabers, wenn die Aktie »irgendwie abhanden gekommen« ist (MüKo AktG/*Bayer* § 68 Rn. 15, 23 ff.).

Die Verwendung von Namensaktien mit einem Blankoindossament ist in der Praxis die ausschließlich zulässige Form, wenn sich die Aktien in der **Girosammelverwahrung** befinden und über die Börse gehandelt werden. Nach den Bestimmungen des DepotG sowie des BörsG müssen Aktien vertretbar sein, was nur beim Blankoindossament, nicht aber bei einer Übertragung in der Form eines Vollindossamentes gegeben ist (*Hüffer/Koch* AktG, § 68 Rn. 3; MüKo AktG/*Bayer* § 68 Rn. 6, 12).

II. Weitere Übertragungsmöglichkeiten

Neben der Übertragung im Wege des Indossaments kommt die Übertragung der Namensaktie im Wege der **Abtretung nach §§ 413, 398 BGB** in Betracht (*Hüffer/Koch* AktG, § 68 Rn. 3; MüKo AktG/*Bayer* § 68 Rn. 31). Bei der Abtretung der Aktie ist es für die Wirksamkeit der Abtretung nicht erforderlich, dass die Aktie auch an den Erwerber zu übergeben ist (*Hüffer/Koch* AktG, § 68 Rn. 3; MüKo AktG/*Bayer* § 68 Rn. 30). Dies folgt aus der analogen Anwendbarkeit des § 952 BGB, sodass das Recht an dem Papier dem Recht aus dem Papier folgt (*Hüffer/Koch* AktG, § 68 Rn. 3; MüKo AktG/*Bayer* § 68 Rn. 30; MünchHdb GesR IV/*Wiesner* § 14 Rn. 14). Die Übertragung einer verbrieften Namensaktie im Wege der Abtretung ist für den Erwerber in der Regel nachteilig, da er rechtlich nicht ein Wertpapier, sondern **ein Recht erwirbt**. Der gutgläubige Erwerb eines Rechts ist jedoch ausgeschlossen (MüKo AktG/*Bayer* § 68 Rn. 31). Zugleich wird durch eine Zession die Indossamentenkette unterbrochen, sodass die zukünftige Verkehrsfähigkeit der Aktie stark herabgesetzt wird und zudem ein erweiterter gutgläubiger Erwerb nach Art. 16 Abs. 2 nicht mehr in Betracht kommt.

7   Auch wenn dies grundsätzlich nur für Inhaberaktien besprochen wird (vgl. MünchHdb GesR IV/*Wiesner* § 14 Rn. 4), so können nicht nur Inhaberaktien, sondern auch **Namensaktien** nach §§ 929 ff. BGB durch Einigung und Übergabe (aber ohne zusätzliches Indossament) übertragen werden. In diesen Fällen ist ebenfalls ein gutgläubiger Erwerb nach §§ 932 ff. BGB möglich, wobei dann die zusätzlichen Vorschriften des WechselG nicht zur Anwendung kommen.

C. Vinkulierte Namensaktien, Abs. 2

I. Hintergrund

8   In der AG ist eine Kündigung und ein Austritt aus der Gesellschaft nicht vorgesehen. Das AktG geht von der freien Übertragbarkeit von Aktien (gleich ob Namens- oder Inhaberaktien) aus (BVerfG, Beschl. v. 27.04.1999 – 1 BvR 1613/94, E 100, 289 Tz. 46 ff.; BGH, Urt. v. 20.09.2004 – Az. II ZR 288/02, Z 160, 253 Tz. 24 ff.; MünchHdb GesR IV/*Wiesner* § 14 Rn. 16). Von diesem Grundsatz der freien Übertragbarkeit macht Abs. 2 eine Ausnahme, indem der AG durch eine entsprechende Satzungsregelung die Möglichkeit eingeräumt wird, die Übertragbarkeit der Namensaktie von der Zustimmung der AG abhängig zu machen. Es wird in diesem Fall von **vinkulierten Namensaktien** gesprochen, die nicht als besondere Aktiengattung nach § 11 AktG zu verstehen sind (*Hüffer/Koch* AktG, § 68 Rn. 10; MüKo AktG/*Bayer* § 68 Rn. 44). Es ist der AG erlaubt, sowohl vinkulierte als auch frei verfügbare Namensaktien auszugeben (*Hüffer/Koch* AktG, § 68 Rn. 10; MüKo AktG/*Bayer* § 68 Rn. 44).

9   Gründe für die Einführung von vinkulierten Namensaktien sind vielfältig. Teilweise besteht eine gesetzliche Verpflichtung zur Einführung von vinkulierten Namensaktien, teilweise beruht die Einführung aber auch darauf, dass einer Überfremdung des Aktionärskreises oder der Veränderung von Beteiligungsverhältnissen vorgebeugt werden soll (so *Hüffer/Koch* AktG, § 68 Rn. 10).

II. Rechtsgeschäftliche Übertragungen

10 Die Vinkulierung erstreckt sich nur auf **rechtsgeschäftliche Übertragungen** (*Hüffer/Koch* AktG, § 68 Rn. 11; MüKo AktG/*Bayer* § 68 Rn. 52 MünchHdb GesR IV/*Wiesner* § 14 Rn. 21). Eine rechtsgeschäftliche Übertragung (Kauf, Tausch, Schenkung) scheidet aus, wenn die Aktien im Wege der **Gesamtrechtsnachfolge** (Erbfolge oder auch Umwandlungen nach dem UmwG) übertragen werden (*Hüffer/Koch* AktG, § 68 Rn. 11; MüKo AktG/*Bayer* § 68 Rn. 52). Der rechtsgeschäftlichen Übertragung werden die Verpfändung und der Nießbrauch gleichgestellt, sodass diese nur mit Zustimmung der AG möglich sind. Hingegen ist die Pfändung der Aktie noch ohne Zustimmung möglich; soll die gepfändete Aktie jedoch verwertet werden, so kann die Verwertung der Aktie nur mit Zustimmung der AG erfolgen. Auch die Legitimationsübertragung (s. § 67 AktG Rdn. 7) unterfällt nach h. M. der Vinkulierung, auch wenn rechtlich kein Übergang der Inhaberschaft stattfindet (MüKo AktG/*Bayer* § 68 Rn. 54;). Zur Umgehung von entsprechenden Vinkulierungsklauseln vgl. *Hüffer/Koch* AktG, § 68 Rn. 12; MüKo AktG/*Bayer* § 68 Rn. 116 ff.; MünchHdb GesR IV/*Wiesner* § 14 Rn. 34.

11 Liegt eine rechtsgeschäftliche Übertragung vor, so wird von der Vinkulierung nur das **Verfügungsgeschäft**, nicht aber auch das Verpflichtungsgeschäft umfasst (*Hüffer/Koch* AktG, § 68 Rn. 11; MüKo AktG/*Bayer* § 68 Rn. 38; MünchHdb GesR IV/*Wiesner* § 14 Rn. 21). Daher ist seitens des Verkäufers darauf zu achten, dass auch der schuldrechtliche Kaufvertrag unter die Bedingung

gestellt wird, dass die Zustimmung zur Übertragung erklärt wird. Anderenfalls geht die überwiegende Auffassung in der Literatur davon aus, dass sich der Verkäufer schadensersatzpflichtig macht, soweit man dem Käufer nicht eine Kenntnis nach § 442 BGB entgegenhalten kann (so MüKo AktG/*Bayer* § 68 Rn. 101; MünchHdb GesR IV/*Wiesner* § 14 Rn. 29 f.).

III. Satzungserfordernis

Eine Vinkulierung erfordert eine entsprechende Satzungsregelung. Wird die Vinkulierung nicht bereits im Rahmen der **Gründung**, sondern erst im Zuge einer **späteren Satzungsänderung** aufgenommen, so bedarf die Satzungsänderung nach § 180 Abs. 2 AktG der Zustimmung sämtlicher betroffener Aktionäre (*Hüffer/Koch* AktG, § 68 Rn. 13; MüKo AktG/*Bayer* § 68 Rn. 45; MünchHdb GesR IV/*Wiesner* § 14 Rn. 19). Besteht eine Vinkulierungsklausel und wird eine **Kapitalerhöhung** beschlossen, so muss im Kapitalerhöhungsbeschluss nur dann ausdrücklich geregelt werden, ob auch die jungen Aktien vinkuliert sind, wenn sich aus der Satzung nicht zwangsläufig ergibt, dass sämtliche Aktien der Gesellschaft der Vinkulierung unterliegen sollen (*Hüffer/Koch* AktG, § 68 Rn. 13; MüKo AktG/*Bayer* § 68 Rn. 47 ff.; MünchHdb GesR IV/*Wiesner* § 14 Rn. 20).

12

IV. Ausgestaltung der Satzung

Die Satzung kann sowohl Bestimmungen über das »Ob« als auch über das »Wie« einer Vinkulierung enthalten. So kann die Vinkulierungsklausel nach Abs. 2 Satz 3 auf einzelne Fälle von Übertragungen beschränkt sein (wie die Zustimmung bei der Übertragung auf einen Wettbewerber oder auf einen Familienfremden etc.); oder aber grundsätzlich jede Übertragung von der Zustimmung der AG abhängig machen (*Hüffer/Koch* AktG, § 68 Rn. 14; MüKo AktG/*Bayer* § 68 Rn. 57 ff.). Hingegen ist es nicht möglich, eine zwingende Versagung der Zustimmung in bestimmten Fällen vorzusehen. Die Satzung muss die Entscheidung über die Erteilung oder Versagung der Zustimmung bei dem betreffenden Organ belassen, welches die Zustimmung zu erteilen hat (*Hüffer/Koch* AktG, § 68 Rn. 14; MüKo AktG/*Bayer* § 68 Rn. 63; MünchHdb GesR IV/*Wiesner* § 14 Rn. 23).

13

Sonstige **dingliche Verfügungsbeschränkungen** (wie Vorkaufsrechte, Poolverträge etc.) sind nach § 23 Abs. 5 AktG **unzulässig**, da diese nicht nur die aktuellen, sondern auch alle zukünftigen Aktionäre der AG binden würden. Solche Verfügungsbeschränkungen können aber sehr wohl auf schuldrechtlicher Ebene als sog. **satzungsergänzende Nebenabreden** zwischen den Aktionären wirksam vereinbart werden, wobei die Nebenabrede den neu eintretenden Aktionär nur dann bindet, wenn dieser der Nebenabrede ausdrücklich beigetreten ist (vgl. MüKo AktG/*Bayer* § 68 Rn. 41; MünchHdb GesR IV/*Wiesner* § 14 Rn. 18). Schuldrechtliche Nebenabreden der Aktionäre mit der Gesellschaft unterliegen gesellschaftsrechtlichen Wirksamkeitsschranken vor allem deswegen, weil die Gesellschaft im Rahmen der Nebenabrede durch den Vorstand vertreten wird und damit der Vorstand im Widerspruch zu der innergesellschaftlichen Kompetenzordnung über die Zusammensetzung der Hauptversammlung bestimmen kann (*Immenga* AG 1992, 79; *Otto* AG 1991, 369 ff.). Zulässig können solche Abreden aber unter anderem dann sein, wenn sie das Ziel verfolgten, in Ergänzung einer satzungsmäßigen Vinkulierung der Aktien nach § 68 Abs. 2 AktG einen bestimmten Aktionärskreis zu erhalten (*Barthelmeß/Braun* AG 2000, 172 ff.; *Schanz* NZG 2000, 337, 341; *Merkt* in Großkomm. AktG, § 68 Rn. 522; MüKo AktG/*Bayer,* § 68 Rn. 41). So können etwa die Gesellschafter einer Familiengesellschaft vereinbaren, dass ein Aktionär, der aus der Aktiengesellschaft ausscheiden will, seine Aktien den übrigen Gesellschaftern zum Kauf anbieten muss (BGH, Urt. v. 25.09.1986 – II ZR 272/85, ZIP 1987, 103, 104; Urt. v. 13.06.1994 – II ZR 38/93, Z 126, 226, 234 f.); damit wird das zulässige Ziel verfolgt, den Kreis der Aktionäre auf Familienmitglieder zu beschränken. Das Gleiche gilt für Regelungen, durch die der Aktionärskreis auf Personen beschränkt werden soll, die ein anderes gemeinsames Merkmal aufweisen (BGH, Urt. v. 22.01.2013 – II ZR 80/10, NZG 2013, 220 Tz. 12). Dagegen ist ein schuldrechtlicher Vertrag zwischen einer Aktiengesellschaft und einem Aktionär unwirksam, wenn danach der Aktionär verpflichtet sein soll, bei Beendigung der Vertragsbeziehung die von ihm entgeltlich erworbenen

14

Aktien entschädigungslos auf die Gesellschaft zurückzuübertragen (BGH, Urt. v. 22.01.2013 – II ZR 80/10, NZG 2013, 220 Tz. 12; *Cziupka/Kliebsch* BB 2013, 715).

V. Zustimmungserteilung

15 Hinsichtlich der Erteilung der Zustimmung ist zu unterscheiden, **welches Organ** die Zustimmung bzw. Versagung im Rechtsverkehr gegenüber dem betroffenen Aktionär abzugeben und welches Organ über die Frage zu entscheiden hat, ob die Zustimmung zu erteilen oder zu versagen ist.

1. Entscheidung über die Zustimmungserteilung

16 Ohne entsprechende Satzungsregelung kann **nur der Vorstand** darüber entscheiden, ob die Zustimmung zur Übertragung erteilt werden soll. Eine generelle Verlagerung der Kompetenz der Zustimmungserteilung ist nach Abs. 2 Satz 2 nur mittels einer entsprechenden Satzungsbestimmung und nur in Bezug auf die Frage zulässig, ob eine Zustimmung zur Übertragung erteilt oder versagt werden soll. Die Satzung kann zulässigerweise vorsehen, dass nicht der Vorstand, sondern der **Aufsichtsrat** oder (alternativ, nicht kumulativ) die **Hauptversammlung** über die Zustimmung zur Übertragung zu entscheiden hat (MünchHdb GesR IV/*Wiesner* § 14 Rn. 26). Ausnahmsweise kann sich in Anwendung der »Holzmüller«- (BGHZ 83, 122 ff.) bzw. der »Gelantine« (BGHZ 159, 30 ff.) – Grundsätze des BGH eine originäre Zuständigkeit der Hauptversammlung auch ohne ausdrückliche Satzungsbestimmung ergeben (so MüKo AktG/*Bayer* § 68 Rn. 64; vgl. zur »Holzmüller«-Entscheidung ausführl. § 119 AktG Rdn. 9 ff.).

17 Im Rahmen der Entscheidung über die Erteilung der Zustimmung sind zunächst die **Vorgaben der Satzung** zu beachten. Im Übrigen liegt die Erteilung der Zustimmung im **pflichtgemäßen Ermessen** desjenigen Organs, welches über die Zustimmung zu entscheiden hat. Der **Gleichbehandlungsgrundsatz** des § 53a AktG ist dabei zwingend zu beachten (*Hüffer/Koch* AktG, § 68 Rn. 15; MüKo AktG/*Bayer* § 68 Rn. 73, 75; MünchHdb GesR IV/*Wiesner* § 14 Rn. 27 f.).

2. Erteilung der Zustimmungserklärung

18 Nach Abs. 2 Satz 2 ist die Zustimmung ausschließlich von dem Vorstand gegenüber dem betroffenen Aktionär zu erklären. Eine abweichende Satzungsregelung ist nicht möglich, da es sich um einen Akt der Außenvertretung handelt (MüKo AktG/*Bayer* § 68 Rn. 87). Erteilt der Vorstand die Zustimmung zur Übertragung, so ist die Zustimmungserklärung auch dann wirksam, wenn sie entgegen der Entscheidung des Aufsichtsrates oder der Hauptversammlung ausgesprochen worden ist (MüKo AktG/*Bayer* § 68 Rn. 94).

VI. Rechtsfolgen

19 Solange eine Zustimmung der AG nicht vorliegt, ist das Verfügungsgeschäft über die Übertragung der Namensaktie **schwebend unwirksam**. Wird die Zustimmung verweigert, so wird das Verfügungsgeschäft endgültig unwirksam. Zu den Folgen des (möglicherweise) weiterhin gültigen Verpflichtungsgeschäft s. Rdn. 11. Wird die Zustimmung erteilt, so wird die Übertragung **mit Wirkung ex tunc**, d.h. auf den Zeitpunkt des Abschlusses des entsprechenden Übertragungsvertrages wirksam (*Hüffer/Koch* AktG, § 68 Rn. 16; MüKo AktG/*Bayer* § 68 Rn. 96 ff.; MünchHdb GesR IV/*Wiesner* § 14 Rn. 29 f.).

D. Prüfungspflicht der AG, Abs. 3

20 Abs. 3 ist im unmittelbaren Zusammenhang mit § 67 Abs. 3 AktG zu sehen, da beide Vorschriften dem Vorstand eine Prüfungspflicht auferlegen, ohne die er eine Eintragung der Übertragung von Namensaktien im Aktienregister nicht vornehmen darf. Abs. 3 konkretisiert die in § 67 Abs. 3 AktG allgemein gehaltene Prüfungspflicht für denjenigen Fall, dass eine Namensaktie im Wege des Indossaments übertragen wird (MüKo AktG/*Bayer* § 68 Rn. 28). Die Prüfungspflicht des Vorstandes beschränkt sich auf eine **formelle Prüfung**, d.h., der Vorstand muss prüfen, ob der äußere Nach-

weis geführt wurde, dass die Reihenfolge der Indossamente ordnungsgemäß ist. Nur für den Fall, dass er konkrete Anhaltspunkte dafür hat, dass zwar die Indossamente möglicherweise richtig sind, aber der ihm mitgeteilte Aktionär dennoch nicht Inhaber der Aktie ist, muss der Vorstand weiter gehende Prüfungen vornehmen (*Hüffer/Koch* AktG, § 68 Rn. 17; MüKo AktG/*Bayer* § 68 Rn. 28).

§ 69 Rechtsgemeinschaft an einer Aktie

(1) Steht eine Aktie mehreren Berechtigten zu, so können sie die Rechte aus der Aktie nur durch einen gemeinschaftlichen Vertreter ausüben.

(2) Für die Leistungen auf die Aktie haften sie als Gesamtschuldner.

(3) ¹Hat die Gesellschaft eine Willenserklärung dem Aktionär gegenüber abzugeben, so genügt, wenn die Berechtigten der Gesellschaft keinen gemeinschaftlichen Vertreter benannt haben, die Abgabe der Erklärung gegenüber einem Berechtigten. ²Bei mehreren Erben eines Aktionärs gilt dies nur für Willenserklärungen, die nach Ablauf eines Monats seit dem Anfall der Erbschaft abgegeben werden.

Übersicht	Rdn.		Rdn.
A. Überblick zu § 69 AktG	1	1. Form der Bestellung	5
B. Gemeinschaftlicher Vertreter, Abs. 1	2	2. Person des Vertreters	6
I. Mehrere Berechtigte	2	3. Unterlassene Bestellung	7
1. Kapital- und Personengesellschaften	3	III. Ausübung der Mitgliedschaftsrechte	8
2. Andere Gemeinschaften	4	C. Gesamtschuldnerische Haftung, Abs. 2	9
II. Bestellung des Vertreters	5	D. Willenserklärungen der AG, Abs. 3	10

A. Überblick zu § 69 AktG

Nach § 8 Abs. 3 AktG ist eine Aktie **unteilbar** (vgl. § 8 AktG Rdn. 5 f.). Dies bedeutet jedoch nur, dass eine Aktie nicht real in zwei unterschiedliche Aktien geteilt werden darf (*Hüffer/Koch* AktG, § 69 Rn. 1). § 69 AktG stellt klar, dass an einer unteilbaren Aktie mehrere Personen beteiligt sein können, dass diese aber ihre Rechte aus einer Aktie nur gemeinsam durch einen **gemeinschaftlichen Vertreter** ausüben können. § 69 AktG dient damit dem Schutz und den Interessen der AG (*Hölters/Laubert* Aktiengesetz, § 69 Rn. 1), indem solche Nachteile der AG vermieden werden sollen, die sich aus der Existenz mehrerem Berechtigter ergeben können (*Hüffer/Koch* AktG, § 69 Rn. 1). § 69 AktG ist im direkten Anschluss an die Regelungen zur Namensaktie aufgeführt, ist aber gleichermaßen auf die Inhaberaktie anwendbar, auch wenn die praktische Anwendung dort eher als gering anzusehen ist (MüKo AktG/*Bayer* § 69 Rn. 4).

1

B. Gemeinschaftlicher Vertreter, Abs. 1

I. Mehrere Berechtigte

Abs. 1 kommt nur zur Anwendung, wenn eine Aktie mehreren Berechtigten zusteht (*Hüffer/Koch* AktG, § 69 Rn. 2). Dabei kommt es ausschließlich auf die **dingliche Zuordnung** der Aktie an, es ist also zu fragen, ob mehrere Personen rechtliche Inhaber der Aktie sind (MüKo AktG/*Bayer* § 69 Rn. 5).

2

1. Kapital- und Personengesellschaften

Ist eine juristische Person oder eine Personenhandelsgesellschaft Inhaber einer Aktie, so handelt es sich nicht um mehrere Berechtigte, auch wenn an der Gesellschaft mehrere Gesellschafter beteiligt sind (*Hüffer/Koch* AktG, § 69 Rn. 3; MüKo AktG/*Bayer* § 69 Rn. 7). Aufgrund der neueren Rechtsprechung des BGH zur Teilrechtsfähigkeit der Gesellschaft bürgerlichen Rechts (vgl. insbes. BGH, Urt. v. 29.01.2001 – II ZR 331/00, NJW 2001, 1056) muss dies nunmehr auch für diese Gesell-

3

schaftsform gelten, jedenfalls dann, wenn es sich um eine nach Außen auftretende Gesellschaft handelt (so auch *Hüffer/Koch* AktG, § 69 Rn. 3; a. A. MüKo AktG/*Bayer* § 69 Rn. 8).

2. Andere Gemeinschaften

4   Damit fallen insbesondere **Bruchteilsgemeinschaft**, **Erbengemeinschaft** und **Gütergemeinschaft** unter den Anwendungsbereich des Abs. 1, nach h. M. nicht aber die Girosammelverwahrung nach §§ 5 ff. DepotG (*Hüffer/Koch* AktG, § 69 Rn. 2; MüKo AktG/*Bayer* § 69 Rn. 11). Soweit es bereits einen gesetzlichen Vertreter, wie bspw. einen Testamentsvollstrecker bei der Erbengemeinschaft, gibt, kommt die Regelung des Abs. 1 von Anfang an nicht in Betracht, da diese Personen bereits kraft ihres Amts Vertreter i. S. v. § 69 AktG wird (*Hüffer/Koch* AktG, § 69 Rn. 3; MüKo AktG/*Bayer* § 69 Rn. 10).

II. Bestellung des Vertreters

1. Form der Bestellung

5   Es handelt sich nicht um eine gesetzliche Verpflichtung, sondern lediglich um eine Obliegenheit, einen gemeinsamen Vertreter zu bestellen (MüKo AktG/*Bayer* § 69 Rn. 19). Die Bestellung ist rechtstechnisch als **Bevollmächtigung nach §§ 167 ff. BGB** zu verstehen, besondere Formvorschriften sind nicht zu beachten (*Hüffer/Koch* AktG, § 69 Rn. 4; MüKo AktG/Bayer § 69 Rn. 20). Im Ergebnis ist damit auch eine mündliche Bevollmächtigung ausreichend, von dieser Möglichkeit wird in der Praxis aufgrund der Regelung des § 134 Abs. 3 Satz 2 AktG jedoch kaum Gebrauch gemacht (MüKo AktG/*Bayer* § 69 Rn. 20).

2. Person des Vertreters

6   Vertreter nach § 69 AktG kann **jede natürliche oder juristische Person** sein, auch ein Mitglied eines Organs der AG selbst, wobei die daraus resultierenden Nachteile des aus § 134 Abs. 3 AktG resultierenden Stimmverbotes zu beachten sind (*Hüffer/Koch* AktG, § 69 Rn. 4). Es ist nach h. M. zulässig, dass **mehrere Personen** als Bevollmächtigte bestellt werden. Dies jedoch nur, wenn diese **Gesamtvertretungsberechtigung** haben, da nur so gewährleistet ist, dass es nicht zu einer unterschiedlichen Ausübung der Rechte aus der Aktie kommen kann (*Hüffer/Koch* AktG, § 69 Rn. 4; MüKo AktG/*Bayer* § 69 Rn. 17). Demgegenüber soll es unzulässig sein, als Vertreter mehrere Personen mit Einzelvertretungsberechtigung zu bestellen (MüKo AktG/*Bayer* § 69 Rn. 17).

3. Unterlassene Bestellung

7   Teilweise wird die Auffassung vertreten, dass das Unterlassen des Bestellens eines gemeinschaftlichen Vertreters dazu führt, dass die Berechtigten ihre Rechte aus der Aktie nicht geltend machen können (so insbes. MüKo AktG/*Bayer* § 69 Rn. 19). Dem ist nur teilweise zuzustimmen, nämlich nur für den Fall, dass der AG bekannt ist, dass an der Aktie mehrere Berechtigte beteiligt sind. In Betracht kommt dies in der Regel nur bei Namensaktien, da die Berechtigten nach § 67 Abs. 2 AktG im Aktienregister einzutragen sind. Ist der AG nicht bekannt, ob die Aktie nur einem oder mehreren Berechtigten zusteht, so ist es zu weitgehend, aus § 69 AktG ein Stimmverbot aus der betreffenden Aktie zu konstruieren. Nimmt einer der Berechtigten an der Hauptversammlung teil und stimmt er ohne die Zustimmung der übrigen Berechtigten in der Hauptversammlung ab, so kann die Stimmabgabe nicht deshalb unwirksam sein, weil kein gemeinschaftlicher Vertreter bestellt worden ist. Die Wirksamkeit der Stimmabgabe muss nach der Vertretungsregelung der betreffenden Gemeinschaft beurteilt werden (sowohl auch KölnKomm AktG/*Lutter/Drygala* § 69 Rn. 29).

III. Ausübung der Mitgliedschaftsrechte

8   Der gemeinschaftliche Vertreter übt **sämtliche Mitgliedschaftsrechte** aus der Aktie aus. Eine gegenständliche Beschränkung der Vollmacht ist nach h. M. nicht möglich (*Hüffer/Koch* AktG, § 69 Rn. 4; MüKo AktG/*Bayer* § 69 Rn. 21). Der gemeinschaftliche Vertreter ist nicht nur zur **Stimm-**

rechtsausübung und zur **Entgegennahme der Dividende** befugt, dem gemeinschaftlichen Vertreter steht auch das Recht zu, **Bezugsrechte** für und gegen alle Berechtigten auszuüben. Verfügungen, die die Aktie selbst betreffen (wie bspw. die Übertragung oder Verpfändung der Aktie), fallen hingegen nicht in den Vollmachtsbereich des gemeinschaftlichen Vertreters (*Hüffer/Koch* AktG, § 69 Rn. 5; MüKo AktG/*Bayer* § 69 Rn. 24).

C. Gesamtschuldnerische Haftung, Abs. 2

Die in Abs. 2 angeordnete gesamtschuldnerische Haftung bezieht sich nicht nur auf die Gemeinschaften, die nach Abs. 1 einen gemeinschaftlichen Vertreter zu bestellen haben, sondern auf alle Gemeinschaften, also auch auf solche, die einen gesetzlichen Vertreter haben. Hingegen kommt Abs. 2 für solche Gemeinschaften nicht zur Anwendung, die selbst Inhaber der Aktie sind (s. Rdn. 3), was auch für die GbR gilt (a. A. *Hüffer/Koch* AktG, § 69 Rn. 7, der unter Hinweis auf eine ältere Rechtsprechung des BGH davon ausgeht, dass § 69 AktG als zwingende Anordnung der gesamtschuldnerischen Haftung der Gesellschafter einer GbR anzusehen sei). Inhaltlich ist Abs. 2 auf die Einlageverpflichtung sowie auf sämtliche übrigen Leistungsverpflichtungen des Aktionärs anzuwenden, wie solche aus §§ 55, 62, 63, 65 AktG (*Hüffer/Koch* AktG, § 69 Rn. 7; MüKo AktG/*Bayer* § 69 Rn. 30).

9

D. Willenserklärungen der AG, Abs. 3

Abs. 3 dient dem **Schutz der AG**. Abs. 3 Satz 1 beinhaltet die Wirksamkeit der von der AG gegenüber ihren Aktionären abzugebenden Willenserklärungen im Fall von mehreren Berechtigten an einer Aktie. Unter Willenserklärungen sind nur solche zu verstehen, die von der AG gegenüber dem einzelnen Aktionär abzugeben sind (*Hüffer/Koch* AktG, § 69 Rn. 8 MüKo AktG/*Bayer* § 69 Rn. 34). Ist ein gemeinschaftlicher Vertreter bestellt, so ist die Willenserklärung bereits dann wirksam, wenn sie gegenüber dem **gemeinschaftlichen Vertreter** abgegeben worden ist. Ist kein gemeinschaftlicher Vertreter bestellt, so ist es der AG nach Abs. 3 Satz 1 möglich, die Willenserklärung gegenüber nur einem der Berechtigten mit der Konsequenz abzugeben, dass die Willenserklärung zugleich auch für und gegen alle übrigen Berechtigten gilt. Diese Möglichkeit ist der AG nicht eröffnet, wenn zwar kein gemeinschaftlicher Vertreter bestellt worden ist, sich die Vertretung aber aus dem Gesetz ergibt, wie bspw. beim Testamentsvollstrecker (MüKo AktG/*Bayer* § 69 Rn. 37). Für den Fall, dass es sich bei den Berechtigten zugleich um eine **Erbengemeinschaft** handelt, ist zum Schutz der Erbengemeinschaft die zeitliche Sonderregelung des Abs. 3 Satz 2 zu beachten. Dabei kommt es für den Fristlauf nicht auf die Kenntnis der Beteiligten, sondern auf den Anfall der Erbschaft an (vgl. dazu *Hüffer/Koch* AktG, § 69 Rn. 8; MüKo AktG/*Bayer* § 69 Rn. 38).

10

§ 70 Berechnung der Aktienbesitzzeit

¹Ist die Ausübung von Rechten aus der Aktie davon abhängig, dass der Aktionär während eines bestimmten Zeitraums Inhaber der Aktie gewesen ist, so steht dem Eigentum ein Anspruch auf Übereignung gegen ein Kreditinstitut, Finanzdienstleistungsinstitut oder ein nach § 53 Abs. 1 Satz 1 oder § 53b Abs. 1 Satz 1 oder Abs. 7 des Gesetzes über das Kreditwesen tätiges Unternehmen gleich. ²Die Eigentumszeit eines Rechtsvorgängers wird dem Aktionär zugerechnet, wenn er die Aktie unentgeltlich, von seinem Treuhänder, als Gesamtrechtsnachfolger, bei Auseinandersetzung einer Gemeinschaft oder bei einer Bestandsübertragung nach § 14 des Versicherungsaufsichtsgesetzes oder § 14 des Gesetzes über Bausparkassen erworben hat.

Übersicht	Rdn.		Rdn.
A. Überblick............................	1	C. Zurechnungstatbestände, S. 1 und 2 ...	3
B. Von § 70 AktG erfasste Karenzfristen...	2		

§ 70 AktG Berechnung der Aktienbesitzzeit

A. Überblick

1 Der Regelungsinhalt des § 70 AktG ist zunächst schwer verständlich und erschließt sich nur im Zusammenhang mit weiteren Normen des. Im Ergebnis sind Aktionäre in bestimmten Fällen erst dann berechtigt, Rechte aus den von ihnen gehaltenen Aktien geltend zu machen, wenn sie bereits für einen bestimmten Zeitraum Aktionär, d. h. Inhaber der Aktie waren. Es soll verhindert werden, dass ein Aktionär bereits im Zeitpunkt des Erwerbs der Aktie berechtigt ist, bestimmte Minderheitsrechte auszuüben. Diese Rechte soll er erst nach dem Ablauf einer bestimmten Karenzzeit ausüben dürfen (MüKo AktG/*Bayer* § 70 Rn. 1).

B. Von § 70 AktG erfasste Karenzfristen

2 § 70 AktG kommt zur Anwendung, wenn die Ausübung von Rechten an der Aktie davon abhängt, dass der Aktionär während eines bestimmten Zeitraums Inhaber der Aktie gewesen ist. Solche Karenzfristen können sich aus Gesetz, sowie im Rahmen des § 23 Abs. 5 AktG aus der Satzung der AG ergeben. **Gesetzliche Karenzfristen**, die sich insbesondere auf die Ausübung von Minderheitenrechten beziehen, sind in §§ 142 Abs. 2 Satz 2, 147 Abs. 1 Satz 2, 258 Abs. 2 Satz 4, 265 Abs. 3 Satz 2, 315 Satz 2 AktG sowie § 318 Abs. 3 Satz 3 HGB enthalten (vgl. *Hüffer/Koch* AktG, § 70 Rn. 5).

C. Zurechnungstatbestände, S. 1 und 2

3 S. 1 und 2 beinhalten Konstellationen, in denen eine Person bisher zwar wirtschaftlicher, nicht aber rechtlicher Inhaber der Aktie war. Es gilt der Grundsatz, dass nur der rechtliche Inhaber Rechte aus der Aktie geltend machen kann. Will der wirtschaftliche Eigentümer die Rechte aus der Aktie selbst geltend machen, muss er sich die Inhaberschaft an der Aktie verschaffen. Da die in Rdn. 2 genannten Vorschriften eine **Karenzzeit von 3 Monaten** voraussetzen, bestimmen Satz 1 und Satz 2, dass dem aktuellen Inhaber der Aktie unter bestimmten Voraussetzungen die Vorbesitzzeiten seines Rechtsvorgängers angerechnet werden.

4 Daraus folgt, dass sowohl im Fall des Satzes 1 als auch des Satzes 2 die rechtliche Inhaberschaft an der Aktie durch die Person vorausgesetzt wird, die die Rechte aus der Aktie geltend machen will (MüKo AktG/*Bayer* § 70 Rn. 2). § 70 AktG regelt damit nicht den Fall, dass eine andere Person als der Inhaber die Rechte aus der Aktie ausüben darf, sondern allein die Frage, für welchen vergangenen Zeitraum der Inhaber als Aktionär der AG anzusehen ist. Deutlich wird diese Differenzierung anhand des in Satz 2 genannten Falls der Treuhänderschaft. Solange die Treuhandschaft besteht, kann nur der Treuhänder (nicht der Treugeber als wirtschaftlicher Eigentümer der Aktie) die Rechte aus der Aktie wahrnehmen. Überträgt der Treuhänder die Aktie nach Ende des Treuhandvertrages auf den Treugeber, so kann nunmehr nur noch der ehemalige Treugeber die Rechte aus der Aktie wahrnehmen, wobei dem Treugeber die Besitzzeit des Treuhänders zwingend anzurechnen ist (MüKo AktG/*Bayer* § 70 Rn. 4).

5 Ein Fall des unentgeltlichen Erwerbs i. S. d. Satz 2 liegt sowohl in den Schenkungsfällen unter Lebenden als auch in denen von Todes wegen (§ 2301 BGB) bzw. im Vermächtniswege (§§ 2147, 2174 BGB) vor. Die Legitimationszession ist mangels materieller Änderung der Rechtsstellung des Aktionärs kein Treuhandfall (KölnKomm AktG/*Lutter/Drygala* Rn. 20). Die Fälle der Gesamtrechtsnachfolge umfassen neben dem Erbfall insbesondere die Vereinbarung einer Gütergemeinschaft (§ 1415 BGB), die Verschmelzung (§§ 20 Abs. 2 Nr. 1, 73 UmwG) und den Formwechsel (§ 202 Abs. 1 Nr. 1 UmwG).

§ 71 Erwerb eigener Aktien

(1) ¹Die Gesellschaft darf eigene Aktien nur erwerben,
1. wenn der Erwerb notwendig ist, um einen schweren, unmittelbar bevorstehenden Schaden von der Gesellschaft abzuwenden,
2. wenn die Aktien Personen, die im Arbeitsverhältnis zu der Gesellschaft oder einem mit ihr verbundenen Unternehmen stehen oder standen, zum Erwerb angeboten werden sollen,
3. wenn der Erwerb geschieht, um Aktionäre nach § 305 Abs. 2, § 320b oder nach § 29 Abs. 1, § 125 Satz 1 in Verbindung mit § 29 Abs. 1, § 207 Abs. 1 Satz 1 des Umwandlungsgesetzes abzufinden,
4. wenn der Erwerb unentgeltlich geschieht oder ein Kreditinstitut mit dem Erwerb eine Einkaufskommission ausführt,
5. durch Gesamtrechtsnachfolge,
6. auf Grund eines Beschlusses der Hauptversammlung zur Einziehung nach den Vorschriften über die Herabsetzung des Grundkapitals,
7. wenn sie ein Kreditinstitut, Finanzdienstleistungsinstitut oder Finanzunternehmen ist, aufgrund eines Beschlusses der Hauptversammlung zum Zwecke des Wertpapierhandels. ²Der Beschluß muß bestimmen, daß der Handelsbestand der zu diesem Zweck zu erwerbenden Aktien fünf vom Hundert des Grundkapitals am Ende jeden Tages nicht übersteigen darf; er muß den niedrigsten und höchsten Gegenwert festlegen. ³Die Ermächtigung darf höchstens fünf Jahre gelten; oder
8. aufgrund einer höchstens fünf Jahre geltenden Ermächtigung der Hauptversammlung, die den niedrigsten und höchsten Gegenwert sowie den Anteil am Grundkapital, der zehn vom Hundert nicht übersteigen darf, festlegt. ⁴Als Zweck ist der Handel in eigenen Aktien ausgeschlossen. ⁵§ 53a ist auf Erwerb und Veräußerung anzuwenden. ⁶Erwerb und Veräußerung über die Börse genügen dem. ⁷Eine andere Veräußerung kann die Hauptversammlung beschließen; § 186 Abs. 3, 4 und § 193 Abs. 2 Nr. 4 sind in diesem Fall entsprechend anzuwenden. ⁸Die Hauptversammlung kann den Vorstand ermächtigen, die eigenen Aktien ohne weiteren Hauptversammlungsbeschluß einzuziehen.

(2) ¹Auf die zu den Zwecken nach Absatz 1 Nr. 1 bis 3, 7 und 8 erworbenen Aktien dürfen zusammen mit anderen Aktien der Gesellschaft, welche die Gesellschaft bereits erworben hat und noch besitzt, nicht mehr als zehn vom Hundert des Grundkapitals entfallen. ²Dieser Erwerb ist ferner nur zulässig, wenn die Gesellschaft im Zeitpunkt des Erwerbs eine Rücklage in Höhe der Aufwendungen für den Erwerb bilden könnte, ohne das Grundkapital oder eine nach Gesetz oder Satzung zu bildende Rücklage zu mindern, die nicht zur Zahlung an die Aktionäre verwandt werden darf. 3In den Fällen des Absatzes 1 Nr. 1, 2, 4, 7 und 8 ist der Erwerb nur zulässig, wenn auf die Aktien der Ausgabebetrag voll geleistet ist.

(3) ¹In den Fällen des Absatzes 1 Nr. 1 und 8 hat der Vorstand die nächste Hauptversammlung über die Gründe und den Zweck des Erwerbs, über die Zahl der erworbenen Aktien und den auf sie entfallenden Betrag des Grundkapitals, über deren Anteil am Grundkapital sowie über den Gegenwert der Aktien zu unterrichten. ²Im Falle des Absatzes 1 Nr. 2 sind die Aktien innerhalb eines Jahres nach ihrem Erwerb an die Arbeitnehmer auszugeben.

(4) ¹Ein Verstoß gegen die Absätze 1 oder 2 macht den Erwerb eigener Aktien nicht unwirksam. ²Ein schuldrechtliches Geschäft über den Erwerb eigener Aktien ist jedoch nichtig, soweit der Erwerb gegen die Absätze 1 oder 2 verstößt.

§ 71 AktG Erwerb eigener Aktien

Übersicht

		Rdn.
A.	Überblick	1
B.	**Erwerbsverbot, Abs. 1**	2
I.	Grundsatz	2
II.	Notwendigkeit der Schadensabwehr, Abs. 1 Nr. 1	4
1.	Tatbestand des Abs. 1 Nr. 1	4
2.	Grenzen des Erwerbs nach Abs. 2	6
III.	Belegschaftsaktien, Abs. 1 Nr. 2	7
1.	Tatbestand des Abs. 1 Nr. 2	7
2.	Grenzen des Erwerbs nach Abs. 2	10
IV.	Abfindungsangebote, Abs. 1 Nr. 3	11
1.	Tatbestand des Abs. 1 Nr. 3	11
2.	Grenzen des Erwerbs nach Abs. 2	13
V.	Unentgeltlicher Erwerb, Kommissionsgeschäft, Abs. 1 Nr. 4	
1.	Tatbestand des Abs. 1 Nr. 4	14
2.	Grenzen des Erwerbs nach Abs. 2	16
VI.	Gesamtrechtsnachfolge, Abs. 1 Nr. 5	17
VII.	Einziehung der eigenen Aktien, Abs. 1 Nr. 6	18
VIII.	Wertpapierhandel, Abs. 1 Nr. 7	19
1.	Tatbestand des Abs. 1 Nr. 7	19
2.	Grenzen des Erwerbs nach Abs. 2	22
IX.	Ermächtigungsbeschluss, Abs. 1 Nr. 8	23
1.	Überblick	23
2.	Mindestinhalt der Ermächtigung, Abs. 1 Nr. 8 Satz 1	24
3.	Zulässige Zwecke des Erwerbs, Abs. 1 Nr. 8 Satz 2	26
a)	Grundsatz	26
b)	Zulässige Zwecke	27
c)	Verbot des Handels in eigenen Aktien, Abs. 1 Nr. 8 Satz 2	28
4.	Erwerb und Veräußerung, Abs. 1 Nr. 8 Satz 3 bis 5	29
a)	Grundsatz	29
b)	Gleichbehandlungsgrundsatz	30
c)	Erwerb eigener Aktien außerhalb der Börse	31
d)	Veräußerung eigener Aktien außerhalb der Börse	32
e)	Exkurs: Anwendbarkeit des WpÜG	33
5.	Ermächtigung zur Einziehung, Abs. 1 Nr. 8 Satz 6	34
6.	Grenzen des Erwerbs nach Abs. 2	35
C.	**Umfang des zulässigen Erwerbs eigener Aktien, Abs. 2**	36
I.	10 %-Grenze, Abs. 2 Satz 1	37
II.	Kapitalgrenze, Abs. 2 Satz 2	38
III.	Ausgabebetrag, Abs. 2 Satz 3	40
D.	**Pflichten aus dem zulässigen Erwerb eigener Aktien, Abs. 3**	41
I.	Unterrichtungspflicht der Hauptversammlung, Abs. 3 Satz 1	42
II.	Ausgabe von Belegschaftsaktien, Abs. 3 Satz 2	43
III.	Information der BaFin, Abs. 3 Satz 3	44
E.	**Rechtsfolgen des unzulässigen Erwerbs eigener Aktien, Abs. 4**	45
I.	Nichtigkeit des Verpflichtungsgeschäfts	45
II.	Rechtsfolgen aus der Nichtigkeit	46

A. Überblick

1 Die §§ 71 ff. AktG behandeln die Frage der **Zulässigkeit des Erwerbs eigener Aktien** durch die AG. Kritisch ist der Erwerb eigener Aktien, weil dem Erwerb ein Rechtsgeschäft zwischen AG und ihrem Aktionär zugrunde liegt, mit dem sich die AG regelmäßig verpflichtet, die (eigenen) Aktien gegen Zahlung eines Kaufpreises zu erwerben. Es handelt sich damit um einen Fall der **Einlagenrückgewähr** nach § 57 AktG (MüKo AktG/*Oechsler* § 71 Rn. 21; *Hüffer/Koch* AktG, § 71 Rn. 1). Gem. § 57 Abs. 1 Satz 2 AktG stellt ein Erwerb eigener Aktien nur dann keine Einlagenrückgewähr dar, wenn der Erwerb zulässig ist (s. § 57 AktG Rdn. 5). Unter welchen Voraussetzungen ein Erwerb eigener Aktien zulässig ist, ist **abschließend** in § 71 Abs. 1 und 2 AktG geregelt. Dabei ist zu beachten, dass § 71 AktG nur die grundsätzliche Zulässigkeit des Erwerbs eigener Aktien normiert; die Frage, ob der von der AG zu zahlende Erwerbspreis angemessen ist, beurteilt sich weiterhin allein nach § 57 Abs. 1 AktG (MüKo AktG/*Oechsler* § 71 Rn. 69). Neben der Funktion als **Kapitalschutznormen** dienen die §§ 71 ff. AktG auch der **Kompetenzabgrenzung** zwischen Vorstand und Hauptversammlung, nämlich dahin gehend, dass der Vorstand nicht berechtigt ist, die Rechte aus eigenen Aktien ausüben zu dürfen (*Hüffer/Koch* AktG, § 71 Rn. 1). Sie stehen einer Inanspruchnahme des Vorstands auf Schadensausgleich in Form der Naturalrestitution nicht entgegen (BGH, Urt. v. 09.05.2005 – II ZR 287/02, NJW 2005, 2450 Tz. 17 ff.). Die Vorschriften der §§ 71 ff. AktG wurden mehrfach geändert, umfassend im Jahr 1998 durch das KonTraG – Gesetz zur Kontrolle und Transparenz im Unternehmensbereich (vgl. dazu MüKo AktG/*Oechsler* § 71 Rn. 34 ff.; *Hüffer/Koch* AktG, § 71 Rn. 2) und durch das Gesetz zur Umsetzung der Aktionärsrechterichtlinie (ARUG).

B. Erwerbsverbot, Abs. 1

I. Grundsatz

Abs. 1 enthält ein **generelles Erwerbsverbot**, nach dem ein Erwerb eigener Aktien nur in den Fällen des Abs. 1 Nr. 1 bis 8 zulässig ist (*Hüffer/Koch* AktG, §71 Rn. 3). Soweit dies der Fall ist, so kann sich die Unzulässigkeit des Erwerbs der eigenen Aktien dennoch aus Abs. 2 sowie aus §57 AktG ergeben (s. Rdn. 5ff.). Es handelt sich bei §71 AktG um eine **Verbotsnorm**, welche bereits die **abstrakte Interessengefährdung** genügen lässt (*Hüffer/Koch* AktG, §71 Rn. 3; MüKo AktG/*Oechsler* §71 Rn. 67). Ob die Norm eng auszulegen ist, wird kontrovers diskutiert (so *Hüffer/Koch* AktG, §71 Rn. 3; abl. MüKo AktG/*Oechsler* §71 Rn. 68).

§71 AktG umfasst ausschließlich den Erwerb von **Aktien**, gleich, ob Namens- oder Inhaberaktien und ob verbrieft oder nicht verbrieft (*Hüffer/Koch* AktG, §71 Rn. 4; MüKo AktG/*Oechsler* §71 Rn. 92). Andere Gestaltungen, in denen bspw. eigene Wandel- oder Gewinnobligationen, Schuldverschreibungen, Optionsscheine, Genussscheine o. ä. von der AG erworben werden, unterfallen nicht dem Anwendungsbereich der §§71ff. AktG (*Hüffer/Koch* AktG, §71 Rn. 5; MüKo AktG/*Oechsler* §71 Rn. 94; MünchHdb GesR IV/*Wiesner* §15 Rn. 9). Auch der Erwerb einer Beteiligung an einer Gesellschaft, die ihrerseits wiederum Aktien an der AG hält, stellt grundsätzlich keinen Fall der §§71ff. AktG dar (*Hüffer/Koch* AktG, §71 Rn. 5; MüKo AktG/*Oechsler* §71 Rn. 95; MünchHdb GesR IV/*Wiesner* §15 Rn. 9). Verboten ist der **Erwerb** von Aktien. Die AG muss Rechtsinhaberin der Aktie werden (MüKo AktG/*Oechsler* §71 Rn. 73). Wird lediglich eine Verwaltungstreuhand vereinbart, fehlt es an einem Erwerb. Etwas anderes soll jedoch gelten, wenn der AG die Aktien im Wege der Legitimationsübertragung (s. §67 AktG Rdn. 7) zur Verfügung gestellt werden (*Hüffer/Koch* AktG, §71 Rn. 6; MüKo AktG/*Oechsler* §71 Rn. 87). Zur Vereinbarkeit der Wertpapierleihe mit den Vorschriften der §§71ff. vgl. *Cahn/Ostler* Eigene Aktien und Wertpapierleihe, 2008).

II. Notwendigkeit der Schadensabwehr, Abs. 1 Nr. 1

1. Tatbestand des Abs. 1 Nr. 1

Ein Erwerb eigener Aktien ist nach Abs. 1 Nr. 1 zulässig, wenn der Erwerb notwendig ist, um einen **schweren, unmittelbar bevorstehenden Schaden** von der Gesellschaft abzuwenden. Darunter ist jeder Schaden nach §§249ff. BGB zu verstehen, sodass auch ein entgangener Gewinn in Betracht kommt (*Hüffer/Koch* AktG, §71 Rn. 7; MüKo AktG/*Oechsler* §71 Rn. 104). Der Schaden muss bei der AG selbst eintreten, ein Schaden beim Aktionär (bspw. ein bevorstehender Kursverlust) genügt nicht (*Hüffer/Koch* AktG, §71 Rn. 7; MüKo AktG/*Oechsler* §71 Rn. 105).

Der bevorstehende Schaden muss »schwer«, nicht jedoch notwendigerweise existenzvernichtend sein. Es reicht aus, wenn der Schaden beachtlich ist (*Hüffer/Koch* AktG, §71 Rn. 7). Fraglich ist, ob der Schaden ins Verhältnis zu den Risiken zu setzen ist (Relationstheorie) und demgemäß eine Abwägung stattzufinden hat (abl. *Hüffer/Koch* AktG, §71 Rn. 7; MüKo AktG/*Oechsler* §71 Rn. 108). Der Schaden muss zudem **unmittelbar bevorstehen** und darf noch nicht eingetreten und beendet sein. Eine Schadensabwehr zum Zwecke der Verhinderung einer drohenden Überfremdung, der Abwendung eines Kursverlustes oder auch nur zur Kurspflege ist nicht zulässig, im erstgenannten Fall jedenfalls so lange nicht, solange mit dem Ankauf der Aktien durch Fremde nicht allein die Schädigung der AG bezweckt ist (*Hüffer/Koch* AktG, §71 Rn. 9; zur **feindlichen Übernahme**, vgl. MüKo AktG/*Oechsler* §71 Rn. 115ff.). Der Erwerb der Aktien muss zur Abwehr des Schadens objektiv notwendig sein, sodass sich der Erwerb der Aktien als **Lösung ohne vernünftige Alternative** darstellen muss (OLG Hamburg, Urt. v. 18.09.2009 – 11 U 183/07, AG 2010, 502 Tz. 77; *Hüffer/Koch* AktG, §71 Rn. 8; MüKo AktG/*Oechsler* §71 Rn. 111).

2. Grenzen des Erwerbs nach Abs. 2

Nach Abs. 2 ist ein Erwerb nach Abs. 1 Nr. 1 nur zulässig, wenn die folgenden drei Voraussetzungen erfüllt sind: Zunächst ist die in Abs. 2 Satz 1 genannte **10%-Grenze** zu beachten (s. Rdn. 37), sowie weiter die in Abs. 2 Satz 2 genannte **Kapitalgrenze**, wonach die AG die Rücklage bilden können müsste (s. Rdn. 38 f.). Schließlich darf die AG nach Abs. 2 Satz 3 eigene Aktien nur erwerben, wenn deren **Ausgabebetrag vollständig geleistet** worden ist (s. Rdn. 39).

III. Belegschaftsaktien, Abs. 1 Nr. 2

1. Tatbestand des Abs. 1 Nr. 2

7 Der Erwerb eigener Aktien ist nach Abs. 1 Nr. 2 zulässig, wenn die Aktien Personen zum Erwerb angeboten werden sollen, die im Arbeitsverhältnis zu der Gesellschaft oder einem mit ihr verbundenen Unternehmen stehen oder standen. Abs. 1 Nr. 2 dient regelmäßig der Erfüllbarkeit von sog. **Mitarbeiterbeteiligungsmodellen (stock-options)**. Eine Vielzahl von sog. Stock-Option-Programmen sieht die Möglichkeit vor, den Mitarbeitern die Aktien alternativ aus (bedingten) Kapitalerhöhungen oder durch den Erwerb eigener Aktien zu übertragen. Dies impliziert zugleich die Zulässigkeit, eigene Aktien nach Abs. 1 Nr. 2 auch verbilligt an die Mitarbeiter auszugeben, sodass darin kein Verstoß gegen § 57 AktG zu sehen ist (*Hüffer/Koch* AktG, § 71 Rn. 12).

8 Unter den **Personenkreis** des Abs. 1 Nr. 2 fallen sämtliche Arbeitnehmer und Angestellte, auch leitende Mitarbeiter wie Prokuristen etc. (*Hüffer/Koch* AktG, § 71 Rn. 12). **Nicht erfasst** werden **Organmitglieder** (MüKo AktG/*Oechsler* § 71 Rn. 140). Unstreitig ist, dass der Kreis sowohl Personen, die derzeit im Arbeitsverhältnis zu der AG stehen, als auch solche umfasst, die bereits aus der AG ausgeschieden sind (*Hüffer/Koch* AktG, § 71 Rn. 12; MüKo AktG/*Oechsler* § 71 Rn. 139). Dies gilt gleichermaßen für Arbeitsverhältnisse zu Unternehmen, die im Verhältnis zur AG als verbundene Unternehmen i. S. v. § 15 AktG anzusehen sind (*Hüffer/Koch* AktG, § 71 Rn. 12; MüKo AktG/*Oechsler* § 71 Rn. 141).

9 Ein Erwerb eigener Aktien ist bereits dann zulässig, wenn der Vorstand die Aktien in der ernstlichen Absicht erwirbt, sie nach Abs. 1 Nr. 2 an die Belegschaft weiterzugeben, ein Optionsprogramm muss noch nicht aufgelegt worden sein. Jedoch muss sich die Wahrscheinlichkeit der Auflegung eines solchen Programms durch (vorbereitende) Beschlüsse des Vorstandes bzw. Aufsichtsrates bereits konkretisiert haben (so *Hüffer/Koch* AktG, § 71 Rn. 13; MüKo AktG/*Oechsler* § 71 Rn. 143; MünchHdb GesR IV/*Wiesner* § 15 Rn. 13). Wird die ernstliche Absicht später nicht weiterverfolgt, bleibt der Erwerb der Aktien zwar zulässig (*Hüffer/Koch* AktG, § 71 Rn. 13), es soll sich für den Vorstand aber eine Verkaufspflicht nach § 71c Abs. 1 analog AktG ergeben (MüKo AktG/*Oechsler* § 71 Rn. 143; *Hüffer/Koch* AktG, § 71 Rn. 13, 23).

2. Grenzen des Erwerbs nach Abs. 2

10 Nach Abs. 2 ist ein Erwerb nach Abs. 1 Nr. 2 nur zulässig ist, wenn die unter Rdn. 6 genannten drei Voraussetzungen (10 %-Grenze, Kapitalgrenze, vollständige Zahlung des Ausgabebetrages) erfüllt sind.

IV. Abfindungsangebote, Abs. 1 Nr. 3

1. Tatbestand des Abs. 1 Nr. 3

11 Ein Erwerb eigener Aktien ist nach Abs. 1 Nr. 3 zulässig, wenn der Erwerb zum **Zwecke der Abfindung von Aktionären** nach §§ 305 Abs. 2, 320b oder §§ 29 Abs. 1, 125 Satz 1 i. V. m. 29 Abs. 1, 207 Abs. 1 Satz 1 UmwG erfolgt. Sowohl das AktG als auch das UmwG sehen in bestimmten Fällen eine gesetzliche Verpflichtung der AG vor, Aktionären entweder eine Abfindung in Form von eigenen Aktien zu gewähren oder von diesen Personen die von ihnen an der AG gehaltenen Aktien zu übernehmen. Diese Verpflichtungen treten vor allem dann auf, wenn die AG eine andere Gesellschaft in Form eines Beherrschungs- oder Gewinnabführungsvertrages (§§ 291 ff. AktG) beherrscht oder eine andere Gesellschaft in die AG eingegliedert wird (§§ 319 ff. AktG). Auch im Fall der Verschmelzung, Ab- und Aufspaltung sowie im Fall des Formwechsels nach dem UmwG können diese

Fälle auftreten. In Umwandlungsfällen kann sich aber nur eine Erwerbspflicht, nicht aber auch eine Pflicht zur Ausgabe von eigenen Aktien ergeben.

Um die gesetzlichen Verpflichtungen erfüllen zu können, ist es im Rahmen des AktG teilweise notwendig, dass der Vorstand der AG im Vorfeld eigene Aktien erwerben kann, um diese dann auf außenstehende Aktionäre übertragen zu können, wenn und soweit diese die Übertragung von der AG verlangen. Auch in diesen Fällen reicht es – wie bei Abs. 1 Nr. 2 – für einen zulässigen Erwerb aus, wenn der Erwerb der eigenen Aktien in der **ernstlichen Absicht** erfolgt, die Aktien an die außenstehenden Aktionäre als Abfindung gewähren zu wollen (MüKo AktG/*Oechsler* § 71 Rn. 163). Dabei muss der Vorgang aber bereits so konkret sein, dass mit einer Verpflichtung zur Ausgabe der Aktien ernsthaft zu rechnen ist, was grundsätzlich erst dann in Betracht kommt, wenn die entsprechenden Beschlüsse bereits getroffen wurden (MünchHdb GesR IV/*Wiesner* § 15 Rn. 14). 12

2. Grenzen des Erwerbs nach Abs. 2

Abs. 2 bestimmt, dass auch ein Erwerb nach Abs. 1 Nr. 3 nur zulässig ist, wenn die unter Rn. 6 genannten Voraussetzungen der **10 %-Grenze** sowie der **Kapitalgrenze** erfüllt sind, wobei hier die Besonderheit gilt, dass die AG auch noch nicht vollständig eingezahlte Aktien erwerben darf. Zu Recht wird darauf hingewiesen, dass in Umwandlungsfällen ein Beschluss der Hauptversammlung gem. § 241 AktG nichtig ist, wenn sich bereits zum Zeitpunkt der Beschlussfassung konkret abzeichnet, dass die AG verpflichtet sein wird, mehr Aktien nach Abs. 1 Nr. 3 von den außenstehenden Aktionären zu erwerben, als dies nach Abs. 2 Satz 1 zulässig wäre (so MüKo AktG/*Oechsler* § 71 Rn. 154). 13

V. Unentgeltlicher Erwerb, Kommissionsgeschäft, Abs. 1 Nr. 4

1. Tatbestand des Abs. 1 Nr. 4

Abs. 1 Nr. 4 regelt zwei Fallkonstellationen: Die erste Variante ist der **unentgeltliche Erwerb** (§ 516 Abs. 1 BGB). Wegen der fehlenden Gegenleistung besteht keine Gefahr eines Verstoßes gegen § 57 AktG (MüKo AktG/*Oechsler* § 71 Rn. 164). Dass die AG Schenkung- und Erbschaftsteuer auf den Erwerb zu zahlen hat, steht der Unentgeltlichkeit nicht entgegen (*Hüffer/Koch* AktG, § 71 Rn. 16). Hauptanwendungsfall der unentgeltlichen Übertragung ist die Absicht des Aktionärs, einen Beitrag zur Sanierung der AG zu leisten (MüKo AktG/*Oechsler* § 71 Rn. 166). 14

Die zweite Variante ist der Erwerb eigener Aktien durch ein Kreditinstitut im Wege der **Einkaufskommission**. Da es sich dabei regelmäßig um einen kurzfristigen Durchgangserwerb auf der Ebene der Aktienbank handelt, ist die Vorschrift des Abs. 1 Nr. 4 erforderlich, aber auch seit jeher als zulässig anerkannt (*Hüffer/Koch* AktG, § 71 Rn. 17; MüKo AktG/*Oechsler* § 71 Rn. 169). Problematisch ist die Einkaufskommission nur in dem Fall, in denen der Kommittent die Abnahme der Aktien verweigert oder die Aktienbank gem. § 400 HGB von ihrem **Selbsteintrittsrecht** Gebrauch macht, sodass die Aktienbank dingliche Inhaberin der Aktien wird (*Hüffer/Koch* AktG, § 71 Rn. 17; MüKo AktG/*Oechsler* § 71 Rn. 169). In diesen Fällen ist der Erwerb der Aktien nach der h. M. gem. § 71 Abs. 1 Nr. 4 AktG zulässig, jedenfalls dann, wenn sich die Aktienbank dabei in den Grenzen des Abs. 2 bewegt (MüKo AktG/*Oechsler* § 71 Rn. 167). Auf die **Verkaufskommission** ist Abs. 1 Nr. 4 nicht anzuwenden (MüKo AktG/*Oechsler* § 71 Rn. 170). 15

2. Grenzen des Erwerbs nach Abs. 2

Nach Abs. 2 ist ein Erwerb nach Abs. 1 Nr. 4 zulässig, wenn es sich bei den Aktien um solche handelt, auf die der Ausgabebetrag vollständig eingezahlt worden ist. Damit ist weder die in Abs. 2 Satz 1 genannte 10 %-Grenze noch die Kapitalgrenze gem. Abs. 2 Satz 2 zu beachten, wobei nach der h. M. Ausnahmen bei dem Selbsteintritt im Fall der Einkaufskommission gelten (s. Rdn. 15). Da weder die 10 %- noch die Kapitalgrenze zu beachten ist, kann sich die Situation ergeben, dass die AG in zulässiger Form sämtliche Aktien erwirbt und dadurch zur sog. **Keinmann-Gesellschaft** würde. Ob diese insbesondere für die GmbH diskutierte Konstruktion – auch vor dem Hinter- 16 grund des § 71b AktG – zulässig ist, ist nicht geklärt (vgl. eingehend *Paulick*, Die GmbH ohne Gesellschafter, 1979, 48 ff.).

VI. Gesamtrechtsnachfolge, Abs. 1 Nr. 5

17 Der Erwerb eigener Aktien durch Gesamtrechtsnachfolge ist nach Abs. 1 Nr. 5 zulässig. Gesamtrechtsnachfolge kann sowohl im Wege der **Erbfolge** nach §§ 1922 ff. BGB, im Wege der **Umwandlung** nach dem UmwG als auch in Fällen der **Vermögensübertragung** nach § 140 Abs. 1 Satz 2 HGB eintreten. Der Erwerb im Wege der Gesamtrechtsnachfolge unterliegt keinen Grenzen nach Abs. 2.

VII. Einziehung der eigenen Aktien, Abs. 1 Nr. 6

18 Sollen Aktien erworben werden, um sie gem. Abs. 1 Nr. 6 nach den Vorschriften über die Herabsetzung des Grundkapitals einzuziehen, so darf der Erwerb frühestens zu dem Zeitpunkt erfolgen, zu dem die Hauptversammlung der AG einen entsprechenden Beschluss nach §§ 237 ff. AktG gefasst hat (*Hüffer/Koch* AktG, § 71 Rn. 19; MüKo AktG/*Oechsler* § 71 Rn. 178). Die im Rahmen der Anmeldung nach § 227 Abs. 1 AktG durchzuführende materielle Prüfung, ob die Kapitalherabsetzung durch Einziehung ordnungsgemäß durchgeführt wurde, ist gem. § 71 (und nicht gem. § 237 Abs. 3) durchzuführen (OLG München, Beschl. v. 08.05.2012 – 31 Wx 155/12, ZIP 2012, 1075 Tz. 10). Die AG ist verpflichtet, vorrangig solche Aktien einzuziehen, die sie bereits als eigene Aktien im Bestand hält. Wie im Fall des Abs. 1 Nr. 5 AktG unterliegt auch der Erwerb eigener Aktien zum Zwecke der Einziehung keiner der in Abs. 2 normierten Grenzen.

VIII. Wertpapierhandel, Abs. 1 Nr. 7

1. Tatbestand des Abs. 1 Nr. 7

19 Abs. 1 Nr. 7 erlaubt seit dem Inkrafttreten des KonTraG im Jahr 1998 ausdrücklich, einen Handel in eigenen Aktien zu betreiben. Voraussetzung hierfür ist, dass es sich bei der AG um ein **Kreditinstitut**, ein **Finanzdienstleistungsunternehmen** oder um ein **Finanzunternehmen** i. S. d. § 1 KWG handelt.

20 Ein Handel in eigenen Aktien ist nur aufgrund einer **Ermächtigung der Hauptversammlung** zulässig. Der mit einfacher Stimmenmehrheit zu treffende Hauptversammlungsbeschluss muss die in Abs. 1 Nr. 7 genannten Voraussetzungen erfüllen, somit insbesondere die auf max. 5 Jahre begrenzte Ermächtigung beinhalten. Zudem muss der Beschluss das – vom Wortlaut der Vorschrift allerdings nicht ausdrücklich genannte – maximale Erwerbsvolumen enthalten (Spindler/Stilz/*Cahn* AktG § 71 Rn. 88). Ferner muss der Beschluss bestimmen, dass der Umfang der zu erwerbenden Aktien einen Bestand von **5 % des Grundkapitals** am Ende eines jeden Tages nicht übersteigen darf. Die 5 %-Grenze bezieht sich zeitlich nur auf exakt 24:00 Uhr eines jeden Tages, sodass die AG die Grenze im Laufe des Tages in zulässiger Weise überschreiten darf (*Hüffer/Koch* AktG, § 71 Rn. 19b; MüKo AktG/*Oechsler* § 71 Rn. 186 MünchHdb GesR IV/*Wiesner* § 15 Rn. 15). Der Beschluss hat zudem den **niedrigsten und höchsten Gegenwert** zu bestimmen. Die Festlegung des Gegenwertes hat nicht zwangsläufig in fixen Zahlen zu erfolgen, sondern kann auch durch die Bezugnahme auf den künftigen Börsenkurs innerhalb eines im Beschlusszeitpunkt festgelegten Beobachtungszeitraums bestimmbar gemacht werden (MüKo AktG/*Oechsler* § 71 Rn. 199). Die von Abs. 1 Nr. 7 erfassten Unternehmen sind berechtigt, neben der Ermächtigung nach Abs. 1 Nr. 7 eine weitere Ermächtigung nach Abs. 1 Nr. 8 von der Hauptversammlung beschließen zu lassen, wobei diese nach Abs. 1 Nr. 8 Satz 2 nicht den Zweck des Wertpapierhandels umfassen kann (s. Rdn. 28 sowie MüKo AktG/*Oechsler* § 71 Rn. 212 ff.).

21 Die Ermächtigung darf einen **Zeitraum von 5 Jahren** nicht überschreiten. Mit dieser durch das ARUG eingeführten erweiterten Höchstdauer entfällt nicht nur das zuvor bestehende schwerfällige Erfordernis einer alljährlichen Erneuerung einer Vorratsermächtigung, zugleich wird ein Gleichlauf

der Frist mit der in § 202 Abs. 1 enthaltenen Höchstdauer für die Schaffung genehmigten Kapitals erreicht.

2. Grenzen des Erwerbs nach Abs. 2

Vgl. dazu Rdn. 6.

22

IX. Ermächtigungsbeschluss, Abs. 1 Nr. 8

1. Überblick

Abs. 1 Nr. 8 stellt sich als das **Kernstück der Neuregelung** des Erwerbs eigener Aktien im Zuge des **KonTraG** dar. Abs. 1 Nr. 8 enthält für die AG seither die Möglichkeit, eigene Aktien ohne spezielle Zweckvorgabe erwerben zu können (*Hüffer/Koch* AktG, § 71 Rn. 19c). Damit kann § 71 AktG dahin gehend systematisiert werden, dass ein Erwerb eigener Aktien entweder aufgrund einer gesetzlichen Ermächtigung nach Abs. 1 Nr. 1 bis Nr. 6 oder aufgrund eines Ermächtigungsbeschlusses der Hauptversammlung nach Abs. 1 Nr. 7 und Nr. 8 zulässig ist.

23

2. Mindestinhalt der Ermächtigung, Abs. 1 Nr. 8 Satz 1

Ein zulässiger Erwerb eigener Aktien nach Abs. 1 Nr. 8 setzt einen **Hauptversammlungsbeschluss** voraus. Der Beschluss muss die Ermächtigung des Vorstandes der AG beinhalten, eigene Aktien erwerben zu dürfen. Der Beschluss ist mit **einfacher Stimmenmehrheit** zu treffen (*Hüffer/Koch* AktG, § 71 Rn. 19d; MüKo AktG/*Oechsler* § 71 Rn. 193) und bedarf für seine Wirksamkeit keiner Eintragung im Handelsregister. Die Ermächtigung wird mit der Beschlussfassung wirksam, sie muss aber zeitlich zwingend vor dem Erwerb der eigenen Aktien beschlossen werden, da der Erwerb der eigenen Aktien ansonsten unheilbar unwirksam ist (*Hüffer/Koch* AktG, § 71 Rn. 19d; MüKo AktG/*Oechsler* § 71 Rn. 193). Die Ermächtigung darf höchstens für einen **Zeitraum von 5 Jahren** erteilt werden. Die Frist bezieht sich nur auf den Erwerb, nicht hingegen auch auf die Verpflichtung zur Veräußerung von eigenen Aktien).

24

Der Ermächtigungsbeschluss muss nach Abs. 1 Nr. 8 Satz 1 ferner die **Festlegung des niedrigsten und des höchsten Gegenwertes** enthalten sowie den Anteil der eigenen Aktien am Grundkapital der AG bestimmen, der zehn vom Hundert des Grundkapitals nicht überschreiten darf. Auch im Rahmen des Abs. 1 Nr. 8 muss der Gegenwert nicht in einer fixen Zahl ausgedrückt werden, sondern ist eine Bezugnahme auf den künftigen Börsenkurs zulässig (MüKo AktG/*Oechsler* § 71 Rn. 199; *Hüffer/Koch* AktG, § 71 Rn. 19e). Die in Abs. 1 Nr. 8 Satz 1 enthaltene 10%-Grenze ist nicht identisch mit der in Abs. 2 Satz 1 genannten Grenze. Abs. 1 Nr. 8 Satz 1 enthält **keine Freigrenze**, sondern bestimmt, dass die AG innerhalb des Ermächtigungszeitraumes insgesamt nur eigene Aktien bis zur Höhe von 10% des Grundkapitals erwerben darf (*Hüffer/Koch* AktG, § 71 Rn. 19e; MüKo AktG/*Oechsler* § 71 Rn. 204). Damit kann die AG nicht zunächst 10% erwerben, diese wieder verkaufen, um sodann erneut 10% zu erwerben (MüKo AktG/*Oechsler* § 71 Rn. 205). Sind die zuvor genannten Voraussetzungen gar nicht oder entgegen den gesetzlichen Vorgaben enthalten, so ist der Beschluss gem. § 241 Nr. 3 AktG **nichtig** (*Hüffer/Koch* AktG, § 71 Rn. 19e; MüKo AktG/*Oechsler* § 71 Rn. 19).

25

3. Zulässige Zwecke des Erwerbs, Abs. 1 Nr. 8 Satz 2

a) Grundsatz

Es ist unstreitig, dass die Hauptversammlung keine Verpflichtung trifft, im Hauptversammlungsbeschluss eine Regelung aufzunehmen, zu welchen Zwecken der Vorstand ermächtigt ist, eigene Aktien nach Abs. 1 Nr. 8 zu erwerben (MüKo AktG/*Oechsler* § 71 Rn. 206 f.). Die Hauptversammlung **kann** in den Ermächtigungsbeschluss verbindlich für den Vorstand regeln, dass ein Erwerb nur zu ganz bestimmten Zwecken zulässig sein soll; macht die Hauptversammlung hiervon jedoch zulässigerweise keinen Gebrauch, so steht es im **pflichtgemäßen Ermessen des Vorstandes**, zu wel-

26

chen Zwecken ein Erwerb von eigenen Aktien innerhalb des Ermächtigungszeitraumes stattfinden soll (*Hüffer/Koch* AktG, § 71 Rn. 19 f.; MüKo AktG/*Oechsler* § 71 Rn. 206 f.). Daneben kann die Hauptversammlung gem. § 111 Abs. 4 AktG bestimmen, dass ein Erwerb eigener Aktien nur mit Zustimmung des Aufsichtsrates erfolgen darf. Ein Verstoß des Vorstandes gegen die Einholung der Zustimmung führt nicht zur Unwirksamkeit des Erwerbs der eigenen Aktien, sondern stellt sich als Pflichtverstoß des Vorstandes dar, der zu Schadensersatzansprüchen führen kann (*Hüffer/Koch* AktG, § 71 Rn. 19 f.; MüKo AktG/*Oechsler* § 71 Rn. 207).

b) Zulässige Zwecke

27 Die Zwecke des Erwerbs eigener Aktien sind vielfältig (vgl. nur *Hüffer/Koch* AktG, § 71 Rn. 19i). Erwähnenswert ist die Problematik in Fällen, in denen der Aktienrückkauf dazu verwendet werden soll, **Optionsprogramme gegenüber Organmitgliedern** zu bedienen. Zweifelsfrei zulässig ist der Erwerb von eigenen Aktien, um sie an Mitglieder des Vorstandes weiterzugeben. Fraglich ist nur, ob die eigenen Aktien auch dazu benutzt werden können, um Mitglieder des Aufsichtsrates zu bedienen; dies war lange Zeit umstritten. Es bestand Uneinigkeit darüber, wie die Verweisung in Abs. 1 Nr. 8 Satz 5 auf die entsprechende Anwendbarkeit des § 193 Abs. 2 Nr. 4 AktG zu verstehen ist (*Hüffer/Koch* AktG, § 71 Rn. 19h m. w. N.). Nunmehr hat der BGH entschieden, dass es sich bei dieser Verweisung um eine inhaltliche handelt, sodass ein zulässiger Erwerb eigener Aktien nur stattfinden kann, wenn die Tatbestandsvoraussetzungen des § 193 Abs. 2 Nr. 4 AktG erfüllt sind. Der BGH folgert daraus, dass ein Erwerb eigener Aktien zum Zwecke der Weiterreichung an Mitglieder des Aufsichtsrates unzulässig ist, weil eine Gewährung von Aktien an Mitglieder des Aufsichtsrates der AG nach § 193 Abs. 2 Nr. 4 AktG nicht zulässig sei (BGH, Urt. v. 16.02.2004 – II ZR 316/02, Z 158, 122, 125 ff.; krit. dazu *Hüffer/Koch* AktG, § 71 Rn. 19h).

c) Verbot des Handels in eigenen Aktien, Abs. 1 Nr. 8 Satz 2

28 Abs. 1 Nr. 8 Satz 2 grenzt **nicht erlaubte Zwecke** ab: Der Erwerb eigener Aktien ist ausgeschlossen, wenn damit der Handel in eigenen Aktien (inkl. der kontinuierlichen Kurspflege) bezweckt ist. Die Regelung ist vielfach auf Kritik gestoßen, doch ist mit der h. M. davon auszugehen, dass das mit Abs. 1 Nr. 8 Satz 2 verfolgte Anliegen des Gesetzgebers, **Spekulationen und Kursmanipulationen des Vorstandes** in eigenen Aktien der AG zu unterbinden, gerechtfertigt ist (so *Hüffer/Koch* AktG, § 71 Rn. 19i). Insbesondere in Fällen, in denen die Hauptversammlung keine Zweckbindung vorgegeben hat, kann es aber schwierig sein, abzugrenzen, ob noch ein zulässiger Erwerb nach Abs. 1 Nr. 8 oder bereits ein Erwerb zum Zwecke des Handels in eigenen Aktien vorliegt. Soweit der Vorstand fortlaufend eigene Aktien an- und verkauft, kann dies ein gewichtiges Indiz dafür sein, dass ein verbotswidriger Handel in eigenen Aktien bzw. zumindest eine kontinuierliche Kurspflege anzunehmen ist (*Hüffer/Koch* AktG, § 71 Rn. 19i).

4. Erwerb und Veräußerung, Abs. 1 Nr. 8 Satz 3 bis 5

a) Grundsatz

29 Abs. 1 Nr. 8 Satz 3 bis 5 enthalten Regelungen zu den Voraussetzungen eines zulässigen Erwerbs sowie einer **freiwilligen Veräußerung** von eigenen Aktien. Zu beachten ist, dass seit der Einführung des Abs. 1 Nr. 8 die in Nr. 8 Satz 3 bis 5 genannten Verfahrensvorschriften nicht nur auf die Fälle des Nr. 8, sondern auch auf alle Fälle des zulässigen Erwerbs (so Nr. 1, Nr. 2, Nr. 3, Nr. 6 und Nr. 7) sowie der Veräußerung von zulässigerweise erworbenen eigenen Aktien (so Nr. 1, Nr. 4, Nr. 5 und Nr. 7) anzuwenden sind. Die Verfahrensvorschriften in Bezug auf die **unfreiwillige Veräußerung** von eigenen Aktien sind hingegen abschließend in § 71c AktG geregelt. Die dort normierte Veräußerungspflicht ist unter den Voraussetzungen des § 71c Abs. 2 AktG auch auf Fälle des zulässigen Erwerbs eigener Aktien anzuwenden (s. § 71c AktG Rdn. 6).

b) Gleichbehandlungsgrundsatz

Nach Abs. 1 Nr. 8 Satz 3 ist der in § 53a AktG normierte Gleichbehandlungsgrundsatz auf den Erwerb und die Veräußerung der eigenen Aktien anzuwenden. Soweit die Aktien über die Börse erworben und veräußert werden, ist der Gleichbehandlungsgrundsatz gewahrt. Praktisch schwierig sind damit diejenigen Fälle, in denen ein Erwerb oder eine Veräußerung außerhalb der Börse stattfinden soll.

c) Erwerb eigener Aktien außerhalb der Börse

Soll ein **Erwerb eigener Aktien außerhalb der Börse** stattfinden, so ergibt sich bereits aus dem Gesetz, dass ein solcher Erwerb nur stattfinden kann, wenn der Gleichbehandlungsgrundsatz des § 53a AktG eingehalten wird. Abs. 1 Nr. 8 Satz 5 bestimmt, dass eine andere (also eine von § 53a AktG abweichende!) Form nur zulässig ist, wenn es sich um eine Veräußerung von eigenen Aktien handelt. Im Umkehrschluss bedeutet dies, dass der Erwerb von eigenen Aktien unter Abweichung vom Gleichbehandlungsgrundsatz **unzulässig** ist (*Hüffer/Koch* AktG, § 71 Rn. 19k). Damit entbehrt der im Schrifttum diskutierten Frage, unter welchen Voraussetzungen ein Erwerb von Aktien nur von einem oder wenigen Aktionären im Wege des **Paketerwerbs (negotiated repurchase)** in Betracht kommt, von Anfang an die rechtliche Grundlage. Ein Paketerwerb kann unter Verletzung des § 53a AktG nicht gerechtfertigt sein (*Hüffer/Koch* AktG, § 71 Rn. 19k), sodass es auf eine sachliche Rechtfertigung nicht ankommt (so aber MüKo AktG/*Oechsler* § 71 Rn. 244). Es kann – anders als bei der Veräußerung – denklogisch keinen sachlichen Grund dafür geben, dass die AG die Aktien von einem bestimmten Aktionär erwerben muss. Ist ein anderer Aktionär bereit, die gleichen Erwerbskonditionen unter gleichen Voraussetzungen zu akzeptieren, so kann es für die AG vor dem Hintergrund des Gleichbehandlungsgrundsatzes keine Rolle spielen, ob sie die Aktien von Aktionär A oder B erwirbt. Daraus folgt, dass die AG an alle Aktionäre herantreten muss, wenn die AG eigene Aktien außerhalb der Börse erwerben will. Den Aktionären steht ein **mitgliedschaftliches Andienungsrecht** entsprechend ihrer Beteiligung am Grundkapital der AG zu, welches nach §§ 412, 398 BGB übertragbar ist (*Hüffer/Koch* AktG, § 71 Rn. 19k). Ein Paketerwerb kommt damit nur in Betracht, wenn einzelne Aktionäre von ihrer Erwerbsmöglichkeit keinen Gebrauch machen oder auf dieses rechtswirksam (aber zugunsten aller übrigen Aktionäre) verzichten.

d) Veräußerung eigener Aktien außerhalb der Börse

Im Fall der **Veräußerung von eigenen Aktien außerhalb der Börse** ist zu beachten, dass den Aktionären der AG nach h. M. ein Erwerbsrecht zusteht, das mit dem Bezugsrecht im Rahmen einer Kapitalerhöhung vergleichbar ist (*Hüffer/Koch* AktG, § 71 Rn. 19m; MüKo AktG/*Oechsler* § 71 Rn. 247). Bei der Veräußerung kann eine **zulässige Ungleichbehandlung** der Aktionäre in Betracht kommen, nämlich dann, wenn hierfür ein **sachlicher Grund** gegeben ist (MüKo AktG/*Oechsler* § 71 Rn. 255) und der Ermächtigungsbeschluss der Hauptversammlung die Möglichkeit der Ungleichbehandlung gem. Abs. 1 Nr. 8 Satz 5 ausdrücklich vorsieht (so bspw. beim Verkauf an Investoren, als Gegenleistung für eine Sacheinlage, o. ä.). Da der Ausschluss von Aktionären wie ein Bezugsrechtsausschluss wirkt, ist die Bestimmung des Abs. 1 Nr. 8 Satz 5, dass § 186 Abs. 3 und Abs. 4 sowie § 193 Abs. 2 Nr. 4 AktG entsprechend zur Anwendung kommen, folgerichtig. Damit muss in materieller Hinsicht nicht nur eine sachliche Rechtfertigung des Bezugsrechtsausschlusses vorliegen, sondern in formeller Hinsicht muss der Bezugsrechtsausschluss auch als Tagesordnungspunkt nach § 124 AktG bekannt gemacht werden (MüKo AktG/*Oechsler* § 71 Rn. 256).

e) Exkurs: Anwendbarkeit des WpÜG

In den Fällen des Erwerbs eigener Aktien über die Börse sind die Vorschriften des WpHG zu beachten. Darüber hinaus stellt sich die Frage, ob es sich hierbei um einen Fall des **öffentlichen Angebotes i. S. d. WpÜG** mit der Folge handelt, dass die AG ein freiwilliges Angebot nach § 10 WpÜG zu unterbreiten hat. Die BaFin geht mit der heute h. M. nicht (weiter) von der Anwendbarkeit des WpÜG aus (vgl. Schreiben der BaFin vom 09.08.2006 – abrufbar unter: www.bafin.de – in

§ 71 AktG Erwerb eigener Aktien

Abkehr zu BaFin NZG 2002, Heft 12, S. IX sowie *Pluskat* NZG 2006, 731). Der Anwendbarkeit des WpÜG steht insbesondere entgegen, dass dieses nur für Dreipersonenverhältnisse gilt und nach seinem Sinn und Zweck nicht einschlägig ist, da das Schutzbedürfnis der Aktionäre beim Rückerwerb eigner Aktien weder von der Börsennotierung der Gesellschaft noch von der Kundgabemodalität des öffentlichen Erwerbsangebots abhängig ist (vgl. *Berrar/Schnorbus* ZGR 2003, 59, 72 ff.; *Koch* NZG 2003, 61, 64 ff.; *Süßmann* AG 2002, 425 ff.). Eintreten kann die Situation, dass ein Großaktionär durch den Rückerwerb der eigenen Aktien – und der daraus resultierenden Nichtberücksichtigung der Stimmrechte aus diesen eigenen Aktien nach § 71b AktG – die Kontrollschwelle des § 30 WpÜG überschreitet und zur Abgabe eines Pflichtangebotes nach § 35 WpÜG gezwungen ist (vgl. hierzu nur *Fleischer/Körber* BB 2001, 2589).

5. Ermächtigung zur Einziehung, Abs. 1 Nr. 8 Satz 6

34   Die Ermächtigung nach Abs. 1 Nr. 8 kann vorsehen, dass die AG die erworbenen eigenen Aktien einziehen kann, sodass ein weiterer förmlicher Beschluss der Hauptversammlung nach §§ 222 i. V. m. 237 Abs. 2 Satz 1 AktG oder nach § 237 Abs. 4 Satz 1 AktG nicht erforderlich ist (dazu OLG München, Urt. v. 08.05.2012 – 31 Wx 155/12, ZIP 2012, 1075, 1076; eingehend zum Aktienrückkauf für die Zwecke der Einziehung bzw. Kapitalherabsetzung *Kallweit/Simonis* AG 2014, 352, 355; vgl. a. *Hüffer/Koch* AktG, § 71 Rn. 19n; MüKo AktG/*Oechsler* § 71 Rn. 281 ff.).

6. Grenzen des Erwerbs nach Abs. 2

35   Vgl. dazu bereits Rdn. 6 und 10.

C. Umfang des zulässigen Erwerbs eigener Aktien, Abs. 2

36   Abs. 1 regelt die grundsätzliche Zulässigkeit des Erwerbs eigener Aktien. Abs. 2 konkretisiert Abs. 1 insoweit, als dass Abs. 2 bestimmte Schranken aufstellt, unter denen ein nach Abs. 1 zulässiger Erwerb dennoch unzulässig ist.

I. 10 %-Grenze, Abs. 2 Satz 1

37   Der Erwerb eigener Aktien nach Abs. 1 Nr. 1, Nr. 2, Nr. 3, Nr. 7 und Nr. 8 ist nur zulässig, wenn diese Aktien zusammen mit den Übrigen von der AG gehaltenen eigenen Aktien 10 % des Grundkapitals der AG nicht überschreiten. Grundkapital ist das zum Zeitpunkt des Erwerbs im Handelsregister eingetragene Grundkapital der AG. Nicht zu berücksichtigen sind ein bedingtes und genehmigtes Kapital sowie bereits beschlossene und durchgeführte, aber noch nicht im Handelsregister eingetragene Kapitalerhöhungen (MüKo AktG/*Oechsler* § 71 Rn. 310). Bei der Zusammenrechnung der Aktien sind nicht nur sämtliche von der AG selbst gehaltenen Aktien (also auch diejenigen, die nach Nr. 4 bis Nr. 6 erworben worden sind), sondern auch solche Aktien einzurechnen, die von ihr abhängige Unternehmen oder im Mehrheitsbesitz stehende Unternehmen (§ 71d Satz 2 AktG) halten sowie solche Aktien, die von Dritten für Rechnung der AG gehalten werden (*Hüffer/Koch* AktG, § 71 Rn. 21; MüKo AktG/*Oechsler* § 71 Rn. 311; AnwK-AktR/*Block* § 71 Rn. 78).

II. Kapitalgrenze, Abs. 2 Satz 2

38   Der Erwerb eigener Aktien nach Abs. 1 Nr. 1, Nr. 2, Nr. 3, Nr. 7 und Nr. 8 ist ferner nur zulässig, wenn die AG im Zeitpunkt des Erwerbs der Aktien eine Rücklage i. H. d. Aufwendungen (ohne Anschaffungsnebenkosten) bilden könnte. Abs. 2 Satz 2 wurde durch das im Dezember 2008 in Kraft getretene Bilanzrechtsmodernisierungsgesetz (BilMoG) geändert. Es handelt sich bei der Änderung des Abs. 2 Satz 2 um eine Folgewirkung der grundlegenden Gesetzesänderung zur bilanziellen Erfassung von eigenen Anteilen, die bisher in § 272 Abs. 1 und 4 HGB und nunmehr in § 272 Abs. 1a und 1b HGB geregelt ist. Bei der in Abs. 2 Satz 2 genannten Kapitalgrenze handelt es sich um eine **Gläubigerschutzvorschrift** und gleichzeitig um eine gesetzlich angeordnete **Ausschüttungssperre** (BilKomm/*Förschle/Kofahl* § 272 HGB Rn. 118). Sinn und Zweck der Vorschrift

ist, sicherzustellen, dass eigene Aktien nur dann von der AG erworben werden können, wenn die AG über genügend freies Vermögen verfügt, um den Aktienerwerb ohne die Beeinträchtigung des Grundkapitals und der gesetzlich zu bildenden Rücklagen finanzieren zu können (BilKomm/*Förschle/Kofahl* § 272 HGB Rn. 119). Zwar spricht Abs. 2 Satz 2 davon, dass die AG eine Rücklage bilden könnte, durch die entsprechenden Regelungen des HGB ist die AG aber auch verpflichtet, den Erwerb der eigenen Aktien entsprechend dem sog. *Nettoprinzip* in ihrer Bilanz abzubilden. Neu dabei ist, dass es nach der neuen gesetzlichen Regelung aber keine **Rücklage für eigene Anteile** mehr gibt, sondern eine Bilanzverkürzung durch die unten beschriebene Verrechnung mit bilanziellen Eigenkapitalposten stattfindet.

Hintergrund der Bildung der Rücklage für eigene Anteile ist der bilanzrechtliche Umstand gewesen, dass sich der Erwerb von eigenen Aktien grundsätzlich nur als reiner **bilanzieller Aktivtausch** darstellt. Ein Aktivtausch hat keine Auswirkung auf das bilanzielle Eigenkapital der AG. Um zu gewährleisten, dass die eigenen Aktien vom Eigenkapital der AG abgesetzt wurden, schreib § 272 Abs. 4 HGB vor, dass die AG im Fall des Erwerbs von eigenen Aktien eine Rücklage für eigene Anteile zu bilden hatte. Nach dem BilMoG erfolgt der Erwerb eigener Aktien nicht mehr über die Aktivseite der Bilanz. Vielmehr wird der Erwerb der eigenen Aktien so bilanziell dargestellt, dass der Nennbetrag der erworbenen Aktie einerseits offen vom »gezeichneten Kapital« abzusetzen ist und andererseits der Unterschiedsbetrag zwischen Anschaffungskosten und Nennbetrag mit den frei verfügbaren Rücklagen zu verrechnen ist. Durch die Absetzung vom gezeichneten Kapital und der Verrechnung mit den frei verfügbaren Rücklagen wird der reine Aktivtausch gewissermaßen ausgehebelt und führt zu einem **bilanziellen Verlust** i. H. d. Anschaffungskosten (MüKo AktG/*Oechsler* § 71 Rn. 319). So ist zugleich sichergestellt, dass die eigenen Aktien nur dann in zulässiger Weise erworben werden können, wenn es die bilanzielle Situation der AG gestattet. Entgegen der bisherigen Rechtslage darf durch die Änderung des § 272 HGB durch das BilMoG nunmehr nicht nur eine Verrechnung mit vorhandenen freien Gewinnrücklagen stattfinden, sondern es kann auch eine Verrechnung mit anderen Rücklagen erfolgen, wie der Kapitalrücklage nach § 272 Abs. 2 HGB. 39

III. Ausgabebetrag, Abs. 2 Satz 3

Der Erwerb eigener Aktien nach Abs. 1 Nr. 1, Nr. 2, Nr. 4, Nr. 7 und Nr. 8 ist nur zulässig, wenn auf die Aktien, die von der AG erworben werden sollen, der **volle Ausgabebetrag (inklusive Agio)** nach § 8 AktG eingezahlt worden ist (*Hüffer/Koch* AktG, § 71 Rn. 20). 40

D. Pflichten aus dem zulässigen Erwerb eigener Aktien, Abs. 3

Abs. 3 betrifft die Pflichten der AG, die diese im Fall eines zulässigen Erwerbs eigener Aktien nach Abs. 1 Nr. 1 und Nr. 8 sowie Nr. 2 zu erfüllen hat. 41

I. Unterrichtungspflicht der Hauptversammlung, Abs. 3 Satz 1

Nach Abs. 3 Satz 1 ist der Vorstand verpflichtet, die nächste Hauptversammlung der AG über die Gründe und den Zweck jedes Erwerbs von eigenen Aktien nach Abs. 1 Nr. 1 und Nr. 8 **substanziiert zu unterrichten** (*Hüffer/Koch* AktG, § 71 Rn. 22; MüKo AktG/*Oechsler* § 71 Rn. 329, 332). Diese Unterrichtungspflicht stellt einen eigenen Tagesordnungspunkt der Hauptversammlung dar, sodass die Einberufungs- und Bekanntmachungspflichten nach §§ 123 ff. AktG einzuhalten sind (AnwK-AktR/*Block* § 71 Rn. 89). Ein Verstoß gegen Abs. 3 Satz 1 führt nicht zur Unzulässigkeit des Erwerbs der eigenen Aktien. Da über den Erwerb eigener Aktien nach § 160 Abs. 1 Nr. 2 AktG im **Anhang des Jahresabschlusses** zu berichten ist, entfällt eine Unterrichtungspflicht der Hauptversammlung, wenn der zu unterrichtenden Hauptversammlung nach § 175 AktG auch der Jahresabschluss vorzulegen ist und die im Anhang des Jahresabschlusses enthaltenen Angaben so substanziiert sind, dass mit ihnen zugleich die Vorgaben des Abs. 3 Satz 1 eingehalten werden (*Hüffer/Koch* AktG, § 71 Rn. 22 MünchHdb GesR IV/*Wiesner* § 15 Rn. 12). 42

II. Ausgabe von Belegschaftsaktien, Abs. 3 Satz 2

43 Belegschaftsaktien, die von dem Vorstand aufgrund Abs. 1 Nr. 2 erworben worden sind, sind nach Abs. 3 Satz 2 **innerhalb eines Jahres** nach dem zulässigen Erwerb an die Arbeitnehmer auszugeben. Verstößt der Vorstand gegen diese Verpflichtung (weil bspw. ein Optionsprogramm nicht aufgelegt wurde oder die Optionsbedingungen nicht eingetreten sind), wird der Aktienerwerb zwar nicht nachträglich unwirksam (*Hüffer/Koch* AktG, § 71 Rn. 22); der Vorstand soll aber verpflichtet sein, die Aktien in analoger Anwendung des § 71c Abs. 1 AktG zu verwerten (MüKo AktG/*Oechsler* § 71 Rn. 335).

III. Information der BaFin, Abs. 3 Satz 3

44 Der Vorstand hat die Bundesanstalt für Finanzdienstleistungsaufsicht (BaFin) über jede Ermächtigung nach Abs. 1 Nr. 8 (also sowohl über Erwerbs- als auch über Veräußerungsermächtigungen) **unverzüglich zu unterrichten** (*Hüffer/Koch* AktG, § 71 Rn. 23a). Die Unterrichtungspflicht stellt sich als Ergänzung zu der in § 15 WpHG geregelten ad-hoc-Mitteilungspflicht dar und soll insbesondere einem **Verstoß gegen das Insiderverbot** vorbeugen (ausführl. MüKo AktG/*Oechsler* § 71 Rn. 337 ff.). Die Vorschrift ist einschränkt dahin gehend auszulegen, dass nicht jede AG von der Mitteilungspflicht betroffen ist, sondern nur solche, die auch den Regelungen des WpHG unterliegen (*Hüffer/Koch* AktG, § 71 Rn. 23a).

E. Rechtsfolgen des unzulässigen Erwerbs eigener Aktien, Abs. 4

I. Nichtigkeit des Verpflichtungsgeschäfts

45 Verstößt der Erwerb eigener Aktien gegen Abs. 1 oder 2, so bestimmt Abs. 4, dass das dem Erwerb zugrunde liegende **Verpflichtungsgeschäft**, nicht hingegen auch das Verfügungsgeschäft **nichtig** ist. Probleme ergeben sich, wenn die AG Aktien erwirbt und nur ein bestimmter Teil des Aktienerwerbs unwirksam ist. Dies kann vor allem in Fällen vorkommen, in denen bei einem Paketerwerb die 10%-Grenze des Abs. 2 Satz 1 überschritten wird. Hier stellt sich die Frage, ob nur der die 10%-Grenze überschreitende Teil oder der gesamte Erwerb nichtig sind. Die h. M. geht wohl generell von einer **Gesamtnichtigkeit des Erwerbs** aus und will eine Teilnichtigkeit nach § 139 BGB nur in den Fällen zulassen, in denen die Parteien dies ausdrücklich gewollt haben (MüKo AktG/*Oechsler* § 71 Rn. 341).

II. Rechtsfolgen aus der Nichtigkeit

46 Aus der Nichtigkeit des Verpflichtungsgeschäfts folgt, dass keine der Parteien einen Anspruch auf Erfüllung hat (MüKo AktG/*Oechsler* § 71 Rn. 340). Wurde das Verfügungsgeschäft dennoch vollzogen, so resultieren die folgenden Ansprüche aus der Nichtigkeit des Verpflichtungsgeschäftes. Primäre Rechtsfolge für die AG ist, dass die AG trotz eines Verstoßes gegen Abs. 1 oder 2 **rechtliche Inhaberin** der Aktien wird (Spindler/Stilz/*Cahn* AktG § 71 Rn. 231). Nach § 71c Abs. 1 AktG hat die AG die Aktien jedoch zu verwerten. Hat die AG den Erwerbspreis trotz eines Verstoßes gegen Abs. 1 oder 2 an den Aktionär gezahlt, stellt sich die Zahlung als ein Verstoß gegen § 57 AktG mit der Konsequenz dar, dass der **Erwerbspreis** nach § 62 AktG **zurückzufordern** ist (*Hüffer/Koch* AktG, § 71 Rn. 24; MüKo AktG/*Oechsler* § 71 Rn. 342). Nach § 66 Abs. 1 AktG besteht gegenüber dem Anspruch aus § 62 AktG ein uneingeschränktes **Aufrechnungs- und Befreiungsverbot**. Der **Aktionär** ist berechtigt, die Aktien von der AG **zurückzufordern**. Da die AG rechtliche Inhaberin der Aktien gewesen ist, kann der Aktionär nur bereicherungsrechtliche Ansprüche nach §§ 812 ff. BGB, nicht hingegen Vindikationsansprüche nach § 985 BGB gegenüber der AG geltend machen (*Hüffer/Koch* AktG, § 71 Rn. 24; MüKo AktG/*Oechsler* § 71 Rn. 342).

47 Aus der Nichtigkeit des Erwerbs der Aktien folgt damit eine Konkurrenz zwischen dem Herausgabeanspruch des Aktionärs nach §§ 812 ff. BGB einerseits sowie der Veräußerungspflicht der AG nach § 71c Abs. 1 AktG sowie dem Rückforderungsanspruch aus § 62 AktG andererseits. Unstreitig soll die AG verpflichtet sein, die Aktien zunächst demjenigen Aktionär zum Erwerb anzubieten,

der die Aktien auf die AG übertragen hatte. Dies soll keinen Verstoß gegen den in § 53a AktG normierten Gleichbehandlungsgrundsatz darstellen (*Hüffer/Koch* AktG, § 71c Rn. 7). Aufgrund des Aufrechnungs- und Befreiungsverbotes (s. Rdn. 46) kann eine Rückübertragung der Aktien im Wege der Verrechnung – wenn überhaupt – nur dann zulässig sein, wenn die Rückforderungsansprüche des Aktionärs zum Zeitpunkt der Verrechnung noch werthaltig sind (s. § 66 AktG Rdn. 8).

Der Vorstand haftet gem. § 93 Abs. 3 Nr. 3 AktG auf Schadensersatz; dabei ist zugrunde zu legen, dass das handelnde Vorstandsmitglied zu jedem Erwerbszeitpunkt gesondert die Zulässigkeit nach § 71 AktG zu prüfen hat (OLG Stuttgart, Urt. v. 25.11.2009 – 20 U 5/09, NZG 2010. 141 Tz. 36). Der Verstoß wird überdies als Ordnungswidrigkeit gem. § 405 Abs. 1 Nr. 4 Buchst. a) AktG) geahndet. 48

§ 71a Umgehungsgeschäfte

(1) ¹Ein Rechtsgeschäft, das die Gewährung eines Vorschusses oder eines Darlehens oder die Leistung einer Sicherheit durch die Gesellschaft an einen anderen zum Zweck des Erwerbs von Aktien dieser Gesellschaft zum Gegenstand hat, ist nichtig. ²Dies gilt nicht für Rechtsgeschäfte im Rahmen der laufenden Geschäfte von Kreditinstituten oder Finanzdienstleistungsinstituten sowie für die Gewährung eines Vorschusses oder eines Darlehens oder für die Leistung einer Sicherheit zum Zweck des Erwerbs von Aktien durch Arbeitnehmer der Gesellschaft oder eines mit ihr verbundenen Unternehmens; auch in diesen Fällen ist das Rechtsgeschäft jedoch nichtig, wenn die Gesellschaft im Zeitpunkt des Erwerbs eine Rücklage in Höhe der Aufwendungen für den Erwerb nicht bilden könnte, ohne das Grundkapital oder eine nach Gesetz oder Satzung zu bildende Rücklage zu mindern, die nicht zu Zahlungen an die Aktionäre verwandt werden darf. ³Satz 1 gilt zudem nicht für Rechtsgeschäfte bei Bestehen eines Beherrschungs- oder Gewinnabführungsvertrages (§ 291).

(2) Nichtig ist ferner ein Rechtsgeschäft zwischen der Gesellschaft und einem anderen, nach dem dieser berechtigt oder verpflichtet sein soll, Aktien der Gesellschaft für Rechnung der Gesellschaft oder eines abhängigen oder eines in ihrem Mehrheitsbesitz stehenden Unternehmens zu erwerben, soweit der Erwerb durch die Gesellschaft gegen § 71 Abs. 1 oder 2 verstoßen würde.

Übersicht	Rdn.		Rdn.
A. Überblick	1	C. Umgehungstatbestand, Abs. 2	8
B. Finanzierungsabreden zum Erwerb von Aktien, Abs. 1	2	I. Mittelbare Stellvertretung zur AG	8
		II. Mittelbare Stellvertretung zu Tochterunternehmen der AG	9
I. Vorschuss, Darlehen, Sicherheit, Abs. 1 Satz 1	3	III. Rechtsfolgen	11
II. Rechtsfolgen	5	1. Innenverhältnis	12
III. Ausnahmetatbestände, Abs. 1 Satz 2	6	2. Außenverhältnis	13

A. Überblick

§ 71a AktG dient nicht nur – wie es die Überschrift vermuten lässt – der Vermeidung von Umgehungsgeschäften, mit denen es der AG über Umwege ermöglicht werden soll, eigene Aktien zu erwerben (*Hüffer/Koch* AktG, § 71a Rn. 1). Die Vorschrift dient daneben insbesondere der Verhinderung sog. **Leveraged Buyouts**, in deren Rahmen Investoren beabsichtigen, Aktien an der AG mit dem Ziel zu erwerben, den Aktienerwerb ausschließlich mit Mitteln der Aktiengesellschaft zu finanzieren (MüKo AktG/*Oechsler* § 71a Rn. 2). Letztendlich bezweckt die Regelung auch, die Überlagerung des wirtschaftlichen Risikos auf die AG zu verhindern. 1

B. Finanzierungsabreden zum Erwerb von Aktien, Abs. 1

Abs. 1 ist in erster Linie nicht als Vorschrift im Zusammenhang mit dem Erwerb eigener Aktien zu sehen. Er setzt vielmehr voraus, dass nicht die AG, sondern ein Dritter Aktien an der AG zum 2 alleinigen rechtlichen und wirtschaftlichen Eigentum erwerben will. Abs. 1 verbietet der AG, den Erwerb der Aktien durch den Dritten in irgendeiner Weise zu finanzieren.

I. Vorschuss, Darlehen, Sicherheit, Abs. 1 Satz 1

3 Das Gesetz spricht davon, dass es der AG verboten ist, ein Rechtsgeschäft mit einem Erwerber abzuschließen, welches darauf gerichtet ist, den Aktienerwerb durch einen Vorschuss, ein Darlehen oder die Stellung einer Sicherheiten zu finanzieren. Abs. 1 Satz 1 wird allgemein als **nicht abschließende Aufzählung** verstanden (*Hüffer/Koch* AktG, §71a Rn. 2; MüKo AktG/*Oechsler* §71a Rn. 14), sodass auch bspw. verlorene Zuschüsse, Break-Fee-Vereinbarungen etc. darunter fallen können (MüKo AktG/*Oechsler* §71a Rn. 15 ff.).

4 Das zwischen der AG und dem Dritten abgeschlossene Rechtsgeschäft muss darauf gerichtet sein, den Erwerb der Aktien zu finanzieren (*Hüffer/Koch* AktG, §71a Rn. 3; MüKo AktG/*Oechsler* §71a Rn. 26). Erforderlich, aber auch ausreichend, ist eine **ausdrückliche oder konkludente Verwendungsabrede**, dass die Mittel der AG von dem Dritten dazu verwendet werden, die Aktien an der AG zu erwerben (*Hüffer/Koch* AktG, §71a Rn. 3; MüKo AktG/*Oechsler* §71a Rn. 26). Es muss damit nicht nur ein **Funktionszusammenhang** zwischen dem Finanzierungsgeschäft und dem Aktienerwerb bestehen, es bedarf darüber hinaus auch eines **subjektiven Willenselementes** der Vertragsparteien (str.; wie hier MüKo AktG/*Oechsler* §71a Rn. 26). Da Abs. 1 nicht auf den Erwerb eigener Aktien zugeschnitten ist, ist in diesem Rahmen auch nicht die Kontrollfrage zu stellen, ob der Erwerb der Aktie nach §71 Abs. 1 und Abs. 2 AktG zulässig gewesen wäre, wenn die AG die Aktien selbst erworben hätte (*Hüffer/Koch* AktG, §71a Rn. 3; MüKo AktG/*Oechsler* §71a Rn. 30).

II. Rechtsfolgen

5 Liegt ein Verstoß gegen Abs. 1 Satz 1 vor, ist das Rechtsgeschäft zwischen der AG und dem Dritten nichtig. Die **Nichtigkeit** bezieht sich auf das **Kausalgeschäft**, nicht hingegen auch auf das Erfüllungsgeschäft (*Hüffer/Koch* AktG, §71a Rn. 4; MüKo AktG/*Oechsler* §71a Rn. 40). Wurde das Erfüllungsgeschäft trotz der Nichtigkeit des Verpflichtungsgeschäfts ausgeführt, bestehen Rückforderungsansprüche der AG gegenüber dem Dritten aus §62 AktG und nicht aus §§812 BGB (OLG München, Urt. v. 24.01.2006 – 5 U 4383/05, JurionRS 2006, 35652; offen gelassen von BGH, Urt. v. 13.11.2007 – XI ZR 294/07, NZG 2008, 106 Tz. 14).

III. Ausnahmetatbestände, Abs. 1 Satz 2

6 Nichtigkeit des Rechtsgeschäfts kommt nach Abs. 1 Satz 2 nicht in Betracht, wenn es sich bei der AG um ein **Kreditinstitut** oder **Finanzdienstleistungsunternehmen** handelt und die Finanzierung im Rahmen der laufenden Geschäfte der AG durchgeführt wird (s. dazu *Hüffer/Koch* AktG, §71a Rn. 5; MüKo AktG/*Oechsler* §71a Rn. 44 ff.). Zum anderen liegt kein Verstoß gegen Abs. 1 Satz 1 vor, wenn einem **Arbeitnehmer** der AG (bzw. einem Arbeitnehmer eines mit der AG verbundenen Unternehmens) eine Finanzierung gewährt wird, um Aktien an der AG zu erwerben. Um Umgehungen vorzubeugen, muss es sich dabei um ein Arbeitsverhältnis handeln, welches auf eine gewisse Dauer eingegangen ist (MüKo AktG/*Oechsler* §71a Rn. 47). Vorstände und Aufsichtsräte der AG fallen nicht unter Abs. 1 Satz 2 (*Hüffer/Koch* AktG, §71a Rn. 5; MüKo AktG/*Oechsler* §71a Rn. 47).

7 Die Ausnahmevorschrift des Abs. 1 Satz 2 setzt voraus, dass es der AG möglich wäre, im Zeitpunkt des Erwerbs eine Rücklage i.H.d. Aufwendungen für den Erwerb der Anteile bilden zu können (s. §71 AktG Rdn. 38 f.), ohne dabei zugleich das Grundkapital oder die gesetzlich gebundenen Rücklagen anzugreifen. Abs. 1 Satz 2 wurde durch das im Dezember 2008 in Kraft getretene Bilanzrechtsmodernisierungsgesetz (BilMoG) aufgrund der grundlegenden Änderung des bilanziellen Ausweises des Erwerbs von eigenen Aktien geändert. Sowohl nach alter als auch nach neuer Rechtslage ist die Rücklage für eigene Anteile bei der AG nicht tatsächlich zu bilden, der Vorstand hatte sich jedoch (hypothetisch) zu fragen, ob er eine ausreichende Rücklage bilden könnte (*Hüffer/Koch* AktG, §71a Rn. 6; AnwK-AktR/*Block* §71a Rn. 15). Die Gesetzesbegründung zum BilMoG

spricht davon, dass an dieser hypothetischen Denkweise der Bildung einer Rücklage aktienrechtlich weiterhin festgehalten werden soll, auch wenn es nach der neuen Rechtslage eine Rücklage für eigene Anteile nicht mehr gibt. Die Höhe dieser (hypothetischen) Rücklage richtet sich nach h. M. nach dem Finanzierungsaufwand der AG. Soweit weitere Finanzierungen nach Abs. 1 Satz 2 gewährt werden, sind auch diese Rücklagenbeträge kumulativ in die Berechnung der Rücklagenbildung einzubeziehen (MüKo AktG/*Oechsler* §71a Rn. 49). Dies muss entsprechend auch für solche Rücklagen für eigene Anteile gelten, die die AG nach anderen Vorschriften hypothetisch zu bilden hat (wie bspw. im Fall des §71d AktG).

C. Umgehungstatbestand, Abs. 2

I. Mittelbare Stellvertretung zur AG

Abs. 2 erfasst Fälle, in denen die Aktien von einem **mittelbaren Stellvertreter** erworben werden. Mittelbare Stellvertretung liegt vor, wenn ein Dritter die Aktien zwar im eigenen Namen, aber für Rechnung der AG erwirbt oder besitzt (*Hüffer/Koch* AktG, §71a Rn. 7; MüKo AktG/*Oechsler* §71a Rn. 51). Gem. Abs. 2 ist das Rechtsgeschäft zwischen der AG und dem mittelbaren Stellvertreter nur dann nichtig, wenn es der AG nicht selbst gestattet gewesen wäre, die Aktien nach §71 Abs. 1 und Abs. 2 AktG zu erwerben. Damit wird deutlich, dass es sich nur bei §71 Abs. 2 AktG um einen wirklichen Anwendungsfall der Frage des zulässigen Erwerbs von eigenen Aktien durch die AG handelt.

8

II. Mittelbare Stellvertretung zu Tochterunternehmen der AG

Nach Abs. 2 gilt das Umgehungsverbot auch für **Tochterunternehmen der AG**, bei denen es sich einerseits um **abhängige Unternehmen gem. §17 AktG** sowie andererseits um Unternehmen handeln kann, die im **Mehrheitsbesitz gem. §16 AktG** stehen (*Hüffer/Koch* AktG, §71a Rn. 7; MüKo AktG/*Oechsler* §71a Rn. 61). Die Formulierung des Abs. 2 ist redaktionell missglückt, da Abs. 2 auch gelten soll, wenn der mittelbare Stellvertreter mit der AG eine Vereinbarung trifft, dass er die Aktien der AG für Rechnung des Tochterunternehmens erwerben soll (MüKo AktG/*Oechsler* §71a Rn. 62). Es besteht Einigkeit darüber, dass das Umgehungsverbot des Abs. 2 richtigerweise auch dann anzuwenden ist, wenn der mittelbare Stellvertreter nicht für Rechnung der AG, sondern für Rechnung eines Tochterunternehmens handelt und demgemäß eine Vereinbarung mit dem Tochterunternehmen abschließt (MüKo AktG/*Oechsler* §71a Rn. 62).

9

Der Tatbestand des Abs. 2 ist identisch mit dem des §71d Satz 1 und 2 AktG. Da die Rechtsfolgen beider Vorschriften unterschiedlich sind, ist nach dem Verhältnis beider Vorschriften zueinander zu fragen. Nach der h. M. kommt §71a Abs. 2 AktG immer dann zur (abschließenden) Anwendung, wenn es der AG nach §71 Abs. 1 und Abs. 2 AktG nicht selbst möglich gewesen wäre, die Aktien wirksam zu erwerben. In diesen Fällen schließt §71a Abs. 2 AktG die gleichzeitige Anwendung des §71d AktG aus. §71d AktG kommt damit nur zur Anwendung, wenn es der AG selbst möglich gewesen wäre, die Aktien nach §71 Abs. 1 und Abs. 2 AktG rechtmäßig zu erwerben (s. §71d AktG Rdn. 6 m. w. N.).

10

III. Rechtsfolgen

Hätte die AG die Aktien nicht selbst nach §71 Abs. 1 und Abs. 2 AktG erwerben können, ist nur das Rechtsgeschäft zwischen der AG und dem mittelbaren Stellvertreter nichtig (*Hüffer/Koch* AktG, §71a Rn. 9; MüKo AktG/*Oechsler* §71a Rn. 64). Bei diesem Rechtsgeschäft handelt es sich regelmäßig um ein Auftragsverhältnis, wobei §71a Abs. 2 AktG nach h. M. auch bei der Geschäftsführung ohne Auftrag zur Anwendung kommen soll (*Hüffer/Koch* AktG, §71a Rn. 8; a. A. wohl MüKo AktG/*Oechsler* §71a Rn. 48).

11

1. Innenverhältnis

Die durch Abs. 2 angeordnete Nichtigkeit bezieht sich nur auf das **Innenverhältnis zwischen der AG und dem mittelbaren Stellvertreter**. Daraus resultiert, dass der mittelbare Stellvertreter sei-

12

§ 71b AktG Rechte aus eigenen Aktien

nen aus dem (nichtigen) Auftragsverhältnis resultierenden Aufwendungserstattungsanspruch nicht gegenüber der AG geltend machen und auch keine Abnahme der Aktien verlangen kann (MüKo AktG/*Oechsler* § 71a Rn. 64; *Hüffer/Koch* AktG, § 71a Rn. 9). Wurde das nichtige Rechtsgeschäft dennoch zwischen der AG und dem mittelbaren Stellvertreter abgewickelt, wird die AG aufgrund der Regelung des § 71 Abs. 4 AktG rechtliche Inhaberin der Aktien. Die Rückabwicklung des durchgeführten nichtigen Rechtsgeschäfts richtet sich in diesen Fällen nach den unter § 71 AktG Rn. 45 f. dargestellten Grundsätzen.

2. Außenverhältnis

13 Trotz der Nichtigkeit des Rechtsgeschäfts zwischen der AG und dem mittelbaren Stellvertreter ist das Außenverhältnis zwischen mittelbarem Stellvertreter und dem veräußernden Aktionär wirksam (*Hüffer/Koch* AktG, § 71a Rn. 9; MüKo AktG/*Oechsler* § 71a Rn. 65). Der mittelbare Stellvertreter erwirbt damit die rechtliche Inhaberschaft an der Aktie, sodass er auch sämtliche Pflichten aus der Aktie zu erfüllen hat. Er kann jedoch nach zutreffender Auffassung die Rechte aus der Aktie in entsprechender Anwendung des § 71b AktG nicht geltend machen.

§ 71b Rechte aus eigenen Aktien

Aus eigenen Aktien stehen der Gesellschaft keine Rechte zu.

Übersicht	Rdn.		Rdn.
A. Überblick	1	C. Rechte aus eigenen Aktien	4
B. Anwendungsbereich	2	D. Pflichten aus eigenen Aktien	6

A. Überblick

1 § 71b AktG dient der **Kompetenzabgrenzung** und verhindert die Entstehung von **sog. Verwaltungsaktien**, d. h. von solchen (eigenen) Aktien, deren Verwaltungs- und Mitgliedschaftsrechte von der Verwaltung der AG selbst ausgeübt werden können (*Hüffer/Koch* AktG, § 71b Rn. 1).

B. Anwendungsbereich

2 § 71b AktG kommt zur Anwendung, wenn die AG Inhaberin von eigenen Aktien ist, gleich ob der Erwerb der Aktien nach § 71 AktG zulässig war (*Hüffer/Koch* AktG, § 71b Rn. 2; MüKo AktG/ *Oechsler* § 71b Rn. 4). Über die Verweisungsnorm des § 71d AktG kommt § 71b AktG auch auf Aktien zur Anwendung, die nicht von der AG selbst, sondern von bestimmten Dritten gehalten werden (s. § 71d AktG Rdn. 13). Auch wenn dies gesetzlich nicht normiert ist, ist § 71b AktG nicht nur auf derivativ erworbene, sondern auch auf solche eigenen Aktien anzuwenden, die entweder von der AG nach § 56 Abs. 1 AktG oder von Dritten nach § 56 Abs. 2 und Abs. 3 AktG originär erworben wurden (s. § 56 AktG Rdn. 11 sowie *Hüffer/Koch* AktG, § 71b Rn. 1).

3 Werden die Aktien auf die AG im Wege einer **Legitimationsübertragung** (s. § 67 AktG Rdn. 7) übertragen, so wird die AG nicht Inhaberin der Aktien. § 71b AktG ist auf diese Aktien nicht anzuwenden (s. § 71 AktG Rdn. 3). Somit greift § 71b AktG im Fall der Legitimationsübertragung nicht ein, was aufgrund der Wertung des § 136 Abs. 2 AktG aber nicht bedeutet, dass die AG die Stimmrechte aus der Aktie ausüben kann (*Hüffer/Koch* AktG, § 71b Rn. 5; a. A. MüKo AktG/*Oechsler* § 71b Rn. 6).

C. Rechte aus eigenen Aktien

4 § 71b AktG bestimmt, dass der AG aus eigenen Aktien **keine Rechte** zustehen. Dies bedeutet nicht, dass diese Rechte vollständig und auf Dauer entzogen werden, sondern vielmehr nur, dass die Rechte aus der Aktie so lange ruhen, wie die Aktien von der AG gehalten werden (*Hüffer/Koch* AktG, § 71b Rn. 3). Da die Verfügungsbefugnis über die Aktien nicht von § 71b AktG umfasst ist,

leben die Rechte mit Wirkung ex nunc zu dem Zeitpunkt wieder auf, zu dem die Aktien auf einen Dritten übertragen werden (MüKo AktG/*Oechsler* §71b Rn. 9).

Von §71b AktG sind nicht nur die **Verwaltungsrechte** (wie Stimmrechte, Minderheitenrechte, Anfechtungsrechte etc.), sondern auch die **Vermögensrechte** (wie Dividendenrechte, Bezugsrechte [mit Ausnahme des Bezugsrechts nach §215 AktG], Recht am Erlös einer Abschlussverteilung etc.) umfasst (*Hüffer/Koch* AktG, §71b Rn. 4; MüKo AktG/*Oechsler* §71b Rn. 10 ff.). Soweit neben der Aktie auch (noch nicht fällige) Gewinnanteilsscheine ausgegeben worden sind, kann selbst ein gutgläubiger Dritter, der im Besitz der Gewinnanteilsscheine ist, aus diesen keine Rechte herleiten (MüKo AktG/*Oechsler* §71b Rn. 9, 11; *Hüffer/Koch* AktG, §71b Rn. 5).

D. Pflichten aus eigenen Aktien

§71b AktG enthält keine Aussage zu den Pflichten, die aus der Aktie resultieren. Ob die Pflichten zu erfüllen sind, hängt davon ab, ob die eigenen Aktien von der AG selbst oder von den in §71d AktG genannten Dritten gehalten werden. Werden die eigenen Aktien **von der AG gehalten**, so gilt der Grundsatz, dass nicht nur die Rechte, sondern auch die Pflichten aus der Aktie ruhen. Die AG hat diese Verpflichtungen nicht zu erfüllen (*Hüffer/Koch* AktG, §71b Rn. 6; MüKo AktG/*Oechsler* §71b Rn. 16). Sobald die Aktie von der AG verkauft wird, leben die Pflichten wieder auf und sind von dem Erwerber zu erfüllen. Etwas anders gilt, wenn die Verpflichtung zu einem Zeitpunkt fällig wird, zu dem die Aktie von der AG gehalten wird. In diesem Fall geht die Verpflichtung im Wege der Konfusion unter (*Hüffer/Koch* AktG, §71b Rn. 6; MüKo AktG/*Oechsler* §71b Rn. 15, 16). Werden die Aktien hingegen von den in §71d AktG genannten **Dritten** – gleich ob rechtmäßig oder unrechtmäßig – gehalten, so ruhen zwar die Rechte aus der Aktie, die Dritten (also auch Tochtergesellschaften) haben aber weiterhin sämtliche Pflichten aus der Aktie zu erfüllen (s. §56 AktG Rn. 16 sowie MüKo AktG/*Oechsler* §71b Rn. 15).

§71c Veräußerung und Einziehung eigener Aktien

(1) Hat die Gesellschaft eigene Aktien unter Verstoß gegen §71 Abs. 1 oder 2 erworben, so müssen sie innerhalb eines Jahres nach ihrem Erwerb veräußert werden.

(2) Entfallen auf die Aktien, welche die Gesellschaft nach §71 Abs. 1 in zulässiger Weise erworben hat und noch besitzt, mehr als zehn vom Hundert des Grundkapitals, so muß der Teil der Aktien, der diesen Satz übersteigt, innerhalb von drei Jahren nach dem Erwerb der Aktien veräußert werden.

(3) Sind eigene Aktien innerhalb der in den Absätzen 1 und 2 vorgesehenen Fristen nicht veräußert worden, so sind sie nach §237 einzuziehen.

Übersicht	Rdn.			Rdn.
A. Überblick	1	III.	Auswahl des Erwerbers	8
B. **Veräußerungspflicht, Abs. 1 und 2**	3	1.	Veräußerung bei nichtigen Verpflichtungsgeschäften	8
I. Veräußerungspflicht nach Abs. 1	3			
II. Veräußerungspflicht nach Abs. 2	4	2.	Erfüllbarkeit von Zweckbindungen	9
III. Fristberechnung	5	3.	Freie Veräußerung	10
C. **Durchführung der Veräußerung**	6	D. **Einziehung der Aktien, Abs. 3**		11
I. Anwendungsbereich	6	E. **Verstöße gegen §71c AktG**		12
II. Zuständigkeit und Auswahl der Aktien	7			

A. Überblick

Abs. 1 beinhaltet eine **Sanktion** für Fälle, in denen Aktien entgegen §71 Abs. 1 und Abs. 2 AktG von der AG erworben worden sind. Diese unzulässig erworbenen Aktien sind von der AG binnen Jahresfrist zu veräußern. Abs. 2 beinhaltet keine Sanktion, sondern das generelle Bestreben des Gesetzgebers, den Bestand an eigenen Aktien auch dann dauerhaft auf **10% des Grundkapitals** der AG zu begrenzen, wenn die AG die eigenen Aktien in zulässiger Weise erworben hat (*Hüffer/Koch* AktG, §71c Rn. 1). Der über die Grenze von 10% des Grundkapitals hinausgehende Bestand ist innerhalb einer 3-Jahres-Frist zu veräußern. Die relativ langen Fristen dienen dazu, das Kursrisiko der AG im Zusammenhang mit der Veräußerungsverpflichtung zu minimieren (MüKo AktG/*Oechsler* §71c Rn. 4). Können die Aktien nicht innerhalb der Fristen verkauft werden, so sind diese nach Abs. 3 einzuziehen.

2   Nach §71c AktG ist nur die AG verpflichtet, die eigenen Aktien nach §71c AktG zu veräußern bzw. einzuziehen. §71c AktG bezieht sich nicht auf die in §71d genannten Dritten. Zwar bestimmt §71d Satz 4 AktG, dass §71c AktG sinngemäß zur Anwendung kommt, die Dritten selbst trifft jedoch keine eigenständige Verpflichtung, die von ihnen an der AG gehaltenen Aktien nach §71c AktG zu veräußern (s. §71d AktG Rdn. 14).

B. Veräußerungspflicht, Abs. 1 und 2

I. Veräußerungspflicht nach Abs. 1

3   Diejenigen eigenen Aktien, die die AG entgegen §71 Abs. 1 oder 2 AktG erworben hat, sind nach §71c Abs. 1 AktG innerhalb einer **Frist von einem Jahr** zu veräußern. Über die Verweisungsvorschrift des §71d AktG gilt diese Veräußerungspflicht auch für diejenigen Aktien, die von Dritten (zu Ausnahmen s. §71d AktG Rdn. 14) entgegen §71 AktG verbotswidrig erworben wurden (s. Rdn. 2). Nach h. M. unterfallen der Regelung des §71c Abs. 1 AktG auch solche eigenen Aktien, die die AG entgegen §56 AktG originär im Rahmen der Gründung gezeichnet bzw. im Rahmen einer Kapitalerhöhung übernommen hat (s. §56 Rdn. 11 sowie *Hüffer/Koch* AktG, §71c Rn. 3; MüKo AktG/*Oechsler* §71c Rn. 6). Zudem ist §71c AktG entsprechend anzuwenden, wenn der Vorstand seiner Verpflichtung aus §71 Abs. 3 Satz 2 AktG in Bezug auf die Ausgabe von eigenen Aktien an Arbeitnehmer der AG nicht nachgekommen ist (s. §71 AktG Rdn. 43 a. E. sowie MüKo AktG/*Oechsler* §71c Rn. 7; a.A. *Hüffer/Koch* AktG, §71c Rn. 3).

II. Veräußerungspflicht nach Abs. 2

4   Abs. 2 setzt – trotz des unvollständigen Wortlautes – voraus, dass die AG die eigenen Aktien sowohl nach §71 Abs. 1 **als auch nach Abs. 2** in zulässiger Weise erworben hat (MüKo AktG/*Oechsler* §71c Rn. 9). Dies kommt insbesondere bei einem zulässigen und unbeschränkten Rückerwerb von Aktien nach §71 Abs. 1 Nr. 4 bis Nr. 6 AktG in Betracht (*Hüffer/Koch* AktG, §71c Rn. 4; MüKo AktG/*Oechsler* §71c Rn. 9). Auch wenn es sich um einen zulässigen Erwerb eigener Aktien handelt, besteht nach Abs. 2 eine **Veräußerungspflicht**, wenn auf die zulässig erworbenen Aktien **mehr als 10% des Grundkapitals** der AG entfallen. In die 10%-Grenze sind nur diejenigen Aktien einzurechnen, die von der AG in zulässiger Weise erworben worden sind, nicht hingegen die verbotswidrig erworbenen eigenen Aktien (MüKo AktG/*Oechsler* §71c Rn. 10). Nach §71d Satz 3 AktG sind auch diejenigen Aktien einzubeziehen, die von den in §71d AktG genannten Dritten gehalten werden (MüKo AktG/*Oechsler* §71c Rn. 10).

III. Fristberechnung

5   Sowohl die Jahresfrist nach Abs. 1 als auch die 3-Jahres-Frist nach Abs. 2 werden gem. §§ 187, 188 BGB berechnet (*Hüffer/Koch* AktG, §71c Rn. 5). Im Fall des Abs. 1 ist die Frist für jede einzelne Aktie gesondert zu berechnen. Sie beginnt jeweils mit dem Tag zu laufen, mit dem die AG die eigene Aktie verbotswidrig erworben hat (*Hüffer/Koch* AktG, §71c Rn. 5; MüKo AktG/*Oechsler* §71c Rn. 11; AnwK-AktR/*Block* §71c Rn. 4). Im Fall des Abs. 2 beginnt die Frist erst an dem Tag zu laufen, an dem der Aktienbestand die 10%-Grenze erstmals überschritten hat (*Hüffer/Koch* AktG, §71c Rn. 5; MüKo AktG/*Oechsler* §71c Rn. 12).

C. Durchführung der Veräußerung

I. Anwendungsbereich

§ 71c AktG enthält keine Regelungen, in welcher Art und Weise eine Veräußerung zu erfolgen hat (*Hüffer/Koch* AktG, § 71c Rn. 6). Wie bereits unter § 71 AktG Rdn. 29 dargestellt, ist danach zu differenzieren, ob eine unfreiwillige Veräußerung oder eine freiwillige Veräußerung erfolgt. Seit dem Inkrafttreten des KonTraG sind in § 71 Abs. 1 Nr. 8 Satz 3 bis 5 AktG Regelungen enthalten, zu welchen Bedingungen die AG eine **freiwillige Veräußerung** von eigenen Aktien durchführen kann (s. § 71 AktG Rdn. 29 ff. sowie MüKo AktG/*Oechsler* § 71c Rn. 20). Damit ist § 71 Abs. 1 Nr. 8 Satz 3 bis 5 AktG die speziellere Norm für freiwillige Veräußerungen, sodass § 71c AktG nur noch auf eine **unfreiwillige** Veräußerung anzuwenden ist (MüKo AktG/*Oechsler* § 71c Rn. 26). **Unfreiwillig** ist eine Veräußerung immer dann, wenn die AG nach § 71c AktG verpflichtet ist, die Aktien zu veräußern, gleichgültig ob diese Verpflichtung aus Abs. 1 oder aus Abs. 2 resultiert. Die Veräußerungspflicht ist eine **Geschäftsführungsmaßnahme**, sodass die Verpflichtung von dem Vorstand der AG zu erfüllen ist (*Hüffer/Koch* AktG, § 71c Rn. 6; MüKo AktG/*Oechsler* § 71c Rn. 15).

6

II. Zuständigkeit und Auswahl der Aktien

Die Art und Weise der Durchführung einer unfreiwilligen Veräußerung steht grundsätzlich im **Ermessen des Vorstandes** (*Hüffer/Koch* AktG, § 71c Rn. 6; MüKo AktG/*Oechsler* § 71c Rn. 15), wobei der Vorstand sowohl bei der Auswahl der Erwerber der Aktien als auch bei der Auswahl der zu veräußernden Aktien selbst bestimmte Voraussetzungen zu beachten hat. Hat eine Veräußerung nach Abs. 1 zu erfolgen, so ist der Vorstand verpflichtet, exakt diejenigen Aktien zu veräußern, die von der AG verbotswidrig nach § 71 Abs. 1 oder 2 AktG erworben wurden (MüKo AktG/*Oechsler* § 71c Rn. 13). Erfolgt eine Veräußerung hingegen nach Abs. 2, so ist es dem Vorstand freigestellt, welche eigenen Aktien veräußert werden sollen (MüKo AktG/*Oechsler* § 71c Rn. 14).

7

III. Auswahl des Erwerbers

1. Veräußerung bei nichtigen Verpflichtungsgeschäften

Der Vorstand ist in seiner Entscheidung, an welchen Erwerber die eigenen Aktien in Erfüllung der Verpflichtung aus § 71c AktG veräußert werden sollen, nicht frei. Handelt es sich um eigene Aktien, die von der AG entgegen § 71 Abs. 1 oder 2 AktG erworben wurden, so ist vorrangig die aus § 71 Abs. 4 AktG resultierende **Nichtigkeit des Verpflichtungsgeschäfts** zu berücksichtigen (s. § 71 AktG Rdn. 47). Daraus folgt, dass der Vorstand nach h. M. verpflichtet ist, die Aktie derjenigen Person zum Erwerb anzubieten, von der die AG die Aktie verbotswidrig erworben hat (*Hüffer/Koch* AktG, § 71c Rn. 7; MüKo AktG/*Oechsler* § 71c Rn. 16). Verstößt der Vorstand gegen diese Andienungspflicht, so ist eine anderweitige Veräußerung zwar wirksam, die AG kann sich aber aufgrund zivilrechtlicher Ansprüche (§§ 819 Abs. 1, 818 Abs. 4, 989, 992 BGB) gegenüber dem ehemaligen Verkäufer schadensersatzpflichtig machen (*Hüffer/Koch* AktG, § 71c Rn. 5; MüKo AktG/*Oechsler* § 71c Rn. 16). Nur wenn der ehemalige Verkäufer nicht bereit ist, die Aktie zu erwerben oder dieser nicht ausfindig zu machen ist, ist der Vorstand berechtigt, die Aktie auch an eine andere Person zu veräußern (MüKo AktG/*Oechsler* § 71c Rn. 17).

8

2. Erfüllbarkeit von Zweckbindungen

Sind die eigenen Aktien nicht an den vorherigen Aktionär zu veräußern, ist im zweiten Schritt zu prüfen, zu welchem Zweck die eigenen Aktien nach § 71 Abs. 1 AktG erworben wurden. Ist es dem Vorstand möglich, diesen Zweck mit der Veräußerung der Aktie zu erfüllen, so ist er verpflichtet, die Aktie entsprechend der Zweckbestimmung zu veräußern. Dies kommt in Betracht, wenn die Aktien nach § 71 Abs. 1 Nr. 2 AktG auf Arbeitnehmer, nach § 71 Abs. 1 Nr. 3 AktG als Abfindung an außenstehende Aktionäre, nach § 71 Abs. 1 Nr. 4 AktG auf den Kommittenten zur Durchführung der Einkaufskommission oder entsprechend einer Zweckermächtigung nach § 71 Abs. 1 Nr. 8 AktG zu übertragen sind (MüKo AktG/*Oechsler* § 71c Rn. 18).

9

3. Freie Veräußerung

10 Erst wenn feststeht, dass weder ein nichtiges Rechtsgeschäft nach § 71 Abs. 4 AktG vorliegt, noch eine Zweckbestimmung mit der Aktie zu erfüllen ist, ist der Vorstand berechtigt und verpflichtet, die Aktie **auf Dritte** zu übertragen. Bereits vor der Einführung des § 71 Abs. 1 Nr. 8 AktG war anerkannt, dass der Vorstand im Rahmen der Veräußerung nach § 71c AktG den **Gleichbehandlungsgrundsatz** des § 53a AktG zu beachten hat und verpflichtet ist, den höchsten realisierbaren Kaufpreis zu erzielen. Jedenfalls ist es seit dem KonTraG sachgerecht, dass der Vorstand bei der Veräußerungspflicht der Aktien nach § 71c AktG verpflichtet ist, die in § 71 Abs. 1 Nr. 8 Satz 3 bis 5 aufgestellten Bedingungen entsprechend bzw. analog anzuwenden (so MüKo AktG/*Oechsler* § 71c Rn. 20). Der Vorstand ist damit primär verpflichtet, die Aktien **über die Börse** zu veräußern (*Hüffer/Koch* AktG, § 71c Rn. 7). Kann eine Veräußerung über die Börse nicht erfolgen, so hat der Vorstand den Gleichbehandlungsgrundsatz gem. § 53a AktG nur dann nicht zu beachten, wenn ein Ermächtigungsbeschluss nach §§ 71 Abs. 1 Nr. 8 Satz 5 i. V. m. 186 Abs. 3 und Abs. 4 AktG vorliegt, nach dem unter bestimmten sachlichen Voraussetzungen ein Bezugsrechtsausschluss der Aktionäre gerechtfertigt ist (s. § 71 AktG Rdn. 32 sowie MüKo AktG/*Oechsler* § 71c Rn. 20).

D. Einziehung der Aktien, Abs. 3

11 Kann innerhalb der in Abs. 1 und Abs. 2 genannten Fristen eine Veräußerung der Aktien nicht erfolgen, so ist der Vorstand verpflichtet, die eigenen Aktien **unverzüglich** nach den Bestimmungen der §§ 237 ff. AktG einzuziehen (*Hüffer/Koch* AktG, § 71c Rn. 8). Die Einziehung setzt nach § 237 Abs. 2 AktG einen Hauptversammlungsbeschluss voraus. Für ein unverzügliches Handeln ist es ausreichend, wenn die Verwaltung die Einziehung als gesonderten Punkt auf die Tagesordnung der nächsten anstehenden (ordentlichen) Hauptversammlung setzt (*Hüffer/Koch* AktG, § 71c Rn. 8; MüKo AktG/*Oechsler* § 71c Rn. 22). Solange der Beschluss nicht getroffen wurde, ist es dem Vorstand auch nach dem Ablauf der in § 71 Abs. 1 und Abs. 2 AktG genannten Fristen weiterhin möglich, die Aktien (nunmehr unverzüglich) zu veräußern; erst der Hauptversammlungsbeschluss bindet den Vorstand, die eigenen Aktien nur noch einziehen zu dürfen (MüKo AktG/*Oechsler* § 71c Rn. 23).

E. Verstöße gegen § 71c AktG

12 Sowohl ein Verstoß gegen die Veräußerungspflicht als auch ein Verstoß gegen die Einziehungspflicht stellen sich als Ordnungswidrigkeiten nach § 405 Abs. 1 Nr. 4b und Nr. 4c AktG dar, die mit einer Geldbuße bis zu 25.000,- € geahndet werden können. Daneben können sich Verstöße gegen § 71c AktG auch als Pflichtverletzung des Vorstandes und ggf. des Aufsichtsrates nach § 93 AktG darstellen, die zu Schadensersatzansprüchen führen können. Ferner kann der Vorstand nach § 407 AktG zur Durchsetzung der Verpflichtungen aus § 71c AktG durch die Festsetzung eines Zwangsgelds (bis zu 5.000,- €) angehalten werden.

§ 71d Erwerb eigener Aktien durch Dritte

¹Ein im eigenen Namen, jedoch für Rechnung der Gesellschaft handelnder Dritter darf Aktien der Gesellschaft nur erwerben oder besitzen, soweit dies der Gesellschaft nach § 71 Abs. 1 Nr. 1 bis 5, 7 und 8 und Abs. 2 gestattet wäre. ²Gleiches gilt für den Erwerb oder den Besitz von Aktien der Gesellschaft durch ein abhängiges oder ein im Mehrheitsbesitz der Gesellschaft stehendes Unternehmen sowie für den Erwerb oder den Besitz durch einen Dritten, der im eigenen Namen, jedoch für Rechnung eines abhängigen oder eines im Mehrheitsbesitz der Gesellschaft stehenden Unternehmens handelt. ³Bei der Berechnung des Anteils am Grundkapital nach § 71 Abs. 2 Satz 1 und § 71c Abs. 2 gelten diese Aktien als Aktien der Gesellschaft. ⁴Im übrigen gelten § 71 Abs. 3 und 4, §§ 71a, 71b und 71c sinngemäß. ⁵Der Dritte oder das Unternehmen hat der Gesellschaft auf ihr Verlangen das Eigentum an den Aktien zu verschaffen. ⁶Die Gesellschaft hat den Gegenwert der Aktien zu erstatten.

Übersicht

	Rdn.
A. Überblick	1
B. Tatbestandsvoraussetzungen	2
C. Rechtsfolgen, S. 3 bis 6	6
I. Mittelbare Stellvertretung, Verhältnis zu § 71a Abs. 2 AktG	6
II. Anwendbarkeit bei Tochterunternehmen	7
III. Zurechnung nach Satz 3	8
IV. Verweisungsnorm, S. 4	9

	Rdn.
1. Anwendung des § 71 Abs. 3 AktG	10
2. Anwendung des § 71 Abs. 4 AktG	11
3. Anwendung des § 71a AktG	12
4. Anwendung des § 71b AktG	13
5. Anwendung des § 71c AktG	14
V. Herausgabe- und Erstattungsanspruch nach Satz 5 und 6	15

A. Überblick

§ 71d AktG betrifft – wie auch § 71a AktG – Umgehungsgeschäfte, bei denen nicht die AG, sondern einer der in § 71d AktG genannten Dritten Aktien an der AG erwirbt (*Hüffer/Koch* AktG, § 71d Rn. 1). § 71d AktG ist zugleich Verbots- und Erlaubnisnorm (*Hüffer/Koch* AktG, § 71d Rn. 2). Der Erwerb von Aktien durch Dritte ist mit den sich aus Satz 3 bis 6 ergebenden Rechtsfolgen zulässig, wenn auch die AG nach § 71 Abs. 1 und 2 AktG berechtigt wäre, die eigenen Aktien wirksam zu erwerben (*Hüffer/Koch* AktG, § 71d Rn. 2). Die Rechtsfolgen der Satz 3 bis 6 sind nicht nur auf eigene Aktien anzuwenden, die im Wege eines derivativen Erwerbs erworben werden, sondern auch auf solche Aktien, die im Zuge der Gründung oder einer Kapitalerhöhung entgegen der in § 56 Abs. 1 und 2 enthaltenen Verbote übernommen werden (s. § 56 AktG Rdn. 2, 3 und 11 sowie *Hüffer/Koch* AktG, § 71d Rn. 18). 1

B. Tatbestandsvoraussetzungen

§ 71d AktG enthält drei unterschiedliche Varianten, in denen eine Umgehung der Rechtsfolgen der §§ 71 ff. AktG durch den Erwerb von eigenen Aktien über die Einschaltung von Dritten in Betracht kommt. Satz 1 erfasst Fälle, in denen die Aktien von einem **mittelbaren Stellvertreter** erworben werden. Mittelbare Stellvertretung liegt vor, wenn ein Dritter die Aktien zwar im eigenen Namen, aber für Rechnung der AG erwirbt oder besitzt (*Hüffer/Koch* AktG, § 71d Rn. 2). 2

Nach Satz 2, 1. Alt. gilt das Umgehungsverbot auch für **Tochterunternehmen** der AG, bei denen es sich einerseits um abhängige Unternehmen gem. § 17 AktG sowie andererseits um Unternehmen handeln kann, die im Mehrheitsbesitz gem. § 16 AktG stehen (*Hüffer/Koch* AktG, § 71d Rn. 5; MüKo AktG/*Oechsler* § 71d Rn. 23). Das Umgehungsverbot Satz 2, 2. Alt. ferner dann anzuwenden, wenn der mittelbare Stellvertreter (s. Rdn. 6) nicht für Rechnung der AG, sondern für Rechnung eines Tochterunternehmens (s. Rdn. 7) handelt. Hingegen besteht keine Notwendigkeit, den Tatbestand des § 71d AktG auch auf Fälle auszudehnen, in denen das Tochterunternehmen die Aktien der AG nicht auf eigene Rechnung, sondern als mittelbare Stellvertreterin auf Rechnung der AG erwirbt). Diese Fälle werden bereits über Satz 2, 1. Alt. erfasst, da es insoweit nur darauf ankommt, dass das Tochterunternehmen die Aktien an der AG hält.

Allen drei Varianten ist gemein, dass nach § 71d AktG **hypothetisch** zu fragen ist, ob es der AG selbst gestattet gewesen wäre, die von den Dritten erworbenen Aktien nach § 71 Abs. 1 Nr. 1 bis 5, Nr. 7 und Nr. 8 sowie nach § 71 Abs. 2 AktG zu erwerben (MüKo AktG/*Oechsler* § 71d Rn. 35). Hätte die AG die eigenen Aktien selbst erwerben dürfen, so steht fest, dass auch der Erwerb der Aktien durch den Dritten zulässig ist. 3

Unzulässig ist somit ein Erwerb der Aktien durch Dritte, wenn mit dem Erwerb entweder keiner der in § 71 Abs. 1 AktG genannten Zwecke oder der in § 71 Abs. 1 Nr. 6 AktG genannte Zweck des Erwerbs zur Einziehung der Aktien verfolgt wird (*Hüffer/Koch* AktG, § 71d Rn. 3). Zudem ergibt sich aufgrund des Erwerbs durch einen Dritten die Besonderheit, dass im Rahmen der Tatbestände des § 71 Abs. 1 AktG danach zu fragen ist, ob die dort genannten Voraussetzungen (wie bspw. der drohende Schaden im Fall des § 71 Abs. 1 Nr. 1 AktG) bei der AG oder dem Dritten erfüllt sein müssen (s. dazu ausführl. MüKo AktG/*Oechsler* § 71d Rn. 36) 4

5 Zusätzlich darf sich der (hypothetische) Erwerb der Aktien durch die AG nicht als Verstoß gegen § 71 Abs. 2 AktG darstellen. In die in § 71 Abs. 2 Satz 1 AktG enthaltene 10 %-Grenze (s. § 71 AktG Rdn. 37) sind nach § 71d Satz 3 AktG nicht nur die von der AG, sondern auch die von den in § 71d AktG genannten Dritten gehaltenen Aktien einzurechnen (*Hüffer/Koch* AktG, § 71d Rn. 13; MüKo AktG/*Oechsler* § 71d Rn. 47). Bei der Kapitalgrenze des § 71 Abs. 2 Satz 2 AktG (s. § 71 AktG Rdn. 38 f.) ist zu beachten, dass die (auch nach der Gesetzesänderung des Bilanzrechtsmodernisierungsgesetz weiterhin gedanklich zu bildende) Rücklage (s. § 71a AktG Rdn. 7) nicht bei dem mittelbaren Stellvertreter bzw. dem Tochterunternehmen, sondern bei der AG abgebildet werden muss, wobei es nur auf die hypothetische Möglichkeit der Rücklagenbildung ankommt, diese also nicht tatsächlich auch zu bilden ist (*Hüffer/Koch* AktG, § 71d Rn. 4; MüKo AktG/*Oechsler* § 71d Rn. 47). Soweit es sich nicht um einen Erwerb nach § 71 Abs. 1 Nr. 3 oder Nr. 5 AktG handelt, ist der Erwerb der Aktien durch den mittelbaren Stellvertreter oder das Tochterunternehmen nur dann gem. § 71 Abs. 2 Satz 3 AktG zulässig (s. § 71 AktG Rdn. 40), wenn auf die zu erwerbenden Aktien der volle Ausgabebetrag geleistet worden ist (*Hüffer/Koch* AktG, § 71d Rn. 4; MüKo AktG/*Oechsler* § 71d Rn. 48).

C. Rechtsfolgen, S. 3 bis 6

I. Mittelbare Stellvertretung, Verhältnis zu § 71a Abs. 2 AktG

6 Ergibt sich, dass die AG die Aktien (hypothetisch) nicht wirksam hätte erwerben können, so liegt ein Verstoß gegen § 71 Abs. 1 und 2 AktG vor. Wird der Verstoß durch einen mittelbaren Stellvertreter der AG bzw. durch einen mittelbaren Stellvertreter eines Tochterunternehmens begangen, so **kollidieren die Rechtsfolgen** aus § 71d AktG mit den Rechtsfolgen aus dem ebenfalls erfüllten Verbotstatbestand des § 71a Abs. 2 AktG (s. § 71a AktG Rdn. 10 sowie *Hüffer/Koch* AktG, § 71d Rn. 9; MüKo AktG/*Oechsler* § 71d Rn. 3). Damit stellt sich die Frage nach dem **Verhältnis von § 71a Abs. 2 AktG zu § 71d AktG**. Nach der h. M. geht § 71a Abs. 2 AktG der Regelung des § 71d AktG vor (*Hüffer/Koch* AktG, § 71d Rn. 8; MüKo AktG/*Oechsler* § 71d Rn. 3). Erfolgte der Erwerb durch den mittelbaren Stellvertreter in gesetzwidriger Weise, also in Fällen, in denen auch die AG die eigenen Aktien nicht nach § 71 Abs. 1 und Abs. 2 AktG hätte erwerben dürfen, so ergeben sich die daraus resultierenden Rechtsfolgen nicht aus § 71d Satz 3 bis 6 AktG, sondern aus § 71a Abs. 2 AktG (s. § 71a AktG Rdn. 10 sowie *Hüffer/Koch* AktG, § 71d Rn. 9). Die von dem mittelbaren Stellvertreter gehaltenen Aktien sind damit nicht dem Bestand der AG zum Zwecke der Berechnung der in § 71 Abs. 2 Satz 1 AktG genannten 10 %-Grenze zuzurechnen. Einzige Ausnahme ist, dass § 71b AktG – Ruhen sämtlicher Rechte aus der Aktie (insbesondere Stimm- und Dividendenrechte) – solange auf die von dem mittelbaren Stellvertreter gehaltenen Aktien anzuwenden ist, solange sich dieser nicht vollständig von dem nichtigen Rechtsgeschäft mit der AG bzw. dem Tochterunternehmen gelöst hat (s. § 56 AktG Rdn. 17 f.; § 71a AktG Rdn. 13 sowie *Hüffer/Koch* AktG, § 71d Rn. 10; MüKo AktG/*Oechsler* § 71d Rn. 15). § 71d AktG ist damit nur in den Fällen auf mittelbare Stellvertreter anzuwenden, in denen ein Verstoß gegen § 71a Abs. 2 AktG nicht vorliegt.

II. Anwendbarkeit bei Tochterunternehmen

7 Wurden die eigenen Aktien nicht von einem mittelbaren Stellvertreter, sondern von einem Tochterunternehmen der AG erworben, so sind die Rechtsfolgen des Satz 3 bis 6 zwingend und unabhängig von der Frage anzuwenden, ob die AG ihrerseits berechtigt gewesen wäre, die eigenen Aktien nach § 71 Abs. 1 und 2 AktG zu erwerben.

III. Zurechnung nach Satz 3

8 S. 3 bestimmt, dass sämtliche von den Tochterunternehmen sowie den mittelbaren Stellvertretern gehaltenen Aktien wie eigene Aktien der AG zu behandeln sind und in die 10 %-Grenze des § 71 Abs. 2 Satz 1 AktG einzubeziehen sind. Dies gilt nicht für Aktien, die von den mittelbaren Stellvertretern nicht für Rechnung der AG gehalten werden bzw. die von den mittelbaren Stellvertretern unter Verstoß gegen § 71a Abs. 2 AktG erworben wurden (MüKo AktG/*Oechsler* § 71d Rn. 7, 50).

Einzubeziehen sind hingegen solche Aktien, die ein Tochterunternehmen bereits zu einem Zeitpunkt erworben hatte, zu dem das Tochterunternehmen noch nicht die Voraussetzungen des §16 bzw. §17 AktG erfüllt hatte (MüKo AktG/*Oechsler* §71d Rn. 50).

IV. Verweisungsnorm, S. 4

Satz 4 stellt sich als komplexe Verweisungsnorm dar, mit der bestimmt wird, dass die §§ 71 Abs. 3 und 4, 71a bis 71c AktG sinngemäß zur Anwendung kommen. **9**

1. Anwendung des § 71 Abs. 3 AktG

Aus der sinngemäßen Anwendung des § 71 Abs. 3 AktG folgt, dass die in § 71 Abs. 3 Satz 1 AktG enthaltene **Berichtspflicht** im Fall des Erwerbs nach § 71 Abs. 1 Nr. 1 und Nr. 8 AktG auch in Bezug auf die von den Dritten gehaltenen Aktien zur Anwendung kommt, wobei nicht nur diese Berichtspflicht (*Hüffer/Koch* AktG, §71d Rn. 14; MüKo AktG/*Oechsler* §71d Rn. 9, 51), sondern auch die in §71 Abs. 3 Satz 3 AktG enthaltene Unterrichtungspflicht der BaFin nicht von dem Dritten, sondern von dem Vorstand der AG zu erfüllen ist (MüKo AktG/*Oechsler* §71d Rn. 11, 53). Die in §71 Abs. 3 Satz 2 AktG enthaltene Verpflichtung zur Ausgabe von Aktien an Arbeitnehmer innerhalb der Jahresfrist ist ebenfalls auf Aktien anzuwenden, die von Dritten erworben wurden, wobei die **Ausgabepflicht** von der AG (und nicht von dem Dritten) zu erfüllen ist (str.; wie hier *Hüffer/Koch* AktG, §71d Rn. 15; MüKo AktG/*Oechsler* §71d Rn. 53). **10**

2. Anwendung des § 71 Abs. 4 AktG

§71 Abs. 4 AktG ist nur auf Tochterunternehmen anzuwenden, da die Norm einen Verstoß gegen §71 Abs. 1 und 2 AktG voraussetzt, was wiederum die Anwendbarkeit des §71d AktG auf mittelbare Stellvertreter ausschließt (s. Rdn. 6). Die in §71 AktG Rdn. 45 ff. zu §71 Abs. 4 AktG dargestellten Rechtsfolgen gelten entsprechend, wenn die Aktien nicht von der AG, sondern von einem Tochterunternehmen erworben werden, sodass das Tochterunternehmen zwar rechtliche Inhaberin der Aktien werden kann, sich aber einem Rückforderungsanspruch des Veräußerers nach §§ 812 ff. BGB ausgesetzt sieht. Ob der Veräußerer für die Rückzahlung des empfangenen Kaufpreises nach §§ 812 ff. BGB oder nach §62 AktG in Anspruch zu nehmen ist, soll nach der h. M. davon abhängen, ob es sich auch bei dem Tochterunternehmen um eine AG handelt (*Hüffer/Koch* AktG, §71d Rn. 16). Da §71d AktG eine Umgehungsvorschrift darstellt, sprechen die besseren Gründe dafür, den Sachverhalt so zu unterstellen, als ob der Veräußerer die Aktien an die AG veräußert hätte und §62 AktG somit unabhängig von der Rechtsform des Tochterunternehmens anzuwenden ist (a. A. MüKo AktG/*Oechsler* §71d Rn. 55). Ansprüche gegenüber dem Veräußerer kann aber nur das Tochterunternehmen, nicht auch die AG geltend machen (*Hüffer/Koch* AktG, §71d Rn. 16; MüKo AktG/*Oechsler* §71d Rn. 55). **11**

3. Anwendung des § 71a AktG

§71a AktG ist nur in Bezug auf den Abs. 1 entsprechend anzuwenden. Abs. 2 kann bereits tatbestandlich nicht zur sinngemäßen Anwendung kommen (s. Rdn. 6 sowie *Hüffer/Koch* AktG, §71d Rn. 17; MüKo AktG/*Oechsler* §71d Rn. 57). **12**

4. Anwendung des § 71b AktG

§71b AktG ist vollumfänglich und unabhängig von der Frage anzuwenden, ob der Dritte die Aktien rechtmäßig oder rechtswidrig (d.h. unter Verstoß gegen §71 Abs. 1 und 2) erworben hat (*Hüffer/Koch* AktG, §71d Rn. 18). Während dem Dritten Rechte aus den Aktien (nach richtiger Auffassung auch keine Dividendenrechte) nicht zustehen (MüKo AktG/*Oechsler* §71d Rn. 58), muss er jedoch sämtliche Pflichten aus den Aktien erfüllen (s. §71b AktG Rdn. 6). **13**

5. Anwendung des § 71c AktG

14 Die in § 71c Abs. 1 AktG enthaltene Veräußerungspflicht innerhalb der Jahresfrist (s. § 71c AktG Rdn. 3) ist nur auf Tochterunternehmen anzuwenden, welche Aktien verbotswidrig erworben haben (MüKo AktG/*Oechsler* § 71d Rn. 16, 60). Die in § 71c Abs. 2 AktG enthaltene Veräußerungspflicht innerhalb der 3-Jahres-Frist (s. § 71c AktG Rdn. 1, 4) ist sowohl auf mittelbare Stellvertreter als auch auf Tochterunternehmen anzuwenden, wenn diese die Aktien der AG ohne Verstoß gegen § 71 Abs. 1 und 2 AktG erworben haben (MüKo AktG/*Oechsler* § 71d Rn. 17, 61). Soweit der Veräußerungspflicht nach § 71c Abs. 1 oder 2 AktG nicht fristgerecht nachgekommen wurde, ist auch die in § 71c Abs. 3 AktG enthaltene Einziehungspflicht entsprechend anzuwenden (MüKo AktG/*Oechsler* § 71d Rn. 18, 62). Sämtliche in § 71c Abs. 1 bis 3 AktG enthaltenen Verpflichtungen sind aber ausschließlich von der AG zu erfüllen (*Hüffer/Koch* AktG, § 71d Rn. 19; MüKo AktG/*Oechsler* § 71d Rn. 16 ff., 60 ff.).

V. Herausgabe- und Erstattungsanspruch nach Satz 5 und 6

15 Damit die AG ihren aus § 71c AktG resultierenden Verpflichtungen nachkommen kann, ist der Dritte (mittelbarer Stellvertreter oder Tochterunternehmen) auf Verlangen der AG gem. Satz 5 verpflichtet, der AG das **Eigentum** (bzw. die Inhaberschaft) an den Aktien **zu verschaffen**. Bei dem Verlangen handelt es sich um eine **empfangsbedürftige, einseitige Gestaltungserklärung** der AG (*Hüffer/Koch* AktG, § 71d Rn. 21; MüKo AktG/*Oechsler* § 71d Rn. 64). Solange dem Dritten das Verlangen der AG nicht zugegangen ist, ist er nicht daran gehindert, die Aktien anderweitig zu veräußern (MüKo AktG/*Oechsler* § 71d Rn. 67). Das Tochterunternehmen kann sich damit sowohl einem Herausgabeverlangen der AG nach Satz 5 als auch einem (vorrangig zu befriedigenden) Herausgabeverlangen des Veräußerers der Aktie nach §§ 812 ff. BGB ausgesetzt sehen (s. Rdn. 11 sowie MüKo AktG/*Oechsler* § 71d Rn. 66). Wird die Aktie aufgrund des Übertragungsverlangens auf die AG übertragen, so hat die AG dem Dritten den **Gegenwert der Aktien** gem. Satz 6 zu erstatten. Nach allerdings umstrittener Rechtsauffassung richtet sich der Gegenwert der Aktie nach dem Verkehrs- oder Kurswert der Aktie zum Zeitpunkt des Erwerbs durch den mittelbaren Stellvertreter bzw. das beherrschte Unternehmen und nicht zum Zeitpunkt der Übertragung der Aktien auf die AG (MüKo AktG/*Oechsler* § 71d Rn. 69; *Hüffer/Koch* AktG, § 71d Rn. 22).

§ 71e Inpfandnahme eigener Aktien

(1) ¹Dem Erwerb eigener Aktien nach § 71 Abs. 1 und 2, § 71d steht es gleich, wenn eigene Aktien als Pfand genommen werden. ²Jedoch darf ein Kreditinstitut oder Finanzdienstleistungsinstitut im Rahmen der laufenden Geschäfte eigene Aktien bis zu dem in § 71 Abs. 2 Satz 1 bestimmten Anteil am Grundkapital als Pfand nehmen. ³§ 71a gilt sinngemäß.

(2) ¹Ein Verstoß gegen Absatz 1 macht die Inpfandnahme eigener Aktien unwirksam, wenn auf sie der Ausgabebetrag noch nicht voll geleistet ist. ²Ein schuldrechtliches Geschäft über die Inpfandnahme eigener Aktien ist nichtig, soweit der Erwerb gegen Absatz 1 verstößt.

Übersicht	Rdn.		Rdn.
A. Überblick	1	4. Umgehungsgeschäfte, § 71e Abs. 1 Satz 3 AktG	7
B. Inpfandnahme durch AG, Abs. 1 Satz 1	2	C. Rechtsfolgen, Abs. 2	8
I. Inpfandnahme	2	I. Unwirksamkeit der Inpfandnahme, Abs. 2 Satz 1	8
II. Zulässigkeit der Inpfandnahme	3	II. Nichtigkeit der Inpfandnahme, Abs. 2 Satz 2	9
1. Inpfandnahme nach § 71 Abs. 1 AktG	3	III. Wirksamkeit der Inpfandnahme	10
2. Inpfandnahme nach § 71 Abs. 2 AktG	4	D. Inpfandnahme durch Dritte, Abs. 1 Satz 1	12
3. Ausnahme, § 71e Abs. 1 Satz 2 AktG	6		

A. Überblick

Nach § 71e AktG ist die Inpfandnahme eigener Aktien durch die AG so zu behandeln, als wenn die AG die Aktien als eigene erworben hätte. Dies gilt über die Verweisung Abs. 1 Satz 1 zu § 71d AktG auch für die dort genannten Personen. Neben dem Zweck, Umgehungstatbestände auszuschließen, liegt der Hintergrund der Regelung des § 71e AktG in der Fallkonstellation, in der der AG eine Forderung gegenüber einem Dritten zusteht und die Rückzahlung der Forderung durch die Verpfändung der Aktien an der AG abgesichert wird. Die Werthaltigkeit der Sicherheit hängt damit von der wirtschaftlichen Situation der AG ab (*Hüffer/Koch* AktG, § 71e Rn. 1; MüKo AktG/*Oechsler* § 71e Rn. 1). 1

B. Inpfandnahme durch AG, Abs. 1 Satz 1

I. Inpfandnahme

Nach Abs. 1 Satz 1 ist es der AG nicht gestattet, eigene Aktien in Pfand zu nehmen, wenn sich die Inpfandnahme als Verstoß gegen § 71 Abs. 1 und 2 AktG darstellt. Unter Inpfandnahme sind nur **rechtsgeschäftliche Verpfändungen** zu verstehen (*Hüffer/Koch* AktG, § 71e Rn. 2; MüKo AktG/*Oechsler* § 71e Rn. 5), was regelmäßig durch die Bestellung eines Pfandrechts an den eigenen Aktien zur Besicherung einer Forderung der AG geschieht (MüKo AktG/*Oechsler* § 71e Rn. 5). Nicht erfasst sind hingegen gesetzliche Pfandrechte (MünchHdb GesR IV/*Wiesner* § 15 Rn. 24). 2

II. Zulässigkeit der Inpfandnahme

1. Inpfandnahme nach § 71 Abs. 1 AktG

Eine wirksame Inpfandnahme der Aktien muss zu den in § 71 Abs. 1 Nr. 1 bis 8 AktG genannten Zwecken erfolgen, was bei Nr. 2 (Belegschaftsaktien), Nr. 3 (Abfindungen) und Nr. 6 (Einziehung) von Anfang an ausscheidet (MüKo AktG/*Oechsler* § 71e Rn. 13 ff.; *Hüffer/Koch* AktG, § 71e Rn. 3). Ob Nr. 4, 1. Alt. in Betracht kommt, hängt davon ab, ob die Inpfandnahme der Aktien unentgeltlich erfolgt, was grundsätzlich nur dann zu bejahen ist, wenn die Inpfandnahme nach der Begründung der dem Pfandrecht zugrunde liegenden Forderung ohne ein gesondertes Entgelt vereinbart wird (MüKo AktG/*Oechsler* § 71e Rn. 14; AnwK-AktR/*Block* § 71e Rn. 9). Während eine Inpfandnahme nach § 71 Abs. 1 Nr. 1 (Schadensabwehr) und Nr. 5 (Gesamtrechtsnachfolge) AktG problemlos möglich ist, besteht Uneinigkeit darüber, ob auch eine Inpfandnahme zu den in Nr. 7 und Nr. 8 genannten Ermächtigungen zulässig ist. Da der Zweck des Nr. 7 im Wertpapierhandel (also im An- und Verkauf der Aktien) und der Zweck des Nr. 8 zumindest in dem Erwerb der Aktien liegt, kann eine wirksame Inpfandnahme nach § 71e AktG bei diesen beiden Ermächtigungen nicht stattfinden. Die Inpfandnahme von Aktien führt nämlich nicht zu einer Verfügungsbefugnis der AG über die Aktien, sodass Nr. 7 und Nr. 8 tatbestandlich nicht erfüllt sein können (a. A. MüKo AktG/*Oechsler* § 71e Rn. 17). 3

2. Inpfandnahme nach § 71 Abs. 2 AktG

Neben dem zulässigen Erwerb der Aktien nach § 71 Abs. 1 AktG müssen auch die Voraussetzungen des § 71 Abs. 2 AktG erfüllt sein. Welche Voraussetzungen konkret erfüllt sein müssen, hängt wiederum davon ab, zu welchem Zweck die Aktien verpfändet wurden. Die 10 %-Grenze ist unter den dort genannten Voraussetzungen einzuhalten. Die von der AG erworbenen eigenen Aktien und die von der AG in Pfand genommenen Aktien sind zur Berechnung der 10 %-Grenze zusammenzurechnen (*Hüffer/Koch* AktG, § 71e Rn. 4). 4

In Bezug auf die nach § 71 Abs. 2 Satz 2 AktG (auch nach der Gesetzesänderung des Bilanzrechtsmodernisierungsgesetz weiterhin gedanklich) zu bildende **Rücklage für eigene Anteile** ist zunächst streitig, ob diese tatsächlich zu bilden ist oder ob die AG nur hypothetisch dazu in der Lage sein muss. Die besseren Gründe sprechen für die hypothetische Bildung der Rücklage. Denn es ist zu berücksichtigen, dass die als Pfand genommenen Aktien in der Bilanz der AG nicht aktiviert wer- 5 den. Die AG wäre damit im Fall der Inpfandnahme der Aktien und einer tatsächlichen Rücklagenbildung bilanziell schlechtergestellt, als wenn sie keine Inpfandnahme und damit eine unbesicherte Forderung mit dem Schuldner vereinbart hätte. Diese Schlechterstellung ist vor dem Hintergrund des Gläubigerschutzes nicht gerechtfertigt (*Hüffer/Koch* AktG, §71e Rn. 4; a.A. MüKo AktG/*Oechsler* §71e Rn. 19). Die Rücklage ist nach h.M. grundsätzlich i.H.d. **Verkehrswertes der Aktie** zu bilden, wobei die Höhe der Rücklage durch die Höhe der in der Bilanz aktivierten Forderung (nebst Zinsen etc.) begrenzt ist, für die die Aktie verpfändet worden ist (a.A. MüKo AktG/*Oechsler* §71e Rn. 19).

3. Ausnahme, §71e Abs. 1 Satz 2 AktG

6   Eine Inpfandnahme ist nach der Ausnahmevorschrift des §71e Abs. 1 Satz 2 AktG auch zulässig, wenn ein Verstoß gegen §71 Abs. 1 und 2 AktG vorliegt. Voraussetzung ist aber, dass die Aktien von einem Kreditinstitut oder einem Finanzdienstleistungsunternehmen als Pfand genommen werden und die Inpfandnahme im Rahmen der laufenden Geschäfte erfolgt. Mit dieser Ausnahmevorschrift sollen Wettbewerbsnachteile einer Bank vermieden werden, die in der Rechtsform einer AG betrieben werden (*Hüffer/Koch* AktG, §71e Rn. 5; MüKo AktG/*Oechsler* §71e Rn. 24 ff.). Dennoch ist auch hier die 10%-Grenze des §71 Abs. 2 Satz 1 AktG zu beachten.

4. Umgehungsgeschäfte, §71e Abs. 1 Satz 3 AktG

7   Nach §71e Abs. 1 Satz 3 AktG ist §71a AktG entsprechend anzuwenden. Vielfach wird betont, dass der praktische Anwendungsbereich des §71a Abs. 1 AktG im Zusammenhang mit der Inpfandnahme von eigenen Aktien nicht zu sehen ist (MüKo AktG/*Oechsler* §71e Rn. 27). Es soll der AG nach §71a Abs. 1 AktG jedenfalls nicht gestattet sein, es einem Dritten durch einen Vorschuss, ein Darlehen oder durch die Stellung einer Sicherheit zu ermöglichen, Ansprüche der Gesellschaft und deren Besicherung durch Pfandrechte zu erwerben (*Hüffer/Koch* AktG, §71e Rn. 6). §71a Abs. 2 AktG ist demgegenüber sehr wohl auch im Rahmen der Inpfandnahme von Aktien praktisch anwendbar (MüKo AktG/*Oechsler* §71e Rn. 28). Liegt ein Verstoß gegen §71a Abs. 2 AktG vor, so die Inpfandnahme bereits nach §71a Abs. 2 AktG unwirksam (*Hüffer/Koch* AktG, §71e Rn. 6).

C. Rechtsfolgen, Abs. 2

I. Unwirksamkeit der Inpfandnahme, Abs. 2 Satz 1

8   Eine Inpfandnahme der Aktien ist nichtig, wenn ein Verstoß gegen Abs. 1 vorliegt und der Ausgabebetrag (inklusive eines Agios) auf die Aktien noch nicht vollständig geleistet worden ist, die als Pfand genommen werden sollen. Aus Abs. 2 Satz 1 resultiert nicht nur die **Nichtigkeit des Verpflichtungsgeschäftes**, sondern zudem auch die **Nichtigkeit des Verfügungsgeschäftes** (MüKo AktG/*Oechsler* §71e Rn. 29). Aktienurkunden, die an die AG zum Zwecke der Verpfändung der Aktien übergeben worden sind, können von dem Pfandrechtsschuldner nach §§985 ff. BGB herausverlangt werden. Im Umkehrschluss bedeutet Abs. 2 Satz 1, dass die dingliche Inpfandnahme der Aktie (mit Ausnahme im Fall des §71a Abs. 2 AktG) wirksam ist, wenn der Ausgabebetrag auf die Aktie vollständig geleistet worden ist. Die Rechtsfolgen für das Verpflichtungsgeschäft ergeben sich in diesen Fällen aus Abs. 2 Satz 2.

II. Nichtigkeit der Inpfandnahme, Abs. 2 Satz 2

9   Soweit das dingliche Rechtsgeschäft über die Verpfändung der Aktien wegen der vollständigen Einzahlung des Ausgabebetrages wirksam ist, hängt die Wirksamkeit des schuldrechtlichen Rechtsgeschäfts nach Abs. 2 Satz 2 davon ab, ob ein Verstoß gegen Abs. 1 vorliegt. Dies ist der Fall, wenn die Inpfandnahme der Aktien gegen §71 Abs. 1 und 2 AktG verstößt. Liegt ein solcher Verstoß vor, so ist das schuldrechtliche Rechtsgeschäft nach §71e Abs. 2 AktG nichtig (*Hüffer/Koch* AktG, §71e Rn. 7; MüKo AktG/*Oechsler* §71e Rn. 30). Unter dem schuldrechtlichen Rechtsgeschäft ist nicht dasjenige Rechtsgeschäft zu verstehen, welches dem Pfandrecht zugrunde liegt. Die Wirksamkeit

dieses Rechtsgeschäftes bleibt von der Nichtigkeit nach Abs. 2 Satz 2 unberührt (AnwK-AktR/*Block* § 71e Rn. 36). **Nichtig** ist vielmehr die (**Sicherungs-**) **Abrede** zwischen der AG als Pfandgläubiger und dem Dritten als Verpfänder über die Einräumung des Pfandrechts. Der Verpfänder ist nach §§ 812 ff. BGB berechtigt, die Aufhebung der Pfandrechtsbestellung sowie die Rückgabe der Aktienurkunden von der AG zu verlangen (*Hüffer/Koch* AktG, § 71e Rn. 7).

III. Wirksamkeit der Inpfandnahme

Liegt kein Verstoß gegen § 71 Abs. 1 und 2 AktG vor, so ist die Inpfandnahme der Aktien wirksam. 10
Nach § 71e Abs. 1 Satz 1 AktG sind die als Pfand genommenen Aktien so zu behandeln, als ob es sich um **eigene Aktien der AG** handelt. Auch wenn dies in § 71e AktG nicht ausdrücklich normiert ist, sind damit die Vorschriften der §§ 71 bis 71d AktG entsprechend anzuwenden. Daraus folgt, dass die als Pfand genommenen Aktien dem Bestand der AG nach § 71 Abs. 2 Satz 1 AktG hinzuzurechnen sind (*Hüffer/Koch* AktG, § 71e Rn. 8; MüKo AktG/*Oechsler* § 71e Rn. 18). Die AG ist nach § 160 Abs. 1 Satz 1 Nr. 2 AktG verpflichtet, über die Inpfandnahme der Aktien im Anhang des Jahresabschlusses zu berichten (MüKo AktG/*Oechsler* § 71e Rn. 21). Auch die **Berichtspflicht** nach § 71 Abs. 3 Satz 1 AktG ist vom Vorstand zu erfüllen, wenn der Zweck der Inpfandnahme aus § 71 Abs. 1 Nr. 1 oder Nr. 8 AktG (str., s. Rdn. 3 a. E.) resultiert und die Pflicht nicht bereits durch die Angaben im Anhang erfüllt wurde (s. § 71 AktG Rdn. 42 sowie MüKo AktG/*Oechsler* § 71e Rn. 21). § 71 Abs. 3 Satz 2 und 3 AktG sind nicht entsprechend anwendbar (MüKo AktG/*Oechsler* § 71e Rn. 21). Die Anwendbarkeit des § 71b AktG scheidet aus, da die Rechte aus der Aktie im Fall einer Inpfandnahme nicht auf den Pfandgläubiger (AG) übergehen, sondern bei dem Verpfänder verbleiben (*Hüffer/Koch* AktG, § 71e Rn. 8; MüKo AktG/*Oechsler* § 71e Rn. 23).

§ 71c Abs. 1 AktG ist nach h. M. nicht auf die Inpfandnahme von Aktien anzuwenden (*Hüffer/Koch* AktG, § 71e Rn. 8). Es ist aber streitig, ob § 71c Abs. 2 AktG anzuwenden ist, wenn die dort genannte 10%-Grenze unter Einrechnung der als Pfand genommenen Aktien überschritten wird. Die h. M. bejaht dies wegen der gesetzlichen Gleichstellung von eigenen Aktien und Aktien, die als Pfand genommen werden. § 71c Abs. 2 AktG gilt allerdings mit der Besonderheit, dass nicht die als Pfand genommenen Aktien, sondern nur die eigenen Aktien nach § 71c Abs. 2 und Abs. 3 AktG zu veräußern bzw. zu versteigern sind (*Hüffer/Koch* AktG, § 71e Rn. 8; a. A. MüKo AktG/*Oechsler* § 71e Rn. 23). 11

D. Inpfandnahme durch Dritte, Abs. 1 Satz 1

§ 71e AktG kommt auch dann zur Anwendung, wenn eine der in § 71d AktG genannten Personen 12
Aktien an der AG als Pfand nehmen. Dies kann entweder ein **Tochterunternehmen** der AG (s. § 71d AktG Rdn. 7) oder ein **mittelbarer Stellvertreter** (s. § 71d AktG Rdn. 6) sein, der für Rechnung der AG oder für Rechnung eines Tochterunternehmens handelt. Im Grundsatz gilt, dass es diesen Personen nur dann gestattet ist, Aktien der AG als Pfand zu nehmen, wenn die Inpfandnahme der AG auch selbst gestattet wäre (*Hüffer/Koch* AktG, § 71e Rn. 9; MüKo AktG/*Oechsler* § 71e Rn. 22). Auch bei der mittelbaren Stellvertretern ist die Differenzierung zwischen der Anwendbarkeit des § 71a Abs. 2 AktG und des § 71d AktG zu beachten (s. § 71a AktG Rdn. 10 sowie § 71d AktG Rdn. 6). Somit kommt bei der Inpfandnahme durch einen mittelbaren Stellvertreter ein Fall des § 71d AktG nur in Betracht, wenn nicht bereits eine Nichtigkeit der Inpfandnahme nach § 71a Abs. 2 AktG vorliegt und § 71e AktG damit von Anfang an nicht zur Anwendung kommt (MüKo AktG/*Oechsler* § 71e Rn. 22).

§ 72 Kraftloserklärung von Aktien im Aufgebotsverfahren

(1) ¹Ist eine Aktie oder ein Zwischenschein abhanden gekommen oder vernichtet, so kann die Urkunde im Aufgebotsverfahren nach dem Gesetz über das Verfahren in Familiensachen und in den Angelegenheiten der freiwilligen Gerichtsbarkeit für kraftlos erklärt werden. ²§ 799 Abs. 2 und § 800 des Bürgerlichen Gesetzbuchs gelten sinngemäß.

(2) Sind Gewinnanteilscheine auf den Inhaber ausgegeben, so erlischt mit der Kraftloserklärung der Aktie oder des Zwischenscheins auch der Anspruch aus den noch nicht fälligen Gewinnanteilscheinen.

(3) Die Kraftloserklärung einer Aktie nach §§ 73 oder 226 steht der Kraftloserklärung der Urkunde nach Absatz 1 nicht entgegen.

§ 73 Kraftloserklärung von Aktien durch die Gesellschaft

(1) ¹Ist der Inhalt von Aktienurkunden durch eine Veränderung der rechtlichen Verhältnisse unrichtig geworden, so kann die Gesellschaft die Aktien, die trotz Aufforderung nicht zur Berichtigung oder zum Umtausch bei ihr eingereicht sind, mit Genehmigung des Gerichts für kraftlos erklären. ²Beruht die Unrichtigkeit auf einer Änderung des Nennbetrags der Aktien, so können sie nur dann für kraftlos erklärt werden, wenn der Nennbetrag zur Herabsetzung des Grundkapitals herabgesetzt ist. ³Namensaktien können nicht deshalb für kraftlos erklärt werden, weil die Bezeichnung des Aktionärs unrichtig geworden ist. ⁴Gegen die Entscheidung des Gerichts ist die Beschwerde zulässig; eine Anfechtung der Entscheidung, durch die die Genehmigung erteilt wird, ist ausgeschlossen.

(2) ¹Die Aufforderung, die Aktien einzureichen, hat die Kraftloserklärung anzudrohen und auf die Genehmigung des Gerichts hinzuweisen. ²Die Kraftloserklärung kann nur erfolgen, wenn die Aufforderung in der in § 64 Abs. 2 für die Nachfrist vorgeschriebenen Weise bekanntgemacht worden ist. ³Die Kraftloserklärung geschieht durch Bekanntmachung in den Gesellschaftsblättern. ⁴In der Bekanntmachung sind die für kraftlos erklärten Aktien so zu bezeichnen, daß sich aus der Bekanntmachung ohne weiteres ergibt, ob eine Aktie für kraftlos erklärt ist.

(3) ¹An Stelle der für kraftlos erklärten Aktien sind, vorbehaltlich einer Satzungsregelung nach § 10 Abs. 5, neue Aktien auszugeben und dem Berechtigten auszuhändigen oder, wenn ein Recht zur Hinterlegung besteht, zu hinterlegen. ²Die Aushändigung oder Hinterlegung ist dem Gericht anzuzeigen.

(4) Soweit zur Herabsetzung des Grundkapitals Aktien zusammengelegt werden, gilt § 226.

Übersicht	Rdn.			Rdn.
A. Überblick	1	III.	Konkurrenzen, Abs. 3	12
I. Betroffene Wertpapiere	2	C.	**Kraftloserklärung nach § 73 AktG**	13
II. Regelungsinhalt	3	I.	Änderung der rechtlichen Verhältnisse, Abs. 1	13
III. Einfluss auf die Mitgliedschaft	5	II.	Verfahren der Kraftloserklärung	14
IV. Kostentragungspflicht	6		1. Vorüberlegungen	14
B. **Kraftloserklärung nach § 72 AktG**	7		2. Gerichtliche Genehmigung	15
I. Abhandenkommen oder Vernichtung, Abs. 1	7		3. Aufforderung zur Einreichung der Aktienurkunden	16
1. Voraussetzungen des Abs. 1	7		4. Bekanntmachung der Kraftloserklärung	17
2. Gerichtliches Aufgebotsverfahren	8			
3. Wirkungen des Ausschließungsbeschlusses	10	III.	Wirkungen der Kraftloserklärung	18
II. Gewinnanteilsscheine, Abs. 2	11			

A. Überblick

1 §§ 72 und 73 AktG beinhalten Voraussetzungen, unter denen eine **Kraftloserklärung von Aktienurkunden** zulässig ist. Dabei kann eine Kraftloserklärung nach § 72 AktG nur auf **Initiative des betroffenen Aktionärs**, eine Kraftloserklärung nach § 73 AktG hingegen nur auf **Initiative der AG** selbst stattfinden. §§ 72 und 73 AktG stehen – auch wenn sie unterschiedliche Regelungsgehalte aufweisen – in einem systematischen Zusammenhang zueinander.

I. Betroffene Wertpapiere

Beide Vorschriften beziehen sich sowohl auf **Aktienurkunden** (Inhaber- und Namensaktien) als auch auf **Zwischenscheine**, auch wenn §72 AktG nur die Zwischenscheine ausdrücklich erwähnt (*Hüffer/Koch* AktG, §72 Rn.2 sowie §73 Rn.2; MüKo AktG/*Oechsler* §72 Rn.16 sowie §73 Rn.3). Die separate Kraftloserklärung von auf den Inhaber lautenden **Gewinnanteilsscheinen** (Kupons) kann weder nach §72 AktG noch nach §73 AktG durchgeführt werden. Nicht damit zu verwechseln sind die gleichwohl eintretenden Rechtsfolgen, die sich aus einer Kraftloserklärung einer Aktienurkunde auf Gewinnanteils- und Erneuerungsscheine ergeben können (s. Rdn. 11).

2

II. Regelungsinhalt

Ziel des §72 AktG ist die Kraftloserklärung einer bestimmten Aktienurkunde zum Schutz desjenigen Aktionärs, dem seine Aktienurkunde **abhandengekommen** oder die **vernichtet** worden ist (*Hüffer/Koch* AktG, §72 Rn.1). Mit der Kraftloserklärung kann der betroffene Aktionär Rechtsnachteile verhindern, die sich für ihn aus dem Verlust oder der Vernichtung der Aktienurkunde ergeben können. Dabei ist insbesondere an das Risiko eines gutgläubigen Erwerbs sowie an Problembereiche zu denken, bei denen eine Rechtsausübung durch die Vorlage (Legitimation) der Aktienurkunde möglich ist (*Hüffer/Koch* AktG, §72 Rn.1).

3

Eigentliches Ziel des §73 **AktG** ist nicht die Kraftloserklärung der Aktienurkunde, sondern die **Berichtigung** oder der Umtausch einer in der Regel Vielzahl von Aktienurkunden, die durch eine Veränderung der rechtlichen Verhältnisse unrichtig geworden sind (MüKo AktG/*Oechsler* §73 Rn. 23). Um dieses Ziel verwirklichen zu können, bedarf es nur dann der Kraftloserklärung der Aktienurkunde, wenn sich der betroffene Aktionär nicht rechtzeitig bei der AG freiwillig gemeldet hat, um seine Aktie ohne formelle Kraftloserklärung berichtigen oder umtauschen zu lassen.

4

III. Einfluss auf die Mitgliedschaft

§§72 und 73 AktG haben Einfluss nur auf die **wertpapierrechtliche Verbriefung** der Mitgliedschaft, nicht jedoch auf das Mitgliedschaftsrecht selbst (*Hüffer/Koch* AktG, §73 Rn.6; MüKo AktG/*Oechsler* §72 Rn.14 sowie §73 Rn.31). Dies bedeutet, dass durch die bloße Kraftloserklärung einer Aktie weder ein Wechsel in der rechtlichen Inhaberschaft stattfindet, noch das Recht des Aktionärs eingeschränkt wird, die nunmehr unverkörperte Mitgliedschaft (s. §67 AktG Rdn.2) im Wege der Zession nach §§413, 398 BGB wirksam zu übertragen (MüKo AktG/*Oechsler* §73 Rn. 42).

5

IV. Kostentragungspflicht

Die Kosten im Zusammenhang mit einer Kraftloserklärung (Verfahrenskosten etc.) und der damit verbundenen Neuausgabe von Aktienurkunden hat im Fall des §72 AktG allein der Aktionär und im Fall des §73 AktG allein die AG zu tragen (MüKo AktG/*Oechsler* §73 Rn. 42).

6

B. Kraftloserklärung nach §72 AktG

I. Abhandenkommen oder Vernichtung, Abs. 1

1. Voraussetzungen des Abs. 1

Die Aktienurkunde oder der Zwischenschein müssen abhandengekommen oder vernichtet worden sein. Unter **abhandenkommen** ist – anders als bei §§858, 935 BGB – auch der **freiwillige Verlust** des unmittelbaren Besitzes zu verstehen (*Hüffer/Koch* AktG, §72 Rn.3; MüKo AktG/*Oechsler* §72 Rn.4). Die **Vernichtung** der Aktienurkunde bedeutet nicht nur deren vollständigen Substanzverlust, sondern umfasst auch eine Unidentifizierbarkeit, die aber über die nach §74 AktG vorgesehene Beschädigung oder Verunstaltung hinausgehen muss (*Hüffer/Koch* AktG, §72 Rn. 3; MüKo AktG/*Oechsler* §72 Rn. 5; MünchHdb GesR IV/*Wiesner* §12 Rn. 33).

7

2. Gerichtliches Aufgebotsverfahren

8 Liegen die Voraussetzungen des Abs. 1 Satz 1 vor, so konnte der betroffene Aktionär bisher ein gerichtliches **Aufgebotsverfahren nach §§ 1003 ff. ZPO** einleiten. Mit Wirkung zum 01.09.2009 wurde das Aufgebotsverfahren im Rahmen des Gesetzes zur Reform des Verfahrens in Familiensachen und den Angelegenheiten der freiwilligen Gerichtsbarkeit (FGG-Reformgesetz) neu geregelt. Das gerichtliche Aufgebotsverfahren richtet sich nunmehr nach den §§ 466 ff. FamFG. Zuständiges Gericht ist – wie bisher auch – das **Amtsgericht** am Sitz der Gesellschaft (*Hüffer/Koch* AktG, § 72 Rn. 4; MüKo AktG/*Oechsler* § 72 Rn. 6). **Antragsberechtigt** ist derjenige Aktionär, der gegenüber dem Gericht – notfalls auch durch die Abgabe einer eidesstattlichen Versicherung – nach § 468 FamFG glaubhaft machen kann, dass er im Fall von Inhaberaktien oder blanko indossierten Namensaktien (s. § 68 AktG Rdn. 3) der unmittelbare Besitzer der abhandengekommenen oder vernichteten Aktienurkunde gewesen ist OLG München, Beschl. v. 05.01.2012 – 34 Wx 369/11, AG 2012, 376; handelt es sich um eine Namensaktie mit Vollindossament, so hat sich die Berechtigung aus der Indossamentenkette oder aus Abtretungserklärungen zu ergeben (*Hüffer/Koch* AktG, § 72 Rn. 4; MüKo AktG/*Oechsler* § 72 Rn. 8). Dabei ist zu beachten, dass es hinsichtlich der Antragsberechtigung nicht darauf ankommt, ob der Antragsteller gem. § 67 Abs. 2 AktG zugleich auch als Aktionär im Aktienregister eingetragen ist (*Hüffer/Koch* AktG, § 72 Rn. 4; MüKo AktG/*Oechsler* § 72 Rn. 8). Der Antrag auf Kraftloserklärung ist nach § 468 FamFG zu begründen.

9 Kommt das Gericht zu der Auffassung, dass der Antrag zulässig und begründet ist, so hat es ein **Aufgebot zu veröffentlichen**. Nach § 469 FamFG enthält das Aufgebot die Mitteilung an den Inhaber der Aktie, die Aktienurkunde vorzulegen und seine Berechtigung gegenüber dem Gericht darzulegen. Das Gericht hat gem. § 469 FamFG in der Mitteilung darauf hinzuweisen, dass die Aktie für kraftlos erklärt wird, wenn die Aktie nicht innerhalb der nach § 476 FamFG zu bestimmender **Aufgebotsfrist** vorgelegt wird. Nach § 476 FamFG soll die Aufgebotsfrist höchstens 1 Jahr betragen. Wird die Aktie nicht innerhalb der Aufgebotsfrist vorgelegt, so endet ein zulässiges und begründetes Aufgebotsverfahren nach § 478 FamFG mit einem **Ausschließungsbeschluss**, mit dem die Aktie für kraftlos erklärt wird. Der Beschluss ist gem. § 478 Abs. 2 FamFG im elektronischen Bundesanzeiger bekannt zu machen.

3. Wirkungen des Ausschließungsbeschlusses

10 Nach § 479 FamFG gilt der Antragsteller gegenüber der AG als berechtigt, die Rechte aus der für kraftlos erklärten Aktie wahrzunehmen (**Legitimationsfunktion des Ausschließungsbeschlusses**). Aus der Legitimationswirkung muss auch folgen, dass der Antragsteller durch die Vorlage des Ausschließungsbeschlusses von der AG verlangen kann, in das Aktienregister eingetragen zu werden. Denn auch mit einer Eintragung im Aktienregister erfolgt keine rechtliche Veränderung in Bezug auf die tatsächliche Inhaberschaft an der Aktie (s. § 67 AktG Rdn. 8). Nach § 800 BGB i. V. m. § 72 Abs. 1 Satz 2 AktG ist der Antragsteller berechtigt, von der AG die **Erteilung einer neuen Aktienurkunde** zu verlangen, wobei er die Kosten für die Herstellung der Urkunde selbst zu tragen hat (*Hüffer/Koch* AktG, § 72 Rn. 5; MüKo AktG/*Oechsler* § 72 Rn. 15; MünchHdb GesR IV/*Wiesner* § 12 Rn. 34). Solange neue Aktienurkunden noch nicht ausgeben worden sind, handelt es sich um eine unverkörperte Mitgliedschaft, die nach §§ 413, 398 BGB übertragen werden kann (*Hüffer/Koch* AktG, § 72 Rn. 5; MüKo AktG/*Oechsler* § 72 Rn. 15; MünchHdb GesR IV/*Wiesner* § 12 Rn. 34). Da dem Ausschlussurteil nur eine Legitimationsfunktion zukommt, damit aber keine rechtliche Änderung der Inhaberschaft verbunden ist, kann ein Erwerber nach §§ 413, 398 BGB nur dann Inhaber der Mitgliedschaft werden, wenn es sich bei dem Antragsteller auch um den rechtlichen Inhaber der vorherigen Aktie gehandelt hat. Ein gutgläubiger Erwerb der Mitgliedschaft ist erst dann wieder möglich, wenn eine neue Aktienurkunde ausgegeben und diese nach sachenrechtlichen Grundsätzen übertragen worden ist (*Hüffer/Koch* AktG, § 72 Rn. 5; MüKo AktG/*Oechsler* § 72 Rn. 15).

II. Gewinnanteilsscheine, Abs. 2

Da ein separates Verfahren zur Kraftloserklärung von Gewinnanteilsscheinen nicht in Betracht kommt (s. Rdn. 2), ordnet Abs. 2 zwingend an, dass der Anspruch aus einem ausgegebenen, aber zum Zeitpunkt der Bekanntmachung des Ausschlussurteils noch nicht fälligen Gewinnanteilsschein erlischt. Diese Regelung bezieht sich nur auf **den Inhaber lautende Gewinnanteilsscheine**, was aber die Regel ist (MüKo AktG/*Oechsler* § 72 Rn. 19). Daraus folgt, dass bereits fällige, auf den Inhaber lautende Gewinnanteilsscheine hiervon unberührt bleiben, sodass nur deren Verlustigerklärung nach § 804 BGB in Betracht kommt (MüKo AktG/*Oechsler* § 72 Rn. 16). Sind Gewinnanteilsscheine noch nicht fällig, so ist fraglich, ob Abs. 2 ein vollständiges Erlöschen des Dividendenanspruchs des Aktionärs (zugunsten der übrigen Aktionäre) bewirkt. Nach richtiger Auffassung handelt es sich bei Abs. 2 allein um die Aufhebung des verbrieften Rechts auf eine Dividendenzahlung, nicht hingegen auch um ein Erlöschen des eigentlichen Dividendenbezugsrechts, sodass der Berechtigte die Dividende auch ohne Dividendenschein beanspruchen kann (so *Hüffer/Koch* AktG, § 72 Rn. 6; MüKo AktG/*Oechsler* § 72 Rn. 17).

11

III. Konkurrenzen, Abs. 3

Abs. 3 dient allein der Klarstellung. Der Aktionär kann selbst dann noch nach § 72 AktG die Kraftloserklärung von Aktienurkunden betreiben, wenn die Aktienurkunden zwischenzeitlich bereits nach § 73 AktG oder § 226 AktG für kraftlos erklärt worden sind (*Hüffer/Koch* AktG, § 72 Rn. 7; MüKo AktG/*Oechsler* § 72 Rn. 21).

12

C. Kraftloserklärung nach § 73 AktG

I. Änderung der rechtlichen Verhältnisse, Abs. 1

Nach § 73 AktG ist die AG berechtigt, bestimmte Aktien (s. Rdn. 2) für kraftlos zu erklären, wenn der Inhalt der Aktienurkunden durch eine Veränderung der rechtlichen Verhältnisse unrichtig geworden ist. Im Grundsatz berechtigt jede Änderung von rechtlichen Verhältnissen zur Kraftloserklärung nach Abs. 1, wenn dadurch der Aktieninhalt unrichtig geworden ist. So stellt eine Geschäftsverlegung der AG eine Änderung dar (*Hüffer/Koch* AktG, § 73 Rn. 2). § 73 AktG bestimmt, dass unter einer Änderung von rechtlichen Verhältnissen **drei Ausnahmetatbestände** nicht zu verstehen sind: (1) Eine Änderung liegt nach Abs. 1 Satz 2 nicht vor, wenn der **Nennbetrag der Aktien** geändert wird, ohne dass damit zugleich auch eine Veränderung des Grundkapitals eintritt. Eine Kraftloserklärung bei der reinen Umstellung der Aktien von DM auf Euro ist durch § 4 Abs. 6 Satz 1 EGAktG ausdrücklich zugelassen (*Hüffer/Koch* AktG, § 73 Rn. 3; MüKo AktG/*Oechsler* § 73 Rn. 8). (2) Eine Kraftloserklärung kommt nach Abs. 1 Satz 3 auch nicht in Betracht, wenn die **Bezeichnung des Aktionärs** auf der Namensaktie unrichtig geworden ist. Solche Fälle kommen insbesondere bei der Übertragung von Namensaktien in Betracht, bei der die Indossamentenkette nicht mehr vollständig ist und der Besitzer der Aktie nicht mehr mit dem wirklichen Inhaber der Aktie übereinstimmt (*Hüffer/Koch* AktG, § 73 Rn. 3; MüKo AktG/*Oechsler* § 73 Rn. 9). (3) Die dritte Variante, in der eine Kraftloserklärung trotz Änderung rechtlicher Verhältnisse nicht in Betracht kommt, ist gem. Abs. 3 der Fall der **Kapitalherabsetzung durch Zusammenlegung von Aktien** (*Hüffer/Koch* AktG, § 73 Rn. 3; MüKo AktG/*Oechsler* § 73 Rn. 10); hier gilt die Spezialvorschrift des § 226 AktG.

13

II. Verfahren der Kraftloserklärung

1. Vorüberlegungen

Liegt eine Änderung der rechtlichen Verhältnisse vor, die zu einer Kraftloserklärung der Aktien berechtigt, so steht es im **pflichtgemäßen Ermessen des Vorstandes** der AG, ein Verfahren zur Kraftloserklärung einzuleiten (*Hüffer/Koch* AktG, § 73 Rn. 4; MüKo AktG/*Oechsler* § 73 Rn. 12). Da es dem Vorstand primär darum gehen wird, die Aktien an die neuen rechtlichen Verhältnisse anzupassen, wird er in aller Regel zunächst versuchen, die Aktionäre auf andere Weise darüber zu informieren, dass eine Rückgabe der Aktien erforderlich ist, um diese anzupassen bzw. neu auszu-

14

geben. Nur wenn er damit nicht zum Ziel gelangt oder ihm nicht alle Aktionäre bekannt sind, wird er ein Verfahren nach § 73 AktG einleiten.

2. Gerichtliche Genehmigung

15 Hat sich der Vorstand zu einem Vorgehen nach § 73 AktG entschlossen, so ist er an das Verfahren nach § 73 AktG strikt gebunden. Damit ist die Einleitung des Verfahrens nur möglich, wenn gem. Abs. 1 Satz 1 eine gerichtliche Genehmigung für die Durchführung einer Kraftloserklärung vorab vorliegt. Örtlich zuständig ist nach § 14 AktG das Gericht des Sitzes der Gesellschaft (*Hüffer/Koch* AktG, § 73 Rn. 4; MüKo AktG/*Oechsler* § 73 Rn. 12). Sachlich zuständig ist nach den Vorschriften der freiwilligen Gerichtsbarkeit grundsätzlich das Amtsgericht. Das Gericht hat die Genehmigung zu versagen, wenn die AG die formellen Voraussetzungen für die Kraftloserklärung der Aktienurkunden sowie die pflichtgemäße Ausübung der Ermessensentscheidung des Vorstandes nicht gehörig nachgewiesen hat (*Hüffer/Koch* AktG, § 73 Rn. 1, 4; MüKo AktG/*Oechsler* § 73 Rn. 12).

3. Aufforderung zur Einreichung der Aktienurkunden

16 Liegt die gerichtliche Genehmigung vor, so leitet der Vorstand das Verfahren nach Abs. 2 dadurch ein, dass die Aktionäre aufgefordert werden, ihre Aktienurkunden bei der Gesellschaft einzureichen. In der Aufforderung ist den Aktionären die Möglichkeit anzudrohen, die Aktien für kraftlos zu erklären, wenn sie nicht eingereicht werden. Zudem ist in der Aufforderung auf die gerichtliche Genehmigung hinzuweisen. Die Aufforderung ist in sämtlichen Gesellschaftsblättern der AG bekannt zu machen, sodass nach § 25 Satz 1 AktG grundsätzlich ein Einrücken im elektronischen Bundesanzeiger erforderlich ist. Die Bekanntmachung hat in der nach § 64 Abs. 2 AktG vorgeschriebenen Weise zu erfolgen (s. §§ 65 AktG Rdn. 23 f.).

4. Bekanntmachung der Kraftloserklärung

17 Reichen die Aktionäre auch innerhalb der ihnen gesetzten Nachfrist die Aktienurkunden nicht bei der AG ein, so hat der Vorstand der AG im Rahmen seines pflichtgemäßen Ermessens erneut darüber zu entscheiden, ob er die nicht eingereichten Aktienurkunden nunmehr für kraftlos erklärt (MüKo AktG/*Oechsler* § 73 Rn. 23). Die **Kraftloserklärung** hat innerhalb eines nicht länger als **6 bis 12 Monate** dauernden Zeitraums nach Ablauf der Nachfrist zu erfolgen, ansonsten kann der Grundgedanke der Verwirkung eingreifen (MüKo AktG/*Oechsler* § 73 Rn. 24). Die Kraftloserklärung erfolgt nach Abs. 2 Satz 3 durch eine erneute Bekanntmachung in den Gesellschaftsblättern, wobei die für kraftlos zu erklärenden Aktien in der Bekanntmachung eindeutig zu bezeichnen sind, wie bspw. durch die Angabe der betreffenden Stücknummern o. ä. (*Hüffer/Koch* AktG, § 73 Rn. 5; MüKo AktG/*Oechsler* § 73 Rn. 26). Einer Bekanntmachung in den Gesellschaftsblättern bedarf es auch bei Namensaktien, sodass eine Einzelmitteilung an den betreffenden Aktionär ausscheidet. Mit der Bekanntmachung in dem letzten Gesellschaftsblatt wird die Kraftloserklärung wirksam (*Hüffer/Koch* AktG, § 73 Rn. 5; MüKo AktG/*Oechsler* § 73 Rn. 27).

III. Wirkungen der Kraftloserklärung

18 Neben den bereits unter Rdn. 5 beschriebenen Rechtswirkungen der Kraftloserklärung ist zu beachten, dass eine Übertragung der Mitgliedschaft nach §§ 413, 398 BGB auch im Fall des § 73 AktG selbst für denjenigen Zeitraum weiterhin möglich bleibt, zu dem noch keine neuen Aktienurkunden ausgegeben worden sind (*Hüffer/Koch* AktG, § 73 Rn. 6). Der Vorstand ist aber nach Abs. 3 verpflichtet, **unverzüglich neue Aktienurkunden auszugeben** und an die Berechtigten auszuhändigen. Eine erneute Aktienausgabe kann entfallen, wenn die AG zwischenzeitlich ihre Satzung geändert und nach § 10 Abs. 5 AktG eine Einzelverbriefung ausgeschlossen hat (*Hüffer/Koch* AktG, § 73 Rn. 7; MüKo AktG/*Oechsler* § 73 Rn. 33). Soweit die AG den **Berechtigten nicht ermitteln** kann, ist sie nach Abs. 3 Satz 1 unter bestimmten Voraussetzungen berechtigt, die neuen Aktienurkunden nach §§ 372 ff. BGB zu hinterlegen (*Hüffer/Koch* AktG, § 73 Rn. 8; MüKo AktG/*Oechsler* § 73 Rn. 38 f.).

Die **alten Aktienurkunden** entfalten keinerlei Rechte mehr, sodass der Aktionär nicht verpflichtet ist, diese an die AG zurückzugeben (MüKo AktG/*Oechsler* § 73 Rn. 37). Die alten Aktienurkunden können dem Aktionär als Legitimation dafür dienen, gegenüber der AG nachzuweisen, dass er berechtigt ist, die neue Aktienurkunde in Empfang zu nehmen. Sowohl die Aushändigung als auch die Hinterlegung sind dem Gericht nach Abs. 3 Satz 2 **anzuzeigen**. Geschieht diese Anzeige nicht, kann der Vorstand nach § 407 AktG mittels Zwangsgeld dazu angehalten werden.

19

§ 74 Neue Urkunden an Stelle beschädigter oder verunstalteter Aktien oder Zwischenscheine

¹Ist eine Aktie oder ein Zwischenschein so beschädigt oder verunstaltet, daß die Urkunde zum Umlauf nicht mehr geeignet ist, so kann der Berechtigte, wenn der wesentliche Inhalt und die Unterscheidungsmerkmale der Urkunde noch sicher zu erkennen sind, von der Gesellschaft die Erteilung einer neuen Urkunde gegen Aushändigung der alten verlangen. ²Die Kosten hat er zu tragen und vorzuschießen.

Übersicht

	Rdn.		Rdn.
A. Überblick	1	C. Rechtsfolgen	3
B. Anwendungsbereich	2		

A. Überblick

§ 74 AktG ist die Parallelvorschrift zu § 798 BGB. Im Vergleich zu § 72 AktG steht bei § 74 AktG nicht die Situation im Vordergrund, dass die Urkunde beim Aktionär nicht mehr vorhanden ist, sondern allein die Tatsache, dass die Verkehrsfähigkeit der vorhandenen Aktienurkunde aufgrund einer Beschädigung oder Verunstaltung nicht mehr gewährleistet ist (*Hüffer/Koch* AktG, § 74 Rn. 1). Der Aktionär beansprucht die Ausgabe einer neuen Aktienurkunde gegen Rückgabe der alten Aktienurkunde. Ist der Aktionär nicht zumindest im mittelbaren Besitz der Aktie, so kann er keine Rechte aus § 74 AktG, sondern nur aus § 72 AktG herleiten (*Hüffer/Koch* AktG, § 74 Rn. 2).

1

B. Anwendungsbereich

§ 74 AktG gilt nicht nur für **Aktienurkunden** (Namens- und Inhaberaktien), sondern gleichermaßen für **Zwischenscheine**. Für Gewinnanteils- und Erneuerungsscheine gilt § 74 AktG nicht (MüKo AktG/*Oechsler* § 74 Rn. 3), wobei im Fall von auf den Inhaber lautenden Gewinnanteilsscheinen § 798 BGB zur Anwendung gelangt (*Hüffer/Koch* AktG, § 74 Rn. 1; AnwK-AktR/*van Ooy* § 74 Rn. 2). **Typische Beschädigungen oder Verunstaltungen** liegen vor: Risse, Löcher, Fett- und Kaffeeflecken, Brandstellen, Verschmutzungen, Radierungen etc. In jedem Fall muss die Verkehrsfähigkeit der Aktienurkunde beeinträchtigt sein (MüKo AktG/*Oechsler* § 74 Rn. 5). Eine Beschädigung oder Verunstaltung ist nicht mehr anzunehmen, wenn sich der Inhalt und die Identität der Aktienurkunde nicht mehr sicher erkennen lassen, sodass bereits ein Fall einer Vernichtung nach § 72 AktG vorliegt (*Hüffer/Koch* AktG, § 74 Rn. 2).

2

C. Rechtsfolgen

Die neue Urkunde ist von dem Vorstand nur Zug-um-Zug gegen Herausgabe der alten Aktienurkunde an den Aktionär auszuhändigen (*Hüffer/Koch* AktG, § 74 Rn. 2). Die Kosten für die Aktienausgabe (Druckkosten etc.) trägt allein der vorschusspflichtige Aktionär (MüKo AktG/*Oechsler* § 74 Rn. 9).

3

§ 75 Neue Gewinnanteilscheine

Neue Gewinnanteilscheine dürfen an den Inhaber des Erneuerungsscheins nicht ausgegeben werden, wenn der Besitzer der Aktie oder des Zwischenscheins der Ausgabe widerspricht; sie sind dem Besitzer der Aktie oder des Zwischenscheins auszuhändigen, wenn er die Haupturkunde vorlegt.

Übersicht

	Rdn.			Rdn.
A. Überblick	1	C.	Aushändigung an Vorleger der Haupturkunde (Halbs. 2)	3
B. Widerspruch gegen Ausgabe neuer Gewinnanteilsscheine (Halbs. 1)	2			

A. Überblick

1 Aktienurkunden (**Mantel**) werden insbesondere bei einer börsennotierten AG regelmäßig zusammen mit einem Dividendenschein (**Bogen**) ausgegeben. Der Bogen setzt sich wiederum aus einzelnen Gewinnanteilsscheinen (**Kupons**) sowie einem einzelnen Erneuerungsschein (**Talon**) zusammen. Die Gewinnanteilsscheine, die regelmäßig auf den Inhaber lauten, sind weder Bestandteil noch Zubehör der Aktienurkunde (MünchHdb GesR IV/*Wiesner* § 12 Rn. 28). Daher ist der Gewinnanteilsschein verkehrsfähig und kann nicht nur ohne die Aktie übertragen werden, sondern er ist auch bereits vor der Entstehung des Dividendenrechts handelbar (MünchHdb GesR IV/*Wiesner* § 12 Rn. 28). Überträgt ein Aktionär seinen Dividendenanspruch auf einen Dritten, so kann dies dadurch geschehen, dass dem Dritten der gesamte Bogen samt Erneuerungsschein übergeben wird. Ist ein **Dividendenschein** von der AG ausgegeben worden, so kann nicht der Inhaber der Aktienurkunde, sondern der Inhaber des betreffenden Gewinnanteilsscheins die Auszahlung der Dividende von der AG beanspruchen (MünchHdb GesR IV/*Wiesner* § 12 Rn. 28). Sind die Kupons verbraucht, so dient der Talon dazu, einen neuen Bogen mit Gewinnanteilsscheinen von der AG beanspruchen zu können. Der **Erneuerungsschein** verkörpert – im Gegensatz zu den Gewinnanteilsscheinen – kein eigenständiges Recht, sondern ist einfaches Legitimationspapier (MüKo AktG/*Oechsler* § 75 Rn. 2; MünchHdb GesR IV/*Wiesner* § 12 Rn. 30). Auch wenn der Erneuerungsschein mit den Gewinnanteilsscheinen verbunden ist, ist er nicht in den Gewinnanteilsscheinen, sondern in der Aktienurkunde selbst verkörpert. Daraus resultiert die von § 75 AktG behandelte Frage, ob die AG die neuen Gewinnanteilsscheine an den Inhaber des Erneuerungsscheins oder an den Besitzer der Aktienurkunde auszugeben hat. Vor diesem Hintergrund bestimmt § 75 AktG eine nicht abänderbare Rangfolge. Die neuen Gewinnanteilsscheine dürfen nur dann an den Inhaber des Erneuerungsscheins ausgegeben werden, wenn der Besitzer der Aktie der Ausgabe der neuen Gewinnanteilsscheine an den Inhaber des Erneuerungsscheins nicht widerspricht bzw. nicht die Ausgabe der Gewinnanteilsscheine an sich selbst verlangt.

B. Widerspruch gegen Ausgabe neuer Gewinnanteilsscheine (Halbs. 1)

2 Halbs. 1 setzt voraus, dass der Inhaber des Erneuerungsscheins und der Besitzer der Aktienurkunde **verschiedene Personen** sind (*Hüffer/Koch* AktG, § 75 Rn. 2). Liegt kein Widerspruch vor, so ist die AG berechtigt, die neuen Gewinnanteilsscheine an den Inhaber des Erneuerungsscheins auszugeben, auch wenn dieser nicht zugleich auch Besitzer der Aktienurkunde ist. Liegt der AG kein Widerspruch vor, so wird sie aufgrund der Liberationswirkung des Erneuerungsscheins gegenüber dem Besitzer der Aktienurkunde frei, auch wenn es sich bei dem Inhaber des Erneuerungsscheins um einen Nichtberechtigten handelt (MüKo AktG/*Oechsler* § 75 Rn. 2). Liegt hingegen ein **Widerspruch** vor, so ist die Ausgabe der Gewinnanteilsscheine zu unterlassen, da dem Widerspruch insoweit eine **absolute Sperrwirkung** zukommt (*Hüffer/Koch* AktG, § 75 Rn. 3). Insoweit ist es bei Namensaktien unerheblich, ob der Widersprechende zugleich gem. § 67 Abs. 2 AktG im Aktienregister eingetragen ist. Der Widerspruch hat selbst dann Sperrwirkung, wenn der Widersprechende zwar seine Inhaberschaft an der Aktienurkunde nachgewiesen hat, aber jemand anderes im Aktienregister eingetragen ist (*Hüffer/Koch* AktG, § 75 Rn. 3; MüKo AktG/*Oechsler* § 75 Rn. 5).

C. Aushändigung an Vorleger der Haupturkunde (Halbs. 2)

Halbs. 2 regelt den Fall, dass jemand die Aktienurkunde vorlegt und die Ausgabe der Gewinn- 3
anteilsscheine an sich verlangt, obwohl er nicht zugleich auch den Erneuerungsschein vorlegt.
Auch in diesem Fall ist die AG verpflichtet, an den (unmittelbaren) Besitzer der Aktienurkunde
die Gewinnanteilsscheine auszugeben, gleichgültig ob dieser auch Inhaber des Erneuerungsscheins
ist (*Hüffer/Koch* AktG, § 75 Rn. 2; MüKo AktG/*Oechsler* § 75 Rn. 9). Fraglich ist in diesem Fall, ob
eine Ausgabe von der AG im Fall von Namensaktien nur dann vorgenommen werden darf, wenn
derjenige, der die Aktienurkunde vorlegt, auch zugleich im Aktienregister eingetragen ist (so *Hüffer/
Koch* AktG, § 75 Rn. 4; Henssler/Strohn/*Lange* AktG, § 75 Rn. 4; a. A. MüKo AktG/*Oechsler* § 75
Rn. 10 der davon ausgeht, dass § 75 AktG lex specialis zu § 67 AktG sei und diesen vollumfänglich
verdrängt).

Vierter Teil Verfassung der Aktiengesellschaft

Erster Abschnitt Vorstand

§ 76 Leitung der Aktiengesellschaft

(1) Der Vorstand hat unter eigener Verantwortung die Gesellschaft zu leiten.

(2) ¹Der Vorstand kann aus einer oder mehreren Personen bestehen. ²Bei Gesellschaften mit einem Grundkapital von mehr als drei Millionen Euro hat er aus mindestens zwei Personen zu bestehen, es sei denn, die Satzung bestimmt, daß er aus einer Person besteht. ³Die Vorschriften über die Bestellung eines Arbeitsdirektors bleiben unberührt.

(3) ¹Mitglied des Vorstands kann nur eine natürliche, unbeschränkt geschäftsfähige Person sein. ²Mitglied des Vorstands kann nicht sein, wer
1. als Betreuter bei der Besorgung seiner Vermögensangelegenheiten ganz oder teilweise einem Einwilligungsvorbehalt (§ 1903 des Bürgerlichen Gesetzbuchs) unterliegt,
2. aufgrund eines gerichtlichen Urteils oder einer vollziehbaren Entscheidung einer Verwaltungsbehörde einen Beruf, einen Berufszweig, ein Gewerbe oder einen Gewerbezweig nicht ausüben darf, sofern der Unternehmensgegenstand ganz oder teilweise mit dem Gegenstand des Verbots übereinstimmt,
3. wegen einer oder mehrerer vorsätzlich begangener Straftaten
   a) des Unterlassens der Stellung des Antrags auf Eröffnung des Insolvenzverfahrens (Insolvenzverschleppung),
   b) nach den §§ 283 bis 283d des Strafgesetzbuchs (Insolvenzstraftaten),
   c) der falschen Angaben nach § 399 dieses Gesetzes oder § 82 des Gesetzes betreffend die Gesellschaften mit beschränkter Haftung,
   d) der unrichtigen Darstellung nach § 400 dieses Gesetzes, § 331 des Handelsgesetzbuchs, § 313 des Umwandlungsgesetzes oder § 17 des Publizitätsgesetzes,
   e) nach den §§ 263 bis 264a oder den §§ 265b bis 266a des Strafgesetzbuchs zu einer Freiheitsstrafe von mindestens einem Jahr

verurteilt worden ist; dieser Ausschluss gilt für die Dauer von fünf Jahren seit der Rechtskraft des Urteils, wobei die Zeit nicht eingerechnet wird, in welcher der Täter auf behördliche Anordnung in einer Anstalt verwahrt worden ist. ³Satz 2 Nr. 3 gilt entsprechend bei einer Verurteilung im Ausland wegen einer Tat, die mit den in Satz 2 Nr. 3 genannten Taten vergleichbar ist.

§ 76 AktG Leitung der Aktiengesellschaft

Übersicht

	Rdn.
A. Überblick	1
B. Vorstand als Leitungsorgan, Abs. 1	4
I. Allgemeines	4
II. Rechtsstellung des Vorstands und seiner Mitglieder	6
1. Kollegialorgan	6
2. Rechtsgrundlagen	7
3. Leitungsorgan mit umfassender Führungskompetenz	8
III. Die Leitung der konzernfreien AG	13
1. Eigenverantwortlichkeit des Vorstands	13
2. Leitungsermessen des Vorstands	17
3. Grenzen der Leitungsmacht des Vorstands	21
a) Gesetzliche Grenzen, Wahrung des Unternehmensinteresses	21
b) Zuständigkeitsgrenzen, insbes. ungeschriebene Hauptversammlungskompetenz	22
IV. Die Leitung der AG im Konzernverbund	29
1. Überblick	29
2. Umfang und Reichweite der Leitungsmacht im Konzern	30
3. Leitungsmacht des Vorstands der eingegliederten oder abhängigen AG	33
4. Mehrfachmandate	34
V. Rechte- und Pflichtenstellung des Vorstands	35
1. Übersicht	35
2. Organgesellschaftsrechtliche Pflichten	37
3. Kapitalmarktrechtliche Pflichten	39
4. Gesellschaftsbezogene Treuepflichten	41
5. Einfluss des Corporate Governance Kodex	43
6. Allgemeine gesetzliche Pflichten	44
C. Zahl der Vorstandsmitglieder, Abs. 2	47
D. Persönliche Anforderungen und Bestellungshindernisse, Abs. 3	54

A. Überblick

1 Im Vierten Teile des AktG werden die zentralen Fragen Unternehmensverfassung der AG geregelt. Der Begriff Unternehmensverfassung bezeichnet in diesem Zusammenhang die Regeln über die Organe der Gesellschaft, nämlich den Vorstand (§§ 76 ff. AktG) und den Aufsichtsrat (§§ 95 ff. AktG) sowie das Recht der Hauptversammlung (§§ 118 ff. AktG). Einbezogen in diesen Teil ist in § 117 AktG eine die Unternehmensverfassung nicht unmittelbar betreffende Regelung, welche die Ausübung schädlichen Einflusses auf die Gesellschaft mit einer Schadensersatzverpflichtung sanktioniert.

2 Nach der **dreigliedrigen Kompetenzaufteilung** des AktG ist dem Vorstand die Führung der Geschäfte, die Leitung und grundsätzlich auch die Vertretung der Gesellschaft zugewiesen (§§ 76, 77, 78 AktG), dem Aufsichtsrat die Aufgabe der Überwachung des Vorstands (§ 111 AktG) und der Hauptversammlung die Beschlussfassung in wesentlichen Gesellschaftsangelegenheiten (§ 119 Abs. 1 AktG). Die Verwaltung der deutschen AG obliegt den beiden Organen Vorstand und Aufsichtsrat. Durch diese **dualistische Konzeption** unterscheidet sich die Verwaltung der deutschen AG wesentlich von dem monistischen Board- bzw. Verwaltungsratssystem des angelsächsischen Rechtskreises. Der Aufsichtsrat als Überwachungsorgan ist nach § 111 Abs. 4 AktG von der Geschäftsführung ausgeschlossen; ein Mitglied des Aufsichtsrats kann zudem nicht zugleich Mitglied des Vorstands sein, § 105 Abs. 1 AktG. Die Konzeption des AktG stellt eine nach § 23 Abs. 5 AktG zwingende Regelung dar; ein Wahlrecht für ein andersgeartetes Organisationsmodell steht der Hauptversammlung der AG anders als dem SE-Satzungsgeber (vgl. §§ 15 ff., 20 ff. SEAG) nicht zu.

3 Die **Besetzung der Gesellschaftsorgane** erfolgt in der Weise, dass – sofern nicht die Bestimmungen des Mitbestimmungsrechts Besonderheiten vorsehen (vgl. § 96 Rdn. 2 ff.) – die Hauptversammlung die Mitglieder des Aufsichtsrats bestellt (§§ 101, 119 Abs. 1 Nr. 1 AktG) und der Aufsichtsrat – wiederum ggf. nach Maßgabe des Mitbestimmungsrechts – die Mitglieder des Vorstands bestellt (§ 84 AktG).

B. Vorstand als Leitungsorgan, Abs. 1

I. Allgemeines

4 Der Vorstand ist das für die Handlungsfähigkeit der AG erforderliche und damit **notwendige Organ** (vgl. §§ 33, 36 Abs. 1, 37 Abs. 4, 39 AktG). Die AG muss deshalb einen Vorstand haben;

sie kann ohne Vorstand nicht entstehen (KölnKomm AktG/*Mertens/Cahn* § 76 Rn. 58). Im Fall des Wegfalls des Vorstands etwa wegen Abberufung ist zwar nicht der Fortbestand der AG betroffen, die Gesellschaft ist aber nicht mehr handlungsfähig. Der Aufsichtsrat ist nach § 84 AktG verpflichtet, für die Bestellung des Vorstands zu sorgen; erforderlichenfalls sind Vorstandsmitglieder nach § 85 AktG gerichtlich zu bestellen.

Das Leitungsorgan der AG muss **als Vorstand bezeichnet** werden. Andere Bezeichnung (wie Direktorium, Verwaltungsrat) genügen den gesetzlichen Anforderungen nicht (*Hüffer/Koch* AktG, § 76 Rn. 5); sie stellen einen Errichtungsmangel dar und führen zur Ablehnung der Eintragung der AktG durch das Registergericht, § 38 Abs. 1 AktG. 5

II. Rechtsstellung des Vorstands und seiner Mitglieder

1. Kollegialorgan

Die Vorschriften des AktG weisen in §§ 76 bis 78 AktG dem Vorstand die Leitung der AG zu. Die jeweiligen Kompetenzen sind dem Vorstand als Organ, und damit – sofern nicht der Vorstand aus nur einer Person besteht – dem **Gesamtvorstand als Kollegialorgan** zugewiesen. Die einzelnen Mitglieder des Vorstands sind deshalb Organpersonen, sind aber nicht selbst Organ. Sind mehrere Vorstandsmitglieder bestellt, so stehen diese gleichberechtigt nebeneinander; sie sind deshalb zur kollegialen Zusammenarbeit im Organ verpflichtet. Anerkannt ist, dass Kenntnisse, Handlungen und rechtstatsächliche Verhältnisse (z. B. Sachbesitz) in der Person eines Vorstandsmitglieds der AG zugerechnet werden. 6

2. Rechtsgrundlagen

Die Rechtsstellung des Vorstands und seiner Mitglieder wird durch zahlreiche und verschiedenartige **Rechtsgrundlagen** geordnet. Zunächst ist der Vorstand auf die **Einhaltung der gesetzlichen Vorschriften**, insbesondere diejenigen des AktG verpflichtet. Sodann hat der Vorstand die **Regelungen der Satzung** der AG zu beachten. Aus der Satzung oder auch aus Beschlüssen des Aufsichtsrats können sich insbesondere **Zustimmungsvorbehalte** nach § 111 Abs. 4 AktG ergeben. In der konzerngebundenen AG kommen gegebenenfalls Regelungen in **Beherrschungs- und Gewinnabführungsverträgen** hinzu, die gesellschaftsrechtliche Organisationsverträge mit satzungsüberlagerndem Charakter darstellen (vgl. Anhang 2 zum AktG Rdn. 26 ff.). Die Vorstandsmitglieder haben ferner die Regelungen ihres jeweiligen **Anstellungsvertrages** mit der AG zu beachten. Sie sind an die Beschlüsse der Hauptversammlung gebunden und haben diese nach § 83 Abs. 2 AktG auszuführen. Zu beachten ist ferner der **Deutsche Corporate Governance Kodex** (vgl. dazu § 161 AktG Rdn. 3 f.), der zwar kein Gesetz darstellt, der aber im Hinblick auf die Entsprechenserklärung nach § 161 AktG (s. § 161 AktG Rdn. 5 ff.) und die Sorgfaltspflichten nach § 93 AktG Bedeutung erlangt. 7

3. Leitungsorgan mit umfassender Führungskompetenz

Nach dem AktG sind dem Vorstand die **Leitungskompetenz** (§ 76 AktG), die **Geschäftsführungsbefugnis** (§ 77 AktG) und die **Vertretungsmacht** (§ 78 AktG) zugewiesen. Damit bringt der Gesetzgeber zum Ausdruck, dass der AG-Vorstand das eigentliche Entscheidungs- und Handlungszentrum der AG ist. Der Vorstand wird auf eigene Initiative und auf eigene Verantwortung tätig. Der Aufsichtsrat hat nicht nur keine Leitungsaufgaben, diese dürfen ihm nach § 111 Abs. 4 Satz 1 AktG auch nicht übertragen werden. Die Hauptversammlung darf über Fragen der Geschäftsführung nach § 119 Abs. 2 AktG nur entscheiden, wenn der Vorstand dies verlangt. Im Hinblick auf die von anderen Organen der AG weitgehend unbeeinflusste Stellung nimmt der Vorstand die Unternehmer- und Arbeitgeberfunktion wahr (KölnKomm AktG/*Mertens/Cahn* § 76 Rn. 570). 8

Die Regelungen der §§ 76 ff. AktG überantworten dem **Vorstand** unternehmensintern, im Verhältnis zum Aufsichtsrat und zur Hauptversammlung die **Führungsfunktion** für die unternehmerischen Entscheidungen in der AG. Der Vorstand liegt auf der Grundlage des in der Satzung festgelegten 9

Unternehmenszwecks die Unternehmenspolitik und Unternehmensziele eigenverantwortlich fest und bestimmt eigenverantwortlich die zu deren Umsetzung erforderlichen Maßnahmen. Die Führungsentscheidungen umfassen nach der gesetzlichen Regelung sowohl Leitungs-, Geschäftsführungs- und Vertretungsaufgaben. Dem Vorstand ist damit eine **umfassende Führungskompetenz** zugewiesen, die sämtliche unternehmerische Entscheidungen umfasst.

10 Der Gesetzgeber grenzt in § 76 AktG die dem Vorstand zugewiesene **Leitungsmacht** von der – ebenfalls dem Vorstand zustehenden – Geschäftsführungs- und Vertretungsmacht in §§ 77, 78 AktG ab. Erhebliche praktische Bedeutung hat diese Unterscheidung trotz der Bemühungen, die Leitungsaufgabe als einen herausgehobenen Teilbereich der Geschäftsführung zu identifizieren (vgl. MüKo AktG/*Hefermehl/Spindler* § 76 Rn. 16; Spindler/Stilz/*Fleischer* § 76 Rn. 14 ff.), bisher nicht erlangt, weil dem Vorstand sowohl die Leitungs- als auch die Geschäftsführungs- und Vertretungsaufgaben zugewiesen sind. Bedeutung hat die Abgrenzung der Leitungs- insbesondere von den Geschäftsführungsaufgaben für die Zulässigkeit ihrer **Delegation**: Der Vorstand ist nach § 76 AktG berechtigt und verpflichtet, die Leitungsentscheidungen selbst wahrzunehmen; ihm ist es – im Unterschied zu den sonstigen Geschäftsführungsmaßnahmen – nicht gestattet, die Leitungsaufgaben zu delegieren, nicht an einzelne Mitglieder des Vorstands als Kollegialorgan, nicht an nachgeordnete Mitarbeiter und erst recht nicht an dem Unternehmen nicht angehörende Dritte. Vertragliche Bindungen können für den Vorstand wegen der damit einhergehenden wirtschaftlichen Konsequenzen beachtliche Parameter für unternehmerische Leitungsentscheidungen darstellen; sie beseitigen aber nicht seine eigenverantwortliche Leitungsmacht. Die für die Leitung des Unternehmens erforderlichen Hilfsmaßnahmen (z. B. im IT-Bereich, dazu BGH, Urt. v. 28.11.1988 – II ZR 57/88; Z 106, 54) kann der Vorstand auf ein unabhängiges Unternehmen übertragen (sog. outsourcing), wobei zu gewährleisten ist, dass dem Vorstand ein jederzeitiger Zugriff auf die Informationen, Daten und Vorgänge möglich bleibt (GroßkommAktG/*Kort* § 76 Rn. 37).

11 Das AktG weist dem Vorstand nur in einzelnen Bestimmungen **Leitungsaufgaben zwingend** zu: § 83 AktG – Vorbereitung und Ausführung von Hauptversammlungsbeschlüssen; § 90 AktG – Berichte an den Aufsichtsrat; § 91 AktG – Buchführung, Bilanzierung und Einrichtung eines Überwachungssystems; § 92 AktG – Insolvenzantragspflichten; § 110 Abs. 1 AktG – Einberufung des Aufsichtsrats; § 118 Abs. 2 AktG – Teilnahme an der Hauptversammlung; § 121 Abs. 2 AktG – Einberufung der Hauptversammlung; § 170 AktG – Vorlage von Jahresabschluss und Lagebericht. In einem umfassenderen und verallgemeinernden Sinn ist die Leitungsmacht des Vorstandes charakterisiert als ein durch Führungsaufgaben herausgehobener und insofern qualifizierter Ausschnitt aus dem Gesamtbereich der Geschäftsführungsmaßnahmen. Die Leitungsmacht des Vorstands bezieht sich gegenständlich auf sämtliche **Kernbereiche der Unternehmenspolitik**: die Unternehmensplanung, die Unternehmenskoordination, die Unternehmenskontrolle und die Besetzung der Führungspositionen einschließlich der Fragen der Festlegung der Unternehmensstruktur.

12 **Nicht** zu den Leitungsentscheidungen gehören die einfachen Entscheidungen und Maßnahmen des laufenden Tagesgeschäfts. Die Vertretung der Gesellschaft wiederum betrifft den im Geschäftsverkehr nach außen in Erscheinung tretenden Teilbereich der Geschäftsführungstätigkeit. Für die Rechtsstellung des Vorstands ist es im Übrigen erforderlich, zwischen konzerngebundenen und konzernfreien Gesellschaften zu unterscheiden, insbesondere deswegen, weil § 76 AktG in der abhängigen oder eingegliederten AG nicht gilt (vgl. Rdn. 29 ff.).

III. Die Leitung der konzernfreien AG

1. Eigenverantwortlichkeit des Vorstands

13 Nach § 76 Abs. 1 AktG hat der Vorstand die Gesellschaft »unter eigener Verantwortung« zu leiten. Das bedeutet zunächst, dass der Vorstand an **keinerlei Weisungen** anderer Gesellschaftsorgane oder einzelner Aktionäre gebunden ist. Durch die Weisungsfreiheit des Vorstands unterscheidet sich die Organisationsverfassung der AG grundsätzlich von derjenigen der GmbH, nach der GmbH-Geschäftsführer den Weisungen der Gesellschafterversammlung unterworfen sind (vgl. § 37 Abs. 1

GmbHG; dazu § 37 GmbHG Rdn. 11, 22 ff.). Erst recht ist Weisung außenstehender Dritter (Lieferanten, Abnehmer, Banken) für den AG-Vorstand nicht rechtlich verbindlich.

Die eigenverantwortliche Leitungsmacht des AG-Vorstandes wird gesellschaftsintern zunächst dadurch gewährleistet, dass dem Aufsichtsrat **Maßnahmen der Geschäftsführung** nicht übertragen werden können, § 111 Abs. 4 Satz 1 AktG. Daran ändert auch § 111 Abs. 4 Satz 2 AktG nichts, der die Verpflichtung vorsieht, dass »bestimmte Arten« von Geschäften nach der Satzung oder durch Beschluss des Aufsichtsrats nur mit Zustimmung des Aufsichtsrats vorgenommen werden dürfen, weil die Zustimmungsvorbehalte nur der effektiven Kontrolle der Unternehmensleitung durch den Aufsichtsrat dienen (MüKo AktG/*Spindler* § 76 Rn. 21). Da der Vorstand bei Verweigerung der Zustimmung durch den Aufsichtsrat nach § 111 Abs. 4 Satz 3 AktG verlangen kann, dass die Hauptversammlung über die Zustimmung beschließt, ist normativ gewährleistet, dass der Aufsichtsrat den Vorstand nicht aktiv veranlassen kann, bestimmte Geschäftsführungsmaßnahmen vorzunehmen. Die nämliche Konzeption einer strikten Absicherung der Eigenverantwortlichkeit der Vorstandsentscheidung liegt § 119 Abs. 2 AktG zugrunde, weil eine Bindung des Vorstands an Hauptversammlungsbeschlüsse nur in Betracht kommt, wenn die Hauptversammlung auf Verlangen des Vorstands entschieden hat (vgl. § 119 AktG Rdn. 6 f.). 14

Die Eigenverantwortlichkeit der Leitungsmacht gehört zu den **unverzichtbaren Kernkompetenzen** des AG-Vorstandes. Eine Selbstbindung des Vorstands gegenüber Dritten wird deshalb verschiedentlich pauschal für mit § 76 AktG unvereinbar gehalten; unzulässig soll insbesondere sein, dass sich der Vorstand zur Ausrichtung seiner Geschäftspolitik an den künftigen Belangen oder Entscheidungen eines Dritten verpflichtet (*Lutter* FS Fleck 1988, 169, 184). Danach ist es unzulässig ist es deshalb, die Besetzung von Führungspositionen oder organisatorische Strukturen im Unternehmen mit schuldrechtlich verpflichtender Wirkung zugunsten Dritter festzulegen. Andererseits gehören Selbstbindungen des Vorstands vermehrt zu den im Interesse der Gesellschaft eingesetzten Instrumentarium im Wirtschaftsgeschehen: Fremdkapitalgebern oder Geschäftspartner, mit denen die Gesellschaft in dauerhaftem Kontakt steht, werden Kontrollrechte eingeräumt. Im Vorfeld öffentlicher Übernahmeangebote werden zwischen dem künftigen Bieter und Zielgesellschaft Business Combination Agreements (gegen deren Zulässigkeit LG München I, Urt. v. 05.04.2012 – 5 HK O 201488/11, NZG 2012, 1152) getroffen, die dem künftigen Bieter die Unterstützung der Zielgesellschaft und seiner Organe gewährleisten sollen. Für die Gesellschaft können auf diese Weise attraktive Geschäftschancen vorbereitet werden. Deren Wahrnehmung, die mit dem Abschluss von Abschluss von Selbstbindungsvereinbarungen einhergeht, liegt nicht notwendig und nicht in jedem Fall außerhalb des eigenverantwortlichen Vorstandshandelns; dieses bezieht wirtschaftlich bedeutende oder riskante Geschäfte ein; bei solchen Geschäften ist der Vorstand grundsätzlich nicht darauf angewiesen, die Zustimmung anderer Organe einzuholen. Entsprechendes gilt für schuldrechtliche Vereinbarungen zwischen Aktionären und dem Vorstand (offen gelassen von BGH, Urt. v. 22.01.2013 – II ZR 80/10; NZG 2013, 220; dazu *Noack* NZG 2013, 281 ff.; *Otto* NZG 2013, 930 ff.). Insofern bieten sich dem Vorstand im Einzelfall Spielräume für seine Entscheidungen bindende Vereinbarungen mit Aktionären und mit Dritten, sofern diese im wohlverstandenen Unternehmensinteresse geschlossen werden (näher *Paschos* NZG 2012, 1142; *Fleischer* FS Schwark 2009, 137 ff.). 15

Der Eigenverantwortlichkeitsgrundsatz verbietet es dem Vorstand nicht, bei bestimmten Leitungsmaßnahmen den Aufsichtsrat mitzubefassen. Die Kontrolle der Ausübung von Leitungsmacht fällt ohnehin in die Zuständigkeit des Aufsichtsrats. Deshalb ist es auch rechtlich möglich und wird regelmäßig auch so gehandhabt, dass der Vorstand einzelne Maßnahmen in Abstimmung mit dem Aufsichtsrat und seinem Vorsitzenden plant und durchführt; rechtlich erzwingbar geboten ist eine solche (**Vorab-) Befassung des Aufsichtsrats** nicht. Allerdings entspricht es einem entwickelten **Verständnis effektiver Corporate Governance**, dass der Vorstand den Aufsichtsrat beratend an der strategischen Unternehmensplanung zu beteiligen hat. Diesem Verständnis hat der Gesetzgeber des TransPuG in den pflichtgemäß einzuführenden Zustimmungsvorbehalten nach § 111 Abs. 4 Satz 2 AktG gesetzlichen Ausdruck verliehen (vgl. Erl. zu § 111 AktG Rdn. 15). Schon zuvor 16 hat die Rechtsprechung in dem gleichen Sinne betont, dass die Tätigkeit des Aufsichtsrats nicht (mehr) auf eine vergangenheitsbezogene Analyse der Vorstandsarbeit begrenzt sei, sondern durch »ständige Diskussion mit dem Vorstand und insofern durch dessen laufende Beratung« (BGH v. 25.03.1991 – II ZR 188/89; Z 114, 127, 130) wahrzunehmen sei. Dem nämlichen Verständnis entspricht es, dass der Vorstand den Aufsichtsrat beratend an der strategischen Unternehmensplanung einzubeziehen und zu beteiligen hat. Effektive Corporate Governance in diesem Sinne erfordert enge Fühlungnahme und gemeinsame Beratung des Vorstands mit dem Aufsichtsrat (vgl. *Säcker* BB 2004, 1462; *Schwintowski* NZG 2005, 200; *v. Werder/Talaulicar* DB 2005, 841). Demgegenüber liegt die nach § 119 Abs. 2 AktG bestehende Möglichkeit, die Entscheidung über eine Geschäftsführungsmaßnahme der Hauptversammlung zur Beschlussfassung vorzulegen, schon wegen der damit verbundenen Publizitätswirkung regelmäßig nicht im Interesse des Vorstands.

2. Leitungsermessen des Vorstands

17 Die eigenverantwortliche Ausübung der Leitungsmacht eröffnet dem Vorstand die Möglichkeit, seine Leitungsentscheidungen **nach eigenem Ermessen** zu treffen (BGH, Urt. v. 07.03.1994 – II ZR 60/93; Z 125, 239, 245). Bei der Wahl zwischen verschiedenen Varianten unternehmerischen Handelns steht dem Vorstand ein Ermessensspielraum zur Verfügung (BGH, Urt. v. 21.04.1997 – II ZR 175/95; Z 135, 244, 253 f.). Darin liegt eine **zentrale Funktionsvoraussetzung** für unternehmerische Entscheidungen im Wettbewerb und damit eine Funktionsvoraussetzung für marktwirtschaftliche Ordnung überhaupt. Im Rahmen des weiten Ermessensspielraums hat der Vorstand sein Ermessen pflichtgemäß auszuüben; die eigenverantwortliche Leitungsmacht verschafft ihm keine ungebundene Rechtsmacht. Nach dem Organisationsrecht der AG ist der Unternehmensvorstand rechtlich an die objektive Interessenordnung der juristischen Person gebunden, die mit den unbestimmten Begriffen »Wohl der Gesellschaft« (§ 121 AktG) bzw. Gesellschafts- oder Unternehmensinteresse beschrieben wird (dazu *Lohse* Unternehmerisches Ermessen 2005, 37 ff., 117 ff., 438 ff.). Diese normative Vorgabe, die nicht nur für das oberste Managementorgan gilt (vgl. Erl. zu § 112 AktG Rdn. 2), sichert die notwendige Treubindung der Organe an die AG. Das Management ist ihr wegen der Übernahme der fremdnützigen Leitungsaufgabe unterworfen; der Vorstand ist deswegen auf die Wahrung und Wahrnehmung einer gesellschaftsbezogenen Pflicht zur Förderung des Unternehmens verpflichtet, gleichermaßen im Rahmen des Verantwortungs- und Haftungsmaßstabs des § 93 AktG als auch als Maßstab für die nach § 76 AktG zu treffenden Leitungsentscheidungen. Das bedeutet vor allem, dass der Vorstand seine Leitungsentscheidungen am **Unternehmensinteresse** (BGH, Urt. v. 05.06.1975 – II ZR 156/73; Z 64, 325, 329; Urt. v. 07.03.1994 – II ZR 60/93; Z 125, 239, 243; Urt. 23.06.1997 – II ZR 132/93; Z 136, 133, 139) bzw. am Unternehmenswohl (vgl. BGH, Urt. v. 21.04.1997 – II ZR 175/95; Z 135, 244, 253) auszurichten hat (vgl. *Kort* NZG 2012, 926; *v. Werder/Wieczorek* DB 2007, 297). Die Konkretisierung des Rechtsbegriffs des Unternehmensinteresses (Unternehmenswohls) hat sich wegen der von der h.M. (vgl. nur *Henze* BB 2000, 209, 212; a.A. *Zöllner* AG 2003, 3, 7 ff.; skeptisch auch *Wiedemann* ZGR 2011, 183, 193 ff.) behaupteten interessenpluralen Zielkonzeption als schwierig erwiesen; sie wird unter Berücksichtigung der in der AG und ihrem Unternehmen zusammentreffenden Interessen der Aktionäre, der Arbeitnehmer der Gläubiger und der Öffentlichkeit im Einzelfall versucht (vgl. BVerfG, Urt. v. 07.08.1962 – 1 BvL 16/60; E 14, 263, 282; Urt. v. 01.03.1979 – 1 BvR 532/77; E 50, 290, 343; aus strafrechtlicher Sicht auch BGH, Urt. v. 21.12.2005 – 3 StR 470/04; NJW 2006, 522, 524 – Mannesmann). Hieraus folgt, dass der Vorstand bei seinen Leitungsentscheidungen Kapital-, Arbeitnehmer-, Gläubiger und Gemeinwohlinteressen in Betracht zu ziehen hat, damit er seinem Recht und seiner Verpflichtung zu sachgerechter Ermessensausübung entspricht.

18 Der Vorstand ist danach weder berechtigt noch verpflichtet, sich bei seinen Leitungsentscheidungen allein von den **Interessen einzelner Gruppen** leiten zu lassen. In der Literatur äußern sich verschiedentlich Stimmen, die in Anlehnung an die angelsächsische Shareholder Primacy Norm für einen Vorrang der Aktionärsinteressen eintreten (vgl. *R. H. Schmidt/Spindler* Freundesgabe Kübler 1997, 515). Einen gesicherten Erkenntnisstand dazu gibt es nach derzeitiger Rechtslage nicht (vgl. *Kort* AG 2012, 605; Spindler/Stilz/*Fleischer* § 76 Rn. 36 ff.); der Vorstand wird für berechtigt gehalten,

bei seinen Entscheidungen dem Shareholder Value Gedanken Rechnung zu tragen (OLG Frankfurt am Main, Urt. v. 17.08.2011 – Az. 13 U 100/10; ZIP 2011, 2008 Rn. 29). Andererseits entspricht eine strikte Orientierung am shareholder value im Sinne des angloamerikanischen Rechts der Rechtslage nach deutschen Recht nicht (vgl. Spindler/Stilz/*Fleischer* § 76 Rn. 36 ff.). Unbeschadet spezifisch satzungsrechtlicher Festlegungen (für deren Zulässigkeit *Groh* DB 2000, 2153, 2158; *R. H. Schmidt/Spindler* Freundesgabe Kübler 1997, 515, 540 ff.; Ulmer AcP 202, 2002, 143, 159; dagegen *Mülbert* ZGR 1997, 129, 164 ff.; KölnKomm/*Mertens/Cahn* § 76 Rn. 18) gibt es keine bestimmte Rangfolge der bei der Vorstandspolitik zu beachtenden maßgeblichen Interessen, weder einen Vorrang der Aktionärs- noch einen solchen der Arbeitnehmerinteressen und – anders als noch in § 70 Abs. 1 AktG 1937 vorgesehen – auch keine vorrangige Verpflichtung auf das Gemeinwohl. Der Vorstand hat deshalb bei seiner durch § 76 Abs. 1 AktG gebundenen Ermessensentscheidung dafür zu sorgen, dass die verschiedenen maßgeblichen Interessen zumindest in Betracht gezogen und vor der Entscheidungsfindung gegeneinander abgewogen werden (*Hopt* ZGR 2002, 333, 360).

Sachgerechter Ermessensausübung entspricht es, wenn die Leitungsentscheidungen dem **Bestand des Unternehmens und damit dauerhafter Rentabilitätssicherung** dienen (OLG Hamm, Urt. v. 10.05.1995 – 8 U 59/94; AG 1995, 512, 514). Im Rahmen der gebotenen Abwägung zwischen diesen nicht selten divergierenden Interessen ist es dem Vorstand gestattet, bei seinen Leitungsentscheidungen eine »**shareholder value**«-Orientierung zu berücksichtigen und dabei Aktionärsinteressen gegenüber anderen Interessen tendenziell aufzuwerten (*Hüffer* ZHR 161, 1997, 214, 217 f.). Weiter gehend wird die Auffassung vertreten, auch eine einseitige Maximierung des Marktwertes dürfe vom Vorstand als Unternehmensziel verfolgt werden (so *Mülbert* FS Röhricht 2005, 421, 424 ff.). Andererseits gibt es keine Verpflichtung des Vorstandes, seine Leitungsentscheidungen auf die Erzielung eines möglichst hohen, nachhaltig zu erwirtschaftenden Gewinns auszurichten (KölnKomm AktG/*Mertens/Cahn* § 76 Rn. 11). 19

Angesichts des bestehenden Leitungsermessens unterliegen Kosten verursachende und damit **Gewinn schmälernde Maßnahmen** zugunsten einzelner Interessen einem Rechtfertigungserfordernis, sind aber nicht schlechthin pflichtwidrig. Der Vorstand kann durchaus im Rahmen seines Leitungsermessens entscheiden, bspw. Sozialleistungen zugunsten der Belegschaft zu erbringen, Spenden an politische Parteien zu leisten (GroßkommAktG/*Kort* § 76 Rn. 70; Spindler/Stilz/*Fleischer* § 76 Rn. 44), ein kulturelles oder sportbezogenes Mäzenatentum zu pflegen (BGH, Urt. v. 06.12.2001 – 1 StR 215/0; NJW 2002, 1585, 1586) oder freiwillige Umweltschutzmaßnahmen einzuführen, wenn er zu der sachlich begründeten Überzeugung gelangt, dass die konkret getroffene Maßnahme im Unternehmensinteresse liegt (vgl. *Fleischer* AG 2001, 171, 179 ff.). Dies ist vor allem dann der Fall, wenn die Maßnahme das Ansehen des Unternehmens fördert und seiner sozialen und gesellschaftlichen Aufgabe gerecht wird, ohne dass die Leistungsfähigkeit beeinträchtigt wird (BGH, Urt. v. 06.12.2001 – 1 StR 215/0; NJW 2002, 1585, 1586; vgl. a. GroßkommAktG/*Hopt* § 93 Rn. 120). Der Vorstand hat wiederum unter Abwägung der konkreten Umstände zu entscheiden, ob die Maßnahme in Ansehung der Vermögens- und Ertragslage verhältnismäßig ist; gegen pflichtgemäßes Vorstandsverhalten kann dabei sprechen, dass die Maßnahme unternehmensintern verschleiert und nach außen verheimlicht wird (BGH, Urt. v. 06.12.2001 – 1 StR 215/0; NJW 2002, 1586; *Gehrlein* NZG 2002, 463, 464; *Laub* AG 2002, 308, 312 f.). 20

3. Grenzen der Leitungsmacht des Vorstands

a) Gesetzliche Grenzen, Wahrung des Unternehmensinteresses

Sie ergeben sich zunächst in **inhaltlicher Hinsicht**. Die Verpflichtung des Vorstands zu rechtmäßigem Verhalten bedeutet eine auch und gerade im Rahmen des Vorstandsermessens nicht überschreitbare Schranke der Vorstandstätigkeit. **Grenzen für die Rechtmäßigkeit** der Vorstandsentscheidungen ergeben sich aus sämtlichen Normen des Zivil- und öffentlichen Rechts, des nationalen, europäischen und internationalen Rechts (*Hauschka* NJW 2004, 257). Eine weitere inhaltliche Grenze wird durch die Verpflichtung des Vorstands zur **Wahrung des Unternehmensinteresses** gezogen. 21

Der Vorstand verfehlt sein Leitungsermessen, wenn er sich bei seinen Entscheidungen nicht am Unternehmensinteresse (Unternehmenswohl) orientiert (vgl. oben Rdn. 17).

b) Zuständigkeitsgrenzen, insbes. ungeschriebene Hauptversammlungskompetenz

22 Grenzen der eigenverantwortlichen Leitungsmacht des Vorstands folgen sodann aus Zuständigkeitsgesichtspunkten. Nach § 111 Abs. 4 AktG hat der Vorstand **Zustimmungsvorbehalte** zugunsten des Aufsichtsrats zu beachten (vgl. § 111 AktG Rdn. 15 ff.). Darüber hinaus sind **ungeschriebene Zuständigkeiten der Hauptversammlung** und eine Pflicht des Vorstands zur Vorlage an die Hauptversammlung zu beachten. Nach der sog. »Holzmüller-Entscheidung« des BGH aus dem Jahr 1982 (BGH, Urt. v. 25.02.1982 – II ZR 102/81; Z 83, 122 – Holzmüller) kommt eine Hauptversammlungszuständigkeit in Betracht, wenn eine Maßnahme in schwerwiegender Weise in die Mitgliedschaftsrechte der Aktionäre eingreift (vgl. dazu § 119 AktG Rdn. 9 ff.). In solchen Fällen könne der Vorstand nicht nur berechtigt, sondern ausnahmsweise auch verpflichtet sein, die Entscheidung der Hauptversammlung herbeizuführen. Der BGH hat diese Rechtsprechung ursprünglich auf § 119 Abs. 2 AktG gestützt und angenommen, dass das nach dieser Vorschrift bestehende Vorlageermessen in bestimmten Fällen so sehr verdichten könne, dass eine **Pflicht zur Vorlage an die Hauptversammlung** entstehe (BGH, Urt. v. 25.02.1982 – II ZR 102/81; Z 83, 122 – Holzmüller). In Reaktion auf die Kritik des Schrifttums, der Gesetzgeber habe in § 119 Abs. 2 AktG keine auch nur indirekte Verpflichtung des Vorstands schaffen wollen, rechtfertigt die neuere Rechtsprechung das nämliche Ergebnis der Beschränkung der eigenverantwortlichen Leitungsmacht des Vorstandes durch eine Beschlusszuständigkeit der Hauptversammlung nunmehr als Ergebnis richterlicher Rechtsfortbildung (grundlegend BGH, Urt. v. 26.04.2004 – II ZR 155/02; Z 159, 30, 39, 42 f. – Gelatine; vgl. auch BGH, Urt. v. 25.11.2002 – II ZR 133/01; Z 153, 47, 54 – Macroton; s. auch § 119 AktG Rdn. 9 ff.). Diese Mitwirkungszuständigkeit der Hauptversammlung besteht nur »in engen Grenzen«, nämlich dann, wenn die vom Vorstand beabsichtigte Maßnahme an die Kernkompetenz der Hauptversammlung, über die Verfassung der Gesellschaft zu bestimmen, rührt und in ihren Auswirkungen einer Satzungsänderung nahe kommt. Ein solcher, der eigenverantwortlichen Leitungskompetenz des Vorstands ausnahmsweise Grenzen setzender, Sachverhalt kommt dann in Betracht, wenn der Vorstand wesentliche strukturverändernde Maßnahmen durchführen möchte und damit eine Beeinträchtigung der Mitgliedschaftsrechte der Aktionäre und der verkörperten Vermögenswerte (sog. Mediatisierungseffekt; vgl. BGH, Urt. v. 25.11.2002 – II ZR 133/01; Z 153, 47, 54 – Macroton) zu besorgen ist (BGH, Urt. v. 26.04.2004 – II ZR 155/02; Z 159, 30, 37 ff., 41 – Gelatine; *Hüffer* FS Ulmer 2003, 279; Emmerich/Habersack/*Habersack* Aktien- und GmbH-Konzernrecht, vor § 311 Rn. 34).

23 Wann im Einzelnen ein solcher Ausnahmesachverhalt vorliegt, ist nicht abschließend geklärt. Ursprünglich ist eine ungeschriebene Hauptversammlungszuständigkeit von der Rechtsprechung für die **Fälle der Konzernbildung** entwickelt worden: Übertragung des den wertvollsten Teil des Gesellschaftsvermögens ausmachenden Betriebes auf eine zu diesem Zweck errichtete Tochtergesellschaft (BGH, Urt. v. 25.02.1982 – II ZR 102/81; Z 83, 122). Da die Rechtsfortbildung auf die Gewährleistung des Individualschutzes der Aktionäre vor einer Mediatisierung ihrer Mitgliedschafts- und Vermögensposition abzielt, ist es gerechtfertigt und anerkannt, eine Mitwirkung der Hauptversammlung über die Fälle der Konzernbildung hinaus immer dann anzunehmen, wenn bei wertender Betrachtung ein Aktionärsschutz wegen wesentlicher Eingriffe in Aktionärsrechte geboten ist.

24 Die bisher ergangene **Rechtsprechung** erfasst der Art der Maßnahmen nach folgende Fälle: Die **Ausgliederung von Unternehmensteilen** über die dem Umwandlungsgesetz unterfallenden Fällen hinausfällt auch dann in die Zuständigkeit der Hauptversammlung (vgl. §§ 123 Abs. 3, 123, 13, 65 UmwG), wenn die Ausgliederung durch Veräußerung im Wege der Einzelrechtsnachfolge erfolgt (vgl. BGH, Urt. v. 26.04.2004 – II ZR 155/02; Z 159, 30 – Gelatine). Eine Hauptversammlungszuständigkeit besteht überdies in Fällen der **Veräußerung des Vermögens** der den einzigen Beteiligungsbesitz des Unternehmens ausmachenden eingegliederten Gesellschaft (OLG Celle,

Urt. v. 07.03.2001 – 9 U 137/00; AG 2001, 357, 358), im Fall der **Veräußerung aller wesentlichen Beteiligung** bis auf einen minimalen Restbeteiligungsbesitz (LG Frankfurt am Main, Urt. v. 12.12.2000 – 3/5 O149/99; AG 2001, 431, 433) sowie bei der **Weggabe des einzigen werthaltigen Vermögensgegenstandes** (Grundbesitz) der Gesellschaft (OLG München Urt. 10.11.1994 – 24 U 1036/93; AG 1995, 232, 233). Die Beteiligungsveräußerung ist allerdings deshalb ein zweifelhafter Anwendungsfall der Hauptversammlungszuständigkeit, weil anstelle des veräußerten Beteiligungsvermögens der Kaufpreis im Vermögen der Gesellschaft vorhanden ist und deshalb eine Hauptversammlungszuständigkeit für die Veräußerungsmaßnahme allenfalls dann gerechtfertigt erscheint, wenn der Vorstand infolge der Veräußerung den satzungsgemäßen Unternehmensgegenstand nicht mehr ausfüllen kann (vgl. *Habersack* AG 2005, 137, 144 ff. unter Berufung auf die Grundsätze der »Gelatine-Entscheidungen« BGH, Urt. v. 26.04.2004 – II ZR 155/02; Z 159, 30 – Gelatine; ebenso *Joost* ZHR 163, 1999, 164, 185 f.; a. A. OLG München Urt. 10.11.1994 – 24 U 1036/93; AG 1995, 232, 233). Der **Beteiligungserwerb** dagegen kann wegen seiner mediatisierenden Wirkungen dieselben Gefahren für den Aktionär mit sich bringen wie die Ausgliederung von Gesellschaftsvermögen und wird deshalb ebenfalls als ein die Hauptversammlungszuständigkeit begründender Ausnahmefall angesehen (*Liebscher* ZGR 2005, 1, 23 f.) es sei denn, die Satzung sieht eine solche Befugnis ausdrücklich (OLG Frankfurt am Main, Urt. v. 07.12.2010 – 5 U 29/10; NZG 2010, 62 Rn. 63 – Commerzbank; dazu *Lutter* ZIP 2012, 351; *Priester* AG 20121, 654; *Nikoleyczik/Gubitz* NZG 2011, 91). Der **Rückzug der Gesellschaft vom Börsenhandel (Delisting)** wird ebenfalls als ein der Zustimmung der Hauptversammlung unterfallender Sachverhalt angesehen, insbesondere weil dem Aktionär die Möglichkeit genommen wird, den Wert seiner Aktie jederzeit durch Veräußerung über die Börse zu realisieren (BGH, Urt. v. 25.11.2002 – II ZR 133/01; Z 153, 47, 54 – Macroton; vgl. a. *K. Schmidt* NZG 2003, 601 ff.; *Benecke* WM 2004, 1122 ff.). Für die Fälle des sog. kalten Delisting, etwa einen Formwechsel in eine nicht börsenfähige Rechtsform oder eine Verschmelzung auf eine nicht börsennotierte Gesellschaft lassen sich diese Grundsätze nicht übertragen, da für deren Realisierung nach AktG oder UmwG ohnehin eine Beschlussfassung durch die Hauptversammlung erforderlich ist (vgl. *Grunewald* ZIP 2004, 542 ff.; *Schlitt* ZIP 2004, 533 ff.).

Nur **wesentliche Maßnahmen** können die ungeschriebene Hauptversammlungskompetenz begründen. Insofern hat es die Rechtsprechung abgelehnt, die Wesentlichkeit nach bestimmten quantitativen Kennziffern (Bilanzsumme, Eigenkapital, Umsatz und Ergebnis vor Steuern) zu bestimmen, sondern orientiert sich daran, ob die vorgesehene Maßnahme bei wertender Betrachtung »in seiner Bedeutung für die Gesellschaft« die Ausmaße der im »Holzmüller-Fall« aufgezeigten Grundsätze erreicht (BGHZ 159, 30, 45 – Gelatine). Die damit erforderliche wertende Beurteilung im Einzelfall geht mit einem Verlust an Rechtssicherheit einher, da jedenfalls nicht allein wirtschaftliche Kriterien ausschlaggebend sind. Wenn allerdings – wie im »Holzmüller-Fall« (BGH, Urt. v. 25.02.1982 – II ZR 102/81; Z 83, 122) – etwa 80 % des Vermögens der Gesellschaft von den geplanten Vorstands-Maßnahmen betroffen sind, spricht alles für das Bestehen einer ungeschriebenen Hauptversammlungszuständigkeit. Darüber hinaus kommt aber unabhängig von den betroffenen Umsatz- und Ertragszahlen auch in Betracht, die Wesentlichkeit der Maßnahme danach zu beurteilen, ob sie das Kerngeschäft der Gesellschaft betrifft und von grundsätzlicher Bedeutung für die Strategie oder das Image des Unternehmens ist (ebenso *Priester* ZHR 163, 1999, 187, 196; Emmerich/Habersack/*Habersack*, Aktien- und GmbH-Konzernrecht, vor § 311 Rn. 47). 25

Auf der **Rechtsfolgenseite** geht mit der Befürwortung einer ungeschriebenen Hauptversammlungskompetenz in erster Linie einher, dass ein Beschluss über die Maßnahme durch die Hauptversammlung herbeizuführen ist. Der BGH verlangt nach anfangs abweichenden Quoren nunmehr eine **Mehrheit von 3/4 des vertretenen Grundkapitals** (BGH, Urt. v. 26.04.2004 – II ZR 155/02; Z 159, 30, 45 f. – Gelatine). Dieses Erfordernis besteht unbeschadet entgegenstehender Satzungsbestimmungen für Beschlussfassungsmehrheiten bzw. den durch Konzernklauseln festgelegten Umfang der Vorstandstätigkeit (BGH, Urt. v. 26.04.2004 – II ZR 155/02; Z 159, 46 – Gelatine). Für zulässig erachtet wird ein Vorab-Ermächtigungsbeschluss der Hauptversammlung für bestimmte, nur in konzeptioneller Hinsicht konkretisierte, nicht aber im Detail festgelegte Maßnahmen (Emmerich/Habersack/*Habersack*, Aktien- und GmbH-Konzernrecht, vor § 311 Rn. 51 unter Hinweis auf die 26 durch BGHZ 136, 133, 138 ff. entsprechend geordnete Rechtslage zum genehmigten Kapital). Dieser Beschluss löst eine **Berichtspflicht des Vorstands** auf der nächstfolgenden Hauptversammlung aus (BGH, Urt. v. 25.11.2002 – II ZR 133/01; Z 153, 47, 60 – Macroton (zum Delisting). Ferner hat der Vorstand bei Bestehen einer Hauptversammlungskompetenz den mitwirkungsberechtigten Aktionären bestimmte Informationen über die bevorstehende Maßnahme zu erteilen; die Rechtsgrundlage wird in der entsprechenden Anwendung von § 124 Abs. 2 Satz 2 AktG gesehen. Deshalb hat der Vorstand in der Bekanntmachung der Tagesordnung über den wesentlichen Inhalt der geplanten Maßnahme zu unterrichten (OLG München Urt. 28.01.2002 – 7 W 814/01; ZIP 2002, 1353), ohne dass die Einzelheiten der Reichweite der Informationspflichten und des geschützten Geheimhaltungsbereichs geklärt sind (vgl. in Emmerich/Habersack/*Habersack*, Aktien- und GmbH-Konzernrecht, vor § 311 Rn. 52).

27 Die Vertretungsmacht des Vorstands bleibt von der Zuständigkeit der Hauptversammlung unberührt. Die **Missachtung der Hauptversammlungszuständigkeit** berührt lediglich das Innenverhältnis der Organe zur Gesellschaft mit der Folge, dass die Wirksamkeit etwaiger vom Vorstand abgeschlossener Rechtsgeschäfte nicht beeinträchtigt ist (BGH, Urt. v. 26.04.2004 – II ZR 155/02; Z 159, 30, 43 – Gelatine; BGH, Urt. v. 25.02.1982 – II ZR 102/81; 83, 122, 132 – Holzmüller). Damit wird nicht ausgeschlossen, dass im Einzelfall die nach § 82 AktG grundsätzlich unbeschränkbare Rechtsmacht des Vorstands wegen Missbrauchs der Vertretungsmacht infolge der Missachtung der Hauptversammlungszuständigkeit auch im Außenverhältnis nicht wirksam ausgeübt wurde (vgl. dazu die Erl. zu § 82 AktG).

28 Die Nichtbeachtung der Zuständigkeit der Hauptversammlung kann von jedem Aktionär geltend gemacht werden und löst **Abwehr- und Beseitigungsansprüche** aus. Die Ansprüche sind innerhalb einer Frist geltend zu machen, die »nicht außer Verhältnis« zur Monatsfrist des § 246 Abs. 1 AktG stehen darf (vgl. BGH, Urt. v. 25.02.1982 – II ZR 102/81; Z 83, 122, 136 – Holzmüller). **Schadensersatzansprüche** der Gesellschaft können sich aus §§ 93, 116, 117 AktG ergeben (vgl. die Erl. zu diesen Vorschriften).

IV. Die Leitung der AG im Konzernverbund

1. Überblick

29 Besondere Fragen der Leitungsmacht des Vorstands stellen sich für Gesellschaften im Konzernverbund (zu Begriff und Erscheinungsformen des Konzernverbundes vgl. Erl. in Kap. 2). AG-Vorstände, die bestimmte unternehmerische Aktivitäten auf Tochtergesellschaften verlagern oder erstmalig Beteiligungen an anderen Unternehmen erwerben, haben bei diesen Maßnahmen der Konzernbildung die vorstehend (Rdn. 21 ff.) beschriebenen Grenzen eigenverantwortlicher Leitungsmacht des Vorstands zu beachten. Im Rahmen bestehender Konzernbeziehungen stellt sich zum einen die Frage nach dem Umfang der Leitungsmacht des Vorstands einer Konzernobergesellschaft (dazu unter Rdn. 30 ff.). Andererseits können die Konzernbindungen Bedeutung für die Leitungsmacht des Vorstands der abhängigen bzw. eingegliederten Gesellschaft haben (vgl. unter Rdn. 33). Schließlich stellt sich die Frage nach der Beurteilung von Mehrfachmandaten in verschiedenen Konzernunternehmen (dazu Rdn. 34).

2. Umfang und Reichweite der Leitungsmacht im Konzern

30 Den Vorstand einer Konzernobergesellschaft trifft nach überwiegender Auffassung **keine Konzernleitungspflicht**. Damit ist gemeint, dass der Vorstand der herrschenden AG nach § 76 AktG nicht verpflichtet ist, neben diesem auch Tochtergesellschaften eigenverantwortlich zu leiten. Der Vorstand der herrschenden Gesellschaft entscheidet **nach eigenem Ermessen** über die konzerndimensionale Weite und Intensität seiner Leitungstätigkeit; er entscheidet im Rahmen seines in der Obergesellschaften ausgeübten Leitungsermessens nach § 76, inwieweit er die anderen Konzernunternehmen in seine Leitungstätigkeit einbezieht oder selbstständig operieren lässt (*Hüffer/Koch* AktG, § 76 Rn. 17; MüKo AktG/*Hefermehl/Spindler* § 76 Rn. 39; Spindler/Stilz/*Fleischer* § 76

Rn. 73 ff.). Dementsprechend findet sich rechtstatsächlich eine breite Palette unterschiedlicher Konzernführungsformen, zwischen denen der Konzernvorstand wählen kann (*Schneider/Schneider* AG 2005, 57 ff.; *Fleischer* DB 2005, 759 ff.). Sie reicht von der bloßen Vermögensverwaltungstätigkeit ohne eigenes unternehmerisches Engagement der Obergesellschaft bei der Tochtergesellschaft im losen Konzernverbund bis hin zum strikten »Durchregieren« des Vorstands der Obergesellschaft in sämtliche Bereiche aller Konzernunternehmen.

Das nach § 76 AktG bestehende **Konzernleitungsermessen** entbindet den Vorstand der Konzernobergesellschaft andererseits nicht von der **Verpflichtung zur Verwaltung** des in den Konzernbeteiligungen gebundenen Vermögens. Diese Beteiligungsverwaltung über Konzernunternehmen ist ungeachtet der ausgeübten Leitungsintensität originäre Aufgabe des Vorstands der Obergesellschaft und erfordert in diesem Rahmen vor allem die **Überwachung der Geschäftsführung der Konzernunternehmen**. Ferner hat der Vorstand der herrschenden AktG die Richtlinien der strategischen Ausrichtung des Konzerns vorzugeben (**Konzernplanung**), er trägt die **Organisationsverantwortung** im Konzern einschließlich der Konzernpersonalpolitik und hat für eine **konzernweites Finanz- und Informationsmanagement** zu sorgen (vgl. *Semler* Leitung und Überwachung der Aktiengesellschaft, 2. Aufl. 1996, Rn. 273; *Fleischer* DB 2005, 759 ff.). Dabei handelt es sich dann um keine konzerndimensionale Leitungsverpflichtung, sondern um eine gesellschaftsbezogene Vermögensverwaltungspflicht (*Hüffer/Koch* AktG, § 76 Rn. 17a). Eine konzernweite Leitungspflicht gegenüber Konzernunternehmen kommt vor allem deswegen nicht in Betracht, weil angesichts der Vielgestaltigkeit der Erscheinungsformen von Konzernen für den Konzernvorstand keine rechtlich gesicherte Durchsetzungsmöglichkeit bestünde. Bei bloßen Minderheitsbeteiligungen oder Abhängigkeitsbeziehungen wäre der Vorstand nicht in der Lage, einer solchen Leitungspflicht nachzukommen. **31**

Im Konzernverbund verfügt der Vorstand jedes Konzernunternehmens somit grundsätzlich (zu den Ausnahmen sogleich in Rdn. 33) über die nach § 76 AktG bestehende Rechtsmacht zu eigenverantwortlicher Unternehmensleitung. Das bedeutet vor allem, dass sich der Vorstand konzerngebundener Aktiengesellschaften seine Leitungsentscheidungen an dem Unternehmensinteresse »seiner« Gesellschaft auszurichten hat, auch wenn dieses nicht mit dem »Konzerninteresse« übereinstimmt. **32**

3. Leitungsmacht des Vorstands der eingegliederten oder abhängigen AG

In der eingegliederten Gesellschaft hat der Vorstand **keine eigenverantwortliche Leitungsmacht**. Vielmehr ist die Hauptgesellschaft nach § 323 Abs. 1 AktG berechtigt, dem Vorstand der eingegliederten Gesellschaft **Weisungen** zu erteilen. Ebenso verhält es sich, wenn ein Beherrschungsvertrag i. S. d. § 291 Abs. 1 Satz 1 AktG geschlossen ist. Auch hier sind rechtmäßige Weisungen des Vorstands des herrschenden Unternehmens nach § 308 Abs. 1 AktG für den Vorstand des abhängigen Unternehmens verbindlich. Die Folgepflicht des Vorstands besteht auch dann, wenn die Weisungen für die abhängige AG nachteilig sind, sofern sie den Belangen des herrschenden Unternehmens oder des Konzerns entsprechen. Dem Schutz der abhängigen AG, ihrer Aktionäre und Gläubiger dienen die Vorschriften der §§ 302 ff. AktG (vgl. die Erl. zu diesen Vorschriften in Kap 2 Rdn. 35 ff.). **33**

4. Mehrfachmandate

Zur Ausübung des nach § 76 AktG bestehenden Leitungsermessens gehört es auch, dass darüber entschieden wird, ob ein Vorstandsmitglied im Konzernverbund mehrere Mandate ausübt. Personelle Verflechtungen über Mehrfachmandate können sowohl auf Vorstandsebene als auch auf Aufsichtsratsebene oder in gemischter Form entstehen. Nach § 88 Abs. 1 Satz 2 AktG ist die Zustimmung des Aufsichtsrats aller beteiligten Unternehmen einzuholen. Mehrfachmandate sind nach geltendem Recht nicht unzulässig (vgl. OLG Köln AG 1993, 86, 89; *Dreher* FS Lorenz 1994, 175, 183 ff.), aber auch wegen der damit bestehenden Gefahr von Interessenkollisionen in der Person des Mandatsträgers nicht unproblematisch. Derzeit ist noch nicht geklärt, ob die Mehrfachmandatierung im Konzern zu Stimmrechtsausschlüssen etwa in entsprechender Anwendung von § 34 BGB führt (so *Cramer* NZG 2012, 765; *Hoffmann-Becking* ZHR 150, 1986, 570, 580; dagegen **34**

§ 76 AktG Leitung der Aktiengesellschaft

MüKO AktG/*Spindler* § 76 Rn. 46) oder konzernrechtliche Konsequenzen auslöst (vgl. *Aschenbeck* NZG 2000, 1015 ff.; vgl. a. *Passarge* NZG 2007, 441 ff.). Hinsichtlich der Verschwiegenheitspflicht gem. § 93 Abs. 1 Satz 3 AktG gilt, dass ein Organmitglied, das Ämter in mehreren Gesellschaften gleichzeitig innehat, gegenüber den einzelnen Gesellschaften zur Verschwiegenheit verpflichtet ist (*Bank* NZG 2013, 801).

V. Rechte- und Pflichtenstellung des Vorstands

1. Übersicht

35 Bei seiner unternehmensleitenden Tätigkeit sind dem Vorstand von Gesetzes wegen umfänglichen Pflichten auferlegt, deren Beachtung zur eigenverantwortlichen Unternehmensleitung nach § 76 Abs. 1 AktG gehört. Systematisch lassen sich spezifisch organgesellschafts- und kapitalmarktrechtlichen Pflichten von den allgemeinen gesetzlichen Pflichten und den besonderen gesellschaftsbezogenen Treuepflichten unterscheiden. Die Nichtbeachtung dieser Pflichten wird insbesondere durch die Verantwortlichkeit der Vorstandsmitglieder nach § 93 AktG sanktioniert (vgl. dazu die Erl. zu dieser Vorschrift). Die wesentliche Rechte der Vorstandsmitglieder ergeben sich nicht aus dem Gesetz, sondern aus dem Anstellungsvertrag (vgl. § 84 AktG Rdn. 35 ff.).

36 Die **Vorstandsmitglieder** eines mehrgliedrigen Vorstands sind **untereinander gleichberechtigt**. Sie sind zur **kollegialen Zusammenarbeit** verpflichtet und tragen eine **Allzuständigkeit und Gesamtverantwortung** für die Erfüllung der ihnen obliegenden Pflichten. Die Pflicht zur kollegialen Zusammenarbeit und zur Tätigkeit als Kollegialorgan steht einer ressortbezogenen Geschäftsaufteilung zwischen den Vorstandsmitgliedern nicht nur nicht entgegen; vielmehr bedarf es einer sachgerechten Aufgabenaufteilung, um der umfassenden Gesamtverantwortung gerecht zu werden. Die arbeitsteilige Bewältigung der Leitungsaufgaben entbindet aber nicht davon, dass jedes einzelne Vorstandsmitglied eine Gesamtverantwortung trägt. Daraus wird – in Übereinstimmung mit der Rechtslage bei der GmbH (vgl. BGH, Urt. v. 15.10.1996 – VI ZR 319/95; DB 1996, 2483) – eine Verpflichtung jedes Vorstandsmitglieds zur **gegenseitigen Kontrolle** abgeleitet (*Hüffer/Koch* AktG, § 77 Rn. 17). In der Konsequenz dieser Verantwortungslage wird – ohne gesetzliche Verpflichtung und typischerweise durch entsprechende Geschäftsordnungsregeln – die Geschäftsverteilungsorganisation der Vorstandsarbeit mit einem regelmäßigen Berichtswesen jedes Vorstandsmitglieds gegenüber den anderen Vorstandsmitglieder verbunden. Dabei hat jedes Vorstandsmitglied als Ausfluss der Gesamtverantwortung die Befugnis, Leitungsfragen auch außerhalb des eigenen Ressorts initiativ bzw. durch Ausübung von Widerspruchsrechten behandeln zu lassen und zu beeinflussen (vgl. ausführl. Erl. zu § 77 AktG). Über die Delegation von Aufgaben auf in der Unternehmenshierarchie nachgeordnete Ebenen und Abteilungen entscheidet der Vorstand jenseits seiner Kernaufgaben – wie insbesondere der strategischen Ausrichtung und Führung des Unternehmens, der Unternehmensplanung und der Finanzkontrolle, für die eine Pflichten befreiende Delegation nicht zulässig ist (MüKo AktG, § 76 Rn. 15 f.) – nach pflichtgemäßem Ermessen. Werden Aufgaben mit dieser Maßgabe delegiert, bleibt dem Vorstand - in Übereinstimmung mit den zum GmbH-Recht entwickelten Rechtsgrundsätzen - die Pflicht zur sorgfältigen Auswahl, Einweisung, Information und Überwachung (BGH, Urt. v. 07.11.1994 – II ZR 270/93; Z 127, 336, 347). Dies gilt gleichermaßen für die Einrichtung eines mit der Delegation von Aufgaben verbundenen Risikomanagement- und -überwachungssystem (vgl. Erl. zu § 89 Rdn. 7). Dies muss nicht nur konzeptionell zu einer sachgerechten Aufgabenerledigung in dem jeweiligen Unternehmen geeignet sein, sondern hat auch eine sorgfältige Auswahl der Delegationsempfänger nach Qualifikation und Zuverlässigkeit vorzusehen; eine Einweisung in die zu übernehmenden Aufgaben und die Schaffung eines dauerhaften effektiven Überwachungssystems ist deshalb ebenfalls zu gewährleisten (*Gesgen/Knepper* Handbuch Führungskräfte 2012, Teil 7 Rn. 102 ff.).

2. Organgesellschaftsrechtliche Pflichten

37 § 93 Abs. 1 S. statuiert die zentrale organgesellschaftsrechtliche **Sorgfaltspflicht**. Nach ihr haben die Vorstandsmitglieder bei der Geschäftsführung die Sorgfalt eines ordentlichen und gewissen-

haften Geschäftsleiters anzuwenden. Diese umfasst die sog. Legalitätspflicht, die Sorgfaltspflicht im engeren Sinn und die Überwachungspflicht. Die **Legalitätspflicht (Compliance-Pflicht; vgl. Erl. zu § 91 AktG Rdn. 10)** beinhaltet, dass die Mitglieder des Vorstands einer AG aufgrund ihrer Organstellung verpflichtet sind, dafür zu sorgen, dass sich die Gesellschaft rechtmäßig verhält und ihren gesetzlichen Verpflichtungen nachkommt (BGH, Urt. v. 10.07.2012 – VI ZR 341/10; Z 194, 26 Tzn. 26; BGH, Urt. v. 15.10.1996 – VI ZR 319/95; Z 133, 370, 375; BGH, Urt. v. 28.04.2008 – II ZR 264/06; Z 176, 204 Tz. 38; KölnerKommentar AktG/*Mertens/Cahn* § 93 Rn. 71; MünchKommAktG/*Spindler* § 93 Rn. 63 f.; *Verse*, ZHR 175, 2011, 401, 403 ff.). Die **Sorgfaltspflicht im engeren Sinn** besteht darin, dass die Mitglieder des Vorstandes die Pflicht haben, im Rahmen von Gesetz und Satzungsordnung den Vorteil der Gesellschaft zu wahren und Schaden von der Gesellschaft abzuwenden. Maßgeblicher Grundsatz ist danach, wie ein pflichtbewusster, selbständig tätiger Leiter eines Unternehmens der konkreten Art, der nicht mit eigenen Mitteln wirtschaftet, sondern ähnlich wie ein Treuhänder fremden Vermögensinteressen verpflichtet ist, zu handeln hat (*Hüffer/Koch* AktG § 93 Rn. 4). In Konkretisierung dieses Grundsatzes kann im Einzelfall insbesondere die Pflicht bestehen, Versicherungen für Risiken, die der Vorstand eingehen will, einzudecken. Die **Überwachungspflicht** kann den Vorstand verpflichten, organisatorische Vorkehrungen zu treffen, die darauf gerichtet sind, Pflichtverletzungen von Unternehmensangehörigen zu verhindern (Spindler/Stilz/*Fleischer* § 93 Rn. 108). Grundsätzlich ist eine hinreichende Kontrolle der gebotenen Sorgfalt bei der Geschäftsführung erforderlich (KölnerKommentar/*Mertens/Cahn* § 93 Rn. 77, 80). Hinweisen auf rechtswidriges Verhalten hat der Vorstand nachzugehen (Spindler/Stilz/*Fleischer* § 93 Rn. 107); Verstöße hat er zu verfolgen (KölnerKommentar/*Mertens/Cahn* § 93 Rn. 77). Die Vorstandsmitglieder sind verpflichtet, erkanntes eigenes Fehlverhalten abzustellen und damit Folgeschäden für die Gesellschaft zu verhindern; eine Pflicht zur Selbstbezichtigung unter Hinweis auf gegen sie gerichtete Ersatzansprüche besteht allerdings nicht (*Grunewald* NZG 2013, 841). Der Vorstand ist verpflichtet, überholte Angaben in Verkaufsprospekten einzuziehen oder zumindest die Prognosen richtigzustellen (OLG München, Urt. v. 09.02.2011 – Az. 15 U 3789/10, Rn. 65; BGH, Urt. v. 02.06.2008 – II ZR 210/06; Z 177, 25 Tz. 7).

Zu den gesellschaftsrechtlichen Pflichten des Vorstands gehören **umfangreiche Berichtspflichten** einerseits gegenüber dem Aufsichtsrat nach § 90 AktG (vgl. die ausführl. Erl. zu § 90 AktG) andererseits gem. § 131 AktG gegenüber der Hauptversammlung (vgl. ausführl. § 131 AktG). Gegenüber der Hauptversammlung bestehen überdies die **Vorlagepflichten** betreffend den Jahresabschluss, den Lagebericht, den Bericht des Aufsichtsrats und den Vorschlag für die Verwendung des Bilanzgewinns (§ 176 Abs. 1 Satz 1 AktG). Die Vorlagen sind zudem vom Vorstand gem. § 176 Abs. 1 Satz 2 AktG zu erläutern. **Besondere Berichtspflichten** des Vorstands bestehen im Zusammenhang mit Strukturmaßnahmen. Bei einer Kapitalerhöhung gegen Einlage mit Bezugsrechtsausschluss ist über den Grund für den Bezugsrechtsausschluss zu berichten (vgl. § 186 Abs. 4 Satz 2 AktG, s. § 186 AktG Rdn. 28 ff.). Nach § 293a AktG ist bei Abschluss eines Unternehmensvertrages ein ausführlicher schriftlicher Bericht zu erstatten. Im Fall der Eingliederung obliegt dem Vorstand die Berichtspflicht nach § 319 Abs. 3 Satz 3 AktG. Das **Umwandlungsrecht** verlangt für die Maßnahmen der Verschmelzung, der Spaltung und des Rechtsformwechsels die Einhaltung der Berichtspflichten der §§ 108, 127, 192 UmwG. Weiterhin ist anerkannt, dass bei sämtlichen in die Zuständigkeit der Hauptversammlung fallenden Leitungsmaßnahmen des Vorstands eine Berichtspflicht gegenüber der Hauptversammlung besteht (vgl. § 119 AktG Rdn. 15). Nach § 91 Abs. 2 AktG ist der Vorstand verpflichtet, ein Risikomanagementsystem einzurichten (vgl. § 91 AktG Rdn. 4 f.). Für Vorstände von Unternehmen im Konzernverbund trifft den Vorstand der Obergesellschaft eine Pflicht zur Konzernkontrolle, nicht aber eine Konzernleitungspflicht (vgl. Anhang 2 zum AktG Rdn. 22 ff.).

3. Kapitalmarktrechtliche Pflichten

Das Kapitalmarktrecht auferlegt dem Vorstand teils in Parallele zu bestehenden gesellschaftsrechtlichen Verpflichtungen – wie bei der Pflicht zur Offenlegung der Überschreitung bestimmter Beteiligungsschwellenwerte nach §§ 20 ff. AktG einerseits und den inhaltlich anders gestalteten Mitteilungspflichten nach §§ 21 ff. WpHG andererseits – teils nach eigenständigen Regelungsansätzen besondere Verpflichtungen. Für den Vorstand der börsennotierten AG nach § 15 Abs. 1 Satz 1 WpHG die **Pflicht zur unverzüglichen Publikation von die AG unmittelbar betreffende Insiderinformationen**. Die Vorstandsmitglieder bei Überschreiten der Bagatellgrenze des § 15a WpHG von 5.000.€– unterliegen wegen eigener Geschäfte mit Aktien oder sich darauf beziehender Finanzinstrumente einer **persönlichen Mitteilungspflicht**.

40 Bei **Übernahmeangeboten** ist nach dem Aktienrecht umstritten, ob der Vorstand der Zielgesellschaft einer Pflicht zur Neutralität unterliegt (dafür *Hopt* in GroßkommAktG § 93 Rn. 122 ff.; KölnKomm WpÜG/*Hirte* § 33 Rn. 27) oder aber sein nach § 76 allgemein bestehendes Leitungsermessen ausüben darf (so Geibel/Süßmann/*Schwennicke* WpÜG § 33 Rn. 13 f.; *Hüffer/Koch* AktG, § 76 Rn. 15d). Das WpÜG gestaltet die Rechtslage kapitalmarktrechtlich in besonderer Weise und beseitigt in seinem Anwendungsbereich das Leitungsermessen des Vorstands nach § 76 Abs. 1 AktG: Nach § 33 Abs. 1 Satz 1 WpÜG unterliegt der Vorstand bei Übernahmeangeboten dem grundsätzlichen Verbot Handlungen vorzunehmen, durch die der Erfolg des Angebots verhindert werden könnte (zur Konkretisierung erfolgsverhindernder Maßnahmen KölnKomm WpÜG/*Hirte* § 33 Rn. 58 ff.). Es findet in § 33 Abs. 1 Satz 2 Ausnahmen, deren Auslegung im Schrifttum umstritten ist (vgl. *Winter/Harbarth* ZIP 2002, 1 ff.). Ferner dürfen Vorstands- (und Aufsichtsrats-) Mitglieder bei Übernahmeangeboten weder ihnen vom Bieter angebotene ungerechtfertigte Geldleistungen noch entsprechend geldwerte Vorteile annehmen.

4. Gesellschaftsbezogene Treuepflichten

41 Vorstandsmitglieder unterliegen einer **organschaftlichen Treuebindung** gegenüber der Gesellschaft. Die Treuepflichten stellen das Korrelat zu dem prinzipiell weiten Leitungsermessen des Vorstands dar. Sie knüpfen an die Bestellung der Vorstandsmitglieder nach § 84 AktG an und sind damit rechtsgeschäftlich begründet. Materiell sind sie aus einer Reihe von Gründen legitimiert: Den Vorständen ist fremdes Vermögen treuhänderisch anvertraut; in ihren Händen liegt es, sich bietende Geschäftschancen für die Gesellschaft zu nutzen und im mehrgliedrigen Vorstand erfordert die gebotene vertrauensvolle Zusammenarbeit eine Treuebindung der Gesellschaft. Wegen dieser komplexen Rechtfertigung ist es berechtigt anzunehmen, dass der Umfang und die Intensität der Treuepflichten über die allgemeine rechtsgeschäftliche Standards der Bindung an Treu und Glauben nach § 242 BGB hinausgehen (vgl. BGH v. 09.11.1967 – II ZR 64/67; Z 49, 30, 31).

42 Der **Inhalt der Treuepflichten** lässt sich kaum allgemeingültig beschreiben. Die wichtigste (gesetzliche) Ausprägung haben Treuepflichten der Vorstände im **Wettbewerbsverbot** des § 88 AktG (vgl. ausführl. die Erl. zu § 88 AktG) und in der **Verschwiegenheitspflicht** des § 93 Abs. 1 Satz 2 AktG (vgl. § 93 AktG Rdn. 11 ff.) gefunden. Jenseits dieser Regelungen ist anerkannt, dass sich aus Treuebindungen insbesondere **Schutz- und Rücksichtnahmeverpflichtungen** des Vorstands ergeben können, die auch über die Beendigung der Organstellung hinaus wirken. Insofern ergeben sich Parallelen zur Treuepflicht geschäftsführender Gesellschafter im Personengesellschaftsrecht (vgl. – für die OHG – ausführl. § 109 HGB Rdn. 18 ff.; *Fleischer* WM 2003, 1045, 1046). Aus der Treuepflicht der Vorstandsmitglieder ergibt sich ihre Verpflichtung, in den Geschäftskreis der Gesellschaft fallende **Geschäftschancen zum Wohl der Gesellschaft** wahrnehmen zu müssen und insbesondere nicht für sich selbst nutzen zu dürfen. Dementsprechend anerkennt die Rechtsprechung, dass »Vorstandsmitglieder, soweit die Interessen der Gesellschaft berührt sind, nicht zum eigenen Vorteil handeln dürfen« (BGH, Urt. v. 23.09.1985 – II ZR 246/84; WM 1985, 1443). Insofern verstärkt die Treuebindung die Verpflichtung des Vorstands, sein Leitungsermessen am Unternehmensinteresse auszurichten, zu dem Verbot, Geschäftschancen der Gesellschaft für sich selbst bzw. für Dritte zu nutzen, sofern daraus Konflikte mit den vom Vorstand wahrzunehmenden Geschäften der Gesellschaft resultieren. Dieses Verbot ist jedenfalls im Bereich des durch die Satzung festgelegten Unternehmensgegenstandes anzuerkennen, auch wenn dieser nicht vollumfänglich ausgenutzt wird. Wegen der umfassenden Treuebindung des Vorstands an das Unternehmenswohl sind aber auch Geschäftschancen in einem über die Satzung hinausgehenden tatsächlich ausgefüllten Geschäftsbereich zugunsten der Gesellschaft zu nutzen (Hdb AG/*Liebscher* § 6 Rn. 127). Selbst bei

Geschäften, die ihrem Gegenstand nach als neutral einzuordnen sind (z. B. der Erwerb von Grundstücken), ist der Vorstand gehalten zu prüfen, ob der Geschäftsabschluss im Unternehmensinteresse geboten; gegebenenfalls ist die Wahrnehmung auch der sich daraus ergebenden Geschäftschance für das Unternehmen unter Zurücksetzung eigennütziger Interessen des Vorstandsmitglieds geboten. **Verstöße gegen die Treuebindungen** bei der Wahrnehmung von Geschäftschancen für die Gesellschaft lösen **Schadensersatzpflichten** nach § 93 AktG aus (vgl. Kommentierung dort) und können die Kündigung des Anstellungsvertrages und die Abberufung aus wichtigem Grund rechtfertigen (*Jäger* NZG 2001, 97, 98).

5. Einfluss des Corporate Governance Kodex

Die im Deutschen Corporate Governance Kodex (DCGK) vorgesehenen **Führungsgrundsätze** haben für den Vorstand keine unmittelbar rechtsverbindliche Wirkung (vgl. zum Deutschen Corporate Governance Kodex § 161 AktG Rdn. 3 ff.). Nach § 161 AktG müssen Vorstand (und Aufsichtsrat) börsennotierter Gesellschaften jährlich erklären, dass den Kodex-Empfehlungen entsprochen wurde und wird oder welche Empfehlungen nicht angewendet wurden und werden (vgl. § 161 AktG Rdn. 5 ff. mit Beispielen in Rdn. 9 ff.). Abgesehen von der gesetzlichen Verpflichtung zur Abgabe der Entsprechenserklärung gem. § 161 Satz 1 AktG kommt den Kodex-Empfehlungen selbst **keine Rechtsverbindlichkeit** (vgl. auch § 161 AktG Rdn. 4) zu. Die Organe sind danach verpflichtet, Unterschreitungen der empfohlenen Verhaltensstandards bzw. deren Nichtanwendung anzugeben und dies den Aktionären dauerhaft zugänglich zu machen, § 161 Satz 2 AktG. Der Kodex selbst geht mit seinen Empfehlungen in Nr. 3.10 über die gesetzliche Regelung hinaus. In der geltenden Fassung dieser Empfehlung ist vorgesehen, dass in der Corporate Governance-Erklärung im Geschäftsbericht Abweichungen von den Kodexempfehlungen zu begründen sind. Mit dieser Begründungspflicht unterstreicht der Kodex das Anliegen der Corporate Governance-Publizität. Eine Veränderung der kraft Gesetzes bestehenden Führungspflichten des Vorstands geht damit nicht einher (vgl. Ringleb/Kremer/Lutter/v. Werder/*Kremer/v. Werder* Deutscher Corporate Governance Kodex, Rn. 50, 534. ff.).

6. Allgemeine gesetzliche Pflichten

Neben den gesellschafts- und kapitalmarktrechtlichen Verpflichtungen trägt der Vorstand die Verpflichtung zur Einhaltung der allgemeinen gesetzlichen Verpflichtungen. Deren Umfang kann an dieser Stelle weder vollständig noch im Einzelnen dargestellt werden. Von hervorzuhebender Bedeutung ist die **Pflicht zur Rechnungslegung**. Der Vorstand ist zur ordnungsgemäßen Buchführung und zur Aufstellung des Jahresabschlusses verpflichtet, § 238 HGB, § 91 AktG und § 264 Abs. 1 HGB, § 170 Abs. 1 AktG. Damit einher geht die Verpflichtung, eine Organisation vorzusehen, die auch jenseits der Maßnahmen zur Aufstellung des Jahresabschlusses jederzeit die Übersicht über die wirtschaftliche und finanzielle Lage des Unternehmens gewährleistet. Dem Vorstand obliegt überdies die Verpflichtung, sich fortlaufend **über die Ertrags- und Vermögenslage der Gesellschaft zu informieren**. Der Vorstand hat **Steuern und Sozialversicherungsbeiträge** für das Unternehmen abzuführen. Er hat für die Einhaltung der arbeitsrechtlichen, wirtschaftsrechtlichen und umweltrechtlichen Vorschriften zu sorgen.

Besondere Verpflichtungen treffen den Vorstand in der **Krise der Gesellschaft** (vgl. *Strohn* NZG 2011, 1161). Nach § 92 Abs. 1 AktG ist der Vorstand bei einem Verlust i. H. d. Hälfte des Grundkapitals der Gesellschaft verpflichtet, unverzüglich eine außerordentliche Hauptversammlung einzuberufen. Bei Eintritt der Zahlungsunfähigkeit oder Überschuldung trifft den Vorstand die Verpflichtung zur Einleitung des Insolvenzverfahrens, § 15a InsO; der Insolvenzantrag ist unverzüglich nach Eintritt des Insolvenzgrundes, spätestens jedoch 3 Wochen nach dessen Eintritt zu stellen. Gem. § 92 Abs. 2 AktG besteht für den Vorstand im Interesse des Erhalts verteilungsfähiger Masse ein Zahlungsverbot (vgl. dazu Erl. zu § 92 AktG).

In Bezug auf zahlreiche gesellschaftsrechtliche Vorgänge besteht eine **Pflicht zur Anmeldung im Handelsregister**; die erforderlichen Anmeldungen sind vom Vorstand vorzunehmen. Neben der

Anmeldung der neu gegründeten Gesellschaft (§ 36 AktG) und der Verpflichtung zur Bekanntmachung eines Wechsels der Aufsichtsratsmitglieder (§ 106 AktG) bestehen Anmeldepflichten insbesondere bei Satzungsänderungen (§ 181 AktG), Kapitalmaßnamen (§§ 188 Abs. 4, 227 Abs. 2 AktG) und weiteren für die Unternehmensstruktur bedeutsamen Maßnahmen, z. B. beim Abschluss von Unternehmensverträgen (§ 294 AktG) sowie bei Umstrukturierungen nach dem UmwG. Ferner bestehen zahlreiche **Pflichten zur Einreichung bestimmter Unterlagen**, wie insbesondere dem Protokoll der Hauptversammlung (§ 130 Abs. 5 AktG), dem Jahresabschluss, dem Lagebericht, dem Bericht des Aufsichtsrats sowie dem Ergebnisverwendungsvorschlag und -beschluss (§ 325 Abs. 1 Satz 1 HGB). Für große Gesellschaften i. S. d. § 267 Abs. 3 HGB besteht die Verpflichtung zur vorhergehenden Bekanntmachung der Unterlagen im Bundesanzeiger (§ 325 Abs. 2 HGB); für konzernabschlusspflichtige Gesellschaften gelten die Bekanntmachungs- und Einreichungspflichten des § 325 Abs. 3 HGB.

C. Zahl der Vorstandsmitglieder, Abs. 2

47 Zulässig ist nach Abs. 2 Satz 1 sowohl ein **Alleinvorstand** als auch ein **mehrköpfiger Vorstand**. Nach § 23 Abs. 3 Nr. 6 AktG hat die Satzung Näheres festzulegen. Üblich ist eine Satzungsklausel, die vorsieht, dass der Vorstand aus einer oder mehreren Personen besteht und die Anzahl durch den Aufsichtsrat festgelegt wird. Diese Klausel steht in Übereinstimmung mit den Anforderungen des § 23 Abs. 3 Nr. 6 AktG, weil zwar nicht die Zahl der Vorstandsmitglieder, aber doch die Regeln, nach denen diese Zahl festgelegt wird, in der Satzung festgelegt sind (BGH, Urt. v. 17.12.2001 – II ZR 288/99; NZG 2002, 817, 818 f.). Als hinreichend wird auch eine **Festlegung der Mindest- bzw. Höchstzahl** der Vorstandsmitglieder angesehen; bei einer solchen Klausel hat wiederum der Aufsichtsrat über die Anzahl der Vorstandsmitglieder in dem von der Satzung festgelegten Rahmen zu entscheiden (KG, Urt. v. 11.07.1902 – 1 Y 822/02; KGJ 24, A 194, 197).

48 Hat eine AG ein **Grundkapital** von **mehr als 3,0 Mio. €**, wird in Abs. 2 Satz 2 eine Mindestzahl von zwei Vorstandsmitgliedern gefordert. Die Regelung ist aber nach dem Gesetzeswortlaut ausdrücklich zur Disposition des Satzungsgebers gestellt. Auch für solche Gesellschaften kann mithin ein Alleinvorstand in der Satzung vorgesehen werden; ebenso kann für diesen Fall vorgesehen werden, dass der Aufsichtsrat die Zahl der Vorstandsmitglieder festlegt (LG Köln AG 1999, 137 f.).

49 Für die dem **MitbestG 1976** unterfallenden Gesellschaften gilt Abs. 2 Satz 3. Danach hat der Vorstand wenigstens aus zwei Personen zu bestehen, von denen einer nach § 33 Abs. 1 Satz 1 MitbestG zum Arbeitsdirektor bestellt wird.

50 Die **Staatsangehörigkeit** hat keinen Einfluss auf die Vorstandsfähigkeit. Ebenso wenig spielt der **Wohnsitz** des Vorstands eine Rolle. Erforderlich ist allerdings, dass das Vorstandsmitglied jederzeit berechtigt ist, in die Bundesrepublik Deutschland einzureisen, um den Vorstandsgeschäften nachkommen zu können (OLG Frankfurt am Main, Urt. v. 22.02.2001 – 20 W 376/00; NJW-RR 2001, 1616; FGPraxis 2001, 124 f.; a. A. OLG Dresden Urt. 05.11.2003 – 2 U 1433/02; NZG 2003, 628, 629; vgl. *Ermann* NZG 2002, 503; vgl. für die GmbH auch § 6 GmbHG Rdn. 17).

51 Anders als bei Personengesellschaften (vgl. für die OHG § 114 HGB Rdn. 8, § 125 Rdn. 2 f.) gilt im Recht der AG – ebenso wie im Recht der GmbH (vgl. § 6 GmbHG Rdn. 21) – das **Prinzip der Fremdorganschaft**. Vorstandsmitglied kann also auch werden, wer nicht Aktionär ist. Die Innehabung von Aktien steht andererseits der Bestellung zum Vorstand nicht entgegen.

52 Die **Rechtsfolgen** einer **Fehlbesetzung** (Unterbesetzung) des Vorstands sind vom Gesetz nicht ausdrücklich geregelt. Im Fall der **Unterbesetzung** ist grundsätzlich anzunehmen, dass der nicht vorschriftsgemäß besetzte Vorstand handlungsunfähig ist bzw. im Fall nachträglicher Fehlbesetzung etwa infolge des Ausscheidens eines Mitglieds handlungsunfähig wird (BGH, Urt. v. 21.11.2001 – II ZR 225/99; Z 149, 158, 161; kritisch *Götz* ZIP 2002, 1745 ff.). Nur ausnahmsweise bleibt die Handlungsfähigkeit des Vorstands trotzdem erhalten. Das ist der Fall, sofern Vorstandsmaßnahmen betroffen sind, die keinen rechtsgeschäftlichen Charakter haben (vgl. *Schäfer* ZGR 2003, 147, 153 f.). Dies ist z. B. gegeben beim Berichtswesen nach § 90 AktG, bei der Führung der Handels-

bücher (§ 91 AktG), der Einberufung der Hauptversammlung (§ 121 Abs. 2 AktG) und der Vorlage von Jahresabschluss und Lagebericht (§ 170 Abs. 1 AktG). Demgegenüber ist der unterbesetzte Vorstand nicht in der Lage, ordnungsgemäße Beschlüsse zu treffen. Die ordnungsgemäße Bearbeitung und Bekanntmachung von Beschlussvorschlägen für die Hauptversammlung kann ebenfalls durch einen vorschriftswidrig besetzten Vorstand nicht erfolgen (BGH, Urt. v. 21.11.2001 – II ZR 225/99; Z 149, 158, 160 f.). Entsprechendes gilt für die Feststellung des Jahresabschlusses, § 172 AktG (*Hüffer/Koch* AktG, § 76 Rn. 23; a. A. *Priester* FS Kropff 1997, 591, 597 f.). Im Fall der **Überbesetzung** bleiben die Rechtshandlungen gegenüber Dritten wirksam (*Hüffer/Koch* AktG, § 76 Rn. 23).

Den **Aufsichtsrat** trifft im Fall der Fehlbesetzung des Vorstand die **Pflicht**, baldmöglichst für eine korrekte Besetzung zu sorgen und insbesondere die erforderliche Zahl von Vorstandsmitgliedern zu bestellen (BGH, Urt. v. 21.11.2001 – II ZR 225/99; Z 149, 158, 162). Nach § 85 Abs. 1 AktG kommt überdies eine gerichtliche Bestellung auf Antrag eines Beteiligten in Betracht (vgl. dazu § 85 AktG Rdn. 2 ff.). 53

D. Persönliche Anforderungen und Bestellungshindernisse, Abs. 3

Abs. 3 nennt die nach dem AktG bestehenden persönlichen Anforderungen an Vorstandsmitglieder. Danach können nur **natürliche, unbeschränkt geschäftsfähige** und nicht unter Betreuung stehende Personen Vorstandsmitglied sein. Nicht Vorstandsmitglied kann – in Übereinstimmung mit der Rechtslage zu § 6 Abs. 2 GmbHG (vgl. § 6 GmbHG Rdn. 11) – sein, wer unter wenigstens einem der in Satz 2 und 3 genannten Inhabilitätsgründe fällt. Die geltenden Ausschlussgründe sind durch das MoMiG auf die genannten zentralen Straftaten des Wirtschaftsstrafrechts erweitert worden. Zu beachten ist, dass nur **vorsätzlich begangene Straftaten** zur Inhabilität führen; nicht erfasst werden damit insbesondere fahrlässig begangene Insolvenzstraftaten (BT-Drucks. 16/6140, S. 33). Die Erweiterung Die Vorschrift differenziert nach wie vor nicht zwischen Erst- und Wiederholungstätern; die deswegen geäußerten Zweifel an der Verfassungsmäßigkeit (vgl. *Fleischer* WM 2004, 157; *Stein* AG 1987, 165) haben sich aber nicht durchgesetzt. Eine weiter gehende Ausdehnung der Vorschrift auf andere Delikte (etwa Betrugsdelikte nach §§ 263 ff. StGB) ist vom Gesetzgeber bewusst ausgeschlossen worden; deshalb ist eine entsprechende Anwendung der Regelungen zulässig. Die Verhängung eines Berufsverbots durch Urteil oder Verwaltungsakt kann – in Übereinstimmung mit der Regelung des § 6 Abs. 2 GmbHG (vgl. § 6 GmbHG Rdn. 11) – ein Bestellungshindernis nach Nr. 2 darstellen. Vorausgesetzt ist dabei, dass der Gegenstand des Berufsverbots und der Unternehmensgegenstand ganz oder teilweise übereinstimmen. Eine Frist für die Beachtlichkeit des Berufsverbots ist nicht geregelt, sodass das Bestellungshindernis endet, sobald das Berufsverbot entfällt. 54

Ferner sind **in der Satzung geregelte Eignungsvoraussetzungen** zu beachten, solange sie dem Aufsichtsrat das unentziehbare Auswahlermessen erhalten (MüKo AktG/*Hefermehl/Spindler*, § 84 Rn. 23; für die GmbH vgl. § 6 GmbHG Rdn. 20). Die Auffassung, dass sich der Aufsichtsrat über solche Satzungsbestimmungen nach pflichtgemäßem Ermessen hinwegsetzen dürfe (so KölnKomm AktG/*Mertens/Cahn* § 76 Rn. 116), steht nicht im Einklang mit § 23 Abs. 5 Satz 2 AktG. 55

Die gesetzlichen Anforderungen an Vorstandsmitglieder stellen **bindende Voraussetzungen** für den Bestellungsakt dar. Deswegen ist die Bestellung unter Missachtung der Bestimmungen nicht nur rechtswidrig, sondern wegen Gesetzesverstoß nach § 134 BGB **nichtig** (OLG Naumburg, Urt. v. 10.11.199 – 7 Wx 7/99; FGPraxis 2000, 121). Bei Nichtbeachtung einer statutarischen Voraussetzung verstößt der Bestellungsakt gegen kein gesetzliches Verbot und ist wirksam; in diesem Fall wird allerdings angenommen, dass der Aufsichtsrat nach § 84 Abs. 3 Satz 1 verpflichtet ist, die Bestellung aus wichtigem Grund zu widerrufen (MünchHdb GesR IV/*Wiesner* § 20 Rn. 8 f.; a. A. KölnKomm AktG/*Mertens/Cahn* § 76 Rn. 115 ff.). 56

§ 77 Geschäftsführung

(1) ¹Besteht der Vorstand aus mehreren Personen, so sind sämtliche Vorstandsmitglieder nur gemeinschaftlich zur Geschäftsführung befugt. ²Die Satzung oder die Geschäftsordnung des Vorstands kann Abweichendes bestimmen; es kann jedoch nicht bestimmt werden, daß ein oder mehrere Vorstandsmitglieder Meinungsverschiedenheiten im Vorstand gegen die Mehrheit seiner Mitglieder entscheiden.

(2) ¹Der Vorstand kann sich eine Geschäftsordnung geben, wenn nicht die Satzung den Erlaß der Geschäftsordnung dem Aufsichtsrat übertragen hat oder der Aufsichtsrat eine Geschäftsordnung für den Vorstand erläßt. ²Die Satzung kann Einzelfragen der Geschäftsordnung bindend regeln. ³Beschlüsse des Vorstands über die Geschäftsordnung müssen einstimmig gefaßt werden.

Übersicht	Rdn.		Rdn.
A. Regelungszweck	1	III. Abweichende Bestimmungen durch	
B. Geschäftsführung	2	Satzung oder Geschäftsordnung	9
I. Begriff	2	1. Regelungsmacht	9
II. Geschäftsführungsbefugnis	3	2. Regelungsinhalt	10
1. Grundsatz: Vorstand	3	3. Regelungsgrenzen	14
2. Gesamtgeschäftsführungsbefugnis, Zustimmung	4	C. Geschäftsordnung des Vorstands	15
		I. Zuständigkeit	16
3. Stimmverbote	6	II. Form	17
4. Widerspruch	7	III. Inhalt	18
5. Gefahr im Verzug	8	IV. Geltungsdauer	19

A. Regelungszweck

1 Die Regelung betrifft die Geschäftsführung des Vorstands und grenzt diese von der in § 78 geregelten Vertretung der Gesellschaft ab. § 77 AktG geht vom sog. **Kollegialprinzip** aus und sieht für den mehrgliedrigen Vorstand den **Grundsatz der gemeinschaftlichen Geschäftsführung** sämtlicher Vorstandsmitglieder vor. Die Vorschrift hat damit nicht nur das Alleinentscheidungsrecht des Vorstandsvorsitzenden nach § 70 Abs. 2 Satz 2 AktG 1937 abgeschafft, sondern sie stellt zugleich den Grundsatz auf, dass Geschäftsführungsfragen im mehrgliedrigen Vorstand nicht durch Mehrheitsbeschluss entschieden werden; abweichende Regelungen werden allerdings ausdrücklich für zulässig erachtet. Abs. 2 sieht entsprechend allgemeinen verbandsrechtlichen Grundsätzen vor, dass sich der Vorstand selbst eine Geschäftsordnung geben kann. Diese Regelungsmacht des Vorstands ist allerdings nur in den durch Abs. 2 bestimmten Grenzen gewährleistet.

B. Geschäftsführung

I. Begriff

2 Geschäftsführung stellt jede für die Gesellschaft ausgeführte tatsächliche oder rechtsgeschäftliche Tätigkeit dar. Sie umfasst die Leitung der AG als einen besonderen Teilbereich (vgl. § 76 AktG Rdn. 4 ff., insbes. 8 ff.). Die Geschäftsführungsregeln unterscheiden sich von den Vertretungsregeln dadurch, dass Letztere die Frage regeln, in welchen Fällen und unter welchen Voraussetzungen der Vorstand mit Wirkung für die Gesellschaft (im Außenverhältnis) handeln kann, während die Geschäftsführungsregeln vorsehen, unter welchen Voraussetzungen der Vorstand (**im Innenverhältnis**) **die Geschäfte führen** darf. Der aktienrechtliche Begriff der Geschäftsführung wird in einem umfassenden Sinn verstanden. Er schließt nicht nur die Leitung der AG (vgl. § 76 AktG Rdn. 4 ff.) ein, sondern bezieht sich auch auf sog. **Grundlagengeschäfte**. Davon zu unterscheiden, ist die Frage, welche Geschäfte der Vorstand zu führen befugt ist. Dies ist die Frage nach der Geschäftsführungsbefugnis.

II. Geschäftsführungsbefugnis

1. Grundsatz: Vorstand

Die Befugnis zur Geschäftsführung in der AG liegt grundsätzlich beim **Vorstand**. Dies ist in § 77 AktG nicht ausdrücklich geregelt, wird aber von dieser Regelung und den Regelungen der §§ 76, 78, 82 und 119 AktG implizit vorausgesetzt. **Ausnahmen** bestehen für die der **Hauptversammlung** in § 119 Abs. 1 AktG vorbehaltenen Maßnahmen sowie für die Geschäftsführungsmaßnahmen, die der (ungeschriebenen) Zuständigkeit der Hauptversammlung unterliegen (vgl. § 76 AktG Rdn. 22 ff.). Bestimmte Gegenstände der Geschäftsführung unterliegen dem Zustimmungsvorbehalt des Aufsichtsrats nach § 111 Abs. 4 Satz 2 AktG (vgl. § 111 AktG Rdn. 15 ff.). Zu Beschränkungen der Geschäftsführungsbefugnis vgl. § 82 AktG Rdn. 11 ff.

3

2. Gesamtgeschäftsführungsbefugnis, Zustimmung

Die Geschäftsführungsbefugnis besteht im mehrgliedrigen Vorstand nach Abs. 1 Satz 1 als **Gesamtgeschäftsführungsbefugnis**. Die Vorstandsmitglieder sind danach grundsätzlich gemeinschaftlich zur Geschäftsführung befugt. Nach diesem Grundsatz darf der Vorstand Geschäfte nur führen, wenn sämtliche Mitglieder der Maßnahme **zugestimmt** haben. Damit unterliegt die Geschäftsführung dem Einstimmigkeitserfordernis. Die Willensbildung dazu erfolgt im **Beschlusswege**. Bestimmte Formvorschriften oder Beschlussfähigkeitsregeln bestehen von Gesetzes wegen nicht. Regelmäßig werden die Beschlüsse in Vorstandssitzungen gefasst. Die Zustimmung ist Willenserklärung und kann mündliche oder fernmündlich in Telefonkonferenzen, per Telefax per E-Mail oder in Videokonferenzen, schriftlich und im Umlaufverfahren abgegeben werden. Die Zustimmung kann auch **konkludent** durch schlüssiges Verhalten (OLG Frankfurt am Main, Urt. v. 15.04.1986 – 3 U 191/84; AG 1986, 233) abgegeben werden. Eine konkludente Zustimmung zu nach Gegenstand und Bedeutung gewöhnlichen Geschäftsführungsmaßnahmen kann insbesondere bei urlaubs- oder krankheitsbedingter Abwesenheit von Vorstandsmitgliedern in Betracht kommen (*Hüffer/Koch* AktG, § 77 Rn. 7). Vorausgesetzt ist jeweils eine an alle Vorstandsmitglieder ergangene Einladung, an der Beschlussfassung teilzunehmen. Von Gesetzes wegen bestehen keine besonderen Ladungsformalitäten; sie sind aber regelmäßig in der Geschäftsordnung vorgesehen.

4

Die Zustimmung zu einer Geschäftsführungsmaßnahme kann **im Voraus** nur für bestimmte Maßnahmen erteilt werden. Eine Zustimmung zu einem nicht beschränkten Kreis von Geschäften verstößt gegen das Prinzip der Gesamtgeschäftsführung und kann nicht wirksam erteilt werden (MüKo AktG/*Hefermehl/Spindler* § 77 Rn. 4).

5

3. Stimmverbote

Zu beachten sind die Stimmverbote des § 34 BGB, die auf den mehrgliedrigen Vorstand (s. § 28 Abs. 1 BGB) der AG entsprechend anwendbar sind. Das Verbot des § 34 BGB wird strikt verstanden und erfasst nur Rechtsgeschäfte und Rechtsstreitigkeiten zwischen Vorstandsmitgliedern und der AG. Es ist nicht als umfassenderes Stimmrechtsverbot bei Interessenkollision konzipiert (Spindler/Stilz/*Fleischer* AktG § 77 Rn. 26). Deswegen ist es im Ergebnis auch nicht gerechtfertigt, Vorstände mit weiteren Mandaten in anderen Gesellschaften bei Interessenkollisionen von der Stimmabgabe auszuschließen (so aber *Hoffmann-Becking* ZHR 150, 1986, 570 ff.; dagegen Köln-Komm AktG/*Mertens* § 77 Rn. 31 ff.).

6

4. Widerspruch

Fehlt eine erforderliche Zustimmungserklärung bzw. liegt ein Widerspruch von einem oder mehreren Vorstandsmitgliedern zu einer geplanten Maßnahme vor, muss die Geschäftsführung unterbleiben. Wegen des Einstimmigkeitserfordernisses kann eine Geschäftsführungsmaßnahme auch verhindert werden, ohne dass ein Vorstandsmitglied der Maßnahme ausdrücklich widerspricht (vgl. *Erle* AG 1987, 7).

7

5. Gefahr im Verzug

8 Geschäftsführungsmaßnahmen, die wegen **Gefahr im Verzug** keinen Aufschub dulden, können ausnahmsweise beschlossen werden, ohne dass die Zustimmung aller Vorstandsmitglieder vorliegt. Diese Befugnis kann sich nicht auf eine Regelung des AktG stützen, folgt aber aus der entsprechenden Anwendung von §§ 115 Abs. 1 HGB, 744 Abs. 2 BGB (KölnKomm AktG/*Mertens/Cahn* § 77 Rn. 7). In diesem Fall sind die nicht an der Beschlussfassung beteiligten Vorstandsmitglieder umgehend zu unterrichten; sie haben das Recht, der Maßnahme zu **widersprechen**, solange sie noch nicht ausgeführt ist (vgl. § 115 HGB Rdn. 2 ff.).

III. Abweichende Bestimmungen durch Satzung oder Geschäftsordnung

1. Regelungsmacht

9 Der Grundsatz der Gesamtgeschäftsführung kann nach Abs. 1 Satz 2 abgewandelt werden. Dies ist nur im Wege einer entsprechenden Satzungsbestimmung oder einer Geschäftsordnungsregelung möglich. Wegen der vom Gesetz vorgenommenen Differenzierung von Geschäftsführungs- und Vertretungsregeln gelten Regelungen für die Vertretung der Gesellschaft nicht auch für die Geschäftsführung. Ohne entsprechende Rechtsgrundlage in der Satzung oder Geschäftsordnung sind Mehrheitsbeschlüsse unwirksam. Im Einzelfall ist aber eine konkludente Zustimmung des dem Mehrheitsbeschluss nicht widersprechenden Vorstands in Betracht zu ziehen.

2. Regelungsinhalt

10 Abweichende Regelung in der Satzung oder Geschäftsordnung können insbesondere vorsehen: **Gesamtgeschäftsführungsbefugnis** mit Mehrheitsbeschlussfassung bzw. **Einzelgeschäftsführungsbefugnis** mit bestimmter Geschäftsverteilung. Regelungen zur **mehrheitlichen Beschlussfassung** sind in zahlreichen Variationen möglich. Die Mehrheitsmacht kann generell oder nur für einzelne Gegenstandsbereiche vorgesehen werden; sie kann an einfache oder qualifizierte Mehrheiten gebunden sein; sie kann auch nach Beschlussfassungsgegenständen abgestuft werden. Bei Stimmengleichheit ist der Beschlussfassungsvorschlag mangels Mehrheitsfindung abgelehnt; für diesen Fall kann grds. ein **Recht zum Stichentscheid** eines Vorstandsmitglieds vorgesehen werden (BGH, Urt. v. 14.11.1983 – II ZR 33/83; Z 89, 48, 59). Im zweigliedrigen Vorstand liefe eine solche Regelung auf ein Alleinentscheidungsrecht des berechtigten Vorstandsmitglieds hinaus und ist deswegen nicht zulässig (OLG Karlsruhe, Urt. v. 23.05.2000 – 8 U 233/99; AG 2001, 93, 94; OLG Hamburg, Urt. 20.05.1985 – 2 W 49/84; AG 1985, 251).

11 Überstimmte Vorstandsmitglieder sind grundsätzlich verpflichtet, die getroffene Mehrheitsentscheidung mitzutragen. Ausnahmen werden für rechtswidrige Beschlüsse anerkannt, da jedes Vorstandsmitglied verpflichtet ist, dass sich das handelnde Gesellschaftsorgan rechtmäßig verhält. Insofern besteht eine Rechtspflicht zum Einschreiten gegen rechtswidrige Vorstandsbeschlüsse (*Fleischer* NZG 2003, 449, 457).

12 Nach allerdings umstrittener Rechtsauffassung ist es grundsätzlich zulässig, einzelnen Vorstandsmitgliedern ein uneingeschränktes oder konditioniertes **Vetorecht** einzuräumen (so OLG Karlsruhe, Urt. v. 23.05.2000 – 8 U 233/99; AG 2001, 93, 94; KölnKomm AktG/*Mertens* § 77 Rn. 11; dagegen *Bezzenberger* ZGR 1996, 661, 665 ff.; offen gelassen von BGH, Urt. v. 14.11.1983 – II ZR 33/83; Z 89, 48, 58). In mitbestimmten Gesellschaften sind Vetorechte einzelner Vorstandsmitglieder mit der von § 33 MitbestG geschützten gleichberechtigten Stellung des Arbeitsdirektors unvereinbar (BGH, Urt. v. 14.11.1983 – II ZR 33/83; Z 89, 48, 59).

13 Die eine Einzelgeschäftsführung vorsehenden Geschäftsverteilungsregeln in der Satzung oder Geschäftsordnung können **funktionsbezogene, spartenbezogene, lokale oder auch regionale Beschränkungen** enthalten. Möglich sind auch Regelungen, die einzelnen Vorstandsmitgliedern allein oder gemeinsam mit einem anderen Mitglied oder einem Prokuristen die Befugnis zur Geschäftsführung zuweisen.

3. Regelungsgrenzen

Abs. 1 Satz 2 Halbs. 2 bestimmt ausdrücklich, dass weder in der Satzung noch in der Geschäftsordnung geregelt werden kann, dass ein oder mehrere Vorstandsmitglieder Meinungsverschiedenheiten im Vorstand gegen die Mehrheit entscheiden. Damit ist insbesondere das **Alleinentscheidungsrecht** des Vorsitzenden abgeschafft (vgl. Rdn. 1). Ferner ist zu beachten, dass der Vorstand die ihm nach § 76 Abs. 1 AktG zustehende Aufgabe der **Unternehmensleitung** nicht auf einzelne Mitglieder delegieren darf (vgl. § 76 AktG Rdn. 10). Eine unterschiedliche Ausgestaltung der Befugnisse der Vorstandsmitglieder ist im Rahmen der Geschäftsverteilung möglich, bleibt aber ohne Einfluss auf die gemeinsame Verantwortung für die eigenverantwortliche Leitung des Gesamtvorstands der AG. Soweit dem Vorstand gesetzlich einzelne Leitungsaufgaben zugewiesen sind (§§ 83, 90, 91, 92, 110 Abs. 1, 118 Abs. 2, 121 Abs. 2, 170 AktG; vgl. oben Rdn. 3), handelt es sich um Aufgaben, die vom Gesamtvorstand zu erledigen sind und in seine kraft Gesetzes bestehende Gesamtverantwortung als Kollegialorgan fallen; sie sind – von vorbereitenden Maßnahmen abgesehen – **nicht delegierbar**; dies gilt auch für die Befugnisse, die dem Vorstand gegenüber anderen Gesellschaftsorganen zugewiesen sind (gegenüber dem Aufsichtsrat vgl. §§ 97, 98, 104 Abs. 1 und 2, 106 AktG; gegenüber der Hauptversammlung vgl. §§ 119 Abs. 2, 121 Abs. 2 AktG). Wegen der Gesamtverantwortung des Vorstands als Kollegialorgan für jedes einzelne Vorstandsmitglied ist die Pflicht zur regelmäßigen Überwachung und Kontrolle der jeweiligen Ressortvorstände nicht abdingbar (BGH, Urt. v. 15.10.1996 – VI ZR 319/95; Z 133, 370).

14

C. Geschäftsordnung des Vorstands

Abs. 2 trifft Regelungen zur Geschäftsordnung des Vorstands. Für eine sachgerechte Organisation der Vorstandsarbeit wird üblicherweise und unabhängig von der Größe der Gesellschaft eine Geschäftsordnung erlassen, für die sich die Fragen nach der Zuständigkeit zum Erlass, nach Form und Inhalt sowie der Geltungsdauer stellen. Eine Pflicht zur Aufstellung einer Geschäftsordnung sieht das Gesetz nicht vor.

15

I. Zuständigkeit

Zuständig zum Erlass der Geschäftsordnung des Vorstands ist nach Abs. 2 Satz 1 in erster Linie der **Vorstand**. Der Vorstand kann zwar gemäß dem Prinzip der Selbstorganisation selbst die für ihn verbindliche Geschäftsordnung erlassen; bei der entsprechenden Beschlussfassung handelt der Vorstand als Kollegialorgan und muss nach Abs. 2 Satz 3 **einstimmig** beschließen. Die Zuständigkeit des Vorstands ist gegenüber derjenigen des Aufsichtsrats allerdings **nur subsidiär** und dann nicht gegeben, wenn entweder die Satzung den Erlass der Geschäftsordnung dem **Aufsichtsrat** zuweist oder aber der Aufsichtsrat von sich aus – ohne satzungsrechtliche Aufgabenzuweisung – eine Geschäftsordnung für den Vorstand erlassen hat, Abs. 2 Satz 1. Nach der gesetzlichen Regelung kann der Satzungsgeber nicht vorsehen, dass der Vorstand anstelle des Aufsichtsrats die Geschäftsordnung erlässt (MüKo AktG/*Hefermehl/Spindler* § 77 Rn. 42). Mit § 77 AktG vereinbar wird die Satzungsregelung gehalten, die den Erlass der Geschäftsordnung alternativ entweder durch den Vorstand (ggf. unter Zustimmung des Aufsichtsrats) oder durch den Aufsichtsrat vorsieht. Durch Abs. 2 Satz 2, nach dem die Satzung »Einzelfragen« der Geschäftsordnung bindend regeln kann, ist klargestellt, dass Aufsichtsrat bzw. Vorstand ein satzungsfester Kernbereich von Geschäftsordnungsregeln nicht genommen werden darf (h. M.; vgl. *Hoffmann-Becking* ZGR 1998, 497, 505).

16

II. Form

Die Geschäftsordnung wird regelmäßig **schriftlich** abgefasst und ist auch entsprechend niederzulegen (*Hüffer/Koch* AktG, § 77 Rn. 21). Erlässt der Aufsichtsrat die Geschäftsordnung ist sie nach § 107 Abs. 2 AktG in das **Sitzungsprotokoll** aufzunehmen.

17

III. Inhalt

18 Spezielle gesetzliche Vorgaben für den Inhalt der Geschäftsordnung bestehen nicht. Der Geschäftsordnungsgeber ist deshalb bei deren Gestaltung frei. Üblicherweise werden Regelungen getroffen über die Zusammenarbeit im Vorstand und über das Zusammenwirken von Vorstand und Aufsichtsrat. Muster einer Geschäftsordnung finden sich bei *Happ* AktienR, 8.01. In nach dem MitbestG mitbestimmten Gesellschaften ist die zwingende Zuständigkeit des Arbeitsdirektors zu beachten (vgl. *Hoffmann-Becking* ZGR 1998, 497, 505 f.).

IV. Geltungsdauer

19 Die Geschäftsordnung bleibt bis zum Zeitpunkt ihrer **wirksamen Änderung** oder **Aufhebung** in Kraft. Eine förmliche Aufhebung der bisherigen Ordnung ist nicht erforderlich, wenn Vorstand oder Aufsichtsrat eine neue Geschäftsordnung erlassen. Um klare Kompetenzabgrenzungen zu gewährleisten, wird eine bloße Änderung der vom Vorstand erlassenen Geschäftsordnung durch den Aufsichtsrat überwiegend nicht für zulässig erachtet; vielmehr soll der Aufsichtsrat eine neue Geschäftsordnung verabschieden, wobei es ihm nicht verwehrt ist, Inhalte der bisher geltenden Vorstandsordnung zu übernehmen.

20 Veränderungen der personellen Zusammensetzung des Vorstands haben nach zutreffender Auffassung keinen Einfluss auf die fortdauernde Wirksamkeit der Geschäftsordnung. Dies gilt ohne Weiteres für vom Vorstand nicht erlassene Geschäftsordnungen. Im Hinblick auf die Kontinuität des Gesellschaftsorgans gilt dies aber auch dann, wenn sich der Vorstand selbst eine Geschäftsordnung gegeben hat; Abs. 2 Satz 3 steht dem nicht entgegen, weil das Einstimmigkeitserfordernis im Zeitpunkt der Beschlussfassung erfüllt sein muss (näher *Hoffmann-Becking* ZGR 1998, 497, 500). Eine in der Geschäftsordnung getroffene **Ressortaufteilung** ist für das neue Mitglied dadurch verbindlich, dass es sein Einverständnis mit der ressortbezogenen Bestellung erklärt; dies kann ausdrücklich oder auch konkludent erfolgen; ein erneuter Geschäftsordnungsbeschluss durch den Vorstand ist nicht erforderlich (teilweise abweichend *Hoffmann-Becking* ZGR 1998, 500).

§ 78 Vertretung

(1) ¹Der Vorstand vertritt die Gesellschaft gerichtlich und außergerichtlich. ²Hat eine Gesellschaft keinen Vorstand (Führungslosigkeit), wird die Gesellschaft für den Fall, dass ihr gegenüber Willenserklärungen abgegeben oder Schriftstücke zugestellt werden, durch den Aufsichtsrat vertreten.

(2) ¹Besteht der Vorstand aus mehreren Personen, so sind, wenn die Satzung nichts anderes bestimmt, sämtliche Vorstandsmitglieder nur gemeinschaftlich zur Vertretung der Gesellschaft befugt. ²Ist eine Willenserklärung gegenüber der Gesellschaft abzugeben, so genügt die Abgabe gegenüber einem Vorstandsmitglied oder im Fall des Absatzes 1 Satz 2 gegenüber einem Aufsichtsratsmitglied. ³An die Vertreter der Gesellschaft nach Absatz 1 können unter der im Handelsregister eingetragenen Geschäftsanschrift Willenserklärungen gegenüber der Gesellschaft abgegeben und Schriftstücke für die Gesellschaft zugestellt werden. ⁴Unabhängig hiervon können die Abgabe und die Zustellung auch unter der eingetragenen Anschrift der empfangsberechtigten Person nach § 39 Abs. 1 Satz 2 erfolgen

(3) ¹Die Satzung kann auch bestimmen, daß einzelne Vorstandsmitglieder allein oder in Gemeinschaft mit einem Prokuristen zur Vertretung der Gesellschaft befugt sind. ²Dasselbe kann der Aufsichtsrat bestimmen, wenn die Satzung ihn hierzu ermächtigt hat. ³Absatz 2 Satz 2 gilt in diesen Fällen sinngemäß.

(4) ¹Zur Gesamtvertretung befugte Vorstandsmitglieder können einzelne von ihnen zur Vornahme bestimmter Geschäfte oder bestimmter Arten von Geschäften ermächtigen. ²Dies gilt sinngemäß, wenn ein einzelnes Vorstandsmitglied in Gemeinschaft mit einem Prokuristen zur Vertretung der Gesellschaft befugt ist.

Übersicht

	Rdn.			Rdn.
A. Regelungszweck	1	I.	Satzungsregelungen, Satzungsermächtigungen	12
B. Vorstand als gesetzliches Vertretungsorgan	2	II.	Regelungsinhalt	14
C. Gesetzliche Vertretungsregelung, Abs. 2	7		1. Einzelermächtigung	15
I. Organschaftliche Einzel- oder Gesamtvertretung	7		2. Unechte Gesamtvertretung	16
II. Voraussetzungen und Ausübung	9		3. Gemeinschaftliche Vertretung durch mehrere Vorstandsmitglieder	18
D. Abweichende Regelungen, Abs. 3	12	E.	Einzelermächtigung, Abs. 4	19

A. Regelungszweck

§ 78 AktG regelt die **Zurechnung des rechtsgeschäftlichen Handelns** des Vorstands für die AG. 1
Neben dem Tätigwerden des Vorstands kann die AG auch von anderen Personen bei der Vornahme von Rechtsgeschäften vertreten werden. Diese nicht-organschaftliche Vertretung etwa durch Prokuristen oder Handlungsbevollmächtigte richtet sich nach den allgemeinen Regeln des Zivil- und Handelsrechts. Gesetzliches Vertretungsorgan ist nach Abs. 1 allein der Vorstand der AG. Dessen Vertretungsmacht wird in Abs. 2 gesetzlich geregelt; sie ist nach § 82 Abs. 1 AktG nicht beschränkt und kann nach dieser Vorschrift auch nicht beschränkt werden (vgl. § 82 AktG Rdn. 2 ff.). Abweichende Bestimmungen sind nach Maßgabe von Abs. 3 zulässig. Eine Einzelermächtigung ist nach Abs. 4 im Rahmen der Gesamtvertretung möglich.

B. Vorstand als gesetzliches Vertretungsorgan

Der Vorstand hat die Stellung eines gesetzlichen Vertreters der AG (§ 26 Abs. 2 Satz 1 Halbs. 1 2
BGB). Durch die gesetzlich angeordnete Zurechnung des Organhandelns für die Gesellschaft wird die AG selbst handlungsfähig. Die sog. **organschaftliche Vertretungsmacht** ist von Abs. 1 gegenständlich grundsätzlich umfassend geregelt. Sie betrifft sowohl den gerichtlichen und als auch den außergerichtlichen Bereich und erstreckt sich damit auf die Vornahme von Prozesshandlungen für die Gesellschaft als auch auf das nach außen gerichtete rechtsgeschäftliche Handeln des Vorstands. Mit der durch das MoMiG eingeführten Regelung des Abs. 1 Satz 2 regelt der Gesetzgeber die besondere Situation der Gesellschaft ohne Vorstand, die so legal definierte »**Führungslosigkeit**« **der Gesellschaft**. Die nur für diesen Fall geregelte Vertretungszuständigkeit des Aufsichtsrats ist geschaffen worden, um dem Fall vorzubeugen, dass die Gesellschafter versuchen, durch Abberufung des Vorstands Zustellungen und den Zugang von Erklärungen an die Gesellschaft zu vereiteln (BT-Drucks. 16/6140, S. 42). Aus Abs. 2 Satz 2 ergibt sich, dass der Zugang bzw. die Abgabe gegenüber nur einem Aufsichtsratsmitglied ausreichend ist.

Die organschaftliche Vertretungsmacht des Vorstands **besteht nicht** bei der Vertretung der AG **gegen-** 3
über Vorstandsmitgliedern, auch nicht gegenüber ausgeschiedenen Vorstandsmitgliedern (LG Frankfurt am Main, Urt. v. 15.07.2010 – 2-08 O 16/10; GWR 2010, 480), § 112 AktG, sowie bei der Bestellung und Abberufung von Aufsichtsratsmitgliedern und bei der Bestellung besonderer Vertreter zur Geltendmachung von Ersatzansprüchen der Gesellschaft nach § 147 Abs. 3 AktG. Dennoch vorgenommene Rechtsgeschäfte verstoßen gegen das Verbot des § 134 BGB und sind unheilbar **nichtig**.

Bei **Anfechtungs- und Nichtigkeitsklagen**, die nach § 246 AktG gegen die Gesellschaft zu richten 4
sind, statuiert § 246 Abs. 2 Satz 2 AktG ein **Doppelvertretungserfordernis** durch Vorstand und Aufsichtsrat (vgl. § 246 AktG Rdn. 9 f.). Die nämlichen Vertretungserfordernisse gelten für Nichtigkeits- und Anfechtungsklagen betreffend die Wahl der Aufsichtsratsmitglieder (§§ 250 Abs. 3, 251 Abs. 3 AktG; vgl. § 250 AktG Rdn. 23), die Beschlüsse zur Verwendung des Bilanzgewinns (§§ 253 Abs. 2, 254 Abs. 1 AktG; vgl. § 254 AktG Rdn. 8), Kapitalerhöhungsbeschlüsse (§ 255 Abs. 3 AktG) und betreffend die Feststellung des Jahresabschlusses (§§ 256 Abs. 7, 257 Abs. 2 AktG).

In bestimmten Fällen ist die **Zustimmung anderer Organe** erforderlich, damit die AG durch den 5
Vorstand wirksam vertreten werden kann. Die **Aufsichtsratszustimmung** ist erforderlich bei der Kreditgewährung an Vorstandsmitglieder (§ 89 AktG) und zur Wirksamkeit des Abschlusses von

§ 78 AktG Vertretung

Beratungsverträgen mit Aufsichtsräten (§ 114 Abs. 1 AktG). Eine **Zustimmung der Hauptversammlung** ist in folgenden Fällen erforderlich: Verzicht auf bzw. Vergleichsverträge über Ersatzansprüche der Gesellschaft gegen die Gründer (§ 50 AktG), für bestimmte Nachgründungsverträge (§ 52 AktG) und Ersatzansprüche in Nachgründungsfällen (§ 53 AktG), Verzicht auf bzw. Vergleichsverträge über Ersatzansprüche der Gesellschaft gegen Vorstandsmitglieder (§ 93 Abs. 4 Satz 3 AktG), Aufsichtsräte (§ 116 AktG) und Einflussträger (§ 117 AktG) sowie im Zusammenhang mit der Verantwortlichkeit herrschender Unternehmen und seiner Verwaltungsmitglieder im Vertragskonzern bzw. faktischen Konzern (§§ 309 Abs. 3, 310 Abs. 4, 317 Abs. 4, 318 Abs. 4 AktG), zum Abschluss von Vermögensübertragungsverträgen (§ 179a Abs. 1 AktG) und zum Abschluss und zur Änderung von Unternehmensverträgen (§§ 293 Abs. 1, 295 AktG). In nach dem MitbestG mitbestimmten Unternehmen sind die Regeln des § 32 MitbestG zu beachten.

6   Soweit nach den vorgenannten Regelungen dem Vorstand die Alleinvertretungsbefugnis fehlt, bestimmen sich die Rechtsfolgen nach den **§§ 177 ff. BGB**. Das zuständige Organ kann durch seine Genehmigung die Wirksamkeit des Geschäfts herbeiführen, § 177 Abs. 2 BGB. Im Fall der Verweigerung der Genehmigung ist das Geschäft endgültig unwirksam. Die Vorstandsmitglieder haften dann nach § 179 BGB, wenn nicht – wie regelmäßig – dem Geschäftspartner die Kenntnis von dem Mitwirkungserfordernis anderer Organe entgegengehalten werden kann, § 179 Abs. 3 BGB (vgl. MüKo AktG/*Spindler* § 82 Rn. 20).

C. Gesetzliche Vertretungsregelung, Abs. 2

I. Organschaftliche Einzel- oder Gesamtvertretung

7   Die organschaftliche Vertretungsmacht steht – wie die Geschäftsführungsbefugnis nach § 77 AktG – dem **Vorstand als Organ** zu. Besteht dieser aus nur einer Person, hat diese notwendige Einzelvertretungsbefugnis. Besteht der Vorstand aus mehreren Mitgliedern, steht diesen die organschaftliche Vertretungsmacht nach Abs. 2 Satz 1 den Vorstandsmitgliedern nur gemeinschaftlich zu (sog. **Gesamtvertretung**). Im Fall der vorübergehenden Verhinderung einzelner Mitglieder kann die AG nicht wirksam vertreten werden (BGH, Urt. v. 12.12.1960 – II ZR 255/59; Z 34, 27, 29). U. a. diese Konsequenz lässt abweichende Bestimmung angeraten erscheinen, die nach Abs. 3 zulässig sind, zumal eine gerichtliche Ersatzbestellung bei nur vorübergehender Verhinderung nicht in Betracht kommt (vgl. § 85 AktG Rdn. 2).

8   **Ausnahmen** vom Grundsatz der organschaftlichen Gesamtvertretung sieht das Gesetz in Abs. 2 Satz 2 vor, sofern Willenserklärungen gegenüber der AG abzugeben sind (sog. **Passivvertretung**); in diesem Fall genügt die Abgabe **gegenüber einem Vorstandsmitglied** oder im Fall der Führungslosigkeit der Gesellschaft gem. Abs. 1 Satz 2 (Rdn. 2) gegenüber einem Aufsichtsratsmitglied. Das Gleiche gilt für die Zustellungen im gerichtlichen Verfahren, § 170 Abs. 3 ZPO. Die nämliche Rechtslage gilt für die Passivvertretung der AG bei geschäftsähnlichen Handlungen wie der Erklärung von Mängelrügen, Abmahnungen oder Mahnungen, die wirksam gegenüber einem Vorstandsmitglied abgegeben werden können (MüKo AktG/*Spindler* § 78 Rn. 76 f.). Eine gesetzlich besonders geregelte Einzelvertretungsmacht besteht überdies bei der **Stellung des Insolvenzantrags** für die Gesellschaft, § 15 Abs. 1 InsO (vgl. § 92 AktG Rdn. 1).

II. Voraussetzungen und Ausübung

9   Die Wirksamkeitsvoraussetzungen der organschaftlichen Vertretung bestimmen sich nach den **allgemeinen Vorschriften**, insbesondere den §§ 116 ff., 164 ff. BGB. Die Zurechnung rechtsgeschäftlicher Erklärungen setzt deshalb zunächst voraus, dass der Vorstand im Namen der AG handelt. Das Handeln im fremden Namen liegt nicht nur vor, wenn dies ausdrücklich erklärt wird; es kann sich auch konkludent aus den obwaltenden Umständen ergeben (BGH, Urt. v. 22.02.1994 – LwZR 4/93; Z 125, 174, 178) und bindet bei erkennbar unternehmensbezogenen Rechtsgeschäften im Zweifel das bezogene Unternehmen (BGH, Urt. v. 06.04.1995 – III ZR 52/94; NJW 2000, 2985). Überdies setzt die organschaftliche Vertretung voraus, dass der Vorstand innerhalb seiner Vertre-

tungsmacht handelt. Neben den oben genannten Grenzen der Alleinvertretung durch den Vorstand (vgl. Rdn. 5) sind die ungeachtet der in § 82 Abs. 1 AktG angeordneten Unbeschränkbarkeit der Organvertretungsmacht die sich aus allgemeinen Grundsätzen des Vertretungsrechts ergebenden Grenzen der Vertretungsmacht zu beachten (vgl. dazu § 82 AktG Rdn. 7).

Für die **Zurechnung von Wissen** zulasten der AG reichte nach der Organtheorie aus, wenn dieses nur bei einem Organmitglied vorlag (BGH, Urt. v. 06.04.1964 – II ZR 75/62; Z 41, 282, 287). Nach neuerer Rechtsprechung erfolgt die Wissenszurechnung differenzierter, nämlich nach der im Interesse des Verkehrsschutzes begründeten »Pflicht zur ordnungsgemäßer Organisation der gesellschaftsinternen Kommunikation« (BGH, Urt. v. 02.02.1996 – V ZR 239/94; Z 132, 30, 37). Die Wissenszurechnung ist danach eine Konsequenz der wertenden Befürwortung eine Pflicht zur Informationsweiterleitung innerhalb des Unternehmens bzw. zur Abfrage von innerhalb der Organisation vorhandenen Wissens. Zurechnungsgrenzen zieht die Rechtsprechung zunächst hinsichtlich der Frage, ob das relevante Wissen überhaupt gespeichert werden musste; dies hänge davon ab, mit welcher Wahrscheinlichkeit das Wissen später rechtserheblich werden könne (BGH, Urt. v. 02.02.1996 – V ZR 239/94; Z 132, 30, 38). Das gilt auch dann, wenn das Organmitglied an dem betreffenden Rechtsgeschäft nicht selbst mitgewirkt hat (BGH, Urt. v. 08.12.1989 – V ZR 246/87; Z 109, 327, 331). Außerdem wird selbst das Wissen von ausgeschiedenen Organmitgliedern berücksichtigt (BGHZ, Urt. v. 08.12.1989 – V ZR 246/87109, 327, 331). Die Wissenszurechnung wird weiter gehend auf »Wissensvertreter« ausgedehnt, die nicht notwendig Organmitglieder zu sein haben, sondern als Repräsentant der juristischen Person bestimmte Aufgaben zu erledigen haben und dabei organisationsgemäß Informationen und Kenntnisse erlangen. Voraussetzung für eine solche Wissenszurechnung ist, dass bei wertender Betrachtung eine Pflicht zur Organisation eines Informationsaustauschs begründet werden kann; sie kommt insbesondere bei Wissen in Betracht, das typischerweise aktenmäßig festgehalten wird (BGH, Urt. v. 15.04.1997 – XI ZR 105/96; Z 135, 202, 205 ff.; näher *Fassbender/Neuhaus* WM 2002, 1253). 10

Auf welche Weise die Gesamtvertretungsmacht ausgeübt werden kann, wird vom Gesetz nicht geregelt. In Betracht kommen verschiedene Modalitäten: Sämtliche Vorstandsmitglieder können die Willenserklärung gemeinsam abgeben; sie können die Erklärung auch je gesondert, aber inhaltlich übereinstimmend abgeben, bei nachträglicher Zustimmung durch alle anderen reicht auch die Abgabe der Erklärung durch nur ein Vorstandsmitglied (RG, Urt. v. 14.02.1913 – II 378/12; Z 81, 325, 329). 11

D. Abweichende Regelungen, Abs. 3

I. Satzungsregelungen, Satzungsermächtigungen

Vom Grundsatz der Gesamtvertretung abweichende Regelungen sind möglich, wenn die kompetenziellen und inhaltlichen Vorgaben des Abs. 3 beachtet werden. Die Zuständigkeit zum Erlass abweichender Regelungen liegt primär beim Satzungsgeber. Die Satzung muss die abweichende Regelung entweder **selbst enthalten** oder aber den Aufsichtsrat zum Erlass einer solchen Regelung **ermächtigen**. Eine ohne Satzungsermächtigung getroffene Vertretungsregelung des Aufsichtsrats ist unwirksam. An den Inhalt der Satzungsermächtigung zugunsten des Aufsichtsrats stellt Abs. 3 keine Anforderungen, sodass dieser pauschal zu einer Vertretungsregelung oder zu einer Regelung nach bestimmten von der Satzung gesetzten Vorgaben ermächtigt werden kann. Der Aufsichtsrat kann die Regelung einem Ausschuss überantworten, § 107 Abs. 3 AktG. 12

Eine Regelung der Vertretungsmacht des Vorstands durch die Hauptversammlung kann im Hinblick auf § 23 Abs. 5 Satz 1 AktG nicht erfolgen. Die Hauptversammlung kann durch die Satzung auch nicht ermächtigt werden, eine Änderung der gesetzlichen Vertretungsregelung zu beschließen. Zulässig ist es aber, dass die Hauptversammlung durch satzungsändernden Beschluss eine vom gesetzlichen Modell abweichende Regelung der Vertretungsbefugnis des Vorstands trifft. 13

II. Regelungsinhalt

Die Zulässigkeit von Satzungsregelung betrifft inhaltlich nur die **Aktivvertretung** der AG mit der sogleich darzustellenden Maßgabe; Regelungen zur **Passivvertretung** sind nicht möglich; für die 14

Entgegennahme von Erklärungen bleibt es nach Abs. 3 Satz 2 jedenfalls bei der Einzelvertretung des Abs. 2 Satz 2.

1. Einzelermächtigung

15 Inhaltlich kann zunächst Einzelvertretungsmacht vorgesehen werden. Obwohl in Abs. 3 Satz 1 an prominenter Stelle erwähnt, findet diese Variante tatsächlich nur selten Verwendung. Die Einzelvertretungsbefugnis kann entweder **jedem** oder aber nur **einzelnen Vorstandsmitgliedern** eingeräumt werden. Im Fall der Einzelvertretung durch einen oder einzelne Vorstandsmitglieder bleibt es für die Übrigen bei dem gesetzlichen Modell der Gesamtvertretung der AG durch sämtliche Vorstandsmitglieder. Nicht zulässig ist es, die Einzelvertretungsmacht auf bestimmte Gegenstände oder für bestimmte Situationen vorzusehen; eine solche Regelung ist als Beschränkung der (Einzel-)Vertretungsmacht mit § 82 Abs. 1 AktG unvereinbar.

2. Unechte Gesamtvertretung

16 Ausdrücklich zugelassen wird von Abs. 3 Satz 1 auch eine Regelung der Vertretung der AG durch einen oder einzelne Vorstandsmitglieder **zusammen mit einem Prokuristen**. Diese Regelung gilt nicht, wenn dem Vorstandsmitglied Einzelvertretungsmacht zusteht (BGH, Urt. v. 06.02.1958 – II ZR 210/56; Z 26, 330, 333); in diesem Fall würde die Einzelvertretungsmacht des Vorstandsmitgliedes entgegen § 82 Abs. 1 AktG und damit unwirksam beschränkt. Dementsprechend kann die Vertretung durch den Alleinvorstand nicht an die Mitwirkung durch einen Prokuristen gebunden werden. Ebenso unwirksam ist eine Regelung, die sämtliche Mitglieder eines mehrgliedrigen Vorstands an die Mitwirkung eines Prokuristen bindet (BGH, Urt. v. 06.02.1958 – II ZR 210/56; Z 26, 330, 333; KölnKomm/*Mertens*/*Cahn* § 78 Rn. 41; a. A. Großkomm. AktG/*Habersack* § 78 Rn. 45).

17 Der Umfang der **Vertretungsmacht des Prokuristen** richtet sich im Fall der unechten Gesamtvertretung nicht nach dem Umfang der Prokura, sondern nach der Vertretungsmacht des Vorstandsmitglieds; dem Vorstand soll die Mitwirkung des Prokuristen eine organschaftliche Vertretungsmacht im Umfang der ohnehin bestehenden Gesamtvertretungsmacht verschaffen (BGH, Urt. v. 14.02.1974 – II ZB 6/73; Z 62, 166, 170). Dies hat vor allem zur Folge, dass Anmeldungen zum Handelsregister grundsätzlich im Wege unechter Gesamtvertretung von Vorstand und Prokurist vorgenommen werden können (RG Urt. 22.12.1931 – II B 30/31; Z 134, 303, 307) und bei der Passivvertretung die Abgabe der Erklärung gegenüber dem Prokuristen genügt (*Hüffer*/*Koch* AktG, § 78 Rn. 17).

3. Gemeinschaftliche Vertretung durch mehrere Vorstandsmitglieder

18 Diese Variante der eingeschränkten Gesamtvertretung der AG durch zwei oder mehr Vorstandsmitglieder wird in Abs. 3 Satz 1 nicht ausdrücklich erwähnt; dennoch wird sie allgemein als zulässiger Inhalt von Satzungs- oder Aufsichtsratsregeln angesehen (*Hüffer*/*Koch* AktG, § 78 Rn. 18).

E. Einzelermächtigung, Abs. 4

19 Die zur Gesamtvertretung befugten Vorstandsmitglieder können einzelne von ihnen zur **Vornahme bestimmter Geschäfte** oder **bestimmter Arten von Geschäften** ermächtigen. Damit wird im Wege der Einzelermächtigung nach Abs. 4 eine Erweiterung der nach Abs. 1 bis 3 bestehenden Gesamtvertretungsmacht zur Einzelvertretungsmacht ermöglicht. Die Einzelermächtigung muss ich auf bestimmte Geschäfte oder Geschäftsarten beziehen, weil andernfalls das Prinzip der Gesamtvertretung der AG durch den Vorstand ausgehöhlt werden könnte. An die Bestimmtheit der Einzelermächtigung werden deshalb strenge Anforderungen gestellt (BGH, Urt. v. 12.12.1960 – II ZR 255/59; Z 34, 27, 30; KölnKomm AktG/*Mertens*/*Cahn* § 78 Rn. 55). Einer besonderen Form bedarf die Einzelermächtigung nicht; sie kann deshalb auch unter Berücksichtigung der Regelungen in §§ 170 ff. BGB formlos widerrufen werden (*Schwartz* ZGR 2001, 744, 775).

§ 79

(weggefallen)

Die Vorschrift wurde durch das MoMiG aufgehoben. Der Gesetzgeber hat dies damit begründet, dass Klarheit und Sicherheit des Rechtsverkehrs, denen die aufgehobenen Zeichnungsregeln dienen sollten, bereits durch die allgemeinen Vertretungsregeln der §§ 164 ff. BGB hinreichend gewährleistet seien (BT-Drucks. 16/6140, S. 43).

§ 80 Angaben auf Geschäftsbriefen

(1) ¹Auf allen Geschäftsbriefen gleichviel welcher Form, die an einen bestimmten Empfänger gerichtet werden, müssen die Rechtsform und der Sitz der Gesellschaft, das Registergericht des Sitzes der Gesellschaft und die Nummer, unter der die Gesellschaft in das Handelsregister eingetragen ist, sowie alle Vorstandsmitglieder und der Vorsitzende des Aufsichtsrats mit dem Familiennamen und mindestens einem ausgeschriebenen Vornamen angegeben werden. ²Der Vorsitzende des Vorstands ist als solcher zu bezeichnen. ³Werden Angaben über das Kapital der Gesellschaft gemacht, so müssen in jedem Falle das Grundkapital sowie, wenn auf die Aktien der Ausgabebetrag nicht vollständig eingezahlt ist, der Gesamtbetrag der ausstehenden Einlagen angegeben werden.

(2) Der Angaben nach Absatz 1 Satz 1 und 2 bedarf es nicht bei Mitteilungen oder Berichten, die im Rahmen einer bestehenden Geschäftsverbindung ergehen und für die üblicherweise Vordrucke verwendet werden, in denen lediglich die im Einzelfall erforderlichen besonderen Angaben eingefügt zu werden brauchen.

(3) ¹Bestellscheine gelten als Geschäftsbriefe im Sinne des Absatzes 1. ²Absatz 2 ist auf sie nicht anzuwenden.

(4) ¹Auf allen Geschäftsbriefen und Bestellscheinen, die von einer Zweigniederlassung einer Aktiengesellschaft mit Sitz im Ausland verwendet werden, müssen das Register, bei dem die Zweigniederlassung geführt wird, und die Nummer des Registereintrags angegeben werden; im übrigen gelten die Vorschriften der Absätze 1 bis 3 für die Angaben bezüglich der Haupt- und Zweigniederlassung, soweit nicht das ausländische Recht Abweichungen nötig macht. ²Befindet sich die ausländische Gesellschaft in Abwicklung, so sind auch diese Tatsache sowie alle Abwickler anzugeben.

Die Regelung bezweckt die **Publizität wesentlicher Gesellschaftsverhältnisse**. Sie will gemäß ihrer Grundlegung in der europäischen Publizitätsrichtlinie aus dem Jahr 1969 (ABl. Nr. L 65/8) insbesondere gewährleisten, dass Geschäftspartner aus dem Ausland über wesentliche Verhältnisse der AG unterrichtet werden. 1

Die im Rechtsverkehr erforderlichen Angaben sind in § 80 AktG abschließend aufgeführt. 2

Bei der Vorschrift handelt es sich um eine **Ordnungsvorschrift**, sie schafft keine Formerfordernisse für die Gültigkeit von Erklärungen der AG. Die Einhaltung der Vorschrift kann vom Registergericht durch Festsetzung von Zwangsgeld durchgesetzt werden, § 407 Abs. 1 AktG. 3

§ 81 Änderung des Vorstands und der Vertretungsbefugnis seiner Mitglieder

(1) Jede Änderung des Vorstands oder der Vertretungsbefugnis eines Vorstandsmitglieds hat der Vorstand zur Eintragung in das Handelsregister anzumelden.

(2) Der Anmeldung sind die Urkunden über die Änderung in Urschrift oder öffentlich beglaubigter Abschrift beizufügen.

(3) ¹Die neuen Vorstandsmitglieder haben in der Anmeldung zu versichern, daß keine Umstände vorliegen, die ihrer Bestellung nach § 76 Abs. 3 Satz 2 Nr. 2 und 3 sowie Satz 3 entgegenstehen,

§ 81 AktG Änderung des Vorstands und der Vertretungsbefugnis seiner Mitglieder

und daß sie über ihre unbeschränkte Auskunftspflicht gegenüber dem Gericht belehrt worden sind. ²§ 37 Abs. 2 Satz 2 ist anzuwenden.

Übersicht	Rdn.		Rdn.
A. Regelungszweck................	1	II. Durchführung der Anmeldung........	5
B. Regelungsinhalt.................	2	III. Nichtbeachtung der Anmeldepflicht....	9
I. Gegenstand und Inhalt der Anmeldepflicht........................	2		

A. Regelungszweck

1 § 81 AktG bezweckt vor allem die **Publizität** der jeweiligen **Vertretungsverhältnisse** in der AG. Die Vorschrift ergänzt die Publizitätsregelungen der §§ 37 Abs. 3, 39 AktG für die Gründungsanmeldung und -eintragung. Außerdem soll die Durchsetzung bestimmter Hindernisse für die Bestellung zum Vorstandsmitglied erleichtert werden. Zu diesem Zweck sieht Abs. 1 die Pflicht des Vorstands zur Anmeldung von Änderungen des Vorstands bzw. der Vertretungsbefugnis zur Eintragung in das Handelsregister vor. Neue Vorstandsmitglieder haben dabei, insbesondere die Abwesenheit von Bestellungshindernissen zu versichern.

B. Regelungsinhalt

I. Gegenstand und Inhalt der Anmeldepflicht

2 **Anmeldepflichtig** sind Änderungen des Vorstands sowie Änderungen der Vertretungsbefugnis einzelner Vorstandsmitglieder sowie – vom Gesetz nicht ausdrücklich geregelt – bestimmte Änderungen der persönlichen Verhältnisse der Vorstandsmitglieder. Änderungen der Zusammensetzung des Vorstands ergeben sich beim Ausscheiden eines bisherigen Mitglieds sowie beim Eintritt eines neuen Vorstandsmitglieds. Für das Ausscheiden bzw. den Neueintritt von stellvertretendem Mitglieder gilt die Anmeldepflicht nach § 94 AktG entsprechend (vgl. § 94 AktG Rdn. 2). Änderungen der Vorstandsposition oder der Ressortverteilung bewirken keine Änderung der Zusammensetzung des Vorstands und sind deshalb nicht anmeldepflichtig.

3 Die anmeldepflichtigen Änderungen der Vertretungsbefugnis umfassen den Wechsel von der Gesamt- zur Einzelvertretung bzw. den von der Einzel- zur Gesamtvertretung. Anmeldepflichtig ist die Befreiung vom Verbot der Mehrfachvertretung gem. § 181 BGB (BGH, Urt. v. 28.02.1983 – II ZB 8/82; Z 87, 59, 61 f.). **Keine Änderung** der Vertretungsbefugnis stellt die Erteilung der Einzelermächtigung nach § 78 Abs. 4 AktG dar, weil damit die Gesamtvertretungsbefugnis der Vorstandsmitglieder nicht geändert wird (s. § 78 AktG Rdn. 18); deshalb sind weder die Erteilung noch der Widerruf der Einzelermächtigung nach § 78 Abs. 4 AktG anmeldepflichtig. Wird die Änderung der Vertretungsbefugnis im Wege der Satzungsänderung vorgenommen, so wird diese gem. § 181 AktG angemeldet; einer gesonderten Anmeldung nach § 81 AktG bedarf es in diesem Fall nicht.

4 Zur Durchsetzung der von § 81 AktG bezweckten Publizität der Vorstandsverhältnisse ist es gerechtfertigt und erforderlich, auch die Veränderung bestimmter **persönlicher Verhältnisse** in entsprechender Anwendung von § 81 AktG als anmeldepflichtig anzusehen. Dies betrifft in erster Linie Namensänderung beim Vorstandsmitglied, weil andernfalls keine Klarheit über die organschaftliche Vertretungsbefugnis der Vorstandsmitglieder besteht.

II. Durchführung der Anmeldung

5 Die Anmeldung ist gem. Abs. 1 **vom Vorstand** (nicht von der AG) vorzunehmen. Der Vorstand muss mit der vertretungsberechtigten Zahl seiner Mitglieder tätig werden. Die Anmeldung ist keine höchstpersönliche Verpflichtung, sie kann deshalb auch durch einen Bevollmächtigten vorgenommen werden, wenn dieser seine Rechtsmacht vom Vorstand und nicht von der AG erlangt.

Die Anmeldung ist bei dem **Gericht des Geschäftssitzes** vorzunehmen, § 14 AktG. Inhaltlich gilt: 6
Bei der Änderung der Vertretungsbefugnis sind dieselben Grundsätze zu beachten, die bei der
Erstanmeldung einzuhalten sind (vgl. die Erl. zu § 37 AktG). Grundsätzlich ist es ausreichend,
wenn die geänderte Vertretungsbefugnis **abstrakt beschrieben** wird; eine konkrete Benennung der
Vertretungsbefugnis namentlich genannter Vorstandsmitglieder ist nur erforderlich, wenn bei einzelnen Vorstandsmitgliedern Besonderheiten gegeben sind (z. B. Einzelvertretungsbefugnis). Die
Anmeldungen sind in **öffentlich beglaubigter Form** einzureichen, § 12 Abs. 1 HGB; nach § 129
Abs. 2 BGB ist ersatzweise auch die Einreichung einer notariell beurkundeten Erklärung möglich;
diese wiederum wird nach § 127a BGB durch einen gerichtlich protokollierten Vergleich ersetzt.

Nach Abs. 2 sind zu der Anmeldung alle diejenigen **Urkunden beizufügen**, die dem Registergericht 7
die materielle Prüfung der veränderte Besetzungs- bzw. Vertretungslage ermöglichen. In Betracht
kommen insbesondere Beschlussprotokolle des Aufsichtsrats, schriftliche Amtsverzichtserklärungen
oder Sterbeurkunden. Nach Abs. 2 reicht es aus, wenn die Dokumente in öffentlich beglaubigter
Abschrift eingereicht werden.

Neu bestellte Vorstandsmitglieder sind gegen Nachweis der Berechtigung zur Anmeldung selbst 8
berechtigt (Henssler/Strohn/*Dauner-Lieb*, § 81 Rn. 8). Die gem. Abs. 3 Satz 1 erforderlichen **Versicherungen der neuen Vorstandsmitglieder** betreffen das Fehlen von Bestellungshindernissen nach
§ 76 Abs. 3 Satz 2 Nr. 2 und 3 sowie Satz 3 AktG. § 37 Abs. 2 Satz 2 ist nach Abs. 3 Satz 2 anwendbar.
Bei diesen Versicherungen handelt es sich wegen in § 399 Abs. 1 Nr. 6 AktG vorgesehenen Strafsanktion um eine höchstpersönliche Erklärung.

III. Nichtbeachtung der Anmeldepflicht

Im Fall der Nichtbeachtung der Anmeldepflicht gilt: Die **zivilrechtliche Wirksamkeit** der Rechtsän- 9
derungen ergibt sich grundsätzlich ohne die der Anmeldung folgenden Registereintragung. Diese hat
regelmäßig nur deklaratorische Bedeutung. Eine Ausnahme ergibt sich für die durch Satzungsänderungen erfolgende Veränderung der Vorstandsbesetzung oder Vertretungsbefugnis; die **Satzungsänderung** wird nach § 181 Abs. 3 AktG erst **durch Eintragung** im Register wirksam. Nicht eingetragene
Rechtsänderungen können von der AG aber Dritten nach den handelsrechtlichen Publizitätsregeln
des § 15 Abs. 1 HGB nur entgegengehalten werden, wenn die Änderung dem Dritten bekannt war.
Das Registergericht hat im Fall der Nichtbeachtung der Anmeldepflicht die Befugnisse der § 14 HGB,
§§ 389 ff. FamFG. Die Abgabe falscher Versicherungen ist nach § 399 Abs. 1 Nr. 6 AktG strafbar.

§ 82 Beschränkungen der Vertretungs- und Geschäftsführungsbefugnis

(1) Die Vertretungsbefugnis des Vorstands kann nicht beschränkt werden.

(2) Im Verhältnis der Vorstandsmitglieder zur Gesellschaft sind diese verpflichtet, die Beschränkungen einzuhalten, die im Rahmen der Vorschriften über die Aktiengesellschaft die Satzung,
der Aufsichtsrat, die Hauptversammlung und die Geschäftsordnungen des Vorstands und des
Aufsichtsrats für die Geschäftsführungsbefugnis getroffen haben.

Übersicht	Rdn.		Rdn.
A. Regelungszweck	1	3. Missbrauch der Vertretungsmacht . .	7
B. Unbeschränkbarkeit der Vertretungs-		C. **Beschränkungen der Geschäftsführungs-**	
befugnis, Abs. 1	2	**befugnis, Abs. 2**	10
I. Grundsatz.	2	I. Beschränkungen durch die Satzung	11
II. Ausnahmen.	4	II. Beschränkungen durch Vorschriften	
1. Nach Aktienrecht.	4	anderer Organe.	13
2. Verbot des Selbstkontrahierens bzw.		III. Beschränkungen durch die Geschäfts-	
der Mehrfachvertretung nach § 181		ordnung	15
BGB	6	IV. Rechtsfolgen bei Verletzung	16

§ 82 AktG Beschränkungen der Vertretungs- und Geschäftsführungsbefugnis

A. Regelungszweck

1 Die Regelung dient in ihrem die Vertretungsbefugnis betreffenden Teil dem Schutz des Rechtsverkehrs. Der Rechtsverkehr soll sich nach § 82 Abs. 1 AktG auf die grundsätzlich unbeschränkte und unbeschränkbare Vertretungsmacht des Vorstands verlassen dürfen. Die Vorschrift belegt, dass der deutsche Gesetzgeber nicht dem sog. ultra-vires-Prinzip folgt, nach dem die Rechts- und Verpflichtungsfähigkeit des Verbandes sowie die Vertretungsmacht seiner Organe durch den Verbandszweck begrenzt wird. Demgegenüber sind im Innenverhältnis zur AG die in § 82 Abs. 2 AktG genannten Beschränkungen der Geschäftsführungsbefugnis des Vorstands zu beachten. Die Rechtsmacht des Vorstands ist somit im Außenverhältnis unbeschränkt, im Innenverhältnis kann sie dagegen Beschränkungen unterworfen werden. Dies wird in dem Rechtssatz zum Ausdruck gebracht, dass das rechtliche Können weiter reichen kann als das rechtliche Dürfen des Vorstands.

B. Unbeschränkbarkeit der Vertretungsbefugnis, Abs. 1

I. Grundsatz

2 Entsprechend dem Verkehrsschutzgedanken des Abs. 1 (vgl. Rdn. 1) zielt die Unbeschränkbarkeit der Vertretungsbefugnis vor allem auf Rechtsgeschäfte mit Dritten. Eine Begrenzung auf diesen Rechtskreis sieht die Regelung aber nicht vor, sodass alle Rechtshandlungen von dem Grundsatz der Unbeschränkbarkeit der Vertretungsmacht erfasst werden. Mangels gegenständlicher Anwendungsgrenzen betrifft der Unbeschränkbarkeitsgrundsatz Rechtsgeschäfte mit Dritten, Prozesshandlungen und innerkorporative Rechtshandlungen, wie die Zustimmung zur Übertragung vinkulierter Namensaktien, § 68 Abs. 2 Satz 1 AktG.

3 Der Unbeschränkbarkeitsgrundsatz hat zur Folge, dass die vom Vorstand getroffenen Maßnahmen für die AG verbindlich sind, wenn der Vorstand im Innenverhältnis zur Gesellschaft bestehende Grenzen der Geschäftsführungsbefugnis überschritten hat.

II. Ausnahmen

1. Nach Aktienrecht

4 Die Vertretungsmacht des Vorstands ist zwar unbeschränkbar, aber dennoch nicht unbeschränkt. Der Gesetzgeber des AktG selbst hat eine Reihe von Regelungen getroffen, aus denen sich **kraft Gesetzes bestehende Beschränkungen** ergeben. Diese sind so angelegt, dass der Vorstand ausnahmsweise nicht als das (allein) berechtigte Vertretungsorgan der Gesellschaft tätig werden kann. Die entsprechenden Fälle sind in den Erläuterungen zu § 78 AktG Rdn. 5 dargestellt.

5 Nach der sog. »Holzmüller-Doktrin« hat der Vorstand zu bestimmten satzungsänderungsnahen Maßnahmen die **Zustimmung der Hauptversammlung** einzuholen (vgl. § 76 AktG Rdn. 22). Das Zustimmungserfordernis hat nach allgemeiner Meinung keine vertretungsrechtliche Wirkung und berührt die Wirksamkeit der vom Vorstand abgeschlossenen Rechtsgeschäfte nicht (vgl. BGH, Urt. v. 25.02.1982 – II ZR 174/80; Z 83, 122, 132; 159, 30, 43; ferner § 76 AktG Rdn. 27). Allenfalls ausnahmsweise kann wegen **Missbrauchs der Vertretungsmacht** eine andere Rechtsfolge geboten sein (vgl. dazu Rdn. 7 ff.).

2. Verbot des Selbstkontrahierens bzw. der Mehrfachvertretung nach § 181 BGB

6 Gesetzliche Beschränkungen der Vertretungsmacht des Vorstands folgen weiterhin aus § 181 BGB (BGH, Urt. v. 19.04.1971 – II ZR 98/68; Z 56, 97, 101). Da die Vertretung der AG gegenüber Vorstandsmitgliedern im Aktienrecht selbst, nämlich in § 112 AktG geregelt ist, findet das nämliche **Verbot des sog. Selbstkontrahierens** in § 181 BGB keine Anwendung. Bedeutung für die AG hat aber die in § 181 BGB weiterhin geregelte Variante des **Verbots der Mehrfachvertretung**. Ein und dieselbe Person ist danach, nicht in der Lage als Vorstandsmitglied die AG und als Vertreter eines Dritten diesen zu vertreten. Die Rechtsprechung hat es zugelassen, dass ein zur Gesamtvertretung befugtes Vorstandsmitglied das andere gem. § 78 Abs. 4 Satz 1 AktG zur Einzelvertretung ermäch-

tigt und sieht darin keinen Verstoß gegen § 181 BGB (BGH, Urt. v. 06.03.1975 – II ZR 80/73; Z 64, 72, 75; dagegen KölnKomm AktG/*Mertens/Cahn* § 87 Rn. 70). § 181 BGB begrenzt insbesondere die Vertretungsmacht des Alleinvorstands und dies auch dann, wenn er zugleich Alleinaktionär ist. Für die GmbH ist diese Rechtslage vom Gesetzgeber gegen eine zuvor abweichende Rechtsprechung des BGH (vgl. BGH, Urt. v. 19.04.1971 – II ZR 98/68; Z 56, 97) in § 35 Abs. 4 GmbHG ausdrücklich festgeschrieben worden (vgl. § 35 GmbHG Rdn. 24 f., für den geschäftsführenden Alleingesellschafter Rdn. 29 f.); für die AG gilt diese Wertung entsprechend (*Hüffer/Koch* AktG, § 78 Rn. 6). Die vom Verbot des § 181 BGB befreiende **Gestattung** kann in der **Satzung** vorgesehen werden (§ 78 Abs. 3 AktG in entsprechender Anwendung; vgl. auch – für die GmbH – § 35 GmbHG Rdn. 26 ff.). Soll die Befreiung vom Aufsichtsrat erteilt werden, so bedarf dieser dafür entsprechend § 78 Abs. 3 Satz 2 AktG einer Satzungsermächtigung (wie hier *Hüffer/Koch* AktG, § 78 Rn. 7; a. A. *Ekkenga* AG 1985, 40, 42).

3. Missbrauch der Vertretungsmacht

Beschränkungen der Vertretungsmacht ergeben sich überdies aus der zumindest im Grundsatz allgemein anerkannten (BGH Urt. 05.11.2003 – VIII ZR 218/01; NZG 2004, 139 f.) Anwendung der bürgerlich-rechtlichen Grundsätze des Missbrauchs der Vertretungsmacht auf die organschaftliche Vertretungsmacht des Vorstands der AG (vgl. zur Anwendung der Grundsätze auf den Geschäftsführer der GmbH § 37 GmbHG Rdn. 18 ff.). Ein Missbrauchsfall wird zunächst angenommen in den Fällen **bewussten Zusammenwirkens** von Vorstand und Geschäftspartner zulasten der AG (BGH, Urt. v. 25.03.1968 – II ZR 208/64; Z 50, 112, 114). Dieses Verhalten wird zu Recht als Missbrauch der Vertretungsmacht eingestuft, weil die Unbeschränktheit der Vertretungsmacht in diesen Fällen von beiden am Rechtsgeschäft beteiligten Parteien genutzt wird, um der Gesellschaft Nachteile zuzufügen; dies ist eine sittenwidrige Verhaltensweise, deren Wirksamkeit wegen Verstoßes gegen § 138 BGB zu Recht nicht anerkannt wird (KölnKomm AktG/*Mertens/Cahn* § 82 Rn. 45). 7

Eine andere Frage ist, ob die organschaftliche Vertretungsmacht auch in den Fällen eine Beschränkung wegen missbräuchlicher Ausnutzung erfahren kann, in denen der Vertreter seine im Innenverhältnis begrenzten **Befugnisse überschreitet** und dies dem **Geschäftspartner bekannt** ist (vgl. auch Darstellung dieser streitigen Rechtsfrage zur GmbH in § 37 GmbHG Rdn. 20). Für die handelsrechtlichen Vollmachten hat die Rspr. in solchen Fällen eine Missbrauchskonstellation dann angenommen, wenn der aufseiten des Vertreters bewusst zum Nachteil des Geschäftsinhabers gehandelt wird und der Geschäftspartner das nachteilige Handeln erkennen musste (so BGH, Urt. v. 25.10.1994 – XI ZR 239/93; Z 127, 239, 241; BGH, Urt. v. 25.03.1968 – II ZR 208/64; Z 50, 112, 114 f.) oder es sich ihm zumindest hätte aufdrängen müssen (so BGH 03.10.1989 – XI ZR 154/88; BGH, Urt. v. 29.06.1999 – XI ZR 277/98; NJW 1990, 384; 1999, 2883). Für das Vorstandshandeln finden diese Grundsätze zu Recht keine uneingeschränkte Anwendung, weil es im Hinblick auf das Verkehrsschutzanliegen des § 82 AktG zugunsten der Geschäftspartner der AG nicht sachgerecht und zumutbar erscheint, bei Verhandlungen mit den höchsten Repräsentanten der AG auf deren Befugnisse im Innenverhältnis zur Gesellschaft achten zu müssen, zumal es keine dem Vorstand übergeordnete Instanz gibt, bei der die entsprechende Information eingeholt werden kann. Ein Missbrauchsfall wird deshalb abgesehen von den Fällen der Kollusion bei der Tätigkeit des Vorstands juristischer Personen erst angenommen, wenn der Geschäftspartner die Überschreitung der Beschränkungen der Geschäftsführungsbefugnis entweder positiv kennt oder wenn sie nach den Umständen für ihn evident ist (BGH, Urt. v. 05.11.2003 – VIII ZR 218/01; NJW-RR 2004, 247), etwa deswegen weil es massive Anhaltspunkte für eine Überschreitung der internen Befugnisgrenzen gibt (BGH, Urt. v. 19.04.1994 – XI ZR 18/93; NJW 1994, 2082, 2083; zu uneinheitlichem Schrifttum vgl. die Darstellung bei Baumbach/Hueck/*Zöllner/Noack* § 37 Rn. 39 f.). 8

Die Rechtsfolgen des Missbrauchs der Vertretungsmacht werden nicht einheitlich beurteilt. Die angeführte Rechtsprechung geht unter Hinweis auf § 242 BGB von der Unwirksamkeit des miss- 9 bräuchlichen Vertreterhandelns aus. Im Schrifttum wird für eine Anwendung der Regeln über die Vertretung ohne Vertretungsmacht (§§ 177 ff. BGB) plädiert (*K. Schmidt* GesR, § 10 II 2b).

C. Beschränkungen der Geschäftsführungsbefugnis, Abs. 2

10 Unbeschadet der grundsätzlichen Unbeschränktheit der Vertretungsmacht (im Außenverhältnis; vgl. Rdn. 2) sind die Vorstandsmitglieder verpflichtet, die im Innenverhältnis zur AG bestehenden Beschränkungen der Geschäftsführungsbefugnis einzuhalten. Die Beschränkungen sind dann beachtlich, wenn sie den Anforderungen des Abs. 2 entsprechen.

I. Beschränkungen durch die Satzung

11 Der Vorstand muss sich zunächst an den in der Satzung festgelegten Unternehmensgegenstand halten. Regelmäßig ist dieser weit gefasst, sodass sich daraus nur wenige Beschränkungen für die Geschäftsführung ergeben. In solchen Fällen wird bei Fortführung des Unternehmens im angestammten Markt die Geschäftsführungsbefugnis auch dann nicht verlassen, wenn neue Geschäfts- und Marketingmethoden eingeführt werden oder wenn die Produktpalette erweitert und Innovationen eingeführt werden. Solange lediglich neue Hilfsgeschäfte aufgenommen werden, die sich im Rahmen des bisherigen Unternehmensgegenstandes bewegen (BGH, Urt. v. 11.05.2000 – I ZR 28/98; Z 144, 290, 292 f. – Lizenzerwerb an fremden Namen und Logos zum Zwecke der Absatzsteigerung der eigenen Produkte), kann der Vorstand die Geschäfte eigenmächtig entscheiden und durchführen. Eine andere Beurteilung ist veranlasst, wenn der angestammte Geschäftsbetrieb zugunsten neuer Aktivitäten aufgegeben wird, mögen diese aus der Sicht des Vorstands auch noch so aussichtsreich erscheinen. Der Aufbau neuer Aktivitäten, die Erschließung neuer sachlicher, vom satzungsmäßigen Unternehmensgegenstand nicht mitumfasster Märkte wird auch dann nicht von der Geschäftsführungsbefugnis des Vorstands gedeckt, wenn die bisherigen Geschäfte fortgeführt werden. Zulässig ist dagegen der Erwerb von Beteiligungen an fremden Unternehmen innerhalb des satzungsmäßigen Unternehmensgegenstandes; insofern kommt allerdings eine Zuständigkeit der Hauptversammlung wegen der mit dem Erwerb der Beteiligung an der Zielgesellschaft einhergehenden mediatisierenden Wirkung zulasten der Aktionäre der erwerbenden Gesellschaft in Betracht (vgl. § 76 AktG Rdn. 23 ff.).

12 Die Geschäftsführungsbefugnis ist überdies an den Zweck der Gesellschaft gebunden. Die Angabe des Unternehmenszwecks gehört nicht zu den Pflichtangaben in der Satzung nach § 23 Abs. 3 AktG. Ist sein Inhalt mangels entsprechender Angaben in der Satzung nicht konkretisiert feststellbar, wird er regelmäßig auf den bloßen Zweck, Gewinne zu erzielen, reduziert sein. Daran zumindest ist der Vorstand aber gebunden. Geschäfte, die dauerhafte Verluste generieren, liegen außerhalb der Befugnis des Vorstands. Die Aufgabe werbender Geschäftstätigkeit oder die Entfaltung gemeinnütziger Aktivitäten liegen ebenso außerhalb der Geschäftsführungsbefugnis des Vorstands.

II. Beschränkungen durch Vorschriften anderer Organe

13 Der Aufsichtsrat kann Beschränkungen der Geschäftsführungsbefugnis des Vorstands über den Weg des § 111 Abs. 4 Satz 2 AktG erreichen; dazu hat der Aufsichtsrat zu beschließen, dass bestimmte Arten von Geschäften nur mit seiner Zustimmung vorgenommen werden dürfen (vgl. Erl. zu § 111 Abs. 4 AktG und § 76 AktG Rdn. 14 ff.). In weiteren Fällen ist der Vorstand kraft Gesetzes, nämlich aufgrund besonderer Bestimmungen des AktG an die Zustimmung des Aufsichtsrats gebunden bzw. der Gesetzgeber verlangt die Doppelvertretung durch Vorstand und Aufsichtsrat (vgl. dazu § 78 AktG Rdn. 3 ff.).

14 Die Hauptversammlung hat nach dem AktG nur begrenzte Möglichkeiten, die Geschäftsführungsbefugnis des Vorstands zu beschränken. Die Zustimmung der Hauptversammlung ist kraft Gesetzes nur bei bestimmten Einzelmaßnahmen erforderlich, hat dann aber Bedeutung für die Wirksamkeit der Maßnahme; vgl. die in §§ 50, 52 Abs. 1, 93 Abs. 3 Satz 3, 179a Abs. 1 AktG und zu strukturrelevanten Verträgen nach §§ 293, 295 AktG bestehenden Zustimmungserfordernisse (vgl. die jewei-

ligen Erl. zu den Einzelvorschriften sowie § 78 AktG Rdn. 5). Im Übrigen hat es der Vorstand nach § 119 Abs. 2 AktG selbst in der Hand, eine Entscheidung der Hauptversammlung über Fragen der Geschäftsführung herbeizuführen, deren Vorliegen er abzuwarten und deren Inhalt er dann nach § 83 Abs. 2 AktG auszuführen hat. Zur Vorlagepflicht des Vorstands an die Hauptversammlung bei wesentlichen Geschäftsführungsmaßnahmen von gleichsam satzungsändernder Qualität nach der sog. »Holzmüller-Doktrin« vgl. § 76 AktG Rdn. 22 ff.).

III. Beschränkungen durch die Geschäftsordnung

Schließlich sind, nach Abs. 2 Beschränkungen nach der Geschäftsordnung zu beachten. Die in der gesetzlichen Formulierung getroffene Bezugnahme auf »die Geschäftsordnungen des Vorstands und des Aufsichtsrats« erklärt sich aus der doppelten Zuständigkeit beider Organe zum Erlass einer Vorstandsgeschäftsordnung (vgl. § 77 AktG Abs. 2 AktG) und ist so zu verstehen, dass die Beschränkungen in der Geschäftsordnung zu beachten ist, die vom Vorstand oder vom Aufsichtsrat erlassen worden ist. Von praktischer Bedeutung sind insofern vor allem die durch Ressort- oder Spartenbildung geprägte funktional gegliederte Unternehmensorganisation und deren Auswirkungen auf die Geschäftsordnung, durch die vom Prinzip der Gesamtgeschäftsführung des § 77 AktG abweichende Grenzen der Geschäftsführungsbefugnis einzelner Vorstandsmitglieder (vgl. § 77 AktG Rdn. 8 ff.) gezogen werden. Die danach zulässige Verlagerung von Geschäftsführungsaufgaben auf die einzelnen Vorstandsmitglieder kontrastiert mit der Gesamtverantwortung aller Mitglieder des Kollegialorgans bei der Leitung der AG i. S. d. § 76 Abs. 1 AktG (vgl. schon § 76 AktG Rdn. 10). 15

IV. Rechtsfolgen bei Verletzung

Im Fall der Verletzung von Beschränkungen der Geschäftsführungsbefugnis durch Vorstandsmitglieder kann dieser Pflichtenverstoß unter den Voraussetzungen des § 93 Abs. 2 AktG zu Schadensersatzansprüchen der AG führen. In Betracht kommt ferner ein Widerruf der Bestellung oder die Kündigung des Anstellungsvertrages aus wichtigem Grund, § 84 Abs. 3 AktG. Über diese das Innenverhältnis von Vorstand und Gesellschaft betreffenden Folgen hinaus hat der Verstoß grundsätzlich keinen Einfluss auf das Außenrechtsverhältnis, also die Wirksamkeit der Vertretung der Gesellschaft durch die handelnden Vorstandsmitglieder. Allenfalls ausnahmsweise kommt ein auf die Verletzung der Geschäftsführungsbefugnisgrenzen abstellender Missbrauch der Vertretungsmacht mit der Folge der Unwirksamkeit der Vertretung der Gesellschaft nach §§ 138, 242 BGB in Betracht (vgl. Rdn. 7 ff.). 16

§ 83 Vorbereitung und Ausführung von Hauptversammlungsbeschlüssen

(1) ¹Der Vorstand ist auf Verlangen der Hauptversammlung verpflichtet, Maßnahmen, die in die Zuständigkeit der Hauptversammlung fallen, vorzubereiten. ²Das gleiche gilt für die Vorbereitung und den Abschluß von Verträgen, die nur mit Zustimmung der Hauptversammlung wirksam werden. ³Der Beschluß der Hauptversammlung bedarf der Mehrheiten, die für die Maßnahmen oder für die Zustimmung zu dem Vertrag erforderlich sind.

(2) Der Vorstand ist verpflichtet, die von der Hauptversammlung im Rahmen ihrer Zuständigkeit beschlossenen Maßnahmen auszuführen.

Übersicht	Rdn.			Rdn.
A. Regelungszweck..................	1	II.	Vorbereitung zustimmungsbedürftiger Verträge........................	4
B. Pflicht zur Vorbereitung von Hauptversammlungsbeschlüssen, Abs. 1........	2	C.	Pflicht zur Ausführung von Hauptversammlungsbeschlüssen, Abs. 2........	5
I. Vorbereitung von Maßnahmen........	2	D.	Rechtsfolgen bei Pflichtverletzung.....	6

§ 83 AktG Vorbereitung und Ausführung von Hauptversammlungsbeschlüssen

A. Regelungszweck

1 Die Vorschrift soll die effektive Wahrnehmung der in anderen Vorschriften begründeten Hauptversammlungszuständigkeiten gewährleisten (vgl. RegBegr. zum AktG 1965, abgedruckt bei *Kropff* AktG, S. 104). Da die Hauptversammlung keine eigene institutionelle Geschäftsführung hat, bestünde die Gefahr, dass sie ihre Rechte mangels geeigneter Vorbereitung und Ausführung von Beschlussfassungen nicht effektiv wahrnehmen kann. Nach der Organisationsverfassung der Aktiengesellschaft hat der Vorstand eben diese Aufgaben der Vorbereitung von Maßnahmen der Hauptversammlung und ihrer Ausführung zu übernehmen.

B. Pflicht zur Vorbereitung von Hauptversammlungsbeschlüssen, Abs. 1

I. Vorbereitung von Maßnahmen

2 Die Vorbereitungspflichten des Vorstands beziehen sich zunächst auf Maßnahmen, zu deren Beschluss die Hauptversammlung zuständig, Abs. 1 Satz 1. Die Vorbereitungspflicht besteht erst, wenn der entsprechende **Maßnahmenbeschluss** mit der erforderlichen Mehrheit (Abs. 1 Satz 3) ergangen ist. Um unnötige Vorstandsarbeit zu vermeiden, besteht eine Pflicht zur Vorbereitung der Maßnahme nicht, bevor der Maßnahmenbeschluss von der Hauptversammlung getroffen wurde.

3 Welche Zuständigkeiten die Hauptversammlung hat, ergibt sich in erster Linie aus § 119 Abs. 1 AktG. In Übereinstimmung mit § 23 Abs. 5 AktG können weitere Zuständigkeiten in der Satzung vorgesehen werden. In Fragen der Geschäftsführung trifft den Vorstand nur dann eine Pflicht, Hauptversammlungsbeschlüsse vorzubereiten, wenn er selbst nach § 119 Abs. 2 AktG die Entscheidung der Hauptversammlung verlangt (Henssler/Strohn/*Dauner-Lieb*, § 83 Rn. 2; a. A. KölnKomm/*Mertens/Cahn* § 83 Rn. 4).

II. Vorbereitung zustimmungsbedürftiger Verträge

4 Beschließt die Hauptversammlung den Abschluss eines in ihre Zuständigkeit fallenden Vertrags, so hat der Vorstand diesen Vertrag vorzubereiten. Mit umfasst von der Vorbereitungspflicht ist auch die Pflicht des Vorstands, die Beschlussfassung über solche Verträge vorzubereiten. Die in Betracht kommenden Verträge sind zum einen solche, die einen **Verzicht oder Vergleich** in Bezug auf Ersatzforderungen zum Gegenstand haben (vgl. §§ 50, 53 Satz 1, 93 Abs. 4 Satz 3, 116, 117 Abs. 4, 309 Abs. 3, 310 Abs. 4, 317 Abs. 4, 318 Abs. 4, 323 Abs. 1 Satz 2 AktG), zum anderen solche, die nur mit Zustimmung der Hauptversammlung geschlossen werden können, insbesondere **Grundlagenverträge** wie die von § 293 Abs. 1 AktG erfassten Unternehmensverträge (vgl. BGH, Urt. v. 05.04.1993 – II ZR 238/91; Z 122, 211, 217) sowie Verschmelzungsverträge nach dem UmwG (vgl. §§ 13, 65, 73 UmwG).

C. Pflicht zur Ausführung von Hauptversammlungsbeschlüssen, Abs. 2

5 Den Vorstand trifft nach Abs. 2 die **Pflicht zur Ausführung** von Hauptversammlungsbeschlüssen. Die Vorschrift setzt inzident voraus, dass der Beschluss der Hauptversammlung einen ausführungsbedürftigen Inhalt hat, was nicht durchweg der Fall ist, etwa dann, wenn die Hauptversammlung bloße Zustimmungsrechte ausübt. Auszuführen sind vor allem die aufgrund der Beschlussfassung in der Hauptversammlung erforderlich werdenden Anmeldungen zum Handelsregister (vgl. insbes. § 181 AktG – Satzungsänderungen, § 184 AktG – Kapitalerhöhungen, §§ 293, 294 AktG – Unternehmensverträge).

D. Rechtsfolgen bei Pflichtverletzung

6 Im Fall der Verletzung der Vorbereitungs- bzw. Ausführungspflichten durch Vorstandsmitglieder kommen unter den Voraussetzungen des § 93 Abs. 2 AktG **Schadensersatzansprüche** der AG in Betracht. Daneben kommt der **Widerruf der Bestellung** oder die Kündigung des Anstellungsvertrages aus wichtigem Grund, § 84 Abs. 3 AktG, in Betracht. Nach überwiegender, wenn auch bestrittener

Auffassung kann die AG, vertreten durch den Aufsichtsrat, Klage gegen den Vorstand auf Erfüllung seiner Pflichten nach § 83 AktG erheben (MüKo AktG/*Spindler* § 83 Rn. 25; *Stodolkowitz* ZHR 154, 1990, 1, 9 f.; a. A. *Mertens* ZHR 154, 1990, 24, 34 f., der für eine Gesellschafterklage eintritt).

§ 84 Bestellung und Abberufung des Vorstands

(1) [1]Vorstandsmitglieder bestellt der Aufsichtsrat auf höchstens fünf Jahre. [2]Eine wiederholte Bestellung oder Verlängerung der Amtszeit, jeweils für höchstens fünf Jahre, ist zulässig. [3]Sie bedarf eines erneuten Aufsichtsratsbeschlusses, der frühestens ein Jahr vor Ablauf der bisherigen Amtszeit gefaßt werden kann. [4]Nur bei einer Bestellung auf weniger als fünf Jahre kann eine Verlängerung der Amtszeit ohne neuen Aufsichtsratsbeschluß vorgesehen werden, sofern dadurch die gesamte Amtszeit nicht mehr als fünf Jahre beträgt. [5]Dies gilt sinngemäß für den Anstellungsvertrag; er kann jedoch vorsehen, daß er für den Fall einer Verlängerung der Amtszeit bis zu deren Ablauf weitergilt.

(2) Werden mehrere Personen zu Vorstandsmitgliedern bestellt, so kann der Aufsichtsrat ein Mitglied zum Vorsitzenden des Vorstands ernennen.

(3) [1]Der Aufsichtsrat kann die Bestellung zum Vorstandsmitglied und die Ernennung zum Vorsitzenden des Vorstands widerrufen, wenn ein wichtiger Grund vorliegt. [2]Ein solcher Grund ist namentlich grobe Pflichtverletzung, Unfähigkeit zur ordnungsmäßigen Geschäftsführung oder Vertrauensentzug durch die Hauptversammlung, es sei denn, daß das Vertrauen aus offenbar unsachlichen Gründen entzogen worden ist. [3]Dies gilt auch für den vom ersten Aufsichtsrat bestellten Vorstand. [4]Der Widerruf ist wirksam, bis seine Unwirksamkeit rechtskräftig festgestellt ist. [5]Für die Ansprüche aus dem Anstellungsvertrag gelten die allgemeinen Vorschriften.

(4) Die Vorschriften des Gesetzes über die Mitbestimmung der Arbeitnehmer in den Aufsichtsräten und Vorständen der Unternehmen des Bergbaus und der Eisen und Stahl erzeugenden Industrie vom 21. Mai 1951 (Bundesgesetzbl. I S. 347) – Montan-Mitbestimmungsgesetz – über die besonderen Mehrheitserfordernisse für einen Aufsichtsratsbeschluß über die Bestellung eines Arbeitsdirektors oder den Widerruf seiner Bestellung bleiben unberührt.

Übersicht

		Rdn.			Rdn.
A.	Regelungszweck	1	IV.	Rechtswirkungen und Rechtsschutz	28
B.	Bestellung von Vorstandsmitgliedern, Abs. 1	2		1. Wirksamkeit des Widerrufs	28
				2. Klage gegen Widerruf	29
I.	Begriff und Bedeutung	2		a) Klageart	29
II.	Zuständigkeit und Verfahren	3		b) Klagegegner, Streitwert	30
III.	Dauer	6		c) Nachschieben von Gründen	31
IV.	Mängel der Bestellung	9		d) Wirkung der Klageerhebung	33
C.	Ernennung des Vorsitzenden, Abs. 2	10		e) Einstweiliger Rechtsschutz	34
I.	Zuständigkeit	10	E.	Der Anstellungsvertrag mit Vorstandsmitgliedern	35
II.	Rechtsstellung des Vorsitzenden	11			
D.	Widerruf der Bestellung, Abs. 3	13	I.	Allgemeines	35
I.	Begriff und Bedeutung, Abgrenzung zu anderen Maßnahmen	13	II.	Begründung	36
			III.	Mängel	40
II.	Zuständigkeit und Verfahren	17	F.	Beendigung des Anstellungsvertrages	41
III.	Voraussetzungen	21	I.	Zuständigkeit	42
	1. Allgemeines – Vorliegen eines wichtigen Grundes	21	II.	Kündigung des Anstellungsvertrages	43
	2. Regelbeispiele, Abs. 3 Satz 2	24	III.	Einvernehmliche Aufhebung des Anstellungsvertrages	49

A. Regelungszweck

Die Vorschrift regelt die **Personalkompetenz** in Bezug auf den Unternehmensvorstand und weist diese nach Abs. 2 und 3 ausschließlich und nach § 23 Abs. 5 AktG zwingend dem **Aufsichtsrat** zu. 1

Zur Gewährleistung der Personalkompetenz des Aufsichtsrats ist die Amtszeit des Aufsichtsrats auf höchstens 5 Jahre begrenzt, Abs. 1. Zudem ist in § 84 AktG die Unterscheidung der organschaftlichen Stellung von der dienstrechtlichen angelegt. Während die organschaftliche Stellung durch die Bestellung zum Vorstand begründet (vgl. Rdn. 2) und durch den Widerruf der Bestellung (vgl. Rdn. 13) beendet wird, wird die dienstrechtliche Rechtsstellung des Vorstands durch den Abschluss des Anstellungsvertrages begründet (Rdn. 35) und durch seine Beendigung beendet. Beide Rechtsverhältnisse bedingen sich nicht wechselseitig und können ein voneinander unabhängiges rechtliches Schicksal erfahren. So ist die Bestellung ohne Begründung des Anstellungsvertrages wirksam; der Widerruf der Bestellung berührt die Wirksamkeit des Anstellungsvertrages grundsätzlich nicht. Tatsächlich (und rechtlich) stehen aber beide Rechtsverhältnisse in einem engen Zusammenhang (BGH, Urt. v. 14.11.1983 – II ZR 33/83; Z 89, 48, 52 f.); insbesondere können bei der Vertragsgestaltung Verknüpfungen durch sog. Gleichlaufklauseln hergestellt werden hergestellt (vgl. dazu Rdn. 45).

B. Bestellung von Vorstandsmitgliedern, Abs. 1

I. Begriff und Bedeutung

2   Durch die Bestellung wird die betroffene Person Mitglied des Vorstands; sie wird damit zum Vorstandsmitglied berufen. Im Unterschied zum schuldrechtlichen Anstellungsvertrag (vgl. Rdn. 35) verleiht die Bestellung dem Betroffenen die **organschaftliche Rechtsstellung**, die einem Vorstandsmitglied zusteht. Der Rechtsbegriff der Bestellung bezeichnet demgemäß die Gesamtheit der Vorgänge, die zur Einräumung der organschaftlichen Rechtsstellung des Vorstandsmitglieds erforderlich sind. Der Bestellungsakt ist mehrgliedrig; er umfasst den Beschluss des Aufsichtsrats (§ 108 AktG), dessen Kundgabe an die betreffende Person sowie die Einverständniserklärung des Vorstandsmitglieds. Der Organisationsakt der Bestellung hängt in seiner Wirksamkeit von den ihn konstituierenden **zwei rechtsgeschäftlichen Elementen** ab: dem Bestellungsbeschluss und der Einverständniserklärung. Deren Wirksamkeit wird nach den Grundsätzen der allgemeinen Rechtsgeschäftslehre (§§ 104 ff. BGB) beurteilt (vgl. BGH, Urt. v. 22.09.1969 – II ZR 144/68; Z 52, 316, 321 – zum Bestellungsbeschluss). Das Einverständnis der bestellten Person erfolgt durch eine (gegenüber dem Aufsichtsrat; vgl. § 112 Rdn. 1) zugangsbedürftige Willenserklärung.

II. Zuständigkeit und Verfahren

3   Zuständig zur Beschlussfassung über die Bestellung ist ausschließlich der **Aufsichtsrat als Kollegialorgan**. Eine Übertragung der Beschlussfassung über die Bestellung auf einen Aufsichtsrats-Ausschuss ist nach § 107 Abs. 3 Satz 2 AktG – anders als die von dieser Vorschrift nicht erfasste Beschlussfassung über den Anstellungsvertrag (vgl. noch Rdn. 36) – nicht zulässig (BGH, Urt. v. 24.11.1980 – II ZR 182/79; Z 79, 38, 42 f.). Die verbreitete Praxis, die Vorbereitung des Bestellungsaktes einschließlich der Auswahl geeigneter Kandidaten durch einen Ausschuss (**Findungsausschuss**) vornehmen zu lassen, ist so lange rechtlich unproblematisch, als die Kompetenz des Aufsichtsrats als Kollegialorgan dadurch (etwa durch eine Bindung an Vorschläge des Ausschusses) nicht eingeschränkt wird. Der Aufsichtsrat hat nach der gesetzlichen Konzeption des Abs. 1 **frei und autonom** zu entscheiden. Jedwede, die Entschließungsfreiheit des Aufsichtsrats einengende Bindung ist nach § 134 BGB nichtig und deshalb unbeachtlich. Unwirksam sind deshalb regelmäßig auch Zusagen oder vergleichbare Vereinbarungen zwischen einem Vorstandsmitglied und Aktionären betreffend die Wiederbestellung nach Ablauf der vereinbarten Amtszeit (vgl. *Niewarra* BB 1998, 1961, 1963 f.). Ebenso wenig kann der Aufsichtsrat einem Vorstandsmitglied die Wiederbestellung bindend zusagen, es sei denn, die Amtsdauer des Vorstandsmitglieds überschreitet dann insgesamt die Dauer von 5 Jahren nicht, für die der Aufsichtsrat den Vorstand sogleich hätte bestellen können.

4   Das **Wahlverfahren** regelt das AktG nicht. Anerkannt ist, dass die Beschlussfassung durch den Aufsichtsrat ausdrücklich erfolgen muss; eine Vorstandsbestellung durch Duldung des Handelns als Vorstand genügt nicht (BGH, Urt. v. 06.04.1964 – II ZR 75/62; Z 41, 282, 286). Dabei sind

Stimmverbote insbesondere wegen Interessenkollision bei eigener Kandidatur eines Aufsichtsratsmitglieds zu beachten (vgl. Erl. zu § 108 AktG). Die Beschlussfassung bedarf, vorbehaltlich der Regeln des MitbestG (§ 31 Abs. 2 bis 4 MitbestG), der **einfachen Mehrheit**. Satzungsrechtliche Erhöhungen der erforderlichen Quoren sind mit § 23 Abs. 5 AktG ebenso unvereinbar wie die Zuerkennung eines Einflusses der Hauptversammlung auf die Beschlussfassung. Die Kompetenz nach Abs. 1 bezieht sich gegenständlich allein auf die Bestellung zum Vorstandsmitglied. Zusätzliche inhaltliche Beschlussfassungsgegenstände (etwa die Zuweisung eines bestimmen Ressorts) können mit dem Bestellungsbeschluss – abgesehen vor Bestellung zum Vorstandsvorsitzenden nach Abs. 2 – nicht verbunden werden. Insofern ist der Aufsichtsrat auf seine Zuständigkeit zum Erlass einer Geschäftsordnung beschränkt (vgl. § 77 AktG Rdn. 14). Wirksamkeit der Bestellung setzt eine Einverständniserklärung des Gewählten voraus. Die Einverständniserklärung kann ausdrücklich oder konkludent erfolgen. Sie muss dem Aufsichtsrat zugehen (Henssler/Strohn/*Dauner-Lieb* § 84 Rn. 8).

Der Aufsichtsrat hat bei seiner Wahlentscheidung die persönlichen Anforderungen und Bestellungshindernisse für Vorstandsmitglieder zu berücksichtigen (vgl. § 76 Rdn. 54 ff.). Die **Diskriminierungsverbote des AGG** gelten nicht nur für den Dienstvertrag von Organmitgliedern, sondern auch für deren Bestellung bzw. die erneute Bewerbung auf das Vorstandsamt (BGH, Urt. v. 23.04.2012 – II ZR 163/10; Z 193, 110; dazu *Bauer/Arnold* NZG 2012, 921). Zur Rechtfertigung der sog. Altersdiskriminierung liegen noch keine gesicherten Erkenntnisse vor (vgl. *Preis* NZA 2010, 1323 – zur EuGH-Rspr.; *Thüsing/Stiebert* NZG 2011, 641). 5

III. Dauer

Gem. Abs. 1 Satz 1 kann die Bestellung eines Vorstandsmitgliedes für die **Höchstdauer von 5 Jahren** erfolgen. Erfolgt die Bestellung für einen längeren Zeitraum, wird diese erst nach Ablauf der zulässigen 5-Jahres-Frist von Gesetzes wegen unwirksam (BGH, Urt. v. 11.07.1953 – II ZR 126/52; Z 10, 187, 194 f.). Eine Bestellung für eine nicht bestimmte Dauer oder auf unbestimmte Zeit ist im Zweifel als eine Bestellung für 5 Jahre anzusehen (*Hüffer/Koch* AktG, § 84 Rn. 7). Eine Mindestdauer sieht das Gesetz nicht vor. Dennoch kann die Dauer der Bestellung innerhalb der 5-Jahres-Frist nicht beliebig gewählt werden, weil andernfalls die von der gesetzlichen Konzeption gewollte Unabhängigkeit des Vorstands vom Aufsichtsrat durch allzu kurze Bestellungszeiträume beeinträchtigt und der Rechtsgedanke des Abs. 3 Satz 1 missachtet würde, wonach die Bestellung nur aus wichtigem Grund widerruf werden kann. Zur Vermeidung einer sorgfaltspflichtenwidrig getroffenen Bestellung wird in der Literatur eine Mindestdauer der Bestellung von einem Jahr empfohlen; sofern der Bestellungsbeschluss keine Befristung enthält, ist von einer 5-jährigen Amtszeit auszugehen (KölnKomm AktG/*Mertens/Cahn* § 84 Rn. 16). 6

Nach Abs. 1 Satz 2 ist eine einmal oder mehrmals **wiederholte Bestellung** von Vorstandsmitgliedern zulässig, wiederum allerdings jeweils für höchstens 5 Jahre. Für die Wiederbestellung gelten die Regeln der Erstbestellung entsprechend. Die Wiederbestellung ist frühestens ein Jahr vor Ablauf der vorangehenden Amtszeit zulässig, Abs. 1 Satz 2. Nicht zulässig ist es, eine automatische Verlängerung der Bestellung nach Ablauf der vorhergehenden Amtsperiode vorzusehen, weil nach den Grundsätzen der dem Aufsichtsrat zustehenden Personalkompetenz verlangt wird, dass sich das Gremium stets neu und frei darüber entscheiden kann, ob das betreffende Vorstandsmitglied die erforderliche Eignung für das Vorstandsamt hat (BGH, Urt. v. 11.07.1953 – II ZR 126/52; Z 10, 187, 194 f.). Nicht berührt wird die Entscheidungsfreiheit des Aufsichtsrats bei automatisch wirkenden Wiederbestellungs- oder Verlängerungsklauseln innerhalb der 5-Jahres-Frist, da dieser die Bestellung von vornherein für die entsprechende Dauer hätte vornehmen können; deshalb bedarf es nach Abs. 1 Satz 3 innerhalb der 5-Jahres-Frist nicht notwendig einer erneuten Beschlussfassung durch den Aufsichtsrat. Die faktische Fortführung des Amtes gilt nicht ohne Weiteres als Verlängerung der Bestellung; § 625 BGB ist auf die Bestellung nicht anwendbar (vgl. OLG Karlsruhe, Urt. v. 13.10.1995 – 10 U 51/95; AG 1996, 224, 227; Spindler/Stilz/*Fleischer* AktG § 84 Rn. 15). 7

8 Die **Neufestsetzung der Amtszeit** bzw. die **Erneuerung der Bestellung** während der laufenden Amtszeit wird vom Wortlaut des Abs. 1 Satz 3 nicht erfasst und deshalb für zulässig erachtet (*Hölters/Weber* AG 2005, 629, 631 ff.). Da auf diese Weise eine Verlängerung der Bestellperiode über 5 Jahre hinaus erreicht werden kann, ist aber die Vereinbarkeit mit dem Rechtsgedanken des Abs. 1 Satz 3 zu prüfen und umstritten (vgl. *Götz* AG 2002, 305). Unproblematisch ist eine solche Maßnahme zunächst, wenn die Zeitdauer der gesamten Bestelldauer 5 Jahre nicht überschreitet. Nicht mehr zweifelhaft ist nach der ergangenen höchstrichterlichen Rechtsprechung auch die Konstellation, dass der Vorstand mehr als ein Jahr vor Ablauf seiner Amtszeit sein Amt im Einvernehmen mit dem Aufsichtsrat niederlegen und sich sogleich für volle 5 Jahre erneut bestellt wird (BGH, Urt. v. 17.07.2012 – II ZR 55/11; NZG 2012, 1027; zust. *Bürgers/Theusinger* NZG 2012, 1218; *Paschos/von der Linden* AG 2012, 736). In der Niederlegung des laufenden Amtes und der Neubestellung sieht die Rspr. mangels besonderer Umstände insbesondere keine Umgehung des Abs. 1 Satz 3 bzw. keinen Rechtsmissbrauch (zust. *Wiedemann* ZGR 2013, 316 ff.; *Schult/Nikoleyczik* GWR 2012, 411 ff.; kritisch *Priester* ZIP 2012, 1781, 1785). Nr. 5.1.2 Abs. 2 Satz 2 des DCGK empfiehlt für **börsennotierte Gesellschaften**, von dieser Möglichkeit nur in Ausnahmefällen, nämlich bei Vorliegen »besonderer Umstände« Gebrauch zu machen. **Beispiele** sind: Ein Vorstandsmitglied wird während der laufenden Bestellperiode zum Vorsitzenden des Vorstands bestellt; von Dritter Seite wird ein Angebot unterbreitet und das Vorstandsmitglied wünscht bei seinen »Bleibeverhandlungen« eine Auffüllung seiner Amtszeit auf 5 Jahre (*Ringleb/Kremer/Lutter/v. Werder* Rn. 950); ein besonderer Umstand kann auch in der Änderung der Ressortzuständigkeit liegen (MAH AktR/*Tomat/Nehls* § 22 Rn. 42).

IV. Mängel der Bestellung

9 Bei Nichtbeachtung der gesetzlichen Voraussetzungen weist die Bestellung zum Vorstandsmitglied Mängel auf. Sie führen trotz des rechtsgeschäftlichen Charakters der Bestellung nicht notwendig zur Unwirksamkeit der Bestellung. Nach allgemeiner Auffassung ist die fehlerhaft begründete und tatsächlich in Vollzug gesetzte Bestellung **vorläufig wirksam**, bis sie durch Widerruf nach Abs. 3 oder durch Amtsniederlegung endet. Angewendet werden insofern Rechtsgrundsätze, die auch für die Behandlung fehlerhafter Gesellschafts- oder Dienstverhältnisse gelten (MüKo AktG/*Spindler* § 84 Rn. 233; vgl. ferner die Erl. in Rdn. 40). Das fehlerhaft bestellte Vorstandsmitglied ist damit nicht nur Mitglied des Kollegialorgans, sondern es hat auch die dem Organmitglied zustehenden Rechte und Verantwortlichkeiten; das Handeln des fehlerhaft bestellten Organmitglieds wird der Gesellschaft zugerechnet. Die vorläufig wirksame Bestellung kann nur mit Wirkung für die Zukunft aufgehoben werden; der dafür notwendigen Abberufungsbeschluss wird dem Mangel der Bestellung hinreichend begründet, eines darüber hinausgehenden wichtigen Grundes i. S. d. Abs. 3 bedarf es nicht (Spindler/Stilz/*Fleischer* Akt § 84 Rn. 21).

C. Ernennung des Vorsitzenden, Abs. 2

I. Zuständigkeit

10 Gem. Abs. 2 kann der Aufsichtsrat ein Mitglied zum Vorsitzenden des Vorstands ernennen, wenn das Gremium aus mehreren Personen besteht, ohne dass dafür eine entsprechende Rechtspflicht besteht (vgl. aber die Soll-Vorgabe für börsennotierte Gesellschaften in Nr. 4.2.1. DCGK). Die Beschlusszuständigkeit liegt beim **Aufsichtsrat als Gesamtgremium**; eine Übertragung der Entscheidung auf einen Ausschuss ist nicht zulässig, § 107 Abs. 3 Satz 2 AktG (vgl. oben Rdn. 3). Die Voraussetzungen für den Bestellungsakt entsprechen denen für die Bestellung zum einfachen Vorstandsmitglied (vgl. Rdn. 3 ff.). Auch in der mitbestimmten AG beschließt der Aufsichtsrat mit einfacher Mehrheit, § 29 MitbestG; die besonderen Regeln des § 31 MitbestG gelten für die Ernennung zum Vorsitzenden nicht (vgl. *Hanau/Ulmer* MitbestG, § 30 Rn. 8).

II. Rechtsstellung des Vorsitzenden

Der Vorstandsvorsitzende hat nach dem Gesetzesrecht keine hervorgehobene Rechtsstellung. Er ist nach § 80 Abs. 1 Satz 2 auf Geschäftsbriefen als solcher zu bezeichnen; im Anhang zum Jahresabschluss ist er nach § 285 Satz 1 Nr. 10 HGB namhaft zu machen. Im Übrigen hat er die üblichen Repräsentationsbefugnisse. Der Vorsitzende **repräsentiert** den Vorstand als Kollegialorgan, er ist der **Sitzungsleiter** und koordiniert die Vorstandsarbeit. Davon abgesehen stehen ihm die gleichen Rechte und Pflichten wie allen anderen Vorstandsmitgliedern zu. Dem Vorstandsvorsitzenden kann aber in der Satzung oder Geschäftsordnung das Recht zum Stichentscheid oder ein Vetorecht eingeräumt werden (str.; vgl. § 77 AktG Rdn. 9 f.).

11

Wird vom Aufsichtsrat ein Vorsitzender nicht ernannt, kann der Vorstand aus seiner Mitte ein Mitglied zum Sprecher ernennen; dabei macht der Vorstand von seiner Geschäftsführungskompetenz nach § 77 Abs. 2 Satz 1 AktG Gebrauch, stellt damit anders als die Ernennung des Vorstandsvorsitzenden keinen organschaftliche Bestellungsakt dar und kann jederzeit widerrufen werden (*Simons/Hanloser* AG 2010, 641). Die Rechtsstellung des **Vorstandssprechers** ist gesetzlich nicht geregelt. Vom Vorstandsvorsitzenden unterscheidet sich der Sprecher dadurch, dass es wegen des für die Vorstandsarbeit geltenden **Kollegialitätsprinzips** (vgl. § 77 AktG Rdn. 1) nicht erlaubt ist, dem Sprecher die sachliche Leitung der Vorstandsarbeit zu übertragen (vgl. *Hoffmann-Becking* ZGR 1998, 497, 517). Die typischen Sprecheraufgaben liegen in der Sitzungsleitung und der Organisation der Kommunikation mit dem Aufsichtsrat.

12

D. Widerruf der Bestellung, Abs. 3

I. Begriff und Bedeutung, Abgrenzung zu anderen Maßnahmen

Der Widerruf der Bestellung ist der **actus contrarius der Bestellung** und mithin auf die Beseitigung der organschaftlichen Stellung des Vorstandsmitglieds gerichtet. Mit ihr wird der Betroffene als Vorstandsmitglied abberufen. Der Widerruf der Bestellung betrifft nur das **organschaftliche Rechtsverhältnis** des Vorstandsmitglieds zur Gesellschaft. Das nach der gesetzlichen Trennungskonzeption davon zu unterscheidende Anstellungsverhältnis (vgl. oben Rdn. 2; s. für den GmbH-Geschäftsführer auch § 38 GmbHG Rdn. 25 ff.) wird durch den Widerruf nicht berührt. Soll auch dieses beendet werden, so muss die Beendigung des Anstellungsverhältnisses grundsätzlich gesondert herbeigeführt werden. Regelmäßig wird allerdings im Widerruf der Bestellung **konkludent** die Erklärung der außerordentlichen Kündigung des Anstellungsvertrages liegen (BGH, Urt. v. 24.02.1954 – II ZR 88/53; Z 12, 337, 340), insbesondere wenn der Widerruf einem Vertrauensverlust zum Vorstandsmitglied Ausdruck verleiht, der das Rechtsverhältnis der AG zum Vorstandsmitglied insgesamt belastet (BGH, Urt. v. 26.10.1955 – VI ZR 90/54; Z 18, 334). In der Literatur wird im Widerruf der Bestellung die konkludente Kündigung des Anstellungsvertrages gesehen, wenn die AG hinsichtlich des Anstellungsvertrages nicht etwas anderes erklärt (*Hüffer/Koch* AktG, § 84 Rn. 24).

13

Von der Abberufung ist die **Suspendierung** als eine Maßnahme der **vorläufigen, befristeten Amtsenthebung** des Vorstandsmitglieds zu unterscheiden. Ihre Zulässigkeit ist wegen Zweifel an ihrer Vereinbarkeit mit Abs. 3 umstritten. Solche Zweifel werden ausgeräumt, wenn an die Zulässigkeit der Suspendierung die gleichen sachlichen und verfahrensrechtlichen Erfordernisse wie an eine Abberufung gestellt werden (so LG München I, Urt. 27.06.1985 – 5 HKO 9397/85; AG 1986, 142); dann allerdings hat die Suspendierung auch keine eigenständige rechtliche Bedeutung. Für die Zulässigkeit der Suspendierung ohne Vorliegen eines wichtigen Grundes wird angeführt, dass bisweilen eine Abberufung mangels hinreichender Aufklärung des Sachverhalts noch nicht in Betracht kommt, aber dennoch ein billigenswertes Interesse für eine vorläufige Amtsenthebung besteht und ein Widerruf i. S. d. Abs. 3 deswegen weder vorliegt, noch die Suspendierung mit ihm gleichgesetzt werden könne (MünchHdb GesR IV/*Wiesner* § 20 Rn. 60). Ein praktisches Bedürfnis für eine Suspendierung wird kaum in Abrede zu stellen sein, die rechtliche Zulässigkeit ist aber gerade deswegen zweifelhaft, weil eine Amtsenthebung ohne wichtigen Grund mit der Wertentscheidung

14

in Abs. 3 Satz 1 zum Schutz der Unabhängigkeit des Vorstands unvereinbar ist (ebenso *Hüffer/Koch* AktG, § 84 Rn. 35; dagegen Spindler/Stilz/*Fleischer* Akt § 84 Rn. 134 ff.). Die praktische Bedeutung der Suspendierung wird dadurch eingeschränkt, dass das betroffene Vorstandsmitglied – anders als beim Widerruf (vgl. Rdn. 34) – **einstweiligen Rechtsschutz** gegen die Maßnahme beantragen kann (*Lücke* Vorstand der AG, § 2 Rn. 27).

15 Die **einvernehmliche Beendigung** der Organstellung bzw. das einverständliche Ausscheiden eines Vorstandsmitglieds aus der Organstellung ist jederzeit möglich; eines wichtigen Grundes bedarf es dafür nicht. Die Vereinbarkeit mit Abs. 3 steht nicht infrage, weil das betroffene Vorstandsmitglied selbst einwilligt und deswegen weder die von Abs. 3 geschützte Unabhängigkeit seiner Willensbildung noch die Eigenverantwortlichkeit bei der Ausübung von Leitungsmacht beeinträchtigt wird (OLG Karlsruhe, Urt. v. 13.10.1995 – 10 U 51/95; AG 1996, 224, 227). Aufseiten der AG ist ein Beschluss des Gesamtaufsichtsrats nach § 108 AktG erforderlich.

16 Die **einseitige Amtsniederlegung** durch das Vorstandsmitglied ist zulässig, wenn sie aus wichtigem Grund erklärt wird (BGH, Urt. v. 14.07.1980 – II ZR 161/79; Z 78, 82; a. A. – für die GmbH – BGH, Urt. v. 08.02.1993 – II ZR 58/92; Z 121, 257, 262). Die Rspr. wendet Abs. 3 Satz 4 auf die Amtsniederlegung entsprechend an, wenn das Vorliegen eines wichtigen Grundes streitig ist (BGH, Urt. v. 14.07.1980 – II ZR 161/79; Z 78, 82, 84). Die aus vermeintlich wichtigem Grund erklärte Amtsniederlegung wird damit sofort wirksam. Dies gilt jedenfalls dann, wenn sich der Vorstand auf einen wichtigen Grund beruft. Erfolgt die Amtsniederlegung zur Unzeit, kann sie wegen Rechtsmissbrauchs ausnahmsweise unwirksam sein (Spindler/Stilz/*Fleischer*, § 84 Rn. 141). Nach einer für den GmbH-Geschäftsführer ergangenen Rspr. soll die sofortige Wirkung der Beendigung des Amtes auch eintreten, wenn die Berufung auf einen wichtigen Grund nicht erfolgt bzw. er das Amt begründungslos niederlegt (BGH, Urt. v. 08.02.1993 – II ZR 58/92; Z 121, 257, 261 f. – offen gelassen für die mit dem AG-Vorstand vergleichbare Situation des § 38 Abs. 2 GmbHG; für eine Übertragung dieser Rspr. auf die AG *Grobys/Littger* BB 2002, 2292; *Hüffer/Koch* AktG, § 84 Rn. 36). Der Streit hat keine erhebliche praktische Bedeutung, weil es regelmäßig wenig angeraten ist, einen Vorstand gegen seinen Willen im Amt zu halten (ebenso Hdb AG/*Liebscher* § 6 Rn. 53). Die Erklärung der Amtsniederlegung ist an die durch den Aufsichtsrat vertretene AG zu richten, § 112 AktG. Einer gleichzeitigen Kündigung des Anstellungsvertrages bedarf es dabei nicht (*Hüffer/Koch* AktG, § 84 Rn. 36).

II. Zuständigkeit und Verfahren

17 Das Recht zum Widerruf steht nach Abs. 3 Satz 1 **ausschließlich** dem Aufsichtsrat zu. Es kann auch durch die Satzung nicht einem anderen Gesellschaftsorgan und erst recht nicht einem Dritten übertragen werden. Die Zuständigkeit liegt beim Gesamt-Aufsichtsrat; die Übertragung auf einen Ausschuss ist nach § 107 Abs. 3 Satz 2 AktG ebenfalls ausgeschlossen.

18 Der Aufsichtsrat hat über den Widerruf im Wege der **Beschlussfassung gem. § 108 AktG** zu befinden. Nach Abs. 3 Satz 1 ist eine Abberufung wirksam, bis ihre Unwirksamkeit rechtskräftig festgestellt ist; das abberufene Vorstandsmitglied verliert die Organstellung und die Mitgliedschaft im Vorstand. Wird die Abberufung nicht in das Register eingetragen, bleibt nach Maßgabe des § 15 Abs. 1 HGB der Verkehrsschutz erhalten. Der Beschluss wird mit dem Zugang der Erklärung des Beschlussinhalts gegenüber dem betroffenen Vorstandsmitglied wirksam, § 130 Abs. 1 S. BGB. Weist der Abberufungsbeschluss Mängel auf, ohne dass diese durch bestätigenden Beschluss geheilt werden (OLG Stuttgart, Urt. v. 13.03.2002 – 20 U 59/01; AG 2003, 211, 212), hat der Beschlussmangel die Unwirksamkeit des Widerrufs der Bestellung zur Folge; das Vorstandsmitglied bleibt bei einer formal mangelhaften Abberufung im Amt und kann (im Wege einstweiliger Verfügung) seine Behandlung als Vorstandsmitglied durchsetzen (*Reichard* GWR 2012, 506). § 84 Abs. 3 Satz 1 findet bei fehlerhaftem Abberufungsbeschluss keine Anwendung (OLG Stuttgart 15.04.1985 – 2 U 57/85; AG 1985, 193). Regelmäßig wird im Abberufungsbeschluss der Aufsichtsratsvorsitzende zur Abgabe der Erklärung bevollmächtigt. Weniger üblich ist es, den Vorstandsvorsitzenden als Erklärungsboten zu beauftragen; diese Möglichkeit ist aber rechtlich nicht zu beanstanden, weil die

Entscheidungszuständigkeit des Aufsichtsrats nicht beeinträchtigt wird. In mitbestimmten Gesellschaften ist das Verfahren nach § 31 MitbestG einzuhalten, § 31 Abs. 5 MitbestG.

Die Beschlussfassung liegt nach Abs. 3 Satz 1 (»kann«) im **Ermessen** des Aufsichtsrats. Das Ermessen umfasst ein Auswahlermessen in den Fällen, in denen das Vorliegen des wichtigen Grundes in der Person mehrerer Vorstandsmitglieder vorliegt (OLG Stuttgart, Urt. v. 13.03.2002 – 20 U 59/01; AG 2003, 211, 212). Die Entscheidung über das Vorliegen eines wichtigen Grundes zur Abberufung ist nicht in vollem Umfang gerichtlich überprüfbar; dem Aufsichtsrat steht ein gerichtlich nicht nachprüfbarer **Ermessens- oder Beurteilungsspielraum** zu (BGH, Urt. v. 21.04.1997 – II ZR 175/95; Z 135, 244, 254 f.).   19

Eine **Verpflichtung zur Abberufung** eines Vorstandsmitglieds wegen Vorliegens eines wichtigen Grundes besteht nach überwiegender Rechtsauffassung nicht (vgl. OLG Stuttgart, Urt. v. 13.03.2002 – 20 U 59/01; AG 2003, 211; MüKo AktG/*Hefermehl/Spindler* § 84 Rn. 94). Diese auf die Ermessensregelung des Abs. 3 gestützte Auffassung überzeugt nicht, weil das Ermessen des Aufsichtsrats pflichtgemäß ausgeübt werden muss und keine beliebige Entscheidung rechtfertigt. Das Abberufungsermessen kann im Einzelfall auf Null reduziert sein, sodass bei ordnungsgemäßer Interessenabwägung – etwa bei Vorliegen schwerwiegender Pflichtverletzungen und bestehender Wiederholungsgefahr – durchaus eine Pflicht des Aufsichtsrats zur Abberufung des Vorstandsmitglieds bestehen kann (Hdb AG/*Liebscher* § 6 Rn. 52). Die Abberufungsentscheidung hat der Aufsichtsrat in eigener Entscheidungsverantwortung und damit ohne Rücksicht auf Druck von Aktionären, Gläubigern oder sonstigen Dritten zu treffen (*Fleischer* DAR 2006, 1507).   20

III. Voraussetzungen

1. Allgemeines – Vorliegen eines wichtigen Grundes

Die Abberufung ist – anders als bei der GmbH (vgl. Erl. zu § 38 GmbHG, insbes. Rdn. 6 ff.) – an das Vorliegen eines **wichtigen Grundes** gebunden. Die entsprechenden Tatsachen sind im Prozess von der AG darzulegen und zu beweisen (BGH, Urt. 12.02.2007 – II ZR 308/05; AG 2007, 446). Das Erfordernis des wichtigen Grundes gem. Abs. 3 Satz 1 ist satzungsfest und kann nicht durch den Bestellungsbeschluss oder den Anstellungsvertrag ausgeschlossen oder geändert werden (BGH, Urt. v. 28.01.1953 – II ZR 265/51; Z 8, 348, 360 f.). Es soll die Unabhängigkeit des Vorstands, die Eigenverantwortlichkeit seiner Führungsentscheidungen und die alleinige Bindung an das Unternehmensinteresse gewährleisten (vgl. Begr. zum RegE AktG 1965, abgedruckt bei *Kropff* S. 106 ff.). Der Vorstand kann deshalb auch auf das Erfordernis eines wichtigen Grundes nicht verzichten (Henssler/Strohn/*Dauner-Lieb*, § 84 Rn. 30).   21

Die Voraussetzung eines wichtigen Grundes zur Beendigung der Organstellung ist gegeben, wenn es der AG **unzumutbar** ist, ein Verbleiben des Vorstands in seiner Funktion bis zum regulären Auslaufen der Amtszeit abzuwarten (BGH, Urt. v. 23.10.2006 – II ZR 298/05; AG 2007, 125). Dabei ist das Abberufungsinteresse der AG und das Interesse des Vorstands an der Beibehaltung seiner Organstellung gegeneinander abzuwägen (BGH, Beschl. v. 23.10.2006; WM 1962, 811, 812; OLG Stuttgart, Urt. v. 13.03.2002 – 20 U 59/01; AG 2003, 211, 212). Es kommt damit nicht nur auf die Schwere der Verfehlungen an (so MüKo AktG/*Spindler* § 84 Rn. 95), sondern darauf, ob sich feststellen lässt, dass die dem Vorstandsmitglied angelasteten Verfehlungen unter Berücksichtigung seiner Leistungen und Verdienste ausreichen, die sofortige Abberufung zu rechtfertigen (*Hüffer/Koch* AktG § 84 Rn. 26; KölnKomm/*Mertens/Cahn*, § 84 Rn. 121; *Säcker* FS Müller 1981, 745 ff.). Nicht zuletzt sind die Dauer der verbleibenden Amtszeit und die Bedeutung des Abberufungsgrundes in die Abwägung einzustellen. Die Auffassung, nach der es bei der Abberufungsentscheidung allein auf die Interessen der AG abgestellt werden, während die Interessen des Vorstandsmitglieds nur bei der Beendigung des Anstellungsvertrages zu berücksichtigen sein sollen (MüKo AktG/*Spindler* § 84 Rn. 95; Spindler/Stilz/*Fleischer* AktG § 84 Rn. 101), vernachlässigt die aus der Treuepflicht der AG gegenüber ihrem Vorstandsmitglied folgende Verpflichtung zur Berücksichtigung der Interessen des Vorstandsmitglieds (*Janzen* NZG 2003, 468, 470). Der   22

Rechtsbegriff des wichtigen Grundes i. S. d. § 84 Abs. 3 AktG unterscheidet sich von demjenigen des § 626 Abs. 1 BGB für die außerordentliche Kündigung des Anstellungsvertrages. Dabei wird die Schwelle des § 84 Abs. 3 AktG als die niedrigere angesehen: Der wichtige Grund nach § 626 Abs. 1 BGB stellt einen solchen des § 84 Abs. 3 AktG dar, während dies umgekehrt nicht gilt (BGH, Urt. v. 19.09.1995 – VI ZR 166/94; NJW-RR 1996, 156). Der Schutz des Vorstandsmitglieds bei der Kündigung des Anstellungsverhältnisses kann in die bei § 84 Abs. 3 AktG zu treffende Abwägung eingestellt werden, mit der Folge, dass ein danach gegebener Schutz zu einer vorrangigen Berücksichtigung der Interessen der AG bei der Abberufung führt (vgl. KölnKomm AktG/*Mertens* § 84 Rn. 103; *Säcker* FS Müller 1981, 745; dagegen *Lücke* Vorstand der AG, § 2 Rn. 35 f.).

23 Die Entscheidung darüber, ob die Fortsetzung des Organverhältnisses unzumutbar ist, verlangt eine auf Tatsachen der Vergangenheit gestützte **Prognose** über die künftige Arbeit des Vorstands für die Gesellschaft. Deshalb ist es nicht zulässig, im Voraus – etwa in Satzung oder Anstellungsvertrag – das Vorliegen eines wichtigen Grunde rechtsverbindlich festzulegen (MüKo AktG/*Spindler* § 84 Rn. 93). Der wichtige Grund muss nicht in der Person des Vorstandsmitglieds vorliegen; ebenso wenig ist ein Verschulden des Vorstandsmitglieds erforderlich (BGH, Urt. v. 24.02.1992 – II ZR 79/91; ZIP 1992, 760, 761; BGH, Urt. v. 03.07.1975 – II ZR 35/73; AG 1975, 242, 244). Der wichtige Grund kann in dem Verhalten des Vorstandsmitglieds außerhalb seiner Vorstandstätigkeit liegen (BGH WM 1956, 865); in Betracht zu ziehen ist auch das Verhalten vor der Bestellung (BGH, Urt. v. 20.10.1954 – II ZR 280/53; Z 15, 71, 76). Auch von außen kommende Umstände, wie die zur Voraussetzung einer dringend benötigten Kreditverlängerung von der kreditgebenden Bank verlangte Abberufung, kommen als wichtiger Grund in Betracht (BGH, Urt. v. 23.10.2006 – II ZR 298/05; AG 2007, 125; OLG München 13.10.2005 – 23 U 1949/05; NZG 2006, 313 f.; vgl. näher zur sog. Abberufung wegen Drucks von außen *Fleischer* DStR 2006, 1507 ff.). Ist das Vorstandsmitglied dem Verdacht eines grob pflichtwidrigen Verhaltens ausgesetzt, oder besteht sonst ein Verdacht, welcher der Geselslchaft die Fortsetzung des Organverhältnisses bis zum Ende der Amtszeit unzumutbar macht, so kann ihr Aufsichtsrat die Bestellung aus wichtigem Grund widerrufen (sog. **Verdachtsabberufung**). Eine Abberufung kann nur auf einen Verdacht gegründet werden, der auf objektiv nachprüfbaren Tatsachen beruht; der Gegenstand des Verdachts muss ein vergleichbares Gewicht wie die in Abs. 3 Satz 2 benannten wichtigen Gründe (vgl. *Schmolke* AG 2014, 377; *Rieder/Schoenemann* NJW 2011, 1169).

2. Regelbeispiele, Abs. 3 Satz 2

24 Das Vorliegen eines wichtigen Grund zum Widerruf der Vorstandsbestellung ist in jedem Einzelfall gesondert zu prüfen. Nach Abs. 3 Satz 2 kommt ein wichtiger Grund zur Abberufung insbesondere dann in Betracht, wenn dem Vorstandsmitglied eine grobe Pflichtverletzung oder Unfähigkeit zur ordnungsgemäßen Geschäftsführung vorzuwerfen ist oder die Hauptversammlung dem Vorstandsmitglied das Vertrauen aus nicht offenbar unsachlichen Gründen entzieht.

25 Eine **grobe Pflichtverletzung** ist in der Rspr. bei den nachfolgend angeführten Sachverhalten angenommen worden, die sich nach verschiedenen Ebenen unterscheiden lassen. (1) **Verhältnis Vorstand zu anderen Gesellschaftsorganen**: Unüberbrückbare Differenzen zwischen Vorstand und Aufsichtsrat über grundsätzliche Fragen der Unternehmenspolitik (BGH, Urt. v. 13.07.1998, II ZR 131/97; AG 1998, 519, 520; BGH, Urt. v. 24.02.1992 – II ZR 79/91; ZIP 1992, 760, 761; a. A. *Hüffer/Koch* AktG, § 84 Rn. 28); Verletzung von Informationspflichten bzw. mangelnde Offenheit gegenüber dem Aufsichtsrat (BGH, Urt. v. 26.03.1956 – II ZR 57/55; Z 20, 239, 246); Missachtung von Zustimmungsvorbehalten nach § 111 Abs. 4 AktG (BGH AG 1988, 519); wiederholte Übergriffe in das Ressort anderer Vorstandsmitglieder sowie die Missachtung geschriebener oder ungeschriebener Hauptversammlungszuständigkeiten (BGH AG 1988, 519, 520; WM 1984, 29; OLG Düsseldorf, Urt. v. 15.02.1992 – 16 U 130/90; WM 1992, 14, 19). (2) **Verfehlungen zulasten der Gesellschaft**, ihres Vermögens und ihrer Interessen: Aneignung von Gesellschaftsvermögen (BGH, Urt. v. 17.10.1983, WM 1984, 29; Verstoß gegen das Gebot der unbedingten Offenheit gegenüber dem Aufsichtsrat (BGH, Urt. v. 26.03.1956 – II ZR 57/55; Z 20, 239 ff.; OLG Mün-

chen, Urt. v. 14.03.2012 – 7 U 681/11; NZG 2012, 1152; Entgegennahme von Schmiergeldern als Kick-Back-Zahlungen (OLG München, Beschl. v. 14.03.2007 – 31 Wx 7/07; AG 2007, 361, 363); Teilnahme an unehrenhaften oder riskanten Geschäften (BGH WM 1956, 865); Nichteinrichtung eines Risikofrüherkennungssystems nach §91 Abs. 2 AktG (LG Berlin, Urt. v. 03.07.2002 – 2 O 358/01; AG 2002, 682, 683 f.); Nichtnutzung einer Geschäftschance (BGH, Urt. v. 23.09.1985 – II ZR 246/84; ZIP 1985, 1484, 1485 – zur GmbH); Manipulation der Bilanz (OLG Düsseldorf, Urt. v. 15.02.1992 – 16 U 130/90; WM 1992, 14, 19). **(3) Fehlverhalten im privaten Bereich**: hohe Verschuldung des Vorstandsmitglieds (OLG Hamburg, Urt. v. 27.08.1954 – 1 U 395/53; BB 1954, 978); Beteiligung an strafbaren Handlungen (BGH WM 1967, 251); Bestechlichkeit (BGH, Urt. v. 08.05.1967 - II ZR 126/65, WM 1967, 679).

Unfähigkeit zur ordnungsgemäßen Geschäftsführung kommt in Betracht, wenn dem Vorstandsmitglied die erforderlichen Kenntnisse fehlen (OLG Stuttgart GmbHR 1957, 59 f. – zur GmbH), und bei einer die kollegiale Zusammenarbeit im Vorstand gefährdenden Unverträglichkeit (BGH WM 1984, 29 f.). 26

Der Abberufungsgrund »**Vertrauensentzug durch die Hauptversammlung**« trägt dem Umstand Rechnung, dass die dem Vorstand verliehenen Machtbefugnisse einer inneren Legitimation entbehren, wenn der Vorstand nicht mehr über das Vertrauen der Eigentümer und Satzungsgeber der AG verfügt (vgl. BGH, Urt. v. 28.04.1954 – II ZR 211/53; Z 13, 188, 192 f.). Die Regelung steht in einem Spannungsverhältnis zur ausschließlichen Personalkompetenz des Aufsichtsrats, welches rechtstechnisch dadurch bewältigt wird, dass die Bedeutung des Vertrauensentzugs durch die Hauptversammlung für die Abberufungsentscheidung durch den Aufsichtsrat in Abs. 3 Satz 2 unter den Vorbehalt des Vorliegens »offenbar unsachlicher Gründe« gestellt ist. Diese sind gegeben, wenn der Vertrauensentzug unter bloßen Vorwänden, willkürlich oder offenbar treuwidrig erfolgt (vgl. KG, Beschl. v. 03.12.2002 – 1 W 363/02; ZIP 2003, 1042, 1046 f.). Eine Pflicht zur Abberufung wegen Vertrauensentzugs durch die Hauptversammlung besteht nur dann, wenn das Abberufungsermessen angesichts der den Vertrauensentzug rechtfertigenden Umstände ausnahmsweise auf Null geschrumpft ist (vgl. oben Rdn. 20). Andererseits bedarf es einer zusätzlichen Rechtfertigung und Begründung der Abberufungsentscheidung des Aufsichtsrats nicht mehr, wenn die Hauptversammlung dem Vorstandsmitglied das Vertrauen entzogen hat (*Hüffer/Koch* AktG, §84 Rn. 29). Die Beschlussfassung der Hauptversammlung hat der Abberufungsentscheidung des Aufsichtsrats vorauszugehen; sie kann nicht nachträglich durch einen Genehmigungsbeschluss erfolgen (BGH, Urt. v. 07.06.1962 – II ZR 131/61; WM 1962, 811; vgl. a. *Fleischer* AG 2006, 429, 441). Die (vergangenheitsbezogene) Verweigerung der Entlastung des Vorstands stellt keinen (zukunftsgerichteten) Vertrauensentzug durch die Hauptversammlung dar (str.; vgl. KölnKomm AktG/*Mertens/Cahn* §84 Rn. 105). 27

IV. Rechtswirkungen und Rechtsschutz

1. Wirksamkeit des Widerrufs

Im Interesse der Vermeidung von Rechtsunsicherheit über das Bestehen des Organverhältnisses hat der Gesetzgeber in §84 Abs. 3 Satz 4 AktG vorgesehen, dass der Widerruf bis zur rechtskräftigen Feststellung seiner Unwirksamkeit wirksam ist. Der Wortlaut der Regelung geht über die Zielsetzung der Vorschrift hinaus und ist deshalb teleologisch **einschränkend** dahin gehend **auszulegen**, dass er sich nur auf die Frage des Vorliegens bzw. Nichtvorliegens eines wichtigen Grundes bezieht (OLG Köln, Urt. v. 07.05.2008 – 7 U 5618/07; NZG 2008, 635). Nur beim Streit um das Vorliegen eines wichtigen Abberufungsgrundes führt erst die rechtskräftige Feststellung des Fehlens eines wichtigen Grundes zur Abberufung nach Abs. 3 zur Unwirksamkeit des Widerrufs und zum Wiederaufleben der Organstellung. Anders gewendet bedeutet dies, dass die Bestellung zum Vorstandsmitglied endet, wenn ein Aufsichtsratsbeschluss vorliegt und dem abberufenen Vorstandsmitglied zugegangen ist, unabhängig davon, ob ein wichtiger Grund vorliegt. Hingegen endet die Organstellung des abberufenen Vorstandsmitglieds nicht, wenn ein Beschluss des Aufsichtsrats über die Abberufung nicht gefasst wurde (OLG Köln, Urt. v. 07.05.2008 – 7 U 5618/07; NZG 2008, 28

635) oder wenn Verfahrensmängel vorliegen (*Hüffer/Koch* AktG, § 84 Rn. 31; a. A. *Schürnbrand* NZG 2008, 609 ff.).

2. Klage gegen Widerruf

a) Klageart

29 Das Vorstandsmitglied kann gegen den Widerruf seiner Bestellung bei dem örtlich zuständigen Landgericht Klage erheben. Bei alleiniger Geltendmachung des Fehlens oder der Ungültigkeit des Abberufungsbeschlusses handelt es sich in Ansehung der in diesem Fall nicht einschlägigen (vgl. Rdn. 28) Regelung des Abs. 3 Satz 4 um eine schlichte **Feststellungsklage**. Holt der Aufsichtsrat den Beschluss nach, entbehrt die Klage in entsprechender Anwendung des Grundsatzes von § 244 AktG der Grundlage und es tritt Erledigung der Hauptsache ein (OLG Stuttgart, Urt. v. 13.03.2002 - 20 U 59/01; AG 2003, 211, 213). Macht das abberufene Vorstandsmitglied dagegen das Fehlen eines wichtigen Grundes geltend, handelt es sich um eine **Gestaltungsklage**, bei deren Erfolg die Bestellung rückwirkend (Abs. 3 Satz 4) wieder hergestellt wird. Dem Vorstandsmitglied wird angesichts dieser Rechtslage im Interesse einer umfassenden Überprüfung der Abberufungsentscheidung angeraten, im Zweifel in der Hauptsache auf Feststellung der Nichtigkeit der Abberufung mangels Vorliegens eines Abberufungsbeschlusses und hilfsweise auf Unwirksamkeitserklärung der Abberufung mangels Vorliegens eines wichtigen Abberufungsgrundes zu klagen (Hdb AG/*Liebscher* § 6 Rn. 56).

b) Klagegegner, Streitwert

30 Die Klage ist jeweils **gegen die AG** zu richten. Diese wird nach heutiger Auffassung in beiden Fällen (vgl. Rdn. 29) durch den Aufsichtsrat vertreten, § 112 AktG analog (BGH, Urt. v. 13.02.1984 – II ZR 2/83; WM 1984, 532; BGH, Urt. v. 11.05.1981 – II ZR 126/80; NJW 1981, 2748, 2749). Die unrichtige Angabe der Vertretung in der Klageschrift macht die Klage unzulässig (BGH AG 1991, 269 f.; WM 1990, 630). Der **Streitwert** richtet sich nach dem Interesse, die Gesellschaft weiter zu leiten, nicht dagegen nach der Höhe der Vergütung oder den wirtschaftlichen Folgen der Abberufung (BGH, Urt. v. 22.05.1995 – II ZR 247/94; WM 1995, 1316).

c) Nachschieben von Gründen

31 Die auf das Fehlen von beachtlichen Widerrufsgründen gestützte Klage betrifft zunächst die Gründe, auf die der Aufsichtsratsbeschluss gestützt wurde. Das **Nachschieben von Widerrufsgründen** im Prozess ist nicht uneingeschränkt zulässig. Die Gründe, die dem Aufsichtsrat im Zeitpunkt der Beschlussfassung über die Abberufung bekannt waren, aber bei der Beschlussfassung nicht berücksichtigt wurden, können wegen Verwirkung nachträglich nicht mehr nachgeschoben werden (BGH, Urt. v. 28.04.1954 – II ZR 211/53; Z 13, 188, 194 f.). Anders verhält es sich dagegen mit Widerrufsgründen, die im Zeitpunkt der Abberufung schon gegeben, aber dem Aufsichtsrat **nicht bekannt** waren; sie können nach entsprechender Beschlussfassung durch den Aufsichtsrat in den Prozess eingebracht werden (*Hüffer/Koch* AktG, § 84 Rn. 34). Neue Widerrufsgründe, die das Vorstandsmitglied durch sein Verhalten nach der Abberufung setzt, können zum Gegenstand einer erneuten Abberufungsentscheidung gemacht werden, die dann wiederum in den anhängigen Rechtsstreit eingebracht werden kann (BGH, Urt. v. 14.07.1966 - II ZR 212/64; WM 1966, 968, 970). Die Beweislast für das Vorliegen eines wichtigen Grundes trägt die AG. Das abberufene Vorstandsmitglied trifft die Beweislast dafür, dass der Vertrauensentzug durch die Hauptversammlung aus offenbar unsachlichen Gründen erfolgte (BGH WM 1962, 201 f.).

32 Der Abberufungsstreit ist nach h. M. **nicht schiedsfähig** (KölnKomm AktG/*Mertens/Cahn* § 84 Rn. 86; a. A. *Vollmer* ZGR 1982, 15, 26 ff.).

d) Wirkung der Klageerhebung

Die Klageerhebung hat **keinen Suspensiveffekt**. Der Kläger ist nicht berechtigt, die Vorstands- 33
geschäfte einstweilen fortzuführen (MüKo AktG/*Hefermehl/Spindler* §84 Rn. 110). Obsiegt der
Kläger damit, dass die Abberufung durch rechtskräftige Entscheidung für unwirksam erklärt wird,
so tritt das Abberufene Vorstandsmitglied in eine bisherige Position wieder ein, wenn die Entscheidung innerhalb der Amtsperiode rechtskräftig geworden ist. Ein zwischenzeitlich neu berufenes
Vorstandsmitglied kann in diesem Fall aus wichtigem Grund nach §84 Abs. 3 AktG abberufen
werden (KölnKomm AktG/*Mertens* §84 Rn. 123).

e) Einstweiliger Rechtsschutz

Die Zulässigkeit **einstweiligen Rechtsschutzes** wird durch Abs. 3 Satz 4 eingeschränkt. Im Eilver- 34
fahren kann geltend gemacht werden, der Abberufung liege kein ordnungsgemäß zustande gekom-
mener Beschluss des Aufsichtsrats zugrunde. Dagegen ist im Hinblick auf den Regelungszweck des
Abs. 3 Satz 4 (vgl. Rdn. 28) ein auf das Fehlen eines wichtigen Grundes gestütztes Verfügungsverfahren unzulässig (OLG Stuttgart, Urt. v. 15.04.1985 – 2 U 57/85; AG 1985, 193).

E. Der Anstellungsvertrag mit Vorstandsmitgliedern

I. Allgemeines

Vorstandsmitglieder werden nicht nur in das organschaftliche Rechtsverhältnis zur Gesellschaft 35
berufen, sie stehen darüber hinaus regelmäßig in einem gesonderten (vgl. Rdn. 2) schuldrechtlichen Rechtsverhältnis zur AG (zu Drittanstellungsverträgen vgl. unten Rdn. 37), dem sog.
Anstellungsvertrag (vgl. §84 Abs. 2 Satz 5 AktG). Bei diesem Vertrag handelt es sich um einen
Dienstvertrag, der eine Geschäftsbesorgung zum Gegenstand hat (§§611 ff., 675 BGB; vgl. BGH,
Urt. v. 07.12.1961 – II ZR 117/60; Z 36, 142, 143). Er verpflichtet das Vorstandsmitglied der AG
gegenüber zur Leistung von Diensten und begründet dessen Vergütungsanspruch. Der Anstellungsvertrag begründet wegen der in §76 Abs. 1 AktG verankerten Eigenverantwortlichkeit des Vorstands bei der Leitung der AG **kein Arbeitsverhältnis**. Arbeitnehmerschutzvorschriften sind deshalb
auf die Vorstandsmitglieder grundsätzlich nicht anwendbar (BGH, Urt. v. 11.07.1953 – II ZR
126/52; Z 10, 187, 191). Ausnahmen sind nur in Einzelfällen im Hinblick auf die wirtschaftliche
Abhängigkeit der Vorstandsmitglieder von der Gesellschaft und ihre dienstvertragliche Treuepflicht
gegenüber der Gesellschaft anerkannt worden (z.B. Kündigungsfristen gem. §622 Abs. 2 BGB,
Pfändungsschutz gem. §§850 ff. ZPO, Urlaubsanspruch; vgl. MAH AktR/*Nehls* §22 Rn. 78). Eine
Versicherungspflicht in der Sozialversicherung besteht nicht (vgl. §1 Satz 4 SGB VI, §27 Abs. 1
Nr. 5 SGB III).

II. Begründung

Zuständig für den Abschluss des Anstellungsvertrages ist nach Abs. 1 Satz 5 i. V. m. Abs. 1 Satz 1 der 36
Aufsichtsrat. Die Regelung ist im Hinblick auf §23 Abs. 5 zwingend und gilt auch in der Insolvenz der Gesellschaft (OLG Nürnberg AG 1991, 446, 447). Anders als die Entscheidung über die
Bestellung kann die Entscheidung über den Anstellungsvertrag auf einen **Aufsichtsrats-Ausschuss**
delegiert werden, weil §107 Abs. 3 Satz 2 AktG nicht auch auf §84 Abs. 1 Satz 5 AktG verweist
(vgl. BGH, Urt. v. 06.04.1964 – II ZR 75/62; Z 41, 282, 285). Eine Delegation auf den Aufsichtsratsvorsitzenden oder ein von diesem mit dem Stellvertreter gebildetes Gremium kommt nicht in
Betracht, weil §108 Abs. 2 Satz 3 AktG eine Ausschussbesetzung mit mindestens drei Personen
verlangt (BGH, Urt. v. 23.10.1975 – II ZR 90/73; Z 65, 190, 192 f.). Durch die Delegation auf den
Ausschuss darf die dem Gesamt-Aufsichtsrat allein zustehende Entscheidung über die Bestellung
nicht beeinträchtigt werden (BGH, Urt. v. 24.11.1980 – II ZR 182/79; Z 79, 38, 41); insbesondere
darf nicht durch den Abschluss des Anstellungsvertrages eine noch nicht erfolgte Bestellung faktisch
präjudiziert werden (BGH, Urt. v. 25.02.1982 – II ZR 102/81; Z 83, 144, 150). Der zur Nichtigkeit des Anstellungsvertrages nach §134 BGB führende Kompetenzverstoß wird durch Einhaltung

einer entsprechenden zeitlichen Abfolge oder durch den Abschluss des Anstellungsvertrages unter der aufschiebenden Bedingung der Bestellung oder Genehmigung durch den Gesamt-Aufsichtsrat vermieden.

37 Der Anstellungsvertrag wird regelmäßig mit der AG geschlossen, die der Vorstand zu leiten hat. Die Möglichkeit, den Anstellungsvertrag mit einem Dritten, insbesondere mit einer Gesellschaft aus dem Konzernverbund zu schließen (sog. **Drittanstellungs- bzw. Konzernanstellungsvertrag**), ist im Aktienrecht – anders als im GmbH-Recht (vgl. die Kommentierung dort) – nicht unumstritten (vgl. KölnKomm AktG/*Mertens* § 84 Rn. 51). Die Zulässigkeit ist im Ergebnis abzulehnen, wenn durch einen Drittanstellungsvertrag mit einer Konzernobergesellschaft in die Personalkompetenz des Aufsichtsrats einer abhängigen Gesellschaft und das von § 76 Abs. 1 AktG zwingend geschützte Leitungsermessen des Vorstands (vgl. § 76 AktG Rdn. 17) eingegriffen wird (vgl. KölnKomm AktG/*Mertens* § 84 Rn. 51). Bedenken werden aber auch dann geäußert, wenn § 76 Abs. 1 AktG wie beim Vorliegen eines Beherrschungsvertrages oder im Fall der Eingliederung nicht anwendbar ist (vgl. *Theobald* FS Raiser 2005, 421, 435 ff.). Vom Abschluss von Drittanstellungsverträgen wird deshalb insgesamt abgeraten (*Lutter/Krieger* § 7 Rn. 411; Spindler/Stilz/*Fleischer* AktG § 84 Rn. 39).

38 Der Abschluss des Vertrages setzt einen entsprechenden ausdrücklichen **Aufsichtsratsbeschluss** voraus, §§ 108, 112 AktG. Nicht abschließend geklärt ist, welchen Konkretisierungsgrad der Beschluss aufweisen muss. Würde der Aufsichtsrat im Plenum nur über die wesentlichen Vertragsinhalte beschließen, verbliebe ein gestaltungserheblicher Spielraum ohne Kontrolle durch den Gesamt-Aufsichtsrat. Ein solcher Spielraum besteht aber nach § 84 Abs. 1 Satz 5 AktG gerade nicht. Deshalb ist dem Gesamt-Aufsichtsrat bzw. dem berufenen Ausschuss nach der aktienrechtlichen Kompetenzverteilung der Anstellungsvertrag in sämtlichen Details zur Beschlussfassung vorzulegen (großzügiger *Lücke* Vorstand der AG, § 2 Rn. 101, der »Bandbreitenbeschlüsse« für zulässig erachtet, die dann vom Aufsichtsratsvorsitzenden ausgefüllt werden). Der Beschluss des Aufsichtsrats ist durch Abgabe einer entsprechenden Willenserklärung gegenüber dem anzustellenden künftigen Vorstand umzusetzen. Zuständig für diese Willenserklärung ist der Aufsichtsrat als Kollegialorgan (§ 112), der die Ausführung der Abgabe der Erklärung einem einzelnen Mitglied des Aufsichtsrats, regelmäßig dem Vorsitzenden, übertragen kann (OLG Schleswig, Urt. v. 16.11.2000 – U 66/99; AG 2001, 651, 653). Die Übertragung kann nur auf der Grundlage einer entsprechenden Satzungs-, Geschäftsordnungs- oder Beschlussklausel erfolgen (*Leuering* NZG 2004, 120, 121), die Amtsstellung des Aufsichtsratsvorsitzenden genügt dafür nicht (OLG Düsseldorf, Urt. v. 17.11.2003 – I-15 U 225/02; AG 2004, 321, 322).

39 Der Vertrag wird aus Gründen der Rechtsklarheit und Rechtssicherheit regelmäßig **schriftlich** geschlossen, auch wenn das AktG **Formvorschriften** nicht vorsieht. Der Vertrag ist für eine Höchstdauer von 5 Jahren zu befristen, § 84 Abs. 1 Satz 5 Halbs. 1 AktG. Verträge von gesetzeswidriger Dauer sind nicht nichtig, sondern werden im Wege geltungserhaltender Reduktion als auf die zulässige Höchstdauer von 5 Jahren abgeschlossen angesehen (Hdb AG/*Lücke* § 2 Rn. 113). Eine Klausel, mit der für den Fall der Wiederbestellung des Vorstandsmitglieds eine **automatische Verlängerung** des Anstellungsvertrages vereinbart wird, ist zulässig (*Hüffer/Koch* AktG, § 84 Rn. 15).

III. Mängel

40 Fehlerhaft abgeschlossene Anstellungsverträge unterliegen wie die fehlerhafte Bestellung (vgl. oben Rdn. 9) dann einem **Bestandsschutz**, wenn sie durch Aufnahme der Tätigkeit tatsächlich in Vollzug gesetzt worden sind (grundlegend BGH, Urt. v. 23.10.1975 – II ZR 90/7; Z 65, 190, 194 f.). Danach sind solche Verträge wirksam, bis sie (mit Wirkung für die Zukunft – ex nunc) durch Kündigung oder Aufhebung beendet werden (BGH, Urt. v. 03.07.2000 – II ZR 282/98; NJW 2000, 2983).

F. Beendigung des Anstellungsvertrages

Wegen der von Gesetzes wegen bestehenden Trennung von Organstellung und Anstellungsverhältnis ist die Beendigung des Anstellungsvertrages grundsätzlich unabhängig von der Bestellung zum Vorstandsmitglied zu beurteilen (vgl. zum GmbH-Geschäftsführer die Erl. in § 38 GmbHG Rdn. 25 ff.). Dieser **Trennungsgrundsatz** wirkt sich verschiedentlich aus. Insbesondere geht mit der Abberufung nach § 84 Abs. 1 AktG nicht automatisch eine Beendigung des Anstellungsverhältnisses einher, und der zum Widerruf der Bestellung berechtigende wichtige Grund i. S. d. § 84 Abs. 3 AktG berechtigt nicht ohne Weiteres zur Beendigung des Anstellungsvertrages. Die Beendigung des Anstellungsvertrages ist vielmehr nach den für die geltenden eigenen rechtlichen Maßstäben zu beurteilen. 41

I. Zuständigkeit

Bei der Beendigung des Anstellungsvertrages wird die AG ebenso wie bei seiner Begründung zwingend durch den **Aufsichtsrat** vertreten, der diese Kompetenz seinerseits auf einen **Ausschuss** delegieren kann (BGH, Urt. v. 23.10.1975 – II ZR 90/73; Z 65, 190, 193). Insofern gelten die Ausführung zur Begründung des Anstellungsvertrages entsprechend (vgl. oben Rdn. 36 ff.). Insbesondere ist ein entsprechender **Beschluss des Aufsichtsrats** erforderlich, dessen Inhalt durch Abgabe einer entsprechenden Willenserklärung gegenüber dem Vorstandsmitglied auszuführen ist. Nach der regelmäßig vorhandenen Interessenlage wird angenommen, dass die Kündigung des Anstellungsvertrages konkludent in dem Widerruf der Bestellung enthalten ist (KölnKomm AktG/*Mertens* § 84 Rn. 128 und oben Rdn. 13). Bei der Kündigung eines Vorstandsmitglieds darf ein mit dieser Kompetenz betrauter Ausschuss die dem Gesamtaufsichtsrat vorbehaltene Entscheidung über den Widerruf der Bestellung des Vorstands nicht präjudizieren; der Ausschuss darf deshalb insbesondere nicht kündigen, solange der Widerruf nicht beschlossen ist (BGH AG 2009). 42

II. Kündigung des Anstellungsvertrages

Aufgrund der zwingend vorgeschriebenen (Abs. 1 Satz 5 Halbs. 1 i. V. m. Abs. 1 Satz 1) Befristung kommt eine **ordentliche Kündigung** des Anstellungsvertrages nur in Betracht, wenn sie ausdrücklich im Vertrag zugelassen ist, § 620 Abs. 1 und 2 BGB. Dann allerdings richten sich die Kündigungsfristen nach § 622 Abs. 2 BGB und nicht nach § 621 (BGH, Urt. v. 29.01.1981 – II ZR 92/80; Z 79, 291, 293 f. – zur GmbH). 43

Die **außerordentlich Kündigung** des Anstellungsvertrages richtet sich nach § 626 BGB. Der danach erforderliche »wichtige Grund« wird in § 626 Abs. 1 BGB konkretisiert und unterscheidet sich von dem für die Abberufung erforderlichen wichtigen Grund i. S. d. § 84 Abs. 3 (vgl. Rdn. 21 ff.). Ein wichtiger Grund zur Kündigung des Anstellungsvertrages rechtfertigt stets den Widerruf der Bestellung, umgekehrt genügt der wichtige Grund i. S. d. § 84 Abs. 3 Satz 1 nicht notwendig den Anforderungen des § 626 Abs. 1 BGB (BGH, Urt. v. 23.10.1995 – II ZR 130/94; WM 1995, 2064, 2065; OLG Schleswig, Urt. v. 16.11.2000 – U 66/99; AG 2001, 651, 654). Ferner muss die Kündigung innerhalb von 2 Wochen ausgesprochen werden (Rdn. 47). Zu beachten ist überdies, dass nach § 314 Abs. 3 BGB der außerordentlichen Kündigung wegen Verletzung vertraglicher Pflichten möglicherweise eine erfolglose Abmahnung vorauszugehen hat (dazu Rdn. 48). 44

Ein wichtiger Grund i. S. d. § 626 Abs. 1 BGB liegt vor, wenn nach Abwägung der berührten Interessen beider Seiten die Fortsetzung des Anstellungsvertrages und insbesondere die Bezahlung des abgerufenen Vorstandsmitglieds bis zum planmäßigen Ende des Anstellungszeitraums **nicht zumutbar** ist. Die Kündigungsmöglichkeit nach § 626 BGB ist zwingender Natur und kann vertraglich weder abbedungen noch zugunsten der Gesellschaft geändert werden (OLG Jena, Urt. v. 01.12.1998 – 5 U 1501/97; NZG 1999, 1069). Der Rechtsbegriff des wichtigen Grundes ist ein Gesetzesbegriff, der einer vertraglichen Regelung entzogen ist; deshalb können im Anstellungsvertrag die außerordentlichen Kündigungsgründe nicht erweitert oder eingeschränkt werden (KölnKomm AktG/*Mertens* § 84 Rn. 138). Die Wirksamkeit sog. **Koppelungs- oder Gleichlauf-** 45

klauseln, nach denen der Widerruf der Bestellung das Anstellungsverhältnis automatisch beendet (z. B. gem. § 158 BGB), ist deshalb trotz der Anerkennung in der Rechtsprechung zum GmbHG (BGH, Urt. v. 21.06.1999 – II ZR 27/98; DStR 1999, 1743, 1744) zweifelhaft (ablehnend *Bauer/Diller* GmbHR 1998, 809; *Eckardt* AG 1989, 431, 432; zustimmend *Tschöpe/Wortmann* NZG 2009, 85, 87 f.). Ebenso wenig ist ein »Herabzonen« des wichtigen Grundes i. S. d. § 626 Abs. 1 BGB auf die Anforderungen des wichtigen Grundes i. S. d. § 84 Abs. 3 AktG zulässig (str. wie hier *Lücke* Vorstand der AG, § 2 Rn. 240; a. A. MüKo AktG/*Hefermehl/Spindler* § 84 Rn. 144). Wurde keine Gleichlaufklausel vereinbart, bedeutet ein wichtiger Abberufungsgrund nicht automatisch einen Kündigungsgrund für den Anstellungsvertrag (BGH, Urt. v. 26.03.1956 – II ZR 57/55Z 20, 239, 249; *Reichard* GWR 2012, 506, 510).

46 Die Prüfung des wichtigen Grundes erfolgt **zweistufig**: In einem ersten Schritt wird geprüft, ob der vorliegende Sachverhalt überhaupt geeignet ist, einen wichtigen Grund abzugeben; in einem zweiten Schritt erfolgt eine umfassende Interessenabwägung (BGH, Urt. v. 23.10.1995 – II ZR 130/94; WM 1995, 2064, 2065). Bei der Interessenabwägung ist auf die Umstände des Einzelfalles abzustellen, wobei insbesondere die Schwere der dem Abberufenen vorgeworfenen Verfehlungen, das Ausmaß seines Verschuldens, eine etwaige Wiederholungsgefahr und die Folgen für die Gesellschaft einerseits und andererseits die vom Vorstandsmitglied um das Wohl des Unternehmens erworbenen Verdienste, die mit der Kündigung verbundenen Folgen, die Dauer seiner Tätigkeit sowie sein Lebensalter zu berücksichtigen sind (BGH, Urt. v. 19.09.1995 – VI ZR 166/94; NJW 1995, 3186; KölnKomm AktG/*Mertens/Cahn* § 84 Rn. 129). Die Belange des Abberufenen sind im Vergleich zur Abberufungsentscheidung verstärkt zu berücksichtigen (*Hüffer/Koch* AktG, § 84 Rn. 40). Wegen der erforderlichen Einzelfallbetrachtung gibt es **keinen Katalog** der zur außerordentlichen Kündigung berechtigenden Gründe. Die häufigsten Anwendungsfälle sind die **schwere Pflichtverletzung**, die **Ausnutzung von Geschäftschancen** der Gesellschaft für eigene Zwecke, die **Aufstellung falscher Bilanzen**, **Bestechlichkeit** sowie **Straftaten zulasten der Gesellschaft**. Der Vertrauensentzug durch die Hauptversammlung rechtfertigt für sich die Abberufung aus wichtigem Grund (vgl. Rdn. 21 ff.); im Zusammenhang mit der Kündigung des Anstellungsvertrages ist zusätzlich zu prüfen, aus welchem Grund der Vertrauensentzug erfolgte und ob diese Gründe einen wichtigen Kündigungsgrund darstellen (BGH, Urt. v. 20.10.1954 – II ZR 280/53; Z 15, 71, 75). Eine unberechtigte Amtsniederlegung rechtfertigt stets eine außerordentliche Kündigung des Anstellungsvertrages.

47 Die Kündigung hat innerhalb der **Ausschlussfrist des § 626 Abs. 2 BGB** von 2 Wochen zu erfolgen. Für die Fristberechnung gelten die Regeln der §§ 187 ff. BGB. Die Frist beginnt ab Kenntnis des Kündigungsberechtigten von den Kündigungsgründen (näher *Arnold/Schanske* NZG 2013, 1172). Kündigungsberechtigt ist der Aufsichtsrat als Gesamtgremium, wenn nicht ausnahmsweise die Zuständigkeit auf einen Aufsichtsrats-Ausschuss delegiert wurde. Deshalb reicht die Kenntnis einzelner Aufsichtsratsmitglieder oder die des Aufsichtsratsvorsitzenden außerhalb von Aufsichtsratssitzungen grundsätzlich nicht (str.; vgl. BGH, Urt. v. 15.06.1998 – II ZR 318/96; Z 139, 89, 92). Die außerhalb einer Aufsichtsratssitzung erlangte Kenntnis von Aufsichtsratsmitgliedern führt nicht zum Anlaufen der Frist (BGH, Urt. v. 15.06.1998 – II ZR 318/96; Z 139, 89, 92 f. – zur GmbH). Daraus folgt, dass der Vorsitzende des Aufsichtsrats unverzüglich eine Gremiensitzung anzuberaumen hat, auf der über den Kündigungssachverhalt zu beraten und die Kündigungserklärung zu beschließen ist. Erfolgt die Einberufung nicht oder nicht zeitnah (vgl. Schmitt/Lutter/*Seibt* AktG § 84 Rn. 64: ca. 2 Wochen; OLG München, Urt. v. 25.03.2009 - 7 U 4835/08; NZG 2009, 665; *Reichard* GWR 2012, 506, 509), so beginnt die Frist in dem Zeitpunkt zu laufen, in dem die Aufsichtsratssitzung bei pflichtgemäßem Verhalten hätte stattfinden müssen. Die Mitglieder des Aufsichtsrats, die von kündigungserheblichen Sachverhalten Kenntnis erhalten, haben den Vorsitzenden hierüber zu unterrichten. Während der ordnungsgemäßen und innerhalb angemessener Zeitdauer erfolgenden Sachverhaltsermittlung, also während der Dauer der mit angemessener Beschleunigung erfolgenden Herbeiführung eines Beschlusses, ist die Frist gehemmt (BGH, Urt. v. 26.02.1996 – II ZR 114/95; ZIP 1996, 636 – zur GmbH).

Eine **Abmahnung** ist nach der Rechtsprechung im Hinblick auf die herausgehobene Rechtsstellung 48
der Vorstandsmitglieder grundsätzlich nicht erforderlich (BGH, Urt. v. 10.09.2001 – II ZR 14/00;
NZG 2002, 46, 47). Nach zutreffender Ansicht ist diese auch nach dem Inkrafttreten von § 314
Abs. 2 BGB nicht erforderlich (*Koch* ZIP 2005, 1621, 1625 ff.; *Hüffer/Koch* AktG, § 84 Rn. 39; a. A.
Grumann/Gillmann DB 2003, 770, 774).

III. Einvernehmliche Aufhebung des Anstellungsvertrages

Die Beendigung des Anstellungsvertrages durch Aufhebungsvertrag ist jederzeit möglich. Auch für 49
diese Form der einvernehmlichen Aufhebung ist allein der Aufsichtsrat zuständig. Bei der aus diesem
Anlass nicht selten erfolgenden Vereinbarung über die Erledigung aller wechselseitigen Ansprüche
(sog. **Generalquittung**) ist zu beachten, dass § 93 Abs. 4 Satz 3 AktG bestimmte Anforderungen an
einen Rechtsverzicht stellt (vgl. dazu § 93 AktG Rdn. 34). Bei Vereinbarung einer Generalquittung
kann zweifelhaft sein, ob damit auch **Ansprüche auf Karenzentschädigung** wegen eines Wettbewerbsverbots abgegolten sind; nach der Rspr. des BAG soll dies grundsätzlich der Fall sein (BAG,
Urt. v. 31.07.2002 – 10 AZR 513/01; NZA 2003, 100, 102).

§ 85 Bestellung durch das Gericht

(1) ¹Fehlt ein erforderliches Vorstandsmitglied, so hat in dringenden Fällen das Gericht auf Antrag eines Beteiligten das Mitglied zu bestellen. ²Gegen die Entscheidung ist die sofortige Beschwerde zulässig.

(2) Das Amt des gerichtlich bestellten Vorstandsmitglieds erlischt in jedem Fall, sobald der Mangel behoben ist.

(3) ¹Das gerichtlich bestellte Vorstandsmitglied hat Anspruch auf Ersatz angemessener barer Auslagen und auf Vergütung für seine Tätigkeit. ²Einigen sich das gerichtlich bestellte Vorstandsmitglied und die Gesellschaft nicht, so setzt das Gericht die Auslagen und die Vergütung fest. ³Gegen die Entscheidung ist die Beschwerde zulässig; die Rechtsbeschwerde ist ausgeschlossen. ⁴Aus der rechtskräftigen Entscheidung findet die Zwangsvollstreckung nach der Zivilprozeßordnung statt.

Übersicht	Rdn.		Rdn.
A. Regelungszweck	1	D. Rechtsstellung der bestellten Vorstands-	
B. Voraussetzungen	2	mitglieder	7
C. Verfahren	5		

A. Regelungszweck

Fehlen Vorstandsmitglieder, kann die Handlungsfähigkeit der AG beeinträchtigt sein, weil die AG 1
nur durch ihre Organe und insbesondere durch den Vorstand handeln kann. Der Beeinträchtigung
der Handlungsfähigkeit der Gesellschaft kann nach § 85 AktG durch eine gerichtliche Bestellung
eines fehlenden Vorstandsmitglieds entgegen gewirkt werden. Die gerichtliche Bestellung von Vorstandsmitgliedern ist in Übereinstimmung mit dem Rechtsgedanken des § 29 BGB für die Vorstandsbestellung im Vereinsrecht als **Notbestellungsrecht** konzipiert. Sie ist nur ausnahmsweise
möglich, wenn ein Vorstandsmitglied fehlt und ein dringender Fall gegeben ist (vgl. Rdn. 4). In
diesem die Handlungsfähigkeit der AG bedrohenden Fall ist der Eingriff in die grundsätzlich dem
Aufsichtsrat zugewiesene Bestellkompetenz zulässig.

B. Voraussetzungen

Die gerichtliche Bestellung setzt das Fehlen eines erforderlichen Vorstandsmitglieds voraus. Das 2
Fehlen eines Vorstandsmitglieds ist – wie sich aus § 105 Abs. 2 AktG ergibt – von dem **Fall der
Verhinderung** zu unterscheiden. Während verhindert – § 105 Abs. 2 AktG spricht von »behin-
dert« – ist, wer das Amt des Vorstands (vorübergehend) etwa wegen Krankheit, urlaubsbedingter

oder sonstiger Abwesenheit nicht ausüben kann (vgl. Erl. zu § 105 AktG), erfasst § 85 AktG die Situation, dass ein Vorstandsmitglied fehlt und damit die Fälle, in denen das Vorstandsamt dauerhaft nicht wahrgenommen werden kann. Dies ist der Fall, wenn ein Vorstandsmitglied verstorben ist, das Amt niedergelegt hat oder sein Amt durch Widerruf der Bestellung verloren hat.

3 **Erforderlich** ist das Vorstandsmitglied, wenn ohne das fehlende Mitglied die Handlungsfähigkeit der AG beeinträchtigt ist. Das ist zunächst der Fall, wenn die AG ohne das Vorstandsmitglied nicht vertreten werden kann; insofern kommt es auf die Vertretungsregeln der jeweiligen AG an (vgl. § 78 AktG Rdn. 7). Ebenso liegt es, wenn die Zahl der vorhandenen Vorstandsmitglieder Maßnahmen der Geschäftsführung in Ansehung der geltenden Geschäftsführungsregeln für die betroffene Gesellschaft (vgl. § 77 AktG Rdn. 4) nicht mehr beschließen können.

4 Weiterhin muss es **dringlich** sein, das fehlende erforderliche Vorstandsmitglied zu ersetzen. Ein solcher Fall ist gegeben, wenn der Aufsichtsrat nicht oder nicht schnell genug tätig wird und der AG bzw. ihren Aktionären, Gläubigern oder Mitarbeitern erhebliche Nachteile wegen der Handlungsunfähigkeit drohen. Ein solcher Dringlichkeitsfall wird nur ausnahmsweise gegeben sein, weil bei Fehlen eines Vorstandsmitglieds regelmäßig der Aufsichtsrat tätig werden kann. Häufigster Anwendungsfall werden deshalb die etwa infolge der Teilung Deutschlands entstanden sog. **Spaltgesellschaften** (vgl. *Brandes* WM 1984, 289). Bei ihnen wurde die gerichtliche Bestellung eines Vorstandsmitglieds erforderlich, um eine Hauptversammlung zur Beschlussfassung über die Wahl von Aufsichtsratsmitgliedern einberufen zu können, § 121 Abs. 2 AktG (BayObLG, Beschl. v. 03.02.1987 - BReg 3 Z 162/86; AG 1987, 210). Ein weiterer Dringlichkeitsfall wird im **Fehlen eines Arbeitsdirektors** in nach dem MitbestG mitbestimmten Gesellschaften gesehen (str.; wie hier *Hanau/Ulmer* MitbestG, § 37 Rn. 20).

C. Verfahren

5 Das Bestellungsverfahren richtet sich nach den §§ 1 bis 22a, 375. FamFG. Es wird vor dem örtlich zuständigen Amtsgericht des Gesellschaftssitzes geführt. **Antragsberechtigt** sind alle Beteiligten: Neben Vorstands- und Aufsichtsratsmitgliedern können dies auch Aktionäre und Dritte, die ein dringendes Interesse an der Bestellung haben, sein (KölnKomm AktG/*Mertens/Cahn* § 85 Rn. 9 ff.). Der Antrag ist schriftlich oder gem. § 11 FGG zur Protokoll der Geschäftsstelle des Amtsgerichts einzureichen. Der Richter entscheidet nach § 17 Nr. 2a RPflG **durch Beschluss**. Dieser wird mit Bekanntmachung an das gerichtlich bestellte Vorstandsmitglied wirksam (BGH, Urt. v. 16.06.1952 - IV ZR 131/51; Z 6, 232, 235 zur GmbH).

6 Nach § 85 Abs. 1 Satz 2 AktG kann der Beschluss mit dem Rechtsmittel der **Beschwerde** nach Maßgabe der §§ 58 ff. FamFG angegriffen werden.

D. Rechtsstellung der bestellten Vorstandsmitglieder

7 Das bestellte Vorstandsmitglied hat die Rechte und Pflichten eines Vorstandsmitglieds. Seine Vertretungsmacht richtet sich nach derjenigen des fehlenden Mitglieds. Das bestellende Gericht kann diese im Bestellungsbeschluss nicht beschränken, wohl aber die Geschäftsführungsbefugnis des Notvorstands (BayObLG, Urt. v. 06.12.1985 - BReg. 3 Z 116/85; ZIP 1986, 93, 95).

8 Das Amt des gerichtlich bestellten Vorstands endet, sobald der Mangel **behoben** ist, § 85 Abs. 2 AktG, sobald also der Aufsichtsrat ein neues Mitglied bestellt und dieses das Amt angenommen hat.

9 Nach § 85 Abs. 3 AktG hat das gerichtlich bestellte Vorstandsmitglied Anspruch auf **Ersatz angemessener Auslagen** und auf Vergütung gegen die Gesellschaft. Diese wird gegen die durch den Aufsichtsrat vertretenen (§ 112 AktG) Gesellschaft durch das Gericht festgesetzt. Einen Anspruch auf Abschluss eines Anstellungsvertrages hat das gerichtlich bestellte Vorstandsmitglied somit nicht.

§ 86
(weggefallen)

§ 87   Grundsätze für die Bezüge der Vorstandsmitglieder

(1) ¹Der Aufsichtsrat hat bei der Festsetzung der Gesamtbezüge des einzelnen Vorstandsmitglieds (Gehalt, Gewinnbeteiligungen, Aufwandsentschädigungen, Versicherungsentgelte, Provisionen, anreizorientierte Vergütungszusagen wie zum Beispiel Aktienbezugsrechte und Nebenleistungen jeder Art) dafür zu sorgen, daß diese in einem angemessenen Verhältnis zu den Aufgaben und Leistungen des Vorstandsmitglieds sowie und zur Lage der Gesellschaft stehen und die übliche Vergütung nicht ohne besondere Gründe übersteigen. ²Die Vergütungsstruktur ist bei börsennotierten Gesellschaften auf eine nachhaltige Unternehmensentwicklung auszurichten. ³Variable Vergütungsbestandteile sollen daher eine mehrjährige Bemessungsgrundlage haben; für außerordentliche Entwicklungen soll der Aufsichtsrat eine Begrenzungsmöglichkeit vereinbaren. ⁴Satz 1 gilt sinngemäß für Ruhegehalt, Hinterbliebenenbezüge und Leistungen verwandter Art.

(2) ¹Verschlechtert sich die Lage der Gesellschaft nach der Festsetzung so, daß die Weitergewährung der Bezüge nach Absatz 1 unbillig für die Gesellschaft wäre, so soll der Aufsichtsrat oder im Falle des § 85 Abs. 3 das Gericht auf Antrag des Aufsichtsrats die Bezüge auf die angemessene Höhe herabsetzen. ²Ruhegehalt, Hinterbliebenenbezüge und Leistungen verwandter Art können nur in den ersten drei Jahren nach Ausscheiden aus der Gesellschaft nach Satz 1 herabgesetzt werden. ³Durch eine Herabsetzung wird der Anstellungsvertrag im übrigen nicht berührt. ⁴Das Vorstandsmitglied kann jedoch seinen Anstellungsvertrag für den Schluß des nächsten Kalendervierteljahrs mit einer Kündigungsfrist von sechs Wochen kündigen.

(3) Wird über das Vermögen der Gesellschaft das Insolvenzverfahren eröffnet und kündigt der Insolvenzverwalter den Anstellungsvertrag eines Vorstandsmitglieds, so kann es Ersatz für den Schaden, der ihm durch die Aufhebung des Dienstverhältnisses entsteht, nur für zwei Jahre seit dem Ablauf des Dienstverhältnisses verlangen.

Übersicht

		Rdn.				Rdn.
A.	Regelungszweck und Übersicht	1		4.	Begrenzung bei außerordentlichen Entwicklungen	20
B.	Angemessenheit der Vorstandsbezüge, Abs. 1	4	III.	Rechtsfolgen		22
I.	Grundsätze	4	C.	Herabsetzung der Vorstandsbezüge, Abs. 2		23
II.	Kriterien	12				
	1. Aufgaben und Leistungen, Lage der Gesellschaft	14	D.	Vergütungsanspruch und Insolvenz der AG, Abs. 3		35
	2. Übliche Vergütung	15	E.	Offenlegung der Vergütung		36
	3. Verhaltensanreize zur nachhaltigen Unternehmensentwicklung	17				

A. Regelungszweck und Übersicht

Die Regelung bezweckte ihrem historischen Ursprung im AktG 1937 nach vor allem, eine spezifische Rechtsgrundlage für eine Herabsetzung von Vorstandsbezügen in der Krise des Unternehmens zu schaffen. Damit wurde die Herabsetzung von Bezügen unabhängig von den Voraussetzungen allgemeiner zivilrechtlicher Rechtsinstitute wie dem Wegfall der Geschäftsgrundlage möglich. Abs. 1 sah nach dieser Konzeption lediglich ergänzend ein Gebot der Angemessenheit der Gesamtbezüge des einzelnen Vorstandsmitglieds vor. In der Zwischenzeit und befördert vor allem durch die Reaktion auf die Finanz- und Wirtschaftskrise des Jahres 2009 mit dem Gesetz zur Angemessenheit der Vorstandsbezüge (VorstAG) v. 31.07.2009 (BGBl. I 2009, S. 2509) ist die Vorschrift in das Zentrum der gesetzgeberischen Maßnahmen gerückt, mit denen eine angemessene und auf das **Ziel einer nachhaltigen Unternehmensentwicklung** ausgerichtete Vorstandsvergütung gewährleistet werden soll (vgl. BT-Drucks. 16/12278, S. 5). Das damit verabschiedete Bündel an gesetzlichen Vorschriften dient zusammen mit der Begrenzung des Schadensersatzanspruchs des Vorstandsmitglieds in der Insolvenz der Gesellschaft dem Schutz insbesondere der Gesellschaft, aber auch ihrer Aktionäre, Gläubiger und ihrer Mitarbeiter vor übermäßigen Belastungen durch Vorstandsbezüge. Transparenzregeln zu Vorstandsbezügen finden sich nach dem Gesetz über die Offenlegung von Vorstandsvergütungen im HGB (vgl. Rdn. 32).

2 § 87 ist die Ankernorm der die Vergütungsvereinbarung für Vorstandsmitglieder betreffenden Rechtsregeln des Aktienrechts. Sie legt für den Aufsichtsrat die Leitplanken für eine rechtmäßige Bemessung der Vorstandsvergütung fest. Das Angemessenheitsgebot des Abs. 1 setzt den grundlegenden, privatautonome Gestaltungsfreiheit einschränkenden Maßstab, durch den der Aufsichtsrat bei der Vereinbarung der Gesamtbezüge des Vorstandsmitglieds gebunden, wenn auch nicht auf feste Vergütungsgrenzen verpflichtet ist. Ferner hat der Gesetzgeber des VorstAG durch ein Bündel materieller und verfahrensbezogener Regeln weitere gesetzliche Maßgaben für die rechtmäßige Festlegung der Vorstandsvergütung geschaffen. Dazu gehören die erläuternden Kriterien zur Ermittlung der Angemessenheit in § 87 Abs. 1, die Vergütungsbemessung unter Berücksichtigung von Verhaltensanreizen zur nachhaltigen Unternehmensentwicklung in § 87 Abs. 1 Satz 2 und 3, der Cap bei variabler Vergütung gem. § 87 Abs. 1 Satz 3, die Berücksichtigung eines obligatorischen Selbstbehalts bei der D & O-Versicherung für Vorstandsmitglieder gem. § 93 Abs. 2 Satz 3, die Entscheidungszuständigkeit des Aufsichtsratsplenums gem. § 107 Abs. 3 Satz 2, die Befugnis zur konsultativen Beschlussfassung der Hauptversammlung über das System der Vorstandsvergütung gem. § 120 Abs. 4 (sog. say on pay), verlängerte Haltefristen für Aktienoptionen gem. § 194 Abs. 2 Nr. 3 (dazu *Hohaus/Weber* DB 2009, 1515, 1517 ff.), die Erweiterung der Publizitätspflichten in §§ 285, 314 HGB und die Karenzzeit für den Wechsel vom Vorstand in den Aufsichtsrat gem. § 100 Abs. 2. Zu dem Regelungskonzept des Aktienrechts gehört ferner die durch das VorstAG gem. § 87 Abs. 2 erleichterte rechtliche Befugnis, die Bezüge des Vorstandsmitglieds nachträglich herabzusetzen.

3 Die Vorschrift schafft **keine umfassende gesetzliche Regelung der Vergütung für Führungskräfte und Angestellte** im Unternehmen; nach ihrem durchgängig auf Aktiengesellschaften und teilweise auf börsennotierte Gesellschaften begrenzten Geltungsbereich hat die Vorschrift des § 87 schon gar nicht den Charakter und Zweck einer umfassenden Vorschrift zur Beschränkung von Managervergütungen. Deswegen sind neben der Neufassung des § 87 flankierende Vorgaben in regulierten Branchen zu beachten (vgl. *Armbrüster* KSzW 2013, 10 ff.; *Annuß/Sammet* BB 2011, 115 ff.).

B. Angemessenheit der Vorstandsbezüge, Abs. 1

I. Grundsätze

4 Das Gebot der Angemessenheit der Vorstandsbezüge des Abs. 1 bezieht sich in Satz 1 auf die **Gesamtbezüge** des einzelnen Vorstandsmitglieds. Der Begriff der Gesamtbezüge erfasst die **Bezüge im engeren Sinn**, nämlich das Gehalt, Gewinnbeteiligungen, Aufwandsentschädigungen und Provisionen. Zu den Gesamtbezügen gehören nach der insoweit nunmehr klarstellenden ausdrücklichen Aufzählung in der Neufassung des Satz 1 durch das VorstAG »anreizorientierte Vergütungszusagen wie z. B. Aktienbezugsrechte und Nebenleistungen jeder Art«. Damit sind auch variable Vergütungen, Tantiemen, Gewinnbeteiligungen, Bezugsrechte und andere aktienbasierte Vergütungen und Sondervergütungen (insbes. Dienstfahrzeuge, Wohnrechte, Sachbezüge) in die Angemessenheitskontrolle einzubeziehen (*Hohenstatt* ZIP 2009, 1349 ff.). Bei der Zahlung von Prämien einer D & O-Versicherung handelt es sich um Fürsorgeaufwendungen und nicht um Vergütungen (*Kort* DStR 2006, 799; a. A. *Hüffer/Koch* AktG, § 87 Rn. 16; offen gelassen von BGH BB 2009, 1208 Tz. 23).

5 Das AktG enthält keine geschlossene oder gar abschließende Regelung für einzelne Vergütungsbestandteile und insbes. nicht für variable Vergütungen (MüKo AktG/*Spindler*, § 87 Rn. 9); wohl aber finden sich Vorgaben für einzelne **Vergütungselemente**. Ausdrücklich erwähnt in Abs. 1 Satz 1 werden Gehalt, Gewinnbeteiligungen, Aufwandsentschädigungen, Versicherungsentgelte, Provisionen, anreizorientierte Vergütungszusagen. Die Zulässigkeit von **Gewinnbeteiligungen** steht

wegen der Erwähnung im Gesetz grundsätzlich nicht in Zweifel steht. Nach Streichung von § 86 erfolgt ihre Beurteilung allein am Angemessenheitsmaßstab des Abs. 1. Während in der früheren Gesetzesfassung an den »Jahresgewinn« angeknüpft wurde und dieser sich wiederum auf den Jahresüberschuss beziehen sollte, sieht die geltende Fassung diese missverständliche Regelung nicht mehr vor und ermöglicht die Anknüpfung an andere Ergebnisgrößen (z. B. EBITDA). Andere Arten von Tantiemezahlungen werden in Abs. 1 nicht genannt. Deswegen gibt es für die Zulässigkeit etwa von Umsatz-, Mindest- oder Garantietantiemen keinen positivrechtlichen Beleg im AktG; die Vereinbarung solcher Vergütungsbestandteile wird deshalb verschiedentlich als Verstoß gegen die am Angemessenheitspostulat zu messende Sorgfaltspflicht des Aufsichtsrat angesehen (MünchHdb GesR IV/*Wiesner* § 21 Rn. 39; offen gelassen von BGH, Urt. v. 04.10.1976 – II ZR 204/74; WM 1976, 1226, 1227).

Zulässig sind die in Abs. 1 Satz 4 ausdrücklich erwähnten **Ruhegeldzusagen**. Die damit gewährte Leistung soll erbrachte und künftig erwartete Betriebstreue abgelten und hat der Sache Entgeltcharakter (BGH, Urt. v. 25.09.1989 - II ZR 259/88; Z 108, 330, 335 ff.). Für sie gelten nach § 17 Abs. 1 Satz 2 BetrAVG grundsätzlich die Regeln des im BetrAVG geregelten Unverfallbarkeitsschutzes, des Insolvenzschutzes und der Anpassungsverpflichtung. Deren Anwendbarkeit ist nach dem auch für Vorstandsmitglieder zwingenden § 17 Abs. 3 Satz 3 BetrAVG vertraglich nicht disponibel und setzt dem Gestaltungsspielraum Grenzen (näher *Bauer/Baeck* NZG 2010, 712). 6

Allgemein anerkannter und verbreitet eingesetzter Bestandteil der Vorstandsvergütung sind als Optionen gestaltete Bezugsrechte von Vorstandsmitgliedern, die zum Erwerb einer Aktie des Unternehmens zu einem bestimmten Preis zu einem bestimmten Zeitpunkt berechtigen (**Aktienoptionen, stock options**; vgl. dazu eingehend KölnKomm/*Mertens/Cahn*, § 87 Rn. 37 ff. Während die Hauptversammlung darüber zu beschließen hat, ob ein Aktienoptionsprogramm aufgelegt und welche Teile des Programms für Vorstandsmitglieder zur Verfügung stehen (§§ 193 Abs. 2 Nr. 4 AktG), hat der Aufsichtsrat darüber zu beschließen, ob und in welchem Umfang Bezugsrechte zum Bestandteil der Vorstandsvergütung gemacht werden; ebenso obliegt dem Aufsichtsrat die Auswahl der begünstigten Vorstandsmitglieder (OLG München AG 2003, 164, 165; *Hüffer* ZHR 161, 1997, 214, 232). Die Rechtsgrundlage eines Optionsrechts für ein Vorstandsmitglied bildet der zwischen dem Vorstandsmitglied und der Gesellschaft geschlossene Vertrag, hingegen nicht der Beschluss des Aufsichtsrats bzw. der Hauptversammlung (vgl. *Kallmeyer* AG 1999, 97, 98 f.). 7

Der Angemessenheitskontrolle unterworfen sind ferner Abfindungszahlungen im Rahmen von **Change of Control-Klauseln**. In ihnen wird geregelt, dass eine Vorstandsmitglied seine Vorstandstätigkeit bei einem Kontrollwechsel im Unternehmen beenden kann und für diesen Fall eine Abfindung erhält (*Dreher* AG 2002, 214, 216 f.). Solche Abfindungszahlungen sind nach h. M. grds. zulässig, müssen sich aber am Angemessenheitspostulat der Vorschrift des § 87 Abs. 1 AktG messen lassen (*Korts* BB 2009, 1876 ff.; *Kort* AG 2006, 106, 108; a. A. *Lutter* ZIP 2006, 733, 737). 8

Das Gesetz schreibt mit dem Angemessenheitsgebot **weder eine Mindestvergütung noch eine Obergrenze** für Vorstandsvergütungen vor. Die Schaffung eines kraft Gesetzes feststehenden, allein verbindlichen iustum pretium für die Vorstandsvergütung schwebte dem Gesetzgeber des § 87 AktG in der Fassung des VorstAG nicht vor. Eine feste Grenze insbesondere für variable Gratifikationen hat der deutsche Gesetzgeber bisher nicht eingeführt; in Nr. 4.2.3 DCGK wird nur empfohlen, sowohl fixe als auch variable Bestandteile zu vereinbaren (*Deilmann/Otte* GWR 2009, 161). Wegen des Angemessenheitspostulats ist die Festlegung der Vergütungshöhe aber auch nicht dem freien Belieben des Aufsichtsrats überantwortet. Im Hinblick auf die Maßgeblichkeit der Einzelfallumstände zwingt weder eine schlechte wirtschaftliche Lage der Gesellschaft zur Vereinbarung niedriger Bezüge, wenn eine zur Unternehmenssanierung geeignete Person nur zu höheren Bezügen gefunden werden kann (*Hoffmann-Becking* NZG 1999, 797), noch erlaubt eine gute geschäftliche Lage, Vergütungsgeschenke an den Vorstand aus dem Unternehmensvermögen zu tätigen. 9

In der unternehmerischen Praxis hatte das Angemessenheitskriterium des § 87 Abs. 1 AktG in der Vergangenheit wenig Aufmerksamkeit gefunden. Der in freien Verhandlungen zwischen dem Vor- 10 standsmitglied und dem Aufsichtsrat nach § 112 AktG geschlossenen Anstellungsvertrag wurde als ein auf ausgewogener Äquivalenzgrundlage geschlossener Vertrag angesehen, der die privatautonome Richtigkeitsgewähr bilateral entfalteter Privatautonomie für sich beanspruchen konnte; gerichtliche Konkretisierungen des Angemessenheitsmaßstabs wurden für nicht erforderlich angesehen (vgl. nur *Thüsing* ZGR 2003, 457, 505; *Körner* NJW 2004, 2697). Im Zuge der gerichtlichen Auseinandersetzung um die Beurteilung von nachträglich gewährten Sonderprämien (sog. **kompensationslose Anerkennungsprämien** oder »appreciation awards«) im Mannesverfahren und der dazu ergangenen Rechtsprechung des BGH (Urt. v. 21.12.2005 – 3 Str 470/04; AG 2006, 110 – Mannesmann) hat dann aber das Angemessenheitskriterium zentrale Bedeutung erlangt. Der BGH hat im Mannesmann-Urteil entschieden, dass der Aufsichtsrat beim Abschluss des Anstellungsvertrages mit den Mitgliedern des Vorstands nicht über eine unbegrenzte autonome Entscheidungsfreiheit verfügt; er agiert als treuhänderisch gebundener Verwalter des Vermögens der Aktionäre und sei deshalb verpflichtet, (§§ 116, 93 AktG), mit dem unternehmerisch gebundenen Vermögen der Gesellschaft wie ein gewissenhaft handelnder, unabhängiger Geschäftsleiter umzugehen. Bei der Gewährung von Sonderzahlungen differenziert der BGH zwischen Vergütungen, die auf einer dienstvertraglichen Vereinbarung beruhen, und solchen, die ohne vertragliche Grundlage im Nachhinein gewährt werden. Während der Aufsichtsrat im ersten Fall einen Ermessensspielraum hat, der durch das Angemessenheitskriterium des § 87 AktG begrenzt wird, kann im zweiten Fall eine nachträgliche Gewährung zusätzlicher Vergütung, auf die kein Rechtsanspruch besteht, allenfalls unter zwei Voraussetzungen in Betracht kommen: (1) Dem Unternehmen müssen durch die zusätzliche Zahlung Vorteile zufließen und (2) die Zahlung muss in einem angemessenen Verhältnis zu der damit verbundenen Minderung des Gesellschaftsvermögens stehen (BGH AG 2006, 110, 111 f. – Mannesmann). Eine **dienstvertraglich nicht begründete Sonderzahlung**, die ausschließlich belohnenden Charakter hat, ohne dem Unternehmen einen »zukunftsbezogenen Nutzen« zu bringen, stellt danach eine unzulässige Verschwendung fremden Vermögens dar. Das Urteil basiert auf dem Grundgedanken, dass ein gesellschaftsbezogener Grund, eine angemessene vertragliche Vergütungsvereinbarung im Nachhinein zum Nachteil des Unternehmens aufzustocken, nicht zu erkennen sei (zustimmend *Säcker* BB 2006, 897, 901; *Fleischer* DB 2006, 542; krit. *Hoffmann-Becking* NZG 2006, 127, 129; *Kort* NZG 2006, 131; *Rasiek* NJW 2006, 814). Für über das vertragliche Entgelt hinausgehende erfolgsorientierte Zahlungen werden nach dieser Rechtsprechung anstellungsvertragliche Öffnungsklauseln von Bedeutung sein (vgl. *Bauer/Arnold* DB 2006, 546; *Lutter* ZIP 2006, 733, 737). Auch solche Öffnungsklauseln unterliegen allerdings der Angemessenheitskontrolle mit der Folge, dass sie nur dann dem Angemessenheitstest standhalten, wenn die vertragliche Vergütungsabrede im Übrigen keine am Unternehmenserfolg oder an bestimmten Zielvereinbarungen ausgerichtete variablen Vergütungsbestandteile enthält. Bei Vorhandensein erfolgsorientierter Vergütungsregelungen können nachbessernde Sonderzahlungen regelmäßig nicht als angemessen angesehen werden (*Säcker* BB 2006, 897, 903 ff.).

11 Neben den Grundsätzen des Mannesmann-Urteils haben die im Zuge der Finanz- und Wirtschaftskrise neuerlich kritisierten Fehlentwicklungen einer Praxis von als maßlos und unverdient empfundenen Managervergütungen den Gesetzgeber bewogen, insbesondere das Angemessenheitspostulat § 87 Abs. 1 AktG gesetzlich zu konkretisieren und zu verschärfen (vgl. *van Kann/Keiluweit* DStR 2009, 1587). Die Neuregelungen gelten nicht für die noch unter der vormaligen Rechtslage vereinbarten Vorstandsvergütungen. Nach dem **zeitlichen Geltungsbereich** der Neuregelung werden die seit dem Tag des Inkrafttretens der Neuregelung am 05.08.2009 (Art. 6 VorstAG) geschlossenen Vergütungsvereinbarungen erfasst. Eine Übergangsregelung besteht insofern nicht (BT-Drucks. 16/13433, S. 16).

II. Kriterien

12 Allgemein gültige Konkretisierungen des Angemessenheitsgebots sind kaum möglich. Als rechtsverbindlicher genereller Maßstab taugen insbes. die Festlegung objektiver Bemessungselemente, Prüfraster oder erst recht absolute Obergrenzen nicht (*Fleischer* DStR 2005, 1279, 1281 ff.). Das Gesetz sieht in Abs. 1 durchaus planvoll keine Regelung vor, mit der eine absolute Höhe der Vergütung

geregelt werden soll; vielmehr setzt das Angemessenheitspostulat einen Verhältnismäßigkeitsmaßstab, nach dem die angemessene Vergütung im Wege einer wertenden Beurteilung im Einzelfall gefunden werden muss. Die Festlegung der Vorstandsvergütung beruht auf einer unternehmerischen Entscheidung des Aufsichtsrats, die nach der sog. business judgement rule der §§ 93 Abs. 1 Satz 2, 116 AktG zu beurteilen ist.

Für börsennotierte Gesellschaften kann die Hauptversammlung ein System zur Vorstandsvergütung beschließen, § 120 Abs. 4 Satz 1. In der Kodexnovelle 2013 wurde der DCGK um eine Reihe von Empfehlungen (vertikaler Vergütungsvergleich, betragsmäßige Höchstgrenzen, Niveau von Versorgungszusagen; Vorgaben zum gesetzlichen Vergütungsbericht) ergänzt (*dazu Stoll* NZG 2014, 48). Im Übrigen ist nicht geklärt, ob in der Satzung Vorgaben für die Angemessenheit der Vorstandsbezüge geregelt werden dürfen. Solche laufen Gefahr, die Personalhoheit des Aufsichtsrats (vgl. § 84 AktG Rdn. 1) zu beschränken und sind dann – etwa bei der Fixierung von Vergütungsobergrenzen – mit dem Grundsatz der Satzungsstrenge des § 23 Abs. 5 AktG unvereinbar (Henze/Hoffmann-Becking/*Dreher* Rn. 203, 214; vgl. auch *Körner* NJW 2004, 2697, 2701). 13

1. Aufgaben und Leistungen, Lage der Gesellschaft

Das Gesetz nennt mit den Aufgaben und Leistungen des Vorstandsmitglieds sowie der Lage der Gesellschaft die drei zentralen Bezugspunkte für die Beurteilung der Angemessenheit der Vorstandsbezüge. In der Rechtsprechung ist anerkannt, dass die Angemessenheitsprüfung in Anwendung dieser Maßstäbe eine umfassende Würdigung aller Umstände erfordert. Zu ihnen gehören die Art, Größe und Leistungsfähigkeit des Betriebes sowie das Alter, die Ausbildung, die Berufserfahrung und die Fähigkeiten der Person (BGH, Urt. v. 14.05.1990 - II ZR 126/89; Z 111, 224, 228 – zur GmbH). Der Bezug zu den Vorstandsaufgaben lässt unbeschadet der Gleichberechtigung aller Vorstandsmitglieder Abstufungen zwischen den Mitgliedern eines mehrgliedrigen Vorstands zu (*Fleischer* NZG 2009, 801; *Gaul/Janz* NZA 2009, 809, 810). Funktions- und Ressortunterschiede lassen unterschiedlich bemessene Vergütungsregelungen mit dem Vorstandsmitglied und hervorgehobenen Ressortverantwortlichen zu. Das Kriterium der Leistungsbezogenheit der Vergütung verlangt grundsätzlich – entsprechend der Regelung in Nr. 4.2.2. DCGK – eine Leistungsbeurteilung. Besonders bei neu bestellten Vorständen, bei denen die Leistungsbeurteilung anfänglich auf Schwierigkeiten stößt, erweist sich das Kriterium der Leistungsbezogenheit als Erfordernis, einen nicht unerheblichen Teil der Vergütung variabel auszugestalten und insofern an der persönlichen Leistung des Vorstandsmitglieds zu orientieren. Ungeachtet des enger gefassten Wortlauts der Regelung (»des Vorstandsmitglieds«) wird eine Ausrichtung an der Leistung des gesamten Vorstands für zulässig erachtet (vgl. *Hohenstatt* ZIP 2009, 1349, 1350; zurückhaltender *Fleischer* NZG 2009, 801, 802). Eine bestimmte quotale Aufteilung von fester und variabler Vergütung sieht das Gesetz nicht vor. Der Gesetzgeber des VorstAG hat damit dem Aufsichtsrat die Verantwortung belassen, durch das Ausmaß und die Gestaltung der festen und variablen Vergütungsanteile die Hebelwirkung des Geschäftsverlaufs für die Vergütungshöhe angemessen zu steuern. Die Berücksichtigung der Lage der Gesellschaft muss im Hinblick auf die besondere Verantwortung und die besonderen Aufgaben des Vorstandsmitglieds auch in der Krise nicht notwendig zu einer unterdurchschnittlich niedrigen Bemessung der Vergütung führen (OLG Karlsruhe, Urt. v. 21.11.2011 -U 18/11; NZG 2012, 299). Ziel- und Leistungsvereinbarungen, die der Aufsichtsrat mit dem Vorstand schließt, können in Konflikt mit dem Grundsatz der Leitungsautonomie des Vorstands geraten und sind unzulässig, wenn sie dem Aufsichtsrat mittelbar ein Weisungsrecht gegenüber dem Vorstand eröffnen (*Fonk* NZG 2011, 321). 14

2. Übliche Vergütung

Die übliche Vergütung darf nicht ohne besondere Gründe überschritten werden, Abs. 1 Satz 1. Der Üblichkeitsmaßstab erfordert nach der Gesetzesbegründung sowohl einen **horizontalen Vergleich** unter Berücksichtigung insbesondere der Branche und der Unternehmensgröße sowie einen **vertikalen Vergleich** im Lohn- und Gehaltsgefüge des jeweiligen Unternehmens (vgl. Begr. RegE 15

VorstAG, BT-Drucks. 16/12278, S. 6). Spannungen zwischen den beiden Referenzgrößen sind zugunsten der horizontalen Vergleichsdaten aufzulösen (*Fleischer* NZG 2009, 802). Verteilungspolitisch motivierte Formeln, wie die Begrenzung der Vorstandsvergütung auf das vielfache der Vergütung eines Facharbeiters, haben im Gesetz keinen Niederschlag gefunden; für eine vertikale Vergütungshöhenkontrolle fehlen rechtsverbindliche Anhaltspunkte. Der Üblichkeitsmaßstab wird deshalb in erster Linie durch einen Horizontalvergleich unter Berücksichtigung von Branche und Unternehmensgröße bewerkstelligt werden. Die Einholung externen Sachverstands ist dafür nicht vorgeschrieben, mag aber für den Aufsichtsrat hilfreich und aus forensischer Sicht angeraten sein. Ein Vergleich mit Vorstandsvergütungen im Ausland wurde im Gesetzgebungsverfahren mit der Erwägung für nicht geboten erachtet, eine solche Anforderung übersteige den Geltungsbereich des Gesetzes (BT-Drucks. 16/13433, S. 15). Auf grenzüberschreitenden Führungskräftemärkten kann eine solche Beschränkung des horizontalen Üblichkeitsvergleichs im Einzelfall allerdings zu verfehlten Ergebnissen führen (*Hohenstatt* ZIP 2009, 1349, 1351).

16 **Abweichungen von der üblichen Vergütungshöhe** sind möglich, weil in Anbetracht nicht effizient funktionierender Märkte für Führungskräfte (*Thüsing* AG 2009, 517, 518) das Übliche nicht stets angemessen sein muss (BT-Drucks. 16/13433, S. 15). Zur Rechtfertigung eines Abweichens vom üblichen Vergütungsniveau sind aber nach § 87 Abs. 1 Satz 1 besondere Gründe erforderlich. Besondere Leistungen oder Aufgaben des Vorstandsmitglieds können ebenso berücksichtigt werden wie eine besondere Lage der Gesellschaft (z. B. Sanierungsfall).

3. Verhaltensanreize zur nachhaltigen Unternehmensentwicklung

17 Nach den Erfahrungen aus der Finanz- und Wirtschaftskrise 2009 verarbeitenden Neuregelung durch das VorstAG verlangt der Gesetzgeber in § 87 Abs. 1 Satz 2, dass die »Vergütungsstruktur auf eine nachhaltige Unternehmensentwicklung auszurichten« ist. Die Regelung gilt ausdrücklich nur für börsennotierte Gesellschaften und ist deshalb für sonstige Rechtsformen auch dann nicht anwendbar, wenn diese Gesellschaften einen Aufsichtsrat haben oder dem Mitbestimmungsrecht unterliegen. Von einer umfassenderen Regelung des Anwendungsbereichs hat der Gesetzgeber bewusst abgesehen, weil andernfalls »Fragen zum Verhältnis zur GmbH und den Personengesellschaften aufgeworfen würden und man es den Eigentümern überlassen kann, die richtigen Instrumente zu finden« (BT-Drucks. 16/13433, S. 16). Allerdings wird in den Gesetzesmaterialien empfohlen, die Nachhaltigkeitsmaxime freiwillig in nichtbörsennotierten Gesellschaften zu berücksichtigen (BT-Drucks. 16/13433, S. 16). Ob sich angesichts der unklaren Tatbestandskonturen konkrete Handlungsmaximen aus der Vorschrift ableiten lassen, wird nicht ohne Grund in Zweifel gezogen (vgl. exemplarisch *Mertens* AG 2011, 57).

18 Die Ausgestaltung der langfristigen Vergütungsbestandteile hat der Gesetzgeber dem Aufsichtsrat überlassen. In Betracht kommen sowohl Bonus-Malus-Systeme (vgl. dazu *Wettich* AG 2013, 374), Performancebetrachtungen über die gesamte Laufzeit des Anstellungsvertrages und ein Aufschieben der Auszahlung (BT-Drucks. 16/13433, S. 16). Variable Vergütungsbestandteile müssen nach der Gesetzesbegründung auch an negativen Entwicklungen im Unternehmen teilnehmen (BT-Drucks. 16/13433, S. 16; *Deilmann/Otte* GWR 2009, 261). Anreize für eine nachhaltige Unternehmensentwicklung können insbes. durch langfristig wirksame, leistungsabhängige und damit variable Elemente der Vergütungsvereinbarung gesetzt werden (*Fleischer* ZGR 2009, 802 f.). Die maßgeblichen Kennzahlen für Gratifikationen und Boni sollen sich danach nicht auf einen bestimmten kurzfristigen Stichtag beziehen, sondern eine Belohnung für langfristige, über mehrere Jahre andauernde und womöglich kontinuierliche Entwicklungsarbeit des Vorstands darstellen. Deshalb sollen gem. § 87 Abs. 1 Satz 3 AktG variable Vergütungsbestandteile eine »mehrjährige Bemessungsgrundlage« haben. Die gesetzliche Regelung sieht in Satz 2 eine Verpflichtung zur Ausrichtung der Vergütungsstruktur an der nachhaltigen Unternehmensentwicklung vor; sie verpflichtet aber nicht zu Einführung variabler Vergütungsbestandteile (*Thüsing* AG 2009, 517, 519). Sieht die Vergütungsregelung variable Bestandteile vor, so besteht eine Verpflichtung (»sollen«), eine mehrjährige Bemessungsgrundlage zu schaffen.

Kurzfristige ausgerichtete Bonuszahlungen, namentlich **Jahresboni** sind deswegen nicht schlechthin 19
unzulässig. Entsprechendes gilt für Prämien, die dazu dienen, einen Vorstandsmitglied überhaupt
für das Unternehmen zu gewinnen, dieses zu halten oder auch zur Vertragsbeendigung (**Antritts-,
Halte- oder Beendigungsprämien**) zu motivieren. Der Gesetzgeber, der den Aufsichtsrat allgemein zur Beachtung des Nachhaltigkeitsgebots verpflichtet, die Langfristorientierung aber nur für
variable Vergütungsbestandteile vorsieht, diese aber an die gestaltungsoffenere Sollensformel bindet, hält solche Vergütungsregelungen somit grds. für zulässig, unterwirft sie aber gem. § 87 Abs. 1
einem besonderen Rechtfertigungsdruck. Ihr Beitrag zur nachhaltigen Unternehmensentwicklung
ist vom Aufsichtsrat im Einzelfall besonders zu prüfen und zu begründen. Dem Aufsichtsrat steht
es frei, mit der Festlegung der Vergütungsstruktur eine von ihm angestrebte nachhaltige Unternehmensentwicklung zu verfolgen; dabei ist der Bezugspunkt der Nachhaltigkeitsverpflichtung
nicht mit dem der Nr. 4.1.1. DCGK identisch, der den Vorstand zur »Steigerung des nachhaltigen
Unternehmenswertes verpflichtet«. Eine strategische Neuausrichtung des Unternehmens ist dem
Aufsichtsrat ebenso möglich wie die Verfolgung des Ziels einer Steigerung der Innovationsfähigkeit
oder der Ertragskraft.

4. Begrenzung bei außerordentlichen Entwicklungen

Für »außerordentliche Entwicklungen« soll der Aufsichtsrat von börsennotierten Gesellschaften 20
eine Begrenzungsmöglichkeit vereinbaren. Dieser Cap ist nach der Gesetzesbegründung konzipiert
für variable Vergütungsbestandteile (BT-Drucks. 16/13433, S. 16). Die Bezugnahme auf die insofern relevanten Parameter kann vor allem in Fällen als unangemessen erscheinen, in denen die
Parameterentwicklung nicht durch die Leistung des Vorstandsmitglieds, sondern durch andere,
sog. außerordentliche Entwicklungen beeinflusst wird. Dazu gehören insbes. Unternehmensübernahmen, die Veräußerungen von Unternehmensteilen, die Hebung stiller Reserven und sonstige
externe Einflüsse (BT-Drucks. 16/13433, S. 16). Das Tatbestandsmerkmal des außerordentlichen
Ereignisses wurde im Gesetzestext des § 87 Abs. 1 Satz 3 Halbs. 2 AktG nicht definiert oder präzisiert: Nach dem Sinn und Zweck der Regelung liegt eine außerordentliche Entwicklung vor allem
dann vor, wenn das entwicklungsbegründende Ereignis zu einem spürbaren Anstieg der Vergütung
des Vorstandsmitglieds führt, ohne dass dieser Anstieg auf eine ereigniskausale Leistung dieses
Vorstandsmitglieds zurückzuführen ist (*Hohenstatt* ZIP 2009, 1349, 1351 f.). Anders als Nr. 4.2.3
DCGK kommt es nicht darauf an, ob die außerordentliche Entwicklung unvorhersehbar war; auch
für vorhersehbare außerordentliche Entwicklungen soll der Aufsichtsrat einen Cap vorsehen.

Die Begrenzungsmöglichkeit »soll« vereinbart werden. Damit sieht Abs. 1 Satz 3 Halbs. 2 eine Regel- 21
vorgabe vor, von der der Aufsichtsrat allenfalls unter besonderen Bedingungen abweichen darf.

III. Rechtsfolgen

Verstöße gegen Abs. 1 haben nicht die (Teil-) Nichtigkeit des Anstellungsvertrages zur Folge. Der 22
Anstellungsvertrag ist vielmehr trotz unangemessen hoher Vergütungsabreden wirksam. Allenfalls
unter besonderen Umständen kommt ein Verstoß gegen § 138 BGB und damit die Nichtigkeit in
Betracht (MüKo AktG/*Hefermehl/Spindler* § 84 Rn. 25). Sanktioniert ist die Vereinbarung überhöhter Vergütungsleistungen an den Vorstand durch eine Schadensersatzpflicht des Aufsichtsrats
nach §§ 116, 93 Abs. 2 AktG (*Spindler* DStR 2004, 36, 42). Diese hergebrachte Rechtslage ist
zunehmend Bedenken ausgesetzt. Geltend gemacht wird, die Vergütungsabrede sei bei Verstoß
gegen § 87 Abs. 1 als ein Verstoß gegen ein gesetzliches Verbot (§ 134 BGB) nichtig (vgl. z. B.
Säcker/Stenzel JZ 2006, 1151, 1152 ff.; dagegen *Marsch-Barner* in FS Röhricht 2005, 401, 403).
Nach anderer Auffassung verstoße das Vorstandsmitglied gegen § 93 Abs. 2, wenn es sich überhöhte
Bezüge versprechen lässt (*Lutter* ZIP 2006, 733, 735; dagegen *Fleischer* DStR 2005, 1318, 1322).
Ferner wird ein Missbrauch der Vertretungsmacht des Aufsichtsrats bei der Vereinbarung unangemessener Vorstandsbezüge mit einem die Unangemessenheit erkennenden Vorstandsmitglied
geltend gemacht (*Martens* ZHR 169, 2005, 124, 135). Angesichts der rechtspolitischen Diskussion

um die Angemessenheit von Vorstandsbezügen ist zu erwarten, dass solchen Bedenken zukünftig vermehrt Aufmerksamkeit zuteil wird.

C. Herabsetzung der Vorstandsbezüge, Abs. 2

23 Abs. 2 Satz 1 berechtigt dazu, in Einschränkung des Grundsatzes pacta sunt servanda die Gesamtbezüge einzelner Vorstandsmitglieder herabzusetzen. Diese Befugnis, die eine bereichsspezifische Ausprägung der Geschäftsgrundlagenstörung i. S. d. § 313 BGB darstellt (*Klöhn* ZGR 2012, 1; *Diller* NZG 2009, 1006) ist nach der durch das VorstAG geänderten Gesetzeslage an die Voraussetzung geknüpft, dass sich die Lage der Gesellschaft verschlechtert, sodass die Weitergeltung der bisherigen Vorstandsbezüge unbillig für die Gesellschaft wäre. Damit sollte vor allem (vgl. näher *Wittuhn/Hamann* ZGR 2009, 847 ff.) eine Erleichterung im Vergleich zu den bisher geltenden Maßstäben für eine Herabsetzung eingeführt werden (BT-Drucks. 16/12278, S. 1): Zum einen kommt es nicht mehr auf eine wesentliche Verschlechterung, sondern nur noch auf eine Verschlechterung der Lage der Gesellschaft an; zum anderen muss die Verschlechterung der Lage der Gesellschaft nicht mehr – wie nach bisheriger Rechtslage – das Ausmaß einer schweren Unbilligkeit, sondern nur das einer Unbilligkeit erreichen (vgl. näher *Oetker* ZHR 175, 2011, 527 ff.; *Paschke* FS Reuter 2010, 1107 ff.; *Weller* NZG 2010, 7 ff.). Die Vorschrift gilt nicht nur für börsennotierte Gesellschaften (*Klöhn* ZGR 2012, 1, 33).

24 Eine **Verschlechterung der Lage der Gesellschaft** liegt stets im Fall der Insolvenz oder im Fall der unmittelbar Krise vor (BT-Drucks. 16/12278, S. 7). Unterhalb dieser Herabsetzungsschwelle soll nach den Gesetzesmaterialien schon ausreichend sein, dass die Gesellschaft Entlassungen oder Lohnkürzungen vornehmen muss und keine Gewinne mehr ausschütten kann (BT-Drucks. 16/12278, S. 7). Die Verfassungsmäßigkeit eines solchen Auslegung wird allerdings im Hinblick darauf angezweifelt, dass kein rechtsstaatlich nachvollziehbarer sachlicher Zusammenhang zwischen der Vorstandsvergütung und etwaigen Entlassungen oder Lohnkürzungen bestehe (*Thüsing* AG 2009, 517, 522 f.). Die Voraussetzung der Krisensituation wird wegen des Verzichts auf das Merkmal der Wesentlichkeit nach dem geltenden Gesetzeswortlaut letztlich erst durch den Regelungszusammenhang mit dem weiteren Merkmal der Unbilligkeit der Weitergewährung der Vorstandsvergütung geprägt. Dieser verlangt, dass die Verschlechterung der Lage der Gesellschaft auch weiterhin eine gewisse Schwere aufweisen muss (*Koch* WM 2010, 50, 51).

25 **Unbillig** soll die Weitergewährung der vereinbarten Bezüge dann sein, wenn entweder der Vorstand pflichtwidrig gehandelt hat oder die Verschlechterung der Lage der Gesellschaft in die Zeit seiner Vorstandsverantwortung fällt und ihm zurechenbar ist (BT-Drucks. 16/12278, S. 7). Diese Gesetzesauslegung erscheint deswegen zweifelhaft, weil damit ein Bezug zur persönlichen Leistung des Vorstandsmitglieds hergestellt würde, der in den gesetzlichen Kriterien gerade keinen Anhaltspunkt findet; diese nehmen auf die Gesellschaft und nicht auf das Vorstandsmitglied Bezug (*Hohenstatt* ZIP 2009, 1350, 1352).

26 Die Unbilligkeit ist zunächst in den Fällen gegeben, in denen eine unmittelbar existenzbedrohende Krise besteht, in denen also eine Insolvenz bzw. eine solche Situation gegeben ist, in der sich die Gesellschaft mit an Sicherheit grenzender Wahrscheinlichkeit in der unmittelbar bevorstehenden Zukunft in einer objektiven realen Notlage befindet, die ihre wirtschaftliche Existenz gefährdet (*Koch* WM 2010, 53; *Bauder* BB 1993, 369, 370). Eine solche Situation kann bilanziell indiziert sein, wenn das Grundkapital in nennenswertem Umfang nicht mehr durch das Gesellschaftsvermögen gedeckt ist und nach dem Geschäftsverlauf nicht zu erwarten ist, dass die Unterdeckung behoben werden kann bzw. dem Unternehmen kein Kredit mehr zu marktüblichen Konditionen zur Verfügung gestellt wird (*Bauder* BB 1993, 370). Ebenso kann die Situation zu beurteilen sein, wenn das Unternehmen in einer akuten wirtschaftliche Notsituation staatliche Finanzierungshilfen bzw. Hilfen aus einem Einlagensicherungsfonds in Anspruch nimmt (vgl. *Koch* WM 2010, 53 mit Hinweis auf § 5 FMStFVO). Zweifelhaft ist dagegen, ob es ausreicht, dass die Gesellschaft Entlassungen oder Lohnkürzungen vornehmen muss oder aber keine Gewinne mehr ausschütten kann (so BT-Drucks. 16/12287, S. 6). Entlassungen und Lohnkürzungen sind keine verlässlichen Indi-

zien für die Unbilligkeit einer Weitergewährung der vereinbarten Vorstandsvergütung wegen einer krisenhaft verschlechterten Lage der Gesellschaft; allenfalls in der Kombination der Merkmale mit einer ausbleibenden Gewinnauszahlung können hinreichende Indikatoren für eine Herabsetzungslage vorliegen (*Diller* NZG 2009, 1006; *Gaul/Janz* NZA 2009, 809, 811 f.); die Thesaurierung von Gewinnen kann aber aus anderen Gründen im Unternehmensinteresse liegen (*Koch* WM 2010, 54).

Nicht gesichert ist, ob ein bestimmter **Zurechnungszusammenhang** zwischen der Lage der Gesellschaft und dem Vorstandshandeln bestehen muss. Die Herabsetzung der Vorstandsbezüge kommt in erster Linie dann in Betracht sein, wenn der Vorstand pflichtwidrig gehandelt hat und sich deswegen die Lage der Gesellschaft verschlechtert hat. Nach der Regierungsbegründung kommt eine Herabsetzung ferner in Betracht, wenn dem Vorstand kein pflichtwidriges Verhalten vorzuwerfen ist, »die Verschlechterung der Lage der Gesellschaft jedoch in die Zeit seiner Vorstandsverantwortung fällt und ihm zurechenbar ist« (BT-Drucks. 16/12278, S. 6). Neben dem zeitlichen Zusammenhang von Unternehmenskrise und Vorstandshandeln wird durch diese Formulierung ein kausaler Zurechnungszusammenhang zum Vorstandshandeln verlangt. Nach dem so geäußerten Willen des Gesetzgebers käme eine Herabsetzung der Vorstandsbezüge bei rein externen, nicht dem Vorstandshandeln zurechenbaren Krisenursachen nicht in Betracht (*Gaul/Janz* NZA 2009, 809, 812; *DIHK* NZG 2009, 538, 539; vgl. a. *Seibert* FS Hüffer, 2009, 953, 962). Im Wortlaut des Abs. 2 hat dieses Zurechnungserfordernis allerdings keine erkennbare Andeutung gefunden; deshalb wird in Fortführung der bisherigen Rechtslage und mit Blick auf das grundsätzliche Regelungsanliegen des Gesetzgebers, die Herabsetzungsmöglichkeiten zu erleichtern (vgl. oben Rdn. 23), davon auszugehen sein, dass die Herabsetzungsregelung neben der Zeitkomponente keinen spezifischen Zurechnungszusammenhang zum Vorstandshandeln verlangt (*Koch* WM 2010, 54 f.). 27

Die Herabsetzung soll »**auf die angemessene Höhe**« erfolgen. Während nach bisheriger Rechtslage eine »angemessene Herabsetzung« zu erfolgen hatte, verlangt die Regelung nunmehr eine Prüfung der Angemessenheit der Vorstandsvergütung anhand der Kriterien des Abs. 1 und deren Neufestsetzung unter Berücksichtigung der verschlechterten Lage der Gesellschaft. Damit ist für die Herabsetzungsentscheidung nach Abs. 2 ein Evaluation sowohl der persönlichen Leistung des Vorstands als auch eine Prüfung der Angemessenheit der Bezüge im Hinblick auf die Lage der Gesellschaft erforderlich. Damit sind in Durchbrechung des Grundsatzes, dass Vorstandsmitglieder gleich zu belasten sind, Differenzierungen zulasten einzelner Vorstandsmitglieder möglich (*Hohenstatt* ZIP 2009, 1349, 1353; a. A. *Diller* NZG 2009, 1006, 1008). Zur Angemessenheit der Höhe der Bezüge gehört bei der Herabsetzung, dass das in der Gesellschaft bestehende Gehaltsgefüge berücksichtigt wird; die Vergütung der leitenden Angestellten bildet – wie bisher – eine Schranke für den Umfang der Herabsetzung (*Koch* WM 2010, 57; vgl. a. OLG Düsseldorf, Urt. v. 17.11.2003 - 15 U 225/02; ZIP 2004, 1850, 1855). 28

Der Aufsichtsrat »**soll**« nach Maßgabe der Regelung die Herabsetzung der Vergütung vornehmen. Diese ermessenslenkende Signalwirkung der Regelung, erlaubt dem Aufsichtsrat allenfalls bei Vorliegen besonderer Umstände von der Herabsetzung abzusehen; dies entspricht den schon vor Inkrafttreten des VorstAG anerkannten Grundsätzen der ARAG/Garmenbeck-Entscheidung des BGH (BGH, Urt. v. 21.04.1997 – II ZR 175/95; Z 135, 244; vgl. *Wittuhn/Hamann* ZGR 2009, 847, 864). Hinsichtlich der Voraussetzungen der Herabsetzungsregel bringt die Sollensformel zum Ausdruck, dass dem Aufsichtsrat keine Einschätzungsprärogative bei der Auslegung des unbestimmten Rechtsbegriffs der Unbilligkeit der Fortzahlung der vereinbarten Bezüge zur Verfügung steht. Ein gerichtliche nicht überprüfbarer Beurteilungsspielraum etwa in Anlehnung an die business judgement rule (so i. E. *Wagner/Wittgens* BB 2009, 906, 910; *Bayer* FS K. Schmidt, 2009, 85, 92) ist bei einer solchermaßen gesetzlich gebundenen Entscheidung des Aufsichtsrats nicht anzuerkennen. Ein Beurteilungsspielraum wird dem Aufsichtsrats dagegen bei der Frage zuerkannt, auf welchen Betrag die Vergütung herabzusetzen ist (*Koch* WM 2010, 55 f.). Wegen der Nichterwähnung von § 87 Abs. 2 AktG in § 116 Satz 3 AktG ist zweifelhaft, ob den Aufsichtsrat bei pflichtwidrigem Unterlassen der Herabsetzung überhaupt eine Schadensersatzpflicht trifft (dafür *Bauer/Arnold* 29

2009, 717, 730 f.). Jedenfalls wird einer unzumutbaren Reichweite der Haftung des Aufsichtsrats für die Fehlinterpretation der anzuwendenden unbestimmter Rechtsbegriffe bei Schadensersatzklagen durch das Verschuldenserfordernis der §§ 116 Satz 3, 93 Abs. 2 vorgebeugt.

30 Abs. 2 die dem Aufsichtsrat die gesetzliche Befugnis zur Herabsetzung der vereinbarten Vergütung. Eine bestimmte Rechtstechnik der Herabsetzung ist im Gesetz nicht vorgesehen, eine vertragliche Herabsetzungsklausel im Anstellungsvertrag andererseits nicht erforderlich. Abs. 2 erweist sich damit als Regelung, die den Aufsichtsrat berechtigt, durch **einseitige Erklärung** für die AG eine **Vertragsänderung** herbeizuführen. Für die der Erklärung vorausgehende Beschlussfassung ist grds. das Gesamtgremium zuständig; eine Delegation auf einen Ausschuss ist nach der Neufassung des § 107 Abs. 3 Satz 2 AktG ausgeschlossen.

31 Die Herabsetzungsbefugnis erlaubt keine rückwirkende Veränderung; bereits geleistete Zahlungen werden im Hinblick auf das Merkmal der »Weitergewährung«, auf das sich Unbilligkeitsprüfung bezieht, nicht erfasst und können deshalb nicht zurückgefordert werden (*Weller* NZG 2010, 7, 11; *Diller* NZG 2009, 1006, 1008; vgl. aber *Thüsing* AG 2009, 517, 522). Eine Ausnahme gilt nach Abs. 2 Satz 2 für Ruhegehälter, Hinterbliebenenbezüge und Leistungen verwandter Art. Nach der Gesetzesbegründung sind Abfindungszahlungen in den Anwendungsbereich der Vorschrift einbezogen (BT-Drucks. 16/12287, S. 6). Übergangsgelder fallen gleichfalls in den Anwendungsbereich der Regelung (*Diller* NZG 2009, 1006, 1008; *Gaul/Janz* NZA 2009, 809, 812).

32 Die Kürzung dieser Versorgungszusagen ist »nur in den ersten drei Jahren« möglich. Mit dieser missverständlichen Formulierung ist nicht gemeint, dass den Ausgeschiedenen die Ruhebezüge der ersten 3 Jahre nach dem Ausscheiden gekürzt werden; vielmehr hat der Gesetzgeber die Ruhebezüge derjenigen Vorstandsmitglieder von der Kürzung ausnehmen wollen, die mehr als 3 Jahre vor der Unternehmenskrise aus der Gesellschaft ausgeschieden sind (*Wittuhn/Hamann* ZGR 2009, 847, 861 ff.). Die Verfassungsmäßigkeit dieser Eingriffsbefugnis in bereits erdiente Versorgungsansprüche wird in Zweifel gestellt, weil damit in eine eigentumsrechtlich verfestigte Anwartschaft eingegriffen wird (*Hohenstatt* ZIP 2009, 1350, 1353); die Regelung entspricht aber der § 16 Abs. 1 BetrAVG zugrunde liegenden und dort anerkannten Wertung.

33 Der Bestand des Anstellungsvertrages wird durch die rechtsgestaltende Erklärung des Aufsichtsrats im Übrigen nicht berührt, Abs. 2 Satz 3. Allerdings hat das betroffene Vorstandsmitglied ein Recht zur außerordentlichen Kündigung des Anstellungsvertrages nach Maßgabe des Abs. 2 Satz 4.

34 Eine gesetzliche Regelung der **Heraufsetzung** der Vorstandsbezüge sieht der Wortlaut des Abs. 2 nicht vor. Befristete Herabsetzungen werden von der Regelung nicht ausgeschlossen. Nach den vor Inkrafttreten des VorstAG geltenden Rechtslage wurde die Gesellschaft aufgrund der Treuebindung gegenüber ihren Organmitgliedern für verpflichtet gehalten, nach Überwindung der Schieflage der Gesellschaft die herabgesetzten Bezüge bis zu dem ursprünglichen Betrag heraufzusetzen (Spindler/Stilz/*Fleischer* § 87 Rn. 33). Ein solches Instrument zur Krisenbewältigung ist Abs. 2 auch nach der Neufassung des Gesetzes trotz der Bezugnahme auf die persönliche auf die persönliche Leistung des Vorstandsmitglieds (Rdn. 14) geblieben. Der Aufsichtsrat ist daher regelhaft verpflichtet, die Herabsetzung der Vergütung nach Überwindung der sie gebietenden Situation rückgängig zu machen (*Dauner-Lieb/Friedrich* NZG 2010, 688; *Koch* WM 2010, 49, 50; MüKo AktG/*Spindler*, § 87 Rn. 99).

D. Vergütungsanspruch und Insolvenz der AG, Abs. 3

35 Im Fall einer insolvenzbedingten Kündigung des Vorstandsmitglieds (§ 113 Satz 1 InsO) hat dieses einen Schadensersatzanspruch gegenüber der Gesellschaft wegen der Aufhebung des Anstellungsverhältnisses durch den Insolvenzverwalter. Abs. 3 begrenzt diesen Schadensersatzanspruch in Umsetzung der Zielsetzung der Regelung auf den Schaden, der bis zum Ablauf von 2 Jahren seit Ende des Anstellungsverhältnisses entsteht.

E. Offenlegung der Vergütung

Die **Gesamtbezüge** aller Vorstandsmitglieder sind gem. §§ 285 Satz 1 Nr. 9, 314 Abs. 1 Nr. 6 HGB 36
im Anhang zum Jahresabschluss und im Konzernanhang abzugeben. Die Angaben können bei nicht börsennotierten Gesellschaften unterbleiben, wenn sich anhand dieser Angaben Hilfe die Bezüge des Vorstandsmitglieds feststellen lassen, § 286 Abs. 4 HGB.

Eine Pflicht zur **Offenlegung individualisierter Vorstandsbezüge** besteht nur für börsennotierte 37
Gesellschaften durch die mit dem Gesetz über die Offenlegung der Vorstandsvergütung vom 03.08.2005 (BGBl. I 2267) eingeführten (vgl. *Fleischer* DB 2005, 1611 ff.) und durch das VorstAG ergänzten (vgl. *Thüsing* AG 2009, 517, 527 f.) Regelungen. Diese Regelungen wurden in den Vorschriften der §§ 285 Satz 1 Nr. 9a Satz 5 bis 8, 314 Abs. 1 Nr. 6, 315 Abs. 2 Nr. 4 HGB umgesetzt (vgl. dazu BeckBil-Komm/*Ellrot* § 285 Rn. 177 ff.). Die Verfassungsmäßigkeit dieser Vorschriften ist zu Unrecht bestritten worden (*Augsberg* ZRP 2005, 105 ff.); die mit dem Gesetz verbundenen Eingriffe in das Grundrecht auf informationelle Selbstbestimmung sind als im überwiegenden Allgemeininteresse gerechtfertigt anzusehen (*Fleischer* DB 2005, 1611, 1614 f.). Das Gesetz verlangt eine individualisierte und aufgeschlüsselte Offenlegung der Vorstandsvergütung (vgl. den Überblick bei *Thüsing* ZIP 2005, 1389; *Spindler* NZG 2005, 689), sofern nicht die Hauptversammlung einen opting out-Beschluss gem. § 285 Abs. 5 HGB mit einer Mehrheit von mindest 3/4 des bei der Beschlussfassung vertretenen Grundkapitals fasst. Zur Offenlegung von Change of Control-Klauseln vgl. *Bittmann/Schwarz* BB 2009, 1014 ff.

Ein von den gesetzlichen Transparenzregeln unabhängiges **Auskunftsrecht** über die Einzelbezüge 38
der Vorstandsmitglieder steht den Aktionären nicht zu. Die Kenntnis der Einzelbezüge gehört grds. nicht zu den für eine sachgemäße Beurteilung für die Entlastung von Vorstand und Aufsichtsrat erforderlichen Informationen i. S. d. § 131 Abs. 1 AktG (OLG Düsseldorf AG 1997, 519 f.).

§ 88 Wettbewerbsverbot

(1) ¹Die Vorstandsmitglieder dürfen ohne Einwilligung des Aufsichtsrats weder ein Handelsgewerbe betreiben noch im Geschäftszweig der Gesellschaft für eigene oder fremde Rechnung Geschäfte machen. ²Sie dürfen ohne Einwilligung auch nicht Mitglied des Vorstands oder Geschäftsführer oder persönlich haftender Gesellschafter einer anderen Handelsgesellschaft sein. ³Die Einwilligung des Aufsichtsrats kann nur für bestimmte Handelsgewerbe oder Handelsgesellschaften oder für bestimmte Arten von Geschäften erteilt werden.

(2) ¹Verstößt ein Vorstandsmitglied gegen dieses Verbot, so kann die Gesellschaft Schadenersatz fordern. ²Sie kann statt dessen von dem Mitglied verlangen, daß es die für eigene Rechnung gemachten Geschäfte als für Rechnung der Gesellschaft eingegangen gelten läßt und die aus Geschäften für fremde Rechnung bezogene Vergütung herausgibt oder seinen Anspruch auf die Vergütung abtritt.

(3) ¹Die Ansprüche der Gesellschaft verjähren in drei Monaten seit dem Zeitpunkt, in dem die übrigen Vorstandsmitglieder und die Aufsichtsratsmitglieder von der zum Schadensersatz verpflichtenden Handlung Kenntnis erlangen oder ohne grobe Fahrlässigkeit erlangen müssten. ²Sie verjähren ohne Rücksicht auf diese Kenntnis oder grob fahrlässige Unkenntnis in fünf Jahren von ihrer Entstehung an.

Übersicht

	Rdn.		Rdn.
A. Regelungszweck	1	II. Verbotsumfang	4
B. Tätigkeitsverbot, Abs. 2	2	III. Einwilligung des Aufsichtsrats	8
I. Verbotsadressat	2	C. Rechtsfolgen, Abs. 3	10

§ 88 AktG Wettbewerbsverbot

A. Regelungszweck

1 Die Vorschrift bezweckt mit dem an die Vorstandsmitglieder gerichteten Verbot von Geschäftstätigkeiten den **Schutz der AG** vor einem Einsatz der Arbeitskraft der Vorstandsmitglieder außerhalb der Gesellschaft. Das Verbot erstreckt sich – entgegen der engeren Gesetzesüberschrift – nicht nur auf die Entfaltung von Wettbewerbstätigkeiten zulasten der AG; verboten wird grundsätzlich der Betrieb eines Handelsgewerbes und das Geschäftemachen im Geschäftszweig der AG.

B. Tätigkeitsverbot, Abs. 2

I. Verbotsadressat

2 Die Verbote des § 88 AktG richten sich an die im Amt befindlichen **Vorstandsmitglieder**. Auf die Vorstandsmitglieder, deren Bestellung widerrufen wurde, findet § 88 AktG dann noch Anwendung, wenn das Anstellungsverhältnis fortbesteht. Das Tätigkeitsverbot wird in diesem Fall für gerechtfertigt gehalten, weil die AG die Bezüge weiter zu zahlen hat (str., vgl. MüKo AktG/*Spindler* § 88 Rn. 7). Legt das Vorstandsmitglied sein Amt nieder, hängt die Beachtlichkeit des Tätigkeitsverbots davon ab, ob die Amtsniederlegung berechtigterweise erfolgte (*Armbrüster* ZIP 1997, 1269, 1271).

3 Für aus dem Amt **ausgeschiedene Vorstandsmitglieder** sieht § 88 AktG kein gesetzliches Tätigkeitsverbot vor; es kann aber vertraglich vereinbart werden. Die Beschränkungen der §§ 74 ff. HGB gelten für Vorstandsmitglieder nicht, auch nicht entsprechend, weil die von diesen Vorschriften vorausgesetzte Schutzbedürftigkeit mit der Organstellung der Vorstandsmitglieder unvereinbar ist (BGH, Urt. v. 26.03.1984 – II ZR 229/83; Z 91, 1, 3 – zum GmbH-Geschäftsführer). Dennoch sind **nachvertragliche Wettbewerbsverbote** nicht frei vereinbar; sie unterliegen den Beschränkungen aus § 138 BGB und § 1 GWB. Das Kartellverbot kann wegen der vorausgesetzten Unternehmenseigenschaft nur berührt sein, wenn das vertragliche Tätigkeitsverbot die selbstständige geschäftliche Tätigkeit des Vorstandsmitglieds betrifft. Die Regelungen verlangen, dass das Verbot einem berechtigten Interesse der Gesellschaft dient und sich in angemessenen Grenzen hält. Zentrale Anforderung ist danach regelmäßig das Erfordernis einer **angemessenen Entschädigung** zum Ausgleich des nachvertraglichen Tätigkeitsverbots (BGH, Urt. 04.03.2002 – II ZR 77/00; NZG 2002, 475 – zum GmbH-Fremdgeschäftsführer; näher *Bauer/Diller* Wettbewerbsverbote, 6. Aufl. 2012, 413 ff.). Die Angemessenheit der Entschädigung setzt in der Regel eine Zahlung von mindestens der Hälfte der zuletzt bezogenen Vergütung voraus (vgl. OLG Düsseldorf, Urt. v. 23.10.1996 – 15 U 162/95; GmbHR 1998, 180 – zur GmbH). Die Nichtgeltung von § 74 Abs. 2 HGB eröffnet Gestaltungsspielräume, etwa hinsichtlich der Nichtberücksichtigung bestimmter Vergütungsbestandteile; ein nachvertragliches Wettbewerbsverbot ohne Entschädigung wird allerdings kaum wirksam vereinbart werden können (*Bauer/v. Medem* GWR 2011, 435 – für den Fall einen Kundenschutzklausel mit beschränktem Geltungsbereich). In zeitlicher Hinsicht wird eine **Verbotsdauer von zwei Jahren** regelmäßig nicht zu beanstanden sein (BGH, Urt. v. 19.10.1993 – KZR 3/92; NJW 1994, 384 f.). In sachlicher Hinsicht wird eine enge Bindung an den Aufgabenbereich des Vorstandsmitglieds in der Gesellschaft und in räumlicher Hinsicht wird verlangt, dass es sich auf den **räumlichen Schwerpunkt der Gesellschaft** konzentriert (*Hoffmann-Becking* FS Quack 1991, 273, 278).

II. Verbotsumfang

4 Abs. 1 Satz 1, 1. Alt. verbietet zunächst den **Betrieb eines Handelsgewerbes**. Der Verbotsbereich erstreckt sich insofern auf alle handelsgewerblichen Tätigkeiten i. S. d. §§ 1 ff. HGB; eine Beschränkung auf den Geschäftskreis der AG ist insofern nicht vorgesehen.

5 Abs. 1 Satz 1, 2. Alt. betrifft alle Geschäfte, die das Vorstandsmitglied für eigene oder fremde Rechnung tätigt; insoweit verlangt § 88 AktG, dass sie zum **Geschäftszweig der AG** gehören. Maßgeblich ist der tatsächliche, nicht der satzungsmäßige Geschäftszweig der AG (BGH, Urt. v. 05.12.1983 – II ZR 242/82; Z 89, 162, 170 – zu § 112 HGB). Der Geschäftsbegriff wird weit verstanden und umfasst jede Teilnahme am geschäftlichen Verkehr zum Zwecke der Gewinnerzielung; deshalb

sind dem Vorstandsmitglied letztlich nur persönliche Geschäfte wie die Anlage eigenen Vermögens gestattet (BGH, Urt. v. 17.02.1997 – II ZR 278/95; NJW 1997, 2055).

Das Verbot der Geschäftstätigkeit für eigene oder fremde Rechnung ist die Kehrseite des aus der organschaftlichen Treubindung abgeleiteten Gebots für Vorstandsmitglieder, sich für die Gesellschaft bietende Geschäftschancen in deren Geschäftszweig wahrnehmen zu müssen. Die Vorstandsmitglieder dürfen solche Geschäftschancen nicht auf sich überleiten und zum eigenen Vorteil wahrnehmen. Sie sind auf das Wohl der AG verpflichtet (BGH, Urt. v. 23.09.1985 – II ZR 246/84; WM 1985, 1443; vgl. *Fleischer* NZG 2003, 985 sowie § 76 AktG Rdn. 17 ff.). 6

Abs. 1 Satz 2 verbietet, dass Vorstandsmitglieder Mitglied des Vorstands, Geschäftsführer oder geschäftsführender Gesellschafter einer anderen Handelsgesellschaft werden. Die Regelung verbietet somit **Vorstandsdoppelmandate** nicht schlechthin, macht ihre Zulässigkeit aber von der Zustimmung der Organe beider Gesellschaften zur Doppeltätigkeit abhängig; diese Rechtslage besteht insbesondere auch für personelle Verflechtungen im Konzern (BGH, Urt. v. 09.03.2009 - II ZR 170/07; AG 2009, 500, 501). Das gesetzliche Verbot bezieht sich ohne Einschränkung auf den Geschäftszweig der AG. Es ist inhaltlich auf die geschäftsführende Tätigkeit beschränkt. Die Betätigung als Aufsichtsrat fällt ebenso wenig darunter wie beratende oder Tätigkeit unterhalb der Geschäftsführungsebene. 7

III. Einwilligung des Aufsichtsrats

Der Aufsichtsrat kann dem Vorstandsmitglied durch seine Einwilligung i. S. d. Abs. 1 Satz 3 eine Betätigung in dem von Abs. 1 Satz 1 und 2 erfassten Verbotsbereich ermöglichen. Die Einwilligung kann nicht pauschal, sondern nur für bestimmte Handelsgewerbe und für bestimmte Geschäftsarten erteilt werden; die Einwilligung für ein Vorstandsdoppelmandat muss ebenfalls für bestimmte Handelsgesellschaften erteilt werden. 8

Die Einwilligung verlangt nach § 183 BGB eine **vorherige Zustimmung des Aufsichtsrats**. Eine nachträgliche Zustimmung (Genehmigung) ist nicht geeignet, die dann bereits eingetretene Rechtswidrigkeit der Tätigkeit des Vorstandsmitglieds rückwirkend zu beseitigen (MüKo AktG/*Spindler* § 88 Rn. 25). Etwaige Schadensersatzansprüche der Gesellschaft bleiben deshalb unbenommen, § 93 Abs. 4 Satz 2 AktG. Die Einwilligung erfolgt durch Beschluss nach § 108 AktG. Die Delegation des Beschlusses auf einen Ausschuss des Aufsichtsrats ist nach § 107 Abs. 3 AktG möglich. 9

C. Rechtsfolgen, Abs. 3

Der Schadensersatzanspruch der Gesellschaft besteht – obwohl im Wortlaut nicht erwähnt – nach allgemeinen Grundsätzen nur bei **Verschulden** des Vorstandsmitglieds (MüKo AktG/*Spindler* § 88 Rn. 23). Dabei hat nach der Beweislastregel des § 93 Abs. 2 Satz 2 AktG, die entsprechend anwendbar ist, das Vorstandsmitglied fehlendes Verschulden zu beweisen (MüKo AktG/*Spindler* § 88 Rn. 23). 10

Die Gesellschaft hat nach Abs. 2 Satz 2 ein **Wahlrecht**, ob sie anstelle des **Schadensersatzanspruchs** von dem nach dieser Regelung bestehenden **Eintrittsrecht** Gebrauch macht. Das Eintrittsrecht ermöglicht der Gesellschaft insbesondere, den aus der verbotenen Tätigkeit der Vorstandsmitglieder erzielten Vorteil (Geschäftsgewinn) geltend zu machen, ohne dass dies einen Schaden im Gesellschaftsvermögen voraussetzt. Ein Verschulden der Vorstandsmitglieder ist insofern nicht vorausgesetzt und folgt – anders als beim Schadensersatzanspruch – auch nicht aus allgemeinen Grundsätzen (str.; wie hier *Hüffer/Koch* AktG § 88 Rn. 7). Einschränkend wird in Analogie zur Rechtslage nach §§ 112, 113 HGB gefordert, dass sich das Eintrittsrecht auf verbotene Wettbewerbstätigkeiten bezieht; die Geltendmachung von Gewinnen aus anderer, nicht verbotener wettbewerblicher Tätigkeit von Vorstandsmitgliedern unterfällt der Regelung Abs. 2 Satz 2 danach nicht (str.; vgl. BGH, Urt. v. 05.12.1983 – II ZR 242/82; Z 89, 162, 171 – zur KG; MüKo AktG/*Spindler* § 88 Rn. 29). Das bedeutet insbesondere, dass wohl Tantiemen aus verbotener Wettbewerbstätigkeit, nicht aber bloße Tätigkeitsvergütungen über das Eintrittsrecht von der AG abgeschöpft werden können. 11

12 Der Beginn der **kurzen Verjährung** des Abs. 3 Satz 1 setzt voraus, dass alle übrigen Vorstandsmitglieder, einschließlich der Stellvertreter (§ 94 AktG) sowie sämtliche Aufsichtsratsmitglieder von der Tätigkeit Kenntnis erlangt haben. Dem ist gleichgestellt der Sachverhalt, dass alle oder einzelne Mitglieder beider Organe keine Kenntnis erlangt haben, aber diese ohne grobe Fahrlässigkeit hätten erlangen müssen. Ohne Rücksicht auf die im Einzelfall nicht leicht nachzuweisenden subjektiven Voraussetzungen verjähren die Ansprüchen nach Ablauf von 5 Jahren seit der Anspruchsentstehung, Abs. 3 Satz 2.

§ 89 Kreditgewährung an Vorstandsmitglieder

(1) ¹Die Gesellschaft darf ihren Vorstandsmitgliedern Kredit nur auf Grund eines Beschlusses des Aufsichtsrats gewähren. ²Der Beschluß kann nur für bestimmte Kreditgeschäfte oder Arten von Kreditgeschäften und nicht für länger als drei Monate im voraus gefaßt werden. ³Er hat die Verzinsung und Rückzahlung des Kredits zu regeln. ⁴Der Gewährung eines Kredits steht die Gestattung einer Entnahme gleich, die über die dem Vorstandsmitglied zustehenden Bezüge hinausgeht, namentlich auch die Gestattung der Entnahme von Vorschüssen auf Bezüge. ⁵Dies gilt nicht für Kredite, die ein Monatsgehalt nicht übersteigen.

(2) ¹Die Gesellschaft darf ihren Prokuristen und zum gesamten Geschäftsbetrieb ermächtigten Handlungsbevollmächtigten Kredit nur mit Einwilligung des Aufsichtsrats gewähren. ²Eine herrschende Gesellschaft darf Kredite an gesetzliche Vertreter, Prokuristen oder zum gesamten Geschäftsbetrieb ermächtigte Handlungsbevollmächtigte eines abhängigen Unternehmens nur mit Einwilligung ihres Aufsichtsrats, eine abhängige Gesellschaft darf Kredite an gesetzliche Vertreter, Prokuristen oder zum gesamten Geschäftsbetrieb ermächtigte Handlungsbevollmächtigte des herrschenden Unternehmens nur mit Einwilligung des Aufsichtsrats des herrschenden Unternehmens gewähren. ³Absatz 1 Satz 2 bis 5 gilt sinngemäß.

(3) ¹Absatz 2 gilt auch für Kredite an den Ehegatten, Lebenspartner oder an ein minderjähriges Kind eines Vorstandsmitglieds, eines anderen gesetzlichen Vertreters, eines Prokuristen oder eines zum gesamten Geschäftsbetrieb ermächtigten Handlungsbevollmächtigten. ²Er gilt ferner für Kredite an einen Dritten, der für Rechnung dieser Personen oder für Rechnung eines Vorstandsmitglieds, eines anderen gesetzlichen Vertreters, eines Prokuristen oder eines zum gesamten Geschäftsbetrieb ermächtigten Handlungsbevollmächtigten handelt.

(4) ¹Ist ein Vorstandsmitglied, ein Prokurist oder ein zum gesamten Geschäftsbetrieb ermächtigter Handlungsbevollmächtigter zugleich gesetzlicher Vertreter oder Mitglied des Aufsichtsrats einer anderen juristischen Person oder Gesellschafter einer Personenhandelsgesellschaft, so darf die Gesellschaft der juristischen Person oder der Personenhandelsgesellschaft Kredit nur mit Einwilligung des Aufsichtsrats gewähren; Absatz 1 Satz 2 und 3 gilt sinngemäß. ²Dies gilt nicht, wenn die juristische Person oder die Personenhandelsgesellschaft mit der Gesellschaft verbunden ist oder wenn der Kredit für die Bezahlung von Waren gewährt wird, welche die Gesellschaft der juristischen Person oder der Personenhandelsgesellschaft liefert.

(5) Wird entgegen den Absätzen 1 bis 4 Kredit gewährt, so ist der Kredit ohne Rücksicht auf entgegenstehende Vereinbarungen sofort zurückzugewähren, wenn nicht der Aufsichtsrat nachträglich zustimmt.

(6) Ist die Gesellschaft ein Kreditinstitut oder Finanzdienstleistungsinstitut, auf das § 15 des Gesetzes über das Kreditwesen anzuwenden ist, gelten anstelle der Absätze 1 bis 5 die Vorschriften des Gesetzes über das Kreditwesen.

Übersicht	Rdn.		Rdn.
A. Regelungszweck	1	D. Rechtsfolgen unzulässig gewährter Kredite, Abs. 5	8
B. Kredite an Vorstandsmitglieder, Abs. 1	2		
C. Kredite an andere Kreditnehmer, Abs. 2 bis 4	5	E. Sonderregeln für Kreditinstitute, Abs. 6	9

A. Regelungszweck

Die Vorschrift will **Missbräuchen bei der Kreditvergabe** der Gesellschaft an Vorstandsmitglieder und bestimmte leitende Angestellte vorbeugen. Der Rechtsgedanke des Missbrauchsschutzes wird durch das Erfordernis der Einwilligung des Aufsichtsrats umgesetzt. Der Gesetzgeber setzt damit insbesondere auf die mit der Einschaltung des Aufsichtsrats verbundene Publizität der in Aussicht genommenen Kreditvergabe.

B. Kredite an Vorstandsmitglieder, Abs. 1

Abs. 1 bindet die Kreditvergabe der Gesellschaft an Vorstandsmitglieder und ihre Stellvertreter an einen **Bewilligungsbeschluss** des Aufsichtsrats. Die Geschäftsführungsbefugnis des Vorstands ist dadurch kraft Gesetzes eingeschränkt.

Der **Kreditbegriff** wird gem. der Zielsetzung der Regelung **weit** verstanden. Er umfasst nicht nur das Gelddarlehen, sondern auch die Stellung von Sicherheiten für die Kreditvergabe durch Dritte und die in Abs. 1 Satz 4 besonders erwähnten Vorschüsse und Entnahmen (KölnKomm/*Mertens/Cahn* § 89 Rn. 13). Der Begriff der »Entnahme« bezeichnet eine vor ihrer Fälligkeit erfolgende Inanspruchnahme einer vom Vorstand zu beanspruchenden Leistung. Stundungen von Zahlungspflichten des Vorstandsmitglieds an die Gesellschaft können ebenfalls dem Kreditbegriff unterfallen. Die Anzahlung auf noch zu erbringende Leistungen oder Lieferungen des Vorstands können ebenfalls Kredite darstellen, wenn sie dem Grunde oder der Höhe nach außerhalb üblicher Geschäftsgepflogenheiten erfolgt. Nicht erfasst werden Kleinkredite; ein solcher ist gegeben, wenn der Kredit ein Monatsgehalt nicht übersteigt. Bemessungsgrundlage sind die Gesamtjahresbezüge (einschließlich anteiliger garantierter Gewinnbeteiligung) des Vorstandsmitglieds i.S.d. § 87 Abs. 1 Satz 1 AktG, die auf den Monatszeitraum herunterzurechnen sind.

Die erforderliche Beschlussfassung des Aufsichtsrats hat **vor der Kreditvergabe** zu erfolgen, da der Kredit nach Abs. 1 S. nur »auf Grund« eines Beschlusses gewährt werden darf. Der Beschluss muss für bestimmte Kreditgeschäfte gefasst werden, kann also keine Blankoeinwilligung enthalten. Vorratsbeschlüsse sind nur für 3 Monate im Voraus zulässig, Abs. 1 Satz 2. Überdies muss der Beschluss die Verzinsung und Rückzahlungsregeln umfassen (Abs. 1 Satz 3), ohne dass das Gesetz das Aufsichtsratsermessen inhaltlich beschränkt.

C. Kredite an andere Kreditnehmer, Abs. 2 bis 4

Die Abs. 2 bis 4 stellen Kredite an bestimmte leitende Angestellte der Kreditvergabe an Vorstandsmitglieder gleich. Erfasst werden Kredite an **Prokuristen** (§§ 48 ff. HGB) und **Generalhandlungsbevollmächtigte** (§ 54 Abs. 1, 1. Alt. HGB). Ferner wird die Kreditvergabe an das Leitungspersonal von Unternehmen in Abhängigkeitssituationen geregelt, Abs. 2 Satz 2. Erfolgt die Kreditgewährung durch die herrschende AG, ist dazu die Beschlussfassung des Aufsichtsrats dieser Gesellschaft erforderlich, wenn der Kredit entweder an ein Vorstandsmitglied (Geschäftsführer), einen Prokuristen oder einen Generalhandlungsbevollmächtigten der abhängigen Gesellschaft erfolgt (Abs. 2 Satz 2, 1. Alt.). Wird der Kredit durch eine abhängige AG an den gesetzlichen Vertreter, Prokuristen oder Generalhandlungsbevollmächtigten des herrschenden Unternehmens gewährt, so bedarf es der Einwilligung des Aufsichtsrats des herrschenden Unternehmens (Abs. 2 Satz 2, 2. Alt.); ein Einwilligungsbeschluss des Aufsichtsrats der abhängigen Gesellschaft ist demgegenüber nicht erforderlich.

Das Einwilligungserfordernis wird gegen Umgehungen dadurch gesichert, dass nach Abs. 3 auch Kredite an **Ehegatten, Lebenspartner** (§ 1 LPartG) bzw. an **minderjährige Kinder** dem Einwilligungserfordernis unterworfen werden. Unter Umgehungsgesichtspunkten werden auch Kredite an mittelbare Stellvertreter nach Abs. 3 Satz 2 dem Einwilligungserfordernis unterstellt.

Abs. 4 regelt die Kreditgewährung der AG an **juristische Personen oder Personenhandelsgesellschaften**. Danach gilt das Einwilligungserfordernis des Aufsichtsrats der kreditvergebenden AG in den Fällen, in denen der Kreditnehmer mit der AG personell verflochten ist. Erfasst werden personelle Verflechtungen, die sich daraus ergeben, dass der gesetzliche Vertreter der kreditnehmenden Gesellschaft zugleich Vorstandsmitglied, Prokurist oder Generalhandlungsbevollmächtigter der AG ist. Ausgenommen sind Kredite an i. S. d. § 15 AktG verbundene Unternehmen und übliche Lieferantenkredite, Abs. 4 Satz 2.

D. Rechtsfolgen unzulässig gewährter Kredite, Abs. 5

8 Aus der Verpflichtung des Abs. 5 ergibt sich, dass § 89 AktG kein Verbotsgesetz darstellt. Der ohne die erforderliche Einwilligung gewährte Kredit ist nicht nichtig, sondern ist **sofort zurückzugewähren**. Dabei handelt es sich um einen vertraglichen Rückgewähranspruch, auf den bereicherungsrechtliche Grundsätze keine Anwendung finden (Spindler/Stilz/*Fleischer* § 89 Rn. 24). Diese Verpflichtung, aber auch nur die Rückgewährverpflichtung entfällt im Fall der nachträglichen Kreditgenehmigung durch den Aufsichtsrat. Ersatzansprüche der AG nach § 93 Abs. 3 Nr. 8 AktG bleiben bestehen, § 93 Abs. 4 Satz 2 und 3 AktG.

E. Sonderregeln für Kreditinstitute, Abs. 6

9 Für Kreditinstitute (§§ 1 Abs. 1, 2 Abs. 1 KWG) oder Finanzdienstleistungsinstitute (§§ 1 Abs. 1a, 2 Abs. 6 KWG), auf die § 15 KWG anzuwenden ist, werden die Regelungen des § 89 AktG durch die Sonderbestimmungen der §§ 15, 17 KWG verdrängt (vgl. dazu *Riebell* ZKW 1986, 1081).

§ 90 Berichte an den Aufsichtsrat

(1) ¹Der Vorstand hat dem Aufsichtsrat zu berichten über
1. die beabsichtigte Geschäftspolitik und andere grundsätzliche Fragen der Unternehmensplanung (insbesondere die Finanz-, Investitions- und Personalplanung), wobei auf Abweichungen der tatsächlichen Entwicklung von früher berichteten Zielen unter Angabe von Gründen einzugehen ist;
2. Die Rentabilität der Gesellschaft, insbesondere die Rentabilität des Eigenkapitals;
3. den Gang der Geschäfte, insbesondere den Umsatz, und die Lage der Gesellschaft;
4. Geschäfte, die für die Rentabilität oder Liquidität der Gesellschaft von erheblicher Bedeutung sein können.

²Ist die Gesellschaft Mutterunternehmen (§ 290 Abs. 1, 2 des Handelsgesetzbuchs), so hat der Bericht auch auf Tochterunternehmen und auf Gemeinschaftsunternehmen (§ 310 Abs. 1 des Handelsgesetzbuchs) einzugehen. ³Außerdem ist dem Vorsitzenden des Aufsichtsrats aus sonstigen wichtigen Anlässen zu berichten; als wichtiger Anlaß ist auch ein dem Vorstand bekannt gewordener geschäftlicher Vorgang bei einem verbundenen Unternehmen anzusehen, der auf die Lage der Gesellschaft von erheblichem Einfluß sein kann.

(2) Die Berichte nach Absatz 1 Satz 1 Nr. 1 bis 4 sind wie folgt zu erstatten:
1. die Berichte nach Nummer 1 mindestens einmal jährlich, wenn nicht Änderungen der Lage oder neue Fragen eine unverzügliche Berichterstattung gebieten;
2. die Berichte nach Nummer 2 in der Sitzung des Aufsichtsrats, in der über den Jahresabschluß verhandelt wird;
3. die Berichte nach Nummer 3 regelmäßig, mindestens vierteljährlich;
4. die Berichte nach Nummer 4 möglichst so rechtzeitig, daß der Aufsichtsrat vor Vornahme der Geschäfte Gelegenheit hat, zu ihnen Stellung zu nehmen.

(3) ¹Der Aufsichtsrat kann vom Vorstand jederzeit einen Bericht verlangen über Angelegenheiten der Gesellschaft, über ihre rechtlichen und geschäftlichen Beziehungen zu verbundenen Unternehmen sowie über geschäftliche Vorgänge bei diesen Unternehmen, die auf die Lage der Gesellschaft von erheblichem Einfluß sein können. ²Auch ein einzelnes Mitglied kann einen Bericht, jedoch nur an den Aufsichtsrat, verlangen.

(4) ¹Die Berichte haben den Grundsätzen einer gewissenhaften und getreuen Rechenschaft zu entsprechen. ²Sie sind möglichst rechtzeitig und, mit Ausnahme des Berichts nach Absatz 1 Satz 3, in der Regel in Textform zu erstatten.

(5) ¹Jedes Aufsichtsratmitglied hat das Recht, von den Berichten Kenntnis zu nehmen. ²Soweit die Berichte in Textform erstattet worden sind, sind sie auch jedem Aufsichtsratmitglied auf Verlangen zu übermitteln, soweit der Aufsichtsrat nichts anderes beschlossen hat. ³Der Vorsitzende des Aufsichtsrats hat die Aufsichtsratmitglieder über die Berichte nach Absatz 1 Satz 2 spätestens in der nächsten Aufsichtsratssitzung zu unterrichten.

Übersicht	Rdn.			Rdn.
A. Regelungszweck	1	IV.	Vorlageberichte	11
B. Berichtspflichten, Abs. 1	2	C.	Zeitpunkt der Berichterstattung, Abs. 2.	12
I. Regelberichte, Abs. 1 Satz 1	2	D.	Inhalt und Form der Berichterstattung, Abs. 4	13
II. Sonderberichte	6			
1. Geschäfte von erheblicher Bedeutung	6	E.	Information innerhalb des Aufsichtsrats, Abs. 5	17
2. Anlassberichte	7			
III. Anforderungsberichte	9			

A. Regelungszweck

Die Regelungen zu den Berichtspflichten in § 90 AktG verfolgen einem doppelten Zweck: Zum einen dienen die Vorschriften der ordnungsgemäßen Durchführung der Überwachungsaufgabe des Aufsichtsrats (*Hüffer* NZG 2007, 47, 49 f.), zum anderen soll den Mitgliedern des Aufsichtsrats der Einwand mangelnder Kenntnis bei der Inanspruchnahme auf Schadensersatz nach §§ 93, 116 AktG genommen werden. Deswegen unterliegt der Vorstand gegenüber dem Aufsichtsrat einer **regelmäßigen Berichtspflicht**, Abs. 1 Satz 1 Nr. 1 bis 3, die in dem von Abs. 2 geregelten zeitlichen Rahmen vorzunehmen ist. Die Regelberichtspflicht wird durch die **Pflicht zu Sonder- und Anlassberichten** ergänzt, Abs. 1 Satz 1 Nr. 4 Satz 3; überdies kann der Aufsichtsrat vom Vorstand jederzeit weitere Berichte verlangen (sog. **Anforderungsberichte**), Abs. 3. Grundsätze über den Inhalt der Berichtspflicht werden in Abs. 4 geregelt.   1

B. Berichtspflichten, Abs. 1

I. Regelberichte, Abs. 1 Satz 1

Mit den vorzulegenden Regelberichten hat der Vorstand dem Aufsichtsrat über die in Abs. 1 Nr. 1 bis 3 genannten Inhalte zu berichten. Die Berichtspflicht betrifft nach dem Gesetzeswortlaut die »beabsichtigte« **Geschäftspolitik und Unternehmensplanung** (Nr. 1). Die Berichtspflicht bezieht sich somit auf vorliegende Planungen, ohne selbst eine Pflicht zur Unternehmensplanung zu begründen. Die Unternehmensplanung liegt im Leitungsermessen des Vorstands, ohne dass bis heute Grundsätze ordnungsgemäßer Unternehmensführung und -planung entwickelt sind, auf die eine in gegenständlicher oder zeitlicher Hinsicht konkretisierte Rechtspflicht gestützt werden könnte (vgl. *Albach* ZGR 1997, 32; *Kallmeyer* ZGR 1993, 104). Davon unbenommen gehört es zu den nicht in Zweifel gezogenen Aufgaben des Vorstands, zumindest eine Budget- und mittelfristige Finanzplanung zu entwickeln, über die dann dem Aufsichtsrat zu berichten ist. Der Umfang der Regelberichtspflicht wird durch die nunmehr in das Gesetz aufgenommene Wendung der Berichtspflicht über »**grundsätzliche**« **Fragen** von Gesetzes wegen limitiert (*Kropff* NZG 1998, 613). Abweichungen von früheren Vorstandsberichten sind nach der geltenden Gesetzesfassung ausdrücklich berichtspflichtig (sog. **follow-up-Berichtspflicht**).   2

Die Berichtspflicht zur Rentabilität (Nr. 2) betrifft nicht nur die Rentabilität der Gesellschaft insgesamt, sondern auch die des eingesetzten Eigenkapitals.   3

4 Die Berichtspflicht über den Gang der Geschäfte (Nr. 3), sog. **Quartalsberichte** (vgl. unten Rdn. 12), soll dem Aufsichtsrat einen Einblick in den gesamten operativen Tätigkeitsbereich der Gesellschaft ermöglichen.

5 Die Berichtspflicht erstreckt sich nach Abs. 1 Satz 2 bei einer im Unternehmensverbund stehenden Gesellschaft auch auf »grundsätzliche« Fragen bei Tochterunternehmen und Gemeinschaftsunternehmen. Diese Berichtspflicht wird nicht durch ein entsprechendes Informationsrecht des Vorstands begleitet; der Vorstand der Muttergesellschaft wird aber dennoch im Interesse der Erfüllung der Berichtspflicht für verpflichtet gehalten, sich die notwendige Information im Rahmen des Zumutbaren zu beschaffen (*Schwark* ZHR-Beiheft 71, 2001, 75).

II. Sonderberichte

1. Geschäfte von erheblicher Bedeutung

6 Berichtspflichtig ist der Vorstand über solche Geschäfte, die für die **Rentabilität oder Liquidität** der AG von erheblicher Bedeutung sein können (Abs. 1 Satz 1 Nr. 4). Darunter können insbesondere der Erwerb oder die Veräußerung von Unternehmen oder Unternehmensteilen, der Beteiligungserwerb und die Übernahme größerer Aufträge fallen. Die Berichterstattung hat so rechtzeitig vor Abschluss des Geschäfts zu erfolgen (Abs. 2 Nr. 4), dass der Aufsichtsrat »möglichst« eine Gelegenheit zur Stellungnahme hat. Der Vorstand hat deshalb vor Ausführung des Geschäfts grundsätzlich die Stellungnahme des Aufsichtsrats abzuwarten. Im Einzelfall kann sie mit den pflichtgemäßen Leitungsaufgaben des Vorstands kollidieren; ausnahmsweise kann dann die Maßnahme ohne die vorhergehende Stellungnahme des Aufsichtsrats vom Vorstand beschlossen und erforderlichenfalls auch ausgeführt werden.

2. Anlassberichte

7 Neben den Regelberichten trifft den Vorstand nach Abs. 1 Satz 3 eine Pflicht zur Erstattung von Sonderberichten aus wichtigem Anlass. Damit sind vor allem solche Vorgänge gemeint, die sich **nachteilig auf die AG auswirken** können. Berichtspflichtig können danach insbesondere sein der Beginn von Arbeitskampfmaßnahmen, besondere Geschäftsvorfälle, erhebliche Betriebsstörungen, Verwicklung der Gesellschaft in bedeutende Rechtsstreitigkeiten und Liquiditätsengpässe. Wichtiger Berichtsanlass kann sowohl ein Vorfall bei der Gesellschaft selbst als auch ein Vorfall bei einem verbundenen Unternehmen sein, Abs. 1 Satz 2.

8 Die Berichterstattung hat in diesem Fall nur an den **Vorsitzenden des Aufsichtsrats** zu erfolgen. Auf diese Weise trägt der Gesetzgeber dem in solchen Fällen regelmäßig gegebenen Eilbedürfnis Rechnung. Der Vorsitzende hat sodann nach pflichtgemäßem Ermessen über das weitere Vorgehen zu befinden. Die anderen Mitglieder des Aufsichtsrats sind über Anlassberichte nach § 93 Abs. 1 Satz 3 AktG spätestens in der nächsten regelmäßigen Sitzung des Gremiums vom Vorsitzenden zu unterrichten, Abs. 5 Satz 3 (bei dem dortigen Hinweis auf Abs. 1 Satz 2 handelt es sich um ein gesetzgeberisches Redaktionsversehen).

III. Anforderungsberichte

9 Abs. 3 Satz 1 gibt dem Aufsichtsrat als Gesamtgremium das Recht, Berichte über Angelegenheiten der Gesellschaft anzufordern. Die inhaltliche Überschneidung mit den Regelberichten nach Abs. 1 ist vom Gesetzgeber gewollt, um dem Aufsichtsrat einen eigenständig einforderbaren Informationsanspruch gegenüber dem Vorstand zu geben, mit dem der Aufsichtsrat seine Überwachungsaufgabe effektivieren kann. Die Berichtspflicht des Vorstands ist durch die Gesetzesfassung thematisch breit angelegt; sie setzt ein vom Aufsichtsrat **hinreichend präzisiertes Berichtsthema** voraus. Außerdem setzt das Anforderungsrecht des Gesamtaufsichtsrats im Unterschied zum Anforderungsrecht des einzelnen Aufsichtsratsmitglieds einen **Beschluss des Aufsichtsrats** voraus; eine förmliche Pflicht zum Nachweis eines solchen Beschlusses verlangt § 90 AktG nicht.

Nach Abs. 3 Satz 2 hat auch das einzelne Mitglied des Aufsichtsrats ein Recht, Vorstandsberichte anzufordern. Dafür bedarf es keiner vorhergehenden Beschlussfassung durch das Gesamtgremium; auf diese Weise ist das Recht, Anforderungsberichte zu verlangen, unabhängig von den Mehrheitsverhältnissen im Aufsichtsrat. Thematische Einschränkungen sieht das Gesetz insofern nicht vor. Aus der Rechtsmissbrauchsschranke folgt, dass Berichtsanforderungen nicht zur Unzeit, nicht in übertriebenen Umfang und nicht zu einer unnötigen Behinderung der Vorstandsarbeit erfolgen dürfen (*Manger* NZG 2010, 1255). Der Vorstand ist verpflichtet, den vom einzelnen Mitglied des Aufsichtsrats angeforderten Bericht nur dem Gesamtgremium zu erstatten.

IV. Vorlageberichte

Neben den Berichtspflichten des § 90 AktG sieht das AktG in besonderen Zusammenhängen spezifische Berichtspflichten vor. Sie betreffen insbesondere die Vorlage des Jahresabschlusses (§ 170 AktG), den Gewinnverwendungsvorschlag (§ 176 AktG) und Sonderprüfungsberichte (§ 142 AktG) sowie Berichtspflichten zur Vorbereitung der Beschlussfassung des Aufsichtsrats über zustimmungspflichtige Geschäfte nach § 111 Abs. 4 Satz 2 AktG.

C. Zeitpunkt der Berichterstattung, Abs. 2

Über den Zeitpunkt der Berichterstattung an den Aufsichtsrat enthält das Gesetz nur wenig präzise Regelungen. Der Regelbericht zur Geschäftspolitik nach Abs. 1 Nr. 1 ist mindestens **einmal jährlich** vorzulegen, Abs. 2 Nr. 1. Der Zeitpunkt innerhalb des Jahres wird nicht näher bestimmt. Der Aufsichtsrat kann dem Vorstand in einer Informationsordnung nähere Vorgaben machen. Der Rentabilitätsbericht ist in der Sitzung des Aufsichtsrats über den Jahresabschluss zu erstatten, Abs. 2 Nr. 2. Die sog. **Quartalsberichte** i. S. d. Abs. 1 Satz 1 Nr. 3 sind mindestens **vierteljährlich** vorzulegen, Abs. 2 Nr. 3; auch insofern enthält das Gesetz keine konkretisierende Zeitangabe. Zum Sondergeschäftsbericht nach Abs. 1 Satz 1 Nr. 4 vgl. oben Rdn. 6.

D. Inhalt und Form der Berichterstattung, Abs. 4

Dass die Berichte des Vorstands einer »gewissenhaften und getreuen Rechenschaft« zu entsprechen haben, bedeutet vor allem, dass diese **vollständig und wahr** zu sein haben. Nähere Angaben zu Aufbau und Inhalt der Berichte sieht das Gesetz angesichts der Vielgestaltigkeit der Sachverhalte aus gutem Grund nicht vor. Der DCGK sieht in Nr. 4.3. S. 3 vor, dass der Aufsichtsrat nähere Festlegungen für den Vorstand treffen soll. Zu fordern ist, dass die im Bericht angeführten Umstände und Daten erläutert werden; dies ist eine jedenfalls grundsätzlich an einen Bericht zu stellende Anforderung. Konkrete Einzelheiten sind wiederum von Gesetzes wegen nicht festgelegt.

Grenzen für den Inhalt und Umfang der Berichtspflicht sind vom Gesetzgeber nicht explizit angesprochen. Sie ergeben sich aus den dem Aufsichtsrat funktionell zugewiesenen Aufgaben der Überwachung, Beratung und Mitwirkung. Enge Grenzen werden damit erkennbar nicht gezogen. Deshalb entspricht es allgemeiner Auffassung, dass die Verweigerung von Berichtsinhalten nur in Fällen offensichtlichen Missbrauchs berechtigt ist (*Lücke/Klose* Vorstand der AG, § 4 Rn. 93). Geheimhaltungsinteressen rechtfertigen es nicht, dass der Vorstand entscheidungserhebliche Informationen zurückhält; der Aufsichtrat muss alles wissen, was der Vorstand weiß und was er braucht, um seine Aufgaben ordnungsgemäß wahrzunehmen (statt aller *Lutter,* Information und Vertraulichkeit im Aufsichtsrat, 3. Aufl. 2006, Rn. 130). Zur Wahrung gebotener Vertraulichkeit wird der Vorstand für berechtigt angesehen, statt vorab textförmig (Rdn. 15) erst mündlich in der Aufsichtsratssitzung zu berichten (vgl. Begr. RegE TransPuG, BT-Drucks. 14/8769, 15; *Hüffer/Koch* AktG § 90 Rn. 13).

Die Berichte sind in der Regel **in Textform** zu erstatten. Die Erklärung ist deshalb nach § 126b BGB in einer Urkunde oder in einer anderen zur dauerhaften Wiedergabe in Schriftzeichen geeigneten Weise abzugeben; die Person des Erklärenden muss genannt und der Abschluss der Erklärung durch Nachbildung der Namensunterschrift oder anders erkennbar gemacht werden. Die Berichterstattung kann danach insbesondere auch durch **E-Mail** erfolgen, wenn die Mitglieder des Aufsichtsrats damit ihr Einverständnis erklärt haben; dieses Einverständnis liegt regelmäßig bereits in der Mitteilung der E-Mail-Anschrift.

16 Der Bericht aus wichtigem Anlass nach Abs. 3 ist vom Schriftformerfordernis nach Abs. 4 Satz 2 ausgenommen. Die Regelung nimmt auf die regelmäßig gegeben besondere Eilbedürftigkeit Rücksicht.

E. Information innerhalb des Aufsichtsrats, Abs. 5

17 Da die Berichte dem Vorstand zu erstatten sind, genügt der Vorstand im Regelfall der textförmigen Berichterstattung seinen Pflichten, wenn die Berichte dem Vorsitzenden des Aufsichtsrats zugeleitet werden. Das einzelne Mitglied des Aufsichtsrats hat ein Recht auf Kenntnisnahme des Berichts (Abs. 5 Satz 1) und es kann mangels anderweitiger Beschlusslage im Aufsichtsrat verlangen, dass ihm der Bericht zugeleitet wird (Abs. 5 Satz 2). Zur Rechtslage bei Anlassberichten vgl. schon oben Rdn. 7 f.

§ 91 Organisation; Buchführung

(1) Der Vorstand hat dafür zu sorgen, daß die erforderlichen Handelsbücher geführt werden.

(2) Der Vorstand hat geeignete Maßnahmen zu treffen, insbesondere ein Überwachungssystem einzurichten, damit den Fortbestand der Gesellschaft gefährdende Entwicklungen früh erkannt werden.

Übersicht	Rdn.		Rdn.
A. Regelungszweck................	1	C. Risikofrüherkennung und Einrichtung eines Überwachungssystems........	4
B. Buchführungspflicht.............	2	D. Compliancepflicht................	10

A. Regelungszweck

1 Die Vorschrift konkretisiert zwei unterschiedliche Elemente der in § 76 Abs. 1 AktG geregelten Leitungsaufgaben des Gesamtvorstands. Sie betrifft in Abs. 1 die handelsrechtliche Buchführungspflicht. In Abs. 2 werden Anforderungen an die durch den Vorstand zu verantwortender Unternehmensorganisation gestellt. Mit der Verpflichtung zur Einrichtung eines Überwachungssystems werden Standards der Unternehmensorganisation gefordert, die eine **Früherkennung bestandsgefährdender Entwicklungen** für die AG ermöglichen soll (RegBegr. zu § 91 Abs. 2, BT-Drucks. 13/9712, S. 15).

B. Buchführungspflicht

2 Die Pflicht zur Führung von Handelsbüchern ergibt sich aus §§ 238 Abs. 1, 6 Abs. 1 HGB, § 3 Abs. 1 AktG. Es ist dies eine Pflicht der AG, für die der Vorstand nach der klarstellenden Regelung in § 91 Abs. 1 AktG die Gesamtverantwortung trägt. Diese Gesamtverantwortung besteht im mehrgliedrigen Vorstand auch dann, wenn die Geschäftsverteilung die Buchführung dem Finanzvorstand als Führungsaufgabe zuweist. Die rechtliche Gesamtverantwortung des Vorstands für die Buchführung ist – anders als ihre technische Durchführung – nach § 91 Abs. 1 AktG nicht delegierbar.

3 Die **schuldhafte Verletzung** der Buchführungspflicht kann eine Schadensersatzpflicht des Vorstands nach § 93 AktG gegenüber der AG und ggf. auch gegenüber Dritten auslösen (vgl. § 93 AktG Rdn. 36). Ferner können strafrechtliche Sanktionen für die Verletzung von Buchführungspflichten ausgelöst werden, § 331 HGB, § 400 AktG, §§ 283 Abs. 1 Nr. 5 bis 7, 283b StGB.

C. Risikofrüherkennung und Einrichtung eines Überwachungssystems

Die durch das »Gesetz zur Kontrolle und Transparenz im Unternehmensbereich« vom 27.04.1998 eingeführte Regelung des § 91 Abs. 2 AktG hat einen hybriden Charakter; sie verknüpft eine gesetzliche Zielvorgabe mit einer Rechts- und Organisationspflichtenregelung. Die Zielvorgabe, den Fortbestand der Gesellschaft gefährdende Entwicklung frühzeitig zu erkennen, wird mit der Pflicht verbunden, dafür geeignete Maßnahmen zu treffen, insbesondere ein Überwachungssystem einzurichten. Die Einrichtung eines Risikofrüherkennungssystems stellt eine besondere Ausprägung der unternehmerischen Leitungs- und Sorgfaltspflicht gem. §§ 76, 93 AktG dar; deswegen kann der Vorstand den nach § 92 Abs. 1 Satz 2 AktG geschützten unternehmerischen Ermessensspielraum für sich in Anspruch nehmen (MüKo AktG/*Spindler*, § 91 Rn. 17). Begleitend regelt § 317 Abs. 4 HGB für börsennotierte Gesellschaften, dass die Abschlussprüfung sich darauf zu beziehen hat, ob die Vorstände die ihm nach § 91 Abs. 2 obliegenden Maßnahmen in geeigneter Form getroffen und ob das danach einzurichtende Überwachungssystem seine Aufgaben erfüllen kann; Mängel sind ggf. in einem besonderen Teil des Prüfungsberichts darzustellen, § 312 Abs. 4 HGB. Weitere Sonderregelung bestehen im Banken- und Versicherungssektor (§§ 25a KWG, 33 Abs. 1 WpHG, 64a VAG). Inhalt und Reichweite des Normbefehls werden mit der Verpflichtung »geeignete Maßnahmen zu treffen, insbesondere ein Überwachungssystem einzurichten«, nur vage umschrieben. Deshalb ist sorgfältig zu differenzieren zwischen einem betriebswirtschaftlich wünschenswerten, möglichst umfassenden Risikomanagementsystem und dem was nach § 91 Abs. 2 AktG rechtlich geboten ist.

4

Die Zielsetzung der Risikofrüherkennung betrifft im Zusammenhang mit den Pflichten des § 91 Abs. 2 nur **bestandsgefährdende Entwicklungen**. Damit sind Risiken gemeint, die wesentliche nachteilige Veränderungen der Vermögens-, Ertrags- oder Finanzlage der Gesellschaft zur Folge haben können (RegE KonTraG BT-Drucks. 13/9712, S. 7). Der sorgfaltspflichtengemäß handelnde Vorstand hat gem. §§ 76, 93 nicht nur diese Risiken bei seinen Leitungsentscheidungen in Betracht zu ziehen (vgl. Erl. zu § 76 AktG Rdn. 35 ff.); bestandsgefährdende Entwicklungen haben aber ausweislich von § 91 Abs. 2 AktG deswegen eine besondere Bedeutung für die Risikoprophylaxe, weil sie ein Insolvenzrisiko der Gesellschaft mit sich bringen (Spindler/Stilz/*Fleischer* AktG, § 91 Rn. 32). Die Bezugnahme auf Entwicklungen erlaubt keine Beschränkung der Risikobetrachtung und -bewertung für einen bestimmten Zeitpunkt, sondern erfasst Veränderungen im Zeitablauf, ohne dass eine Einschränkung hinsichtlich der dafür maßgeblichen Ursachen vorgesehen sind. Ausgehend von einer Risikolage zum Ausgangszeitpunkt sind Veränderungen, die sich aus der Entwicklung durch Entscheidungen des Unternehmens, der Markt- und Wettbewerbsverhältnisse aber auch der konjunkturellen Situation in Betracht zu ziehen. Die Aufnahme einer riskanten Geschäftstätigkeit (z. B. Derivatehandel; RegE KonTraG BT-Drucks. 13/9712, S. 15) ist deshalb ebenso beachtlich wie die Fortführung einer ursprünglich risikoarmen Entscheidung unter sich verändernden Umständen (z. B. Investitions- und Exportrisiken unter sich verändernden politischen oder wirtschaftlichen Umständen). Die Bestandsgefährdung wird regelmäßig aus der Summe der Einzelentscheidungen resultieren; deswegen ist fortlaufend ein Vergleich der geplanten Unternehmenskennzahlen mit den tatsächlich erreichten Werten vorzunehmen (MüKo AktG/*Spindler*, § 91 Rn. 22). Die gesetzliche Zielsetzung bezieht sich auf eine frühzeitige Erkennung der Risiken. Damit soll erreicht werden, dass der Vorstand durch rechtzeitige Kenntnis von Risiken geeignete Maßnahmen einleiten kann, die eine bestandsgefährdende Entwicklung verhindern oder einer bereits eingetretene Entwicklung entgegenwirken (RegE KonTraG BT-Drucks. 13/9712, S. 15).

5

Der Gesetzgeber verlangt vom Vorstand, geeignete Maßnahmen zur Früherkennung existenzgefährdender Entwicklungen zu treffen und insbesondere ein Überwachungssystem einzurichten (*Hüffer/Koch* AktG, § 91 Rn. 7). Welche Maßnahmen der Vorstand ergreift, hängt von der jeweiligen Risikosituation des einzelnen Unternehmens ab und unterliegt seinem pflichtgemäß auszuübenden Leitungsermessen. Dabei verpflichtet der Gesetzgeber den Vorstand nicht, ein umfassendes Risikomanagement vorzunehmen (*Dreher* FS Hüffer, 2010, 161; Spindler/Stilz/*Spindler* AktG, § 91 Rn. 34; a. A. *Lohse* Unternehmerisches Ermessen, 2005, 428 ff.), und schon gar nicht dazu, ein bestimmtes betriebswirtschaftliches Risikomanagementsystem zu etablieren (MüKo AktG/*Spindler*,

6

§ 91 Rn. 27). Dementsprechend heißt es auch in der Begründung Bilanzmodernisierungsgesetz, dass es dem Vorstand vorbehalten ist, über das »Ob« und »Wie« eines umfassenden internen Risikomanagementsystems zu entscheiden (Begr. RegE BilMoG, BT-Drucks. 16/10067, S. 102). Deshalb begründen auch die Offenlegungspflichten gem. § 289 Abs. 5 HGB keine Pflicht zur Einführung eines Risikomanagementsystems (*Hauptmann/Nowak* Konzern 2008, 426). Regelmäßig sind die zu ergreifenden Maßnahmen im Bereich des Controllings und der internen Revision anzusiedeln. Die konkreten Maßnahmen sind in Abhängigkeit von der Größe und Struktur des jeweiligen Unternehmens und damit kaum verallgemeinerungsfähig sind (näher Hdb VorstR/*Fleischer*, § 19 Rn. 17 f.). Dennoch lässt sich nicht generalisierend feststellen, dass etwa in mittelständisch aufgestellten Unternehmen regelmäßig weniger strenge Anforderungen an ein angemessenes Risikoüberwachungssystem zu stellen sind (*v. Marnitz*, Compliance-Management für mittelständische Unternehmen, 2012, 77). Der Vorstand in solchen Unternehmen verfügt über keinen Risikofreiraum. Dem (an absoluten Zahlen gemessenen) geringeren Ausmaß der eingegangenen Risiken wird regelmäßig ein geringerer »Risikopuffer« des Unternehmens gegenüberstehen, sodass die Zielvorgabe der Bestandsgefährdung schneller erreicht werden kann. Jenseits betriebswirtschaftlicher Rationalität wird es deshalb vielfach, wenn nicht regelmäßig auch rechtlich unumgänglich sein, ein Software-gestütztes Risikomanagement-Informationssystem (RMIS) einzurichten (dazu *Pauli/Albrecht* CCZ 2014, 17).

7 Wird ein bestimmtes Modell eingeführt, ist der Vorstand nicht von der Pflicht zur fortlaufenden Überwachung und Kontrolle der Geeignetheit und Einhaltung der Anforderungen des Systems entbunden. Der entwicklungsbezogenen Risikofrüherkennungspflicht entspricht in § 91 Abs. 2 ein Risikomanagement, das gleichfalls entwicklungsbezogen angelegt ist. Risikomanagement stellt eine den Vorstand treffende Daueraufgabe dar (BGH, Urt. v. 07.11.1994 – II ZR 270/93; Z 127, 336, 347).

8 Die Pflicht zur Risikofrüherkennung und zur Bestandssicherung entspringt im Kern der organschaftlichen Leitungs- und Sorgfaltspflicht des Vorstands gem. §§ 76, 93 AktG. Sie ist deshalb vom Vorstand als Organ und damit gesamtverantwortlich zu erfüllen (vgl. Erl. zu § 76 AktG Rdn. 36). Eine **arbeitsteilige Organisation** im Vorstand wird dadurch nicht ausgeschlossen; die nicht ressortzuständigen Vorstandsmitglieder bleiben durch eine Auswahl- und Überwachungspflicht verantwortlich (Spindler/Stilz/*Fleischer* AktG, § 91 Rn. 37). Der Gesetzgeber schreibt in § 91 Abs. 2 keine bestimmte Zuständigkeit für die Risikoerfassung und die Organisation des Risikomanagements vor. Der Vorstand kann deshalb über eine **Pflichtendelegation** auf in der Leitungshierarchie nachgeordnete Ebenen im Unternehmen in Ausübung seines Leitungsermessens nach pflichtgemäßem Ermessen entscheiden (vgl. Erl. zu § 76 AktG Rdn. 36). Dabei kann hinsichtlich der gebotenen Risikofrüherkennung keine befreiende Pflichtendelegation erfolgen. Dem Vorstand verbleibt im Rahmen seiner Allzuständigkeit hinsichtlich der Leitungsaufgaben jedenfalls die Pflicht zur sorgfältigen Auswahl, Einweisung, Information und Überwachung (BGH, Urt. v. 07.11.1994 – II ZR 270/93; Z 127, 336, 347). Art und Umfang der erforderlichen Kontrolle sind nicht abstrakt generell vorgegeben, sondern mit Rücksicht auf die Art und Größe der mit der jeweiligen Geschäftstätigkeit verbundenen Risiken zu bestimmen. Im Hinblick auf die Entwicklung der Risikobewertung unter den sich verändernden Markt- und Wettbewerbssituationen gehört zu den Vorstandsaufgaben die Gewährleistung einer fortlaufenden Schulung des Personals (MüKo AktG/*Spindler*, § 91 Rn. 19).

9 Das nach § 91 Abs. 2 gebotene Risikomanagement betrifft die Überwachung von bestandsgefährdenden Risiken und erfordert in der Regel organisatorische Maßnahmen der Risikofrüherkennung und -bewältigung. Der Abschluss von Versicherungen ist deshalb keine Frage der aus § 91 Abs. 2 ableitbaren Vorstandspflichten, sondern eine Frage der sich aus § 93 ergebenden Sorgfaltspflichten. Die Eindeckung von Versicherungen kann nicht nur geeignet, sondern nach kaufmännischer Sorgfalt auch geboten sein, um erkannte Risiken zu bewältigen.

D. Compliancepflicht

10 Die Compliance-Verpflichtung ist Ausdruck der im Ausgangspunkt selbstverständlichen Pflicht des Vorstands, dafür zu sorgen, dass sich die Gesellschaft rechtmäßig verhält und ihren gesetzlichen

Verpflichtungen nachkommt (**sog. Legalitätspflicht**; vgl. bereits Erl. zu § 76 AktG Rdn. 37; BGH, Urt. v. 10.07.2012 – VI ZR 341/10; Z 194, 26 Tz. 26; BGH, Urt. v. 15.10.1996 – VI ZR 319/95; Z 133, 370, 375; BGH, Urt. v. 28.04.2008 – II ZR 264/06; Z 176, 204 Tz. 38; KölnKomm AktG/*Mertens/Cahn* § 93 Rn. 71; MünchKommAktG/*Spindler* § 93 Rn. 63 f.; *Verse* ZHR 175, 2011, 401, 403 ff.). Sie hat im AktG keine ausdrückliche Regelung gefunden, findet aber in § 91 Abs. 2 sowie entsprechenden bereichsspezifischen Vorschriften konkretisierenden Ausdruck (vgl. KölnKomm AktG/*Mertens/Cahn*, § 91 Rn. 34). Die Compliance-Pflicht verleiht der Legalitätspflicht im Kontext gesellschaftsrechtlich organisierter Körperschaften spezifische Gestalt, indem sowohl die für die AG handelnden Organe zu eigenem rechtstreuem Verhalten als auch dazu verpflichtet werden, dafür zu sorgen, dass die Legalitätspflicht von allen Mitarbeitern beachtet wird. Die Compliance-Pflicht als gesellschaftsrechtlich adaptierte Legalitätspflicht begründet vor allem Organisationspflichten. Der Vorstand hat die erforderlichen und geeigneten organisatorischen Vorkehrungen und Maßnahmen zu treffen, die gewährleisten, dass sich das Unternehmen, seine Organe und Mitarbeiter gesetzestreu verhalten. Die Compliance-Pflicht lässt sich systematisch in Teilpflichten aufgliedern, zu denen insbesondere die Pflicht zur Einrichtung eines Systems, mit dem – präventiv – Legalitätsverstöße möglichst vermieden (Compliance-Organisationspflicht) und die Beachtung der Legalitätspflicht kontrolliert werden (Compliance-Kontrollpflicht) sowie – repressiv – begangene Verletzungen der Legalitätspflicht aufgedeckt, abgestellt und sanktioniert werden. Im Rahmen seiner Legalitätspflicht hat ein Vorstandsmitglied durch eine auf Schadensprävention angelegte Complianceorganisation und Risikokontrolle angelegte Complianceorganisation dafür Sorge zu tragen, dass das Unternehmen so organisiert und beaufsichtigt wird, dass keine Gesetzesverstöße wie Schmiergeldzahlungen erfolgen (LG München I, Urt. v. 10.12.2013 - 5HK = 1387/10, AG 2014, 332; dazu *Simon/Merkelbach* AG 2014, 318).

Die Compliance-Pflicht ist eine gesellschaftsrechtlich konkretisierte und zugleich limitierte Rechtspflicht. Den Vorstand trifft die Compliance-Pflicht im Rahmen seiner Sorgfaltspflichten gem. § 93; er hat somit nur die erforderlichen und zumutbaren Maßnahmen zu treffen und genießt haftungsrechtlich den Schutz gem. § 93 Abs. 1 Satz 2 AktG (vgl. Erl. zu § 93 AktG Rdn. 6). Eine jede Unternehmenstätigkeit erfassende Organisationspflicht wird dem Vorstand deshalb ebenso wenig abverlangt wie eine umfassende Kontrollpflicht. Der Vorstand verfügt über ein pflichtgemäß auszuübenden Spielraum bei seinen Organisations- und Kontrollermessensentscheidungen und -maßnahmen. Für Art und Umfang der Compliance-Pflichten, der Möglichkeit zur Delegation der Pflichten und der dabei bestehenden Überwachungsaufgaben gelten die zu § 91 Abs. 2 AktG genannten Grundsätze des spezifischen Risikomanagements als prototypisch; sie lassen sich für das Compliancemanagement verallgemeinern (vgl. Erl. Rdn. 4 ff.). 11

Bei Verstößen gegen die Compliance-Pflichten haften die Vorstandsmitglieder gesamtschuldnerisch gem. § 93 Abs. 2 Satz 1 AktG. Bei die Nichtbeachtung der Pflichten gem. § 91 Abs. 2 AktG gilt dies in gleicher Weise. Die Nichtbeachtung der Compliance-Pflichten kann ein Grund zur Abberufung und fristlosen Kündigung sein (*Preußer/Zimmermann* AG 2002, 657). 12

§ 92 Vorstandspflichten bei Verlust, Überschuldung oder Zahlungsunfähigkeit

(1) Ergibt sich bei Aufstellung der Jahresbilanz oder einer Zwischenbilanz oder ist bei pflichtmäßigem Ermessen anzunehmen, daß ein Verlust in Höhe der Hälfte des Grundkapitals besteht, so hat der Vorstand unverzüglich die Hauptversammlung einzuberufen und ihr dies anzuzeigen.

(2) [1]Nachdem die Zahlungsunfähigkeit der Gesellschaft eingetreten ist oder sich ihre Überschuldung ergeben hat, darf der Vorstand keine Zahlungen leisten. [2]Dies gilt nicht von Zahlungen, die auch nach diesem Zeitpunkt mit der Sorgfalt eines ordentlichen und gewissenhaften Geschäftsleiters vereinbar sind. [3]Die gleiche Verpflichtung trifft den Vorstand für Zahlungen an Aktionäre, soweit diese zur Zahlungsunfähigkeit der Gesellschaft führen mussten, es sei denn, dies war auch bei Beachtung der in § 93 Abs. 1 Satz 1 bezeichneten Sorgfalt nicht erkennbar.

§ 93 AktG Sorgfaltspflicht und Verantwortlichkeit der Vorstandsmitglieder

1 Für die in der Krise befindliche AG sieht das AktG verschiedene Regelungen vor. Im weiteren Sinn gehört dazu zunächst die Regelung des § 91 Abs. 2 AktG, mit der eine Pflicht des Vorstands zur Einrichtung eines Systems der Risikofrüherkennung geschaffen wurde (vgl. § 91 Abs. 2 AktG, dort Rdn. 4). § 92 AktG sieht Regelungen vor, die im Fall des Verlusts i. H. d. Hälfte des Eigenkapitals die Pflicht vorsieht, die Hauptversammlung einzuberufen und dieser den Verlust anzuzeigen. Der Sinn dieser **Pflicht zur Information und Einberufung der Aktionäre** besteht darin, dass die Aktionäre in die Lage versetzt werden, geeignete Krisenreaktionsmaßnahmen, insbesondere Maßnahmen der Kapitalveränderung (§§ 182 ff., 229 ff. AktG) zu beschließen. Wird nach Einberufung der Versammlung ein Verlustausgleich erreicht, kann der Vorstand pflichtgemäß über die nachträgliche Absage der außerordentlichen Hauptversammlung entscheiden (*Göcke* AG 2014, 119).

2 Die Regelung entspricht den Parallelvorschriften des GmbHG, auf die an dieser Stelle verwiesen wird. Zu § 92 Abs. 1 AktG findet sich die Parallelvorschrift in § 49 Abs. 3 GmbHG (vgl. § 49 GmbHG Rdn. 10 f.). Die bisher in der Regelung des § 92 Abs. 2 enthaltene **Insolvenzantragspflicht** wurde durch das MoMiG rechtsformneutral gestaltet und ist nunmehr auch für die AG in § 15a InsO geregelt (vgl. BT-Drucks. 16/6140, S. 55). Die bisherige Regelung in Abs. 2 a. F. ist deshalb entfallen.

3 Das Zahlungsverbot des Abs. 2 soll sicherstellen, dass noch vorhandenes Gesellschaftsvermögen zur gleichmäßigen und ranggerechten Befriedigung der Gesellschaftsgläubiger erhalten bleibt (BGH, Urt. v. 08.01.2001 – II ZR 88/99; Z 146, 264, 265; BGH, Urt. v. 29.11.1999 – II ZR 273/98; Z 143, 184, 186). Es gilt nach Wortlaut und Zweck der Vorschrift ab dem Eintritt der Insolvenzreife (BGH, Urt. v. 16.03.2009 – II ZR 280/07 BB 2009, 1207, 1208; BGH, Urt. v. 24.05.2005 – IX ZR 123/04; Z 163, 134, 141). Der Vorstand hat das Gesellschaftsvermögen im Interesse der Gesellschaftsgläubiger auch dann zu sichern, wenn er wegen laufender Sanierungsbemühungen innerhalb der längstens dreiwöchigen Frist des § 15a Abs. 1 Satz 1 InsO noch keinen Antrag auf Eröffnung des Insolvenzverfahrens zu stellen hat. Die Verletzung der Pflicht zur Massesicherung ist für den Vorstand gem. §§ 116 Satz 1, 93 Abs. 3 Nr. 6 und für den Aufsichtsrat einer eigenen Überwachungsverpflichtung (BGH, Urt. v. 16.03.2009 – II ZR 280/07; BB 2009, 1207, 1208) gem. § 111 Satz 1 sanktioniert.

4 Neben den aktienrechtlichen Verpflichtungen des § 92 AktG sind ggf. **kapitalmarktrechtliche Verpflichtungen** zu beachten. Hervorzuheben ist insbesondere, dass im Anwendungsbereich des WpHG gem. der sog. **ad-hoc-Publizitätsregel** des § 15 Abs. 1 Satz 1 WpHG bestimmte Insiderinformationen unverzüglich zu veröffentlich sind (dazu *Assmann/Schneider* WpHG § 15 Rn. 51 ff., § 13 Rn. 67 f.). Eine Befreiung von der Veröffentlichungspflicht nach dem WpHG besteht gem. § 15 Abs. 3; die Pflicht zur Einberufung der Hauptversammlung nach dem AktG bleibt davon unberührt.

§ 93 Sorgfaltspflicht und Verantwortlichkeit der Vorstandsmitglieder

(1) ¹Die Vorstandsmitglieder haben bei ihrer Geschäftsführung die Sorgfalt eines ordentlichen und gewissenhaften Geschäftsleiters anzuwenden. ²Eine Pflichtverletzung liegt nicht vor, wenn das Vorstandsmitglied bei einer unternehmerischen Entscheidung vernünftigerweise annehmen durfte, auf der Grundlage angemessener Information zum Wohle der Gesellschaft zu handeln. ³Über vertrauliche Angaben und Geheimnisse der Gesellschaft, namentlich Betriebs- oder Geschäftsgeheimnisse, die den Vorstandsmitgliedern durch ihre Tätigkeit im Vorstand bekanntgeworden sind, haben sie Stillschweigen zu bewahren. ⁴Die Pflicht des Satzes 3 gilt nicht gegenüber einer nach § 342b des Handelsgesetzbuchs anerkannten Prüfstelle im Rahmen einer von dieser durchgeführten Prüfung.

(2) ¹Vorstandsmitglieder, die ihre Pflichten verletzen, sind der Gesellschaft zum Ersatz des daraus entstehenden Schadens als Gesamtschuldner verpflichtet. ²Ist streitig, ob sie die Sorgfalt eines ordentlichen und gewissenhaften Geschäftsleiters angewandt haben, so trifft sie die Beweislast. ³Schließt die Gesellschaft eine Versicherung zur Absicherung eines Vorstandsmitglieds gegen

Risiken aus dessen beruflicher Tätigkeit für die Gesellschaft ab, ist ein Selbstbehalt von mindestens 10 Prozent des Schadens bis mindestens zur Höhe der Eineinhalbfachen der festen jährlichen Vergütung des Vorstandsmitglieds vorzusehen.

(3) Die Vorstandsmitglieder sind namentlich zum Ersatz verpflichtet, wenn entgegen diesem Gesetz
1. Einlagen an die Aktionäre zurückgewährt werden,
2. den Aktionären Zinsen oder Gewinnanteile gezahlt werden,
3. eigene Aktien der Gesellschaft oder einer anderen Gesellschaft gezeichnet, erworben, als Pfand genommen oder eingezogen werden,
4. Aktien vor der vollen Leistung des Ausgabebetrags ausgegeben werden,
5. Gesellschaftsvermögen verteilt wird,
6. Zahlungen entgegen § 92 Abs. 2 geleistet werden,
7. Vergütungen an Aufsichtsratsmitglieder gewährt werden,
8. Kredit gewährt wird,
9. bei der bedingten Kapitalerhöhung außerhalb des festgesetzten Zwecks oder vor der vollen Leistung des Gegenwerts Bezugsaktien ausgegeben werden.

(4) ¹Der Gesellschaft gegenüber tritt die Ersatzpflicht nicht ein, wenn die Handlung auf einem gesetzmäßigen Beschluß der Hauptversammlung beruht. ²Dadurch, daß der Aufsichtsrat die Handlung gebilligt hat, wird die Ersatzpflicht nicht ausgeschlossen. ³Die Gesellschaft kann erst drei Jahre nach der Entstehung des Anspruchs und nur dann auf Ersatzansprüche verzichten oder sich über sie vergleichen, wenn die Hauptversammlung zustimmt und nicht eine Minderheit, deren Anteile zusammen den zehnten Teil des Grundkapitals erreichen, zur Niederschrift Widerspruch erhebt. ⁴Die zeitliche Beschränkung gilt nicht, wenn der Ersatzpflichtige zahlungsunfähig ist und sich zur Abwendung des Insolvenzverfahrens mit seinen Gläubigern vergleicht oder wenn die Ersatzpflicht in einem Insolvenzplan geregelt wird.

(5) ¹Der Ersatzanspruch der Gesellschaft kann auch von den Gläubigern der Gesellschaft geltend gemacht werden, soweit sie von dieser keine Befriedigung erlangen können. ²Dies gilt jedoch in anderen Fällen als denen des Absatzes 3 nur dann, wenn die Vorstandsmitglieder die Sorgfalt eines ordentlichen und gewissenhaften Geschäftsleiters gröblich verletzt haben; Absatz 2 Satz 2 gilt sinngemäß. ³Den Gläubigern gegenüber wird die Ersatzpflicht weder durch einen Verzicht oder Vergleich der Gesellschaft noch dadurch aufgehoben, daß die Handlung auf einem Beschluß der Hauptversammlung beruht. ⁴Ist über das Vermögen der Gesellschaft das Insolvenzverfahren eröffnet, so übt während dessen Dauer der Insolvenzverwalter oder der Sachwalter das Recht der Gläubiger gegen die Vorstandsmitglieder aus.

(6) Die Ansprüche aus diesen Vorschriften verjähren bei Gesellschaften, die zum Zeitpunkt der Pflichtverletzung börsennotiert sind, in zehn Jahren, bei anderen Gesellschaften in fünf Jahren.

Übersicht

	Rdn.		Rdn.
A. Übersicht	1	I. Voraussetzungen	14
B. Verhaltens- und Sorgfaltsmaßstab, Abs. 1	3	II. Solidarische Haftung der Vorstandsmitglieder	23
I. Grundlagen	3	III. Selbstbehalt bei D & O-Versicherung, Abs. 2 Satz 3	26
II. Sorgfaltspflichten	5		
III. Business Judgment Rule, Abs. 1 Satz 2	6	D. Schadensersatzpflicht nach den Sondertatbeständen des Abs. 3	30
IV. Pflicht zur Verschwiegenheit, Abs. 1 Satz 3, 4	11	E. Haftungsausschluss, Abs. 4	31
C. Schadensersatzpflicht nach der Generalklausel des Abs. 2	14	F. Rechte der Gesellschaftsgläubiger, Abs. 5	35
		G. Verjährung, Abs. 6	38

§ 93 AktG Sorgfaltspflicht und Verantwortlichkeit der Vorstandsmitglieder

A. Übersicht

1 § 93 AktG enthält die Regelungen zur **Sorgfaltspflicht** und zur **Verantwortlichkeit der Vorstandsmitglieder** der AG. Die Regelung gilt unmittelbar für die konzernfreie AG. Für die AG im Konzernverbund sind die Sonderregeln für den Vertragskonzern (vgl. Anhang 2 zum AktG Rdn. 26–52), für die Eingliederung (Anhang 2 zum AktG Rdn. 9) und für den faktischen Konzern (Anhang 2 zum AktG Rdn. 63–77) zu beachten. Für die Sorgfaltspflicht und Verantwortlichkeit der Aufsichtsratsmitglieder gilt die Vorschrift nach § 116 AktG sinngemäß. Für die Sorgfaltspflicht und Haftung des GmbH-Geschäftsführers besteht in § 43 GmbHG eine Parallelvorschrift (vgl. ausführl. § 43 GmbHG).

2 Die Regelung bezweckt aus haftungsrechtlicher Sicht – wie andere Haftungsnormen auch – **Schadensausgleich und Schadensprävention**. Die Sorgfaltspflichtenregelung bezieht sich auf die Leitungs- und Geschäftsführungsmaßnahmen des Vorstands und konkretisiert in Abs. 1 Satz 1 die allgemeinen zivilrechtlichen Sorgfaltsstandards der §§ 276 Abs. 2 BGB, 347 Abs. 1 HGB, sieht dann aber mit der durch das »Gesetz zur Unternehmensintegrität und Modernisierung des Anfechtungsrechts« (UMAG) vom 22.09.2005 (BGBl. I 2802) eingeführten sog. **Business Judgement Rule** des Abs. 1 Satz 2 eine beachtliche Stärkung des Beurteilungs- und Handlungsspielraums des Vorstandes vor. Mit ihr werden Haftungsrisiken, die mit unternehmerischen Entscheidungen des Vorstands einhergehen, gemindert. Seit dem Inkrafttreten des UMAG gibt es in Fortführung der ohne spezielle Rechtsgrundlage entwickelten Rechtsprechung des BGH (BGH, Urt. v. 21.04.1997 – II ZR 175/95; Z 135, 244) einen gesetzlich gesicherten Freiraum für unternehmerische Führungsentscheidungen des AG-Vorstands. Die Neuregelung kompensiert die ebenfalls mit dem UMAG eingeführten erweiterten Durchsetzungsmöglichkeiten für Ersatzansprüche der Aktionäre in § 148 AktG n. F. (*Ulmer* DB 2004, 859) und dient damit der inneren Balance der die Verantwortlichkeit des Vorstands betreffenden Gesamtregelung des AktG (*Schäfer* NZG 2005, 1253, 1254).

B. Verhaltens- und Sorgfaltsmaßstab, Abs. 1

I. Grundlagen

3 Der in Abs. 1 Satz 1 enthaltene Maßstab der Sorgfalt eines ordentlichen und gewissenhaften Geschäftsleiters regelt die aktienrechtlichen Standards für die Sorgfalt und Verantwortlichkeit des Vorstands. Sein Inhalt erschließt sich dem Rechtsanwender wegen der generalklauselartigen Weite und Unbestimmtheit des Maßstabs erst durch **Konkretisierung im Einzelfall** unter Berücksichtigung der jeweiligen Umstände. Die Regelung hat einen zweifachen Inhalt: Sie ist sowohl als **objektive Pflichtenregelung** als auch als **Regelung des Verschuldensmaßstabs** konzipiert. Die objektive Pflicht des Vorstands zur ordnungsgemäßen Unternehmensleitung besteht zwar bereits nach der grundsätzlichen Regelung des § 76 Abs. 1 AktG (vgl. § 76 AktG Rdn. 13–22), den gesellschaftsbezogenen Treuebindungen und den insbesondere vom Aktien- und Kapitalmarktrecht statuierten Vorstandspflichten. Die Geschäftsleiterpflichten i. S. d. § 93 AktG erfahren aber durch die Business Judgement Rule des Abs. 1 Satz 2 eine beachtliche Variation, insofern als berücksichtigt wird, dass der (objektive) unternehmerische Handlungsspielraum des Vorstands auch die grundsätzliche Befugnis umfasst, geschäftliche Risiken bewusst einzugehen. Zu Recht wird die Norm auch so verstanden, dass die Sorgfaltsstandards des § 93 AktG festlegen, welche Fehlbeurteilungen oder Fehleinschätzungen dem Vorstand (subjektiv) vorgeworfen werden können.

4 Im haftungsrechtlichen Kontext bilden die Bestimmung der objektiven Verhaltensstandards und des subjektiven Verschuldensmaßstabs zwei Elemente eines einheitlichen Haftungstatbestandes. Der gesamte Haftungstatbestand umfasst die in Abs. 1 geregelten subjektiven und objektiven Voraussetzungen und die in Abs. 2 geregelte Rechtsgrundlage der Vorstandshaftung für verschuldete Pflichtenverstöße. Nach § 93 AktG haftet der Vorstand nur für objektive Pflichtwidrigkeiten, die ihm subjektiv vorzuwerfen sind.

II. Sorgfaltspflichten

Art und Umfang der Pflichten des Vorstands sind bereits bei §76 AktG Rdn. 35–46 näher dargestellt worden. Darauf wird hier Bezug genommen.

III. Business Judgment Rule, Abs. 1 Satz 2

Nach Abs. 1 Satz 2 liegt eine Pflichtverletzung nicht vor, wenn folgende **Voraussetzungen** gegeben sind: (1) der Vorstand muss eine unternehmerische Entscheidung getroffen haben, (2) er muss zum Wohle der Gesellschaft gehandelt haben, (3) darf sich nicht von Sonderinteressen oder sachfremden Einflüssen haben leiten lassen, (4) die Entscheidung muss auf angemessener Information des Vorstands beruhen und (5) der Vorstand muss gutgläubig gehandelt haben. Damit hat der Gesetzgeber die Rechtsfigur des Geschäftsleiterermessens in das Aktienrecht übernommen. Sie macht deutlich, dass die Vorstandshaftung keine Erfolgshaftung, sondern eine Haftung für sorgfaltswidriges Verhalten darstellt. Bei der Beurteilung der Sorgfaltswidrigkeit ist – nach den von der Rechtsprechung bereits vor der Kodifizierung des §93 Abs. 1 Satz 2 aufgestellten Grundsätzen (so BGH, Urt. v. 21.04.1997 – II ZR 175/95; Z 135, 244, 253 – ARAG/Garmenbeck) – zu berücksichtigen, dass dem Vorstand bei der Leitung der Gesellschaft ein weiter Handlungsspielraum zugebilligt werden muss, ohne den eine unternehmerische Tätigkeit sich nicht entfalten kann. Eine Schadensersatzpflicht kommt danach erst in Betracht, wenn die Grenzen, in denen sich ein vom Verantwortungsbewusstsein getragenes, ausschließlich am Unternehmenswohl orientiertes, auf sorgfältige Ermittlung der Entscheidungsgrundlagen beruhendes unternehmerisches Handeln bewegen müsse, deutlich überschritten werden, die Bereitschaft unternehmerische Risiken einzugehen, in unverantwortlicher Weise überspannt worden sei oder das Verhalten des Vorstands aus anderen Gründen als pflichtwidrig gelten müsse (so BGH, Urt. v. 21.04.1997 – II ZR 175/95; Z 135, 244, 253f. – ARAG/Garmenbeck; vgl. a. BGH, Urt. v. 23.06.1997 – II ZR 132/93; Z 136, 133, 139; BGH, Urt. v. 04.11.2002 – II ZR 224/00; Z 152, 280, 286). Mit dem Ziel, einen »Haftungsfreiraum im Bereich qualifizierter unternehmerischer Entscheidungen« zu schaffen (BegrRegE UMAG, BR-Drucks. 3/2005, S. 17), hat der Gesetzgeber des UMAG diese Grundsätze kodifiziert. Der Gesetzgeber schafft damit einen »sicheren Hafen« (safe harbour) für Vorstandstätigkeit, indem er zur Gewährleistung von Klarheit und Berechenbarkeit der Verhaltensanforderungen an Vorstandstätigkeit festlegt, unter welchen Voraussetzungen eine Pflichtverletzung nicht vorliegt (*Fleischer* ZHR 168, 2004, 673, 700 f.; *Ihrig* WM 2004, 2098, 2103; *Schäfer* ZIP 2005, 1253, 1256). Unter den Voraussetzungen der Business Judgement Rule des §Abs. 1 Satz 2 wird unwiderleglich vermutet, dass eine objektive Pflichtverletzung des Vorstands nicht vorliegt (*Hüffer/Koch* AktG §93 Rn. 4d; *Lutter* FS Canaris 2007, 245, 247 ff.).

Mit dem Erfordernis der **unternehmerischen Entscheidung** begrenzt der Gesetzgeber die Business Judgement Rule auf die Fälle, in denen der Vorstand in Ausübung seines Leitungsermessens geschäftliche Risiken eingeht, bei denen die Gefahr von Fehlbeurteilungen auch dann besteht, wenn er noch so sorgfältig und gewissenhaft handelt. Das ist vor allem dann der Fall, wenn vom Vorstand **Prognoseentscheidungen** über die Wirtschaftlichkeit einer Maßnahme zu treffen sind, die von der künftigen Entwicklung der Marktverhältnisse, der Wettbewerbssituation oder der Konjunkturentwicklung abhängig sind. Der Vorstand ist dabei verpflichtet, die verfügbaren Informationsquellen auszuschöpfen und auf dieser Grundlage eine sorgfältige Entscheidung zu treffen; die Prognose ist auf der Grundlage branchenüblichen Prognosetechniken zu erstellen (BGH, Urt. v. 22.02.2011 – II ZR 146/09; ZIP 2011, 766 Rn. 22 ff.). Schwierig ist die Beurteilung der Vorstandstätigkeit im Bereich der aktienrechtlichen Organisations-, Planungs- und Überwachungsaufgaben. Der Bereich der dem Vorstand obliegenden gesetzlichen Pflichtaufgaben (z. B. §§83, 90, 91 Abs. 1 und 2, 92 Abs. 1 und 2 AktG) unterfällt Abs. 1 Satz 2 nicht. Die Erfüllung gesellschaftsrechtlicher (ebenso wie kapitalmarktrechtlicher) Pflichtaufgaben ist – ebenso wie bei statuarischen oder anstellungsvertraglichen Pflichten – kein Bereich, in dem sich der Vorstand auf einen Beurteilungsspielraum gem. Abs. 1 Satz 2 berufen kann (*Hüffer* NZG 2007, 47, 58; *Hauschka* GmbHR 2007, 11, 12 f.). Hinsichtlich der Art und Weise der Pflichterfüllung ist dem Vorstand allerdings in Abhängigkeit von der Größe sowie der Stellung auf den Kapital- und Wettbewerbsmärkten ein unternehmerischer Ermessensspielraum zuzuerkennen (Spindler/Stilz/*Fleischer* AktG § 93 Rn. 65; MüKo AktG/*Hefermehl/Spindler* § 91 Rn. 20).

8   Die Bindung an das **Unternehmenswohl** entspricht der schon in § 76 Abs. 1 AktG verankerten Verpflichtung zur Gewährleistung von Bestand und dauerhafter Rentabilität des Unternehmens (vgl. § 76 AktG Rdn. 17, 19), aus der sich zugleich die Verpflichtung des Vorstands ergibt, sich nicht von **Sonderinteressen** einzelner Gruppen oder **sachfremden Einflüssen** leiten zu lassen (Begr. zum RegE BT-Drucks. 3/2005, S. 20). Gesicherter Erkenntnisstand heute ist indessen nur, dass der Vorstand bei seinen Entscheidungen dem Shareholder Value-Gedanken Rechnung tragen darf (vgl. § 76 AktG Rdn. 18).

9   Das Erfordernis, **angemessene Informationen** einholen zu müssen, verlangt vom Vorstand, die zu treffenden Entscheidung sorgfältig vorzubereiten und die nach dem Angemessenheitskriterium erforderlichen Informationen vor der Entscheidung beizuziehen. Für die Ausübung unternehmerischen Ermessens ist erst dann Raum, wenn er die Entscheidungsgrundlagen nicht nur sorgfältig ermittelt, sondern auch das Für und Wider verschiedener Vorgehensweisen abgewogen hat (BGH, Urt. v. 14.07.2008 – II ZR 202/07; ZIP 2008, 1675 Tz. 11). Art und Ausmaß der danach erforderlichen Informationsbeschaffungsmaßnahmen (Sachverständigengutachten, Beraterexpertise, externe Marktstudien) bedürfen einer Konkretisierung im Einzelfall. Die zu beachtenden Anforderungen variieren je nach Art und Bedeutung der zu treffenden Entscheidung (vgl. *Arbeitskreis Externe und interne Überwachung der Unternehmung* DB 2006, 2189, 2195; *Ulmer* DB 2004, 859, 860; *Kinzl* DB 2004, 1653, 1654). Maßgeblich ist die Sicht in der jeweiligen Entscheidungssituation (ex ante-Betrachtung). Bei der Prüfung des Vorstandshandelns ist deshalb nur auf die Tatsachen- und Informationslage im Zeitpunkt der Entscheidung abzustellen (*von Falkenhausen* NZG 2012, 644). Abzustellen ist weiter darauf, ob die vom Vorstand getroffene Entscheidung aus neutraler Sicht objektiv nachvollziehbar und plausibel begründet erscheint (vgl. *Grundei/v. Werder* AG 2005, 825, 829 ff.). Insofern setzt eine erfolgreiche Berufung auf § 93 Abs. 1 Satz 2 AktG regelmäßig organisatorische Vorkehrungen zur Vermeidung von Haftungsfällen des Vorstands voraus (sog. Corporate Compliance durch stetige Risikoanalyse, Information, Organisation und Dokumentation; vgl. *Rodewald/Unger* BB 2006, 113). Dass der Vorstand externe Beratung in Anspruch nimmt, wird von Abs. 1 Satz 2 nicht ausgeschlossen, andererseits aber auch nicht notwendig gefordert.

10 Schließlich verlangt das im Gesetz nicht klar verankerte (vgl. *Paefgen* AG 2004, 245, 256) **Gutgläubigkeitspostulat**, dass der Vorstand annehmen durfte, im Interesse des Unternehmenswohls zu handeln. Maßgeblich ist die objektive Sicht eines »**vernünftigerweise**« handelnden Vorstands. Wiederum ist bei der Nachprüfung der Entscheidung die ex ante-Sicht des Vorstands zugrunde zu legen (Henssler/Strohn/*Dauner-Lieb* § 93 Rn. 23). Der Gesetzgeber hat im Laufe des Gesetzgebungsverfahrens von der zunächst vorgesehenen gesetzlichen Regelung einer Beurteilungsprärogative des Vorstands bis zur Grenze der groben Fahrlässigkeit abgesehen; nach der geltenden Gesetzesfassung kommt es auf den subjektiven Vorwurf, das Unternehmenswohl grob fahrlässig missachtet zu haben, bei der Anwendung der Business Judgement Rule nicht an (*Schäfer* ZIP 2005, 1253, 1258).

IV. Pflicht zur Verschwiegenheit, Abs. 1 Satz 3, 4

11 Abs. 1 Satz 3 verpflichtet die Vorstandsmitglieder zur Verschwiegenheit über **vertrauliche Angaben** und Geheimnisse der AG (zur Verschwiegenheit bei Mehrfachmandaten vgl. § 76 Rdn. 34). Für die Feststellung der Vertraulichkeit einer Angabe kommt es auf eine aus objektiver Sicht vorzunehmende Beurteilung an, ob die Weitergabe der betreffenden Information für das Unternehmen nachteilig ist (BGH, Urt. v. 06.03.1997 – II ZB 4/96; Z 135, 48, 57). Vertraulich können nur solche Informationen sein, die der Vorstand in seiner Organfunktion erlangt. Die Kennzeichnung einer Information als vertraulich ist nicht erforderlich. Informationen über Personalangelegenheiten sowie Meinungsäußerungen in Vorstands- oder Aufsichtsratssitzungen sind typischerweise als vertraulich einzustufen (BGH, Urt. v. 05.06.1975 – II ZR 156/73; Z 64, 325, 332).

Geheimnis der AG ist eine nicht offenkundige Tatsache, die nach dem erklärten oder mutmaßlichen 12
Willen der AG nicht offenkundig werden soll und hinsichtlich der ein anerkennenswertes Geheimhaltungsinteresse besteht (BGH, Urt. v. 05.06.1975 – II ZR 156/73; Z 64, 325, 329). Anzulegen ist ein objektiver, den Anforderungen ordnungsgemäßer Unternehmensführung entsprechender Maßstab. Typische **Beispiele** sind Produktionsverfahren, Entwicklungsvorhaben, bevorstehende zentrale Personalentscheidungen, Kundenbeziehungen, Finanzpläne.

Einschränkungen der Verschwiegenheitspflicht bestehen kraft Gesetzes gegenüber der BaFin (§ 37o 13
Abs. 4 WpHG) und gegenüber der Prüfstelle für Rechnungslegung (§ 342b Abs. 4 HGB), Abs. 1 Satz 4. Innerhalb des Vorstands und in der Kommunikation zwischen dem Vorstand und dem Aufsichtsrat (BGH, Urt. v. 06.03.1997 – II ZB 4/96; Z 135, 48, 56 f.) besteht ebenfalls die Verschwiegenheitspflicht nicht. Gegenüber dem Abschlussprüfer ist die Verschwiegenheitspflicht im Rahmen und im Umfang des von § 320 Abs. 2 HGB anerkannten Informationsrechts begrenzt. Zur Vorbereitung eines Unternehmensverkaufs (insbesondere im Rahmen von **due diligence-Prüfungen**) ist die Weitergabe auch vertraulicher Informationen nicht vollständig unzulässig; der gebotene Schutz wird durch den Abschluss von Vertraulichkeitsvereinbarungen mit dem Erwerbsinteressenten gewährleistet (dazu *Körber* NZG 2002, 263).

C. Schadensersatzpflicht nach der Generalklausel des Abs. 2

I. Voraussetzungen

Die kraft Gesetzes geltende Schadensersatzverpflichtung der Vorstandsmitglieder besteht unter den 14
Voraussetzungen, dass (1) eine Pflichtverletzung begangen wurde und (2) diese Pflichtverletzung von dem Vorstandsmitglied schuldhaft verletzt wurde; daraus muss (3) ein Schaden entstanden sein und dieser muss (4) auf die Pflichtverletzung kausal zurückgehen (vgl. die Übersicht zur neueren Rspr. bei *Gärtner* BB 2013, 2242 ff.; und BB 2012, 1745 ff.). Eine Haftungsverpflichtung der Vorstandsmitglieder besteht nach Abs. 2 Satz 1 grundsätzlich gegenüber der Gesellschaft (sog. **Innenhaftung**). Eine **Außenhaftung** gegenüber Aktionären und gesellschaftsfremden Gläubigern der AG kommt aus besonderen Rechtsgründen in Betracht (dazu Rdn. 20 f.). Die Satzung der AG kann Höchstsummen für die Haftung der Mitglieder des Vorstands vorsehen (*Grunewald* AG 2013, 813; *Spindler* AG 2013, 889, 896; *Habersack* ZHR 2013, 782, 804).

Die Schadensersatzverpflichtung betrifft die Pflichtverletzung, die während der Zeitraums vom 15
Zeitpunkt der Bestellung (vgl. § 84 AktG Rdn. 2) bis zum Ende der Organstellung (vgl. § 84 AktG Rdn. 13) begangen wurden. Ebenso haften fehlerhaft bestellte Vorstandsmitglieder, sofern sie für die AG tatsächlich tätig geworden sind (BGH, Urt. v. 06.04.1964 – II ZR 75/62; Z 41, 282, 287).

Die Haftung besteht für **jede Pflichtverletzung**. Sanktioniert wird jede Art von Pflichten des 16
Vorstandsmitglieds, die organschaftliche Leitungsaufgabe nach § 76 Abs. 1 AktG (vgl. § 76 AktG Rdn. 13) ebenso wie die aus der gesellschaftsbezogenen Treuebindung folgenden Pflichten (vgl. § 76 AktG Rdn. 41). Die Verletzung gesellschafts-, kapitalmarkt- und sonstiger rechtlicher Pflichten kommt ebenso als Haftungsursache in Betracht wie die Verletzung von Pflichten aus dem Anstellungsvertrag des Vorstandsmitglieds (vgl. § 84 AktG Rdn. 35). Die Prüfung von Schadensersatzansprüchen orientiert sich pflichtengegenständlich vor allem daran, ob die schadensstiftende Maßnahme zweckmäßig vorbereitet wurde und die erforderlichen Informationen umfassend eingeholt wurden, ob alle Möglichkeiten der Risikominimierung ergriffen wurden und ein in Betracht kommender Schaden, der Leistungsfähigkeit der Gesellschaft entspricht (*Rahmann/Ramm* GWR 2013, 435). Eine befreiende Pflichtendelegation ist dem Vorstand nach dem Grundsatz der Allzuständigkeit und Gesamtverantwortung nicht möglich; dem Vorstand verbleibt jedenfalls eine Kontroll- und Überwachungsverantwortung. Bezugspunkt ist jeweils die Gesellschaft und nicht der Aktionär, sei er auch der Haupt- oder sogar Alleinaktionär. Der Vorstand bei seinen Maßnahmen die Belange der Aktionäre, der Arbeitnehmer und der Allgemeinheit zu berücksichtigen (vgl. § 76 Rdn. 18), obwohl auch in Deutschland in Anlehnung an die angelsächsische Shareholder Primacy-Konzeption ein Vorrang der Aktionärsinteressen gefordert wird. Nach der geltenden

Rechtslage kann als gesicherter Erkenntnisstand derzeit nur angesehen werden, dass der Vorstand bei seinen Entscheidungen dem Shareholder Value-Gedanken Rechnung tragen darf und dass als verbindliches Mindestziel die Vorstandspflicht anerkannt ist, für den Bestand und die dauerhafte Rentabilität des Unternehmens zu sorgen (so OLG Frankfurt am Main, Urt. v. 17.08.2011 – 13 U 100/10; ZIP 2011, 2008).

17 Die Vorstandshaftung ist ausweislich von Abs. 2 Satz 2 eine Haftung für Verschulden. § 93 AktG begründet eine Haftung des Vorstandsmitglieds für jeweils **eigenes Verschulden**. Der für die organschaftliche Haftung vorgegebene Maßstab entspricht funktional §§ 276 BGB, 347 HGB; der anzuwendende Verschuldensmaßstab ist ein typisierender, objektiv-durchschnittlicher; individuelle Unfähigkeit entlastet das Vorstandsmitglied nicht. Eine Zurechnung von Fremdverschulden für Mitarbeiter des Unternehmens erfolgt nicht, auch wenn die Mitarbeiter dem Vorstandsmitglied im Rahmen der Ressortzuständigkeit untergeben sind. § 278 BGB findet keine Anwendung, weil nicht das Vorstandsmitglied, sondern die AG Geschäftsherr und damit Adressat der Zurechnung ist (BGH, Urt. v. 14.02.1974 – II ZB 6/73; Z 62, 166, 171 f.). Das einzelne Vorstandsmitglied haftet jedoch dafür, dass die Auswahl und Kontrolle der Mitarbeiter ordnungsgemäß erfolgt. Die Haftung für eigenes Verschulden schließt die Haftung für unzureichende Anleitung, Organisation und Beaufsichtigung der Mitarbeiter sowie eine Haftung für eine wegen der Bedeutung der Angelegenheit unzulässige Delegation ein. Im Fall kollidierender Pflichten (z. B. Maßnahmen zur Verhinderung von Übernahmeangeboten, Sozialleistungsgewährung in der Krise) kommt eine Entlastung des Vorstands wegen entschuldigenden bzw. rechtfertigenden Notstandes in Betracht (*Bicker* AG 2014, 8; *Poelzig/Thole* ZGR 2010, 836).

18 Für einen **Rechtsirrtum** hat ein Organmitglied wie jeder Schuldner einstehen, wenn es schuldhaft gehandelt hat. An das Vorliegen eines unverschuldeten Rechtsirrtums werden strenge Maßstäbe angelegt. Der Vorstand muss wie jeder Schuldner die Rechtslage sorgfältig prüfen, erforderlichenfalls Rechtsrat einholen und die höchstrichterliche Rechtsprechung sorgfältig beachten (BGH, Urt. v. 20.09.2011 – II ZR 234/09; ZIP 2011, 2097 Rn. 19). Dabei trifft das Vorstandsmitglied grundsätzlich das Risiko, die Rechtslage zu verkennen (BGH, Urt. v. 20.09.2011 – II ZR 234/09; ZIP 2011, 2097 Rn. 19; *Spindler* AG 2013, 889, 893). Eine in Analogie zur Business Judgment Rule des § 93 gebildete Legal Judgment Rule findet im geltenden Recht keine Anerkennung (*Buck-Heeb* BB 2013, 2247). Der Vorstand, der selbst nicht über die erforderliche Sachkunde verfügt, hat sich unter umfassender Darstellung der Verhältnisse der Gesellschaft und Offenlegung der erforderlichen Unterlagen von einem unabhängigen, für die zu klärende Frage fachlich qualifizierten Berufsträger beraten zu lassen; er hat überdies die erteilte Rechtsauskunft einer sorgfältigen Plausibilitätskontrolle zu unterziehen (BGH, Urt. v. 20.09.2011 – II ZR 234/09; ZIP 2011, 2097 Rn. 22; vgl. a. BGH, Urt. v. 14.05.2007 – II ZR 48/06; ZIP 2007, 1265 Rn. 16 ff.). Berater, die einen Vertragsentwurf oder das infrage stehende Konzept selbst entworfen haben, kommen als unabhängige Berater nach umstrittener Rechtsauffassung nicht ohne Weiteres in Betracht (BGH, Urt. v. 20.09.2011 – II ZR 234/09; ZIP 2011, 2097 Rn. 27) Die Konsultation von Beratern aus dem eigenen Unternehmen ist bei Gewährleistung der Unabhängigkeit nicht schlechthin ausgeschlossen (vgl. dazu insbesondere die von *Strohn* ZHR 2012, 137; *Bicker* AG 2014, 8; *Selter* AG 2012, 11 und *Krieger* ZHR 2012, 496 ausgetragene Kontroverse). Die Anforderungen durch das Legalitätsprinzip gelten auch für die Kenntnis ausländischen Rechts, wenn die Gesellschaft im Rahmen ihrer Geschäftstätigkeit damit in Berührung kommt (*Bicker* AG 2014, 8).

19 Aus der Pflichtverletzung muss ein **Schaden der Gesellschaft** entstanden sein. Der Schaden wird nach allgemeinen schadenersatzrechtlichen Grundsätzen der §§ 249 ff. BGB bemessen. Danach kommt jede Vermögensminderung als Schaden in Betracht, der adäquat kausal auf die schuldhafte Pflichtverletzung zurückzuführen ist. Eine Vorteilsanrechnung ist schadensmindernd vorzunehmen, wenn mit der Pflichtverletzung Vermögensvorteile – etwa aus Vertragsverpflichtungen Dritter – generiert werden (OLG Hamburg, Urt. v. 18.09.2009 – 11 U 183/07; NZG 2010, 309) und der Schädiger durch die Anrechnung der Vorteile nicht unbillig entlastet wird (BGH, Urt. v.

06.06.1997 – 5 ZR 115/96; Z 136, 52, 54). Eine **Schädigung der Aktionäre** wird von § 93 AktG nicht erfasst.

Zur **Außenhaftung gegenüber Aktionären und außenstehenden Gläubigern** gilt, dass § 93 kein **Schutzgesetz zugunsten der Aktionäre** ist; Aktionäre können deshalb grundsätzlich keinen auf dessen Verletzung gestützten Schadensersatzanspruch nach § 823 Abs. 2 BGB geltend machen. Nach der Rechtsprechung des BGH besteht insbesondere die Legalitätspflicht (vgl. § 76 Rdn. 37) grundsätzlich nur der Gesellschaft gegenüber und nicht auch im Verhältnis zu außenstehenden Dritten; § 93 Abs. 1 Satz 1 regelt allein die Pflicht des Vorstandsmitglieds aus seinem durch die Bestellung begründeten Rechtsverhältnis zur Gesellschaft. Die Vorschrift dient nicht dem Zweck, Gesellschaftsgläubiger vor den mittelbaren Folgen einer sorgfaltswidrigen Geschäftsleitung zu schützen (BGH, Urt. v. 10.07.2012 – VI ZR 341/10; Z 194, 26 Rn. 26; BGH, Urt. v. 05.12.1989 – VI ZR 335/88; Z 109, 297, 303; BGH, Urt. v. 19.02.1990 – II ZR 268/88; Z 110, 342, 359 f.; BGH, Urt. v. 13.04.1994 – II ZR 16/93; Z 125, 366, 375 f.; die weiter reichende Entscheidung des VI. Zivilsenats des BGH – BGH, Urt. v. 05.12.1989 – VI ZR 335/88; BB 1990, 162 –, nach der die Verletzung von internen Organisationspflichten bei Verletzung deliktischer Schutzgüter eine Garantenpflicht gegenüber Dritten begründet, dürfte damit überholt sein). Vorstandsmitglied sind trifft eine persönliche Außenhaftung, wenn sie den Schaden selbst durch eine unerlaubte Handlung herbeigeführt haben (BGH, Urt. v. 05.12.1989 – VI ZR 335/88; Z 109, 297, 303 f.; BGH, Urt. v. 12.03.1996 – VI ZR 90/95; VersR 1996, 713, 714). Ein solcher deliktischer Schadensersatzanspruch der Aktionäre kommt insbesondere bei Verletzung besonderer Bestimmungen zugunsten des Schutzes von Aktionären (z. B. §§ 266 StGB, 39, 400 AktG) in Betracht (BGH, Urt. v. 11.07.1988 – II ZR 243/87; Z 105, 121). Ferner kommt ein Schadensersatzanspruch der Aktionäre unter den besonderen Umständen des § 117 Abs. 1 Satz 2 AktG infrage. Der Anspruch ist zwar grundsätzlich nur gegen Dritte gerichtet, die den in § 117 AktG erfassten schädlichen Einfluss auf die Gesellschaft ausgeübt haben; § 117 Abs. 2 AktG konkretisiert diesen Anspruch allerdings auf das pflichtwidrig handelnde Vorstandsmitglied (vgl. Erl. zu § 117 Rdn. 7 f.).

20

Geschädigte Gläubiger der AG können einen Ersatzanspruch wegen des ihnen entstandenen Schadens ebenfalls nicht auf § 93 AktG stützen; sie können aber nach Maßgabe des Abs. 5 den Ersatzanspruch der Gläubiger geltend machen (vgl. Rdn. 35). Bei deliktischem Handeln der Vorstandsmitglieder kann eine Ersatzpflicht der AG nach § 31 BGB bestehen. Daneben befürwortet die Rspr. bei deliktischem Verhalten einen Schadensersatzanspruch geschädigter Dritter gegen das verantwortliche Vorstandsmitglied, der durch den Anspruch gegen die Gesellschaft nach § 31 BGB nicht ausgeschlossen ist (BGH, Urt. v. 15.10.1996 – VI ZR 319/95; Z 133, 370, 374 ff.; BGH, Urt. v. 05.12.1989 – VI ZR 335/88; Z 109, 297, 302).

21

Die **Darlegungs- und Beweislast** im Schadensfall bestimmt sich nach Abs. 2 Satz 2 wie folgt: Nach zutreffender, wenn auch nicht unbestrittener Auffassung hat die Gesellschaft bei der Inanspruchnahme eines Vorstandsmitglieds den Eintritt eins Schadens sowie die Ursächlichkeit einer Pflichtverletzung des Vorstandsmitglieds darzulegen und erforderlichenfalls – unter Berücksichtigung der Beweiserleichterung des § 287 ZPO – zu beweisen (BGH, Urt. v. 04.11.2002 – II ZR 224/00; Z 152, 280, 284 – zur GmbH; BGH, Urt. v. 08.01.2007 – II ZR 304/04; ZIP 2007, 322 Tz. 28 – zur Genossenschaft). Gelingt dieser Anfangsbeweis, hat das Vorstandsmitglied zur Abwendung einer Schadensersatzpflicht darzulegen und zu beweisen, dass entweder sein Verhalten nicht pflichtwidrig war oder dass es kein Verschulden trifft oder aber der Schaden auch bei pflichtgemäßem Alternativverhalten eingetreten wäre (BGH, Urt. v. 22.02.2011 – II ZR 146/09; ZIP 2011, 766; BGH, Urt. v. 04.11.2002 – II ZR 224/00; Z 152, 280, 284 – zur GmbH). Dies schließt den Nachweis durch das in Anspruch genommene Vorstandsmitglied ein, seinen unternehmerischen Ermessensspielraum eingehalten zu haben (BGH, Urt. v. 04.11.2002 – II ZR 224/00; Z 152, 284; *Fleischer* ZIP 2004, 685, 688). Insbesondere wird darzulegen sein, dass die branchenüblichen Prognosetechniken beachtet wurden (BGH, Urt. v. 22.02.2011 – II ZR 146/09; ZIP 2011, 766 Rn. 22 ff.); um festzustellen, ob dies der Fall ist, wird das streitentscheidende Gericht regelmäßig ein Sachverständigengutachten einholen (BGH, Urt. v. 22.02.2011 – II ZR 146/09; ZIP 2011, 766 Rn. 30). Dieser Entlastungs-

22

§ 93 AktG Sorgfaltspflicht und Verantwortlichkeit der Vorstandsmitglieder

beweis wird den Vorstandsmitgliedern in der Regel nur gelingen, wenn sie die haftungsrelevanten Vorgänge hinreichend dokumentieren, obwohl es eine Pflicht zur Dokumentation nicht gibt. Ausgeschiedene Vorstandsmitglieder haben nach Maßgabe von § 810 BGB ein Recht auf Einsicht in die Bücher, Akten und Protokolle der AG (OLG Frankfurt am Main, Urt. v. 25.09.1979 – 5 U 210/78; WM 1980, 1246; *Grooterhorst* AG 2011, 389).

II. Solidarische Haftung der Vorstandsmitglieder

23 Diejenigen Vorstandsmitglieder, die eine schuldhafte Pflichtverletzung begangen haben, haften **als Gesamtschuldner**, Abs. 2 Satz 1. Mit dieser Maßgabe ordnet die Regelung eine solidarische Gesamtverantwortung der Vorstandsmitglieder an. Ist einem Vorstandsmitglied ein bestimmter Aufgabenbereich insbesondere im Wege der Geschäftsverteilung (vgl. § 77 AktG Rdn. 9–14) zugewiesen, führt dies zu einer Haftungsbeschränkung der nicht ressortverantwortlichen Vorstandsmitglieder (BGH, Urt. v. 15.10.1996 – VI ZR 319/95; Z 133, 370, 377 – zur GmbH). Die Beschränkung beruht im Kern darauf, dass sich die Vorstandsmitglieder im Allgemeinen darauf verlassen können sollen, dass das zuständige Vorstandsmitglied die ihm zugewiesenen Aufgaben erledigt. Neben der Verantwortlichkeit des ressortzuständigen Vorstandsmitglieds bleiben allerdings alle Vorstandsmitglieder für die Gesetz- und Zweckmäßigkeit des gesamten Geschäftsbetriebs verantwortlich; diese haften inhaltlich allerdings nur noch für ihr **Verschulden bei der Aufsicht** über den zuständigen Ressortvorstand (BGHZ, Urt. v. 15.10.1996 – VI ZR 319/95; 133, 370, 377 f.). Im Rahmen der Überwachungspflicht ist jedes Vorstandsmitglied zum Eingreifen verpflichtet, wenn Anhaltspunkte dafür bestehen, dass die Erfüllung der Pflichtaufgaben durch das zuständige Vorstandsmitglied nicht gewährleistet ist (BGH, Urt. v. 15.10.1996 – VI ZR 319/95; Z 133, 378).

24 Im Verhältnis der Vorstandsmitglieder untereinander erfolgt ein Ausgleich nach § 426 BGB. Die Haftung besteht grundsätzlich zu gleichen Teilen; eine abgestufte Haftungsverantwortung kann sich entsprechend § 254 BGB nach der Schwere der Pflichtverletzung und dem Grad des Verschuldens ergeben. Der zuständige Ressortvorstand hat im Verhältnis zu den Vorstandsmitgliedern, denen nur eine Verletzung der Überwachungspflicht vorzuwerfen ist, den Schaden grundsätzlich allein zu tragen (Spindler/Stilz/*Fleischer* AktG § 93 Rn. 220; a. A. GroßkommAktG/*Hopt* § 93 Rn. 301).

25 Eine Mitverantwortlichkeit des Vorstandsmitglieds für eine Deliktstat eines anderen Mitglieds des Vorstands richtet sich nach den Voraussetzungen für eine Teilnahme i. S. d. § 830 Abs. 1 Satz 1, Abs. 2 BGB und damit nach den für das Strafrecht entwickelten Grundsätzen. Danach verlangt die Teilnahme neben der Kenntnis der Tatumstände wenigstens in groben Zügen den jeweiligen Willen der einzelnen Beteiligten, die Tat gemeinschaftlich mit anderen auszuführen oder sie als fremde Tat zu fördern; objektiv muss eine Beteiligung an der Ausführung der Tat hinzukommen, die in irgendeiner Form deren Begehung fördert und für diese relevant ist. Für den einzelnen Teilnehmer muss ein Verhalten festgestellt werden, das den rechtswidrigen Eingriff in ein fremdes Rechtsgut unterstützt hat und das von der Kenntnis der Tatumstände und dem auf die Rechtsgutsverletzung gerichteten Willen getragen war (BGH, Urt. v. 11.09.2012 – VI ZR 92/11; WM 2012, 2195; BGH, Urt. v. 15.05.2012 – VI ZR 166/11; VersR 2012, 1038).

III. Selbstbehalt bei D & O-Versicherung, Abs. 2 Satz 3

26 Schließt die Gesellschaft eine D & O-Versicherung für das Vorstandsmitglied, so muss die Gesellschaft gem. § 92 **Abs. 2 Satz 3** für ihre Vorstandsmitglieder einen **Selbstbehalt** vereinbaren. Für Aufsichtsratsmitglieder ist diese Regelung nach ihrem persönlichen Anwendungsbereich nicht einschlägig. Die Höhe des Selbstbehalts setzt sich aus den Parametern Höhe des Schadens und Verdienst des Vorstands zusammen. Der schadensanteilige Parameter hat danach »mindestens 10 Prozent des Schadens« zu betragen, kann aber auch auf einen höheren Prozentsatz festgelegt werden. Der vergütungsbezogene Parameter benutzt ebenfalls die Formulierung »mindestens«; dabei handelt es sich aber nach der Gesetzesbegründung nicht um eine weitere, etwa alternativ zu berücksichtigende Mindestschwelle, sondern um eine Obergrenze für den vom Vorstandsmitglied im Schadensfall zu tragenden Selbstbehalt. Mit einer danach möglichen Deckelung des Selbstbehalts soll das Ausfall-

risiko der Gesellschaft begrenzt werden (BT-Drucks. 16/13433, S. 17). Abs. 2 Satz 3 lässt insofern eine Selbstbehaltvereinbarung zu, die eine »absolute Obergrenze« von mindestens dem Eineinhalbfachen der jährlichen Festvergütung ausmachen muss. Dieser vergütungsbezogene Parameter kann wegen der »mindestens«-Formulierung höher angesetzt werden oder auch ganz entfallen (*Dauner-Lieb/Tettinger* ZIP 2009, 1555, 1556). Für die Höhe des Selbstbehalts gilt der Bezugspunkt »des Schadens«; insofern stellt die Gesetzesbegründung klar, dass nicht der einzelne Schadensfall gemeint ist, sondern, dass als Bezugspunkt »alle Schadensfälle in einem Jahr zusammen« gelten (BT-Drucks. 16/13433, S. 17). Das relevante Bezugsjahr soll nach der Gesetzesbegründung das Jahr des Pflichtverstoßes, nicht aber das Jahr der Geltendmachung des Anspruchs sein (*Olbrich/Kassing* BB 2009, 1659, 1660). Offen geblieben ist, ob auf das Kalender- oder Geschäftsjahr und das Jahr der Vertragslaufzeit abzustellen ist.

Im Fall die Nichtbeachtung der Selbstbehaltregeln bleibt der Versicherungsvertrag wirksam. Abs. 2 Satz 3 schafft kein gesetzliches Verbot i. S. d. § 134 BGB, sondern trifft eine gesellschaftsrechtliche Vorgabe für das Innenverhältnis von Gesellschaft und Vorstandsmitglied, nach der das den Versicherungsvertrag gesetzwidrig abschließende Organ schadensersatzpflichtig sein kann (*Dauner-Lieb/Tettinger* ZIP 2009, 1555, 1557). 27

Das einzelne Vorstandsmitglied kann das ihn treffende Selbstbehaltrisiko persönlich versichern. § 93 Abs. 2 Satz 3 steht dem nicht entgegen, weil es die Versicherung durch die Gesellschaft erfasst (*Hohenstatt* ZIP 2009, 1349, 1354; a. A. *Thüsing* AG 2009, 517, 526 f.). Die dafür aufzuwendende Prämie kann allerdings nicht ohne Verstoß gegen die Regelung von der Gesellschaft übernommen oder in die Vergütung des Vorstandsmitglieds eingepreist werden, weil damit eine Umgehung des »Selbst«-behalts einherginge (*Dauner-Lieb/Tettinger* ZIP 2009, 1555, 1557). 28

Hinsichtlich des zeitlichen Geltungsbereichs der Selbstbehaltregelung ist Art. 2 VorstAG (§ 23 Abs. 1 Satz 1 EGAktG) zu beachten. Danach soll die Regelung ab dem 01.10.2010 auf Versicherungsverträge Anwendung finden, die vor dem Inkrafttreten des VorstAG, also vor dem 05.08.2010 (Art. 6 VorstAG), abgeschlossen wurden. Insofern ist allerdings unklar, auf welche Weise § 93 Abs. 2 Satz 3 auf bestehende Versicherungsverträge einwirken können soll (vgl. *Olbrich/Kassing* BB 2009, 1659, 1660 ff.). Nach § 23 Abs. 1 Satz 2 EGAktG dürfen Versicherungsverträge, in denen dem Vorstandsmitglied eine D & O-Versicherung ohne Selbstbehalt zugesagt wurde, erfüllt werden. 29

D. Schadensersatzpflicht nach den Sondertatbeständen des Abs. 3

Abs. 3 normiert haftungsrechtliche Sondertatbestände. Sie zeichnen sich dadurch aus, dass die Ersatzpflicht ohne Rücksicht auf den Eintritt eines im Einzelfall nachzuweisenden Vermögensschadens i. S. d. §§ 249 ff. BGB besteht. Der zum Ersatz verpflichtende Schaden besteht in diesen Fällen im Abfluss von Mitteln aus dem Vermögen der AG bzw. in der Nichtgeltendmachung von Ansprüchen der AG (Abs. 3 Nr. 4). Die Ersatzpflicht bezieht sich auf den jeweiligen Fehlbetrag als Mindestschaden sowie einen etwaigen weiter gehenden Vermögensschaden. 30

E. Haftungsausschluss, Abs. 4

Die persönliche Haftung der Vorstandsmitglieder besteht kraft Gesetzes und ist zwingend ausgestaltet; sie kann durch Vertrag oder Satzung **nicht ausgeschlossen** werden. Haftungsbegrenzungsvereinbarungen, mit denen die abweichende Sorgfaltsmaßstäbe oder Haftungshöchstsummen vertraglich vereinbart werden, sind wegen Verstoßes gegen § 93 Abs. 4 AktG, § 134 BGB unwirksam (MüKo AktG/*Hefermehl/Spindler* § 93 Rn. 134 f.; a. A. *Lücke/Schnabel/Lücke* Vorstand der AG, § 6 Rn. 222; vgl. auch *Bauer/Krets* DB 2003, 811). 31

Nach Abs. 4 Satz 1 **entfällt** die persönliche Haftung des Vorstands gegenüber der AG, wenn die schadensstiftende Maßnahme auf einem **Hauptversammlungsbeschluss** beruht. Die haftungsausschließende Wirkung tritt nur ein, wenn der Beschluss der Hauptversammlung der Geschäftsführungsmaßnahme des Vorstands vorausgegangen und der Beschluss weder nichtig noch anfechtbar war. Dies ist vor dem Hintergrund bedeutsam, weil die Hauptversammlung in Fragen der 32

Geschäftsführung nur beschließen kann, wenn der Vorstand dies verlangt hat, § 119 Abs. 2 AktG. Die formlose Billigung durch die Aktionäre ersetzt einen förmlichen Beschluss der Hauptversammlung nicht, auch für Aktiengesellschaften mit begrenztem Aktionärskreis oder mit nur einem Aktionär (OLG Köln Urt. 25.20.2012 – 18 U 37/12; NZG 2013, 872; *Wolff/Jansen* NZG 2013, 1165). Die Verhandlung und der Abschluss einer Verzichts- oder Vergleichsvereinbarung fällt bei Ansprüchen gegen den Vorstand in die Zuständigkeit des Aufsichtsrats; dieser hat die Anforderungen der *Arag/Garmenbeck*-Rechtsprechung – also die Rechtfertigung durch überwiegende Gründe des Gesellschaftswohls (vgl. Rdn. 6) – nicht zu beachten, da die inhaltliche Kontrolle der Vereinbarung durch die Hauptversammlung gewährleistet ist (*Dietz-Vellmer* NZG 2011, 248).

33 Die **Billigung** einer Geschäftsführungsmaßnahme **durch den Aufsichtsrat** hat in Übereinstimmung mit dem Rechtsgedanken des § 111 AktG keine haftungsausschließende Wirkung, Abs. 4 Satz 2.

34 Zum Schutz der Vermögensinteressen der AG enthält Abs. 4 Satz 3 und 4 Einschränkungen für die Wirksamkeit von **Verzichts- und Vergleichsregelungen** zwischen dem Vorstand und der durch den Aufsichtsrat vertretenen AG. Solche Regelungen sind nur zulässig (1) nach Ablauf von 3 Jahren nach Entstehen des Schadensersatzanspruchs, (2) mit Zustimmung durch Beschluss der Hauptversammlung und (3) bei fehlendem Widerspruch zur Niederschrift von Aktionären, die mindestens 10 % des Grundkapitals vertreten. Diese Frist gilt gem. Satz 4 nicht, wenn das Vorstandsmitglied zahlungsunfähig ist und sich mit seinen Gläubigern vergleicht, um ein Insolvenzverfahren abzuwenden.

F. Rechte der Gesellschaftsgläubiger, Abs. 5

35 Abs. 5 regelt einen speziellen Aspekt der Geltendmachung von Ersatzansprüchen gegen den Vorstand durch Gläubiger der AG; diese können nach Maßgabe der Regelung des Abs. 5 Ersatzansprüche der Gesellschaft gegen Vorstandsmitglieder geltend machen.

36 Unmittelbare Ansprüche der Gesellschaftsgläubiger gegen Vorstandsmitglieder bestehen nach Abs. 5 nicht. Solche Ansprüche können aber auf andere Anspruchsgrundlagen gestützt werden. Eine deliktische Haftung kann nach § 823 Abs. 1 BGB entstehen, wenn ein Vorstandsmitglied die dort geschützten Rechtsgüter verletzt, oder aber nach § 823 Abs. 2 BGB, wenn der Vorstand Schutzgesetze verletzt, die den Gesellschaftsgläubiger schützen (BGH, Urt. v. 15.10.1996 – VI ZR 319/95; Z 133, 370, 374 ff.). In Betracht kommt in Ausnahmefällen auch eine quasi-vertragliche Haftung wegen Verletzung berechtigter Vertrauenserwartungen des Gläubigers (dazu näher *Müller* ZIP 1993, 1531). Eine persönliche Haftung der Vorstandsmitglieder für Steuerschulden begründet § 69 AO.

37 Aktionäre können aus Abs. 5 keine Ansprüche herleiten. Sie sind auf Ansprüche nach allgemeinen deliktischen Rechtsgrundlagen verwiesen (BGH, Urt. v. 11.07.1988 – II ZR 243/87; Z 105, 121, 124 f.; *Hüffer/Koch* AktG, § 93 Rn. 19).

G. Verjährung, Abs. 6

38 Für die in Abs. 1 bis 5 geregelten Ansprüche sieht Abs. 6 eine spezielle Verjährungsfrist vor. Die Ansprüche verjähren in **5 Jahren**. Bei im Zeitpunkt der Pflichtverletzung börsennotierten Gesellschaften verjähren die Ansprüche in 10 Jahren (dazu *Kelluweit* GWR 2010, 445). Die Frist beginnt mit der Entstehung des Anspruchs, § 200 BGB (*Schmitt-Rolfes/Bergewitz* NZG 2006, 535). Ansprüche aus anderen Rechtsgrundlagen als denen des § 93 AktG verjähren selbstständig nach den insofern einschlägigen Regelungen, insbesondere nach §§ 195 ff. BGB, und damit innerhalb von 3 Jahren ab Kenntnis der haftungsbegründenden Umstände. Dies kann nach Lage der Dinge zu einer späteren Verjährung der Ansprüche führen.

§ 94 Stellvertreter von Vorstandsmitgliedern

Die Vorschriften für die Vorstandsmitglieder gelten auch für ihre Stellvertreter.

Die Regelung des § 94 AktG, die § 44 GmbHG für stellvertretende Geschäftsführer entspricht (vgl. die Erl. Zu § 44 GmbHG), stellt klar, dass die sog. stellvertretenden Vorstandsmitglieder **ordentliche Organmitglieder** mit vollen Rechten und Pflichten sind. Auf sie finden deshalb die Regeln der §§ 76 ff. AktG unterschiedslos Anwendung. Die Bezeichnung als Vertreter ist insofern ungenau, als das stellvertretende Vorstandsmitglied nicht die Rechtsstellung eines Vertreters hat, der für ein anderes Vorstandsmitglied handelt. Das stellvertretende Vorstandsmitglied ist Vorstandsmitglied, das lediglich nach Maßgabe der Geschäftsordnung hinter anderen Vorstandsmitgliedern zu agieren hat. Als Mitglied mit allen Rechten und Pflichten rückt es – im Unterschied zum stellvertretenden Aufsichtsratsvorsitzenden nach § 107 Abs. 1 Satz 3 AktG – auch nicht erst im Fall der Verhinderung eines anderen Vorstandsmitglieds in den Vorstand nach. 1

Da das stellvertretende Vorstandsmitglied ordentliches Vorstandsmitglied ist, hat sich die Auffassung durchgesetzt, dass die Stellvertretereigenschaft nicht nur nicht eintragungspflichtig, sondern auch nicht eintragungsfähig ist (BGH, Beschl. v. 10.11.1997 – II ZB 6/97; NJW 1998, 1071, 1072). Bei den nach § 80 AktG erforderlichen Angaben auf Geschäftsbriefen gilt dies entsprechend, der Vertreterzusatz ist also auf Geschäftsbriefen nicht anzugeben. 2

Zweiter Abschnitt Aufsichtsrat

§ 95 Zahl der Aufsichtsratsmitglieder

¹Der Aufsichtsrat besteht aus drei Mitgliedern. ²Die Satzung kann eine bestimmte höhere Zahl festsetzen. ³Die Zahl muß durch drei teilbar sein. ⁴Die Höchstzahl der Aufsichtsratsmitglieder beträgt bei Gesellschaften mit einem Grundkapital

bis zu	1 500 000 Euro neun,
von mehr als	1 500 000 Euro fünfzehn,
von mehr als	10 000 000 Euro einundzwanzig.

⁵Durch die vorstehenden Vorschriften werden hiervon abweichende Vorschriften des Gesetzes über die Mitbestimmung der Arbeitnehmer vom 4. Mai 1976 (Bundesgesetzbl. I S. 1153), des Montan-Mitbestimmungsgesetzes und des Gesetzes zur Ergänzung des Gesetzes über die Mitbestimmung der Arbeitnehmer in den Aufsichtsräten und Vorständen der Unternehmen des Bergbaus und der Eisen und Stahl erzeugenden Industrie vom 7. August 1956 (Bundesgesetzbl. I S. 707) – Mitbestimmungsergänzungsgesetz – nicht berührt.

Übersicht	Rdn.		Rdn.
A. Regelungszweck................	1	C. Mitbestimmte Aufsichtsräte..........	8
B. Zahl der Aufsichtsratsmitglieder	3		

A. Regelungszweck

Die Vorschrift betrifft die **Größe** und zusammen mit § 96 AktG die **Zusammensetzung des Aufsichtsrats**. Die Größe richtet sich nach dem Grundkapital der AG, der Zahl der beschäftigten Arbeitnehmer und danach, ob der überwiegende Betriebszweck im Montanbereich liegt. Den aktienrechtlichen Vorschriften gehen in den insbesondere nach dem MitbestG mitbestimmten Gesellschaften die Vorschriften des § 7 MitbestG vor, S. 5. 1

§ 95 AktG   Zahl der Aufsichtsratsmitglieder

2   § 95 AktG regelt die Zahl der Aufsichtsratsmitglieder. Die Vorschrift eröffnet Spielraum für satzungsrechtliche Festsetzungen; dieser Spielraum wird zugleich aber auch durch § 95 AktG begrenzt. Vorgeschrieben werden **Höchstzahlen** der Aufsichtsratsmitglieder, damit die Effektivität des Gremiums gewährleistet bleibt. Die Vorschrift verbietet überdies die Festlegung einer variablen Zahl an Aufsichtsratsmitgliedern in der Satzung, um damit den Einfluss der Hauptversammlung zu begrenzen, damit diese im mitbestimmungsrechtlichen Zusammenhang nicht genutzt werden kann, um durch eine Verminderung der Mitgliederzahl zu verhindern, dass unerwünschte Mitglieder dem Organ angehören.

B. Zahl der Aufsichtsratsmitglieder

3   § 95 AktG regelt die gesetzliche Grundform des Aufsichtsrats. Dieser besteht nach Satz 1 aus **mindestens drei Mitgliedern**. Die Satzung kann eine höhere, nicht aber eine niedrigere Zahl festsetzen, S. 2. Setzt die Satzung eine solche höhere Zahl an Aufsichtsratsmitgliedern fest, so muss diese in der Satzung bestimmt und **durch drei teilbar** sein (zur rechtspolitischen Kritik vgl. *Roth* ZGR 2012, 343, 355). Eine variable Regelung der Mitgliederzahl, etwa die Festlegung einer Unter- oder Obergrenze, ist unzulässig.

4   Die Zahl der Mitglieder des Aufsichtsrats ist abhängig von der Höhe des Grundkapitals der Gesellschaft. In Satz 4 werden gestuft nach der Höhe des Grundkapitals die gesetzlich zulässigen Höchstzahlen an Aufsichtsratsmitgliedern festgelegt. Bei dieser der Satzungsautonomie Grenzen setzenden Regelung sind alle Mitglieder des Organs zu berücksichtigen, ohne Unterscheidung nach der Art und Weise ihrer Bestellung. Ersatzmitglieder werden bei der Höchstzahlberechnung nicht berücksichtigt; deren Mitgliedschaft im Aufsichtsrat beginnt nach § 101 Abs. 3 Satz 2 AktG trotz vorliegender Bestellung erst, wenn das Aufsichtsratsmitglied, für das ein Ersatzmitglied bestellt ist, vor Ablauf der seiner Amtszeit vorzeitig wegfällt.

5   **Verstöße** gegen die Regelungen der Satz 1 und 3 haben die **Nichtigkeit** der Satzungsbestimmung zur Folge. Legt die Satzung die Zahl der Aufsichtsratsmitglieder unter Verstoß gegen Satz 2 oder Satz 4 fest, gilt statt der nichtigen Satzungsbestimmung die gesetzliche Regelung. Wahlbeschlüsse sind nach § 250 Abs. 1 Nr. 3 AktG nur dann nichtig, wenn die nach § 95 AktG zulässige Höchstzahl der Aufsichtsratsmitglieder überschritten wird (vgl. § 250 AktG Rdn. 10 f.). Andere Wahlbeschlussmängel führen zur Anfechtbarkeit nach §§ 243 Abs. 1, 253 AktG (zur Beschlussfähigkeit des Aufsichtsrats bei gesetzeswidriger Mitgliederzahl vgl. § 108 Abs. 2 AktG.)

6   Für Änderungen der Zahl der Aufsichtsratsmitglieder während der laufenden Amtsperiode gelten folgende Grundsätze: Eine **Erhöhung der Zahl der Aufsichtsratsmitglieder** ist durch entsprechende Satzungsänderung jederzeit zulässig. Die Zuwahl der neuen Aufsichtsratsmitglieder kann mit dem satzungsändernden Beschluss verbunden werden. Die Amtszeit der neu gewählten Mitglieder kann nicht vor der Eintragung des satzungsändernden Beschlusses im Handelsregister beginnen (§ 181 Abs. 3 AktG).

7   Die **Herabsetzung der Zahl der Aufsichtsratsmitglieder** ist ebenfalls durch Satzungsänderung möglich. Sie wird erforderlich, wenn das Grundkapital der Gesellschaft durch Kapitalherabsetzung unter den zuvor maßgeblichen Schwellenwert herabsinkt. Das Wirksamwerden durch Eintragung der Satzungsänderung bewirkt nicht ein automatisches Ende der Amtszeit der bestellten Mitglieder; deren Rechtsstellung beruht auf der organschaftlichen Bestellung und nicht auf der Satzung (vgl. Erl. zu § 101 AktG). Die infolge der Satzungsänderung überzähligen Mitglieder können nach Maßgabe des § 103 AktG abberufen werden; die Abberufung nach dieser Vorschrift ist nicht an das Vorliegen eines Grundes gebunden (*Hüffer/Koch* AktG, § 95 Rn. 5; a. A. *Oetker* ZHR 149, 1985, 575, 586). Besonderheiten gelten in mitbestimmten Aufsichtsräten: Die Satzungsänderung wird in diesen Fällen erst mit Ablauf der Amtsperiode wirksam (str.; vgl. OLG Dresden ZIP 1997, 589, 591; OLG Hamburg 1989, 64, 66; ebenso wohl BAG WM 1990, 633, 635). Im Fall des Unterschreitens des für die bisherige Zahl der Aufsichtsratsmitglieder maßgeblichen Schwellenwerts ist das Statusverfahren nach den §§ 97 ff. AktG einzuleiten; bis zu dessen Abschluss bleiben

die bisherigen Aufsichtsratsmitglieder im Amt (*Oetker* ZHR 149, 1985, 575, 577 ff.). Wird ein Schwellenwert nicht unterschritten, bleiben alle Mitglieder des Aufsichtsrats im Amt; streitig ist, ob eine vorzeitige Abberufung möglich ist (zustimmend *Hüffer/Koch* AktG, § 95 Rn. 5; a. A. *Oetker* ZHR 149, 1985, 580 ff.).

C. Mitbestimmte Aufsichtsräte

Für die Zahl der Aufsichtsräte in Unternehmen, die dem MitbestG, dem MontanMitbestG bzw. dem MontanMitbestErgG unterliegen, ist die Zahl der Aufsichtsratsmitglieder abweichend von § 95 AktG bestimmt. Die mitbestimmungsrechtlichen Sonderregeln gehen den aktienrechtlichen Regeln vor, § 95 Satz 5 AktG. Die Erhöhung der Zahl der Aufsichtsratsmitglieder in mitbestimmten Gesellschaften durch Satzungsänderung macht die Durchführung des Statusverfahrens gem. §§ 96 Abs. 2, 97 ff. erforderlich (BAG, Urt. v. 03.10.1989 – 1 ABR 12/88; AP BetrVG 1952 § 76 Nr. 28; a. A. Großkomm AktG/*Hopt/Roth*, § 95 Rn. 26). Die Satzung kann nicht wirksam bestimmen, dass der Aufsichtsrat neben der mitbestimmungsrechtlich vorgesehenen Zahl von stimmberechtigten Mitgliedern aus weiteren Mitgliedern mit beratender Funktion besteht (BGH, Beschl. v. 30.01.2012 – II ZB 20/11; NZG 2012, 347). 8

§ 96 Zusammensetzung des Aufsichtsrats

(1) Der Aufsichtsrat setzt sich zusammen

bei Gesellschaften, für die das Mitbestimmungsgesetz gilt, aus Aufsichtsratsmitgliedern der Aktionäre und der Arbeitnehmer,

bei Gesellschaften, für die das Montan-Mitbestimmungsgesetz gilt, aus Aufsichtsratsmitgliedern der Aktionäre und der Arbeitnehmer und aus weiteren Mitgliedern,

bei Gesellschaften, für die die §§ 5 bis 13 des Mitbestimmungsergänzungsgesetzes gelten, aus Aufsichtsratsmitgliedern der Aktionäre und der Arbeitnehmer und aus einem weiteren Mitglied,

bei Gesellschaften, für die das Drittelbeteiligungsgesetz gilt, aus Aufsichtsratsmitgliedern der Aktionäre und der Arbeitnehmer,

bei Gesellschaften für die das Gesetz über die Mitbestimmung der Arbeitnehmer bei einer grenzüberschreitenden Verschmelzung gilt, aus Aufsichtsratsmitgliedern der Aktionäre und der Arbeitnehmer,

bei den übrigen Gesellschaften nur aus Aufsichtsratsmitgliedern der Aktionäre.

(2) Nach anderen als den zuletzt angewandten gesetzlichen Vorschriften kann der Aufsichtsrat nur zusammengesetzt werden, wenn nach § 97 oder nach § 98 die in der Bekanntmachung des Vorstands oder in der gerichtlichen Entscheidung angegebenen gesetzlichen Vorschriften anzuwenden sind.

Die Vorschrift regelt in Abs. 1 die **aktienrechtliche Grundform der Zusammensetzung des Aufsichtsrats** der AG. Sie greift allerdings nur dann ein, wenn sich nicht aus den genannten mitbestimmungsrechtlichen Vorschriften vorrangig zu beachtende Besetzungsregeln ergeben. Abs. 2 regelt, dass Streitigkeiten hinsichtlich der Zusammensetzung des Aufsichtsrats wegen des Mitbestimmungsstatuts der AG nur in den Statusverfahren der §§ 97 ff. AktG ausgetragen werden können. Die Vorschrift dient der Rechtssicherheit, indem die Zusammensetzung des Aufsichtsrats bis zum Abschluss des Statusverfahrens zunächst fortgilt; bei der Neugründung der AG findet das Statusverfahren keine Anwendung. 1

Die Zusammensetzung des Aufsichtsrats nach mitbestimmungsrechtlichen Regeln ist je nach den einschlägigen gesetzlichen Grundlagen verschieden. Die Zusammensetzung des Aufsichtsrats nach dem **Mitbestimmungsgesetz 1976 (MitbestG)** erfolgt in Unternehmen, die in der Regel mehr als 2.000 Arbeitnehmer beschäftigen, § 1 Abs. 1 MitbestG. Ausgenommen davon sind Unternehmen, 2

§ 96 AktG Zusammensetzung des Aufsichtsrats

die der Montanmitbestimmung unterliegen, § 1 Abs. 2 MitbestG. Das MitbestG 1976 gilt ferner nicht für sog. Tendenzunternehmen und für Unternehmen, die zumindest überwiegend konfessionellen oder karitativen Bestimmungen dienen, § 1 Abs. 4 MitbestG. Gem. § 5 Abs. 1 MitbestG sind Arbeitnehmer der Konzernunternehmen grundsätzlich und von den in § 5 Abs. 3 AktG genannten Ausnahmen abgesehen der herrschenden AG zuzurechnen (vgl. dazu die Erl. in *Hanau/Ulmer* MitbestG, §§ 1 und 5). Die Zusammensetzung des Aufsichtsrats nach dem **MontanMitbestG 1951** gilt vor allem für Unternehmen in der Rechtsform der AG, deren überwiegender Betriebszweck in der Förderung von Steinkohle, Braunkohle oder Eisenerz liegt, § 1 MontanMitbestG (vgl. die Erl. zum MontanMitbestG; GroßkommAktG/*Oetker* MitbestG, S. 313 ff.). Nach dem **MontanMitbestErgG** unterliegen herrschende Unternehmen in der Rechtsform der AG, die den Voraussetzungen der Montanmitbestimmung selbst nicht entsprechen, den Regelungen der §§ 5 bis 13 MontanMitbestErgG, wenn der Unternehmenszweck des Konzerns durch Unternehmen gekennzeichnet ist, die ihrerseits unter die Montanmitbestimmung fallen (vgl. dazu GroßkommAktG/*Oetker* MitbestG, S. 313 ff.).

3   Nach dem **Drittelbeteiligungsgesetz** (DrittelbG) ist der Aufsichtsrat von Aktiengesellschaften mit i. d. R. mehr als 500 Arbeitnehmern zusammenzusetzen (§ 1 Abs. 1 Nr. 1 DrittelbG). Dies gilt nach § 1 Abs. 2 DrittelbG nicht für Unternehmen, die nach den oben genannten Regeln der Mitbestimmung unterliegen, also insbesondere i. d. R. mehr als 2000 Arbeitnehmer beschäftigen, dem MontanMitbestG unterliegen, sog. Tendenzunternehmen sowie konfessionelle bzw. karitative Unternehmen. Ferner ist der Aufsichtsrat von Unternehmen in der Rechtsform der AG mit i. d. R. weniger als 500 Arbeitnehmern, die vor dem 10.08.1994 eingetragen wurden und keine Familiengesellschaft sind, nach dem DrittelbG zusammenzusetzen, § 1 Abs. 1 Nr. 1 DrittelbG. Gem. § 4 DrittelbG muss der Aufsichtsrat zu 1/3 aus Vertretern der Arbeitnehmer bestehen. Die Wahl der Vertreter der Arbeitnehmer im Aufsichtsrat erfolgt nach §§ 5 ff. DrittelbG; unter Berücksichtigung der einschlägigen Wahlordnung vom 23.06.2004 (BGBl. I 2004, S. 1393) findet dabei grundsätzlich eine Wahl durch alle wahlberechtigten Arbeitnehmer der Betriebe des Unternehmens statt. Die Aktionärsvertreter werden gem. § 101 AktG bestellt.

4   Nach dem Gesetz über die Mitbestimmung der Arbeitnehmer bei einer grenzüberschreitenden Verschmelzung (MgVG v. 12.12.2006, BGBl. I 3332) werden Unternehmen mit Sitz im Inland erfasst, die aus einer grenzüberschreitenden Verschmelzung hervorgegangen sind. Die Mitbestimmung richtet sich danach vorrangig nach einer Mitbestimmungsvereinbarung, die zwischen der Unternehmensleitung und einem besonderen Verhandlungsgremium der Arbeitnehmer geschlossen wird (dazu *Henssler* ZHR 173, 2009, 222 ff.; *Schubert* RdA 2007, 9 ff.).

5   **Mitbestimmungsfrei** und damit der aktienrechtlichen Zusammensetzungsregel des § 96 Abs. 1 AktG unterworfen sind somit die Aktiengesellschaften, die am Stichtag des 10.08.1994 oder später eingetragen wurden und i. d. R. weniger als 500 Arbeitnehmer beschäftigen (vgl. § 1 Abs. 1 Nr. 1 Satz 1 DrittelbG). Ist die Gesellschaft vor dem genannten Stichtag eingetragen worden, ist sie nur mitbestimmungsfrei, wenn sie zusätzlich eine Familiengesellschaft ist, § 1 Abs. 1 Nr. 1 Satz 2 DrittelbG. **Familiengesellschaften** definiert das DrittelbG als AG, deren Aktionäre eine einzelne natürliche Person ist (Einmann-AG) oder deren Aktionäre untereinander i. S. d. § 15 Abs. 1 Nr. 2 bis 8, Abs. 2 AO verwandt oder verschwägert sind.

6   § 96 Abs. 1 AktG regelt die aktienrechtliche Grundform der Zusammensetzung des Aufsichtsrats der mitbestimmungsfreien AG dahin gehend, dass dieser nur aus Aufsichtsratsmitgliedern der Aktionäre besteht. Ihre Bestellung erfolgt nach § 101 AktG.

7   § 96 Abs. 2 AktG regelt die im Fall des Wechsels des Mitbestimmungsstatuts bestehende Rechtslage nach dem Kontinuitätsprinzip. Im Hinblick auf die verschiedenen mitbestimmungsrechtlichen Systeme und auf das aktienrechtliche System der Zusammensetzung des Aufsichtsrats hat der Gesetzgeber in den §§ 97 ff. AktG Verfahren geschaffen, mit denen die gesetzmäßige Zusammensetzung des Aufsichtsrats verbindlich festgestellt werden kann (sog. Statusverfahren). Abs. 2 sieht nun vor, dass der bestehende Status der Aufsichtsratszusammensetzung so lange fortgilt, bis er nach den

§§ 97, 98 AktG geändert ist. Die Vorschrift führt zur Perpetuierung eines den gesetzlichen Regelungen möglicherweise nicht entsprechenden Aufsichtsratssystems, auch die Gesellschaft wegen Absinkens der Arbeitnehmerzahl mitbestimmungsfrei wird (OLG Frankfurt am Main, Beschl. v. 02.11.2010 – 20W 362/10; NZG 2011, 353). Sie stiftet damit Rechtssicherheit. Aus diesem Grund bleibt der Vorstand rechtmäßig im Amt, sog. **status quo-Prinzip** (*Oetker* ZGR 2000, 19, 21), und die von ihm ausgeübte Amtstätigkeit erfolgt ebenfalls rechtmäßig (vgl. OLG Düsseldorf, Urt. v. 10.10.1995 – 19W 5/95; AG 1996, 87). Das Statusverfahren kommt zur Anwendung, wenn es zu einem Wechsel bei den bisher angewandten gesetzlichen Regeln über die Zusammensetzung des Aufsichtsrats kommt (z.B. infolge der Änderung der Arbeitnehmerzahl, auch durch Zurechnung wegen Maßnahmen der Konzernbildung oder infolge einer mitbestimmungsrechtlich erheblichen Umwandlung der Gesellschaft). Für den Fall der Neugründung gilt § 96 Abs. 2 AktG nicht; es gelten die Sonderregeln der § 30 Abs. 3 Satz 2 bzw. § 31 Abs. 3, 4 AktG.

§ 97 Bekanntmachung über die Zusammensetzung des Aufsichtsrats

(1) ¹Ist der Vorstand der Ansicht, daß der Aufsichtsrat nicht nach den für ihn maßgebenden gesetzlichen Vorschriften zusammengesetzt ist, so hat er dies unverzüglich in den Gesellschaftsblättern und gleichzeitig durch Aushang in sämtlichen Betrieben der Gesellschaft und ihrer Konzernunternehmen bekanntzumachen. ²In der Bekanntmachung sind die nach Ansicht des Vorstands maßgebenden gesetzlichen Vorschriften anzugeben. ³Es ist darauf hinzuweisen, daß der Aufsichtsrat nach diesen Vorschriften zusammengesetzt wird, wenn nicht Antragsberechtigte nach § 98 Abs. 2 innerhalb eines Monats nach der Bekanntmachung im Bundesanzeiger das nach § 98 Abs. 1 zuständige Gericht anrufen.

(2) ¹Wird das nach § 98 Abs. 1 zuständige Gericht nicht innerhalb eines Monats nach der Bekanntmachung im Bundesanzeiger angerufen, so ist der neue Aufsichtsrat nach den in der Bekanntmachung des Vorstands angegebenen gesetzlichen Vorschriften zusammenzusetzen. ²Die Bestimmungen der Satzung über die Zusammensetzung des Aufsichtsrats, über die Zahl der Aufsichtsratsmitglieder sowie über die Wahl, Abberufung und Entsendung von Aufsichtsratsmitgliedern treten mit der Beendigung der ersten Hauptversammlung, die nach Ablauf der Anrufungsfrist einberufen wird, spätestens sechs Monate nach Ablauf dieser Frist insoweit außer Kraft, als sie den nunmehr anzuwendenden gesetzlichen Vorschriften widersprechen. ³Mit demselben Zeitpunkt erlischt das Amt der bisherigen Aufsichtsratsmitglieder. ⁴Eine Hauptversammlung, die innerhalb der Frist von sechs Monaten stattfindet, kann an Stelle der außer Kraft tretenden Satzungsbestimmungen mit einfacher Stimmenmehrheit neue Satzungsbestimmungen beschließen.

(3) Solange ein gerichtliches Verfahren nach §§ 98, 99 anhängig ist, kann eine Bekanntmachung über die Zusammensetzung des Aufsichtsrats nicht erfolgen.

Übersicht	Rdn.		Rdn.
A. Regelungszweck	1	C. Wirkungen der Bekanntmachung	5
B. Pflicht zur Bekanntmachung durch den Vorstand	2		

A. Regelungszweck

Die Vorschrift regelt zusammen mit den Vorschriften der §§ 98, 99 AktG das sog. **Statusverfahren** zur Zusammensetzung des Aufsichtsrats. Die Vorschrift ist vor dem Hintergrund entstanden, dass dem Gesetzgeber angesichts der in den verschiedenen Aufsichtsratssystemen geregelten Besetzungsregeln daran gelegen war, ein Verfahren vorzusehen, nach dem die gesetzmäßige Zusammensetzung des Aufsichtsrats für die Beteiligten verbindlich festgestellt wird, sog. Status- oder Überleitungsverfahren. Die gesetzliche Regelung sieht vor, dass der Vorstand dieses Verfahren einzuleiten hat (§ 97 Abs. 1 AktG), indem er seine Auffassung über das anzuwendende Recht für die Zusammensetzung des Aufsichtsrats bekannt zu geben hat. Bleibt die Bekanntmachung aus oder wird die Bekanntmachung fristgerecht angegriffen, kommt es zur gerichtlichen Entscheidung über das anzuwendende Recht nach § 98 AktG. Andernfalls, wenn also die Bekanntmachung erfolgt und nicht angegriffen wird, legt die Vorstandsbekanntmachung selbst den Status des Aufsichtsrats verbindlich fest (vgl. § 97 Abs. 1 Satz 3 AktG). Ist das Aufsichtsratssystem auf diese Weise festgestellt, wird der neue Aufsichtsrat nach den einschlägigen gesetzlichen Bestimmungen zusammengesetzt, § 97 Abs. 2 AktG. Bis zu dieser Überleitung verbleibt es nach § 96 Abs. 2 AktG im Interesse der Rechtssicherheit bei der Zusammensetzung nach den bisher zugrunde gelegten Rechtsgrundlagen (vgl. Erl. zu § 96 AktG Rdn. 7).

B. Pflicht zur Bekanntmachung durch den Vorstand

2   Die Pflicht zur Bekanntmachung trifft den **Vorstand**. Sie entsteht, wenn der Aufsichtsrat nach Ansicht des Vorstands gesetzeswidrig zusammengesetzt ist. Zu dieser Ansicht wird der Vorstand insbesondere kommen, wenn Veränderungen eingetreten sind, die eine Änderung des Aufsichtsratssystems zur Folge haben (vgl. § 96 AktG Rdn. 7); in Betracht kommt auch eine nachträglich durch den Vorstand entdeckte rechtliche Fehlbeurteilung hinsichtlich der anzuwenden Zusammensetzungsregeln. Ob der Vorstand dieser Ansicht ist, wird durch Vorstandsbeschluss festgestellt.

3   Die Bekanntmachungspflicht besteht nur im Fall einer **gesetzeswidrigen Zusammensetzung** des Aufsichtsrats, Abs. 1 Satz 1. Satzungsänderungen sind deshalb nicht geeignet, ein Statusverfahren in Gang zu setzen (OLG Hamburg, Beschl. v. 26.08.1988 – 11 W 53/88; AG 1989, 64, 65; *Rosendahl* AG 1985, 325, 329; *Hüffer/Koch* AktG, § 97 Rn. 3 und die h. M.; a. A. BAG, Beschl. v. 03.10.1989 – 1 ABR 12/88; WM 1990, 633, 636; *Oetker* ZGR 2000, 19, 21 f.). Anzuwenden ist die Vorschrift auf die Fälle des Wechsels des Mitbestimmungssystems sowie auf das Über- oder Unterschreiten der geltenden Schwellenwerte eines solchen Systems (OLG Frankfurt am Main, Beschl. v. 02.11.2010 – 20 W 362/10; NZG 2011, 353, 354). Eine gesetzeswidrige Zusammensetzung der Arbeitnehmerbank löst keine Bekanntmachungspflicht aus und kann ebenso wenig im Statusverfahren gerügt werden (UHH/*Henssler*, § 15 MitbestG Rn. 130).

4   Der Vorstand hat die Bekanntmachung **unverzüglich**, also ohne schuldhaftes Zögern (§ 121 BGB) vorzunehmen. Die Bekanntmachung hat in den Gesellschaftsblättern (§ 25 AktG) und damit zumindest im elektronischen Bundesanzeiger zu erfolgen; gleichzeitig muss die Bekanntmachung in sämtlichen Betrieben der AG und ihrer Konzernunternehmen ausgegangen werden. Der Inhalt der Bekanntmachung ist in Abs. 1 Satz 2 und 3 vorgeschrieben.

C. Wirkungen der Bekanntmachung

5   Die Wirkungen der Vorstandsbekanntmachung sind abhängig von der weiteren Geschehensentwicklung. Wird die Vorstandsbekanntmachung **nicht angegriffen**, wird also das zuständige Gericht nicht oder nicht fristgerecht angerufen, ist die Bekanntmachung **unangreifbar**. Dann muss ein neuer Aufsichtsrat nach den in der Bekanntmachung genannten Vorschriften bestellt werden (Abs. 2 Satz 1) und widersprechende Bestimmungen der Satzung treten außer Kraft (Abs. 2 Satz 2); jeweils ist vorgesehen, dass die Wirkungen mit der Beendigung der ersten Hauptversammlung, die nach dem Ablauf der mit Bekanntmachung im elektronischen Bundesanzeiger einsetzenden Monatsfrist einberufen wird, eintreten, spätestens aber **6 Monate nach Ablauf** der genannten Frist (Abs. 2 Satz 2). Da in demselben Zeitpunkt das Amt der bisherigen Aufsichtsratsmitglieder erlischt (Abs. 2 Satz 3), sind die Aufsichtsratsmitglieder auch dann zu bestellen, wenn die bisherigen Mitglieder im Amt bleiben sollen. Die einzuberufende Hauptversammlung ist innerhalb von 6 Monaten seit der Bekanntmachung einzuberufen; geschieht dies, genügt auf dieser Hauptversammlung zur Erleichterung der Satzungsänderung die einfache Mehrheit für die Beschlussfassung über die Satzungsänderung (Abs. 2 Satz 4).

6   Wird der **Antrag auf gerichtliche Entscheidung** gestellt und damit die Vorstandsbekanntmachung **angegriffen**, tritt die ergehende gerichtliche Entscheidung an die Stelle der Vorstandsbekanntmachung. Die Vorstandsbekanntmachung selbst entfaltet wegen der Rechtskraft der gerichtlichen

Entscheidung keine rechtliche Wirkung; die bisherige Zusammensetzung des Aufsichtsrats bleibt bis zur gerichtlichen Entscheidung unverändert. Solange das gerichtliche Verfahren nach den §§ 98, 99 AktG anhängig ist, kann der Vorstand keine (neue) Bekanntmachung über die Zusammensetzung des Aufsichtsrats vornehmen. Die Beteiligten haben den Ausgang des gerichtlichen Verfahrens abzuwarten. Anschließend ist der Aufsichtsrat gem. der gerichtlichen Entscheidung zusammenzusetzen (§ 98 Abs. 4 AktG). Eine erneute Vorstandsbekanntmachung ist nur bei Änderungen des Sachverhalts zulässig (str.; wie hier MüKo AktG/*Semler* § 97 Rn. 83 f.; a. A. *Hüffer/Koch* AktG, § 97 Rn. 7).

§ 98 Gerichtliche Entscheidung über die Zusammensetzung des Aufsichtsrats

(1) ¹Ist streitig oder ungewiß, nach welchen gesetzlichen Vorschriften der Aufsichtsrat zusammenzusetzen ist, so entscheidet darüber auf Antrag ausschließlich das Landgericht, in dessen Bezirk die Gesellschaft ihren Sitz hat; ist bei dem Landgericht eine Kammer für Handelssachen gebildet, so entscheidet diese an Stelle der Zivilkammer.

(2) ¹Antragsberechtigt sind
1. der Vorstand,
2. jedes Aufsichtsratsmitglied,
3. jeder Aktionär,
4. der Gesamtbetriebsrat der Gesellschaft oder, wenn in der Gesellschaft nur ein Betriebsrat besteht, der Betriebsrat,
5. der Gesamt- oder Unternehmenssprecherausschuss der Gesellschaft oder, wenn in der Gesellschaft nur ein Sprecherausschuss besteht, der Sprecherausschuss,
6. der Gesamtbetriebsrat eines anderen Unternehmens, dessen Arbeitnehmer nach den gesetzlichen Vorschriften, deren Anwendung streitig oder ungewiß ist, selbst oder durch Delegierte an der Wahl von Aufsichtsratsmitgliedern der Gesellschaft teilnehmen, oder, wenn in dem anderen Unternehmen nur ein Betriebsrat besteht, der Betriebsrat,
7. der Gesamt- oder Unternehmenssprecherausschuss eines anderen Unternehmens, dessen Arbeitnehmer nach den gesetzlichen Vorschriften, deren Anwendung streitig oder ungewiss ist, selbst oder durch Delegierte an der Wahl von Aufsichtsratsmitgliedern der Gesellschaft teilnehmen, oder, wenn in dem anderen Unternehmen nur ein Sprecherausschuss besteht, der Sprecherausschuss,
8. mindestens ein Zehntel oder einhundert der Arbeitnehmer, die nach den gesetzlichen Vorschriften, deren Anwendung streitig oder ungewiß ist, selbst oder durch Delegierte an der Wahl von Aufsichtsratsmitgliedern der Gesellschaft teilnehmen,
9. Spitzenorganisationen der Gewerkschaften, die nach den gesetzlichen Vorschriften, deren Anwendung streitig oder ungewiß ist, ein Vorschlagsrecht hätten,
10. Gewerkschaften, die nach den gesetzlichen Vorschriften, deren Anwendung streitig oder ungewiß ist, ein Vorschlagsrecht hätten.

²Ist die Anwendung des Mitbestimmungsgesetzes oder die Anwendung von Vorschriften des Mitbestimmungsgesetzes streitig oder ungewiß, so sind außer den nach Satz 1 Antragsberechtigten auch je ein Zehntel der wahlberechtigten in § 3 Abs. 1 Nr. 1 des Mitbestimmungsgesetzes bezeichneten Arbeitnehmer oder der wahlberechtigten leitenden Angestellten im Sinne des Mitbestimmungsgesetzes antragsberechtigt.

(3) Die Absätze 1 und 2 gelten sinngemäß, wenn streitig ist, ob der Abschlußprüfer das nach § 3 oder § 16 des Mitbestimmungsergänzungsgesetzes maßgebliche Umsatzverhältnis richtig ermittelt hat.

(4) ¹Entspricht die Zusammensetzung des Aufsichtsrats nicht der gerichtlichen Entscheidung, so ist der neue Aufsichtsrat nach den in der Entscheidung angegebenen gesetzlichen Vorschriften zusammenzusetzen. ²§ 97 Abs. 2 gilt sinngemäß mit der Maßgabe, daß die Frist von sechs Monaten mit dem Eintritt der Rechtskraft beginnt.

§ 99 AktG Verfahren

1 Die Vorschrift regelt die Voraussetzungen, die Antragsberechtigung und die Zuständigkeit der Gerichte für die **gerichtliche Entscheidung über die Zusammensetzung des Aufsichtsrats**. Das gerichtliche Verfahren ist zulässig, wenn »ungewiß oder streitig« ist, nach welchen gesetzlichen Vorschriften der Aufsichtsrat zusammenzusetzen ist, Abs. 1 Satz 1. Durch den Ungewissheitstatbestand ist die Anrufung des Gerichts nicht nur bei bereits aufgetretenen Streitigkeiten zulässig, sondern auch dann, wenn diese in der Zukunft auftreten können und deshalb die Zusammensetzung ungewiss ist. Im Übrigen setzt die Anrufung des Gerichts nicht voraus, dass eine Bekanntmachung des Vorstands vorliegt. Die gerichtliche Entscheidung kann auch ohne vorherige Vorstandsbekanntmachung beantragt werden.

2 **Örtlich und sachlich zuständig** ist nach Abs. 1 Satz 1 das Landgericht. Sofern eine Kammer für Handelssachen beim Landgericht gebildet ist, ist diese funktional zuständig, §§ 71 Abs. 2, 95 Abs. 2 GVG. Die früher in Abs. 1 Satz 2 und 3 vorgesehenen Regelungen der Ermächtigung zur **Verfahrenskonzentration** bei einem Landgericht für mehrere Bezirke, sind nunmehr in § 71 Abs. 4 GVG platziert.

3 Die **Antragsberechtigung** ist in Abs. 2 geregelt. Die Regelung ist abschließend. Bei dem zu stellenden Antrag handelt es sich um einen Feststellungsantrag.

4 Nach Abs. 3 gelten die Abs. 1 und 2 sinngemäß für die besondere Rechtslage in der Montanindustrie.

5 Hinsichtlich der **Rechtsfolgen der gerichtlichen Entscheidung** ist wie folgt zu unterscheiden: Weist das Gericht den Antrag ab, bleibt der im Amt befindliche Aufsichtsrat in seiner vorhandenen Zusammensetzung. Entscheidet das Gericht, dass der Aufsichtsrat nach anderen, in der Entscheidung angegebenen gesetzlichen Vorschriften zusammenzusetzen ist, muss der Aufsichtsrat nach entsprechender Satzungsänderung neu zusammengesetzt werden, Abs. 4 Satz 1. Dabei ist nach Abs. 4 Satz 2 die Regelung des § 97 Abs. 2 AktG sinngemäß mit der Maßgabe anzuwenden, dass die darin vorgesehene Frist von 6 Monaten mit der Rechtskraft der Entscheidung zu laufen beginnt. Der Vorstand ist verpflichtet, die Hauptversammlung rechtzeitig einzuberufen und die Satzungsänderung vorschlagen.

§ 99 Verfahren

(1) Auf das Verfahren ist das Gesetz über das Verfahren in Familiensachen und in den Angelegenheiten der freiwilligen Gerichtsbarkeit anzuwenden, soweit in den Absätzen 2 bis 5 nichts anderes bestimmt ist.

(2) ¹Das Landgericht hat den Antrag in den Gesellschaftsblättern bekanntzumachen. ²Der Vorstand und jedes Aufsichtsratsmitglied sowie die nach § 98 Abs. 2 antragsberechtigten Betriebsräte, Sprecherausschüsse, Spitzenorganisationen und Gewerkschaften sind zu hören.

(3) ¹Das Landgericht entscheidet durch einen mit Gründen versehenen Beschluß. ²Gegen die Entscheidung findet die sofortige Beschwerde statt. ³Sie kann nur auf eine Verletzung des Rechts gestützt werden; § 72 Abs. 1 Satz 2 und § 74 Abs. 2 und 3 des Gesetzes über das Verfahren in Familiensachen und in den Angelegenheiten der freiwilligen Gerichtsbarkeit sowie § 547 der Zivilprozessordnung gelten sinngemäß. ⁴Die Beschwerde kann nur durch Einreichung einer von einem Rechtsanwalt unterzeichneten Beschwerdeschrift eingelegt werden. ⁵Die Landesregierung kann durch Rechtsverordnung die Entscheidung über die Beschwerde für die Bezirke mehrerer Oberlandesgerichte einem der Oberlandesgerichte oder dem Obersten Landesgericht übertragen, wenn dies der Sicherung einer einheitlichen Rechtsprechung dient. ⁶Die Landesregierung kann die Ermächtigung auf die Landesjustizverwaltung übertragen.

(4) ¹Das Gericht hat seine Entscheidung dem Antragsteller und der Gesellschaft zuzustellen. ²Es hat sie ferner ohne Gründe in den Gesellschaftsblättern bekanntzumachen. ³Die Beschwerde steht jedem nach § 98 Abs. 2 Antragsberechtigten zu. ⁴Die Beschwerdefrist beginnt mit der

Bekanntmachung der Entscheidung im elektronischen Bundesanzeiger, für den Antragsteller und die Gesellschaft jedoch nicht vor der Zustellung der Entscheidung.

(5) ¹Die Entscheidung wird erst mit der Rechtskraft wirksam. ²Sie wirkt für und gegen alle. ³Der Vorstand hat die rechtskräftige Entscheidung unverzüglich zum Handelsregister einzureichen.

(6) ¹Die Kosten können ganz oder zum Teil dem Antragsteller auferlegt werden, wenn dies der Billigkeit entspricht. ²Kosten der Beteiligten werden nicht erstattet.

Die Vorschrift regelt das **Verfahren**, in dem die gerichtliche Entscheidung über die Zusammensetzung des Aufsichtsrats ergeht. Anzuwenden sind für dieses Verfahren die Bestimmungen des FamFG und die in den Abs. 2 bis 5 vorgesehenen besonderen Verfahrensregeln. Grundsätzlich gilt somit der **Amtsermittlungsgrundsatz** des § 26 FamFG. Ein Anwaltszwang besteht nicht; dieser gilt aber für das Beschwerdeverfahren, Abs. 3 Satz 4. Allerdings findet das Verfahren nur **auf Antrag** statt, § 98 Abs. 1 Satz 1 AktG. Die Rücknahme des Antrags ist bis zur Rechtskraft der Entscheidung zulässig, ohne dass es einer Einwilligung der AG – selbst nach Einlassung in der Sache (vgl. § 269 Abs. 1 ZPO) – bedarf (str.; wie hier BayObLGZ 1973, 106, 108 ff.; *v. Falckenhausen* AG 1967, 309, 314 f.; a. A. OLG Düsseldorf NJW 1980, 349). Die vom allgemeinen FamFG-Verfahren abweichenden besonderen Verfahrensregeln sind in Abs. 2 bis 5 abschließend aufgezählt. 1

Gem. Abs. 5 Satz 1 wird die Entscheidung **mit ihrer Rechtskraft wirksam**. Sie tritt bei der Entscheidung durch das Landgericht nach § 63 FamFG mit Ablauf der 2-Wochen-Frist ein, bei Beschwerdeentscheidungen des OLG (Abs. 3 Satz 5) mit dem Erlass der Entscheidung. Wegen Abs. 5 Satz 2 ist jedermann an die rechtskräftige gerichtliche Entscheidung gebunden. Nach Eintritt der Rechtskraft hat der Vorstand die Entscheidung unverzüglich zum Handelsregister anzumelden, Abs. 2 Satz 3, § 121 BGB. 2

Die **Verfahrenskosten** werden nach dem Gerichts- und Notarkostengesetz (GNotKG) ermittelt. Gem. § 75 GNotKG bemisst sich der regelmäßige Geschäftswert auf 50.000,– €. Die Kosten der Beteiligten werden nicht erstattet (Abs. 6 Satz 2). Die Auferlegung der Kosten zulasten des Antragstellers aus Billigkeitsgesichtspunkten (Abs. 6 Satz 1) kommt vor allem bei offensichtlich unbegründeten oder unzulässigen Anträgen in Betracht. 3

Die Verfahrensregeln des § 99 AktG sind gem. § 30 Abs. 3 Satz 2 AktG auch bei Streitigkeiten über die Besetzung des Aufsichtsrats in der **Nachgründungsphase** anzuwenden. Sie gelten nach § 31 Abs. 3 AktG ferner bei Streitigkeiten über die Zusammensetzung des Aufsichtsrats in Fällen der **Sachgründung** durch Einbringung oder Übernahme eines Unternehmens bzw. von Unternehmensteilen. 4

§ 100 Persönliche Voraussetzungen für Aufsichtsratsmitglieder

(1) ¹Mitglied des Aufsichtsrats kann nur eine natürliche, unbeschränkt geschäftsfähige Person sein. ²Ein Betreuer, der bei der Besorgung seiner Vermögensangelegenheiten ganz oder teilweise einem Einwilligungsvorbehalt (§ 1903 des Bürgerlichen Gesetzbuchs) unterliegt, kann nicht Mitglied des Aufsichtsrats sein.

(2) ¹Mitglied des Aufsichtsrats kann nicht sein, wer
1. bereits in zehn Handelsgesellschaften, die gesetzlich einen Aufsichtsrat zu bilden haben, Aufsichtsratsmitglied ist,
2. gesetzlicher Vertreter eines von der Gesellschaft abhängigen Unternehmens ist,
3. gesetzlicher Vertreter einer anderen Kapitalgesellschaft ist, deren Aufsichtsrat ein Vorstandsmitglied der Gesellschaft angehört oder
4. in den letzten zwei Jahren Vorstandsmitglied derselben börsennotierten Gesellschaft war, es sei denn, seine Wahl erfolgt auf Vorschlag von Aktionären, die mehr als 25 Prozent der Stimmrechte an der Gesellschaft halten.

²Auf die Höchstzahl nach Satz 1 Nr. 1 sind bis zu fünf Aufsichtsratssitze nicht anzurechnen, die ein gesetzlicher Vertreter (beim Einzelkaufmann der Inhaber) des herrschenden Unternehmens eines Konzerns in zum Konzern gehörenden Handelsgesellschaften, die gesetzlich einen Aufsichtsrat zu bilden haben, inne hat. ³Auf die Höchstzahl nach Satz 1 Nr. 1 sind Aufsichtsratsämter im Sinne der Nummer 1 doppelt anzurechnen, für die das Mitglied zum Vorsitzenden gewählt worden ist.

(3) Die anderen persönlichen Voraussetzungen der Aufsichtsratsmitglieder der Arbeitnehmer sowie der weiteren Mitglieder bestimmen sich nach dem Mitbestimmungsgesetz, dem Montan-Mitbestimmungsgesetz, dem Mitbestimmungsergänzungsgesetz und dem Drittelbeteiligungsgesetz und dem Gesetz über die Mitbestimmung der Arbeitnehmer bei einer grenzüberschreitenden Verschmelzung.

(4) Die Satzung kann persönliche Voraussetzungen nur für Aufsichtsratsmitglieder fordern, die von der Hauptversammlung ohne Bindung an Wahlvorschläge gewählt oder auf Grund der Satzung in den Aufsichtsrat entsandt werden.

(5) Bei Gesellschaften im Sinne des § 264d des Handelsgesetzbuchs muss mindestens ein unabhängiges Mitglied des Aufsichtsrats über Sachverstand auf den Gebieten Rechnungslegung oder Abschlussprüfung verfügen.

Übersicht	Rdn.		Rdn.
A. Überblick	1	D. Satzungsrechtliche Regelungen, Abs. 4	8
B. Persönliche Anforderungen, Abs. 1	2	E. Unabhängiger Finanzexperte, Abs. 5	9
C. Gesetzliche Hinderungsgründe, Abs. 2	4	F. Rechtsfolgen	10

A. Überblick

1 Die Vorschrift regelt die **persönlichen Voraussetzungen der Mitgliedschaft** im Aufsichtsrat. Neben den grundlegenden Anforderungen nach Abs. 1 benennt Abs. 2 Gründe, die einer Mitgliedschaft im Aufsichtsrat entgegenstehen; diese Regelung ist nach § 23 Abs. 5 AktG **zwingender Natur**. Die Satzung kann nur nach Maßgabe von Abs. 4 besondere persönliche Anforderungen vorsehen. Für mitbestimmte Gesellschaften stellt Abs. 3 klar, dass sich für die Aufsichtsratsmitglieder der Arbeitnehmer (sowie der weiteren Mitglieder, die die Mitbestimmungsgesetze fordern) neben den Anforderungen der Abs. 1 und 2 zusätzliche Anforderungen aus den mitbestimmungsrechtlichen Sondervorschriften ergeben. Dabei handelt es sich um die Wählbarkeitsvoraussetzungen der §§ 7 Abs. 2 bis 4 MitbestG, §§ 4 Abs. 2, 6 Abs. 1 MontanMitbestG, §§ 5, 6 MontanMitbestErgG, § 4 Abs. 2 bis 4 DrittelbG und Art. 3 Nr. 2 des Gesetzes zur Umsetzung der Regelungen über die Mitbestimmung der Arbeitnehmer bei einer Verschmelzung von Kapitalgesellschaften aus verschiedenen Mitgliedstaaten (MgVG), auf die an dieser Stelle nur hingewiesen werden soll. Nach § 105 AktG ist die Doppelmitgliedschaft in Aufsichtsrat und Vorstand ausgeschlossen. Nach dem durch das BilMoG eingefügten Abs. 5 muss in finanzmarktorientierten Gesellschaften ein sog. unabhängiger Finanzexperte Mitglied des Aufsichtsrats sein (Rdn. 9). Das VorstAG hat die Karenzperiode des Abs. 2 Nr. 4 für den Wechsel vom Vorstand in den Aufsichtsrat eingeführt (Rdn. 7).

B. Persönliche Anforderungen, Abs. 1

2 Abs. 1 legt fest, dass nur **natürliche, unbeschränkt geschäftsfähige Personen** Mitglied des Aufsichtsrats werden können. Der Regelungsgehalt dieser Bestimmung liegt vor allem darin, juristische Personen von der Mitgliedschaft im Aufsichtsrat auszuschließen; Mitglied im Aufsichtsrat sollen nach der gesetzlichen Wertung nur persönlich verantwortliche Personen sein. Das Erfordernis unbeschränkter Geschäftsfähigkeit verlangt die Volljährigkeit (§ 2 BGB) des Aufsichtsratsmitglieds und schließt auch unter Einwilligungsvorbehalt nach § 1903 BGB stehende Betreute aus, Abs. 1 Satz 2.

Weitere Anforderungen, insbesondere ein **Sachkundeerfordernis** stellt das AktG nicht auf (zu weiter gehenden satzungsrechtlichen Anforderungen vgl. unten Rdn. 8). Im Zusammenhang mit der Prüfung von Jahresabschlüssen hat die Rechtsprechung ausgeführt, dass ein Aufsichtsratsmitglied diejenigen Mindestkenntnisse und -fähigkeiten besitzen muss, die es braucht, um alle normalerweise anfallenden Geschäftsvorgänge auch ohne fremde Hilfe verstehen und sachgerecht beurteilen zu können; eine persönliche Anforderung wird darin aber nicht gesehen, weil sich das Aufsichtsratsmitglied die notwendigen Kenntnisse auch »aneignen« kann (BGH, Urt. v. 15.11.1982 – II ZR 27/82, Z 85, 293, 295 f.; vgl. auch *Altmeppen* ZGR 2004, 390, 398 ff.). Ausbildungs- und Fortbildungskosten sind unbeschadet der abweichenden Empfehlung in Nr. 5.4.1 DCGK (vgl. *Bosse/Malchow* NZG 2010, 972) grundsätzlich vom Aufsichtsratsmitglied selbst und nur ausnahmsweise von der Gesellschaft zu tragen, wenn die konkrete Maßnahme nach den Umständen erforderlich und die dafür aufzuwenden Kosten angemessen sind (*Leyendecker-Langner/Huthmacher* NZG 2012, 1415). Die **Unabhängigkeit** von Aufsichtsratsmitgliedern wird verschiedentlich im DCGK angesprochen; sie bezieht sich ungeachtet ihres grundsätzlich empfehlenden Charakters nur auf eine »angemessene Anzahl« und damit nicht notwendig auf die Mehrheit der Mitglieder und jedenfalls nicht auf jedes einzelne Mitglied des Aufsichtsrats. Nr. 5.4.2. S. 2 DCGK 2012 stellt seit der Neufassung 2012 strenge Anforderungen an die Unabhängigkeit von Aufsichtsratsmitglied, die selbst potenzielle Interessenkonflikte einbezieht, wenn diese wesentlich und nicht nur vorübergehend bestehen (eingehend *Hasselbach/Jakobs* BB 2013, 643; *Klein* AG 2012, 805). Zum sog. unabhängigen Finanzexperten i. S. d. Abs. 2 Nr. 4 vgl. Rdn. 7.

C. Gesetzliche Hinderungsgründe, Abs. 2

Abs. 2 Satz 1 Nr. 1 sieht eine **Höchstzahl** für die Innehabung von Aufsichtsrats-Mandaten vor und legt diese bei **zehn** fest. Die zehn Mandate müssen in Handelsgesellschaften bestehen, die kraft Gesetzes einen Aufsichtsrat zu bilden haben. Nicht zu berücksichtigen sind deshalb Mandate in Genossenschaften, Stiftungen und VVaG. Da der Aufsichtsrat nach dem Gesetz vorgeschrieben sein muss, werden Mandate in der GmbH nur gezählt, sofern diese nach den Mitbestimmungsgesetzen einen Aufsichtsrat zu bilden haben. Mandate in Gesellschaften mit **Sitz im Ausland** werden nicht berücksichtigt (*Jaspers* AG 2011, 154, 155; a.A. *Weller* ZGR 2010, 679, 707). **Konzernaufsichtsratsmandate** sind nach Abs. 2 Satz 2 von der Höchstzahl nicht uneingeschränkt erfasst, damit die gesetzlichen Vertreter des herrschenden Unternehmens ihre üblichen Pflichten zur Wahrnehmung von Aufsichtsratsmandaten bei Konzerntöchtern persönlich erfüllen können (RegBegr. zum »Gesetz zur Kontrolle und Transparenz im Unternehmensbereich« [KonTraG] BT-Drucks. 13/9712, S. 16). Nicht anrechnungspflichtig sind bis zu fünf Mandate, die gesetzliche Vertreter des herrschenden Unternehmens in zum Konzern gehörenden Handelsgesellschaften innehaben, wenn diese kraft Gesetzes aufsichtsratspflichtig sind (sog. **Konzernprivileg**). Gesetzliche Vertreter in diesem Sinn sind nur Vorstandsmitglieder und Geschäftsführer, nicht aber Aufsichtsratsmitglieder des herrschenden Unternehmens. Abs. 2 Satz 3 schreibt für die Zählung der Aufsichtsratsmandate (außerhalb des Konzerns) eine Verdoppelung derjenigen Mandate vor, bei denen der Mandatsträger zum Aufsichtsratsvorsitzenden gewählt worden ist (und die Wahl auch angenommen hat; *Hüffer/Koch* AktG, § 100 Rn. 4a). Konzernaufsichtsratsmandate sind bei dieser Doppelzählung nicht zu berücksichtigen, da sie schon bei der einfachen Zählung nicht angerechnet werden (BT-Drucks. 13/9712, S. 16).

Abs. 2 Satz 1 Nr. 2 verbietet die Übernahme von Aufsichtsratsmandaten durch **gesetzliche Vertreter nachgeordneter Konzernunternehmen**. Gesetzliche Vertreter sind die Vorstände und Geschäftsführer des abhängigen Unternehmens. Die gesetzlichen Vertreter ausländischer Gesellschaften werden mit Rücksicht auf das auch hier bestehende »natürliche Organisationsgefälle« in die Regelung einbezogen (*Engert/Herschlein* NZG 2004, 459). Die Konstellation, dass Vorstandsmitglieder der Konzernobergesellschaft Aufsichtsratsmandate bei Konzerntöchtern innehaben, wird von dieser Regelung nicht erfasst und ist unter Beachtung der Maßgaben aus den anderen Regelungen des § 100 AktG zugelassen.

6 Nach **Abs. 2 Satz 1 Nr. 3** ist die **Überkreuzverflechtung** unzulässig. Dieser Hinderungsgrund für die Bestellung zum Aufsichtsratsmitglied liegt vor, wenn Aufsichtsratsmitglied werden soll, wer zugleich gesetzlicher Vertreter einer Gesellschaft ist, deren Aufsichtsrat ein Vorstandsmitglied der AG angehört, bei der nunmehr der Aufsichtsrat zu bilden ist (»Kontrolle durch Kontrollierte«). Da in dieser Regelung nicht auf den obligatorisch zu bildenden Aufsichtsrat abgehoben wird, findet sie auch für die fakultative Anwendung (MünchHdb GesR IV/*Hoffmann-Becking* § 30 Rn. 11; str.). Nach § 52 Abs. 1 GmbHG ist allerdings das Überkreuzverflechtungsverbot für den fakultativen Aufsichtsrat der GmbH nicht anwendbar. Diese Ausnahme betrifft nicht die Bestellung des Geschäftsführers einer GmbH in den Aufsichtsrat der AG in Fällen, in denen ein Vorstandsmitglied dieser AG dem fakultativen Aufsichtsrat der GmbH angehört (Spindler/Stilz/*Spindler*, § 100 Rn. 27; a. A. *Hüffer/Koch* AktG, § 100 Rn. 7).

7 Nach **Abs. 2 Satz 1 Nr. 4** dürfen ehemalige Vorstandsmitglieder börsennotierter Gesellschaften während einer 2-jährigen Karenzzeit nicht Mitglieder des Aufsichtsrats derselben Gesellschaft werden. Eine Ausnahme ist für den Fall vorgesehen, dass das ehemalige Vorstandsmitglied von Aktionären mit mindestens 25 % Kapitalanteilen der Gesellschaft zur Wahl vorgeschlagen wird. Die dafür notwendige Unterstützung kann in der Form eines eigenen Wahlvorschlags gem. § 127 erfolgen oder durch eine an den amtierenden Aufsichtsrat gerichtete Erklärung, die der Aufsichtsrat in seinem Wahlvorschlag gem. § 124 Abs. 3 Satz 1 aufgreift (*Krieger* FS Hüffer, 2010, 521, 535; *vgl. a. Löbbe/Fischbach* AG 2012, 580; *Sünner* AG 2010, 111). Die Regelungen sind nach der Übergangsvorschrift des § 23 Abs. 2 EGAktG nicht auf Mitglieder des Aufsichtsrats anzuwenden, die ihr Mandat im Zeitpunkt des Inkrafttretens des VorstAG am 05.08.2009 bereits innehatten.

D. Satzungsrechtliche Regelungen, Abs. 4

8 Nach Maßgabe des Abs. 4 können persönliche Voraussetzungen für die Mitgliedschaft im Aufsichtsrat in der Satzung festgelegt werden. Diese Möglichkeit besteht nur für die Aufsichtsratsmitglieder, die durch die Hauptversammlung – und ohne Bindung an Wahlvorschläge nach dem MontanMitbestG – gewählt oder entsandt werden. Die Festsetzung persönlicher Anforderungen an die Aufsichtsratsmitglieder der Arbeitnehmer in mitbestimmten Gesellschaften ist damit der Satzungsregelung entzogen. Zulässig ist es insbesondere, die **Aktionärseigenschaft**, **geordnete Vermögensverhältnisse** oder die **deutsche Staatsangehörigkeit** als Wählbarkeitsvoraussetzung festzulegen. Geschlechterquoten können als Mindestquoten für die Hälfte der Aufsichtsratsmitglieder auf satzungsrechtlicher Grundlage eingeführt werden (*Hennssler/Seidensticker* KSzW 2012, 10; zu den verfassungsrechtlichen Anforderungen an eine [gesetzliche] Gleichstellungsquote *Spindler/Brandt* NZG 2011, 401). Nicht zulässig ist dagegen, eine bestimmte Familienzugehörigkeit festzulegen, weil damit regelmäßig das Recht der Hauptversammlung auf freie Auswahl zwischen geeigneten Personen unzulässig beschränkt sein wird (*Hüffer/Koch* AktG § 100 Rn. 9).

E. Unabhängiger Finanzexperte, Abs. 5

9 Nach der durch das BilMoG eingeführten Regelung des Abs. 5 haben finanzmarktorientierte Gesellschaften i. S. d. § 264d HGB mindesten ein Aufsichtsratmitglied zu bestellen, das die Qualifikationsmerkmale der Unabhängigkeit und Sachkunde auf dem Gebiet der Rechnungslegung oder Abschlussprüfung verfügt (sog. Finanzexperte). Die persönliche Qualifikation muss nicht notwendig in einer einem Abschlussprüfer äquivalenten Berufsausbildung und Erfahrung erworben sein; Finanzvorstände oder leitende Angestellte aus dem Bereich Rechnungswesen und Controlling kommen ebenso in Betracht (OLG München, Beschl. v. 28.04.2010 – 23 U 5517/09; ZIP 2010, 1082). Das Merkmal der Unabhängigkeit dieses Aufsichtsratsmitglieds ist nach den Gesetzesmaterialien in Übereinstimmung mit dem Gemeinschaftsrecht zu interpretieren. Zu berücksichtigen sind insbesondere geschäftliche, finanzielle, familiäre oder sonstige Beziehungen zu der Gesellschaft, einem Mehrheitsaktionär oder der Geschäftsleitung, sei es unmittelbarer oder mittelbarer Art (ausf. *Meyer*, Der unabhängige Finanzexperte im Aufsichtsrat, 2012). Wegen der Einzelheiten der danach maßgeblichen Anforderungen vgl. *Bürgers* AG 2010, 221; *Habersack* AG 2008, 98, 105; *Landfermann/*

Röhricht BB 2009, 887, 888, *Schilmar* Der Aufsichtsrat 2009, 101, 102 und *Velte* AG 2010 R 186. Zu den Anforderungen an die Wahl des sog. unabhängigen Finanzexperten unter Beachtung der Übergangsvorschrift des § 12 Abs. 4 EGAktG vgl. *v. Falkenhausen/Kocher* ZIP 2009, 1601 ff.; *Theisen* Der Aufsichtsrat 2009, 81.

F. Rechtsfolgen

Der Verstoß gegen die gesetzlichen Anforderungen des Abs. 1 oder 2 hat die **Nichtigkeit** des Wahlbeschlusses gem. § 250 Abs. 1 Nr. 4 AktG zur Folge. Da es sich bei § 100 AktG nicht um Wählbarkeitsvoraussetzungen, sondern um **Hinderungsgründe für die Amtsübernahme** handelt, sind auch nach der Wahl eintretende Hinderungsgründe beachtlich; sie führen zum Verlust der Mitgliedschaft von Gesetzes wegen (*Hüffer/Koch* AktG, § 100 Rn. 11). Die Verletzung von Abs. 5 hat die Anfechtbarkeit der Wahl gem. § 251 Abs. 1 zur Folge (*Habersack* AG 2008, 98, 106). Ist kein Wahlvorschlag auf die Wahl eines unabhängigen Finanzexperten gerichtet, kann die Wahl sämtlicher Mitglieder angefochten werden (*Wardenbach* GWR 2011, 207; *Bröcker/Mosel* GWR 2009, 132). Verstöße gegen Anforderungen der Satzung begründen die **Anfechtbarkeit** nach § 251 Abs. 1 AktG, wenn sie im Zeitpunkt der Bestellung nicht erfüllt wurden; der nachträgliche Wegfall der ursprünglich vorhandenen Voraussetzungen kann nur im Rahmen von § 103 AktG berücksichtigt werden (MüKoAktG/*Semler* § 100 Rn. 98). 10

§ 101 Bestellung der Aufsichtsratsmitglieder

(1) ¹Die Mitglieder des Aufsichtsrats werden von der Hauptversammlung gewählt, soweit sie nicht in den Aufsichtsrat zu entsenden oder als Aufsichtsratsmitglieder der Arbeitnehmer nach dem Mitbestimmungsgesetz, dem Mitbestimmungsergänzungsgesetz, dem Drittelbeteiligungsgesetz oder dem Gesetz über die Mitbestimmung der Arbeitnehmer bei einer grenzüberschreitenden Verschmelzung zu wählen sind. ²An Wahlvorschläge ist die Hauptversammlung nur gemäß §§ 6 und 8 des Montan-Mitbestimmungsgesetzes gebunden.

(2) ¹Ein Recht, Mitglieder in den Aufsichtsrat zu entsenden, kann nur durch die Satzung und nur für bestimmte Aktionäre oder für die jeweiligen Inhaber bestimmter Aktien begründet werden. ²Inhabern bestimmter Aktien kann das Entsendungsrecht nur eingeräumt werden, wenn die Aktien auf Namen lauten und ihre Übertragung an die Zustimmung der Gesellschaft gebunden ist. ³Die Aktien der Entsendungsberechtigten gelten nicht als eine besondere Gattung. ⁴Die Entsendungsrechte können insgesamt höchstens für ein Drittel der sich aus dem Gesetz oder der Satzung ergebenden Zahl der Aufsichtsratsmitglieder der Aktionäre eingeräumt werden.

(3) ¹Stellvertreter von Aufsichtsratsmitgliedern können nicht bestellt werden. ²Jedoch kann für jedes Aufsichtsratsmitglied mit Ausnahme des weiteren Mitglieds, das nach dem Montan-Mitbestimmungsgesetz oder dem Mitbestimmungsergänzungsgesetz auf Vorschlag der übrigen Aufsichtsratsmitglieder gewählt wird, ein Ersatzmitglied bestellt werden, das Mitglied des Aufsichtsrats wird, wenn das Aufsichtsratsmitglied vor Ablauf seiner Amtszeit wegfällt. ³Das Ersatzmitglied kann nur gleichzeitig mit dem Aufsichtsratsmitglied bestellt werden. ⁴Auf seine Bestellung sowie die Nichtigkeit und Anfechtung seiner Bestellung sind die für das Aufsichtsratsmitglied geltenden Vorschriften anzuwenden.

Übersicht	Rdn.		Rdn.
A. Allgemeines	1	C. Entsendungsrechte, Abs. 2	5
B. Bestellung von Aufsichtsratsmitgliedern, Abs. 1	2	D. Ersatzmitglieder, Abs. 3	7
		E. Mängel der Bestellung	13

§ 101 AktG Bestellung der Aufsichtsratsmitglieder

A. Allgemeines

1   Die Vorschrift regelt die **Bestellung der Aufsichtsratsmitglieder**. Diese erfolgt durch **Wahl** der Hauptversammlung (Abs. 1) oder durch **Entsendung** (Abs. 2). Nähere Regelungen des Rechtsverhältnisses der Aufsichtsratsmitglieder enthält das AktG nicht; insbesondere ist – anders als für den Vorstand (vgl. Erl. zu § 84 AktG Rdn. 35 ff.) – im Gesetz nicht vorgesehen, dass neben dem korporationsrechtlichen Organschaftsverhältnis ein vertragliches Anstellungsverhältnis zur AG begründet werden muss. Ein solcher **Anstellungsvertrag** kann aber ausdrücklich abgeschlossen werden. Ist dies der Fall, werden in ihm die die schuldrechtlichen Rechtsbeziehungen des Aufsichtsratsmitglieds zur AG betreffenden Regelungen (z. B. der Vergütungsanspruch) getroffen. Wird ein Anstellungsvertrag nicht ausdrücklich abgeschlossen, wird von der heute h. M. angenommen, dass mit der Bestellung des Aufsichtsratsmitglieds ein Organschaftsverhältnis begründet wird, das eine doppelte Rechtsnatur aufweist: Es enthält neben den korporationsrechtlichen Inhalten auch schuldrechtliche Elemente (*Hüffer/Koch* AktG, § 101 Rn. 2).

B. Bestellung von Aufsichtsratsmitgliedern, Abs. 1

2   Die Bestellung von Aufsichtsratsmitgliedern der Aktionäre durch **Wahlbeschluss der Hauptversammlung** ist der von Abs. 1 geregelte Regelfall der Begründung des Aufsichtsratsmandats. Die Regelung betrifft nicht die Wahl von Aufsichtsratsmitgliedern der Arbeitnehmer in mitbestimmten Gesellschaften (Abs. 1 Satz 1 und 2); deren Wahl richtet sich nach den einschlägigen Vorschriften des Mitbestimmungsrechts, auf die an dieser Stelle nur hingewiesen werden kann: §§ 9 ff. MitbestG (Delegierten- oder Urwahl), § 6 MontanMitbestG (Wahl durch Hauptversammlung auf der Grundlage bindender Wahlvorschläge), §§ 7 ff. MontanMitbestErgG (Delegierten- oder Urwahl), § 5 DrittelbG (Urwahl). § 10 MgVG (Urwahl). Soweit in der Satzung Entsendungsrechte begründet sind, gilt allein die Regelung § 101 Abs. 2 AktG.

3   Die Wahl der Aufsichtsratsmitglieder durch die Hauptversammlung ist als **Gegenstand der Tagesordnung** bekannt zu machen (§ 124 Abs. 1 Satz 1 AktG); der Inhalt der Bekanntmachung ist in § 124 Abs. 2 AktG vorgeschrieben (vgl. die Erl. zu dieser Vorschrift). Das Wahlverfahren folgt dem **Mehrheitsprinzip** (§ 133 AktG; vgl. Erl. zu dieser Vorschrift). Abreden zwischen Aktionären über die Ausübung des Wahlrechts sind grundsätzlich zulässig (näher Spindler/Stilz/*Spindler* AktG § 101 Rn. 22 ff.). Sind mehrere Mitglieder des Aufsichtsrats zu wählen, kann die Wahl nach der Bestimmung des Leiters der Hauptversammlung nach h. M. als Einzelwahl oder als **Block- bzw. Listenwahl** durchgeführt werden (MünchHdb GesR IV/*Hoffmann-Becking* § 30 Rn. 16; a. A. GroßkommAktG/*Meyer-Landrut* § 101 Rn. 4). Gegen die Zulässigkeit der Block- bzw. Listenwahl bestehen dann keine durchgreifenden Bedenken, wenn keiner der erschienenen Aktionäre dieser Vorgehensweise widerspricht und der Versammlungsleiter vor der Abstimmung darauf hinweist, dass die Aktionäre, die auch nur einen Personalvorschlag des Vorstands ablehnen wollen, die Liste insgesamt ablehnen müssen (BGH, Urt. v. 21.07.2003 – II ZR 109/02, Z 156, 38, 41). Die Listenwahl ist zulässig, wenn eine entsprechende Satzungsklausel den Versammlungsleiter dazu ermächtigt (BGH, Urt. v. 16.02.2009 – II ZR 185/07, Z 180, 9 Tz. 42). Ein Antrag auf Einzelabstimmung bedeutet unter diesen Umständen eine unzulässige Satzungsdurchbrechung und ist deshalb unzulässig (BGH, Urt. v. 16.02.2009 – II ZR 185/07, Z 180, 9; BGH, Urt. v. 16.02.2009 – II ZR 185/07; ZIP 2009, 460 Tz. 43). Fehlt eine solche Satzungsklausel, ist regelmäßig ein Hinweis des Satzungsleiters erforderlich, dass gegen die Liste insgesamt abstimmen müsse, wer einen Listenkandidaten nicht wählen wolle, und dass bei mehrheitlicher Abstimmung eine Einzelwahl stattfinde (vgl. BGH, Urt. v. 21.07.2003 – II ZR 109/02, Z 156, 38, 41). Die verfahrensleitende Anordnung des Versammlungsleiters über das Wahlverfahren kann nur durch Hauptversammlungsbeschluss geändert werden; der Widerspruch eines Aktionärs muss deshalb nicht zum Anlass genommen werden, zur Einzelabstimmung überzugehen; er wird aber in der Regel die Bedeutung haben, dass eine gesonderte Abstimmung über das Wahlverfahren zu erfolgen hat (vgl. LG München I, Urt. v. 15.04.2004 – 5 HK O 10813/03, AG 2004, 330, 331; *Mutter* AG 2004, 305; *Fuhrmann* ZIP 2004, 2081). Zulässig ist es, dass der Versammlungsleiter durch entsprechende verfahrensleitende

Anordnung, die der Versammlung bekannt zu machen ist, mehrere Abstimmungsvorgänge auf die Weise verbindet, dass ihre Annahme zugleich die Ablehnung der Einzelwahl bedeutet (*Dietz* BB 2004, 452, 455; a. A. *Henze* BB 2005, 165, 171).

Wirksam wird die Wahl eines Aufsichtsratsmitglieds erst durch die **Annahme des Mandats**. Die Annahmeerklärung kann in der Hauptversammlung gegenüber dem Versammlungsleiter oder nachträglich, dann durch entsprechende Erklärung gegenüber dem Vorstand abgegeben werden. Zulässig ist auch die verbreitete Praxis, nach der sich der Kandidat vorab mit der Übernahme des Mandats für den Fall seiner Wahl einverstanden erklärt. Die Empfangszuständigkeit für diese Erklärung liegt beim Vorstand der AG. Die Aufnahme der Aufsichtsratstätigkeit gilt als konkludente Annahme der Wahl. 4

C. Entsendungsrechte, Abs. 2

Die Mitgliedschaft im Aufsichtsrat kann durch Entsendung begründet werden. Damit kann insbesondere der Einfluss von Gesellschaftern, die Sonderleistungen erbringen, oder von Familienstämmen in Familienunternehmen gesichert werden. Entsendungsrechte sind Sonderrechte i. S. d. § 35 BGB, die nur durch die Satzung verliehen werden können. Sie können als **höchstpersönliche, nicht übertragbare Entsendungsrechte** (Abs. 2 Satz 1, 1. Alt.) oder als übertragbare, an bestimmte Aktien gebundene **Inhaberentsendungsrechte** (Abs. 2 Satz 1, 2. Alt.) ausgestaltet werden; Inhaberentsendungsrechte müssen an vinkulierte Namensaktien (vgl. § 68 Rdn. 11 ff.) gebunden sein (Abs. 2 Satz 2). Ist der entsendungsberechtigte Aktionär im Aufsichtsrat oder Vorstand vertreten, ruht das inhabergebundene Entsendungsrecht (MüKo AktG/*Habersack*, § 101 Rn. 32; offen gelassen von BGH, Urt. v. 05.12.2005 – II ZR 291/03, Z 165, 192 Tz. 26). Die Aktien der Entsendungsberechtigten gelten gem. Abs. 2 Satz 3 nicht als besondere Gattung. Mit dieser Ausnahmeregelung von § 11 AktG werden vor allem die sonst erforderlichen Sonderabstimmungen bei Kapitalerhöhungen (§ 182 Abs. 2 AktG) vermieden. Die Anzahl der im Wege der Entsendung bestellten Aufsichtsratsmitglieder ist nach Abs. 2 Satz 4 auf 1/3 der Mitglieder begrenzt (zur Kritik am Machtverlust der Hauptversammlung vgl. *Möslein* AG 2007, 770; *Bayer/Hoffmann* AG 2009, R 347; vgl. a. *Wymeersch*, Verhandlungen des 67. DJT, Bd. II/1 N 97; *Krieger*, ebendort N 35). 5

Wirksam wird die Bestellung im Wege der Entsendung durch die **Benennung** des zu Entsendenden gegenüber der AG und die Erklärung der **Annahme** des Mandats durch den Benannten gegenüber der AG, die beide Male durch den Vorstand vertreten wird. Das entsandte Aufsichtsratsmitglied hat keine von der eines gewählten Mitglieds verschiedene Rechtsstellung. Deshalb hat das entsandte Aufsichtsratsmitglied das Unternehmensinteresse und nicht etwa das Interesse des Entsendungsberechtigten zu wahren (BGH, Urt. v. 18.09.2006 – II ZR 137/05, Z 169, 98 Tz. 25); es unterliegt insbesondere keinen Weisungen des Entsendungsberechtigten (BGH, Urt. v. 18.09.2006 – II ZR 137/05, Z 36, 296, 306). Die Abberufung des Entsandten ist jederzeit möglich, § 103 Abs. 2 AktG. 6

D. Ersatzmitglieder, Abs. 3

Abs. 3 regelt, dass für ein Aufsichtsratsmitglied **keine Stellvertreter**, wohl aber Ersatzmitglieder bestellt werden können. Der Unterschied liegt darin, dass ein Stellvertreter bei vorübergehender Verhinderung tätig werden könnte, das Ersatzmitglied aber nur, wenn ein Aufsichtsratsmitglied »wegfällt«. Damit wird ein Umstand bezeichnet, der das Aufsichtsratsmitglied für den Rest der Amtszeit an der Ausübung seines Amtes hindert (z. B. durch Tod oder Amtsniederlegung). Dementsprechend rückt das Ersatzmitglied anstelle des wegfallenden Mitglieds für den Rest von dessen Amtszeit in den Aufsichtsrat ein, Abs. 3 Satz 2. 7

Die Bestellung von Ersatzmitgliedern kann nur »**gleichzeitig**« mit der Bestellung des Aufsichtsratsmitglieds erfolgen, für das es nachrücken soll (Abs. 3 Satz 3); damit ist gemeint, dass die Bestellung durch Wahl auf derselben Hauptversammlung beschlossen werden muss. 8

Die Modalitäten der Bestellung müssen nach Abs. 3 Satz 4 denjenigen für das Aufsichtsratsmitglied entsprechen. Aufsichtsratsmitglieder der Aktionäre müssen also entweder von der Hauptversamm- 9 lung gewählt oder im Wege der Entsendung bestellt worden sein. Für ein gewähltes Mitglied kann kein Ersatzmitglied entsandt werden und umgekehrt.

10 Die Bestellung zum Ersatzmitglied bedarf der **Annahme** durch das Ersatzmitglied. Wird die Annahme erklärt, wird sie mit dem Zugang der Annahmeerklärung wirksam.

11 Das Ersatzmitglied kann **für ein bestimmtes Aufsichtsratmitglied** bestellt werden; zulässig ist es auch, dass ein Ersatzmitglied als Nachrücker **für mehrere bestimmte Aufsichtsratsmitglieder** bestellt wird. Ebenso können mehrere Ersatzmitglieder für ein Aufsichtsratsmitglied bestellt werden, sofern die Reihenfolge des Nachrückens festgelegt wird (BGH, Urt. v. 15.12.1986 – II ZR 18/86, Z 99, 211, 214).

12 Das Amt des Ersatzmitglieds endet von Gesetzes wegen mit dem **Ende der Amtszeit** des wegfallenden Aufsichtsratsmitglieds. Die Satzung kann ein früheres Ende der Amtszeit bestimmen. Dies kann insbesondere in der Weise festgelegt werden, dass das Mandat des Ersatzmitglieds erlischt, sobald ein Nachfolger für das weggefallene Mitglied wirksam bestellt ist (BGH, Urt. v. 15.12.1986 – II ZR 18/86, Z 99, 211, 214 f.). Diese Beendigung der Amtsdauer des Ersatzmitglieds kann auch in dem Bestellungsbeschluss der Hauptversammlung enthalten sein (BGH, Urt. v. 25.01.1988 – II ZR 148/87, NJW 1988, 1214). Ein Ersatzmitglied kann deshalb auch mehrfach nachrücken, wenn der bestellte Nachfolger seinerseits wegfällt und das Ersatzmitglied nach der entsprechenden Satzungsklausel (bzw. dem Hauptversammlungsbeschluss) erneut nachrückt (BGH, Urt. v. 15.12.1986 – II ZR 18/86, Z 99, 211, 220).

E. Mängel der Bestellung

13 Zur **Nichtigkeit und Anfechtung der Wahlbeschlüsse** wegen Mängeln der Bestellung vgl. die Erläuterung zu den Sonderbestimmungen der §§ 250 ff. AktG. Die Feststellung der Nichtigkeit des Wahlbeschlusses der Hauptversammlung auf der Grundlage einer Anfechtungsklage gem. §§ 248, 241 Nr. 5 wirkt auf den Zeitpunkt der Beschlussfassung zurück (OLG Köln, Beschl. v. 23.02.2011 – 2 Wx 41/11, NZG 2011, 508; *Petrovicki* GWR 2011, 112). Das fehlerhaft bestellte Mitglied kann nach der Doktrin vom **fehlerhaften Organmitglied** (vgl. zum Vorstandsrecht § 84 AktG Rdn. 9) wie ein rechtmäßig bestelltes Organ behandelt werden, wenn es seine Tätigkeit tatsächlich ausgeübt hat. Für den Bereich von Pflichten, Haftung und Vergütung ist anerkannt, dass die Grundsätze der fehlerhaften Bestellung auf den Aufsichtsrat anwendbar sind (BGH, Urt. v. 03.07.2006 - II ZR 151/04, Z 168, 188 Tz. 14). Der Zweck der Gleichbehandlung der fehlerhaften mit der ordnungsgemäßen Bestellung eines Organs, das Vertrauen unbeteiligter Dritter zu schützen und den Schwierigkeiten bei einer Rückabwicklung von Dauerschuldverhältnissen zu begegnen, betrifft Aufsichtsratsbeschlüsse nicht in jedem Fall. Der BGH hat seit je her Beschlüsse eines Aufsichtsrats, dessen Mitglieder alle nichtig gewählt worden waren, für nichtig erachtet (BGH, Urt. v. 16.12.1953 – II ZR 167/52, Z 11, 231, 246). Sofern die Stimmen der als Nichtmitglieder zu behandelnden Aufsichtsräte für die Beschlussfassung oder die Ablehnung eines Beschlussantrags ursächlich geworden sind, ist ein entsprechender Beschluss nicht gefasst oder kommt sogar eine Umkehrung des Beschlussergebnisses infrage; der Beschluss muss nicht so behandelt werden, als sei er ordnungsgemäß gefasst worden (BGH, Urt. v. 19.02.2013 – II ZR 56/12, NJW 2013, 1535 Rn. 21; kritisch *Priester* GWR 2013, 179; *Rieckers* AG 2013, 383; *Schürnbrand* NZG 2013, 481). Soweit eine Rückabwicklung den berechtigten Interessen der Beteiligten widersprechen würde, ist dem im Einzelfall zu begegnen (BGH, Urt. v. 19.02.2013 – II ZR 56/12, NJW 2013, 1535 Tz. 21).

§ 102 Amtszeit der Aufsichtsratsmitglieder

(1) [1]Aufsichtsratsmitglieder können nicht für längere Zeit als bis zur Beendigung der Hauptversammlung bestellt werden, die über die Entlastung für das vierte Geschäftsjahr nach dem Beginn der Amtszeit beschließt. [2]Das Geschäftsjahr, in dem die Amtszeit beginnt, wird nicht mitgerechnet.

(2) Das Amt des Ersatzmitglieds erlischt spätestens mit Ablauf der Amtszeit des weggefallenen Aufsichtsratsmitglieds.

§ 102 AktG regelt die **Höchstdauer der Amtszeit** der einzelnen Aufsichtsratsmitglieder. Die Regelung der Höchstdauer gilt unterschiedslos für alle Aufsichtsratsmitglieder unabhängig davon, wie die Bestellung erfolgte, für gewählte und entsandte Mitglieder ebenso wie für die Aufsichtsratsmitglieder der Arbeitnehmer sowie für Ersatzmitglieder (Abs. 2). Eine Ausnahme gilt für die Mitglieder des ersten Aufsichtsrats: Deren Amtszeit endet gem. § 30 Abs. 3 AktG, während § 102 AktG keine Anwendung findet.

Die Höchstdauerregelung in § 102 AktG schließt ein **vorzeitiges Ende der Amtszeit** nicht aus. Sie kommt in Betracht durch Amtsniederlegung, durch Verschmelzung der AG, im Fall des Formwechsels, sofern nicht die Voraussetzungen des § 203 UmwG vorliegen, durch Abberufung nach § 103 AktG sowie durch den Eintritt von gesetzlichen Hinderungsgründen nach § 100 AktG. Im Fall der **Insolvenz** der AG bleiben die Organmitglieder bis zur vollständigen Abwicklung der Gesellschaft im Amt (OLG München, Urt. v. 10.11.1994 – 24 U 1036/93, AG 1995, 232); ebenso liegt es im Fall der **Auflösung** der Gesellschaft (BGH, Urt. v. 10.03.1960 – II ZR 56/59, Z 32, 114, 117 zur Genossenschaft).

Maßgeblicher Zeitpunkt für das Ende der Amtszeit ist die Beendigung der Hauptversammlung, die über die Entlastung für das vierte Geschäftsjahr nach Beginn der Amtszeit beschließt. Da das Geschäftsjahr, in dem die Amtszeit beginnt, nicht mitzurechnen ist (Abs. 1 Satz 2), ergibt sich eine Höchstdauer von regelmäßig **etwa 5 Jahren**. Erfolgt die Beschlussfassung über die Entlastung nicht rechtzeitig, endet die Zugehörigkeit zum Aufsichtsrat spätestens in dem Zeitpunkt, in dem die Hauptversammlung über die Entlastung für das vierte Geschäftsjahr seit Amtsantritt hätte beschließen müssen (BGH, Urt. v. 24.06.2002 – II ZR 296/01, AG 2002, 676, 677).

Grundsätzlich **zulässig** ist es, die Amtsdauer gegenüber der gesetzlichen Regelung zu **verkürzen**. Dies kann sowohl in der Satzung als auch im Bestellungsbeschluss erfolgen. Dabei ist es grundsätzlich auch zulässig, die Mandate der Aufsichtsräte zeitlich verschieden zu begrenzen (BGH, Urt. v. 15.12.1986 – II ZR 18/86, Z 99, 211, 215). Damit ist es insbesondere möglich, die Amtsdauer eines Ersatzmitglieds an die Nachwahl eines Mitglieds zu **koppeln**. Zugleich muss jedoch dem Grundsatz Rechnung getragen werden, dass die Rechtsstellung aller Aufsichtsratsmitglieder gleichwertig ist (BGH, Urt. v. 15.12.1986 – II ZR 18/86, Z 99, 215). Deshalb verbieten sich etwa solche Sonderregeln, die einseitig zulasten der Aufsichtsratsmitglieder der Arbeitnehmer oder zugunsten von entsandten Mitgliedern erlassen werden.

Die **Wiederbestellung** von Aufsichtsratsmitgliedern ist möglich. Eine vorzeitige Wiederwahl wird aber nach h. M. nur für zulässig erachtet, wenn der Rest der noch laufenden Amtszeit auf die Höchstdauer des Abs. 1 angerechnet wird (*Hüffer/Koch* AktG, § 102 Rn. 6). Überzeugender erscheint es, § 84 Abs. 1 Satz 3 AktG analog anzuwenden und eine Wiederwahl bis zur Höchstdauer ohne Anrechnung der Restamtszeit zuzulassen, die Wiederwahl aber frühestens ein Jahr vor dem Ablauf der bisherigen Amtszeit zu gestatten (so MünchHdb GesR IV/*Hoffmann-Becking* § 30 Rn. 40).

§ 103 Abberufung der Aufsichtsratsmitglieder

(1) ¹Aufsichtsratsmitglieder, die von der Hauptversammlung ohne Bindung an einen Wahlvorschlag gewählt worden sind, können von ihr vor Ablauf der Amtszeit abberufen werden. ²Der Beschluß bedarf einer Mehrheit, die mindestens drei Viertel der abgegebenen Stimmen umfaßt. ³Die Satzung kann eine andere Mehrheit und weitere Erfordernisse bestimmen.

(2) ¹Ein Aufsichtsratsmitglied, das auf Grund der Satzung in den Aufsichtsrat entsandt ist, kann von dem Entsendungsberechtigten jederzeit abberufen und durch ein anderes ersetzt werden. ²Sind die in der Satzung bestimmten Voraussetzungen des Entsendungsrechts weggefallen, so kann die Hauptversammlung das entsandte Mitglied mit einfacher Stimmenmehrheit abberufen.

(3) ¹Das Gericht hat auf Antrag des Aufsichtsrats ein Aufsichtsratsmitglied abzuberufen, wenn in dessen Person ein wichtiger Grund vorliegt. ²Der Aufsichtsrat beschließt über die Antragstellung mit einfacher Mehrheit. ³Ist das Aufsichtsratsmitglied auf Grund der Satzung in den Aufsichtsrat entsandt worden, so können auch Aktionäre, deren Anteile zusammen den zehnten Teil des Grundkapitals oder den anteiligen Betrag von einer Million Euro erreichen, den Antrag stellen. ⁴Gegen die Entscheidung ist die sofortige Beschwerde zulässig.

(4) Für die Abberufung der Aufsichtsratsmitglieder, die weder von der Hauptversammlung ohne Bindung an einen Wahlvorschlag gewählt worden sind noch auf Grund der Satzung in den Aufsichtsrat entsandt sind, gelten außer Absatz 3 das Mitbestimmungsgesetz, das Montan-Mitbestimmungsgesetz, das Mitbestimmungsergänzungsgesetz, das Drittelbeteiligungsgesetz, das SE-Beteiligungsgesetz und das Gesetz über die Mitbestimmung der Arbeitnehmer bei einer grenzüberschreitenden Verschmelzung.

(5) Für die Abberufung eines Ersatzmitglieds gelten die Vorschriften über die Abberufung des Aufsichtsratsmitglieds, für das es bestellt ist.

Übersicht	Rdn.		Rdn.
A. Abberufung und andere Fälle der Amtsbeendigung	1	D. Abberufung aus wichtigem Grund, Abs. 3	9
B. Abberufung der von der Hauptversammlung gewählten Mitglieder, Abs. 1	4	E. Mitbestimmungsrechtliche Sonderregeln, Abs. 4	13
C. Abberufung entsandter Mitglieder, Abs. 2	7	F. Abberufung von Ersatzmitgliedern, Abs. 5	14

A. Abberufung und andere Fälle der Amtsbeendigung

1 Das Amt eines Aufsichtsratsmitglieds kann auf verschiedene Weise enden: Nach § 102 AktG erlischt das Amt mit dem **Ende der Amtszeit**. § 103 AktG regelt den Fall der **Abberufung**, nämlich den Fall der einseitigen Beendigung des Amtes durch einen rechtsgestaltenden Akt, der das Gegenstück zur Bestellung bildet. Weitere Beendigungsfälle kommen hinzu, wobei zu unterscheiden ist zwischen personenbezogenen und gesellschaftsbezogenen Gründen. **Personenbezogene Beendigungsfälle** bilden der Eintritt eines gesetzlichen Hinderungsgrundes i. S. d. § 100 Abs. 1 oder 2 AktG (vgl. Erl. zu § 100 AktG Rdn. 2 ff.), die erfolgreiche Anfechtungsklage wegen anfänglichen Fehlens der in der Satzung festgelegten Amtsvoraussetzungen nach § 251 AktG (vgl. § 100 AktG Rdn. 8), der Tod des Aufsichtsratsmitglieds, weil das höchstpersönliche Amt (§ 101 Abs. 3 Satz 1 AktG) nicht vererblich ist, und nicht zuletzt die Amtsniederlegung (dazu sogleich in Rdn. 3).

2 **Gesellschaftsbezogene Beendigungsfälle** stellen dar die Verschmelzung der AG, der Fall des Formwechsels (*Hoffmann-Becking* AG 1980, 269 f.; a. A. *Köstler* BB 1993, 81 f.), sofern nicht die Voraussetzungen des § 203 UmwG vorliegen. Im Fall der Insolvenz der AG bleiben bis zur vollständigen Abwicklung der Gesellschaft die Organe bestehen und die Organmitglieder im Amt (OLG München, Urt. v. 10.11.1994 – 24 U 1036/93, AG 1995, 232), ebenso liegt es im Fall der Auflösung der Gesellschaft (BGH, Urt. v. 10.03.1960 – II ZR 56/59, Z 32, 114, 117 zur Genossenschaft).

3 Die **Amtsniederlegung** ist ein Fall der Beendigung der Mitgliedschaft im Aufsichtsrat durch einseitige zugangsbedürftige Erklärung des Mitglieds selbst. Eine gesetzliche Regelung der Amtsniederlegung besteht nicht; die Zulässigkeit der Amtsniederlegung ist aber im Grundsatz unbestritten. Ihre Wirksamkeit ist nach h. M. nicht vom Vorliegen eines wichtigen Grundes abhängig; dieser umstrittenen Auffassung ist beizupflichten, da die Aufrechterhaltung des Amtes gegen den Willen des Aufsichtsratsmitglieds mit dem Amtsverständnis unvereinbar ist (dazu *Deilmann*, Amtsniederlegung durch Gesellschaftsorgane, S. 55 ff.; *Wardenbach* AG 1999, 74, 75 f.; *Singhof* AG 1998, 318, 321 f.).

B. Abberufung der von der Hauptversammlung gewählten Mitglieder, Abs. 1

Nach Abs. 1 kann die Hauptversammlung die von ihr gewählten Aufsichtsratsmitglieder abberufen. Die Regelung gilt nur für die Mitglieder des Aufsichtsrats, die von der Hauptversammlung ohne Bindung an Wahlvorschläge, also außerhalb des MontanMitbestG (vgl. Erl. zu § 101 AktG Rdn. 2 ff.), gewählt worden sind. Für die Abberufung bedarf es lediglich eines entsprechenden Beschlusses, der eine **Mehrheit von mindestens 3/4** der abgegebenen Stimmen gefunden haben muss, Abs. 1 Satz 2. Ein **Abberufungsgrund** muss nach Abs. 1 nicht vorliegen. Der Beschluss muss die Abberufung zum Gegenstand haben; der Beschluss über den Entzug des Vertrauens allein führt nicht zur Abberufung. 4

Die **Satzung** kann vom Gesetz abweichende Mehrheitserfordernisse festlegen. Nach Abs. 1 Satz 3 ist jedenfalls erforderlich, dass der Abberufungsbeschluss eine Mehrheit in der Hauptversammlung gefunden hat. Zulässig ist es daher allein, in der Satzung höhere als einfache Mehrheitserfordernisse und weitere Erfordernisse zu bestimmen. Das **Prinzip der gleichwertigen Amtsstellung** verlangt überdies, dass die Satzung für die Abberufung aller von der Hauptversammlung gewählten Aufsichtsratsmitglieder die gleiche Mehrheit und die gleichen weiteren Erfordernisse vorsieht (BGH, Urt. v. 15.12.1986 – II ZR 18/86, Z 99, 211, 215 f.). Differenzierungen nach dem Anlass für die Abberufung (z. B. Vorliegen eines wichtigen Grundes oder nicht) sind nach h. M. ebenfalls unzulässig (MünchHandb GesR IV/*Hoffmann-Becking* § 30 Rn. 51). 5

Die Abberufung wird erst **wirksam** mit **Zugang** der Abberufungserklärung beim betroffenen Mitglied des Aufsichtsrats. Dieser Zugang ist nach den Grundsätzen des Zugangs von Willenserklärungen unter Anwesenden bewirkt, wenn das Aufsichtsratsmitglied bei der Beschlussverkündung auf der Hauptversammlung zugegen ist. Andernfalls bedarf es einer (formlosen) Mitteilung des Abberufungsbeschlusses an das betroffene Mitglied, für die der Vorstand oder der Vorsitzende des Aufsichtsrats, sofern dieser nicht selbst betroffen ist, zuständig ist (MünchHandb GesR IV/*Hoffmann-Becking* § 30 Rn. 52). Mit der wirksamen Abberufung endet die Rechtsstellung als Mitglied im Aufsichtsrat. Die Abberufung beendet die organschaftliche und die schuldrechtliche Rechtsstellung. Dies gilt auch für die Ansprüche (etwa auf Vergütung), die auf einem gesondert abgeschlossenen Anstellungsvertrag beruhen (vgl. Erl zu § 101 AktG Rdn. 1); dieser endet ebenfalls mit der Abberufung (*Hüffer/Koch* AktG, § 103 Rn. 6). Die dem Mitglied des Aufsichtsrats während der Amtszeit überlassenen Gesellschaftsunterlagen sind der Gesellschaft gem. §§ 666 ff. BGB zurückzugeben (BGH, Beschl. v. 07.07.2008, Az.: II ZR 71/07, AG 2008, 743 – Metro; kritisch *Heider/Hirte* CCZ 2009, 106 ff.). 6

C. Abberufung entsandter Mitglieder, Abs. 2

Die **Abberufungskompetenz** für entsandte Mitglieder liegt nach Abs. 2 Satz 1 grundsätzlich bei dem **entsendungsberechtigten Aktionär**. Ist das Entsendungsrecht an die Innehabung vinkulierter Namensaktion gebunden (§ 101 Abs. 2 Satz 2 AktG), liegt die Befugnis zur Abberufung nach Übertragung der Aktie beim Erwerber; Entsendungs- und Abberufungsrecht liegen in diesem Fall in den Händen verschiedener Personen. Die Abberufung bedarf nach § 103 Abs. 2 AktG keiner Angabe von Gründen. Sind der Entsendungsberechtigte und das entsandte Aufsichtsratsmitglied durch (schuldrechtliche) Abreden an die Entsendung gebunden (z. B. Ausschluss der Abberufung auf Zeit, Bindung der Abberufung an das Vorliegen eines wichtigen Grundes), steht die Nichtbeachtung dieser Abreden der Wirksamkeit der Abberufung nicht entgegen. Die Abberufung ist auch nach Abs. 2 erst nach **Zugang** der Abberufungserklärung wirksam (vgl. oben Rdn. 6); die **Abberufungserklärung** erfolgt wie die Entsendung (vgl. Erl. zu § 101 AktG Rdn. 6) durch Erklärung gegenüber dem Vorstand (MünchHandb GesR IV/*Hoffmann-Becking* § 30 Rn. 53). 7

Nach Abs. 2 Satz 2 steht die **Abberufungskompetenz** ausnahmsweise der Hauptversammlung zu. Dies ist nur dann der Fall, wenn die satzungsmäßigen Voraussetzungen des Entsendungsrechts weggefallen sind. Dieser Fall ist insbesondere dann gegeben, wenn der Entsendungsberechtigte seine Aktien veräußert hat oder das Sonderrecht durch Satzungsänderung (mit Zustimmung des Berech- 8 tigten) beseitigt worden ist. In diesen Fällen kann die Hauptversammlung die Abberufung mit einfacher Mehrheit ohne Angabe von Gründen beschließen. Für die Ausführung dieses Beschlusses gelten wiederum die allgemeinen Zugangsregeln.

D. Abberufung aus wichtigem Grund, Abs. 3

9 Jedes Mitglied des Aufsichtsrats, unabhängig von der Art und Weise der Bestellung, also auch ein von den Arbeitnehmern gewähltes Mitglied, kann durch auf Antrag ergehende **gerichtliche Entscheidung** abberufen werden. Nach Abs. 3 bedarf es dafür eines wichtigen Grundes. Nach heute h. M. wird das Vorliegen eines wichtigen Grundes in Anlehnung an § 84 Abs. 3 Satz 2 AktG beurteilt (vgl. Erl. zu § 84 AktG Rdn. 21 ff.). Anders als nach früherer, vor dem AktG 1965 vertretener Auffassung setzt dies nicht voraus, dass ein krass gesellschaftswidriges Verhalten oder ein Sachverhalt vorliegt, bei dem das Verbleiben im Amt als schlechthin untragbar anzusehen ist (so zur Rechtslage nach dem AktG 1937 BGH, Urt. v. 21.02.1963 – II ZR 76/62, Z 39, 116, 123; vgl. auch RegE Begr. AktG 1965, *Kropff* Aktiengesetz, S. 142 f.). Nach geltender Rechtslage kommt es darauf an, ob im Einzelfall unter Würdigung aller Umstände das Verbleiben des Mitglieds im Amt für die Gesellschaft unzumutbar ist (OLG Frankfurt am Main, Beschl. v. 01.10.2007 – 20 W 141/07, AG 2008, 456 ff.).

10 In der Entscheidungspraxis ist das **Vorliegen eines wichtigen Grundes** in folgenden **Fällen** angenommen worden: Informationsbeschaffung durch Mitglieder des Aufsichtsrats bei Repräsentanten der Muttergesellschaft ohne Einschaltung des Vorstands (OLG Zweibrücken, Beschl. v. 28.05.1990 – 3 W 93/90, AG 1991, 70); nicht offengelegtes Schreiben an das Bundeskartellamt mit negativer Stellungnahme zu angemeldetem Fusionsvorhaben (LG Frankfurt am Main NJW 1987, 505); Fälle dauerhafter Pflichtenkollision (BGH, Urt. v. 21.02.1963 – II ZR 76/62, Z 39, 116, 123; OLG Hamburg, Urt. v. 23.01.1990 – 11 W 92/89, AG 1990, 218); die Offenlegung vertraulicher Informationen im Betriebsrat (OLG Stuttgart, Beschl. v. 28.05.2013 – 20 U 5/12, NZG 2007, 72); eklatanter Missbrauch des Kontrollrechts (OLG Frankfurt am Main, Beschl. v. 01.10.2007 – 20 W 141/07, NZG 2008, 272). Die Verletzung der Verschwiegenheitspflicht durch Bekanntgabe einer geplanten Dividendenerhöhung und des Abstimmungsverhaltens von Mitgliedern des Aufsichtsrats wurde nicht als wichtiger Grund angesehen (AG München WM 1986, 974; a. A. Spindler/Stilz/*Spindler*, § 103 Rn. 33).

11 Die **Antragsberechtigung** liegt nach Abs. 3 Satz 1 beim **Aufsichtsrat**. Dieser hat über den Antrag mit einfacher Mehrheit zu entscheiden, Abs. 3 Satz 2. Dabei darf das betroffene Aufsichtsratsmitglied im Wege der Stimmenthaltung mitstimmen, damit im dreiköpfigen Aufsichtsrat die Beschlussfähigkeit erhalten bleibt (BGH, Urt. v. 02.04.2007 – II ZR 325/05, NZG 2007, 516; *Hoffmann/Kirchhoff* FS Beusch 1993, 377, 380 f.; a. A. BayObLG, Beschl. v. 28.03.2003 – 3 Z BR 199/02, Z 2003, 89, 92). Ist das Mitglied aufgrund der Satzung entsandt worden, steht das Antragsrecht auch einer Gruppe von Aktionären zu, wenn diese mindestens 10 % des Grundkapitals oder den anteiligen Betrag von 1,0 Mio. € erreichen, Abs. 3 Satz 3. Der Vorstand hat keine Antragsberechtigung.

12 Für das Verfahren ist das **Amtsgericht des Gesellschaftssitzes** (§ 14 AktG) zuständig, §§ 397, 398 FamFG. Die Entscheidung ergeht durch Beschluss. Gegen diesen Beschluss kann mit dem Rechtsmittel der Beschwerde vorgegangen werden (Abs. 3 Satz 4). Die Beschwerde hat keine aufschiebende Wirkung. Der Abberufene verliert damit seine Rechte mit der Verkündung des erstinstanzlichen Beschlusses; diese können im Wege der Rechtsmittelentscheidung wiederhergestellt werden (BayObLG, Beschl. v. 28.03.2003 – 3 Z BR 199/02, Z 2003, 89, 90; näher *Hoffmann/Kirchhoff* FS Beusch 1993, 377, 386 ff.).

E. Mitbestimmungsrechtliche Sonderregeln, Abs. 4

13 In mitbestimmten Aufsichtsräten können Aufsichtsratsmitglieder, die weder von der Hauptversammlung frei gewählt noch aufgrund der Satzung in den Aufsichtsrat entsandt wurden, nach Abs. 3 Satz 1 aus wichtigem Grund im Wege gerichtlicher Entscheidung abberufen werden. Fer-

ner gelten nach Abs. 4 die bestehenden mitbestimmungsrechtlichen Sonderregeln. Dies sind § 23 MitbestG, § 11 MontanMitbestG, § 10m MontanMitbestErgG und § 12 DrittelbG.

F. Abberufung von Ersatzmitgliedern, Abs. 5

Für Ersatzmitglieder gilt: Ist ein Ersatzmitglied bereits in den Aufsichtsrat nachgerückt, gelten für dieses Mitglied die allgemeinen Regeln der Abs. 1 bis 4 unmittelbar. Ist das Ersatzmitglied noch nicht nachgerückt, kann es trotzdem abberufen werden. Für diese vor dem Nachrücken erfolgende Abberufung des Ersatzmitglieds sind nach Abs. 5 die Vorschriften anzuwenden, die für das Hauptmitglied gelten, also Abs. 1 für die von der Hauptversammlung frei gewählten Mitglieder, Abs. 2 für die entsandten Mitglieder und Abs. 3 für die gerichtliche Abberufung aus wichtigem Grund.

14

§ 104 Bestellung durch das Gericht

(1) ¹Gehört dem Aufsichtsrat die zur Beschlußfähigkeit nötige Zahl von Mitgliedern nicht an, so hat ihn das Gericht auf Antrag des Vorstands, eines Aufsichtsratsmitglieds oder eines Aktionärs auf diese Zahl zu ergänzen. ²Der Vorstand ist verpflichtet, den Antrag unverzüglich zu stellen, es sei denn, daß die rechtzeitige Ergänzung vor der nächsten Aufsichtsratssitzung zu erwarten ist. ³Hat der Aufsichtsrat auch aus Aufsichtsratsmitgliedern der Arbeitnehmer zu bestehen, so können auch den Antrag stellen
1. der Gesamtbetriebsrat der Gesellschaft oder, wenn in der Gesellschaft nur ein Betriebsrat besteht, der Betriebsrat, sowie, wenn die Gesellschaft herrschendes Unternehmen eines Konzerns ist, der Konzernbetriebsrat,
2. der Gesamt- oder Unternehmenssprecherausschuss der Gesellschaft oder, wenn in der Gesellschaft nur ein Sprecherausschuss besteht, der Sprecherausschuss sowie, wenn die Gesellschaft herrschendes Unternehmen eines Konzerns ist, der Konzernsprecherausschuss,
3. der Gesamtbetriebsrat eines anderen Unternehmens, dessen Arbeitnehmer selbst oder durch Delegierte an der Wahl teilnehmen, oder, wenn in dem anderen Unternehmen nur ein Betriebsrat besteht, der Betriebsrat,
4. der Gesamt- oder Unternehmenssprecherausschuss eines anderen Unternehmens, dessen Arbeitnehmer selbst oder durch Delegierte an der Wahl teilnehmen, oder, wenn in dem anderen Unternehmen nur ein Sprecherausschuss besteht, der Sprecherausschuss,
5. mindestens ein Zehntel oder einhundert der Arbeitnehmer, die selbst oder durch Delegierte an der Wahl teilnehmen,
6. Spitzenorganisationen der Gewerkschaften, die das Recht haben, Aufsichtsratsmitglieder der Arbeitnehmer vorzuschlagen,
7. Gewerkschaften, die das Recht haben, Aufsichtsratsmitglieder der Arbeitnehmer vorzuschlagen.

⁴Hat der Aufsichtsrat nach dem Mitbestimmungsgesetz auch aus Aufsichtsratsmitgliedern der Arbeitnehmer zu bestehen, so sind außer den nach Satz 3 Antragsberechtigten auch je ein Zehntel der wahlberechtigten in § 3 Abs. 1 Nr. 1 des Mitbestimmungsgesetzes bezeichneten Arbeitnehmer oder der wahlberechtigten leitenden Angestellten im Sinne des Mitbestimmungsgesetzes antragsberechtigt. ⁵Gegen die Entscheidung ist die sofortige Beschwerde zulässig.

(2) ¹Gehören dem Aufsichtsrat länger als drei Monate weniger Mitglieder als die durch Gesetz oder Satzung festgesetzte Zahl an, so hat ihn das Gericht auf Antrag auf diese Zahl zu ergänzen. ²In dringenden Fällen hat das Gericht auf Antrag den Aufsichtsrat auch vor Ablauf der Frist zu ergänzen. ³Das Antragsrecht bestimmt sich nach Absatz 1. ⁴Gegen die Entscheidung ist die sofortige Beschwerde zulässig.

(3) Absatz 2 ist auf einen Aufsichtsrat, in dem die Arbeitnehmer ein Mitbestimmungsrecht nach dem Mitbestimmungsgesetz, dem Montan-Mitbestimmungsgesetz oder dem Mitbestimmungsergänzungsgesetz haben, mit der Maßgabe anzuwenden,

1. daß das Gericht den Aufsichtsrat hinsichtlich des weiteren Mitglieds, das nach dem Montan-Mitbestimmungsgesetz oder dem Mitbestimmungsergänzungsgesetz auf Vorschlag der übrigen Aufsichtsratsmitglieder gewählt wird, nicht ergänzen kann,
2. daß es stets ein dringender Fall ist, wenn dem Aufsichtsrat, abgesehen von dem in Nummer 1 genannten weiteren Mitglied, nicht alle Mitglieder angehören, aus denen er nach Gesetz oder Satzung zu bestehen hat.

(4) ¹Hat der Aufsichtsrat auch aus Aufsichtsratsmitgliedern der Arbeitnehmer zu bestehen, so hat das Gericht ihn so zu ergänzen, daß das für seine Zusammensetzung maßgebende zahlenmäßige Verhältnis hergestellt wird. ²Wenn der Aufsichtsrat zur Herstellung seiner Beschlußfähigkeit ergänzt wird, gilt dies nur, soweit die zur Beschlußfähigkeit nötige Zahl der Aufsichtsratsmitglieder die Wahrung dieses Verhältnisses möglich macht. ³Ist ein Aufsichtsratsmitglied zu ersetzen, das nach Gesetz oder Satzung in persönlicher Hinsicht besonderen Voraussetzungen entsprechen muß, so muß auch das vom Gericht bestellte Aufsichtsratsmitglied diesen Voraussetzungen entsprechen. ⁴Ist ein Aufsichtsratsmitglied zu ersetzen, bei dessen Wahl eine Spitzenorganisation der Gewerkschaften, eine Gewerkschaft oder die Betriebsräte ein Vorschlagsrecht hätten, so soll das Gericht Vorschläge dieser Stellen berücksichtigen, soweit nicht überwiegende Belange der Gesellschaft oder der Allgemeinheit der Bestellung des Vorgeschlagenen entgegenstehen; das gleiche gilt, wenn das Aufsichtsratsmitglied durch Delegierte zu wählen wäre, für gemeinsame Vorschläge der Betriebsräte der Unternehmen, in denen Delegierte zu wählen sind.

(5) Das Amt des gerichtlich bestellten Aufsichtsratsmitglieds erlischt in jedem Fall, sobald der Mangel behoben ist.

(6) ¹Das gerichtlich bestellte Aufsichtsratsmitglied hat Anspruch auf Ersatz angemessener barer Auslagen und, wenn den Aufsichtsratsmitgliedern der Gesellschaft eine Vergütung gewährt wird, auf Vergütung für seine Tätigkeit. ²Auf Antrag des Aufsichtsratsmitglieds setzt das Gericht die Auslagen und die Vergütung fest. ³Gegen die Entscheidung ist die sofortige Beschwerde zulässig. ⁴Die weitere Beschwerde ist ausgeschlossen. ⁵Aus der rechtskräftigen Entscheidung findet die Zwangsvollstreckung nach der Zivilprozeßordnung statt.

Übersicht	Rdn.		Rdn.
A. Regelungszweck	1	D. Personalauswahl durch das Gericht, Abs. 4	8
B. Ergänzung wegen Beschlussunfähigkeit, Abs. 1	2	E. Amtsdauer, Abs. 5	9
C. Ergänzung wegen Unterschreitens der Mitgliederzahl, Abs. 2 und 3	5	F. Auslagenersatz und Vergütung, Abs. 6 . .	10

A. Regelungszweck

1 Die Vorschrift will die **Beschlussfähigkeit des Aufsichtsrats** gewährleisten und sieht deshalb die auf Antrag erfolgende **gerichtliche Bestellung** von Aufsichtsratsmitgliedern für den Fall der Unterbesetzung des Gremiums vor. Von praktischer Bedeutung ist die gerichtliche Bestellung in den Fällen der Unterbesetzung von Aufsichtsräten, die der Mitbestimmung unterliegen. Die dann eintretende Störung der Parität bei der Besetzung der Aufsichtsratssitze wird vom Gesetzgeber als ein dringender Fall angesehen, der die rasche Ergänzung des Aufsichtsrats vor Ablauf der sonst einzuhaltenden Vakanzzeit rechtfertigt. Im Übrigen unterscheidet das Gesetz zwischen verschiedenen Gründen, die eine gerichtliche Bestellung rechtfertigen.

B. Ergänzung wegen Beschlussunfähigkeit, Abs. 1

2 Ist der Aufsichtsrat beschlussunfähig, weil ihm die zur Beschlussfähigkeit nötige Zahl von Mitgliedern nicht (mehr) angehört, kann er nach Abs. 1 ergänzt werden. Der Mangel der erforderlichen Zahl der Mitglieder bemisst sich nach dem Gesetz oder der Satzung (vgl. die Erl. zu § 108 Abs. 2 AktG). Praktisch bedeutsam ist vor allem das Unterschreiten der von der Satzung aufgestellten

Anforderungen an die Beschlussfähigkeit, während die gesetzliche Regelung erst eingreift, wenn dem Aufsichtsrat weniger als die Hälfte der nach Gesetz oder Satzung erforderlichen Mitgliederzahl oder aber weniger als drei Mitglieder angehören, § 108 Abs. 2 Satz 2 AktG. Im Fall einer Unternehmensübernahme kann es durch die vorab zugesicherte Amtsniederlegung von bisherigen Aufsichtsratsmitgliedern zu einem gerichtlichen Bestellungsfall gem. Abs. 1 kommen (OLG Hamm, Beschl. v. 28.05.2013 - 27 W 35/13, NZG 2013, 1099). Die Abberufung gem. Abs. 1 wegen Beschlussunfähigkeit geht der Abberufung wegen Unterbesetzung gem. Abs. 2 vor (OLG Düsseldorf, Beschl. v. 28.01.2010 – 3 Wx 3/10, NZG 2010, 313). Das Kriterium des Unterschreitens der Hälfte der kraft Gesetzes erforderlichen Mitglieder gilt auch für mitbestimmte Aufsichtsräte nach den Sonderregeln der § 28 MitbestG, § 10 MontanMitbestG bzw. § 11 MontanMitbestErgG.

Das Gericht entscheidet nur **auf Antrag**. Die **Antragsbefugnis** haben der Vorstand, jedes einzelne Mitglied des Aufsichtsrats und jeder Aktionär sowie in mitbestimmten Gesellschaften die weiteren in Abs. 1 Satz 3 Genannten. Der Vorstand ist nach Abs. 1 Satz 2 verpflichtet, den Antrag unverzüglich (§ 121 Abs. 1 Satz 1 BGB) zu stellen; eine Ausnahme besteht nur, wenn die rechtzeitige Ergänzung des Aufsichtsrats vor der nächsten Hauptversammlung zu erwarten ist. Der Vorstand hat den Antrag im eigenen Namen zu stellen (KG Urt. v 15.08.1966 – 1 W 1870/66, OLGZ 1966, 596, 597 f.). Eine willentliche Blockade (»Beschlussfassungsboykott«) kann gleichfalls als dauerhafte Verhinderung des Aufsichtsratsmitglieds gedeutet werden (*Reinhard* AG 2012, 359). 3

Das Gericht, nämlich das nach dem Gesellschaftssitz (§ 14 AktG) zuständige Amtsgericht, entscheidet gem. dem Verfahren der freiwilligen Gerichtsbarkeit im Beschlusswege, §§ 397, 398 FamFG. Die sofortige Beschwerde gegen die gerichtliche Bestellung kann von einem Aktionär geltend gemacht werden, dessen Vorschlag bei der Bestellung nicht berücksichtigt wurde (LG Hannover, Beschl. v. 12.03.2009 – 21 T 2/09, ZIP 2009, 761). Zulässig ist eine einstweilige Anordnung, mit der die Wirksamkeit der Bestellung eines Aufsichtsratsmitglieds durch das Gericht bis zur Entscheidung über eine hiergegen gerichtete sofortige Beschwerde (LG Hannover, Beschl. v. 12.03.2009 – 21 T 2/09, ZIP 2009, 760). 4

C. Ergänzung wegen Unterschreitens der Mitgliederzahl, Abs. 2 und 3

Die Regelung betrifft die **Ergänzung des Aufsichtsrats** in mitbestimmungsfreien Gesellschaften, wenn die durch Gesetz oder Satzung festgelegte Mitgliederzahl unterschritten wird und dieser Zustand länger als 3 Monate andauert, Abs. 2 Satz 1. Der Grund für das Unterschreiten der Mitgliederzahl ist unerheblich. Das Gericht wird wie nach Abs. 1 **nur auf Antrag** tätig; die **Antragsberechtigung** bestimmt sich gem. Abs. 2 Satz 3 nach Abs. 1. Ein solcher Fall liegt nicht schon dann vor, wenn die Wahl eines Mitglieds des Aufsichtsrats angefochten wurde; die sich in der Zukunft im Fall des Erfolgs der rückwirkend der Anfechtungsklage möglicherweise einstellende Vakanz fällt nicht unter Abs. 2 (OLG Köln, Beschl. v. 23.02.2011 – 2 Wx 41/11, NZG 2011, 508; für die Zulässigkeit eines aufschiebend bedingten Antrags auf gerichtliche Bestellung *Fett/Theusinger* AG 2010, 425, 428). 5

In **dringenden Fällen** darf das Gericht die Bestellung vor Ablauf der Frist vornehmen, § 104 Abs. 2 Satz 2 AktG. Dringlich ist die Ergänzung immer dann, wenn Entscheidungen zu treffen sind, die für den Bestand oder die Struktur der Gesellschaft von wesentlicher Bedeutung sind (z. B. in Krisensituationen und bei Übernahmeversuchen). Von wesentlicher Bedeutung sind auch Entscheidungen, welche die Führungsorganisation der Gesellschaft betreffen; deshalb wird zu Recht auch die Bestellung oder Abberufung von Vorstandsmitgliedern als dringender Fall angesehen, wenn aufgrund der Zusammensetzung des Aufsichtsrats eine einseitige Durchsetzungschance einer Interessengruppe oder Zufallsergebnisse zu erwarten sind (*Hüffer/Koch* AktG, § 104 Rn. 7; abl. *Niewarra/Servatius* FS Semler 1993, 217, 220 ff.). 6

Für **mitbestimmte Gesellschaften** trifft Abs. 3 Sonderregelungen. 7

D. Personalauswahl durch das Gericht, Abs. 4

8 Die Person des Aufsichtsratsmitglieds wird vom Gericht frei ausgewählt; es ist an Vorschläge des Antragstellers nicht gebunden (BayObLG, Beschl. v. 20.08.1997 – 3Z BR 193/97, Z 1997, 262, 264), ungeachtet des Umstands, dass solche Vorschläge üblich und zweckmäßig sind und vom Gericht durchaus aufgegriffen werden; das Gericht entscheidet nach freiem, an den Interessen der Gesellschaft auszurichtendem Ermessen und kann in Übernahmefällen geneigt sein, unabhängige Personen zu bestellen (OLG Hamm, Beschl. v. 28.05.2013 – 27 W 35/13, NZG 2013, 1099; *Beyer* NZG 2014, 61; vgl. a. OLG München, Beschl. v. 02.07.2009 – 31 Wx 24/09, AG 2009, 745, 747). Dieses Ermessen ist einer gerichtlichen Überprüfung nur insoweit zugänglich, als sich der Richter bei seiner Auswahlentscheidung nicht von sachwidrigen Erwägungen leiten lassen darf (OLG Hamm, Beschl. v. 28.05.2013 – 27 W 35/13, NZG 2013, 1099). Zum Aufsichtsrat darf nicht bestellt werden, wenn die betreffende Person das Amt aufgrund einer gravierenden, andauernden und nicht anderweitig lösbaren Pflichtenkollision umgehend wieder niederlegen müsste (LG Hannover, Beschl. v. 12.03.2009 – 21 T 2/09, ZIP 2009, 761 f.; zur Beachtlichkeit von Interessenkonflikten vgl. a. LG Frankfurt am Main, Urt. v. 16.05.2005 – 3 – 16 T 12/06, AG 2006, 593). Die Bestellung des Vorstands eines konkurrierenden Unternehmens ist nicht ausgeschlossen, kann aber wegen dauerhafter, schwerer Pflichtenkollision unzulässig sein (OLG Schleswig, Beschl. v. 26.04.2004 – 2 W 46/04, NZG 2004, 669). Für mitbestimmte Gesellschaften sieht Abs. 4 Einschränkungen der Wahlfreiheit des Gerichts vor. Nach Abs. 4 Satz 3 hat das Gericht überdies die besonderen Voraussetzungen zu beachten, denen das Aufsichtsratsmitglied nach Gesetz oder Satzung entsprechen muss. Auch diese Regelung hat vornehmlich Bedeutung für mitbestimmte Gesellschaften, insofern als die Wählbarkeitsvoraussetzungen des § 7 Abs. 2 MitbestG vorliegen müssen.

E. Amtsdauer, Abs. 5

9 Die die Amtsdauer betreffende Regelung des Abs. 5 geht davon aus, dass das Gericht in seinem Bestellungsbeschluss eine **bestimmte Dauer der Amtszeit** festlegen und diese etwa bis zur Beendigung der nächsten ordentlichen Hauptversammlung befristen kann. Das Gericht muss allerdings eine solche Festlegung nicht treffen. Vor allem für diesen Fall bestimmt Abs. 5, dass die Amtszeit der gerichtlich bestellten Aufsichtsratsmitglieder **automatisch endet**, sobald der Mangel behoben ist. Der Mangel ist insbesondere behoben, wenn der zur Bestellung Berechtigte die Bestellung vornimmt und der Betroffene das Amt annimmt (OLG Frankfurt am Main AG 1987, 159; vgl. a. *Schnitker/Grau* NZG 2007, 486, 490 f.). In Betracht kommt ferner die im Wege der Satzungsänderung erfolgende Herabsetzung der für die Beschlussfähigkeit erforderlichen Mitgliederzahl des Aufsichtsrats bzw. die ebenfalls satzungsändernde Herabsetzung der Mitgliederzahl überhaupt.

F. Auslagenersatz und Vergütung, Abs. 6

10 Das im Amt befindliche, gerichtlich bestellte Mitglied hat **dieselben Rechte und Pflichten** wie jedes andere Aufsichtsratsmitglied. Unbeschadet der nach der inneren Ordnung des Aufsichtsrats geltenden Regelungen bestimmt Abs. 6, dass dem gerichtlich bestellten Mitglied jedenfalls ein **Anspruch auf Ersatz angemessener barer Auslagen** zusteht. Ein Vergütungsanspruch besteht nur, wenn sie den anderen Mitgliedern des Aufsichtsrats ebenfalls gewährt wird. Die Ansprüche bestehen gegenüber der AG. Die Festsetzung der Höhe des Auslagenersatzes und der Vergütung erfolgt auf Antrag des Aufsichtsratsmitglieds durch das Gericht. Die Vergütung ist gem. § 113 Abs. 1 Satz 3 AktG festzusetzen und hat grundsätzlich der Vergütung der anderen Aufsichtsratsmitglieder zu entsprechen.

§ 105 Unvereinbarkeit der Zugehörigkeit zum Vorstand und zum Aufsichtsrat

(1) Ein Aufsichtsratsmitglied kann nicht zugleich Vorstandsmitglied, dauernd Stellvertreter von Vorstandsmitgliedern, Prokurist oder zum gesamten Geschäftsbetrieb ermächtigter Handlungsbevollmächtigter der Gesellschaft sein.

(2) ¹Nur für einen im voraus begrenzten Zeitraum, höchstens für ein Jahr, kann der Aufsichtsrat einzelne seiner Mitglieder zu Stellvertretern von fehlenden oder verhinderten Vorstandsmitgliedern bestellen. ²Eine wiederholte Bestellung oder Verlängerung der Amtszeit ist zulässig, wenn dadurch die Amtszeit insgesamt ein Jahr nicht übersteigt. ³Während ihrer Amtszeit als Stellvertreter von Vorstandsmitgliedern können die Aufsichtsratsmitglieder keine Tätigkeit als Aufsichtsratsmitglied ausüben. ⁴Das Wettbewerbsverbot des § 88 gilt für sie nicht.

Gem. Abs. 1 kann ein **Aufsichtsratsmitglied nicht zugleich Vorstandsmitglied** derselben Gesellschaft sein. Auf die Reihenfolge des Erwerbs der Mitgliedschaft im jeweiligen Organ kommt es nicht an; unzulässig ist sowohl, dass ein Aufsichtsratsmitglied nachträglich zum Vorstand bestellt wird, als auch dass ein Vorstandsmitglied in den Aufsichtsrat einzieht (BGH, Urt. v. 03.07.1975 – II ZR 35/73, NJW 1975, 1657, 1658). Dagegen kann das Aufsichtsratsmitglied dem Vorstand einer anderen AG angehören. Bei bestehenden Konzernbeziehungen ist allerdings zu differenzieren: Eine Inkompatibilität besteht nicht, wenn die betreffende Person Vorstand der herrschenden und Aufsichtsrat in der abhängigen AG ist; dagegen ist nach § 100 Abs. 2 Satz 1 Nr. 2 AktG die umgekehrte Situation unzulässig, dass die Person Vorstand der des abhängigen Unternehmens und zugleich Aufsichtsrat in der herrschenden AG wird (vgl. Erl. zu § 100 AktG Rdn. 5). 1

Abs. 1 erstreckt die Funktionstrennung auf die **gleichzeitige Innehabung** von Aufsichtsratsmandat und Prokuristenstellung in derselben AG einerseits und die Stellung eines Handlungsbevollmächtigten in derselben AG andererseits. Auch in diesen Konstellationen sieht der Gesetzgeber den Grundsatz verletzt, dass Geschäftsführung und Überwachung nicht in denselben Händen liegen können. Die Inkompatibilität bezieht sich dabei auf die **Prokura** i. S. d. §§ 48 ff. HGB und die **Generalhandlungsvollmacht** i. S. d. § 54 Abs. 1, 1. Alt. HGB. Die rechtstechnischen Begriffe sind bewusst gewählt worden, um Abgrenzungsschwierigkeiten zu anderen leitenden Angestellten auszuschließen, auf die die Vorschrift auch nicht analog anwendbar ist (dazu *Kropff* Aktiengesetz 1965, 146; MüKo AktG/*Habersack*, § 105 Rn. 15). Zu beachten ist allerdings, dass die Generalvollmacht die Generalhandlungsvollmacht einschließt und deshalb mit dem Aufsichtsratsmandat unvereinbar ist (*Hüffer/Koch* AktG, § 105 Rn. 5). 2

Hinsichtlich der **Rechtsfolgen** des Abs. 1 ergibt sich, dass die Bestellung des Aufsichtsratsmitglieds zu einem der in Abs. 1 genannten Funktionsträger bis zur Niederlegung des Aufsichtsratsmandats **schwebend unwirksam** ist. Legt die betreffende Person das Aufsichtsratsmandat vor Antritt der neuen Position nieder, steht der Übernahme der neuen Position § 105 AktG nicht im Wege; tritt das Aufsichtsratsmitglied die neue inkompatible Position an, wird die Funktionsübernahme endgültig unwirksam. 3

Abs. 2 Satz 1 erlaubt eine **Durchbrechung** des Grundsatzes der Funktionstrennung: Ein Aufsichtsratsmitglied kann ausnahmsweise zum Stellvertreter von einem Vorstandsmitglied bestellt werden unter der doppelten Voraussetzung, dass das vertretene Vorstandsmitglied **fehlt oder verhindert** ist und die Bestellung **zeitlich begrenzt** wird. Das erforderliche Fehlen eines Vorstandsmitglieds ist gegeben, wenn die vorgeschriebene Anzahl von Vorstandsmitgliedern nicht im Amt ist; stellvertretende Vorstandsmitglieder sind dabei nach § 94 AktG zu berücksichtigen. »Verhindert« ist ein Vorstandsmitglied, wenn es sein Vorstandsamt (vorübergehend, z. B. wegen Erkrankung) nicht ausüben kann. Die zeitliche Begrenzung muss im Voraus festgelegt sein; sie darf nach Abs. 2 Satz 2 die Frist von einem Jahr nicht überschreiten. Andernfalls ist die Bestellung dieses Aufsichtsratsmitglieds zum Stellvertreter des Vorstands unwirksam; die Bestellung eines anderen Aufsichtsratsmitglieds wird dadurch nicht berührt (Spindler/Stilz/*Spindler*, § 105 Rn. 25; a. A. *Hüffer/Koch* AktG, § 105 Rn. 7). Die Bestellung erfolgt durch Beschluss des Aufsichtsrats und die Annahme des Amtes durch den Bestellten. Dieser behält seine Mitgliedschaft im Aufsichtsrat; die Tätigkeit darf aber während der Dauer der Bestellung zum Stellvertreter des Vorstands nicht ausgeübt werden, Abs. 2 Satz 3. 4

§ 106 Bekanntmachung der Änderungen im Aufsichtsrat

Der Vorstand hat bei jeder Änderung in den Personen der Aufsichtsratsmitglieder unverzüglich eine Liste der Mitglieder des Aufsichtsrats, aus welcher Name, Vorname, ausgeübter Beruf und Wohnort der Mitglieder ersichtlich ist, zum Handelsregister einzureichen; das Gericht hat nach § 10 des Handelsgesetzbuchs einen Hinweis darauf bekannt zu machen, dass die Liste zum Handelsregister eingereicht worden ist.

1 Nach dieser Vorschrift ist jede Änderung der Aufsichtsratsmitglieder unverzüglich bekannt zu machen. Mit dem Begriff »Änderung« bezeichnet der Gesetzgeber – wie mit dem vor dem 01.01.2007 verwendeten Begriff des »Wechsels« – **alle Fälle des Ausscheidens und des Eintritts**, einschließlich des Nachrückens eines Ersatzmitglieds. Bloße Änderungen des Namens oder Wohnortes lösen die Pflichten des § 106 nicht aus.

2 Es handelt sich bei der Änderung durch das zum 01.01.2007 in Kraft getretene »Gesetz über elektronische Handelsregister und Genossenschaftsregister sowie das Unternehmensregister« (EHUG) vom 10.11.2006 (BGBl. I, 2553) um eine Folgeänderung des § 37 AktG: Nach dem neu eingefügten § 37 Abs. 4 Nr. 3a AktG ist der Anmeldung eine Liste der Mitglieder des Aufsichtsrats beizufügen (vgl. § 37 AktG Rdn. 7).

3 Einzureichen ist eine Liste mit dem Namen und Vornamen, dem ausgeübten Beruf und dem Wohnort jedes Mitglieds. Die Liste ist gem. § 12 Abs. 2 Satz 1 HGB in elektronischer Form einzureichen. Die Verpflichtung trifft die Gesellschaft, die dabei durch den Vorstand vertreten wird.

§ 107 Innere Ordnung des Aufsichtsrats

(1) [1]Der Aufsichtsrat hat nach näherer Bestimmung der Satzung aus seiner Mitte einen Vorsitzenden und mindesten einen Stellvertreter zu wählen. [2]Der Vorstand hat zum Handelsregister anzumelden, wer gewählt ist. [3]Der Stellvertreter hat nur dann die Rechte und Pflichten des Vorsitzenden, wenn dieser verhindert ist.

(2) [1]Über die Sitzungen des Aufsichtsrats ist eine Niederschrift anzufertigen, die der Vorsitzende zu unterzeichnen hat. [2]In der Niederschrift sind der Ort und der Tag der Sitzung, die Teilnehmer, die Gegenstände der Tagesordnung, der wesentliche Inhalt der Verhandlungen und die Beschlüsse des Aufsichtsrats anzugeben. [3]Ein Verstoß gegen Satz 1 oder Satz 2 macht einen Beschluß nicht unwirksam. [4]Jedem Mitglied des Aufsichtsrats ist auf Verlangen eine Abschrift der Sitzungsniederschrift auszuhändigen.

(3) [1]Der Aufsichtsrat kann aus seiner Mitte einen oder mehrere Ausschüsse bestellen, namentlich, um seine Verhandlungen und Beschlüsse vorzubereiten oder die Ausführung seiner Beschlüsse zu überwachen. [2]Er kann insbesondere einen Prüfungsausschuss bestellen, der sich mit der Überwachung des Rechnungslegungsprozesses, der Wirksamkeit des internen Kontrollsystems, des Risikomanagementsystems und des internen Revisionssystems sowie der Abschlussprüfung, hier insbesondere der Unabhängigkeit des Abschlussprüfers und der vom Abschlussprüfer zusätzlich erbrachten Leistungen, befasst. [3]Die Aufgaben nach Absatz 1 Satz 1, § 59 Abs. 3, § 77 Abs. 2 Satz 1, § 84 Abs. 1 Satz 1 und 3, Abs. 2 und Abs. 3 Satz 1, § 87 Abs. 1 und Abs. 2 Satz 1 und 2, § 111 Abs. 3, §§ 171, 314 Abs. 2 und 3 sowie Beschlüsse, daß bestimmte Arten von Geschäften nur mit Zustimmung des Aufsichtsrats vorgenommen werden dürfen, können einem Ausschuß nicht an Stelle des Aufsichtsrats zur Beschlußfassung überwiesen werden. [4]Dem Aufsichtsrat ist regelmäßig über die Arbeit der Ausschüsse zu berichten.

(4) Richtet der Aufsichtsrat einer Gesellschaft im Sinne des § 264d des Handelsgesetzbuchs einen Prüfungsausschuss im Sinne des Absatz 3 Satz 2 ein, so muss mindestens ein Mitglied die Voraussetzungen des § 100 Absatz 5 erfüllen.

Übersicht	Rdn.		Rdn.
A. Regelungszweck	1	C. Sitzungsniederschriften, Abs. 2	9
B. Der Vorsitzende und der Stellvertreter des Aufsichtsrats, Abs. 1	2	D. Aufsichtsratsausschüsse, Abs. 3	12
		E. Geschäftsordnung des Aufsichtsrats....	17

A. Regelungszweck

Die Vorschrift betrifft die **innere Ordnung des Aufsichtsrats**. § 107 AktG regelt nur einen Teil der regelungsbedürftigen Fragen, nämlich die den Vorsitzenden des Aufsichtsrats (Abs. 1), die Sitzungsniederschriften (Abs. 2) und die Aufsichtsratsausschüsse (Abs. 3) betreffenden. Hinsichtlich dieser geregelten Gegenstände ist die Vorschrift **zwingend**, § 23 Abs. 5 AktG. Daneben sind die Vorschriften des § 108 AktG zur Beschlussfassung, des § 109 AktG zur Sitzungsteilnahme und des § 110 AktG zur Einberufung des Gremiums zu beachten. Die **Satzung** kann weitere Regelungen treffen und der Aufsichtsrat ist überdies befugt, sich selbst eine Geschäftsordnung zu geben, die weitere Regeln betreffend die innere Ordnung des Aufsichtsrats enthält (s. dazu Rdn. 16). In mitbestimmten Gesellschaften sind die vorrangigen (§ 25 Abs. 1 Satz 1 MitbestG) Vorschriften der §§ 27 bis 29, 31, 32 MitbestG zu beachten. Der DCGK enthält zahlreiche Empfehlungen (vgl. § 161 AktG Rdn. 3 f.) zur Tätigkeit des Aufsichtsrats (vgl. dazu die Kommentierung von Kodex-Ziffer 5 durch Ringleb/Kremer/Lutter/v. Werder/*Kremer* Rn. 900).

B. Der Vorsitzende und der Stellvertreter des Aufsichtsrats, Abs. 1

Gem. Abs. 1 Satz 1 hat der Aufsichtsrat einen Vorsitzenden und mindestens einen Stellvertreter zu wählen. Die Wahl hat zwingend (§ 23 Abs. 5 AktG) durch den Aufsichtsrat zu erfolgen; in der Satzung kann keine abweichende Regelung getroffen werden. Die Satzung kann aber das Verfahren und die Mehrheitserfordernisse regeln, Abs. 1 Satz 1. **Wählbar** ist grundsätzlich jedes Aufsichtsratsmitglied; daran kann die Satzung nichts ändern. Satzungs- oder Geschäftsordnungsbestimmungen, die die Wählbarkeit auf bestimmte Mitglieder beschränken (z. B. Familienmitglieder), sind nichtig. Die mit der Formulierung »aus seiner Mitte« in § 107 AktG gemeinte freie Wählbarkeit darf auch nicht durch ein begrenztes **Vorschlagsrecht** eingeschränkt werden. Ist in der Satzung keine Regelung getroffen, ist die einfache Mehrheit der abgegebenen Stimmen erforderlich und ausreichend. Kandidaten sind dabei nicht vom Stimmrecht ausgeschlossen (allgemeine Ansicht). Die **geheime Abstimmung** ist nach h. M. zulässig (vgl. Erl. zu § 108 AktG Rdn. 2), auch wenn diese die persönliche Verantwortung der Aufsichtsratsmitglieder für ihre Amtsführung verdunkelt (so noch MünchHdb GesR IV/*Hoffmann-Becking* § 31 Rn. 9). Für nach dem MitbestG mitbestimmte Gesellschaften gelten die besonderen Regelungen des § 27 Abs. 1 und 2 MitbestG.

Das Amt eines Ehrenvorsitzenden ist nach dem Gesetzesrecht nicht geregelt; dessen Zulässigkeit steht deswegen aber auch keine Bestimmung entgegen (MüKo AktG/*Habersack*, § 107 Rn. 71). Der Ehrenvorsitzende ist kein Organmitglied. ihm stehen Rechte und Pflichten kraft seiner Ernennung durch den Aufsichtsrat nicht zu; ein Teilnahme- und Rederecht an Sitzungen des Aufsichtsrats kann ihm durch den Aufsichtsrat eingeräumt werden (*Johannsen-Roth/Kießling*NZG 2013, 972).

Kommt der Aufsichtsrat seiner Verpflichtung zur Wahl des Vorsitzenden nicht nach, sieht § 107 AktG kein Ersatzverfahren zur Wahl eines Vorsitzenden vor. Nach h. M. findet in diesem Fall die **gerichtliche Ersatzbestellung** des Vorsitzenden nach § 104 Abs. 2 AktG entsprechende Anwendung; dies gilt gleichermaßen für mitbestimmte und mitbestimmungsfreie Gesellschaften (*Fett/Theusinger* AG 2010, 425, 427).

Die **Amtszeit** des Vorsitzenden kann durch die Satzung oder die Geschäftsordnung geregelt werden. Finden sich keine besonderen Bestimmungen, so ergibt regelmäßig die **Auslegung des Beschlusses**, dass die Wahl für die Dauer der Mitgliedschaft im Aufsichtsrat erfolgt. Mit der Wiederbestellung zum Aufsichtsratsmitglied ist nicht zugleich die Wiederwahl zum Vorsitzenden verbunden (str.), weil andernfalls die Wahlbefugnis für den Vorsitz faktisch auf die Hauptversammlung übergehen würde (*Hüffer/Koch* AktG, § 107 Rn. 4). Deshalb hat immer dann, wenn die Amtszeit des Vorsitzenden endet, eine Neuwahl des Vorsitzenden zu erfolgen. Der Widerruf der Ernennung ist grds. jederzeit und ohne Angabe von Gründen zulässig. Einschränkungen der freien Widerrufbarkeit durch die Satzung oder Geschäftsordnung sind zulässig. Die Abberufung aus wichtigem Grund ist immer mit einfacher Mehrheit möglich und kann nicht eingeschränkt werden (BGH, Urt. v. 09.11.1987 – II ZR 100/87, Z 102, 172, 179). Der Vorsitzende selbst ist bei der Abstimmung vom Stimmrecht ausgeschlossen (BGH, Urt. v. 23.02.1961 – II ZR 147/58, NJW 1961, 1299).

6 Die **Aufgaben und Befugnisse** des Vorsitzenden sind im Gesetz nicht umfassend und zusammenhängend geregelt (näher *v. Schenck* AG 2010, 649; zur Rolle des Aufsichtsratsvorsitzenden in börsennotierten Gesellschaften näher *Drinhausen/Marsch-Barner* AG 2014, 337). In einzelnen Vorschriften ist insbesondere die Mitwirkung des Vorsitzenden bei der **Anmeldung zum Handelsregister** vorgesehen (§§ 184 Abs. 1, 188 Abs. 1, 195 Abs. 1, 207 Abs. 2, 223, 229 Abs. 3, 237 Abs. 2 AktG). Der Vorsitzende ist kein besonderes Organ der AG, sondern ein **mit besonderen Aufgaben und Befugnissen ausgestattetes Mitglied des Aufsichtsrats**. Er hat vor allem aufsichtsratsinterne Aufgaben und Befugnisse, die die Verfahrensleitung und Organisation betreffen: Er hat die Sitzungen einzuberufen, sie vorzubereiten und zu leiten; er hat die Arbeit der bestehenden Ausschüsse zu koordinieren und deren Ergebnisse dem Plenum des Aufsichtsrats vorzustellen; insbesondere hat er nach pflichtgemäßem Ermessen darüber zu befinden, ob, wann und welche Informationen an das Gesamtgremium weitergegeben werden, ohne dass dafür rechtsichere Handlungsmaßstäbe vorliegen (*v. Schenck* AG 2010, 649, 654). Zulässig ist es, dem Vorsitzenden in der Satzung ein Recht zum Stichentscheid bei Stimmengleichheit im Aufsichtsrat zuzuweisen (vgl. Erl. zu § 108 AktG Rdn. 3). Nach außen repräsentiert er den Aufsichtsrat. Er ist gem. § 80 AktG auf allen Geschäftsbriefen der Gesellschaft mit Vor- und Nachname anzugeben. Gegenüber dem Vorstand ist er ständiger Ansprechpartner und Berater; im Berichtswesen steht ihm eine Sonderstellung zu (vgl. § 90 AktG Rdn. 8, 17). Im Verhältnis zur Hauptversammlung hat er in der Regel die besondere Stellung, dass ihm nach der Satzung die Leitung der Hauptversammlung zugewiesen ist. Kraft Gesetzes hat er den Bericht des Aufsichtsrats über den Jahresabschluss, den Lagebericht und den Gewinnverwendungsvorschlag zu erläutern (§§ 176 Abs. 1 Satz 2, 171 AktG).

7 Neben dem Vorsitzenden muss der Aufsichtsrat **mindestens einen Stellvertreter** wählen, Abs. 1 Satz 1. Die Zahl der Stellvertreter ist nach dem Gesetz nicht beschränkt, sie kann aber in der Satzung geregelt werden. Für die Wahl und die Amtszeit des Stellvertreters gelten die Regeln für den Vorsitzenden entsprechend (vgl. Rdn. 2, 4). Der Stellvertreter darf nach Abs. 1 Satz 3 nur dann tätig werden, wenn der **Vorsitzende verhindert** ist. Dieser Vertretungsfall ist in jeder auch vorübergehenden Situation gegeben, in der der Vorsitzende sein Amt nicht ausüben kann (Krankheit, Abwesenheit). Der Umstand, dass der Vorsitzende eine Aufgabe tatsächlich nicht wahrnimmt oder nicht wahrnehmen will, stellt keinen Vertretungsfall dar (MünchHdb GesR IV/*Hoffmann-Becking* § 31 Rn. 19). Der Vorsitzende kann die ihm obliegenden Aufgaben deshalb auch nicht auf den Stellvertreter delegieren. Liegt ein Vertretungsfall vor, hat der Stellvertreter für dessen Dauer die Rechte und Pflichten des Vorsitzenden, Abs. 1 Satz 3.

8 Abs. 1 Satz 2 begründet die Pflicht zur **Anmeldung zum Handelsregister**; der Vorstand hat zum Handelsregister anzumelden, wer zum Vorsitzenden und zum Stellvertreter gewählt ist. Die Anmeldung kann in Schriftform erfolgen; eine notarielle Beglaubigung darf nicht gefordert werden, da keine Anmeldung »zur Eintragung« i. S. d. § 12 HGB vorliegt. Anzumelden sind die Namen und Anschriften von Vorsitzendem und Stellvertreter.

C. Sitzungsniederschriften, Abs. 2

9 Abs. 2 Satz 1 regelt, dass Sitzungen des Aufsichtsrats zu protokollieren sind. Das Protokoll muss nicht vom Vorsitzenden gefertigt, es muss von ihm aber unterzeichnet werden. Der **Mindestinhalt** der Niederschrift wird in Abs. 2 Satz 2 genau geregelt. Zur Angabe der Beschlüsse gehört die vollständige Wiedergabe der Beschlussvorschläge, die Mitteilung der Art der Beschlussfassung und des Ergebnisses der Abstimmung mit der Zahl der Ja- und Nein-Stimmen sowie der Enthaltungen. Eine Angabe des namentlichen Abstimmungsergebnisses ist nicht erforderlich. Ein Wortprotokoll

ist nicht gefordert; der **Beratungsverlauf** ist nicht im Detail, wohl aber seinem »wesentlichen Inhalt« nach anzugeben, wobei wesentlich ist, was für das Verständnis des Beschlussinhalts unverzichtbar ist. Das einzelne Aufsichtsratsmitglied kann grundsätzlich nicht verlangen, dass sein Redebeitrag wörtlich protokolliert wird. Ein solcher Anspruch besteht aber dann, wenn das einzelne Mitglied wegen der persönlichen Haftung nach § 116 AktG ein schutzwürdiges Interesse an einer Wortlautprotokollierung hat (MünchHdb GesR IV/*Hoffmann-Becking* § 31 Rn. 91). Die Mitglieder können insbesondere die Aufnahme eines Widerspruchs gegen ein Beschlussergebnis verlangen (MüKo AktG/*Habersack*, § 107 Rn. 80). Eine Genehmigung des Protokolls ist von Gesetzes wegen nicht erforderlich (MünchHdb GesR IV/*Hoffmann-Becking* § 31 Rn. 94); andererseits ist nicht ausgeschlossen und praktisch häufig, dass ein Genehmigungsbeschluss in der nächsten Sitzung gefasst wird. Über den Wunsch zur **Berichtigung des Protokolls** entscheidet der Vorsitzende als Sitzungsleiter; eine Protokollberichtigung im Beschlusswege kann nicht erzwungen werden (MünchHdb GesR IV/*Hoffmann-Becking* § 31 Rn. 94). Das einzelne Mitglied kann **Widerspruch** gegen die Niederschrift erheben; der Widerspruch ist auf Verlangen des Aufsichtsratsmitglieds zu protokollieren. Der Widerspruch ist unzulässig, wenn er nicht innerhalb angemessener Frist, spätestens in der nächsten Sitzung erhoben wird. Die Geschäftsordnung kann bestimmen, dass das Protokoll als genehmigt gilt, wenn kein Mitglied innerhalb einer bestimmten Frist seit Absendung der Niederschrift schriftlich beim Vorsitzenden widersprochen hat (MünchHdb GesR IV/*Hoffmann-Becking* § 31 Rn. 94).

Die ordnungsgemäße Protokollierung ist **keine Wirksamkeitsvoraussetzung** für Beschlüsse des Aufsichtsrats, Abs. 2 Satz 3. Die Niederschrift hat den Charakter einer Beweisurkunde; sie begründet die tatsächliche Vermutung, dass die Beschlüsse des Aufsichtsrats gem. dem Inhalt des Protokolls gefasst wurden (*Hüffer/Koch* AktG, § 107 Rn. 13).

Das vom Vorsitzenden unterzeichnete Protokoll ist allen Mitgliedern des Aufsichtsrats in einfacher Abschrift zu übermitteln. Der Anspruch ist – auch wenn die Einzelheiten wenig geklärt sind – durch **Klageerhebung** gegen die AG gerichtlich durchsetzbar (vgl. *Peus* ZGR 1987, 545); er kann nicht auf ein Einsichtsrecht reduziert werden.

D. Aufsichtsratsausschüsse, Abs. 3

Abs. 3 Satz 1 betrifft die in der Praxis häufig gebildeten Ausschüsse des Aufsichtsrats. Der Aufsichtsrat entscheidet über die **Einrichtung von Ausschüssen** grundsätzlich (Ausnahme: § 27 Abs. 3 MitbestG) autonom; seine Entscheidungsfreiheit kann durch die Satzung oder durch Beschlüsse der Hauptversammlung nicht eingeschränkt werden (BGH, Urt. v. 17.05.1993 – II ZR 89/92, Z 122, 342, 355). Die Einrichtung von Ausschüssen kann zum Ziel haben, Aufsichtsratsbeschlüsse vorzubereiten oder auszuführen; sie kann auch zu dem in Abs. 3 Satz 2 grundsätzlich zugelassenen Zweck erfolgen, Aufgaben des Plenums auf einen Ausschuss zu delegieren. Verbreitet sind insbesondere der **Personalausschuss** zur Regelung der Vertragsangelegenheiten der Vorstandsmitglieder und das Präsidium des Aufsichtsrats, das in der Regel zugleich die Aufgaben eines Personalausschusses wahrnimmt (*Krieger* ZGR 1985, 338). Der Personalausschuss entscheidet wegen des Verweises auf lediglich § 87 Abs. 1 und 2 nicht mehr über die Festsetzung von Abfindungen, die nach der Reform durch das VorstAG zwingend vom Plenum zu treffen sind (*Bayer/Meier-Wehrsdorfer* AG 2013, 477). Der **Finanzausschuss** ist mit der zentralen Aufgabe der Vorprüfung des Jahresabschlusses und der Überwachung der Finanzplanung befasst, der **Investitionsausschuss** entscheidet über zustimmungspflichtige Investitionen. Nach durch das BilMoG eingefügten Abs. 3 Satz 2 steht es im Ermessen (»kann«) des Aufsichtsrats einen **Prüfungsausschuss** mit den im Gesetz genannten Aufgaben einzurichten (dazu *Arbeitskreis externe Unternehmensrechnung* DB 2009, 1279 ff.; *Habersack* AG 2008, 98 ff.). Nach Nr. 5.3.2 DCGK wird die Einrichtung eines Prüfungsausschusses (sog. Audit Committee) empfohlen, der Aufgaben im Bereich der Rechnungslegung und -prüfung sowie der Risikoprüfung hat (vgl. *Altmeppen* ZGR 2004, 390; *Kirsten* BB 2004, 173, 174).

Die **Besetzung des Ausschusses** steht ebenfalls im pflichtgemäßen Ermessen des Aufsichtsratsplenums. Dieses entscheidet über die **Anzahl und die konkreten Mitglieder** des Ausschusses. Das

Gesetz verlangt mit der verwendeten Begrifflichkeit die Einrichtung eines Gremiums, weshalb ein Ausschuss mindestens aus zwei Personen bestehen muss. Für beschließende Ausschüsse wird im Hinblick auf § 108 Abs. 2 Satz 3 AktG eine Mindestbesetzung mit drei Mitgliedern verlangt (BGH, Urt. v. 23.10.1975 – II ZR 90/73, Z 65, 190, 192 f.; BGH, Urt. v. 27.05.1991 – II ZR 87/90, AG 1991, 398, 399). Bei der Auswahl der Mitglieder des Ausschusses ist zu beachten, dass alle Aufsichtsratsmitglieder die gleichen Rechte und Pflichten haben (Ausnahme: § 27 Abs. 3 MitbestG); dazu gehört auch das gleiche passive Wahlrecht, nämlich ohne Rücksicht auf eine eventuelle Gruppenzugehörigkeit in einen Ausschuss gewählt werden zu können (BGH, Urt. v. 25.02.1982 – II ZR 123/81, Z 83, 106, 113; Urt. v. 17.05.1993 – II ZR 89/92, Z 122, 342, 358). Die Satzung kann deshalb eine besondere personelle Zusammensetzung des Ausschusses nicht vorschreiben (BGH, Urt. v. 25.02.1982 – II ZR 123/81, Z 83, 06, 112). Zulässig ist es dagegen, dass etwa die Geschäftsordnung die Zusammensetzung abstrakt festlegt, indem angeordnet wird, dass z. B. der Vorsitzende des Aufsichtsrats, sein Stellvertreter und – in mitbestimmten Gesellschaften – je ein Vertreter der Anteilseigner und der Arbeitnehmer dem Ausschuss angehören. Abs. 4 regelt für die Besetzung des freiwilligen Prüfungsausschusses, dass wenigstens ein Mitglied dieses Ausschusses die in § 105 Abs. 5 geregelten Qualifikationsanforderungen zu erfüllen hat (vgl. Erl. zu § 100 Rdn. 9).

14   Die **Delegation von Entscheidungsbefugnissen** vom Plenum auf einen Ausschuss ist in den von § 107 Abs. 3 Satz 3 AktG gezogenen Grenzen zulässig. Die in der Regelung aufgezählten, nicht delegierbaren Entscheidungsbefugnisse sind **zwingend und abschließend geregelt**. Alle dort nicht genannten Entscheidungsbefugnisse können mit anderen Worten auf einen Ausschuss delegiert werden; allerdings kann das Plenum des Aufsichtsrats delegierte Aufgaben durch entsprechenden Beschluss jederzeit wieder an sich ziehen (BGH, Urt. v. 14.11.1983 – II ZR 33/83, Z 89, 48, 55 f.). In Entsprechung zu der dem Plenum vorbehaltenen Wahl des Vorsitzenden und mindestens eines Stellvertreters ist auch deren Abberufung dem Plenum vorbehalten. Der Vorbehalt zugunsten des Gesamtplenums bei Entscheidungen im Zusammenhang mit der Vorstandsbestellung bezieht sich nicht auf den Anstellungsvertrag von Vorstandsmitgliedern; dessen Abschluss, die Festlegung seines Inhalts, seine Änderung oder Kündigung kann einem Personalausschuss übertragen werden (MünchHdb GesR IV/*Hoffmann-Becking* § 32 Rn. 6). Das VorstAG hat diese bislang ausnahmslos geltende Rechtslage dahin gehend geändert, dass das Aufsichtsratsplenum über die **Gesamtbezüge der Vorstandsmitglieder** zu beschließen hat. Insofern stehen einem Personalausschuss nur noch vorbereitende Befugnisse zu. Diese Regelung harmoniert mit dem grundsätzlichen Ziel des VorstAG, eine im Hinblick auf die Angemessenheitskontrolle der Vorstandsvergütung nach § 87 Abs. 1 transparentere verfahrensrechtliche Regelung der Vergütungsfestsetzung und eine Stärkung der Verantwortlichkeit des Gesamtaufsichtsrats erreichen zu wollen (vgl. Erl. zu § 87 Rdn. 12–21). Die zwingende Zuständigkeit des Aufsichtsratsplenums gilt nach Abs. 3 Satz 3 ibd. des VorstAG ausdrücklich auch für die Herabsetzung der Vorstandsvergütung gem. § 87 Abs. 2. Der Ausschuss darf aber die Entscheidung des Plenums über das Vorstandsmitglied nicht präjudizieren, indem im Vorfeld dieser Entscheidungen über den Abschluss oder die Beendigung des Anstellungsvertrages im Ausschuss Beschluss gefasst wird (BGH, Urt. v. 24.11.1980 – II ZR 182/79, Z 79, 38, 40 ff.; *Meier/Pech* DStr 1995, 1195, 1196). Die Begründung eines **Zustimmungsvorbehalts** für bestimmte Arten von Geschäften (§ 111 Abs. 4 Satz 2 AktG) ist nach § 107 Abs. 3 Satz 2 AktG ebenfalls dem Plenum vorbehalten; die Geschäftsordnung kann aber vorsehen, dass der zuständige Ausschuss über die Erteilung einer Einzelzustimmung entscheidet (BGH, Urt. v. 27.05.1991 – II ZR 87/90, AG 1991, 398; OLG Hamburg, Urt. v. 29.09.1995 – 11 U 20/95, AG 1996, 84 f.).

15   Die **innere Ordnung** und **Arbeitsweise** des Ausschusses ist im Gesetz nicht geregelt. Anerkannt ist, dass beschließende Ausschüsse in entsprechender Anwendung von § 108 Abs. 2 Satz 3 AktG in Anwesenheit von wenigstens drei Mitgliedern beschließen müssen (BGH, Urt. v. 23.10.1975 – II ZR 90/73, Z 65, 190, 192). Auch die **Beschlussfassung** erfolgt wie im Plenum; sie kann nicht stillschweigend erfolgen (BGH, Urt. v. 19.12.1988 – II ZR 74/88, NJW 1989, 1928, 1929). Der Ausschuss muss nicht notwendig einen Vorsitzenden haben. Die Entscheidung, ob ein Vorsitzender und ggf. welche Person gewählt werden soll, liegt beim Plenum des Aufsichtsrats; die Satzung kann insoweit keine Festlegungen enthalten (MünchHdb GesR IV/*Hoffmann-Becking* § 32 Rn. 24). Über

die Sitzungen des Ausschusses ist entsprechend § 107 Abs. 2 AktG ein **Protokoll** anzufertigen. Nach Abs. 3 Satz 3 ist dem Plenum regelmäßig über die Arbeit der Ausschüsse zu berichten. Verfahrensbezogene Einzelregelungen dazu sieht das Gesetz nicht vor.

Für nach dem MitbestG 1976 **mitbestimmte Aufsichtsräte** schreibt § 27 Abs. 3 AktG zwingend den sog. **Vermittlungsausschuss** vor. Seine Aufgaben sind in §§ 31 Abs. 3 Satz 1 und Abs. 5 MitbestG festgelegt (näher in MünchHdb GesR IV/*Hoffmann-Becking* § 32 Rn. 10 ff.). 16

E. Geschäftsordnung des Aufsichtsrats

Die **Zulässigkeit** von Geschäftsordnungen des Aufsichtsrats wird in § 82 Abs. 2 AktG grundsätzlich anerkannt; ihr Inhalt wird vom Gesetz nicht näher geregelt und liegt deshalb in der Zuständigkeit des Gremiums zur Selbstorganisation. Die Satzung kann Einzelfragen der Geschäftsordnung regeln und geht dann der Geschäftsordnung vor (BGH, Urt. v. 05.06.1975 – II ZR 156/73, Z 64, 325, 327 f.); sie kann aber die Befugnis des Aufsichtsrats zur Selbstorganisation nicht durch eine umfassende Regelung außer Kraft setzen (MünchHdb GesR IV/*Hoffmann-Becking* § 31 Rn. 2). 17

Die **zeitliche Geltung** der Geschäftsordnung ist nicht auf die jeweilige Amtsperiode der Aufsichtsratsmitglieder begrenzt (OLG Hamburg, Urt. v. 23.07.1982 – 11 U 179/80, WM 1982, 1090, 1092; a. A. *Säcker* DB 1977, 2031, 2035 f.). Sie bleibt in Kraft, bis der Aufsichtsrat sie durch jederzeit zulässigen Beschluss ändert oder aufhebt (MünchHdb GesR IV/*Hoffmann-Becking* § 31 Rn. 5). Eine Bestätigung der vorliegenden Geschäftsordnung durch einen neu bestellten Aufsichtsrat ist nicht erforderlich (*Hüffer/Koch* AktG, § 107 Rn. 24). 18

§ 108 Beschlußfassung des Aufsichtsrats

(1) Der Aufsichtsrat entscheidet durch Beschluß.

(2) ¹Die Beschlußfähigkeit des Aufsichtsrats kann, soweit sie nicht gesetzlich geregelt ist, durch die Satzung bestimmt werden. ²Ist sie weder gesetzlich noch durch die Satzung geregelt, so ist der Aufsichtsrat nur beschlußfähig, wenn mindestens die Hälfte der Mitglieder, aus denen er nach Gesetz oder Satzung insgesamt zu bestehen hat, an der Beschlußfassung teilnimmt. ³In jedem Fall müssen mindestens drei Mitglieder an der Beschlußfassung teilnehmen. ⁴Der Beschlußfähigkeit steht nicht entgegen, daß dem Aufsichtsrat weniger Mitglieder als die durch Gesetz oder Satzung festgesetzte Zahl angehören, auch wenn das für seine Zusammensetzung maßgebende zahlenmäßige Verhältnis nicht gewahrt ist.

(3) ¹Abwesende Aufsichtsratsmitglieder können dadurch an der Beschlußfassung des Aufsichtsrats und seiner Ausschüsse teilnehmen, daß sie schriftliche Stimmabgaben überreichen lassen. ²Die schriftlichen Stimmabgaben können durch andere Aufsichtsratsmitglieder überreicht werden. ³Sie können auch durch Personen, die nicht dem Aufsichtsrat angehören, übergeben werden, wenn diese nach § 109 Abs. 3 zur Teilnahme an der Sitzung berechtigt sind.

(4) Schriftliche, fernmündliche oder andere vergleichbare Formen der Beschlussfassung des Aufsichtsrats und seiner Ausschüsse sind vorbehaltlich einer näheren Regelung durch die Satzung oder eine Geschäftsordnung des Aufsichtsrats nur zulässig, wenn kein Mitglied diesem Verfahren widerspricht.

Übersicht	Rdn.			Rdn.
A. Überblick	1	E.	Besondere Formen der Beschlussfassung, Abs. 4	8
B. Entscheidung durch Beschluss, Abs. 1	2	F.	Rechtsfolgen fehlerhafter Beschlüsse	10
C. Beschlussfähigkeit, Abs. 2	5			
D. Schriftliche Stimmabgabe, Abs. 3	7			

A. Überblick

1 Die Vorschrift regelt die Beschlussfassung durch den Aufsichtsrat. Der Aufsichtsrat entscheidet durch Beschluss (Abs. 1); seine Beschlussfähigkeit wird in Abs. 2 geregelt. Abwesende Mitglieder können durch schriftliche Stimmabgaben an der Beschlussfassung teilnehmen (Abs. 3) und Abs. 4 regelt den Einsatz moderner Fernkommunikationsmittel.

B. Entscheidung durch Beschluss, Abs. 1

2 Die Regelung in Abs. 1, dass der Aufsichtsrat durch Beschluss entscheidet, bedeutet nach allgemeiner Auffassung, dass eine **ausdrückliche Beschlussfassung** erforderlich ist. Stillschweigende oder konkludente Beschlüsse sind danach nicht möglich (BGH, Urt. v. 19.12.1988 – II ZR 74/88, NJW 1989, 1928, 1929). Zur Beschlussfassung in **geheimer Abstimmung** besteht keine gesetzliche Regelung; sie ist nach heute h. M. zulässig. Dem Gegenargument, das Abstimmungsverhalten der Person müsse wegen der persönlichen Verantwortung für die Amtsführung (§§ 93, 116 AktG) offengelegt werden (MünchHdb GesR IV/*Hoffmann-Becking* § 31 Rn. 49), wird zu Recht entgegengehalten, dass es für die Qualität der Entscheidungsfindung im Aufsichtsrat von vorrangiger Bedeutung ist, dass das Mitglied sein Abstimmungsverhalten nicht transparent machen müsse (*Peuss* DStR 1996, 1656; *Ulmer* AG 1982, 300, 301 ff.; *Happ* AktienR, 9.01 Rn. 17). Der Antrag auf geheime Abstimmung kann von jedem Mitglied des Aufsichtsrats gestellt werden (str.; wie hier *Peuss* DStR 1996, 1656 f.); über einen solchen Antrag bzw. von Amts wegen kraft seiner Leitungsbefugnis (vgl. Erl. zu § 107 AktG Rdn. 5) entscheidet der Vorsitzende nach pflichtgemäßem Ermessen unter Beachtung des Gesellschaftsinteresses. Im Wege eines Verfahrensantrags kann die Mehrheit des Aufsichtsrats geheime Abstimmung erzwingen (*Hüffer/Koch* AktG, § 108 Rn. 5a). Der Beschluss hat unter Umständen besonderen Bestimmtheitsanforderungen zu genügen; ein Beschluss des Aufsichtsrats, in welchem einem Aufsichtsratsmitglied nur Vollmacht zum Vertragsschluss mit dem Vorstandsmitglied zum Erwerb eines Gesellschaftsanteils erteilt wird, ist dann nicht wirksam, wenn der Umfang der Verpflichtung der Gesellschaft im Zeitpunkt der Vollmachtserteilung noch nicht feststand (OLG München, Urt. v. 19.12.2012 – 7 U 1711/12, NZG 2013, 97).

3 Zum **Zustandekommen des Beschlusses** finden sich – abgesehen vom Erfordernis der Beschlussfähigkeit (vgl. dazu Rdn. 5 ff.) – keine besonderen Regelungen. Anerkannt ist, dass über den Beschluss **auf Antrag abzustimmen ist** und dem Antrag stattgegeben ist, wenn er zumindest eine einfache Mehrheit gefunden hat (*Jürgenmeyer* ZGR 2007, 112 ff.). Beschlüsse werden grundsätzlich in Präsenzsitzungen gefasst (Hensler/Strohn/*Henssler*, Gesellschaftsrecht, § 108 AktG Rn. 4). Beschlussfassungen in Telefon- oder Videokonferenzen richten sich nach Abs. 4. Grundsätzlich genügt die **einfache Mehrheit** (Mehrheit der abgegebenen Stimmen). Die einfache Mehrheit ist erreicht, wenn mehr gültige Ja- als Nein-Stimmen abgegeben werden. Dabei werden Stimmenthaltungen nicht mitgezählt, sie gelten daher nicht als Nein-Stimmen (MünchHdb GesR IV/*Hoffmann-Becking* § 31 Rn. 55). Höhere Mehrheitserfordernisse in der Satzung werden grundsätzlich für zulässig erachtet, nicht aber für solche Entscheidungen, die der Aufsichtsrat kraft Gesetzes zu treffen hat; andernfalls bestünde die Gefahr, dass der Aufsichtsrat seine gesetzlich vorgesehenen Aufgaben nicht erfüllen kann (*Hüffer/Koch* AktG, § 108 Rn. 8; Spindler/Stilz/*Spindler* AktG § 108 Rn. 22). Insbesondere kann das Quorum für die Schaffung eines Zustimmungsvorbehalts nach § 111 Abs. 4 Satz 2 nicht verschärft werden, weil das Gesetzesrecht § 111 dem Aufsichtsrat die Vorbehaltskompetenz selbst einräumt. (§ 23 Abs. 5). Das AktG sieht in § 124 Abs. 3 Satz 4 für mitbestimmte Aufsichtsräte vor, dass Beschlüsse über Vorschläge des Aufsichtsrats zur Wahl von Aufsichtsratsmitgliedern durch die Hauptversammlung nur der Mehrheit der Stimmen der Aufsichtsratsmitglieder der Aktionäre bedürfen. Weitere **besondere gesetzliche Mehrheitserfordernisse** bestehen nach den einschlägigen Mitbestimmungsgesetzen: §§ 27 Abs. 1, 27 Abs. 2 und 3, 31 Abs. 2 bis 4, 32 MitbestG, §§ 8 Abs. 1, 13 Abs. 1 MontanMitbestG, § 5 Abs. 3 MontanMitbestErgG. Die **Satzung** kann regeln, dass der Vorsitzende des Aufsichtsrats oder sein Stellvertreter das Recht zum Stichentscheid bei Stimmengleichstand hat (allg. Ansicht; MünchHdb GesR IV/*Hoffmann-Becking* § 31 Rn. 57); in der Geschäftsordnung kann ein Stichentscheidrecht nicht vorgesehen werden (MünchHdb GesR

IV/*Hoffmann-Becking* § 31 Rn. 57; a. A. *Lutter/Krieger* Rechte und Pflichten des Aufsichtsrats, § 6 Rn. 249). Ein **Vetorecht** des Aufsichtsratsvorsitzenden kann weder in der Satzung noch in der Geschäftsordnung vorgesehen werden (allgemeine Ansicht).

Das **Stimmrecht** und der **Stimmrechtsausschluss** bei der Beschlussfassung unterliegen keiner spezifisch aktienrechtlichen Regelung. Jedes Aufsichtsratsmitglied hat deshalb das gleiche Stimmrecht; insbesondere gibt es kein allgemeines Stimmverbot wegen Interessenkollision (*Hoffmann-Becking* ZHR 150, 1986, 570, 580). Nach h. M. soll allerdings in Analogie zu §§ 34 BGB, 47 Abs. 4 GmbHG das Aufsichtsratsmitglied vom Stimmrecht in den Fällen des »Richtens in eigener Sache« ausgeschlossen sein (OLG Stuttgart, Beschl. v. 30.05.2007 – 20 U 14/06, NZG 2007, 549; BayObLG, Beschl. v. 28.03.2003 – 3Z BR 199/02, Z 2003, 89, 92; MünchHdb GesR IV/*Hoffmann-Becking* § 31 Rn. 59). Ein Stimmrechtsausschluss soll insbesondere bestehen, wenn die Beschlussfassung der Vornahme eines Rechtsgeschäfts mit dem Aufsichtsratsmitglied oder der Einleitung eines Rechtsstreits zwischen diesem und der Gesellschaft zum Gegenstand hat (BayObLG, Beschl. v. 19.12.2002 – 2Z 7/02, AG 2003, 427, 428). Der BGH hat einschränkend entschieden, dass ein Stimmrechtsverbot unter dem Gesichtspunkt des Richtens in eigener Sache nicht schon dann in Betracht kommt, wenn die infrage stehende Maßnahme zu einer gerichtlichen Überprüfung der Stimmrechtsausübung im Rahmen einer früheren Beschlussfassung führt (BGH, Beschl. v. 14.05.2013 – II ZB 1/11, NZG 2013, 792). Bei Akten der körperschaftlichen Willensbildung steht dem Aufsichtsratsmitglied das Stimmrecht zu. Es kann daher bei der organinternen Abstimmung über seine Wahl zum Aufsichtsratsvorsitzenden oder zum Ausschussmitglied mit abstimmen (MünchHdb GesR IV/*Hoffmann-Becking* § 31 Rn. 59), wie auch bei der Beschlussfassung über seine Bestellung zum Vorstandsmitglied (*Wilhelm* NJW 1983, 912, 915; a. A. *Ulmer* NJW 1982, 2288, 2293).

C. Beschlussfähigkeit, Abs. 2

Die Anforderungen an die Beschlussfähigkeit des Aufsichtsrats können nach Abs. 2 Satz 1 grundsätzlich durch die Satzung festgelegt werden. Die **Grenze der Satzungsautonomie** bilden gesetzliche Vorschriften. Sie finden sich in Abs. 2 Satz 3 und 4 sowie in den Regelungen des Mitbestimmungsrechts (§ 28 Satz 1 MitbestG, § 10 MontanMitbestG, § 11 MontanMitbestErgG; dazu MünchHdb GesR IV/*Hoffmann-Becking* § 31 Rn. 52). Nach Abs. 2 Satz 3 müssen jedenfalls mindestens drei Mitglieder an der Beschlussfassung teilnehmen; dies gilt nach h. M. auch bei einem dreiköpfigen Aufsichtsrat, bei dem eine Beschlussfähigkeit durch nur zwei Mitglieder nicht gegeben ist (BGH, Urt. v. 28.09.1998 – II ZB 16/98, NZG 1999, 68; a. A. Spindler/Silz/*Spindler* AktG § 108 Rn. 39). Die Teilnahme an der Beschlussfassung setzt eine Stimmabgabe voraus; dafür genügt die Stimmenthaltung, nicht aber die bloße Anwesenheit an der Sitzung. Das **Stimmverbot** zulasten eines Mitglieds des Aufsichtsrats führt nicht dazu, dass es bei der Feststellung der Beschlussfähigkeit nicht mitgezählt wird; vielmehr darf das betroffene Mitglied durch Stimmenthaltung an der Beschlussfassung teilnehmen (BGH, Urt. v. 02.04.2007 – II ZR 325/05, AG 2007, 484; vgl. a. *Bosse* NZG 2007, 271, 175; a. A. BayObLG, Beschl. v. 28.03.2003 – 3Z BR 199/02, Z 2003, 89, 92 ff.); ein dreiköpfiger Aufsichtsrat ist in dieser Situation als beschlussfähig. Da nach Abs. 2 Satz 4 der Beschlussfähigkeit nicht entgegensteht, dass der Aufsichtsrat nicht entsprechend seiner Sollstärke vollständig besetzt ist, kann die Satzung nicht vorschreiben, dass an der Beschlussfassung alle Mitglieder des Aufsichtsrats teilnehmen müssen. Wird in mitbestimmten Aufsichtsräten die Gruppenparität nicht gewahrt, steht dies der Beschlussfähigkeit ebenfalls nicht im Wege.

Wenn die Satzung keine zulässige abweichende Regelung enthält, ist der Aufsichtsrat nach Abs. 2 Satz 2 beschlussfähig, wenn mindestens die Hälfte seiner Mitglieder, aus denen er nach Gesetz oder Satzung insgesamt zu bestehen hat, an der Abstimmung teilnehmen (50 % der Sollstärke). Abwesende Mitglieder nehmen an der Abstimmung teil, wenn sie schriftlich abstimmen (vgl. dazu Rdn. 7). Hinsichtlich der **Stimmenthaltungen** gilt: Aufsichtsratsmitglieder, die sich der Stimme enthalten, nehmen ebenfalls an der Abstimmung teil (MünchHdb GesR IV/*Hoffmann-Becking* § 31 Rn. 51); demgegenüber werden Stimmenthaltungen bei der Feststellung der Mehrheiten nicht berücksichtigt (vgl. Erl. in Rdn. 3). Aufsichtsratsmitglieder, die vor der Abstimmung erklären, nicht an der Beschlussfassung teilzunehmen, sind bei der Feststellung der Beschlussfähigkeit nicht zu berücksichtigen (MünchHdb GesR IV/*Hoffmann-Becking* § 31 Rn. 51).

D. Schriftliche Stimmabgabe, Abs. 3

7 Abs. 3 erlaubt **abwesenden Mitgliedern** des Aufsichtsrats die Teilnahme an der Beschlussfassung dadurch, dass diese einen **Stimmboten** einschalten. Der Stimmbote muss die schriftliche Stimmabgabe überreichen, Abs. 3 Satz 1. Die Stimmboteneigenschaft steht grundsätzlich nur Aufsichtsratsmitgliedern zu, anderen Personen nur dann, wenn ihre Teilnahme an der Sitzung durch die Satzung zugelassen ist, Abs. 3 Satz 3. Stimmbotenschaft setzt weiter voraus, dass eine **vollständig ausgefüllte und unterschriebene Abstimmungserklärung** übergeben wird; eine Wahrnehmung des Stimmrechts durch den nach exakten Weisungen des Mitglieds handelnden Boten während der Sitzung selbst ist in Abs. 3 nicht zugelassen (*Hüffer/Koch* AktG, § 108 Rn. 14; a. A. MünchHdb GesR IV/*Hoffmann-Becking* § 31 Rn. 79). Abs. 3 Satz 1 fordert die Schriftform und damit die eigenhändige Namensunterschrift des Aufsichtsratsmitglieds. Die Regelung ist im Hinblick auf die nach Abs. 4 zugelassene Möglichkeit, moderne Fernkommunikationsmittel für die Abhaltung der Sitzung einzusetzen, weder zeitgemäß noch rechtssystematisch befriedigend; nach im Vordringen befindlicher Auffassung wird daher die Stimmabgabe durch moderne Fernkommunikationsmittel in entsprechender Anwendung von Abs. 4 für wirksam erachtet (*Hüffer/Koch* AktG, § 108 Rn. 15; *Hoffmann-Becking* FS Happ [2006], S. 81, 88 ff.); dies gilt insbesondere für Telefax und e-mail, wenn die Identität des Absenders gewährleistet ist (Spindler/Stilz/*Spindler*, § 108 Rn. 56).

E. Besondere Formen der Beschlussfassung, Abs. 4

8 Die im Jahr 2001 eingeführte Regelung des Abs. 4 betrifft die Beschlussfassung unter Verwendung **moderner Fernkommunikationsmittel**. Danach ist die Beschlussfassung mittels moderner Fernkommunikationsmittel, ohne dass eine herkömmliche Präsenzsitzung stattfindet, kraft Gesetzes grundsätzlich zulässig (vgl. *Miettinen/Villeda* AG 2007, 346, 349). Die Zulässigkeit ist nicht gegeben, wenn ein Aufsichtsratsmitglied diesem Verfahren widerspricht. Dieser **Widerspruch** wiederum ist unbeachtlich, die Beschlussfassung im Wege der Fernkommunikation also zulässig, wenn die Satzung oder die Geschäftsordnung die anstehende Beschlussfassung vorsieht (*Kindel* ZHR 166, 2002, 335, 338 ff.). Die Satzung oder die Geschäftsordnung können die Beschlussfassung ohne Präsenzsitzung des Aufsichtsrats aber auch einschränken oder ganz ausschließen. Sofern kein Mitglied widerspricht, ist nach h. M. auch eine **kombinierte Beschlussfassung** in einer Präsenzsitzung unter Einbeziehung von Stimmabgaben durch Mitglieder mittels Fernkommunikationsmittel zulässig (*Kindel* ZHR 166, 335, 342 ff.; zweifelnd *Hüffer/Koch* AktG, § 108 Rn. 16). Durch die Satzung oder die Geschäftsordnung kann auch die kombinierte Beschlussfassung zugelassen werden.

9 Die einsetzbaren Fernkommunikationsmittel sind in Abs. 4 nicht abschließend aufgezählt. Schriftliche oder fernmündliche (**Telefonkonferenz**) Beschlussfassung werden vom Gesetz ausdrücklich erwähnt. Zu den anderen vergleichbaren Formen gehört insbesondere die **Videokonferenz** oder die Zuschaltung einzelner Mitglieder auf elektronischem Wege (vgl. BT-Drucks. 14/4051, S. 12).

F. Rechtsfolgen fehlerhafter Beschlüsse

10 Beschlüsse, die unter einem Verfahrensmangel leiden oder ihrem Inhalt nach gegen das Gesetz oder die Satzung verstoßen, sind ungeachtet eines umstrittenen Meinungsstandes in der Literatur nach der höchstrichterlichen Rechtsprechung grundsätzlich **nichtig** (BGH, Urt. v. 10.10.2005 – II ZR 90/03, Z 164, 249, 252; Urt. v. 21.04.1997 – II ZR 175/95, Z 135, 244, 247). Die Nichtigkeit kann durch die **allgemeine Feststellungsklage** gegen die AG geltend gemacht werden; zu ihr sind die Mitglieder des Aufsichtsrats kraft ihrer Organstellung legitimiert, ohne dass ein spezifisches rechtliches Interesse an der Feststellung dargetan werden muss (BGH, Urt. v. 21.04.1997 – II ZR 175/95, Z 135, 244, 247 ff.). Die Rechtsprechung anerkennt ein Bedürfnis, in weniger schweren Fällen die Nichtigkeitsfolge zu vermeiden und will dabei eine sachgerechte Eingrenzung des erfor-

derlichen Rechtsschutzbedürfnisses vornehmen oder das Rechtsinstitut der Verwirkung einzelfallbezogen anwenden (BGH, Urt. v. 17.05.1993 – II ZR 89/92, Z 122, 342, 351; dazu *Bisle* GWR 2013, 200). Danach ergibt sich folgende Differenzierung: **Absolute Verfahrensmängel** mit der Folge der Nichtigkeit des Beschlusses liegen vor, wenn die Sitzung durch einen Nichtberechtigten einberufen wurde, die Beschlussfähigkeit gefehlt hat, die erforderlichen Mehrheiten nicht erreicht wurden, ein Mitglied zu Unrecht vom Stimmrecht ausgeschlossen wurde. **Keine Nichtigkeit** tritt ein, wenn zwar ein Verfahrensverstoß vorliegt, dieser aber weniger gravierend ist: unzulässige Sitzungsteilnahme Dritter, Verletzung der Einberufungsfrist. In vollem Umfang gültig ist ein Beschluss, wenn gegen weniger bedeutsame Ordnungsvorschriften verstoßen wurde, so z. B. in dem von § 107 Abs. 2 Satz 3 AktG ausdrücklich geregelten Fall der fehlenden Protokollierung.

§ 109 Teilnahme an Sitzungen des Aufsichtsrats und seiner Ausschüsse

(1) ¹An den Sitzungen des Aufsichtsrats und seiner Ausschüsse sollen Personen, die weder dem Aufsichtsrat noch dem Vorstand angehören, nicht teilnehmen. ²Sachverständige und Auskunftspersonen können zur Beratung über einzelne Gegenstände zugezogen werden.

(2) Aufsichtsratsmitglieder, die dem Ausschuß nicht angehören, können an den Ausschußsitzungen teilnehmen, wenn der Vorsitzende des Aufsichtsrats nichts anderes bestimmt.

(3) Die Satzung kann zulassen, daß an den Sitzungen des Aufsichtsrats und seiner Ausschüsse Personen, die dem Aufsichtsrat nicht angehören, an Stelle von verhinderten Aufsichtsratsmitgliedern teilnehmen können, wenn diese sie hierzu in Textform ermächtigt haben.

(4) Abweichende gesetzliche Vorschriften bleiben unberührt.

Die Vorschrift regelt das **Recht auf Teilnahme an den Sitzungen des Aufsichtsrats** und seiner Ausschüsse und begrenzt das Recht auf Teilnahme grundsätzlich auf die Organmitglieder. Damit soll ein Fremdeinfluss auf den Aufsichtsrat vermieden und ein Gleichlauf von Einfluss und Verantwortung gewährleistet werden (BGH, Beschl. v. 30.01.2012 – II ZB 20/11, NZG 2012, 347 Rn. 16). Die Norm ist abgesehen vom Satzungsvorbehalt in Abs. 3 und vorbehaltlich der Öffnung in Abs. 4 für abweichende gesetzliche Vorschriften **zwingend** (§ 23 Abs. 5 AktG). 1

Organmitglieder haben ein für die Dauer der Organstellung grundsätzlich **unentziehbares Teilnahmerecht**. Es kann allenfalls in besonderen Ausnahmesituationen entfallen, wenn eine schwerwiegende Beeinträchtigung von Gesellschaftsinteressen durch Beschluss des Aufsichtsrats festgestellt wird. Im Rahmen der Sitzungsleitungsaufgaben kann der Vorsitzende das Recht zur Teilnahme nur versagen, wenn eine Störung des ordnungsgemäßen Sitzungsverlaufs konkret zu befürchten ist und nicht auf andere Weise abgestellt werden kann (*Hüffer/Koch* AktG, § 109 Rn. 2). 2

Vorstandsmitglieder unterliegen dem Teilnahmeverbot nach Abs. 1 Satz 1 nicht, sie haben aber andererseits kein Recht auf Teilnahme an den Sitzungen des Aufsichtsrats und seiner Sitzungen. Die Satzung kann eine Teilnahmebefugnis des Vorstands bzw. seiner Mitglieder daher nur mit der Maßgabe schaffen, dass ihr Entzug durch Gremienbeschluss und durch sitzungsleitende Entscheidung des Vorsitzenden des Aufsichtsrats im Einzelfall möglich bleibt. Umgekehrt besteht eine grundsätzliche Teilnahmepflicht des Vorstands, wenn der Aufsichtsrat die Teilnahme verlangt (MünchHdb GesR IV/*Hoffmann-Becking* § 31 Rn. 44). 3

Sachverständige und Auskunftspersonen können nach entsprechender sitzungsleitender Entscheidung des Vorsitzenden des Aufsichtsrats bzw. des Ausschusses zu der Sitzung hinzugezogen werden. Abs. 1 Satz 2 ermöglicht dies aber nur zur Beratung über einzelne Gegenstände der Tagesordnung. Dem Plenum des Aufsichtsrats bleibt es vorbehalten, auf Antrag eines Mitglieds eine gegenteilige Mehrheitsentscheidung zu treffen (*Böttcher* NZG 2012, 809 ff.). Die Vorschrift ermöglicht die Teilnahme von Beratern und Sachverständigen für den Aufsichtsrat insgesamt, während individueller Berater des einzelnen Aufsichtsratsmitglieds unüblich und nach dem Sinn der Vorschrift, den Aufsichtsrat als Organ (neutral) zu beraten, problematisch wäre (*Hasselbach* NZG 2012, 41, 44). 4

Der als Sachverständige und Auskunftspersonen bezeichnete Personenkreis ist grundsätzlich weit zu verstehen, er schließt deshalb auch **Hilfspersonen und Dolmetscher** ein (MünchHdb GesR IV/*Hoffmann-Becking* § 31 Rn. 42); ebenso können im Einzelfall die Organmitglieder anderer Konzernunternehmen als Sachverständige oder Auskunftspersonen an der Sitzung teilnehmen (*U.H. Schneider* FS Konzen [2006], 881, 885 ff.). Eine regelmäßige Teilnahme von Beratern oder Gästen wird über den Sachverständigen- oder Auskunftspersonenstatus nicht gestattet, da diese Personen nach der gesetzlichen Regelung, die Aufsichtsratsmitglieder ohne Stimmrecht nicht kennt, nur von Fall zu Fall zu einzelnen Gegenständen hinzugezogen werden dürfen (BGH, Beschl. v. 30.01.2012 – II ZB 20/11, NZG 2012, 347 Rn. 16).

5 Die Teilnahme an Ausschusssitzungen ist das genuine Recht jedes Aufsichtsratsmitglieds. Ausschussfremde Mitglieder müssen, wenn sie dies nicht verlangen, nicht notwendig über die Termine und Gegenstände der Ausschusssitzungen informiert werden. Sie können vom Vorsitzenden des Aufsichtsrats gem. Abs. 2 Halbs. 2 von der Teilnahme an der Ausschusssitzung ausgeschlossen werden. Dafür ist nach allgemeiner Auffassung ein sachlicher Grund erforderlich (Henssler/Strohn/*Henssler*, § 109 AktG Rn. 9), über dessen Vorliegen der Vorsitzende des Aufsichtsrats nach pflichtgemäßem Ermessen zu entscheiden hat.

6 Die Vorschriften sind zwingendes Recht; die Satzung kann über die in Abs. 2 und Abs. 3 geregelten Fälle hinaus den Kreis der zu den Sitzungen des Aufsichtsrats zugelassenen Personen nicht erweitern (BGH, Beschl. v. 30.01.2012 – II ZB 20/11, NZG 2012, 347). Die Satzung kann zulassen, dass ein verhindertes Mitglied ein Nichtmitglied des Aufsichtsrats zur Teilnahme an der Sitzung an seiner Stelle ermächtigt (sog. **Sitzungsvertreter**). Vorausgesetzt ist nach Abs. 3 in seiner jetzt geltenden Fassung, dass die Satzung selbst die Teilnahme Dritter gestattet und die Ermächtigung in Textform vorliegt; der Textform können nach § 126b BGB unterschriftslose Erklärungen per E-Mail oder Telefax genügen. Ein eigenes Antrags- und Rederecht hat der Sitzungsvertreter nicht. Ebenso wenig hat er ein eigenes Stimmrecht; er kann aber die schriftliche Stimmabgabe des verhinderten Mitglieds überreichen.

7 **Sonstige Dritte** haben kein Teilnahmerecht, Abs. 1 Satz 1. Ihnen kann ein Teilnahmerecht auch durch die Satzung nicht zuerkannt werden. Zu den Folgen für die Beschlusswirksamkeit vgl. § 108 Rdn. 10.

8 Abs. 4 betrifft Sondervorschriften aufsichtsrechtlicher Art. Diese erlauben dem Abschlussprüfer die Teilnahme an der Bilanzsitzung des Aufsichtsrats (§ 171 Abs. 1 Satz 2) und Vertretern von Aufsichtsbehörden die Teilnahme an Aufsichtsratssitzungen (z. B. § 44 Abs. 1 Nr. 2 KWG).

§ 110 Einberufung des Aufsichtsrats

(1) ¹Jedes Aufsichtsratsmitglied oder der Vorstand kann unter Angabe des Zwecks und der Gründe verlangen, daß der Vorsitzende des Aufsichtsrats unverzüglich den Aufsichtsrat einberuft. ²Die Sitzung muß binnen zwei Wochen nach der Einberufung stattfinden.

(2) Wird dem Verlangen nicht entsprochen, so kann das Aufsichtsratsmitglied oder der Vorstand unter Mitteilung des Sachverhalts und der Angabe einer Tagesordnung selbst den Aufsichtsrat einberufen.

(3) ¹Der Aufsichtsrat muss zwei Sitzungen im Kalenderhalbjahr abhalten. ²In nichtbörsennotierten Gesellschaften kann der Aufsichtsrat beschließen, dass eine Sitzung im Kalenderhalbjahr abzuhalten ist.

Übersicht	Rdn.		Rdn.
A. Überblick	1	D. Einberufung durch Aufsichtsratsmitglieder oder Vorstand, Abs. 2	6
B. Einberufung durch den Aufsichtsratsvorsitzenden	2	E. Sitzungshäufigkeit, Abs. 3	8
C. Verlangen nach Einberufung	5		

A. Überblick

Die Vorschrift regelt Fragen der **Einberufung des Aufsichtsrats**. Sie erfolgt regelmäßig durch den Aufsichtsratsvorsitzenden. Das Recht, die Einberufung zu verlangen, steht jedem Mitglied des Aufsichtsrats oder dem Vorstand zu, Abs. 1 Satz 1. Die Ausführung der Einberufung hat durch den **Vorsitzenden des Aufsichtsrats** zu erfolgen. Unter den Voraussetzungen des Abs. 2 kann ausnahmsweise jedes Aufsichtsratsmitglied oder der Vorstand die Einberufung selbst vornehmen. Abs. 3 legt fest, wie häufig der Aufsichtsrat mindestens Sitzungen abzuhalten hat. Die **Satzung** kann die Anforderungen an die Einberufung nicht erschweren und die Mindesthäufigkeit der Sitzungen nicht herabsetzen, wohl aber häufigere Sitzungen und besondere Modalitäten der Einberufung festlegen (*Hüffer/Koch* AktG, § 110 Rn. 1).

B. Einberufung durch den Aufsichtsratsvorsitzenden

Der Gesetzgeber geht von der dem Abs. 1 zugrunde liegenden Prämisse aus, dass der Aufsichtsratsvorsitzende regelmäßig den Aufsichtsrat einberuft. Liegt ein Zweck und Gründe angebendes, **ordnungsgemäßes Einberufungsverlangen** vor, ist der Aufsichtsratsvorsitzende nach Abs. 1 Satz 1 verpflichtet, dem Verlangen zu entsprechen und die Sitzung einzuberufen. Nur in dem (seltenen und eng zu handhabenden) Ausnahmefall, dass sich das Einberufungsverlangen im Hinblick auf Zweck oder Gründe als rechtsmissbräuchlich herausstellt, besteht keine Pflicht zur Einberufung. Die Sitzung muss **unverzüglich** (§ 121 Abs. 1 Satz 1 BGB) einberufen werden. Der Zeitraum für die Durchführung der Sitzung beträgt nach Abs. 1 Satz 2 bis zu 2 Wochen nach der Einberufung. Ist der Vorsitzende vorübergehend verhindert, hat sein Stellvertreter die Sitzung einzuberufen (§ 107 Abs. 1 Satz 3 AktG).

Die **Modalitäten der Einberufung** sind vom Gesetz nur rudimentär geregelt. Der Vorsitzende hat die Sitzung im eigenen Namen einzuberufen; er handelt bei dieser rein innergesellschaftlichen Verfahrenshandlung (BGH, Urt. v. 30.03.1987 – II ZR 180/86, Z 100, 264, 267), für die die Regeln der Rechtsgeschäftslehre deshalb nicht gelten, nicht als Vertreter der AG. Mangels weiterer Regeln kann die Einberufung **formlos** erfolgen. Die **Ladungsfrist** muss innerhalb der 2-Wochen-Frist des Abs. 1 Satz 2 angemessen sein (*Hüffer/Koch* AktG, § 110 Rn. 3). Die Einberufung muss erkennen lassen, wer die Sitzung einberuft; sie muss die AG bezeichnen. **Tag, Tageszeit und Ort der Sitzung** sind mitzuteilen. Nach h. M. muss eine Benennung der Beschlussfassungsgegenstände (**Tagesordnung**) mit der Einberufung mitgeteilt werden (MünchHdb GesR IV/*Hoffmann-Becking* § 31 Rn. 35; a. A. *Hüffer/Koch* AktG, § 110 Rn. 4). Die Mitteilung von **konkreten Beschlussvorschlägen** ist keine Voraussetzung für die Ordnungsgemäßheit der Einberufung (*Baums* ZGR 1983, 300, 316); sie sind aber rechtzeitig vor der Sitzung mitzuteilen, auch damit von der Möglichkeit der schriftlichen Stimmabgabe (vgl. § 108 Abs. 3 AktG) Gebrauch gemacht werden kann (MünchHdb GesR IV/*Hoffmann-Becking* § 31 Rn. 36). Bei der **Rechtzeitigkeit** der Ladung kommt es – wie bei der Einladung zur Gesellschafterversammlung der GmbH – nicht auf den tatsächlichen Zugang beim Adressaten, sondern darauf an, wann der Zugang der Einberufungsmitteilung unter normalen Umständen zu erwarten ist (BGH, Urt. v. 30.03.1987 – II ZR 180/86, Z 100, 264, 267 f.). Mängel der Einberufung führen zur Nichtigkeit der gefassten Beschlüsse, wenn der Mangel innerhalb angemessener Frist gerügt wird (Henssler/Strohn/*Henssler*, § 110 Rn. 13).

Satzung und Geschäftsordnung können die Modalitäten der Einberufung festlegen. Zulässig sind Regelungen zur Form der Einberufung und zur Einberufungsfrist, wobei eine Bindung an die 2-Wochen-Frist des Abs. 1 Satz 2 nur in den Fällen eines ordnungsgemäßen Einberufungsverlangens besteht (*Hüffer/Koch* AktG § 110 Rn. 3).

C. Verlangen nach Einberufung

Das Recht, die Einberufung des Aufsichtsrats zu verlangen, steht **jedem einzelnen Mitglied des Aufsichtsrats** zu. Dasselbe Recht hat der **Vorstand als Organ** der AG. Ein Einberufungsverlangen von Vorstandsmitgliedern in vertretungsberechtigter Zahl genügt deshalb nicht den Anforderungen des Abs. 1 Satz 1. Nach derselben Vorschrift sind für ein ordnungsgemäßes Einberufungsverlangen der Zweck und die **Gründe des Verlangens** anzugeben. Eine hinreichende Zweckangabe erfolgt durch die Benennung von Sitzungsgegenständen. Der Entwurf einer Tagesordnung muss nicht, er kann aber vorgelegt werden. Die erforderliche Angabe der Gründe verlangt Darlegungen zur Notwendigkeit und zum Zeitpunkt der Sitzung. Das Einberufungsverlangen kann formlos gestellt werden. Es ist an den Vorsitzenden des Aufsichtsrats zu richten.

D. Einberufung durch Aufsichtsratsmitglieder oder Vorstand, Abs. 2

6   Nach Maßgabe von Abs. 2 steht jedem einzelnen Aufsichtsratsmitglied das Recht zu, selbst den Aufsichtsrat einzuberufen. Das **Selbsthilferecht** soll der Schwächung der Rechtsstellung der Aufsichtsratsmitglieder entgegenwirken (BT-Drucks. 14/8769, S. 16). Voraussetzung ist, dass das Einberufungsverlangen **vergeblich gestellt** wurde. Das Verlangen ist dann vergeblich, wenn die Sitzung entweder nicht oder zu einem anderen als in dem Verlangen benannten Zweck einberufen wurde. Eine vom Petenten gesetzte Frist ist abzuwarten (BGH, Urt. v. 07.02.1983 – II ZR 14/82, Z 87, 1, 3 – zur Einberufung der GmbH-Gesellschafterversammlung). Ferner setzt Abs. 2 die **Identität des Petenten und des Einberufenden** voraus; die Vergeblichkeit des Einberufungsverlangens eines anderen Aufsichtsratsmitglieds kann sich der Einberufende nicht zu eigen machen. Die Einberufung muss überdies den Sachverhalt mitteilen, also insbesondere die Vergeblichkeit des Einberufungsverlangens, den Inhalt und den Zugang des Einberufungsverlangens sowie die Untätigkeit des Vorsitzenden enthalten. Mit der Einberufung ist nach Abs. 2 die **Tagesordnung** anzugeben.

7   Dem **Vorstand** steht das nämliche Selbsthilferecht zu. Es handelt sich dabei um eine **Organbefugnis**, die von den Vorstandsmitgliedern auch in vertretungsberechtigter Zahl allein nicht ausgeübt werden kann. Die Modalitäten der Einberufung entsprechen denen des Aufsichtsratsmitglieds.

E. Sitzungshäufigkeit, Abs. 3

8   Abs. 3 regelt die Häufigkeit der Sitzungen im Kalenderhalbjahr. Die Regelung ist für börsennotierte Gesellschaften zwingend (§ 23 Abs. 5 AktG), bei nichtbörsennotierten Gesellschaften kann der Aufsichtsrat den Beschluss fassen, nur eine Sitzung im Kalenderhalbjahr abzuhalten. Auf welche Weise die Sitzungen abzuhalten sind, schreibt Abs. 3 nicht vor. Neben **Präsenzsitzungen** sind somit auch **Telefonkonferenzen** oder **Videokonferenzen** zulässig. Die Vorschrift des § 108 Abs. 4 AktG bleibt jedoch von diesen Möglichkeiten unberührt; der Widerspruch eines Aufsichtsratsmitglieds steht deshalb etwa einer Telefonkonferenz entgegen, wenn nicht die Satzung oder die Geschäftsordnung das Abhalten der Konferenz ohne Präsenzsitzung regelt (vgl. Erl. zu § 108 AktG Rdn. 8 f.). Die Nichtbeachtung des vorgeschriebenen Sitzungsturnus bedeutet eine Pflichtverletzung des Vorsitzenden, ist aber abgesehen von der Anfechtbarkeit eines Entlastungsbeschlusses nicht spezifisch sanktioniert (vgl. MüKo AktG/*Habersack*, § 110 Rn. 43).

§ 111 Aufgaben und Rechte des Aufsichtsrats

(1) Der Aufsichtsrat hat die Geschäftsführung zu überwachen.

(2) [1]Der Aufsichtsrat kann die Bücher und Schriften der Gesellschaft sowie die Vermögensgegenstände, namentlich die Gesellschaftskasse und die Bestände an Wertpapieren und Waren, einsehen und prüfen. [2]Er kann damit auch einzelne Mitglieder oder für bestimmte Aufgaben besondere Sachverständige beauftragen. [3]Er erteilt dem Abschlußprüfer den Prüfungsauftrag für den Jahres- und den Konzernabschluß gemäß § 290 des Handelsgesetzbuchs.

(3) [1]Der Aufsichtsrat hat eine Hauptversammlung einzuberufen, wenn das Wohl der Gesellschaft es fordert. [2]Für den Beschluß genügt die einfache Mehrheit.

(4) [1]Maßnahmen der Geschäftsführung können dem Aufsichtsrat nicht übertragen werden. [2]Die Satzung oder der Aufsichtsrat hat jedoch zu bestimmen, daß bestimmte Arten von Geschäften nur mit seiner Zustimmung vorgenommen werden dürfen. [3]Verweigert der Aufsichtsrat seine

Zustimmung, so kann der Vorstand verlangen, daß die Hauptversammlung über die Zustimmung beschließt. ⁴Der Beschluß, durch den die Hauptversammlung zustimmt, bedarf einer Mehrheit, die mindestens drei Viertel der abgegebenen Stimmen umfaßt. ⁵Die Satzung kann weder eine andere Mehrheit noch weitere Erfordernisse bestimmen.

(5) Die Aufsichtsratsmitglieder können ihre Aufgaben nicht durch andere wahrnehmen lassen.

Übersicht

		Rdn.				Rdn.
A.	Regelungszweck	1	III.	Gegenstand der Überwachung		5
B.	Die Überwachungsaufgabe des Aufsichtsrats, Abs. 1	2	IV.	Inhalt der Überwachungspflicht		8
I.	Die Überwachungsaufgabe als charakteristischer Teil der Gesamtaufgaben und -befugnisse	2	C.	Befugnisse des Aufsichtsrats, Abs. 2		11
			D.	Einberufung der Hauptversammlung, Abs. 3		13
			E.	Zustimmungsvorbehalte, Abs. 4		15
II.	Überwachung als Aufgabe des Organs	4	F.	Delegationsverbot, Abs. 5		19

A. Regelungszweck

Die Vorschrift enthält Regelungen zu den **Aufgaben des Aufsichtsrats** und den ihm dabei zur Verfügung stehenden Rechten. § 111 AktG stellt die nach der organisationsrechtlichen Konzeption der AG **zentrale Überwachungsaufgabe des Aufsichtsrats** in den Vordergrund mit der Folge, dass sonstige Aufgaben des Aufsichtsrats verstreut in anderen Vorschriften des AktG geregelt werden. Mit der Hervorhebung der Überwachungsaufgabe grenzt der Gesetzgeber die Aufgaben und die Funktion des Aufsichtsrats vor allem von den Aufgaben und der Funktion der anderen Organe der AG ab. Insofern hat die Vorschrift einen fundamentalen, durch die Satzung nicht abänderbaren, **zwingenden Inhalt** (§ 23 Abs. 5 AktG). 1

B. Die Überwachungsaufgabe des Aufsichtsrats, Abs. 1

I. Die Überwachungsaufgabe als charakteristischer Teil der Gesamtaufgaben und -befugnisse

Die Überwachungsaufgabe des Aufsichtsrats kennzeichnet nur einen Teil der dem Aufsichtsrat insgesamt obliegenden Aufgaben und Befugnisse, die sich verstreut **in verschiedenen Vorschriften** finden. Zu diesen gehören: der Erlass einer Geschäftsordnung für den Vorstand, § 77 Abs. 2 Satz 1 AktG; die Bestellung und Abberufung des Vorstands sowie der Abschluss und die Beendigung der Anstellungsverträge, § 84 AktG; die Entgegennahme und Anforderung von Vorstandsberichten, § 90 AktG; die Vertretung der AG gegenüber Vorstandsmitgliedern, § 112 AktG; die Teilnahme an der Hauptversammlung, § 118 AktG; die Prüfung von Jahresabschluss, Lagebericht und Gewinnverwendungsvorschlag (ggf. auch den Konzernabschluss und den Konzernlagebericht), § 171 AktG; die Mitwirkung bei der Feststellung des Jahresabschlusses, § 172 AktG; die Änderung der Satzungsfassung, § 179 Abs. 1 Satz 2 AktG; die Mitwirkung bei der Nutzung genehmigten Kapitals und die Festlegung der Bedingungen einer Aktienausgabe und des Bezugsrechtsausschlusses bei genehmigtem Kapital, §§ 202 Abs. 3 Satz 2, 204 Abs. 1 Satz 2 AktG; die Anfechtung von Hauptversammlungsbeschlüssen, § 245 Nr. 5 AktG; die Prüfung des Abhängigkeitsberichts, § 314 Abs. 2 AktG. 2

Die Überwachungsaufgabe des Aufsichtsrats ist die für die **duale Verfassung der Verwaltung der AG** nach dem deutschen AktG **charakteristische Aufgabe und Befugnis**. Der Vorstand führt die Geschäfte und leitet die Gesellschaft unter eigener Verantwortung, § 76 Abs. 1 AktG. Der Aufsichtsrat überwacht die Führung der Geschäfte durch den Vorstand; er hat selbst keine Geschäftsführungsbefugnis. Dementsprechend hat der Aufsichtsrat selbst dann, wenn er aufgrund von Zustimmungsvorbehalten nach § 111 Abs. 4 Satz 2 AktG an bestimmten Geschäften mitwirkt, kein Initiativrecht und keine Weisungsbefugnis gegenüber dem Vorstand (vgl. Erl in Rdn. 9). 3

II. Überwachung als Aufgabe des Organs

4 Abs. 1 verpflichtet den Aufsichtsrat **als Organ** der Gesellschaft. Damit ist gesagt, dass eine Gesamtverantwortung des Organs für die ordnungsgemäße Durchführung der Überwachungsaufgabe besteht, die sich in der haftungsrechtlichen Verantwortung sämtlicher Mitglieder des Aufsichtsrats nach § 116 AktG niederschlägt (vgl. Erl. zu § 116 AktG). Sie ist Bestandteil und zentraler Ausdruck der aus der allgemeinen Legalitätspflicht abgeleiteten Compliance-Verantwortung (*Habersack* AG 2014, 1 ff.; zur Legalitätspflicht vgl. *Bicker* AG 2014, 8 ff.). Zugleich besagt die Ausweisung der Überwachungsaufgabe als Organaufgabe, dass eine **Delegation der Aufgaben nicht möglich** ist. Damit ist zwar die Einschaltung von Ausschüssen oder einzelner Mitglieder bzw. die Hinzuziehung von Dritten nicht grundsätzlich ausgeschlossen (vgl. Rdn. 11); solche Maßnahmen ändern aber nichts an der Gesamtverantwortung des Organs und der haftungsrechtlichen Verantwortung jedes einzelnen Mitglieds. Dem Aufsichtsratsplenum obliegt jedenfalls eine Pflicht zur Überprüfung der Hilfstätigkeit von einzelnen Aufsichtsratsmitgliedern, Ausschüssen oder Dritten bei der gebotenen Überwachungstätigkeit.

III. Gegenstand der Überwachung

5 Der Aufsichtsrat hat nach Abs. 1 die »Geschäftsführung« zu überwachen. Der Rechtsbegriff der Geschäftsführung in § 111 AktG ist nicht identisch mit dem des § 77 AktG (vgl. § 77 AktG Rdn. 2). Die Regelung ist – anders als ihre Vorläuferbestimmungen – nicht so angelegt, dass die Maßnahmen der Geschäftsführung im Einzelnen zu verfolgen sind und die gesamte Geschäftsführung in allen Einzelheiten zu überwachen ist (MünchHdb GesR IV/*Hoffmann-Becking* § 29 Rn. 23). Die Überwachung bezieht sich vielmehr auf die **Leitungsmaßnahmen des Vorstands**. Insofern besteht eine Übereinstimmung des Geschäftsführungsbegriffs in § 111 AktG mit dem der Leitung in § 76 AktG (vgl. zu Begriff und Umfang der Leitung § 76 AktG Rdn. 13 ff.); zur Konkretisierung des durch den Begriff der Leitungsmaßnahme beschriebenen Gegenstands der Überwachungsaufgabe des Aufsichtsrats wird überdies auf die Themen, über die der Vorstand nach § 90 Abs. 1 AktG dem Aufsichtsrat zu berichten hat, zurückgegriffen (*Henze* NJW 1998, 613 ff.; *ders.* BB 2005, 165; MünchHdb GesR IV/*Hoffmann-Becking* § 29 Rn. 23; *Hüffer/Koch* AktG, § 111 Rn. 3). Die Tätigkeit kann sich somit regelmäßig auf die wesentlichen Maßnahmen der Geschäftsführung konzentrieren (OLG Stuttgart, Urt. v. 19.06.2012 – 20 W 1/12, AG 2012, 762, 763). Die Kontrolle bezieht sich nicht nur auf abgeschlossene Sachverhalte, sondern hat auch die berichtspflichtigen (vgl. § 90 Abs. 1 Nr. 1 AktG) grundsätzlichen Fragen der künftigen Geschäftspolitik einzubeziehen (BGHZ 114, 127, 129 f.). Im Sinne des seit dieser Rechtsprechung geltenden Verständnisses effektiver Corporate Governance (vgl. *Säcker* BB 2004, 1462; *Schwintowski* NZG 2005, 200; *v. Werder/Talaulicar* DB 2005, 841), das durch das TransPuG in den pflichtgemäß einzuführenden Zustimmungsvorbehalten nach § 111 Abs. 4 Satz 2 AktG gesetzlichen Ausdruck erlangt hat (vgl. Rdn. 15), beschränkt sich die Tätigkeit des Aufsichtsrats nicht (mehr) auf eine vergangenheitsbezogene Analyse der Vorstandsarbeit, sondern umfasst auch eine beratende Beteiligung an der strategischen Unternehmensplanung durch den Vorstand; der Aufsichtsrat hat seine Kontrollaufgaben durch enge Fühlungnahme und gemeinsame Beratung mit dem Vorstand, durch »ständige Diskussion mit dem Vorstand und insofern durch dessen laufende Beratung« (BGH, Urt. v. 25.03.1991 - II ZR 188/89, Z 114, 127, 130) wahrzunehmen. Dabei ist eine risikoorientierte Prüfung vorzunehmen, die eine effektive Organisation und Arbeitsweise erfordert. Gegenstand der Kontrolltätigkeit des Aufsichtsrats ist insbesondere ein vorhandenes Risikomanagementsystem des Vorstands. Die Tätigkeit im Aufsichtsrat selbst erfordert allerdings in der Regel ein geordnetes Überwachungs- und strukturiertes Haftungsmanagementsystem (zu den dabei sich entwickelnden Grundsätzen vgl. *Freidank/Dürr/Sassen* BB 2013, 2283; *Bihr/Philippsen* DStR 2011, 1133).

6 Zum Gegenstand der Überwachung gehören nur Maßnahmen der Geschäftsführung. Da diese in der AG in den Händen des Vorstands liegt, ist gefolgert worden, dass **Führungsmaßnahmen leitender Angestellter** auf nachgeordneten Ebenen nicht der Überwachung des Aufsichtsrats unterliegen (MünchHdb GesR IV/*Hoffmann-Becking* § 29 Rn. 24). Allerdings wird in § 111 AktG nicht

explizit angeführt, dass die zu überwachende Geschäftsführungsmaßnahme vom Vorstand ergriffen worden sein muss; nach Sinn und Zweck des § 111 AktG, wesentliche Leitungsentscheidungen im Unternehmen der Kontrolle durch den Aufsichtsrat zu unterwerfen, sind vielmehr Leitungsentscheidungen auf nachgeordneten Ebenen des Unternehmens in den Kreis der überwachungspflichtigen Geschäftsführungsmaßnahmen einzubeziehen (BGH, Urt. v. 12.07.1979 – III ZR 154/77, Z 75, 120, 133; *Hüffer/Koch* AktG, § 111 Rn. 3). Dass es dabei zu Überschneidungen mit der Compliance-Verantwortung des Vorstands kommen kann, entbindet den Aufsichtsrat nicht von seiner eigenen Verantwortung auf Fehlverhalten des Vorstands durch Personalmaßnahmen, die Geltendmachung von Ersatzansprüchen oder durch Einführung von Zustimmungsvorbehalten zu reagieren (*Habersack* AG 2014, 1, 5). Bei Verdacht einer Sorgfaltspflichtverletzung des Vorstands hat der Aufsichtsrat seiner Compliance-Verantwortung nachzukommen und nach den Grundsätzen der *ARAG/Garmenbeck*-Entscheidung eine zweistufige Prüfung von Ersatzansprüchen vorzunehmen; diese umfasst auf der ersten Stufe die Feststellung des maßgeblichen Sachverhalts, eine Analyse des Prozessrisikos und der Beitreibbarkeit der Forderungen, auf der zweiten Stufe die Frage, ob wegen gewichtiger Belange der Gesellschaft von einer Verfolgung des Anspruchs abzusehen ist (BGH, Urt. v. 21.04.1997 – II ZR 175/95, Z 244, 254; dazu näher *Eichner/Höller* AG 2011, 885). Andernfalls würde der Kreis der überwachungspflichtigen Geschäfte von der Unternehmensorganisation abhängen, sodass bei spartengeführten Unternehmen die jeweiligen Spartenleiter vom Aufsichtsrat unkontrollierte wesentliche Führungsentscheidungen treffen würden, wenn sie nicht dem Vorstand angehören. Mit dem vom Gesetzgeber des KonTraG vom 27.04.1998 (BGBl. I, 786) und des TransPuG vom 19.07.2002 (BGBl. I, 2681) verfolgten Anliegen einer Verbesserung der Überwachungstätigkeit des Aufsichtsrats harmoniert diese Auslegung des Geschäftsführungsbegriffs besser als eine restriktive Interpretation. Aus § 107 Abs. 3 Satz 2 folgt die Pflicht, ein im Unternehmen eingeführtes Risikomanagementsystem zu überwachen, also dessen Wirksamkeit zu kontrollieren. Dagegen kennt das AktG keinen Rechtssatz, der eine Pflicht des Aufsichtsrats, die Einführung eines Risikomanagementsystems (RMS) durch den Vorstand einzufordern, begründet. Das gilt auch für ein System, mit dem der Aufsichtsrat seine Beratungs- und Überwachungsaufgaben gewissenhaft organisiert; über den Aufbau und Einsatz eines Haftungsmanagementsystems (HMS) kann die persönliche Inanspruchnahme des Aufsichtsrats sowie das Entstehen von Reputationsschäden für die einzelnen Mitglieder und die Gesellschaft insgesamt eingeschränkt bzw. vermieden werden (vgl. dazu *Freidank/Dürr/Sassen* BB 2013, 2283).

Handelt es sich bei dem Aufsichtsrat der AG um das Organ einer Konzernobergesellschaft, gehören zu dem Gegenstand der Überwachung dieses Aufsichtsrats auch die **Konzernleitungsmaßnahmen** des Vorstands; diese sind Teil der Geschäftsführung des Vorstands der Konzernobergesellschaft (vgl. § 76 AktG Rdn. 29 ff.). Dementsprechend hat der Aufsichtsrat des herrschenden Unternehmens auch den Konzernabschluss und den Konzernlagebericht zu prüfen, § 171 Abs. 1 Satz 1 AktG. Eine weitere Frage ist, ob der Aufsichtsrat seine Überwachungstätigkeit konzernspezifisch auszurichten, nämlich am Konzerninteresse zu orientieren hat. Sie hängt wesentlich mit der Frage zusammen, ob es einen entsprechenden Gegenstand der Überwachung gibt, ob also den Vorstand eine **konzerndimensionale Leitungspflicht** trifft. Nach h. M. trifft den Vorstand eine solche Pflicht, auch Tochtergesellschaften eigenverantwortlich zu leiten, nicht (vgl. Erl. zu § 76 AktG Rdn. 29 ff.). Deswegen entspricht es konsequenter Auffassung, dass den Aufsichtsrat der Konzernobergesellschaft weder die Pflicht trifft, die geschäftsführenden Organe der Konzerngesellschaften zu überwachen, noch die Pflicht, seine Überwachungstätigkeit an einem zu definierenden spezifischen Konzerninteresse auszurichten. Da andererseits die nachgeordneten Unternehmen zum Vermögen der Obergesellschaft gehören, hat der Aufsichtsrat jedenfalls aus diesem Grund die konzernleitenden Einflussnahmen des Vorstands und auch unterlassene Leitungsmaßnahmen in seine Überwachungstätigkeit einzubeziehen (vgl. *Habersack* AG 2014, 1, 3; *Hoffmann-Becking* ZHR 1995, 325, 331 ff.; *Hommelhoff* ZGR 1996, 144, 150; *Kropff* FS Claussen 1997, 659 ff.; *Lutter* AG 2006, 517; *Schneider* FS Kropff 1997, 271 ff.).

IV. Inhalt der Überwachungspflicht

8 Die Überwachung ist nicht auf eine reine **Rechtmäßigkeitskontrolle** beschränkt, sie umfasst auch die **Zweckmäßigkeit** und die **Wirtschaftlichkeit** der Leitungsentscheidungen des Vorstands (BGH, Urt. v. 25.03.1991 – II ZR 188/89, Z 114, 127, 129 f.). Dabei bezieht sich die Überwachung **nicht nur auf abgeschlossene Vorgänge**, sondern beinhaltet auch eine **zukunftsgerichtete präventive Perspektive**. Die Beratung des Vorstands und mit dem Vorstand ist wesentlicher Inhalt der Überwachungsaufgabe des Aufsichtsrats; sie ist das »vorrangige Mittel« (BGHZ 114, 127, 130) der in die Zukunft gerichteten Kontrolle des Aufsichtsrats (*Henze* BB 2005, 165; MünchHdb GesR IV/*Hoffmann-Becking* § 29 Rn. 32). Weniger in der vergangenheitsbezogenen Überwachungsaufgabe, wohl aber in der zukunftsgerichteten Beratungs- und Planungsdimension (wie insbesondere bei den Zustimmungsvorbehalten nach Abs. 4; BGH, Urt. v. 21.04.1997 – II ZR 175/95, Z 135, 244, 255) kommt der Aufsichtsratstätigkeit eine unternehmerische Funktion zu, die haftungsrechtlich in den Anwendungsbereich der sog. business judgement rule der §§ 116, 93 Abs. 1 Satz 2 AktG fällt (*Hüffer* NZG 2007, 47, 48).

9 Die **Intensität der Überwachung** ist abhängig von der Lage der Gesellschaft. Bei normalem Geschäftsverlauf kann sich der Aufsichtsrat regelmäßig darauf beschränken, die Vorstandsberichte zu prüfen, erforderlichenfalls ergänzende Berichte anzufordern und im kritischen Dialog mit dem Vorstand sich von der Rechtmäßigkeit, Zweckmäßigkeit und Wirtschaftlichkeit der Leitungsmaßnahmen zu überzeugen. Bei angespannter oder gar krisenhaft zugespitzter Lage des Unternehmens hat der Aufsichtsrat seine Überwachungstätigkeit quantitativ und qualitativ zu verstärken (BGH, Urt. v. 02.04.2007 – II ZR 325/05, WM 2007, 1025 Rn. 34; OLG Stuttgart, Urt. v. 19.06.2012 – 20 W 1/12, AG 2012, 762, 764). Es bleibt auch in dieser Situation dabei, dass dem Aufsichtsrat kein Initiativrecht in Bezug auf Leitungsmaßnahmen zusteht; über seine Personalkompetenz kann und muss er indes mittelbar Einfluss auf die Vorstandstätigkeit ausüben; ggf. hat er Vorstandsmitglieder, die in der Situation des Unternehmens nicht angemessen agieren und reagieren, aus dem Amt zu entfernen (*Hüffer/Koch* AktG, § 111 Rn. 7). Geht der Vorstand erhebliche Risiken ein, muss sich der Aufsichtsrat kundig machen und deren Ausmaß unabhängig vom Vorstand selbstständig abschätzen (BGH, Beschl. v. 06.11.2012 – II ZR 111/12, NZG 2013, 339). Unter den Bedingungen einer allgemeinen Wirtschafts- und Finanzkrise sowie erst recht in der Krise des Unternehmens bestehen besondere Überwachungspflichten (OLG Stuttgart, Urt. v. 19.06.2012 – 20 W 1/12, AG 2012, 762, 764); die Überwachung des Vorstands durch den Aufsichtsrat hat an Intensität zuzunehmen (*Hasselbach* NZG 2012, 41 ff.). Erhöhte Sorgfaltsanforderungen bestehen bei zustimmungsbedürftigen Geschäften (*Grooterhorst* NZG 2011, 921, 923). Der Aufsichtsrat hat, obwohl er nicht selbst verpflichtet ist, einen Insolvenzantrag zu stellen, auf die Einhaltung des insolvenzrechtlichen Zahlungsverbots hinwirken, §§ 116, 92 Abs. 2 Satz 1 (BGH, Urt. v. 16.03.2009 – II ZR 280/07, NZG 2009, 550 Rn. 15); regelwidrige Zahlung, die zu einer Minderung der den Insolvenzgläubigern zur Verfügung stehenden Insolvenzmasse führen, hat er wegen der Gleichstellung des Schadens der Gesellschaft mit Drittschäden in § 93 Abs. 3 Nr. 6 zu ersetzen (BGH, Urt. v. 20.09.2010 – II ZR 78/09, AG 2010, 785 Tz. 15; dazu *Schürnbrand* NZG 2010, 1207; *Thiessen* ZGR 2011, 275).

10 Gegen rechtswidrige, zweckwidrige oder unwirtschaftliche Maßnahmen muss der Aufsichtsrat vorgehen: Ihm steht dabei **kein eigenes Klagerecht** gegen den Vorstand zur Verhinderung einer Maßnahme zu (*Hüffer/Koch* AktG § 111 Rn. 4; offen gelassen BGH, Urt. v. 28.11.1988 – II ZR 57/88, Z 106, 54, 60 ff.); ebenso wenig kann ein einzelnes Aufsichtsratsmitglied gegen den Vorstand klageweise vorgehen (BGH, Urt. v. 28.11.1988 – II ZR 57/88, Z 106, 54, 62 ff.; OLG Stuttgart, Urt. v. 30.05.2007 – 20 U 14/06, NZG 2007, 549). Der Aufsichtsrat hat aber Bedenken in der laufenden Diskussion mit dem Vorstand vorzubringen. Der Aufsichtsrat hat insbesondere Ersatzansprüche gegen Vorstandsmitglieder zu prüfen und eine **eigene Entscheidung über die gerichtliche Geltendmachung von Ersatzansprüchen** gegenüber dem Vorstand zu treffen (BGH, Urt. v. 21.04.1997 – II ZR 175/95, Z 135, 244, 252 – ARAG/Garmenbeck; vgl. *Henze* NJW 1998, 3309; *ders.* BB 2005, 165). Nach der Regelung des § 147 Abs. 1 hat der Aufsichtsrat erst, wenn die Hauptversammlung beschließt, den Schadenersatzanspruch zu verfolgen, diesen Beschluss umzusetzen

und die erforderlichen Maßnahmen zur Durchsetzung der Ansprüche zu ergreifen (BGH, Urt. v. 21.04.1997 – II ZR 175/95, Z 135, 244, 252 f. – ARAG/Garmenbeck). Insofern muss sich der Aufsichtsrat zunächst ein Urteil über den Bestand und die Durchsetzbarkeit von Ersatzansprüchen bilden; insoweit hat der Aufsichtsrat zwar die dem Vorstand zustehenden Handlungsspielräume sowie die nach der business judgement rule bestehenden Ermessensspielräume des Vorstands (vgl. dazu § 76 AktG Rdn. 17 ff.) zu berücksichtigen, eine eigene, gerichtlich nicht nachprüfbare **Entscheidungsprärogative** bzw. ein Beurteilungsspielraum steht dem Aufsichtsrat aber bei der Beurteilung über den Bestand und die Durchsetzbarkeit von Ersatzansprüchen nicht zur Verfügung (BGH, Urt. v. 21.04.1997 – II ZR 175/95, Z 135, 244, 254 – ARAG/Garmenbeck; a. A. GroßkommAktG/*Hopt/Roth* § 111 Rn. 360 ff.). Somit gehört es zu den allein am Unternehmensinteresse orientierten Pflichten des Aufsichtsrats, die Rechtslage im Hinblick auf die Geltendmachung von Schadenersatzansprüchen (sowie Ansprüchen auf Herausgabe einer ungerechtfertigten Bereicherung) zu prüfen, die Prozessrisiken abzuwägen, die Beitreibbarkeit der Forderung gegen das Vorstandsmitglied abzuschätzen und schließlich zu prüfen, ob ausnahmsweise Gründe vorliegen, die es gerechtfertigt erscheinen lassen, die Forderung ausnahmsweise nicht oder nicht in voller Höhe geltend zu machen (zuletzt BGH, Urt. v. 16.03.2009 – II ZR 280/07, BB 2009, 1207 Tz. 30 ff.). Ob die Gesellschaft vorrangig vor einer Inanspruchnahme des betreffenden Aufsichtsratsmitglieds gegen eine D & O-Versicherung vorgehen muss, ist höchstrichterlich noch nicht entschieden (BGH, Urt. v. 16.03.2009 – II ZR 280/07, BB 2009, 1207 Tz. 21). Nach durchgeführter **Prozessrisikoanalyse** hat der Aufsichtsrat darüber zu entscheiden, ob bestehende Ansprüche verfolgt werden sollen. Auch dabei steht ihm kein Ermessensspielraum zur Verfügung. Die Wiederherstellung des geschädigten Gesellschaftsvermögens verlangt grundsätzlich, dass begründete Ersatzansprüche gegen den Vorstand auch tatsächlich durchgesetzt werden; allenfalls ausnahmsweise kann der Aufsichtsrat von der Geltendmachung von Ersatzansprüchen gegen den pflichtwidrig handelnden Vorstand absehen, wenn eben dies im Unternehmensinteresse liegt (BGH, Urt. v. 21.04.1997 – II ZR 175/95, Z 135, 244, 255). Im Interesse des Unternehmenswohls können dabei Gesichtspunkte wie bspw. negative Auswirkungen auf Geschäftstätigkeit und Ansehen der Gesellschaft, Behinderung der Vorstandsarbeit und Beeinträchtigung des Betriebsklimas berücksichtigt werden und im Einzelfall einer Rechtsverfolgung begründeter Ansprüche ausnahmsweise entgegenstehen (BGH, Urt. v. 21.04.1997 – II ZR 175/95, Z 135, 244, 255 f.). Beschlüsse des Aufsichtsrats, die gegen die vorgenannten Grundsätze verstoßen, können mit der Klage auf Feststellung der Nichtigkeit des Aufsichtsratsbeschlusses angegriffen werden (BGH, Urt. v. 21.04.1997 – II ZR 175/95, Z 135, 244, 247 – ARAG/Garmenbeck; vgl. dazu GroßkommAktG/*Hopt* § 111 Rn. 17).

C. Befugnisse des Aufsichtsrats, Abs. 2

Primäre Informationsquelle für den Aufsichtsrat sind die Berichte des Vorstands (*Roth* ZGR 2012, 343, 372). Als vorstandsunabhängige Quelle stehen dem Aufsichtsrat – nicht dagegen dem einzelnen Mitglied (OLG Stuttgart, Urt. v. 30.05.2007 – 20 U 14/06, NZG 2007, 549, 550) – die in Abs. 2 genannten Befugnisse zur Durchführung seiner Überwachungstätigkeit zu. Das **Einsichts- und Prüfungsrecht** bezieht sich auf die in Satz 1 nur exemplarisch (»namentlich«) aufgeführten Gegenstände. Sie umfassen den gesamten Bestand an Informationen des Unternehmens, einschließlich der Berichte der internen Revision (*Hüffer* NZG 2007, 47, 53; *Leyens*, Information des Aufsichtsrats, S. 175 ff.). Dabei muss es sich um Gegenstände der AG handeln; Unterlagen von Tochtergesellschaften werden von Abs. 2 Satz 1 nicht erfasst (*Hüffer/Koch* AktG, § 111 Rn. 11); der Aufsichtsrat kann aber die vom Vorstand beschafften Unterlagen von Tochtergesellschaften einsehen. Die Einsichts- und Prüfungsrechte stehen dem Aufsichtsrat **als Organ** und nicht dem einzelnen Aufsichtsratsmitglied zu. Nach Abs. 2 Satz 2 kann der Aufsichtsrat aber einzelne seiner Mitglieder oder einen Ausschuss mit der Ausübung des Prüfungsrechts beauftragen; der Beauftragung hat ein entsprechender Beschluss vorauszugehen. Für »bestimmte Aufgaben«, nämlich sachlich und zeitlich begrenzte Einzelangelegenheiten (BGH, Urt. v. 15.11.1982 – II ZR 27/82, Z 85, 293, 296), kann der Aufsichtsrat auch besondere **Sachverständige** beauftragen, Abs. 2 Satz 2. Nicht selten handelt es sich dabei um entgeltliche Aufträge an Wirtschaftsprüfer oder Unternehmensberater, die der Aufsichtsrat für die AG in Auftrag geben kann (MünchHdb GesR IV/*Hoffmann-Becking* § 29 Rn. 35). Die Befugnisse dieser Personen ergeben sich aus dem vom Aufsichtsrat erteilten Auftrag (Spindler/ Stilz/*Spindler* AktG § 111 Rn. 49). Die **Befragung von Mitarbeitern** gehört ebenfalls zu der die Compliance-Verantwortung effektuierende und deswegen zu Recht befürworteten Befugnis des Aufsichtsrats (*Habersack* AG 2014, 1, 6; einschränkend *Hoffmann-Becking*, ZGR 2011, 136, 152 f. für die Fälle des Verdachts erheblicher Pflichtverletzungen; a. A. *Hüffer/Koch* AktG, § 90 Rn. 11; KölnKomm AktG/*Mertens/Cahn*, § 109 Rn. 24).

12 Die **Beauftragung der Abschlussprüfer** erfolgt nach Abs. 2 Satz 3 nach geltender Rechtslage ebenfalls durch den Aufsichtsrat. Die Bestellung erfolgt durch **Beschluss der Hauptversammlung**, § 119 Abs. 1 Nr. 4 AktG; die Begründung des vertraglichen Prüfungsauftrags für den Jahresabschluss sowie ggf. den Konzernabschluss darf durch den Vorstand nicht erfolgen; die Zuständigkeit dafür liegt nach der durch das KonTraG eingeführten Regelung allein beim Aufsichtsrat. Der Auftragserteilung hat ein entsprechender Beschluss des Gremiums (oder des zuständigen Ausschusses, § 107 Abs. 3 Satz 2 AktG) vorauszugehen. Der Vertragsabschluss selbst kann durch Abgabe der entsprechenden Willenserklärung des Vorsitzenden erfolgen, der dazu allerdings nach der Satzung oder Geschäftsordnung bzw. nach dem Beauftragungsbeschluss gesondert legitimiert werden muss. Der Aufsichtsratsvorsitzende führt dabei kraft seiner Amtsstellung die Gespräche und Verhandlungen über die Honorarvereinbarung, sofern ihm nicht ohnehin eine Spezialvollmacht erteilt ist (*Hüffer/ Koch* AktG, § 111 Rn. 12d).

D. Einberufung der Hauptversammlung, Abs. 3

13 Die Einberufung der Hauptversammlung ist ein **Recht des Aufsichtsrats**, von dem dieser nur **ausnahmsweise** Gebrauch machen kann, wenn dies zum Wohl der Gesellschaft erforderlich ist. Die Konkretisierung der Generalklausel erfolgt dadurch, dass das Einberufungsrecht an den Kompetenzen der Hauptversammlung orientiert wird. Es setzt somit nicht nur voraus, dass der Beschluss den Interessen der AG dient, sondern dass zusätzlich die Hauptversammlung auch zuständig ist, in der Angelegenheit Beschluss zu fassen. In Fragen der Geschäftsführung ist dies grundsätzlich nicht der Fall. Anders verhält es sich, wenn die Hauptversammlung Gelegenheit erhalten soll, über den Entzug des Vertrauens nach § 84 Abs. 3 Satz 2 AktG abzustimmen.

14 Der Einberufung der Hauptversammlung hat ein entsprechender **Beschluss des Aufsichtsrats** vorauszugehen. Die Modalitäten der Einladung ergeben sich aus §§ 121 Abs. 3 und 4, 123 AktG.

E. Zustimmungsvorbehalte, Abs. 4

15 Nach der Kompetenzordnung in der AG ist der Aufsichtsrat von der Geschäftsführung ausgeschlossen. § 111 Abs. 4 Satz 1 AktG regelt diesen Grundsatz verbindlich. In Satz 2 wird dieser Grundsatz dahin gehend relativiert, dass bestimmte Arten von Geschäften der **Zustimmung des Aufsichtsrats** unterworfen werden müssen. Zustimmungsvorbehalte sind entweder in der Satzung zu verankern oder vom Aufsichtsrat anzuordnen. In Betracht kommen somit Vorbehaltsregeln in der Satzung, in der Geschäftsordnung des Aufsichtsrats, in einer vom Aufsichtsrat beschlossenen Geschäftsordnung für den Vorstand und in einem vom Aufsichtsratsplenum gefassten gesonderten Beschluss; Ausschüsse können einen solchen Beschluss nicht fassen, § 107 Abs. 3 Satz 2 AktG. Die Einführung von Zustimmungsvorbehalten durch den Aufsichtsrat steht nicht mehr in seinem Ermessen. Nachdem die Rechtsprechung entschieden hatte, dass im Einzelfall, z. B. bei Bekanntwerden der Planung einer rechtswidrigen Vorstandsmaßnahme, das Ermessen zu einer Verpflichtung des Aufsichtsrats schrumpfen kann, die geplante Maßnahme durch Einführung eines Zustimmungsvorbehalts zu verhindern (BGH, Urt. v. 15. 11. 1993 – II ZR 235/92, Z 124, 111, 127; *Lieder* DB 2004, 2251; *Boujong* AG 1995, 203, 206), hat der Gesetzgeber des TransPuG Abs. 4 Satz 2 zu einer Pflichtnorm weiter entwickelt. Der Gesetzgeber verfolgte dabei – die Ergebnisse der Arbeit der Corporate Governance Kommission (vgl. *Baums* [Hrsg.] Bericht [2001], Tz. 34) aufgreifend – den Zweck, den Aufsichtsrat bei wesentlichen Maßnahmen in den Prozess der Willensbildung der Gesellschaft einzubeziehen (BT-Drucks. 14/8769, S. 17). Im Hinblick auf die unterschiedlichen branchenspezi-

fischen Unternehmensgegenstände sowie mit Rücksicht auf die unterschiedlichen Gegebenheiten hinsichtlich der Größe, der Selbstständigkeit und der Eigentümerstruktur verzichtete der Gesetzgeber aber zu Recht darauf, inhaltliche Vorgaben und verbindliche Gegenstände für einen Katalog zustimmungsbedürftiger Geschäfte vorzusehen. Insofern steht die Einführung von Zustimmungsvorbehalten letztlich doch im nunmehr allerdings pflichtgemäßen Ermessen des Aufsichtsrats, wenn nicht schon die Satzung entsprechende Vorbehalte vorsieht (vgl. *Seebach* AG 2012, 70 ff.; *Lieder* DB 2004, 2251, 2252 f.; *Götz* NZG 2002, 599). Damit einher geht eine präventiv kontrollierende Einbindung des Aufsichtsrats in die unternehmerischen Planungs- und Leitungsentscheidungen (vgl. BGH, Urt. v. 21.04.1997 – II ZR 175/95, Z 135, 244, 255); sie wird begleitet von der ausdrücklichen Einbeziehung des Aufsichtsrats in die haftungsentlastende Regelung der §§ 116, 93 Abs. 2 Satz 1 AktG; sie kompensiert die andernfalls bestehende Besorgnis wachsender Haftungsgefahren des Aufsichtsrats für vom Vorstand induzierte Planungs- und Leitungsentscheidungen.

Das Zustimmungserfordernis muss sich auf **bestimmte Arten von Geschäften** beziehen. »Geschäft« i. S. d. Vorschrift sind nicht nur Rechtsgeschäfte, sondern können grundsätzlich alle Maßnahmen der Geschäftsführung und Unternehmensplanung sein. Da der Aufsichtsrat aber weder Geschäftsführungsorgan der AG ist noch über Abs. 4 werden darf, muss es sich um **Maßnahmen außerhalb des gewöhnlichen Geschäftsbetriebs**, also um Maßnahmen, die nach Umfang und Risiko von besonderer Bedeutung sind, handeln. Das Erfordernis, dass nur Arten von Geschäften zustimmungspflichtig gemacht werden können, verlangt einen bestimmten Konkretisierungsgrad; eine Festlegung durch eine unbestimmte Generalklausel, etwa der Art, dass alle wesentlichen Geschäfte dem Zustimmungsvorbehalt unterliegen, genügt diesen Anforderungen nicht (*Hüffer/Koch* AktG, § 111 Rn. 18). Andererseits können auch gewichtige Einzelmaßnahmen einem Zustimmungsvorbehalt unterworfen werden (MünchHdb GesR IV/*Hoffmann-Becking* § 29 Rn. 39); dies kann auch durch einen ad hoc-Beschluss erfolgen (BGHZ 124, 111, 127). **Typische Vorbehaltsklauseln** betreffen den Erwerb von Beteiligungen, die Errichtung neuer Betriebsstätten, Grundstücksgeschäfte und Kreditaufnahmen bzw. -vergaben ab einem festgelegten Volumen; ebenso kann die jährliche Budgetplanung unter Zustimmungsvorbehalt gestellt werden, während solche Vorbehalte für Mehrjahresplanungen als unzulässig angesehen werden (KölnKomm AktG/*Mertens* § 111 Rn. 68; a. A. *Kropff* NZG 1998, 613, 615 ff.). 16

Die Erteilung oder Verweigerung der Zustimmung liegt im **pflichtgemäßen Ermessen des Aufsichtsrats**. Verweigert der Aufsichtsrat seine Zustimmung, kann der Vorstand eine Beschlussfassung durch die Hauptversammlung herbeiführen, Abs. 4 Satz 3. Verletzt der Aufsichtsrat die ihm obliegenden Sorgfaltspflichten gem. §§ 116 Satz 1, 93, macht er sich schadenersatzpflichtig (BGH, Urt. v. 08.01.2007 – II AZR 1/05, AG 2007, 167 Tz. 9 ff.). 17

Die Nichtbeachtung von Zustimmungserfordernissen durch den Vorstand ist im Innenverhältnis der AG durch eine Haftung gem. § 93 Abs. 1 Satz 1 sanktioniert, wenn der Aufsichtsrat seine Zustimmung zu dem Geschäft nicht erteilt hätte (*Seebach* AG 2012, 70 ff.). Dagegen kommt eine Haftung im Hinblick auf die Grundsätze der Beachtlichkeit rechtmäßigen Alternativverhaltens nicht Betracht, wenn der Aufsichtsrat zu der zustimmungsbedürftigen Maßnahme seine Zustimmung erteilt hätte (str.; wie hier *Altmeppen* FS K. Schmidt, 2009, 23, 37 f.; a. A. MüKo AktG/*Spindler*, § 93 Rn. 156). Im Außenverhältnis gegenüber dem Geschäftspartner der AG ist das ohne die erforderliche Zustimmung geschlossene Geschäft wirksam (BGH, Urt. v. 01.02.2012 – VIII ZR 307/10, NJW 2012, 1718), wenn nicht im Einzelfall ein Vollmachtsmissbrauch vorliegt, der sich auch dem Geschäftspartner hätte aufdrängen müssen (Henssler/Strohn/*Henssler*, § 111 AktG Rn. 23a). 18

F. Delegationsverbot, Abs. 5

Das Aufsichtsratsamt ist ein **höchstpersönliches**. Abs. 5 schließt Dritte in Übereinstimmung mit der Regelung in § 101 Abs. 3 Satz 1 AktG von der Wahrnehmung der Amtsaufgaben der Aufsichtsratsmitglieder aus. Zulässig sind deshalb nur Stimmboten (vgl. § 108 Abs. 3 AktG, dort Rdn. 7) und die Sitzungsteilnahme durch Dritte nach Maßgabe des § 109 Abs. 3 AktG. Deshalb besteht auch kein generelles Recht, Sachverständige zur Wahrnehmung der Amtsaufgaben hinzuzuziehen (BGH, 19

Urt. v. 15.11.1982 – II ZR 27/82, Z 85, 293, 295 ff.). Die Beschäftigung von Hilfspersonal zur Vorbereitung der Aufgabenwahrnehmung bleibt dem Aufsichtsratsmitglied unbenommen (*Lutter/ Krieger* DB 1995, 257, 259).

§ 112 Vertretung der Gesellschaft gegenüber Vorstandsmitgliedern

¹Vorstandsmitgliedern gegenüber vertritt der Aufsichtsrat die Gesellschaft gerichtlich und außergerichtlich. ²§ 78 Abs. 2 Satz 2 gilt entsprechend.

1 Nach § 112 AktG vertritt der Aufsichtsrat die AG gegenüber Vorstandsmitgliedern, damit die unbefangene Vertretung der Gesellschaft, die von sachfremden Erwägungen unbeeinflusst ist und sachdienliche Gesellschaftsbelange wahrt, auch bei Geschäften sichergestellt ist, an denen Mitglieder des regelmäßigen Vertretungsorgans beteiligt sind (BGH, Urt. v. 08.02.1988 – II ZR 159/87, Z 103, 213, 216). Der **persönliche Anwendungsbereich** erstreckt sich auf alle Vorstandsmitglieder, die amtierenden genauso wie die bereits ausgeschiedenen (BGH, Urt. v. 16.02.2009 – II ZR 282/07, NJW-RR 2009, 690; Urt. v. 26.06.1995 – II ZR 122/94, Z 130, 108, 111 f.; Urt. v. 01.12.2003 – II ZR 161/02, Z 157, 151, 153 f.), im Liquidationsstadium obliegt die Kündigung der Abwickler dem Aufsichtsrat (OLG Frankfurt am Main, Urt. v. 29.07.2008 – 5 U 151/05, AG 2009, 335). Geschäfte mit Gesellschaften, an denen der Vorstand beteiligt ist, fallen nicht in den Anwendungsbereich von § 112 (OLG München, Urt. v. 10.05.2012 – 14 U 2175/11, NZG 2012, 706; a. A. *Rupietta* NZG 2007, 801). Geschäfte mit Familienmitgliedern, die auf dem Vorstandsverhältnis beruhen (z. B. versorgungsrechtliche Abreden) werden nach dem Normzweck erfasst (BGH, Urt. v. 16.10.2006 – II ZR 7/05, NJW-RR 2007, 98). Die **Zuständigkeit des Aufsichtsrats** bezieht sich im Hinblick auf den Interessenkonflikte ausschließenden Normzweck der Regelung auf sämtliche Rechtsbeziehungen des Vorstandsmitglieds zur AG, auf die organschaftlichen und die schuldrechtlichen (z. B. Begründung und Kündigung des Anstellungsvertrages), sowie selbst solche vor Perfektionierung der Bestellung (BGH, Urt. v. 13.01.1958 – II ZR 212/56, Z 26, 236, 238). Darauf, dass eine Interessengefährdung im Einzelfall besteht, kommt es nicht an; § 112 AktG legt einen typisierenden Maßstab zugrunde (BGH, Urt. v. 28.04.1997 – II ZR 282/95, NJW 1997, 2324). Die Vorschrift erfasst nicht den Fall, dass sich der Vorstand einer AG zum Geschäftsführer einer abhängigen Tochtergesellschaft bestellt; dabei handelt es sich nicht um ein Vertretungsrechtsgeschäft der Obergesellschaft, sondern um einen Organakt der Untergesellschaft (OLG München, Urt. v. 08.05.2012 – 31 Wx 69/12, NZG 2012, 710).

2 Der Aufsichtsrat handelt, soweit er an der Beschlussfassung über unternehmerische Entscheidungen durch die nach § 111 Abs. 4 Satz 2 AktG gebotenen Zustimmungsvorbehalte beteiligt ist (vgl. Erl. zu § 111 AktG Rdn. 15) und insbesondere soweit er für das von ihm repräsentierte Unternehmen Verträge mit den Mitgliedern des Vorstands nach § 112 AktG schließt, als treuhänderischer Vermögensverwalter für die Aktionäre. Er darf dabei im Sinne der gebotenen Corporate Governance nicht selbstherrlich über das ihm anvertraute fremde Vermögen verfügen (BGH, Urt. v. 10.08.2006 – I ZB 110/05, AG 2006, 110). Der Gesetzgeber hat ihm keine ungebundene Inhaltsfreiheit bei der Gestaltung der von ihm abzuschließenden Verträge gegeben; vielmehr ist der Aufsichtsrat – insofern nicht anders als der Vorstand der AG (vgl. Erl. zu § 76 AktG Rdn. 21) – rechtlich an die Beachtung der objektiven Interessenlage der AG, nämlich an das Wohl der Gesellschaft (§ 121 AktG) bzw. das Gesellschafts- und Unternehmensinteresse gebunden (*Lohse* Unternehmerisches Ermessen 2005, 37 ff., 117 ff., 438 ff.). Insbesondere bei der Gestaltung der Anstellungsverträge der Vorstandsmitglieder gibt das AktG dem Aufsichtsrat keine beliebige Inhaltsfreiheit (BGH, Urt. v. 21.12.2005 – 3 StR 470/04, AG 2006, 110). Die normative Vorgabe der Bindung an das Unternehmensinteresse ist Ausdruck der Treubindung aller Organe der juristischen Person (*Säcker* BB 2006, 897, 898); sie verpflichtet auch den Aufsichtsrat mit dem unternehmerisch gebundenen Vermögen der Aktionäre wie ein gewissenhaft handelnder, unabhängiger Geschäftsleiter umzugehen (§§ 93, 116 AktG) und insbesondere bei der Vereinbarung der Höhe der Bezüge der Vorstandsmitglieder unter Beachtung des Angemessenheitsmaßstabs (§ 87 Abs. 1 AktG) zu entscheiden (vgl. Erl. zu § 87 AktG Rdn. 2–10).

Die **Vertretungsmacht** steht nach dem Wortlaut des § 112 AktG dem **Aufsichtsrat als Gremium** 3
zu. Bei der **Aktivvertretung** muss der Aufsichtsrat über die Vornahme des Rechtsgeschäfts Beschluss fassen (§ 108 Abs. 1 AktG). Die Erklärungshandlung kann dann im Beschluss einem einzelnen Aufsichtsratsmitglied übertragen werden (BGH, Urt. v. 17.02.1954 – II ZR 63/53, Z 12, 327, 334 ff.). Eine Delegation der Willensbildung auf einen Ausschuss ist zulässig (§ 107 Abs. 3 AktG), die auf ein einzelnes Aufsichtsratsmitglied dagegen nicht (OLG Düsseldorf, Urt. v. 17.11.2003 – I-15 U 225/02, AG 2004, 321, 322). Bei der Kündigung eines Vorstandsmitglieds darf ein mit dieser Kompetenz betrauter Ausschuss die dem Gesamtaufsichtsrat vorbehaltene Entscheidung über den Widerruf der Bestellung des Vorstands nicht präjudizieren; der Ausschuss darf deshalb insbesondere nicht kündigen, solange der Widerruf nicht beschlossen ist (BGH AG 2009, 502). Ohne besondere Beauftragung im Beschluss ist der Aufsichtsratsvorsitzende kraft Amtes zur Vornahme der Erklärungshandlung befugt (a. A. *Hüffer/Koch* AktG § 112 Rn. 4). § 174 Satz 1 BGB ist auf das Vertreterhandeln entsprechend anzuwenden; ohne Vorlage einer Ermächtigungsurkunde (Beschlussprotokoll, Geschäftsordnung) kann die Vertretung durch ein Aufsichtsratsmitglied nach Maßgabe des § 174 BGB daher unwirksam sein (OLG Düsseldorf, Urt. v. 17.11.2003 – I-15 U 225/02, AG 2004, 321, 323 f.; a. A. *Bauer/Krieger* ZIP 2004, 1247, 1248 f.). Handelt der Aufsichtsrat als Gesamt-Gremium, bedarf es dieses Nachweises nicht (*Leuering* NZG 2004, 120, 123). Für die **Passivvertretung** ordnet Satz 2 die entsprechende Geltung der für den Vorstand geltenden Regelung des § 78 Abs. 2 Satz 2 an (kritisch zu dieser Gleichsetzung MüKo AktG/*Habersack*, § 112 Rn. 24). Klagen von Vorstandsmitgliedern vertreten durch den Aufsichtsratsvorsitzenden sind nicht unzulässig, sondern mangels abweichender Anhaltspunkte dahin gehend auszulegen, dass die Gesellschaft durch den Aufsichtsrat als Gesamtgremium vertreten und die Klage an den Aufsichtsratsvorsitzenden zugestellt werden soll (OLG Stuttgart, Beschl. v. 28.05.2013 – 20 U 5/12, NZG 2013, 1101). Wegen der Vertretungsbefugnis des Gesamtgremiums kann ein einzelnes Aufsichtsratsmitglied im Rechtsstreit der AG mit einem Vorstandsmitglied über die Wirksamkeit oder den Inhalt des Abberufungsbeschlusses als andere Person i. S. d. § 66 ZPO und damit als Nebenintervenient aufseiten der AG beitreten (BGH, Urt. v. 20.01.2013 – II ZB 1/11, NZG 2013, 297).

Verstöße gegen § 112 AktG haben nicht zur Folge, dass das betroffene Geschäft nichtig ist; die 4
Vertretungsvorschrift des § 112 enthält keine Nichtigkeitsanordnung. Der erforderliche Aufsichtsratsbeschluss kann nachgeholt und bewirkt dann eine Genehmigung des Geschäfts (BGH, Beschl. v. 14.05.2013 – II ZB 1/11, NZG 2013, 792). Insbesondere ist eine allein vom Aufsichtsratsvorsitzenden erteilte Prozessvollmacht im Rechtsstreit mit Vorstandsmitgliedern genehmigungsfähig (BGH, Beschl. v. 14.05.2013 – II ZB 1/11, NZG 2013, 792).

§ 113 Vergütung der Aufsichtsratsmitglieder

(1) ¹Den Aufsichtsratsmitgliedern kann für ihre Tätigkeit eine Vergütung gewährt werden. ²Sie kann in der Satzung festgesetzt oder von der Hauptversammlung bewilligt werden. ³Sie soll in einem angemessenen Verhältnis zu den Aufgaben der Aufsichtsratsmitglieder und zur Lage der Gesellschaft stehen. ⁴Ist die Vergütung in der Satzung festgesetzt, so kann die Hauptversammlung eine Satzungsänderung, durch welche die Vergütung herabgesetzt wird, mit einfacher Stimmenmehrheit beschließen.

(2) ¹Den Mitgliedern des ersten Aufsichtsrats kann nur die Hauptversammlung eine Vergütung für ihre Tätigkeit bewilligen. ²Der Beschluß kann erst in der Hauptversammlung gefaßt werden, die über die Entlastung der Mitglieder des ersten Aufsichtsrats beschließt.

(3) ¹Wird den Aufsichtsratsmitgliedern ein Anteil am Jahresgewinn der Gesellschaft gewährt, so berechnet sich der Anteil nach dem Bilanzgewinn, vermindert um einen Betrag von mindestens vier vom Hundert der auf den geringsten Ausgabebetrag der Aktien geleisteten Einlagen. ²Entgegenstehende Festsetzungen sind nichtig.

Den Mitgliedern des Aufsichtsrats kann nach der klarstellenden Regelung in Abs. 1 Satz 1 eine 1
Vergütung gewährt werden. Ein **Vergütungsanspruch** besteht aber nur, wenn dafür eine entspre-

chende **Regelung in der Satzung** getroffen oder ein entsprechender **Hauptversammlungsbeschluss** gefasst wurde, Abs. 1 Satz 2. Ohne diese Rechtsgrundlage besteht ein Vergütungsanspruch deshalb nicht; § 612 BGB ist unanwendbar (*Hüffer/Koch* AktG, § 113 Rn. 2). Eine Ermächtigung an den Vorstand zur näheren Ausgestaltung der Vergütungsregelung ist unzulässig (LG München I, Urt. v. 07.12.2005 – HK O 14047/00, NJW-RR 2001, 1118, 1119). Für Nebenleistungen gilt Entsprechendes, weil diese Bestandteil der Vergütung sind. Deshalb besteht ein Anspruch auf Übernahme der Versicherungsprämien für eine D & O-Versicherung durch die AG ebenfalls nur unter den Voraussetzungen des Abs. 1 Satz 2, also bei Regelung in der Satzung oder durch Hauptversammlungsbeschluss (BGH BB 2009, 1208 Tz. 23; *Fleischer* WM 2005, 909, 919; *Henssler* RWS-Forum 20 2001, 131, 144 ff.; *Kästner* AG 2001, 195; a. A. *Notthoff* NJW 2003, 1350, 1354; *Mertens* AG 2000, 447, 2451). Kein Bestandteil der Vergütung ist der Anspruch auf **Auslagenersatz**; er kann in entsprechender Anwendung von § 670 BGB und damit ohne satzungsrechtliche Grundlage bzw. ohne Bewilligungsbeschluss der Hauptversammlung gegenüber der AG geltend gemacht werden (MünchHdb GesR IV/*Hoffmann-Becking* § 33 Rn. 12). Zu den erstattungsfähigen erforderlichen Auslagen gehören insbesondere Reise-, Übernachtungs- und Verpflegungskosten. Dagegen sind Personalkosten für Mitarbeiter wegen der Höchstpersönlichkeit der Amtsausübung grundsätzlich nicht ersatzfähig; anders verhält es sich bei Kosten für Hilfstätigkeiten, z. B. Schreibarbeiten, Übersetzungskosten (zu den streitigen Einzelheiten *Semler* FS Claussen 1997, 381, 388). Der Anspruch kann pauschaliert werden (»Sitzungspauschale«); dabei ist jedoch zu beachten, dass § 113 Abs. 1 AktG anwendbar wird, wenn die Höhe der Pauschalsumme über den Betrag der erforderlichen Aufwendungen hinausgeht und damit Vergütungscharakter erhält. Für die Teilnahme an Telefon- oder Videokonferenzen können »Sitzungsgelder« gleichfalls gezahlt werden (*Simons* AG 2013, 547; einschränkend *Reinhard/Kaubisch* AG 2013, 150).

2 Hinsichtlich der **Art der Vergütung** sieht § 113 AktG keine gesetzlichen Vorgaben vor. Die Vergütung kann sowohl als festes Gehalt oder als Gewinnbeteiligung gewährt werden; Festbetrag und Tantieme können alternativ oder auch kumulativ vorgesehen werden. Abs. 3 geht von der **Zulässigkeit erfolgsbezogener Vergütungen** aus und sieht zwingend (§ 23 Abs. 5 AktG) bestimmte Berechnungsregeln für den Fall vor, dass die Vergütung ganz oder teilweise in einem Anteil am Jahresgewinn besteht. Für die Berechnung bildet der Bilanzgewinn (§ 158 Abs. 1 Satz 1 Nr. 5 AktG), der um mindestens vier vom Hundert der auf den geringsten Ausgabebetrag der Aktien (§ 9 Abs. 1 AktG) geleisteten Einlagen zu kürzen ist. Die Regelung in Abs. 3 Satz 2, wonach »entgegenstehende Festsetzungen« nichtig sind, wird zutreffend als Teilnichtigkeitsanordnung verstanden, sodass nur der fehlerhaft berechnete Teil der gewinnabhängigen Vergütung betroffen ist, während der korrekt berechnete Vergütungsanspruch wirksam begründet ist (*Hüffer/Koch* AktG, § 113 Rn. 9). Für andere Formen der erfolgsabhängigen Vergütung (z. B. Anknüpfung an die Dividende oder performanceorientierte Tantiemen) gilt Abs. 3 nicht. Ihre Zulässigkeit steht nicht grundsätzlich in Zweifel (zur Problematik von sog. stock options für Mitglieder des Aufsichtsrats vgl. *Habersack* ZGR 2004, 721, 728 ff.; *Vetter* AG 2004, 234; *Marsch-Barner* FS Röhricht 2005, 401, 417). Nach Nr. 5.4.6. DCGK 2012 soll sich die Vergütung von Mitgliedern des Aufsichtsrats, denen eine erfolgsorientierte Vergütungen zugesagt ist, an der nachhaltigen Unternehmensentwicklung ausgerichtet sein; auf den kurzfristigen Unternehmenserfolg bezogene gemischte Vergütungen, sind danach nicht mehr zulässig (*Bredol/Schäfer* BB 2013, 652).

3 **Sondervergütungen** für bestimmte Sonderleistungen im Rahmen der Überwachungsaufgabe des Aufsichtsrats (zur Abgrenzung zu Tätigkeiten außerhalb des Aufsichtsrats vgl. Erl. zu § 114 AktG Rdn. 2) stellen ebenfalls eine Vergütung i. S. d. § 113 AktG dar; deren vertragliche Grundlage ist daher ohne Hauptversammlungsbeschluss **nichtig** (BGH, Urt. v. 25.03.1991 – II ZR 188/89, Z 114, 127, 133). Mit der Bestellung zum Aufsichtsratsmitglied bleibt für den Abschluss oder den Fortbestand von Beratungsverträgen mit Aufsichtsratsmitgliedern, unabhängig davon, ob sie vom Vorstand oder vom Aufsichtsrat geschlossen werden, kein Raum mehr (BGH, Urt. v. 25.03.1991 – II ZR 188/89, Z 114, 127, 134).

Die **Höhe der Vergütung** soll nach Abs. 1 Satz 3 **angemessen** sein. Beurteilungsmaßstab sind die 4
Aufgaben der Aufsichtsratsmitglieder und zusätzlich die Lage der Gesellschaft. Eine sachlich gerechtfertigte Differenzierung zwischen den Aufsichtsratsmitgliedern und den Aufgaben ist mit dieser Maßgabe grundsätzlich zulässig (*Maser/Göttle* NZG 2013, 201, 205 f.). Für den Vorsitzenden und seinen Stellvertreter können ebenso höhere Vergütungen festgelegt werden wie für die Mitglieder von Ausschüssen. Die Festlegung in der Satzung oder im Hauptversammlungsbeschluss muss sich auf die Höhe der Vergütung beziehen und damit beziffert sein. Die Vergütung kann aus festen und variablen Bestandteilen bestehen, die dann in einem angemessenen Verhältnis zueinanderstehen müssen (Spindler/Stilz/*Spindler* AktG, § 113 Rn. 38 ff.). Aktienoptionen sind bei Unterlegung mit zurückgekauften eigenen Aktien der Gesellschaft (§ 71 Abs. 1 Nr. 8 Satz 5 AktG) ebenso unzulässig wie bei Unterlegung mit bedingtem Kapital (BGH, Urt. v. 16.02.2004 – II ZR 316/02, Z 158, 122, 125 ff. – MobilCom); Vorbehalte hat die Rechtsprechung auch gegen die Zulässigkeit indexorientierte und insbesondere aktienkursorientierte Vergütungen für Aufsichtsratsmitglieder anklingen lassen (BGH, Urt. v. 16.02.2004 – II ZR 316/02, Z 158, 122, 126 f. – MobilCom; a. A. Spindler/Stilz/*Spindler* AktG, § 113 Rn. 54) erkennen lassen. Entsprechendes gilt für ein Aktionsoptionsprogramm für Aufsichtsratsmitglieder über die Begebung von Wandel- oder Optionsanleihen (vgl. BGH, Urt. v. 16.02.2004 – II ZR 316/02, Z 158, 122, 129; a. A. *Kort* FS Hüffer, 2010, 483, 498). Im Hinblick auf Abs. 3 ist nicht gesichert, dass auch andere aktienkursbezogene schuldrechtliche Vergütungen (z. B. Phantom Stocks, Stock Appreciation Rights) unzulässig sind (für die Zulässigkeit *Maser/Göttle* NZG 2013, 201, 204 f.; a. A. Hölters/*Hambloch-Gesinn/Gesinn*, AktG, § 113 Rn. 22). Die Angabe eines **Gesamtbetrages** für sämtliche Vergütungen wird als hinreichend angesehen, wenn dem Aufsichtsrat in der Satzung (bzw. im Hauptversammlungsbeschluss) die Aufteilung des Betrages übertragen wird (Henssler/Strohn/*Henssler*, § 113 AktG Rn. 4). Die **Herabsetzung** einer in der Satzung festgelegten Vergütung kann nach Abs. 1 Satz 4 durch (satzungsändernden) Beschluss mit einfacher Stimmenmehrheit erfolgen. Eine Herabsetzung der variablen Vergütung mit Rückwirkung kann auch für das laufende Geschäftsjahr beschlossen werden (LG München I, Urt. v. 27.12.2012 – 5 HK O 9109/12, NZG 2012, 182; Spindler/Stilz/*Spindler*, AktG, § 113 Rn. 36; a. A. MüKo AktG/*Habersack*, § 113 Rn. 34; für eine Wirkung des Herabsetzungsbeschlusses ex nunc *Buckel* AG 2013, 451; *Maser/Göttle* NZG 2013, 201).

Den **Mitgliedern des ersten Aufsichtsrats** kann erst am Ende ihrer Amtszeit eine Vergütung 5
zuerkannt werden: Diese nämlich kann nur die Hauptversammlung bewilligen (Abs. 2 Satz 1), wobei nach Abs. 2 Satz 2 ausschließlich die Hauptversammlung zuständig ist, die über die Entlastung der Mitglieder des ersten Aufsichtsrats entscheidet.

§ 114 Verträge mit Aufsichtsratsmitgliedern

(1) Verpflichtet sich ein Aufsichtsratsmitglied außerhalb seiner Tätigkeit im Aufsichtsrat durch einen Dienstvertrag, durch den ein Arbeitsverhältnis nicht begründet wird, oder durch einen Werkvertrag gegenüber der Gesellschaft zu einer Tätigkeit höherer Art, so hängt die Wirksamkeit des Vertrags von der Zustimmung des Aufsichtsrats ab.

(2) ¹Gewährt die Gesellschaft auf Grund eines solchen Vertrags dem Aufsichtsratsmitglied eine Vergütung, ohne daß der Aufsichtsrat dem Vertrag zugestimmt hat, so hat das Aufsichtsratsmitglied die Vergütung zurückzugewähren, es sei denn, daß der Aufsichtsrat den Vertrag genehmigt. ²Ein Anspruch des Aufsichtsratsmitglieds gegen die Gesellschaft auf Herausgabe der durch die geleistete Tätigkeit erlangten Bereicherung bleibt unberührt; der Anspruch kann jedoch nicht gegen den Rückgewähranspruch aufgerechnet werden.

Die Vorschrift regelt den Fragenkreis der **Beratungsverträge mit Aufsichtsratsmitgliedern**. Sie 1
bezweckt, die unsachliche Beeinflussung von Aufsichtsratsmitgliedern durch den vertragschließenden Vorstand zu verhindern (vgl. *Kropff* AktG 1965, 158). Insbesondere soll ein Aufsichtsrat keine verdeckten Sonderzuwendungen erhalten (BGH, Urt. v. 04.07.1994 – II ZR 197/93, Z 126, 340,

§ 114 AktG Verträge mit Aufsichtsratsmitgliedern

344). Dienst- oder Werkverträge mit Aufsichtsratsmitgliedern unterliegen deshalb dem **spezifischen Zustimmungserfordernis** des § 114 AktG. Für Kreditverträge gilt die Regelung des § 115 AktG.

2 Der **sachliche Anwendungsbereich** der Vorschrift beschränkt sich auf Leistungen des Aufsichtsratsmitglieds »außerhalb seiner Tätigkeit im Aufsichtsrat«. Tätigkeit im Rahmen der Aufsichtsratstätigkeit unterfallen der zwingenden (Vergütungs-) Regelung des § 113 AktG (vgl. § 113 AktG Rdn. 1). Bei der **Abgrenzung** beider Tätigkeitsbereiche ist insbesondere zu berücksichtigen, dass der Aufsichtsrat im Rahmen seiner Überwachungstätigkeit auch Beratung schuldet (vgl. § 111 Rdn. 8). Die schwierige Abgrenzung der bereits organschaftlich geschuldeten von der vertraglich vereinbarten und gesondert zu vergütenden Beratungstätigkeit ist schwierig und kann nur im Einzelfall nach dem Gegenstand der konkret vorzunehmenden Tätigkeit getroffen werden (BGH, Urt. v. 04.07.1994 – II ZR 197/93, Z 126, 340, 344; näher *Ruoff* BB 2013, 899 ff.; *Thüsing/Veil* AG 2008, 359 ff.; *Deckert* AG 1997, 109, 114; *Boujong* AG 1995, 203, 204 f.; *Mertens* FS Steindorff 1990, 173, 180 ff.). Der BGH will vor allem danach differenzieren, ob die zu leistenden Dienste »Fragen eines besonderen Fachgebietes« und nicht »allgemeine Bereiche der Unternehmensführung« betreffen (BGH, Urt. v. 04.07.1994 – II ZR 197/93, Z 126, 340, 344 ff.; Urt. v. 20.11.2006 – II ZR 279/05, Z 170, 60 Tz. 14; Urt. v. 03.07.2006 – II ZR 151/04, Z 168, 188 Tz. 17; vgl. a. *Semler* NZG 2007, 881, 883 ff.). Mit der Zielsetzung, Umgehungen des § 113 AktG zu verhindern, verlangt die Rechtsprechung, dass der Beratungsvertrag eindeutige Feststellungen darüber ermöglicht, ob die zu erbringende Leistung außer- oder innerhalb des organschaftlichen Pflichtenkreises des Aufsichtsratsmitglieds liegt und ob der Vertrag darüber hinaus keine verdeckten Sonderzuwendungen – etwa in Form einer überhöhten Vergütung – enthält. Dazu gehört, dass die speziellen Beratungsgegenstände und das dafür zu entrichtende Entgelt so konkret bezeichnet werden, dass sich der Aufsichtsrat ein eigenständiges Urteil über die Art und den Umfang der Leistung sowie über die Höhe und die Angemessenheit der Vergütung bilden kann (BGH, Urt. v. 20.11.2006 – II ZR 279/05, Z 170, 60 Tz. 17; *Ziemons* GWR 2012, 451). Verträge, die zur Organtätigkeit gehörende Beratungsgegenstände miterfassen, sind nicht von Abs. 1 gedeckt (BGH, Urt. v. 03.07.2006 – II ZR 151/04, Z 168 Tz. 17). Rahmenvereinbarungen sind mangels konkreter Auflistung der Aufgaben nicht genehmigungsfähig (BGH, Urt. v. 20.11.2006 – II ZR 279/05, Z 170, 60 Tz. 18).

3 **Zustimmungspflichtig** sind nach § 114 AktG **Dienst- oder Werkverträge**, die das Aufsichtsratsmitglied mit der AG schließt. Dienste höherer Art sind wie in § 627 BGB solche, die aus dem Alltäglichen herausfallen und insbesondere solche, die besondere Kenntnisse voraussetzen bzw. mit einer Vertrauensstellung verbunden sind. Bei Beratungsverträgen mit Aufsichtsratsmitgliedern liegt diese Voraussetzung regelmäßig vor (*Hüffer/Koch* AktG, § 114 Rn. 5). Verträge mit nachgeordneten Konzerngesellschaften unterfallen nach dem Wortlaut der Regelung dem Zustimmungserfordernis nicht (OLG Hamburg, Urt. v. 17.01.2007 – 11 U 48/06, AG 2007, 404, 408); unter Umgehungsgesichtspunkten wird eine entsprechende Anwendung in Betracht zu ziehen sein, wenn der Vertrag in gleicher Weise mit der Muttergesellschaft hätte geschlossen werden können (MünchHdb GesR IV/*Hoffmann-Becking* § 33 Rn. 29; *Rellermeyer* ZGR 1992, 77, 87 f.). Abs. 1 erfasst nicht nur die nach Amtsbeginn abgeschlossenen Verträge, sondern auch solche, die vor Amtsbeginn begründet wurden und sodann weitergeführt werden (BGH, Urt. v. 04.07.1994 – II ZR 197/93, Z 126, 340, 346 ff.).

4 In **personeller Hinsicht** werden auch Beratungsverträge mit einer Gesellschaft erfasst, deren alleiniger Gesellschafter oder Geschäftsführer das Aufsichtsratsmitglied ist (BGH, Urt. v. 03.07.2006, II ZR 151/04, NZG 2006, 712). Entsprechendes gilt für Beratungsverträge mit Unternehmen, an denen ein Aufsichtsratsmitglied – nicht notwendig beherrschend - beteiligt ist, sofern es sich nicht um Bagatellvergütungen handelt (BGH, Urt. v. 20.11.2006 – II ZR 279/05, Z 170, 60 Tz. 8; *Bosse* NZG 2007, 172, 173; *Happ* FS Priester 2007, 175, 179 ff.). Ebenso fallen Beratungsverträge des Aufsichtsratsmitglieds mit verbundenen Unternehmen in den Anwendungsbereich von § 114 (MüKo AktG/*Habersack*, § 114 Rn. 16 f.; offen gelassen von BGH, Urt. v. 10.07.2012 – II ZR 133/02, NZG 2012, 1064 Tz. 16). Der BGH hat dies jedenfalls für die Fälle anerkannt, in denen der Vorstand in der Lage ist, den Vertragsschluss mit dem abhängigen Unternehmen zu beeinflussen

(BGH, Urt. v. 10.07.2012 – II ZR 133/02, NZG 2012, 1064 Tz. 16 – *Fresenius*; dagegen *Cahn* Der Konzern 2012, 501; *Ihrig* ZGR 2013, 417, 433).

Die notwendige **Zustimmung des Aufsichtsrats** erfolgt durch Beschluss gem. § 108 AktG. Das betroffene Mitglied ist von der Teilnahme an der Abstimmung ausgeschlossen (OLG Frankfurt am Main, Urt. v. 21.09.2005 – 1 U 14/05, DB 2006, 942). Besteht der Aufsichtsrat nur aus der gesetzlichen Mindestzahl von drei Mitgliedern, ist die Genehmigung mangels Beschlussfähigkeit des Aufsichtsrats nicht möglich (*Werner* DB 2006, 935). Die wirksame Beschlussfassung setzt voraus, dass das Gremium zumindest den wesentlichen Inhalt des Vertrages kennt und in seine Willensbildung aufnimmt (OLG Köln AG 1995, 90, 91 f.). Wird die Zustimmung versagt, besteht kein Ersatzanspruch nach allgemeinen Vorschriften, z. B. §§ 280, 311 Abs. 2 BGB (*Hüffer/Koch* AktG, § 114 Rn. 6). Aus Abs. 2 Satz 1 ergibt sich, dass der Aufsichtsrat den Vertrag auch (nachträglich) genehmigen kann (BGH, Urt. v. 10.07.2012 – II ZR 133/02, NZG 2012, 1064 Tz. 18). Eine Genehmigung kann auch in Fällen erteilt werden, in denen ein wegen ungenauer Bezeichnung der Vertragspflichten gegen § 113 verstoßender Vertrag nachträglich konkretisiert wird (*Müller* NZG 2002, 797, 801; *Wissman/Ost* BB 1998, 1957, 1758; offen gelassen von BGH, Urt. v. 10.07.2012 – II ZR 133/02, NZG 2012, 1064 Tz. 18). Die Genehmigungsfähigkeit hat nicht zur Folge, dass der Vorstand pflichtgemäß handelt, wenn er vorab, also vor der Genehmigung des Vertrages durch den Aufsichtsrat eine Vergütung zahlt (BGH, Urt. v. 10.07.2012 – II ZR 133/02, NZG 2012, 1064 Tz. 19); die Zahlung bleibt selbst dann rechtswidrig, wenn der Aufsichtsrat den Vertrag anschließend genehmigt (BGH, Urt. v. 10.07.2012 – II ZR 133/02, NZG 2012, 1064 Tz. 20; zustimmend *Ihrig* ZGR 2013, 417, 430; *Spindler* NZG 2012, 1161). Das Verdikt der Pflichtverletzung kann dadurch umgangen werden, dass die Vergütung zurückgefordert wird und eine anschließende Genehmigung des Vertrages durch den Aufsichtsrat erfolgt; diesem Rückforderungsanspruch kann ein Anspruch aus Bereicherungsrecht (§ 812 BGB) des Beraters gegen die Gesellschaft entgegenstehen (*Kanzler* AG 2013, 554).

In den Fällen nicht konsentierter und deshalb unwirksamer Verträge ist nach Abs. 2 Satz 1 die bereits gezahlte Vergütung zurückzugewähren. Es handelt sich um einen eigenständigen aktienrechtlichen Anspruch der AG, für den das allgemeine Zivilrecht (§§ 812 ff. BGB) nicht gilt (BGH, Urt. v. 20.11.2006 – II ZR 279/05, Z 170, 60 Tz. 16). Der Anspruch entfällt, wenn der Aufsichtsrat den **Vertragsschluss genehmigt**. Hat das Aufsichtsratsmitglied seine Leistung erbracht, hat es lediglich einen Wertersatzanspruch gegenüber der AG nach Maßgabe des allgemeinen Bereicherungsrechts (§§ 114 Abs. 2 Satz 2 AktG, 818 Abs. 2 BGB); der Anspruch kann insbesondere nach § 814 BGB entfallen (*Happ* FS Priester 2007, 175, 198). Mit dem Rückzahlungsanspruch der AG kann der Wertersatzanspruch des Aufsichtsratsmitglieds nicht aufgerechnet werden (Abs. 2 Satz 2).

§ 115 Kreditgewährung an Aufsichtsratsmitglieder

(1) ¹Die Gesellschaft darf ihren Aufsichtsratsmitgliedern Kredit nur mit Einwilligung des Aufsichtsrats gewähren. ²Eine herrschende Gesellschaft darf Kredite an Aufsichtsratsmitglieder eines abhängigen Unternehmens nur mit Einwilligung ihres Aufsichtsrats, eine abhängige Gesellschaft darf Kredite an Aufsichtsratsmitglieder des herrschenden Unternehmens nur mit Einwilligung des Aufsichtsrats des herrschenden Unternehmens gewähren. ³Die Einwilligung kann nur für bestimmte Kreditgeschäfte oder Arten von Kreditgeschäften und nicht für länger als drei Monate im voraus erteilt werden. ⁴Der Beschluß über die Einwilligung hat die Verzinsung und Rückzahlung des Kredits zu regeln. ⁵Betreibt das Aufsichtsratsmitglied ein Handelsgewerbe als Einzelkaufmann, so ist die Einwilligung nicht erforderlich, wenn der Kredit für die Bezahlung von Waren gewährt wird, welche die Gesellschaft seinem Handelsgeschäft liefert.

(2) Absatz 1 gilt auch für Kredite an den Ehegatten, Lebenspartner oder an ein minderjähriges Kind eines Aufsichtsratsmitglieds und für Kredite an einen Dritten, der für Rechnung dieser Personen oder für Rechnung eines Aufsichtsratsmitglieds handelt.

(3) ¹Ist ein Aufsichtsratsmitglied zugleich gesetzlicher Vertreter einer anderen juristischen Person oder Gesellschafter einer Personenhandelsgesellschaft, so darf die Gesellschaft der juristischen Person oder der Personenhandelsgesellschaft Kredit nur mit Einwilligung des Aufsichtsrats gewähren; Absatz 1 Satz 3 und 4 gilt sinngemäß. ²Dies gilt nicht, wenn die juristische Person oder die Personenhandelsgesellschaft mit der Gesellschaft verbunden ist oder wenn der Kredit für die Bezahlung von Waren gewährt wird, welche die Gesellschaft der juristischen Person oder der Personenhandelsgesellschaft liefert.

(4) Wird entgegen den Absätzen 1 bis 3 Kredit gewährt, so ist der Kredit ohne Rücksicht auf entgegenstehende Vereinbarungen sofort zurückzugewähren, wenn nicht der Aufsichtsrat nachträglich zustimmt.

(5) Ist die Gesellschaft ein Kreditinstitut oder Finanzdienstleistungsinstitut, auf das § 15 des Gesetzes über das Kreditwesen anzuwenden ist, gelten anstelle der Absätze 1 bis 4 die Vorschriften des Gesetzes über das Kreditwesen.

1   Die Vorschrift betrifft die Vergabe von **Krediten der AG an Aufsichtsratsmitglieder** und nahe Angehörige des Aufsichtsratsmitglieds; sie will dem darin liegenden Missbrauchspotenzial vorbeugen und entgegenwirken. Wie die Parallelvorschrift des § 89 AktG zur Kreditvergabe an Vorstandsmitglieder setzt der Gesetzgeber auf die **Publizität** der erforderlichen Einwilligung des Aufsichtsrats als Kontrollinstrument. Die Regelungen sind auch inhaltlich mit denjenigen des § 89 AktG weitgehend identisch; auf diese wird zum Verständnis des § 115 AktG verwiesen.

2   Im Unterschied zur Regelung für Vorstandsmitglieder in § 89 Abs. 1 Satz 4 AktG werden den Aufsichtsratsmitgliedern in § 115 AktG **sog. Entnahmen** nicht ermöglicht. Ebenso wenig findet sich in § 115 AktG die für Vorstandsmitglieder vorgesehene Ausnahme für Kleinkredite (vgl. § 89 Abs. 1 Satz 5 AktG). Dagegen sind sog. **Warenkredite**, welche die AG einem Aufsichtsratsmitglied für dessen einzelkaufmännisch geführtes Handelsgewerbe gewährt, ohne Einwilligung des Aufsichtsrats zulässig.

3   Im Unterschied zu § 114 AktG erfasst § 115 Abs. 1 Satz 2 AktG die Fälle des Kreditvertragsschlusses mit einem **verbundenen Unternehmen** (vgl. Anhang 2 zum AktG Rdn. 8 ff.). Die Kreditgewährung des herrschenden Unternehmens an das Aufsichtsratsmitglied eines abhängigen Unternehmens bedarf ebenso wie die Kreditvergabe des abhängigen Unternehmens an das Aufsichtsratsmitglied des herrschenden Unternehmens der Einwilligung des Aufsichtsrats des herrschenden Unternehmens.

§ 116 Sorgfaltspflicht und Verantwortlichkeit der Aufsichtsratsmitglieder

¹Für die Sorgfaltspflicht und Verantwortlichkeit der Aufsichtsratsmitglieder gilt § 93 mit Ausnahme des Absatzes 2 Satz 3 über die Sorgfaltspflicht und Verantwortlichkeit der Vorstandsmitglieder sinngemäß. ²Die Aufsichtsratsmitglieder sind insbesondere zur Verschwiegenheit über erhaltene vertrauliche Berichte und vertrauliche Beratungen verpflichtet. ³Sie sind namentlich zum Ersatz verpflichtet, wenn sie eine unangemessene Vergütung festsetzen (§ 87 Absatz 1).

Übersicht	Rdn.		Rdn.
A. Regelungszweck............................	1	II. Verschwiegenheitspflicht..............	6
B. Pflichtenbindung der Aufsichtsratsmitglieder............................	2	III. Treuepflicht	9
		C. Verantwortlichkeit der Aufsichtsratsmitglieder......................	10
I. Sorgfaltspflicht..........................	3		

A. Regelungszweck

1   Die Vorschrift verweist hinsichtlich der Sorgfaltspflicht und Verantwortlichkeit der Aufsichtsratsmitglieder auf die Vorschriften für den Vorstand in **§ 93 AktG**, die für sinngemäß anwendbar erklärt

werden. Die Anordnung sinngemäßer Geltung der Regeln für den Vorstand macht deutlich, dass die im Vergleich zum Aufsichtsrat bestehenden Unterschiede der Konzeption der Organstellung, des Inhalts der Organaufgaben und der in Haupt- bzw. Nebentätigkeit erbrachten Aufgaben zu berücksichtigen sind (*Schwark* FS Canaris 2007, 389).

B. Pflichtenbindung der Aufsichtsratsmitglieder

Durch den Verweis auf die Regelung des § 93 AktG verpflichtet § 116 AktG die Aufsichtsratsmitglieder sinngemäß bei der Erfüllung der ihnen obliegenden Aufgaben, insbesondere bei der Überwachungstätigkeit gem. § 111 AktG auf den **gesamten für Vorstandsmitglieder geltenden Pflichtenkanon**. Das betrifft neben den in § 116 Satz 1 AktG ausdrücklich erwähnten Sorgfaltspflichten die in § 116 Satz 2 AktG angesprochene Verschwiegenheitspflicht sowie die Treuepflichten. Auf die Erläuterungen zu diesen nach § 93 AktG geltenden Pflichten kann an dieser Stelle grundsätzlich verwiesen werden. Die Aufsichtsratsmitglieder haben bei ihrer Überwachungsaufgabe stets das Unternehmensinteresse (vgl. Erl. zu § 76 AktG Rdn. 17 ff.) zu wahren (*Hüffer/Koch* AktG, § 116 Rn. 5; kritisch Spindler/Stilz/*Spindler* AktG, § 116 Rn. 27 ff.).

2

I. Sorgfaltspflicht

Die Sorgfaltspflicht umschreibt wie in § 93 AktG sowohl einen **objektiven Pflichtenstandard** als auch einen **Verschuldensmaßstab**. Der Inhalt der nach § 116 AktG bestehenden Sorgfaltspflichten ist in sinngemäßer Anwendung des § 93 AktG durch die Standards eines »ordentlichen und gewissenhaften Aufsichtsratsmitglieds« bei der Wahrnehmung der Überwachungsaufgabe des Aufsichtsratsmitglieds festgelegt. Die Aufsichtsratsmitglieder sind zunächst grundsätzlich zu einer effektiven Mitarbeit im Gremium verpflichtet; in diesem Rahmen haben sich die erforderlichen Informationen zu beschaffen und zu bewerten. Zentraler Inhalt der Pflichtbindung des Aufsichtsratsmitglieds ist die ordnungsgemäße Überwachung und Beratung des Vorstands (vgl. Er. zu § 111). Dabei ist eine risikoorientierte Prüfung vorzunehmen, die eine effektive Organisation und Arbeitsweise erfordert. Gegenstand der Kontrolltätigkeit des Aufsichtsrats ist insbesondere ein vorhandenes Risikomanagementsystem des Vorstands. Die Tätigkeit im Aufsichtsrat selbst kann ein geordnetes Überwachungs- und strukturiertes Haftungsmanagementsystem erfordern (zu den dabei in der Entwicklung befindlichen Grundsätzen vgl. *Freidank/Dürr/Sassen* BB 2013, 2283; *Bihr/Philippsen* DStR 2011, 1133), Die Tätigkeit kann sich regelmäßig auf die wesentlichen Maßnahmen der Geschäftsführung konzentrieren (OLG Stuttgart, Urt. v. 19.06.2012 – 20 W 1/12, AG 2012, 762, 763). Geht der Vorstand erhebliche Risiken ein, muss sich der Aufsichtsrat kundig machen und deren Ausmaß unabhängig vom Vorstand selbstständig abschätzen (BGH, Beschl. v. 06.11.2012 – II ZR 111/12, NZG 2013, 339). In der Krise des Unternehmens bestehen nach Umfang und Intensität erhöhte Sorgfaltsanforderungen (OLG Stuttgart, Urt. v. 19.06.2012 – 20 W 1/12, AG 2012, 762, 764). Erhöhte Sorgfaltsanforderungen bestehen auch bei zustimmungsbedürftigen Geschäften (*Grooterhorst* NZG 2011, 921, 923).

3

In **persönlicher Hinsicht** gilt nicht für alle Aufsichtsratsmitglieder der gleiche Pflichteninhalt. Aufsichtsratsmitglieder, die besondere Funktionen übernehmen, tragen auch besondere Pflichten. Insbesondere der Vorsitzende des Aufsichtsrats, sein Stellvertreter und die Mitglieder in Ausschüssen des Aufsichtsrats tragen die mit dem jeweiligen besonderen Amt verbundenen Pflichten. In **sachlicher Hinsicht** variiert der Pflichteninhalt mit der Art und Größe des Unternehmens und der sich den Aufsichtsratsmitgliedern im jeweiligen Unternehmen stellenden Anforderungen. Anzulegen ist ein objektiv durchschnittlicher Maßstab. Individuelle Spezialkenntnisse und -fähigkeiten wirken deshalb nicht Pflichten steigernd, individuelle Befähigungsdefizite aber auch nicht Pflichten mindernd (*Dreher* FS Boujong 1996, 71, 78 ff.; *Lutter* ZHR 145, 224, 228).

4

Die Sorgfaltspflicht eines »ordentlichen und gewissenhaften Aufsichtsratsmitglieds« als **Verschuldensmaßstab** definiert einen für sämtliche Aufsichtsratsmitglieder grundsätzlich gleichermaßen geltenden Standard. Von einem Aufsichtsratsmitglied wird gefordert, dass es diejenigen **Mindestkenntnisse und -fähigkeiten** hat oder sich aneignet, die benötigt werden, um die anfallenden

5

Geschäftsvorgänge pflichtgemäß beurteilen zu können (BGH, Urt. v. 15.11.1982 – II ZR 27/82, Z 85, 293, 295 f.). Aufsichtsratsmitglieder – und zwar sowohl die der Arbeitnehmer als auch die der Anteilseigner (BGH, Urt. v. 15.11.1982 – II ZR 27/82, Z 85, 296) – können sich grundsätzlich nicht verschuldensmindernd auf die mangelnde Beurteilungsfähigkeit im Bereich der gesetzlichen Überwachungsaufgaben berufen. Die Zuziehung von Sachverständigen ist nach §§ 109 Abs. 1 Satz 2, 111 Abs. 2 Satz 2 AktG deshalb nur für »einzelne« Gegenstände bzw. »bestimmte« Prüfungsgegenstände zugelassen, weil auch vom Gesetzgeber nicht erwartet wird, dass jedes Aufsichtsratsmitglied in sämtlichen Tätigkeitsgebieten des Aufsichtsrats umfassende Expertise besitzt (BGH, Urt. v. 15.11.1982 – II ZR 27/82, Z 85, 293, 296). Davon unbenommen kommt eine personenbezogene Differenzierung des Pflichteninhalts in Betracht. Aufsichtsratsmitglieder, die über beruflich erworbene Spezialkenntnisse verfügen, unterliegen in diesem Spezialgebiet einem erhöhten Sorgfaltsmaßstab (BGH, Urt. v. 20.09.2011 – II ZR 234/09. NZG 2011, 1271; kritisch *Selter* AG 2012, 11, 19).

II. Verschwiegenheitspflicht

6 Wegen der Verweisung auch auf § 93 Abs. 1 Satz 3 AktG sind die Aufsichtsratsmitglieder zur Verschwiegenheit verpflichtet; § 116 Abs. 1 Satz 2 AktG regelt deklaratorisch einen Teilaspekt, mit dem der Gesetzgeber des TransPuG deutlich machen wollte, worauf sich die Verschwiegenheitspflicht vor allem bezieht (RegBegr. zum TransPuG BT-Drucks. 14/8769, S. 18). Die Verschwiegenheitspflicht bezieht sich nach § 93 Abs. 1 Satz 2 AktG auf **alle vertraulichen Angaben und Geheimnisse** der Gesellschaft, insbesondere Betriebs- und Geschäftsgeheimnisse, die den Aufsichtsratsmitgliedern durch ihre Tätigkeit im Aufsichtsrat bekannt geworden sind (vgl. dazu sinngemäß auch die Erl. zu § 93 AktG Rdn. 11 ff.). Hierunter fallen vor allem der Gang der Beratungen des Aufsichtsrats, die Abstimmungsergebnisse, die Stellungnahmen der einzelnen Mitglieder und ihr Abstimmungsverhalten. Allenfalls in begrenzten Ausnahmefällen kann es gerechtfertigt sein, die Vertraulichkeit der Aufsichtsratsberatungen zu durchbrechen. Maßgeblicher Gesichtspunkt für die Beurteilung der Vertraulichkeit der Information ist allein das objektive Bedürfnis an Geheimhaltung im Unternehmensinteresse (BGH, Urt. v. 05.06.1975 – II ZR 156/73, Z 64, 325, 331). Bei der Beurteilung der Frage, ob eine im Unternehmensinteresse als vertraulich zu behandelnde Information gegeben ist, steht den Aufsichtsratsmitgliedern kein Beurteilungsspielraum zur Verfügung (MünchHdb GesR IV/*Hoffmann-Becking* § 33 Rn. 37).

7 Die Verpflichtung gilt **für alle Aufsichtsratsmitglieder** gleichermaßen. Für die Aufsichtsratsmitglieder in mitbestimmten Gesellschaften ebenso wie in mitbestimmungsfreien, für Aufsichtsratsmitglieder der Arbeitnehmer ebenso wie für solche der Anteilseigner (*Edenfeld/Neufang* AG 1999, 49, 52).

8 Das Gesetz regelt die Verschwiegenheitsverpflichtungen **abschließend**; sie kann deshalb weder durch die Satzung noch durch die Geschäftsordnung abgeschwächt oder verschärft werden (§ 23 Abs. 5 AktG). Möglich sind nur erläuternde Richtlinien zum Inhalt der Schweigepflicht sowie zu dem ggf. einzuhaltenden Verfahren vor Weitergabe einer Information (BGH, Urt. v. 05.06.1975 – II ZR 156/73, Z 64, 325, 328). Zulässig ist danach die Festlegung eines Katalogs von Informationen, die vertraulich zu behandeln sind, wobei unter Berücksichtigung des Unternehmensinteresses im Einzelfall nicht auszuschließen ist, dass eine Weitergabe der Information keinen Verstoß gegen die Verschwiegenheitsverpflichtung bedeutet (MünchHdb GesR IV/*Hoffmann-Becking* § 33 Rn. 40 f.).

III. Treuepflicht

9 In der Konsequenz der organschaftlichen Stellung im Unternehmen unterliegen die Aufsichtsratsmitglieder einer Treubindung gegenüber der AG. Die Konkretisierung ist schwierig (vgl. Spindler/Stilz/*Spindler* AktG, § 116 Rn. 55 ff.). Ein Rückgriff auf die Treubindungen der Vorstandsmitglieder (vgl. Erl. zu § 93 AktG Rdn. 3 ff.) ist wegen der Verschiedenheit der Aufgaben der Organe und ihrer Mitglieder, insbesondere wegen des Umstands, dass die Aufsichtsratsmitglieder ihre Tätigkeit typischerweise als Nebentätigkeit ausüben, nicht ohne weiteres möglich. Auch insoweit ist der allein

verbindliche, wenn auch nicht konturenscharfe Maßstab der des **Unternehmensinteresses**, den ein Mitglied des Aufsichtsrats in seiner Tätigkeit vorrangig zu beachten hat (MünchHdb GesR IV/ *Hoffmann-Becking* § 33 Rn. 48). Die Treupflicht gebietet es, mit kritischen Äußerungen gegenüber der Vorstandstätigkeit die Kreditwürdigkeit des Unternehmens nicht zu gefährden (BGH, Beschl. v. 06.11.2012 – II ZR 111/12, NZG 2013, 339). Die Treubindung gegenüber der AG besteht insbesondere und gerade in Fällen der **Interessenkollision**. Diese können sich ergeben, wenn das Aufsichtsratsmitglied ihr Amt im Nebenamt ausübt und im Hauptamt in einer anderen Gesellschaft oder Unternehmung tätig ist; die Interessenkollision ist kein Rechtfertigstatbestand für ein dem Unternehmenswohl abträgliches Aufsichtsratsverhalten (*Ulmer* NJW 1980, 1603, 1605). Die Interessenkonflikte, die sich aus konkurrierenden Organfunktionen des Aufsichtsratsmitglieds bei Kunden, Lieferanten, Kreditgebern und sonstigen Geschäftspartnern ergeben können, sind als Regelungsproblem erkannt; der DCGK empfiehlt in Nr. 5.5.2 die **Offenlegung solcher Konflikte**. Zu ihrer Lösung gibt es keine Patentrezepte; auch der DCGK sieht keine empfohlenen Lösungen vor. Im Einzelfall kommt in Betracht, dass das betroffene Aufsichtsratsmitglied durch den Aufsichtsratsvorsitzenden als Sitzungsleiter vom Stimmrecht wegen Interessenkollision ausgeschlossen wird (Ringleb/Kremer/Lutter/v. Werder/*Kremer* Rn. 1110); bei andauernden Interessenkollisionen wird auch eine Verpflichtung zur Niederlegung des Amtes in Betracht zu ziehen sein (*Lutter/Krieger* Rechte und Pflichten des Aufsichtsrats, § 10 Rn. 772 ff.).

C. Verantwortlichkeit der Aufsichtsratsmitglieder

Nach Maßgabe der §§ 116, 93 Abs. 2 AktG sind Aufsichtsratsmitglieder für Pflichtverletzungen der AG und nicht etwa den Aktionären oder Dritten gegenüber (OLG Düsseldorf, Urt. v. 23.06.2008 – 9 U 22/08, NZG 2008, 713) **schadensersatzpflichtig**. Die Verantwortlichkeit auch der Aufsichtsratsmitglieder ist nach der sog. **Business Judgement Rule** des § 93 Abs. 1 Satz 2 AktG begrenzt (*Lutter* ZIP 2007, 841, 846 f.). Ein Verantwortungsausschluss greift zugunsten der Aufsichtsratsmitglieder nur ein, wenn sie in unternehmerische Entscheidungen eingebunden sind, bei denen wegen der Unsicherheit über die künftige Entwicklung und das Erfordernis, eine Prognoseentscheidung treffen zu müssen, die Anwendung der Business Judgement Rule auf die Verantwortlichkeit der Mitglieder des Aufsichtsrats für ihre Überwachungstätigkeit gerechtfertigt ist (vgl. § 111 AktG Rdn. 5). Eine fehlerhafte Ausübung des unternehmerischen Ermessens stellt keinen Pflichtenverstoß dar. Dagegen verstößt das Aufsichtsratsmitglied gegen die bestehenden Sorgfaltsanforderungen, wenn es auf der Grundlage angemessener Information nicht hätte annehmen dürfen, zum Wohle der Gesellschaft zu handeln (vgl. Erl. zu § 93).

Eine Pflichtverletzung kann auch dadurch begangen werden, dass begründete **Schadenersatzansprüche gegen den Vorstand nicht geltend gemacht** werden (BGH, Urt. v. 21.04.1997 – II ZR 175/95 Z 135, 244 – ARAG/Garmenbeck; vgl. Erl. zu § 111 AktG Rdn. 10). Eine schuldhafte Pflichtverletzung scheidet nur dann aus, wenn der Aufsichtsrat dafür gewichtige Belange der Gesellschaft vorbringen kann. Über § 116 greift § 93 Abs. 3 Satz 4 für Verzichts- oder Vergleichsverträge ein (OLG Frankfurt am Main, Urt. v. 06.07.2010 – 5 U 205/07, AG 2010, 793, 796); die danach zu beachtenden Anforderungen (Sperrfrist, Zustimmung der Hauptversammlung, kein Widerspruch mit relevantem Aktionärsquorum) beugen der latenten Gefahr eines Interessenkonflikts bei einem Vergleich über Ersatzansprüche der AG wegen nicht ordnungsgemäßer Überwachung durch den Aufsichtsrat vor.

Die Haftung nach den gesetzlichen Regeln ist **zwingend** (§ 23 Abs. 5 AktG) ausgestaltet; ihre Änderung durch Satzungs- oder Geschäftsordnungsregeln ist deshalb unzulässig. Möglich und zulässig sind aber im Innenverhältnis zur AG wirkende **Freistellungsklauseln** (*Hüffer/Koch* AktG, § 116 Rn. 8). Die Sondertatbestände des § 93 Abs. 3 AktG sowie die der Enthaftung nach § 93 Abs. 4 AktG (hier mit Ausnahme des nicht passenden Satz 2) gelten sinngemäß auch für die Mitglieder des Aufsichtsrats (vgl. § 93 AktG Rdn. 24 ff.). Ebenso gilt § 93 Abs. 5 AktG, sodass die Ansprüche gegen Aufsichtsratsmitglieder auch von den Gläubigern durchgesetzt werden können (vgl. § 93 AktG Rdn. 35 ff.). Es gilt die 5-jährige Verjährung des § 93 Abs. 6 AktG (vgl. dort Rdn. 38).

13 Die Haftung wegen Pflichtverletzung nach §§ 116, 93 Abs. 2 AktG setzt ein **Verschulden** des in Anspruch genommenen Aufsichtsratsmitglieds voraus. Es gilt der Sorgfaltsmaßstab eines ordentlichen und gewissenhaften Aufsichtsratsmitglieds (vgl. Rdn. 4). Für die **Beweislast** gilt über § 116 die Regelung des § 93 Abs. 2 Satz 2 AktG (vgl. § 93 AktG Rdn. 22). Im Haftungsprozess gegen ein Aufsichtsratsmitglied trifft die klagende AG die Darlegungs- und Beweislast dafür, dass und inwieweit der Gesellschaft durch ein möglicherweise pflichtwidriges Verhalten des Aufsichtsratsmitglieds in dessen Pflichtenkreis ein Schaden entstanden ist; das Aufsichtsratsmitglied hat darzulegen und ggf. zu beweisen, das es seinen Sorgfaltspflichten genügt hat, dass es kein Verschulden trifft oder dass der Schaden auch bei pflichtgemäßem Alternativverhalten eingetreten wäre (BGH, Urt. v. 01.12.2008 – II ZR 102/07, ZIP 2009, 70; OLG Stuttgart, Beschl. v. 10.06.1012 – 20 W 1/12, NZG 2012, 1150). Eine Entlastung durch die Hauptversammlung gem. § 120 bewirkt keine Umkehr der Beweislast (OLG Düsseldorf, Urt. v. 22.02.1996 – 6 U 20/95, ZIP 1996, 503, 504) und erst recht keinen Verzicht auf Ersatzansprüche (die gegenteilige Entscheidung BGH, Urt. v. 12.03.1959 – II ZR 180/57, Z 29, 385, 391 f. ist durch die Änderung des § 120 überholt). Wegen der Gesamtverantwortung des Aufsichtsrats als Gremium kann das einzelne Aufsichtsratsmitglied seine Verantwortlichkeit nicht durch eine Aufgabendelegation ausschließen (Spindler/Stilz/*Spindler* AktG, § 116 Rn. 107).

14 Die **Durchsetzung von Ersatzansprüchen** gegen Aufsichtsratsmitglieder erfolgt in erster Linie **durch den Vorstand**. Der Vorstand ist – wie umgekehrt der Aufsichtsrat bei Ansprüchen gegen Vorstandsmitglieder (vgl. Erl. zu § 111 Rdn. 10) – zur Durchsetzung der Ansprüche grundsätzlich verpflichtet, wenn nicht im Einzelfall das bestehende Entscheidungsermessen aus übergeordneten Gründen des Unternehmenswohls dahin gehend ausgeübt werden darf, dass auf die Geltendmachung von Ersatzansprüchen angesehen wird (vgl. BGH, Urt. v. 21.04.1997 – II ZR 175/95, Z 135, 244, 253 – ARAG/Garmenbeck; *Kau/Kukat* BB 2000, 1045, 1049).

15 Die Ersatzansprüche gegen ein Mitglied des Aufsichtsrats stehen grundsätzlich nur der Gesellschaft zu, da der Aufsichtsrat auch nur der Gesellschaft gegenüber vermögensbetreuungspflichtig ist (BGH, Urt. v. 14.04.1986 – II ZR 123/85, NJW-RR 1986, 1158, 1159). Eine Verantwortlichkeit der Mitglieder des Aufsichtsrats gegenüber den Aktionären besteht deshalb grundsätzlich nicht; **Aktionäre** können Ansprüche aus §§ 116, 93 nur nach Maßgabe der §§ 147, 148 zugunsten der Gesellschaft geltend machen (Spindler/Stilz/*Spindler* AktG, § 116 Rn. 183 ff.). Ausnahmsweise kommt eine Haftung eines Aufsichtsratsmitglieds gegenüber Aktionären in Betracht, wenn er ein strafbares oder sittenwidriges Verhalten des Vorstandes vorsätzlich veranlasst oder unterstützt. Eine derartige Unterstützungshandlung kommt insbesondere in Betracht, wenn dem Vorstand ein sittenwidriges oder strafbares Verhalten im Zusammenhang mit Kapitalerhöhungen zur Last gelegt wird, weil der Aufsichtsrat gem. § 202 Abs. 3 Satz 2 bei den Kapitalerhöhungen im Rahmen genehmigten Kapitals mit wirkt (OLG Düsseldorf, Urt. v. 23.06.2008 – I-9 U 22/08, AG 2008, 666 f.).

16 **Gesellschaftsgläubiger** haben nach §§ 116, 93 Abs. 5 ein unmittelbares Recht auf Geltendmachung der Ersatzansprüche der Gesellschaft gegen ein Aufsichtsratsmitglied im eigenen Namen und auf Zahlung an sich selbst; dieses Recht besteht bis zur Deckung ihrer Forderungen (MüKo AktG/*Semler* § 116 Rn. 620). Daneben haben Gesellschaftsgläubiger die Möglichkeit, ihre Ansprüche durch Pfändung und Einziehung der Ansprüche der Gesellschaft gegen das Aufsichtsratsmitglied auf der Grundlage eines Titels gegen die Gesellschaft durchzusetzen (Spindler/Stilz/*Spindler* AktG, § 116 Rn. 161).

17 Ein **Verzicht** auf oder ein **Vergleich** über entstandene Ersatzansprüche ist der Gesellschaft nur nach Maßgabe des § 93 Abs. 4 Satz 3 möglich. Eine mit Wirkung gegenüber der Gesellschaft geltende **Freistellung** von der Haftung der Aufsichtsratsmitglieder ist unzulässig unabhängig davon, ob diese durch rechtsgeschäftliche Vereinbarung oder in der Satzung erfolgt (Spindler/Stilz/*Spindler* AktG, § 116 Rn. 157). Die Versicherung der Haftungsrisiken über eine **D & O-Versicherung** ist dagegen nach § 93 Abs. 2 Satz 3 nur unter der Voraussetzung zulässig, dass das Aufsichtsratsmitglied einen angemessenen Selbstbehalt zu tragen hat (vgl. Erl. zu § 93 Rdn. 26). Bei der Berücksichtigung von

D&O-Versicherungen im Rahmen von Vergleichsabschlüssen ist zu beachten, dass die Abtretung von Versicherungsansprüchen gem. § 108 VVG nicht (mehr) ausgeschlossen werden kann.

Dritter Abschnitt Benutzung des Einflusses auf die Gesellschaft

§ 117 Schadenersatzpflicht

(1) ¹Wer vorsätzlich unter Benutzung seines Einflusses auf die Gesellschaft ein Mitglied des Vorstands oder des Aufsichtsrats, einen Prokuristen oder einen Handlungsbevollmächtigten dazu bestimmt, zum Schaden der Gesellschaft oder ihrer Aktionäre zu handeln, ist der Gesellschaft zum Ersatz des ihr daraus entstehenden Schadens verpflichtet. ²Er ist auch den Aktionären zum Ersatz des ihnen daraus entstehenden Schadens verpflichtet, soweit sie, abgesehen von einem Schaden, der ihnen durch Schädigung der Gesellschaft zugefügt worden ist, geschädigt worden sind.

(2) ¹Neben ihm haften als Gesamtschuldner die Mitglieder des Vorstands und des Aufsichtsrats, wenn sie unter Verletzung ihrer Pflichten gehandelt haben. ²Ist streitig, ob sie die Sorgfalt eines ordentlichen und gewissenhaften Geschäftsleiters angewandt haben, so trifft sie die Beweislast. ³Der Gesellschaft und auch den Aktionären gegenüber tritt die Ersatzpflicht der Mitglieder des Vorstands und des Aufsichtsrats nicht ein, wenn die Handlung auf einem gesetzmäßigen Beschluß der Hauptversammlung beruht. ⁴Dadurch, daß der Aufsichtsrat die Handlung gebilligt hat, wird die Ersatzpflicht nicht ausgeschlossen.

(3) Neben ihm haftet ferner als Gesamtschuldner, wer durch die schädigende Handlung einen Vorteil erlangt hat, sofern er die Beeinflussung vorsätzlich veranlaßt hat.

(4) Für die Aufhebung der Ersatzpflicht gegenüber der Gesellschaft gilt sinngemäß § 93 Abs. 4 Satz 3 und 4.

(5) ¹Der Ersatzanspruch der Gesellschaft kann auch von den Gläubigern der Gesellschaft geltend gemacht werden, soweit sie von dieser keine Befriedigung erlangen können. ²Den Gläubigern gegenüber wird die Ersatzpflicht weder durch einen Verzicht oder Vergleich der Gesellschaft noch dadurch aufgehoben, daß die Handlung auf einem Beschluß der Hauptversammlung beruht. ³Ist über das Vermögen der Gesellschaft das Insolvenzverfahren eröffnet, so übt während dessen Dauer der Insolvenzverwalter oder der Sachwalter das Recht der Gläubiger aus.

(6) Die Ansprüche aus diesen Vorschriften verjähren in fünf Jahren.

(7) Diese Vorschriften gelten nicht, wenn das Mitglied des Vorstands oder des Aufsichtsrats, der Prokurist oder der Handlungsbevollmächtigte durch Ausübung
1. der Leitungsmacht auf Grund eines Beherrschungsvertrags oder
2. der Leitungsmacht einer Hauptgesellschaft (§ 319), in die die Gesellschaft eingegliedert ist,

zu der schädigenden Handlung bestimmt worden ist.

Übersicht	Rdn.		Rdn.
A. Regelungszweck	1	D. Haftungsausnahmen und -modalitäten,	
B. Haftungstatbestand, Abs. 1	2	Abs. 2 Satz 3, Abs. 3 bis 7	9
C. Mithaftung weiterer Personen, Abs. 2 und 3	7		

A. Regelungszweck

Einflussnahmen auf die AG, welche das Führungspersonal der Gesellschaft zu schädlichem Verhalten veranlasst, können das Vermögen der AG und der Aktionäre beeinträchtigen und führen nach 1

§ 117 AktG zu einer **Schadenersatzverpflichtung**. Sofern der schädigende Einfluss von Aktionären ausgeht, kann dies aus heutiger Sicht eine Verletzung der Treuebindungen des Aktionärs darstellen. § 117 AktG behandelt die schädigende Einflussnahme als **besonderen Deliktstatbestand** (BGH, Urt. v. 20.03.1995 – II ZR 205/94, Z 129, 136, 160 – Girmes), der den Ersatz reiner Vermögensschäden regeln soll; wegen des deliktsrechtlichen Charakters der Norm kann der Adressatenkreis der Norm im Interesse eines umfassenden Schutzes des Gesellschafts- und Aktionärsvermögens auf jeden beliebigen Schädiger erstreckt werden.

B. Haftungstatbestand, Abs. 1

2 Abs. 1 verlangt in objektiver Hinsicht zunächst die von einer natürlichen oder juristischen Person ausgehende **Einflussnahme auf die AG**. Auf welche Weise bzw. auf welcher Grundlage der Einfluss erfolgt, ist für den Tatbestand des § 117 AktG ohne Belang. Insofern kommt jede Art von Einflussnahme in Betracht, unabhängig davon, ob sie als Mitglied eines Verwaltungsorgans, als Außenstehender, als Aktionär, als Familienangehöriger bzw. als Vertrags- oder Geschäftspartner ausgeübt wird.

3 Die Einflussnahme muss genutzt werden, um eine der in Abs. 1 Satz 1 genannten Führungspersonen der AG zu einem **schädigenden Handeln** zu bestimmen. Damit wird zum Ausdruck gebracht, dass die Einflussnahme schon immer nur tatbestandlich ist, wenn sie kausal für das Handeln der betroffenen Person war (*Brüggemeier* AG 1988, 93, 96). Der Kreis der beeinflussten Personen ist in Abs. 1 Satz 1 bewusst formal festgelegt worden, sodass das Tätigwerden von anderen als den im Tatbestand genannten Führungspersonen auch dann nicht tatbestandlich erheblich ist, wenn diese die gleichen oder sogar weiter reichende rechtliche Befugnisse haben (MünchHdb GesR IV/*Wiesner* § 27 Rn. 3).

4 Das so beeinflusste Handeln des Führungspersonals der Gesellschaft muss einen **Schaden der AG bzw. der Aktionäre** bewirken. Der Schaden ist danach tatbestandlich erheblich, wenn er kausal auf das beeinflusste Handeln des Führungspersonals zurückzuführen ist. Schaden im Sinne der Vorschrift sind nur Vermögensschäden (*Brüggemeier* AG 1988, 93, 96). Als Schaden des Aktionärs wird nur der ihm **unmittelbar** entstandene Vermögensschaden angesehen (BGH, Urt. v. 22.06.1992 – II ZR 178/90, NJW 1992, 3167, 3172); der durch die Wertminderung seiner Aktien als Folge der Einflussnahme auf die AG entstehende mittelbare Schaden wird somit nicht erfasst (BGH, Urt. v. 11.07.1988 – II ZR 243/87, Z 105, 121, 130 f.; BGH, Urt. v. 22.06.1992 – II ZR 178/90, NJW 1992, 3167, 3171 f.). Der Aktionär soll aus Gründen der Kapitalerhaltung und der Zweckbindung des Gesellschaftsvermögens nicht mit der AG um Schadensersatzansprüche konkurrieren (BGH, Urt. v. 04.03.1985 – II ZR 271/83, Z 94, 55, 58 f.).

5 In subjektiver Hinsicht verlangt die Vorschrift **vorsätzliches Handeln** der Einfluss ausübenden Person. Während bedingter Vorsatz genügt, ist fahrlässiges Handeln nicht ausreichend (*Kropff* AktG 1965, 162). Der Vorsatz muss sich insbesondere auf den Schadenseintritt beziehen. Deshalb fehlt es an der Vorsätzlichkeit, wenn die beeinflussende Person in der Absicht handelt, das Unternehmen in der Krise zu retten oder einen Insolvenzantrag zu verhindern (vgl. BGH, Urt. v. 12.07.1982 – II ZR 175/81, NJW 1982, 2823, 2827).

6 Die **Rechtsfolge** besteht darin, dass unter den genannten Tatbestandsvoraussetzungen ein **Schadenersatzanspruch der AG** entsteht. Der Anspruch wird regelmäßig durch den Vorstand geltend gemacht (vgl. § 78 Abs. 1 AktG). Die Geltendmachung von Ersatzansprüchen der AG kann aber von der Hauptversammlung im Beschlusswege erzwungen werden (§ 147 Abs. 1 Satz 1 AktG). Gesellschaftsgläubiger haben die Möglichkeit, den Ersatzanspruch nach Abs. 5 geltend zu machen. Dabei handelt es sich um eine Parallelvorschrift zu § 93 Abs. 5 AktG, mit der Besonderheit, dass es auf eine gröbliche Pflichtverletzung der Organmitglieder (§ 93 Abs. 5 Satz 2 AktG) bei der Anwendung des § 117 Abs. 5 AktG nicht ankommt. Die geschädigten Aktionäre können den Ersatzanspruch nicht geltend machen (OLG Bremen, Beschl. v. 28.05.2001 – 4 W 7/01, AG 2002, 620). Die Aktionäre sind aber nach Abs. 1 Satz 2 ersatzberechtigt, wenn ihnen ein über den Schaden der

AG hinausgehender Schaden zugefügt worden ist. Als Konsequenz der dem Gebot der Kapitalerhaltung geschuldeten Nichtberechtigung der Aktionäre, ihren nur mittelbaren Schaden der einflussbedingten Minderung des Werts der Aktie geltend zu machen, kann ein Aktionär nach Abs. 1 Satz 2 nur Ersatz für diejenigen Schäden beanspruchen, die nicht in der Wertminderung der Aktie bestehen. Der BGH hat einen solchen Schaden im Ausfallen des Aktionärs in der Insolvenz der AG gesehen, nachdem der Aktionär der AG ein Darlehen als Überbrückungshilfe gewährt hatte und der Aufsichtsratsvorsitzende den Vorstand dazu bestimmt hatte, ungerechtfertigte Zahlungen aus dem Gesellschaftsvermögen zu leisten (BGH, Urt. v. 04.03.1985 – II ZR 271/83, Z 94, 55).

C. Mithaftung weiterer Personen, Abs. 2 und 3

Nach Abs. 2 haften auch die **Mitglieder von Vorstand und Aufsichtsrat**, wenn sie pflichtwidrig gehandelt haben. Die Haftung hängt davon ab, dass die Voraussetzungen des Abs. 1 vorliegen und die Organmitglieder nach § 93 AktG bzw. §§ 116, 93 AktG verantwortlich sind. Abs. 2 geht dabei über die allgemeine Haftung der Organhaftung nach §§ 93, 116 AktG hinaus, als die Organmitglieder danach auch den Aktionären für deren unmittelbaren Schaden ersatzpflichtig sind. Wie in § 93 Abs. 2 Satz 2 AktG auch, trifft die Verwaltungsorganmitglieder die **Beweislast** dafür, dass sie nicht pflichtwidrig gehandelt haben, Abs. 2 Satz 2. Die Mitglieder von Vorstand und Verwaltungsrat haften neben der Einfluss ausübenden Person als Gesamtschuldner (§§ 421 ff. BGB).

Als weitere Gesamtschuldner haften die **Nutznießer einer schädigenden Einflussnahme** auf die AG, Abs. 3. Voraussetzung der Haftung ist, dass der Mithaftende die Beeinflussung **vorsätzlich** (weiter) beeinflusst und er durch die schädigende Handlung einen Vorteil erlangt hat. Soweit es sich bei dem Nutznießer der schädigenden Handlung um einen Aktionär handelt, erfüllt die Veranlassung der Beeinflussung regelmäßig bereits den Tatbestand des Treupflichtverstoßes (vgl. BGH, Urt. v. 20.03.1995 – II ZR 205/94, NJW 1995, 1739, 1745); Bedeutung hat die Vorschrift vor allem als spezieller Deliktstatbestand für außenstehende Veranlasser einer schädigenden Einflussnahme.

D. Haftungsausnahmen und -modalitäten, Abs. 2 Satz 3, Abs. 3 bis 7

Die Haftung nach § 117 AktG steht unter dem Vorbehalt einer Reihe besonderer Tatbestände. **Abs. 2 Satz 3** schließt die Haftung der Mitglieder der Verwaltung nach § 117 AktG aus, wenn Vorstand oder Aufsichtsrat auf der Grundlage eines **gesetzmäßigen Beschlusses** der Hauptversammlung handeln; die Haftung entfällt in diesem Fall wegen des für die Verwaltung der AG verbindlich beschlossenen Willens der Hauptversammlung, die insoweit als »oberstes Organ« der Gesellschaft verstanden wird (vgl. aber Erl. zu § 118 AktG Rdn. 1). Einem Beschluss allein des Aufsichtsrats kommt diese entlastende Wirkung deshalb nicht zu, Abs. 2 Satz 4. Die **Aufhebung der Ersatzansprüche der Gesellschaft** ist wegen des Verweises in Abs. 4 auf die Regeln des § 93 Abs. 4 Satz 3 und 4 AktG grundsätzlich nur nach Ablauf der dort genannten **Frist** und mit Zustimmung der Hauptversammlung möglich (vgl. § 93 AktG Rdn. 34). Für die Ersatzansprüche der Aktionäre gibt es eine solche Beschränkung nicht.

Ausnahmen von der Haftung regelt Abs. 7 für **konzernrechtliche Sachverhalte**. Die Haftung der Führungspersonen nach Abs. 1 bis 3 besteht nicht, wenn die Einflussnahme durch Ausübung der Leitungsmacht aufgrund eines Beherrschungsvertrages (§ 308 AktG) oder kraft Eingliederung (§ 323 AktG) erfolgt. Für diese konzernrechtlichen Sachverhalte bestehen spezifische konzernrechtliche Sondertatbestände der Verantwortlichkeit wegen schädlicher Einflussnahme (§§ 300 ff., 324 AktG; vgl. dazu auch Anhang 2 zum AktG Rdn. 36 ff.); deshalb bedarf es der Haftung nach den gesellschaftsrechtlichen Regeln des § 117 AktG nicht.

Vierter Abschnitt Hauptversammlung

Erster Unterabschnitt Rechte der Hauptversammlung

§ 118 Allgemeines

(1) ¹Die Aktionäre üben ihre Rechte in den Angelegenheiten der Gesellschaft in der Hauptversammlung aus, soweit das Gesetz nichts anderes bestimmt. ²Die Satzung kann vorsehen oder den Vorstand dazu ermächtigen vorzusehen, dass die Aktionäre an der Hauptversammlung auch ohne Anwesenheit an deren Ort und ohne einen Bevollmächtigten teilnehmen und sämtliche oder einzelne ihrer Rechte ganz oder teilweise im Wege elektronischer Kommunikation ausüben können.

(2) Die Satzung kann vorsehen oder den Vorstand dazu ermächtigen vorzusehen, dass Aktionäre ihre Stimmen, auch ohne an der Versammlung teilzunehmen, schriftlich oder im Wege elektronischer Kommunikation abgeben dürfen (Briefwahl).

(3) ¹Die Mitglieder des Vorstands und des Aufsichtsrats sollen an der Hauptversammlung teilnehmen. ²Die Satzung kann jedoch bestimmte Fälle vorsehen, in denen die Teilnahme von Mitgliedern des Aufsichtsrats im Wege der Bild- und Tonübertragung erfolgen darf.

(4) Die Satzung oder die Geschäftsordnung gemäß § 129 Abs. 1 kann vorsehen oder den Vorstand oder den Versammlungsleiter dazu ermächtigen vorzusehen, die Bild- und Tonübertragung der Versammlung zuzulassen.

Übersicht	Rdn.		Rdn.
A. Regelungsübersicht	1	II. Teilnahme der Mitglieder der Verwaltung	7
B. Ausübung der Aktionärsrechte, Abs. 1 . .	2	III. Teilnahme Dritter.	10
C. Teilnahme an der Hauptversammlung, Abs. 3	4	D. Online-Teilnahme, Briefwahl, Ton- und Bildübertragung.	14
I. Teilnahmerecht der Aktionäre.	5		

A. Regelungsübersicht

1   Die Vorschrift ist als **Grundlagennorm zum Recht der Hauptversammlung** der AG konzipiert. Sie beruht auf der Konzeption des Gesetzgebers, die Hauptversammlung sowohl als Versammlung der Aktionäre als auch als Organ der AG zu verfassen. Als **Versammlung der Aktionäre** ist die Hauptversammlung die Einrichtung, mittels derer die Aktionäre durch Ausübung ihrer Mitgliedschaftsrechte in erster Linie ihren Willen bilden (Abs. 1). Das **Organ Hauptversammlung** ist kein ständiges Organ; es tritt ad hoc durch Einberufung (§ 121 AktG) zur ordentlichen und zu außerordentlichen Versammlungen zusammen. Die organschaftlichen Befugnisse der Hauptversammlung sind durch die vom Gesetz geregelten Aufgaben und Befugnisse festgelegt (vgl. v. a. § 119 AktG). Sie stehen zu den Kompetenzen der beiden anderen Organe in einem vom Gesetzgeber weitgehend zwingend (§ 23 Abs. 5 AktG) vorgeschriebenen Verhältnis, das nicht durch hierarchische Über- und Unterordnung (BVerfG, Beschl. v. 20.09.1999 – 1 BvR 636/95, NJW 2000, 349, 350), sondern durch die **Idee der Machtbalance** zwischen den Organen geprägt ist (*Hüffer/Koch* AktG, § 118 Rn. 4; zur Entwicklung der Aktionärsrechte in der Hauptversammlung vgl. *Förster* AG 2011, 362). Die Vorschrift regelt die Pflicht der Mitglieder der beiden anderen Organe, an der Hauptversammlung teilzunehmen (Abs. 3). Die Hauptversammlung war bisher eine reine Präsenzveranstaltung; aktiv beteiligen konnten sich nur anwesende Aktionäre oder Vertreter; durch die mit dem ARUG eingeführten Neuregelungen (vgl. Rdn. 14–16) hat der Gesetzgeber Schritte in Richtung der Durchführung von Online-Hauptversammlungen geschaffen (*v. Nussbaum* GWR 2009, 215 ff.).

B. Ausübung der Aktionärsrechte, Abs. 1

Nach Abs. 1 Satz 1 sind die Aktionäre grundsätzlich gehalten, ihre Rechte in Angelegenheiten der Gesellschaft in der Hauptversammlung auszuüben. Insofern sind ihre Rechte doppelt mediatisiert: Die Aktionäre können ihre Rechte nur ausüben, sofern die Hauptversammlung zuständig ist, und die Ausübung der Rechte erfolgt im Wege der Beschlussfassung der Hauptversammlung, sofern sich dafür die erforderlichen Mehrheiten finden. Die **versammlungsgebundenen Aktionärsrechte** sind: das Teilnahmerecht, das Auskunftsrecht (§ 131 AktG), das Stimmrecht (§§ 12, 133 ff. AktG) und das Recht zur Erklärung des Widerspruchs zur Niederschrift (§ 245 Nr. 1 AktG); nach § 147 Abs. 1 Satz 1 AktG können die Aktionäre über die Geltendmachung von Ersatzansprüchen der Gesellschaft beschließen; ferner stehen ihnen weitere, an das Vorliegen qualifizierter Aktionärsminderheiten gebundene Befugnisse (vgl. §§ 93 Abs. 4 Satz 3, 116, 309 Abs. 3 Satz 1, 310 Abs. 4, 317 Abs. 4, 318 Abs. 4 AktG) zu (vgl. *Henn* BB 1982, 1185).

Abs. 1 lässt erkennen, dass den Aktionären kraft Gesetzes auch **nicht versammlungsgebundene Rechte** zustehen (vgl. *Henn* BB 1982, 1185, 1190 ff.). Dies betrifft zunächst die **Vermögensrechte**, nämlich den Anspruch auf Zahlung der von der Hauptversammlung beschlossenen Dividende (§§ 174, 58 Abs. 4 AktG) sowie das Bezugsrecht auf neue Aktien im Fall der Kapitalerhöhung (§ 186 AktG). Ferner bestehen **Kontrollrechte**, nämlich das Recht auf Einberufung des Statusverfahrens (§ 98 Abs. 2 Nr. 3 AktG), die Anfechtungsbefugnis nach § 245 AktG, die Befugnis zur Geltendmachung der Nichtigkeitsklage nach § 249 AktG, sowie zahlreiche **Informationsrechte** (§§ 125 Abs. 2 und 4, 175 Abs. 2, 293 f., 295 Abs. 1 Satz 2 AktG). An das Vorliegen einer qualifizierten Minderheit sind die Rechte auf Einberufung der Hauptversammlung und auf Bekanntgabe der Tagesordnung (§ 122 Abs. 1 und 2 AktG) sowie Rechte auf Sonderprüfung und daran anknüpfende Hilfsbefugnisse (§§ 142 Abs. 2 und 4, 147 Abs. 2 Satz 2, 258 Abs. 2 Satz 3 AktG) gebunden.

C. Teilnahme an der Hauptversammlung, Abs. 3

Die Hauptversammlung der AG ist keine öffentliche Veranstaltung, der Teilnehmerkreis ist von Gesetzes wegen beschränkt. Abs. 2 enthält dazu gesetzliche Regeln; sie sind **nicht abschließend** und betreffen nur einzelne Aspekte des Teilnahmerechts, insbesondere die Teilnahme der Mitglieder der Verwaltung der AG, während z. B. das Recht der Aktionäre auf Teilnahme der Hauptversammlung in Abs. 1 und 2 vorausgesetzt wird.

I. Teilnahmerecht der Aktionäre

Das Recht auf Teilnahme an der Hauptversammlung ist das **fundamentale Recht des Aktionärs**, ohne das es dem Aktionär nicht möglich ist, seine Rechte in den Angelegenheiten der Gesellschaft entsprechend der Regelung des Abs. 1 in der Hauptversammlung auszuüben. Das Recht auf Teilnahme an der Hauptversammlung ist Ausfluss des Mitgliedschaftsrechts, es entsteht mit dem Erwerb der Gesellschafterstellung und steht deshalb als im Kern **unentziehbares**, von der Mitgliedschaft **nicht abspaltbares** und **nicht veräußerliches** Recht jedem Aktionär zu. Das Teilnahmerecht der anwesenden Aktionäre wird nicht dadurch beeinträchtigt, dass die Hauptversammlung in andere Räume als den eigentlichen Versammlungsraum nicht übertragen wird, selbst wenn die Übertragung in einen Präsenzbereich angekündigt worden ist (BGH, Beschl. v. 08.10.2013 – II ZR 329/12, NZG 2013, 1430; zur Frage der Stimmrechtsbeeinträchtigung bei mangelnder Tonübertragung *Höreth* AG 2014, R 7). Teilnahmeberechtigt an der Hauptversammlung sind auch die Inhaber stimmrechtsloser Vorzugsaktien (§ 140 Abs. 1 AktG) und die Inhaber nicht voll eingezahlter Aktien. Das Teilnahmerecht ist vom Stimmrecht verschieden, sodass Bestehen eines Stimmverbots (z. B. nach § 136 Abs. 1 Satz 1 AktG) bzw. das Nichtbestehen des Stimmrechts nach § 134 Abs. 2 Satz 1 AktG keinen Einfluss auf das Teilnahmerecht hat. Das Teilnahmerecht des Aktionärs besteht dann nicht, wenn der Aktionär seine Rechte aus der Aktie ausnahmsweise nicht ausüben darf (vgl. §§ 20 Abs. 7, 71b, 328 Abs. 1 Satz 1 AktG, § 28 WpHG, § 59 WpÜG). Zu den Besonderheiten für die Teilnahme an gesonderten Versammlungen i. S. d. § 138 AktG vgl. Erl. zu § 138 AktG. Zu Beschränkungen des Teilnahmerechts durch die Satzung vgl. Erl. zu § 123 AktG.

6 Das Teilnahmerecht ist **kein höchstpersönliches Recht**, es kann durch **Vertreter** des Aktionärs ausgeübt werden, der dann gem. § 134 Abs. 3 Satz 1 AktG auch zur **Ausübung des Stimmrechts** befugt ist. Berater des Aktionärs oder Beistände sind durch diese Funktion allein nicht teilnahmeberechtigt. In Treuhandfällen ist der **Treuhänder** und nicht der Treugeber teilnahmeberechtigt. Dagegen ist der Pfandgläubiger, da er die Aktie nicht erwirbt, nicht teilnahmeberechtigt. Neben einem gesetzlichen Vertreter hat der Aktionär kein Teilnahmerecht. **Insolvenz- oder Nachlassverwalter** sind wie die gesetzlichen Vertreter allein teilnahmeberechtigt. Bei juristischen Personen als Aktionär sind alle Mitglieder des vertretungsberechtigten Organs teilnahmeberechtigt. Für **Personengesellschaften**, die als teilrechtsfähige Personengesamtheiten gelten (für die BGB-Gesellschaft anerkannt durch BGH, Urt. v. 29.01.2001 – II ZR 331/00, Z 146, 341), sind nach Maßgabe der gesetzlichen Vertretungsregeln alle Vertreter teilnahmeberechtigt. Steht die Aktie mehreren Berechtigten gemeinsam zu (z. B. Erbengemeinschaften), so können sie die Rechte aus der Aktie nur durch einen gemeinschaftlichen Vertreter ausüben (§ 69 Abs. 1 AktG); dieser allein ist dann auch zur Teilnahme an der Hauptversammlung berechtigt.

II. Teilnahme der Mitglieder der Verwaltung

7 Die Mitglieder von Vorstand und Aufsichtsrat haben nach Abs. 2 nicht nur ein Teilnahmerecht; sie »sollen« an der Hauptversammlung teilnehmen. Der Gesetzgeber ordnet somit eine **Teilnahmepflicht** an, wenn nicht ausnahmsweise ein wichtiger Grund zum Fernbleiben besteht. Die Teilnahmepflicht des Vorstands ist eine Konsequenz des Umstandes, dass er den Aktionären Auskünfte erteilen und den Jahresabschluss, den Lagebericht und den Vorschlag für die Verwendung des Bilanzgewinns erläutern muss (vgl. §§ 131, 176 Abs. 1 AktG). Der Aufsichtsrat hat seinerseits seinen Bericht in der Hauptversammlung zu erläutern (§ 176 Abs. 1 Satz 2 AktG). Die Verletzung der Teilnahmepflicht ist nicht spezifisch sanktioniert. In Betracht kommt aber die Geltendmachung von Schadenersatzansprüchen (§§ 93, 116 AktG) sowie die Abberufung aus wichtigem Grund (§§ 84 Abs. 3, 103 Abs. 3 AktG). Die Mitglieder der Verwaltung der AG sind persönlich zur Teilnahme berechtigt und verpflichtet; eine Stellvertretung ist nicht möglich.

8 Die Regelung bezieht wegen des Sachzusammenhangs mit der Berichtspflicht nur auf **gegenwärtige Mitglieder** der Verwaltung. **Ausgeschiedene** haben aus dem ehemaligen Organverhältnis heraus kein Recht zur Teilnahme an der Hauptversammlung. Möglich ist aber, dass sich eine Teilnahmepflicht aus der nachwirkenden organschaftlichen Treuepflicht ergeben; dies kann insbesondere dann der Fall sein, wenn die Teilnahme ausgeschiedener Mitglieder für die sachgerechte Auskunftserteilung gegenüber Aktionären (§ 131 AktG) unabdingbar ist (*Vetter* AG 1991, 171; a.A. Spindler/Stilz/*Hoffmann* AktG, § 118 Rn. 26).

9 Abs. 3 Satz 2 lässt eine **Ausnahme von der Präsenzpflicht** der Aufsichtsratsmitglieder durch entsprechende **Satzungsregelung** zu. Mit dieser vom Gesetzgeber des TransPuG eingeführten Regelung sollte die Zuschaltung per Video insbesondere ausländischer Aufsichtsratsmitglieder nicht börsennotierter Gesellschaften ermöglicht werden (BT-Drucks. 14/8769, S. 19). Das Gesetz hat aber den Anwendungsbereich der Norm nicht auf diese Fälle begrenzt (*Noack* DB 2002, 620, 624). Die Regelung setzt eine entsprechende Satzungsregelung voraus, die im Voraus bestimmte Fallgruppen festlegen muss, und verlangt eine beiderseitige Übertragung der Hauptversammlung in Wort und Bild (dazu *Mutter* AG 2003, R 34; krit. dazu *Hüffer/Koch* AktG, § 118 Rn. 10a).

III. Teilnahme Dritter

10 Ein Teilnahmerecht steht neben den im Gesetz Genannten dem **Notar** zu, der gem. § 130 Abs. 1 AktG die Beschlüsse der Hauptversammlung notariell beurkundet.

11 Der **Abschlussprüfer** hat ein Teilnahmerecht und eine Teilnahmepflicht zu den entsprechenden Tagesordnungspunkten, wenn die Feststellung des Jahresabschlusses der Hauptversammlung überlassen ist (§ 173 AktG). Im Übrigen fehlt es an einer gesetzlichen Regelung, weshalb ein gesetzliches

Teilnahmerecht abgelehnt wird. Der Leiter der Hauptversammlung wird allerdings als befugt angesehen, die Teilnahme des Abschlussprüfers zu gestatten (*Hüffer/Koch* AktG, § 118 Rn. 11).

Vertretern von Aufsichtsbehörden steht nach spezialgesetzlichen Rechtsgrundlagen ein Teilnahmerecht zu. Hervorzuheben ist insbesondere das Recht der Bundesanstalt für Finanzdienstleistungsaufsicht (BaFin), nach § 44 Abs. 4 KWG einen oder mehrere Vertreter zu den Hauptversammlungen von Kreditinstituten und Finanzdienstleistungsinstitute zu entsenden. 12

Medienvertreter und andere Gäste haben kein Teilnahmerecht und keinen Anspruch auf Gestattung der Teilnahme (für Sonderfälle vgl. *Höreth* AG 2013, R 182). Ihnen kann aber vom Versammlungsleiter ein entsprechendes Recht durch Vergabe von Gästekarten eingeräumt werden. Der Ausschluss zugelassener Gäste soll nach h. M. nur durch Beschluss der Hauptversammlung möglich sein (*Hüffer/Koch* AktG, § 118 Rn. 16). 13

D. Online-Teilnahme, Briefwahl, Ton- und Bildübertragung

Das ARUG hat eine Reihe von Regelung eingeführt, die vom Modell der Hauptversammlung als reiner Präsenzveranstaltung abrücken, ohne aber die Durchführung einer Hauptversammlung ausschließlich im Internet zu gestatten (Begr. RegE ARUG, BT-Drucks. 16/11642, S. 26; *Horn* ZIP 2008, 1558, 1564; *Besse* AG 2012, R 358). In Abs. 1 Satz 2 ist die Satzungsfreiheit für die Ausgestaltung der Onlineteilnahme an der Hauptversammlung geschaffen worden. Einer Rechtspflicht zur Einführung der Onlineteilnahme durch die Satzung bzw. den durch die Satzung ermächtigten Vorstand besteht nicht; einen Anspruch darauf hat der Aktionär nicht. Der Spielraum für solche Satzungsklauseln ist in Abs. 1 Satz 2 nicht beschränkt (*Noack* NZG 2008, 441, 444). Zugelassen werden insbesondere Regelungen, nach denen Aktionäre ihre Fragen per E-Mail oder im Internetdialog stellen und in die Fragebeantwortung in der Präsenzhauptversammlung einbezogen werden (dazu *v. Nussbaum* GWR 2009, 215 ff.). 14

Gem. dem durch das ARUG neu eingeführten Abs. 2 kann die Satzung auch vorsehen oder den Vorstand dazu ermächtigen, eine Fernabstimmung vorzunehmen. Auf dieser Grundlage kann der Aktionär, ohne an der Versammlung teilzunehmen, seine Stimme entweder schriftlich (sog. **Briefwahl**) oder im Wege elektronischer Kommunikation abgeben. Auch hier besteht für die Satzungsregelung ein weiter Gestaltungsspielraum etwa für die Gestaltung der Briefwahlmodalitäten (z. B. verbindliche Nutzung von Formularen, Fristenregelungen, Gestaltung von Widerrufs- und Änderungsmöglichkeiten). 15

Nach Abs. 4 kann die Satzung oder die Geschäftsordnung den Versammlungsleiter der Hauptversammlung ermächtigen, die Übertragung von Hauptversammlungen in Bild und Ton zuzulassen. Die Ermächtigung kann nach der Neuregelung durch das ARUG auch an den Vorstand gerichtet sein. Damit können nicht nur Bilder von der Hauptversammlung in das Internet gestellt und in Echtzeit übertragen werden; es können auch Aufzeichnungen zur späteren Verfügung gefertigt und zeitversetzt benutzt werden. Die entsprechenden Regeln können das Recht zur Übertragung persönlich und sachlich begrenzen (*Noack* DB 2002, 620, 623). Die Teilnahmeberechtigten können der Übertragung, auch nicht für den Zeitraum ihrer Redebeiträge, widersprechen (BT-Drucks. 14/8769, S. 19; LG Frankfurt am Main, Urt. v. 29.10.2004 – 3-13 O 79/03, NJW-RR 2005, 837; a. A. *Lenz* EWiR 2005, 97, 98). 16

§ 119 Rechte der Hauptversammlung

(1) **Die Hauptversammlung beschließt in den im Gesetz und in der Satzung ausdrücklich bestimmten Fällen, namentlich über**
1. **die Bestellung der Mitglieder des Aufsichtsrats, soweit sie nicht in den Aufsichtsrat zu entsenden oder als Aufsichtsratmitglieder der Arbeitnehmer nach dem Mitbestimmungsgesetz, dem Mitbestimmungsergänzungsgesetz, dem Drittelbeteiligungsgesetz oder dem Gesetz über**

die Mitbestimmung der Arbeitnehmer bei einer grenzüberschreitenden Verschmelzung zu wählen sind;
2. die Verwendung des Bilanzgewinns
3. die Entlastung der Mitglieder des Vorstands und des Aufsichtsrats
4. die Bestellung des Abschlußprüfers;
5. Satzungsänderungen;
6. Maßnahmen der Kapitalbeschaffung und der Kapitalherabsetzung;
7. die Bestellung von Prüfern zur Prüfung von Vorgängen bei der Gründung oder der Geschäftsführung;
8. die Auflösung der Gesellschaft.

(2) Über Fragen der Geschäftsführung kann die Hauptversammlung nur entscheiden, wenn der Vorstand es verlangt.

Übersicht	Rdn.			Rdn.
A. Regelungszweck.................	1	E.	Ungeschriebene Zuständigkeiten......	9
B. Gesetzliche Zuständigkeiten der Hauptversammlung, Abs. 1	2	I.	Gegenstände der Hauptversammlungszuständigkeit	9
C. Satzungsrechtliche Zuständigkeiten, Abs. 1	5	II.	Verfahren	17
D. Zuständigkeit in Fragen der Geschäftsführung, Abs. 2................	6	III.	Rechtsfolgen..................	19

A. Regelungszweck

1 § 119 AktG legt die **Zuständigkeiten der Hauptversammlung** fest. Die Zuständigkeit der Hauptversammlung ist danach nur in den durch Gesetz und in der Satzung zulässigerweise geregelten Fragen gegeben. Der Gesetzgeber bricht damit mit der historischen Konzeption des deutschen Aktienrechts, die Hauptversammlung als »oberstes Gesellschaftsorgan« zu verfassen; nach geltendem Recht hat die Hauptversammlung nur **begrenzte Zuständigkeiten**; diese können nicht durch Entscheidung der Hauptversammlung selbst erweitert werden. § 119 AktG ist insofern zwingend (§ 23 Abs. 5 AktG), als die geregelten Befugnisse nicht auf ein anderes Organ übertragen werden können. Dazu gehört auch, dass die Hauptversammlung in Fragen der Geschäftsführung nur durch den Vorstand selbst zuständig gemacht werden kann, indem dieser eine Entscheidung der Hauptversammlung verlangt (Abs. 2). Mit dieser Konzeption erweist sich die Regelung des § 119 AktG als eine für die Organisation der AG **zentrale Vorschrift**; sie konstituiert die vom Gesetzgeber mit dem Ziel einer Machtbalance austarierte Kompetenzordnung für die Organe der AG. Die Regelung ist im Wege richterlicher Rechtsfortbildung inzwischen dahin gehend weiterentwickelt worden, dass es im Verhältnis der Organe zueinander eine ungeschriebene ausnahmsweise Sonderzuständigkeit der Hauptversammlung für einzelne »satzungsänderungsähnliche« Ausnahmesachverhalte gibt (vgl. dazu die Erl in Rdn. 9).

B. Gesetzliche Zuständigkeiten der Hauptversammlung, Abs. 1

2 Die in Abs. 1 aufgeführten Zuständigkeiten lassen sich in die **regelmäßig wiederkehrenden Maßnahmen** der Nr. 1 bis 4, die Zuständigkeit für **Struktur- oder Grundlagenentscheidungen** i. S. d. Nr. 5, 6 und 8 sowie die Zuständigkeit für die **Sonderfälle** der Nr. 7 unterteilen. Dennoch sieht die Vorschrift keinen nach dem Enumerationsprinzip geordneten Zuständigkeitskatalog vor (vgl. MünchHdb GesR IV/*Semler* § 34 Rn. 9), weil das Gesetz außerhalb des Katalogs des § 119 AktG zahlreiche weitere die Beschlusszuständigkeit der Hauptversammlung erweiternde Regelungen enthält.

3 Zuständigkeiten der Hauptversammlung zur **Entscheidung von strukturell bedeutsamen Maßnahmen** finden sich zunächst im AktG und betreffen Fortsetzungsbeschlüsse nach § 274 AktG, den Abschluss und die Änderung von Unternehmensverträgen nach §§ 293 Abs. 1 und 2, 295 AktG

sowie Eingliederungsbeschlüsse nach §319 Abs. 1 AktG. Nach dem Umwandlungsrecht ist eine Zuständigkeit der Hauptversammlung begründet in Fällen der Verschmelzung (§§ 65, 73 UmwG), der Spaltung oder Ausgliederung (§§ 125, 65, 73 UmwG), der Vermögensübertragung im Wege der Gesamtrechtsnachfolge (§§ 176, 65, 73 UmwG) und des Formwechsels (§§ 233, 240 UmwG).

Außerhalb des § 119 AktG geregelte Fälle von Sonderzuständigkeiten nach dem AktG betreffen den Verzicht bzw. Vergleich über Ersatzansprüche (§§ 50, 93 Abs. 4, 116 AktG), Nachgründungsverträge (§ 52 AktG), Beschlüsse über die Hauptversammlung betreffende Vorbereitungsmaßnahmen (§ 83 AktG), den Vertrauensentzug nach § 84 Abs. 3 AktG, die Abberufung von Aufsichtsratsmitgliedern (§ 103 Abs. 1 AktG), die Zustimmung in Vorbehaltsfällen nach § 111 Abs. 4 AktG, die Festsetzung der Aufsichtsratsvergütung nach § 113 Abs. 1 Satz 2 und Abs. 2 AktG, die Geltendmachung von Ersatzansprüchen nach § 147 AktG, die (ausnahmsweise) Feststellung des Jahresabschlusses (§§ 173 Abs. 1, 234 Abs. 2), die Verwendung des Ertrags aufgrund höherer Bewertung nach Sonderprüfung (§ 261 Abs. 3 Satz 2 AktG), die Bestellung besonderer Abwickler (§ 265 Abs. 2 AktG), die Abberufung von Abwicklern (§ 265 Abs. 5 AktG) und die Regelung ihrer Vertretungsmacht (§ 269 Abs. 2 und 3 AktG) sowie die Feststellung der Liquidationseröffnungsbilanz, der Liquidationsjahresabschlüsse und der Entlastung von Abwicklern und Aufsichtsratsmitgliedern (§ 270 Abs. 2 Satz 1 AktG).

4

C. Satzungsrechtliche Zuständigkeiten, Abs. 1

Nach Abs. 1 kann die Satzung Beschlusszuständigkeiten der Hauptversammlung festlegen. Der von dieser Regelung eröffnete Regelungsspielraum für die Satzung ist allerdings sehr begrenzt, weil die Satzung nach § 23 Abs. 5 AktG nur in den durch das Gesetz zugelassenen Fällen von den Zuständigkeitsregeln des Gesetzes abweichen kann. Die gesetzliche **Zuständigkeitsverteilung zwischen Vorstand und Aufsichtsrat** ist danach **satzungsfest**. So bleibt der zentrale Fall für die Begründung satzungsrechtlicher Zuständigkeiten der Hauptversammlung die Einrichtung zusätzlicher Gremien der AG, insbesondere eines Beirats oder eines Aktionärsausschusses, nebst der Auswahl der Mitglieder dieser Gremien; diese Zuständigkeit kann aber nur dann wirksam satzungsgemäß begründet werden, wenn die Gremien keine Aufgaben wahrnehmen sollen, die gesetzlich zwingend den Organen der AG zugewiesen sind. Die von der Satzung geschaffene Zuständigkeit der Hauptversammlung ist deswegen grundsätzlich auf die Einrichtung von Gremien mit beratender Funktion begrenzt (GroßkommAktG/*Mülbert* § 119 Rn. 36). Ausnahmsweise erlaubt das Gesetz, in der Satzung die Zustimmung zur Veräußerung vinkulierter Namenaktien der Hauptversammlung oder dem Aufsichtsrat zu übertragen (s. § 68 Abs. 2 Satz 3 AktG).

5

D. Zuständigkeit in Fragen der Geschäftsführung, Abs. 2

In Fragen der Geschäftsführung hat die Hauptversammlung grundsätzlich **keine Entscheidungszuständigkeit**. Die Leitung der Gesellschaft liegt nach § 76 Abs. 1 AktG beim Vorstand unter dessen eigener Verantwortung. Der Vorstand hat aber die Möglichkeit, in bestimmten Fällen die Hauptversammlung in die Geschäftsleitung einzubinden: Dazu gehört zunächst das Recht, die Hauptversammlung anzurufen, wenn der Aufsichtsrat die nach § 111 Abs. 4 AktG erforderliche Zustimmung zu einer Maßnahme der Geschäftsführung nicht erteilt (§ 111 Abs. 4 Satz 3 AktG). Nach § 119 Abs. 2 AktG besteht eine Entscheidungszuständigkeit in Fragen der Geschäftsführung, »wenn der Vorstand es verlangt«. Mit einem solchen Verlangen will der Vorstand regelmäßig von der in § 93 Abs. 4 Satz 1 AktG eingeräumten Möglichkeit Gebrauch machen, sein Haftungsrisiko zu vermindern. Damit einher geht allerdings die nach § 83 Abs. 2 AktG bestehende Verpflichtung des Vorstands, sich nach der Entscheidung der Hauptversammlung zu richten und die Maßnahme entsprechend durchzuführen oder zu unterlassen. Entscheidungen über vollzogene Maßnahmen können der Hauptversammlung deswegen nur ausnahmsweise vorgelegt werden (BGH, Urt. v. 15.01.2001 – II ZR 124/99, Z 146, 288 Tz. 8; gegen die Vorlage bereits vollzogener Maßnahmen Spindler/Stilz/*Hoffmann* AktG, § 119 Rn. 15). Die Hauptversammlung ist ihrerseits nicht verpflichtet, über das Verlangen des Vorstands nach § 119 Abs. 2 AktG zu entscheiden; sie »kann«

6

nur bei einem entsprechenden Verlangen entscheiden, bleibt aber in der Entscheidung frei, die verlangte Beschlussfassung vorzunehmen; damit ist weder eine Entscheidung über die Maßnahme selbst noch über die Entlastung des Vorstands vom Haftungsrisiko getroffen.

7   Das Entscheidungsverlangen muss **vom Vorstand als Kollegialorgan** ausgehen; das Verlangen eines einzelnen Vorstandsmitglieds genügt nicht. Der Vorstand hat über das Verlangen als dem eigenem Ermessen unterfallende Geschäftsführungsmaßnahme zu beschließen und zwar nach Maßgabe des § 77 AktG durch **einstimmigen Beschluss**, wenn Satzung oder Geschäftsordnung nichts Abweichendes vorsehen (vgl. § 77 AktG Rdn. 10–13). Das Entscheidungsverlangen muss in der Form eines **Antrags** vorgebracht werden, damit dieser als entsprechender Tagesordnungspunkt nach § 124 AktG bekannt gemacht und von Vorstand und Aufsichtsrat mit einem Beschlussvorschlag versehen werden kann. Vorausgesetzt wird von § 119 Abs. 2 AktG, dass der Vorstand für die Maßnahme zuständig – und sie nicht etwa dem Aufsichtsrat zugewiesen – ist. Dem Verlangen hat der Vorstand die Informationen beizufügen, die für eine sachgerechte Willensbildung der Hauptversammlung benötigt werden (BGH, Urt. v. 15.01.2001 – II ZR 124/99, Z 146, 288, 294). Werden Verträge zur Zustimmung vorgelegt, ist entsprechend § 124 Abs. 2 Satz 2 AktG zumindest ihr wesentlicher Inhalt bekannt zu machen, im Einzelfall aber sogar in Analogie zu 179a Abs. 2 AktG der Vertrag zur Einsicht der Aktionäre auszulegen bzw. auf Verlangen der Aktionäre in Abschrift zu übersenden (BGH, Urt. v. 15.01.2001 – II ZR 124/99, Z 146, 288 Tz. 10 ff.; abl. *Tröger* ZHR 2001, 593, 600 ff.). Soll der Beschluss haftungsausschließende Wirkung nach § 93 Abs. 4 Satz 1 AktG haben, müssen Antrag und Beschluss so bestimmt sein, dass ihnen zu entnehmen ist, welche Maßnahmen der Vorstand nach § 83 Abs. 2 AktG auszuführen hat (GroßkommAktG/*Hopt/Roth* § 93 Rn. 310).

8   Hat die Hauptversammlung einer Geschäftsführungsmaßnahme nach § 119 Abs. 2 AktG mit einfacher Mehrheit zugestimmt und ist der Beschluss unanfechtbar geworden, so hat der Vorstand die Maßnahme auszuführen, § 83 Abs. 2 AktG. Diese Verpflichtung besteht auch dann, wenn die Maßnahme mit qualifizierter Mehrheit hätte entschieden werden müssen, weil ein Fall von »satzungsänderungsähnlicher« Bedeutung vorlag (vgl. Rdn. 9). Insoweit ist aus Gründen der Rechtssicherheit der unanfechtbar gewordene Beschluss nach Abs. 2 als für den Vorstand verbindliche Entscheidung anzusehen (Spindler/Stilz/*Hoffmann* AktG, § 119 Rn. 20).

E. Ungeschriebene Zuständigkeiten

I. Gegenstände der Hauptversammlungszuständigkeit

9   Zu der **aktienrechtlichen Interessenbalance** zwischen den Organen der AG gehört nach geltender Rechtslage, dass die Kompetenz des Vorstands, das Unternehmen unter der von § 76 Abs. 1 AktG eingeräumten eigenen Verantwortung zu leiten, nicht ausnahmslos gilt und die Hauptversammlung über das ausdrückliche Gesetzesrecht hinaus ungeschriebene Zuständigkeiten hat. Der BGH hat diese – inzwischen von einer breiten Rechtsprechung geprägten – ungeschriebenen Hauptversammlungszuständigkeiten erstmals in der sog. **»Holzmüller«-Entscheidung** aus dem Jahr 1982 entwickelt. Seinerzeit führte der BGH an, es gäbe »grundlegende Entscheidungen, die durch die Außenvertretungsmacht des Vorstands, seine gemäß § 82 Abs. 2 AktG begrenzte Geschäftsführungsbefugnis wie auch durch den Wortlaut der Satzung formal noch gedeckt sind, gleichwohl aber so tief in die Mitgliedsrechte der Aktionäre und deren im Anteilseigentum verkörpertes Vermögensinteresse eingreifen, dass der Vorstand vernünftigerweise nicht annehmen kann, er dürfe sie in ausschließlich eigener Verantwortung treffen, ohne die Hauptversammlung zu beteiligen« (BGH, Urt. v. 25.02.1982 – II ZR 174/80, Z 83. 122, 131).

10 Nachdem der BGH seine Rechtsprechung ursprünglich auf § 119 Abs. 2 AktG gestützt hatte, rechtfertigt die neue Rechtsprechung in Reaktion auf die Kritik des Schrifttums, der Gesetzgeber habe in § 119 Abs. 2 AktG keine auch nur indirekte Verpflichtung des Vorstands schaffen wollen, das nämliche Ergebnis der Beschränkung der eigenverantwortlichen Leitungsmacht des Vorstandes durch eine Beschlusszuständigkeit der Hauptversammlung nunmehr als **Ergebnis richterlicher Rechtsfortbildung** (grundlegend BGH, Urt. v. 26.04.2004 – II ZR 155/02, Z 159, 30, 42 f. – Gelatine;

vgl. auch BGH, Urt. v. 25.11.2002 – II ZR 133/01, Z 153, 47, 54; Urt. v. 26.04.2004 – II ZR 154/02, NZG 2004, 575). Diese Mitwirkungszuständigkeit der Hauptversammlung bei Geschäftsführungsmaßnahmen des Vorstands kann nur »in engen Grenzen, nämlich dann in Betracht kommen, wenn sie an die Kernkompetenz der Hauptversammlung, über die Verfassung der Gesellschaft zu bestimmen, rühren und in ihren Auswirkungen einem Zustand nahezu entsprechen, der allein durch eine Satzungsänderung herbeigeführt werden kann« (BGH, Urt. v. 26.04.2004 – II ZR 155/02, Z 159, 30, 44 f. – Gelatine).

Ein solcher, der eigenverantwortlichen Leitungskompetenz des Vorstands ausnahmsweise Grenzen setzender Sachverhalt kommt dann in Betracht, wenn der Vorstand **wesentliche strukturverändernde Maßnahmen** durchführen möchte und damit eine Beeinträchtigung der Mitgliedschaftsrechte der Aktionäre und der verkörperten Vermögenswerte, insbesondere durch deren sog. **Mediatisierung** (BGH, Urt. v. 25.11.2002 – II ZR 133/01, Z 153, 47, 54), zu besorgen ist (BGH, Urt. v. 26.04.2004 – II ZR 155/02, Z 159, 38; *Hüffer* FS Ulmer 2003, 279; Emmerich/Habersack/*Habersack* Aktien- und GmbH-Konzernrecht, Vor § 311 Rn. 34). 11

Wann im Einzelnen ein Ausnahmesachverhalt nach der sog. »Holzmüller«-Doktrin vorliegt, ist noch nicht endgültig geklärt. Ursprünglich ist eine ungeschriebene Hauptversammlungszuständigkeit von der Rechtsprechung für die Fälle der **Konzernbildung** entwickelt worden: Übertragung des den wertvollsten Teil des Gesellschaftsvermögens ausmachenden Betriebes auf eine zu diesem Zweck errichtete Tochtergesellschaft (BGH, Urt. v. 25.02.1982 – II ZR 174/80, Z 83, 122). Da die Rechtsfortbildung auf die Gewährleistung des Individualschutzes der Aktionäre und dabei nicht nur auf einen Schutz vor der Mediatisierung ihrer Mitgliedschafts- und Vermögensposition abzielt (Spindler/Stilz/*Hoffmann* AktG, § 119 Rn. 29), ist es gerechtfertigt und anerkannt, eine Mitwirkung der Hauptversammlung über die Fälle der Konzernbildung hinaus immer dann anzunehmen, wenn bei wertender Betrachtung ein Aktionärsschutz wegen wesentlicher Eingriffe in Aktionärsrechte geboten ist (vgl. unter verfassungsrechtlichen Gesichtspunkten BVerfG, Beschl. v. 07.09.2011 – 1 BvR 1460/10, WM 2011, 1946). Dies kann der Fall sein in Fragen, welche die rechtliche Struktur der Gesellschaft betreffen, bei Maßnahmen mit erheblichen wirtschaftlichen Auswirkungen auf die Gesellschaft und bei Verwässerung der Einfluss- und Vermögensrechte der Aktionäre (*Zimmer/Pentz* FS W. Müller 2001, 151, 166 f.; *Hüffer* FS Ulmer 2003, 279; *Habersack* AG 2005, 137 ff.). 12

Nach der **Rechtsprechung** werden der Art der Maßnahmen nach **folgende Fälle** erfasst: Die **Ausgliederung von Unternehmensteilen** fällt über die dem UmwG unterfallenden Fälle hinaus auch dann in die Zuständigkeit der Hauptversammlung (vgl. §§ 123 Abs. 3, 123, 13, 65 UmwG), wenn die Ausgliederung durch Veräußerung im Wege der **Einzelrechtsnachfolge** erfolgt (vgl. BGH, Urt. v. 26.04.2004 – II ZR 155/02, Z 159, 30, 42). Eine Hauptversammlungszuständigkeit besteht überdies in Fällen der Veräußerung des Vermögens der den **einzigen Beteiligungsbesitz** des Unternehmens ausmachenden eingegliederten Gesellschaft (OLG Celle, Urt. v. 07.03.2001 – 9 U 137/00, AG 2001, 357, 358), im Fall der **Veräußerung aller wesentlichen Beteiligungen** bis auf einen minimalen Restbeteiligungsbesitz (LG Frankfurt am Main, Urt. v. 12.12.2000 – 3/5 O 149/99, AG 2001, 431, 433) sowie bei der **Weggabe des einzigen werthaltigen Vermögensgegenstandes** (Grundbesitz) der Gesellschaft (OLG München, Urt. v. 10.11.1994 – 24 U 1036/93, AG 1995, 232, 233). Der freiwillige Rückzug der Gesellschaft aus dem amtlichen Börsenhandel oder vom geregelten Markt (sog. **echtes Delisting**) wird ebenfalls als ein der Zustimmung der Hauptversammlung unterfallender Sachverhalt angesehen, insbesondere weil dem Aktionär die Möglichkeit genommen wird, den Wert seiner Aktie jederzeit durch Veräußerung über die Börse zu realisieren (BGH, Urt. v. 25.11.2002 – II ZR 133/01, Z 153, 47, 54 – Macroton; dazu näher Spindler/Stilz/*Hoffmann* AktG, § 119 Rn. 39 ff.). Das BVerfG erachtet in seiner Rechtsprechung die über die Börsenzulassung gewährleistete Verkehrsfähigkeit der Aktie nicht als vom Eigentumsgrundrecht des Art. 14 GG geschützt und deswegen ein Pflichtangebot an die Minderheitsaktionäre nicht für geboten (BVerfG, Beschl. v. 11.07.2012 – 1 BvR 3142/07, 1 BvR 1569/08, NJW 2012, 3081 Tz. 53 ff.). Davon unbenommen anerkennt das BVerfG die fachgerichtliche Entscheidung, den gesetzlich geregelten Ausgleichspflichten in den Fällen der Eingliederung (§ 320b AktG), der Verschmelzung 13

(§ 29 UmwG), des Formwechsels (§ 207 UmwG) sowie des Abschlusses eines Beherrschungs- und Gewinnabführungsvertrages (§ 305 AktG) den Grundgedanken zu entnehmen, gesetzlich vorgeschriebene Pflichtangebote eröffneten dem Aktionär die Möglichkeit, ohne vermögensrechtlichen Nachteil oder jedenfalls das Risiko eines solchen zu entscheiden, ob er unter den durch die Strukturmaßnahme wesentlich, möglicherweise für ihn nachteilig veränderten Bedingungen an seinem Mitgliedschaftsrecht festhalten will. Sie verschafften insbesondere dem Minderheitsaktionär die Möglichkeit, sich wegen der veränderten Rahmenbedingungen aus der Aktiengesellschaft gegen eine angemessene Abfindung zurückzuziehen. Verfassungsrechtlich sei die fachgerichtlich angenommene Gesamtanalogie zwar nicht geboten, aber auch nicht ausgeschlossen, im Fall des Delisting eine Zuständigkeit der Hauptversammlung anzunehmen (BVerfG, Beschl. v. 11.07.2012 – 1 BvR 3142/07, 1 BvR 1569/08, NJW 2012, 3081 Tz. 84 ff.). Die Hauptversammlung entscheidet dabei mit einfacher Mehrheit (BGH, Urt. v. 25.11.2002 – II ZR 133/01, Z 153, 47, 59; krit. Spindler/Stilz/*Hoffmann* AktG, § 119 Rn. 40). Erfolgt das Delisting durch Überführung der Gesellschaft in eine nicht börsenfähige Rechtsform oder durch Verschmelzung auf eine nicht börsennotierte Gesellschaft (sog. **unechtes Delisting**), folgt die Hauptversammlungszuständigkeit aus den einschlägigen Spezialregelungen der §§ 179a Abs. 1, 320 Abs. 1 und §§ 13, 65 UmwG; danach ist mit qualifizierter Mehrheit zu entscheiden.

14 **Weitere Fälle** ungeschriebener Hauptversammlungszuständigkeiten werden in Anlehnung an diese Rechtsprechung genannt: der Erwerb und die Veräußerung wesentlicher Beteiligungen (*Renner* NZG 2002, 1091 ff.; *Lutter/Leinekugel* ZIP 1992, 225, 230). Die **Veräußerung von Beteiligungen** ist allerdings deshalb kein Anwendungsfall ungeschriebener Hauptversammlungszuständigkeit, weil anstelle des veräußerten Beteiligungsvermögens der Kaufpreis im Vermögen der Gesellschaft vorhanden ist und deshalb eine Hauptversammlungszuständigkeit allenfalls dann gerechtfertigt erscheint, wenn der Vorstand infolge der Veräußerung den satzungsgemäßen Unternehmensgegenstand nicht mehr ausfüllen kann (vgl. *Habersack* AG 2005, 137, 144 ff. unter Berufung auf die Grundsätze der »Gelatine«-Entscheidungen BGH, Urt. v. 26.04.2004 – II ZR 155/02, Z 159, 30; vgl. a. BGH, Beschl. v. 20.11.2006 – II ZR 226/05, NZG 2007, 234; OLG Hamm, Urt. v. 19.11.2007 – 8 U 216/07; AG 2008, 421, 422 – Karstadt/Neckermann – Veräußerung von Geschäftsanteilen einer Enkelgesellschaft; ebenso *Joost* ZHR 163, 1999, 164, 185 f.; a.A. OLG München, Urt. v. 10.11.1994 – 24 U 1036/93, AG 1995, 232, 233; *Hüffer/Koch* AktG, § 119 Rn. 18a). Keine Zustimmungspflicht besteht im Fall der Abgabe eines öffentlichen Übernahmeangebots (*Reichert* AG 2005, 150, 157; a.A. *Seydel*, Konzernbildungskontrolle bei der Aktiengesellschaft, 1995, 438). Der **Beteiligungserwerb** dagegen kann wegen seiner mediatisierenden Wirkungen dieselben Gefahren für den Aktionär mit sich bringen wie die Ausgliederung von Gesellschaftsvermögen und wird deshalb ebenfalls als ein die Hauptversammlungszuständigkeit begründender Ausnahmefall angesehen (Emmerich/Habersack/*Habersack*, Aktienkonzernrecht, Vor § 311 Rn. 34, 42; *Liebscher* ZGR 2005, 1, 23 f.; a.A. OLG Frankfurt am Main, Urt. v. 18.11.2010, Az.: 16 U 183/09, NZG 2011, 62 Tz. 66 bei vorhandener Konzernöffnungsklausel mit dem Argument, ein der Ausgliederung vergleichbarer Fall läge nur vor, wenn Teile des operativen Geschäfts veräußert und stattdessen eine Beteiligung erworben wird; offen gelassen von BGH Beschl. 07.02.2012 – II ZR 253/10, NZG 2012, 347). Als hauptversammlungspflichtig werden angesehen die **wesentliche Änderung der Kapitalstruktur** durch Aufnahme von Fremdkapital (*Vollmer* AG 1991, 94, 100 f.; a.A. Henssler/Strohn/*Liebscher* AktG, § 119 Rn. 14), die **Teilfusion** (*Groß* AG 1994, 267), die **Aufnahme Dritter** in eine Tochtergesellschaft (*Kort* AG 2002, 369, 378 ff.), der **Börsengang der Tochtergesellschaft** (*Becker/Fett* WM 2001, 549; *Busch/Groß* AG 2000, 503) und der Abschluss von Betriebspacht- und Überlassungsverträgen einer Tochtergesellschaft (*Mecke*, Konzernstruktur und Aktionärsentscheid, 1992, 276). Maßnahmen der Funktionsausgliederungen können von einer Zuständigkeit der Hauptversammlung abhängig sein, nicht aber wenn nur bestimmte Gegenstände der Betriebs- und Geschäftsausstattung sowie Hard- und Software im Umfang von weniger als 1 % der Aktiva in der Konzernbilanz an die Servicegesellschaften übertragen worden (OLG Frankfurt am Main, Urt. v. 06.04.2009 – 5 W 8/09, AG 2010, 39 Tz. 27).

Nur **wesentliche Maßnahmen** dieser Art können die ungeschriebene Hauptversammlungskompetenz begründen. Insofern hat es die Rechtsprechung abgelehnt, die Wesentlichkeit nach bestimmten quantitativen Schwellenwerten (Prozentsätze des Umsatzes oder Vermögens der Gesellschaft) zu bestimmen, sondern orientiert sich daran, ob die vorgesehene Maßnahme bei wertender Betrachtung »in seiner Bedeutung für die Gesellschaft« die Ausmaße der im »Holzmüller«-Fall aufgezeigten Grundsätze erreicht (BGH, Urt. v. 26.04.2004 – II ZR 155/02, Z 159, 30, 45). Die damit erforderliche **wertende Beurteilung im Einzelfall** geht mit einem Verlust an Rechtssicherheit einher, da jedenfalls nicht allein wirtschaftliche Kriterien ausschlaggebend sind. Wenn allerdings – wie im »Holzmüller«-Fall (BGH, Urt. v. 25.02.1982 – II ZR 174/80, Z 83, 122) – etwa 80 % des Vermögens der Gesellschaft von den geplanten Vorstands-Maßnahmen betroffen sind, spricht alles für das Bestehen einer ungeschriebenen Hauptversammlungszuständigkeit. Darüber hinaus kommt aber unabhängig von den betroffenen Umsatz- und Ertragszahlen auch in Betracht, die Wesentlichkeit der Maßnahme danach zu beurteilen, ob sie das **Kerngeschäft der Gesellschaft** betrifft und von grundsätzlicher Bedeutung für die Strategie oder das Image des Unternehmens ist (ebenso *Priester* ZHR 163, 1999, 187, 196; Emmerich/Habersack/*Habersack*, Aktien- und GmbH-Konzernrecht, Vor § 311 Rn. 47).

15

Für weitere, von ihrem wirtschaftlichen Umfang unabhängige Maßnahmen werden gleichfalls ungeschriebene Hauptversammlungszuständigkeiten eingefordert: Dazu gehören die **Entscheidung für den Börsengang** (sog. going public; vgl. *Picot/Land* DB 1999, 570, 571; *Lutter/Leinekugel* ZIP 1998, 805, 806; a. A. *Halasz/Kloster* ZBB 2001, 474, 478 ff.) und die **Einführung von Aktienoptionsplänen** (GroßkommAktG/*Mülbert* § 119 Rn. 30; a. A. OLG Stuttgart, Urt. v. 13.06.2001 – 20 U 75/00, AG 2001, 540, 541; *Hüffer* ZHR 1997, 214, 224).

16

II. Verfahren

Mit der Befürwortung einer ungeschriebenen Hauptversammlungskompetenz gehen besondere Verfahrensanforderungen einher, deren Inhalt allerdings noch nicht abschließend geklärt ist. Zunächst bestehen **besondere Informationspflichten** des Vorstands gegenüber der Hauptversammlung. Damit sind gemeint die erweiterte Bekanntmachungspflicht nach § 124 Abs. 2 Satz 2 AktG (BGH, Urt. v. 15.01.2001 – II ZR 124/99, Z 146, 288, 294), nach umstrittener Rechtslage die **Pflicht des Vorstands zur Berichterstattung** über die Gründe für die zustimmungspflichtige Maßnahme, sog. »Holzmüller–Bericht« (OLG Frankfurt am Main, Urt. v. 23.03.1999 – 5 U 193/97, AG 1999, 378, 379 f., MünchHdb GesR IV/*Krieger* § 69 Rn. 11; a. A. LG Hamburg, Urt. v. 21.01.1997 – 402 O 122/96, AG 1997, 238; *Hüffe*r FS Ulmer 2003, 279, 300), die Auslegung des Berichts in den Geschäftsräumen der Gesellschaft ab dem Zeitpunkt der Einberufung der Hauptversammlung und im Versammlungslokal während der Durchführung der Hauptversammlung und gegebenenfalls die Auslegung (bzw. auf Verlangen die Übersendung einer Abschrift) von Verträgen (BGH, Urt. v. 15.01.2001 – II ZR 124/99, Z 146, 288, 293 f.). Die Einzelheiten der Reichweite der Informationspflichten und des geschützten Geheimhaltungsbereichs sind noch nicht endgültig geklärt (vgl. Emmerich/Habersack/*Habersack*, Aktien- und GmbH-Konzernrecht, Vor § 311 Rn. 52).

17

In der Hauptversammlung ist ein **Beschluss über die Maßnahme** durch die Hauptversammlung herbeizuführen. Dabei gelten wie zum Entscheidungsverlangen nach Abs. 2 die allgemeinen Beschlussfassungsregeln (vgl. Rdn. 7 f.). Vom Vorstand ist deshalb zunächst zu verlangen, dass er den Gegenstand der Beschlussfassung antragsförmig beschreibt. Zu den Mehrheiten verlangt der BGH nach anfangs abweichenden Quoren nunmehr eine **Mehrheit von 3/4** des vertretenen Grundkapitals (BGH, Urt. v. 26.04.2004 – II ZR 155/02, Z 159, 30, 45 f.; ebenso *Zimmermann/Pentz* FS W. Müller 2001, 151, 170; *Joost* ZHR 1999, 164, 171 f.; a. A. für einfache Mehrheit *Hüffer* FS Ulmer 2003, 279, 298; *Groß* AG 1996, 111, 118). Dieses Erfordernis besteht unbeschadet entgegenstehender Satzungsbestimmungen für Beschlussfassungsmehrheiten bzw. den durch Konzernklauseln festgelegten Umfang der Vorstandstätigkeit (BGH, Urt. v. 26.04.2004 – II ZR 155/02, Z 159, 46). Für zulässig erachtet wird ein **Vorab-Ermächtigungsbeschluss** der Hauptversammlung für bestimmte, nur in konzeptioneller Hinsicht konkretisierte, nicht aber im Detail

18

festgelegte Maßnahmen (Emmerich/Habersack/*Habersack*, Aktien- und GmbH-Konzernrecht, Vor § 311 Rn. 51 unter Hinweis auf die durch BGH, Urt. v. 23.06.1997 – II ZR 132/93, Z 136, 133, 138 ff. entsprechend geordnete Rechtslage zum genehmigten Kapital). Dieser Beschluss löst eine **Berichtspflicht des Vorstands** auf der nächstfolgenden Hauptversammlung aus (BGH, Urt. v. 25.11.2002 – II ZR 133/01, Z 153, 47, 60 – Macroton, zum Delisting).

III. Rechtsfolgen

19 **Ergeht der Beschluss** der Hauptversammlung und wird dieser unanfechtbar, muss der Vorstand die Maßnahme durchführen, § 83 Abs. 2 AktG. An Grenzen stößt diese Durchführungspflicht bei fehlerhaften Beschlüssen und in Fällen des Auftretens oder Bekanntwerdens grundlegend veränderter Umstände, bei denen der mutmaßliche Wille der Aktionäre einer Durchführungspflicht entgegensteht (Spindler/Stilz/*Hoffmann* AktG, § 119 Rn. 20).

20 **Verweigert** die Hauptversammlung die Zustimmung, darf der Vorstand die Maßnahme nicht durchführen. Nimmt der Vorstand eine zustimmungspflichtige Geschäftsführungsmaßnahme ohne Zustimmung der Hauptversammlung vor, ist die Maßnahme im Außenverhältnis ungeachtet der fehlenden Zustimmung wirksam (BGH, Urt. v. 15.01.2001 – II ZR 124/99, Z 146, 288, 294 f.). Die ungeschriebenen Zustimmungsregeln berühren nämlich die unbeschränkte Außenvertretungsmacht des Vorstands nicht, sie haben eine **auf das Innenverhältnis beschränkte Wirkung** (BGH, Urt. v. 26.04.2004 – II ZR 155/02, Z 159, 30, 42 f. – Gelatine); die Erteilung der Zustimmung stellt kein Wirksamkeitserfordernis für die Maßnahme dar.

21 Der gewollte Individualschutz der Aktionäre vor Eingriffen in ihre Mitgliedsrechte und die darin verkörperten Vermögensinteressen werden auf folgende Weise realisiert: Wird die Hauptversammlung gar nicht mit der Maßnahme befasst, kann der Aktionär **Unterlassungsansprüche** – ggf. auch im einstweiligen Rechtsschutzverfahren – geltend machen. Ist die Maßnahme bereits durchgeführt, kann der Aktionär auf **Beseitigung der rechtswidrig durchgeführten Maßnahme** klagen (*Krieger* ZHR 1999, 343, 354 f.). Wird die Zustimmung durch die Hauptversammlung erteilt, kann der einzelne Aktionär **Anfechtungsklage** gegen die Beschlussfassung erheben (*Adolff* ZHR 2005, 310, 315 f.).

22 Überdies kommen bei fehlender Zustimmung der Hauptversammlung **Schadenersatzansprüche** der Gesellschaft gegen die Vorstandsmitglieder in Betracht. Diese hängen nach § 93 Abs. 2 AktG vom **Verschulden des Vorstands** ab. Hält der Vorstand die Maßnahme nicht für hauptversammlungspflichtig, kommt es darauf an, ob sich der Vorstand entsprechend der Verpflichtung eines »ordentlichen und gewissenhaften Geschäftsleiters« bei der Beurteilung dieser Frage hinreichender Fachkunde bedient hat.

§ 120 Entlastung, Votum zum Vergütungssystem

(1) ¹Die Hauptversammlung beschließt alljährlich in den ersten acht Monaten des Geschäftsjahrs über die Entlastung der Mitglieder des Vorstands und über die Entlastung der Mitglieder des Aufsichtsrats. ²Über die Entlastung eines einzelnen Mitglieds ist gesondert abzustimmen, wenn die Hauptversammlung es beschließt oder eine Minderheit es verlangt, deren Anteile zusammen den zehnten Teil des Grundkapitals oder den anteiligen Betrag von einer Million Euro erreichen.

(2) ¹Durch die Entlastung billigt die Hauptversammlung die Verwaltung der Gesellschaft durch die Mitglieder des Vorstands und des Aufsichtsrats. ²Die Entlastung enthält keinen Verzicht auf Ersatzansprüche.

(3) Die Verhandlung über die Entlastung soll mit der Verhandlung über die Verwendung des Bilanzgewinns verbunden werden.

(4) ¹Die Hauptversammlung der börsennotierten Gesellschaft kann über die Billigung des Systems zur Vergütung der Vorstandsmitglieder beschließen. ²Der Beschluss begründet weder

Rechte noch Pflichten; insbesondere lässt er die Verpflichtungen des Aufsichtsrates nach § 87 unberührt. ³Der Beschluss ist nicht nach § 243 anfechtbar.

Übersicht

		Rdn.			Rdn.
A.	Übersicht	1	D.	Verfahren der Hauptversammlung, Abs. 3	11
B.	Beschlussfassung über die Entlastung, Abs. 1	2	E.	Beschlussfassung über Vergütungssystem, Abs. 4	12
C.	Umfang und Wirkung der Entlastung, Abs. 2	6			

A. Übersicht

Die Vorschrift betrifft die Entlastung der Mitglieder der Verwaltungsorgane. Bei der Entlastung handelt es sich um ein besonderes gesellschaftsrechtliches Instrument, mit dem die **Billigung der Amtsführung** der Mitglieder der Verwaltungsorgane der AG für die Dauer der zurückliegenden Entlastungsperiode ausgesprochen und ihnen regelmäßig gleichzeitig für die künftige Amtsperiode das **Vertrauen zugesprochen** wird (BGH, Urt. v. 20.05.1985 – II ZR 165/84, Z 94, 324, 326 zur GmbH). Die Vorschrift des § 120 AktG regelt Fragen der Beschlussfassung über die Entlastung (Abs. 1), ihre begrenzte, einen Verzicht auf Ersatzansprüche nicht zum Ausdruck bringende Wirkung (Abs. 2), die sich von der Wirkung des Entlastungsbeschlusses im GmbH-Recht unterscheidet, und bestimmte in der Hauptversammlung zu beachtende Verfahrensfragen (Abs. 3). Der durch das VorstAG eingeführte Abs. 4 gibt den Aktionären ein Instrument zur Kontrolle des bestehenden Vergütungssystems für den Vorstand in die Hand (Rdn. 12). 1

B. Beschlussfassung über die Entlastung, Abs. 1

Die Entlastung der Mitglieder des Vorstands und des Aufsichtsrats erfolgt durch Beschluss. Die **Zuständigkeit** für den Entlastungsbeschluss liegt nach Abs. 1 bei der **Hauptversammlung**. Diese Regelung ist nach § 23 Abs. 5 AktG zwingend. 2

Nach Abs. 1 hat die Hauptversammlung über die Entlastung in den **ersten 8 Monaten** des Geschäftsjahres zu beschließen. Diese Frist entspricht der Frist des § 175 Abs. 1 Satz 2 AktG zur Entgegennahme des festgestellten Jahresabschlusses, des Lageberichts sowie des Gewinnverwendungsbeschlusses (vgl. § 175 AktG Rdn. 3). Dies gewährleistet die von § 120 Abs. 3 AktG vorgesehene Verbindung der Verhandlung dieser Tagesordnungspunkte. Bei **Nichteinhaltung der Frist** des Abs. 1 können sich die Vorstandsmitglieder wie bei der Versäumnis der Frist des § 175 Abs. 1 Satz 2 AktG **schadenersatzpflichtig** machen, während die Wirksamkeit des Entlastungsbeschlusses im Fall der Fristüberschreitung beide Male nicht berührt wird (vgl. § 175 AktG Rdn. 5). 3

Die Beschlussfassung über die Entlastung hat **in getrennten Verfahren** für die Mitglieder des Vorstands einerseits und die des Aufsichtsrats andererseits zu erfolgen. Die Zusammenfassung der Abstimmungsvorgänge zu einem Vorstands- und Aufsichtsratmitglieder erfassenden Gesamtbeschluss verstößt gegen Abs. 1 (MünchHdb GesR IV/*Semler* § 34 Rn. 23). Organmitglieder, die zugleich Aktionäre sind, sind von der Abstimmung ausgeschlossen, wenn deren eigene Entlastung zur Abstimmung ansteht (§ 136 Abs. 1 AktG). Das Stimmverbot erstreckt sich auch bei Einzelentlastung auf die Entscheidung über die Entlastung des anderen Verwaltungsmitglieds, wenn ein Aktionär von der Entscheidung in gleicher Weise betroffen ist und dabei quasi als »Richter in eigener Sache« tätig wird – etwa weil er an einem Vorgang beteiligt war, der dem Organmitglied, um dessen Entlastung es geht, als Pflichtverletzung vorzuwerfen ist (BGH, Urt. v. 20.01.1986 – II ZR 73/85, Z 97, 28, 33 f. zur GmbH). In Fällen dagegen, in denen sich das Verbot der Entscheidung über die eigene Entlastung (§ 136 Abs. 1 AktG) nicht auf die Entscheidung über die Entlastung eines anderen Verwaltungsmitglieds erstreckt, kann mit der Einzelentlastung auch kein Stimmverbot umgangen werden (BGH, Urt. v. 21.09.2009 – Az. II ZR 174/08, NZG 2009, 1270 Tz. 30 unter Einschränkung vom BGH, Urt. v. 12.06.1989 – II ZR 246/88 Z 108, 21, 25). Aktionäre, 4 die ein Aufsichtsratsmitglied gem. § 101 Abs. 2 AktG entsandt haben, sind bei dessen Entlastung stimmberechtigt (BGH, Urt. 29.01.1962 – II ZR 1/61, Z 36, 296, 306 ff.). Bei der **Einmann-AG** kann eine Entlastung insoweit nicht stattfinden, als der alleinige Aktionär zugleich Vorstands- oder Aufsichtsratsmitglied ist (BGH, Urt. v. 12.07.2011 – II ZR 58/10, AG 2011, 702; MünchHdb GesR IV/*Semler* § 34 Rn. 25).

5 Über die Entlastung der Mitglieder des jeweiligen Organs wird nach der Wertung des Abs. 1 Satz 2 grundsätzlich in einem Abstimmungsvorgang entschieden (sog. **Gesamtentlastung**). Die Abstimmung über die personenbezogene Entlastung jedes Einzelnen oder zumindest einzelner Organmitglieder (sog. **Einzelentlastung**) ist möglich, auch wenn die besonderen Voraussetzungen des Abs. 1 Satz 2 nicht vorliegen (BGH, Beschl. v. 07.12.2009 – II ZR 63/08). Nach Abs. 1 Satz 2 hat eine Einzelentlastung zu erfolgen, wenn die Hauptversammlung dies mit einfacher Mehrheit beschließt. Das Antragsrecht für diese gesonderte Abstimmung steht jedem Aktionär ohne Ansehen des Umfangs seines Aktienbesitzes sowie jedem Mitglied des Vorstands- und des Aufsichtsrats zu (OLG München, Urt. v. 17.03.1995 – 23 U 5930/94, AG 1995, 381, 382) zu. In diesen Fällen ist zunächst über das Abstimmungsverfahren Beschluss zu fassen, bevor über den Entlastungsantrag entschieden wird. Über die Einzelentlastung ist ferner zu beschließen, wenn dies von einer Minderheit verlangt wird, deren Anteile zumindest 10 % des Grundkapitals oder den anteiligen Betrag von 1,0 Mio. € erreichen, Abs. 1 Satz 2. Schließlich kann der Versammlungsleiter nach h. M. von sich aus die Beschlussfassung über die Einzelentlastung anordnen. Die Entscheidung darüber, ob über die Entlastung des Aufsichtsrats im Wege der Gesamt- oder Einzelentlastung abzustimmen ist, steht im pflichtgemäßen Ermessen des Versammlungsleiters (BGH, Urt. v. 21.09.2009 – II ZR 174/08, NZG 2009, 1270).

C. Umfang und Wirkung der Entlastung, Abs. 2

6 Abs. 2 legt die Wirkung des Entlastungsbeschlusses dahin gehend fest, dass die Verwaltung der Aktiengesellschaft »**gebilligt**« wird. Mit dem Entlastungsbeschluss wird festgestellt, dass die Verwaltung der AG durch die Organmitglieder im zurückliegenden Zeitraum **gesetzes- und satzungsmäßig** erfolgt ist, während die Entlastung andererseits keinen Verzicht auf Ersatzansprüche enthält. Ein solcher Verzicht ist gem. § 93 Abs. 4 Satz 3 AktG nur durch gesonderten Beschluss und unter Wahrung der danach grundsätzlich zu beachtenden 3-Jahres-Frist möglich. Bei erteilter Entlastung können sich Wirkungen für einen Beschluss über die Entziehung des Vertrauens durch die Hauptversammlung ergeben, weil anerkannt wird, dass der Entlastungsbeschluss einen »Vertrauenserweis für die Zukunft« einschließt (vgl. BGH, Urt. v. 25.11.2002 – II ZR 133/01, Z 153, 47, 50 – Macroton). Deshalb verhält sich die Hauptversammlung widersprüchlich, wenn sie dem Vorstand trotz eines Entlastungsbeschlusses, das Vertrauen entzieht; ein dennoch gefasster Beschluss über den Vertrauensentzug verstieße gegen § 242 BGB und ist unwirksam; als wichtiger Grund für eine Abberufung kann er nicht herangezogen werden (MüKoAktG/*Kubis* § 120 Rn. 30; vgl. a. Spindler/Stilz/*Hoffmann* AktG, § 119 Rn. 19, der aber einen Vertrauenszug durch den Beschluss einer späteren Hauptversammlung selbst bei unveränderter Tatsachenlage für zulässig erachtet). Für die Abberufung von Mitgliedern des Aufsichtsrats hat ein erteilter Entlastungsbeschluss keine Bedeutung, da die Abberufung nach § 103 Abs. 1 keinen Vertrauensbezug aufweist (Spindler/Stilz/*Hoffmann* AktG, § 119 Rn. 30).

7 Der Entlastungsbeschluss bezieht sich auf die Verwaltungstätigkeit insgesamt. Eine Entlastung für einzelne Vorgänge der Organtätigkeit ist nicht zulässig (OLG Stuttgart, Urt. v. 01.12.1994 – 13 U 46/93, AG 1995, 233, 234). Eine **Teilentlastung** des Inhalts, dass die Hauptversammlung bestimmte Maßnahmen missbilligt und im Übrigen die Entlastung erteilt, wird für zulässig erachtet (*Sethe* ZIP 1996, 1321, 1322 ff.). Der Umfang der Entlastung bezieht sich regelmäßig auf das **gesamte abgelaufene Geschäftsjahr**. Eine Entlastung für einen kürzeren Zeitraum, etwa durch Beschlussfassung einer außerordentlichen Hauptversammlung, wird für zulässig erachtet (MünchHdb GesRIV/*Semler* § 34 Rn. 27).

Da mit einem **Entlastungsbeschluss** der Hauptversammlung der AG eine **Präklusion von Ersatzansprüchen** nach der zwingenden Regelung des Abs. 2 Satz 2 nicht verbunden ist, hat die Entlastung vor allem die rechtliche Bedeutung, dass ein Vertrauensentzug nach § 84 Abs. 3 Satz 4 AktG auf die Vorgänge, die vom Entlastungsbeschluss umfasst waren, nicht mehr gestützt werden kann. Der Entlastungsbeschluss entfaltet insofern rechtserhebliche Bedeutung. 8

Die **Verweigerung der Entlastung** hat umgekehrt keine unmittelbare rechtliche Wirkung. Sie bedeutet nicht notwendig einen Vertrauensentzug durch die Hauptversammlung. Die Verweigerung der Entlastung und der Entzug des Vertrauens sind zwei gesonderte Beschlussfassungsgegenstände, die gesonderter Ankündigung in der Tagesordnung nach § 124 und gesonderter Beschlussfassung bedürfen; erweiternde Auslegungen des Verweigerungsbeschlusses verbieten sich deshalb (MüKo-AktG/*Spindler* § 84 Rn. 127). Neben dem Tagesordnungspunkt »Entlastung der Mitglieder des Vorstands« kann ein **Antrag auf Vertrauensentzug** gestellt werden; die Beschlussfassung über den Vertrauensentzug kann, sie muss aber nicht, die Abberufung des betroffenen Vorstandsmitglieds durch den Aufsichtsrat aus wichtigem Grund nach § 84 Abs. 3 AktG zur Folge haben (vgl. Erl. zu § 84 AktG Rdn. 27). Die Bedeutung eines wichtigen Grundes für die Niederlegung des Vorstandsamtes (vgl. Erl. zu § 84 AktG Rdn. 17) kommt der Verweigerung der Entlastung nur zu, wenn diese zu Unrecht erfolgte (*Hüffer/Koch* AktG, § 120 Rn. 16; *Weitemeyer* ZGR 2005, 280, 304). 9

Eine gegen die Gesellschaft gerichtete Klage des Organmitglieds auf Erteilung der Entlastung ist unzulässig (BGH, Urt. v. 20.05.1985 – II ZR 165/84, Z 94, 324, 326 ff. – zur GmbH). Dieser Auffassung wird zu Recht entgegengehalten, dass das getroffene Organmitglied einen Anspruch darauf hat, die diskriminierenden persönlichen und beruflichen Wirkungen einer unberechtigten Entlastungsverweigerung aus der Welt zu schaffen (*Weitemeyer* ZGR 2005, 280, 306). 10

D. Verfahren der Hauptversammlung, Abs. 3

Die Verhandlung über die Entlastung soll nach Abs. 3 mit derjenigen über die Gewinnverwendung (§ 174 AktG) verbunden werden. Diese Regelung steht im Zusammenhang mit der Verpflichtung des Vorstands, der Hauptversammlung zur Information der Aktionäre den Jahresabschluss, den Lagebericht und den Bericht des Aufsichtsrats vorzulegen; diese Rechenschaftslegung ist materiell die Grundlage für die Entscheidung über die Entlastung. Deshalb ist der Entlastungsbeschluss bei Verletzung der Informationspflichten **anfechtbar** (BGH, Urt. v. 04.03.1974 – II ZR 89/72, Z 62, 193, 194 f.; OLG Frankfurt am Main, Urt. v. 18.03.2008 – 5 U 171/06, AG 2008, 417, 419; KG, Urt. v. 08.03.2001 – 2 U 1909, AG 2001, 355, 356); insbesondere führt das satzungswidrige Fehlen eines Lageberichts trotz Ankündigung einer Vorlage in der Einladung zur Hauptversammlung zur Anfechtbarkeit der Entlastung des Vorstands (BGH, Beschl. v. 26.11.2007 – II ZR 227/06, AG 2008, 83 ff.; *Graff* AG 2008, 479 ff.). Die gebotene Verbindung erfolgt dadurch, dass beide Tagesordnungspunkte im zeitlichen Zusammenhang in derselben Hauptversammlung behandelt werden. Ein Entlastungsbeschluss ist anfechtbar, wenn Gegenstand der Entlastung ein Verhalten ist, das eindeutig einen schwerwiegenden Gesetzes- oder Satzungsverstoß darstellt (grundlegend BGH, Urt. v. 25.11.2002 – II ZR 133/01, Z 153, 47 Tz. 26; vgl. a. OLG Frankfurt, Urt. v. 01.10.2013 – 5 U 214/12, AG 2014, 373 mit abl. Kommentar durch *Burghard/Heimann* AG 2014, 360). Die in § 243 Abs. 1 AktG getroffene Regelung, dass jeder gesetzes- oder satzungswidrige Beschluss der Hauptversammlung angefochten werden kann, erfährt durch die Abtrennung des Verzichts auf Schadensersatzansprüche von der Entlastung keine Durchbrechung; andernfalls könnte eine zur Billigung rechtswidrigen Verhaltens entschlossene Mehrheit gegen den Widerstand einer gesetzes- und satzungstreuen Minderheit eine Entlastung der Verwaltung jederzeit durchsetzen (BGH, Urt. v. 18.10.2004 – II ZR 250/02, Z 160, 385, 388; Urt. v. 21.09.2009 – II ZR 174/08, Z 182, 272 Tz. 18 – Umschreibungsstopp; Beschl. v. 09.11.2009 – II ZR 154/08, ZIP 2009, 2436). Angesichts der nicht zweifelsfrei geklärten Rechtslage in den Fällen des Beteiligungserwerbs (vgl. Erl. zu § 119 Rdn. 14) liegt ein die Anfechtungsmöglichkeit begründender Pflichtenverstoß nicht vor, wenn bei einem Beteiligungserwerb die Zustimmung der Hauptversammlung nicht eingeholt wird (BGH, Beschl. v. 07.02.2012 – II ZR 253/10, NJW-RR 2012, 558 Tz. 2). 11

E. Beschlussfassung über Vergütungssystem, Abs. 4

12 Aufgrund der Gesetzesänderung durch das VorstAG kann die Hauptversammlung börsennotierter Gesellschaften einen Beschluss über die Billigung des Systems der Vergütung der Vorstandsmitglieder fassen. Dieser Beschluss hat nach der gesetzlichen Regelung in Abs. 4 Satz 2 keine Rechtsfolgen, es handelt sich um einen konsultativen Aufsichtsratsbeschluss (*Fleischer* AG 2010, 681), dessen Anfechtung ausgeschlossen ist, Abs. 4 Satz 3. Die mit dem Hauptversammlungsbeschluss verbundene »Öffentlichkeitswirkung« gehört zu dem Maßnahmenbündel des VorstAG, mit dem der Gesetzgeber die Kontrolle des bestehenden Systems zur Durchsetzung angemessener Vorstandsvergütungen i. S. d. § 87 Abs. 1 zu befördern sucht (BT-Drucks. 16/13433, S. 18; zur Empirie *Frhr. von Falkenhausen/Kocher* AG 2010, 623). Die Abstimmung ist in Nr. 2.2.1. Abs. 2 DCGK vorgesehen (vgl. a. die damit einhergehende Anregung zur Information der Hauptversammlung in Nr. 4.2.3. und 4.2.5. DCGK). Die beabsichtige Aktienrechtsnovelle 2013 (das sog. VorstKoG) wurde am 20.09.2013 vom Bundesrat in den Vermittlungsausschuss verwiesen, dort aber am Ende der Wahlperiode nicht mehr behandelt; die beabsichtigten neuen say-on-pay-Mitspracherechte der Hauptversammlung (dazu *Wagner* BB 2013, 1731) sind nicht in Kraft getreten.

13 Der Beschluss **kann** von der Verwaltung auf die Tagesordnung der Hauptversammlung gesetzt werden; eine entsprechende Verpflichtung sieht das Gesetz nicht vor. Im Hinblick darauf, dass der Vorstand für Fragen seiner Vergütung unzuständig ist, steht dem Aufsichtsrat in entsprechender Anwendung von § 124 Abs. 3 Satz 1 ein Vorschlagsrecht zu. Aktionäre können einen entsprechenden Beschlussgegenstand gem. § 122 Abs. 2 auf die Tagesordnung der Hauptversammlung setzen lassen (vgl. *Schick* ZIP 2011, 593).

14 **Beschlussgegenstand** ist die »Billigung des Systems zur Vergütung der Vorstandsmitglieder«. Der Gesetzeswortlaut scheint ein Beschlussfassungsrecht nur dann zu eröffnen, wenn ein solches »System« explizit besteht. Das AktG kennt allerdings keine »Systempflicht«; der Aufsichtsrat darf die Vergütung für jedes Vorstandsmitglied individuell festlegen. Im Hinblick auf den Kontrollzweck des Abs. 4 ist auch im Konzept jeweils individuell ausgehandelter Vergütungsvereinbarungen ein »Vergütungssystem« zu sehen, das Gegenstand der Billigung durch einen Hauptversammlungsbeschluss sein kann. Die Beschlussfassung über das »System der Vergütung« geht über die »Grundzüge des Vergütungssystems« hinaus, über die im Lagebericht gem. § 289 Abs. 2 Nr. 5 HGB zu berichten ist; der Aufsichtsrat hat insofern der Hauptversammlung detailliertere Angaben zur Verfügung zu stellen, die entsprechend dem Kontrollzweck des Abs. 4 insbesondere die Angemessenheitskriterien des § 87 Abs. 1 betreffen. Wegen des notwendigen Systembezugs erlaubt Abs. 4 keine Beschlussfassung über die Billigung der Vorstandsvergütung im Einzelfall.

15 Die **Beschlussfassung** über die »Billigung« erlaubt nicht nur insgesamt zustimmende oder ablehnende Inhalte. Der Kontrollfunktion der Hauptsammlungsbefugnis entsprechend können Anträge zu Abs. 4 auch einzelne Elemente des Vergütungssystems betreffen (*Thüsing* AG 2009, 517, 525). Die Billigungskompetenz umfasst dagegen keine Gestaltungskompetenz der Hauptversammlung; insbesondere Anträge zur Begrenzung der Vorstandsbezüge sind deshalb von Abs. 4 nicht legitimiert (*Vetter* ZIP 2009, 1307 ff.).

Zweiter Unterabschnitt Einberufung der Hauptversammlung

§ 121 Allgemeines

(1) Die Hauptversammlung ist in den durch Gesetz oder Satzung bestimmten Fällen sowie dann einzuberufen, wenn das Wohl der Gesellschaft es fordert.

(2) ¹Die Hauptversammlung wird durch den Vorstand einberufen, der darüber mit einfacher Mehrheit beschließt. ²Personen, die in das Handelsregister als Vorstand eingetragen sind, gelten

als befugt. ³Das auf Gesetz oder Satzung beruhende Recht anderer Personen, die Hauptversammlung einzuberufen, bleibt unberührt.

(3) ¹Die Einberufung muss die Firma, den Sitz der Gesellschaft sowie Zeit und Ort der Hauptversammlung enthalten. ²Zudem ist die Tagesordnung anzugeben. Bei börsennotierten Gesellschaften hat der Vorstand oder, wenn der Aufsichtsrat die Versammlung einberuft, der Aufsichtsrat in der Einberufung ferner anzugeben:
1. die Voraussetzungen für die Teilnahme an der Versammlung und die Ausübung des Stimmrechts sowie gegebenenfalls den Nachweisstichtag nach § 123 Abs. 3 Satz 3 und dessen Bedeutung;
2. das Verfahren für die Stimmabgabe
    a) durch einen Bevollmächtigten unter Hinweis auf die Formulare, die für die Erteilung einer Stimmrechtsvollmacht zu verwenden sind, und auf die Art und Weise, wie der Gesellschaft ein Nachweis über die Bestellung eines Bevollmächtigten elektronisch übermittelt werden kann sowie
    b) durch Briefwahl oder im Wege der elektronischen Kommunikation gemäß § 118 Abs. 1 Satz 2, soweit die Satzung eine entsprechende Form der Stimmrechtsausübung vorsieht;
3. die Rechte der Aktionäre nach § 122 Abs. 2, § 126 Abs. 1, den §§ 127, 131 Abs. 1; die Angaben können sich auf die Fristen für die Ausübung der Rechte beschränken, wenn in der Einberufung im Übrigen auf weitergehende Erläuterungen auf der Internetseite der Gesellschaft hingewiesen wird;
4. die Internetseite der Gesellschaft, über die die Informationen nach § 124a zugänglich sind.

(4) ¹Die Einberufung ist in den Gesellschaftsblättern bekannt zu machen. ²Sind die Aktionäre der Gesellschaft namentlich bekannt, so kann die Hauptversammlung mit eingeschriebenem Brief einberufen werden, wenn die Satzung nichts anderes bestimmt; der Tag der Absendung gilt als Tag der Bekanntmachung. ²Die §§ 125 bis 127 gelten sinngemäß.

(4a) Bei börsennotierten Gesellschaften, die nicht ausschließlich Namensaktien ausgegeben haben und die Einberufung den Aktionären nicht unmittelbar nach Absatz 4 Satz 2 und 3 übersenden, ist die Einberufung spätestens zum Zeitpunkt der Bekanntmachung solchen Medien zur Veröffentlichung zuzuleiten, bei denen davon ausgegangen werden kann, dass sie die Information in der gesamten Europäischen Union verbreiten.

(5) ¹Wenn die Satzung nichts anderes bestimmt, soll die Hauptversammlung am Sitz der Gesellschaft stattfinden. ²Sind die Aktien der Gesellschaft an einer deutschen Börse zum Handel im regulierten Markt zugelassen, so kann, wenn die Satzung nichts anderes bestimmt, die Hauptversammlung auch am Sitz der Börse stattfinden.

(6) Sind alle Aktionäre erschienen oder vertreten, kann die Hauptversammlung Beschlüsse ohne Einhaltung der Bestimmungen dieses Unterabschnitts fassen, soweit kein Aktionär der Beschlußfassung widerspricht.

(7) Bei Fristen und Terminen, die von der Versammlung zurückberechnet werden, ist der Tag der Versammlung nicht mitzurechnen. Eine Verlegung von einem Sonntag, einem Sonnabend oder einem Feiertag auf einen zeitlich vorausgehenden oder nachfolgenden Werktag kommt nicht in Betracht. Die §§ 187 bis 193 des Bürgerlichen Gesetzbuchs sind nicht entsprechend anzuwenden. Bei nichtbörsennotierten Gesellschaften kann die Satzung eine andere Berechnung der Frist bestimmen.

Übersicht	Rdn.			Rdn.
A. Übersicht	1	E.	Modalitäten der Einberufung, Abs. 4 und 4a	18
B. Einberufungsgründe, Abs. 1	2			
C. Einberufungszuständigkeit, Abs. 2	6	F.	Ort der Hauptversammlung, Abs. 5	24
D. Inhalt der Einberufung, Abs. 3 und 4		G.	Vollversammlung aller Aktionäre, Abs. 6	28
Satz 2	9	H.	Fristenberechnung, Abs. 7	30

§ 121 AktG Allgemeines

A. Übersicht

1 Die Vorschriften der §§ 121 bis 128 AktG regeln Fragen der Einberufung der Hauptversammlung. Die Vorschrift des § 121 AktG betrifft dabei die Grundfragen nach dem **Einberufungsgrund**, der **Einberufungszuständigkeit** und einzelnen **Einberufungsmodalitäten**. Die Regelungen sind durch das ARUG neu strukturiert worden. Durch das Gesetz für die kleine AG von 1994 hat der Gesetzgeber für bestimmte Gesellschaften Förmlichkeiten dadurch abgeschafft, dass die Möglichkeit der Einberufung durch eingeschriebenen Brief in Abs. 4 zugelassen wurde. Dieselbe Gesetzgebung hat mit der Regelung des Abs. 6 für Vollversammlungen aller Aktionäre die Förmlichkeiten weitgehend aufgehoben.

B. Einberufungsgründe, Abs. 1

2 Das AktG führt eine Reihe spezieller Gründe für die Einberufung einer Hauptversammlung an. Die **jährlich einzuberufende Hauptversammlung** hat folgende **Gegenstände** zu behandeln: Entgegennahme des festgestellten Jahresabschlusses, Beschlussfassung über die Verwendung des Bilanzgewinns (§ 175 Abs. 1 AktG), Entlastung der Verwaltung (§ 120 AktG), Wahl der Abschlussprüfer (§ 318 Abs. 1 AktG) und gegebenenfalls Feststellung des Jahresabschlusses (§§ 173, 175 Abs. 3, 234 Abs. 2 AktG). Eine **Verpflichtung zur Einberufung** einer Hauptversammlung besteht, wenn ein Verlust i. H. v. mehr als der Hälfte des Grundkapitals angefallen ist (§ 92 Abs. 1 AktG), wenn eine qualifizierte Minderheit von Aktionären die Einberufung verlangt (§ 122 AktG) und wenn die Hauptversammlung selbst die Einberufung einer neuen Hauptversammlung beschlossen hat (vgl. § 124 Abs. 4 Satz 2 AktG); zur Einberufungspflicht bei entsprechendem Verlangen von Aufsichtsbehörden, vgl. z. B. § 44 Abs. 5 KWG.

3 Überdies ist die Hauptversammlung immer dann einzuberufen, wenn Maßnahmen durchgeführt werden sollen, die in die Zuständigkeit der Hauptversammlung fallen oder der **Zustimmung der Hauptversammlung bedürfen**. Dies sind vor allem die in § 119 Abs. 1 und 2 AktG geregelten Fälle sowie die Maßnahmen, die im Wege richterlicher Rechtsfortbildung hauptversammlungspflichtig sind (vgl. zur sog. »Holzmüller-Doktrin« Erl. zu § 119 AktG Rdn. 9–16).

4 Für das **Satzungsrecht** besteht ungeachtet der Formulierung in § 120 Abs. 1 AktG wegen der gesetzlich zwingend (§ 23 Abs. 5 AktG) ausgestalteten Organkompetenzen nur ein **geringer Regelungsspielraum**. So kann das Quorum für die Einberufung einer Hauptversammlung durch eine Aktionärsminderheit in der Satzung auf unter 5 % gesenkt werden (§ 122 Abs. 1 Satz 2 AktG). Ist die Zustimmung zur Übertragung vinkulierter Namensaktien der Hauptversammlung zugewiesen (§ 68 Abs. 2 Satz 3 AktG), kann die Satzung festlegen, dass die Hauptversammlung innerhalb bestimmter Frist einzuberufen ist (MünchHdb GesR IV/*Semler* § 35 Rn. 2).

5 Das »**Wohl der Gesellschaft**« als weiterer Einberufungsgrund nach Abs. 1 verschafft dem Einberufungsberechtigten (vgl. sogleich in Rdn. 6) keine beliebige Einberufungsbefugnis. Dieser hat vielmehr nach pflichtgemäßem Ermessen zu entscheiden, ob eine Einberufung zu erfolgen hat, weil Maßnahmen in der Zuständigkeit der Hauptversammlung anstehen. Umstritten ist, ob auch »beschlusslose« Hauptversammlungen einberufen werden können, mit denen der Vorstand die Hauptversammlung informieren oder sich von ihr ein Meinungsbild einholen möchte. Regelmäßig gehört es zu den pflichtgemäßen Aufgaben des Vorstands auch und gerade in schwierigen Entscheidungssituationen durch eigene Beschlussanträge seiner Leitungsaufgabe gerecht zu werden; die Einberufung und Befassung einer Hauptversammlung als Informationsgremium ist in aller Regel zum Wohl der Gesellschaft nicht gerechtfertigt (vgl. aber *Huber* ZIP 1995, 1740, 1743).

C. Einberufungszuständigkeit, Abs. 2

6 Die Zuständigkeit zur Einberufung der Hauptversammlung liegt in erster Linie **beim Vorstand** (Abs. 3 Satz 1). Der Vorstand entscheidet über die Einberufung durch **Beschluss des Gesamtvorstands**, für den keine Einstimmigkeit (vgl. § 77 AktG), sondern eine **einfache Mehrheit** erforderlich und ausreichend ist. Für die Beschlussfassung gelten alle Personen als befugt, die im Handelsregister

als Vorstandsmitglieder eingetragen sind, Abs. 2 Satz 2, mögen sie wirksam bestellt sein oder nicht. Zur Teilnahme an der Beschlussfassung sind auch diejenigen Vorstandsmitglieder berechtigt, die wirksam bestellt, aber im Handelsregister noch nicht eingetragen sind (OLG Stuttgart, Urt. v. 15.10.2008 – 20 U 19/07, ZIP 2008, 2315 Tz. 55); die negative Publizitätswirkung der fehlenden Eintragung (§ 15 Abs. 1 HGB) ist auf innergesellschaftliche Rechtsbeziehen zwischen einer Gesellschaft, deren Verhältnisse eintragungspflichtig sind, und ihren Gesellschaftern oder ihren Organen grundsätzlich nicht anwendbar (OLG Stuttgart, Urt. v. 15.10.2008 – 20 U 19/07, ZIP 2008, 2315 Tz. 64). Beruft ein nicht ordnungsgemäß besetzter Vorstand ein, führt diese Einberufung zur Nichtigkeit der Hauptversammlungsbeschlüsse (§§ 241 Nr. 1, 121 Abs. 2); bei Einberufung durch einen fehlerhaft besetzten Vorstand ist ferner die Tagesordnung nicht ordnungsgemäß gem. § 124 Abs. 3 bekannt gemacht, sodass über sie nach § 124 Abs. 4 nicht Beschluss gefasst werden darf; dennoch gefasste Beschlüsse sind deshalb auch anfechtbar (MüKo AktG/*Kubis*, § 124 Rn. 47).

Der **Aufsichtsrat** ist berechtigt und verpflichtet, die Hauptversammlung einzuberufen, wenn das 7
Wohl der Gesellschaft dies erfordert (vgl. § 111 Abs. 3 AktG, vgl. § 111 AktG Rdn. 13 f.). Ein solcher Fall kann insbesondere vorliegen, wenn der Vorstand die Hauptversammlung nicht einberuft, obwohl er dazu rechtlich verpflichtet ist. Von Gesetzes wegen haben Vorstand und Aufsichtsrat eine **konkurrierende Einberufungszuständigkeit**. Meinungsverschiedenheiten über die Einberufungspflicht etwa wegen der Hauptversammlungspflichtigkeit einer Maßnahme müssen deswegen nicht in einem Vorab-Verfahren geklärt werden. Der Aufsichtsrat hat – wie der Vorstand – über die Einberufung einen Gremienbeschluss mit einfacher Mehrheit herbeizuführen. Erst danach darf die Einberufung erfolgen.

Weitere Einberufungszuständigkeiten können durch die Satzung begründet werden (Abs. 2 Satz 3). 8
Diese kann insbesondere **einzelnen Vorstandsmitgliedern** oder **einzelnen Aufsichtsratsmitgliedern** das Recht zur Einberufung der Hauptversammlung verschaffen. Ebenso können einzelne Aktionäre oder Dritte durch die Satzung ein Einberufungsrecht erhalten. Einzelne Aktionäre können ferner unter den Voraussetzungen des § 122 Abs. 3 AktG gerichtlich zur Einberufung ermächtigt werden. Eine qualifizierte Minderheit von Aktionären kann vom Vorstand die Einberufung der Hauptversammlung verlangen, § 122 Abs. 1 Satz 2 AktG (vgl. die Erl. zu diesen Vorschriften).

D. Inhalt der Einberufung, Abs. 3 und 4 Satz 2

Die Einberufung der Hauptversammlung muss die in Abs. 3 aufgelisteten Inhalte enthalten. Die 9
Einberufung muss die in Abs. 3 Satz 1 aufgeführten **Mindestangaben** enthalten. Hinsichtlich der Zeit der Hauptversammlung sind **Tag und Stunde des Beginns** bekannt zu machen. Das Gesetz gibt dem Einberufenden insofern einen weiten Ermessensspielraum. Die Zeit muss lediglich so gewählt werden, dass den Aktionären die Teilnahme **zumutbar** ist. An Sonn- und Feiertagen ist dies nicht der Fall (Henssler/Strohn/*Liebscher* AktG, § 121 Rn. 27; a. A. *Hüffer/Koch* AktG, § 121 Rn. 17 im Hinblick auf § Abs. 7 Satz 2); der Samstag kann als Sitzungstag bestimmt werden (MüKo AktG/*Kubis*, § 121 Rn. 36; MünchHdb GesR IV/*Semler* § 35 Rn. 30). Die voraussichtliche Dauer ist nicht anzugeben. Soll die Hauptversammlung über mehr als einen Tag andauern können, so ist darauf in der Bekanntmachung z. B. in der Weise hinzuweisen, dass die Möglichkeit besteht, die Hauptversammlung bei Bedarf am Folgetag zu bestimmter Zeit und an bestimmtem Ort fortzusetzen. Andernfalls ist eine Fortsetzung der nicht abgearbeiteten Tagesordnung der Versammlung über den Tag der Einberufung hinaus nicht rechtmäßig (MüKo AktG/Kubis, § 121 Rn. 35; MünchHdb GesR IV/*Semler* § 36 Rn. 47; weiter gehend wollen *Happ/Freitag* [AG 1998, 493] eine Fortsetzung der Hauptversammlung nach 24.00 Uhr ermöglichen; gegen die Nichtigkeit der gefassten Beschlüsse auch *Linnerz* NZG 2006, 208, 210). Die Bezeichnung des **Orts der Hauptversammlung** verlangt die Bekanntgabe der Anschrift des Versammlungsraumes (vgl. ferner Erl. in Rdn. 16 ff.).

Die **Tagesordnung** ist nach der Neuregelung des Abs. 3 Satz 2 AktG durch das ARUG Bestand- 10
teil der Einberufung selbst. Mit dem Begriff der Tagesordnung wird die Zusammenstellung der Versammlungs- und insbesondere der Beschlussgegenstände in der Reihenfolge ihrer Behandlung bezeichnet (MüKo AktG/*Kubis* 123 Rn. 3). Die Tagesordnung muss so konkret formuliert werden,

§ 121 AktG Allgemeines

dass der durchschnittliche Aktionär sich ein Bild davon machen kann, welcher Gegenstand behandelt und worüber beschlossen werden soll (BGH, Urt. v. 15.01.2001 – II ZR 124/99, BB 2001, 483; *Wackerbarth* AG 2002, 14). Formalangaben reichen nach dem Schutzzweck der Vorschrift (vgl. Erl. in Rdn. 1) dann nicht aus, wenn diese dem Aktionär keine inhaltliche Vorstellung über den Gegenstand vermitteln. Insbesondere ist im Interesse einer ordnungsgemäßen Beschlussfassung gem. § 124 Abs. 4 Satz 1 AktG zu vermeiden, dass ein Tagesordnungspunkt missverständlich formuliert wird. Verharmlosende oder irreführende Formulierungen begründen die Gefahr eines Bekanntmachungsfehlers und damit die Anfechtbarkeit gefasster Beschlüsse (§ 243 Abs. 1 AktG).

11 Diese Grundsätze werden von Rechtsprechung und Rechtspraxis – nicht selten in Abweichung vom GmbH-Recht (vgl. die Erl. zu § 51 GmbHG) – zunehmend konkretisiert. Für die **typischen Gegenstände** der ordentlichen Hauptversammlung (Entgegennahme des Jahresabschlusses, Gewinnverwendung, Entlastung von Vorstand und Aufsichtsrat, Wahl des Abschlussprüfers) sind über die förmliche Angabe dieser Gegenstände hinaus wegen der schon damit verbundenen klaren typischen Inhalte nähere Präzisierungen nicht erforderlich (*Hüffer/Koch* AktG, § 124 Rn. 3). Bei vorgeschlagener **Kapitalerhöhung** ist anzugeben, auf welche Art diese erfolgen soll, ob eine Erhöhung mit Bar- oder Sacheinlagen bzw. ein Kapitalerhöhung aus Gesellschaftsmitteln vorgesehen ist. Der Ausschluss des Bezugsrechts muss nach § 186 Abs. 4 AktG ausdrücklich mit der Einberufung bekannt gemacht werden. Der nach § 186 Abs. 4 AktG zu erstattende Bericht ist nach seinem wesentlichen Inhalt bekannt zu machen (BGH, Urt. v. 09.11.1992 – II ZR 230/91, Z 120, 141 ff.).

12 Im Übrigen unterscheidet die Regelung zwischen nichtbörsennotierten und **börsennotierten Gesellschaften**. Die umfänglichen Verpflichtungen über die Angaben für die Teilnahme an der Hauptversammlung und die Ausübung des Stimmrechts gem. Abs. 3 Satz 3 Nr. 1–4 gelten nur für börsennotierte Gesellschaften. Überdies gilt Satz 3 nur für Hauptversammlungen, die vom Vorstand oder dem Aufsichtsrat einberufen werden, nicht aber für die die Einberufung durch Aktionäre (*Drinhausen/Keinath* BB 2009, 2322, 2323).

13 Zu den Pflichtangaben gem. **Nr. 1** betreffend die Voraussetzungen für die Teilnahme an der Versammlung und die Ausübung des Stimmrechts gehören die Hinweis auf die Beschränkungen gem. § 123 Abs. 2 und 3 AktG. Zum record date (Nr. 1) genügt der Hinweis, dass an der Hauptversammlung nur Personen teilnehmen und ihr Stimmrecht ausüben dürfen, die im Zeitpunkt des Stichtags Aktionär sind (OLG Frankfurt am Main, Urt. v. 21.07.2009 – U 139/08, NZG 2009, 068; *Drinhausen/Keinath* BB 2009, 2322). Der Umschreibungsstopp bei Namensaktien ist nicht anzugeben (BGH, Urt. 21.09.2009 – II ZR 174/08, NZG 2009, 1270).

14 Gem. **Nr. 2** sind Angaben zu bestimmten Verfahren bei der Stimmangabe aufzunehmen. Sie betreffen die Stimmabgabe durch einen Bevollmächtigten (Buchst. a)) und – soweit die Satzung dies vorsieht – den Fall der Stimmabgabe per Briefwahl oder im Wege elektronischer Kommunikation (Buchst. b)). Hinsichtlich der Stimmangabe durch einen Vertreter ist insbesondere ein Hinweis auf die Formulare für die Vertreterbestellung aufzunehmen (vgl. § 30a Abs. 1 Nr. 5 WpHG). Ferner ist nach umstrittener Rechtslage auf die Form der Vollmacht bei Kreditinstituten hinzuweisen (OLG Frankfurt am Main, Beschl. v. 15.07.2008 – 5 W 15/08, ZIP 2008, 1722); einer positiven Freigabeentscheidung steht ein solcher Einberufungsmangel nicht entgegen (*Rothley* GWR 2009, 312). Hinzuweisen ist auf die Modalitäten des Nachweises über die Bestellung des Bevollmächtigten im Wege elektronischer Übermittlung (vgl. § 134 Abs. 3 Nr. 20 AktG). Ebenso ist auf die Satzungsregelung zur Abstimmung durch Briefwahl hinzuweisen.

15 Gem. der **Nr. 3** sind in der Einberufung Angaben zu dem Recht der Aktionäre aufzunehmen, die Tagesordnung um neue Punkte zu ergänzen oder Gegenanträge zu bereits in der Tagesordnung vorgesehenen Punkten zu stellen; in der Einberufung ist das Auskunftsrecht der Aktionäre zu erläutern. Zu beiden Punkten kann sich die Gesellschaft auf die Angaben zu den jeweils einzuhaltenden Fristen beschränken, sofern auf der Internetseite der Gesellschaft eine ausführliche Darstellung des jeweiligen Rechts enthalten ist und hierauf in der Einberufung hingewiesen wird. Nach den Gesetzesmaterialien sollen Fristen konkret berechnet und angegeben werden; der letzte Tag, an

dem etwa ein Verlangen gem. § 122 Abs. 2 AktG gestellt werden kann, ist mit Datum zu benennen (BT-Drucks. 16/11642, S. 41). Entsprechend gilt für den letzten Tag, an dem Aktionärsanträge gem. § 126 AktG zugehen müssen (BT-Drucks. 16/11642, S. 41). Rechtsberatende Ausführungen fordert die Bestimmung nicht, wohl aber die Nennung und ggf. eine allgemein verständliche Darstellung des Regelungsgehalts der einschlägigen Rechtsvorschriften, ergänzt um gesellschaftsspezifische Angaben, wie insbesondere Adressangaben (BT-Drucks. 16/11642, S. 41).

Gem. **Nr. 4** ist in der Einberufung die Internetseite der Gesellschaft anzugeben, über die im Vorfeld der Hauptversammlung Informationen zugänglich gemacht werden (vgl. Erl zu § 124a AktG). **16**

Die **Nichtbeachtung** der Einberufungsregeln hat die **Nichtigkeit** der auf der Hauptversammlung gefassten Beschlüsse zur Folge (§ 241 Nr. 1 AktG). Davon ist nur dann eine Ausnahme anerkannt, wenn die Voraussetzungen einer Vollversammlung der Aktionäre vorliegen (Abs. 6). **17**

E. Modalitäten der Einberufung, Abs. 4 und 4a

Die Einberufung der Hauptversammlung erfolgt durch **Bekanntmachung** in den Gesellschaftsblättern, Abs. 4 Satz 1. Sie ist deshalb zumindest in den elektronischen Bundesanzeiger einzustellen, § 25 AktG. Hat die AG weitere Gesellschaftsblätter, so ist die Bekanntmachung erst mit dem Erscheinen der tatsächlichen Ausgabe des letzten Blattes erfolgt (*Hüffer/Koch* AktG, § 121 Rn. 9), was insbesondere für die Wahrung der **Einberufungsfrist** nach § 123 AktG von Bedeutung ist (vgl. § 123 AktG Rdn. 2). **18**

Nach Maßgabe des Abs. 4 Satz 2 kann die Einberufung anstelle der Bekanntgabe in den Gesellschaftsblättern durch eingeschriebenen Brief erfolgen. Vorausgesetzt ist, dass der Einladungsberechtigte die Namen und Anschriften der Aktionäre kennt und die Satzung nichts anderes vorschreibt. Diese speziell für die »kleine AG« gedachte Regelung ist in ihrem Anwendungsbereich nicht auf Gesellschaften von bestimmter Größe begrenzt. **19**

Bei **Namensaktien** ist die erforderliche Kenntnis stets gegeben; im Verhältnis zur Gesellschaft sind kraft Gesetzes nur die im Aktienregister eingetragenen Aktionäre berechtigt (vgl. § 67 Abs. 2 AktG). **20**

Bei **Inhaberaktien**, bei denen eine Veräußerung nicht ausgeschlossen ist, hängt die Zulässigkeit der Einberufung per eingeschriebenem Brief von der konkreten **Kenntnis der Aktionärspersonen** ab. Vertragliche Anmeldevereinbarungen oder gesellschaftsinterne Informationssysteme, wenn sie denn überhaupt bestehen, helfen dem Einberufungsberechtigten dabei nicht, weil er sich auf diese letztlich nicht zuverlässigen Instrumente zur Übersicht über den tatsächlichen Personenkreis der Aktionäre nicht berufen kann (*Hüffer/Koch* AktG, § 121 Rn. 11c). Der BGH hat bisher offen gelassen (BGH, Urt. v. 20.09.2004 – II ZR 334/02, AG 2004, 670, 672 ff.), ob es gerechtfertigt ist, nur zu vertretende Irrtümer über die Person des Aktionärs als Einberufungsmangel gelten zu lassen (so *Lutter* AG 1994, 429, 438). Insofern ist die Einberufung mittels eingeschriebenen Briefes keine durchweg empfehlenswerte Alternative zu der Einberufung nach Abs. 3 (*Hoffmann-Becking* ZIP 1995, 1, 6). Die bei der brieflichen Einberufung übergangenen Aktionäre haben die Möglichkeit, die gefassten Hauptversammlungsbeschlüsse zu genehmigen, § 242 Abs. 2 Satz 4 AktG. **21**

Die vorgeschriebene **Briefform** fordert notwendig eine **schriftliche**, nach h. M. aber nicht notwendig eine unterschriebene Erklärung (*Hüffer/Koch* AktG, § 121 Rn. 11e). Der Satzungsvorbehalt soll weitere Vereinfachungen der Einberufung ermöglichen (BT-Drucks. 14/4987, S. 30). Die Satzung kann deshalb rechtswirksam die Einberufung per Telefax oder E-Mail vorsehen. Der **Inhalt** der Einberufungserklärung hat wiederum dem der Einberufung durch Bekanntmachung in den Gesellschaftsblättern zu entsprechen. Lediglich hinsichtlich des **Tags der Bekanntmachung** bestimmt Abs. 4 Satz 1 Halbs. 2 den Tag der Absendung; darunter ist der Tag der Einlieferung des letzten Briefes zur Versendung gemeint (*Hüffer/Koch* AktG, § 121 Rn. 11 f.). Der Verweis in Abs. 4 Satz 2 auf die sinngemäße Anwendung der §§ 125 bis 127 AktG stellt vor allem einen Verweis auf die dort geregelten Mitteilungspflichten dar; sie gelten auch für die Briefeinladung. Soweit für den Beginn **22** von Fristen auf die Bekanntmachung im elektronischen Bundesanzeiger abgestellt wird (§§ 125 Abs. 1, 126 Abs. 1 AktG), ist für die Briefeinladung auf den Tag der Absendung abzustellen.

23 Die mit dem ARUG eingefügte Regelung des **Abs. 4a** enthält eine Verpflichtung zur Weiterleitung der Einberufung an die Medien. Die Verpflichtung bezieht sich auf börsennotierte Gesellschaften, die nicht ausschließlich Namensaktien ausgegeben haben und die Einberufung den Aktionären nicht unmittelbar nach Abs. 4 Satz 2 und 3 übersenden. Geeignete Adressaten der Zuleitungspflicht sind Medien, bei denen davon ausgegangen werden kann, dass sie die Information in der gesamten Europäischen Union verbreiten. Mit der Bekanntmachung im elektronischen Bundesanzeiger ist regelmäßig davon auszugehen, dass die Medienzuleitung i. S. d. Abs. 4a erfolgt ist, solange der Bundesanzeiger-Verlag zahlreiche nationale und internationale Verbreitungs- und Datendienste beliefert (BT-Drucks. 16/11642, S. 41; vgl. a. *Noack* NZG 2008, 441, 442). Eine Verletzung der Pflicht nach Abs. 4a begründet eine Ordnungswidrigkeit (§ 405 Abs. 4a Nr. 1 AktG), gem. der Regelung des § 243 Abs. 3 Nr. 1 AktG aber keine Anfechtbarkeit der Hauptversammlungsbeschlüsse.

F. Ort der Hauptversammlung, Abs. 5

24 Die **Sollvorschrift** zum Versammlungsort bedeutet, dass der Gesellschaftssitz vom Gesetzgeber regelmäßig als Versammlungsort anzusehen ist. Somit sind Abweichungen im Einzelfall zulässig, wenn diese sachlich gerechtfertigt sind, also etwa ein geeigneter Versammlungsraum nicht zur Verfügung steht.

25 Die Satzung kann nach Abs. 5 einen **anderen Ort als den Gesellschaftssitz** als Versammlungsort bestimmen. Sie muss dabei keinen konkreten Versammlungsraum benennen; vielmehr wird eine begrenzte geografische Vorgabe für hinreichend erachtet, sofern diese nicht so weit formuliert ist, dass dem Einberufungsberechtigten freies Auswahlermessen eingeräumt wird, weil dann berechtigte Belange der Aktionäre möglicherweise unberücksichtigt bleiben (*Hüffer/Koch* AktG, § 121 Rn. 13).

26 Nicht ausgeschlossen ist, dass der Versammlungsort **im Ausland** liegt. Die Festlegung eines Versammlungsorts im Ausland setzt bei der AG aber wegen Abs. 5 eine entsprechende und **konkrete Festlegung in der Satzung** voraus. Andernfalls kann die Hauptversammlung im Ausland nach derzeitigem Meinungsstand nur als Vollversammlung i. S. d. Abs. 6 durchgeführt werden (zum kontroversen Meinungsstand vgl. *Linnerz* NZG 2006, 208, 209; *Bungert* AG 1995, 26).

27 Besonderheiten gelten für Hauptversammlungen, die nach § 16 Abs. 3 WpÜG einberufen werden. Bei der Wahl des Ortes der Hauptversammlung der von einem Übernahmeangebot betroffenen Zielgesellschaft ist die Gesellschaft nach § 16 Abs. 4 WpÜG frei (vgl. Haarmann/Schüppen/*Scholz* § 16 Rn. 27 ff.).

G. Vollversammlung aller Aktionäre, Abs. 6

28 Nach Abs. 6 ist eine Vollversammlung aller Aktionäre von der Einhaltung sämtlicher Vorschriften der §§ 121 bis 129 AktG **befreit**. Das Gesetz erwähnt den Begriff »Vollversammlung« nicht und bezieht die Regelung auf Hauptversammlungen, bei denen alle Aktionäre der Gesellschaft erschienen oder vertreten sind und bei denen kein Aktionär der Beschlussfassung widerspricht. Die Regelung entspricht dem zur Parallelregelung für die GmbH in § 51 Abs. 3 GmbHG anerkannten Erfordernis des **Einvernehmens aller Gesellschafter** mit der Abhaltung der Gesellschafterversammlung zum Zwecke der Beschlussfassung, das dort auch **konkludent** erklärt werden kann (vgl. BGH, Urt. v. 30.03.1987 – II ZR 180/86, Z 100, 264, 269 ff. sowie – für die GmbH – § 51 GmbHG Rdn. 11 f.). Wird von dem Pflichtrecht des Vorstands und des Aufsichtsrats an der Vollversammlung teilzunehmen (§ 118 Abs. 3) kein Dispens erteilt und erfolgt deren Teilnahme etwa mangels Benachrichtigung nicht, bleibt dies weitgehend sanktionslos; Beschlüsse der Vollversammlung können deswegen weder von den Aktionären noch von den Organmitgliedern angefochten werden (*Zöllter-Petzoldt* NZG 2013, 607).

Die Befreiung von den in Bezug genommenen Vorschriften des AktG hat die Bedeutung, dass sämtliche **Einberufungsmängel unbeachtlich** sind. Die Einhaltung bestimmter Formalitäten ist somit entbehrlich, die Einberufung durch Unbefugte ist unschädlich, die Ankündigung einer Tagesordnung ist entbehrlich und die hinreichende Information der Aktionäre nicht erforderlich. Der notwendige Schutz der Aktionäre wird dabei allein und umfassend durch ihr nicht konditioniertes Widerspruchsrecht gewahrt. Der Widerspruch kann lediglich bis spätestens vor Bekanntgabe des Beschlussergebnisses durch den Versammlungsleiter erhoben werden (OLG Stuttgart, Beschl. v. 17.06.2013 – 20 U 2/13, NZG 2013, 1151). 29

H. Fristenberechnung, Abs. 7

Der durch das ARUG neu eingeführte Abs. 7 schafft für sämtliche Fristvorschriften der §§ 121 einheitliche Berechnungsregeln. Sie beruhen auf dem Grundsatz, dass alle Fristen und Termine von der Hauptversammlung an zurückberechnet werden. Somit ist weder der Tag der Versammlung noch der Tag mitzurechnen, an dem ein Erfolg bewirkt oder eine Handlung vorgenommen werden muss. Demgemäß ist bspw. eine Anmeldefrist von 6 Tagen (§ 123 Abs. 2 AktG) so zu berechnen, dass 6 volle Kalendertage zwischen dem Tag der Anmeldung und dem der Versammlung liegen. Findet bspw. die Hauptversammlung am Freitag, den 30. April statt, sind die 6 Tage Anmeldefrist der 29., 28., 27., 26., 25. und der 24. April; die Anmeldung ist daher spätestens am 23. April vorzunehmen. 30

Der Begriff des Termins ist einheitlich für sämtliche relevanten Bestimmungen des AktG (§§ 123 Abs. 3 Satz 3, 125 Abs. 2, 128 Abs. 1) konzipiert und meint die juristische Sekunde, die auf den Beginn des errechneten Tages, also Null Uhr fällt. 31

Gem. Abs. 7 Satz 2 kommt eine Verlegung des Fristendes von einem Sonnabend, Sonntag oder Feiertag auf einen zeitlich vorausgehenden oder folgenden Werktag nicht in Betracht. Da die Fristenregelungen des BGB nicht gelten (Abs. 7 Satz 3), sind die Fristen taggenau zu berechnen. Nichtbörsennotierte Gesellschaften können abweichende Berechnungsregeln in der Satzung vorsehen und damit einen Feiertagsschutz oder eine Sonntagsruhe vorsehen. 32

§ 122 Einberufung auf Verlangen einer Minderheit

(1) ¹Die Hauptversammlung ist einzuberufen, wenn Aktionäre, deren Anteile zusammen den zwanzigsten Teil des Grundkapitals erreichen, die Einberufung schriftlich unter Angabe des Zwecks und der Gründe verlangen; das Verlangen ist an den Vorstand zu richten. ²Die Satzung kann das Recht, die Einberufung der Hauptversammlung zu verlangen, an eine andere Form und an den Besitz eines geringeren Anteils am Grundkapital knüpfen. ³§ 142 Abs. 2 Satz 2 gilt entsprechend.

(2) ¹In gleicher Weise können Aktionäre, deren Anteile zusammen den zwanzigsten Teil des Grundkapitals oder den anteiligen Betrag von 500.000 Euro erreichen, verlangen, daß Gegenstände auf die Tagesordnung gesetzt und bekanntgemacht werden. ²Jedem neuen Gegenstand muss eine Begründung oder eine Beschlussvorlage beiliegen. ³Das Verlangen im Sinne des Satzes 1 muss der Gesellschaft mindestens 24 Tage, bei börsennotierten Gesellschaften mindestens 30 Tage vor der Versammlung zugehen; der Tag des Zugangs ist nicht mitzurechnen.

(3) ¹Wird dem Verlangen nicht entsprochen, so kann das Gericht die Aktionäre, die das Verlangen gestellt haben, ermächtigen, die Hauptversammlung einzuberufen oder den Gegenstand bekanntzumachen. ²Zugleich kann das Gericht den Vorsitzenden der Versammlung bestimmen. ³Auf die Ermächtigung muß bei der Einberufung oder Bekanntmachung hingewiesen werden. ⁴Gegen die Entscheidung ist die sofortige Beschwerde zulässig.

(4) Die Gesellschaft trägt die Kosten der Hauptversammlung und im Fall des Absatzes 3 auch die Gerichtskosten, wenn das Gericht dem Antrag stattgegeben hat.

§ 122 AktG Einberufung auf Verlangen einer Minderheit

Übersicht	Rdn.		Rdn.
A. Überblick	1	C. Recht zur Ergänzung der Tagesordnung, Abs. 2	12
B. Recht auf Einberufung, Abs. 1	2	D. Rechtsdurchsetzung, Abs. 3	15
I. Voraussetzungen	2	E. Kosten	19
II. Missbrauchskontrolle	8		
III. Folgepflicht des Vorstands	9		

A. Überblick

1   Die Vorschrift gibt Aktionären, die eine bestimmte Mindestbeteiligungsquote erreichen, das Recht, die Einberufung der Hauptversammlung und die Bekanntmachung von Tagesordnungspunkten zur Beschlussfassung zu verlangen und erforderlichenfalls zu erzwingen. Die Vorschrift ist eine **Regelung des aktienrechtlichen Minderheitenschutzes**, ohne nur für Minderheitsaktionäre anwendbar zu sein; sie findet eine Parallele in der Vorschrift des § 50 GmbHG (vgl. § 50 GmbHG). Ihre Regelungen sind nach § 23 Abs. 5 AktG und zum Schutz der Aktionärsminderheit grundsätzlich **zwingend**; die Satzung kann aber nach Abs. 1 Satz 2 den Minderheitenschutz verstärken.

B. Recht auf Einberufung, Abs. 1

I. Voraussetzungen

2   Die Regelung des Abs. 1 eröffnet Aktionären, deren Aktien zusammen **5 % des Grundkapitals** betragen, das Recht, die Einberufung der Hauptversammlung zu verlangen. Das Verlangen kann von allen Aktionären gestellt werden, die die vorgeschriebene Mindestbeteiligung erreichen und denen das **Teilnahmerecht** an der Hauptversammlung zukommt (vgl. Erl. zu § 118 AktG Rdn. 5 f., dort auch zu Treuhand- und Pfandrechtskonstellationen); es besteht damit unabhängig von der Aktiengattung auch für Aktionäre mit stimmrechtslosen Vorzugsaktien.

3   Das Recht besteht nur für die Aktionäre, die eine Mindestbeteiligung von 5 % des Grundkapitals erreichen. Das **Quorum** wird nicht nur von einem entsprechend hoch beteiligten Minderheitsaktionär erreicht, sondern auch von einem Aktionär, der über eine Mehrheitsbeteiligung verfügt. Für die Zwecke der Berechnung des Quorums gehören zum Grundkapital auch eigene Aktien der Gesellschaft. Aktien aus einer Kapitalerhöhung sind zu berücksichtigen, sobald diese im Handelsregister eingetragen ist. Ein Abzug für Aktien, auf die nur ein Teil der Einlage geleistet wurde, ist nicht vorzunehmen. Bei bedingtem Kapital sind diejenigen Aktien zu berücksichtigen, die während des Geschäftsjahres (und vor dem Zugang des Einberufungsverlangens) ausgegeben wurden. Aktien, aus denen nach dem Gesetzesrecht (vgl. z. B. § 20 Abs. 7 AktG, § 28 WpHG, § 59 WpÜG) vorübergehend keine Rechte ausgeübt werden können, sind aus dem Grundkapital herauszurechnen.

4   Die antragstellenden Aktionäre müssen im Hinblick auf die entsprechende Anwendung von § 142 Abs. 2 Satz 2 seit **mindestens 3 Monaten Inhaber der Aktien** sein. Die Vorbesitzzeit haben sie mit dem Verlangen »nachzuweisen«, Abs. 1 Satz 3, § 142 Abs. 2 Satz 2 AktG (zu den Anforderungen an den Nachweis vgl. § 142 Rdn. 10). Der Vorbesitzzeitraum wird vom Zeitpunkt des Einberufungsverlangens zurückgerechnet (entsprechende Anwendung des § 142 Abs. 2 Satz 2), während der Tag der Hauptversammlung als Bezugspunkt ausscheidet, da dieser im Zeitpunkt der Geltendmachung des Verlangens noch nicht feststeht (*Halberkamp/Gierke* NZG 2004, 494, 495; *Hüffer/Koch* AktG, § 122 Rn. 3a). Nach der geltenden Gesetzesfassung (Verweis auf § 142 Abs. 2 Satz 2 AktG) haben sie zusätzlich nachzuweisen, dass sie die Aktien bis zur Entscheidung über den Antrag halten (an diesen rechtstechnisch verunglückten Nachweis »künftiger Tatsachen« werden nur geringe Anforderungen gestellt, vgl. Erl. zu § 142 AktG Rdn. 10).

5   Das Verlangen ist grundsätzlich in **Schriftform** an den Vorstand zu richten. Die Erklärung sollte ausdrücklich **als »Verlangen« bezeichnet** werden, sie muss aber mindestens den unzweideutigen Willen der Aktionäre zur Einberufung einer Hauptversammlung zum Ausdruck bringen. Das Schriftformerfordernis bezieht sich auf § 126 BGB und somit auch auf die elektronische Form, §§ 126 Abs. 3, 126a BGB. Die Übermittlung in Textform (per Telefax oder E-Mail (§ 126b BGB)

genügt dem Schriftformerfordernis nicht (*Weisner/Heins* AG 2012, 706). Die erforderlichen **Unterschriften** müssen in hinreichender, also mindestens das Quorum erreichender Zahl vorliegen. Stellvertretung ist zulässig, wobei die Vollmachtsurkunden im Hinblick auf § 174 BGB dem Verlangen beigefügt werden sollten. Mit der Adressierung an den Vorstand ist gemeint, dass das Verlangen an die durch den Vorstand vertretene AG zu richten ist. Es genügt, wenn das Verlangen einem Vorstandsmitglied zugeht (vgl. § 78 Abs. 2 Satz 2 AktG).

In dem Verlangen sind der **Zweck und die Gründe** für die Hauptversammlung anzugeben. Damit ist einerseits die **Angabe der Beschlussgegenstände** gemeint, ohne dass die Angabe einer vollständigen Tagesordnung gefordert ist (*Hüffer/Koch* AktG, § 122 Rn. 4). Bei den Gründen für das Einberufungsverlangen ist anzugeben, warum die Hauptversammlung überhaupt und zusätzlich zu dem gewünschten Zeitpunkt einberufen werden soll OLG Düsseldorf, Urt. v. 05.07.2012 – I-6 U 69/11, AG 2013, 264 Tz. 76). Dargelegt werden muss überdies, weswegen eine **Eilbedürftigkeit** gegeben ist, die ein Zuwarten bis zur nächsten ordentlichen Versammlung nicht verträgt. Die Angaben zu Zweck und Gründen sind Gegenstand der Missbrauchskontrolle des Vorstands (vgl. Erl. in Rdn. 8). 6

In der **Satzung** können nach Abs. 1 Satz 2 Modifikationen der Schriftform des Einberufungsverlangens festgelegt werden. Ferner kann das Recht auf Einberufung Aktionären mit einem geringeren Quorum als 5 % des Grundkapitals eingeräumt werden. Eine verschärfende Satzungsbestimmung zu den Einberufungsvoraussetzungen ist nach § 23 Abs. 5 AktG nichtig. 7

II. Missbrauchskontrolle

Das Recht nach Abs. 1, die Einberufung der Hauptversammlung zu verlangen, ist ein **mitgliedschaftliches Recht**. Es wird nicht schrankenlos gewährt, sondern unterliegt der **Treubindung** und damit der Missbrauchskontrolle (*Hüffer/Koch* AktG, § 122 Rn. 6). Die Konkretisierung kann nur im Einzelfall erfolgen (vgl. *Halberkamp/Gierke* NZG 2004, 494, 497 ff.). Die Missbrauchskontrolle darf nur zurückhaltend erfolgen, damit der Minderheitsschutzcharakter des Rechts gewährleistet bleibt (OLG Frankfurt am Main AG 2005, 442). Missbrauchsschranken kommen in Betracht, wenn die Eilbedürftigkeit der verlangten außerordentlichen Hauptversammlung objektiv nicht gegeben ist (OLG Stuttgart, Beschl. v. 25.11.2008 – 8 W 370/08, AG 2009, 169). Ebenso ist es regelmäßig missbräuchlich, die Einberufung der Hauptversammlung zu einem Gegenstand zu verlangen, der auf der letzten Hauptversammlung abschließend behandelt wurde, ohne dass seither eine neue Sachlage entstanden ist. Missbräuchlich ist das Einberufungsverlangen, wenn das angestrebte Ziel mit der einzuberufenden Versammlung nicht erreicht werden kann (OLG Hamburg, Urt. 06.11.2002 – 11 W 91/01, AG 2003, 643). Ebenso sind Einberufungsverlangen rechtsmissbräuchlich, wenn mit ihnen Ziele verfolgt werden, für deren Durchsetzung die Anträge zu unbestimmt und deshalb ungeeignet sind (OLG Stuttgart, Beschl. v. 25.11.2008 – 8 W 370/08, AG 2009, 169). Die Missbrauchskontrolle hat der Vorstand **nach pflichtgemäßem Ermessen** durchzuführen. Entspricht der Vorstand dem Einberufungsverlangen wegen Missbräuchlichkeit nicht, bleibt den Aktionären die Möglichkeit des gerichtlichen Verfahrens nach Abs. 3. 8

III. Folgepflicht des Vorstands

Der Vorstand hat die Förmlichkeiten des Einberufungsverlangens zu prüfen. Eine Ablehnung des formell ordnungsgemäß gestellten Verlangens kommt nur in Missbrauchsfällen in Betracht (s. o. Rdn. 8). Umgekehrt besteht keine Pflicht des Vorstands, gesetzes- oder satzungswidrige Einberufungsverlangen abzulehnen (OLG Düsseldorf, Urt. v. 05.07.2012 – I-6 U 69/11, NZG 2013, 546; *Reger* NZG 2013, 536). Der Vorstand hat deshalb einem ordnungsgemäß gestellten und nicht missbräuchlichen Einberufungsverlangen zu entsprechen. Er hat die Hauptversammlung **unverzüglich** und mit dem verlangten Gegenstand **einzuberufen**. Wird die Hauptversammlung entsprechend dem Verlangen gesetzes- und satzungsgemäß einberufen und durchgeführt (OLG Düsseldorf, Beschl. v. 11.04.2013 – I-3 Wx 36/13, AG 2013, 468), tritt im Verfahren auf Ermächtigung einer Aktionärsminderheit zur Einberufung und Ergänzung der Tagesordnung Erledigung der Hauptsache ein (BGH, Beschl. 08.05.2012 – II ZB 17/11, AG 2012, 592; *Heeg* NZG 2012, 1056). Die 9

§ 122 AktG Einberufung auf Verlangen einer Minderheit

einberufene Hauptversammlung darf der Vorstand auch nicht wieder absagen (LG Frankfurt am Main, Urt. v. 12.03.2013 – 3-05 O 114/12, NZG 2013, 748; *Selter* NZG 2013, 1133; *Weber* NZG 2013, 890).

10 Dabei hat der Vorstand verschiedene **zeitliche Vorgaben** zu beachten. Zunächst ist das Einberufungsverlangen **unverzüglich** (§ 121 Abs. 1 Satz 1 BGB) **zu prüfen** und durch Beschluss des Vorstands zu bescheiden. Dabei muss der Zeitpunkt der Hauptversammlung noch nicht festgelegt werden, sondern zunächst nur generell auf das Einberufungsverlangen reagiert werden. Sodann hat der Vorstand die **Einberufung unverzüglich** i. S. d. § 121 Abs. 1 Satz 1 BGB vorzunehmen (Henssler/Strohn/*Liebscher* AktG, § 122 Rn. 7). Der dabei zur Verfügung stehende Zeitrahmen richtet sich nach den Umständen des Einzelfalles unter Berücksichtigung der Dringlichkeit des Anliegens. Schließlich ist der Zeitpunkt der Hauptversammlung zu bestimmen; hierfür wird die Einhaltung eines angemessenen Zeitraums gefordert, der durch die Mindestfrist des § 123 Abs. 1 AktG als frühestem Termin bestimmt wird und im Übrigen nicht ohne sachlichen Grund hinausgezögert werden darf (vgl. KG, Urt. v. 04.03.1997 – 14 U 6988/96, GmbHR 1997, 1001 zur GmbH).

11 Dem Einberufungsverlangen hat der Vorstand **einschränkungslos** zu entsprechen. Das bedeutet vor allem, dass sämtliche Gegenstände der Beschlussfassung, zu denen das Einberufungsverlangen gestellt wird, berücksichtigt werden müssen (OLG Frankfurt am Main, Urt. v. 26.03.1985 – 20 W 202/85, WM 1986, 642). Die Ergänzung um weitere Tagesordnungspunkte durch den Vorstand ist zulässig. Die Einberufung erfolgt gem. den Regelungen der §§ 121 Abs. 2 bis 4, 123, 124 AktG.

C. Recht zur Ergänzung der Tagesordnung, Abs. 2

12 Nach Abs. 2 steht Aktionären das Recht zu, dass Gegenstände auf die Tagesordnung gesetzt und bekannt gemacht werden. Diese Regelung dient ebenfalls dem Minderheitenschutz, betrifft aber nicht das weiter gehende Recht zur Einberufung einer Hauptversammlung, sondern ein **Recht zur Ergänzung der Tagesordnung** einer ohnehin stattfindenden Hauptversammlung. Auch dieses Recht ist abhängig vom Erreichen eines bestimmten Quorums, das entweder die Mindestbeteiligung von 5 % des Grundkapitals (vgl. dazu die Erl. in Rn. 2 ff.) oder den anteiligen Betrag von 500.000,– € erreichen muss. Wird der Tagesordnungspunkt »Aufsichtsratswahl« auf Verlangen einer Aktionärsminderheit auf die Tagesordnung gesetzt und ein Beschlussvorschlag unterbreitet, bedarf es keines Wahlbeschlussvorschlags des Aufsichtsrats mehr (*Tielmann* AG 2013, 704).

13 Hinsichtlich der **Formalia des Ergänzungs- und Bekanntmachungsverlangens** gelten die zum Einberufungsverlangen genannten Voraussetzungen (vgl. Rn. 5 f.) entsprechend (»in gleicher Weise«). Das dem Abs. 2 Satz 1 setzt voraus, dass dem Verlangen entweder eine Begründung oder eine Beschlussvorlage beigefügt werden muss. und die Nachweisanforderungen des § 142 Abs. 2 Satz 2 AktG auch für das Bekanntmachungsverlangen des § 122 Abs. 2 AktG (näher *Mertens* AG 1997, 481).

14 Das Gesetz trennt in der durch das ARUG gestalteten Neufassung zwischen der Einreichung der Ergänzungsanträge (§ 122 Abs. 2 AktG) und deren nachträglicher Bekanntmachung, sollte die Hauptversammlung bereits einberufen sein (§ 124 Abs. 1 AktG). Bei nichtbörsennotierten Gesellschaften beträgt die Einreichungsfrist für das Ergänzungsverlangen mindestens 24 Tage. Bei der Berechnung der Frist wird gem. §§ 121 Abs. 7, 122 Abs. 2 Satz 3 Halbs. 2 AktG weder der Tag der Versammlung noch der des Zugangs des Verlangens mitgerechnet. Ein Ergänzungsverlangen muss deshalb spätestens am 25. Tag vor der Versammlung zugehen. Bei börsennotierten Gesellschaften gilt die Frist von mindestens 30 Tagen. Diese verlängerte Frist ist vor allem aus zwei Gründen geschaffen worden (BT-Drucks. 16/11642, S. 43): Erstens damit die Aktionäre noch Zeit haben, sich anzumelden und ihre Stimmabgabe im Hinblick auf die geänderte Tagesordnung zu bedenken. Zweitens damit die Bekanntmachung noch vor dem Nachweisstichtagszeitpunkt für den Anteilsbesitz bei Inhaberaktien liegt, sodass es den Aktionären möglich ist, auf den Antrag zu reagieren und ihren Stimmanteil durch Hinzukauf oder Aktienleihe zu vergrößern.

D. Rechtsdurchsetzung, Abs. 3

Nach Maßgabe des Abs. 3 kann das **zuständige Gericht** die Aktionäre ermächtigen, die Hauptversammlung selbst einzuberufen. Zuständig ist das Amtsgericht (§§ 375, 376 FamFG) des Gesellschaftssitzes (§ 14 AktG). Es entscheidet im Verfahren der freiwilligen Gerichtsbarkeit und wird nur **auf Antrag** tätig. Der Antrag ist von den Aktionären zu stellen, die das erfolglose Verlangen gestellt haben. Dabei muss im Zeitpunkt der Antragstellung das notwendige Beteiligungsquorum von 5 % bzw. 500.000,– € (s. Rdn. 12) erfüllt sein. Aktionäre, die das Verlangen gestellt haben, dieses aber nicht mit dem gerichtlichen Antrag weiterverfolgen, sind bei der Berechnung des Quorums in Abzug zu bringen. Das Auffüllen des Quorums für den gerichtlichen Antrag durch bisher nicht beteiligte Aktionäre ist unzulässig; in einem solchen Fall muss zunächst das Verlangen an den Vorstand neu gestellt werden (OLG Düsseldorf, Beschl. v. 16.01.2004 – I-3 Wx 290/03, FGPrax 2004, 87, 88). 15

Der gerichtliche Antrag ist **nur zulässig**, wenn dem Verlangen der Aktionäre »nicht entsprochen« wird. Dies erfasst sämtliche Fälle, bei denen der Vorstand einem ordnungsgemäßen Einberufungs- oder Bekanntmachungsverlangen nicht, nicht rechtzeitig oder nicht vollständig entspricht. 16

Die **stattgebende gerichtliche Entscheidung** ermächtigt die Aktionäre zur Einberufung der Hauptversammlung oder zur Bekanntmachung von Gegenständen zur Beschlussfassung. Im Gerichtsbeschluss zur Einberufungsermächtigung kann auch der **Versammlungsleiter** bestimmt werden (Abs. 3 Satz 2). U. U. ist auch eine isolierte Bestellung des Vorsitzenden der Hauptversammlung durch das Gericht möglich (OLG Hamburg, Beschl. v. 16.12.2011 – 11 W 89/11, AG 2012, 294). Diese Entscheidung ergeht von Amts wegen; ohne gerichtliche Bestimmung erfolgt die Leitung der Hauptversammlung den nach allgemeinen Regeln, insbesondere durch die Satzung festgelegten Grundsätzen und liegt damit regelmäßig beim Vorsitzenden des Aufsichtsrats. Das Gericht kann von dieser Regel abweichen, wird dies auch ausnahmsweise tun, wenn es die Überzeugung gewinnt, dass dem Anliegen der die Hauptversammlung begehrenden Aktionäre unter der Leitung des satzungsmäßig berufenen Versammlungsleiters nicht angemessen Rechnung getragen wird. 17

Die Aktionäre haben bei der Einberufung der Hauptversammlung auf die gerichtliche Ermächtigung **hinzuweisen**, Abs. 3 Satz 3. Dabei genügt ein allgemeiner Hinweis (z. B. »kraft gerichtlicher Ermächtigung«), ohne dass die zugrunde liegende gerichtliche Entscheidung im Einzelnen zu benennen ist (RG, Urt. v. 24.09.1942 – II 50/42, Z 170, 83, 95 f. zur Genossenschaft). Die Regelungen der §§ 121, 123, 124 AktG sind auch bei der Einberufung durch die Aktionäre zu beachten. Ohne den Hinweis in der Einberufung und ohne Beachtung der Einberufungsformalitäten gefasste Beschlüsse der Hauptversammlung sind nach § 243 Abs. 1 AktG **anfechtbar**. 18

E. Kosten

Die Kosten der Hauptversammlung sowie die Gerichtskosten in den Fällen des Abs. 3 trägt **die Gesellschaft**. Dazu gehören auch die Kosten der Einberufung. Die Regelung verschafft den Aktionären einen **Freistellungs- bzw. Erstattungsanspruch**; sie sind nicht berechtigt, erforderlich werdende Verträge im Namen der AG abzuschließen (*Halberkamp/Gierke* NZG 2004, 494, 501). 19

§ 123 Frist, Anmeldung zur Hauptversammlung, Nachweis

(1) ¹Die Hauptversammlung ist mindestens dreißig Tage vor dem Tage der Versammlung einzuberufen. ²Der Tag der Einberufung ist nicht mitzurechnen.

(2) ¹Die Satzung kann die Teilnahme an der Hauptversammlung oder die Ausübung des Stimmrechts davon abhängig machen, dass die Aktionäre sich vor der Versammlung anmelden. ²Die Anmeldung muss der Gesellschaft unter der in der Einberufung hierfür mitgeteilten Adresse mindestens sechs Tage vor der Versammlung zugehen. ³In der Satzung oder in der Einberufung aufgrund einer Ermächtigung durch die Satzung kann eine kürzere, in Tagen zu bemessende Frist

vorgesehen werden. ⁴Der Tag des Zugangs ist nicht mitzurechnen. ⁵Die Mindestfrist des Absatzes 1 verlängert sich um die Tage der Anmeldefrist des Satzes 2.

(3) ¹Bei Inhaberaktien kann die Satzung bestimmen, wie die Berechtigung zur Teilnahme an der Versammlung oder zur Ausübung des Stimmrechts nachzuweisen ist; Absatz 2 Satz 5 gilt in diesem Fall entsprechend. ²Bei börsennotierten Gesellschaften reicht ein in Textform erstellter besonderer Nachweis des Anteilsbesitzes durch das depotführende Institut aus. ³Der Nachweis hat sich bei börsennotierten Gesellschaften auf den Beginn des 21. Tages vor der Versammlung zu beziehen und muss der Gesellschaft unter der in der Einberufung hierfür mitgeteilten Adresse mindestens sechs Tage vor der Versammlung zugehen. ⁴In der Satzung oder in der Einberufung aufgrund einer Ermächtigung durch die Satzung kann eine kürzere, in Tagen zu bemessende Frist vorgesehen werden. ⁵Der Tag des Zugangs ist nicht mitzurechnen. ⁶Im Verhältnis zur Gesellschaft gilt für die Teilnahme an der Versammlung oder die Ausübung des Stimmrechts als Aktionär nur, wer den Nachweis erbracht hat.

Übersicht	Rdn.		Rdn.
A. Überblick	1	C. Satzungsmäßige Erfordernisse für Teilnahme und Stimmrechtsausübung, Abs. 2	5
B. Einberufungsfrist, Abs. 1	2	D. Legitimationsanforderungen, Abs. 3	7

A. Überblick

1 Die Vorschrift regelt verschiedene Fragen der Vorbereitung und Durchführung der Hauptversammlung. Im Gesetz wird die **Einberufungsfrist** für die Hauptversammlung festgelegt (Abs. 1). Hinsichtlich der **Modalitäten für die Teilnahme** an der Hauptversammlung und der **Ausübung des Stimmrechts** eröffnen die Abs. 2 und 3 Spielraum für Festlegungen in der Satzung.

B. Einberufungsfrist, Abs. 1

2 Nach der Neuregelung der Fristbestimmungen durch das ARUG ist für die Berechnung der Einberufungsfrist der Tag der Einberufung nicht mitzurechnen (§ 123 Abs. 1 Satz 2 AktG). Damit steht fest, dass die Einberufung vor dem Ende der 30-Tage-Frist, also null Uhr des 30. Tages der Versammlung liegen muss. Dies bedeutet anders gesagt, dass die Versammlung bis zum 31. Tag vor dem Versammlungstag einberufen werden muss. Maßgeblich für den Tag der Einberufung ist grundsätzlich die Bekanntmachung in den Gesellschaftsblättern, § 121 Abs. 4 Satz 1 AktG (vgl. Erl. zu § 121 AktG). Eine längere Einberufungsfrist ist zu beachten, wenn für die Teilnahme an der Hauptversammlung oder die Ausübung des Stimmrechts ein satzungsrechtliches Anmeldeerfordernis besteht, Abs. 2 Satz 5.

3 **Längere Fristen** sind wegen der gebotenen europarechtskonformen Auslegung des Gesetzesrechts zu beachten, sofern sich solche aus besonderen europarechtlichen Rechtsregeln ergeben (Monatsfrist gem. Art. 6, 11 Abs. 1 Verschmelzungsrichtlinie, Art. 4, 6 Spaltungsrichtlinie; vgl. *J. Schmidt* DB 2006, 375). Im Fall eines Übernahmeangebots kann der Vorstand der Zielgesellschaft nach der speziellen Regelung des § 16 Abs. 4 WpÜG eine Hauptversammlung unter Einhaltung einer Einberufungsfrist von 14 Tagen einberufen.

4 Die **Fristberechnung** erfolgt nach § 121 Abs. 7 (vgl. Erl. zu § 121 AktG).

C. Satzungsmäßige Erfordernisse für Teilnahme und Stimmrechtsausübung, Abs. 2

5 Das Recht zur Teilnahme an der Hauptversammlung steht jedem Aktionär zu (vgl. § 118 AktG Rdn. 5f.). Nach Abs. 2 kann die Satzung ein **Anmeldeerfordernis** als Voraussetzung für die Teilnahme an der Hauptversammlung und für die Ausübung des Stimmrechts festlegen. Das nach

alter Rechtslage zugelassene Satzungserfordernis einer Hinterlegung der Aktien ist nach geltender Rechtslage nicht mehr zulässig.

Sieht die Satzung ein Anmeldeerfordernis vor, muss die Anmeldung der Gesellschaft zugehen. Die Anmeldung des Aktionärs wirkt für den Vertreter wie umgekehrt die Anmeldung des Vertreters für den Aktionär (BGH, Urt. v. 19.07.2011 – II ZR 124/10, WM 2011, 1811 Tz. 17). Gem. Abs. 2 Satz 2 beträgt, die von Gesetzes wegen zu beachtende **Anmeldefrist** 6 Tage besteht. Die Satzung oder die Einberufungsbekanntmachung auf der Grundlage einer Satzungsermächtigung können eine kürzere Frist vorsehen, Abs. 2 Satz 3. Für die Berechnung der Frist gilt § 121 Abs. 7 AktG; der Tag des Zugangs der Anmeldung ist nach § 123 Abs. 2 Satz 4 AktG nicht mitzurechnen. In Übernahmefällen gilt die Anmeldefrist des § 16 Abs. 4 Satz 3 WpÜG. Für die Wahrung dieser Frist ist der Zugang bei der AG unter der hierfür in der Einberufung mitgeteilten Adresse maßgeblich. Wird in der Einberufung keine Anmeldeadresse angeben, kann der Aktionär bei Wahrung der Frist die Anmeldung am Ort der Hauptverwaltung oder der Geschäftsleitung vornehmen (*Hüffer/ Koch* AktG, § 123 Rn. 7). Besteht ein satzungsrechtliches Anmeldeerfordernis, verlängert sich die Einberufungsfrist gem. § 123 Abs. 2 Satz 5 um die Tage der Anmeldefrist. 6

D. Legitimationsanforderungen, Abs. 3

Nach Abs. 3 kann die Satzung für Inhaberaktien Anforderungen an den **Nachweis der Berechtigung** zur Teilnahme und zur Stimmrechtsausübung stellen. Für Namensaktien – ebenso wie für die sachlich gleich zu behandelnden Zwischenscheine (vgl. § 67 Abs. 4 AktG) – gilt die Regelung nicht; insofern bleibt es bei der Regelung des § 67 Abs. 2 AktG, welche die Aktionärseigenschaft zugunsten des im Aktienregister Eingetragenen unwiderlegbar vermutet. Die Praxis des **sog. Umschreibestopp**, nämlich innerhalb eines bestimmten Zeitraums vor der Versammlung bis zu deren Ende keine Neueintragungen oder Löschungen im Aktienregister zu beantragen, um die technische Durchführung der Präsenzerfassung in der Hauptversammlung zu ermöglichen, ist zulässig, wenn dieser erst nach Ablauf der Frist für die Anmeldung zur Hauptversammlung beginnt (BGH, Urt. v. 21.09.2009 – II ZR 174/08, ZIP 2009, 2051 Tz. 20 f.; *Quass* AG 2009, 432 ff.). Enthält die Satzung keine besonderen Legitimationsanforderungen, folgen solche aus allgemeinen Regeln. Nur derjenige kann Mitgliedschaftsrechte aus einer Aktie in Anspruch nehmen und ausüben, der nachweist, dass ihm die Rechte zustehen. Bei Inhaberaktien kann sich der Berechtigte dadurch legitimieren, dass er die Aktienurkunde vorlegt. Für die Zwecke der Legitimation wird auch die Vorlage der Bescheinigung des depotführenden Instituts als ausreichend erachtet (*Hüffer/ Koch* AktG, § 123 Rn. 5). Der Nachweis der Aktionärseigenschaft muss der Gesellschaft zugehen, Abs. 3 Satz 1 Halbs. 2; der Zugang muss spätestens am siebten Tag vor der Hauptversammlung erfolgen, wenn nicht die Satzung eine kürzere Frist vorsieht. 7

Für **Gesellschaften ohne Börsennotierung** besteht nach Abs. 3 Satz 1 weitgehende Satzungsfreiheit für die Festlegung von Legitimationsanforderungen. Insbesondere kann die Satzung die **Hinterlegung der Aktien** als Legitimationsanforderung vorsehen. In einem solchen Fall werden in der Satzung regelmäßig auch die Modalitäten der Hinterlegung mitgeregelt. Ohne Einhaltung der danach bestehenden satzungsmäßigen Anforderungen hat der Aktionär kein Recht zur Teilnahme an der Hauptversammlung. 8

Handelt es sich um eine **börsennotierte AG** (§ Abs. 2 AktG), regelt Abs. 3 Satz 2 die Rechtslage dahin gehend, dass die in der Regelung genannte **Bescheinigung des depotführenden Kreditinstituts** jedenfalls zur Legitimation ausreicht. Die Satzung kann andere, ebenfalls geeignete Varianten des Legitimationsnachweises einführen (§ 123 Abs. 3 Satz 1); in diesem Fall ist eine Bankbescheinigung nicht erforderlich (*Heidinger/Blath* DB 2006, 2275, 2276; a. A. *Gantenberg* DB 2005, 207 f.). Der Legitimationsnachweis durch die Depotbescheinigung reicht auch dann aus, wenn die Satzung keine Regelung vorsieht. Abs. 3 Satz 3 hat in diesem Zusammenhang eine praktisch bedeutende Regelung eingeführt, welche den Legitimationsnachweis auf einen Stichtag konzentriert (sog. **record date**): Derjenige, der für den Beginn des Stichtages (*Simon/Zetzsche* NZG 2005, 369, 372) den Legitimationsnachweis für seine Aktionärseigenschaft erbringt, bleibt auch dann legitimiert, 9 wenn er seine Aktien vor der Hauptversammlung veräußert. Diese durch das »Gesetz zur Unternehmensintegrität und Modernisierung des Anfechtungsrechts« (UMAG) vom 22.08.2005 (BGBl. I, 2802) eingeführte Regelung, hält gleichsam den Ist-Bestand an Aktionären zum Stichtag als Legitimationsbasis fest, um für die Vorbereitung der Hauptversammlung eine verlässliche, durch nachträgliche Veräußerungs- und Erwerbsfälle nicht mehr veränderbare Planungsgrundlage zu haben (vgl. RegBegr. BT-Drucks. 3/05, S. 24; *Simon/Zetzsche* NZG 2005, 369, 372; vgl. a. *Merkner/Sustmann* AG 2013, 243 unter Berücksichtigung von Verstößen gegen Mitteilungspflichten nach den 21 ff. WpHG).

10 Der **Stichtag (record date)**, nämlich der 21. Tag vor der Hauptversammlung, ist vom Gesetzgeber satzungsfest festgelegt. Die Zugangsfrist für den Stichtagsnachweis (7. Tag vor der Hauptversammlung) kann nur in der Satzung bzw. auf der Grundlage einer Ermächtigung in der Satzungsermächtigung in der Einladung (dazu OLG Frankfurt am Main, Urt. v. 21.07.2009 – 5 U 139/08, AG 2010, 334) verkürzt werden; nicht legitimierte kürzere Fristbestimmungen in der Einladung begründen einen Einberufungsmangel i. S. d. § 243 Abs. 1 (OLG München, Urt. v. 26.03.2008 – 7 U 4782/07, AG 2008, 460, 461). Veränderungen im Aktienbestand nach dem Stichtag sind für die Legitimation unerheblich; Aktionäre, die nach dem Stichtag Aktien erwerben, haben kein Teilnahmerecht an der Hauptversammlung und auch keine Stimmrecht. Möglich sind aber schuldrechtliche Abreden des Inhalts, dass der Erwerber als Bevollmächtigter des Veräußerers an der Versammlung teilnimmt oder dass der Veräußerer sein Stimmrecht im Interesse des Erwerbers auszuüben hat (RegBegr. BT-Drucks. 3/05, S. 26).

11 Für die **Stichtags- und Fristenberechnung** ist § 121 Abs. 7 AktG anzuwenden. Ist in der Satzung die Frist für die Anmeldung zur Hauptversammlung und für den Nachweis werktäglich angegeben (z. B. 3 Werktage), sind die Regelungen dahin gehend zu ändern, dass die Fristen wegen der Aufgabe des Feiertags- und Freizeitschutzes nunmehr in Kalendertagen anzugeben sind.

§ 124 Bekanntmachung von Ergänzungsverlangen, Vorschläge zur Beschlussfassung

(1) ¹Hat die Minderheit nach § 122 Abs. 2 verlangt, dass Gegenstände auf die Tagesordnung gesetzt werden, so sind diese entweder bereits mit der Einberufung oder andernfalls unverzüglich nach Zugang des Verlangens bekannt zu machen. ²§ 121 Abs. 4 gilt sinngemäß; zudem gilt bei börsennotierten Gesellschaften § 121 Abs. 4a entsprechend. ³Bekanntmachung und Zuleitung haben dabei in gleicher Weise wie bei der Einberufung zu erfolgen.

(2) ¹Steht die Wahl von Aufsichtsratsmitgliedern auf der Tagesordnung, so ist in der Bekanntmachung anzugeben, nach welchen gesetzlichen Vorschriften sich der Aufsichtsrat zusammensetzt, und ob die Hauptversammlung an Wahlvorschläge gebunden ist. ²Soll die Hauptversammlung über eine Satzungsänderung oder über einen Vertrag beschließen, der nur mit Zustimmung der Hauptversammlung wirksam wird, so ist auch der Wortlaut der vorgeschlagenen Satzungsänderung oder der wesentliche Inhalt des Vertrags bekanntzumachen.

(3) ¹Zu jedem Gegenstand der Tagesordnung, über den die Hauptversammlung beschließen soll, haben der Vorstand und der Aufsichtsrat, zur Wahl von Aufsichtsratsmitgliedern und Prüfern nur der Aufsichtsrat, in der Bekanntmachung Vorschläge zur Beschlußfassung zu machen. ²Bei Gesellschaften im Sinne des § 264d des Handelsgesetzbuchs ist der Vorschlag des Aufsichtsrats zur Wahl des Abschlussprüfers auf die Empfehlung des Prüfungsausschusses zu stützen. ³Satz 1 findet keine Anwendung, wenn die Hauptversammlung bei der Wahl von Aufsichtsratsmitgliedern nach § 6 des Montan-Mitbestimmungsgesetzes an Wahlvorschläge gebunden ist, oder wenn der Gegenstand der Beschlußfassung auf Verlangen einer Minderheit auf die Tagesordnung gesetzt worden ist. ⁴Der Vorschlag zur Wahl von Aufsichtsratsmitgliedern oder Prüfern hat deren Namen, ausgeübten Beruf und Wohnort anzugeben. ⁵Hat der Aufsichtsrat auch aus Aufsichtsratsmitgliedern der Arbeitnehmer zu bestehen, so bedürfen Beschlüsse des Aufsichtsrats über Vorschläge zur Wahl von Aufsichtsratsmitgliedern nur der Mehrheit der Stimmen der Aufsichtsratsmitglieder der Aktionäre; § 8 des Montan-Mitbestimmungsgesetzes bleibt unberührt.

(4) ¹Über Gegenstände der Tagesordnung, die nicht ordnungsgemäß bekanntgemacht sind, dürfen keine Beschlüsse gefaßt werden. ²Zur Beschlußfassung über den in der Versammlung gestellten Antrag auf Einberufung einer Hauptversammlung, zu Anträgen, die zu Gegenständen der Tagesordnung gestellt werden, und zu Verhandlungen ohne Beschlußfassung bedarf es keiner Bekanntmachung.

Übersicht	Rdn.			Rdn.
A. Überblick	1	D.	Pflicht zur Unterbreitung von Vorschlägen zur Beschlussfassung, Abs. 3	6
B. Bekanntmachung von Ergänzungsanträgen, Abs. 1	2	E.	Bekanntmachungsmängel, bekanntmachungsfreie Anträge	11
C. Bekanntmachungspflichten bei besonderen Beschlussgegenständen, Abs. 2	3			

A. Überblick

Die Vorschrift stellt eine ergänzende Regelung zu der durch das ARUG neu gestalteten Pflicht zur Bekanntmachung der Tagesordnung der Hauptversammlung gem. § 121 Abs. 3 AktG dar. In § 124 wird die Pflicht zur Bekanntmachung von Ergänzungsverlangen von Aktionären gem. § 122 Abs. 2 AktG sowie die Bekanntmachung von Vorschlägen der Verwaltung zur Beschlussfassung geregelt. Die Bekanntgabe dieser die Tagesordnung der Versammlung betreffenden Mitteilung gehört zu den **zentralen Rechten der Aktionäre**. Nur die rechtzeitige Information der Aktionäre über den gesamten Inhalt der Tagesordnung und die zur Beschlussfassung anstehenden Vorschläge der Verwaltung erlaubt einen sachgerechten Entschluss über die Teilnahme an der Hauptversammlung, die sachgerechte Vorbereitung und den Schutz vor Überrumpelung. Dadurch, dass die Aktionäre in die Lage versetzt, sich mit den einzelnen Tagesordnungspunkten vor der Durchführung der Hauptversammlung zu befassen, wird zugleich die sachgerechte Durchführung der Hauptversammlung und die **innergesellschaftliche Aktionärsdemokratie** gestärkt. 1

B. Bekanntmachung von Ergänzungsanträgen, Abs. 1

Nachdem die Tagesordnung der Versammlung gem. § 121 Abs. 3 AktG als Bestandteil der Einberufung bekannt zu machen ist und Ergänzungsverlangen von Aktionären gem. § 122 Abs. 2 AktG eingereicht werden können, regelt § 124 Abs. 1 AktG die Bekanntmachung solcher Ergänzungsverlangen. Die Vorschrift soll gewährleisten, dass die gem. § 124 Abs. 4 Satz 1 AktG für eine ordnungsgemäße Beschlussfassung erforderliche Bekanntmachung der um die fristgerecht eingereichten Anträge für die ergänzte Tagesordnung erfolgt. Wurden die Anträge so rechtzeitig eingereicht, dass noch mit der Tagesordnung der Einberufung mitgeteilt werden können, so »sind« sie nach dem Wortlaut des § 124 Abs. 1 AktG mit der Einberufung bekannt zu machen. Die Verwaltung kann rechtzeitig eingegangenen Anträge nicht liegen und bei der Mitteilung der Tagesordnung durch die Einberufung zunächst unberücksichtigt lassen. Eine kurze, vom Gesetz nicht geregelte Frist zur Überprüfung der eingegangenen Anträge steht der Verwaltung dabei zu. Werden Ergänzungsanträge zur Tagesordnung zwar rechtzeitig i. S. d. § 122 Abs. 2 AktG eingereicht, können diese aber im Hinblick auf den Ablauf der Einberufungsfrist des § 123 AktG nicht mehr mit der Einberufung der Versammlung bekannt gemacht werden, sind sie nachträglich, nämlich gem. § 124 Abs. 1 Satz 1 AktG unverzüglich nach Zugang bei der Gesellschaft bekannt zu geben. Auch dabei steht der Verwaltung eine kurze Frist zur Überprüfung der eingegangenen Anträge zu (BT-Drucks. 16/11642, S. 44; die Dauer sollte 3 Tage nicht überschreiten; vgl. *Florstedt* ZIP 2010, 761, 765; *Paschos/Goslar* AG 2009, 14, 18). Im Übrigen gelten für die Bekanntmachung § 121 Abs. 4 und 4a entsprechend. Für die Art und Weise der Bekanntmachung und Zuleitung gelten gem. § 124 Abs. 1 Satz 3 die Einberufungsregeln der §§ 121, 123 AktG. 2

C. Bekanntmachungspflichten bei besonderen Beschlussgegenständen, Abs. 2

3 Besondere Bekanntmachungspflichten bestehen bei den von Abs. 2 erfassten besonderen Beschlussgegenständen. Bei **Aufsichtsratswahlen** (Abs. 2 Satz 1) ist in der Bekanntmachung anzugeben, nach welchen gesetzlichen Vorschriften sich der Aufsichtsrat zusammensetzt und ob die Hauptversammlung an Wahlvorschläge gebunden ist. Die Regelung nimmt hinsichtlich der Besetzungsregeln sachlich Bezug auf die Vorschriften über die Zusammensetzung des Aufsichtsrats (vgl. §§ 96 ff. AktG und insbesondere das status quo-Prinzip des § 96 Abs. 2 AktG; vgl. Erl. zu § 96 AktG Rdn. 7) und hinsichtlich der Bindung an Wahlvorschläge auf die Regelungen der §§ 6, 8 MontanMitbestG, nach denen allein bindende Wahlvorschläge in Betracht kommen.

4 Bei **Satzungsänderungen** (Abs. 2 Satz 2, 1. Alt.), ist die vorgeschlagene Änderung im Wortlaut bekannt zu machen. Der Wortlaut des bekannt gemachten Vorschlags der Satzungsänderung konkretisiert den Beschlussvorschlag, begrenzt aber nicht etwa den Tagesordnungspunkt auf eben diesen Wortlaut; abweichende Beschlussfassungen bleiben möglich, sofern sie vom Tagungsordnungspunkt gedeckt bleiben (OLG Celle, Urt. v. 15.07.1992 – 9 U 65/91, WM 1992, 1703, 1705). Verträge, zu deren Wirksamkeit die Zustimmung der Hauptversammlung erforderlich ist, müssen ihrem wesentlichen Inhalt nach bekannt gemacht werden, Abs. 2 Satz 2, 2. Alt. Für die **Änderung zustimmungspflichtiger Verträge** gilt dies gleichfalls (BGH, Urt. v. 15.06.1992 – II ZR 18/91, Z 119, 1). Die Regelung betrifft vor allem Unternehmensverträge (§§ 293 Abs. 1 und 2, 295 Abs. 1 AktG), Vermögensübertragungsverträge nach dem UmwG (§ 179a AktG, §§ 174 ff. UmwG) sowie Verschmelzungsverträge (§§ 13, 60 ff. UmwG). Erfasst werden überdies Verzichts- oder Vergleichsverträge betreffend Ersatzansprüche der Gesellschaft (§§ 50 Satz 1, 53, 93 Abs. 4, 116, 117 Abs. 4, 309 Abs. 3, 310 Abs. 4, 317 Abs. 4, 318 Abs. 4 AktG). Unternehmensverträge und Verschmelzungsverträge sind ab Einberufung der Hauptversammlung **auszulegen** und den Aktionären auf Verlangen in Abschrift mitzuteilen (§§ 293f, 293g Abs. 1 und 2 AktG, § 63 Abs. 1 und 4 UmwG); deswegen ist es gerechtfertigt, die Bekanntmachungspflicht dahin gehend einzuschränken, dass nicht das ganze Vertragswerk bekannt gemacht werden muss (BGH, Urt. v. 15.06.1992 – II ZR 18/91, Z 119, 1, 11 f.) und den Aktionären lediglich der **wesentliche Regelungsinhalt** mitzuteilen ist, der es den Aktionären erlaubt, ihre Rechte sinnvoll auszuüben (OLG Stuttgart, Urt. v. 17.12.1996 – 12 W 44/96, AG 1997, 138, 139).

5 Sind Geschäftsführungsmaßnahmen nach der sog. »Holzmüller-Doktrin« hauptversammlungspflichtig (vgl. Erl. zu § 119 AktG Rdn. 9–16), sind analog Abs. 2 Satz 2 mit deren Bekanntmachung in der Tagesordnung die zur sachgemäßen Entscheidungsvorbereitung erforderlichen Informationen mitzuteilen, insbesondere das damit verbundene unternehmerische Konzept und die wesentlichen Einzelmaßnahmen zur Verwirklichung (BGH, Urt. v. 15.01.2001 – II ZR 124/99, Z 146, 288, 294 f.; OLG München, Urt. 10.11.1994 – 24 U 1036/93, AG 1995, 232).

D. Pflicht zur Unterbreitung von Vorschlägen zur Beschlussfassung, Abs. 3

6 Nach Abs. 3 Satz 1 hat die Verwaltung grundsätzlich zu jedem Beschlussgegenstand der Tagesordnung Vorschläge zur Beschlussfassung zu unterbreiten. Dabei haben der **Vorstand** und der **Aufsichtsrat je einen Vorschlag** zu machen, auch dann, wenn diese Vorschläge inhaltlich übereinstimmen. Wird der Tagesordnungspunkt »Aufsichtsratswahl« auf Verlangen einer Aktionärsminderheit auf die Tagesordnung gesetzt und ein Beschlussvorschlag unterbreitet, bedarf es keines Wahlbeschlussvorschlags des Aufsichtsrats mehr (*Tielmann* AG 2013, 704). Diese Verpflichtung trifft den Vorstand und den Aufsichtsrat als eine dem Gesamtorgan jeweils anvertraute Leitungsaufgabe. Vorstand und Aufsichtsrat entscheiden über den Vorschlag im Beschlusswege. Das nicht beschlussfähig besetzte Organ kann einen Vorschlag nicht wirksam beschließen (BGH, Urt. v. 12.11.2001 – II ZR 225/99, Z 149, 158, 161; a. A. *Götz* ZIP 2002, 1745, 1748 ff.). In mitbestimmten Gesellschaften bedürfen nach Abs. 3 Satz 5 Halbs. 1 Aufsichtsratsbeschlüsse über Vorschläge zur Wahl von Aufsichtsratsmitgliedern in Abweichung von § 108 AktG nur der Stimmenmehrheit der Aufsichtsratsmitglieder der Aktionäre. Börsennotierte Gesellschaften mit insoweit uneingeschränk-

ter Entsprechenserklärung haben die weiteren Vorgaben nach Nr. 5.4.1. Abs. 2 bis 6 und Nr. 5.4.3. Satz 3 DCGK zu beachten (*Kocher* AG 2013, 406; *de Raet* AG 2013, 488).

Ein Vorschlag in dem von Abs. 3 Satz 1 geforderten Sinn setzt voraus, dass die Vorstellungen der Verwaltung **antragsförmig formuliert** und in die Tagesordnung aufgenommen werden (*Hüffer/Koch* AktG, § 124 Rn. 12). **Alternativ- oder Eventualvorschläge** insbesondere für Wahlen sind zulässig (MünchHdb GesR IV/*Semler* § 35 Rn. 53). Bei dem Vorschlag zum Gewinnverwendungsbeschluss sind die Besonderheiten des § 170 Abs. 2 Satz 2 AktG zu beachten; er kann erst bekannt gemacht werden, nachdem er dem Aufsichtsrat zusammen mit dem Jahresabschluss, dem Lagebericht und dem Prüfbericht vorgelegen hat (§ 170 Abs. 2 Satz 1 AktG) und der Aufsichtsrat seinen Bericht erstattet hat (§ 171 Abs. 2 Satz 1 AktG).

7

Eine **rechtliche Bindung** an die bekannt gemachten Vorschläge besteht zumindest nicht in dem Sinne, dass die Verwaltung die Vorschläge zur Abstimmung stellen muss; Vorstand und Aufsichtsrat können die vorgeschlagenen Anträge fallen lassen (MünchHdb GesR IV/*Semler* § 35 Rn. 53). Umstritten ist dagegen, ob die angekündigten Anträge **mit geändertem Inhalt** gestellt werden können. Dies wird dann bejaht, wenn sich seit der Bekanntmachung neue Gesichtspunkte ergeben haben, die den geänderten Antrag rechtfertigen; andernfalls besteht die Gefahr einer nicht ordnungsgemäßen Bekanntmachung (*Kocher* AG 2013, 406; *Hüffer/Koch* AktG, § 124 Rn. 12; weiter gehend im Interesse einer inhaltlich sachgerechten Hauptversammlung MünchHdb GesR IV/*Semler* § 35 Rn. 53).

8

Zur **Wahl von Aufsichtsratsmitgliedern und Prüfern** ist nur der Aufsichtsrat vorschlagspflichtig (und -berechtigt), weil der Vorstand keinen Einfluss auf das Überwachungsorgan haben soll, Abs. 3 Satz 1, 2. Alt. Wird dennoch ein Wahlvorschlag des Vorstands unterbreitet, ist die Wahl selbst dann **anfechtbar**, wenn dieser nicht zur Abstimmung gestellt worden ist (BGH, Urt. v. 25.11.2002 – II ZR 49/01, NJW 2003, 970, 971). Für die Abberufung von Aufsichtsratsmitgliedern hat der Aufsichtsrat nach dem Wortlaut der Vorschrift kein Vorschlagsrecht (*Heinze* AG 2011, 540). Daneben können einzelne Aktionäre oder Aktionärsgruppen jederzeit, auch noch während der laufenden Hauptversammlung Wahlvorschläge unterbreiten; über das Wahlverfahren bei mehreren Kandidaten entscheidet der Versammlungsleiter nach pflichtgemäßem Ermessen und kann grundsätzlich sowohl das Sukzessiv-, das Alternativ- oder Simultanverfahren wählen (*Austmann/Rühle* AG 2011, 805). Der Wahlvorschlag muss gem. Abs. 3 Satz 4 den Namen, den ausgeübten Beruf und den Wohnort des Vorgeschlagenen enthalten. Auf weitere Mandate des Vorgeschlagenen ist auch bei börsennotierten Gesellschaften nicht hinzuweisen (anders bei der Mitteilung nach § 125 AktG; vgl. die Erl. zu § 125 AktG Rdn. 6). Bei Wirtschaftsprüfungsgesellschaften sind die Firma und ihr Sitz anzugeben. Für kapitalmarktorientierte Gesellschaften i. S. d. § 264d HGB hat der Gesetzgeber des BilMoG in § 124 Abs. 3 Satz 2 die Besonderheit eingeführt, dass der Vorschlag des Aufsichtsrats zur Wahl des Abschlussprüfers auf die Empfehlung des Prüfungsausschusses zu stützen ist. Die Regelung steht im Zusammenhang mit der Regelung in § 107 Abs. 3 Satz 2, nach der die Schaffung eines Prüfungsausschusses bei diesen Gesellschaften im Ermessen des Aufsichtsrats steht.

9

Eine **Vorschlagspflicht besteht nicht**, wenn die Hauptversammlung bei der Wahl von Aufsichtsratsmitgliedern an Wahlvorschläge gebunden ist, Abs. 3 Satz 3, 1. Alt. Diese Regelung bezieht sich allein auf die Rechtslage nach § 6 Abs. 6 MontanMitbestG, weil die Hauptversammlung danach keinen Entscheidungsspielraum hat, der eine Vorschlagspflicht rechtfertigen könnte. Ebenso wenig besteht eine Vorschlagspflicht, wenn der Gegenstand der Beschlussfassung im Wege des Minderheitsverlangens (§ 122 Abs. 2 AktG) auf die Tagesordnung gesetzt worden ist, Abs. 3 Satz 3, 2. Alt.

10

E. Bekanntmachungsmängel, bekanntmachungsfreie Anträge

Die Hauptversammlung darf grundsätzlich nur zu solchen Gegenständen Beschluss fassen, die ordnungsgemäß bekannt gemacht worden sind, Abs. 4 Satz 1. Verstöße gegen Abs. 1 bis 3 führen grundsätzlich zur **Anfechtbarkeit** der trotzdem gefassten Beschlüsse (§ 243 Abs. 1 AktG). Dies gilt

11

im Interesse des Schutzes der abwesenden Aktionäre selbst dann, wenn der Beschluss die Zustimmung aller erschienenen Aktionäre gefunden hat.

12 Der Versammlungsleiter hat das Recht und die Pflicht, nicht ordnungsgemäß bekannt gemachte Gegenstände **nicht zur Abstimmung** zu stellen. Die Abweichung von einem in der Bekanntmachung mitgeteilten bestimmten Vorschlag der Verwaltung ist unzulässig; die Reichweite des Verbots in Abs. 4 Satz 1 wird somit durch den Grad der Konkretisierung der bekannt gemachten Tagesordnung beeinflusst (MünchHdb GesR IV/*Semler* § 35 Rn. 57). Ausnahmsweise wird angenommen, dass der Versammlungsleiter, der nicht ordnungsgemäß bekannt gemachte Gegenstände zur Abstimmung stellt, nicht pflichtwidrig handelt, wenn ein geringfügiger Bekanntmachungsmangel vorliegt und er die Nachteile einer unterbliebenen Beschlussfassung im Vergleich zu dem Anfechtungsrisiko höher erachtet (MünchHdb GesR IV/*Semler* § 35 Rn. 57). **Unbedeutende Bekanntmachungsmängel** sind gem. dem minima non curat praetor-Grundsatz unbeachtlich (*Hüffer/Koch* AktG, § 124 Rn. 18 – Verwechselung von Wohnort und Dienstsitz bei den Angaben im Wahlvorschlag).

13 **Ausnahmen vom Bekanntmachungserfordernis** bestehen für die Beschlussfassung in einer Vollversammlung zunächst nach § 121 Abs. 6 AktG. Abs. 4 Satz 2 nennt weitere drei Fallgruppen, bei denen es keiner Bekanntmachung bedarf. Von Bedeutung ist dabei insbesondere, dass als **Anträge zu Gegenständen der Tagesordnung** auch solche **zur Geschäftsordnung und Gegenanträge zu den Verwaltungsvorschlägen** angesehen werden. Ebenso sind ergänzende Anträge im Rahmen des bekannt gemachten Tagesordnungspunkten bekanntmachungsfrei zulässig (OLG Brandenburg, 10.11.2010 – 7 U 164/09, AG 2011, 418, 419 – Bestellung von Sonderprüfern im Rahmen des Entlastungsantrags; unzutreffend daher die den Antrag auf Vertrauensentzug im Rahmen des Entlastungsantrags nicht zulassenden Entscheidung des LG München I, Urt. v. 28.07.2005 – 5 HK O 10 485/04, NZG 2005, 818).

§ 124a Veröffentlichungen auf der Internetseite der Gesellschaft

¹Bei börsennotierten Gesellschaften müssen alsbald nach der Einberufung der Hauptversammlung über die Internetseite der Gesellschaft zugänglich sein:
1. der Inhalt der Einberufung;
2. eine Erläuterung, wenn zu einem Gegenstand der Tagesordnung kein Beschluss gefasst werden soll;
3. die der Versammlung zugänglich zu machenden Unterlagen;
4. die Gesamtzahl der Aktien und der Stimmrechte im Zeitpunkt der Einberufung, einschließlich getrennter Angaben zur Gesamtzahl für jede Aktiengattung;
5. gegebenenfalls die Formulare, die bei Stimmabgabe durch Vertretung oder bei Stimmabgabe mittels Briefwahl zu verwenden sind, sofern diese Formulare den Aktionären nicht direkt übermittelt werden.

²Ein nach Einberufung der Versammlung bei der Gesellschaft eingegangenes Verlangen von Aktionären im Sinne von § 122 Abs. 2 ist unverzüglich nach seinem Eingang bei der Gesellschaft in gleicher Weise zugänglich zu machen.

1 Die durch das ARUG eingeführte Vorschrift soll die Internetseite börsennotierter Gesellschaften zum zentralen Medium des Informationsaustauschs zwischen Gesellschaft und Aktionär entwickeln. Sie dient überdies in Weiterentwicklung der Empfehlung in Nr. 2.3.1 DCGK der Erleichterung des Zugriffs auf die hauptversammlungsrelevanten Informationen.

2 Börsennotierte Gesellschaften müssen die in Satz 1 genannten Informationen über ihre Internetseite zugänglich machen. Die Verpflichtung besteht »alsbald« nach der Einberufung. Da keine »unverzügliche« Webpräsentation verlangt wird, muss die Verwaltung keine besonderen Anstrengungen hinsichtlich der zeitlichen und technischen Umstände der betriebsinternen Abläufe unternehmen (BT-Drucks. 16/11642, S. 45).

Zugänglich zu machen ist gem. Nr. 1 der Inhalt der Einberufung und damit insbesondere die Tagesordnung (§ 123 Abs. 3 AktG). In den Webauftritt einzustellen sind auch die zu den einzelnen Tagesordnungspunkten bekannt zu machenden Beschlussvorschläge (§ 124 Abs. 3). 3

Gem. Nr. 2 sind die Tagesordnungspunkte zu erläutern, zu denen kein Beschluss herbeigeführt werden soll. 4

Die Unterlagen, die in der Hauptversammlung zugänglich zu machen sind, sind gem. Nr. 3 in die Internetseite einzustellen. Damit sind insbesondere die in §§ 52 Abs. 2, 176, 79a Abs. 2, 293g AktG genannten Dokumente gemeint. 5

Gem. Nr. 4 sind die Gesamtzahl der Aktien und Stimmrechte anzugeben. Dabei ist zwischen den verschiedenen Aktiengattungen zu unterscheiden. Maßgeblich ist der Zeitpunkt der Einberufung. Eigene Aktien sind einzurechnen (BT-Drucks. 16/11642, S. 45). 6

Gem. Nr. 5 sind die von der Gesellschaft verbindlich vorgegebenen Formulare für die Stimmangabe durch einen Bevollmächtigten oder für die Stimmabgabe durch Briefwahl einzustellen, sofern sie nicht bereits mit der Einberufung allen Aktionären übermittelt worden sind. 7

Satz 2 erweitert die Pflichten gem. Satz 1 um die Pflicht zur Bereitstellung etwaiger Beschlussvorlagen von Aktionären, die nach der Einberufung der Versammlung eingereicht wurden und nicht mit der ursprünglichen Tagesordnung bekannt gemacht werden konnten. 8

Ein Verstoß gegen die Pflichten gem. § 124a AktG wird gem. § 405 Abs. 3a Nr. 3 AktG als Ordnungswidrigkeit sanktioniert. Eine Anfechtungsklage lässt sich gem. § 243 Nr. 2 AktG auf einen solchen Verstoß nicht stützen. 9

§ 125 Mitteilungen für die Aktionäre und an Aufsichtsratsmitglieder

(1) ¹Der Vorstand hat mindestens 21 Tage vor der Versammlung den Kreditinstituten und den Vereinigungen von Aktionären, die in der letzten Hauptversammlung Stimmrechte für Aktionäre ausgeübt oder die die Mitteilung verlangt haben, die Einberufung der Hauptversammlung mitzuteilen. ²Der Tag der Mitteilung ist nicht mitzurechnen. ³Ist die Tagesordnung nach § 122 Abs. 2 zu ändern, so ist bei börsennotierten Gesellschaften die geänderte Tagesordnung mitzuteilen.

(2) ¹Die gleiche Mitteilung hat der Vorstand den Aktionären zu machen, die es verlangen oder zu Beginn des 14. Tages vor der Versammlung als Aktionär im Aktienregister der Gesellschaft eingetragen sind. ²Die Satzung kann die Übermittlung auf den Weg elektronischer Kommunikation beschränken.

(3) Jedes Aufsichtsratsmitglied kann verlangen, daß ihm der Vorstand die gleichen Mitteilungen übersendet.

(4) Jedem Aufsichtsratsmitglied und jedem Aktionär sind auf Verlangen die in der Hauptversammlung gefassten Beschlüsse mitzuteilen.

(5) Finanzdienstleistungsinstitute und die nach § 53 Abs. 1 Satz 1 oder § 53b Abs. 1 Satz 1 oder Abs. 7 des Gesetzes über das Kreditwesen tätigen Unternehmen sind den Kreditinstituten nach Maßgabe der vorstehenden Absätze gleichgestellt.

Die Vorschrift verpflichtet den Vorstand, im Vorfeld der **Hauptversammlung bestimmte Mitteilungen an institutionelle Aktionärsvertreter** und gleichgestellte Intermediäre sowie an Aktionäre, die ihr Stimmrecht selbst ausüben wollen, zu machen. Da die Aktionärsvertreter die Mitteilungen nach § 128 Abs. 1 AktG an die Aktionäre weiterzuleiten haben, zielt die Regelung insgesamt auf eine möglichst **sachgerechte Information der Aktionäre** vor der Hauptversammlung. Besonderheiten gelten bei Übernahmesachverhalten nach § 16 Abs. 4 Satz 6 WpÜG. 1

Mitteilungspflichtig ist die AG; sie wird durch ihren Vorstand vertreten. **Adressat der Mitteilungspflicht** sind in erster Linie Kreditinstitute (§§ 1 Abs. 1, 2 Abs. 1 KWG) und Aktionärsvereinigungen 2 sowie die nach § 125 Abs. 5 AktG gleichgestellten **Intermediäre**. Aktionärsvereinigungen sind nur solche auf Dauer angelegte Personenzusammenschlüsse, die den Hauptzweck verfolgen, Aktionärsrechte in organisierter Form auszuüben (z. B. Schutzvereinigung für Wertpapierbesitz e. V.). Abs. 5 stellt Finanzdienstleistungsinstitute und Unternehmen, die nach § 53 Abs. 1 Satz 1 KWG oder nach § 53b Abs. 1 Satz 1, Abs. 7 KWG tätig sind, den Kreditinstituten gleich. Den im Gesetz genannten Adressaten gegenüber besteht eine Mitteilungspflicht nur, wenn sie in der letzten Hauptversammlung Stimmrechte ausgeübt haben oder die Mitteilung verlangt haben. Das Verlangen ist für jede Hauptversammlung neu erforderlich; es kann in beliebiger Form gestellt werden.

3   Nach Abs. 2 besteht auch eine **Mitteilungspflicht gegenüber bestimmten Aktionären**. Voraussetzung ist ein entsprechendes individuelles, auch in elektronischer Form übermitteltes, Verlangen des Aktionärs. »Daueraufträge« sind nach Wortlaut und Zweck des Gesetzes nicht ausgeschlossen (*Hüffer/Koch* AktG, § 126 Rn. 6a; a. A. Spindler/Stilz/*Willamowski* AktG, § 125 Rn. 8). Ferner hat der Vorstand die Mitteilung unverlangt den Namensaktionären zukommen zu lassen, die seit 2 Wochen vor dem Tag der Hauptversammlung im Aktienregister eingetragen sind. Die **14-Tage-Frist** begrenzt die Mitteilungspflicht der Gesellschaft und damit das Anfechtungsrisiko, hindert den später eingetragenen Aktionär aber nicht an der Teilnahme an der Hauptversammlung. Die Fristberechnung erfolgt durch Rückwärtsrechnung vom Tag der Hauptversammlung an; der Tag der Hauptversammlung selbst zählt dabei nicht mit. Nach Abs. 4 kann jeder Aktionär verlangen, dass ihm die in der Hauptversammlung gefassten Beschlüsse mitgeteilt werden. Formerfordernisse bestehen für diese Mitteilung nicht.

4   Die Mitteilung sowohl nach Abs. 1 als auch nach 2 hat mindestens 21 Tage vor der Versammlung zu erfolgen. Damit wird die Umsetzung der nach Abs. 1 Satz 3 bestehenden Verpflichtung ermöglicht, dass börsennotierten Gesellschaften hinreichend Zeit verbleibt, Ergänzungsverlangen, die nach § 122 Abs. 2 AktG mindestens 30 Tage vor der Versammlung zugehen müssen, in die mitzuteilende Tagesordnung aufzunehmen. Für nichtbörsennotierte Gesellschaften gilt für Ergänzungsanträge gem. § 122 Abs. 2 die 24-Tagefrist; kann der Ergänzungsantrag angesichts der knappen Fristen nicht mehr in die nach § 125 AktG mitzuteilende Tagesordnung aufgenommen werden, ist es ausreichend und erforderlich, dass die Bekanntmachung der Tagesordnung gem. § 124 Abs. 1 AktG, mithin unverzüglich nach Zugang des Verlangens erfolgt.

5   **Mitteilungen an Aufsichtsratsmitglieder** erfolgen nach Maßgabe von Abs. 3 und 4. Danach kann ein Aufsichtsratsmitglied verlangen, dass ihm die Gesellschaft die in Abs. 1 genannten Mitteilungen und die in der Hauptversammlung gefassten Beschlüsse übersendet; die elektronische Form ist insofern (vgl. noch Rdn. 7) ausgeschlossen.

6   Der **Inhalt der Mitteilung** muss sich nach Abs. 1 auf die Einberufung der Hauptversammlung und die Bekanntmachung der Tagesordnung beziehen.

7   Die Art und Weise der Mitteilungen ist für diejenigen nach Abs. 1 nicht vorgeschrieben. Für Mitteilungen an die Aktionäre gem. Abs. 2 Satz 1 eröffnet die Regelung des durch das ARUG neu eingeführten Abs. 2 Satz 2 die Umstellung der Mitteilungsübermittlung auf elektronischem Wege. Vorausgesetzt ist, dass die Satzung die Übermittlung der Mitteilung auf den elektronischen Weg beschränkt; der Papierversand kann auf diese Weise ganz oder teilweise (z. B. nur für den Nachversand oder nur für elektronisch erreichbare Aktionäre; BT-Drucks. 16/11642, S. 46 zu Nr. 14c) ausgeschlossen werden. Dabei kann – insofern im Wortlaut des Gesetzes nicht präzise verankert – die Satzung einen spezifischen Weg (z. B. E-Mail) auswählen (BT-Drucks. 16/11642, S. 46 zu Nr. 14c). Tragen die Aktionäre nicht dafür Sorge, dass die Mitteilungen ihnen auf elektronischem Wege zugehen können, besteht keine Verpflichtung, gedruckte Fassungen zu versenden (*Evers/Fett* NZG 2012, 530),

8   Die **Rechtsfolge** bei Verstößen gegen § 125 AktG besteht darin, dass Hauptversammlungsbeschlüsse **anfechtbar** sind (§ 243 Abs. 1 AktG). Dies soll nicht für die Verletzung der Sollvorschrift des Abs. 1 Satz 3 Halbs. 2 (Angaben zu vergleichbaren Mandaten bei börsennotierten Gesellschaften) gelten, weil zu Recht geltend gemacht wird, dass der Gesetzgeber das mit diesen Mitteilungen verbundene

Anfechtungsrisiko wegen der häufigen Abgrenzungsschwierigkeiten der Gesellschaft nicht aufbürden wollte (*Hüffer/Koch* AktG, § 125 Rn. 10).

§ 126 Anträge von Aktionären

(1) ¹Anträge von Aktionären einschließlich des Namens des Aktionärs, der Begründung und einer etwaigen Stellungnahme der Verwaltung sind den in § 125 Abs. 1 bis 3 genannten Berechtigten unter den dortigen Voraussetzungen zugänglich zu machen, wenn der Aktionär mindestens 14 Tage vor der Versammlung der Gesellschaft einen Gegenantrag gegen einen Vorschlag von Vorstand und Aufsichtsrat zu einem bestimmten Punkt der Tagesordnung mit Begründung an die in der Einberufung hierfür mitgeteilte Adresse übersandt hat. ²Der Tag des Zugangs ist nicht mitzurechnen. Bei börsennotierten Gesellschaften hat das Zugänglichmachen über die Internetseite der Gesellschaft zu erfolgen. ³§ 125 Abs. 3 gilt entsprechend.

(2) ¹Ein Gegenantrag und dessen Begründung brauchen nicht zugänglich gemacht zu werden,
1. soweit sich der Vorstand durch das Zugänglichmachen strafbar machen würde,
2. wenn der Gegenantrag zu einem gesetz- oder satzungswidrigen Beschluß der Hauptversammlung führen würde,
3. wenn die Begründung in wesentlichen Punkten offensichtlich falsche oder irreführende Angaben oder wenn sie Beleidigungen enthält,
4. wenn ein auf denselben Sachverhalt gestützter Gegenantrag des Aktionärs bereits zu einer Hauptversammlung der Gesellschaft nach § 125 zugänglich gemacht worden ist,
5. wenn derselbe Gegenantrag des Aktionärs mit wesentlich gleicher Begründung in den letzten fünf Jahren bereits zu mindestens zwei Hauptversammlungen der Gesellschaft nach § 125 zugänglich gemacht worden ist und in der Hauptversammlung weniger als der zwanzigste Teil des vertretenen Grundkapitals für ihn gestimmt hat,
6. wenn der Aktionär zu erkennen gibt, daß er an der Hauptversammlung nicht teilnehmen und sich nicht vertreten lassen wird, oder
7. wenn der Aktionär in den letzten zwei Jahren in zwei Hauptversammlungen einen von ihm mitgeteilten Gegenantrag nicht gestellt hat oder nicht hat stellen lassen.

²Die Begründung braucht nicht zugänglich gemacht zu werden, wenn sie insgesamt mehr als 5 000 Zeichen beträgt.

(3) Stellen mehrere Aktionäre zu demselben Gegenstand der Beschlußfassung Gegenanträge, so kann der Vorstand die Gegenanträge und ihre Begründungen zusammenfassen.

Übersicht	Rdn.		Rdn.
A. Regelungszweck	1	B. Pflicht der AG zur Zugänglichmachung, Abs. 1	2

A. Regelungszweck

Die Vorschrift betrifft nicht das Recht des Aktionärs, Gegenanträge zu den Gegenständen der Tagesordnung zu stellen. Diese Möglichkeit besteht prinzipiell, ohne dass eine vorherige Bekanntmachung vorausgesetzt ist (vgl. § 124 Abs. 4 Satz 2 AktG). Die Vorschrift des § 126 AktG bezweckt zusammen mit den Vorschriften der §§ 127 und 128 AktG eine **frühzeitige Information der Aktionäre über Gegenanträge**. Gegenanträge, die rechtzeitig und ordnungsgemäß gestellt werden, müssen insbesondere den berechtigten Kreditinstituten und Aktionärsvereinigungen zugänglich gemacht werden; diese wiederum haben die mitgeteilten Informationen an die Aktionäre weiter zu geben, § 128 Abs. 1 und 5 AktG. Von der Verpflichtung zur Mitteilung von Gegenanträgen nimmt § 126 Abs. 2 AktG **unzulässige und rechtsmissbräuchliche Gegenanträge** aus. Bei Übernahmesachverhalten darf nach Maßgabe des § 16 Abs. 4 Satz 6 WpÜG die Zusendung von Gegenanträgen unterbleiben.

1

B. Pflicht der AG zur Zugänglichmachung, Abs. 1

2   Nach Abs. 1 muss ein Gegenantrag nur dann zur Tagesordnung genommen werden muss, wenn er innerhalb der Frist mit Begründung und dem geforderten Nachweis der Legitimation (OLG Schleswig, Urt. v. 30.04.2009 – 5 U 100/08, BeckRS 2009, 25519) bei der Gesellschaft eingegangen ist. Ein **Gegenantrag** ist ein vom Vorschlag der Verwaltung materiell abweichender Antrag eines Aktionärs, mit dem dieser einen abweichenden Beschluss der Hauptversammlung herbeiführt oder der Beschlussfassung zu einem Gegenstand überhaupt entgegentreten will. Die bloße Ankündigung eines Aktionärs, gegen den Vorschlag der Verwaltung stimmen zu wollen, stellt keinen Gegenantrag dar und ist nicht mitteilungspflichtig (*Hüffer/Koch* AktG, § 126 Rn. 2).

3   Gegenanträge sind nur dann zugänglich zu machen, wenn sie mit einer **Begründung** versehen wurden. Die Begründung muss dem Gegenantrag selbst beigefügt werden; der Verweis auf gesonderte Erklärungen genügt nicht (*Stehle* ZIP 2003, 980). Die Begründung setzt die Angabe von sachlichen Argumenten voraus; Allgemeinplätze und Pauschalhinweise genügen dem Begründungserfordernis nicht (*Hüffer/Koch* AktG, § 126 Rn. 3).

4   Hinsichtlich der **Form** stellt § 126 AktG keine ausdrücklichen Anforderungen. Dass der Gegenantrag der AG »übersandt« werden muss, bedeutet nicht, dass der Gegenantrag notwendig in schriftlicher Form vorliegen muss. Gegenanträge können auch ordnungsgemäß als Telefax oder in elektronischer Form »übersandt« werden (*Lehmann* FS Quack 1991, 287, 291).

5   Die Übersendung des Gegenantrags muss die **14-Tage-Frist** wahren. Für diese Frist gelten die Grundsätze des § 121 Abs. 7 AktG. Der Tag der Hauptversammlung (§ 121 Abs. 7 AktG) und der Tag des Zugangs (Abs. 1 Satz 2) sind nicht mitzuberechnen. Der rechtzeitige Zugang bei der Gesellschaft richtet sich nicht nach § 130 BGB und kann deshalb bis 24.00 Uhr bewirkt werden (BGH, Urt. v. 24.01.2000 – II ZR 268/98, Z 143, 339, 341.

6   Die Zugänglichmachung der eingegangenen, ordnungsgemäßen Gegenanträge hat gem. Abs. 1 an die in § 125 Abs. 1 bis 3 AktG genannten Berechtigten unter den in dieser Vorschrift geregelten Voraussetzungen zu erfolgen. Dafür genügt die **Veröffentlichung auf der Website** der AG (RegBegr. BT-Drucks. 14/8769, S. 20). Alternativ steht die Veröffentlichung im elektronischen Bundesanzeiger zur Verfügung (*Mimberg* ZGR 2003, 21, 25 f.). Dem Inhalt nach muss zugänglich gemacht werden der Name des Aktionärs, die Begründung sowie eine etwaige Stellungnahme der Verwaltung. Aufsichtsratsmitglieder haben Anspruch auf Übersendung der Informationen, §§ 126 Abs. 1 Satz 2, 135 Abs. 3 AktG.

7   Die **Ausnahmen** einer im Übrigen begründeten Verpflichtung der AG zur Zugänglichmachung sind in Abs. 2 Satz 1 abschließend aufgezählt.

8   Dagegen besteht im Fall einer 5.000 Zeichen übersteigenden Begründung keine Verpflichtung, diese im i. S. d. Abs. 2 Satz 2 **überlange Begründung** zu publizieren; die Pflicht zur Zugänglichmachung des Gegenantrags bleibt bestehen. Nicht geklärt ist, ob der Begriff »Zeichen« im wörtlichen Sinne zu verstehen ist (so *Noack*, NZG 2003, 241, 243), oder ob auch Leerzeichen mitzuzählen sind (so *Seibert* AG 2006, 16, 21).

9   Nach **Abs. 3** ist der Vorstand berechtigt, Gegenanträge und Begründungen **zusammenzufassen**, wenn mehrere Aktionäre zu identischen Beschlussgegenständen Gegenanträge stellen. Damit ist auch das Recht verbunden, Wiederholungen wegzulassen und Überflüssiges zu streichen; eine sachliche Änderung darf damit nicht einhergehen (*Hüffer/Koch* AktG, § 126 Rn. 10).

§ 127 Wahlvorschläge von Aktionären

¹Für den Vorschlag eines Aktionärs zur Wahl von Aufsichtsratsmitgliedern oder von Abschlussprüfern gilt § 126 sinngemäß. ²Der Wahlvorschlag braucht nicht begründet zu werden. ³Der Vorstand braucht den Wahlvorschlag auch dann nicht zugänglich zu machen, wenn der Vorschlag nicht die Angaben nach § 124 Abs. 3 Satz 3 und § 125 Abs. 1 Satz 5 enthält.

§ 127 AktG regelt die Pflicht der AG, Wahlvorschläge von Aktionären zugänglich zu machen. Die Regelung ergänzt die Vorschrift des § 126 AktG, welche im Anwendungsbereich der Wahlvorschlagsregelung sinngemäß gilt. Abweichend von § 126 AktG ist auch der nicht begründete Wahlvorschlag zugänglich zu machen, § 127 Satz 2 AktG. Die **Pflicht zur Zugänglichmachung von Wahlvorschlägen** besteht über § 126 Abs. 2 AktG hinaus auch dann nicht, wenn der Wahlvorschlag nicht die Angaben nach § 124 Abs. 3 Satz 2 AktG enthält; ebenso besteht beim Fehlen der Angaben nach § 125 Abs. 1 Satz 3 AktG (Angaben zu weiteren Mandaten) keine Pflicht der AG zur Zugänglichmachung von Wahlvorschlägen für den Aufsichtsrat von börsennotierten Gesellschaften (§ 3 Abs. 2 AktG).

§ 127a Aktionärsforum

(1) Aktionäre oder Aktionärsvereinigungen können im Aktionärsforum des Bundesanzeigers andere Aktionäre auffordern, gemeinsam oder in Vertretung einen Antrag oder ein Verlangen nach diesem Gesetz zu stellen oder in einer Hauptversammlung das Stimmrecht auszuüben.

(2) Die Aufforderung hat folgende Angaben zu enthalten:
1. den Namen und eine Anschrift des Aktionärs oder der Aktionärsvereinigung,
2. die Firma der Gesellschaft,
3. den Antrag, das Verlangen oder einen Vorschlag für die Ausübung des Stimmrechts zu einem Tagesordnungspunkt,
4. den Tag der betroffenen Hauptversammlung.

(3) Die Aufforderung kann auf eine Begründung auf der Internetseite des Auffordernden und dessen elektronische Adresse hinweisen.

(4) Die Gesellschaft kann im elektronischen Bundesanzeiger auf eine Stellungnahme zu der Aufforderung auf ihrer Internetseite hinweisen.

(5) Das Bundesministerium der Justiz wird ermächtigt, durch Rechtsverordnung die äußere Gestaltung des Aktionärsforums und weitere Einzelheiten insbesondere zu der Aufforderung, dem Hinweis, den Entgelten, zu Löschungsfristen, Löschungsanspruch, zu Missbrauchsfällen und zur Einsichtnahme zu regeln.

Die durch das »Gesetz zur Unternehmensintegrität und Modernisierung des Anfechtungsrechts« (UMAG) vom 22.08.2005 (BGBl. I, 2802) eingeführte Vorschrift schafft das **Aktionärsforum** als eine besondere Einrichtung des elektronischen Bundesanzeigers. Dieses Forum soll nach dem Willen der Gesetzesverfasser die Effizienz der Verwaltungsrechte der Aktionäre steigern, indem ihnen ein Instrument gegeben wird, andere Aktionäre aufzufordern, gemeinsam einen Antrag (§§ 126, 127 AktG) oder ein Minderheitsverlangen (§§ 120 Abs. 1 Satz 2, 122 Abs. 1 und 2, 142 Abs. 2 Satz 1, Abs. 4 Satz 1, 148 Abs. 1 Satz 1 und 258 Abs. 2 Satz 3 AktG) zu stellen. Die Modalitäten des Aktionärsforums beim elektronischen Bundesanzeiger regelt die Rechtsverordnung vom 22.11.2005 (BGBl. I, 3193); vgl. dazu näher *Seibert* AG 2006, 16. Das Aktionärsforum kann unter www.bundesanzeiger.de aufgerufen werden.

§ 128 Übermittlung der Mitteilungen

(1) ¹Hat ein Kreditinstitut zu Beginn des 21. Tages vor der Versammlung für Aktionäre Inhaberaktien der Gesellschaft in Verwahrung oder wird es für Namensaktien, die ihm nicht gehören, im Aktienregister eingetragen, so hat es die Mitteilungen nach § 125 Abs. 1 unverzüglich an die Aktionäre zu übermitteln. ²Die Satzung der Gesellschaft kann die Übermittlung auf den Weg elektronischer Kommunikation beschränken; in diesem Fall ist das Kreditinstitut auch aus anderen Gründen nicht zu mehr verpflichtet.

§ 128 AktG Übermittlung der Mitteilungen

(2) Die Verpflichtung des Kreditinstituts zum Ersatz eines aus der Verletzung des Absatzes 1 entstehenden Schadens kann im voraus weder ausgeschlossen noch beschränkt werden.

(3) ¹Das Bundesministerium der Justiz wird ermächtigt, im Einvernehmen mit dem Bundesministerium für Wirtschaft und Technologie und dem Bundesministerium der Finanzen durch Rechtsverordnung vorzuschreiben, dass die Gesellschaft den Kreditinstituten die Aufwendungen für
1. die Übermittlung der Angaben gemäß § 67 Abs. 4 und
2. die Vervielfältigung der Mitteilungen und für ihre Übersendung an die Aktionäre oder an ihre Mitglieder

zu ersetzen hat. ²Es können Pauschbeträge festgesetzt werden. ³Die Rechtsverordnung bedarf nicht der Zustimmung des Bundesrates.

(4) § 125 Abs. 5 gilt entsprechend.

Übersicht

		Rdn.			Rdn.
A.	Regelungszweck	1	C.	Schadenersatz bei Pflichtverletzungen, Abs. 2	5
B.	Übermittlung von Mitteilungen durch Kreditinstitute, Abs. 1	2	D.	Rechtsverordnungen, Abs. 3	6
			E.	Gleichgestellte Intermediäre, Abs. 4	7

A. Regelungszweck

1 Die Vorschrift gehört neben §§ 121, 124 und 125 bis 127 AktG zu den **Kernregeln gesetzlicher Informationspflichten** zugunsten der Aktionäre über hauptversammlungsrelevante Mitteilungen. Sie betrifft die Pflichten von Kreditinstituten und ihnen gem. Abs. 4 gleichgestellten Intermediären zur Mitteilung über die Einberufung der Hauptversammlung. Die Vorschrift ist durch das ARUG umgestaltet worden; sie befördert die elektronische Übermittlung der Mitteilungen. Die bisher in der Vorschrift enthaltenen Regelungen zum Depotstimmrecht wurden durch das ARUG aufgehoben und in geänderter Form in den neu gefassten § 135 AktG überführt.

B. Übermittlung von Mitteilungen durch Kreditinstitute, Abs. 1

2 Abs. 1 regelt die Pflicht von Kreditinstituten zur Übermittlung der Mitteilungen gem. § 125 Abs. 1 AktG. Die Pflicht besteht zunächst gegenüber Aktionären, die dem Kreditinstitut Inhaberaktien in Verwahrung gegeben haben, wenn die Verwahrung dieser Aktien spätestens 21 Tage vor dem Tag der Hauptversammlung begonnen hat. Bei Namensaktien besteht eine Mitteilungspflicht nur, wenn das Kreditinstitut in das Aktienregister für solche Aktien eingetragen ist, obwohl sie ihm nicht gehören; dazu gehören nicht nur Legitimationsaktien (vgl. § 129 Abs. 3 AktG), sondern auch treuhänderisch gehaltene Aktien (BT-Drucks. 14/4051, S. 13).

3 Die Übermittlungspflicht trifft **Kreditinstitute i. S. d. §§ 1, 2 KWG**. Die Pflicht besteht auch, wenn die Aktien einer Wertpapiersammelbank anvertraut sind, dann wegen der Zwischenverwahrereigenschaft nach § 3 Abs. 2 DepotG.

4 Die **Art und Weise der Übermittlung** kann zwischen dem Kreditinstitut und dem Aktionärskunden frei vereinbart werden. Die Satzung der AG kann eine Beschränkung der Übermittlung »auf den Weg elektronischer Kommunikation« vorsehen. Im Hinblick auf die letztlich von den Aktionären gem. § 1 Abs. 2 der VO über den Ersatz von Aufwendungen der Kreditinstitute (Rdn. 6) von der Gesellschaft und letztlich den Aktionären zu tragenden Kosten für die Versendung der Mitteilung sollen es die Aktionäre in der Hand haben, über eine entsprechende Satzungsregelung die Übermittlung auf den elektronischen Versand zu beschränken (BT-Drucks. 16/11642, S. 47 zu Nr. 17). Eine solche Satzungsbestimmung soll nach der Vorstellung des Gesetzgebers Drittwirkung im Verhältnis von Bank und Aktionärskunde haben; wohl um diese dogmatisch zweifelhafte Konstruktion zu festigen wird gem. Abs. 1 Satz 2 Halbs. 2 geregelt, dass das Kreditinstitut aus anderen

Gründen (etwa einem Auftrag oder Sonderbedingungen im Verhältnis Bank/Kunde) »nicht zu mehr«, insbesondere nicht zu einer anderen Form der Mitteilung verpflichtet ist. Ist die bloße elektronische Übermittlung durch eine entsprechende Satzungsbestimmung nicht vorgesehen, bleibt die schon bisher geübte Praxis weiterhin bestehen, dass die von der Gesellschaft gelieferten Dokumente papierschriftlich weiterzuleiten sind. Auf diese Zusendung kann dann nach h. M. nicht verzichtet werden, weil die Information der Aktionäre durch die Kreditinstitute im Interesse eines funktionierenden Aktienwesens und damit im öffentlichen Interesse liegt (*Noack* NZG 2008, 441; *Hüffer/Koch* AktG § 128 Rn. 1).

C. Schadenersatz bei Pflichtverletzungen, Abs. 2

Zu den Rechtsfolgen der Verletzung von Mitteilungspflichten trifft Abs. 2 eine Regelung zur Schadenersatzverpflichtung des Kreditinstituts. Dies erfolgt vor dem Hintergrund, dass nach § 243 Abs. 3 AktG ein Grund für die Anfechtung der Hauptversammlungsbeschlüsse in der Verletzung der Pflichten des § 128 AktG zu Recht nicht liegt, weil die Gesellschaft auf die Pflichterfüllung durch das Kreditinstitut keinen Einfluss hat. Schadenersatzansprüche der Aktionäre gegen das Kreditinstitut können sowohl auf die **Verletzung des Depotvertrages** (§ 280 Abs. 1 BGB) oder aus **Delikt** (§ 823 Abs. 2 BGB i. V. m. § 128 AktG) gestützt werden, wobei der Aktionär den **Kausalitätsnachweis** zu erbringen hat. Abs. 2 regelt insofern, dass die Schadenersatzverpflichtung des Kreditinstituts im Voraus weder ausgeschlossen noch beschränkt werden darf.

5

D. Rechtsverordnungen, Abs. 3

Von den Verordnungsermächtigungen nach Abs. 6 ist Gebrauch gemacht worden. Die »Verordnung über den Ersatz von Aufwendungen der Kreditinstitute« vom 17.06.2003 (BGBl. I, 885) regelt, dass das Kreditinstitut von der Gesellschaft **Postentgelte** und bestimmte **Pauschbeträge** für die Kosten der Weitergabe nach Abs. 1 fordern kann und betrifft die Kosten der Übermittlung nach § 67 Abs. 4 bzw. 128 AktG (vgl. *Seibert* ZIP 2003, 1270).

6

E. Gleichgestellte Intermediäre, Abs. 4

Wegen der nach Abs. 4 entsprechenden Geltung des § 125 Abs. 5 AktG werden den Kreditinstituten auch in diesem Zusammenhang die Finanzdienstleistungsunternehmen und die weiteren genannten Unternehmen **gleichgestellt** (vgl. Erl. zu § 125 AktG Rdn. 2). Die Gleichstellung begründet hier die Pflicht des Instituts bzw. Unternehmens nach § 128 AktG. Der Aufwendungsersatzanspruch nach der gem. Abs. 3 ergangenen Verordnung (Rdn. 6) steht den gleichgestellten Intermediären ebenfalls zu.

7

Dritter Unterabschnitt Verhandlungsniederschrift. Auskunftsrecht

§ 129 Geschäftsordnung; Verzeichnis der Teilnehmer

(1) ¹Die Hauptversammlung kann sich mit einer Mehrheit, die mindestens drei Viertel des bei der Beschlußfassung vertretenen Grundkapitals umfaßt, eine Geschäftsordnung mit Regeln für die Vorbereitung und Durchführung der Hauptversammlung geben. ²In der Hauptversammlung ist ein Verzeichnis der erschienenen oder vertretenen Aktionäre und der Vertreter von Aktionären mit Angabe ihres Namens und Wohnorts sowie bei Nennbetragsaktien des Betrags, bei Stückaktien der Zahl der von jedem vertretenen Aktien unter Angabe ihrer Gattung aufzustellen.

(2) ¹Sind einem Kreditinstitut oder einer in § 135 Abs. 8 bezeichneten Person Vollmachten zur Ausübung des Stimmrechts erteilt worden und übt der Bevollmächtigte das Stimmrecht im Namen dessen, den es angeht, aus, so sind bei Nennbetragsaktien der Betrag, bei Stückaktien die Zahl und die Gattung der Aktien, für die ihm Vollmachten erteilt worden sind, zur Aufnahme

in das Verzeichnis gesondert anzugeben. ²Die Namen der Aktionäre, welche Vollmachten erteilt haben, brauchen nicht angegeben zu werden.

(3) ¹Wer von einem Aktionär ermächtigt ist, im eigenen Namen das Stimmrecht für Aktien auszuüben, die ihm nicht gehören, hat bei Nennbetragsaktien den Betrag, bei Stückaktien die Zahl und die Gattung dieser Aktien zur Aufnahme in das Verzeichnis gesondert anzugeben. ²Dies gilt auch für Namensaktien, als deren Aktionär der Ermächtigte im Aktienregister eingetragen ist.

(4) ¹Das Verzeichnis ist vor der ersten Abstimmung allen Teilnehmern zugänglich zu machen. ²Jedem Aktionär ist auf Verlangen bis zu zwei Jahren nach der Hauptversammlung Einsicht in das Teilnehmerverzeichnis zu gewähren.

(5) § 125 Abs. 5 gilt entsprechend.

Übersicht	Rdn.			Rdn.
A. Überblick	1	I.	Allgemeines	16
B. Geschäftsordnung der Hauptversammlung, Abs. 1	2	II.	Leitung der Hauptversammlung	17
		1.	Person des Vorsitzenden	17
C. Regeln zum Teilnehmerverzeichnis, Abs. 1 bis 4	6	2.	Versammlungsleitung	18
I. Aufstellung	7		a) Eröffnung der Hauptversammlung	19
II. Inhalt, Abs. 1 bis 3	8		b) Verfahrensleitung	20
III. Publizität, Abs. 4	11		c) Redezeit	23
IV. Rechtsfolgen bei Verstößen	14		d) Ordnungsmaßnahmen	27
D. Erweiterung des Anwendungsbereichs, Abs. 5	15		e) Sonstige Maßnahmen	28
		3.	Abstimmungsleitung	30
E. Anhang: Rechtsgrundsätze betreffend die Durchführung der Hauptversammlung	16	4.	Beendigung der Hauptversammlung	35

A. Überblick

1 Die Vorschriften des Dritten Unterabschnitts enthalten Regelungen zur Durchführung der Hauptversammlung. Sie regeln jedoch nur bestimmte Teilaspekte, nämlich Fragen der Geschäftsordnung und des Teilnehmerverzeichnisses (§ 129 AktG), der Protokollierung (§ 130 AktG) und zum Auskunftsrecht der Aktionäre (§ 131 AktG) unter Einbeziehung von Fragen des gerichtlichen Verfahrens bei Auskunftsstreitigkeiten (§ 132 AktG). Darüber hinaus sind in Rechtsprechung und Literatur allgemeine Rechtsgrundsätze zur Durchführung von Hauptversammlungen entwickelt worden, die eine Darstellung und Kommentierung im Zusammenhang mit den einleitenden Vorschriften des Unterabschnitts im Anhang der Kommentierung zu § 129 AktG finden (vgl. die Erl. in Rdn. 17).

B. Geschäftsordnung der Hauptversammlung, Abs. 1

2 Nach dem 1998 durch das KonTraG (BGBl. I, 786) eingeführten Abs. 1 Satz 1 kann sich die Hauptversammlung eine eigenverantwortlich geschaffene Geschäftsordnung geben. Die Rechtfertigung für den Erlass einer solchen Geschäftsordnung liegt darin (vgl. BT-Drucks. 13/9712, S. 19), dass sie detaillierte Rechtsgrundlagen für das bei der Durchführung der Hauptversammlung einzuhaltende Verfahren schaffen kann; ihre Verbreitung in der Praxis und der empfundene Nutzen ist bisher gering (vgl. *Bezzenberger* ZGR 1998, 352; *Dietrich* NZG 1998, 921).

3 Die Geschäftsordnung hat **keine Satzungsqualität** und steht der Satzung im Rang nach (GroßkommAktG/*Mülbert* vor §§ 118 bis 147 Rn. 181). Sie führt deshalb lediglich zu einer **Selbstbindung der Hauptversammlung** hinsichtlich der geregelten (Verfahrens-) Fragen. Die Einführung einer Geschäftsordnung ist Gegenstand der Tagesordnung und bedarf daher der vorherigen Bekanntmachung nach § 124 AktG. Dabei wird es trotz zweifelhafter Rechtsgrundlage für ausreichend erachtet, dass nicht der gesamte Text der Geschäftsordnung, sondern gem. § 124 Abs. 2 Satz 2, 2.

Alt. AktG nur ihr wesentlicher Inhalt bekannt gemacht wird (*Hüffer/Koch* AktG, § 124 Rn. 1d). Ferner bedarf die Einführung einer Geschäftsordnung eines Beschlusses der Hauptversammlung, der eine einfache Mehrheit nach § 133 Abs. 1 AktG und überdies die Mehrheit von 3/4 des vertretenen Kapitals finden muss, § 129 Abs. 1 Satz 1 AktG. Im Hinblick auf diese Mehrheitserfordernisse ist eine notarielle Beurkundung des Beschlusses auch bei nichtbörsennotierten Gesellschaften erforderlich, § 130 Abs. 1 Satz 1 AktG.

Die **Änderung** der beschlossenen Geschäftsordnung erfolgt durch **Beschluss der Hauptversammlung**. Der entsprechende Tagesordnungspunkt ist vorab bekannt zu machen (§ 124 AktG). Die Mehrheitserfordernisse entsprechen denen des § 129 Abs. 1 Satz 1 AktG für die Einführung. Die Aufhebung der bestehenden Ordnung ist als **actus contrarius** an dieselbe Mehrheit wie die Einführung gebunden (Heidel/*Terbrack/Lohr* Aktienrecht, § 129 Rn. 11; a. A. *Hüffer/Koch* AktG, § 129 Rn. 1e – einfache Mehrheit). 4

Verstöße gegen die bestehende Geschäftsordnung berechtigen nicht ohne Weiteres zur Anfechtung des Beschlusses nach § 243 AktG, weil ein Satzungsverstoß gerade nicht vorliegt. Möglich ist aber, dass der Geschäftsordnungsverstoß im Einzelfall zugleich einen Gesetzesverstoß darstellt, der die Anfechtbarkeit nach sich zieht (z. B. wegen Verletzung der gesetzlichen Mitgliedschaftsrechte; ebenso *Hüffer/Koch* AktG, § 129 Rn. 1g). 5

C. Regeln zum Teilnehmerverzeichnis, Abs. 1 bis 4

Nach Abs. 1 Satz 2 ist ein Teilnehmerverzeichnis der erschienenen und vertretenen Aktionäre aufzustellen. Im Teilnehmerverzeichnis soll festgehalten werden, **welche Personen** an der Hauptversammlung teilnehmen. Auf diese Weise werden vor allem die Feststellung der Beschlussfähigkeit der Versammlung und die Feststellung des Beschlussergebnisses erleichtert; das Teilnehmerverzeichnis kann außerdem zur Überprüfung der Rechtmäßigkeit der Hauptversammlungsbeschlüsse herangezogen werden. 6

I. Aufstellung

In Ermangelung einer ausdrücklichen gesetzlichen Regelung wird davon ausgegangen, dass die Gesellschaft das Verzeichnis aufzustellen hat. Dies ist sachlich gerechtfertigt, weil nur die AG infolge der Anmeldung bzw. aus dem Aktienregister die Informationen hat, die für die Aufstellung des Verzeichnisses erforderlich sind. Der Leiter der Hauptversammlung hat die Pflicht, dafür Sorge zu tragen, dass das Verzeichnis von der Gesellschaft ordnungsgemäß aufgestellt und fortlaufend aktualisiert wird (*Hüffer/Koch* AktG, § 129 Rn. 6 f.). 7

II. Inhalt, Abs. 1 bis 3

Nach Abs. 1 Satz 2 hat das Teilnehmerverzeichnis **folgende Angaben** zu enthalten: die erschienenen oder vertretenen Aktionäre mit Angabe des Namens und des Wohnorts, die Vertreter mit Angabe des Namens und des Wohnorts, ferner den Betrag bzw. bei Stückaktien die Anzahl und Gattung der durch die erschienenen Aktionäre oder die Vertreter vertretenen Aktien (sog. **Eigenbesitz**). Nach Abs. 2 ist der Betrag bzw. bei Stückaktien die Anzahl und Gattung der in verdeckter Stellvertretung durch Kreditinstitute und gleichgestellte Personen (Abs. 5) repräsentierten Aktien (sog. **Vollmachtsbesitz**) anzugeben. Die verdeckte Vertretung, also ein Handeln für den, es angeht, ist nach § 135 Abs. 4 Satz 2 und Abs. 9 AktG nur Kreditinstituten und ihnen gleichgestellten Intermediären gestattet und setzt eine entsprechende Gestaltung der Vollmacht voraus. Abs. 3 verpflichtet überdies, den Betrag bzw. bei Stückaktien die Anzahl und Gattung von Aktien anzugeben, für die ein **Legitimationsaktionär** (*Bayer/Scholz* NZG 2013, 721) die Aktionärsrechte kraft Ermächtigung im eigenen Namen ausübt (sog. **Fremdbesitz**). Einzutragen sind die so ermächtigten Legitimationsaktionäre und nicht die Aktionäre selbst. Diese Regelung gilt auch für Namensaktien, sodass sich diese Legitimationsaktionäre – was Abs. 3 Satz 2 ausdrücklich klarstellt – auf die Eintragung im Aktienregister nicht berufen können. 8

9   Die **Angabe der Stimmenzahl** im Teilnehmerverzeichnis ist vom Gesetz nicht vorgeschrieben. Damit das Teilnehmerverzeichnis seine Funktion als Hilfsmittel für die Feststellung von Abstimmungsergebnissen erfüllen kann, werden Angaben zur Stimmenzahl aber üblicherweise in das Verzeichnis aufgenommen; die gesetzliche Regelung steht dem nicht entgegen. Entsprechendes gilt für **Angaben zur Leistung der Einlage**; deren Aufnahme in das Teilnehmerverzeichnis ist sachgerecht, soweit der Umfang des Stimmrechts davon abhängig ist (§ 134 Abs. 2 AktG). Die **Angabe eigener Aktien der Gesellschaft** im Teilnehmerverzeichnis wird ebenfalls empfohlen, obwohl der Gesellschaft aus eigenen Aktien keine Rechte zustehen (§ 71b AktG). Insbesondere bei Vollversammlungen aller Aktionäre ergäbe sich andernfalls eine aus dem Teilnehmerverzeichnis nicht aufklärbare Differenz von auf der Hauptversammlung vertretenem zu dem im Register eingetragenen Grundkapital (MAH AktR/*Bohnet* § 27 Rn. 45).

10 Das Teilnehmerverzeichnis ist **in der Hauptversammlung** (Abs. 1 Satz 2) und spätestens vor der ersten Abstimmung (Abs. 4 Satz 1) aufzustellen, um sodann allen Teilnehmern zugänglich gemacht zu werden. **Änderungen der Anwesenheit** bei der Hauptversammlung durch verspätetes Erscheinen oder vorzeitiges Verlassen der Versammlung von Aktionären sind im Teilnehmerverzeichnis zu vermerken, damit das Verzeichnis den tatsächlichen Teilnehmerstand wiedergibt. Daraus folgt, dass Zu- und Abgänge in der Hauptversammlung **fortlaufend zu kontrollieren** sind. Die Ergebnisse dieser Kontrollen sind sukzessive und jedenfalls zu den Abstimmungsvorgängen in das Teilnehmerverzeichnis aufzunehmen (MünchHdb GesR IV/*Semler* § 36 Rn. 30).

III. Publizität, Abs. 4

11 Das Teilnehmerverzeichnis ist nach Abs. 4 Satz 1 allen Teilnehmern der Hauptversammlung **zugänglich zu machen**. Eine Konkretisierung dieser Pflicht findet sich im Gesetz nicht. Die früher vorgeschriebene Auslegung zur Einsichtnahme ist in der geltenden Gesetzesfassung nicht mehr enthalten; sie genügt aber nach wie vor den Anforderungen. Die durch das Namenaktiengesetz (NaStraG) vom 18.01.2001 (BGBl. I, 123) eingeführte geltende Gesetzesfassung soll es ermöglichen, anstelle eines Verzeichnisses in Papierform ein elektronisches Verzeichnis zu erstellen und dieses auf Bildschirmen sichtbar zu machen (RegBegr. BT-Drucks. 14/4051, S. 14 f.).

12 Die Zugänglichmachung muss »**vor der ersten Abstimmung**« erfolgen. Das ist jede Abstimmung, auch eine solche über Verfahrens- oder Geschäftsordnungsfragen (h. M.; MünchHdb GesR IV/*Semler* § 36 Rn. 29; a. A. KölnKomm AktG/*Zöllner* § 29 Rn. 26 unter Beschränkung auf Sachanträge). Ist das Teilnehmerverzeichnis mit den sich ergebenden Nachträgen noch nicht erstellt, ist deshalb die Sitzung zu unterbrechen. **Teilnehmer** sind nur die teilnahmeberechtigten Aktionäre oder deren Vertreter. Gästen und Medienvertretern ist deshalb das Verzeichnis nicht zugänglich zu machen (*Hüffer/Koch* AktG, § 129 Rn. 13; a. A. *v. Falckenhausen* BB 1966, 337, 340).

13 Nach Beendigung der Hauptversammlung ist jedem Aktionär auf Verlangen **Einsicht** in das Teilnehmerverzeichnis zu gewähren; das Recht erlischt nach 2 Jahren, Abs. 4 Satz 2. Auch die Wahrnehmung des nachträglichen Einsichtsrechts kann durch Bereitstellen des elektronischen Registers gewährt werden (RegBegr. BT-Drucks. 14/4051, S. 15). Einen **Anspruch auf Abschrift** oder auf Ausdruck sieht das Gesetz nicht ausdrücklich vor; er ist aber der Sache nach anzuerkennen, weil der Gesetzgeber das früher nach § 9 Abs. 2 Satz 1 HGB bestehende Recht nicht beseitigen wollte (RegBegr. BT-Drucks. 14/4051, S. 15). Die nach vormaliger Rechtslage bestehende Pflicht, das Teilnehmerverzeichnis der Urkunde über die Hauptversammlung beizuheften und zum Register einzureichen, besteht nach der geltenden Rechtslage nicht mehr.

IV. Rechtsfolgen bei Verstößen

14 Wird das Teilnehmerverzeichnis nicht ordnungsgemäß erstellt, liegt eine Gesetzesverletzung vor, die grundsätzlich **nach § 243 AktG zur Anfechtung** von Beschlüssen der Hauptversammlung berechtigt. Das Anfechtungsrecht besteht nicht, wenn die Gesellschaft nachweisen kann, dass der Gesetzesverstoß für das Beschlussergebnis nicht ausschlaggebend war (OLG Hamburg, Urt. v.

19.05.1989 – 11 U 62/89, NJW 1990, 1120, 1121). Dies ist vor allem dann der Fall, wenn der Fehler des Teilnehmerverzeichnisses sich nach der Stimmenzahl nicht ausgewirkt hat. Fehlende oder unzutreffende Angaben im Verzeichnis begründen ein Anfechtungsrecht, können aber als Ordnungswidrigkeit nach § 405 Abs. 2 AktG geahndet werden. Schadenersatzansprüche von Hauptversammlungsteilnehmern kommen wegen Schutzgesetzverletzung in Betracht (§ 823 Abs. 2 BGB, § 129 AktG).

D. Erweiterung des Anwendungsbereichs, Abs. 5

Die Verweisungsnorm des Abs. 5 soll den persönlichen Anwendungsbereich der Regelung des Abs. 2 für **Vollmachtsbesitz** erweitern. Einbezogen werden sollen über die dort genannten Kreditinstitute hinaus alle von § 125 Abs. 5 AktG erfassten Intermediäre (vgl. Erl. zu § 125 AktG Rdn. 2), die Rechte der Aktionäre in der Hauptversammlung wahrnehmen. 15

E. Anhang: Rechtsgrundsätze betreffend die Durchführung der Hauptversammlung

I. Allgemeines

Die gesetzlichen Vorschriften zur Durchführung der Hauptversammlung regeln die sich stellenden Fragen nur teilweise (vgl. oben Rdn. 1). Zusätzliche Regeln können sich in der Satzung finden und in einer von der Hauptversammlung gem. Abs. 1 Satz 1 beschlossenen Geschäftsordnung. Im Übrigen kann auf anerkannte Grundsätze für die Durchführung der Hauptversammlung zurückgegriffen werden, deren zentrale Elemente nachfolgend dargestellt werden (näher *Martens* Leitfaden für die Leitung der Hauptversammlung einer Aktiengesellschaft, 3. Aufl. 2003; MüKo AktG/*Kubis* § 119 Rn. 100 ff.). Verletzung des Gesetzes oder der Satzung bei der Leitung der Hauptversammlung können zur Beschlussanfechtung und damit einhergehenden Schäden der Gesellschaft führen. Dafür kann der Versammlungsleiter nach den allgemeinen Grundsätzen des Leistungsstörungsrechts, nicht aber nach den Sonderregeln der Organhaftung in Anspruch genommen werden; die Leitung der Hauptversammlung ist eine über das Aufsichtsratsmandat hinausgehende Aufgabe (*von der Linden* NZG 2013, 208). 16

II. Leitung der Hauptversammlung

1. Person des Vorsitzenden

Aus §§ 122 Abs. 3 Satz 2, 130 Abs. 2 AktG ergibt sich, dass die Hauptversammlung einen Vorsitzenden (Leiter) haben muss. Die Person des Vorsitzenden ist von Gesetzes wegen nicht festgelegt; in der Satzung wird häufig der Vorsitzende des Aufsichtsrats zum Leiter der Hauptversammlung bestimmt. Das AktG verbietet es nicht, dass ein Unternehmensfremder die Hauptversammlung leitet; in der Satzung können auch dafür Regeln getroffen werden (*Wilsing/von der Linden* ZIP 2009, 641 ff.). Liegt eine solche Regelung nicht vor oder ist der in der Satzung bestimmte Leiter verhindert, wählt die Hauptversammlung den Versammlungsleiter mit einfacher Mehrheit (*Höreth* AG 2011, R 318); eines entsprechenden Hinweises in der Tagesordnung bedarf es nicht/Spindler/Stilz/*Wicke* AktG, § 119 Anh. Rn. 3). Bis zur Wahl des Vorsitzenden durch die Hauptversammlung hat der Vorstandsvorsitzende die Leitung der Hauptversammlung inne. Der Vorsitzende der Hauptversammlung muss nicht notwendig der deutschen Sprache mächtig sein; er hat dann einen Simultandolmetscher einzuschalten (OLG Hamburg, Urt. v. 12.01.2001 – 11 U 162/00, AG 2001, 359, 363). 17

2. Versammlungsleitung

Zu den zentralen Aufgaben des Versammlungsleiters gehören zunächst die **versammlungsleitenden Aufgaben** von der Eröffnung bis zur Beendigung der Hauptversammlung. 18

§ 129 AktG Geschäftsordnung; Verzeichnis der Teilnehmer

a) Eröffnung der Hauptversammlung

19 Die Versammlung beginnt mit der Eröffnung durch den Vorsitzenden. Dabei muss der Vorsitzende unter Bezugnahme auf die Bekanntmachung im elektronischen Bundesanzeiger und gegebenenfalls in sonstigen Gesellschaftsblättern feststellen, dass die Hauptversammlung ordnungsgemäß einberufen wurde (§ 130 Abs. 3 AktG). Regelmäßig erläutert der Vorsitzende das Verfahren bei Wortmeldungen und Abstimmungen.

b) Verfahrensleitung

20 Der Vorsitzende hat für eine ordnungsgemäße Durchführung der Hauptversammlung zu sorgen. Ihm stehen dabei die Maßnahmen zur Verfügung, die es ermöglichen, die Tagesordnungspunkte in einem geordneten Verfahren zu erörtern und gegebenenfalls zur Beschlussfassung zu bringen. Er kann nur solche verfahrensleitenden Maßnahmen treffen, die zur Durchführung der Hauptversammlung geeignet und erforderlich sind. Der Grundsatz der gleichmäßigen Behandlung der Aktionäre ist zu beachten (BGH, Urt. v. 11.11.1965 – II ZR 122/63, Z 44, 245, 255).

21 Bei der **Behandlung der Tagesordnung** ist er grundsätzlich befugt, von der mit der Einberufung bekannt gegebenen Reihenfolge abzuweichen, wenn dies sachlich gerechtfertigt ist. Die Hauptversammlung wiederum ist in der Lage, den Vorsitzenden durch Geschäftsordnungsbeschluss zu verpflichten, die Tagesordnung nach einer von ihr bestimmten Reihenfolge abzuhandeln. Regelmäßig unbedenklich ist die verfahrensleitende Maßnahme des Vorsitzenden, mehrere Tagesordnungspunkte zusammen aufzurufen und die Aussprache dazu ebenfalls zusammen durchzuführen.

22 Der Versammlungsleiter leitet die Generaldebatte und erteilt das Wort; an die Reihenfolge der **Wortmeldungen** ist er dabei nicht gebunden, sondern kann diese nach sachlichen Kriterien ordnen (OLG München, Urt. v. 28.09.2011 – 7 U 711/11, ZIP 2011, 1955). Vertretern der Aktionärsvereinigungen und Depotbanken kann im Interesse einer straffen Durchführung der Hauptversammlung das Wort vor den Einzelaktionären erteilt werden. Eine Benachteiligung kritischer Aktionäre ist nicht erlaubt. Bereits erledigte Tagesordnungspunkte können durch den Vorsitzenden eine **Wiederaufnahme** erfahren. Nicht bekannt gemachte Tagesordnungspunkte kann er zur Erörterung zulassen; eine Beschlussfassung darüber kann jedoch wegen § 124 Abs. 4 Satz 1 AktG nicht stattfinden.

c) Redezeit

23 Eine **Beschränkung der Redezeit** der Teilnehmer der Hauptversammlung ist zulässig, wenn dies zur Gewährleistung eines ordnungsgemäßen Ablaufs der Hauptversammlung erforderlich ist. Diese Möglichkeit besteht unabhängig von der nach § 131 Abs. 2 Satz 2 AktG eröffneten Möglichkeit, Beschränkungen des Frage- und Rederechts in der Satzung oder der Geschäftsordnung zu verankern. Bei dieser Regelung handelt es sich um eine die Satzungs- bzw. Geschäftsordnungsautonomie erweiternde Vorschrift; sie entfaltet deshalb keine verdrängende Wirkung in dem Sinne, dass der Versammlungsleiter im Interesse des ordnungsgemäßen Ablaufs der Hauptversammlung nicht auch befugt ist, Rederechtsbeschränkungen aufgrund seiner Sitzungsleitungsverantwortung und damit ohne satzungs- oder geschäftsordnungsmäßige Grundlage zu verhängen (*Hüffer/Koch* AktG, § 131 Rn. 22b). Satzungs- oder Geschäftsordnungsregeln, die eine abstrakt-generelle Redezeitbeschränkung vorsehen, müssen dem Angemessenheitspostulat des Abs. 2 Satz 2 entsprechen; wegen der im Interesse des verfassungsrechtlich (Art. 14 GG) geschützten Informationsrechts der Aktionäre (BVerfG, Beschl. v. 20.09.1999 – 1 BvR 636/95, NJW 2000, 349) gebotenen verfassungskonformen Auslegung kann dem Versammlungsleiter kein einer gerichtlichen Nachprüfung entzogenes Beschränkungsrecht eingeräumt werden (OLG Frankfurt am Main AG 2008, 592 f.). Zu Redezeitbeschränkungen durch die Satzung vgl. noch Erl. zu § 131 AktG Rdn. 12.

24 Beschränkungen sind zunächst als **generelle Redezeitbeschränkung** zulässig (BVerfG, Beschl. v. 20.09.1999 – 1 BvR 636/95, NJW 2000, 349, 351). Eine solche Maßnahme kommt allerdings regelmäßig nicht schon zu Beginn der Sitzung in Betracht; anders ist dies, wenn nach einer länge-

ren Dauer der Aussprache der Versammlung, eine rechtzeitige Beendigung der Hauptversammlung wegen Zeitablaufs gefährdet ist. Die Beschränkung wird regelmäßig in Schritten eingeführt und von einem größeren auf einen erforderlichenfalls kleineren Zeitraum beschränkt (typischerweise von zunächst 10 auf später 5 Minuten pro Redner). Beschränkungen auf noch kürzere Zeiträume scheiden regelmäßig aus, weil der Aktionär dann seinen Beitrag nicht mehr sachgerecht begründen kann. Nr. 2.2.4 Satz 2 DCGK geht davon aus, dass eine Hauptversammlung unter normalen Umständen in 4 bis 6 Stunden abzuwickeln ist; dieser Zeitraum mag zur Konkretisierung von Redezeitbeschränkungen herangezogen werden (*Mutter* AG 2006, R. 380 f.; *Seibert* WM 2005, 157, 160). **Individuelle Redezeitbeschränkungen** kann der Vorsitzende anordnen, wenn dies im Einzelfall sachlich gerechtfertigt ist, insbesondere wenn nicht zum Gegenstand der Tagesordnung gesprochen wird (BGH, Urt. v. 11.11.1965 – II ZR 122/63, Z 44, 245; *Wicke* NZG 2007, 771 ff.). Eine vorherige Ankündigung der Redezeitbeschränkung ist aus Gründen der Verhältnismäßigkeit geboten (*Siepelt* AG 1995, 254) geboten. Kommt der Redner der Beschränkung nicht nach, kann ihm der Vorsitzende das Wort entziehen, erforderlichenfalls des Saales verweisen und diese Maßnahmen erforderlichenfalls auch zwangsweise durchsetzen lassen (vgl. *Quack* AG 1985, 145, 147 f.; vgl. Rdn. 27); diese in die Rechte der Aktionäre eingreifenden Maßnahmen sind nur als ultima ratio gestattet und setzen deshalb regelmäßig eine Ankündigung der Maßnahmen durch den Vorsitzenden voraus.

Bietet die Redezeitbeschränkung nicht die Gewähr, dass die Hauptversammlung zeitgerecht zu Ende gebracht werden kann, kann der Vorsitzende die **Schließung der Rednerliste** anordnen. Weitere Wortmeldungen werden anschließend nicht mehr berücksichtigt. Ferner kommt in Betracht, dass der Vorsitzende den **Schluss der Debatte** anordnet. Diese Maßnahme ist nur ausnahmsweise zulässig, wenn anders die zeitgerechte Abwicklung der Hauptversammlung nicht mehr gewährleistet ist. Redebeiträge werden dann ab sofort nicht mehr zugelassen, selbst dann, wenn noch Wortmeldungen vorliegen. Diese gravierende Maßnahme kommt nur **ausnahmsweise**, nach vorheriger Ankündigung, nach Ausschöpfung der anderen Redezeit begrenzenden Maßnahmen und in den späten Abendstunden in Betracht, wenn die Durchführung der Versammlung bis zum Ende des Versammlungstages um 24.00 Uhr gefährdet ist. 25

Das **Frage- und Auskunftsrecht** des Aktionärs auf der Hauptversammlung wird in § 131 AktG geregelt. Zu den Beschränkungen des Frage- und Auskunftsrechts vgl. die Erläuterung zu dieser Vorschrift. 26

d) Ordnungsmaßnahmen

Neben den genannten verfahrensleitenden Maßnahmen stehen dem Vorsitzenden Ordnungsbefugnisse gegen einzelne Teilnehmer zu, damit der ordnungsgemäße Ablauf der Hauptversammlung gewährleistet werden kann. Die **Verweisung aus dem Saal** der Versammlung, erforderlichenfalls auch deren Durchsetzung durch Saalordner oder die Polizei (zur Rechtmäßigkeit vgl. BVerfG, Beschl. v. 20.09.1999 – 1 BvR 636/95, NJW 2000, 349, 351) ist die äußerste Maßnahme; sie ist aus Verhältnismäßigkeitsgründen nur zulässig, wenn zuvor mildere Ordnungsmaßnahmen gegebenenfalls auch in mehreren Stufen (Ordnungsruf, Beschränkung der Redezeit, Entzug des Wortes, Verweisung vom Rednerpult) erfolglos angeordnet wurden (vgl. BGH, Urt. v. 11.11.1965 – II ZR 122/63, Z 44, 245, 252). Dem Aktionär ist in diesem Fall Gelegenheit zu geben, vor allem sein Stimmrecht durch einen Vertreter ausüben zu lassen. 27

e) Sonstige Maßnahmen

Die **Vertagung und Absetzung** von Gegenständen der Tagesordnung ist keine bloß verfahrensleitende Maßnahme; sie betrifft den Gegenstand der Tagesordnung selbst und kann nur von der Hauptversammlung beschlossen werden. Für die Vertagung der Hauptversammlung als solcher gilt dies erst recht. 28

29 **Anträge** kommen nur dann zur Abstimmung, wenn diese vom Vorsitzenden zugelassen werden. Die **Zulassung** kann von ihm versagt werden, wenn sie zu nicht bekannt gemachten Gegenständen gestellt werden. Im Übrigen kann die Abstimmung nur in Ausnahmefällen versagt werden, etwa wenn es sich um schikanöse Anträge handelt. Über die Reihenfolge der Abstimmung über die Anträge entscheidet der Vorsitzende nach pflichtgemäßem Ermessen; die Reihenfolge ist nach Gesichtspunkten der Sachdienlichkeit festzulegen. Werden mehrere Anträge gestellt, kann die Reihenfolge so gewählt werden, dass zunächst der zur Abstimmung gestellt wird, für den eine Mehrheit am ehesten erwartet werden kann. Im Übrigen sind nach den üblichen Regeln der Antrag zur Geschäftsordnung vor den Sachanträgen und der weiter gehende vor dem engeren Antrag zur Abstimmung zu stellen.

3. Abstimmungsleitung

30 Der Vorsitzende der Versammlung trifft die erforderlichen Anordnungen über Art und Weise der Abstimmungen im Rahmen seiner Verfahrensleitungsmacht nach **pflichtgemäßem Ermessen**, sofern weder die Satzung noch die Geschäftsordnung entsprechende Regelungen vorsehen. Die Hauptversammlung kann ihn durch entsprechenden Beschluss an ein **bestimmtes Verfahren** binden; in der Satzung kann wiederum festgelegt werden, dass der Hauptversammlung eben diese Zuständigkeit nicht zusteht. Sieht die Satzung vor, dass der Vorsitzende der Versammlung die Art der Abstimmung festlegt, ist die Hauptversammlung an dessen Festlegung gebunden, ohne dass ein abweichender Hauptversammlungsbeschluss gefasst werden kann (vgl. *von der Linden* NZG 2012, 930 und Erl. zu § 134 AktG Rdn. 16). Hinsichtlich der Reihenfolge der Abstimmung über Wahlvorschläge ist § 137 AktG zu beachten.

31 Das **Abstimmungsverfahren** ist nach der Maxime einer möglichst verlässlichen Feststellung des Abstimmungsergebnisses bei möglichst zügiger Behandlung des Abstimmungsvorgangs festzulegen. Bei kleinen Hauptversammlungen kann der Vorsitzende Abstimmung **per Handzeichen** oder Akklamation vorsehen. Regelmäßig wird die Abstimmung unter Verwendung von **Stimmkarten** zu erfolgen haben. Diese sind regelmäßig in mehrere Stimmabschnitte unterteilt, sodass der Vorsitzende die Gegenstände der Tagesordnung, zu denen eine Abstimmung erfolgt, nacheinander aufrufen kann und für jeden Gegenstand die Verwendung einer eigenen einfach zu identifizierenden Stimmabgabe vorsehen kann. Die Stimmenkarten sind so auszugestalten, dass sich die auf sie entfallende jeweilige Stimmenzahl ermitteln lässt.

32 Als zweckmäßig hat es sich herausgestellt, die Abstimmungen nach der Aussprache über die Gegenstände der Tagesordnung **in einem zusammenhängenden Abstimmungsvorgang** durchzuführen. Dabei wird jeder Gegenstand gesondert zur Abstimmung aufgerufen und über jeden Gegenstand gesondert abgestimmt. Die Einsammlung und Auszählung der Stimmkarten erfolgt in einem Vorgang.

33 Die **Auszählung der Stimmen** erfolgt nach einem vom Vorsitzenden festzusetzenden Verfahren. Praktische Bedeutung haben vor allem zwei Verfahren. Beim **Additionsverfahren** werden die Ja- und Nein-Stimmen getrennt ausgezählt. Aus der Addition dieser Stimmen errechnet sich die Zahl der abgegebenen Stimmen. Stimmenthaltungen werden nicht ermittelt und damit als Nichtabgabe einer Stimme behandelt. Beim häufig verwendeten **Subtraktionsverfahren** wird neben den Stimmenthaltungen nur die voraussichtlich kleinste Gruppe der abgegebenen Stimmen gezählt; das so ausgezählte Stimmergebnis nebst den Enthaltungen ist dann die Grundlage für das durch Subtraktion von der Gesamtzahl der vertretenen Stimmen zu ermittelnde Gesamtergebnis. Dies hat zur Konsequenz, dass Teilnehmer, die sich weder der Stimme enthalten noch mit Nein gestimmt haben, so behandelt werden, als hätten sie eine Ja-Stimme abgegeben. Das Verfahren wird für rechtlich zulässig erachtet (OLG Frankfurt am Main, Urt. v. 21.03.2006 – 10 U 17/05, NZG 1999, 119). Es setzt voraus, dass die Teilnehmerliste gesetzliche oder satzungsmäßige Stimmrechtsverbote oder -beschränkungen berücksichtigt und vor der Abstimmung auf den neuesten Stand gebracht wurde. Findet die Hauptversammlung in mehreren Räumen statt, so ist sicherzustellen, dass die Stimmabgabe in sämtlichen Räumen möglich ist. Der Vorsitzende kann auch anordnen, dass die

Stimmabgabe nur im Hauptversammlungsraum möglich ist; unterbleibt diese Anordnung, dürfen die Stimmen von Aktionären, die sich nicht an der Abstimmung beteiligen konnten, im Subtraktionsverfahren nicht als Ja-Stimmen gewertet werden (OLG Karlsruhe, Urt. v. 07.12.1990 – 15 U 256/89, ZIP 1991, 101, 107).

Das Abstimmungsergebnis wird vom Vorsitzenden nach Abschluss der Auszählung **verkündet**. Der Vorsitzende verkündet das zahlenmäßige Ergebnis und hat festzustellen, ob und gegebenenfalls dass der Beschluss angenommen ist (§ 130 Abs. 2 AktG). Damit ist der Beschluss wirksam, sofern nicht das Gesetz zusätzlich die Eintragung ins Handelsregister voraussetzt (§§ 181 Abs. 3, 159 AktG). Fehlerhafte Feststellungen des Abstimmungsergebnisses – etwa wegen Berücksichtigung nicht stimmberechtigter Aktionäre (BGH, Urt. v. 21.03.1988 – II ZR 308/87 Z 104, 66, 69 f.) oder wegen fehlerhafter Präsenzfeststellung – sind nach § 243 AktG anfechtbar, wenn sich der Mangel ursächlich auf das Abstimmungsergebnis ausgewirkt hat (BGH, Urt. v. 21.03.1988 – II ZR 308/87, Z 104, 66, 69). 34

4. Beendigung der Hauptversammlung

Der Vorsitzende hat die Aufgabe, die Hauptversammlung **zu schließen**. Dies erfolgt, nachdem sämtliche Gegenstände der Tagesordnung ordnungsgemäß abgehandelt wurden. Vor der Erledigung der Tagesordnung ist die Hauptversammlung zu schließen, wenn die Einberufung fehlerhaft erfolgte oder die erforderliche Präsenz für die Beschlussfähigkeit nicht erreicht wird. 35

§ 130 Niederschrift

(1) ¹Jeder Beschluß der Hauptversammlung ist durch eine über die Verhandlung notariell aufgenommene Niederschrift zu beurkunden. ²Gleiches gilt für jedes Verlangen einer Minderheit nach § 120 Abs. 1 Satz 2, § 137. ³Bei nichtbörsennotierten Gesellschaften reicht eine vom Vorsitzenden des Aufsichtsrats zu unterzeichnende Niederschrift aus, soweit keine Beschlüsse gefaßt werden, für die das Gesetz eine Dreiviertel- oder größere Mehrheit bestimmt.

(2) ¹In der Niederschrift sind der Ort und der Tag der Verhandlung, der Name des Notars sowie die Art und das Ergebnis der Abstimmung und die Feststellung des Vorsitzenden über die Beschlußfassung anzugeben. ²Bei börsennotierten Gesellschaften umfasst die Feststellung über die Beschlussfassung für jeden Beschluss auch
1. die Zahl der Aktien, für die gültige Stimmen abgegeben wurden,
2. den Anteil des durch die gültigen Stimmen vertretenen Grundkapitals,
3. die Zahl der für einen Beschluss abgegebenen Stimmen, Gegenstimmen und gegebenenfalls die Zahl der Enthaltungen.

³Abweichend von Satz 2 kann der Versammlungsleiter die Feststellung über die Beschlussfassung für jeden Beschluss darauf beschränken, dass die erforderliche Mehrheit erreicht wurde, falls kein Aktionär eine umfassende Feststellung gemäß Satz 2 verlangt.

(3) Die Belege über die Einberufung der Versammlung sind der Niederschrift als Anlage beizufügen, wenn sie nicht unter Angabe ihres Inhalts in der Niederschrift aufgeführt sind.

(4) ¹Die Niederschrift ist von dem Notar zu unterschreiben. ²Die Zuziehung von Zeugen ist nicht nötig.

(5) Unverzüglich nach der Versammlung hat der Vorstand eine öffentlich beglaubigte, im Falle des Absatzes 1 Satz 3 eine vom Vorsitzenden des Aufsichtsrats unterzeichnete Abschrift der Niederschrift und ihrer Anlagen zum Handelsregister einzureichen.

(6) Börsennotierte Gesellschaften müssen innerhalb von sieben Tagen nach der Versammlung die festgestellten Abstimmungsergebnisse einschließlich der Angaben nach Absatz 2 Satz 2 auf ihrer Internetseite veröffentlichen.

§ 130 AktG Niederschrift

Übersicht	Rdn.			Rdn.
A. Überblick	1	D.	Inhalt der Niederschrift, Abs. 2	11
B. Beurkundungspflicht, Abs. 1	2	E.	Anlagen, Abs. 3	14
C. Privatschriftliches Protokoll, Abs. 1		F.	Unterschrift des Notars, Abs. 4	16
Satz 3	7	G.	Einreichung zum Handelsregister, Abs. 5	17

A. Überblick

1   Die Vorschrift regelt Rechtsfragen zur Niederschrift von Beschlüssen der Hauptversammlung und bestimmten Minderheitsverlangen. Der Vorstand hat die Pflicht, die Niederschrift nebst den erforderlichen Anlagen zum Handelsregister einzureichen, Abs. 5. Neben der notariellen Niederschrift hat das »Gesetz für kleine Aktiengesellschaften und zur Deregulierung des Aktienrechts« von 1994 (BGBl. I, 1961) für nichtbörsennotierte Gesellschaften in Abs. 1 Satz 3 grundsätzlich die Möglichkeit eines privatschriftlichen Protokolls geschaffen.

B. Beurkundungspflicht, Abs. 1

2   Abs. 1 Satz 1 statuiert den Grundsatz, dass über die Hauptversammlung eine **notarielle Niederschrift** anzufertigen ist. Dazu wird der Notar vom Vorstand der Gesellschaft beauftragt; die Beauftragung mehrerer Notare ist zulässig (*Reul/Zetzsche* AG 2007, 561, 562 ff.). Dabei sind die Regeln über den Ausschluss von der Beurkundungstätigkeit nach § 3 BeurkG zu beachten (dazu *Wilhelmi* BB 1987, 1331, 1332). Findet die Versammlung im Ausland statt (vgl. § 121 AktG Rdn. 18), sollte die Niederschrift auch durch einen **ausländischen Notar** erfolgen können, wenn dessen Niederschrift der Inlandsbeurkundung gleichwertig ist (vgl. *Bungert* AG 1995, 26; *Hüffer/Koch* AktG, § 121 Rn. 16; *Schulte* AG 1985, 33, 37; a. A. *Goette* DStR 1996, 709). In der Registerpraxis werden Auslandsbeurkundungen überwiegend nicht als wirksam angesehen (ArbHdbHV/*Volhard* § 15 Rn. 60; Spindler/Stilz/*Wicke* AktG, § 130 Rn. 18), sofern nicht eine Beurkundung durch den deutschen Konsularbeamten i. S. d. § 10 KonsularG vorliegt (*Schiessl* DB 1992, 823, 825). Bei (formellen oder inhaltlichen) Mängeln der Niederschrift sind die hiervon betroffenen Beschlüsse nichtig.

3   Die Verpflichtung zur Niederschrift verlangt, dass in der Versammlung tatsächlich geschrieben wird. Eine Vorbereitung der Niederschrift auch in formularmäßiger Form kann verwendet und abgeändert (BGH, Urt. v. 16.02.2009 – II ZR 185/07, Z 180, 9 Tz. 20) werden (*Hüffer/Koch* AktG, § 130 Rn. 11). **Tonbandaufzeichnungen** sind nicht genügend; sie können ebenso wie **Bildaufzeichnungen** nur zur Vorbereitung der zusätzlichen Protokollierung erfolgen. Auf eine Tonbandprotokollierung hat der Vorsitzende der Versammlung vor Beginn der Aufzeichnung hinzuweisen und er hat die Einwilligung der Versammlungsteilnehmer dazu einzuholen. Einen Anspruch auf Aushändigung der Ton- oder Bildaufzeichnung haben die Aktionäre nicht (BGH, Urt. v. 19.09.1994 – II ZR 248/92, NJW 1994, 3094). Die Niederschrift wird gemäß verbreiteter Praxis insbesondere durch Unterschrift unter den vorbereiteten und während der Hauptversammlung vervollständigten Text erstellt. Wird anschließend eine Reinschrift gefertigt und unterschrieben, verliert die erste Niederschrift ihre Wirksamkeit; an deren Stelle tritt die in Reinschrift gefertigte Niederschrift (BGH, Urt. v. 16.02.2009 – II ZR 185/07, Z 180, 9 Tz. 20; OLG Frankfurt am Main, Urt. v. 17.07.2007 – 5 U 229/05, AG 2007, 672, 673; *Priester* DNotZ 2006, 403, 418). Das Hauptversammlungsprotokoll hat gem. § 130 den Charakter eines Berichts des Notars über seine Wahrnehmungen, den er auch nachträglich fertigstellen kann. Es kann selbst nach Unterzeichnung noch geändert werden, solange sich der Notar der Niederschrift nicht entäußert hat; bis dahin hat die Niederschrift den Charakter eines Entwurfs. Urkunde im Rechtssinne ist erst die vom Notar autorisierte, unterzeichnete und in den Verkehr gegebene Endfassung (Urt. v. 16.02.2009 – II ZR 185/07, Z 180, 9 Tz. 22). Für die Umsetzung von (nicht eintragungspflichtigen) Hauptversammlungsbeschlüssen folgt daraus nicht, dass abgewartet werden muss, bis der Notar die finale Fassung der Niederschrift in den Verkehr gebracht hat (z. B. bei der Auszahlung der Dividende), da mit Abschluss des Beurkundungsvorgangs nicht eintragungspflichtige Hauptversammlungsbeschlüsse rückwirkend auf den Zeitpunkt

der Beschlussfeststellung durch den Versammlungsleiter am Tag der Hauptversammlung wirksam werden (*Roeckl-Schmidt/Stoll* AG 2012, 225).

Die **Beurkundungspflicht** nach Abs. 1 Satz 1 bezieht sich zunächst auf Beschlüsse und insofern auf sämtliche **Beschlüsse der Hauptversammlung**, auch auf Verfahrensbeschlüsse und ablehnende Beschlüsse. Gem. Abs. 1 Satz 2 sind die dort angeführten Minderheitsverlangen zur Entlastung (§ 120 Abs. 1 Satz 2 AktG) und zur Reihenfolge der Abstimmung über Wahlvorschläge (§ 137 AktG) in die Niederschrift aufzunehmen. Insofern kommt es nicht darauf an, ob sie zu einem Beschlussantrag oder gar zu einer Beschlussfassung geführt haben. Beurkundungspflichtige Angabe der Art der Abstimmung gem. Abs. 2 Satz 1 ist die Art der Ermittlung des Abstimmungsergebnisses (Ja-, Nein-Stimmenzählung oder Subtraktionsverfahren; LG München I, Urt. v. 20.08.2012 – 5 HK O 1378/12).

Weitere **beurkundungspflichtige Vorgänge** sind: im Fall der Auskunftsverweigerung und auf Verlangen des Aktionärs die Frage und der Verweigerungsgrund (§ 131 Abs. 5 AktG); der Widerspruch gem. § 245 Nr. 1 AktG bzw. gegen Verzicht oder Vergleich über bestimmte Ersatzansprüche gem. §§ 50 Satz 1, 93 Abs. 4 Satz 3, 116 AktG bzw. über Ausgleichs- oder Ersatzansprüche im Konzernverbund (§§ 302 Abs. 3 Satz 3, 309 Abs. 3, 310 Abs. 4, 317 Abs. 4, 318 Abs. 4, 323 Abs. 1 Satz 2 AktG); der Widerspruch gegen die Wahl von Abschlussprüfern (§ 318 Abs. 3 Satz 2 HGB). Zum Inhalt der Beurkundung vgl. noch Rdn. 10.

Die **Berichtigung** der Niederschrift ist nach allgemein anerkannter Auffassung bei offensichtlichen Fehlern (vgl. § 44a Abs. 2 Satz 3 BeurkG) jederzeit möglich. Die Offensichtlichkeit kann sich aus der Urkunde selbst oder aus anderen Umständen ergeben; Grenzen der Korrekturmöglichkeit bestehen dann, wenn die Erklärungen der Beteiligten durch die Berichtigung einen anderen Sinn erfahren (Ausgabe von vinkulierten Namensaktion statt Inhaberaktien; OLG Köln, Beschl. v. 07.07.2010 – 2 Wx 93/10, NZG 2010, 1352). Wegen anderer Fehler, insbesondere wegen inhaltlicher Fehler der Niederschrift ist die Zulässigkeit einer Berichtigung im Hinblick auf die angestrebte Rechtssicherheit und Beweisfunktion der Urkunde umstritten. Nach verbreiteter Auffassung soll sie nur unter Mitwirkung aller Beteiligten zulässig sein (*Hüffer/Koch* AktG, § 130 Rn. 11a); diese Maxime kann tatsächlich wohl nur bei zahlenmäßig kleinen Hauptversammlungen erreicht werden. Nach anderer Auffassung soll eine Berichtigung selbst nach der Erteilung von Ausfertigungen oder Abschriften zulässig sein, sofern die Änderung auf einer eigenen Wahrnehmung des Notars beruht (*Eylmann* ZNotP 2005, 300, 303).

C. Privatschriftliches Protokoll, Abs. 1 Satz 3

Bei nichtbörsennotierten Gesellschaften (§ 3 Abs. 2 AktG) reicht eine vom Vorsitzenden des Aufsichtsrats zu unterzeichnende Niederschrift aus, wenn die Hauptversammlung keine **Grundlagenbeschlüsse** gefasst hat (Abs. 1 Satz 3). Grundlagenbeschlüsse sind solche, die einer Mehrheit von 3/4 des vertretenen Grundkapitals (BT-Drucks. 12/6721, S. 9) bedürfen. Der Beschluss über die Abberufung des Aufsichtsrats fällt nicht darunter; er erfordert nur eine Mehrheit von 3/4 der abgegebenen Stimmen, § 103 Abs. 1 Satz 2 (OLG Karlsruhe, Urt. v. 09.10.2013 – 7 U 33/13, NZG 2013, 1261, 1265; *Beck* AG 2014, 275). Nach h. M. sind die sog. »Holzmüller-Beschlüsse« (vgl. dazu § 119 AktG Rdn. 9 ff.) damit nicht gemeint; ihre notarielle Beurkundung ist deshalb nicht erforderlich, ihre Aufnahme in das privatschriftliche Protokoll nach Abs. 1 Satz 3 ist somit ausreichend (*Kindler* NJW 1994, 3041, 3045).

Die Person des **Protokollführers** wird vom Gesetz nicht festgelegt und kann deshalb vom Vorsitzenden der Versammlung festgelegt werden.

Der **Inhalt** des privatschriftlichen Protokolls richtet sich nach Abs. 1 und 2.

Die **Unterzeichnung** des Protokolls kann durch den Aufsichtsratsvorsitzenden erfolgen, Abs. 1 Satz 3. Dessen Unterschrift ersetzt die des Notars. Ist der Vorsitzende des Aufsichtsrats entgegen dem Regelfall nicht der Vorsitzende der Versammlung, hat der Versammlungsleiter das privatschriftliche Protokoll zu unterzeichnen (OLG Karlsruhe, Urt. v. 09.10.2013 – 7 U 33/13, NZG 2013, 1261, 1265; *Noack* FG Happ 2006, 201, 206; a. A. Spindler/Stilz/*Würthwein* AktG § 241 Rn. 176); dem Vorsitzenden des Aufsichtsrats wird in diesem Ausnahmesachverhalt nicht zugemutet, die Verantwortung für das Versammlungsprotokoll zu übernehmen (*Hüffer/Koch* AktG, § 130 Rn. 14e).

D. Inhalt der Niederschrift, Abs. 2

11   Der Inhalt der Niederschrift ergibt sich aus Abs. 2. Bei den zu protokollierenden Angaben über die **Art der Abstimmung** ist anzugeben, in welchem Verfahren abgestimmt wurde (Subtraktions- oder Additionsverfahren, s. § 129 AktG Rdn. 31), welche Stimmen (Ja-, Nein-Stimmen, Enthaltungen) abgegeben wurden, wie die Stimmen abgegeben wurden (z. B. durch Stimmkarten) und wie die Stimmen ausgezählt wurden (manuell oder maschinell). Da es nicht darauf ankommt, wie viele Aktionäre abgestimmt haben, sondern auf die Zahl der abgegebenen Stimmen, hat das Protokoll ferner Angaben darüber zu enthalten, wie die Stimmenzahl des einzelnen Aktionärs ermittelt wurde (*Hüffer/Koch* AktG, § 130 Rn. 18). Ferner ist anzugeben, welche Maßnahmen zur Einhaltung von Stimmverboten oder Stimmrechtsbeschränkungen ergriffen wurden.

12   Zum **Ergebnis der Abstimmung** hat die Niederschrift jedenfalls die Zahl der Ja- und Nein-Stimmen zu enthalten. Dabei kann der Notar die Niederschrift auf die Feststellungen des Abstimmungsergebnisses durch den Leiter der Hauptversammlung stützen; eigene Wahrnehmungen zum Vorgang der Abstimmung und Auszählung sind nach Abs. 2 nicht erforderlich (OLG Frankfurt am Main, Beschl. v. 26.02.2007 – 5 W 3/07, NJW-Spezial 2007, 544: *Krieger* ZIP 2002, 1597, 198 ff.). Stimmenthaltungen können ebenfalls, müssen nach h. M. aber nicht angegeben werden (*Hüffer/Koch* AktG, § 130 Rn. 19). Beim Subtraktionsverfahren haben sie Bedeutung als Berechnungsgröße und auch im Übrigen haben sie einen beachtlichen Informationswert, dessen Protokollierung im Rahmen des Abstimmungsergebnisses gerechtfertigt und erforderlich ist (str.; vgl. *Hüffer/Koch* AktG, § 130 Rn. 19). Maßgeblich ist die Feststellung des Notars, die sich auf die Bekanntgabe durch den Vorsitzenden der Hauptversammlung stützt, ohne dass der Notar die Stimmenauszählung zu überwachen und protokollieren hat (BGH, Urt. v. 16.02.2009 – II ZR 185/07, Z 180, 9 Tz. 15). Die zu protokollierende Feststellung des Notars betrifft auch die rechtlichen Folgen aus der Zahl der ausgezählten Stimmen für die Annahme oder Ablehnung des Antrags. Die Feststellung wird vom Vorsitzenden getroffen und ist vom Notar zu protokollieren (für eine Befugnis des Notars, eigene, von denen des Versammlungsleiters abweichende Schlussfolgerungen zu ziehen *Schulte* AG 1985, 33, 38; *Hüffer/Koch* AktG, § 130 Rn. 21).

13   Nach Abs. 2 ist schließlich die **Feststellung des Vorsitzenden über die Beschlussfassung** in die Niederschrift aufzunehmen. Es ist also die Feststellung des Vorsitzenden zur Annahme oder Ablehnung des Antrags zu protokollieren. Die protokollierte Feststellung hat **konstitutive Bedeutung** und kann bei Feststellungsfehlern nur durch Anfechtungsklage angegriffen werden (BGH, Urt. v. 21.03.1988 – II ZR 308/87, Z 104, 66, 69 – zur GmbH; vgl. auch § 129 AktG Rdn. 13). Wird die Niederschrift von einem rechtswidrig bestellten Scheinaufsichtsratsvorsitzenden angefertigt, sind die festgestellten und verkündeten Beschlüsse nichtig (*Heller* AG 2008, 493, 494 f.). Bei börsennotierten Gesellschaften umfasst die Feststellung des Versammlungsleiters die Angaben nach Abs. 2 Satz 2; nach Satz 3 kann die Feststellung über die Beschlussfassung darauf beschränkt werden, dass die erforderliche Mehrheit erreicht wurde, sofern kein Aktionäre die umfassende Feststellung nach Satz 2 verlangt. In der notariellen Niederschrift müssen auch im Fall einer nach Satz 3 verkürzten Feststellung die Angaben nach Abs. 2 Satz 2 wiedergegeben werden (*Leitzen* ZIP 2010, 1065. 1067; *Deilmann/Otte* BB 2010, 722, 724).

E. Anlagen, Abs. 3

14   Gem. Abs. 3 sind der Niederschrift die **Belege über die Einberufung** (§ 121 Abs. 3 AktG) als Anlagen beizufügen. Das Teilnehmerverzeichnis ist nach geltender Rechtslage nicht mehr als Anlage beizufügen. Anstelle der Beifügung als Anlage kann auch deren Aufnahme in den Text der Niederschrift erfolgen. Das Fehlen der Anlagen hat keinen Einfluss auf die Gültigkeit der Niederschrift.

Weitere Regelungen zu beizufügenden Dokumenten enthalten Vorschriften zu Einzelfragen: § 52 Abs. 2 Satz 6 AktG (Nachgründungsverträge), § 293g Abs. 2 Satz 2 AktG (Unternehmensverträge), §§ 17 Abs. 1, 176 Abs. 1 UmwG (Verschmelzungs- und Vermögensübertragungsverträge).

F. Unterschrift des Notars, Abs. 4

Der Notar hat die Niederschrift eigenhändig zu unterschrieben, Abs. 4 Satz 1. Die Unterschrift muss nicht in der Hauptversammlung erfolgen; sie kann auch nachträglich erfolgen. Ist das Protokoll unterschrieben, können Fehler nicht mehr ohne Weiteres korrigiert werden. Bei der nachträglichen **Korrektur inhaltlicher Fehler** sind die oben (Rdn. 6) genannten Grundsätze zu.

G. Einreichung zum Handelsregister, Abs. 5

Gem. Abs. 5 ist der Vorstand verpflichtet, eine öffentlich beglaubigte Abschrift der Niederschrift und ihrer Anlagen **unverzüglich** (§ 121 Abs. 1 Satz 1 BGB) nach der Hauptversammlung zum Handelsregister einzureichen. Soweit anstelle der notariellen Niederschrift ein privatschriftliches Protokoll ausreicht (vgl. Abs. 1 Satz 3), hat der Vorstand eine vom Vorsitzenden des Aufsichtsrats unterschriebene Abschrift dieses Protokolls beim Handelsregister einzureichen.

§ 131 Auskunftsrecht des Aktionärs

(1) ¹Jedem Aktionär ist auf Verlangen in der Hauptversammlung vom Vorstand Auskunft über Angelegenheiten der Gesellschaft zu geben, soweit sie zur sachgemäßen Beurteilung des Gegenstands der Tagesordnung erforderlich ist. ²Die Auskunftspflicht erstreckt sich auch auf die rechtlichen und geschäftlichen Beziehungen der Gesellschaft zu einem verbundenen Unternehmen. ³Macht eine Gesellschaft von den Erleichterungen nach § 266 Abs. 1 Satz 3, § 276 oder § 288 des Handelsgesetzbuchs Gebrauch, so kann jeder Aktionär verlangen, daß ihm in der Hauptversammlung über den Jahresabschluß der Jahresabschluß in der Form vorgelegt wird, die er ohne Anwendung dieser Vorschriften hätte. ⁴Die Auskunftspflicht des Vorstands eines Mutterunternehmens (§ 290 Abs. 1, 2 des Handelsgesetzbuchs) in der Hauptversammlung, der der Konzernabschluss und der Konzernlagebericht vorgelegt werden, erstreckt sich auch auf die Lage des Konzerns und der in den Konzernabschluss einbezogenen Unternehmen.

(2) ¹Die Auskunft hat den Grundsätzen einer gewissenhaften und getreuen Rechenschaft zu entsprechen. ²Die Satzung oder die Geschäftsordnung gemäß § 129 kann den Versammlungsleiter ermächtigen, das Frage- und Rederecht des Aktionärs zeitlich angemessen zu beschränken, und Näheres dazu bestimmen.

(3) ¹Der Vorstand darf die Auskunft verweigern,
1. soweit die Erteilung der Auskunft nach vernünftiger kaufmännischer Beurteilung geeignet ist, der Gesellschaft oder einem verbundenen Unternehmen einen nicht unerheblichen Nachteil zuzufügen;
2. soweit sie sich auf steuerliche Wertansätze oder die Höhe einzelner Steuern bezieht;
3. über den Unterschied zwischen dem Wert, mit dem Gegenstände in der Jahresbilanz angesetzt worden sind, und einem höheren Wert dieser Gegenstände, es sei denn, daß die Hauptversammlung den Jahresabschluß feststellt;
4. über die Bilanzierungs- und Bewertungsmethoden, soweit die Angabe dieser Methoden im Anhang ausreicht, um ein den tatsächlichen Verhältnissen entsprechendes Bild der Vermögens-, Finanz- und Ertragslage der Gesellschaft im Sinne des § 264 Abs. 2 des Handelsgesetzbuchs zu vermitteln; dies gilt nicht, wenn die Hauptversammlung den Jahresabschluß feststellt;
5. soweit sich der Vorstand durch die Erteilung der Auskunft strafbar machen würde;
6. soweit bei einem Kreditinstitut oder Finanzdienstleistungsinstitut Angaben über angewandte Bilanzierungs- und Bewertungsmethoden sowie vorgenommene Verrechnungen im Jahres-

abschluß, Lagebericht, Konzernabschluß oder Konzernlagebericht nicht gemacht zu werden brauchen;
7. soweit die Auskunft auf der Internetseite der Gesellschaft über mindestens sieben Tage vor Beginn und in der Hauptversammlung durchgängig zugänglich ist.

²Aus anderen Gründen darf die Auskunft nicht verweigert werden.

(4) ¹Ist einem Aktionär wegen seiner Eigenschaft als Aktionär eine Auskunft außerhalb der Hauptversammlung gegeben worden, so ist sie jedem anderen Aktionär auf dessen Verlangen in der Hauptversammlung zu geben, auch wenn sie zur sachgemäßen Beurteilung des Gegenstands der Tagesordnung nicht erforderlich ist. ²Der Vorstand darf die Auskunft nicht nach Absatz 3 Satz 1 Nr. 1 bis 4 verweigern. ³Sätze 1 und 2 gelten nicht, wenn ein Tochterunternehmen (§ 290 Abs. 1, 2 des Handelsgesetzbuchs), ein Gemeinschaftsunternehmen (§ 310 Abs. 1 des Handelsgesetzbuchs) oder ein assoziiertes Unternehmen (§ 311 Abs. 1 des Handelsgesetzbuchs) die Auskunft einem Mutterunternehmen (§ 290 Abs. 1, 2 des Handelsgesetzbuchs) zum Zwecke der Einbeziehung der Gesellschaft in den Konzernabschluß des Mutterunternehmens erteilt und die Auskunft für diesen Zweck benötigt wird.

(5) Wird einem Aktionär eine Auskunft verweigert, so kann er verlangen, daß seine Frage und der Grund, aus dem die Auskunft verweigert worden ist, in die Niederschrift über die Verhandlung aufgenommen werden.

Übersicht	Rdn.		Rdn.
A. Übersicht	1	C. Modalitäten und Schranken des Auskunftsrechts, Abs. 2	10
B. Voraussetzungen des Auskunftsrechts, Abs. 1	2	D. Auskunftsverweigerung, Abs. 3	13
I. Auskunftsberechtigter und -verpflichteter	2	E. Besondere Auskunftspflicht, Abs. 4	16
II. Ordnungsgemäßes Auskunftsverlangen	4	F. Aufnahme in die Niederschrift, Abs. 5	17
III. Verletzung der Auskunftspflicht	5	G. Rechtsfolgen	18
IV. Gegenstand und Umfang des Auskunftsrechts	6		

A. Übersicht

1 Die Vorschrift regelt das **Auskunftsrecht des Aktionärs in der Hauptversammlung**. Durch die Gewährung des Auskunftsrechts soll es dem Aktionär ermöglicht werden, die Gegenstände der Tagesordnung beurteilen zu können. Insofern steht das Auskunftsrecht im sachlichen Zusammenhang mit dem Recht auf Teilnahme an der Hauptversammlung nach § 118 AktG und dem Stimmrecht sowie sonstigen Mitgliedschaftsrechten des Aktionärs, deren sachgerechten und sinnvollen Gebrauch das Auskunftsrecht gewährleisten soll. Das Auskunftsrecht ist nach § 23 Abs. 5 AktG **zwingend** ausgestaltet. Erst das »Gesetz zur Unternehmensintegrität und Modernisierung des Anfechtungsrechts« (UMAG) vom 22.09.2005 (BGBl. I, 2802) hat insbesondere einen Spielraum für den Satzungsgeber (bzw. die Geschäftsordnung) eröffnet, das Frage- und Rederecht des Aktionärs angemessen zu beschränken und Modalitäten festzulegen (Abs. 2 Satz 2). Die Vorschrift ist vor dem Hintergrund der Erfahrung entstanden und zu verstehen, dass das Auskunftsrecht von Aktionären in einer den ordnungsgemäßen Ablauf von Hauptversammlungen beeinträchtigenden und missbrauchsverdächtigen Art und Weise ausgeübt werden kann und insofern sachgerechter Reglementierungen bedarf (*Witt* AG 2000, 257, 267; *Zöllner* AG 2000, 145, 153).

B. Voraussetzungen des Auskunftsrechts, Abs. 1

I. Auskunftsberechtigter und -verpflichteter

2 **Auskunftsberechtigt** ist nach Abs. 1 Satz 1 jeder an der Hauptversammlung teilnehmende Aktionär. Die Regelung sieht keine Begrenzung des Auskunftsrechts auf stimmberechtigte oder solche Aktionäre vor, die ihre Einlage geleistet haben. Das Auskunftsrecht kann auch **durch Dritte** ausgeübt

werden, die für den Aktionär an der Hauptversammlung teilnehmen. Insbesondere die Personen, die aufgrund einer Stimmrechtsvollmacht oder einer Legitimationsübertragung an der Hauptversammlung teilnehmen, sind zur Ausübung des Auskunftsrechts berechtigt.

Auskunftspflichtig ist nach Abs. 1 Satz 1 die **Gesellschaft**, für die der Vorstand tätig wird. Auskünfte durch den Vorsitzenden der Hauptversammlung oder andere Personen stellen keine Auskünfte i. S. d. § 131 dar. Der Aktionär hat deshalb auch keinen Anspruch darauf, dass andere Personen als der Vorstand Auskunft erteilen. Für den Abschlussprüfer bestätigt § 176 Abs. 2 Satz 3 AktG diese Rechtslage. Regelungen zur Auskunftserteilung durch den Aufsichtsrat auf Verlangen eines Aktionärs in der Hauptversammlung bestehen nach geltendem Recht nicht (kritisch zur Rechtslage de lege lata *Merkner/Schmidt-Bendun* AG 2011, 734). 3

II. Ordnungsgemäßes Auskunftsverlangen

Die Auskunftspflicht setzt nach § 131 AktG ein ordnungsgemäßes **Auskunftsverlangen** voraus. Das Auskunftsverlangen wird durch eine in der Hauptversammlung an den Vorstand gerichtete Frage erklärt. Unschädlich ist, dass die Frage an den Vorsitzenden der Hauptversammlung gestellt wird; dieser repräsentiert die Gesellschaft und hat die Frage an den Vorstand weiterzuleiten. Die Frage ist **mündlich zu stellen**, eine schriftliche Fragestellung ist kein ordnungsgemäßes Auskunftsverlangen (*Kubis* FS Kropff 1997, 171, 187). Die **Schriftform** kann jedenfalls seit der Einführung von Abs. 2 Satz 2 weder durch die Satzung noch die Geschäftsordnung vorgeschrieben werden, weil der vom Gesetzgeber eröffnete Regelungsspielraum zur Beschränkung des Frage- und Rederechts an die mündliche Fragestellung gebunden ist (*Hüffer/Koch* AktG, § 131 Rn. 8). Das Auskunftsverlangen muss grundsätzlich **nicht begründet** werden; die Begründung kann aber verlangt werden, wenn nicht ersichtlich ist, dass die begehrte Auskunft zur Beurteilung eines Tagesordnungspunktes erforderlich ist (OLG Hamburg, Urt. v. 12.12.1960 – 11 W 34/69, AG 1970, 50). Das Auskunftsverlangen muss im Regelfall auch nicht angekündigt werden, weil vom Vorstand erwartet werden darf, dass er auf die Hauptversammlung so vorbereitet ist, dass er zu allen Gegenständen der Tagesordnung Auskunft geben kann. Der Vorstand muss sich dabei auch auf Fragen einstellen, die nur mit Unterstützung der Gesellschaft beantwortet werden können, und hat deshalb in der Hauptversammlung Personal und Sachmittel vorzuhalten, die dem Vorstand bei der Beantwortung solcher Auskünfte behilflich sein können (BGH, Urt. v. 07.04.1960 – II ZR 143/58, Z 32, 159, 166). 4

III. Verletzung der Auskunftspflicht

Eine Verletzung der Auskunftspflicht ist nicht in allen Fällen gegeben, in denen der Vorstand ein Auskunftsverlangen nicht beantworten kann. Vorausgesetzt ist dabei, dass der Vorstand die Auskunft trotz angemessener Vorbereitung nicht erteilen kann, und dass eine Auskunft verlangt wird, die nach den gegebenen Umständen nicht erwartet werden konnte. Bei dieser Sachlage verletzt der Vorstand seine Auskunftspflicht nicht, wenn der Vorstand in der Hauptversammlung die ihm möglichen Auskünfte erteilt (BGH, Urt. v. 07.04.1960 – II ZR 143/58, Z 32, 159, 165 f.; OLG Hamburg, Urt. 11.01.2002 – 11 U 145/02, AG 2002, 460, 462). 5

IV. Gegenstand und Umfang des Auskunftsrechts

Der Gegenstand und Umfang des Auskunftsrechts wird in Abs. 1 zunächst dadurch begrenzt, dass es sich bei der verlangten Auskunft um »**Angelegenheiten der Gesellschaft**« handeln muss. Der Begriff wird weit verstanden. Er umfasst nicht nur die Umstände, die sich auf die AG selbst und ihre Tätigkeiten beziehen; mit abgedeckt werden auch die Beziehungen zu Geschäftspartnern, Kunden und Lieferanten (*Hüffer/Koch* AktG, § 131 Rn. 11). Nicht zu den Gesellschaftsangelegenheiten gehören die **Interna des Aufsichtsrats** und Angelegenheiten seiner Mitglieder (BVerfG, Beschl. v. 20.09.1999 – 1 BvR 636/95, NJW 2000, 349, 351), Strafverfolgungsmaßnahmen gegen einzelne Organmitglieder, die ohne Bezug zum Organhandeln und damit ohne Bezug zum Entlastungsantrag stehen (LG Frankfurt am Main, Urt. v. 24.01.2005 – 3-5 O 61/03, AG 2005, 891, 892) 6 und die Abstimmungsempfehlung eines Kreditinstituts an seine Depotkunden (BayObLG, Beschl. v. 09.09.1996 – 3 Z BR 36/94, Z 1996, 234, 242).

7   Die Beschränkung der Auskunft auf das, was »**zur sachgemäßen Beurteilung des Gegenstands der Tagesordnung erforderlich**« ist, steht in Übereinstimmung mit Art. 9 RL 2007/36/EG über die Ausübung bestimmter Rechte von Aktionären in börsennotierten Gesellschaften (BGH, Beschl. v. 05.11.2013 – II ZB 28/12, DB 2013, 2917 Tz. 21). Der Erforderlichkeitsmaßstab wird aus der Sicht eines Durchschnittsaktionärs beurteilt; damit ist ein objektiver Aktionär gemeint, der die Gesellschaftsverhältnisse nur aufgrund allgemein bekannter Tatsachen kennt (BGH, Urt. v. 18.10.2004 – II ZR 250/02, NZG 2005, 77, 78; OLG Frankfurt am Main, Beschl. v. 08.11.2012 – Az. 21 W 33/11, AG 2013, 302). Ob dies der Fall ist, unterliegt der richterlichen Kontrolle, ohne dass dem Vorstand ein Beurteilungsspielraum eingeräumt wird (KG Urt. 11.02.1972 – 1 W 1672/71, NJW 1972, 2307; MünchHdb GesR IV/*Semler* § 37 Rn. 8). Die dazu ergangene Judikatur ist umfänglich (vgl. Spindler/Stilz/*Siems* AktG § 131 Rn. 29 ff.; MünchHdb GesR IV/*Semler* § 37 Rn. 11 ff.); sie belegt einerseits die Streitanfälligkeit des Erforderlichkeitsmaßstabs in diesem Zusammenhang und lässt andererseits erkennen, dass die Erforderlichkeit der Auskunft vielfach befürwortet wird. Dem Aktionär sind die für seine Ermessensausübung erforderlichen Auskünfte zu erteilen; der Aktionär muss sein Auskunftsverlangen in Fällen, in denen er aus seiner Sicht unzureichende Pauschalantworten erhält, durch Nachfragen präzisieren (BGH, Beschl. v. 05.11.2013 – II ZB 28/12, DB 2013, 2917 Tz. 39 ff. für Frage nach einer Vielzahl von Informationen, die zumindest teilweise nicht für die Beurteilung des Tagesordnungspunktes relevant waren zust. *Kocher/Lönner* AG 2014, 81). Nicht erforderlich sind Auskünfte auf Fragen, deren Antwort sich ohne Weiteres aus dem Jahresabschluss nebst Anhängen ergibt (vgl. BGH, Urt. v. 29.01.1985 – X ZR 54/83, Z 93, 327, 329). Zur individualisierten Offenlegung von Vorstandsbezügen vgl. Erl. zu § 87 AktG Rdn. 10. Hinsichtlich des Beteiligungsbesitzes der Gesellschaft fehlt es an der Erforderlichkeit der Auskunft, soweit die Gesellschaft ihrer Veröffentlichungspflicht nach § 25 WpHG nachgekommen ist. Angaben zu Beteiligungen, die nicht in den Anwendungsbereich des WpHG fallen, sind nach Maßgabe des Erforderlichkeitsmaßstabs im konkreten Einzelfall auskunftspflichtig (MünchHdb GesR IV/*Semler* § 37 Rn. 17). Hinsichtlich der Aufteilung des Beteiligungsbesitzes auf Banken und Versicherungen sowie andere Gesellschaften ist eine Auskunftspflicht grundsätzlich bejaht worden (BayObLG, Urt. v. 31.11.1995 – 3 Z 161/03, AG 1996, 180, 181); ebenso bei Fragen nach der Organisationsstruktur des Unternehmens und der darauf bezogenen Fragen zur eigenverantwortlichen Unternehmensleitung gem. § 76 (OLG Frankfurt am Main, Urt. v. 18.03.2008 – 5 U 171/06, AG 2008, 417, 419). Der Vorstand darf regelmäßig die Auskunft verweigern, wenn sich das Auskunftsverlangen auf vertrauliche Vorgänge in den Sitzungen des Aufsichtsrats oder der von ihm bestellten Ausschüsse richtet (BGH, Beschl. v. 05.11.2013 – II ZB 28/12, DB 2013, 2917 Tz. 47).

8   Nach Abs. 1 Satz 2 erstreckt sich die Auskunftspflicht auch auf **rechtliche und geschäftliche Beziehungen** der AG zu **verbundenen Unternehmen**. Die Vorschrift tritt neben die Sonderregelungen der §§ 293g Abs. 3 AktG und der §§ 319 Abs. 3 Satz 4, 320 Abs. 4 Satz 3, 326 AktG, § 64 Abs. 2 UmwG. Da es eine Einschränkung auf Konzern- oder Abhängigkeitsverhältnisse nicht (mehr) gibt, ist auch über Beziehungen zu Beteiligungsunternehmen Auskunft zu erteilen, die für die Gesellschaft von erheblicher Bedeutung sind (*Hüffer/Koch* AktG, § 131 Rn. 14). Der Begriff des »verbundenen Unternehmens« ist nach § 15 AktG zu bestimmen, sodass nur mittelbare Beziehungen (zu Enkelgesellschaften) der Auskunftspflicht ebenso wenig unterliegen wie auf bloßen schuldrechtlichen Verhältnissen beruhende Beziehungen (*Spitze/Diekmann* ZHR 1994, 447, 451 f.).

9   Gem. Abs. 1 Satz 3 kann jeder Aktionär die **Vorlage des vollständigen Jahresabschlusses** verlangen, wenn eine kleine oder mittelgroße AG von den Erleichterungen des abgekürzten Jahresabschlusses nach den §§ 266 Abs. 1 Satz 3, 276, 288 HGB Gebrauch gemacht hat, um den Aktionären eine vom Jahresabschluss dann gerade nicht gewährleistete Information über die Verhältnisse der Gesellschaft zu ermöglichen; auf die Erforderlichkeit der Vorlage kommt es im Unterschied zu den vorausgehenden Regelungen nach Abs. 1 Satz 3 nicht an. Über die **Lage des Konzerns und der in**

den Konzernabschluss einbezogenen Unternehmen ist nach Abs. 1 Satz 4 Auskunft zu erteilen. Insofern kommt es jedoch auf die weiteren Voraussetzungen des § 131 AktG an, sodass die verlangte Auskunft zur sachgerechten Beurteilung des Gegenstands der Tagesordnung erforderlich sein muss und kein Ausschlussgrund nach Abs. 3 vorliegen darf (*Arnold/Wasmann* AG 2003 R 226 f.).

C. Modalitäten und Schranken des Auskunftsrechts, Abs. 2

Die Auskunft muss nach Abs. 2 den **Grundsätzen einer gewissenhaften und getreuen Rechenschaft** entsprechen; sie muss also sachlich zutreffend und vollständig sein. Die Erteilung unwahrer und unvollständiger Auskünfte ist auch dann pflichtwidrig, wenn ein Auskunftsverweigerungsrecht nach Abs. 3 besteht (*Hüffer/Koch* AktG, § 131 Rn. 21). 10

Die Auskunft ist **grundsätzlich mündlich** zu erteilen (BGH, Urt. v. 09.02.1987 – II ZR 119/86, Z 101, 1, 15). Ausnahmsweise kann die Auskunft dem Aktionär in der Weise gewährt werden, dass ihm Gelegenheit geboten wird, in vorbereitete Dokumente **Einsicht** zu nehmen. Diese Möglichkeit ist vor allem dann gegeben, wenn sich der Aktionäre anhand der Unterlagen schneller und zuverlässiger unterrichten kann, als es eine mündliche Information vermag (BGH, Urt. v. 09.02.1987 – II ZR 119/86, Z 101, 1, 16). Der Grundsatz der Mündlichkeit der Auskunft ist überdies durch Abs. 3 Nr. 7 beschränkt. Einen Anspruch auf schriftliche Auskunft oder auf Einsichtnahme in Unterlagen der Gesellschaft haben die Aktionäre nicht (BGH, Urt. v. 05.04.1993 – II ZR 238/91, Z 122, 211, 236 f.). 11

Nach Abs. 2 Satz 2 kann die Satzung oder Geschäftsordnung den Versammlungsleiter ermächtigen, das **Frage- und Rederecht** des Aktionärs zu begrenzen (vgl. bereits Erl. zu § 129 AktG Rdn. 22 f.). Satzung und Geschäftsordnung können dazu auch Details festlegen (vgl. *Weißhaupt* ZIP 2005, 1766, 1769 mit Formulierungsvorschlag). Die Regelung ermächtigt nur, Beschränkungen, die beide Bereiche zusammen betreffen, zu schaffen; allein auf das Fragerecht bezogene Begrenzungen sind danach nicht zulässig (RegBegr. BT-Drucks. 3/03, S. 32). Abs. 2 Satz 2 AktG ermöglicht eine umfassende statutarische Regelung der Ermächtigung des Versammlungsleiters zur zeitlich angemessenen Beschränkung des Frage- und Rederechts des Aktionärs in der Hauptversammlung, die über die bloße Regelung des Verfahrens oder die Festschreibung einer gesetzeswiederholenden Angemessenheitsklausel hinausgeht. Zulässig ist die satzungsmäßige Bestimmung von angemessenen konkreten Zeitrahmen für die Gesamtdauer der Hauptversammlung und die auf den einzelnen Aktionär entfallenden Frage- und Redezeit, welche dann im Einzelfall vom Versammlungsleiter nach pflichtgemäßem Ermessen zu konkretisieren sind (BGH, Urt. v. 08.02.2010 – II ZR 94/08, Z 184, 239; zu der damit verbundenen Einschränkung der Rechtssicherheit *Kersting* NZG 2010, 446; vgl. a. *Angerer* ZGR 2011, 27). Ebenfalls zulässig ist die Einräumung der Möglichkeit, den Debattenschluss um 22.30 Uhr anzuordnen. Stellt die Satzung Beschränkungen des Frage- und Rederechts des Aktionärs in das Ermessen des Versammlungsleiters, so hat dieser das Ermessen nach den allgemeinen Grundsätzen unter Berücksichtigung der konkreten Umstände der Hauptversammlung pflichtgemäß auszuüben, sich also insbesondere an den Geboten der Sachdienlichkeit, der Verhältnismäßigkeit und der Gleichbehandlung zu orientieren, ohne dass dies in der Satzung ausdrücklich geregelt werden muss (BGH, Urt. v. 08.02.2010 – II ZR 94/08, Z 184, 239). 12

D. Auskunftsverweigerung, Abs. 3

Der Vorstand kann die Auskunft auf ein nach Abs. 1 begründetes Auskunftsverlangen unter den Voraussetzungen des Abs. 3 verweigern. Die in Abs. 3 Satz 1 aufgeführten Gründe sind **abschließend** genannt (Abs. 2 Satz 2); sie können durch die Satzung und die Geschäftsordnung nicht erweitert werden. Nicht abschließend geklärt ist, ob ein Recht des Vorstands verbleibt, die Auskunft auf ein entsprechendes Verlangen ungeachtet der Voraussetzungen des Abs. 1 Satz 2 etwa wegen Rechtsmissbrauchs zu verweigern. Die Rechtsprechung hat einen **Missbrauch des Auskunftsverlangens** vereinzelt angenommen (OLG Frankfurt am Main, Urt. v. 22.07.1983 – 20 W 843/82, AG 1984, 25; BayObLG, Urt. v. 08.05.1974 – 2 Z 73/73, Z 1974, 208, 213). Nach zutreffender, wenn auch umstrittener Auffassung (vgl. *Hüffer/Koch* AktG, § 131 Rn. 23, 33 ff. m. w. N.) sind die Grenzen 13 des Auskunftsrechts innerhalb der Tatbestandsvoraussetzungen des Voraussetzungsnorm des Abs. 1 und der Begrenzungsnorm des Abs. 3 zu suchen. Weitergehende Schranken ergeben sich aus der Befugnis des Versammlungsleiters, das Frage- und Rederecht im Einzelfall zu begrenzen (vgl. § 129 AktG Rdn. 22 f.). Für weiter gehende Befugnisse dürfte kein anerkennenswertes Bedürfnis und im Hinblick auf Abs. 3 Satz 2 auch keine tragfähige Rechtsgrundlage bestehen.

14 Die Verweigerung der Auskunft ist **Geschäftsführungsmaßnahme**, der Vorstand hat also nach § 77 AktG einen Beschluss herbeizuführen. Der grundsätzlich notwendige **einstimmige Vorstandsbeschluss** kann konkludent gefasst werden, insbesondere, indem sich der Vorstand die Ablehnung des Versammlungsleiters zu eigen macht (BGH, Urt. v. 09.02.1987 – II ZR 119/86, Z 101, 1, 5 f.). Das Gesetz geht davon aus, dass die Entscheidung für die Auskunftsverweigerung **begründet** wird (Abs. 5); eine Verpflichtung dazu ist im Gesetz nicht vorgesehen und deswegen abzulehnen (OLG Hamburg, Urt. 11.04.1969 – 11 W 77/68, AG 1969, 150, 151; offen gelassen von BGH, Urt. v. 09.02.1987 – II ZR 119/86, Z 101, 1, 8 f.).

15 Die einzelnen **Tatbestände des Abs. 3** sind von dem Grundgedanken geprägt, dass ein Anspruch auf Auskunft gemäß nur insoweit besteht, als diese zur sachgemäßen Beurteilung des betreffenden Gegenstandes der Tagesordnung erforderlich ist, d. h. von einem objektiv urteilenden Aktionär als wesentliches Beurteilungselement benötigt wird (BGH, Urt. v. 16.02.2009 – II ZR 185/07, Z 180, 9 Tz. 52; Urt. v. 18.10.2004 – II ZR 250/02, Z 160, 385, 389). Das Informationsrecht ist dadurch in qualitativer und quantitativer Hinsicht sowie hinsichtlich seines Detaillierungsgrades begrenzt (BGH, Urt. v. 16.02.2009 – II ZR 185/07, Z 180, 9 Tz. 52). Zu den Einzelheiten vgl. Spindler/Stilz/*Siems* AktG § 131 Rn. 38 ff.; MünchHdb GesR IV/*Semler* § 37 Rn. 29 ff. Von Bedeutung ist nicht zuletzt der durch das UMAG eingeführte Tatbestand des Abs. 3 Satz 1 Nr. 7. Die Zugänglichmachung der in der Hauptversammlung verlangten Auskunft rechtzeitig vor Beginn der Versammlung und während ihrer gesamten Dauer ermöglicht dem Vorstand, durch die Vorabinformation das Auskunftswesen in der Hauptversammlung zu beschränken. Zwar müssen vertiefende oder vorab noch nicht mitgeteilte Informationen zu den Vorabinformationen in der Hauptversammlung weiterhin gegeben werden (*Weißhaupt* ZIP 2005, 1766, 1770), aber eine die Effizienz der Hauptversammlung stärkende Wirkung kann mit der breit einsetzbaren Möglichkeit der Information über die Website des Unternehmens erreicht werden. In der Hauptversammlung können die Aktionäre eine mündliche Auskunft über die vorab bekannt gemachten Tatsachen nicht mehr verlangen.

E. Besondere Auskunftspflicht, Abs. 4

16 Abs. 4 bildet die Grundlage dafür, dass die einem Aktionär außerhalb der Hauptversammlung in seiner Eigenschaft als Aktionär gegebene Auskunft in der Hauptversammlung auf Verlangen eines Aktionärs erteilt und damit wiederholt werden muss. Von besonderer Bedeutung scheint die Regelung im Kontext von i. S. d. §§ 15 ff. verbundenen Unternehmen. Auskünfte, die das eine Unternehmen dem anderen gibt, lösen aber nach allgemeiner Auffassung keine Auskunftsverpflichtung nach Abs. 4 aus, weil diese Auskünfte jedenfalls im faktischen und im Vertragskonzern leitungsbezogene Maßnahmen darstellen und damit nicht durch die Aktionärseigenschaft veranlasst sind (*Hüffer/Koch* AktG, § 131 Rn. 38). In bloßen Abhängigkeitsbeziehungen ist das erweiterte Auskunftsrecht des Abs. 4 dagegen anwendbar (BayObLG, Beschl. v. 17.07.2002 – 3Z BR 394/01, Z 2002, 227, 229; *Habersack/Verse* AG 2003, 300, 307).

F. Aufnahme in die Niederschrift, Abs. 5

17 Nach Abs. 5 kann der Aktionär verlangen, dass seine Frage und der Grund der Auskunftsverweigerung in die Niederschrift (§ 130 AktG) aufgenommen werden. Die Regelung dient **Beweiszecken**. Gibt der Vorstand keine Begründung für die Auskunftsverweigerung, so besteht im Fall eines entsprechenden Protokollierungsverlangens die Pflicht, in die Niederschrift aufzunehmen, dass die Frage gestellt und die Antwort verweigert wurde (OLG Frankfurt am Main, Beschl. v. 08.11.2012 – 21 W 33/11, NZG 2010, 23). Werden die Gründe für die Auskunftsverweigerung nicht in die Niederschrift aufgenommen, führt dies nicht dazu, dass im Verfahren nach § 132 AktG Auskünfte

erzwungen werden können, deren Offenbarung der Gesellschaft nicht unerhebliche Nachteile zufügen würde (§ 131 Abs. 3 S. 1 Nr. 1 AktG) oder hinsichtlich derer objektiv ein anderer in § 131 Abs. 3 AktG aufgeführter Auskunftsverweigerungdgrund vorliegt (BGH, Beschl. v. 14.01.2014 - II ZB 5/12, AG 2014, 402).

G. Rechtsfolgen

Die zu Unrecht verweigerte Auskunft zu einem Beschlussgegenstand stellt einen **Anfechtungsgrund nach § 243 Abs. 1 AktG** dar, der zur Anfechtung des betroffenen Tagesordnungspunktes berechtigt (BGH, Urt. v. 15.06.1992 – II ZR 18/91, Z 119, 1, 13 ff.). Bei der Verweigerung einer nach Abs. 1 gebotenen Auskunft ist der nach § 243 Abs. 4 AktG prinzipiell mögliche Gegenbeweis mangelnder Kausalität nicht zulässig (vgl. dazu § 243 AktG Rdn. 7 ff.). Die Anfechtbarkeit eines Beschlusses ist auch in den Fällen der unrichtigen Auskunft gegeben (OLG Stuttgart, Urt. v. 17.11.2010 – 20 U 3/11, AG 2011, 93, 98). Einschränkungen des Anfechtungsrechts ergeben sich unter dem Aspekt der Verwirkung. Ein Aktionär kann treuwidrig handeln, wenn er auf eine Nachfrage des Vorstandes in der Hauptversammlung, ob und ggf. welche Fragen noch nicht beantwortet worden seien, nicht reagiert, später aber die unzureichende Beantwortung gestellter Fragen rügt. Eine Verwirkung des Rügerechts kommt in diesen Fällen in Betracht, wenn eine Nachfrage in der Hauptversammlung bewusst unterlassen wurde (OLG Köln, Urt. v. 28.07.2011 – 18 U 213/10, WM 2012, 409 Tz. 90). 18

Der Aktionär kann bei verweigerter, nicht aber bei unrichtiger Auskunft (vgl. § 132 AktG Rdn. 2) das **Auskunftserzwingungsverfahren** nach § 132 AktG einleiten. Das Verfahren kann unabhängig von einem Anfechtungsverfahren und neben diesem betrieben werden (BGH, Urt. v. 29.11.1982 – II ZR 88/81, Z 86, 1, 3 ff.). 19

Schadenersatzansprüche der Gesellschaft gegen den Vorstand kommen unter den Voraussetzungen des § 93 AktG in Betracht. Individuelle Schadensersatzansprüche des Fragestellers werden über § 823 Abs. 2 BGB i. V. m. § 131 AktG erwogen; sie sind aber im Ergebnis nicht anzuerkennen (*Werner* FS Heinsius 1991, 911, 927). 20

Strafrechtlich Sanktionen können nach § 400 Abs. 1 Nr. 1 AktG bei unrichtigen oder verschleiernden Auskünften ausgelöst werden. 21

§ 132 Gerichtliche Entscheidung über das Auskunftsrecht

(1) Ob der Vorstand die Auskunft zu geben hat, entscheidet auf Antrag ausschließlich das Landgericht, in dessen Bezirk die Gesellschaft ihren Sitz hat.

(2) ¹Antragsberechtigt ist jeder Aktionär, dem die verlangte Auskunft nicht gegeben worden ist, und, wenn über den Gegenstand der Tagesordnung, auf den sich die Auskunft bezog, Beschluß gefaßt worden ist, jeder in der Hauptversammlung erschienene Aktionär, der in der Hauptversammlung Widerspruch zur Niederschrift erklärt hat. ²Der Antrag ist binnen zwei Wochen nach der Hauptversammlung zu stellen, in der die Auskunft abgelehnt worden ist.

(3) ¹§ 99 Abs. 1, 3 Satz 1, 2 und 4 bis 6 sowie Abs. 5 Satz 1 und 3 gilt entsprechend. ²Die Beschwerde findet nur statt, wenn das Landgericht sie in der Entscheidung für zulässig erklärt. ³§ 70 Abs. 2 des Gesetzes über das Verfahren in Familiensachen und in den Angelegenheiten der freiwilligen Gerichtsbarkeit ist entsprechend anzuwenden.

(4) ¹Wird dem Antrag stattgegeben, so ist die Auskunft auch außerhalb der Hauptversammlung zu geben. ²Aus der Entscheidung findet die Zwangsvollstreckung nach den Vorschriften der Zivilprozeßordnung statt.

(5) Das mit dem Verfahren befaßte Gericht bestimmt nach billigem Ermessen, welchem Beteiligten die Kosten des Verfahrens aufzuerlegen sind.

1 Die Vorschrift will die **Durchsetzung des Auskunftsanspruchs nach § 131 AktG** gewährleisten. Dies soll im Verfahren der freiwilligen Gerichtsbarkeit erfolgen (Abs. 3 i. V. m. § 99 AktG). Ausschließlich zuständig für das Verfahren ist nach Abs. 1 das Landgericht des Gesellschaftssitzes (§ 14 AktG.

2 Das Gericht entscheidet auf **Antrag**. Dieser kann formlos gestellt werden; ein Anwaltszwang besteht nicht (§ 10 Abs. 1 u. 2 FamFG). Es ist ein konkreter Antrag mit Begründung zu stellen, für den bestimmte inhaltliche Vorgaben vom Gesetzgeber nicht vorgesehen sind. **Antragsberechtigt** ist jeder Aktionär, auf dessen Verlangen die Auskunft verweigert wurde, Abs. 2 Satz 1, 1. Alt. AktG. Ferner ist jeder in der Hauptversammlung erschienene Aktionär antragsbefugt, der Widerspruch zur Niederschrift (§ 130 AktG) über den gefassten Beschluss zu einem Tagesordnungspunkt erklärt hat, auf den sich die Frage bezog, Abs. 2 Satz 1, 2. Alt. AktG. Das Erzwingungsverfahren nach § 132 besteht neben der Anfechtungsklage gem. § 243 Abs. 1; eine Bindungswirkung besteht zwischen den voneinander unabhängigen Verfahren nicht (BGH, Urt. v. 16.02.2009 – II ZR 185/07, NZG 2009, 342 Tz. 48). Wurde die Auskunft zwar nicht verweigert, sondern **unrichtig erteilt**, kann das Verfahren nach § 132 AktG nicht beantragt werden; statt dessen ist die Anfechtungsklage nach § 243 AktG zu erheben (str.; vgl. *Hüffer/Koch* AktG, § 131 Rn. 4a; offen gelassen von BayObLG, Beschl. v. 17.07.2002 – 3Z BR 394/01, Z 2002, 227, 230). Der Vertreter des Aktionärs und der Legitimationsaktionär bedürfen für die Beantragung des Auskunftserzwingungsverfahrens einer dementsprechenden besonderen Vollmacht bzw. Ermächtigung (OLG Hamburg, Urt. v. 12.12.1960 – 11 W 34/69, AG 1970, 51). Die **Antragsfrist** beträgt nach Abs. 2 Satz 2 2 Wochen, beginnend mit dem Tag der Hauptversammlung; der rechtzeitige Eingang beim unzuständigen Gericht ist Frist wahrend (BayObLG, Beschl. v. 04.04.2001 – 3Z BR 84/01, NZG 2001, 608, 609).

3 Das **Verfahren** wird nach Abs. 3 Satz 1 nach den Regeln über die freiwillige Gerichtsbarkeit abgewickelt. Insbesondere gilt somit das Prinzip der **Amtsermittlung** (§ 26 FamFG). Das Landgericht entscheidet durch Kammerbeschluss, der mit Gründen versehen sein muss, §§ 99 Abs. 3 Satz 1, 132 AktG. Gegen den Beschluss findet die **Beschwerde** statt, wenn sie das Landgericht in der Entscheidung für zulässig erklärt, Abs. 3 Satz 1.

4 Wird ein stattgebender **Beschluss rechtskräftig**, ist die Auskunft zu erteilen; dies kann auch außerhalb der Hauptversammlung geschehen, Abs. 4 Satz 1. Der Vorstand hat den Beschluss unverzüglich zum Handelsregister einzureichen, Abs. 3 Satz 1 i. V. m. § 99 Abs. 5 Satz 3 AktG. Der in Rechtskraft erwachsene Beschluss ist nach § 888 ZPO vollstreckbar.

Vierter Unterabschnitt Stimmrecht

§ 133 Grundsatz der einfachen Stimmenmehrheit

(1) Die Beschlüsse der Hauptversammlung bedürfen der Mehrheit der abgegebenen Stimmen (einfache Stimmenmehrheit), soweit nicht Gesetz oder Satzung eine größere Mehrheit oder weitere Erfordernisse bestimmen.

(2) Für Wahlen kann die Satzung andere Bestimmungen treffen.

Übersicht	Rdn.		Rdn.
A. Überblick	1	II. Stimmbindung	7
B. Beschlussfassung durch die Hauptversammlung	2	III. Stimmabgabe	10
		IV. Gesetzliche Mehrheitserfordernisse	12
C. Beschlussfassungsmehrheit	5	V. Satzungsregeln	16
I. Stimmrecht	6	D. Wahlbeschlüsse, Abs. 2	19

A. Überblick

Die Vorschrift betrifft das **Recht der Hauptversammlungsbeschlüsse**. Sie regelt grundsätzliche **Mehrheitserfordernisse** und den Spielraum für abweichende Satzungsbestimmungen. Die Regelung verlangt zumindest die Mehrheit der abgegebenen Stimmen und setzt dabei das Stimmrecht der Aktionäre und die ordnungsgemäße Stimmabgabe voraus, ohne hierzu nähere Bestimmungen vorzusehen. Besondere Regelungen können in der Satzung für Wahlen in der Hauptversammlung getroffen werden. 1

B. Beschlussfassung durch die Hauptversammlung

Abs. 1 betrifft **Beschlüsse der Hauptversammlung**. Beschluss ist der Vorgang, bei dem die Hauptversammlung mittels Abstimmung ihren Willen bildet und äußert. Zu unterscheiden sind positive und negative Beschlüsse. Durch **positive Beschlüsse** wird der zur Abstimmung stehende Antrag angenommen, bei **negativen** wird er abgelehnt. Abs. 1 betrifft nur den positiven Beschluss, für den die Regelung die mindestens erforderliche Mehrheit zwingend (§ 23 Abs. 5 AktG) vorschreibt. Negative Beschlüsse unterliegen den Anforderungen des Abs. 1 nicht; ein Antrag ist auch dann abgelehnt, wenn er nicht mehrheitlich abgelehnt wird, insbesondere wegen Stimmengleichheit von Ja- und Nein-Stimmen. Beschlüsse, sowohl die positiven als auch die negativen unterliegen der Anfechtung gem. §§ 241 ff. AktG. 2

Nicht zu den von § 133 AktG erfassten Beschlüssen gehören die **sog. Sonderbeschlüsse**; dabei handelt es sich um Beschlüsse von Aktionärsgruppen außerhalb der Hauptversammlung (vgl. die Erl. zu § 138 AktG Rdn. 1). Die sog. **Minderheitsverlangen** i. S. d. §§ 120 Abs. 1 Satz 2, 137, 147 Abs. 1 AktG sind auch dann keine Beschlüsse der Hauptversammlung, sondern gehen der Beschlussfassung der Hauptversammlung voraus. Übergeht die Hauptversammlung einen Antrag, liegt ebenfalls kein Beschluss der Hauptversammlung vor, in Ermangelung einer Willensbildung des Organs auch kein negativer. 3

Das Beschlussverfahren der Hauptversammlung verlangt die **ordnungsgemäße Einberufung** der Hauptversammlung (vgl. dazu ausführl. §§ 121 ff. AktG), die **Beschlussfähigkeit** der Hauptversammlung, die **Zulassung** des Beschlussantrags zur Abstimmung (vgl. § 129 AktG Rdn. 27) sowie das Erreichen der nach § 133 Abs. 1 AktG erforderlichen **Mehrheit**. Für die Beschlussfähigkeit sieht das AktG keine Regelungen vor; wenn die Satzung keine besondere Mindestpräsenz vorschreibt, genügt auch ein einzelner erschienener Aktionär (RG, Urt. 13.06.1913 – II 197/13, Z 82, 386, 388). 4

C. Beschlussfassungsmehrheit

Nach der gesetzlichen Grundregel des Abs. 1 ist für einen Beschluss der Hauptversammlung die Mehrheit der abgegebenen Stimmen erforderlich und genügend. Das Gesetz setzt darin voraus, dass die an der Abstimmung teilnehmenden Aktionäre stimmberechtigt sind (Rdn. 6), dass sie ihr Stimmrecht ordnungsgemäß ausüben (Rdn. 10) und dass das Stimmgewicht ordnungsgemäß berücksichtigt wird (vgl. Erl. zu § 134 AktG Rdn. 2 ff.). 5

I. Stimmrecht

Das Stimmrecht, nämlich die Befugnis durch Stimmabgabe an der Willensbildung der Hauptversammlung mitzuwirken, steht grundsätzlich jedem Aktionär zu (§ 12 Abs. 1 Satz 1 AktG). Aktien ohne Stimmrecht können als Vorzugsaktien ausgegeben werden (§§ 12 Abs. 1 Satz 2, 139 AktG). Ein Stimmrecht ohne Mitgliedschaft ist nicht zulässig; das Stimmrecht kann insbesondere auch nicht von der Mitgliedschaft abgespalten und (isoliert) übertragen werden (vgl. § 8 AktG Rdn. 5). Die Ausübung des Stimmrechts durch Dritte ist zulässig (§§ 129 Abs. 2 und 3, 134 Abs. 3 AktG). Zum Stimmrecht bei Treuhandverhältnissen, Verpfändung und Nießbrauch vgl. § 118 AktG Rdn. 6. 6

II. Stimmbindung

7 Durch **Stimmbindungsverträge** verpflichten sich die Vertragsteile, das ihnen jeweils zustehende Stimmrecht in bestimmter Weise auszuüben. Die Stimmbindung wird vor allem als **Instrument der Einflussmehrung** und -sicherung eingesetzt, insbesondere in Familiengesellschaften und zur Durchsetzung gleichgerichteter wirtschaftlicher Interessen. Die Stimmbindung kann für eine einzelne Abstimmung verabredet werden oder weiter gehende Bindungen zum Gegenstand haben. Zwischen mehreren Aktionären kann vereinbart werden, dass sie sich gegenseitig verpflichten, ihr Stimmrecht in bestimmter Weise auszuüben. In Konsortial- oder Poolverträgen wird der Inhalt der Stimmrechtsausübung häufig durch Mehrheitsentscheidung der Konsortial- oder Poolmitglieder festgelegt.

8 Die **Zulässigkeit** von Stimmbindungsverträgen ist grundsätzlich anerkannt, jedenfalls wenn sie zwischen Aktionären verabredet werden (BGH, Urt. v. 29.05.1967 – II ZR 105/66, Z 48, 163, 166 ff.; BGH, Urt. v. 27.10.1986 – II ZR 240/85, NJW 1987, 1890, 1892). Zulässig sind insbesondere auch **Wahlabsprachen** zwischen Aktionären (vgl. § 136 AktG Rdn. 1). Die vertragliche Bindung eines Aktionärs an die jeweilige Mehrheitsentscheidung eines Stimmrechtskonsortiums, dem der Aktionär angehört, ist ebenfalls zulässig, auch wenn die Konsortialbindung das Abstimmungsverhalten in Angelegenheiten betrifft, die in der AG eine qualifizierte Beschlussfassungsmehrheit erfordern; die qualifizierten Mehrheitserfordernisse des Aktien- und Umwandlungsrechts schlagen auf den Konsortialvertrag nicht durch (BGH AG 2009, 163, 165). Unbeschadet der grundsätzlichen Wirksamkeit der Mehrheitsklausel in Konsortialvereinbarungen (sog. Ermächtigungsebene) unterliegt deren Anwendung für mehrheitliche Beschlussfassung (sog. Durchführungsebene) einer auf die Beachtung der gesellschaftsrechtlichen Treuepflicht bezogenen Inhaltskontrolle (BGH, Urt. v. 15.01.2007 – II ZR 245/05, Z 170, 283 Tz. 10 – Otto; BGH AG 2009, 163, 165 ff.; *K. Schmidt* ZIP 2009, 737 ff.). Nicht zulässig ist es nach § 136 Abs. 2 AktG, einen Einfluss der Verwaltung der AG auf die Hauptversammlung durch Stimmbindungsverträge zu vereinbaren (vgl. § 136 AktG Rdn. 10). Der sog. **Stimmenkauf** ist nach § 405 Abs. 3 Nr. 6 und 7 AktG verboten (§ 134 BGB) und wird als Ordnungswidrigkeit verfolgt. Stimmbindungsvereinbarungen mit Nichtaktionären sind unzulässig, wenn sie klagbare Erfüllungsansprüche begründen (*Hüffer/Koch* AktG, § 133 Rn. 27); sie kollidieren in diesem Fall mit dem sog. Abspaltungsverbot (vgl. § 8 AktG Rdn. 5).

9 Stimmbindungsverträge begründen grundsätzlich einen **klagbaren Anspruch auf Erfüllung** der eingegangenen Verpflichtung zur Ausübung des Stimmrechts (BGH, Urt. v. 29.05.1967 – II ZR 105/66, Z 48, 163, 169 ff.). Die **Durchsetzung** erforderlichenfalls im Wege der Zwangsvollstreckung erfolgt gem. § 894 ZPO (BGH, Urt. v. 29.05.1967 – II ZR 105/66, Z 48, 163, 173 f.). Über § 894 ZPO wird die zu vollziehende Stimmabgabe fingiert; die weiteren Umstände und Voraussetzungen einer ordnungsgemäßen Beschlussfassung, insbesondere die Durchführung einer die Abstimmung herbeiführenden Hauptversammlung müssen hinzutreten (vgl. MünchHdb GesR IV/*Semler* § 38 Rn. 47). Die Erlangung **vorläufigen Rechtsschutzes** im Wege einstweiliger Verfügungen zur Durchsetzung wirksamer Stimmbindungen wird, wenn auch angesichts der Besorgnis, damit endgültige, kaum wieder zu beseitigende Zustände zu schaffen, nur mit Zurückhaltung und unter Abwägung der Umstände des Einzelfalles für möglich erachtet (OLG Hamburg, Urt. v. 28.06.1991 – 11 U 65/91, NJW 1992, 186; OLG Koblenz, Urt. v. 06.02.1986 – 8 W 52/85, NJW 1986, 1693; MünchHdb GesR IV/*Semler* § 38 Rn. 48; krit. *Hüffer/Koch* AktG, § 133 Rn. 31).

III. Stimmabgabe

10 Die Ausübung des Stimmrechts erfolgt durch die Stimmabgabe. Das Gesetz enthält keine Vorschriften über die Modalitäten der Stimmabgabe; es ermöglicht, entsprechende Regeln in der Satzung festzulegen (§ 134 Abs. 4 AktG; vgl. dazu die Erl. in § 134 AktG Rdn. 16). Als Willenserklärung unterliegt die Stimmabgabe den allgemeine Regeln der Rechtsgeschäftslehre (§§ 104 ff., 119 ff. BGB). Die Stimmabgabe wird durch Zugang beim Vorsitzenden der Hauptversammlung wirksam und ist damit für den Aktionär verbindlich, § 130 Abs. 1 BGB. Der Zugang ist bei Abstimmung mit Stimmkarten bewirkt, sobald die Stimmkarte in den Machtbereich des Vorsitzenden gelangt ist,

insbesondere durch Übergabe von Stimmkarten an einen vom Vorsitzenden beauftragten Stimmzähler. Nicht verkörperte Stimmabgaben (Handheben, Akklamation) werden gem. der in der Satzung oder Geschäftsordnung vorgeschriebene Weise abgegeben und gehen mit der Verlautbarung der entsprechenden Erklärung zu.

Aktionäre, die über mehrere Stimmen verfügen, können von dem Stimmrecht durch **uneinheitliche Stimmabgabe** Gebrauch machen (h. M.; *Hüffer/Koch* AktG, § 133 Rn. 20 f.). Diese Möglichkeit ist nicht eröffnet, um mehrere Stimmen aus einer Aktie (Mehrstimmrechte) uneinheitlich auszuüben (h. M.; KölnKomm AktG/*Zöllner* § 133 Rn. 50). 11

IV. Gesetzliche Mehrheitserfordernisse

Nach der gesetzlichen Regelung genügt für Beschlüsse der Hauptversammlung grundsätzlich die **einfache Mehrheit**; das ist nach der Legaldefinition in Abs. 1 die Mehrheit der abgegebenen Stimmen; auf die Kapitalmehrheit kommt es dabei nicht an. Die Mehrheit ist gegeben, wenn die Zahl der gültigen Ja-Stimmen die der gültigen Nein-Stimmen übertrifft. Stimmenthaltungen zählen dabei nicht (BGH, Urt. v. 20.03.1995 – II ZR 205/94, Z 129, 136, 153); sie sind deswegen auch nicht den Nein-Stimmen zuzurechnen (BGH, Urt. v. 25.01.1982 – II ZR 164/81, Z 83, 35, 36 f. – zum Verein). Bei Stimmengleichheit ist der Antrag abgelehnt; dabei handelt es sich dann um einen negativen Beschluss (vgl. oben Rdn. 2). 12

Die einfache Mehrheit der abgegebenen Stimmen ist mit Ausnahme von Wahlen (vgl. Rdn. 19) bei allen Beschlüssen erforderlich. Verschiedentlich verlangt das Gesetz **größere Mehrheiten**. Nach § 103 Abs. 1 Satz 2 AktG ist für die Abberufung von Mitgliedern des Aufsichtsrats eine Mehrheit von 3/4 der abgegebenen Stimmen erforderlich. Dieselbe Mehrheit ist nach § 111 Abs. 4 Satz 4 AktG erforderlich für einen Beschluss, durch den die Hauptversammlung eine vom Aufsichtsrat verweigerte Zustimmung zu einer zustimmungsbedürftigen Maßnahme des Vorstands ersetzt. 13

Vereinzelt verlangt das Gesetz neben der Stimmenmehrheit der Hauptversammlung noch weitere Erfordernisse. Die **Zustimmung der betroffenen Aktionäre** ist erforderlich, wenn Nebenverpflichtungen begründet oder Namensaktien vinkuliert werden sollen (§ 180 Abs. 1 und 2 AktG). Ebenso ist der Eingriff in Sonderrechte von der Zustimmung des Betroffenen abhängig (MünchHdb GesR IV/*Semler* § 39 Rn. 22). Eine Durchbrechung des einfachen Mehrheitserfordernisses liegt auch darin, dass eine Minderheit von 10 % des gesamten Grundkapitals den Verzicht auf bestimmte Ersatzansprüche verhindern kann (§§ 50, 93 Abs. 4 Satz 3, 116, 117 Abs. 4, 309 Abs. 3, 317 Abs. 4 AktG). 14

Für eine Reihe von Beschlüssen von besonderem Gewicht verlangt das Gesetz ein **doppeltes Mehrheitserfordernis**, nämlich neben der **Mehrheit der abgegebenen Stimmen** zusätzlich eine **Kapitalmehrheit**. In der Regel ist dies dann eine Mehrheit von 3/4 des bei der Beschlussfassung vertretenen Grundkapitals. Die Fälle betreffen Beschlüsse in **folgenden Angelegenheiten**: die Nachgründung (§ 52 Abs. 5 AktG), die Geschäftsordnung der Hauptversammlung (§ 129 Abs. 1 Satz 1 AktG), die Satzungsänderung (§ 179 Abs. 2 AktG), die Vermögensübertragung (§ 179a AktG), die ordentliche Kapitalerhöhung (§ 182 Abs. 1 AktG), den Bezugsrechtsausschluss (§ 186 Abs. 3 AktG), die bedingte Kapitalerhöhung (§ 193 Abs. 1 AktG), das genehmigte Kapital (§ 202 Abs. 2 AktG), die Kapitalerhöhung aus Gesellschaftsmitteln (§ 207 Abs. 2 AktG), die Ausgabe von Wandelschuldverschreibungen und Gewinnschuldverschreibungen (§ 221 Abs. 1 AktG), die Gewährung von Genussrechten (§ 221 Abs. 3 AktG), die Kapitalherabsetzung (§§ 222 Abs. 1, 229 Abs. 3 AktG), die Auflösung (§ 262 Abs. 1 Nr. 2 AktG), die Fortsetzung der aufgelösten Gesellschaft (§ 274 Abs. 1 AktG), den Abschluss und die Änderung von Unternehmensverträgen (§§ 293 Abs. 1, 295 Abs. 1 AktG), die Aufhebung von Unternehmensverträgen (§ 296 Abs. 2 AktG), die Eingliederung (§§ 319 Abs. 1, 320 Abs. 1 Satz 3 AktG) sowie die in §§ 65, 73, 125, 233 Abs. 2, 240 UmwG geregelten Umwandlungsfälle. Das auf stimmrechtslose Vorzugsaktien entfallende Kapital bleibt bei der Berechnung der Kapitalmehrheit unberücksichtigt (vgl. Erl. zu § 140 AktG Rdn. 2). 15

V. Satzungsregeln

16 In der Satzung kann das Erfordernis der **einfachen Mehrheit** grundsätzlich **nur verschärft**, nicht hingegen gemildert werden, Abs. 1. Das Maß der Verschärfung ist nicht begrenzt, sodass die Satzung selbst ein **Einstimmigkeitserfordernis** einführen kann. Der Spielraum für die Satzung besteht nicht, wenn das Gesetz ausdrücklich auf die einfache Mehrheit abstellt, so in Entsendungsfällen (§ 103 Abs. 2 AktG), bei der Herabsetzung der Vergütung der Aufsichtsratsmitglieder (§ 113 Abs. 1 Satz 4 AktG), bei der Sonderprüferbestellung (§ 142 Abs. 1 Satz 1 AktG) und bei der Geltendmachung von Ersatzansprüchen (§ 147 Abs. 1 Satz 1 AktG). Diese Befugnisse der Hauptversammlung dürfen in der Satzung nicht erschwert werden (MünchHdb GesR IV/*Semler* § 39 Rn. 29).

17 **Beschlusserleichterungen** durch die Satzung sind in einzelnen Fällen dahin gehend zulässig, dass das Erfordernis qualifizierter Mehrheit des vertretenen Grundkapitals abgeschwächt wird. In folgenden Fällen lässt das Gesetz dies zu: Satzungsänderungen ohne Änderungen des Unternehmensgegenstandes (§ 179 Abs. 2 AktG), bestimmte Kapitalerhöhungen (§§ 182 Abs. 1, 207 Abs. 2 AktG) und bei der Ausgabe von Wandel- und Gewinnschuldverschreibungen (§ 221 Abs. 1 AktG).

18 Als »**weitere Erfordernisse**« für das Zustandekommen eines Beschlusses in der Satzung kommen in Betracht: das Erfordernis einer Mindestpräsenz als Beschlussfähigkeitsvoraussetzung und das Erfordernis einer mehrmaligen Abstimmung. Dagegen sind Zustimmungsvorbehalte zugunsten bestimmter Personen unzulässig (MünchHdb GesR IV/*Semler* § 98 Rn. 33 f.).

D. Wahlbeschlüsse, Abs. 2

19 Für Wahlbeschlüsse gilt nach Abs. 1 der Grundsatz der einfachen Stimmenmehrheit. Abs. 2 ermöglicht jedoch abweichende Festlegungen. Dabei ist anerkannt, dass der Satzungsgeber das Mehrheitserfordernis verschärfen aber auch abmildern kann (*Hüffer/Koch* AktG, § 133 Rn. 32). Insbesondere ist es zulässig, für Wahlentscheidungen das Erfordernis einer nur **relativen Mehrheit** einzuführen. Umstritten ist, ob dem Leiter der Hauptversammlung ein Stichentscheid im Fall von Stimmengleichheit eingeräumt werden kann (so KölnKomm AktG/*Zöllner* § 134 Rn. 92; a. A. *Hüffer/Koch* AktG, § 134 Rn. 32). Nicht gesichert ist die Zulässigkeit einer **Verhältniswahl**, über die insbesondere nicht der Mehrheit zuzurechnende Aktionäre eine Vertretung im Aufsichtsrat erreichen könnten (dafür *Hüffer/Koch* AktG, § 133 Rn. 33; Spindler/Stilz/*Willamowski* AktG, § 133 Rn. 11).

§ 134 Stimmrecht

(1) ¹Das Stimmrecht wird nach Aktiennennbeträgen, bei Stückaktien nach deren Zahl ausgeübt. ²Für den Fall, daß einem Aktionär mehrere Aktien gehören, kann bei einer nichtbörsennotierten Gesellschaft die Satzung das Stimmrecht durch Festsetzung eines Höchstbetrags oder von Abstufungen beschränken. ³Die Satzung kann außerdem bestimmen, daß zu den Aktien, die dem Aktionär gehören, auch die Aktien rechnen, die einem anderen für seine Rechnung gehören. ⁴Für den Fall, daß der Aktionär ein Unternehmen ist, kann sie ferner bestimmen, daß zu den Aktien, die ihm gehören, auch die Aktien rechnen, die einem von ihm abhängigen oder ihn beherrschenden oder einem mit ihm konzernverbundenen Unternehmen oder für Rechnung solcher Unternehmen einem Dritten gehören. ⁵Die Beschränkungen können nicht für einzelne Aktionäre angeordnet werden. ⁶Bei der Berechnung einer nach Gesetz oder Satzung erforderlichen Kapitalmehrheit bleiben die Beschränkungen außer Betracht.

(2) ¹Das Stimmrecht beginnt mit der vollständigen Leistung der Einlage. ²Entspricht der Wert einer verdeckten Sacheinlage nicht dem in § 36a Absatz 2 Satz 3 genannten Wert, so steht dies dem Beginn des Stimmrechts nicht entgegen; das gilt nicht, wenn der Wertunterschied offensichtlich ist. ³Die Satzung kann bestimmen, daß das Stimmrecht beginnt, wenn auf die Aktie die gesetzliche oder höhere satzungsmäßige Mindesteinlage geleistet ist. ⁴In diesem Fall gewährt die Leistung der Mindesteinlage eine Stimme; bei höheren Einlagen richtet sich das Stimmenverhältnis nach der Höhe der geleisteten Einlagen. ⁵Bestimmt die Satzung nicht, daß das Stimmrecht

vor der vollständigen Leistung der Einlage beginnt, und ist noch auf keine Aktie die Einlage vollständig geleistet, so richtet sich das Stimmverhältnis nach der Höhe der geleisteten Einlagen; dabei gewährt die Leistung der Mindesteinlage eine Stimme. [6]Bruchteile von Stimmen werden in diesen Fällen nur berücksichtigt, soweit sie für den stimmberechtigten Aktionär volle Stimmen ergeben. [7]Die Satzung kann Bestimmungen nach diesem Absatz nicht für einzelne Aktionäre oder für einzelne Aktiengattungen treffen.

(3) [1]Das Stimmrecht kann durch einen Bevollmächtigten ausgeübt werden. [2]Bevollmächtigt der Aktionär mehr als eine Person, so kann die Gesellschaft eine oder mehrere von diesen zurückweisen. [3]Die Erteilung der Vollmacht, ihr Widerruf und der Nachweis der Bevollmächtigung gegenüber der Gesellschaft bedürfen der Textform, wenn in der Satzung oder in der Einberufung aufgrund einer Ermächtigung durch die Satzung nichts Abweichendes und bei börsennotierten Gesellschaften nicht eine Erleichterung bestimmt wird. [4]Die börsennotierte Gesellschaft hat zumindest einen Weg elektronischer Kommunikation für die Übermittlung des Nachweises anzubieten. [5]Werden von der Gesellschaft benannte Stimmrechtsvertreter bevollmächtigt, so ist die Vollmachtserklärung von der Gesellschaft drei Jahre nachprüfbar festzuhalten; § 135 Abs. 5 gilt entsprechend.

(4) Die Form der Ausübung des Stimmrechts richtet sich nach der Satzung.

Übersicht	Rdn.			Rdn.
A. Überblick	1	C.	Stimmkraft bei unvollständig geleisteter Einlage, Abs. 2	9
B. Stimmkraft bei vollständig geleisteter Einlage, Abs. 1	2	D.	Stimmrechtsausübung durch Bevollmächtigte, Abs. 3	11
I. Grundsatz	2	E.	Art und Weise der Stimmrechtsausübung, Abs. 4	16
II. Höchststimmrechte	3			

A. Überblick

Die Vorschrift enthält Regelungen zum Stimmrecht der Aktionäre. Sie betreffen zunächst die mit den Aktien verbundene **Stimmkraft** und statuieren den Grundsatz, dass das Stimmrecht direkt proportional zum Anteil des Aktionärs am Grundkapital der Gesellschaft ist, Abs. 1. Nach geltendem Recht ist es möglich, die Stimmkraft von Aktien an nichtbörsennotierten Gesellschaften durch Einführung von **Höchststimmrechten** zu begrenzen, Abs. 1 Satz 2, während **Mehrstimmrechte** mit dem »Gesetz zur Kontrolle und Transparenz im Unternehmensbereich« (KonTraG) von 1998 (BGBl. I, 786) abgeschafft wurden und nach Ablauf einer Übergangszeit seit dem 01.06.2003 nicht mehr zulässig sind. Ein **Stimmrechtsausschluss** kann für (stimmrechtslose) Vorzugsaktien nach § 139 AktG vorgesehen werden (vgl. Erl. zu § 139 AktG). Besonderheiten für die Stimmkraft der Aktien gelten bei nicht vollständig eingezahlten Einlagen, Abs. 2. Weitere Regelungen betreffen die Stimmrechtsausübung durch Dritte; die diesbezügliche Regelung in Abs. 3 wird durch § 135 AktG ergänzt. Hinsichtlich der Form bzw. der Art und Weise der Stimmrechtsausübung eröffnet Abs. 4 umfänglichen Satzungsfreiraum.

1

B. Stimmkraft bei vollständig geleisteter Einlage, Abs. 1

I. Grundsatz

Nach dem Grundsatz des Abs. 1 Satz 1 steht die Stimmkraft von Aktien **direkt proportional** zu dem **Anteil des Aktionärs am Grundkapital** der Gesellschaft. Dieser Grundsatz gilt, wie sich aus Abs. 2 Satz 1 ergibt, wenn die Einlage vollständig erbracht ist. Ist dies der Fall, bestimmt sich die Stimmkraft bei Nennbetragsaktien nach dem Nennbetrag, bei Stückaktien nach ihrer Zahl. Dies bedeutet, dass jede Aktie grundsätzlich eine Stimme gewährt, wenn das Grundkapital bei Ausgabe von Nennbetragsaktien in Aktien von gleichen Nennbeträgen aufgeteilt ist; auch bei Ausgabe von

2

Stückaktien gibt eine Aktie grundsätzlich eine Stimme, weil Stückaktien nach § 8 Abs. 3 Satz 2 AktG gleichmäßig am Grundkapital beteiligt sind (vgl. auch § 8 AktG Rdn. 3).

II. Höchststimmrechte

3   In Durchbrechung des Grundsatzes »eine Aktie eine Stimme« lässt Abs. 1 Satz 2 die Einführung von Höchststimmrechten zu. Wird von dieser Möglichkeit Gebrauch gemacht, ist das Stimmrecht des Aktionärs auf eine bestimmte Anzahl von Stimmen begrenzt, auch wenn seine Kapitalbeteiligung höher sein sollte. Diese Möglichkeit besteht nur für nichtbörsennotierte Gesellschaften i. S. d. § 3 Abs. 2 AktG. Die Festsetzung des Höchstbetrages in der Satzung kann in der Weise erfolgen, dass bestimmte **Höchstbeträge** (z. B. 5 % oder 10 % des Grundkapitals) festgelegt werden, oder auch bestimmt wird, dass Aktionäre stets nur eine Stimme haben, sodass im Ergebnis eine **Abstimmung nach Köpfen** erfolgt (MünchHdb GesR IV/*Semler* § 38 Rn. 8). Möglich sind auch abgestufte Höchststimmrechtsfestlegungen, bei denen bis zu einer bestimmten Kapitalbeteiligung eine feste Stimmkraft festgelegt wird und für die darüber hinausgehende Beteiligung eine weitere Begrenzung vorgesehen ist (MünchHdb GesR IV/*Semler* § 38 Rn. 8). Zulässig ist auch die Kombination der Beschränkungsformen.

4   Die Satzung kann die Höchststimmrechtsfestlegungen auf **bestimmte Beschlussgegenstände** begrenzen, bspw. für Satzungsänderungen oder Aufsichtsratswahlen. Sie kann auch für verschiedene Gegenstände der Beschlussfassung unterschiedliche Stimmrechtsbegrenzungen vorsehen.

5   Damit Umgehungen von Stimmrechtsbeschränkungen möglichst vermieden werden, kann die Satzung anordnen, dass zu den Aktien, die einem Aktionär gehören, auch diejenigen zu rechnen sind, die Dritte für dessen Rechnung halten; Entsprechendes kann für solche Aktien angeordnet werden, die von Unternehmen im Abhängigkeits- oder Konzernverbund gehalten werden, Abs. 1 Satz 3 und 4. Die entsprechenden Verbundbeziehungen sind nach §§ 15 ff. AktG zu bestimmen (vgl. Erl. im Anhang 2 AktG Rdn. 12 ff.). Gleichwohl vorkommende Übertretungen sind nach § 405 Abs. 3 Nr. 5 AktG als Ordnungswidrigkeit mit Geldbuße sanktioniert. Andere als die von den Abs. 1 Satz 3 und 4 erfassten Sachverhalte stellen keine Umgehung des Höchststimmrechts dar, sodass insbesondere die von Stimmrechtsbindungen betroffenen Stimmrechte nicht der Höchststimmrechtsanordnung der Satzung unterfallen (*Martens* AG 1993, 495, 497 ff.), sofern nicht die Satzung selbst deren Einbeziehung anordnet.

6   Stimmrechtsbeschränkungen für **einzelne Aktionäre** können in der Satzung nicht angeordnet werden, Abs. 1 Satz 5. Damit werden Höchststimmrechte für einzelne Aktiengattungen nicht ausgeschlossen, auch wenn sich dies für einzelne Aktionäre unterschiedlich auswirkt. Bevollmächtigte oder Legitimationsaktionäre, die mehrere Aktionäre vertreten, sind von Höchststimmrechten nur insofern betroffen, als ihr jeweiliger Auftraggeber von dem Höchststimmrecht betroffen ist (MünchHdb GesR IV/*Semler* § 38 Rn. 13 f.).

7   Höchststimmrechte wirken sich nur bei der Berechnung der Stimmenmehrheiten aus, bleiben aber bei der **Berechnung der Kapitalmehrheit** außer Betracht, Abs. 1 Satz 6. Diese Einschränkung ist in allen Fällen von Bedeutung, bei denen für die Annahme eines Beschlussantrags neben der Stimmenmehrheit eine Kapitalmehrheit erforderlich ist (dazu Erl. in Rdn. 16).

8   Die Einführung von Höchststimmrechten in der Satzung ist sowohl bei der Gründung als auch nachträglich zulässig. Anerkannt ist, dass die **nachträgliche Einführung** durch Satzungsänderung ohne die Zustimmung der betroffenen Aktionäre erfolgen kann, wenn nur die erforderliche satzungsändernde Mehrheit erreicht wird (BGH, Urt. v. 19.12.1977 – II ZR 136/76, Z 70, 117, 122 ff.). Umgekehrt bedarf es auch bei der Beseitigung bestehender Höchststimmrechte keiner Zustimmung der Kleinaktionäre für die entsprechende Satzungsänderung, obwohl deren relatives Stimmengewicht zu ihren Lasten verändert wird (MünchHdb GesR IV/*Semler* § 38 Rn. 17).

C. Stimmkraft bei unvollständig geleisteter Einlage, Abs. 2

Das Stimmrecht beginnt erst mit der **vollständigen Leistung der Einlage**, Abs. 2 Satz 1. Ist noch auf keine Aktie die Einlage vollständig geleistet, so gewähren ausnahmsweise auch Aktien, auf die nur die Mindesteinlage erbracht ist, ein Stimmrecht, Abs. 2 Satz 4 und 5. Dieses Stimmrecht erlischt folglich, wenn nur auf eine einzige Aktie die volle Einlage geleistet ist; der Gesetzgeber will damit einen Anreiz zur Erbringung der Einlagen schaffen.

Das Gesetz ermöglicht **Abweichungen** von der gesetzlichen Regelung **in der Satzung** dahin gehend, dass bereits ab Erbringung der gesetzlichen (oder einer von der Satzung festgelegten höheren) Mindesteinlage das Stimmrecht entsteht, Abs. 2 Satz 2. Damit kann das Stimmrecht unabhängig davon, ob auf andere Aktien die Einlage voll geleistet ist, entstehen. Die Höhe des Stimmrechts richtet sich in diesem Fall nach der Höhe der geleisteten Teileinlage, Abs. 2 Satz 3. Die Satzung muss alle Aktionäre hinsichtlich des Stimmrechts aus nicht voll eingezahlten Aktien gleichbehandeln, Abs. 2 Satz 7.

D. Stimmrechtsausübung durch Bevollmächtigte, Abs. 3

Abs. 3 regelt die Stimmrechtsausübung durch Bevollmächtigte. Die Regelung wird ergänzt durch die Regelungen des § 135 AktG für die Stimmrechtsausübung durch Kreditinstitute, das sog. **Bankenstimmrecht** (früher sog. Depotstimmrecht). Weitere, in § 134 AktG nicht geregelte Fälle der Stimmrechtsausübung durch Dritte bilden die **Legitimationsübertragung** und die Stimmrechtsausübung durch gesetzliche Vertreter und Amtswalter. **Gesetzliche Vertreter** dürfen das Stimmrecht für den Vertretenen in der Hauptversammlung ausüben, nachdem sie sich durch die entsprechenden Personenstandsunterlagen oder Bestellungsurkunden legitimiert haben. Dies gilt für die Eltern nach § 1629 BGB, den Vormund nach § 1793 BGB, den Betreuer nach § 1896 und den Pfleger nach § 1909 BGB sowie für den Vorstand oder den Geschäftsführer von Kapital- oder Personengesellschaften. Sind mehrere Personen gesamtvertretungsbefugt, sind alle diese Personen zur Ausübung des Stimmrechts aus der Aktie zur Hauptversammlung zuzulassen (*Hüffer/Koch* AktG, § 134 Rn. 30). Die als Amtswalter für die von ihnen verwaltete Vermögensmasse tätigen **Insolvenzverwalter** (§ 80 InsO), **Nachlassverwalter** (§ 1985) und **Testamentsvollstrecker** (§ 2205 BGB) legitimieren sich durch die Dokumentation des jeweiligen Bestellungsakts. Die Rechtsgrundlage für die Stimmrechtsausübung im Fall der Legitimationsübertragung bildet die Ermächtigung i. S. d. § 185 BGB; zum Schutz der Anonymität des Aktionärs ist die Ermächtigungsurkunde zur Stimmrechtsausübung in der Hauptversammlung nicht vorzulegen (*Hüffer/Koch* AktG, § 134 Rn. 32). Die Bevollmächtigung hat nicht zur Folge, dass sich der Aktionär seines Teilnahme- und Stimmrechts in der Hauptversammlung begibt (*Kiefner/Friebel* NZG 2011, 887).

Nach der durch das ARUG geschaffenen Rechtslage können mehrere Personen bevollmächtigt werden, Abs. 3 Satz 2. In diesem Fall kann die Gesellschaft einen oder mehrere der weiteren Bevollmächtigten zurückweisen, sodass nur einer oder wenige Bevollmächtigte zur Teilnahme an der Versammlung und der Ausübung des Stimmrechts berechtigt sind. Enthält die Satzung hierzu Regelungen, so gibt diese der Gesellschaft Maßgaben zur Ausübung des gesetzlich gegebenen Ermessensspielraums (BT-Drucks. 16/11642, S. 49).

Die **Person des Bevollmächtigten** kann der Aktionär grundsätzlich frei bestimmen. Die Satzung kann nach h. M. besondere Festlegungen vorsehen; insbesondere ist es zulässig, dass sie anordnet, dass nur Aktionäre bevollmächtigt werden können (*Hüffer/Koch* AktG, § 134 Rn. 25). Nach der durch das Namensaktiengesetz (NaStraG) vom 18.01.2001 (BGBl. I, 123) neu gestalteten Rechtslage kann der Aktionär auch die von der AG benannten Stimmrechtsvertreter bevollmächtigen, Abs. 3 Satz 5. Nach h. M. ist diese dem sog. **proxy-voting** des US-amerikanischen Gesellschaftsrechts angenäherte Möglichkeit nur unter einschränkender Voraussetzung eröffnet: Erstens darf die Person des von Gesellschaft benannten Stimmrechtsvertreters nach dem Rechtsgedanken des § 136 Abs. 2 AktG kein Organmitglied der AG sein (*Hüffer/Koch* AktG, § 134 Rn. 26b; a. A. *Bunke* AG 2002, 57, 59 ff.); zweitens muss der Aktionär dem von der Gesellschaft benannten Stimmrechtsvertreter Weisungen für die Gegenstände der Tagesordnung erteilen (*Habersack* ZHR 2001, 172,

187 f.; *Pikó/Preissler* AG 2002, 223, 227; a. A. *Wiebe* ZHR 2002, 182, 190 ff.). Mehrere Aktionäre können einen gemeinsamen Bevollmächtigten bestellen. Im Anwendungsbereich des § 69 Abs. 1 AktG (insbesondere bei der Bruchteils-, der Erben- und der Gütergemeinschaft) ist dies gesetzlich vorgeschrieben; im Übrigen beruht dies vor allem auf dem Gedanken der gemeinsamen Vertretung von Familienstämmen oder der gemeinsamen Stimmrechtsausübung der Stimmrechte mehrerer im Konzernverbund stehender Unternehmen.

14 Für die **Erteilung der Vollmacht** gilt seit der Neugestaltung der Rechtslage durch das ARUG nicht mehr ein Schriftformerfordernis, sondern die Textform des § 126b BGB. Die Verwendung von Bildschirmformularen ist danach ebenso zulässig wie die Erteilung via Telefax oder E-Mail. Nicht eindeutig geklärt ist, ob sie Gesellschaft in der Einberufung zukünftig zwingend eine Fax- oder E-Mail-Adresse anzugeben hat, um die Erteilung einer Vollmacht zu ermöglichen; deshalb wird empfohlen, zur Vermeidung von Streitfragen mit der Einberufung einen solchen Zugang für die Vollmachtserteilung zu nennen (*Götze* NZG 2010, 93). § 134 Abs. 3 Satz 3 AktG lässt es zu, dass in der Satzung weitere Erleichterungen geschaffen werden. Bei nichtbörsennotierten Gesellschaften kann die Satzung strengere Formerfordernisse vorsehen. Börsennotierte Gesellschaften müssen die Übermittlung eines Nachweises über die erteilte Vollmacht (durch den Aktionär oder den Bevollmächtigten; vgl. BT-Drucks. 16/11642, S. 49) auf zumindest einem elektronischen Weg ermöglichen, Abs. 3 Satz 4. Für den Widerruf der Vollmacht und den Nachweis der Bevollmächtigung gilt das Textformerfordernis gem. S. 3 ebenfalls.

15 Der **nicht legitimierte Vertreter** kann von der Teilnahme in der Hauptversammlung und damit auch von der Stimmrechtsausübung ausgeschlossen werden. Insofern darf zu Recht verlangt werden, dass der Vertreter nicht nur über eine Vollmacht verfügen muss, sondern dass er die Vollmacht zu seiner Legitimation auch nachweisen muss, insbesondere also eine Vollmachtsurkunde vorzulegen hat (*Hüffer/Koch* AktG, § 134 Rn. 24). Die Aushändigung der Vollmachtsurkunde zur Verwahrung in der Hauptversammlung ist nach dem Wegfall der entsprechenden Regel in Abs. 3 nicht mehr zulässig.

E. Art und Weise der Stimmrechtsausübung, Abs. 4

16 Zur Art und Weise der Stimmrechtsausübung und damit auch der Abstimmungsart enthält das Gesetz keine eigenständige Regelung, vielmehr überlässt es in Abs. 5 die »Form« der Stimmrechtsausübung der **Festlegung in der Satzung**. Enthält die Satzung eine solche Festlegung, sind die Hauptversammlung und der Vorsitzende der Versammlung daran gebunden. Delegiert die Satzung die Festlegung auf den Vorsitzenden der Hauptversammlung, so legt dieser die Modalitäten fest; die Hauptversammlung kann auch dann keine abweichenden Beschlüsse fassen (*Hüffer/Koch* AktG, § 134 Rn. 34). Bestehen keine Festlegungen in der Satzung, entscheidet der Vorsitzende der Hauptversammlung nach pflichtgemäßem Ermessen (vgl. *von der Linden* NZG 2012, 930 und Erl. zu § 129 AktG Rdn. 30).

§ 135 Ausübung des Stimmrechts durch Kreditinstitute und geschäftsmäßig Handelnde

(1) ¹Ein Kreditinstitut darf das Stimmrecht für Aktien, die ihm nicht gehören und als deren Inhaber es nicht im Aktienregister eingetragen ist, nur ausüben, wenn es bevollmächtigt ist. ²Die Vollmacht darf nur einem bestimmten Kreditinstitut erteilt werden und ist von diesem nachprüfbar festzuhalten. ³Die Vollmachtserklärung muss vollständig sein und darf nur mit der Stimmrechtsausübung verbundene Erklärungen enthalten. ⁴Erteilt der Aktionär keine ausdrücklichen Weisungen, so kann eine generelle Vollmacht nur die Berechtigung des Kreditinstituts zur Stimmrechtsausübung
1. entsprechend eigenen Abstimmungsvorschlägen (Absätze 2 und 3) oder
2. entsprechend den Vorschlägen des Vorstands oder des Aufsichtsrats oder für den Fall voneinander abweichender Vorschläge den Vorschlägen des Aufsichtsrats (Absatz 4)

vorsehen. ⁵Bietet das Kreditinstitut die Stimmrechtsausübung gemäß Satz 4 Nr. 1 oder Nr. 2 an, so hat es sich zugleich zu erbieten, im Rahmen des Zumutbaren und bis auf Widerruf einer Aktionärsvereinigung oder einem sonstigen Vertreter nach Wahl des Aktionärs die zur Stimmrechtsausübung erforderlichen Unterlagen zuzuleiten. ⁶Das Kreditinstitut hat den Aktionär jährlich und deutlich hervorgehoben auf die Möglichkeiten des jederzeitigen Widerrufs der Vollmacht und der Änderung des Bevollmächtigten hinzuweisen. ⁷Die Erteilung von Weisungen zu den einzelnen Tagesordnungspunkten, die Erteilung und der Widerruf einer generellen Vollmacht nach Satz 4 und eines Auftrags nach Satz 5 einschließlich seiner Änderung sind dem Aktionär durch ein Formblatt oder Bildschirmformular zu erleichtern.

(2) ¹Ein Kreditinstitut, das das Stimmrecht auf Grund einer Vollmacht nach Absatz 1 Satz 4 Nr. 1 ausüben will, hat dem Aktionär rechtzeitig eigene Vorschläge für die Ausübung des Stimmrechts zu den einzelnen Gegenständen der Tagesordnung zugänglich zu machen. ²Bei diesen Vorschlägen hat sich das Kreditinstitut vom Interesse des Aktionärs leiten zu lassen und organisatorische Vorkehrungen dafür zu treffen, dass Eigeninteressen aus anderen Geschäftsbereichen nicht einfließen; es hat ein Mitglied der Geschäftsleitung zu benennen, das die Einhaltung dieser Pflichten sowie die ordnungsgemäße Ausübung des Stimmrechts und deren Dokumentation zu überwachen hat. ³Zusammen mit seinen Vorschlägen hat das Kreditinstitut darauf hinzuweisen, dass es das Stimmrecht entsprechend den eigenen Vorschlägen ausüben werde, wenn der Aktionär nicht rechtzeitig eine andere Weisung erteilt. ⁴Gehört ein Vorstandsmitglied oder ein Mitarbeiter des Kreditinstituts dem Aufsichtsrat der Gesellschaft oder ein Vorstandsmitglied oder ein Mitarbeiter der Gesellschaft dem Aufsichtsrat des Kreditinstituts an, so hat das Kreditinstitut hierauf hinzuweisen. ⁵Gleiches gilt, wenn das Kreditinstitut an der Gesellschaft eine Beteiligung hält, die nach § 21 des Wertpapierhandelsgesetzes meldepflichtig ist, oder einem Konsortium angehörte, das die innerhalb von fünf Jahren zeitlich letzte Emission von Wertpapieren der Gesellschaft übernommen hat.

(3) ¹Hat der Aktionär dem Kreditinstitut keine Weisung für die Ausübung des Stimmrechts erteilt, so hat das Kreditinstitut im Falle des Absatzes 1 Satz 4 Nr. 1 das Stimmrecht entsprechend seinen eigenen Vorschlägen auszuüben, es sei denn, dass es den Umständen nach annehmen darf, dass der Aktionär bei Kenntnis der Sachlage die abweichende Ausübung des Stimmrechts billigen würde. ²Ist das Kreditinstitut bei der Ausübung des Stimmrechts von einer Weisung des Aktionärs oder, wenn der Aktionär keine Weisung erteilt hat, von seinem eigenen Vorschlag abgewichen, so hat es dies dem Aktionär mitzuteilen und die Gründe anzugeben. ³In der eigenen Hauptversammlung darf das bevollmächtigte Kreditinstitut das Stimmrecht auf Grund der Vollmacht nur ausüben, soweit der Aktionär eine ausdrückliche Weisung zu den einzelnen Gegenständen der Tagesordnung erteilt hat. ⁴Gleiches gilt in der Versammlung einer Gesellschaft, an der es mit mehr als 20 Prozent des Grundkapitals unmittelbar oder mittelbar beteiligt ist.

(4) ¹Ein Kreditinstitut, das in der Hauptversammlung das Stimmrecht auf Grund einer Vollmacht nach Absatz 1 Satz 4 Nr. 2 ausüben will, hat den Aktionären die Vorschläge des Vorstands und des Aufsichtsrats zugänglich zu machen, sofern dies nicht anderweitig erfolgt. ²Absatz 2 Satz 3 sowie Absatz 3 Satz 1 bis 3 gelten entsprechend.

(5) ¹Wenn die Vollmacht dies gestattet, darf das Kreditinstitut Personen, die nicht seine Angestellten sind, unterbevollmächtigen. ²Wenn es die Vollmacht nicht anders bestimmt, übt das Kreditinstitut das Stimmrecht im Namen dessen aus, den es angeht. ³Ist die Briefwahl bei der Gesellschaft zugelassen, so darf das bevollmächtigte Kreditinstitut sich ihrer bedienen. ⁴Zum Nachweis seiner Stimmberechtigung gegenüber der Gesellschaft genügt bei börsennotierten Gesellschaften die Vorlegung eines Berechtigungsnachweises gemäß § 123 Abs. 3; im Übrigen sind die in der Satzung für die Ausübung des Stimmrechts vorgesehenen Erfordernisse zu erfüllen.

(6) Ein Kreditinstitut darf das Stimmrecht für Namensaktien, die ihm nicht gehören, als deren Inhaber es aber im Aktienregister eingetragen ist, nur auf Grund einer Ermächtigung ausüben. Auf die Ermächtigung sind die Absätze 1 bis 5 entsprechend anzuwenden.

(7) Die Wirksamkeit der Stimmabgabe wird durch einen Verstoß gegen Absatz 1 Satz 2 bis 7, die Absätze 2 bis 6 nicht beeinträchtigt.

(8) Die Absätze 1 bis 7 gelten sinngemäß für Aktionärsvereinigungen und für Personen, die sich geschäftsmäßig gegenüber Aktionären zur Ausübung des Stimmrechts in der Hauptversammlung erbieten; dies gilt nicht, wenn derjenige, der das Stimmrecht ausüben will, gesetzlicher Vertreter, Ehegatte oder Lebenspartner des Aktionärs oder mit ihm bis zum vierten Grad verwandt oder verschwägert ist.

(9) Die Verpflichtung des Kreditinstituts zum Ersatz eines aus der Verletzung der Absätze 1 bis 6 entstehenden Schadens kann im Voraus weder ausgeschlossen noch beschränkt werden.

(10) § 125 Abs. 5 gilt entsprechend.

Übersicht	Rdn.		Rdn.
A. Regelungszweck	1	F. Erweiterung des Anwendungsbereichs, Abs. 8	14
B. Bevollmächtigung, Abs. 1 und 2	2		
C. Vollmachtsgestaltung	6	G. Ausschluss von Schadenersatzpflichten, Abs. 9	16
D. Stimmrechtsausübung	9		
E. Stimmrechtsausübung bei Namensaktien, Abs. 6	12		

A. Regelungszweck

1 Die Vorschrift betrifft das sog. **Bankenstimmrecht**. Die Vorschrift betrifft und ordnet die sich dadurch ergebende Situation, dass zahlreiche Aktionäre ihr Stimmrecht durch Intermediäre, insbesondere durch Banken und Aktionärsvereinigungen ausüben lassen, und sich bei diesen Intermediären eine beträchtliche Stimmrechtsmacht ansammeln kann. Das sog. Bankenstimmrecht wird vom Gesetz als **Vollmachtsstimmrecht** ausgestaltet und unterscheidet sich von dem früher sog. Depotstimmrecht der Banken vor allem dadurch, dass die betroffenen Kreditinstitute gem. den gesetzlichen Vorkehrungen an die Eigeninteressen der Aktionäre gebunden sind. Die Vorschrift war verschiedentlich Gegenstand gesetzlicher Regelungs- und Deregulierungsbemühungen. In der nunmehr geltenden Fassung durch das ARUG (vgl. *Noack* NZG 2008, 441, 443; *Grundmann* BKR 2009, 31 ff.) bezweckt es den Schutz der Eigeninteressen der Aktionäre, indem die bevollmächtigten Kreditinstitute bei der Stimmrechtsausübung aus fremden Aktien an den Willen der Aktionäre gebunden werden; zugleich erleichtert sie nach dem Willen des Gesetzgebers (BT-Drucks. 16/11642, S. 49) die Arbeit der Kreditinstitute bei der Stimmrechtsvertretung insofern, als diese nicht mehr verpflichtet, wohl aber berechtigt sind, eigene Abstimmungsvorschläge zu unterbreiten.

B. Bevollmächtigung, Abs. 1 und 2

2 Das Stimmrecht aus fremden Aktien darf durch Kreditinstitute (und ihnen gleichgestellte Intermediäre; vgl. Rdn. 15) nur aufgrund einer **Vollmacht** ausgeübt werden. Daraus ergibt sich zunächst, dass die Legitimationsübertragung zur Stimmrechtsausübung durch Kreditinstitute unzulässig ist (MünchHdb GesR IV/*Semler* § 38 Rn. 58).

3 **Formvorschriften** für die Vollmachtserteilung sieht § 135 AktG nicht vor. Es gelten die allgemeinen Regeln des § 134 Abs. 3 AktG. Nach Abs. 1 Satz 2 ist die Vollmachtserteilung vom Kreditinstitut **nachprüfbar** festzuhalten. Insofern bietet sich eine schriftliche Vollmachtserteilung an. Die Erteilung mittels Fax oder E-Mail ist ebenfalls wirksam (vgl. näher MüKo AktG/*Schröer*, § 135 Rn. 15 ff.). Ein Schriftformerfordernis kann nicht über eine entsprechende Satzungsbestimmung begründet werden (*Hüffer/Koch* AktG, § 135 Rn. 9). Zum beschränkten Spielraum für Modifikationen in der Satzung vgl. *Schulte/Bode* AG 2008, 730 ff.

4 Die Vollmacht darf nach Abs. 1 Satz 2 nur einem bestimmten Kreditinstitut erteilt werden. Das Kreditinstitut muss deshalb in der Vollmacht namentlich **benannt** werden. Die Vollmachtsertei-

lung muss vollständig sein und darf nur mit der Stimmrechtsausübung verbundene Erklärungen enthalten, Abs. 1 Satz 3; die Verbindung der Bevollmächtigung mit anderen Erklärungen ist somit unzulässig.

Das Kreditinstitut darf die Vollmacht in der Weise ausüben, dass es seine eigenen Angestellten unterbevollmächtigt. Die Wirksamkeit der Unterbevollmächtigung von Personen, die nicht Angestellte des Kreditinstituts sind, ist nach Abs. 5 Satz 1 davon abhängig, dass diese in der Vollmacht ausdrücklich gestattet wird.

C. Vollmachtsgestaltung

Inhaltlich kann die Vollmacht nur nach Maßgabe der in Abs. 1 Satz 4 geregelten umfänglichen Modalitäten gestaltet werden: (1) Der Aktionär kann zunächst eine ausdrückliche Weisung zur Stimmrechtsausübung erteilen; erteilt der Aktionär eine generelle Vollmacht ohne ausdrückliche Weisungen, so kann die Vollmacht nur in der Weise gestaltet werden, dass das Kreditinstitut (2) entweder im Sinne eigener Abstimmungsvorschläge (Abs. 1 Satz 4 Nr. 1) oder (3) entsprechend den Vorschlägen der Verwaltung (Abs. 1 Satz 4 Nr. 2) abstimmt. (4) Ferner kann das Kreditinstitut dem Aktionär beide Alternativen für die Stimmrechtsausübung anbieten. (5) In jedem Fall ist das Kreditinstitut nach Abs. 1 Satz 5 verpflichtet, zugleich anzubieten die Stimmrechtsausübung erforderlichen Unterlagen bis auf Widerruf an eine Aktionärsvereinigung oder an einen sonstigen Vertreter nach Wahl des Aktionärs weiterzuleiten. (6) Weiterhin hat das Kreditinstitut den Aktionär jährlich und deutlich hervorgehoben auf die Möglichkeiten des jederzeitigen Widerrufs der Vollmacht und der Änderung des Bevollmächtigten hinzuweisen, Abs. 1 Satz 6. (7). Schließlich sind dem Aktionär die Erleichterungen durch Formblatt oder Bildschirmformular nach Abs. 1 Satz 7 einzuräumen.

Im Fall der Vollmachtsvariante, nach der das Kreditinstitut eigene Abstimmungsvorschläge zu den Tagesordnungspunkten der Versammlung erstellt (Abs. 1 Satz 4 Nr. 1), sind die zusätzlichen Regeln der Abs. 2 und 3 zu beachten. Das Kreditinstitut hat die Vorschläge grundsätzlich nur zugänglich zu machen; damit ist das Einstellen in die Internetseite des Instituts gemeint. Eine Verpflichtung, die Vorschläge generell oder auf Verlangen des Aktionärs im Einzelfall in Papierform zuzuschicken oder zur Verfügung zu stellen, sieht das Gesetz nicht vor. Die Vorschläge müssen »rechtzeitig« zugänglich gemacht werden; damit es ein angemessener Zeitraum vor der Hauptversammlung gemeint, der es dem Aktionär nicht nur ermöglicht, die Vorschläge zur Kenntnis zu nehmen, sondern auch ermöglicht, dem Kreditinstitut eigene Weisungen zu geben. Abs. 2 Satz 2 bis 5 sieht umfängliche förmliche und organisatorische Regelungen vor, die gewährleisten sollen, dass Eigeninteressen aus anderen Geschäftsbereichen des Kreditinstituts nicht in dessen Vorschläge einfließen.

Im Fall der Vollmachtsvariante, nach der das Kreditinstitut das Stimmrecht gemäß den Vorschlägen der Verwaltung (Abs. 1 Satz 2 Nr. 2) ausüben will, hat das Kreditinstitut die Vorschläge der Verwaltung dem Aktionär nach Abs. 4 Satz 1 regelmäßig nicht zugänglich zu machen, weil die Verwaltungsvorschläge dem Aktionär bereits über die Homepage der Gesellschaft oder über die Bekanntmachung im elektronischen Bundesanzeiger zugänglich sind. Abs. 4 gilt deshalb nur für den Fall, dass ein Kreditinstitut sich für die Ausübung der Stimmrechte an einer außereuropäischen Gesellschaft bereit erklärt (BT-Drucks. 16/11642, S. 52).

D. Stimmrechtsausübung

Das Kreditinstitut kann das Stimmrecht entweder **im Namen des Aktionärs** ausüben; dabei ist der Name des Aktionärs offenzulegen (§ 164 Abs. 1 BGB); oder die Vollmachtsausübung erfolgt nach Abs. 5 Satz 2 im Namen dessen, den es angeht. Diese Variante ist nach Abs. 5 Satz 2 immer dann zulässig, wenn sie in der Vollmacht nicht ausgeschlossen (»anders bestimmt«) ist. In diesem Fall bleibt der bevollmächtigende Aktionär **anonym**, zumal der Aktionär auch im Teilnehmerverzeichnis nicht benannt werden muss (§ 129 Abs. 2 AktG).

§ 135 AktG Ausübung des Stimmrechts durch Kreditinstitute und geschäftsmäßig Handelnde

10 Die Ausübung des Vollmachtsstimmrechts in der eigenen Hauptversammlung des Kreditinstituts ist gem. Abs. 3 Satz 3 begrenzt. Die Ausübung des Stimmrechts in Hauptversammlungen von Gesellschaften, an denen das Kreditinstitut mit mehr als 20 % des Grundkapitals unmittelbar oder mittelbar beteiligt ist, wird durch Abs. 3 Satz 4 geregelt.

11 Zu den **Rechtsfolgen von Verstößen** gegen die Vollmachtsregeln des Abs. 1 Satz 2 bis 7 und Abs. 2 bis 6 sieht die Regelung in Abs. 7 vor, dass die Wirksamkeit der **Stimmabgabe** nicht beeinträchtigt wird. Der auf der Grundlage einer solchen Stimmabgabe gefasste Beschluss ist deshalb nach § 243 Abs. 1 AktG auch nicht anfechtbar. Der Gesetzgeber rechtfertigt diese Regelung mit dem Hinweis darauf, dass die Wirksamkeit der Hauptversammlungsbeschlüsse gegenüber Fehlern auf der Ebene des Bevollmächtigten und m Innenverhältnis zwischen Aktionär und Bevollmächtigtem abgeschottet sein soll (BT-Drucks. 16/11642, S. 53). Allein die Erteilung der Vollmacht nach Abs. 1 Satz 1 (unter Wahrung der Textform) ist somit eine Wirksamkeitsvoraussetzung der Hauptversammlungsbeschlüsse (*Grundmann* BKR 2009, 31, 37).

E. Stimmrechtsausübung bei Namensaktien, Abs. 6

12 Die Stimmrechtsausübung aus fremden Namensaktien durch Kreditinstitute ist nach geltendem Recht nur noch zulässig, wenn das Kreditinstitut als Inhaber der Aktien im Aktienregister eingetragen ist und zusätzlich eine **Ermächtigung** zur Stimmrechtsausübung durch den wirklichen Aktionär vorliegt, Abs. 6 Satz 1. Für die Erteilung dieser Ermächtigung gelten die in Satz 2 in Bezug genommenen Vorschriften des Vollmachtsrechts. Der Legitimationsnachweis und die Ausübung der Ermächtigung können mangels anderweitiger gesetzlicher Regelung auf der Grundlage der Regeln des Abs. 5 Satz 4 erfolgen und damit die Anonymität des wirklichen Aktionärs wahren. (*Marsch-Barner* FS Peltzer 2001, 261, 274; *Hüffer/Koch* AktG, § 135 Rn. 24).

13 Ist das Kreditinstitut im Aktienregister nicht eingetragen, kann es sich nur durch Vollmacht legitimieren. Dabei kann die Anonymität des Aktionärs nicht gewahrt werden; eine Abstimmung im Namen dessen, den es angeht, wäre mit § 67 Abs. 2 AktG unvereinbar.

F. Erweiterung des Anwendungsbereichs, Abs. 8

14 Abs. 8 erweitert den Anwendungsbereich der Vorschrift auf die genannten Vereinigungen und Personen aus der Erwägung, dass die Wahrung der Aktionärsinteressen durch die Stimmrechtsausübung von Aktionärsvereinigungen, Geschäftsleitern und Angestellten des Kreditinstituts und Personen, die sich geschäftsmäßig (nämlich mit Wiederholungsabsicht; BGH, Urt. v. 20.03.1995 – II ZR 205/94, Z 129, 136, 157) zur Ausübung des Stimmrechts erbieten, nicht ohne Weiteres gewährleistet ist. In Abs. 8 Halbs. 2 werden daher konsequent Angehörige des Aktionärs vom erweiterten Anwendungsbereich der Vorschrift ausgenommen, weil bei ihnen die Interessengefährdungslage gerade nicht als gegeben angesehen wird. Auf von der Gesellschaft benannte Stimmrechtsvertreter ist die Vorschrift nicht anwendbar, es sei denn es handelt sich um ein Mitglied der betreffenden Gesellschaft oder der Stimmrechtsvertreter erbietet sich ausschließlich für Hauptversammlungen der betreffenden Gesellschaft (OLG Hamm, Urt. v. 08.10.2012 – I-8 U 270/11, NZG 2013, 302).

15 **Finanzdienstleistungsinstitute** und die anderen über Abs. 10, § 125 Abs. 5 AktG erfassten Intermediäre unterliegen den für Kreditinstitute geltenden Regelungen des § 135 AktG gleichfalls. Zum Adressatenkreis vgl. die Erl. zu § 125 AktG Rn. 2.

G. Ausschluss von Schadenersatzpflichten, Abs. 9

16 Abs. 9 schließt kraft Gesetzes den vorherigen Ausschluss oder die vorherige Beschränkung von Schadensersatzansprüchen der Aktionäre aus. Die Regelung setzt einen **bestehenden Schadensersatzanspruch** voraus; dieser kann sich aus der Verletzung des Depotvertrages (§ 280 Abs. 1 BGB) oder aus Delikt (§ 823 Abs. 2 BGB i. V. m. § 135 AktG) ergeben; vorausgesetzt ist dann ein wegen der Verletzung der nach § 135 AktG bestehenden Pflichten kausal verursachter Schaden. Die Regelung gilt für Finanzdienstleistungsinstitute und die weiteren Intermediäre i. S. d. § 125 Abs. 5 AktG nach

Abs. 10 ebenfalls. Für Aktionärsvereinigungen und die sonstigen in Abs. 8 genannten Personen gilt die Regelung nach ihrem Wortlaut nicht; eine entsprechende Anwendung wird aber zu Recht gefordert, weil eine sachliche Rechtfertigung für deren Sonderbehandlung nicht erkennbar ist (*Hüffer/Koch* AktG, § 135 Rn. 36).

§ 136 Ausschluß des Stimmrechts

(1) ¹Niemand kann für sich oder für einen anderen das Stimmrecht ausüben, wenn darüber Beschluß gefaßt wird, ob er zu entlasten oder von einer Verbindlichkeit zu befreien ist oder ob die Gesellschaft gegen ihn einen Anspruch geltend machen soll. ²Für Aktien, aus denen der Aktionär nach Satz 1 das Stimmrecht nicht ausüben kann, kann das Stimmrecht auch nicht durch einen anderen ausgeübt werden.

(2) ¹Ein Vertrag, durch den sich ein Aktionär verpflichtet, nach Weisung der Gesellschaft, des Vorstands oder des Aufsichtsrats der Gesellschaft oder nach Weisung eines abhängigen Unternehmens das Stimmrecht auszuüben, ist nichtig. ²Ebenso ist ein Vertrag nichtig, durch den sich ein Aktionär verpflichtet, für die jeweiligen Vorschläge des Vorstands oder des Aufsichtsrats der Gesellschaft zu stimmen.

Übersicht	Rdn.		Rdn.
A. Regelungszweck	1	2. Befreiung von einer Verbindlichkeit	7
B. Stimmrechtsausschluss, Abs. 1	2	3. Anspruchsgeltendmachung	8
I. Personenkreis	2	III. Rechtsfolgen	9
II. Verbotsbereich	5	C. Stimmbindungsvereinbarungen mit	
1. Entlastung	5	Gesellschaft oder Verwaltung, Abs. 2	10

A. Regelungszweck

Die Vorschrift enthält in Abs. 1 für bestimmte Fälle einen **gesetzlichen Stimmrechtsausschluss**, mit 1 dem der Gesetzgeber von vornherein Interessenkollisionen vermeiden will. Dabei kommt es nicht darauf an, ob im Einzelfall tatsächlich eine Interessenkollision besteht; vielmehr soll in den vom Gesetzgeber angeführten Fällen ein unter dem Eindruck von Sonderinteressen stehender Aktionär generell schon wegen der **(abstrakten) Gefahr**, dass er sich bei seinem Abstimmungsverhalten nicht ausschließlich von Gesellschaftsinteressen leiten lässt, vom Stimmrecht ausgeschlossen sein. Insofern deckt sich die Vorschrift mit der Parallelregelung in § 47 Abs. 4 GmbHG (vgl. § 47 GmbHG Rdn. 31 ff.). Der Vorschrift ist kein allgemeines Prinzip des Inhalts zu entnehmen, dass das Vorliegen eines Interessenkonflikts einen Stimmrechtsausschluss zur Folge hat. Die Regelungen des § 181 BGB werden in Fällen von Interessenkollisionen zwischen Aktionären und Gesellschaft durch die spezielle Regelung des § 136 Abs. 1 AktG verdrängt (str.; vgl. *Hüffer/Koch* AktG, § 136 Rn. 18). Sie sind neben der aktienrechtlichen Regelung auch nicht ergänzend anwendbar, zumal nicht belegt ist, dass § 136 Abs. 1 AktG auf dem § 181 BGB tragenden Rechtsgedanken des Verbots von Insichgeschäften beruht. In der Rechtsprechung wird der Gedanke des **Verbots, Richter in eigener Sache** zu sein, als Grundgedanke der Regelung angeführt (so BGH, Urt. v. 20.01.1986 – II ZR 73/85, Z 97, 28, 33 zur GmbH; zum Zweck der Stimmverbote grundlegend *Zöllner* Schranken mitgliedschaftlicher Stimmrechtsmacht, 146 ff.). Das Stimmrechtsverbot bei der Vornahme von Rechtsgeschäften mit einem Aktionär befindet sich nach der bewussten Streichung aus dem AktG nur noch in § 47 Abs. 4 Satz 2 GmbHG (vgl. § 47 GmbHG Rdn. 36 f.); es kann interpretativ im AktG nicht wiederbelebt werden (*Hüffer/Koch* AktG, § 136 Rn. 17, 18). Abs. 2 soll gewährleisten, dass Sonderinteressen der Verwaltung die Verbandswillensbildung in der Hauptversammlung nicht beeinflussen. Stimmbindungsverträge, die einen Aktionär, der Mitglied des Vorstands oder des Aufsichtsrats der AG ist, in seiner Stimmabgabe an Weisungen oder Vorschläge der Verwaltung bindet, sind unwirksam. Die Vorschrift ist nach § 23 Abs. 5 AktG zwingend.

B. Stimmrechtsausschluss, Abs. 1

I. Personenkreis

2 Der Stimmrechtsausschluss trifft **nur Aktionäre**. Ein Aktionär, der sein Stimmrecht aus der Aktie nicht ausüben darf, ist nach Abs. 1 Satz 1 nicht befugt, für einen anderen Aktionär abzustimmen, mag in dessen Personen ein Ausschlussgrund gegeben sein oder nicht (BGH, Urt. v. 29.03.1971 – III ZR 255/68, Z 56, 47, 53). Der Ausschluss betrifft die Person des **Vertreters** unabhängig davon, ob dieser als Aktionär, als Vertreter, als Treuhänder oder als Legitimationsaktionär agiert (BGH, Urt. v. 12.06.1989 – II ZR 246/88, Z 108, 21, 25 zur GmbH). Für den Aktionär der Einmann-AG gilt das Stimmverbot nicht, weil ein Interessengegensatz zwischen Einzelgesellschafter und Gesellschaftergesamtheit nicht besteht (BGH, Urt. v. 12.07.2011 – II ZR 58/10, AG 2011, 702). Nach Abs. 1 Satz 2 ist es unzulässig, dass ein vom Stimmrecht ausgeschlossener Aktionär sein Stimmrecht durch einen anderen ausüben lässt. Das Verbot betrifft die Person des Aktionärs und verbietet ihm, durch Vertreterbestellung oder vergleichbare Maßnahmen das Stimmrechtsverbot zu umgehen (BGH, Urt. v. 29.03.1971 – III ZR 255/68, Z 56, 47, 53).

3 Ist der Aktionär eine **Gesellschaft**, so gilt: Trifft das Stimmverbot die Gesellschaft als Aktionär oder AG, betrifft das Stimmverbot grundsätzlich nur die beteiligte Gesellschaft; auf deren Gesellschafter und ihren Aktienbesitz an der AG kann das Stimmverbot allenfalls dann erstreckt werden, wenn die Gefahr besteht, dass sie sich bei ihrem Stimmverhalten mehr von den Interessen der beteiligten Gesellschaft als von denen der AG leiten lassen werden (*Villeda* AG 2013, 57; *Petersen/De la Cruz* NZG 2012, 453). Deshalb ist ein Stimmrechtsausschluss für den Alleingesellschafter der beteiligten Gesellschaft (BGH, Urt. v. 29.03.1971 – III ZR 255/68, Z 56, 47, 53), den nach § 17 AktG herrschenden Gesellschafter (OLG Hamburg, Urt. 29.10.1999 – 11 U 45/99, AG 2001, 91, 92) und die haftenden Gesellschafter einer OHG oder KG (BGH, Urt. v. 29.03.1973 – II ZR 139/70, NJW 1973, 1039, 1040) anerkannt worden. Präzise Abgrenzungskriterien sind bisher allerdings nicht entwickelt (*Hüffer/Koch* AktG, § 136 Rn. 12). Trifft das Stimmverbot einzelne Mitglieder der an der AG beteiligten Gesellschaften, so sind grundsätzlich nur diese vom Stimmrechtsausschluss nach Abs. 1 betroffen. Können aber die Mitglieder einen maßgeblichen Einfluss auf die beteiligte Gesellschaft ausüben, unterliegt auch die beteiligte Gesellschaft dem Stimmrechtsausschluss (BGH, Urt. v. 10.02.1977 – II ZR 81/76, Z 68, 107, 110 bei Betroffenheit aller Gesellschafter; OLG Brandenburg, Urt. v. 20.09.2000 – 7 U 71/00, NZG 2001, 129, 130 für Alleingesellschafter).

4 **Nahe Angehörige** des vom Stimmrechtsausschluss betroffenen Aktionärs sind dem Verbot des Abs. 1 grundsätzlich nicht unterworfen (BGH, Urt. v. 16.02.1981 – II ZR 168/79, Z 80, 69, 71 für GmbH). Im Einzelfall kommt eine Anwendung des Stimmrechtsausschlusses auch auf nahe Angehörige in Betracht, wenn ein Umgehungssachverhalt gegeben ist (OLG Hamm, Urt. v. 09.05.1988 – 8 U 250/87, GmbHR 1989, 79 zur GmbH).

II. Verbotsbereich

1. Entlastung

5 Der Fall der Entlastung betrifft jede Beschlussfassung, mit der die Tätigkeit eines Organs der AG gebilligt wird, ohne Rücksicht darauf, ob eine entsprechende Bezeichnung in der Tagesordnung vorherging. Mit dem Beschluss über die Abberufung eines Aufsichtsratsmitglieds geht kein (negativer) Entlastungsbeschluss einher; das betroffene Aufsichtsratsmitglied, das zugleich Aktionär ist, kann deshalb mitstimmen (*Zimmermann* FS Rowedder 1994, 593, 604). Für den Vertrauensentzug bei Vorstandsmitgliedern durch die Hauptversammlung gilt dies gleichfalls (*Hüffer/Koch* AktG, § 136 Rn. 19).

6 Im Fall des **Gesamtentlastungsbeschlusses** sind alle Mitglieder des jeweiligen Verwaltungsorgans von der Beschlussfassung ausgeschlossen (BGH, Urt. v. 12.06.1989 – II ZR 246/88, Z 108, 21, 25 f.). Bei dem Beschluss über die Entlastung eines einzelnen Organmitglieds (§ 120 Abs. 1 Satz 2 AktG) wird nach h. M. grundsätzlich nur das betroffene Organmitglied vom Stimmrechtsaus-

schluss erfasst. Ausnahmsweise erfasst der Stimmrechtsausschluss alle Aktionäre bzw. Organmitglieder, bei denen die konkrete Möglichkeit besteht, die entlastungserhebliche Pflichtverletzung gemeinsam begangen zu haben; die Beurteilung gemeinsamer Verfehlung ist dann auch eine eigene Angelegenheit jedes einzelnen Organmitglieds bzw. Aktionärs, die den Stimmrechtsausschluss beim Entlastungsbeschluss rechtfertigt (BGH, Urt. v. 20.01.1986 – II ZR 73/85, Z 97, 28, 33 f.). Der Stimmrechtsausschluss setzt voraus, dass Tatsachen und nicht nur vage Verdächtigungen behauptet werden, aus denen sich die Mitwirkung ergibt (*Hüffer/Koch* AktG, § 136 Rn. 20).

2. Befreiung von einer Verbindlichkeit

Das Stimmverbot wegen Befreiung von einer Verbindlichkeit differenziert nicht nach der Art der Verbindlichkeit. Es gilt sowohl für Verbindlichkeiten aus dem Gesellschafts- oder Organverhältnis als auch aus einem sonstigen Schuldverhältnis, es erfasst Verpflichtungen zum Unterlassen sowie Verpflichtungen zum positiven Tun. Auf die Art der Befreiung kommt es ebenfalls nicht an; einbezogen sind insbesondere **Erlassverträge**, **Verzichtsverträge**, (negative) **Schuldanerkenntnisverträge** sowie **Stundungsvereinbarungen** als vorübergehende Maßnahme. Wiederum sind – wie beim Entlastungsbeschluss (vgl. Erl. in Rdn. 5) – ausgeschlossen alle Personen, die aus derselben, gemeinsam begangenen Pflichtverletzung mithaften können (BGH, Urt. v. 20.01.1986 – II ZR 73/85, Z 97, 28, 33 f.).

7

3. Anspruchsgeltendmachung

Der Stimmrechtsausschluss besteht auch, wenn die Hauptversammlung über die Geltendmachung eines gegen den Betroffenen gerichteten Anspruchs beschließt. Differenzierungen nach der Art des Anspruchs werden vom Gesetz nicht getroffen. Mit dem Begriff der »Geltendmachung« wird insbesondere die gerichtliche Verfolgung eines Anspruchs erfasst. Anerkannt ist, dass sich die Regelung – ungeachtet ihrer missverständlichen Formulierung – nicht nur für Aktivprozesse der Gesellschaft, sondern auch dann gilt, wenn die AG verklagt wurde und die Hauptversammlung über verfahrensbeendende Maßnahmen (z. B. Vergleiche) zu beschließen hat; der klagende Aktionär ist von einer solchen Beschlussfassung ausgeschlossen (*Hüffer* AktG, § 136 Rn. 23).

8

III. Rechtsfolgen

Die verbotswidrige Stimmabgabe ist gem. § 134 BGB nichtig. Die Nichtigkeit des Hauptversammlungsbeschlusses ist damit nicht verbunden; vielmehr ist der Beschluss gem. § 243 Abs. 1 anfechtbar, wenn die verbotswidrig abgegebenen Stimmen mitgezählt wurden (OLG Frankfurt am Main, Urt. v. 16.09.1999 – 15 U 238/97, NJW-RR 2001, 466, 467). Bei Verschulden kann sich der Aktionär gegenüber der AG schadensersatzpflichtig machen (*Hüffer/Koch* AktG, § 136 Rn. 24). Nach Maßgabe des § 405 Abs. 3 Nr. 5 kann die verbotswidrige Stimmabgabe eine Ordnungswidrigkeit darstellen.

9

C. Stimmbindungsvereinbarungen mit Gesellschaft oder Verwaltung, Abs. 2

Die Regelung betrifft einen Sonderaspekt von Stimmbindungsverträgen. Sie geht von deren grundsätzlicher Zulässigkeit aus (vgl. § 133 AktG Rdn. 8), erklärt aber solche Stimmbindungsvereinbarungen für nichtig, durch die sich ein Aktionär verpflichtet, nach Weisung der AG oder deren Verwaltung zu stimmen. Nach Abs. 2 Satz 1 sind auch Vereinbarungen nichtig, nach denen Aktionäre an Weisungen eines von der Gesellschaft abhängigen Unternehmens gebunden werden sollen. Auf die Bindung an Verwaltungsvorschläge gerichtete Vereinbarungen sind ebenso nichtig wie die auf die Bindung an Weisungen gerichteten, Abs. 2 Satz 2.

10

Die Stimmabgabe aufgrund eines nach Abs. 2 nichtigen Vertrages ist nicht deshalb ungültig, weil sich der Aktionär inhaltlich an die Absprache gehalten hat (str.; vgl. OLG Nürnberg, Urt. v. 17.01.1996 – 12 U 2801/91, AG 1996, 228, 229). Sie kann aber zum Gegenstand einer **Anfechtungsklage** gemacht werden (*Hüffer/Koch* AktG, § 136 Rn. 29).

11

§ 137 Abstimmung über Wahlvorschläge von Aktionären

Hat ein Aktionär einen Vorschlag zur Wahl von Aufsichtsratsmitgliedern nach § 127 gemacht und beantragt er in der Hauptversammlung die Wahl des von ihm Vorgeschlagenen, so ist über seinen Antrag vor dem Vorschlag des Aufsichtsrats zu beschließen, wenn es eine Minderheit der Aktionäre verlangt, deren Anteile zusammen den zehnten Teil des vertretenen Grundkapitals erreichen.

1 Die Vorschrift erlaubt es einer qualifizierten Aktionärsminderheit, eigene Vorschläge zur Wahl von Aufsichtsratsmitgliedern vor den Vorschlägen des Aufsichtsrats zur Abstimmung zu bringen. Vorausgesetzt ist, dass ein Vorschlag nach § 127 AktG gemacht wird. Dabei handelt es sich um einen i.S.d. § 126 AktG mitteilungspflichtigen, nicht notwendig zu begründenden, aber den Widerspruch zum Aufsichtsratsvorschlag zum Ausdruck bringenden Vorschlag, der **binnen Wochenfrist** unterbreitet werden muss, §§ 127, 126 Abs. 1 AktG (vgl. die Erl. zu diesen Vorschriften).

2 Ferner ist erforderlich ein **Verlangen nach vorzeitiger Abstimmung**. Dieses muss durch eine Minderheit von Aktionären, die wenigstens 10 % des auf der Hauptversammlung vertretenen Grundkapitals zu umfassen hat (unter Einschluss der Briefwahlstimmen; *Mutter* AG 2010, R 241), gestellt werden. Der Versammlungsleiter ist gehalten, die Hauptversammlung nach Unterstützung eines vorgebrachten Minderheitsverlangens zu fragen, auch wenn im Zeitpunkt der Stellung des Verlangens dieses Quorum noch nicht erreicht ist (*Hüffer/Koch* AktG, § 137 Rn. 3).

3 Der Vorsitzende der Hauptversammlung ist bei der Festlegung der Abstimmungsreihenfolge an die **Priorität des Minderheitsverlangens** gebunden. Eine Beschlussfassung unter Verletzung von § 137 AktG ist anfechtbar (§§ 243, 251 Abs. 1 Satz 1 AktG). Die Abstimmungsreihenfolge unterschiedlicher Vorschläge mehrerer Aktionäre ist vom Gesetz nicht geregelt; sie kann vom Vorsitzenden nach eigenem Ermessen bestimmt werden.

Fünfter Unterabschnitt Sonderbeschluss

§ 138 Gesonderte Versammlung. Gesonderte Abstimmung

¹In diesem Gesetz oder in der Satzung vorgeschriebene Sonderbeschlüsse gewisser Aktionäre sind entweder in einer gesonderten Versammlung dieser Aktionäre oder in einer gesonderten Abstimmung zu fassen, soweit das Gesetz nichts anderes bestimmt. ²Für die Einberufung der gesonderten Versammlung und die Teilnahme an ihr sowie für das Auskunftsrecht gelten die Bestimmungen über die Hauptversammlung, für die Sonderbeschlüsse die Bestimmungen über Hauptversammlungsbeschlüsse sinngemäß. ³Verlangen Aktionäre, die an der Abstimmung über den Sonderbeschluß teilnehmen können, die Einberufung einer gesonderten Versammlung oder die Bekanntmachung eines Gegenstands zur gesonderten Abstimmung, so genügt es, wenn ihre Anteile, mit denen sie an der Abstimmung über den Sonderbeschluß teilnehmen können, zusammen den zehnten Teil der Anteile erreichen, aus denen bei der Abstimmung über den Sonderbeschluß das Stimmrecht ausgeübt werden kann.

1 Die Vorschrift regelt das Recht der sog. **Sonderbeschlüsse**. Sie betrifft die Situation, dass bestimmte Aktionärsgruppen von Beschlüssen der Hauptversammlung und Maßnahmen der Verwaltung unterschiedlich betroffen werden und deshalb eine Mehrheitsbeschlussfassung in der Hauptversammlung allein die Beachtung der Interessen der verschiedenen Aktionärsgruppen nicht gewährleisten kann. Deshalb schreibt das AktG an verschiedenen Stellen vor, dass bestimmte Maßnahmen nur beschlossen werden können, wenn bestimmte Gruppen von Aktionären zustimmen, bzw. dass einzelne Maßnahmen der Verwaltung der Zustimmung bestimmter Aktionärsgruppen bedürfen. Die in Betracht kommenden Fälle **sind im Gesetz aufgeführt** (vgl. Rdn. 2 f.). S. 1 ermöglicht zwar, durch die Satzung weitere Sonderbeschlüsse einzuführen; der Spielraum für satzungsautonome Festlegungen ist aber wegen § 23 Abs. 5 AktG praktisch bedeutungslos, weil die vom AktG errichtete Kompetenzordnung nicht durch Sonderbeschlusserfordernisse beeinträchtigt werden kann.

Insbesondere kann bestimmten Aktionärsgruppen über ein satzungsrechtliches Sonderbeschlusserfordernis ein Vetorecht gegen Beschlüsse der Hauptversammlung eingeräumt werden (MünchHdb GesR IV/*Semler* § 39 Rn. 49).

Das gesetzlich geregelte Erfordernis der **Zustimmung bestimmter Aktionärsgruppen zu Hauptversammlungsbeschlüssen** findet sich im Zusammenhang mit Vorzugsaktien, bei der Aufhebung oder Beschränkung von Vorzügen (§ 141 Abs. 1 AktG) bzw. bei der Ausgabe neuer Vorzugsaktien mit besserer oder gleicher Ausstattung (§ 141 Abs. 2 AktG). Sonderbeschlüsse der Inhaber stimmberechtigter Aktien unterschiedlicher Gattungen sind ferner erforderlich für die Änderung der Kapitalstruktur nebst Kapitalerhöhungen und -herabsetzungen (§§ 179 Abs. 3, 182 Abs. 2, 193 Abs. 1 Satz 3, 202 Abs. 2 Satz 4, 221 Abs. 1 Satz 4, 222 Abs. 2, 229 Abs. 3, 237 Abs. 2 Satz 1).

Das Erfordernis der **Zustimmung zu Maßnahmen der Verwaltung** durch außenstehende Aktionäre findet sich im Recht der (konzern-) verbundenen Unternehmen, insbesondere im Zusammenhang mit der Beschlussfassung über Unternehmensverträge bzw. über Ausgleichs- und Schadenersatzansprüche in Abhängigkeitssituationen (§§ 295 Abs. 2, 296 Abs. 2, 297 Abs. 2, 302 Abs. 3 Satz 3, 309 Abs. 3 Satz 1, 310 Abs. 4, 317 Abs. 4, 318 Abs. 4 AktG).

Zum **Verfahren** des Sonderbeschlusses regelt Satz 1, dass dieser entweder in einer gesonderten Versammlung oder in einer gesonderten Abstimmung in der Hauptversammlung gefasst wird. Die Entscheidung über die Wahl des Verfahrens trifft derjenige, der die Versammlung einberuft (Satz 2, § 121 Abs. 2 Satz 1 AktG), in der Regel somit der **Vorstand**. Die Entscheidung liegt im Ermessen des Einberufenden und wird aus Kostengründen regelmäßig zugunsten der gesonderten Abstimmung in der Hauptversammlung getroffen. Eine **gesonderte Versammlung** ist zwingend vorgeschrieben für die Sonderbeschlussfassung durch die Vorzugsaktionäre, § 141 Abs. 3 Satz 1 AktG. Nach Satz 2, § 122 Abs. 1 AktG kann eine Minderheit von 5 % des Grundkapitals die Einberufung einer gesonderten Versammlung oder die Ankündigung von Gegenständen zur gesonderten Abstimmung verlangen. Dieselben Rechte stehen nach Satz 3 auch einer Minderheit von 10 % der sonderbeschlussberechtigten Aktionäre zu.

Für die **Durchführung** der Sonderbeschlussfassung gelten die **allgemeinen Regeln** sinngemäß, S. 2. Anzuwenden sind die Regeln der §§ 121 ff. AktG für die Einberufung der gesonderten Versammlung und der §§ 131 ff. AktG für die Auskunftserteilung. Das Teilnahmerecht beurteilt sich nach § 118 AktG, wobei nur die für den Sonderbeschluss abstimmungsberechtigten Aktionäre teilnahmeberechtigt sind (str.; vgl. *Hüffer/Koch* AktG, § 139 Rn. 4). Den Vorsitz in der gesonderten Versammlung hat der Vorsitzende des Aufsichtsrats, wenn er – wie regelmäßig (vgl. Erl. zu § 129 AktG Rdn. 17) – den Vorsitz in der Hauptversammlung hat. Für das Teilnehmerverzeichnis und die Protokollierung gelten die Regelungen der §§ 129, 130 AktG sinngemäß. Wenn der Sonderbeschluss durch gesonderte Abstimmung in der Hauptversammlung gefasst werden soll, handelt es sich dabei um einen eignen Gegenstand der Tagesordnung, der als solcher angekündigt werden muss (Satz 2, § 124 Abs. 1 Satz 1 AktG).

Sechster Unterabschnitt Vorzugsaktien ohne Stimmrecht

§ 139 Wesen

(1) Für Aktien, die mit einem nachzuzahlenden Vorzug bei der Verteilung des Gewinns ausgestattet sind, kann das Stimmrecht ausgeschlossen werden (Vorzugsaktien ohne Stimmrecht).

(2) Vorzugsaktien ohne Stimmrecht dürfen nur bis zur Hälfte des Grundkapitals ausgegeben werden.

§ 139 AktG Wesen

Übersicht

	Rdn.		Rdn.
A. Überblick und Regelungszweck	1	C. Höchstgrenze für Vorzugsaktien, Abs. 2	6
B. Voraussetzungen für die Einführung von stimmrechtslosen Vorzugsaktien, Abs. 1	2		

A. Überblick und Regelungszweck

1   Die Vorschriften der §§ 139 bis 141 AktG regeln das **Recht der Vorzugsaktien**. Dabei handelt es sich um eine besondere Aktiengattung (§ 11 AktG), die mit einem Vorzugsrecht bei der Gewinnverteilung ausgestattet sind, andererseits aber **kein Stimmrecht** gewähren. Die Regelung des § 139 AktG legt die Voraussetzungen für den Stimmrechtsausschluss bei Vorzugsaktien fest und begrenzt deren Umfang am Grundkapital. Durch die Ausgabe von stimmrechtslosen Vorzugsaktien werden dem Unternehmen neue Mittel durch Aufnahme neuer Aktionäre zugeführt, ohne dass das Stimmrecht der bisherigen Aktionäre beeinträchtigt wird. Der Vorzug besteht in der Regel darin, dass die Vorzugsaktionäre eine Vorabdividende erhalten, dass also bei einer Ausschüttung des erwirtschafteten Bilanzgewinns die Stammaktionäre erst bedient werden, nachdem die Vorzugsaktionäre ihren festgelegten Vorzug erhalten haben. Kapitalanleger werden insbesondere dann stimmrechtslose Vorzugsaktien erwerben, wenn das Stimmrecht für sie als Minderheitsaktionäre ohnehin keine erhebliche Bedeutung hat. Die Schaffung stimmrechtsloser Vorzugsaktien wird vor allem bei der Börseneinführung von Familienunternehmen, bei der Ausgabe von Belegschaftsaktien und als Instrument im Zusammenhang mit der Abwehr feindlicher Übernahmeversuche in Erwägung gezogen (*Bezzenberger* Vorzugsaktien, 36 ff.).

B. Voraussetzungen für die Einführung von stimmrechtslosen Vorzugsaktien, Abs. 1

2   Voraussetzung für die Zulässigkeit des Stimmrechtsausschlusses ist nach Abs. 1, dass die Aktien mit einem Vorzug bei der Verteilung des Gewinns ausgestattet werden. Aktionäre, denen kein ordnungsgemäßer Gewinnvorzug i. S. d. Abs. 1 eingeräumt wurde, behalten ihr Stimmrecht. Der Vorzug muss in der **Priorität** bei der Ausschüttung des Bilanzgewinns vor den Stammaktionären liegen. Die Vorzugsaktionäre haben keinen Anspruch darauf, dass eine Ausschüttung erfolgt; wenn aber ein Bilanzgewinn erwirtschaftet wurde und eine Ausschüttung erfolgt, sind die Vorzugsaktionäre vorrangig vor den Stammaktionären zu bedienen. Ein **Stimmrechtsausschluss** für Aktien mit Dividendenvorzug ohne Priorität ist unzulässig; der Einräumung von Zusatzdividenden auf stimmrechtslose Vorzugsaktien, die zusätzlich zu priorisierten Dividenden ausgeschüttet werden, steht § 139 AktG nicht entgegen (*Bezzenberger* Vorzugsaktien, 41 ff.).

3   Die **Höhe des Vorzugs** muss **objektiv bestimmbar** sein. Regelmäßig erfolgt dies in der Weise, dass die Dividende der Vorzugsaktionäre auf einen bestimmten Prozentsatz des Nennbetrags der Aktien festgelegt wird; zulässig ist es, den Dividendenvorzug nicht auf den Nennbetrag der Aktien, sondern auf einen bestimmten Teil des Grundkapitals zu beziehen (*Ihrig/Streit* NZG 1998, 201, 206). Die Festlegung eines Festbetrags in der Satzung ist ebenfalls zulässig (*Hüffer/Koch* AktG, § 139 Rn. 7). Vorschriften zur Mindesthöhe des Vorzugs enthält das Gesetz nicht.

4   Der Gewinnvorzug muss nach Abs. 1 **nachzahlbar** sein, wenn damit ein Stimmrechtsausschluss für den betroffenen Aktionär einhergehen soll (BGH, Urt. v. 22.04.1953 – II ZR 72/53, Z 9, 279, 283 f.). Damit ist gemeint, dass die Vorzugsdividende, die in einem Jahr nicht gezahlt wird, in den folgenden Jahren zu bedienen ist, und der Vorrang im Verhältnis zu den übrigen Aktionären auch für die nachzuzahlenden Beträge besteht. Auch das nachzahlbare Recht ist grundsätzlich ein an die Aktie gebundenes Mitgliedschaftsrecht; die Satzung kann aber nach § 140 Abs. 3 AktG festlegen, dass das Recht auf Nachzahlung als Gläubigerrecht ausgestaltet und damit selbstständig übertragbar wird (vgl. § 140 AktG Rdn. 3). Das Recht auf Nachzahlung muss so lange bestehen, bis die rückständige Dividende vollständig gezahlt wurde. Einschränkend kann vorgesehen werden, dass das Nachzahlungsrecht nach einer bestimmten Frist erlischt, wenn zugleich der Ausschluss des Stimmrechts erlischt und die Aktionäre stimmberechtigt werden (*Hüffer/Koch* AktG, § 139 Rn. 10).

Die **Einführung stimmrechtsloser Vorzugsaktien** kann wegen der damit verbundenen Eingriffe in das Mitgliedschaftsrecht der Vorzugs- und der Stammaktionäre **nur durch die Satzung** erfolgen. Der Stimmrechtsausschluss ist auch in den Fällen eines squeeze out verfassungsgemäß (BVerfG, Beschl. v. 28.08.2007 – 1 BvR 861/06, WM 2007, 1884). Den erforderlichen Satzungsspielraum eröffnen §§ 12 Abs. 1 Satz 2, 60 Abs. 3 AktG. Die nachträgliche Einführung stimmrechtsloser Vorzugsaktien setzt eine entsprechende Satzungsänderung voraus (§§ 179 ff. AktG). Diese kann entweder die Umwandlung vorhandener Aktien oder eine Kapitalerhöhung unter Ausgabe von Vorzugsaktien zum Gegenstand haben. Erforderlich ist überdies die Zustimmung der Aktionäre, in deren Stimmrecht eingegriffen wird (BGH, Urt. v. 19.12.1977 – II ZR 136/76, Z 70, 117, 122; vgl. *Baums* FS Canaris 2007, 3, 18 f.). Nach h. M. ist bei der Umwandlung von stimmberechtigten in stimmrechtslose Aktien auch die Zustimmung der nicht betroffenen Aktionäre erforderlich, weil durch die Einführung des Vorzugs auch in ihr Mitgliedschaftsrecht auf gleichmäßige Gewinnbeteiligung eingegriffen wird (*Hüffer/Koch* AktG, § 139 Rn. 12). Beschlüsse zur Einführung von stimmrechtslosen Vorzugsaktien ohne ordnungsgemäße Vorzugsdividende sind nach § 143 Nr. 3 AktG nichtig.

C. Höchstgrenze für Vorzugsaktien, Abs. 2

Die Höchstgrenze für die Ausgabe von Vorzugsaktien ist nach Abs. 2 AktG auf die **Hälfte des Grundkapitals** festgelegt. Damit wird gewährleistet, dass die Mehrheit von Kapitalgebern nicht durch die Stimmrechtsmacht einer Minderheit majorisiert werden kann (*Hüffer/Koch* AktG, § 139 Rn. 17). Der für die Berechnung maßgebliche Zeitpunkt ist nach Abs. 2 der **Zeitpunkt der Ausgabe** der Vorzugsaktien. Auf den Fall der nachträglichen Herabsetzung stimmberechtigten Kapitals findet die Vorschrift nach h. M. entsprechende Anwendung (*Hüffer/Koch* AktG, § 139 Rn. 18).

§ 140 Rechte der Vorzugsaktionäre

(1) Die Vorzugsaktien ohne Stimmrecht gewähren mit Ausnahme des Stimmrechts die jedem Aktionär aus der Aktie zustehenden Rechte.

(2) ¹Wird der Vorzugsbetrag in einem Jahr nicht oder nicht vollständig gezahlt und der Rückstand im nächsten Jahr nicht neben dem vollen Vorzug dieses Jahres nachgezahlt, so haben die Vorzugsaktionäre das Stimmrecht, bis die Rückstände nachgezahlt sind. ²In diesem Fall sind die Vorzugsaktien auch bei der Berechnung einer nach Gesetz oder Satzung erforderlichen Kapitalmehrheit zu berücksichtigen.

(3) Soweit die Satzung nichts anderes bestimmt, entsteht dadurch, daß der Vorzugsbetrag in einem Jahr nicht oder nicht vollständig gezahlt wird, noch kein durch spätere Beschlüsse über die Gewinnverteilung bedingter Anspruch auf den rückständigen Vorzugsbetrag.

Da § 139 AktG nur den Ausschluss des Stimmrechts ermöglicht, bleiben alle übrigen Aktionärsrechte dem Vorzugsaktionär nach § 140 Abs. 1 AktG erhalten. Sie sind insbesondere zur Teilnahme an der Hauptversammlung berechtigt und haben die Hauptversammlungsbezogenen Rechte (Auskunftsrecht, Antrags- und Vorschlagsrecht). Die **Gewinnverteilung** erfolgt unter vorrangiger Berücksichtigung der Vorzugsaktien (sog. Priorität der Vorzugsaktien; vgl. Erl. zu § 139 AktG Rdn. 2). Vorzugsaktien untereinander sind grundsätzlich gleichberechtigt. Aus § 141 Abs. 2 AktG ergibt sich, dass die Satzung Gruppen von Vorzugsaktien schaffen kann, die vor anderen Vorzugsaktien zu bedienen sind. Insgesamt gilt, dass nachzuzahlende Dividenden vor aktuellen Vorzugsdividenden zu bedienen sind; diese haben wiederum Vorrang vor der Dividendenausschüttung an Stammaktionäre. Nach dem Prioritätsgrundsatz haben ältere Rückstände Vorrang vor jüngeren (*Hüffer/Koch* AktG, § 139 Rn. 14). Sie haben auch das Bezugsrecht aus einer Kapitalerhöhung (§ 186 Abs. 1 AktG).

Unter den Voraussetzungen des Abs. 2 Satz 1 sind stimmrechtslose Vorzugsrechte ausnahmsweise doch stimmberechtigt. Mit diesem kraft Gesetzes angeordneten **Aufleben des Stimmrechts** soll die

Effizienz des Gewinnvorzugs gestärkt werden (*Hüffer/Koch* AktG, § 140 Rn. 1). Das Stimmrecht lebt auf, wenn die Vorzugsdividende in einem Jahr zumindest nicht vollständig gezahlt wurde und im nächsten Jahr der Rückstand nicht vollständig nachgezahlt oder die Vorzugsdividende erneut nicht vollständig geleistet wird. Das Stimmrecht besteht auch dann, wenn im Ausgangs- oder im Folgejahr kein Bilanzgewinn erzielt wurde oder ein verteilungsfähiger Gewinn anderweitig genutzt wurde (*Hüffer/Koch* AktG, § 140 Rn. 4). Das Stimmrecht **entsteht kraft Gesetzes**. Maßgeblich ist derjenige Zeitpunkt, zu dem feststeht, dass die AG die Vorzüge unter Verletzung von Abs. 2 nicht bedienen wird. Das ist vor allem dann der Fall, wenn im Jahresabschluss ein hinreichender Bilanzgewinn nicht ausgewiesen und dieser Jahresabschluss festgestellt wird; dieses geschieht regelmäßig mit der Billigung des Jahresabschlusses durch den Aufsichtsrat (§ 172 AktG) und damit so rechtzeitig vor der Hauptversammlung, dass in der Einberufung auf das Aufleben des Stimmrechts hinzuweisen ist (*Bezzenberger* Vorzugsaktien, 99 f.). Wird ein Bilanzgewinn ausgewiesen und schlägt der Vorstand vor, den Bilanzgewinn nicht oder nicht vollständig für die Vorzugsaktien zu verwenden, entsteht das Stimmrecht nach h. M. mit der Feststellung des Beschlussergebnisses durch den Vorsitzenden der Hauptversammlung (*Hüffer/Koch* AktG, § 140 Rn. 5). Die Auffassung, nach der es auf die Vorlage der beurkundeten Niederschrift der Hauptversammlung (so MüKo AktG/*Volhard* § 140 Rn. 10) ankommen soll, trägt dem Regelungszweck des Abs. 2 nicht Rechnung, weil die Effizienz der Vorzugsrechte durch das Zuwarten bis zur nächsten Versammlung gerade nicht gefördert wird. Diesem Zweck entspricht es vielmehr, dass die Vorzugsaktionäre schon in der laufenden Hauptversammlung stimmberechtigt sind (*Hüffer/Koch* AktG, § 140 Rn. 5). Das **Stimmrecht erlischt**, sobald die Rückstände vollständig nachgezahlt sind. Bei der Berechnung der Kapitalmehrheit werden die auflebenden Stimmrechte nach Abs. 2 Satz 2 mitgezählt. Die Regelung enthält eine Ausnahme zu dem Grundsatz, dass das auf (stimmrechtslose) Vorzugsaktien entfallende Grundkapital für die Berechnung des bei der Beschlussfassung vertretenen Kapitals (vgl. Erl. zu § 133 AktG Rdn. 15) nicht mitgezählt wird.

3 Das **Recht auf Nachzahlung** der Vorzugsdividende ist nach dem gesetzlichen Regelfall des Abs. 3 ein mit der Aktie verbundenes Mitgliedschaftsrecht und als solches nicht isoliert übertragbar. Der Anspruch steht danach demjenigen zu, der im Zeitpunkt des Verteilungsbeschlusses Aktionär ist; die Übertragung der Vorzugsaktie lässt den Anspruch grundsätzlich nicht übergehen (MünchHdb GesR IV/*Semler* § 38 Rn. 23). Die Satzung kann das Nachzahlungsrecht aus Vorzugsdividenden als von der Mitgliedschaft gelöstes und damit auch selbstständiges übertragbares Recht ausweisen, Abs. 3. Der Nachzahlungsanspruch steht unter der aufschiebenden Bedingung eines Gewinnverteilungsbeschlusses, der den Nachzahlungsbetrag freigibt; der Anspruch kann abgetreten werden, geht aber nicht notwendig mit der Übertragung der Aktie über (BGH, Urt. v. 15.04.2010 – IX ZR 188/09, NZG 2010, 75 Tz. 16 ff.).

§ 141 Aufhebung oder Beschränkung des Vorzugs

(1) Ein Beschluß, durch den der Vorzug aufgehoben oder beschränkt wird, bedarf zu seiner Wirksamkeit der Zustimmung der Vorzugsaktionäre.

(2) ¹Ein Beschluß über die Ausgabe von Vorzugsaktien, die bei der Verteilung des Gewinns oder des Gesellschaftsvermögens den Vorzugsaktien ohne Stimmrecht vorgehen oder gleichstehen, bedarf gleichfalls der Zustimmung der Vorzugsaktionäre. ²Der Zustimmung bedarf es nicht, wenn die Ausgabe bei Einräumung des Vorzugs oder, falls das Stimmrecht später ausgeschlossen wurde, bei der Ausschließung ausdrücklich vorbehalten worden war und das Bezugsrecht der Vorzugsaktionäre nicht ausgeschlossen wird.

(3) ¹Über die Zustimmung haben die Vorzugsaktionäre in einer gesonderten Versammlung einen Sonderbeschluß zu fassen. ²Er bedarf einer Mehrheit, die mindestens drei Viertel der abgegebenen Stimmen umfaßt. ³Die Satzung kann weder eine andere Mehrheit noch weitere Erfordernisse bestimmen. ⁴Wird in dem Beschluß über die Ausgabe von Vorzugsaktien, die bei der Verteilung des Gewinns oder des Gesellschaftsvermögens den Vorzugsaktien ohne Stimmrecht vorgehen

oder gleichstehen, das Bezugsrecht der Vorzugsaktionäre auf den Bezug solcher Aktien ganz oder zum Teil ausgeschlossen, so gilt für den Sonderbeschluß § 186 Abs. 3 bis 5 sinngemäß.

(4) Ist der Vorzug aufgehoben, so gewähren die Aktien das Stimmrecht.

Übersicht

	Rdn.		Rdn.
A. Überblick	1	C. Ausgabe neuer Vorzugsaktien, Abs. 2	5
B. Aufhebung oder Beschränkung der Vorzugsrechte, Abs. 1 und 4	2	D. Erfordernis eines Sonderbeschlusses, Abs. 3	7

A. Überblick

Die Vorschrift bezweckt mit ihren nach § 23 Abs. 5 AktG zwingenden Regelungen den **Schutz der Vorzugsaktionäre** gegen Maßnahmen, die ihre Vorzüge beeinträchtigen. Solche Maßnahmen bedürfen der Zustimmung der Vorzugsaktionäre (Abs. 1 und 2), die im Wege eines mit qualifizierter Mehrheit zu fassenden Sonderbeschlusses einzuholen ist (Abs. 3). 1

B. Aufhebung oder Beschränkung der Vorzugsrechte, Abs. 1 und 4

Gegenstand des für die Aufhebung oder Beschränkung von Vorzugsrechten erforderlichen Zustimmungs-Sonderbeschlusses können nach Abs. 1 nur Hauptversammlungsbeschlüsse sein, die Vorzugsrechte der Aktionäre aufheben oder beschränken, und damit als **satzungsändernde Beschlüsse** gefasst worden sind. Durch den Beschluss muss entweder der Gewinnvorzug oder das Nachzahlungsrecht betroffen worden sein, wobei die h. M. eine **unmittelbare Beeinträchtigung** von Vorzügen verlangt. Darunter fallen die Aufhebung des Gewinnvorzugs oder des Nachzahlungsrechts, die nachträgliche Einführung von Bedingungen oder Vorbehalten sowie die Umwandlung eines selbstständigen in ein unselbstständiges Nachzahlungsrecht. Nur mittelbare Beeinträchtigungen durch Satzungsänderungen werden nicht erfasst. Deshalb bedürfen der Abschluss eines Gewinnabführungsvertrages oder eines Vertrages nach dem UmwG nicht der Zustimmung der Vorzugsaktionäre (*Hüffer/Koch* AktG, § 141 Rn. 6; teilweise abweichend *Kiem* ZIP 1997, 1627, 1628 ff.). Die Kapitalerhöhung aus Gesellschaftsmitteln (§§ 207 ff. AktG) ist kein Anwendungsfall des § 141 AktG, weil wegen § 216 Abs. 1 Satz 1 AktG die Rechte der Vorzugsaktionäre untereinander und insgesamt nicht beeinträchtigt werden (OLG Stuttgart, Urt. 11.02.1992 – 10 U 313/90, AG 1993, 94 f.). Die Kapitalherabsetzung führt nach h. M. nur zu einer mittelbaren Beeinträchtigung der Vorzüge und bedarf deshalb nicht der Zustimmung der Vorzugsaktionäre nach Abs. 1 (vgl. *Hüffer/Koch* AktG, § 141 Rn. 8 f.; a. A. Spindler/Stilz/*Bormann* AktG, § 141 Rn. 13 ff.). Nicht erfasst wird die Umwandlung einer AG in eine KGaA (OLG Schleswig, Beschl. v. 15.10.2007 – 5 W 50/07, ZIP 2007, 2162, 2164). 2

Solange der Zustimmungsbeschluss der Vorzugsaktionäre nach Abs. 1, 4 nicht vorliegt, ist der Hauptversammlungsbeschluss **schwebend unwirksam**. Eine Eintragung der Satzungsänderung im Handelsregister darf erst erfolgen, wenn der Zustimmungs-Sonderbeschluss nach Abs. 3 vorliegt. Versagen die Vorzugsaktionäre die Zustimmung, ist der Hauptversammlungsbeschluss endgültig unwirksam. 3

Wird der Vorzug ordnungsgemäß aufgehoben, gewähren die Aktien nach Abs. 4 das Stimmrecht. Eines besonderen Beschlusses der Hauptversammlung über das Aufleben des Stimmrechts bedarf es nicht. 4

C. Ausgabe neuer Vorzugsaktien, Abs. 2

Abs. 2 betrifft die Ausgabe neuer Vorzugsaktien und verlangt wegen der damit einhergehenden (mittelbaren) Beeinträchtigung der bestehenden Vorzüge die **Zustimmung der betroffenen Vorzugsaktionäre**. Erfasst wird nur die Ausgabe neuer Vorzugsaktien; die Ausgabe neuer Stammaktien beeinträchtigt die Vorzugsaktionäre nach der gesetzlichen Wertung nicht. Wegen der Beeinträchtigung 5 bestehender Vorzüge durch die Umwandlung von Stamm- in Vorzugsaktien fällt diese Maßnahme dagegen in den Anwendungsbereich des Abs. 2. Zustimmungspflichtig ist danach die **Ausgabe gleich- oder gar vorrangiger Vorzugsaktien**. Dagegen unterliegt die Wirksamkeit der Schaffung gegenüber vorhandenen Vorzugsaktien nachrangig zu bedienender Vorzüge nicht der Zustimmung der bisherigen Vorzugsaktionäre, die durch diese nur nachrangig wirkende Maßnahme in ihren Rechten nicht beeinträchtigt werden (*Hüffer/Koch* AktG, § 141 Rn. 15).

6 Unter den Voraussetzungen des Abs. 2 Satz 2 kann das **Zustimmungserfordernis** bei der Ausgabe neuer Vorzugsaktien durch die Satzung **ausgeschlossen** werden. Dazu ist erstens ein ausdrücklicher Satzungsvorbehalt für die Ausgabe neuer Vorzugsaktien bei deren Entstehung erforderlich und zweitens vorausgesetzt, dass das Bezugsrecht der alten Vorzugsaktionäre (§ 186 Abs. 1 AktG) nicht ausgeschlossen ist.

D. Erfordernis eines Sonderbeschlusses, Abs. 3

7 Die nach Abs. 1 und 2 erforderliche Zustimmung der Vorzugsaktionäre erfolgt nicht im Wege der Einzelzustimmung, sondern durch Beschlussfassung über einen entsprechenden Sonderbeschluss, Abs. 3. Dieser kann nicht in gesonderter Abstimmung innerhalb der Hauptversammlung gefasst werden, Abs. 3 Satz 1. Für die Einberufung der notwendig gesonderten Versammlung gelten nach § 138 Satz 2 AktG die Regelungen der §§ 121 ff. AktG entsprechend. Das Recht zur Teilnahme haben nur die betroffenen Vorzugsaktionäre.

8 Der Sonderbeschluss bedarf der **qualifizierten Mehrheit** nach Abs. 3 Satz 2. Das Mehrheitserfordernis bezieht sich auf die abgegebenen Stimmen und nicht auf eine Kapitalmehrheit. Das Erfordernis einer qualifizierten Kapitalmehrheit darf auch nicht durch die Satzung eingeführt werden. Die Regelung ist nach Abs. 3 Satz 3 ausnahmslos zwingend.

9 Hinsichtlich des Bezugsrechts der bisherigen Vorzugsaktionäre ergibt sich aus Abs. 3 Satz 4 zunächst, dass dieses überhaupt ausgeschlossen werden kann. Der Ausschluss ist aber an die Voraussetzungen des § 186 Abs. 3 bis 5 AktG gebunden. Insofern bedarf es neben der erforderlichen Stimmenmehrheit der Kapitalmehrheit des § 186 Abs. 3 Satz 2 AktG.

Siebenter Unterabschnitt Sonderprüfung. Geltendmachung von Ersatzansprüchen

§ 142 Bestellung der Sonderprüfer

(1) ¹Zur Prüfung von Vorgängen bei der Gründung oder der Geschäftsführung, namentlich auch bei Maßnahmen der Kapitalbeschaffung und Kapitalherabsetzung, kann die Hauptversammlung mit einfacher Stimmenmehrheit Prüfer (Sonderprüfer) bestellen. ²Bei der Beschlußfassung kann ein Mitglied des Vorstands oder des Aufsichtsrats weder für sich noch für einen anderen mitstimmen, wenn die Prüfung sich auf Vorgänge erstrecken soll, die mit der Entlastung eines Mitglieds des Vorstands oder des Aufsichtsrats oder der Einleitung eines Rechtsstreits zwischen der Gesellschaft und einem Mitglied des Vorstands oder des Aufsichtsrats zusammenhängen. ³Für ein Mitglied des Vorstands oder des Aufsichtsrats, das nach Satz 2 nicht mitstimmen kann, kann das Stimmrecht auch nicht durch einen anderen ausgeübt werden.

(2) ¹Lehnt die Hauptversammlung einen Antrag auf Bestellung von Sonderprüfern zur Prüfung eines Vorgangs bei der Gründung oder eines nicht über fünf Jahre zurückliegenden Vorgangs bei der Geschäftsführung ab, so hat das Gericht auf Antrag von Aktionären, deren Anteile bei Antragstellung zusammen den hundertsten Teil des Grundkapitals oder einen anteiligen Betrag von 100 000 Euro erreichen, Sonderprüfer zu bestellen, wenn Tatsachen vorliegen, die den Verdacht rechtfertigen, dass bei dem Vorgang Unredlichkeiten oder grobe Verletzungen des Gesetzes oder der Satzung vorgekommen sind; dies gilt auch für nicht über zehn Jahre zurückliegende

Vorgänge, sofern die Gesellschaft zur Zeit des Vorgangs börsennotiert war. ²Die Antragsteller haben nachzuweisen, dass sie seit mindestens drei Monaten vor dem Tag der Hauptversammlung Inhaber der Aktien sind und dass sie die Aktien bis zur Entscheidung über den Antrag halten. ³Für eine Vereinbarung zur Vermeidung einer solchen Sonderprüfung gilt § 149 entsprechend.

(3) Die Absätze 1 und 2 gelten nicht für Vorgänge, die Gegenstand einer Sonderprüfung nach § 258 sein können.

(4) ¹Hat die Hauptversammlung Sonderprüfer bestellt, so hat das Gericht auf Antrag von Aktionären, deren Anteile bei Antragstellung zusammen den hundertsten Teil des Grundkapitals oder einen anteiligen Betrag von 100 000 Euro erreichen, einen anderen Sonderprüfer zu bestellen, wenn dies aus einem in der Person des bestellten Sonderprüfers liegenden Grund geboten erscheint, insbesondere, wenn der bestellte Sonderprüfer nicht die für den Gegenstand der Sonderprüfung erforderlichen Kenntnisse hat, seine Befangenheit zu besorgen ist oder Bedenken wegen seiner Zuverlässigkeit bestehen. ²Der Antrag ist binnen zwei Wochen seit dem Tage der Hauptversammlung zu stellen.

(5) ¹Das Gericht hat außer den Beteiligten auch den Aufsichtsrat und im Fall des Absatzes 4 den von der Hauptversammlung bestellten Sonderprüfer zu hören. ²Gegen die Entscheidung ist die sofortige Beschwerde zulässig. ³Über den Antrag gemäß den Absätzen 2 und 4 entscheidet das Landgericht, in dessen Bezirk die Gesellschaft ihren Sitz hat. ⁴Ist bei dem Landgericht eine Kammer für Handelssachen gebildet, so entscheidet diese an Stelle der Zivilkammer. ⁵Die Landesregierung kann die Entscheidung durch Rechtsverordnung für die Bezirke mehrerer Landgerichte einem der Landgerichte übertragen, wenn dies der Sicherung einer einheitlichen Rechtsprechung dient. ⁶Die Landesregierung kann die Ermächtigung auf die Landesjustizverwaltung übertragen.

(6) ¹Die vom Gericht bestellten Sonderprüfer haben Anspruch auf Ersatz angemessener barer Auslagen und auf Vergütung für ihre Tätigkeit. ²Die Auslagen und die Vergütung setzt das Gericht fest. ³Gegen die Entscheidung ist die sofortige Beschwerde zulässig. ⁴Die weitere Beschwerde ist ausgeschlossen. ⁵Aus der rechtskräftigen Entscheidung findet die Zwangsvollstreckung nach der Zivilprozeßordnung statt.

(7) Hat die Gesellschaft Wertpapiere im Sinne des § 2 Abs. 1 Satz 1 des Wertpapierhandelsgesetzes ausgegeben, die an einer inländischen Börse zum Handel im regulierten Markt zugelassen sind, so hat im Falle des Absatzes 1 Satz 1 der Vorstand und im Falle des Absatzes 2 Satz 1 das Gericht der Bundesanstalt für Finanzdienstleistungsaufsicht die Bestellung des Sonderprüfers und dessen Prüfungsbericht mitzuteilen; darüber hinaus hat das Gericht den Eingang eines Antrags auf Bestellung eines Sonderprüfers mitzuteilen.

(8) Auf das gerichtliche Verfahren nach den Absätzen 2 bis 6 sind die Vorschriften des Gesetzes über das Verfahren in Familiensachen und in den Angelegenheiten der freiwilligen Gerichtsbarkeit anzuwenden, soweit in diesem Gesetz nichts anderes bestimmt ist.

Übersicht	Rdn.		Rdn.
A. Überblick und Regelungszweck	1	E. Gerichtliche Bestellung anderer Sonderprüfer, Abs. 4	13
B. Bestellung von Sonderprüfern durch die Hauptversammlung, Abs. 1	3	F. Ergänzende materiell- und verfahrensrechtliche Regeln für die gerichtliche Sonderprüferbestellung, Abs. 5 bis 8	15
C. Gerichtliche Bestellung von Sonderprüfern, Abs. 2	6		
D. Verhältnis zur Sonderprüfung nach § 258 Abs. 3 AktG	12		

A. Überblick und Regelungszweck

Gem. den §§ 316 ff. HGB sind der Jahresabschluss und der Lagebericht von Kapitalgesellschaften zu prüfen, sofern es sich nicht um kleine Gesellschaften i. S. d. § 267 HGB handelt. Das Aktien- 1 recht kennt darüber hinaus **Sonderprüfungen**. Sie betreffen Vorgänge bei der Gründung oder der Geschäftsführung nach den §§ 142 ff. AktG, bestimmte Posten des Jahresabschlusses wegen unzulässiger Unterbewertung und des Anhangs zum Jahresabschluss wegen unvollständiger Berichterstattung gem. § 258 AktG sowie die Prüfung der geschäftlichen Beziehungen der Gesellschaft zum herrschenden oder einem mit diesem verbundenen Unternehmen gem. § 315 AktG.

2 Die Sonderprüfung nach § 142 AktG soll es den Aktionären ermöglichen, die **Geltendmachung eventueller Ersatzansprüche** der AG gegen ihre Gründer und Mitglieder der Verwaltung vorzubereiten. Sie ist ausweislich der Antragsbefugnis einer qualifizierten Aktionärsminderheit auch ein **Instrument des Minderheitenschutzes** in der AG. § 142 AktG regelt das Verfahren der Bestellung von Prüfern für die Sonderprüfung bestimmter Vorgänge der Geschäftsführung oder der Gesellschaftsgründung. Die Prüfer können entweder von der Hauptversammlung (Abs. 1) oder hilfsweise auf Antrag gerichtlich bestellt werden (Abs. 2). Ein von der Hauptversammlung bestellter Sonderprüfer kann unter den Voraussetzungen des Abs. 4 vom Gericht ersetzt werden. In Abs. 5 bis 8 enthält die Vorschrift besondere materiell- und verfahrensrechtliche Regeln zur Sonderprüfung nach § 142 AktG.

B. Bestellung von Sonderprüfern durch die Hauptversammlung, Abs. 1

3 **Gegenstand der Sonderprüfung** nach § 142 AktG können zunächst »Vorgänge« der Gründung oder Geschäftsführung sein. Damit ist gemeint, dass sich die Sonderprüfung auf **bestimmte, gegenständlich beschränkte Sachverhalte** beziehen muss. Die Hauptversammlung ist durchaus auch befugt, eine Prüfung zu beschließen, die sich auf einen ganzen Zeitabschnitt bezieht; dann aber handelt es sich nicht um eine Sonderprüfung i. S. d. § 142 AktG mit den dafür geltenden besonderen Regeln (OLG Hamburg, Urt. v. 23.12.2010 – 11 U 185/09, AG 2011, 677). Vorgänge der Gründung sind alle Maßnahmen von der Errichtung bis zur Eintragung der Gesellschaft, einschließlich der Nachgründungsvorgänge (§ 52 AktG). Der Geschäftsführungsbegriff umfasst nicht nur den gesamten Tätigkeitsbereich des Vorstands der AG, sondern auch die Tätigkeit des Aufsichtsrats, die sich auf Vorstandsangelegenheiten bezieht und damit insbesondere die im Anstellungsvertrag geregelten Angelegenheiten (OLG Düsseldorf, Beschl. v. 09.12.2009 – I-6 W 45/09, ZIP 2010, 28; Spindler/Stilz/*Mock* AktG, § 142 Rn. 42). Der Jahresabschluss als solcher, der Gegenstand der Abschlussprüfung gem. §§ 316 ff. HGB ist, kann nicht Gegenstand einer Sonderprüfung sein, wohl aber die Prüfung einzelner Posten des Jahresabschlusses, die mit bestimmten prüfungsgegenständlichen Vorgängen im Zusammenhang stehen (näher *Habersack* FS Wiedemann 2002, 889, 901; a. A. Spindler/Stilz/*Mock* AktG, § 142 Rn. 45). Mit der ausdrücklichen Erwähnung von Maßnahmen der Kapitalbeschaffung und Kapitalherabsetzung in Abs. 1 Satz 1 macht der Gesetzgeber deutlich, dass auch diese von der Hauptversammlung zu beschließenden Maßnahmen in den sachlichen Sonderprüfungsbereich fallen. Eine Sonderprüfung ist deswegen und insoweit gerechtfertigt, als der Vorstand die entsprechenden Maßnahmen vorzubereiten und durchzuführen hat; allerdings wird es für ausreichend erachtet, dass als Prüfungsthema die Gesamtmaßnahme (z. B. Kapitalerhöhung gegen Sacheinlage) bezeichnet wird, wenn diese in den Entlastungszeitraum fällt (MünchHdb GesR IV/*Semler* § 42 Rn. 3). Geschäftliche Beziehungen zwischen der Konzernmutter zu Tochterunternehmen der betroffenen Aktiengesellschaft können Gegenstand der Sonderprüfung sein, wenn es sich um Vorgänge der Gesellschaft handelt. Das ist der Fall, wenn die Gesellschaft als Erteilerin oder Empfängerin einer Weisung im Vertragskonzern die wirtschaftlichen Konsequenzen einer dem beherrschten Unternehmen oder von dem herrschenden Unternehmen vorgegebenen Maßnahme zu tragen hat (OLG Düsseldorf, Urt. v. 15.01.2010 – I-17 U 6/09, NZG 2010, 1069, 1070). Vorgänge, die ausschließlich Konzernunternehmen betreffen, können nicht Gegenstand einer bei der Konzernobergesellschaft beantragten Sonderprüfung nach § 142 sein.

4 Die Bestellung von Sonderprüfern erfolgt nach Abs. 1 Satz 1 durch **Beschluss der Hauptversammlung**. Er wird mit der **einfachen Mehrheit** gefasst (§§ 142, 133 Abs. 1 AktG). Die Satzung kann keine anderen Mehrheitserfordernisse anordnen (§ 23 Abs. 5 AktG). Anerkannt ist, dass der »Antrag auf Sonderprüfung« im Rahmen des Tagesordnungspunktes »Entlastung« gestellt werden kann und

damit ohne notwendig vorherige ausdrückliche Bekanntmachung mit der Einberufung (§ 124 Abs. 4 Satz 2 AktG) behandelt werden muss, wenn sich Prüfungs- und Entlastungszeitraum decken. Da der Beschluss nach Abs. 1 auf die Bestellung von Sonderprüfern gerichtet sein muss, sind diese im Antrag namentlich zu benennen (ADS §§ 142 bis 146 AktG Rn. 12). Der Abschluss des Vertragsverhältnisses, also die **Erteilung des Prüfungsauftrags** selbst ist zwar grundsätzlich eine Annexkompetenz der Hauptversammlung; da diese aber kein ständiges Organ ist und der Vertragsschluss kaum innerhalb des Zeitraums des Zusammentretens der zur Sonderprüfung beschlussfassenden Hauptversammlung erfolgen kann, ist der Prüfungsauftrag in entsprechender Anwendung von § 111 Abs. 2 Satz 3 AktG vom Aufsichtsrat zu erteilen; die noch immer befürwortete Zuständigkeit des Vorstands (vgl. *Hüffer/Koch* AktG, § 142 Rn. 11; Spindler/Stilz/*Mock* AktG, § 142 Rn. 80) ist nach der Einführung der Sonderzuständigkeit des Aufsichtsrats durch das KonTraG in den Kreis der Aufsichtsratsaufgaben nach § 111 AktG nicht mehr begründet. Die **Kosten** der Sonderprüfung hat die bei der Auftragserteilung durch den Aufsichtsrat vertretene Gesellschaft zu tragen.

Mitglieder des Vorstands oder des **Aufsichtsrats** unterliegen bei der Beschlussfassung einem **Stimmverbot**, wenn die Sonderprüfung mit ihrer eigenen Entlastung oder der Entlastung eines andern Mitglieds der Verwaltung oder der Einleitung eines Rechtsstreits gegen diese zusammenhängt, Abs. 1 Satz 2. Nach derselben Regelung können sie auch nicht für andere Aktionäre abstimmen. Eine Umgehung dieses Stimmverbots wird in Satz 3 dadurch verhindert, dass die Überlassung der eigenen oder fremden Aktien an einen Dritten zum Zwecke der Ausübung des Stimmrechts verboten und gem. § 405 Abs. 3 Nr. 5 AktG als Ordnungswidrigkeit sanktioniert ist. Die Vorschriften erweitern das Stimmverbot des § 136 AktG (zur Rechtslage hinsichtlich des Stimmrechts aus Aktien, die nicht Mitgliedern der Verwaltung der AG, sondern Gemeinschaften oder juristischen Personen gehören, an denen wiederum das Mitglied der Verwaltung beteiligt ist, vgl. Erl. zu § 136 AktG Rdn. 3). Wird das Stimmrecht unter Verstoß gegen Abs. 1 ausgeübt, ist der Hauptversammlungsbeschluss gem. § 243 Abs. 1 AktG **anfechtbar**, wenn der Beschluss ohne die unzulässige Stimmabgabe nicht zustande gekommen wäre.

C. Gerichtliche Bestellung von Sonderprüfern, Abs. 2

Wird ein Hauptversammlungsbeschluss über die Bestellung von Sonderprüfern abgelehnt, besteht unter den weiteren Voraussetzungen des Abs. 2 die Möglichkeit, Sonderprüfer **auf Antrag** gerichtlich bestellen zu lassen. Der Ablehnung des Hauptversammlungsbeschlusses ist die Vertagung eines entsprechenden Beschlusses oder die Absetzung des Gegenstandes von der Tagesordnung gleich zu achten (*Hüffer/Koch* AktG, § 142 Rn. 18).

Ebenso wie bei der Bestellung durch die Hauptversammlung ist auch für die gerichtliche Prüferbestellung die **Angabe eines prüfungsfähigen Vorgangs** i. S. d. Abs. 1 erforderlich (vgl. oben Rdn. 3). Dabei ist für Vorgänge der Geschäftsführung zu beachten, dass diese nicht länger als 5 Jahre – gerechnet vom Zeitpunkt des ablehnenden Beschlusses der Hauptversammlung – zurückliegen dürfen.

Ferner sind Tatsachen vorzutragen, die einen **Verdacht auf Unredlichkeit oder grobe Pflichtverletzung** begründen; die Regelung findet eine Parallele in § 148 Abs. 1 Satz 2 Nr. 3 AktG (vgl. noch Erl. zu § 148 AktG Rdn. 5). Die Tatsachen müssen »vorliegen«; damit ist gemeint, dass die Antragsteller auf Tatsachen gestützte Verdachtsmomente vortragen müssen, für deren Vorliegen eine gewisse Wahrscheinlichkeit spricht (wobei ein bloßer Verdacht nicht ausreicht; OLG Stuttgart, Beschl. v. 15.06.2010 – 8 W 391/08, NZG 2010, 864), ohne dass deren Glaubhaftmachung oder Beweis verlangt wird (OLG München, Urt. v. 25.03.2010, ZIP 2010, 1127, 1128). Das Gericht hat nicht zu prüfen, ob der Verdacht begründet ist; dies ist Aufgabe der Prüfer im Rahmen der Sonderprüfung. Stehen die vom Antragsteller behaupteten Tatsachen unstreitig fest, so fehlt für einen Antrag nach § 142 Abs. 2 AktG das Rechtsschutzbedürfnis (KG, Beschl. v. 05.01.2012 – 2 W 95/11, ZIP 2012, 672). Die gerichtliche Bestellung von Sonderprüfern zielt darauf ab, die tatsächlichen Grundlagen für mögliche rechtliche Konsequenzen – insbesondere: Ersatzansprüche der Gesellschaft - aufzuklären, nicht aber auf die Klärung einer zwischen den Beteiligten umstrittenen Rechtsfrage (KG,

Beschl. v. 05.01.2012 – 2 W 95/11, ZIP 2012, 672). Das Gericht hat zu prüfen, ob der gestellte Antrag im Einzelfall rechtsmissbräuchlich und deswegen als unbegründet (OLG Düsseldorf, Beschl. v. 09.12.2009 – I-6 W 45/09, ZIP 2010, 28; vgl. a. *Hirte* ZIP 1988, 953, 956 gegen AG Düsseldorf, Beschl. v. 04.05.1988 – HR B 20461, ZIP 1988, 970 – unzulässig) zurückzuweisen ist. Ein Missbrauch des Antragsrechts liegt vor, wenn illoyale, grob eigennützige Rechtsausübung betrieben wird (OLG Düsseldorf, Beschl. v. 09.12.2009 – I-6 W 45/09, ZIP 2010, 28 TZ. 28). Dabei ist insbesondere der aus dem sog. Abkauf von Anfechtungsklagen bekannte Umstand erheblich, dass die Antragsteller mit dem Sonderprüfungsantrag einen »Lästigkeitswert« generieren, den sie durch das Verlangen unberechtigter Zahlungen an sich selbst missbräuchlich zum eigenen Vorteil nutzen wollen (*Hüffer/Koch* AktG, § 142 Rn. 21). Ferner ist eine allgemeine Verhältnismäßigkeitsprüfung vorzunehmen, die ihre Rechtfertigung in der Gesetzessystematik und der Gesetzesbegründung findet (BT-Drucks 15/5092 S. 18); danach ist »eine ... Verhältnismäßigkeitsprüfung ... auch bei der Zulassung der Sonderprüfung in Geringfügigkeitsfällen vorzunehmen, wenn die Kosten und negativen Auswirkungen einer Sonderprüfung für die Gesellschaft nicht in angemessenem Verhältnis zu dem durch das Fehlverhalten ausgelösten Schaden stehen«

9 Der **Antrag** muss von einer **qualifizierten Minderheit** gestellt werden, deren Größe in der geltenden Gesetzesfassung auf die (niedrige) Schwelle des Klagezulassungsverfahrens nach § 148 Abs. 1 AktG festgelegt ist. Antragsbefugt sind auch Aktionäre stimmrechtsloser Vorzüge; das auf stimmrechtslose Vorzüge entfallende Kapital ist deswegen auch bei der Berechnung der Schwellenwerte zu berücksichtigen.

10 Gefordert wird in Abs. 2 S. 2, dass die Antragsteller die dort bestimmte Mindestdauer ihres Aktienbesitzes und dessen Fortdauer bis zur Entscheidung über den Antrag nachweisen. Die **Vorbesitzzeit** von 3 Monaten ist beginnend mit dem Tag vor der Hauptversammlung, welche die Bestellung der Sonderprüfer abgelehnt hat, rückwärts zu rechnen. Der erforderliche Nachweis der Vorbesitzzeit kann – wie in § 123 Abs. 3 S. 2 AktG – durch eine Bestätigung des depotführenden Kreditinstituts erbracht werden; eine Glaubhaftmachung oder gar einen Strengbeweis wollte der Gesetzgeber nicht verlangen (vgl. BT-Drucks. 3/05, S. 36 und § 123 AktG Rdn. 7–11). Der Nachweis der **Fortdauer des Aktienbesitzes** kann durch die Vorlage einer Verpflichtungserklärung des depotführenden Kreditinstituts erbracht werden, nach der das Kreditinstitut das Gericht über Veränderungen des Aktienbestandes unterrichten wird (BayObLG, Beschl. v. 15.09.2004 – 3Z BR 145/04, Z 2004, 260, 265). Ein Antrag wird unzulässig, wenn der Antragsteller eine Aktionärsstellung verliert oder infolge eines Ausschlusses des Minderheitsaktionärs dessen Anteile auf den Hauptaktionär übergehen (OLG München, Beschl. v. 11.05.2010 – 31 Wx 14/10, NZG 2010, 866).

11 Nach Abs. 2 S. 3 gilt § 149 AktG für eine »Vereinbarung zur Vermeidung einer solchen Sonderprüfung« entsprechend. Damit soll möglichen Praktiken des »Abkaufs von Sonderprüfungsverlangen« dadurch begegnet werden, dass nach §§ 142 Abs. 2 S. 2, 149 Abs. 2 AktG die erfassten Vereinbarungen im vollständigen Wortlaut und unter Angabe der Namen der Beteiligten in den Gesellschaftsblättern bekannt zu machen sind. Die Prüfung der Rechtsmissbräuchlichkeit eines unter solchen Umständen gestellten Sonderprüfungsantrags im Einzelfall bleibt von dieser Regelung unberührt (vgl. oben Rdn. 8).

D. Verhältnis zur Sonderprüfung nach § 258 Abs. 3 AktG

12 Sonderprüfungen nach § 258 AktG haben **Vorrang** vor derjenigen nach § 142 AktG. Besteht der Verdacht, dass Sachverhalte vorliegen, die von dieser Vorschrift erfasst werden, nämlich die unzulässige Unterbewertung bestimmter Posten des festgestellten Jahresabschlusses (§ 258 Abs. 1 S. 1 Nr. 1 AktG) oder die nicht ordnungsgemäße Berichterstattung im Anhang zum Jahresabschluss (§ 258 Abs. 1 S. 1 Nr. 2 AktG), müssen die Aktionäre den Weg der Beantragung einer Sonderprüfung nach § 258 AktG gehen, der in der kurzen Frist des § 258 Abs. 2 AktG gestellt werden muss. Der Sonderprüfungsantrag nach § 142 AktG ist wegen der Subsidiaritätsanordnung auch dann nicht zulässig, wenn die Sonderprüfung nach § 258 AktG tatsächlich nicht erfolgt, der Verdachtssachverhalt aber

in den Anwendungsbereich der Vorschrift fällt (*Hüffer/Koch* AktG, § 142 Rn. 26; a. A. *Wilsing/Neumann* DB 2006, 31).

E. Gerichtliche Bestellung anderer Sonderprüfer, Abs. 4

Abs. 4 räumt einer Minderheit das Recht ein, bei Gericht die Bestellung eines anderen Sonderprüfers zu verlangen, wenn gegen den von der Hauptversammlung bestellten Sonderprüfer die nach der Regelung erheblichen Bedenken bestehen. Solche Bedenken betreffen ausweislich des Abs. 4 S. 1 die Qualifikation, die Unbefangenheit und die Zuverlässigkeit des Sonderprüfers. Dabei sind auch die Anforderungen des § 143 Abs. 1 AktG und die nach § 143 Abs. 2 AktG bestehenden Bestellungshindernisse zu beachten.

Antragsberechtigt ist nur eine **qualifizierte Aktionärsminderheit**, deren Höhe derjenigen für die gerichtliche Bestellung nach Abs. 2 AktG entspricht. Die **Antragsfrist** beträgt **2 Wochen**; sie ist nach §§ 187, 188 BGB zu berechnen und beginnt mit dem Tag der Bestellung des Prüfers, regelmäßig somit am Tag nach der Beschlussfassung in der Hauptversammlung.

F. Ergänzende materiell- und verfahrensrechtliche Regeln für die gerichtliche Sonderprüferbestellung, Abs. 5 bis 8

Abs. 8 trifft die klarstellende Regelung, dass das gerichtliche Verfahren der Sonderprüferbestellung grundsätzlich den **Bestimmungen des FamFG** unterfällt. Besondere Regelungen enthält Abs. 5. Nach Abs. 5 S. 3 entscheidet das am Gesellschaftssitz zuständige Landgericht, gegebenenfalls durch die Kammer für Handelssachen, Abs. 5 S. 4. Es hat die in Abs. 5 S. 1 genannten Personen anzuhören. Beteiligte im Sinne dieser Vorschrift sind die Antragsteller und die Gesellschaft, gegen die sich der Antrag richtet; die Gesellschaft wird durch den Vorstand vertreten.

Das Gericht entscheidet im Hinblick auf Abs. 5 S. 2 durch zu begründenden **Beschluss**. Darin sind nicht nur die Sonderprüfer zu bestellen, was ihre namentliche Nennung erfordert (OLG Frankfurt am Main, Urt. 09.10.2003 – 20 W 487/02, AG 2004, 104, 105); das Gericht hat auch den Prüfungsauftrag festzulegen, es hat somit die zu prüfenden Vorgänge zu spezifizieren. Auf entsprechenden Antrag hat das Gericht gegebenenfalls den Widerruf der Bestellung der von der Hauptversammlung benannten Prüfer in seinem Beschluss mit auszusprechen (*Hüffer/Koch* AktG, § 142 Rn. 34).

Die vom Gericht bestellten Sonderprüfer haben nach Abs. 6 **Anspruch auf Auslagenersatz und Vergütung**. Schuldnerin dieser Ansprüche der gerichtlich bestellten Sonderprüfer ist die AG; sie wird durch ein Schuldverhältnis verpflichtet, das durch die gerichtliche Entscheidung zur Prüferbestellung und die Annahme der Bestellung durch den Prüfer zustande kommt. Der Prüfer kann die Annahme der Bestellung von der Zahlung eines Vorschusses durch die Gesellschaft abhängig machen. Eine vertragliche Regelung der Prüfungsmodalitäten im Rahmen des gerichtlich festgelegten Prüfungsauftrags wird vom Gesetz nicht ausgeschlossen. Wenn keine Vereinbarung zustande kommt, setzt das Gericht die Auslagen und die Vergütung i. H. d. i. S. d. § 632 Abs. 2 BGB üblichen Vergütung fest, Abs. 6 S. 2 (vgl. dazu WP-Handb. 2000 Bd. I A, 508 ff., 530).

Abs. 7 begründet bestimmte **Mitteilungspflichten des Vorstands** oder des Gerichts **gegenüber der BAFin**. Diese bestehen nur, wenn die AG Aktien oder andere Wertpapiere i. S. d. § 2 Abs. 1 S. 1 WpHG ausgegeben hat, die im Inland zum Handel im regulierten Markt zugelassen sind. Die Sonderprüfung hat gem. §§ 342b Abs. 3 HGB, 37o Abs. 2 WpHG Vorrang vor einer Enforcement-Prüfung durch die BAFin.

§ 143 Auswahl der Sonderprüfer

(1) Als Sonderprüfer sollen, wenn der Gegenstand der Sonderprüfung keine anderen Kenntnisse fordert, nur bestellt werden
1. Personen, die in der Buchführung ausreichend vorgebildet und erfahren sind;

2. Prüfungsgesellschaften, von deren gesetzlichen Vertretern mindestens einer in der Buchführung ausreichend vorgebildet und erfahren ist.

(2) ¹Sonderprüfer darf nicht sein, wer nach § 319 Abs. 2, 3, § 319a Abs. 1, § 319b des Handelsgesetzbuchs nicht Abschlußprüfer sein darf oder während der Zeit, in der sich der zu prüfende Vorgang ereignet hat, hätte sein dürfen. ²Eine Prüfungsgesellschaft darf nicht Sonderprüfer sein, wenn sie nach § 319 Abs. 2, 4, § 319a Abs. 1, § 319b des Handelsgesetzbuchs nicht Abschlußprüfer sein darf oder während der Zeit, in der sich der zu prüfende Vorgang ereignet hat, hätte sein dürfen.

1 Die Vorschrift betrifft die Anforderungen an die Person der nach § 142 AktG zu bestellenden Sonderprüfer. Die Regelung gilt sowohl für die durch die Hauptversammlung als auch die gerichtlich zu bestellenden Sonderprüfer. Sie bezweckt, dass nur solche Personen ausgewählt werden, die über die erforderliche **Sachkunde und Unbefangenheit** verfügen, welche die Erreichung des Zwecks der Sonderprüfung (vgl. § 142 AktG Rdn. 2) gewährleisten. Die Regelungen des § 143 Abs. 1 AktG finden eine Parallele in § 33 Abs. 4 AktG für die Qualifikation der Gründungsprüfer; auf die Kommentierung zu dieser Vorschrift wird hier verwiesen.

2 In Abs. 2 werden **Bestellungsverbote** differenziert nach natürlichen Personen und Prüfungsgesellschaften geregelt: Natürliche Personen können nach Abs. 2 Satz 1 zu Sonderprüfern nicht bestellt werden, wenn die Voraussetzungen der §§ 319 Abs. 2 und 3, 319a Abs. 1 HGB vorliegen. Für Prüfungsgesellschaften ordnet die Verweisung in Abs. 2 Satz 2 an, dass die in §§ 319 Abs. 2 und 4, 319a Abs. 1 AktG geregelten Ausschlussgründe für die Bestellung zum Abschlussprüfer als Bestellungshindernisse für Sonderprüfer gelten.

3 Die Regelungen des § 143 AktG sind **zwingend** (§ 23 Abs. 5 AktG). Verstößt der Beschluss der Hauptversammlung gegen Abs. 1, ist dieser gem. § 243 Abs. 1 AktG **anfechtbar** (str.; vgl. *Hüffer/Koch* AktG, § 143 Rn. 5). Die Verletzung von Abs. 2 hat die **Nichtigkeit** des Hauptversammlungsbeschlusses zur Folge, § 241 Nr. 3 AktG. Ergeht der gerichtliche Bestellungsbeschluss unter Verstoß gegen Abs. 1 oder 2, berührt diese Gesetzesverletzung der Gerichte die Gültigkeit der gerichtlichen Entscheidung grundsätzlich nicht; gegen die Entscheidung ist aber das Rechtsmittel der Beschwerde gegeben (str.; vgl. *Hüffer/Koch* AktG, § 143 Rn. 6).

§ 144 Verantwortlichkeit der Sonderprüfer

§ 323 des Handelsgesetzbuchs über die Verantwortlichkeit des Abschlußprüfers gilt sinngemäß.

1 Hinsichtlich der **Verantwortlichkeit der Sonderprüfer** sieht das AktG keine spezifische Regelung vor, sondern verweist auf die maßgebliche Regelung für Abschlussprüfer in § 323 HGB, die sinngemäß auf Sonderprüfer anzuwenden und ebenso wie dort zwingend (§ 323 Abs. 4 AktG) ist. Durch den Verweis werden die Sonderprüfer an die für Abschlussprüfer geltenden, im Rahmen dieser Kommentierung nicht näher zu erläuternden Rechtsregeln der **Unparteilichkeit**, der **Gewissenhaftigkeit** und **Verschwiegenheit**, der **Verwertungsverbote** für Insiderinformationen in § 323 HGB gebunden. Pflichtverletzungen sind durch einen verschuldensabhängigen Schadensersatzanspruch und die Strafvorschriften des §§ 403, 404 AktG sanktioniert.

§ 145 Rechte der Sonderprüfer. Prüfungsbericht

(1) Der Vorstand hat den Sonderprüfern zu gestatten, die Bücher und Schriften der Gesellschaft sowie die Vermögensgegenstände, namentlich die Gesellschaftskasse und die Bestände an Wertpapieren und Waren, zu prüfen.

(2) Die Sonderprüfer können von den Mitgliedern des Vorstands und des Aufsichtsrats alle Aufklärungen und Nachweise verlangen, welche die sorgfältige Prüfung der Vorgänge notwendig macht.

(3) Die Sonderprüfer haben die Rechte nach Absatz 2 auch gegenüber einem Konzernunternehmen sowie gegenüber einem abhängigen oder herrschenden Unternehmen.

(4) Auf Antrag des Vorstands hat das Gericht zu gestatten, dass bestimmte Tatsachen nicht in den Bericht aufgenommen werden, wenn überwiegende Belange der Gesellschaft dies gebieten und sie zur Darlegung der Unredlichkeiten oder groben Verletzungen gemäß § 142 Abs. 2 nicht unerlässlich sind.

(5) ¹Über den Antrag gemäß Absatz 4 entscheidet das Landgericht, in dessen Bezirk die Gesellschaft ihren Sitz hat. ²Ist bei dem Landgericht eine Kammer für Handelssachen gebildet, so entscheidet diese an Stelle der Zivilkammer. ³§ 142 Abs. 5 Satz 5 und 6, Abs. 8 gilt entsprechend.

(6) ¹Die Sonderprüfer haben über das Ergebnis der Prüfung schriftlich zu berichten. ²Auch Tatsachen, deren Bekanntwerden geeignet ist, der Gesellschaft oder einem verbundenen Unternehmen einen nicht unerheblichen Nachteil zuzufügen, müssen in den Prüfungsbericht aufgenommen werden, wenn ihre Kenntnis zur Beurteilung des zu prüfenden Vorgangs durch die Hauptversammlung erforderlich ist. ³Die Sonderprüfer haben den Bericht zu unterzeichnen und unverzüglich dem Vorstand und zum Handelsregister des Sitzes der Gesellschaft einzureichen. ⁴Auf Verlangen hat der Vorstand jedem Aktionär eine Abschrift des Prüfungsberichts zu erteilen. ⁵Der Vorstand hat den Bericht dem Aufsichtsrat vorzulegen und bei der Einberufung der nächsten Hauptversammlung als Gegenstand der Tagesordnung bekanntzumachen.

Übersicht	Rdn.		Rdn.
A. Überblick	1	C. Prüfungsbericht, Abs. 4 bis 6	4
B. Rechte der Sonderprüfer, Abs. 1 bis 3	2		

A. Überblick

Die Vorschrift betrifft die **Durchführung der Sonderprüfung.** Sie regelt die Rechte der Sonderprüfer im Rahmen der Sonderprüfung (Abs. 1 bis 3) und die Pflicht der Sonderprüfer, einen Prüfbericht vorzulegen (Abs. 4 bis 6). Durch die den Sonderprüfern zustehenden weitgehenden Rechte sollen die Prüfer in die Lage versetzt werden, dem Zweck der Sonderprüfung entsprechend (vgl. § 142 AktG Rdn. 1), die tatsächlichen Grundlagen für Ersatzansprüche der AG gegen ihre Gründer und Verwaltungsmitglieder effektiv zu ermitteln. Der **Prüfbericht** sorgt für die Publizität der Ergebnisse der Sonderprüfung, die grundsätzlich auch für die Gesellschaft nachteilige Tatsachen bekannt machen soll, damit die Hauptversammlung über die zu ziehenden Schlussfolgerungen beschließen kann. 1

B. Rechte der Sonderprüfer, Abs. 1 bis 3

Das zentrale Recht der Sonderprüfer bildet das für die Effektivität der Sonderprüfung ausschlaggebende **Prüfungsrecht** nach Abs. 1. Dabei handelt es sich um das Recht, die für die vergangenheitsbezogene Kontrolle der Gründung und der Geschäftsführung erforderlichen Prüfungshandlungen vorzunehmen; der Vorstand ist verpflichtet, diese Maßnahmen zu gestatten. Er hat danach nicht nur die Prüfungshandlungen zu dulden, sondern er muss den Sonderprüfern auch die für eine ordnungsgemäße Prüfung erforderliche Unterstützung gewähren. Bspw. ist der Vorstand verpflichtet, den Sonderprüfern Akten vorzulegen, technische Hilfsmittel für die Prüfung bereitzustellen sowie Unterlagen und Daten des Unternehmens zugänglich zu machen, auch wenn diese außerhalb des Unternehmens verwahrt werden. Der **Umfang des Prüfungsrechts** ist durch den Prüfungsauftrag, im Übrigen aber nicht begrenzt. Die aus dem Prüfungsauftrag abzuleitenden zeitlichen und gegenständlichen Grenzen des Prüfungsrechts dürfen nicht eng gezogen werden, damit die Effektivität der Prüfung nicht beeinträchtigt wird. Eine Beschränkung auf »notwendige« Maßnahmen sieht Abs. 1 für das Prüfungsrecht im Unterschied zum Auskunftsrecht nach Abs. 2 nicht vor. 2

3 Abs. 2 gibt den Sonderprüfern das Recht, Auskünfte und Nachweise zu verlangen. Dieses **Auskunftsrecht** richtet sich nicht gegen die Verwaltungsorgane, sondern gegen deren Mitglieder persönlich. Schuldner des Auskunftsanspruchs nach Abs. 2 sind die Mitglieder des aktuellen Vorstands und Aufsichtsrats im Zeitpunkt der Sonderprüfung. Andere Mitarbeiter der Gesellschaft unterliegen der Auskunftsverpflichtung des Abs. 2 nicht; die Regelung bietet auch keine Grundlage für eine Rechtspflicht des Vorstands, die Mitarbeiter zur Auskunftserteilung gegenüber den Sonderprüfern zu verpflichten (a. A. Spindler/Stilz/*Mock* AktG, § 145 Rn. 14; *Hüffer/Koch* AktG, § 145 Rn. 3; MünchHdb GesR IV/*Semler* § 42 Rn. 15). Der Auskunftsanspruch ist thematisch auf Aufklärungen und Nachweise begrenzt, die für eine sorgfältige Prüfung »notwendig« sind. Im Vergleich zum Prüfungsrecht nach Abs. 1 ist das Auskunftsrecht somit enger gefasst. Diese Beschränkung ist im Hinblick auf die mit der persönlichen Inanspruchnahme verbundenen Lasten für die auskunftspflichtigen Personen gerechtfertigt und erlaubt regelmäßig **keine »Umfeldaufklärung«** außerhalb des eigentlichen Prüfungsthemas. Mit dieser Maßgabe erstreckt sich das Auskunftsrecht auch auf i. S. d. §§ 17, 18 AktG verbundene Unternehmen, Abs. 3. Ein Auskunftsverweigerungsrecht in Parallele zu § 131 Abs. 3 AktG besteht nicht.

C. Prüfungsbericht, Abs. 4 bis 6

4 Die Verpflichtung zur **Vorlage eines schriftlichen Prüfberichts** ergibt sich aus Abs. 6 Satz 1. Vorgaben zum Inhalt des Prüfberichts enthält das Gesetz nicht. Im Hinblick auf den Zweck der Sonderprüfung wird den Berichtserfordernissen durch einen bloßen Ergebnisbericht nicht Genüge getan. Insbesondere sind die tatsächlichen Grundlagen der ausgewiesenen Ergebnisse darzulegen. Dabei sind nach Abs. 6 Satz 2 auch für die Gesellschaft oder verbundene Unternehmen nachteilige Tatsachen zu berichten, wenn die Hauptversammlung davon Kenntnis haben muss, um den Vorgang beurteilen zu können. Einschränkungen des Berichtsinhalts können nach Maßgabe des Abs. 4 und damit auf vom Vorstand beantragte gerichtliche Anordnung gestattet werden. Das dazu einzuhaltende Verfahren bestimmt sich nach §§ 145 Abs. 5 Satz 3, 142 Abs. 8 AktG nach dem FamFG mit der Zuständigkeit des Landgerichts nach der Regelung des § 145 Abs. 5 AktG, die § 142 Abs. 5 AktG entspricht (vgl. § 142 AktG Rdn. 15). Der Sache nach hat das Gericht auf **Antrag des Vorstands** darüber zu entscheiden, ob es unter Abwägung der berührten Belange im überwiegenden Gesellschaftsinteresse geboten ist, bestimmte Tatsachen nicht in den Bericht aufzunehmen. Schlussfolgerungen und Bewertungen aus den im Rahmen der Sonderprüfung ermittelten Tatsachen muss der Bericht nicht notwendig treffen. Vom Zweck der Sonderprüfung, Tatsachen für eventuelle Ersatzansprüche der Gesellschaft gegen ihre Gründer oder Verwaltungsmitglieder zu ermitteln, ist dies nicht geboten, allerdings ist dies damit auch nicht unvereinbar. Letztlich ist es allein Sache der Hauptversammlung, über Konsequenzen aus dem Tatsachenbericht zu beschließen.

5 Der Bericht über die Sonderprüfung ist von den Sonderprüfern **zu unterzeichnen** (Abs. 6 Satz 3). Er ist **unverzüglich** (§ 121 Abs. 1 Satz 1 BGB) dem Vorstand und dem Handelsregister einzureichen (Abs. 6 Satz 3). Der Vorstand hat auf Verlangen jedem Aktionär (kostenlos) eine **Abschrift** zu erteilen (Abs. 6 Satz 4) sowie den Bericht dem **Aufsichtsrat vorzulegen** und bei der nächsten Hauptversammlung als Gegenstand der Tagesordnung bekannt zu machen (§ 45 Abs. 6 Satz 5 AktG). Das Registergericht gewährt jedem zu Informationszwecken Einsicht in den Bericht und erteilt auf Anforderung (kostenpflichtige) Abschriften (§ 9 Abs. 1, 2 HGB).

§ 146 Kosten

¹Bestellt das Gericht Sonderprüfer, so trägt die Gesellschaft die Gerichtskosten und die Kosten der Prüfung. ²Hat der Antragsteller die Bestellung durch vorsätzlich oder grob fahrlässig unrichtigen Vortrag erwirkt, so hat der Antragsteller der Gesellschaft die Kosten zu erstatten.

1 Die Vorschrift regelt die **Kostentragung der Gesellschaft** für vom Gericht bestellte Sonderprüfer (§ 142 Abs. 2 und 4 AktG), nicht die der Sonderprüfung durch von der Hauptversammlung bestellte Sonderprüfer (zur Kostentragung in diesem Fall vgl. § 142 AktG Rdn. 4). Die Minderheits-

aktionäre können den Antrag auf gerichtliche Sonderprüfung grundsätzlich ohne Rücksicht auf ein Kostenrisiko stellen. Unter den im Jahr 2005 durch das »Gesetz zur Unternehmensintegrität und Modernisierung des Anfechtungsrechts« (UMAG – BGBl. I, 2802) geschaffenen Voraussetzungen des § 146 Satz 2 AktG besteht allerdings ein **Kostenerstattungsanspruch** der Gesellschaft gegen die den Antrag stellenden Aktionäre. Diese Regelung soll Missbräuchen des Antragsrechts begegnen, indem sie bei von der Gesellschaft nachzuweisender vorsätzlich oder grob fahrlässig unrichtiger Antragstellung den Antragstellern die Kostentragungslast im Innenverhältnis zur Gesellschaft auferlegt. Schadenersatzansprüche nach § 826 BGB bzw. aus schuldhafter Verletzung der Treupflicht zur AG bleiben davon unberührt.

Die von der Gesellschaft zu tragenden Kosten umfassen die Kosten der Sonderprüfung. Das sind nach § 142 Abs. 6 AktG der **Auslagenersatz und die Vergütung**. Ferner hat die Gesellschaft die **Gerichtskosten** zu tragen. Die außergerichtlichen Verfahrenskosten gehören nicht zu den nach § 146 Satz 1 AktG von der Gesellschaft zu tragenden Kosten. Sie hat grundsätzlich jeder Beteiligte selbst zu tragen. Nach § 81 FamFG entspricht es regelmäßig der Billigkeit, bei begründetem Antrag die außergerichtlichen Verfahrenskosten der Antragsteller ebenfalls der Gesellschaft aufzuerlegen. 2

§ 147 Geltendmachung von Ersatzansprüchen

(1) ¹Die Ersatzansprüche der Gesellschaft aus der Gründung gegen die nach den §§ 46 bis 48, 53 verpflichteten Personen oder aus der Geschäftsführung gegen die Mitglieder des Vorstands und des Aufsichtsrats oder aus § 117 müssen geltend gemacht werden, wenn es die Hauptversammlung mit einfacher Stimmenmehrheit beschließt. ²Der Ersatzanspruch soll binnen sechs Monaten seit dem Tage der Hauptversammlung geltend gemacht werden.

(2) ¹Zur Geltendmachung des Ersatzanspruchs kann die Hauptversammlung besondere Vertreter bestellen. ²Das Gericht (§ 14) hat auf Antrag von Aktionären, deren Anteile zusammen den zehnten Teil des Grundkapitals oder den anteiligen Betrag von einer Million Euro erreichen, als Vertreter der Gesellschaft zur Geltendmachung des Ersatzanspruchs andere als die nach den §§ 78, 112 oder nach Satz 1 zur Vertretung der Gesellschaft berufenen Personen zu bestellen, wenn ihm dies für eine gehörige Geltendmachung zweckmäßig erscheint. ³Gibt das Gericht dem Antrag statt, so trägt die Gesellschaft die Gerichtskosten. ⁴Gegen die Entscheidung ist die sofortige Beschwerde zulässig. ⁵Die gerichtlich bestellten Vertreter können von der Gesellschaft den Ersatz angemessener barer Auslagen und eine Vergütung für ihre Tätigkeit verlangen. ⁶Die Auslagen und die Vergütung setzt das Gericht fest. ⁷Gegen die Entscheidung ist die sofortige Beschwerde zulässig. ⁸Die weitere Beschwerde ist ausgeschlossen. ⁹Aus der rechtskräftigen Entscheidung findet die Zwangsvollstreckung nach der Zivilprozeßordnung statt.

Die Vorschrift betrifft die **Geltendmachung von Ersatzansprüchen der AG** gegen Mitglieder der Verwaltung und an der Gründung beteiligte Personen. Die Regelung soll die bei der Geltendmachung möglichen Interessenkonflikte vermeiden, die sich aus der Vermengung von Gründer-, Verwaltungs- und Mehrheitsinteressen bei der Geltendmachung von Ersatzansprüchen gegen Mitglieder dieses Personenkreises durch Mitglieder eben dieses Personenkreises ergeben können. Die Wahrnehmung von Gesellschaftsinteressen durch den Vorstand bzw. Aufsichtsrat, dem die Geltendmachung der Ansprüche der Gesellschaft grundsätzlich obliegt, ist im Fall eigener Betroffenheit bei der Geltendmachung von Ersatzansprüchen besonders gegen die Verwaltung nicht ohne Weiteres gewährleistet. § 147 AktG sieht deshalb zwingend (§ 23 Abs. 5 AktG) eine Verpflichtung zur Geltendmachung von Ersatzansprüchen vor, wenn die Hauptversammlung dies beschließt (Abs. 1), und sie ermöglicht ferner die Anspruchsverfolgung durch besondere Vertreter (Abs. 2). Die Vorschrift steht im Regelungszusammenhang des Sonderprüfungsrechts, weil die Sonderprüfung ihrem Zweck nach der Vorbereitung der Geltendmachung von Ersatzansprüchen gegen die Verwaltung dient; die Vorschrift des § 147 AktG ist aber so gefasst, dass die Durchführung einer Sonderprüfung keine Voraussetzung für die Anwendung von § 147 AktG darstellt. Der nach Abs. 2 bestellte besondere Vertreter ist nicht parteifähig; er kann deshalb auch nicht als Nebenintervenient aufseiten 1

§ 147 AktG   Geltendmachung von Ersatzansprüchen

der Klagepartei einem Rechtsstreit beitreten; dies gilt selbst dann, wenn dieser Rechtsstreit für das Bestehen von Ersatzansprüchen (z. B. im Fall der Anfechtung von Hauptversammlungsbeschlüssen) relevant sein kann (BGH AG 2009, 119 ff.).

2   Bei den von der Norm erfassten **Ersatzansprüchen** handelt es sich um alle Ansprüche der Gesellschaft aus **Pflichtverstößen bei der Gründung der Gesellschaft**, der **Geschäftsführung** und der in § 147 AktG ausdrücklich miterwähnten schädlichen Einflussnahme nach § 117 AktG; auf die Art der Anspruchsgrundlage kommt es nicht an. Erfasst sind vor allem **Schadensersatz- und Ausgleichsansprüche** sowie die darauf bezogenen Nebenansprüche auf Auskunft und Rechnungslegung (*Hüffer/Koch* AktG, § 147 Rn. 2). In erweiternder Auslegung wird die Vorschrift auch auf **Unterlassungsansprüche** erstreckt, soweit diese gegen die Verletzung von Geschäftsführungspflichten der Verwaltungsmitglieder gerichtet sind (BGH, Urt. v. 21.04.1986 – II ZR 165/85 Z 97, 382, 385 f.). Ansprüche gegen ausgeschiedene Mitglieder der Verwaltung unterfallen § 147 AktG ebenfalls (BGH, Urt. v. 22.04.1991 – II ZR 151/90, AG 1991, 269). Der besondere Vertreter kann auch zur Geltendmachung konzernrechtlicher Ansprüche (z. B. §§ 317, 318) bestellt werden (*Bernau* AG 2011, 894); unwirksam ist dagegen die Bestellung zur Durchsetzung nicht näher bezeichneter Ansprüche gegen die mit einem Großaktionär verbundenen Unternehmen (OLG München, Urt. v. 28.11.2007 – 7 U 4498/07, AG 2008, 172, 174).

3   Ersatzansprüche zugunsten der AG sind von den Organen der AG grundsätzlich unabhängig von einem Beschluss der Hauptversammlung geltend zumachen. Bei der pflichtgemäßen Entscheidung über die Geltendmachung von Ersatzansprüchen steht den Organen nach der Rechtsprechung des BGH ein Beurteilungsspielraum zu (BGH, Urt. v. 21.04.1997 – II ZR 175/95, Z 135, 244 – ARAG/Garmenbeck; vgl. § 93 Rdn. 6), nachdem die Organe die Risiken der Rechtsverfolgung und die Gefahr von Imageschäden für die Gesellschaft berücksichtigen können. Im Unterschied zu dieser organschaftlich begründeten Pflicht sind Vorstand und Aufsichtsrat gem. § 147 uneingeschränkt verpflichtet, die erfassten Ersatzansprüche geltend zu machen, wenn ein entsprechender **Beschluss der Hauptversammlung** ergeht, Abs. 1 Satz 1. Die Beschlussfassung setzt nach § 124 Abs. 1 AktG die Bekanntgabe des Gegenstands in der Tagesordnung voraus, wenn er nicht nach § 124 Abs. 2 Satz 2 AktG ausnahmsweise bekanntmachungsfrei zu Abstimmung gestellt werden kann (vgl. Erl. zu § 124 AktG Rdn. 4), weil ein Sonderprüfungsbericht als Gegenstand der Hauptversammlung bekannt gemacht wurde, aus dessen Inhalt sich Ersatzansprüche ergeben. Der Beschluss bedarf der **einfachen Stimmenmehrheit** (§ 133 Abs. 1 AktG); das Stimmverbot des § 136 Abs. 1 Satz 1 AktG ist zu beachten. Der Beschluss der Hauptversammlung hat nur dann die verpflichtende Wirkung zur Geltendmachung der Ersatzansprüche, wenn nicht nur der oder die Anspruchsgegner, sondern auch die anspruchsbegründende Tatsachen hinreichend konkret angegeben werden (OLG München, Urt. v. 28.11.2007 – 7 U 4498/07, AG 2008, 172, 173; OLG Frankfurt am Main, Urt. 09.10.2003 – 20 W 487/02, AG 2004, 104).

4   Die **Geltendmachung** der Ersatzansprüche obliegt nach der gesetzlichen Zuständigkeitsordnung – abgesehen von den Besonderheiten des Abs. 2 – dem Vorstand (§ 78 AktG) bzw. dem Aufsichtsrat, wenn der Vorstand Anspruchsgegner ist (§ 112 AktG). Der Ersatzanspruch soll binnen der nach §§ 187, 188 BGB zu berechnenden **Frist von 6 Monaten** seit dem Tag der Hauptversammlung geltend gemacht werden, Abs. 1 Satz 2.

5   Abweichend von der gesetzlichen Zuständigkeitsordnung können zur Vermeidung von Interessenkonflikten die Ersatzansprüche der Gesellschaft durch **von der Hauptversammlung bestellte besondere Vertreter** geltend gemacht werden, Abs. 2 Satz 1. Für die Bestellung bedarf es eines entsprechenden Beschlusses der Hauptversammlung. Für diesen Beschluss gelten die oben in Rdn. 3 genannten Grundsätze entsprechend. Der besondere Vertreter muss nicht notwendig Aktionär sein. Seine Bestellung wird mit der Annahme der festgestellten Wahl wirksam. Nach der wirksamen Bestellung sind nur die besonderen Vertreter zur Geltendmachung der Ansprüche im Namen der AG befugt. Im Fall einer nichtigen Bestellung kommen die Grundsätze der fehlerhaften Organstellung zur Anwendung (BGH, Urt. v. 27.09.2011 – II ZR 225/08, NZG 2011, 1383; *Bayer/Lieder* NZG 2012, 1).

Gem. Abs. 2 Satz 2 können auf Antrag für die (beschlossene) Geltendmachung von Ersatzansprüche der AG **besondere Vertreter vom Gericht bestellt** werden. Der Antrag kann auch gestellt werden, wenn bereits ein besonderer Vertreter durch einen Beschluss der Hauptversammlung bestellt wurde; das Rechtsschutzbedürfnis für ein Verfahren auf Abberufung eines von der Hauptversammlung bestellten besonderen Vertreters entfällt nicht deshalb, weil die Aktionärin gegen den bestellenden Beschluss die Anfechtungsklage gem. § 246 hätte erheben können (KG, Beschl. v. 16.12.2011 – 25 W 92/11, BB 2012, 330). Der Antrag kann von einer qualifizieren Minderheit i. S. d. Abs. 2 Satz 2 gestellt werden. Zuständig ist nach §§ 375, 376 FamFG das Amtsgericht des Gesellschaftssitzes (§ 14 AktG), das im Verfahren der freiwilligen Gerichtsbarkeit entscheidet. Die Entscheidung des Gerichts zugunsten der Bestellung besonderer Vertreter erfolgt, wenn ihm dies »zweckmäßig erscheint«, Abs. 2 Satz 2. Die Gerichtskosten sind bei stattgebendem Beschluss der Gesellschaft aufzuerlegen, Abs. 2 Satz 3. Auslagenerstattung und Vergütung können die besonderen Vertreter nach Abs. 2 Satz 5 bis 9 AktG beanspruchen; die Regeln entsprechen denen des § 142 Abs. 6 AktG (vgl. § 142 Rdn. 17).

§ 148 Klagezulassungsverfahren

(1) ¹Aktionäre, deren Anteile im Zeitpunkt der Antragstellung zusammen den einhundertsten Teil des Grundkapitals oder einen anteiligen Betrag von 100 000 Euro erreichen, können die Zulassung beantragen, im eigenen Namen die in § 147 Abs. 1 Satz 1 bezeichneten Ersatzansprüche der Gesellschaft geltend zu machen. ²Das Gericht lässt die Klage zu, wenn
1. die Aktionäre nachweisen, dass sie die Aktien vor dem Zeitpunkt erworben haben, in dem sie oder im Falle der Gesamtrechtsnachfolge ihre Rechtsvorgänger von den behaupteten Pflichtverstößen oder dem behaupteten Schaden auf Grund einer Veröffentlichung Kenntnis erlangen mussten,
2. die Aktionäre nachweisen, dass sie die Gesellschaft unter Setzung einer angemessenen Frist vergeblich aufgefordert haben, selbst Klage zu erheben,
3. Tatsachen vorliegen, die den Verdacht rechtfertigen, dass der Gesellschaft durch Unredlichkeit oder grobe Verletzung des Gesetzes oder der Satzung ein Schaden entstanden ist, und
4. der Geltendmachung des Ersatzanspruchs keine überwiegenden Gründe des Gesellschaftswohls entgegenstehen.

(2) ¹Über den Antrag auf Klagezulassung entscheidet das Landgericht, in dessen Bezirk die Gesellschaft ihren Sitz hat, durch Beschluss. ²Ist bei dem Landgericht eine Kammer für Handelssachen gebildet, so entscheidet diese an Stelle der Zivilkammer. ³Die Landesregierung kann die Entscheidung durch Rechtsverordnung für die Bezirke mehrerer Landgerichte einem der Landgerichte übertragen, wenn dies der Sicherung einer einheitlichen Rechtsprechung dient. ⁴Die Landesregierung kann die Ermächtigung auf die Landesjustizverwaltung übertragen. ⁵Die Antragstellung hemmt die Verjährung des streitgegenständlichen Anspruchs bis zur rechtskräftigen Antragsabweisung oder bis zum Ablauf der Frist für die Klageerhebung. ⁶Vor der Entscheidung hat das Gericht dem Antragsgegner Gelegenheit zur Stellungnahme zu geben. ⁷Gegen die Entscheidung findet die sofortige Beschwerde statt. ⁸Die Rechtsbeschwerde ist ausgeschlossen. ⁹Die Gesellschaft ist im Zulassungsverfahren und im Klageverfahren beizuladen.

(3) ¹Die Gesellschaft ist jederzeit berechtigt, ihren Ersatzanspruch selbst gerichtlich geltend zu machen; mit Klageerhebung durch die Gesellschaft wird ein anhängiges Zulassungs- oder Klageverfahren von Aktionären über diesen Ersatzanspruch unzulässig. ²Die Gesellschaft ist nach ihrer Wahl berechtigt, ein anhängiges Klageverfahren über ihren Ersatzanspruch in der Lage zu übernehmen, in der sich das Verfahren zur Zeit der Übernahme befindet. ³Die bisherigen Antragsteller oder Kläger sind in den Fällen der Sätze 1 und 2 beizuladen.

(4) ¹Hat das Gericht dem Antrag stattgegeben, kann die Klage nur binnen drei Monaten nach Eintritt der Rechtskraft der Entscheidung und sofern die Aktionäre die Gesellschaft nochmals unter Setzung einer angemessenen Frist vergeblich aufgefordert haben, selbst Klage zu erheben,

vor dem nach Absatz 2 zuständigen Gericht erhoben werden. ²Sie ist gegen die in § 147 Abs. 1 Satz 1 genannten Personen und auf Leistung an die Gesellschaft zu richten. ³Eine Nebenintervention durch Aktionäre ist nach Zulassung der Klage nicht mehr möglich. ⁴Mehrere Klagen sind zur gleichzeitigen Verhandlung und Entscheidung zu verbinden.

(5) ¹Das Urteil wirkt, auch wenn es auf Klageabweisung lautet, für und gegen die Gesellschaft und die übrigen Aktionäre. ²Entsprechendes gilt für einen nach § 149 bekannt zu machenden Vergleich; für und gegen die Gesellschaft wirkt dieser aber nur nach Klagezulassung.

(6) ¹Die Kosten des Zulassungsverfahrens hat der Antragsteller zu tragen, soweit sein Antrag abgewiesen wird. ²Beruht die Abweisung auf entgegenstehenden Gründen des Gesellschaftswohls, die die Gesellschaft vor Antragstellung hätte mitteilen können, aber nicht mitgeteilt hat, so hat sie dem Antragsteller die Kosten zu erstatten. ³Im Übrigen ist über die Kostentragung im Endurteil zu entscheiden. ⁴Erhebt die Gesellschaft selbst Klage oder übernimmt sie ein anhängiges Klageverfahren von Aktionären, so trägt sie etwaige bis zum Zeitpunkt ihrer Klageerhebung oder Übernahme des Verfahrens entstandene Kosten des Antragstellers und kann die Klage nur unter den Voraussetzungen des § 93 Abs. 4 Satz 3 und 4 mit Ausnahme der Sperrfrist zurücknehmen. ⁵Wird die Klage ganz oder teilweise abgewiesen, hat die Gesellschaft den Klägern die von diesen zu tragenden Kosten zu erstatten, sofern nicht die Kläger die Zulassung durch vorsätzlich oder grob fahrlässig unrichtigen Vortrag erwirkt haben. ⁶Gemeinsam als Antragsteller oder als Streitgenossen handelnde Aktionäre erhalten insgesamt nur die Kosten eines Bevollmächtigten erstattet, soweit nicht ein weiterer Bevollmächtigter zur Rechtsverfolgung unerlässlich war.

Übersicht

		Rdn.				Rdn.
A.	Überblick und Regelungszweck	1		V.	Keine überwiegenden Gründe des Gesellschaftswohls, Abs. 1 Satz 2 Nr. 4	6
B.	Geltendmachung von Ersatzansprüchen durch Aktionäre, Abs. 1	2	C.	Klagezulassungsverfahren, Abs. 2		7
I.	Klagebefugnis	2	D.	Vorrangige Rechtsverfolgung durch die Gesellschaft, Abs. 3		8
II.	Kenntnis der Aktionäre und Nachweis, Abs. 1 Satz 2 Nr. 1	3	E.	Rechtsverfolgung durch die Aktionäre im Hauptverfahren, Abs. 4		10
III.	Aufforderung mit Fristsetzung, Abs. 1 Satz 2 Nr. 1	4	F.	Rechtskraftwirkung, Abs. 5		12
IV.	Unredlichkeits- oder Gesetzesverletzungsverdacht, Abs. 1 Satz 2 Nr. 3	5	G.	Verfahrenskosten, Abs. 6		14

A. Überblick und Regelungszweck

1 Die durch das »Gesetz zur Unternehmensintegrität und Modernisierung des Anfechtungsrechts« (UMAG) aus dem Jahr 2005 (BGBl. I, 2802) eingeführte Vorschrift bezweckt eine verbesserte Durchsetzung insbesondere von Ersatzansprüchen der Gesellschaft gegen die Verwaltung (RegBegr. BT-Drucks. 15/5092, S. 19 f.; *K. Schmidt* NZG 2005, 796). Sie eröffnet für eine qualifizierte Aktionärsminderheit das Recht, Ersatzansprüche der Gesellschaft im eigenen Namen klageweise geltend zu machen und wird grundsätzlich als wichtiger Baustein für eine funktionstüchtige Corporate Governance verstanden (vgl. zur rechtpolitischen Kritik der Regelung de lege lata *Kahnert* AG 2013, 663). Die **Aktionärsklage** hat in einem zweistufigen Verfahren zu erfolgen: Zunächst ist ein besonderes **Klagezulassungsverfahren** zu bestreiten; wenn dieses zum Erfolg führt, sind die Aktionäre berechtigt, die **Klage im Hauptverfahren** auf Geltendmachung der Ersatzansprüche an die Gesellschaft zu erheben, Abs. 1 und 2. Das Zulassungsverfahren und die Aktionärsklage im Hauptverfahren sind subsidiär gegenüber der Geltendmachung der Ersatzansprüche durch die Gesellschaft, Abs. 3 und 4. Die Gesellschaft ist in jeder Lage des Verfahrens berechtigt, die ihr zustehenden Ersatzansprüche selbst geltend zu machen. Dem auf die Aktionärsklage im Hauptverfahren ergehenden Urteil kommt eine besondere Rechtskraftwirkung zu, Abs. 5. Abs. 6 regelt die Kostentragung beim Klagezulassungsverfahren.

B. Geltendmachung von Ersatzansprüchen durch Aktionäre, Abs. 1

I. Klagebefugnis

Die klageweise Geltendmachung von Ersatzansprüchen der Gesellschaft durch Aktionäre kann nur erfolgen, wenn sie dazu vom Gericht zugelassen werden. Die Zulassung in dem dafür vorgesehenen Klagezulassungsverfahren hängt von den in § 148 AktG geregelten Voraussetzungen ab. Klageberechtigt ist danach nicht jeder beliebige Aktionär, sondern nur einer oder mehrere Aktionäre, wenn der Nachweis geführt führt, dass Aktien im Umfang des erforderlichen Quorums am Grundkapital der Gesellschaft erreicht wird (kritisch zur Rechtfertigung des Quorums *Haar/Grehenig* AG 2013, 653). Das nach Abs. 1 Satz 1 erforderliche Quorum ist identisch mit dem des § 142 Abs. 2 Satz 1 AktG für die gerichtliche Bestellung von Sonderprüfern (vgl. Erl. zu § 142 AktG Rdn. 9). Der Aktienerwerb kann auch in der Form der Aktienleihe erfolgt sein (Spindler/Stilz/*Mock* AktG, § 148 Rn. 38). Bei den geltend gemachten Ansprüchen muss es sich um **Ersatzansprüche** i. S. d. § 147 Abs. 1 Satz 1 AktG handeln (vgl. Erl. zu § 147 AktG Rdn. 2); sie müssen gegen die in § 147 Abs. 1 Satz 1 AktG genannten Personen, die Gründer oder die Mitglieder Verwaltung (vgl. § 147 AktG Rdn. 1) gerichtet sein.

II. Kenntnis der Aktionäre und Nachweis, Abs. 1 Satz 2 Nr. 1

Weitere Voraussetzungen der gerichtlichen Klagezulassung ergeben sich aus Abs. 1 Satz 2. Die Aktien müssen erworben worden sein, bevor die Aktionäre von den behaupteten Pflichtverstößen oder dem behaupteten Schaden **Kenntnis** erlangen mussten, Abs. 1 Satz 2 Nr. 1. Mit einem nachträglichen Aufstocken des Aktienbesitzes, die zum Zwecke des Erreichens des notwendigen Quorums erfolgt, kann eine Klagezulassung nicht erreicht werden (Spindler/Stilz/*Mock* AktG, § 148 Rn. 42). Damit soll dem dadurch erfolgenden Missbrauch des Aktionärsklageverfahrens vorgebeugt werden, dass Aktien überhaupt erst zum Zwecke der Klageerhebung erworben werden. Hinsichtlich des Kennenmüssens wird alternativ auf den Pflichtenverstoß oder den Schaden abgestellt. Das Kennenmüssen »auf Grund einer Veröffentlichung« bezieht sich auf Berichte in Massenmedien wie Radio oder Fernsehen, in der Wirtschaftspresse oder von weitverbreiteten Online-Diensten (RegBegr. BT-Drucks. 15/5092, S. 21). Der **Nachweis**, die Aktien vor diesem Zeitpunkt erworben zu haben oder aber keine Kenntnis von der Veröffentlichung bekommen haben zu können, obliegt den Aktionären. Dabei kommt es auf jeden einzelnen quorumsrelevanten Aktionär an (RegBegr. BT-Drucks. 15/5092, S. 21). Der Nachweis des Aktienerwerbs kann durch Depotauszüge oder durch Kaufunterlagen erfolgen (RegBegr. BT-Drucks. 15/5092, S. 21). Der Nachweis ist objektive Voraussetzung des Klagezulassungsverfahrens und bereits bei der Antragstellung und auch dann zu erbringen, wenn der Antragsgegner die Aktionärseigenschaft nicht bestreitet (*Hüffer/Koch* AktG, § 148 Rn. 5).

III. Aufforderung mit Fristsetzung, Abs. 1 Satz 2 Nr. 1

Weitere Voraussetzung ist nach Abs. 1 Satz 2 Nr. 2, dass die Aktionäre die Gesellschaft unter Setzung einer angemessenen Frist vergeblich aufgefordert haben müssen, selbst Klage zu erheben. Diese Regelung macht den **subsidiären Charakter** des Verfolgungsrechts der Minderheitsaktionäre deutlich, der in Abs. 3 Satz 1 weiter unterstrichen wird. Die Regelung fordert nicht, dass die Frist setzenden und die antragstellenden Aktionäre identisch sind; sie verlangt aber, dass Aktionäre, die Aktien im Umfang des nach Satz 1 erforderlichen Quorums halten, die Fristsetzung an die AG gerichtet haben (*Hüffer/Koch* AktG, § 148 Rn. 6). Die Fristsetzung ist ausnahmsweise entbehrlich, wenn eine ernsthafte und endgültige Weigerung der Gesellschaft vorliegt, die Klage zu erheben (RegBegr. BT-Drucks. 15/5092, S. 22). Der Zugang der Aufforderung kann bei dem Organ bewirkt werden, das die Anspruchsverfolgung bewirkt; bei Ansprüchen gegen die Mitglieder des Vorstands genügt der Zugang beim Aufsichtsrat (*Paschos/Neumann* DB 2005, 1780). Im Übrigen gilt § 78 Abs. 2 Satz 2 AktG. Hinsichtlich der Angemessenheit der Frist wird in den Gesetzesmaterialien ein **Zeitraum von 2 Monaten** genannt (RegBegr. BT-Drucks. 15/5092, S. 22). Gesetzeskraft hat diese Fristangabe nicht; angesichts der Sitzungsfrequenz vor allem des Aufsichtsrats bietet die so bemessene Frist aber einen Anhaltspunkt für die vom Gericht zutreffende Zulassungsentscheidung, auf den die Angemessenheitsprüfung regelmäßig bezogen werden kann. Auch hinsichtlich der vergeblichen Fristsetzung zur Klageerhebung gegenüber der AG trifft die Aktionäre eine Nachweispflicht; sie betrifft den Zugang einer Aufforderungserklärung bei der Gesellschaft, die nicht formgebunden ist, aber mit Rücksicht auf die Nachweispflicht, regelmäßig schriftlich abgefasst werden wird.

IV. Unredlichkeits- oder Gesetzesverletzungsverdacht, Abs. 1 Satz 2 Nr. 3

5   Mit der weiteren Voraussetzung des Abs. 1 Satz 2 Nr. 3, nach der Tatsachen vorliegen müssen, die einen Unredlichkeits- oder Gesetzesverletzungsverdacht belegen müssen, wollte der Gesetzgeber zum Ausdruck bringen, dass das Gericht einem Antrag auf Klagezulassung nur stattgeben darf, wenn die Klage eine hinreichende Erfolgsaussicht hat (BT-Drucks. 15/5092, S. 22). »**Unredlichkeit**« sind nach der Gesetzesbegründung stets »ins Kriminelle reichende Treuepflichtverstöße« (BT-Drucks. 15/5092, S. 22). Der geforderte Verdacht einer »**groben Verletzung von Gesetz oder Satzung**« wird nach der Gesetzesbegründung gleichfalls als ein **Ausnahmesachverhalt** verstanden; er soll vorliegen, wenn »wegen der besonderen Schwere der Verstöße, die nicht im Bereich unternehmerischer Fehlentscheidungen liegen, sondern regelmäßig im Bereich der Treuepflichtverletzung, eine Nichtverfolgung unerträglich wäre« (BT-Drucks. 15/5092, S. 22). Das Gesetz fordert die Darlegung, nicht aber den Nachweis solcher Tatsachen; die Darlegungslast tragen die Aktionäre.

V. Keine überwiegenden Gründe des Gesellschaftswohls, Abs. 1 Satz 2 Nr. 4

6   Schließlich dürfen der Geltendmachung des Ersatzanspruchs keine überwiegenden Gründe des Gesellschaftswohls entgegenstehen, Abs. 1 Satz 2 Nr. 4. Die Formulierung ist der Entscheidungsbegründung des BGH in der »ARAG/Garmenbeck-Entscheidung« (BGH, Urt. v. 21.04.1997 – II ZR 175/95, Z 135, 244, 255) nachgebildet. Im Unterschied zu dieser verlangt das Gesetz allerdings nicht nur gewichtige, sondern »überwiegende« Gründe des Gesellschaftswohls; damit wollte der Gesetzgeber zum Ausdruck bringen, dass bei Vorliegen der Voraussetzungen der Nr. 1 bis 3 und damit bei Vorliegen von Verdachtstatsachen, die auf eine Unredlichkeit oder Gesetzesverletzung schließen lassen, die Zulassung der Klage die Regel, deren Nichtzulassung dagegen eine nur selten im Rahmen der Abwägung zu begründende Ausnahme darstellen soll (BT-Drucks. 15/5092, S. 22). Das Abwägungserfordernis erlaubt dem Gericht, von einer detailgenauen Analyse der dargelegten Umstände abzusehen (*K. Schmidt* NZG 2005, 796, 800). In den Gesetzesmaterialien werden beispielhaft die Fälle **sehr geringer Schadenssummen** und **Mehrfachklagen** angeführt (BT-Drucks. 15/5092, S. 22). Der in Abs. 4 Satz 4 vorausgesetzte Fall, dass mehrere Klagen im Hauptverfahren anhängig und dann zu verbinden sind, wird deshalb der Ausnahmefall sein. Ferner wird in den Gesetzesmaterialien die Verfolgung von wegen ihrer Höhe nicht beitreibbar erscheinender Forderungen als weiterer Anwendungsfall des überwiegenden Gesellschaftswohls angeführt (BT-Drucks. 15/5092, S. 22).

C. Klagezulassungsverfahren, Abs. 2

7   Abs. 2 regelt Details des Zulassungsverfahrens. Das Zulassungsverfahren wird durch einen **Antrag der antragsberechtigten Aktionäre** bei dem Landgericht des Gesellschaftssitzes (Abs. 2 Satz 1) eröffnet; beim Landgericht entscheidet gegebenenfalls die Kammer für Handelssachen (Abs. 2 Satz 2). Die Antragstellung **hemmt die Verjährung** des streitgegenständlichen Anspruchs (Abs. 2 Satz 3). Das Gericht hat dem Antragsgegner Gelegenheit zur **Stellungnahme** zu geben (Abs. 2 Satz 4). Ungeregelt und unklar ist, wer Antragsgegner im Klagezulassungsverfahren ist. Die AG kommt als Antragsgegner nicht in Betracht, weil sie gem. Abs. 2 Satz 7 beizuladen ist (*Hüffer/Koch* AktG, § 148 Rn. 119). Deshalb sind **Antragsgegner** des Klagezulassungsverfahrens die Mitglieder der Gesellschaftsorgane, die als Haftungsschuldner im Klageverfahren in Anspruch genommen werden sollen (*Hüffer/Koch* AktG, § 148 Rn. 11). Die Vorschrift des § 148 AktG enthält keine allgemeinen Regelungen zum Verfahren; ein Verweis auf das Verfahrensrecht der freiwilligen Gerichtsbarkeit wie für die Sonderprüferbestellung in § 142 Abs. 8 AktG findet sich in § 148 AktG nicht. Insofern wird

angenommen, dass es sich um ein Verfahren eigner Art handelt, das nach der ZPO und nicht nach dem FamFG abzuwickeln ist, soweit das AktG selbst keine besonderen Regelungen trifft (*Hüffer/Koch* AktG, § 148 Rn. 10). Daraus folgt insbesondere, dass der Amtsermittlungsgrundsatz des § 26 FamFG nicht gilt.

D. Vorrangige Rechtsverfolgung durch die Gesellschaft, Abs. 3

Aus Abs. 3 Satz 1 ergibt sich die **Subsidiarität** des Klagezulassungsverfahrens sowie des Hauptklageverfahrens. Der Zulassungsantrag gem. Abs. 1 und 2 – und ebenso die zugelassene Klage von Aktionären – wird mit der Klageerhebung der Gesellschaft gem. Abs. 3 Satz 1 Halbs. 2 unzulässig. Diese Unzulässigkeitsanordnung ist erforderlich, damit die Klage der Gesellschaft zulässig erhoben werden kann; andernfalls stünde dem die die Gesellschaft nach Abs. 5 Satz 1 erfassende Rechtshängigkeit des Klagezulassungs- oder Hauptverfahrens der Minderheitsaktionäre entgegen (*Bork* ZIP 2005, 66). Zu dem nunmehr rechtshängigen Verfahren sind die Aktionäre beizuladen, Abs. 3 Satz 3. Der Klagezulassungsantrag bzw. die Klage der Minderheitsaktionäre sind, wenn keine Rücknahme erfolgen sollte, als unzulässig abzuweisen. Die (gerichtlichen und außergerichtlichen) **Kosten** der Aktionäre sind in jedem Fall von der Gesellschaft zu tragen, Abs. 6 Satz 4. 8

Die AG ist nach Abs. 3 Satz 2 ausnahmsweise ohne Zustimmung des Beklagten befugt, die anhängige Klage in der jeweiligen Verfahrenslage zu übernehmen. In diesem Recht wird die Ursache für die praktische Bedeutungslosigkeit der Aktionärsklage (*Brommer* AG 2013, 121) und ein Gegenstand für Reformüberlegungen gesehen (*Roth* NZG 2012, 881; *Schmolke* ZGR 2011, 398; zur Ablehnung der Vorschläge de lege ferenda durch den 69. DJT vgl. ZIP 2012, 1987). Der **gesetzliche Parteiwechsel** ist zulässig, ohne dass eine Zustimmung des Beklagten oder der Aktionäre erforderlich ist. Die Aktionäre sind wiederum gem. Abs. 3 Satz 3 beizuladen. Die AG hat das Wahlrecht, die Aktionärsklage zu übernehmen oder selbst neu zu klagen (*Paschos/Neumann* DB 2005, 1779, 1783). 9

E. Rechtsverfolgung durch die Aktionäre im Hauptverfahren, Abs. 4

Wird die Klage der Minderheitsaktionäre zugelassen, können sie den Ersatzanspruch der Gesellschaft im Hauptverfahren einklagen. Die Klage der Aktionäre ist in ihrem **eigenen Namen** auf Leistung an die Gesellschaft und damit als **gesetzlicher Prozessstandschafter** einzuklagen, Abs. 4 Satz 2. Nur die im Klagezulassungsverfahren erfolgreichen Minderheitsaktionäre sind zur Klageerhebung im Hauptverfahren legitimiert. Eine **Nebenintervention** durch Aktionäre nach Klagezulassung wird durch Abs. 4 Satz 3 ausgeschlossen. Das Aktionärsquorum des Zulassungsverfahrens gilt für die Klage im Hauptverfahren nicht (*Seibt* WM 2004, 2137, 2142). Die Klage im Hauptverfahren ist aber im Hinblick auf die vom Gesetzgeber auch in diesem Stadium des Verfahrens noch bestehende Subsidiarität der Aktionärsklage nur zulässig, nachdem eine nochmals unter angemessener Fristsetzung ergangene Aufforderung an die Gesellschaft vergeblich geblieben ist, Abs. 4 Satz 1. Überdies ist eine **Frist von 3 Monaten** nach Eintritt der Rechtskraft des Zulassungsbeschlusses für die Klageerhebung einzuhalten. 10

Die Klage ist nach Abs. 4 Satz 2 gegen die in § 147 Abs. 1 AktG genannten Personen zu richten, also entweder gegen Mitglieder der Verwaltung, gegen die Einflussnehmer i. S. d. § 117 AktG oder gegen die Gründungs- oder Nachgründungsverantwortlichen. Zuständig für die Klage ist unabhängig davon, wer nach der jeweiligen Sachlage verklagt wird, und damit abweichend von allgemeinen Grundsätzen das Landgericht des Gesellschaftssitzes. 11

F. Rechtskraftwirkung, Abs. 5

Das Urteil wirkt gem. Abs. 5 Satz 1 für und gegen die AG und die am Verfahren nicht beteiligten anderen Aktionäre. Diese **Rechtskrafterstreckung** betrifft das auf die nach erfolgreichem Zulassungsverfahren erhobene Klage im Hauptverfahren ergehende Urteil. Dabei kommt es weder darauf an, ob das Urteil der Klage stattgegeben hat oder nicht (so ausdrücklich Abs. 5 Satz 1), noch darauf, ob das Urteil auf Klage der Aktionärsminderheit oder der Gesellschaft ergangen ist (*Hüffer/Koch* 12

AktG, § 148 Rn. 19). Dies hat insbesondere zur Konsequenz, dass, soweit die Rechtskraft reicht, weitere Aktionärsminderheiten nicht nochmals in Prozessstandschaft Klagezulassung beantragen können (BT-Drucks. 15/5092, S. 23).

13 Die Grundsätze der Rechtskrafterstreckung gelten nach Abs. 5 Satz 2 auch für einen nach § 149 AktG bekannt zu machenden und damit auf Verfahrensbeendigung gerichteten **Vergleich**. Das bedeutet, dass der Vergleich über den von der Aktionärsminderheit geltend gemachten Anspruch der Gesellschaft für und gegen die Mitaktionäre wirkt (Abs. 5 Satz 2 Halbs. 1). Hinsichtlich der Rechtskraft des Urteils für die Gesellschaft hat der Gesetzgeber zu Recht klargestellt, dass die Gesellschaft durch das Urteil nur gebunden ist, wenn die Klage zugelassen war (Abs. 5 Satz 2 Halbs. 2). Die Gesellschaft kann deshalb weiterhin klagen, wenn im Zulassungsverfahren ein Vergleich mit den Minderheitsaktionären geschlossen wird. Dies ist konsequent, weil es sich bei dem Klagezulassungsverfahren um ein Verfahren zwischen Minderheitsaktionären und Organmitgliedern handelt und es nicht gerechtfertigt erscheint, dass diese Verfahrensbeteiligten über Ansprüche der Gesellschaft durch Vergleich disponieren können. Ein Vergleich im (zugelassenen) Hauptverfahren, der dann auch die Gesellschaft bindet, ist nur unter den Voraussetzungen des § 93 Abs. 4 Satz 3 AktG möglich, setzt also einen zustimmenden Hauptversammlungsbeschluss und weiterhin voraus, dass dagegen kein Widerspruch von der qualifizierten Aktionärsminderheit erhoben wird; auf die Einhaltung der 3-Jahres-Frist kommt es dagegen nach § 148 Abs. 6 Satz 4 AktG nicht an (*Paschos/Neumann* DB 2005, 1779, 1784).

G. Verfahrenskosten, Abs. 6

14 Hinsichtlich der Verfahrenskosten trifft Abs. 6 Satz 1 bis 4 zunächst Regelungen zur gerichtlichen Kostenentscheidung. Eine Kostenentscheidung im Verfahren um die Klagezulassung ergeht nur dann, wenn der Zulassungsantrag abgewiesen wird. In diesem Fall sind die Kosten den Antragstellern aufzuerlegen, Abs. 6 Satz 1. Anders ist nach Abs. 6 Satz 2 zu entscheiden, wenn die Gesellschaft durch unterlassene Mitteilung der der Klagezulassung entgegenstehenden Gründe des Gesellschaftswohls (§ 149 Abs. 1 Satz 2 Nr. 4 AktG) die Antragstellung verursacht hat. Im Übrigen ist in der Kostenentscheidung des Endurteils über die zugelassene Klage auch über die Kosten des Zulassungsverfahrens zu entscheiden, Abs. 6 Satz 3. Maßgeblich sind die §§ 91 ff. ZPO.

15 Abs. 6 Satz 5 verschafft den Minderheitsaktionären einen **gesetzlichen Erstattungsanspruch** gegen die AG für den Fall, dass ihre Klage zugelassen, aber im Hauptverfahren ganz oder teilweise abgewiesen wurde, sofern sie die Zulassung der Klage nicht durch vorsätzlich oder grob fahrlässig unrichtigen Vortrag erwirkt haben. Der Gefahr von Fehlanreizen durch Kostenerstattungsansprüche der Bevollmächtigten mehrerer Antragsteller oder Kläger wird durch die Begrenzung der Kostenerstattung in Abs. 6 Satz 6 vorgebeugt.

§ 149 Bekanntmachungen zur Haftungsklage

(1) Nach rechtskräftiger Zulassung der Klage gemäß § 148 sind der Antrag auf Zulassung und die Verfahrensbeendigung von der börsennotierten Gesellschaft unverzüglich in den Gesellschaftsblättern bekannt zu machen.

(2) ¹Die Bekanntmachung der Verfahrensbeendigung hat deren Art, alle mit ihr im Zusammenhang stehenden Vereinbarungen einschließlich Nebenabreden im vollständigen Wortlaut sowie die Namen der Beteiligten zu enthalten. ²Etwaige Leistungen der Gesellschaft und ihr zurechenbare Leistungen Dritter sind gesondert zu beschreiben und hervorzuheben. ³Die vollständige Bekanntmachung ist Wirksamkeitsvoraussetzung für alle Leistungspflichten. ⁴Die Wirksamkeit von verfahrensbeendigenden Prozesshandlungen bleibt hiervon unberührt. ⁵Trotz Unwirksamkeit bewirkte Leistungen können zurückgefordert werden.

(3) Die vorstehenden Bestimmungen gelten entsprechend für Vereinbarungen, die zur Vermeidung eines Prozesses geschlossen werden.

Die Vorschrift schreibt die Bekanntmachung der Zulassung der Aktionärsklage und der Einzelheiten der Verfahrensbeendigung vor. Damit bezweckt der Gesetzgeber vor allem, **missbräuchliche Zulassungsanträge** für Haftungsklagen und unzulässige Leistungen an die das Klageverfahren betreibenden Minderheitsaktionäre im Zusammenhang mit der Verfahrensbeendigung zu unterbinden (RegBegr. BT-Drucks. 15/5092, S. 24). Die Einhaltung der Publizitätspflichten wird durch die Unwirksamkeit der im Zusammenhang mit der Beendigung anhängiger Verfahren vereinbarten Leistungspflichten zivilrechtlich sanktioniert. Die Vorschrift gilt nur für **börsennotierte Gesellschaften** (§ 3 Abs. 2 AktG). 1

Die **Bekanntmachungspflicht** setzt erst mit Rechtskraft der Zulassungsentscheidung ein, Abs. 1. Jedenfalls ist also die Frist für die sofortige Beschwerde gegen die Zulassungsentscheidung von 2 Wochen (§ 148 Abs. 2 Satz 5 AktG) bzw. der Abschluss des Rechtsmittelverfahrens abzuwarten. Die Bekanntmachungspflicht betrifft zunächst den Antrag auf Zulassung der Haftungsklage; ferner ist die Verfahrensbeendigung im Zulassungsverfahren und im Hauptverfahren bekannt zu machen. Die Bekanntmachung hat **unverzüglich** und in den Gesellschaftsblättern, also jedenfalls im elektronischen Bundesanzeiger (§ 25 Satz 1 AktG) zu erfolgen. Bekannt zu machen ist zunächst die Art der Verfahrensbeendigung (insbesondere Urteil, Vergleich, Klagerücknahme, Erledigungserklärung), Abs. 2 Satz 1. Weiterhin sind alle getroffenen Vereinbarungen und Nebenabreden bekannt zu machen und dies im vollständigen Wortlaut sowie unter Angabe des Namens der Beteiligten. Leistungen der Gesellschaft und ihr zurechenbare Leistungen Dritter sind gesondert zu beschreiben und hervorzuheben, Abs. 2 Satz 2. In den Gesetzesmaterialien werden **beispielhaft** angeführt: Prozess- und Aufwandserstattungen, einvernehmliche Ansetzung des Vergleichswerts, Schadensersatzzahlungen, Honorare für Beraterleistungen, Gutachten, wissenschaftliche Ausarbeitungen aller Art sowie sonstige Zuwendungen, gleich welcher Form (BT-Drucks. 15/5092, S. 24). Ebenso sollen damit Vereinbarungen über Beratungsaufträge mit Aktionären oder ihnen nahe stehenden Dritten erfasst werden, die im Zusammenhang mit der Verfahrensbeendigung abgeschlossen werden. Unerheblich ist, ob die vermögenswerte Leistung den verfahrensbeteiligten Aktionären mittelbar oder unmittelbar zukommt (BT-Drucks. 15/5092, S. 24 f.). 2

Die in Abs. 2 Satz 3 angeordnete **Unwirksamkeit** betrifft die Rechtsgeschäfte über Leistungspflichten. Die verfahrensbeendende Prozesshandlung wird davon nicht betroffen; es bleibt somit trotz der Verletzung der Bekanntmachungspflichten bei der Verfahrensbeendigung, Abs. 2 Satz 4. Dagegen »können« erbrachte Leistungen nach Abs. 2 Satz 5 zurückgefordert werden. Die Geltendmachung dieses Rückforderungsanspruchs gehört zur Sorgfaltspflicht der Organe und ist für die Gesellschaft verpflichtend. Die Regelung schafft einen Sonderfall der bürgerlich-rechtlichen Leistungskondiktion; § 814 BGB findet keine Anwendung (BT-Drucks. 15/5092, S. 25). 3

Nach Abs. 3 gelten die Bekanntmachungspflichten und ihre Sanktionen auch für **Prozess vermeidende Vereinbarungen**. Damit sind missbräuchliche Vereinbarungen gemeint, nach denen Aktionäre Zulassungsanträge nach § 148 Abs. 1 AktG nicht weiterverfolgen, nachdem sie sich den »Lästigkeitswert« des beantragten Verfahrens gleichsam haben abkaufen lassen. 4

Fünfter Teil Rechnungslegung. Gewinnverwendung

Erster Abschnitt Jahresabschluss und Lagebericht. Entsprechenserklärung

Vorbemerkung zu § 150 AktG

Die §§ 150 bis 160 AktG enthielten ursprünglich umfassende Regelungen zur Rechnungslegung der AG. Nachdem auf europäischer Ebene mit der Vierten, Siebenten und Achten Richtlinie des Rates der Europäischen Gemeinschaften zur Koordinierung des Gesellschaftsrechts die Grundlagen für ein einheitliches Rechnungslegungsrecht in den Mitgliedstaaten der EG gelegt worden waren 1

Pathe

§ 150 AktG Gesetzliche Rücklage. Kapitalrücklage

(KölnKomm AktG/*Claussen*/*Korth* Vorb. § 238 HGB Rn. 2), hat der deutsche Gesetzgeber mit dem Bilanzrichtlinien-Gesetz (BiRiLiG) vom 19.12.1985 (BGBl. I 1985, S. 2335) durch die Umsetzung dieser Richtlinien in das deutsche Recht in den §§ 238 ff. HGB eine Art **Grundgesetz der Bilanzierung** für das deutsche Bilanzrecht geschaffen (Baumbach/Hopt/*Merkt* Einf. vor § 238 Rn. 2). Das neue Bilanzrecht gilt seither für alle Kaufleute. Für Kapitalgesellschaften enthält es Sondervorschriften in den §§ 264 bis 335b HGB. Dementsprechend wurden im Rahmen des BiLiRiG die Regelungen zur Bilanzierung im AktG weitgehend aufgehoben. Das AktG enthält lediglich noch einzelne – nur auf die Rechtsform der AG bezogene – Rechnungslegungsvorschriften.

2   Zusätzlich zu den §§ 150 bis 160 AktG in ihrer alten Fassung bestimmte – der mittlerweile das Klagezulassungsverfahren regelnde – § 148 AktG eine **Pflicht zur Aufstellung** des Jahresabschlusses und des Geschäftsberichts durch den Vorstand binnen 3 Monate nach Ende des Geschäftsjahres. Diese Verpflichtung ist bereits im Rahmen des BiRiLiG vom 19.12.1985 (BGBl. I, 2355) in die für alle Kapitalgesellschaften geltenden Regelungen der §§ 242, 264 Abs. 1 HGB überführt worden.

3   Der jetzt die Bekanntmachungen zur Haftungsklage betreffende § 149 AktG enthielt mit einem Verweis auf die GoB und auf die subsidiäre Geltung der zu der Zeit in §§ 38 ff. HGB geregelten handelsrechtlichen Bilanzierung die grundlegende Weichenstellung für die Rechnungslegungsvorschriften der AG. Nach den Änderungen durch das BiRiLiG vom 19.12.1985 (BGBl. I, 2355) gelten auch für die AG die diesbezüglichen Vorschriften des HGB, insbesondere §§ 243, 264 Abs. 2 HGB.

4   Durch das TransPuG vom 19.07.2002 (BGBl. I, 2681) wurde in den Fünften Abschnitt die Vorschrift des § 161 BGB eingefügt. Danach sind börsennotierte Gesellschaften verpflichtet, jährlich eine Erklärung darüber abzugeben, ob und in welchem Umfang sie den Empfehlungen der »Regierungskommission Deutscher Corporate Governance Kodex« in dem jeweiligen Berichtszeitraum folgen. Dieser Erweiterung des Regelungsbereichs wurde durch den entsprechenden Zusatz in der Überschrift des Abschnitts Rechnung getragen (MüKo AktG/*Hennrichs*/*Pöschke* Vor § 150 Rn. 3).

§ 150   Gesetzliche Rücklage. Kapitalrücklage

(1) In der Bilanz des nach den §§ 242, 264 des Handelsgesetzbuchs aufzustellenden Jahresabschlusses ist eine gesetzliche Rücklage zu bilden.

(2) In diese ist der zwanzigste Teil des um einen Verlustvortrag aus dem Vorjahr geminderten Jahresüberschusses einzustellen, bis die gesetzliche Rücklage und die Kapitalrücklagen nach § 272 Abs. 2 Nr. 1 bis 3 des Handelsgesetzbuchs zusammen den zehnten oder den in der Satzung bestimmten höheren Teil des Grundkapitals erreichen.

(3) Übersteigen die gesetzliche Rücklage und die Kapitalrücklagen nach § 272 Abs. 2 Nr. 1 bis 3 des Handelsgesetzbuchs zusammen nicht den zehnten oder den in der Satzung bestimmten höheren Teil des Grundkapitals, so dürfen sie nur verwandt werden
1. zum Ausgleich eines Jahresfehlbetrags, soweit er nicht durch einen Gewinnvortrag aus dem Vorjahr gedeckt ist und nicht durch Auflösung anderer Gewinnrücklagen ausgeglichen werden kann.
2. zum Ausgleich eines Verlustvortrags aus dem Vorjahr, soweit er nicht durch einen Jahresüberschuss gedeckt ist und nicht durch Auflösung anderer Gewinnrücklagen ausgeglichen werden kann.

(4) ¹Übersteigen die gesetzliche Rücklage und die Kapitalrücklagen nach § 272 Abs. 2 Nr. 1 bis 3 des Handelsgesetzbuchs zusammen den zehnten oder den in der Satzung bestimmten höheren Teil des Grundkapitals, so darf der übersteigende Betrag verwandt werden
1. zum Ausgleich eines Jahresfehlbetrags, soweit er nicht durch einen Gewinnvortrag aus dem Vorjahr gedeckt ist;
2. zum Ausgleich eines Verlustvortrags aus dem Vorjahr, soweit er nicht durch einen Jahresüberschuss gedeckt ist;

3. zur Kapitalerhöhung aus Gesellschaftsmitteln nach den §§ 207 bis 220.

²Die Verwendung nach den Nummern 1 und 2 ist nicht zulässig, wenn gleichzeitig Gewinnrücklagen zur Gewinnausschüttung aufgelöst werden.

Übersicht	Rdn.			Rdn.
A. Begriff	1	E.	Erweiterte Verwendungsmöglichkeiten, Abs. 4	11
B. Rücklagenbildung, Abs. 1	2	F.	Verstoßfolgen	13
C. Dotierung der Rücklage, Abs. 2	5			
D. Verwendungsmöglichkeiten des Mindestbetrages, Abs. 3	8			

A. Begriff

Die in § 150 AktG geregelte Rücklagenbildung der AG setzt den **bilanziellen Begriff** der Rücklage voraus. Gem. § 266 Abs. 3 A III. und II. HGB sind Rücklagen in der Form der Gewinn- und der Kapitalrücklagen als Bilanzpositionen der Passivseite Teil des Eigenkapitals einer AG. Sie sind insoweit zu unterscheiden von dem gezeichneten Kapital, dem Gewinn-/Verlustvortrag und dem Jahresüberschuss/-fehlbetrag und dürfen keinesfalls mit den zum Fremdkapital gehörenden Rückstellungen gem. § 266 Abs. 3 B HGB verwechselt werden (*Hüffer* AktG, § 150 Rn. 2; ADS § 150 AktG Rn. 7). 1

B. Rücklagenbildung, Abs. 1

Abs. 1 schreibt die **Verpflichtung** zur Bildung einer gesetzlichen Rücklage vor. Da die Rücklage aus den von der AG zu erwirtschaftenden Gewinnen gebildet werden muss, ist sie gem. § 266 Abs. 3 A III. 1 HGB eine Unterart der Gewinnrücklage (*Hüffer* AktG, § 150 Rn. 2). Die Rücklagenbildung erfolgt zur Stärkung der Eigenkapitalausstattung der AG. Sie führt zur Bildung eines dem gezeichneten Kapital vorgelagerten gesetzlichen Reservefonds zum Schutz der Gläubiger der AG, der den Ausgleich von zukünftigen Verlusten ohne sofortigen Zugriff auf das gezeichnete Kapital ermöglicht (KölnKomm AktG/*Claussen/Korth* § 150 Rn. 7; *Hüffer* AktG, § 150 Rn. 1; ADS § 150 AktG Rn. 2, 16). 2

Die Bildung der gesetzlichen Rücklage ist **zwingend**; eine Abweichung von der Vorschrift ist nicht – auch nicht durch Satzungsregelung (vgl. § 23 Abs. 5 AktG) – möglich (MüKo AktG/*Hennrichs/Pöschke* § 150 Rn. 7; KölnKomm AktG/*Claussen/Korth* § 150 AktG Rn. 8; *Hüffer* AktG, § 150 Rn. 4). Ein Verstoß gegen die Verpflichtung zur Bildung der gesetzlichen Rücklage führt zur **Nichtigkeit** des Jahresabschlusses gem. § 256 Abs. 1 Nr. 4 AktG (MüKo AktG/*Hennrichs/Pöschke* § 150 Rn. 36; KölnKomm AktG/*Claussen/Korth*, § 150 AktG Rn. 8; vgl. dazu auch § 256 AktG Rdn. 11). 3

Eine gesetzliche (oder ggf. höhere satzungsmäßige) Dotierung der Rücklage ist bei der Aufstellung des Jahresabschlusses vorzunehmen. Es handelt sich demzufolge um eine Aufgabe des Vorstands der AG (MüKo AktG/*Hennrichs/Pöschke* § 150 Rn. 11; *Hüffer* AktG, § 150 Rn. 4; ADS § 150 AktG Rn. 42). Da es der Hauptversammlung gem. § 58 Abs. 3 AktG gestattet ist, weitere Beträge des Bilanzgewinns im Rahmen des Gewinnverwendungsbeschlusses in die Gewinnrücklagen einzustellen, darf sie im Rahmen des Beschlusses über die Gewinnverwendung (MüKo AktG/*Hennrichs/Pöschke* § 150 Rn. 22; ADS § 150 AktG Rn. 43; *Hüffer* AktG, § 150 Rn. 7) und nach einer Meinung in der Literatur auch bei einem (ihr satzungsmäßig zugewiesenen) Beschluss über die Feststellung des Jahresabschlusses (KölnKomm AktG/*Claussen/Korth* § 150 AktG, Rn. 10) die gesetzliche Rücklage mit weiteren, über das gesetzliche Mindestmaß hinausgehenden Teilen des Bilanzgewinns dotieren. Für einen derartigen Beschluss reicht gem. § 133 Abs. 1 AktG grundsätzlich eine einfache Stimmenmehrheit aus. Zu beachten ist insoweit aber die Grenze des § 254 Abs. 1 AktG, die den (gegen einen entsprechenden Verwendungsbeschluss stimmenden) Aktionären ein Anfechtungsrecht für den Fall gewährt, dass der zur Ausschüttung an die Aktionäre verbleibende Gewinn ohne ausreichende wirtschaftliche Begründung weniger als 4% des Grundkapitals beträgt (MüKo AktG/*Hennrichs/* 4

§ 150 AktG   Gesetzliche Rücklage. Kapitalrücklage

Pöschke § 150 Rn. 23; ADS § 150 AktG, Rn. 45). Um Anfechtungsrisiken zu vermeiden, sollte eine noch weiter gehende Dotierung der gesetzlichen Rücklage ggf. nur einstimmig beschlossen werden.

C. Dotierung der Rücklage, Abs. 2

5 Abs. 2 regelt den Umfang der Dotierung der Rücklage. Zu unterscheiden ist dabei zwischen der gesetzlich vorgeschriebenen Höhe der Dotierung, ausgedrückt durch einen Prozentsatz des Jahresüberschusses, und einer (durch Satzungsregelung erweiterbaren) gesetzlichen Obergrenze, bestehend aus einem Prozentsatz vom Grundkapital der AG. Demnach sind jeweils **5 % des Jahresüberschusses** einer AG bis zum Erreichen der gesetzlich (oder satzungsmäßig) geregelten Obergrenze in die gesetzliche Rücklage einzustellen. Der für die Berechnung relevante Betrag des Jahresüberschusses ist Posten 20 der GuV-Rechnung der AG (Gesamtkostenverfahren) bzw. Posten 19 der GuV-Rechnung (Umsatzkostenverfahren) zu entnehmen (ADS § 150 AktG Rn. 22). Hiervon abzuziehen ist ein etwa bestehender Verlustvortrag aus dem Vorjahr gem. § 158 Abs. 1 Nr. 1 AktG (*Hüffer* AktG, § 150 Rn. 5). Die Berücksichtigung eines etwaigen Gewinnvortrages ist ebenso wenig erforderlich wie die Einbeziehung einer Rücklage gem. § 58 Abs. 2a AktG (ADS § 150 AktG Rn. 22, 24).

6 Der sich hieraus ergebende Rückstellungsbetrag zuzüglich der Beträge der Kapitalrücklagen der AG gem. § 272 Abs. 2 Nr. 1 bis 3 AktG darf nicht die in Abs. 2 geregelte **absolute Obergrenze** überschreiten. Diese beträgt nach der gesetzlichen Regelung **10 % des Grundkapitals** der AG. Allerdings lässt es das Gesetz zu, dass die Satzung der AG einen höheren (nicht aber einen niedrigeren) Prozentsatz als absolute Obergrenze vorsieht. Aus dem Wortlaut des Gesetzes schließt die h. M., dass auch durch Satzungsregelung stets nur ein Teil des Grundkapitals zurückgestellt werden kann und muss. Nicht zulässig ist es daher, die Rückstellungsbildung auf Gewinne bis zum Doppelten oder Mehrfachen des Grundkapitals zu erweitern (MüKo AktG/*Hennrichs/Pöschke* § 150 Rn. 19; *Hüffer* AktG, § 150 Rn. 7; ADS § 150 AktG Rn. 31; KölnKomm AktG/*Claussen/Kropf* § 150 Rn. 11; a. A. *Barz* AG 1966, 39; *Schäfer* ZfK 1966, 276, 278). Eine Satzungsregelung, die diese Begrenzung der absoluten Obergrenze nicht berücksichtigt und eine über das Grundkapital hinausgehende Dotierung der Rücklage vorsieht, ist nach h. M. gem. § 241 Nr. 3 AktG nichtig (OLG Düsseldorf AG 1968, 19; *Hüffer* AktG, § 150 Rn. 7; ADS § 150 AktG Rn. 32), zumindest aber anfechtbar (*Werner* AG 1968, 181, 182).

7 Nach dem Wortlaut des Abs. 2 sind in die Berechnung des Höchstbetrages der zu bildenden Rücklage neben der gesetzlichen Rücklage nur die in den Nummern 1 bis 3 des § 272 Abs. 2 HGB genannten Teile der Kapitalrücklage einzubeziehen. Dementsprechend sind andere Zuzahlungen von Gesellschaftern in das Eigenkapital i. S. v. § 272 Abs. 2 Nr. 4 HGB bei der Berechnung der Rücklage nicht zu berücksichtigen. Anders als dies der Wortlaut von § 150 Abs. 2 AktG nahe legt, sind aber auch Kapitalrücklagen, die bei einfachen Kapitalherabsetzungen und bei der Kapitalherabsetzung durch Einziehung von Aktien gebildet werden, in die Berechnung einzubeziehen (ADS § 150 AktG Rn. 38; *Hüffer* AktG, § 150 Rn. 6).

D. Verwendungsmöglichkeiten des Mindestbetrages, Abs. 3

8 Die gem. Abs. 1 und Abs. 2 gebildeten Rücklagen dürfen dem Sinn der Vorschrift entsprechend nicht für Gewinnausschüttungen verwendet werden (MüKo AktG/*Hennrichs/Pöschke* § 150 Rn. 25; *Hüffer* AktG, § 150 Rn. 8). Abs. 3 regelt daher entsprechend **eingeschränkte Verwendungsmöglichkeiten** für den Mindestbetrag der gesetzlichen Rücklage zuzüglich der Kapitalrücklagen gem. § 272 Abs. 2 Nr. 1 bis 3 HGB. Dieser Mindestbetrag darf nur eingesetzt werden, um einen Jahresfehlbetrag oder einen Verlustvortrag auszugleichen. Ein Einsatz dieser Kapitalrücklagen zur Deckung von Verlusten aus einzelnen Geschäften oder zum Ausgleich einzelner Wertminderungen ist nicht zulässig (ADS § 150 AktG Rn. 52). Abzustellen ist jeweils nur auf das Gesamtergebnis der Geschäftstätigkeit der AG.

9 Unter Jahresfehlbetrag ist dabei der in der Bilanz entsprechend ausgewiesene Posten gem. § 266 Abs. 3 A. V HGB bzw. die entsprechende Position der GuV-Rechnung gem. § 266 Abs. 2 Nr. 20

(Gesamtkostenverfahren) oder Abs. 3 Nr. 19 (Umsatzkostenverfahren) HGB zu verstehen (*Hüffer* AktG, § 150 Rn. 8). Der Einsatz des Mindestbetrages der Kapitalrücklagen zum Ausgleich eines Jahresfehlbetrages ist gem. Abs. 2 aber nur dann zulässig, wenn der Jahresfehlbetrag nicht durch einen Gewinnvortrag aus dem Vorjahr oder durch die Auflösung anderer Gewinnrücklagen ausgeglichen werden kann. Bei dem **Gewinnvortrag** handelt es sich um keine Rücklage, sondern um eine um mehrere Jahre hinausgeschobene Gewinnverwendung (ADS § 150 AktG Rn. 53). Er ist in der Bilanz gem. § 266 Abs. 3 A.IV HGB und in der GuV-Rechnung gem. § 158 Abs. 1 Nr. 1 AktG auszuweisen. Bei den »**anderen Gewinnrücklagen**«, die gem. Abs. 3 vorrangig zum Ausgleich eines Jahresfehlbetrag heranzuziehen sind, handelt es sich nach h. M. über den Wortlaut des Gesetzes hinaus nicht nur um Rücklagen i. S. v. § 266 Abs. 3 A.III 4 HGB. Der in Abs. 3 verwendete Begriff bezieht sich vielmehr auf alle sonstigen, auflösbaren Gewinnrücklagen (ADS § 150 AktG Rn. 55). Danach sind zur Deckung des Jahresfehlbetrages auch satzungsmäßige Rücklagen und Rücklagen nach § 58 Abs. 2a AktG heranzuziehen; nach h. M. aber nicht die Rücklage für eigene Anteile, da der mit dieser Rücklage verfolgte Zweck der bilanziellen Neutralisierung eigener Anteile Vorrang vor dem mit der gesetzlichen Rücklage geschaffenen Reservefonds hat (MüKo AktG/*Hennrichs/Pöschke* § 150 Rn. 30; *Hüffer* AktG, § 150 Rn. 9; KölnKomm AktG/*Claussen/Korth* § 150 Rn. 20; a. A. ADS § 150 AktG Rn. 55; *Haller* DB 1987, 646, 647).

Der Mindestbetrag der gesetzlichen Rücklage zuzüglich der Kapitalrücklagen gem. § 272 Abs. 2 Nr. 1 bis 3 HGB darf gem. Abs. 3 ferner zum Ausgleich eines Verlustvortrags aus dem Vorjahr verwandt werden. Der Verlustvortrag ergibt sich gem. § 266 Abs. 3 A.IV HGB aus der Bilanz und gem. § 158 Abs. 1 Satz 1 Nr. 1 AktG aus der GuV-Rechnung der AG. Der Mindestbetrag der Kapitalrücklagen ist aber nur dann zum Ausgleich eines Verlustvortrages zu verwenden, wenn der Ausgleich nicht durch die Verwendung eines Jahresüberschusses gem. § 266 Abs. 2 Nr. 20 oder Abs. 3 Nr. 19 HGB bzw. durch die Verwendung anderer Gewinnrücklagen möglich ist. Der Begriff der zu berücksichtigenden Gewinnrücklagen geht dabei, entsprechend den vorstehenden Ausführungen in Rdn. 9, über den Wortlaut von § 266 Abs. 3 A.III 4 HGB hinaus. 10

E. Erweiterte Verwendungsmöglichkeiten, Abs. 4

Auch wenn die gesetzliche Rücklage zuzüglich der Kapitalrücklagen gem. § 272 Abs. 2 Nr. 1 bis 3 HGB den gesetzlich oder satzungsmäßig vorgeschriebenen Mindestbetrag übersteigt, bleibt die Ausschüttungssperre grundsätzlich bestehen (MüKo AktG/*Hennrichs/Pöschke* § 150 Rn. 33; *Hüffer* AktG, § 150 Rn. 11). Gem. Abs. 4 ergeben sich aber über die in Abs. 3 für den Mindestbetrag genannten Verwendungsmöglichkeiten hinaus weiter gehende Verwendungsmöglichkeiten. So können ein Jahresfehlbetrag und ein Verlustvortrag gem. Abs. 4 auch dann durch Beträge aus der gesetzlichen Rücklage und den Kapitalrücklagen gem. § 272 Abs. 2 Nr. 1 bis 3 HGB ausgeglichen werden, wenn die AG noch über andere Gewinnrücklagen i. S. v. Abs. 3 verfügt. Danach ist vor dem den Mindestbetrag der Kapitalrücklagen überschreitenden Rücklagenbetrag nur der Gewinnvortrag i. S. v. § 158 Abs. 1 Satz 1 Nr. 1 AktG (im Fall eines Jahresfehlbetrages) bzw. ein Jahresüberschuss i. S. v. § 266 Abs. 2 Nr. 20 oder Abs. 3 Nr. 19 HGB (im Fall eines Verlustvortrages) vorrangig einzusetzen. Die gesetzliche Rücklage und die Kapitalrücklagen gem. § 272 Abs. 2 Nr. 1 bis 3 HGB dürfen allerdings gem. Abs. 4 Satz 3 nicht zum Ausgleich eines Jahresfehlbetrages oder Verlustvortrages herangezogen werden, wenn die AG gleichzeitig nicht gebundene Gewinnrücklagen zum Zwecke einer Gewinnausschüttung auflöst (*Hüffer* AktG, § 150 Rn. 11). 11

Gem. Abs. 4 Nr. 3 darf der den Mindestbetrag der Kapitalrücklagen überschreitende Betrag darüber hinaus für eine Kapitalerhöhung aus Gesellschaftsmitteln i. S. v. §§ 207 bis 220 AktG verwandt werden. Da die Kapitalerhöhung aus Gesellschaftsmitteln dazu führt, dass das eingesetzte Kapital als neues Grundkapital einer noch strengeren Kapitalbindung unterliegt, ist die Regelung folgerichtig (*Hüffer* AktG, § 150 Rn. 12). In diesem Fall ist auch eine parallele Verwendung freier Gewinnrücklagen für Gewinnausschüttungen unschädlich (ADS § 150 AktG Rn. 65). 12

§ 152 AktG Vorschriften zur Bilanz

F. Verstoßfolgen

13 Ein Verstoß gegen die Bestimmungen des § 150 AktG führt zu einer Nichtigkeit des entsprechenden Jahresabschlusses. Die Nichtigkeit ergibt sich aus § 256 Abs. 1 Nr. 1 AktG, wenn eine notwendige Dotierung der Rücklage unterbleibt oder eine Rücklagenauflösung entgegen Abs. 3 und Abs. 4 vorgenommen wird (MüKo AktG/*Hennrichs/Pöschke* § 150 Rn. 36). Soweit die Rücklagenhöhe durch die Satzung bestimmt ist, führt ein Verstoß zu einer Nichtigkeit gem. § 256 Abs. 1 Nr. 4 AktG (MüKo AktG/*Hennrichs/Pöschke* § 150 Rn. 36; *Hüffer* AktG, § 150 Rn. 13). Auf § 256 Abs. 1 Nr. 4 AktG beruht schließlich auch die Nichtigkeit des Jahresabschlusses wegen der Überschreitung der jährlichen Einstellung oder der Überdotierung insgesamt (*Hüffer* AktG, § 150 Rn. 13). Soweit eine Pflichtverletzung von Vorstands- und Aufsichtsratsmitgliedern i. S. v. §§ 93, 116 AktG vorliegt, sind diese Organe darüber hinaus wegen einer Verletzung der Bestimmungen des § 150 AktG schadensersatzpflichtig (MüKo AktG/*Hennrichs/Pöschke* § 150 Rn. 40).

§ 150a

(weggefallen)

§ 150a AktG regelte die **Pflicht zur Bildung einer Rücklage für eigene Aktien** i. S. v. § 71 AktG. Die dieser Regelung entsprechende Verpflichtung findet sich jetzt in § 272 Abs. 4 HGB.

§ 151

(weggefallen)

Die an dieser Stelle geregelten Vorschriften zur **Gliederung der Bilanz** der AG finden sich jetzt – wie für alle Kapitalgesellschaften – in § 266 HGB.

§ 152 Vorschriften zur Bilanz

(1) ¹Das Grundkapital ist in der Bilanz als gezeichnetes Kapital auszuweisen. ²Dabei ist der auf jede Aktiengattung entfallende Betrag des Grundkapitals gesondert anzugeben. ³Bedingtes Kapital ist mit dem Nennbetrag zu vermerken. ⁴Bestehen Mehrstimmrechtsaktien, so sind beim gezeichneten Kapital die Gesamtstimmenzahl der Mehrstimmrechtsaktien und die der übrigen Aktien zu vermerken.

(2) Zu dem Posten »Kapitalrücklage« sind in der Bilanz oder im Anhang gesondert anzugeben
1. der Betrag, der während des Geschäftsjahrs eingestellt wurde;
2. der Betrag, der für das Geschäftsjahr entnommen wird.

(3) Zu den einzelnen Posten der Gewinnrücklagen sind in der Bilanz oder im Anhang jeweils gesondert anzugeben
1. die Beträge, die die Hauptversammlung aus dem Bilanzgewinn des Vorjahrs eingestellt hat;
2. die Beträge, die aus dem Jahresüberschuss des Geschäftsjahrs eingestellt werden;
3. die Beträge, die für das Geschäftsjahr entnommen werden.

1 § 152 AktG enthält rechtsformspezifische **Regelungen zum Ausweis des Eigenkapitals** einer AG (mit Ausnahme von Gewinnvortrag und Jahresüberschuss) in der Bilanz. Die Bezeichnung des Grundkapitals als gezeichnetes Kapital gem. Abs. 1 Satz 1 entspricht der Regelung in § 272 Abs. 1 Satz 1 HGB und dient der **internationalen Verständlichkeit** der Bilanz (*Hüffer* § 152 Rn. 1; MüKo AktG/*Kessler/Suchan* § 152 AktG Rn. 2). Die Bezeichnung stellt weiter sicher, dass darunter nicht nur die Summe der von den Aktionären tatsächlich geleisteten Einlagen, sondern die gesamte Grundkapitalziffer verstanden wird (KölnKomm AktG/*Claussen/Korth* § 266 HGB Rn. 135). Das Grundkapital ist gem. § 23 Abs. 3 Nr. 3 AktG in der Satzung festgelegt und muss gem. § 6 AktG auf Euro lauten. Gem. § 1 Abs. 2 EGAktG sind AG, die vor dem 01.01.2002 in das Handelsregister

eingetragen wurden, berechtigt, ihr Grundkapital weiterhin in DM auszuweisen. Eine Anpassung auf Euro erfolgt für diese Gesellschaften gem. § 1 Abs. 2 Satz 3 EGAktG erst, wenn die betreffende AG Kapitalmaßnahmen vornimmt.

Eine **Saldierung** mit ausstehenden Einlagen ist **nicht zulässig**. Ausstehende Einlagen können entweder gem. § 272 Abs. 1 Satz 2 HGB auf der Aktivseite der Bilanz ausgewiesen (sog. **Bruttomethode**) oder – soweit noch nicht eingefordert – gem. § 272 Abs. 1 Satz 3 HGB von dem Posten »Gezeichnetes Kapital« der Passivseite der Bilanz offen abgesetzt werden (sog. **Nettomethode**) Die Wahl der Methode steht im Ermessen der AG (MüKo AktG/*Kessler/Suchan* § 152 AktG Rn. 6). 2

Die auf einzelne Aktiengattungen entfallenden Grundkapitalbeträge sind gem. Abs. 1 Satz 2 bis 4 in der Bilanz **gesondert auszuweisen**. Gem. § 11 Satz 2 AktG bilden alle Aktien, die mit gleichen Rechten ausgestattet sind, eine Gattung. Den Hauptfall bilden dabei Stammaktien mit Stimmrecht und stimmrechtslose Vorzugsaktien (*Hüffer* AktG, § 152 Rn. 3; MüKo AktG/*Kessler/Suchan* § 152 AktG Rn. 9; ADS § 152 AktG Rn. 4). In gleicher Weise ist gem. Abs. 1 Satz 3 bedingtes Kapital i. S. v. § 192 AktG gesondert unter der Bilanzposition des gezeichneten Kapitals auszuweisen. Wegen des Verbots (neu geschaffener) Mehrstimmrechte gem. § 12 Abs. 2 AktG ist die Verpflichtung zum gesonderten Ausweis von Mehrstimmrechtsaktien von geringerer praktischer Bedeutung. Nur soweit einzelne AG von der Möglichkeit gem. § 5 Abs. 1 EGAktG Gebrauch gemacht und die Fortgeltung von Mehrstimmrechten über den 30.06.2003 hinaus beschlossen haben, sind die mit derartigen Sonderrechten versehenen Aktien weiterhin gem. Abs. 1 Satz 4 in der Bilanz gesondert auszuweisen. Der Adressat der Bilanz soll in die Lage versetzt werden, aus der Bilanz das verbliebene Stimmrecht des Grundkapitals zu entnehmen (*Hüffer* AktG, § 152 Rn. 5; MüKo AktG/*Kessler/Suchan* § 152 AktG Rn. 14; ADS § 152 AktG, Rn. 14). Nach h. M. sind noch bestehende Mehrstimmrechte in der Bilanz anzugeben (*Hüffer* AktG, § 152 Rn. 5; MüKo AktG/*Kessler/Suchan* § 152 AktG Rn. 14; ADS § 152 AktG Rn. 14). Wie sich aus dem Vergleich mit den Abs. 2 und 3 ergibt, genügt in diesem Fall ein Ausweis im Anhang nicht (a. A. KölnKomm AktG/*Claussen/Korth* § 152 Rn. 7). 3

Hinsichtlich des **Ausweises der Kapitalrücklage** schreibt Abs. 2 eine lückenlose Darstellung der Bewegungen der Rücklage in dem betreffenden Geschäftsjahr vor (MüKo AktG/*Kessler/Suchan* § 152 AktG Rn. 15). Maßgeblich ist der Zeitraum von der Aufstellung der Bilanz des Vorjahres bis zur Aufstellung der aktuellen Bilanz (*Hüffer* AktG, § 152 Rn. 6). Zu berücksichtigen sind insbesondere Erhöhungen der Rücklage durch die Vereinnahmung von Aufgeldern bei der Ausgabe neuer Aktien (§ 272 Abs. 2 Nr. 1 HGB), bei der Ausübung von Wandlungs- oder Optionsrechten (§ 272 Abs. 2 Nr. 2 HGB) oder durch die Vereinnahmung von Zuzahlungen im Rahmen der Gewährung von Vorzügen (§ 272 Abs. 2 Nr. 3 HGB). Ebenso sind andere Zuzahlungen der Aktionäre i. S. v. § 272 Abs. 2 Nr. 4 AktG sowie Beträge aus einfachen Kapitalherabsetzungen (§§ 229, 232 AktG) oder aus der Einziehung von Aktien gem. § 237 Abs. 3 Nr. 1, 2 AktG an dieser Stelle zu berücksichtigen (MüKo AktG/*Kessler/Suchan* § 152 AktG Rn. 16). 4

Gesondert auszuweisen ist auch der Betrag, der im Laufe eines Geschäftsjahres aus der Kapitalrücklage entnommen wurde. Hierzu zählt grundsätzlich jede **Entnahme aus der Kapitalrücklage**, insbesondere die Verwendung der Kapitalrücklage zur Durchführung einer Kapitalerhöhung aus Gesellschaftsmitteln (*Hüffer* AktG, § 152 Rn. 6). 5

Gem. Abs. 2 kann die Gesellschaft wählen, ob sie die Veränderungen der Kapitalrücklage in der Bilanz selbst oder im Anhang ausweist. Das Wahlrecht muss allerdings einheitlich (auch für den Ausweis der Gewinnrücklagen) ausgeübt werden. Ein Ausweis der Veränderungen teilweise in der Bilanz und teilweise im Anhang ist nicht zulässig (MüKo AktG/*Kessler/Suchan* § 152 AktG Rn. 23; KölnKomm AktG/*Claussen/Korth* § 152 Rn. 15). Die teilweise Überschneidung der Angaben zu den Veränderungen der Kapital- und Gewinnrücklagen in Bilanz und GuV-Rechnung (vgl. dazu § 158 AktG) ist gesetzgeberisch gewollt und dient der Übersichtlichkeit der Bilanz. Die sich daraus ergebende doppelte Darstellung der Rücklagenveränderungen ist daher hinzunehmen und nicht verzichtbar (*Hüffer* AktG, § 152 Rn. 6). 6

§ 156 AktG weggefallen

7 Entsprechend den Vorschriften zur Kapitalrücklage gem. Abs. 2 sind gem. Abs. 3 auch **Veränderungen der Gewinnrücklage** gesondert auszuweisen. Insoweit sieht Abs. 3 Nr. 1 einen Ausweis der Dotierungen der Gewinnrücklage durch einen Beschluss der Hauptversammlung über die Verwendung des Bilanzgewinns i. S. v. §§ 58 Abs. 1 Satz 1 Fall 1, 174 Abs. 2 Nr. 3 AktG vor. Gesondert aufzuführen sind gem. Abs. 3 Nr. 2 Einstellungen in die Gewinnrücklage aus dem Jahresüberschuss. Diese Regelung betrifft die Rücklagendotierung durch Vorstand oder Aufsichtsrat i. S. v. § 58 Abs. 2 und Abs. 2a AktG sowie die satzungsmäßige Rücklagendotierung i. S. v. § 58 Abs. 1 AktG.

8 Gem. Abs. 3 Nr. 3 sind schließlich die **Entnahmen aus der Gewinnrücklage** gesondert aufzuführen. Hierzu zählt insbesondere die Verwendung von Rücklagen für die Deckung eines Jahresfehlbetrages, zum Ausgleich eines Bilanzverlustes, zum Zwecke von Gewinnausschüttungen oder zur Kapitalerhöhung aus Gesellschaftsmitteln (*Hüffer* AktG, § 152 Rn. 7; KölnKomm AktG/*Claussen/Korth* § 152 Rn. 12). Die Verwendung von freien Gewinnrücklagen zur Dotierung der gesetzlichen Rücklage oder der Rücklage für eigene Aktien ist von Abs. 3 nicht erfasst. Ein gesonderter Ausweis erfolgt insoweit lediglich im Rahmen von § 158 AktG in der GuV-Rechnung (KölnKomm AktG/*Claussen/Korth* § 152 Rn. 13).

9 Im Übrigen gelten für den Ausweis der Gewinnrücklagen hinsichtlich des auch hier bestehenden Wahlrechts zwischen dem Ausweis in Bilanz oder Anhang sowie zur Erforderlichkeit eines doppelten Ausweises der Rücklagenbewegungen in Bilanz (bzw. Anhang) und GuV-Rechnung die gleichen Anforderungen wie für den vorstehend unter Rdn. 6 dargestellten Ausweis von Bewegungen der Kapitalrücklage (*Hüffer* AktG, § 152 Rn. 7).

§ 153

(weggefallen)

Die an dieser Stelle geregelten Vorschriften für die **Wertansätze des Anlagevermögens** der AG finden sich jetzt – wie für alle Kapitalgesellschaften – in §§ 248, 253 Abs. 1, 269, 279 ff. HGB.

§ 154

(weggefallen)

Die an dieser Stelle geregelten Vorschriften hinsichtlich der **Abschreibungen und Wertberichtigungen bei Gegenständen des Anlagevermögens** der AG finden sich jetzt – wie für alle Kapitalgesellschaften – in §§ 253 Abs. 2, Abs. 4, Abs. 5, 254, 279 ff. HGB.

§ 155

(weggefallen)

Die an dieser Stelle geregelten Vorschriften für die **Wertansätze der Gegenstände des Umlaufvermögens** der AG finden sich jetzt – wie für alle Kapitalgesellschaften – in §§ 253 Abs. 3, Abs. 4, Abs. 5, 254, 255, 279 ff. HGB.

§ 156

(weggefallen)

Die an dieser Stelle geregelten Vorschriften für die **Ansätze der Passivposten** in der Bilanz der AG finden sich jetzt – wie für alle Kapitalgesellschaften – in §§ 253 Abs. 1 Satz 2, 283 HGB.

§ 157

(weggefallen)

Die an dieser Stelle ursprünglich geregelte **Gliederung der GuV-Rechnung** einer AG ist jetzt – wie für alle Kapitalgesellschaften – in § 275 HGB geregelt. Eine Sondervorschrift hinsichtlich der Fortsetzung der GuV-Rechnung nach dem Posten »Jahresüberschuss/Jahresfehlbetrag« findet sich im nachfolgenden § 158 AktG.

§ 158 Vorschriften zur Gewinn- und Verlustrechnung

(1) ¹Die Gewinn- und Verlustrechnung ist nach dem Posten »Jahresüberschuss/Jahresfehlbetrag« in Fortführung der Nummerierung um die folgenden Posten zu ergänzen:
1. Gewinnvortrag/Verlustvortrag aus dem Vorjahr
2. Entnahmen aus der Kapitalrücklage
3. Entnahmen aus Gewinnrücklagen
    a) aus der gesetzlichen Rücklage
    b) aus der Rücklage für Anteile an einem herrschenden oder mehrheitlich beteiligten Unternehmen
    c) aus satzungsmäßigen Rücklagen
    d) aus anderen Gewinnrücklagen
4. Einstellungen in Gewinnrücklagen
    a) in die gesetzliche Rücklage
    b) in die Rücklage für Anteile an einem herrschenden oder mehrheitlich beteiligten Unternehmen
    c) in satzungsmäßige Rücklagen
    d) in andere Gewinnrücklagen
5. Bilanzgewinn/Bilanzverlust

²Die Angaben nach Satz 1 können auch im Anhang gemacht werden.

(2) ¹Von dem Ertrag aus einem Gewinnabführungs- oder Teilgewinnabführungsvertrag ist ein vertraglich zu leistender Ausgleich für außenstehende Gesellschafter abzusetzen; übersteigt dieser den Ertrag, so ist der übersteigende Betrag unter den Aufwendungen aus Verlustübernahme auszuweisen. ²Andere Beträge dürfen nicht abgesetzt werden.

Übersicht	Rdn.			Rdn.
A. Allgemeines	1	IV.	Einstellungen in die Gewinnrücklage	6
B. Zu ergänzende Posten, Abs. 1	2	V.	Bilanzgewinn	7
I. Gewinnvortrag/Verlustvortrag	3	VI.	Wahlrecht, weitere Posten	8
II. Entnahmen aus der Kapitalrücklage	4	C.	Gewinnabführungsvertrag, Abs. 2	10
III. Entnahmen aus Gewinnrücklagen	5			

A. Allgemeines

§ 158 AktG enthält eine **Ergänzung** zu den handelsrechtlichen **Vorschriften über die GuV-Rechnung in § 275 HGB**. Die in § 275 HGB vorgesehene Gliederung der GuV-Rechnung endet mit der Position »Jahresüberschuss/Jahresfehlbetrag«. Damit fehlen in dieser Gliederung Angaben über die Ergebnisverwendung. Für die Bilanz der AG lässt allerdings bereits § 268 Abs. 1 Satz 2 HGB Angaben zur Ergebnisverwendung ausdrücklich zu. § 158 AktG ist daher als Ergänzung dieser auf die Bilanz bezogenen Vorschrift für den Bereich der GuV-Rechnung zu sehen (*Hüffer* AktG, § 158 Rn. 1; ADS § 158 AktG Rn. 1). Abhängig von der Art des gewählten Kostenverfahrens sind die ergänzenden Posten hinter Nr. 21 (Gesamtkostenverfahren) oder Nr. 20 (Umsatzkostenverfahren) an die GuV-Rechnung anzuhängen. Gem. § 265 Abs. 8 HGB sind Leerposten nur dann auszuweisen, wenn im Vorjahr unter diesem Posten ein Betrag ausgewiesen wurde (*Hüffer* AktG, § 158,

1

§ 158 AktG   Vorschriften zur Gewinn- und Verlustrechnung

Rn. 2). § 158 AktG wurde in Abs. 1 Nr. 3 Buchst. b) und Nr. 4 Buchst. b) durch Art. 5 Nr. 8 BilMoG vom 25.05.2009 (BGBl. I, 1102) geändert. Da eigene Aktien infolge der entsprechenden Änderung von § 272 Abs. 1a HGB nur noch auf der Passivseite der Bilanz ausgewiesen werden, ist die Rücklage für eigene Aktien funktionslos geworden (*Hüffer* AktG, § 71 Rn. 21a).

B. Zu ergänzende Posten, Abs. 1

2   Gem. Abs. 1 ist die GuV-Rechnung der AG um **folgende Posten** zu ergänzen:

I. Gewinnvortrag/Verlustvortrag

3   Wenn der Vorjahresabschluss der AG mit einem Bilanzgewinn abschloss, so kann die Hauptversammlung gem. § 174 Abs. 2 Nr. 4 AktG beschließen, einen Teil des Bilanzgewinns auf neue Rechnung vorzutragen (und bspw. nicht auszuschütten oder in die Rücklagen einzustellen). Dies kommt insbesondere bei Gewinnüberhängen vor, die vom Bilanzgewinn nach der Festlegung einer bestimmten Dividende verbleiben (ADS § 158 AktG Rn. 7). Schloss der Vorjahresabschluss der AG mit einem Bilanzverlust ab, so ist an dieser Stelle der GuV-Rechnung ein Verlustvortrag auszuweisen. Dies gilt auch dann, wenn zwischenzeitlich Gesellschafterzuschüsse zur Verlustabdeckung geleistet wurden (MüKo AktG/*Kessler/Freisleben* § 158 AktG Rn. 8; WP-Hdb 2006 Bd. 1 F Rn. 514).

II. Entnahmen aus der Kapitalrücklage

4   Die an dieser Stelle auszuweisenden Entnahmen aus den Kapitalrücklagen, die gem. § 272 Abs. 2 Nr. 1 bis 3 HGB oder gem. §§ 231, 232 AktG gebildet wurden, sind nur in den gesetzlich geregelten Fällen (§§ 150 Abs. 3 und 4, 229 Abs. 2 AktG) zulässig (ADS § 158 AktG Rn. 9). Sie dienen insbesondere der Verlustabdeckung, also dem Ausgleich eines Jahresfehlbetrages oder Verlustvortrages, sowie zum Ausgleich von Wertminderungen oder sonstigen Verlusten im Zusammenhang mit einer vereinfachten Kapitalherabsetzung i. S. v. § 229 Abs. 2 AktG (WP-Hdb 2006 Bd. 1 F Rn. 515). Dagegen ist eine Verwendung der Kapitalrücklage für eine Kapitalerhöhung aus Gesellschaftsmitteln nicht in der GuV-Rechnung auszuweisen, da es sich nicht um eine Ergebnisverwendung, sondern um einen einlagenähnlichen Vorgang handelt (*Hüffer* AktG, § 158 Rn. 3; ADS § 158 AktG Rn. 10).

III. Entnahmen aus Gewinnrücklagen

5   Die Aufzählung der Gewinnrücklagen in Nr. 3, aus denen an dieser Stelle auszuweisende Entnahmen möglich sind, entspricht der Regelung in § 272 Abs. 3 HGB (MüKo AktG/*Kessler/Freisleben* § 158 AktG Rn. 12). Hinzu kommt vorliegend allerdings noch die in § 272 Abs. 2 nicht ausdrücklich aufgeführte Rücklage für Anteile an einem herrschenden oder mehrheitlich beteiligten Unternehmen. Entfallen ist, wie unter Rdn. 1 ausgeführt, die Rücklage für eigene Anteile, nachdem diese in der Bilanzgliederung insgesamt funktionslos geworden ist (*Hüffer* AktG, § 158 Rn. 4). Entnahmen aus der in § 150 AktG geregelten **gesetzlichen Rücklage** (Nr. 3 Buchst. a)) sind nur in den in § 150 Abs. 3 und 4 AktG geregelten Fällen zulässig. Auf die entsprechenden Ausführungen zu § 150 AktG wird verwiesen (s. § 150 Rdn. 8 ff.). Nicht aufzuführen ist an dieser Stelle die Verwendung der gesetzlichen Rücklage für eine Kapitalerhöhung aus Gesellschaftsmitteln (*Hüffer* AktG, § 158 Rn. 4; ADS § 158 AktG Rn. 12). Ein Ausweis des entnommenen Betrages ist auch dann erforderlich, wenn sich Aufwand (z. B. Abschreibung des Aktivwertes der eigenen Aktien) und Ertrag (Auflösung der Rücklage) ausgleichen. (ADS § 158 AktG Rn. 13). **Satzungsmäßige Rücklagen** sind nur dann gegeben, wenn die Satzung die Bildung einer Rücklage zwingend vorschreibt. Bei einer bloßen Satzungsermächtigung zur Rücklagenbildung handelt es sich um eine **andere Rücklage** i. S. v. Nr. 3 Buchst. d) (*Hüffer* AktG, § 158 Rn. 4). Entnahmen aus den erstgenannten Rücklagen sind unter Nr. 3 Buchst. c) auszuweisen. Entnahmen aus anderen Gewinnrücklagen sind unter Nr. 3 Buchst. d) auszuweisen, soweit sie nicht für eine Kapitalerhöhung aus Gesellschaftsmitteln verwandt wurden (*Hüffer* AktG, § 158 Rn. 4; ADS § 158 AktG Rn. 16).

IV. Einstellungen in die Gewinnrücklage

Einstellungen in die Gewinnrücklage sind nur in den Fällen des § 58 Abs. 1 bis 2a AktG zu berücksichtigen. In erster Linie betrifft dies Einstellungen in die Gewinnrücklage durch den Vorstand oder den Aufsichtsrat (*Hüffer* AktG, § 158 Rn. 5). Einstellungen, die auf einem Gewinnverwendungsbeschluss der Hauptversammlung beruhen (z. B. § 58 Abs. 3 AktG) und nicht bereits bei der Aufstellung oder Feststellung des Jahresabschlusses berücksichtigt wurden, bleiben außer Betracht (ADS § 158 AktG Rn. 17). Bei den Einstellungen in die gesetzliche Rücklage sind hauptsächlich die aufgrund der Bestimmungen des § 150 Abs. 2 AktG vorzunehmenden Dotierungen sowie außerdem Einstellungen im Zusammenhang mit einer vereinfachten Kapitalherabsetzung gem. § 231 Satz 1 AktG zu berücksichtigen (WP-Hdb 2006 Bd. 1 F Rn. 525).

6

V. Bilanzgewinn

Der letzte Posten in der Gliederung nach Abs. 1 ergibt sich aus dem Saldo von Jahresüberschuss und den in den Posten Nr. 1 bis 4 etwa ausgewiesenen Beträgen. Dieser Saldo muss mit dem in der Bilanz auszuweisenden Betrag gem. § 268 Abs. 1 Satz 2 HGB übereinstimmen und ist dem vom Vorstand gem. § 170 Abs. 2 AktG vorzulegenden Vorschlag über die Gewinnverwendung zugrunde zu legen (ADS § 158 AktG Rn. 22).

7

VI. Wahlrecht, weitere Posten

Abs. 1 Satz 2 lässt der AG das **Wahlrecht**, die ergänzenden Angaben zur GuV-Rechnung anstelle in der GuV-Rechnung im Anhang zu machen. Dabei ist zu beachten, dass das Wahlrecht nur einheitlich ausgeübt werden kann. Weist die AG die ergänzenden Angaben im Anhang aus, so sind sie dort vollständig und in der Gliederung des Abs. 1 anzugeben. Ein Ausweis teilweise in der GuV-Rechnung und teilweise im Anhang ist nicht zulässig (*Hüffer* AktG, § 158 Rn. 7; ADS § 158 AktG Rn. 28).

8

Die Aufzählung in Abs. 1 ist **nicht abschließend**. So ist gem. § 240 Satz 1 AktG ein Buchgewinn aus einer Kapitalherabsetzung als »Ertrag aus der Kapitalherabsetzung« hinter Nr. 3 Buchst. a) gesondert auszuweisen. Dabei sind Erträge aus allen Formen der Kapitalherabsetzung (auch im Fall des § 237 Abs. 5 AktG) zu berücksichtigen (*Hüffer* AktG, § 158 Rn. 8). Streitig ist, ob die Erträge aus einer Kapitalherabsetzung in entsprechender Anwendung des Wahlrechts aus Abs. 1 Satz 2 alternativ im Anhang ausgewiesen werden können. § 240 AktG sieht ein solches Wahlrecht nicht vor. Unter Verweis auf den Wortlaut des Vorschrift lehnt eine Literaturmeinung das Bestehen eines solchen Wahlrechts daher ab (*Hüffer* AktG, § 158 Rn. 8 und § 240 Rn. 3). Da sich § 240 AktG aber auf die in Abs. 1 vorgesehene Gliederung bezieht, sprechen mit der wohl überwiegenden Meinung gute Argumente dafür, dass – um eine Verkürzung des Wahlrechts zu vermeiden – ein Ausweis des Ertrags aus der Kapitalherabsetzung auch im Anhang möglich ist, wenn die AG von diesem Wahlrecht Gebrauch macht (ADS § 158 AktG Rn. 28; GroßkommAktG/*Brönner* § 158 Rn. 21).

9

C. Gewinnabführungsvertrag, Abs. 2

Abs. 2 regelt – bezogen auf das herrschende Unternehmen – bilanzielle Auswirkungen des Abschlusses eines Gewinnabführungsvertrages i. S. v. § 292 Abs. 1 Satz 1 AktG und § 292 Abs. 1 Nr. 2 AktG. Ausgangspunkt ist dabei § 277 Abs. 3 Satz 2 HGB, demzufolge Erträge und Aufwendungen aus Verlustübernahme und aufgrund eines Gewinnabführungs- oder eines Teilgewinnabführungsvertrags erhaltene oder abgeführte Gewinne gesondert und unter einer entsprechenden Bezeichnung auszuweisen sind. In diesen Fällen gestattet es Abs. 2 Satz 1 ausnahmsweise, die Erträge aus einem Gewinnabführungsvertrag mit den Aufwendungen aufgrund von Leistungen an außenstehende Gesellschafter zu saldieren. Hauptanwendungsfall sind Leistungen i. S. v. § 304 Abs. 1 AktG (*Hüffer* AktG, § 158 Rn. 9). Eine offene Absetzung ist dabei wohl nicht zulässig, da dies zu einer Veränderung des Gliederungsschemas gem. § 275 Abs. 2 und 3 HGB führen würde (ADS § 158 AktG Rn. 31).

10

11 Gem. Abs. 2 Satz 2 ist die nach Abs. 2 ausnahmsweise zugelassene Saldierungsmöglichkeit ausdrücklich auf die in S. 1 genannten Fälle beschränkt.

§ 159

(weggefallen)

§ 159 AktG enthielt eine Verpflichtung, im Jahresabschluss die **Pensionszahlungen der AG zu vermerken**. Die Vorschrift wurde ebenfalls im Rahmen des BiRiLiG vom 19.12.1985 (BGBl. I 1985, S. 2355) aufgehoben. Gem. § 249 Abs. 1 Satz 1 HGB besteht für derartige Verpflichtungen nunmehr eine Passivierungspflicht. Für Altfälle aus der Zeit vor dem Inkrafttreten des BiLiRiG sieht Art. 28 eine Übergangsregelung vor, mit der das nach Auffassung des Gesetzgebers bis dahin bestehende Passivierungswahlrecht für diese Fälle aufrechterhalten bleiben soll. (Baumbach/Hopt/ Merkt § 249 Rn. 7 f).

§ 160 Vorschriften zum Anhang

(1) In jedem Anhang sind auch Angaben zu machen über
1. den Bestand und den Zugang an Aktien, die ein Aktionär für Rechnung der Gesellschaft oder eines abhängigen oder eines im Mehrheitsbesitz der Gesellschaft stehenden Unternehmens oder ein abhängiges oder im Mehrheitsbesitz der Gesellschaft stehendes Unternehmen als Gründer oder Zeichner oder in Ausübung eines bei einer bedingten Kapitalerhöhung eingeräumten Umtausch- oder Bezugsrechts übernommen hat; sind solche Aktien im Geschäftsjahr verwertet worden, so ist auch über die Verwertung unter Angabe des Erlöses und die Verwendung des Erlöses zu berichten;
2. den Bestand an eigenen Aktien der Gesellschaft, die sie, ein abhängiges oder im Mehrheitsbesitz der Gesellschaft stehendes Unternehmen oder ein anderer für Rechnung der Gesellschaft oder eines abhängigen oder eines im Mehrheitsbesitz der Gesellschaft stehenden Unternehmens erworben oder als Pfand genommen hat; dabei sind die Zahl dieser Aktien und der auf sie entfallende Betrag des Grundkapitals sowie deren Anteil am Grundkapital, für erworbene Aktien ferner der Zeitpunkt des Erwerbs und die Gründe für den Erwerb anzugeben. Sind solche Aktien im Geschäftsjahr erworben oder veräußert worden, so ist auch über den Erwerb oder die Veräußerung unter Angabe der Zahl dieser Aktien, des auf sie entfallenden Betrags des Grundkapitals, des Anteils am Grundkapital und des Erwerbs- oder Veräußerungspreises, sowie über die Verwendung des Erlöses zu berichten;
3. die Zahl und bei Nennbetragsaktien den Nennbetrag der Aktien jeder Gattung, sofern sich diese Angaben nicht aus der Bilanz ergeben; davon sind Aktien, die bei einer bedingten Kapitalerhöhung oder einem genehmigten Kapital im Geschäftsjahr gezeichnet wurden, jeweils gesondert anzugeben;
4. das genehmigte Kapital;
5. die Zahl der Bezugsrechte gemäß § 192 Abs. 2 Nr. 3, der Wandelschuldverschreibungen und vergleichbaren Wertpapiere unter Angabe der Rechte, die sie verbriefen;
6. Genussrechte, Rechte aus Besserungsscheinen und ähnliche Rechte unter Angabe der Art und Zahl der jeweiligen Rechte sowie der im Geschäftsjahr neu entstandenen Rechte;
7. das Bestehen einer wechselseitigen Beteiligung unter Angabe des Unternehmens;
8. das Bestehen einer Beteiligung, die nach § 20 Abs. 1 oder Abs. 4 dieses Gesetzes oder nach § 21 Abs. 1 oder Abs. 1a des Wertpapierhandelsgesetzes mitgeteilt worden ist; dabei ist der nach § 20 Abs. 6 dieses Gesetzes oder der nach § 26 Abs. 1 des Wertpapierhandelsgesetzes veröffentlichte Inhalt der Mitteilung anzugeben.

(2) Die Berichterstattung hat insoweit zu unterbleiben, als es für das Wohl der Bundesrepublik Deutschland oder eines ihrer Länder erforderlich ist.

(3) Absatz 1 ist nicht anzuwenden auf Aktiengesellschaften, die Kleinstkapitalgesellschaften im Sinne des § 267a des Handelsgesetzbuches sind, wenn sie von der Erleichterung nach § 264 Absatz 1 Satz 5 des Handelsgesetzbuches Gebrauch machen.

Übersicht

	Rdn.
A. Allgemeines	1
B. Einzelne Pflichtangaben, Abs. 1	2
I. Vorratsaktien, Abs. 1 Nr. 1	3
II. Eigene Aktien, Abs. 1 Nr. 2	6
III. Aktiengattungen, Abs. 1 Nr. 3	9
IV. Genehmigtes Kapital, Abs. 1 Nr. 4	11
V. Bezugsrechte/Wandelschuldverschreibungen, Abs. 1 Nr. 5	12
VI. Genussrechte/Besserungsscheine, Abs. 1 Nr. 6	13
VII. Wechselseitige Beteiligung, Abs. 1 Nr. 7	14
VIII. Beteiligung an der AG, Abs. 1 Nr. 8	15
C. Schutzklausel, Abs. 2	16
D. Erleichterung für Kleinstgesellschaften, Abs. 3	18

A. Allgemeines

Die Vorschrift ergänzt die handelsrechtlichen Vorschriften zum Anhang und dessen notwendigem, sich vor allem aus §§ 284, 285 HGB ergebenden Inhalt. Die Verpflichtung zur Erweiterung des Jahresabschlusses um einen Anhang ergibt sich für die AG, wie für alle Kapitalgesellschaften, aus § 264 Abs. 1 Satz 1 HGB. Neben den in §§ 284, 285 HGB geregelten allgemeinen und den in § 160 Abs. 1 AktG genannten besonderen Berichtsgegenständen können sich weitere Angaben im Anhang aus § 240 Satz 3 AktG (Kapitalherabsetzung) und § 261 Abs. 1 Satz 3 und 4 AktG (Sonderprüfung wegen unzulässiger Unterbewertung) ergeben. Darüber hinaus bestehen mit §§ 58 Abs. 2a, 152 Abs. 2, 3 und 158 Abs. 1 Satz 2 AktG Wahlrechte für bestimmte Angaben (*Hüffer* AktG, § 160 Rn. 1). Mit dem MicroBilG vom 27.12.2012 (BGBl. I, 2751) wurde für Aktiengesellschaften, die als Kleinstkapitalgesellschaften im Sinne von § 267a HGB gelten, eine Ausnahme von den Pflichtangaben gem. Abs. 1 gemacht (s. dazu Rdn. 18). 1

B. Einzelne Pflichtangaben, Abs. 1

Bei den in Abs. 1 genannten Gegenständen handelt es sich um Pflichtangaben, deren Fehlen als Prüfungsmangel durch den Abschlussprüfer in dessen Bericht zu vermerken ist (MüKo AktG/ *Kessler* § 160 AktG Rn. 2). Wie die einzelnen Pflichtangaben im Anhang dargestellt, insbesondere zu gliedern sind, ergibt sich aus §§ 243, 264 Abs. 2 HGB (*Hüffer* AktG, § 160 Rn. 3). Danach muss der Anhang klar und übersichtlich, vollständig und richtig sein. Die Angaben müssen den Grundsätzen ordnungsgemäßer Buchführung entsprechen. Eine bestimmte Gliederung des Anhangs ist nicht vorgeschrieben. Den Anforderungen der §§ 243, 264 Abs. 2 HGB kann in verschiedener Weise Rechnung getragen werden (*Hüffer* AktG, § 160 Rn. 3; *Döbel* BB 1987, 412; *Forster* DB 1982, 1577 und 1631). Allerdings empfiehlt es sich, soweit möglich, der gesetzlich vorgegebenen Gliederung zu folgen, die einen sicheren Rahmen für einen den Anforderungen der §§ 243, 264 Abs. 2 HGB genügenden Anhang vorgibt (MüKo AktG/*Kessler* § 160 AktG Rn. 1). Die Darstellung muss weiter formell und materiell stetig sein. Ein Wechsel (auch der Gliederung) ohne sachlichen Grund von einem Jahresabschluss zum anderen ist nicht zulässig (*Hüffer* AktG, § 160 Rn. 3). Aus dem Vollständigkeitsgebot resultiert ferner die Notwendigkeit, in jedem Jahresabschluss alle Pflichtangaben aufzuführen. Der bloße Verweis auf Angaben aus dem Vorjahr ist nicht zulässig (MüKo AktG/*Kessler* § 160 AktG Rn. 3; ADS § 160 Rn. 4). 2

Im Einzelnen beziehen sich die Pflichtangaben gem. Abs. 1 auf **folgende Gegenstände**:

I. Vorratsaktien, Abs. 1 Nr. 1

Ausgangspunkt für die Berichtspflicht über den Erwerb eigener Aktien an der AG ist § 56 Abs. 1 AktG, welcher den Erwerb eigener Aktien durch die AG selbst grundsätzlich verbietet. Erwerbsgeschäfte unter Verstoß gegen diese Vorschrift sind grundsätzlich nichtig. Dagegen ist der Erwerb von Aktien an der AG durch einen Aktionär für Rechnung der Gesellschaft oder eines von der AG 3 abhängigen oder in ihrem Mehrheitsbesitz stehenden Unternehmens gem. § 56 Abs. 3 AktG und der Erwerb von Aktien an der AG durch ein abhängiges oder im Mehrheitsbesitz stehendes Unternehmen gem. § 56 Abs. 2 AktG zwar verboten, aber rechtlich wirksam (*Hüffer* AktG, § 160 Rn. 4). Allerdings ruhen gem. §§ 56 Abs. 3 i. V. m. 71b AktG die Rechte aus diesen sog. Vorratsaktien. Die Angaben zu Vorratsaktien im Anhang sollen die Aktionäre über den Umfang der von dieser Sanktion betroffenen Aktien informieren (MüKo AktG/*Kessler* § 160 AktG Rn. 5).

4 Betroffen ist gem. Abs. 1 Nr. 1 der **Erwerb von Vorratsaktien durch einen Aktionär** der AG (1) bei der Gründung, (2) bei einer Kapitalerhöhung oder (3) in Ausübung eines bei einer bedingten Kapitalerhöhung eingeräumten Umtausch- oder Bezugsrechts (nach Ausgabe einer Wandel- oder Optionsanleihe), wenn der Aktionär dabei für Rechnung der AG oder eines von der AG abhängigen oder in deren Mehrheitsbesitz stehenden Unternehmens gehandelt hat. Dem gleichgestellt ist der Erwerb von Vorratsaktien im Rahmen eines der drei genannten Erwerbsfälle durch ein abhängiges oder im Mehrheitsbesitz der AG stehendes Unternehmen. Zu informieren ist im Anhang über den Bestand der Vorratsaktien sowie über den Zugang im Berichtszeitraum. Anzugeben ist in der Regel der Bestand und der Zugang bei den jeweiligen Übernehmern der Vorratsaktien, da die AG selbst die Aktien nicht bilanzieren kann (MüKo AktG/*Kessler* § 160 AktG Rn. 12). Zu- und Abgänge in einem Geschäftsjahr dürfen nicht miteinander saldiert werden (MüKo AktG/*Kessler* § 160 AktG Rn. 13). Die Angaben haben durch Nennung der Zahl und bei Nennbetragsaktien durch Nennung des Gesamtnennbetrags, bei Stückaktien durch den ihnen entsprechenden Betrag des Grundkapitals zu erfolgen (*Hüffer* AktG, § 160 Rn. 5; MüKo AktG/*Kessler* § 160 AktG HGB Rn. 14).

5 Darüber hinaus hat die AG **im Anhang** über die **Verwertung von Vorratsaktien** im Geschäftsjahr zu berichten. Verwertung ist dabei jede (entgeltliche und unentgeltliche) Verfügung über die Aktien, auch der Erwerb als eigene Aktien durch die AG selbst (*Hüffer* AktG, § 160 Rn. 6), sowie die Übernahme auf eigene Rechnung des Gründers oder Zeichners (WP-Hdb 2006 Bd. 1 F Rn. 818). Anzugeben ist der aus der Verwertung erzielte Erlös (*Hüffer* AktG, § 160 Rn. 6; ADS § 160 AktG Rn. 21). Dies ist nach h. M. der dem Veräußerer zugeflossene Erlös aus der Verwertung der Aktien (*Hüffer* AktG, § 160 Rn. 6; GroßkommAktG/*Brönner* § 160 Rn. 10). Nach einer Mindermeinung ist nur der der AG selbst zufließende Erlös mitzuteilen (ADS § 160 AktG Rn. 21). Zur Verwendung sind zum einen die tatsächliche Verwendung der der Gesellschaft zugeflossenen Mittel (*Hüffer* AktG, § 160 Rn. 6; ADS § 160 AktG Rn. 21) und zum anderen deren bilanzielle Behandlung mitzuteilen. Letztere wird sich in der Regel auf die Mitteilung über die gebotene Zuführung zur Kapitalrücklage beschränken (ADS § 160 AktG Rn. 21).

II. Eigene Aktien, Abs. 1 Nr. 2

6 Nr. 2 knüpft an §§ 71 ff. AktG an und bezieht sich auf eigene Aktien, welche (1) die AG selbst, (2) ein von der AG abhängiges Unternehmen, (3) ein in Mehrheitsbesitz der AG oder (4) ein Dritter für Rechnung der AG, eines von der AG abhängigen oder in deren Mehrheitsbesitz stehenden Unternehmens erworben oder in Pfand genommen hat. Auf die Frage, ob der Erwerb rechtlich erlaubt war, kommt es nicht an. Solange der Erwerb der eigenen Aktien nicht unwirksam ist, besteht die Berichtspflicht gem. Nr. 2 (*Hüffer* AktG, § 160 Rn. 7). Ist der Erwerb wegen § 71a Abs. 2 AktG nichtig, so besteht auch keine Berichtspflicht (*Hüffer* AktG, § 160 Rn. 7; ADS § 160 AktG Rn. 31).

7 Gem. Nr. 2 ist zunächst der **Bestand** an erworbenen oder in Pfand genommenen Aktien aufzuführen. Dabei sind Angaben zur Zahl dieser Aktien (Angabe der Stücke), des auf sie entfallenden Betrags des Grundkapitals (Gesamtnennbetrag bzw. Gesamtbetrag des Grundkapitals, der auf eigene Stückaktien entfällt), deren Anteil am Grundkapital in Prozent und zur Aktiengattung erforderlich. Bei erworbenen Aktien ist ferner der **Zeitpunkt des Erwerbs** und die **Gründe für den Erwerb** anzugeben (BGH NJW 1987, 3186; MüKo AktG/*Kessler* Rn. 24).

8 Wurden eigene Aktien während des Geschäftsjahrs erworben oder veräußert, sind gem. Nr. 2 Satz 2 weitere Angaben hinsichtlich der Zahl der erworbenen oder veräußerten Aktien, des auf sie entfallenden Betrags des Grundkapitals, des Anteils am Grundkapital, des Erwerbs- oder Veräuße-

rungspreises und die Verwendung des Veräußerungserlöses erforderlich (MüKo AktG/*Kessler* § 160 AktG Rn. 25). Bei umfangreicherem Handel mit eigenen Aktien wird eine **monatliche Zusammenfassung** der im Laufe des Geschäftsjahres getätigten Erwerbs- und Veräußerungsgeschäften gestattet (OLG Frankfurt am Main AG 1984, 25, 26; *Hüffer* AktG, § 160 Rn. 9; MüKo AktG/*Kessler* § 160 AktG Fn. 41; ADS § 160 AktG Rn. 32; WP-Hdb 2006 Bd. 1 F Rn. 820). Der BGH hat in einem Urteil zumindest eine **wochenweise Zusammenfassung** akzeptiert (BGH NJW 1987, 3186).

III. Aktiengattungen, Abs. 1 Nr. 3

Gem. Nr. 3 sind im Anhang Angaben zu der **Zahl** und bei Nennbetragsaktien zum **Nennbetrag** der Aktien jeder Gattung zu machen, soweit sich diese Angaben nicht bereits aus der Bilanz selbst ergeben (MüKo AktG/*Kessler* § 160 AktG Rn. 33; WP-Hdb 2006 Bd. 1 F Rn. 822). Welche Aktien zu einer **Gattung** gehören, ist den Regelungen von § 11 Satz 2 AktG zu entnehmen, nach denen diejenigen Aktien zu einer Gattung gehören, die mit gleichen Rechten ausgestattet sind. Die Gesamtnennbeträge der einzelnen Gattungen können, müssen aber im Anhang nicht wiederholt werden (ADS § 160 AktG Rn. 40; WP-Hdb 2006 Bd. 1 F Rn. 822) Gem. § 152 Abs. 1 Satz 2 AktG sind in der Bilanz zumindest die Beträge des Grundkapitals angegeben, die auf die einzelnen Aktiengattungen entfallen. Wurde dabei von der gem. Nr. 3 Halbs. 1 vorausgesetzten Möglichkeit der Angabe von Zahl und Einzelnennbeträgen der zu den einzelnen Gattungen gehörenden Aktien Gebrauch gemacht, ist im Anhang zu § 160 Abs. 1 Nr. 3 nichts weiter zu berichten (*Hüffer* AktG, § 160 Rn. 10). 9

Nicht empfehlenswert ist der – teilweise geforderte (ADS § 160 AktG Rn. 41; KölnKomm AktG/*Claussen*/*Korth* §§ 284 bis 288 HGB § 160 AktG Rn. 152) – Ausweis aller Angaben zu Aktiengattungen im Anhang (und nicht in der Bilanz). Für ein solches faktisches Ausweiswahlrecht ergeben sich aus dem Wortlaut des Gesetzes keine Anhaltspunkte. Soweit die AG die Angaben einheitlich an einer Stelle der Rechnungslegung zusammenfassen möchte, sollte sie dies daher in der Bilanz unternehmen, da – wie in Rdn. 9 dargelegt – in diesem Fall ein weiterer Ausweis im Anhang obsolet ist (*Hüffer* AktG, § 160 Rn. 10). 10

IV. Genehmigtes Kapital, Abs. 1 Nr. 4

Anzugeben sind insoweit der Nennbetrag des genehmigten Kapitals sowie der Inhalt des Ermächtigungsbeschlusses (*Hüffer* AktG, § 160 Rn. 11; ADS § 160 AktG Rn. 50; MüKo AktG/*Kessler* § 160 AktG HGB Rn. 43). Die Angaben sollen belegen, dass sich der Vorstand im Rahmen der ihm gem. § 202 AktG erteilten Ermächtigung gehalten hat (*Hüffer* AktG, § 160 Rn. 11; ADS § 160 AktG Rn. 49). 11

V. Bezugsrechte/Wandelschuldverschreibungen, Abs. 1 Nr. 5

Gem. Nr. 5 sind anzugeben die Zahl der im Umlauf befindlichen Bezugsrechte gem. § 192 Abs. 2 Nr. 3 AktG, der Wandelschuldverschreibungen, Optionsanleihen, Gewinnschuldverschreibungen, soweit mit einem eigenem Umtausch- oder Bezugsrecht ausgestattet, und vergleichbarer Wertpapiere (MüKo AktG/*Kessler* § 160 AktG Rn. 47). Aufzunehmen sind auch Angaben über Anleihen, die von einer Tochtergesellschaft ausgegeben werden, wenn sich das Umtauschrecht oder eine Option auf die Aktien der Muttergesellschaft beziehen (*Hüffer* AktG, § 160 Rn. 12; ADS § 160 AktG Rn. 12). Anzugeben sind jeweils die Gattung der Schuldverschreibung, für jede Gattung die Zahl und die Nennbeträge oder die anteiligen Beträge des Grundkapitals. Bei verbrieften Rechten sind die Art der Verbriefung und der Inhalt des jeweiligen Rechts sowie die wesentlichen Anleihebedingungen und die Bezeichnung der Schuldnerin (falls von der AG abweichend) aufzuführen (*Hüffer* AktG, § 160 Rn. 13; ADS § 160 AktG Rn. 53). 12

VI. Genussrechte/Besserungsscheine, Abs. 1 Nr. 6

13 Gem. Nr. 6 sind in den Anhang Angaben über Genussrechte i. S. v. § 221 Abs. 3 und 4 AktG, Rechte aus Besserungsscheinen, Rechte Dritter am Gewinn der AG (z. B. stille Beteiligungen) und ähnliche Rechte aufzunehmen (MüKo AktG/*Kessler* § 160 AktG Rn. 50). Bei Genussrechten handelt es sich nicht um Mitgliedschaftsrechte, sondern um Gläubigerrechte, die allerdings in ihrer inhaltlichen Ausgestaltung Aktionärsrechten angenähert sein können (*Hüffer* AktG, § 160 Rn. 14). Besserungsscheine enthalten aufschiebend bedingte Forderungen, die zu einer bilanziellen Stützung des jeweiligen Schuldners führen, da dieser die Forderung ausbuchen kann (BGH NJW 1984, 2762, 2763; ADS § 160 AktG Rn. 56; *Casper* WPg 1983, 146; *Künne* KTS 1968, 201, 202). Anzugeben ist jeweils die Art und die Zahl der jeweiligen Rechte (MüKo AktG/*Kessler* § 160 AktG Rn. 52). Außerdem sind die Art und die Zahl der in einem Geschäftsjahr neu entstandenen Rechte gesondert auszuweisen (*Hüffer* AktG, § 160 Rn. 16).

VII. Wechselseitige Beteiligung, Abs. 1 Nr. 7

14 Anzugeben ist weiter gem. Nr. 7 das Bestehen einer wechselseitigen Beteiligung. Eine solche liegt gem. § 19 AktG dann vor, wenn den beteiligten Unternehmen jeweils mehr als 25 % der Anteile an dem anderen Unternehmen zustehen. Durch die wechselseitige Beteiligung kommt es zu einer Verwässerung des kumulierten Eigenkapitals der beteiligten Unternehmen und besteht die Gefahr der wechselseitigen Einflussnahme (MüKo AktG/*Kessler* § 160 AktG Rn. 58). Die Information muss die bestehende Beteiligung enthalten sowie das andere Unternehmen jeweils solange nennen, wie die wechselseitige Beteiligung besteht (*Hüffer* AktG, § 160 Rn. 17). Nach h. M. sind andere Angaben, z. B. zur Höhe der beiderseitigen Beteiligungen nicht erforderlich (ADS § 160 AktG Rn. 64; MüKo AktG/*Kessler* § 160 AktG Rn. 61; *Hüffer* AktG, § 160 Rn. 17; KölnKomm AktG/*Claussen/Korth* §§ 284 bis 288 HGB § 160 AktG Rn. 165).

VIII. Beteiligung an der AG, Abs. 1 Nr. 8

15 Schließlich sind im Anhang Beteiligungen an der AG selbst aufzuführen, die dieser gem. § 20 Abs. 1, 4 AktG oder § 21 Abs. 1, 1a WpHG mitgeteilt worden sind (MüKo AktG/*Kessler* § 160 AktG Rn. 63). In den Anhang aufzunehmen ist der sich aus § 20 Abs. 6 AktG oder § 26 Abs. 1 WpHG ergebende Inhalt der Mitteilung (*Hüffer* AktG, § 160 Rn. 18). Hat die Gesellschaft keine formelle Mitteilung nach den vorgenannten Vorschriften erhalten, muss sie auch dann keine Angaben in den Anhang aufnehmen, wenn sie auf andere Weise Kenntnis von der mitteilungspflichtigen Beteiligung besitzt (*Hüffer* AktG, § 160 Rn. 18; MüKo AktG/*Kessler* § 160 AktG Rn. 69; ADS § 160 AktG Rn. 69; KölnKomm AktG/*Claussen/Korth* §§ 284 bis 288 HGB § 160 AktG Rn. 167). Etwas anderes gilt nur, wenn sich hieraus eine Mitteilungspflicht gem. Nr. 7 ergibt (*Hüffer* AktG, § 160 Rn. 18). Angaben nach Nr. 7 und Nr. 8 können zusammengefasst werden (*Hüffer* AktG, § 160 Rn. 18; ADS § 160 AktG Rn. 66, 71).

C. Schutzklausel, Abs. 2

16 Abs. 2 enthält eine sog. Schutzklausel, die identisch mit der handelsrechtlichen Schutzklausel gem. § 286 Abs. 1 HGB ist. Abs. 2 bezieht sich nur auf die Berichterstattung i. S. v. Abs. 1 (*Hüffer* AktG, § 160, Rn. 19) und enthält – anders als § 286 HGB für bestimmte Angaben – keinen weiter gehenden Schutz vor befürchteten Nachteilen für die AG oder verbundene Unternehmen (*Hüffer* AktG, § 160 Rn. 19; ADS § 160 AktG Rn. 73; zur Vorgängerregelung *Ertner* WPg 1968, 509). Insoweit gelten für die AG die allgemeinen Schutzregeln in § 286 HGB; allerdings auch mit den darin geregelten Einschränkungen (z. B. die Beschränkung der Erleichterung in § 286 Abs. 4 HGB auf nicht börsennotierte Gesellschaften).

17 Bei dem Begriff des durch Abs. 2 geschützten »öffentlichen Wohls« handelt es sich um einen unbestimmten Rechtsbegriff, der am ehesten mit den entsprechenden Begrifflichkeiten der §§ 93 ff. StGB zu vergleichen ist (*Hüffer* AktG, § 160 Rn. 19; MüKo AktG/*Kessler* § 160 AktG Rn. 73).

Zu denken ist bspw. daran, dass die Angaben im Anhang Einzelheiten über öffentliche Aufträge enthalten könnten, welche die innere oder äußere Sicherheit des Bundes oder der Länder tangieren. Geschützt sind nur hoheitliche Belange des Bundes oder der Länder. Lediglich allgemein wirtschaftliche Interessen der öffentlichen Hand können den Schutz des Abs. 2 nicht beanspruchen (MüKo AktG/*Kessler* § 160 AktG Rn. 73; KölnKomm AktG/*Claussen/Korth* §§ 284 bis 288 HGB, § 160 HGB Rn. 175). Darüber hinaus dürfen keine milderen Mittel als die Unterlassung der Angaben im Anhang zu Gebote stehen, um den Schutzzweck von Abs. 2 zu erfüllen (*Hüffer* AktG, § 160 Rn. 19).

D. Erleichterung für Kleinstgesellschaften, Abs. 3

Mit dem Gesetz zur Umsetzung der RL 2012/6/EU des Europäischen Parlaments und des Rates vom 14.03.2012 zur Änderung der RL 78/660/EWG des Rates über den Jahresabschluss von Gesellschaften bestimmter Rechtsformen hinsichtlich Kleinstbetrieben (Kleinstkapitalgesellschaften-Bilanzrechtsänderungsgesetz – MicroBilG), das am 28.12.2012 in Kraft getreten sind, sind für Kleinstkapitalgesellschaften im Sinne von § 267a HGB erhebliche Erleichterungen geschaffen worden (*Fey/Deubert/Roland* BB 2013, 107). In § 160 AktG wurde diesen Erleichterungen durch die Möglichkeit Rechnung getragen, dass Kleinstgesellschaften im Sinne von § 267a HGB nicht verpflichtet sind, die in Abs. 1 aufgeführten Angaben in einen Anhang zu ihrer Bilanz aufzunehmen. Als Kleinstkapitalgesellschaften gem. § 267a Abs. 1 HGB gelten dabei Kapitalgesellschaften, deren wirtschaftliche Kennzahlen zwei der drei folgenden Merkmale nicht überschreiten: (i) 350.000,00 € Bilanzsumme nach Abzug eines auf der Aktivseite ausgewiesenen Fehlbetrages; (ii) 700.000,00 € Umsatzerlöse in den 12 Monaten vor dem Abschlussstichtag; (iii) im Jahresdurchschnitt zehn Arbeitnehmer. 18

§ 161 Erklärung zum Corporate Governance Kodex

(1) ¹Vorstand und Aufsichtsrat der börsennotierten Gesellschaft erklären jährlich, dass den vom Bundesministerium der Justiz im amtlichen Teil des elektronischen Bundesanzeigers bekannt gemachten Empfehlungen der »Regierungskommission Deutscher Corporate Governance Kodex« entsprochen wurde und wird oder welche Empfehlungen nicht angewendet wurden oder werden und warum nicht. ²Gleiches gilt für Vorstand und Aufsichtsrat einer Gesellschaft, die ausschließlich andere Wertpapiere als Aktien zum Handel an einem organisierten Markt im Sinne des § 2 Abs. 5 des Wertpapierhandelsgesetzes ausgegeben hat und deren ausgegebene Aktien auf eigene Veranlassung über ein multilaterales Handelssystem im Sinn des § 2 Abs. 3 Satz 1 Nr. 8 des Wertpapierhandelsgesetzes gehandelt werden.

(2) Die Erklärung ist auf der Internetseite der Gesellschaft dauerhaft öffentlich zugänglich zu machen.

Übersicht	Rdn.		Rdn.
A. Grundsätzliches	1	III. Beschluss des Aufsichtsrats	8
B. Deutscher Corporate Governance Codex	3	IV. Beschlussinhalt	9
C. Entsprechenserklärung, S. 1	5	D. Offenlegung, Abs. 2	13
I. Grundsätzliches	5	E. Innen- oder Außenhaftung	14
II. Beschluss des Vorstands	7		

A. Grundsätzliches

Gegenstand der Rechnungslegung und Berichterstattung einer AG ist außerdem die durch das Gesetz zur weiteren Reform des Aktien- und Bilanzrechts, zu Transparenz und Publizität (Transparenz- und Publizitätsgesetz – TransPuG – vom 25.07.2002, BGBl. I 2002, S. 2681) eingeführte **Entsprechenserklärung** von Vorstand und Aufsichtsrat hinsichtlich des **Deutschen Corporate Governance Kodex** (»**Kodex**«). Vorstand und Aufsichtsrat einer AG haben gem. § 161 Satz 1 AktG zu erklären, ob die Gesellschaftsorgane der AG die empfehlenden Teile des Kodex, die gem. Abs. 6 1 der Präambel des Kodex mit dem Wort »soll« gekennzeichnet sind, eingehalten haben und einhalten werden (*Hüffer* AktG, § 161 Rn. 1).

2 Die Verpflichtung zur Abgabe einer Entsprechenserklärung richtet sich an i. S. v. § 3 Abs. 2 AktG **börsennotierte Aktiengesellschaften** (*Hüffer* AktG, § 161 Rn. 6a). Erforderlich ist demnach eine Notierung im amtlichen Handel oder am geregelten Markt; im Freiverkehr gehandelte Aktiengesellschaften unterliegen nicht dem Begriff der Börsennotierung i. S. v. § 3 Abs. 2 AktG und damit auch nicht der Erklärungspflicht gem. § 161 AktG (*Hüffer* AktG, § 3 Rn. 6; s. auch § 161 AktG Rn. 6a). Darüber hinaus sollen nach einer Meinung Gesellschaften ausländischen Rechts mit einer Börsennotierung im Inland der Erklärungspflicht gem. § 161 AktG nicht unterliegen (*Hüffer* AktG, § 161 Rn. 6a; a. A. *Claussen* DB 2002, 1199, 1204). Vor dem Hintergrund der Urteile des EuGH in den Rechtssachen »Überseering« (NJW 2002, 3614) und »Inspire Art« (BB 2003, 2195) ist diese Wertung für Gesellschaften ausländischen Rechts fraglich, die nach den vorgenannten Urteilen des EuGH ihren Sitz im Inland haben und an einer inländischen Börse notiert sind. Der Ansicht von *Hüffer* (AktG, § 161 Rn. 6a) ist allerdings zuzugeben, dass derartige Gesellschaften grundsätzlich nicht dem AktG und daher auch nicht der Verpflichtung gem. § 161 AktG unterliegen. Um dem kapitalmarktrechtlichen Kontext der Erklärungspflicht Genüge zu leisten, sollten entsprechende Erklärungspflichten evtl. zum Gegenstand der mit der Börsennotierung verbundenen Pflichten gemacht werden, sodass zuverlässig alle in Deutschland ansässigen und börsennotierten Gesellschaften entsprechenden Erklärungspflichten unterliegen. Durch Art. 5 Nr. 9 BilMoG vom 25.05.2009 (BGBl. I, 1102) wurde der Kreis der Erklärungspflichtigen durch die Ergänzung in Abs. 1 Satz 2 um Gesellschaften erweitert, die andere Wertpapiere als Aktien an einem organisierten Markt im Sinne von § 2 Abs. 5 WpHG emittierten. Im Ergebnis werden daher insbesondere Aktiengesellschaften von der Erweiterung erfasst, deren Aktien im Freiverkehr gehandelt werden, die aber Schuldverschreibungen oder Genussscheine an einem organisierten Markt emittiert haben (*Hüffer* AktG, § 161 Rn. 6b; *Kuthe/Geiser* NZG 2008, 172)

B. Deutscher Corporate Governance Codex

3 Die Erklärungspflicht beruht auf dem bereits erwähnten Kodex, der von der Regierungskommission Deutscher Corporate Governance Kodex erstellt wurde und fortlaufend überarbeitet wird. Der Kodex liegt gegenwärtig in der durch das Bundesministerium der Justiz im elektronischen Bundesanzeiger (www.bundesanzeiger.de) veröffentlichten Fassung vom 13.05.2013 vor (zu den aktuellen Änderungen *Wilsing/von der Linden* DStR 2013, 1291). Mit dem Begriff »Corporate Governance« sind Führungsgrundsätze angesprochen. Der Kodex richtet sich daher in erster Linie **an den Vorstand** und soll der **Qualitätssicherung** im Bereich der Unternehmensleitung im Interesse einer nachhaltigen Wertschöpfung dienen (*Hüffer* AktG, § 161 Rn. 2).

4 Bei den empfehlenden Teilen des Kodex, die durch § 161 AktG angesprochen werden, handelt es sich rechtlich um Wohlverhaltensnormen, die in der deutschen Rechtslandschaft ein »Novum« darstellen (*Ulmer* ZHR 2002, 150, 152). Dementsprechend wird der **Rechtscharakter der Empfehlungen** höchst unterschiedlich beurteilt. Die Ansichten reichen von staatlichen Maßnahmen ohne Regelungscharakter (*Heintzen* ZIP 2004, 1933, 1936) über Handelsbräuche i. S. v. § 346 HGB (*Peltzer* NZG 2002, 10, 11) bis hin zur staatlicher Rechtssetzung (*Seidel* ZIP 2004, 285, 289). Die Rechtsprechung hat sich insoweit festgelegt, als dem Kodex weder Gesetzesrang noch eine satzungsgleiche Wirkung zukommt (LG München AG 2008, 90 mit Anm. von *Kirschbaum* ZIP 2007, 2362; *Thümmel* BB 2008, 11; Ogorek EWiR 2008, 65; Vetter NZG 2008, 121). Mangels der für staatliche Rechtssetzung unverzichtbaren demokratischen Legitimation ist für die Beurteilung der Empfehlungen des Kodex die Definition vorzugswürdig, nach der es sich um allgemeine, sachverständige Aussagen der Mitglieder der Regierungskommission Deutscher Corporate Governance Kodex handelt, die sämtlich ausgewiesene Sachverständige auf diesem Gebiet sind (MüKo AktG/*Goette* § 161 AktG Rn. 22). Dies bedeutet auch, dass im konkreten Fall ein von den Empfehlungen des Kodex abweichendes Verhalten im Sinne einer sachverständigen Beurteilung der Unternehmensführung der betroffenen AG sinnvoll sein kann (*Berg/Stöcker* WM 2002, 1569, 1576).

Auf diese Weise können die verfassungsrechtlichen Bedenken (vgl. *Hüffer* AktG, § 161 Rn. 4; *Wolf* ZRP 2002, 59) gegen den Kodex und die darauf basierende Erklärungspflicht gem. § 161 AktG ausgeräumt werden. So besteht bei diesem Verständnis der Rechtsnatur des Kodex keinerlei rechtliche Bindung an dessen Empfehlungen. Jedes Unternehmen kann in eigenem freien Ermessen entscheiden, ob und in welchem Umfang es den Empfehlungen des Kodex folgt oder ob es einen eigenen »**Code of Best Practice**« aufstellt. Rechtliche Konsequenzen hat die Nichtbeachtung des Kodex nicht (so jetzt auch LG München AG 2008, 90 und jetzt hinsichtlich der Rechtsqualität auch OLG München NZG 2009, 508). Es bleibt vielmehr dem Kapitalmarkt überlassen, ob und ggf. wie er den Umgang einer börsennotierten Gesellschaft mit dem Kodex oder einem eigenen »Code of Best Practice« honoriert. Diese wirtschaftlichen Aspekte vermögen aber ein verfassungsrechtlich relevantes Legitimationsdefizit des Kodex und der darauf beruhenden Erklärungspflicht gem. § 161 AktG nicht zu begründen (so überzeugend MüKo AktG/*Goette* § 161 AktG Rn. 27 f.).

C. Entsprechenserklärung, S. 1

I. Grundsätzliches

§ 161 Satz 1 AktG fordert eine von Vorstand und Aufsichtsrat abzugebende Entsprechenserklärung. Dabei handelt es sich zum einen um eine in die Vergangenheit gerichtete Auskunft, also eine **Wissenserklärung**, sowie zum anderen um eine in die Zukunft gerichtete **Absichtserklärung**, die jederzeit abänderbar ist (MüKo AktG/*Goette* § 161 AktG Rn. 35 f.; *Hüffer* AktG, § 161 Rn. 14, 20; *Borges* ZGR 2003, 508, 528; *Goette/Wagner* NZG 2003, 553, 554; *Vetter* DNotZ 2003, 748, 755; zu den rechtlichen Risiken der Entsprechenserklärung vgl. *Theusinger/Liese* DB 2008, 1419). Die Erklärung ist einmal im Jahr abzugeben und sinnvollerweise auf ein Geschäftsjahr zu beziehen (*Hüffer* AktG, § 161 Rn. 15; a. A. *Kiethe* NZG 2003, 559, 560 und *Seibert* BB 2002, 581, 584, die auf das Kalenderjahr abstellen). Da §§ 285 Nr. 16, 314 Abs. 1 Nr. 8, 325 Abs. 1 Satz 1 HGB die Entsprechenserklärung mit der Rechnungslegung verknüpfen, ist es empfehlenswert, die Erklärung auf den jeweiligen **Bilanzstichtag** zu beziehen und innerhalb der Aufstellungsfrist abzugeben (*Hüffer* AktG, § 161 Rn. 15; *Lutter* ZHR 2002, 523, 528). Die Erklärung ist auf die bei Abgabe der Erklärung geltende Fassung des Kodex abzustellen (*Hüffer* AktG, § 161 Rn. 16; IdW PS 345 WPg 2003, 1002, 1003). Es empfiehlt sich, die der Erklärung zugrunde liegende Fassung des Kodex anzugeben (MüKo AktG/*Goette* § 161 AktG Rn. 50). 5

Für die Abgabe der Erklärung sind gem. S. 1 **Vorstand und Aufsichtsrat** zuständig. Aufgrund des Gesetzeswortlauts sind nicht die einzelnen Mitglieder von Vorstand und Aufsichtsrat angesprochen, sondern Vorstand und Aufsichtsrat der AG als deren Organe, die insoweit nicht als unabhängige Gremien, sondern als vertretungsberechtigte Organe der AG handeln (MüKo AktG/*Goette* § 161 AktG Rn. 57; a. A. *Peltzer* NZG 2002, 593, 595; *Seibt* AG 2002, 249, 252). Bei der für die Erklärung erforderlichen Beschlussfassung handeln Vorstand und Aufsichtsrat nach h. M. aber nicht als ein einheitliches Organ, sondern – dem gesetzlichen Leitbild entsprechend – als eigenständige Gremien in ihrem eigenen Kompetenzbereich (MüKo AktG/*Goette* § 161 AktG Rn. 57; *Hüffer* AktG, § 161 Rn. 11; *Borges* ZGR 2003, 508, 527; *Pfitzer/Oser/Wader* DB 2002, 1120, 1121; *Schüppen* ZIP 2002, 1269, 1271; *Seibt* AG 2002, 249, 253; *Goette* NZG 2003, 553, 554; *Ulmer* ZHR 2002, 150, 173; *Vetter* DNotZ 2003, 748, 755). Allerdings sind Vorstand und Aufsichtsrat nicht gehindert, den Willen ihres jeweiligen Gremiums in gemeinsamer Sitzung zu bilden und – entsprechendes Einvernehmen vorausgesetzt – eine gemeinsame Erklärung abzugeben (*Hüffer* AktG, § 161 Rn. 11; *Peltzer* NZG 2002, 593, 595; *Vetter* DNotZ 2003, 748, 755). 6

II. Beschluss des Vorstands

Die Entscheidung des Vorstands über die Erklärung erfolgt im Beschlussweg und hat grundsätzlich, soweit Satzung oder Geschäftsordnung nichts anderes vorsehen, **einstimmig** zu erfolgen (*Hüffer* AktG, § 161 Rn. 12). Mehrheitsentscheidungen können – abweichend von der gesetzlichen Regelung – nur insoweit vorgesehen werden, als Empfehlungen den Vorstand insgesamt betreffen, nicht jedoch, wenn die Empfehlungen an einzelne Mitglieder des Vorstands gerichtet sind (*Hüffer* 7

AktG, § 161 Rn. 12). Da es sich bei der Entscheidung des Vorstands um eine seiner Kompetenz unentziehbare Leitungsentscheidung handelt, kann die Entsprechenserklärung durch den Vorstand nicht insgesamt einem Zustimmungsvorbehalt des Aufsichtsrats unterworfen werden (MüKo AktG/*Goette* § 161 AktG Rn. 66; *Hüffer* AktG, § 161 Rn. 12; a. A. *Seibt* AG 2002, 249, 253). Möglich ist allerdings ein **Zustimmungsvorbehalt** hinsichtlich einzelner Empfehlungen, insbesondere auch die Aufnahme einzelner Empfehlungen des Kodex in eine durch den Aufsichtsrat erlassene Geschäftsordnung für den Vorstand (*Ihrig/Wagner* BB 2002, 789, 790).

III. Beschluss des Aufsichtsrats

8   Auch der Aufsichtsrat entscheidet durch Beschluss über die Entsprechenserklärung. Nach h. M. ist wegen der Bedeutung der Entscheidung die **Beschlussfassung durch das Plenum** erforderlich. Die Zuweisung der Beschlussfassung an einen Ausschuss ist danach nicht möglich (*Hüffer* AktG, § 161 Rn. 13; MüKo AktG/*Goette* § 161 AktG Rn. 67; *Seibt* AG 2002, 249, 253).

IV. Beschlussinhalt

9   Fassen Vorstand und Aufsichtsrat einstimmig Beschlüsse, nach denen die Gesellschaft den Empfehlungen des Kodex **entsprochen hat**, kann sich die gem. § 161 AktG abzugebende Erklärung auf einen Satz i. S. v.

>»Den im amtlichen Teil des elektronischen Bundesanzeigers bekannt gemachten Empfehlungen der Regierungskommission Deutscher Corporate Governance Kodex wurde im Geschäftsjahr X entsprochen«

beschränken (*Hüffer* AktG, § 161 Rn. 16). Dabei können unbedeutende Abweichungen von den Empfehlungen außer Betracht bleiben (*Hüffer* AktG, § 161 Rn. 16; *Seibt* AG 2002, 249, 252). Für die auf die Zukunft gerichtete Erklärung, ob dem Kodex auch weiterhin entsprochen werden soll, kann der vorstehende Satz, soweit Vorstand und Aufsichtsrat übereinstimmend diese Absicht bekunden, durch den **Zusatz** *»und sollen auch zukünftig befolgt werden«* ergänzt werden.

10 Bei einer von Vorstand und Aufsichtsrat einhellig beschlossenen **gänzlichen Ablehnung des Kodex** kann formuliert werden:

>*»Die im amtlichen Teil des elektronischen Bundesanzeigers bekannt gemachten Empfehlungen der Regierungskommission Deutscher Corporate Governance Kodex wurden im Geschäftsjahr X nicht befolgt und sollen auch zukünftig nicht befolgt werden«.*

Dies gilt selbst dann, wenn die Gesellschaft einzelnen Empfehlungen folgt, weil sie diese selbst – und nicht aufgrund ihrer Aufnahme in den Kodex – für richtig hält (*Hüffer* AktG, § 161 Rn. 18). Insoweit ist eine vollständige Ablehnung der Empfehlungen des Kodex eigentlich nur denkbar, wenn sich die AG auf einen eigenen *»Code of best practice«* bezieht; auf dieses eigene Regelwerk kann in der Erklärung hingewiesen werden (*Hüffer* AktG, § 161 Rn. 18).

11 Einhellig von Vorstand und Aufsichtsrat **festgestellte teilweise Abweichungen** von den Empfehlungen des Kodex können in der Form erklärt werden, dass die Entsprechenserklärung gem. § 161 AktG wie folgt gefasst wird (*Hüffer* AktG, § 161 Rn. 17):

>*»Den im amtlichen Teil des elektronischen Bundesanzeigers bekannt gemachten Empfehlungen der Regierungskommission Deutscher Corporate Governance Kodex wurde im Geschäftsjahr X mit der Ausnahme entsprochen, dass Tz. X des Kodex nicht angewandt wurde.«*

Einer Begründung der Nichtbeachtung einer Empfehlung bedarf es nicht (*Hüffer* AktG, § 161 Rn. 17; *Seibt* AG 2002, 249, 252). Es empfiehlt sich aber zum besseren Verständnis der Erklärung für unbefangene Leser, die jeweilige Empfehlung, von der abgewichen wird, im Klartext (und nicht nur durch Bezugnahme auf die entsprechende Textziffer des Kodex) zu benennen.

In der Regel wird eine AG, deren Vorstand und Aufsichtsrat die Empfehlungen des Kodex (teil- 12
weise) ablehnen, neben der (teilweisen) Ablehnung des Kodex eine **Alternativlösung** zur Corporate
Governance anbieten (*Hüffer* AktG, § 161 Rn. 18). Anderenfalls müsste die Gesellschaft negative
Reaktionen des Kapitalmarkts befürchten. Die in der Praxis vorkommenden Alternativlösungen
sind dabei vielfältig. So kann sich eine AG, wie erwähnt, auf einen eigenen, teilweise schon vor der
erstmaligen Verabschiedung des Kodex umgesetzten »**Code of Best Practice**« berufen (*Hüffer* AktG,
§ 161 Rn. 18. Denkbar ist aber auch die qualifizierte Vorstellung einzelner Abweichungen oder die
Darstellung einer Übererfüllung des Kodex.

D. Offenlegung, Abs. 2

Gem. S. 2 ist die Erklärung von Vorstand und Aufsichtsrat den Aktionären dauerhaft zugänglich zu 13
machen. Ein Mitteilungserfordernis besteht nicht. Vielmehr reicht es aus, wenn die Gesellschaft die
Erklärung auf ihrer **Homepage** veröffentlicht oder – mangels eines eigenen Internetauftritts – die
Erklärung in ihrer Hauptverwaltung verfügbar hält (*Hüffer* AktG, § 161 Rn. 23).

E. Innen- oder Außenhaftung

Geben Vorstand und Aufsichtsrat entgegen § 161 AktG die Entsprechenserklärung nicht oder nicht 14
richtig ab, so handeln sie pflichtwidrig. Ein durch die Pflichtwidrigkeit verursachter Schaden der
Gesellschaft wird in der Regel kaum auftreten oder nachweisbar sein; die Innenhaftung von Vorstand oder Aufsichtsrat sollte aus diesem Grund wenig praxisrelevant werden (*Hüffer* AktG, § 161
Rn. 25; *Claussen/Bröcker* DB 2002, 1199, 1205; *Kiethe* NZG 2003, 559, 564). Nach richtiger
Ansicht führt auch die Nichtbeachtung einer Empfehlung des Kodex aufgrund dessen unverbindlichen Charakters nicht per se zu einem Verstoß gegen Sorgfaltspflichten des betroffenen Organs
(*Hüffer* AktG, § 161 Rn. 27; *Bachmann* WM 2002, 2137, 2138; *Berg/Stöcker* WM 2002, 1569,
1575; *Ettinger/Grützdiek* AG 2003, 353, 354; a. A. *Lutter* ZHR 2002, 523, 540; *Schüppen* ZIP
2002, 1269, 1271; *Ulmer* ZHR 2002, 150, 166).

Eine Außenhaftung der AG kommt nach h. M. weder aus dem Gesichtspunkt von § 823 Abs. 1 15
oder Abs. 2 BGB noch aus dem von § 826 BGB in Betracht (*Hüffer* AktG, § 161 Rn. 28f; *Abram*
ZBB 2003, 41, 44; *Berg/Stöcker* WM 2002, 1569, 1578; *Kiethe* NZG 2003, 559, 565; *Reinert/
Weller* ZRP 2002, 49, 52; *Ulmer* ZHR 2002, 150, 168; *Vetter* DNotZ 2003, 748, 762). Dies gilt
auch für eine unmittelbare Haftung von Organmitgliedern gegenüber Aktionären. Insbesondere
sind keine Schutzpflichten von Vorstandsmitgliedern i. S. v. § 241 Abs. 2 BGB denkbar, zumal eine
Prospekthaftung ohne Prospekt ohnehin nicht gegeben ist (*Hüffer* AktG, § 161 Rn. 30; *Berg/Stöcker*
WM 2002, 1569, 1580). Allerdings können bei fehlender oder unrichtiger Entsprechenserklärung
bereits gefasste Entlastungsbeschlüsse angefochten werden (*Hüffer* AktG, § 161 Rn. 31; *Kiethe* NZG
2003, 559, 567; *Seibt* AG 2002, 249, 254; *Ulmer* ZHR 2002, 150, 165). Darüber hinaus hat das
OLG München in seinem (nicht rechtskräftigen), Urt. v. 06.08.2008 (NZG 2009, 508) entschieden, dass eine Beschlussvorlage des Aufsichtsrats an die Hauptversammlung nichtig ist, wenn der
Vorschlag inhaltlich im Widerspruch zum Corporate Governance Kodex steht, dem sich der Aufsichtsrat durch veröffentlichte Erklärung uneingeschränkt unterworfen hat. Ein auf einer derartigen
Beschlussvorlage beruhender Hauptversammlungsbeschluss ist nach diesem Urteil anfechtbar.

Zweiter Abschnitt Prüfung des Jahresabschlusses

Erster Unterabschnitt Prüfung durch Abschlussprüfer

§§ 162-169

(aufgehoben)

§ 170 AktG Vorlage an den Aufsichtsrat

Die Regelungen zur **Prüfung des Jahresabschlusses** finden sich seit dem BiRiLiG vom 19.12.1985 (BGBl. I, 2335) in den §§ 316 bis 324 HGB, die für Kreditinstitute und Versicherungsunternehmen durch die §§ 340k, 341k HGB ergänzt werden.

Zweiter Unterabschnitt Prüfung durch den Aufsichtsrat

§ 170   Vorlage an den Aufsichtsrat

(1) ¹Der Vorstand hat den Jahresabschluss und den Lagebericht unverzüglich nach ihrer Aufstellung dem Aufsichtsrat vorzulegen. ²Satz 1 gilt entsprechend für einen Einzelabschluss nach § 325 Abs. 2a des Handelsgesetzbuchs sowie bei Mutterunternehmen (§ 290 Abs. 1, 2 des Handelsgesetzbuchs) für den Konzernabschluss und den Konzernlagebericht.

(2) ¹Zugleich hat der Vorstand dem Aufsichtsrat den Vorschlag vorzulegen, den er der Hauptversammlung für die Verwendung des Bilanzgewinns machen will. ²Der Vorschlag ist, sofern er keine abweichende Gliederung bedingt, wie folgt zu gliedern:
1. Verteilung an die Aktionäre
2. Einstellung in Gewinnrücklagen
3. Gewinnvortrag
4. Bilanzgewinn

(3) ¹Jedes Aufsichtsratsmitglied hat das Recht, von den Vorlagen und Prüfungsberichten Kenntnis zu nehmen. ²Die Vorlagen und Prüfungsberichte sind auch jedem Aufsichtsratsmitglied oder, soweit der Aufsichtsrat dies beschlossen hat, den Mitgliedern eines Ausschusses zu übermitteln.

Übersicht	Rdn.		Rdn.
A. Allgemeines	1	C. Vorlage des Gewinnverwendungsvorschlags, Abs. 2	7
B. Vorlage von Jahresabschluss und Lagebericht, Abs. 1	2	D. Kenntnisnahmerecht der Aufsichtsratsmitglieder, Abs. 3	13

A. Allgemeines

1   Der Zweite Unterabschnitt befasst sich mit der für die AG **spezifischen Prüfung** des Jahresabschlusses, des Lageberichts und ggf. des Gewinnverwendungsvorschlags durch den Aufsichtsrat. Diese Prüfung ist ein wesentlicher Bestandteil der Erfüllung der dem Aufsichtsrat obliegenden Aufgaben in der AG. So wird der Aufsichtsrat durch die vom Vorstand vorzulegenden Jahresabschluss und Lagebericht über die wirtschaftliche Lage der AG und den Gang von deren Geschäften informiert. Darüber hinaus prüft er die den Aktionären vorzulegenden Unterlagen auf ihre Übereinstimmung mit Gesetz und Satzung und stellt schließlich gem. § 172 AktG den Jahresabschluss fest (MüKo AktG/*Hennrichs/Pöschke* § 170 AktG Rn. 1).

B. Vorlage von Jahresabschluss und Lagebericht, Abs. 1

2   Der erste Schritt dieses Prüfungs- und Feststellungsverfahrens besteht in der Vorlage von Jahresabschluss, Lagebericht und ggf. Gewinnverwendungsvorschlag durch den Vorstand gem. Abs. 1. Dieser Schritt dient der Vorbereitung der gem. § 171 AktG durch den Aufsichtsrat durchzuführenden Prüfung dieser Unterlagen (*Hüffer* AktG, § 170 Rn. 1). Vorzulegen sind dem Aufsichtsrat gem. Abs. 1 zunächst der **Jahresabschluss** in der Form, in der er durch den Vorstand aufgestellt und durch die Abschlussprüfer geprüft worden ist (MüKo AktG/*Hennrichs/Pöschke* § 170 AktG Rn. 15). Er umfasst **Bilanz, GuV-Rechnung** sowie den **Anhang** gem. § 264 Abs. 1 HGB (*Hüffer* AktG, § 170 Rn. 2). Soweit die Vorschriften über den Anhang gem. § 264 Abs. 3 HGB auf abhängige Konzerngesellschaften nicht anzuwenden sind, sind diese Gesellschaften auch von der Vorlagepflicht

hinsichtlich des Anhangs ausgenommen (MüKo AktG/*Hennrichs/Pöschke* § 170 AktG Rn. 13). Vorzulegen ist ggf. auch ein gem. § 314 Abs. 1 Satz 1 HGB durch den Vorstand aufgestellter Abhängigkeitsbericht (*Hüffer* AktG, § 170 Rn. 2; MüKo AktG/*Hennrichs/Pöschke* § 170 AktG Rn. 26). Hat die AG als große Kapitalgesellschaft i. S. v. § 267 Abs. 3 HGB von ihrem Recht gem. § 325 Abs. 2a HGB Gebrauch gemacht und beabsichtigt, einen nach den IAS aufgestellten Jahresabschluss zu veröffentlichen, unterliegt auch dieser Jahresabschluss gem. Abs. 1 Satz 2 der Vorlagepflicht (*Hüffer* AktG, § 170 Rn. 2a). Handelt es sich bei der AG um ein Mutterunternehmen i. S. v. § 290 Abs. 1 und 2 AktG, das zur Aufstellung eines Konzernabschlusses verpflichtet ist, ist auch dieser Abschluss gem. Abs. 1 Satz 2 dem Aufsichtsrat zu Prüfung vorzulegen.

Von der Vorlagepflicht umfasst ist gem. Abs. 1 Satz 1 schließlich der **Lagebericht des Vorstands**. Bei dem Lagebericht handelt es sich um einen Wortbericht, der den Geschäftsverlauf und die Lage der Gesellschaft wiedergibt (*Hüffer* AktG, § 170 Rn. 2) und dessen Inhalt sich aus § 289 HGB ergibt. Von der Erstellung (und damit der Vorlage eines Lageberichts) sind gem. § 264 Abs. 1 HGB kleine Kapitalgesellschaften i. S. v. § 267 Abs. 1 HGB und unter den weiteren Voraussetzungen von § 264 Abs. 3 HGB auch abhängige Konzerngesellschaften befreit (MüKo AktG/*Hennrichs/Pöschke* § 170 AktG Rn. 20). 3

Auch wenn dies in Abs. 1 nicht ausdrücklich erwähnt wird, ist es sinnvoll, dass der Vorstand dem Aufsichtsrat zugleich mit dem Jahresabschluss den von ihm gem. § 90 Abs. 1 Nr. 2 AktG zu erstellenden **Bericht über die Rentabilität der AG**, insbesondere über die Rentabilität des Eigenkapitals vorlegt (MüKo AktG/*Hennrichs/Pöschke* § 170 AktG Rn. 24). Nicht vorzulegen ist dagegen – entgegen der früheren Rechtslage – der Prüfungsbericht der Abschlussprüfer. Insoweit geht die heutige Rechtslage davon aus, dass die Abschlussprüfer durch den Aufsichtsrat als Vertreter der Gesellschaft unmittelbar beauftragt werden. Dementsprechend haben die Abschlussprüfer über das Ergebnis ihrer Prüfung direkt an den Aufsichtsrat zu berichten (*Hüffer* AktG, § 170 Rn. 2). Eine Vorlagepflicht seitens des Vorstands besteht aus diesem Grund nicht mehr. 4

Zur Vorlage ist der **Vorstand als Organ** zuständig. Es ist allerdings ausreichend, wenn die Vorlage durch den Vorstandsvorsitzenden oder das nach der Geschäftsordnung zuständige Vorstandsmitglied vorgenommen wird (ADS § 170 AktG Rn. 10). Die Unterlagen sind dem Aufsichtsrat **unverzüglich** vorzulegen, wenn sie insgesamt unterschriftsreif erstellt worden sind (*Hüffer* AktG, § 170 Rn. 3). Eine Pflicht zur sukzessiven Vorlage der einzelnen Unterlagen in der Reihenfolge ihrer Fertigstellung besteht nicht (ADS § 170 AktG Rn. 9). Vorzulegen sind die Unterlagen **dem Aufsichtsrat als Organ**. Allerdings ist eine Übersendung zu Händen des Aufsichtsratsvorsitzenden ausreichend (*Hüffer* AktG, § 170 Rn. 4; MüKo AktG/*Hennrichs/Pöschke* § 170 AktG Rn. 32; ADS § 170 AktG Rn. 8). Eine Versendung der Unterlagen durch den Vorstand an alle Aufsichtsratsmitglieder ist zwar nicht erforderlich aber – soweit dem keine anderen Bestimmungen durch den Aufsichtsrat entgegenstehen – unbedenklich (*Hüffer* AktG, § 170 Rn. 4). 5

Die Verpflichtung des Vorstands zur Vorlage ist im Fall eines Pflichtverstoßes im **Zwangsgeldverfahren** gem. § 407 Abs. 1 AktG durchzusetzen. Einzelne Vorstandsmitglieder können sich darüber hinaus gem. § 93 Abs. 2 AktG **schadensersatzpflichtig** machen. Auch eine Abberufung säumiger Vorstandsmitglieder gem. § 84 Abs. 3 AktG ist denkbar (MüKo AktG/*Hennrichs/Pöschke* § 170 AktG Rn. 36; *Hüffer* AktG, § 170 Rn. 3). 6

C. Vorlage des Gewinnverwendungsvorschlags, Abs. 2

Gem. Abs. 2 Satz 1 ist dem Aufsichtsrat gleichzeitig mit dem Jahresabschluss und dem Lagebericht vom Vorstand auch der **Vorschlag über die Verwendung des Bilanzgewinns** vorzulegen, den der Vorstand der Hauptversammlung unterbreiten will. Da sich die Prüfungspflicht des Aufsichtsrats gem. § 171 Abs. 1 Satz 1 AktG auf den Gewinnverwendungsvorschlag erstreckt, dient die diesbezügliche Vorlagepflicht ebenfalls der Ermöglichung und der Vorbereitung des von dem Aufsichtsrat einzuhaltenden Prüfungsverfahrens (*Hüffer* AktG, § 170 Rn. 5). Vorlagepflicht und -verfahren sind 7 deckungsgleich mit den durch den Vorstand gem. Abs. 1 zu befolgenden Schritten (*Hüffer* AktG, § 170 Rn. 5).

8 Für den Gewinnverwendungsvorschlag sieht das Gesetz in Abs. 2 Satz 2 eine **bestimmte Gliederung** vor, soweit nicht von den in den Nr. 1 bis 3 vorgesehenen Verwendungsmöglichkeiten abgewichen werden soll. Voraussetzung für eine Abweichung ist eine entsprechende Satzungsermächtigung, derzufolge die Hauptversammlung eine andere als die in den Nr. 1 bis 3 genannten Verwendungsmöglichkeit (z. B. Ausschüttung an eine Stiftung) beschließen kann (MüKo AktG/*Hennrichs/Pöschke* § 170 AktG Rn. 80).

9 Im Rahmen der gesetzlichen Gliederung ist in dem Gewinnverwendungsvorschlag zunächst der für die Verteilung an die Aktionäre vorgesehene Betrag auszuweisen. Anzugeben ist neben dem auszuschüttenden **Gesamtbetrag** auch der **Gewinnverteilungsschlüssel**, bspw. durch den Ausweis des auf die einzelne Aktie entfallenden Dividendenbetrages (MüKo AktG/*Hennrichs/Pöschke* § 170 AktG Rn. 58). Darüber hinaus ist – bei Vorhandensein mehrerer Aktiengattungen – eine **Aufschlüsselung** in die verschiedenen Gattungen vorzunehmen (*Hüffer* AktG, § 170 Rn. 7). Gegebenenfalls empfiehlt es sich, bei dem Ausweis des Gewinnverteilungsschlüssels mit Vorspalten zu arbeiten (vgl. die Beispiele bei ADS § 170 AktG Rn. 7). Sachdividenden sind als besondere Form der Gewinnverteilung ebenfalls gesondert auszuweisen und darzustellen (*Hüffer* AktG, § 170 Rn. 7; MüKo AktG/*Hennrichs/Pöschke* § 170 AktG Rn. 63).

10 Bei der gem. Abs. 2 Satz 2 Nr. 2 auszuweisenden **Einstellung in die Gewinnrücklagen** sind ausschließlich die in § 58 Abs. 3 Satz 1 AktG geregelten weiteren Beträge angesprochen (*Hüffer* AktG, § 170 Rn. 8; ADS § 170 AktG Rn. 38). Der für die Einstellung in die Gewinnrücklagen vorgesehene Betrag ist nach den jeweiligen Gewinnrücklagen (z. B. gesetzliche Rücklage oder andere Gewinnrücklagen) aufzuschlüsseln (*Hüffer* AktG, § 170 Rn. 8). Soweit aus seiner Sicht erforderlich oder sinnvoll, kann der Vorstand seinen Gewinnverwendungsvorschlag, insbesondere die von ihm vorgesehene Rücklagendotierung, begründen. Die **Begründung** ist aber der Übersichtlichkeit halber nicht im Gewinnverwendungsvorschlag selbst, sondern im Lagebericht anzubringen (MüKo AktG/*Hennrichs/Pöschke* § 170 AktG Rn. 57; ADS § 170 AktG Rn. 41).

11 Darüber hinaus kann der Vorstand den Vortrag (eines Teils) des Gewinns auf neue Rechnung vorschlagen. Auch dieser Betrag ist dann gem. Abs. 2 Satz 2 Nr. 3 in dem Verwendungsvorschlag gesondert auszuweisen. Dies betrifft insbesondere nicht verteilbare Spitzenbeträge (*Hüffer* AktG, § 170 Rn. 9).

12 Schließlich ist in dem Gewinnverwendungsvorschlag gem. Abs. 2 Satz 2 Nr. 4 der **Bilanzgewinn** gesondert aufzuführen. Der Betrag ist Nr. 5 der gem. § 158 Abs. 1 Satz 1 AktG erweiterten GuV-Rechnung zu entnehmen und muss der Summe der in den Nr. 1 bis 3 ausgewiesenen Beträge entsprechen. Liegt die Summe der Posten 1 bis 3 unter dem Bilanzgewinn, so ist der Verwendungsvorschlag unvollständig; liegt sie darüber, so ist der Gewinnverwendungsvorschlag gesetzwidrig (*Hüffer* AktG, § 170 Rn. 10).

D. Kenntnisnahmerecht der Aufsichtsratsmitglieder, Abs. 3

13 Abs. 3 gewährt jedem Aufsichtsratsmitglied ein Recht, von den Vorlagen des Vorstands Kenntnis zu nehmen. Dies betrifft neben den in Abs. 1 und 2 genannten Vorlagen auch den an dieser Stelle ausdrücklich erwähnten Prüfungsbericht der Abschlussprüfer, der – wie oben Rdn. 4 ausgeführt – dem Aufsichtsrat unmittelbar (und nicht über den Vorstand) zuzuleiten ist. Darüber hinaus umfasst das Kenntnisnahmerecht auch besondere Prüfungsberichte, etwa gem. § 91 Abs. 2 AktG und § 317 Abs. 4 HGB, und Prüfungsberichte zu Konzernabschlüssen. Für Abhängigkeitsberichte enthält § 314 Abs. 1 Satz 2 AktG eine Sondervorschrift (*Hüffer* AktG, § 170 Rn. 12).

14 Bei dem den einzelnen Aufsichtsratsmitgliedern gem. Abs. 3 gewährten Recht handelt es sich um einen **Individualanspruch**, der durch Satzungsregelung weder einschränkbar noch entziehbar ist (*Hüffer* AktG, § 170 Rn. 12; MüKo AktG/*Hennrichs/Pöschke* § 170 AktG Rn. 85, 107; ADS § 170

AktG, Rn. 12; *Hommelhoff* ZGR 1983, 551, 579). Soweit die Aufsichtsratsmitglieder nicht gem. Abs. 3 Satz 2 Abschriften der Unterlagen ausgehändigt bekommen, ist ihnen in den Geschäftsräumen der Gesellschaft umfassende Einsicht und die Gelegenheit zu gewähren, die Unterlagen eingehend zu untersuchen (*Hüffer* AktG, § 170 AktG Rn. 12). Dagegen besteht kein Recht der Aufsichtsratsmitglieder, sich bei der Untersuchung der Unterlagen durch (sachverständige) Nichtmitglieder des Aufsichtsrats beraten zu lassen (BGH NJW 1983, 991). Im Übrigen darf der Anspruch auf Kenntnisnahme nicht missbräuchlich ausgeübt werden (*Hüffer* AktG, § 170 Rn. 12).

Soweit der Aufsichtsrat nicht beschließt, die zu prüfenden Unterlagen nur an die Mitglieder eines Ausschusses zu übermitteln, hat jedes Aufsichtsratsmitglied gem. Abs. 3 Satz 2 weiter das Recht, die Übermittlung der Vorlagen und des Prüfungsberichts zu verlangen. Mit der Ersetzung des ursprünglichen Begriffs »Aushändigung« durch »Übermittlung« ist klargestellt, dass auch eine Übermittlung in elektronischer Form möglich sein soll (*Hüffer* AktG, § 170 Rn. 13). Die Beschränkung der Übermittlung auf Mitglieder eines Aufsichtsratsausschusses ist im Schrifttum vereinzelt auf Kritik gestoßen (*Strieder/Graf* BB 1997, 1943, 1945). Sie ist aber vor dem Hintergrund hinzunehmen, dass sie tatsächlich zu einer Arbeitserleichterung in großen Aufsichtsräten führen kann (*Hüffer* AktG, § 170 Rn. 13). Darüber hinaus kann die Beschränkung als Gegenstand der Selbstorganisation nur durch den Aufsichtsrat (ggf. im Rahmen einer Geschäftsordnung) beschlossen werden (*Hüffer* AktG, § 170 Rn. 14), sodass eine Beschränkung der Übermittlungsrechte ohnehin stets auf einer autonomen Entscheidung des gesamten Aufsichtsrats beruht. 15

Das **Recht auf Übermittlung** der Vorlagen ist ein **klagbares Individualrecht** des einzelnen Aufsichtsratsmitglieds (BGH NJW 1983, 991). Die Klage ist – entgegen einer früheren Meinung im Schrifttum – gegen die AG, vertreten durch den Vorstand, und nicht gegen den Aufsichtsratsvorsitzenden zu richten (BGH NJW 1983, 991; *Hüffer* AktG, § 170 Rn. 15; MünchHdb GesR IV/*Hoffmann-Becking* § 44 Rn. 12). 16

§ 171 Prüfung durch den Aufsichtsrat

(1) ¹Der Aufsichtsrat hat den Jahresabschluss, den Lagebericht und den Vorschlag für die Verwendung des Bilanzgewinns zu prüfen, bei Mutterunternehmen (§ 290 Abs. 1, 2 des Handelsgesetzbuchs) auch den Konzernabschluss und den Konzernlagebericht. ²Ist der Jahresabschluss oder der Konzernabschluss durch einen Abschlussprüfer zu prüfen, so hat dieser an den Verhandlungen des Aufsichtsrats oder des Prüfungsausschusses über diese Vorlagen teilzunehmen und über die wesentlichen Ergebnisse seiner Prüfung, insbesondere wesentliche Schwächen des internen Kontroll- und des Risikomanagementsystems bezogen auf den Rechnungslegungsprozess zu berichten. Er informiert über Umstände, die seine Befangenheit besorgen lassen und über Leistungen, die er zusätzlich zu den Abschlussprüfungsleistungen erbracht hat.

(2) ¹Der Aufsichtsrat hat über das Ergebnis der Prüfung schriftlich an die Hauptversammlung zu berichten. ²In dem Bericht hat der Aufsichtsrat auch mitzuteilen, in welcher Art und in welchem Umfang er die Geschäftsführung der Gesellschaft während des Geschäftsjahrs geprüft hat; bei börsennotierten Gesellschaften hat er insbesondere anzugeben, welche Ausschüsse gebildet worden sind, sowie die Zahl seiner Sitzungen und die der Ausschüsse mitzuteilen und auch die Angaben nach § 289 Abs. 4, § 315 Abs. 4 des Handelsgesetzbuchs zu erläutern. ³Ist der Jahresabschluss durch einen Abschlussprüfer zu prüfen, so hat der Aufsichtsrat ferner zu dem Ergebnis der Prüfung des Jahresabschlusses durch den Abschlussprüfer Stellung zu nehmen. ⁴Am Schluss des Berichts hat der Aufsichtsrat zu erklären, ob nach dem abschließenden Ergebnis seiner Prüfung Einwendungen zu erheben sind und ob er den vom Vorstand aufgestellten Jahresabschluss billigt. ⁵Bei Mutterunternehmen (§ 290 Abs. 1, 2 des Handelsgesetzbuchs) finden die Sätze 3 und 4 entsprechende Anwendung auf den Konzernabschluss.

(3) ¹Der Aufsichtsrat hat seinen Bericht innerhalb eines Monats, nachdem ihm die Vorlagen zugegangen sind, dem Vorstand zuzuleiten. ²Wird der Bericht dem Vorstand nicht innerhalb der Frist zugeleitet, hat der Vorstand dem Aufsichtsrat unverzüglich eine weitere Frist von nicht mehr

als einem Monat zu setzen. ³Wird der Bericht dem Vorstand nicht vor Ablauf der weiteren Frist zugeleitet, gilt der Jahresabschluss als vom Aufsichtsrat nicht gebilligt; bei Mutterunternehmen (§ 290 Abs. 1, 2 des Handelsgesetzbuchs) gilt das Gleiche hinsichtlich des Konzernabschlusses.

(4) ¹Die Absätze 1 bis 3 gelten auch hinsichtlich eines Einzelabschlusses nach § 325 Abs. 2a des Handelsgesetzbuchs. ²Der Vorstand darf den in Satz 1 genannten Abschluss erst nach dessen Billigung durch den Aufsichtsrat offen legen.

Übersicht	Rdn.			Rdn.
A. Prüfung des Aufsichtsrats, Abs. 1	1	B.	Bericht des Aufsichtsrats, Abs. 2	9
I. Allgemeines	1	I.	Allgemeines	9
II. Umfang der Prüfungspflicht, Abs. 1 Satz 1	2	II.	Inhalt des Berichts	10
III. Teilnahme des Abschlussprüfers, Abs. 1 Satz 2	6	C.	Fristen, Abs. 3	15

A. Prüfung des Aufsichtsrats, Abs. 1

I. Allgemeines

1 Durch das in § 171 AktG geregelte Recht und die Pflicht des Aufsichtsrats zur Prüfung und Billigung des Jahresabschlusses einschließlich der weiteren ihm vom Vorstand vorzulegenden Unterlagen (Lagebericht, Gewinnverwendungsvorschlag sowie ggf. Konzernabschluss und -lagebericht), erhält der Aufsichtsrat Gelegenheit (1) zur Mitwirkung an unternehmerischen Entscheidungen durch die Mitgestaltung der Bilanzpolitik, (2) zur Ausübung eines Schwerpunkts seiner Überwachungstätigkeit durch die umfassende Information über und die Prüfung der geschäftlichen Entwicklung der Gesellschaft sowie (3) zur Beteiligung an der Publizität der AG aufgrund der Veröffentlichung des von ihm gem. Abs. 2 Satz 1 zu erstattenden Berichts (MüKo AktG/*Hennrichs/Pöschke* § 171 AktG Rn. 6 bis 14). Die Vorschrift ist daher eine der **Kernelemente der Tätigkeit des Aufsichtsrats** einer AG. Für die Rechnungslegung der AG regelt sie den Abschluss der zweiten Stufe der Aufstellung, Prüfung und Verabschiedung von Jahresabschluss, Lagebericht und Gewinnverwendungsbeschluss. In dieser Stufe werden die Weichen dafür gestellt, ob der Jahresabschluss durch Vorstand und Aufsichtsrat oder durch die Hauptversammlung festgestellt wird.

II. Umfang der Prüfungspflicht, Abs. 1 Satz 1

2 Gem. Abs. 1 Satz 1 ist dafür der dem Aufsichtsrat vom Vorstand vorgelegte **Jahresabschluss**, der **Lagebericht**, der **Vorschlag für die Verwendung des Bilanzgewinns** sowie – wenn es sich um ein Mutterunternehmen i. S. v. § 290 Abs. 1 und 2 HGB handelt – auch der **Konzernabschluss** und der **Konzernlagebericht** durch den Aufsichtsrat zu prüfen. Darüber hinaus erstreckt sich die Prüfung des Aufsichtsrats auf den durch den Vorstand gem. § 90 Abs. 1 Nr. 2 AktG erstellten Rentabilitätsbericht (MüKo AktG/*Hennrichs/Pöschke* § 171 AktG Rn. 1). Für seine Prüfung kann der Aufsichtsrat neben den ihm vom Vorstand unterbreiteten Vorlagen von seinem Einsichts- und Prüfungsrecht gem. § 111 Abs. 2 AktG Gebrauch machen und – bspw. bei einem Verdacht auf Unregelmäßigkeiten – Einsicht in sämtliche Unterlagen (z. B. Buchhaltungsunterlagen) der AG nehmen (*Hüffer* AktG, § 171 Rn. 2).

3 Im Rahmen der Prüfung hat der Aufsichtsrat festzustellen, ob die Rechnungslegung des Vorstands **rechtmäßig, ordnungsmäßig und zweckmäßig** ist (*Hüffer* AktG, § 171 Rn. 3; ADS § 171 AktG Rn. 21; MünchHdb GesR IV/*Hoffmann-Becking* § 44 Rn. 14; *Clemm* ZGR 1980, 455, 457). Rechtmäßig ist die Rechnungslegung des Vorstands insbesondere dann, wenn sie den Vorschriften des Gesetzes, also vor allem den §§ 238 ff. HGB, aber auch den GoB sowie der Satzung entspricht. Der Vorschlag des Vorstands über die Verwendung des Bilanzgewinns ist dann rechtmäßig, wenn die vorgesehene Verwendung des Gewinns den aktienrechtlichen Vorschriften, namentlich den §§ 58, 60, 72b, 150 AktG sowie etwaigen Satzungsregelungen entspricht (*Hüffer* AktG, § 171 Rn. 4).

Darüber hinaus ist der Aufsichtsrat berechtigt und verpflichtet, seine Prüfung auf die **Zweckmäßig-** 4
keit der Vorschläge des Vorstands zu erstrecken. So hat er – jeweils ausgerichtet am Interesse des
Unternehmens – die Zweckmäßigkeit der bilanzpolitischen Entscheidungen des Vorstands (z. B.
die Ausübung von Wahlrechten oder die Auflösung stiller Reserven) und die Zweckmäßigkeit der
Ausschüttungs- bzw. Thesaurierungspolitik des Vorstands (z. B. durch die Dotierung oder Auflösung von freien Gewinnrücklagen) zu prüfen (*Hüffer* AktG, § 171 Rn. 7f; MüKo AktG/*Hennrichs/*
Pöschke § 171 AktG Rn. 36; *Forster* ZfB 1988, 789, 792).

Die Prüfung der Vorstandsvorlagen ist eine **Organpflicht des Aufsichtsrats** und trifft jedes einzelne 5
Aufsichtsratsmitglied. Allerdings handelt es sich bei der Prüfung der Rechnungslegung durch den
Aufsichtsrat nicht um eine zweite Abschlussprüfung; die Aufsichtsratsmitglieder müssen daher nicht
über die Sachkunde von Abschlussprüfern verfügen und bei ihrer Prüfung auch nicht entsprechende
Sorgfaltsmaßstäbe anlegen (*Hüffer* AktG, § 171 Rn. 9; ADS § 171 AktG Rn. 19; MünchHdb GesR
IV/*Hoffmann-Becking* § 44 Rn. 16; *Clemm* ZGR 1980, 455, 457; *Hüffer* ZGR 1980, 320, 334).
Die Aufsichtsratsmitglieder sind nicht verpflichtet, eine eigene sachverständige Bilanzanalyse vorzunehmen (BGH NJW 1983, 991; *Hommelhoff* ZGR 1983, 551, 556). Der Aufsichtsrat hat vielmehr
anhand des Berichts des Abschlussprüfers die Vorstandsvorlagen durchzugehen und sich ein Urteil
über deren **innere Plausibilität** zu bilden (*Hüffer* AktG, § 171 Rn. 9). Soweit der Aufsichtsrat dabei
auf Unregelmäßigkeiten stößt oder aus anderen Gründen Bedenken gegen die Vorstandsvorlagen
hat, muss er diesen im Rahmen des Einsichts- und Prüfungsrechts gem. § 111 Abs. 2 AktG weiter
nachgehen und versuchen, diese auszuräumen (BGH NJW 1978, 425; *Hüffer* AktG, § 171 Rn. 9;
Hüffer ZGR 1980, 320, 337). Dabei kann sich der Aufsichtsrat auf die Vorprüfung und den Bericht
eines etwa vorhandenen Bilanzausschusses stützen (BGH NJW 1984, 1038 – zur bergrechtlichen
Gewerkschaft –; *Hüffer* AktG, § 171 Rn. 10; *Hommelhoff* ZGR 1983, 551, 577). Dieser Bericht ist
aber durch das Plenum des Aufsichtsrats seinerseits zu prüfen; eine vorbehaltlose Übernahme der
Ergebnisse des Bilanzausschusses ist nicht zulässig (RGZ 93, 338, 340).

III. Teilnahme des Abschlussprüfers, Abs. 1 Satz 2

Gem. Abs. 1 Satz 2 ist die **Teilnahme des Abschlussprüfers** an den Verhandlungen des Auf- 6
sichtsrats über die Vorlagen des Vorstands mittlerweile gesetzlich vorgeschrieben. Betroffen sind
sowohl Verhandlungen des Aufsichtsratsplenums als auch eines etwa gebildeten Bilanzausschusses.
Die Regelung bezieht sich auf eine gesetzliche Pflichtprüfung und verlangt eine Teilnahme des
Abschlussprüfers auch dann, wenn der Aufsichtsrat einer im Übrigen nicht prüfungspflichtigen AG
über einen Konzernabschluss verhandelt, der seinerseits prüfungspflichtig ist (*Hüffer* AktG, § 171
Rn. 11; *Bischof/Oser* WPg 1998, 539, 540).

Die Teilnahme des Abschlussprüfers ist **zwingend**. Verletzt der Abschlussprüfer seine Teilnahme- 7
pflicht, so macht er sich wegen der Verletzung seines Prüfungsvertrages gem. § 280 Abs. 1 BGB
schadensersatzpflichtig (*Hüffer* AktG, § 171 Rn. 11a; ADS § 171 AktG Rn. 52 ff.). Ausreichend
ist die Anwesenheit des jeweiligen verantwortlichen Prüfungsleiters (*Hüffer* AktG, § 171 Rn. 11a;
MüKo AktG/*Hennrichs/Pöschke* § 171 AktG Rn. 128; ADS § 171 AktG Rn. 55). Der Aufsichtsrat
handelt seinerseits pflichtwidrig, wenn er den Abschlussprüfer von der Teilnahme an den entsprechenden Verhandlungen ausschließt (*Hüffer* AktG, § 171 Rn. 11a; *Baums* AG 1997, Sonderheft
August, 26, 32; *Bischof/Oser* WPg 1998, 539; *Forster* WPg 1998, 41, 55; a. A. *Gelhausen* AG 1997,
Sonderheft August, 73, 79). Allerdings kann der Aufsichtsrat entscheiden, dass die Teilnahme des
Abschlussprüfers auf die Verhandlungen eines Bilanzausschusses beschränkt wird, auch wenn der
Ausschluss des Abschlussprüfers von der Plenarsitzung des Aufsichtsrats nicht glücklich ist (so *Hüf-*
fer AktG, § 171 Rn. 11a).

Neben der Teilnahmepflicht ist der Abschlussprüfer weiter verpflichtet, über die Ergebnisse seiner 8
Prüfung (mündlich) zu berichten. Allerdings ist es ihm zu gestatten, seine mündlichen Erläuterungen erforderlichenfalls durch nachträgliche schriftliche Ausführungen zu ergänzen, da von dem
teilnehmenden Prüfungsleiter nicht verlangt werden kann, sämtliche Einzelheiten der Prüfungsergebnisse präsent zu haben (*Hüffer* AktG, § 171 Rn. 11b; *Scheffler* WPg 2002, 1289). Im Rahmen

des Einschubs durch das BilMoG vom 25.05.2009 (BGBl. I, 1102) in § 171 Abs. 1 Satz 2 AktG wird die Berichtspflicht des Abschlussprüfers konkretisiert. Danach ist der Abschlussprüfer »insbesondere« verpflichtet, über Schwächen des internen Kontrollsystems und des Risikomanagementsystems zu berichten. Der Gesetzgeber hat dabei beispielhaft an die Risiken bei der Bildung von Bewertungseinheiten gedacht (*Hüffer* AktG, § 171 Rn. 11b).

B. Bericht des Aufsichtsrats, Abs. 2

I. Allgemeines

9   Gem. Abs. 2 ist der Aufsichtsrat verpflichtet, der Hauptversammlung über das Ergebnis seiner Prüfung zu berichten. Der Bericht hat dabei neben den **Prüfungsergebnissen** eine **Darstellung der eigenen Tätigkeit** des Aufsichtsrats zu enthalten, da sich das Informationsrecht der Hauptversammlung auch auf diesen Punkt erstreckt (*Hüffer* AktG, § 171 Rn. 12; MüKo AktG/*Hennrichs/Pöschke*, § 171 Rn. 193; *Lutter* AG 2008, 1). Der Bericht ist durch den gesamten Aufsichtsrat **schriftlich** zu erstatten. Es genügt die Unterschrift des Aufsichtsratsvorsitzenden als Vertreter des Gesamtorgans (*Hüffer* AktG, § 171 Rn. 12; *Mutze* AG 1966, 173, 174). Ein Verstoß des Aufsichtsrats oder Vorstands gegen die Berichtspflichten sowie die Pflichten zu dessen Vorlage bei der Hauptversammlung und Hinterlegung beim Handelsregister kann gem. §§ 93, 116 AktG **Schadensersatzpflichten** auslösen (*Mutze* AG 1966, 173, 174). Bei vorsätzlicher unrichtiger Darstellung oder Verschleierung der Verhältnisse der Gesellschaft kann sich der Aufsichtsrat gem. § 400 Abs. 1 Nr. 1 AktG **strafbar** machen (*Hüffer* AktG, § 171 Rn. 12).

II. Inhalt des Berichts

10   In dem Bericht hat der Aufsichtsrat zunächst über die **Ergebnisse seiner Prüfung** der Rechnungslegung des Vorstands zu berichten. Bestehen insoweit Einwände, hat der Aufsichtsrat seine Bedenken so darzulegen, dass die Hauptversammlung in der Lage ist, sich ein eigenes Urteil zu bilden (ADS § 171 AktG Rn. 64). Hegt der Aufsichtsrat keine Bedenken gegen die Rechnungslegung, fällt sein Bericht über die Prüfungsergebnisse mit der gem. Abs. 2 Satz 4 abzugebenden Schlusserklärung (s. u. Rdn. 13) zusammen (*Hüffer* AktG, § 171 Rn. 13). Darüber hinaus hat der Aufsichtsrat hinsichtlich der Prüfung der Geschäftsführung des Vorstands zu **versichern**, dass er die laufende Geschäftsführung aufgrund der Vorstandsberichte und der gemeinsamen Sitzungen mit dem Vorstand laufend überwacht hat (*Hüffer* AktG, § 171 Rn. 13; ADS § 171 AktG Rn. 13; KölnKomm AktG/*Claussen/Korth* § 171 AktG Rn. 14; *Drygala* AG 2007, 381, 383). Bei wirtschaftlichen Schwierigkeiten der AG wird der Aufsichtsrat aber über allgemeine Wendungen hinaus genauer darlegen müssen, ob und ggf. wie er die Überwachung der Geschäftsführung aufgrund der Lage der Gesellschaft verändert und intensiviert hat (OLG Hamburg AG 2001, 359, 362; OLG Stuttgart NZG 2006, 472; MüKo AktG/*Hennrichs/Pöschke* § 171 AktG Rn. 198; vgl. auch *Theisen/Salzberger* DB 1997, 105, 106). Ein inhaltlich unzureichender Bericht führt zu einer Anfechtbarkeit des auf seiner Grundlage gefassten Entlastungsbeschlusses (OLG Stuttgart NZG 2006, 472; *Hüffer* AktG, § 171 Rn. 13; *Liese/Theusinger* BB 2007, 2528, 2529; *Vetter* ZIP 2006, 257, 264).

11   Bei börsennotierten AG ist gem. Abs. 2 Satz 2 Halbs. 2 darüber hinaus über die durch den Aufsichtsrat gebildeten **Ausschüsse** und die Zahl der durch die Ausschüsse und das Aufsichtsratsplenum abgehaltenen Sitzungen zu berichten. Aufzuführen sind die im Berichtszeitraum bestehenden (nicht nur neu gebildeten) Ausschüsse einschließlich von Sonderausschüssen oder nur zeitweise eingerichteten Ausschüssen. Die Zahl der Sitzungen sind für das Plenum und jeden Ausschuss gesondert anzugeben (*Hüffer* AktG, § 171 Rn. 13a).

12   Im Hinblick auf die gem. Abs. 2 Satz 3 vorgeschriebene **Stellungnahme zum Bericht des Abschlussprüfers** beschränken sich die Berichte der Aufsichtsräte in der Praxis regelmäßig auf die zustimmende Kenntnisnahme der Prüfungsberichte (ADS § 171 AktG Rn. 71; KölnKomm AktG/*Claussen/Korth* § 171 AktG Rn. 16). Soweit sich der Aufsichtsrat in der Sache auf eine Zustimmung zu dem Prüfungsbericht beschränken kann, erscheint eine weiter gehende Berichtspflicht auch nicht

erforderlich (*Hüffer* AktG, § 171 Rn. 13b, a. A. *Theisen* BB 1988, 705, 709; BB 2007, 2493, 2500), die im Übrigen zu einer Aufblähung des Aufsichtsratsberichts führen würde.

Gem. Abs. 2 Satz 4 hat der Aufsichtsrat als **Schlusserklärung** am Ende seines Berichts ausdrücklich mitzuteilen, ob er den ihm vorgelegten Jahresabschluss billigt. Ist dies der Fall, so genügt, wie bereits oben ausgeführt, diese Feststellung (ADS § 171 AktG Rn. 74). Hat der Aufsichtsrat Einwände gegen die Rechnungslegung, so sind diese einzeln aufzuführen. Dabei muss es sich um Mängel handeln, die nach Ansicht des Aufsichtsrats zu einer Einschränkung oder Versagung des Prüftestats führen müssten; kleinere Mängel sind hingegen keine an dieser Stelle aufzuführenden Einwendungen (*Hüffer* AktG, § 171 Rn. 14). 13

Handelt es sich bei der Gesellschaft um ein Mutterunternehmen i. S. v. § 290 Abs. 1 und 2 HGB, muss der Aufsichtsrat in seinen Bericht auch Stellung zum Ergebnis der **Prüfung des Konzernabschlusses** nehmen und in seiner Schlusserklärung mitteilen, ob er den Konzernabschluss billigt oder nicht. Insoweit schreibt Abs. 2 Satz 5 die entsprechende Anwendung von Abs. 2 Satz 3 und 4 auf den Konzernabschluss vor. 14

C. Fristen, Abs. 3

Abs. 3 regelt die für das Verfahren der Prüfung und Billigung einzuhaltenden Fristen. Gem. S. 1 steht dem Aufsichtsrat für die Prüfung und Billigung des Jahresabschlusses grundsätzlich **ein Monat** nach der Zuleitung der Vorlagen durch den Vorstand zur Verfügung. Versäumt der Aufsichtsrat diese Frist, ist ihm durch den Vorstand eine **Nachfrist** zu setzen, die einen weiteren Monat nicht überschreiten darf. Kommt der Vorstand dieser der Verpflichtung zur Nachfristsetzung nicht unverzüglich nach, kann er dazu unter Festsetzung von Zwangsgeld i. S. v. § 407 Abs. 1 AktG angehalten werden (*Hüffer* AktG, § 171 Rn. 15). Lässt der Aufsichtsrat auch diese weitere Frist fruchtlos verstreichen, gilt der Jahresabschluss als nicht gebilligt. Diese Regelung gewährleistet, dass der Jahresabschluss vom Vorstand unter dem Vorwand nicht der Hauptversammlung vorgelegt wird, der Aufsichtsrat sei seiner Stellungnahmepflicht nicht rechtzeitig nachgekommen (*Hüffer* AktG, § 171 Rn. 15). Gem. Abs. 3 Satz 3 Halbs. 2 gelten die Fristenregelungen einschließlich der für den Fall der Fristversäumnis vorgesehenen Verweigerungsfiktion auch für den von einem Mutterunternehmen i. S. v. § 290 Abs. 1 und 2 HGB aufgestellten Konzernabschluss. 15

Macht die AG von der nach § 325 Abs. 2a HGB eingeräumten Möglichkeit Gebrauch und erfüllt ihre Offenlegungspflichten durch einen nach den IAS aufgestellten Jahresabschluss, erstreckt sich gem. Abs. 4 die Prüfungs- und Berichtspflicht sowie die Pflicht zur Abgabe einer Schlusserklärung gem. den Abs. 1 bis 3 auch auf den **Jahresabschluss nach IAS**. Die Offenlegung des Jahresabschlusses nach IAS ist dem Vorstand erst gestattet, wenn der Aufsichtsrat diesen gem. Abs. 4 Satz 1 i. V. m. Abs. 2 Satz 4 gebilligt hat. Da mit dem IAS-Jahresabschluss keine weiteren Rechtswirkungen verbunden sind, ist dessen Billigung ausreichend; einer weiter gehenden förmlichen Feststellung des IAS-Jahresabschlusses i. S. v. § 171 AktG bedarf es nicht (*Hüffer* AktG, § 171 Rn. 16). 16

Dritter Abschnitt Feststellung des Jahresabschlusses. Gewinnverwendung

Erster Unterabschnitt Feststellung des Jahresabschlusses

§ 172 Feststellung durch Vorstand und Aufsichtsrat

¹Billigt der Aufsichtsrat den Jahresabschluss, so ist dieser festgestellt, sofern nicht Vorstand und Aufsichtsrat beschließen, die Feststellung des Jahresabschlusses der Hauptversammlung zu überlassen. ²Die Beschlüsse des Vorstands und des Aufsichtsrats sind in den Bericht des Aufsichtsrats an die Hauptversammlung aufzunehmen.

§ 172 AktG Feststellung durch Vorstand und Aufsichtsrat

Übersicht

	Rdn.			Rdn.
A.	Allgemeines	1	C. Feststellung durch Hauptversammlung, S. 1 Alt. 2	6
B.	Feststellung durch Aufsichtsrat, S. 1 Alt. 1	2	D. Bericht des Aufsichtsrats, S. 2	8
			E. Änderung des Jahresabschlusses	9

A. Allgemeines

1 Der erste Unterabschnitt regelt die **Feststellung** des durch den Aufsichtsrat geprüften Jahresabschlusses. Gem. § 172 AktG liegt die Kompetenz für die Feststellung des Jahresabschlusses grundsätzlich bei **Vorstand und Aufsichtsrat** (MüKo AktG/*Hennrichs/Pöschke* § 172 AktG Rn. 1; *Hüffer* AktG, § 172 Rn. 1). Die Hauptversammlung ist für die Feststellung des Jahresabschlusses erst in zweiter Linie und zwar dann zuständig, wenn (1) gem. § 173 Abs. 1 Satz 1, 2. Alt. AktG der Aufsichtsrat den Jahresabschluss nicht billigt, (2) der Aufsichtsrat seiner Berichtspflicht auch innerhalb der gem. § 171 Abs. 3 Satz 3 AktG gesetzten Nachfrist nicht nachgekommen ist und der Jahresabschluss daher als nicht gebilligt gilt oder (3) Vorstand und Aufsichtsrat beschließen, die Feststellung des gebilligten Jahresabschlusses gem. § 172 Satz 1 AktG der Hauptversammlung zu überlassen.

B. Feststellung durch Aufsichtsrat, S. 1 Alt. 1

2 Die Feststellung des Jahresabschlusses enthält die **formelle Erklärung**, dass der Jahresabschluss in der vorgelegten Form die gesetzlich vorgeschriebene und gesellschaftsrechtlich maßgebliche Rechnungslegung der AG für die betreffende Periode ist (MüKo AktG/*Hennrichs/Pöschke* § 172 AktG Rn. 10). Nach der Feststellung ist der Jahresabschluss für die Organe der AG, deren Aktionäre sowie die Inhaber weiterer gewinnabhängiger Rechte verbindlich (MüKo AktG/*Hennrichs/Pöschke* § 172 AktG Rn. 10; *Hüffer* AktG, § 172 Rn. 2). Insbesondere werden durch die Feststellung des Jahresabschlusses die von dem Vorstand bei der Aufstellung des Jahresabschlusses entwickelten bilanzpolitischen Entscheidungen (z. B. bei der Ausübung von Abschreibungsmethoden und Bewertungswahlrechten) sowie die durch Vorstand sowie Aufsichtsrat im Rahmen von Gesetz und Satzung vorgenommene Rücklagenbildung und -auflösung bestätigt (MüKo AktG/*Hennrichs/Pöschke* § 172 AktG Rn. 14f).

3 Die Feststellung erfolgt gem. S. 1 Halbs. 1 durch die **Billigung des Aufsichtsrats**. Dabei ist die Billigung im Zusammenhang mit der Vorlage des Jahresabschlusses durch den Vorstand gem. § 170 AktG zu sehen. Gemeinsam bilden Vorlage und Billigung ein **korporationsrechtliches Rechtsgeschäft eigener Art** (BGHZ 124, 111, 116; *Hüffer* AktG, § 170 Rn. 3; MüKo AktG/*Hennrichs/Pöschke* § 172 AktG Rn. 22; ADS § 172 AktG Rn. 13). Elemente dieses Rechtsgeschäfts sind die vom Vorstand und vom Aufsichtsrat zu fassenden Beschlüsse sowie die wechselseitigen Mitteilungen dieser Beschlüsse (*Hüffer* AktG, § 170 Rn. 3; MüKo AktG/*Hennrichs/Pöschke* § 172 AktG Rn. 22). Die Beschlussfassung allein genügt nicht, da § 171 Abs. 2 Satz 4 und Abs. 3 AktG an die Mitteilung weitere Rechtsfolgen knüpfen (*Hüffer* AktG, § 170 Rn. 3; MüKo AktG/*Hennrichs/Pöschke* § 172 AktG Rn. 22; a. A. *Mutze* AG 1966, 173, 175). Die Erklärungen von Vorstand und Aufsichtsrat sind gem. §§ 119, 123 BGB bis zum Eintritt der Bindungswirkung gem. § 175 Abs. 4 AktG **anfechtbar** (*Hüffer* AktG, § 170 Rn. 3; a. A. MüKo AktG/*Hennrichs/Pöschke* § 172 AktG Rn. 18; ADS § 172 AktG Rn. 8). Im Übrigen können die Mitglieder von Aufsichtsrat und Vorstand aber auch über die Anfechtung ihrer individuellen Stimmabgabe im Rahmen der Organbeschlüsse, die gem. §§ 119, 123 BGB zulässig ist, ein der Anfechtung der Organerklärungen entsprechendes Ergebnis, allerdings jeweils nur bis zum Eintritt der Bindungswirkung, erreichen (MüKo AktG/*Hennrichs/Pöschke* § 172 AktG Rn. 23).

4 Der Billigungsbeschluss des Aufsichtsrats ist gem. § 108 AktG **durch das Gesamtorgan** zu fassen. Eine Verweisung des Beschlusses an einen Aufsichtsratsausschuss ist wegen der ausdrücklichen Regelung in § 107 Abs. 3 Satz 2 AktG nicht möglich (*Hüffer* AktG, § 170 Rn. 4; ADS § 172 AktG Rn. 5). Der Beschluss bedarf der **einfachen Mehrheit**. Eine **Protokollierung** ist gem. § 107 Abs. 2 Satz 2 AktG zwar nicht Wirksamkeitsvoraussetzung (MüKo AktG/*Hennrichs/Pöschke* § 172 AktG

Fn. 55). Die – entgegen § 107 Abs. 2 AktG – unterlassene Protokollierung kann aber im Einzelfall zu durchaus praxisrelevanten Beweisproblemen führen (AG Ingolstadt DB 2001, 1356). Eine Billigung des Aufsichtsrats **unter Auflagen** ist nach h. M. nur dann zulässig, wenn auch ungeübte Bilanzleser in der Lage sind zu prüfen, ob die durch den Aufsichtsrat im Rahmen der Auflage geforderten Änderungen des Jahresabschlusses von dem Vorstand erfüllt worden sind (*Hüffer* AktG, § 170 Rn. 4; ADS § 172 AktG Rn. 18; KölnKomm AktG/*Claussen/Korth* § 172 AktG Rn. 12).

Neben der Festschreibung der vorstehend angesprochenen bilanzpolitischen Entscheidungen und der durchgeführten Rücklagenbildung und -auflösung führt die Feststellung des Jahresabschlusses durch den Aufsichtsrat ferner dazu, dass die Hauptversammlung bei einem zu fassenden Gewinnverwendungsbeschluss gem. § 174 Abs. 1 Satz 2 AktG an den Jahresabschluss in der vom Aufsichtsrat gebilligten Form gebunden ist. Darüber hinaus ist der Jahresabschluss in dieser Form aufgrund des Grundsatzes der Bilanzkontinuität gem. § 252 Abs. 1 Nr. 1 und 6 HGB auch für die Bilanzierung zukünftiger Jahre entscheidend (*Hüffer* AktG, § 172 AktG Rn. 5).

C. Feststellung durch Hauptversammlung, S. 1 Alt. 2

Verweigert der Aufsichtsrat die Billigung des Jahresabschlusses, geht die Kompetenz zu dessen Billigung kraft Gesetzes gem. § 173 Abs. 1 AktG **auf die Hauptversammlung** über. Bis zur Einberufung der Hauptversammlung kann der Aufsichtsrat die Billigung des Jahresabschlusses aber noch nachholen, da die Bindungswirkung gem. § 175 Abs. 4 AktG erst zu diesem Zeitpunkt eintritt (ADS § 172 AktG Rn. 24).

Dagegen erfordert die gem. § 172 Satz 1, 2. Alt. AktG vorgesehene Option, den Jahresabschluss der Hauptversammlung zur Feststellung zu überlassen, übereinstimmende Beschlüsse des Aufsichtsrats und des Vorstands. Jeweils isoliert können Vorstand oder Aufsichtsrat die Feststellung nicht der Hauptversammlung zuweisen (*Hüffer* AktG, § 172 Rn. 7; ADS § 172 AktG Rn. 20).

D. Bericht des Aufsichtsrats, S. 2

Die gem. S. 2 vorgeschriebene Aufnahme der Beschlüsse des Vorstands und des Aufsichtsrats in den Bericht an die Hauptversammlung dienen einer **frühzeitigen Information der Aktionäre** und sollen sicherstellen, dass die gem. § 175 Abs. 4 AktG gebundenen Erklärungen des Vorstands und des Aufsichtsrats nicht (unbemerkt) geändert werden (*Hüffer* AktG, § 172 AktG Rn. 1). Die Regelung bezieht sich ausschließlich auf Beschlüsse, mit denen Vorstand und Aufsichtsrat gem. S. 1, 2. Alt. die Feststellung des Jahresabschlusses der Hauptversammlung überlassen (*Hüffer* AktG, § 172 Rn. 8; ADS § 172 AktG Rn. 25). Die Billigung bzw. deren Verweigerung durch den Aufsichtsrat ist hingegen bereits gem. § 171 Abs. 2 Satz 4 AktG zwingender Bestandteil des Berichts (*Hüffer* AktG, § 172 Rn. 8; ADS § 172 AktG Rn. 25f).

E. Änderung des Jahresabschlusses

Nach h. M. können Vorstand und Aufsichtsrat bis zum Eintritt der Bindungswirkung gem. § 175 Abs. 4 AktG den Jahresabschluss **einvernehmlich ändern** (*Hüffer* AktG, § 172 Rn. 9; ADS § 172 AktG Rn. 47). Nach Eintritt der Bindungswirkung hängt die Zulässigkeit von Änderungen von deren Beweggrund und deren wirtschaftlichen Auswirkungen ab. Rein willkürliche Änderungen ohne triftigen Grund sind keinesfalls zulässig (BGH NJW 1957, 588; *Hüffer* AktG, § 172 Rn. 9; ADS § 172 AktG Rn. 51). Dagegen ist die Beseitigung inhaltlicher Fehler, die nicht zu einer Nichtigkeit i. S. v. § 256 AktG führen, ebenso zulässig (*Hüffer* AktG, § 172 Rn. 9) wie eine Änderung, die aus wirtschaftlichen Gründen notwendig ist und deren Bedeutung das Interesse der Öffentlichkeit und der Aktionäre an der Beibehaltung des Jahresabschlusses zurücktreten lässt (ADS § 172 AktG Rn. 47; KölnKomm AktG/*Claussen/Korth* § 172 AktG Rn. 19; *Hüffer* AktG, § 172 Rn. 9). Wird durch eine Änderung aber in die Rechte der Aktionäre (z. B. durch eine Verringerung der Dividende) oder Dritter eingegriffen, so ist eine Änderung auch bei Vorliegen wichtiger Gründe nicht mehr zulässig (*Hüffer* AktG, § 172 Rn. 9; *Ludewig* DB 1986, 133, 136; *Weirich* WPg 1976, 625, 628).

§ 173 Feststellung durch die Hauptversammlung

(1) ¹Haben Vorstand und Aufsichtsrat beschlossen, die Feststellung des Jahresabschlusses der Hauptversammlung zu überlassen, oder hat der Aufsichtsrat den Jahresabschluss nicht gebilligt, so stellt die Hauptversammlung den Jahresabschluss fest. ²Hat der Aufsichtsrat eines Mutterunternehmens (§ 290 Abs. 1, 2 des Handelsgesetzbuchs) den Konzernabschluss nicht gebilligt, so entscheidet die Hauptversammlung über die Billigung.

(2) ¹Auf den Jahresabschluss sind bei der Feststellung die für seine Aufstellung geltenden Vorschriften anzuwenden. ²Die Hauptversammlung darf bei der Feststellung des Jahresabschlusses nur die Beträge in Gewinnrücklagen einstellen, die nach Gesetz oder Satzung einzustellen sind.

(3) ¹Ändert die Hauptversammlung einen von einem Abschlussprüfer auf Grund gesetzlicher Verpflichtung geprüften Jahresabschluss, so werden vor der erneuten Prüfung nach § 316 Abs. 3 des Handelsgesetzbuchs von der Hauptversammlung gefasste Beschlüsse über die Feststellung des Jahresabschlusses und die Gewinnverwendung erst wirksam, wenn auf Grund der erneuten Prüfung ein hinsichtlich der Änderungen uneingeschränkter Bestätigungsvermerk erteilt worden ist. ²Sie werden nichtig, wenn nicht binnen zwei Wochen seit der Beschlussfassung ein hinsichtlich der Änderungen uneingeschränkter Bestätigungsvermerk erteilt wird.

Übersicht	Rdn.		Rdn.
A. Allgemeines	1	C. Prüfungspflichtige AG	6
B. Beschluss durch die Hauptversammlung	2		

A. Allgemeines

1 Die Vorschrift regelt den Rahmen einer Feststellung des Jahresabschlusses durch die Hauptversammlung. Gem. Abs. 1 Satz 1 kann es zu einer **Feststellung durch die Hauptversammlung** dann kommen, wenn entweder Vorstand und Aufsichtsrat gem. § 172 Satz 1, 2. Alt. AktG beschließen, die Feststellung des Jahresabschlusses der Hauptversammlung zu überlassen (s. § 172 AktG Rdn. 7), oder wenn der Aufsichtsrat den Jahresabschluss nicht gebilligt hat (s. § 172 AktG Rdn. 6). Hierzu gehört ebenfalls der Fall des § 171 Abs. 3 Satz 3 AktG, demzufolge der Jahresabschluss als nicht gebilligt gilt, wenn der Aufsichtsrat auch nicht innerhalb einer ihm gesetzten Nachfrist zu dem Jahresabschluss Stellung nimmt (vgl. dazu § 171 AktG Rdn. 15 ff.; MüKo AktG/*Hennrichs/Pöschke* § 173 AktG Rn. 21; *Hüffer* AktG, § 173 Rn. 2). Darüber hinaus besitzt die Hauptversammlung im Rahmen einer vereinfachten Kapitalherabsetzung gem. § 243 Abs. 2 Satz 1 AktG eine **Sonderkompetenz** zur Feststellung des für die Kapitalherabsetzung maßgeblichen Jahresabschlusses (*Hüffer* AktG, § 173 Rn. 2). Ergibt sich nach den vorstehend genannten Vorschriften keine Kompetenz der Hauptversammlung zur Feststellung des Jahresabschlusses, ist ein gleichwohl gefasster Feststellungsbeschluss nichtig (MüKo AktG/*Hennrichs/Pöschke* § 173 AktG Rn. 22).

B. Beschluss durch die Hauptversammlung

2 Gem. § 175 Abs. 3 AktG obliegt die Feststellung des Jahresabschlusses der ordentlichen Hauptversammlung, die darüber mit **einfacher Stimmenmehrheit** i. S. v. § 133 Abs. 1 AktG entscheidet, wenn nicht die Satzung ein abweichendes Mehrheitserfordernis vorsieht (*Hüffer* AktG, § 173 Rn. 3). Eine Nichtigkeit des Beschlusses kann sich nur aus § 256 AktG ergeben. Eine – grundsätzlich mögliche – Anfechtungsklage kann wegen § 257 Abs. 1 Satz 2 AktG nicht auf inhaltliche Mängel gestützt werden, sodass in erster Linie nur Verfahrensfehler als Anfechtungsgrund in Betracht kommen (*Hüffer* AktG, § 173 Rn. 6).

Der durch das Transparenz- und Publizitätsgesetz (TransPuG) vom 25.07.2002 (BGBl. I 2002, S. 2681) eingefügte Abs. 1 Satz 2 ist im Zusammenhang mit der Regelung in § 171 Abs. 1 Halbs. 2 AktG zu sehen, derzufolge ein **Konzernabschluss** ebenfalls durch den Aufsichtsrat zu prüfen und zu billigen ist. Eine Feststellung des Konzernabschlusses durch den Aufsichtsrat hat der Gesetzgeber hingegen nicht vorgesehen, da der Konzernabschluss nicht für die Gewinnverteilung maßgeblich ist und daher nicht in Rechte der Adressaten des Jahresabschlusses eingreift. Konsequenterweise ist die Hauptversammlung gem. Abs. 1 Satz 2 auch nur für die Billigung des Konzernabschlusses – und nicht für dessen Feststellung – zuständig, wenn der Aufsichtsrat dessen Billigung verweigert bzw. sich nicht innerhalb einer ihm gesetzten Nachfrist zu dem Konzernabschluss geäußert hat. Im Schrifttum stößt die Beschränkung der Hauptversammlungsentscheidung auf eine reine Billigung oder Nichtbilligung auf Kritik (MüKo AktG/*Hennrichs/Pöschke* § 173 AktG Rn. 70). Die Hauptversammlung wird sich im Zweifel eher dem ablehnenden Votum des Aufsichtsrats anschließen. In der Folge würde die AG nicht über einen verbindlichen Jahresabschluss verfügen und es käme zu einer erheblichen Verzögerung der Aufstellung eines endgültigen Jahresabschlusses (MüKo AktG/*Hennrichs/Pöschke* § 173 AktG Rn. 70). Da der Wortlaut der Vorschrift eine weiter gehende Kompetenz der Hauptversammlung nicht anerkennt, sind etwa auftretende Differenzen zwischen Aufsichtsrat und Vorstand bei der Billigung des Konzernabschlusses nur dadurch zu lösen, dass der Jahresabschluss der Hauptversammlung in zwei alternativen Fassungen, nämlich der des Vorstands und der des Aufsichtsrats vorgelegt wird. Die Hauptversammlung ist dann in der Lage, eine der beiden Versionen zu billigen (MüKo AktG/*Hennrichs/Pöschke* § 173 AktG Rn. 72).

3

Gem. Abs. 2 Satz 1 ist die Hauptversammlung bei der Feststellung des Jahresabschlusses **an das materielle Bilanzrecht**, also an die §§ 242 bis 256 und 264 bis 288 HGB, **gebunden**. Eine darüber hinausgehende Bindung der Hauptversammlung besteht nicht (*Hüffer* AktG, § 173 Rn. 4; ADS § 173 AktG Rn. 15). Die Hauptversammlung kann daher im Rahmen des materiellen Bilanzrechts jede beliebige Änderung des von dem Vorstand aufgestellten und vorgelegten Jahresabschlusses vornehmen (ADS § 173 AktG Rn. 15). Insbesondere die im Ermessen des Bilanzierenden stehenden bilanzpolitischen Entscheidungen, z.B. die Ausübung von Ansatz- und Bewertungswahlrechten, können von der Hauptversammlung anders getroffen werden als von dem Vorstand (*Hüffer* AktG, § 173 Rn. 4). Teilweise wird gefordert, diese weitgehenden Kompetenzen der Hauptversammlung aus bilanzrechtlichen Gesichtspunkten einzuschränken (ADS § 173 AktG Rn. 16 – 18). Dies erscheint vor dem Hintergrund aber weder erforderlich noch erstrebenswert, dass zum einen die Zuständigkeit der Hauptversammlung nur im Ausnahmefall eintritt und zum anderen eine Schwächung der Hauptversammlungskompetenz auf ein Letztentscheidungsrecht des Vorstands hinausliefe, das mit der Mitverantwortung des Aufsichtsrats wiederum nur schwer zu vereinbaren wäre (*Hüffer* AktG, § 173 Rn. 4).

4

Gem. Abs. 2 Satz 2 darf die Hauptversammlung im Rahmen ihres Feststellungsbeschlusses **nur Einstellungen in gesetzliche oder satzungsmäßige Rücklagen** vornehmen. Dementsprechend können von der Hauptversammlung die gesetzlichen Rücklagen gem. § 150 Abs. 1 und Abs. 2 AktG sowie ggf. die Rücklage für eigene Aktien gem. § 272 Abs. 4 HGB bedient werden. **Gewinnrücklagen** können nur dann dotiert werden, wenn die Satzung gem. § 58 Abs. 1 AktG eine zwingende Rücklagendotierung vorsieht. Enthält die Satzung hingegen lediglich eine Ermächtigung zur Rücklagenbildung i.S.v. § 58 Abs. 2 AktG, so darf die Hauptversammlung im Rahmen der Feststellung des Jahresabschlusses eine Dotierung derartiger Rücklagen nicht vorsehen (*Hüffer* AktG, § 173 Rn. 5; ADS § 173 AktG Rn. 23; MüKo AktG/*Hennrichs/Pöschke* § 173 AktG Rn. 31). Hatte der Vorstand bei der Aufstellung des Jahresabschlusses im Hinblick auf dessen angestrebte Feststellung durch den Aufsichtsrat Rücklagen auch gem. § 58 Abs. 2 AktG gebildet, sind diese im Fall einer Feststellung des Jahresabschlusses durch die Hauptversammlung wieder aufzulösen (ADS § 173 AktG Rn. 26). Im Übrigen unterliegt die Hauptversammlung bei der Auflösung von Rücklagen den gleichen materiellrechtlichen Regelungen wie Vorstand und Aufsichtsrat. Dies gilt sowohl für die Entnahme aus anderen Gewinnrücklagen als auch für eine Herabsetzung der gesetzlichen Rücklage oder der Kapitalrücklage (MüKo AktG/*Hennrichs/Pöschke* § 173 AktG Rn. 32).

5

C. Prüfungspflichtige AG

6 Für eine gem. § 316 Abs. 1 Satz 1 HGB **prüfungspflichtige AG** regelt Abs. 3 das Erfordernis einer **Nachtragsprüfung** für den Fall, dass die Hauptversammlung bei der Feststellung des Jahresabschlusses Änderungen vornimmt. Ohne die Nachtragsprüfung würde die AG nicht über einen geprüften Jahresabschluss verfügen, da der festgestellte Jahresabschluss nicht mit dem Abschluss übereinstimmt, für den der Bestätigungsvermerk erteilt wurde (*Hüffer* AktG, § 173 Rn. 7). Daher macht jede Änderung der Bilanz, der GuV-Rechnung oder des Anhangs, welche die Hauptversammlung beschließt, eine Nachtragsprüfung gem. Abs. 3 erforderlich (MüKo AktG/*Hennrichs/Pöschke* § 173 AktG Rn. 44). Die Nachtragsprüfung beschränkt sich auf die vorgenommenen Änderungen des Jahresabschlusses (*Hüffer* AktG, § 173 Rn. 7; MüKo AktG/*Hennrichs/Pöschke*, § 173 AktG Rn. 45), sodass die Nachtragsprüfung weniger aufwendig ist als die Vollprüfung des gesamten Jahresabschlusses. Das Ergebnis der Nachtragsprüfung muss ein uneingeschränktes Testat des Abschlussprüfers gem. § 322 Abs. 1 HGB sein, gegen das keine Einwendungen i. S. v. § 322 Abs. 3 HGB erhoben sein dürfen (*Hüffer* AktG, § 173 Rn. 8). Wird das Testat nicht oder nur eingeschränkt erteilt bzw. äußert sich der Abschlussprüfer nicht innerhalb der in Abs. 3 Satz 2 geregelten 2-Wochen-Frist, so sind sowohl der Beschluss über die Feststellung des Jahresabschlusses als auch ein Gewinnverwendungsbeschluss unheilbar – auch nicht nach § 256 Abs. 6 AktG heilbar – nichtig (*Hüffer* AktG, § 173 Rn. 8; ADS § 173 AktG Rn. 37; KölnKomm AktG/*Claussen/Korth* § 173 AktG Rn. 17).

Zweiter Unterabschnitt Gewinnverwendung

§ 174 [Beschluss über Gewinnverwendung]

(1) ¹Die Hauptversammlung beschließt über die Verwendung des Bilanzgewinns. ²Sie ist hierbei an den festgestellten Jahresabschluss gebunden.

(2) In dem Beschluss ist die Verwendung des Bilanzgewinns im Einzelnen darzulegen, namentlich sind anzugeben
1. der Bilanzgewinn;
2. der an die Aktionäre auszuschüttende Betrag oder Sachwert;
3. die in Gewinnrücklagen einzustellenden Beträge;
4. ein Gewinnvortrag;
5. der zusätzliche Aufwand auf Grund des Beschlusses.

(3) Der Beschluss führt nicht zu einer Änderung des festgestellten Jahresabschlusses.

Übersicht	Rdn.		Rdn.
A. Allgemeines	1	C. Anspruch des Aktionärs auf Auszahlung	6
B. Beschluss über Gewinnverwendung	2		

A. Allgemeines

1 § 174 AktG regelt die **Kompetenz** und das **Verfahren** zur Entscheidung über die Verwendung des Bilanzgewinns. Anders als die Feststellung des Jahresabschlusses, von der der Gewinnverwendungsbeschluss streng unterschieden werden muss, liegt die Gewinnverwendung in der **alleinigen Kompetenz der Hauptversammlung**.

B. Beschluss über Gewinnverwendung

2 **Gegenstand** der Verwendungsentscheidung ist gem. Abs. 1 Satz 1 der in dem festgestellten Jahresabschluss **ausgewiesene Bilanzgewinn**. Abs. 1 Satz 2 stellt klar, dass die Hauptversammlung an den festgestellten Jahresabschluss gebunden ist und den darin ausgewiesenen Bilanzgewinn weder erhö-

hen noch vermindern kann (*Hüffer* AktG, § 174 Rn. 3). Dabei kommt es nicht darauf an, ob der Jahresabschluss durch den Aufsichtsrat oder durch die Hauptversammlung festgestellt wurde. Auch wenn die Feststellung durch die Hauptversammlung selbst erfolgte, ist diese bei dem anschließenden Gewinnverwendungsbeschluss an die Feststellung gebunden (MüKo AktG/*Hennrichs/Pöschke* § 174 AktG Rn. 9).

Über die Gewinnverwendung entscheidet die Hauptversammlung grundsätzlich mit **einfacher Mehrheit**. Der Beschluss wird üblicherweise in der ordentlichen Hauptversammlung gefasst. Möglich ist aber auch eine Beschlussfassung in jeder beliebigen anderen Hauptversammlung (MüKo AktG/*Hennrichs/Pöschke* § 174 AktG Rn. 20). Der Beschluss kann nichtig sein, insbesondere aufgrund der Nichtigkeit des ihm zugrunde liegenden Jahresabschlusses gem. § 256 AktG. Eine Anfechtbarkeit des Beschlusses kann insbesondere auf einer übermäßigen Bildung von Gewinnrücklagen oder der übermäßigen Dotierung des Gewinnvortrags (§ 254 Abs. 1 AktG) beruhen (*Hüffer* AktG, § 174 Rn. 7). 3

Entsprechend seinem möglichen Inhalt sieht Abs. 2 eine **Gliederung** des zu fassenden Gewinnverwendungsbeschlusses vor. So kann die AG den Bilanzgewinn entweder an die Aktionäre ausschütten, in die Gewinnrücklagen einstellen oder als Gewinn vortragen (MüKo AktG/*Hennrichs/Pöschke* § 174 AktG Rn. 10). Dementsprechend sind die jeweiligen Beträge in dem Gewinnverwendungsbeschluss einzeln aufzuführen. Zusätzlicher Aufwand i. S. v. Nr. 5 entsteht dann, wenn der Gewinnverwendungsbeschluss vom Vorschlag des Vorstands insbesondere durch eine höhere Thesaurierung abweicht (*Hüffer* AktG, § 174 Rn. 6; ADS § 174 AktG Rn. 41). Entspricht die Hauptversammlung dem Vorschlag des Vorstands, so entsteht kein zusätzlicher, in Nr. 5 auszuweisender Aufwand. Inhalt und Gliederung des Gewinnverwendungsbeschlusses werden sich dann mit dem Vorschlag des Vorstands decken (*Hüffer* AktG, § 174 Rn. 6; ADS § 174 AktG Rn. 41). 4

Abs. 3 stellt klar, dass die Gewinnverwendung und der dazu gefasste Beschluss **keine Änderung des festgestellten Jahresabschlusses** bewirken. Bilanziell werden die von der Hauptversammlung im Rahmen des Gewinnverwendungsbeschlusses getroffenen Entscheidungen erst in dem Geschäftsjahre wirksam, in welchem der Beschluss gefasst wurde. Sie sind daher auch erst in der für dieses Geschäftsjahr aufzustellenden Bilanz zu berücksichtigen (*Hüffer* AktG, § 174 Rn. 8; ADS § 175 AktG Rn. 55). 5

C. Anspruch des Aktionärs auf Auszahlung

Mit der Beschlussfassung entsteht der Anspruch des Aktionärs auf Auszahlung der beschlossenen Dividende als reines Gläubigerrecht (BGH DB 1957, 160, 161; DB 1976, 38, 40; ADS § 175 AktG Rn. 55). Darüber hinaus wird der Auszahlungsanspruch auch zu diesem Zeitpunkt zur Zahlung **fällig** (*Hüffer* AktG, § 175 Rn. 4; ADS § 175 AktG Rn. 57). Allerdings wird es allgemein als zulässig erachtet, dass die Zahlung so lange aufgeschoben werden kann, wie dies für deren ordnungsgemäße Durchführung erforderlich ist (ADS § 175 AktG Rn. 57; MünchHdb GesR IV/*Hoffmann-Becking* § 42 Rn. 22). Der **Gewinnverzicht** eines (Haupt-)Aktionärs bezieht sich ohne weiter Regelung jeweils nur auf den Gewinn des betreffenden Geschäftsjahres und besitzt somit keine Dauerwirkung (*Hüffer* AktG, § 174 Rn. 5). Ist ein dauerhafter Gewinnverzicht in der Form gewünscht, dass der Dividendenanspruch von vornherein nicht entsteht, ist eine entsprechende Vorausverfügung vorzunehmen, die vor dem Gewinnverwendungsbeschluss bzw. den Gewinnverwendungsbeschlüssen vereinbart werden muss, auf die sie sich beziehen soll (*Horbach* AG 2001, 78, 82 ff.). 6

Dritter Unterabschnitt Ordentliche Hauptversammlung

§ 175 Einberufung

(1) ¹Unverzüglich nach Eingang des Berichts des Aufsichtsrats hat der Vorstand die Hauptversammlung zur Entgegennahme des festgestellten Jahresabschlusses und des Lageberichts, eines vom Aufsichtsrat gebilligten Einzelabschlusses nach § 325 Abs. 2a des Handelsgesetzbuchs sowie zur Beschlussfassung über die Verwendung eines Bilanzgewinns, bei einem Mutterunternehmen (§ 290 Abs. 1, 2 des Handelsgesetzbuchs) auch zur Entgegennahme des vom Aufsichtsrat gebilligten Konzernabschlusses und des Konzernlageberichts, einzuberufen. ²Die Hauptversammlung hat in den ersten acht Monaten des Geschäftsjahrs stattzufinden.

(2) ¹Der Jahresabschluss, ein vom Aufsichtsrat gebilligter Einzelabschluss nach § 325 Abs. 2a des Handelsgesetzbuchs, der Lagebericht, der Bericht des Aufsichtsrats, der Vorschlag des Vorstands für die Verwendung des Bilanzgewinns *und bei börsennotierten Aktiengesellschaften ein erläuternder Bericht zu den Angaben nach § 289 Abs. 4, § 315 Abs. 4 des Handelsgesetzbuches* sind von der Einberufung an in dem Geschäftsraum der Gesellschaft zur Einsicht der Aktionäre auszulegen. ²Auf Verlangen ist jedem Aktionär unverzüglich eine Abschrift der Vorlagen zu erteilen. ³Bei einem Mutterunternehmen (§ 290 Abs. 1, 2 des Handelsgesetzbuchs) gelten die Sätze 1 und 2 auch für den Konzernabschluss, den Konzernlagebericht und den Bericht des Aufsichtsrats hierüber. ⁴Die Verpflichtungen nach den Sätzen 1 bis 3 entfallen, wenn die dort bezeichneten Dokumente für denselben Zeitraum über die Internetseite der Gesellschaft zugänglich sind.

(3) ¹Hat die Hauptversammlung den Jahresabschluss festzustellen oder hat sie über die Billigung des Konzernabschlusses zu entscheiden, so gelten für die Einberufung der Hauptversammlung zur Feststellung des Jahresabschlusses oder zur Billigung des Konzernabschlusses und für die Auslegung der Vorlagen und die Erteilung von Abschriften die Absätze 1 und 2 sinngemäß. ²Hat die Hauptversammlung den Jahresabschluss festzustellen, so gelten für die Einberufung der Hauptversammlung zur Feststellung des Jahresabschlusses und für das Zugänglichmachen der Vorlagen und die Erteilung von Abschriften die Absätze 1 und 2 sinngemäß. ³Die Verhandlungen über die Feststellung des Jahresabschlusses und über die Verwendung des Bilanzgewinns sollen verbunden werden.

(4) ¹Mit der Einberufung der Hauptversammlung zur Entgegennahme des festgestellten Jahresabschlusses oder, wenn die Hauptversammlung den Jahresabschluss festzustellen hat, der Hauptversammlung zur Feststellung des Jahresabschlusses sind Vorstand und Aufsichtsrat an die in dem Bericht des Aufsichtsrats enthaltenen Erklärungen über den Jahresabschluss (§§ 172, 173 Abs. 1) gebunden. ²Bei einem Mutterunternehmen (§ 290 Abs. 1, 2 des Handelsgesetzbuchs) gilt Satz 1 für die Erklärung des Aufsichtsrats über die Billigung des Konzernabschlusses entsprechend.

Übersicht	Rdn.		Rdn.
A. Allgemeines	1	D. Verfahren bei Feststellung des Jahresabschlusses durch Hauptversammlung, Abs. 3	10
B. Zeitlicher Rahmen für die Einberufung, Abs. 1	2		
C. Einsichtnahme, Abschriften, Abs. 2	6	E. Bindung an Bericht, Abs. 4	11

A. Allgemeines

1 Für die von den Aktionären gem. §§ 173, 174 AktG gegebenenfalls zu treffenden Entscheidungen sieht § 175 AktG die Abhaltung einer Hauptversammlung vor, die der Überschrift des Unterabschnitts entsprechend als »**ordentliche Hauptversammlung**« bezeichnet wird. Darunter ist die zwingend einmal jährlich abzuhaltende Hauptversammlung zu verstehen, die häufig auch die einzige bleiben wird. Sie befasst sich mit den sog. Regularien, d.h. neben der Entgegennahme oder Feststellung des Jahresabschlusses und der Gewinnverwendung auch mit der Entlastung der

Mitglieder von Vorstand und Aufsichtsrat (§ 120 Abs. 1 AktG), der Wahl des Abschlussprüfers bei prüfungspflichtigen AG (§ 318 Abs. 1 HGB) sowie bei zur Aufstellung eines Konzernabschlusses verpflichteten Muttergesellschaften auch mit der Entgegennahme bzw. Billigung des Konzernabschlusses (§ 173 Satz 2 AktG; MüKo AktG/*Hennrichs/Pöschke* § 175 AktG Rn. 9). Die in kursiv gesetzte Passage in Abs. 2 Satz 1 »*und bei börsennotierten Aktiengesellschaften ein erläuternder Bericht zu den Angaben nach § 289 Abs. 4, § 315 Abs. 4 des Handelsgesetzbuches*« war durch das Zweite Gesetz zur Änderung des Umwandlungsgesetzes vom 19.04.2007 (BGBl. I 2007, S. 542) eingeführt und durch das BilMoG vom 25.05.2009 (BGBl. I, 1102) erweitert worden. Gleichzeitig mit der Änderung durch das BilMoG wurde der Passus durch das ARUG vom 30.07.2009 (BGBl. I, 2479) aufgehoben und in § 176 Abs. 1 Satz 1 verschoben. Die Verschiebung bezog sich aber nicht auf den Einschub durch das BilMoG, sodass die Passage in Abs. 1 ein Torso geblieben wäre. Das offensichtliche Redaktionsversehen, sollte bereits durch die Aktienrechtsnovelle 2012 bereinigt werden, die gemeinsam mit dem Vorstandsvergütungsgesetz 2013 2 Tage vor der Bundestagswahl gescheitert ist. Für die neue Legislaturperiode ist die Bereinigung jetzt als Aktienrechtsnovelle 2014 angekündigt. Es entspricht aber der allgemeinen Auffassung, dass die kursive Passage bereits jetzt nicht mehr anzuwenden ist (MüKo AktG/*Hennrichs/Pöschke* § 175 AktG Rn. 6).

B. Zeitlicher Rahmen für die Einberufung, Abs. 1

Abs. 1 gibt zunächst die beiden im Rahmen der in diesem Abschnitt behandelten Rechnungslegung und Gewinnverwendung anfallenden **Tagesordnungspunkte**, Entgegennahme des festgestellten Jahresabschlusses und Gewinnverwendung, für die abzuhaltende Hauptversammlung vor. Durch das Transparenz- und Publizitätsgesetz (TransPuG) vom 25.07.2002 (BGBl. I 2002, S. 2681) wurde die Aufzählung für AG, die als Muttergesellschaft eines Konzerns zur Aufstellung eines Konzernabschlusses verpflichtet sind, um die Entgegennahme des Konzernabschlusses erweitert. 2

Abs. 1 regelt darüber hinaus den **zeitlichen Rahmen** für die Einberufung und Abhaltung Hauptversammlung, indem der Vorstand zunächst verpflichtet wird, die Hauptversammlung **unverzüglich** nach Eingang des Berichts des Aufsichtsrats einzuberufen. Entsprechend der Legaldefinition in § 121 Abs. 1 BGB hat die Einberufung ohne schuldhaftes Zögern zu erfolgen (MüKo AktG/*Hennrichs/Pöschke* § 175 AktG Rn. 13; KölnKomm AktG/*Claussen/Korth* § 175 AktG Rn. 7). In der Praxis wird – zumindest bei großen AG – häufig erst der Termin der Hauptversammlung festgelegt und von diesem ausgehend die Fristen für die vorher abzuarbeitenden Schritte festgelegt (MüKo AktG/ *Hennrichs/Pöschke* § 175 AktG Rn. 13). Von größerer Bedeutung ist daher der in Abs. 1 Satz 2 festgelegte Endtermin, demzufolge die Hauptversammlung in den **ersten 8 Monaten eines Geschäftsjahres** stattzufinden hat. Nach einhelliger Meinung kann die Frist nicht durch Satzungsbestimmung verlängert werden (*Hüffer* AktG, § 175 Rn. 4; MüKo AktG/*Hennrichs/Pöschke* § 175 AktG Rn. 16; ADS § 175 AktG Rn. 9; KölnKomm AktG/*Claussen/Korth* § 175 AktG Rn. 7a). Dagegen wird die Verkürzung der Frist unterschiedlich beurteilt. Unter Hinweis auf den abschließenden Charakters der Vorschrift lehnt eine Meinung eine Verkürzungsmöglichkeit durch Satzungsregelung ab (*Hüffer* AktG, § 175 Rn. 4). Eine als überwiegend zu bezeichnende Meinung lässt die Verkürzung hingegen zu (ADS § 175 AktG Rn. 9; KölnKomm AktG/*Claussen/Korth* § 175 AktG Rn. 7a; MünchHdb GesR IV/*Semler* § 34 Rn. 46; *Eckhardt* NJW 1967, 369, 371). Die Vertreter dieser Meinung halten eine Verkürzung aber unabhängig von ihrer Zulässigkeit für nicht empfehlenswert (so ADS § 175 AktG Rn. 9; KölnKomm AktG/*Claussen/Korth* § 175 AktG Rn. 7a). Da der Deutsche Corporate Governance Kodex mittlerweile vorsieht, dass der Jahresabschluss börsennotierter Gesellschaften binnen 90 Tagen nach Ende des Geschäftsjahres zugänglich sein soll und diese Empfehlung gem. § 161 AktG in der Entsprechenserklärung (s. § 161 AktG Rdn. 5 ff.) zu berücksichtigen ist, sprechen gute Argumente dafür, dass die Gründe des Gesetzgebers von 1965 gegen eine Verkürzungsmöglichkeit der Frist an Bedeutung verloren haben (MüKo AktG/*Hennrichs/Pöschke* § 175 AktG Rn. 16). Von daher erscheint eine Verkürzung der Frist durch die Satzung auf der Grundlage des gegenwärtigen Rechtsstands vertretbar. 3

4   Auf den Ablauf der **8-Monats-Frist** sind die erforderlichen vorbereitenden Maßnahmen abzustimmen. So ist der Jahresabschluss aufzustellen und zu prüfen, muss der Aufsichtsrat Gelegenheit erhalten, den Jahresabschluss zuvor in der Monatsfrist des § 171 Abs. 3 Satz 1 AktG zu prüfen, und sind anschließend die Ladungsfristen für die Hauptversammlung gem. § 123 Abs. 1 oder Abs. 2 AktG zu beachten (*Hüffer* AktG, § 175 Rn. 4).

5   Beruft der Vorstand die Hauptversammlung nicht unverzüglich nach Eingang des Berichts des Aufsichtsrates ein oder versäumt er die 8-Monats-Frist gem. Abs. 1 Satz 2, hat das Registergericht den Vorstand gem. §§ 407 Abs. 1 i. V. m. 175 Abs. 1 AktG unter **Androhung von Zwangsgeld** zur Einberufung der Hauptversammlung anzuhalten, wobei das Registergericht von Amts wegen oder auf Antrag eines Aktionärs tätig werden kann (MüKo AktG/*Hennrichs/Pöschke* § 175 AktG Rn. 17). Im Übrigen hat die Fristversäumnis keine weiteren Konsequenzen (MüKo AktG/*Hennrichs/Pöschke* § 175 AktG Rn. 20; ADS § 175 AktG Rn. 10). Eine verspätete Hauptversammlung ist kein Anfechtungsgrund. Die Hauptversammlung kann vielmehr auch noch nach Ablauf der 8-Monats-Frist wirksam über die Billigung/Feststellung des Jahresabschlusses und die Gewinnverwendung entscheiden (MüKo AktG/*Hennrichs/Pöschke* § 175 AktG Rn. 20).

C. Einsichtnahme, Abschriften, Abs. 2

6   Gem. Abs. 2 sind der Jahresabschluss, der Lagebericht, der Bericht des Aufsichtsrats und der Vorschlag zur Gewinnverwendung mit der Einberufung der Hauptversammlung in den Geschäftsräumen der AG **zur Einsichtnahme auszulegen**, um den Aktionären eine Vorbereitung auf die Hauptversammlung zu ermöglichen. Nicht auszulegen ist der Bericht des Abschlussprüfers (*Hüffer* AktG, § 175 Rn. 5). Nach h. M. sind die Unterlagen in Kopie in einem Raum im Gebäude der Hauptverwaltung der AG auszulegen (MüKo AktG/*Hennrichs/Pöschke* § 175 AktG Rn. 30; *Hüffer* AktG, § 175 Rn. 5; ADS § 175 AktG Rn. 17). Verfügt die AG über mehrere größere Verwaltungen an verschiedenen Orten, sollten die Unterlagen in jeder dieser Verwaltungen ausgelegt werden, um Anfechtungsrisiken zu vermeiden (MüKo AktG/*Hennrichs/Pöschke* § 175 AktG Rn. 31). Das Einsichtnahmerecht steht grundsätzlich jedem Aktionär zu. Die AG kann allerdings verlangen, dass sich der Aktionär ausweist, z. B. durch die Vorlage der Hinterlegungsbescheinigung, um sich hinsichtlich seines Einsichtnahmerechts zu legitimieren (LG Hagen AG 1965, 82; ADS § 175 AktG Rn. 19; *Hüffer* AktG, § 175 Rn. 5).

7   Gem. Abs. 2 Satz 2 kann jeder Aktionär die **Erteilung von Abschriften** der auszulegenden Unterlagen verlangen. Dieses Recht steht jedem Aktionär, auch stimmrechtslosen Vorzugsaktionären, zu (*Hüffer* AktG, § 175 Rn. 6). Das Verlangen ist an keine besondere Form gebunden (*Hüffer* AktG, § 175 Rn. 6; ADS § 175 AktG Rn. 20; MüKo AktG/*Hennrichs/Pöschke* § 175 AktG Rn. 34). Häufig werden die Unterlagen, zumindest in zusammenfassender Form bereits mit der Einladung zur Hauptversammlung versandt, sodass eine Anforderung der Unterlagen durch einen Aktionär nicht mehr erforderlich ist (MüKo AktG/*Hennrichs/Pöschke* § 175 AktG Rn. 34). Das Verlangen kann grundsätzlich bereits vor der Einberufung der Hauptversammlung geäußert werden. Aber auch in diesem Fall bleibt die AG zur Versendung der Unterlagen erst nach der Einberufung der Hauptversammlung verpflichtet (*Hüffer* AktG, § 175 Rn. 6; MüKo AktG/*Hennrichs/Pöschke* § 175 AktG Rn. 35; differenzierend ADS § 175 AktG Rn. 20, wonach die AG in diesem Fall zur Übersendung zwar berechtigt, nicht aber verpflichtet ist). Die Zusendung der Unterlagen kann als Abschrift in jeder beliebigen Form erfolgen. Die Zusendung elektronischer Dateien oder einer E-Mail bedarf aber wohl der Zustimmung des betroffenen Aktionärs, da die Lesbarkeit der entsprechenden Dateien bestimmte technische Einrichtungen erfordert, die nicht bei jedem Aktionär vorausgesetzt werden können (MüKo AktG/*Hennrichs/Pöschke* § 175 AktG Rn. 33). Die **Kosten der Vervielfältigung** trägt nach h. M. die Gesellschaft (*Hüffer* AktG, § 175 Rn. 6; ADS § 175 AktG Rn. 21; MüKo AktG/*Hennrichs/Pöschke* § 175 AktG Rn. 37). Nach h. M. gilt dies auch für die **Kosten der Versendung** (*Hüffer* AktG, § 175 Rn. 6; ADS § 175 AktG Rn. 21; MüKo AktG/*Hennrichs/Pöschke* § 175 AktG Rn. 37; KölnKomm AktG/*Claussen/Korth* § 175 AktG Rn. 13).

Durch den mit Art. 9 Nr. 8a EHUG an Abs. 2 angefügten Satz 4 können AG die Verpflichtung zur Auslegung und ggf. Erteilung von Abschriften durch die Einstellung der entsprechenden Unterlagen in ihre Internetseite erfüllen. Insbesondere für große Publikumsgesellschaften bedeutet diese, der technologischen Entwicklung Rechnung tragende, Möglichkeit eine erhebliche Erleichterung. Ob darüber hinaus auch kleinere AGs von der Neuregelung Gebrauch machen werden, bleibt abzuwarten. Immerhin ist auch der mit der Schaffung eines auf Aktionäre beschränkten Bereichs der Internetseite verbundene Aufwand nicht zu unterschätzen.

Kommt die AG ihren Verpflichtungen zur Auslegung und Erteilung von Abschriften nicht nach, können diese über ein **Zwangsgeldverfahren** gem. § 407 Abs. 1 AktG, über eine Leistungsklage und auch eine einstweilige Verfügung erzwungen werden (*Hüffer* AktG, § 175 Rn. 5). Soweit der Verstoß der AG ausreichend relevant ist, führt er zur **Anfechtbarkeit** des Hauptversammlungsbeschlusses gem. § 243 Abs. 1 AktG (LG Hagen AG 1965, 82; s. auch § 243 Rdn. 10, 12). Insbesondere bei einer fehlerhaften Auslegung wird regelmäßig ein relevanter Verstoß vorliegen, da dann potenziell alle Aktionäre betroffen sind (*Hüffer* AktG, § 175 Rn. 5).

D. Verfahren bei Feststellung des Jahresabschlusses durch Hauptversammlung, Abs. 3

Da die Abs. 1 und 2 von dem Regelfall ausgehen, dass die Hauptversammlung den bereits festgestellten Jahresabschluss und – bei AG, die als Muttergesellschaft zur Aufstellung eines Konzernabschlusses verpflichtet sind – den gebilligten Konzernabschluss nur noch entgegennehmen muss, verweist Abs. 3 für den Fall einer Feststellung und einer Billigung des Jahresabschlusses durch die Hauptversammlung auf die Regelungen der Abs. 1 und 2. Das Informationsrecht der Aktionäre bezieht sich in diesem Fall auf die Beschlussvorlage des Vorstands (*Hüffer* AktG, § 175 Rn. 7). Gem. Abs. 3 Satz 2 sollen dabei die Verhandlungen über die Feststellung des Jahresabschlusses und der Gewinnverwendung in derselben Hauptversammlung miteinander verbunden werden. Da im Rahmen des Konzernabschlusses nicht über eine Gewinnverwendung entschieden wird, ist eine entsprechende Regelung für die Billigung eines Konzernabschlusses nicht erforderlich (MüKo AktG/*Hennrichs/Pöschke* § 175 AktG Rn. 21).

E. Bindung an Bericht, Abs. 4

Gem. Abs. 4 sind Vorstand und Aufsichtsrat mit der Einberufung der Hauptversammlung an die Erklärungen im Bericht des Aufsichtsrats über den Jahresabschluss und zu einer Billigung des Konzernabschlusses gebunden. Die Bindung bezieht sich dabei entweder auf die Billigung des Jahresabschlusses, auf die Verweigerung der Billigung oder die übereinstimmenden Beschlüsse von Vorstand und Aufsichtsrat, die Billigung der Hauptversammlung zu überlassen (MüKo AktG/*Hennrichs/Pöschke* § 175 AktG Rn. 47). Mit der Einberufung endet außerdem die Möglichkeit des Vorstands und des Aufsichtsrats, ihre den Jahresabschluss betreffenden Erklärungen gem. §§ 119, 123 BGB anfechten zu können (*Hüffer* AktG, § 175 Rn. 8). Möglich ist aber weiterhin eine inhaltliche Änderung des Jahresabschlusses in den vorstehend unter § 172 AktG Rn. 3 dargestellten Grenzen (*Hüffer* AktG, § 175 Rn. 8; MüKo AktG/*Hennrichs/Pöschke* § 175 AktG Rn. 51; ADS § 175 AktG Rn. 24).

§ 176 Vorlagen. Anwesenheit des Abschlussprüfers

(1) ¹Der Vorstand hat der Hauptversammlung die in § 175 Abs. 2 angegebenen Vorlagen sowie bei börsennotierten Gesellschaften einen erläuternden Bericht zu den Aufgaben nach § 289 Abs. 4, § 315 Abs. 4 des Handelsgesetzbuches zugänglich zu machen. ²Zu Beginn der Verhandlung soll der Vorstand seine Vorlagen, der Vorsitzende des Aufsichtsrats den Bericht des Aufsichtsrats erläutern ³Der Vorstand soll dabei auch zu einem Jahresfehlbetrag oder einem Verlust Stellung nehmen, der das Jahresergebnis wesentlich beeinträchtigt hat. ⁴Satz 3 ist auf Kreditinstitute nicht anzuwenden.

(2) ¹Ist der Jahresabschluss von einem Abschlussprüfer zu prüfen, so hat der Abschlussprüfer an den Verhandlungen über die Feststellung des Jahresabschlusses teilzunehmen. ²Satz 1 gilt entspre-

chend für die Verhandlungen über die Billigung eines Konzernabschlusses. ³Der Abschlussprüfer ist nicht verpflichtet, einem Aktionär Auskunft zu erteilen.

Übersicht	Rdn.		Rdn.
A. Allgemeines	1	C. Teilnahme des Abschlussprüfers, Abs. 2	6
B. Zugänglichmachung und Erläuterung in Hauptversammlung, Abs. 1	2		

A. Allgemeines

1 Die Vorschrift strukturiert die Abhandlung der Erörterung und der Beschlüsse über den Jahresabschluss und die Gewinnverwendung (*Hüffer* AktG, § 176 Rn. 1). Der in Abs. 1 skizzierte Ablauf ist unabhängig davon, ob der Jahresabschluss und ggf. der Konzernabschluss von der Hauptversammlung nur entgegenzunehmen oder festzustellen (Jahresabschluss) bzw. zu billigen (Konzernabschluss) sind (MüKo AktG/*Hennrichs/Pöschke* § 176 AktG Rn. 1).

B. Zugänglichmachung und Erläuterung in Hauptversammlung, Abs. 1

2 Gem. Abs. 1 Satz 1 sind zunächst die in § 175 Abs. 2 AktG vorgesehenen Unterlagen, also Jahresabschluss, Lagebericht, Bericht des Aufsichtsrats, der Vorschlag des Vorstands zur Gewinnverwendung, ggf. der erläuternde Bericht zu den Angaben nach § 289 Abs. 4, § 315 Abs. 4 sowie der Konzernabschluss, der Konzernlagebericht sowie der Bericht des Aufsichtsrats hierzu zugänglich zu machen. Ein durch den Gesetzgeber außerdem gewollter erläuternder Bericht zu den Angaben nach § 289 Abs. 5 AktG hat im Rahmen der Ergänzung durch das ARUG vom 30.07.2009 (BGBl. I, 2479) keine Aufnahme in das Gesetz gefunden. Dabei handelt es sich offensichtlich um ein redaktionelles Versehen (MüKo AktG/*Hennrichs/Pöschke* § 176 AktG Rn. 4), das aktuell durch die Aktienrechtsnovelle 2014 beseitigt werden soll (zu der Entwicklung der Gesetzgebung vergleiche § 175 Rdn. 1). Nach der entsprechenden Änderung durch das ARUG vom 30.07.2009 (BGBl. I, 2479) genügt es, die von § 176 geforderten Unterlagen **zugänglich zu machen**. Danach ist eine Auslegung der Unterlagen auf Papier nicht mehr erforderlich. Vielmehr ist es bspw. zulässig, die Vorlagen auf bereitgestellten Monitoren elektronisch zugänglich zu machen. Gestattet ist auch die Verwendung von Mischformen, also z. B. der Auslegung von Papierausfertigungen und das gleichzeitige Bereitstellen von Monitoren (MüKo AktG/*Hennrichs/Pöschke* § 176 AktG Rn. 6). Dabei ist die Zugänglichmachung der Unterlagen, in einem Umfang zu gewährleisten, dass allen Einsichtswünschen in angemessener Zeit Rechnung getragen werden kann (*Hüffer* AktG, § 176 Rn. 2; MüKo AktG/*Hennrichs/Pöschke* § 176 AktG Rn. 5). Die Zugänglichmachung in der Hauptversammlung hat in der Weise zu erfolgen, dass die Unterlagen im Raum der Hauptversammlung oder einem für die Teilnehmer der Hauptversammlung ohne weiteres zugänglichen Nebenraum **zugänglich gemacht** werden (MüKo AktG/*Hennrichs/Pöschke* § 176 AktG Rn. 11). Eine Verlesung der Unterlagen ist weder erforderlich noch empfehlenswert ((MüKo AktG/*Hennrichs/Pöschke* § 176 AktG Rn. 8; *Hüffer* AktG, § 176 Rn. 2; ADS § 176 AktG Rn. 6). Eine Zugänglichmachung ist auch dann erforderlich, wenn alle Aktionäre bereits vor der Hauptversammlung gem. § 175 Abs. 2 oder Abs. 3 AktG Gebrauch von ihrem Recht zur Einsichtnahme oder zur Zusendung der Unterlagen gemacht haben (ADS § 176 AktG Rn. 5). Die Unterlagen müssen **während der gesamten Dauer**, in der die Hauptversammlung die Tagesordnungspunkte »Entgegennahme bzw. Feststellung des Jahresabschlusses« und ggf. des Konzernabschlusses behandelt, zugänglich gemacht werden. Sind diese Verhandlungen mit den Verhandlungen über die Gewinnverwendung und evtl. über die Entlastung von Vorstand und Aufsichtsrat verbunden, erstreckt sich die zeitliche Dauer der Pflicht zur Zugänglichmachung auch auf diese Tagesordnungspunkte (MüKo AktG/*Hennrichs/Pöschke* § 176 AktG Rn. 12).

3 Die Unterlagen sind ferner gem. Abs. 1 Satz 2 durch den Vorstand und den Aufsichtsrat **zu erläutern**. Dabei hat zunächst der Vorstand den Jahresabschluss, den Lagebericht und den Gewinnverwendungsvorschlag, soweit es sich um eine Konzernmuttergesellschaft handelt, auch den Konzern-

abschluss und den Konzernlagebericht zu erläutern (MüKo AktG/*Hennrichs/Pöschke* § 176 AktG Rn. 13). Schuldner der Berichtspflicht ist der Vorstand als Organ, der bei Meinungsverschiedenheiten über den Inhalt des Berichts gem. § 77 Abs. 1 AktG zu beschließen hat. Die Erläuterung kann der Vorsitzende des Vorstands, aber auch ein anderes, nach der Geschäftsordnung dafür zuständiges Vorstandsmitglied vornehmen (*Hüffer* AktG, § 176 Rn. 3). Unter Erläuterung ist nach allgemeiner Meinung der zusammenhängende **mündliche Vortrag der wesentlichen Aussagen** der Vorlagen unter Bildung entsprechender Schwerpunkte zu verstehen (*Hüffer* AktG, § 176 Rn. 3; MüKo AktG/*Hennrichs/Pöschke* § 176 AktG Rn. 13; ADS § 176 AktG Rn. 12). Dabei sind aktuelle Entwicklungen seit Erstellung der schriftlichen Vorlagen ebenso zu berücksichtigen wie bereits bekannt gewordene Fragen der Aktionäre (*Hüffer* AktG, § 176 Rn. 3; MüKo AktG/*Hennrichs/Pöschke* § 176 AktG Rn. 13). Weist der Jahresabschluss einen Fehlbetrag aus, soll der Vorstand gem. Abs. 1 Satz 3 dazu gesondert Stellung nehmen, da der **Jahresfehlbetrag** als Alarmsignal für die wirtschaftliche Situation der AG ein besonderes Informationsbedürfnis der Gesellschaft auslöst (MüKo AktG/*Hennrichs/Pöschke* § 176 AktG Rn. 14). Gleiches gilt nach Abs. 1 Satz 3 für den Fall eines **Verlustes**, der nicht notwendigerweise zu einem Jahresfehlbetrag führen muss, weil er anderweitig – z.B. durch die Verwendung von Rücklagen – ausgeglichen wurde. Auch hier haben die Aktionäre ein Informationsbedürfnis hinsichtlich der durch den Verlust möglicherweise indizierten problematischen wirtschaftlichen Situation der AG (*Hüffer* AktG, § 176 Rn. 5; ADS § 176 AktG Rn. 18f). Abs. 1 Satz 4 enthält in dieser Hinsicht eine **Privilegierung von Kreditinstituten**, deren Vertrauensstellung nicht durch die Notwendigkeit der ausführlichen Begründung einer Verlustsituation gefährdet werden soll (MüKo AktG/*Hennrichs/Pöschke* § 176 AktG Rn. 18).

Abs. 1 Satz 2 enthält schließlich eine der Verpflichtung des Vorstands entsprechende Verpflichtung des Aufsichtsrats zur Erläuterung von dessen Bericht. Auch diese hat in zusammenhängender Form unter Zusammenfassung der wesentlichen Inhalte des Berichts zu erfolgen (MüKo AktG/*Hennrichs/Pöschke* § 176 AktG Rn. 21). Aufgrund der ausdrücklichen gesetzlichen Regelung obliegt der Bericht des Aufsichtsrats dessen Vorsitzenden. 4

Ein **Verstoß gegen die Pflicht zur Zugänglichmachung** gem. Abs. 1 Satz 1 führt zu einer **Anfechtbarkeit** der Beschlüsse gem. § 243 Abs. 1 AktG (*Hüffer* AktG, § 176 Rn. 6; ADS § 176 AktG Rn. 24). Durch eine Verletzung der Erläuterungspflicht werden die Beschlüsse nach h. M. nicht anfechtbar (*Hüffer* AktG, § 176 Rn. 6; MüKo AktG/*Hennrichs/Pöschke* § 176 AktG Rn. 23; ADS § 176 AktG Rn. 24; a. A. KölnKomm AktG/*Zöllner* § 257 AktG Rn. 10). Die Aktionäre sind bei einer unzureichenden Erläuterung durch Vorstand oder Aufsichtsrat durch ihre Möglichkeit ausreichend geschützt, dem Vorschlag des Vorstands ihre Zustimmung zu verweigern (*Hüffer* AktG, § 176 Rn. 6; MüKo AktG/*Hennrichs/Pöschke* § 176 AktG Rn. 24). 5

C. Teilnahme des Abschlussprüfers, Abs. 2

Gem. Abs. 2 Satz 1 ist der Abschlussprüfer, d.h. der oder die verantwortlichen Prüfungsleiter, verpflichtet, an einer Hauptversammlung teilzunehmen, die – ausnahmsweise – über die Feststellung des Jahresabschlusses entscheidet und diesen nicht nur entgegennimmt (*Hüffer* AktG, § 176 Rn. 7). Gleiches gilt durch die entsprechende Einfügung von Abs. 2 Satz 2 durch das Transparenz- und Publizitätsgesetz (TransPuG) vom 25.07.2002 (BGBl. I 2002, S. 2681) für die – ausnahmsweise – Billigung des Konzernabschlusses einer Konzernmuttergesellschaft. Die Teilnahmepflicht des Abschlussprüfers beschränkt sich auf die Tagesordnungspunkte der Feststellung des Jahresabschlusses und ggf. der Billigung des Konzernabschlusses (*Hüffer* AktG, § 176 Rn. 7; ADS § 176 AktG Rn. 29f.). Wird die Feststellung des Jahresabschlusses mit der Entscheidung über die Gewinnverwendung und ggf. diese mit der Entscheidung über die Entlastung des Vorstands und Aufsichtsrats verbunden, soll sich nach einer Meinung die Anwesenheitspflicht des Abschlussprüfers auch auf diese Tagesordnungspunkte erstrecken (MüKo AktG/*Hennrichs/Pöschke* § 176 AktG Rn. 26). Nach a. A. findet sich für diese erweiterte Anwesenheitspflicht keine Rechtfertigung in der gesetzlichen Regelung (*Hüffer* AktG, § 176 Rn. 7; ADS § 176 AktG Rn. 30 zumindest für die Entlastung). Da es nach allgemeiner Meinung aber üblich und sinnvoll ist, dass der Abschlussprüfer auch weiter 6 gehend und auch dann an der Hauptversammlung teilnimmt, wenn diese den Jahresabschluss und den Konzernabschluss lediglich entgegennimmt (*Hüffer* AktG, § 176 Rn. 8; ADS § 176 AktG Rn. 32; MüKo AktG/*Hennrichs/Pöschke* § 176 AktG Rn. 30), wird es regelmäßig auf die Frage nicht ankommen, ob die Teilnahme des Abschlussprüfers verbindlich oder freiwillig ist.

7 Gem. Abs. 2 Satz 3 ist der Abschlussprüfer in der Hauptversammlung nicht verpflichtet, einzelnen Aktionären Auskünfte zu erteilen. Er ist vielmehr gehalten, Fragen des Vorstands zu beantworten, die sich auf die Prüfung des Jahresabschlusses und des Lageberichts beziehen (*Hüffer* AktG, § 176 Rn. 9; ADS § 176 AktG Rn. 39). Darüber hinaus kann der Abschlussprüfer auf Fragen von Aktionären antworten, wenn der Vorstand ihn dazu ermächtigt hat. Rechtlich verpflichtet ist der Abschlussprüfer hierzu nicht (*Hüffer* AktG, § 176 Rn. 9; ADS § 176 AktG Rn. 39). Nach zutreffender, aber nicht unbestrittener Meinung führt ein Verstoß gegen die Verpflichtungen des Abschlussprüfers gem. Abs. 2 zu einer Anfechtbarkeit des Feststellungsbeschlusses, da der Hauptversammlung auf diese Weise wesentliche Informationsgrundlagen entzogen werden (*Hüffer* AktG, § 176 Rn. 10; ADS § 176 AktG Rn. 34; differenzierend MüKo AktG/*Hennrichs/Pöschke* § 176 AktG Rn. 45).

Vierter Abschnitt Bekanntmachung des Jahresabschlusses

§§ 177, 178

(weggefallen)

Die an dieser Stelle ursprünglich geregelte **Pflicht zur Einreichung** des Jahresabschlusses und des Geschäftsberichts sowie deren **Bekanntmachung** sind seit dem BiLiRiG vom 19.12.1985 (BGBl. I, 2335) auch für die AG in den §§ 325 bis 329 HRB geregelt.

Sechster Teil Satzungsänderung. Maßnahmen der Kapitalbeschaffung und Kapitalherabsetzung

Erster Abschnitt Satzungsänderung

§ 179 Beschluß der Hauptversammlung

(1) ¹Jede Satzungsänderung bedarf eines Beschlusses der Hauptversammlung. ²Die Befugnis zu Änderungen, die nur die Fassung betreffen, kann die Hauptversammlung dem Aufsichtsrat übertragen.

(2) ¹Der Beschluß der Hauptversammlung bedarf einer Mehrheit, die mindestens drei Viertel des bei der Beschlußfassung vertretenen Grundkapitals umfaßt. ²Die Satzung kann eine andere Kapitalmehrheit, für eine Änderung des Gegenstands des Unternehmens jedoch nur eine größere Kapitalmehrheit bestimmen. ³Sie kann weitere Erfordernisse aufstellen.

(3) ¹Soll das bisherige Verhältnis mehrerer Gattungen von Aktien zum Nachteil einer Gattung geändert werden, so bedarf der Beschluss der Hauptversammlung zu seiner Wirksamkeit der Zustimmung der benachteiligten Aktionäre. ²Über die Zustimmung haben die benachteiligten Aktionäre einen Sonderbeschluß zu fassen. ³Für diesen gilt Abs. 2.

Übersicht	Rdn.			Rdn.
A.	**Allgemeines**	1	D.	**Mehrheitserfordernisse, Abs. 2**	12
B.	**Satzungsänderung**	3	I.	Gesetzliche Mehrheitserfordernisse	13
I.	Begriff	3	II.	Abweichende Satzungsbestimmungen...	15
II.	Satzungsdurchbrechung	4		1. Geringere Kapitalmehrheit	16
III.	Faktische Satzungsänderung	5		2. Größere Kapitalmehrheit	17
IV.	Zulässigkeitsschranken	6		3. Weitere Erfordernisse	18
V.	Befristung und Bedingung	7	E.	**Sonderbeschlüsse, Abs. 3**	19
C.	**Zuständigkeit, Abs. 1**	8	I.	Allgemeines	19
I.	Hauptversammlung	8	II.	Aktiengattung...................	21
II.	Aufsichtsrat..................	9	III.	Beschlussfassung.................	22

A. Allgemeines

§ 179 AktG ist die **zentrale Regelung** zum **Verfahren der Satzungsänderung**. Er wird für den Fall der Übertragung des gesamten Vermögens der AG außerhalb des UmwG durch § 179a AktG und für die Begründung von Nebenverpflichtungen sowie Vinkulierung von Namensaktien oder Zwischenscheinen durch § 180 AktG ergänzt. Gem. § 181 AktG werden Satzungsänderungen erst mit ihrer Eintragung in das Handelsregister wirksam. Daneben enthält das Gesetz Sonderregelungen für Kapitalerhöhung (§§ 182 ff. AktG) und Kapitalherabsetzung (§§ 222 ff. AktG), die § 179 AktG modifizieren. 1

§ 179 AktG gilt ab dem Zeitpunkt der Eintragung der AG in das Handelsregister. Vor der Eintragung können Satzungsänderungen nur durch einstimmigen Beschluss und mit Zustimmung aller Gründer erfolgen. Während der **Liquidation** gilt hingegen § 179 AktG (§ 264 Abs. 3 AktG), ebenso im **Insolvenzverfahren** (*Hüffer* AktG, § 179 Rn. 2; MüKo AktG/*Stein* § 179 Rn. 74 f.). 2

B. Satzungsänderung

I. Begriff

Zum Begriff der **Satzung** vgl. § 23 AktG. Satzungsänderung **im weiteren Sinne** ist jedes Einwirken auf den Text der Satzungsurkunde durch Einfügen oder Aufheben von Bestimmungen sowie deren inhaltliche oder formale Veränderung (MüKo AktG/*Stein* § 179 Rn. 22). **Im engeren Sinne** ist zwischen materiellen und formellen Satzungsbestandteilen zu unterscheiden (vgl. hierzu § 24 f. AktG Rdn. 3). Die Änderung materieller Satzungsbestandteile wirkt rechtsgestaltend und ist nach dem Verfahren gem. §§ 179 ff. AktG durchzuführen. Dies gilt auch für bloß formale, namentlich redaktionelle Änderungen (arg. § 179 Abs. 1 Satz 2 AktG). Strittig ist das Verfahren für die Änderung formeller Satzungsbestandteile, die keine Rechtswirkung mehr entfalten. Nach zutr. Ansicht gelten auch hierfür die §§ 179 ff. AktG uneingeschränkt (MüKo AktG/*Stein* § 179 Rn. 31; *Hüffer* AktG, § 179 Rn. 6; *Priester* ZHR 151, 1987, 40, 41 f.). Die Gegenmeinung will die Vorschriften über die Satzungsänderung nur eingeschränkt anwenden, wobei jedoch Uneinigkeit über den Umfang der Einschränkungen besteht (KölnKomm AktG/*Zöllner* § 179 Rn. 84: einfache Mehrheit genügend; zur GmbH: LG Dortmund GmbHR 1978, 235: keine Handelsregistereintragung erforderlich; *Lutter/Hommelhoff/Bayer* GmbHG § 53 Rn. 35: einfache Mehrheit genügend). Eine Pflicht der Gesellschaft zur Beseitigung überholter formeller Satzungsbestandteile besteht nicht (OLG Köln Rpfleger 1972, 257, 258 zur GmbH). 3

II. Satzungsdurchbrechung

Fasst die Hauptversammlung einen **Einzelbeschluss**, dem eine materielle Satzungsbestimmung entgegensteht, die eine entsprechende Ausnahme nicht zulässt, so handelt es sich um eine Satzungsdurchbrechung. Die zustandsbegründende Satzungsdurchbrechung, die Dauerwirkung entfaltet, ist nur dann rechtlich fehlerfrei, wenn sie als förmliche Satzungsänderung beschlossen und gem. § 181 Abs. 3 AktG in das Handelsregister eingetragen wird (BGHZ 123, 15, 19; OLG Köln NJW-RR 1996, 1439, 1440 f. [zur GmbH]; OLG Köln AG 2001, 426, 427; KölnKomm AktG/ 4

Zöllner § 179 Rn. 92 ff.; *Hüffer* AktG, § 179 Rn. 8 m. w. N.). Nach zutr. Auffassung bedarf auch die punktuelle Satzungsdurchbrechung, deren Wirkung sich in einer Einzelmaßnahme erschöpft, welche die Hauptversammlung durch Abweichung von der fortbestehenden Verbandsordnung für den Einzelfall als satzungskonform will, notarieller Beurkundung gem. § 130 Abs. 2 Satz 1 AktG (so zutr. *Hüffer* AktG, § 179 Rn. 8; MüKo AktG/*Stein* § 179 Rn. 40; a. A. zur GmbH BGHZ 32, 17, 29 = NJW 1960, 866; BGH WM 1981, 1218, 1219). Die Frage der Erforderlichkeit einer Handelsregistereintragung kann entgegen der h. M. nicht davon abhängen, ob die Satzungsdurchbrechung bewusst gewollt war, sondern ist danach zu beurteilen, ob die betreffende Regelung ihrem Inhalt nach eine Satzungsänderung erfordert (so zutr. MüKo AktG/*Stein* § 179 Rn. 41 f.; weiter gehend *Hüffer* AktG, § 179 Rn. 8; KölnKomm AktG/*Zöllner* § 179 Rn. 98; offenlassend BGHZ 123, 15, 19 f.).

III. Faktische Satzungsänderung

5 In der Praxis kann es vorkommen, dass die Organe der Gesellschaft, insbes. der Vorstand, Maßnahmen über die Satzung hinaus veranlassen. Faktisch handelt es sich hier um einen **Satzungsverstoß**; man spricht jedoch von einer faktischen Satzungsänderung. Rechtlich führt selbst eine lang dauernde Übung nicht zu einer Satzungsänderung. Der Satzungsverstoß kann vielmehr ein **Grund für die Abberufung** sowie **Schadensersatzansprüche** nach §§ 93, 116 AktG darstellen, in engen zeitlichen Grenzen haben Aktionäre u. U. sogar einen Anspruch auf Rückgängigmachung (vgl. BGHZ 83, 122, 133 ff. – »Holzmüller«; *Hüffer* AktG, § 179 Rn. 9; MünchHdb GesR IV/*Semler* § 39 Rn. 59; vgl. zur »Holzmüller«-Entscheidung ausführl. auch § 119 AktG Rdn. 9 ff.). Gegen die Satzung verstoßende Rechtsgeschäfte bleiben aus Gründen der Rechtssicherheit wegen der umfassenden gesetzlichen Vertretungsmacht des Vorstands im Außenverhältnis wirksam.

IV. Zulässigkeitsschranken

6 Satzungsänderungen dürfen nicht gegen gesetzliche Vorschriften verstoßen; anderenfalls ist der Beschluss der Hauptversammlung gem. § 243 Abs. 1 AktG **anfechtbar** oder **nichtig** i. S. d. § 241 Nr. 3 und 4 AktG. Darüber hinaus ist der Grundsatz der Satzungsstrenge aus § 23 Abs. 5 AktG zu beachten, sodass in Konsequenz nur solche Bestimmungen beschlossen werden können, die auch in der Gründungssatzung hätten vereinbart werden dürfen. Darüber hinaus dürfen notwendige Satzungsbestandteile i. S. d. §§ 23 Abs. 3 und 4 AktG nicht gestrichen werden; Änderungen müssen den gesetzlichen Vorgaben entsprechen (MüKo AktG/*Stein* § 179 Rn. 60; *Hüffer* AktG, § 179 Rn. 24).

V. Befristung und Bedingung

7 Die Satzungsänderung kann **befristet** werden, sodass sie nur ab und/oder bis zu einem bestimmten Zeitpunkt gelten kann; Voraussetzung ist, dass die Frist **für Dritte objektiv feststellbar** ist (MüKo AktG/*Stein* § 179 Rn. 47; KölnKomm AktG/*Zöllner* § 179 Rn. 197; *Hüffer* AktG, § 179 Rn. 25 m. w. N.). Zulässig sind auch **bedingte** Hauptversammlungsbeschlüsse, deren Wirksamkeit unter eine Bedingung gestellt wird, bis zu deren Eintritt der Beschluss schwebend unwirksam ist. Während der Schwebezeit kann der Hauptversammlungsbeschluss nicht zum Handelsregister angemeldet werden (LG Duisburg BB 1989, 257; *Hüffer* AktG, § 179 Rn. 26). Alternativ kann die Hauptversammlung den Vorstand anweisen, den Änderungsbeschluss nur bei Eintritt eines bestimmten Umstands anzumelden (unechte Bedingung), sofern die Bedingung dem Vorstand keinen eigenen Entscheidungsspielraum einräumt (LG Frankfurt am Main AG 1990, 169, 170; MüKo AktG/*Stein* § 179 Rn. 49; KölnKomm AktG/*Zöllner* § 179 Rn. 195; *Hüffer* AktG, § 179 Rn. 26). Eine **Rückwirkung** der Satzungsänderung ist, sofern nicht konkret verboten (bspw. für einzelne Fälle der Kapitalerhöhung und -herabsetzung, §§ 189, 200, 203 Abs. 1 Satz 1, 211 Abs. 1, 224, 238 Satz 1 AktG, und bestimmte Fälle des Formwechsels, § 202 Abs. 2 UmwG) nicht generell ausgeschlossen. Über die Zulässigkeit ist vielmehr nach den allgemeinen Grundsätzen zu entscheiden (*Kropff* RegBegr., 291). Maßgeblicher Gesichtspunkt ist, ob Dritte, die Allgemeinheit oder Aktionäre auf

den Bestand der Satzungsbestimmung vertrauen dürfen (MünchHdb GesR IV/*Semler* § 39 Rn. 61; umfassende Bsp. bei *Hüffer* AktG, § 179 Rn. 28, dort auch m. w. N.).

C. Zuständigkeit, Abs. 1

I. Hauptversammlung

Soweit keine gesetzlichen Ausnahmen eingreifen, ist die Hauptversammlung **zwingend zuständig**. 8
Sie kann auch nicht den Vorstand darüber entscheiden lassen, ob er die nach § 181 AktG erforderliche Anmeldung zum Handelsregister vornimmt oder nicht (*Hüffer* AktG, § 179 Rn. 10; GroßkommAktG/*Wiedemann* § 179 Rn. 105; weiter KölnKomm AktG/*Zöllner* § 179 Rn. 145). Die beabsichtigte Satzungsänderung ist gem. § 124 AktG ebenso wie der Wortlaut der vorgeschlagenen Satzungsänderung als Gegenstand der Tagesordnung bekannt zu machen. Die Willensbildung erfolgt durch Beschluss, der notariell zu beurkunden ist (vgl. § 130 Abs. 1 Satz 1 AktG).

II. Aufsichtsrat

Reine **Fassungsänderungen** können auf den Aufsichtsrat übertragen werden. Gemeint sind Sat- 9
zungsänderungen, die die sprachliche Form der Satzung, nicht deren Inhalt betreffen (Österreichischer OGH AG 2002, 584). Im Zweifel ist die Befugnis zur Ermächtigung des Aufsichtsrats zu verneinen (LG Stuttgart VerBAV 1968, 167; *Hüffer* AktG, § 179 Rn. 11 m. w. N.). Erfasst ist allerdings der Fall, dass die Hauptversammlung eine Satzungsänderung dem Inhalt nach beschließt und die Formulierung des Satzungstextes dem Aufsichtsrat überlässt (MüKo AktG/*Stein* § 179 Rn. 161; KölnKomm AktG/*Zöllner* § 179 Rn. 147; *Hüffer* AktG, § 179 Rn. 11). Nach h. M. darf die Hauptversammlung nicht nur für den konkreten Einzelfall delegieren, sondern den Aufsichtsrat auch **generell ermächtigen** (*Hüffer* AktG, § 179 Rn. 11 m. w. N.; a. A. KölnKomm AktG/*Zöllner* § 179 Rn. 148; *Fritzsche* WM 1984, 1244). Die Ermächtigung in der Gründungssatzung ist genügend. Im Übrigen bedarf es eines bloßen Hauptversammlungsbeschlusses mit der Mehrheit des § 179 Abs. 2 AktG (str.; vgl. etwa MüKo AktG/*Stein* § 179 Rn. 167; *Hüffer* AktG, § 179 Rn. 11).

Für Satzungsänderungen, die nur die Fassung betreffen, kann der Aufsichtsrat lediglich **als Gesamt-** 10
organ ermächtigt werden, nicht hingegen einzelne Aufsichtsratsmitglieder oder ein Aufsichtsratsausschuss (*Hüffer* AktG, § 179 Rn. 11; MüKo AktG/*Stein* § 179 Rn. 170; KölnKomm AktG/*Zöllner* § 179 Rn. 149; a. A. für den Aufsichtsratsausschuss *Baumbach/Hueck* § 179 Rn. 5; GroßkommAktG/*Wiedemann* § 179 Rn. 109). Der Aufsichtsrat kann jedoch seinerseits an einen Ausschuss **weiterdelegieren** (arg. § 107 Abs. 3 Satz 3 AktG; MüKo AktG/*Stein* § 179 Rn. 173; *Hüffer* AktG, § 179 Rn. 11 f.).

Für die **Beschlussfassung** des Aufsichtsrats gelten die allgemeinen Grundsätze der §§ 107, 108 11
AktG. Der Aufsichtsrat beschließt mit **einfacher Mehrheit**. Notarielle Form ist nicht erforderlich, allerdings ist der Beschluss in die Niederschrift gem. § 107 Abs. 2 AktG aufzunehmen. Lag ein wirksamer Ermächtigungsbeschluss der Hauptversammlung nicht vor, wird er überschritten oder wird die Satzung inhaltlich geändert, ist der Aufsichtsratsbeschluss nichtig (*Hüffer* AktG, § 179 Rn. 12; MüKo AktG/*Stein* § 179 Rn. 174 ff.).

D. Mehrheitserfordernisse, Abs. 2

Abs. 2 regelt die Mehrheitserfordernisse, allerdings nicht vollständig. Das Gesetz enthält an anderer 12
Stelle Ergänzungen oder Abweichungen für bestimmte Beschlussgegenstände (z. B. §§ 97 Abs. 2, 98 Abs. 4, 113 Abs. 1, 193 Abs. 1, 202 Abs. 2, 222 Abs. 1, 237 Abs. 4 AktG).

I. Gesetzliche Mehrheitserfordernisse

Gem. Abs. 2 Satz 1 bedürfen satzungsändernde Beschlüsse der Hauptversammlung einer **Mehrheit** 13
von mindestens 3/4 des bei der Beschlussfassung vertretenen Grundkapitals. Abzustellen ist auf alle Aktien, für die bei der Abstimmung eine gültige Stimme abgegeben wird. Stimmenthaltungen

zählen nicht mit (*Hüffer* AktG, § 179 Rn. 14; KölnKomm AktG/*Zöllner* § 179 Rn. 151; MüKo AktG/*Stein* § 179 Rn. 82; a. A. zur Enthaltung *v. Godin/Wilhelmi* § 133 Anm. 4). Auch stimmrechtslose Vorzugsaktien sind nicht zu berücksichtigen (arg. § 140 Abs. 2 Satz 2 AktG). Gleiches gilt für Aktien, aus denen keine Rechte ausgeübt werden können oder deren Stimmrechte ruhen (*Hüffer* AktG, § 179 Rn. 14; GroßkommAktG/*Wiedemann* § 179 Rn. 113; MüKo AktG/*Stein* § 179 Rn. 83).

14 Neben der in § 179 Abs. 2 Satz 1 AktG angeordneten Kapitalmehrheit ist gem. § 133 Abs. 1 AktG **einfache Stimmenmehrheit** (§ 133 AktG Rn. 12 ff.) erforderlich (allg. Meinung; vgl. RGZ 125, 359; BGH NJW 1975, 212). Praktische Bedeutung hat die Kumulation von Kapitalmehrheit und Stimmenmehrheit insbes. bei Aktien, deren Stimmgewicht nicht ihrem Nennbetrag oder bei Stückaktien ihrer Zahl entsprechen (vgl. die Fälle der § 5 EGAktG, §§ 134 Abs. 1 und Abs. 2 AktG).

II. Abweichende Satzungsbestimmungen

15 Durch Satzungsregelung kann gem. Abs. 2 Satz 2 die Kapitalmehrheit anders bestimmt werden. Grds. kann die Satzung **größere oder geringere Kapitalmehrheiten** vorsehen oder auch die Bezugsgröße abweichend (z. B. gesamtes stimmberechtigtes Grundkapital) festlegen (KölnKomm AktG/*Zöllner* § 179 Rn. 153; *Hüffer* AktG, § 179 Rn. 17; MüKo AktG/*Stein* § 179 Rn. 89). Die Satzungsautonomie gilt allerdings nur, soweit das Gesetz nicht zwingend andere Mehrheiten vorschreibt (*Hüffer* AktG, § 179 Rn. 17 m. w. N.). Für eine Änderung des Unternehmensgegenstands kann die Satzung nur eine größere Kapitalmehrheit bestimmen.

1. Geringere Kapitalmehrheit

16 Abs. 2 Satz 2 erlaubt nicht, auf das Erfordernis einer Kapitalmehrheit gänzlich zu verzichten (allg. Meinung, vgl. BGH AG 1975, 18; *Hüffer* AktG, § 179 Rn. 16; KölnKomm AktG/*Zöllner* § 179 Rn. 153; MüKo AktG/*Stein* § 179 Rn. 90). Neben der Stimmenmehrheit ist immer **mindestens** auch **einfache Kapitalmehrheit**, also Zustimmung von mehr als 50 % des bei der Beschlussfassung vertretenen Grundkapitals, erforderlich (vgl. BGH NJW 1975, 212 f.; *Hüffer* AktG, § 179 Rn. 19; MüKo AktG/*Stein* § 179 Rn. 90). Die Satzung muss hinreichend deutlich zum Ausdruck bringen, dass für Satzungsänderungen eine geringere als die gesetzlich vorgesehene Kapitalmehrheit genügt. Zwar ist eine objektive Auslegung möglich; bei Zweifeln gilt jedoch die gesetzliche Regelung (BGH NJW 1975, 212 f.; 1988, 261; *Hüffer* AktG, § 179 Rn. 18; MüKo AktG/*Stein* § 179 Rn. 91). Bei der Auslegung entsprechender Satzungsbestimmungen ist immer zu prüfen, ob die Kapitalmehrheit oder nur die Stimmenmehrheit betroffen ist (vgl. die Bsp. bei MüKo AktG/*Stein* § 179 Rn. 91).

2. Größere Kapitalmehrheit

17 Durch die Satzung kann auch eine größere Kapitalmehrheit festgelegt werden. Auch **Einstimmigkeit** der abgegebenen Stimmen kann grds. gefordert werden; ein solches Einstimmigkeitserfordernis darf jedoch nicht zur faktischen Unmöglichkeit von Satzungsänderungen führen, was bei Publikumsgesellschaften jedenfalls problematisch ist (MüKo AktG/*Stein* § 179 Rn. 95 ff.; *Hüffer* AktG, § 179 Rn. 20). Bestimmt die Satzung Einstimmigkeit aller Aktionäre, auch der nicht erschienenen, so handelt es sich um ein weiteres Erfordernis i. S. d. § 179 Abs. 2 Satz 3 AktG.

3. Weitere Erfordernisse

18 Weitere Erfordernisse können **generell** oder nur für **einzelne Beschlussgegenstände** bestimmt werden. Dies gilt jedoch nicht für solche Beschlussgegenstände, für die das Gesetz zwingend geringere Mehrheiten ausreichen lässt (MüKo AktG/*Stein* § 179 Rn. 138; *Hüffer* AktG, § 179 Rn. 22). Zulässig ist die Bestimmung eines **Quorums**, womit als Wirksamkeitsvoraussetzung für die Satzungsänderung verlangt wird, dass ein bestimmter Teil des Grundkapitals in der Hauptversammlung vertreten ist oder an der Abstimmung teilnimmt; die Höhe des Quorums (so z. B. bei 100 %-Quorum) darf jedoch eine Satzungsänderung nicht faktisch unmöglich machen (MüKo AktG/*Stein*

§ 179 Rn. 139 ff.; *Hüffer* AktG, § 179 Rn. 23). Denkbar sind daneben die Zustimmung bestimmter Aktionäre oder der Inhaber bestimmter Aktien oder Aktiengattungen (*Hüffer* AktG, § 179 Rn. 23; MüKo AktG/*Stein* § 179 Rn. 142 ff.; KölnKomm AktG/*Zöllner* § 179 Rn. 169). **Unzulässig** sind hingegen Satzungsregelungen, aufgrund derer die Zustimmung Dritter, zu denen auch Organe der Gesellschaft gehören, verlangt werden, da solche Erfordernisse gegen die Satzungsautonomie der Hauptversammlung verstoßen (RGZ 169, 65, 80 f. zur GmbH; KG JW 1930, 1412 f.; *Hüffer* AktG, § 179 Rn. 23 m. w. N.; MüKo AktG/*Stein* § 179 Rn. 147 ff.). Nach Ansicht des OLG Stuttgart sind jedoch Regelungen zulässig, die nur die einfache Kapitalmehrheit verlangen, wenn die Satzungsänderung vom Aufsichtsrat oder mit dessen Zustimmung beantragt wurde (OLG Stuttgart AG 1967, 266; MüKo AktG/*Stein* § 179 Rn. 148; *Hüffer* AktG, § 179 Rn. 23).

E. Sonderbeschlüsse, Abs. 3

I. Allgemeines

Wenn Satzungsänderungen **nachteilig in die Rechte einer Gattung** eingreifen, verlangt § 179 Abs. 3 AktG einen Sonderbeschluss, und zwar auch bei Einstimmigkeit (RGZ 148, 175, 181 f.). Die Vorschrift soll Veränderungen zulasten einer Gattung zu erleichtern, indem an die Stelle der Zustimmung aller betroffenen Aktionäre die Möglichkeit eines Sonderbeschlusses tritt. Bei Kapitalerhöhung und Kapitalherabsetzung gelten die Sondervorschriften der §§ 182 Abs. 2 bzw. 222 Abs. 2 AktG, bei der Aufhebung oder Beschränkung von Vorzügen aus stimmrechtslosen Vorzugsaktien § 141 Abs. 1 AktG, bei Ausgabe neuer Vorzugsaktien, die bei der Gewinn- oder Vermögensverteilung den Vorzugsaktien ohne Stimmrecht vorgehen oder gleichstehen, § 141 Abs. 2 AktG (OLG Köln NZG 2002, 967; KölnKomm AktG/*Zöllner* § 179 Rn. 178 f.; MüKo AktG/*Stein* § 179 Rn. 180 ff.; *Hüffer* AktG, § 179 Rn. 42).

19

Der Sonderbeschluss ist nicht Teil des Hauptversammlungsbeschlusses, sondern ein **weiteres Wirksamkeitserfordernis**. Bis er gefasst ist, ist der Satzungsänderungsbeschluss nach zutr. Auffassung schwebend unwirksam, nicht aber nichtig oder anfechtbar (RGZ 148, 175, 184 ff.; LG Mannheim AG 1967, 83, 84; *Hüffer* AktG, § 179 Rn. 49 m. w. N.; str.). Bei fälschlicher Eintragung im Handelsregister kann der Mangel analog § 242 Abs. 2 AktG geheilt werden (*Hüffer* AktG, § 179 Rn. 49; MüKo AktG/*Stein* § 179 Rn. 209; GroßkommAktG/*Wiedemann* § 179 Rn. 153; KölnKomm AktG/*Zöllner* § 179 Rn. 192). Kommt der Sonderbeschluss nicht zustande, so wird der Satzungsänderungsbeschluss endgültig unwirksam und darf das Registergericht die Satzungsänderung nicht eintragen (RGZ 148, 175, 187; MüKo AktG/*Stein* § 179 Rn. 207; *Hüffer* AktG, § 179 Rn. 49).

20

II. Aktiengattung

Zum Begriff der Aktiengattung vgl. § 11 AktG Rdn. 1 f. Der Beschluss muss das bisherige Verhältnis mehrerer Aktiengattungen zum Nachteil einer Gattung ändern, d. h. gattungsspezifische Rechte beseitigen oder beschränken oder entsprechende Rechte einer anderen Gattung verstärken oder erweitern (OLG Köln NZG 2002, 966, 967 f.; *Hüffer* AktG, § 179 Rn. 44). Ob zur Benachteiligung parallel auch Vorteile gewährt werden, ist nach zutr. Auffassung unerheblich, da Vor- und Nachteile schon wegen der unterschiedlichen Perspektiven nicht saldiert werden (so *Hüffer* AktG, § 179 Rn. 45; MüKo AktG/*Stein* § 179 Rn. 191; a. A. LG Berlin JW 1937, 2835). Wirkt eine Satzungsänderung nachteilig für mehrere Aktiengattungen, so ist ein Sonderbeschluss der Aktionäre jeder betroffenen Gattung erforderlich (MüKo AktG/*Stein* § 179 Rn. 192; *Hüffer* AktG, § 179 Rn. 45).

21

III. Beschlussfassung

Zum Begriff des Sonderbeschlusses vgl. § 138 AktG. Der Sonderbeschluss kann sowohl vor als auch nach dem satzungsändernden Hauptversammlungsbeschluss gefasst werden. Er muss jedoch in **angemessenem zeitlichen Zusammenhang** hiermit stehen. Allerdings kann die Satzung als weiteres Erfordernis i. S. d. § 179 Abs. 3 Satz 3, Abs. 2 Satz 3 AktG eine bestimmte Frist zur Fassung

22

§ 179a AktG Verpflichtung zur Übertragung des ganzen Gesellschaftsvermögens

des Sonderbeschlusses vorgeben (*Hüffer* AktG, § 179 Rn. 46; MüKo AktG/*Stein* § 179 Rn. 198 ff.; KölnKomm AktG/*Zöllner* § 179 Rn. 194).

23 Für den Sonderbeschluss ist sowohl eine **Kapitalmehrheit von 3/4** gem. § 179 Abs. 3 Satz 3 i. V. m. Abs. 2 Satz 1 AktG erforderlich als auch die **einfache Stimmenmehrheit** gem. §§ 138 Satz 2, 133 Abs. 1 AktG. Die Satzung kann gem. § 179 Abs. 3 Satz 3 i. V. m. Abs. 2 Satz 2 und 3 AktG eine andere Mehrheit oder weitere Erfordernisse festsetzen, wobei die Gestaltungsgrenzen des § 179 Abs. 2 Satz 2 und 3 AktG zu beachten sind. Die Satzung kann für Satzungsänderungen und Sonderbeschlüsse unterschiedliche Mehrheiten bestimmen. Soweit die Satzung für Satzungsänderungen abweichende Mehrheitserfordernisse enthält, gelten diese nach allg. Meinung i. Zw. auch für Sonderbeschlüsse (*Hüffer* AktG, § 179 Rn. 47; MüKo AktG/*Stein* § 179 Rn. 202 ff.; KölnKomm AktG/*Zöllner* § 179 Rn. 47; a. A. *v. Godin/Wilhelmi* § 179 Anm. 10). Ein Satzungsänderungsbeschluss, der die Mehrheitserfordernisse oder weitere Erfordernisse für Sonderbeschlüsse ändert, setzt wiederum selbst einen Sonderbeschluss aller Aktiengattungen voraus (*Hüffer* AktG, § 179 Rn. 47).

§ 179a Verpflichtung zur Übertragung des ganzen Gesellschaftsvermögens

(1) ¹Ein Vertrag, durch den sich eine Aktiengesellschaft zur Übertragung des ganzen Gesellschaftsvermögens verpflichtet, ohne daß die Übertragung unter die Vorschriften des Umwandlungsgesetzes fällt, bedarf auch dann eines Beschlusses der Hauptversammlung nach § 179, wenn damit nicht eine Änderung des Unternehmensgegenstandes verbunden ist. ²Die Satzung kann nur eine größere Kapitalmehrheit bestimmen.

(2) ¹Der Vertrag ist von der Einberufung der Hauptversammlung an, die über die Zustimmung beschließen soll, in dem Geschäftsraum der Gesellschaft zur Einsicht der Aktionäre auszulegen. ²Auf Verlangen ist jedem Aktionär unverzüglich eine Abschrift zu erteilen. ³Die Verpflichtungen nach den Sätzen 1 und 2 entfallen, wenn der Vertrag für denselben Zeitraum über die Internetseite der Gesellschaft zugänglich ist. ⁴In der Hauptversammlung ist der Vertrag zugänglich zu machen. ⁵Der Vorstand hat ihn zu Beginn der Verhandlung zu erläutern. ⁶Der Niederschrift ist er als Anlage beizufügen.

(3) Wird aus Anlaß der Übertragung des Gesellschaftsvermögens die Gesellschaft aufgelöst, so ist der Anmeldung der Auflösung der Vertrag in Ausfertigung oder öffentlich beglaubigter Abschrift beizufügen.

Übersicht	Rdn.		Rdn.
A. Allgemeines	1	II. Beschlussfassung	4
B. Zustimmungsbeschluss, Abs. 1	2	C. Informationspflichten, Abs. 2	8
I. Übertragungsvertrag	2	D. Auflösung der Gesellschaft, Abs. 3	11

A. Allgemeines

1 § 179a AktG betrifft Verträge der AG, die die **Verpflichtung zur Übertragung ihres gesamten Vermögens** begründet, soweit diese nicht unter das UmwG fällt. Gesetzeszweck ist der Schutz der Aktionäre vor unangemessener Vertragsgestaltung, insbes. im Fall der Übertragung an einen Mehrheitsaktionär (*Henze* FS Boujong 1996, 233, 247 f.; *Hüffer* AktG, § 179a Rn. 1). § 179a AktG begründet nicht nur die Mitwirkungskompetenz der Hauptversammlung, sondern beschränkt gleichzeitig die Vertretungsmacht des Vorstands, der die Gesellschaft ohne zustimmenden Hauptversammlungsbeschluss nicht wirksam verpflichten kann. Gleichzeitig ergibt sich aus Abs. 3, dass ein zustimmender Hauptversammlungsbeschluss nicht die Auflösung der Gesellschaft bewirkt.

B. Zustimmungsbeschluss, Abs. 1

I. Übertragungsvertrag

Verträge, durch die sich die Gesellschaft zur Übertragung ihres ganzen Vermögens verpflichtet, sind zustimmungsbedürftig. Das **Zustimmungserfordernis** bezieht sich auf das **Verpflichtungsgeschäft**, nicht auf die zu seiner Durchführung erforderlichen weiteren, insbes. dinglichen Rechtsgeschäfte. Der Vertrag muss die Pflicht zur Übertragung des ganzen Vermögens der Gesellschaft begründen (MüKo AktG/*Stein* § 179a Rn. 16). Über den engen Wortlaut hinaus ist § 179a Abs. 1 AktG aber auch bereits dann zu beachten, wenn nur unwesentliches Vermögen bei der Gesellschaft zurückbleibt (RG JW 1929, 1371; RGZ 124, 279, 294 f.; BGHZ 83, 122, 128 – »Holzmüller«; *Hüffer* AktG, § 179a Rn. 5). Entscheidend ist, ob die Gesellschaft mit dem zurückbehaltenen Vermögen – zumindest in eingeschränktem Umfang – ihren in der Satzung festgelegten bisherigen Unternehmensgegenstand weiterverfolgen kann (BGHZ 83, 122, 128 – »Holzmüller«; Österreichischer OGH AG 1996, 382 f.; OLG München AG 1995, 232; *Henze* FS Boujong 1996, 233, 244 f.; *Hüffer* AktG, § 179a Rn. 5; teilw.a.A. OLG Düsseldorf WM 1994, 337, 343 f. – neuer Unternehmensgegenstand bei Satzungsänderung). Selbst bei einem Verbleib wertmäßig wesentlichen Vermögens (z.B. Grundbesitz) ist § 179a AktG damit anwendbar, wenn die bisherigen Unternehmensziele nicht weiterverfolgt werden können (*Hüffer* AktG, § 179a Rn. 5; MüKo AktG/*Stein* § 179a Rn. 19).

Die Vermögensübertragung darf **nicht unter die Vorschriften des UmwG** fallen (MüKo AktG/*Stein* § 179a Rn. 22). Die Übertragung des Vermögens auf den Mehrheitsaktionär unter Auflösung der Gesellschaft stellt hingegen keine unzulässige Umgehung der §§ 327a ff. AktG sowie der §§ 293a ff. AktG und der entsprechenden umwandlungsrechtlichen Vorschriften dar; allerdings ist nach zutr. Auffassung der Weg einer gerichtlichen Kontrolle der Angemessenheit des Kaufpreises entspr. den Spruchverfahrensregelungen geboten (MüKo AktG/*Stein* § 179a Rn. 71 ff., insbes. 81 ff., wohl auch *Hüffer* AktG, § 179a Rn. 6; a. A. [entspr. Anwendung der §§ 293a ff. AktG] *Lutter/Drygala* FS Kropff 1997, 195 ff.; 208).

II. Beschlussfassung

Die erforderliche Zustimmung der Hauptversammlung kann nach h.M. als **Einwilligung vor Abschluss** des Übertragungsvertrages wie auch als **Genehmigung nach Abschluss** des Übertragungsvertrages erfolgen (BGHZ 82, 188, 193 f.; LG Hamburg AG 1996, 233, 234; *Hüffer* AktG, § 179a Rn. 7 m.w.N.). Im Fall der vorherigen Zustimmung muss mindestens ein vollständiger schriftlicher Vertragsentwurf vorliegen (arg. § 179a Abs. 2 AktG; vgl. BGHZ 82, 188, 194 f.; *Windbichler* AG 1981, 169, 174 f.).

Auch wenn § 179a Abs. 1 AktG einen Beschluss der Hauptversammlung »nach § 179« verlangt, hat dieser **keine Satzungsänderung** zum Gegenstand. Die Verweisung zielt auf die erforderliche Beschlussmehrheit ab. Der Beschlussinhalt ist auf Zustimmung der Hauptversammlung zum gesamten Inhalt des Vertragswerkes gerichtet, auch wenn dieses in mehrere Teile aufgeteilt ist (BGHZ 82, 188, 196 ff.). Einer sachlichen Rechtfertigung bedarf es nach zutr. Auffassung nicht (zur Argumentation zutr. *Hüffer* AktG, § 179a Rn. 10; vgl. auch BGHZ 103, 191 f. m.w.N.; *Lutter/Drygala* FS Kropff 1997, 191, 215 f.). Geht mit der Vermögensübertragung eine Änderung des Unternehmensgegenstandes einher, ist ein weiter gehender Beschluss nach § 179a Abs. 1 AktG nur dann entbehrlich, wenn der satzungsändernde Beschluss den Übertragungsvertrag oder seinen Entwurf als Anlass der Änderung in seinen Inhalt aufnimmt und überdies den Erfordernissen des § 179a Abs. 2 AktG Rechnung getragen ist (*Hüffer* AktG, § 179a Rn. 9; *Reichert* ZHR Beiheft 68, 1999, 25, 42; teilw. abw. MüKo AktG/*Stein* § 179a Rn. 47 f.).

Für die Beschlussfassung bedarf es der in § 179 Abs. 2 Satz 1 AktG vorgesehenen **Kapitalmehrheit** und darüber hinaus der **einfachen Stimmenmehrheit** gem. § 133 Abs. 1 AktG. Anders als bei § 179 AktG kann die Satzung gem. § 179a Abs. 1 Satz 2 AktG nur eine größere Kapitalmehrheit bestimmen. Auch wenn nicht explizit das Aufstellen weiterer Erfordernisse erwähnt ist, sollte dies möglich sein; § 179a Abs. 1 Satz 2 AktG soll nur Beschlusserleichterungen verhindern, sodass § 179

§ 180 AktG Zustimmung der betroffenen Aktionäre

Abs. 1 Satz 3 AktG vom Verweis in § 179a Abs. 1 Satz 1 AktG umfasst ist (so zutr. MüKo AktG/*Stein* § 179a Rn. 52; *Hüffer* AktG, § 179a Rn. 11).

7 **Stimmberechtigt** ist jeder Aktionär, insbes. auch dann, wenn er Vertragspartner ist (MüKo AktG/*Stein* § 179a Rn. 53; *Hüffer* AktG, § 179a Rn. 12).

C. Informationspflichten, Abs. 2

8 Gem. § 179a Abs. 2 AktG ist (1) der Vertrag von der Einberufung der Hauptversammlung an in den Geschäftsräumen zur Einsicht der Aktionäre **auszulegen**, (2) Aktionären auf Verlangen eine **Abschrift** zu erteilen und (3) der Vertrag in der Hauptversammlung zugänglich zu machen. Fremdsprachliche Verträge oder Vertragsbestandteile müssen in deutscher Übersetzung zur Verfügung gestellt werden; eine Zusammenfassung in deutscher Sprache genügt nicht (OLG Dresden AG 2003, 433, 435; LG München I ZIP 2001, 1148, 1150; MüKo AktG/*Stein* § 179a Rn. 60).

9 Nach § 178a Abs. 2 Satz 3 AktG entfallen die Pflichten zur Auslage in den Geschäftsräumen (1) und zur Übersendung auf Verlangen (2), wenn der Vertrag über die Internetseite der Gesellschaft ab Einberufung der Hauptversammlung zugänglich ist (vgl. zur Veröffentlichungspflicht börsennotierter Aktiengesellschaften über das Internet auch § 124a Satz 1 Nr. 3 AktG). Dadurch wird neben der Verringerung des Bürokratieaufwands für die Gesellschaft der Zugang zu Informationen für Aktionäre erleichtert (RegBegr. BT-Drucks. 16/11642 S. 35, 24). Bei der Pflicht, den Vertrag in der Hauptversammlung zugänglich zu machen, insb. durch Auslage in ausreichender Stückzahl, verbleibt es auch in diesem Fall.

10 Der Vorstand hat den Vertrag zu Beginn der Verhandlung in der Hauptversammlung zu erläutern, was über das bloße Verlesen hinausgeht. Der Hauptversammlungsniederschrift ist er als Anlage beizufügen. Insoweit ist er gem. § 130 Abs. 5 AktG in öffentlich beglaubigter Form zum Handelsregister einzureichen. Die Regelung des Abs. 2 gilt dann, wenn die Hauptversammlung über einen bloßen Vertragsentwurf beschließt, der später erst abgeschlossen werden soll, entsprechend für den Vertragsentwurf. Zu Unrecht wird davon ausgegangen, dass § 179a Abs. 2 AktG auch dann zu beachten ist, wenn es sich tatsächlich nicht um eine Vermögensübertragung i. S. d. § 179a AktG handelt, sofern die Verwaltung der Hauptversammlung eine Zustimmung gem. § 179a Abs. 1 AktG vorschlägt (so aber OLG Dresden AG 2003, 433, 434).

D. Auflösung der Gesellschaft, Abs. 3

11 § 179a Abs. 1 AktG geht von dem **Grundgedanken** aus, dass die Gesellschaft durch die Übertragung ihres ganzen Gesellschaftsvermögens **nicht aufgelöst** wird. Allerdings kann mit der Übertragung bei Vorliegen eines Auflösungsgrundes i. S. v. § 262 AktG die Auflösung einhergehen. Ein Auflösungsbeschluss gem. § 262 Abs. 1 Nr. 2 AktG ist allerdings zusätzlich zum Zustimmungsbeschluss gem. § 179a Abs. 1 AktG zu fassen. Wird die Gesellschaft aus Anlass der Vermögensübertragung aufgelöst, so ist der Anmeldung der Auflösung zum Handelsregister gem. § 179a Abs. 3 AktG der Übertragungsvertrag in Ausfertigung oder öffentlich beglaubigter Abschrift beizufügen.

12 Schließt die Gesellschaft erst **während der Auflösung** einen Vertrag über die Übertragung ihres ganzen Vermögens, so bedürfen die Abwickler eines Zustimmungsbeschlusses gem. § 179a AktG (*Hüffer* AktG, § 179a Rn. 21; MüKo AktG/*Hüffer* AktG, § 268 Rn. 14).

§ 180 Zustimmung der betroffenen Aktionäre

(1) Ein Beschluß, der Aktionären Nebenverpflichtungen auferlegt, bedarf zu seiner Wirksamkeit der Zustimmung aller betroffenen Aktionäre.

(2) Gleiches gilt für einen Beschluß, durch den die Übertragung von Namensaktien oder Zwischenscheinen an die Zustimmung der Gesellschaft gebunden wird.

Übersicht	Rdn.		Rdn.
A. Regelungsgegenstand und -zweck	1	I. Nebenverpflichtungen	2
B. Auferlegung von Nebenverpflichtungen, Abs. 1	2	II. Zustimmung.	5
		C. Vinkulierung, Abs. 2	6

A. Regelungsgegenstand und -zweck

§ 180 AktG ergänzt § 179 AktG und soll die Aktionäre vor nachträglicher Vermehrung ihrer Pflichten und nachträglicher stärkerer Bindung an die Gesellschaft schützen. 1

B. Auferlegung von Nebenverpflichtungen, Abs. 1

I. Nebenverpflichtungen

Nebenverpflichtungen sind solche i. S. d. § 55 AktG (vgl. dort Rdn. 8). Solche Nebenverpflichtungen sind nur bei vinkulierten Namensaktien möglich. Unerheblich ist, ob sämtliche oder nur einzelne Aktionäre betroffen sind. § 180 Abs. 1 AktG erfasst aber nur solche Nebenverpflichtungen, die nachträglich durch satzungsändernden Beschluss auferlegt werden; nicht erfasst werden Pflichten aus satzungsergänzenden schuldrechtlichen Nebenabreden (*Hüffer* AktG, § 180 Rn. 2; MüKo AktG/*Stein* § 180 Rn. 5 ff.). 2

Mit »**Auferlegen**« ist die Neubegründung gemeint. Gleichgestellt sind aber Änderungen bestehender Nebenverpflichtungen, die sich für die verpflichteten Aktionäre nachteilig auswirken, bspw. Erweiterung nach Art oder Umfang (RGZ 91, 166, 169; 121, 238, 241 f.; 136, 313, 317), Einführung oder Verschärfung von Vertragsstrafen gem. § 55 Abs. 2 AktG (RGZ 121, 238, 242), Herabsetzung der satzungsmäßigen Gegenleistung oder Aufhebung einer zeitlichen Begrenzung (allg. Meinung, vgl. *Hüffer* AktG, § 180 Rn. 3; MüKo AktG/*Stein* § 180 Rn. 8 ff.). 3

Abw. vom Wortlaut bedürfen Hauptversammlungsbeschlüsse, die aufgrund eines Satzungsvorbehaltes die Nebenverpflichtungen im Rahmen von Satzungsvorgaben nach Maßgabe der §§ 315 ff. AktG konkretisieren, keines Zustimmungsbeschlusses der betroffenen Aktionäre (RGZ 87, 261, 265 f [zur GmbH]; KölnKomm AktG/*Zöllner* § 180 Rn. 7 f.; *Hüffer* AktG, § 180 Rn. 4). Damit bedarf selbstverständlich die Aufnahme eines entsprechenden Satzungsvorbehaltes im Wege der Satzungsänderung eines Zustimmungsbeschlusses (KölnKomm AktG/*Zöllner* § 180 Rn. 7; *Hüffer* AktG, § 180 Rn. 4). 4

II. Zustimmung

Die Zustimmung aller betroffenen Aktionäre ist als **Willenserklärung gegenüber der Gesellschaft** zu erteilen, und zwar vor, während oder nach der Hauptversammlung (allg. Meinung, vgl. *Hüffer* AktG, § 180 Rn. 8). Da sie **keiner Form** unterliegt, kann sie auch **konkludent** abgegeben werden (RGZ 68, 263, 266; 121, 238, 244). Nach allg. Meinung genügt die Ja-Stimme zum Antrag auf Satzungsänderung. Es genügt jedoch nicht, dass der Aktionär lediglich die Anfechtungsfrist verstreichen lässt, da § 180 AktG ansonsten leer liefe (so auch *Hüffer* AktG, § 180 Rn. 8; a. A. zur eG: RGZ 140, 231, 247). Die Zustimmung ist ein zusätzliches Wirksamkeitserfordernis. Ein Sonderbeschluss i. S. v. § 179 Abs. 3 ist daneben auch dann nicht erforderlich, wenn alle Betroffenen Inhaber einer Aktiengattung sind (MüKo AktG/*Stein* § 180 Rn. 30; KölnKomm AktG/*Zöllner* § 180 Rn. 4; *Hüffer* AktG, § 180 Rn. 8). Solange sich die Betroffenen noch nicht vollständig erklärt haben, ist der Beschluss **schwebend unwirksam**. Verweigert nur ein Betroffener seine Zustimmung, so wird der Beschluss endgültig unwirksam (allg. Meinung, vgl. RGZ 121, 238, 244; *Hüffer* AktG, § 180 Rn. 9). Die Zustimmung kann nicht durch Eintragung in das Handelsregister ersetzt werden. Möglich ist allerdings eine Satzungsbestimmung, nach der die Nebenverpflichtungen nur für die zustimmenden Aktionäre wirksam werden (allg. Meinung, vgl. *Hüffer* AktG, § 180 Rn. 9). 5

C. Vinkulierung, Abs. 2

6 Eine Vinkulierung, die die Übertragung an die Zustimmung der Gesellschaft bindet, ist nur bei Namensaktien (vgl. § 10 AktG Rdn. 3 f.) und Zwischenscheinen (s. § 8 AktG Rdn. 7) zulässig. § 180 Abs. 2 AktG betrifft nur die **nachträgliche Vinkulierung**. Ihrem Sinn und Zweck nach gilt die Vorschrift aber auch für den Fall einer **Verschärfung** einer bereits bestehenden Vinkulierung, bspw. durch Streichung eines Zusatzes, wonach das Einverständnis der Gesellschaft nur aus wichtigem Grund verweigert werden darf (MüKo AktG/*Stein* § 180 Rn. 17 f.; GroßkommAktG/*Wiedemann* § 180 Rn. 12; KölnKomm AktG/*Zöllner* § 180 Rn. 11; *Hüffer* AktG, § 180 Rn. 6). Nicht zustimmungsbedürftig sind Beschlüsse, die die Vinkulierung aufheben oder lockern (MüKo AktG/*Stein* § 180 Rn. 22; KölnKomm AktG/*Lutter/Drygala* § 68 Rn. 64; KölnKomm AktG/*Zöllner* § 180 Rn. 15; *Hüffer* AktG, § 180 Rn. 6). Bei **Kapitalerhöhungen** ist § 180 Abs. 2 AktG zu beachten, wenn die Satzung bis dato keine Vinkulierungsklausel enthält, die neuen Aktien oder Zwischenscheine aber vinkuliert werden sollen; in diesem Fall bedarf es der Zustimmung aller Aktionäre, die aufgrund ihrer Bezugsrechte aus nicht vinkulierten Altaktien neue vinkulierte Aktien erhalten. Die Zustimmung ist indes nicht erforderlich, wenn das Bezugsrecht der Aktionäre ausgeschlossen ist (MüKo AktG/*Stein* § 180 Rn. 23 ff.; *Lutter/Schneider* ZGR 1975, 182, 185 f.; *Hüffer* AktG, § 180 Rn. 7).

7 Zur Natur der Zustimmung vgl. Rdn. 5. Auch bei der Vinkulierung ist eine Satzungsbestimmung zulässig, nach welcher die Vinkulierung nur für die zustimmenden Aktionäre wirksam wird (allg. Meinung, vgl. *Hüffer* AktG, § 180 Rn. 9).

§ 181 Eintragung der Satzungsänderung

(1) ¹Der Vorstand hat die Satzungsänderung zur Eintragung in das Handelsregister anzumelden. ²Der Anmeldung ist der vollständige Wortlaut der Satzung beizufügen; er muß mit der Bescheinigung eines Notars versehen sein, daß die geänderten Bestimmungen der Satzung mit dem Beschluß über die Satzungsänderung und die unveränderten Bestimmungen mit dem zuletzt zum Handelsregister eingereichten vollständigen Wortlaut der Satzung übereinstimmen.

(2) Soweit nicht die Änderung Angaben nach § 39 betrifft, genügt bei der Eintragung die Bezugnahme auf die beim Gericht eingereichten Urkunden.

(3) Die Änderung wird erst wirksam, wenn sie in das Handelsregister des Sitzes der Gesellschaft eingetragen worden ist.

Übersicht	Rdn.		Rdn.
A. Allgemeines	1	D. Wirkung der Eintragung, Abs. 3	16
B. Handelsregisteranmeldung, Abs. 1	2	I. Konstitutive Wirkung	16
I. Anmelder	2	II. Rechtslage vor Eintragung	17
II. Form und Inhalt der Anmeldung	3	III. Fehlerhafte Eintragung	18
III. Urkunden und Nachweise	4	1. Wirkung von Mängeln	18
IV. Zuständiges Gericht	8	a) Mängel des Satzungsänderungsbeschlusses	18
V. Rücknahme der Anmeldung	9		
VI. Anmeldungspflicht	10	b) Mängel des Eintragungsverfahrens	19
C. Eintragung und Bekanntmachung	11		
I. Registerverfahren	11	2. Löschung	20
II. Inhalt der Eintragung	15		

A. Allgemeines

1 § 181 AktG regelt die Anmeldung der Satzungsänderung zum Handelsregister sowie ihre Eintragung und Bekanntmachung. Mit der Bestimmung, dass Satzungsänderungen erst mit ihrer Eintragung im Handelsregister wirksam werden, werden die Handelsregister-Kontrolle sowie die

Publizität bei Satzungsänderungen sichergestellt. Für bestimmte Fälle der Satzungsänderungen wird § 181 AktG durch weitere Vorschriften ergänzt, so bei Sitzverlegung, Kapitalerhöhungen und Kapitalherabsetzungen.

B. Handelsregisteranmeldung, Abs. 1

I. Anmelder

Sämtliche Satzungsänderungen, auch die bloße Änderung der Fassung durch den Aufsichtsrat gem. § 179 Abs. 1 Satz 2 AktG, bedürfen der Anmeldung zur Eintragung in das Handelsregister. Die Anmeldung obliegt grds. dem **Vorstand**, der im Namen der Gesellschaft handelt (BGHZ 105, 324, 327f = NJW 1989, 295 zur GmbH; a.A. KGJ 41, 134, 135), aber nicht mit der Firma, sondern mit dem eigenen Namen zeichnet (MüKo AktG/*Stein* § 181 Rn. 9; KölnKomm AktG/*Zöllner* § 181 Rn. 3). Bei **Kapitalerhöhungen oder -herabsetzungen** hat darüber hinaus der **Vorsitzende des Aufsichtsrats** anzumelden (§§ 184 Abs. 1 Satz 1, 223 AktG). Die Anmeldung kann durch den Vorstand in vertretungsberechtigter Zahl vorgenommen werden; unechte Gesamtvertretung (§ 78 Abs. 3 Satz 1, 1. Alt. AktG) ist möglich (*Hüffer* AktG, § 181 Rn. 4; MüKo AktG/*Stein* § 181 Rn. 11; a.A. *Henn* HdB des AktR, Rn. 478 Fn. 48). Die erforderlichen Erklärungen müssen nicht gleichzeitig, sondern können auch nacheinander abgegeben werden (*Hüffer* AktG, § 181 Rn. 4). Eine **Bevollmächtigung** ist nur möglich, soweit die Anmeldung keine Erklärungen zu enthalten hat, für deren Richtigkeit der Anmelder zivilrechtlich (§§ 46, 48 AktG) oder strafrechtlich (§ 399 AktG) verantwortlich ist (BayObLGZ 1986, 203, 205 f.). Eine Vollmacht bedarf öffentlich beglaubigter Form (§ 12 Abs. 2 HGB).

II. Form und Inhalt der Anmeldung

Gem. § 12 Abs. 1 HGB muss die Anmeldung in öffentlich beglaubigter Form erfolgen. Grds. genügt zur Anmeldung der beschlossenen Satzungsänderung eine **Bezugnahme auf beigefügte Unterlagen**, insbes. die notarielle Niederschrift des satzungsändernden Hauptversammlungsbeschlusses (allg. Meinung, vgl. *Hüffer* AktG, § 181 Rn. 6). Ob der geänderte Satzungsparagraph angegeben werden muss, ist str. (dagegen h.M., vgl. *Hüffer* AktG, § 181 Rn. 6; dafür OLG Schleswig DNotZ 1973, 482, 483). Soweit Gegenstände des § 39 AktG betroffen sind, muss die Anmeldung den Inhalt der Änderung konkret bezeichnen, ohne dass allerdings die Satzungsänderung wortgetreu wiederzugeben ist (*Hüffer* AktG, § 181 Rn. 6; MüKo AktG/*Stein* § 181 Rn. 21; MünchHdb GesR IV/*Semler* § 39 Rn. 69; vgl. zur GmbH BGH NJW 1987, 3191 f.; a.A. KölnKomm AktG/*Zöllner* § 181 Rn. 9).

III. Urkunden und Nachweise

Abs. 1 Satz 2 bestimmt, welche Urkunden und Nachweise der Anmeldung beizufügen sind. Die Beifügung des **vollständigen Wortlautes der Satzung** mit Bescheinigung des Notars ist auch bei einer vollständigen Neufassung der Satzung erforderlich (OLG Schleswig DNotZ 1973, 482, 483 zur GmbH; KölnKomm AktG/*Zöllner* § 181 Rn. 16; *Hüffer* AktG, § 181 Rn. 9; a.A. OLG Zweibrücken Rpfleger 1984, 104 f.; OLG Zweibrücken FGPrax 2002, 34).

Gem. § 130 Abs. 1 AktG ist weiter die **notarielle Niederschrift über den Hauptversammlungsbeschluss** beizufügen. Ein nur die Satzungsänderung betreffender Auszug genügt nicht. Soweit die Niederschrift bereits zuvor gem. § 130 Abs. 5 AktG eingereicht worden ist, ist eine erneute Beifügung entbehrlich (KölnKomm AktG/*Zöllner* § 181 Rn. 11; MüKo AktG/*Stein* § 181 Rn. 32; *Hüffer* AktG, § 181 Rn. 11). Bei vom Aufsichtsrat beschlossenen **Fassungsänderungen** (§ 179 Abs. 1 Satz 2 AktG, vgl. § 179 AktG Rdn. 9) ist die Niederschrift der Sitzung, in welcher der Beschluss gefasst wurde, in der nach § 107 Abs. 2 AktG maßgeblichen Form beizufügen und darüber hinaus die Niederschrift des Hauptversammlungsbeschlusses, der den Aufsichtsrat zur Fassungsänderung ermächtigt hat (MüKo AktG/*Stein* § 181 Rn. 33; *Hüffer* AktG, § 181 Rn. 11).

§ 181 AktG Eintragung der Satzungsänderung

6 Auch etwa erforderliche **Sonderbeschlüsse** gem. §§ 141, 179 Abs. 3 AktG sind in Niederschrift beizufügen, sofern diese nicht schon vorliegt. Erforderliche Zustimmungserklärungen der Aktionäre (vgl. etwa § 180 AktG) sind nachzuweisen, im Fall fehlender Formbedürftigkeit jedoch nicht unbedingt durch Vorlage von Urkunden, insbes. nicht in der Form des § 12 Abs. 1 HGB (*Hüffer* AktG, § 181 Rn. 11; MüKo AktG/*Stein* § 181 Rn. 34 f.; KölnKomm AktG/*Zöllner* § 181 Rn. 14; a. A. RGZ 136, 185, 192 zur GmbH).

7 Bei einer Anmeldung durch Bevollmächtigte ist auch die **Vollmachtsurkunde** in der Form des § 12 Abs. 1 HGB beizufügen (MüKo AktG/*Stein* § 181 Rn. 36).

IV. Zuständiges Gericht

8 Sachlich zuständig für die Handelsregistereintragung ist das Amtsgericht (§ 8 HGB, § 23 Abs. 2 Nr. 3 und 4 GVG, §§ 374 ff. FamFG) des satzungsmäßigen Sitzes (§ 14 AktG) der Gesellschaft. Auch eine Sitzverlegung ist beim Gericht des alten Sitzes anzumelden (§ 45 Abs. 1 AktG). Bestehen Zweigniederlassungen, ist die Satzungsänderung dennoch nur beim Gericht des Satzungssitzes anzumelden.

V. Rücknahme der Anmeldung

9 Eine Rücknahme der Anmeldung ist durch den Vorstand bis zur Eintragung jederzeit ohne Angabe von Gründen möglich (MüKo AktG/*Stein* § 181 Rn. 37; *Hüffer* AktG, § 181 Rn. 2).

VI. Anmeldungspflicht

10 Abs. 1 begründet **keine erzwingbare Pflicht** zur Anmeldung von Satzungsänderungen. Allerdings ist der Vorstand aus dem Organverhältnis zur Gesellschaft heraus zur **unverzüglichen** (§ 121 BGB) Anmeldung verpflichtet. Unterlassene oder verspätete Anmeldungen können eine Schadensersatzpflicht nach § 93 AktG sowie u. U. auch die Abberufung nach § 84 Abs. 3 AktG begründen (*Hüffer* AktG, § 181 Rn. 5; MüKo AktG/*Stein* § 181 Rn. 13 f.; GroßkommAktG/*Wiedemann* § 181 Rn. 9; KölnKomm AktG/*Zöllner* § 181 Rn. 25). Die Hauptversammlung kann den Vorstand anweisen, den Beschluss erst zu einem späteren Zeitpunkt anzumelden; dabei darf dem Vorstand kein Ermessen eingeräumt werden (LG Frankfurt am Main AG 1990, 169, 170; *Hüffer* AktG, § 181 Rn. 5). Auch angefochtene Beschlüsse sind anzumelden, wobei der Vorstand das Gericht auf Zweifel an der Rechtmäßigkeit der angemeldeten Beschlüsse hinweisen und mitteilen sollte, ob Klage erhoben worden ist.

C. Eintragung und Bekanntmachung

I. Registerverfahren

11 Das Registergericht hat die Anmeldung in **formeller und materieller Hinsicht zu prüfen** (OLG Karlsruhe EWiR 2002, 739; *Hüffer* AktG, § 181 Rn. 12). Nur bei Satzungsbestimmungen mit Außenwirkung (z. B. Vertretungsmacht der Vorstandsmitglieder) ist die Eintragung unklarer, unrichtiger oder widersprüchlicher Beschlüsse von einer Berichtigung abhängig zu machen (BayObLG WM 1985, 572, 573 zur GmbH; *Baums*, Eintragung und Löschung von Gesellschafterbeschlüssen, 1981, S. 103; *Hüffer* AktG, § 181 Rn. 12). Der **Umfang der materiellen Prüfung** ist strittig. Nach h. M. prüft das Registergericht auf Unwirksamkeit (z. B. aufgrund fehlender Zustimmung, § 180 AktG, fehlenden Sonderbeschlusses, § 179 Abs. 3 AktG, oder fehlender staatlicher Genehmigung) sowie auf Nichtigkeit gem. § 241 AktG (zur Unwirksamkeit vgl. RGZ 136, 185, 192; KGJ 35, A 162, 166; zur Nichtigkeit vgl. BayObLGZ 1972, 126, 128 f.; KG JW 1936, 334, 335; OLG Hamburg OLGZ 1984, 307, 310; OLG Köln BB 1982, 579 (zur GmbH)). Ob darüber hinaus auch eine Anfechtbarkeit zu prüfen ist, ist str. (verneinend für die GmbH BayObLGZ 1972, 126, 128 f.; KG JW 1936, 334, 335; OLG Hamburg OLGZ 1984, 307, 310 f.; OLG Köln BB 1982, 579 (zur GmbH)). Nach zutr. Ansicht sind solche Gesetzesverletzungen zu berücksichtigen, durch die Dritt-

interessen betroffen werden (grundlegend *Lutter* NJW 1969, 1873; GroßkommAktG/*Wiedemann* § 181 Rn. 25; *Hüffer* AktG, § 181 Rn. 14).

Die rechtskräftige **Feststellung der Nichtigkeit** (§ 249 Abs. 1 AktG) und die **Nichtigerklärung aufgrund Anfechtungsklage** (§ 248 Abs. 1 Satz 1 AktG) entfalten für das Registergericht **Bindungswirkung**. Im Fall einer Klageabweisung gibt es indes keine Bindungswirkung (G/H/E/K/*Hefermehl/Bungeroth* § 181 Rn. 41; *Hüffer* AktG, § 181 Rn. 15). Bei rechtzeitig erhobener Anfechtungs- oder Nichtigkeitsklage setzt das Registergericht nach pflichtgemäßem Ermessen gem. § 381 FamFG das Eintragungsverfahren aus, wobei die Erfolgsaussichten der Klage und das Interesse der Gesellschaft an einer baldigen Eintragung abzuwägen sind (allg. Meinung, vgl. MüKo AktG/*Hüffer* AktG, § 243 Rn. 135; KölnKomm AktG/*Zöllner* § 181 Rn. 37). Bei Kapitalveränderungsbeschlüssen gibt es darüber hinaus die Möglichkeit des **Freigabeverfahrens** gem. § 246a AktG (vgl. ausführl. Kommentierung zu § 246a AktG).

12

Wurde keine Anfechtungs- oder Nichtigkeitsklage erhoben, hat das Registergericht ohne pflichtwidrige Verzögerung über die Anmeldung zu entscheiden. Die Gesellschaft hat bei Ordnungsmäßigkeit und fehlerfreiem Satzungsänderungsbeschluss einen **Anspruch auf Eintragung** (*Hüffer* AktG, § 181 Rn. 16). Liegt ein Teilmangel vor, so ist über die Eintragung des mangelfreien Teils entsprechend § 139 BGB zu entscheiden, wobei i. Zw. die Eintragung insgesamt abzulehnen ist (RGZ 118, 221; 140, 177, jeweils zur Genossenschaft; OLG Hamburg AG 1970, 231). Bei behebbaren Eintragungshindernissen hat das Gericht vor einer Ablehnung durch Zwischenverfügung gem. § 382 Abs. 4 FamFG Abhilfe zu ermöglichen (OLG Hamm NJW 1963, 1554; KGJ 50, 3).

13

Gegen ablehnende Entscheidungen des Registergerichtes sowie gegen Zwischenverfügungen ist die **einfache Beschwerde** nach § 58 Abs. 1 FamFG gegeben. Die Beschwerdefrist beträgt gem. § 63 Abs. 1 FamFG einen Monat. Beschwerdeberechtigt ist nach § 59 Abs. 1 FamFG die antragstellende Gesellschaft, vertreten durch den Vorstand (str.; vgl. BGHZ 117, 323, 325; 105, 324, 327 f.). Die Entscheidung des Beschwerdegerichtes kann mit der **Rechtsbeschwerde** gem. § 70 FamFG angefochten werden, sofern sie das Beschwerdegericht ausdrücklich im Beschluss zugelassen hat. Gegen ablehnende Entscheidungen des Rechtspflegers ist die **Erinnerung** gem. § 11 RPflG das richtige Rechtsmittel. Die Eintragung selbst ist nicht rechtsmittelfähig (BGHZ 104, 61, 63).

14

II. Inhalt der Eintragung

Bei Satzungsänderungen, die die Angaben nach § 39 AktG betreffen, ist die Satzungsänderung ihrem Inhalt nach einzutragen. Bei allen anderen Änderungen genügt die Eintragung der Satzungsänderung unter Bezugnahme auf die bei Gericht eingereichten Unterlagen, ohne dass es einer Nennung des Beschlussgegenstandes bedarf (OLG Celle AG 1989, 209, 211). Allerdings verlangt § 43 Nr. 6 Buchst. a) HRV allgemein die Bezeichnung des Gegenstands der Änderung.

15

D. Wirkung der Eintragung, Abs. 3

I. Konstitutive Wirkung

Die Handelsregister-Eintragung wirkt **konstitutiv**, und zwar sowohl für das Innenrecht der Gesellschaft als auch im Außenverhältnis zu Dritten (BFHE 194, 354, 356; *Hüffer* AktG, § 181 Rn. 24). Für Zweigniederlassungen ist ausschließlich die Eintragung im Handelsregister des Sitzes der Gesellschaft maßgeblich (MüKo AktG/*Stein* § 181 Rn. 70; *Hüffer* AktG, § 181 Rn. 24). Nach ihrer Eintragung im Handelsregister kann eine Satzungsänderung nur durch erneute Satzungsänderung aufgehoben oder abgeändert werden.

16

II. Rechtslage vor Eintragung

Auch schon vor der Eintragung hat der satzungsändernde Beschluss **rechtliche Wirkungen**: Er ist auch gegenüber Aktionären verbindlich, die nach Beschlussfassung, aber vor Eintragung Aktien erwerben. Soweit die Satzungsänderung eine Grundlage für entsprechende Ausführungsbeschlüsse

17

bildet, so werden diese, soweit bereits vor Eintragung gefasst, erst mit der Eintragung der Satzungsänderung wirksam (MüKo AktG/*Stein* § 181 Rn. 71f m. w. N.; *Hüffer* AktG, § 181 Rn. 25).

III. Fehlerhafte Eintragung

1. Wirkung von Mängeln

a) Mängel des Satzungsänderungsbeschlusses

18 Die Eintragung im Handelsregister **heilt** nach h. M. gem. § 242 AktG Beurkundungsmängel des Satzungsänderungsbeschlusses unmittelbar und Einberufungs- sowie Inhaltsmängel nach Ablauf einer Frist von 3 Jahren (*Hüffer* AktG, § 181 Rn. 27; a. A. *Säcker* FS Stimpel 1985, 884; vgl. auch BGHZ 99, 211, 216 f.). Für die in § 242 Abs. 2 Satz 1 AktG genannten Nichtigkeitsgründe bleibt dennoch die Möglichkeit einer Amtslöschung nach § 398 FamFG (vgl. § 242 AktG Rdn. 3 ff.). Auch auf unwirksame Beschlüsse ist § 242 AktG entsprechend anwendbar (OLG Hamburg AG 1970, 231; *Hüffer* AktG, § 181 Rn. 27).

b) Mängel des Eintragungsverfahrens

19 Ein **Fehlen der Anmeldung** kann nicht durch Eintragung geheilt werden (h. M., vgl. RGZ 132, 22, 25 zur Genossenschaft; MüKo AktG/*Stein* § 181 Rn. 88; *Hüffer* AktG, § 181 Rn. 28; a. A. *Baums*, Eintragung und Löschung von Gesellschafterbeschlüssen, 1981, S. 33 f.). Trägt das Registergericht **etwas anderes** ein als angemeldet, wird die Satzungsänderung ebenfalls nicht wirksam (*Hüffer* AktG, § 181 Rn. 28; a. A. MüKo AktG/*Stein* § 181 Rn. 90). Ist die Eintragung nur teilweise richtig, so wird der Beschluss insoweit wirksam, wenn der richtig eingetragene Beschlussteil getrennt anmeldefähig ist und anzunehmen ist, dass Teilwirksamkeit von der Gesellschaft gewollt und rechtlich möglich ist (*Hüffer* AktG, § 181 Rn. 28; vgl. auch RGZ 132, 26). Fehlt der Anmeldung lediglich der Wortlaut der Satzung oder ist dieser unrichtig oder fehlt die Notarbescheinigung nach Abs. 1 Satz 2, so wird der satzungsändernde Hauptversammlungsbeschluss dennoch gem. Abs. 3 mit Eintragung wirksam. **Formmängel** der Anmeldung (§ 12 HGB) oder der Vollmacht zur Anmeldung berühren die Wirkung des Abs. 3 nicht (MüKo AktG/*Stein* § 181 Rn. 91; *Hüffer* AktG, § 181 Rn. 28; *Baums*, Eintragung und Löschung von Gesellschafterbeschlüssen, 1981, 231).

2. Löschung

20 Eine fehlerhafte Eintragung der Satzungsänderung kann nur unter den eingeschränkten Voraussetzungen der §§ 395 Abs. 1, 398 FamFG gelöscht werden. Die Löschung erfolgt von Amts wegen (*Hüffer* AktG, § 181 Rn. 29). Schreibfehler und ähnliche offenbare Unrichtigkeiten können gem. § 17 Abs. 2 HRV berichtigt werden. Sofern ein Gericht trotz erhobener Nichtigkeits- oder Anfechtungsklage die Satzungsänderung eingetragen hat (vgl. insbes. die Fälle des § 246a AktG) und durch Urteil die Nichtigkeit oder Unwirksamkeit festgestellt wird, so wird die Eintragung der Satzungsänderung nicht gelöscht, sondern ergänzend gem. §§ 248 Abs. 1 Satz 3, 249 Abs. 1 Satz 1 AktG das Urteil in das Handelsregister eingetragen.

21 Gem. § 398 FamFG können nichtige Satzungsänderungen gelöscht werden, wenn sie durch ihren Inhalt zwingende gesetzliche Vorschriften verletzen und ihre Beseitigung im öffentlichen Interesse erforderlich erscheint. Diese Regelung bezieht sich auf den Inhalt der Satzungsbestimmung; bloße Verfahrensverstöße genügen nicht (OLG Hamm OLGZ 1979, 313, 317). Strittig ist, ob das Gericht einen Ermessensspielraum hat (MüKo AktG/*Hüffer* AktG, § 241 Rn. 80; *Hüffer* AktG, § 181 Rn. 30; ablehnend: *Baums*, Eintragung und Löschung von Gesellschafterbeschlüssen, 116 f.). Soweit § 398 FamFG als lex specialis nicht anwendbar ist, kommt eine Löschung gem. § 395 Abs. 1 FamFG in Betracht (MüKo AktG/*Hüffer* AktG, § 141 Rn. 38 m. w. N.; *Hüffer* AktG, § 181 Rn. 31). § 395 Abs. 1 FamFG ist damit bei Mängeln des Registerverfahrens anwendbar, und zwar bei Verstoß gegen wesentliche Verfahrenserfordernisse (i. E. str.).

Zweiter Abschnitt Maßnahmen der Kapitalbeschaffung

Erster Unterabschnitt Kapitalerhöhung gegen Einlagen

§ 182 Voraussetzungen

(1) ¹Eine Erhöhung des Grundkapitals gegen Einlagen kann nur mit einer Mehrheit beschlossen werden, die mindestens drei Viertel des bei der Beschlußfassung vertretenen Grundkapitals umfaßt. Die Satzung kann eine andere Kapitalmehrheit, für die Ausgabe von Vorzugsaktien ohne Stimmrecht jedoch nur eine größere Kapitalmehrheit bestimmen. ²Sie kann weitere Erfordernisse aufstellen. ³Die Kapitalerhöhung kann nur durch Ausgabe neuer Aktien ausgeführt werden. ⁴Bei Gesellschaften mit Stückaktien muß sich die Zahl der Aktien in demselben Verhältnis wie das Grundkapital erhöhen.

(2) ¹Sind mehrere Gattungen von stimmberechtigten Aktien vorhanden, so bedarf der Beschluß der Hauptversammlung zu seiner Wirksamkeit der Zustimmung der Aktionäre jeder Gattung. ²Über die Zustimmung haben die Aktionäre jeder Gattung einen Sonderbeschluß zu fassen. ³Für diesen gilt Absatz 1.

(3) Sollen die neuen Aktien für einen höheren Betrag als den geringsten Ausgabebetrag ausgegeben werden, so ist der Mindestbetrag, unter dem sie nicht ausgegeben werden sollen, im Beschluß über die Erhöhung des Grundkapitals festzusetzen.

(4) ¹Das Grundkapital soll nicht erhöht werden, solange ausstehende Einlagen auf das bisherige Grundkapital noch erlangt werden können. ²Für Versicherungsgesellschaften kann die Satzung etwas anderes bestimmen. ³Stehen Einlagen in verhältnismäßig unerheblichem Umfang aus, so hindert dies die Erhöhung des Grundkapitals nicht.

Übersicht	Rdn.		Rdn.
A. Regelungsgegenstand und -zweck	1	IV. Fehlerhaftigkeit	16
B. Kapitalerhöhungsbeschluss, Abs. 1	3	C. Sonderbeschluss, Abs. 2	17
I. Vorbereitung	3	D. Ausgabebetrag, Abs. 3	20
II. Mehrheitserfordernisse	4	I. Bestimmung des Ausgabebetrages durch die Hauptversammlung	20
1. Kapitalerhöhungsbetrag	7		
2. Form, Art und Gattung der Aktien	9	II. Konkretisierung durch die Verwaltung	22
3. Weiterer Inhalt	11	E. Ausschluss der Kapitalerhöhung bei ausstehenden Einlagen, Abs. 4	24
4. Fakultativer Inhalt	12		
III. Aufhebung und Änderung	15		

A. Regelungsgegenstand und -zweck

§ 182 AktG bestimmt die grds. Voraussetzungen der **Kapitalerhöhung gegen Einlagen**. Das AktG regelt daneben drei weitere Formen der Kapitalerhöhung, nämlich die bedingte Kapitalerhöhung (§§ 192 ff. AktG), die Kapitalerhöhung aus genehmigtem Kapital (§§ 202 ff. AktG) und die Kapitalerhöhung aus Gesellschaftsmitteln (§§ 207 ff. AktG), von denen allerdings die bedingte Kapitalerhöhung und die Kapitalerhöhung aus genehmigtem Kapital ebenfalls mit einem Mittelzufluss einhergehen, sodass der Begriff der Kapitalerhöhung gegen Einlagen in seiner Abgrenzung teilweise irreführend ist. 1

Die Kapitalerhöhung gegen Einlagen stellt eine **Satzungsänderung** dar und bedarf daher eines Beschlusses der Hauptversammlung gem. § 179 Abs. 1 Satz 1 AktG. §§ 179 bis 181 AktG sind anwendbar, soweit sich nicht aus §§ 182 ff. AktG abweichende Regelungen ergeben. Nicht anwendbar ist damit insbes. § 179 Abs. 2 AktG, der von § 182 Abs. 1 Satz 1 bis 3 AktG verdrängt wird (MüKo AktG/*Peifer* § 182 Rn. 6; *Hüffer* AktG, § 182 Rn. 3). Für das Verfahren der Kapitalerhö- 2 hung ist zwischen dem **Kapitalerhöhungsbeschluss** (§§ 182 ff. AktG) und seiner **Durchführung** (§§ 185 ff. AktG) zu unterscheiden. Die mit der Kapitalerhöhung verbundene Satzungsänderung wird erst mit Durchführung des Kapitalerhöhungsbeschlusses wirksam (§ 189 AktG).

B. Kapitalerhöhungsbeschluss, Abs. 1

I. Vorbereitung

3   Der Kapitalerhöhungsbeschluss ist gem. § 124 Abs. 2 AktG in der Tagesordnung in seinem **vollen Wortlaut bekannt zu machen**. Im Fall der Kapitalerhöhung gegen Sacheinlagen sind weiter gehende Angaben erforderlich (§ 183 Abs. 1 Satz 2 AktG). Auch ein beabsichtigter Bezugsrechtsausschluss ist in der Tagesordnung bekannt zu machen (§ 186 Abs. 4 Satz 1 AktG) und zu begründen (§ 186 Abs. 4 Satz 2 AktG).

II. Mehrheitserfordernisse

4   Der Kapitalerhöhungsbeschluss bedarf einer **Kapitalmehrheit von 3/4** des bei der Beschlussfassung vertretenen Grundkapitals. Daneben ist auch die einfache Stimmenmehrheit des § 133 Abs. 1 AktG erforderlich (*Hüffer* AktG, § 182 Rn. 7; KölnKomm AktG/*Lutter* § 182 Rn. 4 ff.; MüKo AktG/*Peifer* § 182 Rn. 15). Für die Berechnung der Kapitalmehrheit gelten die gleichen Grundsätze wie für § 179 Abs. 2 Satz 1 AktG (vgl. § 179 AktG Rdn. 13).

5   Die Satzung kann gem. ausdrücklicher Regelung in Abs. 1 Satz 2 eine **andere Kapitalmehrheit** bestimmen, nicht jedoch auf die einfache Stimmenmehrheit des § 133 Abs. 1 AktG verzichten. Mit Ausnahme der Ausgabe von Vorzugsaktien, für die nur eine größere Kapitalmehrheit zulässig ist, kann sowohl eine größere als auch eine geringere Kapitalmehrheit festgesetzt werden. Umfang und Grenzen der Satzungsautonomie bestimmen sich nach denselben Grundsätzen wie zu § 179 Abs. 2 Satz 2 AktG (vgl. § 179 AktG Rdn. 15 ff.).

6   Daneben kann die Wirksamkeit des Kapitalerhöhungsbeschlusses von weiteren Erfordernissen abhängen. Diese können sich aus dem Gesetz ergeben (z. B. § 182 Abs. 2 AktG), aber auch durch die Satzung bestimmt sein (vgl. hierzu § 179 AktG Rdn. 18).

1. Kapitalerhöhungsbetrag

7   Aus § 23 Abs. 3 Nr. 3 AktG folgt, dass die Kapitalerhöhung bei Anmeldung ihrer Durchführung (§ 188 Abs. 1 AktG) auf einen **bestimmten Betrag** lauten muss. Im Kapitalerhöhungsbeschluss selbst genügt indes die Angabe eines **Mindest- und Höchstbetrages** oder die Angabe nur eines Höchstbetrages (RGZ 55, 65, 68; 85, 207 [zur GmbH]; KG AG 2010, 494, 496; OLG Hamburg AG 2000, 327; LG Hamburg AG 1995, 93; 1999, 239 f.; *Hüffer* AktG, § 182 Rn. 12; MüKo AktG/*Peifer* § 182 Rn. 36; MünchHdb GesR IV/*Krieger* § 56 Rn. 23). Ist sicher, dass sämtliche neuen Aktien gezeichnet werden, so kommt auch die Festsetzung eines bestimmten Kapitalerhöhungsbetrages in Betracht. Zu beachten ist, dass die Durchführung der Kapitalerhöhung nur eingetragen wird, wenn das Zeichnungsergebnis sich mit dem im Beschluss angegebenen Betrag deckt (RGZ 55, 65, 67 f.) oder in die Bandbreite fällt (*Hüffer* AktG, § 182 Rn. 12). Lautet der Beschluss auf einen bestimmten Kapitalerhöhungsbetrag, ist dies i. Zw. bindend und nicht als Höchstbetrag auszulegen (KGJ 14, 23 f.; KGJ 29, A 103 zur GmbH). Die Bestimmung eines Höchstbetrags ermächtigt den Vorstand nicht, die Kapitalerhöhung in mehreren Tranchen auszunutzen (OLG München AG 2010, 88 f.).

8   Bei Festsetzung eines Mindest- oder Höchstbetrages durch die Hauptversammlung ist im Erhöhungsbeschluss ein genau bestimmter und eng zu begrenzender **Zeitraum festzulegen**, in dem die Zeichnungen vorgenommen werden können (OLG München AG 2010, 88; KGJ 14, 19, 25 f.; LG Hamburg AG 1995, 92, 93; *Hüffer* AktG, § 182 Rn. 12; KölnKomm AktG/*Lutter* § 182 Rn. 17; MüKo AktG/*Peifer* § 182 Rn. 37; GroßkommAktG/*Wiedemann* § 182 Rn. 56). Fristen bis zu 6 Monaten sind zulässig (OLG München AG 2010, 88). Ist die Durchführungsfrist so großzügig bemessen, dass die Grenze zum genehmigten Kapital überschritten wird, ist der Beschluss nach

§ 241 Nr. 3 AktG **nichtig** (KölnKomm AktG/*Lutter* § 182 Rn. 17; MüKo AktG/*Peifer* § 182 Rn. 38; *Netter* JW 1930, 3692, 3695; vgl. auch § 241 AktG Rn. 15 ff.). Ist die Frist lediglich zu lang, kann der Beschluss angefochten werden (RGZ 143, 20, 23 ff.; 144, 138, 143).

2. Form, Art und Gattung der Aktien

Die Kapitalerhöhung gegen Einlagen kann nur durch **Ausgabe neuer Aktien** ausgeführt werden. Auch bei Nennbetragsaktien kann eine Kapitalerhöhung damit nicht durch Erhöhung der Nennbeträge erfolgen (*Hüffer* AktG, § 182 Rn. 6). Bei Stückaktien sind so viele Aktien auszugeben, dass der rechnerische Nennwert unverändert bleibt. Ein Verstoß gegen § 182 Abs. 1 Satz 4, 5 AktG führt zur Anfechtbarkeit des Kapitalerhöhungsbeschlusses (*Hüffer* AktG, § 182 Rn. 17; KölnKomm AktG/*Lutter* § 182 Rn. 18; MüKo AktG/*Peifer* § 182 Rn. 39).

9

Der Kapitalerhöhungsbeschluss hat des Weiteren **Angaben zu Form, Art und Gattung** der Aktien zu enthalten. Sieht die Satzung Nennbetragsaktien vor, sind auch junge Aktien notwendig Nennbetragsaktien, da Nennbetrags- und Stückaktien nur alternativ denkbar sind (vgl. § 8 AktG Rdn. 1). Im Erhöhungsbeschluss muss daher grds. nichts hierzu bestimmt werden; festzulegen ist indes im Fall von Nennbetragsaktien der Betrag der neuen Aktien, sofern die Satzung nicht auch ihren Nennbetrag bereits bestimmt (*Hüffer* AktG, § 182 Rn. 13; MüKo AktG/*Peifer* § 182 Rn. 39; MünchHdb GesR IV/*Krieger* § 56 Rn. 24). Im Fall von Stückaktien muss der auf die einzelne Aktie entfallende anteilige Betrag des Grundkapitals nicht ausgewiesen werden; anzugeben ist jedoch wegen § 182 Abs. 1 Satz 5 AktG die Zahl der neuen Aktien (*Hüffer* AktG, § 182 Rn. 13a). Im Beschluss ist des Weiteren festzulegen, ob die neuen Aktien auf den Inhaber oder den Namen (§ 10 Abs. 1, 2 AktG; zur Abgrenzung vgl. § 10 AktG Rdn. 2 ff.) lauten, wenn nicht bereits die Satzung die Art der neuen Aktien regelt (*Hüffer* AktG, § 182 Rn. 13; MüKo AktG/*Peifer* § 182 Rn. 43; MünchHdb GesR IV/*Krieger* § 56 Rn. 24). Bei Vorhandensein verschiedener Aktiengattungen muss der Kapitalerhöhungsbeschluss die neuen Aktien den Gattungen zuordnen, und zwar unter Angabe von Zahl und Nennbetrag. Bei Begründung einer neuen Gattung müssen auch die gattungsbestimmenden Rechte und Pflichten beschrieben werden (*Hüffer* AktG, § 182 Rn. 13; MüKo AktG/*Peifer* § 182 Rn. 43; MünchHdb GesR IV/*Krieger* § 56 Rn. 24).

10

3. Weiterer Inhalt

Weiterer **zwingender** Inhalt des Kapitalerhöhungsbeschlusses ergibt sich aus § 182 Abs. 3 AktG (Festsetzung des Mindestbetrages bei Über-pari-Emission), § 183 Abs. 1 Satz 1 AktG (Kapitalerhöhung gegen Sacheinlagen), § 186 Abs. 3 Satz 1 AktG (Ausschluss des Bezugsrechts) und § 186 Abs. 5 Satz 1 AktG (Ersetzung des Bezugsrechts durch ein mittelbares Bezugsrecht).

11

4. Fakultativer Inhalt

Die Hauptversammlung kann im Kapitalerhöhungsbeschluss weitere Einzelheiten der Durchführung der Kapitalerhöhung bestimmen, z. B. eine **Frist zur Durchführung** der Kapitalerhöhung, ohne die die Kapitalerhöhung unverzüglich i. S. v. § 121 Abs. 1 Satz 1 BGB durchzuführen ist (RGZ 144, 138, 141 f.), die in § 185 Abs. 1 Nr. 4 AktG vorgeschriebene **Verfallfrist** (MünchHdb GesR IV/*Krieger* § 56 Rn. 33), den Zeitpunkt, zu dem der Teil der **Einlage fällig** wird, der nicht gem. § 188 Abs. 2 Satz 1 AktG vor Anmeldung zum Handelsregister zu zahlen ist (MünchHdb GesR IV/*Krieger* § 56 Rn. 33; KölnKomm AktG/*Lutter* § 182 Rn. 30; a. A. *Hüffer* AktG, § 182 Rn. 14), oder einen höheren Einzahlungsbetrag als den gesetzlichen Mindestbetrag (§§ 188 Abs. 2 Satz 1, 36 Abs. 2, 36a Abs. 1 AktG).

12

Ferner kann der **Beginn der Gewinnberechtigung** vorgezogen werden, und zwar auf den Beginn des laufenden Geschäftsjahres (KölnKomm AktG/*Lutter* § 182 Rn. 31; MüKo AktG/*Peifer* § 182 Rn. 57; *Hüffer* AktG, § 182 Rn. 15; MünchHdb GesR IV/*Krieger* § 56 Rn. 30) sowie auch auf den **Beginn einer früheren Periode**, solange noch nicht über die Gewinnverwendung gem. § 174 AktG

13

beschlossen ist (str.; vgl. *Hüffer* AktG, § 182 Rn. 15). Ohne entsprechende Angabe werden die neuen Aktien anlog § 60 Abs. 2 Satz 3 AktG zeitanteilig am Gewinn beteiligt (*Hüffer* AktG, § 182 Rn. 15).

14 Zur Vereinfachung der Durchführung kann der Aufsichtsrat im Erhöhungsbeschluss zur Änderung der Fassung der Satzung gem. § 179 Abs. 1 Satz 2 AktG ermächtigt werden. Ohne entsprechende Ermächtigung hat die Hauptversammlung die Satzung durch Beschluss gem. § 179 AktG anzupassen (*Hüffer* AktG, § 182 Rn. 15; a. A. MünchHdb GesR IV/*Krieger* § 56 Rn. 35).

III. Aufhebung und Änderung

15 Der Kapitalerhöhungsbeschluss kann bis zu seinem Wirksamwerden (§ 184 AktG) durch einfachen **Mehrheitsbeschluss** aufgehoben werden. Nach zutr. Auffassung kann er auch danach bis zur Eintragung der Durchführung (§ 189 AktG) durch einfachen Mehrheitsbeschluss aufgehoben werden (MüKo AktG/*Peifer* § 182 Rn. 30; wohl auch *Baumbach/Hueck* § 182 Rn. 4; a. A. [Mehrheit entspr. § 222 Abs. 1 AktG]: *Hüffer* AktG, § 182 Rn. 16; KölnKomm AktG/*Lutter* § 184 Rn. 4 und § 189 Rn. 3; MünchHdb GesR IV/*Krieger* § 56 Rn. 60). Der spätere Beschluss gegenläufiger Kapitalmaßnahmen sowie Beschlüsse, die die Grundlagen der Gesellschaft ändern (z. B. Auflösung, Verschmelzung), beinhalten i. Zw. eine konkludente Aufhebung des Erhöhungsbeschlusses (*Hüffer* AktG, § 182 Rn. 16 m. w. N.). **Nach Wirksamwerden** der Kapitalerhöhung (§ 189 AktG) ist eine Änderung des Beschlusses nicht mehr möglich. Aufhebungs- und Änderungsbeschlüsse können gegenüber Zeichnern eine Schadensersatzpflicht entsprechend § 122 BGB begründen (MüKo AktG/*Peifer* § 182 Rn. 33; *Hüffer* AktG, § 182 Rn. 16).

IV. Fehlerhaftigkeit

16 Nichtigkeit (§ 241 AktG) und Anfechtbarkeit (§§ 255 Abs. 1, 243 AktG) des Kapitalerhöhungsbeschlusses bei Verstößen gegen Gesetz oder Satzung regeln sich nach den gesetzlichen Vorschriften (vgl. ausführl. Kommentierung zu § 241 AktG bzw. §§ 255, 243 AktG).

C. Sonderbeschluss, Abs. 2

17 Sind verschiedene Gattungen von Aktien (§ 11 AktG, vgl. dort Rdn. 2 ff.) vorhanden, so bedarf der Kapitalerhöhungsbeschluss der Hauptversammlung zu seiner Wirksamkeit gem. Abs. 2 – auch im Fall der Einstimmigkeit – der **Zustimmung der Aktionäre** jeder Gattung in Form jeweils eines Sonderbeschlusses (MüKo AktG/*Peifer* § 182 Rn. 22; KölnKomm AktG/*Lutter* § 182 Rn. 10; MünchHdb GesR IV/*Krieger* § 56 Rn. 15; *Hüffer* AktG, § 182 Rn. 18; vgl. auch RGZ 148, 175, 179 f.; zweifelnd *Werner* AG 1971, 69, 74 Fn. 34). Auf Vorzugsaktien ohne Stimmrecht i. S. d. §§ 139 ff. AktG ist § 182 Abs. 2 AktG nicht anwendbar, da der Sonderbeschluss nur für den Fall des Vorhandenseins mehrerer Gattungen stimmberechtigter Aktien vorgesehen ist (vgl. auch Fraktions-Begr. BT-Drucks. 12/6721, S. 10; vgl. zum früheren Recht OLG Frankfurt am Main DB 1993, 272, 273; LG Frankfurt am Main AG 1991, 405, 406). Das Erfordernis einer Sonderbeschlussfassung ergibt sich i. d. R. jedoch aus § 141 AktG.

18 Das **Verfahren für den Sonderbeschluss** ergibt sich aus § 138 AktG. Der Sonderbeschluss bedarf gem. § 182 Abs. 2 Satz 3 i. V. m. Abs. 1 Satz 1 AktG einer **Kapitalmehrheit von 3/4** und zusätzlich gem. §§ 138 Satz 2 i. V. m. 133 Abs. 1 AktG der **(einfachen) Mehrheit** der abgegebenen Stimmen. Die Satzung kann nach § 182 Abs. 2 Satz 3 i. V. m. Abs. 1 Satz 2 auch für den Sonderbeschluss eine andere Mehrheit oder weitere Erfordernisse festsetzen; diese können auch von den Erfordernissen für den eigentlichen Kapitalerhöhungsbeschluss abweichen. Bestimmt die Satzung nur für den Kapitalerhöhungsbeschluss eine von § 182 Abs. 1 Satz 1 AktG abweichende Mehrheit oder weitere Erfordernisse, so gelten diese Bestimmungen i. Zw. auch für den Sonderbeschluss (MüKo AktG/*Peifer* § 182 Rn. 26; KölnKomm AktG/*Lutter* § 182 Rn. 10; *Hüffer* AktG, § 182 Rn. 20).

19 Der Sonderbeschluss ist ein **zusätzliches Wirksamkeitserfordernis** (RGZ 148, 175, 186 f.). Ohne Sonderbeschluss ist der Kapitalerhöhungsbeschluss schwebend unwirksam (allg. Meinung, vgl. *Hüffer* AktG, § 182 Rn. 21). Trägt das Registergericht den Kapitalerhöhungsbeschluss dennoch ein,

so kann der Sonderbeschluss nachgeholt werden. Auch kommt eine Heilung anlog § 242 Abs. 2 AktG in Betracht (MüKo AktG/*Peifer* § 182 Rn. 27; *Hüffer* AktG, § 182 Rn. 21). Ein Sonderbeschluss, der die Zustimmung verweigert, führt zur endgültigen Unwirksamkeit des Erhöhungsbeschlusses. Auf einen fehlerhaften Sonderbeschluss finden über § 138 Satz 2 AktG die §§ 241 ff. AktG entsprechende Anwendung, sodass er selbstständiger Gegenstand einer Nichtigkeits- oder Anfechtungsklage ist (*Hüffer* AktG, § 182 Rn. 21).

D. Ausgabebetrag, Abs. 3

I. Bestimmung des Ausgabebetrages durch die Hauptversammlung

Abs. 3 verlangt für die **Über-pari-Emission** (vgl. § 9 AktG Rdn. 7) die Angabe des Mindestausgabebetrages. Wird der Ausgabebetrag, was ebenfalls zulässig ist, konkret bestimmt, so ist die Verwaltung hieran gebunden (allg. Meinung, vgl. RG JW 1929, 1745; KölnKomm AktG/*Lutter* § 182 Rn. 23 m. w. N.; *Hüffer* AktG, § 182 Rn. 22). Nach allg. Meinung kann die Vorgabe eines Mindestbetrages auch mit der Vorgabe eines Höchstbetrages verbunden werden. Unzulässig ist lediglich, die Verwaltung ohne Angabe eines Mindestbetrages zur Über-pari-Emission zu verpflichten; ein entsprechender Beschluss führt zur Anfechtbarkeit nach § 255 Abs. 1 AktG (RGZ 143, 23 f.; 144, 142 f.; *Hüffer* AktG, § 182 Rn. 22; *Klette* DB 1968, 2264; a. A. MüKo AktG/*Peifer* § 182 Rn. 51 ff.).

20

Die Hauptversammlung ist in der Bestimmung der Höhe des Ausgabebetrages grds. frei (zu den maßgeblichen Bestimmungsfaktoren vgl. *Sommerschuh* AG 1966, 354 ff.). Junge Aktien dürfen jedoch nicht für weniger als den geringsten Ausgabebetrag i. S. d. § 9 Abs. 1 AktG ausgegeben werden (OLG Hamburg AG 2000, 326, 327). Ein Verstoß gegen das Verbot der Unter-pari-Emission führt zur Nichtigkeit des Kapitalerhöhungsbeschlusses nach § 243 Nr. 3 AktG (allg. Meinung, vgl. *Hüffer* AktG, § 182 Rn. 23; s. auch § 9 AktG Rdn. 2 ff., insbes. Rdn. 6). Ist der Ausgabebetrag unangemessen niedrig, so führt dies im Zusammenhang mit einem Ausschluss des Bezugsrechts (§ 186 Abs. 2 AktG) jedoch zur Anfechtbarkeit nach § 255 Abs. 2 AktG. Daraus ergibt sich, dass bei einem Ausschluss des Bezugsrechts die Aktien nicht unter Wert ausgegeben werden dürfen (BGHZ 71, 40, 50 f.; *Zöllner* ZGR 1986, 288, 303).

21

II. Konkretisierung durch die Verwaltung

Hat die Hauptversammlung nur einen **Mindestausgabebetrag** (ggf. begrenzt durch einen Höchstausgabebetrag) festgesetzt, so bestimmt die Verwaltung in den vorgegebenen Grenzen den konkreten Ausgabebetrag nach pflichtgemäßem Ermessen, arg. §§ 188 Abs. 2, 36 Abs. 2, 36a Abs. 1 AktG (G/H/E/K/*Hefermehl/Bungeroth* § 182 Rn. 71; KölnKomm AktG/*Lutter* § 182 Rn. 24; MünchHdb GesR IV/*Krieger* § 56 Rn. 25; *Klette* DB 1968, 2206; *Hüffer* AktG, § 182 Rn. 24). Die Zuständigkeit liegt grds. beim **Vorstand**, soweit nicht die Hauptversammlung die Befugnis auf den Aufsichtsrat oder auf Vorstand und Aufsichtsrat überträgt (RGZ 144, 143; KölnKomm AktG/*Lutter* § 182 Rn. 24; *Hüffer* AktG, § 182 Rn. 24; MüKo AktG/*Peifer* § 182 Rn. 48, der allerdings die Übertragung allein auf den Aufsichtsrat für unzulässig hält). Spätestens mit Beginn der Zeichnungsfrist muss der konkrete Ausgabebetrag feststehen (arg. § 185 Abs. 1 Satz 3 Nr. 2 AktG).

22

Sieht der Kapitalerhöhungsbeschluss überhaupt keinen Ausgabebetrag vor, so ist entgegen der Rechtsprechung danach zu differenzieren, ob den Aktionären ein (unmittelbares oder mittelbares) **Bezugsrecht** zusteht oder dieses ausgeschlossen ist: Steht den Aktionären ein Bezugsrecht zu, so muss die Verwaltung die neuen Aktien zum Nennbetrag bzw. zum anteiligen Betrag des Grundkapitals ausgeben; ist das Bezugsrecht ausgeschlossen, so ist sie, um die Aktionäre vor Verwässerung zu schützen, verpflichtet, zum tatsächlichen Wert der Aktie auszugeben und damit – wo möglich – über pari (so zutr. *Hüffer* AktG, § 182 Rn. 25; GroßkommAktG/*Wiedemann* § 182 Rn. 68 f.; KölnKomm AktG/*Zöllner* § 255 Rn. 12; MünchHdb GesR IV/*Krieger* § 56 Rn. 25; vgl. zur Rechtsfolge der Schadensersatzpflicht bei Ausgabe zu pari, obwohl Über-pari-Emission zulässig und möglich wäre, KölnKomm AktG/*Lutter* § 182 Rn. 27; *Klette* BB 1968, 1101, 1103 ff.). Die Rechtsprechung und Teile der Literatur nehmen demgegenüber an, die Verwaltung sei generell verpflichtet, junge Aktien zu pari auszugeben, wenn

23

der Hauptversammlungsbeschluss keinen Ausgabebetrag vorgibt (RGZ 143, 23; 144, 142 f.; BGHZ 33, 175, 178). Nach a. A. soll die Verwaltung berechtigt und verpflichtet sein, neue Aktien über pari auszugeben (*Klette* DB 1968, 2207 und 2261 ff.; MüKo AktG/*Peifer* § 182 Rn. 54).

E. Ausschluss der Kapitalerhöhung bei ausstehenden Einlagen, Abs. 4

24 Gem. Abs. 4 soll das Grundkapital nicht erhöht werden, solange ausstehende Einlagen auf das bisherige Grundkapital noch erreicht werden können. Denn in diesem Fall besteht kein Bedürfnis für eine Kapitalerhöhung. Der Begriff der Einlagen bezieht sich sowohl auf Bar- als auch auf Sacheinlagen (*Hüffer* AktG, § 182 Rn. 26; MüKo AktG/*Peifer* § 182 Rn. 59). Die Einlagen müssen **noch erlangt werden** können. Dabei ist der Versuch der Zwangsvollstreckung entbehrlich, wenn bereits feststeht, das die Zwangsvollstreckung zwecklos wäre (KölnKomm AktG/*Lutter* § 182 Rn. 37; *Hüffer* AktG, § 182 Rn. 27). Die Voraussetzung muss bei kaduzierten Aktien auch bei sämtlichen Vormännern i. S. d. § 65 AktG vorliegen (*Hüffer* AktG, § 182 Rn. 27). Sacheinlagen können nicht erlangt werden, wenn sie untergegangen sind und ein Ersatzanspruch nicht besteht oder ebenfalls nicht realisierbar ist (allg. Meinung, vgl. auch *Hüffer* AktG, § 182 Rn. 27). Nach h. M. können aber solche Einlagen i. S. d. Abs. 4 Satz 1 »erlangt« werden, die noch nicht fällig sind (h. M., vgl. KölnKomm AktG/*Lutter* § 182 Rn. 37; *Hüffer* AktG, § 182 Rn. 27; a. A. MünchHdb GesR IV/*Krieger* § 56 Rn. 4). Aus eigenen Aktien steht der Gesellschaft zwar kein Einlagenanspruch zu (§ 71b AktG); doch ist Abs. 4 entsprechend anwendbar, weil die Gesellschaft ihre eigenen Aktien veräußern und damit Eigenmittel erwerben kann (G/H/E/K/*Hefermehl/Bungeroth* § 182 Rn. 87; KölnKomm AktG/*Lutter* § 182 Rn. 35; *Hüffer* AktG, § 182 Rn. 27).

25 Es handelt sich jedoch um eine bloße **Sollvorschrift**, sodass der Verstoß nicht zur Nichtigkeit des Kapitalerhöhungsbeschlusses führt. Nach h. M. führt ein Verstoß auch nicht zur Anfechtbarkeit (KölnKomm AktG/*Lutter* § 182 Rn. 40; KölnKomm AktG/*Zöllner* § 243 Rn. 63; MünchHdb GesR IV/*Krieger* § 56 Rn. 6; a. A. *Hüffer* AktG, § 182 Rn. 29; MüKo AktG/*Peifer* § 182 Rn. 60). Im Übrigen hat das Registergericht im Fall eines Verstoßes gegen Abs. 4 Satz 1 die Eintragung des Kapitalerhöhungsbeschlusses nach § 184 AktG **abzulehnen**. Maßgeblich für die Prüfung ist der Zeitpunkt der Eintragung, sodass nach Anmeldung geleistete Einlagen zu berücksichtigen sind (*Hüffer* AktG, § 182 Rn. 30; *Lutter* NJW 1969, 1878). Wird der Erhöhungsbeschluss entgegen § 182 Abs. 4 Satz 1 AktG eingetragen und stellt sich danach ein Verstoß heraus, so ist die Eintragung der Durchführung der Kapitalerhöhung gem. § 188 AktG abzulehnen. Erfolgt die Eintragung gleichwohl, ist die Kapitalerhöhung aber wirksam (allg. Meinung, vgl. *Hüffer* AktG, § 182 Rn. 30; einschränkend KölnKomm AktG/*Lutter* § 182 Rn. 42).

26 Stehen Aktien nur in verhältnismäßig **unerheblichem Umfang** aus, so kann ausnahmsweise dennoch eine Kapitalerhöhung beschlossen werden (Abs. 4 Satz 3). Ob das Verhältnis der außenstehenden Einlagen zum satzungsmäßigen Grundkapital oder zur Summe der bis dato auf das Grundkapital geleisteten Einlagen maßgeblich ist, ist strittig (für Maßgeblichkeit des satzungsmäßigen Grundkapitals: MüKo AktG/*Peifer* § 182 Rn. 65; MünchHdb GesR IV/*Krieger* § 56 Rn. 5; für Maßgeblichkeit der geleisteten Einlagen: *Hüffer* AktG, § 182 Rn. 28; KölnKomm AktG/*Lutter* § 182 Rn. 38). Richtig ist die erstgenannte Auffassung, da sich die Frage, in welchem Umfange Einlagen ausstehen, grds. nach dem vorhandenen Kapital bemisst, nicht aber nach den tatsächlich bereits erbrachten Einlagen. Die Literatur nennt **folgende Schwellen**, bis zu deren Erreichen von einem verhältnismäßig unerheblichen Umfang außenstehender Einlagen ausgegangen werden kann: Grundkapital bis 250.000,– €: ca. 5 %; bei höherem Grundkapital ca. 1 % (*Hüffer* AktG, § 182 Rn. 28; MüKo AktG/*Peifer* § 182 Rn. 66; MünchHdb GesR IV/*Krieger* § 56 Rn. 5).

§ 183 Kapitalerhöhung mit Sacheinlagen; Rückzahlung von Einlagen

(1) ¹Wird eine Sacheinlage (§ 27 Abs. 1 und 2) gemacht, so müssen ihr Gegenstand, die Person, von der die Gesellschaft den Gegenstand erwirbt, und der Nennbetrag, bei Stückaktien die Zahl der bei der Sacheinlage zu gewährenden Aktien im Beschluß über die Erhöhung des Grundkapitals festge-

setzt werden. ²Der Beschluß darf nur gefaßt werden, wenn die Einbringung von Sacheinlagen und die Festsetzungen nach Satz 1 ausdrücklich und ordnungsgemäß bekanntgemacht worden sind.

(2) § 27 Abs. 3 und 4 gilt entsprechend.

(3) ¹Bei der Kapitalerhöhung mit Sacheinlagen hat eine Prüfung durch einen oder mehrere Prüfer stattzufinden. ²§ 33 Abs. 3 bis 5, die §§ 34, 35 gelten sinngemäß.

Übersicht

		Rdn.			Rdn.
A.	**Allgemeines**	1	IV.	Verhältnis zur Nachgründung	5
I.	Regelungsgegenstand und -zweck	1	V.	Rückzahlung von Einlagen	6
II.	Sacheinlage	2	B.	**Kapitalerhöhungsbeschluss, Abs. 1**	7
	1. Begriff	2	I.	Besonderer Inhalt	8
	2. Verdeckte Sacheinlage	3	II.	Bekanntmachung	10
III.	Sacheinlagevereinbarung	4	C.	**Prüfung, Abs. 3**	11

A. Allgemeines

I. Regelungsgegenstand und -zweck

§ 183 AktG ergänzt § 182 AktG durch Vorgabe weiteren Inhalts des Kapitalerhöhungsbeschlusses bei Sacheinlagen und bezweckt den Schutz der Gläubiger und Aktionäre vor unzureichender Kapitalaufbringung (BGH NJW 1992, 3167, 3169). 1

II. Sacheinlage

1. Begriff

Eine Legaldefinition des Begriffs Sacheinlage findet sich in § 27 Abs. 1 Satz 1 AktG. Anders als § 27 AktG erfasst § 183 AktG aber nicht die Sachübernahme, da sie eine gründungsspezifische Besonderheit ist (*Hüffer* AktG, § 183 Rn. 3). 2

2. Verdeckte Sacheinlage

Auch die verdeckte Sacheinlage (zum Begriff vgl. § 27 AktG Rdn. 10) ist Sacheinlage und führt über Abs. 2 zur Anwendbarkeit von § 27 Abs. 3 AktG. Hiernach bleibt die Geldeinlagepflicht des Aktionärs bestehen. Auf sie wird allerdings der Wert des verdeckt eingelegten Vermögensgegenstandes im Zeitpunkt der Anmeldung der Durchführung der Kapitalerhöhung zur Eintragung in das Handelsregister angerechnet. Die Anrechnung erfolgt mit Eintragung. Die Beweislast für die Werthaltigkeit des Vermögensgegenstandes trägt der Aktionär. Eine verdeckte gemischte Sacheinlage (zum Begriff vgl. § 27 AktG Rdn. 3; auch BGH ZIP 2007, 178) liegt auch dann vor, wenn eine AG innerhalb der Zwei-Jahres-Frist des § 52 Abs. 1 AktG im Zusammenhang mit einer Barkapitalerhöhung ein Austauschgeschäft mit dem Zeichner der neuen Aktien schließt und das vereinbarte Entgelt den Betrag seiner Einlageverpflichtung um ein Vielfaches übersteigt (BGHZ 173, 145, 152 ff.). Eine Besonderheit ist das sog. »**Schütt-aus-hol-zurück-Verfahren**«, bei welchem eine Dividende ausgeschüttet wird, um sie als Einlage im Rahmen einer nachfolgenden Kapitalerhöhung zu verwenden. Alternativ zu den Vorschriften über die Sachkapitalerhöhung (BGHZ 113, 335) kann dieses Verfahren auch den Vorschriften über die Kapitalerhöhung aus Gesellschaftsmitteln folgen, weil zwar keine Rücklagen, aber zumindest ein Gewinnvortrag oder Jahresüberschuss zur Kapitalerhöhung verwandt werden (BGHZ 135, 381, 384 ff. zur GmbH; vgl. auch MüKo AktG/*Peifer* § 183 Rn. 22; *Lutter/Zöllner* ZGR 1996, 164, 178 ff.). 3

III. Sacheinlagevereinbarung

Neben dem Kapitalerhöhungsbeschluss (Abs. 1) sind Rechtsgeschäfte zwischen der AG und dem Einleger erforderlich, die auf die Einbringung der Sacheinlage gerichtet sind. Durch **schuldrechtli-** 4

§ 183 AktG Kapitalerhöhung mit Sacheinlagen; Rückzahlung von Einlagen

chen Vertrag, der mit dem Zeichnungsvertrag zusammenfallen kann (*Kley* DNotZ 2003, 17, 20 ff.), verpflichtet sich der Einleger gegenüber der AG, einen bestimmten Gegenstand als Einlage einzubringen und dafür neue Aktien zu zeichnen. Aus § 188 Abs. 3 Nr. 2 AktG ergibt sich, dass **Schriftform** erforderlich ist, soweit nicht eine strengere Form (z. B. § 311b BGB) gilt (MüKo AktG/*Peifer* § 183 Rn. 47; *Hüffer* AktG, § 183 Rn. 6; a. A. GroßkommAktG/*Wiedemann* § 183 Rn. 71). Wird der Einbringungsvertrag vor der Beschlussfassung über die Kapitalerhöhung gefasst, steht er unter der aufschiebenden Bedingung, dass die Kapitalerhöhung mit der entsprechenden Sacheinlage beschlossen wird (LG Heidelberg DB 2001, 1607, 1609; MüKo AktG/*Peifer* § 183 Rn. 46). Die Einlagepflicht selbst wird alsdann durch entsprechende dingliche Verfügungsgeschäfte nach den Regelungen des BGB erfüllt, wobei § 188 Abs. 2 AktG zu beachten ist (*Hüffer* AktG, § 183 Rn. 6).

IV. Verhältnis zur Nachgründung

5 Erfolgt eine Kapitalerhöhung mit Sacheinlagen innerhalb des zeitlichen und umfänglichen Rahmens von § 52 AktG, so sind die Nachgründungsvorschriften (§§ 52, 53 AktG) neben § 183 AktG entsprechend anzuwenden. Die 10 %-Grenze aus § 52 Abs. 1 Satz 1 AktG richtet sich analog § 67 UmwG nach dem erhöhten Grundkapital sowie dem Nennbetrag der neu ausgegebenen Aktien bzw. dem auf die Stückaktien entfallenden anteiligen Betrag des Grundkapitals (*Hüffer* AktG, § 183 Rn. 5; MünchHdb GesR IV/*Hoffmann-Becking* § 4 Rn. 42; *Holzapfel/Roschmann* FS Bezzenberger 2000, 163; *Krieger* FS Claussen 1997, 223, 228; *Kubis* AG 1993, 118, 122).

V. Rückzahlung von Einlagen

6 Auch das sog. »Hin- und Her-Zahlen« ist seit Inkrafttreten des ARUG von § 183 AktG erfasst. Über die Verweisungsvorschrift in Abs. 2 gilt § 27 Abs. 4 AktG entsprechend, wonach in solchen Fällen die Einlagepflicht nur erfüllt ist, wenn der Rückzahlungsanspruch zum Zeitpunkt der Eintragung der Durchführung der Kapitalerhöhung im Handelsregister fällig und vollwertig ist. Die Rückzahlungsleistung oder die Vereinbarung über eine solche Leistung ist in der Anmeldung nach § 37 AktG anzugeben.

B. Kapitalerhöhungsbeschluss, Abs. 1

7 Abs. 1 ergänzt § 182 AktG für den Fall, dass im Rahmen der Kapitalerhöhung Sacheinlagen geleistet werden sollen. Insoweit müssen die Voraussetzungen von § 182 AktG ebenfalls erfüllt sein.

I. Besonderer Inhalt

8 Abs. 1 Satz 1 bestimmt den **besonderen Inhalt** der Kapitalerhöhung mit Sacheinlagen. Die erforderlichen Festsetzungen im Beschluss decken sich mit denen des § 27 Abs. 1 AktG (vgl. § 27 AktG Rdn. 4), allerdings bezogen auf den Erhöhungszeitpunkt (§ 189 AktG). Die Angaben müssen vollständig und genau sein. Sofern ein Geschäftsbesorger (bspw. eine Emissionsbank) als Abwicklungsstelle fungiert und zeichnet, ist diese zu benennen (*Hüffer* AktG, § 183 Rn. 9). Nach h. M. ist über die Anforderungen des Abs. 1 Satz 1 hinaus nicht der Ausgabebetrag (§ 9 AktG) festzusetzen (BGHZ 71, 40, 50 f.; MüKo AktG/*Peifer* § 183 Rn. 35; *Maier-Reimer* FS Bezzenberger 2000, 253, 260 ff.; a. A. GroßkommAktG/*Wiedemann* § 183 Rn. 51). Entsprechend der Natur der Sache geht die Kapitalerhöhung mit Sacheinlagen üblicherweise mit einem **Bezugsrechtsausschluss** einher; insoweit ist auch § 186 AktG zu beachten.

9 Fehlen die Festsetzungen oder sind sie unrichtig, so ist der Kapitalerhöhungsbeschluss gem. §§ 255 Abs. 1, 243 Abs. 1 AktG **anfechtbar** (vgl. auch § 255 AktG Rdn. 7). Der Sacheinleger ist jedoch unter Berücksichtigung von § 245 Nr. 1, 2 AktG nur dann anfechtungsbefugt, wenn er bereits zuvor Aktionär der Gesellschaft war (*Hüffer* AktG, § 183 Rn. 11; a. A. *v. Godin/Wilhelmi* § 183 Anm. 6). Im Fall des Bezugsrechtsausschlusses ist § 255 Abs. 2 AktG analog anwendbar (BGHZ 71, 40, 50 ff.; vgl. auch *Martens* FS Bezzenberger 2000, 267, 268 ff.).

II. Bekanntmachung

Die Einbringung von Sacheinlagen und die Festsetzungen nach Abs. 1 Satz 1 sind mit der Tagesordnung der Hauptversammlung gem. § 124 Abs. 1 AktG bekannt zu machen. § 121 Abs. 6 AktG ist anwendbar. Ein Verstoß führt zur Anfechtbarkeit des Kapitalerhöhungsbeschlusses gem. §§ 255, 243 Abs. 1 AktG (*Hüffer* AktG, § 121 Rn. 23; KölnKomm AktG/*Lutter* § 183 Rn. 51; MüKo AktG/*Peifer* § 183 Rn. 43; *Hoffmann-Becking* ZIP 1995, 1, 7).

C. Prüfung, Abs. 3

Kapitalerhöhungen mit Sacheinlagen sind grundsätzlich analog den Vorschriften über die Sachgründung danach zu prüfen, ob der Wert der Sacheinlagen den geringsten Ausgabebetrag (§ 9 Abs. 1 AktG) der im Gegenzug gewährten Aktien erreicht (OLG Frankfurt am Main AG 1976, 303; MüKo AktG/*Peifer* § 183 Rn. 64; *Hüffer* AktG, § 183 Rn. 16; a. A. *Priester* FS Lutter 2000, 617, 623 f: Prüfungsmaßstab ist höherer Ausgabebetrag). Die Prüfer haften entsprechend § 49 AktG (*Hüffer* AktG, § 183 Rn. 16; MüKo AktG/*Peifer* § 183 Rn. 78).

Die Prüfung hat **vor der Anmeldung** des Kapitalerhöhungsbeschlusses zum Handelsregister zu erfolgen (arg. § 184 Abs. 1 Satz 2 AktG). Bleibt der Wert der Sacheinlage nicht unwesentlich hinter dem Nennbetrag der dafür zu gewährenden Aktien zurück, so kann das Registergericht die Eintragung gem. § 184 Abs. 3 AktG ablehnen. Das Registergericht hat ein eigenes Prüfungsrecht und ist nicht an die Feststellungen des Prüfers gebunden (§§ 183 Abs. 3 Satz 2, 34 Abs. 3 AktG; MüKo AktG/*Peifer* § 183 Rn. 68 unter Hinweis auf § 26 FamFG).

Bleibt der Wert der Sacheinlage hinter dem geringsten Ausgabebetrag zurück, liegt eine **Unter-pari-Emission** vor (vgl. dazu auch § 9 AktG Rdn. 2 ff.). Diese kann jedoch nicht zur Nichtigkeit des Kapitalerhöhungsbeschlusses nach § 241 Nr. 3 AktG führen (vgl. zur Sachgründung BGHZ 29, 300, 307; a. A. *Hüffer* AktG, § 183 Rn. 20; MüKo AktG/*Peifer* § 183 Rn. 70; *Henze*, Die treuhänderische und haftungsrechtliche Stellung des Sacheinlegers, 1970, 123). Die Einleger haften verschuldensabhängig auf die Wertdifferenz in Geld. Maßgeblich ist der Zeitpunkt der Anmeldung nach § 188 AktG (*Hüffer* AktG, § 183 Rn. 21; KölnKomm AktG/*Lutter* § 183 Rn. 66; MünchHdb GesR IV/*Krieger* § 56 Rn. 49a).

Entgegen der früher h. M. (*Hüffer* AktG, § 183 Rn. 21; KölnKomm AktG/*Lutter* § 183 Rn. 66; MüKo AktG/*Peifer* § 183 Rn. 72) bezieht sich die Differenzhaftung nicht nur auf den geringsten Ausgabebetrag, sondern auch auf ein Aufgeld. (BGHZ 191, 364 Tz. 17; MünchHdb GesR IV/*Krieger* § 56 Rn. 49a). Die Beweislast für das Vorliegen und den Umfang einer Differenz trägt die Gesellschaft, die u. U. von bestimmten Beweiserleichterungen Gebrauch machen kann (OLG Düsseldorf AG 2011, 823 Tz. 50 f.).

§ 183a Kapitalerhöhung mit Sacheinlagen ohne Prüfung

(1) ¹Von einer Prüfung der Sacheinlage (§ 183 Abs. 3) kann unter den Voraussetzungen des § 33a abgesehen werden. ²Wird hiervon Gebrauch gemacht, so gelten die folgenden Absätze.

(2) ¹Der Vorstand hat das Datum des Beschlusses über die Kapitalerhöhung sowie die Angaben nach § 37a Abs. 1 und 2 in den Gesellschaftsblättern bekannt zu machen. Die Durchführung der Erhöhung des Grundkapitals darf nicht in das Handelsregister eingetragen werden vor Ablauf von vier Wochen seit der Bekanntmachung.

(3) ¹Liegen die Voraussetzungen des § 33a Abs. 2 vor, hat das Amtsgericht auf Antrag von Aktionären, die am Tag der Beschlussfassung über die Kapitalerhöhung gemeinsam fünf vom Hundert des Grundkapitals hielten und am Tag der Antragstellung noch halten, einen oder mehrere Prüfer zu bestellen. ²Der Antrag kann bis zum Tag der Eintragung der Durchführung der Erhöhung des Grundkapitals (§ 189) gestellt werden. ³Das Gericht hat vor der Entscheidung über den Antrag den Vorstand zu hören. ⁴Gegen die Entscheidung ist die Beschwerde gegeben.

(4) Für das weitere Verfahren gelten § 33 Abs. 4 und 5, die §§ 34, 35 entsprechend.

1 Auf das grundsätzliche Erfordernis einer externen Gründungsprüfung kann entsprechend den Regelungen in § 33a Abs. 1 AktG verzichtet werden, wenn es sich bei den Einlagegegenständen um Vermögenswerte handelt, für deren Bewertung bereits objektive Anhaltspunkte vorliegen, nämlich wenn es einen Börsenpreis gibt oder bereits ein Wertgutachten eines unabhängigen Sachverständigen vorliegt. In diesen Fällen ist die Werthaltigkeit der Sacheinlage durch alternative Maßstäbe festgestellt. Von der vereinfachten Sachgründung kann entsprechend kein Gebrauch gemacht werden, wenn außergewöhnliche Umstände den Börsenpreis beeinflusst haben bzw. wertaufhellende Umstände eingetreten sind. Zu den Einzelheiten vgl. § 33a AktG Rdn. 2 ff.

2 Entscheidet sich der Vorstand für die vereinfachte Sachkapitalerhöhung, so muss er das Datum des Erhöhungsbeschlusses und die Angaben nach § 37a Abs. 1 und 2 AktG in den Gesellschaftsblättern bekannt machen. § 183 Abs. 2 Satz 2 AktG ordnet daran anknüpfend für die Dauer von 4 Wochen eine Registersperre an. Durch diese wird das Antragsrecht der Aktionäre aus § 183a Abs. 3 AktG sichergestellt (RegBegr. BT-Drucks. 16/11642, S. 36; *Hüffer* AktG, § 183a Rn. 5).

3 Gem. § 183 Abs. 3 AktG kann unter den Voraussetzungen des § 33a Abs. 2 AktG eine qualifizierte Aktionärsminderheit bis zum Tag der Eintragung der Kapitalerhöhung in das Handelsregister einen Antrag auf sachverständige Neubewertung des Einlagegegenstandes stellen. Das Verfahren richtet sich gem. § 375 Nr. 3 FamFG nach den Regelungen des FamG. Hat der Antrag Erfolg, gelten für das weitere Verfahren der externen Prüfung §§ 33 Abs. 4 und 5, 34, 35 AktG.

§ 184 Anmeldung des Beschlusses

(1) ¹Der Vorstand und der Vorsitzende des Aufsichtsrats haben den Beschluß über die Erhöhung des Grundkapitals zur Eintragung in das Handelsregister anzumelden. ²In der Anmeldung ist anzugeben, welche Einlagen auf das bisherige Grundkapital noch nicht geleistet sind und warum sie nicht erlangt werden können. ³Soll von einer Prüfung der Sacheinlage abgesehen werden und ist das Datum des Beschlusses der Kapitalerhöhung vorab bekannt gemacht worden (§ 183a Abs. 2), müssen die Anmeldenden in der Anmeldung nur noch versichern, dass ihnen seit der Bekanntmachung keine Umstände im Sinne von § 37a Abs. 2 bekannt geworden sind.

(2) Der Anmeldung sind der Bericht über die Prüfung von Sacheinlagen (§ 183 Abs. 3) oder die in § 37a Abs. 3 bezeichneten Anlagen beizufügen.

(3) ¹Das Gericht kann die Eintragung ablehnen, wenn der Wert der Sacheinlage nicht unwesentlich hinter dem geringsten Ausgabebetrag der dafür zu gewährenden Aktien zurückbleibt. ²Wird von einer Prüfung der Sacheinlage nach § 183a Abs. 1 abgesehen, gilt § 38 Abs. 3 entsprechend.

Übersicht	Rdn.		Rdn.
A. Anmeldung	1	C. Inhalt der Anmeldung	5
B. Beizufügende Unterlagen	3	D. Registerverfahren	7

A. Anmeldung

1 § 184 AktG betrifft allein die Anmeldung des Kapitalerhöhungsbeschlusses. Die Kapitalerhöhung wird nicht bereits mit dieser Eintragung, sondern erst mit Eintragung ihrer Durchführung in das Handelsregister wirksam (§ 189 AktG). Die Anmeldung des Kapitalerhöhungsbeschlusses kann jedoch mit der Anmeldung der Durchführung der Kapitalerhöhung verbunden werden (§ 188 Abs. 4 AktG).

2 Die Anmeldung ist vom **Vorstand in vertretungsberechtigter Zahl** in Gemeinschaft mit dem **Aufsichtsratsvorsitzenden** vorzunehmen (*Hüffer* AktG, § 184 Rn. 3). Die Anmelder handeln im Namen der AG. Wegen der strafrechtlichen Sanktionierung fehlerhafter Versicherungen (§§ 399

Abs. 1 Nr. 4, 184 Abs. 2 AktG) ist eine Anmeldung durch Bevollmächtigte ausgeschlossen (MüKo AktG/*Peifer* § 184 Rn. 7; *Hüffer* AktG, § 184 Rn. 3; MünchHdb GesR IV/*Krieger* § 56 Rn. 56). **Unechte Gesamtvertretung** (§ 78 Abs. 3 AktG, vgl. § 78 AktG Rdn. 15 f.) ist nach zutr. Auffassung zulässig (KG JW 1938, 31, 21; MüKo AktG/*Peifer* § 184 Rn. 7; *Hüffer* AktG, § 184 Rn. 3; a. A. GroßkommAktG/*Wiedemann* § 184 Rn. 11). Der verhinderte Aufsichtsratsvorsitzende kann sich durch seinen **Stellvertreter** vertreten lassen (§ 107 Abs. 1 Satz 3 AktG; vgl. auch *Kropff* RegBegr., 253). Die Anmeldung richtet sich an das Amtsgericht des Satzungssitzes. Die Anmeldung bedarf öffentlich beglaubigter Form (§ 12 Abs. 1 HGB).

B. Beizufügende Unterlagen

Im Fall der regulären Kapitalerhöhung mit Sacheinlagen ist der Anmeldung der **Bericht über die Prüfung** von Sacheinlagen (§ 183 Abs. 3 AktG) beizufügen. Hat der Vorstand von der Möglichkeit des § 183a AktG Gebraucht gemacht (Kapitalerhöhung mit Sacheinlagen ohne Prüfung), so sind die in § 37a Abs. 3 AktG bezeichneten Anlagen beizufügen, d. h. Unterlagen über die Ermittlung des gewichteten Durchschnittspreises einzubringender Wertpapiere oder Geldmarktinstrumente und/oder jedes Sachverständigengutachten, auf das sich die Bewertung anderer Vermögensgegenstände stützt.

Des Weiteren sind alle Unterlagen beizufügen, die das Gericht zur Prüfung der Wirksamkeit des Kapitalerhöhungsbeschlusses benötigt. Das sind insbesondere die Niederschrift des Kapitalerhöhungsbeschlusses (§ 130 AktG) und etwaiger Sonderbeschlüsse (§ 182 Abs. 2 AktG). Sämtliche Unterlagen sind nach § 9 HGB elektronisch einzureichen.

C. Inhalt der Anmeldung

Neben dem eigentlichen Inhalt des Kapitalerhöhungsbeschlusses ist dem Registergericht gegenüber anzugeben, welche Einlagen auf das bisherige Grundkapital noch nicht geleistet sind und warum sie nicht erlangt werden können. Dies ermöglicht eine Prüfung nach § 182 Abs. 4 AktG.

Bei der vereinfachten Sachkapitalerhöhung nach § 183a AktG haben die Anmelder außerdem zu versichern, dass ihnen seit der Bekanntmachung gem. § 183a Abs. 2 AktG keine Umstände bekannt geworden sind, welche die Bewertung der Sacheinlage infrage stellen. Über den Gesetzeswortlaut hinaus setzt dies nicht nur die vorangegangene Bekanntmachung des Datums des Kapitalerhöhungsbeschlusses voraus, sondern auch die Veröffentlichung der Angaben nach § 37a Abs. 1 und 2 AktG (*Hüffer* AktG, § 184 Rn. 2 unter Hinweis auf RegBegr BT-Drucks. 16/11642, S. 37).

D. Registerverfahren

Das Gericht nimmt eine **formelle und materielle Prüfung** vor. Die formelle Prüfung bezieht sich auf die eigene Zuständigkeit, die Vertretungsbefugnis der Anmelder, die Form der Anmeldung und die Vollständigkeit und Ordnungsmäßigkeit der beizufügenden Unterlagen. In materieller Hinsicht wird die Rechtmäßigkeit des Zustandekommens und Inhalts des Kapitalerhöhungsbeschlusses geprüft (*Hüffer* AktG, § 184 Rn. 6).

Das Gericht prüft auch, ob der Wert der Sacheinlage den geringsten Ausgabebetrag der dafür zu gewährenden Aktien erreicht. Entgegen dem Gesetzeswortlaut hat das Registergericht bei nicht unwesentlicher Unterschreitung des geringsten Ausgabebetrages keinen Ermessensspielraum, sondern muss die Eintragung ablehnen (*Hüffer* AktG, § 184 Rn. 6). Bei der vereinfachten Sachkapitalerhöhung ist die Prüfungsbefugnis auf offenkundige Fehlbewertungen beschränkt (MüKo AktG/*Peifer* § 184 Rn. 22, 24).

Zu den Rechtsmitteln gegen registergerichtliche Entscheidungen vgl. § 181 AktG Rdn. 14. Gegen bereits erfolgte (fehlerhafte) Eintragungen besteht kein Rechtsmittel. Eine Berichtigung kann nur durch Anregung eines Amtslöschungsverfahrens erreicht werden (MüKo AktG/*Peifer* § 184 Rn. 32).

§ 185 Zeichnung der neuen Aktien

(1) ¹Die Zeichnung der neuen Aktien geschieht durch schriftliche Erklärung (Zeichnungsschein), aus der die Beteiligung nach der Zahl und bei Nennbetragsaktien dem Nennbetrag und, wenn mehrere Gattungen ausgegeben werden, der Gattung der Aktien hervorgehen muß. ²Der Zeichnungsschein soll doppelt ausgestellt werden. ³Er hat zu enthalten

1. den Tag, an dem die Erhöhung des Grundkapitals beschlossen worden ist;
2. den Ausgabebetrag der Aktien, den Betrag der festgesetzten Einzahlungen sowie den Umfang von Nebenverpflichtungen;
3. die bei einer Kapitalerhöhung mit Sacheinlagen vorgesehenen Festsetzungen und, wenn mehrere Gattungen ausgegeben werden, den auf jede Aktiengattung entfallenden Betrag des Grundkapitals;
4. den Zeitpunkt, an dem die Zeichnung unverbindlich wird, wenn nicht bis dahin die Durchführung der Erhöhung des Grundkapitals eingetragen ist.

(2) Zeichnungsscheine, die diese Angaben nicht vollständig oder die außer dem Vorbehalt in Absatz 1 Nr. 4 Beschränkungen der Verpflichtung des Zeichners enthalten, sind nichtig.

(3) Ist die Durchführung der Erhöhung des Grundkapitals eingetragen, so kann sich der Zeichner auf die Nichtigkeit oder Unverbindlichkeit des Zeichnungsscheins nicht berufen, wenn er auf Grund des Zeichnungsscheins als Aktionär Rechte ausgeübt oder Verpflichtungen erfüllt hat.

(4) Jede nicht im Zeichnungsschein enthaltene Beschränkung ist der Gesellschaft gegenüber unwirksam.

Übersicht	Rdn.			Rdn.
A. Allgemeines	1		1. Individuelle Angaben	11
I. Regelungsgegenstand	1		2. Allgemeine Angaben	13
II. Zeichnungsvertrag	2	C.	Fehlerhafte Zeichnung, Abs. 2	18
1. Zustandekommen und Rechtsnatur	2	I.	Nichtigkeit	18
2. Fehlerhafte Zeichnungsverträge	5	II.	Rechtsfolgen	20
B. Zeichnung	7	D.	Heilung, Abs. 3	21
I. Zeichner	7	I.	Voraussetzungen	21
II. Zeitpunkt	8	II.	Rechtsfolgen	24
III. Form	9	E.	Beschränkungen, Abs. 4	25
IV. Inhalt	11			

A. Allgemeines

I. Regelungsgegenstand

1 § 185 AktG regelt **Inhalt und Form neuer Aktien** sowie die Rechtsfolgen im Fall der Nichteinhaltung der gesetzlichen Anforderungen. Die Vorschrift gilt für Barkapitalerhöhungen wie für Sachkapitalerhöhungen, insbes. wird die Zeichnung nicht durch die Sacheinlagevereinbarung ersetzt. Eine Zeichnung ist generell erforderlich, auch im Fall eines gesetzlichen oder vertraglichen Bezugsrechts oder bei Nutzung eines genehmigten Kapitals. Für die bedingte Kapitalerhöhung gilt hingegen § 198 Abs. 2 AktG. Auch bei der Kapitalerhöhung zur Durchführung einer Verschmelzung gilt § 185 AktG wegen § 69 Abs. 1 Satz 1 UmwG nicht (vgl. insgesamt *Hüffer* AktG, § 185 Rn. 2).

II. Zeichnungsvertrag

1. Zustandekommen und Rechtsnatur

2 Die Zeichnung, die durch den Zeichnungsschein als schriftliche Erklärung erfolgt, ist eine **empfangsbedürftige Willenserklärung**. Mit der korrespondierenden Willenserklärung der AG, die gem. § 151 Satz 1 BGB dem Zeichner gegenüber nicht erklärt zu werden braucht, kommt ein Zeichnungsvertrag zustande. Dieser ist kein gegenseitiger Vertrag i. S. d. §§ 320 ff. BGB, sondern ein **unvollkommen**

zweiseitig verpflichtender Vertrag, mit dem die AG sich verpflichtet, dem Zeichner im festgelegten Umfang Mitgliedsrechte zuzuteilen, wenn die Kapitalerhöhung durchgeführt wird. Eine Verpflichtung zur Durchführung der Kapitalerhöhung wird nicht begründet. Der Zeichner verpflichtet sich seinerseits, Aktien im festgelegten Umfang anzunehmen und die vor Anmeldung fällige Mindesteinlage zu zahlen oder Sacheinlage zu erbringen. Der Zeichner wird nicht bereits mit Zustandekommen des Zeichnungsvertrages Aktionär, sondern erst mit Eintragung der Durchführung der Kapitalerhöhung im Handelsregister, da gem. § 189 AktG erst dann das Mitgliedsrecht entsteht (RGZ 55, 65, 67; 79, 174, 177; *Hüffer* AktG, § 185 Rn. 4; KölnKomm AktG/*Lutter* § 185 Rn. 19, 34; *Lutter* FS Schilling 1973, 207, 217, 228 f.; z. T. abw. MüKo AktG/*Peifer* § 185 Rn. 32 ff.; *Schleyer* AG 1957, 145).

Wurden mehr Aktien gezeichnet, als die AG auf Basis des Kapitalerhöhungsbeschlusses ausgeben kann (**Überzeichnung**) sind zunächst Zeichner, denen ein Bezugsrecht (§§ 186, 187 AktG) zusteht, zu bedienen, im Übrigen ist die AG unter Berücksichtigung des Gleichbehandlungsgebots von Aktionären (§ 53a AktG) in der Zuteilung grds. frei (*Hüffer* AktG, § 185 Rn. 25; MüKo AktG/*Peifer* § 185 Rn. 31; a. A. KölnKomm AktG/*Lutter* § 185 Rn. 26). Sind mehr Zeichnungsverträge abgeschlossen als Aktien ausgegeben werden können, so sind ebenfalls zunächst Zeichner zu bedienen, denen einen Bezugsrecht zusteht. Im Übrigen sind nach Erreichen des Erhöhungsbetrages abgeschlossene Zeichnungsverträge zwar gem. § 311a Abs. 1 BGB gültig, eine Erfüllungspflicht entsteht jedoch gem. § 275 Abs. 1 BGB nicht. Die betroffenen Zeichner können lediglich Schadens- oder Aufwendungsersatzansprüche nach § 311a Abs. 2 BGB oder Bereicherungsansprüche geltend machen. 3

Vom Zeichnungsvertrag abzugrenzen ist ein **Vorvertrag zur Zeichnung von Aktien**, mit dem sich der Anleger zur späteren Zeichnung verpflichtet. Entsprechend § 185 Abs. 1 Satz 1 AktG gilt auch für diesen Schriftform, das Erfordernis der Angabe von Zahl, ggf. Aktiengattung und im Fall von Nennbetragsaktien – Nennbetrag. Des Weiteren sind die Angaben nach § 185 Abs. 3 Nr. 2 und 3 AktG erforderlich. Die Laufzeit ist entsprechend § 185 Abs. 1 Satz 3 Nr. 4 AktG zu begrenzen, auch wenn der Zeitpunkt des Kapitalerhöhungsbeschlusses noch nicht feststeht (OLG Frankfurt am Main NZG 2001, 758; *Blaurock* FS Rittner 1991, 33; *Hergeth/Eberl* NZG 2003, 205, 208). 4

2. Fehlerhafte Zeichnungsverträge

Zeichnungen und Zeichnungsverträge, die auf nichtigen oder nach Anfechtung für nichtig erklärten Kapitalerhöhungsbeschlüssen beruhen, sind gem. § 158 Abs. 2 BGB unwirksam. Die Zeichner werden auch dann nicht Aktionär, wenn eine Eintragung im Handelsregister erfolgt, können aber entsprechend § 277 Abs. 2 AktG zur Leistung der Einlage verpflichtet sein (RGZ 143, 394, 399; 144, 138, 141; KölnKomm AktG/*Lutter* § 185 Rn. 36; MüKo AktG/*Peifer* § 185 Rn. 62; MünchHdb GesR IV/*Krieger* § 56 Rn. 124; teilw. abw. *Schleyer* AG 1957, 145, 146). 5

Auf einen fehlerhaften Zeichnungsvertrag und die ihn begründenden Willenserklärungen finden bis zur Eintragung der Durchführung der Kapitalerhöhung die **allg. Vorschriften über fehlerhafte Rechtsgeschäfte** Anwendung, insbes. §§ 104 ff., 117 ff., 123, 134 und 138 BGB. Nach Eintragung können aus der Fehlerhaftigkeit keinerlei Rechte mehr hergeleitet werden (RGZ 88, 187, 188 zur GmbH; 124, 279, 287 f.; 147, 257, 270 zur Genossenschaft; KölnKomm AktG/*Lutter* § 185 Rn. 15 und 18; *Hüffer* AktG, § 185 Rn. 28; MüKo AktG/*Peifer* § 185 Rn. 61 und 188). Verlangt werden kann nur die Vermittlung der entgeltlichen Übernahme der Aktien durch Dritte über die AG oder die Herabsetzung des Kapitals. Leistet der Zeichner die Mindesteinlage nicht, so kann die AG dennoch vor Eintragung der Durchführung der Kapitalerhöhung Ansprüche aus § 281 BGB geltend machen, nach Eintragung hingegen nur noch aus §§ 63 ff. AktG. Der Zeichner hat seinerseits gegen die AG keine Rechte aus § 281 BGB und kann sich auch nicht auf § 320 BGB berufen (OLG Schleswig AG 2003, 524, 525; MüKo AktG/*Peifer* § 185 Rn. 70). §§ 275 ff., 322 BGB können allenfalls bei der Kapitalerhöhung mit Sacheinlagen anwendbar sein, allerdings mit der Folge einer Verpflichtung zur Leistung der Einlage in Geld (KölnKomm AktG/*Lutter* § 185 Rn. 22; MüKo AktG/*Peifer* § 185 Rn. 69; *Hüffer* AktG, § 185 Rn. 30). 6

B. Zeichnung

I. Zeichner

7 Zeichner kann nur sein, wer auch **gründerfähig** (§ 2 AktG Rdn. 3) ist. Stellvertretung, auch mittelbare, ist zulässig (BGHZ 21, 378, 381; RGZ 63, 96, 97f.). Die Vollmacht bedarf ebenso wie eine Genehmigung keiner besonderen Form (*Hüffer* AktG, § 185 Rn. 5). Die AG selbst kann keine eigenen Aktien zeichnen (§ 56 AktG).

II. Zeitpunkt

8 Die Zeichnung kann **ab der Beschlussfassung** der Hauptversammlung über die Kapitalerhöhung und **bis zur Anmeldung der Durchführung** der Kapitalerhöhung erfolgen. Eine Zeichnung kann trotz der Angaben gem. Abs. 1 Satz 3 Nr. 1 auch bereits erfolgen, wenn der Kapitalerhöhungsbeschluss noch nicht vorliegt; in diesem Fall darf die AG das Angebot auf Abschluss eines Zeichnungsvertrages aber erst nach Beschlussfassung annehmen (*Hüffer* AktG, § 185 Rn. 6; MüKo AktG/*Peifer* § 185 Rn. 29; *Blaurock* FS Rittner 1991, 33, 36; *Kley* RNotZ 2003, 17, 30; a.A. KGJ 19, 5, 9; GroßkommAktG/*Wiedemann* § 185 Rn. 2).

III. Form

9 Abs. 1 Satz 1 verlangt für die Zeichnung **Schriftform**, d.h. gem. § 126 BGB schriftliche Fixierung des Inhalts sowie Unterzeichnung durch eigenhändige Unterschrift. Eine Heilung der formnichtigen Erklärung ist nicht möglich, allerdings kommt nach h.M. in Betracht, dass sich der Zeichner wegen widersprüchlichen Verhaltens nicht auf den Formmangel berufen darf, wenn die Voraussetzungen des § 185 Abs. 3 AktG im Übrigen vorliegen (MüKo AktG/*Peifer* § 185 Rn. 54; *Hüffer* AktG, § 185 Rn. 21; a.A. MünchHdb GesR IV/*Krieger* § 56 Rn. 123). Die Schriftform betrifft nur die Erklärung des Zeichners; die korrespondierende Willenserklärung der AG ist formfrei (*Hüffer* AktG, § 185 Rn. 7).

10 Der **Zeichnungsschein** soll **doppelt ausgestellt** werden, wobei die Zweitschrift wegen § 188 Abs. 3 Nr. 1 AktG spätestens bei Anmeldung der Durchführung der Kapitalerhöhung zum Handelsregister vorliegen muss. Es handelt sich bei Abs. 1 Satz 2 um eine **Sollvorschrift**, sodass die Wirksamkeit der Zeichnungserklärung im Fall der Nichtbeachtung unberührt bleibt (*Hüffer* AktG, § 185 Rn. 8; MüKo AktG/*Peifer* § 185 Rn. 12; KölnKomm AktG/*Lutter* § 185 Rn. 47). Stimmen die beiden Ausfertigungen des Zeichnungsscheins inhaltlich nicht überein, so ist der Inhalt durch Auslegung zu ermitteln (MüKo AktG/*Peifer* § 185 Rn. 55).

IV. Inhalt

1. Individuelle Angaben

11 Der Inhalt der Zeichnungserklärung ergibt sich aus Abs. 1 Satz 1 und 3. Die Angaben nach Satz 1 sind der subjektiven Auslegung gem. §§ 133, 157 BGB zugänglich, bei der als Auslegungshilfe insbes. der Text des Kapitalerhöhungsbeschlusses herangezogen werden kann (RGZ 85, 284, 287f.; 118, 269, 272f.). Neben den dort explizit aufgeführten Angaben ist zum individuellen Inhalt des Zeichnungsscheins auch die **Person des Zeichners** in individualisierbarer Weise zu bezeichnen (*Hüffer* AktG, § 185 Rn. 10).

12 Die **künftige Beteiligung** ist nach Zahl und ggf. Aktiengattung, bei Nennbetragsaktien auch nach Nennbetrag anzugeben. Gemeint ist der Nennbetrag der einzelnen Aktie, nicht der gesamte Nennbetrag aller gezeichneten Aktien. Es genügt, wenn die Zahl der Aktien jeden Nennbetrags durch Auslegung bestimmt werden kann (RGZ 85, 284, 288; 118, 269, 272f.; *Hüffer* AktG, § 185 Rn. 11, MüKo AktG/*Peifer* § 185 Rn. 15; a.A. KölnKomm AktG/*Lutter* § 185 Rn. 38). Die Angabe des anteiligen Betrages am Grundkapital ist für Stückaktien nicht erforderlich.

2. Allgemeine Angaben

Abs. 1 Satz 3 verlangt zum Inhalt der Zeichnungserklärung weitere allgemeine Angaben, die überwiegend den Inhalt des Kapitalerhöhungsbeschlusses wiedergeben. Im Fall des Fehlens oder der Unvollständigkeit dieser Angaben bestimmen sich die Rechtsfolgen nach Abs. 2. Über die im Einzelnen aufgeführten Punkte hinaus ist zunächst die AG als Adressat der Zeichnungserklärung zu bezeichnen (RGZ 85, 284, 287; vgl. auch *Hüffer* AktG, § 185 Rn. 12). 13

Nr. 1 verlangt die Angabe des **Datums der Beschlussfassung** über die Kapitalerhöhung, nicht das Datum etwaiger nachträglicher Sonderbeschlüsse (MüKo AktG/*Peifer* § 185 Rn. 19; KölnKomm AktG/*Lutter* § 185 Rn. 39; *Hüffer* AktG, § 185 Rn. 12; a. A. *v. Godin/Wilhelmi* § 185 Anm. 8). 14

Gem. Nr. 2 sind die **Ausgabebetrag der Aktien** (vgl. zur Begriffsverwendung OLG Hamm BB 1982, 964; LG Frankfurt am Main AG 1992, 240), der **Betrag der festgesetzten Einzahlungen** und der **Umfang von Nebenverpflichtungen** anzugeben. Zum Ausgabebetrag vgl. § 182 AktG Rdn. 20 ff. Der Betrag der festgesetzten Einzahlungen ist der nach §§ 188 Abs. 2, 36 Abs. 2 AktG vor Anmeldung der Durchführung der Kapitalerhöhung einzuzahlende Betrag (gesetzlicher Mindestbetrag oder höherer Ausgabebetrag). Die entsprechende Angabe entfällt bei der Sachkapitalerhöhung. An ihrer Stelle ist die **Sacheinlage** zu bezeichnen (MüKo AktG/*Peifer* § 185 Rn. 17; *Hüffer* AktG, § 185 Rn. 10). Nebenverpflichtungen sind solche i. S. d. § 55 AktG. 15

Nach Nr. 3 sind im Fall der Kapitalerhöhung mit Sacheinlagen die Festsetzungen nach § 183 Abs. 1 Satz 1 AktG zu wiederholen. Bei einer **gemischten Einlage** (vgl. § 27 AktG Rdn. 8) sind die Angaben auch im Zeichnungsschein der Barzeichner aufzunehmen (*Hüffer* AktG, § 185 Rn. 13; KölnKomm AktG/*Lutter* § 185 Rn. 41). Im Fall der Ausgabe **mehrer Aktiengattungen** (§ 11 AktG) ist außerdem der Betrag des Grundkapitals, der auf die Aktiengattungen jeweils entfällt, anzugeben. 16

Gem. Nr. 4 muss der Zeichnungsschein schließlich den **Zeitpunkt** bestimmen, zu dem die Zeichnung unverbindlich wird, wenn nicht bis dahin die Durchführung der Kapitalerhöhung im Handelsregister eingetragen ist. Der Zeitpunkt muss für alle Zeichner gleich bestimmt und so gewählt werden, dass eine unangemessene lange Bindung ausgeschlossen ist. Anzugeben sind ein **konkretes Datum** oder Vorgaben, die dieses Datum kalendermäßig bestimmbar sein lassen (*Hüffer* AktG, § 185 Rn. 14). Rechtlich handelt es sich um eine Verknüpfung einer auflösenden Rechtsbedingung mit einer Zeitbestimmung. Bei nicht rechtzeitiger Eintragung gilt § 158 Abs. 2 BGB analog (BGH NJW 1999, 1252, 1253; OLG Stuttgart AG 2012, 422; OLG Hamm AG 1981, 53). Die Rechte und Pflichten aus dem Zeichnungsvertrag gehen unter (vgl. dazu i. E. RGZ 55, 65, 68). Der Fristablauf und der damit verbundene Eintritt der Unverbindlichkeit der Zeichnung führt zu einem endgültigen Eintragungshindernis; eine Nachbesserung ist nicht möglich (OLG Stuttgart AG 2012, 422; krit. *Ehmann* GWR 2013, 429). 17

C. Fehlerhafte Zeichnung, Abs. 2

I. Nichtigkeit

Für Zeichnungsscheine, die die in Abs. 1 vorgegebenen **Angaben nicht vollständig** enthalten, bestimmt Abs. 2 Alt. 1 als Rechtsfolge die Nichtigkeit. Die Vorschrift betrifft in erster Linie das Fehlen allgemeiner Angaben, das Fehlen individueller nur, wenn sie sich nicht im Wege der Auslegung ermitteln lassen (RGZ 85, 284, 287 f.). Von einer Unvollständigkeit ist auszugehen, wenn die Angaben ganz oder teilweise fehlen oder inhaltlich den Anforderungen des Abs. 1 nicht genügen (MüKo AktG/*Peifer* § 185 Rn. 41; *Hüffer* AktG, § 185 Rn. 15). 18

Nichtigkeit ist auch für den Fall vorgesehen, dass der Zeichnungsschein **Beschränkungen der Verpflichtung** des Zeichners enthält, die über die Verbindlichkeitsfrist des Abs. 1 Nr. 4 hinausgehen. Erfasst sind auch Befristungen und Bedingungen, nicht aber die Vorgabe einer Annahmefrist nach § 148 BGB oder ein von der AG gewährtes befristetes Widerrufsrecht (LG Frankfurt am Main AG 1999, 472; *Hüffer* AktG, § 185 Rn. 15; MüKo AktG/*Peifer* § 185 Rn. 44; *Lutter* FS Schilling 1973, 207, 217; vgl. zur GmbH auch RGZ 83, 256, 258). 19

II. Rechtsfolgen

20 Im Fall der Nichtigkeit kann der Zeichner eine etwa bereits **geleistete Einlage** nach § 812 Abs. 1 Satz 1 BGB **zurückverlangen** (*Hüffer* AktG, § 185 Rn. 16). Trägt das Gericht trotz eines nichtigen Zeichnungsscheines ein, wird die Kapitalerhöhung wirksam, die fehlerhafte Zeichnung aber nur unter den Voraussetzungen des § 183 Abs. 3 AktG geheilt. Mangels Heilung stehen die betroffenen Aktien der AG selbst zu, die entsprechend § 71c Abs. 1 und 3 AktG zur Verwertung oder Einziehung (§ 237 AktG) verpflichtet ist (KölnKomm AktG/*Lutter* § 185 Rn. 53; MüKo AktG/*Peifer* § 185 Rn. 46; *Hüffer* AktG, § 185 Rn. 16).

D. Heilung, Abs. 3

I. Voraussetzungen

21 Die Heilungsvorschrift des Abs. 3 bezieht sich sowohl auf den nichtigen Zeichnungsschein i. S. v. Abs. 2 als auch auf seine Unverbindlichkeit wegen Fristablaufs i. S. v. Abs. 1 Satz 3 Nr. 4 (*Hüffer* AktG, § 185 Rn. 17). In beiden Fällen kommt es trotz fehlender Wirksamkeit des Zeichnungsscheins zu einer Heilung, wenn die Durchführung der Kapitalerhöhung **im Handelsregister eingetragen** ist (§ 189 AktG) und der Zeichner aufgrund des Zeichnungsscheins als Aktionär **Rechte ausgeübt** oder **Verpflichtungen erfüllt** hat.

22 Nach wohl h. M. übt der Zeichner als Aktionär seine Rechte aufgrund des Zeichnungsscheins bereits dann aus, wenn er die **Aktienurkunde annimmt**. Weitere **Tatbestände der Rechtsausübung** sind bspw. der Bezug von Dividenden, die Ausübung des Bezugsrechts nach § 186 AktG, die Teilnahme an der Hauptversammlung, ein Antrag gem. § 122 AktG, die Ausübung der Rechte aus § 175 Abs. 2 Satz 2 AktG oder der Abschluss von Rechtsgeschäften über die Aktien. Unzureichend sind Anfragen an den Vorstand außerhalb der Hauptversammlung (*Hüffer* AktG, § 185 Rn. 18; MüKo AktG/*Peifer* § 185 Rn. 50; KölnKomm AktG/*Lutter* § 185 Rn. 57).

23 Von einer **Erfüllung von Verpflichtungen** ist auszugehen, wenn der Zeichner nach Eintragung der Durchführung der Kapitalerhöhung auf eine etwaige Resteinlage leistet (OLG Düsseldorf LZ 1916, 1059 f.). Ob eine Leistung auf die Einlage vor Eintragung ebenfalls zu einer Heilung führt, ist streitig (bejahend OLG Düsseldorf LZ 1916, 1059 f.; *v. Godin/Wilhelmi* § 185 Anm. 13; dagegen *Hüffer* AktG, § 185 Rn. 19; MüKo AktG/*Peifer* § 185 Rn. 51; KölnKomm AktG/*Lutter* § 185 Rn. 57; GroßkommAktG/*Wiedemann* § 185 Rn. 56; MünchHdb GesR IV/*Krieger* § 56 Rn. 123). Zu denken ist daneben an die Erfüllung von Nebenverpflichtungen i. S. v. § 55 AktG aufgrund des Zeichnungsscheins (MüKo AktG/*Peifer* § 185 Rn. 51).

II. Rechtsfolgen

24 Im Fall einer Heilung können sich der Zeichner und über den Wortlaut von Abs. 3 hinaus auch die AG nicht auf die Nichtigkeit oder Unverbindlichkeit des Zeichnungsscheins berufen. Der Zeichner wird bezogen auf den Tag der Eintragung der Durchführung der Kapitalerhöhung im Handelsregister mit allen Rechten und Pflichten Aktionär und der Inhalt des Zeichnungsscheins wird – ggf. nach entsprechender Ergänzung der fehlenden Festsetzungen auf Grundlage des Kapitalerhöhungsbeschlusses – wirksam, mit Ausnahme unzulässiger Beschränkungen i. S. v. Abs. 2 Alt. 2 (MüKo AktG/*Peifer* § 185 Rn. 52; KölnKomm AktG/*Lutter* § 185 Rn. 63; *Hüffer* AktG, § 185 Rn. 20).

E. Beschränkungen, Abs. 4

25 Beschränkungen, die nicht im Zeichnungsschein enthalten sind, sind gem. Abs. 4 der Gesellschaft gegenüber **unwirksam** und gelten als von Anfang an nicht getroffen. Die Wirksamkeit der Zeichnung im Übrigen wird hierdurch nicht berührt (*Hüffer* AktG, § 185 Rn. 22).

§ 186 Bezugsrecht

(1) ¹Jedem Aktionär muß auf sein Verlangen ein seinem Anteil an dem bisherigen Grundkapital entsprechender Teil der neuen Aktien zugeteilt werden. ²Für die Ausübung des Bezugsrechts ist eine Frist von mindestens zwei Wochen zu bestimmen.

(2) ¹Der Vorstand hat den Ausgabebetrag oder die Grundlagen für seine Festlegung und zugleich eine Bezugsfrist gemäß Absatz 1 in den Gesellschaftsblättern bekannt zu machen. ²Sind nur die Grundlagen der Festlegung angegeben, so hat er spätestens drei Tage vor Ablauf der Bezugsfrist den Ausgabebetrag in den Gesellschaftsblättern und über ein elektronisches Informationsmedium bekannt zu machen.

(3) ¹Das Bezugsrecht kann ganz oder zum Teil nur im Beschluß über die Erhöhung des Grundkapitals ausgeschlossen werden. ²In diesem Fall bedarf der Beschluß neben den in Gesetz oder Satzung für die Kapitalerhöhung aufgestellten Erfordernissen einer Mehrheit, die mindestens drei Viertel des bei der Beschlußfassung vertretenen Grundkapitals umfaßt. ³Die Satzung kann eine größere Kapitalmehrheit und weitere Erfordernisse bestimmen. ⁴Ein Ausschluß des Bezugsrechts ist insbesondere dann zulässig, wenn die Kapitalerhöhung gegen Bareinlagen zehn vom Hundert des Grundkapitals nicht übersteigt und der Ausgabebetrag den Börsenpreis nicht wesentlich unterschreitet.

(4) ¹Ein Beschluß, durch den das Bezugsrecht ganz oder zum Teil ausgeschlossen wird, darf nur gefaßt werden, wenn die Ausschließung ausdrücklich und ordnungsgemäß bekanntgemacht worden ist. ²Der Vorstand hat der Hauptversammlung einen schriftlichen Bericht über den Grund für den teilweisen oder vollständigen Ausschluß des Bezugsrechts zugänglich zu machen; in dem Bericht ist der vorgeschlagene Ausgabebetrag zu begründen.

(5) ¹Als Ausschluß des Bezugsrechts ist es nicht anzusehen, wenn nach dem Beschluß die neuen Aktien von einem Kreditinstitut oder einem nach § 53 Abs. 1 Satz 1 oder § 53b Abs. 1 Satz 1 oder Abs. 7 des Gesetzes über das Kreditwesen tätigen Unternehmen mit der Verpflichtung übernommen werden sollen, sie den Aktionären zum Bezug anzubieten. ²Der Vorstand hat dieses Bezugsangebot mit den Angaben gemäß Absatz 2 Satz 1 und einen endgültigen Ausgabebetrag gemäß Absatz 2 Satz 2 bekannt zu machen; gleiches gilt, wenn die neuen Aktien von einem anderen als einem Kreditinstitut oder Unternehmen im Sinne des Satzes 1 mit der Verpflichtung übernommen werden sollen, sie den Aktionären zum Bezug anzubieten.

Übersicht	Rdn.			Rdn.
A. Regelungsgegenstand und -zweck	1		a) Barkapitalerhöhung	19
B. Gesetzliches Bezugsrecht, Abs. 1	3		b) Sachkapitalerhöhung	20
I. Gegenstand	3		5. Gerichtliche Kontrolle	21
II. Bezugsberechtigte	6		6. Barkapitalerhöhung zum Börsenpreis	23
III. Bezugserklärung	8	III.	Faktischer Bezugsrechtsausschluss	27
IV. Verstoß	11	IV.	Bericht des Vorstands	28
C. Bekanntmachung, Abs. 2	12		1. Zugänglich machen	29
D. Ausschluss des Bezugsrechts, Abs. 3 und 4	13		2. Inhalt	31
		V.	Beschlussmängel	33
I. Formalia	13	E.	**Mittelbares Bezugsrecht, Abs. 5**	34
II. Materielle Voraussetzungen	15	I.	Inhalt des Erhöhungsbeschlusses	35
1. Gesellschaftsinteresse	16	II.	Emissionsunternehmen	36
2. Geeignetheit und Erforderlichkeit	17		1. Begriff	36
3. Verhältnismäßigkeit	18		2. Verpflichtung zum Angebot	37
4. Einzelfälle	19	III.	Durchführung der Kapitalerhöhung	39

§ 186 AktG Bezugsrecht

A. Regelungsgegenstand und -zweck

1 § 186 AktG gewährt Aktionären einer AG ein **Bezugsrecht auf quotale Zuteilung** neuer Aktien im Rahmen von Kapitalerhöhungen und bestimmt die Art und Weise der Ausübung. Des Weiteren sind Voraussetzungen für den Ausschluss dieses Bezugsrechts geregelt. Zweck der Regelung ist der **Schutz der Aktionäre vor einer Verwässerung**, insbes. ihrer Stimmkraft und ihrer Gewinn- und Liquidationsverteilung (vgl. ausführl. *Zöllner* AG 2002, 585).

2 § 186 AktG betrifft originär die Kapitalerhöhung gegen Einlagen (§§ 182 ff. AktG). Über § 203 Abs. 1 Satz 1 AktG gilt die Vorschrift auch für die Ausnutzung eines genehmigten Kapitals. Die bedingte Kapitalerhöhung ist hingegen aufgrund ihrer Zweckbindung grds. ebenso wenig erfasst wie die Kapitalerhöhung aus Gesellschaftsmitteln. Bei der bedingten Kapitalerhöhung besteht jedoch im Fall des § 192 Abs. 2 Nr. 1 AktG wegen § 221 Abs. 4 AktG mittelbar ein Bezugsrecht. Für den Fall der Verschmelzung wird die Anwendbarkeit in § 69 Abs. 1 Satz 1 UmwG explizit ausgeschlossen (vgl. zum Ganzen *Hüffer* AktG, § 186 Rn. 3).

B. Gesetzliches Bezugsrecht, Abs. 1

I. Gegenstand

3 Abs. 1 Satz 1 begründet ein **Recht jedes Aktionärs** auf Zuteilung eines seinem Anteil am bisherigen Grundkapital entsprechen Teils neuer Aktien im Rahmen von Kapitalerhöhungen. Mit Ausübung des Bezugsrechts und Abgabe eines wirksamen Zeichnungsscheins entsteht ein konkreter Anspruch auf Abschluss eines Zeichnungsvertrages zu den Bedingungen des Kapitalerhöhungsbeschlusses. Der davon abzugrenzende **konkrete Bezugsanspruch** entsteht mit Wirksamwerden des Kapitalerhöhungsbeschlusses und steht unter der Bedingung, dass die Kapitalerhöhung tatsächlich durchgeführt wird. Er kann nach §§ 413, 398 BGB **übertragen** werden, ist **erblich und pfändbar** (RGZ 65, 21, 22; 97, 239, 240 f.; *Hüffer* AktG, § 186 Rn. 6 f.). Kann ein Bezugsanspruch nur unter Vorlage des Dividendenscheins ausgeübt werden, sind §§ 929 ff. BGB für die Übertragung maßgeblich (KölnKomm AktG/*Lutter* § 186 Rn. 11; MüKo AktG/*Peifer* § 186 Rn. 23).

4 Das Bezugsrecht gewährt keinen Anspruch auf Zuteilung von Aktien zum geringsten Ausgabebetrag oder auf Zuteilung der bisherigen Aktienart oder -gattung entsprechender Aktien (RGZ 68, 235, 240; 76, 138, 141). Bei Ausgabe verschiedener Gattungen entsteht das Bezugsrecht an einem entsprechenden Teil jeder Gattung, ungeachtet dessen, ob der Aktionär Inhaber von Stammaktien oder Vorzugsaktien ist (*Hüffer* AktG, § 186 Rn. 4; KölnKomm AktG/*Lutter* § 186 Rn. 17; a. A. *Frey/Hirte* DB 1989, 2265, 2266 f.). Die Hauptversammlung kann aber im Kapitalerhöhungsbeschluss unter den Voraussetzungen der Abs. 3 und 4 bestimmen, dass Aktionäre nur zum Bezug solcher Aktien berechtigt sind, die der von ihnen gehaltenen Gattung entsprechen; zu beachten ist, dass hiermit ein (teilweiser) Bezugsrechtsausschluss einhergeht (*Hüffer* AktG, § 186 Rn. 4, 30; a. A. *Bezzenberger* FS Quack 1991, 153, 161). Der Bezugsrechtsausschluss ist sachlich gerechtfertigt, wenn das Verhältnis der Gattungen zueinander gewahrt bleibt (sog. »gekreuzter Bezugsrechtsausschluss«), arg. § 216 Abs. 1 AktG (*Hüffer* AktG, § 186 Rn. 30, MüKo AktG/*Peifer* § 186 Rn. 27; *Rittig* NZG 2012, 1292, 1293 ff.; *Scheiffele* BB 1990, 497, 499; *Werner* AG 1971, 69, 73; enger LG Tübingen AG 1991, 406, 407 f.).

5 Das Bezugsrecht bezieht sich auf den **Prozentsatz am Erhöhungsbetrag**, mit dem der Bezugsberechtigte Aktionär am bisherigen Grundkapital beteiligt ist. Abs. 1 Satz 1 ist durch die Satzung **nicht abdingbar** (*Hüffer* AktG, § 186 Rn. 5). Entstehen Bruchteilsrechte, so kann der Berechtigte seine Bruchteilsrechte veräußern, weitere Bruchteilsrechte im erforderlichen Umfang hinzuerwerben oder mit anderen Bruchteilsberechtigten das Recht an einer Aktie nach Maßgabe von § 69 AktG gemeinsam ausüben (*Hüffer* AktG, § 186 Rn. 5).

II. Bezugsberechtigte

Bezugsberechtigt sind **sämtliche Aktionäre**, insbes. auch Aktionäre mit Vorzugsaktien ohne Stimmrecht (h. M. vgl. *Reckinger* AG 1983, 216, 219; *Wirth/Arnold* ZGR 2002, 859, 864 f.; a. A. GroßkommAktG/*Wiedemann* § 186 Rn. 69: spezielles Gattungs-Bezugsrecht). Maßgeblich für die Aktionärseigenschaft ist der Zeitpunkt des Wirksamwerdens des Kapitalerhöhungsbeschlusses (MüKo AktG/*Peifer* § 186 Rn. 26; *Hüffer* AktG, § 186 Rn. 8). Besteht an einer Aktie eine Rechtsgemeinschaft, greift § 69 AktG. Hat die AG eigene Aktien, so steht ihr hieraus gem. § 71b AktG kein Bezugsrecht zu.

Im Fall des **Nießbrauchs** bleibt das Bezugsrecht i. d. R. beim Aktionär, da der Bezugsanspruch keine Nutzung i. S. d. §§ 1030 Abs. 1, 1068 Abs. 2, 100 BGB darstellt (BGHZ 58, 316, 319 zur KG; OLG Bremen AG 1970, 335). Auch im Fall der Belastung mit einem **Pfandrecht** gem. §§ 1273, 1293 BGB verbleibt das Bezugsrecht beim Aktionär, der ohne Zustimmung des Pfandgläubigers über die Veräußerung oder Ausübung des Bezugsanspruches entscheidet; § 1276 Abs. 2 BGB ist nicht einschlägig (*Hüffer* AktG, § 186 Rn. 11). Sowohl der Nießbrauch als auch das Pfandrecht erstrecken sich nicht automatisch auf die neuen Aktien im Fall der Ausübung des Bezugsrechts; der Berechtigte hat jedoch einen Anspruch auf Bestellung eines Nießbrauchs am Veräußerungserlös oder an den jungen Aktien in einem Umfang, der dem Verhältnis des Werts des Bezugsrechts zum Gesamtwert der neuen Aktien entspricht, bzw. zur Bestellung eines Pfandrechts am Veräußerungserlös bzw. an einem dem Wertverhältnis entsprechenden Teil der neuen Aktien (BGH WM 1982, 1433 f. zur KG; MüKo AktG/*Peifer* § 186 Rn. 33 f.). Im Fall des **Sicherungseigentums** ist der Sicherungseigentümer als Aktionär bezugsberechtigt; die neuen Aktien werden jedenfalls entsprechend der Wertrelation Treugut (MüKo AktG/*Peifer* § 186 Rn. 35; MünchHdb GesR IV/*Krieger* § 56 Rn. 70; weiter gehend *Hüffer* AktG, § 186 Rn. 12).

III. Bezugserklärung

Das Bezugsrecht wird durch **formfreie Bezugserklärung** gegenüber der AG ausgeübt (*Hüffer* AktG, § 186 Rn. 14). Ob mit der Abgabe der Bezugserklärung eine Verpflichtung zur Abgabe einer Zeichnungserklärung entsteht, ist streitig, nach zutr. Auffassung aber wegen der Formbedürftigkeit (§ 185 AktG) zu verneinen (so *Hüffer* AktG, § 186 Rn. 14; MüKo AktG/*Peifer* § 186 Rn. 38, 40; MünchHdb GesR IV/*Krieger* § 56 Rn. 71; a. A. *v. Godin/Wilhelmi* § 186 Anm. 2; *Baumbach/Hueck* § 186 Rn. 10).

Gem. Abs. 1 Satz 2 hat entweder die Hauptversammlung im Kapitalerhöhungsbeschluss oder ansonsten der Vorstand eine **Frist von mindestens 2 Wochen** zu bestimmen, innerhalb derer das Bezugsrecht auszuüben ist. Eine solche Frist kann auch generell in der Satzung bestimmt werden (*Hüffer* AktG, § 186 Rn. 15). Übersteigt die Frist die Mindestdauer, ist § 185 Abs. 1 Satz 3 Nr. 4 AktG zu beachten. Die Frist beginnt mangels abweichender Bestimmungen mit der Bekanntgabe nach Abs. 2 und berechnet sich nach §§ 187 Abs. 1, 188 Abs. 2 BGB. Für die **Fristwahrung** ist der Zugang der Bezugserklärung maßgeblich. Fehlt eine Fristbestimmung, so können die Aktionäre ihr Bezugsrecht solange ausüben, bis die Durchführung der Kapitalerhöhung im Hinblick auf § 185 Abs. 1 Satz 3 Nr. 4 AktG angemeldet werden muss (*Hüffer* AktG, § 186 Rn. 15).

Die Ausübungsfrist ist eine **Ausschlussfrist**, deren Ablauf zum Verlust des Bezugsanspruchs führt. Die AG kann dann über die nicht bezogenen Aktien frei verfügen, muss allerdings zum besten Kurs abgeben (MüKo AktG/*Peifer* § 186 Rn. 44; KölnKomm AktG/*Lutter* § 186 Rn. 25; *Hüffer* AktG, § 186 Rn. 16).

IV. Verstoß

Wird das gesetzliche Bezugsrecht eines Aktionärs nicht beachtet, so ist eine dennoch erfolgte Eintragung der Durchführung der Kapitalerhöhung gem. § 188 AktG wirksam, ohne dass der übergangene Aktionär an der Kapitalerhöhung beteiligt würde. Er kann seinen Bezugsanspruch nur vor Eintragung (§§ 188, 189 AktG) – ggf. im Wege der einstweiligen Verfügung, vgl. aber § 945 ZPO, auf Untersagung des Abschlusses von Zeichnungsverträgen mit nachrangigen Zeichnern – durchsetzen. Ggf. kommt ein Vorgehen nach § 16 Abs. 2 HGB in Betracht (*Hüffer* AktG, § 186 Rn. 17). Nach Eintragung besteht ein Schadensersatzanspruch aus §§ 280 Abs. 1 und 3, 283 BGB sowie § 823 Abs. 2 BGB i. V. m. § 186 AktG (KölnKomm AktG/*Lutter* § 186 Rn. 41; zweifelnd zu § 823 BGB *Hüffer* AktG, § 186 Rn. 18).

C. Bekanntmachung, Abs. 2

12 Im Fall des unmittelbaren Bezugsrechts sind die Bekanntmachungspflichten nach Abs. 2 zu beachten. Steht der Ausgabebetrag noch nicht fest, so sind die Grundlagen für seine Festlegung bekannt zu machen und ist der Ausgabebetrag gem. Abs. 2 Satz 2 spätestens 3 Tage vor Ablauf der Bezugsfrist gesondert bekannt zu machen. Über die Angaben, die die Norm explizit verlangt, ist weiter bekannt zu machen, dass die Kapitalerhöhung beschlossen wurde, und sind Erhöhungsbetrag und Bezugsverhältnis anzugeben (MüKo AktG/*Peifer* § 186 Rn. 50; KölnKomm AktG/*Lutter* § 186 Rn. 48; *Hüffer* AktG, § 186 Rn. 19; MünchHdb GesR IV/*Krieger* § 56 Rn. 74). Die Bekanntmachung erfolgt in den Gesellschaftsblättern (§ 25 AktG), im Fall des Abs. 2 Satz 2 zusätzlich aber über ein elektronisches Informationsmedium.

D. Ausschluss des Bezugsrechts, Abs. 3 und 4

I. Formalia

13 Das Bezugsrecht kann nur im Beschluss über die Erhöhung des Grundkapitals ausgeschlossen werden und ist damit **untrennbarer Bestandteil**. Zuständig ist folglich die Hauptversammlung. Neben den sonstigen Beschlusserfordernissen für die Kapitalerhöhung bedarf der Bezugsrechtsausschluss einer **Kapitalmehrheit von mindestens 3/4** des bei der Beschlussfassung vertretenen Grundkapitals. Die Satzung kann nur eine größere Kapitalmehrheit bestimmen oder weitere Erfordernisse aufstellen. Auch für gem. § 182 Abs. 2 AktG erforderliche Sonderbeschlüsse (vgl. § 182 AktG Rdn. 17 ff.) gelten die Erfordernisse des Abs. 3 (MüKo AktG/*Peifer* § 186 Rn. 63; *Hüffer* AktG, § 186 Rn. 21; KölnKomm AktG/*Lutter* § 186 Rn. 54).

14 Die Kapitalerhöhung unter Ausschluss des Bezugsrechts darf nur beschlossen werden, wenn der Bezugsrechtsausschluss gem. § 124 Abs. 1 AktG in den Gesellschaftsblättern **bekannt gemacht** wurde. Sowohl der Bezugsrechtsausschluss als auch seine Bekanntmachung können **konkludent** erfolgen, etwa durch abschließende Aufzählung der zur Zeichnung zugelassenen Personen. Tatsache und Umfang des Bezugsrechtsausschlusses müssen aber klar sein, sodass der Hinweis, es solle »über das Bezugsrecht« beschlossen werden, nicht ausreichend ist (MüKo AktG/*Peifer* § 186 Rn. 64; *Hüffer* AktG, § 186 Rn. 20, 22; vgl. auch die Bsp. bei KölnKomm AktG/*Lutter* § 186 Rn. 55). Im Fall der Vollversammlung gilt § 121 Abs. 6 AktG. Ein Verstoß gegen das Bekanntmachungserfordernis führt zur **Anfechtbarkeit** des Beschlusses (*Hüffer* AktG, § 186 Rn. 22).

II. Materielle Voraussetzungen

15 Nach allg. Meinung bedarf es für einen Bezugsrechtsausschluss – auch für einen teilweisen (vgl. BGHZ 33, 175, 185; LG Kassel WM 1989, 789, 792) – einer **sachlichen Rechtfertigung** (BGHZ 71, 40, 43 ff.; vgl. auch BGHZ 83, 319, 325; LG Frankfurt am Main AG 1984, 296, 299; *Rodloff* ZIP 2003, 1076, 1079 ff.; einschränkend *Bezzenberger* ZIP 2002, 1917, 1924 ff.; a. A. *Kindler* ZHR 158, 1994, 339, 358 ff.). Sachlich gerechtfertigt ist der Bezugsrechtsausschluss, wenn er im Interesse der Gesellschaft liegt und zur Erreichung des beabsichtigten Zwecks geeignet, erforderlich und verhältnismäßig ist (BGHZ 71, 40, 46; 83, 319, 321; 120, 141, 145 f.; 125, 239, 241; OLG Braunschweig AG 1999, 84, 86; OLG Stuttgart AG 1998, 529, 531). Einer sachlichen Rechtfertigung bedarf es ausnahmsweise nicht, wenn sämtliche Aktionäre dem Bezugsrechtsausschluss zustimmen (*Hüffer* AktG, § 186 Rn. 25; *Lutter/Schneider* ZGR 1975, 182, 198).

1. Gesellschaftsinteresse

Der Bezugsrechtsausschluss liegt im Interesse der Gesellschaft, wenn er im Rahmen des Unternehmensgegenstandes den **Gesellschaftszweck fördert** (*Hüffer* AktG, § 186 Rn. 26; MüKo AktG/*Peifer* § 186 Rn. 75; teilw.a.A. *Schockenhoff*, Gesellschaftsinteresse und Gleichbehandlung beim Bezugsrechtsausschluß, 1988, 23 ff.; *Hirte*, Bezugsrechtsausschluß und Konzernbildung, 1986, 27 ff.). Grds. kommt jedes, nicht nur ein überragendes Interesse in Betracht. Konzerninteressen genügen nicht (BGHZ 71, 40, 50; MüKo AktG/*Peifer* § 186 Rn. 75; *Hüffer* AktG, § 186 Rn. 26). 16

2. Geeignetheit und Erforderlichkeit

Nach allg. Meinung ist der Bezugsrechtsausschluss geeignet, wenn der **angestrebte Zweck** mit ihm **erreicht** werden kann. Erforderlich ist er, wenn entweder keine Alternative besteht oder der Bezugsrechtsausschluss unter mehreren Möglichkeiten den Zweck am besten zu fördern vermag. Dabei ist insbes. abzugrenzen, ob der Zweck nicht auch durch eine Kapitalerhöhung mit gesetzlichem Bezugsrecht verfolgt werden kann (BGHZ 83, 319, 321; 125, 239, 244; *Hüffer* AktG, § 186 Rn. 27; MüKo AktG/*Peifer* § 186 Rn. 76; KölnKomm AktG/*Lutter* § 186 Rn. 62). 17

3. Verhältnismäßigkeit

Im Rahmen der Verhältnismäßigkeitsprüfung ist eine **Abwägung** zwischen dem Gesellschaftsinteresse einerseits und dem Interesse der Aktionäre am Erhalt ihrer Rechtsposition andererseits vorzunehmen (BGHZ 71, 40, 46; 83, 319, 321). Aktionärsinteressen sind insbes. der Schutz vor Kursverwässerung und Beeinträchtigung der Stimmkraft (MüKo AktG/*Peifer* § 186 Rn. 79; GroßkommAktG/*Wiedemann* § 186 Rn. 147; *Hüffer* AktG, § 186 Rn. 28). Verhältnismäßigkeit kann dadurch erreicht werden, dass Nachteile der Aktionäre durch begleitende Maßnahmen (z. B. mit der Sachkapitalerhöhung verbundene Barkapitalerhöhung mit gesetzlichem Bezugsrecht) ausgeglichen werden können (*Hüffer* AktG, § 186 Rn. 28; KölnKomm AktG/*Lutter* § 186 Rn. 64). Einem Nachteil kann auch durch die Möglichkeit zur Zeichnung von weiteren Aktien über das jeweilige Bezugsrecht hinaus begegnet werden (OLG München AG 2012, 802, 803). 18

4. Einzelfälle

a) Barkapitalerhöhung

Zulässig: teilweiser Bezugsrechtsausschluss zum Zweck der Vermeidung freier Spitzen (BGHZ 83, 319, 323; OLG Frankfurt am Main AG 1986, 233, 234); Ausgabe von Belegschaftsaktien (BGHZ 83, 319, 323; BGH NJW 2000, 2356; vgl. differenzierend *Hüffer* AktG, § 186 Rn. 29); Bedienung von Wandlungs- und Optionsrechten aus Schuldverschreibungen gem. § 221 AktG (BGHZ 83, 319, 323; LG Frankfurt am Main AG 1984, 296, 299); gekreuzter Bezugsrechtsausschluss (vgl. Rdn. 4); Sanierung, wenn der Investor sein Engagement von einer Mehrheitsbeteiligung abhängig macht (BGHZ 83, 319, 323; LG Heidelberg ZIP 1988, 1257, 1258); Börseneinführung, wenn die erforderliche Aktienzahl nur so zur Verfügung gestellt werden kann und überwiegende Gründe für eine Börsennotierung bestehen (MüKo AktG/*Peifer* § 186 Rn. 96; *Hüffer* AktG, § 186 Rn. 31; MünchHdb GesR IV/*Krieger* § 56 Rn. 81; a.A. *Hirte*, Bezugsrechtsausschluß, S. 66); Einführung der Aktien einer größeren AG an ausländischer Börse (BGHZ 125, 239, 242 f.; vgl. auch LG München I AG 1991, 73, 74 für Optionsanleihen); Kooperation mit einem anderen Unternehmen, wenn der Partner eine Beteiligung verlangt (BGHZ 83, 319, 323). **Unzureichend**: höher erzielbarer Ausgabekurs allein (*Hüffer* AktG, § 186 Rn. 33; KölnKomm AktG/*Lutter* § 186 Rn. 76; differenzierend MüKo AktG/*Peifer* § 186 Rn. 95); vermutete fehlende Übernahmebereitschaft der Altaktionäre (OLG Celle AG 2002, 292 f.); schwierige Kapitalmarktsituation (*Hüffer* AktG, § 186 Rn. 33; KölnKomm AktG/*Lutter* § 186 Rn. 77; a.A. wohl *Timm* DB 1982, 211, 215). 19

b) Sachkapitalerhöhung

20 Auch wenn die Kapitalerhöhung mit Sacheinlage regelmäßig mit einem Bezugsrechtsausschluss einhergeht, ist die bloße Tatsache der Sacheinlage keine Rechtfertigung für den Bezugsrechtsausschluss, sondern muss die AG ein **hinreichendes Interesse am Erwerb** des Einlagegegenstandes haben (BGHZ 71, 40, 46). Erforderlich ist der Bezugsrechtsausschluss nur, wenn die Sacheinlage nicht unter Einsatz von Barmitteln, ggf. nach Beschaffung durch Barkapitalerhöhung, durch einfachen Kaufvertrag zu vergleichbaren Konditionen erworben werden kann (MüKo AktG/*Peifer* § 186 Rn. 90; *Hüffer* AktG, § 186 Rn. 34). Nichts anderes gilt, wenn Gegenstand der Sacheinlage ein Unternehmen oder eine Beteiligung ist (BGHZ 71, 40, 46; LG Aachen AG 1995, 45 f.). Für die Umwandlung von Schulden in Kapital ist der Bezugsrechtsausschluss i. d. R. nicht erforderlich, wenn die zur Tilgung erforderlichen Mittel auch durch Barkapitalerhöhung ohne Bezugsrechtsausschluss beschafft werden können (MüKo AktG/*Peifer* § 183 Rn. 39; *Hüffer* AktG, § 186 Rn. 35; *Füchsel* BB 1972, 1533, 1538).

5. Gerichtliche Kontrolle

21 Die sachliche Rechtfertigung des Bezugsrechtsausschlusses unterliegt gerichtlicher Kontrolle. Allerdings ist der Verwaltung ein **unternehmerisches Beurteilungsermessen** einzuräumen. Es genügt, dass »die an der Entscheidung beteiligten Organe nach dem tatsächlichen Bild, wie es sich zur Zeit der Beschlussfassung darbot, aufgrund sorgfältiger, von gesellschaftsfremden Erwägungen freier Abwägung davon ausgehen durften«, der Bezugsrechtsausschluss sei gerechtfertigt (BGHZ 71, 40, 50; vgl. auch OLG Braunschweig AG 1999, 84, 86; OLG Stuttgart AG 1998, 529, 531; LG Heidelberg ZIP 1988, 1257, 1258; LG Kassel AG 1975, 163, 164; LG München I AG 1991, 73, 74). Bei Wertungen oder Prognosen kann das Gericht nur prüfen, ob die Organe von zutreffenden und vollständigen Tatsachen ausgegangen sind und dass keine gesellschaftsfremden Erwägungen eingeflossen sind (BGHZ 125, 239, 247 ff.; 71, 40, 50). Die gerichtliche Kontrolle bezieht sich auf den Zeitpunkt der Beschlussfassung; nachträglich bekannt gewordene Umstände bleiben unberücksichtigt (BGHZ 71, 40, 50; 83, 319, 320 f.). Grundlage der Prüfung ist der Bericht des Vorstands (vgl. Rdn. 28 ff.).

22 Nach zutr. Auffassung hat im Anfechtungsprozess die AG die sachliche Rechtfertigung des Bezugsrechtsausschlusses **darzulegen und zu beweisen** (MüKo AktG/*Hüffer* AktG, § 243 Rn. 150; *Hüffer* AktG, § 186 Rn. 38; *Hüffer* FS Fleck 1988, 151, 166 f.; MüKo AktG/*Peifer* § 186 Rn. 81; MünchHdb GesR IV/*Krieger* § 56 Rn. 101; a. A. OLG Frankfurt am Main AG 1976, 298, 301 f.).

6. Barkapitalerhöhung zum Börsenpreis

23 Einen **besonderen Rechtfertigungstatbestand** für den Bezugsrechtsausschluss enthält Abs. 3 Satz 4. Bei Vorliegen der Voraussetzungen des Abs. 3 Satz 4 ist der Bezugsrechtsausschluss sachlich gerechtfertigt und kann nicht wegen Verletzung mitgliedschaftlicher Treuepflichten gem. § 243 Abs. 1 AktG angefochten werden. Die Kontrollmöglichkeit nach § 255 Abs. 2 AktG bleibt indes nach zutr. Auffassung (*Hüffer* AktG, § 186 Rn. 39e m. w. N.; *Mühlbert* S. 267 f.; a. A. *Seibert/Köster/Kiem* § 186 Rn. 219; *Martens* FS Bezzenberger 2000, 267, 277 f.).

24 Voraussetzung ist eine **Barkapitalerhöhung**. Eine gleichzeitige Kapitalerhöhung mit Sacheinlagen ist zulässig, aber nicht nach Abs. 3 Satz 4 zu beurteilen (*Hüffer* AktG, § 186 Rn. 39c; *Lutter* AG 1994, 429, 441; *Groß* DB 1994, 2431, 2432; zur Barkapitalerhöhung vgl. auch OLG München NJW 1995, 1972 = AG 1995, 231).

25 Für die Berechnung der **Grenze von 10 %** ist die **Grundkapitalziffer** gem. Satzung zum Zeitpunkt der Beschlussfassung über den Bezugsrechtsausschluss maßgeblich (*Hüffer* AktG, § 186 Rn. 39c; *Groß* DB 1994, 2431, 2432 f.; *Ihrig/Wagner* NZG 2002, 657, 660; *Marsch-Barner* AG 1994, 532, 534). Bei der Ausgabe von Bezugsaktien ist auf das dadurch erhöhte Grundkapital (§ 200 AktG) abzustellen (*Trapp* AG 1997, 115, 116). Die Erhöhungsgrenze gilt für das vorhandene genehmigte Kapital insgesamt. Unzulässig sind Vorratsbeschlüsse, die den Vorstand ermächtigen, von einem

die Kapitalgrenze übersteigenden genehmigten Kapital Gebrauch zu machen, wenn die einzelnen Erhöhungstranchen jeweils 10% nicht übersteigen (OLG München AG 1996, 518; Vorinstanz: LG München I AG 1996, 138, 139f.).

Der **Ausgabebetrag** darf schließlich den **Börsenpreis nicht wesentlich unterschreiten**. Vorausgesetzt ist damit die Zulassung der Aktien zum amtlichen oder geregelten Markt einer Wertpapierbörse oder die Einbeziehung in den Freiverkehr (vgl. §§ 30ff., 49ff., 57 BörsG). Strittig ist, ob eine **Inlandsnotierung** erforderlich ist oder auch ein im Ausland festgestellter Börsenpreis herangezogen werden kann (für Inlandsnotierung: *Hüffer* AktG, § 186 Rn. 39c, der auch eine Notierung im geregelten Markt eines EWR-Staates ausreichen lässt; GroßkommAktG/*Wiedemann* § 186 Rn. 153; *Lutter* AG 1994, 429, 441 f.; auch für Auslandsnotiz: *Hölters/Deilmann/Buchta* S. 17; *Marsch-Barner* AG 1994, 532, 533; *Seibert/Köster/Kiem* § 186 Rn. 227). Zur Bemessung des Börsenpreises ist nach zutr. Auffassung auf einen Durchschnittskurs abzustellen, wobei die Länge der Referenzperiode unklar ist. In der Literatur wird eine Referenzperiode von 5 Börsentagen vor der Ausgabe genannt (*Hüffer* AktG, § 186 Rn. 39d; *Lutter* AG 1994, 429, 442; a.A. (Stichtagskurs) *Marsch-Barner* AG 1994, 532, 536f.; *Trapp* AG 1997, 115, 119f.). Die **Wesentlichkeitsgrenze** im Fall einer Unterschreitung des Börsenpreises liegt bei **3–5%** (AusschussBegr. BT-Drucks. 12/7848, S. 9; vgl. auch *Seibert/Köster/Kiem* § 186 Rn. 230; *Marsch-Barner* AG 1994, 532, 537; *Martens* ZIP 1992, 1677, 1687; krit. *Zöllner* AG 2002, 585, 592; abw. KölnKomm AktG/*Lutter* § 186 Rn. 15 [3%]; starre Grenze ablehnend *Schwark* FS Claussen 1997, 357, 372f.).

26

III. Faktischer Bezugsrechtsausschluss

Auch wenn das Bezugsrecht der Aktionäre nicht ausdrücklich ausgeschlossen ist, kann bspw. durch Festsetzung eines überhöhten Ausgabebetrages oder ungewöhnlich hohe Festsetzung des geringsten Ausgabebetrages die Ausübung des gesetzlichen Bezugsrechts derart erschwert werden, dass das Bezugsrecht faktisch ausgeschlossen ist. Entsprechende Festsetzungen beurteilen sich in ihrer Zulässigkeit nach den formellen und materiellen Voraussetzungen des Bezugsrechtsausschlusses. Werden diese nicht eingehalten, ist der Erhöhungsbeschluss anfechtbar (*Hüffer* AktG, § 186 Rn. 43; MüKo AktG/*Peifer* § 186 Rn. 100, 104; MünchHdb GesR IV/*Krieger* § 56 Rn. 100f.).

27

IV. Bericht des Vorstands

Der Vorstand hat der Hauptversammlung einen **schriftlichen Bericht** zugänglich zu machen, in dem der Grund für den Ausschluss des Bezugsrechts darzulegen und der Ausgabebetrag zu begründen ist. Der Bericht ist Grundlage der gerichtlichen Prüfung im Fall eines Anfechtungsprozesses; er kann nicht durch mündliche Erläuterungen in der Hauptversammlung ergänzt werden, da andernfalls von einer Unvollständigkeit auszugehen ist (BGHZ 83, 319, 326; OLG Celle AG 2002, 292f.; OLG München AG 1991, 210, 211; MüKo AktG/*Peifer* § 186 Rn. 65, 68, 104; *Hüffer* AktG, § 186 Rn. 23, 42; *Lutter* ZGR 1979, 401, 415; a.A. *Sethe* AG 1994, 342, 356ff.). Auch in den Fällen des § 186 Abs. 3 Satz 4 AktG ist der Bericht des Vorstands zum Bezugsrechtsausschluss **unverzichtbar** (*Hüffer* AktG, § 186 Rn. 39f).

28

1. Zugänglich machen

Der Vorstandsbericht muss nach ganz h.M. entsprechend § 175 Abs. 2 Satz 1 AktG von der Einberufung der Hauptversammlung an in den Geschäftsräumen der AG **ausgelegt** werden. Alternativ kann er über die **Internetseite** der Gesellschaft veröffentlicht werden (zur Veröffentlichungspflicht über die Internetseite bei börsennotierten Gesellschaften vgl. § 124a Satz 1 Nr 3 AktG). Auf Verlangen ist jedem Aktionär gem. § 175 Abs. 2 Satz 2 AktG eine **Abschrift** zu übersenden (vgl. dazu ausführl. § 175 AktG Rdn. 6f.; MüKo AktG/*Peifer* § 186 Rn. 69; *Hüffer* AktG, § 186 Rn. 23; KölnKomm AktG/*Lutter* § 186 Rn. 57; *Kort* ZIP 2002, 685, 688; vgl. auch LG Heidelberg ZIP 1988, 1257, 1258; a.A. *Becker* BB 1981, 394, 395; *Marsch* AG 1981, 211, 213f.). Die Versendung kann auch elektronisch erfolgen (MüKo AktG/*Peifer* § 186 Rn. 69).

29

Darüber hinaus muss der Bericht während der Hauptversammlung zugänglich sein. Neben der Vorlage in Papierform kann den Aktionären der Bericht auch elektronisch, z. B. über bereit stehende Monitore, zugänglich gemacht werden(RegBegr. BT-Drucks. 16/11642 S. 25; *Hüffer* AktG, § 186 Rn. 23).

30 Eine vollständige Bekanntmachung des Berichtes entsprechend § 124 Abs. 2 Satz 2 AktG ist nicht erforderlich. Es genügt die **Bekanntmachung des wesentlichen Inhalts** (BGHZ 120, 141, 155). Ob eine Mitteilung entsprechend §§ 125, 128 AktG erforderlich ist, ist strittig (so KölnKomm AktG/*Lutter* § 186 Rn. 57; *Timm* DB 1982, 211, 217; a. A. *Hüffer* AktG, § 186 Rn. 23).

2. Inhalt

31 Der Bericht hat **umfassend und konkret** die Tatsachen zu enthalten, die für die materielle Rechtfertigung des Bezugsrechtsausschlusses erforderlich sind (BGHZ 83, 319, 326; OLG Schleswig AG 2004, 155, 158; LG Frankfurt am Main AG 1984, 296, 299). Insoweit ist auch auf die für die Abwägung relevanten Interessen der Aktionäre einzugehen, u. U. auch darauf, ob das angestrebte Ziel mit milderen Mitteln erreicht werden kann (OLG München AG 1991, 210, 211). Darüber hinaus ist der Ausgabebetrag unter Darlegung der Berechnungsgrundlagen und Bewertungskriterien zu begründen. Soll die Hauptversammlung keinen Ausgabebetrag oder nur einen Mindestbetrag oder eine Betragsspanne festsetzen, so hat der Vorstand in den vorgegebenen Grenzen den Ausgabekurs unter Beachtung von § 255 Abs. 2 AktG zu bestimmen und in seinem Bericht zu begründen (*Hüffer* AktG, § 186 Rn. 24, 41).

32 Im Fall des Abs. 3 Satz 4 genügt ein **verminderter Vorstandsbericht**. Jedenfalls aber muss dargelegt werden, dass der Bezugsrechtsausschluss dem Interesse der Gesellschaft an optimalen Erlösen dient (LG München I AG 1996, 138, 139; FraktionsBegr. BT-Drucks. 12/6721, S. 10; AusschussBegr. BT-Drucks. 12/7848, S. 9; *Seibert/Köster/Kiem* § 186 Rn. 214; *Marsch-Barner* AG 1994, 532, 538; krit. *Hüffer* AktG, § 186 Rn. 39 f.).

V. Beschlussmängel

33 Der Bezugsrechtsausschluss ist **unwirksam**, wenn über ihn nicht im Kapitalerhöhungsbeschluss entschieden wurde (Abs. 3 Satz 1). Im Fall eines Verstoßes gegen § 241 Nr. 4 AktG ergibt sich **Nichtigkeit** (vgl. § 241 AktG Rdn. 18; RGZ 107, 72, 74). Die Literatur geht davon aus, dass auch ein Verstoß gegen § 241 Nr. 3 AktG denkbar ist (MüKo AktG/*Peifer* § 186 Rn. 103, *Hüffer* AktG, § 186 Rn. 42). **Anfechtbarkeit** ist nur anzunehmen, wenn der Bezugsrechtsausschluss nicht ausdrücklich oder ordnungsgemäß bekannt gemacht wurde (Abs. 4 Satz 1) oder der Bericht des Vorstands nicht oder nicht ordnungsgemäß vorlag. Im letzten Fall ist strittig, ob der Verstoß gegen die Anforderungen nach Abs. 4 Satz 2 für den Bezugsrechtsausschluss ursächlich sein muss (so OLG München AG 1991, 210, 211; *Becker* BB 1981, 394, 396; *Bischoff* BB 1987, 1055, 1060; a. A. MüKo AktG/*Peifer* § 186 Rn. 104; *Hüffer* AktG, § 186 Rn. 42; MünchHdb GesR IV/*Krieger* § 56 Rn. 101). Anfechtbarkeit kommt schließlich nach §§ 243 Abs. 1, 255 Abs. 2 AktG in Betracht (vgl. § 255 AktG Rdn. 2 ff.). Die Fehlerhaftigkeit des Bezugsrechtsausschlusses führt zur Nichtigkeit oder Anfechtbarkeit des gesamten Erhöhungsbeschlusses (RGZ 118, 67, 70 f.; einschränkend OLG München AG 1993, 281, 283; LG Braunschweig AG 1993, 194 f.; LG München I AG 1996, 138, 140).

E. Mittelbares Bezugsrecht, Abs. 5

34 Aus Gründen der Praktikabilität werden bei großen Publikumsgesellschaften i. d. R. **Emissionsunternehmen** zwischengeschaltet, um neue Aktien aus Kapitalerhöhung bei den Aktionären zu platzieren. Obwohl in diesem Fall nur das Emissionsunternehmen die neuen Aktien zeichnet, liegt bei wirtschaftlicher Betrachtung kein Ausschluss des Bezugsrechts vor, wenn die Aktien mit der Verpflichtung übernommen werden, sie den Aktionären entsprechend Abs. 1 Satz 1 anzubieten. Gem. Abs. 5 müssen in diesem Fall daher die formellen und materiellen Voraussetzungen des Bezugsrechtsausschlusses (Abs. 3 und 4, vgl. Rdn. 13 ff.) nicht beachtet werden.

I. Inhalt des Erhöhungsbeschlusses

Bereits im Kapitalerhöhungsbeschluss muss festgesetzt werden, dass die neuen Aktien von einem Emissionsunternehmen mit der Verpflichtung übernommen werden sollen, sie den Aktionären zum Bezug anzubieten (OLG Hamburg AG 2000, 326, 328; MüKo AktG/*Peifer* § 186 Rn. 106). Sofern das Emissionsunternehmen bereits bekannt ist, kann es, muss es aber nicht im Beschluss namentlich genannt werden. Mangels konkreter Benennung obliegt die Auswahl dem Vorstand (MüKo AktG/*Peifer* § 186 Rn. 107; *Hüffer* AktG, § 186 Rn. 49). Die Hauptversammlung kann darüber hinaus den Ausgabebetrag und den Bezugskurs festsetzen, sofern diese Festsetzungen nicht dem Vorstand überlassen bleiben sollen (KölnKomm AktG/*Lutter* § 186 Rn. 107; MüKo AktG/*Peifer* § 186 Rn. 109; *Schlitt/Seiler* WM 2003, 2175, 2177).

II. Emissionsunternehmen

1. Begriff

Abs. 5 Satz 1 bestimmt, dass sowohl **Kreditinstitute** als auch die in §§ 53 Abs. 1 Satz 1, 53b Abs. 1 Satz 1 oder Abs. 7 KWG bezeichneten Unternehmen eingesetzt werden dürfen. Mehrere dieser Emissionsunternehmen können **unverbunden** oder **als Konsortium** handeln, wobei im Fall von Konsortien sämtliche Mitglieder des Konsortiums Emissionsunternehmen sein müssen. Werden anstelle eines Kreditinstitutes einzelne Aktionäre oder sonstige Dritte als Mittler eingesetzt, so liegt ein Ausschluss des Bezugsrechts vor, bei dem die materiellen und formellen Voraussetzungen aus Abs. 3 und 4 beachtet werden müssen (OLG Düsseldorf AG 2001, 51, 53) oder der Beschluss anfechtbar ist (OLG Koblenz NZG 1998, 552, 553).

2. Verpflichtung zum Angebot

Die Verpflichtung, die Aktien den Aktionären zum Bezug anzubieten, erfolgt durch **Vertrag zugunsten Dritter** (§ 328 BGB) mit der AG (BGHZ 114, 203, 208; 118, 83, 96; 122, 180, 186; OLG Düsseldorf AG 2001, 51, 52 f.). Die Verpflichtung muss sich auf alle neuen Aktien erstrecken, für die kein Direktbezug vorgesehen ist. Jeder Aktionär muss neue Aktien entsprechend seinem gesetzlichen Bezugsrecht aus § 186 Abs. 1 Satz 1 AktG erwerben können. Schließlich müssen die Aktien **unverzüglich** angeboten werden, da im Fall einer zeitlichen Verzögerung, die nicht durch den Abwicklungsmodus bedingt ist, ein teilweiser Bezugsrechtsausschluss anzunehmen ist (*Hüffer* AktG, § 186 Rn. 47).

Im Vertrag mit dem Emissionsunternehmen ist der **Bezugskurs** festzulegen, den die Aktionäre an das Emissionsunternehmen zu zahlen haben. Dieser ist vom Vorstand festzusetzen, wenn er nicht bereits im Kapitalerhöhungsbeschluss (insoweit bindend) vorgegeben ist. Der Bezugskurs kann über dem vom Emissionsunternehmen an die AG zu zahlenden Ausgabebetrag liegen (hierzu sowie zum Gestaltungsspielraum insoweit vgl. *Hüffer* AktG, § 186 Rn. 48).

III. Durchführung der Kapitalerhöhung

Das Emissionsunternehmen zeichnet die neuen Aktien i. S. d. § 185 AktG und schuldet die Einlagen. § 188 AktG ist mit der Maßgabe zu beachten, dass sich die Höhe der Mindesteinzahlungen gem. Abs. 2 nach dem Ausgabebetrag, nicht dem Bezugskurs bestimmt (KölnKomm AktG/*Lutter* § 186 Rn. 110; *Hüffer* AktG, § 186 Rn. 50; a. A. *Immenga* FS Beusch 1993, 413, 420 f.). Mit der Eintragung im Handelsregister wird die Kapitalerhöhung wirksam (§ 189 AktG) und das Emissionsunternehmen Aktionär. Die mitgliedschaftliche Position geht mit **Weiterveräußerung an die Aktionäre** im Rahmen des mittelbaren Bezugsrechts über. Mit der Eintragung der Durchführung der Kapitalerhöhung gem. § 189 AktG haben die Aktionäre einen klagbaren Anspruch auf das mittelbare Bezugsangebot. Das Angebot wird spätestens mit Bekanntgabe nach § 186 Abs. 5 Satz 2 AktG wirksam und ist durch die Aktionäre gegenüber dem Emissionsunternehmen unter Beachtung der Bezugsbedingungen anzunehmen. Mit wirksamer Annahmeerklärung kommt ein Kaufvertrag i. S. d. § 433 BGB zustande (*Hüffer* AktG, § 186 Rn. 51).

§ 188 AktG Anmeldung und Eintragung der Durchführung

40 Zur Information der Altaktionäre hat die AG gem. Abs. 5 Satz 2 das Bezugsangebot des Emissionsunternehmens **bekannt zu machen**. Anzugeben ist der **Bezugskurs**. Steht der Bezugskurs bei der Bekanntmachung noch nicht fest, so ist seine Bekanntmachung spätestens 3 Kalendertage vor Ablauf der Annahmefrist nachzuholen (vgl. *Schlitt/Seiler* WM 2003, 2175, 2181). In diesem Fall bedarf es auch einer Zusatzveröffentlichung auf der eigenen Website der AG (*Hüffer* AktG, § 186 Rn. 52). Darüber hinaus ist die **Annahmefrist** bekannt zu machen, und zwar in den Gesellschaftsblättern (§ 25 AktG). Die Annahmefrist ist fakultativ, muss im Fall einer Bestimmung aber **mindestens 2 Wochen** betragen (OLG Karlsruhe AG 2002, 91; MüKo AktG/*Peifer* § 186 Rn. 114; *Hüffer* AktG, § 186 Rn. 52).

41 **Nicht ausgeübte Bezugsrechte** sind bestmöglich zu verwerten. Der Aktionär kann seinen schuldrechtlichen Anspruch auf Abgabe eines Angebotes übertragen, verpfänden oder vererben. Gleiches gilt auch für die aus der erklärten Offerte des Emissionsunternehmens erlangte Rechtsposition (vgl. BGH NJW 1995, 2486; *Hüffer* AktG, § 186 Rn. 53).

§ 187 Zusicherung von Rechten auf den Bezug neuer Aktien

(1) Rechte auf den Bezug neuer Aktien können nur unter Vorbehalt des Bezugs- rechts der Aktionäre zugesichert werden.

(2) Zusicherungen vor dem Beschluß über die Erhöhung des Grundkapitals sind der Gesellschaft gegenüber unwirksam.

1 Aus § 187 AktG ergibt sich die **Zulässigkeit rechtsgeschäftlich vereinbarter Bezugs- rechte**. Zum Schutz des gesetzlichen Bezugsrechts der Aktionäre verbietet § 187 AktG die Zusicherung von Bezugsrechten ohne Beachtung dieses Bezugsrechts der Aktionäre und bestimmt die Unwirksamkeit von Zusicherungen vor dem Beschluss über die Erhöhung des Grundkapitals (*Hüffer* AktG, § 187 Rn. 1, 3).

2 Der Begriff der **Zusicherung** umfasst sämtliche Rechtsgeschäfte, aus denen ein Bezugsrecht folgt. Umfasst sind sowohl Verträge als auch Satzungsregelungen und ähnliches. Geht man von der Zulässigkeit des Abschlusses eines Zeichnungsvertrages vor Beschlussfassung über die Kapitalerhöhung aus (vgl. hierzu § 185 AktG Rdn. 8), so erfasst § 187 AktG auch solche Zeichnungsverträge. **Nicht erfasst** sind hingegen Bezugsrechte aus Schuldverschreibungen i. S. v. § 221 AktG. Analoge Anwendung ist aber entsprechend § 221 Abs. 4 Satz 2 AktG hinsichtlich des Bezuges der Anleihen oder Genussrechte selbst geboten (vgl. insgesamt *Hüffer* AktG, § 187 Rn. 2; KölnKomm AktG/*Lutter* § 187 Rn. 16 ff.; MüKo AktG/*Peifer* § 187 Rn. 5).

3 Entsprechend dem Gesetzeszweck steht die Zusicherung von Bezugsrechten unter dem **Vorbehalt des Abs. 1**. Soweit Bezugsrechte nicht oder nur teilweise ausgeübt werden, kann die AG die zugesicherten Bezugsrechte bedienen. Anderenfalls besteht entsprechend dem Gesetzeszweck keine Verpflichtung und bestehen auch keine Schadensersatzverpflichtungen (*Hüffer* AktG, § 187 Rn. 3f.; KölnKomm AktG/*Lutter* § 187 Rn. 3 und 14; MüKo AktG/*Peifer* § 187 Rn. 10f.; *Jacobi*, Beiträge zum Wirtschaftsrecht, Bd. II, 1931, S. 970 ff.; *Fuchs* AG 1995, 433, 443 Fn. 93).

4 **Zusicherungen** vor dem Beschluss über die Erhöhung des Grundkapitals sind ebenfalls möglich, verpflichten die AG jedoch gem. Abs. 2 AktG nicht. Die AG ist insbes. auch nicht gehindert, anderweitig über neue Aktien zu verfügen (*Hüffer* AktG, § 187 Rn. 5; MünchHdb GesR IV/*Krieger* § 56 Rn. 113; *Fuchs* AG 1995, 433, 443 Fn. 93).

§ 188 Anmeldung und Eintragung der Durchführung

(1) Der Vorstand und der Vorsitzende des Aufsichtsrats haben die Durchführung der Erhöhung des Grundkapitals zur Eintragung in das Handelsregister anzumelden.

(2) ¹Für die Anmeldung gelten sinngemäß § 36 Abs. 2, § 36a und § 37 Abs. 1. ²Durch Gutschrift auf ein Konto des Vorstands kann die Einzahlung nicht geleistet werden.

(3) Der Anmeldung sind beizufügen
1. die Zweitschriften der Zeichnungsscheine und ein vom Vorstand unterschriebenes Verzeichnis der Zeichner, das die auf jeden entfallenden Aktien und die auf sie geleisteten Einzahlungen angibt;
2. bei einer Kapitalerhöhung mit Sacheinlagen die Verträge, die den Festsetzungen nach § 183 zugrunde liegen oder zu ihrer Ausführung geschlossen worden sind;
3. eine Berechnung der Kosten, die für die Gesellschaft durch die Ausgabe der neuen Aktien entstehen werden.
4. (weggefallen)

(4) Anmeldung und Eintragung der Durchführung der Erhöhung des Grundkapitals können mit Anmeldung und Eintragung des Beschlusses über die Erhöhung verbunden werden.

(5) (weggefallen)

Übersicht

		Rdn.			Rdn.
A.	Allgemeines	1	C.	Voraussetzung	10
B.	Formalia und Inhalt der Anmeldung	2	I.	Vollständige Zeichnung	10
I.	Form	2	II.	Kapitalaufbringung	11
II.	Inhalt	3		1. Bareinlage	11
III.	Anmeldung der Satzungsänderung	4		2. Sacheinlage	13
IV.	Beizufügende Unterlagen	5	D.	Registerverfahren	14

A. Allgemeines

§ 188 AktG bezweckt die **reale Aufbringung des erhöhten Grundkapitals**. Erreicht wird das Ziel 1 durch die entsprechende Anwendung von Gründungsvorschriften und die Pflicht zur Beiführung von Unterlagen, die dem Registergericht eine Sachprüfung erlauben. Die Eintragung im Handelsregister wirkt gem. § 189 AktG **konstitutiv**. Das Verfahren nach § 188 AktG ist von der Anmeldung und Eintragung des Kapitalerhöhungsbeschlusses nach § 184 AktG zu unterscheiden, mit dem die Kapitalerhöhung lediglich vorbereitet wird (OLG Karlsruhe OLGZ 1986, 155, 157 f.), auch wenn beide Verfahren gem. § 188 Abs. 4 AktG miteinander verbunden werden können.

B. Formalia und Inhalt der Anmeldung

I. Form

Die Anmeldung, also der Antrag auf Eintragung der Durchführung der Kapitalerhöhung im Han- 2 delsregister, ist an das AG des Satzungssitzes zu richten und muss in **öffentlich beglaubigter Form** erfolgen (§ 12 Abs. 1 HGB). Die Anmeldung hat elektronisch zu erfolgen. Sie obliegt dem Vorstand und dem Vorsitzenden des Aufsichtsrats gemeinsam (*Hüffer* AktG, § 188 Rn. 2). Insoweit gelten die Ausführungen zu § 184 Abs. 1 AktG (dort Rdn. 2).

II. Inhalt

In der Anmeldung ist auf den Kapitalerhöhungsbeschluss Bezug zu nehmen und anzugeben, dass 3 und in welcher Höhe er durchgeführt ist. Im Übrigen gelten sowohl bei Bar- als auch bei Sachkapitalerhöhungen die inhaltlichen Vorgaben des § 37 AktG.

III. Anmeldung der Satzungsänderung

Mit Wirksamwerden der Kapitalerhöhung wird die Satzung hinsichtlich ihres Inhalts nach § 23 4 Abs. 3 Nr. 3, 4 AktG unrichtig und es bedarf einer **formellen Satzungsänderung** nach §§ 179 ff.

AktG. Nach zutr. Ansicht ist die Anmeldung der Änderung des Satzungstextes zwingend mit der Anmeldung der Durchführung zu verbinden (*Hüffer* AktG, § 188 Rn. 11; MüKo AktG/*Peifer* § 188 Rn. 41; *Happ* AktienR 12.01 Rn. 32; MünchHdb GesR IV/*Krieger* § 56 Rn. 132).

IV. Beizufügende Unterlagen

5 Die der Anmeldung beizufügenden Unterlagen ergeben sich weitgehend aus Abs. 3. Die dortige Auflistung versteht sich aber nicht als abschließend (BayObLG AG 2002, 397, 398; AG 2002, 510). Die Übermittlung der beizufügenden Dokumente hat elektronisch in der in § 12 Abs. 2 HGB bestimmten Form zu erfolgen.

6 Nach **Nr. 1** sind der Anmeldung **alle Zweitschriften der Zeichnungsscheine** beizufügen. Ebenso ist ein Verzeichnis der Zeichner beizufügen, in dem alle Zeichner namentlich zu benennen sind und anzugeben ist, wie viele Aktien jeweils gezeichnet und – bei Bareinlagen – welche Zahlungen geleistet sind. Nach zutr. Auffassung muss das Verzeichnis auch geleistete Sacheinlagen individuell nach Zeichnern ausweisen. Das Verzeichnis ist vom Vorstand in vertretungsberechtigter Zahl – wegen § 399 Abs. 1 Nr. 4 AktG mit dem eigenen Namen – zu unterzeichnen, ohne dass es öffentlicher Beglaubigung bedürfte (MüKo AktG/*Peifer* § 188 Rn. 35; *Hüffer* AktG, § 188 Rn. 13).

7 Bei der Kapitalerhöhung mit Sacheinlagen sind gem. **Nr. 2 alle Verträge**, also die schuldrechtlichen Sacheinlagevereinbarungen und Erfüllungsvereinbarungen beizufügen, die den Festsetzungen nach § 183 AktG zugrunde liegen oder zu ihrer Ausführung geschlossen worden sind (*Hüffer* AktG, § 188 Rn. 14).

8 Gem. **Nr. 3** wird eine umfassende **Zusammenstellung der Kosten** der Kapitalerhöhung gefordert, die nicht nur die Notarkosten für die Fertigung der Sitzungsniederschrift gem. § 130 AktG, die Kosten der Prüferbestellung bei Sacheinlagen, die Notarkosten der Handelsregisteranmeldung, der Eintragung und der Bekanntmachung umfasst, sondern auch bspw. Druckkosten für Aktienurkunden, Kosten der Börseneinführung und Kosten für die Tätigkeit einer eingeschalteten Emissionsbank sowie schließlich Beratungshonorare. Steht die Höhe einer Position noch nicht fest, ist zu schätzen. Belege sind nicht beizufügen (*Hüffer* AktG, § 188 Rn. 15).

9 Der erforderliche **Nachweis der Einzahlung** einer Bareinlage nach § 37 Abs. 1 Satz 3 AktG kann durch schriftliche Bankbestätigung geführt werden.

C. Voraussetzung

I. Vollständige Zeichnung

10 Der im Kapitalerhöhungsbeschluss festgesetzte Erhöhungsbetrag muss vollständig gezeichnet sein (§ 185 AktG). Wurde lediglich ein Mindest- und/oder Höchstbetrag festgesetzt, so muss ein Betrag gezeichnet sein, der im Rahmen der jeweiligen Vorgabe liegt. Die Frist nach § 185 Abs. 1 Satz 3 Nr. 4 AktG darf nicht verstrichen sein (*Hüffer* AktG, § 188 Rn. 4).

II. Kapitalaufbringung

1. Bareinlage

11 Bei Barkapitalerhöhungen ist gem. §§ 188 Abs. 2 Satz 1, 36a Abs. 1 AktG auf jede Aktie mindestens **1/4 des geringsten Ausgabebetrages** und bei Über-pari-Emission außerdem der **Mehrbetrag** einzuzahlen. Bei der Ein-Mann-AG muss der Aktionär darüber hinaus wie ein Alleingründer gem. § 36 Abs. 2 Satz 2 AktG eine Sicherung für noch offene Resteinlagen leisten (*Hüffer* AktG, § 188 Rn. 5; KölnKomm AktG/*Lutter* § 188 Nachtrag Rn. 42 ff.; a. A. *Priester* BB 1996, 333, 334). Die Einlage muss **ordnungsgemäß eingezahlt** und – abzgl. höchstens der bei der Kapitalerhöhung angefallenen Steuern und Gebühren – **endgültig zur freien Verfügung** des Vorstands stehen. Entgegen dem Wortlaut und der früheren Rspr. (BGHZ 119, 177, 187 f.) muss der eingeforderte und eingezahlte Betrag nicht mehr bis zum Zeitpunkt der Anmeldung vorhanden sein und zur freien Verfügung

des Vorstands stehen. Vielmehr hat der Vorstand nur noch zu versichern, dass der Betrag zu seiner freien Verfügung für Zwecke der AG eingezahlt und nicht an Inferenten zurückgeflossen ist (BGHZ 150, 197, 198 ff.; vgl. auch BGH NZG 2002, 524, 526; NZG 2002, 636, 638; NZG 2002, 639, 640). Voraussetzung ist jedoch, dass auf die Einlageforderung bezahlt wird, die schon entstanden ist, sodass vorherige Beschlussfassung erforderlich ist (BGHZ 145, 150, 154 f.; vgl. auch *Hüffer* AktG, § 188 Rn. 6). Ob die Leistung auf eine beabsichtigte, also noch nicht beschlossene Barkapitalerhöhung schuldbefreiend wirken kann, wenn die Voreinzahlung zu Sanierungszwecken erforderlich ist, ist strittig (für Zulässigkeit OLG Düsseldorf ZIP 1981, 847 f.; WM 1981, 960, 963; OLG Hamm WM 1987, 17 f.; GmbHR 1991, 198, 199; OLG Stuttgart ZIP 1994, 1532, 1534 f.; MüKo AktG/*Peifer* § 188 Rn. 17 ff. m. w. N.; *Hüffer* AktG, § 188 Rn. 8; a. A. LG Düsseldorf WM 1986, 792; *Schneider/Verhoeven* ZIP 1982, 644, 645 ff.; *Wiedemann* ZIP 1991, 1257, 1266 f.).

Auf als solche bezeichnete »freiwillige Zuzahlungen in die Kapitalrücklage« (auch »Übergangszahlungen«), die insbes. im VC-finanzierten Bereich üblich sind, sind bei einer tatsächlichen Trennung von den »echten« Einlagen die Kapitalschutzvorschriften nicht anzuwenden (BGH AG 2008, 122). An einer freien Verfügbarkeit fehlt es aber wegen des Rückflusses an den Inferenten, wenn die konzerngebundene Gesellschaft in einen **Cashpool** einbezogen ist und der Einlagebetrag vom herrschenden Unternehmen auf ein Konto gezahlt wird, das zugunsten des von ihm geführten Zielkontos »auf Null gestellt« wird (OLG Hamm GmbHR 1997, 213, 217; OLG Köln GmbHR 2000, 720). Eine unzulässige Umgehungskonstruktion ist in diesem Zusammenhang auch die Einzahlung auf ein zu diesem Zwecke eröffnetes Kapitalerhöhungskonto, das unmittelbar nach Eintragung der Kapitalerhöhung in den Cash-pool einbezogen wird (vgl. zur GmbH BGHZ 157, 72 ff. = NZG 2006, 195).

2. Sacheinlage

Die erforderliche Leistung der Sacheinlage bei Kapitalerhöhungen mit Sacheinlagen ergibt sich aus §§ 188 Abs. 2 Satz 1, 36a Abs. 2 AktG.

D. Registerverfahren

Die Anmeldung des Kapitalerhöhungsbeschlusses gem. § 184 AktG kann mit der Anmeldung der Durchführung der Kapitalerhöhung (§ 188 AktG) **verbunden** werden. Das Gericht kann die Eintragungen auch dann miteinander verbinden, wenn die Anmeldungen getrennt erfolgt sind (*Hüffer* AktG, § 188 Rn. 18).

Das Registergericht prüft in formeller und materieller Hinsicht. Es genügt eine **Prüfung auf Plausibilität**, wenn nicht Anlass zu Zweifeln bestehen. Die formelle Prüfung betrifft die Ordnungsmäßigkeit der Anmeldung, insbes. die örtliche und sachliche Zuständigkeit und die Befugnis der als Anmelder auftretenden Personen sowie Form und Inhalt der Anmeldung und Vollständigkeit der beizufügenden Unterlagen (*Hüffer* AktG, § 188 Rn. 20). In materieller Hinsicht prüft das Gericht, ob der gesamte Vorgang der Kapitalerhöhung mit Gesetz und Satzung vereinbar ist (BayObLG AG 2002, 397, 398; AG 2002, 510), und bei Sacheinlagen des Weiteren, ob der Wert der Sacheinlage nicht unwesentlich hinter dem geringsten Ausgabebetrag der dafür zu gewährenden Aktien zurückbleibt (§ 184 Abs. 3 Satz 1 AktG). Ein bereits angemeldeter und eingetragener Kapitalerhöhungsbeschluss ist nochmals zu prüfen (*Hüffer* AktG, § 188 Rn. 21; MüKo AktG/*Peifer* § 188 Rn. 46, 50). Zur registergerichtlichen Entscheidung und Rechtsmitteln hiergegen vgl. § 181 AktG Rdn. 13 f.)

§ 189 Wirksamwerden der Kapitalerhöhung

Mit der Eintragung der Durchführung der Erhöhung des Grundkapitals ist das Grundkapital erhöht.

Übersicht

	Rdn.		Rdn.
A. Rechtsfolgen der Eintragung	1	II. Rechtsstellung des Zeichners	5
B. Mängel der Kapitalerhöhung	2	III. Löschung	6
I. Wirkung der Eintragung	2		

A. Rechtsfolgen der Eintragung

1 Die Eintragung der Durchführung der Kapitalerhöhung wirkt **konstitutiv**. Damit führt auch erst die Eintragung zur Entstehung der Mitgliedsrechte. Ist die Zeichnung unwirksam, so stehen die auf sie entfallenden Aktien der Gesellschaft selbst zu. Eine Verbriefung des Anteilsrechts durch Aktienurkunden oder Zwischenscheine ist weder erforderlich noch ausreichend (*Hüffer* AktG, § 189 Rn. 3). Bis zur Ausgabe von Aktienurkunden ist das Mitgliedsrecht gem. §§ 398, 413 BGB übertragbar (BGH AG 1977, 295, 296).

B. Mängel der Kapitalerhöhung

I. Wirkung der Eintragung

2 Bei Mängeln der Kapitalerhöhung selbst hat die Eintragung der Durchführung grds. **keine heilende Wirkung**. § 189 AktG bestimmt nur, wann eine fehlerfreie Kapitalerhöhung wirksam wird (*Hüffer* AktG, § 189 Rn. 4). Dies gilt insbes. für einen fehlenden Erhöhungsbeschluss oder die fehlende Übereinstimmung der durchgeführten Kapitalerhöhung mit seinem Inhalt (RGZ 85, 205, 206 ff. zur GmbH; Spindler/Stilz/*Servatius* AktG, § 189 Rn. 5), Nichtigkeit des Erhöhungsbeschlusses (RGZ 144, 138, 141), fehlenden oder unwirksamen Sonderbeschluss (MüKo AktG/*Peifer* § 189 Rn. 16). Nichtigkeit kann nur nach § 242 AktG geheilt werden.

3 Der Kapitalerhöhungsbeschluss ist grds. auch dann noch **anfechtbar**, wenn die Durchführung der Kapitalerhöhung im Handelsregister eingetragen ist (RGZ 124, 279, 288 f.; MüKo AktG/*Peifer* § 189 Rn. 17). Nur der Verstoß gegen § 183 Abs. 1 Satz 1 AktG wird durch Eintragung der Durchführung geheilt (§ 183 Abs. 2 Satz 2 AktG). Im Fall der erfolgreichen Anfechtung ist die durchgeführte Kapitalerhöhung nach den Grundsätzen über die fehlerhafte Gesellschaft zu behandeln (*Hüffer* AktG, § 189 Rn. 5).

4 **Fehlerhafte Zeichnungsverträge** hindern die Wirksamkeit der durchgeführten und eingetragenen Kapitalerhöhung nicht. Ebenfalls hindert ein Verstoß gegen §§ 188 Abs. 2 i. V. m. 66 Abs. 2, 36a Abs. 1 AktG über die Mindesteinlagen das Wirksamwerden der Kapitalerhöhung mit der Eintragung nicht (KG DJZ 1903, 33; *Lutter/Friedewald* ZIP 1986, 691, 694). Bei einer Überbewertung der Sacheinlage bleibt die Eintragung der Durchführung der Kapitalerhöhung in den Fällen, in denen der Kapitalerhöhungsbeschluss nichtig ist (vgl. § 183 AktG Rdn. 13) ohne Wirkung. Bleibt der Wert der Sacheinlage hinter dem Ausgabebetrag zurück, ohne dass Nichtigkeit anzunehmen ist, wird die Kapitalerhöhung mit der Eintragung wirksam und trifft den Sacheinleger eine Differenzhaftung. Sonstige Mängel lassen die Rechtsfolgen der Eintragung unberührt, bspw. Verstöße gegen § 182 Abs. 4 AktG, fehlende formelle Satzungsänderungen oder fehlende vorhergehende Eintragung des Kapitalerhöhungsbeschlusses (*Hüffer* AktG, § 189 Rn. 5).

II. Rechtsstellung des Zeichners

5 Im Fall der Nichtigkeit oder Unwirksamkeit der Kapitalerhöhung entstehen keine neuen Mitgliedsrechte und die Zeichner werden nicht Aktionäre, selbst wenn Aktienurkunden ausgegeben wurden (*Hüffer* AktG, § 189 Rn. 6; MüKo AktG/*Peifer* § 189 Rn. 22; *Schleyer* AG 1957, 145, 146). Die

Zeichner können allerdings entsprechend § 277 Abs. 3 AktG zur Leistung der Einlage verpflichtet sein (RGZ 120, 363, 369 f.; 143, 394, 399; 144, 138, 141).

III. Löschung

Nichtige und fehlerhafte Beschlüsse können gem. § 398 FamFG **von Amts wegen gelöscht** werden (*Hüffer* AktG, § 189 Rn. 7; MüKo AktG/*Peifer* § 189 Rn. 24; vgl. zu § 144 Abs. 2 FGG auch OLG Karlsruhe OLGZ 1986, 155, 157 f.; *Lutter/Friedewald* ZIP 1986, 691, 693). Eine analoge Anwendung von § 398 FamFG ist auf die Eintragung der Durchführung der Kapitalerhöhung geboten (*Hüffer* AktG, § 189 Rn. 7; MüKo AktG/*Peifer* § 189 Rn. 24; vgl. zu § 144 Abs. 2 FGG a. F. OLG Frankfurt am Main FGPrax 2002, 35, 36; OLG Karlsruhe OLGZ 1986, 155, 157 f.; *Lutter/Friedewald* ZIP 1986, 691, 693; a. A. *Baumbach/Hueck* § 188 Rn. 4; *v. Godin/Wilhelmi* § 188 Anm. 7). Liegen die strengen Voraussetzungen des § 398 FamFG nicht vor, kommt bei Mängeln des Kapitalerhöhungsbeschlusses eine Löschung auf Antrag der Gesellschaft nach § 48 FamFG in Betracht (MüKo AktG/*Peifer* § 189 Rn. 24). Im Übrigen, etwa bei Fehlen einer wesentlichen Eintragungsvoraussetzung, gilt die Grundregel des § 395 FamFG (*Hüffer* AktG, § 189 Rn. 7 unter Hinweis auf KGJ 28, A228, 231; RGZ 85, 205, 208; a. A. zu §§ 142, 143 FGG a. F. OLG Karlsruhe OLGZ 1986, 155, 159).

6

§ 190

(weggefallen)

§ 191 Verbotene Ausgabe von Aktien und Zwischenscheinen

¹Vor der Eintragung der Durchführung der Erhöhung des Grundkapitals können die neuen Anteilsrechte nicht übertragen, neue Aktien und Zwischenscheine nicht ausgegeben werden. ²Die vorher ausgegebenen neuen Aktien und Zwischenscheine sind nichtig. ³Für den Schaden aus der Ausgabe sind die Ausgeber den Inhabern als Gesamtschuldner verantwortlich.

Übersicht

	Rdn.			Rdn.
A. Regelungsgegenstand und -zweck	1	1.	Nichtigkeit	6
B. Verfügungsverbot	2	2.	Ausgeberhaftung	8
C. Ausgabeverbot	3	3.	Ausgabe aufgrund nichtigen	
I. Ausgabe	4		Erhöhungsbeschlusses	11
II. Rechtsfolgen verbotener Ausgabe	5			

A. Regelungsgegenstand und -zweck

Das in Satz 1 enthaltene Verfügungsverbot bezweckt die **Überschaubarkeit** des an der Kapitalerhöhung beteiligten Personenkreises (MüKo AktG/*Peifer* § 191 Rn. 1; *Hüffer* AktG, § 191 Rn. 1). Das daneben vorgesehene Ausgabeverbot soll den Aktienerwerber vor Schwindelemissionen schützen (BGH AG 1988, 76, 78).

1

B. Verfügungsverbot

Gem. dem Normzweck erfasst das in Satz 1 enthaltene Verfügungsverbot über seinen Wortlaut hinaus **alle Verfügungen über die Anteilsrechte** (z. B. Verpfändungen), die vor Eintragung der Durchführung der Kapitalerhöhung (§ 189 AktG) vorgenommen werden. Unzulässig sind auch Verfügungen unter der aufschiebenden Bedingung der späteren Eintragung. Die mangelnde Übertragbarkeit schließt auch eine Pfändung nach §§ 851 Abs. 1 i. V. m. 857 Abs. 1 ZPO aus (MüKo AktG/*Peifer* § 191 Rn. 4; KölnKomm AktG/*Lutter* § 191 Rn. 2; GroßkommAktG/*Wiedemann* § 191 Rn. 3; *Hüffer* AktG, § 191 Rn. 2). Reine Verpflichtungsgeschäfte werden von § 191 Satz 1 AktG nicht erfasst, sind allerdings gem. § 275 Abs. 1 BGB bis zur Eintragung nicht erfüllbar. I. Zw. sind sie dahin gehend auszulegen, dass die Leistung erst nach Eintragung vereinbart und fällig ist (MüKo AktG/*Peifer* § 191 Rn. 6; Köln-

2

Komm AktG/*Lutter* § 191 Rn. 3; *Hüffer* AktG, § 191 Rn. 2). Ein **Verstoß** führt zur **Unwirksamkeit der Verfügung** gegenüber jedermann (RGZ 85, 327, 333 f.). Die Unwirksamkeit wird nicht durch spätere Eintragung nach § 189 AktG geheilt (*Hüffer* AktG, § 191 Rn. 2). Gesamtrechtsnachfolge in die durch Zeichnung erlangte Rechtsposition ist indes möglich (MüKo AktG/*Peifer* § 191 Rn. 4).

C. Ausgabeverbot

3   Gem. S. 1, 2. Alt. AktG ist die Ausgabe neuer Aktien und Zwischenscheine vor Eintragung der Durchführung der Kapitalerhöhung gem. § 188 AktG verboten. Zum Begriff der Zwischenscheine vgl. § 8 Abs. 6 AktG (§ 8 AktG Rdn. 7).

I. Ausgabe

4   Eine Ausgabe liegt vor, wenn durch Handlungen oder Unterlassungen der Verantwortungsträger der Gesellschaft Urkunden **bestimmungsgemäß** in den Verkehr, nicht zwingend an den Aktionär, gelangen (BGH AG 1977, 295, 296; OLG Frankfurt am Main AG 1976, 77, 78). Bloße Vorbereitungshandlungen, wie die Festlegung der künftigen Stückelung, das Herstellen der Urkunden und deren Unterzeichnung, sind vom Verbot nicht umfasst (BGH AG 1977, 295, 296; LG Mannheim BB 1953, 128; *Hüffer* AktG, § 191 Rn. 3).

II. Rechtsfolgen verbotener Ausgabe

5   Der Verstoß gegen das Ausgabeverbot aus § 191 AktG stellt gem. § 405 Abs. 1 Nr. 2 AktG eine **Ordnungswidrigkeit** dar. Daneben bestimmt § 191 AktG auch zivilrechtliche Folgen verbotener frühzeitiger Ausgabe von Aktien und Zwischenscheinen.

1. Nichtigkeit

6   Unter Verstoß gegen § 191 Satz 1, 2. Alt. AktG frühzeitig ausgegebene Aktien und Zwischenscheine sind gem. S. 2 nichtig. Ein **gutgläubiger Erwerb** durch Übertragung der Urkunden ist **ausgeschlossen** (*Hüffer* AktG, § 191 Rn. 4). Die Nichtigkeit wird nicht durch spätere Eintragung gem. §§ 188, 189 AktG geheilt (BGH AG 1988, 76, 78). Dennoch müssen die Urkunden nicht neu ausgestellt werden, sondern es genügt der Abschluss eines **neuen Begebungsvertrages** zwischen der Gesellschafter und dem Inhaber des Rechts (vgl. BGH AG 1977, 295, 296; OLG Frankfurt am Main AG 1976, 77, 78, das sogar eine einseitige Gültigerklärung durch die Gesellschaft genügen lässt; *Hüffer* AktG, § 191 Rn. 4).

7   Von der Nichtigkeit sind die Anteilsrechte als solche nicht erfasst, die als unverbriefte Rechte nach §§ 398, 413 BGB übertragen werden können (*Hüffer* AktG, § 191 Rn. 4).

2. Ausgeberhaftung

8   Neben der Nichtigkeit ergibt sich aus Satz 3 ein **Schadensersatzanspruch der Inhaber** nichtiger Aktien und Zwischenscheine gegenüber den Ausgebern. Inhaber ist nicht der Besitzer i. S. v. § 854 BGB, sondern der **hypothetisch Berechtigte**, also derjenige, der zum Zeitpunkt der Geltendmachung aus der Urkunde, unter der Prämisse ihrer Gültigkeit, berechtigt wäre (MüKo AktG/*Peifer* § 191 Rn. 11; *Hüffer* AktG, § 191 Rn. 5).

9   **Ausgeber** sind die für die Gesellschaft selbstständig und verantwortlich Handelnden persönlich, insbes. deren Vorstandsmitglieder (BGH AG 1977, 295, 296; OLG Frankfurt am Main AG 1976, 77, 78), u. U. auch Prokuristen (MüKo AktG/*Peifer* § 191 Rn. 10; KölnKomm AktG/*Lutter* § 191 Rn. 7). Mitarbeiter, die die Urkunden nur auf Weisung ihrer Vorgesetzten ausgeben, sind keine Ausgeber (*Hüffer* AktG, § 191 Rn. 5). Mehrere Ausgeber haften als **Gesamtschuldner** nach §§ 421 ff. BGB.

10   Die Haftung aus Satz 3 ist **verschuldensunabhängig** (OLG Frankfurt am Main AG 1976, 77, 78; MüKo AktG/*Peifer* § 191 Rn. 12; KölnKomm AktG/*Lutter* § 191 Rn. 8; MünchHdb GesR IV/ *Krieger* § 56 Rn. 137; *Hüffer* AktG, § 191 Rn. 6; offengelassen BGH AG 1977, 295, 296). Gehaftet

wird für den Schaden, den die Inhaber nichtiger Aktien oder Zwischenscheine im Vertrauen auf die Gültigkeit der Urkunden erlitten haben, einschließlich entgangenem Gewinn (MüKo AktG/*Peifer* § 191 Rn. 13; *Hüffer* AktG, § 191 Rn. 6). Mit § 823 Abs. 2 BGB i. V. m. §§ 405 Abs. 1 Nr. 2, 91 Satz 1 AktG besteht **Anspruchskonkurrenz**.

3. Ausgabe aufgrund nichtigen Erhöhungsbeschlusses

Werden Aktien aufgrund eines nichtigen oder unwirksamen Kapitalerhöhungsbeschlusses ausgegeben, gilt § 191 Satz 1 und 2 AktG analog. Nach einem Teil der Literatur besteht auch insoweit aufseiten der Inhaber nichtiger Urkunden analog § 191 Satz 3 AktG ein **Schadensersatzanspruch** (KölnKomm AktG/*Lutter* § 191 Rn. 5; *Schleyer* AG 1957, 145, 148; a. A. MüKo AktG/*Peifer* § 191 Rn. 15). Nach zutr. Auffassung tritt eine Haftung der Ausgeber jedoch nur nach allgemeinen Grundsätzen (insbes. gem. §§ 241 Abs. 2, 280 Abs. 1, 311 Abs. 2 BGB) und damit nur **verschuldensabhängig** ein (*Zöllner* AG 1993, 68, 76 f.; *Zöllner/Winter* ZHR 158 [1994] 59, 76; *Schockenhoff* DB 1994, 2327 ff.; *Hüffer* AktG, § 191 Rn. 7; wohl auch MüKo AktG/*Peifer* § 191 Rn. 15).

11

Zweiter Unterabschnitt Bedingte Kapitalerhöhung

§ 192 Voraussetzungen

(1) Die Hauptversammlung kann eine Erhöhung des Grundkapitals beschließen, die nur so weit durchgeführt werden soll, wie von einem Umtausch- oder Bezugsrecht Gebrauch gemacht wird, das die Gesellschaft auf die neuen Aktien (Bezugsaktien) einräumt (bedingte Kapitalerhöhung).

(2) Die bedingte Kapitalerhöhung soll nur zu folgenden Zwecken beschlossen werden:
1. zur Gewährung vom Umtausch- oder Bezugsrechten an Gläubiger von Wandelschuldverschreibungen;
2. zur Vorbereitung des Zusammenschlusses mehrerer Unternehmen;
3. zur Gewährung von Bezugsrechten an Arbeitnehmer und Mitglieder der Geschäftsführung der Gesellschaft oder eines verbundenen Unternehmens im Wege des Zustimmungs- oder Ermächtigungsbeschlusses.

(3) ¹Der Nennbetrag des bedingten Kapitals darf die Hälfte und der Nennbetrag des nach Absatz 2 Nr. 3 beschlossenen Kapitals den zehnten Teil des Grundkapitals, das zur Zeit der Beschlußfassung über die bedingte Kapitalerhöhung vorhanden ist, nicht übersteigen. ²§ 182 Abs. 1 Satz 5 gilt sinngemäß.

(4) Ein Beschluß der Hauptversammlung, der dem Beschluß über die bedingte Kapitalerhöhung entgegensteht, ist nichtig.

(5) Die folgenden Vorschriften über das Bezugsrecht gelten sinngemäß für das Umtauschrecht.

Übersicht	Rdn.		Rdn.
A. Bedingte Kapitalerhöhung, Abs. 1	1	a) Arbeitnehmer und Vorstandsmitglieder der AG	12
I. Allgemeines	1		
II. Abgrenzung	3	b) Arbeitnehmer und Geschäftsführungsmitglieder verbundener Unternehmen	13
B. Zwecke, Abs. 2	5		
I. Bedienung von Wandelschuldverschreibungen	6	c) Aufsichtsratsmitglieder	16
1. Begriff der Wandelschuldverschreibungen	7	2. Zustimmungs- oder Ermächtigungsbeschluss	17
2. Ausgabe- und Erhöhungsbeschluss	9	C. Umfang der bedingten Kapitalerhöhung, Abs. 3	18
II. Unternehmenszusammenschluss	10		
III. Bezugsrechte für Arbeitnehmer und Geschäftsführungmitglieder (Stock Options)	11	D. Entgegenstehender Hauptversammlungsbeschluss, Abs. 4	21
1. Begünstigter Personenkreis	12	E. Anwendung der Vorschriften über das Bezugsrecht, Abs. 5	23

A. Bedingte Kapitalerhöhung, Abs. 1

I. Allgemeines

1 § 192 Abs. 1 AktG enthält eine **Legaldefinition** der Begriffe »**Bezugsaktien**« und »**Bedingte Kapitalerhöhung**«. Die bedingte Kapitalerhöhung wird nur insoweit durchgeführt, als von Umtausch- oder Bezugsrechten auf neue Aktien Gebrauch gemacht wird. Der Hauptversammlungsbeschluss über die Kapitalerhöhung selbst ist unbedingt und bestimmt den Höchstbetrag der Kapitalmaßnahme.

2 **Bezugsaktien** sind die neuen Aktien, auf die sich die Umtausch- und Bezugsrechte richten. Ein Umtauschrecht berechtigt den Gläubiger, einen Zahlungsanspruch in einen Anspruch auf Aktien umzuwandeln. Ein **Bezugsrecht** beinhaltet neben einem Zahlungsanspruch das Recht zum Erwerb neuer Aktien. Solche Umtausch- und Bezugsrechte werden nicht bereits durch den Kapitalerhöhungsbeschluss begründet, sondern entstehen durch besonderes Rechtsgeschäft zwischen der Gesellschaft und den Gläubigern (str., vgl. *Hüffer* AktG, § 192 Rn. 3; MüKo AktG/*Fuchs* § 192 Rn. 25; KölnKomm AktG/*Lutter* § 192 Rn. 28).

II. Abgrenzung

3 Die Ausgabe der Bezugsaktien führt gem. § 200 AktG zu einer **Erhöhung des Grundkapitals**, wodurch der Wortlaut der Satzung unrichtig wird. Die Berichtigung ist **formelle Satzungsänderung**, sodass §§ 179 bis 181 AktG Anwendung finden. Das bedingte Kapital selbst kann, muss aber nicht in die Satzungsurkunde aufgenommen werden; auch dies beinhaltet eine Satzungsänderung gem. §§ 179 bis 181 AktG (*Hüffer* AktG, § 192 Rn. 5; MünchHdb GesR IV/*Krieger* § 57 Rn. 33).

4 §§ 182 ff. AktG sind nicht generell anwendbar. Über den Verweis in § 193 Abs. 1 Satz 3 AktG gelten aber §§ 182 Abs. 2, 187 Abs. 2 AktG.

B. Zwecke, Abs. 2

5 Abs. 2 enthält eine grds. **abschließende Aufzählung** der zulässigen Zwecke bedingter Kapitalerhöhung. Abweichungen von den zugelassenen Zwecken führen zur Anfechtbarkeit des Beschlusses gem. § 243 Abs. 1 AktG (*Baumbach/Hueck* § 192 Rn. 5; KölnKomm AktG/*Lutter* § 192 Rn. 18; *Hüffer* AktG, § 192 Rn. 8; MüKo AktG/*Fuchs* § 192 Rn. 41; MünchHdb GesR IV/*Krieger* § 57 Rn. 22; a.A. *Hoffmann* AG 1973, 47, 56 f.; *Werner* AG 1972, 137, 142). Im Übrigen hat das Registergericht eine **materielle Prüfungskompetenz**. Trägt es fehlerhaft ein, kann die Eintragung allerdings nicht gem. § 398 FamFG gelöscht werden. Ob in diesem Fall eine Ausführungspflicht des Vorstands besteht, ist strittig (dafür *Hüffer* AktG, § 192 Rn. 8; MüKo AktG/*Fuchs* § 192 Rn. 41; dagegen KölnKomm AktG/*Lutter* § 192 Rn. 20).

I. Bedienung von Wandelschuldverschreibungen

6 Abs. 2 Nr. 1 erlaubt die Schaffung eines bedingten Kapitals »zur Gewährung von Umtausch- oder Bezugsrechten« an Gläubiger von Wandelschuldverschreibungen. Der Wortlaut ist schief, da dem Sinn und Zweck nach nicht die effektive Gewährung von Umtausch- oder Bezugsrechten gemeint ist, sondern deren Bedienung.

1. Begriff der Wandelschuldverschreibungen

7 Der Begriff der Wandelschuldverschreibungen umfasst **Wandelanleihen im engeren Sinn** (vgl. § 221 AktG Rdn. 3) und **Optionsanleihen** (vgl. § 221 AktG Rdn. 4). Gleichgestellt werden entsprechend ausgestellte **Gewinnschuldverschreibungen** (*Hüffer* AktG, § 192 Rn. 9; KölnKomm AktG/*Lutter* § 192 Rn. 4; GroßkommAktG/*Frey* § 192 Rn. 51; MünchHdb GesR IV/*Krieger* § 57 Rn. 4; vgl. auch § 221 Abs. 1 Satz 1 AktG). Solche Anleihen können auch zur Schaffung eines bedingten Kapitals zwecks Bedienung von Stock Options für Führungskräfte ausgegeben werden, auch wenn § 192 Abs. 2 Nr. 3 AktG dafür einen unmittelbaren Weg eröffnet (OLG Braunschweig AG 1999,

84; OLG Stuttgart AG 1998, 529; LG Braunschweig AG 1988, 289, 290; LG Frankfurt am Main AG 1997, 185; 186f. LG Stuttgart AG 1998, 41, 43; *Baums* FS Claussen 1997, 3, 36f.; vgl. auch RegBegr. BT-Drucks. 13/9712, S. 23). § 192 Abs. 2 Nr. 1 AktG erfasst schließlich **Genussrechte** (vgl. § 221 AktG Rdn. 21), sofern sie ihren Inhabern ein Umtausch- oder Bezugsrecht gewähren, arg. § 221 AktG Abs. 3 AktG (*Hüffer* AktG, § 192 Rn. 9; MünchHdb GesR IV/*Krieger* § 57 Rn. 4; *Feddersen/Knauth* S. 99).

Die Schaffung eines bedingten Kapitals zur Bedienung von **Warrant-Anleihen** ist nach zutr. Auffassung nur zuzulassen, wenn eine Vergleichbarkeit mit der Emission einer eigenen Anleihe besteht (OLG Stuttgart ZIP 2002, 1807, 1808; für generelle Unzulässigkeit hingegen: *Gustavus* BB 1970, 694, 695; für generelle Zulässigkeit: *Silcher* FS Geßler 1971, 185, 188f.; *Schaub* AG 1972, 340, 342; *Hoffmann* AG 1973, 47, 56f.). Bei Warrant-Anleihen ist nicht die AG selbst, sondern eine ausländische Tochtergesellschaft Emittentin der Anleihe, Umtausch- oder Bezugsrechte richten sich aber auf Aktien der (Mutter-) Gesellschaft. Da ihre Ausgabe dem Konzernfinanzierungsinteresse dient, ist die bedingte Kapitalerhöhung bei Bestehen eines Konzernverhältnisses sowie eines eigenen Finanzierungsinteresses der Muttergesellschaft unter der Voraussetzung eines zustimmenden Beschlusses der Muttergesellschaft zuzulassen (*Hüffer* AktG, § 192 Rn. 12; MüKo AktG/*Fuchs* § 192 Rn. 55; KölnKomm AktG/*Lutter* § 192 Rn. 7f.; MünchHdb GesR IV/*Krieger* § 63 Rn. 31 ff.; *Martens* FS Stimpel 1985, 621, 627 ff.). 8

2. Ausgabe- und Erhöhungsbeschluss

Der Beschluss über die bedingte Kapitalerhöhung i. S. v. § 193 AktG und der Beschluss über die Ausgabe von Wandelschuldverschreibungen gem. § 221 AktG sind zu differenzieren. Die Reihenfolge der Beschlussfassung ist unerheblich. Wegen der Zweckbindung des bedingten Kapitals ist der Beschluss über die Schaffung des bedingten Kapitals i. S. v. § 192 Abs. 2 Nr. 1 AktG, aber nur unter der aufschiebenden Bedingung des Beschlusses zur Ausgabe von Wandelschuldverschreibungen zulässig; die Anmeldung zum Handelsregister kann erst nach Begründung der zu bedienenden Rechte vorgenommen werden (*Hüffer* AktG, § 192 Rn. 13). Die Beschlussanträge können aber verbunden und einheitlich zur Abstimmung gestellt werden. 9

II. Unternehmenszusammenschluss

Ein bedingtes Kapital darf gem. Abs. 2 Nr. 2 auch zur Vorbereitung eines Unternehmenszusammenschlusses geschaffen werden. Das Zusammenschlussvorhaben muss sich auf ein **bestimmtes Unternehmen** beziehen, arg. Abs. 2 Nr. 2. Der Begriff des Unternehmens ist **rechtsformneutral**, erfasst werden auch Einzelkaufleute. **Zusammenschluss** ist jede Verbindung ohne Rücksicht darauf, ob die rechtliche Selbstständigkeit verloren geht oder erhalten bleibt, sofern Aktien zur Durchführung benötigt werden. Umfasst sind auch Beherrschungs- und/oder Gewinnabführungsverträge, Mehrheitseingliederungen und der Erwerb fremder Anteile im Austausch gegen eigene Aktien (*Hüffer* AktG, § 192 Rn. 14; KölnKomm AktG/*Lutter* § 192 Rn. 14; MünchHdb GesR IV/*Krieger* § 57 Rn. 5). 10

III. Bezugsrechte für Arbeitnehmer und Geschäftsführungsmitglieder (Stock Options)

Abs. 2 Nr. 3 erlaubt die bedingte Kapitalerhöhung zur Gewährung von **Bezugsrechten an Arbeitnehmer** oder **Mitglieder der Geschäftsführung**. Durch das KonTraG wurde klargestellt, dass auch Arbeitnehmer und Geschäftsführungsmitglieder verbundener Unternehmen einbezogen sind. Neu zugelassen wurden Stock Options als Vergütungsbestandteil, ohne dass eine andere Form erfolgsabhängiger Vergütung zwischengestaltet werden müsste. Neu aufgenommen wurde weiter, dass die bedingte Kapitalerhöhung auch zur Bedienung von Stock Options der Vorstandsmitglieder zulässig ist, ohne dass für diese der Umweg über § 192 Abs. 2 Nr. 1 AktG gegangen werden muss. Anerkannt werden Optionen ohne Anleihe (»Naked Warrants«) für den geregelten Sonderfall. Das Bezugsrecht der Aktionäre ist ausgeschlossen (RegBegr. BT-Drucks. 13/9712, S. 24; LG Stuttgart AG 11

2001, 152, 153; *Hüffer* AktG, § 192 Rn. 15 f.; vgl. auch *Hüffer* ZHR 161, 1997, 214, 239; MüKo AktG/*Fuchs* § 192 Rn. 105 ff.; *Martens* AG 1996, 337, 346).

1. Begünstigter Personenkreis

a) Arbeitnehmer und Vorstandsmitglieder der AG

12 Bedingtes Kapital kann geschaffen werden, um Arbeitnehmern und Vorstandsmitgliedern der Gesellschaft Bezugsrechte zu gewähren. Erfasst sind alle Personen, die in einem **Arbeitsverhältnis** zur Gesellschaft stehen, ohne dass eine hierarchische Abstufung vorgesehen wäre (RegBegr. BT-Drucks. 13/9712, S. 24). Ehemalige Arbeitnehmer (Betriebsrentner) sind hingegen nicht begünstigt, wie ein Vergleich mit § 71 Abs. 1 Nr. 2 AktG ergibt (*Hüffer* AktG, § 192 Rn. 19).

b) Arbeitnehmer und Geschäftsführungsmitglieder verbundener Unternehmen

13 Ausdrücklich zugelassen ist auch die Gewährung von Bezugsrechten an Arbeitnehmer und Mitglieder der Geschäftsführung von verbundenen Unternehmen. Nicht hingegen dürfen Aktien verbundener Unternehmen für Optionen von Arbeitnehmern oder Vorstandsmitgliedern der Obergesellschaft geschaffen werden (RegBegr. BT-Drucks. 13/9712, S. 24).

14 Zum **Arbeitnehmerbegriff** vgl. Rdn. 12. Mitglieder der Geschäftsführung sind je nach Rechtsform des verbundenen Unternehmens Vorstandsmitglieder (§§ 76 ff. AktG) oder Geschäftsführer (§§ 35 ff. GmbHG), nicht aber Mitglieder von Beiräten und Verwaltungsräten, selbst wenn diese nach Satzung oder Gesellschaftsvertrag geschäftsführende Funktionen übernehmen (*Hüffer* AktG, § 192 Rn. 20). Der **Begriff des verbundenen Unternehmens** ist nach § 15 AktG zu bestimmen. Im Fall einer Veräußerung des verbundenen Unternehmens gehen die Verpflichtungen aus der Optionszusage nicht gem. § 613a BGB auf den Erwerber über, da sie nicht das verbundene, sondern das die Zusage erteilende herrschende Unternehmen treffen und daher nicht im Arbeitsverhältnis begründet sind (BAGE 104, 324, 331 ff.). Doppelbezüge sind zu vermeiden (RegBegr. BT-Drucks. 13/9712, S. 23).

15 Unproblematisch ist die Einbeziehung verbundener Unternehmen nur bei Nichtvorhandensein außenstehender Gesellschafter oder Bestehen eines Beherrschungsvertrages. Im Übrigen ist schwer zu rechtfertigen, allein die Wertentwicklung der Aktien der Obergesellschaft als Erfolgsparameter (vgl. § 193 AktG Rdn. 14) einzusetzen (etwas enger: RegBegr. BT-Drucks. 13/9712, S. 24; vgl. auch *Hüffer* AktG, § 192 Rn. 20; *Baums* AG 1997, August-Sonderheft, 26, 35 f.; *Spindler* DStR 204, 36, 44 ff.).

c) Aufsichtsratsmitglieder

16 Von Abs. 2 Nr. 3 nicht umfasst sind Mitglieder des Aufsichtsrats. Aktienoptionsprogramme zugunsten von Aufsichtsratsmitgliedern sind daher bei Unterlegung mit bedingtem Kapital – sowie auch mit zurückgekauften eigenen Aktien – unzulässig (BGH AG 2004, 265, 266). Ob ein Aktienoptionsprogramm zugunsten von Aufsichtsratsmitgliedern über § 221 AktG realisiert werden kann, hat der BGH ausdrücklich offen gelassen, jedoch in einem obiter dictum erheblich bezweifelt (BGH AG 2004, 265, 266; ebenso *Paefgen* WM 2004, 1169, 1171; krit. MüKo AktG/*Fuchs* § 192 Rn. 98; *Vetter* AG 2004, 234, 237 f.; bejahend *Hüffer* AktG, § 192 Rn. 21 m. w. N.). Unbedenklich ist allerdings die Gewährung von Stock Options für Vorstandsmitglieder, die für eine Tochtergesellschaft Aufsichtsratsfunktion wahrnehmen (*Hüffer* AktG, § 192 Rn. 21).

2. Zustimmungs- oder Ermächtigungsbeschluss

17 Zuständig für die Schaffung des bedingten Kapitals bleibt auch bei Gewährung von Bezugsrechten im Rahmen von Abs. 2 Nr. 3 die Hauptversammlung. Sie kann den Vorstand zur Ausführung verpflichten (**Zustimmungsbeschluss**) oder die Durchführung eines Aktienoptionsprogramms dem pflichtgemäßen Ermessen des Vorstands überantworten (**Ermächtigungsbeschluss**). Im letztge-

nannten Fall kann der Vorstand nicht nur über den Zeitpunkt entscheiden, sondern auch von der Durchführung des Optionsprogramms insgesamt absehen (*Hüffer* AktG, § 192 Rn. 22 m. w. N.; MüKo AktG/*Fuchs* § 192 Rn. 99 ff.).

C. Umfang der bedingten Kapitalerhöhung, Abs. 3

Abs. 3 enthält eine **Beschränkung des Umfangs** der bedingten Kapitalerhöhung. Ohne Rücksicht auf den Verwendungszweck darf der Nennbetrag des bedingten Kapitals die Hälfte **des Grundkapitals nicht übersteigen**. Der Nennbetrag des bedingten Kapitals ist der im Erhöhungsbeschluss bezifferte Erhöhungsbetrag. Zu berücksichtigen sind außerdem Nennbeträge aus früheren bedingten Kapitalerhöhungen, die noch nicht ausgeschöpft sind (OLG München AG 2012, 44; *Hüffer* AktG, § 192 Rn. 23; KölnKomm AktG/*Lutter* § 192 Rn. 30). Vergleichend ist das (wirksam gewordene) Grundkapital heranzuziehen. Kapitalerhöhungen gegen Einlagen (§ 182 AktG) und genehmigtes Kapital (§ 202 AktG) sowie Kapitalherabsetzungen (§ 222 AktG) sind erst mit Eintragung der Durchführung im Handelsregister zu berücksichtigen (§§ 189, 203 Abs. 1 AktG), bedingtes Kapital mit der Aktienausgabe (§ 200 AktG). Maßgeblich ist die Höhe des Nennbetrages und des Grundkapitals **im Zeitpunkt der Beschlussfassung** über die bedingte Kapitalerhöhung. Ein Verstoß führt zur **Nichtigkeit** des Kapitalerhöhungsbeschlusses insgesamt gem. § 241 Nr. 3 AktG (OLG München AG 2012, 44, 45). Eine Heilung nach § 242 Abs. 2 AktG ist möglich (MünchHdb GesR IV/*Krieger* § 57 Rn. 10); mit ihr werden etwa ausgegebene Aktien wirksam (*Hüffer* AktG, § 192 Rn. 23; MüKo AktG/*Fuchs* § 192 Rn. 154). 18

Dient das bedingte Kapital der **Gewährung von Bezugsrechten** (Abs. 2 Nr. 3) ist kumulativ zu der generellen Beschränkung des Erhöhungsbetrages außerdem eine **Grenze von 10 % des Grundkapitals** zu beachten (*Hüffer* AktG, § 192 Rn. 24; MüKo AktG/*Fuchs* § 192 Rn. 144). Werden weitere Aktien zur Bedienung von Bezugsrechten benötigt, muss von der Möglichkeit des Rückerwerbs nach § 71 Nr. 8 AktG Gebrauch gemacht werden. Sofern neben dem bedingten Kapital ein Ermächtigungsbeschluss nach § 71 Abs. 1 Nr. 8 AktG besteht und beide der Bedienung von Bezugsrechten dienen, findet allerdings eine wechselseitige Anrechnung statt (GroßkommAktG/*Frey* § 192 Rn. 140; MünchHdb GesR IV/*Krieger* § 68 Rn. 30; *Keul/Semmer* DB 2002, 2255, 2256 f.; *Knoll* ZIP 2002, 1382, 1383 f.; a. A. *Hüffer* AktG, § 192 Rn. 24; *Mutter* ZIP 2002, 295, 296 f.). Zur Berechnung der 10 %-Grenze gelten die allgemeinen Grundsätze (*Ihrig/Wagner* NZG 2002, 657, 663). 19

Bei **Stückaktien** darf darüber hinaus die Beteiligungsquote der Altaktien auch durch ein bedingtes Kapital nicht überproportional verschlechtert werden. Bezugsaktien müssen daher so gestückelt sein, dass nach ihrer vollständigen Ausgabe (§ 199 AktG) die Erhöhung der Aktienzahl der Erhöhung des Grundkapitals entspricht (*Hüffer* AktG, § 192 Rn. 25). 20

D. Entgegenstehender Hauptversammlungsbeschluss, Abs. 4

Dem Beschluss über die bedingte Kapitalerhöhung entgegenstehende Hauptversammlungsbeschlüsse sind **nichtig**. Ein Beschluss steht der bedingten Kapitalerhöhung entgegen, wenn er die Durchsetzung von Umtausch- oder Bezugsrechten erschwert oder verhindert. Beispiele sind insbes. Beschlüsse, die den eingetragenen Erhöhungsbeschluss aufheben oder den Erhöhungsbetrag herabsetzen. Beschlüsse, die lediglich den Wert des Bezugs- oder Umtauschrechtes mindern (z. B. weitere Kapitalerhöhungsbeschlüsse), stehen der bedingten Kapitalerhöhung nicht entgegen (KölnKomm AktG/*Lutter* § 192 Rn. 34; MüKo AktG/*Fuchs* § 192 Rn. 159; *Hueck* DB 1963, 1347). Entgegen der h. M. kann dies jedoch nicht gelten, wenn durch den Beschluss der Aktienkurs unter den Bezugskurs sinkt und dadurch das Umtausch- oder Bezugsrecht faktisch beseitigt wird (ebenso KölnKomm AktG/*Lutter* § 192 Rn. 35; a. A. etwa *Hüffer* AktG, § 192 Rn. 27). Eine Verwässerung der Bezugsrechte durch weitere Kapitalerhöhungen kann eine **Vertragsanpassung** erfordern (MünchHdb GesR IV/*Krieger* § 57 Rn. 36, § 63 Rn. 22). Auch die Auflösung (§ 262 AktG) und die Verschmelzung oder Umwandlung hindern das bedingte Kapital nicht (*Hüffer* AktG, § 192 Rn. 27; MünchHdb GesR IV/*Krieger* § 57 Rn. 37; *Loos* DB 1960, 513, 543, 544; zur Auflösung vgl. auch 21

§ 193 AktG Erfordernisse des Beschlusses

BGHZ 24, 279, 286). Gleiches gilt für die Eingliederung (*Martens* AG 1992, 209, 210). Jedoch hat bei der Verschmelzung die neue bzw. übernehmende Gesellschaft eine vergleichbare Rechtsposition zu schaffen (*Hüffer* AktG, § 192 Rn. 27; MüKo AktG/*Fuchs* § 192 Rn. 163).

22 Ein gem. § 192 Abs. 4 AktG trotz Nichtigkeit in das Handelsregister eingetragener Beschluss wird nicht entsprechend § 242 AktG **geheilt** (*Hüffer* AktG, § 192 Rn. 28; MüKo AktG/*Fuchs* § 192 Rn. 168).

E. Anwendung der Vorschriften über das Bezugsrecht, Abs. 5

23 Abs. 5 bestimmt die entsprechende Anwendung der Vorschriften über das Bezugsrecht, nicht das Umtauschrecht, weshalb lediglich eine sinngemäße Anwendung der §§ 193 bis 201 AktG angeordnet ist.

§ 193 Erfordernisse des Beschlusses

(1) ¹Der Beschluß über die bedingte Kapitalerhöhung bedarf einer Mehrheit, die mindestens drei Viertel des bei der Beschlußfassung vertretenen Grundkapitals umfaßt. ²Die Satzung kann eine größere Kapitalmehrheit und weitere Erfordernisse bestimmen. ³§ 182 Abs. 2 und § 187 Abs. 2 gelten.

(2) Im Beschluß müssen auch festgestellt werden
1. der Zweck der bedingten Kapitalerhöhung;
2. der Kreis der Bezugsberechtigten;
3. der Ausgabebetrag oder die Grundlagen, nach denen dieser Betrag errechnet wird; bei einer bedingten Kapitalerhöhung für die Zwecke des § 192 Abs. 2 Nr. 1 genügt es, wenn in dem Beschluss oder in dem damit verbundenen Beschluss nach § 221 der Mindestausgabebetrag oder die Grundlagen für die Festlegung des Ausgabebetrags oder des Mindestausgabebetrags bestimmt werden; sowie
4. bei Beschlüssen nach § 192 Abs. 2 Nr. 3 auch die Aufteilung der Bezugsrechte auf Mitglieder der Geschäftsführungen und Arbeitnehmer, Erfolgsziele, Erwerbs- und Ausübungszeiträume und Wartezeit für die erstmalige Ausübung (mindestens vier Jahre).

Übersicht	Rdn.		Rdn.
A. Beschlusserfordernisse, Abs. 1	1	2. Kreis der Bezugsberechtigten, Nr. 2 .	7
B. Beschlussinhalt, Abs. 2	4	3. Ausgabebetrag der Bezugsaktien, Nr. 3	8
I. Allgemeiner Inhalt	4		
II. Besonderer Inhalt	6	4. Ergänzende Festsetzungen bei Stock Options, Nr. 4	12
1. Zweck der bedingten Kapitalerhöhung, Nr. 1	6	C. Beschlussmängel	17

A. Beschlusserfordernisse, Abs. 1

1 Abs. 1 setzt für die Schaffung eines bedingten Kapitals einen Hauptversammlungsbeschluss voraus, der einer **Mehrheit von 3/4** des bei der Beschlussfassung vertretenen Grundkapitals bedarf. Neben dieser Kapitalmehrheit ist die **einfache Stimmenmehrheit** nach § 133 Abs. 1 AktG erforderlich (*Hüffer* AktG, § 193 Rn. 2). Die Satzung kann eine größere Kapitalmehrheit und weitere Erfordernisse bestimmen. Sind mehre Aktiengattung vorhanden, so wird der Erhöhungsbeschluss über die Verweisungsvorschrift in Abs. 1 Satz 3 nur wirksam, wenn die Aktionäre jeder Gattung in Form eines Sonderbeschlusses zustimmen.

2 Da der Beschluss über die Schaffung eines bedingten Kapitals mit Ausgabe der Bezugsaktien automatisch zu einer **Satzungsänderung** führt, ist die Beschlussvorlage gem. § 124 Abs. 2 Satz 2 AktG dem Wortlaut nach **bekannt zu machen**. Grundlage eines bedingten Kapitals ist stets ein Hauptversammlungsbeschluss. Nach h. M. darf das bedingte Kapital nicht bereits in der Gründungssatzung

enthalten sein, arg. § 202 Abs. 1 und 2 AktG (MüKo AktG/*Fuchs* § 192 Rn. 22; KölnKomm AktG/ *Lutter* § 192 Rn. 2; *v. Godin/Wilhelmi* § 192 Anm. 5; einschränkend *Hüffer* AktG, § 192 Rn. 7; a. A. GroßkommAktG/*Frey* § 192 Rn. 24).

Bezugsrechte können bereits vor Beschlussfassung wirksam begründet werden. Entsprechende Zusicherungen des Vorstands (§ 78 AktG) begründen jedoch gem. §§ 193 Abs. 1 Satz 3, 187 Abs. 2 AktG keine Verpflichtung der Hauptversammlung, eine bedingte Kapitalerhöhung zu beschließen. Hieraus folgt auch, dass die Gesellschaft keinen Schadensersatz leisten muss, wenn der Erhöhungsbeschluss nicht gefasst wird (*Hüffer* AktG, § 193 Rn. 3; GroßkommAktG/*Frey* § 193 Rn. 13; KölnKomm AktG/ *Lutter* § 193 Rn. 19; MünchHdb GesR IV/*Krieger* § 57 Rn. 34; a. A. *Baumbach/Hueck* § 193 Rn. 2).

B. Beschlussinhalt, Abs. 2

I. Allgemeiner Inhalt

Neben den besonderen Inhalten, die sich aus Abs. 2 ergeben, muss der Beschluss über die Schaffung des bedingten Kapitals den **allg. Anforderungen** entsprechen. Er muss erkennen lassen, dass eine bedingte Kapitalerhöhung gewollt ist, und dieserhalb den Vorstand anweisen oder ermächtigen, Umtausch- oder Bezugsrechte an den gem. Abs. 2 Nr. 2 festzusetzenden Personenkreis zu gewähren (*Hüffer* AktG, § 193 Rn. 4; KölnKomm AktG/*Lutter* § 192 Rn. 23). Festzusetzen ist außerdem der Erhöhungsbetrag, der wegen der Bedingtheit der Kapitalerhöhung ein Höchstbetrag ist. Die Angabe eines Mindestbetrages ist unzulässig (MüKo AktG/*Fuchs* § 193 Rn. 7; KölnKomm AktG/*Lutter* § 193 Rn. 6; *Hüffer* AktG, § 193 Rn. 4; a. A. zur Angabe eines Mindestbetrags MünchHdb GesR IV/*Krieger* § 57 Rn. 14). Bei Nennbetragsaktien (§ 8 Abs. 2 AktG) ist der Nennbetrag, bei Stückaktien (§ 8 Abs. 3 AktG) deren Zahl festzulegen, des Weiteren Art und Gattung der Aktien, sofern sich dies nicht bereits aus der Satzung ergibt (*Hüffer* AktG, § 193 Rn. 4). Bei Kapitalerhöhung gegen Sacheinlagen sind schließlich die inhaltlichen Vorgaben aus § 194 Abs. 1 Satz 1 AktG zu beachten.

Neben dem zwingenden Inhalt kann der **Erhöhungsbeschluss** die Bezugs- und Umtauschrechte **inhaltlich ausgestalten**, z. B. durch Befristung der Ausübung der Rechte durch Angabe eines frühesten und/oder spätesten Zeitpunkts oder die Bedingung der Rechte (BGHZ 24, 279, 289; MüKo AktG/ *Fuchs* § 193 Rn. 8; KölnKomm AktG/*Lutter* § 192 Rn. 26; *Hüffer* AktG, § 193 Rn. 4; MünchHdb GesR IV/*Krieger* § 57 Rn. 21). Eine Ermächtigung des Aufsichtsrats gem. § 179 Abs. 1 Satz 2 AktG zur Fassung der Satzung entsprechend der durchgeführten Erhöhung sowie ggf. zur Aufnahme des bedingten Kapitals in die Satzung ist zulässig (*Hüffer* AktG, § 193 Rn. 4). Üblicherweise wird der Vorstand ausdrücklich ermächtigt, weitere Einzelheiten festzusetzen; eine solche Ermächtigung hat rein deklaratorische Bedeutung (*Hüffer* AktG, § 193 Rn. 4; MüKo AktG/*Fuchs* § 193 Rn. 8).

II. Besonderer Inhalt

1. Zweck der bedingten Kapitalerhöhung, Nr. 1

Gem. Abs. 2 Nr. 1 ist der Zweck der bedingten Kapitalerhöhung zu nennen. Die **zulässigen Zwecke** ergeben sich abschließend aus § 192 Abs. 2 AktG. Dabei sind konkrete Angaben erforderlich, insbes. ist im Fall des § 192 Abs. 2 Nr. 2 AktG das konkrete Unternehmen, mit dem ein Zusammenschluss geplant ist, sowie die Art des Zusammenschlusses anzugeben (MüKo AktG/*Fuchs* § 193 Rn. 10; *Hüffer* AktG, § 193 Rn. 5; MünchHdb GesR IV/*Krieger* § 57 Rn. 16).

2. Kreis der Bezugsberechtigten, Nr. 2

Der Kreis der Bezugsberechtigten, der gem. Abs. 2 Nr. 2 anzugeben ist, muss zwar nicht notwendigerweise namentlich genannt werden, aber **eindeutig bestimmbar** sein. Genügend ist die genaue Bezeichnung der Schuldverschreibungen, deren Inhaber Bezugs- oder Umtauschrechte wahrnehmen können, die Bezeichnung des Unternehmens, dessen Gesellschafter Bezugsrechte erhalten, oder der Hinweis, dass den gewinnbeteiligten Arbeitnehmern ein Bezugsrecht zusteht. Die Festsetzung im Hauptversammlungsbeschluss begründet selbst noch kein Bezugs- oder Umtauschrecht, bindet aber den Vorstand im Innenverhältnis bei der Durchführung der Erhöhung (*Hüffer* AktG, § 193 Rn. 5; MüKo AktG/*Fuchs* § 193 Rn. 11).

3. Ausgabebetrag der Bezugsaktien, Nr. 3

8   Gem. Abs. 2 Nr. 3 ist der Ausgabebetrag der Bezugsaktien festzusetzen. Die Angabe eines Mindestausgabebetrages genügt nicht (OLG Hamm AG 2008, 506, 507 ff. (n.rkr.); OLG Celle AG 2008, 85, 86 ff. (n.rkr.); KG Berlin AG 2008, 85). Der Ausgabebetrag darf den Nennbetrag, bei Stückaktien den anteiligen Betrag am Grundkapital nicht unterschreiten (§ 9 Abs. 1 AktG). Bei Umtauschrechten ist anzugeben, in welchem Verhältnis die Schuldverschreibungen in Aktien getauscht werden, und sind ggf. Zuzahlungen festzusetzen. Im Fall einer Ausgabe von Wandelanleihen unter pari ist bei der Aktienausgabe § 199 Abs. 2 AktG zu beachten. Bei Bezugsrechten ist die betragsmäßige Angabe möglich, das Bezugsverhältnis ist aber auch hier anzugeben (MüKo AktG/*Fuchs* § 193 Rn. 12; KölnKomm AktG/*Lutter* § 193 Rn. 12; *Hüffer* AktG, § 193 Rn. 6; MünchHdb GesR IV/*Krieger* § 57 Rn. 18).

9   Im Fall des bedingten Kapitals zum Zweck der Bedienung von Umtausch- und Bezugsrechten an Gläubiger von Wandelschuldverschreibungen lässt § 193 Abs. 2 Nr. 3 AktG ausdrücklich auch die Festlegung eines Mindestausgabebetrages zu (so vor Inkrafttreten des ARUG bereits BGH NZG 2009, 986). Dieser kann sowohl im Beschluss über die bedingte Kapitalerhöhung als auch im Beschluss nach § 221 AktG bestimmt werden. Hierzu wird in der Regel ein Prozentsatz eines bestimmten durchschnittlichen Aktienbörsenkurses der Gesellschaft, der nicht unterschritten werden darf, angegeben und die Bestimmung des endgültigen Ausgabebetrags in das Ermessen des Vorstands gestellt (vgl. MüKo AktG/*Fuchs* § 193 Rn. 13). Aus der Zulassung der Festlegung eines Mindestausgabebetrages ausschließlich für Zwecke des § 192 Abs. 2 Nr. 1 AktG lässt sich schließen, dass für alle übrigen Zwecke des bedingten Kapitals die Angabe eines Mindestausgabebetrages unzulässig ist.

10 Alternativ zur Angabe des konkreten (Mindest-)Ausgabebetrages können bei **Umtausch- und Bezugsrechten** lediglich die Grundlagen festgesetzt werden, nach denen sich der (Mindest-)Ausgabekurs berechnet. Bei **Unternehmenszusammenschlüssen** wird insoweit das Umtauschverhältnis angegeben. Zulässig ist auch, den Ausgabekurs nach dem Börsenpreis zu einem bestimmten Stichtag zu berechnen oder durch Sachverständige nach bestimmten Vorgaben errechnen zu lassen (*Hüffer* AktG, § 193 Rn. 6a).

11 Soweit die bedingte Kapitalerhöhung mit einem Bezugsrechtsausschluss einhergeht, darf der Ausgabebetrag gem. § 255 Abs. 2 AktG **nicht unangemessen niedrig** sein. Lediglich bei Arbeitnehmeraktien kann der Ausgabekurs in einem angemessenen Rahmen unter Wert angesetzt werden, arg. § 204 Abs. 3 AktG (KölnKomm AktG/*Lutter* § 193 Rn. 14; *Hüffer* AktG, § 193 Rn. 6a).

4. Ergänzende Festsetzungen bei Stock Options, Nr. 4

12 Wird das bedingte Kapital zur Gewährung von Bezugsrechten an Arbeitnehmer und Geschäftsführungsmitglieder geschaffen (vgl. § 192 AktG Rdn. 11 ff.), muss der Beschluss die ergänzenden Festsetzungen nach § 192 Abs. 2 Nr. 4 AktG enthalten. Dies sind die Eckpunkte von Aktienoptionsprogrammen, sodass die gesetzliche Vorschrift die Zuständigkeit der Hauptversammlung für die inhaltliche Ausgestaltung begründet. Die Aufzählung in § 193 Abs. 2 Nr. 4 AktG ist enumerativ in dem Sinn, dass der Hauptversammlungsbeschluss zwar weitere Einzelheiten regeln kann, nicht aber muss (*Hüffer* AktG, § 193 Rn. 8; MüKo AktG/*Fuchs* § 193 Rn. 19).

13 Erforderlich ist eine **gruppenmäßige Aufteilung der Bezugsrechte**. Je eine Gruppe bilden die Vorstandsmitglieder der AG, die Geschäftsführungsmitglieder verbundener Unternehmen sowie die Arbeitnehmer der AG und der mit ihr verbundenen Unternehmen (RegBegr. BT-Drucks. 13/9712, S. 23; teilw.a. A. OLG Koblenz AG 2003, 453 f.).

14 Des Weiteren sind **Erfolgsziele** festzusetzen. Die Verknüpfung von Erfolgszielen und Bezugsrecht kann rechtlich (Bedingung) oder wirtschaftlich (Preisgestaltung) erfolgen (vgl. dazu *v. Einem/Götze* AG 2002, 72, 75 f.). Der Begriff des Erfolgsziels ist unspezifisch und deckt auch andere Ziele als

Kursziele ab (*Hüffer* AktG, § 193 Rn. 9 m. w. N.). Es genügt allerdings die Anknüpfung an den Börsenpreis ohne zusätzlichen Erfolgsmaßstab (OLG Stuttgart AG 1998, 529, 532; AG 2001, 540, 541; LG Stuttgart AG 2001, 152, 153). Der Empfehlung in Nr. 4.2.3 II. 2 DCGK entspricht das sog. **Benchmarking** (*Baums* FS Claussen 1997, 3, 12 ff.). Zum Teil wird sogar ein begrenzter Misserfolg (relativ günstiges Abschneiden trotz Kursverlustes in fallenden Märkten) als taugliches Erfolgsziel anerkannt (OLG Koblenz NZG 2003, 182, 183).

Des Weiteren ist eine **Frist** vorzugeben, innerhalb derer Bezugsrechte begründet und ausgeübt werden können. In diesen Zusammenhang gehört die Vorgabe einer Wartezeit, also der Zeit zwischen Begründung des Bezugsrechts und erstmaliger Ausübungsmöglichkeit. Diese Wartezeit kann ggf. nach Tranchen getrennt werden (RegBegr. BT-Drucks. 13/9712, S. 24). Sie darf entsprechend dem Klammerzusatz in Abs. 2 Nr. 4 **nicht kürzer als 4 Jahre** sein.   15

Schließlich muss die Hauptversammlung zur Vermeidung von Insidergeschäften **Ausübungszeiträume** vorgeben, während derer die Optionen ausgeübt werden dürfen; z. B. im Zeitraum von 3 Wochen nach Vorlage eines Geschäfts- oder Zwischenberichts (RegBegr. BT-Drucks. 13/9712, S. 24).   16

C. Beschlussmängel

Ist der Erhöhungsbeschluss fehlerhaft, so gelten die allgemeinen Vorschriften über Nichtigkeit und Anfechtbarkeit einschließlich § 255 AktG. Von **Nichtigkeit** ist gem. § 241 Nr. 3 AktG auszugehen, wenn die Anweisung an den Vorstand fehlt, Bezugs- und Umtauschrechte einzuräumen (KölnKomm AktG/*Lutter* § 192 Rn. 26), oder wenn die Festsetzungen nach § 193 Abs. 2 Nr. 1 bis 3 AktG fehlen (*Hüffer* AktG, § 193 Rn. 10). Eine **Heilung** nach § 242 Abs. 2 AktG ist möglich. Andere Gesetzes- und Satzungsverstöße können zur Anfechtbarkeit führen, insbes. die Verletzung von Abs. 2 Nr. 4 (K. Schmidt/Rieger/*Hirte*, GesR 1999, 2000, 211, 226 ff.; *Vogel* DB 2000, 937, 939).   17

§ 194 Bedingte Kapitalerhöhung mit Sacheinlagen; Rückzahlung von Einlagen

(1) ¹Wird eine Sacheinlage gemacht, so müssen ihr Gegenstand, die Person, von der die Gesellschaft den Gegenstand erwirbt, und der Nennbetrag, bei Stückaktien die Zahl der bei der Sacheinlage zu gewährenden Aktien im Beschluß über die bedingte Kapitalerhöhung festgesetzt werden. ²Als Sacheinlage gilt nicht die Hingabe von Schuldverschreibungen im Umtausch gegen Bezugsaktien. ³Der Beschluß darf nur gefaßt werden, wenn die Einbringung von Sacheinlagen ausdrücklich und ordnungsgemäß (§ 124 Abs. 1) bekanntgemacht worden ist.

(2) § 27 Abs. 3 und 4 gilt entsprechend; an die Stelle des Zeitpunkts der Anmeldung nach § 27 Abs. 3 Satz 3 und der Eintragung nach § 27 Abs. 3 Satz 4 tritt jeweils der Zeitpunkt der Ausgabe der Bezugsaktien.

(3) Die Absätze 1 und 2 gelten nicht für die Einlage von Geldforderungen, die Arbeitnehmern der Gesellschaft aus einer ihnen von der Gesellschaft eingeräumten Gewinnbeteiligung zustehen.

(4) ¹Bei der Kapitalerhöhung mit Sacheinlagen hat eine Prüfung durch einen oder mehrere Prüfer stattzufinden. ²§ 33 Abs. 3 bis 5, die §§ 34, 35 gelten sinngemäß.

(5) § 183a gilt entsprechend.

Übersicht	Rdn.		Rdn.
A. Kapitalerhöhungsbeschluss und Sacheinlage, Abs. 1 und Abs. 3	1	B. Rechtsfolgen fehlerhafter Festsetzungen, Abs. 2	6
I. Sacheinlagen	2	C. Prüfung der Sacheinlage, Abs. 4 und Abs. 5	7
II. Inhalt des Kapitalerhöhungsbeschlusses .	4		
III. Bekanntmachung	5		

§ 194 AktG Bedingte Kapitalerhöhung mit Sacheinlagen; Rückzahlung von Einlagen

A. Kapitalerhöhungsbeschluss und Sacheinlage, Abs. 1 und Abs. 3

1 **§ 194 AktG entspricht** im Wesentlichen **§ 183 AktG.** Insoweit gelten abgesehen von den nachfolgend beschriebenen Ausnahmen die Ausführungen zu § 183 Abs. 1 AktG. Soweit § 194 Abs. 1 Satz 3 AktG anders als § 183 Abs. 1 Satz 2 AktG Festsetzungen nach § 194 Abs. 1 Satz 1 AktG nicht erwähnt, ist von einem Redaktionsversehen auszugehen, sodass die Festsetzungen nach § 194 Abs. 1 Satz 1 AktG ebenfalls bekannt zu machen sind (*Hüffer* AktG, § 194 Rn. 7; MüKo AktG/*Fuchs* § 194 Rn. 19; GroßkommAktG/*Frey* § 194 Rn. 98).

I. Sacheinlagen

2 Abs. 1 Satz 2 nimmt die Hingabe von Schuldverschreibungen im Umtausch gegen Bezugsaktien ausdrücklich vom Begriff der Sacheinlage aus. Wegen der in § 192 Abs. 2 AktG aufgezählten beschränkten Zwecke bedingter Kapitalerhöhung (vgl. § 192 AktG Rdn. 5 ff.) kommt im Übrigen nicht jeder Gegenstand als Sacheinlage in Betracht. Im Wesentlichen zielt § 194 AktG auf die **bedingte Kapitalerhöhung zum Zweck des Unternehmenszusammenschlusses** (§ 192 Abs. 2 Nr. 2 AktG) ab, die grds. Sacherhöhung ist; die Sacheinlage besteht im Unternehmen als Vermögensgesamtheit oder an Anteilen hieran. Bei Optionsanleihen (§ 192 Abs. 2 Nr. 1 AktG) hängt die Anwendbarkeit von § 194 AktG davon ab, ob die Bezugsaktien gegen Geld (Normalfall) oder Sachleistung erworben werden; nur im letztgenannten Fall liegt eine bedingte Kapitalerhöhung mit Sacheinlagen vor (*Hüffer* AktG, § 194 Rn. 3; KölnKomm AktG/*Lutter* § 194 Rn. 3 f.). Dass die Hingabe der Wandelanleihe selbst nicht als Sacheinlage gewertet werden kann, da sonst grds. bei dieser Gestaltung eine Sachkapitalerhöhung vorläge und aufgrund der Gefährdung des Rückzahlungsanspruches durch Verlustbeteiligung die Werthaltigkeit generell gefährdet wäre, bestimmt Abs. 1 Satz 2 ausdrücklich.

3 An § 192 Abs. 2 Nr. 3 AktG knüpft § 194 Abs. 3 AktG an. Werden Arbeitnehmeraktien nicht gegen Geld, sondern gegen Forderungen aus Gewinnbeteiligungen gewährt, so liegt zwar eine Sacheinlage vor. Die Anwendbarkeit von Abs. 1 und 2 wird jedoch ausdrücklich ausgeschlossen, um die Ausgabe von Bezugsaktien an Arbeitnehmer zu erleichtern (*Kropff* RegBegr., 300). Auf die Prüfung (Abs. 4) wird indes nicht verzichtet (MüKo AktG/*Fuchs* § 194 Rn. 15; MünchHdb GesR IV/*Krieger* § 57 Rn. 26). Über den Wortlaut von Abs. 3 hinaus stehen den Arbeitnehmern der Gesellschaft analog § 192 Abs. 2 Nr. AktG die Arbeitnehmer mit ihr verbundener Unternehmen gleich. Nicht erfasst sind aber Vorstandsmitglieder der AG und Mitglieder der Geschäftsführung verbundener Unternehmen (MüKo AktG/*Fuchs* § 194 Rn. 17; GroßkommAktG/*Frey* § 194 Rn. 89, 91; a. A. zur Erstreckung auf die Führungsebene MünchHdb GesR IV/*Krieger* § 57 Rn. 26).

II. Inhalt des Kapitalerhöhungsbeschlusses

4 Neben dem in Abs. 1 Satz 1 ausdrücklich ausgewiesenen Inhalt (vgl. hierzu § 183 AktG Rdn. 7 f.) muss der Beschluss über die bedingte Kapitalerhöhung mit Sacheinlagen außerdem den allgemeinen und besonderen Inhalt nach § 193 Abs. 2 AktG haben (vgl. dazu § 193 AktG Rdn. 6 ff.). Besonderheiten bei der Angabe der Person des Sacheinlegers ergeben sich, wenn diese nicht namentlich feststehen. In diesem Fall genügen wie bei § 193 Abs. 2 AktG Angaben, nach denen die Einleger eindeutig bestimmbar sind (*Hüffer* AktG, § 194 Rn. 6; MüKo AktG/*Fuchs* § 194 Rn. 18; KölnKomm AktG/*Lutter* § 194 Rn. 14).

III. Bekanntmachung

5 Zur Bekanntmachung vgl. Rdn. 1 und § 183 AktG Rdn. 10.

B. Rechtsfolgen fehlerhafter Festsetzungen, Abs. 2

6 Abs. 2 entspricht § 183 Abs. 2 AktG (§ 183 AktG Rdn. 3) mit der Maßgabe, dass anstelle der Durchführung der regulären Kapitalerhöhung auf die Ausgabe von Bezugsaktien abgestellt wird, mit der

das Kapital automatisch erhöht wird (§ 200 AktG). Wegen der Einzelheiten vgl. die Anmerkungen zu § 183 Abs. 2 AktG (§ 183 AktG Rdn. 2).

C. Prüfung der Sacheinlage, Abs. 4 und Abs. 5

Wie bei der regulären Kapitalerhöhung (§ 183 Abs. 3 AktG) hat bei der bedingten Kapitalerhöhung grundsätzlich eine Prüfung durch unabhängige Prüfer und durch das Registergericht zu erfolgen. Wegen der Einzelheiten vgl. die Anmerkungen zu § 183 Abs. 3 AktG (§ 183 AktG Rdn. 10 ff.). 7

Die bedingte Kapitalerhöhung kann ebenfalls vereinfacht unter Verzicht auf die nach § 194 Abs. 4 AktG grundsätzlich vorgeschriebene externe Prüfung der Sacheinlage durchgeführt werden. Hierzu ordnet Abs. 5 die entsprechende Anwendung von § 183a AktG an. 8

§ 195 Anmeldung des Beschlusses

(1) Der Vorstand und der Vorsitzende des Aufsichtsrats haben den Beschluß über die bedingte Kapitalerhöhung zur Eintragung in das Handelsregister anzumelden. § 184 Abs. 1 Satz 2 gilt entsprechend.

(2) Der Anmeldung sind beizufügen
1. bei einer bedingten Kapitalerhöhung mit Sacheinlagen die Verträge, die den Festsetzungen nach § 194 zugrunde liegen oder zu ihrer Ausführung geschlossen worden sind, und der Bericht über die Prüfung von Sacheinlagen (§ 194 Abs. 4) oder die in § 37a Abs. 3 bezeichneten Anlagen;
2. eine Berechnung der Kosten, die für die Gesellschaft durch die Ausgabe der Bezugsaktien entstehen werden.
3. (weggefallen)

(3) Das Gericht kann die Eintragung ablehnen, wenn der Wert der Sacheinlage nicht unwesentlich hinter dem geringsten Ausgabebetrag der dafür zu gewährenden Aktien zurückbleibt. Wird von einer Prüfung der Sacheinlage nach § 183a Abs. 1 abgesehen, gilt § 38 Abs. 3 entsprechend.

Übersicht	Rdn.		Rdn.
A. Allgemeines	1	II. Eintragung des Erhöhungsbeschlusses...	5
B. Handelsregisteranmeldung, Abs. 1	2	C. Beizufügende Unterlagen, Abs. 2	7
I. Verfahren	2		

A. Allgemeines

§ 195 AktG betrifft die Anmeldung des Beschlusses über die bedingte Kapitalerhöhung zur Eintragung in das Handelsregister. Diese ist abzugrenzen von der Anmeldung der Ausgabe von Bezugsaktien und der damit verbundenen Kapitalerhöhung nach § 201 AktG. Eine Verbindung der beiden Anmeldungen ist anders als bei der regulären Kapitalerhöhung nicht möglich (*Hüffer* AktG, § 195 Rn. 1). Weiter abzugrenzen ist die Anmeldung der Satzungsänderung, nachdem der Satzungswortlaut mit Ausgabe der Bezugsaktien unrichtig geworden ist. 1

B. Handelsregisteranmeldung, Abs. 1

I. Verfahren

Der Beschluss über die bedingte Kapitalerhöhung ist zur **Eintragung in das Handelsregister** anzumelden. Adressat ist das Amtsgericht des Satzungssitzes (§§ 8 HGB, 23a Abs. 1 Satz 1 Nr. 2, Abs. 2 Nr. 3 GVG, §§ 374 Nr. 1, 376, 377 Abs. 1 FamFG, § 5 AktG). Die Einreichung von Überstücken gem. der Anzahl der Zweigniederlassungen ist nach Aufhebung des § 13c Abs. 1 HGB entbehrlich. Die Anmeldung hat in **öffentlich beglaubigter Form** zu erfolgen (§ 12 Abs. 1 HGB) und ist elektronisch zu übermitteln. 2

§ 196 AktG

3   Die Anmeldung ist **vom Vorstand in vertretungsberechtigter Zahl** gemeinsam mit dem Vorsitzenden des Aufsichtsrats vorzunehmen. Diese handeln im Namen der AG, zeichnen aber (auch wegen § 399 Abs. 1 und 4 AktG) im eigenen Namen. Unechte Gesamtvertretung (§ 78 Abs. 3 AktG, vgl. § 78 AktG Rdn. 15 f.) ist zulässig (*Hüffer* AktG, § 195 Rn. 3; MüKo AktG/*Fuchs* § 195 Rn. 8).

4   Inhaltlich genügt in der Anmeldung eine Bezugnahme auf die gem. § 195 Abs. 2 AktG beizufügenden Unterlagen (*Hüffer* AktG, § 195 Rn. 2).

II. Eintragung des Erhöhungsbeschlusses

5   Die Eintragung des Kapitalerhöhungsbeschlusses im Handelsregister ist **zwingende Voraussetzung** für die Ausgabe von Bezugsaktien (§ 197 Satz 1, 3 AktG). Bereits vor Eintragung begründete Bezugsrechte entstehen mit der Eintragung (§ 197 Satz 2 AktG).

6   Dem **Registergericht** obliegt eine formelle (Ordnungsgemäßheit der Anmeldung) und materielle (gesetzliche und satzungsmäßige Voraussetzungen der bedingten Kapitalerhöhung) **Prüfung des Beschlusses**. Bei bedingter Kapitalerhöhung mit Sacheinlagen sind auch die Voraussetzungen des § 194 Abs. 4 Satz 2 AktG zu prüfen. Wegen der Rechtsmittel gegen eine registergerichtliche Entscheidung vgl. § 181 AktG Rdn. 14; zu beachten ist, dass Vorstand und Aufsichtsratsvorsitzender als Anmelder nur gemeinsam Beschwerde für die Gesellschaft einlegen können.

C. Beizufügende Unterlagen, Abs. 2

7   Die der Anmeldung beizufügenden Unterlagen sind in Abs. 2 aufgeführt. Die erforderlichen Dokumente sind elektronisch in der in § 12 Abs. 2 HGB bestimmten Form einzureichen.

8   Im Fall der **bedingten Kapitalerhöhung** mit Sacheinlagen (§ 194 AktG) sind die in Abs. 2 Nr. 1 aufgeführten Unterlagen beizufügen. Soweit Sacheinlagevereinbarungen bei Anmeldung des Erhöhungsbeschlusses noch nicht vollständig vorhanden sind, sind die restlichen Unterlagen der Anmeldung gem. § 201 Abs. 2 AktG beizufügen (MüKo AktG/*Fuchs* § 195 Rn. 13; *Hüffer* AktG, § 195 Rn. 5; KölnKomm AktG/*Lutter* § 195 Rn. 7). In diesem Fall genügt die Vorlage eines insoweit nur unvollständigen Prüfungsberichtes (*Hüffer* AktG, § 195 Rn. 5). Die Anmeldung einer bedingten Kapitalerhöhung gegen noch zu begebene Wandelschuldverschreibungen, zu deren Ausgabe gegen Sacheinlagen der Vorstand lediglich ermächtigt ist, erfordert nicht die Vorlage der Unterlagen nach § 195 Abs. 2 Nr. 1 AktG. Insoweit besteht kein Eintragungshindernis für den Hauptversammlungsbeschluss (OLG München NZG 2013, 1144, 1145).

9   Die gem. Abs. 2 Nr. 2 beizufügende Berechnung meint eine umfassende **Zusammenstellung der Kosten** der Kapitalerhöhung, z. B. Gerichts- und Notargebühren, Steuern, Druckkosten. Nicht erfasst sind Kosten für die Ausgabe der Schuldverschreibungen im Rahmen des § 221 AktG oder des Unternehmenszusammenschlusses. Soweit die Höhe einzelner Positionen nicht feststeht, ist eine Schätzung vorzunehmen. Ein Nachweis in Form von Belegen ist nicht erforderlich (*Hüffer* AktG, § 195 Rn. 6; MüKo AktG/*Fuchs* § 195 Rn. 15).

10 Über die in Abs. 2 genannten Unterlagen hinaus sind die Niederschrift über die Hauptversammlung, in der das bedingte Kapital beschlossen wurde, sowie evtl. Niederschriften über erforderliche Sonderbeschlüsse einzureichen. Wird das Bestehen des bedingten Kapitals in den Satzungstext aufgenommen und soll die Anmeldung der Satzungsänderung mit der Anmeldung des Beschlusses über die bedingte Kapitalerhöhung verbunden werden, ist gem. § 181 Abs. 1 Satz 2 AktG auch eine **Neufassung der Satzung** beizufügen (*Hüffer* AktG, § 195 Rn. 4; MünchHdb GesR IV/*Krieger* § 57 Rn. 33).

§ 196

(weggefallen)

§ 197 Verbotene Aktienausgabe

¹Vor der Eintragung des Beschlusses über die bedingte Kapitalerhöhung können die Bezugsaktien nicht ausgegeben werden. ²Ein Anspruch des Bezugsberechtigten entsteht vor diesem Zeitpunkt nicht. ³Die vorher ausgegebenen Bezugsaktien sind nichtig. ⁴Für den Schaden aus der Ausgabe sind die Ausgeber den Inhabern als Gesamtschuldner verantwortlich.

Übersicht	Rdn.			Rdn.
A. Regelungsgegenstand und -zweck	1	C.	Anspruch des Bezugsberechtigten	4
B. Verbot der Aktienausgabe	2			

A. Regelungsgegenstand und -zweck

§ 197 AktG bezweckt den **Schutz der Anleger vor Schwindelemissionen**. Dieserhalb dürfen Bezugsaktien vor Eintragung des Beschlusses über die bedingte Kapitalerhöhung nicht ausgegeben werden und entstehen Rechte aus Aktienurkunden vorher nicht. Die Ausgeber sind den Aktieninhabern im Fall verbotener vorzeitiger Aktienausgabe schadensersatzpflichtig. Die Vorschrift ist §§ 41 Abs. 4, 191 AktG nachgebildet (*Hüffer* AktG, § 197 Rn. 1).   1

B. Verbot der Aktienausgabe

S. 1 verbietet die Ausgabe neuer Aktien vor Eintragung des Erhöhungsbeschlusses im Handelsregister gem. § 195 AktG. Eine Ausgabe liegt vor, wenn durch Handlungen oder Unterlassungen Aktienurkunden in den Verkehr gelangen. Insoweit gelten die Ausführungen zu § 191 AktG Rdn. 4.   2

Bezugsaktien, die vor Eintragung des Erhöhungsbeschlusses ausgegeben wurden, sind gem. S. 3 **nichtig**, sodass keine gültige wertpapierrechtliche Verbriefung des Mitgliedsrechts vorliegt. Eine Heilung durch nachträgliche Eintragung gem. § 195 AktG erfolgt nicht (*Hüffer* AktG, § 197 Rn. 3; KölnKomm AktG/*Lutter* § 197 Rn. 13; MüKo AktG/*Fuchs* § 197 Rn. 9; vgl. auch BGH AG 1988, 76, 78). Allerdings können vorhandene Urkunden weiter genutzt werden, indem mit den Berechtigten ein neuer Begebungsvertrag geschlossen wird; eine einseitige Gültigerklärung durch die Gesellschaft genügt nicht (h. M., vgl. *Hüffer* AktG, § 197 Rn. 3, § 191 Rn. 4; MüKo AktG/*Fuchs* § 197 Rn. 9; GroßkommAktG/*Frey* § 197 Rn. 22).   3

C. Anspruch des Bezugsberechtigten

Bis zur Eintragung des Beschlusses über die bedingte Kapitalerhöhung gem. § 195 AktG besteht kein Anspruch des Bezugsberechtigten. S. 2 setzt insoweit aber nur eine **zeitliche Schranke**, vor der das Bezugsrecht nicht entstehen kann. Das Bezugsrecht selbst gründet auf einem Rechtsgeschäft zwischen der AG und dem Bezugsberechtigten, nicht auf dem eingetragenen Kapitalerhöhungsbeschluss (*Hüffer* AktG, § 197 Rn. 5; KölnKomm AktG/*Lutter* § 197 Rn. 3 f.; MüKo AktG/*Fuchs* § 197 Rn. 18; MünchHdb GesR IV/*Krieger* § 57 Rn. 34). Wird das Rechtsgeschäft vor Eintragung geschlossen, ist das Bezugsrecht **aufschiebend bedingt** durch die Eintragung und entsteht mit ihr (MüKo AktG/*Fuchs* § 197 Rn. 20; KölnKomm AktG/*Lutter* § 197 Rn. 9; *Hüffer* AktG, § 197 Rn. 5; MünchHdb GesR IV/*Krieger* § 57 Rn. 34). Wird das Rechtsgeschäft bereits vor dem Kapitalerhöhungsbeschluss geschlossen, steht es nach h. M. unter dem **Vorbehalt des Erhöhungsbeschlusses** und der aufschiebenden Bedingung seiner Eintragung (*Hüffer* AktG, § 197 Rn. 5; KölnKomm AktG/*Lutter* § 197 Rn. 10; MünchHdb GesR IV/*Krieger* § 57 Rn. 34; a. A. [Unwirksamkeit]: *Baumbach/Hueck* § 193 Rn. 2).   4

§ 198 Bezugserklärung

(1) ¹Das Bezugsrecht wird durch schriftliche Erklärung ausgeübt. ²Die Erklärung (Bezugserklärung) soll doppelt ausgestellt werden. ³Sie hat die Beteiligung nach der Zahl und bei Nenn-

betragsaktien dem Nennbetrag und, wenn mehrere Gattungen ausgegeben werden, der Gattung der Aktien, die Feststellungen nach § 193 Abs. 2, die nach § 194 bei der Einbringung von Sacheinlagen vorgesehenen Festsetzungen sowie den Tag anzugeben, an dem der Beschluß über die bedingte Kapitalerhöhung gefaßt worden ist.

(2) ¹Die Bezugserklärung hat die gleiche Wirkung wie eine Zeichnungserklärung. ²Bezugserklärungen, deren Inhalt nicht dem Absatz 1 entspricht oder die Beschränkungen der Verpflichtung des Erklärenden enthalten, sind nichtig.

(3) Werden Bezugsaktien ungeachtet der Nichtigkeit einer Bezugserklärung ausgegeben, so kann sich der Erklärende auf die Nichtigkeit nicht berufen, wenn er auf Grund der Bezugserklärung als Aktionär Rechte ausgeübt oder Verpflichtungen erfüllt hat.

(4) Jede nicht in der Bezugserklärung enthaltene Beschränkung ist der Gesellschaft gegenüber unwirksam.

Übersicht	Rdn.		Rdn.
A. Allgemeines	1	II. Inhalt	7
B. Bezugsrecht	2	III. Wirkung der Bezugserklärung	9
C. Bezugserklärung	5	D. Beschränkungen der Bezugserklärung	10
I. Form	6		

A. Allgemeines

1 § 198 AktG ist § 185 AktG nachgebildet und bestimmt **Form, Inhalt und Rechtsfolgen** der Ausübung des Bezugsrechts. Gem. § 192 Abs. 5 AktG gelten die Regelungen auch für das Umtauschrecht. Die Wandlungserklärung in Ausübung des Umtauschrechtes stellt rechtlich eine Willenserklärung zum Abschluss eines Zeichnungsvertrages dar. Je nach Detaillierungsgrad der Anleihebedingungen wird sie bereits als Vertragsannahme zu qualifizieren sein (*Hüffer* AktG, § 198 Rn. 3; KölnKomm AktG/*Lutter* § 198 Rn. 4).

B. Bezugsrecht

2 Das Bezugsrecht gewährt gegen die AG einen **Anspruch auf Abschluss eines Zeichnungsvertrages**, der die Gesellschaft verpflichtet, dem Berechtigten Mitgliedsrechte im vereinbarten Umfang zuzuteilen (*Hüffer* AktG, § 198 Rn. 2, 4; KölnKomm AktG/*Lutter* § 198 Rn. 3).

3 Das Bezugsrecht wird nach zutr. Auffassung durch **Vertrag zwischen der Gesellschaft und dem Bezugsberechtigten** begründet (vgl. § 197 AktG Rdn. 4). Die Gesellschaft wird bei Abschluss des Rechtsgeschäftes durch den Vorstand vertreten, der im Innenverhältnis allerdings an die **Vorgaben des Kapitalerhöhungsbeschlusses** gebunden ist. Insbesondere darf er als Vertragspartner nur die im Kapitalerhöhungsbeschluss bestimmten Personen wählen (*Hüffer* AktG, § 198 Rn. 4 f.). Von den Beschlussvorgaben abweichende Vereinbarungen sind grds. wegen § 78 AktG wirksam (KölnKomm AktG/*Lutter* § 197 Rn. 6), wenn nicht ausnahmsweise von einem Missbrauch der Vertretungsmacht ausgegangen werden kann, da die Bezugsberechtigten sich wegen der Pflicht zur Eintragung im Handelsregister über den Erhöhungsbeschluss informieren können (*Hüffer* AktG, § 198 Rn. 5; vgl. auch Palandt/*Heinrichs* § 164 Rn. 14). Begründet der Vorstand Bezugsrechte in einem Umfang, dass diese nicht mehr aus dem bedingten Kapital bedient werden können, so sind diese grds. wirksam, jedoch entsteht gem. § 275 Abs. 1 BGB keine Erfüllungspflicht (*Hüffer* AktG, § 198 Rn. 5).

4 Bezugsrechte werden **gem. §§ 398, 413 BGB übertragen**, wenn nicht die Übertragbarkeit nach § 399 BGB eingeschränkt oder ausgeschlossen wird. Im Fall der Verbriefung, bspw. in Inhaberschuldverschreibungen (§ 793 Abs. 1 Satz 1 BGB), werden Bezugsrechte nach §§ 929 ff. BGB übertragen (*Hüffer* AktG, § 198 Rn. 6).

C. Bezugserklärung

Die Bezugserklärung ist eine auf Abschluss eines Zeichnungsvertrages gerichtete **Willenserklärung**. Die allgemeinen Vorschriften des BGB sind anwendbar, nach Entstehung des Mitgliedsrechts jedoch eingeschränkt in Bezug auf die Regelungen über fehlerhafte Rechtsgeschäfte (*Hüffer* AktG, § 198 Rn. 7). **Stellvertretung** gem. § 164 ff. BGB ist bei der Abgabe der Bezugserklärung zulässig. Wandelanleihen können nur insgesamt ausgeübt werden; demgegenüber können Rechte aus Optionsanleihen, sofern sie zum Bezug mehrerer Aktien berechtigen, auch teilweise ausgeübt werden, wenn nichts Abweichendes vereinbart ist oder sich aus dem Zweck der Kapitalerhöhung ergibt (*Hüffer* AktG, § 198 Rn. 7; KölnKomm AktG/*Lutter* § 198 Rn. 8).

I. Form

Die Bezugserklärung bedarf der **Schriftform** gem. § 126 BGB. Fehlende Schriftform führt gem. § 125 BGB zur Nichtigkeit, die nach h. M. aber in entsprechender Anwendung von § 198 Abs. 3 AktG geheilt werden kann (MüKo AktG/*Fuchs* § 198 Rn. 34; GroßkommAktG/*Frey* § 198 Rn. 56; KölnKomm AktG/*Lutter* § 198 Rn. 12: direkte Anwendung von § 198 Abs. 3; a. A. *Hüffer* AktG, § 198 Rn. 13: Entfallen der Nichtigkeitsfolgen allenfalls unter dem Rechtsgedanken des venire contra factum proprium). Die Formbedürftigkeit gilt ausschließlich für die Bezugserklärung, nicht hingegen für den Zeichnungsvertrag (*Hüffer* AktG, § 198 Rn. 8). Die Bezugserklärung soll doppelt ausgefertigt werden; einfache Ausfertigung hindert die Wirksamkeit aber nicht (MüKo AktG/*Fuchs* § 198 Rn. 7). Die Zweitschrift ist der Anmeldung von Bezugsaktien zum Handelsregister gem. § 201 Abs. 2 Satz 1 AktG beizufügen.

II. Inhalt

Der Inhalt der Bezugserklärung ergibt sich aus Abs. 1 Satz 3. Entsprechend § 185 Abs. 1 Satz 1 AktG sind **Zahl**, bei Nennbetragsaktien der **Nennbetrag** sowie ggf. die **Aktiengattung** anzugeben. Der Verweis auf die Feststellungen nach § 193 Abs. 2 AktG bezieht sich nur auf Nr. 1 bis 3. Nach zutr. Auffassung sind bei teleologischer Reduktion die Feststellungen nach § 193 Abs. 1 Nr. 4 AktG nicht gemeint (*Hüffer* AktG, § 198 Rn. 9; MüKo AktG/*Fuchs* § 198 Rn. 13; *Vogel* BB 2000, 937, 940). Im Fall von **Sacheinlagen** sind entsprechend § 194 Abs. 1 Satz 1 AktG der Gegenstand der Sacheinlage, die Person des Einlegers und der Nennbetrag (bei Nennbetragsaktien) bzw. die Zahl der Aktien (bei Stückaktien) zu bezeichnen (*Hüffer* AktG, § 198 Rn. 9). Schließlich ist das **Datum der Beschlussfassung** über die bedingte Kapitalerhöhung zu nennen. Entspricht die Bezugserklärung inhaltlich nicht den Vorgaben des Abs. 1 Satz 3, so ist sie nichtig (Abs. 2 Satz 2). Heilung der Nichtigkeit tritt ein, wenn dennoch auf die nichtige Erklärung Bezugsaktien ausgegeben wurden und der Berechtigte als Aktionär Rechte ausgeübt oder Verpflichtungen erfüllt hat (Abs. 3).

Zum Begriff der **Rechtsausübung** oder **Erfüllung von Verpflichtungen** vgl. § 185 AktG Rdn. 21 f. Strittig, aber nach zutr. Auffassung zu verneinen ist, ob der Aktionär bereits mit Entgegennahme der Aktienurkunde Aktionärsrechte ausübt (ebenso MüKo AktG/*Fuchs* § 198 Rn. 37; *Hüffer* AktG, § 198 Rn. 12; MünchHdb GesR IV/*Krieger* § 57 Rn. 34; a. A. KölnKomm AktG/*Lutter* § 198 Rn. 13; GroßkommAktG/*Frey* § 198 Rn. 51). Mit der **Heilung** werden Bezugserklärungen und Zeichnungsvertrag rückwirkend wirksam. Über den Wortlaut des Abs. 3 hinaus kann auch die AG sich nicht mehr auf die Nichtigkeit berufen.

III. Wirkung der Bezugserklärung

Die Bezugserklärung wirkt gem. Abs. 2 Satz 1 wie eine Zeichnungserklärung, bindet also den Erklärenden. Abweichend von § 185 Abs. 1 Satz 3 Nr. 4 AktG ist die Bindung jedoch **nicht zeitlich beschränkt**, sondern endgültig (*Hüffer* AktG, § 198 Rn. 10; MüKo AktG/*Fuchs* § 198 Rn. 23 f.). Durch die Bezugserklärung und eine korrespondierende Willenserklärung der AG kommt ein **Zeichnungsvertrag** zustande. Dieser verpflichtet die AG, dem Berechtigten Mitgliedsrechte in ent-

§ 199 AktG Ausgabe der Bezugsaktien

sprechendem Umfang zuzuteilen. Der Berechtigte wird seinerseits verpflichtet, den Gegenwert zu leisten.

D. Beschränkungen der Bezugserklärung

10 Bezugserklärungen dürfen gem. Abs. 2 Satz 2 **keine Beschränkungen** der Verpflichtung des Erklärenden enthalten. Anderenfalls sind sie **nichtig**. Eine Heilung gem. Abs. 3 erstreckt sich nicht auf die in der Bezugserklärung enthaltenen Beschränkungen, die im Fall der Heilung als gegenüber der AG nicht geschrieben gelten (KölnKomm AktG/*Lutter* § 198 Rn. 14; *Hüffer* AktG, § 198 Rn. 12).

11 Auch jede nicht in der Bezugserklärung enthaltene Beschränkung ist der AG gegenüber **unwirksam** (§ 198 Abs. 4 AktG). Solche Beschränkungen berühren die Wirksamkeit der Bezugserklärung und des Zeichnungsvertrages nicht, sondern gelten schlicht als von Anfang an nicht getroffen (MüKo AktG/*Fuchs* § 198 Rn. 42; KölnKomm AktG/*Lutter* § 198 Rn. 14; *Hüffer* AktG, § 198 Rn. 14).

§ 199 Ausgabe der Bezugsaktien

(1) Der Vorstand darf die Bezugsaktien nur in Erfüllung des im Beschluß über die bedingte Kapitalerhöhung festgesetzten Zwecks und nicht vor der vollen Leistung des Gegenwerts ausgeben, der sich aus dem Beschluß ergibt.

(2) ¹Der Vorstand darf Bezugsaktien gegen Wandelschuldverschreibungen nur ausgeben, wenn der Unterschied zwischen dem Ausgabebetrag der zum Umtausch eingereichten Schuldverschreibungen und dem höheren geringsten Ausgabebetrag der für sie zu gewährenden Bezugsaktien aus einer anderen Gewinnrücklage, soweit sie zu diesem Zweck verwandt werden kann, oder durch Zuzahlung des Umtauschberechtigten gedeckt ist. ²Dies gilt nicht, wenn der Gesamtbetrag, zu dem die Schuldverschreibungen ausgegeben sind, den geringsten Ausgabebetrag der Bezugsaktien insgesamt erreicht oder übersteigt.

Übersicht	Rdn.		Rdn.
A. Regelungsgegenstand und -zweck	1	III. Rechtsfolgen bei Verstoß	7
B. Aktienausgabe, Abs. 1	2	C. Besondere Voraussetzungen bei Umtauschrechten, Abs. 2	8
I. Begriff	2		
II. Voraussetzungen der Aktienausgabe	4	I. Verbot der Unter-pari-Emission	8
1. Zweckerfüllung	4	II. Ausnahmen	10
2. Leistung des Gegenwertes	5	III. Rechtsfolgen bei Verstoß	11
3. Sonstige Voraussetzungen	6		

A. Regelungsgegenstand und -zweck

1 § 199 AktG bestimmt die Voraussetzungen für die Ausgabe der neuen Aktien. Die Vorschrift gilt für Bezugs- und für Umtauschrechte. Bezweckt ist der Schutz der Aktionäre wegen des Bezugsrechtsausschlusses sowie die Sicherung der Kapitalaufbringung (*Hüffer* AktG, § 199 Rn. 1).

B. Aktienausgabe, Abs. 1

I. Begriff

2 Abweichend vom allgemeinen Grundsatz, wonach die Mitgliedschaft unverkörpert entstehen kann, umfasst der Begriff der Aktienausgabe i. S. d. § 199 AktG die **Ausstellung der Aktienurkunde** und den **Abschluss des Begebungsvertrages**, der die gegenständliche Übergabe der Aktienurkunde beinhaltet (MüKo AktG/*Fuchs* § 199 Rn. 4 f.; MünchHdb GesR IV/*Krieger* § 57 Rn. 42). Die Ausstellung der Urkunde stellt eine **einseitige, nicht empfangsbedürftige Willenserklärung** dar. Der Begebungsvertrag hat nach h. M. schuld- und sachenrechtlichen Charakter und ist auf Übereignung der Aktienurkunde gerichtet (MüKo AktG/*Fuchs* § 199 Rn. 4; KölnKomm AktG/*Lutter* § 199

Rn. 3 f.; a. A. *Hüffer* AktG, § 199 Rn. 3: rein sachenrechtliches Geschäft; enger *Viertel* BB 1974, 1328). Die AG wird bei Ausstellung der Urkunde und Abschluss des Begebungsvertrages durch den Vorstand in vertretungsberechtigter Zahl vertreten. Auf den Aktienurkunden genügt die (vervielfältigte) Unterschrift des zur Zeit des Drucks amtierenden Vorstands, auch wenn er zum Zeitpunkt der Übergabe der Aktienurkunde nicht mehr Vorstand ist (*Hüffer* AktG, § 199 Rn. 3; MünchHdb GesR IV/*Krieger* § 57 Rn. 42; *Kümpel* FS Werner 1984, 449, 464 ff.; *Viertel* BB 1974, 1328 f.).

Die Ausgabe von **Zwischenscheinen** (vgl. § 8 AktG Rn. 7) steht der Aktienausgabe gleich (*Hüffer* AktG, § 199 Rn. 4; KölnKomm AktG/*Lutter* § 199 Rn. 3; MünchHdb GesR IV/*Krieger* § 57 Rn. 35). 3

II. Voraussetzungen der Aktienausgabe

1. Zweckerfüllung

Bezugsaktien dürfen nur in Erfüllung des im Beschluss über die bedingte Kapitalerhöhung festgesetzten Zwecks ausgegeben werden. Zu den zulässigen Zwecken vgl. § 192 Abs. 2 AktG (§ 192 AktG Rdn. 5 ff.). In Konsequenz dürfen Bezugsaktien auch nur an den im Erhöhungsbeschluss festgesetzten Personenkreis (§ 193 Abs. 2 Nr. 2 AktG) ausgegeben werden (MüKo AktG/*Fuchs* § 199 Rn. 7; *Hüffer* AktG, § 199 Rn. 6; KölnKomm AktG/*Lutter* § 199 Rn. 7). 4

2. Leistung des Gegenwertes

Erforderlich ist weiterhin eine **vollständige Leistung** der Einlage. Nicht Voraussetzung ist die Leistung auf evtl. bestehende Nebenverpflichtungen gem. § 55 AktG. Eine Zug-um-Zug-Leistung ist zulässig (MüKo AktG/*Fuchs* § 199 Rn. 11; *Hüffer* AktG, § 199 Rn. 7; KölnKomm AktG/*Lutter* § 199 Rn. 12). Die Leistung der Mindesteinlage genügt ebenso wenig wie die Leistung der Sacheinlage innerhalb der Frist des § 36a Abs. 2 AktG (*Hüffer* AktG, § 199 Rn. 7; MünchHdb GesR IV/*Krieger* § 57 Rn. 46). Eine Geldeinlage ist in voller Höhe einschließlich Aufgeld einzuzahlen; §§ 188 Abs. 2 Satz 2, 54 Abs. 2 und 3, 36 Abs. 2 AktG gelten analog (MüKo AktG/*Fuchs* § 199 Rn. 14; *Hüffer* AktG, § 199 Rn. 7; MünchHdb GesR IV/*Krieger* § 57 Rn. 46; a. A. GroßkommAktG/*Frey* § 199 Rn. 36 f.). Über **Sacheinlagen** sind die dinglichen Verfügungsgeschäfte abzuschließen (*Hüffer* AktG, § 199 Rn. 7 m. w. N.). 5

3. Sonstige Voraussetzungen

Neben den in Abs. 1 genannten Voraussetzungen ist § 197 Satz 1 AktG zu beachten. Darüber hinaus ist ein wirksamer Zeichnungsvertrag erforderlich (*Hüffer* AktG, § 199 Rn. 5). 6

III. Rechtsfolgen bei Verstoß

Bezugsaktien, die zu einem anderen als dem im Erhöhungsbeschluss festgesetzten Zweck, an nicht bezugsberechtigte Personen oder vor vollständiger Leistung des Gegenwertes ausgegeben wurden, sind wirksam (MünchHdb GesR IV/*Krieger* § 57 Rn. 45). § 199 Abs. 1 AktG betrifft nur die Geschäftsführungs-, nicht aber die Vertretungsbefugnis des Vorstands (*Hüffer* AktG, § 199 Rn. 8; MüKo AktG/*Fuchs* § 199 Rn. 32). Verstößt der Vorstand gegen Abs. 1, so macht er sich gem. § 93 AktG **schadensersatzpflichtig**. Darüber hinaus kommt eine Haftung der Mitglieder des Aufsichtsrats nach § 116 AktG in Betracht. Wird die Ausgabe von Bezugsaktien unmöglich, weil der Vorstand Aktien an Dritte ausgegeben hat und die Hauptversammlung keine neue Kapitalerhöhung zur Bedienung der Bezugsrechte beschließt, haben die Berechtigten Anspruch auf Schadensersatz gem. §§ 280 Abs. 1 und 3, 283 BGB (*Hüffer* AktG, § 199 Rn. 9). 7

C. Besondere Voraussetzungen bei Umtauschrechten, Abs. 2

I. Verbot der Unter-pari-Emission

8   Abs. 2 modifiziert das auch bei der bedingten Kapitalerhöhung geltende Verbot der Unter-pari-Emission (§ 9 Abs. 1 AktG, vgl. (§ 9 AktG Rdn. 2 ff.). Betroffen ist der Fall, dass der Ausgabebetrag der zum Umtausch eingereichten Schuldverschreibungen unter dem Ausgabebetrag der im Umtausch für sie zu gewährenden Bezugsaktien liegt. Der Ausgabebetrag der Wandelschuldverschreibung bestimmt sich nach dem tatsächlich geleisteten, nicht dem u. U. höher festgesetzten Betrag. Die einem Berechtigten eingeräumten Vorteile (z. B. Skonti) sind also zu berücksichtigen. Nicht zu berücksichtigen sind hingegen Kosten, Steuern u.ä. (MüKo AktG/*Fuchs* § 199 Rn. 20; *Hüffer* AktG, § 199 Rn. 11; MünchHdb GesR IV/*Krieger* § 57 Rn. 48a). Zum Ausgabebetrag der Bezugsaktie vgl. § 193 Rdn. 8.

9   Ein Differenzbetrag ist entweder aus einer anderen Gewinnrücklage oder durch Zuzahlung zu decken. Die anderen Gewinnrücklagen sind solche i. S. d. § 266 Abs. 3 A III Nr. 4 HGB. Voraussetzung für ihre Verwendung ist, dass sie nicht anderweitig gebunden sind. Strittig ist, ob auch ein Gewinnvortrag zur Deckung genutzt werden kann (bejahend: *Hüffer* AktG, § 199 Rn. 12; verneinend: MüKo AktG/*Fuchs* § 199 Rn. 24). Für Zuzahlungen gilt Abs. 1 entsprechend (*Hüffer* AktG, § 199 Rn. 12; MüKo AktG/*Fuchs* § 199 Rn. 21).

II. Ausnahmen

10   Abs. 2 stellt auf den **Ausgabebetrag** der einzelnen Wandelschuldverschreibung ab (MüKo AktG/*Fuchs* § 199 Rn. 15). Die Pflicht zur Deckung einer Differenz zwischen Ausgabebetrag der Wandelschuldverschreibung und Ausgabebetrag der Bezugsaktien besteht nicht, wenn der **Gesamtbetrag**, zu dem die Wandelschuldverschreibungen ausgegeben sind, den geringsten Ausgabebetrag der Bezugsaktien insgesamt erreicht oder übersteigt. Maßgeblich ist bei Nennbetragsaktien der Gesamtnennbetrag (§ 8 Abs. 2 AktG) und bei Stückaktien das Produkt aus den anteiligen Beträgen am Grundkapital und der Aktienzahl (§ 8 Abs. 3 AktG). Abzustellen ist auf den Durchschnitt der geplanten, nicht der bereits vereinnahmten Ausgabebeträge (MüKo AktG/*Fuchs* § 199 Rn. 30).

III. Rechtsfolgen bei Verstoß

11   Entgegen Abs. 2 ausgegebene Bezugsaktien lassen die **Mitgliedsrechte entstehen**. Der Umtauschberechtigte bleibt aber gem. § 54 AktG **zur Nachzahlung verpflichtet** (*Hüffer* AktG, § 199 Rn. 14; KölnKomm AktG/*Lutter* § 199 Rn. 25). Erwirbt ein Dritter die Aktie, haftet er nicht, wenn er im Hinblick auf die Einlageleistung gutgläubig war (RGZ 144, 138, 145). Eine Haftung der Vorstandsmitglieder auf den Differenzbetrag ergibt sich aus § 93 Abs. 3 Nr. 9 AktG. Aufsichtsratsmitglieder können gem. § 116 AktG schadensersatzpflichtig sein.

§ 200 Wirksamwerden der bedingten Kapitalerhöhung

Mit der Ausgabe der Bezugsaktien ist das Grundkapital erhöht.

Übersicht

	Rdn.		Rdn.
A. Wirkung der Aktienausgabe........	1	B. Fehlerhafte Ausgabe...............	2

A. Wirkung der Aktienausgabe

1   § 200 AktG bestimmt den **Zeitpunkt**, in dem die bedingte Kapitalerhöhung wirksam wird. Dies ist die Ausgabe der einzelnen Bezugsaktien entsprechend der jeweiligen Ausübung der Bezugsrechte. Zum Begriff der Ausgabe vgl. § 199 AktG Rdn. 2. Der Betrag des Grundkapitals erhöht sich dementsprechend üblicherweise sukzessive. Die **neue Grundkapitalziffer** ist in den Büchern der AG jeweils neu zu vermerken; gleichzeitig ist der Betrag des bedingten Kapitals entsprechend zu kürzen

(MüKo AktG/*Fuchs* § 200 Rn. 9; KölnKomm AktG/*Lutter* § 200 Rn. 11; *Hüffer* AktG, § 200 Rn. 3; MünchHdb GesR IV/*Krieger* § 57 Rn. 53). Die spätere Handelsregistereintragung gem. § 201 AktG hat nur deklaratorische Wirkung.

B. Fehlerhafte Ausgabe

Auf Basis eines fehlenden, nichtigen, angefochtenen oder unwirksamen Beschlusses über die bedingte Kapitalerhöhung entstehen durch die Aktienausgabe **keine Mitgliedschaftsrechte** (*Hüffer* AktG, § 200 Rn. 4). Nach Eintragung gem. § 201 AktG kommt allerdings eine Haftung der Scheinaktionäre entsprechend § 277 Abs. 3 AktG in Betracht (*Hüffer* AktG, § 200 Rn. 4; KölnKomm AktG/*Lutter* § 200 Rn. 8; a.A. MünchHdb GesR IV/*Krieger* § 54 Rn. 47: fehlerhafte Gesellschaft). Bei Mängeln der Aktienausgabe als solcher gelten die allgemeinen Grundsätze (MüKo AktG/*Fuchs* § 200 Rn. 17; KölnKomm AktG/*Lutter* § 200 Rn. 4 ff.). 2

§ 201 Anmeldung der Ausgabe von Bezugsaktien

(1) Der Vorstand hat innerhalb eines Monats nach Ablauf des Geschäftsjahrs zur Eintragung in das Handelsregister anzumelden, in welchem Umfang im abgelaufenen Geschäftsjahr Bezugsaktien ausgegeben worden sind.

(2) ¹Der Anmeldung sind die Zweitschriften der Bezugserklärungen und ein vom Vorstand unterschriebenes Verzeichnis der Personen, die das Bezugsrecht ausgeübt haben, beizufügen. ²Das Verzeichnis hat die auf jeden Aktionär entfallenden Aktien und die auf sie gemachten Einlagen anzugeben.

(3) In der Anmeldung hat der Vorstand zu erklären, daß die Bezugsaktien nur in Erfüllung des im Beschluß über die bedingte Kapitalerhöhung festgesetzten Zwecks und nicht vor der vollen Leistung des Gegenwerts ausgegeben worden sind, der sich aus dem Beschluß ergibt.

(4) (aufgehoben)

Übersicht	Rdn.			Rdn.
A. Allgemeines	1	II.	Inhalt und Anlagen, Abs. 1, 2	3
B. Anmeldung	2	III.	Erklärung des Vorstands, Abs. 3	5
I. Formalia und Frist, Abs. 1	2	C.	Registerverfahren	6

A. Allgemeines

§ 201 AktG regelt die Anmeldung der Ausgabe der Bezugsaktien und die Aufbewahrung der eingereichten Schriftstücke. Die Eintragung im Handelsregister hat rein **deklaratorischen** Charakter, da die bedingte Kapitalerhöhung gem. § 200 AktG bereits mit Ausgabe der Bezugsaktien wirksam wird. 1

B. Anmeldung

I. Formalia und Frist, Abs. 1

Der Umfang der Ausgabe von Bezugsaktien im abgelaufenen Geschäftsjahr ist **innerhalb eines Monats** nach Ablauf des Geschäftsjahres zur Eintragung in das Handelsregister anzumelden. Die Anmeldung bedarf öffentlich beglaubigter Form (§ 12 HGB) und ist elektronisch vorzunehmen. Sie ist an das AG des Satzungssitzes zu richten. Die Anmeldung obliegt **allein dem Vorstand**; eine Mitwirkungspflicht des Aufsichtsratsvorsitzenden besteht nicht. Der Vorstand handelt in vertretungsberechtigter Zahl im Namen der AG (MüKo AktG/*Fuchs* § 201 Rn. 7; KölnKomm AktG/*Lutter* § 201 Rn. 3; *Hüffer* AktG, § 201 Rn. 3). Die Anmeldung muss innerhalb eines Monats nach Ablauf des Geschäftsjahres erfolgen. Nach zutr. Auffassung ist eine Anmeldung der einzelnen Aktienausgaben im Geschäftsjahr unzulässig (MüKo AktG/*Fuchs* § 201 Rn. 3; *Hüffer* AktG, § 201 Rn. 3; a.A. 2

v. Godin/Wilhelmi § 201 Anm. 2). Nach Ablauf der Frist kann die Anmeldung gem. § 14 HGB erzwungen werden (*Hüffer* AktG, § 201 Rn. 3).

II. Inhalt und Anlagen, Abs. 1, 2

3   In der Anmeldung sind die **Zahl der ausgegebenen Aktien** sowie bei Nennbetragsaktien außerdem deren **Nennbetrag** anzugeben. Die der Anmeldung – in der Form des § 12 Abs. 2 HGB – beizufügenden **Unterlagen** ergeben sich aus Abs. 2. In das Verzeichnis der Personen, die Bezugs- oder Umtauschrechte ausgeübt haben, sind alle Personen namentlich und unter Angabe der auf sie entfallenden Stückzahl zu benennen. Des Weiteren sind die auf die Aktien gemachten **Einlagen** anzugeben, d. h. geleistete Barzahlungen oder Sacheinlagen, bei Umtauschrechten die Zahl und der Nennbetrag der eingereichten Urkunden. Das Verzeichnis ist vom Vorstand zu unterschreiben (*Hüffer* AktG, § 201 Rn. 4).

4   Soweit bei der Sacherhöhung Unterlagen gem. § 195 Abs. 2 Nr. 1 AktG nicht bereits mit der Anmeldung des Erhöhungsbeschlusses zum Handelsregister eingereicht werden konnten, ist dies mit der Anmeldung der Ausgabe der Bezugsaktien nachzuholen. Eine im Hinblick auf die Grundkapitalziffer und die Aktienaufteilung angepasste Satzung muss nach h. M. nicht beigefügt werden, da die Satzungsänderung erst mit Ablauf der Bezugsfrist oder mit Ausübung aller Bezugsrechte vorzunehmen und auch erst dann anzumelden ist (*Hüffer* AktG, § 201 Rn. 5; KölnKomm AktG/*Lutter* § 201 Rn. 5; MünchHdb GesR IV/*Krieger* § 57 Rn. 56; *Meyer* BB 1955, 549, 551; a. A. *v. Godin/Wilhelmi* § 201 Anm. 2).

III. Erklärung des Vorstands, Abs. 3

5   Der Vorstand hat in der Anmeldung die in Abs. 3 beschriebene Erklärung abzugeben. Anmeldung und Erklärung müssen nicht in einer Urkunde erfolgen. Es ist genügend, dass die Erklärung in der Form der Anmeldung von den Anmeldern abgegeben wird (MüKo AktG/*Fuchs* § 201 Rn. 16). Die Einhaltung der Vorschrift ist gem. § 399 Abs. 1 Nr. 4 AktG strafbewehrt.

C. Registerverfahren

6   Der Registergericht prüft die Anmeldung in formeller (Ordnungsmäßigkeit der Anmeldung) und materieller Hinsicht. Die materielle Prüfung betrifft im Wesentlichen die Voraussetzungen des § 199 AktG sowie ggf. nachträglich vorgelegte Sacheinlagevereinbarungen (*Hüffer* AktG, § 201 Rn. 7).

Dritter Unterabschnitt   Genehmigtes Kapital

§ 202   Voraussetzungen

(1) Die Satzung kann den Vorstand für höchstens fünf Jahre nach Eintragung der Gesellschaft ermächtigen, das Grundkapital bis zu einem bestimmten Nennbetrag (genehmigtes Kapital) durch Ausgabe neuer Aktien gegen Einlagen zu erhöhen.

(2) ¹Die Ermächtigung kann auch durch Satzungsänderung für höchstens fünf Jahre nach Eintragung der Satzungsänderung erteilt werden. ²Der Beschluß der Hauptversammlung bedarf einer Mehrheit, die mindestens drei Viertel des bei der Beschlußfassung vertretenen Grundkapitals umfaßt. ³Die Satzung kann eine größere Kapitalmehrheit und weitere Erfordernisse bestimmen. ⁴§ 182 Abs. 2 gilt.

(3) ¹Der Nennbetrag des genehmigten Kapitals darf die Hälfte des Grundkapitals, das zur Zeit der Ermächtigung vorhanden ist, nicht übersteigen. ²Die neuen Aktien sollen nur mit Zustimmung des Aufsichtsrats ausgegeben werden. ³§ 182 Abs. 1 Satz 5 gilt sinngemäß.

(4) Die Satzung kann auch vorsehen, daß die neuen Aktien an Arbeitnehmer der Gesellschaft ausgegeben werden.

Übersicht	Rdn.			Rdn.
A. Allgemeines	1	C.	Ermächtigung durch Satzungsänderung, Abs. 2	11
B. Ermächtigung des Vorstands, Abs. 1	4	I.	Allgemeines	11
I. Allgemeines	4	II.	Mehrheitserfordernisse	12
II. Ermächtigungsgegenstand	6	D.	Kapitalgrenze und Ausübung der Ermächtigung, Abs. 3	14
1. Frist	6	I.	Kapitalgrenze	14
2. Nennbetrag	8	II.	Ausübung der Ermächtigung	16
3. Weiterer Inhalt	9	E.	Arbeitnehmeraktien, Abs. 4	18
4. Aufhebung und Änderung der Ermächtigung	10			

A. Allgemeines

Mit Rücksicht auf die Unzulässigkeit von Vorratsaktien bezweckt § 202 AktG die **Erleichterung der Kapitalbeschaffung** durch die Möglichkeit, die Kompetenz des Vorstands zur Ausgabe neuer Aktien zu begründen. 1

Das genehmigte Kapital kann entweder bereits **Inhalt der Gründungssatzung** sein (Abs. 1) oder später durch **Satzungsänderung** beschlossen werden (Abs. 2). Im Fall der späteren Satzungsänderung ist der Änderungsbeschluss zur Eintragung in das Handelsregister anzumelden und wird erst mit Eintragung wirksam (§ 181 Abs. 3 AktG). Erst mit der Wirksamkeit kann der Vorstand beschließen, neue Aktien durch Ausnutzung des genehmigten Kapitals auszugeben. Die Durchführung erfolgt dann wie bei der regulären Kapitalerhöhung, wie sich aus der Verweisungsnorm des § 203 Abs. 1 Satz 1 AktG ergibt. Die Entscheidung des Vorstands über die Ausübung des genehmigten Kapitals sowie Umfang und Einzelheiten der Ausgabe sind Maßnahmen der Geschäftsführung. 2

Soweit die Grenzen des Abs. 3 insgesamt beachtet sind, können auch **mehrere genehmigte Kapitalia** (z. B. Genehmigtes Kapital I und II) in die Satzung aufgenommen werden. Dies empfiehlt sich, wenn sie unterschiedlich ausgestaltet sind (z. B. zur Nutzung zur Barkapitalerhöhung mit Bezugsrecht oder zum Ausschluss des Bezugsrechts und zur Sachkapitalerhöhung). Als getrennte Tagesordnungspunkte kann der anfechtungsgefährdete Bezugsrechtsausschluss auf diese Weise vom weiteren genehmigten Kapital getrennt werden. 3

B. Ermächtigung des Vorstands, Abs. 1

I. Allgemeines

Grds. fallen Maßnahmen der Kapitalbeschaffung gem. § 119 Abs. 1 Nr. 6 AktG in die Kompetenz der Hauptversammlung. Mit der Schaffung eines genehmigten Kapitals kann diese den Vorstand zur Erhöhung des Grundkapitals durch Ausgabe neuer Aktien gegen Einlage ermächtigen, ohne dass es einer weiteren Mitwirkung der Hauptversammlung bedarf. Das genehmigte Kapital ermächtigt den Vorstand nicht zu einer bedingten Kapitalerhöhung oder einer Kapitalerhöhung aus Gesellschaftsmitteln (KölnKomm AktG/*Lutter* § 202 Rn. 10; MünchHdb GesR IV/*Krieger* § 58 Rn. 7). 4

Im Rahmen der Gründungssatzung ist das genehmigte Kapital eine **fakultative materielle Satzungsbestimmung**. Diese unterliegt den Anforderungen des § 23 AktG und ist gem. § 39 Abs. 2 AktG in das Handelsregister einzutragen (*Hüffer* AktG, § 202 Rn. 7). 5

II. Ermächtigungsgegenstand

1. Frist

Der Vorstand kann **höchstens für 5 Jahre** ermächtigt werden, das Grundkapital zu erhöhen. Insoweit hat der Ermächtigungsbeschluss die Dauer der Ermächtigung durch ein **konkretes Enddatum** 6 oder durch Bezeichnung der Berechnungsgrundlagen anzugeben. Die Wiederholung des Gesetzeswortlauts genügt ebenso wenig wie eine Verweisung auf § 202 AktG (OLG Celle AG 1962, 347 f.). Die maximale Frist beginnt mit der Eintragung der Gründungssatzung (§§ 41 Abs. 1 Satz 1, 37 ff. AktG). Mangels Bestimmung einer Frist ist der Ermächtigungsbeschluss gem. § 241 Nr. 3 AktG nichtig (*Hüffer* AktG, § 202 Rn. 11; KölnKomm AktG/*Lutter* § 202 Rn. 13 f.; MünchHdb GesR IV/*Krieger* § 58 Rn. 13; vgl. auch OLG Celle AG 1962, 347 f: unwirksam; LG Mannheim BB 1957, 689f: gesetzeswidrig). Es kann in diesem Fall auch nicht im Wege der Auslegung auf die gesetzliche Frist zurückgegriffen werden (LG Mannheim BB 1957, 689 f.). Strittig ist, ob eine **Heilung** nach § 242 Abs. 2 AktG möglich ist mit der Folge, dass die gesetzliche Höchstfrist von 5 Jahren gilt (so *Baumbach/Hueck* § 202 Rn. 4; *v. Godin/Wilhelmi* § 202 Anm. 2; einschränkend (Heilung nur bei Überschreitung der Höchstfrist: MünchHdb GesR IV/*Krieger* § 58 Rn. 14; *Hüffer* AktG, § 202 Rn. 11; GroßkommAktG/*Hirte* § 202 Rn. 134; KölnKomm AktG/*Lutter* § 202 Rn. 14).

7   Mit Ablauf der bestimmten Frist endet die Ermächtigung automatisch. Bei der Berechnung der Frist wird, wenn kein konkretes Enddatum festgesetzt ist, gem. § 187 Abs. 1 BGB der Tag der Eintragung nicht mitgerechnet. Das Fristende bestimmt sich nach § 188 Abs. 2 BGB (*Hüffer* AktG, § 202 Rn. 17). Zur **Wahrung der Frist** muss die Durchführung der Kapitalerhöhung (§§ 203 Abs. 1, 189 AktG) im Handelsregister **eingetragen** sein. Die neuen Aktien können auch noch nach Fristablauf ausgegeben werden (MüKo AktG/*Bayer* § 202 Rn. 62; KölnKomm AktG/*Lutter* § 202 Rn. 17; *Hüffer* AktG, § 202 Rn. 17).

2. Nennbetrag

8   In der Ermächtigung muss ein Nennbetrag festgesetzt werden, bis zu dem der Vorstand die Grundkapitalziffer erhöhen darf. Nach zutr. Auffassung ist der Nennbetrag **konkret zu beziffern** (*Hüffer* AktG, § 202 Rn. 12; KölnKomm AktG/*Lutter* § 202 Rn. 11). Zur Kapitalgrenze vgl. Rdn. 14. Ist der Nennbetrag der Ermächtigung nicht festgesetzt, so ist der Hauptversammlungsbeschluss gem. § 241 Nr. 3 AktG **nichtig** (*Hüffer* AktG, § 202 Rn. 12; GroßkommAktG/*Hirte* § 202 Rn. 133, 154; KölnKomm AktG/*Lutter* § 202 Rn. 11; MünchHdb GesR IV/*Krieger* § 58 Rn. 8). Eine **Heilung** nach § 242 Abs. 2 AktG mit der Folge, dass die zulässige Höchstgrenze des Abs. 3 Satz 1 gilt, ist nach h. M. nicht möglich (MünchHdb GesR IV/*Krieger* § 58 Rn. 7; *Hüffer* AktG, § 202 Rn. 12; GroßkommAktG/*Hirte* § 202 Rn. 134).

3. Weiterer Inhalt

9   Die Hauptversammlung kann in der Ermächtigung **weitere Festsetzungen** treffen. Bspw. kann vorgesehen werden, dass die neuen Aktien nur gegen Sacheinlage ausgegeben werden. Auch kann das Bezugsrecht der Aktionäre ausgeschlossen oder der Vorstand zum Bezugsrechtsausschluss ermächtigt werden (*Hüffer* AktG, § 202 Rn. 15). Die Hauptversammlung ist schließlich berechtigt, in der Ermächtigung weitere Bestimmungen über den Inhalt der Aktienrechte und die Bedingungen der Aktienausgabe zu treffen, etwa durch Festsetzung des geringsten Ausgabebetrages (§ 9 Abs. 1 AktG), der Aktiengattung (§ 11 AktG), Bestimmung von Inhaber- oder Namensaktien (§ 10 AktG), Festsetzung eines höheren Ausgabebetrages (vgl. insgesamt *Hüffer* AktG, § 202 Rn. 16; MünchHdb GesR IV/*Krieger* § 58 Rn. 11, jeweils m. w. N.).

4. Aufhebung und Änderung der Ermächtigung

10   Ist das genehmigte Kapital im Handelsregister eingetragen, so kann die Ermächtigung durch Satzungsänderung gem. §§ 179 ff. AktG ohne Einhaltung der §§ 182 Abs. 2, 202 Abs. 2 Satz 4 AktG aufgehoben werden. Für eine Änderung gelten neben §§ 179 ff. AktG auch §§ 202 ff. AktG (*Hüffer* AktG, § 202 Rn. 18; KölnKomm AktG/*Lutter* § 202 Rn. 7; MünchHdb GesR IV/*Krieger* § 58 Rn. 6). Als Änderung ist auch die Verlängerung der Frist im Rahmen der gesetzlichen Höchstfrist zulässig (OLG Hamm WM 1985, 197, 198); darüber hinaus ist das genehmigte Kapital ggf. aufzuheben und ein neues zu beschließen.

C. Ermächtigung durch Satzungsänderung, Abs. 2

I. Allgemeines

Nach Gründung der AG kann das genehmigte Kapital auch durch Satzungsänderung geschaffen werden. Es gelten §§ 179 bis 181 AktG, sofern sich nicht aus §§ 202 ff. AktG etwas anderes ergibt. Dies betrifft § 202 Abs. 2 Satz 2 und 3 AktG, der § 179 Abs. 2 AktG verdrängt und §§ 202 Abs. 2 Satz 4 i. V. m. 182 Abs. 2 AktG, der § 179 Abs. 3 AktG vorgeht. Inhaltlich gelten für den Ermächtigungsbeschluss die gleichen Voraussetzungen und Grenzen wie bei der Schaffung eines genehmigten Kapitals im Rahmen der Gründungssatzung. 11

II. Mehrheitserfordernisse

Der Beschluss über die Schaffung eines genehmigten Kapitals durch Satzungsänderung bedarf einer **Mehrheit von 3/4** des bei der Beschlussfassung vertretenen Grundkapitals. Zusätzlich ist die **einfache Stimmenmehrheit** des § 133 Abs. 1 AktG erforderlich. Die Berechnung der Kapitalmehrheit erfolgt nach den gleichen Grundsätzen wie die i. S. v. § 179 Abs. 2 Satz 1 AktG (vgl. § 179 AktG Rdn. 13). Die Satzung kann nur eine größere Kapitalmehrheit bestimmen. Mehrheitsregelnde Satzungsklauseln müssen deutlich erkennen lassen, dass sie auch den Beschluss über das genehmigte Kapital umfassen; Satzungsbestimmungen, die allgemein für Satzungsänderungen andere Mehrheiten vorsehen, reichen i. Zw. nicht (*Hüffer* AktG, § 202 Rn. 9). 12

Darüber hinaus kann die Satzung weitere Erfordernisse bestimmen; Abs. 2 Satz 3 entspricht insoweit § 179 Abs. 2 Satz 3 AktG (*Hüffer* AktG, § 202 Rn. 10; vgl. § 179 AktG Rdn. 15 ff.). Sind mehrere Aktiengattungen vorhanden, so müssen die Aktionäre jeder Gattung in Form eines Sonderbeschlusses (§ 138 AktG) zustimmen. 13

D. Kapitalgrenze und Ausübung der Ermächtigung, Abs. 3

I. Kapitalgrenze

Der Nennbetrag des genehmigten Kapitals darf die **Hälfte des Grundkapitals**, das zur Zeit der Ermächtigung vorhanden ist, nicht übersteigen. Grundkapital (§ 6 AktG, vgl. § 6 AktG Rdn. 1 ff.) ist die im Handelsregister eingetragene Ziffer. Darüber hinaus ist ein bedingtes Kapital zu berücksichtigen, soweit es durch Ausgabe der Aktien nach § 200 AktG bereits wirksam geworden ist (KölnKomm AktG/*Lutter* § 202 Rn. 12). **Nennbetrag** ist der im Ermächtigungsbeschluss bezifferte Betrag des genehmigten Kapitals. Sofern mehrere genehmigte Kapitalia geschaffen werden oder noch bestehen, sind diese insgesamt zu berücksichtigen (MüKo AktG/*Bayer* § 202 Rn. 69; MünchHdb GesR IV/*Krieger* § 58 Rn. 8). 14

Maßgeblicher Zeitpunkt für die Berechnung ist das Wirksamwerden der Ermächtigung und damit die **Eintragung** der Gründungssatzung oder der Satzungsänderung in das Handelsregister. Änderungen des Grundkapitals, die zeitgleich mit dem genehmigten Kapital eingetragen werden, sind daher im Rahmen des Abs. 3 Satz 1 zu berücksichtigen (*Hüffer* AktG, § 202 Rn. 14; GroßkommAktG/*Hirte* § 202 Rn. 148; KölnKomm AktG/*Lutter* § 202 Rn. 12). Ein Verstoß gegen die Grenze des Abs. 3 Satz 1 führt zur **Nichtigkeit** des Ermächtigungsbeschlusses gem. § 241 Nr. 3 AktG. Eine **Heilung** nach § 242 Abs. 2 AktG ist nach h. M. in dem Sinne möglich, dass der zulässige Höchstbetrag gilt (vgl. *Hüffer* AktG, § 202 Rn. 14; KölnKomm AktG/*Lutter* § 202 Rn. 12; MünchHdb GesR IV/*Krieger* § 58 Rn. 8). 15

II. Ausübung der Ermächtigung

Aufgrund des genehmigten Kapitals **entscheidet der Vorstand** über die Ausgabe neuer Aktien und damit über die Durchführung der Kapitalerhöhung. Es handelt sich um eine Maßnahme der Geschäftsführung i. S. v. § 77 AktG (KölnKomm AktG/*Lutter* § 204 Rn. 17; *Hüffer* AktG, § 202 Rn. 20; MünchHdb GesR IV/*Krieger* § 58 Rn. 28). Eine Bindung des Vorstands in dem Sinne, dass er zur Durchführung der Erhöhung angewiesen wird, ist im Rahmen des genehmigten Kapitals 16 nicht möglich, sondern nur durch Beschluss einer regulären Kapitalerhöhung (MüKo AktG/*Bayer* § 202 Rn. 34; *Hüffer* AktG, § 202 Rn. 6). Die Hauptversammlung kann insbes. auch nicht vorgeben, in welcher Höhe die Ermächtigung ausgenutzt wird. Der Vorstand ist berechtigt, das genehmigte Kapital in mehreren Tranchen auszuüben (*Hüffer* AktG, § 202 Rn. 20).

17 Die neuen Aktien sollen **nur mit Zustimmung des AR** ausgegeben werden. Abs. 3 Satz 2 zielt nicht auf die tatsächliche Übergabe der Aktienurkunden ab, sondern meint den Beschluss des Vorstands und seine Durchführung (GroßkommAktG/*Hirte* § 202 Rn. 167; *Hüffer* AktG, § 202 Rn. 21; MünchHdb GesR IV/*Krieger* § 58 Rn. 29). Die Zustimmung ist **einzelfallbezogen** und kann nicht allgemein für alle oder eine Vielzahl künftiger Ausgaben erteilt werden (MüKo AktG/*Bayer* § 202 Rn. 92; *Hüffer* AktG, § 202 Rn. 21). Auch wenn es sich bei Abs. 3 Satz 2 dem Wortlaut nach um eine **Sollvorschrift** handelt, hat der Registerrichter bei fehlender Zustimmung des Aufsichtsrats die Eintragung der Durchführung abzulehnen. Trägt er dennoch ein, berührt die fehlende Zustimmung die Wirksamkeit der Kapitalerhöhung nicht (KölnKomm AktG/*Lutter* § 202 Rn. 24; *Hüffer* AktG, § 202 Rn. 22; MünchHdb GesR IV/*Krieger* § 58 Rn. 29).

E. Arbeitnehmeraktien, Abs. 4

18 Die Satzung kann vorsehen, dass die neuen Aktien an Arbeitnehmer der Gesellschaft ausgegeben werden. Abs. 4 rechtfertigt insoweit den **erforderlichen Bezugsrechtsausschluss** mit der Folge, dass eine konkrete Interessenabwägung nicht mehr erforderlich ist (*Hüffer* AktG, § 202 Rn. 23, MüKo AktG/*Bayer* § 202 Rn. 102). Der Begriff der Arbeitnehmer umfasst in erster Linie die Arbeitnehmer der kapitalerhöhenden AG, ist aber entsprechend auch auf Arbeitnehmer verbundener Unternehmen anwendbar (MüKo AktG/*Bayer* § 202 Rn. 104; *Hüffer* AktG, § 202 Rn. 24; *Lutter* ZGR-Sonderheft 5, 1985, 85, 98).

19 Soweit die Arbeitnehmer begünstigt werden sollen, ist dies **zwingender Inhalt der Ermächtigung**, sodass die Ausgabe von Arbeitnehmeraktien stets ein bestimmtes genehmigtes Kapital betrifft. Es kann vorgesehen werden, dass der Vorstand neue Aktien ganz oder teilweise an die Arbeitnehmer der Gesellschaft auszugeben hat. Alternativ kann bestimmt werden, dass der Vorstand nur berechtigt ist, die neuen Aktien ganz oder teilweise an Arbeitnehmer der Gesellschaft auszugeben. Zur Durchführung der Kapitalerhöhung ist der Vorstand in beiden Fällen nicht verpflichtet. Ebenso wenig erhalten die Arbeitnehmer ein Bezugsrecht (*Hüffer* AktG, § 202 Rn. 26).

20 Wird die Ausgabe der neuen Aktien an Arbeitnehmer im Rahmen eines satzungsändernden Beschlusses (Abs. 2) vorgesehen, so sind neben den allgemeinen Beschlussvoraussetzungen die formellen Voraussetzungen des Bezugsrechtsausschlusses (§§ 186, 203 Abs. 1 Satz 1 AktG) einzuhalten, ohne dass es aber einer materiellen Rechtfertigung bedarf, die aus Abs. 4 selbst folgt. Es darf gem. § 204 Abs. 4 AktG ein günstiger Ausgabekurs festgesetzt werden, der jedoch nicht unangemessen niedrig i. S. v. § 255 Abs. 2 AktG sein darf. Darüber hinaus muss sich der Bezugsrechtsausschluss gem. § 204 Abs. 4 AktG in angemessenen Grenzen halten. Zu weiteren Besonderheiten vgl. §§ 203 Abs. 3 und 4, 204 Abs. 3 und 4 AktG.

§ 203 Ausgabe der neuen Aktien

(1) ¹Für die Ausgabe der neuen Aktien gelten sinngemäß, soweit sich aus den folgenden Vorschriften nichts anderes ergibt, §§ 185 bis 191 über die Kapitalerhöhung gegen Einlagen. ²An die Stelle des Beschlusses über die Erhöhung des Grundkapitals tritt die Ermächtigung der Satzung zur Ausgabe neuer Aktien.

(2) ¹Die Ermächtigung kann vorsehen, daß der Vorstand über den Ausschluß des Bezugsrechts entscheidet. ²Wird eine Ermächtigung, die dies vorsieht, durch Satzungsänderung erteilt, so gilt § 186 Abs. 4 sinngemäß.

(3) ¹Die neuen Aktien sollen nicht ausgegeben werden, solange ausstehende Einlagen auf das bisherige Grundkapital noch erlangt werden können. ²Für Versicherungsgesellschaften kann die

Satzung etwas anderes bestimmen. ³Stehen Einlagen in verhältnismäßig unerheblichem Umfang aus, so hindert dies die Ausgabe der neuen Aktien nicht. ⁴In der ersten Anmeldung der Durchführung der Erhöhung des Grundkapitals ist anzugeben, welche Einlagen auf das bisherige Grundkapital noch nicht geleistet sind und warum sie nicht erlangt werden können.

(4) Absatz 3 Satz 1 und 4 gilt nicht, wenn die Aktien an Arbeitnehmer der Gesellschaft ausgegeben werden.

Übersicht

	Rdn.			Rdn.
A.	**Anwendbarkeit der Vorschriften für die reguläre Kapitalerhöhung, Abs. 1** 1		**V.** Wirksamwerden der Kapitalerhöhung, § 189 AktG	11
I.	Zeichnung der neuen Aktien, § 185 AktG 2		VI. Bekanntmachung, § 190 AktG	12
II.	Bezugsrecht der Aktionäre, § 186 AktG . 3		VII. Verbotene Ausgabe von Aktien und Zwischenscheinen, § 191 AktG	13
	1. Allgemeines 3		**B.** **Ermächtigung des Vorstands zum Bezugsrechtsausschluss, Abs. 2**	14
	2. Ausschluss des Bezugsrechts in der Ermächtigung 4		I. Ermächtigung in der Gründungssatzung .	15
III.	Zusicherung von Rechten auf den Bezug neuer Aktien, § 187 AktG 9		II. Ermächtigung durch Satzungsänderung .	16
IV.	Anmeldung und Eintragung der Durchführung, § 188 AktG 10		III. Ausübung der Ermächtigung	20
			C. **Ausstehende Einlagen, Abs. 3**	23
			D. **Arbeitnehmeraktien, Abs. 4**	25

A. Anwendbarkeit der Vorschriften für die reguläre Kapitalerhöhung, Abs. 1

Die Ausgabe neuer Aktien aus genehmigtem Kapital erfolgt kraft Verweises in Abs. 1 Satz 1 entsprechend §§ 185 bis 191 AktG, soweit sich nicht aus §§ 203 ff. AktG etwas anderes ergibt. Dort, wo §§ 185 bis 191 AktG auf den Erhöhungsbeschluss abstellen (§§ 185 Abs. 1 Satz 3 Nr. 1, 186 Abs. 3 Satz 1, 187 Abs. 1 AktG), ist gem. S. 2 stattdessen die Ermächtigung der Satzung maßgeblich. Aus Abs. 1 Satz 2 folgt auch, dass die Kapitalerhöhung nicht vor Eintragung der Ermächtigung im Handelsregister durchgeführt werden kann, da die Ermächtigung erst mit Eintragung wirksam wird (MüKo AktG/*Bayer* § 203 Rn. 9; *Hüffer* AktG, § 203 Rn. 2). 1

I. Zeichnung der neuen Aktien, § 185 AktG

Wie bei der regulären Kapitalerhöhung sind die neuen Aktien durch **schriftliche Erklärung** zu zeichnen. Für den Inhalt des Zeichnungsscheines ergeben sich keine Besonderheiten. Mit der korrespondierenden Willenserklärung der AG kommt ein **Zeichnungsvertrag** zustande. 2

II. Bezugsrecht der Aktionäre, § 186 AktG

1. Allgemeines

Auch bei der Ausnutzung des genehmigten Kapitals haben die Aktionäre **Anspruch auf Zuteilung** eines ihrem Anteil am bisherigen Grundkapital entsprechenden Teils der neuen Aktien. Der konkrete Bezugsanspruch entsteht mit der Beschlussfassung des Vorstands über die Durchführung der Kapitalerhöhung und – sofern gem. § 204 Abs. 1 Satz 2 AktG erforderlich – der Zustimmung des Aufsichtsrats zum Aktieninhalt und den Bedingungen der Aktienausgabe. Die Zustimmung des Aufsichtsrats nach § 202 Abs. 3 Satz 2 AktG ist für die Entstehung des Bezugsanspruchs nur dann erforderlich, wenn der Vorstand entsprechend verfährt (*Hüffer* AktG, § 203 Rn. 7; KölnKomm AktG/*Lutter* § 203 Rn. 8). Für die Ausübungsfrist und die Bekanntmachung gilt § 186 AktG ohne Besonderheiten. 3

2. Ausschluss des Bezugsrechts in der Ermächtigung

Über Abs. 2 hinaus kann das Bezugsrecht der Aktionäre gem. §§ 203 Abs. 1 Satz 1, 186 Abs. 3 und 4 AktG bereits im Ermächtigungsbeschluss **verbindlich ausgeschlossen** werden. Dem Vorstand bleibt 4 damit die Entscheidung, ob und in welchem Umfang er das genehmigte Kapital ausnutzt; das Bezugsrecht der Aktionäre ist jedoch zwingend ausgeschlossen.

5 Wird das genehmigte Kapitals **in der Gründungssatzung geschaffen** und das Bezugsrecht ausgeschlossen, so ist § 186 Abs. 3 und 4 AktG nicht anwendbar, weil dort an einen Erhöhungsbeschluss angeknüpft wird. Bei der Gründung liegt jedoch keine Mehrheitsentscheidung, sondern eine inhaltliche übereinstimmende Willenserklärung aller Gründer vor, sodass die Notwendigkeit einer sachlichen Rechtfertigung des Bezugsrechtsausschlusses entfällt (*Hüffer* AktG, § 203 Rn. 9).

6 Wird das genehmigte Kapital **durch Ermächtigungsbeschluss** geschaffen, so gilt für den Bezugsrechtsausschluss § 186 Abs. 3 Satz 4 AktG sinngemäß. Der Bezugsrechtsausschluss ist – sofern nicht der Vorstand gem. § 203 Abs. 2 Satz 1 AktG zur Entscheidung über den Bezugsrechtsausschluss ermächtigt wird – notwendiger Bestandteil des Ermächtigungsbeschlusses, der neben den Erfordernissen nach Abs. 2 Satz 2 bis 4 einer **Mehrheit von 3/4** des bei der Beschlussfassung vertretenen Grundkapitals bedarf (§ 186 Abs. 3 Satz 2 AktG), wenn nicht die Satzung eine größere Kapitalmehrheit oder weitere Erfordernisse bestimmt. Anwendbar ist auch § 186 Abs. 3 Satz 4 AktG. Für die Kapitalgrenze von 10 % ist das bei Eintragung des genehmigten Kapitals in das Handelsregister bestehende Kapital maßgeblich, in zwar i. S. einer Obergrenze; eine Verringerung des Kapitals bis zur Ausübung der Ermächtigung ist zu berücksichtigen (*Groß* DB 1994, 2431, 2432; *Ihrig/Wagner* NZG 2002, 657, 660; *Marsch-Barner* AG 1994, 532, 534; *Reichert/Harbarth* ZIP 2001, 1441, 1443).

7 Sieht der Ermächtigungsbeschluss vor, dass die neuen Aktien im Wege des mittelbaren Bezugsrechts gem. § 186 Abs. 5 AktG mit der Verpflichtung übernommen werden, sie den Aktionären zum Bezug anzubieten, so ist dies nicht als Ausschluss des Bezugsrechts anzusehen.

8 Nach § 186 Abs. 4 Satz 2 AktG hat der Vorstand der Hauptversammlung schriftlich über den Grund des Bezugsrechtsausschlusses zu berichten und dabei auch den Ausgabebetrag zu begründen, wenn dieser im Beschluss festgesetzt werden soll. Die inhaltlichen Anforderungen an den Vorstandsbericht beschränken sich jedoch darauf, dass die Kapitalmaßnahme mit Bezugsrechtsausschluss im Gesellschaftsinteresse liegt. Nicht erforderlich ist, dass schon im Zeitpunkt des Ermächtigungsbeschlusses Eignung, Erforderlichkeit und Verhältnismäßigkeit feststehen (BGHZ 136, 133, 138 ff.). Zu achten ist allerdings darauf, dass die Interessen der Gesellschaft zwar an geeigneten Einzelfällen festgemacht werden dürfen, die Hinweise jedoch nicht allzu unsubstantiiert bleiben dürfen (vgl. etwa OLG München AG 2003, 451, 452; LG München I AG 2001, 319, 320).

III. Zusicherung von Rechten auf den Bezug neuer Aktien, § 187 AktG

9 Auch im Rahmen des genehmigten Kapitals können Rechte auf den Bezug neuer Aktien nur unter dem Vorbehalt des gesetzlichen Bezugsrechts der Aktionäre zugesichert werden. Im Fall der Ermächtigung des Vorstands zum Bezugsrechtsausschluss stehen Zusicherungen unter dem gesetzlichen Vorbehalt des § 187 Abs. 1 AktG. Vor Eintragung des genehmigten Kapitals sind Zusicherungen gem. §§ 203 Abs. 1 Satz 2, 187 Abs. 2 AktG der AG gegenüber unwirksam (*Hüffer* AktG, § 203 Rn. 13; KölnKomm AktG/*Lutter* § 203 Rn. 50).

IV. Anmeldung und Eintragung der Durchführung, § 188 AktG

10 Für die Anmeldung und Eintragung der Durchführung der Kapitalerhöhung im Rahmen der Ausnutzung des genehmigten Kapitals gilt § 188 AktG einschließlich der Kapitalaufbringungsvorschriften der §§ 36, 36a AktG, auf die dort verwiesen wird (zu den Einzelheiten vgl. *Hüffer* AktG, § 203 Rn. 14). Über die in § 188 Abs. 3 AktG genannten Schriftstücke hinaus ist der Anmeldung auch ein **berichtigter und vollständiger Wortlaut der Satzung** beizufügen, da mit der Eintragung der Durchführung der Satzungsinhalt nach § 23 Abs. 3, 4 AktG unrichtig wird (*Hüffer* AktG, § 203 Rn. 15; MünchHdb GesR IV/*Krieger* § 58 Rn. 52; MüKo AktG/*Bayer* § 203 Rn. 28; a. A. KölnKomm AktG/*Lutter* § 203 Rn. 51, 56). Darüber hinaus wird zweckmäßigerweise die Zustimmungserklärung des Aufsichtsrats (§§ 202 Abs. 3 Satz 2, 204 Abs. 1 Satz 2, 205 Abs. 2 Satz 1 AktG)

beigefügt (*Hüffer* AktG, § 203 Rn. 15; MünchHdb GesR IV/*Krieger* § 58 Rn. 54). Der Registerrichter prüft die Anmeldung der Durchführung in formeller und materieller Hinsicht. Er prüft insbesondere auch die Einhaltung der Befristung und des Höchstbetrages des genehmigten Kapitals. Prüfungsgegenstand ist auch die Zustimmung des Aufsichtsrats nach §§ 202 Abs. 3 Satz 2 und 205 Abs. 2 Satz 2 AktG. Ob darüber hinaus die Zustimmung nach § 204 Abs. 1 Satz 2 AktG zu prüfen ist, ist strittig (vgl. *Hüffer* AktG, § 203 Rn. 16, § 204 Rn. 8 f. m. w. N.).

V. Wirksamwerden der Kapitalerhöhung, § 189 AktG

Mit der **Eintragung** der Durchführung der Kapitalerhöhung ist das Grundkapital erhöht. Die Eintragung wirkt **konstitutiv**. Die Zeichner werden Aktionäre. 11

VI. Bekanntmachung, § 190 AktG

Die bekannt zu machenden Festsetzungen bei Sachkapitalerhöhungen ergeben sich aus § 205 Abs. 2 AktG. 12

VII. Verbotene Ausgabe von Aktien und Zwischenscheinen, § 191 AktG

Auch die Verbote des § 191 AktG gelten beim genehmigten Kapital sinngemäß, namentlich das **Verfügungsverbot** und das **Ausgabeverbot** (*Hüffer* AktG, § 203 Rn. 20; vgl. außerdem Kommentierung zu § 191 AktG). 13

B. Ermächtigung des Vorstands zum Bezugsrechtsausschluss, Abs. 2

Schließt die Hauptversammlung das Bezugsrecht nicht unmittelbar in der Ermächtigung aus, so eröffnet Abs. 2 die Möglichkeit, den Vorstand zu ermächtigen, das gesetzliche Bezugsrecht der Aktionäre durch eigene Entscheidung auszuschließen. Diese Befugnis muss **ausdrücklich** eingeräumt werden, soll es nicht beim gesetzlichen Bezugsrecht verbleiben (OLG Stuttgart AG 2001, 200). Die Ermächtigung kann auch für nur einen Teil des genehmigten Kapitals gelten. 14

I. Ermächtigung in der Gründungssatzung

Wird der Vorstand bereits in der Gründungssatzung zum Ausschluss des Bezugsrechts ermächtigt, verbleibt es bei den gewöhnlichen Voraussetzungen der Satzungsfeststellung. Ein weiter gehender Schutz ist nicht erforderlich, da die Satzung durch inhaltlich übereinstimmende Willenserklärung der Gründer festgestellt wird (*Hüffer* AktG, § 203 Rn. 22). 15

II. Ermächtigung durch Satzungsänderung

Wird der Vorstand nach der Gründung durch die Hauptversammlung ermächtigt, so gilt § 186 Abs. 4 AktG über § 203 Abs. 2 Satz 2 AktG sinngemäß, um den Schutz der Aktionäre vor einem unzulässigen Eingriff in ihr gesetzliches Bezugsrecht zu gewährleisten. Bei der Beschlussfassung sind damit **besondere formelle Voraussetzungen** zu beachten, insbes. die Pflicht zur Bekanntmachung und zur Vorlage eines Vorstandsberichts (vgl. BGHZ 83, 319, 325; LG Frankfurt am Main AG 1984, 296, 299). Die **Anforderungen an den Vorstandsbericht** sind ähnlich den Anforderungen, wenn das Bezugsrecht unmittelbar im Ermächtigungsbeschluss ausgeschlossen wird: Die Hauptversammlung muss erkennen können, dass und warum die Ermächtigung des Vorstands zum Bezugsrechtsausschluss im Gesellschaftsinteresse liegt (für Beispiele vgl. BGHZ 144, 290, 295; OLG Nürnberg AG 1999, 381 f.; OLG Schleswig AG 2004, 155, 157; 2005, 48, 50 f.). Die frühere Rechtsprechung, nach der allgemeine Formulierungen und die abstrakte Auflistung von Rechtfertigungsgründen ohne tatsächlichen Bezug nicht genügen sollten (BGHZ 83, 319, 326 f.; OLG München NJW 1995, 1972 = AG 1995, 231), ist überholt. Vielmehr wird die sog. **Vorratsermächtigung** heute als zulässig erachtet (BGHZ 136, 133, 139; *Hüffer* AktG, § 203 Rn. 26, 29). Es verbleibt, dass die Ermächtigung unter Bezugsrechtsausschluss bei generell-abstrakter Beurteilung im Gesellschaftsinteresse liegen muss (*Hüffer* AktG, § 203 Rn. 27). 16

17 Im Rahmen der Ermächtigung nach Abs. 2 Satz 1 ist auch zulässig, eine **kürzere Frist** für die Ermächtigung zum Bezugsrechtsausschluss zu bestimmen, als für die Ausnutzung des genehmigten Kapitals generell (*Simon* AG 1985, 237, 238).

18 Im Rahmen eines **bereits bestehenden genehmigten Kapitals** kann die Hauptversammlung den Vorstand nachträglich ermächtigen, das gesetzliche Bezugsrecht der Aktionäre auszuschließen. Es handelt sich hierbei um einen satzungsändernden Beschluss, der nur unter Beachtung der §§ 202 Abs. 2 Satz 2 bis 4, 203 Abs. 2 Satz 1, 186 Abs. 3 Satz 2 und 3 und Abs. 4 AktG zulässig ist (*Hüffer* AktG, § 203 Rn. 40; KölnKomm AktG/*Lutter* § 203 Rn. 17).

19 Nach überwiegender Auffassung ist unter den Voraussetzungen des § 139 BGB jedenfalls bei komplexen Beschlüssen eine **Teilanfechtung** nur der Ermächtigung zum Bezugsrechtsausschluss möglich mit der Folge, dass das genehmigte Kapital mit dem gesetzlichen Bezugsrecht der Aktionäre bestehen bleibt (LG Tübingen AG 1991, 406, 408; LG München I AG 1993, 195; vgl. auch OLG München AG 1989, 212; a. A. LG Bochum AG 1991, 213; nicht eindeutig BGHZ 83, 319, 320).

III. Ausübung der Ermächtigung

20 Die Entscheidung des Vorstands über den Ausschluss des Bezugsrechts ist eine **Maßnahme der Geschäftsführung** i. S. v. § 77 AktG (*Hüffer* AktG, § 203 Rn. 33; *Kindler* ZGR 1998, 35, 52 m. w. N.). Der Vorstand hat bei der Beschlussfassung zunächst die materiellen Voraussetzungen des Bezugsrechtsausschlusses zu beachten, also das Vorhandensein einer gültigen und durch Handelsregistereintragung wirksamen Ermächtigung nach Abs. 2 Satz 1 (*Hüffer* AktG, § 203 Rn. 34). Daneben bedarf der Ausschluss des Bezugsrechts durch den Vorstand **sachlicher Rechtfertigung**, muss also einem Zweck dienen, der im Interesse der AG liegt, dafür geeignet und überdies erforderlich und verhältnismäßig ist (BGHZ 136, 133, 135; LG Darmstadt NJW-RR 1999, 1122, 1123). Maßgeblich ist der Zeitpunkt der Vorstandsentscheidung (*Hüffer* AktG, § 203 Rn. 35).

21 Nach h. M. muss der Vorstand die Aktionäre nicht vor Durchführung der Kapitalerhöhung schriftlich über den Bezugsrechtsausschluss und seine Gründe unterrichten (BGH AG 2006, 36, 37 f., OLG Frankfurt am Main AG 2003, 438, 439 f.; LG Frankfurt am Main AG 2001, 3430 f.; *Krieger* FS Wiedemann 2002, 1081, 1087 f.; *Natterer* S. 155 ff.; a. A. MüKo AktG/*Bayer* § 203 Rn. 161; GroßkommAktG/*Hirte* § 203 Rn. 84 ff.; *Meilicke/Heidel* DB 2000, 2358, 2359 f.). Der Vorstand ist jedoch verpflichtet, über die Ausnutzung des genehmigten Kapitals, die Gründe für den Bezugsrechtsausschluss und über den Ausgabebetrag der neuen Aktien sowie – bei der Sachkapitalerhöhung – über den Wert der Sacheinlage und die Person des Sacheinlegers den Aktionären auf der nächsten Hauptversammlung zu berichten und Rede und Antwort zu stehen (BGHZ 136, 133, 140; BGH AG 2006, 36, 37). Eine Verletzung dieser Berichtspflicht kann zur Anfechtbarkeit von weiteren Hauptversammlungsbeschlüssen (z. B. Entlastung und neue genehmigte Kapitalia) führen (OLG Frankfurt am Main AG 2011, 713, 714, 716 f.).

22 Ist der beabsichtigte Ausschluss des Bezugsrechts **sachlich nicht gerechtfertigt**, so bestehen **Schadensersatzansprüche** gegen Vorstand und Aufsichtsrat aus §§ 93, 116 AktG (BGHZ 136, 133, 140 f.). Auf Ebene des Aktionärs kommt vor Durchführung der Kapitalerhöhung eine **Unterlassungsklage** in Betracht (vgl. BGHZ 136, 133, 141; *Hüffer* AktG, § 203 Rn. 39; *Lutter* BB 1981, 861, 864; *Timm* DB 1982, 211, 216). Nach Durchführung der Kapitalerhöhung bleibt die Feststellungsklage gem. § 256 ZPO; es wird angenommen, dass die Aktionäre nicht nur im Hinblick auf die Ersatzpflicht der AG, sondern auch im Hinblick auf künftige Entlastungsbeschlüsse sowie die Wiederwahl von Aufsichtsratsmitgliedern ein andauerndes rechtliches Interesse daran haben, die Rechtswidrigkeit der Verwaltungsmaßnahme zu klären (*Hüffer* AktG, § 203 Rn. 39).

C. Ausstehende Einlagen, Abs. 3

23 Neue Aktien sollen, wenn nicht die in Abs. 3 Satz 2 und 3 bezeichneten Ausnahmen vorliegen, nicht ausgegeben werden, solange ausstehende Einlagen auf das bisherige Grundkapital noch erlangt werden können, unerheblich, ob es sich um Bar- oder Sachkapitalerhöhungen handelt.

Abs. 3 entspricht § 182 Abs. 4 AktG und ist entsprechend auszulegen (vgl. § 182 AktG Rdn. 24). Bei Verstoß gegen die Norm hat das Registergericht die Eintragung der Durchführung nach §§ 203 Abs. 1 Satz 1, 188 AktG abzulehnen; dabei ist die Sachlage zum Zeitpunkt der registergerichtlichen Prüfung maßgeblich. Eine Aktionärsklage auf Unterlassung der Kapitalerhöhung ist nicht gegeben (*Hüffer* AktG, § 203 Rn. 43; KölnKomm AktG/*Lutter* § 203 Rn. 63).

In der ersten Anmeldung der Durchführung der Erhöhung des Grundkapitals ist anzugeben, welche Einlagen auf das bisherige Grundkapital noch nicht geleistet sind und warum sie nicht erlangt werden können. Diese Regelung ergänzt Abs. 1 Satz 1. Sie entfällt gem. Abs. 4 bei der Ausgabe von Arbeitnehmeraktien. 24

D. Arbeitnehmeraktien, Abs. 4

An Arbeitnehmer können Aktien auch dann ausgegeben werden, wenn noch Einlagen ausstehen, da hier nicht die Kapitalbeschaffung, sondern die Beteiligung der Arbeitnehmer im Vordergrund steht (*Kropff* RegBegr., 305). 25

§ 204 Bedingungen der Aktienausgabe

(1) ¹Über den Inhalt der Aktienrechte und die Bedingungen der Aktienausgabe entscheidet der Vorstand, soweit die Ermächtigung keine Bestimmungen enthält. ²Die Entscheidung des Vorstands bedarf der Zustimmung des Aufsichtsrats; gleiches gilt für die Entscheidung des Vorstands nach § 203 Abs. 2 über den Ausschluß des Bezugsrechts.

(2) Sind Vorzugsaktien ohne Stimmrecht vorhanden, so können Vorzugsaktien, die bei der Verteilung des Gewinns oder des Gesellschaftsvermögens ihnen vorgehen oder gleichstehen, nur ausgegeben werden, wenn die Ermächtigung es vorsieht.

(3) ¹Weist ein Jahresabschluß, der mit einem uneingeschränkten Bestätigungsvermerk versehen ist, einen Jahresüberschuß aus, so können Aktien an Arbeitnehmer der Gesellschaft auch in der Weise ausgegeben werden, daß die auf sie zu leistende Einlage aus dem Teil des Jahresüberschusses gedeckt wird, den nach § 58 Abs. 2 Vorstand und Aufsichtsrat in andere Gewinnrücklagen einstellen können. ²Für die Ausgabe der neuen Aktien gelten die Vorschriften über eine Kapitalerhöhung gegen Bareinlagen, ausgenommen § 188 Abs. 2. ³Der Anmeldung der Durchführung der Erhöhung des Grundkapitals ist außerdem der festgestellte Jahresabschluß mit Bestätigungsvermerk beizufügen. ⁴Die Anmeldenden haben ferner die Erklärung nach § 210 Abs. 1 Satz 2 abzugeben.

Übersicht	Rdn.		Rdn.
A. Aktieninhalt und Bedingungen der Aktienausgabe, Abs. 1 1		IV. Rechtsfolgen bei Verstoß 5	
I. Entscheidung des Vorstands 1		B. Ausgabe von Vorzugsaktien, Abs. 2 6	
II. Inhalt der Aktienrechte und Bedingungen der Aktienausgabe 2		C. Arbeitnehmeraktien, Abs. 3 8	
III. Zustimmung des Aufsichtsrates 4		I. Voraussetzungen 9	
		II. Durchführung 12	

A. Aktieninhalt und Bedingungen der Aktienausgabe, Abs. 1

I. Entscheidung des Vorstands

Die Befugnis des Vorstands, über den Inhalt der Aktienrechte und die Bedingung der Aktienausgabe zu entscheiden, ergibt sich aus Abs. 1 Satz 1 nur, soweit die Ermächtigung keine Bestimmungen enthält, also die Gründer (§ 202 Abs. 1 AktG) oder die Hauptversammlung (§ 202 Abs. 2 Satz 1 AktG) ihrerseits keine Regelungen getroffen haben. Die Entscheidung nach Abs. 1 Satz 1 ist von dem Vorstandsbeschluss zu unterscheiden, ob und in welchem Umfang das genehmigte Kapital aus- 1 genutzt wird. Ebenso ist sie aber eine **Maßnahme der Geschäftsführung** i. S. v. § 77 AktG (*Hüffer* AktG, § 204 Rn. 2; KölnKomm AktG/*Lutter* § 204 Rn. 6, 17). Bei seiner Entscheidung hat der Vorstand die Vorgaben der Ermächtigung ebenso zu beachten wie Bestimmungen des Gesetzes oder der Satzung, soweit sie verbindliche Regelungen oder Vorgaben zum Aktieninhalt oder zur Aktienausgabe enthalten (*Hüffer* AktG, § 204 Rn. 3; KölnKomm AktG/*Lutter* § 204 Rn. 22). Im Übrigen entscheidet der Vorstand nach **pflichtgemäßem Ermessen** und darf sich nicht von sachfremden Erwägungen leiten lassen (BGHZ 21, 354, 357). Im Fall des Verstoßes kommen Schadensersatzansprüche gem. § 93 AktG in Betracht.

II. Inhalt der Aktienrechte und Bedingungen der Aktienausgabe

2   Zum Inhalt der Aktienrechte zählen insbesondere die Begründung als Nennbetragsaktien (einschließlich Festlegung der Nennbeträge) oder Stückaktien, die Bestimmung der Aktienart und der Aktiengattung einschließlich der Stimmrechtsausstattung gem. § 134 AktG (BGHZ 33, 175, 188). Festgelegt werden kann auch der Zeitpunkt der Gewinnberechtigung, wobei die **rückwirkende Gewinnbeteiligung** für ein abgelaufenes Geschäftsjahr nur möglich ist, wenn das gesetzliche Bezugsrecht der Altaktionäre unangetastet bleibt und die Hauptversammlung nicht bereits gem. § 174 AktG über die Verteilung des Bilanzgewinns beschlossen hat (*Hüffer* AktG, § 204 Rn. 4; KölnKomm AktG/*Lutter* § 204 Rn. 7; GroßkommAktG/*Hirte* § 204 Rn. 9; MünchHdb GesR IV/*Krieger* § 58 Rn. 34; *Simon* AG 1960, 148, 149 f.; a. A. MüKo AktG/*Bayer* § 60 Rn. 29, § 204 Rn. 10: auch nach Beschlussfassung der Hauptversammlung nach § 174 AktG).

3   Die **Bedingungen der Aktienausgabe** betreffen den Zeitpunkt der Aktienausgabe, die Fälligkeit der Einlageverpflichtung und die Höhe des Ausgabebetrages (BGHZ 21, 354, 357). Dabei hat der Vorstand die Grundsätze zu beachten, die auch für die Hauptversammlung gelten, insbes. sind bei der Bestimmung des Ausgabebetrages §§ 9 Abs. 1, 255 Abs. 2 AktG zu berücksichtigen (BGHZ 136, 133, 141).

III. Zustimmung des Aufsichtsrates

4   Die Entscheidung des Vorstands über den Inhalt der Aktienrechte und die Bedingungen der Aktienausgabe bedarf der Zustimmung des Aufsichtsrats. Diese ist **Wirksamkeitserfordernis** (MüKo AktG/*Bayer* § 204 Rn. 25; *Hüffer* AktG, § 204 Rn. 6; KölnKomm AktG/*Lutter* § 204 Rn. 16; MünchHdb GesR IV/*Krieger* § 58 Rn. 31; a. A. *Baumbach/Hueck* § 204 Rn. 3). Das Zustimmungserfordernis erstreckt sich auch auf die Entscheidung des Vorstands über den Ausschluss des Bezugsrechts der Aktionäre aufgrund einer entsprechenden Ermächtigung nach § 203 Abs. 2 AktG (KölnKomm AktG/*Lutter* § 204 Rn. 16; *Hüffer* AktG, § 204 Rn. 7; MünchHdb GesR IV/*Krieger* § 58 Rn. 45). Auch die Zustimmung des Aufsichtsrats ist von der Zustimmung zur Aktienausgabe nach § 202 Abs. 3 Satz 2 AktG zu unterscheiden (*Hüffer* AktG, § 204 Rn. 6).

IV. Rechtsfolgen bei Verstoß

5   Wird der Vorstandsbeschluss unter Missachtung von § 77 AktG oder einer Geschäftsordnung gefasst, verstößt er gegen Vorgaben der Hauptversammlung, des Gesetzes oder der Satzung oder fehlt die Zustimmung des Aufsichtsrats, so ist der Vorstandsbeschluss **ungültig** oder **unwirksam** und darf die Kapitalerhöhung nicht durchgeführt werden. Wird sie dennoch durchgeführt, sind die Maßnahmen im Außenverhältnis, insbesondere die abgeschlossenen Zeichnungsverträge, wirksam (*Hüffer* AktG, § 204 Rn. 8; KölnKomm AktG/*Lutter* § 204 Rn. 24; MünchHdb GesR IV/*Krieger* § 58 Rn. 58; *Klette* BB 1968, 1101 f.). Strittig ist, ob das Registergericht in diesen Fällen die Durchführung der Kapitalerhöhung einzutragen hat. Zum Teil wird danach unterschieden, ob der Fehler ausschließlich die Interessen der Aktionäre in ihrem Verhältnis zueinander oder zur AG berührt oder ob der Fehler die Interessen künftiger Aktionäre oder der öffentlichen Ordnung des Aktienwesens auch nur mitberühren (*Hüffer* AktG, § 204 Rn. 9 m. w. N. zu den verschiedenen Rechtsauffassungen).

B. Ausgabe von Vorzugsaktien, Abs. 2

Gibt es bereits Vorzugsaktien ohne Stimmrecht (§ 139 AktG), so kann der Vorstand neue Vorzugs- 6
aktien, die bei der Verteilung des Gewinns oder des Gesellschaftsvermögens den bereits bestehenden Vorzugsaktien vorgehen oder gleichstehen, nur ausgeben, wenn die Ermächtigung dies vorsieht. Vermieden werden soll eine Umgehung des § 141 Abs. 2 Satz 1 AktG (*Hüffer* AktG, § 204 Rn. 10; MüKo AktG/*Bayer* § 204 Rn. 32). Daher kann der Vorstand ohne weiteres zur Ausgabe von Vorzugsaktien ermächtigt werden, wenn die AG noch keine solchen hat (OLG Schleswig AG 2005, 48, 49).

Abs. 2 betrifft **nur stimmrechtslose Vorzugsaktien**. Auf andere Vorzugsaktien ist die Vorschrift 7
nicht anwendbar (*Hüffer* AktG, § 204 Rn. 11; MünchHdb GesR IV/*Krieger* § 58 Rn. 33). Der Vorstand ist durch die gesetzliche Regelung nicht eingeschränkt, wenn er nachrangige Vorzugsaktien ausgeben möchte. Abs. 2 greift des Weiteren nicht, wenn das genehmigte Kapital bereits in der Gründungssatzung enthalten war (§ 202 Abs. 1 AktG) oder stimmrechtslose Vorzugsaktien erst nach Schaffung des genehmigten Kapitals ausgegeben worden sind, sofern nicht das Bezugsrecht der Vorzugsaktionäre ausgeschlossen ist (KölnKomm AktG/*Lutter* § 204 Rn. 32; *Hüffer* AktG, § 204 Rn. 11; MünchHdb GesR IV/*Krieger* § 58 Rn. 33).

C. Arbeitnehmeraktien, Abs. 3

Sollen die neuen Aktien an Arbeitnehmer der Gesellschaft ausgegeben werden, so kann der Vorstand 8
mit Zustimmung des Aufsichtsrates bestimmen, dass die von den Arbeitnehmern zu leistenden Einlagen statt durch Leistung eigener Mittel aus einem Teil des Jahresüberschusses gedeckt werden. Der Sache nach handelt es sich insoweit um eine **Kapitalerhöhung aus Gesellschaftsmitteln**; dennoch finden §§ 207 bis 220 AktG keine Anwendung, sondern verweist Abs. 3 Satz 2 auf die Vorschriften über die reguläre Kapitalerhöhung gegen Bareinlage (KölnKomm AktG/*Lutter* § 204 Rn. 34; *Hüffer* AktG, § 204 Rn. 12; MünchHdb GesR IV/*Krieger* § 58 Rn. 62 f.).

I. Voraussetzungen

Abs. 3 betrifft die Ausgabe der neuen Aktien an Arbeitnehmer der Gesellschaft. Maßgeblich ist, 9
ob die begünstigten Personen zum Zeitpunkt der Kapitalerhöhung mit der AG **durch ein Dienstverhältnis verbunden** sind. Umfasst sind auch leitende Angestellte und Prokuristen, nicht aber Verwaltungsmitglieder und Betriebsrentner (*Hüffer* AktG, § 204 Rn. 13; MüKo AktG/*Bayer* § 204 Rn. 42; KölnKomm AktG/*Lutter* § 204 Rn. 39). Die Vorschrift erstreckt sich nach zutr. Auffassung auch auf **Arbeitnehmer verbundener Unternehmen** (*Hüffer* AktG, § 204 Rn. 13; a. A. KölnKomm AktG/*Lutter* § 204 Rn. 40).

Als weitere Voraussetzung muss der Hauptversammlungsbeschluss über das genehmigte Kapital 10
oder die Gründungssatzung gem. § 202 Abs. 4 AktG **vorsehen**, dass die neuen Aktien an Arbeitnehmer ausgegeben werden können. Eine zusätzliche Bestimmung, dass die von den Arbeitnehmern zu leistende Einlage aus einem Teil des Jahresüberschusses gedeckt werden kann, ist entbehrlich (*Hüffer* AktG, § 204 Rn. 14; KölnKomm AktG/*Lutter* § 204 Rn. 35; MünchHdb GesR IV/*Krieger* § 58 Rn. 62).

Letzte Voraussetzung ist das Vorhandensein eines **testierten Jahresabschlusses**, der einen **Jahres-** 11
überschuss i. S. v. § 58 AktG ausweist. Die Leistung der Einlagen aus dem Jahresüberschuss erfolgt durch Umbuchung einer zuvor gebildeten Sonderrücklage. Dies setzt voraus, dass Vorstand und Aufsichtsrat gem. § 58 Abs. 2 AktG berechtigt sind, über den für die Sonderrücklage erforderlichen Betrag stattdessen auch zugunsten anderer Gewinnrücklagen zu verfügen, sodass die Zuständigkeit für die Feststellung des Jahresabschlusses bei ihnen (§ 172 AktG), nicht bei der Hauptversammlung (§ 173 AktG) liegen muss (*Hüffer* AktG, § 204 Rn. 15; MüKo AktG/*Bayer* § 204 Rn. 43; KölnKomm AktG/*Lutter* § 204 Rn. 37; MünchHdb GesR IV/*Krieger* § 58 Rn. 62). Aus §§ 204 Abs. 3 Satz 4, 210 Abs. 1 Satz 2 AktG ergibt sich schließlich, dass der erforderliche Betrag nicht durch

zwischenzeitliche Verluste aufgezehrt sein darf (MüKo AktG/*Bayer* § 204 Rn. 43; KölnKomm AktG/*Lutter* § 204 Rn. 37).

II. Durchführung

12 Die Ausgabe der neuen Aktien bestimmt sich über die Verweisungsnorm in Abs. 3 Satz 2 nach den **Vorschriften über die Kapitalerhöhung mit Bareinlage**, also §§ 185 bis 191 AktG, mit Ausnahme des § 188 Abs. 2 AktG. Wegen § 185 Abs. 4 AktG ist im Zeichnungsschein zu vermerken, dass die Einlage gem. § 204 Abs. 3 AktG aus dem Jahresüberschuss erbracht wird, will nicht der Zeichner zur Einlageleistung verpflichtet sein (*Hüffer* AktG, § 204 Rn. 16; KölnKomm AktG/*Lutter* § 204 Rn. 39). Abs. 3 Satz 3 ergänzt § 188 Abs. 3 AktG und verlangt die **Beifügung des festgestellten Jahresabschlusses mit Bestätigungsvermerk** zur Anmeldung der Durchführung der Kapitalerhöhung. § 188 Abs. 3 Nr. 2 AktG greift nicht, da die Kapitalerhöhung als Barerhöhung gilt (*Hüffer* AktG, § 204 Rn. 16; KölnKomm AktG/*Lutter* § 204 Rn. 42).

13 Die Anmelder haben dem Gericht gegenüber zu **erklären**, dass nach ihrer Kenntnis seit dem Bilanzstichtag bis zum Tag der Anmeldung **keine Vermögensverminderung** eingetreten ist, die der Kapitalerhöhung entgegenstände, wenn sie am Tag der Anmeldung beschlossen worden wäre. Die Erklärung nach § 210 Abs. 1 Satz 2 AktG ersetzt die bei der regulären Kapitalerhöhung nach §§ 188 Abs. 2, 37 Abs. 1 AktG abzugebenden Erklärungen (*Hüffer* AktG, § 204 Rn. 17).

14 Das Registergericht prüft neben den allgemeinen Voraussetzungen auch die besonderen des Abs. 3. Die Eintragung der Durchführung ist abzulehnen, wenn Jahresabschluss oder Erklärung nach § 210 Abs. 1 Satz 2 AktG fehlen, unrichtig oder unvollständig sind, oder wenn die Erklärung Einschränkungen enthält (*Hüffer* AktG, § 204 Rn. 18; KölnKomm AktG/*Lutter* § 204 Rn. 42; MünchHdb GesR IV/*Krieger* § 58 Rn. 63).

§ 205 Ausgabe gegen Sacheinlagen; Rückzahlung von Einlagen

(1) Gegen Sacheinlagen dürfen Aktien nur ausgegeben werden, wenn die Ermächtigung es vorsieht.

(2) ¹Der Gegenstand der Sacheinlage, die Person, von der die Gesellschaft den Gegenstand erwirbt, und der Nennbetrag, bei Stückaktien die Zahl der bei der Sacheinlage zu gewährenden Aktien sind, wenn sie nicht in der Ermächtigung festgesetzt sind, vom Vorstand festzusetzen und in den Zeichnungsschein aufzunehmen. ²Der Vorstand soll die Entscheidung nur mit Zustimmung des Aufsichtsrats treffen.

(3) § 27 Abs. 3 und 4 gilt entsprechend.

(4) Die Absätze 2 und 3 gelten nicht für die Einlage von Geldforderungen, die Arbeitnehmern der Gesellschaft aus einer ihnen von der Gesellschaft eingeräumten Gewinnbeteiligung zustehen.

(5) ¹Bei Ausgabe der Aktien gegen Sacheinlagen hat eine Prüfung durch einen oder mehrere Prüfer stattzufinden; § 33 Abs. 3 bis 5, die §§ 34, 35 gelten sinngemäß. ²§ 183a ist entsprechend anzuwenden. ³Anstelle des Datums des Beschlusses über die Kapitalerhöhung hat der Vorstand seine Entscheidung über die Ausgabe neuer Aktien gegen Sacheinlagen sowie die Angaben nach § 37a Abs. 1 und 2 in den Gesellschaftsblättern bekannt zu machen.

(6) Soweit eine Prüfung der Sacheinlage nicht stattfindet, gilt für die Anmeldung der Durchführung der Kapitalerhöhung zur Eintragung in das Handelsregister (§ 203 Abs. 1 Satz 1, § 188) auch § 184 Abs. 1 Satz 3 und Abs. 2 entsprechend.

(7) ¹Das Gericht kann die Eintragung ablehnen, wenn der Wert der Sacheinlage nicht unwesentlich hinter dem geringsten Ausgabebetrag der dafür zu gewährenden Aktien zurückbleibt. ²Wird von einer Prüfung der Sacheinlage nach § 183a Abs. 1 abgesehen, gilt § 38 Abs. 3 entsprechend.

Übersicht

		Rdn.			Rdn.
A.	Ermächtigung, Abs. 1	1	D.	Arbeitnehmeraktien, Abs. 4	6
B.	Festsetzungen, Abs. 2	3	E.	Prüfung der Sacheinlage, Abs. 5 und 6	7
C.	Verdeckte Sacheinlage, Abs. 3	5	F.	Registerverfahren, Abs. 7	8

A. Ermächtigung, Abs. 1

Ein genehmigtes Kapital darf zur Kapitalerhöhung mit Sacheinlagen nur genutzt werden, wenn dies in der Ermächtigung **ausdrücklich vorgesehen** ist. Zum Begriff der **Sacheinlage** vgl. § 27 AktG Rdn. 3 f. Die Vorschrift ist auch auf die gemischte Sacheinlage anwendbar. Bei der verdeckten Sacheinlage gilt Abs. 3 i. V. m. § 27 Abs. 3 AktG. 1

Zur Ausgabe von Aktien gegen Sacheinlagen bedarf es einer **ausdrücklichen Ermächtigung**. Es genügt, dass die Sachkapitalerhöhung allgemein gestattet wird; Beschränkungen (z. B. auf eine bestimmte Sacheinlage oder einen Teilbetrag des genehmigten Kapitals) sind aber zulässig. Zulässig ist auch die Festsetzung, dass Aktien ausschließlich gegen Sacheinlagen ausgegeben werden (KölnKomm AktG/*Lutter* § 205 Rn. 4; MüKo AktG/*Bayer* § 205 Rn. 10; *Hüffer* AktG, § 205 Rn. 3). Im Rahmen der Vorgaben entscheidet der Vorstand gem. § 77 AktG nach pflichtgemäßem Ermessen (*Hüffer* AktG, § 205 Rn. 3). 2

B. Festsetzungen, Abs. 2

Die für die Kapitalerhöhung mit Sacheinlagen gem. § 202 Abs. 2 AktG erforderlichen Festsetzungen entsprechen den Anforderungen der §§ 183 Abs. 1, 194 Abs. 1 AktG. Insoweit bestimmt § 206 Satz 1 AktG, dass sie in der Satzung enthalten sein müssen, wenn Verträge über Sacheinlagen bereits vor Eintragung der AG (§ 41 AktG) geschlossen werden. Im Übrigen steht es den Gründern bzw. der Hauptversammlung frei, die Festsetzungen ganz oder teilweise zu treffen. Soweit die Ermächtigung Festsetzungen nicht enthält, obliegen diese dem Vorstand als **Maßnahme der Geschäftsführung** (KölnKomm AktG/*Lutter* § 205 Rn. 6, 8; *Hüffer* AktG, § 205 Rn. 4 f.; MünchHdb GesR IV/*Krieger* § 58 Rn. 31). Der Vorstand soll die Festsetzungen nur mit **Zustimmung des Aufsichtsrats** treffen. Holt er die Zustimmung nicht ein, so handelt er pflichtwidrig, wenn auch die Wirksamkeit der Festsetzungen nicht berührt wird (*Hüffer* AktG, § 205 Rn. 5; KölnKomm AktG/*Lutter* § 205 Rn. 9; MünchHdb GesR IV/*Krieger* § 58 Rn. 31). Im Fall der Bestimmung durch den Vorstand sind die Festsetzungen in den **Zeichnungsschein** aufzunehmen, und zwar nach h. M. in den Zeichnungsschein des konkreten Sacheinlegers (MüKo AktG/*Bayer* § 205 Rn. 17; MünchHdb GesR IV/*Krieger* § 205 Rn. 37; a.A. v. *Godin/Wilhelmi* § 205 Anm. 4; KölnKomm AktG/*Lutter* § 205 Rn. 8, 13: Aufnahme in alle Zeichnungsscheine – auch solche von evtl. Bareinlegern). 3

Sacheinlage können nur Vermögensgegenstände sein, deren wirtschaftlicher Wert feststellbar ist. Anders als § 27 ist die Sachübernahme von § 205 AktG nicht erfasst (*Hüffer* AktG, § 205 Rn. 3). Mit der Überlassung von eigenen Aktien der Gesellschaft wird der Gesellschaft real kein neues Kapital zugeführt, sodass eigene Aktien nicht als Sacheinlage eingebracht werden können (BGH AG 2011, 876 f.). 4

C. Verdeckte Sacheinlage, Abs. 3

Verdeckte Sacheinlagen sind auch nach Inkrafttreten des ARUG grundsätzlich unzulässig, auch wenn der Einbringungsvertrag und die Einbringungshandlungen nicht mehr unwirksam sind. Über die Verweisung auf § 27 Abs. 3 wird der Wert der verdeckt erbrachten Sachleistung auf die fortbestehende Bareinlageverpflichtung im Zeitpunkt der Eintragung der Durchführung der Kapitalerhöhung im Handelsregister angerechnet. 5

Aufgrund der Anwendbarkeit von § 27 Abs. 4 sind nunmehr auch die Fälle des sog. »Hin- und Her-Zahlens« gesetzlich geregelt. Die Einlage ist hier nur erbracht, wenn der Rückzahlungsanspruch fällig und vollwertig und in der Handelsregisteranmeldung offengelegt ist.

§ 206 AktG Verträge über Sacheinlagen vor Eintragung der Gesellschaft

D. Arbeitnehmeraktien, Abs. 4

6 Auch wenn die Einbringung von Forderungen aus Gewinnbeteiligungen der Sache nach eine Sacheinlage darstellen, entfallen die Festsetzungen gem. Abs. 2 und die Prüfung der Sacheinlage gem. Abs. 3, wenn Aktien an Arbeitnehmer der Gesellschaft ausgegeben werden. Die Vorschrift umfasst ihrem Sinn und Zweck nach nicht nur **Arbeitnehmer der Gesellschaft**, sondern auch solche **verbundener Unternehmen** (MüKo AktG/*Bayer* § 205 Rn. 83; *Hüffer* AktG, § 205 Rn. 9; MünchHdb GesR IV/*Krieger* § 58 Rn. 59; GroßkommAktG/*Hirte* § 205 Rn. 25; a. A. KölnKomm AktG/*Lutter* § 205 Rn. 20). Mit dem Begriff der **Gewinnbeteiligung** ist der konkrete Anspruch auf Geldleistung gemeint, nicht das Recht auf Gewinnbeteiligung. Erfasst sind auch Umsatzbeteiligungen, Gratifikation und Leistungsprämien (*Hüffer* AktG, § 205 Rn. 9; MüKo AktG/*Bayer* § 205 Rn. 83).

E. Prüfung der Sacheinlage, Abs. 5 und 6

7 Bei der Kapitalerhöhung gegen Sacheinlagen hat entsprechend den Regelungen in §§ 183 Abs. 3, 194 Abs. 4 AktG eine Prüfung durch unabhängige Prüfer stattzufinden (vgl. § 183 AktG Rdn. 10 ff.). Unter den Voraussetzungen des § 183a AktG ist diese Prüfung verzichtbar (vgl. dazu die Anmerkungen zu § 183a AktG). Wird auf die externe Prüfung verzichtet, darf die Durchführung der Erhöhung des Grundkapitals gem. § 183a Abs. 2 erst nach Ablauf von 4 Wochen nach Bekanntmachung des Kapitalerhöhungsbeschlusses eingetragen werden. Außerdem können Aktionärsminderheiten das Recht aus § 183a Abs. 3 AktG ausüben. Zur Absicherung des Minderheitenrechts ist der Vorstand verpflichtet, das Datum des Kapitalerhöhungsbeschlusses sowie die zur Anmeldung der Kapitalerhöhung erforderlichen Angaben in den Gesellschaftsblättern bekanntzumachen. Hierzu gehört auch der Verzicht auf eine externe Prüfung.

F. Registerverfahren, Abs. 7

8 Bleibt der Wert der Sacheinlage nicht unwesentlich hinter dem geringsten Ausgabebetrag zurück, so kann das Registergericht die Eintragung ablehnen. Sofern eine Prüfung nach § 183a Abs. 1 AktG nicht stattfindet, hat das Gericht hinsichtlich der Werthaltigkeit der Sacheinlagen nur zu prüfen, ob die Voraussetzungen des § 37a AktG erfüllt sind. Lediglich bei offenkundigen und erheblichen Überbewertungen kann das Gericht die Eintragung ablehnen.

§ 206 Verträge über Sacheinlagen vor Eintragung der Gesellschaft

¹Sind vor Eintragung der Gesellschaft Verträge geschlossen worden, nach denen auf das genehmigte Kapital eine Sacheinlage zu leisten ist, so muß die Satzung die Festsetzungen enthalten, die für eine Ausgabe gegen Sacheinlagen vorgeschrieben sind. ²Dabei gelten sinngemäß § 27 Abs. 3 und 5, die §§ 32 bis 35, 37 Abs. 4 Nr. 2, 4 und 5, die §§ 37a, 38 Abs. 2 und 3 sowie § 49 über die Gründung der Gesellschaft. ³An die Stelle der Gründer tritt der Vorstand und an die Stelle der Anmeldung und Eintragung der Gesellschaft die Anmeldung und Eintragung der Durchführung der Erhöhung des Grundkapitals.

1 Sind bereits vor Eintragung der AG Verträge geschlossen worden, nach denen auf das genehmigte Kapital eine Sacheinlage zu leisten ist, so muss die Satzung bereits die Festsetzungen nach § 205 Abs. 2 Satz 1 AktG enthalten. Sachübernahmen sind nicht erfasst; für sie gilt § 27 AktG unmittelbar (*Hüffer* AktG, § 206 Rn. 1). Erfasst werden sowohl schuldrechtliche als auch dingliche Verträge zwischen der in Gründung befindlichen AG und den Gründern oder Dritten, die sich auf die Erbringung einer Sacheinlage beziehen (KölnKomm AktG/*Lutter* § 206 Rn. 3; *Hüffer* AktG, § 206 Rn. 2; MünchHdb GesR IV/*Krieger* § 58 Rn. 41). Der Verweis auf das genehmigte Kapital setzt voraus, dass bereits die **Gründungssatzung** die Ermächtigung nach § 202 Abs. 1 AktG enthält, die eine Sacherhöhung nach § 205 Abs. 1 AktG vorsieht oder zumindest zulässt. Anders als nach § 205 Abs. 2 AktG kann der Vorstand Festsetzungen, die in der Satzung nicht getroffen sind, nicht nachholen, sondern liegt ein Gründungsmangel vor, der zur Ablehnung der Eintragung nach § 38

Abs. 1 AktG führt (*Hüffer* AktG, § 206 Rn. 2; KölnKomm AktG/*Lutter* § 206 Rn. 4; a. A. zum Gründungsmangel GroßkommAktG/*Hirte* § 206 Rn. 9).

Weitere Rechtsfolgen fehlender oder fehlerhafter Festsetzungen ergeben sich aus den Gründungsvorschriften, auf die § 206 Satz 2 AktG verweist, insbes. aus § 27 Abs. 3 AktG. Modifiziert werden die Gründungsvorschriften durch S. 3, wonach sie so zu lesen sind, dass anstelle der Gründer durchgehend der Vorstand und an die Stelle der Anmeldung und Eintragung der Gesellschaft diejenige der Durchführung der Erhöhung des Grundkapitals tritt (*Hüffer* AktG, § 206 Rn. 3). Im Rahmen der Ausnutzung des genehmigten Kapitals hat der Vorstand damit insbes. einen dem Gründungsbericht entsprechenden Bericht anzufertigen (§ 32 AktG) und ist die Sachkapitalerhöhung entsprechend §§ 33 bis 35 AktG zu prüfen. Die Anmeldung der Durchführung der Kapitalerhöhung bestimmt sich nach §§ 203 Abs. 1 Satz 1, 188 Abs. 1 AktG, allerdings sind ihr die Unterlagen gem. § 37 Abs. 4 Nr. 2, 4 und 5 AktG beizufügen und damit alle Verträge, die den Festsetzungen zugrunde liegen oder zu ihrer Ausführung geschlossen wurden, der Bericht des Vorstands, der Bericht des Aufsichtsrat und der Bericht der externen Prüfer.

§ 52 AktG wird durch § 206 AktG verdrängt (*Hüffer* AktG, § 206 Rn. 8).   3

Vierter Unterabschnitt Kapitalerhöhung aus Gesellschaftsmitteln

§ 207 Voraussetzungen

(1) Die Hauptversammlung kann eine Erhöhung des Grundkapitals durch Umwandlung der Kapitalrücklage und von Gewinnrücklagen in Grundkapital beschließen.

(2) ¹Für den Beschluß und für die Anmeldung des Beschlusses gelten § 182 Abs. 1, § 184 Abs. 1 sinngemäß. ²Gesellschaften mit Stückaktien können ihr Grundkapital auch ohne Ausgabe neuer Aktien erhöhen; der Beschluß über die Kapitalerhöhung muß die Art der Erhöhung angeben.

(3) Dem Beschluß ist eine Bilanz zugrunde zu legen.

Übersicht	Rdn.			Rdn.
A. Allgemeines	1	IV.	Aufhebung und Änderung	9
B. Erhöhungsbeschluss	2	V.	Beschlussmängel	10
I. Allgemeines	2	C.	Zugrunde zu legende Bilanz, Abs. 3	11
II. Beschlusserfordernisse	4	D.	Anmeldung zum Handelsregister	12
III. Beschlussinhalt	6			

A. Allgemeines

Die Kapitalerhöhung aus Gesellschaftsmitteln wurde ursprünglich von der Rechtsprechung als   1
Form der regulären Kapitalerhöhung verstanden (RGZ 107, 161, 168; 108, 29, 31; BGHZ 15, 391, 392 f.). Heute regelt § 207 AktG die Kapitalerhöhung aus Gesellschaftsmitteln als **eigenständige Form der Kapitalerhöhung** und stellt klar, dass sie durch einen einheitlichen Vorgang, nämlich **Umwandlung von Rücklagen in Grundkapital** erfolgt (*Hüffer* AktG, § 207 Rn. 1). Die Kapitalerhöhung aus Gesellschaftsmitteln ist gleichwohl nicht nur eine Eigenkapitalumschichtung oder Kapitalberichtigung, sondern eine echte Kapitalerhöhung, da Vermögen den für das Grundkapital geltenden Bindungen unterstellt wird und neue Mitgliedsrechte entstehen. Dennoch handelt es sich nicht um eine Maßnahme der Kapitalbeschaffung (LG Bonn AG 1970, 18, 19; *Hüffer* AktG, § 207 Rn. 3; GroßkommAktG/*Hirte* § 207 Rn. 32; KölnKomm AktG/*Lutter* Vorb. § 207 Rn. 11; MüKo AktG/*Arnold* § 207 Rn. 1; *Than* WM-Sonderheft 1991, 54, 55).

B. Erhöhungsbeschluss

I. Allgemeines

2 Die Kapitalerhöhung aus Gesellschaftsmitteln erfordert einen **Hauptversammlungsbeschluss**, für den über die Verweisungsvorschrift in Abs. 2 die Erfordernisse des § 182 Abs. 1 AktG zu beachten sind. Dem Beschluss ist gem. Abs. 3 eine Bilanz zugrunde zu legen. Er ist gem. Abs. 2, § 184 Abs. 1 AktG durch den Vorstand und den Aufsichtsratsvorsitzenden innerhalb einer **Frist von 8 Monaten** (§ 209 Abs. 1 und 2 AktG) zur Eintragung in das Handelsregister **anzumelden** und wird mit Eintragung wirksam (§ 211 AktG).

3 Nach h.M. kann die Kapitalerhöhung aus Gesellschaftsmitteln nicht in einem einheitlichen Beschluss mit einer regulären Kapitalerhöhung dergestalt verbunden werden, dass der Erhöhungsbetrag z.T. aus der Umwandlung von Kapitalrücklagen oder Gewinnrücklagen und zum anderen Teil aus Einlagen aufzubringen ist. Zulässig ist allerdings, in derselben Hauptversammlung über eine Kapitalerhöhung aus Gesellschaftsmitteln und eine reguläre Kapitalerhöhung in zeitlich aufeinanderfolgenden, aber getrennten Beschlüssen zu entscheiden (KölnKomm AktG/*Lutter* Vorb. § 207 Rn. 13 ff.; *Hüffer* AktG, § 207 Rn. 6 f.; MüKo AktG/*Volhard* § 207 Rn. 34, 36; MünchHdb GesR IV/*Krieger* § 59 Rn. 3; *Börner* DB 1988, 1254 f.; *Geßler* DNotZ 1960, 619, 627 f.; a. A. GroßkommAktG/*Hirte* § 207 Rn. 145 ff.; *Beitzke* FS Hueck 1959, 295, 298 f.). Zulässig ist auch eine Anweisung an den Vorstand i. S. einer unechten Bedingung, die Kapitalerhöhung aus Gesellschaftsmitteln nur dann zur Eintragung anzumelden, wenn die Aktien aus der regulären Kapitalerhöhung vollständig gezeichnet sind (*Hüffer* AktG, § 207 Rn. 7; GroßkommAktG/*Hirte* § 207 Rn. 149; KölnKomm AktG/*Lutter* Vorb. § 207 Rn. 13; MüKo AktG/*Volhard* § 207 Rn. 37; *Geßler* DNotZ 1960, 619, 628). Entsprechendes gilt für eine Verbindung mit einer ordentlichen Kapitalherabsetzung, nicht aber mit einer vereinfachten Kapitalherabsetzung (KölnKomm AktG/*Lutter* Vorb. § 207 Rn. 18 ff.).

II. Beschlusserfordernisse

4 Der Hauptversammlungsbeschluss ist auf eine **Satzungsänderung** gerichtet. Damit sind §§ 179 ff. AktG anwendbar, soweit sich nicht aus §§ 207 ff. AktG etwas Abweichendes ergibt (*Hüffer* AktG, § 207 Rn. 8; MüKo AktG/*Volhard* § 207 Rn. 5; KölnKomm AktG/*Lutter* § 207 Rn. 4).

5 Die Beschlusserfordernisse ergeben sich im Übrigen **aus § 182 Abs. 1 AktG**, auf den Abs. 2 Satz 1 verweist. Dies betrifft die erforderliche Beschlussmehrheit, die Festsetzung einer größeren Kapitalmehrheit und das Aufstellen weiterer Erfordernisse durch die Satzung. Gibt die Satzung für Satzungsänderungen jeglicher Art oder Kapitalerhöhungen generell andere Kapitalmehrheiten oder weitere Erfordernisse vor, gelten diese auch für den Beschluss über die Kapitalerhöhung aus Gesellschaftsmitteln (*Hüffer* AktG, § 207 Rn. 10; MünchHdb GesR IV/*Krieger* § 59 Rn. 8; *Geßler* DNotZ 1960, 619, 623). Der Verweis auf § 182 Abs. 1 Satz 4 AktG bewirkt, dass bei Gesellschaften mit **Nennbetragsaktien** (§ 8 Abs. 2 AktG) die Kapitalerhöhung aus Gesellschaftsmitteln grds. durch Ausgabe neuer Aktien durchgeführt werden muss. Ausnahmen ergeben sich aus § 215 Abs. 2 Satz 2 und 3 AktG. Hat die Gesellschaft Stückaktien (§ 8 Abs. 3 AktG), so kann die Kapitalerhöhung aus Gesellschaftsmitteln abweichend von § 182 Abs. 1 Satz 4 und 5 AktG auch ohne Ausgabe neuer Aktien, nämlich durch bloße rechnerische Anteilsaufstockung erfolgen (Abs. 2 Satz 2; vgl. auch LG Heidelberg AG 2002, 563; AG Heidelberg AG 2002, 527, 528), weil die Beteiligungsquote unverändert bleibt und sich der auf die **Stückaktien** entfallende anteilige Betrag des Grundkapitals mit seiner Anhebung automatisch erhöht (RegBegr. BT-Drucks. 13/9573, S. 17).

III. Beschlussinhalt

6 Der Beschlussinhalt ergibt sich aus dem Gesetz nicht. Anzugeben ist der **Betrag**, um den das Grundkapital erhöht werden soll. Dieser Betrag ist **genau zu beziffern**, wobei seine Höhe so festzusetzen ist, dass er unter Beachtung von § 8 AktG vollständig auf die Aktien verteilt werden kann (*Hüffer*

AktG, § 207 Rn. 12; *Than* WM-Sonderheft 1991, 54, 56). Sofern kein handhabbares Kapitalerhöhungsverhältnis erreicht werden kann, entstehen Teilrechte nach § 213 AktG.

Des Weiteren ist im Beschluss anzugeben, dass die Kapitalerhöhung durch **Umwandlung von Kapitalrücklagen oder Gewinnrücklagen** erfolgen soll. Es ist festzusetzen, welche konkrete Rücklage umgewandelt werden soll; dabei ist die Verteilung des Erhöhungsbetrages auf mehrere Rücklagenpositionen zulässig. Selbstverständlich ist, dass diese auch in entsprechender Höhe verfügbar sein müssen (*Hüffer* AktG, § 207 Rn. 12; MüKo AktG/*Arnold* § 207 Rn. 19; KölnKomm AktG/*Lutter* § 207 Rn. 12). Schließlich ist anzugeben, **auf welcher Bilanz** der Beschluss i. S. v. § 207 Abs. 3 AktG beruht (*Hüffer* AktG, § 207 Rn. 12; vgl. insoweit § 209 Abs. 1 und 2 AktG).

Bei **Nennbetragsaktien** ist schließlich festzusetzen, ob eine Ausgabe neuer Aktien oder eine Erhöhung des Nennbetrags alter Aktien erfolgt; festgesetzt werden können insoweit auch die Nennbeträge der neuen Aktien unter Beachtung von § 8 Abs. 2 AktG und entsprechender Satzungsregeln (KölnKomm AktG/*Lutter* § 207 Rn. 13; MünchHdb GesR IV/*Krieger* § 57 Rn. 11). Gleiches gilt bei **Stückaktien** im Hinblick auf § 207 Abs. 2 Satz 2 AktG (*Hüffer* AktG, § 207 Rn. 13). Zur **Gewinnberechtigung**, die ebenfalls festgesetzt werden kann, vgl. § 217 AktG. Der Inhalt der neuen Aktien wird durch § 216 Abs. 1 AktG bestimmt und kann durch klarstellende Regelungen im Hauptversammlungsbeschluss ergänzt werden.

IV. Aufhebung und Änderung

Bis zur Eintragung im Handelsregister kann der Kapitalerhöhungsbeschluss unter den Beschlussvoraussetzungen des Kapitalerhöhungsbeschlusses geändert oder aufgehoben werden, nach Eintragung nur durch ordentliche Kapitalherabsetzung (§ 222 AktG) wirtschaftlich rückgängig gemacht werden (*Hüffer* AktG, § 207 Rn. 18; a. A. zu den Mehrheitserfordernissen KölnKomm AktG/*Lutter* § 211 Rn. 4).

V. Beschlussmängel

Verstößt der Kapitalerhöhungsbeschluss gegen Gesetz oder Satzung, so ist er gem. §§ 241, 243 AktG **nichtig** oder **anfechtbar**. Weist er nicht den Mindestinhalt auf, ist er regelmäßig nichtig (*Hüffer* AktG, § 207 Rn. 17).

C. Zugrunde zu legende Bilanz, Abs. 3

Dem Kapitalerhöhungsbeschluss ist eine Bilanz zugrunde zu legen, die im Beschluss konkret zu bezeichnen ist. Dies bedeutet nicht, dass der Jahresabschluss für das letzte vor der Beschlussfassung abgelaufene Geschäftsjahr bereits fertiggestellt sein muss. Bei der zugrunde zu legenden Bilanz handelt es sich entweder um die **letzte Jahresbilanz** (§ 209 Abs. 1 AktG) oder um eine **besondere Erhöhungsbilanz** (§ 209 Abs. 2 AktG). Die Anforderungen an die Bilanz ergeben sich aus § 209 AktG. Ein Verstoß gegen Abs. 3 führt zur Nichtigkeit des Erhöhungsbeschlusses gem. § 241 Nr. 3 AktG (*Hüffer* AktG, § 207 Rn. 15, 17).

D. Anmeldung zum Handelsregister

Hinsichtlich der Anmeldung zum Handelsregister verweist Abs. 2 Satz 1 auf § 184 Abs. 1 AktG. Allerdings ist § 184 Abs. 1 Satz 2 AktG bei der Kapitalerhöhung aus Gesellschaftsmitteln nicht anwendbar, weil keine Einlagen geleistet werden (*Hüffer* AktG, § 207 Rn. 19). Ergänzend ist § 210 AktG zu beachten.

§ 208 Umwandlungsfähigkeit von Kapital- und Gewinnrücklagen

(1) ¹Die Kapitalrücklage und die Gewinnrücklagen, die in Grundkapital umgewandelt werden sollen, müssen in der letzten Jahresbilanz und, wenn dem Beschluß eine andere Bilanz zugrunde gelegt wird, auch in dieser Bilanz unter »Kapitalrücklage« oder »Gewinnrücklagen« oder

§ 208 AktG Umwandlungsfähigkeit von Kapital- und Gewinnrücklagen

im letzten Beschluß über die Verwendung des Jahresüberschusses oder des Bilanzgewinns als Zuführung zu diesen Rücklagen ausgewiesen sein. ²Vorbehaltlich des Absatzes 2 können andere Gewinnrücklagen und deren Zuführungen in voller Höhe, die Kapitalrücklage und die gesetzliche Rücklage sowie deren Zuführungen nur, soweit sie zusammen den zehnten oder den in der Satzung bestimmten höheren Teil des bisherigen Grundkapitals übersteigen, in Grundkapital umgewandelt werden.

(2) ¹Die Kapitalrücklage und die Gewinnrücklagen sowie deren Zuführungen können nicht umgewandelt werden, soweit in der zugrunde gelegten Bilanz ein Verlust einschließlich eines Verlustvortrags ausgewiesen ist. ²Gewinnrücklagen und deren Zuführungen, die für einen bestimmten Zweck bestimmt sind, dürfen nur umgewandelt werden, soweit dies mit ihrer Zweckbestimmung vereinbar ist.

Übersicht

	Rdn.		Rdn.
A. Regelungsgegenstand und -zweck	1	IV. Rechtsfolgen bei Verstoß	8
B. Umwandlungsfähige Rücklagen, Abs. 1	2	C. Umwandlungsschranken, Abs. 2	9
I. Kapitalrücklage	2	I. Verlust oder Verlustvortrag	9
II. Gewinnrücklagen	4	II. Zweckbestimmte Gewinnrücklagen und -zuführungen	10
III. Zuführungen aus Jahresüberschuss oder Bilanzgewinn	6	III. Rechtsfolgen bei Verstoß	12

A. Regelungsgegenstand und -zweck

1 § 208 AktG ergänzt § 207 Abs. 1 AktG durch Bestimmung, welche Rücklagen in Grundkapital umgewandelt werden können, und Nennung der dafür notwendigen Voraussetzungen. Er bezweckt die Aufbringung des Grundkapitals durch Umbuchung von Passivposten, die die frühere Vermögensbildung zum Ausdruck bringen, und dient gleichzeitig dadurch dem Gesellschaftsinteresse, dass die Hauptversammlung nach § 58 Abs. 2 AktG gebildete andere Rücklagen nicht den für sie vorgesehenen Zwecken entziehen kann (*Hüffer* AktG, § 208 Rn. 1; KölnKomm AktG/*Lutter* § 208 Rn. 2).

B. Umwandlungsfähige Rücklagen, Abs. 1

I. Kapitalrücklage

2 Umwandlungsfähig sind zunächst Kapitalrücklagen i. S. v. § 266 Abs. 3 A II HGB. Voraussetzung ist, dass sie in der letzten Jahresbilanz (§ 209 Abs. 1 AktG) ausgewiesen sind und, wenn dem Beschluss nicht die letzte Jahresbilanz zugrunde liegt, an gleicher Stelle in der besonderen Erhöhungsbilanz enthalten sind (MüKo AktG/*Arnold* § 208 Rn. 3 f.; *Hüffer* AktG, § 208 Rn. 2 f.). **Grenzen** ergeben sich aus Abs. 1 Satz 2 dahin gehend, dass die Kapitalrücklage der Höhe nach nur umwandelbar ist, soweit sie zusammen mit der gesetzlichen Rücklage (§ 266 Abs. 3 A III Nr. 1 HGB) den zehnten oder den in der Satzung bestimmten höheren Teil des bisherigen Grundkapitals nicht übersteigt.

3 Umwandlungsfähig soll auch eine zuvor durch Sacheinlage des Alleinaktionärs gebildete Kapitalrücklage sein. Die erkennbar beabsichtigte Umgehung der Vorschriften über Kapitalerhöhungen mit Sacheinlagen (§§ 183 ff. AktG) sollen in diesem Fall lediglich eine Intensivierung der Prüfungspflicht des Registergerichts nach § 210 Abs. 3 AktG nach sich ziehen. Wird im Rahmen der registergerichtlichen Kontrolle die reale Kapitalaufbringung sichergestellt, soll § 52 AktG daneben nicht anwendbar sein, wenn nur ein Alleinaktionär an der Gesellschaft beteiligt ist (OLG Hamm AG 2008, 713 ff.). Dieser Auffassung scheint aber jedenfalls dann bedenklich, wenn die Einlage ähnlich der verdeckten Sacheinlage in engem zeitlichen Zusammenhang mit der Kapitalerhöhung steht (a. A. wohl Schmidt/Lutter/*Veil* AktG, § 207 Rn. 3).

II. Gewinnrücklagen

Umwandlungsfähig sind alsdann Gewinnrücklagen i. S. v. § 266 Abs. 3 A III HGB. Trotz des Wortlauts ist allerdings die Rücklage für Anteile am Mutterunternehmen i. S. v. § 266 Abs. 3 A III Nr. 2 HGB nicht umwandlungsfähig, da sie nach § 277 Abs. 4 HGB zweckgebunden ist und nur unter den dort genannten Voraussetzungen aufgelöst werden kann. Allerdings kann die rechtmäßig aufgelöste Rücklage über den Zwischenschritt der Einstellung in andere Bilanzposten ebenfalls in Grundkapital umgewandelt werden (vgl. zur Rücklage für eigene Anteile: *Hüffer* AktG, § 208 Rn. 4). Rücklagen für eigene Anteile müssen seit Inkrafttreten des BilMoG nicht mehr gebildet werden. In der für den Erwerb eigener Aktien zu bildenden fiktiven Rücklage nach § 71 Abs. 2 Satz 2 AktG dürfen aber die zur Kapitalerhöhung aus Gesellschaftsmitteln herangezogenen Rücklagen (z. B. Gewinnrücklagen) ab dem Zeitpunkt des Kapitalerhöhungsbeschlusses nicht berücksichtigt werden (MüKo AktG/*Arnold* § 208 Rn. 16). 4

Auch Gewinnrücklagen müssen in umzuwandelnder Höhe in der letzten Jahresbilanz (§ 209 Abs. 1 AktG) ausgewiesen sein und, wenn dem Beschluss diese nicht zugrunde liegt, zusätzlich in der besonderen Erhöhungsbilanz (§ 209 Abs. 2 AktG). Zur Beschränkung der Umwandlungsfähigkeit der gesetzliche Rücklage gem. § 208 Abs. 1 Satz 2 AktG vgl. Rdn. 2. 5

III. Zuführungen aus Jahresüberschuss oder Bilanzgewinn

Auch Zuführungen zur Kapitalrücklage oder den Gewinnrücklagen aus dem Jahresüberschuss oder Bilanzgewinn können umgewandelt werden, sofern jedenfalls der zur Umwandlung vorgesehene Teil des Jahresüberschusses oder Bilanzgewinns im letzten Beschluss über die Verwendung des Jahresüberschusses (§§ 58 Abs. 1, 173 AktG) bzw. des Bilanzgewinns (§§ 58 Abs. 3, 174 Abs. 2 Nr. 3 AktG) als Zuführung zur Kapitalrücklage bzw. zu den Gewinnrücklagen ausgewiesen ist. Der Jahresüberschuss ist Position 20 bzw. 19 der Gewinn- und Verlustrechnung (§ 275 Abs. 1 bzw. 2 HGB). Der Bilanzgewinn ist der Jahresüberschuss zzgl. Gewinnvortrag und Entnahmen aus Gewinnrücklagen und abzgl. Verlustvortrag und Einstellungen in die Gewinnrücklagen (§ 158 AktG). Liegt dem Erhöhungsbeschluss nicht der letzte Jahresabschluss, sondern eine besondere Erhöhungsbilanz (§ 209 Abs. 2 AktG) zugrunde, so muss die Zuweisung zu den entsprechenden Bilanzposten hierin bereits vollzogen sein (*Hüffer* AktG, § 208 Rn. 5). 6

Abs. 1 Satz 2 enthält für die Umwandlung von Zuführungen in die Kapitalrücklage und die gesetzliche Rücklage eine vertragsmäßige Beschränkung auf max. 10 % des Grundkapitals. 7

IV. Rechtsfolgen bei Verstoß

Abs. 1 ist **zwingend**. Ein Verstoß führt zur **Nichtigkeit** des Kapitalerhöhungsbeschlusses gem. § 241 Nr. 3 AktG (*Hüffer* AktG, § 208 Rn. 11; MüKo AktG/*Arnold* § 208 Rn. 37; MünchHdb GesR IV/*Krieger* § 59 Rn. 30; *Geßler* BB 1960, 6, 8; a. A. *Forster/Müller* AG 1960, 55, 85). 8

C. Umwandlungsschranken, Abs. 2

I. Verlust oder Verlustvortrag

Ist in der zugrunde gelegten Bilanz ein Verlust einschließlich eines Verlustvortrages i. S. v. § 266 Abs. 3 A IV und V HGB ausgewiesen, so dürfen die Kapitalrücklage und die Gewinnrücklagen sowie die entsprechenden Zuführungen nicht in Grundkapital umgewandelt werden. Gem. Abs. 1 sind umwandlungsfähige Posten um den ausgewiesenen Verlust und Verlustvortrag zu kürzen; der dann verbleibende Betrag kann umgewandelt werden. Die vorherige Verrechnung mit anderen, nicht umwandlungsfähigen Rücklagen ist unzulässig (*Hüffer* AktG, § 208 Rn. 7; MüKo AktG/*Arnold* § 208 Rn. 32; *Schippel* DNotZ 1960, 353, 361). 9

II. Zweckbestimmte Gewinnrücklagen und -zuführungen

10 Gewinnrücklagen, die für einen bestimmten Zweck bestimmt sind, und entsprechende Zuführungen dürfen nur umgewandelt werden, soweit dies mit der Zweckbestimmung vereinbar ist. Welche Zweckbestimmung vorliegt, bestimmt sich bei satzungsmäßigen Rücklagen nach der Satzung, ansonsten nach der Entscheidung der Hauptversammlung bzw. Verwaltung, mit der die Rücklage gebildet wurde. Die Zweckbestimmung muss nicht unmittelbar aus der Bilanz ersichtlich sein (MüKo AktG/*Arnold* § 208 Rn. 34; *Hüffer* AktG, § 208 Rn. 9; *Forster/Müller* AG 1960, 55, 56 f.; a. A. *v. Burchard* BB 1961, 1186, 1187). Ggf. sind zum Verständnis Hauptversammlungsbeschlüsse und Erklärungen der Verwaltung heranzuziehen (*Hüffer* AktG, § 208 Rn. 9). Erfasst sind sowohl satzungsmäßige Rücklagen als auch andere Gewinnrücklagen i. S. v. § 266 Abs. 3 A III Nr. 3 und 4 HGB (*Hüffer* AktG, § 208 Rn. 8).

11 Mit der Zweckbestimmung **vereinbar** sind Umwandlungen, wenn die Mittel für aktivierungsfähige Aufwendungen verwendet werden. Sind die Aufwendungen vermögensmindernd, so ist die Umwandlung ausgeschlossen (RegBegr. zu § 2 KapErhG BT-Drucks. 3/416, S. 10; *Hüffer* AktG, § 208 Rn. 8; MüKo AktG/*Arnold* § 208 Rn. 35; MünchHdb GesR IV/*Krieger* § 59 Rn. 28; ADS § 272 HGB Rn. 33; *Geßler* BB 1960, 6, 8). Sonderrücklagen zur Deckung einer Differenz zwischen Ausgabebetrag und Gesamtnennbetrag einer Wandelanleihe nach § 218 Satz 2 AktG sowie Gewinnrücklagen nach § 199 Abs. 2 AktG für Wandelanleihen sind nicht umwandlungsfähig (*Hüffer* AktG, § 208 Rn. 10; KölnKomm AktG/*Lutter* § 208 Rn. 23; MünchHdb GesR IV/*Krieger* § 59 Rn. 29).

III. Rechtsfolgen bei Verstoß

12 Abs. 2 Satz 1 ist zwingend, sodass ein Verstoß gem. § 241 Nr. 3 AktG zur **Nichtigkeit** des Kapitalerhöhungsbeschlusses führt. Ein Verstoß gegen **Abs. 2 Satz 2** führt hingegen nur zur **Anfechtbarkeit** (*Hüffer* AktG, § 208 Rn. 11; MüKo AktG/*Arnold* § 208 Rn. 37, 39; KölnKomm AktG/*Lutter* § 208 Rn. 24; *Geßler* BB 1960, 6, 8; a. A. zu Abs. 2 Satz 1 *Forster/Müller* AG 1960, 55, 85).

§ 209 Zugrunde gelegte Bilanz

(1) Dem Beschluß kann die letzte Jahresbilanz zugrunde gelegt werden, wenn die Jahresbilanz geprüft und die festgestellte Jahresbilanz mit dem uneingeschränkten Bestätigungsvermerk des Abschlußprüfers versehen ist und wenn ihr Stichtag höchstens acht Monate vor der Anmeldung des Beschlusses zur Eintragung in das Handelsregister liegt.

(2) ¹Wird dem Beschluß nicht die letzte Jahresbilanz zugrunde gelegt, so muß die Bilanz den §§ 150, 152 dieses Gesetzes, §§ 242 bis 256, 264 bis 274 des Handelsgesetzbuchs entsprechen. ²Der Stichtag der Bilanz darf höchstens acht Monate vor der Anmeldung des Beschlusses zur Eintragung in das Handelsregister liegen.

(3) ¹Die Bilanz muß durch einen Abschlußprüfer darauf geprüft werden, ob sie §§ 150, 152 dieses Gesetzes, §§ 242 bis 256, 264 bis 274 des Handelsgesetzbuchs entspricht. ²Sie muß mit einem uneingeschränkten Bestätigungsvermerk versehen sein.

(4) ¹Wenn die Hauptversammlung keinen anderen Prüfer wählt, gilt der Prüfer als gewählt, der für die Prüfung des letzten Jahresabschlusses von der Hauptversammlung gewählt oder vom Gericht bestellt worden ist. ²Soweit sich aus der Besonderheit des Prüfungsauftrags nichts anderes ergibt, sind auf die Prüfung § 318 Abs. 1 Satz 3 und 4, § 319 Abs. 1 bis 4, § 319a Abs. 1, § 319b Abs. 1, § 320 Abs. 1, 2, §§ 321, 322 Abs. 7 und § 323 des Handelsgesetzbuchs entsprechend anzuwenden.

(5) ¹Bei Versicherungsgesellschaften wird der Prüfer vom Aufsichtsrat bestimmt; Absatz 4 Satz 1 gilt sinngemäß. ²Soweit sich aus der Besonderheit des Prüfungsauftrags nichts anderes ergibt, ist auf die Prüfung § 341k des Handelsgesetzbuchs anzuwenden.

(6) Im Fall der Absätze 2 bis 5 gilt für das Zugänglichmachen der Bilanz und für die Erteilung von Abschriften § 175 Abs. 2 sinngemäß.

Übersicht

		Rdn.			Rdn.
A.	Letzte Jahresbilanz	1	III.	Feststellung	8
B.	Besondere Erhöhungsbilanz, Abs. 2 bis 6	4	IV.	Publizität, Abs. 6	9
I.	Aufstellung, Abs. 2	4	C.	Rechtsfolgen bei Verstoß	10
II.	Prüfung, Abs. 2 und 3	6			

A. Letzte Jahresbilanz

Üblicherweise wird – nicht zuletzt aus Kostengründen – dem Erhöhungsbeschluss die letzte Jahresbilanz zugrunde gelegt. Für deren Aufstellung gelten die allgemeinen Bilanzierungsgrundsätze. Voraussetzung dafür, dass sie der Kapitalerhöhung aus Gesellschaftsmitteln zugrunde gelegt werden kann, ist, dass sie gem. §§ 316 ff. HGB **geprüft** ist. Die Prüfungspflicht besteht auch dann, wenn die AG nach § 316 Abs. 1 Satz 1 HGB grds. nicht prüfungspflichtig ist (MüKo AktG/*Arnold* § 209 Rn. 10; MünchHdb GesR IV/*Krieger* § 59 Rn. 15); die Hauptversammlung hat in diesem Fall einen **Abschlussprüfer** zu wählen (*Hüffer* AktG, § 209 Rn. 3). Aus § 208 Abs. 1 AktG ergibt sich, dass der Prüfung eine unverkürzte Bilanz zugrunde zu legen ist und die Erleichterungen des § 266 Abs. 1 Satz 3 HGB nicht greifen (*Hüffer* AktG, § 209 Rn. 3; KölnKomm AktG/*Lutter* § 209 Rn. 4; MünchHdb GesR IV/*Krieger* § 59 Rn. 15; a.A. MüKo AktG/*Arnold* § 209 Rn. 7; Spindler/Stilz/*Fock/Wüsthoff* AktG, § 209 Rn. 4). Die weiteren Prüfungsvorschriften in § 209 Abs. 3 bis 5 AktG beziehen sich ausschließlich auf die besondere Erhöhungsbilanz (§ 209 Abs. 2 AktG, vgl. *Hüffer* AktG, § 209 Rn. 3). 1

Die Bilanz muss des Weiteren mit einem **uneingeschränkten Bestätigungsvermerk** (§ 322 Abs. 1 HGB) versehen sein. Darüber hinaus muss sie durch Billigung des Aufsichtsrats (§ 172 AktG) oder Beschluss der Hauptversammlung (§ 173 AktG) **festgestellt** sein. 2

Der **Stichtag der Bilanz** darf höchstens 8 Monate vor der Anmeldung des Beschlusses zur Eintragung in das Handelsregister (§ 210 AktG) liegen. Bilanzstichtag ist der letzte Tag des Geschäftsjahres, nicht der Tag, an dem der Jahresabschluss aufgestellt oder festgestellt wird. Die Frist berechnet sich nach §§ 186 ff. BGB. Maßgeblich ist der Eingang der Anmeldung beim Registergericht (*Hüffer* AktG, § 209 Rn. 5). 3

B. Besondere Erhöhungsbilanz, Abs. 2 bis 6

I. Aufstellung, Abs. 2

Anstelle der letzten Jahresbilanz kann dem Kapitalerhöhungsbeschluss auch eine besondere Erhöhungsbilanz zugrunde gelegt werden. Diese ist aus der letzten Jahresbilanz zu entwickeln und vom Vorstand aufzustellen. Abschreibungen, Rücklagen und Rückstellungen sind entsprechend dem Zeitablauf nur teilweise anzusetzen (*Hüffer* AktG, § 209 Rn. 6; GroßkommAktG/*Hirte* § 209 Rn. 35; MünchHdb GesR IV/*Krieger* § 59 Rn. 19; KölnKomm AktG/*Lutter* § 209 Rn. 12; MüKo AktG/*Volhard* § 209 Rn. 29). Durch den Verweis auf die Vorschriften des HGB wird sichergestellt, dass die besondere Erhöhungsbilanz den gleichen Anforderungen genügt wie die Jahresbilanz. Sie hat auch den Posten Bilanzgewinn/Bilanzverlust zu enthalten (KölnKomm AktG/*Lutter* § 209 Rn. 12; MünchHdb GesR IV/*Krieger* § 59 Rn. 19). Der Stichtag darf höchstens 8 Monate vor der Anmeldung des Beschlusses zur Eintragung in das Handelsregister liegen (vgl. zur Berechnung Rdn. 3). Nicht erforderlich ist ein vollständiger Jahresabschluss; Gewinn- und Verlustrechnung, Anhang, Lagebericht und Vorschlag für die Gewinnverwendung sind damit entbehrlich (*Hüffer* AktG, § 209 Rn. 7). 4

Weichen die Kapital- und Gewinnrücklagen in der letzten Jahresbilanz und der besonderen Erhöhungsbilanz voneinander ab, so ist nur der jeweils niedrigere Wert umwandlungsfähig (KölnKomm AktG/*Lutter* § 209 Rn. 11; *Hüffer* AktG, § 209 Rn. 6). Ob die Umwandlung wegen eines Verlustes einschließlich eines Verlustvortrags scheitert, bestimmt sich hingegen nur nach der besonderen Erhöhungsbilanz. 5

II. Prüfung, Abs. 2 und 3

6 Die besondere Erhöhungsbilanz ist darauf zu prüfen, ob sie den Voraussetzungen des Abs. 2 Satz 1 entspricht. Die Hauptversammlung wählt hierzu gem. §§ 318 ff. AktG einen **Abschlussprüfer**. Mangels Wahl gilt der Prüfer als gewählt, der für die Prüfung des letzten Jahresabschlusses gewählt bzw. bestellt wurde. Für die Prüfung gelten § 320 ff. HGB (*Hüffer* AktG, § 209 Rn. 9).

7 Auch die besondere Erhöhungsbilanz muss mit einem **uneingeschränkten Bestätigungsvermerk** versehen sein. Allerdings findet § 322 Abs. 1 HGB keine Anwendung, da die Prüfung sich nur auf die Übereinstimmung der Erhöhungsbilanz mit den Erfordernissen des § 209 Abs. 2 Satz 1 AktG bezieht. Der Vermerk ist stattdessen an Abs. 3 Satz 1 zu orientieren (MüKo AktG/*Arnold* § 209 Rn. 36; *Hüffer* AktG, § 209 Rn. 10: Orientierung an Abs. 2).

III. Feststellung

8 Einer Feststellung der besonderen Erhöhungsbilanz nach §§ 172 oder 173 AktG bedarf es nicht (GroßkommAktG/*Hirte* § 209 Rn. 37; MünchHdb GesR IV/*Krieger* § 59 Rn. 22). Da sie dem Kapitalerhöhungsbeschluss zugrunde gelegt wird, dürfte eine Billigung insbesondere mit Blick auf die Einstellung der umwandlungsfähigen Rücklagen jedenfalls konkludent im Erhöhungsbeschluss liegen (so zutr. *Hüffer* AktG, § 209 Rn. 11).

IV. Publizität, Abs. 6

9 Die besondere Erhöhungsbilanz ist den Aktionären entsprechend § 175 Abs. 2 AktG **zugänglich zu machen**. Dies geschieht, indem die AG die Bilanz von der Einberufung der Hauptversammlung an entweder in ihren Geschäftsräumen **auslegt** oder auf ihrer Internetseite zugänglich macht (zur entsprechenden Pflicht börsennotierter Gesellschaften vgl. § 124a AktG). Die ausgelegte Erhöhungsbilanz muss noch nicht geprüft und testiert sein. Allerdings muss sie mit der später in der Hauptversammlung vorgelegten geprüften und testierten Bilanz übereinstimmen (KölnKomm AktG/*Lutter* § 209 Rn. 17; *Hüffer* AktG, § 209 Rn. 13; MünchHdb GesR IV/*Krieger* § 59 Rn. 21). Aktionären ist auf Verlangen eine **Abschrift** der besonderen Erhöhungsbilanz zu erteilen und ggf. zuzusenden (§ 175 Abs. 2 Satz 2 AktG, vgl. ausführl. § 175 AktG Rdn. 6 ff.).

C. Rechtsfolgen bei Verstoß

10 Der Kapitalerhöhungsbeschluss ist nach § 241 Nr. 3 AktG **nichtig**, wenn ihm eine nicht geprüfte, nicht festgestellte oder nicht mit uneingeschränktem Bestätigungsvermerk versehene Bilanz zugrunde liegt (MüKo AktG/*Arnold* § 209 Rn. 43; KölnKomm AktG/*Lutter* § 209 Rn. 10, 20; MünchHdb GesR IV/*Krieger* § 59 Rn. 23). Trägt der Registerrichter gleichwohl ein, kann **Heilung** nach § 242 Abs. 2 AktG eintreten (*Hüffer* AktG, § 209 Rn. 14). Ein Verstoß gegen die Bekanntgabepflicht aus § 175 Abs. 2 AktG führt zur **Anfechtbarkeit** (KölnKomm AktG/*Lutter* § 209 Rn. 21; MünchHdb GesR IV/*Krieger* § 59 Rn. 23; vgl. auch § 175 AktG Rdn. 8). Die Nichteinhaltung der 8-Monats-Frist ist ein **formelles Eintragungshindernis** (§ 210 Abs. 2 AktG); wird gleichwohl eingetragen, so wird die Kapitalerhöhung dennoch wirksam (*Hüffer* AktG, § 209 Rn. 14; KölnKomm AktG/*Lutter* § 209 Rn. 10, 20; MünchHdb GesR IV/*Krieger* § 59 Rn. 23; teilw. abw. MüKo AktG/*Arnold* § 209 Rn. 44).

§ 210 Anmeldung und Eintragung des Beschlusses

(1) ¹Der Anmeldung des Beschlusses zur Eintragung in das Handelsregister ist die der Kapitalerhöhung zugrunde gelegte Bilanz mit Bestätigungsvermerk, im Fall des § 209 Abs. 2 bis 6 außerdem die letzte Jahresbilanz, sofern sie noch nicht nach § 325 Abs. 1 des Handelsgesetzbuchs eingereicht ist, beizufügen. ²Die Anmeldenden haben dem Gericht gegenüber zu erklären, daß nach ihrer Kenntnis seit dem Stichtag der zugrunde gelegten Bilanz bis zum Tag der Anmeldung

keine Vermögensminderung eingetreten ist, die der Kapitalerhöhung entgegenstünde, wenn sie am Tag der Anmeldung beschlossen worden wäre.

(2) Das Gericht darf den Beschluß nur eintragen, wenn die der Kapitalerhöhung zugrunde gelegte Bilanz auf einen höchstens acht Monate vor der Anmeldung liegenden Stichtag aufgestellt und eine Erklärung nach Absatz 1 Satz 2 abgegeben worden ist.

(3) Das Gericht braucht nicht zu prüfen, ob die Bilanzen den gesetzlichen Vorschriften entsprechen.

(4) Bei der Eintragung des Beschlusses ist anzugeben, daß es sich um eine Kapitalerhöhung aus Gesellschaftsmitteln handelt.

(5) (aufgehoben)

Übersicht	Rdn.			Rdn.
A. Anmeldung, Abs. 1	1	B.	Registerverfahren, Abs. 2 bis 4	4
I. Allgemeines	1	I.	Prüfung	4
II. Beizufügende Unterlagen	2	II.	Eintragung	6
III. Erklärung der Anmelder	3			

A. Anmeldung, Abs. 1

I. Allgemeines

Der Beschluss über die Kapitalerhöhung aus Gesellschaftsmitteln ist zur Eintragung in das Handelsregister anzumelden. Die Zuständigkeit ergibt sich aus §§ 207 Abs. 2 Satz 1, 184 Abs. 1 AktG. Die Anmeldung ist an das Amtsgericht des Satzungssitzes zu richten.   **1**

II. Beizufügende Unterlagen

Abs. 1 Satz 1 bestimmt, dass der Anmeldung die dem Beschluss zugrunde liegende **Bilanz mit**   **2**
Bestätigungsvermerk beizufügen ist. Handelt es sich um eine besondere Erhöhungsbilanz, so ist zusätzlich die **Jahresbilanz** beizufügen. Ist diese gem. § 325 HGB bereits eingereicht, ist die erneute Vorlage sowohl im Fall des § 209 Abs. 1 AktG als auch im Fall des § 209 Abs. 2 AktG entbehrlich (*Hüffer* AktG, § 210 Rn. 3; KölnKomm AktG/*Lutter* § 210 Rn. 7; a. A. für den Fall des § 209 Abs. 1 AktG: *Geßler* DNotZ 1960, 619, 634). Des Weiteren ist eine Ausfertigung der Niederschrift über die Beschluss fassende Hauptversammlung nebst Anlagen beizufügen sowie eine Neufassung des Satzungstextes nebst Notarbescheinigung gem. § 181 Abs. 1 Satz 2 AktG (*Hüffer* AktG, § 210 Rn. 3; KölnKomm AktG/*Lutter* § 210 Rn. 6, 10; Happ/*Tielmann* AktienR, 12.08 Rn. 17). Die Beifügung erfolgt seit dem 01.01.2007 in der Form des § 12 Abs. 2 HGB.

III. Erklärung der Anmelder

Die Anmelder haben gegenüber dem Registergericht die Erklärung gem. Abs. 1 Satz 2 abzugeben.   **3**
Damit dürfen zwischen Bilanzstichtag und Tag der Anmeldung **keine Fehlbeträge** entstanden sein, die der Umwandlung von Rücklagen in Kapital entgegenstehen, weil zur Umwandlung vorgesehene Rücklagen ganz oder teilweise zur Verlustdeckung benötigt werden. Der Erklärung stehen hingegen Verluste nicht entgegen, die bereits durch andere Rücklagen gedeckt sind. Nicht ausreichend ist die Versicherung, dass keine vermögensmindernden Umstände bekannt sind (*Hüffer* AktG, § 210 Rn. 4; KölnKomm AktG/*Lutter* § 210 Rn. 9; MünchHdb GesR IV/*Krieger* § 59 Rn. 33). Die Erklärung kann in der Anmeldung oder in der Form des § 12 Abs. 1 HGB in gesonderter Urkunde abgegeben werden. Die Richtigkeit ist gem. § 399 Abs. 2 AktG strafsanktioniert; Unrichtigkeit führt darüber hinaus zu Schadensersatzansprüchen der AG aus §§ 93, 116 AktG und gegenüber Gesellschaftsgläubigern aus § 823 Abs. 2 BGB i. V. m. § 399 Abs. 2 AktG (*Hüffer* AktG, § 210 Rn. 4 m. w. N.).

Plückelmann

B. Registerverfahren, Abs. 2 bis 4

I. Prüfung

4   Das Registergericht prüft die Anmeldung **in formeller Hinsicht** auf Ordnungsmäßigkeit, insbesondere Zuständigkeit, Form, Legitimation der Anmelder, Vollständigkeit der Unterlagen und Vorliegen eines berichtigten Satzungstextes, darüber hinaus die Erklärung nach Abs. 1 Satz 2 und die Einhaltung der 8-Monats-Frist aus § 209 Abs. 1 und Abs. 2 Satz 2 AktG. **In materieller Hinsicht** prüft das Gericht, ob die gesetzlichen und satzungsmäßigen Voraussetzungen der Kapitalerhöhung aus Gesellschaftsmitteln eingehalten sind. Darüber hinaus wird geprüft, ob die zugrunde liegende Bilanz den Anforderungen des § 209 AktG genügt und die zur Umwandlung vorgesehene Kapital- oder Gewinnrücklage gem. § 208 AktG umwandlungsfähig ist. Darunter fällt auch eine etwaige Zweckbindung nach § 208 Abs. 2 Satz 2 AktG (MüKo AktG/*Arnold* § 210 Rn. 22; KölnKomm AktG/*Lutter* § 208 Rn. 27; a. A. *Hüffer* AktG, § 210 Rn. 5 f.). **Nicht zu prüfen** ist gem. Abs. 3, ob die Bilanz inhaltlich richtig ist. Bei begründeten Zweifeln an der Richtigkeit der Prüfung und des uneingeschränkten Bestätigungsvermerks ist das Gericht jedoch zur eigenen Prüfung berechtigt (KölnKomm AktG/*Lutter* § 210 Rn. 13; MünchHdb GesR IV/*Krieger* § 59 Rn. 34).

5   Liegt keine ordnungsgemäße Anmeldung vor oder ist der Erhöhungsbeschluss nichtig, ist die **Eintragung abzulehnen** (*Hüffer* AktG, § 210 Rn. 7). Gem. Abs. 2 darf der Erhöhungsbeschluss auch dann nicht eingetragen werden, wenn die der Kapitalerhöhung zugrunde gelegte Bilanz auf einen Stichtag aufgestellt ist, der nur wenig früher als 8 Monate vor der Anmeldung liegt (OLG Frankfurt am Main OLGZ 1981, 412, 413 f.; LG Essen BB 1982, 1901, jeweils zu § 7 KapErhG). Wird die Anmeldung zu Unrecht zurückgewiesen, ist innerhalb der Monatsfrist des § 63 FamFG der Weg der **einfachen Beschwerde** gem. § 58 Abs. 1 FamFG eröffnet. **Beschwerdeberechtigt** i. S. v. § 59 Abs. 1 FamFG ist die AG als Antragstellerin (*Hüffer* AktG, § 210 Rn. 9; vgl. auch BGHZ 105, 324, 327 f. zu § 20 FGG a. F.).

II. Eintragung

6   Bei der Eintragung im Handelsregister ist anzugeben, dass es sich um eine Kapitalerhöhung aus Gesellschaftsmitteln handelt. Ein Verstoß gegen Abs. 4 bleibt ohne Rechtsfolgen; die Eintragung ist nach § 17 Abs. 2 HRV zu berichtigen (LG Essen BB 1982, 1821 zu § 7 KapErhG; *Hüffer* AktG, § 210 Rn. 10).

7   Ist das Anmeldeverfahren fehlerhaft, entfaltet die Eintragung keine Wirkung, wenn die Anmeldung fehlt oder von nicht vertretungsberechtigten Personen vorgenommen wurde. Das Gericht kann in solchen Fällen nach § 395 FamFG die Eintragung von Amts wegen löschen (*Hüffer* AktG, § 210 Rn. 10). Ein Verstoß gegen Abs. 2 berührt die Wirksamkeit der Eintragung nicht. Sie kann auch nicht von Amts wegen nach § 395 oder § 398 FamFG gelöscht werden (*Hüffer* AktG, § 210 Rn. 10; KölnKomm/*Lutter* § 210 Rn. 19).

§ 211 Wirksamwerden der Kapitalerhöhung

(1) Mit der Eintragung des Beschlusses über die Erhöhung des Grundkapitals ist das Grundkapital erhöht.

(2) (aufgehoben)

Übersicht	Rdn.		Rdn.
A. Rechtsfolgen der Eintragung 1		B. Fehlende Einlagepflicht 2	

A. Rechtsfolgen der Eintragung

Die Eintragung des Beschlusses über die Erhöhung des Grundkapitals aus Gesellschaftsmitteln in das Handelsregister wirkt – weil die Kapitalerhöhung aus Gesellschaftsmitteln keiner Ausführungshandlungen mehr bedarf – **konstitutiv**. § 211 Abs. 1 AktG ist insoweit § 181 Abs. 3 AktG nachgebildet. Mit der Eintragung entstehen die neuen Mitgliedsrechte und werden die Aktionäre entsprechend ihrem Verhältnis am bisherigen Grundkapital (§ 212 AktG) Inhaber der neuen Aktien bzw. der im (anteiligen) Nennbetrag erhöhten Aktien (KölnKomm AktG/*Lutter* § 211 Rn. 5, 9; *Hüffer* AktG, § 211 Rn. 3; MünchHdb GesR IV/*Krieger* § 59 Rn. 37).

B. Fehlende Einlagepflicht

Einlagen werden bei der Kapitalerhöhung aus Gesellschaftsmitteln nicht geschuldet. Sollte sich nachträglich herausstellen, dass die umgewandelte Kapitalrücklage oder Gewinnrücklagen wegen Unrichtigkeit der zugrunde liegenden Bilanz oder wegen nach dem Bilanzstichtag aufgetretener Verluste nicht voll durch Aktiva gedeckt waren, so können die Aktionäre ebenfalls nicht in Anspruch genommen werden. Es können sich aber Schadensersatzansprüche gegen den Abschlussprüfer (§ 323 HGB) oder die Anmelder ergeben. Ansonsten ist die Unterbilanz durch Kapitalherabsetzung, insbesondere gem. §§ 229 ff. AktG, oder Stehenlassen künftiger Jahresüberschüsse (str.) auszugleichen (MüKo AktG/*Arnold* § 211 Rn. 10; KölnKomm AktG/*Lutter* § 211 Rn. 8; *Hüffer* AktG, § 211 Rn. 5; MünchHdb GesR IV/*Krieger* § 59 Rn. 37; *Veith* DB 1960, 109, 111). Vor der Kapitalerhöhung ausstehende Einlagen werden hingegen auch bei der Aufstockung des Nennbetrags oder des anteiligen Betrags am Grundkapital weiter geschuldet (*Hüffer* AktG, § 211 Rn. 6; *Geßler* BB 1960, 6, 8).

§ 212 Aus der Kapitalerhöhung Berechtigte

¹Neue Aktien stehen den Aktionären im Verhältnis ihrer Anteile am bisherigen Grundkapital zu. ²Ein entgegenstehender Beschluß der Hauptversammlung ist nichtig.

Werden im Rahmen der Kapitalerhöhung aus Gesellschaftsmitteln neue Aktien ausgegeben (vgl. dazu § 207 Abs. 2 AktG), werden sie den Aktionären im Verhältnis ihrer Anteile am bisherigen Grundkapital zugerechnet. § 212 Satz 1 AktG begründet **kein Bezugsrecht**, sondern führt ohne Rücksicht auf Wissen und Wollen der Aktionäre zu ihrer **Inhaberschaft**. Insoweit bedarf es – vorbehaltlich § 213 AktG – auch keiner Bezugserklärung oder Zeichnung (*Hüffer* AktG, § 212 Rn. 2; KölnKomm AktG/*Lutter* § 212 Rn. 3; MünchHdb GesR IV/*Krieger* § 59 Rn. 39; a. A. *Steiner* DB 2001, 585, 586). Auch die AG selbst nimmt, wenn sie eigene Aktien hält, mit diesen an der Erhöhung teil und erwirbt die neuen Aktien unmittelbar (§ 215 Abs. 1 AktG). Rechte Dritter an den Altaktien (z. B. Pfandrechte) erstrecken sich unmittelbar auch auf die neuen Aktien (MüKo AktG/*Arnold* § 212 Rn. 6; KölnKomm AktG/*Lutter* § 212 Rn. 4; *Hüffer* AktG, § 212 Rn. 2; *Geßler* DNotZ 1960, 619, 639).

Die **Zuordnung der Aktien** gem. S. 1 ist gem. S. 2 **zwingend** und führt zur Nichtigkeit eines entgegenstehenden Hauptversammlungsbeschlusses, selbst wenn einem solchen Beschluss die betroffenen oder sogar alle Aktionäre zugestimmt haben oder es sich lediglich um kleine Abweichungen ohne Veränderung der Gesellschaftsstruktur handelt (OLG Dresden AG 2001, 532, a. A. LG Mannheim BB 1961, 303 zur Vermeidung freier Spitzen bei der GmbH). S. 2 erfasst auch mittelbare Beeinträchtigungen und Erschwernisse der Teilnahme an der Kapitalerhöhung (*Hüffer* AktG, § 212 Rn. 3; MüKo AktG/*Arnold* § 212 Rn. 13; KölnKomm AktG/*Lutter* § 212 Rn. 10; MünchHdb GesR IV/*Krieger* § 59 Rn. 40). Ob ausnahmsweise nur Teilnichtigkeit anzunehmen ist, bestimmt sich nach h. M. nach § 139 BGB. Bei Zweifeln ist der Erhöhungsbeschluss **insgesamt nichtig** (KölnKomm AktG/*Lutter* § 212 Rn. 11; MüKo AktG/*Arnold* § 212 Rn. 15; *Hüffer* AktG, § 212 Rn. 4; MünchHdb GesR IV/*Krieger* § 59 Rn. 40; *Fett/Spiring* NZG 2002, 358, 359).

§ 213 Teilrechte

(1) Führt die Kapitalerhöhung dazu, daß auf einen Anteil am bisherigen Grundkapital nur ein Teil einer neuen Aktie entfällt, so ist dieses Teilrecht selbstständig veräußerlich und vererblich.

(2) Die Rechte aus einer neuen Aktie einschließlich des Anspruchs auf Ausstellung einer Aktienurkunde können nur ausgeübt werden, wenn Teilrechte, die zusammen eine volle Aktie ergeben, in einer Hand vereinigt sind oder wenn sich mehrere Berechtigte, deren Teilrechte zusammen eine volle Aktie ergeben, zur Ausübung der Rechte zusammenschließen.

1 Mit Blick auf die von § 212 AktG zwingend vorgegebene quotale Zuordnung der neuen Aktien aus Kapitalerhöhung aus Gesellschaftsmitteln entstehen **Teilrechte**, wenn es nicht möglich ist, den Erhöhungsbetrag und den Aktiennennbetrag oder den anteiligen Betrag am Grundkapital so zu wählen, dass nur ganze Aktien neu entstehen (*Hüffer* AktG, § 213 Rn. 1; zur Vermeidung *Than* WM-Sonderheft 1991, 54, 56 ff.). Ob die Aktionäre Anspruch darauf haben, dass der Erhöhungsbetrag oder die Stückelung der neuen Aktien so gewählt wird, dass nicht mehr Teilrechte als notwendig entstehen, ist strittig (dafür *Hüffer* AktG, § 213 Rn. 1; dagegen MünchHdb GesR IV/*Krieger* § 59 Rn. 44). Als Mitgliedsrechte entstehen die Teilrechte mit Wirksamwerden der Kapitalerhöhung (§ 211 Abs. 1 AktG) in der Person des berechtigten Aktionärs und sind selbstständiger Teil des Mitgliedsrechts (GroßkommAktG/*Hirte* § 213 Rn. 7; KölnKomm AktG/*Lutter* § 213 Rn. 3; *Hüffer* AktG, § 213 Rn. 2; *Schippel* DNotZ 1960, 353, 370).

2 Abs. 1 begründet die **Verkehrsfähigkeit der Teilrechte**. Die Übertragung erfolgt formlos gem. §§ 398, 413 BGB (*Hüffer* AktG, § 213 Rn. 3; *Schippel* DNotZ 1960, 352, 370; vgl. auch RGZ 86, 154, 155). Die Übertragbarkeit kann nur entsprechend § 68 Abs. 2 AktG eingeschränkt werden. Teilrechte aufgrund vinkulierter Namensaktien sind in gleicher Weise beschränkt übertragbar, arg. § 216 AktG (MüKo AktG/*Arnold* § 213 Rn. 9; *Hüffer* AktG, § 213 Rn. 3).

3 **Mitgliedsrechte** aus den Teilrechten können nur ausgeübt werden, wenn diese zusammen eine volle Aktie ergeben. Hierzu können sich mehrere Aktionäre zu einer Gesellschaft bürgerlichen Rechts (§ 705 BGB) zwecks Ausübung von Mitgliedsrechten zusammenschließen (KölnKomm AktG/*Lutter* § 213 Rn. 5; *Hüffer* AktG, § 213 Rn. 4; MüKo AktG/*Arnold* § 213 Rn. 21).

§ 214 Aufforderung an die Aktionäre

(1) ¹Nach der Eintragung des Beschlusses über die Erhöhung des Grundkapitals durch Ausgabe neuer Aktien hat der Vorstand unverzüglich die Aktionäre aufzufordern, die neuen Aktien abzuholen. ²Die Aufforderung ist in den Gesellschaftsblättern bekanntzumachen. ³In der Bekanntmachung ist anzugeben,
1. um welchen Betrag das Grundkapital erhöht worden ist,
2. in welchem Verhältnis auf die alten Aktien neue Aktien entfallen.

⁴In der Bekanntmachung ist ferner darauf hinzuweisen, dass die Gesellschaft berechtigt ist, Aktien, die nicht innerhalb eines Jahres seit der Bekanntmachung der Aufforderung abgeholt werden, nach dreimaliger Androhung für Rechnung der Beteiligten zu verkaufen.

(2) ¹Nach Ablauf eines Jahres seit der Bekanntmachung der Aufforderung hat die Gesellschaft den Verkauf der nicht abgeholten Aktien anzudrohen. ²Die Androhung ist dreimal in Abständen von mindestens einem Monat in den Gesellschaftsblättern bekanntzumachen. ³Die letzte Bekanntmachung muß vor dem Ablauf von achtzehn Monaten seit der Bekanntmachung der Aufforderung ergehen.

(3) ¹Nach Ablauf eines Jahres seit der letzten Bekanntmachung der Androhung hat die Gesellschaft die nicht abgeholten Aktien für Rechnung der Beteiligten zum Börsenpreis und beim Fehlen eines Börsenpreises durch öffentliche Versteigerung zu verkaufen. ²§ 226 Abs. 3 Satz 2 bis 6 gilt sinngemäß.

(4) ¹Die Absätze 1 bis 3 gelten sinngemäß für Gesellschaften, die keine Aktienurkunden ausgegeben haben. ²Die Gesellschaften haben die Aktionäre aufzufordern, sich die neuen Aktien zuteilen zu lassen.

Übersicht	Rdn.		Rdn.
A. Aufforderung zur Abholung, Abs. 1	1	I. Verkaufsandrohung	4
I. Bekanntmachung	2	II. Verkauf	5
II. Durchführung	3	C. Unverbriefte Aktien, Abs. 4	7
B. Verkauf nicht abgeholter Aktien, Abs. 2 und 3	4		

A. Aufforderung zur Abholung, Abs. 1

Erfolgt die Kapitalerhöhung aus Gesellschaftsmitteln durch Ausgabe neuer Aktien (nicht im Fall des § 207 Abs. 2 Satz 2 AktG, wohl aber bei Ausgabe neuer Stückaktien), ist der Vorstand verpflichtet, die Aktionäre aufzufordern, die neuen Aktien abzuholen. Der Vorstand hat hierzu **alle erforderlichen Vorbereitungsmaßnahmen** zu treffen, insbesondere die Herstellung und Ausfertigung der Aktienurkunden. Zur Ausgabe unverbriefter Aktien vgl. Rdn. 7. Für Teilrechte gilt § 214 AktG analog (KölnKomm AktG/*Lutter* § 214 Rn. 25; *Hüffer* AktG, § 214 Rn. 13; MünchHdb GesR IV/*Krieger* § 59 Rn. 77). Verstöße können zur Schadensersatzpflicht gem. § 93 AktG führen (*Hüffer* AktG, § 214 Rn. 3).   1

I. Bekanntmachung

Die Aufforderung an die Aktionäre ist in den **Gesellschaftsblättern** (§ 25 AktG) bekannt zu machen. Die einmalige Bekanntmachung ist genügend (*Hüffer* AktG, § 214 Rn. 4; MüKo AktG/*Arnold* § 214 Rn. 7; KölnKomm AktG/*Lutter* § 214 Rn. 7). Inhaltlich handelt es sich um eine **Aufforderung an alle Aktionäre**, die neuen Aktienurkunden abzuholen. Sie umfasst Angabe von Ort, Zeit und erforderlicher Legitimation. Dabei muss die Aktienausgabe nicht zwingend in den Geschäftsräumen der AG vorgenommen werden, sondern kann auch einem Bankenkonsortium zur Durchführung in dessen Geschäftsräumen übertragen werden (*Hüffer* AktG, § 214 Rn. 4; MünchHdb GesR IV/*Krieger* § 59 Rn. 72). Zum Betrag, um den das Grundkapital erhöht worden ist, vgl. § 207 AktG Rdn. 6. Das Verhältnis, in welchem auf die alten Aktien neue entfallen, ergibt sich aus dem Verhältnis von altem Grundkapital im Zeitpunkt der Eintragung (§ 211 Abs. 1 AktG) zum Erhöhungsbetrag. Schließlich ist der Hinweis gem. Abs. 1 Satz 4 aufzunehmen.   2

II. Durchführung

Der Vorstand hat vor Abholung die Aktienurkunden durch eine vertretungsberechtigte Zahl seiner Mitglieder auszustellen und zu unterzeichnen; ausreichend ist eine vervielfältigte Unterschrift. Die **Aushändigung der Urkunde** als eigentliche Aktienausgabe darf erst nach Eintragung erfolgen (§ 219 AktG). **Abholung** i. S. v. Abs. 1 meint damit den dinglichen Begebungsvertrag (*Hüffer* AktG, § 214 Rn. 6). Die Aktionäre haben ihre Berechtigung nachzuweisen, z. B. durch Vorlage des Gewinnanteilscheins, können sich aber durch Bevollmächtigte vertreten lassen. Depotführende Banken sind i. d. R. zur Abholung berechtigt und verpflichtet (*Hüffer* AktG, § 214 Rn. 6; KölnKomm AktG/*Lutter* § 214 Rn. 2).   3

B. Verkauf nicht abgeholter Aktien, Abs. 2 und 3

I. Verkaufsandrohung

Nicht abgeholte Aktien sind von der AG zu verkaufen. Voraussetzung ist, dass die Aktionäre ordnungsgemäß, insbesondere unter Hinweis gem. Abs. 1 Satz 4, zur Abholung aufgefordert wurden (GroßkommAktG/*Lutter* § 214 Rn. 8; KölnKomm AktG/*Lutter* § 214 Rn. 12; *Hüffer* AktG, § 214 Rn. 8). Darüber hinaus ist der Verkauf gem. Abs. 2 nach Ablauf eines Jahres seit Bekanntmachung   4 der Aufforderung in den Gesellschaftsblättern (§ 25 AktG) mindestens dreimal bekannt zu machen. Zwischen den einzelnen Androhungen ist ein zeitlicher Abstand von mindestens einem Monat einzuhalten. Die dritte und letzte Aufforderung muss aber vor Ablauf von 18 Monaten seit Bekanntmachung der Aufforderung nach § 214 Abs. 1 AktG ergehen.

II. Verkauf

5 Der Verkauf darf erst erfolgen, wenn seit der letzten Bekanntmachung der Androhung gem. Abs. 2 **ein Jahr** abgelaufen ist. Der Verkauf erfolgt durch die AG, vertreten durch den Vorstand, den eine entsprechende Verkaufsverpflichtung trifft (GroßkommAktG/*Hirte* § 214 Rn. 26; KölnKomm AktG/*Lutter* § 214 Rn. 10; MüKo AktG/*Arnold* § 214 Rn. 23). Die AG verkauft im eigenen Namen, aber für Rechnung der betroffenen Aktionäre. Besteht ein **Börsenpreis**, so sind die Aktien zu diesem zu verkaufen, ansonsten durch **öffentliche Versteigerung** i. S. v. § 383 Abs. 3 Satz 1 BGB. § 226 Abs. 3 Satz 2 bis 6 AktG gilt sinngemäß, und zwar für beide Arten des Verkaufs (*Hüffer* AktG, § 214 Rn. 9; MüKo AktG/*Arnold* § 214 Rn. 25 f.; a. A. KölnKomm AktG/*Lutter* § 214 Rn. 18). Mit der Veräußerung verliert der Aktionär sein Mitgliedsrecht und erlangt stattdessen einen Anspruch auf Auszahlung des Veräußerungserlöses entsprechend § 667 BGB (*Hüffer* AktG, § 214 Rn. 9).

6 War der Verkauf nicht abgeholter Aktien wegen Verstoßes gegen die Regelungen in § 214 Abs. 1 bis 3 AktG **unzulässig**, entscheidet sich die Frage, ob das Mitgliedsrecht durch die Veräußerung wirksam auf den Erwerber übertragen und damit dem Aktionär entzogen wird, nach den Vorschriften über den gutgläubigen Erwerb (§§ 932 ff. BGB, Art. 16 WG i. V. m. § 68 Abs. 1 Satz 2 AktG). Bei wirksamer Übertragung stehen dem Aktionär Ansprüche aus § 816 Abs. 1 Satz 1 BGB, ggf. auch aus §§ 823 Abs. 1, 31 BGB zu (MüKo AktG/*Arnold* § 214 Rn. 32 f.; KölnKomm AktG/*Lutter* § 214 Rn. 20; *Hüffer* AktG, § 214 Rn. 10).

C. Unverbriefte Aktien, Abs. 4

7 Gibt die AG keine Aktienurkunden aus, gilt § 214 Abs. 1 bis 3 AktG sinngemäß mit der Maßgabe, dass die Aktionäre aufzufordern sind, sich die neuen Aktien zuteilen zu lassen. Gleichzeitig ist der Verkauf gem. Abs. 1 Satz 4 anzudrohen. Verlangen die Aktionäre aufgrund der Aufforderung nicht Zuteilung, die durch schriftliche Bestätigung der AG erfolgt (KölnKomm AktG/*Lutter* § 214 Rn. 22), werden die nicht zugeteilten Aktien nach Androhung gem. Abs. 2 entsprechend Abs. 3 verkauft (KölnKomm AktG/*Lutter* § 214 Rn. 23; *Hüffer* AktG, § 214 Rn. 12; MünchHdb GesR IV/*Krieger* § 59 Rn. 76; a. A. *v. Godin/Wilhelmi* § 214 Anm. 6f, die § 214 Abs. 4 AktG nur klarstellende, aber keinerlei rechtliche Bedeutung beimessen).

§ 215 Eigene Aktien. Teileingezahlte Aktien

(1) Eigene Aktien nehmen an der Erhöhung des Grundkapitals teil.

(2) ¹Teileingezahlte Aktien nehmen entsprechend ihrem Anteil am Grundkapital an der Erhöhung des Grundkapitals teil. ²Bei ihnen kann die Kapitalerhöhung nicht durch Ausgabe neuer Aktien ausgeführt werden, bei Nennbetragsaktien wird deren Nennbetrag erhöht. ³Sind neben teileingezahlten Aktien volleingezahlte Aktien vorhanden, so kann bei volleingezahlten Nennbetragsaktien die Kapitalerhöhung durch Erhöhung des Nennbetrags der Aktien und durch Ausgabe neuer Aktien ausgeführt werden; der Beschluß über die Erhöhung des Grundkapitals muß die Art der Erhöhung angeben. ⁴Soweit die Kapitalerhöhung durch Erhöhung des Nennbetrags der Aktien ausgeführt wird, ist sie so zu bemessen, daß durch sie auf keine Aktie Beträge entfallen, die durch eine Erhöhung des Nennbetrags der Aktien nicht gedeckt werden können.

Übersicht	Rdn.		Rdn.
A. Eigene Aktien, Abs. 1	1	I. Stückaktien	3
B. Teileingezahlte Aktien, Abs. 2	2	II. Nennbetragsaktien	4

A. Eigene Aktien, Abs. 1

Auch eigene Aktien der AG nehmen an der Kapitalerhöhung aus Gesellschaftsmitteln teil, sodass 1 die AG für eigene Aktien neue, eigene Mitgliedsrechte erhält. Gleiches gilt damit erst recht für Aktien, die ein Dritter für Rechnung der AG hält (KölnKomm AktG/*Lutter* § 215 Rn. 3; *Hüffer* AktG, § 215 Rn. 2). § 56 Abs. 1 AktG gilt nicht.

B. Teileingezahlte Aktien, Abs. 2

Abs. 2 Satz 1 stellt klar, dass auch nur teileingezahlte Aktien an der Kapitalerhöhung teilnehmen. 2 Wie bei volleingezahlten Aktien bestimmt sich der Umfang der Teilnahme nach der Beteiligungsquote, nicht nach der geleisteten Einlage. § 182 Abs. 4 Satz 1 AktG gilt nicht (*Hüffer* AktG, § 215 Rn. 3; *Geßler* WM 1960, Beil. 1, 20).

I. Stückaktien

Sind ausschließlich teileingezahlte Aktien vorhanden, so ist die Ausgabe neuer Aktien abweichend 3 von §§ 207 Abs. 2 Satz 1, 182 Abs. 1 Satz 4 AktG **verboten**. Bei Stückaktien erhöht sich damit der anteilige Betrag des Grundkapitals. Möglich ist ein Aktiensplit durch satzungsändernden Beschluss, in dem keine unzulässige Ausgabe neuer Aktien zu sehen ist, sondern eine bloße Neustückelung (LG Heidelberg AG 2002, 563; AG Heidelberg AG 2002, 527, 528).

II. Nennbetragsaktien

Bei Nennbetragsaktien sind die **Nennbeträge zu erhöhen** mit der Folge, dass den Inhabern teil- 4 eingezahlter Aktien ein erhöhtes Stimmrecht und ein erhöhter Gewinnanspruch zustehen. Soweit sich die Rechte nach der geleisteten Einlage bestimmen, bestehen sie jedoch nur i. H. d. geleisteten Einlage und des verhältnismäßigen Erhöhungsbetrages (*Hüffer* AktG, § 215 Rn. 4). Abs. 2 Satz 2 ist **zwingend**, sodass abweichende Festsetzungen im Erhöhungsbeschluss aus Gläubigerschutzgesichtspunkten zur Nichtigkeit nach § 241 Nr. 3 AktG führen (*Hüffer* AktG, § 215 Rn. 4; KölnKomm AktG/*Lutter* § 215 Rn. 10; MünchHdb GesR IV/*Krieger* § 59 Rn. 49). Auch bei Nennbetragsaktien ist ein Aktiensplit zulässig (*Hüffer* AktG, § 215 Rn. 4).

Sind neben teileingezahlten Aktien auch volleingezahlte Aktien vorhanden, besteht für Nennbe- 5 tragsaktien ein **Wahlrecht**, ob bei den volleingezahlten Aktien die Kapitalerhöhung durch Ausgabe neuer Aktien oder durch Erhöhung des Nennbetrags der bisherigen Aktien ausgeführt wird. Die Entscheidung obliegt der Hauptversammlung nach freiem Ermessen (*Hüffer* AktG, § 215 Rn. 5; KölnKomm AktG/*Lutter* § 215 Rn. 11). Der Erhöhungsbeschluss muss angeben, in welcher Art die volleingezahlten Aktien an der Erhöhung teilnehmen. Fehlen diese Festsetzungen, ist der Beschluss nach zutr. Auffassung nichtig (*Hüffer* AktG, § 215 Rn. 5; MünchHdb GesR IV/*Krieger* § 59 Rn. 48; *Schippel* DNotZ 1960, 353, 358; a. A. [bloß anfechtbar] GroßkommAktG/*Hirte* § 215 Rn. 53; KölnKomm AktG/*Lutter* § 215 Rn. 12). Für die teileingezahlten Aktien bleibt es bei der zwingenden Erhöhung der Nennbeträge gem. Abs. 2 Satz 2 (*Hüffer* AktG, § 215 Rn. 5; KölnKomm AktG/*Lutter* § 215 Rn. 11; MünchHdb GesR IV/*Krieger* § 59 Rn. 49).

Wird die Kapitalerhöhung bei Nennbetragsaktien durch Erhöhung des Nennbetrages ausgeführt, 6 ist der Erhöhungsbetrag so zu bemessen, dass sich keine freien Spitzen ergeben (*Hüffer* AktG, § 215 Rn. 6; MünchHdb GesR IV/*Krieger* § 59 Rn. 40). Unter Berücksichtigung der Regelungen in § 212 Satz 1 AktG führt dies zu einer deutlichen Erschwerung der Kapitalerhöhung aus Gesellschaftsmitteln. Ein **Verstoß** gegen Abs. 2 Satz 4 führt zur Nichtigkeit des Erhöhungsbeschlusses (so im Ergebnis mit unterschiedlicher Begr. *Hüffer* AktG, § 215 Rn. 6; KölnKomm AktG/*Lutter* § 215 Rn. 14; *v. Godin/Wilhelmi* § 215 Anm. 5).

§ 216 Wahrung der Rechte der Aktionäre und Dritter

(1) Das Verhältnis der mit den Aktien verbundenen Rechte zueinander wird durch die Kapitalerhöhung nicht berührt

(2) ¹Soweit sich einzelne Rechte teileingezahlter Aktien, insbesondere die Beteiligung am Gewinn oder das Stimmrecht, nach der auf die Aktie geleisteten Einlage bestimmen, stehen diese Rechte den Aktionären bis zur Leistung der noch ausstehenden Einlagen nur nach der Höhe der geleisteten Einlage, erhöht um den auf den Nennbetrag des Grundkapitals berechneten Hundertsatz der Erhöhung des Grundkapitals zu. ²Werden weitere Einzahlungen geleistet, so erweitern sich diese Rechte entsprechend. ³Im Fall des § 271 Abs. 3 gelten die Erhöhungsbeträge als voll eingezahlt.

(3) ¹Der wirtschaftliche Inhalt vertraglicher Beziehungen der Gesellschaft zu Dritten, die von der Gewinnausschüttung der Gesellschaft, dem Nennbetrag oder Wert ihrer Aktien oder ihres Grundkapitals oder sonst von den bisherigen Kapital- oder Gewinnverhältnissen abhängen, wird durch die Kapitalerhöhung nicht berührt. ²Gleiches gilt für Nebenverpflichtungen der Aktionäre.

Übersicht

	Rdn.		Rdn.
A. Regelungsgegenstand und -zweck	1	1. Grundsätzliches	8
B. Verhältnis der Mitgliedsrechte zueinander, Abs. 1	2	2. Anpassung der Leistungspflicht	10
		3. Einzelfälle	12
I. Grundsätzliches	2	a) Tantiemen	12
II. Ausnahmen	3	b) Anleihen und Genussrechte	13
C. Teileingezahlte Aktien, Abs. 2	5	c) Sonstiges	15
D. Rechtsbeziehungen zu Dritten und Nebenverpflichtungen der Aktionäre, Abs. 3	8	4. Rechtsbeziehungen zwischen Aktionären und Dritten	16
I. Rechtsbeziehungen zu Dritten	8	II. Nebenverpflichtungen	17

A. Regelungsgegenstand und -zweck

1 § 216 AktG betrifft zunächst die aus der Mitgliedschaft folgenden Einzelrechte. Diese sollen im Fall der Kapitalerhöhung aus Gesellschaftsmitteln relativ unverändert bleiben. Darüber hinaus soll auch das Rechtsverhältnis zwischen AG und Dritten im Fall der Kapitalerhöhung aus Gesellschaftsmitteln in seinem wirtschaftlichen Inhalt nicht verändert werden, und zwar insbes. nicht durch Kürzung des Dividendensatzes (*Hüffer* AktG, § 216 Rn. 1; *Hüffer* FS Bezzenberger 2000, 191, 193 ff.). Da die **Anpassungen** nach § 216 AktG **kraft Gesetz** erfolgen, ist das Schweigen des Erhöhungsbeschlusses zu solchen Anpassungen kein Mangel. Werden die Anpassungen abweichend von § 216 AktG geregelt, ist der Erhöhungsbeschluss anfechtbar, sofern nicht alle benachteiligten Aktionäre durch Sonderbeschluss zustimmen (KölnKomm AktG/*Lutter* § 216 Rn. 8; MüKo AktG/*Arnold* § 216 Rn. 21; MünchHdb GesR IV/*Krieger* § 59 Rn. 60 f.; a. A.: wohl *Hüffer* AktG, § 216 Rn. 18: generelle Anfechtbarkeit).

B. Verhältnis der Mitgliedsrechte zueinander, Abs. 1

I. Grundsätzliches

2 Gem. Abs. 1 wird das Verhältnis der mit den Aktien verbundenen Rechte zueinander durch die Kapitalerhöhung aus Gesellschaftsmitteln nicht berührt. Gleiches gilt für die Pflichten der Aktionäre. Zu Nebenverpflichtungen vgl. Rdn. 17. Die Regelung erfasst alle Aktien, auch die teileingezahlten, für die zusätzlich Abs. 2 gilt (*Hüffer* AktG, § 216 Rn. 2). Die Wahrung des Verhältnisses der Mitgliedsrechte zueinander wird dadurch erreicht, dass die neuen Aktien i. d. R. so ausgestattet sind wie die alten Aktien. Insbesondere darf an Aktionäre keine andere als die von ihnen gehaltene Aktiengattung ausgegeben werden (*Hüffer* AktG, § 216 Rn. 2; KölnKomm AktG/*Lutter* § 216 Rn. 5; MüKo AktG/*Arnold* § 216 Rn. 5; a. A. MünchHdb GesR IV/*Krieger* § 59 Rn. 53). Verschiedene Aktiengattungen werden proportional erhöht, und Aktionäre erhalten im Verhältnis ihrer

bisherigen Beteiligung jeweils Aktien ihrer Gattung (*Hüffer* AktG, § 216 Rn. 2; MüKo AktG/*Arnold* § 216 Rn. 8; MünchHdb GesR IV/*Krieger* § 59 Rn. 55; *Geßler* DNotZ 1960, 619, 635).

II. Ausnahmen

Bei **Bestehen mehrerer Aktiengattungen** kann Abs. 1 zu einer inhaltlichen Änderung der aus ihnen 3
folgenden Rechte führen, wenn sich diese nicht nur nach dem Verhältnis der geringsten Ausgabebeträge (§ 9 Abs. 1 AktG) zueinander, sondern auch nach einer durch die Kapitalerhöhung geänderten Größe (z. B. Grundkapitalziffer, Gesamtnennbetrag oder Gesamtzahl einer Gattung bei Stückaktien) bestimmen. Relevant ist dies insbes. für **Vorzugsaktien**: Gem. Abs. 1 erhalten Vorzugsaktionäre wiederum Vorzugsaktien mit Gewinnvorrecht. Gleichzeitig darf sich aber wegen Abs. 1 die Rechtsstellung der Gattungsaktionäre nicht verändern, sodass das Gewinnvorrecht auf alte und neue Vorzugsaktien so zu verteilen ist, dass der Betrag der Vorabdividende unverändert bleibt (OLG Stuttgart AG 1993, 94 f.; vgl. auch MüKo AktG/*Arnold* § 216 Rn. 13 f.; *Hüffer* AktG, § 216 Rn. 3 mit Beispielsrechnung; *Geßler* DNotZ 1960, 619, 635 f.; a. A. MünchHdb GesR IV/*Krieger* § 59 Rn. 57).

Strittig ist, ob solche Anpassungen nach Abs. 1 kraft Gesetzes mit Wirksamwerden der Kapital- 4
erhöhung (§ 211 Abs. 1 AktG) eintreten (*Hüffer* AktG, § 216 Rn. 4; KölnKomm AktG/*Lutter* § 216 Rn. 7; GroßkommAktG/*Hirte* § 216 Rn. 26; MünchHdb GesR IV/*Krieger* § 59 Rn. 60; *Boesebeck* DB 1960, 404) oder ob entsprechende Festsetzungen im Kapitalerhöhungsbeschluss erforderlich sind (*v. Godin/Wilhelmi* § 216 Anm. 3; *Geßler* BB 1960, 6, 10). Nach der ersten Ansicht liegt eine formelle Satzungsänderung vor, die im Kapitalerhöhungsbeschluss berücksichtigt sein oder gem. § 179 Abs. 1 Satz 2 AktG dem Aufsichtsrat übertragen werden muss.

C. Teileingezahlte Aktien, Abs. 2

Abs. 2 ergänzt Abs. 1 für den Fall, dass sich bei teileingezahlten Aktien einzelne Rechte nach der 5
auf die Aktie geleisteten Einlage bestimmen. Als **einlagenabhängige Rechte** nennt Abs. 2 Satz 1 exemplarisch die Beteiligung am Gewinn oder das Stimmrecht. Das Beispiel des Dividendenrechtes greift nur, wenn sich dieses nicht nach Anteilen am Grundkapital (§ 60 Abs. 1 AktG), sondern nach geleisteten Einlagen (§ 60 Abs. 2 und 3 AktG) bestimmt (*Hüffer* AktG, § 216 Rn. 7). Im Fall des Stimmrechtes gelten die gleichen Grundsätze; Abs. 1 Satz 1 ist jedoch nur relevant, wenn abweichend vom Grundsatz des § 234 Abs. 2 Satz 1 AktG das Stimmrecht nicht erst mit vollständiger Einlageleistung beginnt, da es sich ansonsten auch nach der Kapitalerhöhung um teileingezahlte Aktien ohne Stimmrecht handeln würde (*Hüffer* AktG, § 216 Rn. 8; KölnKomm AktG/*Lutter* § 216 Rn. 12).

Die aus den teileingezahlten Aktien bestehenden Rechte erhöhen sich damit um den Prozentsatz, 6
um den sich auch das Grundkapital erhöht hat, sodass eine Verschiebung der Rechte im Verhältnis zueinander verhindert wird. Die Anpassung erfolgt **kraft Gesetzes** mit Wirksamwerden der Kapitalerhöhung. Mit weiterer Einzahlung auf die Einlage erweitern sich die Rechte entsprechend, also nicht nur i. H. d. Einzahlungsbetrages, sondern zusätzlich i. H. d. Prozentsatzes, um den sich das Grundkapital erhöht hat (MüKo AktG/*Arnold* § 216 Rn. 24; *Hüffer* AktG, § 216 Rn. 6 m. w. N.).

Der Verweis auf § 271 Abs. 3 AktG stellt klar, dass auch im Fall einer Kapitalerhöhung aus Gesell- 7
schaftsmitteln bei Auflösung der AG für den Fall, dass nicht auf alle Aktien die Einlagen in demselben Verhältnis geleistet worden sind, zunächst die geleisteten Einlagen zu erstatten und ein verbleibender Überschuss nach den Anteilen am Grundkapital zu verteilen ist. Der Erhöhungsbetrag ist damit wie eine geleistete Einlage zu behandeln und vorweg zu erstatten (*Hüffer* AktG, § 216 Rn. 9; KölnKomm AktG/*Lutter* § 216 Rn. 17).

D. Rechtsbeziehungen zu Dritten und Nebenverpflichtungen der Aktionäre, Abs. 3

I. Rechtsbeziehungen zu Dritten

1. Grundsätzliches

8 Rechtsbeziehungen zwischen der AG und Dritten, die kapital- oder gewinnabhängige Leistungspflichten zum Inhalt haben, sollen von der Kapitalerhöhung aus Gesellschaftsmitteln nicht beeinträchtigt werden.

9 **Dritte** können nicht nur Außenstehende sein, sondern auch Aktionäre oder Verwaltungsmitglieder, wenn neben der Mitgliedschaft eine rechtsgeschäftlich begründete Beziehung zur AG besteht (MüKo AktG/*Arnold* § 216 Rn. 47; *Hüffer* AktG, § 216 Rn. 10; *Boesebeck* DB 1960, 139). Unerheblich ist, ob die AG Schuldner oder Gläubiger einer Leistungspflicht ist (KölnKomm AktG/*Lutter* § 216 Rn. 18; MünchHdb GesR IV/*Krieger* § 59 Rn. 67, 69). Die Rechtsbeziehung muss zum Zeitpunkt des Wirksamwerdens der Kapitalerhöhung bestehen (MüKo AktG/*Arnold* § 216 Rn. 50; *Hüffer* AktG, § 216 Rn. 10). Erfasst werden insbesondere **Gewinnbeteiligungen**, **Genussrechte** sowie **Gewinn- und Wandelschuldverschreibungen**.

2. Anpassung der Leistungspflicht

10 Abs. 3 Satz 1 führt zu einer Anpassung der Leistungspflicht kraft Gesetzes mit Wirksamwerden der Kapitalerhöhung, ohne dass es einer Vertragsänderung durch die Parteien bedarf (MüKo AktG/*Arnold* § 216 Rn. 41; *Hüffer* AktG, § 216 Rn. 11; *Köhler* AG 1984, 197, 198; *Zöllner* ZGR 1986, 288, 290; *Than* WM-Sonderheft 1991, 54, 60; a. A. *Koppensteiner* ZHR 139, 1975, 191, 196). Geschützt werden sollen die Dritten vor einer Schmälerung ihres Vermögens durch Kürzung des Dividendensatzes als Folge der nominellen Kapitalerhöhung, aber auch vor einen bloßen Verwässerung des Dividendensatzes (*Hüffer* AktG, § 216 Rn. 10; *Hüffer* FS Bezzenberger 2000, 191, 192, 197 f.).

11 Abs. 3 Satz 1 kann nicht durch Satzung abbedungen werden. Möglich sind aber abweichende Vereinbarungen zwischen der AG und dem betroffenen Dritten (MüKo AktG/*Arnold* § 216 Rn. 43 f.; *Hüffer* AktG, § 216 Rn. 11; *Köhler* AG 1984, 197 f.).

3. Einzelfälle

a) Tantiemen

12 Werden Vorstands- oder Aufsichtsratsmitgliedern oder leitenden Angestellten Gewinnbeteiligungen in Abhängigkeit vom Jahresgewinn gewährt, findet Abs. 3 Satz 1 **keine Anwendung**, da der Jahresgewinn durch die Kapitalerhöhung nicht beeinflusst wird. Abweichendes ergibt sich auch nicht aus § 113 Abs. 3 AktG. Als speziellere Norm verdrängt § 113 Abs. 3 AktG nach h. M. § 216 Abs. 3 Satz 1 AktG (*Hüffer* AktG, § 216 Rn. 12; MünchHdb GesR IV/*Krieger* § 59 Rn. 68; *Boesebeck* DB 1960, 139; a.A. MüKo AktG/*Arnold* § 216 Rn. 57; KölnKomm AktG/*Lutter* § 216 Rn. 22). Abs. 3 Satz 1 ist aber anwendbar, wenn eine Gewinnbeteiligung vereinbart ist, die sich nach der Höhe der Dividende berechnet (*Hüffer* AktG, § 216 Rn. 13 mit Bsp.).

b) Anleihen und Genussrechte

13 Auch der wirtschaftliche Inhalt von Wandel- und Optionsanleihen, die den Inhabern das Recht zum Erwerb einer bestimmten Anzahl von Aktien gewähren, wird durch die Kapitalerhöhung aus Gesellschaftsmitteln tangiert, nämlich indem ein unverändertes Erwerbsrecht eine geringere Beteiligungsquote verschaffen würde. Die Anleihebedingungen werden durch Abs. 3 Satz 1 dahin gehend angepasst, dass sie zum Erwerb weiterer Aktien berechtigen, ohne dass sich der Bezugspreis oder der Anleihebetrag erhöht (MüKo AktG/*Arnold* § 216 Rn. 58; *Hüffer* AktG, § 216 Rn. 14; *Than* WM-Sonderheft 1991, 54, 58). Auch bei Gewinnschuldverschreibungen, die sich nach der Höhe des Dividendensatzes verzinsen, führt Abs. 3 Satz 1 zu einer Anpassung der Anleihebedingungen,

indem die Verzinsung um den Kapitalerhöhungsfaktor angehoben wird. Gleiches gilt für Genussrechte, sofern ihre Rechte auf den Dividendensatz bezogen sind (*Hüffer* AktG, § 216 Rn. 14; MüKo AktG/*Arnold* § 216 Rn. 64).

Die verpflichtende Anpassung ist ausgerichtet auf eine Kapitalerhöhung aus Gesellschaftsmitteln und setzt damit eine nominelle Erhöhung des Grundkapitals voraus. Im Fall von Einzahlungen in die Kapitalrücklage besteht daher auch dann keine Pflicht zur Anpassung der Rückzahlungsbedingungen von Genussscheinen, wenn die Rückzahlung eigenkapitalabhängig ausgestaltet ist (OLG München NZG 2014, 146 Tz. 70 für den Fall von Einzahlungen aus dem Finanzmarktstabilisierungsfonds). 14

c) Sonstiges

Abs. 3 Satz 1 erfasst auch **Ausgleichszahlungen** nach § 304 AktG, sofern diese sich nach der Dividende berechnen. Auch **partiarische Verträge**, bspw. dividendenabhängige Entgeltvereinbarungen und stille Gesellschaften, werden durch Abs. 3 Satz 1 angepasst (*Hüffer* AktG, § 216 Rn. 15; KölnKomm AktG/*Lutter* § 216 Rn. 27). 15

4. Rechtsbeziehungen zwischen Aktionären und Dritten

Die Kapitalerhöhung aus Gesellschaftsmitteln kann auch den wirtschaftlichen Inhalt vertraglicher Beziehungen zwischen Aktionären und Dritten berühren. § 216 Abs. 2 Satz 1 AktG ist insoweit nicht anwendbar, da er voraussetzt, dass die AG an der konkreten Rechtsbeziehung beteiligt ist. Mangels ausdrücklicher Vereinbarung für den Fall der Kapitalerhöhung aus Gesellschaftsmitteln ist der Vertrag zwischen Aktionären und Dritten gem. §§ 133, 197 BGB auszulegen, ggf. ist eine Vertragsanpassung gem. § 242 BGB vorzunehmen (MüKo AktG/*Arnold* § 216 Rn. 70; *Hüffer* AktG, § 216 Rn. 16; ähnlich *Geßler* DNotZ 1960, 619, 638). 16

II. Nebenverpflichtungen

Nebenverpflichtungen der Aktionäre (§ 55 AktG) werden gem. Abs. 3 Satz 2 in ihrem wirtschaftlichen Inhalt durch die Kapitalerhöhung nicht berührt. Der Gesamtumfang der Nebenverpflichtungen des einzelnen Aktionärs verteilt sich entsprechend anteilig auf seine alten und neuen Aktien (KölnKomm AktG/*Lutter* § 216 Rn. 28; MüKo AktG/*Arnold* § 216 Rn. 73; *Hüffer* AktG, § 216 Rn. 17). 17

§ 217 Beginn der Gewinnbeteiligung

(1) Neue Aktien nehmen, wenn nichts anderes bestimmt ist, am Gewinn des ganzen Geschäftsjahrs teil, in dem die Erhöhung des Grundkapitals beschlossen worden ist.

(2) ¹Im Beschluß über die Erhöhung des Grundkapitals kann bestimmt werden, daß die neuen Aktien bereits am Gewinn des letzten vor der Beschlußfassung über die Kapitalerhöhung abgelaufenen Geschäftsjahrs teilnehmen. ²In diesem Fall ist die Erhöhung des Grundkapitals zu beschließen, bevor über die Verwendung des Bilanzgewinns des letzten vor der Beschlußfassung abgelaufenen Geschäftsjahrs Beschluß gefaßt ist. ³Der Beschluß über die Verwendung des Bilanzgewinns des letzten vor der Beschlußfassung über die Kapitalerhöhung abgelaufenen Geschäftsjahrs wird erst wirksam, wenn das Grundkapital erhöht ist. ⁴Der Beschluß über die Erhöhung des Grundkapitals und der Beschluß über die Verwendung des Bilanzgewinns des letzten vor der Beschlußfassung über die Kapitalerhöhung abgelaufenen Geschäftsjahrs sind nichtig, wenn der Beschluß über die Kapitalerhöhung nicht binnen drei Monaten nach der Beschlußfassung in das Handelsregister eingetragen worden ist. ⁵Der Lauf der Frist ist gehemmt, solange eine Anfechtungs- oder Nichtigkeitsklage rechtshängig ist.

§ 218 AktG Bedingtes Kapital

Übersicht

	Rdn.		Rdn.
A. Regelfall	1	C. Rückwirkende Gewinnberechtigung	3
B. Spätere Gewinnbeteiligung	2		

A. Regelfall

1   § 217 AktG betrifft den **Zeitpunkt**, ab dem die neuen Aktien am Gewinn der Gesellschaft teilnehmen. Regelt der Kapitalerhöhungsbeschluss nichts, nehmen die neuen Aktien am Gewinn des ganzen Geschäftsjahrs teil, in dem die Erhöhung des Grundkapitals beschlossen worden ist. Unerheblich ist der Zeitpunkt der Eintragung in das Handelsregister (*Hüffer* AktG, § 217 Rn. 2; MüKo AktG/*Arnold* § 217 Rn. 4).

B. Spätere Gewinnbeteiligung

2   Über den Wortlaut von § 217 AktG hinaus kann die Gewinnbeteiligung auf einen späteren Zeitpunkt, als in Abs. 1 bestimmt, verschoben werden, bspw. den Tag der Eintragung des Erhöhungsbeschlusses (§ 211 Abs. 1 AktG) oder den Beginn des folgenden Geschäftsjahres (*Hüffer* AktG, § 217 Rn. 3; MüKo AktG/*Arnold* § 217 Rn. 8 f.).

C. Rückwirkende Gewinnberechtigung

3   Abs. 2 regelt explizit die Festsetzung einer rückwirkenden Gewinnberechtigung. Es kann bestimmt werden, dass die neuen Aktien bereits am Gewinn des letzten vor der Beschlussfassung über die Kapitalerhöhung abgelaufenen Geschäftsjahrs teilnehmen. Voraussetzung ist zwingend, dass der entsprechende Erhöhungsbeschluss dem Hauptversammlungsbeschluss über die Verwendung des Bilanzgewinns (§ 174 AktG) des letzten vor der Beschlussfassung abgelaufenen Geschäftsjahrs vorangeht, sodass bei einer Beschlussfassung in derselben Hauptversammlung die Tagesordnung entsprechend zu gestalten ist. Ein vorhandener Beschluss über die Gewinnverwendung kann nicht aufgehoben oder geändert werden. Ein Verstoß gegen Abs. 2 Satz 2 führt i. Zw. nur zur Teilnichtigkeit des Kapitalerhöhungsbeschlusses (*Hüffer* AktG, § 217 Rn. 4; KölnKomm AktG/*Lutter* § 217 Rn. 5, MünchHdb GesR IV/*Krieger* § 59 Rn. 51). Wird nach dem Kapitalerhöhungsbeschluss, aber vor seiner Eintragung ein Beschluss über die Gewinnverwendung gefasst, so hat er die Dividendenzahlung an die neuen Mitgliedsrechte zu berücksichtigen, auch wenn diese erst mit Eintragung des Kapitalerhöhungsbeschlusses entstehen; folglich wird gem. Abs. 2 Satz 3 auch der Gewinnverwendungsbeschluss erst mit Eintragung des Kapitalerhöhungsbeschlusses wirksam.

4   Der Kapitalerhöhungsbeschluss muss **innerhalb von 3 Monaten** nach Beschlussfassung in das Handelsregister **eingetragen** sein, da ansonsten er und der Beschluss über die Verwendung des Bilanzgewinns des letzten vor der Beschlussfassung abgelaufenen Geschäftsjahrs nichtig sind. Maßgeblich ist der Zeitpunkt der Eintragung des Kapitalerhöhungsbeschlusses, nicht der Anmeldung. Die 3-Monats-Frist berechnet sich gem. §§ 187 Abs. 1, 188 BGB. Sie ist für die Dauer einer gegen die Kapitalerhöhung gerichteten Anfechtungs- oder Nichtigkeitsklage i. S. v. § 209 BGB gehemmt (*Hüffer* AktG, § 217 Rn. 5, 6; MüKo AktG/*Arnold* § 217 Rn. 18, 21). Trägt das Registergericht fehlerhafterweise nach Fristablauf ein, ist Heilung gem. § 242 Abs. 3 AktG möglich. Im Fall der Rechtswirkung des Abs. 2 Satz 4 hat die Hauptversammlung erneut über die Gewinnverwendung für das letzte Geschäftsjahr zu beschließen (*Hüffer* AktG, § 217 Rn. 6; KölnKomm AktG/*Lutter* § 217 Rn. 9).

§ 218 Bedingtes Kapital

¹Bedingtes Kapital erhöht sich im gleichen Verhältnis wie das Grundkapital. ²Ist das bedingte Kapital zur Gewährung von Umtauschrechten an Gläubiger von Wandelschuldverschreibungen beschlossen worden, so ist zur Deckung des Unterschieds zwischen dem Ausgabebetrag der Schuldverschreibungen und dem höheren geringsten Ausgabebetrag der für sie zu gewährenden

Bezugsaktien insgesamt eine Sonderrücklage zu bilden, soweit nicht Zuzahlungen der Umtauschberechtigten vereinbart sind.

Übersicht	Rdn.			Rdn.
A. Erhöhung des bedingten Kapitals	1	B.	Sonderrücklage bei Wandelschuldverschreibungen	4

A. Erhöhung des bedingten Kapitals

S. 1 bestimmt, dass sich ein bedingtes Kapital (§ 192 AktG) in Folge der Kapitalerhöhung aus Gesellschaftsmitteln **kraft Gesetzes** ebenfalls erhöht, ohne dass es entsprechender Festsetzungen im Kapitalerhöhungsbeschluss bedarf (*Hüffer* AktG, § 218 Rn. 1 f.; KölnKomm AktG/*Lutter* § 218 Rn. 2; MünchHdb GesR IV/*Krieger* § 59 Rn. 70). Es erhöht sich **im gleichen Verhältnis** wie das Grundkapital. Maßgeblich ist das bedingte Kapital, das zum Zeitpunkt des Wirksamwerdens der Kapitalerhöhung (§ 211 Abs. 1 AktG) besteht, also abzgl. bereits ausgeübter Umtausch- oder Bezugsrechte (*Hüffer* AktG, § 218 Rn. 2; KölnKomm AktG/*Lutter* § 218 Rn. 3). Entstehende Teilrechte sind gem. § 213 AktG zu behandeln (ausführl. KölnKomm AktG/*Lutter* § 218 Rn. 3; MüKo AktG/*Arnold* § 218 Rn. 6). 1

Mit der Anpassung des bedingten Kapitals werden der **Satzungstext** und das **Handelsregister unrichtig** und sind zu berichtigen. Der Berichtigungsantrag ist unter Beachtung der Form des § 12 HGB gleichzeitig mit der Anmeldung des Kapitalerhöhungsbeschlusses zu stellen, und zwar durch den Vorstand in vertretungsberechtigter Zahl (*Hüffer* AktG, § 218 Rn. 3; KölnKomm AktG/*Lutter* § 218 Rn. 4). 2

Eine analoge Anwendung von § 218 AktG auf das genehmigte Kapital ist nicht geboten. Die Hauptversammlung kann aber im Zuge der Kapitalerhöhung aus Gesellschaftsmitteln durch satzungsändernden Beschluss auch das genehmigte Kapital erhöhen (*Hüffer* AktG, § 218 Rn. 8). 3

B. Sonderrücklage bei Wandelschuldverschreibungen

Wurde das bedingte Kapital beschlossen, um Gläubigern von Wandelschuldverschreibungen Umtausch- oder Bezugsrechte zu gewähren (§ 192 Abs. 2 Nr. 1 AktG), kann sich eine **Pflicht zur Bildung einer Sonderrücklage** gem. § 218 Satz 2 AktG ergeben. 4

Der Begriff der **Wandelschuldverschreibung** erfasst die Wandelanleihe i. S. v. §§ 221 Abs. 1 Satz 1, 192 Abs. 2 Nr. 1 AktG und seinem Sinn und Zweck nach auch andere Anleihen, die ein Umtauschrecht gewähren. Eine analoge Anwendung ist aber auch auf Optionsanleihen geboten, wenn der auf die Bezugsaktien vereinbarungsgemäß zu zahlende Betrag unter dem Gesamtnennbetrag der nach Durchführung der Kapitalerhöhung aus Gesellschaftsmitteln zu gewährenden Bezugsaktien liegt, da in diesem Fall ebenfalls eine nach § 9 Abs. 1 AktG verbotene Unter-pari-Emission droht (*Hüffer* AktG, § 218 Rn. 7; KölnKomm AktG/*Lutter* § 218 Rn. 7). 5

Die Sonderrücklage ist zu bilden, wenn die Ausgabe der Bezugsaktien eine **Unter-pari-Emission** darstellt, weil der insgesamt auf sie entfallende geringste Ausgabebetrag höher ist als der Ausgabebetrag der Schuldverschreibungen. Durch die Sonderrücklage sollen die **Kapitalgrundlagen gesichert** werden. Zu vergleichen ist der maßgebliche Gesamtnennbetrag (§ 8 Abs. 2 AktG) oder das maßgebliche Produkt aus anteiligen Beträgen und Aktienzahl (§ 8 Abs. 3 AktG) mit dem Betrag, zu dem die Schuldverschreibungen tatsächlich ausgegeben worden sind oder werden sollen. Soweit sich eine Differenz zulasten der Aktien ergibt, die gerade durch die Kapitalerhöhung aus Gesellschaftsmitteln verursacht ist, greift § 218 Satz 2 AktG (*Hüffer* AktG, § 218 Rn. 5 mit Bsp.; MünchHdb GesR IV/*Krieger* § 59 Rn. 71). Die Bildung einer Sonderrücklage ist hingegen dann nicht geboten, wenn der geringste Ausgabebetrag der Bezugsaktien insgesamt trotz Vertragsanpassungen gem. § 216 Abs. 3 Satz 1 AktG das betragsmäßige Volumen der Anleihe deckt (MüKo AktG/*Arnold* § 218 Rn. 12; KölnKomm AktG/*Lutter* § 218 Rn. 5; *Hüffer* AktG, § 218 Rn. 5). 6

7 Die Sonderrücklage ist nicht bereits in der Bilanz, die der Kapitalerhöhung zugrunde liegt (§ 207 AktG), zu bilden, sondern im Zeitpunkt der Beschlussfassung zu buchen mit Ausweis in der Bilanz des nächsten Jahresabschlusses (*Hüffer* AktG, § 218 Rn. 6; MüKo AktG/*Arnold* § 218 Rn. 19; MünchHdb GesR IV/*Krieger* § 59 Rn. 71).

§ 219 Verbotene Ausgabe von Aktien und Zwischenscheinen

Vor der Eintragung des Beschlusses über die Erhöhung des Grundkapitals in das Handelsregister dürfen neue Aktien und Zwischenscheine nicht ausgegeben werden.

Übersicht	Rdn.		Rdn.
A. Verbotene Ausgabe.................	1	C. Rechtsfolgen bei Verstoß	3
B. Übertragung von Mitgliedsrechten	2		

A. Verbotene Ausgabe

1 § 219 AktG verbietet zum **Schutz der Aktienerwerber vor Schwindelemissionen** die Ausgabe von neuen Aktien und Zwischenscheinen vor Eintragung des Erhöhungsbeschlusses im Handelsregister, da erst mit der Eintragung die Mitgliedsrechte entstehen (*Hüffer* AktG, § 219 Rn. 1 f.). Vor der Eintragung ausgegebene Aktienurkunden können damit kein Mitgliedsrecht verbriefen (KölnKomm AktG/*Lutter* § 219 Rn. 3; MüKo AktG/*Volhard* § 219 Rn. 7; a. A. *Geßler* BB 1960, 6, 9). Die nachfolgende Eintragung hat aber nach h. M. abweichend von §§ 191, 197, 203 Abs. 1 Satz 1 AktG **heilende Wirkung**, weil bei der Kapitalerhöhung aus Gesellschaftsmitteln der Gegenwert der Aktien sich bereits im Gesellschaftsvermögen befindet (*Hüffer* AktG, § 219 Rn. 2; KölnKomm AktG/*Lutter* § 219 Rn. 2; MüKo AktG/*Arnold* § 219 Rn. 6 f.).

B. Übertragung von Mitgliedsrechten

2 Anders als §§ 191 Satz, 1, 203 Abs. 1 Satz 1 AktG verbietet § 219 AktG nicht die Übertragung des künftigen Mitgliedsrechts vor Eintragung. Die Eintragung des Mitgliedsrechts, das unter Bezugnahme auf den beabsichtigten oder erfolgten Erhöhungsbeschluss konkretisiert wird, **erfolgt gem. §§ 398, 413 BGB**. Mit der Eintragung des Erhöhungsbeschlusses entsteht das Mitgliedsrecht in der Person des Erwerbers (*Hüffer* AktG, § 219 Rn. 3; KölnKomm AktG/*Lutter* § 219 Rn. 5; MünchHdb GesR IV/*Krieger* § 59 Rn. 73). Ein gutgläubiger Erwerb scheidet jedoch aus (*Hüffer* AktG, § 219 Rn. 3).

C. Rechtsfolgen bei Verstoß

3 Anders als §§ 191 Satz 3, 197 Satz 4 AktG ordnet § 219 AktG nicht ausdrücklich die Schadensausgleichspflicht bei Verstößen an. **Schadensersatzansprüche** können sich aber aus § 823 Abs. 2 BGB (MüKo AktG/*Arnold* § 219 Rn. 13; Spindler/Stilz/*Fock/Wüsthoff* AktG, § 219 Rn. 5; nach a. A. analog §§ 191 Satz 3, 197 Satz 4, 203 Abs. 1 Satz 1 AktG, vgl. *Hüffer* AktG, § 219 Rn. 4) ergeben. Zum Teil wird auch angenommen, es bestehe ein Schadensersatzanspruch gegen die AG, die ihrerseits Rückgriff bei den Verwaltungsmitgliedern gem. §§ 93, 116 AktG nehmen kann (MüKo AktG/*Arnold* § 219 Rn. 13; KölnKomm AktG/*Lutter* § 219 Rn. 7; a. A. Spindler/Stilz/*Fock/Wüsthoff* AktG, § 219 Rn. 5).

§ 220 Wertansätze

¹Als Anschaffungskosten der vor der Erhöhung des Grundkapitals erworbenen Aktien und der auf sie entfallenen neuen Aktien gelten die Beträge, die sich für die einzelnen Aktien ergeben, wenn die Anschaffungskosten der vor der Erhöhung des Grundkapitals erworbenen Aktien auf

diese und auf die auf sie entfallenen neuen Aktien nach dem Verhältnis der Anteile am Grundkapital verteilt werden. ²Der Zuwachs an Aktien ist nicht als Zugang auszuweisen.

Übersicht	Rdn.		Rdn.
A. Regelungsgegenstand und -zweck	1	B. Bilanzierung der neuen Aktien	2

A. Regelungsgegenstand und -zweck

§ 220 AktG regelt in Ergänzung der §§ 252 ff. HGB die **bilanzielle Behandlung** der durch Kapitalerhöhung aus Gesellschaftsmitteln neu entstandenen Mitgliedsrechte und richtet sich an den Aktieninhaber, der die Aktien als Betriebsvermögen hält und gem. § 242 Abs. 1 HGB zur Aufstellung eines Jahresabschlusses verpflichtet ist (*Hüffer* AktG, § 220 Rn. 1). § 220 AktG setzt voraus, dass die Kapitalerhöhung durch Ausgabe neuer Aktien erfolgt. Werden keine neuen Aktien ausgegeben (§§ 207 Abs. 2 Satz 1, 215 Abs. 2 Satz 2 und 3 AktG), geht die Vorschrift ins Leere, da ohnehin die bisherige von den Anschaffungskosten ausgehende Aktivierung beizubehalten ist (KölnKomm AktG/*Lutter* § 220 Rn. 3; *Hüffer* AktG, § 220 Rn. 5).

1

B. Bilanzierung der neuen Aktien

Aktien sind in der Bilanz des Aktionärs **als Anlagevermögen** (§ 266 Abs. 2 A HGB) zu aktivieren und gem. §§ 253 Abs. 1 Satz 1, 255 Abs. 1 HGB mit den **Anschaffungskosten** anzusetzen. Die neuen Aktien aus Kapitalerhöhung aus Gesellschaftsmitteln sind zu bilanzieren, indem die Anschaffungskosten der alten Aktien verhältnismäßig auf alte und neue Aktien verteilt werden, wobei sich das Verhältnis nach den Anteilen bestimmt, die alte und neue Aktien am Grundkapital haben (*Hüffer* AktG, § 220 Rn. 2). Maßgeblich ist der in der Bilanz ausgewiesene Betrag, sodass auch Minderungen durch außerplanmäßige Abschreibungen der tatsächlichen Anschaffungskosten zu berücksichtigen sind (KölnKomm AktG/*Lutter* § 220 Rn. 3; MüKo AktG/*Arnold* § 220 Rn. 5; *Börnstein* DB 1960, 216, 217). Wurden die alten Aktien mit unterschiedlichen Anschaffungskosten bilanziert, werden die neuen Aktien anteilig umgelegt (*Hüffer* AktG, § 220 Rn. 2).

2

Für **Teilrechte** gelten diese Bilanzierungsgrundsätze entsprechend. Verkauft der Aktionär Teilrechte, sinkt der Bilanzwert entsprechend. Beim Hinzukauf sind die Erwerbskosten als Anschaffungskosten der betroffenen (erhöhten) Aktie zu verbuchen (MüKo AktG/*Arnold* § 220 Rn. 11; *Hüffer* AktG, § 220 Rn. 3; KölnKomm AktG/*Lutter* § 220 Rn. 5; *Geßler* WM 1960, Beilage 1, 11, 22).

3

Gem. S. 2 sind die neuen Aktien aus Kapitalerhöhung aus Gesellschaftsmitteln nicht als Zugang auszuweisen. Die Vorschrift bezieht sich auf § 268 Abs. 2 Satz 1 HGB (*Hüffer* AktG, § 220 Rn. 4).

4

Fünfter Unterabschnitt Wandelschuldverschreibungen. Gewinnschuldverschreibungen

§ 221 [Schuldverschreibungen]

(1) ¹Schuldverschreibungen, bei denen den Gläubigern ein Umtausch- oder Bezugsrecht auf Aktien eingeräumt wird (Wandelschuldverschreibungen), und Schuldverschreibungen, bei denen die Rechte der Gläubiger mit Gewinnanteilen von Aktionären in Verbindung gebracht werden (Gewinnschuldverschreibungen), dürfen nur auf Grund eines Beschlusses der Hauptversammlung ausgegeben werden. ²Der Beschluß bedarf einer Mehrheit, die mindestens drei Viertel des bei der Beschlußfassung vertretenen Grundkapitals umfaßt. ³Die Satzung kann eine andere Kapitalmehrheit und weitere Erfordernisse bestimmen. § 182 Abs. 2 gilt.

(2) ¹Eine Ermächtigung des Vorstandes zur Ausgabe von Wandelschuldverschreibungen kann höchstens für fünf Jahre erteilt werden. ²Der Vorstand und der Vorsitzende des Aufsichtsrats

haben den Beschluß über die Ausgabe der Wandelschuldverschreibungen sowie eine Erklärung über deren Ausgabe beim Handelsregister zu hinterlegen. ³Ein Hinweis auf den Beschluß und die Erklärung ist in den Gesellschaftsblättern bekanntzumachen.

(3) Absatz 1 gilt sinngemäß für die Gewährung von Genußrechten.

(4) ¹Auf Wandelschuldverschreibungen, Gewinnschuldverschreibungen und Genußrechte haben die Aktionäre ein Bezugsrecht. ²Die §§ 186 und 193 Abs. 2 Nr. 4 gelten sinngemäß.

Übersicht

	Rdn.
A. Wandel- und Gewinnschuldverschreibungen, Abs. 1 und 2	1
I. Anwendungsbereich	1
1. Wandelschuldverschreibungen	2
a) Wandelanleihen	3
b) Optionsanleihen	4
2. Gewinnschuldverschreibungen	6
II. Hauptversammlungsbeschluss	7
1. Mehrheit	8
2. Bekanntmachung	11
3. Inhalt	12
a) Notwendiger Inhalt	13
b) Fakultativer Inhalt	14
c) Besonderheiten bei Wandel- und Optionsanleihen	15
d) Besonderheiten bei Gewinnschuldverschreibungen	16
4. Fehlerhafter Hauptversammlungsbeschluss	17
5. Hinterlegung und Bekanntmachung	18
B. Genussrechte, Abs. 3	20
I. Begriff und Rechtsnatur	20
1. Begriff	21
2. Rechtsnatur	22
3. Begründung	24
II. Inhalt	26
1. Inhaltliche Ausgestaltung	26
2. Genussrechte mit Eigenkapitalcharakter	28
3. Inhaltskontrolle	30
III. Hauptversammlungsbeschluss	31
C. Bezugsrecht der Aktionäre, Abs. 4	32
I. Gesetzliches Bezugsrecht	32
II. Bezugsrechtsausschluss	33
1. Formalia	33
a) Hauptversammlungsbeschluss	33
b) Vorstandsbericht	34
c) Weitere anwendbare Vorschriften	38
d) Beschlussmängel	39
e) Mittelbares Bezugsrecht	40
2. Materielle Rechtfertigung	41
a) Wandel- und Optionsanleihen	41
b) Gewinnschuldverschreibungen und Genussrechte	44
D. Ausgabe und Wandlung	45
I. Ausgabe von Anleihen und Gewährung von Genussrechten	45
1. Ausgabe	45
2. Übertragbarkeit	47
II. Wandlung	49
III. Eingriff in die Rechtsposition	52
1. Wandel- und Optionsanleihen	53
2. Gewinnschuldverschreibungen und Genussrechte	54
3. Auflösung, Verschmelzung, Umwandlung	56

A. Wandel- und Gewinnschuldverschreibungen, Abs. 1 und 2

I. Anwendungsbereich

1 Abs. 1 und 2 AktG betreffen die Ausgabe von Schuldverschreibungen i. S. v. § 793 Abs. 1 BGB, erfassen ihrem Wortlaut nach aber nur Wandel- und Gewinnschuldverschreibungen.

1. Wandelschuldverschreibungen

2 Die Wandelschuldverschreibung wird von Abs. 1 Satz 1 **legaldefiniert** als Schuldverschreibung, bei der den Gläubigern ein Umtausch- oder Bezugsrecht auf Aktien eingeräumt wird. Umfasst sind damit **Wandelanleihen** im engeren Sinne, die ein Umtauschrecht gewähren, sowie **Optionsanleihen**, die ein Bezugsrecht gewähren (*Hüffer* AktG, § 221 Rn. 3; MüKo AktG/*Habersack* § 221 Rn. 24; MünchHdb GesR IV/*Krieger* § 63 Rn. 4; *Schlitt/Seiler/Singhof* AG 2003, 254 f.). Schuldverschreibungen, die kein Umtausch- oder Bezugsrecht einräumen (sog. **Industrieobligationen**) werden von Abs. 1 nicht erfasst und können vom Vorstand ohne Zustimmung der Hauptversamm-

lung nach Maßgabe der §§ 793 ff. BGB ausgegeben werden (KölnKomm AktG/*Lutter* § 221 Rn. 5; *Hüffer* AktG, § 221 Rn. 3).

a) **Wandelanleihen**

Wandelanleihen im engeren Sinne sind Schuldverschreibungen, die dem Gläubiger das Recht gewähren, seinen Anspruch auf Rückzahlung des Nennbetrags gegen eine bestimmte Zahl Aktien einzutauschen. Es handelt sich hierbei um eine **Ersetzungsbefugnis** (MüKo AktG/*Habersack* § 221 Rn. 30; *Hüffer* AktG, § 221 Rn. 4; *Meyer* BB 1955, 549; zum Begriff der Ersetzungsbefugnis Palandt/*Grüneberg* § 262 Rn. 7 ff.). Die Ersetzungsbefugnis wird durch **einseitige empfangsbedürftige Willenserklärung** ausgeübt, wodurch ein Anspruch auf Abschluss eines Zeichnungsvertrages entsteht. Die Gestaltungserklärung enthält gleichzeitig die Umtauscherklärung sowie häufig auch die Annahme des Zeichnungsvertrages (MüKo AktG/*Habersack* § 221 Rn. 225; *Hüffer* AktG, § 221 Rn. 5). Das Rechtsverhältnis zwischen Gläubiger und AG wird regelmäßig durch Anleihebedingungen näher ausgestaltet (vgl. hierzu MünchHdb GesR IV/*Krieger* § 63 Rn. 4 f. mit Bsp.). 3

b) **Optionsanleihen**

Bei Optionsanleihen handelt es sich ebenfalls um Schuldverschreibungen, die aber dem Gläubiger neben dem Recht auf Rückzahlung des Nennbetrags nach Ablauf der Laufzeit sowie auf Verzinsung das Recht einräumen, innerhalb eines bestimmten Zeitraums zu einem festgelegten Entgelt eine bestimmte Anzahl von Aktien zu erwerben (MüKo AktG/*Habersack* § 221 Rn. 31; *Hüffer* AktG, § 221 Rn. 6; KölnKomm AktG/*Lutter* § 221 Rn. 148). Üblicherweise berechtigt die Option zum **Erwerb von Stammaktien**, möglich ist aber auch das Recht zum Bezug besonderer Aktiengattungen (*Hüffer* AktG, § 221 Rn. 6; MünchHdb GesR IV/*Krieger* § 63 Rn. 5). Auch das Rechtsverhältnis aus den Optionsanleihen ist regelmäßig näher in den Anleihebedingungen ausgestaltet (MünchHdb GesR IV/*Krieger* § 63 Rn. 4 f. mit Bsp.; *Schumann*, Optionsanleihen, 1990, 51 ff.). Das Bezugsrecht wird i. d. R. in **besonderen Optionsscheinen** verbrieft. 4

Das Bezugsrecht gewährt einen **Anspruch gegen die AG** auf Abschluss eines Zeichnungsvertrages, der durch Bezugserklärung und korrespondierende Willenserklärung der AG zustande kommt. I. d. R. sind die Anleihebedingungen bereits derart ausgestaltet, dass sie als befristetes Angebot ausgelegt werden können, sodass in der Ausübung der Option die **Annahme des Zeichnungsvertrages** liegt (MüKo AktG/*Habersack* § 221 Rn. 223; MünchHdb GesR IV/*Krieger* § 63 Rn. 20, § 57 Rn. 39; *Schumann*, Optionsanleihen, 21 f.; abw. *Martens* FS Stimpel 1985, 621). 5

2. **Gewinnschuldverschreibungen**

Bei Gewinnschuldverschreibungen handelt es sich um Schuldverschreibungen, die zusätzlich zum Rückzahlungsanspruch Rechte verbriefen, die mit Gewinnanteilen von Aktionären in Verbindung gebracht werden, bspw. indem die Höhe der Verzinsung des Nennbetrages sich nach der Höhe des Dividendensatzes bemisst (*Hüffer* AktG, § 221 Rn. 8). Weitere Beispiele sind die Verknüpfung mit Dividendensätzen einer oder mehrerer anderer Konzerngesellschaften (RGZ 118, 152, 155; vgl. auch MüKo AktG/*Habersack* § 221 Rn. 56; *Hüffer* AktG, § 221 Rn. 8). Zulässig ist auch eine Gewinnschuldverschreibung mit einer Zusatzverzinsung, bei der neben einer festen Verzinsung eine dividendenabhängige Zusatzzahlung erfolgt (*Hüffer* AktG, § 221 Rn. 8). Zur Zulässigkeit bloß gewinnabhängiger Gewinnschuldverschreibungen vgl. Rdn. 27 ff. Gewinnschuldverschreibungen können mit Umtausch- oder Bezugsrechten kombiniert werden (*Hüffer* AktG, § 221 Rn. 8). 6

II. **Hauptversammlungsbeschluss**

Wandel- und Optionsanleihen sowie Gewinnschuldverschreibungen dürfen nur aufgrund eines Hauptversammlungsbeschlusses ausgegeben werden. Dieser ist als **Billigung einer Geschäftsführungsmaßnahme** zu verstehen und nicht auf Änderung der Satzung gerichtet (MüKo AktG/*Habersack* § 221 Rn. 132; KölnKomm AktG/*Lutter* § 221 Rn. 38; *Hüffer* AktG, § 221 Rn. 9). Die 7

Hauptversammlung kann den Vorstand sowohl ermächtigen als auch verpflichten, Wandelanleihen, Optionsanleihen oder Gewinnschuldverschreibungen auszugeben. Im Fall der Ermächtigung handelt der Vorstand **nach pflichtgemäßem Ermessen** (MüKo AktG/*Habersack* § 221 Rn. 133 ff.; *Hüffer* AktG, § 221 Rn. 9; MünchHdb GesR IV/*Krieger* § 63 Rn. 9; *Georgakopoulos* ZHR 120, 1957, 84, 146).

1. Mehrheit

8   Gem. Abs. 1 Satz 2 bedarf der Beschluss über die Ausgabe der Wandel- und Optionsanleihen einer **Mehrheit von mindestens 3/4** des bei der Beschlussfassung vertretenen Grundkapitals. Für die Berechnung gelten die gleichen Grundsätze wie bei § 179 Abs. 2 Satz 1 AktG (vgl. § 179 AktG Rdn. 13). Daneben ist die **einfache Stimmenmehrheit** des § 133 Abs. 1 AktG erforderlich (*Hüffer* AktG, § 221 Rn. 14).

9   Die Satzung kann sowohl eine größere als auch eine geringere Kapitalmehrheit bestimmen. Die **Grenzen der Satzungsautonomie** bestimmen sich nach den gleichen Grundsätzen wie bei § 179 Abs. 2 Satz 2 AktG (vgl. § 179 AktG Rdn. 15 ff.). Eine entsprechende Satzungsklausel muss deutlich erkennen lassen, dass sie Beschlüsse nach § 221 Abs. 1 AktG erfasst; Satzungsbestimmungen, die sich auf die reguläre Kapitalerhöhung beziehen, sind i. d. R. nicht anwendbar (MüKo AktG/*Habersack* § 221 Rn. 144; *Hüffer* AktG, § 221 Rn. 15; KölnKomm AktG/*Lutter* § 221 Rn. 40). Neben einer anderen Kapitalmehrheit kann die Satzung auch weitere Erfordernisse bestimmen (vgl. hierzu § 179 AktG Rdn. 18).

10 Über die Verweisungsnorm in Abs. 1 Satz 4 ist darüber hinaus § 182 Abs. 2 AktG anwendbar, sodass bei Vorhandensein mehrerer Aktiengattungen Sonderbeschlüsse (§ 138 AktG) zu fassen sind.

2. Bekanntmachung

11 Der beabsichtigte Hauptversammlungsbeschluss ist gem. § 124 AktG **seinem wesentlichen Inhalt nach**, nicht mit seinem Wortlaut, in der Tagesordnung der Hauptversammlung bekannt zu machen. § 224 Abs. 2 Satz 2 AktG gilt nicht, da der Hauptversammlungsbeschluss keine Satzungsänderung ist (KölnKomm AktG/*Lutter* § 221 Rn. 42; *Hüffer* AktG, § 221 Rn. 16).

3. Inhalt

12 Das Gesetz enthält **keine ausdrücklichen Vorgaben** zum Inhalt des Hauptversammlungsbeschlusses. Insoweit ist die Hauptversammlung in ihrer Entscheidung über die Ausgabe von Wandel- und Gewinnschuldverschreibungen an keine inhaltlichen Beschränkungen gebunden. Erforderlich ist nur, dass die Begründung von Wandel- oder Gewinnschuldverschreibungen gewollt ist, ohne dass der Finanzierungsaspekt oder die Begründung von Umtausch- oder Bezugsrechten im Vordergrund stehen muss. Auch die Person der Gläubiger ist beliebig bestimmbar. Schuldverschreibungen können auch zur Bedienung von Stock Options für Vorstandsmitglieder und Arbeitnehmer bereitgestellt werden (OLG Braunschweig AG 1999, 84; OLG Stuttgart AG 1998, 529f m. w. N.; *Hüffer* AktG, § 221 Rn. 18). Aus dem erforderlichen Regelungsgehalt ergibt sich für den Inhalt des Hauptversammlungsbeschlusses ansonsten Folgendes:

a) Notwendiger Inhalt

13 Anzugeben ist zunächst die **Art der Anleihe** (Wandelanleihe, Optionsanleihe oder Gewinnschuldverschreibung). Darüber hinaus muss der Beschluss festsetzen, ob der **Vorstand zur Durchführung ermächtigt oder verpflichtet** wird. Im Fall der Ermächtigung ist diese unter Beachtung von Abs. 2 Satz 1 zu befristen. Auch wenn Abs. 3 für die Gewinnschuldverschreibung nicht ausdrücklich auf Abs. 2 verweist, kann für die Gewinnschuldverschreibung nichts anderes gelten (*Hüffer* AktG, § 221 Rn. 13; MünchHdb GesR IV/*Krieger* § 63 Rn. 58). Die **Frist** ist im Beschluss **konkret zu bestimmen** und beginnt mit der Beschlussfassung (*Hüffer* AktG, § 221 Rn. 13; MünchHdb GesR IV/*Krieger* § 63 Rn. 10). Sie bezieht sich ausschließlich auf die Laufzeit der Ermächtigung zur Ausgabe einer

Wandelschuldverschreibung und nicht auf die Laufzeit eines bedingten Kapitals zur Gewährung der Umtausch- oder Bezugsrechte gem. § 192 Abs. 2 Nr. 1 AktG, das so lange bestehen bleibt, wie rechtzeitig ausgegebene Wandlungsrecht gewandelt werden können. Mangels Fristbestimmung oder im Fall der Überschreitung der gesetzlichen Höchstfrist ist der Beschluss gem. § 241 Nr. 3 AktG nichtig (MüKo AktG/*Habersack* § 221 Rn. 158; *Hüffer* AktG, § 221 Rn. 13; MünchHdb GesR IV/*Krieger* § 63 Rn. 10; abw. KölnKomm AktG/*Lutter* § 221 Rn. 80). Darüber hinaus ist der **Gesamtnennbetrag** der auszugebenden Anleihe – zumindest als Höchstbetrag – festzusetzen (MüKo AktG/*Habersack* § 221 Rn. 155; *Hüffer* AktG, § 221 Rn. 10; *ders.* ZHR 161, 1997, 214, 225). Bei Gewinnschuldverschreibungen muss schließlich die **Gewinnabhängigkeit der Verzinsung** präzisiert werden (s. Rdn. 16; *Hüffer* AktG, § 221 Rn. 10).

b) Fakultativer Inhalt

Die Hauptversammlung kann gem. Abs. 4 Satz 1 das **Bezugsrecht** der Aktionäre **ausschließen** (vgl. dazu Rdn. 33 ff.). In diesem Fall ist der Bezugsrechtsausschluss gem. Abs. 4 Satz 2, § 186 Abs. 3 Satz 1 AktG zwingender Beschlussinhalt (str., vgl. *Hüffer* AktG, § 221 Rn. 10). Darüber hinaus ist die Hauptversammlung berechtigt, den konkreten Inhalt der Anleihen, auch Anleihebedingungen, bindend festzusetzen. Mangels Festsetzung hat der Vorstand gem. § 83 Abs. 2 AktG Ergänzungen vorzunehmen (*Hüffer* AktG, § 221 Rn. 10; MüKo AktG/*Habersack* § 221 Rn. 141). Die Hauptversammlung kann auch die **Ermächtigung des Vorstands** näher ausgestalten, z. B. den Vorstand nur unter dem Vorbehalt der Zustimmung des Aufsichtsrat zur Ausgabe von Anleihen ermächtigen (*Hüffer* AktG, § 221 Rn. 13).

14

c) Besonderheiten bei Wandel- und Optionsanleihen

Die Hauptversammlung ist berechtigt, den Optionspreis unter Beachtung von §§ 9 Abs. 1, 255 Abs. 2 AktG festzusetzen. Sie kann auch das Umtauschverhältnis vorgeben; bei diesem muss der Ausgabebetrag der Wandelanleihe nicht unbedingt den Aktiennennbetrag erreichen, da § 199 Abs. 2 AktG für den notwendigen Ausgleich sorgt (*Hüffer* AktG, § 221 Rn. 11; MünchHdb GesR IV/*Krieger* § 63 Rn. 12). Darüber hinaus kann die Hauptversammlung den Ausgabebetrag der Anleihe, ihre Laufzeit sowie die Höhe der Zinsen festsetzen. Sie kann die Anleihebedingungen auch vollständig ausgestalten (*Hüffer* AktG, § 221 Rn. 11; MünchHdb GesR IV/*Krieger* § 63 Rn. 11, jeweils mit Bsp.).

15

d) Besonderheiten bei Gewinnschuldverschreibungen

Bei der Ausgabe von Gewinnschuldverschreibungen muss der Beschluss die **Gewinnabhängigkeit des Zinsanspruches konkretisieren**. Die Verzinsung kann sich ausschließlich an der Dividende orientieren oder einen Festzins und einen variablen, dividendengebunden Zusatzzins vorsehen. Denkbar ist die Zusage eines bestimmten Teils des an die Aktionäre ausgeschütteten Dividendenbetrages oder die Bezugnahme auf das Konzernergebnis. Die Hauptversammlung ist ebenfalls berechtigt, den Nennbetrag der Anleihe sowie den Ausgabebetrag festzusetzen. Sie kann die Anleihebedingungen auch teilweise oder insgesamt ausgestalten (*Hüffer* AktG, § 221 Rn. 12).

16

4. Fehlerhafter Hauptversammlungsbeschluss

Die Frage der **Nichtigkeit und Anfechtbarkeit** des Hauptversammlungsbeschlusses richtet sich nach den allgemeinen Vorschriften (§§ 241 ff. AktG). Eine Heilung nach § 242 AktG scheidet mangels Eintragung des Beschlusses in das Handelsregister aus. Ein fehlerhafter Beschluss berührt die Wirksamkeit der ansonsten ordnungsgemäß ausgegebenen Schuldverschreibungen nicht (GroßkommAktG/*Schilling* § 221 Rn. 17; *Hüffer* AktG, § 221 Rn. 19).

17

5. Hinterlegung und Bekanntmachung

18 Vorstand und Vorsitzender des Aufsichtsrats haben den Hauptversammlungsbeschluss über die Ausgabe der Wandelschuldverschreibungen sowie eine Erklärung über deren Ausgabe beim Handelsregister zu hinterlegen. Der Vorstand muss in vertretungsberechtigter Zahl handeln; unechte Gesamtvertretung (§ 78 Abs. 3 AktG; vgl. dazu auch § 78 Rdn. 15 ff.) reicht aus (*Hüffer* AktG, § 221 Rn. 20; MünchHdb GesR IV/*Krieger* § 63 Rn. 14). Der Hauptversammlungsbeschluss ist in notarieller Form gem. § 12 Abs. 2 HGB einzureichen. Die Erklärung über die Ausgabe erfolgt in Schriftform i. S. v. § 126 BGB und kann nicht durch Bevollmächtigte abgegeben werden (MünchHdb GesR IV/*Krieger* § 63 Rn. 14; *Hüffer* NJW 1979, 1065, 1070). Abs. 2 Satz 2 erfasst insoweit nicht auch Gewinnschuldverschreibungen und Genussscheine.

19 Eine **Eintragung** des Beschlusses im Handelsregister **erfolgt nicht** (BT-Drucks. 8/1678, S. 19). Dieserhalb ist der Hinweis auf den Beschluss und die Erklärung in den Gesellschaftsblättern (§ 25 AktG) bekannt zu machen.

B. Genussrechte, Abs. 3
I. Begriff und Rechtsnatur

20 Der Begriff des Genussrechtes wird im AktG **nicht definiert**. Auch im KWG sowie in den einschlägigen Steuergesetzen findet sich keine Definition. Dieserhalb ist der Begriff anhand des jeweiligen Normzwecks auszulegen (vgl. dazu *Busch* AG 1994, 93, 95 f.; *Gehling* WM 1992, 1093, 1095; *Lutter* ZGR 1993, 291, 307; *Sethe* AG 1993, 293, 298 f.).

1. Begriff

21 § 221 AktG bezweckt den Schutz der Aktionäre vor wesentlicher Beeinträchtigung ihrer Rechte. Da der Gesetzgeber den Begriff des Genussrechts nicht präzisiert hat, ist die Frage einer Beeinträchtigung nicht ohne Weiteres greifbar, sodass die einzelnen Rechtsfolgen (Beschlusserfordernis gem. § 221 Abs. 1 und 3 AktG, Bezugsrecht nach § 221 Abs. 4 AktG) zur vorausgesetzten Beeinträchtigung in Bezug gesetzt werden müssen (BGHZ 120, 141, 145 ff.; *Hüffer* AktG, § 221 Rn. 24). Genussrechte i. S. v. Abs. 3 liegen jedenfalls dann vor, wenn der Berechtigte **vermögensrechtliche Ansprüche gegen die AG** hat, die nach ihrem Inhalt **typische Gesellschafterrechte** sind, also insbesondere Teilnahme am Gewinn und am Liquidationserlös (Genussrechte mit aktienähnlichem Inhalt). Es ist nicht erforderlich, dass das Genussrecht vermögensmäßig wie eine Aktie ausgestaltet wird, sondern es genügt die Verzinsung in Abhängigkeit vom Gewinn oder der Dividende, auch wenn daneben ein Festzins vereinbart ist. Als typische Gesellschafterrechte kommen daneben Rechte in Betracht, die andere vermögenswerte Leistungen zum Inhalt haben, z. B. das Recht, Einrichtungen der AG zu benutzen (*Hüffer* AktG, § 221 Rn. 25; MünchHdb GesR IV/*Krieger* § 63 Rn. 60; *Feddersen/Knauth* S. 17; *Gehling* WM 1992, 1093, 1094; *Hirte* ZIP 1988, 477). Davon zu differenzieren sind Genussrechte mit anderem aktienrechtlich relevanten Gefährdungspotential, insbesondere mit bloß gewinnabhängiger (nicht gewinnorientierter) Verzinsung. Gemeint ist hiermit ein Festzins, der entfällt, soweit bspw. ein Bilanzverlust besteht oder durch Zinszahlung entstehen würde. Auch bei diesen Fallgestaltungen ist ein Genussrecht i. S. v. Abs. 3 anzunehmen (BGHZ 120, 141, 145 ff.; OLG Bremen AG 1992, 268; OLG Düsseldorf AG 1991, 438; MüKo AktG/*Habersack* § 221 Rn. 100; *Hüffer* AktG, § 221 Rn. 25a; *Busch* AG 1994, 93, 95 f.; *Sethe* AG 1993, 293, 298 f.; a. A. *Lutter* ZGR 1993, 291, 303 ff.; *Gehling* WM 1992, 1093, 1094 f.).

2. Rechtsnatur

22 Genussrechte begründen **keine Mitgliedschaft**, sondern sind **schuldrechtlicher Natur** (RGZ 83, 295, 298; 115, 227, 230; BGH AG 1959, 138, 139; BGHZ 119, 305, 309 f.; 120, 141, 146 f.; 156, 38, 43). Dieserhalb können den Genussberechtigten auch keine Verwaltungsrechte, insbesondere keine Stimmrechte und Anfechtungsbefugnisse, eingeräumt werden. Zulässig ist lediglich die **Einräumung von Informationsrechten** einschließlich des Rechts zur Teilnahme an der Hauptver-

sammlung ohne Rede- und Antragsrecht (MüKo AktG/*Habersack* § 221 Rn. 119 ff.; *Hüffer* AktG, § 221 Rn. 26; *Lutter* ZGR 1993, 291, 295).

Wegen ihrer vertraglichen Natur können Genussrechtsbedingungen nur durch Vertrag zwischen der AG und dem Genussrechtsinhaber geändert werden (RGZ 49, 10, 16; 117, 379, 384 f.; 132, 199, 205 f.; BGHZ 119, 305, 315 f.). Ist Teil der rechtsgeschäftlichen Abrede mit dem Erwerber ein entsprechender Änderungsvorbehalt, so ist auch die Änderung durch Hauptversammlungsbeschluss möglich (RGZ 132, 199, 205 f.; BGHZ 119, 305, 315 f.). Für die Aufhebung von Genussrechten gilt dies entsprechend (*Hüffer* AktG, § 221 Rn. 37). 23

3. Begründung

Nach h. M. handelt es sich bei dem Rechtsgeschäft zur Begründung von Genussrechten um einen **Vertrag sui generis**, der ein **Dauerschuldverhältnis** entstehen lässt (BGHZ 119, 305, 330; OLG Düsseldorf AG 1991, 438, 440). Strittig ist dies allerdings für Genussrechte mit Verlustteilnahme, für die von einem Teil der Literatur eine stille Gesellschaft (§§ 230 ff. HGB) angenommen wird (MüKo AktG/*Habersack* § 221 Rn. 88 ff.; a.A. BGHZ 156, 38, 42 ff.). 24

Genussrechte können in **Genussscheinen** verbrieft werden, die als **Inhaber-, Order- oder Namenspapiere** ausgestaltet werden, aber auch bloße Beweisurkunden sein können. Die Verbriefung ist kein Wirksamkeitserfordernis (MüKo AktG/*Habersack* § 221 Rn. 204; KölnKomm AktG/*Lutter* § 221 Rn. 248 ff.; *Hüffer* AktG, § 221 Rn. 28; *Pougin* FS Oppenhoff 1985, 275, 278). 25

II. Inhalt

1. Inhaltliche Ausgestaltung

Die konkrete Ausgestaltung des Genussrechts ist davon abhängig, welches Recht den Genussrechtsinhabern gewährt werden soll. Geregelt werden können Laufzeit, Kündigung, wertpapierrechtliche Gestaltung und Auskunftsrecht des Genussrechtsinhabers. Bei Einräumung eines Gewinnrechts sind dessen Modalitäten, insbes. die Fälligkeit des Gewinnanspruchs, regelungsbedürftig (*Hüffer* AktG, § 221 Rn. 29; vgl. zu verschiedenen Gestaltungsmöglichkeiten auch *Meilicke* BB 1987, 1609 ff.; *Frantzen*, Genußscheine, 295 ff.). 26

Im Fall der Ausgabe von Genussrechten zur Kapitalbeschaffung sind des Weiteren die Rückzahlungsmodalitäten, eine etwaige Nachzahlungspflicht, eine mögliche Beteiligung am Verlust, die Berechtigung der AG zur Herabsetzung des Genusskapitals bei Herabsetzung des Grundkapitals, Beteiligung am Liquidationserlös, Nachrangigkeit des Anspruchs auf Abfindung bei Liquidation gegenüber anderen Gläubigern und ähnliches zu regeln (*Hüffer* AktG, § 221 Rn. 30; GroßkommAktG/*Schilling* § 221 Rn. 11; MünchHdb GesR IV/*Krieger* § 63 Rn. 66; vgl. auch OLG Düsseldorf AG 1991, 438 f.). 27

2. Genussrechte mit Eigenkapitalcharakter

Die Zulässigkeit von Genussrechten, bei denen das Genusskapital eigenkapitalähnlich ausgestaltet ist, ist strittig. Insoweit ist zunächst problematisch, ob Genussscheine, die aufgrund schuldrechtlicher Ausgestaltung Vorzugsaktien vergleichbar sind, mit §§ 139 ff. AktG vereinbar sind. Diese Frage wird bereits im Grundsatz höchst unterschiedlich beantwortet (**zulässig**: *Hüffer* AktG, § 221 Rn. 34; *Feddersen/Knauth*, 2. Aufl. 1992, S. 21 ff.; *Claussen* AG 1985, 77, 78 f.; *Ernst* AG 1967, 75; *Hammen* DB 1988, 2549, 2553; *U.H. Schneider* FS Goerdeler 1987, 511, 513 f.; *Sethe* AG 1993, 293, 307; *Vollmer/Lorch* ZBB 1992, 44, 45; wohl auch OLG Düsseldorf AG 1991, 438, 441; **unzulässig**: MüKo AktG/*Habersack* § 221 Rn. 123 ff., 127 f.; *Habersack* ZHR 155, 1991, 378, 385 f.; *Hirte* ZIP 1988, 477, 478; *Reuter* AG 1985, 104 f.; *Schäfer* WM 1991, 1941). 28

Soweit von einer grundsätzlichen Unzulässigkeit ausgegangen wird, stellt sich die Frage nach der **Grenze zwischen zulässiger und unzulässiger Gestaltung**. Auch insoweit besteht Uneinigkeit. Der BGH verneint eine Sperrwirkung der §§ 139 ff. AktG jedenfalls dann, wenn die Genussrechte nach 29

Ablauf von 20 Jahren kündbar sind und der Ausgabebetrag in der Liquidation den Ansprüchen der Aktionäre aus § 271 AktG vorgeht (BGHZ 119, 305, 311 f.). Im Übrigen ist strittig, ob Genussrechte erst dann der Vorzugsaktie gleichgestellt sind, wenn sie eine ausschließliche dividendenabhängige Teilnahme am Gewinn gewähren, die Rückzahlung der Geldleistung ausgeschlossen und eine Beteiligung am Liquidationserlös vorgesehen ist (so MünchHdb GesR IV/*Krieger* § 63 Rn. 67; *Schäfer* WM 1991, 1941, 1943; vgl. auch OLG Bremen AG 1992, 268), oder ob die Sperrwirkung der §§ 139 ff. AktG bereits dann eingreift, wenn durch Ausgestaltung der Genussrechtsbedingungen das Genusskapital vor Fremdkapital von Verlusten getroffen und als Haftungsmasse zumindest nicht nach freier Entscheidung entzogen werden kann (*Habersack* ZHR 155, 1991, 378, 382; *Hirte* ZIP 1988, 477, 478 ff.; dagegen OLG Düsseldorf AG 1991, 438, 439), wobei für Letzteres ausreichen soll, dass das Genusskapital zumindest für einen längeren Zeitraum nicht gekündigt werden kann (*Hirte* ZIP 1988, 477, 478 ff.; dagegen OLG Bremen AG 1992, 268). Folgt man der erstgenannten Ansicht, so kann der Eigenkapitalcharakter von Genussrechten dadurch vermieden werden, dass die Genussrechtsinhaber gegenüber den Vorzugsaktionären besser gestellt werden, bspw. durch Vereinbarung einer – wenn auch nachrangigen – Gläubigerposition (OLG Bremen AG 1992, 268; MünchHdb GesR IV/*Krieger* § 63 Rn. 67).

3. Inhaltskontrolle

30   **Grenzen** für die Ausgestaltung von Genussrechtsbedingungen ergeben sich aus §§ 134, 138 BGB. Da Genussrechtsbedingungen nur ausnahmsweise zwischen den Vertragsparteien ausgehandelt werden, sondern i. d. R. von der AG vorformuliert vorgegeben werden und für eine Vielzahl von Verträgen verwendet werden, findet darüber hinaus üblicherweise eine AGB-Kontrolle nach §§ 305 ff. BGB statt (BGH AG 2006, 937; BGHZ 119, 305, 312 ff.; OLG Düsseldorf AG 1991, 438, 439 f.; *Hopt* FS Steindorff 1990, 341, 364 ff.; vgl. auch BT-Drucks. 7/3919, S. 18; a. A. Bundschuh/Hadding/Schneider/*Reusch* S. 21, 24; Vollmer/*Lorch* ZBB 1992, 44, 48).

III. Hauptversammlungsbeschluss

31   Der Verweis in Abs. 3 führt zur Erforderlichkeit eines Hauptversammlungsbeschlusses für die Gewährung von Genussrechten. Insoweit gelten die oben dargestellten Grundsätze (Rdn. 7 ff.).

C. Bezugsrecht der Aktionäre, Abs. 4

I. Gesetzliches Bezugsrecht

32   Bei der Ausgabe von Wandel- und Gewinnschuldverschreibungen sowie Genussrechten haben die Aktionäre gem. Abs. 4 Satz 1 ein gesetzliches Bezugsrecht, das sie gegen Beeinträchtigungen ihrer Rechte schützt. Das Bezugsrecht steht nicht den Inhabern zuvor ausgegebener Wandel- oder Gewinnschuldverschreibungen oder Genussrechtsinhabern zu. Maßgeblich ist die **Mitgliedschaft im Zeitpunkt der Beschlussfassung**. Auf die Aktiengattung kommt es nicht an (MüKo AktG/*Habersack* § 221 Rn. 164). Der AG steht aus eigenen Aktien gem. § 71b AktG kein Bezugsrecht zu (*Hüffer* AktG, § 221 Rn. 38). Ein hiervon zu unterscheidender konkreter Bezugsanspruch entsteht mit dem Hauptversammlungsbeschluss, wenn der Vorstand zur Ausgabe verpflichtet ist, ansonsten mit dem Vorstandsbeschluss über die Ausgabe.

II. Bezugsrechtsausschluss

1. Formalia

a) Hauptversammlungsbeschluss

33   Der Verweis in Abs. 4 Satz 2 auf § 136 Abs. 3 AktG ermöglicht, das Bezugsrecht der Aktionäre **ganz oder teilweise auszuschließen**. Über den Bezugsrechtsausschluss entscheidet die Hauptversammlung entweder selbst im Beschluss, gleich ob sie den Vorstand zur Ausgabe der Anleihen berechtigt oder verpflichtet; oder sie ermächtigt den Vorstand zum Bezugsrechtsausschluss (OLG München

AG 1991, 210, 211; AG 1994, 372, 373; LG Frankfurt am Main WM 1990, 1745 f.; LG München I AG 1991, 73). Abs. 4 Satz 2 erklärt § 186 AktG insgesamt für sinngemäß anwendbar, sodass die formellen Voraussetzungen des § 186 Abs. 3 und 4 AktG zu beachten sind. Entsprechend muss der Bezugsrechtsausschluss Bestandteil des Beschlusses oder der entsprechenden Ermächtigung des Vorstands sein (OLG Schleswig AG 2003, 48, 49; MüKo AktG/*Habersack* § 221 Rn. 171; a. A. für Optionsanleihen *Groß* AG 1991, 201, 204 f.). Inhaltlich hat der Hauptversammlungsbeschluss, mit dem der Vorstand zu einem Bezugsrechtsausschluss bei der Ausgabe von Wanderschuldverschreibungen im Zusammenhang mit einer bedingten Kapitalerhöhung ermächtigt wird, die Anforderungen an einen Beschluss über die Schaffung eines genehmigten Kapitals zu erfüllen (BGH AG 2007, 863, 864; zu den Anforderungen vgl. § 203 AktG Rdn. 8 und BGHZ 136, 133 ff.).

b) Vorstandsbericht

Darüber hinaus hat der Vorstand einen Bericht über den Grund des Bezugsrechtsausschlusses gem. § 186 Abs. 4 Satz 2 AktG vorzulegen, in dem bei Ausgabe von Wandel- oder Optionsanleihen **umfassend und konkret** die Tatsachen mitgeteilt werden müssen, die für die materielle Rechtfertigung des Bezugsrechtsausschlusses (Rdn. 41 ff.) entscheidend sind, und müssen die Wertungen und Abwägungen des Vorstands enthalten sein (OLG Frankfurt am Main AG 1992, 271; OLG München AG 1991, 210, 211; AG 1994, 372, 374; LG Frankfurt am Main WM 1990, 1745, 1747 f.; LG München I AG 1991, 73 f.). Ob dies auch für Gewinnschuldverschreibungen und Genussrechte gilt, hängt davon ab, welche materiellen Anforderungen bei ihnen an den Bezugsrechtsausschluss gestellt werden (Rdn. 44). Nach zutr. Auffassung genügt es, wenn im Bericht »das Ziel der Ausgabe und der Rahmen für die Festsetzung des Ausgabekurses abgesteckt« werden (OLG Bremen AG 1992, 268, 270; LG Bremen AG 1992, 37). Darüber hinaus hat der Bericht den vorgeschlagenen Ausgabebetrag zu begründen, sodass die wesentlichen Konditionen darzulegen sind, zu denen die Wandel- und Optionsanleihen, Gewinnschuldverschreibungen und Genussrechte ausgegeben werden sollen. 34

Wird der Vorstand **lediglich zur Ausgabe ermächtigt**, muss der Bericht wie beim genehmigten Kapital nur Angaben dazu enthalten, wenn der Ermächtigungsbeschluss bereits die Ausgabekonditionen regelt (LG Bremen AG 1992, 37; vgl. auch *Hüffer* AktG, § 221 Rn. 41). Sollen **Stock Options** für Vorstandsmitglieder gem. § 192 Abs. 2 Nr. 1 AktG ausgegeben werden, muss der Bericht auch erläutern, weshalb das Programm in seiner konkreten Ausformung die angestrebte Steigerung des Unternehmenswertes erwarten lässt (*Baums* FS Claussen 1997, 3, 42; *Hüffer* ZHR 161, 1997, 214, 229 f.). 35

Der Bericht muss während der Hauptversammlung ausliegen und ist darüber hinaus entsprechend § 175 Abs. 2 AktG von der Einberufung der Hauptversammlung an in den Geschäftsräumen **auszulegen**; ist jedem Aktionär auf Verlangen eine **Abschrift** zu übersenden (vgl. dazu ausführl. § 175 Rdn. 6 ff.). Ob dies auch bei der Ausgabe von Genussrechten gilt, ist strittig (so *Hüffer* AktG, § 221 Rn. 41; a. A. OLG Bremen AG 1992, 268, 270). 36

Genügt der Bericht den Anforderungen nicht, so ist der Beschluss **anfechtbar**. Eine Nachbesserung durch mündliche Erläuterung in der Hauptversammlung ist wegen des Schriftformerfordernisses nicht möglich (LG Frankfurt am Main WM 1990, 1745, 1747 f.). 37

c) Weitere anwendbare Vorschriften

Über den Verweis in Abs. 4 Satz 2 hinaus ist zum Schutz des gesetzlichen Bezugsrechts auch **§ 187 AktG** entsprechend anwendbar (MüKo AktG/*Habersack* § 221 Rn. 168; *Hüffer* AktG, § 221 Rn. 46; MünchHdb GesR IV/*Krieger* § 63 Rn. 15). Darüber hinaus erklärt Abs. 4 Satz 2 für den Fall von Stock Options auch **§ 193 Abs. 2 Nr. 4 AktG** für sinngemäß anwendbar, sodass die Hauptversammlung auch mit den Eckpunkten von Optionsprogrammen zu befassen ist, wenn solche Programme an Wandelschuldverschreibungen oder ähnliche Finanzinstrumente geknüpft werden; des Weiteren scheiden Aufsichtsratsmitglieder als Bezugsberechtigte aus (RegBegr. BT-Drucks. 3/05, S. 52). 38

d) Beschlussmängel

39 Eine Teilanfechtung des Bezugsrechtsausschlusses scheidet aus, wenn der Vorstand die Ausgabe nach der Beschlusslage entweder unter Bezugsrechtsausschluss vorzunehmen oder das Ganze zu lassen hat oder wenn sich eine ihm erteilte Ermächtigung auf die Emission, nicht aber auf den Ausschluss des Bezugsrechts bezieht (LG Braunschweig AG 1993, 194; vgl. auch *Hüffer* AktG, § 221 Rn. 44; MüKo AktG/*Habersack* § 221 Rn. 195). Enthält der Hauptversammlungsbeschluss lediglich eine Ermächtigung zum Bezugsrechtsausschluss, kommt Teilanfechtung nach den Grundsätzen in § 139 BGB in Betracht (OLG München AG 1991, 210, 212; OLG München AG 1994, 372, 374 f.; LG Frankfurt am Main WM 1990, 1745, 1748; vgl. auch § 203 AktG Rdn. 19).

e) Mittelbares Bezugsrecht

40 Da Abs. 4 Satz 2 auch auf § 186 Abs. 5 AktG verweist, handelt es sich nicht um einen Fall des Bezugsrechts, wenn den Aktionären die Anleihen oder Genussrechte im Wege des mittelbaren Bezugsrechts angeboten werden. Das mittelbare Bezugsrecht muss bereits im Ausgabebeschluss festgesetzt sein. Zum Inhalt des Ausgabebeschlusses und zur Durchführung des mittelbaren Bezugsrechts gelten die Erläuterungen zu § 186 Abs. 5 AktG entsprechend (vgl. § 186 AktG Rdn. 34 ff.).

2. Materielle Rechtfertigung

a) Wandel- und Optionsanleihen

41 Für den Ausschluss des Bezugsrechts im Rahmen der Ausgabe von Wandel- und Optionsanleihen bedarf es einer **sachlichen Rechtfertigung** wie bei der Kapitalerhöhung (OLG München AG 1991, 210, 211; LG München I AG 1991, 73, 74 f.; vgl. auch § 186 AktG Rdn. 15 ff.), weil diese Anleihen auch das Recht zum Erwerb von Mitgliedsrechten gewähren und damit (mittelbar) wie neue Aktien in die bestehenden Aktionärsrechte eingreifen. Bei der Ausgabe von **Stock Options** gem. § 192 Abs. 2 Nr. 1 AktG ist das Gesellschaftsinteresse zu bejahen, desgleichen Eignung, Erforderlichkeit und Verhältnismäßigkeit, wenn die Zielsetzung erreicht werden kann und das Emissionsvolumen keine unnötige Verwässerung befürchten lässt (OLG Braunschweig AG 1999, 84, 86 ff.; OLG Stuttgart AG 1998, 529, 530 ff.; LG Frankfurt am Main AG 1997, 185, 186 f.; LG Stuttgart AG 1998, 41, 43; teilw. weiter gehend *Baums* FS Claussen 1997, 3, 40 ff.). Wird der Vorstand lediglich zur Ausgabe von Wandelanleihen ermächtigt, so bedarf der insoweit auf künftige, noch unbestimmte Kapitalbeschaffungsmaßnahmen abzielende Ermächtigungsbeschluss seinerseits keine sachlichen Rechtsfertigung; vielmehr hat die Hauptversammlung lediglich zu entscheiden, ob die ihr in allgemeiner Form von der Verwaltung vorgeschlagene Maßnahme bei abstrakter Beurteilung im Interesse der Gesellschaft liegt (BGH AG 2007, 863, 864).

42 Bei einem **Ausgabebetrag** in der Nähe des **Börsenpreises** ist § 186 Abs. 3 Satz 4 AktG über die Verweisungsvorschrift des Abs. 4 Satz 2 jedenfalls im Ansatz zu bejahen (*Baums*, Bericht der RegKomm Corp. Gov., Rn. 21; *Groß* DB 1994, 2431, 2435). Die Voraussetzungen werden jedoch i. d. R. bei Wandel- und Optionsanleihen oder Genussrechten nicht erfüllt sein, sodass die Rechtfertigung durch das Preisargument ausscheidet (AusschussBegr. BT-Drucks. 12/7848, S. 17; vgl. aber auch OLG Braunschweig AG 1999, 84, 85; *Busch* AG 1999, 58, 59 ff.).

43 Ob der Bezugsrechtsausschluss sachlich gerechtfertigt ist, unterliegt **eingeschränkter richterlicher Prüfung** (vgl. auch LG Bremen AG 1992, 37 f.).

b) Gewinnschuldverschreibungen und Genussrechte

44 Bei der Ausgabe von Genussrechten ist das Erfordernis sachlicher Rechtfertigung und der Umfang einer solchen strittig, weil wegen des Inhalts der Genussrechte ein Eingriff in die mitgliedschaftliche Stellung der Altaktionäre, insbes. das Stimmrecht, ausscheidet. Da dennoch, je nach Ausgestaltung des Genussrechts, Aktionärsrechte betroffen sein können, sollte das Erfordernis und der Umfang sachlicher Rechtfertigung vom jeweiligen Inhalt des Genussrechts abhängig gemacht werden

(BGHZ 120, 141, 146 ff.; ähnlich OLG Bremen AG 1992, 268, 269 f.; MüKo AktG/*Habersack* § 221 Rn. 186 f.; *Hüffer* AktG, § 221 Rn. 43; MünchHdb GesR IV/*Krieger* § 63 Rn. 69; a. A. LG Bremen AG 1992, 37 f.; *Hirte* ZIP 1988, 477, 486). Für Gewinnschuldverschreibungen gilt dies entsprechend (MüKo AktG/*Habersack* § 221 Rn. 186 f.; *Hüffer* AktG, § 221 Rn. 43). Der Bezugsrechtsausschluss darf in keinem Fall gegen § 53a AktG verstoßen (BGHZ 120, 141, 150 ff.; OLG Bremen AG 1992, 268, 269).

D. Ausgabe und Wandlung

I. Ausgabe von Anleihen und Gewährung von Genussrechten

1. Ausgabe

Durch den Hauptversammlungsbeschluss wird der Vorstand legitimiert, Wandelanleihen, Options- 45 anleihen und Gewinnschuldverschreibungen auszugeben bzw. Genussrechte zu gewähren. Begründet werden die Rechte durch **Rechtsgeschäfte zwischen der AG und Dritten**. Auch Genussrechte werden durch Vertrag zwischen der AG und Dritten vereinbart (RGZ 132, 199, 206). Vertreten wird die AG durch den Vorstand (§ 78 AktG). Die Rechte werden üblicherweise in **Inhaberschuldverschreibungen** (§ 793 AktG) verbrieft. Bei der Wandelanleihe werden der Zahlungsanspruch und das Umtauschrecht notwendig in einer Urkunde verbrieft (MüKo AktG/*Habersack* § 221 Rn. 203; *Hüffer* AktG, § 221 Rn. 48). Die Verbriefung der Optionsanleihe ist von ihrer Ausgestaltung abhängig: Soll das Bezugsrecht nur zusammen mit der Schuldverschreibung ausgeübt werden können, so sind Zahlungsanspruch und Bezugsrecht ebenfalls untrennbar in einer Urkunde zu verbriefen (*Hüffer* AktG, § 221 Rn. 48).

Gibt der Vorstand Wandelanleihen, Optionsanleihen, Gewinnschuldverschreibungen oder Genuss- 46 rechte aus, ohne dass er durch Hauptversammlungsbeschluss hierzu legitimiert wäre, so berührt dies die Wirksamkeit der Rechte nicht. Diese sind gültig und verpflichten die AG. Der Vorstand handelt jedoch pflichtwidrig und macht sich nach § 93 AktG schadensersatzpflichtig (*Hüffer* AktG, § 221 Rn. 52; MüKo AktG/*Habersack* § 221 Rn. 150; *Georgakopoulos* ZHR 120, 1957, 84, 143; *Hüffer* AktG, ZHR 161, 1997, 214, 227 f.).

2. Übertragbarkeit

Wandel- und Gewinnschuldverschreibungen sowie Genussrechte sind **übertragbar**. Unverbriefte 47 Rechte werden nach §§ 398, 413 BGB abgetreten. Bei Inhaberpapieren wird die Abtretung nach sachenrechtlichen Grundsätzen (§§ 929 ff. BGB) durchgeführt (*Hüffer* AktG, § 221 Rn. 53).

Die AG kann von ihr selbst ausgestellte Wandel- oder Gewinnschuldverschreibungen **derivativ** 48 **erwerben**. § 71 AktG ist nicht einschlägig. Wegen § 56 Abs. 1 AktG können jedoch Umtausch- oder Bezugsrechte nicht ausgeübt werden. Gleiches gilt wegen § 56 Abs. 2 AktG für abhängige oder im Mehrheitsbesitz stehende Unternehmen, die Anleihen der sie beherrschenden AG halten (MüKo AktG/*Habersack* § 221 Rn. 208; *Hüffer* AktG, § 221 Rn. 54; MünchHdb GesR IV/*Krieger* § 63 Rn. 20). Die AG kann grds. auch eigene Genussrechte erwerben; Kreditinstitute haben allerdings die Vorschriften des KWG zu beachten (vgl. i. E. *Hüffer* AktG, § 221 Rn. 54).

II. Wandlung

Wandel- und Optionsanleihen begründen einen **schuldrechtlichen Anspruch auf Erwerb von Mit-** 49 **gliedsrechten**. Der Gläubiger hat die Ersetzungsbefugnis, unter Aufgabe seines Gläubigerrechts – ggf. gegen zusätzliche Leistung – Aktionär zu werden. Auch Gewinnschuldverschreibungen und Genussrechte können mit Umtausch- oder Bezugsrechten verbunden werden.

Zweckmäßigerweise wird die Erfüllbarkeit der Umtausch- und Bezugsrechte **durch bedingte** 50 **Kapitalerhöhung** gesichert. Daneben ist es aber auch möglich, die neuen Mitgliedsrechte durch reguläre Kapitalerhöhung (§ 182 AktG) oder genehmigtes Kapital (§ 202 AktG) unter Ausschluss des Bezugsrechts der Aktionäre zur Verfügung zu stellen (BGHZ 83, 319, 323; LG Frankfurt am

Main AG 1984, 296, 299; MüKo AktG/*Habersack* § 221 Rn. 220 f.; *Hüffer* AktG, § 221 Rn. 59; MünchHdb GesR IV/*Krieger* § 63 Rn. 21).

51 Stammen die neuen Mitgliedsrechte aus bedingtem Kapital, so wird das Bezugsrecht durch **Bezugserklärung** ausgeübt (§ 198 Abs. 1 AktG), durch die gemeinsam mit der korrespondierenden Willenserklärung der AG ein **Zeichnungsvertrag** zustande kommt (*Hüffer* AktG, § 221 Rn. 57). Im Fall der regulären Kapitalerhöhung oder Schaffung der Aktien aus genehmigtem Kapital (§§ 182, 203 Abs. 1 Satz 1 AktG) wird das Bezugs- oder Umtauschrecht durch Zeichnung (§ 185 AktG) ausgeübt, die eine auf Vertragsabschluss gerichtete Willenserklärung darstellt und zum Abschluss des Zeichnungsvertrages führt.

III. Eingriff in die Rechtsposition

52 Durch zulässige Maßnahmen kann die AG die Rechte von Anleihegläubigern und Genussrechtsinhabern beeinträchtigen oder stärken. Beeinträchtigungen von Anleihen erfolgen insbesondere durch Kapitalerhöhung oder Ausgabe weiterer Wandel- oder Optionsanleihen. Rechte aus Gewinnschuldverschreibungen oder Genussrechte können durch Feststellung der maßgeblichen Gewinngröße oder durch Verwendungsbeschlüsse beeinträchtigt werden.

1. Wandel- und Optionsanleihen

53 Üblicherweise enthalten Anleihebedingungen Regelungen, die die Anleihegläubiger gegen Verwässerung ihrer Ansprüche durch Kapitalerhöhung oder Ausgabe neuer Wandelschuldverschreibungen schützen (*Zöllner* ZGR 1986, 288, 296 mit Bsp.). Solche vertraglichen Vereinbarungen sind zulässig und gehen § 216 Abs. 3 AktG vor (*Hüffer* AktG, § 221 Rn. 62). § 216 Abs. 3 AktG sieht Anpassungen nur bei der Kapitalerhöhung aus Gesellschaftsmitteln vor. Im Übrigen ist strittig, ob und wie eine Vertragsanpassung zu erfolgen hat. Eine Analogie von § 216 Abs. 3 AktG (so MüKo AktG/*Habersack* § 221 Rn. 289 f.; MünchHdb GesR IV/*Krieger* § 63 Rn. 22; *Kallrath* S. 164 ff., 169 f.) ist jedoch abzulehnen. Vielmehr kann eine Anpassung lediglich nach den Grundsätzen ergänzender Vertragsauslegung erfolgen (*Hüffer* AktG, § 221 Rn. 63; *Zöllner* ZGR 1986, 288, 304 f.).

2. Gewinnschuldverschreibungen und Genussrechte

54 Nach h. M. ist den Inhabern von Gewinnschuldverschreibungen und Genussrechten der Weg der **Zahlungsklage** gegen die AG eröffnet, wenn diese eine Gewinnausschüttung missbräuchlich i. S. v. § 242 BGB vereitelt. Die Klage ist mit einem **Schadensersatzanspruch** aus § 280 Abs. 1 BGB, ggf. auch aus § 826 BGB zu unterlegen. Als Bewertungsmaßstab ist § 254 Abs. 1 AktG heranzuziehen (*Hüffer* AktG, § 221 Rn. 65; MüKo AktG/*Habersack* § 221 Rn. 280 ff.; *Frantzen*, Genußscheine, 205 ff., 220 ff.; *Hammen* BB 1990, 1917, 1919). Im Fall bloßer Sorgfaltsverstöße der Geschäftsführung hat das RG eine Haftung der AG verneint (RGZ 105, 236, 240 f.); auch hier ist für den Ausnahmefall satzungswidriger oder kaufmännisch schlechthin unseriöser Geschäfte aber ein Anspruch aus §§ 280 Abs. 1, 31 BGB zu bejahen (BGHZ 119, 305, 330 ff.).

55 **Anpassungsregelungen** in den Genussrechtsbedingungen über die Rechtsfolgen bei Verwässerung durch Kapitalerhöhung und ähnliches sind grds. **zulässig** und gehen den gesetzlichen Bestimmungen vor. Für den Fall der Kapitalerhöhung aus Gesellschaftsmitteln bestimmt im Übrigen § 216 Abs. 3 AktG, dass das Genussrecht den veränderten Umständen anzupassen ist. Ansonsten verneint die Rechtsprechung bisher einen Verwässerungsschutz (RGZ 83, 295, 298; BGHZ 28, 259, 277). Nach neuerer Auffassung in der Literatur ist hingegen der Rechtsgedanke der §§ 216 Abs. 3, 347a a. F. AktG anzuwenden und der Vertrag an die neue Situation anzupassen (MüKo AktG/*Habersack* § 221 Rn. 306; *Hüffer* AktG, § 221 Rn. 67; MünchHdb GesR IV/*Krieger* § 63 Rn. 56; *Hirte* ZIP 1988, 477, 487; *Koppensteiner* ZHR 139, 1975, 191, 197 ff.).

3. Auflösung, Verschmelzung, Umwandlung

Im Fall der Auflösung (§ 262 AktG) bleiben Umtausch- und Optionsrechte **bestehen** und können bis zum Schluss der Abwicklung ausgeübt werden (BGHZ 24, 279, 286). Bei der Verschmelzung durch Aufnahme oder zur Neugründung hat die übernehmende bzw. neu gegründete Gesellschaft den Anleihegläubigern gleichwertige Rechte zu gewähren (§§ 23, 36 Abs. 1 Satz 1 UmwG). Für die übertragende Umwandlung (Formwechsel) gilt § 23 UmwG über § 204 UmwG entsprechend. Gleiches gilt für Gewinnschuldverschreibungen und Genussrechte (MüKo AktG/*Habersack* § 221 Rn. 314; *Hüffer* AktG, § 221 Rn. 69; MünchHdb GesR IV/*Krieger* § 63 Rn. 23, 58). 56

Dritter Abschnitt Maßnahmen der Kapitalherabsetzung

Erster Unterabschnitt Ordentliche Kapitalherabsetzung

§ 222 Voraussetzungen

(1) ¹Eine Herabsetzung des Grundkapitals kann nur mit einer Mehrheit beschlossen werden, die mindestens drei Viertel des bei der Beschlußfassung vertretenen Grundkapitals umfaßt. ²Die Satzung kann eine größere Kapitalmehrheit und weitere Erfordernisse bestimmen.

(2) ¹Sind mehrere Gattungen von stimmberechtigten Aktien vorhanden, so bedarf der Beschluß der Hauptversammlung zu seiner Wirksamkeit der Zustimmung der Aktionäre jeder Gattung. ²Über die Zustimmung haben die Aktionäre jeder Gattung einen Sonderbeschluß zu fassen. ³Für diesen gilt Absatz 1.

(3) In dem Beschluß ist festzusetzen, zu welchem Zweck die Herabsetzung stattfindet, namentlich, ob Teile des Grundkapitals zurückgezahlt werden sollen.

(4) ¹Die Herabsetzung des Grundkapitals erfordert bei Gesellschaften mit Nennbetragsaktien die Herabsetzung des Nennbetrags der Aktien. ²Soweit der auf die einzelne Aktie entfallende anteilige Betrag des herabgesetzten Grundkapitals den Mindestbetrag nach § 8 Abs. 2 Satz 1 oder Abs. 3 Satz 3 unterschreiten würde, erfolgt die Herabsetzung durch Zusammenlegung der Aktien. ³Der Beschluß muß die Art der Herabsetzung angeben.

Übersicht	Rdn.		Rdn.
A. Allgemeines	1	4. Sonstige Festsetzungen	7
B. Kapitalherabsetzungsbeschluss, Abs. 1	2	IV. Sachliche Rechtfertigung	8
I. Mehrheitserfordernisse	2	V. Aufhebung und Änderung	10
II. Publizität	3	VI. Fehlerhaftigkeit des Beschlusses	11
III. Inhalt	4	C. Sonderbeschluss, Abs. 2	12
1. Herabsetzungsbetrag	4	D. Zweck der Kapitalherabsetzung, Abs. 3	14
2. Zweck	5	E. Arten der Kapitalherabsetzung, Abs. 4	15
3. Art der Herabsetzung	6	F. Kapitalherabsetzung und Auflösung	18

A. Allgemeines

Das AktG kennt verschieden Formen der Kapitalherabsetzung. § 222 AktG bestimmt die grundlegenden Anforderungen der **ordentlichen Kapitalherabsetzung**. Daneben gibt es die vereinfachte Kapitalherabsetzung (§ 229 AktG) und die Kapitalherabsetzung durch Einziehung von Aktien (§ 237 AktG). Kraft Verweisung findet § 222 AktG bei der Kapitalherabsetzung durch Einziehung von Aktien ebenfalls Anwendung (§ 237 Abs. 2 Satz 1 AktG); auf die vereinfachte Kapitalherabsetzung ist § 222 AktG teilweise anwendbar (§ 229 Abs. 3 AktG). Die Kapitalherabsetzung – gleich in welcher Erscheinungsform – beinhaltet immer auch eine **Satzungsänderung** (vgl. § 23 Abs. 3 Nr. 3 1 und 4 AktG). §§ 179 bis 181 AktG gelten daher subsidiär (*Hüffer* AktG, § 222 Rn. 6; KölnKomm AktG/*Lutter* Vorb. § 222 Rn. 3). Mit der wirksam gewordenen Kapitalherabsetzung ist der bisherige Satzungstext unrichtig und wird durch formelle Satzungsänderung berichtigt. Diese ist vom Kapitalherabsetzungsbeschluss zu unterscheiden und bestimmt sich ausschließlich nach §§ 179 ff. AktG (*Hüffer* AktG, § 222 Rn. 6; GroßkommAktG/*Schilling* § 222 Rn. 6; *Terbrack*, RNotZ 2003, 89, 91; a. A. jedoch die h. M. zur GmbH).

B. Kapitalherabsetzungsbeschluss, Abs. 1

I. Mehrheitserfordernisse

2   Die **Zuständigkeit** für die Kapitalherabsetzung liegt **ausschließlich bei der Hauptversammlung** (KGJ 14 A 19, 25; *Hüffer* AktG, § 222 Rn. 8 m. w. N.). Diese entscheidet durch **Beschluss**, der mit einer **Mehrheit von mindestens 3/4** des bei der Beschlussfassung vertretenen Grundkapitals zu fassen ist. Daneben ist die **einfache Stimmenmehrheit** des § 133 AktG erforderlich. Die Berechnung der Kapitalmehrheit bestimmt sich nach den zu § 179 Abs. 2 Satz 1 AktG dargelegten Grundsätzen (vgl. hierzu § 179 AktG Rdn. 13). Die **Satzung** kann eine größere Kapitalmehrheit festsetzen. Vorgesehen werden kann auch Einstimmigkeit, soweit die Kapitalherabsetzung damit nicht faktisch ausgeschlossen wird (*Hüffer* AktG, § 222 Rn. 10; GroßkommAktG/*Schilling* § 222 Rn. 6). Eine mehrheitsregelnde Satzungsklausel muss allerdings deutlich erkennen lassen, dass sie den Kapitalherabsetzungsbeschluss erfasst; Satzungsbestimmungen, die allgemein für Satzungsänderungen andere Mehrheiten vorsehen, reichen i. Zw. nicht (*Hüffer* AktG, § 222 Rn. 10; MüKo AktG/*Oechsler* § 222 Rn. 16; a. A. wohl KölnKomm AktG/*Lutter* § 222 Rn. 3). Der Kapitalherabsetzungsbeschluss kann durch Satzung auch von weiteren Erfordernissen abhängig gemacht werden (z. B. Beschlussfassung in zweiter Hauptversammlung). Das Gesetz bestimmt weitere Erfordernisse, wenn mehrere Aktiengattungen bestehen (Abs. 2).

II. Publizität

3   Der Beschlussvorschlag über die Kapitalherabsetzung ist bei der Einberufung der Hauptversammlung gem. § 124 Abs. 2 Satz 2 AktG **im Wortlaut** bekannt zu machen. Der Beschlussinhalt ergibt sich nicht ohne Weiteres aus dem Gesetzeswortlaut.

III. Inhalt

1. Herabsetzungsbetrag

4   Der Betrag, um den das Grundkapital herabgesetzt werden soll (Herabsetzungsbetrag) ist **konkret zu beziffern** und kann nicht in das Ermessen des Vorstands gestellt werden; ein Ermächtigungsbeschluss wäre gem. § 241 Nr. 3 AktG nichtig. Zulässig ist allerdings die **Vorgabe eines Höchstbetrages**, wenn gleichzeitig der Verwaltung so konkrete Vorgaben gemacht werden, dass der Herabsetzungsbetrag bestimmbar ist, und ihr insoweit kein eigenes Ermessen eingeräumt wird (RGZ 26, 132, 134; KGJ 16 A 14, 22; *Hüffer* AktG, § 222 Rn. 12; KölnKomm AktG/*Lutter* § 222 Rn. 14; MüKo AktG/*Oechsler* § 222 Rn. 20; MünchHdb GesR IV/*Krieger* § 60 Rn. 25). Mit Wirksamwerden der Kapitalherabsetzung darf der Mindestnennbetrag des Grundkapitals (§ 7 AktG) nicht unterschritten werden, wenn nicht im Rahmen einer Kapitalherabsetzung unter gleichzeitiger Barkapitalerhöhung die Voraussetzungen des § 228 AktG vorliegen.

2. Zweck

5   Gem. Abs. 3 ist im Beschluss außerdem der Zweck der Herabsetzung festzusetzen (vgl. Rdn. 14).

3. Art der Herabsetzung

6   Gem. Abs. 4 Satz 3 muss der Beschluss die Art der Herabsetzung angeben. Nicht notwendig, wenn auch zweckmäßig, ist bei einer Nennbetragsherabsetzung die **Bezifferung des Betrages je Aktie** und

bei einer Zusammenlegung von Aktien die **Angabe des Verhältnisses**, in dem Aktien zusammengelegt werden sollen (KölnKomm AktG/*Lutter* § 222 Rn. 4; GroßkommAktG/*Schilling* § 222 Rn. 8, a. A. *v. Godin/Wilhelmi* § 222 Anm. 4). Zu bestimmen ist, ob die Kapitalherabsetzung durch Herabsetzung von Nennbeträgen i. S. v. Abs. 4 Satz 1 oder durch Zusammenlegung von Aktien i. S. v. Abs. 4 Satz 2 oder auf beide Arten durchgeführt wird.

4. Sonstige Festsetzungen

Darüber hinaus können im Kapitalherabsetzungsbeschluss **Einzelheiten der Durchführung** der Kapitalherabsetzung bestimmt werden, z. B. Umtausch oder Berichtigung der Aktienurkunden, Vernichtung der alten Aktienurkunden, Fristen (vgl. *Hüffer* AktG, § 222 Rn. 13). Die Festsetzungen sind für den Vorstand bindend. Mangels Festsetzungen entscheidet der Vorstand (RGZ 80, 81, 84), sodass eine Durchführungsermächtigung zwar üblich, aber entbehrlich ist (*Hüffer* AktG, § 222 Rn. 13, Happ/*Tielmann* AktienR, 14.01 Rn. 8). 7

IV. Sachliche Rechtfertigung

Einer sachlichen Rechtfertigung bedarf es zur Kapitalherabsetzung nach h. M. nicht (BGHZ 138, 71, 76 f.; OLG Schleswig AG 2004, 155, 156 f.; *Hüffer* AktG, § 222 Rn. 14; MüKo AktG/*Oechsler* § 222 Rn. 25; *Gleich* NJW 1998, 2054; a. A. etwa *Lutter* ZGR 1991, 171, 180; *Wiedemann* ZGR 1980, 147, 157). Im Fall der Herabsetzung des Nennbetrages wird nicht in die Mitgliedschaft der Aktionäre eingegriffen, bei einer Zusammenlegung von Aktien, die zu einem Verlust von Spitzenbeträgen führen kann, sind Aktionäre durch die Subsidiarität dieser Art der Herabsetzung geschützt und steht die spezielle Regelung einer materiellen Beschlusskontrolle entgegen. Anderes gilt indes für die isolierte vereinfachte Kapitalherabsetzung, die die Überschuldung nicht vollständig beseitigen kann. Hier ist zu rechtfertigen, weshalb nicht zugleich eine Kapitalerhöhung erfolgt, damit nicht im Ergebnis das Bezugsrecht der ganz oder teilweise aus ihrer Mitgliedschaft verdrängten Aktionäre verloren geht, soweit die sanierende Kapitalerhöhung unter Mitwirkung der Aktionäre auch wirtschaftlich realistisch ist (offenlassend BGHZ 138, 71, 77 f.; Vorinstanzen: OLG Dresden AG 1996, 565, 567 ff.; LG Dresden ZIP 1995, 1596, 1600; vgl. auch LG Dresden AG 1996, 36, und als Vorinstanz AG Dresden AG 1995, 192; *Geißler* NZG 2000, 719, 724; *Hüffer* AktG, § 222 Rn. 14; krit. *Wirth* DB 1996, 867, 871 f.). 8

Der Kapitalerhöhungsbeschluss darf indes **nicht willkürlich** sein und damit insbesondere nicht gegen das **Gebot der Gleichbehandlung** aus § 53a AktG verstoßen, soweit nicht im Einzelfall die Zustimmung des benachteiligten Aktionärs vorliegt. Eine unzulässige Ungleichbehandlung liegt insbesondere auch darin, wenn bestimmte Aktiengattungen von der Kapitalherabsetzung nicht betroffen werden oder durch die letzte Kapitalerhöhung ausgegebene Aktien zuerst erfasst werden (MüKo AktG/*Oechsler* § 222 Rn. 26; *Hüffer* AktG, § 222 Rn. 15; a. A. GroßkommAktG/*Schilling* § 222 Rn. 19). 9

V. Aufhebung und Änderung

Der Kapitalherabsetzungsbeschluss kann bis zu seinem Wirksamwerden durch Eintragung im Handelsregister durch Hauptversammlungsbeschluss, der den Voraussetzungen der §§ 22 ff. AktG unterliegt, geändert werden (KölnKomm AktG/*Lutter* § 222 Rn. 55; MünchHdb GesR IV/*Krieger* § 60 Rn. 37; Happ/*Tielmann* AktienR, 14.01 Rn. 10). Die Aufhebung des Kapitalherabsetzungsbeschlusses ist hingegen durch Hauptversammlungsbeschluss, der mit einfacher Mehrheit zu fassen ist, möglich (KölnKomm AktG/*Lutter* § 222 Rn. 55; MünchHdb GesR IV/*Krieger* § 60 Rn. 37; a. A. *Hüffer* AktG, § 222 Rn. 16, der eine qualifizierte Mehrheit gem. § 222 Abs. 2 AktG verlangt). 10

VI. Fehlerhaftigkeit des Beschlusses

Fehler des Kapitalherabsetzungsbeschlusses führen je nach Qualität zur Nichtigkeit oder Anfechtbarkeit. Fehlergründe, die zur **Nichtigkeit** führen, sind Unterschreitung des Mindestnennbetrages 11 des Grundkapitals (§ 7 AktG), sofern nicht die Voraussetzungen des § 228 AktG vorliegen (*Hüffer* AktG, § 222 Rn. 17; KölnKomm AktG/*Lutter* § 222 Rn. 34; MünchHdb GesR IV/*Krieger* § 60 Rn. 30); Verstoß gegen § 8 Abs. 2 Satz 1 AktG, nicht aber Verstoß gegen § 8 Abs. 2 Satz 4 AktG (BGH AG 1992, 27). **Anfechtbarkeit** ist gegeben bei fehlender Angabe des Zwecks der Kapitalherabsetzung (KG JFG 10, 112, 115 f.); Unerreichbarkeit des angegebenen Zweckes (LG Hannover AG 1995, 285 f.); fehlende Angabe der Art der Kapitalherabsetzung (MüKo AktG/*Oechsler* § 222 Rn. 30; a. A. GroßkommAktG/*Schilling* § 222 Rn. 21); Verstoß gegen das Gleichbehandlungsgebot (MüKo AktG/*Oechsler* § 222 Rn. 30).

C. Sonderbeschluss, Abs. 2

12 Existieren **mehrere Gattungen** von stimmberechtigten Aktien, so müssen die Aktionäre jeder Gattung in Form eines Sonderbeschlusses i. S. v. § 138 AktG zustimmen, und zwar unabhängig von der Frage einer Benachteiligung einzelner Aktiengattungen. Der Sonderbeschluss ist auch notwendig, wenn die Kapitalherabsetzung einstimmig beschlossen wurde (RGZ 148, 175, 178 ff.; KGJ 35 A 162, 164; MüKo AktG/*Oechsler* § 222 Rn. 32; a. A. KGJW 1934, 174). **Vorzugsaktien ohne Stimmrecht** sind nicht durch Sonderbeschluss zu berücksichtigen, da Abs. 2 Satz 1 lediglich auf stimmberechtigte Aktien abstellt (zur früheren Rechtslage OLG Frankfurt am Main DB 1993, 272 f.; LG Frankfurt am Main AG 1991, 405, 406). Entsprechend dem Verweis in Abs. 2 Satz 3 auf Abs. 1 kann die Satzung für den Sonderbeschluss eine größere Kapitalmehrheit und weitere Erfordernisse bestimmen; diese können vom eigentlichen Kapitalherabsetzungsbeschluss abweichen (*Hüffer* AktG, § 222 Rn. 18).

13 Der Sonderbeschluss ist ein **zusätzliches Wirksamkeitserfordernis**. Solange er fehlt, ist der Kapitalherabsetzungsbeschluss **schwebend unwirksam** (RGZ 148, 175, 186 f.). Wird er dennoch in das Handelsregister eingetragen, kann der Sonderbeschluss noch nachgeholt werden. Der Sonderbeschluss, der die Zustimmung verweigert, führt zur **endgültigen Unwirksamkeit** des Kapitalherabsetzungsbeschlusses. Bei seiner Fehlerhaftigkeit finden über § 138 Satz 2 AktG die §§ 241 ff. AktG entsprechende Anwendung; mit der Maßgabe, dass der Sonderbeschluss selbstständiger Gegenstand einer Nichtigkeits- oder Anfechtungsklage ist.

D. Zweck der Kapitalherabsetzung, Abs. 3

14 Die Kapitalherabsetzung muss einem **bestimmten Zweck** dienen, der im Herabsetzungsbeschluss gem. Abs. 3 anzugeben ist. Dieser Beschlussbestandteil bindet den Vorstand hinsichtlich der Verwendung des Buchertrags. **Zulässig** ist grds. **jeder Zweck**, z. B. die Rückzahlung von Grundkapital an die Aktionäre (einschließlich Sachausschüttung), die Befreiung der Aktionäre von der Verpflichtung zur Leistung von Einlagen, die Einstellung in Rücklagen, die Abrundung des Grundkapitals (h. M. so KGJW 26, 2930, 2931) oder die Beseitigung einer Unterbilanz (vgl. insgesamt *Hüffer* AktG, § 222 Rn. 20 m. w. N.). Die Rückzahlung von Grundkapital im Rahmen einer Kapitalherabsetzung an die Aktionäre stellt keine verbotene Einlagenrückgewähr i. S. v. § 57 Abs. 1 Satz 1 oder Abs. 3 AktG dar (MüKo AktG/*Oechsler* § 222 Rn. 37; *Hüffer* AktG, § 222 Rn. 20). Die Befreiung von einer Einlageverbindlichkeit erfolgt nicht bereits durch den Kapitalherabsetzungsbeschluss, sondern wird durch zusätzlichen Erlassvertrag zwischen der Gesellschaft und dem Aktionär vereinbart (KölnKomm AktG/*Lutter* § 225 Rn. 42; MüKo AktG/*Oechsler* § 222 Rn. 37). Der Buchertrag kann auch dann zur Rücklagenbildung oder Auszahlung an Aktionäre verwandt werden, wenn ein Verlustvortrag vorhanden ist. Mehrere Zwecke können gleichzeitig verfolgt werden, wobei die Angabe einer Priorität möglich ist (*Hüffer* AktG, § 222 Rn. 20; MüKo AktG/*Oechsler* § 222 Rn. 38; MünchHdb GesR IV/*Krieger* § 60 Rn. 26).

E. Arten der Kapitalherabsetzung, Abs. 4

15 Gem. Abs. 4 muss der Kapitalherabsetzungsbeschluss die Art der Herabsetzung angeben. Die Vorschrift betrifft das Verhältnis zwischen der angestrebten Grundkapitalziffer und der Anzahl von Aktien. Sie regelt, ob Aktien an das herabgesetzte Grundkapital anzupassen sind, wie ggf. die

Anpassung zu erfolgen hat (Abs. 4 Satz 1) und wie sich die Anpassung der Aktie zu den bei Stückelung des Grundkapitals bestehenden Grenzen verhält (Mindestbetrag; Abs. 4 Satz 2).

Nur bei **Nennbetragsaktien** (§ 8 Abs. 3 AktG) besteht die Notwendigkeit einer Anpassung der Mitgliedsrechte, weil ansonsten die Summe der Nennbeträge nicht mehr der Grundkapitalziffer entspräche. Dagegen ist eine Anpassung von **Stückaktien** (§ 8 Abs. 3 AktG) an die herabgesetzte Kapitalziffer weder möglich noch erforderlich (RegBegr. BT-Drucks. 13/9573, S. 18). Als **Anpassungsarten** kommen für Nennbetragsaktien die Herabsetzung des Nennbetrages (Abs. 4 Satz 1) und die Zusammenlegung von Aktien (Abs. 4 Satz 2) in Betracht. Eine Zusammenlegung darf indes nur erfolgen, wenn der Mindestnennbetrag der Aktie (§ 8 Abs. 2 Satz 1 AktG) durch eine Anpassung unterschritten würde (BGHZ 138, 71, 76 f.; BGHZ 142, 176, 170). Bei Nennbetragsaktien ist außerdem zu beachten, dass diese auf volle Euro lauten müssen (§ 8 Abs. 2 Satz 4 AktG). Mit Wirksamwerden der Kapitalherabsetzung weisen etwa vorhandene Aktienurkunden den richtigen Nennbetrag aus und sind zu berichtigen oder durch neue Aktienurkunden zu ersetzen. Urkunden, die trotz Aufforderung nicht eingereicht werden, können gem. §§ 73, 64 Abs. 2 AktG für kraftlos erklärt werden, § 226 AktG gilt insoweit nicht (*Hüffer* AktG, § 222 Rn. 21b).

16

Sowohl im Fall von Nennbetragsaktien, als auch im Fall von Stückaktien sind die **Mindestbeträge** (Mindestnennbetrag gem. § 8 Abs. 2 Satz 1 AktG bzw. anteiliger Betrag des Grundkapitals gem. § 8 Abs. 3 Satz 3 AktG) **zwingend zu beachten** (RegBegr. BT-Drucks. 13/9573, S. 18). Insoweit muss die Herabsetzung des Grundkapitals zwingend durch Zusammenlegung von Aktien gem. Abs. 2 Satz 2 erfolgen, soweit es ansonsten zu einer Unterschreitung des Mindestbetrages käme. Die Zusammenlegung erfolgt durch Zusammenfassung der bisherigen Aktien zu einer geringeren Zahl neuer Aktien. Die Mitgliedschaftsrechte werden hierbei nicht vernichtet, aber ihre rechtliche Selbstständigkeit geht verloren (*Hüffer* AktG, § 222 Rn. 22). Bei der Zusammenlegung von Aktien ist die Bildung von Spitzenbeträgen (Teilrechte, die Aktionäre gegen Zuzahlung zu ergänzen oder unter Verzicht auf Mitgliedschaft zu veräußern haben, vgl. RGZ 111, 26, 29) möglichst zu vermeiden (KölnKomm AktG/*Lutter* § 222 Rn. 24 ff.; MüKo AktG/*Oechsler* § 222 Rn. 44; MünchHdb GesR IV/*Krieger* § 60 Rn. 7).

17

F. Kapitalherabsetzung und Auflösung

Auch im **Auflösungsstadium** der Gesellschaft (§ 262 AktG) ist nach h. M. eine Kapitalherabsetzung zulässig (*Hüffer* AktG, § 222 Rn. 24; MüKo AktG/*Hüffer* AktG, § 264 Rn. 30; MünchHdb GesR IV/*Krieger* § 60 Rn. 18; zur GmbH: OLG Frankfurt am Main OLGZ 1974, 129, 130 f.). In der **Insolvenz** wird die Kapitalherabsetzung zugelassen, wenn sie in Verbindung mit einer Kapitalerhöhung zur Sanierung der Gesellschaft führen soll oder – isoliert – eine Buchsanierung bezweckt (BGHZ 138, 71, 78 ff.; MüKo AktG/*Oechsler* § 229 Rn. 31; *Terbrack* RNotZ 2003, 89, 91; *Wirth* DB 1996, 867, 870).

18

§ 223 Anmeldung des Beschlusses

Der Vorstand und der Vorsitzende des Aufsichtsrats haben den Beschluss über die Herabsetzung des Grundkapitals zur Eintragung in das Handelsregister anzumelden.

Übersicht	Rdn.		Rdn.
A. Regelungsgegenstand und -zweck	1	C. Form und Inhalt	4
B. Zuständigkeit	2		

A. Regelungsgegenstand und -zweck

§ 223 AktG bezweckt eine dem Wirksamwerden des Kapitalherabsetzungsbeschlusses mit Eintragung vorgeschaltete **Registerkontrolle**. Die Anmeldung kann mit der Anmeldung der Durchführung der Kapitalherabsetzung (§ 227 AktG) verbunden werden. Neben der Anmeldung des

1

Kapitalherabsetzungsbeschlusses und seiner Durchführung ist des Weiteren die Anmeldung und Eintragung der formellen Satzungsänderung erforderlich, die mit der Anmeldung nach § 223 AktG zu verbinden ist, da die konstitutive Wirkung der Beschlusseintragung die Vorlage einer berichtigten Satzung erfordert (*Hüffer* AktG, § 223 Rn. 1; KölnKomm AktG/*Lutter* § 223 Rn. 6; a. A. wohl GroßkommAktG/*Schilling* § 222 Rn. 16).

B. Zuständigkeit

2   Die Anmeldung des Kapitalherabsetzungsbeschlusses obliegt dem Vorstand und dem Aufsichtsratsvorsitzenden. Sie handeln im Namen der Gesellschaft, nicht im eigenen Namen. Für den Vorstand genügt die Mitwirkung einer vertretungsberechtigten Zahl seiner Mitglieder (KG KGJ 41 A 134, 135). Unechte Gesamtvertretung i. S. v. § 78 Abs. 3 AktG ist zulässig (KG JW 1938, 3121; vgl. zur unechten Gesamtvertretung § 78 AktG Rdn. 15 ff.). Zulässig ist – anders als bei der Kapitalerhöhung – eine besondere Bevollmächtigung Dritter unter Beachtung der Formvorschrift des § 12 Abs. 1 Satz 1 HGB (MüKo AktG/*Oechsler* § 223 Rn. 2; *Hüffer* AktG, § 223 Rn. 3; *Terbrack* RNotZ 2003, 89, 96).

3   Die Anmeldung ist an das Amtsgericht des Satzungssitzes zu richten. Bei Zweigniederlassungen ist eine gesonderte Anmeldung am Niederlassungssitz nicht erforderlich (*Hüffer* AktG, § 223 Rn. 2). Dem Gericht obliegt eine formelle und materielle Prüfung.

C. Form und Inhalt

4   Die Anmeldung zum Handelsregister muss in **öffentlich beglaubigter Form** erfolgen (§ 12 Abs. 1 HGB). Ist der Herabsetzungsbetrag durch den Hauptversammlungsbeschluss nicht konkret bestimmt, muss der Vorstand diesen vor der Anmeldung beziffern, da nur ein konkret bezeichneter Herabsetzungsbetrag eintragungsfähig ist (*Hüffer* AktG, § 223 Rn. 2; KölnKomm AktG/*Lutter* § 223 Rn. 13; MüKo AktG/*Oechsler* § 223 Rn. 9; a. A. GroßkommAktG/*Schilling* § 222 Rn. 8). Mit der Anmeldung sind alle zur Prüfung des Herabsetzungsbeschlusses **erforderlichen Unterlagen** in der Form des § 12 Abs. 2 HGB einzureichen; dies sind insbesondere die notarielle Niederschrift über die Hauptversammlung, die die Kapitalherabsetzung beschlossen hat, sowie Niederschriften über Sonderbeschlüsse gem. § 222 Abs. 2 AktG (KölnKomm AktG/*Lutter* § 223 Rn. 6; MüKo AktG/*Oechsler* § 223 Rn. 5; MünchHdb GesR IV/*Krieger* § 60 Rn. 31). Bedarf die Kapitalherabsetzung einer staatlichen Genehmigung, ist analog § 188 Abs. 3 Nr. 4 AktG die Genehmigungsurkunde beizufügen.

§ 224 Wirksamwerden der Kapitalherabsetzung

Mit der Eintragung des Beschlusses über die Herabsetzung des Grundkapitals ist das Grundkapital herabgesetzt.

Übersicht	Rdn.		Rdn.
A. Wirkung der Eintragung	1	B. Fehlerhafte Kapitalherabsetzung	6

A. Wirkung der Eintragung

1   § 224 AktG bestimmt, dass die Kapitalherabsetzung bereits mit Eintragung des Herabsetzungsbeschlusses in das Handelsregister wirksam wird. Die Regelung verhält sich damit anders als die Regelungen der Kapitalerhöhung, gemäß welchen die Eintragung des Erhöhungsbeschlusses rein deklaratorisch und die Eintragung der Durchführung der Kapitalerhöhung erst konstitutiv wirkt (§§ 184, 189 AktG, vgl. § 184 AktG Rdn. 1, § 189 AktG Rdn. 1). Mit der Eintragung des Beschlusses über die Herabsetzung des Grundkapitals hat die Gesellschaft damit eine **neue Grundkapitalziffer**, die maßgeblich ist, soweit auf die Höhe des Grundkapitals abzustellen ist.

Der hierdurch entstehende Buchertrag ist ebenso wie die neue Grundkapitalziffer **unverzüglich** und 2
nicht erst zum nächsten Bilanzstichtag auf den jeweiligen Konten **zu verbuchen** (RGZ 101, 199,
201; MüKo AktG/*Oechsler* § 224 Rn. 13). Bei der Buchung ist die für die Verwaltung bindende
Zweckangabe der Kapitalherabsetzung (§ 222 Abs. 3 AktG) zu beachten. Ergibt sich nach der Eintragung, dass die Kapitalherabsetzung zum Verlustausgleich nicht oder nicht in vollem Umfange
erforderlich war, so ist ein nicht ausgeschöpfter Buchertrag in die Kapitalrücklage einzustellen
(BGHZ 119, 305, 322f.; *Hüffer* AktG, § 224 Rn. 3). Die neue Kapitalziffer und der Buchertrag
sind **im nächstfolgenden Jahresabschluss auszuweisen**; darüber hinaus ist in der Gewinn- und
Verlustrechnung der Buchungsertrag als solcher aus Kapitalherabsetzung gesondert auszuweisen
(§ 240 AktG).

Nach der Eintragung des Kapitalherabsetzungsbeschlusses kann die Kapitalherabsetzung nicht 3
mehr rückgängig gemacht werden, sondern lediglich wirtschaftlich durch separate Kapitalerhöhung
»kompensiert« werden. Die Änderung des Zwecks der Kapitalherabsetzung ist hingegen auch nach
der Eintragung noch möglich; sie erfolgt durch Hauptversammlungsbeschluss unter Beachtung
der Voraussetzungen der §§ 222 ff. AktG (KölnKomm AktG/*Lutter* § 224 Rn. 7; GroßkommAktG/
Schilling § 224 Rn. 4; MünchHdb GesR IV/*Krieger* § 60 Rn. 37a; *Hüffer* AktG, § 224 Rn. 3).

Im Fall der Kapitalherabsetzung **durch Herabsetzung der Aktiennennbeträge** (§ 222 Abs. 4 Satz 1 4
AktG) haben die Mitgliedsrechte mit Eintragung des Beschlusses den neuen herabgesetzten Nennbetrag, nach dem sich insbesondere Stimmrecht, Bezugsrecht und Gewinnanspruch bestimmen.
Etwa ausgegebene Aktienurkunden werden unrichtig und sind zu berichtigen oder auszutauschen
(*Hüffer* AktG, § 224 Rn. 4; KölnKomm AktG/*Lutter* § 224 Rn. 10; MüKo AktG/*Oechsler* § 224
Rn. 16; MünchHdb GesR IV/*Krieger* § 60 Rn. 34; *Siebel* NJW 1952, 330). Im Fall der Kapitalherabsetzung **durch Zusammenlegung von Aktien** (§ 222 Abs. 4 Satz 2 AktG) gilt dies entsprechend;
insbesondere können Einzelbefugnisse aus der Mitgliedschaft schon ausgeübt werden, bevor die
Mitgliedsrechte bestimmt werden, durch deren Zusammenlegung das neue Mitgliedsrecht entsteht
(BGH AG 1992, 27, 28), d.h. es ist die entsprechende Anzahl von Mitgliedschaftsrechten nachzuweisen, um die sich aus dem Umtauschverhältnis ergebende Zahl neuer Mitgliedsrechte auszuüben (vgl. zum Fall der Aktienurkunden *Hüffer* AktG, § 224 Rn. 5). Nach h. M. können sogar aus
Bruchteilsrechten Befugnisse wie das Stimmrecht hergeleitet werden (OLG Hamburg AG 1991,
242, 243; *Hüffer* AktG, § 224 Rn. 6; GroßkommAktG/*Schilling* § 226 Rn. 10; MünchHdb GesR
IV/*Krieger* § 60 Rn. 35; *Siebel* NJW 1952, 330, 331; offen BGH AG 1992, 27, 29; a. A. KölnKomm AktG/*Lutter* § 224 Rn. 12).

Ist Zweck der Kapitalherabsetzung die Rückzahlung der Mittel an Aktionäre (§ 222 Abs. 3 AktG), 5
so entsteht – ohne weitere Beschlussfassung – mit der Eintragung des Herabsetzungsbeschlusses
in das Handelsregister ein befristeter und bedingter Zahlungsanspruch der Aktionäre gegen die
Gesellschaft (KölnKomm AktG/*Lutter* § 224 Rn. 15; *Hüffer* AktG, § 224 Rn. 7). Dieser ist durch
den Ablauf des Sperrhalbjahres befristet und durch Befriedigung bzw. Sicherstellung der Gesellschaftsgläubiger bedingt.

B. Fehlerhafte Kapitalherabsetzung

Formale oder inhaltliche Mängel des Anmeldeverfahrens haben auf die Rechtsfolgen der Eintragung **keine Auswirkungen**. Eine Ausnahme gilt nur dann, wenn der Kapitalherabsetzungsbeschluss 6
ohne Anmeldung der dazu Befugten oder nach Rücknahme der Anmeldung eingetragen wurde;
der Fehler ist durch nachträgliche Anmeldung zu heilen (KGJ 28 A 228, 239; *Hüffer* AktG, § 224
Rn. 9). Die Eintragung der Kapitalherabsetzung ist ohne Rechtsfolge, wenn der Kapitalherabsetzungsbeschluss fehlt, nichtig ist (RGZ 144, 138, 141) oder unwirksam ist, weil ein Sonderbeschluss
fehlt oder seinerseits nichtig ist. Die Nichtigkeit kann gem. § 242 AktG geheilt werden (*Hüffer*
AktG, § 224 Rn. 9).

§ 225 Gläubigerschutz

(1) ¹Den Gläubigern, deren Forderungen begründet worden sind, bevor die Eintragung des Beschlusses bekanntgemacht worden ist, ist, wenn sie sich binnen sechs Monaten nach der Bekanntmachung zu diesem Zweck melden, Sicherheit zu leisten, soweit sie nicht Befriedigung verlangen können. ²Die Gläubiger sind in der Bekanntmachung der Eintragung auf dieses Recht hinzuweisen. ³Das Recht, Sicherheitsleistung zu verlangen, steht Gläubigern nicht zu, die im Fall des Insolvenzverfahrens ein Recht auf vorzugsweise Befriedigung aus einer Deckungsmasse haben, die nach gesetzlicher Vorschrift zu ihrem Schutz errichtet und staatlich überwacht ist.

(2) ¹Zahlungen an die Aktionäre dürfen auf Grund der Herabsetzung des Grundkapitals erst geleistet werden, nachdem seit der Bekanntmachung der Eintragung sechs Monate verstrichen sind und nachdem den Gläubigern, die sich rechtzeitig gemeldet haben, Befriedigung oder Sicherheit gewährt worden ist. ²Auch eine Befreiung der Aktionäre von der Verpflichtung zur Leistung von Einlagen wird nicht vor dem bezeichneten Zeitpunkt und nicht vor Befriedigung oder Sicherstellung der Gläubiger wirksam, die sich rechtzeitig gemeldet haben.

(3) Das Recht der Gläubiger, Sicherheitsleistung zu verlangen, ist unabhängig davon, ob Zahlungen an die Aktionäre auf Grund der Herabsetzung des Grundkapitals geleistet werden.

Übersicht

		Rdn.			Rdn.
A.	Allgemeines	1	3.	Vorzugsweise Befriedigung bei Insolvenz	12
B.	Anspruch auf Sicherheitsleistung, Abs. 1	2	4.	Altersversorgung	13
I.	Voraussetzungen	2	III.	Art und Umfang der Sicherheitsleistung	14
	1. Forderungen	3	IV.	Hinweis in der Bekanntmachung	15
	2. Gläubigerversammlung	8	C.	Rückzahlungsverbot und Sperrfrist, Abs. 2	16
II.	Ausnahmen	10	D.	Sicherheitsleistung ohne Gefährdungslage, Abs. 3	20
	1. Befriedigungsanspruch	10			
	2. Anderweitige Sicherheit	11			

A. Allgemeines

1 § 225 AktG bezweckt den **Schutz der Gesellschaftsgläubiger** bei der Kapitalherabsetzung, indem unter bestimmten Voraussetzungen ein Anspruch auf Sicherheitsleistung gewährt und angeordnet wird, dass Rückzahlungen an Aktionäre erst nach Ablauf einer Sperrfrist und nach Befriedigung der Gläubiger oder Leistung einer Sicherheit erfolgen dürfen. § 225 AktG ist **zwingend**. Bei Kapitalherabsetzungen durch Einziehung von Aktien (§ 237 Abs. 2 AktG) gilt die Vorschrift analog. Im Fall der vereinfachten Kapitalherabsetzung wird hingegen der Gläubigerschutz durch §§ 230 bis 233 AktG gewährleistet.

B. Anspruch auf Sicherheitsleistung, Abs. 1

I. Voraussetzungen

2 Gläubiger haben **Anspruch auf Sicherheitsleistung** für Forderungen, die vor Bekanntmachung der Eintragung des Kapitalherabsetzungsbeschlusses im Handelsregister begründet wurden, wenn sie sich innerhalb von 6 Monaten nach der Bekanntmachung bei der Gesellschaft melden.

1. Forderungen

3 Der Begriff der Forderung umfasst **schuldrechtliche Ansprüche jeder Art**, gleich ob sie durch Vertrag oder Gesetz begründet wurden, gleich ob es sich um Einzelansprüche oder Forderungen aus Dauerschuldverhältnissen handelt. Erfasst werden neben Geldforderungen auch Ansprüche auf Überlassung, Eigentumsverschaffung und Dividendenzahlung. **Keine Forderungen** i. S. d. Abs. 1

Satz 1 sind hingegen dingliche Rechte (*Hüffer* AktG, § 225 Rn. 2; KölnKomm AktG/*Lutter* § 225 Rn. 6, 21; MüKo AktG/*Oechsler* § 225 Rn. 5; MünchHdb GesR IV/*Krieger* § 60 Rn. 41).

Grds. sind auch **bestrittene Forderungen** sicherzustellen. Die Pflicht zur Sicherheitsleistung besteht nur ausnahmsweise dann nicht, wenn die Forderung offensichtlich unbegründet ist oder der Vorstand nach sorgfältiger Prüfung zu dem Ergebnis kommt, dass sie nicht oder nur teilweise besteht. Diese Entscheidung des Vorstands steht allerdings nicht in seinem pflichtgemäßen Ermessen (*Hüffer* AktG, § 225 Rn. 5; ähnlich MüKo AktG/*Oechsler* § 225 Rn. 12; a. A. zum Ermessen des Vorstands: MünchHdb GesR IV/*Krieger* § 60 Rn. 46). 4

Sicherheitsleistung kann nur für solche Forderungen verlangt werden, die **vor Bekanntmachung** der Eintragung des Kapitalherabsetzungsbeschlusses im Handelsregister (§ 223 AktG) **begründet** wurden. Gem. § 10 HGB ist der Zeitpunkt der Bekanntmachung in dem von der Landesjustizverwaltung bestimmten elektronischen Informations- und Kommunikationssystem maßgeblich. Erfasst werden damit auch Forderungen, die erst nach Beschlussfassung über die Kapitalherabsetzung oder sogar nach Handelsregistereintragung dieses Beschlusses begründet wurden. 5

Die Forderung ist begründet, wenn ihr **Rechtsgrund gelegt** ist, bei vertraglichen Ansprüchen also regelmäßig **mit Vertragsschluss**. Nach h. M. sind auflösende oder aufschiebende Bedingungen sowie Befristungen unschädlich (*Hüffer* AktG, § 225 Rn. 3; KölnKomm AktG/*Lutter* § 225 Rn. 10; MüKo AktG/*Oechsler* § 225 Rn. 8; MünchHdb GesR IV/*Krieger* § 60 Rn. 41; *Wiedemann/Küpper* FS Pleyer 1986, 445, 451; a. A. zur aufschiebenden Bedingung GroßkommAktG/*Schilling* § 225 Rn. 3). Im Fall gesetzlicher Schuldverhältnisse müssen alle Entstehungstatsachen vor dem Stichtag vorliegen; bei unerlaubter Handlung muss also das schadensbegründende Ereignis eingetreten sein, wenngleich die Schadenshöhe nicht bereits konkretisiert sein muss (*Hüffer* AktG, § 225 Rn. 3 m. w. N.). 6

Auch bei **Dauerschuldverhältnissen** kommt es nur darauf an, ob der Rechtsgrund für die Forderung gelegt ist. Entscheidend ist damit der Zeitpunkt des Vertragsschlusses, sodass auch künftige Einzelansprüche zu berücksichtigen sind, wenn sie konkretisiert sind, also ohne weiteres Zutun der Parteien in vorbestimmter Höhe entstehen wie etwa fortlaufende Mietzinszahlungen. Nicht erfasst sind hingegen auf Basis eines Dauerschuldverhältnisses noch ungewisse Zahlungspflichten, bspw. Vergütungsforderungen aus künftigen Einzelaufträgen bei Rahmenverträgen (MüKo AktG/*Oechsler* § 225 Rn. 9; *Hüffer* AktG, § 225 Rn. 4; KölnKomm AktG/*Lutter* § 225 Rn. 13; MünchHdb GesR IV/*Krieger* § 60 Rn. 41). 7

2. Gläubigerversammlung

Die Gläubiger müssen sich innerhalb von **6 Monaten nach Bekanntmachung** der Eintragung des Herabsetzungsbeschlusses mit dem Begehren auf Sicherheitsleistung bei der Gesellschaft melden. Es handelt sich bei der Frist des Abs. 1 Satz 1 um eine **materiell-rechtliche Ausschlussfrist**, nach deren Ablauf der Anspruch auf Sicherheitsleistung auch dann verloren geht, wenn der Gläubiger keine Kenntnis von der Kapitalherabsetzung oder dem Fristlauf hatte oder die Frist nicht einhalten konnte (*Hüffer* AktG, § 225 Rn. 6; KölnKomm AktG/*Lutter* § 225 Rn. 15; MüKo AktG/*Oechsler* § 225 Rn. 15); die Forderung selbst bleibt jedoch bestehen. In der Meldung haben die Gläubiger gegenüber der Gesellschaft deutlich zu machen, dass und in welcher Höhe sie Sicherheit begehren. Eine besondere Form ist nicht vorgeschrieben (*Hüffer* AktG, § 225 Rn. 6). Für die Fristwahrung gilt § 130 Abs. 1 BGB entsprechend(*Hüffer* AktG, § 225 Rn. 7). 8

Die Ausschlussfrist berechnet sich nach §§ 187 ff. BGB. Ihr Beginn richtet sich nach § 10 HGB, ihr Ende nach § 188 Abs. 2 BGB. Der Fristablauf kann nicht gehemmt oder unterbrochen werden. Im Kapitalherabsetzungsbeschluss kann die gesetzliche Frist verlängert, nicht aber verkürzt werden (*Hüffer* AktG, § 225 Rn. 7; KölnKomm AktG/*Lutter* § 225 Rn. 16; MüKo AktG/*Oechsler* § 225 Rn. 16 f.; MünchHdb GesR IV/*Krieger* § 60 Rn. 47; a. A. GroßkommAktG/*Schilling* § 225 Rn. 9). 9

II. Ausnahmen

1. Befriedigungsanspruch

10 Ein Anspruch auf Sicherheitsleistung besteht zum einen nicht, soweit Gläubiger Erfüllung verlangen können. Der Schutz dieser Gläubiger ist durch das Rückzahlungsverbot in Abs. 2 gewährleistet. Maßgeblich für die Frage, ob Befriedigung verlangt werden kann, ist insbesondere die Fälligkeit der Forderung i. S. v. § 271 BGB, wobei rechtshemmende Einreden zu berücksichtigen sind. Wird die Forderung während der 6-Monats-Frist fällig, besteht bis zum Fälligkeitszeitpunkt Anspruch auf Sicherheitsleistung. Ab Fälligkeit entfällt der Anspruch auf Sicherheitsleistung, wenn die Sicherheit bis dahin noch nicht bestellt ist. Eine bereits geleistete Sicherheit kann hingegen nicht zurückgefordert werden, sondern erlischt erst mit Erfüllung der gesicherten Forderung (KölnKomm AktG/*Lutter* § 225 Rn. 22; MüKo AktG/*Oechsler* § 225 Rn. 23 f.; *Hüffer* AktG, § 225 Rn. 9; MünchHdb GesR IV/*Krieger* § 60 Rn. 42).

2. Anderweitige Sicherheit

11 Nach allg. Meinung besteht auch dann kein Anspruch auf Sicherheit, wenn die Forderung bereits gem. §§ 232 ff. BGB gesichert ist (*Hüffer* AktG, § 225 Rn. 11; MüKo AktG/*Oechsler* § 225 Rn. 26; MünchHdb GesR IV/*Krieger* § 60 Rn. 43; KölnKomm AktG/*Lutter* § 225 Rn. 26; *Rittner* FS Oppenhoff 1985, 317, 322, 324 ff.; *Wiedemann/Küpper* FS Pleyer 1986, 445, 452 f.). Umstritten ist, ob dies auch dann gilt, wenn die Forderung zwar voll gesichert ist, die Sicherheit aber nicht den Anforderungen der §§ 232 ff. BGB genügt. Nach zutr. Auffassung muss in diesem Fall jedenfalls dann ein Anspruch auf eine §§ 232 ff. BGB genügende Sicherheit bejaht werden, wenn der Gläubiger im Gegenzug die alte Sicherheit zurückgibt (*Hüffer* AktG, § 225 Rn. 11; weiter gehend *Rittner* FS Oppenhoff 1985, 317, 326 ff.; a. A. MüKo AktG/*Oechsler* § 225 Rn. 26; KölnKomm AktG/*Lutter* § 225 Rn. 29, MünchHdb GesR IV/*Krieger* § 60 Rn. 44).

3. Vorzugsweise Befriedigung bei Insolvenz

12 Gläubiger, die im Fall der Insolvenz ein Recht auf vorzugsweise Befriedigung aus einer Deckungsmasse haben, die nach gesetzlichen Vorschriften zu ihrem Schutz errichtet und staatlich überwacht ist, haben ebenfalls keinen Anspruch auf Sicherheit.

4. Altersversorgung

13 Nach h. M. gilt Abs. 1 Satz 3 entsprechend für Ansprüche aus einer laufenden betrieblichen Altersversorgung sowie auf unverfallbare Anwartschaften aus betrieblicher Altersversorgung nach § 1 BetrAVG (BAGE 83, 356, 367; OLG Zweibrücken AG 2004, 568, 569; MüKo AktG/*Oechsler* § 225 Rn. 28; *Krieger* FS Nirk 1992, 551, 558 f.; *Gotthardt* BB 1990, 2419, 2421 ff.; a. A. *Wiedemann/Küpper* FS Pleyer 1986, 445, 453 f.; *Rittner* FS Oppenhoff 1985, 317, 328; zweifelnd *Hüffer* AktG, § 225 Rn. 10 m. w. N.).

III. Art und Umfang der Sicherheitsleistung

14 Die zu gewährende Sicherheit richtet sich nach §§ 252 ff. BGB (zur Begr. vgl. *Hüffer* AktG, § 225 Rn. 13; *Rittner* FS Oppenhoff 1985, 317, 319 ff.). Die Sicherheit hat die **volle Forderung** zu erfassen. Bei befristeten oder bedingten Forderungen kann nach den Umständen des Einzelfalls ein angemessener Bewertungsabschlag angezeigt sein (*Hüffer* AktG, § 225 Rn. 12; GroßkommAktG/*Schilling* § 225 Rn. 14). Bei **Dauerschuldverhältnissen** ist dem Problem einer Endloshaftung durch eine angemessene Begrenzung der Sicherheitsleistung im Interesse der Gesellschaft zu begegnen; maßgeblich ist nicht ohne weiteres der Gesamtbetrag der künftig fällig werdenden Forderungen, sondern ein im Einzelfall konkret zu bestimmendes Sicherungsinteresses des Gläubigers (BGH NJW 1996, 1539, 1540; *Hüffer* AktG, § 225 Rn. 4; *Jaeger* DB 1996, 1069, 1070 f.), i. d. R. max. der 5-Jahres-Betrag entsprechend § 160 HGB (MüKo AktG/*Oechsler* § 225 Rn. 10; *Jaeger* DB 1996, 1069, 1070 f.).

IV. Hinweis in der Bekanntmachung

In der Bekanntmachung der Eintragung der Kapitalherabsetzung im Handelsregister sind Gläubiger auf ihr Recht, Sicherheit zu verlangen, hinzuweisen. Bei Verstoß beginnt die 6-Monats-Frist des Abs. 1 Satz 1 dennoch (*Hüffer* AktG, § 225 Rn. 14). Theoretisch sind Ansprüche aus Amtshaftung gem. Art. 34 GG, § 839 BGB denkbar. 15

C. Rückzahlungsverbot und Sperrfrist, Abs. 2

Abs. 2 ordnet eine **Sperrfrist von 6 Monaten** seit der Bekanntmachung der Eintragung der Kapitalherabsetzung im Handelsregister an, innerhalb derer aufgrund der Herabsetzung des Grundkapitals keinerlei Zahlungen an die Aktionäre geleistet werden dürfen. Die Fristberechnung richtet sich nach §§ 187 ff. BGB. 16

Die Regelung zielt auf ein **Verbot der Nutzung des Buchertrages** aus der Kapitalherabsetzung **zu Zahlungen an die Aktionäre** ab (KölnKomm AktG/*Lutter* § 225 Rn. 37; MüKo AktG/*Oechsler* § 225 Rn. 31 f.; *Hüffer* AktG, § 225 Rn. 15; MünchHdb GesR IV/*Krieger* § 60 Rn. 48). Verboten sind damit nur Zahlungen aufgrund der Herabsetzung des Grundkapitals und damit die Ausschüttung von Mitteln, die ohne Kapitalherabsetzung nicht verfügbar geworden wären. Umfasst sind neben Rückzahlungen unmittelbar aus dem Buchertrag auch Zahlungen aus Rücklagen, die aus Mitteln der Kapitalherabsetzung gebildet worden sind, oder die Ausschüttung von Dividenden, soweit ihre Zahlung wegen Beseitigung einer Unterbilanz erst durch Kapitalherabsetzung ermöglicht wird (KölnKomm AktG/*Lutter* § 225 Rn. 39). Über den engen Wortlaut der Zahlung hinaus sind auch Sachleistungen umfasst. Nach Ablauf der Sperrfrist dürfen Zahlungen an die Aktionäre aufgrund der Kapitalherabsetzung erst erfolgen, nachdem Gläubigern, die sich rechtzeitig gemeldet haben, Befriedigung oder Sicherheit für ihre Forderungen gewährt worden ist. 17

Im Fall des **Verstoßes gegen Abs. 2** haften Verwaltungsmitglieder gem. § 93 Abs. 3 AktG bzw. § 116 AktG (*Hüffer* AktG, § 225 Rn. 15, 18; *Baumbach/Hueck* § 225 Rn. 8). Der begünstigte Aktionär muss darüber hinaus gem. § 62 AktG die empfangene Leistung an die Gesellschafter **zurückgewähren**. Die Gläubiger selbst können im Fall vorzeitiger Auszahlung ggf. **Schadensersatz** gem. § 823 Abs. 2 BGB i. V. m. § 225 Abs. 1 Satz 1, Abs. 2 Satz 1 AktG verlangen (zum Schutzgesetzcharakter vgl. KölnKomm AktG/*Lutter* § 225 Rn. 40; MüKo AktG/*Oechsler* § 225 Rn. 30; GroßkommAktG/*Schilling* § 225 Rn. 12, 16; *Hüffer* AktG, § 225 Rn. 18). Daneben haftet die Gesellschaft selbst nach § 31 BGB; sie kann die Verwaltungsmitglieder aus Organhaftung in Regress nehmen (*Hüffer* AktG, § 225 Rn. 18). Die Gläubiger haben darüber hinaus einen einklagbaren Anspruch auf Unterlassung der Auszahlungen (KölnKomm AktG/*Lutter* § 225 Rn. 40; *Hüffer* AktG, § 225 Rn. 15). 18

Um den effektiven Gläubigerschutz zu gewährleisten wird dann, wenn die Kapitalherabsetzung dazu dient, Aktionäre von ihrer Einlagepflicht zu befreien, der hierzu notwendige Erlassvertrag erst zu dem Zeitpunkt wirksam, zu dem Zahlungen an Aktionäre erfolgen dürften, also nach Ablauf der Sperrfrist und Befriedigung oder Sicherstellung der Gläubiger, die sich rechtzeitig gemeldet haben. Abs. 2 Satz 2 beinhaltet insoweit kein Verbot, sondern bestimmt **Wirksamkeitsvoraussetzungen** (*Hüffer* AktG, § 225 Rn. 16; KölnKomm AktG/*Lutter* § 225 Rn. 41; GroßkommAktG/*Schilling* § 225 Rn. 17). Ein bereits geschlossener Erlassvertrag ist bis zu diesem Zeitpunkt schwebend unwirksam und die Aktionäre sind wegen § 66 Abs. 1 Satz 1 AktG noch zur Einlageleistung verpflichtet. 19

D. Sicherheitsleistung ohne Gefährdungslage, Abs. 3

Abs. 3 stellt ausdrücklich klar, dass trotz des Regelungszwecks von Abs. 1 die Gläubiger auch dann Anspruch auf Gestellung einer Sicherheit haben, wenn aufgrund der Kapitalherabsetzung keine Zahlungen an Aktionäre geleistet werden. Der Zweck der Kapitalherabsetzung ist damit für den Gläubigerschutz unbeachtlich. Will die Gesellschaft in Sanierungsfällen die Pflicht zur Sicherheitsleistung vermeiden, muss sie die vereinfachte Kapitalherabsetzung gem. §§ 229 ff. AktG wählen (MüKo AktG/*Oechsler* § 225 Rn. 22; *Hüffer* AktG, § 225 Rn. 17; KölnKomm AktG/*Lutter* § 225 Rn. 19). 20

§ 226 Kraftloserklärung von Aktien

(1) ¹Sollen zur Durchführung der Herabsetzung des Grundkapitals Aktien durch Umtausch, Abstempelung oder durch ein ähnliches Verfahren zusammengelegt werden, so kann die Gesellschaft die Aktien für kraftlos erklären, die trotz Aufforderung nicht bei ihr eingereicht worden sind. ²Gleiches gilt für eingereichte Aktien, welche die zum Ersatz durch neue Aktien nötige Zahl nicht erreichen und der Gesellschaft nicht zur Verwertung für Rechnung der Beteiligten zur Verfügung gestellt sind.

(2) ¹Die Aufforderung, die Aktien einzureichen, hat die Kraftloserklärung anzudrohen. ²Die Kraftloserklärung kann nur erfolgen, wenn die Aufforderung in der in § 64 Abs. 2 für die Nachfrist vorgeschriebenen Weise bekanntgemacht worden ist. ³Die Kraftloserklärung geschieht durch Bekanntmachung in den Gesellschaftsblättern. ⁴In der Bekanntmachung sind die für kraftlos erklärten Aktien so zu bezeichnen, daß sich aus der Bekanntmachung ohne weiteres ergibt, ob eine Aktie für kraftlos erklärt ist.

(3) ¹Die neuen Aktien, die an Stelle der für kraftlos erklärten Aktien auszugeben sind, hat die Gesellschaft unverzüglich für Rechnung der Beteiligten zum Börsenpreis und beim Fehlen eines Börsenpreises durch öffentliche Versteigerung zu verkaufen. ²Ist von der Versteigerung am Sitz der Gesellschaft kein angemessener Erfolg zu erwarten, so sind die Aktien an einem geeigneten Ort zu verkaufen. ³Zeit, Ort und Gegenstand der Versteigerung sind öffentlich bekanntzumachen. ⁴Die Beteiligten sind besonders zu benachrichtigen; die Benachrichtigung kann unterbleiben, wenn sie untunlich ist. ⁵Bekanntmachung und Benachrichtigung müssen mindestens zwei Wochen vor der Versteigerung ergehen. ⁶Der Erlös ist den Beteiligten auszuzahlen oder, wenn ein Recht zur Hinterlegung besteht, zu hinterlegen.

Übersicht

	Rdn.		Rdn.
A. Allgemeines	1	1. Voraussetzungen	6
B. Kraftloserklärung von Aktien, Abs. 2	3	2. Rechtsnatur und Wirkung	8
I. Verfahren zur Zusammenlegung von Aktien	3	3. Mängel	9
		C. Verwertung, Abs. 3	10
II. Kraftloserklärung	6		

A. Allgemeines

1 § 226 AktG betrifft die Kraftloserklärung von Aktienurkunden im Fall der Kapitalherabsetzung durch Zusammenlegung. Verhindert werden soll, dass die Zusammenlegung der Aktien mangels Mitwirkung der Aktionäre nicht beendet werden kann (BGH AG 1992, 27, 28). Auf die Kapitalherabsetzung durch Herabsetzung des Nennbetrags der Aktien findet die Vorschrift damit keine Anwendung; durch die Herabsetzung des Nennbetrages unrichtig gewordene Aktienurkunden sind schlicht zu berichtigen oder, sofern sie trotz Aufforderung nicht zum Umtausch oder zur Berichtigung vorgelegt werden, gem. § 73 AktG für kraftlos zu erklären (*Hüffer* AktG, § 226 Rn. 2; KölnKomm AktG/*Lutter* § 226 Rn. 5).

2 § 226 AktG ist **zwingend**. Die Satzung kann die Kraftloserklärung weder erleichtern noch durch zusätzliche Voraussetzungen erschweren oder gar verbieten (*Hüffer* AktG, § 226 Rn. 7; GroßkommAktG/*Sethe* § 226 Rn. 14; a.A. KölnKomm AktG/*Lutter* § 226 Rn. 18: Satzung kann weitere Voraussetzungen aufstellen). Auch können weder Satzung noch Hauptversammlungsbeschluss ein anderes Mittel festlegen, wie z. B. die entschädigungslose Einziehung oder Entziehung des Dividenden- oder Stimmrechts (RGZ 37, 131 f.; 38, 95, 99).

B. Kraftloserklärung von Aktien, Abs. 2

I. Verfahren zur Zusammenlegung von Aktien

Die Kraftloserklärung erfolgt im Fall der Zusammenlegung von Aktien zur Durchführung der Kapitalherabsetzung. Der Zusammenlegungsvorgang als solcher ist gesetzlich nicht geregelt. **Zuständig** ist gem. § 83 Abs. 2 AktG der **Vorstand**, der Vorgaben zur Durchführung der Kapitalherabsetzung im Kapitalherabsetzungsbeschluss zu beachten hat und im Übrigen nach pflichtgemäßem Ermessen entscheidet (RGZ 80, 81, 83 f.; *Hüffer* AktG, § 226 Rn. 3 m. w. N.). Die Zusammenlegung beginnt mit der **Aufforderung an die Aktionäre**, die alten Aktienurkunden einzureichen (vgl. Abs. 2 S. 1). Kommen alle Aktionäre der Aufforderung nach und bestimmen sie, sofern erforderlich, dass eingereichte Aktien, welche die zum Ersatz durch neue Aktien nötige Zahl nicht erreichen, der Gesellschaft zur Verwertung zur Verfügung gestellt werden, ist eine Kraftloserklärung nicht erforderlich (*Hüffer* AktG, § 226 Rn. 3). Die Zusammenlegung selbst erfolgt durch **Entscheidung des Vorstands**, dass und welche konkreten Aktien zu einem einheitlichen Mitgliedsrecht vereinigt werden (*Hüffer* AktG, § 226 Rn. 4; KölnKomm AktG/*Lutter* § 226 Rn. 7; MünchHdb GesR IV/*Krieger* § 60 Rn. 52). Bei der Zusammenlegungsentscheidung handelt es sich nach h. M. um ein **einseitiges Rechtsgeschäft**; sie erfolgt durch nicht empfangsbedürftige Willenserklärung, die durch bloße Kundgabe (z. B. Berichtigung, Verwertung, Aktenvermerk, Eintragung im Beschlussbuch) wirksam wird (*Hüffer* AktG, § 226 Rn. 4; MüKo AktG/*Oechsler* § 226 Rn. 5; *Bork* FS Claussen 1997, 49, 52; a. A. GroßkommAktG/*Sethe* § 226 Rn. 31).

3

Nach Kundgabe der Vorstandsentscheidung werden die **alten Aktienurkunden berichtigt** oder durch neue Aktienurkunden **ersetzt**; andere Verfahren sind zulässig, soweit sie denselben Zweck erreichen und für Rechtsklarheit sorgen (GroßkommAktG/*Sethe* § 226 Rn. 37 f.; *Hüffer* AktG, § 226 Rn. 5). Sind die Mitgliedsrechte nicht verbrieft, hat die Gesellschaft entsprechende Umbuchungen vorzunehmen und die Aktionäre in Kenntnis zu setzen, welchen Nennbetrag ihre Mitgliedsrechte nunmehr haben oder – bei Stückaktien – welcher Kapitalbetrag (§ 8 Abs. 3 Satz 3 AktG) jetzt auf sie entfällt (*Hüffer* AktG, § 226 Rn. 5).

4

Reicht ein Aktionär Aktien ein, deren Zahl nicht mit dem Zusammenlegungsverhältnis korrespondiert, so ist eine Zusammenlegung mit anderen, fremden Mitgliedsrechten erforderlich, da der Vorstand nicht selbstständig Bruchteilsrechte verwerten kann. Mit Einreichung der Aktien erteilt der Aktionär der Gesellschaft konkludent die für die Verwertung erforderliche Ermächtigung (MünchHdB GesR VI/*Krieger* § 60 Rn. 55; *Hüffer* AktG, § 226 Rn. 8). Die aus der Zusammenlegung entstandene ganze Aktie ist für Rechnung der am Mitgliedsrecht als Miteigentümer beteiligten Aktionäre zu verwerten, und zwar zu ideellen Bruchteilen im Verhältnis ihrer eingebrachten Bruchteilsrechte gem. §§ 741 ff. BGB (MüKo AktG/*Oechsler* § 226 Rn. 13; *Hüffer* AktG, § 226 Rn. 5). Die Verwertung erfolgt durch freihändigen Verkauf (*Hüffer* AktG, § 226 Rn. 5, 14; MünchHdb GesR IV/*Krieger* § 60 Rn. 55).

5

II. Kraftloserklärung

1. Voraussetzungen

Abs. 1 bestimmt zwei Fälle, in denen Aktienurkunden für kraftlos erklärt werden können. Zunächst kann die Kraftloserklärung erfolgen, wenn Aktienurkunden trotz Aufforderung nicht innerhalb der bestimmten Frist eingereicht wurden (Abs. 1 Satz 1). Unerheblich ist, aus welchem Grund die Einreichung unterblieben ist (*Hüffer* AktG, § 226 Rn. 8). Die Kraftloserklärung ist nur nach Aufforderung, Aktienurkunden einzureichen, zulässig. Die Aufforderung hat eine Frist zur Einreichung zu setzen und ausdrücklich anzudrohen, dass **nicht fristgerecht eingereichte Aktien** für kraftlos erklärt werden können (Abs. 2 Satz 1). Sofern der Kapitalherabsetzungsbeschluss keine Vorgabe enthält, bestimmt der Vorstand die Frist (*Hüffer* AktG, § 226 Rn. 9). Entsprechend dem Verweis auf § 64 Abs. 2 AktG ist die Aufforderung dreimal in den Gesellschaftsblättern bekannt zu machen, und zwar die erste Bekanntmachung mindestens 3 Monate und die letzte Bekanntmachung mindestens einen Monat vor Fristablauf, wobei zwischen den Bekanntmachungen ein Zeitraum von mindestens 3 Wochen liegen muss. Für vinkulierte Namensaktien gilt die Sonderregel des § 64 Abs. 2 Satz 4

6

AktG (*Hüffer* AktG, § 226 Rn. 10; MünchHdb GesR IV/*Krieger* § 60 Rn. 57). Hiernach genügt die einmalige Einzelaufforderung mit Monatsfrist.

7 Der zweite Fall der Kraftloserklärung betrifft **eingereichte Bruchteilsrechte**, die nicht zu einer neuen Aktie zusammengelegt werden können und die der Gesellschaft nicht zur Verwertung für Rechnung der Beteiligten zur Verfügung gestellt sind (Abs. 1 Satz 2).

2. Rechtsnatur und Wirkung

8 Die Kraftloserklärung ist **einseitiges Rechtsgeschäft**, das durch nicht empfangsbedürftige Willenserklärung vorgenommen wird (KölnKomm AktG/*Lutter* § 226 Rn. 16; GroßkommAktG/*Sethe* § 226 Rn. 31; *Hüffer* AktG, § 226 Rn. 11; MüKo AktG/*Oechsler* § 226 Rn. 17). Sie erfolgt durch **Bekanntmachung**, in der die für kraftlos erklärten Aktien identifizierbar zu bezeichnen sind (z. B. durch Angabe der Seriennummer). Eine schriftliche Mitteilung an die Aktionäre ist weder erforderlich noch ausreichend (KölnKomm AktG/*Lutter* § 226 Rn. 21; *Hüffer* AktG, § 226 Rn. 11; a. A. GroßkommAktG/*Sethe* § 226 Rn. 20: Benachrichtigung der Aktionäre ausreichend; *Kralik* DJ 1941, 245, 248 f.). Die Kraftloserklärung bewirkt das **Ende der wertpapiermäßigen Verbriefung** des im Übrigen fortbestehenden Mitgliedsrechts (KölnKomm AktG/*Lutter* § 226 Rn. 16; MüKo AktG/*Oechsler* § 226 Rn. 17; MünchHdb GesR IV/*Krieger* § 60 Rn. 57; *Bork* FS Claussen 1997, 49, 52). Gutgläubiger Erwerb ist mangels Verbriefung nicht mehr möglich (*Hüffer* AktG, § 226 Rn. 12 unter Hinweis auf BGH AG 1992, 27, 28; MüKo AktG/*Oechsler* § 226 Rn. 17).

3. Mängel

9 Werden wesentliche Voraussetzungen oder Verfahrensvorschriften der Kraftloserklärung nicht erfüllt, so ist die Kraftloserklärung **unwirksam** (vgl. die Bsp. bei *Hüffer* AktG, § 226 Rn. 17; KölnKomm AktG/*Lutter* § 226 Rn. 24; GroßkommAktG/*Sethe* § 226 Rn. 28 f.; MünchHdb GesR IV/ *Krieger* § 60 Rn. 58). Fälschlich für kraftlos erklärte Aktien verbriefen weiterhin das Mitgliedsrecht. Betroffene Aktionäre können eine auf entsprechende **Feststellung** gerichtete Klage erheben oder auf **Unterlassung der Verwertung** klagen (RGZ 27, 50, 51 f.; *Hüffer* AktG, § 226 Rn. 17). Einstweiliger Rechtsschutz ist möglich. Etwa bereits neu ausgegebene Aktienurkunden verbriefen keine Rechte; ein gutgläubiger Erwerb ist nicht möglich (BGH AG 1992, 27, 28; *Hüffer* AktG, § 226 Rn. 17 m. w. N.; a. A. RGZ 27, 50, 52). Gutgläubigen Dritten gegenüber haften die Ausgeber (und ggf. die Gesellschaft) entsprechend §§ 8 Abs. 1 Satz 3, 10 Abs. 4 Satz 2, 41 Abs. 4 Satz 3, 191 Satz 3 AktG (i. V. m. § 31 BGB) (*Hüffer* AktG, § 226 Rn. 17; KölnKomm AktG/*Lutter* § 226 Rn. 24).

C. Verwertung, Abs. 3

10 Gem. Abs. 3 besteht eine **Pflicht der Gesellschaft**, die anstelle der für kraftlos erklärten Aktien ausgegebenen neuen Aktien zu verwerten. Dieser Pflicht ist **unverzüglich** nachzukommen (BGH AG 1992, 27, 28). Eine verspätete Verwertung kann zu einer Haftung gem. §§ 823 Abs. 2, 31 BGB i. V. m. § 226 Abs. 3 AktG führen, insbesondere bei aufgrund der Verzögerung eintretenden Kursverlusten (*Hüffer* AktG, § 226 Rn. 14; KölnKomm AktG/*Lutter* § 226 Rn. 26; GroßkommAktG/*Schilling* § 226 Rn. 24). Die Regelung gilt indes nicht für Aktien, die der Berechtigte der Gesellschaft freiwillig zu Verwertung überlassen hat; solche Aktien können freihändig veräußert oder nach § 226 AktG verwertet werden. Abs. 3 bestimmt die weiteren Einzelheiten der Verwertung. Es gilt **Auftragsrecht** (§§ 626 ff. BGB; KölnKomm AktG/*Lutter* § 226 Rn. 25 f.; MünchHdb GesR IV/*Krieger* § 60 Rn. 59). Die Gesellschaft ist nach Verwertung verpflichtet, den **Erlös** an die Berechtigten **auszuzahlen**. Bei der Auskehrung des Erlöses sind Gläubigerschutzvorschriften nicht zu beachten, auch nicht die Sperrfrist des § 225 Abs. 2 Satz 1 AktG, da es sich um gebundenes Vermögen handelt (*Hüffer* AktG, § 226 Rn. 16; KölnKomm AktG/*Lutter* § 226 Rn. 25). Für unverwertbare Spitzen ist eine Barabfindung zu leisten (*Hüffer* AktG, § 226 Rn. 15).

§ 227 Anmeldung der Durchführung

(1) Der Vorstand hat die Durchführung der Herabsetzung des Grundkapitals zur Eintragung in das Handelsregister anzumelden.

(2) Anmeldung und Eintragung der Durchführung der Herabsetzung des Grundkapitals können mit Anmeldung und Eintragung des Beschlusses über die Herabsetzung verbunden werden.

Übersicht	Rdn.			Rdn.
A. Allgemeines	1	C.	Anmeldung	3
B. Begriff der Durchführung	2			

A. Allgemeines

Die Eintragung der Durchführung der Kapitalherabsetzung hat nur **deklaratorischen Charakter** (vgl. auch § 224 AktG Rdn. 1). Die Anmeldung erfolgt anders als die des Herabsetzungsbeschlusses nur durch den Vorstand. Von diesem Anmeldeverfahren zu unterscheiden ist die Anmeldung und Eintragung der formellen Satzungsänderung (vgl. § 223 AktG Rdn. 1). 1

B. Begriff der Durchführung

Die Kapitalherabsetzung ist durchgeführt, wenn die Höhe des neuen Grundkapitals und die Summe der geringsten Ausgabebeträge einander angepasst sind (*Hüffer* AktG, § 227 Rn. 2; MüKo AktG/*Oechsler* § 227 Rn. 2). Eine Kapitalherabsetzung durch Änderung der Aktiennennbeträge (§ 222 Abs. 4 Satz 1 AktG) bedarf keiner Durchführung, vielmehr gilt mit Eintragung des Herabsetzungsbeschlusses der neue Nennbetrag (vgl. § 224 AktG Rdn. 4). Bei der Kapitalherabsetzung durch Zusammenlegung von Aktien ist hingegen die **förmliche Zusammenlegungsentscheidung** sowie ggf. die **Kraftloserklärung alter Aktien** nach § 226 AktG erforderlich (*Hüffer* AktG, § 227 Rn. 2; KölnKomm AktG/*Lutter* § 227 Rn. 3; GroßkommAktG/*Sethe* § 227 Rn. 3; KG KGJ 34 A, 145, 148 genügt wohl Kraftloserklärung). Nicht zur Durchführung gehören hingegen die Ausgabe neuer oder die Berichtigung alter Aktienurkunden (KG KGJ 34 A 145, 148; MüKo AktG/*Oechsler* § 227 Rn. 3; a. A. *Kralik* DJ 1941, 245, 249) sowie die Verwertung gem. § 226 Abs. 3 AktG (*Hüffer* AktG, § 227 Rn. 3; KölnKomm AktG/*Lutter* § 227 Rn. 4) oder die Beachtung der Gläubigerschutzvorschrift des § 225 AktG (KG KGJ 34 A 145, 148; *Hüffer* AktG, § 227 Rn. 3 m. w. N.). 2

C. Anmeldung

Die Anmeldung ist an das Amtsgericht des Satzungssitzes zu richten und hat in **öffentlich beglaubigter Form** (§ 12 Abs. 1 HGB) zu erfolgen. Urkunden sind nicht beizufügen (*Hüffer* AktG, § 227 Rn. 4). 3

Der Vorstand handelt im Namen der Gesellschaft. Ausreichend ist, die Mitwirkung einer vertretungsberechtigten Zahl von Vorstandsmitgliedern (*Hüffer* AktG, § 227 Rn. 5; KG KGJ 41 A, 134, 135). Auch unechte Gesamtvertretung i. S. v. § 78 Abs. 3 AktG ist zulässig (vgl. zur unechten Gesamtvertretung § 78 AktG Rdn. 15 ff.; KG JW 1938, 3121; KölnKomm AktG/*Lutter* § 227 Rn. 5), ebenso die Anmeldung durch bevollmächtigte Dritte unter Beachtung der Formvorschrift des § 12 Abs. 2 Satz 1 HGB (*Hüffer* AktG, § 227 Rn. 5). 4

Das Gericht ist zur **formellen und materiellen Prüfung** der Anmeldung berechtigt und verpflichtet. Die materielle Prüfung betrifft die Frage, ob die Kapitalherabsetzung ordnungsgemäß durchgeführt wurde (KG JW 1926, 29, 30; MünchHdb GesR IV/*Krieger* § 60 Rn. 64). 5

Die Anmeldung der Durchführung der Kapitalherabsetzung darf mit der Anmeldung des Herabsetzungsbeschlusses **verbunden** werden. Wegen der erforderlichen Durchführungshandlungen ist dies allerdings nur bei der Kapitalherabsetzung durch Herabsetzung der Aktiennennbeträge möglich, da die Kapitalherabsetzung durch Zusammenlegung von Aktien weitere Durchführungsmaßnahmen 6 erfordert, die die Wirksamkeit der Kapitalherabsetzung voraussetzen (*Hüffer* AktG, § 227 Rn. 8; MünchHdb GesR IV/*Krieger* § 60 Rn. 60 f.).

§ 228 Herabsetzung unter den Mindestnennbetrag

(1) Das Grundkapital kann unter den in § 7 bestimmten Mindestnennbetrag herabgesetzt werden, wenn dieser durch eine Kapitalerhöhung wieder erreicht wird, die zugleich mit der Kapitalherabsetzung beschlossen ist und bei der Sacheinlagen nicht festgesetzt sind.

(2) ¹Die Beschlüsse sind nichtig, wenn sie und die Durchführung der Erhöhung nicht binnen sechs Monaten nach der Beschlussfassung in das Handelsregister eingetragen worden sind. ²Der Lauf der Frist ist gehemmt, solange eine Anfechtungs- oder Nichtigkeitsklage rechtshängig ist. ³Die Beschlüsse und die Durchführung der Erhöhung des Grundkapitals sollen nur zusammen in das Handelsregister eingetragen werden.

Übersicht	Rdn.		Rdn.
A. Regelungsgegenstand und -zweck	1	C. Eintragungsverfahren, Abs. 2	7
B. Unterschreiten des Mindestnennbetrages, Abs. 1	3		

A. Regelungsgegenstand und -zweck

1 § 228 AktG bestimmt eine **Ausnahme von § 7 AktG**, der grds. auch bei der Kapitalherabsetzung zu beachten ist. Es soll die Sanierung erleichtert werden, indem mit der Kapitalherabsetzung unter den Mindestnennbetrag erlaubt wird, eine Unterbilanz in voller Höhe zu beseitigen. Der Anwendungsbereich beschränkt sich allerdings nicht auf Sanierungsfälle, sondern gilt kraft Verweisung in § 229 Abs. 3 AktG auch für die vereinfachte Kapitalherabsetzung (*Hüffer* AktG, § 228 Rn. 1; GroßkommAktG/*Sethe* § 229 Rn. 49).

2 § 228 AktG ergänzt die allgemeinen Vorschriften über die Kapitalherabsetzung und Kapitalerhöhung, sodass §§ 222 ff., 182 ff. AktG ergänzend gelten.

B. Unterschreiten des Mindestnennbetrages, Abs. 1

3 Unter den Voraussetzungen des Abs. 1 kann das Grundkapital für eine logische Sekunde unter den Mindestnennbetrag (§ 7 AktG) herabgesetzt werden. Die Kapitalherabsetzung ist bis auf Null möglich, d.h. es muss **kein Restkapital** übrigbleiben (BGHZ 119, 305, 319 f., 142, 167, 169 f.; OLG München AG 2010, 715, 717; LG Koblenz AG 1996, 282).

4 Ein Unterschreiten des Mindestnennbetrages gem. § 7 AktG durch Kapitalherabsetzung darf **nur gleichzeitig mit einer Kapitalerhöhung** beschlossen werden, mit welcher der Mindestnennbetrag wieder erreicht oder überschritten wird. Zwei separate Beschlüsse sind zulässig, sofern sie in derselben Hauptversammlung gefasst werden (MüKo AktG/*Oechsler* § 228 Rn. 4; *Hüffer* AktG, § 228 Rn. 2; MünchHdb GesR IV/*Krieger* § 60 Rn. 11).

5 Die Kapitalerhöhung muss **unbedingt und unbefristet** sein und **gegen Bareinlagen** erfolgen. In Betracht kommt ausschließlich die reguläre Kapitalerhöhung gem. § 182 AktG (*Hüffer* AktG, § 228 Rn. 2 f.). Sobald der zum Erreichen des Mindestnennbetrages erforderliche Liquiditätszufluss sichergestellt ist, kann im Erhöhungsbeschluss darüber hinaus auch eine Sacheinlage festgesetzt werden (KölnKomm AktG/*Lutter* § 228 Rn. 7; GroßkommAktG/*Sethe* § 228 Rn. 9; *Hüffer* AktG, § 228 Rn. 3; MünchHdb GesR IV/*Krieger* § 60 Rn. 11).

6 Ein **Verstoß gegen Abs. 1** beinhaltet gleichzeitig einen Verstoß gegen § 7 AktG und führt zur **Nichtigkeit** des Kapitalherabsetzungsbeschlusses gem. § 241 Nr. 3 AktG. Erfolgt die Eintragung im Handelsregister dennoch, ist Heilung nach § 242 Abs. 2 AktG möglich. Die Nichtigkeit des Kapitalherabsetzungsbeschlusses begründet über § 139 BGB gleichzeitig auch die Nichtigkeit des Kapital-

erhöhungsbeschlusses. Mit einer Heilung des Herabsetzungsbeschlusses wird auch der Kapitalerhöhungsbeschluss geheilt. Bis dahin muss das Registergericht eine Löschung nach §§ 398, 395 FamFG von Amts wegen vornehmen (*Hüffer* AktG, § 228 Rn. 4; KölnKomm AktG/*Lutter* § 228 Rn. 13).

C. Eintragungsverfahren, Abs. 2

Der Kapitalherabsetzungsbeschluss und der Kapitalerhöhungsbeschluss sind **nichtig**, wenn sie und die Durchführung der Erhöhung nicht **innerhalb von 6 Monaten** nach der Beschlussfassung in das Handelsregister eingetragen worden sind. Erfolgt eine der drei Eintragungen (§§ 224, 184, 188 AktG) nicht rechtzeitig, so sind beide Beschlüsse nichtig oder unwirksam (*Hüffer* AktG, § 228 Rn. 5; KölnKomm AktG/*Lutter* § 228 Rn. 14). Etwaige Durchführungsmaßnahmen haben keinen Bestand. Einlageleistungen können nach §§ 812 ff. BGB zurückverlangt werden (*Hüffer* AktG, § 228 Rn. 5; GroßkommAktG/*Sethe* § 228 Rn. 20). Für die Fristberechnung gelten §§ 187 Abs. 1, 188 BGB, wobei die 6-Monats-Frist mit dem Tag der Beschlussfassung beginnt. Die Frist wird nur durch Eintragung gewahrt; die rechtzeitige Anmeldung genügt nicht. Trägt das Registergericht dennoch ein, ist Heilung gem. § 242 Abs. 3 AktG entsprechend § 242 Abs. 2 AktG möglich (*Hüffer* AktG, § 228 Rn. 5; MüKo AktG/*Oechsler* § 228 Rn. 11). Gem. Abs. 2 Satz 2 ist die 6-Monats-Frist gehemmt, solange gegen einen der beiden Beschlüsse (Kapitalherabsetzung oder Kapitalerhöhung) eine Anfechtungs- oder Nichtigkeitsklage rechtshängig ist. Die Rechtswirkungen der Hemmung bestimmen sich nach § 209 BGB. Zum Zeitpunkt der Rechtshängigkeit einer Anfechtungs- oder Nichtigkeitsklage vgl. §§ 261, 253 ZPO.

7

Kapitalherabsetzungsbeschluss, Kapitalerhöhungsbeschluss und Durchführung der Kapitalerhöhung sollen **nur zusammen** in das Handelsregister **eingetragen werden**. Ein Verstoß gegen die Vorschrift des § 228 Abs. 2 Satz 3 AktG berührt indes die Wirksamkeit nicht (*Hüffer* AktG, § 229 Rn. 7; MüKo AktG/*Oechsler* § 228 Rn. 15; MünchHdb GesR IV/*Krieger* § 60 Rn. 13). Liegen nicht alle drei Anmeldungen vor oder sind sie (teilweise) nicht ordnungsgemäß, ist nach Zwischenverfügung die Eintragung abzulehnen.

8

Zweiter Unterabschnitt Vereinfachte Kapitalherabsetzung

§ 229 Voraussetzungen

(1) ¹Eine Herabsetzung des Grundkapitals, die dazu dienen soll, Wertminderungen auszugleichen, sonstige Verluste zu decken oder Beträge in die Kapitalrücklage einzustellen, kann in vereinfachter Form vorgenommen werden. ²Im Beschluß ist festzusetzen, daß die Herabsetzung zu diesen Zwecken stattfindet.

(2) ¹Die vereinfachte Kapitalherabsetzung ist nur zulässig, nachdem der Teil der gesetzlichen Rücklage und der Kapitalrücklage, um den diese zusammen über zehn vom Hundert des nach der Herabsetzung verbleibenden Grundkapitals hinausgehen, sowie die Gewinnrücklagen vorweg aufgelöst sind. ²Sie ist nicht zulässig, solange ein Gewinnvortrag vorhanden ist.

(3) § 222 Abs. 1, 2 und 4, §§ 223, 224, 226 bis 228 über die ordentliche Kapitalherabsetzung gelten sinngemäß.

Übersicht	Rdn.		Rdn.
A. Allgemeines	1	C. Eigenkapitalvoraussetzungen, Abs. 2	7
I. Regelungsgegenstand und -zweck	1	I. Gesetzliche Rücklage und Kapitalrücklage	9
II. Verfahren mit Kapitalerhöhung verbundener einfacher Kapitalherabsetzung	2	II. Gewinnrücklagen	11
B. Zulässige Zwecke, Abs. 1	3	III. Gewinnvortrag	12
I. Wertminderungsausgleich und Verlustdeckung	4	D. Anwendbarkeit der Vorschriften über die ordentliche Kapitalherabsetzung, Abs. 3	13
II. Einstellung in die Kapitalrücklage	6		

A. Allgemeines

I. Regelungsgegenstand und -zweck

1 Die vereinfachte Kapitalherabsetzung ist lediglich **zu Sanierungszwecken** zulässig. I. d. R. wird sie dieserhalb mit einer Kapitalerhöhung verbunden, um der Gesellschaft neue Mittel zuzuführen. Die vereinfachte Kapitalerhöhung bewirkt eine **bloße Buchsanierung**, also die Beseitigung einer Unterbilanz (*K. Schmidt* ZGR 1982, 519, 520 m. w. N.). Insoweit hat sie den größeren praktischen Anwendungsbereich als die ordentliche Kapitalherabsetzung gem. §§ 222 ff. AktG, da der Gläubigerschutz stark abgeschwächt ist, insbesondere § 225 AktG nicht greift. Zum Schutz der Gläubiger ist lediglich die Auszahlung der durch die Kapitalherabsetzung frei gewordenen Mittel an die Aktionäre verboten, ebenso eine Erleichterung der Einlagepflicht. Des Weiteren gelten Einschränkungen für die Gewinnverteilung (*Hüffer* AktG, § 229 Rn. 2 f.).

II. Verfahren mit Kapitalerhöhung verbundener einfacher Kapitalherabsetzung

2 Um die Vorteile der §§ 234, 235 AktG zu nutzen, wird die vereinfachte Kapitalherabsetzung i. d. R. mit einer **ordentlichen Kapitalerhöhung** (§ 182 AktG) **verbunden**. Das Verfahren beginnt mit der Zeichnung der neuen Aktien gegen Bareinlagen (§ 185 AktG) sowie die Einzahlung des gesetzlichen Mindestbetrages gem. §§ 36 Abs. 2, 36a, 188 Abs. 2 AktG (§ 235 Abs. 1 Satz 2 und 3 AktG). Erst danach kann über die vereinfachte Kapitalherabsetzung, die ordentliche Kapitalerhöhung, die Feststellung des Jahresabschlusses sowie eine ergänzende Satzungsänderung Beschluss gefasst werden. Kapitalherabsetzungsbeschluss, Kapitalerhöhungsbeschluss sowie Durchführung der Kapitalerhöhung sind alsdann gleichzeitig und gemeinsam von Vorstand und Aufsichtsratsvorsitzendem innerhalb von 3 Monaten zur Eintragung in das Handelsregister anzumelden. Mit der Eintragung im Handelsregister werden die vereinfachte Kapitalherabsetzung und die ordentliche Kapitalerhöhung wirksam. Kapital und Rücklagen werden bereits im Jahresabschluss für das letzte vor der Beschlussfassung abgelaufene Geschäftsjahr in neuer Höhe ausgewiesen (§§ 234 Abs. 1, 235 Abs. 1 AktG). Soweit Durchführungsmaßnahmen erforderlich sind, hat der Vorstand diese vorzunehmen und die Durchführung alsdann zur Eintragung in das Handelsregister anzumelden (§§ 227 Abs. 1, 229 Abs. 3 AktG).

B. Zulässige Zwecke, Abs. 1

3 Die vereinfachte Kapitalherabsetzung ist nur zu den in Abs. 1 Satz 1 genannten Zwecken zulässig. Die Zwecke können auch nebeneinander verfolgt werden (MüKo AktG/*Oechsler* § 229 Rn. 14; *Hüffer* AktG, § 229 Rn. 6; MünchHdb GesR IV/*Krieger* § 61 Rn. 5). Der Hauptversammlungsbeschluss muss bestimmen oder zumindest bestimmbar festsetzen, welcher Teil des Herabsetzungsbetrages auf welchen Zweck entfällt (*Terbrack* RNotZ 2003, 89, 100 f.; *Happ/Tielmann* AktienR, Nr. 14.02 Rn. 5). Der Zweck kann nur von der Hauptversammlung bestimmt werden; eine Ermächtigung des Vorstands zur Zweckbestimmung ist unzulässig (KölnKomm AktG/*Lutter* § 229 Rn. 22, MüKo AktG/*Oechsler* § 229 Rn. 13; *Hüffer* AktG, § 229 Rn. 10).

I. Wertminderungsausgleich und Verlustdeckung

4 Zweck der vereinfachten Kapitalherabsetzung kann der **Ausgleich von Verlusten** sein. Der Begriff der Wertminderung ist vom Oberbegriff des Verlustes erfasst (*Hüffer* AktG, § 229 Rn. 7). Unerheblich ist die Ursache, auf der der Verlust beruht (MüKo AktG/*Oechsler* § 229 Rn. 21; *Hüffer* AktG, § 229 Rn. 7; *Geißler* NZG 2000, 719, 721). Eine Unterbilanz ist nicht erforderlich (GroßkommAktG/*Sethe* § 229 Rn. 25; *Hüffer* AktG, § 229 Rn. 7). Unstreitig muss der Verlust nicht einmal durch eine besondere Bilanz festgestellt werden; erforderlich ist ein **bilanzieller Verlust** in dem Sinne, dass er sich nach den für die Jahresbilanz geltenden Grundsätzen ergibt, sodass eine vom Vorstand in eigener Verantwortung aufgestellte Zwischenbilanz zur Feststellung genügt (*Hirte* FS Claussen 1997, 115, 118; *Lutter/Hommelhoff/Timm* BB 1980, 737, 740). Der bilanzielle Verlust muss grds. im Zeitpunkt der Beschlussfassung bestehen. Über § 249 Abs. 1 HGB werden aber

auch drohende Verluste erfasst, die sich noch nicht realisiert haben (BGHZ 119, 305, 321; MüKo AktG/*Oechsler* § 229 Rn. 20; MünchHdb GesR IV/*Krieger* § 61 Rn. 26). Voraussetzung ist weiter eine **Nachhaltigkeit der Verluste**, sodass nach kaufmännischen Grundsätzen bei gewissenhafter Prognose eine dauernde Herabsetzung des Grundkapitals angezeigt ist (OLG Frankfurt am Main AG 1989, 207, 208; GroßkommAktG/*Sethe* § 229 Rn. 25; *Hüffer* AktG, § 229 Rn. 8). Liegt kein Verlust i. S. d. § 229 Abs. 1 Satz 1 AktG vor, ist der Kapitalherabsetzungsbeschluss anfechtbar (*Hüffer* AktG, § 229 Rn. 8).

Aus dem Zweck der Verlustdeckung ergibt sich entsprechend der maximale Herabsetzungsbetrag, wobei bei der Berechnung des zur Verlustdeckung erforderlichen Betrages die Pflicht zur vorherigen Auflösung der Rücklagen und ein Gewinnvortrag gem. § 229 Abs. 2 AktG zu berücksichtigen sind (*Hüffer* AktG, § 229 Rn. 16; KölnKomm AktG/*Lutter* § 229 Rn. 16).

II. Einstellung in die Kapitalrücklage

Die vereinfachte Kapitalherabsetzung kann auch zur Einstellung von Beträgen in die Kapitalrücklage dienen. Kapitalrücklage meint den Bilanzposten i. S. v. § 266 Abs. 3 A II HGB, sodass eine Umbuchung auf der Passivseite erfolgt. Bei dieser Variante müssen Verluste nicht bestehen oder konkret erwartet werden, da sie der Vorsorge vor Verlusten dient (KölnKomm AktG/*Lutter* § 229 Rn. 18; MünchHdb GesR IV/*Krieger* § 61 Rn. 7; *Geißler* NZG 2000, 719, 721). Die Rücklagenbildung ist nur in den Grenzen des § 231 AktG zulässig (*Hüffer* AktG, § 229 Rn. 9).

C. Eigenkapitalvoraussetzungen, Abs. 2

Abs. 2 bestimmt, dass die vereinfachte Kapitalherabsetzung nur **nach Erschöpfung** anderer, die Mindestreserve übersteigender Eigenkapitalposten zulässig ist, und dokumentiert damit den **Sanierungscharakter** der vereinfachten Kapitalherabsetzung. Die vereinfachte Kapitalherabsetzung zur Verlustdeckung ist entsprechend erst dann zulässig, wenn zuvor die gesetzliche Rücklage, die Kapitalrücklage und die Gewinnrücklagen zumindest teilweise aufgelöst sind und dadurch verfügbar werdende Mittel eingesetzt werden. Die Kapitalherabsetzung zur Einstellung von Beträgen in die Kapitalrücklage ist nicht möglich, solange Mittel durch Auflösung anderer Gewinnrücklagen freigesetzt werden können. Der Begriff der Gewinnrücklage ist einschränkend auf die Bilanzposten gem. § 266 Abs. 3 A III Nr. 3 und 4 HGB zu verstehen. Die gesetzliche Rücklage und die Rücklage für eigene Anteile sind nicht erfasst (*Hüffer* AktG, § 229 Rn. 14; MüKo AktG/*Oechsler* § 229 Rn. 37 ff.). Nicht aufgelöst werden müssen außerdem stille Reserven, Sonderposten mit Rücklagenanteil gem. §§ 247 Abs. 3, 273 HGB a. F. und Rückstellungen i. S. v. § 266 Abs. 3 B HGB (OLG Frankfurt am Main AG 1989, 207, 208).

Die Auflösung der Rücklagen erfolgt grds. durch entsprechende Umbuchungen; ein Hauptversammlungsbeschluss ist nur erforderlich, wenn die Auflösung der Rücklagen der Hauptversammlung vorbehalten ist (z. B. satzungsmäßige Rücklagen, Gewinnvortrag); in diesem Fall ist der Auflösungsbeschluss in der gleichen Hauptversammlung vor dem Beschluss über die vereinfachte Kapitalherabsetzung zu fassen (*Hüffer* AktG, § 229 Rn. 12; MünchHdb GesR IV/*Krieger* § 61 Rn. 12). Ein Verstoß gegen § 229 Abs. 2 AktG führt zur Anfechtbarkeit des Beschlusses (*Hüffer* AktG, § 229 Rn. 12).

I. Gesetzliche Rücklage und Kapitalrücklage

Mit gesetzlicher Rücklage und Kapitalrücklage sind die **Bilanzposten** i. S. v. § 266 Abs. 3 A II und III Nr. 1 HGB gemeint. Diese müssen nicht in voller Höhe aufgelöst werden, sondern dürfen in Höhe von bis zu 10 % des Grundkapitals, das nach beabsichtigter Kapitalherabsetzung bestehen wird, bestehen bleiben. Unberücksichtigt bleibt bei der Berechnung eine evtl. mit der Kapitalherabsetzung verbundene Kapitalerhöhung (MüKo AktG/*Oechsler* § 229 Rn. 36; *Hüffer* AktG, § 229 Rn. 13). Eine Ausnahme gilt, wenn beabsichtigt ist, den Mindestnennbetrag des Grundkapitals gem. § 7 AktG zu unterschreiten; nach wohl h. M. ist in diesem Fall entsprechend § 231 Satz 2

AktG von dem in § 7 AktG bestimmten gesetzlichen Mindestnennbetrag auszugehen, nicht von der den Mindestnennbetrag unterschreitenden Grundkapitalziffer (*Hüffer* AktG, § 229 Rn. 13; MüKo AktG/*Oechsler* § 229 Rn. 36; MünchHdb GesR IV/*Krieger* § 61 Rn. 14; GroßkommAktG/*Sethe* § 229 Rn. 8; a. A. *Baumbach/Hueck* § 229 Rn. 4).

10 Für die Auflösung der gesetzlichen Rücklage und der Kapitalrücklage bedarf es keines förmlich festgestellten Jahresabschlusses, der den Verlustvortrag oder Jahresfehlbetrag ausweist (MünchHdb GesR IV/*Krieger* § 229 Rn. 10; MüKo AktG/*Oechsler* § 229 Rn. 44; *Lutter/Hommelhoff/Timm* BB 1980, 737, 740 f.; a. A. *v. Godin/Wilhelmi* § 229 Anm. 5).

II. Gewinnrücklagen

11 Der Begriff der Gewinnrücklagen erfasst die sog. **anderen Gewinnrücklagen** i. S. d. § 266 Abs. 3 A III Nr. 4 HGB und nach wohl h. M. auch die satzungsmäßigen Rücklagen i. S. v. Nr. 3 (KölnKomm AktG/*Lutter* § 229 Rn. 27; *Hüffer* AktG, § 229 Rn. 14; MünchHdb GesR IV/*Krieger* § 61 Rn. 9). Da die gesetzliche Rücklage und die Rücklage für eigene Anteile i. S. v. § 266 Abs. 3 A III Nr. 1 und 2 HGB nur unter engen Voraussetzungen aufgelöst werden können, sind sie vom Wortlaut des Abs. 2 Satz 1 nicht erfasst (*Hüffer* AktG, § 229 Rn. 14; MüKo AktG/*Oechsler* § 229 Rn. 38 f.).

III. Gewinnvortrag

12 Die vereinfachte Kapitalherabsetzung ist nicht zulässig, solange ein Gewinnvortrag i. S. d. § 266 Abs. 3 A IV HGB vorhanden ist. Ggf. ist ein Verwendungsbeschluss durch die Hauptversammlung vor dem Kapitalherabsetzungsbeschluss zu fassen (*Hüffer* AktG, § 229 Rn. 15).

D. Anwendbarkeit der Vorschriften über die ordentliche Kapitalherabsetzung, Abs. 3

13 Über den Verweis in Abs. 3 gelten die Vorschriften über die ordentliche Kapitalherabsetzung für die vereinfachte Kapitalherabsetzung sinngemäß, mit Ausnahme von § 222 Abs. 3 AktG, für den Abs. 1 eine Spezialregelung enthält, sowie mit Ausnahme der Gläubigervorschrift des § 225 AktG, die durch §§ 229 Abs. 2, 230 ff. AktG, insbesondere § 233 AktG ersetzt wird (*Hüffer* AktG, § 229 Rn. 17). Wichtig ist insbesondere die Anwendbarkeit von § 222 Abs. 1 AktG, wonach die Kapitalherabsetzung eine von der Hauptversammlung zu beschließende Satzungsänderung darstellt, sodass der Beschluss einer **Kapitalmehrheit von 3/4** des bei der Beschlussfassung vertretenen Grundkapitals und der **einfachen Stimmenmehrheit** des § 133 Abs. 1 AktG bedarf. Darüber hinaus kann gem. § 222 Abs. 2 AktG ein Sonderbeschluss der Gattungsaktionäre erforderlich werden. Entsprechend § 222 Abs. 4 AktG kann das Grundkapital nur durch Herabsetzung des Nennbetrags der Aktien oder, wenn das nicht möglich ist, durch Zusammenlegung der Aktien herabgesetzt werden. Der Kapitalherabsetzungsbeschluss ist gem. § 223 AktG zur Eintragung in das Handelsregister anzumelden. Die Kapitalherabsetzung wird gem. § 224 AktG mit Eintragung in das Handelsregister wirksam.

§ 230 Verbot von Zahlungen an die Aktionäre

¹Die Beträge, die aus der Auflösung der Kapital- oder Gewinnrücklagen und aus der Kapitalherabsetzung gewonnen werden, dürfen nicht zu Zahlungen an die Aktionäre und nicht dazu verwandt werden, die Aktionäre von der Verpflichtung zur Leistung von Einlagen zu befreien. ²Sie dürfen nur verwandt werden, um Wertminderungen auszugleichen, sonstige Verluste zu decken und Beträge in die Kapitalrücklage oder in die gesetzliche Rücklage einzustellen. ³Auch eine Verwendung zu einem dieser Zwecke ist nur zulässig, soweit sie im Beschluß als Zweck der Herabsetzung angegeben ist.

Übersicht	Rdn.		Rdn.
A. Zahlungsverbot	1	C. Rechtsfolgen des Verstoßes	4
B. Verwendungsbindung	3		

A. Zahlungsverbot

Das Zahlungsverbot in Satz 1 dient dem **Schutz der Gesellschaftsgläubiger** und erfasst in erster Linie die aus der Kapitalherabsetzung gewonnen Beträge, darüber hinaus aber auch die durch Auflösung der Kapital- oder Gewinnrücklagen gewonnenen Beträge (§ 229 Abs. 2 AktG). Nach zutr. Meinung ist auch der nicht explizit genannte Gewinnvortrag erfasst (*Hüffer* AktG, § 230 Rn. 2; KölnKomm AktG/*Lutter* § 230 Rn. 10; MünchHdb GesR IV/*Krieger* § 61 Rn. 20). 1

Die von § 230 AktG erfassten Beträge dürfen weder zu Zahlungen an die Aktionäre noch dazu verwandt werden, die Aktionäre von der Verpflichtung zur Leistung der Einlagen zu befreien. Das Verbot ist **zeitlich unbeschränkt** und ohne jede Ausnahme. Die Ausschüttung ist in jeder, insbes. auch in verdeckter Form oder in Form der Zahlung einer Dividende aus gebundenen Beträgen verboten. Auszahlungen dürfen nur aus regulär erwirtschaftetem Gewinn erfolgen; insoweit ist jedoch § 233 AktG zu beachten (*Hüffer* AktG, § 230 Rn. 3; MüKo AktG/*Oechsler* § 230 Rn. 8; KölnKomm AktG/*Lutter* § 230 Rn. 18). Erlaubt sind allerdings Zahlungen aufgrund eines anderen Rechtsverhältnisses, soweit darin keine verdeckte Einlagenrückgewähr i. S. d. § 57 AktG zu sehen ist (*Hüffer* AktG, § 230 Rn. 3). 2

B. Verwendungsbindung

Die in Satz 2 enthaltene **Zweckbindung** dient dem **Schutz der Aktionäre** und erlaubt keinen Ermessensspielraum für die Verwaltung zur Verwendung der durch die Kapitalherabsetzung frei gewordenen Beträge. Kann der Vorstand den Herabsetzungsbetrag nicht in vollem Umfang zweckgerichtet verwenden, etwa weil ein Verlust nicht in der angenommenen Höhe eingetreten ist, so ist der Unterschiedsbetrag gem. § 232 AktG in die Kapitalrücklage einzustellen (*Hüffer* AktG, § 230 Rn. 6). 3

C. Rechtsfolgen des Verstoßes

Aktionäre, die § 230 AktG zuwider Zahlungen empfangen haben, haften nach § 62 AktG. Ein Einlagenerlass ist nach § 134 BGB i. V. m. § 230 Satz 1 AktG nichtig. Auch ein Jahresabschluss, der Beträge entgegen § 230 Satz 1 AktG als Gewinn ausweist, ist gem. § 256 Abs. 1 Nr. 1 AktG nichtig; Gleiches gilt für einen darauf aufbauenden Gewinnverwendungsbeschluss gem. §§ 241 Nr. 3, 253 Abs. 1 Satz 1 AktG (*Hüffer* AktG, § 230 Rn. 4). 4

Eine **zweckwidrige Einstellung** in die Bilanz macht den Jahresabschluss zwar fehlerhaft, jedoch weder nichtig noch anfechtbar i. S. d. §§ 256, 257 AktG (*Hüffer* AktG, § 230 Rn. 7). 5

Im Fall eines **Verstoßes** gegen § 230 AktG haften die Verwaltungsmitglieder nach §§ 93, 116 AktG. 6

§ 231 Beschränkte Einstellung in die Kapitalrücklage und in die gesetzliche Rücklage

¹Die Einstellung der Beträge, die aus der Auflösung von anderen Gewinnrücklagen gewonnen werden, in die gesetzliche Rücklage und der Beträge, die aus der Kapitalherabsetzung gewonnen werden, in die Kapitalrücklage ist nur zulässig, soweit die Kapitalrücklage und die gesetzliche Rücklage zusammen zehn vom Hundert des Grundkapitals nicht übersteigen. ²Als Grundkapital gilt dabei der Nennbetrag, der sich durch die Herabsetzung ergibt, mindestens aber der in § 7 bestimmte Mindestnennbetrag. ³Bei der Bemessung der zulässigen Höhe bleiben Beträge, die in der Zeit nach der Beschlußfassung über die Kapitalherabsetzung in die Kapitalrücklage einzustellen sind, auch dann außer Betracht, wenn ihre Zahlung auf einem Beschluß beruht, der zugleich mit dem Beschluß über die Kapitalherabsetzung gefaßt wird.

Übersicht	Rdn.		Rdn.
A. Beschränkung der Rücklagendotierung	1	B. Rechtsfolgen des Verstoßes	5

§ 232 AktG Einstellung von Beträgen in die Kapitalrücklage bei zu hoch angenommenen Verlusten

A. Beschränkung der Rücklagendotierung

1 § 231 AktG beschränkt die Dotierung der Kapitalrücklage als Zweck der vereinfachten Kapitalherabsetzung auf max. 10% des Grundkapitals. Die Vorschrift bezweckt in erster Linie den **Schutz der Aktionäre** vor einem Eingriff in ihre Mitgliedschaft. Nicht betroffen ist die vereinfachte Kapitalherabsetzung zum Zwecke der Verlustdeckung, wenn die Verluste zu hoch angenommen wurden; für diesen Fall verbleibt es bei § 232 AktG (*Hüffer* AktG, § 231 Rn. 1). § 231 AktG betrifft vielmehr die **Umbuchung zwischen den Eigenkapitalkonten**, und zwar von den anderen Gewinnrücklagen i. S. v. § 266 Abs. 3 A III Nr. 4 HGB in die gesetzliche Rücklage i. S. v. § 266 Abs. 3 A III Nr. 1 HGB (1. Alt.) sowie vom gezeichneten oder Grundkapital i. S. d. § 266 Abs. 3 A I HGB in die Kapitalrücklage i. S. v. § 266 Abs. 3 A II HGB (2. Alt.). Eine solche Umbuchung darf nur erfolgen, wenn sie zwischen den Rücklagekonten erfolgt und soweit die Summe aus gesetzlicher Rücklage und Kapitalrücklage 10% des Grundkapitals nicht übersteigt.

2 Auch wenn der Wortlaut des Satz 1 nur die anderen Gewinnrücklagen (§ 266 Abs. 3 A III Nr. 4 HGB) umfasst, sind die satzungsmäßigen Rücklagen (§ 266 Abs. 3 A III Nr. 3 HGB) ebenso zu behandeln, also zugunsten der gesetzlichen Rücklage aufzulösen und damit bei der Berechnung des maximalen Kapitalherabsetzungsbetrages zu beachten.

3 S. 2 bestimmt, dass maßgeblich für die Bestimmung der Grundkapitalziffer diejenige ist, die sich durch die beabsichtigte Kapitalherabsetzung ergibt. Die **10%-Grenze** ist also anhand des **künftig herabgesetzten Kapitals** zu berechnen. Soweit durch die beabsichtigte Kapitalherabsetzung der Mindestnennbetrag gem. § 7 AktG unterschritten wird, gilt allerdings ausnahmsweise der Mindestnennbetrag von 50.000,– €. Unberücksichtigt bleibt eine evtl. mit der Kapitalherabsetzung verbundene Kapitalerhöhung (*Hüffer* AktG, § 231 Rn. 5; MüKo AktG/*Oechsler* § 231 Rn. 7; KölnKomm AktG/*Lutter* § 231 Rn. 5; MünchHdb GesR IV/*Krieger* § 61 Rn. 14).

4 Unberücksichtigt bleiben Beträge, die nach der Beschlussfassung der Hauptversammlung über die Kapitalherabsetzung in die Kapitalrücklage einzubuchen sind, und zwar selbst dann, wenn sie durch einen gleichzeitig gefassten Beschluss veranlasst sind. Beispiel ist ein etwa im Zusammenhang mit einer gleichzeitig mit der Kapitalherabsetzung beschlossenen Kapitalerhöhung zu zahlendes Agio (*Hüffer* AktG, § 231 Rn. 6).

B. Rechtsfolgen des Verstoßes

5 Ein Verstoß gegen § 231 AktG führt zur **Anfechtbarkeit** des Kapitalherabsetzungsbeschlusses. Da Dritte nicht betroffen sind, darf das Registergericht den Kapitalherabsetzungsbeschluss auch im Fall eines Verstoßes gegen § 231 AktG eintragen, wenn eine Anfechtung nicht erfolgt. Überschießende Beträge sind wegen Verstoßes nicht gem. § 231 Satz 1 AktG, aber analog § 232 AktG in die Kapitalrücklage einzustellen; eine Auszahlung an die Aktionäre ist gem. § 230 Satz 1 AktG nicht möglich (*Hüffer* AktG, § 231 Rn. 7 m. w. N.).

§ 232 Einstellung von Beträgen in die Kapitalrücklage bei zu hoch angenommenen Verlusten

Ergibt sich bei Aufstellung der Jahresbilanz für das Geschäftsjahr, in dem der Beschluß über die Kapitalherabsetzung gefaßt wurde, oder für eines der beiden folgenden Geschäftsjahre, daß Wertminderungen und sonstige Verluste in der bei der Beschlussfassung angenommenen Höhe tatsächlich nicht eingetreten oder ausgeglichen waren, so ist der Unterschiedsbetrag in die Kapitalrücklage einzustellen.

Übersicht	Rdn.		Rdn.
A. Zu hoch angenommene Verluste	1	B. Rechtsfolgen des Verstoßes	5

A. Zu hoch angenommene Verluste

Ist im Rahmen der vereinfachten Kapitalherabsetzung ein die tatsächlichen Verluste übersteigender Herabsetzungsbetrag festgesetzt worden, so ist der Differenzbetrag in die Kapitalrücklage einzustellen. § 232 AktG dient dem **Gläubigerschutz** (BGHZ 119, 305, 322 m.w.N.). Die Regelung betrifft nur die vereinfachte Kapitalherabsetzung zur Verlustdeckung einschließlich des Ausgleichs von Wertminderungen, nicht aber die Kapitalherabsetzung zum Zweck der Dotierung der Kapitalrücklage. Allerdings ist eine analoge Anwendung geboten, wenn der Kapitalherabsetzungsbetrag zwecks Dotierung der Kapitalrücklage höher festgesetzt wurde, als nach § 231 AktG zulässig (KölnKomm AktG/*Lutter* § 232 Rn. 12 und § 231 Rn. 7; GroßkommAktG/*Sethe* § 231 Rn. 7; *Hüffer* AktG, § 232 Rn. 8; MünchHdb GesR IV/*Krieger* § 61 Rn. 27). 1

Ob ein in die Kapitalrücklage einzustellender **Unterschiedsbetrag** besteht, wird auf Basis einer nachträglich aufzustellenden (fiktiven) Jahresbilanz bezogen auf den Stichtag der Beschlussfassung beurteilt, die anlässlich der Aufstellung der Jahresbilanz zu erstellen ist. Zu betrachten ist das **Gesamtbilanzergebnis**, nicht hingegen die einzelnen Bilanzpositionen (*Hüffer* AktG, § 232 Rn. 3; KölnKomm AktG/*Lutter* § 232 Rn. 5; GroßkommAktG/*Sethe* § 232 Rn. 5; MünchHdb GesR IV/*Krieger* § 61 Rn. 23). Unberücksichtigt bleiben nach dem Kapitalherabsetzungsbeschluss erwirtschaftete Erträge. Gleiches gilt für nach der Beschlussfassung entstandene Verluste, die nicht aus der Kapitalherabsetzung gedeckt werden dürfen (*Hüffer* AktG, § 232 Rn. 4; KölnKomm AktG/*Lutter* § 232 Rn. 6; MünchHdb GesR IV/*Krieger* § 61 Rn. 24). 2

§ 232 AktG ist für einen Zeitraum von **3 Geschäftsjahren** zu beachten, nämlich dem Geschäftsjahr, in dem der Kapitalherabsetzungsbeschluss gefasst wurde, sowie den beiden folgenden Geschäftsjahren. Ergibt sich erst im zweiten oder dritten Geschäftsjahr ein Unterschiedsbetrag, so ist er in die jeweilige Jahresbilanz einzustellen; die vorausgegangenen Jahresabschlüsse bleiben unverändert (*Hüffer* AktG, § 232 Rn. 5; GroßkommAktG/*Sethe* § 232 Rn. 8). 3

Der Unterschiedsbetrag ist in die Kapitalrücklage i.S.v. § 266 Abs. 3 A II HGB einzustellen und als außerordentlicher Ertrag (Überschuss nach Verlustdeckung) aus vereinfachter Kapitalherabsetzung auszuweisen (*Hüffer* AktG, § 232 Rn. 6). Die Einstellungshöchstgrenze des § 231 AktG ist nicht zu beachten (*Kropff* RegBegr., 321). 4

B. Rechtsfolgen des Verstoßes

Im Fall eines Verstoßes gegen § 232 AktG ist der Jahresabschluss nach § 256 Abs. 1 Nr. 1 und Nr. 4 AktG **nichtig**; allerdings ist eine **Heilung** gem. § 256 Abs. 6 AktG möglich. Ein auf dem nichtigen Jahresabschluss beruhender Gewinnverwendungsbeschluss ist ebenfalls nichtig, § 253 Abs. 1 Satz 1 AktG. Zahlungen an Aktionäre begründen ihre Haftung nach § 52 AktG. Die Verwaltungsmitglieder haften für Schäden nach §§ 93, 116 AktG (*Hüffer* AktG, § 232 Rn. 7). Zur Überschreitung des zur Verlustdeckung erforderlichen Betrages vgl. § 229 AktG Rdn. 4. 5

§ 233 Gewinnausschüttung, Gläubigerschutz

(1) ¹Gewinn darf nicht ausgeschüttet werden, bevor die gesetzliche Rücklage und die Kapitalrücklage zusammen zehn vom Hundert des Grundkapitals erreicht haben. ²Als Grundkapital gilt dabei der Nennbetrag, der sich durch die Herabsetzung ergibt, mindestens aber der in § 7 bestimmte Mindestnennbetrag.

(2) ¹Die Zahlung eines Gewinnanteils von mehr als vier vom Hundert ist erst für ein Geschäftsjahr zulässig, das später als zwei Jahre nach der Beschlußfassung über die Kapitalherabsetzung beginnt. ²Dies gilt nicht, wenn die Gläubiger, deren Forderungen vor der Bekanntmachung der Eintragung des Beschlusses begründet worden waren, befriedigt oder sichergestellt sind, soweit sie sich binnen sechs Monaten nach der Bekanntmachung des Jahresabschlusses, aufgrund dessen die Gewinnverteilung beschlossen ist, zu diesem Zweck gemeldet haben. ³Einer Sicherstellung der Gläubiger bedarf es nicht, die im Fall des Insolvenzverfahrens ein Recht auf vorzugsweise

§ 233 AktG Gewinnausschüttung, Gläubigerschutz

Befriedigung aus einer Deckungsmasse haben, die nach gesetzlicher Vorschrift zu ihrem Schutz errichtet und staatlich überwacht ist. ⁴Die Gläubiger sind in der Bekanntmachung nach § 325 Abs. 2 des Handelsgesetzbuchs auf die Befriedigung oder Sicherstellung hinzuweisen.

(3) Die Beträge, die aus der Auflösung von Kapital- und Gewinnrücklagen und aus der Kapitalherabsetzung gewonnen sind, dürfen auch nach diesen Vorschriften nicht als Gewinn ausgeschüttet werden.

Übersicht

		Rdn.			Rdn.
A.	Gewinnausschüttungsverbot, Abs. 1 ...	1	C.	Ausschüttungsverbot des Buchertrags, Abs. 3	8
B.	Beschränkung der Höhe der Gewinnausschüttung, Abs. 2	5	D.	Rechtsfolgen des Verstoßes	9

A. Gewinnausschüttungsverbot, Abs. 1

1 Im Interesse der Gläubiger darf die Gesellschaft gem. § 233 Abs. 1 Satz 1 AktG Gewinn erst dann ausschütten, wenn der gesetzliche Reservefonds, das sind die gesetzliche Rücklage und die Kapitalrücklage zusammengenommen, die Mindesthöhe nach § 150 Abs. 2 AktG erreicht hat. Die Vorschrift gebietet indes nicht die Einstellung von Gewinn in die gesetzliche Rücklage, bis 10 % des Grundkapitals erreicht sind; insoweit gilt ausschließlich § 150 Abs. 2 AktG. Gewinne können also auch vorher zu jedem anderen zulässigen Zweck verwandt werden; z. B. zur Einstellung in die anderen Gewinnrücklagen, zum Vortrag auf neue Rechnung oder zur Kapitalerhöhung aus Gesellschaftsmitteln (*Hüffer* AktG, § 233 Rn. 2; KölnKomm AktG/*Lutter* § 233 Rn. 6; MüKo AktG/*Oechsler* § 233 Rn. 9; MünchHdb GesR IV/*Krieger* § 61 Rn. 29). Die **Ausschüttungssperre** ist **zwingend** und wird auch nicht durch Sicherheitsleistung beseitigt (*Hüffer* AktG, § 233 Rn. 2; KölnKomm AG/*Lutter* § 233 Rn. 10).

2 Im Rahmen der Gewinnausschüttung ist nach h. M. auch die Gewinnabführung **aufgrund eines Gewinnabführungsvertrages** verboten (GroßkommAktG/*Sethe* § 233 Rn. 3, 8; *Hüffer* AktG, § 233 Rn. 3; KölnKomm AG/*Lutter* § 233 Rn. 9; krit. Unter Hinweis auf §§ 302, 300 Abs. 1 AktG MünchHdb GesR IV/*Krieger* § 61 Rn. 30; MüKo AktG/*Oechsler* § 233 Rn. 5). Zulässig sollen dagegen Zahlungen **aufgrund von Teilgewinnabführungsverträgen** und Gewinngemeinschaften (§ 292 Abs. 1 Nr. 1 und 2 AktG) sein (*Hüffer* AktG, § 233 Rn. 3; MüKo AktG/*Oechsler* § 233 Rn. 5; MünchHdb GesR IV/*Krieger* § 61 Rn. 30). Dies überzeugt indes jedenfalls für die Teilgewinnabführungsverträge nicht. Zulässig sind des Weiteren **gewinnabhängige Zahlungen** an Dritte und Aktionäre, wenn sie der Gesellschaft wie Dritte gegenüberstehen, z. B. als Inhaber von Gewinnschuldverschreibungen oder Genussrechten (*Hüffer* AktG, § 233 Rn. 3; KölnKomm AktG/*Lutter* § 233 Rn. 8; MünchHdb GesR IV/*Krieger* § 61 Rn. 30; teilw. a. A. GroßkommAktG/*Sethe* § 233 Rn. 4); allerdings ist im Einzelfall zu prüfen, ob sich der Anspruch nach dem erzielten oder dem ausgeschütteten Gewinn richtet; im zweiten Fall entfällt kraft Vertrages der Zahlungsanspruch. **Nicht verboten** sind Zahlungen aufgrund einer **Dividendengarantie** (insbes. nach § 304 Abs. 2 Satz 2 AktG; *Hüffer* AktG, § 233 Rn. 3; MüKo AktG/*Oechsler* § 232 Rn. 5).

3 Zur **Berechnung der Quote** sind die gesetzliche Rücklage und die Kapitalrücklage i. S. d. § 266 Abs. 3 A II und III Nr. 1 HGB zu saldieren. Der Begriff der Kapitalrücklage umfasst zwar nach dem Wortlaut alle vier in § 272 Abs. 2 HGB genannten Untergliederungen; Zuzahlungen in die Kapitalrücklage i. S. v. § 272 Abs. 2 Nr. 4 HGB dürften jedoch dem Sinn und Zweck nach nicht umfasst sein, weil die gesetzliche Rücklage in § 232 Abs. 1 AktG a. F. durch den gesetzlichen Reservefonds i. S. d. § 150 Abs. 2 AktG abgelöst wurde (MüKo AktG/*Oechsler* § 233 Rn. 7; *Hüffer* AktG, § 233 Rn. 4). Für das Grundkapital ist der Nennbetrag maßgeblich, der sich nach der Herabsetzung ergibt (*Hüffer* AktG, § 233 Rn. 4). Mindestens gilt allerdings der in § 7 AktG bestimmte Mindestnennbetrag von 50.000,– €. Eine Unterschreitung ist nur im Zusammenhang mit einer gleichzeitigen Kapitalerhöhung zulässig. Dabei ist der Erhöhungsbetrag bei der Berechnung der Quote ebenso wie nachfolgende Kapitalerhöhungen außer Acht zu lassen (*Hüffer* AktG, § 233 Rn. 4; MüKo AktG/

Oechsler § 233 Rn. 8; GroßkommAktG/*Sethe* § 233 Rn. 12). Die **Quote von 10 % ist zwingend**; Satzungsbestimmungen, die gem. § 150 Abs. 2 AktG auf einen höheren Teil des Grundkapitals abstellen, sind unbeachtlich (*Hüffer* AktG, § 233 Rn. 4).

Das Ausschüttungsverbot **beginnt** mit dem Wirksamwerden der Kapitalherabsetzung durch Eintragung des Beschlusses (§§ 224, 229 Abs. 3 AktG). Zuvor beschlossene, aber noch nicht durchgeführte Gewinnausschüttungen bleiben grds. zulässig, sofern keine Umgehung vorliegt (*Hüffer* AktG, § 233 Rn. 5; KölnKomm AktG/*Lutter* § 233 Rn. 7; MünchHdb GesR IV/*Krieger* § 61 Rn. 31). Das Ausschüttungsverbot **endet** mit Erreichen der Quote und lebt auch nicht bei einem späteren Unterschreiten wieder auf (*Hüffer* AktG, § 233 Rn. 5; KölnKomm AktG/*Lutter* § 233 Rn. 5, 10 a. E.; MünchHdb GesR IV/*Krieger* § 61 Rn. 29).   4

B. Beschränkung der Höhe der Gewinnausschüttung, Abs. 2

Unbeschadet Abs. 1 darf ein **höherer Gewinnanteil als 4 %** des Grundkapitals erst für ein Geschäftsjahr gezahlt werden, das später als 2 Jahre nach der Beschlussfassung über die Kapitalherabsetzung beginnt. Zum Begriff der Gewinnausschüttung vgl. Rdn. 1 ff. Der prozentuale Gewinnanteil bestimmt sich anders als bei Abs. 1 nach der zum Zeitpunkt des Gewinnverwendungsbeschlusses jeweils bestehenden Grundkapitalziffer (KölnKomm AktG/*Lutter* § 233 Rn. 11; MünchHdb GesR IV/*Krieger* § 61 Rn. 32). Dabei ist der Höchstbetrag von 4 % ein Durchschnittswert; wie er sich auf die einzelnen Aktien verteilt, ist unerheblich (*Hüffer* AktG, § 233 Rn. 6; GroßkommAktG/*Sethe* § 233 Rn. 14; MüKo AktG/*Oechsler* § 233 Rn. 14).   5

Wirksam wird die Gewinnausschüttungsbeschränkung mit Wirksamwerden der Kapitalherabsetzung durch Eintragung des Herabsetzungsbeschlusses (§§ 223, 224 AktG). Die Ausschüttung höherer Gewinne aufgrund eines zuvor gefassten Gewinnverwendungsbeschlusses ist zulässig. Wird der Gewinnverwendungsbeschluss zugleich mit dem Beschluss über die vereinfachte Kapitalherabsetzung oder zwischen Beschlussfassung und Wirksamwerden der Kapitalherabsetzung gefasst, so dürfen bis zum Wirksamwerden der Kapitalherabsetzung auch mehr als 4 % ausgezahlt werden, nach Wirksamwerden jedoch nicht mehr (*Hüffer* AktG, § 233 Rn. 7; KölnKomm AktG/*Lutter* § 233 Rn. 13; MünchHdb GesR IV/*Krieger* § 61 Rn. 33; a. A. GroßkommAktG/*Sethe* § 233 Rn. 18 f.).   6

Die Beschränkung des Abs. 2 Satz 1 gilt nicht, wenn Gläubiger, deren Forderungen vor der Bekanntmachung der Eintragung des Kapitalherabsetzungsbeschlusses begründet waren, befriedigt oder sichergestellt sind, soweit sie sich innerhalb von 6 Monaten nach der Bekanntmachung des Jahresabschlusses, aufgrund dessen die Gewinnverteilung beschlossen ist, zu diesem Zweck gemeldet haben. Die Vorschrift ist § 225 AktG nachgebildet. Die Meldefrist beginnt mit Bekanntgabe des Jahresabschlusses, der dem Gewinnverwendungsbeschluss zugrunde liegt, und berechnet sich nach §§ 187 ff. BGB (*Hüffer* AktG, § 233 Rn. 8).   7

C. Ausschüttungsverbot des Buchertrags, Abs. 3

Beträge, die aus der Auflösung von Kapital- und Gewinnrücklagen und aus der Kapitalherabsetzung gewonnen sind, dürfen gem. Abs. 3 nicht als Gewinn ausgeschüttet werden. Es handelt sich bei dieser Regelung um eine **Klarstellung**, dass das Ausschüttungsverbot des § 230 Satz 1 AktG uneingeschränkt gilt (*Hüffer* AktG, § 233 Rn. 9).   8

D. Rechtsfolgen des Verstoßes

Verstößt ein Gewinnverwendungsbeschluss gegen § 233 AktG, ist er gem. §§ 253 Abs. 1, 241 Nr. 3 AktG **nichtig**. Für entgegen § 233 AktG geleistete Zahlungen haften die Aktionäre nach § 62 AktG. Die Mitglieder der Verwaltung haften nach §§ 93, 116 AktG für etwa entstandenen Schaden (*Hüffer* AktG, § 233 Rn. 10).   9

§ 234 Rückwirkung der Kapitalherabsetzung

(1) Im Jahresabschluß für das letzte vor der Beschlußfassung über die Kapitalherabsetzung abgelaufene Geschäftsjahr können das gezeichnete Kapital sowie die Kapital- und Gewinnrücklagen in der Höhe ausgewiesen werden, in der sie nach der Kapitalherabsetzung bestehen sollen.

(2) ¹In diesem Fall beschließt die Hauptversammlung über die Feststellung des Jahresabschlusses. ²Der Beschluß soll zugleich mit dem Beschluß über die Kapitalherabsetzung gefaßt werden.

(3) ¹Die Beschlüsse sind nichtig, wenn der Beschluß über die Kapitalherabsetzung nicht binnen drei Monaten nach der Beschlußfassung in das Handelsregister eingetragen worden ist. ²Der Lauf der Frist ist gehemmt, solange eine Anfechtungs- oder Nichtigkeitsklage rechtshängig ist.

Übersicht	Rdn.		Rdn.
A. Rückwirkung, Abs. 1	1	C. Eintragungsfrist, Abs. 3	5
B. Feststellung des Jahresabschlusses, Abs. 2	3		

A. Rückwirkung, Abs. 1

1 Ungeachtet des Wirksamwerdens der vereinfachten Kapitalherabsetzung mit Eintragung des Beschlusses nach §§ 224, 229 Abs. 3 AktG enthält § 234 Abs. 1 AktG zur Erleichterung von Sanierungsbemühungen (vgl. OLG Düsseldorf ZIP 1981, 847) eine **Ausnahme vom Stichtagsprinzip** und lässt eine insoweit **modifizierte Jahresbilanz** zu (*K. Schmidt* AG 1985, 150, 156 f.; *Hüffer* AktG, § 234 Rn. 2). Eine Verpflichtung, entsprechend zu verfahren, enthält die Vorschrift nicht. Die Entscheidung obliegt den Organen (*Hüffer* AktG, § 234 Rn. 2; MüKo AktG/*Oechsler* § 234 Rn. 6). Die Vorschrift ist nur bei der vereinfachten Kapitalherabsetzung anwendbar, nicht hingegen bei der ordentlichen Kapitalherabsetzung oder bei der Kapitalherabsetzung durch Einziehung von Aktien (*Hüffer* AktG, § 234 Rn. 2).

2 Erlaubt ist die Rückwirkung nur für den Jahresabschluss des Geschäftsjahrs, das der Beschlussfassung über die Kapitalherabsetzung vorausgegangen ist, nicht aber für weiter zurückliegende Geschäftsjahre. Betroffen sind ausschließlich die Bilanzposten Gezeichnetes Kapital (Grundkapital) gem. § 266 Abs. 3 A I HGB und Kapital- und Gewinnrücklagen gem. § 266 Abs. 3 A II und III HGB (*Hüffer* AktG, § 234 Rn. 3).

B. Feststellung des Jahresabschlusses, Abs. 2

3 Im Fall einer Rückwirkung gem. § 234 Abs. 1 HGB hat **zwingend die HV** über die Feststellung des Jahresabschlusses zu beschließen. Damit wird die Zuständigkeit von Vorstand und Aufsichtsrat zur Feststellung des Jahresabschlusses gem. §§ 172, 173 AktG durchbrochen. Die Verwaltung entscheidet jedoch über die Vorfrage, ob von der Befugnis des § 234 Abs. 1 AktG überhaupt Gebrauch gemacht wird, sodass sie nach wie vor den Jahresabschluss ohne Rückwirkung der Kapitalherabsetzung nach § 172 AktG feststellen kann (*Hüffer* AktG, § 234 Rn. 4; KölnKomm AktG/*Lutter* § 234 Rn. 7 ff.; MünchHdb GesR IV/*Krieger* § 61 Rn. 37).

4 Beschließen Vorstand und Aufsichtsrat gem. § 173 Abs. 1 AktG, die Feststellung des Jahresabschlusses der Hauptversammlung zu überlassen, so ist diese in der Entscheidung über die Rückwirkung frei. Bei Abweichungen vom vorgelegten Jahresabschlussentwurf ist gem. § 173 Abs. 3 AktG eine Nachtragsprüfung erforderlich. Legt der Vorstand ohne Vorlagebeschluss den Entwurf eines Jahresabschlusses allein wegen der beabsichtigten Rückwirkung nach § 234 AktG der Hauptversammlung vor, so kann die Hauptversammlung den Jahresabschluss nur mit Rückwirkung beschließen; folgt sie dem Beschluss nicht, so kann sie den Jahresabschluss nicht feststellen (*Hüffer* AktG, § 234 Rn. 5; KölnKomm AktG/*Lutter* § 234 Rn. 10). Die Hauptversammlung ist befugt, die Verwaltung zur Vorlage des Jahresabschlusses und zur Feststellung gem. § 234 AktG anzuweisen; eine Feststellung nach § 172 AktG ist in diesem Fall ein Pflichtverstoß i. S. d. §§ 93, 116 AktG (*Hüffer* AktG, § 234

Rn. 5). Die Feststellung des Jahresabschlusses durch die Hauptversammlung soll zugleich, d.h. in derselben Hauptversammlung, mit der Beschlussfassung über die Kapitalherabsetzung erfolgen. Eine abweichende Handhabung führt weder zur Anfechtbarkeit der Feststellung des Jahresabschlusses nach §§ 234 Abs. 1, 257 Abs. 1 Satz 1 AktG noch zur Anfechtbarkeit des Kapitalherabsetzungsbeschlusses (h. M.: KölnKomm AktG/*Lutter* § 234 Rn. 6; MüKo AktG/*Oechsler* § 234 Rn. 13; GroßkommAktG/*Sethe* § 234 Rn. 12; MünchHdb GesR IV/*Krieger* § 61 Rn. 38; a. A. *Hüffer* AktG, § 234 Rn. 6: Anfechtbarkeit des Jahresabschlusses).

C. Eintragungsfrist, Abs. 3

Der Beschluss über die vereinfachte Kapitalherabsetzung sowie über die Feststellung des Jahresabschluss ist nichtig, wenn der Beschluss über die Kapitalherabsetzung nicht **innerhalb von 3 Monaten** nach Beschlussfassung in das Handelsregister **eingetragen** worden ist. Die Eintragung der Durchführung der Kapitalherabsetzung hat hingegen nur deklaratorische Bedeutung und muss nicht innerhalb der Frist erfolgen. Die Frist beginnt mit dem Tag der Beschlussfassung über die Kapitalherabsetzung und berechnet sich nach §§ 187 Abs. 1, 188 Abs. 2 BGB. Zur Wahrung der Frist ist die rechtzeitige Eintragung erforderlich; die Anmeldung zum Handelsregister genügt nicht. 5

Solange eine Anfechtungs- oder Nichtigkeitsklage rechtshängig ist, ist die 3-Monats-Frist **gehemmt**. Erfasst werden Klagen gegen den Kapitalherabsetzungsbeschluss (§§ 246, 249 AktG) sowie auch gegen den Jahresabschluss (§§ 256, 257 AktG). Eine gewöhnliche Feststellungsklage hemmt die Frist nicht. Die Rechtswirkung der Hemmung bestimmt sich nach § 209 BGB (*Hüffer* AktG, § 234 Rn. 8). 6

Der **Fristablauf** führt zur **Nichtigkeit** des Kapitalherabsetzungsbeschlusses und des Jahresabschlusses von Anfang an. Diese Rechtsfolge ist für den Jahresabschluss zwingend. Für den Kapitalherabsetzungsbeschluss ist strittig, ob die Hauptversammlung durch Beschluss bestimmen kann, dass die Kapitalherabsetzung unabhängig von der Rückwirkung wirksam werden soll (vgl. *Hüffer* AktG, § 234 Rn. 9; KölnKomm AktG/*Lutter* § 234 Rn. 19; MünchHdb GesR IV/*Krieger* § 61 Rn. 39; GroßkommAktG/*Sethe* § 234 Rn. 20; MüKo AktG/*Oechsler* § 234 Rn. 17). 7

Trägt das Registergericht den Kapitalherabsetzungsbeschluss trotz Fristablaufes in das Handelsregister ein, ist gem. § 242 Abs. 3 AktG in entsprechender Anwendung des § 242 Abs. 2 AktG eine **Heilung** möglich. Mit der Heilung wird nach allg. Meinung auch der Jahresabschluss geheilt (*Hüffer* AktG, § 234 Rn. 10; KölnKomm AktG/*Lutter* § 234 Rn. 20; MüKo AktG/*Oechsler* § 234 Rn. 18; MünchHdb GesR IV/*Krieger* § 61 Rn. 39). 8

§ 235 Rückwirkung einer gleichzeitigen Kapitalerhöhung

(1) ¹Wird im Fall des § 234 zugleich mit der Kapitalherabsetzung eine Erhöhung des Grundkapitals beschlossen, so kann auch die Kapitalerhöhung in dem Jahresabschluß als vollzogen berücksichtigt werden. ²Die Beschlußfassung ist nur zulässig, wenn die neuen Aktien gezeichnet, keine Sacheinlagen festgesetzt sind und wenn auf jede Aktie die Einzahlung geleistet ist, die nach § 188 Abs. 2 zur Zeit der Anmeldung der Durchführung der Kapitalerhöhung bewirkt sein muß. ³Die Zeichnung und die Einzahlung sind dem Notar nachzuweisen, der den Beschluß über die Erhöhung des Grundkapitals beurkundet.

(2) ¹Sämtliche Beschlüsse sind nichtig, wenn die Beschlüsse über die Kapitalherabsetzung und die Kapitalerhöhung und die Durchführung der Erhöhung nicht binnen drei Monaten nach der Beschlußfassung in das Handelsregister eingetragen worden sind. ²Der Lauf der Frist ist gehemmt, solange eine Anfechtungs- oder Nichtigkeitsklage rechtshängig ist. ³Die Beschlüsse und die Durchführung der Erhöhung des Grundkapitals sollen nur zusammen in das Handelsregister eingetragen werden.

§ 235 AktG Rückwirkung einer gleichzeitigen Kapitalerhöhung

Übersicht

	Rdn.			Rdn.
A. Rückwirkung der Kapitalerhöhung, Abs. 1	1	B.	Handelsregistereintragung, Abs. 2	4

A. Rückwirkung der Kapitalerhöhung, Abs. 1

1 Ungeachtet des Wirksamwerdens der Kapitalerhöhung erst mit der Eintragung ihrer Durchführung im Handelsregister (§ 189 AktG) lässt § 235 Abs. 1 AktG als **Ausnahme vom Stichtagsprinzip** eine **modifizierte Jahresbilanz** zu: In dem Jahresabschluss, in dem bereits die Kapitalherabsetzung berücksichtigt ist, dürfen auf der Passivseite der Bilanz auch das gezeichnete Kapital (§ 266 Abs. 3 A I HGB) und – im Fall eines Agio – die Kapitalrücklage so beziffert werden, als sei die Kapitalerhöhung schon wirksam (§§ 266 Abs. 3 A II, 272 Abs. 2 Nr. 1 HGB). Eine Verpflichtung zur Rückwirkung besteht nicht, und zwar auch dann nicht, wenn die Kapitalherabsetzung nach § 234 AktG zurückwirken soll. Über die Rückwirkung der Kapitalerhöhung entscheidet die Hauptversammlung durch entsprechende Aufstellung des Jahresabschlusses (*Hüffer* AktG, § 235 Rn. 3; MünchHdb GesR IV/*Krieger* § 61 Rn. 41).

2 Die rückwirkende Kapitalerhöhung ist nur zur **Ergänzung der vereinfachten Kapitalherabsetzung** möglich. Sie ist gem. Abs. 1 Satz 1 in derselben Hauptversammlung wie die Kapitalherabsetzung zu beschließen (*Hüffer* AktG, § 235 Rn. 4; KölnKomm AktG/*Lutter* § 235 Rn. 7; MünchHdb GesR IV/*Krieger* § 61 Rn. 41). Eine Rückwirkung ist nur dann zulässig, wenn auch die zugleich beschlossene Kapitalherabsetzung nach § 234 AktG zurückwirkt (*Hüffer* AktG, § 235 Rn. 4; *Lutter/Hommelhoff/Thimm* BB 1980, 737, 744). Der Rückwirkungsbeschluss setzt voraus, dass die Zeichnungsverträge für sämtliche neuen Aktien vorliegen; die Zeichnung erfolgt dieserhalb unter der Bedingung, dass die Kapitalerhöhung wirksam beschlossen wird (*Hüffer* AktG, § 235 Rn. 5; KölnKomm AktG/*Lutter* § 235 Rn. 9; GroßkommAktG/*Sethe* § 235 Rn. 9 ff). Darüber hinaus muss es sich um eine **Kapitalerhöhung gegen Geldeinlage** handeln (OLG Düsseldorf ZIP 1981, 847; *Hüffer* AktG, § 235 Rn. 5). Der Beschluss ist schließlich nur zulässig, wenn auf jede Aktie die Einzahlung geleistet ist, die nach § 188 Abs. 2 AktG vor Anmeldung der Durchführung bewirkt sein muss. In sinngemäßer Anwendung der §§ 36 Abs. 2, 36a, 37 Abs. 1 AktG sind damit mindestens 25 % des geringsten Ausgabebetrages zzgl. Agio auf jede Aktie einzuzahlen. Hat der Vorstand den Restbetrag ganz oder teilweise geltend gemacht, umfasst die Einzahlungspflicht auch diesen Betrag. Der Betrag muss **ordnungsgemäß eingezahlt** worden sein und endgültig zur freien Verfügung des Vorstands stehen (BGHZ 118, 83, 88; OLG Düsseldorf ZIP 1981, 847; *Hüffer* AktG, § 235 Rn. 7; *Lutter/Hommelhoff/Thimm* BB 1980, 737, 744). Kommt der Kapitalerhöhungsbeschluss nicht zustande, sind Leistungen nach §§ 812 ff. BGB rückabzuwickeln (*Hüffer* AktG, § 235 Rn. 5).

3 Liegen die Voraussetzungen des Abs. 1 Satz 1 oder 2 nicht vor, ist ein die Kapitalerhöhung ausweisender Jahresabschluss nach § 256 Abs. 1 Nr. 1 AktG **nichtig** (*Hüffer* AktG, § 235 Rn. 9 m. w. N.).

B. Handelsregistereintragung, Abs. 2

4 Werden der Kapitalherabsetzungsbeschluss und der Beschluss über die Kapitalerhöhung sowie die Durchführung der Kapitalerhöhung (§§ 188, 189 AktG) nicht **innerhalb von 3 Monaten** in das Handelsregister eingetragen, so sind sämtliche Beschlüsse von Anfang an nichtig. Die Ausführungen zu § 234 Rdn. 5 ff. gelten entsprechend. Die Beschlüsse über die Kapitalherabsetzung und die Kapitalerhöhung und die Durchführung der Kapitalerhöhung sollen nur zusammen in das Handelsregister eingetragen werden. Abs. 2 Satz 3 ist **reine Ordnungsvorschrift**, sodass ein Verstoß die Wirksamkeit nicht berührt (*Hüffer* AktG, § 235 Rn. 13; KölnKomm AktG/*Lutter* § 235 Rn. 16; MünchHdb GesR IV/*Krieger* § 61 Rn. 42).

§ 236 Offenlegung

Die Offenlegung des Jahresabschlusses nach § 325 des Handelsgesetzbuchs darf im Fall des § 234 erst nach Eintragung des Beschlusses über die Kapitalherabsetzung, im Fall des § 235 erst ergehen, nachdem die Beschlüsse über die Kapitalherabsetzung und Kapitalerhöhung und die Durchführung der Kapitalerhöhung eingetragen worden sind.

§ 236 AktG bezweckt den **Schutz der Gläubiger** und der **künftigen Aktionäre**, indem eine verfrühte Offenlegung des Jahresabschlusses untersagt wird. Modifiziert wird damit § 325 HGB. Bis zu den in § 236 AktG vorausgesetzten Eintragungen darf der Jahresabschluss nicht offengelegt werden, nach Eintragung ist unverzüglich i. S. v. § 121 Abs. 1 Satz 1 BGB gem. § 325 HGB zu verfahren. § 236 AktG ist **Schutzgesetz** i. S. d. § 823 Abs. 2 BGB (*Hüffer* AktG, § 236 Rn. 3; KölnKomm AktG/*Lutter* § 236 Rn. 3; MünchHdb GesR IV/*Krieger* § 61 Rn. 43).

1

Dritter Unterabschnitt Kapitalherabsetzung durch Einziehung von Aktien. Ausnahme für Stückaktien

§ 237 Voraussetzungen

(1) ¹Aktien können zwangsweise oder nach Erwerb durch die Gesellschaft eingezogen werden. ²Eine Zwangseinziehung ist nur zulässig, wenn sie in der ursprünglichen Satzung oder durch eine Satzungsänderung vor Übernahme oder Zeichnung der Aktien angeordnet oder gestattet war.

(2) ¹Bei der Einziehung sind die Vorschriften über die ordentliche Kapitalherabsetzung zu befolgen. ²In der Satzung oder in dem Beschluß der Hauptversammlung sind die Voraussetzungen für eine Zwangseinziehung und die Einzelheiten ihrer Durchführung festzulegen. ³Für die Zahlung des Entgelts, das Aktionären bei einer Zwangseinziehung oder bei einem Erwerb von Aktien zum Zwecke der Einziehung gewährt wird, und für die Befreiung dieser Aktionäre von der Verpflichtung zur Leistung von Einlagen gilt § 225 Abs. 2 sinngemäß.

(3) Die Vorschriften über die ordentliche Kapitalherabsetzung brauchen nicht befolgt zu werden, wenn Aktien, auf die der Ausgabebetrag voll geleistet ist,
1. der Gesellschaft unentgeltlich zur Verfügung gestellt oder
2. zu Lasten des Bilanzgewinns oder einer anderen Gewinnrücklage, soweit sie zu diesem Zweck verwandt werden können, eingezogen werden oder
3. Stückaktien sind und der Beschluss der Hauptversammlung bestimmt, dass sich durch die Einziehung der Anteil der übrigen Aktien am Grundkapital gemäß § 8 Abs. 3 erhöht; wird der Vorstand zur Einziehung ermächtigt, so kann er auch zur Anpassung der Angabe der Zahl in der Satzung ermächtigt werden.

(4) ¹Auch in den Fällen des Absatzes 3 kann die Kapitalherabsetzung durch Einziehung nur von der Hauptversammlung beschlossen werden. ²Für den Beschluß genügt die einfache Stimmenmehrheit. ³Die Satzung kann eine größere Mehrheit und weitere Erfordernisse bestimmen. ⁴Im Beschluß ist der Zweck der Kapitalherabsetzung festzusetzen. ⁵Der Vorstand und der Vorsitzende des Aufsichtsrats haben den Beschluß zur Eintragung in das Handelsregister anzumelden.

(5) In den Fällen des Absatzes 3 Nr. 1 und 2 ist in die Kapitalrücklage ein Betrag einzustellen, der dem auf die eingezogenen Aktien entfallenden Betrag des Grundkapitals gleichkommt.

(6) ¹Soweit es sich um eine durch die Satzung angeordnete Zwangseinziehung handelt, bedarf es eines Beschlusses der Hauptversammlung nicht. ²In diesem Fall tritt für die Anwendung der Vorschriften über die ordentliche Kapitalherabsetzung an die Stelle des Hauptversammlungsbeschlusses die Entscheidung des Vorstands über die Einziehung.

§ 237 AktG Voraussetzungen

Übersicht

		Rdn.
A.	Allgemeines	1
B.	**Zwangseinziehung und Einziehung nach Erwerb, Abs. 1**	3
I.	Zwangseinziehung	4
1.	Satzungsermächtigung	5
2.	Verfahren	8
	a) Angeordnete Zwangseinziehung	8
	b) Gestattete Zwangseinziehung	10
3.	Einziehungsentgelt	12
II.	Einziehung von Aktien nach Erwerb	14
C.	**Ordentliches Einziehungsverfahren, Abs. 2**	17
I.	Stimmrechtsausübung	17
II.	Beschlussinhalt	19
III.	Anmeldung und Eintragung	20

		Rdn.
IV.	Gläubigerschutz	21
D.	**Vereinfachtes Einziehungsverfahren, Abs. 3 bis 5**	22
I.	Voraussetzungen	23
1.	Volleingezahlte Aktien	23
2.	Unentgeltlichkeit	24
3.	Einziehung zulasten des Bilanzgewinns oder einer anderen Gewinnrücklage	25
4.	Einziehung von Stückaktien ohne Herabsetzung des Kapitals	26
II.	Einziehungsbeschluss	27
III.	Gläubigerschutz	30
E.	**Einziehung durch den Vorstand, Abs. 6**	31
F.	**Beschlussmängel**	33

A. Allgemeines

1 Abs. 1 regelt die Einziehung von Aktien als **dritte Form der Kapitalherabsetzung** und stellt damit sowohl den Schutz der betroffenen Aktionäre vor unberechtigter Zwangseinziehung sowie den Schutz der Gläubiger über die Anwendbarkeit von § 225 AktG gem. Abs. 2 Satz 1 sicher (*Hüffer* AktG, § 237 Rn. 1). **Abzugrenzen** ist die Einziehung von der **Kaduzierung** (§ 64 AktG), die zum Ausschluss des säumigen Aktionärs führt, bei der das Mitgliedsrecht als solches aber bestehen bleibt, und der **Kraftloserklärung** von Aktien (§§ 72, 73, 226 AktG), die bewirkt, dass die Urkunde das Mitgliedsrecht nicht mehr verbrieft, dieses als solches aber fortbesteht. Weiter abzugrenzen ist die sog. **Auslosung** von Aktien, bei der der Aktionär durch Satzungsbestimmung verpflichtet wird, sein Mitgliedsrecht unter bestimmten Umständen auf einen Dritten, auch die AG, zu übertragen. Die Zulässigkeit einer solchen Satzungsklausel ist wegen §§ 23 Abs. 5, 54 Abs. 1 AktG strittig, wird von der h. M. aber unter den Voraussetzungen des § 237 AktG bejaht (RGZ 120, 177, 179 ff.; *Hüffer* AktG, § 237 Rn. 2; GroßkommAktG/*Sethe* § 237 Rn. 26; *Becker* ZGR 1986, 383, 392 ff.; a. A. RGZ 49, 77, 78 f.; BayObLG AG 1989, 173; KölnKomm AktG/*Lutter* § 237 Rn. 10; MünchHdb GesR IV/*Krieger* § 62 Rn. 1; offen lassend BGH AG 2013, 224).

2 Die Kapitalherabsetzung durch Einziehung von Aktien ist wegen § 23 Abs. 3 Nr. 3, 4 AktG immer auch eine **Satzungsänderung**, sodass §§ 179, 180 f. AktG ergänzend Anwendung finden. Mit Wirksamwerden der Kapitalherabsetzung (§ 238 AktG) wird der Satzungstext unrichtig und ist im Rahmen einer formellen Satzungsänderung anzupassen (*Hüffer* AktG, § 237 Rn. 3; MüKo AktG/*Oechsler* § 237 Rn. 6).

B. Zwangseinziehung und Einziehung nach Erwerb, Abs. 1

3 Abs. 1 Satz 1 erlaubt die Einziehung von Aktien nach Erwerb und unter bestimmten Umständen auch die zwangsweise Einziehung. Die Einziehung führt zur **Vernichtung der betroffenen Mitgliedsrechte**. Der Anwendungsbereich wird durch das Gesetz nicht eingeschränkt, sodass die Kapitalherabsetzung durch Einziehung konkurrierend neben die anderen Formen der Kapitalherabsetzung tritt und jedem Zweck dienen kann, z. B. der Sanierung, der Rückzahlung an die Aktionäre, der Einstellung in die Kapitalrücklage oder der Beseitigung des konkret betroffenen Mitgliedsrechts (*Hüffer* AktG, § 237 Rn. 4; KölnKomm AktG/*Lutter* § 237 Rn. 13).

I. Zwangseinziehung

4 Eine Zwangseinziehung liegt vor, wenn sie Mitgliedsrechte betrifft, die nicht der AG selbst gehören. Entgegen dem Wortsinn kommt es nicht darauf an, ob die Einziehung gegen den Willen des betroffenen Aktionärs oder mit dessen Einverständnis erfolgt (*Hüffer* AktG, § 237 Rn. 5).

1. Satzungsermächtigung

Die Zwangseinziehung von Aktien ist nur zulässig, wenn sie in der ursprünglichen Satzung oder durch Satzungsänderung vor Übernahme oder Zeichnung der betroffenen Aktien angeordnet oder zugelassen war. Damit setzt Abs. 1 Satz 2 voraus, dass Zeichnung oder Übernahme der Aktien nach Wirksamwerden einer etwaigen Satzungsänderung erfolgen. Maßgeblich ist die Eintragung in das Handelsregister (§ 181 Abs. 3 AktG). Der Begriff der Zeichnung meint die Erklärung nach § 185 AktG, bei Options- und Wandelanleihen die der Zeichnung gleichstehende Bezugs- bzw. Wandelungserklärung (vgl. § 198 AktG Rdn. 5ff.). Der Begriff der Übernahme betrifft ebenfalls den originären Erwerb von Aktien, wenn dieser nicht durch Zeichnung erfolgt (z. B. bei der Kapitalerhöhung aus Gesellschaftsmitteln). Es sollen nur solche Aktien von der Einziehungsmöglichkeit erfasst werden, die von Beginn des Aktienerwerbs an mit der Einziehungsmöglichkeit belastet waren (*Hüffer* AktG, § 237 Rn. 6f.; MüKo AktG/*Oechsler* § 237 Rn. 19, 21). 5

Wird eine entsprechende Satzungsermächtigung gem. §§ 179 ff. AktG geändert, wirken Beschwerungen der Aktionäre gem. Abs. 1 Satz 2 nur auf später übernommene oder gezeichnete Aktien. Wird die Zwangseinziehung erschwert, so wirkt die neue Satzungsklausel hingegen auch für alle vorher begründeten Mitgliedsrechte, sofern nichts anderes bestimmt ist (KölnKomm AktG/*Lutter* § 237 Rn. 31; *Hüffer* AktG, § 237 Rn. 9). 6

Nach h. M. können aber auch Mitgliedsrechte aufgrund einer nach Übernahme oder Zeichnung eingefügten **Ermächtigungsklausel** eingezogen werden. Voraussetzung ist, dass alle betroffenen Aktionäre dem zustimmen (*Hüffer* AktG, § 237 Rn. 8; KölnKomm AktG/*Lutter* § 237 Rn. 30; GroßkommAktG/*Sethe* § 237 Rn. 38; MünchHdb GesR IV/*Krieger* § 62 Rn. 6; unter dem Vorbehalt von Rechten Dritter MüKo AktG/*Oechsler* § 237 Rn. 24; vgl. auch KGJ 31 A 170). 7

2. Verfahren

a) Angeordnete Zwangseinziehung

Die Zwangseinziehung ist angeordnet, wenn die Satzung vorgibt, dass unter bestimmten Voraussetzungen die Aktien eingezogen werden müssen. Die Voraussetzungen sind so genau zu bestimmen, dass der Verwaltung **kein Ermessen** eingeräumt ist, sondern sie sich objektiv feststellen lassen (KGJ 45 A 172, 174; *Hüffer* AktG, § 237 Rn. 10; MünchHdb GesR IV/*Krieger* § 62 Rn. 7; *Terbrack* RNotZ 2003, 89, 110). Im Rahmen der Gründungssatzung sind die Gründer in der Ausgestaltung der Einziehungsgründe weitgehend frei. Im Fall der Satzungsänderung gelten die **allgemeinen Schranken**, insbesondere das Gleichbehandlungsgebot nach § 53a AktG (*Hüffer* AktG, § 237 Rn. 11 mit Beispiel in Rn. 12). Die Nichtleistung der Einlage kann allerdings nur die Folgen der §§ 63 ff. AktG nach sich ziehen, nicht aber als Einziehungsgrund festgesetzt werden (MüKo AktG/*Oechsler* § 237 Rn. 37; *Hüffer* AktG, § 237 Rn. 13). Demgegenüber kann als Einziehungsgrund vorgesehen werden, wenn der Aktionär eine Nebenverpflichtung i. S. v. § 55 AktG nicht erfüllt, vorausgesetzt diese Nebenverpflichtungen sind von §§ 54, 55 AktG gedeckt (RG JW 1928, 2622, 2624 f.; OLG Karlsruhe OLGR 43, 309 f.; MüKo AktG/*Oechsler* § 237 Rn. 38; MünchHdb GesR IV/*Krieger* § 62 Rn. 8; *Terbrack* RNotZ 2003, 89, 110; a. A. *v. Godin/Wilhelmi* § 237 Anm. 12). 8

Liegt ein **Einziehungsgrund** vor, so ist die AG zur Einziehung **verpflichtet**. Eines Hauptversammlungsbeschlusses bedarf es nicht. Vielmehr entscheidet der Vorstand (§ 237 Abs. 6 AktG). 9

b) Gestattete Zwangseinziehung

Die Zwangseinziehung ist gestattet, wenn die Satzung sie vorsieht, ohne das Verfahren bei Vorliegen bestimmter Voraussetzungen anzuordnen. Der Nennung von Einziehungsgründen in der Satzung bedarf es nicht; entsprechende Festsetzungen sind aber zulässig (*Hüffer* AktG, § 237 Rn. 15; KölnKomm AktG/*Lutter* § 237 Rn. 44; MünchHdb GesR IV/*Krieger* § 62 Rn. 10; zweifelnd MüKo AktG/*Oechsler* § 237 Rn. 42). 10

11 Im Fall der gestatteten Zwangseinziehung bedarf es eines **Hauptversammlungsbeschlusses**. Die Hauptversammlung darf jedoch nicht nach Belieben entscheiden. Vielmehr muss die Einziehung **willkürfrei** i. S. v. § 53a AktG sein. Darüber hinaus ist die Vernichtung der Mitgliedschaft, die nicht der Teilliquidation dient, nur zulässig, wenn sie als der intensivste, denkbare Eingriff den Maßstäben der **Erforderlichkeit** und der **Verhältnismäßigkeit** entspricht. Ein Verstoß gegen diese Grundsätze führt zur Anfechtbarkeit (*Hüffer* AktG, § 237 Rn. 16; KölnKomm AktG/*Lutter* § 237 Rn. 47; MünchHdb GesR IV/*Krieger* § 62 Rn. 11; *Reinisch* S. 23). Im Übrigen dürfen keine Ziele verfolgt werden, die im Rahmen einer angeordneten Zwangseinziehung einen unzulässigen Einziehungsgrund darstellen (*Hüffer* AktG, § 237 Rn. 16; vgl. dazu auch Rdn. 8).

3. Einziehungsentgelt

12 Im Gesetz ist nicht geregelt, ob und in welcher Höhe den betroffenen Aktionären ein Einziehungsentgelt zu zahlen ist. Bei der **angeordneten Zwangseinziehung** ist diese Frage zwingend in der Satzung zu regeln (KGJ 31 A 164, 170; 145 A 172, 175; *Hüffer* AktG, § 237 Rn. 17). Grds. ist dem Aktionär der volle Wert seiner Aktien zu ersetzen (BGH AG 2013, 224, 226). Ein höheres Entgelt ist zulässig, da die Gesellschaftsgläubiger durch §§ 237 Abs. 2 Satz 1, 225, 237 Abs. 3 AktG geschützt sind (*Hüffer* AktG, § 237 Rn. 17; KölnKomm AktG/*Lutter* § 237 Rn. 61, 63: Gleichbehandlungsaspekte sind nicht relevant; MünchHdb GesR IV/*Krieger* § 62 Rn. 13, 70 f.; a. A. GroßkommAktG/*Sethe* § 237 Rn. 71, 76). Auch unter dem wirklichen Wert liegende Entgelte sind zulässig, dürfen unter dem Gesichtspunkt des Eigentumsschutzes (Art. 14 GG) und der Grenzen der Sittenwidrigkeit (§ 138 BGB) aber nicht unangemessen gering sein (BGH AG 2013, 224, 226). Die Entgeltlichkeit darf insbesondere nicht gänzlich ausgeschlossen werden (BGH AG 2013, 224, 226; *Hüffer* AktG, § 237 Rn. 17; MüKo AktG/*Oechsler* § 237 Rn. 62, 65; KölnKomm AktG/*Lutter* § 237 Rn. 65; a. A. *Baumbach/Hueck* § 237 Rn. 4; *Terbrack* RNotZ 2003, 89, 111).

13 Bei der **gestatteten Zwangseinziehung** sind Regelungen in der Satzung entsprechend den Grundsätzen zur angeordneten Zwangseinziehung möglich. Die Regelung des Entgelts darf hingegen nicht in das freie Ermessen der Hauptversammlung gestellt werden. Zulässig ist allerdings eine Satzungsregelung, nach der ein angemessenes Entgelt zu zahlen ist. Mangels Regelung ist die AG ebenfalls zur Zahlung eines angemessenen Entgelts verpflichtet, das dann im Hauptversammlungsbeschluss zu konkretisieren ist. Die Angemessenheit richtet sich nach den zu § 305 Abs. 3 Satz 2 AktG geltenden Grundsätzen (vgl. *Hüffer* AktG, § 237 Rn. 18; KölnKomm AktG/*Lutter* § 237 Rn. 70 f.; MünchHdb GesR IV/*Krieger* § 62 Rn. 13; *Zöllner/Winter* ZHR 158, 1994, 59, 64).

II. Einziehung von Aktien nach Erwerb

14 Ohne dass es einer Ermächtigung in der Satzung bedarf, kann die AG eigene Aktien ohne weiteres im Beschlussverfahren einziehen. Voraussetzung ist, dass die AG Inhaberin der einzuziehenden Aktien ist. Dabei ist die **dingliche Rechtslage maßgeblich**. Der Rechtsgrund des Erwerbs ist ebenso unerheblich wie die Frage, ob das Verpflichtungsgeschäft wirksam ist oder ein Anspruch auf Rückübertragung besteht oder entstehen kann. § 71d AktG ist nicht anzuwenden, sodass keine Aktien eingezogen werden können, die von einer abhängigen Gesellschaft oder von Dritten für Rechnung der AG gehalten werden (*Hüffer* AktG, § 237 Rn. 20). Ob die AG die eigenen Aktien zulässigerweise besitzt, ist unerheblich. Ein Verstoß gegen § 71 AktG führt nicht zur Unzulässigkeit der Einziehung (*Hüffer* AktG, § 237 Rn. 21; MüKo AktG/*Oechsler* § 237 Rn. 73). Im Übrigen erlaubt § 71 Abs. 1 Nr. 6 AktG den Erwerb zwecks Einziehung.

15 Durch **Satzungsregelung** kann die Einziehung eigener Aktien **beschränkt** (§§ 237 Abs. 2 Satz 1, 222 Abs. 1 Satz 2 AktG), nicht aber ausgeschlossen werden (KölnKomm AktG/*Lutter* § 237 Rn. 75; *Hüffer* AktG, § 237 Rn. 19; MünchHdb GesR IV/*Krieger* § 62 Rn. 15).

16 Die Einziehung nach Erwerb setzt immer einen **Hauptversammlungsbeschluss** voraus; § 237 Abs. 6 AktG ist nicht einschlägig, sondern betrifft nur die Zwangseinziehung (*Hüffer* AktG, § 237 Rn. 19). In den Fällen des § 71c Abs. 3 AktG kann die AG auch zur Einziehung verpflichtet sein.

C. Ordentliches Einziehungsverfahren, Abs. 2

I. Stimmrechtsausübung

Das ordentliche Einziehungsverfahren bestimmt sich im Wesentlichen nach den Vorschriften über die ordentliche Kapitalherabsetzung (§§ 222 ff. AktG). Erforderlich ist ein Hauptversammlungsbeschluss, der gem. §§ 237 Abs. 2 Satz 1, 222 Abs. 1 Satz 1 AktG einer **Kapitalmehrheit von mindestens 3/4** des bei der Beschlussfassung vertretenen Grundkapitals sowie darüber hinaus der **einfachen Stimmenmehrheit** des § 133 Abs. 1 AktG bedarf. Die Satzung kann eine größere Kapitalmehrheit bestimmen (§§ 237 Abs. 2 Satz 1, 222 Abs. 1 Satz 2 AktG). Bei Existenz mehrerer Aktiengattungen sind **Sonderbeschlüsse** jeder Gattung erforderlich (§§ 237 Abs. 2 Satz 1; 222 Abs. 2 AktG).

Die von der Einziehung betroffenen Aktionäre sind grds. **stimmberechtigt**. Ausnahmen gelten auch dann nicht, wenn die Hauptversammlung über die Zwangseinziehung aus wichtigem Grund in der Person des Aktionärs beschließt (MüKo AktG/*Oechsler* § 237 Rn. 79; *Hüffer* AktG, § 237 Rn. 23a; a. A. KölnKomm AktG/*Lutter* § 237 Rn. 83 unter Verweis auf den Meinungsstand zur GmbH). In diesem Fall bleibt nur eine Anfechtungsklage wegen treuwidriger Stimmrechtsausübung verbunden mit positiver Beschlussfeststellungsklage (§§ 243, 246 AktG; vgl. *Hüffer* AktG, § 237 Rn. 23a). Hält die Gesellschaft eigene Aktien, so steht ihr hieraus nach § 71b AktG kein Stimmrecht zu.

II. Beschlussinhalt

Der Beschluss muss bestimmen, dass das Grundkapital durch Einziehung von Aktien **herabgesetzt** werden soll. Des Weiteren muss klargestellt werden, ob es sich um eine **Zwangseinziehung** oder um eine **Einziehung nach Erwerb** handelt. Im Übrigen muss der Beschlussinhalt den Anforderungen an einen Beschluss zur ordentlichen Kapitalherabsetzung entsprechen und damit **Zweck der Einziehung** und **Höhe des Herabsetzungsbetrages** festsetzen (MüKo AktG/*Oechsler* § 237 Rn. 80, 82; *Hüffer* AktG, § 237 Rn. 24 m. w. N.). Darüber hinaus muss der Hauptversammlungsbeschluss die **Voraussetzungen** der Zwangseinziehung und die **Einzelheiten ihrer Durchführung** festsetzen, sofern dies nicht bereits in der Satzung geschehen ist (§ 237 Abs. 2 Satz 2 AktG). Der Hauptversammlungsbeschluss muss schließlich konkret bestimmen, welche Mitgliedsrechte von der Einziehung betroffen sind. Eine Ausnahme gilt nur für Aktien, die nach Erwerb durch die Gesellschaft eingezogen werden (*Hüffer* AktG, § 237 Rn. 25).

III. Anmeldung und Eintragung

Der Hauptversammlungsbeschluss ist gem. §§ 237 Abs. 2 Satz 1, 23 AktG zur Eintragung in das Handelsregister **anzumelden**. § 224 AktG wird durch § 238 AktG verdrängt. Die Bekanntmachung muss aber einen Hinweis an die Gläubiger nach § 225 Abs. 1 Satz 2 AktG enthalten. Die Anmeldung und Eintragung des Kapitalherabsetzungsbeschlusses können mit der Anmeldung und Eintragung der Durchführung verbunden werden (§ 239 Abs. 2 AktG). Die Berichtigung des Satzungstextes ist zwingend mit der Anmeldung des Beschlusses zu verbinden (*Hüffer* AktG, § 237 Rn. 26).

IV. Gläubigerschutz

Über Abs. 2 Satz 1 findet auch die Gläubigerschutzvorschrift des § 225 AktG Anwendung, und zwar einschließlich des dortigen Abs. 3. Die Gläubiger haben damit einen **klagbaren Anspruch auf Sicherheitsleistung** gem. §§ 232 ff. BGB. Zudem dürfen Zahlungen an die Aktionäre aufgrund der Herabsetzung des Grundkapitals erst nach Ablauf von 6 Monaten und Befriedigung oder Sicherheitsleistung an Gläubiger erfolgen. Für die Zahlung des Entgelts, das Aktionären bei einer Zwangseinziehung oder bei einem Erwerb von Aktien zum Zweck der Einziehung gezahlt wird, gilt darüber hinaus das **Auszahlungsverbot** des § 225 Abs. 2 AktG gem. § 237 Abs. 2 Satz 3 AktG sinngemäß.

D. Vereinfachtes Einziehungsverfahren, Abs. 3 bis 5

22 Das vereinfachte Einziehungsverfahren ist nur unter den in § 237 Abs. 3 AktG genannten Voraussetzungen zulässig. Bei ihm brauchen die Vorschriften über die ordentliche Kapitalherabsetzung nicht befolgt zu werden. Abzugrenzen ist das Verfahren von der vereinfachten Kapitalherabsetzung nach §§ 229 ff. AktG (*Hüffer* AktG, § 237 Rn. 30).

I. Voraussetzungen

1. Volleingezahlte Aktien

23 In allen Fällen der vereinfachten Kapitalherabsetzung können nur volleingezahlte Aktien eingezogen werden. Auf jede Aktie muss daher der Ausgabebetrag (§ 9 AktG) einschließlich des Agio **vollständig eingezahlt** sein. Maßgeblich ist der Zeitpunkt des Wirksamwerdens der Kapitalherabsetzung (*Hüffer* AktG, § 237 Rn. 31; MüKo AktG/*Oechsler* § 237 Rn. 92). Ein Verstoß führt zur **Nichtigkeit** des Hauptversammlungsbeschlusses gem. § 241 Nr. 3 AktG. Genügt der Beschluss den Voraussetzungen des Abs. 2 Satz 1, so kann er in einen Beschluss zur ordentlichen Einziehung umgedeutet werden (*Hüffer* AktG, § 237 Rn. 31; MüKo AktG/*Oechsler* § 237 Rn. 101; KölnKomm AktG/*Lutter* § 237 Rn. 95).

2. Unentgeltlichkeit

24 Aktien sind der AG i. S. v. Abs. 3 Nr. 1 unentgeltlich zur Verfügung gestellt, wenn die AG **keine Gegenleistung** erbracht hat oder erbringen muss. Gemeint sind nicht nur Geldzahlungen, sondern auch sonstige Leistungen mit wirtschaftlichem Gegenwert. Auch der Begriff des Zurverfügungstellens ist umfassend auszulegen; er erfasst nicht nur Fälle, in denen die AG Inhaberin des Mitgliedsrechts wird, sondern auch die Überlassung von Aktien durch den Inhaber ohne Aufgabe seiner Berechtigung zum Zweck der Einziehung (*Hüffer* AktG, § 237 Rn. 32; KölnKomm AktG/*Lutter* § 237 Rn. 96). Maßgeblich ist der Zeitpunkt des Wirksamwerdens der Einziehung (*Hüffer* AktG, § 237 Rn. 32; *Zöllner* FS Doralt 2004, 751, 754).

3. Einziehung zulasten des Bilanzgewinns oder einer anderen Gewinnrücklage

25 Das vereinfachte Einziehungsverfahren ist auch durch Einziehung von Aktien zulasten des Bilanzgewinns oder einer anderen Gewinnrücklage möglich, soweit diese dafür verwendbar sind. Die Erwerbskosten werden in diesem Fall aus Gesellschaftsmitteln aufgebracht. Voraussetzung ist, dass der Bilanzgewinn (§ 158 Abs. 1 Nr. 5 AktG bzw. § 266 Abs. 3 A V HGB) oder die anderen Gewinnrücklagen (§ 266 Abs. 3 A III Nr. 4 HGB) einen Betrag ausweisen, der die Erwerbskosten oder die Zahlung des Einziehungsentgelts deckt, und dass dieser Betrag nicht durch Verlustvorträge gemindert ist.

4. Einziehung von Stückaktien ohne Herabsetzung des Kapitals

26 Die Vorschriften über die ordentlichen Kapitalherabsetzung brauchen auch nicht befolgt zu werden, wenn Stückaktien (§ 8 Abs. 3 AktG) eingezogen werden und die Hauptversammlung im Einziehungsbeschluss bestimmt, dass auf die verbleibenden Aktien ein entsprechend erhöhter Anteil am Grundkapital entfällt. Denn in diesem Fall dient der Einziehungsbeschluss nicht der Kapitalherabsetzung (RegBegr. BT-Drucks. 14/8769, S. 24).

II. Einziehungsbeschluss

27 Die vereinfachte Kapitalherabsetzung kann nur von der Hauptversammlung beschlossen werden (Abs. 4 Satz 1). Es genügt die **einfache Stimmenmehrheit** des § 133 Abs. 1 AktG (Abs. 4 Satz 2), auch wenn formal eine Satzungsänderung vorliegt. Sonderbeschlüsse bei Vorliegen mehrerer Aktiengattungen entsprechend § 222 Abs. 2 AktG sind nicht erforderlich (*Hüffer* AktG, § 237 Rn. 35; GroßkommAktG/*Sethe* § 237 Rn. 114 f.; MünchHdb GesR IV/*Krieger* § 62 Rn. 25; Happ/*Tielm-*

ann AktienR, 14.05 Rn. 8; a. A. KölnKomm AktG/*Lutter* § 237 Rn. 109; *Zöllner* FS Doralt 2004, 751, 762). Allerdings verbleibt es beim **Zustimmungserfordernis** nach § 141 Abs. 1 AktG, wenn Vorzugsaktien eingezogen werden sollen (*Hüffer* AktG, § 237 Rn. 35; MüKo AktG/*Oechsler* § 237 Rn. 104; Happ/*Tielmann* AktienR 14.05 Rn. 8; a. A. MünchHdb GesR IV/*Krieger* § 62 Rn. 25, 17). **Sonderbeschlüsse** können auch nach § 179 Abs. 3 AktG notwendig werden (*Hüffer* AktG, § 237 Rn. 35; Happ/*Tielmann* AktienR 14.05 Rn. 8). Die Satzung kann eine größere Stimmenmehrheit und weitere Erfordernisse (Kapitalmehrheit, Zustimmung der Gattungsaktionäre) bestimmen (Abs. 4 Satz 3). Erleichterungen sind unzulässig (*Hüffer* AktG, § 237 Rn. 35).

Hinsichtlich des **Beschlussinhaltes** gelten die Anforderungen an den Beschluss im Rahmen des ordentlichen Einziehungsverfahrens (vgl. Rdn. 19). Der Beschluss muss darüber hinaus erkennen lassen, dass die Kapitalherabsetzung durch Einziehung von Aktien in vereinfachter Form erfolgt (*Hüffer* AktG, § 237 Rn. 36; GroßkommAktG/*Sethe* § 237 Rn. 116). Die in Abs. 5 angeordnete Einstellung ist nicht im Herabsetzungsbeschluss, sondern im nächsten Jahresabschluss vorzunehmen (MünchHdb GesR IV/*Krieger* § 62 Rn. 26). 28

Der Beschluss ist vom Vorstand und vom Aufsichtsratsvorsitzenden gemeinsam zur Eintragung in das Handelsregister **anzumelden**. Im Rahmen der Registerkontrolle wird auch geprüft, ob das vereinfachte Einziehungsverfahren zulässig ist (*Hüffer* AktG, § 237 Rn. 37). 29

III. Gläubigerschutz

Im vereinfachten Einziehungsverfahren nach Abs. 3 Nr. 1 und 2 ist zum Schutz der Gläubiger ein Betrag in die Kapitalrücklage einzustellen, der dem Betrag des Grundkapitals gleichkommt, welcher auf die eingezogenen Aktien entfällt (Abs. 5). Im Fall des Nr. 3 bedarf es hingegen keines Gläubigerschutzes, weil das Grundkapital nicht herabgesetzt wird (*Terbrack* DNotZ 2003, 734, 743). Der Begriff der Kapitalrücklage ergibt sich aus § 266 Abs. 3 A II HGB und § 272 Abs. 2 HGB. Die Einstellung erfolgt aus dem Grundkapital (§ 266 Abs. 3 A I HGB). Die Einstellung ist zum Zeitpunkt des Wirksamwerdens der Kapitalherabsetzung vorzunehmen, sodass die Kapitalrücklage in dem Jahresabschluss dotiert sein muss, der auf die Kapitalherabsetzung folgt. Anderenfalls ist der Abschluss nach § 256 Abs. 1 Nr. 1, 4 AktG nichtig (*Hüffer* AktG, § 37 Rn. 38; MünchHdb GesR IV/*Krieger* § 62 Rn. 26). Die Verwendung der Kapitalrücklage bestimmt sich nach § 150 Abs. 3 und 4 AktG (ausführl. *Hüffer* AktG, § 237 Rn. 39). 30

E. Einziehung durch den Vorstand, Abs. 6

Im Fall der in der Satzung angeordneten Zwangseinziehung bedarf es keines Hauptversammlungsbeschlusses. An seine Stelle tritt die »**Entscheidung**« **des Vorstands** über die Einziehung. Allerdings kann anstelle des Vorstands die Hauptversammlung beschließen, wenn der Vorstand es gem. § 119 Abs. 2 AktG verlangt (*Hüffer* AktG, § 237 Rn. 40; GroßkommAktG/*Sethe* § 237 Rn. 124; MüKo AktG/*Oechsler* § 237 Rn. 112). 31

Die »Entscheidung« des Vorstands ist **Geschäftsführungsmaßnahme i. S. d. § 83 AktG**. Sie ist identisch mit der Einziehungshandlung gem. § 238 Satz 3 AktG. Strittig ist, ob die Vorstandsentscheidung nach §§ 237 Abs. 2 Satz 1 bzw. 237 Abs. 4 Satz 5, 223 AktG zur Eintragung in das Handelsregister anzumelden und einzutragen ist (dagegen *Hüffer* AktG, § 237 Rn. 41 unter Hinweis auf §§ 238 Satz 2, 239 Abs. 1 S. 2 AktG; KölnKomm AktG/*Lutter* § 237 Rn. 116; MüKo AktG/*Oechsler* § 237 Rn. 115; MünchHdb GesR IV/*Krieger* § 62 Rn. 27a; GroßkommAktG/*Sethe* § 237 Rn. 126; a. A. *Baumbach/Hueck* § 237 Rn. 13). 32

F. Beschlussmängel

Ist der Einziehungsbeschluss fehlerhaft, so bestimmen sich die Rechtsfolgen nach den allgemeinen Vorschriften (§§ 241 ff. AktG). Beschließt die Hauptversammlung die Zwangseinziehung ohne Ermächtigung, ist der Beschluss gem. § 241 Nr. 3 AktG **nichtig**. Deckt die Ermächtigung die Zwangseinziehung nicht, ist der Beschluss **anfechtbar** (*Hüffer* AktG, § 237 Rn. 42; MüKo 33

AktG/*Oechsler* § 237 Rn. 25; MünchHdb GesR IV/*Krieger* § 62 Rn. 17; a. A. [generelle Anfechtbarkeit] KölnKomm AktG/*Lutter* § 237 Rn. 54; GroßkommAktG/*Sethe* § 237 Rn. 127, 43; a. A. *Baumbach/Hueck* § 237 Rn. 5: generelle Nichtigkeit). Bedarf der Hauptversammlungsbeschluss sachlicher Rechtfertigung und fehlt diese, so ist der Beschluss ebenfalls anfechtbar (*Hüffer* AktG, § 237 Rn. 43).

34 Der Hauptversammlungsbeschluss ist nach § 241 Nr. 3 AktG im vereinfachten Beschlussverfahren nichtig, wenn nicht volleingezahlte Aktien eingezogen werden. Gleiches gilt, wenn die Voraussetzungen des § 237 Abs. 3 Nr. 1 AktG nicht vorliegen oder der Herabsetzungsbetrag nicht durch den Bilanzgewinn oder eine andere Gewinnrücklage gedeckt ist (§ 237 Abs. 3 Nr. 2 AktG), da in beiden Fällen schwerpunktmäßig Interessen der Gläubiger betroffen sind. Ein Verstoß gegen die Zweckbindung oder ein Eingriff in bereits entstandene Dividendenansprüche machen den Hauptversammlungsbeschluss anfechtbar (*Hüffer* AktG, § 237 Rn. 34; MüKo AktG/*Oechsler* § 237 Rn. 102; MünchHdb GesR IV/*Krieger* § 62 Rn. 21a; a. A. zur Anfechtbarkeit *Zöllner* FS Doralt 2004, 751, 760 f.).

35 Entscheidet der Vorstand gem. Abs. 6 über die angeordnete Zwangseinziehung, so ist die Vorstandsentscheidung ohne Wirkung, wenn die Voraussetzungen der angeordneten Zwangseinziehung nicht vorlagen (*Hüffer* AktG, § 237 Rn. 43; ähnlich MünchHdb GesR IV/*Krieger* § 62 Rn. 19).

§ 238 Wirksamwerden der Kapitalherabsetzung

¹Mit der Eintragung des Beschlusses oder, wenn die Einziehung nachfolgt, mit der Einziehung ist das Grundkapital um den auf die eingezogenen Aktien entfallenden Betrag herabgesetzt. ²Handelt es sich um eine durch die Satzung angeordnete Zwangseinziehung, so ist, wenn die Hauptversammlung nicht über die Kapitalherabsetzung beschließt, das Grundkapital mit der Zwangseinziehung herabgesetzt. ³Zur Einziehung bedarf es einer Handlung der Gesellschaft, die auf Vernichtung der Rechte aus bestimmten Aktien gerichtet ist.

Übersicht	Rdn.		Rdn.
A. Wirksamwerden der Kapitalherabsetzung 1		B. Rechtsfolgen 5	
		C. Einziehungshandlung. 6	

A. Wirksamwerden der Kapitalherabsetzung

1 Das Wirksamwerden der Kapitalherabsetzung und der Einziehung ist von **zwei Voraussetzungen** abhängig, nämlich der **Eintragung des Kapitalherabsetzungsbeschlusses** in das Handelsregister und der **Vornahme der Einziehungshandlung**. Die Reihenfolge ist unerheblich (*Hüffer* AktG, § 238 Rn. 2). Sind zur Durchführung der Kapitalherabsetzung mehrere Einziehungshandlungen notwendig, so müssen sämtliche Handlungen vorliegen, bevor die Kapitalmaßnahme wirksam wird (*Hüffer* AktG, § 238 Rn. 3; MüKo AktG/*Oechsler* § 238 Rn. 3). Die Einziehungshandlungen können auch teils vor und teils nach der Beschlusseintragung vorgenommen werden (*Hüffer* AktG, § 238 Rn. 3; KölnKomm AktG/*Lutter* § 238 Rn. 3).

2 S. 1 ist generell bei der Kapitalherabsetzung durch Einziehung anwendbar, unabhängig davon, ob es sich um eine ordentliche Kapitalherabsetzung (§ 237 Abs. 2 Satz 1 AktG) oder eine Kapitalherabsetzung im vereinfachten Verfahren (§ 237 Abs. 3 bis 5 AktG) handelt (*Hüffer* AktG, § 238 Rn. 3).

3 Im Fall der durch Satzung angeordneten Zwangseinziehung, in dem die Hauptversammlung nicht beschließt, ist das Grundkapital bereits mit der Zwangseinziehung herabgesetzt (§§ 238 Satz 2, 237 Abs. 6 AktG). Macht der Vorstand allerdings von seiner Entscheidungsbefugnis nach § 237 Abs. 6 AktG keinen Gebrauch und lässt die Hauptversammlung über die Zwangseinziehung beschließen, so gilt § 238 Satz 1 AktG (KölnKomm AktG/*Lutter* § 238 Rn. 3; MüKo AktG/*Oechsler* § 238 Rn. 4; *Hüffer* AktG, § 238 Rn. 4). S. 2 stellt für das Wirksamwerden der Kapitalherabsetzung auf die Vor-

nahme der Einziehungshandlung ab, da die Entscheidung des Vorstands nach zutr. Auffassung nicht eintragungsfähig ist (str., vgl. *Hüffer* AktG, § 238 Rn. 4 und § 237 Rn. 41).

Ungeachtet der Frage der Wirksamkeit der Kapitalherabsetzung sieht das Gesetz auch eine Rück- 4 wirkung i. S. eines Ausweises des herabgesetzten Grundkapitals im Jahresabschluss für das letzte Jahr vor der Beschlussfassung analog §§ 234, 235 AktG nicht vor (*Hüffer* AktG, § 239 Rn. 6; KölnKomm AktG/*Lutter* § 239 Rn. 5; GroßkommAktG/*Sethe* § 238 Rn. 13; MünchHdb GesR IV/*Krieger* § 62 Rn. 29; *Risse* BB 1968, 1012 f.; a. A. *Wiese* SozPraxis 1940, 502, 504 f.).

B. Rechtsfolgen

Mit Wirksamwerden der Kapitalherabsetzung hat die Gesellschaft eine **neue Grundkapitalziffer**. 5 Die von der Einziehung betroffenen Mitgliedsrechte gehen unter, sodass zwischen der Gesellschaft und dem bisherigen Aktionär **keine mitgliedschaftlichen Rechte und Pflichten** mehr bestehen (*Hüffer* AktG, § 238 Rn. 5). Nur vor Einziehung entstandene Gewinnansprüche können als Gläubigerrechte weiterhin geltend gemacht werden; hinsichtlich nach Einziehung gefasster Gewinnverwendungsbeschlüsse besteht kein Dividendenzahlungsanspruch (vgl. zur GmbH BGH NJW 1998, 3646, 3647). Die Aktienurkunden verkörpern nach Einziehung den obligatorischen Anspruch auf Zahlung des Einziehungsentgelts; die Gesellschaft muss analog § 797 Satz 1 BGB nur Zug um Zug gegen Aushändigung der Urkunde zahlen. Sie hat jedoch keinen klagbaren Anspruch auf Einreichung der Urkunde; hier bleibt ihr der Weg der Kraftloserklärung nach § 73 AktG (*Hüffer* AktG, § 238 Rn. 5; KölnKomm AktG/*Lutter* § 238 Rn. 9; MünchHdb GesR IV/*Krieger* § 62 Rn. 29a).

C. Einziehungshandlung

Zur Einziehung bedarf es einer auf **Vernichtung der Rechte** aus bestimmten Aktien gerichteten 6 Handlung der Gesellschaft. Die Zuständigkeit liegt beim Vorstand, auch wenn die Hauptversammlung die Einziehung beschlossen hat. Entscheidet der Vorstand über die Einziehung, so ist seine Entscheidung gleichzeitig auch der Einziehungsakt, sodass es keiner weiteren Maßnahmen bedarf (*Hüffer* AktG, § 238 Rn. 7; KölnKomm AktG/*Lutter* § 238 Rn. 8).

Die **Einziehungserklärung** ist eine **empfangsbedürftige Willenserklärung**. Erklärungsgegner 7 ist der Inhaber des Mitgliedsrecht (KölnKomm AktG/*Lutter* § 238 Rn. 7; MüKo AktG/*Oechsler* § 238 Rn. 5; *Hüffer* AktG, § 238 Rn. 8; MünchHdb GesR IV/*Krieger* § 62 Rn. 28). Der Zugang bestimmt sich nach den allgemeinen Vorschriften, insbes. § 130 BGB, ist aber auch mit Veröffentlichung der Erklärung in den Gesellschaftsblättern bewirkt, sofern die Satzung nichts anderes bestimmt und sich die Einziehung der Aktien nicht gegen namentlich bekannte Aktionäre richtet (vgl. KölnKomm AktG/*Lutter* § 239 Rn. 7; MüKo AktG/*Oechsler* § 238 Rn. 5). Der Zugang entfällt bei der Einziehung eigener Aktien der Gesellschaft; in diesem Fall genügt jede Handlung, die die Einziehung zum Ausdruck bringt (*Hüffer* AktG, § 238 Rn. 9; MüKo AktG/*Oechsler* § 238 Rn. 6). Mangels Aktivierung gem. § 272 Abs. 1a HGB kann hierzu nicht auf die Abbuchung abgestellt werden. Genügend ist jedenfalls die Ausbuchung aus dem Depot der Gesellschaft (*Hüffer* AktG, § 238 Rn. 8) sowie bereits die dokumentierte Anweisung zur Ausbuchung (*Rieckers* ZIP 2009, 700, 705). Die Einziehungserklärung kann auch **konkludent** erfolgen. Sie muss allerdings das betroffene Mitgliedsrecht bestimmt bezeichnen, bspw. durch Serie und Nummer der betroffenen Aktie oder durch die Person ihres Inhabers. Die Vernichtung der Aktienurkunde ist als Einziehungshandlung weder erforderlich noch ausreichend; in ihr kann indes eine konkludente Einziehungserklärung liegen (*Hüffer* AktG, § 238 Rn. 9; KölnKomm AktG/*Lutter* § 238 Rn. 7; MüKo AktG/*Oechsler* § 238 Rn. 5).

Fehlt es an einer wirksamen Ermächtigung für die Einziehungshandlung, bspw. aufgrund Unwirk- 8 samkeit oder Nichtigkeit des Hauptversammlungsbeschlusses oder bei fehlerhafter Entscheidung des Vorstands, so ist die Einziehungshandlung ohne Wirkung und das Mitgliedschaftsrecht besteht ungeachtet einer Eintragung des Kapitalherabsetzungsbeschlusses oder seiner Durchführung im

Handelsregister fort. In diesem Fall ist das Handelsregister nach § 395 FamFG zu berichtigen (*Hüffer* AktG, § 238 Rn. 10; MüKo AktG/*Oechsler* § 238 Rn. 6; KölnKomm AktG/*Lutter* § 238 Rn. 10).

§ 239 Anmeldung der Durchführung

(1) ¹Der Vorstand hat die Durchführung der Herabsetzung des Grundkapitals zur Eintragung in das Handelsregister anzumelden. ²Dies gilt auch dann, wenn es sich um eine durch die Satzung angeordnete Zwangseinziehung handelt.

(2) Anmeldung und Eintragung der Durchführung der Herabsetzung können mit Anmeldung und Eintragung des Beschlusses über die Herabsetzung verbunden werden.

Übersicht	Rdn.		Rdn.
A. Regelungsgegenstand und -zweck	1	III. Gemeinsame Anmeldung von Herabsetzungsbeschluss und Durchführung der Herabsetzung	6
B. Anmeldung der Durchführung	2		
I. Begriff der Durchführung	2		
II. Handelsregisteranmeldung	3		

A. Regelungsgegenstand und -zweck

1 § 239 AktG bezweckt die **Publizität der Durchführung** der Kapitalherabsetzung. Die Eintragung hat rein deklaratorische Bedeutung (*Hüffer* AktG, § 239 Rn. 1; KölnKomm AktG/*Lutter* § 239 Rn. 2; MüKo AktG/*Oechsler* § 239 Rn. 1). Die Anmeldung der Durchführung der Kapitalherabsetzung ist von der Anmeldung des Kapitalherabsetzungsbeschlusses selbst gem. §§ 223, 237 Abs. 2 Satz 1 oder § 237 Abs. 4 Satz 5 AktG zu unterscheiden, auch wenn beide Anmeldungen miteinander verbunden werden können. Neben dieses Registerverfahren treten formal die Anmeldung und Eintragung der formellen Satzungsänderung, die mit der Anmeldung der Durchführung zu verbinden sind, wenn sie nicht schon mit der Anmeldung des Kapitalherabsetzungsbeschlusses vorgenommen wurden (*Hüffer* AktG, § 239 Rn. 1).

B. Anmeldung der Durchführung

I. Begriff der Durchführung

2 Die Kapitalherabsetzung durch Einziehung von Aktien ist durchgeführt, wenn **alle notwendigen Einziehungshandlungen** vorgenommen sind (vgl. § 238 AktG Rdn. 6 ff.). Sie wird sofort wirksam, wenn der Herabsetzungsbeschluss bereits in das Handelsregister eingetragen ist, ansonsten mit seiner Eintragung. Die Einreichung oder Kraftloserklärung der betroffenen Aktienurkunden ist nicht erforderlich (*Hüffer* AktG, § 239 Rn. 2).

II. Handelsregisteranmeldung

3 Die Anmeldung ist an das Amtsgericht des Satzungssitzes zu richten (§ 23a Abs. 1 Satz 2, Abs. 2 Nr. 4 FamFG, § 14 AktG) und muss in **öffentlich beglaubigter Form** (§ 12 Abs. 1 HGB) erfolgen. Sie ist **unverzüglich** i. S. v. § 121 Abs. 1 Satz 1 BGB nach beendeter Durchführung vorzunehmen. **Unterlagen** sind nicht beizufügen (*Hüffer* AktG, § 239 Rn. 3). Die Anmeldung obliegt dem Vorstand; der Aufsichtsratsvorsitzende muss nicht mitwirken (vgl. *Kropff* RegBegr., 325). Der Vorstand handelt im Namen der Gesellschaft. Ausreichend ist die Mitwirkung einer vertretungsberechtigten Zahl von Vorstandsmitgliedern. Unechte Gesamtvertretung (vgl. § 78 AktG Rdn. 15 ff.) ist ebenso zulässig wie die Anmeldung durch einen bevollmächtigten Dritten (KG JW 1938, 3121; MüKo AktG/*Oechsler* § 239 Rn. 3; *Hüffer* AktG, § 239 Rn. 4).

4 Abs. 1 Satz 2 dehnt die Anmeldepflicht auf den Fall des § 237 Abs. 6 AktG aus (MüKo AktG/*Oechsler* § 239 Rn. 4; a. A. *Hüffer* AktG, § 239 Rn. 5: rein klarstellende Bedeutung).

Für die Eintragung im Handelsregister ist der **Rechtspfleger** zuständig, § 3 Nr. 2d RPflG. Er prüft die Ordnungsmäßigkeit der Anmeldung und ist auch zur materiellen Prüfung, ob die Kapitalherabsetzung durch Einziehung ordnungsgemäß durchgeführt wurde und ob die Summe der geringsten Ausgabebeträge dem herabgesetzten Grundkapital entspricht, berechtigt (*Hüffer* AktG, § 239 Rn. 6). 5

III. Gemeinsame Anmeldung von Herabsetzungsbeschluss und Durchführung der Herabsetzung

Die Anmeldung und Eintragung der Durchführung der Herabsetzung des Grundkapitals darf mit der Anmeldung und Eintragung des Beschlusses über die Herabsetzung **verbunden** werden. In diesem Fall sind die für das jeweilige Registerverfahren geltenden Anmelde- und Eintragungsvoraussetzungen zu beachten, insbes. auch die Mitwirkungspflicht des Aufsichtsratsvorsitzenden bei der Beschlussanmeldung (vgl. § 223 AktG). Auch bei verbundener Anmeldung kann der Registerrichter über beide Anträge getrennt entscheiden und zunächst nur den Herabsetzungsbeschluss eintragen. Soll dies ausgeschlossen werden, ist ein gesonderter **Antrag** erforderlich. Nach zutr. Ansicht ist die Entscheidung des Vorstands über die Einziehung gem. § 237 Abs. 6 AktG nicht anmelde- und eintragungsfähig (*Hüffer* AktG, § 239 Rn. 8 und § 237 Rn. 41, dort auch m. w. N. zur Gegenmeinung). 6

Es ist strittig, ob die beiden Registerverfahren miteinander verbunden werden können, wenn der Kapitalherabsetzungsbeschluss die Einziehung künftig zu erwerbender eigener Aktien vorsieht (vgl. *Hüffer* AktG, § 239 Rn. 9 zum Streitstand). 7

Vierter Unterabschnitt Ausweis der Kapitalherabsetzung

§ 240 [Verbotene Ausgabe von Aktien und Zwischenscheinen]

¹Der aus der Kapitalherabsetzung gewonnene Betrag ist in der Gewinn- und Verlustrechnung als »Ertrag aus der Kapitalherabsetzung« gesondert, und zwar hinter dem Posten »Entnahmen aus Gewinnrücklagen«, auszuweisen. ²Eine Einstellung in die Kapitalrücklage nach § 229 Abs. 1 und § 232 ist als »Einstellung in die Kapitalrücklage nach den Vorschriften über die vereinfachte Kapitalherabsetzung« gesondert auszuweisen. ³Im Anhang ist zu erläutern, ob und in welcher Höhe die aus der Kapitalherabsetzung und aus der Auflösung von Gewinnrücklagen gewonnenen Beträge
1. zum Ausgleich von Wertminderungen
2. zur Deckung von sonstigen Verlusten oder
3. zur Einstellung in die Kapitalrücklage verwandt werden.

Übersicht	Rdn.		Rdn.
A. Regelungsgegenstand und -zweck	1	C. Rechtsfolgen bei Verstoß	6
B. Ausweis im Jahresabschluss	3		

A. Regelungsgegenstand und -zweck

Mit der Regelung über den Ausweis der Kapitalherabsetzung in Gewinn- und Verlustrechnung und Anhang dient § 240 AktG der **Information der Gläubiger und der Aktionäre** über die **wirkliche Ertragslage** der Gesellschaft und die Verwendung des Buchertrags (*Kropff* RegBegr., 326; KölnKomm AktG/*Lutter* § 240 Rn. 3; *Hüffer* AktG, § 240 Rn. 1). 1

§ 240 AktG betrifft den **Buchertrag** aus der Kapitalherabsetzung und gilt für alle drei Formen der Kapitalherabsetzung, also die ordentliche Kapitalherabsetzung, die Kapitalherabsetzung durch Einziehung von Aktien und die vereinfachte Kapitalherabsetzung (*Kropff* RegBegr., 326). Der Buchertrag entspricht der Differenz zwischen alter und neuer Grundkapitalziffer. Für Beträge, die aus einer 2 nach § 229 Abs. 2 AktG notwendigen Auflösung von Gewinn- und Kapitalrücklagen stammen, gilt hingegen § 240 AktG nicht, sondern § 158 Abs. 1 Satz 1 Nr. 2, 3 Satz 2 AktG (*Kropff* RegBegr., 326; KölnKomm AktG/*Lutter* § 240 Rn. 4; *Hüffer* AktG, § 240 Rn. 1).

B. Ausweis im Jahresabschluss

3   Der Buchertrag aus der Kapitalherabsetzung ist in der Gewinn- und Verlustrechnung **gesondert wie in § 240 Satz 1 AktG bestimmt auszuweisen**. Das Wahlrecht des § 158 Abs. 1 Satz 2 AktG findet keine Anwendung (MüKo AktG/*Oechsler* § 240 Rn. 3). Ausweis- und Erläuterungspflichten bestehen für den Jahresabschluss des Geschäftsjahres, in dem die Buchungen vorzunehmen sind. Grds. ist dies das Geschäftsjahr, in dem die Kapitalherabsetzung wirksam wird; im Fall einer Rückwirkung gem. § 234 AktG ist § 240 AktG bereits für den Jahresabschluss des vorhergehenden Geschäftsjahres zu beachten (*Hüffer* AktG, § 240 Rn. 2; KölnKomm AktG/*Lutter* § 240 Rn. 9; GroßkommAktG/*Sethe* § 240 Rn. 5).

4   Bei der **vereinfachten Kapitalherabsetzung** können der **Buchgewinn** gem. § 229 Abs. 1 Satz 1 AktG und Beträge nach § 232 AktG in die Kapitalrücklage eingestellt werden. In diesem Fall erfolgt der Ausweis nach § 240 Satz 2 AktG, der Satz 1 ergänzt. Der Herabsetzungsbetrag ist nach wie vor gem. S. 1 als »Ertrag aus der Kapitalherabsetzung« auszuweisen. S. 2 betrifft den Gegenposten in der Gewinn- und Verlustrechnung, der notwendig wird, wenn der Herabsetzungsbetrag ganz oder teilweise in die Kapitalrücklage einzustellen ist, da Einstellungen in die Kapitalrücklage gem. § 272 Abs. 2 HGB grds. erfolgsneutral erfolgen. Nach wohl allg. Meinung gilt § 240 Satz 2 AktG entsprechend, wenn im Rahmen einer Kapitalherabsetzung durch Einziehung von Aktien ein dem Kapitalherabsetzungsbetrag entsprechender Betrag nach § 237 Abs. 5 AktG in die Kapitalrücklage einzustellen ist; der Posten muss jedoch abweichend benannt werden, z. B. »Einstellung in die Kapitalrücklage nach § 237 Abs. 5 AktG« (*Hüffer* AktG, § 240 Rn. 5; KölnKomm AktG/*Lutter* § 240 Rn. 7; MüKo AktG/*Oechsler* § 240 Rn. 6; ADS § 158 AktG Rn. 27; a.A. GroßkommAktG/*Sethe* § 240 Rn. 8).

5   Über die **Verwendung des Buchertrages** ist im Anhang zum Jahresabschluss gem. § 240 Satz 3 AktG zu berichten, der insoweit § 160 AktG ergänzt. Trotz der Anlehnung an die in § 229 Abs. 1 Satz 1 AktG bestimmten Zwecke der vereinfachten Kapitalerhöhung gilt die Regelung auch für die ordentliche Kapitalherabsetzung und die Kapitalherabsetzung durch Einziehung von Aktien (*Hüffer* AktG, § 240 Rn. 6). Ob die Verluste im Berichtsjahr oder davor entstanden oder ausgewiesen wurden, ist unerheblich. Es ist auch über die Herkunft der Verluste und der Wertminderungen zu berichten. Zu erläutern sind außerdem die Beträge, die im Zusammenhang mit der Kapitalherabsetzung aus der Auflösung von Gewinnrücklagen gewonnen werden (*Hüffer* AktG, § 240 Rn. 6; GroßkommAktG/*Sethe* § 240 Rn. 11; MünchHdb GesR IV/*Krieger* § 60 Rn. 4).

C. Rechtsfolgen bei Verstoß

6   Ein Verstoß gegen § 240 AktG führt nicht generell zur Nichtigkeit des Jahresabschlusses. Nichtigkeit ist nur anzunehmen, wenn unter Verstoß gegen materielle Gläubigerschutzbestimmungen (§§ 232, 237 Abs. 5 AktG) Beträge gar nicht ausgewiesen werden (Nichtigkeit gem. § 256 Abs. 1 Nr. 4 AktG) oder ein falscher Ausweis der Beträge die Klarheit und Übersichtlichkeit wesentlich beeinträchtigt (Nichtigkeit gem. § 256 Abs. 4 AktG) (*Hüffer* AktG, § 240 Rn. 7 m. w. N.; MüKo AktG/*Oechsler* § 240 Rn. 8).

Siebenter Teil Nichtigkeit von Hauptversammlungsbeschlüssen und des festgestellten Jahresabschlusses. Sonderprüfung wegen unzulässiger Unterbewertung

Erster Abschnitt Nichtigkeit von Hauptversammlungsbeschlüssen

Erster Unterabschnitt Allgemeines

§ 241 Nichtigkeitsgründe

Ein Beschluß der Hauptversammlung ist außer in den Fällen des § 192 Abs. 4, §§ 212, 217 Abs. 2, § 228 Abs. 2, § 234 Abs. 3 und § 235 Abs. 2 nur dann nichtig, wenn er
1. in einer Hauptversammlung gefaßt worden ist, die unter Verstoß gegen § 121 Abs. 2 und 3 Satz 1 oder Abs. 4 einberufen war,
2. nicht nach § 130 Abs. 1 und 2 Satz 1 und Abs. 4 beurkundet ist,
3. mit dem Wesen der Aktiengesellschaft nicht zu vereinbaren ist oder durch seinen Inhalt Vorschriften verletzt, die ausschließlich oder überwiegend zum Schutze der Gläubiger der Gesellschaft oder sonst im öffentlichen Interesse gegeben sind,
4. durch seinen Inhalt gegen die guten Sitten verstößt,
5. auf Anfechtungsklage durch Urteil rechtskräftig für nichtig erklärt worden ist,
6. nach § 398 des Gesetzes über das Verfahren in Familiensachen und in den Angelegenheiten der freiwilligen Gerichtsbarkeit auf Grund rechtskräftiger Entscheidung als nichtig gelöscht worden ist.

Übersicht	Rdn.		Rdn.
A. Überblick	1	1. Außerhalb des § 241 AktG liegende Nichtigkeitsgründe	14
I. Regelungszweck	2	2. Verstoß gegen Wesen der AG oder Schutzvorschriften, Nr. 3	15
II. Unterscheidung zwischen Nichtigkeit, Anfechtbarkeit und Unwirksamkeit	3	3. Verstoß gegen die guten Sitten, Nr. 4	18
1. Nichtigkeit	4	C. Nichtigkeit aufgrund richterlichen Gestaltungsaktes	19
2. Anfechtbarkeit	5	I. Rechtskräftiges Anfechtungsurteil, Nr. 5	19
3. Unwirksamkeit	6	II. Rechtskräftige Amtslöschung, Nr. 6	20
III. Hauptversammlungsbeschluss	7	D. Rechtsfolge	22
B. Nichtigkeit ex lege	8	E. Anwendbarkeit von §§ 241 ff. AktG auf sonstige Beschlüsse	25
I. Formelle Mängel	9	F. Prozessuales	26
1. Einberufungsmängel, Nr. 1	9	I. Streitgegenstand	26
a) Keine Einberufungszuständigkeit	9	II. Kumulierte Fehler	27
b) Bekanntmachungsfehler	11	III. Amtslöschung und Nichtigkeitsklage	29
c) Bei Vollversammlung Fehler unbeachtlich	12		
2. Beurkundungsmängel, Nr. 2	13		
II. Materielle Mängel	14		

A. Überblick

Der erste Abschnitt des siebten Teils des AktG regelt die Nichtigkeit von Hauptversammlungsbeschlüssen ex lege und durch Anfechtung. 1

I. Regelungszweck

Die Regelung des § 241 AktG, die zuletzt durch das ARUG geändert wurde, dient der Abgrenzung zwischen schweren Mängeln mit der weitreichenden Nichtigkeitsfolge und leichteren Beschluss- 2 mängeln, die lediglich zur Anfechtbarkeit des Hauptversammlungsbeschlusses führen. Im Fall der bloßen Anfechtbarkeit besteht ein höheres Maß an Rechtssicherheit, da die Beschlüsse mit Ablauf der Anfechtungsfrist von einem Monat bestandskräftig werden. Die Nichtigkeit kann hingegen, außer in den Fällen der Heilung (§ 242 AktG), zeitlich unbegrenzt geltend gemacht werden. Zu unterscheiden sind die Fälle der Nichtigkeit ex lege (Nr. 1 bis 4) und die Fälle der Nichtigkeit aufgrund richterlichen Gestaltungsakts (Nr. 5 und 6).

II. Unterscheidung zwischen Nichtigkeit, Anfechtbarkeit und Unwirksamkeit

3   Bei fehlerhaften Hauptversammlungsbeschlüssen ist zwischen Nichtigkeit, zu deren Feststellung Nichtigkeitsklage erhoben werden kann, Anfechtbarkeit, die mittels Anfechtungsklage geltend gemacht wird und sonstiger Unwirksamkeit, die im Wege der allgemeinen Feststellungsklage festgestellt wird, zu unterscheiden.

1. Nichtigkeit

4   Ein Hauptversammlungsbeschluss kann aufgrund eines besonders gravierenden formellen oder materiellen Fehlers bei der Beschlussfassung (Nr. 1 bis 4), sowie aufgrund gerichtlichen Gestaltungsakts durch Anfechtungsurteil oder Amtslöschung (Nr. 5 und 6) nichtig sein. Im Streitfall ist Nichtigkeitsklage gem. § 249 AktG zu erheben, aufgrund derer das Gericht deklaratorisch die Nichtigkeit feststellt. Auch ohne gerichtliche Feststellung kann sich jedermann auf die Nichtigkeit des Hauptversammlungsbeschlusses berufen. Leidet der Beschluss lediglich an einem formellen Mangel, so hilft über die Nichtigkeit ein erneuter, formell ordnungsgemäßer Beschluss hinweg. Ein nichtiger Beschluss kann hingegen nicht durch bloßen Bestätigungsbeschluss gem. § 244 AktG wirksam werden (BGH DStR 2004, 1970; *Hüffer* AktG, § 244 Rn. 2).

2. Anfechtbarkeit

5   Im Fall der bloßen Anfechtbarkeit ist der Mangel nach der Wertung des Gesetzgebers nicht so gravierend, dass der Hauptversammlungsbeschluss ex lege keine Wirkung entfalten soll. Der Rechtssicherheit wird hier Vorrang eingeräumt. Die Nichtigkeit des anfechtbaren Hauptversammlungsbeschlusses muss durch rechtskräftiges Urteil im Anfechtungsprozess gem. Nr. 5, § 246 AktG erstritten werden. Ist die Anfechtungsklage erfolgreich, so tritt Nichtigkeit mit Wirkung ex tunc ein.

3. Unwirksamkeit

6   Nach der ganz h. M. ist außerdem die Unwirksamkeit von Hauptversammlungsbeschlüssen zu unterscheiden (BGHZ 15, 177; 48, 141; *Hüffer* AktG, § 241 Rn. 6; a. A. lediglich *Baums* ZHR 142, 1978, 582). Unwirksamkeit ist gegeben, wenn zwar keine Fehler bei der Beschlussfassung aufgetreten sind, der Hauptversammlungsbeschluss aber noch nicht seine volle rechtliche Wirkung entfalten kann, weil **nicht alle Wirksamkeitsvoraussetzungen erfüllt** wurden. Im Unterschied zu nichtigen und anfechtbaren Beschlüssen sind lediglich unwirksame Beschlüsse nicht in den §§ 241 ff. AktG geregelt. Für sie gelten daher im Grundsatz die allgemeinen Normen, insbesondere kann eine allgemeine Feststellungsklage gem. § 256 ZPO ohne die zeitlichen und sonstigen Einschränkungen der §§ 246, 249 AktG erhoben werden (OLG Dresden NJOZ 2001, 2297; MüKo AktG/*Hüffer* § 241 Rn. 16). **Hauptbeispiele** unwirksamer Hauptversammlungsbeschlüsse sind der fehlende Sonderbeschluss anderer Aktiengattungen (§ 179 Abs. 3 AktG), die nicht erfolgte Zustimmung der Aktionäre zu einer Nebenverpflichtung (§ 180 Abs. 1 AktG) sowie die nicht erfolgte Eintragung eines satzungsändernden (§ 181 Abs. 3 AktG) oder das Kapital ändernden (§§ 184 Abs. 1, 195 Abs. 1, 223 AktG) Beschlusses. Diese Hauptversammlungsbeschlüsse sind solange **schwebend unwirksam**, wie die fehlende Voraussetzung noch nachgeholt werden kann. Lehnt das zuständige Gericht die Eintragung rechtskräftig ab oder kommt der erforderliche Sonderbeschluss nicht zustande, wird der Hauptversammlungsbeschluss endgültig unwirksam (h. M., s. MüKo AktG/*Hüffer* § 241 Rn. 18; nach a. A. tritt Nichtigkeit ein: GroßkommAktG/*K. Schmidt* § 241 Rn. 18).

III. Hauptversammlungsbeschluss

Der Begriff »Hauptversammlungsbeschluss« ist gesetzlich nicht definiert. Nach der gängigen Definition stellt ein Hauptversammlungsbeschluss eine Abstimmung über einen Antrag zur Bildung und Äußerung eines gemeinsamen Willens der Hauptversammlung dar, der der AG als eigene Willensbildung und Willensäußerung zugerechnet wird (MüKo AktG/*Hüffer* § 241 Rn. 8). Die Ablehnung eines Antrags ist ein negativer Hauptversammlungsbeschluss. Dagegen stellen Sonderbeschlüsse und das Verlangen einer Minderheit, wie in §§ 120 Abs. 1 Satz 2, 137, 147 Abs. 2, § 148 Abs. 1 AktG vorgesehen, keine Hauptversammlungsbeschlüsse dar. Auch das bloße Übergehen eines Antrags ist nicht als Hauptversammlungsbeschluss zu qualifizieren (*Hüffer* AktG, § 241 Rn. 2). 7

B. Nichtigkeit ex lege

Die allgemeinen Nichtigkeitsgründe sind in Nr. 1 bis 4 abschließend geregelt. 8

I. Formelle Mängel

1. Einberufungsmängel, Nr. 1

a) Keine Einberufungszuständigkeit

Sämtliche Beschlüsse einer unter Verstoß gegen § 121 Abs. 2, Abs. 3 Satz 1 und Abs. 4 AktG einberufenen Hauptversammlung sind **nichtig**. Gem. § 121 Abs. 2 AktG muss jede Hauptversammlung, vorbehaltlich einer anderweitigen gesetzlichen oder satzungsmäßigen Regelung, vom **Vorstand als Gesamtorgan** einberufen werden. Der Vorstand muss wirksam bestellt oder zumindest in das Handelsregister eingetragen sein, § 121 Abs. 2 Satz 2 AktG. Ist dagegen nur ein Vorstandsmitglied nicht wirksam bestellt oder fällt ein Vorstandsmitglied nachträglich weg, so ändert dies nichts an der Einberufungszuständigkeit des Gesamtvorstands. Die Beschlussfassung über die Einberufung erfolgt in Abweichung von § 77 Abs. 1 AktG mit einfacher Mehrheit, § 121 Abs. 2 Satz 1 AktG. Erfolgt die Einberufung ohne Beschluss des Gesamtvorstands auf Initiative eines einzelnen Vorstands, sind sämtliche Hauptversammlungsbeschlüsse nichtig (*Hüffer* AktG, § 241 Rn. 10). Allerdings sollen Hauptversammlungsbeschlüsse lediglich anfechtbar und nicht ex lege nichtig sein, wenn der Vorstand zwar beschlossen hat, dieser Beschluss aber seinerseits nichtig ist, z. B. weil ein Mitglied des Vorstands nichtig bestellt war (s. MüKo AktG/*Hüffer* § 241 Rn. 28). 9

Die Einberufung der Hauptversammlung obliegt ausnahmsweise dem **Aufsichtsrat**, wenn dies zum Wohle der Gesellschaft notwendig ist, § 111 Abs. 3 AktG (*Hüffer* AktG, § 111 Rn. 13 f.) und ausnahmsweise einer Aktionärsminderheit, § 122 AktG (*Hüffer* AktG, § 122 Rn. 2 ff.). 10

b) Bekanntmachungsfehler

Bei Bekanntmachungsfehlern gem. § 121 Abs. 3 Satz 1 und Abs. 4 AktG sind sämtliche Hauptversammlungsbeschlüsse nichtig, es sei denn der im Fall des § 121 Abs. 4 Satz 2 AktG übergangene Aktionär genehmigt sie gem. § 242 Abs. 2 Satz 4 AktG (s. im Übrigen *Hüffer* AktG, § 121 Rn. 11a ff.). 11

Eine in der Einladung zur Hauptversammlung fälschlich statuierte (zusätzliche) Pflicht zur Anmeldung eines Bevollmächtigten innerhalb der Anmeldefrist stellt zwar keinen Nichtigkeitsgrund nach Nr. 1 dar, dennoch sind die Beschlüsse der Hauptversammlung nach §§ 241 Nr. 5, 243 Abs. 1 AktG für nichtig zu erklären, weil dieser Mangel für die Entscheidung eines objektiv urteilenden Aktionärs relevant ist (OLG Koblenz 19.04.2013, Az.: GU 733/12; OLG Frankfurt am Main AG 2010, 637; BGHZ AG 2011, 750).

c) Bei Vollversammlung Fehler unbeachtlich

Entbehrlich ist die Einhaltung der Vorschriften des § 121 AktG, wenn sämtliche Aktionäre erschienen oder vertreten sind, soweit kein Aktionär der Beschlussfassung widerspricht (§ 121 Abs. 6 AktG, s. im Übrigen *Hüffer* AktG, § 121 Rn. 19 f.). 12

2. Beurkundungsmängel, Nr. 2

13 Hauptversammlungsbeschlüsse sind nichtig, wenn gegen die zwingenden Beurkundungsvorschriften des § 130 Abs. 1, Abs. 2 Satz 1 oder Abs. 4 AktG verstoßen wurde, insbesondere keine Beurkundung stattgefunden hat, diese den notwendigen Inhalt vermissen lässt oder nicht durch einen Notar bzw. den Aufsichtsratsvorsitzenden unterschrieben wird (s. im Übrigen *Hüffer* AktG, § 130 Rn. 2 ff.).

II. Materielle Mängel

1. Außerhalb des § 241 AktG liegende Nichtigkeitsgründe

14 Zu den außerhalb des Katalogs des § 241 AktG liegenden Nichtigkeitsgründen s. die jeweiligen Kommentierungen zu §§ 192, 212, 217, 228, 234 und 235 AktG.

2. Verstoß gegen Wesen der AG oder Schutzvorschriften, Nr. 3

15 Das Verhältnis zwischen beiden Tatbestandsvarianten ist im Schrifttum umstritten. Nach der überwiegend vertretenen Meinung ist zunächst zu prüfen, ob der Beschluss gläubigerschützende Normen oder andere im öffentlichen Interesse bestehende Bestimmungen verletzt und erst danach, wenn dies nicht der Fall ist, ob er mit dem Wesen der AG nicht zu vereinbaren ist (MüKo AktG/*Hüffer* § 241 Rn. 48; *Hüffer* AktG, § 241 Rn. 16). Nach anderer Auffassung (GroßkommAktG/*K. Schmidt* § 241 Rn. 54 ff.) wird das Wesen der AG von allen zwingenden aktienrechtlichen Regelungen konstituiert, jedenfalls soweit sie strukturbezogen sind.

16 Beschlüsse, die § 23 Abs. 5 AktG widersprechen, verstoßen gegen den Wesensgehalt der AG (*Hüffer* AktG, § 241 Rn. 19; GroßkommAktG/*K. Schmidt* § 241 Rn. 56). Kompetenzüberschreitende Beschlüsse, etwa wenn die Hauptversammlung dem Vorstand unberechtigt Weisungen erteilt oder dem Vorstand Kompetenzen zugewiesen werden, die zwingend bei der Hauptversammlung liegen, sind gem. Nr. 3 ohne Weiteres nichtig (OLG München NZG 2002, 677; *Hüffer* AktG, § 241 Rn. 20). Die Rechtsprechung zählt außerdem die freie Übertragbarkeit von Namensaktien, falls diese nicht vinkuliert sind, § 68 AktG (BGHZ 160, 253), zum Wesensgehalt der AG (weiterführend s. GroßkommAktG/*K. Schmidt* § 241 Rn. 58).

17 Die Vorschriften zum Schutze der Gläubiger und des öffentlichen Interesses müssen die Nichtigkeit des Beschlusses **zwingend gebieten** (GroßkommAktG/*K. Schmidt* § 241 Rn. 59). Darunter fallen die Kapitalerhaltungsvorschriften §§ 57, 58, 71 AktG und die explizit Gläubiger schützenden Vorschriften wie §§ 225, 233, 272, 303, 321 AktG. Von den außerhalb des AktG liegenden Vorschriften wurden von der Rechtsprechung vor allem die §§ 25 ff. MitbestG als zum Schutze des öffentlichen Interesses gegebene Normen qualifiziert (BGHZ 83, 106; 83, 151; 89, 48; OLG Karlsruhe NJW 1980, 2137). Die Missachtung des Gleichbehandlungsgrundsatzes, Stimmrechtsmissbräuche und Verstöße gegen sonstige Satzungsvorschriften fallen nicht unter Nr. 3 sondern führen lediglich zur Anfechtbarkeit der Beschlüsse.

3. Verstoß gegen die guten Sitten, Nr. 4

18 Wann ein Verstoß gegen die guten Sitten gegeben ist, bemisst sich nach der allgemeinen Regelung in § 138 Abs. 1 BGB. Es muss allerdings ein **inhaltlicher Verstoß** vorliegen. Motive, Zweck und das Zustandekommen sind irrelevant (OLG Hamm 17.10.2007, Az.: 8 U 28/07). Die praktische Bedeutung der Vorschrift ist gering, da das Gesetz gegenüber sittenwidrigem Handeln ausreichenden Aktionärsschutz durch die Anfechtungsregeln gewährleistet und Dritte, die nicht anfechtungsberechtigt sind, meist unter die Gläubigerschutzvorschriften i. S. d. Nr. 3 fallen (GroßkommAktG/*K. Schmidt* § 241 Rn. 67).

C. Nichtigkeit aufgrund richterlichen Gestaltungsaktes

I. Rechtskräftiges Anfechtungsurteil, Nr. 5

Folge erfolgreicher Anfechtungsklagen ist die Nichtigerklärung des Hauptversammlungsbeschlusses, § 248 Abs. 1 Satz 1 AktG. Konsequenterweise wurde dieser Nichtigkeitstatbestand auch in Nr. 5 aufgenommen, ohne dass der Vorschrift eine eigene Bedeutung zukommt.

19

II. Rechtskräftige Amtslöschung, Nr. 6

Hauptversammlungsbeschlüsse sind nichtig, wenn sie aufgrund rechtskräftiger Entscheidung des Registergerichts gem. § 398 FamFG gelöscht wurden. Für die Nichtigkeit des Beschlusses kommt es allein auf das Vorliegen der rechtskräftigen registergerichtlichen Entscheidung an, die inhaltliche Richtigkeit der Entscheidung ist, wie in Nr. 5, irrelevant.

20

Nr. 6 gilt für alle in das Handelsregister eingetragenen Beschlüsse, hat seine wesentliche Bedeutung aber bei eintragungspflichtigen Hauptversammlungsbeschlüssen, vor allem **Satzungsänderungsbeschlüssen**, § 181 AktG. § 398 FamFG stellt dabei eine abschließende Regelung dar; eine Amtslöschung nach § 395 Abs. 1 FamFG kann hier nicht herangezogen werden (MüKo AktG/*Hüffer* § 241 Rn. 81). Die Amtslöschung ist nur zulässig, wenn der Beschlussinhalt (nicht Verfahrensverstöße, formelle Mängel i. S. v. Nr. 1 und 2) zwingende Vorschriften verletzt (OLG Frankfurt am Main FGPrax 2002, 35). Darunter fallen sämtliche Normen, die auch nach Nr. 3 und 4 zur Nichtigkeit führen, auch solche außerhalb des AktG (MüKo AktG/*Hüffer* § 241 Rn. 76). Darüber hinaus muss die Beseitigung im öffentlichen Interesse geboten erscheinen (OLG Frankfurt am Main FGPrax 2002, 35). Die Verstöße müssen zwingend bereits zur Nichtigkeit des Beschlusses führen, bloße Anfechtbarkeit reicht nicht (h. M., OLG Karlsruhe FGPrax 2001, 161 a. A. . MüKo AktG/*Hüffer* § 241 Rn. 77; *Hüffer* AktG, § 241 Rn. 30). Die **Heilung** der Nichtigkeit ändert an der Möglichkeit der Amtslöschung nichts, § 242 Abs. 2 Satz 3 AktG.

21

D. Rechtsfolge

Nichtigkeit des Hauptversammlungsbeschlusses bedeutet, dass der Beschluss zu keiner Zeit Rechtswirkungen entfaltet. Auf die Nichtigkeit darf sich jedermann berufen. Besteht Streit hinsichtlich der Wirksamkeit eines Hauptversammlungsbeschlusses, so ist **Nichtigkeitsklage** gem. § 249 AktG zu erheben. Nichtige Hauptversammlungsbeschlüsse dürfen nicht in das Handelsregister eingetragen werden. Dem Registergericht kommt eine formelle und materielle Prüfungskompetenz zu (MüKo AktG/*Hüffer* § 241 Rn. 95). Allerdings muss der Vorstand auch Beschlüsse, die nichtig sein könnten, zum Handelsregister anmelden, auf den seiner Meinung nach vorhandenen Missstand hinweisen und ggf. Nichtigkeitsklage erheben. Ihm selbst kommt **keine Prüfungskompetenz** bzgl. der Hauptversammlungsbeschlüsse zu. Anderes gilt nur bei evident nichtigen Beschlüssen (s. *Hüffer* AktG, § 181 Rn. 5).

22

Auf **einheitlich gefasste Hauptversammlungsbeschlüsse** kommen die **Grundsätze der Teilnichtigkeit** zur Anwendung, § 139 BGB (RGZ 118, 218; BGHZ 124, 111). Keine Teilnichtigkeit liegt aber bei Einfluss eines nichtigen Beschlusses auf einen weiteren, inhaltlich verbundenen Beschluss, über den gesondert abgestimmt wird, vor (OLG Frankfurt am Main AG 2009, 631; *Hüffer* AktG, § 241 Rn. 36).

23

Die Nichtigkeit kann durch die Hauptversammlung **nicht geheilt** werden, ein Bestätigungsbeschluss wie für anfechtbare Beschlüsse ist nicht vorgesehen (BGH DStR 2004, 1970). Möglich ist allerdings die Neuvornahme des Beschlusses, was ohne inhaltliche Änderungen nur bei formellen, nicht aber bei inhaltlichen Fehlern sinnvoll ist. Möglich ist eine Heilung des nichtigen Beschlusses nach § 242 AktG.

24

E. Anwendbarkeit von §§ 241 ff. AktG auf sonstige Beschlüsse

Für Beschlüsse in **anderen Gesellschaftsorganen** (Vorstand, Aufsichtsrat) sowie bei **anderen Gesellschaftsformen** (GmbH, Personengesellschaften, für die KGaA gelten die Normen kraft Verweisung

25

unmittelbar, § 278 Abs. 3 AktG) fehlen §§ 241 ff. AktG entsprechende Regelungen. Die Rechtsprechung (OLG Düsseldorf vom 07.02.2007, Az. I-15 U 130/06 und vom 20.12.2006, Az. I-15 U 39/06) und die Literatur (vgl. *Heidinger* GmbHR 2007, 1184, 1186) wenden für die GmbH die Vorschriften über das Beschlussmängelrecht unter Berücksichtigung der Besonderheiten bei der GmbH gem. §§ 241 ff. AktG analog an. Dies gilt insbesondere für die Unterscheidung zwischen Nichtigkeit, Anfechtbarkeit und Unwirksamkeit gem. § 241 AktG (OLG Rostock NZG 2004, 191; OLG Dresden NJOZ 2001, 2297). Bei den §§ 241, 242, 249 und 250 AktG wird die vollumfängliche analoge Anwendung bejaht, bei den §§ 243 bis 248, 251 und 252 AktG hingegen sind die Besonderheiten der GmbH (vgl. *Fleischer* GmbHR 2008, 673, 679, 680), insbesondere im Hinblick auf die Klagefrist gem. § 246 AktG, zu berücksichtigen und die Vorschriften an die Eigenheiten der GmbH anzupassen. Im Hinblick auf § 248a AktG hingegen ist wegen des Tatbestandsmerkmals der Börsennotierung keine Analogie möglich (*Fleischer* GmbHR 2008, 673). Bei der Genossenschaft wendet die Rechtsprechung die Normen zwar nicht analog an, bedient sich dieser aber als **Leitbild** und passt sie im Einzelfall entsprechend an (BGHZ 70, 384).

Für Vorstands- und Aufsichtsratsbeschlüsse hat die Rechtsprechung eine analoge Anwendung hingegen explizit abgelehnt (BGHZ 122, 342; BGH NJW 1994, 520; OLG Frankfurt am Main NZG 2003, 331). Hier gelten die allgemeinen Regelungen, insbesondere die allgemeine Feststellungsklage gem. § 256 ZPO. Bei Personengesellschaften muss sich zumindest die Frist zur gerichtlichen Geltendmachung von Beschlussmängeln am Leitbild des § 249 AktG orientieren (BGH NJW 1995, 1218).

F. Prozessuales

I. Streitgegenstand

26 Die frühere Rechtsprechung ging aufgrund des zweigliedrigen Streitgegenstandsbegriffs von einem Alternativverhältnis zwischen Anfechtungs- und Nichtigkeitsklage aus. Der BGH hat diese Meinung mit den Urteilen BGHZ 134, 364 und BGH DStR 1999, 643 explizit aufgegeben (außerdem BGHZ 152, 1; BGH DStR 2004, 1970; OLG Rostock OLG-NL 2004, 127; BGH NZG 2010, 618 als Klarstellung zu BGHZ 152,1) und sich einer Meinung in der Literatur (GroßkommAktG/*K. Schmidt* § 246 Rn. 4) angeschlossen, die einen **einheitlichen Streitgegenstand der Anfechtungs- und Nichtigkeitsklage** bejaht (OLG Saarbrücken DStR 2007, 916). Das Gericht hat stets den gesamten vorgetragenen Sachverhalt auf Nichtigkeits- und Anfechtungsgründe zu überprüfen. Der Austausch von Anfechtungs- und Nichtigkeitsgründen soll nach einer Meinung keine Klageänderung mehr darstellen (AnwK-AktR/*Heidel* § 246 Rn. 31; *Steinmeyer* DStR 1999, 2077). Der BGH hat aber klargestellt, dass er in Bezug auf das Vorbringen von Klagegründen von seiner bisherigen Meinung durch die geänderte Rechtsprechung nicht abgewichen sei (BGH DStR 2005, 798; DStR 2005, 1539; DStR 2006, 526).

II. Kumulierte Fehler

27 Die verschiedenen Mängel von Hauptversammlungsbeschlüssen können auch nebeneinander auftreten. Die Rechtsfolgen von Nichtigkeit, Anfechtbarkeit und Unwirksamkeit treten dann kumulativ ein. Die Folgen unterschiedlicher Fehler sind für das prozessuale Vorgehen von Bedeutung. Die Unwirksamkeit muss nach den allgemeinen Regeln geltend gemacht werden, während für Nichtigkeit und Anfechtbarkeit die Sonderregeln gem. §§ 246, 249 AktG gelten.

28 Treffen Nichtigkeit und Anfechtbarkeit eines Beschlusses zusammen, so ist **einheitliche Klage** auf Feststellung der Nichtigkeit zu erheben. Auch bei Zusammentreffen von Nichtigkeit/Anfechtbarkeit und Unwirksamkeit können beide Fehler gleichzeitig verfolgt werden. Wird der Nichtigkeits-/Anfechtungsgrund geheilt, so bleibt der Unwirksamkeitsgrund bestehen und kann weiterhin gerichtlich verfolgt werden. Letztlich ist es aber trotz des einheitlichen Streitgegenstandes bei der gleichzeitigen Geltendmachung von Nichtigkeits- und Anfechtungsgründen möglich, dass sich die Klage im Hinblick auf die Anfechtungsgründe durch Bestätigung gem. § 244 AktG erledigt. Daher wird dem Kläger die Möglichkeit eingeräumt, einen Hauptantrag hinsichtlich der Nichtigkeitsgründe und einen Hilfsantrag hinsichtlich der Anfechtungsgründe zu stellen. Dadurch wird

für den Kläger das Kostenrisiko durch die Möglichkeit der Erledigterklärung im Hinblick auf die Anfechtungsgründe reduziert (OLG Frankfurt am Main 22.07.2008, Az. 5 U 77/07).

III. Amtslöschung und Nichtigkeitsklage

Amtslöschung und Nichtigkeitsklage sind **voneinander unabhängig** und können daher auch zeitlich zusammen treffen. Ist bereits Nichtigkeitsklage anhängig, wird das Registergericht in den meisten Fällen das Verfahren gem. § 21 Abs. 1 FamFG bis zur Entscheidung des Streitgerichts aussetzen. Die Entscheidung darüber liegt in seinem Ermessen. Weist das Prozessgericht die Klage ab, so ist das Registergericht an die Entscheidung nicht gebunden, wird diese aber in seiner eigenen Entscheidung berücksichtigen. Gibt das Prozessgericht der Klage statt, erfolgt keine Amtslöschung mehr, da diese gegenstandslos wäre. Das Registergericht hat das Urteil des Prozessgerichts einzutragen, § 248 Abs. 1 Satz 3 AktG (MüKo AktG/*Hüffer* § 241 Rn. 87). 29

Das Prozessgericht könnte ebenfalls nach § 148 ZPO das Streitverfahren bis zur Entscheidung über die Amtslöschung aussetzen, wird dies aufgrund des meist weiteren Streitgegenstands aber selten tun. Kommt die Amtslöschung der Entscheidung im Streitverfahren zuvor, so erledigt sich der Streit über die Nichtigkeit des Beschlusses. Eine Ablehnung der Amtslöschung hat keinerlei Einfluss auf das Streitverfahren (MüKo AktG/*Hüffer* § 241 Rn. 88). 30

§ 242 Heilung der Nichtigkeit

(1) Die Nichtigkeit eines Hauptversammlungsbeschlusses, der entgegen § 130 Abs. 1, 2 Satz 1 und Abs. 4 nicht oder nicht gehörig beurkundet worden ist, kann nicht mehr geltend gemacht werden, wenn der Beschluß in das Handelsregister eingetragen worden ist.

(2) ¹Ist ein Hauptversammlungsbeschluß nach § 241 Nr. 1, 3 oder 4 nichtig, so kann die Nichtigkeit nicht mehr geltend gemacht werden, wenn der Beschluß in das Handelsregister eingetragen worden ist und seitdem drei Jahre verstrichen sind. ²Ist bei Ablauf der Frist eine Klage auf Feststellung der Nichtigkeit des Hauptversammlungsbeschlusses rechtshängig, so verlängert sich die Frist, bis über die Klage rechtskräftig entschieden ist oder sie sich auf andere Weise endgültig erledigt hat. ³Eine Löschung des Beschlusses von Amts wegen nach § 398 des Gesetzes über das Verfahren in Familiensachen und in den Angelegenheiten der freiwilligen Gerichtsbarkeit wird durch den Zeitablauf nicht ausgeschlossen. ⁴Ist ein Hauptversammlungsbeschluß wegen Verstoßes gegen § 121 Abs. 4 nach § 241 Nr. 1 nichtig, so kann die Nichtigkeit auch dann nicht mehr geltend gemacht werden, wenn der nicht geladene Aktionär den Beschluß genehmigt. ⁵Ist ein Hauptversammlungsbeschluss nach § 241 Nr. 5 oder § 249 nichtig, so kann das Urteil nach § 248 Abs. 1 Satz 3 nicht mehr eingetragen werden, wenn gemäß § 246a Abs. 1 rechtskräftig festgestellt wurde, dass Mängel des Hauptversammlungsbeschlusses die Wirkung der Eintragung unberührt lassen; § 398 des Gesetzes über das Verfahren in Familiensachen und in den Angelegenheiten der freiwilligen Gerichtsbarkeit findet keine Anwendung.

(3) Absatz 2 gilt entsprechend, wenn in den Fällen des § 217 Abs. 2, § 228 Abs. 2, § 234 Abs. 3 und § 235 Abs. 2 die erforderlichen Eintragungen nicht fristgemäß vorgenommen worden sind.

Übersicht	Rdn.		Rdn.
A. Überblick	1	III. Genehmigung von Beschlüssen durch übergangenen Aktionär, Abs. 2 Satz 4	8
B. Die Heilungstatbestände im Einzelnen	2	IV. Bestandskraft der Eintragung aufgrund eines Freigabeverfahrens, Abs. 2 Satz 5	9
I. Beurkundungsmängel, Abs. 1	2		
II. Einberufungsmängel, Inhaltsmängel, Abs. 2 Satz 1	3	V. Heilung von Kapitalveränderungsbeschlüssen, Abs. 3	10
1. Heilung der Nichtigkeit	3	C. Rechtsfolge	11
2. Dennoch Amtslöschung möglich, Abs. 2 Satz 3	7		

A. Überblick

1 Die zuletzt durch das ARUG geänderte Norm regelt die **Heilung der Nichtigkeit** aufgrund § 241 Nr. 1 bis 4 AktG, sowie der **Unwirksamkeit** gem. Abs. 3. Nichtigkeit aus anderen Gründen kann nicht geheilt werden. Für die GmbH gilt die Vorschrift entsprechend (BGHZ 80, 212; 144, 365). Auch nichtige Bestimmungen der Ursprungssatzung können geheilt werden (BGHZ 144, 365).

B. Die Heilungstatbestände im Einzelnen

I. Beurkundungsmängel, Abs. 1

2 Sämtliche Beurkundungsmängel, die gem. § 241 Nr. 2 AktG zur Nichtigkeit des Hauptversammlungsbeschlusses führen, werden geheilt, wenn der Beschluss in das **Handelsregister eingetragen** worden ist. Auf die Bekanntmachung der Eintragung kommt es nicht an. Rechtshängigkeit einer Nichtigkeitsklage kann die Heilung nicht verhindern, sondern führt nur zu einer Fristverlängerung gem. § 242 Abs. 2 Satz 2 AktG. Heilung durch Eintragung ist nicht nur bei eintragungspflichtigen, sondern auch bei sonstigen eintragungsfähigen Beschlüssen möglich (MüKo AktG/*Hüffer* § 242 Rn. 4; a.A. KölnKomm AktG/*Zöllner* § 242 Rn. 6). Die Eintragung muss durch das gem. §§ 5, 14 AktG **zuständige Registergericht** erfolgen, bei Zweigniederlassungen kommt es auf die Eintragung im Handelsregister der Hauptniederlassung an, § 13c Abs. 1 HGB. Eine spätere Amtslöschung gem. § 398 FamFG ist ausgeschlossen, da kein Inhaltsmangel vorliegt.

II. Einberufungsmängel, Inhaltsmängel, Abs. 2 Satz 1

1. Heilung der Nichtigkeit

3 Ist der Hauptversammlungsbeschluss unter Verstoß gegen die Einberufungsvorschriften zustande gekommen oder leidet er an einem Inhaltsmangel, § 241 Nr. 1, Nr. 3 und Nr. 4 AktG, so reicht die bloße Eintragung in das Handelsregister nicht. Die Heilung tritt erst **3 Jahre nach der Handelsregistereintragung** ein.

4 Die Heilung wird **gehemmt**, falls bei Ablauf der 3-Jahres-Frist eine Klage auf Feststellung der Nichtigkeit des Beschlusses anhängig ist. Nach dem nun geltenden einheitlichen Streitgegenstandsbegriff für Anfechtungs- und Nichtigkeitsklage reicht auch die Rechtshängigkeit einer Anfechtungsklage (s. § 241 Rdn. 26). Fristverlängerung durch allgemeine Feststellungsklage ist hingegen nicht möglich (GroßkommAktG/*K. Schmidt* § 242 Rn. 12; *Hüffer* AktG, § 242 Rn. 4; a.A. KölnKomm AktG/*Zöllner* § 242 Rn. 37). Es besteht nur die Möglichkeit, eine Amtslöschung gem. § 398 FamFG anzuregen.

5 Die 3-Jahres-Frist stellt eine **materiell-rechtliche Ausschlussfrist** dar, auf die die Vorschriften der ZPO nicht anwendbar sind. Auch § 193 BGB ist nicht einschlägig. Die Frist dient nicht dazu, dem Klageberechtigten bestimmte Prozesshandlungen zu ermöglichen, sondern einzig der Änderung der materiellen Rechtslage (OLG Düsseldorf NZG 2001, 1036; *Hüffer* AktG, § 242 Rn. 3). Die Klage muss rechtshängig sein, §§ 253 Abs. 1, 261 Abs. 1 ZPO. Anhängigkeit reicht, wenn die Zustellung demnächst erfolgt, § 167 ZPO (BGH NJW 1989, 904).

6 Die Heilung tritt sofort im Zeitpunkt der rechtskräftigen oder sonstigen endgültigen Erledigung des Rechtsstreits ein, also auch mit Rücknahme der Klage, zweiseitiger Erledigungserklärung und Prozessvergleich (MüKo AktG/*Hüffer* § 242 Rn. 12).

2. Dennoch Amtslöschung möglich, Abs. 2 Satz 3

7 Auch nach eingetretener Heilung kann der Beschluss im Wege der Amtslöschung aus dem Register gelöscht werden, Abs. 2 Satz 3, was wiederum die Folge der **Nichtigkeit** hat, § 241 Nr. 6 AktG. Nach der Wertung des Gesetzgebers setzt sich das öffentliche Interesse an einer Amtslöschung gegen die materielle Rechtslage durch (MüKo AktG/*Hüffer* § 242 Rn. 23).

III. Genehmigung von Beschlüssen durch übergangenen Aktionär, Abs. 2 Satz 4

Wird ein Aktionär bei Einberufung der Hauptversammlung durch eingeschriebenen Brief, § 121 Abs. 4 AktG, übergangen, kann er gefasste Beschlüsse auch durch Genehmigung heilen. Wird die Genehmigung erteilt, scheidet auch eine Amtslöschung gem. § 398 FamFG aus (MüKo AktG/*Hüffer* § 242 Rn. 17). Die Genehmigung muss gegenüber dem Vorstand erklärt werden, § 78 Abs. 2 Satz 2 AktG.

IV. Bestandskraft der Eintragung aufgrund eines Freigabeverfahrens, Abs. 2 Satz 5

Die durch das UMAG eingefügte Vorschrift bezweckt, der Eintragung des Beschlusses nach erfolgreichem Freigabeverfahren gem. § 246a AktG (zu den Voraussetzungen des Freigabeverfahrens s. § 246a Rn. 4) Bestandskraft zu verleihen (Gesetzesbegründung der Bundesregierung, BT-Drucks. 15/5092, S. 28). Trotz erfolgreicher Anfechtungs- und Nichtigkeitsklage kann das Urteil nicht mittels Vermerk gem. § 44 HRV in das Handelsregister eingetragen werden. Nach erfolgreichem Freigabeverfahren ist auch das Amtslöschungsverfahren gem. § 144 Abs. 2 FGG ausgeschlossen. Der nichtige Beschluss bleibt also wirksam, echte Heilung tritt aber nicht ein. Der klagende Aktionär ist auf Schadensersatzansprüche beschränkt, § 246a Abs. 4 AktG.

V. Heilung von Kapitalveränderungsbeschlüssen, Abs. 3

Die §§ 217 Abs. 2, 228 Abs. 2, 234 Abs. 3 und 235 Abs. 2 AktG ordnen die Nichtigkeit der Hauptversammlungsbeschlüsse an, deren Eintragung nicht binnen 3 bzw. 6 Monaten vorgenommen wird. Diese Nichtigkeit (eigentlich handelt es sich um Fälle der Unwirksamkeit) wird geheilt, wenn nach dennoch erfolgter Eintragung 3 Jahre vergangen sind, ohne dass Nichtigkeitsklage erhoben wurde (MüKo AktG/*Hüffer* § 242 Rn. 26). Die Amtslöschung bleibt aber möglich (AnwK-AktR/*Heidel* § 242 Rn. 7). Nach h. M. ist Abs. 3 auf sonstige Fälle der Unwirksamkeit analog anzuwenden (GroßkommAktG/*K. Schmidt* § 242 Rn. 16). Auch auf sog. Nicht-Beschlüsse, z.B. wenn ein Nicht-Gesellschafter eine Kapitalmaßnahme mitbeschlossen hat, wird Abs. 3 analog angewendet (OLG Stuttgart DStR 2000, 1704). Weiter können auch Ermächtigungsbeschlüsse gem. § 221 Abs. 2 AktG geheilt werden, wenn sie mit Kapitalerhöhungsbeschlüssen kombiniert werden. Dies resultiert aus dem Umkehrschluss zur Gesamtnichtigkeit gem. § 139 BGB bei Nichtigkeit des Kapitalerhöhungsbeschlusses (*Angerer* NZG 2008, 326, 330).

C. Rechtsfolge

Obwohl die Norm rein prozessual formuliert, der Fehler könne »nicht mehr geltend gemacht werden«, geht die h. M. davon aus, dass **materielle Heilung eintritt** und nicht lediglich die Geltendmachung der Nichtigkeit ausgeschlossen wird (MüKo AktG/*Hüffer* § 242 Rn. 3, 19; KölnKomm AktG/*Zöllner* § 242 Rn. 46). Der Beschluss wird rückwirkend von Anfang an gültig. Hiervon betroffene zusammenhängende Beschlüsse werden ebenfalls gültig, z. B. bei nichtigem Jahresabschluss der dadurch betroffene Gewinnverwendungsbeschluss. Aufgrund der materiell-rechtlichen Wirkung der Heilung ist der Vorstand konsequenterweise zur Umsetzung des Beschlusses verpflichtet, § 83 Abs. 2 AktG, wird aber auch von einer Haftung gegenüber der Gesellschaft befreit, § 93 Abs. 4 Satz 1 AktG (h. M., MüKo AktG/*Hüffer* § 242 Rn. 21; GroßkommAktG/*K. Schmidt* § 242 Rn. 13). Allerdings kann auch das Unterlassen, den nichtigen Beschluss beseitigen zu lassen, pflichtwidrig sein (*Hüffer* AktG, § 242 Rn. 7 m. w. N.).

§ 243 Anfechtungsgründe

(1) Ein Beschluß der Hauptversammlung kann wegen Verletzung des Gesetzes oder der Satzung durch Klage angefochten werden.

(2) ¹Die Anfechtung kann auch darauf gestützt werden, daß ein Aktionär mit der Ausübung des Stimmrechts für sich oder einen Dritten Sondervorteile zum Schaden der Gesellschaft oder der

anderen Aktionäre zu erlangen suchte und der Beschluß geeignet ist, diesem Zweck zu dienen. ²Dies gilt nicht, wenn der Beschluß den anderen Aktionären einen angemessenen Ausgleich für ihren Schaden gewährt.

(3) Die Anfechtung kann nicht gestützt werden:
1. auf die durch eine technische Störung verursachte Verletzung von Rechten, die nach § 118 Abs. 1 Satz 2, Abs. 2 und § 134 Abs. 3 auf elektronischem Wege wahrgenommen worden sind, es sei denn, der Gesellschaft ist grobe Fahrlässigkeit oder Vorsatz vorzuwerfen; in der Satzung kann ein strengerer Verschuldensmaßstab bestimmt werden,
2. auf eine Verletzung des § 121 Abs. 4a, des § 124a oder des § 128,
3. auf Gründe, die ein Verfahren nach § 318 Abs. 3 des Handelsgesetzbuchs rechtfertigen.

(4) ¹Wegen unrichtiger, unvollständiger oder verweigerter Erteilung von Informationen kann nur angefochten werden, wenn ein objektiv urteilender Aktionär die Erteilung der Information als wesentliche Voraussetzung für die sachgerechte Wahrnehmung seiner Teilnahme- und Mitgliedschaftsrechte angesehen hätte. ²Auf unrichtige, unvollständige oder unzureichende Informationen in der Hauptversammlung über die Ermittlung, Höhe oder Angemessenheit von Ausgleich, Abfindung, Zuzahlung oder über sonstige Kompensationen kann eine Anfechtungsklage nicht gestützt werden, wenn das Gesetz für Bewertungsrügen ein Spruchverfahren vorsieht.

Übersicht	Rdn.		Rdn.
A. Überblick	1	d) Relevanz des Verfahrensfehlers für den Beschluss	12
B. Die Anfechtungsgründe im Einzelnen	2	2. Inhaltsmängel	13
I. Verletzung des Gesetzes oder der Satzung, Abs. 1, Abs. 4	2	a) Verstoß gegen den Gleichbehandlungsgrundsatz, § 53a AktG	14
1. Verfahrensmängel	5	b) Verstoß gegen die Treuepflicht	15
a) Bei der Vorbereitung der Hauptversammlung	5	II. Verfolgung von Sondervorteilen, Abs. 2	17
b) Bei der Durchführung der Hauptversammlung	6	C. Anfechtungsausschluss, Abs. 3	21
aa) Auskunftspflichtverletzungen	7	D. Prozessuales	23
bb) Sonstige Informationspflichtverletzungen	10	I. Einstweilige Verfügung zur Vermeidung der Umsetzung des Beschlusses	23
c) Bei der Feststellung des Beschlussergebnisses	11	II. Eintragung ins Handelsregister	24

A. Überblick

1 § 243 AktG dient der **Kontrolle der Mehrheitsmacht** durch Anfechtungsklage. Bloße Anfechtbarkeit stellt den Normalfall dar, Nichtigkeit ex lege den Ausnahmefall. Durch erfolgreiche Anfechtungsklage gem. § 246 AktG wird der Hauptversammlungsbeschluss nichtig, § 241 Nr. 5 AktG. Solange keine Anfechtung erfolgt, ist der Beschluss wirksam. Nach Ablauf der Anfechtungsfrist kann die Rechtswidrigkeit nicht mehr zur Vernichtung des Beschlusses führen, gleichwohl bleibt er materiell rechtswidrig (*Hüffer* AktG, § 243 Rn. 48). Teilanfechtung bei zusammengesetzten Beschlüssen kommt in Betracht (zur Teilnichtigkeit s. § 241 AktG Rdn. 23). Im Grundsatz berechtigt jeder Verstoß gegen Gesetz oder Satzung zur Anfechtung, Abs. 1. Diese sehr weiten Anfechtungsgründe werden gem. Abs. 3, Abs. 4 eingeschränkt. Außerdem soll der Missbrauch des Anfechtungsrechts in Zukunft durch das Freigabeverfahren gem. § 246a AktG unterbunden werden. Anfechtbaren Hauptversammlungsbeschlüssen gleichgestellt sind Sonderbeschlüsse gem. § 138 Satz 2 AktG, dagegen nicht Aufsichtsrats- und Vorstandsbeschlüsse (s. § 241 AktG Rdn. 25). Für Gesellschafterversammlungen der GmbH gilt die Vorschrift analog (BGHZ 97, 28; *Hüffer* AktG, § 243 Rn. 2; GroßkommAktG/*K. Schmidt* § 241 Rn. 38), ebenso für die Einziehung eines Geschäftsanteils (OLG Brandenburg 30.11.2010, Az.: 6 U 124/09; OLG Düsseldorf, Urt. v. 18.11.2009 – VI-U [Kart] 12/09) sowie die Anfechtung von Beschlüssen des Gläubigerausschusses (LG Magdeburg 25.01.2010, Az.: 3 T 688/09).

B. Die Anfechtungsgründe im Einzelnen

I. Verletzung des Gesetzes oder der Satzung, Abs. 1, Abs. 4

Gesetzesverletzung ist die **Verletzung jeder Rechtsnorm** i. S. d. Art. 2 EGBGB. Sie berechtigt zur Anfechtung, insoweit sie für die AG Wirkung entfaltet. Hauptversammlungsbeschlüsse können sowohl an Verfahrens-, als auch an Inhaltsmängeln leiden. Auch Nichtigkeitsgründe können zur Anfechtung berechtigen, genauso wie die Verletzung von Generalklauseln (GroßkommAktG/*K. Schmidt* § 243 Rn. 9). Bloße Vertragsverletzungen, insbesondere die Verletzung von Stimmbindungsvereinbarungen (soweit diese nicht in die Satzung aufgenommen wurden), stellen hingegen keine Gesetzesverletzung dar (OLG Stuttgart NZG 2001, 416; *Hüffer* AktG § 243 Rn. 6; GroßkommAktG/*K. Schmidt* § 243 Rn. 10). Die Verletzung von Gesetz oder Satzung muss den Teilnehmern der Hauptversammlung jedenfalls bekannt oder aufgrund der ihnen zugänglichen Informationen zumindest erkennbar sein (OLG Köln NZG 2009, 1110).

Satzungsverletzungen führen in gleicher Weise wie Gesetzesverletzungen zur Anfechtbarkeit des Hauptversammlungsbeschlusses. Fehler treten in diesem Bereich häufig auf, wenn die Satzung strengere Voraussetzungen für eine Beschlussfassung vorsieht, diese tatsächlich nicht vorlagen, der Hauptversammlungsleiter aber dennoch die Beschlussfassung feststellte. Daher kann ein satzungswidriges Fehlen eines Lageberichts, dessen Vorlage in der Einladung zur Hauptversammlung irreführend angekündigt worden ist, zur Anfechtbarkeit der Entlastungsbeschlüsse gem. § 120 Abs. 1 AktG führen (BGH AG 2008, 83; OLG Frankfurt am Main m. Anm. *Kort* EWiR 2008, 385; *Graff* AG 2008, 479). Bei Satzungsbestimmungen muss durch Auslegung ermittelt werden, ob es sich nicht um eine nachgiebige Ordnungsvorschrift handelt, deren Verletzung nicht zur Nichtigkeit führt (*Hüffer* AktG § 243 Rn. 7).

Der Deutsche Corporate Governance Kodex ist weder Gesetz noch kommt ihm satzungsgleiche Wirkung zu. Die Wahl eines Aufsichtsratsmitglieds kann daher nicht mit der Begründung angefochten werden, die Wahl verstoße gegen Grundsätze, die nur dort niedergelegt sind, nicht jedoch dem Aktiengesetz entnommen werden können (LG München I NZG 2008, 150; *Vetter* NZG 2008, 121; *Ogorek/von Steinen* EWiR 2008, 65). Eine Anfechtung der Beschlüsse über die Entlastung der Organe ist aber möglich, wenn Vorstand und Aufsichtsrat einer börsennotierten Gesellschaft die Veröffentlichung einer Entsprechenserklärung nach § 161 AktG unterlassen haben (LG München I NZG 2008, 350). Die unterlassene Ergänzung oder Berichtigung der Erklärung nach § 161 AktG stellt ebenso einen Gesetzesverstoß dar und hat die Anfechtbarkeit des daraufhin gefassten Entlastungsbeschlusses (BGH NZG 2009, 1270) bzw. des Wahlbeschlusses zum Aufsichtsrat zur Folge (LG Hannover AG 2010, 459). Im Fall der Unrichtigkeit der Entsprechenserklärung muss diese jedoch, um einen schwerwiegenden Interessenkonflikt darzustellen, über einen Formalverstoß hinausgehen und im konkreten Einzelfall Gewicht haben (BGH NZG 2013, 783).

1. Verfahrensmängel

a) Bei der Vorbereitung der Hauptversammlung

Typische Verfahrensfehler bei der Vorbereitung der Hauptversammlung sind: Unterlassener Hinweis auf die gerichtliche Ermächtigung zur Einberufung (§ 122 Abs. 3 AktG; nicht aber die Rechtmäßigkeit der Ermächtigung, BGH NZG 2012, 793), Nichteinhaltung der Einberufungsfrist (§ 123 Abs. 1 AktG), fehlerhafte Bekanntmachung (§ 121 Abs. 3 AktG), fehlerhafte Mitteilungen für die Aktionäre und an Aufsichtsratsmitglieder (§ 125 AktG), fälschliches Erfordernis der »doppelten Anmeldung« von Aktionär und Bevollmächtigtem (OLG Koblenz 19.04.2013, Az.: 6 U 733/12, s. § 241, Rdn. 11).

b) Bei der Durchführung der Hauptversammlung

Typische Verfahrensfehler bei der Durchführung sind vor allem unberechtigte Beschränkungen des Teilnahmerechts gem. § 118 Abs. 1 AktG, insbesondere der unberechtigte Ausschluss stimmberechtigter Aktionäre (BGHZ 44, 245), die unberechtigte Beschränkung von Rede- und Stimmrechten (BGHZ 44, 245), die Ungleichbehandlung bei der Zumessung von Redezeit (LG Stuttgart NJW-RR 1994, 936; LG München I AG 2000, 139), die unberechtigte Verweigerung von Auskünften (s. Rdn. 7) und die gesetzes- oder satzungswidrige Entlastung von Vorstand oder Aufsichtsrat (BGHZ 153, 47; BGH NJW 2012, 3235). Im Rahmen der Beschlussfassung berechtigen Verstöße gegen § 124 Abs. 4 AktG und gegen § 142 Abs. 1 Satz 3 AktG zur Anfechtung (OLG Brandenburg 10.11.2010, Az.: 7 U 164/09).

aa) **Auskunftspflichtverletzungen**

7   Die meisten Anfechtungsklagen wurden in der Vergangenheit auf die Verletzung des Auskunftsanspruchs gem. § 131 AktG gestützt (zu den Voraussetzungen s. § 131 AktG Rdn. 2 ff.). Diese Anfechtungsmöglichkeit, die oft aus finanziellem Interesse einzelner Aktionäre am Abkauf ihres Klagerechts missbraucht wurde, wurde mit dem UMAG eingeschränkt. Einerseits kann nun die Satzung oder Geschäftsordnung der Hauptversammlung den Versammlungsleiter zur zeitlichen Beschränkung des Frage- und Rederechts ermächtigen, § 131 Abs. 2 Satz 2 AktG. Zum anderen sieht Abs. 4 eine **Einschränkung der Anfechtbarkeit** wegen Informationspflichtverletzungen vor. Gem. Abs. 4 Satz 1 hängt die Anfechtbarkeit von der Relevanz der unrichtigen, unvollständigen oder verweigerten Information für die sachgerechte Wahrnehmung der Teilnahme- und Mitgliedschaftsrechte eines objektiv urteilenden Aktionärs ab. Der Gesetzgeber hat die Rechtsprechung des BGH zur **Relevanz von Verfahrensfehlern** positivrechtlich umgesetzt und verstärkt (z. B. BGHZ 160, 385). Der fragliche Umstand muss für die Meinungsbildung eines objektiv urteilenden Aktionärs ein wesentliches Element darstellen, sodass der Aktionär ohne vorherige Information dem Beschlussvorschlag nicht zugestimmt hätte (Gesetzesbegründung der Bundesregierung, BT-Drucks. 15/5092, S. 26). Ein in diesem Sinne relevanter Umstand ist wohl immer »wesentlich«, sodass dem Merkmal der Wesentlichkeit keine eigene Bedeutung zukommt (*Hüffer* AktG § 243 Rn. 46b). Bspw. ist der Entlastungsbeschluss wegen Verletzung des Informationsrechts eines Aktionärs rechtswidrig und daher gem. § 243 AktG anfechtbar, wenn das nicht oder nicht ausreichend beantwortete Auskunftsbegehren auf Vorgänge von einigem Gewicht gerichtet ist, die für die Beurteilung der Vertrauenswürdigkeit der Verwaltung von Bedeutung sind (BGH NJW 2012, 3235).

8   **Ausgeschlossen** ist die Anfechtung wegen unrichtiger, unvollständiger oder unzureichender Information über die Ermittlung, Höhe oder Angemessenheit von Kompensationen, für die das Gesetz ein Spruchverfahren vorsieht, Abs. 4 Satz 2 i. V. m. § 1 Nr. 1 bis 5 SpruchG (die Aufzählung in § 1 Nr. 1 bis 5 SpruchG ist allerdings nicht abschließend; die Gesetzesbegründung nennt darüber hinaus §§ 14 Abs. 2, 29, 32, 125, 207 und 210 UmwG). Die durch das UMAG neu eingeführte Regelung ist auf Klagen, die bereits vor dem 01.11.2005 (d. h. vor dem Inkrafttreten des UMAG) anhängig waren, gleichfalls anzuwenden (*Leuering/Simon* NJW-Spezial 2005, Heft 7, 315).

9   Bei vollkommener Verweigerung von Bewertungsinformationen bleibt eine Anfechtung hingegen grundsätzlich möglich. Das Auskunftserzwingungsverfahren gem. § 132 AktG hat keinen Vorrang vor einer Anfechtungsklage (KG NZG 2001, 803).

bb) **Sonstige Informationspflichtverletzungen**

10 Die Verletzung sonstiger Informationspflichten berechtigt ebenfalls zur Anfechtung, z. B. bei Verletzung der Auslegungspflicht gem. § 175 Abs. 2 AktG (s. § 175 AktG Rdn. 6 ff.) oder der Berichtspflicht gem. § 186 Abs. 4 Satz 2 AktG (OLG Frankfurt am Main NZG 2011, 1029; zu dessen Anforderungen s. § 186 AktG Rdn. 28 ff.), sowie bei Mängeln des Verschmelzungsberichts gem. § 8 UmwG (*Hüffer* AktG § 243 Rn. 47a).

Im Rahmen eines Squeeze-Out-Verfahrens ist § 243 Abs. 4 AktG dann nicht anwendbar, wenn der Bericht des Hauptaktionärs die Angemessenheit der Barabfindung hinreichend erläutert und begründet (LG München I NZG 2008, 637).

c) Bei der Feststellung des Beschlussergebnisses

Der Hauptversammlungsbeschluss ist anfechtbar, wenn das Beschlussergebnis **falsch festgestellt** wurde. Maßgeblich ist allein das Beschlussergebnis, nicht hingegen, ob beim Beschlussfeststellungsverfahren Fehler unterlaufen sind. Werden Stimmrechtsverbote missachtet, so ist der Beschluss nur fehlerhaft, wenn die Stimmen für das Ergebnis ausschlaggebend waren (GroßkommAktG/*K. Schmidt* § 243 Rn. 38).

d) Relevanz des Verfahrensfehlers für den Beschluss

Während das Gesetz die bloße Verletzung von Gesetz oder Satzung ausreichen lässt, ist nach der h. M. in der Literatur (vgl. diesbezüglich auch *Tielmann* WM 2007, 1686, 1691) und der Rechtsprechung (BGH NJW 2005, 828, BGH NZG 2010, 943 und OLG Köln 08.03.2007, Az.: 18 W 71/06), wie nun für Informationspflichtverletzungen gesetzlich festgelegt, eine Relevanz des Verfahrensfehlers für den Beschluss erforderlich. Das frühere Erfordernis der Kausalität wurde auch von der Rechtsprechung, jedenfalls bei Informationspflichtverletzungen, ausdrücklich aufgegeben (BGHZ 160, 385; MüKo AktG/*Hüffer* § 243 Rn. 28). Maßgeblich ist, ob der Verfahrensfehler auf die sachgerechte Beurteilung des Beschlussgegenstands durch einen objektiv urteilenden Aktionär Auswirkungen hatte und nicht, ob der Aktionär ohne den Verfahrensfehler tatsächlich anders gestimmt hätte (BGHZ 160, 385). Nach der Rechtsprechung liegt die **Darlegungs- und Beweislast** dafür, dass der Verfahrensfehler ohne Relevanz für die Beschlussfassung war – abweichend vom allgemeinen Grundsatz – bei der Gesellschaft (BGHZ 59, 369; BayObLG NZG 2004, 1017; *Hüffer* AktG § 243 Rn. 61).

2. Inhaltsmängel

Sämtliche Inhaltsmängel wegen Gesetzes- oder Satzungsverstoßes führen zur Anfechtbarkeit des Hauptversammlungsbeschlusses. Die Relevanz des Verstoßes spielt bei Inhaltsmängeln keine Rolle (AnwK-AktR/*Heidel* § 243 Rn. 21). In der Praxis wichtig sind Verstöße gegen Generalklauseln, insbesondere gegen den **Gleichbehandlungsgrundsatz** und die **Treuepflicht**. Aus ihnen leitet die Rechtsprechung die Befugnis zur materiellen Beschlusskontrolle ab (BGHZ 71, 40 – »Kali + Salz«; BGHZ 103, 184 – »Linotype«). Bei den Verstößen gegen Einzelbestimmungen spielt in der Praxis der **Bezugsrechtsausschluss** gem. § 186 Abs. 3 AktG die größte Rolle (MüKo AktG/*Hüffer* § 243 Rn. 42; ausführl. s. § 186 AktG Rdn. 13 ff.).

a) Verstoß gegen den Gleichbehandlungsgrundsatz, § 53a AktG

Jede Ungleichbehandlung von Aktionären, die nicht sachlich gerechtfertigt und damit willkürlich ist, begründet die Anfechtbarkeit von Hauptversammlungsbeschlüssen (BGHZ 120, 141). **Sachlich gerechtfertigt** ist die Ungleichbehandlung, wenn sie geeignet und erforderlich ist, bestimmte Interessen der AG zu wahren und auch unter Berücksichtigung der Aktionärsinteressen verhältnismäßig erscheint (*Hüffer* AktG § 53a Rn. 10; vgl. außerdem § 53a AktG Rdn. 6 ff.). Ein Verstoß gegen den Gleichbehandlungsgrundsatz liegt bspw. vor, wenn die Redezeit durch den Versammlungsleiter ungleich zugemessen wird und deshalb rechtzeitige Wortmeldungen wegen Debattenschlusses nicht mehr berücksichtigt werden können (OLG Frankfurt am Main NZG 2012, 942).

b) Verstoß gegen die Treuepflicht

Nach der Rechtsprechung findet eine sachliche Inhaltskontrolle von Hauptversammlungsbeschlüssen anhand der gesellschaftsrechtlichen Treuepflicht statt (BGHZ 103, 184). Die Treuepflicht ist verletzt, wenn der Beschluss die **Mitgliedschaftsrechte von Minderheitsaktionären** beschneidet, ohne dass der Eingriff erforderlich und nach Abwägung der Gesellschafts- und Aktionärsinteressen verhältnismäßig ist (*Hüffer* AktG, § 243 Rn. 24). Die Befugnisse der Machtmehrheit dürfen nicht unter unangemessener Benachteiligung von Minderheitsinteressen umgesetzt werden. Ein solcher Treuepflichtverstoß setzt voraus, dass auch die Hauptversammlung aufgrund der ihr vorliegenden

Informationen einen schwerwiegenden Verstoß eindeutig erkannt hat oder hätte erkennen müssen (OLG Köln NZG 2009, 1110; LG Stuttgart 17.05.2011, Az.: 31 O 30/10). Ein Beschluss ist nicht treuwidrig, wenn das Gesetz den Eingriff in das Mitgliedschaftsrecht gestattet, ohne eine Rechtfertigung zu fordern (BGHZ 103, 184; MüKo AktG/*Hüffer* § 243 Rn. 57). Die Treuepflicht besteht sowohl zwischen den Aktionären, insbesondere im Verhältnis von Großaktionären zu Kleinaktionären (BGHZ 103, 184), als auch zur Gesellschaft. Beim Beschluss über den Bezugsrechtsausschluss bei der Schaffung von genehmigtem Kapital hat der BGH die Inhaltskontrolle im Hinblick auf das Erfordernis von Flexibilität gelockert (BGHZ 136, 133 – »Siemens/Nold«; MüKo AktG/*Hüffer* § 243 Rn. 61). Nur eingeschränkt unterliegt die Zweckmäßigkeit von Umstrukturierungsmaßnahmen im Hinblick auf die Treuepflicht der gerichtlichen Überprüfung. Dies resultiert aus dem unternehmerischen Ermessen der Leitungsorgane (OLG Stuttgart 30.05.2007, Az.: 20 U 12/06).

16   Ob eine Inhaltskontrolle auch bei **Grundlagenbeschlüssen**, insbesondere Auflösungsbeschlüssen, Unternehmensverträgen, Verschmelzungen und Mehrheitseingliederungen stattfindet, ist nicht abschließend geklärt. Die Rechtsprechung stellt meist darauf ab, dass bei gesetzlich zugelassenen Maßnahmen keine Rechtfertigung über das Gesetz hinaus notwendig sei (BGHZ 76, 352; 103, 184; 138, 71) oder nur eine Kontrolle hinsichtlich Ermessensmissbrauch und Ungleichbehandlung stattfinden soll (OLG Stuttgart AG 2000, 229; OLG Düsseldorf AG 2003, 578; OLG München DStR 2001, 950). In der Literatur hat sich noch keine h. M. etabliert (ausführl. s. *Hüffer* AktG § 243 Rn. 26).

II. Verfolgung von Sondervorteilen, Abs. 2

17   Hauptversammlungsbeschlüsse, mit denen einzelne Aktionäre versuchen, Sondervorteile für sich oder Dritte zu erlangen, sind anfechtbar. Abs. 2 hat in der Praxis keine besondere Bedeutung erlangt, da Ungleichbehandlungen schon im Rahmen von § 53a AktG zur Anfechtung berechtigen und dort kein Vorsatznachweis wie bei Abs. 2 erforderlich ist.

18   **Sondervorteil** ist jeder Vorteil, der bei Gesamtwürdigung eine **Bevorzugung ohne sachlichen Grund** darstellt (BGHZ 138, 71; LG München I AG 2010, 378). Der Vorteil kann auf jedwede Weise erworben werden, z. B. durch Zuwendung an den Vorteilsempfänger, Abschluss günstiger Geschäfte mit dem Vorteilsempfänger, Verzicht auf Ansprüche (OLG Dresden VIZ 2003, 455), Anerkennung des Jahresabschlusses mit der darin ausgewiesenen Tantiemeforderung zugunsten des Gesellschaftsgründers (BGH NZG 2009, 827) oder Verletzung etwaiger Mitteilungspflichten, wodurch sich die Aktionäre durch eine Kapitalerhöhung mit Bezugsrechtsausschluss der nicht anwesenden oder nicht vertretenen Aktionäre formell ordnungsgemäß die Mehrheit der Aktien und Stimmrechte sichern (OLG Schleswig AG 2008, 129). Sachwidrig ist die Bevorzugung, wenn der Vorteil nicht allen zufließt, die sich in vergleichbarer Lage gegenüber der AG befinden (Vergleichsmarktkonzept). Die Vorteile müssten im regulären Geschäftsverkehr nicht gleichermaßen geflossen sein (MüKo AktG/*Hüffer* § 243 Rn. 79). Steuervorteile einzelner Aktionäre fallen hingegen bei einer Ausschüttung aufgrund gesetzlicher Regelungen nicht unter § 243 Abs. 2 AktG (LG Frankfurt am Main AG 2008, 300).

19   Mit dem Sondervorteil muss die **Schädigung der Gesellschaft** oder anderer Aktionäre erstrebt werden. Der Schaden müsste demnach kausal auf den Sondervorteil zurückzuführen sein (*Hüffer* AktG, § 243 Rn. 33). Der Beschluss muss grundsätzlich geeignet sein, der Erlangung des Sondervorteils zu dienen. Der Aktionär muss zur Erlangung des Sondervorteils sein Stimmrecht ausgeübt, also vorsätzlich gehandelt haben.

20   Die Anfechtung ist allerdings **ausgeschlossen**, wenn der Beschluss für die anderen Aktionäre eine angemessene Kompensation des Schadens vorsieht, Abs. 2 Satz 2 (*Hüffer* AktG, § 243 Rn. 37).

C. Anfechtungsausschluss, Abs. 3

21   Abs. 3 wurde durch das ARUG geändert. In § 118 Abs. 1 Satz 2, Abs. 2 AktG sind die Möglichkeiten zur Onlineteilnahme an der Hauptversammlung sowie der Online-Stimmabgabe verankert, soweit

die Satzung dies vorsieht. Wegen der Einführung dieser Regelungen sollten durch den Anfechtungsausschluss in § 243 Abs. 3 Nr. 1 AktG die Gefahren technischer Störungen berücksichtigt werden. Würde ein solcher Ausschluss fehlen, könnten AGs von der Möglichkeit der Onlineteilnahme absehen, weil sie nicht das Risiko der Anfechtbarkeit der Beschlüsse wegen nur dem geringsten Versehen bzgl. technischer Störungen eingehen möchten (K. Schmidt/Lutter/*Schwab* AktG, § 243 Rn. 18). Vom Ausschluss sind allerdings solche technischen Störungen nicht umfasst, die vorsätzlich oder grob fahrlässig durch die AG herbeigeführt wurden. Insoweit trägt der Anfechtungskläger die Beweislast für das Vorliegen von Vorsatz oder grober Fahrlässigkeit (BT-Drucks. 16/11642 S. 40). Die Satzung kann einen strengeren Verschuldensmaßstab vorsehen, § 243 Abs. 3 Nr. 1 Halbs. 2 AktG.

Ausdrücklich ausgeschlossen von der Anfechtung sind Fehler bei den Mitteilungspflichten von Kreditinstituten gem. § 128 AktG, weil solche Fehler nicht im Einflussbereich der Gesellschaft liegen. Die Gesellschaft soll daher auch hierfür nicht zur Verantwortung gezogen werden können (AnwK-AktR/*Heidel* § 243 Rn. 36). Darüber hinaus ist die Anfechtung bei Befangenheit des gewählten Abschlussprüfers ausgeschlossen, da hier das Ersetzungsverfahren gem. § 318 Abs. 3 HGB Platz greift (LG München I BB 2008, 581; *Jungmann* EWiR 2008, 33; *Tielmann* WM 2007, 1686, 1691). Dabei ergibt sich auch nichts Anderes daraus, dass im Rahmen der Wahl des Abschlussprüfers Fragen nach der Qualifikation, dem Handeln und einer eventuellen Befangenheit des Abschlussprüfers nicht richtig beantwortet wurden (LG München I 16.08.2007, Az.: 5 HK O 17682/06, bestätigt durch OLG München AG 2009, 121). Dies soll jedoch nur für die Anfechtung aus Gründen, die dem Ersetzungsverfahren nach § 318 Abs. 3 HGB zugänglich sind, gelten. Die Anfechtung aus anderen Gründen soll dagegen möglich bleiben (LG Frankfurt am Main 20.12.2011, Az.: 3 – 5 O 37/11). Der Ausschluss der Anfechtung wurde nach der Erweiterung der Befangenheitsgründe notwendig, um eine Flut von Anfechtungsklagen zu vermeiden (Gesetzesbegründung der Bundesregierung, BT-Drucks. 15/3419, S. 55). 22

D. Prozessuales

I. Einstweilige Verfügung zur Vermeidung der Umsetzung des Beschlusses

Anfechtbare Beschlüsse sind dennoch wirksam und können durch den Vorstand umgesetzt werden. Allerdings darf der Vorstand evident rechtswidrige Beschlüsse nicht umsetzen, so lange eine Anfechtungsklage möglich ist. Um sicherzustellen, dass der Beschluss nicht umgesetzt wird, kann Antrag auf **Erlass einer einstweiligen Verfügung** gestellt werden, falls dies zur Abwendung erheblicher Nachteile für die Gesellschaft geboten erscheint (MüKo AktG/*Hüffer* § 243 Rn. 153 ff.). 23

II. Eintragung ins Handelsregister

Das Registergericht kann anfechtbare Beschlüsse **ins Handelsregister eintragen**. Das Registergericht wird gem. § 21 FamFG das Eintragungsverfahren nur aussetzen, wenn es Anzeichen für eine Anfechtung des Beschlusses hat. Nach Erhebung der Anfechtungsklage muss das Registergericht nach pflichtgemäßem Ermessen eine Verfahrensaussetzung erwägen (GroßkommAktG/*K. Schmidt* § 243 Rn. 72). Zur Vermeidung der Eintragung kann auch hier eine einstweilige Verfügung mit dem Antrag, dem Vorstand die Anmeldung des Beschlusses zu verbieten, erlangt werden. Die rechtskräftige Nichtigerklärung von Beschlüssen bindet das Registergericht, § 248 Abs. 1 Satz 3 AktG. Bei Beschlüssen, die ohne Negativerklärung des Vorstands, dass eine Anfechtungsklage nicht erhoben oder rechtskräftig abgewiesen wurde, nicht eingetragen werden dürfen (z. B. § 319 Abs. 5 AktG, § 16 Abs. 2 UmwG), besteht eine **Registersperre**. Die Registersperre kann durch das Freigabeverfahren gem. § 246a Abs. 1 AktG, § 16 Abs. 3 UmwG überwunden werden. 24

§ 244 Bestätigung anfechtbarer Hauptversammlungsbeschlüsse

¹Die Anfechtung kann nicht mehr geltend gemacht werden, wenn die Hauptversammlung den anfechtbaren Beschluß durch einen neuen Beschluß bestätigt hat und dieser Beschluß innerhalb

§ 244 AktG Bestätigung anfechtbarer Hauptversammlungsbeschlüsse

der Anfechtungsfrist nicht angefochten oder die Anfechtung rechtskräftig zurückgewiesen worden ist. ²Hat der Kläger ein rechtliches Interesse, daß der anfechtbare Beschluß für die Zeit bis zum Bestätigungsbeschluß für nichtig erklärt wird, so kann er die Anfechtung weiterhin mit dem Ziel geltend machen, den anfechtbaren Beschluß für diese Zeit für nichtig zu erklären.

Übersicht

	Rdn.		Rdn.
A. Überblick	1	II. Bestätigungswirkung	6
B. Beschlussbestätigung, S. 1	2	III. Prozessuales	7
I. Voraussetzungen	2	C. Fortsetzungsantrag, S. 2	10

A. Überblick

1 Auch § 244 AktG dient der Rechtssicherheit, indem Zweifel über die Wirksamkeit eines Beschlusses vor Abschluss des Anfechtungsprozesses beseitigt werden. Die Möglichkeit, einen anfechtbaren Beschluss zu bestätigen, ist vor allem für die Fälle wichtig, in denen eine mangelfreie Wiederholung des anfechtbaren Beschlusses nicht möglich ist, etwa bei Kapitalmaßnahmen (GroßkommAktG/*K. Schmidt* § 244 Rn. 1). Durch gültigen und wirksamen Bestätigungsbeschluss werden etwaige Fehler des angefochtenen Erstbeschlusses geheilt (*Hüffer* AktG, § 244 Rn. 5).

B. Beschlussbestätigung, S. 1

I. Voraussetzungen

2 Mit dem Bestätigungsbeschluss bringt die Hauptversammlung den Willen zum Ausdruck, den ursprünglichen Beschluss gelten zu lassen. Er muss inhaltlich **mit dem Erstbeschluss übereinstimmen** (OLG München AG 2003, 645). In Abgrenzung dazu wird bei der Neuvornahme ein neuer Beschluss gefasst, der an die Stelle des anfechtbaren treten soll (AnwK-AktR/*Heidel* § 244 Rn. 2). Ob Bestätigungsbeschluss oder Neuvornahme gewollt ist, muss ggf. durch Auslegung ermittelt werden (GroßkommAktG/*K. Schmidt* § 244 Rn. 6). Nur einem **anfechtbaren**, nicht hingegen einem nichtigen Hauptversammlungsbeschluss kann durch Bestätigung zur Wirksamkeit verholfen werden. Die Fassung eines Bestätigungsbeschlusses bietet sich nur bei Verfahrensfehlern, nicht hingegen bei Inhaltsfehlern an, da der Bestätigungsbeschluss am gleichen Inhaltsfehler leiden würde (allerdings mit der Möglichkeit der Heilung, falls keine Anfechtung des doch ergangenen Bestätigungsbeschlusses erfolgt, str. – ausführl. s. *Kocher* NZG 2006, 1). Die fehlerhafte Feststellung des Abstimmungsergebnisses führt, auch wenn es auf die zu Unrecht mitgezählten Stimmen beim Abstimmungsergebnis ankommt, nicht zu einem über den Verfahrensfehler hinausgehenden Inhaltsmangel. Auch in diesem Fall kommt deshalb ein Bestätigungsbeschluss in Betracht (BGH NZG 2006, 191).

3 Zur Fassung des Bestätigungsbeschlusses müssen weder evtl. notwendige Berichte aktualisiert (OLG München ZIP 1997, 1743; OLG Karlsruhe AG 1999, 470; *Hüffer* AktG, § 244 Rn. 2), noch bereits erteilte Auskünfte erneut erteilt werden (*Kocher* NZG 2006, 1; a.A. AnwK-AktR/*Heidel* § 244 Rn. 5). Auch sonstige materielle Voraussetzungen des Beschlusses müssen **nur im Zeitpunkt des Ausgangsbeschlusses**, aber nicht im Moment des Bestätigungsbeschlusses vorliegen (BGHZ 157, 206 – »Sachsenmilch«; *Kocher* NZG 2006, 1).

4 Der Bestätigungsbeschluss muss **gültig und wirksam** sein, ein nichtiger Bestätigungsbeschluss kann keine Heilung herbeiführen, ein lediglich anfechtbarer Bestätigungsbeschluss hingegen schon (GroßkommAktG/*K. Schmidt* § 244 Rn. 9). Liegen die Voraussetzungen vor, so tritt die **Heilung mit Ablauf der Anfechtungsfrist** gem. § 246 AktG ein, soweit keine Anfechtungsklage gegen den Bestätigungsbeschluss erhoben wurde. Wird hingegen auch gegen den Bestätigungsbeschluss Anfechtungsklage erhoben, kann er sein Ziel nicht mehr erreichen, es sei denn die Anfechtungsklage wird rechtskräftig abgewiesen.

Zeitlich ist ein anfechtbarer Hauptversammlungsbeschluss solange einer Bestätigung zugänglich, wie nicht rechtskräftig über die Anfechtung des Ausgangsbeschlusses entschieden wurde. Gerade bei langer Verfahrensdauer steigt das Interesse, einen Bestätigungsbeschluss zu fassen (*Kocher* NZG 2006, 1).

II. Bestätigungswirkung

Der Erstbeschluss gilt mit Eintritt der Bestandskraft des Bestätigungsbeschlusses – **ex nunc** – als materiell geheilt (BGHZ 157, 206; GroßkommAktG/*K. Schmidt* § 244 Rn. 12, 16; *Segna* AG 2008, 311, 319; a.A. *Grobecker/Kuhlmann* NZG 2007, 1, 2, hiernach ist keine Heilung möglich, sondern es kann nur eine Geltungserklärung abgegeben werden). Bei der Bestätigung eines Gewinnverwendungsbeschlusses bleiben die Aktionäre dividendenbezugsberechtigt, die im Zeitpunkt des Gewinnverwendungsbeschlusses Aktionäre der Gesellschaft waren (LG Frankfurt am Main, ZIP 2013, 2405, 2408).

III. Prozessuales

Um die Heilungswirkung zu vermeiden, muss auch gegen den Bestätigungsbeschluss **Anfechtungsklage** erhoben werden. Dies gilt nach der nun h.M. auch bei Identität der Anfechtungsgründe bei beiden Beschlüssen (*Hüffer* AktG, § 244 Rn. 4; GroßkommAktG/*K. Schmidt* § 244 Rn. 17). Bei einer Anfechtung des Bestätigungsbeschlusses kann das Gericht das Anfechtungsverfahren gegen den Ausgangsbeschluss bis zum Abschluss des Anfechtungsverfahrens gegen den Bestätigungsbeschluss gem. § 148 ZPO aussetzen, sofern die Ausgangsklage nicht bereits abweisungsreif ist (*Segna* AG 2008, 311, 321). Durch die Heilungswirkung eines bestandskräftigen Bestätigungsbeschlusses erledigt sich die Anfechtungsklage gegen den Ausgangsbeschluss (*Nießen* Der Konzern 2007, 239, 244). Eine Aussetzung des Freigabeverfahrens erfolgt bei einer Anfechtung des Bestätigungsbeschlusses hingegen nicht (*Nießen* Der Konzern 2007, 239, 244).

Für den Anfechtungsprozess gegen den Erstbeschluss bedeutet die Heilung, dass **Erledigung in der Hauptsache** eintritt. Der Kläger muss seinen Antrag auf Feststellung der ursprünglichen Zulässigkeit und Begründetheit der Klage umstellen, um eine Klageabweisung zu vermeiden, falls sich der Beklagte der Erledigungserklärung gem. § 91a ZPO nicht anschließt (GroßkommAktG/*K. Schmidt* § 244 Rn. 19).

Für den Bestätigungsbeschluss kann **kein eigenes Freigabeverfahren** gem. § 246a AktG durchgeführt werden. Das Freigabeverfahren bezieht sich immer auf den Ausgangsbeschluss, da nur dieser ins Handelsregister eingetragen wird. In ein anhängiges Freigabeverfahren kann der Bestätigungsbeschluss als Argument für die Wirksamkeit des Ausgangsbeschlusses eingeführt werden (*Kocher* NZG 2006, 1). Durch die Heilungswirkung eines bestandskräftigen Bestätigungsbeschlusses erledigt sich das Freigabeverfahren (*Nießen* Der Konzern 2007, 239, 241).

C. Fortsetzungsantrag, S. 2

Da die Heilungswirkung nur ex nunc eintritt, kann es Fälle geben, in denen der Kläger ein rechtliches Interesse daran hat, den Beschluss wenigstens bis zum Eintritt der Heilung für nichtig zu erklären, z.B. wenn das Dividendenvorrecht von Vorzugsaktionären durch anfechtbaren Beschluss herabgesetzt, dieser Beschluss aber später wirksam bestätigt wird (GroßkommAktG/*K. Schmidt* § 244 Rn. 21) oder wenn durch einen Beschluss Mitgliedschaftsrechte beschnitten und bis zum Eintritt der Heilung auf dieser Grundlage weitere Beschlüsse gefasst wurden (*Hüffer* AktG, § 244 Rn. 7). Die erforderliche Klageänderung ist eine Beschränkung des Klageantrags gem. § 264 Nr. 2 ZPO und daher immer zulässig.

§ 245 Anfechtungsbefugnis

Zur Anfechtung ist befugt
1. jeder in der Hauptversammlung erschienene Aktionär, wenn er die Aktien schon vor der Bekanntmachung der Tagesordnung erworben hatte und gegen den Beschluß Widerspruch zur Niederschrift erklärt hat;
2. jeder in der Hauptversammlung nicht erschienene Aktionär, wenn er zu der Hauptversammlung zu Unrecht nicht zugelassen worden ist oder die Versammlung nicht ordnungsgemäß einberufen oder der Gegenstand der Beschlußfassung nicht ordnungsgemäß bekanntgemacht worden ist;
3. im Fall des § 243 Abs. 2 jeder Aktionär, wenn er die Aktien schon vor der Bekanntmachung der Tagesordnung erworben hatte;
4. der Vorstand;
5. jedes Mitglied des Vorstands und des Aufsichtsrats, wenn durch die Ausführung des Beschlusses Mitglieder des Vorstands oder des Aufsichtsrats eine strafbare Handlung oder eine Ordnungswidrigkeit begehen oder wenn sie ersatzpflichtig werden würden.

Übersicht

		Rdn.
A.	Überblick	1
B.	Anfechtungsbefugnis von Aktionären	3
I.	Anfechtungsbefugnis des erschienenen Aktionärs, Nr. 1	3
	1. Aktionärseigenschaft	3
	2. Erscheinen zur Hauptversammlung	6
	3. Widerspruch zur Niederschrift	7
II.	Anfechtungsbefugnis des nicht erschienenen Aktionärs, Nr. 2	9
III.	Anfechtungsbefugnis bei der Verfolgung von Sondervorteilen, § 243 Abs. 2 AktG	15
IV.	Verlust der Anfechtungsbefugnis durch Rechtsmissbrauch, § 242 BGB	17
C.	Anfechtungsbefugnis des Vorstands, Nr. 4	19
D.	Anfechtungsbefugnis einzelner Verwaltungsmitglieder, Nr. 5	20

A. Überblick

1 Die Norm regelt, wem das **subjektive Recht auf Anfechtung** von Hauptversammlungsbeschlüssen zusteht. Das Anfechtungsrecht der Aktionäre dient der eigennützigen Kontrolle von Hauptversammlungsbeschlüssen. Es unterliegt keiner besonderen Treuebindung, ist aber in Extremfällen durch das Verbot der rechtsmissbräuchlichen Verwendung eingeschränkt. Der Vorstand muss seine Anfechtungsbefugnis gem. Nr. 4 hingegen im Gesellschaftsinteresse wahrnehmen. Die Anfechtungsbefugnis der einzelnen Verwaltungsmitglieder gem. Nr. 5 dient wiederum der Wahrung bestimmter Individualinteressen, insbesondere um nicht straffällig zu werden, sowie Schadensersatzverpflichtungen zu vermeiden.

2 Die Anfechtungsbefugnis ist **materielle Voraussetzung** der Anfechtung. Fehlt sie, ist die Klage zwingend unbegründet und nicht lediglich unzulässig (*Hüffer* AktG, § 245 Rn. 2).

B. Anfechtungsbefugnis von Aktionären

I. Anfechtungsbefugnis des erschienenen Aktionärs, Nr. 1

1. Aktionärseigenschaft

3 Der Anfechtende muss Aktionär der Gesellschaft sein. Das **Eigentum an jeder Aktie**, auch stimmrechtsloser Vorzugsaktien, legitimiert zur Anfechtung. Auch der von der Ausübung des Stimmrechts ausgeschlossene Aktionär ist anfechtungsbefugt (GroßkommAktG/*K. Schmidt* § 245 Rn. 13). Nachweis über die Aktionärseigenschaft wird durch Vorlage der Aktie oder des Hinterlegungsscheines erbracht, bei Namensaktien ist die Eintragung im Aktienregister gem. § 67 Abs. 2 AktG maßgeblich. Wenn die Aktie im Eigentum mehrerer steht, müssen diese einen gemeinsamen Vertreter gem. § 69 Abs. 1 AktG bestellen. Die Verwahrung der Aktie im Sammeldepot fällt allerdings nicht unter § 69 AktG (GroßkommAktG/*K. Schmidt* § 245 Rn. 14). Ist die Aktie Gegenstand eines Pfand- oder

Nießbrauchrechts, so bleibt der rechtliche Eigentümer anfechtungsberechtigt. Gleiches gilt für den Treuhänder (AnwK-AktR/*Heidel* § 245 Rn. 6).

Der Streit, ob die Aktionärseigenschaft schon zum Zeitpunkt der Hauptversammlung bestanden haben muss, oder ausreichend ist, dass sie bei Klageerhebung besteht, dürfte sich vor dem Hintergrund der neuen gesetzlichen Einschränkung der Anfechtungsbefugnis erledigt haben (s. zum früheren Streit MüKo AktG/*Hüffer* § 245 Rn. 23). Zur weiteren Einschränkung sog. »**räuberischer**« **Anfechtungen** brachte das UMAG die Anfechtungsvoraussetzung, dass das Eigentum an den Aktien schon vor Bekanntgabe der Tagesordnung bestanden haben muss. Wer danach Aktien erwirbt, weiß, welche Beschlüsse zu erwarten sind und ist daher weniger schutzbedürftig (Gesetzesbegründung der Bundesregierung, BT-Drucks. 15/5092, S. 27). Die Möglichkeit, sich aufgrund der zu erwartenden Beschlüsse ein Klagerecht zu erkaufen, soll ausgeschlossen werden.

Der **Fortfall der Aktionärseigenschaft** während des Anfechtungsprozesses soll nach der h. M. entsprechend § 265 ZPO unerheblich sein, solange weiterhin ein Anfechtungsinteresse besteht (h. M., GroßkommAktG/*K. Schmidt* § 245 Rn. 17; MüKo AktG/*Hüffer* § 245 Rn. 24). Die weiterhin bestehende Anfechtungsbefugnis gilt sowohl für einen unfreiwilligen Verlust im Rahmen eines Squeeze Out (BGH NJW 2007, 300, 301), und zwar auch dann, wenn die Aktionärseigenschaft vor Zustellung der Klage entfällt (BGHZ 189, 32, 33f) als auch für die freiwillige Veräußerung der Anteile (*Tielmann* WM 2007, 1686, 1687). Nach der Ansicht von *Nietsch* (NZG 2007, 451, 453) soll zwar § 265 Abs. 2 ZPO anwendbar, jedoch über das Anfechtungsinteresse hinaus auch die Sachdienlichkeit erforderlich sein. Das Anfechtungsinteresse besteht immer dann, wenn der Ausgang des Verfahrens Auswirkungen auf den Vermögensausgleich im Hinblick auf die für den Verlust der Mitgliedschaft zu gewährende angemessene Barabfindung haben kann, §§ 327a ff AktG (BGH NJW 2007, 300, 301, 302)).

2. Erscheinen zur Hauptversammlung

Nur zur Hauptversammlung erschienene Aktionäre sind gem. Nr. 1 zur Anfechtung berechtigt. Nicht zwingend notwendig ist ein persönliches Erscheinen des Aktionärs, **offene und verdeckte Stellvertretung** sind ebenfalls ausreichend. Allein maßgeblich ist, dass die Aktie in der Hauptversammlung vertreten war (GroßkommAktG/*K. Schmidt* § 245 Rn. 18).

3. Widerspruch zur Niederschrift

Der Aktionär muss Widerspruch zur Niederschrift gem. § 130 Abs. 1 AktG eingelegt haben. Nur im Ausnahmefall, wenn der Beschlussmangel nicht erkennbar war, soll der Widerspruch entbehrlich sein (GroßkommAktG/*K. Schmidt* § 245 Rn. 19; *Kersting* ZGR 2007, 319, 345). Wird kein Widerspruch eingelegt, so ist die Klage unbegründet.

Der Widerspruch muss sich **gegen den Beschluss als solchen** richten, nicht nur gegen einzelne Verfahrensmaßnahmen des Vorsitzenden. Hingegen ist keine Begründung erforderlich, es muss nur der Unwille, den Beschluss gelten zu lassen, erkennbar werden. Möglich ist Widerspruch gegen alle bereits gefassten Beschlüsse (GroßkommAktG/*K. Schmidt* § 245 Rn. 20). Der Widerspruch kann bis zum Ende der Hauptversammlung (AnwK-AktR/*Heidel* § 245 Rn. 12) und auch bereits vor Beschlussfassung (BGH DStR 2007, 2122; OLG München AG 2007, 37, 38; KG Berlin 09.06.2008, Az: 2 W 101/07) nicht jedoch bereits vor Abhaltung der Hauptversammlung eingelegt werden (*Vetter* DB 2006, 2278, 2278).

II. Anfechtungsbefugnis des nicht erschienenen Aktionärs, Nr. 2

Die Anfechtungsbefugnis besteht auch, wenn der Aktionär weder persönlich noch durch einen Vertreter bei der Hauptversammlung anwesend war und entweder **zu Unrecht nicht zugelassen** wurde, die Hauptversammlung **nicht ordnungsgemäß einberufen** war oder ein **Beschlussgegenstand nicht ordnungsgemäß bekannt** gemacht worden ist. Aktionäre, die an der Erklärung eines Widerspruchs gehindert wurden, sollen dennoch anfechtungsbefugt sein. Nr. 2 regelt nur, wann aufgrund der genannten Verfahrensfehler eine Anfechtungsbefugnis besteht. Davon getrennt ist die Frage zu betrachten, aufgrund welcher Fehler der Beschluss anfechtbar ist, sodass eine Anfechtung nicht auf die Geltendmachung der Mängel gem. § 245 Nr. 2 AktG beschränkt ist (AnwK-AktR/*Heidel* § 245 Rn. 14).

10   Die Hauptversammlung wird als ein Ganzes betrachtet. Der erst später erschienene muss genauso wie der früher aufbrechende Aktionär gem. Nr. 1 Widerspruch gegen die bereits gefassten oder später zu fassenden Beschlüsse einlegen, wenn er sich seine Anfechtungsbefugnis bewahren möchte. Etwas anderes soll nur dann gelten, wenn der später gefasste Beschluss nicht ordnungsgemäß bekannt gemacht wurde, da sich in diesem Fall der Aktionär nicht vorher über den Beschluss informieren konnte (GroßkommAktG/*K. Schmidt* § 245 Rn. 24). Dann soll eine Anfechtung ohne Widerspruch möglich sein. Das gleiche soll für den zu Unrecht aus dem Saal verwiesenen Aktionär gelten (GroßkommAktG/*K. Schmidt* § 245 Rn. 24; *Hüffer* AktG, § 245 Rn. 18, OLG München AG 2010, 842, 843).

11   Gem. der 1. Variante ist das Anfechtungsrecht gegeben, wenn der Aktionär **unberechtigt nicht zugelassen**, die Teilnahmebedingung also erfüllt, aber dennoch die Teilnahme an der Hauptversammlung verwehrt wurde. Deshalb muss der Aktionär die Aktien bereits im Zeitpunkt des Stichtages besessen haben (*Tielmann* WM 2007, 1686, 1687).

12   Der Aktionär ist auch ohne Widerspruch anfechtungsbefugt, wenn ein **Einberufungsfehler** gem. §§ 121 bis 123 oder 125 bis 127 AktG vorliegt, wobei Verstöße gegen § 121 Abs. 2 bis 4 AktG sogar zur Nichtigkeit führen (s. § 241 AktG Rdn. 9 f.).

13   Daneben führen **Bekanntmachungsfehler** gem. § 124 Abs. 1 bis 3 AktG zu einer Anfechtungsbefugnis ohne Widerspruchseinlegung.

14   Bei Nr. 2 ist es nicht erforderlich, dass der Aktionär die Aktien schon vor Bekanntmachung der Tagesordnung erworben hat, da die Anfechtungsbefugnis auf dem Fehlverhalten Dritter beruht und daher ohnehin nicht missbräuchlich erlangt werden kann.

III. Anfechtungsbefugnis bei der Verfolgung von Sondervorteilen, § 243 Abs. 2 AktG

15   Wenn Aktionäre unzulässige Sondervorteile verfolgen und der Hauptversammlungsbeschluss aus diesem Grunde anfechtbar ist, sind **alle Aktionäre** unabhängig von ihrer Anwesenheit bei der Hauptversammlung anfechtungsbefugt. Diese Anfechtungsbefugnis besteht auch dann, wenn der Aktionär aufgrund § 20 Abs. 1 und 7 AktG einen temporären Rechtsverlust aufgrund 25%iger Beteiligung erleidet (OLG Schleswig ZIP 2007, 2214; anders ist dies bei § 245 Nr. 2 AktG, bei dem die Anfechtungsbefugnis von einem temporären Rechtsverlust erfasst wird, vgl. OLG Frankfurt am Main AG 2008, 87). Da die Verfolgung von Sondervorteilen nicht ohne weiteres in der Hauptversammlung zu erkennen ist, bedarf es keiner Widerspruchseinlegung. Nach h. M. bedarf es auch bei **sonstigen nicht erkennbaren Beschlussmängeln** keines Widerspruchs (MüKo AktG/*Hüffer* § 245 Rn. 46; GroßkommAktG/*K. Schmidt* § 245 Rn. 30). Eine starke Meinung möchte darüber hinaus Nr. 3 auf sämtliche Fälle von Inhaltsverstößen gegen den Gleichbehandlungsgrundsatz und die Treuepflicht analog anwenden, sodass bei diesen Fehlern auch nicht anwesende Aktionäre anfechtungsbefugt wären (GroßkommAktG/*K. Schmidt* § 245 Rn. 30; KölnKomm AktG/*Zöllner* § 245 Rn. 57; a. A. MüKo AktG/*Hüffer* § 245 Rn. 46).

16   Eine Anfechtungsbefugnis besteht auch bei der Verfolgung von Sondervorteilen nur, wenn die Aktien schon vor Bekanntgabe der Tagesordnung erworben wurden, da Aktionäre, die ihre Aktien später erworben haben, weniger schutzwürdig sind, da sie schon vor dem Erwerb Kenntnis vom bevorstehenden Beschluss haben konnten.

IV. Verlust der Anfechtungsbefugnis durch Rechtsmissbrauch, § 242 BGB

17   Das Recht auf Anfechtung von Hauptversammlungsbeschlüssen ist eines der wichtigsten Rechte des Einzelaktionärs zur Kontrolle der Mehrheit. Dennoch kann die Anfechtungsbefugnis in krassen

Fällen des Missbrauchs gem. § 242 BGB ausgeschlossen sein, was zur Abweisung der Klage als unbegründet führt. Von Missbrauch kann in Fällen ausgegangen werden, in denen das Anfechtungsrecht **zweckentfremdet** wird, wenn also eigentliches Motiv der Anfechtungsklage nicht die Beschlusskontrolle, sondern illoyale, grob eigennützige Interessen sind, etwa sich die Klage aufgrund ihres Lästigkeitswerts abkaufen zu lassen und so eine Geldzahlung zu erhalten, auf die der Kläger keinen Anspruch hat (BGHZ 107, 296; BGH NJW 1990, 322). Allein der Erwerb einer Aktie im Vorfeld der Versammlung oder die Vermögenslosigkeit des Aktionärs hingegen begründen noch keinen Rechtsmissbrauch (*Tielmann* WM 2007, 1686, 1688).

Das Vorliegen eines illoyalen, grob eigennützigen Motivs muss die Gesellschaft darlegen und beweisen, da sie die grundsätzlich bestehende Anfechtungsbefugnis vernichten möchte (BGHZ 107, 296; MüKo AktG/*Hüffer* § 245 Rn. 57). 18

C. Anfechtungsbefugnis des Vorstands, Nr. 4

Der Vorstand ist **als Kollegialorgan** anfechtungsbefugt. Der Klageerhebung muss ein wirksamer **Vorstandsbeschluss** zugrunde liegen. Bei Beschlüssen, die für die Gesellschaft schädlich sind, besteht eine Anfechtungspflicht des Vorstands. Im Insolvenzverfahren sollen sowohl der Vorstand, als auch der Insolvenzverwalter anfechtungsbefugt sein (GroßkommAktG/*K. Schmidt* § 245 Rn. 37). 19

D. Anfechtungsbefugnis einzelner Verwaltungsmitglieder, Nr. 5

Einzelne Vorstands- oder Aufsichtsratsmitglieder können, ohne dass es eines Beschlusses über die Anfechtung bedarf, allein anfechtungsbefugt sein, wenn Mitglieder der Verwaltungsorgane bei der Ausführung des Beschlusses eine Straftat oder Ordnungswidrigkeit begehen oder schadensersatzpflichtig würden. Die Vorschrift dient vor allem dem **Individualschutz der Verwaltungsmitglieder**, um diese vor selbstschädigenden Handlungen zu schützen. Außerdem soll die Möglichkeit der Individualanfechtung ohne Kollegialbeschluss möglich sein (MüKo AktG/*Hüffer* § 245 Rn. 67). 20

Der angefochtene Beschluss muss **ausführungsbedürftig** sein; er muss also entweder im Handelsregister einzutragen sein oder ein sonstiges Tätigwerden des Vorstands erfordern. Außerdem muss durch die Ausführung des Beschlusses ein Konflikt eines Vorstands oder Aufsichtsrats, nicht zwingend des Anfechtenden, mit Strafvorschriften oder Ordnungswidrigkeitstatbeständen oder eine Schadensersatzverpflichtung drohen (GroßkommAktG/*K. Schmidt* § 245 Rn. 43). 21

§ 246 Anfechtungsklage

(1) Die Klage muß innerhalb eines Monats nach der Beschlußfassung erhoben werden.

(2) ¹Die Klage ist gegen die Gesellschaft zu richten. ²Die Gesellschaft wird durch Vorstand und Aufsichtsrat vertreten. ³Klagt der Vorstand oder ein Vorstandsmitglied, wird die Gesellschaft durch den Aufsichtsrat, klagt ein Aufsichtsratsmitglied, wird sie durch den Vorstand vertreten.

(3) ¹Zuständig für die Klage ist ausschließlich das Landgericht, in dessen Bezirk die Gesellschaft ihren Sitz hat. ²Ist bei dem Landgericht eine Kammer für Handelssachen gebildet, so entscheidet diese an Stelle der Zivilkammer. ³§ 148 Abs. 2 Satz 3 und 4 gilt entsprechend. ⁴Die mündliche Verhandlung findet nicht vor Ablauf der Monatsfrist des Absatzes 1 statt. ⁵Die Gesellschaft kann unmittelbar nach Ablauf der Monatsfrist des Absatzes 1 eine eingereichte Klage bereits vor Zustellung einsehen und sich von der Geschäftsstelle Auszüge und Abschriften erteilen lassen. ⁶Mehrere Anfechtungsprozesse sind zur gleichzeitigen Verhandlung und Entscheidung zu verbinden.

(4) ¹Der Vorstand hat die Erhebung der Klage und den Termin zur mündlichen Verhandlung unverzüglich in den Gesellschaftsblättern bekanntzumachen. ²Ein Aktionär kann sich als Nebenintervenient nur innerhalb eines Monats nach der Bekanntmachung an der Klage beteiligen.

§ 246 AktG Anfechtungsklage

Übersicht

	Rdn.			Rdn.
A. Überblick	1	I.	Richtige Beklagte	8
B. Allgemeines	2	II.	Vertretung	9
I. Parteien	2	E.	Zuständigkeit des Landgerichts, Prozessverbindung, Abs. 3	11
II. Streitgegenstand	3			
III. Parteiherrschaft	4	F.	Bekanntmachung der Klage, Nebenintervention, Abs. 4	15
IV. Darlegungs- und Beweislast	5			
C. Anfechtungsfrist, Abs. 1	6	G.	Anfechtungsklage gegen ablehnende Beschlüsse – positive Beschlussfeststellungsklage	16
D. Gesellschaft als Beklagte, Vertretung, Abs. 2	8			

A. Überblick

1 Die Norm dient durch ihre Ausschlussfrist der Rechtssicherheit. Außerdem sollen widersprüchliche Entscheidungen durch gleichzeitige Verhandlung und Entscheidung vermieden werden. Darüber hinaus dient die Bekanntmachungspflicht der Herstellung von Öffentlichkeit und der Information möglicher Nebenintervenienten.

Vgl. zur Anfechtungsklage (analoge Anwendung auf die GmbH) auch ausführl. Kap. 5 Rdn. 396 ff.

B. Allgemeines

I. Parteien

2 **Kläger** können nur die nach § 245 AktG Anfechtungsbefugten sein. Mehrere Kläger sind prozessual **notwendige Streitgenossen**, da das Urteil gem. § 248 Abs. 1 AktG für und gegen alle Aktionäre wirkt. Nach Verstreichen der Anfechtungsfrist ist nur noch eine Beteiligung am Rechtsstreit durch Nebenintervention möglich. Andere Aktionäre haben stets ein rechtliches Interesse am Ausgang des Rechtsstreits gem. § 66 Abs. 1 ZPO, da die Entscheidung auch für sie Rechtskraft entfaltet, § 248 Abs. 1 AktG (BGH NJW-RR 2011, 618, 620; BGH DStR 2008, 1652, 1652; BGH AG 2007, 629, 629; OLG Köln DStR 2008, 572, 572); AnwK-AktR/*Heidel* § 246 Rn. 7; *Meyer-Landrut* BB 2007, 2533, 2534. Die Nebenintervention ist in jedem Stadium des Rechtsstreits möglich. Allerdings ist nunmehr die Monatsfrist des § 246 Abs. 4 Satz 2 AktG zu berücksichtigen (LG Bonn 08.03.2007, Az.: 14 O 101/06; *Meyer-Landrut* BB 2007, 2533, 2534). Ein verspäteter Beitritt auf Seiten des Anfechtungsklägers ist unwirksam (OLG Frankfurt am Main NZG 2010, 785). Ein Beitritt auf Seiten des Beklagten bleibt auch nach Ablauf der Frist des § 246 Abs. 4 Satz 2 AktG möglich (BGH NZG 2009, 948, 949; *Kiefner* NZG 2009, 1019).

II. Streitgegenstand

3 Der BGH (BGHZ 152, 1) hat sich nun explizit für einen **einheitlichen Streitgegenstand** von Anfechtungs- und Nichtigkeitsklage entschieden (s. hierzu § 241 AktG Rdn. 26). Das Gericht kann also bei Erhebung von Anfechtungsklage auch Nichtigkeitsgründe prüfen und umgekehrt (*Hüffer* AktG, § 246 Rn. 14). Damit steht einer späteren Nichtigkeitsklage die Rechtskraft einer erfolgreichen Anfechtungsklage entgegen. Bei abweisendem Sachurteil ist strittig, ob erneut Klage unter Berufung auf einen anderen Sachverhalt erhoben werden kann (zustimmend: *Hüffer* AktG, § 246 Rn. 15; a.A. BGHZ 152, 1).

III. Parteiherrschaft

4 Den Parteien bleibt es unbenommen, nach ihrem Belieben über den Streitgegenstand zu verfügen, insbesondere die Klage nach den allgemeinen Regeln **zurückzunehmen**, **Klageverzicht** zu erklären oder ein **Versäumnisurteil** ergehen zu lassen (AnwK-AktR/*Heidel* § 246 Rn. 33). Die Gesellschaft soll nach h.M. die Klage auch **anerkennen** dürfen (*Hüffer* AktG, § 246 Rn. 17; AnwK-AktR/*Heidel* § 246 Rn. 35; a.A. GroßkommAktG/*K. Schmidt* § 246 Rn. 78). Für die h.M. spricht, dass § 246 AktG keinen Anknüpfungspunkt enthält, um die Dispositionsbefugnis der Gesellschaft zu

beschneiden. Anfechtungsbefugte, die sicher gehen wollen, müssen daher als Nebenintervenient der Klage beitreten (*Hüffer* AktG, § 246 Rn. 17). Die Parteien können nicht in einem Vergleich Regelungen über die Beschlussnichtigkeit treffen (GroßkommAktG/*K. Schmidt* § 246 Rn. 74; *Hüffer* AktG, § 246 Rn. 18). Allerdings sollen die Parteien in einem Vergleich die Vereinbarung, dass die Klage zurückgenommen werde, treffen dürfen (GroßkommAktG/*K. Schmidt* § 246 Rn. 74).

IV. Darlegungs- und Beweislast

Für die Darlegungs- und Beweislast gilt mangels abweichender Regelung, dass der **Kläger** sämtliche klagebegründenden Tatsachen darzulegen und im Streitfall zu beweisen hat (AnwK-AktR/*Heidel* § 246 Rn. 38). Die **AG** hat hingegen die mangelnde Relevanz des Verstoßes für den Beschluss zu beweisen (*Hüffer* AktG, § 243 Rn. 61).

C. Anfechtungsfrist, Abs. 1

Die **einmonatige Anfechtungsfrist** ist **zwingend**, sie kann nicht durch Parteivereinbarung oder Satzung verlängert werden. Nach Ablauf der Frist ist die Klage nicht unzulässig, sondern unbegründet (*Hüffer* AktG, § 246 Rn. 20). Sie kann allerdings bei Vorliegen von Nichtigkeitsgründen als Nichtigkeitsklage dennoch erfolgreich sein. Da es sich um eine materiell rechtliche Ausschlussfrist und nicht um eine Prozessfrist handelt, kommen die verfahrensrechtlichen Vorschriften über Fristen, insbesondere über die Wiedereinsetzung in den vorigen Stand, nicht zur Anwendung (MüKo AktG/*Hüffer* § 246 Rn. 36). Es handelt sich um eine **Ereignisfrist** gem. § 187 Abs. 1 BGB, sodass die Frist am Tag nach der Hauptversammlung zu laufen beginnt. Das Fristende bestimmt sich nach § 188 Abs. 2 BGB. Die Klagefrist ist mit rechtzeitiger Erhebung der Klage gem. § 253 Abs. 1 ZPO gewahrt. Ausreichend ist nach § 167 ZPO die Einreichung der Klageschrift, wenn die Zustellung demnächst erfolgt. Nach umstrittener, aber rechtspolitisch begrüßenswerter Ansicht ist für die rechtzeitige Klageerhebung auch ein **PKH-Antrag** ausreichend, wenn mit PKH-Antrag die Zustellung der Klageschrift für den Fall der Bewilligung von PKH beantragt wird (GroßkommAktG/*K. Schmidt* § 246 Rn. 39; *Hüffer* AktG, § 246 Rn. 25). Bei Versagen der PKH muss nach dieser Meinung die Klage innerhalb der 2-Wochen-Frist des § 234 Abs. 1 ZPO erfolgen.

Bislang mussten die Anfechtungsgründe mit ihrem wesentlichen Tatsachenkern bereits mit der Klageerhebung geltend gemacht werden. Das **Nachschieben von Anfechtungsgründen** war nicht möglich, es konnten nur Ergänzungen des Tatsachenvortrags bis zur Grenze der Klageänderung vorgenommen werden. Nach der nun geänderten Rspr. des BGH (BGHZ 152, 1) zum Streitgegenstand der Anfechtungsklage stellen nachträglich in den Prozess eingebrachte Tatsachenbehauptungen keine Klageänderung dar, sodass das Nachschieben von Anfechtungsgründen möglich sein müsste (AnwK-AktR/*Heidel* § 246 Rn. 21). Der BGH hat aber in der Folge klargestellt, dass er weiterhin am Erfordernis einer Geltendmachung sämtlicher Anfechtungsgründe innerhalb der Anfechtungsfrist festhält. Er hat dieses Erfordernis nicht mit seiner neuen Rechtsprechung zum Streitgegenstand von Anfechtungs- und Nichtigkeitsklage (BGHZ 152, 1) aufgegeben (BGH NZG 2010, 943, 946; BGH DStR 2005, 798; DStR 2005, 1539; DStR 2006, 526).

D. Gesellschaft als Beklagte, Vertretung, Abs. 2

I. Richtige Beklagte

Die Anfechtungsklage ist stets **gegen die Gesellschaft** zu richten. Nach Eröffnung des Insolvenzverfahrens ist strittig, ob die Gesellschaft oder der **Insolvenzverwalter** richtiger Beklagter ist. Teilweise wird vertreten, dass die Klage immer gegen die Gesellschaft gerichtet werden muss (AnwK-AktR/*Heidel* § 246 Rn. 44), teilweise wird differenziert, welche Masse betroffen ist (*Hüffer* AktG, § 246 Rn. 29). Ein bei Eröffnung des Insolvenzverfahrens bereits anhängiger Rechtsstreit wird nur dann gem. § 240 ZPO unterbrochen, wenn der angefochtene Beschluss zu einer Vergrößerung der Insolvenzmasse führt (BGH NZG 2011, 1147). Auch gegen eine **gelöschte Gesellschaft** kann Anfechtungsklage erhoben werden, wenn der Kläger das Fortbestehen der Gesellschaft trotz

Löschung geltend macht (AnwK-AktR/*Heidel* § 246 Rn. 44). Schwieriger zu beurteilen ist die Frage der Passivlegitimation bei **Verschmelzung und Umwandlung** der Gesellschaft, die je nach angefochtenem Beschluss, Maßnahme und Stadium der Umwandlung differenziert betrachtet werden muss (s. hierzu MüKo AktG/*Hüffer* § 246 Rn. 50 ff.).

II. Vertretung

9   Wird die Anfechtungsklage durch Aktionäre erhoben, so wird die Gesellschaft sowohl durch den Vorstand, als auch durch den Aufsichtsrat vertreten (**Doppelvertretung**). Die Doppelvertretung ist auch dann zwingend, wenn keine Interessenkonflikte zwischen den Organen bestehen bzw. bestehen könnten (OLG Karlsruhe 26.03.2008, Az.: 7 U 152/07). Alle Prozesshandlungen müssen von beiden Organen getragen werden. Materiellrechtlich bleibt die Dispositionsbefugnis in Bezug auf Rechtsgeschäfte, die mit dem Streit zusammenhängen, insbesondere bzgl. des Abkaufs des Klagerechts, allein beim Vorstand (GroßkommAktG/*K. Schmidt* § 246 Rn. 39). Im Abwicklungsstadium treten die Abwickler an die Stelle des Vorstands, § 269 Abs. 1 AktG. Die Klage muss **beiden Organen zugestellt** werden, bei Abwicklung dem Abwickler anstelle des Vorstands (*Hüffer* AktG, § 246 Rn. 32). Gem. § 170 Abs. 3 ZPO reicht aber die Zustellung an jeweils ein Mitglied jedes Organs. Wird von Aufsichtsrat und Vorstand ein Prozessbevollmächtigter bestellt, wird ein Zustellungsmangel gem. § 189 ZPO dann geheilt, wenn dem Prozessbevollmächtigten das Schriftstück tatsächlich zugegangen ist (OLG München NZG 2008, 599, 599; OLG Karlsruhe 26.03.2008, Az.: 7 U 152/07). Eine Heilung der mangelhaften Zustellung wegen Nichtrüge gem. § 295 ZPO und somit Wahrung der Frist ist nicht möglich, da die Frist nicht disponibel und daher von Amts wegen zu beachten ist (OLG Karlsruhe 26.03.2008, Az.: 7 U 152/07).

10 Wenn der Vorstand als Organ oder ein einzelnes Vorstandsmitglied gegen einen Hauptversammlungsbeschluss klagt, wird die Gesellschaft durch den Aufsichtsrat vertreten. Wenn einzelne Mitglieder des Aufsichtsrats klagen, wird die Gesellschaft durch den Vorstand alleine vertreten. Die Regelungen gelten auch, wenn die Vorstands- oder Aufsichtsratsklage mit einer Aktionärsklage zusammentrifft (MüKo AktG/*Hüffer* § 246 Rn. 67). Treffen Vorstands- und Aufsichtsratsklage zusammen, so hat die Gesellschaft keinen gesetzlichen Vertreter. Es muss daher ein Prozesspfleger gem. § 57 Abs. 1 ZPO bestellt werden (GroßkommAktG/*K. Schmidt* § 246 Rn. 38).

E. Zuständigkeit des Landgerichts, Prozessverbindung, Abs. 3

11 **Ausschließlich zuständig** für sämtliche Anfechtungsklagen ist das LG, an dem die Gesellschaft ihren **Sitz** hat. Bei einem Doppelsitz soll nach überwiegender Meinung der tatsächliche **inländische Verwaltungssitz** maßgeblich sein, um eine Doppelzuständigkeit zu vermeiden (GroßkommAktG/*K. Schmidt* § 246 Rn. 63; AnwK-AktR/*Heidel* § 246 Rn. 50; a. A. LG Berlin AG 1995, 41). Durch die Zuständigkeit der Handelskammer und die durch das UMAG eingeführte Ermächtigung der Landesregierungen, Anfechtungsklagen bei einem LG innerhalb jedes OLG-Bezirks zu konzentrieren, wollte der Gesetzgeber sicherstellen, dass auch für komplexe aktienrechtliche, umwandlungsrechtliche und betriebswirtschaftliche Fragestellungen ausreichend Sachverstand bei dem Gericht vorhanden ist. Außerdem soll durch diese Regelung eine einheitliche Rechtsprechung gewährleistet werden (Gesetzesbegründung der Bundesregierung, BT-Drucks. 15/5092, S. 27). Im Hinblick auf Anfechtungsklagen gegen Beschlüsse der Gesellschafterversammlung einer GmbH gilt § 246 Abs. 3 Satz 2 AktG analog (OLG München NJW-Spezial 2007, 513, 513). Ist die Gesellschaft im Zeitpunkt der Erhebung einer Anfechtungsklage gegen Beschlüsse der Hauptversammlung gem. § 20 Abs. 1 Nr. 2 UmwG erloschen, so ist das Landgericht ausschließlich zuständig, in dessen Bezirk die Gesellschaft der übernehmenden Rechtsträgerin ihren Sitz hat (LG Frankfurt am Main DStR 2007, 168, 168).

12 **Mündliche Verhandlung** über die Anfechtungsklage soll erst nach Ablauf der Anfechtungsfrist stattfinden. Das gleiche soll für den frühen ersten Termin und das schriftliche Vorverfahren gelten. Sinn der Vorschrift ist, sämtliche Anfechtungsprozesse von Anfang an zu verbinden (*Hüffer* AktG, § 246 Rn. 39).

Akteneinsicht, Auszüge und Abschriften § 246 Abs. 3 Satz 5 AktG gewährt der beklagten Gesellschaft das Recht auf Akteneinsicht sowie auf Erteilung von Auszügen und Abschriften schon unmittelbar mit Ablauf der Anfechtungsfrist des Abs. 1. Hintergrund ist die gängige Praxis einiger Anfechtungskläger, die Zustellung der Klageschrift etwa durch keine oder unvollständige Einzahlung des Kostenvorschusses zu verzögern. Hierdurch soll die Vorbereitung eines Freigabeverfahrens gem. § 246a AktG erschwert werden. § 246 Abs. 3 Satz 5 AktG ordnet daher an, dass die Gesellschaft die eingereichte Klage bereits vor deren Zustellung einsehen und sich Auszüge und Abschriften erteilen lassen kann. Bezüglich des Inhalts der Gerichtsakten gilt § 299 ZPO.

Die **Verbindung sämtlicher Anfechtungsprozesse** ist für das Gericht zwingend, es hat keinen Ermessensspielraum. So soll verhindert werden, dass zu ein und demselben Beschluss widersprüchliche Entscheidungen ergehen. Bis zur Verbindung sind verschiedene Anfechtungsklagen jeweils selbständige gebührenrechtliche Angelegenheiten i. S. v. § 15 Abs. 1 und Abs. 2 RVG (BGH NZG 2010, 876, 877). Unterbleibt die Prozessverbindung endgültig, so hat ein Streithelfer, der mehreren Prozessen beigetreten ist, vorbehaltlich missbräuchlicher Rechtsausübung, in jedem Verfahren den vollen Kostenerstattungsanspruch (BGH NZG 2010, 831). Fakultativ bleibt die Verbindung gem. § 147 ZPO, wenn verschiedene Beschlüsse angegriffen werden (AnwK-AktR/ *Heidel* § 246 Rn. 54).

F. Bekanntmachung der Klage, Nebenintervention, Abs. 4

Der Vorstand muss die Erhebung der Klage und den ersten Termin zur mündlichen Verhandlung unverzüglich in den Gesellschaftsblättern, also auf jeden Fall im elektronischen Bundesanzeiger, § 25 AktG, bekanntmachen. Anzugeben sind auch die angefochtenen Beschlüsse. Durch die Bekanntmachung soll die Öffentlichkeit informiert werden, dass die genannten Beschlüsse evtl. in Zukunft ihre Wirkung verlieren werden. Auch andere Aktionäre sollen informiert werden, damit sie einen Beitritt zum Rechtsstreit als Nebenintervenient berücksichtigen können Die Nebenintervention muss allerdings innerhalb eines Monats nach der Bekanntmachung erfolgen. Eine angebliche Verfassungswidrigkeit wegen der Verkürzung rechtlichen Gehörs ist nicht anzuerkennen (OLG Frankfurt am Main NZG 2010, 785, 786; *Wilsing/Ogorek* NZG 2010, 1058). Auch nach Inkrafttreten des UMAG ist keine mit einer entsprechenden Anwendung des § 245 Nr. 1 AktG vergleichbare Nebeninterventionsbefugnis erforderlich (BGH DStR 2008, 1652, 1653; OLG Köln DStR 2008, 572, 572; OLG Nürnberg AG 2007, 295, 296; *Goette* DStR 2007, 2264, 2266; a. A. *Sturm* NZG 2006, 921, 922; *Wasmann/Kallweit* Der Konzern 2008, 135, 145).

G. Anfechtungsklage gegen ablehnende Beschlüsse – positive Beschlussfeststellungsklage

Gegen zu Unrecht ergangene ablehnende Beschlüsse – etwa weil das Abstimmungsergebnis nicht richtig festgestellt wurde – ist Anfechtungsklage allein nicht zielführend, da nur der Beschluss, der die Ablehnung feststellt, für nichtig erklärt wird. Damit ist zwar der Weg für neue Abstimmungen über den Beschlussgegenstand frei, ob aber eine nochmalige Mehrheit für den eigentlich schon gefassten Beschluss zustande kommt, bleibt fraglich. Deshalb lässt die einhellige Meinung bei ablehnenden Beschlüssen eine positive Beschlussfeststellungsklage mit dem Inhalt, dass der Beschluss tatsächlich doch zustande gekommen ist, zu (BGHZ 76, 191; 88, 320; BGH NZG 2006, 191; *Hüffer* AktG, § 246 Rn. 42; GroßkommAktG/*K. Schmidt* § 246 Rn. 101). Die positive Beschlussfeststellungsklage ist eine **Gestaltungsklage** (GroßkommAktG/*K. Schmidt* § 246 Rn. 101). Die positive Beschlussfeststellungsklage kann sowohl zusammen mit der Anfechtungs- als auch mit der Nichtigkeitsklage erhoben werden. Isoliert, ohne eine Klage mit dem Ziel den Beschluss zu beseitigen, kann sie nicht erhoben werden (BGHZ 88, 320). Für die positive Beschlussfeststellungsklage gelten die gleichen Regeln wie für die mit ihr verbundene Anfechtungs- oder Nichtigkeitsklage, also insbesondere die Anfechtungsfrist und Anfechtungsbefugnis (GroßkommAktG/*K. Schmidt* § 246 Rn. 108). Eine positive Beschlussfeststellungsklage ist jedoch nicht möglich, wenn ein Beschluss mit dem beantragten Inhalt nicht den inhaltlichen Anforderungen an einen gesetzmäßigen Beschluss entspricht (LG München, NZG 2009, 310).

§ 246a Freigabeverfahren

(1) ¹Wird gegen einen Hauptversammlungsbeschluss über eine Maßnahme der Kapitalbeschaffung, der Kapitalherabsetzung (§§ 182 bis 240) oder einen Unternehmensvertrag (§§ 291 bis 307) Klage erhoben, so kann das Gericht auf Antrag der Gesellschaft durch Beschluss feststellen, dass die Erhebung der Klage der Eintragung nicht entgegensteht und Mängel des Hauptversammlungsbeschlusses die Wirkung der Eintragung unberührt lassen. ²Auf das Verfahren sind § 247, die §§ 82, 83 Abs. 1 und § 84 der Zivilprozessordnung sowie die im ersten Rechtszug für das Verfahren vor den Landgerichten geltenden Vorschriften der Zivilprozessordnung entsprechend anzuwenden, soweit nichts Abweichendes bestimmt ist. ³Über den Antrag entscheidet ein Senat des Oberlandesgerichts, in dessen Bezirk die Gesellschaft ihren Sitz hat.

(2) Ein Beschluss nach Absatz 1 ergeht, wenn
1. die Klage unzulässig oder offensichtlich unbegründet ist,
2. der Kläger nicht binnen einer Woche nach Zustellung des Antrags durch Urkunden nachgewiesen hat, dass er seit Bekanntmachung der Einberufung einen anteiligen Betrag von mindestens 1000 Euro hält oder
3. das alsbaldige Wirksamwerden des Hauptversammlungsbeschlusses vorrangig erscheint, weil die vom Antragsteller dargelegten wesentlichen Nachteile für die Gesellschaft und ihre Aktionäre nach freier Überzeugung des Gerichts die Nachteile für den Antragsgegner überwiegen, es sei denn, es liegt eine besondere Schwere des Rechtsverstoßes vor.

(3) ¹Eine Übertragung auf den Einzelrichter ist ausgeschlossen; einer Güteverhandlung bedarf es nicht. ²In dringenden Fällen kann auf eine mündliche Verhandlung verzichtet werden. ³Die vorgebrachten Tatsachen, auf Grund deren der Beschluss ergehen kann, sind glaubhaft zu machen. ⁴Der Beschluss ist unanfechtbar. ⁵Er ist für das Registergericht bindend; die Feststellung der Bestandskraft der Eintragung wirkt für und gegen jedermann. ⁶Der Beschluss soll spätestens drei Monate nach Antragstellung ergehen; Verzögerungen der Entscheidung sind durch unanfechtbaren Beschluss zu begründen.

(4) ¹Erweist sich die Klage als begründet, so ist die Gesellschaft, die den Beschluss erwirkt hat, verpflichtet, dem Antragsgegner den Schaden zu ersetzen, der ihm aus einer auf dem Beschluss beruhenden Eintragung des Hauptversammlungsbeschlusses entstanden ist. ²Nach der Eintragung lassen Mängel des Beschlusses seine Durchführung unberührt; die Beseitigung dieser Wirkung der Eintragung kann auch nicht als Schadensersatz verlangt werden.

Übersicht	Rdn.		Rdn.
A. Überblick	1	II. Voraussetzungen des Freigabebeschlusses, Abs. 2	3
B. Die Regelungen im Einzelnen	2	III. Verfahren, Abs. 3	5
I. Antrag auf Freigabe, Zuständigkeit, Abs. 1	2	IV. Verweisung auf Schadensersatz, Abs. 4	8

A. Überblick

1 Das Freigabeverfahren ermöglicht in seiner Weiterentwicklung durch das ARUG die Überwindung der mit Anfechtungs- und Nichtigkeitsklagen regelmäßig verbundenen faktischen Registersperre. Zudem hat eine Freigabeentscheidung nach § 246a AktG die Bestandskraft der daraufhin erfolgten Eintragung zur Folge. Der nachträgliche Erfolg einer Beschlussmängelklage führt nicht zur Rückabwicklung der bereits eingetragenen Kapitalmaßnahme oder zur Aufhebung des eingetragenen Unternehmensvertrags. Allenfalls ist die Gesellschaft nach § 246a Abs. 4 AktG zum Schadensersatz verpflichtet. Durch das ARUG wurde das Freigabeverfahren nach § 246a AktG hinsichtlich der inhaltlichen Voraussetzungen mit den anderen Freigabeverfahren nach § 319 Abs. 6 AktG und § 16 Abs. 3 UmwG harmonisiert. Die speziellen Freigabeverfahren nach § 319 Abs. 6 AktG und § 16 Abs. 3 UmwG bleiben aber vorrangig (BT-Drucks. 15/5092, S. 27). Durch das Freigabeverfahren soll der misslichen Lage abgeholfen werden, dass Anfechtungsklagen bei Strukturmaßnahmen eine

faktische Blockadewirkung zukommt und so die Umsetzung von Hauptversammlungsbeschlüssen, die für die Gesellschaft regelmäßig eine besonders hohe Bedeutung haben, oft über Jahre verhindert wird.

B. Die Regelungen im Einzelnen

I. Antrag auf Freigabe, Zuständigkeit, Abs. 1

Das Freigabeverfahren ist ein spezielles Eilverfahren, für das die Vorschriften der ZPO, nicht die des FamFG gelten. Es wird eingeleitet durch einen **Antrag** der Gesellschaft **auf Freigabe** und richtet sich gegen jeden Aktionär, der gegen den Beschluss Klage erhoben hat. Der Antrag kann gestellt werden, sobald die Klage zugestellt wurde (*Hüffer* AktG, § 246a Rn. 7). Dabei wird die Gesellschaft nur durch ihren Vorstand vertreten, § 78 Abs. 1 AktG (OLG Frankfurt am Main AG 2012, 414; OLG Karlsruhe DStR 2007, 406, 406). In Betracht kommt ein solcher Freigabeantrag gem. Abs. 1 nur bei den genannten Beschlüssen (Kapitalbeschaffung, Kapitalherabsetzung, Unternehmensvertrag). Gemeint sind sämtliche Beschlüsse, die gem. §§ 182 bis 240 AktG für eine Kapitalerhöhung oder Kapitalherabsetzung notwendig sind und sämtliche Zustimmungsbeschlüsse der Hauptversammlung zu Unternehmensverträgen (*Hüffer* AktG, § 246a Rn. 2). Die Zulässigkeit des Freigabeverfahrens entfällt nicht mit Eintragung des Bestehens des Vertrages im Handelsregister gem. § 294 Abs. 2 AktG (KG Berlin 09.06.2008, Az.: 2 W 101/07; LG Berlin NZG 2007, 800, 800; OLG Celle 27.11.2007, Az.: 9 W 100/07). Der zusätzlich bezweckte Bestandsschutz nach Abs. 3 kann nur erreicht werden, wenn das Freigabeverfahren auch noch nach Eintragung durchgeführt werden kann. **Zuständig** ist gem. § 246a Abs. 1 Satz 3 AktG das **OLG**, in dessen Bezirk die Gesellschaft ihren Sitz hat. Die Zuständigkeit des OLG ist verfassungsgemäß (KG ZIP 2010, 180 f. zur Eingliederung). Mit dem **Freigabebeschluss** stellt das Gericht fest, dass der Eintragung des Hauptversammlungsbeschlusses in das Handelsregister die Anfechtungsklage nicht entgegensteht und etwaige Mängel des Hauptversammlungsbeschlusses die Wirkung der Eintragung unberührt lassen.

II. Voraussetzungen des Freigabebeschlusses, Abs. 2

Der Beschluss darf nur ergehen, wenn die **Anfechtungsklage unzulässig oder offensichtlich unbegründet** ist, § 246a Abs. 2 Nr. 1 AktG; entscheidend sind also die Erfolgsaussichten in der Hauptsache. Gem. § 246a Abs. 2 Nr. 2 AktG ergeht ein Freigabebeschluss auch dann, wenn der Kläger der Beschlussmängelklage nicht innerhalb von einer Woche nach Zustellung des Freigabeantrags nachweist, dass er seit Bekanntmachung der Einberufung mindestens **Aktien im Nennbetrag von 1.000 Euro** hält. (Zum Zeitpunkt der Einberufung als relevanter Ansatzpunkt OLG München NZG 2013, 622; OLG Nürnberg NZG 2011, 159). Auf den Börsenwert kommt es also nicht an. Das Quorum muss von jedem einzelnen Antragsgegner erreicht werden, eine Zusammenrechnung der Aktien mehrerer Antragsgegner findet nicht statt (OLG Frankfurt am Main NZG 2010, 824, 826; OLG Hamburg AG 2010, 215). Der Nachweis der Mindestbeteiligung kann nur durch Urkunden geführt werden. Ausreichend ist eine Depotbescheinigung. Eine Verlängerung der Wochenfrist scheidet aus (MüKo AktG/*Hüffer* § 246a Rn. 24). § 246a Abs. 2 Nr. 3 AktG ermöglicht zudem über eine **zweistufige Abwägungsklausel** eine Freigabeentscheidung auch dann, wenn die Interessenabwägung des Gerichts ergibt, dass das Wirksamwerden des Beschlusses wegen der Nachteile für Aktionäre und Gesellschaft vorrangig gegenüber dem Aufschubinteresse des Klägers ist, aber kein besonders schwerer Rechtsverstoß vorliegt. In der Praxis dürfte die zweite Stufe – die Prüfung des Rechtsverstoßes – angesichts ihrer leichteren Feststellbarkeit vorgezogen werden. Bei der Abwägung kommt es darauf an, dass das Vollzugsinteresse der Gesellschaft derart überwiegt, dass eine Eintragung nach Überzeugung des Gerichts angemessen erscheint (OLG Karlsruhe DStR 2007, 406, 406). Bei dieser Interessenabwägung besteht ein weiter Beurteilungsspielraum des Gerichts (KG Berlin AG 2007, 359, 359). Da es im Rahmen des 246a Abs. 2 Nr. 3 AktG nicht auf die Erfolgsaussichten der Klage ankommt, kann das Gericht die Eintragung des Beschlusses auch dann freigeben, wenn es die Anfechtungsklage voraussichtlich für begründet hält (*Hüffer* AktG, § 246a Rn. 22). Letztlich überwiegt bei der Abwägung in der Regel das Vollzugsinteresse der Gesellschaft (KG Berlin 15.02.2007, Az.: 2 W 15/07). Konkret kommt es auf wirtschaftliche Nachteile der antragstellenden Gesellschaft und des Antragsgegners an (*Henssler/Strohn* Gesellschaftsrecht, AktG, § 246a Rn. 8a). Danach ist die Freigabe im Standardfall zu erteilen, nämlich dann, wenn die der Gesellschaft drohenden wirtschaftlichen Nachteile schwerer wiegen als die konkurrierenden Belange des Antragsgegners (MüKo AktG/*Hüffer* § 246a Rn. 26). Bei geringfügigen Beteiligungen des Antragsgegners wird dies stets zum Überwiegen des Vollzugsinteresses der Gesellschaft führen. Das Vollzugsinteresse ist nicht deshalb geringer, weil zwischen der Anfechtungsklage und dem Freigabeverfahren ein längerer Zeitraum liegt (OLG Frankfurt am Main NZG 2010, 824; KG AG 2010, 497; a. A. OLG München BB 2010, 340). Wenn die Nachteile für die Gesellschaft und ihre Aktionäre überwiegen, ist daher dem Antrag stattzugeben, wenn nicht eine besondere Schwere des Rechtsverstoßes gegeben ist. Besonders schwere Rechtsverstöße sind dann anzunehmen, wenn eine Eintragung des in Rede stehenden Hauptversammlungsbeschlusses ohne eine vertiefte Prüfung im Hauptsacheverfahren für die Rechtsordnung unerträglich wäre. Dies wird insbesondere bei absichtlichen Verstößen und bei der Verletzung wesentlicher Strukturprinzipien angenommen. Die Nichtigkeit des Beschlusses genügt alleine nicht (KG NZG 2011, 305; Kasuistik bei *Henssler/Strohn* Gesellschaftsrecht, AktG, § 246a Rn. 9).

4 Für die **Abwägung** des **Aufschubinteresses** des Klägers mit dem **Vollzugsinteresse** der Gesellschaft hat diese die für sie und ihre Aktionäre zu erwartenden Nachteile darzulegen (*Faßbender* AG 2006, 872, 874). Dagegen obliegt es dem Antragsgegner, die tatsächlichen Voraussetzungen darzulegen, aus denen sich die besondere Schwere des geltend gemachten Rechtsverstoßes ergibt (*Bosse* NZG 2009, 807, 811.) Im Rahmen der Interessenabwägung hat das Gericht demnach das wirtschaftliche Interesse des klagenden Aktionärs gegen die Nachteile der Gesellschaft und der anderen Aktionäre abzuwägen. Die Neufassung nach dem ARUG stellt klar, dass wirtschaftliche Nachteile das maßgebliche Kriterium bilden und dass die Schwere des Rechtsverstoßes nicht mehr in die Interessenabwägung selbst einzustellen, sondern außerhalb zu berücksichtigen ist.

III. Verfahren, Abs. 3

5 Die Gesellschaft hat die den Antrag stützenden **Tatsachen glaubhaft zu machen**, insbesondere durch eidesstattliche Versicherung, § 294 Abs. 1 ZPO. Nur in dringenden Fällen kann das Gericht auf mündliche Verhandlung verzichten. Ein solch dringender Fall kann vorliegen, wenn die Verzögerung, die durch die mündliche Verhandlung eintritt, den Aktionären erhebliche Nachteile zufügen würde (MüKo AktG/*Hüffer* § 246a Rn. 31). Nach § 246a Abs. 3 Satz 1 Halbs. 1 AktG ist die Übertragung auf den Einzelrichter ausgeschlossen, eine Güteverhandlung ist gem. § 246a Abs. 3 Satz 1 Halbs. 2 AktG nicht obligatorisch, bleibt jedoch zulässig. Das Gericht entscheidet **durch Beschluss**, der **unanfechtbar** ist, § 246a Abs. 3 Satz 4. AktG. Rechtsmittel sind somit ausgeschlossen. Verfassungsrechtliche Bedenken bestehen in diesem Zusammenhang nicht (*Saß/Ogorek* NZG 2010, 337). Den Beschluss hat das Gericht innerhalb von drei Monaten nach Antragstellung zu fällen. Verzögerungen der Entscheidung muss das Gericht begründen.

6 Da keine Registersperre für die Eintragung von anfechtbaren Beschlüssen besteht, sieht das Gesetz eine explizite **Bindung des Registergerichts** an die Entscheidung vor. Diese Bindungswirkung tritt mit Rechtskraft des Freigabebeschlusses ein. Die Bindungswirkung geht aber nur so weit, wie im Freigabeverfahren über den Beschluss entschieden wurde. Andere Gründe können das Registergericht weiterhin von einer Eintragung des Beschlusses abhalten (BT-Drucks. 15/5092, S. 27). Auch bei Freigabe des Beschlusses wegen unzulässiger Anfechtungsklage bleibt dem Registergericht die volle Prüfungskompetenz erhalten.

7 Die **Bestandskraft der Eintragung** des Beschlusses wirkt für und gegen jedermann. Daher kann auch ein Anfechtungs- oder Nichtigkeitsurteil nicht mehr eingetragen werden, wenn ein Freigabebeschluss rechtskräftig ergangen ist, § 242 Abs. 2 Satz 5 AktG. Der Beschluss ist dann zwar nichtig, seine Wirkungen haben aber Bestand (BT-Drucks. 15/5092, S. 28). Die Eintragung des Beschlusses in das Handelsregister und seine Durchführung bleiben unberührt, § 246a Abs. 4 Satz 2 AktG. Die Fassung eines Bestätigungsbeschlusses bleibt neben dem Freigabeverfahren möglich (MüKo

AktG/*Hüffer* § 246a Rn. 17). Zudem kann auch nach Fassung eines Bestätigungsbeschlusses ein erneutes Freigabeverfahren eingeleitet werden, wenn der Bestätigungsbeschluss seinerseits geeignet ist, den Fehler des Ausgangsbeschlusses zu beseitigen (OLG München, NZG 2013, 459).

IV. Verweisung auf Schadensersatz, Abs. 4

Anstelle der Rückabwicklung und als Ausgleich für die Bestandskraft wird der Kläger auf die Geltendmachung von Schadensersatz verwiesen, wenn die Anfechtungsklage trotz positivem Freigabebeschluss erfolgreich ist. Der Kläger kann den Schaden ersetzt verlangen, der ihm aus der Eintragung des eigentlich rechtswidrigen Beschlusses entstanden ist. Auf ein Verschulden kommt es nicht an. Dies sind meist die nutzlos aufgewendeten Prozesskosten sowie bei fehlerhaften Kapitalerhöhungen evtl. ein Verwässerungsschaden (BT-Drucks. 15/5092, S. 28). Wegen der Beweisschwierigkeiten der Aktionäre ist eine Schadensschätzung nach § 287 ZPO, § 738 Abs. 2 BGB analog zulässig und geboten. Die Rückgängigmachung des Beschlusses kann auch nicht als Schadensersatz im Wege der Naturalrestitution gefordert werden. Der Anspruch richtet sich gegen die Gesellschaft, die den Freigabebeschluss bewirkt hat. 8

§ 247 Streitwert

(1) ¹Den Streitwert bestimmt das Prozeßgericht unter Berücksichtigung aller Umstände des einzelnen Falles, insbesondere der Bedeutung der Sache für die Parteien, nach billigem Ermessen. ²Er darf jedoch ein Zehntel des Grundkapitals oder, wenn dieses Zehntel mehr als 500 000 Euro beträgt, 500 000 Euro nur insoweit übersteigen, als die Bedeutung der Sache für den Kläger höher zu bewerten ist.

(2) ¹Macht eine Partei glaubhaft, daß die Belastung mit den Prozeßkosten nach dem gemäß Absatz 1 bestimmten Streitwert ihre wirtschaftliche Lage erheblich gefährden würde, so kann das Prozeßgericht auf ihren Antrag anordnen, daß ihre Verpflichtung zur Zahlung von Gerichtskosten sich nach einem ihrer Wirtschaftslage angepaßten Teil des Streitwerts bemißt. ²Die Anordnung hat zur Folge, daß die begünstigte Partei die Gebühren ihres Rechtsanwalts ebenfalls nur nach diesem Teil des Streitwerts zu entrichten hat. ³Soweit ihr Kosten des Rechtsstreits auferlegt werden oder soweit sie diese übernimmt, hat sie die von dem Gegner entrichteten Gerichtsgebühren und die Gebühren seines Rechtsanwalts nur nach dem Teil des Streitwerts zu erstatten. ⁴Soweit die außergerichtlichen Kosten dem Gegner auferlegt oder von ihm übernommen werden, kann der Rechtsanwalt der begünstigten Partei seine Gebühren von dem Gegner nach dem für diesen geltenden Streitwert beitreiben.

(3) ¹Der Antrag nach Absatz 2 kann vor der Geschäftsstelle des Prozeßgerichts zur Niederschrift erklärt werden. ²Er ist vor der Verhandlung zur Hauptsache anzubringen. Später ist er nur zulässig, wenn der angenommene oder festgesetzte Streitwert durch das Prozeßgericht heraufgesetzt wird. ³Vor der Entscheidung über den Antrag ist der Gegner zu hören.

Übersicht	Rdn.		Rdn.
A. Überblick............	1	C. Streitwertspaltung, Abs. 2	4
B. Regelstreitwert, Abs. 1	2	D. Antragstellung, Abs. 3	6

A. Überblick

Die Vorschrift bezweckt eine **sachgerechte Ermittlung des Streitwerts**, insbesondere seine wertmäßige Beschränkung zum Schutze der wirtschaftlich schwächeren Partei, damit auch Kleinaktionären die Erhebung der Anfechtungsklage möglich ist. Diesem Ziel dient insbesondere die Streitwertspaltung gem. Abs. 2. Die Norm gilt sowohl für Anfechtungs- und Nichtigkeitsklagen als auch für positive Beschlussfeststellungsklagen analog (AnwK-AktR/*Heidel* § 247 Rn. 4). Analog wird die Vorschrift auf Anfechtungs- und Nichtigkeitsklagen gegen Gesellschafterbeschlüsse der GmbH 1 angewandt, wobei die Anwendung von Abs. 1 Satz 2 noch nicht abschließend geklärt ist (GroßkommAktG/*K. Schmidt* § 247 Rn. 5).

B. Regelstreitwert, Abs. 1

2 Das Gericht bestimmt den Streitwert nach billigem Ermessen anhand des Werts des Streitgegenstands (§ 11 Abs. 2 GKG), also der Nichtigerklärung des angegriffenen Beschlusses mit Wirkung für und gegen jedermann. Zu berücksichtigen hat das Gericht das Interesse beider Parteien, also das Interesse des Klägers an der Vernichtung des Beschlusses sowie das Interesse der Beklagten an der Aufrechterhaltung. In der Regel wird ein Mittelwert daraus festgesetzt (zur Kasuistik und Berechnung s. GroßkommAktG/*K. Schmidt* § 247 Rn. 17 f.). Regelstreitwert ist der **Vollstreitwert** gem. Abs. 1. Der Regelstreitwert ist maßgeblich für die Berechnung der Gerichtsgebühren, der Anwaltsgebühren und der Beschwer gem. § 511 Abs. 2 Nr. 1 ZPO. Etwas anderes gilt bei Festsetzung eines Teilstreitwertes gem. Abs. 2. Um das Kostenrisiko bei großen Aktiengesellschaften überschaubar zu halten, ist der Regelstreitwert **in zweierlei Hinsicht begrenzt**. Zum einen darf er ein Zehntel des Grundkapitals, zum anderen den Wert von 500.000 Euro nur übersteigen, wenn die Bedeutung für den Kläger höher zu bewerten ist. Nur im Interesse des Klägers kann die starre Grenze überschritten werden.

3 Werden **mehrere Beschlüsse** angefochten, so wird für jeden Antrag ein **eigener Streitwert** festgesetzt. Aus den einzelnen Streitwerten wird ein **Gesamtstreitwert** gem. § 5 ZPO errechnet. Der Festsetzung einzelner Streitwerte bedarf es nicht, wenn ein Beschluss im Hauptantrag mit Nichtigkeits- und hilfsweise mit Anfechtungsklage angegriffen wird oder wenn mehrere Anfechtungsgründe gegen den gleichen Beschluss vorgebracht werden, da nur ein Antrag vorliegt (*Hüffer* AktG, § 247 Rn. 6).

C. Streitwertspaltung, Abs. 2

4 Das Gericht kann – es liegt in seinem pflichtgemäßen Ermessen – nach Abs. 2 einen **Teilstreitwert** festsetzen, um der wirtschaftlich schwächeren Partei die Führung des Prozesses zu ermöglichen. Die Festsetzung begünstigt nur die schwächere Partei. Sie hat die Gerichts- und Anwaltskosten nur nach dem ermäßigten Streitwert zu entrichten. Für den Klagegegner werden die Kosten dagegen aus dem Regelstreitwert errechnet. Die Regelung gilt nur für die Gerichts- und Anwaltskosten, nicht hingegen für die Ermittlung der Beschwer gem. § 511 Abs. 2 Nr. 1 ZPO. Die Kostenerstattungspflicht des Gegners richtet sich nach dem für diesen geltenden Streitwert, in der Regel also nach dem Vollstreitwert (AnwK-AktR/*Heidel* § 247 Rn. 16).

5 Die wirtschaftlich schwächere Partei muss **glaubhaft machen** (§ 294 ZPO), dass die Berechnung der Kosten aus dem Vollstreitwert ihre wirtschaftliche Lage erheblich gefährden würde. Nicht zumutbar soll der Einsatz eines so großen Teils des eigenen Vermögens sein, dass dies nicht mehr in vernünftigem Verhältnis zum Prozessziel steht (MüKo AktG/*Hüffer* § 247 Rn. 24). Die wirtschaftliche Lage wäre bereits beeinträchtigt, wenn der Vermögensstamm unzumutbar eingesetzt werden müsste (MüKo AktG/*Hüffer* § 247 Rn. 24). Die Erfolgschancen der Anfechtungsklage spielen anders als bei einem Antrag auf Prozesskostenhilfe keine Rolle. Prozesskostenhilfeantrag kann neben dem Antrag nach § 247 Abs. 2 AktG gestellt werden. Die verschiedenen Anträge schließen sich gegenseitig nicht aus, allerdings muss ggf. die endgültige Entlastung von Prozesskosten durch Prozesskostenhilfe im Rahmen des Abs. 2 Berücksichtigung finden (*Hüffer* AktG, § 247 Rn. 16).

D. Antragstellung, Abs. 3

6 Die Streitwertspaltung muss beantragt werden. Da der Antrag auch zur Niederschrift der Geschäftsstelle erhoben werden kann, besteht für ihn kein Anwaltszwang, § 78 Abs. 3 ZPO. Der Antrag kann bei der Geschäftsstelle jedes Amtsgerichts gestellt werden, § 129a Abs. 1 ZPO. Er muss vor der Verhandlung zur Hauptsache gestellt werden, außer das Gericht setzt den Regelstreitwert nachträg-

lich höher fest. Die Entscheidung ergeht durch Beschluss ohne mündliche Verhandlung, aber nach Anhörung des Gegners.

Streitig ist, ob der Antrag auf Streitwertspaltung nur für jeweils eine Instanz und daher in der Berufung zu wiederholen ist, oder für alle Instanzen gilt. Die ganz h. M. (BGH AG 1993, 85; *Hüffer* AktG, § 247 Rn. 18; GroßkommAktG/*K. Schmidt* § 247 Rn. 26; a. A. KölnKomm AktG/*Zöllner* § 247 Rn. 31) misst dem Antrag nur Bedeutung für eine Instanz zu. 7

§ 248 Urteilswirkung

(1) ¹Soweit der Beschluß durch rechtskräftiges Urteil für nichtig erklärt ist, wirkt das Urteil für und gegen alle Aktionäre sowie die Mitglieder des Vorstands und des Aufsichtsrats, auch wenn sie nicht Partei sind. ²Der Vorstand hat das Urteil unverzüglich zum Handelsregister einzureichen. ³War der Beschluß in das Handelsregister eingetragen, so ist auch das Urteil einzutragen. ⁴Die Eintragung des Urteils ist in gleicher Weise wie die des Beschlusses bekanntzumachen.

(2) Hatte der Beschluß eine Satzungsänderung zum Inhalt, so ist mit dem Urteil der vollständige Wortlaut der Satzung, wie er sich unter Berücksichtigung des Urteils und aller bisherigen Satzungsänderungen ergibt, mit der Bescheinigung eines Notars über diese Tatsache zum Handelsregister einzureichen.

Übersicht	Rdn.		Rdn.
A. Überblick	1	C. Einreichung, Eintragung, Bekanntmachung, Abs. 1 Satz 2 bis 4, Abs. 2	5
B. Gestaltungswirkung, Rechtskraftwirkung, Abs. 1 Satz 1	2		

A. Überblick

Auch § 248 AktG dient in erster Linie der Rechtssicherheit. Die Urteilswirkung eines stattgebenden Urteils wirkt nicht nur inter partes, sondern **gegenüber jedermann**. Ein nur im Verhältnis zu den Klägern nichtiger Hauptversammlungsbeschluss wäre in der Praxis nicht zu handhaben. Aufgrund dieser weiten Wirkung muss auch sichergestellt werden, dass die Öffentlichkeit über das Urteil informiert wird. 1

B. Gestaltungswirkung, Rechtskraftwirkung, Abs. 1 Satz 1

Wenn ein Urteil den Hauptversammlungsbeschluss für nichtig erklärt, wirkt es für und gegen jedermann, sog. Gestaltungswirkung (AnwK-AktR/*Heidel* § 248 Rn. 4; nach Ansicht *Hüffers* AktG, § 248 Rn. 5 handelt es sich nicht um eine Gestaltungswirkung, da die Nichtigkeit des Beschlusses aufgrund der materiell-rechtlichen Folge des Urteils nicht ausschließlich den Adressatenkreis des § 248 Abs. 1 AktG erfasst, sondern jedermann. Daher geht es bei der Urteilswirkung um materielle Rechtskraft). Die Gestaltungswirkung beruht auf § 241 Nr. 5 AktG. Ob das Urteil ggf. auf Anerkenntnis oder Säumnis beruht, ist irrelevant (GroßkommAktG/*K. Schmidt* § 248 Rn. 3). Das Urteil muss allerdings **formell rechtskräftig** sein. Die Rechtswirkungen des Beschlusses entfallen rückwirkend. Die Rückwirkung gilt nach h. M. auch **gegenüber Dritten** (GroßkommAktG/*K. Schmidt* § 248 Rn. 6; *Hüffer* AktG, § 248 Rn. 7; AnwK-AktR/*Heidel* § 248 Rn. 4). Etwas anderes ergibt sich auch nicht aus Vertrauensschutzerwägungen, da sich der Vertrauensschutz auf das Ausführungsgeschäft und nicht auf den Beschluss selbst bezieht. Im Übrigen muss die Wirksamkeit von Durchführungsgeschäften unabhängig vom zugrunde liegenden Beschluss differenziert betrachtet werden (s. ausführl. zu den einzelnen Fallgruppen MüKo AktG/*Hüffer* § 248 Rn. 17 ff.). **Ausführungsgeschäfte**, zu welchen der Vorstand durch Hauptversammlungsbeschluss legitimiert wurde, bleiben wirksam (MüKo AktG/*Hüffer* § 248 Rn. 23). Den Aktionären kann aber ein Anspruch auf Rückgängigmachung zustehen (AnwK-AktR/*Heidel* § 248 Rn. 7). Gem. §§ 20 Abs. 2, 131 Abs. 2 und 202 Abs. 3 UmwG berühren Mängel bei der Verschmelzung, Spaltung und beim Formwechsel 2 die Wirkungen der Eintragungen nicht. Die **Umwandlungsvorgänge** haben in der Regel auch für die Zukunft Bestandskraft (OLG Frankfurt am Main AG 2003, 641; ausführl. s. *Kort* DStR 2004, 185). Wiederum andere Durchführungsmaßnahmen sind mangels Legitimation ex tunc nichtig, z. B. bei erforderlicher Nachgründung eines Kaufvertrags gem. § 52 Abs. 1 AktG.

3 Darüber hinaus entfaltet das Urteil **materielle Rechtskraft** gegenüber den in Satz 1 genannten Personen, d. h., auf diese erstrecken sich die Urteilswirkungen. Diese können ein Gericht nicht mehr mit der Wirksamkeit des Beschlusses befassen. Jede erneut erhobene Klage ist unzulässig (MüKo AktG/*Hüffer* § 248 Rn. 26).

4 Für die **positive Beschlussfeststellungsklage** (s. § 246 AktG Rdn. 16) gilt § 248 Abs. 1 Satz 1 AktG analog (BGHZ 76, 191; *Hüffer* AktG, § 248 Rn. 9).

C. Einreichung, Eintragung, Bekanntmachung, Abs. 1 Satz 2 bis 4, Abs. 2

5 Wird der Beschluss zumindest teilweise für nichtig erklärt, so muss der Vorstand das Urteil nach Eintritt der Rechtskraft **unverzüglich beim Handelsregister einreichen**. Die Pflicht kann mittels Zwangsgeld gem. § 14 HGB durchgesetzt werden. Falls der nichtig erklärte Hauptversammlungsbeschluss in das Handelsregister eingetragen war, muss auch das Urteil eingetragen und die Eintragung in gleicher Weise bekannt gemacht werden wie der Beschluss. Hatte der angefochtene Beschluss eine Satzungsänderung zum Gegenstand, so musste der geänderte Satzungstext gem. § 181 Abs. 1 AktG beim Handelsregister eingereicht werden und befindet sich bei den Registerakten. Wird dieser Beschluss wieder vernichtet, so muss konsequenterweise der dann unter Berücksichtigung des Urteils aktuelle Satzungstext eingereicht werden. So soll sichergestellt werden, dass der gültige Satzungstext stets leicht zu ermitteln ist.

§ 248a Bekanntmachungen zur Anfechtungsklage

¹Wird der Anfechtungsprozess beendet, hat die börsennotierte Gesellschaft die Verfahrensbeendigung unverzüglich in den Gesellschaftsblättern bekannt zu machen. ²§ 149 Abs. 2 und 3 ist entsprechend anzuwenden.

1 Die durch das UMAG neu eingeführte Regelung sorgt für **Publizität sämtlicher Vereinbarungen**, die im Zusammenhang mit der Beendigung des Anfechtungsprozesses geschlossen werden. Nicht nur die Verfahrensbeendigung ist in den Gesellschaftsblättern, also zumindest im elektronischen Bundesanzeiger, § 25 AktG, bekannt zu machen, sondern auch der volle Inhalt mit allen Einzelheiten sämtlicher streitbeendender Vereinbarungen samt aller Zusatzvereinbarungen zwischen der Gesellschaft, den Anfechtungsklägern und Dritten, die im Interesse der Gesellschaft oder der Kläger handeln (Gesetzesbegründung der Bundesregierung, BT-Drucks. 15/5092, S. 24). Die **Leistungspflichten**, die sich aus solchen Vereinbarungen ergeben, sind erst nach der Bekanntmachung wirksam. **Art und Höhe** der zu erbringenden Leistung und deren Begünstigter sind zu bezeichnen. Von der Vorschrift werden Zuwendungen beliebiger Form erfasst, z. B. Prozesskostenaufteilungen, Aufwandsentschädigungen, Schadensersatzzahlungen, einvernehmliche Ansetzung eines Vergleichswerts, Honorare für Gutachten oder Beratungsleistungen. Ohne Belang ist, ob die Leistung dem Kläger unmittelbar oder mittelbar zukommt.

Das Ausscheiden einzelner von vielen Anfechtungsklägern aus dem laufenden Anfechtungsverfahren ist hingegen nicht bekanntzumachen (*Schnabl* ZIP 2008, 1667, 1669).

2 Ohne Bekanntmachung erbrachte Leistungen können als **ungerechtfertigte Bereicherung** zurückgefordert werden. Unberührt von der Unwirksamkeit bleibt aus Rechtssicherheitsgründen die verfahrensbeendigende Wirkung der jeweiligen Vereinbarung, § 149 Abs. 2 Satz 4 AktG.

3 Um sich die Leistung zu sichern, steht daher den Klägern ein **Anspruch auf vollständige Bekanntmachung** zu (Gesetzesbegründung der Bundesregierung, BT-Drucks. 15/5092, S. 25). Im Übrigen wird auf die Kommentierung zu § 149 AktG verwiesen.

§ 249 Nichtigkeitsklage

(1) ¹Erhebt ein Aktionär, der Vorstand oder ein Mitglied des Vorstands oder des Aufsichtsrats Klage auf Feststellung der Nichtigkeit eines Hauptversammlungsbeschlusses gegen die Gesellschaft, so finden § 246 Abs. 2, Abs. 3 Satz 1 bis 5, Abs. 4, §§ 246a, 247, 248 und 248a entsprechende Anwendung. ²Es ist nicht ausgeschlossen, die Nichtigkeit auf andere Weise als durch Erhebung der Klage geltend zu machen. ³Schafft der Hauptversammlungsbeschluss Voraussetzungen für eine Umwandlung nach § 1 des Umwandlungsgesetzes und ist der Umwandlungsbeschluss eingetragen, so gilt § 20 Abs. 2 des Umwandlungsgesetzes für den Hauptversammlungsbeschluss entsprechend.

(2) ¹Mehrere Nichtigkeitsprozesse sind zur gleichzeitigen Verhandlung und Entscheidung zu verbinden. ²Nichtigkeits- und Anfechtungsprozesse können verbunden werden.

Übersicht	Rdn.			Rdn.
A. Überblick	1	IV.	Geltung von § 20 Abs. 2 UmwG für die Verschmelzung vorbereitende Hauptversammlungsbeschlüsse	14
B. Regelungen im Einzelnen	3			
I. Klagevoraussetzungen	3			
II. Verweisungen im Einzelnen, Abs. 1 Satz 1	6	V.	Klageverbindung, Abs. 2	15
III. Geltendmachung auf andere Weise, Abs. 1 Satz 2	13	C.	Allgemeine Feststellungsklage	16

A. Überblick

Wird Nichtigkeitsklage von einem Aktionär, dem Vorstand oder einem Mitglied von Vorstand oder Aufsichtsrat erhoben, so unterliegt sie weitgehend den gleichen Voraussetzungen wie die Anfechtungsklage und hat auch die gleichen weitgehenden Wirkungen. Auch die Nichtigkeitsklage bezweckt die Beseitigung eines Hauptversammlungsbeschlusses mit Wirkung für und gegen jedermann. Der **Streitgegenstand** von Anfechtungs- und Nichtigkeitsklage ist gleich (s. § 241 AktG Rdn. 26). Der Beschluss wird aufgrund des dargelegten Sachverhalts umfassend durch das Gericht auf Anfechtungs- und Nichtigkeitsgründe untersucht. Anders als bei Anfechtungsgründen können Nichtigkeitsgründe nicht nur durch Nichtigkeitsklage, sondern auch auf andere Weise geltend gemacht werden. Eine allgemeine Feststellungsklage ist jedoch aufgrund der spezielleren Nichtigkeitsklage unzulässig (OLG Koblenz NZG 2006, 270, 271). 1

Vgl. zur Nichtigkeitsklage (analoge Anwendung auf die GmbH) auch ausführl. Kap. 5 Rdn. 447 ff.

Andere als die genannten Personen können nicht die weitgehende Wirkung der Nichtigkeitsklage nach dem zuletzt durch das ARUG ergänzten § 249 AktG herbeiführen, unterliegen aber auch nicht den sonstigen Voraussetzungen. Sie können allgemeine Feststellungsklage gem. § 256 ZPO erheben. 2

B. Regelungen im Einzelnen

I. Klagevoraussetzungen

Wenn ein Aktionär, Vorstand oder Mitglied des Vorstands oder Aufsichtsrats Klage auf Feststellung der Nichtigkeit eines Hauptversammlungsbeschlusses erhebt, gelten die §§ 246 Abs. 2, Abs. 3 Satz 1 bis 5, Abs. 4, 246a bis 248a AktG entsprechend. 3

Ob die Klage eine **Feststellungs-** (so die h. M., s. MüKo AktG/*Hüffer* § 249 Rn. 4) oder **Gestaltungsklage** (GroßkommAktG/*K. Schmidt* § 249 Rn. 4) ist, bleibt im Ergebnis ohne Relevanz. Einigkeit besteht darüber, dass die genannten Personen die Nichtigkeit eines Hauptversammlungsbeschlusses nur durch Nichtigkeitsklage gem. § 249 AktG geltend machen können, allgemeine Feststellungsklage können sie nicht erheben (BGHZ 70, 384; OLG Koblenz NZG 2006, 270; AnwK-AktR/*Heidel* § 249 Rn. 4; MüKo AktG/*Hüffer* § 249 Rn. 7; GroßkommAktG/*K. Schmidt* 4

§ 249 Rn. 36). Ob der Kläger befugt ist, Nichtigkeitsklage zu erheben, muss das Gericht von Amts wegen prüfen, auch in der Revisionsinstanz (GroßkommAktG/*K. Schmidt* § 249 Rn. 12).

5 Die **Aktionärseigenschaft** muss zumindest im Moment der letzten mündlichen Verhandlung vorliegen (AnwK-AktR/*Heidel* § 249 Rn. 5). Ist der Kläger bereits bei Klageerhebung Aktionär, so ist die Klage erst mit Zustellung an Vorstand und Aufsichtsrat zulässig, § 246 Abs. 2 Satz 2 AktG (*Hüffer* AktG, § 249 Rn. 13). Wird der Kläger erst während des Verfahrens Aktionär, so muss die Zustellung der Klage an den Aufsichtsrat nachgeholt werden (*Hüffer* AktG, § 249 Rn. 6; a. A. GroßkommAktG/*K. Schmidt* § 249 Rn. 14, der eine Klageänderung für notwendig erachtet). Endet die Aktionärseigenschaft während des Verfahrens, so kann die Klage als gewöhnliche Feststellungsklage fortgeführt werden (BGH AG 1999, 180; *Hüffer* AktG, § 249 Rn. 6; a. A. BGHZ 43, 261).

II. Verweisungen im Einzelnen, Abs. 1 Satz 1

6 **Richtiger Beklagter** der Nichtigkeitsklage ist die **Gesellschaft**, Abs. 1 Satz 1. Sie wird bei einer Klage von Aktionären durch Vorstand und Aufsichtsrat vertreten, Abs. 1 i. V. m. § 246 Abs. 2 Satz 2 AktG. Zustellung an ein Organmitglied ist aber ausreichend, § 170 Abs. 3 ZPO.

7 Auch für die Nichtigkeitsklage ist **ausschließlich das Landgericht**, in dessen Bezirk die Gesellschaft ihren Sitz hat, ggf. die Handelskammer zuständig, es sei denn die Landesregierung hat gem. § 142 Abs. 5 Satz 5 AktG die Sonderzuständigkeit bei einem Landgericht innerhalb des OLG-Bezirks begründet (vgl. auch § 246 AktG Rdn. 11).

8 Die Erhebung der Klage und der Termin der mündlichen Verhandlung sind in den Gesellschaftsblättern **bekanntzumachen**. **Nebenintervention** eines Klägers kann nur innerhalb eines Monats nach dieser Bekanntmachung erfolgen, Abs. 1 Satz 1 i. V. m. § 246 Abs. 4 AktG.

9 Das **Freigabeverfahren** gilt durch Verweis auf § 246a AktG in gleicher Weise wie für die Anfechtungsklage auch für die Nichtigkeitsklage (s. Kommentierung zu § 246a AktG).

10 Auch bei der Nichtigkeitsklage wird der **Regelstreitwert** gem. § 247 Abs. 1 AktG begrenzt und kann auf Antrag für die wirtschaftlich schwächere Partei nach § 247 Abs. 2 AktG gespalten werden (vgl. § 247 AktG Rdn. 4 f.).

11 Die **Urteilswirkungen** entsprechen denen der Anfechtungsklage, § 248 AktG (s. die Kommentierung dort). Das Urteil ist mit Rechtskraft nicht lediglich für die Prozessparteien sondern darüber hinaus **für alle Aktionäre** sowie die Mitglieder von Vorstand und Aufsichtsrat bindend. Wie ein Anfechtungsurteil stellt das Urteil die Nichtigkeit für und gegen jedermann fest. Eine relative Nichtigkeitswirkung ist abzulehnen (*Hüffer* AktG, § 249 Rn. 17).

12 Das Urteil muss **zum Handelsregister eingereicht** und ggf. eingetragen werden, § 248 AktG. Wird der Nichtigkeitsprozess anders als durch Urteil beendet, so sind die Verfahrensbeendigung und sämtliche damit getroffenen Abreden in den Gesellschaftsblättern bekannt zu machen, Abs. 1 Satz 1 i. V. m. § 248a AktG (s. im Übrigen jeweils die Kommentierung zu den genannten Bestimmungen).

III. Geltendmachung auf andere Weise, Abs. 1 Satz 2

13 Die Nichtigkeit kann auf jede andere Weise geltend gemacht werden, insbesondere **einredeweise** als Rechtsverteidigung gegen die Verpflichtung aus einem nichtigen Beschluss (*Hüffer* AktG, § 249 Rn. 19).

IV. Geltung von § 20 Abs. 2 UmwG für die Verschmelzung vorbereitende Hauptversammlungsbeschlüsse

14 Gem. § 16 Abs. 2 UmwG ändern Mängel bei der Verschmelzung nichts an der dinglichen Wirksamkeit des Verschmelzungsvorgangs. Gleiches gilt für Spaltung, § 131 Abs. 2 UmwG und Formwechsel, § 202 Abs. 3 UmwG. Die Ausschlussfrist des § 14 Abs. 1 UmwG für Klagen gegen Umwandlungsbeschlüsse gilt nicht für Hauptversammlungsbeschlüsse, die die Umwandlung lediglich vorbereiten,

insbesondere also Kapitalmaßnahmen. Daher bestand die Gefahr, dass diese nach Ablauf der Frist mit Nichtigkeitsklage angegriffen werden. Die h. M. wandte daher schon früher § 20 Abs. 2 UmwG analog auch auf solche vorbereitenden Beschlüsse an (Lutter/*Grunewald* UmwG, § 20 Rn. 77). Diese h. M. hat der Gesetzgeber mit dem UMAG aufgegriffen und gesetzlich festgeschrieben (Gesetzesbegründung der Bundesregierung, BT-Drucks. 15/5092, S. 30).

V. Klageverbindung, Abs. 2

Mehrere Nichtigkeitsklagen, die sich gegen den gleichen Beschluss richten, sind zwingend zur gemeinsamen Verhandlung und Entscheidung zu verbinden. Nach dem Wortlaut des Gesetzes ist die Verbindung von **Anfechtungs- und Nichtigkeitsklage** hingegen fakultativ. Aufgrund des nun einheitlichen Streitgegenstands von Anfechtungs- und Nichtigkeitsklage (s. § 241 AktG Rdn. 26) spricht vieles dafür, auch hier eine Pflicht, die Verfahren zu verbinden, anzunehmen (GroßkommAktG/*K. Schmidt* § 249 Rn. 27; AnwK-AktR/*Heidel* § 249 Rn. 18). 15

C. Allgemeine Feststellungsklage

Die in § 249 AktG genannten Personen müssen **zwingend Nichtigkeitsklage** erheben. Andere als die genannten können hingegen nicht Nichtigkeitsklage sondern müssen allgemeine Feststellungsklage nach § 256 ZPO erheben, falls sie ein Feststellungsinteresse gem. § 256 ZPO haben (BGH NJW 1966, 1458; *Hüffer* AktG, § 249 Rn. 12). Die Vorschriften über die Nichtigkeitsklage gelten für die allgemeine Feststellungsklage nicht (h. M.: *Hüffer* AktG, § 249 Rn. 21; MüKo AktG/*Hüffer* § 249 Rn. 30; GroßkommAktG/*K. Schmidt* § 249 Rn. 34 ff.); a. A. KölnKomm AktG/*Zöllner* § 249 Rn. 51). Der Vorstand ist gem. § 78 Abs. 1 AktG allein vertretungsberechtigt, die Klage muss nur ihm zugestellt werden. Die Zuständigkeit des Gerichts richtet sich nach den allgemeinen Vorschriften und das Urteil hat nicht die weite Wirkung des § 248 Abs. 1 AktG, es wirkt **nur inter partes**. Das Urteil muss nicht zum Handelsregister eingereicht oder eingetragen werden. 16

Zweiter Unterabschnitt Nichtigkeit bestimmter Hauptversammlungsbeschlüsse

§ 250   Nichtigkeit der Wahl von Aufsichtsratsmitgliedern

(1) Die Wahl eines Aufsichtsratsmitglieds durch die Hauptversammlung ist außer im Falle des § 241 Nr. 1, 2 und 5 nur dann nichtig, wenn
1. der Aufsichtsrat unter Verstoß gegen § 96 Abs. 2, § 97 Abs. 2 Satz 1 oder § 98 Abs. 4 zusammengesetzt wird;
2. die Hauptversammlung, obwohl sie an Wahlvorschläge gebunden ist (§§ 6 und 8 des Montan-Mitbestimmungsgesetzes), eine nicht vorgeschlagene Person wählt;
3. durch die Wahl die gesetzliche Höchstzahl der Aufsichtsratsmitglieder überschritten wird (§ 95);
4. die gewählte Person nach § 100 Abs. 1 und 2 bei Beginn ihrer Amtszeit nicht Aufsichtsratsmitglied sein kann.

(2) Für die Klage auf Feststellung, daß die Wahl eines Aufsichtsratsmitglieds nichtig ist, sind parteifähig
1. der Gesamtbetriebsrat der Gesellschaft oder, wenn in der Gesellschaft nur ein Betriebsrat besteht, der Betriebsrat, sowie, wenn die Gesellschaft herrschendes Unternehmen eines Konzerns ist, der Konzernbetriebsrat,
2. der Gesamt- oder Unternehmenssprecherausschuss der Gesellschaft oder, wenn in der Gesellschaft nur ein Sprecherausschuss besteht, der Sprecherausschuss sowie, wenn die Gesellschaft herrschendes Unternehmen eines Konzerns ist, der Konzernsprecherausschuss,
3. der Gesamtbetriebsrat eines anderen Unternehmens, dessen Arbeitnehmer selbst oder durch Delegierte an der Wahl von Aufsichtsratsmitgliedern der Gesellschaft teilnehmen, oder, wenn in dem anderen Unternehmen nur ein Betriebsrat besteht, der Betriebsrat,

4. der Gesamt- oder Unternehmenssprecherausschuss eines anderen Unternehmens, dessen Arbeitnehmer selbst oder durch Delegierte an der Wahl von Aufsichtsratsmitgliedern der Gesellschaft teilnehmen, oder, wenn in dem anderen Unternehmen nur ein Sprecherausschuss besteht, der Sprecherausschuss,
5. jede in der Gesellschaft oder in einem Unternehmen, dessen Arbeitnehmer selbst oder durch Delegierte an der Wahl von Aufsichtsratsmitgliedern der Gesellschaft teilnehmen, vertretene Gewerkschaft sowie deren Spitzenorganisation.

(3) ¹Erhebt ein Aktionär, der Vorstand, ein Mitglied des Vorstands oder des Aufsichtsrats oder eine in Absatz 2 bezeichnete Organisation oder Vertretung der Arbeitnehmer gegen die Gesellschaft Klage auf Feststellung, dass die Wahl eines Aufsichtsratsmitglieds nichtig ist, so gelten § 246 Abs. 2, Abs. 3 Satz 1 bis 4, Abs. 4, §§ 247, 248 Abs. 1 Satz 2, §§ 248a und 249 Abs. 2 sinngemäß. ²Es ist nicht ausgeschlossen, die Nichtigkeit auf andere Weise als durch Erhebung der Klage geltend zu machen.

Übersicht	Rdn.			Rdn.
A. Überblick	1		d) Personenbezogene Nichtigkeitsgründe, Nr. 4	12
B. **Nichtigkeit des Wahlbeschlusses**	2		aa) Persönliche Voraussetzungen	13
I. Voraussetzungen der Nichtigkeit	2		bb) Persönliche Bestellungshindernisse	14
II. Nichtigkeitsgründe, Abs. 1	3		cc) Unzulässige Funktionsverknüpfung	16
1. Allgemeine Nichtigkeitsgründe, Abs. 1 Halbs. 1	4	III.	Rechtsfolge	18
2. Besondere Nichtigkeitsgründe	5		1. Unmittelbare Rechtsfolge	18
a) Fehlerhafte Feststellung der Zusammensetzung des Aufsichtsrates, Nr. 1	5		2. Mittelbare Rechtsfolge	19
b) Missachtung von mitbestimmungsrechtlich bindenden Wahlvorschlägen, Nr. 2	9	C.	**Nichtigkeitsklage**	20
c) Überschreitung der Höchstzahl, Nr. 3	10	I.	Parteifähigkeit, Abs. 2	21
		II.	Feststellungsinteresse	22
		III.	Anwendbare Vorschriften, Abs. 3	24
		IV.	Schlussbestimmungen	26

A. Überblick

1 § 250 AktG regelt den **Sonderfall der Nichtigkeit** eines Beschlusses der Hauptversammlung, durch den Aufsichtsratsmitglieder gewählt werden. Die Norm hat abschließenden Charakter. Sie dient der Rechtssicherheit hinsichtlich der Nichtigkeitsgründe (Abs. 1) und dem Rechtsschutz der Arbeitnehmerseite vor Verletzung der Mitbestimmungsrechte (Abs. 2).

B. Nichtigkeit des Wahlbeschlusses

I. Voraussetzungen der Nichtigkeit

2 § 250 AktG betrifft die **Nichtigkeit der Wahl von Aufsichtsratsmitgliedern** durch Hauptversammlungsbeschluss (§ 101 AktG), auch bei einer Bindung an Wahlvorschläge (§§ 6, 8 MontanMitbestG). Die Vorschrift gilt nicht bei Entsendung der Aufsichtsratsmitglieder oder wenn die Wahl durch ein anderes Wahlorgan als die Hauptversammlung erfolgt (so: unmittelbare Wahl durch Arbeitnehmer, § 5 DrittelbG und Regelfall der §§ 9 Abs. 2, 18 MitbestG; durch Betriebsräte: § 6 Abs. 1 MontanMitbestG durch Delegierte; Regelfall der §§ 9 Abs. 1, 10 ff. MitbestG; Entsendung durch Aktionäre: § 101 Abs. 2 AktG).

II. Nichtigkeitsgründe, Abs. 1

3 Nicht jeder Fehler führt zur Nichtigkeit des Beschlusses, sondern nur besonders **schwere Rechtsverstöße** (sonst bloße Anfechtbarkeit nach § 251 AktG). Zur Rechtsklarheit regelt § 250 AktG die Gründe für die Nichtigkeit der Wahl abschließend.

1. Allgemeine Nichtigkeitsgründe, Abs. 1 Halbs. 1

Der Hauptversammlungsbeschluss über die Mitgliedschaft im Aufsichtsrat ist nichtig, wenn einer 4
der **allgemeinen Nichtigkeitsgründe** des § 241 Nr. 1, 2 oder 5 AktG vorliegt:
- ein in § 241 Nr. 1 AktG ausdrücklich genannter **Einberufungsmangel**; andere Einberufungs- und Verfahrensfehler begründen nur die Anfechtbarkeit;
- ein **Beurkundungsfehler** (§ 241 Nr. 2 AktG) entgegen den Beurkundungsvorschriften des § 130 Abs. 1, 2 und 4 AktG;
- **Nichtigkeit** durch rechtskräftiges Anfechtungsurteil (§ 241 Nr. 3 AktG).

Diese Bestimmung wirkt **abschließend**: Alle anderen Nichtigkeitsgründe des § 241 AktG finden auf die Wahlen zum Aufsichtsrat keine Anwendung und begründen nicht die Nichtigkeit, sondern nur die Anfechtbarkeit.

2. Besondere Nichtigkeitsgründe

a) Fehlerhafte Feststellung der Zusammensetzung des Aufsichtsrates, Nr. 1

Der Wahlbeschluss ist nach Nr. 1 nichtig, wenn gegen das Verfahren zur Feststellung der Zusam- 5
mensetzung des Aufsichtrates gem. §§ 96 Abs. 2, 97 Abs. 2 Satz 1 oder 98 Abs. 4 AktG verstoßen wird. Das Gesetz schützt das **Statusverfahren** (§§ 96, 97 AktG), durch das maßgebliche System des Aufsichtsrats ermittelt wird und gewährleistet die rechtzeitige Publizierung bei einer Änderung der Zusammensetzung des Aufsichtsrats. Sanktioniert werden Verfahrensfehler bei der Feststellung der Zusammensetzung im Vorfeld der Wahl – unabhängig davon, ob der Aufsichtsrat materiell ordnungsgemäß zusammengesetzt wird.

Im Einzelnen folgt die Nichtigkeit aus: 6
- **Verletzung des Kontinuitätsgrundsatzes** (des sog. Status-Quo-Prinzips, § 96 Abs. 2 AktG): Der Aufsichtsrat wird nach anderen als den bisherigen Vorschriften zusammengesetzt, ohne dass dies gem. § 97 AktG vom Vorstand bekannt gemacht oder gem. § 98 AktG gerichtlich festgelegt worden wäre. Nach der richtigen Auffassung ist nach dieser Vorschrift auch der vorgezogene Wahlbeschluss bei einer (noch nicht erfolgten) **Verschmelzung** mehrerer Unternehmen nichtig, weil das Statusverfahren in solchen Fällen regelmäßig nicht durchgeführt wurde, der Aufsichtsrat aber bereits nach den zukünftig gültigen Vorschriften gewählt wird (anders MünchHdb GesR IV/*Hoffmann-Becking* § 28 Rn. 50). Um die Nichtigkeit zu vermeiden, sollte daher der Wahlbeschluss **aufschiebend bedingt** gefasst werden bis das Statusverfahren erfolgreich durchgeführt wurde (vgl. *Kiem/Uhrig* NZG 2001, 680, 684).
- **Verstoß gegen eine Bekanntmachung des Vorstandes** (§ 97 Abs. 2 Satz 1 AktG): Der Aufsichts- 7
rat wurde entgegen den vom Vorstand bekannt gemachten Vorschriften zusammengesetzt.
- **Verstoß gegen eine gerichtliche Entscheidung** (§ 98 Abs. 4 AktG): Trotz einer gerichtlichen 8
Entscheidung erfolgt die Zusammensetzung des Aufsichtsrates nach anderen als den durch das Gericht bestimmten gesetzlichen Vorschriften.

b) Missachtung von mitbestimmungsrechtlich bindenden Wahlvorschlägen, Nr. 2

Wählt die Hauptversammlung eine Person entgegen einem gesetzlich bindenden Wahlvorschlag, ist 9
der Beschluss nichtig. Dies gilt für alle Wahlvorschläge nach §§ 6, 8 MontanMitbestG, sowie für das neutrale Aufsichtsratsmitglied einer sog. Montanholding gem. § 5 Abs. 3 Satz 2 MontanMitbestErgG (vgl. § 101 AktG).

c) Überschreitung der Höchstzahl, Nr. 3

Die Wahl eines Aufsichtsratsmitglieds durch die Hauptversammlung ist nichtig, wenn dadurch die 10
gesetzlich normierte Höchstzahl von Aufsichtsratsmitgliedern überschritten wird – nicht bereits bei Überschreiten der gesetzlichen Regelzahl. Die Höchstzahl bestimmt sich grundsätzlich nach § 95 Satz 4 AktG und für Gesellschaften, die der Mitbestimmung unterliegen nach den in § 95

Satz 5 AktG genannten spezielleren einschlägigen Vorschriften. Die Nichtigkeit tritt unabhängig vom Inhalt der Satzung ein (vgl. MüKo AktG/*Hüffer* § 250 Rn. 10; GroßkommAktG/*K. Schmidt* § 250 Rn. 17; anders KölnKomm AktG/*Zöllner* § 250 Rn. 29).

11 Die **Nichtigkeitsfolge** richtet sich nach dem angewandten Wahlverfahren:
- **Einheitlicher Wahlvorgang** (Block- oder Gesamtwahl): Die Wahl des gesamten Aufsichtsrats ist nichtig, weil nicht erkennbar ist, wer bei Einhaltung der Höchstgrenze gewählt worden wäre (anders wenn im Hauptversammlungsbeschluss eine Prioritätenliste enthalten ist; vgl. GroßkommAktG/*K. Schmidt* § 250 Rn. 18).
- **Einzelwahl**: Die Wahlbeschlüsse bleiben bis zum Erreichen der gesetzlichen Höchstzahl gültig; erst die darüber hinausgehenden sind nichtig.
- Sonderfall **mitbestimmte Unternehmen**: Die Nichtigkeit tritt bereits dann ein, wenn die Aktionärsseite mehr Mitglieder wählt, als ihr gesetzlich zustehen.

d) Personenbezogene Nichtigkeitsgründe, Nr. 4

12 Liegen bei Beginn der Amtszeit des Gewählten Gründe vor, weshalb dieser nach § 100 Abs. 1, Abs. 2 AktG nicht Mitglied des Aufsichtsrates werden kann, ist seine Wahl nichtig. Maßgeblich ist dabei nicht der Tag des Hauptversammlungsbeschlusses, sondern der **Amtsbeginn**. Bis zu diesem Zeitpunkt können bestehende Hinderungsgründe beseitigt werden. Umstritten ist, ob die Heilung auch nach Amtsantritt noch möglich ist (so *J. Schröder*, Mängel und Heilung der Wählbarkeit, 1979, 31). Mangels einer gesetzlichen Regelung ist dies aber abzulehnen (vgl. MüKo AktG/*Hüffer* § 250 Rn. 14; *Hüffer* AktG, § 250 Rn. 9).

aa) Persönliche Voraussetzungen

13 Der Gewählte muss eine natürliche, unbeschränkt geschäftsfähige Person sein (§ 100 Abs. 1 AktG).

bb) Persönliche Bestellungshindernisse

14 Als persönliche Bestellungshindernisse i. S. d. Nr. 4 gelten:
- Überschreitung der höchstzulässigen Mandatszahl (§ 100 Abs. 2 Satz 1 Nr. 1 AktG);
- Stellung als gesetzlicher Vertreter eines von der Gesellschaft abhängigen Unternehmens (§ 100 Abs. 2 Satz 1 Nr. 2 AktG);
- Verbot der Überkreuzverflechtung (§ 100 Abs. 2 Satz 1 Nr. 3 AktG): Ein gesetzlicher Vertreter der AG darf nicht in den Aufsichtsrat einer anderen Kapitalgesellschaft gewählt werden, wenn ein gesetzlicher Vertreter dieser Kapitalgesellschaft bereits dem Aufsichtsrat der AG angehört.

15 **Ausländische Kapitalgesellschaften** sind vom Verbot der Überkreuzverflechtung ausgenommen (vgl. MüKo AktG/*Hüffer* § 250 Rn. 16; ablehnend GroßkommAktG/*K. Schmidt* § 250 Rn. 24). Streitig ist, ob das Verbot der Überkreuzverflechtung einen obligatorischen Aufsichtsrat der Kapitalgesellschaft voraussetzt. Nach der h. M. im Aktienrecht gilt das Verbot auch, wenn die andere Kapitalgesellschaft nur über einen fakultativen Aufsichtsrat verfügt (vgl. KölnKomm AktG/*Zöllner* § 250 Rn. 36; GroßkommAktG/*K. Schmidt* § 250 Rn. 24). Nach der im GmbH-Recht vorherrschenden Meinung gilt das Verbot zumindest nicht für den gesetzlichen Vertreter der GmbH, weil § 52 Abs. 1 GmbHG den § 100 Abs. 2 Satz 1 Nr. 3 AktG nicht für anwendbar erklärt (vgl. Baumbach/Hueck/*Zöllner/Noack* § 52 Rn. 31; MüKo AktG/*Hüffer* § 250 Rn. 16; *Hüffer* AktG, § 100 Rn. 6 f.).

cc) Unzulässige Funktionsverknüpfung

16 Gem. § 105 Abs. 1 AktG darf ein Aufsichtsratsmitglied nicht zugleich Vorstandsmitglied derselben AG sein und in ihr auch keine anderen leitenden Funktionen ausüben. Diese Vorschrift über eine weitere persönliche Voraussetzung fehlt im abschließend gedachten Katalog des Abs. 1. Es liegt folglich eine **Regelungslücke** vor, die im Wege der analogen Anwendung des Abs. 1 auf die Fälle des § 105 Abs. 1 AktG geschlossen werden muss (vgl. GroßkommAktG/*K. Schmidt* § 250 Rn. 25; KölnKomm AktG/*Zöllner* § 250 Rn. 37; MüKo AktG/*Hüffer* § 250 Rn. 17). Der Wahlbeschluss

ist somit auch nichtig, wenn der Gewählte in derselben AG eine in § 105 Abs. 1 AktG genannte Funktion ausübt.

Besteht ein **dauerhafter Widerstreit** zwischen den Interessen eines Aufsichtsratsmitgliedes und der Gesellschaft, ist das kein Hinderungsgrund zur Ausübung des Mandats analog § 100 Abs. 1 und 2 AktG. Deshalb sind Wahlbeschlüsse in solchen Fällen auch nicht in analoger Anwendung der Rechtsfolge nach Abs. 1 Nr. 4 von Anfang an nichtig oder anfechtbar. Vielmehr kann ein Aufsichtsratsmitglied nur gerichtlich abberufen werden, wenn der vorhandene Interessenswiderstreit zu einem Konflikt oder einem sonstigen Amtshindernis wird (s. auch *Semler/Stengel* NZG 2003, 1, 4 ff.). 17

III. Rechtsfolge

1. Unmittelbare Rechtsfolge

Die Nichtigkeit des Hauptversammlungsbeschlusses hat zur Folge, dass der Gewählte unabhängig von der Annahme der Wahl **nicht Mitglied des Aufsichtsrats** geworden ist. Wenn er trotz nichtiger Bestellung tätig wird, liegt ein fehlerhaftes Rechtsverhältnis mit aktienrechtlicher und strafrechtlicher Verantwortlichkeit des Betroffenen vor (vgl. § 101 AktG). Nach der Mindermeinung *Schürnbrands* hingegen hat der Gewählte nicht nur die Pflichten, sondern auch die Rechte eines vollwertigen Aufsichtsratsmitglieds (*Schürnbrand* NZG 2008, 609, 612). Für die Zeit der Tätigkeit besteht ein Vergütungsanspruch. Die Möglichkeit der Vermeidung dieser Rechtsfolge durch eine gerichtliche Bestellung von Mitgliedern des Aufsichtsrats im Fall einer Nichtigkeitsklage gem. § 104 Abs. 2 AktG analog wird unterschiedlich beurteilt (bejahend LG München I AG 2006, 762, 765 f. bestätigt vom BayVerfGH NZG 2006, 25, 28; *Kocher* NZG 2007, 372, 374; verneinend OLG Köln WM 2007, 837, 838 f.); *Hüffer* AktG, § 252 Rn. 8). 18

2. Mittelbare Rechtsfolge

Die Beschlüsse des Aufsichtsrats sind **nichtig**, soweit sie auf der Stimmabgabe nichtig gewählter Mitglieder beruhen: Ist der **gesamte Aufsichtsrat** fehlerhaft bestellt, sind alle Beschlüsse nichtig. Sind nur die Wahlen **einzelner Mitglieder** nichtig, so kommt es für die Wirksamkeit der gefassten Beschlüsse darauf an, ob die beteiligten wirksam bestellten Mitglieder allein beschlussfähig (§ 108 AktG) waren und ob durch ihre Stimmabgabe die für den Beschluss erforderliche Mehrheit erreicht wurde. Andernfalls ist der fragliche Beschluss nichtig. 19

C. Nichtigkeitsklage

Wie die Nichtigkeit anderer Hauptversammlungsbeschlüsse kann auch die Nichtigkeit des Wahlbeschlusses durch Nichtigkeitsklage als besondere Form der Feststellungsklage geltend gemacht werden. 20

I. Parteifähigkeit, Abs. 2

Die Parteifähigkeit ist **Sachurteilsvoraussetzung**. Neben Aktionären, dem Vorstand und einzelnen Mitgliedern des Vorstands sowie des Aufsichtsrats, die gem. § 50 Abs. 1 ZPO i.V.m. § 252 Abs. 1 AktG parteifähig sind, gewährleistet Abs. 2 auch der Arbeitnehmerseite den notwendigen Rechtsschutz, indem er Betriebsräte, Gewerkschaften und deren Spitzenorganisationen für parteifähig erklärt. Da die Parteifähigkeit der Gewerkschaften nach heutiger Auffassung bereits aus allgemeinen Grundsätzen herzuleiten ist, hat Abs. 2 insoweit nur noch **deklaratorischen Charakter**. Die Parteifähigkeit gilt ohne Einschränkung. Sie beinhaltet auch die Fähigkeit zur Nebenintervention. 21

II. Feststellungsinteresse

Zulässigkeitsvoraussetzung der Nichtigkeitsklage ist das Feststellungsinteresse des Klägers (§ 256 ZPO). Für Klagen eines Aktionärs, des Vorstands oder eines Mitglieds des Vorstands oder des 22

Aufsichtsrats folgt das Feststellungsinteresse bereits aus der Stellung als Anteilseigner bzw. aus der organschaftlichen Stellung.

23 Umstritten ist das Feststellungsinteresse bei **Vertretern der Arbeitnehmer**. Nach einer Auffassung ist es nur dann gegeben, wenn die Feststellung der Nichtigkeit der Wahl eines Arbeitnehmervertreters begehrt wird (*Rummel*, Die Mangelhaftigkeit von Aufsichtsratswahlen, 1969). Eine a. A. bejaht das Vorliegen des Feststellungsinteresses grundsätzlich und beruft sich dabei auf die Regelung des Abs. 2, der Arbeitnehmer- und Aktionärsseite gleichstellt (so KölnKomm AktG/*Zöllner* § 250 Rn. 52; AnwK-AktR/*Heidel* § 250 Rn. 12). Nach einer dritten, i. E. vermittelnden und vorzugswürdigen Meinung ist darauf abzustellen, ob es sich um eine mitbestimmte AG handelt: Nur wenn auch Arbeitnehmervertreter dem Aufsichtsrat angehören, hat die Arbeitnehmerseite ein offensichtlich berechtigtes Interesse an der ordnungsgemäßen Zusammensetzung des Aufsichtsrats und braucht daher kein besonderes Feststellungsinteresse nach § 256 ZPO nachzuweisen (so MüKo AktG/*Hüffer* § 250 Rn. 26; *Hüffer* AktG, § 250 Rn. 15; GroßkommAktG/*K. Schmidt* § 250 Rn. 37; MünchHdb GesR IV/*Semler* § 41 Rn. 118).

III. Anwendbare Vorschriften, Abs. 3

24 Die in Abs. 3 angeführten Vorschriften über die Anfechtungsklage gelten für die Nichtigkeitsklage entsprechend, auch für den Fall der Klage eines in Abs. 2 genannten Gremiums (vgl. *Hüffer* AktG, § 250 Rn. 14).

25 Ausdrücklich gilt auch das Prinzip der Doppelvertretung nach § 246 Abs. 2 Satz 2 AktG (vgl. § 246 AktG Rdn. 9). Dies kann zu merkwürdigen Konstellationen führen: Fraglich sind die wirksame Zustellung der Klage an ein von Anfang an nichtig bestelltes Aufsichtsratsmitglied sowie die wirksame Vertretung der AG durch ein solches vor Gericht. Problematisch wird dies in zunehmendem Maße, wenn die Gültigkeit der Wahlbeschlüsse des gesamten Aufsichtsrats zur Disposition steht. Das Gesetz sieht darin jedoch keinen Mangel, sodass diese Absonderlichkeit der Vorschrift ohne weitere Beachtung hinzunehmen ist (vgl. GroßkommAktG/*K. Schmidt* § 250 Rn. 39; KölnKomm AktG/*Zöllner* § 250 Rn. 55; i. E. MüKo AktG/*Hüffer* § 250 Rn. 27).

IV. Schlussbestimmungen

26 Die Wirkung des Urteils bestimmt sich nach den Vorschriften des § 252 AktG. Die Nichtigkeit der Wahl von Aufsichtsratsmitgliedern kann auch auf andere Weise als durch Erhebung der Klage geltend gemacht werden (Abs. 3 Satz 2; vgl. § 249 Abs. 1 Satz 2 AktG).

§ 251 Anfechtung der Wahl von Aufsichtsratsmitgliedern

(1) ¹Die Wahl eines Aufsichtsratsmitglieds durch die Hauptversammlung kann wegen Verletzung des Gesetzes oder der Satzung durch Klage angefochten werden. ²Ist die Hauptversammlung an Wahlvorschläge gebunden, so kann die Anfechtung auch darauf gestützt werden, daß der Wahlvorschlag gesetzwidrig zustande gekommen ist. ³§ 243 Abs. 4 und § 244 gelten.

(2) ¹Für die Anfechtungsbefugnis gilt § 245 Nr. 1, 2 und 4. ²Die Wahl eines Aufsichtsratsmitglieds, das nach dem Montan-Mitbestimmungsgesetz auf Vorschlag der Betriebsräte gewählt worden ist, kann auch von jedem Betriebsrat eines Betriebs der Gesellschaft, jeder in den Betrieben der Gesellschaft vertretenen Gewerkschaft oder deren Spitzenorganisation angefochten werden. ³Die Wahl eines weiteren Mitglieds, das nach dem Montan-Mitbestimmungsgesetz oder dem Mitbestimmungsergänzungsgesetz auf Vorschlag der übrigen Aufsichtsratsmitglieder gewählt worden ist, kann auch von jedem Aufsichtsratsmitglied angefochten werden.

(3) Für das Anfechtungsverfahren gelten die §§ 246, 247 und 248 Abs. 1 Satz 2 und § 248a.

Übersicht

		Rdn.				Rdn.
A.	Überblick	1	VI.	Keine Anfechtung nach Bestätigung		7
B.	Die Anfechtungsgründe im Einzelnen	2	C.	Anfechtungsbefugnis		8
I.	Verletzung von Gesetz oder Satzung, Abs. 1 Satz 1	2	I.	Anfechtung durch Aktionäre und Vorstand nach allgemeinen Regelungen, Abs. 2 Satz 1		8
II.	Gesetzeswidrig zustande gekommener Wahlvorschlag, Abs. 1 Satz 2	3	II.	Erweiterte Anfechtungsbefugnis bei der Wahl von Arbeitnehmervertretern, Abs. 2 Satz 2		9
III.	Auskunftsverweigerung, Abs. 1 Satz 3 i. V. m. § 243 Abs. 4 AktG	4	III.	Erweiterte Anfechtungsbefugnis bei der Wahl eines neutralen Aufsichtsratsmitglieds, Abs. 2 Satz 3		10
IV.	Keine Anfechtung bei Verfolgung von Sondervorteilen	5	D.	Anfechtungsverfahren		11
V.	Anfechtung bei Verletzung der Weitergabepflicht	6				

A. Überblick

§ 251 AktG regelt die Anfechtung des Hauptversammlungsbeschlusses, durch den Aufsichtsratsmitglieder gewählt worden sind. **Gegenstand der Anfechtung** nach § 251 AktG ist der Wahlbeschluss der Hauptversammlung. Von § 251 AktG nicht erfasst sind andere Formen der Wahl – insbesondere durch die Arbeitnehmer – oder eine Entsendung von Aufsichtsratsmitgliedern. Die Vorschrift stellt eine abschließende Sondernorm dar, die den allgemeinen Anfechtungsbestimmungen (§§ 243 ff. AktG) vorgeht (GroßkommAktG/*K. Schmidt* § 251 Rn. 1). Neben der Anpassung der allgemeinen Anfechtungsbestimmungen an die Eigenart des Wahlbeschlusses liegt der Normzweck des § 251 AktG vor allem darin, eine **besondere Anfechtungsmöglichkeit** für den Fall zu schaffen, dass die Hauptversammlung kraft mitbestimmungsrechtlicher Vorschriften an Wahlvorschläge gebunden ist (*Hüffer* AktG, § 251 Rn. 1).

B. Die Anfechtungsgründe im Einzelnen

I. Verletzung von Gesetz oder Satzung, Abs. 1 Satz 1

In Abs. 1 Satz 1 wird die Generalklausel zur Anfechtung in § 243 Abs. 1 AktG ausdrücklich wiederholt. Wie andere Hauptversammlungsbeschlüsse sind daher auch Wahlen zum Aufsichtsrat unter Gesetzesverletzung oder Satzungsverstoß anfechtbar. Eine **Gesetzesverletzung** liegt insbesondere vor, wenn Wahlvorschläge von Aktionären nicht nach §§ 126, 127 AktG bekannt gemacht werden (*Hüffer* AktG, § 251 Rn. 2), die Abstimmungsreihenfolge des § 137 AktG nicht eingehalten wird (GroßkommAktG/*K. Schmidt* § 251 Rn. 5) oder ein in der Entsprechenserklärung nicht offengelegter Interessenkonflikt besteht (OLG München NZG 2009, 508; LG Hannover NZG 2010, 744, 748). Eine Verletzung der Inkompatibilitätsregel des § 105 AktG berechtigt nicht zur Anfechtung, sondern führt nach h. M. zur Nichtigkeit des Beschlusses (GroßkommAktG/*K. Schmidt* § 251 Rn. 5). Nach h. M. begründet auch die Wahl von Interessenvertretern einer herrschenden Gesellschaft in den Aufsichtsrat eines abhängigen Unternehmens kein Anfechtungsrecht (MüKo AktG/ *Hüffer* § 251 Rn. 4). Werden mehr Arbeitnehmer in den Aufsichtsrat gewählt, als es die Drittelgrenze des § 4 Abs. 1 DrittelbG vorgibt, so ist dieser Wahlbeschluss nach h. M. gültig und nicht anfechtbar (BGH NJW 1975, 1657, 1658; a. A. *Hüffer* AktG, § 251 Rn. 2). Ein **Satzungsverstoß** liegt unter anderem dann vor, wenn der Gewählte die von der Satzung geforderten persönlichen Voraussetzungen (vgl. § 100 Abs. 4 AktG) nicht erfüllt (*Hüffer* AktG, § 251 Rn. 2). Auch wenn Aufsichtsratsmitglieder für eine kürzere als die in der Satzung vorgegebene Amtsdauer bestellt werden, ist der Beschluss anfechtbar (OLG Frankfurt am Main AG 1987, 159, 160; GroßkommAktG/*K. Schmidt* § 251 Rn. 6).

II. Gesetzeswidrig zustande gekommener Wahlvorschlag, Abs. 1 Satz 2

Nach der Bestimmung in Abs. 1 Satz 2 kann ein Wahlbeschluss auch dann angefochten werden, wenn ein Wahlvorschlag, an den die Hauptversammlung gebunden ist, gesetzeswidrig zustande

§ 251 AktG   Anfechtung der Wahl von Aufsichtsratsmitgliedern

kommt. Die Bindung der Hauptversammlung an einen Wahlvorschlag besteht gem. §§ 6, 8 MontanMitbestG, § 5 Abs. 3 Satz 2 MontanMitbestErgG im Fall der Wahl der Arbeitnehmervertreter und des neutralen Aufsichtsratsmitglieds (MüKo AktG/*Hüffer* § 251 Rn. 6). **Ungeschriebene Voraussetzung** ist nach ganz h. M., dass es sich um einen **Verstoß gegen wesentliche Vorschriften** handeln muss, §§ 19 BetrVG 1952, 8 Abs. 2 Montan-MitbestErgG, 22 Abs. 1 MitbestG 1976 analog (GroßkommAktG/*K. Schmidt* § 251 Rn. 9). Nicht vorausgesetzt ist, dass der Gesetzesverstoß kausal für den Wahlvorschlag war, denn sonst würde entgegen dem Zweck der Vorschrift nicht jeder Verstoß gegen Mitwirkungsrechte sanktioniert (GroßkommAktG/*K. Schmidt* § 251 Rn. 9). Wird ein nicht Vorgeschlagener gewählt, so führt das nicht zur Anfechtbarkeit, sondern zur Nichtigkeit der Wahl gem. § 250 Abs. 1 Nr. 2 AktG (*Hüffer* AktG, § 251 Rn. 3).

III. Auskunftsverweigerung, Abs. 1 Satz 3 i. V. m. § 243 Abs. 4 AktG

4   Ein Verstoß gegen das gesetzliche Auskunftsrecht des Aktionärs in § 131 AktG führt ebenfalls zur Anfechtbarkeit des Wahlbeschlusses. Aus § 243 Abs. 4 AktG ergibt sich, dass weder die Hauptversammlung noch der einzelne Aktionär die Vermutung widerlegen können, dass die Auskunftsverweigerung für das Zustandekommen des angefochtenen Wahlbeschlusses relevant war (GroßkommAktG/*K. Schmidt* § 251 Rn. 10).

IV. Keine Anfechtung bei Verfolgung von Sondervorteilen

5   Umstritten ist, ob die Verfolgung von Sondervorteilen (§ 243 Abs. 2 AktG) zu den genannten Anfechtungsgründen hinzugenommen werden sollte. Die h. M. akzeptiert die gesetzliche Entscheidung in Abs. 1 Satz 3, die nicht auf § 243 Abs. 2 AktG verweist, da Treuepflichtverletzungen und sonstige Missbräuche als Gesetzesverletzung erfasst werden könnten (OLG Hamburg AG 1972, 183, 187; *Hüffer* AktG, § 251 Rn. 5 m. w. N.; a. A. KölnKomm AktG/*Zöllner* § 251 Rn. 2, 8).

V. Anfechtung bei Verletzung der Weitergabepflicht

6   Nach h. M. begründen Fehler bei den Mitteilungspflichten von Kreditinstituten gem. § 128 AktG keinen Anfechtungsgrund (MüKo AktG/*Hüffer* § 251 Rn. 9). Der fehlende Verweis in Abs. 1 Satz 3 auf § 243 Abs. 3 AktG beruhe auf einem **Redaktionsfehler**. Außerdem greife auch hier derselbe tragende Gesichtspunkt, dass Verstöße gegen die Weitergabepflicht nicht der Gesellschaft zugerechnet werden könnten.

VI. Keine Anfechtung nach Bestätigung

7   Gem. Abs. 1 Satz 3 i. V. m. § 244 AktG ist ab dem Zeitpunkt, in dem ein Beschluss, der den anfechtbaren Wahlbeschluss bestätigt, unangreifbar geworden ist, eine Anfechtung ausgeschlossen. Ein **Bestätigungsbeschluss** ist auch dann möglich, wenn Streit hinsichtlich der richtigen Beschlussfeststellung durch den Versammlungsleiter besteht (OLG Stuttgart ZIP 2004, 1456, 1458). Eine Nichtigerklärung für die Vergangenheit bleibt möglich, sofern der Anfechtungskläger daran ein rechtliches Interesse hat, § 244 Satz 2 AktG.

C. Anfechtungsbefugnis

I. Anfechtung durch Aktionäre und Vorstand nach allgemeinen Regelungen, Abs. 2 Satz 1

8   In Abs. 2 Satz 1 wird auf die allgemeinen Regelungen zur Anfechtungsbefugnis in § 245 Nr. 1, 2 und 4 AktG verwiesen. Demnach sind anfechtungsberechtigt die **Aktionäre** unter den zusätzlichen Voraussetzungen des § 245 Nr. 1 und Nr. 2 AktG sowie der **Vorstand als Kollegialorgan** (§ 245 Nr. 4 AktG). Keine Anfechtungsbefugnis besteht in den Fällen des § 245 Nr. 3 und 5 AktG. Nach h. M. ergibt sich das neben dem eindeutigen Wortlaut des Abs. 2 Satz 1 auch aus dem Umstand, dass eine Anfechtungsklage gegen die Verfolgung von Sondervorteilen im Fall von § 251 nicht möglich sein soll (*Hüffer* AktG, § 251 Rn. 8).

II. Erweiterte Anfechtungsbefugnis bei der Wahl von Arbeitnehmervertretern, Abs. 2 Satz 2

Die Wahl eines Aufsichtsratsmitglieds, das nach dem MontanMitbestG auf Vorschlag der Betriebsräte gewählt worden ist, kann gem. Abs. 2 Satz 2 auch von jedem Betriebsrat eines Betriebs der Gesellschaft, jeder in den Betrieben der Gesellschaft vertretenen Gewerkschaft oder deren Spitzenorganisationen angefochten werden. Daneben soll auch der Gesamtbetriebsrat anfechtungsbefugt sein, §§ 250 Abs. 2 AktG, 22 Abs. 2 MitbestG 1976 analog (GroßkommAktG/*K. Schmidt* § 251 Rn. 17). Dem Arbeitnehmer schützenden Zweck der Norm entsprechend bezieht sich die Anfechtungsbefugnis nur auf die Wahl der Arbeitnehmervertreter nach § 4 Abs. 1 Satz 2 Buchst. b) MontanMitbestG und nicht auch auf die Wahl der Aktionärsvertreter nach § 4 Abs. 1 Satz 2 Buchst. a) MontanMitbestG (*Hüffer* AktG, § 251 Rn. 9).

9

III. Erweiterte Anfechtungsbefugnis bei der Wahl eines neutralen Aufsichtsratsmitglieds, Abs. 2 Satz 3

Abs. 2 Satz 3 bezieht sich auf die Wahl eines weiteren (neutralen) Aufsichtsratsmitglieds i. S. v. § 4 Abs. 1 Satz 2 Buchst. c) MontanMitbestG. Die Anfechtungsbefugnis wird in diesem Fall auf jedes Aufsichtsratsmitglied erweitert. Umstritten ist, ob sich das »auch« in Abs. 2 Satz 3 neben Abs. 2 Satz 1 auch auf Abs. 2 Satz 2 bezieht (*Hüffer* AktG, § 251 Rn. 9 m. w. N.). Langsam dürfte sich eine weite Auslegung durchsetzen, sodass auch bei Abs. 2 Satz 3 die Anfechtungsberechtigten des Abs. 2 Satz 2 – d. h. Betriebsräte etc. – als anfechtungsbefugt anzusehen sind (GroßkommAktG/*K. Schmidt* § 251 Rn. 18; *Hüffer* AktG, § 251 Rn. 9).

10

D. Anfechtungsverfahren

Im Wesentlichen gelten für das Anfechtungsverfahren die allgemeinen Regeln, vgl. Abs. 3 i. V. m. §§ 246, 247, 248 Abs. 1 Satz 2 AktG. Die nach Abs. 2 zur Anfechtung Befugten besitzen auch dann Parteifähigkeit, wenn diese nach dem Zivilprozessrecht (§ 50 ZPO) nicht gegeben wäre (*Hüffer* AktG, § 251 Rn. 10). Wenn die Gesellschaft im Anfechtungsprozess durch den Aufsichtsrat vertreten wird (vgl. § 246 Abs. 2 AktG), bleiben die Rechtshandlungen desjenigen Aufsichtsratsmitglieds, dessen Wahl angefochten wird, bis zur rechtskräftigen Entscheidung wirksam (GroßkommAktG/*K. Schmidt* § 251 Rn. 21). Für die Urteilswirkung gilt nicht die allgemeine Regel des § 248 Abs. 1 Satz 1 AktG, sondern die besondere Regelung des § 252 AktG. Im Übrigen sind die allgemeinen Verfahrensregelungen des § 248 Abs. 1 Satz 3 und 4 sowie Abs. 2 AktG nicht anwendbar, zumal sie auch schon tatbestandlich nicht einschlägig wären (MüKo AktG/*Hüffer* § 251 Rn. 18).

11

§ 252 Urteilswirkung

(1) Erhebt ein Aktionär, der Vorstand, ein Mitglied des Vorstands oder des Aufsichtsrats oder eine in § 250 Abs. 2 bezeichnete Organisation oder Vertretung der Arbeitnehmer gegen die Gesellschaft Klage auf Feststellung, daß die Wahl eines Aufsichtsratsmitglieds durch die Hauptversammlung nichtig ist, so wirkt ein Urteil, das die Nichtigkeit der Wahl rechtskräftig feststellt, für und gegen alle Aktionäre und Arbeitnehmer der Gesellschaft, alle Arbeitnehmer von anderen Unternehmen, deren Arbeitnehmer selbst oder durch Delegierte an der Wahl von Aufsichtsratsmitgliedern der Gesellschaft teilnehmen, die Mitglieder des Vorstands und des Aufsichtsrats sowie die in § 250 Abs. 2 bezeichneten Organisationen und Vertretungen der Arbeitnehmer, auch wenn sie nicht Partei sind.

(2) ¹Wird die Wahl eines Aufsichtsratsmitglieds durch die Hauptversammlung durch rechtskräftiges Urteil für nichtig erklärt, so wirkt das Urteil für und gegen alle Aktionäre sowie die Mitglieder des Vorstands und Aufsichtsrats, auch wenn sie nicht Partei sind. ²Im Fall des § 251 Abs. 2 Satz 2 wirkt das Urteil auch für und gegen die nach dieser Vorschrift anfechtungsberechtigten Betriebsräte, Gewerkschaften und Spitzenorganisationen, auch wenn sie nicht Partei sind.

§ 252 AktG Urteilswirkung

Übersicht

	Rdn.			Rdn.
A.	Nichtigkeitsklage- und -urteil, Abs. 1 ...	2	I. Allgemeines	4
I.	Allgemeines	2	II. Drittwirkung des Anfechtungsurteils ...	5
II.	Drittwirkung des Nichtigkeitsurteils	3	III. Rückwirkung des Anfechtungsurteils ...	6
B.	Anfechtungsklage- und -urteil, Abs. 2 ..	4		

1 § 252 AktG bezweckt, durch die angeordnete Drittwirkung des rechtskräftigen Nichtigkeits- bzw. Anfechtungsurteils Rechtsklarheit und Rechtssicherheit zu schaffen (MüKo AktG/*Hüffer* § 252 Rn. 2). Die eigentliche Bedeutung der Vorschrift liegt in der Einbeziehung der Arbeitnehmerseite (GroßkommAktG/*K. Schmidt* § 252 Rn. 1).

A. Nichtigkeitsklage- und -urteil, Abs. 1

I. Allgemeines

2 Abs. 1 behandelt den Fall, dass eine nach § 250 AktG eintretende Nichtigkeit der Wahl von Aufsichtsratsmitgliedern gerichtlich geltend gemacht wird. Nach h. M. handelt es sich hierbei nicht um eine Gestaltungsklage (so aber GroßkommAktG/*K. Schmidt* § 252 Rn. 6) sondern um eine **Feststellungsklage** mit **erweiterter Rechtskraftwirkung** (MüKo AktG/*Hüffer* § 252 Rn. 3).

II. Drittwirkung des Nichtigkeitsurteils

3 Die erweiterte Rechtskraftwirkung tritt ausschließlich dann ein, wenn eine der in Abs. 1 bezeichneten Personen oder Stellen klagt (Aktionär, Vorstand etc.). In diesem Fall entfaltet das die Nichtigkeit feststellende Urteil Wirkung für und gegen die Prozessparteien, sowie für sämtliche in Abs. 1 genannte Dritte. Darüber hinaus entspricht es der allgemeinen Auffassung, dass die Feststellungswirkung auch für und gegen jedermann gelten soll (*Hüffer* AktG, § 252 Rn. 3). Demnach können sich also auch Dritte, die nicht in Abs. 1 genannt sind, auf die Nichtigkeit der Wahl eines Aufsichtsratsmitglieds berufen und sie kann ihnen entgegengehalten werden.

B. Anfechtungsklage- und -urteil, Abs. 2

I. Allgemeines

4 Die Anfechtungsklage gem. Abs. 2 stellt unstreitig wie die Anfechtungsklage gem. §§ 246, 248 AktG eine **Gestaltungsklage** dar. Das ihr stattgebende Urteil entfaltet deshalb Wirkung **inter omnes** (für und gegen jedermann) und verändert die materielle Rechtslage. Gleichzeitig bindet das Urteil den in Abs. 2 genannten Personenkreis (d. h. Aktionäre, Mitglieder des Vorstands und Aufsichtsrats).

II. Drittwirkung des Anfechtungsurteils

5 Abs. 2 zieht seine Bedeutung nicht daraus, dass das Urteil für und gegen jedermann wirkt (denn dies ist bei Gestaltungsklagen i. d. R. der Fall), sondern wie § 248 Abs. 1 Satz 1 AktG daraus, dass es die **materielle Rechtskraft auf Dritte** erstreckt (*Hüffer* AktG, § 252 Rn. 6). Diese können dann nicht erneut Klage erheben. Die materielle Rechtskraft tritt zunächst für sämtliche Aktionäre und Verwaltungsmitglieder (Abs. 2 Satz 1) sowie im Fall des § 251 Abs. 2 Satz 2 AktG für Betriebsräte, Gewerkschaften und Spitzenorganisationen ein (Abs. 2 Satz 2), nicht jedoch für Arbeitnehmer der Gesellschaft oder von ihr abhängiger Unternehmen. Im Fall des § 251 Abs. 2 Satz 3 AktG, d. h. im Fall der Anfechtung der Wahl eines neutralen Aufsichtsratsmitglieds, sind nach dem Gesetzeswortlaut nur die in Abs. 2 Satz 1 Genannten an die materielle Rechtskraft gebunden. Da nach vordringender Auffassung im Fall des § 251 Abs. 2 Satz 3 AktG auch Betriebsräte, Gewerkschaften und Spitzenorganisationen anfechtungsbefugt sind (s. § 251 AktG Rdn. 10), ist Abs. 2 Satz 2 in diesem Fall analog anzuwenden (*Hüffer* AktG, § 252 Rn. 7, AnwK-AktR/*Heidel* § 252 Rn. 6).

III. Rückwirkung des Anfechtungsurteils

Auch bei der Anfechtung eines Wahlbeschlusses bleibt es bei der generell bei Anfechtungsurteilen eintretenden Rückwirkung (GroßkommAktG/*K. Schmidt* § 252 Rn. 12). Demnach gilt der erfolgreich angefochtene Hauptversammlungsbeschluss als **von Anfang an nichtig**. Zur Vermeidung dieser Rechtsfolge bei der Anfechtung von Wahlbeschlüssen durch eine analoge Anwendung von § 104 Abs. 2 AktG vgl. § 250 AktG Rdn. 18. Praktischen Probleme, die sich daraus ergeben, dass die Aufsichtsratstätigkeit bereits tatsächlich aufgenommen wurde, kann mit dem Institut des sog. »faktischen Organs« (GroßkommAktG/*K. Schmidt* § 252 Rn. 12) und im Fall von unwirksamen Rechtshandlungen gegenüber Dritten durch Rechtsscheinsgrundsätze abgeholfen werden (*Hüffer* AktG, § 252 Rn. 8).

6

§ 253 Nichtigkeit des Beschlusses über die Verwendung des Bilanzgewinns

(1) ¹Der Beschluß über die Verwendung des Bilanzgewinns ist außer in den Fällen des § 173 Abs. 3, des § 217 Abs. 2 und des § 241 nur dann nichtig, wenn die Feststellung des Jahresabschlusses, auf dem er beruht, nichtig ist. ²Die Nichtigkeit des Beschlusses aus diesem Grunde kann nicht mehr geltend gemacht werden, wenn die Nichtigkeit der Feststellung des Jahresabschlusses nicht mehr geltend gemacht werden kann.

(2) Für die Klage auf Feststellung der Nichtigkeit gegen die Gesellschaft gilt § 249.

Übersicht	Rdn.			Rdn.
A. Überblick	1	C.	Heilung, Abs. 1 Satz 2	8
B. Nichtigkeitsgründe, Abs. 1 Satz 1	2	D.	Geltendmachung und Rechtsfolge	10
I. Allgemeine Nichtigkeitsgründe	2	I.	Geltendmachung der Nichtigkeit	10
1. § 173 Abs. 3 AktG	3	II.	Rechtsfolge der Nichtigkeit	11
2. § 217 Abs. 2 AktG	4	1.	Keine Rechtswirkung des Gewinnverwendungsbeschlusses	11
3. § 241 AktG	5	2.	Schadensersatzanspruch gegen Abschlussprüfer	12
II. Besonderer Nichtigkeitsgrund: Nichtigkeit des Jahresabschlusses	7			

A. Überblick

§ 253 AktG regelt **abschließend** die Nichtigkeitsgründe für den Beschluss der Hauptversammlung über die Gewinnverwendung (MüKo AktG/*Hüffer* § 253 Rn. 2). Die Vorschrift beruht auf dem allgemeinen Rechtsgedanken der Kontinuität und gilt deshalb im Recht der GmbH für den Gewinnverwendungsbeschluss der Gesellschafterversammlung (§ 29 GmbHG) analog (vgl. MüKo AktG/*Hüffer* § 253 Rn. 1; GroßkommAktG/*K. Schmidt* § 253 Rn. 1; Baumbach/Hueck/*Zöllner* Anh. § 47 Rn. 62). Wichtigster Zweck der Norm ist, die Nichtigkeit des Jahresabschlusses als besonderen Nichtigkeitsgrund des Gewinnverwendungsbeschlusses anzuordnen (vgl. KölnKomm AktG/*Zöllner* § 253 Rn. 3). Ein Gewinnverwendungsbeschluss ist auch dann gegeben, wenn der verwendete Gewinn höher oder niedriger ist als der im Jahresabschluss ausgewiesene Gewinn (vgl. MüKo AktG/*Hüffer* § 253 Rn. 3; GroßkommAktG/*K. Schmidt* § 253 Rn. 2; anders: KölnKomm AktG/*Zöllner* § 253 Rn. 4).

1

B. Nichtigkeitsgründe, Abs. 1 Satz 1

I. Allgemeine Nichtigkeitsgründe

Für den Gewinnverwendungsbeschluss gelten die allgemeinen Nichtigkeitsgründe für Hauptversammlungsbeschlüsse. Da §§ 173 Abs. 3 und 217 Abs. 2 AktG nur besondere Wirksamkeitsvoraussetzungen für Beschlüsse der Hauptversammlung darstellen, bei deren Nichterfüllung der Beschluss zwar fehlerfrei gefasst, aber nicht wirksam ist, begründet § 253 AktG insoweit dogmatisch eigentlich nicht die Nichtigkeit des Beschlusses, sondern seine **endgültige Unwirksamkeit** (vgl.

2

§ 253 AktG Nichtigkeit des Beschlusses über die Verwendung des Bilanzgewinns

KölnKomm AktG/*Zöllner* § 253 Rn. 14 f.; MüKo AktG/*Hüffer* § 253 Rn. 4 f.; GroßkommAktG/*K. Schmidt* § 253 Rn. 4 f.). § 173 Abs. 3 AktG und § 217 Abs. 2 AktG sind als allgemeine Nichtigkeitsgründe auch schon in § 241 AktG aufgeführt. Ihre ausdrückliche Nennung wäre somit entbehrlich und hat nur klarstellenden Charakter (vgl. GroßkommAktG/*K. Schmidt* § 253 Rn. 5).

1. § 173 Abs. 3 AktG

3   Der Gewinnverwendungsbeschluss ist nichtig (besser endgültig unwirksam), wenn die Hauptversammlung den Jahresabschluss einer prüfungspflichtigen Gesellschaft feststellt (§ 173 Abs. 1 AktG), der geprüfte Jahresabschluss geändert, nicht innerhalb von 2 Wochen eine erneute Prüfung durchgeführt und ein uneingeschränkter schriftlicher Bestätigungsvermerk ins Handelsregister eingetragen wird. Dieser Nichtigkeitsgrund findet bei kleinen AGs (§§ 267 Abs. 1, 316 Abs. 1 Satz 1 AktG) mangels Prüfungspflichtigkeit und auch bei freiwilliger Prüfung des Jahresabschlusses keine Anwendung (vgl. MüKo AktG/*Hüffer* § 253 Rn. 4).

2. § 217 Abs. 2 AktG

4   Ebenso wird nach § 217 Abs. 2 AktG der Beschluss über rückwirkende Gewinnbeteiligung neu ausgegebener Aktien bei Kapitalerhöhungen endgültig unwirksam, wenn er nicht innerhalb von 3 Monaten ins Handelsregister eingetragen wird.

3. § 241 AktG

5   Daneben gelten alle in § 241 AktG genannten, **allgemeinen Nichtigkeitsgründe** auch im Fall des Hauptversammlungsbeschlusses über die Gewinnverwendung (zu den einzelnen Nichtigkeitsgründen s. Kommentierung zu § 241 AktG). Besondere Bedeutung für den Gewinnverwendungsbeschluss haben:
– §§ 241 Nr. 3, 3. Alt. i. V. m. 174 Abs. 1 Satz 2 AktG: Nichtigkeit des Gewinnverwendungsbeschlusses bei Verstoß gegen die Bindung an den ausgewiesenen Gewinn im festgestellten Jahresabschluss. Dies gilt auch im Ausnahmefall der Feststellung des Jahresabschlusses durch die Hauptversammlung nach § 173 AktG (MüKo AktG/*Hüffer* § 253 Rn. 7).
– §§ 241 Nr. 5 i. V. m. 254 AktG: Nichtigkeit des Beschlusses aufgrund erfolgreicher Anfechtung wegen übermäßiger Rücklagenbildung (MüKo AktG/*Hüffer* § 253 Rn. 7; GroßkommAktG/*K. Schmidt* § 253 Rn. 6; AnwK-AktR/*Heidel* § 253 Rn. 2).

6   Dagegen führen **Verstöße gegen § 174 Abs. 2 AktG** nicht zur Nichtigkeit, sondern nur zur **Anfechtbarkeit** des Gewinnverwendungsbeschlusses. Dies gilt selbst dann, wenn die Hauptversammlung vom Vorschlag der Verwaltung abweicht, zusätzlicher (steuerlicher) Aufwand entsteht und dieser im Beschluss zu niedrig angegeben worden ist (so: MünchHdb GesR IV/*Semler* § 41 Rn. 123; MüKo AktG/*Hüffer* § 253 Rn. 7; AnwK-AktR/*Heidel* § 253 Rn. 3; *Hüffer* AktG, § 253 Rn. 3; KölnKomm AktG/*K. Schmidt* § 253 Rn. 10; dagegen *Geßler* AktG, § 168 Rn. 24: Nichtigkeit bei »wesentlichen Beträgen«).

II. Besonderer Nichtigkeitsgrund: Nichtigkeit des Jahresabschlusses

7   Als einzigen besonderen Nichtigkeitsgrund normiert § 253 AktG, dass der Beschluss über die Gewinnverwendung auch nichtig ist, wenn er auf einem nichtig festgestellten Jahresabschluss beruht. Der Jahresabschluss ist nichtig, wenn einer der in § 256 AktG genannten Nichtigkeitsgründe vorliegt (wegen einzelner Gründe s. Kommentierung zu § 256 AktG) oder der Jahresabschluss erfolgreich angefochten wurde (s. § 257 AktG). Der Gewinnverwendungsbeschluss beruht auf dem Jahresabschluss, wenn er von dem dort ausgewiesenen Gewinn ausgeht. Dabei ist unerheblich, ob bei erneuter Prüfung des Jahresabschlusses derselbe oder ein anderer Betrag festgestellt wird (vgl. KölnKomm AktG/*Zöllner* § 253 Rn. 16 ff.; MüKo AktG/*Hüffer* § 253 Rn. 8; GroßkommAktG/*K. Schmidt* § 253 Rn. 7; AnwK-AktR/*Heidel* § 253 Rn. 4; *Hüffer* AktG, § 253 Rn. 4).

C. Heilung, Abs. 1 Satz 2

Bei Nichtigkeit wegen Beruhens auf einem nichtig festgestellten Jahresabschluss tritt eine Heilung des Gewinnverwendungsbeschlusses **mit der Heilung des Jahresabschlusses** ein (s. insoweit Kommentierung zu § 256 Abs. 6 AktG). Die **Heilungsfrist** wird nur bei einer Klage gegen den Jahresabschluss verlängert. Eine Klage gegen den Gewinnverwendungsbeschluss hindert dagegen die Heilungswirkung nicht (vgl. KölnKomm AktG/*Zöllner* § 253 Rn. 20; MüKo AktG/*Hüffer* § 253 Rn. 10; GroßkommAktG/*K. Schmidt* § 253 Rn. 9; *Hüffer* AktG, § 253 Rn. 5).

Eine Heilung sonstiger Nichtigkeitsgründe nach § 242 AktG scheidet aus, weil sie die **Eintragung ins Handelsregister** voraussetzen, der Gewinnverwendungsbeschluss aber nicht eintragungsfähig ist. Ausnahme: Im Fall des § 217 Abs. 2 AktG wird der Beschluss wirksam, wenn nach verspäteter Eintragung der Kapitalerhöhung ins Handelsregister die 3-Jahres-Frist nach § 242 Abs. 2 AktG verstrichen ist (vgl. MüKo AktG/*Hüffer* § 253 Rn. 9; GroßkommAktG/*K. Schmidt* § 253 Rn. 8; AnwK-AktR/*Heidel* § 253 Rn. 6; *Hüffer* AktG, § 253 Rn. 5).

D. Geltendmachung und Rechtsfolge

I. Geltendmachung der Nichtigkeit

Die Nichtigkeit des Gewinnverwendungsbeschlusses kann in jeder beliebigen Weise geltend gemacht werden. Der Wortlaut des Abs. 2 ist insoweit zu eng (ganz h. M.: KölnKomm AktG/*Zöllner* § 253 Rn. 23; MüKo AktG/*Hüffer* § 253 Rn. 12; GroßkommAktG/*K. Schmidt* § 253 Rn. 11). Wird eine **Nichtigkeitsklage** angestrengt, so sind gem. Abs. 2 die Vorschriften des § 249 AktG sinngemäß anzuwenden. Es gelten insbesondere auch die Vorschriften über die Prozessverbindung, § 249 Abs. 1 AktG (vgl. MüKo AktG/*Hüffer* § 253 Rn. 12; GroßkommAktG/*K. Schmidt* § 253 Rn. 11; *Hüffer* AktG, § 253 Rn. 6). Ein zur Nebenintervention berechtigendes rechtliches Interesse gem. § 66 Abs. 1 ZPO eines Aktionärs gegen einen Mitaktionär, der gegen die Gesellschaft auf Nichtigkeit des Gewinnverwendungsbeschlusses klagt, folgt bereits aus der Rechtskrafterstreckung des Urteils auf die Mitaktionäre (gem. Abs. 2, §§ 249, 248 Abs. 1 AktG, vgl. OLG Frankfurt am Main BB 2001, 2392).

II. Rechtsfolge der Nichtigkeit

1. Keine Rechtswirkung des Gewinnverwendungsbeschlusses

Ein nichtiger Gewinnverwendungsbeschluss entfaltet keine Rechtswirkung. Die Aktionäre haben keinen Anspruch auf Zahlung der Dividende, weil dieser gem. § 58 Abs. 4 AktG erst in Verbindung mit einem wirksamen Gewinnverwendungsbeschluss entsteht. Die AG darf und muss die Auszahlung der Dividende verweigern. Dennoch ausgezahlte Dividenden sind rechtsgrundlos erfolgt und unterliegen dem Rückgewähranspruch gem. § 62 AktG (vgl. KölnKomm AktG/*Zöllner* § 253 Rn. 22; GroßkommAktG/*K. Schmidt* § 253 Rn. 10; AnwK-AktR/*Heidel* § 253 Rn. 7; *Hüffer* AktG, § 253 Rn. 7). Die Rückzahlung ist bei Gutgläubigkeit der Aktionäre gem. § 62 Abs. 1 Satz 2 AktG ausgeschlossen (s. hierzu Kommentierung zu § 62 AktG).

2. Schadensersatzanspruch gegen Abschlussprüfer

Ein Schadensersatzanspruch gegen einen Abschlussprüfer wegen einer Pflichtverletzung nach § 323 HGB, die zu einer fehlerhaften Ausweisung des Gewinns im Jahresabschluss und zur Verwendung eines Gewinns in falscher Höhe geführt hat, entsteht mit dem Gewinnverwendungsbeschluss. Gleichzeitig beginnt die **Verjährung** (BGH NJW 1994, 323; Baumbach/Hopt/*Hopt/Merkt* § 323 Rn. 12).

Strittig ist, ob insoweit auch ein **nichtiger Gewinnverwendungsbeschluss** ausreicht (so MüKo AktG/*Hüffer* § 253 Rn. 11, der auf den Entschließungsakt abstellt und die scheinbare Schaffung der Gewinnausschüttungsvoraussetzungen genügen lässt). Nach st. Rspr. beginnt die Verjährung mit Entstehen des Anspruchs, sobald alle Anspruchsvoraussetzungen erfüllt sind, grundsätzlich mit Eintritt eines (kausalen) Schadens, sonst mit der unabwendbaren Ingangsetzung der Kausalkette – also mit dem Unabwendbarwerden des (zukünftigen) Schadenseintritts (so u.a. BGH NJW 1987, 1887). Lediglich die Risikobegründung eines Schadenseintritts reicht insoweit nicht aus. Daher muss auch für den Beginn des Schadensersatzanspruchs gegen den Abschlussprüfer ein **unabwendbarer Vermögensschaden** der AG **eingetreten sein**. Ein solcher liegt vor, wenn der Vermögensstand der AG abgenommen hat. Tatsächlich ist dies erst mit dem Dividendenzahlungsanspruch der Aktionäre der Fall, nicht aber bereits mit einem nichtigen Gewinnverwendungsbeschluss, der keinen Ausschüttungsanspruch begründet. Bis zur Auszahlung haben die Vertreter der AG daher noch die Möglichkeit, die Fehler zu bemerken und die Auszahlung zu verweigern. Bis zur Ausschüttung besteht folglich nur die **Gefahr eines Vermögensschadens**. Und selbst nach Auszahlung ist ein Vermögensschaden nur entstanden, soweit der Rückgewähranspruch nach § 62 AktG aufgrund Gutgläubigkeit gem. § 62 Abs. 1 Satz 2 AktG ausscheidet (GroßkommHGB/*Zimmer* § 323 Rn. 31). Somit beginnt nach richtiger Ansicht die **Verjährung** des Schadensersatzanspruchs gegen den Abschlussprüfer bei einem nichtigen Gewinnverwendungsbeschluss erst mit der **endgültigen Unabwendbarkeit** des Schadenseintritts, also mit der Auszahlung gem. § 62 Abs. 1 Satz 2 AktG nicht rückforderbarer Dividenden an die Aktionäre.

14 Ist der Gewinnverwendungsbeschluss eines Jahres nichtig, ohne geheilt oder behoben worden zu sein, und wird er in der Bilanz des Folgejahres falsch behandelt – weil der rechtsgrundlos ausgeschüttete Gewinn noch immer zum Vermögen der AG gehört und nicht passiviert ist –, so führt dies zur objektiven Unrichtigkeit und Fehlerhaftigkeit dieses Jahresabschlusses gem. § 246 HGB (vgl. *Grumann/Gillmann* NZG 2004, 839).

§ 254 Anfechtung des Beschlusses über die Verwendung des Bilanzgewinns

(1) Der Beschluß über die Verwendung des Bilanzgewinns kann außer nach § 243 auch angefochten werden, wenn die Hauptversammlung aus dem Bilanzgewinn Beträge in Gewinnrücklagen einstellt oder als Gewinn vorträgt, die nicht nach Gesetz oder Satzung von der Verteilung unter die Aktionäre ausgeschlossen sind, obwohl die Einstellung oder der Gewinnvortrag bei vernünftiger kaufmännischer Beurteilung nicht notwendig ist, um die Lebens- und Widerstandsfähigkeit der Gesellschaft für einen hinsichtlich der wirtschaftlichen und finanziellen Notwendigkeiten übersehbaren Zeitraum zu sichern und dadurch unter die Aktionäre kein Gewinn in Höhe von mindestens vier vom Hundert des Grundkapitals abzüglich von noch nicht eingeforderten Einlagen verteilt werden kann.

(2) ¹Für die Anfechtung gelten die §§ 244 bis 246, 247 bis 248a. ²Die Anfechtungsfrist beginnt auch dann mit der Beschlußfassung, wenn der Jahresabschluß nach § 316 Abs. 3 des Handelsgesetzbuchs erneut zu prüfen ist. ³Zu einer Anfechtung nach Absatz 1 sind Aktionäre nur befugt, wenn ihre Anteile zusammen den zwanzigsten Teil des Grundkapitals oder den anteiligen Betrag von 500 000 Euro erreichen.

Übersicht	Rdn.		Rdn.
A. Überblick	1	III. Ausschluss der Anfechtung	6
B. Anfechtungsvoraussetzungen, Abs. 1	4	C. Anfechtungsverfahren, Abs. 2	8
I. Gewinnverteilung unter 4%-Grenze	4	I. Allgemeines	8
II. Überhöhte Dotierung der Rücklagen bzw. des Gewinnvortrags	5	II. Anfechtungsbefugnis, Abs. 2 Satz 3	9

A. Überblick

1 Mit § 254 AktG steht ein **spezifischer Anfechtungsgrund** für den Gewinnverwendungsbeschluss (§ 174 AktG) zur Verfügung. Er ergänzt die allgemeinen Anfechtungsgründe des § 243 AktG und greift bei übermäßiger Rücklagenbildung durch die Hauptversammlung. Der Regelungszweck des § 254 AktG wird im **Schutz der Minderheit** vor Aushungerungspolitik der Mehrheit gesehen (*Hüffer* AktG, § 254 Rn. 1; GroßkommAktG/*K. Schmidt* § 254 Rn. 1). Darüber hinaus wird teil-

weise angenommen, dass die Vorschrift dem Individualschutz des Minderheitsaktionärs dient (so GroßkommAktG/*K. Schmidt* § 254 Rn. 1).

Von § 254 AktG wird ausschließlich die **Dotierung von Gewinnrücklagen** oder der **Gewinnvortrag im Verwendungsbeschluss** – d. h. der Fall des § 58 Abs. 3 AktG – abgedeckt (MüKo AktG/*Hüffer* § 254 Rn. 2). Der Fall des § 58 Abs. 2 AktG wird nicht von § 254 AktG erfasst (BGHZ 55, 359, 364 f.; GroßkommAktG/*K. Schmidt* § 254 Rn. 4). Wenn demnach der Vorstand und der Aufsichtsrat gegen § 58 Abs. 2 AktG verstoßen, indem sie unerlaubt Gewinnrücklagen einstellen, so ist die Feststellung des Jahresabschlusses gem. § 256 Abs. 1 Nr. 4 AktG nichtig (MüKo AktG/*Hüffer* § 254 Rn. 5).

§ 254 AktG lässt eine Anfechtung des Gewinnverwendungsbeschlusses nach den allgemeinen Vorschriften des § 243 AktG ausdrücklich zu. Eine Anfechtung wegen Gesetzesverletzung ist insbesondere möglich, wenn der Bilanzgewinn entgegen § 58 Abs. 3 Satz 2 AktG ohne eine entsprechende Satzungsermächtigung anderweitig verwandt oder der nach § 174 Abs. 2 AktG vorgeschriebene Beschlussinhalt missachtet wird (*Hüffer* AktG, § 254 Rn. 2). Aber auch Satzungsverstöße können zur Anfechtbarkeit des Gewinnverwendungsbeschlusses führen (OLG Düsseldorf NJW 1982, 2200 [LS] = WM 1982, 649 zur GmbH). Auch eine unzulässige Verfolgung von Sondervorteilen (§ 243 Abs. 2 AktG) wird von Teilen der Lehre als denkbar angesehen, bspw., wenn die Mehrheit die Absicht hat, durch ein »Aushungern« der Minderheit deren Aktien günstig zu übernehmen (GroßkommAktG/*K. Schmidt* § 254 Rn. 5).

B. Anfechtungsvoraussetzungen, Abs. 1

I. Gewinnverteilung unter 4 %-Grenze

Die Anfechtung des Gewinnverwendungsbeschlusses gem. Abs. 1 setzt voraus, dass die Gewinnverteilung unter die Aktionäre **4 % des durch Einlagen belegten Grundkapitals unterschreitet**. Nicht eingeforderte Einlagen (vgl. §§ 54, 63 AktG) sind vom Grundkapital abzuziehen (*Hüffer* AktG, § 254 Rn. 3). Bei der Berechnung der Mindestdividende ist nicht auf die Gesamtausschüttung, sondern auf den Betrag abzustellen, der dem einzelnen Aktionär zufließt (GroßkommAktG/*K. Schmidt* § 254 Rn. 7; KölnKomm AktG/*Zöllner* § 254 Rn. 13; a. A. *Hüffer* AktG, § 254 Rn. 3 m. w. N.), denn Abs. 1 soll seinem Zweck nach dem einzelnen Aktionär eine Mindestdividende von 4 % sichern (BGHZ 84, 303, 305). Wenn demnach die Gesamtausschüttung die 4 %-Grenze nicht erreicht, einige Aktionäre aber aufgrund ungleicher Gewinnverteilung (z. B. bei Vorzugsaktien) eine Dividende von 4 % oder mehr erhalten, so steht diesen Aktionären kein Anfechtungsrecht zu (GroßkommAktG/*K. Schmidt* § 254 Rn. 7).

II. Überhöhte Dotierung der Rücklagen bzw. des Gewinnvortrags

Ursache für die verfehlte Mindestausschüttung muss eine überhöhte Dotierung der Rücklagen oder des Gewinnvortrags sein. Kommt es zu einer Schmälerung der Gewinnausschüttung aufgrund anderer Ursachen – bspw. einen Verstoß gegen § 58 Abs. 3 Satz 2 AktG –, so berechtigt dies nicht zur Anfechtung nach Abs. 1 (ggf. aber nach § 243 AktG).

III. Ausschluss der Anfechtung

Eine Anfechtung ist ausgeschlossen, wenn Beträge in Rücklagen eingestellt oder als Gewinn vorgetragen werden, die kraft Gesetzes oder Satzung von der Verteilung an die Aktionäre ausgeschlossen sind. **Gesetzliche Ausschüttungsverbote** haben kaum praktische Bedeutung, da die gesetzliche Rücklage bereits in der Bilanz zu bilden ist (§§ 150 Abs. 1 und 2 AktG; § 270 HGB) und damit der entsprechende Betrag nicht mehr in den Bilanzgewinn eingeht (MüKo AktG/*Hüffer* § 254 Rn. 13). Hinsichtlich des Gewinnvortrags ist für den unverteilbaren Spitzenbetrag anzunehmen, dass dieser unter den Ausnahmetatbestand fällt (s. a. BGHZ 23, 150, 155; *Hüffer* AktG, § 254 Rn. 5). Satzungsmäßige Ausschüttungsverbote bzw. -beschränkungen sind nach h. M. zulässig (MüKo AktG/*Hüffer* § 254 Rn. 13 m. w. N.). Mit ihnen hatte die Rechtsprechung bislang im Gemeinnützigkeitsbereich zu tun (s. zum gemeinnützigen Wohnungsbau BGHZ 84, 303, 305 ff.).

§ 255 AktG Anfechtung der Kapitalerhöhung gegen Einlagen

7 Die Anfechtung nach § 254 AktG ist auch dann ausgeschlossen, wenn die Rücklagenbildung oder der Gewinnvortrag erforderlich ist, um die Lebens- und Widerstandsfähigkeit der Gesellschaft für einen hinsichtlich der wirtschaftlichen und finanziellen Notwendigkeiten übersehbaren Zeitraum zu sichern. Mit anderen Worten ist die Anfechtung ausgeschlossen, wenn die **Gewinnthesaurierung wirtschaftlich notwendig** ist (*Hüffer* AktG, § 254 Rn. 7). Eine Maßnahme sichert die Lebens- und Widerstandsfähigkeit der Gesellschaft (zum Begriff s. schon RGZ 116, 119) jedenfalls dann, wenn sie der Erhaltung der Substanz und des relativen Standes der AG dient (MüKo AktG/*Hüffer* § 254 Rn. 15). Beurteilungsmaßstab ist die vernünftige kaufmännische Auffassung. Der zu beurteilende Zeitraum wird mittlerweile von der h. M. bei 5 Jahren angesiedelt (GroßkommAktG/*K. Schmidt* § 254 Rn. 10; KölnKomm AktG/*Zöllner* § 254 Rn. 20).

C. Anfechtungsverfahren, Abs. 2

I. Allgemeines

8 In Abs. 2 Satz 1 wird auf die allgemeinen Vorschriften (§§ 244 bis 246, 247 bis 248a AktG) für das Anfechtungsverfahren verwiesen. § 246a AktG gilt daher nicht, § 248a AktG findet dagegen Anwendung. In Abs. 2 Satz 2 wird klargestellt, dass eine Nachtragsprüfung i. S. v. § 316 Abs. 3 HGB den Fristbeginn – der auf die Hauptversammlung folgende Tag – nicht hinausschiebt. Entsprechendes soll für Nachtragsprüfungen gem. § 173 Abs. 3 AktG gelten (*Hüffer* AktG, § 254 Rn. 8).

II. Anfechtungsbefugnis, Abs. 2 Satz 3

9 Zur Anfechtung nach Abs. 1 sind Aktionäre nur dann befugt, wenn sie 5 % des Grundkapitals oder den anteiligen Betrag von 500.000 Euro erreichen (Abs. 2 Satz 3). Nach der wohl h. M. hat die Minderheit **kumulativ** die Voraussetzungen des § 245 Nr. 1 und Nr. 2 AktG zu erfüllen (GroßkommAktG/*K. Schmidt* § 254 Rn. 12; KölnKomm AktG/*Zöllner* § 254 Rn. 23; a. A. *Hüffer* AktG, § 254 Rn. 9: § 245 Nr. 1 und Nr. 2 nur bei einem Aktionär und Quorum bis zur Klageerhebung erreicht). Außerdem muss das Quorum während der gesamten Dauer des Rechtsstreits bis zur letzten Tatsachenverhandlung bestehen bleiben (GroßkommAktG/*K. Schmidt* § 254 Rn. 13; KölnKomm AktG/*Zöllner* § 254 Rn. 23). Nicht ausreichend ist es daher, wenn das Quorum nur bei Klageerhebung besteht (so aber *Hüffer* AktG, § 254 Rn. 9). Wenn durch Klagerücknahme das Quorum unterschritten wird, so entfällt die Anfechtungsbefugnis nach Abs. 2 Satz 3 (GroßkommAktG/*K. Schmidt* § 254 Rn. 13).

§ 255 Anfechtung der Kapitalerhöhung gegen Einlagen

(1) Der Beschluß über eine Kapitalerhöhung gegen Einlagen kann nach § 243 angefochten werden.

(2) ¹Die Anfechtung kann, wenn das Bezugsrecht der Aktionäre ganz oder zum Teil ausgeschlossen worden ist, auch darauf gestützt werden, daß der sich aus dem Erhöhungsbeschluß ergebende Ausgabebetrag oder der Mindestbetrag, unter dem die neuen Aktien nicht ausgegeben werden sollen, unangemessen niedrig ist. ²Dies gilt nicht, wenn die neuen Aktien von einem Dritten mit der Verpflichtung übernommen werden sollen, sie den Aktionären zum Bezug anzubieten.

(3) Für die Anfechtung gelten §§ 244 bis 248a.

Übersicht	Rdn.			Rdn.
A. Überblick	1	C.	Anfechtung wegen vermögensmäßiger Entwertung, Abs. 2	4
B. Anfechtung nach den allgemeinen Vorschriften, Abs. 1 i. V. m. § 243 AktG .	2	I.	Direkte Anwendung des Abs. 2	4
I. Anfechtung wegen Verletzung des Gesetzes oder der Satzung, § 243 Abs. 1 AktG	2	II.	Analoge Anwendung des Abs. 2	7
		III.	Sonderfälle des Abs. 2	8
II. Anfechtung wegen Verfolgung von Sondervorteilen, § 243 Abs. 2 AktG	3	IV.	Ausnahme mittelbares Bezugsrecht, Abs. 2 Satz 2	11
		D.	Anwendbare Vorschriften, Abs. 3	12

A. Überblick

§ 255 AktG stellt eine **Spezialregelung** für die Anfechtung von **Beschlüssen über effektive Kapitalerhöhungen** dar. Die Regelung betrifft daher Beschlüsse über eine Kapitalerhöhung gegen Einlagen (§§ 182 ff. AktG), über die bedingte Kapitalerhöhung (§§ 192 ff. AktG) sowie über die Schaffung eines genehmigten Kapitals (§§ 202 ff. AktG). Dagegen gilt § 255 AktG nicht für Kapitalerhöhungen aus Gesellschaftsmitteln (§§ 207 ff. AktG). Die Vorschrift – vor allem Abs. 2 – dient dem Verwässerungsschutz: Die vom Bezugsrecht (§ 186 Abs. 1 AktG) ausgeschlossenen Aktionäre (gem. § 186 Abs. 3 oder 4 AktG) sollen davor geschützt werden, dass sich ihre Beteiligungen entwerten, wenn zusätzliche Aktien geschaffen werden, ohne dass die dafür geleisteten Einlagen ihrem Wert entsprechen (MüKo AktG/*Hüffer* § 255 Rn. 2).

B. Anfechtung nach den allgemeinen Vorschriften, Abs. 1 i. V. m. § 243 AktG

I. Anfechtung wegen Verletzung des Gesetzes oder der Satzung, § 243 Abs. 1 AktG

Nach Abs. 1 bleibt eine Anfechtung des Kapitalerhöhungsbeschlusses nach den allgemeinen Regelungen (§ 243 AktG) uneingeschränkt möglich. Eine Anfechtung nach § 243 Abs. 1 AktG setzt eine Verletzung des Gesetzes oder der Satzung voraus. Eine Gesetzesverletzung i. S. v. § 243 Abs. 1 AktG ist insbesondere dann anzunehmen, wenn der Ausschluss des Bezugsrechts schlechthin zu beanstanden ist (*Hüffer* AktG, § 255 Rn. 3). Das ist unter anderem der Fall, wenn Aktionären das Bezugsrecht genommen wird, ohne dass dafür sachliche Gründe aus Gesellschaftsinteresse bestehen (BGHZ 71, 40, 43 ff.; 83, 319, 321; *Hüffer* AktG, § 255 Rn. 3).

II. Anfechtung wegen Verfolgung von Sondervorteilen, § 243 Abs. 2 AktG

Die Anfechtung eines Kapitalerhöhungsbeschlusses kann gem. § 243 Abs. 2 i. V. m. Abs. 1 AktG auch darauf gestützt werden, dass mit der Stimmrechtsausübung in unzulässiger Weise Sondervorteile verfolgt worden sind. Da im Fall des Vorliegens der Voraussetzungen des Abs. 2 (Ausschluss des Bezugsrechts, unangemessen niedriger Ausgabekurs) Sondervorteile für die bezugsberechtigten Aktionäre bzw. Dritte entstehen, können die beiden Anfechtungsgründe kumulativ vorliegen (MüKo AktG/*Hüffer* § 255 Rn. 6). Abs. 2 enthält demnach keine verdrängende Regelung (MüKo AktG/*Hüffer* § 255 Rn. 6). Die Anfechtungen gem. § 243 Abs. 2 AktG und § 255 Abs. 2 AktG unterscheiden sich lediglich darin, dass Abs. 2 auf subjektive Erfordernisse verzichtet (GroßkommAktG/*K. Schmidt* § 255 Rn. 1; MüKo AktG/*Hüffer* § 255 Rn. 2).

C. Anfechtung wegen vermögensmäßiger Entwertung, Abs. 2

I. Direkte Anwendung des Abs. 2

Der dem Verwässerungsschutz für Minderheitsaktionäre dienende Abs. 2 setzt zunächst voraus, dass das **Bezugsrecht** der Aktionäre **ganz oder teilweise ausgeschlossen** ist. Bei bedingten Kapitalerhöhungen ergibt sich die Beschränkung bereits aus dem Zweck der nur bedingten Kapitalzuführung (GroßkommAktG/*K. Schmidt* § 255 Rn. 10).

Weiter setzt der besondere Anfechtungsgrund des Abs. 2 voraus, dass der im Erhöhungsbeschluss festgesetzte **Ausgabe- oder Mindestbetrag unangemessen niedrig** ist. Als Ausgangspunkt der Beurteilung dieser Frage soll nach h. M. der sog. wirkliche Unternehmenswert unter Einschluss der stillen Reserven und des inneren Geschäftswerts herangezogen werden (OLG Frankfurt am Main AG 1999, 231, 232 f.; *Hüffer* AktG, § 255 Rn. 5; GroßkommAktG/*K. Schmidt* § 255 Rn. 12). Die Unternehmensbewertung ist jedoch nicht allein maßgebend; vielmehr kommt es auf den Einzelfall an (GroßkommAktG/*K. Schmidt* § 255 Rn. 12). Wenn ein Börsenkurs besteht, so gilt gem. § 186 Abs. 3 Satz 4 AktG, sofern dessen Voraussetzungen erfüllt sind, die (widerlegbare) Vermutung, dass der Börsenkurs dem inneren Wert entspricht (*Hüffer* AktG, § 255 Rn. 5). Wenn eine Wertermittlung schlechthin fehlt, dann kommt der Erhöhungsbeschluss zumindest in der Regel treuwidrig zustande, weil der Minderheit damit angesonnen wird, sich mit dem bloßen Willen der Mehrheit abzufinden (OLG Stuttgart NZG 2000, 156, 157 f.). Das Interesse des neuen Aktionärs am Erwerb der Mitgliedschaft sowie das Interesse der Gesellschaft an seiner Beteiligung und seiner Einlage sind ebenfalls in Rechnung zu stellen (GroßkommAktG/*K. Schmidt* § 255 Rn. 12; KölnKomm AktG/*Zöllner* § 255 Rn. 10; offen gelassen: BGHZ 71, 40, 51).

6   Sofern der Kapitalerhöhungsbeschluss selbst noch keinen Ausgabebetrag festlegt, sondern lediglich einen Mindestbetrag nennt, unter dem die neuen Aktien nicht ausgegeben werden sollen, entscheidet der Vorstand nach pflichtgemäßem Ermessen über den Ausgabebetrag (§ 186 Abs. 2 AktG). Ist der Mindestbetrag bereits unangemessen niedrig angesetzt, so reicht das für eine Anfechtung aus (GroßkommAktG/*K. Schmidt* § 255 Rn. 13). Für die Beurteilung der Angemessenheit gelten die genannten Kriterien. Sollte der Vorstand trotz unangemessenen Mindestbetrags später einen angemessenen Ausgabebetrag festlegen, so ist eine Anfechtung ausgeschlossen, sobald der Vorstand die Festsetzung nicht mehr ändern kann (GroßkommAktG/*K. Schmidt* § 255 Rn. 13).

Neben der Anwendung des § 255 Abs. 2 AktG scheidet bei Kapitalerhöhungen mit Bezugsrechtsausschluss eine analoge Anwendung von § 1 SpruchG mangels planwidriger Regelungslücke aus (LG Mannheim NZG 2007, 639, 639, 640).

II. Analoge Anwendung des Abs. 2

7   Nach ganz h. M. ist Abs. 2 auf **Kapitalerhöhungen gegen Sacheinlagen** (§ 183 AktG; vgl. § 183 AktG Rdn. 9) entsprechend anzuwenden (BGHZ 71, 40, 50 ff.; *Hüffer* AktG, § 255 Rn. 7). An die Stelle des Ausgabebetrages tritt der Wert der Sacheinlage (BGHZ 71, 40, 50; GroßkommAktG/*K. Schmidt* § 255 Rn. 5; *Hüffer* ZHR 2008, 8, 16; *Johannsen-Roth/Goslar* AG 2007, 573, 576). Für eine analoge Anwendung auch bei einer gemischten Bar- und Sachkapitalerhöhung im Fall der Geltendmachung einer Überbewertung der Sacheinlage, vgl. OLG Jena NZG 2007, 147, 148 ff.). Eine analoge Anwendung im Rahmen einer Ermächtigung des Vorstandes zur Festsetzung von Ausgabemodalitäten bei einer Kapitalerhöhung zur Erfüllung einer Mehrzuteilungsoption (»Greenshoe«-Option) scheidet hingegen aus (KG NZG 2008, 29, 30).

III. Sonderfälle des Abs. 2

8   Obwohl Abs. 2 Satz 1 voraussetzt, dass sich der Ausgabe- bzw. Mindestbetrag aus dem Erhöhungsbeschluss selbst ergibt, kann es bei Kapitalerhöhungen gegen Bareinlagen Fälle geben, bei denen die Kursfestsetzung nicht im Hauptversammlungsbeschluss erfolgt. Die Rechtsprechung geht in diesen Fällen überwiegend davon aus, dass die neuen Aktien zu pari auszugeben sind (RGZ 143, 20, 23; 144, 138, 143; BGHZ 33, 175, 178; KG OLGR 43, 316). Die h. Lit. fordert hingegen, dass die jungen Aktien nicht zum Nennwert, sondern zum bestmöglichen Kurs auszugeben sind, wenn der Hauptversammlungsbeschluss keine Aussage zum Ausgabebetrag macht und das Bezugsrecht ausgeschlossen ist (*Hüffer* AktG, § 255 Rn. 16; GroßkommAktG/*K. Schmidt* § 255 Rn. 4). Letzterem ist zuzustimmen, da die vom Bezugsrecht ausgeschlossenen Aktionäre sonst in unvertretbarem Maße benachteiligt würden (vgl. GroßkommAktG/*K. Schmidt* § 255 Rn. 4). Es kann daher nur noch um eine Anfechtung wegen eines zu niedrigen Mindestbetrags gehen und nicht um eine Anfechtung wegen eines zu niedrigen Ausgabebetrages, da es an diesem gerade fehlt (GroßkommAktG/*K. Schmidt* § 255 Rn. 4). Bei einem Schweigen des Beschlusses stellt der Nennwert den Mindestbetrag dar (*Hüffer* AktG, § 255 Rn. 16).

9   Auch im Fall von **bedingten Kapitalerhöhungen** gem. § 193 Abs. 2 Nr. 3, 2. Alt. AktG muss der Beschluss lediglich die Berechnungsgrundlagen für den Ausgabebetrag nennen. Nach h. M. wird Abs. 2 dann analog angewendet, wenn sich auf Basis der im Beschluss festgelegten Berechnungsgrundlagen ein unangemessen niedriger Ausgabebetrag errechnet (*Hüffer* AktG, § 255 Rn. 16; GroßkommAktG/*K. Schmidt* § 255 Rn. 4; KölnKomm AktG/*Zöllner* § 255 Rn. 7).

10 Bei **genehmigtem Kapital** gem. § 202 AktG muss differenziert werden. Ist im Ermächtigungsbeschluss für den Vorstand ein bestimmter Ausgabe- oder Mindestbetrag für junge Aktien vorgegeben, so gilt Abs. 2 analog (GroßkommAktG/*K. Schmidt* § 255 Rn. 4). Ist das nicht der Fall, so kann

er hingegen zumindest grundsätzlich nicht angefochten werden (OLG Karlsruhe AG 2003, 444, 447; *Hüffer* AktG, § 255 Rn. 16; GroßkommAktG/*K. Schmidt* § 255 Rn. 4; a. A. KG AG 2002, 243, 244).

IV. Ausnahme mittelbares Bezugsrecht, Abs. 2 Satz 2

Gemäß Abs. 2 Satz 2 gilt der besondere Anfechtungsgrund des Abs. 2 Satz 1 nicht, wenn der Kapitalerhöhungsbeschluss vorsieht, dass die jungen Aktien zwar von Dritten übernommen werden, diese aber verpflichtet sind, sie den Aktionären zum Bezug anzubieten. Die Vorschrift ergänzt damit den Fall des § 186 Abs. 5 Satz 1 AktG, nach dem bereits kein Bezugsrechtsausschluss vorliegt, wenn ein Kreditinstitut oder ein anderes Emissionsunternehmen verpflichtet ist, die zunächst übernommenen Aktien den bisherigen Aktionären anzubieten. 11

D. Anwendbare Vorschriften, Abs. 3

Für die Durchführung der Anfechtung wird in Abs. 3 auf die allgemeinen Vorschriften (§§ 244 bis 248a AktG) verwiesen. Für die Urteilswirkung gilt demnach auch § 248 AktG, sodass auch durchgeführte und eingetragene Kapitalerhöhungen von der Rückwirkung des rechtskräftigen Anfechtungsurteils erfasst werden (BGHZ 139, 225, 231; MüKo AktG/*Hüffer* § 255 Rn. 23). Im Rahmen des § 246a AktG kann das Interesse an der Eintragung bei einer Klage gegen den Kapitalerhöhungsbeschluss auch dann überwiegen, wenn die Klage nicht offensichtlich unbegründet, der Erfolg der Hauptsache aber dennoch zweifelhaft ist. In der Abwägung ist auch die Realisierung einer etwaigen Differenzhaftung im Fall der erfolgreichen Anfechtung zu berücksichtigen (OLG Jena NZG 2007, 147, 151). 12

Zweiter Abschnitt Nichtigkeit des festgestellten Jahresabschlusses

§ 256 Nichtigkeit

(1) Ein festgestellter Jahresabschluß ist außer in den Fällen des § 173 Abs. 3, § 234 Abs. 3 und § 235 Abs. 2 nichtig, wenn
1. er durch seinen Inhalt Vorschriften verletzt, die ausschließlich oder überwiegend zum Schutze der Gläubiger der Gesellschaft gegeben sind,
2. er im Falle einer gesetzlichen Prüfungspflicht nicht nach § 316 Abs. 1 und 3 des Handelsgesetzbuchs geprüft worden ist,
3. er im Falle einer gesetzlichen Prüfungspflicht von Personen geprüft worden ist, die nach § 319 Abs. 1 des Handelsgesetzbuchs oder nach Artikel 25 des Einführungsgesetzes zum Handelsgesetzbuch nicht Abschlussprüfer sind oder aus anderen Gründen als einem Verstoß gegen § 319 Abs. 2, 3 oder Abs. 4 oder § 319a Abs. 1 des Handelsgesetzbuchs nicht zum Abschlussprüfer bestellt sind,
4. bei seiner Feststellung die Bestimmungen des Gesetzes oder der Satzung über die Einstellung von Beträgen in Kapital- oder Gewinnrücklagen oder über die Entnahme von Beträgen aus Kapital- oder Gewinnrücklagen verletzt worden sind.

(2) Ein von Vorstand und Aufsichtsrat festgestellter Jahresabschluß ist außer nach Absatz 1 nur nichtig, wenn der Vorstand oder der Aufsichtsrat bei seiner Feststellung nicht ordnungsgemäß mitgewirkt hat.

(3) Ein von der Hauptversammlung festgestellter Jahresabschluß ist außer nach Absatz 1 nur nichtig, wenn die Feststellung
1. in einer Hauptversammlung beschlossen worden ist, die unter Verstoß gegen § 121 Abs. 2 und 3 Satz 1 oder Abs. 4 einberufen war,
2. nicht nach § 130 Abs. 1, 2 und 4 beurkundet ist,

3. auf Anfechtungsklage durch Urteil rechtskräftig für nichtig erklärt worden ist.

(4) Wegen Verstoßes gegen die Vorschriften über die Gliederung des Jahresabschlusses sowie wegen der Nichtbeachtung von Formblättern, nach denen der Jahresabschluß zu gliedern ist, ist der Jahresabschluß nur nichtig, wenn seine Klarheit und Übersichtlichkeit dadurch wesentlich beeinträchtigt sind.

(5) ¹Wegen Verstoßes gegen die Bewertungsvorschriften ist der Jahresabschluß nur nichtig, wenn
1. Posten überbewertet oder
2. Posten unterbewertet sind und dadurch die Vermögens- und Ertragslage der Gesellschaft vorsätzlich unrichtig wiedergegeben oder verschleiert wird.

²Überbewertet sind Aktivposten, wenn sie mit einem höheren Wert, Passivposten, wenn sie mit einem niedrigeren Betrag angesetzt sind, als nach §§ 253 bis 256 des Handelsgesetzbuchs in Verbindung mit §§ 279 bis 283 des Handelsgesetzbuchs zulässig ist. ³Unterbewertet sind Aktivposten, wenn sie mit einem niedrigeren Wert, Passivposten, wenn sie mit einem höheren Betrag angesetzt sind, als nach §§ 253 bis 256 des Handelsgesetzbuchs in Verbindung mit §§ 279 bis 283 des Handelsgesetzbuchs zulässig ist. ⁴Bei Kreditinstituten oder Finanzdienstleistungsinstituten liegt ein Verstoß gegen die Bewertungsvorschriften nicht vor, soweit die Abweichung nach den für sie geltenden Vorschriften, insbesondere den §§ 340e bis 340g des Handelsgesetzbuchs, zulässig ist; dies gilt entsprechend für Versicherungsunternehmen nach Maßgabe der für sie geltenden Vorschriften, insbesondere der §§ 341b bis 341h des Handelsgesetzbuchs.

(6) ¹Die Nichtigkeit nach Absatz 1 Nr. 1, 3 und 4, Absatz 2, Absatz 3 Nr. 1 und 2, Absatz 4 und 5 kann nicht mehr geltend gemacht werden, wenn seit der Bekanntmachung nach § 325 Abs. 2 des Handelsgesetzbuchs in den Fällen des Absatzes 1 Nr. 3 und 4, des Absatzes 2 und des Absatzes 3 Nr. 1 und 2 sechs Monate, in den anderen Fällen drei Jahre verstrichen sind. ²Ist bei Ablauf der Frist eine Klage auf Feststellung der Nichtigkeit des Jahresabschlusses rechtshängig, so verlängert sich die Frist bis über die Klage rechtskräftig entschieden ist oder sie sich auf andere Weise endgültig erledigt hat.

(7) ¹Für die Klage auf Feststellung der Nichtigkeit gegen die Gesellschaft gilt § 249 sinngemäß. ²Hat die Gesellschaft Wertpapiere im Sinne des § 2 Abs. 1 Satz 1 des Wertpapierhandelsgesetzes ausgegeben, die an einer inländischen Börse zum Handel im regulierten Markt zugelassen sind, so hat das Gericht der Bundesanstalt für Finanzdienstleistungsaufsicht den Eingang einer Klage auf Feststellung der Nichtigkeit sowie jede rechtskräftige Entscheidung über diese Klage mitzuteilen.

Übersicht	Rdn.			Rdn.
A. Überblick	1	I.	Übersicht	8
I. Regelungszweck	1	II.	Materielle Mängel des festgestellten Jahresabschlusses	9
II. Gegenstand der Nichtigkeit: festgestellter Jahresabschluss	2		1. Inhaltsfehler (Generalklausel), Abs. 1 Nr. 1	9
1. Feststellung	2			
2. Jahresabschluss	3		2. Verletzung der Bestimmungen über Rücklagen, Abs. 1 Nr. 4	11
III. Normaufbau	4			
B. Nichtigkeitsgründe außerhalb § 256 AktG	5		3. Gliederungsmängel, Abs. 4	12
			4. Bewertungsfehler, Abs. 5	14
I. Systematik	5		a) Überbewertung, Abs. 5 Satz 1 Nr. 1	15
II. Tatbestände	6			
1. Änderung des Jahresabschlusses durch die Hauptversammlung ohne rechtzeitige Erteilung des Nachtragstestats, § 173 Abs. 3 AktG	6		b) Unterbewertung, Abs. 5 Satz 1 Nr. 2	16
		III.	Formelle Mängel des festgestellten Jahresabschlusses	18
2. Keine rechtzeitige Eintragung der Kapitalveränderung, §§ 234 Abs. 3, 235 Abs. 2 AktG	7		1. Prüfungsmängel, Abs. 1 Nr. 2 und 3	18
			a) Fehlende oder unvollständige Prüfung, Nr. 2	18
C. Nichtigkeitsgründe des § 256 AktG	8		b) Fehlende Prüfereigenschaft, Nr. 3	21

2. Mängel bei Feststellung durch Vorstand und Aufsichtsrat, Abs. 2 24		3. Mängel bei Feststellung durch die Hauptversammlung, Abs. 3 28	
a) Keine Feststellung mangels Mitwirkung oder mangels gültiger Mitwirkung eines der Organe ... 25		D. Heilung, Abs. 6 29	
		E. Nichtigkeitsklage, Abs. 7 31	
b) Feststellung des Jahresabschlusses unter Ordnungsmängeln im Verfahren des Vorstands oder des Aufsichtsrats 26		F. Rechtsfolgen 32	

A. Überblick

I. Regelungszweck

Der zweite Abschnitt des siebten Teils des AktG regelt die Nichtigkeit von festgestellten Jahresabschlüssen. § 256 AktG zählt die Gründe für die Nichtigkeit von festgestellten Jahresabschlüssen abschließend auf. Andere Gründe sind nicht denkbar, die Nichtigkeit ist auf die in § 256 AktG genannten Alternativen begrenzt. So wird die Rechtssicherheit im Interesse der Gesellschaft, ihrer Gläubiger und Aktionäre gewahrt. Jahresabschlüsse, die nicht unter einem in § 256 AktG genannten Mangel leiden, sind zweifelsfrei gültig. 1

II. Gegenstand der Nichtigkeit: festgestellter Jahresabschluss

1. Feststellung

Nur der festgestellte Jahresabschluss kann nach § 256 AktG von der Nichtigkeit betroffen sein. Unter der Feststellung des Jahresabschlusses ist ein korporationsrechtliches Rechtsgeschäft eigener Art gemeint. Es kommt im Regelfall nach §§ 170, 172 AktG mit Vorlage des aufgestellten Jahresabschlusses durch den Vorstand und dessen Billigung durch den Aufsichtsrat zustande (*Hüffer* AktG, § 256 Rn. 3), sowie ausnahmsweise durch Feststellung durch die Hauptversammlung, § 173 AktG. 2

2. Jahresabschluss

Die Nichtigkeit nach § 256 AktG betrifft nur Jahresabschlüsse als solche, da sie eine rechtsgeschäftliche Basis haben. § 256 ist nicht anwendbar auf sonstige Bilanzen (z. B. Zwischenbilanzen, Überschuldungsbilanz i. S. v. § 92 Abs. 2 AktG, andere Vermögensbilanzen), auch nicht auf Konzernabschlüsse, weil diese nicht feststellungsfähig sind (BGH AG 2008, 325, 325; OLG Frankfurt am Main ZIP 2007, 72, 73; *Hüffer* AktG, § 256 Rn. 3). Bei Auflösung und Abwicklung nach §§ 262 ff. AktG ist entscheidend, was der Feststellung unterliegt, so bspw. die abschließende Rechnungslegung über die werbende Tätigkeit und die Abwicklungsjahresabschlüsse, da sie nach §§ 242 Abs. 3, 264 HGB Jahresabschlüsse sind. Die Eröffnungsbilanz ist zwar kein Jahresabschluss, sie wird aber von der Hauptversammlung festgestellt. Sie unterliegt damit der entsprechenden Anwendung der Vorschriften über den Jahresabschluss und kann daher auch nach § 256 nichtig sein (MüKo AktG/*Hüffer* § 256 Rn. 11). 3

III. Normaufbau

Wie bereits in Rdn. 1 dargelegt, zählt § 256 AktG die Nichtigkeitsgründe **abschließend** auf. Dabei ist der Wortlaut unübersichtlich. Von der eigentlichen Regelungssystematik ausgenommen sind die im Eingangssatz vorangestellten Nichtigkeitsgründe der §§ 173 Abs. 3, 234 Abs. 3 und 235 Abs. 2 AktG (s. Rdn. 5 ff.). Anschließend folgen die Nichtigkeitsgründe des § 256 AktG, genannt in Abs. 1 bis 5 (Rdn. 8 ff.). Abs. 6 lässt in bestimmten Fällen eine Heilung der Nichtigkeit zu (Rdn. 29 f.) Abs. 7 regelt die Nichtigkeitsklage (Rdn. 31 ff.). 4

B. Nichtigkeitsgründe außerhalb § 256 AktG

I. Systematik

5 Die eingangs aufgeführten Nichtigkeitsgründe sind aus dem Rest der Norm herausgenommen, da sie einer anderen Systematik folgen. Die §§ 173 Abs. 3, 234 Abs. 3 und 235 Abs. 2 AktG bestimmen, streng genommen, **weitere Wirksamkeitsvoraussetzungen** für den Jahresabschluss, deren Nichtvorliegen eher zur endgültigen Unwirksamkeit führt als zu einer Nichtigkeit i. S. v. § 256 AktG, die als Folge von Normwidrigkeit eintritt (*Hüffer* AktG, § 256 Rn. 5). Daher fallen die aus § 256 AktG ausgegliederten Nichtigkeitstatbestände auch nicht unter die Heilbarkeit nach Abs. 6. Im Fall von §§ 234 Abs. 3 und 235 Abs. 2 AktG ist jedoch eine Heilung nach § 242 Abs. 3 AktG möglich, nicht aber bei § 173 Abs. 3 AktG.

II. Tatbestände

1. Änderung des Jahresabschlusses durch die Hauptversammlung ohne rechtzeitige Erteilung des Nachtragstestats, § 173 Abs. 3 AktG

6 Nach § 173 Abs. 3 AktG werden Änderungen an einem Jahresabschluss, die von der Hauptversammlung vorgenommen wurden, nichtig, wenn nicht binnen zwei Wochen ein Bestätigungsvermerk über die Änderungen erteilt wird. Damit soll einerseits die zügige Handlungsfähigkeit der Hauptversammlung ohne wiederholte Prüfung vor nochmaliger Feststellung gewährleistet, andererseits der Zeitraum der Rechtsunsicherheit aufgrund des geänderten Jahresabschlusses möglichst kurz gehalten werden (MüKo AktG/*Hüffer* § 256 Rn. 12).

2. Keine rechtzeitige Eintragung der Kapitalveränderung, §§ 234 Abs. 3, 235 Abs. 2 AktG

7 § 234 Abs. 3 AktG regelt den Fall der vereinfachten Kapitalherabsetzung mit Rückwirkung. Hierbei kann der Beschluss über die Feststellung des Jahresabschlusses zusammen mit dem Beschluss über die Kapitalherabsetzung selbst nur durch die Hauptversammlung erfolgen. Die Beschlüsse sind nichtig, wenn sie nicht binnen drei Monaten ins Handelsregister eingetragen werden. § 235 Abs. 2 AktG trifft die § 234 Abs. 3 AktG entsprechende Regelung für eine rückwirkende Kapitalerhöhung.

C. Nichtigkeitsgründe des § 256 AktG

I. Übersicht

8 Die in § 256 AktG abschließend aufgeführten Nichtigkeitsgründe lassen sich in materielle und formelle Mängel des festgestellten Jahresabschlusses einteilen. Die **materiellen Mängel** sind in Abs. 1 Nr. 1 und Nr. 4 sowie Abs. 4 und 5 aufgeführt. Dabei stellt Abs. 1 Nr. 1 eine **Generalklausel** für die Verletzung von gläubigerschützenden Vorschriften gerade durch den Inhalt des Jahresabschlusses dar. Abs. 1 Nr. 4 schließt sich gedanklich an Abs. 1 Nr. 1 an. Abs. 5 und 6 stellen eine begrenzende normative Auslegung von Abs. 1 Nr. 1 dar (so *Hüffer* AktG, § 256 Rn. 6, 22; a. A. GroßkommAktG/*Schilling* § 256 Rn. 13, 15, der von einer Spezialität der Abs. 4 und 5 ausgeht). **Prüfungsfehler** sind in Abs. 1 Nr. 2 und 3, **Fehler im Feststellungsverfahren** durch Vorstand und Aufsichtsrat oder Hauptversammlung in Abs. 2 und 3 aufgeführt. Maßgeblicher Zeitpunkt für die Frage der Nichtigkeit ist die Feststellung des Jahresabschlusses.

II. Materielle Mängel des festgestellten Jahresabschlusses

1. Inhaltsfehler (Generalklausel), Abs. 1 Nr. 1

9 Die Vorschrift entspricht § 241 Nr. 3, 2. Alt. AktG, mit dem Unterschied, dass es auf die Vorschriften zum Schutz des öffentlichen Interesses nicht ankommt (vgl. § 241 Rdn. 15 f.). Nichtigkeit nach Nr. 1 fordert zunächst, dass der Jahresabschluss **Vorschriften** verletzt. Hierunter fallen nur Gesetzes- oder Verordnungsverstöße, Satzungswidrigkeiten hingegen nicht. Die Vorschriften müssen weiterhin **durch den Inhalt** des Jahresabschlusses verletzt werden. Solche Arten von Verletzungen treten

zumeist durch Gliederungs- oder Bewertungsfehler auf, die in Abs. 4 und 5 ausführlich geregelt sind. Daher ist die Bedeutung der Generalklausel in Nr. 1 eher gering (Abs. 4 und 5 interpretieren Abs. 1 Nr. 1 einschränkend, vgl. Rdn. 12). Darüber hinaus gehört auch ein fehlerhafter Ansatz (Aktivierung oder Passivierung) zu den materiellen Fehlern nach Nr. 1.

Die durch den Inhalt verletzten Vorschriften müssen außerdem **ganz oder zumindest hauptsächlich dem Gläubigerschutz** dienen (gleiche Auslegung wie in § 241 Nr. 3 AktG, vgl. § 241 AktG Rdn. 17). Schließlich führen nur Verstöße, die die Darstellung der Vermögens- oder Ertragslage **wesentlich beeinträchtigen**, zur Nichtigkeit des festgestellten Jahresabschlusses. Dies ist dem Rechtsgedanken des Abs. 4 zu entnehmen und gilt auch hier. Es ist also auf die gesamten Bilanzverhältnisse der Gesellschaft abzustellen. Auch das Fehlen oder die Unvollständigkeit des Anhangs führt zu einer Nichtigkeit nach Abs. 1 Nr. 1, da er Teil des Jahresabschlusses (gilt analog auch für die GmbH, vgl. OLG Stuttgart NZG 2004, 675), nicht jedoch des Lageberichts, da er eigenständiger Teil der Rechnungslegung ist.

2. Verletzung der Bestimmungen über Rücklagen, Abs. 1 Nr. 4

Ein weiterer materieller Mangel, der zur Nichtigkeit eines festgestellten Jahresabschlusses führt, findet sich in Abs. 1 Nr. 4. Er knüpft an Nr. 1 an, da es sich wiederum um inhaltliche Fehler handelt. Danach ist der festgestellte Jahresabschluss dann nichtig, wenn bei der Feststellung die Bestimmungen des Gesetzes oder der Satzung über die Einstellung von Beträgen in Kapital- oder Gewinnrücklagen oder über entsprechende Entnahmen verletzt worden sind. Dies ist nicht auf Bestimmungen des AktG beschränkt. Zu den Begriffen der gesetzlichen Rücklage und Kapitalrücklage, vgl. § 150 AktG. Allerdings betrifft Abs. 1 Nr. 4 nur Verstöße gegen solche Vorschriften, die die Einstellung oder die Entnahme aus Rücklagen materiell regeln, nicht hingegen solche, die nur den Ausweis in der Bilanz oder in der GuV betreffen (*Hüffer* AktG, § 256 Rn. 15). Abs. 1 Nr. 4 ist gegenüber Abs. 1 Nr. 1 vorrangig (lex specialis), da neben dem Gläubigerschutz auch das Aktionärsinteresse abgedeckt wird (Geßler/*Käpplinger* AktG, §§ 256, 257 Rn. 12). Ansonsten würden auch die unterschiedlichen Heilungsfristen keinen Sinn ergeben (Nr. 4 sechs Monate, Nr. 1 drei Jahre).

3. Gliederungsmängel, Abs. 4

Bei dem materiellen Mangel in Abs. 4 handelt es sich, wie bereits oben (Rdn. 8) erläutert, um eine einschränkende normative Auslegung des Abs. 1 Nr. 1 (BGH NJW 1994, 520; *Hüffer* AktG, § 256 Rn. 22). Danach tritt Nichtigkeit dann ein, wenn durch Gliederungsfehler beim Jahresabschluss dessen Klarheit und Übersichtlichkeit wesentlich beeinträchtigt wird, also ein Verstoß gegen den Aufstellungsgrundsatz nach § 243 Abs. 2 HGB vorliegt. Dabei kommt es nicht auf die Schwere des Fehlers an sondern auf die Bedeutung des Verstoßes für das Bild der Vermögens-, Finanz- und Ertragslage der Gesellschaft (Geßler/*Käpplinger* AktG, §§ 256, 257 Rn. 16). Vorschriften über die Gliederung des Jahresabschlusses finden sich in §§ 265, 266, 268 bis 277 HGB, §§ 152, 158, 240, 261 Abs. 1, 268 Abs. 2 AktG. Die ebenfalls aufgeführten Formblätter zur Gliederung des Jahresabschlusses werden gem. § 330 HGB durch Rechtsverordnung vorgegeben.

Ein **Gliederungsverstoß** ist gegeben, wenn Bilanz oder GuV des Jahresabschlusses nicht detailliert genug gegliedert, wenn Vermögensgegenstand, Kapital oder Verbindlichkeit an falscher Stelle aufgeführt sind (LG München I Der Konzern 2008, 59, 60) oder wenn gegen das Saldierungsverbot (§ 246 Abs. 2 HGB) verstoßen wurde (BGH NJW 1983, 878). Gleichermaßen wie oben bei Abs. 1 Nr. 1 ist auch hier eine **wesentliche Beeinträchtigung** der Klarheit und Übersichtlichkeit des Jahresabschlusses für die Annahme der Nichtigkeit erforderlich. Wann eine solche wesentliche Beeinträchtigung vorliegt, muss im Einzelfall entschieden werden. Zu berücksichtigen ist jedenfalls die Höhe des Betrags, der Gegenstand des Gliederungsmangels ist. Nur geringfügige Fehler können nicht zur Annahme einer Nichtigkeit führen (*Hüffer* AktG, § 256 Rn. 24).

4. Bewertungsfehler, Abs. 5

14 Nach Abs. 5 führen wesentliche Bewertungsfehler zur Nichtigkeit des Jahresabschlusses. Abs. 5 umfasst sowohl die Überbewertung als auch die Unterbewertung. Eine geringfügige Unter- oder Überbewertung führt hingegen nicht zur Nichtigkeit (OLG München AG 2008, 509, 509). Beide Begriffe sind in Abs. 5 Satz 2 und 3 legaldefiniert.

a) Überbewertung, Abs. 5 Satz 1 Nr. 1

15 Eine Überbewertung, die zu wesentlich falschen Gewinnen führt, ist ohne das Vorliegen weiterer Voraussetzungen nichtig, wenn sie sich auf Posten des Jahresabschlusses bezieht. Dazu gehört auch die unzulässige Aktivierung (*Hüffer* AktG, § 256 Rn. 25, z. B. LG Düsseldorf AG 1989, 140, 141 f.; LG Stuttgart DB 2001, 1025 f.) und die unterbliebene aber erforderliche Passivierung (OLG Dresden ZIP 2006, 1773, 1775; OLG Frankfurt am Main AG 2007, 401, 402) einschließlich der nach § 249 HGB gebotenen Rückstellungen, da diese Fälle zur selben Folge wie die Überbewertung führen. Erheblich für die Nichtigkeit ist nur, dass sich die Überbewertung auf die Bilanzposten entsprechend § 266 HGB bezieht. Die Darstellung muss aufgrund der Bewertungsfehler wesentlich beeinträchtigt sein. Daher liegt keine Nichtigkeit vor, wenn eine Rückstellung für Schadensersatzansprüche unterblieben ist, wenn diese im Verhältnis zur Gesamtbilanzsumme verschwindend gering sind (OLG Frankfurt am Main NZG 2008, 429, 431). Abzustellen ist dabei auf die gesamten Bilanzverhältnisse der Gesellschaft (vgl. hierzu z. B. LG Frankfurt am Main AG 2002, 297 f.).

b) Unterbewertung, Abs. 5 Satz 1 Nr. 2

16 Unterbewertung, wie legaldefiniert in Abs. 5 Satz 3, führt nur dann zur Nichtigkeit, wenn dadurch die Vermögens- und Ertragslage der AG **unrichtig wiedergegeben** oder verschleiert und dies vorsätzlich herbeigeführt wird. Auch hierunter fallen unterbliebene, aber gebotene Aktivierung oder unzulässige Passivierung, da sie die gleiche Folge wie die Unterbewertung mit sich bringen. Rückgewähransprüche sind jedoch erst dann zu aktivieren, wenn sie hinreichend sicher und konkret sind (LG München I Der Konzern 2007, 537, 538; OLG München BB 2008, 440, 440). Auch hier kommt es auf die Bilanzposten selbst an, nicht auf einzelne Gegenstände oder Verbindlichkeiten. Außerdem muss die Unterbilanzierung zur unrichtigen Wiedergabe oder Verschleierung der Vermögens- und Ertragslage führen, um Nichtigkeit auszulösen. Dabei ist ausreichend, wenn sich der Darstellungsmangel auf die Vermögens- oder Ertragslage bezieht, der Gesetzeswortlaut ist insoweit ungenau (allg. Meinung, *Hüffer* AktG, § 256 Rn. 26a; MüKo AktG/*Hüffer* § 256 Rn. 61). Im Fall der Alternative »unrichtige Wiedergabe« sind greifbar falsche Angaben erforderlich, wohingegen es bei der »Verschleierung« ausreicht, wenn Dritte sich kein klares Bild von der tatsächlichen Lage der Gesellschaft machen können.

17 Dies muss außerdem **vorsätzlich** geschehen. Dabei ist auf die verantwortlichen und maßgeblich beteiligten Organmitglieder abzustellen, die die Falschbilanzierung als tatbestandsmäßigen Erfolg gekannt und gewollt haben müssen. Bedingter Vorsatz genügt (BGH NJW 1994, 520). Die Beweislast hierfür trägt der Nichtigkeitskläger. Abs. 5 Satz 4 enthält eine klarstellende Erklärung für die Besonderheiten bei Kreditinstituten und Finanzdienstleistungsinstituten.

III. Formelle Mängel des festgestellten Jahresabschlusses

1. Prüfungsmängel, Abs. 1 Nr. 2 und 3

a) Fehlende oder unvollständige Prüfung, Nr. 2

18 Nr. 2 deckt zunächst die **vollständig unterbliebene Abschlussprüfung** ab. Dieser Fall ist in der Praxis selten, da das Registergericht den Jahresabschluss bei Einreichung nach § 325 HGB auf das Vorliegen von offensichtlicher Nichtigkeit prüft. Ein komplettes Fehlen der Prüfung wird dadurch praktisch vermieden. Eher wahrscheinlich ist das Ausbleiben einer erneuten Prüfung infolge von Änderungen des Jahresabschlusses nach Vorlage des Prüfberichts gem. § 316 Abs. 3 HGB.

Entgegen dem Wortlaut der Vorschrift fällt auch eine stattgefundene, aber **gravierend unvollständige Abschlussprüfung** unter den Prüfungsmangel gem. Abs. 1 Nr. 2, nämlich dann, wenn die Prüfung nicht den Mindestanforderungen genügt. Die Mindestanforderungen sind: (1) Bestimmung eines Abschlussprüfers, (2) Vornahme hinreichender Prüfungshandlungen durch den Abschlussprüfer und (3) Erstellen eines Prüfungsberichts und Erteilung bzw. Versagung eines Bestätigungsvermerks nach § 322 HGB (*Hüffer* AktG, § 256 Rn. 10). Dabei liegen schlechthin **unzureichende Prüfungshandlungen** vor, wenn sie »unter Verstoß gegen grundlegende, die zwingende, öffentlich-rechtliche Bedeutung der Pflichtprüfung berührende Bestimmungen« (RG WPg 1970, 421, 423, *Hüffer* AktG, § 256 Rn. 11) vorgenommen werden. Hiervon zu unterscheiden sind sonstige Fehler bei der Abschlussprüfung, die jedoch nicht zwangsläufig zur Nichtigkeit des Jahresabschlusses führen (MüKo AktG/*Hüffer* § 256 Rn. 21). Entscheidend für die Abgrenzung ist die **objektive Evidenz** eines nicht mehr hinzunehmenden Prüfungsmangels, wobei damit nicht die Offenkundigkeit des Mangels gemeint ist sondern die rückblickende Erkenntnis, dass die Prüfungshandlungen nicht ausreichen und der Prüfungsbericht für das Gesamturteil keine Basis abgibt.

19

Auch das **Fehlen des Bestätigungsvermerks** oder der Vermerk über dessen Versagung als unverzichtbare Bestandteile der Abschlussprüfung führen zur Nichtigkeit nach § 256 AktG (heute h. M.; *Hüffer* AktG, § 256 Rn. 12, a. A. GroßkommAktG/*Schilling* § 256 Rn. 5). Einschränkungen auf den jeweiligen Vermerken führen nicht zur Nichtigkeit, da vollständige Prüfung ja stattgefunden hat.

20

b) Fehlende Prüfereigenschaft, Nr. 3

Nr. 3 beinhaltet zwei Varianten: Zum einen die fehlende Prüferbefähigung und zum anderen die fehlerhafte Prüferbestellung. Die fehlerhafte Prüferbestellung führt nur dann zur Nichtigkeit, wenn sie nicht nur auf Befangenheit oder andere Ausschlussgründe zurückzuführen ist, wie in Nr. 3 klargestellt wird. Befangenheitssachverhalte führen dagegen weder zur Anfechtbarkeit noch zur Nichtigkeit. Demnach sind Verstöße gegen § 319 Abs. 1 HGB und Art. 25 EGHGB relevant. Die gesetzliche Prüfpflicht nach § 316 Abs. 1 HGB wird in § 256 Abs. 1 Nr. 3 AktG vorausgesetzt.

21

Der Jahresabschluss ist nichtig, wenn der wirksam bestellte Prüfer (vgl. unten Rdn. 23) keine **Prüfungsbefähigung** hat. Eine solche Befähigung kommt nur Wirtschaftsprüfern oder Wirtschaftsprüfergesellschaften zu, nicht vereidigten Buchprüfern oder Buchprüfungsgesellschaften. Nach Art. 25 EGHGB, Sonderregelung vor allem für den Genossenschaftsbereich und für gemeinnützige Wohnungsunternehmen, sind auch die jeweiligen Prüfungsverbände als Abschlussprüfer zugelassen, soweit sie bestimmte Voraussetzungen erfüllen. Keine Auswirkung nach Abs. 1 Nr. 3 haben Verstöße gegen Tätigkeitsverbote. Solche Verstöße können zwar zur Nichtigkeit des Prüfungsauftrags führen. Eine Nichtigkeit des zivilrechtlichen Prüfungsauftrags lässt die Wirksamkeit der Bestellung aber unberührt.

22

Die ordnungsgemäße **Bestellung eines Abschlussprüfers** findet grundsätzlich durch Wahlbeschluss der Hauptversammlung und Bekanntgabe dieses Beschlusses statt, §§ 119 Abs. 1 Nr. 4 AktG, 318 Abs. 1 HGB (s. hierzu *Habersack* NZG 2003, 659; zu den Folgen von nichtigen Hauptversammlungsbeschlüssen aufgrund formaler Mängel für Bestellung des Abschlussprüfers s. z. B. *Grumann/Gillmann* NZG 2004, 839). Hiervon zu unterscheiden ist die vertragliche Beauftragung des Abschlussprüfers. Eine eventuelle Unwirksamkeit oder Nichtigkeit dieses Verhältnisses hat keine Auswirkungen auf die Bestellung, § 139 BGB findet hierbei keine Anwendung (s. o. Rdn. 20).

23

2. Mängel bei Feststellung durch Vorstand und Aufsichtsrat, Abs. 2

Auch die Mängel im Feststellungsverfahren durch Vorstand und Aufsichtsrat stellen formelle Fehler dar. Sie können in zwei Varianten vorkommen: (1) Entweder eines der beiden Organe hat überhaupt nicht oder in ungültiger Weise bei der Feststellung mitgewirkt oder (2) die Feststellung ist unter Ordnungsmängeln im Verfahren zustande gekommen. Die Unterscheidung ist deswegen entscheidend, weil im Fall der vollständig unterbliebenen Mitwirkung eines der Organe der rechtsgeschäftliche Tatbestand der Feststellung schon nicht gegeben ist. Dies führt dazu, dass auch keine

24

Heilung nach Abs. 6 möglich ist. Im Gegensatz dazu ist die Heilung eines Ordnungsmangels sehr wohl denkbar. Streitig ist, ob eine Feststellung dann zustande kommt, wenn anstelle des Gesamtaufsichtsrates nur der Bilanzausschuss den Jahresabschluss billigt (gegen Zustandekommen einer Feststellung, daher keine Heilungsmöglichkeit: MüKo/*Hüffer* § 256 Rn. 45, a. A. KölnKomm AktG/*Zöllner* § 256 Rn. 80).

a) Keine Feststellung mangels Mitwirkung oder mangels gültiger Mitwirkung eines der Organe

25 Streitig ist, wozu die Mitwirkung eines unzuständigen Organs führt, z. B. Billigung des Jahresabschlusses durch den Aufsichtsrat, obwohl ausnahmsweise die Hauptversammlung zuständig ist. Nach einer Ansicht führt dies zur Nichtigkeit nach Abs. 2 (so KölnKomm AktG/*Zöllner* § 256 Rn. 84). Nach a. A. hat in dem Fall schon keine Feststellung stattgefunden (*Hüffer* AktG, § 256 Rn. 17), da die Erklärung eines unzuständigen Aufsichtsrats nichtig ist und deswegen auch kein Rechtsgeschäft der Feststellung zustande kommt. Das hätte zur Folge, dass keine Heilung nach Abs. 6 möglich ist.

b) Feststellung des Jahresabschlusses unter Ordnungsmängeln im Verfahren des Vorstands oder des Aufsichtsrats

26 Fehler bei der Mitwirkung des einen oder anderen Organs führen zur Nichtigkeit nach Abs. 2 und sind nach Abs. 6 **heilbar** (s. u. Rdn. 29). Die **Mitwirkung des Vorstands** besteht in der Aufstellung des Jahresabschlusses (§ 264 Abs. 1 HGB) und der Vorlage an den Aufsichtsrat (§ 170 Abs. 1 AktG). Da der Vorstand bei der Aufstellung und der Vorlage des Jahresabschlusses als Kollegialorgan und nicht als Vertretungsorgan handelt, muss der Beschluss durch den Gesamtvorstand mit jeweils erforderlichen Mehrheit erfolgen. Der Vorstand muss also ordnungsgemäß besetzt sein i. S. v. § 76 Abs. 2 AktG oder der Satzung (MüKo AktG/*Hüffer* § 256 Rn. 38). Bei nichtiger Bestellung von Vorstandsmitgliedern liegt nur dann eine Nichtigkeit nach Abs. 2 vor, wenn der gesamte Vorstand nichtig bestellt ist. Fraglich ist die Rechtsfolge, wenn der Vorstand infolge der nichtigen Bestellung unterbesetzt ist oder der Beschluss auf den Stimmen der nichtig bestellten Mitglieder beruht. Nach einer älteren Ansicht führt dies zur Nichtigkeit (KölnKomm AktG/*Zöllner* § 256 Rn. 82), nach der Lehre vom fehlerhaften Bestellungsverhältnis besteht die organschaftliche Rechtsstellung des Vorstands dennoch, wenn der Aufsichtsrat die Bestellung tatsächlich gewollt hat und das Rechtsverhältnis auch tatsächlich in Vollzug gesetzt ist (MüKo AktG/*Hüffer* § 256 Rn. 39). Die Vorlage an den Aufsichtsrat erfolgt hingegen in der Regel durch den Vorsitzenden, kann aber von jedem beliebigen Vorstandsmitglied vorgenommen werden.

27 Die **Mitwirkung des Aufsichtsrats** besteht im Beschluss über die Billigung und deren Erklärung, § 172 AktG. Auch hier liegt ein Ordnungsmangel dann vor, wenn der Beschluss nicht wirksam zustande kommt, d. h. bei Beschlussunfähigkeit, bei Einberufungsfehlern, bei Beschlussfassung ohne Sitzung, sofern auch nur ein Mitglied der Beschlussfassung widersprochen hat (§ 108 Abs. 4 AktG). Nichtige Bestellung von Aufsichtsratsmitgliedern ist dann relevant, wenn der gesamte Aufsichtsrat nichtig bestellt oder die Beschlussfähigkeit nicht mehr gegeben ist. Die Grundsätze des fehlerhaften Bestellungsverhältnisses gelten für den Aufsichtsrat nicht (MüKo AktG/*Hüffer* § 256 Rn. 44).

3. Mängel bei Feststellung durch die Hauptversammlung, Abs. 3

28 Der durch das ARUG geänderte Abs. 3 betrifft Verfahrensfehler bei Feststellung durch die Hauptversammlung. Auch Abs. 3 Nr. 3 bezieht sich ausschließlich auf **Verfahrensfehler**, da Inhaltsfehler gem. § 257 Abs. 1 Satz 2 AktG nicht Gegenstand der Anfechtung sein können. Der Verweis nach Abs. 1 bezieht die §§ 173 Abs. 3, 234 Abs. 3 und 235 Abs. 2 AktG thematisch mit ein. Handelt die Hauptversammlung, obwohl sie nicht zuständig ist, liegt nach mittlerweile überwiegender Ansicht Nichtigkeit nach Abs. 1 Nr. 1 vor (*Hüffer* AktG, § 256 Rn. 20). Fehlende Zuständigkeit resultiert aus dem Inhalt des Beschlusses und betrifft darüber hinaus das Gläubigerinteresse. Die Einzeltatbestände folgen der Systematik des § 241 AktG, vgl. Rdn. 9 ff. Nichtigkeit ist bei Abs. 3 Nr. 1 und 2 nach Abs. 6 heilbar, § 242 AktG findet keine Anwendung.

D. Heilung, Abs. 6

Heilung ist der nachträgliche fristgebundene Wegfall der Nichtigkeit (h. M.; *Hüffer* AktG, § 256 Rn. 28, GroßkommAktG/*Schilling* § 256 Rn. 19, KölnKomm AktG/*Zöllner* § 256 Rn. 131). Sie tritt nach Abs. 6 nur in den dort genannten Fällen ein. Nichtigkeitsgründe, die in Abs. 6 nicht genannt sind, sind demnach nicht heilbar. Endgültig nichtig ist der Jahresabschluss damit bei fehlender oder unvollständiger Abschlussprüfung, Abs. 1 Nr. 2, vgl. Rdn. 18 ff., und bei entsprechendem rechtskräftigem Urteil nach Anfechtungsklage, Abs. 3 Nr. 3, vgl. Rdn. 28. Auch die im Eingangssatz von Abs. 1 Satz 1 genannten Nichtigkeitsgründe fallen nicht unter diese Regelung, vgl. Rdn. 5. Ansonsten kommt es auch dann nicht zur Heilung, wenn schon die Feststellung fehlt, vgl. Rdn. 24 ff.

29

Abs. 6 nennt **verschiedene Fristen**. Nach **drei Jahren** tritt Heilung in den Fällen des Abs. 1 Nr. 1, Abs. 4 und 5 ein, also bei Verletzung gläubigerschützender Vorschriften, insbesondere bei Gliederungs- und Bewertungsfehlern. Für alle anderen Fälle gilt die **6-Monats-Frist**. Beginn ist die Bekanntmachung des Jahresabschlusses im elektronischen Bundesanzeiger, Abs. 6 Satz 1, § 325 Abs. 2 HGB. Das Fristende bestimmt sich nach § 188 Abs. 2 BGB. Die Frist verlängert sich, wenn bei Ablauf der Frist eine Nichtigkeitsklage rechtshängig oder auch nur anhängig ist, Abs. 7, § 249 AktG. Bei Stattgabe der Nichtigkeitsklage ist Heilung ausgeschlossen, bei Abweisung ist wiederum Ablauf der Frist zur Heilung relevant.

30

E. Nichtigkeitsklage, Abs. 7

Über Abs. 7 kommt § 249 AktG zur uneingeschränkten Anwendung, auch die dort aufgeführten Grundsätze, vgl. § 249 AktG Rdn. 3 ff., lassen sich vollständig übertragen. **Klagebefugt** sind demnach die in § 249 Abs. 1 AktG aufgeführten Parteien. Das rechtskräftig erstrittene Urteil wirkt für und gegen jedermann. Auch andere können Klage in Form der einfachen **Feststellungsklage** erheben, sofern sie ein Feststellungsinteresse nach § 256 ZPO haben, dann allerdings nur mit Wirkung inter partes. Das Verfahren der Sonderprüfung wegen unzulässiger Unterbewertung nach §§ 258 ff. AktG kann neben der Nichtigkeitsklage geführt werden, solange die Nichtigkeit nicht rechtskräftig festgestellt ist. Zu beachten sind die gegebenenfalls entstehenden Mitteilungspflichten des Gerichts nach Abs. 7 Satz 2, neu eingefügt durch das Bilanzkontrollgesetz vom 15.12.2004 (Einzelheiten hierzu: *Heinrichs* ZHR 168, 2004, 383; *Müller* ZHR 168, 2004, 414; *Mock* DB 2005, 987).

31

F. Rechtsfolgen

Die Nichtigkeit nach § 256 AktG führt dazu, dass die **Feststellungswirkung nicht eintritt** und damit der Pflicht zur Rechnungslegung nicht nachgekommen ist. Daher gehören die Nichtigkeitstatbestände zwingend zum Prüfungsumfang des Abschlussprüfers (str.; so *Hüffer* AktG, § 256 Rn. 32, a. A. A/D/S § 322 HGB Rn. 77 ff.). Wenn der Abschlussprüfer einen Nichtigkeitsgrund feststellt, muss er das **Testat verweigern**, ein Ermessensspielraum steht ihm nicht zu. Eine Einschränkung des Testats darf er allerdings erteilen, wenn berechtigte Zweifel an der Nichtigkeit bestehen bleiben, bspw. im Fall der unentschiedenen Frage der Wesentlichkeit der aufgetretenen Mängel.

32

Möglich ist nur noch die **Neuvornahme der Feststellung** durch Vorstand und Aufsichtsrat, auch wenn die Hauptversammlung ursprünglich zuständig war. Dabei muss der Vorstand auch dann ordnungsgemäß mitwirken, wenn Fehler bei der Mitwirkung des Aufsichtsrats zur Nichtigkeit geführt hatten (str.; so aber *Hüffer* AktG, § 256 Rn. 33). Ausnahmsweise können bei nur geringfügigen Fehlern Korrekturen im Folgeabschluss vorgenommen werden. Auch der Gewinnverwendungsbeschluss muss neu gefasst werden.

33

Nichtigkeit des Vorjahresabschlusses führt nicht zwingend zur Nichtigkeit des nachfolgenden Abschlusses, da dieser Fall nicht in § 256 AktG aufgeführt ist. Dennoch ist die Folge der Nichtigkeit für den nachfolgenden Jahresabschluss ungeklärt. Der Folgeabschluss ist jedenfalls dann erneut nichtig, wenn er Fehler des vorherigen Abschlusses wiederholt.

34

§ 257 Anfechtung der Feststellung des Jahresabschlusses durch die Hauptversammlung

(1) ¹Die Feststellung des Jahresabschlusses durch die Hauptversammlung kann nach § 243 angefochten werden. ²Die Anfechtung kann jedoch nicht darauf gestützt werden, daß der Inhalt des Jahresabschlusses gegen Gesetz oder Satzung verstößt.

(2) Für die Anfechtung gelten die §§ 244 bis 246, 247 bis 248a. Die Anfechtungsfrist beginnt auch dann mit der Beschlußfassung, wenn der Jahresabschluß nach § 316 Abs. 3 des Handelsgesetzbuchs erneut zu prüfen ist.

Übersicht

	Rdn.
A. Überblick über Regelungsgehalt und Normzweck	1
B. Voraussetzungen der Anfechtbarkeit	2
I. Anfechtungsgegenstand	2
II. Anfechtungsgründe	3
1. Verfahrensfehler	3
2. Nichtbeachtung der besonderen Anforderungen bei Feststellung des Jahresabschlusses durch die Hauptversammlung	4
3. Rechtswidrige Zielsetzung	5
4. Anhang und Lagebericht	6
C. Anwendbare Normen	7
D. Anfechtungsfrist bei Nachtragsprüfung	8

A. Überblick über Regelungsgehalt und Normzweck

1 § 257 AktG regelt die Anfechtbarkeit von festgestellten Jahresabschlüssen durch die Hauptversammlung. Dabei verfolgt § 257 AktG zwei Ziele: Zum einen dient die Vorschrift der **Rechtssicherheit**, indem vorgegeben wird, inwieweit die allgemeinen Voraussetzungen der Anfechtbarkeit bei festgestellten Jahresabschlüssen Anwendung finden. Auch der Beginn der Anfechtungsfrist wird durch Abs. 2 Satz 2 klargestellt. Zum anderen dient die Regelung, insbesondere Abs. 1 Satz 2, der **Sicherung des rechtlichen Bestands** des festgestellten Jahresabschlusses. Danach ist die Anfechtbarkeit von Jahresabschlüssen aufgrund von inhaltlichen Mängeln ausgeschlossen. Dies entspricht § 256 AktG, wonach die Anfechtung eines von Vorstand und Aufsichtsrat festgestellten Jahresabschlusses ausgeschlossen ist, und inhaltliche Mängel nur unter den engen Voraussetzungen des § 256 Abs. 1 Nr. 1 und 4 AktG zur Nichtigkeit führen. § 257 AktG vervollständigt diesen Gedanken für die Feststellung durch die Hauptversammlung. Ohne diese Regelung wären inhaltliche Mängel bei der Feststellung durch die Hauptversammlung unbeschränkt anfechtbar (so auch MüKo AktG/*Hüffer* § 257 Rn. 2). § 257 Abs. 2 Satz 1 AktG wurde durch das UMAG neu gefasst.

B. Voraussetzungen der Anfechtbarkeit

I. Anfechtungsgegenstand

2 Gegenstand der Anfechtung nach § 257 AktG können nur Feststellungsbeschlüsse der Hauptversammlung in den Fällen der §§ 173 Abs. 1, 234 Abs. 2, 235 und 270 Abs. 2 AktG sein. Die Feststellung des Jahresabschlusses durch Vorstand und Aufsichtsrat ist keinesfalls anfechtbar, Nichtigkeit kann dort nur unter den Voraussetzungen des § 256 AktG eintreten. Unabhängig davon ist die Sonderprüfung wegen unzulässiger Unterbewertung nach §§ 258 ff. AktG denkbar.

II. Anfechtungsgründe

1. Verfahrensfehler

3 Alle Verfahrensfehler beim Feststellungsbeschluss, die nicht schon nach § 256 Abs. 3 Nr. 1 und 2 AktG zur Nichtigkeit führen, können im Rahmen von § 257 AktG angefochten werden. Dazu gehören z.B. unrichtige Feststellung des Abstimmungsergebnisses oder Mängel bei der Einberufung der Hauptversammlung aber auch unberechtigte Auskunftsverweigerung, § 131 AktG. Weitere ungeschriebene Voraussetzung ist die **Relevanz des Verfahrungsmangels**, strikte Kausalität ist nicht erforderlich (str.; so aber *Hüffer* AktG, § 257 Rn. 3).

2. Nichtbeachtung der besonderen Anforderungen bei Feststellung des Jahresabschlusses durch die Hauptversammlung

Die Nichtbeachtung der besonderen Anforderungen, die an die Feststellung durch die Hauptversammlung gestellt werden, führt ebenfalls zur Anfechtbarkeit nach § 257 AktG. Dabei handelt es sich insbesondere um die Pflichten zur Auslegung der Beschlussvorlage des Vorstands, des Lageberichts, des Aufsichtsratsberichts, des Gewinnverwendungsvorschlags, und zur Erteilung von verlangten Abschriften (§ 175 Abs. 2, Abs. 3 Satz 1 AktG) sowie die Vorlage- und Erläuterungspflicht gegenüber der Hauptversammlung (§ 176 Abs. 1 AktG) und die Teilnahmepflicht des Abschlussprüfers. Sind diese Anforderungen verletzt und eine solche Verletzung für das Beschlussergebnis relevant, ist ein Anfechtungsgrund nach § 257 AktG gegeben.

3. Rechtswidrige Zielsetzung

Anfechtbar ist ein Jahresabschluss auch dann, wenn der mit dem Feststellungsbeschluss verfolgte Zweck rechtswidrig ist und so gegen § 243 Abs. 1 und 2 AktG verstoßen wird. Der verfolgte Zweck ist bspw. rechtswidrig, wenn die Mehrheitsherrschaft treuwidrig missbraucht wird oder Sondervorteile unzulässig verfolgt werden, ohne dass sich dies notwendigerweise im Inhalt des einzelnen Beschlusses widerspiegelt. Dies ist trotz der Nichtanfechtbarkeit von inhaltlichen Fehlern möglich (h. M.; *Hüffer* AktG, § 257 Rn. 5 m. w. N., a. A. *v. Godin/Wilhelmi* AktG, § 257 Rn. 1).

4. Anhang und Lagebericht

Der Anhang ist **Bestandteil des Jahresabschlusses**. Daher stellen dort aufgetretene Mängel Inhaltsfehler des Jahresabschlusses dar und sind nach Abs. 1 Satz 2 nicht anfechtbar. Der Lagebericht hingegen besteht als Informationsquelle selbstständig neben dem Jahresabschluss. Deshalb stellen hier aufgetretene Mängel einen Anfechtungsgrund nach § 257 AktG dar, wenn den Aktionären bei verständiger Betrachtung wesentliche Informationen vorenthalten oder gravierende Fehlinformationen gegeben werden (*Hüffer* AktG, § 257 Rn. 6).

C. Anwendbare Normen

Abs. 2 Satz 1 stellt klar, welche allgemeinen Normen zur Anfechtbarkeit von Hauptversammlungsbeschlüssen im Fall von festgestellten Jahresabschlüssen Anwendung finden. Nicht zur Anwendung kommt mangels Registereintragung also nur § 246a AktG. Gem. § 246 Abs. 3 Satz 3 i. V. m. Abs. 2 Satz 1 AktG sind mehrere Anfechtungsklagen oder auch Anfechtungs- und Nichtigkeitsklagen (§§ 249 Abs. 2 Satz 2 i. V. m. 256 Abs. 7 AktG) miteinander zu verbinden.

D. Anfechtungsfrist bei Nachtragsprüfung

Die Anfechtungsfrist beginnt mit Beschlussfassung zu laufen, selbst für den Fall, dass Jahresabschluss nach § 316 Abs. 3 HGB erneut zu prüfen ist, insofern hat Abs. 2 Satz 2 eine klarstellende Funktion.

Dritter Abschnitt Sonderprüfung wegen unzulässiger Unterbewertung

§ 258 Bestellung der Sonderprüfer

(1) ¹Besteht Anlaß für die Annahme, daß
1. in einem festgestellten Jahresabschluß bestimmte Posten nicht unwesentlich unterbewertet sind (§ 256 Abs. 5 Satz 3) oder
2. der Anhang die vorgeschriebenen Angaben nicht oder nicht vollständig enthält und der Vorstand in der Hauptversammlung die fehlenden Angaben, obwohl nach ihnen gefragt worden ist, nicht gemacht hat und die Aufnahme der Frage in die Niederschrift verlangt worden ist,

so hat das Gericht auf Antrag Sonderprüfer zu bestellen. ²Die Sonderprüfer haben die bemängelten Posten darauf zu prüfen, ob sie nicht unwesentlich unterbewertet sind. ³Sie haben den Anhang darauf zu prüfen, ob die vorgeschriebenen Angaben nicht oder nicht vollständig gemacht worden sind und der Vorstand in der Hauptversammlung die fehlenden Angaben, obwohl nach ihnen gefragt worden ist, nicht gemacht hat und die Aufnahme der Frage in die Niederschrift verlangt worden ist.

(1a) Bei Kreditinstituten oder Finanzdienstleistungsinstituten sowie bei Kapitalgesellschaften im Sinne des § 2 Abs. 6 des Investmentgesetzes kann ein Sonderprüfer nach Absatz 1 nicht bestellt werden, soweit die Unterbewertung oder die fehlenden Angaben im Anhang auf der Anwendung des § 340f des Handelsgesetzbuchs beruhen.

(2) ¹Der Antrag muß innerhalb eines Monats nach der Hauptversammlung über den Jahresabschluß gestellt werden. ²Dies gilt auch, wenn der Jahresabschluß nach § 316 Abs. 3 des Handelsgesetzbuchs erneut zu prüfen ist. ³Er kann nur von Aktionären gestellt werden, deren Anteile zusammen den Schwellenwert des § 142 Abs. 2 erreichen. ⁴Die Antragsteller haben die Aktien bis zur Entscheidung über den Antrag zu hinterlegen oder eine Versicherung des depotführenden Instituts vorzulegen, dass die Aktien so lange nicht veräußert werden, und glaubhaft zu machen, daß sie seit mindestens drei Monaten vor dem Tage der Hauptversammlung Inhaber der Aktien sind. ⁵Zur Glaubhaftmachung genügt eine eidesstattliche Versicherung vor einem Notar.

(3) ¹Vor der Bestellung hat das Gericht den Vorstand, den Aufsichtsrat und den Abschlußprüfer zu hören. ²Gegen die Entscheidung ist die Beschwerde zulässig³. Über den Antrag gemäß Absatz 1 entscheidet das Landgericht, in dessen Bezirk die Gesellschaft ihren Sitz hat.

(4) ¹Sonderprüfer nach Absatz 1 können nur Wirtschaftsprüfer und Wirtschaftsprüfungsgesellschaften sein. ²Für die Auswahl gelten § 319 Abs. 2 bis 4, § 319a Abs. 1 und § 319b Abs. 1 des Handelsgesetzbuchs sinngemäß. ³Der Abschlußprüfer der Gesellschaft und Personen, die in den letzten drei Jahren vor der Bestellung Abschlußprüfer der Gesellschaft waren, können nicht Sonderprüfer nach Absatz 1 sein.

(5) ¹§ 142 Abs. 6 über den Ersatz angemessener barer Auslagen und die Vergütung gerichtlich bestellter Sonderprüfer, § 145 Abs. 1 bis 3 über die Rechte der Sonderprüfer, § 146 über die Kosten der Sonderprüfung und § 323 des Handelsgesetzbuchs über die Verantwortlichkeit des Abschlußprüfers gelten sinngemäß. ²Die Sonderprüfer nach Absatz 1 haben die Rechte nach § 145 Abs. 2 auch gegenüber dem Abschlußprüfer der Gesellschaft.

Übersicht	Rdn.		Rdn.
A. Überblick	1	I. Antrag auf Bestellung von Sonderprüfern, Abs. 2	10
B. Voraussetzungen der Sonderprüfung, Abs. 1, Abs. 1a	2	1. Form und Frist	10
I. Nicht unwesentliche Unterbewertung, Abs. 1 Nr. 1	3	2. Antragsberechtigung	12
II. Fehlende oder unvollständige Angaben im Anhang, Abs. 1 Nr. 2	5	II. Gerichtliches Verfahren und Entscheidung, Abs. 3	14
III. Sonderregelung des Abs. 1a	7	1. Zuständigkeit	14
C. Durchführung der Sonderprüfung	8	2. Prüfung und Anhörung	15
I. Sonderprüfung wegen Unterbewertung	8	E. Sonderprüfer	19
II. Sonderprüfung wegen fehlender oder unvollständiger Angaben im Anhang	9	I. Auswahl der Sonderprüfer, Abs. 4	19
		II. Rechte und Verantwortlichkeit des Sonderprüfers, Abs. 5	20
D. Verfahren zur Bestellung von Sonderprüfern	10	F. Konkurrenzen	22

A. Überblick

1 § 258 AktG richtet sich gegen unzulässige Unterbewertungen und ergänzt damit die Regelungen der §§ 252 ff., 279 ff. HGB, soweit sie eine Unterbewertung verbieten (MüKo AktG/*Hüffer* § 258

Rn. 2). Daneben sollen das mitgliedschaftliche Dividendenrecht und die ihm entsprechende, von § 58 AktG begrenzte Kompetenz der Hauptversammlung geschützt werden (*Hüffer* AktG, § 258 Rn. 1). Ferner dient § 258 AktG auch der Durchsetzung einer vollständigen Berichterstattung im Anhang des Jahresabschlusses (*Hüffer* AktG, § 258 Rn. 1). Nicht unter den Schutzzweck der Vorschrift fällt das Individualinteresse von Aktionären an einer höheren Dividende, was aus der Beschlusszuständigkeit der Hauptversammlung nach § 261 Abs. 3 AktG hervorgeht (MüKo AktG/ *Hüffer* § 258 Rn. 3). Die Vorschrift wurde zuletzt durch das BilMoG geändert.

B. Voraussetzungen der Sonderprüfung, Abs. 1, Abs. 1a

Nach Abs. 1 setzt die Bestellung von Sonderprüfern voraus, dass Anlass für die Annahme einer Unterbewertung oder für das Fehlen bzw. die Unvollständigkeit der Berichterstattung besteht. Ein solcher Anlass besteht bereits, wenn der die Bestellung Beantragende konkrete Tatsachen vorträgt, die für einen verständigen und objektiven Beobachter den Schluss auf eine Unterbewertung oder eine lückenhafte Berichterstattung im Anhang nachvollziehbar machen (*Hüffer* AktG, § 258 Rn. 3). Hinsichtlich der nicht unwesentlichen Unterbewertung genügt Anfangsverdacht (OLG München NZG 2006, 628, 630). Nach der Ansicht *Jänigs* (NZG 2008, 257, 259, 260)) soll ein hinreichender (Tat-) Verdacht erforderlich sein. Ist der Antrag in diesem Sinne hinreichend begründet, hat das Gericht von Amts wegen zu ermitteln (§ 26 FamFG).

I. Nicht unwesentliche Unterbewertung, Abs. 1 Nr. 1

Gem. Abs. 1 Nr. 1 muss Anlass für die Annahme bestehen, dass im festgestellten Jahresabschluss bestimmte Posten nicht unwesentlich unterbewertet sind. Durch wen die Feststellung des Jahresabschlusses erfolgt – Verwaltung (§ 172 AktG) oder ausnahmsweise durch die Hauptversammlung (§ 173 AktG) – ist irrelevant (*Hüffer* AktG, § 258 Rn. 4). Zwar spielt das Ergebnis der Abschlussprüfung für die Sonderprüfung keine Rolle, aus § 316 Abs. 1 Satz 2 HGB ergibt sich aber, dass Letztere grundsätzlich erst nach Durchführung der Abschlussprüfung erfolgen kann. Unter Posten sind die Gliederungspositionen des § 266 HGB zu verstehen (*Hüffer* AktG, § 258 Rn. 5).

Die Unterbewertung darf nicht unwesentlich sein. Für die Begriffsbestimmung der Unterbewertung wird auf die Legaldefinition in § 256 Abs. 5 Satz 3 AktG verwiesen. Wie dort gilt auch hier, dass eine gebotene, aber unterbliebene Aktivierung oder eine unzulässige, aber erfolgte Passivierung (sog. Ansatzfehler) den Bewertungsfehlern gleichzusetzen sind (MüKo AktG/*Hüffer* § 258 Rn. 17). Als Vergleichsgröße für die Beurteilung der Unterbewertung ist entgegen der h. M. nicht auf die Gesamtverhältnisse der Gesellschaft und ihres Unternehmens abzustellen, d. h. auf das ausgewiesene Jahresergebnis und auf das Grundkapital (vgl. KölnKomm AktG/*Claussen* § 258 Rn. 14), sondern auf den einzelnen Bilanzposten (*Hüffer* AktG, § 258 Rn. 7; GroßkommAktG/*Barz* § 258 Rn. 4). Daher können auch die z. T. geforderten festen Betragsgrenzen für das Vorliegen einer nicht unwesentlichen Unterbewertung (ab 10% des Jahresüberschusses und über 0,5% des Grundkapitals) nicht zur Beurteilung herangezogen werden; es verbleibt vielmehr bei einem je nach Einzelfall durch sachverständige und billige Erwägungen auszufüllenden Entscheidungsspielraum (*Hüffer* AktG, § 258 Rn. 8).

II. Fehlende oder unvollständige Angaben im Anhang, Abs. 1 Nr. 2

Gem. Abs. 1 Nr. 2 sind Sonderprüfer auch dann zu bestellen, wenn der Anhang des Jahresabschlusses die vorgeschriebenen Angaben (s. hierzu § 160 AktG, §§ 284 ff. HGB) nicht oder nicht vollständig enthält und sie auch nicht in der Hauptversammlung nachgeholt worden sind. Da bei unrichtigen Sachangaben die richtige Angabe fehlt, fallen diese unter die Regelung (KölnKomm AktG/*Claussen* § 258 Rn. 19). Wenn fälschlicherweise eine Fehlanzeige erstattet wird, dann ist der Anhang unvollständig (GroßkommAktG/*Barz* § 258 Rn. 5).

Der Vorstand hat das Recht, seine Berichterstattung in der Hauptversammlung um fehlende Angaben zu ergänzen. Ist der Anhang danach vollständig, so ist eine Sonderprüfung ausgeschlossen.

Aufgrund wessen Veranlassung die Ergänzung erfolgte – d. h. auf Frage der Aktionäre hin oder von sich aus – spielt insofern keine Rolle (GroßkommAktG/*Barz* § 258 Rn. 6). Wird die lückenhafte Berichterstattung im Anhang vom Vorstand auch nicht auf der Hauptversammlung behoben, so kommt es darauf an, ob nach den betreffenden Informationen gefragt und die Aufnahme der Frage in die Niederschrift (§ 130 AktG) verlangt worden ist. Es reicht die Erklärung des Fragestellers, der nicht mit dem späteren Antragsteller identisch sein muss, aus, dass Angaben nach §§ 284 ff., 160 HGB vermisst werden (*Hüffer* AktG, § 258 Rn. 10).

III. Sonderregelung des Abs. 1a

7   Nach der Sonderregelung des Abs. 1a gilt, dass ein Sonderprüfer trotz Vorliegens der Voraussetzungen des Abs. 1 (Unterbewertung, Berichtslücken) nicht bestellt werden kann, soweit die Unterbewertung bzw. die Beweislücken auf der in § 340f HGB zugelassenen Vorsorge für Bankrisiken beruhen (vgl. *Hüffer* AktG, § 258 Rn. 3). Auf Finanzdienstleistungsinstitute ist § 340f HGB gem. § 340 Abs. 4 Satz 1 HGB anzuwenden.

C. Durchführung der Sonderprüfung

I. Sonderprüfung wegen Unterbewertung

8   Die Aufgaben der Sonderprüfer ergeben sich aus Abs. 1 Satz 2 und 3 i. V. m. dem gerichtlichen Prüfungsauftrag (*Hüffer* AktG, § 258 Rn. 11). Die Prüfung beschränkt sich auf die bemängelten Posten, bei denen das Gericht das Vorliegen der Voraussetzungen einer Sonderprüfung bejaht hat, § 258 Abs. 1 Satz 2 AktG. Zuerst ist zu prüfen, ob eine Unterbewertung vorliegt, im zweiten Prüfungsschritt ob Unwesentlichkeit gegeben ist und aus § 259 Abs. 2 AktG folgt, dass drittens zu prüfen ist, mit welchem Mindestwert die einzelnen Aktivposten bzw. mit welchem Höchstwert die einzelnen Passivposten anzusetzen waren (MüKo AktG/*Hüffer* § 258 Rn. 31).

II. Sonderprüfung wegen fehlender oder unvollständiger Angaben im Anhang

9   Die Aufgaben des Sonderprüfers ergeben sich aus Abs. 1 Satz 3 i. V. m. dem gerichtlichen Prüfungsauftrag (*Hüffer* AktG, § 258 Rn. 12). Es wird allgemein als zulässig angesehen, dass die in Abs. 1 Satz 3 vorgesehene Prüfungsabfolge (Fehlen von Angaben, vergebliche Frage, Beurkundungsverlangen) umgekehrt wird, da sie eine Lücke im Bericht voraussetzt, diese aber durch die Prüfung erst nachgewiesen werden soll (KölnKomm AktG/*Claussen* § 258 Rn. 38).

D. Verfahren zur Bestellung von Sonderprüfern

I. Antrag auf Bestellung von Sonderprüfern, Abs. 2

1. Form und Frist

10   Maßgeblich ist das Verfahrensrecht der freiwilligen Gerichtsbarkeit gemäß dem FamFG. Daher besteht weder Anwaltszwang (§ 10 Abs. 1 FamFG), noch ist eine bestimmte Antragsform vorgeschrieben. Ausreichend ist ein Antrag zu Protokoll der Geschäftsstelle, § 23 FamFG. Da eine Unterschrift nicht erforderlich ist, sofern nur die Person des Antragstellers klar hervorgeht, ist es auch zulässig, den Antrag durch Telefax o. Ä. zu stellen (*Hüffer* AktG, § 258 Rn. 13).

11   Abs. 2 Satz 1 verlangt, dass der Antrag innerhalb eines Monats nach der Hauptversammlung gestellt wird. Die Monatsfrist ist eine **zwingende materiell-rechtliche Ausschlussfrist** ohne Verlängerungsmöglichkeit (*Hüffer* AktG, § 258 Rn. 14). Fristbeginn ist das Datum der Hauptversammlung über den Jahresabschluss (MüKo AktG/*Hüffer* § 258 Rn. 41). Ein vor diesem Zeitpunkt gestellter Antrag ist unzulässig, wird aber mit dem Fristbeginn wirksam, wenn der Antragsteller an seinem Antrag festhält (OLG München NZG 2006, 628, 629; einschränkend *Jänig* NZG 2008, 257, 259, wonach es zwingend erforderlich ist, dass die Weiterverfolgung offenkundig ist und vom »verfrühten« Antragsteller weitergeführt wird). Für die Fristberechnung gelten § 187 Abs. 1 und § 188 Abs. 2 BGB (*Hüffer* AktG § 258 Rn. 15). Eine Antragstellung beim unzuständigen Gericht genügt (*Hüffer*

AktG § 258 Rn. 15) im Gegensatz zur herrschenden Meinung. Wie bei der Anfechtungsklage können auch hier keine Prüfungsgründe nachgeschoben werden (MüKo AktG/*Hüffer* § 258 Rn. 43).

2. Antragsberechtigung

Aufgrund des Verweises in Abs. 2 Satz 3 auf § 142 Abs. 2 AktG ist erforderlich, dass antragstellende Aktionäre **1% des Grundkapitals** oder einen anteiligen Betrag von **100.000 Euro** auf sich vereinigen. Ob diese qualifizierte Mehrheit von einem oder von mehreren Aktionären erreicht wird, ist irrelevant (*Hüffer* AktG, § 258 Rn. 16). Nach allgemeiner Meinung werden stimmrechtslose Vorzüge mitgerechnet, darüber hinaus auch Aktien, für die nach § 134 Abs. 1 oder Abs. 2 AktG das Stimmrecht nicht ausgeübt werden darf (MüKo AktG/*Hüffer* § 258 Rn. 44).

12

Die Antragsteller müssen gem. Abs. 2 Satz 4 ihre Aktien bis zur Entscheidung über den Antrag hinterlegen oder eine vom depotführenden Institut dem entscheidenden Gericht oder der Gesellschaft gegenüber abgegebene Versicherung vorlegen (OLG München NZG 2006, 628, 629), dass die Aktien bis dahin nicht veräußert werden. Es soll dadurch gewährleistet werden, dass die Antragsberechtigung für die Dauer des Gerichtsverfahrens erhalten bleibt (*Hüffer* AktG, § 258 Rn. 17). Die Hinterlegung kann beim Amtsgericht oder bei der AG selbst erfolgen (KG JW 1930, 3777; KölnKomm AktG/*Claussen* § 258 Rn. 25). Die Antragsteller müssen ferner glaubhaft machen, dass sie seit mindestens 3 Monaten vor dem Tag der Hauptversammlung Inhaber der Aktien sind.

13

II. Gerichtliches Verfahren und Entscheidung, Abs. 3

1. Zuständigkeit

Sachlich zuständig ist das Landgericht, das im Verfahren nach dem FamFG tätig wird. Die **örtliche** Zuständigkeit richtet sich nach dem Sitz der AG (§ 14 AktG).

14

2. Prüfung und Anhörung

Das Gericht prüft den Antrag in förmlicher und sachlicher Hinsicht. Die **förmliche Prüfung** umfasst die Zuständigkeit, die Antragsform sowie die Antragsberechtigung. Die **sachliche Prüfung** bezieht sich auf die Einhaltung der Antragsfrist und die Antragsgründe (*Hüffer* AktG, § 258 Rn. 19). Das Gericht hat gem. § 26 FamFG die Beweise aufzunehmen, die es für die Feststellung der Tatsachen für geeignet hält. Hierzu gehört auch die Beiziehung von Sachverständigen (*Hüffer* AktG, § 258 Rn. 19). Das Gericht kann die Vorlage des Prüfungsberichts des Abschlussprüfers (§ 321 HGB) verlangen, nicht jedoch die Vorlage weiterer Unterlagen, insbesondere interne Arbeitsanweisungen etc. (*Hüffer* AktG, § 258 Rn. 21).

15

Gem. Abs. 3 Satz 1 ist eine **Anhörung** des Vorstandes, des Aufsichtsrats und des Abschlussprüfers vor der Bestellung der Sonderprüfer zwingend vorgeschrieben. Sie kann schriftlich oder mündlich erfolgen und kann nur unterbleiben, wenn das Gericht ohnehin den Antrag als unzulässig oder unbegründet abweisen möchte (*Hüffer* AktG, § 258 Rn. 20).

16

Das Gericht entscheidet **durch Beschluss**, Abs. 3 Satz 2. Wenn der Antrag zulässig und begründet ist, dann bestellt das Gericht gem. Abs. 1 Satz 1 den Sonderprüfer. Das Gericht kann einen oder mehrere Prüfer bestellen, hat aber die Personen (oder Prüfungsgesellschaften) zu bezeichnen. Ferner gehört zum Inhalt des Beschlusses auch die Formulierung des Prüfungsauftrages (*Hüffer* AktG, § 258 Rn. 22).

17

Im Fall der Bestellung eines Sonderprüfers trägt die Aktiengesellschaft die Gerichtskosten (§ 146 AktG i. V. m. Abs. 5 Satz 1). Bleibt der Antrag ohne Erfolg, dann müssen die Antragsteller gem. §§ 2, 5 KostO die Gerichtskosten tragen. Von den Gerichtskosten müssen die Kosten für die Sonderprüfung selbst unterschieden werden (s. Rdn. 21). Rechtsmittel gegen die Entscheidung ist die Beschwerde gem. § 258 Abs. 3 Satz 2 AktG.

18

E. Sonderprüfer

I. Auswahl der Sonderprüfer, Abs. 4

19 Nach Abs. 4 Satz 1 können ausschließlich Wirtschaftsprüfer und Wirtschaftsprüfungsgesellschaften zum Sonderprüfer bestellt werden. Die diesbezügliche Auswahl obliegt dem Gericht (*Hüffer* AktG, § 258 Rn. 24). Bei der Auswahl der Sonderprüfer muss darauf geachtet werden, dass die Prüfer von der Aktiengesellschaft **unabhängig** sind und nicht in der Gefahr der Befangenheit stehen (Abs. 4 Satz 2 i. V. m. §§ 319 Abs. 2 bis 4, 319a Abs. 1, § 319b Abs. 1 HGB). Gem. Abs. 4 Satz 3 können Abschlussprüfer nicht Sonderprüfer sein. Davon erfasst sind diejenigen Abschlussprüfer, die den nach § 258 AktG angegriffenen Jahresabschluss geprüft haben, sowie diejenigen, die für das laufende oder ein späteres Geschäftsjahr für die Prüfung vorgesehen sind (*Hüffer* AktG, § 258 Rn. 26). Außerdem kann nach Abs. 4 Satz 3 2. Fall nicht Sonderprüfer werden, wer in den letzten 3 Jahren vor der Bestellung Abschlussprüfer war. Für die Berechnung der Frist ist vom Tag der Bestellung als Sonderprüfer an 3 Kalenderjahre zurückzurechnen (h. M. GroßkommAktG/*Barz* § 258 Rn. 15).

II. Rechte und Verantwortlichkeit des Sonderprüfers, Abs. 5

20 Der Sonderprüfer handelt **als Organ der Gesellschaft** und steht zugleich in einem **schuldrechtlichen Verhältnis** zur Gesellschaft, auf das die Regelungen über den Geschäftsbesorgungsvertrag (§ 675 BGB) anwendbar sind (MüKo AktG/*Hüffer* § 258 Rn. 62). Grundlage der Rechtsbeziehungen ist der Gerichtsbeschluss.

21 Die einzelnen Rechte der Sonderprüfer ergeben sich aus Abs. 5. Sie haben Anspruch auf Auslagenersatz und Vergütung (§§ 142 Abs. 6 i. V. m. 258 Abs. 5 Satz 1 AktG). Diese werden von der Gesellschaft zusammen mit den sonstigen Kosten der Sonderprüfung geschuldet (§§ 146 i. V. m. 258 Abs. 5 Satz 1 AktG). Den Sonderprüfern steht ein Auskunfts- und Einsichtsrecht zu (§ 145 Abs. 1 bis 3 i. V. m. 258 Abs. 5 AktG). Sie sind gem. § 323 HGB i. V. m. Abs. 5 Satz 1 verantwortlich und dabei insbesondere zur Verschwiegenheit verpflichtet. Eine Verletzung der Verschwiegenheitspflicht führt neben einer Schadensersatzpflicht (§ 323 Abs. 1 Satz 3 HGB) auch zur Strafbarkeit (§ 404 Abs. 1 Nr. 2 AktG).

F. Konkurrenzen

22 Unter den Voraussetzungen des § 256 Abs. 5 Satz 1 Nr. 2 AktG kann auch eine Unterbewertung zur Nichtigkeit des Jahresabschlusses führen. Die §§ 258 ff. AktG betreffen jedoch den Fall, dass der Jahresabschluss trotz einer nicht unwesentlichen Unterbewertung gültig ist (MüKo AktG/*Hüffer* § 258 Rn. 65). Dennoch ist das Gericht dazu verpflichtet, den Sonderprüfer zu bestellen, auch wenn es den Jahresabschluss für nichtig hält (GroßkommAktG/*Barz* § 258 Rn. 21). Die Feststellung der Nichtigkeit gehört auch nicht zum Aufgabenkreis des Sonderprüfers (MüKo AktG/*Hüffer* § 258 Rn. 65).

23 Aus der **Subsidiaritätsregel** des § 142 Abs. 3 AktG folgt, dass wenn die Voraussetzungen des Abs. 1 vorliegen und unabhängig davon, ob das Verfahren letztlich durchgeführt wird oder nicht, das Prüfungsverfahren gem. §§ 142 ff. AktG ausgeschlossen ist (MüKo AktG/*Hüffer* § 258 Rn. 66). Sonst würde die Monatsfrist des Abs. 2 Satz 1 umgangen.

§ 259 Prüfungsbericht. Abschließende Feststellungen

(1) ¹Die Sonderprüfer haben über das Ergebnis der Prüfung schriftlich zu berichten. ²Stellen die Sonderprüfer bei Wahrnehmung ihrer Aufgaben fest, daß Posten überbewertet sind (§ 256 Abs. 5 Satz 2), oder daß gegen die Vorschriften über die Gliederung des Jahresabschlusses verstoßen ist oder Formblätter nicht beachtet sind, so haben sie auch darüber zu berichten. ³Für den Bericht gilt § 145 Abs. 4 bis 6 sinngemäß.

(2) ¹Sind nach dem Ergebnis der Prüfung die bemängelten Posten nicht unwesentlich unterbewertet (§ 256 Abs. 5 Satz 3), so haben die Sonderprüfer am Schluß ihres Berichts in einer abschließenden Feststellung zu erklären,
1. zu welchem Wert die einzelnen Aktivposten mindestens und mit welchem Betrag die einzelnen Passivposten höchstens anzusetzen waren;
2. um welchen Betrag der Jahresüberschuß sich beim Ansatz dieser Werte oder Beträge erhöht oder der Jahresfehlbetrag sich ermäßigt hätte.

²Die Sonderprüfer haben ihrer Beurteilung die Verhältnisse am Stichtag des Jahresabschlusses zugrunde zu legen. ³Sie haben für den Ansatz der Werte und Beträge nach Nummer 1 diejenige Bewertungs- und Abschreibungsmethode zugrunde zu legen, nach der die Gesellschaft die zu bewertenden Gegenstände oder vergleichbare Gegenstände zuletzt in zulässiger Weise bewertet hat.

(3) Sind nach dem Ergebnis der Prüfung die bemängelten Posten nicht oder nur unwesentlich unterbewertet (§ 256 Abs. 5 Satz 3), so haben die Sonderprüfer am Schluß ihres Berichts in einer abschließenden Feststellung zu erklären, daß nach ihrer pflichtmäßigen Prüfung und Beurteilung die bemängelten Posten nicht unzulässig unterbewertet sind.

(4) ¹Hat nach dem Ergebnis der Prüfung der Anhang die vorgeschriebenen Angaben nicht oder nicht vollständig enthalten und der Vorstand in der Hauptversammlung die fehlenden Angaben, obwohl nach ihnen gefragt worden ist, nicht gemacht und ist die Aufnahme der Frage in die Niederschrift verlangt worden, so haben die Sonderprüfer am Schluß ihres Berichts in einer abschließenden Feststellung die fehlenden Angaben zu machen. ²Ist die Angabe von Abweichungen von Bewertungs- oder Abschreibungsmethoden unterlassen worden, so ist in der abschließenden Feststellung auch der Betrag anzugeben, um den der Jahresüberschuß oder Jahresfehlbetrag ohne die Abweichung, deren Angabe unterlassen wurde, höher oder niedriger gewesen wäre. ³Sind nach dem Ergebnis der Prüfung keine Angaben nach Satz 1 unterlassen worden, so haben die Sonderprüfer in einer abschließenden Feststellung zu erklären, daß nach ihrer pflichtmäßigen Prüfung und Beurteilung im Anhang keine der vorgeschriebenen Angaben unterlassen worden ist.

(5) Der Vorstand hat die abschließenden Feststellungen der Sonderprüfer nach den Absätzen 2 bis 4 unverzüglich in den Gesellschaftsblättern bekanntzumachen.

Übersicht	Rdn.		Rdn.
A. Überblick	1	2. Keine oder unwesentliche Unterbewertung	7
B. Prüfungsbericht, Abs. 1	2	D. Abschließende Feststellungen bei fehlenden oder unvollständigen Angaben im Anhang, Abs. 4	8
I. Inhalt und Form	2		
II. Erweiterte Berichtspflicht	3		
C. Abschließende Feststellungen bei Prüfung wegen Unterbewertung, Abs. 2 und 3	4	I. Fehlende oder unvollständige Angaben im Anhang	8
I. Beurteilungsgrundlagen	4	II. Keine fehlenden oder unvollständigen Angaben	10
II. Abschließende Feststellungen	5	E. Bekanntmachungspflicht, Abs. 5	11
1. Nicht unwesentliche Unterbewertung	5		

A. Überblick

§ 259 AktG hat den Bericht über das Prüfungsergebnis der Sonderprüfung i. S. v. § 258 AktG und die abschließenden Feststellungen, in die der Prüfungsbericht einzumünden hat, zum Gegenstand. Hinsichtlich des Normzwecks muss differenziert werden: Bei der Sonderprüfung wegen Unterbewertung (Abs. 2 und 3) ist es Aufgabe der Sonderprüfer die betragsmäßigen Grundlagen für das weitere Verfahren – gesonderter Ertragsausweis im nächsten Jahresabschluss (§ 261 Abs. 1 AktG) oder Gerichtsverfahren (§ 260 Abs. 1 AktG) – zu schaffen (*Hüffer* AktG, § 259 Rn. 1). Bei der Sonderprüfung wegen fehlender oder unvollständiger Angaben im Anhang (Abs. 4) dient die abschließende Feststellung dem Ersatz der fehlenden Angaben, da insoweit ein gerichtliches Verfahren nach § 260 Abs. 1 AktG nicht vorgesehen ist (MüKo AktG/*Hüffer* § 259 Rn. 2).

B. Prüfungsbericht, Abs. 1

I. Inhalt und Form

2 Gem. Abs. 1 Satz 1 ist über das Ergebnis der Sonderprüfung schriftlich zu berichten. Dem Zweck der Sonderprüfung entsprechend soll gewährleistet werden, dass die antragstellenden Aktionäre umfassend, klar und aus sich heraus verständlich unterrichtet werden (GroßkommAktG/*Barz* § 259 Rn. 2; MüKo AktG/*Hüffer* § 259 Rn. 2; KölnKomm AktG/*Claussen* § 259 Rn. 6). Daher ist die gesetzliche Aufzählung der Feststellungen, die der Prüfungsbericht zu enthalten hat (Abs. 1 Satz 2, Abs. 2 Satz 1, Abs. 3 und Abs. 4) auch **nicht abschließend**. Es muss auch grundsätzlich über nachteilige Tatsachen berichtet werden, da keine entsprechende Schutzklausel (wie z. B. § 286 Abs. 2 oder Abs. 3 Nr. 2 HGB) existiert (MüKo AktG/*Hüffer* § 259 Rn. 4). Wegen des Verweises des Abs. 1 Satz 3 auf § 145 Abs. 4 bis 6 AktG kann sich jedoch durch gerichtliche Entscheidung etwas Anderes ergeben. Der Bericht muss durch den Sonderprüfer unterzeichnet werden (§§ 145 Abs. 6 Satz 3 i. V. m. 259 Abs. 1 Satz 3 AktG). Außerdem müssen die Sonderprüfer den Bericht unverzüglich dem Vorstand vorlegen und zum Handelsregister des Gesellschaftssitzes einreichen (§§ 145 Abs. 6 Satz 3 i. V. m. 259 Abs. 1 Satz 3 AktG). Der Vorstand ist verpflichtet, jedem Aktionär auf Verlangen eine Abschrift zu erteilen (§§ 145 Abs. 6 Satz 4 i. V. m. 259 Abs. 1 Satz 3 AktG). Ferner muss der Bericht dem Aufsichtsrat vorgelegt und bei Einberufung der Hauptversammlung als Gegenstand der Tagesordnung bekannt gemacht werden (§§ 145 Abs. 6 Satz 5 i. V. m. 259 Abs. 1 Satz 3 AktG).

II. Erweiterte Berichtspflicht

3 Gem. der Regelung in Abs. 1 Satz 2 ist auch über Gliederungsfehler, Verstöße gegen Formblattzwang und Überbewertung von Bilanzposten – d. h. über potenzielle Nichtigkeitsgründe i. S. v. § 256 Abs. 4 und Abs. 5 Nr. 1 AktG – zu berichten (vgl. *Hüffer* AktG, § 259 Rn. 3). Dadurch wird der Prüfungsauftrag jedoch nicht gesetzlich erweitert, da die Berichtspflicht nur besteht, wenn die Prüfer die betreffenden Mängel bei Wahrnehmung ihrer Aufgaben feststellen. Die Sonderprüfer müssen zwar kein Urteil über die Nichtigkeit des Jahresabschlusses aufgrund derartiger Mängel abgeben, jedoch wird es als zweckmäßig erachtet, wenn sie auf eine diesbezüglich eingetretene Heilung (§ 256 Abs. 6 AktG) hinweisen (*Hüffer* AktG, § 259 Rn. 3). Die genannten Berichtspunkte (Überbewertungen etc.) sind in die abschließenden Feststellungen zwar nicht generell, jedoch dann aufzunehmen, wenn ohne den Hinweis auf Überbewertungen der unzutreffende Eindruck entsteht, es sei ausschüttungsfähiger Gewinn vorhanden (*Hüffer* AktG, § 259 Rn. 3; KölnKomm AktG/*Claussen* § 259 Rn. 10).

C. Abschließende Feststellungen bei Prüfung wegen Unterbewertung, Abs. 2 und 3

I. Beurteilungsgrundlagen

4 Maßstäbe für die gesamte Prüfung und nicht nur für die abschließenden Feststellungen sind in Abs. 2 Satz 2 und 3 niedergelegt. Maßgeblich ist der **Stichtag des Jahresabschlusses** (Abs. 2 Satz 2), jedoch nur mit den Einschränkungen des § 252 Abs. 1 Satz 4 HGB. Der Stichtag des Jahresabschlusses gilt insbesondere auch für Prognoseentscheidungen, auch wenn sich mittlerweile eine andere tatsächliche Entwicklung ergeben hat (MüKo AktG/*Hüffer* § 259 Rn. 10). Zu berücksichtigen sind allerdings wertaufhellende Entwicklungen, d. h. solche die zwar nachträglich, aber vor Feststellung des Jahresabschlusses eingetreten sind (KölnKomm AktG/*Claussen* § 259 Rn. 3). Gem. Abs. 2 Satz 3 haben die Sonderprüfer diejenigen Bewertungsmethoden zugrunde zu legen, die von der AG zuletzt in zulässiger Weise angewandt worden sind. Das gilt auch dann, wenn die letzte zulässige Bewertung bereits mehrere Jahre zurückliegt (*Hüffer* AktG, § 259 Rn. 4).

II. Abschließende Feststellungen

1. Nicht unwesentliche Unterbewertung

Ergibt die Prüfung eine nicht unwesentliche Unterbewertung der bemängelten Posten, müssen die Sonderprüfer gem. Abs. 2 Satz 1 Nr. 1 zunächst den Mindestansatz von Aktivposten bzw. den Höchstansatz von Passivposten angeben. Nach h. M. ist mit »mindestens« und »höchstens« i. S. v. Abs. 2 Satz 1 Nr. 1 gemeint, dass die von den Abschlussprüfern oder Gesellschaftsorganen bereits vorgenommene Bewertung nur im Umfang des schlechthin Unvermeidlichen berichtigt werden soll (MüKo AktG/*Hüffer* § 259 Rn. 12; a. A. KölnKomm AktG/*Claussen* § 259 Rn. 15). 5

Außerdem müssen die Sonderprüfer gem. Abs. 2 Satz 1 Nr. 2 erklären, um welchen Betrag sich der Jahresüberschuss erhöht oder sich der Jahresfehlbetrag ermäßigt hätte, wenn die von den Prüfern angenommenen Mindest- bzw. Höchstwerte eingesetzt worden wären. Damit ist der Unterbewertungsbetrag gemeint, der sich aus der Addition der einzelnen Unterbewertungen in den gerügten Bilanzposten ergibt (MüKo AktG/*Hüffer* § 259 Rn. 13). Überbewertungen, die bei der Prüfung festgestellt wurden (vgl. Abs. 1 Satz 2), bleiben hierbei genauso wie Steuern, die auf einen Betrag aus höherer Bewertung anfallen, unberücksichtigt (MüKo AktG/*Hüffer* § 259 Rn. 13). 6

2. Keine oder unwesentliche Unterbewertung

Wird bei der Sonderprüfung festgestellt, dass keine oder nur eine unwesentliche Unterbewertung vorliegt, muss ein Negativattest in der Form des Abs. 3 abgegeben werden. Eine genaue Bezeichnung der jeweiligen Posten ist nicht erforderlich, aber zulässig (*Hüffer* AktG, § 259 Rn. 6) 7

D. Abschließende Feststellungen bei fehlenden oder unvollständigen Angaben im Anhang, Abs. 4

I. Fehlende oder unvollständige Angaben im Anhang

Wenn die Sonderprüfung ergibt, dass der Anhang die vorgeschriebenen Angaben nicht oder nicht vollständig enthält, müssen die Prüfer die fehlenden Angaben gem. Abs. 4 in ihrer abschließenden Feststellung **nachholen**. Diese Ergänzungen des Anhangs können nicht gerichtlich angefochten werden (vgl. § 260 Abs. 1 Satz 1 AktG). Wenn sich in der Prüfung herausstellt, dass in der Hauptversammlung nicht nach den Angaben gefragt wurde oder die Frage beantwortet worden ist, müssen die Prüfer bei Gericht die Aufhebung des Beschlusses anregen. Geht das Gericht nicht darauf ein, ist eine abschließende Erklärung mit dem Inhalt abzugeben, dass die Information in der Hauptversammlung nicht begehrt oder bereits gegeben wurde (*Hüffer* AktG, § 259 Rn. 7). 8

Gem. Abs. 4 Satz 2 müssen die abschließenden Feststellungen die Angabe des Unterschiedsbetrags, der sich aus der Abweichung von Bewertungs- oder Abschreibungsmethoden ergibt, enthalten. Das bedeutet, dass eine Vergleichsrechnung zu erfolgen hat, in die die Ergebnisse der bisherigen Bewertung denjenigen der neuen Bewertung gegenübergestellt werden. Auch geringe Beträge sind anzugeben (*Hüffer* AktG, § 259 Rn. 8). 9

II. Keine fehlenden oder unvollständigen Angaben

Wird festgestellt, dass keine Angaben fehlen oder die Angaben im Anhang nicht unvollständig sind, dann ist gem. und in der Form des Abs. 4 Satz 3 ein **Negativattest** auszustellen. Die Sonderprüfer sind nach allgemeiner Meinung jedoch nicht verpflichtet, die Vollständigkeit des gesamten Anhangs zu bestätigen, obwohl ihre Prüfung entsprechend dem gerichtlichen Prüfungsauftrag eingeschränkt war (*Hüffer* AktG, § 259 Rn. 9). Die abschließenden Feststellungen sollten daher entsprechende einschränkende Erklärungen enthalten. 10

§ 260 AktG Gerichtliche Entscheidung über die abschließenden Feststellungen der Sonderprüfer

E. Bekanntmachungspflicht, Abs. 5

11 Die abschließenden Feststellungen der Sonderprüfer müssen in den Gesellschaftsblättern bekannt gemacht werden, Abs. 5. Die Bekanntmachung ist vom Vorstand **unverzüglich** (vgl. § 121 Abs. 1 Satz 1 BGB) zu veranlassen (MüKo AktG/*Hüffer* § 259 Rn. 19). Die Verpflichtung des Vorstandes ist gem. § 407 Abs. 1 Satz 1 Halbs. 1 AktG zwangsgeldbewehrt. Der Vorstand ist verpflichtet, darauf hinzuweisen, dass es sich um das Ergebnis einer Sonderprüfung nach § 258 AktG handelt (MüKo AktG/*Hüffer* § 259 Rn. 19). Nach der Veröffentlichung im Bundesanzeiger beginnt die Monatsfrist des § 260 Abs. 1 Satz 1 AktG zu laufen (MüKo AktG/*Hüffer* § 259 Rn. 19).

§ 260 Gerichtliche Entscheidung über die abschließenden Feststellungen der Sonderprüfer

(1) ¹Gegen abschließende Feststellungen der Sonderprüfer nach § 259 Abs. 2 und 3 können die Gesellschaft oder Aktionäre, deren Anteile zusammen den zwanzigsten Teil des Grundkapitals oder den anteiligen Betrag von 500 000 Euro erreichen, innerhalb eines Monats nach der Veröffentlichung im Bundesanzeiger den Antrag auf Entscheidung durch das nach § 132 Abs. 1 zuständige Gericht stellen. ²§ 258 Abs. 2 Satz 4 und 5 gilt sinngemäß. ³Der Antrag muß auf Feststellung des Betrags gerichtet sein, mit dem die im Antrag zu bezeichnenden Aktivposten mindestens oder die im Antrag zu bezeichnenden Passivposten höchstens anzusetzen waren. ⁴Der Antrag der Gesellschaft kann auch auf Feststellung gerichtet sein, daß der Jahresabschluß die in der abschließenden Feststellung der Sonderprüfer festgestellten Unterbewertungen nicht enthielt.

(2) ¹Über den Antrag entscheidet das Gericht unter Würdigung aller Umstände nach freier Überzeugung. ²§ 259 Abs. 2 Satz 2 und 3 ist anzuwenden. ³Soweit die volle Aufklärung aller maßgebenden Umstände mit erheblichen Schwierigkeiten verbunden ist, hat das Gericht die anzusetzenden Werte oder Beträge zu schätzen.

(3) ¹§ 99 Abs. 1, Abs. 2 Satz 1, Abs. 3 und 5 gilt sinngemäß. ²Das Gericht hat seine Entscheidung der Gesellschaft und, wenn Aktionäre den Antrag nach Absatz 1 gestellt haben, auch diesen zuzustellen. ³Es hat sie ferner ohne Gründe in den Gesellschaftsblättern bekanntzumachen. ⁴Die Beschwerde steht der Gesellschaft und Aktionären zu, deren Anteile zusammen den zwanzigsten Teil des Grundkapitals oder den anteiligen Betrag von 500 000 Euro erreichen. ⁵§ 258 Abs. 2 Satz 4 und 5 gilt sinngemäß. ⁶Die Beschwerdefrist beginnt mit der Bekanntmachung der Entscheidung im Bundesanzeiger, jedoch für die Gesellschaft und, wenn Aktionäre den Antrag nach Absatz 1 gestellt haben, auch für diese nicht vor der Zustellung der Entscheidung.

(4) ¹Für die Kosten des Verfahrens gilt die Kostenordnung. ²Für das Verfahren des ersten Rechtszugs wird das Doppelte der vollen Gebühr erhoben. ³Für das Verfahren über ein Rechtsmittel wird die gleiche Gebühr erhoben; dies gilt auch dann, wenn das Rechtsmittel Erfolg hat. ⁴Wird der Antrag oder das Rechtsmittel zurückgenommen, bevor es zu einer Entscheidung kommt, so ermäßigt sich die Gebühr auf die Hälfte. ⁵Der Geschäftswert ist von Amts wegen festzusetzen. ⁶Die Kosten sind, wenn dem Antrag stattgegeben wird, der Gesellschaft, sonst dem Antragsteller aufzuerlegen. ⁷§ 247 gilt sinngemäß.

Übersicht	Rdn.		Rdn.
A. Überblick	1	II. Zuständigkeit, Frist und Form	4
B. Antrag auf gerichtliche Entscheidung, Abs. 1	2	III. Antragsinhalt	5
		C. Beurteilungsgrundlagen, Abs. 2	6
I. Antragsberechtigung	2	D. Gerichtliches Verfahren und Entscheidung, Abs. 3	7
1. Gesellschaft, Abs. 1 Satz 1, 1. Alt.	2		
2. Aktionäre, Abs. 1 Satz 1, 2. Alt.	3	E. Verfahrenskosten, Abs. 4	9

A. Überblick

§ 260 AktG bezweckt die abschließende Streitentscheidung, wenn die Feststellungen der Sonderprüfer zur Unterbewertung noch nicht befriedend gewirkt haben (*Hüffer* AktG, § 260 Rn. 1). Aus einem Gegenschluss aus § 260 AktG ergibt sich, dass die von den Sonderprüfern getroffenen Feststellungen hinsichtlich fehlender oder unvollständiger Angaben im Anhang nicht gerichtlich angegriffen werden können. Das Verfahren erfolgt im Streitverfahren des FamFG (§§ 99 Abs. 1 i. V. m. 260 Abs. 3 Satz 1 AktG). 1

B. Antrag auf gerichtliche Entscheidung, Abs. 1

I. Antragsberechtigung

1. Gesellschaft, Abs. 1 Satz 1, 1. Alt.

Antragsberechtigt ist die Gesellschaft (Abs. 1 Satz 1, 1. Alt.). Der Vorstand benötigt diesbezüglich nicht jeweils die Zustimmung des Aufsichtsrats, der Aufsichtsrat kann aber die Antragstellung als wesentliches Einzelgeschäft gem. § 111 Abs. 4 AktG von seiner Zustimmung abhängig machen (*Hüffer* AktG, § 260 Rn. 2; a. A. KölnKomm AktG/*Claussen* § 260 Rn. 2 a. E.; GroßkommAktG/*Barz* § 260 Rn. 3). 2

2. Aktionäre, Abs. 1 Satz 1, 2. Alt.

Auch die Aktionäre sind antragsberechtigt, sofern sie ein Quorum von **5 % des Grundkapitals** oder einen Aktienbesitz erreichen, der einen anteiligen Betrag von 500.000 Euro ausmacht, Abs. 1 Satz 1, 2. Alt. Es ist aber nicht erforderlich, dass der Antrag auf die gerichtliche Entscheidung von denjenigen Aktionären gestellt wird, die bereits den Antrag auf Sonderprüfung gem. § 258 AktG gestellt haben (MüKo AktG/*Hüffer* § 260 Rn. 5). Die antragstellenden Aktionäre sind gem. §§ 258 Abs. 2 Satz 4 i. V. m. 260 Abs. 1 Satz 2 AktG verpflichtet, ihre Aktien bis zur gerichtlichen Entscheidung der ersten Instanz (KölnKomm AktG/*Claussen* § 260 Rn. 5) zu hinterlegen. Für die Hinterlegung gilt das zu § 258 AktG Gesagte (vgl. § 258 AktG Rdn. 14). 3

II. Zuständigkeit, Frist und Form

Der Antrag muss beim **ausschließlich zuständigen Landgericht** des Gesellschaftssitzes, §§ 132 Abs. 1 i. V. m. 260 Abs. 1 Satz 1 AktG eingebracht werden. Die Antragsfrist beträgt **einen Monat** und beginnt mit der Veröffentlichung im Bundesanzeiger, Abs. 1 Satz 1. Für die Fristberechnung gelten §§ 187 Abs. 1, 188 Abs. 2 BGB (*Hüffer* AktG, § 260 Rn. 4). Hinsichtlich der Form des Antrags ist nichts vorgeschrieben. 4

III. Antragsinhalt

Der Antrag muss **inhaltlich bestimmt** i. S. v. Abs. 1 Satz 3 und 4 sein. Die Aktionärsminderheit kann nach h. M. nur die Feststellung einer höheren Unterbewertung und die Gesellschaft dagegen nur die Feststellung einer niedrigeren Unterbewertung oder ihr gänzliches Fehlen beantragen (GroßkommAktG/*Barz* § 260 Rn. 4; MüKo AktG/*Hüffer* § 260 Rn. 9). Gem. Abs. 1 Satz 3 müssen die Antragsteller den Aktiv- oder Passivposten, der eine Unterbewertung beinhalten soll, genau bezeichnen. Darüber hinaus ist nach h. M. keine genaue Bezifferung des Feststellungsbegehrens erforderlich (KölnKomm AktG/*Claussen* § 260 Rn. 7; a. A. MüKo AktG/*Hüffer* § 260 Rn. 10). 5

C. Beurteilungsgrundlagen, Abs. 2

Das Gericht ermittelt den Sachverhalt gem. § 26 FamFG. Danach entscheidet es gem. Abs. 2 Satz 1 nach freier Überzeugung. Dies bedeutet nicht, dass das Gericht über den gestellten Antrag hinausgehen darf und auch nicht, dass dem Gericht ein Ermessensspielraum zusteht (so aber KölnKomm AktG/*Claussen* § 260 Rn. 12), sondern lediglich, dass das Gericht **nicht an Beweisregeln** gebunden ist (*Hüffer* AktG, § 260 Rn. 7). Gem. Abs. 2 Satz 2 hat das Gericht § 259 Abs. 2 Satz 2 und 3 AktG 6 anzuwenden. Sofern sich erhebliche Schwierigkeiten bei der vollen Aufklärung aller maßgeblichen Umstände ergeben, darf das Gericht eine Schätzung durchführen, Abs. 2 Satz 3.

D. Gerichtliches Verfahren und Entscheidung, Abs. 3

7   Nach Abs. 3 Satz 1 sind § 99 Abs. 1, Abs. 2 Satz 1, Abs. 3 und Abs. 4 AktG anzuwenden. Demnach kommt es mit Eintritt der Rechtskraft (§ 99 Abs. 5 Satz 1 AktG) zur **Wirkung für und gegen jedermann** (§ 99 Abs. 5 Satz 2 AktG). Will das Gericht dem Antrag stattgeben, so hat es den Beschlusstenor entsprechend den Vorgaben in Abs. 1 Satz 3 und 4 zu fassen. Neben der Aktiengesellschaft ist auch den Aktionären die Entscheidung insoweit zuzustellen, als sie den Antrag nach Abs. 1 gestellt haben, Abs. 3 Satz 2. Das Gericht veröffentlicht die Entscheidung in den Gesellschaftsblättern, Abs. 3 Satz 3.

8   Gegen die Entscheidung kann im Wege der **Beschwerde** vorgegangen werden (§§ 99 Abs. 3 Satz 2 i. V. m. 260 Abs. 3 Satz 1 AktG). Neben der Aktiengesellschaft sind die Aktionäre gem. Abs. 3 Satz 4 nur insoweit (förmlich) beschwerdeberechtigt, als sie das Quorum von 5 % des Grundkapitals oder des Aktienbesitzes erreichen, der den anteiligen Betrag von 500.000 Euro ausmacht. Auch hier müssen die beschwerdeführenden Aktionäre nicht mit den Antragstellern identisch sein (*Hüffer* AktG, § 260 Rn. 9). Für die Hinterlegung und Glaubhaftmachung gilt §§ 258 Abs. 2 Satz 4 und 5 i. V. m. 260 Abs. 3 Satz 5 AktG. Ferner ist für das Vorliegen der Beschwerdeberechtigung eine materielle Beschwer erforderlich, die dann gegeben ist, wenn die Sachentscheidung des Gerichts hinter dem gestellten Antrag zurückgeblieben ist (MüKo AktG/*Hüffer* § 260 Rn. 22). Als Beschwerdefrist gilt die Monatsfrist des § 63 FamFG. Nach der besonderen Regelung in Abs. 3 Satz 3 ist für den Fristbeginn die Bekanntmachung im Bundesanzeiger maßgeblich.

E. Verfahrenskosten, Abs. 4

9   Es gilt die Kostenordnung mit der Maßgabe, dass für jede Instanz das Doppelte der vollen Gebühr erhoben wird, wenn es zur Entscheidung kommt (Abs. 4 Satz 1 bis 3). Werden Antrag oder Beschwerde vor der Entscheidung zurückgenommen, wird die halbe Gebühr erhoben, Abs. 4 Satz 4. Den Geschäftswert setzt das Gericht unter sinngemäßer Anwendung des § 247 AktG von Amts wegen fest (Abs. 4 Satz 5 und 7).

§ 261 Entscheidung über den Ertrag auf Grund höherer Bewertung

(1) ¹Haben die Sonderprüfer in ihrer abschließenden Feststellung erklärt, daß Posten unterbewertet sind, und ist gegen diese Feststellung nicht innerhalb der in § 260 Abs. 1 bestimmten Frist der Antrag auf gerichtliche Entscheidung gestellt worden, so sind die Posten in dem ersten Jahresabschluß, der nach Ablauf dieser Frist aufgestellt wird, mit den von den Sonderprüfern festgestellten Werten oder Beträgen anzusetzen. ²Dies gilt nicht, soweit auf Grund veränderter Verhältnisse, namentlich bei Gegenständen, die der Abnutzung unterliegen, auf Grund der Abnutzung, nach §§ 253 bis 256 des Handelsgesetzbuchs oder nach den Grundsätzen ordnungsmäßiger Buchführung für Aktivposten ein niedrigerer Wert oder für Passivposten ein höherer Betrag anzusetzen ist. ³In diesem Fall sind im Anhang die Gründe anzugeben und in einer Sonderrechnung die Entwicklung des von den Sonderprüfern festgestellten Wertes oder Betrags auf den nach Satz 2 angesetzten Wert oder Betrag darzustellen. ⁴Sind die Gegenstände nicht mehr vorhanden, so ist darüber und über die Verwendung des Ertrags aus dem Abgang der Gegenstände im Anhang zu berichten. ⁵Bei den einzelnen Posten der Jahresbilanz sind die Unterschiedsbeträge zu vermerken, um die auf Grund von Satz 1 und 2 Aktivposten zu einem höheren Wert oder Passivposten mit einem niedrigeren Betrag angesetzt worden sind. ⁶Die Summe der Unterschiedsbeträge ist auf der Passivseite der Bilanz und in der Gewinn- und Verlustrechnung als »Ertrag auf Grund höherer Bewertung gemäß dem Ergebnis der Sonderprüfung« gesondert auszuweisen.

(2) ¹Hat das gemäß § 260 angerufene Gericht festgestellt, daß Posten unterbewertet sind, so gilt für den Ansatz der Posten in dem ersten Jahresabschluß, der nach Rechtskraft der gerichtlichen

Entscheidung aufgestellt wird, Absatz 1 sinngemäß. ²Die Summe der Unterschiedsbeträge ist als »Ertrag auf Grund höherer Bewertung gemäß gerichtlicher Entscheidung« gesondert auszuweisen.

(3) ¹Der Ertrag aus höherer Bewertung nach Absätzen 1 und 2 rechnet für die Anwendung § 58 nicht zum Jahresüberschuß. ²Über die Verwendung des Ertrags abzüglich der auf ihn zu entrichtenden Steuern entscheidet die Hauptversammlung, soweit nicht in dem Jahresabschluß ein Bilanzverlust ausgewiesen wird, der nicht durch Kapital- oder Gewinnrücklagen gedeckt ist.

Übersicht	Rdn.		Rdn.
A. Überblick	1	IV. Gesonderter Ertragsausweis, Abs. 1 Satz 6	6
B. **Auflösung stiller Reserven, Abs. 1 und Abs. 2**	2	V. Entsprechende Anwendung bei gerichtlicher Entscheidung, Abs. 2	7
I. Grundsätzlich Übernahme der Prüfungsergebnisse	2	C. **Verwendung des Ertrags aus höherer Bewertung, Abs. 3**	8
II. Ausnahmen	3	I. Keine Zurechnung zum Jahresüberschuss, Abs. 3 Satz 1	8
1. Veränderte Verhältnisse, Abs. 1 Satz 2	3		
2. Abgang von Gegenständen, Abs. 1 Satz 4	4	II. Entscheidung der Hauptversammlung, Abs. 3 Satz 2	9
III. Vermerk der Unterschiedsbeträge, Abs. 1 Satz 5	5		

A. Überblick

Mit § 261 AktG sollen die Bewertungsfehler, die durch die Sonderprüfung (§§ 258 ff. AktG) aufgedeckt worden sind, sanktioniert werden (MüKo AktG/*Hüffer* § 261 Rn. 2). Als Sanktion gilt hierbei die Beschlusszuständigkeit der Hauptversammlung in Bezug auf die Ertragsverwendung. In Abs. 1 und Abs. 2 ist zunächst die Auflösung unzulässiger stiller Reserven geregelt, in Abs. 3 dann die Beschlussfassung der Hauptversammlung. 1

B. Auflösung stiller Reserven, Abs. 1 und Abs. 2

I. Grundsätzlich Übernahme der Prüfungsergebnisse

Der Vorstand ist gem. Abs. 1 Satz 1 verpflichtet, unzulässig gebildete stille Reserven aufzulösen. Voraussetzung hierfür ist, dass die Monatsfrist des Abs. 1 abgelaufen ist, ohne dass ein Antrag auf gerichtliche Entscheidung gestellt wurde, und der Sonderprüfer eine nicht unwesentliche Unterbewertung aufgedeckt hat. Der Vorstand ist dann verpflichtet, die unterbewerteten Posten mit den von den Sonderprüfern festgestellten Werten oder Beträgen anzusetzen und zwar bei Aufstellung des ersten Jahresabschlusses nach Ablauf der Antragsfrist. Damit ist der Jahresabschluss gemeint, bei dessen Aufstellung die Prüfungsergebnisse erstmals noch verwendet werden können (*Hüffer* AktG, § 261 Rn. 2). Soweit nicht aus Abs. 1 Satz 2 oder 4 etwas anderes folgt, muss der Vorstand die Zahlen übernehmen, die in der abschließenden Feststellung des Sonderprüfers gem. § 259 Abs. 2 Satz 1 AktG enthalten sind (*Hüffer* AktG, § 261 Rn. 2). 2

II. Ausnahmen

1. Veränderte Verhältnisse, Abs. 1 Satz 2

Mit Abs. 1 Satz 2 soll dem Umstand Rechnung getragen werden, dass zwischen dem Stichtag, auf den sich die Sonderprüfung bezieht, und dem Stichtag, zu dem ihre Ergebnisse übernommen werden sollen, u. U. mehrere Geschäftsjahre liegen können (*Hüffer* AktG, § 261 Rn. 3). Nachträglichen Veränderungen wird daher mit der Regelung in Abs. 1 Satz 2 Rechnung getragen. Danach kann vom Grundsatz des Abs. 1 Satz 1 abgewichen werden im Fall der Abnutzung, wenn die Anwendung der Bewertungsvorschriften (§§ 253 bis 256 HGB) oder die Grundsätze einer ordnungsgemäßen Buchführung dies rechtfertigen. Wie in diesen Fällen positiv zu verfahren ist, sagt Abs. 1 Satz 2 nicht. Fest steht, dass die von den Sonderprüfern gem. § 259 Abs. 2 Satz 1 AktG festgestellten 3

Wertansätze den Ausgangspunkt bilden (*Hüffer* AktG, § 261 Rn. 4). Auch eine über den Ausgangswert hinausgehende Entwicklung kann berücksichtigt werden. Die maßgeblichen Gründe für die Abweichung von den abschließenden Feststellungen der Sonderprüfer müssen gem. Abs. 1 Satz 3 im Anhang dargelegt werden.

2. Abgang von Gegenständen, Abs. 1 Satz 4

4 In Abs. 1 Satz 4 ist eine weitere Ausnahme vom Grundsatz des Abs. 1 Satz 1 vorgesehen. Die Regelung setzt voraus, dass nicht mehr vorhandene Vermögensgegenstände (wegen Verschleiß, sonstigem Untergang oder Veräußerung) **nicht mehr aktiviert** werden (*Hüffer* AktG, § 261 Rn. 5). Daher ist davon nur noch im Anhang zu berichten, erstens über den Abgang selbst, zweitens über den erzielten Ertrag und drittens über die Ertragsverwendung. In der Regel ist es für Letzteres ausreichend, wenn dargelegt wird, dass der Ertrag in den Bilanzgewinn eingegangen ist (*Hüffer* AktG, § 261 Rn. 5).

III. Vermerk der Unterschiedsbeträge, Abs. 1 Satz 5

5 Nach Abs. 5 muss bei den einzelnen Bilanzposten der Unterschiedsbetrag vermerkt werden, um den aufgrund der Anforderungen der Abs. 1 und Abs. 2 die betreffenden Aktivposten höher bzw. Passivposten niedriger angesetzt worden sind. Der Vermerk kann in Form einer Fußnote oder eines Klammerzusatzes erfolgen, er muss nur Bestandteil der Bilanz sein (*Hüffer* AktG, § 261 Rn. 6).

IV. Gesonderter Ertragsausweis, Abs. 1 Satz 6

6 Die Summe der Unterschiedsbeträge ergibt den »Ertrag aufgrund höherer Bewertung gemäß dem Ergebnis der Sonderprüfung«, Abs. 1 Satz 6, der unter dieser Bezeichnung gem. Abs. 1 Satz 6 gesondert in der Bilanz und in der GuV auszuweisen ist. Es ist der Bruttoertrag – d.h. ohne eine Kürzung um die etwa geschuldete Körperschaftsteuer – auszuweisen (MüKo AktG/*Hüffer* § 261 Rn. 14).

V. Entsprechende Anwendung bei gerichtlicher Entscheidung, Abs. 2

7 Gem. Abs. 2 ist die Regelung des Abs. 1 entsprechend für den Fall anzuwenden, dass das gem. § 260 AktG angerufene Gericht eine Unterbewertung feststellt. Die Einbuchung erfolgt im ersten Jahresabschluss nach Eintritt der Rechtskraft. Es gilt i. Ü. gem. Abs. 2 Satz 2 nur eine andere Bezeichnung des Sonderpostens: »Ertrag auf Grund höherer Bewertung gem. gerichtlicher Entscheidung«.

C. Verwendung des Ertrags aus höherer Bewertung, Abs. 3

I. Keine Zurechnung zum Jahresüberschuss, Abs. 3 Satz 1

8 Ein Ertrag aus höherer Bewertung rechnet gem. Abs. 3 Satz 1 nicht zum Jahresüberschuss, soweit es um die Anwendung des § 58 AktG geht. Es können demnach weder kraft Satzungsbestimmung (§ 58 Abs. 1 AktG) noch durch den Vorstand und den Aufsichtsrat bei Feststellung des Jahresabschlusses (§ 58 Abs. 2 AktG) aus dem Ertrag freie Gewinnrücklagen gebildet werden (vgl. MüKo AktG/*Hüffer* § 261 Rn. 16). Außerdem führt die Aufdeckung der stillen Reserven auch nicht zur Gewinnbeteiligung der Vorstandsmitglieder, da der Ertrag auch insoweit gem. §§ 86 Abs. 2 i. V. m. 261 Abs. 3 Satz 1 AktG nicht zum Jahresüberschuss gerechnet wird. Nach ganz h. M. gilt dasselbe auch für die Gewinnbeteiligung der Aufsichtsratsmitglieder (*Hüffer* AktG, § 261 Rn. 9)

II. Entscheidung der Hauptversammlung, Abs. 3 Satz 2

9 Die Hauptversammlung entscheidet gem. Abs. 3 Satz 2 über die Verwendung des Betrags aus höherer Bewertung. Die Entscheidungsfreiheit der Hauptversammlung wird durch den erforderlichen Steuerabzug und durch den Ausgleich eines Bilanzverlustes eingeschränkt (vgl. *Hüffer* AktG, § 261 Rn. 10). Nach h. M. ist der Bilanzverlust vorrangig zu decken (KölnKomm AktG/*Claussen* § 261

Rn. 11; GroßkommAktG/*Barz* § 261 Rn. 13; MüKo AktG/*Hüffer* § 261 Rn. 20). Ein Verlustvortrag und die Einstellung des Sonderertrags in die Gewinnrücklagen sind demnach nicht zulässig.

§ 261a   Mitteilungen an die Bundesanstalt für Finanzdienstleistungsaufsicht

Das Gericht hat der Bundesanstalt für Finanzdienstleistungsaufsicht den Eingang eines Antrags auf Bestellung eines Sonderprüfers, jede rechtskräftige Entscheidung über die Bestellung von Sonderprüfern, den Prüfungsbericht sowie eine rechtskräftige gerichtliche Entscheidung über abschließende Feststellungen der Sonderprüfer nach § 260 mitzuteilen, wenn die Gesellschaft Wertpapiere im Sinne des § 2 Abs. 1 Satz 1 des Wertpapierhandelsgesetzes ausgegeben hat, die an einer inländischen Börse zum Handel im amtlichen oder geregelten Markt zugelassen sind.

§ 261a AktG regelt die Mitteilungspflichten des Gerichts gegenüber der Bundesanstalt für Finanzdienstleistungsaufsicht (BaFin). Die Mitteilungspflicht entsteht dann, wenn die Aktiengesellschaft Aktien oder andere Wertpapiere i. S. d. § 2 Abs. 1 Satz 1 WpHG ausgegeben hat, die zum Handel oder zum geregelten Markt zugelassen sind. Die Mitteilungspflicht erstreckt sich auf den Antragseingang (§ 258 Abs. 2 AktG), die Bestellung von Sonderprüfern (§ 258 Abs. 3 AktG), den Prüfungsbericht (§ 259 AktG) und die gerichtliche Entscheidung über die abschließenden Feststellungen (§ 260 AktG).   1

Achter Teil Auflösung und Nichtigerklärung der Gesellschaft

Erster Abschnitt Auflösung

Erster Unterabschnitt Auflösungsgründe und Anmeldung

§ 262   Auflösungsgründe

(1) Die Aktiengesellschaft wird aufgelöst
1. durch Ablauf der in der Satzung bestimmten Zeit;
2. durch Beschluß der Hauptversammlung; dieser bedarf einer Mehrheit, die mindestens drei Viertel des bei der Beschlußfassung vertretenen Grundkapitals umfaßt; die Satzung kann eine größere Kapitalmehrheit und weitere Erfordernisse bestimmen;
3. durch die Eröffnung des Insolvenzverfahrens über das Vermögen der Gesellschaft;
4. mit der Rechtskraft des Beschlusses, durch den die Eröffnung des Insolvenzverfahrens mangels Masse abgelehnt wird;
5. mit der Rechtskraft einer Verfügung des Registergerichts, durch welche nach § 399 des Gesetzes über das Verfahren in Familiensachen und in den Angelegenheiten der freiwilligen Gerichtsbarkeit ein Mangel der Satzung festgestellt worden ist;
6. durch Löschung der Gesellschaft wegen Vermögenslosigkeit nach § 394 des Gesetzes über das Verfahren in Familiensachen und in den Angelegenheiten der freiwilligen Gerichtsbarkeit.

(2) Dieser Abschnitt gilt auch, wenn die Aktiengesellschaft aus anderen Gründen aufgelöst wird.

Übersicht

		Rdn.			Rdn.
A.	Überblick...................	1	C.	Sonstige Auflösungsgründe gem. Abs. 2.	7
B.	Auflösungsgründe des Abs. 1.........	2			

A. Überblick

Die Vorschrift ist die **Leitvorschrift** für das **Recht der Beendigung der AG**. Die Beendigung der AG vollzieht sich notwendig in einem gestuften Verfahren, das mit der Auflösung der AG beginnt, mit   1 der Abwicklung (Liquidation) der aufgelösten AG fortgesetzt und durch die Löschung der AG im Handelsregister zum Abschluss gebracht wird. § 262 AktG regelt, welche Gründe die Auflösung der AG zur Folge haben. Die Auflösungsgründe sind von den Gründen für die Nichtigerklärung i. S. d. § 275 AktG zu unterscheiden, bei deren Vorliegen Klage auf Nichtigerklärung erhoben werden kann, deren Erfolg wiederum die Abwicklung der Gesellschaft nach dem Recht der aufgelösten Gesellschaft nach sich zieht (§ 277 AktG). Die Vorschrift ist nach § 23 Abs. 5 AktG **zwingend** (*Hüffer/Koch* AktG, § 262 Rn. 7). Insbesondere ist durch Abs. 2 nicht die Einführung von weiteren Auflösungsgründen durch die Satzung, insbesondere Kündigung der AG durch Aktionäre erlaubt; die in dieser Vorschrift angezogenen »anderen Gründe« betreffen nur andere gesetzliche Gründe und schaffen keinen Spielraum für Satzungsdispositionen (MünchHdb GesR IV/*Hoffmann-Becking* § 65 Rn. 3; a. A. GroßkommAktG/*Wiedemann* § 262 Rn. 39).

B. Auflösungsgründe des Abs. 1

2 Die AG wird aufgelöst durch **Ablauf der in der Satzung bestimmten Zeit**, Abs. 1 Nr. 1. Da eine von Anfang an verabredete Befristung der werbenden Tätigkeit der Gesellschaft ungewöhnlich ist, liegt die Bedeutung der Regelung in der nachträglichen Einführung eines **Auflösungstermins** durch Satzungsänderung. Diese Satzungsänderung bedarf, da sie einen zeitlich hinausgeschobenen Auflösungsbeschluss i. S. d. § 262 Abs. 1 Nr. 2 AktG enthält, eines mit einer Mehrheit von mindestens drei Vierteln des bei der Beschlussfassung vertretenen Grundkapitals gefassten Beschlusses (MünchHdb GesR IV/*Hoffmann-Becking* § 65 Rn. 2; vgl. noch Rdn. 3).

3 Gem. Abs. 1 Nr. 2 kann die AG durch **Beschluss der Hauptversammlung** aufgelöst werden. Der Beschluss bedarf nicht nur der in der Regelung genannten Mehrheit von mindestens 3/4 des bei der Beschlussfassung vertretenen Grundkapitals, sondern – entsprechend den allgemeinen Beschlussfassungsregeln zur sog. doppelten Mehrheit bei der gesetzlich geforderten Kapitalmehrheit (vgl. Erl. zu § 133 AktG Rdn. 15 und § 179 AktG Rdn. 12 ff.) – zusätzlich auch der einfachen Mehrheit des § 133 AktG (*Hüffer/Koch* AktG, § 262 Rn. 11). Der Auflösungsbeschluss bedarf keiner sachlichen Rechtfertigung und unterliegt keiner gerichtlichen Inhaltskontrolle etwa im Hinblick auf seine Verhältnismäßigkeit oder Erforderlichkeit (BGH, Urt. v. 01.02.1988 – II ZR 75/87, Z 103, 184, 189 ff. – Linotype; Urt. v. 20.03.1995 – II ZR 205/94, Z 129, 136 – Girmes), auch nicht in Fällen einer sog. übertragenden Auflösung, bei der das von der Gesellschaft betriebene Unternehmen etwa auf den Mehrheitsaktionären übertragen wird und die Gesellschaft ihre Auflösung beschließt (vgl. BVerfG, Beschl. v. 23.08.2000 – 1 BvR 68/95, 1 BvR 147/97, NJW 2001, 279 – Moto Meter; BVerfG, Beschl. v. 27.04.1999 – 1 BvR 1613/94, NJW 1999, 3769 – DATAltana). Die qualifizierte Mehrheit darf ihr Auflösungsrecht aber nicht dazu missbrauchen, Sondervorteile zum Schaden der Minderheitsaktionäre zu erzielen; nur in solchen Ausnahmefällen kommt die Anfechtbarkeit des Auflösungsbeschlusses gem. § 243 Abs. 2 AktG in Betracht (BGH, Urt. v. 01.02.1988 – II ZR 75/87, Z 103, 184, 193 ff. – Linotype).

4 Mit der **Eröffnung des Insolvenzverfahrens** über das Vermögen der AG (§ 27 InsO) ist die Gesellschaft aufgelöst, Abs. 1 Nr. 3. Die Abwicklung erfolgt allerdings nicht nach den Regeln des AktG, sondern nach denen der InsO, § 264 Abs. 1 AktG. Ist die Eröffnung des Insolvenzverfahrens durch Beschluss nach § 26 Abs. 1 InsO **rechtskräftig abgelehnt**, ist die AG kraft Gesetzes gem. Abs. 1 Nr. 4 aufgelöst. Die Abwicklung erfolgt in diesem Fall über §§ 264 ff. AktG.

5 Nach Abs. 1 Nr. 5 findet die sog. **Amtsauflösung** statt, wenn das Registergericht nach § 399 FamFG das Fehlen oder die Nichtigkeit wesentlicher Satzungsbestimmungen rechtskräftig festgestellt hat. Zuständig ist das Amtsgericht des Gesellschaftssitzes (§§ 376, 387 FamFG).

6 Hat das Registergericht die **Löschung der AG wegen Vermögenslosigkeit** nach § 394 FamFG vorgenommen, hat dies nach der (terminologisch wenig geglückten) Regelung des Abs. 1 Nr. 6 die Auflösung zur Folge. Die Löschung führt regelmäßig zur abwicklungsfreien Vollbeendigung der AG, wenn nicht ausnahmsweise eine Abwicklung nach § 264 Abs. 2 AktG folgt, weil nach der Löschung verteilbares Vermögen vorhanden ist.

C. Sonstige Auflösungsgründe gem. Abs. 2

Die Auflösung aus anderen Gründen bezieht sich nach nicht unumstrittener Auffassung auf andere gesetzliche Auflösungsgründe. Solche Gründe sind geregelt in § 396 AktG (gerichtliche Auflösung wegen Gefährdung des Gemeinwohls), § 3 Abs. 1 Satz 1 VereinsG (Verbot der AG durch Verwaltungsakt der obersten Landesbehörde) und in §§ 38 KWG, 87 VAG (Rücknahme einer Geschäftserlaubnis einer Bank- oder bzw. Versicherungs-AG. Die Festlegung von Auflösungsgründen in der Satzung wird von Abs. 2 nicht ermöglicht (vgl. oben Rdn. 1). Ein Recht zur Kündigung der AG hat weder der Aktionär noch die Gesellschaft (BGH, Urt. v. 23.10.2006 – II ZR 162/05, Z 169, 270). Eine Auflösungsklage ist bei der AG nicht vorgesehen und kann auch nicht in analoger Anwendung von § 61 GmbHG erhoben werden.

§ 263 Anmeldung und Eintragung der Auflösung

¹Der Vorstand hat die Auflösung der Gesellschaft zur Eintragung in das Handelsregister anzumelden. ²Dies gilt nicht in den Fällen der Eröffnung und der Ablehnung der Eröffnung des Insolvenzverfahrens (§ 262 Abs. 1 Nr. 3 und 4) sowie im Falle der gerichtlichen Feststellung eines Mangels der Satzung (§ 262 Abs. 1 Nr. 5). ³In diesen Fällen hat das Gericht die Auflösung und ihren Grund von Amts wegen einzutragen. ⁴Im Falle der Löschung der Gesellschaft (§ 262 Abs. 1 Nr. 6) entfällt die Eintragung der Auflösung.

Die Vorschrift bezweckt die **Publizität der Auflösung der Gesellschaft**; sie ist im Handelsregister einzutragen. Auf die Eintragung und Bekanntmachung im Handelsregister beziehen sich die Publizitätswirkungen des § 15 HGB. Die entsprechende Eintragung ist durch den Vorstand der aufgelösten AG anzumelden (Satz 1), wenn nicht – wie in den Fällen der Auflösung nach § 262 Abs. 1 Nr. 2, 4 und 5 AktG – die Eintragung von Amts wegen erfolgt (Satz 2). Im Fall der Löschung der AG wegen Vermögenslosigkeit (§ 262 Abs. 1 Nr. 6 AktG) entfällt die Eintragung, da im Handelsregister ohnehin ein Löschungsvermerk steht.

Zur Anmeldung verpflichtet ist der Vorstand der aufgelösten AG – nicht etwa der Abwickler. Zuständig ist das Amtsgericht des Gesellschaftssitzes (§§ 376, 387 FamFG, 14 AktG). Die Anmeldung hat in der Form des § 12 HGB zu erfolgen.

Zweiter Unterabschnitt Abwicklung

§ 264 Notwendigkeit der Abwicklung

(1) Nach der Auflösung der Gesellschaft findet die Abwicklung statt, wenn nicht über das Vermögen der Gesellschaft das Insolvenzverfahren eröffnet worden ist.

(2) ¹Ist die Gesellschaft durch Löschung wegen Vermögenslosigkeit aufgelöst, so findet eine Abwicklung nur statt, wenn sich nach der Löschung herausstellt, daß Vermögen vorhanden ist, das der Verteilung unterliegt. ²Die Abwickler sind auf Antrag eines Beteiligten durch das Gericht zu ernennen.

(3) Soweit sich aus diesem Unterabschnitt oder aus dem Zweck der Abwicklung nichts anderes ergibt, sind auf die Gesellschaft bis zum Schluß der Abwicklung die Vorschriften weiterhin anzuwenden, die für nicht aufgelöste Gesellschaften gelten.

Übersicht	Rdn.		Rdn.
A. Überblick und Normzweck	1	C. Abwicklung nach der InsO, Abs. 1	3
B. Notwendige Abwicklung im Verfahren		D. Abwicklung nach Abs. 2	4
der §§ 265 ff. AktG, Abs. 1	2	E. Anwendbares Recht, Abs. 3	7

A. Überblick und Normzweck

1   Die Vorschrift betrifft die zweite Stufe (vgl. § 262 AktG Rdn. 1) des Verfahrens der Beendigung der AG, nämlich die **Abwicklung (Liquidation)** der aufgelösten AG. Die »Abwicklung« bezeichnet in erster Linie das in den §§ 265 ff. AktG geregelte Verfahren. Nach dem gesetzlichen Modell hat es vor allem die Aufgabe, das Gesellschaftsvermögen in Geld umzusetzen, die Gläubiger der Gesellschaft zu befriedigen und das verbleibende Vermögen zwischen den Aktionären zu verteilen (§ 268 Abs. 1 AktG) und die Abwicklung in das Handelsregister anzumelden, damit diese gelöscht und damit vollbeendet wird (§ 273 AktG). Die Modalitäten der Abwicklung sind in den Vorschriften der §§ 265 ff. AktG geregelt ist; § 264 AktG regelt bestimmte **Grundsatzfragen der Abwicklung**, nämlich den Vorrang des Insolvenzverfahrens (Abs. 1), die Nachtragsabwicklung nach Löschung der Gesellschaft (Abs. 2) und die grundsätzliche Fortgeltung des Rechts der werbenden AG im Liquidationsstadium, soweit sich nicht aus den §§ 265 ff. AktG oder dem Zweck der Abwicklung Besonderheiten ergeben (Abs. 3).

B. Notwendige Abwicklung im Verfahren der §§ 265 ff. AktG, Abs. 1

2   Die Abwicklung findet in dem durch die Regelungen der §§ 265 ff. AktG geordneten Verfahren statt. Die Abwicklung (Liquidation) ist eine von Gesetzes wegen eintretender, notwendiger Folge der Auflösung. Ausnahmen gelten nur für das Insolvenzverfahren (Abs. 1) und das Nachtragsliquidationsverfahren nach Abs. 2. Das Liquidationsverfahren der §§ 265 ff. AktG dient vor allem dem Schutz der Gesellschaftsgläubiger und der Aktionäre; es steht deshalb zu Recht nach § 23 Abs. 5 AktG nicht zur Disposition des Satzungsgebers.

C. Abwicklung nach der InsO, Abs. 1

3   In den Fällen der Eröffnung des Insolvenzverfahrens über das Vermögen der AG ist die AG nach § 262 Abs. 1 Nr. 3 AktG aufgelöst; die Abwicklung erfolgt in diesem Fall allein nach den Regeln der InsO.

D. Abwicklung nach Abs. 2

4   Die Löschung der Gesellschaft im Handelsregister gem. § 394 FamFG führt zur **Vollbeendigung der AG**. Stellt sich anschließend heraus, dass noch Restvermögen der gelöschten AG vorhanden ist, so kann dieses nicht mehr in das Abwicklungsverfahren nach den §§ 265 ff. AktG einbezogen werden, weil der Zweck dieses Verfahrens, die Vollbeendigung der AG, bereits erreicht ist. Abs. 2 ordnet an, dass auch in diesem Fall eine Abwicklung, die sog. **Nachtragsabwicklung**, erfolgen kann und erfolgen muss.

5   **Voraussetzung** des Abs. 2 ist die **Löschung der AG wegen Vermögenslosigkeit**. Dieser Tatbestand ist in den beiden von § 394 FamFG geregelten Fällen, der Löschung wegen Vermögenslosigkeit (§ 141a Abs. 1 Satz 1 AktG) und der **Löschung nach Durchführung des Insolvenzverfahrens** (§ 141a Abs. 1 Satz 2 AktG) erfüllt; nach Durchführung des Insolvenzverfahrens ist die Verteilung nach aktienrechtlichen Regeln allerdings subsidiär zu der im insolvenzrechtlichen Nachtragsverteilungsverfahren der §§ 203 ff. InsO. Ferner muss in beiden Fällen noch **verteilungsfähiges Vermögen** vorhanden sein. Dies ist der Fall, wenn noch realisierbare Ansprüche etwa gegen ehemalige Organmitglieder oder gegen Aktionäre bestehen.

6   Die **Modalitäten der sog. Nachtragsabwicklung** werden in Abs. 2 rudimentär geregelt. Nach Abs. 2 Satz 2 werden Abwickler durch das Gericht ernannt. Erforderlich ist dafür ein entsprechender Antrag eines Beteiligten. Beteiligte sind Gläubiger, Aktionäre oder der Vorstand. Das Gericht wählt den Abwickler nach freiem Ermessen aus (BGH, Beschl. v. 23.02.1970 – II ZB 5/69, Z 53, 264, 269 – zur GmbH). Die Entscheidung kann im Wege der Beschwerde angegriffen werden, § 273 Abs. 5 analog (BGH, Beschl. v. 10.12.2007 – II ZB 13/07, NJW-RR 2008, 482). Das eigentliche Verfahren der Nachtragsabwicklung wird vom Gesetz nicht geregelt. Deswegen wird eine sinngemäße Anwendung der Regeln der §§ 265 ff. AktG befürwortet (*Hüffer/Koch* AktG, § 264 Rn. 15).

Da die gelöschte AG nicht mehr existiert und nach überwiegender Auffassung auch im Nachtragsliquidationsverfahren nicht wiederauflebt und fortsetzungsfähig ist (RGZ 156, 23, 26 f.; offen gelassen von BayObLG, Urt. v. 14.10.1993 – 3Z BR 116/93, Z 1993, 341, 345; a. A. KölnKomm AktG/*Kraft* § 274 Rn. 7), steht das verteilungsfähige Restvermögen den ehemaligen Aktionären in gesamthänderischer Verbundenheit zu (*Hüffer/Koch* AktG, § 264 Rn. 12).

E. Anwendbares Recht, Abs. 3

Im Abwicklungsverfahren nach den §§ 265 ff. AktG gelten die Vorschriften über die werbende AG grundsätzlich fort, soweit sich aus den §§ 265 ff. AktG oder dem Zweck der Abwicklung etwas anderes ergibt. Die AG in der Abwicklung ist insbesondere partei- und insolvenzfähig (vgl. § 11 Abs. 3 InsO). Die Organe, wie der Aufsichtsrat (BGH, Urt. v. 10.03.1960 – II ZR 56/59, Z 32, 114, 117 – zur Genossenschaft) und der Vorstand mit der Maßgabe des § 265 AktG bleiben im Amt (einschränkend für die Zuständigkeit der Hauptversammlung bei Bestellung und Abberufung des Vorstands in der Insolvenz der Gesellschaft unter Hinweis auf § 265 Abs. 2 Satz 1 und Abs. 5 Satz 1 AktG *Klöckner* AG 2010, 780). **Vergütungsansprüche** der Organmitglieder bestehen grundsätzlich fort (*Hüffer/Koch* AktG, § 264 Rn. 17). Die Hauptversammlung darf Satzungsänderungen und insbesondere Kapitalerhöhungen gegen Einlagen (BGH, Urt. v. 23.05.1957 – II ZR 250/55, Z 24, 279, 288) und Kapitalherabsetzungen (BGH, Urt. v. 09.02.1998 – II ZR 278/96, Z 138, 71, 78 ff.) beschließen.

§ 265 Abwickler

(1) Die Abwicklung besorgen die Vorstandsmitglieder als Abwickler.

(2) ¹Die Satzung oder ein Beschluß der Hauptversammlung kann andere Personen als Abwickler bestellen. ²Für die Auswahl der Abwickler gilt § 76 Abs. 3 Satz 3 und 4 sinngemäß. ³Auch eine juristische Person kann Abwickler sein.

(3) ¹Auf Antrag des Aufsichtsrats oder einer Minderheit von Aktionären, deren Anteile zusammen den zwanzigsten Teil des Grundkapitals oder den anteiligen Betrag von 500 000 Euro erreichen, hat das Gericht bei Vorliegen eines wichtigen Grundes die Abwickler zu bestellen und abzuberufen. ²Die Aktionäre haben glaubhaft zu machen, daß sie seit mindestens drei Monaten Inhaber der Aktien sind. ³Zur Glaubhaftmachung genügt eine eidesstattliche Versicherung vor einem Gericht oder Notar. ⁴Gegen die Entscheidung ist die sofortige Beschwerde zulässig.

(4) ¹Die gerichtlich bestellten Abwickler haben Anspruch auf Ersatz angemessener barer Auslagen und auf Vergütung für ihre Tätigkeit. ²Einigen sich der gerichtlich bestellte Abwickler und die Gesellschaft nicht, so setzt das Gericht die Auslagen und die Vergütung fest. ³Gegen die Entscheidung ist die Beschwerde zulässig; die Rechtsbeschwerde ist ausgeschlossen. ⁴Aus der rechtskräftigen Entscheidung findet die Zwangsvollstreckung nach der Zivilprozeßordnung statt.

(5) ¹Abwickler, die nicht vom Gericht bestellt sind, kann die Hauptversammlung jederzeit abberufen. ²Für die Ansprüche aus dem Anstellungsvertrag gelten die allgemeinen Vorschriften.

(6) Die Absätze 2 bis 5 gelten nicht für den Arbeitsdirektor, soweit sich seine Bestellung und Abberufung nach den Vorschriften des Montan-Mitbestimmungsgesetzes bestimmen.

Übersicht

	Rdn.			Rdn.
A. Überblick	1	D.	Gerichtlich bestellte Abwickler, Abs. 3 und 4	7
B. Vorstandsmitglieder als Abwickler, Abs. 1	3	E.	Beendigung des Rechtsverhältnisses mit Abwicklern. Abs. 5	10
C. Durch Satzung oder Hauptversammlung bestellte Abwickler, Abs. 2	5			

A. Überblick

1 Die Vorschrift regelt die **Bestellung und Abberufung der Abwickler**. Sie sichert die Handlungsfähigkeit der Gesellschaft nach dem Auflösungsbeschluss, indem die Mitglieder des Vorstands der aufgelösten Gesellschaft kraft Gesetzes zu Abwicklern werden, Abs. 1, und stärkt zugleich die Rechte der Hauptversammlung, die durch entsprechenden Beschluss andere Personen zum Abwickler bestellen kann. Dabei werden Minderaktionäre durch das Recht zur Beantragung einer gerichtlichen Bestellung nach Abs. 3 geschützt. Für die Abberufung der Abwickler enthält Abs. 5 eine besondere Kompetenz der Hauptversammlung.

2 Nach heute anerkannter Auffassung gilt die Vorschrift auch für die Abwicklung der **Vor-AG** (BGH, Urt. v. 23.10.2006 – II ZR 162/05, Z 169, 270 Tz. 27; Spindler/Stilz/*Bachmann* AktG, § 265 Rn. 2; a. A. noch BGH, Urt. v. 13.12.1982 – II ZR 282/81, Z 86, 122, 127). Der Anwendungsbereich der Vorschrift erstreckt sich auch auf **mitbestimmte Gesellschaften**. Für dem MontanMitbestG unterfallende Gesellschaften wird in Abs. 6 eine Sonderregelung für den Arbeitsdirektor getroffen. Besonderheiten gelten nach § 38 Abs. 2 Satz 2 KWG, § 81 Abs. 2 Satz 1 VAG für die Unternehmen der Kredit- und Versicherungswirtschaft.

B. Vorstandsmitglieder als Abwickler, Abs. 1

3 Die Mitglieder des im Zeitpunkt des Auflösungsbeschlusses amtierenden Vorstands sind nach § 265 AktG die sog. **geborenen Abwickler**. Sie üben ihr Abwicklungsmandat nicht als Vorstand aus, da dieses Mandat erlischt; sie üben das Mandat vielmehr als auf gesetzlicher Grundlage tätige Abwickler aus. Einen besonderen Bestellungsakt verlangt das Gesetz nicht; ebenso wenig ist eine Annahmeerklärung der betreffenden Vorstandsmitglieder erforderlich. Eine Verpflichtung zur Wahrnehmung des Abwicklungsmandats besteht nicht kraft Gesetzes; sie kann sich aber aus dem Anstellungsvertrag ergeben.

4 Das **Rechtsverhältnis** zwischen den Abwicklern und der aufgelösten Gesellschaft wird durch das Anstellungsverhältnis geregelt. Dessen Wirksamkeit wird durch den Auflösungsbeschluss nicht berührt. Eine Kündigung des Anstellungsvertrages kann durch den Aufsichtsrat erfolgen; dieser darf den Dienstvertrag mit dem Abwickler nicht ohne Rücksicht auf die vorherige Willensentschließung der Hauptversammlung über die Abberufung als Abwickler kündigen (BGH, Beschl. v. 02.03.2009 – II ZA 9/08, NZG 2009, 664). Überschreitet die Dauer der Abwicklung die Dauer des Anstellungsvertrages, kann die fortdauernde Ausübung der Abwicklungstätigkeit als konkludente Verlängerung des Anstellungsvertrages angesehen werden (*Hüffer/Koch* AktG, § 265 Rn. 3). Den Abwicklern stehen die **Vergütungsansprüche** nach dem Anstellungsvertrag zu; in Betracht kommt eine Herabsetzung nach § 87 Abs. 2 AktG. Das Abwicklungsmandat endet mit der Löschung der AG im Handelsregister (§ 273 Abs. 1 Satz 2 AktG); regelmäßig endet auch erst dann das Amt der Abwickler (vgl. unten Rdn. 10).

C. Durch Satzung oder Hauptversammlung bestellte Abwickler, Abs. 2

5 Abs. 2 Satz 1 ermöglicht es, dass die Satzung oder Hauptversammlung andere Personen als die Mitglieder des bisherigen Vorstands zu Abwicklern (sog. **gekorene Abwickler**) bestellt. Die zu bestellenden Personen sind in der Satzung namentlich zu bezeichnen, weil die Ausübung des Bestellungsrechts Dritten nicht überlassen werden darf (MüKo AktG/*Hüffer*, § 265 Rn. 9; a. A. Spindler/Stilz/*Bachmann*, § 265 Rn. 10). Sowohl in der Satzung als auch im Bestellungsbeschluss der Hauptversammlung sind die persönlichen Bestellungshindernisse des § 76 Abs. 3 Satz 3 und 4 AktG zu beachten, Abs. 2 Satz 2; Verstöße dagegen führen zur Nichtigkeit der Satzungsbestimmung bzw. des Bestellungsbeschlusses. Die Bestellung der gekorenen Abwickler wird erst wirksam, nachdem die betreffende Person das Amt angenommen hat (MüKo AktG/*Hüffer* § 265 Rn. 12). Nach Abs. 2 Satz 3 können auch **juristische Personen** zum Abwickler bestellt werden; für Personenhandelsgesellschaften gilt diese Regelung ebenfalls (MüKo AktG/*Hüffer* § 265 Rn. 11).

Über die Anstellungsverträge entscheidet nach h. M. die Hauptversammlung; sie kann dem Aufsichtsrat die Entscheidung über deren Gestaltung überlassen (MünchHdb GesR IV/*Hoffmann-Becking* § 66 Rn. 4; a. A. MüKo AktG/*Hüffer* § 265 Rn. 12). Bei Abschluss des Anstellungsvertrages mit den Abwicklern wird die AG durch den Aufsichtsrat vertreten.

D. Gerichtlich bestellte Abwickler, Abs. 3 und 4

Abs. 3 ermöglicht die **gerichtliche Bestellung** von Abwicklern. Die gerichtliche Bestellung setzt einen entsprechenden **Antrag** und das Vorliegen eines wichtigen Grundes voraus. Antragsberechtigt ist der Aufsichtsrat, der darüber als Organ der AG durch Beschluss gem. § 108 AktG zu entscheiden hat. Ferner ist antragsberechtigt die qualifizierte Aktionärsminderheit i. S. d. Abs. 3 Satz 1; die antragstellenden Aktionäre müssen seit mindestens 3 Monaten Inhaber der Aktien sein, Abs. 3 Satz 2; die geforderte Glaubhaftmachung kann durch eidesstattliche Versicherung vor dem Registergericht (§ 31 FamFG) sowie durch Vorlage eines Depotauszugs erfolgen (MüKo AktG/*Hüffer* § 265 Rn. 15). Der **wichtige Grund** liegt vor, wenn dauerhaft Abwickler fehlen oder wenn ihr Verbleib im Amt für die Minderheit unzumutbar ist, insbesondere weil der Minderheit aus der weiteren Amtsführung Nachteile drohen, die den Abwicklungszweck gefährden; dies ist z. B. der Fall bei Interessenkollisionen bzw. bei Unfähigkeit zur ordnungsgemäßen Abwicklung (BayObLG, Beschl. v. 06.12.1995 – 3Z BR 216/95, NJW-RR 1996, 1384).

Zuständig ist das Amtsgericht des Gesellschaftssitzes, das gem. §§ 375, 376 FamFG im Verfahren der freiwilligen Gerichtsbarkeit zu entscheiden hat. Die im Beschlusswege zu erlassender Entscheidung ist im Hinblick auf Abs. 3 Satz 4 mit Gründen zu versehen.

Die gerichtlich bestellten Abwickler haben nach Abs. 4 Satz 1 Anspruch auf **Vergütung und Auslagenersatz**. Der Umfang der Ansprüche kann und soll in erster Linie vertraglich festgelegt werden. Dieser hat sich in den Grenzen der §§ 134, 138 BGB zu bewegen; ein Rechtsanwalt darf sich ein Erfolgshonorar nicht versprechen lassen (BGH, Urt. v. 13.06.1996 – III ZR 113/95, Z 133, 90, 94 ff.). Kommt eine Einigung nicht zustande, entscheidet das Gericht nach Abs. 4 Satz 2 (vgl. BGH, Urt. v. 13.06.1996 – III ZR 113/95, Z 133, 90, 96 f.).

E. Beendigung des Rechtsverhältnisses mit Abwicklern. Abs. 5

Die Abwickler bleiben grundsätzlich so lange im Amt, bis die Abwicklung beendet und die Gesellschaft im Handelsregister gelöscht ist. Vor diesem Zeitpunkt können sie durch das Gericht oder die Hauptversammlung abberufen werden. Die **Abberufung durch die Hauptversammlung** ist nach Abs. 5 Satz 1 und damit satzungsfest (§ 23 Abs. 5 AktG) jederzeit möglich; die Angabe von Gründen ist dazu nicht erforderlich. Der Anstellungsvertrag wird durch die Abberufung nicht beendet; dazu bedarf es einer nach allgemeinen Regeln vorzunehmenden gesonderten Beendigung, Abs. 5 Satz 2. Sie erfolgt durch Kündigung aus wichtigem Grund (vgl. § 84 Abs. 3 Satz 5 AktG) der gem. § 112 AktG durch den Aufsichtsrat vertretenen AG (vgl. dazu § 84 AktG Rdn. 43–48).

Das **Registergericht** kann die Abwickler unter den gleichen Voraussetzungen **abberufen**, unter den es zu deren Bestellung befugt ist, Abs. 3 Satz 1 (vgl. oben Rdn. 7 ff.). Die gerichtlichen bestellten Abwickler verlieren ihren kraft Gesetzes begründeten Vergütungsanspruch mit der Abberufung; der gesonderten Beendigung eines Anstellungsverhältnisses bedarf es nicht (*Hüffer/Koch* AktG, § 165 Rn. 12).

Jeder im Amt befindliche Abwickler hat das **Recht zur Amtsniederlegung**. Gerichtlich bestellte Abwickler haben die Niederlegung gegenüber dem Gericht zu erklären, alle anderen Abwickler gegenüber der durch den Aufsichtsrat vertretenen AG. Der Angabe eines wichtigen Grundes bedarf es dafür nach umstrittener Auffassung nicht (*Hüffer/Koch* AktG, § 265 Rn. 13 unter Hinweis auf die Rechtslage zur GmbH; vgl. dazu Erl. zu § 84 AktG Rdn. 16).

§ 266 Anmeldung der Abwickler

(1) Die ersten Abwickler sowie ihre Vertretungsbefugnis hat der Vorstand, jeden Wechsel der Abwickler und jede Änderung ihrer Vertretungsbefugnis haben die Abwickler zur Eintragung in das Handelsregister anzumelden.

(2) Der Anmeldung sind die Urkunden über die Bestellung oder Abberufung sowie über die Vertretungsbefugnis in Urschrift oder öffentlich beglaubigter Abschrift beizufügen.

(3) ¹In der Anmeldung haben die Abwickler zu versichern, daß keine Umstände vorliegen, die ihrer Bestellung nach § 265 Abs. 2 Satz 2 entgegenstehen, und daß sie über ihre unbeschränkte Auskunftspflicht gegenüber dem Gericht belehrt worden sind. ²§ 37 Abs. 2 Satz 2 ist anzuwenden.

(4) Die Bestellung oder Abberufung von Abwicklern durch das Gericht wird von Amts wegen eingetragen.

(5) (aufgehoben)

1 Die Vorschrift betrifft die **Vertretungsverhältnisse der AG** in Abwicklung und ordnet ihre Eintragung in das Handelsregister an. Die damit erreichte Publizität führt über § 15 HGB zum Schutz des Rechtsverkehrs. **Anmeldepflichtig** ist gem. § 266 Abs. 1 AktG für die ersten Abwickler der Vorstand, der im Zeitpunkt der Auflösung im Amt war. Alle anderen Anmeldungen obliegen sodann den Abwicklern selbst.

2 Zum Handelsregister **anzumelden sind** gem. Abs. 1 zunächst die ersten Abwickler; sie sind gem. § 43 Nr. 4 HRV mit Vor- und Nachnamen unter Angabe von Geburtsnamen und Wohnort zu bezeichnen. Anzumelden sind ferner – wie in § 37 Abs. 3 AktG – die Vertretungsverhältnisse, gegebenenfalls unter Angabe besonderer Vertretungsbefugnisse einzelner Abwickler (vgl. Erl. zu § 37 AktG Rdn. 6). Der Anmeldung sind gem. § 266 Abs. 2 AktG Urkunden über die Bestellung oder Abberufung der Abwickler beizufügen; anerkannt ist, dass eine Bezugnahme auf das dem Registergericht vorliegende Exemplar der Satzung oder des Hauptversammlungsprotokolls genügt, wenn sich daraus die Vertretungsverhältnisse ergeben (MüKo AktG/*Hüffer* § 266 Rn. 10 f.). Weitere Formalien ergeben sich aus Abs. 3 und 5.

3 Die **Eintragung** der gerichtlich bestellten Abwickler (Abs. 3) erfolgt von Amts wegen, Abs. 4. Die Regelung gilt nach ihrem Wortlaut auch für die Abberufung; für die Vertretungsverhältnisse und ihre Änderung findet die Regelung nach dem Zweck des § 266 AktG entsprechende Anwendung (*Hüffer/Koch* AktG, § 266 Rn. 5).

§ 267 Aufruf der Gläubiger

¹Die Abwickler haben unter Hinweis auf die Auflösung der Gesellschaft die Gläubiger der Gesellschaft aufzufordern, ihre Ansprüche anzumelden. ²Die Aufforderung ist in den Gesellschaftsblättern bekanntzumachen.

1 Die Vorschrift regelt die Verpflichtung der Abwickler, die Gläubiger zur Anmeldung ihrer Ansprüche aufzufordern. Sie steht im Zusammenhang mit der Sperrfrist des § 272 AktG und dient der **Ermittlung und dem Schutz der Gläubiger**. Die Verpflichtung trifft die Abwickler, die gem. § 269 AktG zur Vertretung der Gesellschaft befugt sind. Der Inhalt der Erklärung hat aus der Aufforderung zur Anmeldung der Ansprüche und dem Hinweis auf die Auflösung der Gesellschaft zu bestehen. Die Aufforderung ist in den Gesellschaftsblättern (§ 25 AktG) und damit zumindest im elektronischen Bundesanzeiger (§ 25 Satz 1 AktG) bekannt zu machen, § 267 Satz 2 AktG.

2 Die Bekanntmachung setzt die **Sperrfrist des § 272 Abs. 1 AktG** für die Vermögensverteilung in Gang. Die Verletzung der Bekanntmachungspflicht verzögert den Beginn der Sperrfrist. Eine rechtswidrig erfolgende Vermögensverteilung hat die Anwendung von § 62 AktG und möglicher-

weise Schadenersatzverpflichtungen der Abwickler gem. §§ 268 Abs. 2, 93 AktG zur Folge, die gegebenenfalls gem. § 264 Abs. 2 AktG geltend zu machen sind.

Gläubiger werden mit ihren Forderungen nicht ausgeschlossen, wenn sie diese nicht anmelden; die Bekanntmachung hat keine Aufgebotswirkung. Gläubiger, die nicht befriedigt werden, können Ersatz- oder Rückzahlungsansprüche gegen die Abwickler oder die Aktionäre geltend machen (Spindler/Stilz/Bachmann, § 267 Rn. 8). 3

§ 268 Pflichten der Abwickler

(1) ¹Die Abwickler haben die laufenden Geschäfte zu beenden, die Forderungen einzuziehen, das übrige Vermögen in Geld umzusetzen und die Gläubiger zu befriedigen. ²Soweit es die Abwicklung erfordert, dürfen sie auch neue Geschäfte eingehen.

(2) ¹Im übrigen haben die Abwickler innerhalb ihres Geschäftskreises die Rechte und Pflichten des Vorstands. ²Sie unterliegen wie dieser der Überwachung durch den Aufsichtsrat.

(3) Das Wettbewerbsverbot des § 88 gilt für sie nicht.

(4) ¹Auf allen Geschäftsbriefen, die an einen bestimmten Empfänger gerichtet werden, müssen die Rechtsform und der Sitz der Gesellschaft, die Tatsache, daß die Gesellschaft sich in Abwicklung befindet, das Registergericht des Sitzes der Gesellschaft und die Nummer, unter der die Gesellschaft in das Handelsregister eingetragen ist, sowie alle Abwickler und der Vorsitzende des Aufsichtsrats mit dem Familiennamen und mindestens einem ausgeschriebenen Vornamen angegeben werden. ²Werden Angaben über das Kapital der Gesellschaft gemacht, so müssen in jedem Falle das Grundkapital sowie, wenn auf die Aktien der Ausgabebetrag nicht vollständig eingezahlt ist, der Gesamtbetrag der ausstehenden Einlagen angegeben werden. ³Der Angaben nach Satz 1 bedarf es nicht bei Mitteilungen oder Berichten, die im Rahmen einer bestehenden Geschäftsverbindung ergehen und für die üblicherweise Vordrucke verwendet werden, in denen lediglich die im Einzelfall erforderlichen besonderen Angaben eingefügt zu werden brauchen. ⁴Bestellscheine gelten als Geschäftsbriefe im Sinne des Satzes 1; Satz 3 ist auf sie nicht anzuwenden.

Die Vorschrift regelt die **Rechte und Pflichten der Abwickler**. Die Vorschrift legt die Abwickler auf kein bestimmtes Abwicklungskonzept fest; es lässt sowohl der Einzelveräußerung der Gegenstände des Unternehmensvermögens als auch die Gesamtveräußerung des Unternehmens zu. Die Abwickler leiten die Gesellschaft mit der Maßgabe ihrer Abwicklung und den dadurch gesetzten Zweck in eigener Verantwortung, §§ 268 Abs. 2 Satz 1, 76 AktG. Sie haben die **bestmögliche Verwertung des Gesellschaftsvermögens** im Interesse der Gesellschaftsgläubiger und Aktionäre durchzuführen und verteilungsfähiges Geldvermögen zu schaffen; dafür können sie erforderlichenfalls auch neue Geschäfte eingehen, Abs. 1 Satz 2. 1

Abs. 1 Satz 1 nennt die den Abwicklern pflichtgemäß obliegenden **Abwicklungsgeschäfte**: Die Beendigung laufender Geschäfte wird vor allem durch Erfüllung oder im Wege der Kündigung erfolgen. Die Forderungseinziehung bezieht sich nicht nur auf die Geltendmachung aller Ansprüche der AG, sondern verlangt auch deren Durchsetzung mit den zur Verfügung stehenden Rechtsbehelfen. Die Umsetzung der Vermögensgegenstände in Geld verlangt regelmäßig deren Veräußerung. Die Befriedigung der Gläubiger hat gem. den zivilrechtlichen Regeln insbesondere der Erfüllung und unter Beachtung der abwicklungsrechtlichen Sonderregeln des § 272 Abs. 2 und 3 AktG zu erfolgen. 2

Die **Veräußerung des Unternehmens als Vermögensgesamtheit** ist von § 268 AktG nicht nur nicht ausgeschlossen, sondern wird von dieser Regelung insofern geradezu gefordert, als der Erlös einer Gesamtveräußerung des Unternehmens regelmäßig den einer Veräußerung von einzelnen Vermögensgegenständen übertreffen wird. Deshalb ist es gerechtfertigt und erforderlich, dass die Abwickler das Unternehmen so lange fortführen, als im Rahmen einer pflichtgemäß zu treffenden Prognoseentscheidung der Abwickler eine Gesamtveräußerung realistischerweise möglich ist; eine Pflicht zur Ausführung der in § 268 Abs. 1 Satz 1 AktG genannten Maßnahmen besteht so 3

Paschke

lange nicht (MünchHdb GesR IV/*Hoffmann-Becking* § 66 Rn. 7). Die Fortführung schließt die Befugnis ein, das Unternehmen umzugestalten, wenn dies im Hinblick auf den Abwicklungszweck gerechtfertigt ist. Grundlegende Umgestaltungen durch Umwandlungsmaßnahmen, Gründung oder Hinzuerwerb neuer Gesellschaften, Vermögensübertragungen und Ausgliederungen sind dabei eingeschlossen. Dabei ist noch nicht abschließend geklärt, ob in der Abwicklung für strukturverändernde Grundlagenentscheidungen die **Zustimmung der Hauptversammlung** zu der von den Abwicklern geplanten Maßnahme in Parallele zu den erforderlichen sog. Holzmüller-Beschlüssen der Hauptversammlung bei werbenden Gesellschaften (vgl. § 119 AktG Rdn. 9 ff.) erforderlich ist (dafür BGH, Urt. v. 19.06.2012 – II ZR 241/10, NZG 2012, 1189 Rn. 24; Urt. v. 28.11.2008 – BLw 4/08, ZIP 2009, 264 Rn. 35 ff. jeweils zur Liquidation einer LPG; vgl. MüKo AktG/*Hüffer* § 268 Rn. 12). Im Hinblick auf das durch den Auflösungsbeschluss der Hauptversammlung dokumentierte Desinvestitionsinteresse dürfte zumindest tendenziell die Hauptversammlungszuständigkeit weniger weit reichen. Bei Abwicklungsentscheidungen handeln der Abwickler in dem auf die Desinvestition gerichteten Interesse der Aktionäre, sodass diese regelmäßig weniger tief in die Mitgliedsrechte eingreifen, als dies bei einer entsprechenden Entscheidung des Vorstands einer werbenden Gesellschaft der Fall ist.

4 Bei den zu treffenden Abwicklungsmaßnahmen hat haben die Abwickler eine **vorstandsähnliche Rechtsstellung**, Abs. 2 Satz 1. Insbesondere gelten für die Abwickler die §§ 77, 82 Abs. 2 AktG. Zu den Vergütungsansprüchen vgl. § 264 AktG Rdn. 7. Die Abwickler haften gem. § 93 wie ein Vorstand gegenüber der Gesellschaft (BGH 28.02.2012 – II ZR 244/10, NJW-RR 2012, 813 Rn. 10) bzw. gem. § 93 Abs. 5 gegenüber Gläubigern.

Gem. Abs. 2 Satz 2 unterliegen die Abwickler der **Überwachung durch den Aufsichtsrat**. Die Rechtslage entspricht derjenigen des § 111 AktG für die werbende AG. Der Vorstand ist deshalb auch berichtspflichtig nach §§ 268 Abs. 2, 90 AktG. Die Feststellung des Jahresabschlusses liegt allerdings nach § 270 Abs. 2 AktG in der besonderen Zuständigkeit der Hauptversammlung. Das Wettbewerbsverbot des § 88 AktG gilt für Abwickler nicht, Abs. 3. Abs. 4 orientiert sich wegen der Angaben auf den Geschäftsbriefen an der Regelung des § 80 Abs. 1 bis 3 AktG.

§ 269 Vertretung durch die Abwickler

(1) Die Abwickler vertreten die Gesellschaft gerichtlich und außergerichtlich.

(2) ¹Sind mehrere Abwickler bestellt, so sind, wenn die Satzung oder die sonst zuständige Stelle nichts anderes bestimmt, sämtliche Abwickler nur gemeinschaftlich zur Vertretung der Gesellschaft befugt. ²Ist eine Willenserklärung gegenüber der Gesellschaft abzugeben, so genügt die Abgabe gegenüber einem Abwickler.

(3) ¹Die Satzung oder die sonst zuständige Stelle kann auch bestimmen, daß einzelne Abwickler allein oder in Gemeinschaft mit einem Prokuristen zur Vertretung der Gesellschaft befugt sind. ²Dasselbe kann der Aufsichtsrat bestimmen, wenn die Satzung oder ein Beschluß der Hauptversammlung ihn hierzu ermächtigt hat. ³Absatz 2 Satz 2 gilt in diesen Fällen sinngemäß.

(4) ¹Zur Gesamtvertretung befugte Abwickler können einzelne von ihnen zur Vornahme bestimmter Geschäfte oder bestimmter Arten von Geschäften ermächtigen. ²Dies gilt sinngemäß, wenn ein einzelner Abwickler in Gemeinschaft mit einem Prokuristen zur Vertretung der Gesellschaft befugt ist.

(5) Die Vertretungsbefugnis der Abwickler kann nicht beschränkt werden.

(6) Abwickler zeichnen für die Gesellschaft, indem sie der Firma einen die Abwicklung andeutenden Zusatz und ihre Namensunterschrift hinzufügen.

1 Die Vorschrift regelt die **Vertretung der AG im Abwicklungsstadium**. Sie schützt den Rechtsverkehr durch die Einräumung einer unbeschränkten und unbeschränkbaren (vgl. Abs. 5) Vertretungsmacht der Abwickler. Das AktG sieht auch keine Beschränkung der Vertretungsmacht auf Abwick-

lungsgeschäfte vor. Insofern deckt sich die Regelung mit derjenigen des § 78 AktG für den Vorstand der werbenden AG (vgl. Erl. zu § 78 AktG).

Sind mehrere Abwickler bestellt, verfügen diese über eine **Gesamtvertretungsmacht**, Abs. 2 Satz 1. Hinsichtlich der **Passivvertretung** besteht aber nach Abs. 2 Satz 2 **Einzelvertretungsbefugnis**. Die Regelungen gelten nicht, wenn nur ein Liquidator bestellt ist. Bleibt nur ein Abwickler infolge des Ausscheidens der anderen bestellten Abwickler übrig, erstarkt dessen Gesamtvertretungsmacht nicht zur Einzelvertretungsmacht (BGH, Urt. v. 08.02.1993 – II ZR 62/92, Z 121, 263, 264 f. – zur GmbH). Abweichende Vertretungsregelungen sind durch Abs. 3 zugelassen. Sie können in der Satzung oder durch die sonst zuständigen Stellen getroffen werden; mit Letzteren meint der Gesetzgeber die Hauptversammlung oder das die Abwickler bestellende Gericht. Der Aufsichtsrat hat eine solche Kompetenz nur im Fall der Einräumung durch die Satzung oder durch Hauptversammlungsbeschluss, Abs. 3 Satz 2. Sieht die Satzung für den Vorstand eine von der Gesamtvertretung abweichende Regelung vor, gilt diese nicht automatisch für die Abwickler, auch nicht wenn der Vorstand als geborener Abwickler für die Gesellschaft tätig ist (BGH, Urt. v. 27.10.2008 – II ZR 255/07, NZG 2009, 72 – zur GmbH). Die Zulassung der Ermächtigung einzelner gesamtvertretungsberechtigter Abwickler in Abs. 4 entspricht der Regelung in § 78 Abs. 4 AktG (vgl. § 78 AktG Rdn. 18).

2

Die Zeichnungserfordernisse regelt Abs. 6. Da der Abwicklungszusatz nur angedeutet werden muss, steht die Verwendung der in der Praxis üblichen Abkürzungen (»i.L.« für »in Liquidation«) in Übereinstimmung mit den gesetzlichen Zeichnungserfordernissen.

3

§ 270 Eröffnungsbilanz. Jahresabschluß und Lagebericht

(1) **Die Abwickler haben für den Beginn der Abwicklung eine Bilanz (Eröffnungsbilanz) und einen die Eröffnungsbilanz erläuternden Bericht sowie für den Schluß eines jeden Jahres einen Jahresabschluß und einen Lagebericht aufzustellen.**

(2) **¹Die Hauptversammlung beschließt über die Feststellung der Eröffnungsbilanz und des Jahresabschlusses sowie über die Entlastung der Abwickler und der Mitglieder des Aufsichtsrats. ²Auf die Eröffnungsbilanz und den erläuternden Bericht sind die Vorschriften über den Jahresabschluß entsprechend anzuwenden. ³Vermögensgegenstände des Anlagevermögens sind jedoch wie Umlaufvermögen zu bewerten, soweit ihre Veräußerung innerhalb eines übersehbaren Zeitraums beabsichtigt ist oder diese Vermögensgegenstände nicht mehr dem Geschäftsbetrieb dienen; dies gilt auch für den Jahresabschluß.**

(3) **¹Das Gericht kann von der Prüfung des Jahresabschlusses und des Lageberichts durch einen Abschlußprüfer befreien, wenn die Verhältnisse der Gesellschaft so überschaubar sind, daß eine Prüfung im Interesse der Gläubiger und Aktionäre nicht geboten erscheint. ²Gegen die Entscheidung ist die Beschwerde zulässig.**

Die Vorschrift betrifft die **Rechnungslegung der Abwicklungsgesellschaft**. Der Regelungszweck besteht darin, die allgemeinen Vorschriften über den Jahresabschluss an die besondere Situation der Abwicklung anzupassen. Das Gesetz verlangt zunächst die Erstellung einer **Eröffnungsbilanz** der abzuwickelnden AG mit einem erläuternden Bericht; diese wiederum hat die abschließende Rechnungslegung der werbenden AG auf den Stichtag der Auflösung und unter Berücksichtigung des mit der Auflösung zu verfolgenden Abwicklungszwecks zu enthalten. Auf die Eröffnungsbilanz und den erläuternden Bericht sind die Vorschriften über den Jahresabschluss der werbenden AG entsprechend anzuwenden, Abs. 2 Satz 2 (vgl. dazu Erl. zu §§ 150, 152 AktG). Zahlreiche Detailfragen bestehen bei der Handhabung der dem Abwicklungszweck entsprechenden Bewertungsfragen; Abs. 2 Satz 3 regelt Besonderheiten für die Bewertung des Anlagevermögens (vgl. dazu MüKo AktG/*Hüffer* § 270 Rn. 22 ff.).

1

Für den Schluss eines jeden Jahres der Abwicklung ist ein **Jahresbericht** und ein **Lagebericht** aufzustellen. Für den Jahresabschluss gilt die besondere Bewertungsregel des Abs. 2 Satz 3. Jeweils ist wie-

2

derum der **Abwicklungszweck** der aufgelösten AG zu berücksichtigen (dazu MüKo AktG/*Hüffer* § 270 Rn. 53 ff.).

3   Die Eröffnungsbilanz und der erläuternde Bericht, die Jahresabschlüsse und die Lageberichte sind von den Abwicklern aufzustellen, Abs. 1. Deren **Feststellung** liegt – abweichend von § 172 AktG – in der alleinigen **Zuständigkeit der Hauptversammlung**. Der Feststellung hat eine Pflichtprüfung vorauszugehen (§§ 316 Abs. 1 Satz 2 HGB i. V. m. § 270 Abs. 2 Satz 2 AktG), wenn nicht das gem. § 375 Nr. 3 FamFG zuständige Registergericht davon gem. § 270 Abs. 3 AktG befreit hat. Gem. den §§ 325 ff. HGB i. V. m. § 270 Abs. 2 Satz 2 AktG besteht die **Verpflichtung zur Offenlegung**.

§ 271 Verteilung des Vermögens

(1) Das nach der Berichtigung der Verbindlichkeiten verbleibende Vermögen der Gesellschaft wird unter die Aktionäre verteilt.

(2) Das Vermögen ist nach den Anteilen am Grundkapital zu verteilen, wenn nicht Aktien mit verschiedenen Rechten bei der Verteilung des Gesellschaftsvermögens vorhanden sind.

(3) ¹Sind die Einlagen auf das Grundkapital nicht auf alle Aktien in demselben Verhältnis geleistet, so werden die geleisteten Einlagen erstattet und ein Überschuß nach den Anteilen am Grundkapital verteilt. ²Reicht das Vermögen zur Erstattung der Einlagen nicht aus, so haben die Aktionäre den Verlust nach ihren Anteilen am Grundkapital zu tragen; die noch ausstehenden Einlagen sind, soweit nötig, einzuziehen.

1   Die Vorschrift regelt die **Verteilung des Restvermögens** der abzuwickelnden Gesellschaft unter die Aktionäre. Sie hebt das Verbot der Einlagenrückgewähr (§ 57 AktG) auf und begründet einen **Anspruch der Aktionäre auf den Abwicklungsüberschuss**. Die Verteilung erfolgt durch die Abwickler in dem von dieser Vorschrift geregelten Verfahren und unter Berücksichtigung der Sperrfrist des § 272 AktG. Anerkannt ist, dass die Gründungssatzung das Mitgliedschaftsrecht auf den anteiligen Liquidationserlös ausschließen kann; nach h.M. ist dies im Hinblick auf § 23 Abs. 5 AktG aber nur zulässig, wenn dafür ein unabweisbares Bedürfnis besteht. Dieses kann sich in erster Linie aus dem Grundsatz der Vermögensbindung des Abgabenrechts ergeben (§§ 51 ff. AO); insofern kann die Satzung den Liquidationserlös unter Ausschluss individual-rechtlicher Ansprüche der Aktionäre gemeinnützigen Zwecken zuführen (*Sethe* ZHR 1998, 474, 483 ff.; *Hüffer/Koch* AktG, § 271 Rn. 2 mit Differenzen im Detail). Der nachträgliche Ausschluss im Wege der Satzungsänderung ist nur mit Zustimmung aller Aktionäre wirksam (*Hüffer/Koch* AktG, § 271 Rn. 2).

2   Der zu verteilende **Abwicklungsüberschuss** ist dasjenige Vermögen, das nach der Berichtigung der Verbindlichkeiten verbleibt. Berichtigt sind die Verbindlichkeiten, wenn sämtliche bekannten Gläubigeransprüche erfüllt oder durch Hinterlegung bzw. Sicherheitsleitung gesichert wurden (Abs. 2 und 3). Regelmäßig haben die Abwickler die im Gesetz nicht ausdrücklich geregelte, aber aus der allgemeinen Rechnungslegungspflicht der AG folgende Pflicht, eine **Schlussbilanz** zu erstellen, aus der sich der zur Verteilung anstehende Abwicklungsüberschuss ergibt (*Hüffer/Koch* AktG, § 271 Rn. 3; zur entsprechenden Rechtslage bei der GmbH vgl. Erl. zu § 71 GmbHG und *Rodewald* GmbHR 1994, 454 ff.). Sie unterliegt gem. §§ 316 ff. HGB der Prüfung, soweit nicht Befreiung nach § 270 Abs. 3 AktG erteilt wurde; ihre Offenlegung ist nach §§ 325 ff. HGB geboten. Die Schlussbilanz ist der Hauptversammlung zur Feststellung vorzulegen (MAH AktR/*Schmidt-Hern* § 17 Rn. 57; a. A. *Hüffer/Koch* AktG, § 271 Rn. 3); mit dem Beschluss ist zugleich die Schlussrechnung i. S. d. § 273 gelegt (MAH AktR/*Schmidt-Hern* § 17 Rn. 57). Die Schlussbilanz erfüllt zugleich die Anforderungen der in § 273 Abs. 1 AktG zur Voraussetzung der Anmeldung erklärten Schlussrechnung (str.; zu dem insbesondere GmbH-Recht diskutierten Einzelheiten vgl. Baumbach/Hueck/*Schulze-Osterloh* § 71 Rn. 29).

3   Zum Verteilungsmaßstab trifft Abs. 2 die Regelung, dass sich die **Höhe des Anspruchs** auf den jeweiligen Liquidationsüberschuss grundsätzlich nach dem **Anteil des jeweiligen Aktionärs am Grundkapital** bemisst. Verzugsrechte bei der Vermögensverteilung nach § 11 AktG sind vorab zu

befriedigen. Wurden die Einlagen nicht auf alle Aktien im gleichen Verhältnis geleistet, sieht Abs. 3 ein besonderes Verteilungsverfahren vor. Zunächst werden die (unterschiedlich hohen) Einlagen zurückgewährt, wenn der Überschuss dafür ausreicht, erstattet wird dabei nur der Nennwert der Einlagen, nicht aber etwaige Aufgelder. Ein danach verbleibender Überschuss wird sodann im Verhältnis der Anteile am Grundkapital verteilt. Wiederum sind Vorzugsrechte vorab zu bedienen. Reicht der Abwicklungsüberschuss dagegen zur Erstattung der Einlagen nicht aus, tragen die Aktionäre den Verlust nach ihrem Anteil am Grundkapital, Abs. 3 Satz 2. Dazu ist der auf jede einzelne Aktie entfallende Fehlbetrag mit dem Anspruch auf Einlagenrückgewähr zu verrechnen; übersteigt der anteilige Fehlbetrag den Rückgewährsbetrag, muss der Aktionär seine noch ausstehende Einlage leisten (*Hüffer/Koch* AktG, § 271 Rn. 7).

Zum **Verteilungsverfahren** enthält das Gesetz nur wenige Vorgaben. § 272 Abs. 1 AktG regelt, dass mit der Verteilung frühestens nach Ablauf des Sperrjahres begonnen werden darf (vgl. § 272 AktG Rdn. 1, 2). In § 273 AktG ist die Erstellung einer Schlussrechnung vorgesehen, die mit der Schlussbilanz vorgelegt wird (vgl. oben Rdn. 2). Nicht geregelt, aber empfehlenswert ist die Unterrichtung der Aktionäre über die vorgesehene Verteilung, damit eine fehlerhafte Verteilung und die damit einhergehenden Ersatzansprüche gegen die Abwickler (vgl. Erl. zu § 272 AktG Rdn. 5) vermieden werden. Die Abwickler haben auf eine ordnungsgemäße Legitimation der Aktionäre bei der Verteilung zu achten. Inhaberaktien sind vorzulegen, aber auch bei voller Zahlung nicht auszuhändigen, weil diese von den Aktionären für die Geltendmachung verbleibender Aktionärsrechte benötigt werden können (KölnKomm AktG/*Kraft* § 271 Rn. 20; a. A. MüKo AktG/*Hüffer* § 271 Rn. 15). Auszahlungen können auf der vorzulegenden Urkunde vermerkt werden, um Mehrfachzahlungen zu vermeiden. Bei Inhaberaktien sind Namen und Adressen der jeweiligen Zahlungsempfänger zu dokumentieren, um die Durchsetzung etwaiger Rückforderungsansprüche gem. §§ 264 Abs. 3, 62 AktG zu ermöglichen. 4

§ 272 Gläubigerschutz

(1) Das Vermögen darf nur verteilt werden, wenn ein Jahr seit dem Tage verstrichen ist, an dem der Aufruf der Gläubiger bekanntgemacht worden ist.

(2) Meldet sich ein bekannter Gläubiger nicht, so ist der geschuldete Betrag für ihn zu hinterlegen, wenn ein Recht zur Hinterlegung besteht.

(3) Kann eine Verbindlichkeit zur Zeit nicht berichtigt werden oder ist sie streitig, so darf das Vermögen nur verteilt werden, wenn dem Gläubiger Sicherheit geleistet ist.

Die Vorschrift dient dem **Gläubigerschutz** im Verteilungsverfahren. Sie ordnet ein **Sperrjahr** an, vor dessen Ablauf die Verteilung des Abwicklungsüberschusses an die Aktionäre nicht erfolgen darf. In der Jahreszeitspanne sind vorrangig die Gläubiger zu befriedigen. Die Vorschrift ist nach § 23 Abs. 5 AktG zwingend. 1

Die Berechnung des Sperrjahres erfolgt nach §§ 187, 188 BGB. Das für den Beginn der Frist maßgebliche Ereignis ist die dritte Bekanntmachung des Gläubigeraufrufs i. S. d. § 267 AktG. 2

Verboten ist gem. Abs. 1 jede Vermögensverteilung an die Aktionäre vor Ablauf des Sperrjahres. Dies ist jede Maßnahme zugunsten der Aktionäre, die eine Verkürzung des liquiden Gesellschaftsvermögens bewirkt. Erfasst werden auch Darlehen, die gegen den Anspruch auf Auszahlung des Abwicklungserlöses verrechnet werden (*K. Schmidt* DB 1994, 2013). Nicht betroffen sind Ansprüche von Aktionären, die diese gegen die AG aus vom Gesellschaftsverhältnis gesonderten Rechtsverhältnissen (z. B. Kauf- oder Werkvertrag) herleiten. Zahlungsansprüche des Aktionärs aus dem Gesellschaftsverhältnis unterfallen dann nicht der Sperre des § 272 Abs. 1 AktG, wenn sie bereits vor der Auflösung entstanden sind (z. B. Anspruch aus vor dem Auflösungsbeschluss gefassten Gewinnverwendungsbeschluss) und wenn dadurch das zur Erhaltung des Grundkapitals erforderliche Vermögen nicht berührt wird (h. M.; *K. Schmidt* ZIP 1981, 1, 2). 3

§ 273 AktG Schluß der Abwicklung

4   Vor der Verteilung sind zunächst die **Verbindlichkeiten der Gesellschaft** zu berichtigen; die Gesellschaftsgläubiger sind zu befriedigen (§ 268 AktG). Unter den besonderen Voraussetzungen des § 272 Abs. 2 AktG ist die Pflicht zur **Hinterlegung des geschuldeten Betrags** vorgeschrieben, bevor die Verteilung erfolgen darf. Vorausgesetzt ist, dass sich ein der Gesellschaft bekannter Gläubiger nicht meldet und ein Recht zur Hinterlegung nach allgemeinen Vorschriften (§§ 372, 293, 283 ff. BGB, 373 HGB) besteht. Unter den Voraussetzungen des § 273 Abs. 3 AktG besteht eine Verpflichtung zur Sicherheitsleistung zugunsten der Gläubiger, ohne die wiederum die Verteilung nicht erfolgen darf. Die Voraussetzung, dass die Berichtigung nicht möglich ist, ist bei bedingten oder befristeten Ansprüchen gegeben. Der weitere Fall, dass eine Verbindlichkeit streitig ist, liegt immer dann vor, wenn die Abwickler den geltend gemachten Anspruch nach Art oder Höhe nicht anerkennen; auf eine gerichtliche Geltendmachung stellt die Regelung dabei nicht ab. Einen Rechtsanspruch auf Sicherheitsleistung gewährt die Regelung den Gläubigern nicht. Die Sicherheitsleistung erfolgt nach den allgemeinen dispositiven Regeln der §§ 232 ff. BGB.

5   Die **Verletzung der Verteilungsregeln** führt nicht zur Unwirksamkeit der Verteilungsgeschäfte; §§ 271, 272 AktG begründen keine zivilrechtliche Unwirksamkeits- oder Nichtigkeitsfolge. Unter den Voraussetzungen der §§ 264 Abs. 3, 62 AktG bestehen **Rückgewähransprüche** der AG gegen die Aktionäre, die unter Verstoß gegen die Verteilungsregeln der §§ 271, 272 AktG erbrachte Leistungen erhalten haben. Bereicherungsrechtliche Ansprüche bestehen neben dieser speziellen aktienrechtlichen Regelung nicht (*K. Schmidt* ZIP 1981, 1, 6). Gläubiger der AG haben Anspruch auf Unterlassung verbotswidriger Verteilungsmaßnahmen. Dieser Anspruch kann im Verfahren der einstweiligen Verfügung gesichert werden (Spindler/Stilz/*Bachmann*, § 272 Rn. 5; a. A. MüKo AktG/*Hüffer*, § 272 Rn. 28). Das Verfahren richtet sich gegen die Abwickler; ein Verfahren gegen die AG ist ausgeschlossen, wenn der Anspruch bereits durch Arrest gesichert ist (*K. Schmidt* ZIP 1981, 1, 5). Der AG stehen gegen die Abwickler und die Mitglieder des Aufsichtsrats Schadensersatzansprüche zu (§§ 93, 268 Abs. 2 AktG bzw. §§ 93, 116, 164 Abs. 3 AktG). Die Gläubiger können diese Ersatzansprüche nur geltend machen, wenn von der AG keine Befriedigung zu erlangen ist (§§ 62 Abs. 2, 93 Abs. 5, 116 AktG).

6   Schadensersatzansprüche gegen die Abwickler kommen gem. § 93 sowie gem. § 826 BGB in Betracht (BGH, Urt. v. 09.02.2009 – II ZR 292/07, Z 179, 344). Gläubiger können Ersatzansprüche gem. § 93 Abs. 5 geltend machen.

§ 273 Schluß der Abwicklung

(1) ¹Ist die Abwicklung beendet und die Schlußrechnung gelegt, so haben die Abwickler den Schluß der Abwicklung zur Eintragung in das Handelsregister anzumelden. ²Die Gesellschaft ist zu löschen.

(2) Die Bücher und Schriften der Gesellschaft sind an einen vom Gericht bestimmten sicheren Ort zur Aufbewahrung auf zehn Jahre zu hinterlegen.

(3) Das Gericht kann den Aktionären und den Gläubigern die Einsicht der Bücher und Schriften gestatten.

(4) ¹Stellt sich nachträglich heraus, daß weitere Abwicklungsmaßnahmen nötig sind, so hat auf Antrag eines Beteiligten das Gericht die bisherigen Abwickler neu zu bestellen oder andere Abwickler zu berufen. ²§ 265 Abs. 4 gilt.

(5) Gegen die Entscheidungen nach den Absätzen 2, 3 und 4 Satz 1 ist die Beschwerde zulässig.

1   Die Vorschrift regelt die Pflichten der Abwickler gegenüber dem Registergericht und die registergerichtlichen Maßnahmen bei der Beendigung der AG sowie den Zeitpunkt der Löschung der Gesellschaft im Handelsregister. Die Vorschrift findet eine Parallele in § 74 GmbHG (vgl. die Erl. in § 74 GmbHG).

Die Abwickler haben die Pflicht, den **Schluss der Abwicklung beim Registergericht anzumelden**, Abs. 1. Der Inhalt der Anmeldung ist somit nicht das Erlöschen der Gesellschaft. Die Pflicht besteht, sobald die Abwicklung beendet und die Schlussrechnung gelegt ist. Die **Abwicklung ist beendet**, sobald der Abwicklungsüberschuss gem. § 271 AktG unter die Aktionäre verteilt worden ist. Da diese Verteilung nach §§ 272, 267 AktG nicht vor Ablauf des Sperrjahres erfolgen darf, erfolgt auch die Beendigung erst zu diesem Zeitpunkt. Im Hinblick auf den zwingenden Charakter der Regelung (§ 23 Abs. 5 AktG) erscheint es nicht möglich, die zum GmbHG vertretene Auffassung, vom Ablauf des Sperrjahres abzusehen, wenn das Vermögen der Gesellschaft vollständig aufgebraucht ist und eine Verteilung von Restvermögen nicht in Betracht kommt (OLG Köln, Beschl. v. 05.11.2004 – 2 Wx 33/04, NZG 2005, 83, 84; Baumbach/Hueck/*Schulze-Osterloh* § 74 Rn. 2), auf die AG zu übertragen (so aber *Hüffer/Koch* AktG, § 273 Rn. 2). Die **Schlussrechnung** ist dann gelegt, wenn die Hauptversammlung die Vorlage der Abwickler bzw. – was dem gleich zu achten ist (vgl. Erl. zu § 271 AktG Rdn. 2) – die Schlussbilanz festgestellt hat. 2

Das **Registergericht prüft** die Anmeldung in formeller und materieller Hinsicht. In formeller Hinsicht ist auf die ordnungsgemäße Anmeldung durch die Abwickler in vertretungsberechtigter Zahl, in materieller Hinsicht auf die Voraussetzungen der Beendigung der Abwicklung, einschließlich der Einhaltung des Sperrjahres gem. § 272 Abs. 1 AktG und der Vorlage der Schlussrechnung (bzw. der Schlussbilanz) zu achten. Nach Durchführung der beanstandungsfreien Prüfung verfügt das Registergericht die beantragte Eintragung des Abwicklungsbeschlusses sowie von Amts wegen die Löschung der Gesellschaft, § 273 Abs. 1 Satz 2 AktG. 3

Mit der **Löschung im Register** erlischt die AG als Rechtsträgerin. Damit erlöschen eventuell bestehende Ansprüche gegen die gelöschte AG (BGH, Urt. v. 05.04.1979 – II ZR 73/78, Z 74, 212, 215 – zum eingetragenen Verein). Der Fortbestand von Sicherungsrechten bleibt davon, auch der akzessorischer Sicherheiten (z. B. Bürgschaft, Hypothek), weil der Sicherungszweck gerade in diesem Fall des Zahlungsunvermögens und Untergangs des Schuldners zum Tragen kommen solle (BGH, Urt. v. 28.02.2012 – XI ZR 192/11, NJW 2012, 1645 Rn. 14). Klagen, die nach der Löschung gegen die AG erhoben werden, sind unzulässig. Erfolgt die Löschung während des Rechtsstreits, wird die Klage gegen die AG ebenfalls unzulässig, weil die Beklagte als Partei nicht mehr existiert (BGH, Urt. v. 05.04.1979 – II ZR 73/78, Z 74, 212, 213), es sei denn es kommt eine Nachtragsliquidation in Betracht, wenn substantiiert vorhandenes Vermögen geltend gemacht wird (BGH, Urt. v. 25.10.2010 – II ZR 115/09, NJW-RR 2011, 115 Rn. 27 – zur GmbH). Für Aktivprozesse gelten die zu § 273 Abs. 4 AktG entwickelten Grundsätze (vgl. unten Rdn. 6). 4

Nach Abs. 2 sind die **Bücher und Schriften der AG** zu hinterlegen. Die Hinterlegung erfolgt durch die Abwickler nach Maßgabe der Festlegung durch das Registergericht. Zu hinterlegen sind die Unterlagen i. S. d. § 257 HGB, das Aktienregister (§ 67 AktG) und die Abwicklungsunterlagen. Der **Ort der Aufbewahrung** wird vom Gericht bestimmt. Die Kosten der Aufbewahrung trägt die AG; dafür sind bereits im Abwicklungsverfahren Beträge bereitzustellen und der Hinterlegungsstelle vorab zu entrichten. Nach Abs. 3 besteht ein Einsichtsrecht. Einsichtsberechtigt sind Aktionäre und Gläubiger, die ein berechtigtes Interesse glaubhaft machen. 5

Unter den Voraussetzungen und nach Maßgabe des Abs. 4 findet eine **Nachtragsabwicklung** statt. Sie kommt in den Fällen in Betracht, in denen sich nach Löschung der AG im Handelsregister herausstellt, dass weitere Abwicklungsmaßnahmen erforderlich sind. Dies ist der Fall, wenn noch verteilungsfähiges Vermögen entdeckt wird (BayObLG, Beschl. v. 21.07.2004 – 3Z BR 130/04, FGPrax 2004, 297, 298) sowie wenn noch Erklärungen abzugeben (z. B. Grundbucherklärungen, Freigabeerklärung im Hinterlegungsverfahren; BGH, Urt. v. 10.10.1998 – II ZR 92/88, Z 105, 259) oder Zustellungen für die AG (Löschungsbewilligungen, Steuerbescheide) vorzunehmen sind (vgl. BFH, Urt. v. 01.10.1992 – IV R 60/91, NJW 1993, 2133 – zur GmbH). Das Bekanntwerden weiterer Verbindlichkeiten der AG löst keine Nachtragsliquidation aus, weil die Verbindlichkeiten mit der Löschung der AG untergehen (vgl. oben Rdn. 4). Das Registergericht hat auf Antrag eines Beteiligten Nachtragsabwickler zu bestellen. Für die Beteiligteneigenschaft kommt es auf den Zeitpunkt der Löschung an; Beteiligte sind die zu diesem Zeitpunkt beteiligten früheren Aktionäre, die 6

Gläubiger, frühere Organmitglieder und die Abwickler. Zuständig ist das Amtsgericht, §§ 375, 376 FamFG. Die mit dem Antrag vorgebrachten Tatsachen sind glaubhaft zu machen.

7 Für die Durchführung der Nachtragsabwicklung hat das zuständige Registergericht **Nachtragsabwickler** zu bestellen, Abs. 4 Satz 1. Dies können nach der im pflichtgemäßen Ermessen des Gerichts zu treffenden Entscheidung die bisherigen Abwickler oder neue Personen sein (BGH, Beschl. v. 23.02.1970 – II ZB 5/69, Z 53, 264, 269). Eine Pflicht zur Übernahme des Amtes besteht nicht. Gem. §§ 273 Abs. 4 Satz 2, 265 Abs. 4 AktG haben die neu bestellten Abwickler Anspruch auf eine Vergütung und auf Auslagenersatz; die Kosten sind von der Abwicklungsgesellschaft zu tragen. Die Rechte und Pflichten der Abwickler haben keine besondere gesetzliche Regelung erfahren; sie sind nach §§ 264 ff. AktG vom Registergericht zu konkretisieren und haben den mit der Nachtragsabwicklung zu verfolgenden Aufgaben zu entsprechen. Die Regelungen der §§ 267, 270, 272 AktG sind unanwendbar; die Vertretungsmacht bestimmt sich nicht nach § 269 AktG, sondern ist auf den im Bestellungsbeschluss festgelegten Rechtskreis beschränkt (KG AG 1999, 123, 125 f.). Die AG ist im Nachtragsliquidationsverfahren nicht beteiligt; sie ist und bleibt erloschen; die Einzelheiten der Partei- und Prozessfähigkeit im Nachtragsabwicklungsverfahren sind nicht vollends geklärt (vgl. MüKo AktG/*Hüffer* § 273 Rn. 46).

§ 274 Fortsetzung einer aufgelösten Gesellschaft

(1) ¹Ist eine Aktiengesellschaft durch Zeitablauf oder durch Beschluß der Hauptversammlung aufgelöst worden, so kann die Hauptversammlung, solange noch nicht mit der Verteilung des Vermögens unter die Aktionäre begonnen ist, die Fortsetzung der Gesellschaft beschließen. ²Der Beschluß bedarf einer Mehrheit, die mindestens drei Viertel des bei der Beschlußfassung vertretenen Grundkapitals umfaßt. ³Die Satzung kann eine größere Kapitalmehrheit und weitere Erfordernisse bestimmen.

(2) Gleiches gilt, wenn die Gesellschaft
1. durch die Eröffnung des Insolvenzverfahrens aufgelöst, das Verfahren aber auf Antrag des Schuldners eingestellt oder nach der Bestätigung eines Insolvenzplans, der den Fortbestand der Gesellschaft vorsieht, aufgehoben worden ist;
2. durch die gerichtliche Feststellung eines Mangels der Satzung nach § 262 Abs. 1 Nr. 5 aufgelöst worden ist, eine den Mangel behebende Satzungsänderung aber spätestens zugleich mit der Fortsetzung der Gesellschaft beschlossen wird.

(3) ¹Die Abwickler haben die Fortsetzung der Gesellschaft zur Eintragung in das Handelsregister anzumelden. ²Sie haben bei der Anmeldung nachzuweisen, daß noch nicht mit der Verteilung des Vermögens der Gesellschaft unter die Aktionäre begonnen worden ist.

(4) ¹Der Fortsetzungsbeschluß wird erst wirksam, wenn er in das Handelsregister des Sitzes der Gesellschaft eingetragen worden ist. ²Im Falle des Absatzes 2 Nr. 2 hat der Fortsetzungsbeschluß keine Wirkung, solange er und der Beschluß über die Satzungsänderung nicht in das Handelsregister des Sitzes der Gesellschaft eingetragen worden sind; die beiden Beschlüsse sollen nur zusammen in das Handelsregister eingetragen werden.

1 Die Vorschrift ermöglicht unter bestimmten Voraussetzungen die **Fortsetzung einer aufgelösten AG**. Sie bezweckt zugleich einen Schutz von Gläubigern und Aktionären im Zusammenhang mit Fortsetzungsentscheidungen. In den Fällen der Auflösung nach § 262 Abs. 1 Nr. 1 und 2 AktG kann die Fortsetzung nach § 274 Abs. 1 AktG beschlossen werden. Die Fortsetzung erfordert einen **Beschluss der Hauptversammlung**, der eine doppelte Mehrheit erreicht haben muss: Die einfache Mehrheit des § 133 AktG und die Mehrheit von 3/4 des vertretenen Grundkapitals, Abs. 1 Satz 2 bzw. die strengeren satzungsrechtlichen Mehrheitsanforderungen, die nach Abs. 1 Satz 3 in der Satzung allein (§ 23 Abs. 5 AktG) geregelt werden können. Diese Beschlussfassung ist zur Verhinderung der Umgehung des Verbots der Einlagenrückgewähr (§ 57 AktG) nur zulässig, solange mit der Vermögensverteilung noch nicht begonnen wurde. Nach Abs. 2 ist die Fortsetzung der auf-

gelösten AG auch in den Fällen zulässig, in denen die Auflösung durch Eröffnung des Insolvenzverfahrens erfolgte (§ 262 Abs. 1 Nr. 3 AktG). Die Fortsetzung setzt in diesem Fall die Einstellung des Insolvenzverfahrens auf Antrag der AG gem. § 213 InsO unter Zustimmung der Gläubiger voraus oder aber, dass das Insolvenzgericht das Insolvenzverfahren nach rechtskräftiger Bestätigung des Insolvenzplanes gem. § 258 InsO aufgehoben hat. Ferner ist ein Fortsetzungsbeschluss der Hauptversammlung mit der in § 274 Abs. 1 geregelten doppelten Mehrheit erforderlich. Schließlich ist die Fortsetzung der nach § 262 Abs. 1 Nr. 4 AktG (gerichtlich festgestellter Satzungsmangel) aufgelösten Gesellschaft zulässig, wenn der Mangel durch wirksame Satzungsänderung behoben wurde.

Ein weiterer, außerhalb von § 274 AktG geregelter **Fortführungsfall** betrifft die wegen eines heilbaren Satzungsmangels gerichtlich festgestellte Nichtigkeit der Gesellschaft, die gem. § 277 Abs. 1 AktG zur Auflösung der Gesellschaft nach den §§ 264 ff. AktG führt. Wird der Nichtigkeitsgrund beseitigt, kann die Gesellschaft fortgesetzt werden; Voraussetzung ist ein entsprechender Beschluss der Hauptversammlung, der mit dem Satzungsänderungsbeschluss verbunden werden kann (*Hüffer/Koch* AktG, § 274 Rn. 5). Wurde die Gesellschaft wegen behördlicher Untersagung aufgelöst (§ 262 Abs. 2 AktG), kann die Gesellschaft grundsätzlich nur fortgesetzt werden, wenn die Behörde die Untersagung zurücknimmt bzw. widerruft; entfällt der Auflösungsgrund im Widerspruchsverfahren (§ 72 VwGO) oder nach erfolgreicher Anfechtungsklage (§§ 42 Abs. 2, 113 VwGO), ist ein Hauptversammlungsbeschluss über die Fortsetzung der Gesellschaft nicht erforderlich.

Die Fortsetzung setzt voraus, dass die Abwickler die Fortsetzung der Gesellschaft und wegen § 274 Abs. 4 AktG auch den Fortsetzungsbeschluss zur Eintragung in das Handelsregister **anmelden**, Abs. 3 Satz 1. Sie haben die Nachweise des Abs. 3 Satz 2 zu erbringen; dafür ist nach h. M. eine entsprechende Bescheinigung oder Auskunft eines Wirtschaftsprüfers geboten (MüKo AktG/*Hüffer* § 274 Rn. 30).

Mit der Eintragung der Fortsetzung (und des Fortsetzungsbeschlusses) wandelt sich die Abwicklungsgesellschaft in eine werbende AG um. Das Amt der Abwickler erlischt. Für die Organe der AG ergeben sich folgende Konsequenzen: Der Aufsichtsrat und die Hauptversammlung erlangen mit der Eintragung wiederum die für die werbende Gesellschaft geltenden Kompetenzen. Das Amt des früheren Vorstands ist mit der Bestellung der Abwickler erloschen (vgl. Erl. zu § 265 AktG Rdn. 3). Deshalb ist der Vorstand neu zu bestellen; er tritt nicht automatisch in das (frühere) Vorstandsamt wieder ein (a. A. *Hüffer/Koch* AktG, § 274 Rn. 9 für den Fall der Personenidentität zwischen Abwicklern und früherem Vorstand).

Zweiter Abschnitt Nichtigerklärung der Gesellschaft

§ 275 Klage auf Nichtigerklärung

(1) ¹Enthält die Satzung keine Bestimmungen über die Höhe des Grundkapitals oder über den Gegenstand des Unternehmens oder sind die Bestimmungen der Satzung über den Gegenstand des Unternehmens nichtig, so kann jeder Aktionär und jedes Mitglied des Vorstands und des Aufsichtsrats darauf klagen, daß die Gesellschaft für nichtig erklärt werde. ²Auf andere Gründe kann die Klage nicht gestützt werden.

(2) Kann der Mangel nach § 276 geheilt werden, so kann die Klage erst erhoben werden, nachdem ein Klageberechtigter die Gesellschaft aufgefordert hat, den Mangel zu beseitigen, und sie binnen drei Monaten dieser Aufforderung nicht nachgekommen ist.

(3) ¹Die Klage muß binnen drei Jahren nach Eintragung der Gesellschaft erhoben werden. ²Eine Löschung der Gesellschaft von Amts wegen nach § 397 Abs. 1 des Gesetzes über das Verfahren in Familiensachen und in den Angelegenheiten der freiwilligen Gerichtsbarkeit wird durch den Zeitablauf nicht ausgeschlossen.

§ 275 AktG Klage auf Nichtigerklärung

(4) ¹Für die Anfechtung gelten § 246 Abs. 2 bis 4, §§ 247, 248 Abs. 1 Satz 1, §§ 248a, 249 Abs. 2 sinngemäß. ²Der Vorstand hat eine beglaubigte Abschrift der Klage und das rechtskräftige Urteil zum Handelsregister einzureichen. ³Die Nichtigkeit der Gesellschaft auf Grund rechtskräftigen Urteils ist einzutragen.

Übersicht	Rdn.		Rdn.
A. Überblick und Regelungszweck	1	C. Nichtigkeitsklage	5
B. Nichtigkeitsgründe	3		

A. Überblick und Regelungszweck

1   Die Vorschrift betrifft die (praktisch wenig bedeutsame) Konstellation, dass Gründungsmängel der AG nach der Registereintragung festgestellt werden, die dem Registergericht bei der Prüfung des Eintragungsantrags entgangen sind. Während Gründungsmängel bis zur Eintragung grundsätzlich beachtlich sind und zur Auflösung der Vor-AG oder zur Ablehnung der Eintragung durch das Registergericht führen, gilt dies nach § 275 AktG nach der Eintragung der AG im Handelsregister nicht mehr: Die AG ist dann vielmehr, wenn auch als fehlerhafte Gesellschaft, wirksam entstanden. Deshalb kann sie in den in § 275 Abs. 1 AktG genannten Fällen nur noch durch Nichtigkeitsklage mit Wirkung für die Zukunft aufgelöst bzw. in anderen Fällen durch Amtslöschung nach § 397 FamFG beseitigt werden; in bestimmten Fällen können die vorhandenen Mängel geheilt werden. Die Vorschrift bringt die konzeptionell bedeutende Wertung des Gesetzgebers zum Ausdruck, dass die eingetragene AG ungeachtet bestehender Gründungsmängel entstanden ist und dass sich die Eintragung im Interesse des **Bestands- und Verkehrsschutzes** über alle Gründungsmängel hinwegsetzt (MüKo AktG/*Hüffer*, § 275 Rn. 7). Insofern ist die Vorschrift ein **gesetzlich geregelter Anwendungsfall der sog. fehlerhaften Gesellschaft**, mit der in Abs. 1 geregelten Besonderheit, dass den Aktionären und Verwaltungsmitgliedern der fehlerhaften AG die Beendigung der Gesellschaft selbst für die Zukunft nur in den geregelten Ausnahmefällen möglich ist. Auf diese Weise schafft das AktG ein hohes Maß an Rechtssicherheit, das sich insbesondere zugunsten der Rechtsbeständigkeit von im Namen der AG geschlossener Rechtsgeschäfte auswirkt (vgl. § 277 Abs. 2 AktG).

2   Dass die AG trotz Registereintragung nicht entsteht, kann nach dem gesetzlichen Regelungsmodell allenfalls in den extremen Ausnahmesachverhalten der Nichtigkeit aller Gründererklärungen, der fehlenden Übernahme der Aktien durch die Gründer und der fehlenden Feststellung der Satzung vorkommen (vgl. KölnKomm AktG/*Kraft* § 275 Rn. 8; a. A. MüKo AktG/*Hüffer*, § 275 Rn. 36). § 275 AktG regelt in seinem Abs. 1 die Voraussetzungen der Nichtigerklärung der Gesellschaft und in den Folgeabsätzen 2 bis 4 Einzelheiten der Nichtigkeitsklage.

B. Nichtigkeitsgründe

3   Abs. 1 führt die Gründe für eine Klage auf Nichtigerklärung der eingetragenen AG auf. Die Gründe sind in Abs. 1 Satz 1 **abschließend** aufgezählt; auf andere Gründe kann eine solche Klage nicht gestützt werden, Abs. 1 Satz 2. Die Auflösung der Gesellschaft nach Maßgabe des § 399 FamFG bei anderen als den in § 275 Abs. 1 AktG genannten Satzungsmängeln bleibt davon unberührt.

4   Das Tatbestandsmerkmal »**keine Bestimmungen über die Höhe des Grundkapitals**« wird vor dem Hintergrund seiner Herkunft aus der sog. EG-Publizitätsrichtlinie (ABl. EG vom 14.03.1968 Nr. L 65, 8) eng ausgelegt. Es ist nur erfüllt, wenn die Satzung entgegen § 23 Abs. 3 Nr. 3 AktG tatsächlich keinerlei Angaben zur Höhe des Grundkapitals enthält, während falsche oder unvollständige Angaben nicht darunter fallen (*Hüffer/Koch* AktG, § 275 Rn. 9; vgl. a. EuGH, Urt. v. 13.11.1990 – C-106/89, Slg. 1990-I, 4135, 4159 f. – Marleasing). Das Tatbestandsmerkmal der **fehlenden Bestimmung über den Unternehmensgegenstand** (§ 23 Abs. 3 Nr. 2 AktG) wird seiner gleichfalls aus der sog. Publizitätsrichtlinie stammenden Herkunft wegen ebenfalls in dem Sinne eng verstanden, dass der Nichtigkeitsgrund nur vorliegt, wenn die Satzung keine Angaben zum Unternehmensgegenstand enthält; unvollständige, unklare oder unbestimmte Angaben fallen nicht hierunter

(*Hüffer/Koch* AktG, § 275 Rn. 10). Der in § 275 Abs. 1 AktG geregelte dritte Fall der Nichtigkeit der Bestimmungen über den Unternehmensgegenstand setzt die Gesetzes- oder Sittenwidrigkeit der entsprechenden Satzungsbestimmung nach § 241 Nr. 3 oder 4 AktG voraus und orientiert sich damit nicht allein der zivilrechtlichen Prüfung nach §§ 134, 138 BGB, sondern erfordert eine Verletzung der zumindest im überwiegenden Interesse der Gläubiger der Gesellschaft oder sonst dem öffentlichen Interesse dienenden Vorschriften (*Hüffer/Koch* AktG, § 275 Rn. 11). Insoweit kommt es nur auf den Wortlaut der Satzungsbestimmung, nicht aber auf die tatsächliche anfängliche oder nachträgliche Tätigkeitsbild der Gesellschaft an, sodass selbst Falschangaben keinen Grund für eine Nichtigkeitsklage nach § 275 Abs. 1 AktG darstellen (vgl. EuGH, Urt. v. 13.11.1990 – C-106/89, Slg. 1990-I, 4135, 4159 f. – Marleasing; *Hüffer/Koch* AktG, § 275 Rn. 12 ff.). Letztlich hat damit § 275 Abs. 1 Satz 1 AktG auch in seiner dritten Varianten nur begrenzte praktische Bedeutung insofern, als vor allem Tätigkeiten, die gegen strafrechtliche Vorschriften oder gegen das Kartellrecht verstoßen, einen Nichtigkeitsgrund darstellen (*Hüffer/Koch* AktG, § 275 Rn. 15). Die Gründung von Mantel- oder Vorratsgesellschaften stellt nach heute anerkannter Rechtsauffassung nicht als solche einen Nichtigkeitsfall dar, wenn nur überhaupt wirksame Angaben zum Unternehmenszweck vorliegen (BGH, Urt. v. 09.12.2002 – II ZB 12/02, Z 153, 158, 161 [zur GmbH]; Urt. v. 16.03.1992 – II ZB 17/91, Z 117, 323, 325 f.; vgl. auch *Mayer* NJW 2000, 175).

C. Nichtigkeitsklage

Die Nichtigerklärung der AG kann nur über ein **Klageverfahren** erfolgen. Hierin liegt ein wegen § 23 Abs. 5 AktG nicht disponibler Grundsatz des Aktienrechts. Die Nichtigkeit der Gesellschaft kann also weder als Einrede erhoben, noch schiedsgerichtlich festgestellt werden (*Hüffer/Koch* AktG, § 275 Rn. 19). **Kläger** kann jeder Aktionär sein, auch ein Aktionär ohne Stimmrecht. Nach Abs. 1 Satz 1 steht das auch den einzelnen Mitgliedern der Verwaltungsorgane der AG zu. Die Klage ist **gegen die AG** zu richten (§§ 275 Abs. 4, 246 Abs. 2 AktG). 5

Ist der Satzungsmangel nach § 276 AktG heilbar, kann die Nichtigkeitsklage erst erhoben werden, wenn die AG von einem Klagebefugten zur Mängelbeseitigung aufgefordert wurde und die **3-Monats-Frist** des Abs. 2 verstrichen ist. Ferner ist die Klage innerhalb der **3-Jahres-Frist** des Abs. 3 zu erheben (§§ 253 Abs. 1, 167 ZPO); maßgeblich für den Fristbeginn ist die Eintragung der AG in das Handelsregister. Die weiteren Einzelheiten des Verfahrens ergeben sich nach Abs. 4 Satz 1 aus den darin genannten Bezugsvorschriften (vgl. dazu die jeweiligen Erläuterungen). 6

Das stattgebende Urteil ergeht als **Gestaltungsurteil**; es erklärt die eingetragene AG für **nichtig**. Das Urteil bewirkt die Auflösung der AG, welche die Abwicklung zur Folge hat, § 277 AktG. Das Urteil entfaltet materielle Rechtskraft für und gegen alle Aktionäre und sämtliche Verwaltungsmitglieder, §§ 275 Abs. 4 Satz 1, 248 AktG. Abs. 4 Satz 2 begründet eine **Einreichungspflicht** des Vorstands; sie gilt auch für die Klage abweisende Entscheidung. Das Registergericht verfügt die Eintragung der Nichtigkeit von Amts wegen, Abs. 4 Satz 3. Die Eintragung wird gem. § 10 HGB bekannt gemacht. 7

§ 276 Heilung von Mängeln

Ein Mangel, der die Bestimmungen über den Gegenstand des Unternehmens betrifft, kann unter Beachtung der Bestimmungen des Gesetzes und der Satzung über Satzungsänderungen geheilt werden.

In den Fällen, in denen der Mangel der Satzung die Bestimmungen über den Gegenstand des Unternehmens (§ 23 Abs. 3 Nr. 2 AktG) betrifft, kommt eine Heilung in Betracht. Andere als die in § 276 AktG angeführten Mängel sind auch nicht in entsprechender Anwendung der Regelung heilbar (MüKo AktG/*Hüffer*, § 276 Rn. 5). Sofern eine Heilung des Satzungsmangels in Betracht kommt, kann die Nichtigkeitsklage nach § 275 AktG nicht erhoben werden, § 275 Abs. 2 AktG. 1

Die Heilung erfolgt durch **Änderung der Satzung**. Erforderlich ist ein Beschluss der Hauptversammlung mit der grundsätzlich erforderlichen 3/4-Mehrheit des § 179 Abs. 2 Satz 1 AktG bzw. 2

den ggf. nach der Satzung bestehenden (verschärften) Mehrheitserfordernissen (§ 179 Abs. 2 Satz 2 AktG). Der **Heilungsbeschluss der Hauptversammlung** ist durch den Vorstand unter Beifügung der erforderliche Urkunden (vgl. § 181 Abs. 1 Satz 2 und 3 AktG) in der Form gem. § 12 HGB zur Eintragung in das Handelsregister anzumelden (§§ 276, 181 AktG). Zuständig ist das Amtsgericht des Gesellschaftssitzes. Nach beanstandungsfreier Prüfung durch das Registergericht verfügt dieses die Eintragung, von der ab die heilende Satzungsänderung wirksam wird, §§ 276, 181 Abs. 3 AktG.

3 Die heilende Satzungsänderung hat zur Folge, dass der zunächst vorliegende Nichtigkeitsgrund nicht mehr vorhanden ist und die AG nicht mehr aufgelöst werden kann. Die bereits aufgelöste Gesellschaft kann zur werbenden Tätigkeit zurückkehren; dafür ist ein Fortsetzungsbeschluss nach § 274 AktG erforderlich.

§ 277 Wirkung der Eintragung der Nichtigkeit

(1) Ist die Nichtigkeit einer Gesellschaft auf Grund rechtskräftigen Urteils oder einer Entscheidung des Registergerichts in das Handelsregister eingetragen, so findet die Abwicklung nach den Vorschriften über die Abwicklung bei Auflösung statt.

(2) Die Wirksamkeit der im Namen der Gesellschaft vorgenommenen Rechtsgeschäfte wird durch die Nichtigkeit nicht berührt.

(3) Die Gesellschafter haben die Einlagen zu leisten, soweit es zur Erfüllung der eingegangenen Verbindlichkeiten nötig ist.

1 Die gerichtliche Feststellung der Nichtigkeit hat nach der gesetzlichen Konzeption der §§ 275 ff. AktG (vgl. Erl. zu § 275 AktG Rdn. 1) die Bedeutung eines Auflösungsgrundes; sie ändert nichts an der durch die Registereintragung dokumentierten Existenz der Gesellschaft, sondern hat zur Folge, dass eine rechtlich geordnete Abwicklung der Gesellschaft erfolgen muss.

2 Für die Abwicklung gelten mangels besonderer Regelungen die Vorschriften der §§ 264 ff. AktG. Die AG bleibt somit bis zur Vollbeendigung als juristische Person mit Rechts-, Partei- und Insolvenzfähigkeit bestehen. Vor diesem Hintergrund trifft § 277 Abs. 2 AktG die (deklaratorische, von § 15 HGB unabhängige) Regelung, dass die Wirksamkeit von Rechtsgeschäften, die im Namen der AG geschlossen wurden, durch die Nichtigkeit der AG nicht berührt wird.

3 Für die Erbringung offener Einlageverbindlichkeiten der Aktionäre trifft § 277 Abs. 3 AktG die Regelung, dass diese nur noch insoweit zu leisten sind, als dies zur Befriedigung der Gläubiger erforderlich ist. Die Regelung korrespondiert mit der Regelung zur Einlagenerstattung im Abwicklungsverfahren nach § 271 Abs. 3 AktG (vgl. Erl. zu § 271 AktG Rdn. 3).

Zweites Buch Kommanditgesellschaft auf Aktien

§§ 278–290

(nicht kommentiert; vgl. zur Kommanditgesellschaft auf Aktien Anhang 1 zum AktG)

Drittes Buch Verbundene Unternehmen

§§ 291–393

(nicht kommentiert; vgl. zu den Grundzügen des Konzernrechts Anhang 2 zum AktG)

Viertes Buch Sonder-, Straf- und Schlußvorschriften

Erster Teil Sondervorschriften bei Beteiligung von Gebietskörperschaften

§ 394 Berichte der Aufsichtsratsmitglieder

¹Aufsichtsratsmitglieder, die auf Veranlassung einer Gebietskörperschaft in den Aufsichtsrat gewählt oder entsandt worden sind, unterliegen hinsichtlich der Berichte, die sie der Gebietskörperschaft zu erstatten haben, keiner Verschwiegenheitspflicht. ²Für vertrauliche Angaben und Geheimnisse der Gesellschaft, namentlich Betriebs- oder Geschäftsgeheimnisse, gilt dies nicht, wenn ihre Kenntnis für die Zwecke der Berichte nicht von Bedeutung ist.

§ 394 AktG löst den Interessenkonflikt zwischen den unternehmerischen Geheimhaltungsinteressen der Gesellschaft auf der einen sowie den Informations- und Berichtsinteressen der Gebietskörperschaften auf der anderen Seite durch eine Lockerung der aktienrechtlichen Verschwiegenheitspflicht, welche den Aufsichtsratsmitgliedern der Gebietskörperschaften eine sachdienliche Berichterstattung ermöglicht (*Schmidt/Lutter* AktG, § 394 Rn. 1). 1

§ 395 Verschwiegenheitspflicht

(1) Personen, die damit betraut sind, die Beteiligung einer Gebietskörperschaft zu verwalten oder für eine Gebietskörperschaft die Gesellschaft, die Betätigung der Gebietskörperschaft als Aktionär oder die Tätigkeit der auf Veranlassung der Gebietskörperschaft gewählten oder entsandten Aufsichtsmitglieder zu prüfen, haben über vertrauliche Angaben und Geheimnisse der Gesellschaft, namentlich Betriebs- oder Geschäftsgeheimnisse, die ihnen aus Berichten nach § 394 bekannt geworden sind, Stillschweigen zu bewahren; dies gilt nicht für Mitteilungen im dienstlichen Verkehr.

(2) Bei der Veröffentlichung von Prüfungsergebnissen dürfen vertrauliche Angaben und Geheimnisse der Gesellschaft, namentlich Betriebs- oder Geschäftsgeheimnisse, nicht veröffentlicht werden.

Übersicht	Rdn.		Rdn.
A. Einleitung	1	B. Verhältnis von Berichterstattung und Verschwiegenheitspflicht	3

A. Einleitung

Bei den §§ 394, 395 AktG handelt es sich um **Sondervorschriften** für den Fall der Beteiligung von Gebietskörperschaften an Aktiengesellschaften (*Hüffer* AktG, § 394 Rn. 2). 1

Ergänzend gelten für die Beteiligung von Gebietskörperschaften an Aktiengesellschaften die §§ 53, 54 HGrG sowie die §§ 65 bis 79 BHO bzw. LHO (*Hüffer* AktG, § 394 Rn. 4). 2

B. Verhältnis von Berichterstattung und Verschwiegenheitspflicht

§ 394 AktG begründet keine Berichtspflicht, sondern setzt diese voraus. Eine Berichtspflicht kann sich beispielsweise aus beamtenrechtlichen Weisungen ergeben (MüKo AktG/*Kropff* §§ 394, 395 Rn. 25 m.w.N.). Die Berichtspflicht lässt für das auf Veranlassung einer Gebietskörperschaft gewählte oder entsandte Aufsichtsratsmitglied die ansonsten bestehende Verschwiegenheitspflicht entfallen (zur Bestellung »auf Veranlassung« der Gebietskörperschaften vgl. MüKo AktG/*Kropff* §§ 394, 395 Rn. 14 ff.). 3

4   Als Korrektiv legt § 395 AktG fest, dass die Empfänger des Berichtes über **vertrauliche Angaben und Geheimnisse** Stillschweigen zu bewahren haben (MüKo AktG/*Kropff* §§ 394, 395 Rn. 47).

5   Von der Verschwiegenheitspflicht sind unabhängig von der dienstrechtlichen Stellung alle Personen betroffen, die mit der Verwaltung der aktienrechtlichen Beteiligung betraut sind. Gleiches gilt für Personen, die Prüfungsaufgaben für die Gebietskörperschaft wahrnehmen (*Hüffer* AktG, § 395 Rn. 2). Auf diese Weise findet ein **Interessenausgleich** zwischen dem Bedürfnis der Gebietskörperschaft nach umfassender Berichterstattung im Rahmen der Beteiligungsverwaltung sowie der für die Gesellschaft wichtigen Geheimhaltung von Unternehmensinformationen statt.

6   Die Verschwiegenheitspflicht in § 395 Abs. 1 Halbs. 1 AktG ist der Regelung in § 93 Abs. 1 Satz 2 AktG nachgebildet und entsprechend auszulegen (*Hüffer* AktG, § 395 Rn. 3).

7   **Privilegiert** wird der dienstliche Verkehr, für den die Verschwiegenheitspflicht nicht gilt (MüKo AktG/*Kropff* §§ 394, 395 Rn. 61 ff.).

Zweiter Teil Gerichtliche Auflösung

§ 396 Voraussetzungen

(1) ¹Gefährdet eine Aktiengesellschaft oder Kommanditgesellschaft auf Aktien durch gesetzwidriges Verhalten ihrer Verwaltungsträger das Gemeinwohl und sorgen der Aufsichtsrat und die Hauptversammlung nicht für eine Abberufung der Verwaltungsträger, so kann die Gesellschaft auf Antrag der zuständigen obersten Landesbehörde des Landes, in dem die Gesellschaft ihren Sitz hat, durch Urteil aufgelöst werden. ²Ausschließlich zuständig für die Klage ist das Landgericht, in dessen Bezirk die Gesellschaft ihren Sitz hat.

(2) Nach der Auflösung findet die Abwicklung nach den §§ 264–273 statt. Den Antrag auf Abberufung oder Bestellung der Abwickler aus einem wichtigen Grund kann auch die in Absatz 1 Satz 1 bestimmte Behörde stellen.

§ 397 Anordnungen bei der Auflösung

Ist die Auflösungsklage erhoben, so kann das Gericht auf Antrag der in § 396 Abs. 1 Satz 1 bestimmten Behörde durch einstweilige Verfügung die nötigen Anordnungen treffen.

§ 398 Eintragung

¹Die Entscheidungen des Gerichts sind dem Registergericht mitzuteilen. ²Dieses trägt sie, soweit sie eintragungspflichtige Rechtsverhältnisse betreffen, in das Handelsregister ein.

Übersicht	Rdn.		Rdn.
A. Einleitung	1	C. Sicherung des Gemeinwohls durch	
B. Voraussetzungen	2	einstweilige Verfügungen	5

A. Einleitung

1   Die §§ 396 bis 398 AktG regeln die **Auflösung einer AG wegen Gemeinwohlgefährdung** und sehen damit eine staatliche Eingriffsmöglichkeit im Rahmen eines rechtsstaatlichen Verfahrens vor. Die Auflösung muss mittels einer **Auflösungsklage** betrieben werden, die, sofern die Auflösungsvoraussetzungen vorliegen, zu einem Auflösungsurteil führt. Vergleichbare Regelungen finden sich in den §§ 43, 44 BGB sowie § 63 GmbHG und § 81 GenG. Nach Art. 63 SE-VO finden die §§ 396 bis 398 AktG auch für eine SE mit Sitz in Deutschland Anwendung (*Schmidt/Lutter* AktG, §§ 396

bis 398, Rn. 1). Die gerichtliche Auflösung hat keine große praktische Bedeutung erlangt (*Hüffer* AktG, § 396 Rn. 1).

B. Voraussetzungen

Erforderlich ist die **Gefährdung des Gemeinwohls**, d.h. durch das gesetzes- oder sittenwidrige Verhalten der Gesellschaft müssen erhebliche Nachteile für die rechtlich geschützten Interessen der Allgemeinheit, jedenfalls größerer Bevölkerungskreise, eintreten oder zumindest drohen. Bloße Nachteile für die Aktionäre sind nicht ausreichend (MüKo AktG/*Kropff* § 396 Rn. 8). 2

Es muss der **Grundsatz der Verhältnismäßigkeit** gewahrt werden, da es sich um eine auf Gefahrenabwehr abzielende Maßnahme handelt (*Hüffer* AktG, § 396 Rn. 5). 3

Ferner ist erforderlich, dass weder Aufsichtsrat noch Hauptversammlung für die Abberufung der gesetzeswidrig handelnden Verwaltungsträger sorgen (MüKo AktG/*Kropff* § 396 Rn. 10). 4

C. Sicherung des Gemeinwohls durch einstweilige Verfügungen

Um das Gemeinwohl zu sichern, kann das für die Auflösungsklage zuständige Landgericht eine einstweilige Verfügung erlassen, wenn eine Auflösungsklage erhoben wurde, ein Antrag der zuständigen obersten Landesbehörde vorliegt und der Erlass einer einstweiligen Verfügung notwendig ist (*Hüffer* AktG, § 397 Rn. 2; MüKo AktG/*Kropff* § 397 Rn. 2 ff.). 5

Dritter Teil Straf- und Bußgeldvorschriften. Schlußvorschriften

§ 399 Falsche Angaben

(1) Mit Freiheitsstrafe bis zu drei Jahren oder mit Geldstrafe wird bestraft, wer
1. als Gründer oder als Mitglied des Vorstands oder des Aufsichtsrats zum Zweck der Eintragung der Gesellschaft über die Übernahme der Aktien, die Einzahlung auf Aktien, die Verwendung eingezahlter Beträge, den Ausgabebetrag der Aktien, über Sondervorteile, Gründungsaufwand, Sacheinlagen, Sachübernahmen oder in der nach § 37a Abs. 2 abzugebenden Versicherung,
2. als Gründer oder als Mitglied des Vorstands oder des Aufsichtsrats im Gründungsbericht, im Nachgründungsbericht oder im Prüfungsbericht,
3. in der öffentlichen Ankündigung nach § 47 Nr. 3,
4. als Mitglied des Vorstands oder des Aufsichtsrats zum Zweck der Eintragung einer Erhöhung des Grundkapitals (§§ 182 bis 206) über die Einbringung des bisherigen, die Zeichnung oder Einbringung des neuen Kapitals, den Ausgabebetrag der Aktien, die Ausgabe der Bezugsaktien über Sacheinlagen, in der Bekanntmachung nach § 183a Abs. 2 Satz 1 in Verbindung mit § 37a Abs. 2 oder in der nach § 184 Abs. 1 Satz 3 abzugebenden Versicherung,
5. als Abwickler zum Zweck der Eintragung der Fortsetzung der Gesellschaft in dem nach § 274 Abs. 3 zu führenden Nachweis oder
6. als Mitglied des Vorstands einer Aktiengesellschaft oder des Leitungsorgans einer ausländischen juristischen Person in der nach § 37 Abs. 2 Satz 1 oder § 81 Abs. 3 Satz 1 abzugebenden Versicherung oder als Abwickler in der nach § 266 Abs. 3 Satz 1 abzugebenden Versicherung

falsche Angaben macht oder erhebliche Umstände verschweigt.

(2) Ebenso wird bestraft, wer als Mitglied des Vorstands oder des Aufsichtsrats zum Zweck der Eintragung einer Erhöhung des Grundkapitals die in § 210 Abs. 1 Satz 2 vorgeschriebene Erklärung der Wahrheit zuwider abgibt.

§ 400 Unrichtige Darstellung

(1) Mit Freiheitsstrafe bis zu drei Jahren oder mit Geldstrafe wird bestraft, wer als Mitglied des Vorstands oder des Aufsichtsrats oder als Abwickler

1. die Verhältnisse der Gesellschaft einschließlich ihrer Beziehungen zu verbundenen Unternehmen in Darstellungen oder Übersichten über den Vermögensstand, in Vorträgen oder Auskünften in der Hauptversammlung unrichtig wiedergibt oder verschleiert, wenn die Tat nicht in § 331 Nr. 1 oder 1a des Handelsgesetzbuchs mit Strafe bedroht ist, oder
2. in Aufklärungen oder Nachweisen, die nach den Vorschriften dieses Gesetzes einem Prüfer der Gesellschaft oder eines verbundenen Unternehmens zu geben sind, falsche Angaben macht oder die Verhältnisse der Gesellschaft unrichtig wiedergibt oder verschleiert, wenn die Tat nicht in § 331 Nr. 4 des Handelsgesetzbuchs mit Strafe bedroht ist.

(2) Ebenso wird bestraft, wer als Gründer oder Aktionär in Aufklärungen oder Nachweisen, die nach den Vorschriften dieses Gesetzes einem Gründungsprüfer oder sonstigen Prüfer zu geben sind, falsche Angaben macht oder erhebliche Umstände verschweigt.

1 Der Straftatbestand gem. § 400 AktG ist für die in den Schutzbereich der Norm einbezogenen Personen als Schutzgesetz i. S. d. § 823 Abs. 2 BGB zu qualifizieren. Allerdings erfordert ein deliktsrechtlicher Schadensersatzanspruch außer einer Pflichtverletzung nach § 400 Abs. 1 AktG die Ursächlichkeit des Pflichtverstoßes für den geltend gemachten Schaden sowie die Einbeziehung in den Schutzbereich der Norm. Der Geschädigte muss darlegen und beweisen, dass er seine konkrete Entscheidung aufgrund einer in § 400 Abs. 1 Nr. 1 AktG normierten Pflichtverletzung getroffen hat (*Schmidt/Lutter* AktG, § 400 Rn. 2).

§ 401 Pflichtverletzung bei Verlust, Überschuldung oder Zahlungsunfähigkeit

(1) Mit Freiheitsstrafe bis zu drei Jahren oder mit Geldstrafe wird bestraft, wer es als Mitglied des Vorstands entgegen § 92 Abs. 1 unterläßt, bei einem Verlust in Höhe der Hälfte des Grundkapitals die Hauptversammlung einzuberufen und ihr dies anzuzeigen.

(2) Handelt der Täter fahrlässig, so ist die Strafe Freiheitsstrafe bis zu einem Jahr oder Geldstrafe.

§ 402 Falsche Ausstellung von Berechtigungsnachweisen

(1) Wer Bescheinigungen, die zum Nachweis des Stimmrechts in einer Hauptversammlung oder in einer gesonderten Versammlung dienen sollen, falsch ausstellt oder verfälscht, wird mit Freiheitsstrafe bis zu drei Jahren oder mit Geldstrafe bestraft, wenn die Tat nicht in anderen Vorschriften über Urkundenstraftaten mit schwererer Strafe bedroht ist.

(2) Ebenso wird bestraft, wer von einer falschen oder verfälschten Bescheinigung der in Absatz 1 bezeichneten Art zur Ausübung des Stimmrechts Gebrauch macht.

(3) Der Versuch ist strafbar.

§ 403 Verletzung der Berichtspflicht

(1) Mit Freiheitsstrafe bis zu drei Jahren oder mit Geldstrafe wird bestraft, wer als Prüfer oder als Gehilfe eines Prüfers über das Ergebnis der Prüfung falsch berichtet oder erhebliche Umstände im Bericht verschweigt.

(2) Handelt der Täter gegen Entgelt oder in der Absicht, sich oder einen anderen zu bereichern oder einen anderen zu schädigen, so ist die Strafe Freiheitsstrafe bis zu fünf Jahren oder Geldstrafe.

§ 404 Verletzung der Geheimhaltungspflicht

(1) Mit Freiheitsstrafe bis zu einem Jahr, bei börsennotierten Gesellschaften bis zu zwei Jahren, oder mit Geldstrafe wird bestraft, wer ein Geheimnis der Gesellschaft, namentlich ein Betriebs- oder Geschäftsgeheimnis, das ihm in seiner Eigenschaft als
1. Mitglied des Vorstands oder des Aufsichtsrats oder Abwickler,
2. Prüfer oder Gehilfe eines Prüfers bekannt geworden ist, unbefugt offenbart; im Falle der Nummer 2 jedoch nur, wenn die Tat nicht in § 333 des Handelsgesetzbuchs mit Strafe bedroht ist.

(2) ¹Handelt der Täter gegen Entgelt oder in der Absicht, sich oder einen anderen zu bereichern oder einen anderen zu schädigen, so ist die Strafe Freiheitsstrafe bis zu zwei Jahren, bei börsennotierten Gesellschaften bis zu drei Jahren, oder Geldstrafe. ²Ebenso wird bestraft, wer ein Geheimnis der in Absatz 1 bezeichneten Art, namentlich ein Betriebs- oder Geschäftsgeheimnis, das ihm unter den Voraussetzungen des Absatzes 1 bekannt geworden ist, unbefugt verwertet.

(3) ¹Die Tat wird nur auf Antrag der Gesellschaft verfolgt. ²Hat ein Mitglied des Vorstands oder ein Abwickler die Tat begangen, so ist der Aufsichtsrat, hat ein Mitglied des Aufsichtsrats die Tat begangen, so sind der Vorstand oder die Abwickler antragsberechtigt.

§ 405 Ordnungswidrigkeiten

(1) Ordnungswidrig handelt, wer als Mitglied des Vorstands oder des Aufsichtsrats oder als Abwickler
1. Namensaktien ausgibt, in denen der Betrag der Teilleistung nicht angegeben ist, oder Inhaberaktien ausgibt, bevor auf sie der Ausgabebetrag voll geleistet ist,
2. Aktien oder Zwischenscheine ausgibt, bevor die Gesellschaft oder im Fall einer Kapitalerhöhung die Durchführung der Erhöhung des Grundkapitals oder im Fall einer bedingten Kapitalerhöhung oder einer Kapitalerhöhung aus Gesellschaftsmitteln der Beschluss über die bedingte Kapitalerhöhung oder die Kapitalerhöhung aus Gesellschaftsmitteln eingetragen ist,
3. Aktien oder Zwischenscheine ausgibt, die auf einen geringeren als den nach § 8 Abs. 2 Satz 1 zulässigen Mindestnennbetrag lauten oder auf die bei einer Gesellschaft mit Stückaktien ein geringerer anteiliger Betrag des Grundkapitals als der nach § 8 Abs. 3 Satz 3 zulässige Mindestbetrag entfällt, oder
4. a) entgegen § 71 Abs. 1 Nr. 1 bis 4 oder Abs. 2 eigene Aktien der Gesellschaft erwirbt oder, in Verbindung mit § 71e Abs. 1, als Pfand nimmt,
   b) zu veräußernde eigene Aktien (§ 71c Abs. 1 und 2) nicht anbietet oder
   c) die zur Vorbereitung der Beschlussfassung über die Einziehung eigener Aktien (§ 71c Abs. 3) erforderlichen Maßnahmen nicht trifft.

(2) Ordnungswidrig handelt auch, wer als Aktionär oder als Vertreter eines Aktionärs die nach § 129 in das Verzeichnis aufzunehmenden Angaben nicht oder nicht richtig macht.

(2a) Ordnungswidrig handelt, wer entgegen § 67 Abs. 4 Satz 2, auch in Verbindung mit Satz 3, eine Mitteilung nicht oder nicht richtig macht.

(3) Ordnungswidrig handelt ferner, wer
1. Aktien eines anderen, zu dessen Vertretung er nicht befugt ist, ohne dessen Einwilligung zur Ausübung von Rechten in der Hauptversammlung oder in einer gesonderten Versammlung benutzt,
2. zur Ausübung von Rechten in der Hauptversammlung oder in einer gesonderten Versammlung Aktien eines anderen benutzt, die er sich zu diesem Zweck durch Gewähren oder Versprechen besonderer Vorteile verschafft hat,
3. Aktien zu dem in Nummer 2 bezeichneten Zweck gegen Gewähren oder Versprechen besonderer Vorteile einem anderen überlässt,

4. Aktien eines anderen, für die er oder der von ihm Vertretene das Stimmrecht nach § 135 nicht ausüben darf, zur Ausübung des Stimmrechts benutzt,
5. Aktien, für die er oder der von ihm Vertretene das Stimmrecht nach § 20 Abs. 7, § 21 Abs. 4, §§ 71b, 71d Satz 4, § 134 Abs. 1, §§ 135, 136, 142 Abs. 1 Satz 2, § 285 Abs. 1 nicht ausüben darf, einem anderen zum Zweck der Ausübung des Stimmrechts überläßt oder solche ihm überlassene Aktien zur Ausübung des Stimmrechts benutzt,
6. besondere Vorteile als Gegenleistung dafür fordert, sich versprechen läßt oder annimmt, daß er bei einer Abstimmung in der Hauptversammlung oder in einer gesonderten Versammlung nicht oder in einem bestimmten Sinne stimme oder
7. besondere Vorteile als Gegenleistung dafür anbietet, verspricht oder gewährt, daß jemand bei einer Abstimmung in der Hauptversammlung oder in einer gesonderten Versammlung nicht oder in einem bestimmten Sinne stimme.

(3a) Ordnungswidrig handelt, wer vorsätzlich oder leichtfertig
1. entgegen § 121 Abs. 4a Satz 1, auch in Verbindung mit § 124 Abs. 1 Satz 3 die Einberufung nicht, nicht richtig, nicht vollständig oder nicht rechtzeitig zuleitet oder
2. entgegen § 124a Angaben nicht, nicht richtig oder nicht vollständig zugänglich macht.

(4) Die Ordnungswidrigkeit kann mit einer Geldbuße bis zu fünfundzwanzigtausend Euro geahndet werden.

§ 406

(weggefallen)

§ 407 Zwangsgelder

(1) ¹Vorstandsmitglieder oder Abwickler, die § 52 Abs. 2 Satz 2 bis 4, § 71c, § 73 Abs. 3 Satz 2, §§ 80, 90, 104 Abs. 1, § 111 Abs. 2, § 145, §§ 170, 171 Abs. 3 oder Abs. 4 Satz 1 in Verbindung mit Abs. 3, §§ 175, 179a Abs. 2 Satz 1 bis 3, 214 Abs. 1, § 246 Abs. 4, §§ 248a, 259 Abs. 5, § 268 Abs. 4, § 270 Abs. 1, § 273 Abs. 2, §§ 293f, 293g Abs. 1, § 312 Abs. 1, § 313 Abs. 1, § 314 Abs. 1 nicht befolgen, sind hierzu vom Registergericht durch Festsetzung von Zwangsgeld anzuhalten; § 14 des Handelsgesetzbuchs bleibt unberührt. ²Das einzelne Zwangsgeld darf den Betrag von fünftausend Euro nicht übersteigen.

(2) ¹Die Anmeldungen zum Handelsregister nach den §§ 36, 45, 52, 181 Abs. 1, §§ 184, 188, 195, 210, 223, 237 Abs. 4, §§ 274, 294 Abs. 1, § 319 Abs. 3 werden durch Festsetzung von Zwangsgeld nicht erzwungen.

Übersicht	Rdn.		Rdn.
A. Einleitung	1	B. Tatbestände	2

A. Einleitung

1 Die Möglichkeit der **Zwangsgeldfestsetzung** soll die Einhaltung der Pflichten gewährleisten, an deren Erfüllung auch ein öffentliches Interesse besteht. Durch die Aufzählung in § 407 Abs. 1 Satz 1 Halbs. 1 AktG wird § 14 HGB ergänzt und nicht verdrängt (*Hüffer* AktG, § 407 Rn. 1). Das Zwangsgeld ist eine **Beugemaßnahme**, d. h. weder Strafe noch Bußgeld (KölnKomm AktG/*Zöllner* § 407 Rn. 7).

B. Tatbestände

2 Die mit Zwangsgeld bewehrten Pflichten ergeben sich aus der Aufzählung des § 407 Abs. 1 Satz 1 Halbs. 1 AktG (MüKo AktG/*Hüffer* § 407 Rn. 4 ff.). Die **Pflichtverletzung** indiziert die **Rechts-**

widrigkeit, wobei Rechtfertigungsgründe in der Regel nicht infrage kommen (KölnKomm AktG/ *Zöllner* § 407 Rn. 26).

Ein **Verschulden** ist nicht erforderlich. Ob bei der Bestimmung der Länge der Frist zwischen 3 Androhung und Festsetzung des Zwangsgeldes oder bei der Bemessung der Höhe des Zwangsgeldes das Verschulden eine Rolle spielt, ist umstritten. Zum Teil wird das Verschulden auch insoweit für irrelevant gehalten, weil allein das öffentliche Interesse an der Vornahme der Handlung entscheidend sei (MüKo AktG/*Hüffer* § 407 Rn. 14 m. w. N.).

Das einzelne Zwangsgeld darf **max. 5.000,– €** betragen, kann jedoch wiederholt festgesetzt wer- 4 den (KölnKomm AktG/*Zöllner* § 407 Rn. 28). Der **Mindestbetrag** liegt nach Art. 6 Abs. 1 Satz 1 EGStGB bei 5,– € (MüKo AktG/*Hüffer* § 407 Rn. 15).

§ 408 Strafbarkeit persönlich haftender Gesellschafter einer Kommanditgesellschaft auf Aktien

¹Die §§ 399 bis 407 gelten sinngemäß für die Kommanditgesellschaft auf Aktien. ²Soweit sie Vorstandsmitglieder betreffen, gelten sie bei der Kommanditgesellschaft auf Aktien für die persönlich haftenden Gesellschafter.

§ 409 Geltung in Berlin

Dieses Gesetz gilt nach Maßgabe des § 13 Abs. 1 des Dritten Überleitungsgesetzes vom 4. Januar 1952 (Bundesgesetzbl. I S. 1) auch im Land Berlin. Rechtsverordnungen, die auf Grund dieses Gesetzes erlassen werden, gelten im Land Berlin nach § 14 des Dritten Überleitungsgesetzes.

§ 410 Inkrafttreten

Dieses Gesetz tritt am 1. Januar 1966 in Kraft.

Anhang 1 AktG

Die Kommanditgesellschaft auf Aktien

Übersicht

	Rdn.
A. Einführung	1
I. Entwicklung der Gesellschaftsform	2
II. Rechtsnatur der KGaA	6
III. Entscheidungskriterien für die Rechtsformwahl	7
B. Die Entstehung der KGaA	14
I. Gründer	15
II. Gründungsvorgang	19
III. Firma	25
IV. Handelsregistereintragung/Bekanntmachung	26
V. Nachgründung	28
C. Die innere Verfassung der KGaA	29
I. Die persönlich haftenden Gesellschafter	30
1. Die Rechtsstellung der persönlich haftenden Gesellschafter	30
2. Die Geschäftsführung durch die persönlich haftenden Gesellschafter	35
II. Die Kommanditaktionäre/Hauptversammlung	39

	Rdn.
1. Die Rechtsstellung der Kommanditaktionäre	39
2. Die Hauptversammlung	41
III. Der Aufsichtsrat	45
1. Zusammensetzung und Wahl des Aufsichtsrats	46
2. Kompetenzen des Aufsichtsrats	47
IV. Gewillkürte Organe	51
D. Kapitalmaßnahmen	56
E. Jahresabschluss, Gewinnverwendung	64
F. Auflösung und Abwicklung	68
I. Auflösung	68
II. Abwicklung	69
G. Umwandlung	70
I. Verschmelzung	72
II. Spaltung	77
III. Formwechsel	78
H. Die Besteuerung der KGaA	79
I. Die KGaA als verbundenes Unternehmen	85

A. Einführung

1 Mit der Kommanditgesellschaft auf Aktien (KGaA) regelt das Aktiengesetz in seinem zweiten Buch (§§ 278 bis 290 AktG) eine Gesellschaftsform, die in der Rechtspraxis eine ambivalente Beurteilung erfährt. So wird zum einen ihre komplexe innere Struktur und ihre geringe Verbreitung zum Anlass genommen, sie als »Rechtsform für wenige« zu bezeichnen (*Claussen*, FS Heinsius 1991, S. 61). Zum anderen verleihen die vielseitigen Ausgestaltungsmöglichkeiten der KGaA und der darauf beruhende Umstand, dass eine ganze Reihe bekannter Großunternehmen – insbesondere im Bereich von Banken sowie der Lebensmittelbranche (MünchHdb GesR IV/*Herfs* § 74 Rn. 3) – als KGaA geführt werden, dieser Rechtsform nach wie vor eine nicht unbeträchtliche praktische Bedeutung. Aufgrund der besonderen verbandsrechtlichen Rahmenbedingungen im deutschen Profifußball hat die KGaA zudem in letzter Zeit eine größere Verbreitung als Organisationsform für (deutsche) Profifußballvereine erfahren (*Korff* KSzW 2013, 263).

I. Entwicklung der Gesellschaftsform

2 Dabei kann die KGaA als Gesellschaftsform auf eine lange Rechtstradition verweisen. So gilt die bereits 1716 in Frankreich gegründete »Bank Law & Co.« als erste KGaA. Die französische »**société en commandite par actions**« wurde auch als erste Rechtsform dieser Art in dem 1807 in Kraft getretenen französischen Code de Commerce als Unterform der Kommanditgesellschaft erstmals gesetzlich geregelt (MüKo AktG/*Perlitt* Vor § 278 Rn. 8; Schütz/Bürgers/Riotte/*Fett* Die Kommanditgesellschaft auf Aktien § 1 Rn. 1; MünchHdb GesR IV/*Herfs* § 74 Rn. 1). In Deutschland wurden in der Mitte des 19. Jahrhunderts erstmals Gesellschaften in der Rechtsform einer KGaA gegründet. Bereits zu diesem Zeitpunkt wurde die KGaA in erster Linie von Banken, im Jahr 1856 unter anderem von der bis 1994 als KGaA geführten BHF Bank, genutzt (MünchHdb GesR IV/*Herfs* § 74 Rn. 1). Eine **einheitliche Kodifizierung** der KGaA wurde in Deutschland erstmals mit den Art. 103 bis 206 des 1861 in Kraft getretenen ADHGB geschaffen (Schütz/Bürgers/Riotte/*Fett* Die Kommanditgesellschaft auf Aktien § 1 Rn. 2; MünchHdb GesR IV/*Herfs* § 74 Rn. 1).

In der zweiten Hälfte des 19. Jahrhunderts erlebte die KGaA auch ihre größte Verbreitung. Dies lag 3
daran, dass sie – entsprechend der französischen Regelung – im ADHGB als Kommanditgesellschaft
ausgestaltet und im Gegensatz zu den Aktiengesellschaften keiner Genehmigungspflicht unterworfen war. Doch bereits mit der Abschaffung der Genehmigungspflicht für Aktiengesellschaften
im Jahr 1870 kam es zu einem ersten spürbaren Rückgang der Gesellschaften in der Rechtsform
einer KGaA. Mit der Einführung der GmbH 1892 verstärkte sich der Rückgang ebenso wie die
bereits zu diesem Zeitpunkt erhobenen Forderungen nach einer Abschaffung der KGaA (Schütz/
Bürgers/Riotte/*Fett* Die Kommanditgesellschaft auf Aktien § 1 Rn. 4; MünchHdb GesR IV/*Herfs*
§ 74 Rn. 1).

Gleichwohl wurde die KGaA in das **1896 eingeführte HGB** aufgenommen. In diesem Zusammen- 4
hang fand sich die gesetzliche Regelung der KGaA erstmals im Anschluss an die Vorschriften für die
Aktiengesellschaft, die nach der Neuregelung auch weitgehende Anwendung auf die KGaA finden
sollten. (Schütz/Bürgers/Riotte/*Fett* Die Kommanditgesellschaft auf Aktien § 1 Rn. 5; MünchHdb
GesR IV/*Herfs* § 74 Rn. 1). Auch in das neu geschaffene **Aktiengesetz** fand die KGaA 1937 Aufnahme und ist seither regelmäßig von den Reformen des Aktienrechts (mittelbar) über die Verweisung in § 278 Abs. 3 AktG mit betroffen (Schütz/Bürgers/Riotte/*Fett* Die Kommanditgesellschaft
auf Aktien § 1 Rn. 6 ff.).

Wie bereits erwähnt, ist die Bewertung der heutigen Bedeutung der KGaA in der Rechtspraxis 5
ambivalent. Verglichen mit der AG oder der GmbH ist die absolute Zahl der in Deutschland existierenden Gesellschaften in der Rechtsform der KGaA von ungefähr 200 gering (MüKo AktG/*Perlitt*
Vor § 278 Rn. 1; *Hüffer* AktG § 278 Rn. 2; Schütz/Bürger/Riotte/*Fett* Die Kommanditgesellschaft
auf Aktien § 1 Rn. 11; *Meyer* GmbHR 2002, 177, 178), auch wenn der DIHK im Jahr 2012 240
bestehende KGaA in Deutschland nannte (zitiert nach Wissenschaftlicher Beirat der Ernst & Young
GmbH DB 2014, 147). Bereits diese Zahl ist das Ergebnis eines deutlichen Anstiegs gegenüber
dem Ende der neunziger Jahre des vorigen Jahrhunderts. So lag die Zahl der KGaA Mitte der
neunziger Jahre noch bei 30 (Schütz/Bürgers/Riotte/*Fett* Die Kommanditgesellschaft auf Aktien § 1
Rn. 11). Maßgeblich für diesen Anstieg dürfte das **Urteil des Bundesgerichtshof vom 24.02.1997**
gewesen sein, mit dem die Ausgestaltung der KGaA als **GmbH & Co. KGaA** zugelassen wurde
(BGHZ 134, 392). Die durch dieses Urteil geschaffenen neuen Gestaltungsmöglichkeiten haben
der Rechtsform der KGaA neue Attraktivität verliehen (Schütz/Bürgers/Riotte/*Fett* Die Kommanditgesellschaft auf Aktien § 1 Rn. 11; MünchHdb GesR IV/*Herfs* § 74 Rn. 5). Im Rahmen einer
derartigen Gestaltung können die hinter einer KGaA stehenden Gesellschafter jetzt Geschäftsführungsfunktionen übernehmen, ohne gleichzeitig der unbeschränkten Außenhaftung des Komplementärs ausgesetzt zu sein (Schütz/Bürgers/Riotte/*Fett* Die Kommanditgesellschaft auf Aktien § 1
Rn. 11). Gleichzeitig bietet die GmbH & Co. KGaA anders als die klassische GmbH & Co. KG die
Möglichkeit, ihren Kapitalbedarf durch die Ausgabe von Aktien über die Börse zu befriedigen. Die
Finanzkrise hat dieses Entwicklungspotenzial der KGaA sicherlich beeinträchtigt. Durch die bereits
angesprochene wachsene Verbreitung im deutschen Profifußball wurden der KGaA andererseits
neue Felder erschlossen. Im Ergebnis wird die KGaA daher ihre Bedeutung als Spezialform für
bestimmte Gestaltungssituationen in der deutschen Gesellschaftsrechtsordnung behalten; es ist aber
nicht zu erwarten, dass sie in absehbarer Zeit eine Verbreitung erreicht, die diejenige der GmbH
oder auch nur der AG erreicht.

II. Rechtsnatur der KGaA

Auch wenn sich die KGaA, wie oben dargestellt, historisch aus einer Kommanditgesellschaft und 6
damit aus einer Personenhandelsgesellschaft entwickelt hat, ist sie seit Längerem im Aktiengesetz
verankert. § 278 Abs. 1 AktG stellt dementsprechend klar, dass die KGaA – anders als die Personenhandelsgesellschaften – eine eigene Rechtspersönlichkeit besitzt. Dementsprechend wird die KGaA
heute z.T. als Abart der Aktiengesellschaft betrachtet (*Baumbach/Hueck* Vorb. § 278 AktG Rn. 2;
K. Schmidt GesR § 32 I 2; *Wiesner* ZHR 148 [1984] 56, 64). Zum Teil wird auf ihren nach wie
vor ungeachtet der Regelung im Aktiengesetz eigenständigen Charakter verwiesen (MüKo AktG/

Perlitt Vor § 278 Rn. 29; GroßkommAktG/*Barz* § 278 Rn. 3). Auch der BGH hat in seinem Urt. v. 24.02.1997 den **eigenständigen Charakter der KGaA** hervorgehoben (BGHZ 134, 392, 398). Wie sich der gesetzlichen Regelung in § 278 AktG entnehmen lässt, die die Anwendung sowohl der Bestimmungen des Aktiengesetzes als auch des Handelsgesetzbuches auf die KGaA vorsieht, handelt es sich bei der KGaA in jedem Fall um eine **Mischform aus Aktien- und Kommanditgesellschaft** (*K. Schmidt* GesR § 32 I 2; MünchHdb GesR IV/*Herfs* § 74 Rn. 7). Aufgrund der ihr zugebilligten eigenen Rechtspersönlichkeit gem. § 278 Abs. 1 AktG und der für die KGaA gem. § 278 Abs. 3 AktG angeordneten grundsätzlichen Geltung des Aktiengesetzes, von der nur die in § 278 Abs. 2 AktG enumerativ aufgezählten einzelnen – allerdings praktisch bedeutsamen – Ausnahmen der Geltung des Handelsgesetzes gemacht werden, besteht im Ergebnis wohl eine etwas größere Nähe zur Aktiengesellschaft als zur Kommanditgesellschaft. Dies zeigt sich auch in der umwandlungsrechtlichen Behandlung: Gem. § 78 Satz 4 UmwG gelten Aktiengesellschaft und KGaA bei einer Verschmelzung nicht als Rechtsträger einer anderen Rechtsform (MünchHdb GesR IV/*Herfs* § 74 Rn. 7). Letztlich muss dieser Frage keine entscheidende Bedeutung zugemessen werden (*Hüffer* AktG, § 278 Rn. 3). Mit den Bestimmungen des § 278 AktG, der der KGaA eine eigene Rechtspersönlichkeit zuweist und die Anwendungsbereiche des Personengesellschaftsrechts des HGB und des Kapitalgesellschaftsrechts des AktG gegeneinander abgrenzt, sind die für die rechtliche Grundordnung der KGaA wesentlichen Grundentscheidungen getroffen; einer genaueren rechtlichen Einordnung bedarf es darüber hinaus nicht.

III. Entscheidungskriterien für die Rechtsformwahl

7   Im Verhältnis zu den Personenhandelsgesellschaften sowie der GmbH wird als entscheidender Vorteil der KGaA die Möglichkeit angesehen, sich über eine Börsennotierung (Eigen)Kapital über den Kapitalmarkt zu beschaffen. Gegenüber diesen Gesellschaftsformen lässt sich demgemäß eine vergleichsweise klare Abgrenzung finden.

8   Bereits aufgrund ihrer gesellschaftsrechtlichen Nähe zur Aktiengesellschaft hängt die Rechtsformwahl zwischen AG und KGaA von vielschichtigeren Kriterien ab. Ausgangspunkt ist dabei der Charakter der KGaA als Mischform zwischen Aktiengesellschaften und Kommanditgesellschaften. Dieser findet seine wesentliche praktische Ausprägung in der **unterschiedlichen Ausgestaltung der Organe** der beiden Gesellschaftsformen sowie der darauf beruhenden Regelungen zur Geschäftsführung und Vertretung.

9   So ist die Stellung der persönlich haftenden Gesellschafter als Vertretungsorgan der KGaA gegenüber dem Vorstand der AG deutlich verselbstständigt. Demgegenüber ist die Stellung des Aufsichtsrats bei der KGaA, der dort weder über Geschäftsordnungs- noch Personalkompetenz verfügt, schwächer als bei der AG.

10 Die gegenüber der AG herausgehobene Bedeutung des **persönlich haftenden Gesellschafters als Geschäftsführungsorgan** der KGaA beruht auf dem Umstand, dass das Geschäftsführungsrecht grundsätzlich für die gesamte Dauer der Rechtsstellung als persönlich haftender Gesellschafter besteht. Anders als beim Vorstand der AG ist ein Entzug der Geschäftsführungs- und Vertretungsbefugnis nur im Rahmen eines aufwendigen Verfahrens, an dem sowohl die Hauptversammlung als auch die persönlich haftenden Gesellschafter beteiligt sind, letztlich nur durch gerichtlichen Beschluss möglich. Von daher bietet die KGaA insbesondere für Unternehmen eine interessante Gestaltungsmöglichkeit, die zwar einerseits Bedarf an einer Kapitalisierung über die Börse haben, aber andererseits von einer Unternehmerfamilie geprägt sind, die ihren Einfluss auf die Belange der Gesellschaft behalten will. Im Rahmen der KGaA kann insoweit sogar auf die Kapitalmehrheit verzichtet werden, da sich der gesellschaftsrechtliche Einfluss über die Position des persönlich haftenden Gesellschafters und der diesem zustehenden Geschäftsführungs- und Vertretungsrechte sehr gut abbilden lässt.

11 Weist man die Geschäftsführungs- und Vertretungsrechte der persönlich haftenden Gesellschafter einer GmbH zu, wie dies spätestens nach der entsprechenden Entscheidung des BGH aus dem Jahr

1997 zulässig ist, lässt sich die oben genannte Gestaltung noch optimieren. Die Unternehmerfamilie kann im Rahmen der von ihr gehaltenen sämtlichen Geschäftsanteile an der GmbH die Geschicke des persönlich haftenden Gesellschafters nach den wesentlich flexibleren und damit auch auf die Belange der Unternehmerfamilie leicht anzupassenden Bestimmungen des GmbH-Rechts ausüben. Das persönliche Risiko der »Unternehmerfamilie« ist durch den Haftungsschirm der GmbH eingegrenzt. Die Geschäftsführung der GmbH kann durch Mitglieder der Unternehmerfamilie oder auch durch sachkundige Fremdgeschäftsführer übernommen werden.

Als aus Sicht der Unternehmerfamilie gleichwohl bestehender Nachteil ist in dieser Gestaltung nur die Position des Aufsichtsrats zu nennen, der allein durch die Hauptversammlung besetzt wird. Verfügt die Unternehmerfamilie in der Hauptversammlung über keine Mehrheit (mehr), besteht die Möglichkeit, dass der Aufsichtsrat mit Personen besetzt wird, die nicht unbedingt gleichlaufende Interessen mit denjenigen der Unternehmerfamilie haben müssen. Aufgrund der bei der Wahl des Aufsichtsrat bestehenden Stimmverbote für die persönlich haftenden Gesellschafter einer KGaA, die zugleich Kommanditaktionäre sind, sind die Einflussmöglichkeiten einer Unternehmerfamilie auf die Zusammensetzung des Aufsichtsrats ohnehin eingeschränkt. 12

Aus den vorgenannten Gründen, die möglicherweise für eine Wahl der Rechtsform der KGaA sprechen, lassen sich im Umkehrschluss auch Argumente gegen die Wahl der KGaA als Rechtsform gewinnen. Ergibt sich für eine Gesellschaft nicht die Notwendigkeit, dem geschäftsführenden Organ eine derart starke und unabhängige Stellung einzuräumen, wird eine Gesellschaft also insbesondere nicht durch eine bestimmte Unternehmerpersönlichkeit oder eine Unternehmerfamilie entscheidend geprägt, ist die Rechtsform der AG im Hinblick auf den in stärkerem Maße abhängigen Vorstand vorzugswürdig. Benötigt demgegenüber ein mittelständisches Familienunternehmen zwar einerseits einen starken Einfluss der Unternehmerpersönlichkeit und/oder Unternehmerfamilie, ist es aber auf den Zugang zum Kapitalmarkt nicht angewiesen, sind möglicherweise die gegenüber der KGaA noch flexibleren Rechtsformen der GmbH bzw. der Personenhandelsgesellschaften oder auch der GmbH & Co. KG vorzuziehen. 13

B. Die Entstehung der KGaA

Für die Gründung einer KGaA enthalten die §§ 280 bis 282 AktG einzelne besondere Bestimmungen. Im Übrigen gelten über § 278 Abs. 3 AktG die **Gründungsvorschriften zur Aktiengesellschaft gem. §§ 23 ff. AktG**. 14

I. Gründer

Gem. § 280 Abs. 3 AktG sind Gründer einer KGaA diejenigen (natürlichen oder juristischen) Personen, die die Satzung der KGaA gem. § 280 Abs. 1 AktG festgestellt haben. Dabei müssen sich nach § 280 Abs. 2 AktG zum einen die **persönlich haftenden Gesellschafter** der KGaA und zum anderen ihre **Kommanditaktionäre** an der Feststellung beteiligen. Durch die Regelung in § 280 Abs. 2 Satz 1 AktG hinsichtlich der Einbeziehung der persönlich haftenden Gesellschafter in den Kreis der Gründer wird die Gründerhaftung gem. § 46 AktG und die strafrechtliche Verantwortlichkeit der Gründer gem. § 399 Abs. Nr. 1 und 2 AktG auf die persönlich haftenden Gesellschafter erstreckt (*Hüffer* AktG, § 280 Rn. 3; Schütz/Bürgers/Riotte/*Bürgers/Schütz* Die Kommanditgesellschaft auf Aktien § 4 Rn. 2). 15

Als Kommanditaktionäre können sich an einer KGaA alle natürlichen oder juristischen Personen, aber auch Gesellschaften bürgerlichen Rechts, Personenhandelsgesellschaften, Erbengemeinschaften oder nicht rechtsfähige Vereine beteiligen. Geschäftsfähigkeit ist nicht erforderlich; bei der Beteiligung nicht oder nur beschränkt Geschäftsfähiger ist regelmäßig aber eine vormundschaftsgerichtliche Genehmigung einzuholen (Schütz/Bürgers/Riotte/*Bürgers/Schütz* Die Kommanditgesellschaft auf Aktien § 4 Rn. 5). Hinsichtlich der persönlich haftenden Gesellschafter ging das Gesetz ursprünglich davon aus, dass es sich um natürliche Personen handeln würde. Dementsprechend sieht § 281 Abs. 1 AktG (immer noch) vor, dass die Satzung »*Name, Vorname und Wohnort*« 16 jedes persönlich haftenden Gesellschafters enthalten muss (Schütz/Bürgers/Riotte/*Bürgers/Schütz* Die Kommanditgesellschaft auf Aktien § 4 Rn. 6). Ungeachtet des dahin gehenden Wortlaut des Gesetzes ließen es Rechtsprechung und herrschende Literatur bereits seit geraumer Zeit zu, dass sich juristische Personen an einer KGaA als persönlich haftende Gesellschafter beteiligten, solange zugleich mindestens eine natürliche Person als weiterer persönlich haftender Gesellschafter an der KGaA beteiligt war (so z. B. im Fall des OLG Hamburg NJW 1969, 1030). Durch das bereits erwähnte Urteil des Bundesgerichtshofs vom 24.02.1997 (BGHZ 134, 392) wurde die KGaA mit einer juristischen Person als alleinigem persönlich haftendem Gesellschafter von der Rechtsprechung als rechtswirksame Gestaltung anerkannt. Mit der Neuregelung von § 279 Abs. 2 AktG durch Art. 8 Nr. 5 HRefG vom 22.06.1998 (BGBl. I 1998, S. 1474) hat auch der Gesetzgeber diese Gestaltungsform mittelbar anerkannt, indem er für die Firmierung der juristische Person & Co. KGaA eine Sonderregelung getroffen hat.

17 Die Kapitalgesellschaft & Co. KGaA ermöglicht auch die Gestaltung einer **Einheitsgesellschaft**, bei der sämtliche Anteile an der persönlich haftenden Gesellschafterin durch die KGaA gehalten werden (MüKo AktG/*Perlitt* § 278 Rn. 388; Schütz/Bürgers/Riotte/*Bürgers/Schütz* Die Kommanditgesellschaft auf Aktien § 4 Rn. 23; *Gonella/Mikic* AG 1998, 508). Auf diese Weise kann gewährleistet werden, dass die Kommanditaktionäre nicht nur das Grundkapital der KGaA zur Verfügung stellen, sondern auch wesentlichen Einfluss auf die Geschäftsführung der KGaA erhalten (*Schrick* NZG 2000, 675, 677), ohne dass dies über eine ständige Synchronisation der Beteiligungsverhältnisse auf Ebene der persönlich haftenden Gesellschafterin sichergestellt werden müsste. Es muss allerdings bezweifelt werden, dass dieses Gestaltungsmittel eine weite Verbreitung finden wird. So wird die vergleichbare Gesellschaftsstruktur bei der Einheits-GmbH & Co. KG durchaus kritisch gesehen, da die gesellschaftsrechtliche Verwaltung dieses Konstrukts komplex ist. Allerdings mag es Praxisfälle geben, in denen die Errichtung einer Einheits-GmbH & Co. KGaA interessengerecht ist und in denen die – rechtsdogmatisch konsequente – Zulassung dieser Gestaltungsform hilfreich ist.

18 Bis zu der Änderung von § 280 Abs. 1 Satz 1 AktG durch Art. 1 Nr. 34 des UMAG vom 22.09.2005 war eine Mindestzahl von fünf Gründern vorgeschrieben. Die Neufassung der Vorschrift verzichtet jetzt auf die Vorgabe einer Gründerzahl. Auf diese Weise ist es nunmehr auch von Gesetzes wegen möglich, eine **Einmann-KGaA** zu gründen (MüKo AktG/*Perlitt* § 280 Rn. 30; *Hüffer* AktG, § 281 Rn. 2). Ausgangspunkt ist dabei die bereits vor der Rechtsänderung allgemein anerkannte Möglichkeit für einen persönlich haftenden Gesellschafter einer KGaA, gleichzeitig auch die Stellung eines Kommanditaktionärs durch die Übernahme von Kommanditaktien zu bekleiden (*Hüffer* AktG, § 278 Rn. 5; KölnKomm/*Mertens/Cahn* § 278 Rn. 9). Dabei kann sich diese Meinung auf den Wortlaut von § 285 Abs. 1 Satz 1 AktG stützen, durch den die Übernahme von Kommanditaktien durch einen persönlich haftenden Gesellschafter vorausgesetzt wird (Schütz/Bürgers/Riotte/*Bürgers/Schütz* Die Kommanditgesellschaft auf Aktien § 4 Rn. 24). Nach dem **Wegfall der gesetzlich vorgeschriebenen Mindestzahl an Gründern** wird es nunmehr allgemein für zulässig erachtet, dass der einzige persönlich haftende Gesellschafter alle Kommanditaktien übernimmt (*Hüffer* AktG, § 278 Rn. 5; Köln Komm/*Mertens/Cahn* § 278 Rn. 7). Auch insoweit findet sich eine – mittelbare – Anerkennung einer solchen Konstellation durch den Gesetzgeber. So ist umwandlungsrechtlich eine Gestaltung zulässig, durch die gem. §§ 123 Abs. 3 Nr. 2, 124 Abs. 1 UmwG im Rahmen einer Ausgliederung eine KGaA geschaffen wird, deren alleiniger Gesellschafter der ausgliedernde Rechtsträger ist (Schütz/Bürgers/Riotte/*Bürgers/Schütz* Die Kommanditgesellschaft auf Aktien § 4 Rn. 24).

II. Gründungsvorgang

19 Gem. § 280 Abs. 1 AktG erfolgt die Gründung der KGaA durch die **Feststellung der Satzung** und die **Übernahme der Aktien** durch die Kommanditaktionäre. Vor diesem Schritt kann – ebenso wie bei anderen Kapitalgesellschaften – eine Vorgründungsphase stehen, in der als Vorstufe zur KGaA eine **Vorgründungsgesellschaft** existiert, zu der sich die Gründer zum Zwecke der Vorbereitung und Durchführung der Gründung zusammengeschlossen haben. Diese Vorgründungsgesellschaft hat die Rechtsform einer Gesellschaft bürgerlichen Rechts oder – bei entsprechend eingerichtetem

kaufmännischen Geschäftsbetrieb – einer offenen Handelsgesellschaft. Zwischen der Vorgründungsgesellschaft und der KGaA besteht kein gesellschaftsrechtlicher Zusammenhang. Vielmehr wird die Vorgründungsgesellschaft regelmäßig durch die Gründung der KGaA beendet (Schütz/Bürgers/Riotte/*Bürgers/Schütz* Die Kommanditgesellschaft auf Aktien § 4 Rn. 20).

§ 280 Abs. 1 Satz 1 AktG schreibt für die Feststellung der Satzung – ebenso wie § 23 Abs. 1 AktG – die **notarielle Beurkundung** vor. An der Feststellung müssen gem. § 280 Abs. 2 AktG alle persönlich haftenden Gesellschafter sowie alle Personen teilnehmen, die als Kommanditaktionäre Aktien übernehmen. Sowohl die persönlich haftenden Gesellschafter als auch die Kommanditaktionäre dürfen sich bei der Feststellung der Satzung vertreten lassen. Gem. § 280 Abs. 1 Satz 3 AktG bedarf die Bevollmächtigung des Vertreters allerdings einer notariell zu beglaubigenden Vollmacht. **20**

Der **notwendige Inhalt der Satzung** ergibt sich, wie für die AG, grundsätzlich aus § 23 Abs. 3 und 4 AktG. Für die KGaA werden die vorgenannten Vorschriften durch die Sonderregeln in § 281 AktG ergänzt. Neben den in § 23 Abs. 3 aufgezählten einzelnen Angaben muss die Satzung der KGaA dementsprechend gem. § 281 Abs. 1 AktG den Namen, den Vornamen und den Wohnort jedes persönlich haftenden Gesellschafters enthalten. Erbringen die persönlich haftenden Gesellschafter (**Sonder-**)**Einlagen**, die nicht auf das Grundkapital der KGaA geleistet werden, sind auch diese gem. § 281 Abs. 2 AktG nach Art und Höhe in der Satzung festzusetzen. Derartige Sondereinlagen können gem. § 705 BGB i. V. m. §§ 105 Abs. 2, 161 Abs. 2 HGB geleistet werden, die gem. § 278 Abs. 2 AktG auf die persönlich haftenden Gesellschafter anzuwenden sind (MüKo AktG/*Perlitt* § 281 Rn. 17 f.; *Hüffer* AktG § 281 Rn. 1). **21**

Der zweite Schritt der Gründung der KGaA besteht in der **Übernahme der Aktien** durch die Gründer, soweit diese bei der Gründung Aktien übernehmen. Zu diesem Zweck hat die Gründungsurkunde gem. § 280 Abs. 1 Satz 2 AktG Angaben über den Nennbetrag der Nennbetragsaktien, bei Stückaktien die Zahl, den Ausgabebetrag und, wenn mehrere Gattungen bestehen, die Gattung der Aktien zu enthalten, die jeder Beteiligte übernimmt. Anders als bei der AG müssen bei einer KGaA nicht alle Gründer Aktien bei der Gründung der Gesellschaft übernehmen. Diese Pflicht trifft bei der KGaA nur die Kommanditaktionäre. Die persönlich haftenden Gesellschafter der KGaA können zwar, müssen aber keine Aktien übernehmen (Schütz/Bürgers/Riotte/*Bürgers/Schütz* Die Kommanditgesellschaft auf Aktien § 4 Rn. 24). Mit der Feststellung der Satzung und der Übernahme der Aktien ist der unmittelbare Gründungsvorgang abgeschlossen. Die KGaA besteht jetzt bis zu ihrer Eintragung in das Handelsregister – wie andere Kapitalgesellschaften auch – als sog. **Vorgesellschaft**, die als Gesellschaftsform eigener Art bereits über eine gewisse rechtliche Eigenständigkeit verfügt und die sich nach der Handelsregistereintragung in der dann rechtsfähigen eigentlichen KGaA fortsetzt (Schütz/Bürgers/Riotte/*Bürgers/Schütz* Die Kommanditgesellschaft auf Aktien § 4 Rn. 25). **22**

Ebenso wie bei der AG ist bei der KGaA vor der Eintragung in das Handelsregister der **erste Aufsichtsrat** der KGaA zu bestellen. Für die Bestellung sind die Kommanditaktionäre zuständig (MüKo AktG/*Perlitt* § 280 Rn. 20; KölnKomm AktG/*Mertens/Cahn*, § 280 Rn. 8; Schütz/Bürgers/Riotte/*Bürgers/Schütz* Die Kommanditgesellschaft auf Aktien § 4 Rn. 31). Die **Zusammensetzung des Aufsichtsrats** richtet sich dabei über die Verweisung in § 278 Abs. 3 AktG in vollem Umfang nach den Regelungen für die AG (§ 30f AktG). **23**

Gem. §§ 278 Abs. 3, 32 AktG ist auch bei der KGaA ein **Gründungsbericht** zu erstatten. Die Berichtspflicht trifft bei der KGaA alle Gründer, d.h. gem. § 280 Abs. 3 auch die persönlich haftenden Gesellschafter. Der Gründungsbericht ist gem. §§ 278 Abs. 3, 33 AktG einer Prüfung zu unterziehen. Zur Prüfung sind zum einen die Mitglieder des Aufsichtsrats und zum anderen aufgrund der Regelung in § 283 Nr. 2 AktG die persönlich haftenden Gesellschafter berufen. Letztlich prüfen daher die persönlich haftenden Gesellschafter den von ihnen (mit)erstatteten Gründungsbericht. Aus diesem Grund ist der Gründungsbericht einer KGaA stets zusätzlich gem. §§ 278 Abs. 3, 33 Abs. 2 Nr. 1 AktG durch unabhängige Gründungsprüfer zu prüfen (MüKo AktG/*Perlitt* § 280 Rn. 22; KölnKomm AktG/*Mertens/Cahn*, § 280 Rn. 8). Der Umfang des Gründungsberichts ergibt sich, wie für die AG, aus § 34 Abs. 1 AktG. Allerdings ist die **Prüfung bei Sacheinlagen** gem. § 34 Abs. 1 Nr. 2 AktG nur auf Sacheinlagen der Kommanditaktionäre zu erstrecken. Etwaige Sonder(sach)einlagen der persönlich haftenden Gesellschafter unterliegen dagegen nicht der Gründungsprüfung, da sie keine Leistungen auf das Grundkapital der KGaA darstellen (MüKo AktG/*Perlitt* § 280 Rn. 23; Schütz/Bürgers/Riotte/*Bürgers/Schütz* Die Kommanditgesellschaft auf Aktien § 4 Rn. 35).

24 Die Gründer der KGaA haften in dieser Phase entsprechend den Bestimmungen bei der AG und der GmbH im Rahmen der sog. **Vorbelastungs- und Verlustdeckungshaftung** insbesondere für eine Aufnahme des Geschäftsbetriebs der KGaA vor ihrer Eintragung in das Handelsregister. So sind die Gründer dafür verantwortlich, dass bei Eintragung der KGaA das Grundkapital der Gesellschaft noch vollständig vorhanden ist. Ist das Grundkapital durch Geschäftsvorgänge in der Phase der Vorgesellschaft gemindert und kommt es gleichwohl zu einer Eintragung der KGaA in das Handelsregister, haften die Gründer i. H. d. Differenz im Rahmen der Vorbelastungshaftung. Kommt es infolge des in der Phase der Vorgesellschaft angefallenen Aufwands nicht mehr zu einer Eintragung der KGaA, so haften die Gründer im Rahmen der Verlustdeckungshaftung für die entstandenen Verluste. Sowohl die Verlustdeckungs- als auch die Vorbelastungshaftung sind für die Kommanditaktionäre und für die persönlich haftenden Gesellschafter unbeschränkt. Während Letztere den Gläubigern der Gesellschaft aber ohnehin voll im Außenverhältnis haften, sind die Verlustdeckungs- und die Vorbelastungshaftung in erster Linie für die Kommanditaktionäre als reine Innenhaftung ausgestaltet (*Hüffer* AktG, § 41 Rn. 9a, 14; Schütz/Bürgers/Riotte/*Bürgers/Schütz* Die Kommanditgesellschaft auf Aktien § 4 Rn. 25; *Wiedemann* ZIP 1997, 2029, 2032; zur GmbH: BGH NJW 1996, 1210, 1211).

III. Firma

25 Zur Firma der KGaA enthält § 279 AktG gegenüber den allgemeinen Regeln für die Aktiengesellschaft eine Sondervorschrift. Danach muss die Firma der Kommanditgesellschaft auf Aktien diese Bezeichnung oder eine **allgemein verständliche Abkürzung des Rechtsformzusatzes** enthalten. Insoweit hat sich die Abkürzung KGaA eingebürgert und erfüllt ohne Weiteres den Anspruch des Gesetzes an die Allgemeinverständlichkeit. Da sich anderweitige Abkürzungen nicht durchgesetzt haben, sollten sie nicht gewählt werden (MüKo AktG/*Perlitt* § 279 Rn. 4; *Hüffer* AktG, § 279 Rn. 2). In § 279 Abs. 2 AktG ist schließlich die bereits erwähnte Reaktion des Gesetzgebers auf die Zulassung der KGaA ohne natürliche Person als persönlich haftendem Gesellschafter durch die Rechtsprechung geregelt. Eine KGaA, auf die dies zutrifft, muss demnach in ihrer Firmierung einen Hinweis auf die Haftungsbeschränkung enthalten. Da eine Aneinanderreihung verschiedener Gesellschaftsformen (z. B. »GmbH KGaA«) irreführend ist, empfiehlt sich – analog der Behandlung bei der GmbH & Co. KG – in diesen Fällen eine Firmierung »GmbH & Co. KGaA« (MüKo AktG/*Perlitt* § 279 Rn. 7; Schütz/Bürgers/Riotte/*Götz* Die Kommanditgesellschaft auf Aktien § 4 Rn. 65).

IV. Handelsregistereintragung/Bekanntmachung

26 Nach Abschluss der Gründungsprüfung ist die KGaA zum Handelsregister anzumelden. Gem. §§ 278 Abs. 3, 36 Abs. 1 AktG ist die **Anmeldung von allen Kommanditaktionären, den persönlich haftenden Gesellschaftern und allen Mitgliedern des Aufsichtsrats** vorzunehmen. Bei der Anmeldung handelt es sich um eine höchstpersönliche Verfahrenshandlung, sodass eine Stellvertretung bei der Vornahme der Anmeldung ausscheidet (MüKo AktG/*Pentz* § 36 Rn. 6). Über § 278 Abs. 3 AktG gelten für den Inhalt der Handelsregisteranmeldung die gleichen Bestimmungen wie für die AG (§§ 36 ff. AktG). Allerdings bezieht sich der gem. § 37 Abs. 1 Satz 2 AktG erforderliche Nachweis der Kapitalaufbringung nur auf die Aufbringung des Grundkapitals durch die Kommanditaktionäre. Ein Nachweis über die Aufbringung etwa von den persönlich haftenden Gesellschaftern geleisteter Sondereinlagen ist dagegen nicht zu erbringen (Schütz/Bürgers/Riotte/*Bürgers/Schütz* Die Kommanditgesellschaft auf Aktien § 4 Rn. 41). Gem. § 282 AktG sind – in Abwandlung

von § 39 AktG – bei der KGaA die persönlich haftenden Gesellschafter der KGaA anstelle der Vorstandsmitglieder bei der AG anzugeben. Zu den Angaben über die persönlich haftenden Gesellschafter gehört dabei gem. § 282 Satz 2 AktG auch die den persönlich haftenden Gesellschaftern zustehende Vertretungsbefugnis.

Die Eintragung der KGaA im Handelsregister hat gem. §§ 278 Abs. 3, 41 Abs. 1 Satz 1 AktG **konstitutive Wirkung**. Mit der Handelsregistereintragung entsteht die KGaA daher als juristische Person. Die in der Vorgesellschaft begründeten Rechte und Pflichten der KGaA gehen ebenso wie die Vermögensgegenstände der Vorgesellschaft im Wege der Gesamtrechtsnachfolge auf die KGaA über (Schütz/Bürgers/Riotte/*Bürgers/Schütz* Die Kommanditgesellschaft auf Aktien § 4 Rn. 43). Die **Bekanntmachung** der Handelsregistereintragung richtet sich bei der KGaA – wie bei der AG – nach den §§ 10, 11 HGB. Danach erfolgt die Bekanntmachung in dem von der zuständigen Landesjustizverwaltung bestimmten elektronischen Informations- und Kommunikationssystem. Nach der Streichung von § 40 AktG durch Art. 9 Nr. 2 EHUG vom 10.11.2006 (BGBl. I 2006, S. 2553) beschränkt sich auch bei der KGaA der Inhalt der Bekanntmachung auf den Inhalt der Eintragung (*Hüffer* AktG, § 40 Rn. 1). Das bis dahin geltende Erfordernis weiterer Angaben ist ersatzlos entfallen.

27

V. Nachgründung

Über § 278 Abs. 3 AktG sind bei der KGaA die Vorschriften zur Nachgründung gem. § 52 AktG zu beachten. Für die Berechnung der in § 52 Abs. 1 AktG geregelten Schwelle von 10 % sind neben dem eigentlichen Grundkapital, d. h. den Einlagen der Kommanditaktionäre, auch etwaige Sondereinlagen der persönlich haftenden Gesellschafter heranzuziehen. Diese Frage ist in der Literatur allerdings umstritten. So verweisen die Gegner einer Einbeziehung darauf, dass die Sondereinlagen im Gegensatz zu den Einlagen der Kommanditaktionäre in den Grenzen des § 288 AktG jederzeit zurückgefordert werden können (MüKo AktG/*Perlitt* § 278 Rn. 335; GroßkommAktG/*Assmann/ Sethe* § 280 Rn. 3; *Dieckmann* ZIP 1996, 2149). Berücksichtigt man allerdings, dass sowohl die Kommanditaktionäre als auch die persönlich haftenden Gesellschafter gem. § 280 Abs. 3 AktG Gründer der KGaA sind, ist die Einbeziehung der von den persönlich haftenden Gesellschaftern erbrachten (Sonder)Einlagen bei der Berechnung der 10%-Schwelle sachgerecht (KölnKomm AktG/*Mertens/Cahn*, § 280 Rn. 14; Schütz/Bürgers/Riotte/*Bürgers/Schütz* Die Kommanditgesellschaft auf Aktien § 4 Rn. 55).

28

C. Die innere Verfassung der KGaA

Die Besonderheiten der KGaA gegenüber der Aktiengesellschaft werden auch in ihrer inneren Verfassung deutlich. Die KGaA verfügt zwar ebenso wie die AG über **drei gesetzlich vorgeschriebene Pflichtorgane**. Diese unterscheiden sich aber in ihrer Ausgestaltung z. T. erheblich von den entsprechenden Organen bei der Aktiengesellschaft. Die Unterschiede treten vor allem bei dem Vertretungsorgan der KGaA zutage. Hier treten an die Stelle des Vorstands als geschäftsführendem Organ der oder die persönlich haftenden Gesellschafter. Die beiden übrigen Organe der KGaA sind über die Verweisung in § 278 Abs. 3 AktG die Hauptversammlung und der Aufsichtsrat, deren Rechtsstellung in der KGaA aber auch anders ausgestaltet ist als bei der AG. Eine weitere Besonderheit in der inneren Verfassung der KGaA besteht in der Möglichkeit, durch die Satzung weitere (**gewillkürte**) **Organe** zu bilden. Bspw. können so ein Ausschuss der Kommanditaktionäre, ein Beirat oder ein Verwaltungsausschuss bei der KGaA geschaffen werden (Schütz/Bürgers/Riotte/*Bürgers/Schütz* Die Kommanditgesellschaft auf Aktien § 5 Rn. 4).

29

I. Die persönlich haftenden Gesellschafter

1. Die Rechtsstellung der persönlich haftenden Gesellschafter

Die Besonderheit der KGaA gegenüber der AG besteht im Hinblick auf ihre innere Verfassung in der Rechtsfigur eines persönlich haftenden Gesellschafters (Komplementärs). Dementsprechend

30

muss einer KGaA stets **mindestens ein persönlich haftender Gesellschafter** angehören. Die Komplementäre erlangen ihre Rechtsstellung bei der Gründung der KGaA oder nach der Gründung durch ihre Aufnahme in die KGaA im Wege der Satzungsänderung. Wie bereits vorstehend ausgeführt, kommen für die Rechtsstellung als persönlich haftender Gesellschafter mittlerweile sowohl natürliche als auch juristische Personen in Betracht.

31 Die persönlich haftenden Gesellschafter haben das Recht (und die Pflicht), die Geschäfte der KGaA zu führen. Einer Wahl oder sonstigen Bestätigung ihrer Geschäftsführungsbefugnis durch die Hauptversammlung bedarf es nicht. Dieser entscheidende Unterschied zu der Rechtsstellung des Vorstands einer Aktiengesellschaft ist der **unbeschränkten persönlichen Haftung des Komplementärs** für die Verbindlichkeiten der KGaA geschuldet. Über §§ 278 Abs. 2 AktG, 161 Abs. 2, 114 HGB besteht die Möglichkeit, einzelne persönlich haftende Gesellschafter von der Geschäftsführung der KGaA auszuschließen. Der Ausschluss darf sich aber nie auf alle persönlich haftenden Gesellschafter zugleich beziehen, da ansonsten die Vorschriften über die Sorgfaltspflichten geschäftsführender Komplementäre in § 287 Nr. 3 AktG leer laufen würde (MünchHdb GesR IV/*Herfs* § 76 Rn. 16). Neben dem Recht der persönlich haftenden Gesellschafter zur **Geschäftsführung** steht das Recht, die KGaA gegenüber Dritten **rechtsgeschäftlich zu vertreten**. Dieses Recht ergibt sich aus §§ 278 Abs. 2 AktG, 161 Abs. 2, 125 Abs. 1 AktG. Auch dieses Recht kann in dem vorstehend beschriebenen Rahmen eingeschränkt werden. Es muss nur sichergestellt werden, dass einer der vertretungsberechtigten Komplementäre auch geschäftsführungsbefugt ist und umgekehrt (MünchHdb GesR IV/*Herfs* § 76 Rn. 18).

32 Die wesentliche, den persönlich haftenden Gesellschafter treffende Pflicht ist, wie bereits erwähnt, gem. §§ 278 Abs. 2 AktG, 161 Abs. 2, 125 ff. HGB die **Übernahme der unbeschränkten persönlichen Haftung** für die Verbindlichkeiten der KGaA. Die Gläubiger der KGaA haben das Recht, neben der Gesellschaft auch deren Komplementäre unmittelbar für Verbindlichkeiten der KGaA in Anspruch zu nehmen. Die Haftung des Komplementärs ist dabei nicht auf die Dauer seiner Beteiligung an der KGaA beschränkt. Vielmehr unterliegt der Komplementär nach allgemeinen handelsrechtlichen Regeln gem. §§ 278 Abs. 2 AktG, 161 Abs. 2, 128, 159 HGB einer **5-jährigen Nachhaftung**. Kommt es zu einer Inanspruchnahme, so erhält der in Anspruch genommene Komplementär einen **Ausgleichsanspruch gegen die KGaA gem. § 110 HGB** (*Hüffer* AktG, § 278 Rn. 10). Die persönlich haftenden Gesellschafter untereinander sind sich nach den Bestimmungen für einen **Gesamtschuldnerausgleich gem. § 426 Abs. 2 BGB** zum Ausgleich verpflichtet (MünchHdb GesR IV/*Herfs* § 76 Rn. 21). Soweit die Satzung insoweit keine besonderen Regelungen zum Verlustausgleich enthält, sind die persönlich haftenden Gesellschafter dabei zu gleichen Teilen zum Ausgleich verpflichtet (KölnKomm AktG/*Mertens/Cahn*, § 278 Rn. 20).

33 Gem. § 284 AktG unterliegen die persönlich haftenden Gesellschafter darüber hinaus einem **Wettbewerbsverbot**. Sie dürfen ohne Einwilligung der anderen Komplementäre und des Aufsichtsrats weder im Geschäftszweig der Gesellschaft für eigene oder fremde Rechnung Geschäfte machen noch Mitglied des Vorstands oder Geschäftsführer oder persönlich haftender Gesellschafter einer anderen gleichartigen Handelsgesellschaft sein. Voraussetzung ist ein bestehendes Gesellschaftsverhältnis. Anders als die persönliche Haftung endet daher das Wettbewerbsverbot mit dem Ausscheiden des Komplementärs aus der Gesellschaft (MüKo AktG/*Perlitt* § 284 Rn. 14; *Hüffer* AktG, § 284 Rn. 1). Nach dem Wortlaut der Vorschrift und einer Meinung in der Literatur erstreckt sich das Wettbewerbsverbot auch auf Komplementäre, die von der Geschäftsführung ausgeschlossen sind (MüKo AktG/*Perlitt* § 284 Rn. 4). Nach einer anderen, starken Literaturansicht ist § 284 Abs. 1 AktG allerdings teleologisch zu reduzieren (KölnKomm AktG/*Mertens/Cahn*, § 284 Rn. 4; *Hüffer* AktG, § 284 Rn. 1; MünchHdb GesR IV/*Herfs* § 76 Rn. 24). Im Fall eines Wettbewerbsverbots kann die KGaA von dem betreffenden Komplementär gem. § 284 Abs. 2 AktG Schadensersatz oder die Herausgabe der durch die Wettbewerbshandlung erzielten Vergütungen verlangen.

34 Schließlich unterliegen die persönlich haftenden Gesellschafter **allgemeinen Treuepflichten**. Diese sind gegenüber den Kommanditaktionären durch § 283 Nr. 3 AktG weitgehend konkretisiert (MünchHdb GesR IV/*Herfs* § 76 Rn. 27). Für das Rechtsverhältnis der persönlich haftenden

Gesellschafter untereinander gelten die sich nach handelsrechtlichen Bestimmungen ergebenden Treuepflichten (MünchHdb GesR IV/*Herfs* § 76 Rn. 27; *Baumbach/Hopt* HGB § 109 Rn. 23 ff.).

2. Die Geschäftsführung durch die persönlich haftenden Gesellschafter

Soweit in der Satzung der KGaA nichts anderes bestimmt ist, ist grundsätzlich jeder persönlich haftende Gesellschafter der KGaA **einzelgeschäftsführungsbefugt**. Diese Rechtsfolge resultiert aus dem personengesellschaftsrechtlichen Charakter der Stellung der Komplementäre und hat ihre Rechtsgrundlage in den §§ 278 Abs. 2 AktG, 161 Abs. 2, 115 Abs. 1 HGB. Allerdings verfügen bei Anwendung der gesetzlichen Regelungen im Fall der Einzelgeschäftsführungsbefugnis der Komplementäre die anderen persönlich haftenden Gesellschafter gem. §§ 278 Abs. 2 AktG, 161 Abs. 2, 115 Abs. 1 Satz 2 Halbs. 2 HGB über ein **Widerspruchsrecht gegen Geschäftsführungsmaßnahmen** eines anderen persönlich haftenden Gesellschafters. Da die handelsrechtlichen Regeln weitgehend dispositiv sind, können sie durch Regelungen in der Satzung der KGaA modifiziert werden. Dabei kann grundsätzlich für alle Komplementäre Gesamtgeschäftsführungsbefugnis ebenso vorgesehen werden wie Gesamtgeschäftsführungsbefugnis für einige Komplementäre und Einzelgeschäftsführungsbefugnis für die anderen. Wie bereits vorstehend ausgeführt, ist es auch zulässig, einzelne Komplementäre von der Geschäftsführungsbefugnis auszuschließen. 35

In Anwendung der Bestimmungen zur Personenhandelsgesellschaft kann einem persönlich haftenden Gesellschafter auch die **Befugnis zur Geschäftsführung vollständig entzogen** werden. Dies ist dann möglich, wenn gem. §§ 278 Abs. 2 AktG, 161 Abs. 2, 117, 127 HGB ein wichtiger Grund, insbesondere eine grobe Verletzung der Geschäftsführungspflichten, in der Person des persönlich haftenden Gesellschafter gegeben ist. Die Entscheidung über den Entzug der Geschäftsführung erfolgt durch eine gerichtliche Entscheidung auf Antrag der KGaA. Dieser Antrag setzt übereinstimmende Beschlüsse der übrigen Komplementäre sowie der Hauptversammlung der KGaA voraus (MünchHdb GesR IV/*Herfs* § 77 Rn. 7). Im Rahmen diesbezüglicher Satzungsregeln können die Modalitäten eines Entzugs der Geschäftsführung anders geregelt und insbesondere das vorstehend beschriebene, komplexe Verfahren vereinfacht werden. Mit Zustimmung der Hauptversammlung und der übrigen Komplementäre kann ein persönlich haftender Gesellschafter die Geschäftsführung auch niederlegen. Im Übrigen ist die (**einseitige**) **Niederlegung** nur bei Vorliegen eines wichtigen Grundes im Sinne von §§ 712 Abs. 2, 671 Abs. 2 BGB zulässig (MünchHdb GesR IV/*Herfs* § 77 Rn. 12). Auch in dieser Hinsicht kann die Satzung der KGaA anderweitige Bestimmungen treffen und die Niederlegung der Geschäftsführung erleichtern (KölnKomm AktG/*Mertens/Cahn*, § 278 Rn. 66). 36

Die Geschäftsführungsbefugnis erstreckt sich auf alle Geschäfte, die der **gewöhnliche Geschäftsbetrieb** der KGaA mit sich bringt. Dies ergibt sich aus §§ 278 Abs. 2 AktG, 161 Abs. 2, 116 Abs. 1 HGB (MünchHdb GesR IV/*Herfs* § 77 Rn. 13). **Außergewöhnliche Geschäfte** unterliegen hingegen dem Zustimmungsvorbehalt gem. §§ 278 Abs. 2 AktG, 164 Abs. 2 HGB. Dementsprechend muss in diesen Fällen die Zustimmung der Kommanditaktionäre sowie die Zustimmung aller anderen, auch der nichtgeschäftsführungsbefugten Komplementäre eingeholt werden (KölnKomm AktG/*Mertens/Cahn*, § 278 Rn. 76; *Hüffer* AktG, § 278 Rn. 13; Münch-Hdb GesR IV/*Herfs* § 77 Rn. 13). 37

Hinsichtlich des **Sorgfaltsmaßstabs in der Geschäftsführung** weichen die Regelungen für die Komplementäre von den handelsrechtlichen Bestimmungen ab. Kraft ausdrücklicher gesetzlicher Regelung in **§ 283 Nr. 3 AktG** gelten für die persönlich haftenden Gesellschafter die Sorgfalts- und Verantwortungspflichten der Vorstände von Aktiengesellschaften. Die persönlich haftenden Gesellschafter schulden daher – ebenso wie die Vorstände einer AG – die Sorgfalt eines ordentlichen Geschäftsleiters gem. **§ 93 AktG** (*Hüffer* AktG, § 278 Rn. 13). 38

II. Die Kommanditaktionäre/Hauptversammlung

1. Die Rechtsstellung der Kommanditaktionäre

39 Kommanditaktionäre sind die Inhaber der Kommanditaktien der KGaA. Sie erwerben ihre Rechtsstellung entweder durch Übernahme von Kommanditaktien bei der Gründung einer KGaA oder im Rahmen einer Kapitalerhöhung sowie durch Erwerb von Kommanditaktien von anderen Aktionären. Ihre Rechtsstellung entspricht über § 278 Abs. 3 AktG weitgehend derjenigen von **Aktionären einer Aktiengesellschaft**. Insbesondere haften die Kommanditaktionäre anders als die Kommanditisten einer Kommanditgesellschaft nicht für die Schulden der Gesellschaft (MünchHdb GesR IV/*Herfs* § 76 Rn. 42). Die Gesamtheit der Kommanditaktionäre ist wegen der ausdrücklichen gesetzlichen Regelung in § 287 Abs. 2 AktG aktiv und passiv parteifähig und ist insoweit Organ der KGaA (MünchHdb GesR IV/*Herfs* § 76 Rn. 43). Sie wird in den in § 287 Abs. 2 AktG geregelten Fällen von Rechtsstreitigkeiten mit den persönlich haftenden Gesellschaftern durch den Aufsichtsrat der KGaA vertreten.

40 Aufgrund ihrer den Aktionären der AG vergleichbaren Stellung besitzen die Kommanditaktionäre grundsätzlich auch die gleichen **(Mit)Verwaltungsrechte** wie diese. Da sie – anders als die Hauptversammlung einer AG – stets den Jahresabschluss der KGaA feststellen, reicht allerdings ihr **Auskunftsrecht** weiter als dasjenige der Aktionäre einer Aktiengesellschaft. Die Komplementäre können sich insoweit nicht auf die Auskunftsverweigerungsrechte gem. § 131 Abs. 3 Nr. 3 und 4 AktG berufen (MünchHdb GesR IV/*Herfs* § 76 Rn. 45). Gegenüber den Komplementären und den anderen Kommanditaktionären treffen die Kommanditaktionäre **Treuepflichten**, deren Umfang davon abhängt, wie stark die Einflussmöglichkeiten des oder der Kommanditaktionäre auf die Geschäftsführung ausgestaltet ist. Lässt die Satzung einen größeren Einfluss eines oder mehrerer Kommanditaktionäre auf die Geschäftsführung zu, sind die Treuepflichten stärker ausgeprägt als bei Kommanditaktionären ohne größere Einflussmöglichkeiten (Schütz/Bürgers/Riotte/*Schütz/Reger* Die Kommanditgesellschaft auf Aktien § 5 Rn. 368; MünchHdb GesR IV/*Herfs* § 76 Rn. 46). Einem **Wettbewerbsverbot** unterliegt der einzelne Kommanditaktionäre **grundsätzlich nicht**, soweit ihm nicht Einwirkungsmöglichkeiten in die gewöhnliche Geschäftsführung der KGaA eingeräumt sind (Schütz/Bürgers/Riotte/*Schütz/Reger* Die Kommanditgesellschaft auf Aktien § 5 Rn. 369). Im letzteren Fall können aus einer entsprechenden unternehmerischen Stellung des Kommanditaktionärs in der KGaA weiter gehende (Treue)Pflichten, auch im Hinblick auf ein Wettbewerbsverbot entstehen.

2. Die Hauptversammlung

41 Die Hauptversammlung der KGaA ist in erster Linie eine Versammlung der Kommanditaktionäre und nicht – wie bei anderen Gesellschaften – eine Versammlung aller Gesellschafter. Da die Hauptversammlung aber nicht über Angelegenheiten der Kommanditaktionäre, sondern über solche der ganzen Gesellschaft beschließt, besitzen auch die persönlich haftenden Gesellschafter ein Teilnahmerecht und – da die Komplementäre den Jahresabschluss vorzulegen haben und den Aktionären auskunftsverpflichtet sind – eine Teilnahmepflicht. Im Übrigen richten sich die Kompetenzen und die Modalitäten der Hauptversammlung einer KGaA gem. § 278 Abs. 3 AktG nach den allgemeinen Vorschriften über die Hauptversammlung von Aktiengesellschaften gem. §§ 118 ff. AktG, auf deren Kommentierung verwiesen wird (KpK GesR/*Paschke* Kap. 10 §§ 118 ff.).

42 Dies gilt zunächst für das **Teilnahmerecht** an einer Hauptversammlung, das – neben den oben bereits angesprochenen weiteren Teilnahmerechten der Komplementäre – allen Kommanditaktionären zusteht, auch wenn diese als Inhaber stimmrechtsloser Vorzugsaktien oder aufgrund eines Stimmverbots über kein Stimmrecht verfügen (Schütz/Bürgers/Riotte//*Schütz/Reger* Die Kommanditgesellschaft auf Aktien § 5 Rn. 366). Die allgemeinen Vorschriften über die Hauptversammlung gelten auch für die Ausübung des **Stimmrechts**. Insoweit sind die §§ 134 bis 237 AktG anzuwenden. Stimmrechtsbeschränkungen gelten für die Kommanditaktionäre, die zugleich persönlich haftende Gesellschafter sind. Gem. § 285 Abs. 1 Satz 2 AktG können die persönlich haf-

tenden Gesellschafter ihr Stimmrecht bei Beschlussfassungen über die Wahl und Abberufung des Aufsichtsrats, über die Entlastung von Komplementären und Aufsichtsräten, über die Bestellung von Sonderprüfern, über die Geltendmachung von oder den Verzicht auf Ersatzansprüche(n) sowie über die Wahl von Abschlussprüfern nicht ausüben. Die Stimmverbote gelten für alle persönlich haftenden Gesellschafter und zwar auch für diejenigen Komplementäre, die von der Geschäftsführung ausgeschlossen sind (MünchHdb GesR IV/*Herfs* §76 Rn. 30). Die Kommanditaktionäre verfügen weiter in der Hauptversammlung über das **Rederecht** und das Rechts, Anträge zu stellen, auch wenn diese Anträge von Beschlussvorschlägen der persönlich haftenden Gesellschafter abweichen (Schütz/Bürgers/Riotte/*Schütz/Reger* Die Kommanditgesellschaft auf Aktien § 5 Rn. 366).

Auch hinsichtlich der **Beschlussfassung der Hauptversammlung** sind zunächst die allgemeinen Regeln zur Beschlussfassung in Hauptversammlungen von Aktiengesellschaften zu beachten. Zusätzlich hierzu ist aber § 285 Abs. 2 Satz 1 AktG zu berücksichtigen. Danach unterliegen Beschlüsse einer Hauptversammlung der Zustimmung der persönlich haftenden Gesellschafter, wenn sie bei einer Kommanditgesellschaft der Zustimmung der Komplementäre und der Kommanditisten bedurft hätten. Hierzu gehören insbesondere Grundlagenbeschlüsse wie Satzungsänderungen, Zustimmungen zu Unternehmensverträgen, Umwandlungsbeschlüsse etc., nicht aber die **Zustimmung zu außergewöhnlichen Geschäften** gem. § 164 HGB, da diese ohnehin der Geschäftsführungsbefugnis der Komplementäre unterliegen und daher nicht einer (weiteren) Zustimmung der persönlich haftenden Gesellschafter in der Hauptversammlung zu unterwerfen sind (MünchHdb GesR IV/*Herfs* § 76 Rn. 33). Bei der **Zustimmung der Komplementäre** handelt es sich um eine gegenüber der Hauptversammlung oder dem Aufsichtsrat abzugebende **empfangsbedürftige Willenserklärung**. Sie ist grundsätzlich formfrei und kann nur aufgrund anderweitiger Formvorschriften (z. B. bei der Einreichung der Beschlüsse zum Handelsregister) einer (notariellen) Form unterworfen sein. Nach der gesetzlichen Regelung ist die Zustimmung aller persönlich haftenden Gesellschafter erforderlich. Die Satzung kann hiervon aber Abweichungen, etwa im Hinblick auf Mehrheitsregelungen im Kreis der Komplementäre, regeln (KölnKomm AktG/*Mertens/Cahn*, § 285 Rn. 17; MünchHdb GesR IV/*Herfs* § 77 Rn. 37).

43

Über § 278 Abs. 3 AktG hat die Hauptversammlung der KGaA die gleichen Kompetenzen wie die Hauptversammlung der AG. Diese Kompetenzen werden allerdings in zweierlei Hinsicht erweitert. So beschließt die Hauptversammlung der KGaA gem. § 286 Abs. 1 AktG immer über die **Feststellung des Jahresabschlusses**. Darüber hinaus besitzt sie aber vor allem – anders als die Hauptversammlung der AG – gem. § 278 Abs. 2 AktG i. V. m. § 164 HGB das Recht, über **außergewöhnliche Geschäfte** der KGaA mitzuentscheiden. Die Komplementäre sind – insoweit dem personengesellschaftsrechtlichen Charakter der Geschäftsführung der KGaA geschuldet – verpflichtet, für derartig außergewöhnliche Geschäfte die Zustimmung der Kommanditaktionäre einzuholen. Allerdings kann die Satzung der KGaA die diesbezüglichen Mitwirkungsrechte der Hauptversammlung anderweitig regeln, insbesondere auch beschränken (MünchHdb GesR IV/*Herfs* § 76 Rn. 39). Bei größeren KGaA ist zu überlegen, ob – wenn eine anderweitige Einschränkung der Zustimmungsvorbehalte zugunsten der Kommanditaktionäre nicht gewünscht ist – diese Zustimmungsvorbehalte einem anderen – fakultativen – Gremium/Organ der Kommanditaktionäre zugewiesen werden, um die Geschäftsführung der KGaA von der ansonsten möglicherweise häufiger entstehende Notwendigkeit der Abhaltung einer Hauptversammlung zu entlasten. Die Zustimmungsrechte des § 164 Abs. 2 HGB könnten in diesem Fall bspw. durch einen **Aktionärsausschuss** wahrgenommen werden.

44

III. Der Aufsichtsrat

Das dritte von Gesetzes wegen zwingend bei der KGaA zu bildende Organ ist der Aufsichtsrat. Auf diesen sind im Wesentlichen über § 278 Abs. 3 AktG die Bestimmungen zum Aufsichtsrat der Aktiengesellschaft in den §§ 95 ff. AktG anzuwenden. Aufgrund des in der KGaA anders ausgestalteten Verhältnisses zwischen der Hauptversammlung und dem geschäftsführenden Organ sind dabei allerdings Besonderheiten zu beachten, die insbesondere in § 287 AktG geregelt sind.

45

Anhang 1 AktG Die Kommanditgesellschaft auf Aktien

Da bei der KGaA zumindest nach den Grundvorstellungen des Gesetzes die Kommanditaktionäre berechtigt sind, unmittelbar Einfluss auf die Geschäftsführung der KGaA zu nehmen und diese Einflussmöglichkeiten anders als bei der AG nicht über den Aufsichtsrat mediatisiert sind, ist der Aufsichtsrat der KGaA auf die Rolle eines **reinen Kontrollorgans** beschränkt (MünchHdb GesR IV/*Herfs* § 77 Rn. 40; *Hennerkes/Lorz* DB 1997, 1388, 1389; *Haase* GmbHR 1997, 917, 921). Darüber hinaus ist der Aufsichtsrat aber auch **Vertretungsorgan der Gesamtheit der Kommanditaktionäre**, deren Beschlüsse er gem. § 287 Abs. 1 AktG ausführt und die er gem. § 287 Abs. 2 AktG gegenüber dem persönlich haftenden Gesellschafter vertritt.

1. Zusammensetzung und Wahl des Aufsichtsrats

46   Die Zusammensetzung des Aufsichtsrats, insbesondere seine Größe, richtet sich nach den **allgemeinen aktienrechtlichen Bestimmungen**. Auch die einschlägigen Bestimmungen des **BetrVG** und des **MitbestG** sind auf die Zusammensetzung des Aufsichtsrats einer KGaA anzuwenden (MünchHdb GesR IV/*Herfs* § 77 Rn. 44). Gewählt wird der Aufsichtsrat durch die Kommanditaktionäre in der Hauptversammlung (Schütz/Bürgers/Riotte/*Bürgers* Die Kommanditgesellschaft auf Aktien § 5 Rn. 459). Bei der Wahl dürfen Komplementäre, die über Kommanditaktien verfügen, gem. § 285 Abs. 1 Satz 2 Nr. 1 AktG nicht mitstimmen. Im Rahmen der allgemeinen Bestimmungen des § 101 Abs. 2 AktG kann die Satzung der KGaA **Entsenderechte** zugunsten bestimmter Aktionäre vorsehen. Zugunsten der Komplementäre dürfen derartige Entsenderechte aber nicht geregelt werden, auch nicht in ihrer möglichen gleichzeitigen Funktion als Kommanditaktionäre (MünchHdb GesR IV/*Herfs* § 77 Rn. 40; (Schütz/Bürgers/Riotte/*Bürgers/Schütz* Die Kommanditgesellschaft auf Aktien § 5 Rn. 466). Neben die allgemeinen Bestimmungen des Aktienrechts zu den Anforderungen und **Inkompatibilitäten** für Mitglieder eines Aufsichtsrats tritt als besondere Beschränkung bei der KGaA die Regelung in § 287 Abs. 2 AktG. Danach können persönlich haftende Gesellschafter der KGaA nicht Mitglied ihres Aufsichtsrats werden. Diese Beschränkung gilt für sämtliche und damit auch für etwa nicht geschäftsführende Komplementäre (OLG München AG 2004, 151, 153; MüKo AktG/*Perlitt* § 287 Rn. 28; *Hüffer* AktG, § 287 Rn. 18; Schütz/Bürgers/Riotte/*Bürgers* Die Kommanditgesellschaft auf Aktien § 5 Rn. 449). Im Fall einer GmbH & Co. KGaA erstreckt sich die Unvereinbarkeit auch auf die Mitglieder der Geschäftsführung der Komplementärgesellschaft (MüKo AktG/*Perlitt* § 287 Rn. 28; *Hüffer* AktG, § 287 Rn. 4; Schütz/Bürgers/Riotte/*Bürgers* Die Kommanditgesellschaft auf Aktien § 5 Rn. 452). Teilweise wird darüber hinaus gefordert, dass auch die Gesellschafter einer Komplementärgesellschaft in analoger Anwendung von § 287 Abs. 3 AktG nicht Mitglieder des Aufsichtsrats der KGaA werden dürfen (LG München I AG 2002, 467, 469; Schütz/Bürgers/Riotte/*Bürgers* Die Kommanditgesellschaft auf Aktien § 5 Rn. 452), zumindest dann, wenn es sich um beherrschende Gesellschafter der Komplementärgesellschaft handelt (MüKo AktG/*Perlitt* § 287 Rn. 29). Insbesondere unter dem Gesichtspunkt der Vermeidung von Umgehungen sind diese Überlegungen nicht von der Hand zu weisen. Die herrschende Literatur und mittlerweile auch die Rechtsprechung beurteilen diesen Analogieschluss durchweg als zu weitgehend (BGH NZG 2006, 138, 140; OLG München AG 2004, 151, 153; *Hüffer* AktG, § 287 Rn. 4; KölnKomm AktG/*Mertens/Cahn*, § 287 Rn. 8). Die **Dauer der Amtszeit** des Aufsichtsrats einer KGaA richtet sich ebenso wie die Regelungen über die Amtsniederlegung nach den allgemeinen Vorschriften für die Aktiengesellschaft. Besonderheiten sind für die KGaA dabei nicht zu beachten (MünchHdb GesR IV/*Herfs* § 77 Rn. 45).

2. Kompetenzen des Aufsichtsrats

47   Im Hinblick auf die dem Aufsichtsrat einer KGaA zukommenden Kompetenzen ergeben sich Besonderheiten gegenüber der Aktiengesellschaft insbesondere im Hinblick auf die Befugnisse, die dem Aufsichtsrat einer KGaA – anders als dem Aufsichtsrat einer AG – nicht zustehen. So besitzt der Aufsichtsrat der KGaA **keine Personalbefugnisse**. Da das geschäftsführende Organ der KGaA nicht mit Fremdgeschäftsführern, sondern mit den persönlich haftenden Gesellschaftern besetzt wird, besteht kein Raum für Aufgaben und Rechte des Aufsichtsrats der KGaA in diesem Bereich. Da für die Geschäftsführung der KGaA das Recht der Personengesellschaften gilt, können

Geschäftsführungsmaßnahmen auch nicht von einem Zustimmungsvorbehalt des Aufsichtsrats abhängig gemacht werden. Mitwirkungsrechte des Aufsichtsrats bei der Geschäftsführung bestehen bei der KGaA daher nicht. Dies gilt auch für den Erlass einer Geschäftsordnung für die Geschäftsführung, für die der Aufsichtsrat der KGaA ebenfalls keine Kompetenz besitzt (Schütz/Bürgers/Riotte/*Bürgers* Die Kommanditgesellschaft auf Aktien § 5 Rn. 479 f.; MünchHdb GesR IV/*Herfs* § 77 Rn. 47).

Im Hinblick auf die Geschäftsführung der KGaA beschränkt sich die Rolle des Aufsichtsrats auf eine reine Kontrollfunktion. Diese wird in erster Linie durch **Informationsrechte** ausgeübt. Insoweit haben die persönlich haftenden Gesellschafter den Aufsichtsrat regelmäßig umfassend zu informieren (Schütz/Bürgers/Riotte/*Bürgers* Die Kommanditgesellschaft auf Aktien § 5 Rn. 484). Der Umfang der **Berichtspflicht der Komplementäre** ist dabei deckungsgleich mit der des Vorstands einer Aktiengesellschaft gem. §§ 283 Nr. 4, 90 AktG (MünchHdb GesR IV/*Herfs* § 77 Rn. 49; Schütz/Bürgers/Riotte/*Bürgers* Die Kommanditgesellschaft auf Aktien § 5 Rn. 484). Der Aufsichtsrat der KGaA hat allerdings keine Möglichkeiten, eine sich aus den Ergebnissen seiner Kontrolltätigkeit ergebende andere Ansicht zu der Geschäftsführung der KGaA gegenüber den Komplementären durchzusetzen (Schütz/Bürgers/Riotte/*Bürgers* Die Kommanditgesellschaft auf Aktien § 5 Rn. 486; *Haase* GmbHR 1997, 917, 921). Er kann nur versuchen, die persönlich haftenden Gesellschafter von seiner Ansicht zu überzeugen. Als *ultima ratio* bleibt ihm ansonsten nur die Drohung mit Rücktritt (MüKo AktG/*Perlitt* § 287 Rn. 46). 48

Gem. § 287 Abs. 1 AktG führt der Aufsichtsrat die Beschlüsse der Kommanditaktionäre aus. Betroffen sind davon alle Angelegenheiten, in denen die Kommanditaktionäre auf personengesellschaftsrechtlicher Grundlage tätig werden, insbesondere die Befugnisse der Hauptversammlung gem. § 285 Abs. 2 Satz 1 AktG ausüben (MüKo AktG/*Perlitt* § 287 Rn. 58; KölnKomm AktG/*Mertens/Cahn*, § 287 Rn. 2; Schütz/Bürgers/Riotte/*Bürgers* Die Kommanditgesellschaft auf Aktien § 5 Rn. 491). Diese **Ausführungskompetenz** betrifft allerdings nur das Verhältnis der Kommanditaktionäre zu den persönlich haftenden Gesellschaftern. Gegenüber Dritten fehlt dem Aufsichtsrat die Vertretungsmacht für die KGaA. In diesen Angelegenheiten wird die KGaA durch ihre persönlich haftenden Gesellschafter vertreten (MünchHdb GesR IV/*Herfs* § 77 Rn. 51). 49

Schließlich vertritt der Aufsichtsrat die KGaA gem. § 287 Abs. 2 AktG in **Rechtsstreitigkeiten mit den Komplementären**. Darüber hinaus wird dem Aufsichtsrat teilweise eine Vertretungskompetenz zum Abschluss von Rechtsgeschäften der KGaA mit ihren persönlich haftenden Gesellschaftern zuerkannt (MünchHdb GesR IV/*Herfs* § 77 Rn. 53; *Sethe* AG 1996, 289, 298). Nach anderer Ansicht soll eine solche Befugnis des Aufsichtsrats nur dann bestehen, wenn dies in der Satzung der KGaA ausdrücklich vorgesehen ist (Schütz/Bürgers/Riotte/*Bürgers* Die Kommanditgesellschaft auf Aktien § 5 Rn. 495). Da die Möglichkeit zur Erweiterung der Rechte des Aufsichtsrats der KGaA durch Satzungsregelung ohnehin besteht (MünchHdb GesR IV/*Herfs* § 77 Rn. 53), sollte in der Gestaltungspraxis zur Vermeidung von Rechtsunsicherheiten eine entsprechende Kompetenz des Aufsichtsrats ausdrücklich geregelt werden. 50

IV. Gewillkürte Organe

Wie bereits erwähnt, besteht bei der KGaA die Möglichkeit, zusätzlich zu den gesetzlich zwingend vorgeschriebenen Organen weitere Organe (etwa einen **Ausschuss der Kommanditaktionäre oder einen Beirat**) zu bilden. Gesetzliche Grundlage dieser Möglichkeit ist die Regelung in § 278 Abs. 2 AktG. Diese Bestimmung lässt eine Abweichung von dem aktienrechtlichen Grundsatz der Satzungsstrenge gem. § 23 Abs. 5 AktG für die Organisationsverfassung der KGaA zu. Da § 278 Abs. 2 für das Rechtsverhältnis der persönlich haftenden Gesellschafter zueinander, gegenüber der Gesamtheit der Kommanditaktionäre sowie gegenüber Dritten die Anwendung der Vorschriften des HGB vorsieht, gilt für diesen Bereich die handelsrechtliche Gestaltungsfreiheit im Rahmen des Gesellschaftsvertrages (*Hüffer* AktG, § 278 Rn. 18). 51

Diese Gestaltungsfreiheit findet ihre Grenzen allerdings in den Rechten und Pflichten, die den persönlich haftenden Gesellschaftern, dem Aufsichtsrat oder der Hauptversammlung zwingend zugeordnet sind (MünchHdb GesR IV/*Herfs* § 77 Rn. 61).

52 Bei der Schaffung eines fakultativen Organs im Rahmen einer KGaA ist zu unterscheiden, ob das Organ **Rechte im Interesse der Gesellschaft als Ganzes** oder im **Interesse einer der beiden Gesellschaftergruppen der KGaA** wahrnehmen soll. Insoweit können bei der KGaA sowohl fakultative Gesellschaftsorgane als auch sog. **Gruppenorgane** gebildet werden. Dabei muss die entsprechende Satzungsregelung bestimmen, welche Interessen das fakultative Organ wahrnehmen soll. (MünchHdb GesR IV/*Herfs* § 77 Rn. 63).

53 Klassisches Beispiel für ein fakultatives Gesellschaftsorgan im Rahmen einer KGaA ist ein **Beirat** zur Beratung der geschäftsführenden Gesellschafter. Auf diese Weise ist es möglich, externen Sachverstand in die Geschäftsführung der Gesellschaft einzubringen. Dem Beirat können aber über eine beratende Funktion hinaus auch Aufgaben für die Kontrolle der Geschäftsführung oder für die Sicherung der Unternehmensnachfolge zugewiesen werden (MünchHdb GesR IV/*Herfs* § 77 Rn. 64). Soweit ein **Beirat mit einer Kontrollfunktion** betraut werden soll, ist allerdings zu beachten, dass die Überwachungskompetenzen des Beirats stets nur neben die Überwachungstätigkeit des zwingend vorgeschriebenen Aufsichtsrats gesetzt werden können, und es muss sichergestellt sein, dass der Aufsichtsrat auch im Fall der Errichtung eines Beirates seine Aufgaben selbstständig und unabhängig ausüben kann (Schütz/Bürgers/Riotte/*Bürgers/Schütz* Die Kommanditgesellschaft auf Aktien § 5 Rn. 553). Die Besetzung des Beirats hängt von den ihm im Einzelnen zugewiesenen Aufgaben ab. So wird ein mit der Beratung der Geschäftsführung betrauter Beirat in erster Linie mit sachverständigen Dritten besetzt sein, deren Sachverstand für die Gesellschaft nutzbar gemacht werden soll. Die Besetzung mit Dritten kann aber auch dann sinnvoll sein, wenn der Beirat Kontrollfunktion erhalten soll. Bei der Erfüllung derartiger Aufgaben kann die Einbringung externer Expertise ebenfalls hilfreich sein. Schließlich können externe Dritte über eine Beiratsfunktion auch in die Auswahl und Aufnahme der persönlich haftenden Gesellschafter eingebunden und auf diese Weise – soweit angestrebt – eine bestimmte Kontinuität in der Unternehmensführung sichergestellt werden (MünchHdb GesR IV/*Herfs* § 77 Rn. 66).

54 Ein weiteres typisches Gruppenorgan auf Ebene einer KGaA ist ein **Ausschuss der Kommanditaktionäre** oder der Gesellschafter insgesamt, durch den Mitwirkungsrechte der Hauptversammlung bei der Geschäftsführung wahrgenommen werden (MünchHdb GesR IV/*Herfs* § 77 Rn. 66). Darüber hinaus kann einem solchen Ausschuss die Ausführung von Beschlüssen der Hauptversammlung übertragen werden (Schütz/Bürgers/Riotte/*Bürgers/Schütz* Die Kommanditgesellschaft auf Aktien § 5 Rn. 562). Auf diese Weise kann durch die Bündelung und Verlagerung von Rechten der Kommanditaktionäre auf ein derartiges Gruppenorgan zum einen eine nachhaltigere Wahrung dieser Rechte gegenüber den persönlich haftenden Gesellschaftern und zum anderen eine effizientere Verwaltung der KGaA ermöglicht werden.

55 Grundsätzlich ist es denkbar, ein fakultatives Gesellschafts- oder Gruppenorgan auf **rein schuldrechtlicher Ebene** zu errichten. Diesem stehen dann aber keinerlei organschaftliche Entscheidungsbefugnisse zu. Entsprechend dem schuldrechtlichen Charakter beschränken sich die rechtlichen Kompetenzen dieses Organs allein auf die Parteien des betreffenden schuldrechtlichen Vertrags (etwa einer Gesellschaftervereinbarung) und sind von den im Rahmen dieses Vertrages getroffenen Vereinbarungen abhängig (Schütz/Bürgers/Riotte/*Bürgers/Schütz* Die Kommanditgesellschaft auf Aktien § 5 Rn. 558; MünchHdb GesR IV/*Herfs* § 77 Rn. 69). Soll das fakultative Organ daher auf der Ebene der KGaA organschaftliche Funktion und Kompetenzen erhalten, ist die **Errichtung des Organs in der Satzung der KGaA zu regeln**. Auch die nähere Ausgestaltung des Organs und der Stellung der Organmitglieder, insbesondere deren Bestellung, deren Amtszeit, deren Aufgaben und Befugnisse sind durch entsprechende Satzungsregeln zu definieren.

D. Kapitalmaßnahmen

Kapitalmaßnahmen in der KGaA sind von dem Dualismus aus dem für die Kommanditaktionäre geltenden Aktien- und dem für die Komplementäre primär geltenden Handelsrecht geprägt. Dies ergibt sich zudem aus dem Umstand, dass die KGaA über **zwei Formen von Eigenkapital** verfügt: zum einen das in Kommanditaktien eingeteilte Grundkapital und zum anderen das durch die Komplementäre in Form von Vermögenseinlagen aufgebrachte Kapital. Dementsprechend richtet sich eine **Erhöhung des Grundkapitals gem. § 278 Abs. 3 AktG nach den allgemeinen aktienrechtlichen Bestimmungen** der §§ 182 ff. AktG. Dagegen unterliegen die **Vermögenseinlagen** der Komplementäre über § 278 Abs. 2 AktG prinzipiell dem **Recht der Personengesellschaft gem. §§ 161 Abs. 2, 105 ff. HGB** (Schütz/Bürgers/Riotte/*Fett* Die Kommanditgesellschaft auf Aktien § 7 Rn. 2). 56

Unterliegen die Vermögenseinlagen der Komplementäre grundsätzlich dem Handelsrecht, so ist auf sie doch – ebenso wie auf Vermögenseinlagen im Rahmen der Gründung – § 281 Abs. 2 AktG anzuwenden. Danach erfordert jede **Vermögenseinlage** eines persönlich haftenden Gesellschafters eine **Festsetzung in der Satzung**. Dabei sind die Höhe und die Art der Vermögenseinlage anzugeben. Erfolgt eine Vermögenseinlage also nach der Gründung der KGaA, ist deren Satzung im Hinblick auf die Vermögenseinlage zu ändern. Erforderlich ist mithin die Befassung der Hauptversammlung der KGaA mit dieser Angelegenheit. Im Rahmen der Hauptversammlung ist ein Beschluss mit der von dem Gesetz oder der Satzung vorgesehenen qualifizierten Mehrheit zu fassen, durch den die Satzung entsprechend geändert wird (MünchHdb GesR IV/*Herfs* § 78 Rn. 3; *Wichert* AG 1999, 362, 368). Eines Sonderbeschlusses von etwa vorhandenen Vorzugsaktionären bedarf es nicht, da weder § 142 Abs. 2 AktG noch § 179 Abs. 3 AktG auf diesen Fall Anwendung findet (MünchHdb GesR IV/*Herfs* § 78 Rn. 3). Gem. § 285 Abs. 2 Satz 1 AktG müssen aber die Komplementäre der Aktiengesellschaft dem Beschluss zustimmen (Schütz/Bürgers/Riotte/*Fett* Die Kommanditgesellschaft auf Aktien § 7 Rn. 4). 57

Im Fall der Erhöhung der Vermögenseinlage besteht **kein Bezugsrecht der Kommanditaktionäre**. Da auf die Erhöhung der Vermögenseinlage Handelsrecht anzuwenden ist, kommt eine Anwendung der aktienrechtlichen Vorschriften hinsichtlich des Bezugsrechts der Aktionäre über § 278 Abs. 3 AktG nicht in Betracht (Schütz/Bürgers/Riotte/*Fett* Die Kommanditgesellschaft auf Aktien § 7 Rn. 5). Dies wird in der Literatur als unbefriedigend bezeichnet, da es durch die Erhöhung der Vermögenseinlagen durchaus zu einer Verwässerung der Anteile der Kommanditaktionäre kommen kann (Schütz/Bürgers/Riotte/*Fett* Die Kommanditgesellschaft auf Aktien § 7 Rn. 7; MünchHdb GesR IV/*Herfs* § 78 Rn. 5). Eine solche Verwässerung wird insbesondere dadurch möglich, dass sich an die Höhe der Kapitalanteile die Gewinnbezugsrechte des Komplementärs gem. §§ 278 Abs. 2 AktG, 168 HGB knüpfen und sowohl die Gewinnverteilung als auch die Beteiligung am Liquidationserlös in der Regel auf die Beteiligung am Kapital abstellen (MünchHdb GesR IV/*Herfs* § 78 Rn. 5). Um die Kommanditaktionäre vor unbilligen Nachteilen aufgrund einer unangemessenen Verwässerung ihrer Beteiligung zu schützen, wird daher teilweise eine entsprechende Anwendung von § 255 AktG auf diesen Fall vorgeschlagen (MünchHdb GesR IV/*Herfs* § 78 Rn. 6). Auf diese Weise könnten sich die Kommanditaktionäre gegen eine wirtschaftlich ungerechtfertigte Ausgestaltung der Erhöhung der Vermögenseinlagen durch eine entsprechende Anfechtung wehren. Demgegenüber wird argumentiert, dass durch die Erweiterung des Anwendungsbereichs des § 255 AktG auf derartige Fälle die Vorschriften des Aktienrechts unzulässiger Weise in einen Bereich der KGaA übernommen würden, in dem grundsätzlich Handelsrecht anzuwenden ist. Für diese Ausdehnung des Anwendungsbereichs bestünde aber auch kein Bedarf, da die Interessen der Kommanditaktionäre im Rahmen des primär anzuwendenden Handelsrechts ausreichend und sachgerecht geschützt werden. Gegen eine unbillige Verwässerung ihrer Anteile durch eine unangemessene Erhöhung der Vermögenseinlagen des Komplementärs könnten sich die Kommanditaktionäre auf die handelsrechtlichen Treuepflichten des Komplementärs stützen und deren Verletzung im Rahmen entsprechender Maßnahmen gegen die Erhöhung der Vermögenseinlagen aufgreifen (Schütz/Bürgers/Riotte/*Fett* Die Kommanditgesellschaft auf Aktien § 7 Rn. 7). Die letztgenannte Ansicht erscheint 58

Anhang 1 AktG Die Kommanditgesellschaft auf Aktien

aus dem Grund als vorzugswürdig, dass sie dem handelsrechtlichen Charakter dieser Maßnahme eher Rechnung trägt, ohne die Rechtsstellung der Kommanditaktionäre unzumutbar zu verkürzen.

59 Keines (erneuten) Beschlusses der Hauptversammlung über eine Erhöhung der Vermögenseinlage der Komplementäre bedarf es in dem Fall, dass die Satzung bereits die Möglichkeit enthält, durch die Geschäftsführung innerhalb eines in der Satzung festgelegten Rahmens die Erhöhung der Vermögenseinlagen zuzulassen, oder den Komplementären die unmittelbare Erhöhung der Vermögenseinlagen in einem derartig vorgegebenen Rahmen zu gestatten (MünchHdb GesR IV/*Herfs* § 78 Rn. 8). In diesem Fall gilt die **Zustimmung der Kommanditaktionäre** zu der Erhöhung der Vermögenseinlagen gem. §§ 281 Abs. 2, 278 Abs. 3, 179 AktG als **antizipiert** (Schütz/Bürgers/Riotte/*Fett* Die Kommanditgesellschaft auf Aktien § 7 Rn. 8; MünchHdb GesR IV/*Herfs* § 77 Rn. 8; *Wichert* AG 1999, 362, 369). Wie bereits ausgeführt, muss die Satzung für diesen Fall einer Art **genehmigten Kapitals der Komplementäre** einen Rahmen bzw. eine Obergrenze vorgeben, bis zu der die Vermögenseinlagen der Komplementäre ohne (erneuten) Beschluss der Hauptversammlung erhöht werden können. Zum Teil wird in der Literatur darüber hinaus gefordert, dass in Anlehnung an die entsprechenden Vorschriften zum genehmigten Kapital bei der Aktiengesellschaft eine zeitliche Grenze für die Durchführung der Erhöhungen von 5 Jahren zu beachten wäre (MünchHdb GesR IV/*Herfs* § 78 Rn. 8). Insoweit ist aber den überwiegenden Stimmen in der Literatur beizupflichten, denenzufolge für eine zeitliche Begrenzung der genehmigten Vermögenseinlagen keine gesetzliche Grundlage ersichtlich ist (Schütz/Bürgers/Riotte/*Fett* Die Kommanditgesellschaft auf Aktien § 7 Rn. 8; *Wichert* AG 1999, 362, 269).

Neben der Erbringung von Vermögenseinlagen im Rahmen des nach den vorstehenden Grundsätzen genehmigten Kapitals ist auch bei der Erhöhung eines Kapitalanteils des Komplementärs durch das bloße Stehenlassen von Gewinnen keine Satzungsänderung erforderlich (MünchHdb GesR IV/*Herfs* § 78 Rn. 3)

60 Die **Erhöhung des Grundkapitals** der KGaA erfolgt dagegen nach rein aktienrechtlichen Vorschriften. So sind auf die Grundkapitalerhöhung primär die **Vorschriften über die Kapitalerhöhung für die AG** in §§ 182 ff. AktG anwendbar, auf die verwiesen wird (KpK GesR/*Plückelmann* Kap. 10 §§ 182 ff.). In Ergänzung dieser Vorschriften und den Besonderheiten der KGaA Rechnung tragend sieht § 285 Abs. 2 Satz 1 AktG das Erfordernis einer Zustimmung der Komplementäre der KGaA zur Erhöhung des Grundkapitals vor. Über das Zustimmungsrecht hinaus existiert **für die Komplementäre aber insbesondere kein Bezugsrecht** im Hinblick auf die durch die Erhöhung des Grundkapitals neu geschaffenen Kommanditaktien. Wenn daher innerhalb der KGaA ein möglichst weitgehender Gleichlauf der beiden Kapitalarten angestrebt wird, kann und sollte in der Satzung geregelt werden, dass die Komplementäre im Fall einer Erhöhung des Grundkapitals berechtigt sind, ihre Vermögenseinlagen in gleicher Höhe anzuheben (Schütz/Bürgers/Riotte/*Fett* Die Kommanditgesellschaft auf Aktien § 7 Rn. 15; MünchHdb GesR IV/*Herfs* § 78 Rn. 10).

61 Entsprechend der Kapitalerhöhung vollzieht sich eine **Herabsetzung des Kapitals** der KGaA unter den gleichen rechtlichen Unterscheidungen zwischen Grundkapital und Vermögenseinlagen. So unterliegt die Herabsetzung der Vermögenseinlagen prinzipiell handelsrechtlichen Bestimmungen. Sollen die Vermögenseinlagen der Komplementäre unter den in der Satzung festgelegten Betrag abgesenkt werden, ist hierfür allerdings – entsprechend der Regelung zur Kapitalerhöhung – ein satzungsändernder Beschluss der Hauptversammlung erforderlich. Die Herabsetzung des Grundkapitals erfolgt demgegenüber gem. § 278 Abs. 3 AktG nach den allgemeinen Kapitalherabsetzungsvorschriften für die AG in den §§ 222 ff. AktG, auf die verwiesen wird (KpK GesR/*Plückelmann* Kap. 10 §§ 222 ff.).

62 Aus verschiedenen Gründen, z. B. um die Veräußerbarkeit seiner Beteiligung zu erleichtern, kann ein Komplementär daran interessiert sein, seine **Beteiligung (teilweise) in Kommanditaktien umzuwandeln**. Der Sache nach handelt es sich bei diesem Vorgang um eine Herabsetzung der Vermögenseinlagen mit anschließender Erhöhung des Grundkapitals (MünchHdb GesR IV/*Herfs* § 78 Rn. 12; Schütz/Bürgers/Riotte/*Fett* Die Kommanditgesellschaft auf Aktien § 7 Rn. 21). Soweit der

Vorgang, was allerdings unpraktikabel wäre, nach streng voneinander getrennten Schritten durchgeführt wird, ergeben sich keine Besonderheiten. Soll hingegen die Vermögenseinlage möglichst ohne zwischenzeitliche Versilberung in Kommanditaktien umgewandelt werden, handelt es sich bei dem Vorgang um eine Sachkapitalerhöhung hinsichtlich des Grundkapitals, in deren Rahmen das Kapital- und ggf. das Rücklagenkonto des Komplementärs als Sacheinlage eingebracht wird (MünchHdb GesR IV/*Herfs* § 78 Rn. 12). Zu beachten ist allerdings, dass zur Durchführung der Grundkapitalerhöhung das Bezugsrecht der Kommanditaktionäre ausgeschlossen werden muss, um das Ziel der Maßnahme zu erreichen. Um diesbezügliche Komplikationen bei der Umwandlung von Vermögenseinlagen in Grundkapital zu vermeiden, kann – entsprechend der herrschenden Literatur – in der Satzung der KGaA ein Umtauschrecht des Komplementärs vorgesehen und zu diesem Zweck weiter ein genehmigtes Kapital geschaffen werden, das zur Durchführung der für den Umtausch der Beteiligung erforderlichen Grundkapitalerhöhung ausgenutzt werden kann (MünchHdb GesR IV/*Herfs* § 78 Rn. 13; Schütz/Bürgers/Riotte/*Fett* Die Kommanditgesellschaft auf Aktien § 7 Rn. 30).

Die Umwandlung von Kommanditaktien in Vermögenseinlagen von Komplementären ist nur im Wege der vereinfachen Kapitalherabsetzung gem. § 237 Abs. 3 AktG mit vertretbarem Aufwand umzusetzen (MünchHdb GesR IV/*Herfs* § 78 Rn. 14). Dabei ist grundsätzlich auf eine Gleichbehandlung aller Kommanditaktionäre zu achten. Bereits an diesem Gesichtspunkt erweisen sich die praktischen Schwierigkeiten einer solchen Maßnahme. Sind nämlich nicht alle Kommanditaktionäre bereit, in die Stellung des Komplementärs zu wechseln, muss entweder ein die Beschränkung der Umwandlung auf einige Kommanditaktionäre rechtfertigender sachlicher Grund existieren oder muss eine Kapitalherabsetzung für alle Kommanditaktionäre beschlossen und gleichzeitig die betreffenden Kommanditaktionäre berechtigt und verpflichtet werden, den ihnen aus der Kapitalherabsetzung zufließenden Betrag als Vermögenseinlage in die KGaA einzubringen (MünchHdb GesR IV/*Herfs* § 78 Rn. 14). Dabei sind dann für den letzten Schritt die Voraussetzungen und die Formalien für eine Erhöhung der Vermögenseinlagen zu beachten. 63

E. Jahresabschluss, Gewinnverwendung

Der Jahresabschluss der KGaA ist gem. § 283 Nr. 9 AktG, §§ 242, 264 HGB durch die persönlich haftenden Gesellschafter aufzustellen und dem Aufsichtsrat der KGaA zur Prüfung vorzulegen. Für den Jahresabschluss gelten dabei die **allgemeinen Ansatz-, Gliederungs- und Bewertungsvorschriften** für die Aktiengesellschaft, §§ 150 bis 160 AktG, §§ 238 ff., 264 ff. HGB, (MünchHdb GesR IV/*Herfs* § 79 Rn. 2). Gem. § 286 Abs. 2 AktG sind die **Kapitalanteile der persönlich haftenden Gesellschafter** nach dem Posten »gezeichnetes Kapital« gesondert auszuweisen. Bei dem Kapitalanteil handelt es sich um eine Rechnungsziffer in Gestalt des in der Bilanz ausgewiesenen Geldbetrages, der auf der Passivseite der aktivierten Einlage in ihrem jeweiligen Stand entspricht (*Hüffer* AktG, § 286 Rn. 2). Dementsprechend sieht § 286 Abs. 2 Satz 2 AktG vor, dass der auf einen Kapitalanteil entfallende Verlust eines Geschäftsjahres von diesem Anteil abzuschreiben ist. Gem. § 286 Abs. 2 Satz 3 AktG ist ein den passivierten Kapitalanteil übersteigender Verlust auf der Aktivseite der Bilanz als »*Einzahlungsverpflichtungen persönlich haftender Gesellschafter*« auszuweisen, wenn eine Zahlungsverpflichtung des jeweiligen Komplementärs besteht; anderenfalls lautet die Bezeichnung des entsprechenden Aktivpostens »*nicht durch Vermögenseinlagen gedeckter Verlustanteil persönlich haftender Gesellschafter*«. In der Gewinn- und Verlustrechnung der KGaA müssen die Kapitalanteile der persönlich haftenden Gesellschafter nicht gesondert ausgewiesen werden. Insoweit räumt § 286 Abs. 3 AktG ein Ansatzwahlrecht ein. Da die Komplementäre nicht verpflichtet sein sollen, Gewinne auf ihren Kapitalanteil offen legen zu müssen (*Hüffer* AktG, § 286 Rn. 6), müssen auch im Anhang nur etwaige – nicht unter den Gewinnanteil fallende – Tätigkeitsvergütungen der Komplementäre angegeben werden und nicht etwa der Gewinnanteil der Komplementäre. Gem. § 286 Abs. 2 Satz 4 AktG sind Kredite der KGaA an persönlich haftende Gesellschafter, deren Ehegatten, Lebenspartner, minderjährige Kinder oder Dritte, die für Rechnung dieser Personen handeln, in der Bilanz gesondert auszuweisen, da diese Kredite § 89 AktG unterfallen. 64

65   Gem. § 286 Abs. 1 Satz 1 AktG wird bei der KGaA der **Jahresabschluss immer durch die Hauptversammlung festgestellt**. Die bei der AG bestehende Möglichkeit der Feststellung des Jahresabschlusses durch den Aufsichtsrat entfällt bei der KGaA. Die Entscheidung der Hauptversammlung über die Feststellung erfolgt durch einen Beschluss, der mit einfacher Mehrheit zu fassen ist, soweit die Satzung keine anderen Mehrheitserfordernisse vorsieht (MünchHdb GesR IV/*Herfs* § 79 Rn. 11).

66   Für die Ermittlung des von der KGaA zu **verteilenden Gewinns** ist von dem in dem festgestellten Jahresabschluss ausgewiesenen Jahresüberschuss auszugehen. Für den – nach handelsrechtlichen Vorschriften – zu berechnenden Gewinnanteil der Komplementäre sind dem Jahresüberschuss die Vergütungen an persönlich haftende Gesellschafter sowie Steuerbeträge hinzuzurechnen, welche die verschiedenen Gesellschaftergruppen ungleich treffen (MünchHdb GesR IV/*Herfs* § 79 Rn. 14). Mangels anderweitiger Regelung in der Satzung ist der verteilungsfähige Gewinn in der Form aufzuteilen, dass zunächst 4 % der Kapitaleinlagen an die Komplementäre und 4 % des Grundkapitals an die Kommanditaktionäre zu verteilen sind. Ein verbleibender Gewinn ist dann nach dem Verhältnis der Kapitalanteile zum Grundkapital unter den persönlich haftenden Gesellschaftern und den Kommanditaktionären aufzuteilen. Da die Gewinnverteilung gem. § 278 Abs. 2 AktG dem Recht der Personengesellschaften unterliegt, kann **durch Satzungsregelung eine andere Gewinnverteilung** vorgesehen werden. Insoweit ist es gängige Praxis, dass auf eine Verzinsung der Einlagen verzichtet und eine Verteilung des Gewinns nach dem Verhältnis der Kapitalanteile der persönlich haftenden Gesellschafter zum Gesamtkapital vorgesehen wird (MünchHdb GesR IV/*Herfs* § 79 Rn. 18).

67   Hinsichtlich der Gewinnverwendung des **auf die Kommanditaktionäre entfallenden Gewinnanteils** sind die allgemeinen aktienrechtlichen Bestimmungen anzuwenden. Danach beschließt die Hauptversammlung nach Feststellung des Jahresabschlusses gem. §§ 278 Abs. 3, 174 Abs. 1 AktG über die Gewinnverwendung. Gem. § 283 Nr. 9 AktG haben die persönlich haftenden Gesellschafter hierfür einen, durch den Aufsichtsrat zu prüfenden Gewinnverwendungsvorschlag zu unterbreiten. Die **Verwendung der Gewinnanteile** der Komplementäre erfolgt – entsprechend den handelsrechtlichen Vorschriften – durch Entnahmen. Dabei haben die Komplementäre die Grenzen zu beachten, die sich aus der Satzung, den dispositiven Regelungen der §§ 161 Abs. 2, 122 HGB und den Bestimmungen des § 288 AktG ergeben. Da die letztgenannte Vorschrift eine Auszehrung des Kapitals der KGaA durch Entnahmen der Komplementäre verhindern soll, ist sie zwingend und kann nicht durch anderweitige Regelungen der Satzung abbedungen werden (MünchHdb GesR IV/*Herfs* § 79 Rn. 23).

F. Auflösung und Abwicklung

I. Auflösung

68   Über § 289 Abs. 1 AktG gelten für die KGaA grundsätzlich die **Auflösungsgründe, die sich aus dem HGB für Kommanditgesellschaften ergeben**. Anwendbar ist daher primär über § 161 Abs. 2 HGB die Aufzählung der Auflösungsgründe für die OHG in § 131 HGB. Insoweit ergeben sich für die KGaA keine Besonderheiten, sodass auf die Ausführungen zu § 131 HGB verwiesen werden kann (KpK GesR/*Lehleiter* Kap. 4 § 131). Darüber hinaus regelt § 289 Abs. 2 AktG als **weitere Auflösungsgründe** für die KGaA die Ablehnung der Eröffnung des Insolvenzverfahrens mangels Masse, die Rechtskraft der Feststellung eines Satzungsmangels gem. § 144a FGG und die Löschung der Gesellschaft wegen Vermögenslosigkeit gem. § 141a FGG. Für den Fall der Insolvenz eines Kommanditaktionärs sieht § 289 Abs. 3 AktG vor, dass dieser die Auflösung der Gesellschaft nicht zur Folge haben kann. Darüber hinaus sind die Gläubiger eines Kommanditaktionärs nicht berechtigt, die Gesellschaft zu kündigen; die Gläubiger sind auf die Pfändung und Verwertung der Aktien beschränkt (*Hüffer* AktG, § 289 Rn. 5). Die **Kündigung der Gesellschaft** durch die Kommanditaktionäre, ihre Zustimmung zur Auflösung sowie den Antrag auf Auflösung der Gesellschaft durch gerichtliche Entscheidung bedürfen gem. § 289 Abs. 4 eines mit drei Vierteln der bei Beschlussfassung vertretenen Stimmen des Grundkapitals zu fassenden Beschlusses. Bei diesem Beschluss dürfen Komplementäre nur dann und nur insoweit mitstimmen, als sie Kommanditaktien halten

(*Hüffer* AktG, § 289 Rn. 6). Ein **Ausscheiden des Komplementärs** der KGaA ist gem. § 289 Abs. 5 AktG nur im Rahmen einer nach § 140 HGB zu behandelnden Ausschließung möglich. Allerdings kann die Satzung der KGaA andere Formen und Möglichkeiten der Ausschließung vorsehen.

II. Abwicklung

Für die Abwicklung der aufgelösten KGaA, die der Versilberung ihres Vermögens, der Befriedigung ihrer Gläubiger und der Verteilung des Restvermögens unter die Gesellschafter dient, ergeben sich im Vergleich zur AG keine Besonderheiten. Es gelten hierfür über § 278 Abs. 3 AktG die **allgemeinen aktienrechtlichen Vorschriften in den §§ 264 ff. AktG**. Auf die diesbezüglichen Ausführungen wird daher verwiesen (KpK GesR/*Paschke* Kap. 10 §§ 264 ff.). **Geborene Abwickler** der KGaA sind gem. § 290 Abs. 1 die Komplementäre, denen die Hauptversammlung gem. § 290 Abs. 1 AktG weitere Abwickler an die Seite stellen kann (Schütz/Bürgers/Riotte/*Schulz* Die Kommanditgesellschaft auf Aktien § 8 Rn. 57 f.). Die Satzung der KGaA kann hinsichtlich der Person der Abwickler andere Regelungen treffen, insbesondere auch die persönlich haftenden Gesellschafter von der Abwicklung ausschließen (Schütz/Bürgers/Riotte/*Schulz* Die Kommanditgesellschaft auf Aktien § 5 Rn. 62). Als weitere Besonderheit der Abwicklung der KGaA gegenüber derjenigen der AG regelt schließlich § 290 Abs. 2 AktG, dass die gerichtliche Bestellung oder Abberufung eines Abwicklers auch durch jeden persönlich haftenden Gesellschafter betrieben werden kann.

69

G. Umwandlung

Als juristische Person mit eigenständiger Rechtspersönlichkeit stehen der KGaA grundsätzlich **alle Möglichkeiten des Umwandlungsrechts** und zwar sowohl als aufnehmender als auch als übertragender Rechtsträger offen. Eine Umwandlung mit einer KGaA als aufnehmendem Rechtsträger war lange Zeit ein Gestaltungsmittel zum Erreichen einer KGaA mit nur einem Gesellschafter. Solange § 280 Abs. 1 Satz 1 eine Mindestzahl von fünf Gründern einer KGaA vorschrieb, war die Gründung einer Einmann-KGaA gesetzlich nicht zulässig. Da § 280 Abs. 1 Satz 1 weder auf die Verschmelzung noch auf die Spaltung oder den Formwechsel anzuwenden war und ist, ließ sich auch unter dem alten Rechtszustand die Errichtung einer Einmann-KGaA erreichen, in dem eine zuvor gegründete Einmann-Gesellschaft anderer Rechtsform im Wege der Verschmelzung, der Spaltung oder des Formwechsels auf eine KGaA umgewandelt wurde. Nach dem die gesetzlich vorgeschriebene Mindestzahl an Gründern mittlerweile entfallen ist, bedarf es bei der Gründung einer Einmann-KGaA derartiger Umweggestaltungen nicht mehr. Gleichwohl bleibt das Umwandlungsrecht – zumindest im Hinblick auf »allgemeine« Umstrukturierungsvorgänge – für die KGaA auch weiterhin von praktischer Bedeutung. Zu nennen wäre z. B. der Formwechsel eines mittelständischen Unternehmens in eine KGaA zur Vorbereitung eines Börsengangs.

70

Wie sich bereits aus den vorstehenden Ausführungen ergeben hat, sind dabei die **Bestimmungen des Umwandlungsgesetzes** von wesentlicher Bedeutung. Grundsätzlich ist die Umstrukturierung einer KGaA, ebenso wie die von Gesellschaften anderer Rechtsform zivilrechtlich auch außerhalb der Umwandlungsmöglichkeiten des Umwandlungsgesetzes denkbar. Aufgrund der nur im Rahmen des Umwandlungsgesetzes möglichen Durchführung von Umstrukturierungsmaßnahmen im Wege der Gesamtrechtsnachfolge sowie der steuerlichen Privilegierung der umwandlungsrechtlichen Umwandlungsmöglichkeiten (wobei in letzterer Hinsicht eine Ausnahme im Hinblick auf die steuerlich begünstigte Einbringung außerhalb des Umwandlungsgesetzes gem. §§ 20, 24 UmwStG zu machen ist), werden die im Umwandlungsgesetz geregelten Verschmelzung, Spaltung und Formwechsel andere Formen der Umstrukturierung in der Praxis deutlich überwiegen.

71

I. Verschmelzung

Der Systematik des Umwandlungsrechts entsprechend ist die Grundform der im Umwandlungsgesetz geregelten Umwandlungsformen die Verschmelzung gem. §§ 3 ff. UmwG. Dabei führt die Verschmelzung mehrerer Unternehmen **zu der Vereinigung des Vermögens mehrerer Rechtsträger im Wege der Gesamtrechtsnachfolge unter Ausschluss der Liquidation** (Schütz/Bürgers/Riotte/

72

Schütz Die Kommanditgesellschaft auf Aktien § 11 Rn. 17). Dabei kann sich eine KGaA als **übertragender Rechtsträger** an Verschmelzungen beteiligen, die auf eine Personenhandelsgesellschaft, eine Partnerschaft, eine Gesellschaft bürgerlichen Rechts, eine GmbH, eine AG, eine andere KGaA, eine Genossenschaft, einen genossenschaftlichen Prüfungsverband, einen Versicherungsverein auf Gegenseitigkeit und auf einen Alleingesellschafter als übernehmendes Unternehmen durchgeführt werden. **Zielunternehmen einer Verschmelzung** kann eine KGaA für Personenhandelsgesellschaften, Partnerschaften, Gesellschaften bürgerlichen Rechts, GmbH, AG, andere KGaA, eingetragene und wirtschaftliche Vereine, genossenschaftliche Prüfungsverbände sowie Versicherungsvereine auf Gegenseitigkeit als übertragende Unternehmen sein. Bei der Verschmelzung sind die **Verschmelzung zur Aufnahme** durch einen bereits bestehenden Rechtsträger sowie die **Verschmelzung zur Neugründung**, in deren Rahmen mehrere bestehende Rechtsträger auf einen im Rahmen der Verschmelzung neu entstehenden Rechtsträger verschmolzen werden, zu unterscheiden. Handelt es sich bei einem im Rahmen einer Verschmelzung zur Neugründung entstehenden Rechtsträger um eine KGaA sind bei der Umwandlung deren **Gründungsvorschriften** zu beachten und gelten die übertragenden Rechtsträger gem. § 36 Abs. 2 Satz 2 AktG als die Gründer der KGaA.

73 Kernstück der Verschmelzung ist der zwischen den beteiligten Rechtsträgern abzuschließende **Verschmelzungsvertrag**. Dieser wird durch die Vertretungsorgane der beteiligten Rechtsträger abgeschlossen und bedarf der Zustimmung der Gesellschafter oder Mitglieder dieser Rechtsträger. Für eine an einer Verschmelzung beteiligte KGaA wird der Verschmelzungsvertrag durch die persönlich haftenden Gesellschafter abgeschlossen. Er bedarf gem. § 6 UmwG der notariellen Beurkundung. Gem. §§ 9 bis 12 UmwG sind die Verschmelzung und der Verschmelzungsvertrag durch unabhängige Wirtschaftsprüfer zu prüfen. Dabei ist grundsätzlich für jedes beteiligte Unternehmen, also auch für jede KGaA, ein eigener Prüfer zu bestellen, soweit nicht von der Möglichkeit gem. § 10 Abs. 1 Satz 2 UmwG zur Bestellung eines gemeinsamen Prüfers Gebrauch gemacht wird.

74 Dem Verschmelzungsvertrag müssen, wie erwähnt, die Anteilseigner der an der Verschmelzung beteiligten Rechtsträger zustimmen. Gem. §§ 78 i. V. m. 65 Abs. 1 UmwG bedarf es hinsichtlich einer an der Verschmelzung beteiligten KGaA eines Beschlusses der Kommanditaktionäre. Dabei muss eine Mehrheit von drei Vierteln des bei der Beschlussfassung vertretenen Grundkapitals erreicht werden. Halten die Kommanditaktionäre der übernehmenden Gesellschaft mindestens neun Zehntel des Stamm- oder Grundkapitals der übertragenden Gesellschaft, so ist ein **Verschmelzungsbeschluss** der übernehmenden Gesellschaft gem. § 62 UmwG entbehrlich. Auch der Verschmelzungsbeschluss bedarf der notariellen Beurkundung.

75 Schließlich müssen der Verschmelzung gem. § 78 Satz 3 UmwG **sämtliche persönlich haftenden Gesellschafter der KGaA zustimmen**. Dieses Zustimmungserfordernis gilt für alle beteiligten KGaA auch dann, wenn ein Verschmelzungsbeschluss der übernehmenden Gesellschaft gem. § 62 UmwG entbehrlich ist (Schütz/Bürgers/Riotte/*Schütz* Die Kommanditgesellschaft auf Aktien § 11 Rn. 182). Die Zustimmung wird auch nicht dadurch entbehrlich, dass bereits der Verschmelzungsvertrag durch die Komplementäre abgeschlossen wurde. Da der Vertrag nur durch die persönlich haftenden Gesellschafter in vertretungsberechtigter Zahl abzuschließen ist, würden hierdurch nicht alle, also z. B. auch nicht die nicht vertretungsberechtigten Komplementäre, erfasst (Schütz/Bürgers/Riotte/*Schütz* Die Kommanditgesellschaft auf Aktien § 11 Rn. 201).

76 Die Verschmelzung ist nach Beschlussfassung zum Handelsregister der beteiligten Rechtsträger anzumelden. Mit der **Eintragung im Register** der übernehmenden Gesellschaft treten die Wirkungen der Verschmelzung ein. Diese bestehen vor allem im Übergang des Vermögens der übertragenden Rechtsträger im Wege der **Gesamtrechtsnachfolge** auf den übernehmenden Rechtsträger gem. § 20 Abs. 1 Nr. 1 UmwG. In gleichem Zug erlöschen die übertragenden Rechtsträger ohne weitere Abwicklung und ohne eine besondere Löschung gem. § 20 Abs. 1 Nr. 2 UmwG. Die Anteilsinhaber der übertragenden Rechtsträger werden in dem im Verschmelzungsvertrag festgelegten Umtauschverhältnis Anteilseigner des übernehmenden Rechtsträgers (§ 20 Abs. 1 Nr. 3 Satz 1 UmwG) und hinsichtlich der Rechte Dritter findet gem. § 20 Abs. 1 Nr. 3 Satz 2 eine dingliche Surrogation statt (Schütz/Bürgers/Riotte/*Schütz* Die Kommanditgesellschaft auf Aktien § 11 Rn. 216). Schließlich

sieht § 20 Abs. 1 Nr. 4 UmwG vor, dass Mängel der notariellen Beurkundung des Verschmelzungsvertrages und der Zustimmungsbeschlüsse durch die Eintragung der Verschmelzung in das Handelsregister geheilt sind.

II. Spaltung

Durch die Spaltung i.S.d. §§ 123 ff. UmwG entstehen aus einem Rechtsträger unter Aufteilung seines Vermögens mehrere Rechtsträger. Dabei werden, abhängig von dem Ausgangs- und dem Endpunkt der Umwandlung, drei Arten der Spaltung unterschieden: Bei der **Aufspaltung** überträgt der ursprüngliche Rechtsträger sein Vermögen auf mehrere andere Rechtsträger und wird in diesem Rahmen selbst aufgelöst. Bei der **Abspaltung** überträgt ein Rechtsträger einen Teil seines Vermögens auf einen oder mehrere andere Rechtsträger, wobei die an ihm beteiligten Gesellschafter Anteile an den übernehmenden Rechtsträgern erhalten. Der übertragende Rechtsträger besteht mit dem verbliebenen Teil seines Vermögens weiter. Bei der **Ausgliederung** schließlich überträgt der übertragende Rechtsträger einen Teil seines Vermögens auf einen oder mehrere andere Rechtsträger und erhält als Gegenleistung Anteile an den übernehmenden Rechtsträgern. Alle Fälle der Spaltung können dabei mit übernehmenden Rechtsträgern durchgeführt werden, die bereits bestehen (**Spaltung zur Aufnahme**) oder die durch die Spaltung neu gegründet werden (**Spaltung zur Neugründung**). Über § 125 UmwG finden auf die Spaltung im Wesentlichen die Vorschriften über die Verschmelzung entsprechende Anwendung. Dies gilt nicht zuletzt auch für die Rechtsträger einschließlich der KGaA, die an einer Spaltung beteiligt sein können. Von daher kann auf die vorstehenden Ausführungen zur Verschmelzung unter Ziff. I verwiesen werden. Im Hinblick auf die Spaltung zur Neugründung besteht gem. § 135 Abs. 1 UmwG die Besonderheit, das an die Stelle des Spaltungsvertrages als zentrale Grundlage der Umwandlung der **Spaltungsplan** tritt, da der übernehmende Rechtsträger bei Aufstellung des Spaltungsplans noch nicht existiert und damit als Vertragspartner nicht in Betracht kommt.

77

III. Formwechsel

Im Rahmen eines Formwechsels kann eine KGaA in eine Gesellschaft bürgerlichen Rechts, eine OHG, eine KG, eine Partnerschaftsgesellschaft, eine AG, eine GmbH sowie in eine Genossenschaft umgewandelt werden. Umgekehrt können eine OHG, eine KG, eine Partnerschaftsgesellschaft, eine GmbH, eine AG, eine Genossenschaft, ein eingetragener Verein und eine Anstalt öffentlichen Rechts in eine KGaA formgewechselt werden. Die entsprechenden Bestimmungen finden sich in § 191 Abs. 1 und 2 UmwG. Das OLG Frankfurt am Main hat schließlich in einem Urteil aus dem Jahr 2010 festgestellt, dass auch die formwechselnde Umwandlung einer europäischen Aktiengesellschaft (SE) in die Rechtsform einer KGaA zulässig ist. Art. 65 SE-VO, der die Umwandlung einer SE in eine AG zulässt, sei ergänzend dahin gehend auszulegen, dass auch die KGaA von dieser Regelung erfasst sei (OLG Frankfurt am Main NZG 2012, 351).

78

Bei einem Formwechsel in die Rechtsform der KGaA sind dabei gem. § 196 die für die KGaA geltenden **Gründungsvorschriften** anzuwenden. Dies gilt insbesondere für die Vorschriften über die Gründungsprüfung. Auch im Übrigen sind die allgemeinen Vorschriften des Umwandlungsrechts zum Formwechsel anzuwenden. Dies gilt auch für das gem. § 207 UmwG den nicht geschäftsführungsberechtigten Gesellschaftern zu unterbreitende Barabfindungsangebot. Der Formwechsel wird durch seine Eintragung in das für den neuen Rechtsträger zuständige Register wirksam. Dabei besteht der formwechselnde Rechtsträger gem. § 202 Abs. 1 Nr. 1 UmwG unter **Wahrung seiner Identität in der im Formwechselbeschluss bestimmten Rechtsform** fort.

H. Die Besteuerung der KGaA

Die aktien- und handelsrechtliche Doppelnatur der KGaA kommt auch in der steuerlichen Behandlung dieser Gesellschaftsform und ihrer Gesellschafter zum Ausdruck. So ist die KGaA selbst als Kapitalgesellschaft **Körperschaftsteuersubjekt** gem. § 1 Abs. 1 Nr. 1 KStG. Der persönlich haftende Gesellschafter erzielt dagegen **Einkünfte als Mitunternehmer** i.S.d. Einkommensteuerrechts gem.

79

§ 15 Abs. 1 Nr. 3 EStG. Es bedarf daher auf der steuerlichen Ebene der KGaA einer Trennung zwischen den der Körperschaftsteuer und den der Mitunternehmerbesteuerung unterliegenden Einkünften. In beiden Fällen unterliegen die Einkünfte der Gewerbesteuer. Eine abschließende Einordnung der Gewinnanteile des persönlich haftenden Gesellschafters durch die Finanzverwaltung steht allerdings noch aus. Die steuerrechtliche Literatur setzt sich daher in jüngster Zeit eingehender mit den steuerdogmatischen Grundlagen der steuerlichen Gewinnermittlung bei der KGaA auseinander (Wissenschaftlicher Beirat der Ernst & Young GmbH, DB 2014, 147; *Kollruss*, BB 2012, 3178).

80 Für Ermittlung des steuerlichen Ergebnisses der KGaA gelten allerdings zunächst keine Besonderheiten. Hierfür sind die **allgemeinen steuerlichen Gewinnermittlungsvorschriften** anzuwenden. Ausgangspunkt ist die Vorschrift des § 8 Abs. 1 KStG, derzufolge der Gewinn nach den einschlägigen Vorschriften des Einkommen- und des Körperschaftsteuergesetzes zu ermitteln ist. Danach ist grundsätzlich ein **Bestandsvergleich** im Sinne von § 5 EStG erforderlich, aus dem sich das steuerliche Ergebnis der KGaA ergibt. Aus dem nach den handelsrechtlichen Vorschriften aufgestellten Jahresabschluss der KGaA ist deren steuerliche Bilanz sowie Gewinn- und Verlustrechnung abzuleiten. Das sich danach ergebende steuerliche, nach den Vorschriften des Einkommensteuergesetzes ermittelte Ergebnis, ist im Hinblick auf bestehende Sondervorschriften des Körperschaftsteuergesetzes noch zu modifizieren. So sind insbesondere **verdeckte Gewinnausschüttungen** im Sinne von § 8 Abs. 3 Satz 2 KStG zu berücksichtigen, die im Verhältnis zwischen der KGaA und den Kommanditaktionären vorliegen können (MünchHdb GesR IV/*Kantenwein* § 80 Rn. 23). Im Verhältnis zu dem persönlich haftenden Gesellschafter können verdeckte Gewinnausschüttungen dagegen nicht auftreten, da dessen sämtliche Einkünfte von der KGaA als gewerbliche (Sonder-)Betriebseinnahmen im Sinne von § 15 EStG gewertet werden. Aus diesem Grund besteht kein Anlass, die steuerlichen Missbrauchsvorschriften hinsichtlich der verdeckten Gewinnausschüttung auf die Leistungsbeziehungen zwischen dem persönlich haftenden Gesellschafter und der KGaA anzuwenden. Dies gilt nach zutreffender Meinung in der Literatur auch dann, wenn der persönlich haftende Gesellschafter gleichzeitig Kommanditaktionär der KGaA ist (MünchHdb GesR IV/*Kantenwein* § 80 Rn. 19), soweit die möglicherweise überhöhten Bezüge des persönlich haftenden Gesellschafters als Einkünfte aus Gewerbebetrieb der ESt unterworfen werden, was in aller Regel der Fall sein wird.

81 Die wesentliche Besonderheit bei der Ermittlung des steuerlichen Ergebnisses der KGaA ist die erforderliche **Trennung** zwischen den der Körperschaftsteuer unterliegenden Einkünften der KGaA und den der ESt unterworfenen Bezügen des persönlich haftenden Gesellschafters. Da die Gewinnanteile des persönlich haftenden Gesellschafters nach allgemeinen körperschaftsteuerlichen Regeln den Gewinn der KGaA nicht mindern dürften, sieht **§ 9 Abs. 1 Nr. 1 KStG** ausdrücklich vor, dass der Teil des Gewinns, der an persönlich haftende Gesellschafter auf ihre nicht auf das Grundkapital gemachten Einlagen oder als Vergütung (Tantieme) für ihre Geschäftsführertätigkeit ausgezahlt wird, als abziehbare Aufwendung der KGaA im Sinne von § 9 Abs. 1 KStG behandelt werden kann. Mit dieser Regelung ist sichergestellt, dass zum einen die Gewinnanteile des Komplementärs, die nicht auf dessen Beteiligung am Grundkapital beruhen, nicht in das körperschaftsteuerliche Ergebnis der KGaA eingehen. Zum anderen wird aber auch klargestellt, dass die von der KGaA an den Komplementär auf dessen mögliche gleichzeitige Beteiligung als Kommanditaktionär ausgeschütteten Gewinnanteile den körperschaftsteuerlichen Gewinn der KGaA nicht mindern dürfen. Welcher **Gewinnanteil dem Komplementär** zusteht, ist gem. § 278 Abs. 2 AktG **nach handelsrechtlichen Vorschriften** zu ermitteln. Dabei kann eine vereinfachte und rein interne »Sonderbilanz« innerhalb der KGaA aufgestellt werden, die unabhängig von dem nach den allgemeinen Bilanzierungsregeln aufzustellenden Jahresabschluss der KGaA zu sehen ist (*Bacher* DB 1985, 2117, 2119). Dieses Rechenwerk unterliegt dabei insbesondere nicht den strengen Kapitalerhaltungsvorschriften für Kapitalgesellschaften (MünchHdb GesR IV/*Kantenwein* § 80 Rn. 21). Für steuerliche Zwecke kann zum Zwecke der Durchführung der Abgrenzung der Einkünfte von Komplementär und KGaA eine einheitliche und gesonderte Gewinnfeststellung im Sinne von § 180 AO durchgeführt werden (MünchHdb GesR IV/*Kantenwein* § 80 Rn. 23; *Bacher* DB 1985, 2117, 2119).

Der nach der vorstehenden Darstellung ermittelte Gewinn der KGaA nach Abgrenzung des auf den Komplementär entfallenden Gewinnanteils ist nach allgemeinen Bestimmungen der Körperschaftsteuer zu unterwerfen. Insoweit ergeben sich auch für das **Besteuerungsverfahren** und den **Steuersatz** keine Besonderheiten gegenüber anderen Körperschaftsteuersubjekten. Als Kapitalgesellschaft unterliegt die KGaA kraft Rechtsform gem. §§ 2 Abs. 2 Satz 1 i. V. m. 2 Abs. 1 Satz 1 GewStG der **Gewerbesteuer**. Ähnlich der Körperschaftsteuer wird bei der Gewerbesteuer der nach den §§ 7 ff. GewStG zu ermittelnde Gewerbeertrag der Besteuerung unterworfen. Bei der KGaA wird dabei der auf den Komplementär entfallende Gewinnanteil gem. § 8 Nr. 4 GewStG dem steuerlichen Gewinn der KGaA wieder hinzugerechnet, wenn und soweit er das körperschaftsteuerliche Ergebnis, das Ausgangspunkt der Besteuerung mit Gewerbesteuer ist, gemindert hat. Um eine **Doppelbelastung zu vermeiden**, wird auf Ebene des Komplementärs gem. § 9 Nr. 2b GewStG der bei der Besteuerung der KGaA mit Gewerbesteuer belastete Gewinnanteil des Komplementärs von dem Gewerbeertrag abgezogen. 82

Der Komplementär erzielt mit den von der KGaA bezogenen Zahlungen, wie bereits ausgeführt, grundsätzlich **Einkünfte aus Gewerbebetrieb** im Sinne von § 15 Abs. 1 Nr. 3 EStG. Insoweit findet auf seiner Ebene eine eigene Gewinnermittlung statt, die auch ein mögliches Sonderbetriebsvermögen und Sonderbetriebseinnahmen des Komplementärs aus seiner Beteiligung an der KGaA berücksichtigt. Nicht zum Sonderbetriebsvermögen des Komplementärs gehören allerdings etwa von ihm gehaltene Kommanditaktien. Insoweit sind die für die Beteiligung eines Kommanditisten an der Komplementär- GmbH entwickelten Grundsätze nicht auf die Situation bei der KGaA übertragbar (BFH BStBl. II 1989, 881). Vielmehr unterliegen die dem Komplementär aus den Kommanditaktien zufließenden Dividenden – wie bei allen Kommanditaktionären – der Besteuerung als **Einkünfte aus Kapitalvermögen**. Welcher Ertragsteuerart die Einkünfte der Komplementärs aus Gewerbebetrieb gem. § 15 Abs. 1 Nr. 3 EStG letztlich unterliegen, hängt von der Rechtsform des Komplementärs ab. Handelt es sich um eine natürliche Person, werden die Einkünfte der ESt unterworfen. Ist der Komplementär dagegen eine Kapitalgesellschaft, findet auf deren Ebene eine eigene Ermittlung von deren körperschaftsteuerlichem Gewinn statt, in die auch die Einkünfte aus der KGaA eingehen. Das Ergebnis dieser steuerlichen Gewinnermittlung unterliegt dann auf Ebene des Komplementärs der Körperschaftsteuer. Die darüber hinausgehende Frage, ob die Einkünfte des Komplementärs aus der KGaA der **Gewerbesteuer** unterliegen, hängt zunächst davon ab, ob der Komplementär selbst gewerbebetrieblich tätig ist. Dabei gilt auch für das Steuerrecht die grundsätzliche Feststellung, dass die Übernahme der persönlichen Haftung in einer KGaA nicht zur Annahme eines entsprechenden Gewerbebetriebs ausreicht. Handelt es sich bei dem Komplementär daher um eine natürliche Person, die dementsprechend nicht kraft ihrer Rechtsform Gewerbesteuersubjekt und die auch nicht anderweitig gewerblich tätig ist, sind die Einkünfte des Komplementärs aus der KGaA nicht der Gewerbesteuer zu unterwerfen (MünchHdb GesR IV/*Kantenwein* § 80 Rn. 36; *Graf* DStR 1991, 1376). In den anderen Fällen – der persönlich haftende Gesellschafter ist anderweitig gewerblich tätig oder unterliegt der Gewerbesteuer kraft Rechtsform – sind seine Einkünfte aus der KGaA in den Gewerbeertrag mit einzubeziehen. Wenn die KGaA diese Einkünfte aber wegen der Hinzurechnungsvorschrift in § 8 Nr. 4 GewStG der Gewerbesteuer unterworfen hat, werden sie bei der Gewerbebesteuerung des Komplementärs gem. **§ 9 Nr. 2b** GewStG aus dessen Gewerbeertrag gekürzt. 83

Im Hinblick auf die Besteuerung der den Kommanditaktionären zufließenden **Dividenden** aus der KGaA ergeben sich keine Besonderheiten. Insoweit kommt es darauf an, welche Rechtsform die Kommanditaktionäre besitzen und ob sie die Kommanditaktien in einem Privat- oder Betriebsvermögen halten. Sie unterliegen demgemäß entweder dem einkommensteuerlichen Teileinkünfteverfahren, den körperschaftsteuerlichen Freistellungen gem. § 8b KStG oder neuerdings auch der Abgeltungssteuer im Rahmen der einkommensteuerlichen Besteuerung von Einkünften aus Kapitalvermögen. Durch die weitgehende Gleichstellung bei der Bewertung von Anteilen an Personen- und Kapitalgesellschaft in § 97 BewG im Rahmen des **Gesetzes zur Reform des Erbschaftsteuer- und Bewertungsrechts vom 24.12.2008** sind die Gestaltungsüberlegungen im Hinblick auf die bis dahin geltende Unterschiede in der steuerlichen Behandlung von Personen- und 84

Kapitalgesellschaftsanteilen im Wesentlichen obsolet. Insoweit gilt hinsichtlich der KGaA zwar nach wie vor die Besonderheit, dass die Kommanditaktien den erbschaftsteuerlichen Regeln für Kapitalgesellschaftsanteile und die Anteile des Komplementärs den Bestimmungen für Personengesellschaftsanteile unterliegen. Entscheidende Unterschiede in der steuerlichen Belastung ergeben sich hieraus aber nicht (mehr).

I. Die KGaA als verbundenes Unternehmen

85   Grundsätzlich ergeben sich für KGaA in konzernrechtlicher Hinsicht keine Besonderheiten. So unterliegt die KGaA über § 278 Abs. 3 AktG den **allgemeinen konzernrechtlichen Bestimmungen des Aktienrechts** gem. §§ 291 ff. AktG (Münch-Hdb GesR IV/*Herfs* § 77 Rn. 70). Dementsprechend kann eine KGaA durch Abschluss eines Unternehmensvertrages zum herrschenden oder beherrschten Unternehmen eines **Vertragskonzerns** werden. Zu beachten ist dabei, dass der Unternehmensvertrag gem. § 285 Abs. 2 Satz 1 AktG in jedem Fall der Zustimmung sämtlicher persönlich haftenden Gesellschafter der KGaA bedarf, da es sich dabei um ein **Grundlagengeschäft** im Sinne der vorgenannten Vorschrift handelt (KölnKomm AktG/*Mertens/Cahn*, Vorb. § 278 Rn. 21; Schütz/Bürgers/Riotte/*Fett* Die Kommanditgesellschaft auf Aktien § 12 Rn. 13).

86   Die KGaA kann darüber hinaus auch **Teil eines faktischen Konzerns** sein und daher den Bestimmungen der §§ 311 ff. AktG unterliegen. Besonderheiten bestehen dabei aber im Hinblick auf die Anwendung der Abhängigkeitsvermutung gem. § 17 AktG auf die KGaA. So wird gem. § 17 Abs. 2 AktG von einer im Mehrheitsbesitz eines anderen Unternehmens stehenden Gesellschaft vermutet, dass Letztere von Ersterem abhängig ist. Bei der KGaA kann diese Vermutung aber nicht durchgreifen: Besitzt ein Unternehmen die Mehrheit der Kommanditaktien einer KGaA, kann es auf diese Weise noch bei Weitem nicht den Einfluss auf die KGaA und ihre Geschäftsführung ausüben wie ein Mehrheitsaktionär auf Ebene der AG. Während der Mehrheitsaktionär der AG in der Hauptversammlung einen ihm genehmen Aufsichtsrat wählen kann, der seinerseits für die Besetzung des Vorstands und damit des Geschäftsführungsorgans zuständig ist, reichen die Einflussmöglichkeiten des mehrheitlich beteiligten Kommanditaktionärs nicht über die Möglichkeit zur Wahl des Aufsichtsrats hinaus. Da der Aufsichtsrat der KGaA im Hinblick auf die Bestellung der geschäftsführenden Gesellschafter keine Rechte besitzt, endet der Einfluss des Kommanditaktionärs mit der Wahl des Aufsichtsrats. Dementsprechend wird von der überwiegenden Meinung im Schrifttum die Ansicht vertreten, dass **die Anwendbarkeit der Abhängigkeitsvermutung gem. § 17 Abs. 2 AktG auf die KGaA dann nicht in Betracht kommt**, wenn die Abhängigkeit durch einen mehrheitlich beteiligten Kommanditaktionär vermittelt werden soll (GroßkommAktG/*Assmann/Sethe* Vor. § 278 Rn. 79; Schütz/Bürgers/Riotte/*Fett* Die Kommanditgesellschaft auf Aktien § 12 Rn. 27).

87   Zwischen **dem Komplementär und der KGaA besteht gewöhnlich kein Konzernverhältnis**. Dies gilt nach allgemeiner Meinung auch für die KGaA, deren alleiniger persönlich haftender Gesellschafter eine Kapitalgesellschaft ist. Insoweit führt die Übernahme der persönlichen Haftung als Komplementär einer KGaA (allein) nicht zu der Unternehmenseigenschaft des persönlich haftenden Gesellschafters im konzernrechtlichen Sinne und zwar unabhängig davon, ob es sich bei dem Komplementär um eine natürliche oder eine juristische Person handelt (KölnKomm AktG/*Mertens/Cahn*, Vorb. § 278 Rn. 24; GroßkommAktG/*Assmann/Sethe* § 278 Rn. 76; *Hüffer* AktG, § 15 Rn. 11; MünchHdb GesR IV/*Herfs* § 77 Rn. 70; Schütz/Bürgers/Riotte/*Fett* Die Kommanditgesellschaft auf Aktien § 12 Rn. 40). Dementsprechend ergeben sich auch für die Form der GmbH & Co. KGaA keine Besonderheiten. Hat die GmbH keine andere Funktion als die Übernahme der persönlichen Haftung bei der KGaA, ist sie kein Unternehmen im konzernrechtlichen Sinne und handelt es sich bei der GmbH & Co. KGaA nicht um einen Konzern (MünchHdb GesR IV/*Herfs* § 77 Rn. 70). Etwas anderes gilt allerdings dann, wenn es sich bei dem persönlich haftenden Gesellschafter der KGaA selbst um ein Unternehmen im konzernrechtlichen Sinn handelt. Dies ist dann der Fall, wenn der Komplementär noch eigenständige unternehmerische Interessen außerhalb der KGaA verfolgt (KölnKomm AktG/*Mertens/Cahn*, Vorb. § 278 Rn. 25). Insoweit ist an die Fälle zu denken, in denen sich der Komplementär als persönlich haftender Gesellschafter

an mehreren KGaA (oder auch Kommanditgesellschaften) beteiligt (KölnKomm AktG/*Mertens/ Cahn*, Vorb. § 278 Rn. 25; Schütz/Bürgers/Riotte/*Fett* Die Kommanditgesellschaft auf Aktien § 12 Rn. 41). Liegt danach in Person des Komplementärs ein Unternehmen vor, so entsteht im Verhältnis zwischen dem Komplementär und der KGaA ein Konzern, ggf. unter Einschluss der weiteren von dem Komplementär geführten KGaA oder KG. Dabei kommt es nicht auf die Rechtsform des Komplementärs als herrschendem Unternehmen an. Auch die GmbH & Co. KGaA wäre in diesem Fall als Konzern im Sinne der vorstehenden Überlegungen anzusehen.

Anhang 2 AktG

Grundzüge des Konzernrechts

Übersicht	Rdn.
A. Einführung	1
I. Einordnung des Konzernrechts und seiner Ziele in das Gesellschaftsrecht	1
II. Gründe für die Konzernbildung	7
III. Problematik der Unternehmenskonzentration	9
IV. Anwendungsbereich des Konzernrechts bei internationaler Konzernierung	12
B. Strukturmerkmale und Begriffe des Konzernrechts	15
I. Verbundene Unternehmen (§ 15 AktG)	17
1. Definition	18
2. Holdinggesellschaften	21
3. Öffentliche Hand	22
4. Abhängiges Unternehmen	23
II. Mehrheitsbeteiligung und Abhängigkeit (§§ 16 und 17 AktG)	24
1. Mehrheitsbeteiligung	24
2. Abhängigkeit	30
III. Konzern (§ 18 AktG)	33
1. Unterordnungskonzern	35
2. Gleichordnungskonzern	38
IV. Wechselseitig beteiligte Unternehmen (§ 19 AktG)	39
1. Einfache wechselseitige Beteiligungen	40
2. Qualifiziert wechselseitige Beteiligungen	42
V. Mitteilungspflichten	44
C. Gruppenbildungs- und Gruppenleitungskontrolle	47
I. Gruppenbildungskontrolle bei der abhängigen Gesellschaft	49
1. Personenhandelsgesellschaften	50
2. GmbH	51
3. Aktiengesellschaft	52
II. Gruppenbildungs- und Gruppenleitungskontrolle bei dem herrschenden Unternehmen	53
1. Personenhandelsgesellschaften	54
2. GmbH	56
3. Aktiengesellschaft	57
D. Aktienkonzernrecht	59
I. Eingliederung und Ausschluss von Minderheitaktionären	60
1. Voraussetzungen und Rechtsfolgen der Eingliederung nach § 319 AktG	62
2. Voraussetzungen und Rechtsfolgen der Eingliederung durch Mehrheitsbeschluss nach § 320 AktG	66
II. Vertragskonzern	69
1. Unternehmensverträge	70
a) Beherrschungsvertrag	71
b) Gewinnabführungsvertrag	74
c) Andere Unternehmensverträge	78
2. Abschluss, Änderung, Beendigung	80
a) Vertragsabschluss	81
b) Vertragsänderung	85
c) Vertragsbeendigung	90
3. Rechtsfolgen bei Abschluss von Unternehmensverträgen	95
a) Sicherung des Gesellschaftsvermögens gem. §§ 300 bis 303 AktG	97
b) Schutz der außenstehenden Aktionäre gem. §§ 304 bis 307 AktG	101
4. Leitungsmacht und Haftung bei Vorliegen eines Beherrschungsvertrages	108
III. Faktischer Aktienkonzern	117
1. Voraussetzungen und Grenzen des faktischen AG-Konzerns	119
2. Nachteilsausgleich und Haftung	123
3. Abhängigkeitsbericht und Sonderprüfung	127
4. Qualifizierte Nachteilszufügung	128
E. GmbH-Konzernrecht	130
I. Vertragskonzern	133
1. Vertragsabschluss	134
2. Vertragsbeendigung	137
3. Haftung des herrschenden Unternehmens	138
II. Abhängigkeit und einfacher GmbH-Konzern	141
1. Anwendbare Rechtsgrundsätze, insbesondere Treuepflicht und Schädigungsverbot	142
3. Rechtsfolgen einer Treuepflichtverletzung	145
III. Qualifizierte Schädigung und Existenzvernichtungshaftung	146
1. Haftungstatbestand	148
2. Rechtsfolgen	150
F. Konzernrecht der Personenhandelsgesellschaften	152
I. Allgemeines	152
II. Personenhandelsgesellschaft als abhängiges Unternehmen	153
1. Einfache Abhängigkeitsverhältnisse	154
2. Konzernabhängigkeit	155
III. Personenhandelsgesellschaft als herrschendes Unternehmen	156
IV. Gläubigerschutz	157

G.	Konzernrecht der Societas Europaea (SE)	158	II.	Befreiung von Offenlegungspflichten zugunsten der Tochtergesellschaften 171
I.	Supranationale Rechtsform...........	158	J.	**Konzerninsolvenzrecht**................ 172
II.	Konzernrechtliche Dimension	159	I.	Gesetz zur Erleichterung der Bewältigung von Konzerninsolvenzen 172
H.	**Kapitalmarktrechtliche Verhaltenspflichten des Konzerns**	161	II.	Geltendes Deliktsrecht als flankierende Maßnahme........................ 176
I.	Einleitung......................	161	K.	**Arbeitsrecht im Konzern** 177
II.	ad-hoc-Publizität im Konzern........	166	L.	**Steuerrecht im Konzern** 179
III.	Informationsdeliktshaftung..........	167		
I.	**Konzernrelevante Berichtspflichten**	168		
I.	Offenlegungspflichten	169		

A. Einführung

I. Einordnung des Konzernrechts und seiner Ziele in das Gesellschaftsrecht

Das Konzernrecht ist das **Recht der verbundenen Unternehmen im weitesten Sinn** und als solches 1
eine **Teildisziplin des Gesellschaftsrechts**. Es ist ein Sammelbegriff mit fehlender Randschärfe für die durch bestimmte Formen der Unternehmensverbindung aufgeworfenen gesellschaftsrechtlichen Fragen für die betroffenen Unternehmen, ihre Gesellschafter sowie Gläubiger und bezieht sich auf sämtliche Gesellschaftsformen und Stiftungen, obwohl lediglich das AktG seit dem Reformgesetz 1965 in §§ 15 ff. AktG und dem Dritten Buch (§§ 291 ff. AktG) ausführliche Regelungen zu »verbundenen Unternehmen« enthält. Es ist aber allgemein anerkannt, dass die Verbindung einer Personenhandelsgesellschaft oder GmbH zu anderen Gesellschaften durch die analoge Anwendung aktienrechtlicher Vorschriften und durch richterliche Rechtsfortbildung zu regeln ist.

Schon lange vor Einführung der Regelungen im AktG 1965 hatte in den 20 Jahren des letzten 2
Jahrhunderts eine breite konzernrechtliche Diskussion in Deutschland eingesetzt, befördert durch die grundsätzliche Erlaubnis der Kartellierung und Konzentration von Unternehmen. Sie hatte zuvörderst **organisationsrechtliche Fragen** zum Gegenstand, um verschiedene Rechts- und Beteiligungsformen des Gesellschaftsrechts der Kartellierung und Konzentration zugänglich zu machen. Erst allmählich, im Zuge der Normierung von Einzelfragen, setzte sich die Vorstellung der Notwendigkeit einer **umfassenden Reform und Kodifizierung des Konzernrechts** durch, die im Reformgesetz 1965 mündete. Stärker als der Gesetzgeber haben Rechtsprechung und Lehre zur Fortentwicklung des Konzernrechts sowohl der AG als auch, mangels Kodifizierung in besonderem Maße, der GmbH beigetragen.

Der Konzern ist eine **Phase im Prozess der Unternehmenskonzentration**. An deren Anfang steht 3
meist die bloße Beteiligung von Unternehmen an anderen, vormals selbstständigen Unternehmen. Werden diese Beteiligungen sukzessive oder in einem Schritt über eine bestimmte Größenordnung oder Qualität hinaus ausgebaut, entstehen abhängige Unternehmen und Konzerne. Auf diese auf gesellschaftsrechtlicher Basis sich gründenden Unternehmensverbindungen beschränkt sich der Konzernbegriff, obgleich im Wirtschaftsleben von großer Bedeutung auch Vertragsgestaltungen sind, die zur Abhängigkeit einer Partei führen, ohne dass die Beteiligten in irgendeiner Form gesellschaftsrechtlich verbunden sind.

Das Konzernrecht befasst sich vor allem mit den gesellschaftsrechtlichen Voraussetzungen und 4
Folgen einer Verbindung mehrerer rechtlich selbstständiger Unternehmen zu einer wirtschaftlichen Einheit. Dabei geht es zum einen um die **Zulässigkeit** und die gesellschaftsrechtlichen Voraussetzungen solcher Unternehmensverbindungen, insbesondere die **Schranken**, die der Verfolgung der spezifischen Interessen des Mehrheits- oder Alleingesellschafters zu setzen sind, zum anderen um die **Auswirkungen** der Unternehmensverbindung auf die Verfassung der an ihr beteiligten Gesellschaften. Im Vordergrund des Interesses stehen in dem Zusammenhang die aus Unternehmenszusammenschlüssen resultierenden Gefahren für das abhängige Unternehmen, aber auch für seine außenstehenden Gesellschafter und Gläubiger. Seit einigen Jahren rücken zunehmend auch die Interessen der außenstehenden Gesellschafter des herrschenden Unternehmens in das Blick-

feld. Ziel der in vielen Bereichen weiterhin im Fluss befindlichen Konzernrechtsentwicklung ist dabei nicht die generelle Verhinderung oder Steuerung des Konzernierungsvorgangs, sondern die Ausformung eines für die jeweilige Art von Unternehmensverbindung passenden Schutz- und Organisationsrechts, das die Konflikte und Risiken der Unternehmenskonzentration minimiert und einen interessengerechten Ausgleich zwischen den Beteiligten schafft, ohne die Vorteile der Konzernierung zu beseitigen (s. vor allem §§ 311 ff. AktG). In dem Sinne versteht sich das Konzernrecht als **Gefahrenabwehr durch die Lösung spezifischer Interessenkonflikte** (vgl. *Altmeppen* ZHR 2007, 320 ff.; *Hüffer* AktG, § 15 Rn. 3; *Vetter* ZHR 2007, 342 ff.), die aus der unternehmerischen Betätigung einer juristischen oder natürlichen Person in mindestens einem anderen Unternehmensträger entstehen.

5 Sachlich und terminologisch ist es wichtig sich in dem Zusammenhang zu vergegenwärtigen, dass der **Konzern selbst keine einheitliche juristische Person** ist (vgl. *Baumbach/Hopt*, 35. Aufl. 2012, § 105 Rn. 100) und dem entsprechend als solcher auch keine Arbeitnehmer, Schulden, Forderungen oder sonstige Rechtspositionen hat. Es gibt auch **keine Organe des Unternehmensverbunds** (vgl. *Lutter* FS Stimpel, S. 832). Im Konzern bewegen sich juristisch nach wie vor selbstständige Unternehmen lediglich innerhalb eines einheitlichen wirtschaftlichen Konzeptes (Lutter/*Lutter/Trölitzsch* Holding-Handbuch, § 7 Rn. 1). Es herrscht demzufolge rechtliche Vielfalt bei gleichzeitiger wirtschaftlicher Einheit (vgl. auch § 15 AktG). So gesehen bildet der Konzern als Unternehmensverbund den begrifflichen und dogmatischen Gegensatz zum Einheitsunternehmen. Spezifisch für den Unternehmensverbund, den der Gesetzgeber mit Blick auf § 15 AktG als gesellschaftsrechtliches Phänomen begreift, ist die über eine bloße schuldrechtliche Verbindung hinausgehende organisatorische Verknüpfung. Ein anderer, betriebswirtschaftlich geprägter Begriff des Konzerns lautet: »Als Konzernunternehmung soll [...] jede Mehrheit juristisch selbstständiger Unternehmen und Betriebe bezeichnet werden, die als wirtschaftliche Einheit in personeller, institutioneller, funktioneller oder struktureller Hinsicht zeitlich befristet oder auf Dauer ein gemeinsames wirtschaftliches Ziel verfolgen, welches im Rahmen entsprechender Planungen Berücksichtigung findet« (vgl. *Binder* S. 11). Dieser Begriff enthält keine alternative rechtliche Interpretation des Konzerns, sondern stellt dem rechtlichen Begriff bewusst eine betriebswirtschaftliche Sicht der Organisationsform einer Konzernunternehmung gegenüber (Lutter/*Lutter* Holding-Handbuch, § 1 Rn. 33 Fn. 1).

6 Außerhalb der Konzernrechts wird der Konzern auch in zahlreichen anderen Rechtsgebieten relevant, etwa im **Steuerrecht** durch die Zulassung des Gewinn- und Verlustausgleichs innerhalb sog. Organschaftsverhältnisse (s. dazu näher Rdn. 179 ff.), im **Bilanzrecht** durch spezifische Konzernrechnungslegungsvorschriften zum Konzernabschluss und Konzernlagebericht gem. §§ 290 ff. HGB und §§ 11 ff. PublG (s. dazu auch Rdn. 169 ff.), im **Kartellrecht** durch die Fusionskontrollvorschriften des Art. 101 f. AEUV, in der FKVO und in den §§ 35 ff. GWB, im **Kapitalmarktrecht** u. a. durch §§ 29, 30 Abs. 1 Nr. 1 und 2 WpÜG, die Zurechnungstatbestände sowie § 24 WpHG (s. dazu Rn. 163 ff.), im **Recht der Mitbestimmung** und dem sog. **Konzernarbeitsrecht** (s. dazu Rdn. 177 f.) sowie im allgemeinen **Zivilrecht** durch den Bezug auf die für das herrschende Unternehmen und ihre Organe geltenden Verkehrssicherungspflichten und Wissenszurechnungen.

II. Gründe für die Konzernbildung

7 Während die unabhängige Einzelgesellschaft das gesetzgeberische Leitbild im Gesellschaftsrecht ist, ist im Wirtschaftsleben eine Gesellschaft nicht selten Teil einer größeren Unternehmensgruppe. So sind schätzungsweise 2/3 der bestehenden Aktiengesellschaften und ein Großteil der Gesellschaften mbH konzernverflochten (empirische Daten zur Konzernverflechtung einzelner Unternehmensformen bei: *Meyer* GmbHR 2002, 177; 242; *Monopolkommission* 19. Hauptgutachten 2010/2011, BT-Drucks. 17/10365; Daten zur Unternehmensstatistik liefert: *Kornblum* GmbHR 2008, 19). Die Gründe für eine Konzernbildung sind vielfältig und können bspw. die Konsequenz externen Wachstums durch **Beteiligungserwerbe** sein, oder sich durch interne **Umstrukturierungen** (etwa Ausgliederungen, Abspaltungen) ergeben, durch die die organisatorische Flexibilität in einem Unternehmensverbund, etwa durch Diversifikationen der Angebots- und Lieferpalette, erhöht oder

Rationalisierungsmöglichkeiten des Produktionsablaufes erreicht oder Synergieeffekte z. B. durch Kombination verschiedener Fertigungsstufen genutzt werden sollen. Die Gründe für die Konzernbildung können auch **Wirtschaftlichkeitssteigerungen** und eine **Rationalisierung** etwa durch Gewinnpooling oder gegenseitige Dividendenzusagen sein.

Des Weiteren wird die Konzernspitze durch eine Konzernierung von laufenden operativen Entscheidungen lokaler Bedeutung entlastet und kann sich auf **konzernübergreifende Unternehmensziele konzentrieren**. Die lediglich wirtschaftliche Verflechtung von Unternehmen kann dabei vorteilhafter sein als bspw. eine Verschmelzung, also die juristische Vereinigung von mindestens zwei Rechtsträgern im Wege der Gesamtrechtsnachfolge, die als intensivste Form der wirtschaftlichen Konzentration zum Verlust der rechtlichen Selbstständigkeit mindestens eines Teils führt: Während nämlich für die Verschmelzung zweier Aktiengesellschaften durch Aufnahme eine Mehrheit von 3/4 des vertretenen Grundkapitals nach § 65 Abs. 1 Satz 1 UmwG und für die Verschmelzung unter Beteiligung einer GmbH eine Mehrheit von 3/4 der abgegebenen Stimmen nach § 50 Abs. 1 Satz 1 UmwG erforderlich ist, kann eine Kapitalgesellschaft bereits dann in einen Konzern eingebunden werden, wenn mehr als 50 % ihres Kapitals in der Hand einer anderen Gesellschaft sind (Emmerich/Habersack/*Emmerich*, § 15 Rn. 14). Denn unter dem Regime des Mehrheitsprinzips reicht nach § 133 Abs. 1 AktG bzw. § 47 Abs. 1 GmbHG, von satzungsmäßigen Abweichungen abgesehen, ein Kapitalanteil von mehr als 50 % aus, um die Geschicke einer Gesellschaft durch die Fassung von Beschlüssen zu lenken. Zudem bietet die Konzernbildung gegenüber einer Verschmelzung den Vorteil, dass der erforderliche Kapitaleinsatz deutlich unter dem bei der Verschmelzung bzw. dem vollständigen Erwerb eines Unternehmens liegt. Schließlich ermöglicht die Gründung einer Tochtergesellschaft, auf die dann bestimmte Unternehmensteile übertragen werden, die **Verlagerung von Haftungsrisiken**, indem besonders risikoträchtige und -behaftete Unternehmensteile in neu zu gründende Tochtergesellschaften eingebracht werden (vgl. *Raiser/Veil* § 50 Rn. 23).

III. Problematik der Unternehmenskonzentration

Der Konzern ist vor einiger Zeit treffend als »Sprengkörper des klassischen Gesellschaftsrechts« bezeichnet worden (*Lutter* ZGR 1987, 333). Die Problematik der Unternehmenskonzentration für das Gesellschaftsrecht ergibt sich dabei daraus, dass sich die gesellschaftsrechtlichen Organisationsgesetze durchweg am **Leitbild der unabhängigen Gesellschaft** orientieren, bei der ein ausgewogenes System den natürlichen Gleichlauf der Interessen der Gesellschaft, der Gesellschafter und letztlich auch der Gesellschaftsgläubiger an einer erfolgreichen Geschäftstätigkeit »ihrer Gesellschaft« gewährleistet. Bei verbundenen Unternehmen ist dieser »**natürliche Interessengleichlauf**« dagegen nicht mehr ohne Weiteres gegeben, da etwa die an einer Vielzahl von Unternehmen beteiligte Konzernspitze durchaus ein wirtschaftliches Interesse daran haben kann, die Geschicke einzelner Tochtergesellschaften zum Wohle des Konzernganzen oder auch nur einzelner Beteiligungsgesellschaften zu vernachlässigen. Der Interessengleichlauf und die »natürliche Interesseneinheit« aller Gesellschafter, gerichtet auf die Förderung des gemeinsamen Zieles gerade in ihrer Gesellschaft, entfallen und es besteht die Gefahr, dass ein Unternehmen einer einheitlichen Leitung und damit regelmäßig einer externen Planungs- und Entscheidungsinstanz unterstellt und ggf. in ein Zielsystem integriert wird, das nicht auf seinen Bestand und seine Entwicklung ausgerichtet ist. Mit anderen Worten: Im Konzern wird regelmäßig vom herrschenden Gesellschafter der **gesellschaftsrechtliche Grundkonsens aufgekündigt** (*Emmerich/Habersack*, KonzernR § 1 Rn. 19 ff.) und es besteht die Gefahr, dass er die Rechte aus der Beteiligung zum Nachteil der beherrschten Gesellschaft für seine sonstigen Interessen nutzbar macht (sog. **Konzernkonflikt**). Dabei erweist sich als realwirtschaftliche Gefahr, dass die Konzernierung mittels eines Systems von Tochtergesellschaften und Überkreuzbeteiligungen zu existenzgefährdenden Erosionen für einzelne Konzernunternehmen führen kann, bei denen letztlich nur noch deren Herauslösung bzw. zielführende Insolvenz als rechtlich und auch ordnungspolitisch adäquate Lösung verbleiben.

Vielfältige Gestaltungsmöglichkeiten und -optionen einer Konzernierung bergen nicht nur die Gefahr, dass die Konzernspitze die Interessen der abhängigen Gesellschaft zugunsten der Interessen anderer verbundener Unternehmen oder zugunsten des Konzerninteresses vernachlässigt bzw. schädigt, sondern sie gefährden auch die Interessen der an ihr beteiligten Minderheitsgesellschafter (sog. außenstehende Gesellschafter) und Gläubiger und eventuell sogar die der Minderheitsgesellschafter des herrschenden Unternehmens. Denn die auf die selbstständige Gesellschaft zugeschnittenen und vor allem innerhalb dieser Gesellschaft ansetzenden Regeln des »allgemeinen« Gesellschaftsrechts zum Schutze der Minderheit, der Gläubiger und zur Kontrolle der Leitungsmacht reichen in der besonderen Situation einer abhängigen Gesellschaft nicht mehr unbedingt aus. Ein Teilnahmerecht an der Haupt- bzw. Gesellschafterversammlung der abhängigen Gesellschaft und ein entsprechendes **Stimmrecht** nützen einem Minderheitsgesellschafter bspw. genauso wenig wie ein bloßes Auskunftsrecht oder die Möglichkeit, Beschlüsse, die seine Rechte rechtswidrig beeinträchtigen, anzufechten, wenn die wesentlichen Entscheidungen nicht (mehr) in der eigenen Gesellschaft, sondern in der sie beherrschenden Konzernspitze getroffen werden. Nicht wesentlich anders sieht die Situation für die Gläubiger der abhängigen Gesellschaft aus. Denn deren Interessen wird allein durch den über das **Kapitalerhaltungsrecht** gewährleisteten Erhalt des (zumeist auf den gesetzlichen Mindestnennbetrag festgelegten) Stamm- bzw. Grundkapitals nicht hinreichend Rechnung getragen, wenn das herrschende Unternehmen ansonsten alle Gewinne abzieht und so die abhängige Gesellschaft sukzessive »aushöhlen« lässt (weiter gehend: *Schneider* ZGR 1984, 497). In diesem Kontext sind für verbundene Unternehmen besondere Regeln entwickelt worden, durch die ein ausreichender Schutz der Minderheitsgesellschafter und der Gläubiger der abhängigen Gesellschaft gewährleistet werden soll.

11 Daneben wirft auch der Schutz der Interessen und Rechte der Minderheit in dem herrschenden Unternehmen konzernrechtliche Fragen auf: Wenn bspw. der Vorstand einer AG eine Tochtergesellschaft gründet und in diese den wertvollsten und gewinnträchtigsten Unternehmensteil einbringt, ohne hierzu die Zustimmung der Hauptversammlung eingeholt zu haben, so hat die **Ausgliederung von Unternehmensteilen** zur Folge, dass die Minderheitsgesellschafter des ursprünglichen, nunmehr die Tochtergesellschaft beherrschenden Unternehmens nicht mehr unmittelbar auf die Geschicke des bislang zur Gesellschaft gehörenden Unternehmensteils einwirken können. Sie verlieren insoweit ihre Stimm- und grundsätzlich auch **Auskunftsrechte**. Stattdessen nimmt nun das herrschende Unternehmen durch seinen Vorstand bzw. die Geschäftsführung die Gesellschaftsrechte in der ausgegliederten Gesellschaft wahr, sodass bspw. diese und nicht mehr die Gesellschafter des herrschenden Unternehmens über die Gewinnverteilung entscheiden (vgl. § 174 AktG, §§ 29, 46 Nr. 1 GmbHG). Das Konzernrecht kann sich angesichts dieser Gefahren nicht lediglich darauf beschränken, Schutzregeln für Gesellschafter und Gläubiger der abhängigen Gesellschaft aufzustellen, sondern muss auch den Schutzbedürfnissen der Minderheit im herrschenden Unternehmen Rechnung tragen (*Lutter* FS Harry Westermann, S. 347). Damit schließt sich wieder der Kreis zu den Grundprinzipien des Gesellschaftsrechts: Gläubigerschutz, effektiver und effizienter Schutz der Kapitalanteilseigner sowie effektive und effiziente Kontrolle der Leitungsmacht. Das Recht der verbundenen Unternehmen beinhaltet somit sowohl rechtsformübergreifende als auch rechtsformspezifische Problemfelder.

IV. Anwendungsbereich des Konzernrechts bei internationaler Konzernierung

12 Zunehmend bilden sich im Zuge der Globalisierung grenzüberschreitende Konzerne mit Unternehmen unterschiedlicher Nationalität, etwa bei Beteiligung eines ausländischen Unternehmens an einer deutschen Gesellschaft oder dem Abschluss eines Unternehmensvertrages zwischen einem deutschen und einem ausländischen Unternehmen. Da es keine positivrechtlichen Regelungen für internationale Konzerne gibt, stellt sich die Frage der Anwendbarkeit des deutschen Konzernrechts bei internationalen Unternehmensverbunden unter Beteiligung deutscher Unternehmen. Denn im Prinzip können nur »deutsche« Unternehmen der Jurisdiktion des deutschen Gesetzgebers und damit dem Konzernrecht unterliegen. Entscheidende Voraussetzung für dessen Anwendung ist daher zunächst die Beteiligung einer deutschen Gesellschaft an einem grenzüberschreitenden Konzern (R/S-L/*Koppensteiner* Anh. § 52 Rn. 27). Insofern ist zu fragen, anhand welcher Kriterien die Nationalität von Gesellschaften zu beurteilen ist. War hierfür in Deutschland die sog. **Sitztheorie**

lange Zeit maßgeblich, nach der es für die Nationalität einer Gesellschaft nicht darauf ankam, wo sie gegründet worden war, sondern wo sich ihr tatsächlicher Verwaltungssitz befindet, findet aufgrund der Rechtsprechung des EuGH heutzutage die **Gründungstheorie** in Bezug auf diejenigen Länder Anwendung, im Verhältnis zu denen **Niederlassungsfreiheit** besteht (insbesondere EU Mitgliedstaaten, USA). Danach entscheidet über die Nationalität einer Gesellschaft der Gründungsstaat, in dem sich regelmäßig auch der Satzungssitz der Gesellschaft befindet.

Der generelle Übergang zur Gründungstheorie ändert allerdings im Einzelfall nichts an der Anwendbarkeit des deutschen Konzernrechts im Wege der Sonderanknüpfung. Maßgebliche **Kollisionsregel** dafür ist, ob sich in einem Unterordnungskonzern die rechtlichen Beziehungen zwischen dem herrschenden und dem abhängigen Unternehmen nach dem Recht des abhängigen Unternehmens, d. h. im Fall einer abhängigen deutschen Gesellschaft nach deutschem Recht richten (Staudinger/*Großfeld* EGBGB/IPR IntGesR, Rn. 557 ff.). Wird die deutsche Gesellschaft von einer ausländischen Gesellschaft beherrscht, so ist nämlich sie maßgeblich betroffen und bei ihr liegt der »**Gefahrenschwerpunkt**«. Deswegen gilt hier in jedem Fall deutsches Gesellschaftsrecht (*Kegel/ Schurig* § 17 II 3a) und die konzernrechtliche Haftung richtet sich nach deutschem Recht. Nichts anderes kann aber auch für abhängige Gesellschaften mit Sitz in Deutschland gelten, die in einem anderen Mitgliedstaat der EU gegründet wurden und deshalb in Deutschland anzuerkennen sind: denn hier gebietet schon das Interesse ihrer Gesellschafter und ihrer Gläubiger den Schutz des deutschen Konzernrechts (*Emmerich/Habersack*, KonzernR § 11 Rn. 30). Andererseits gelten die deutschen Regeln über herrschende Unternehmen für solche mit Sitz im Ausland grundsätzlich nicht. Ebenso wenig ist deutsches Recht auf eine herrschende AG mit Sitz in Deutschland anzuwenden im Hinblick auf die von ihr abhängige ausländische Gesellschaft: Bei Strukturfragen, die allein die Obergesellschaft betreffen, bleibt es bei der Anwendung des deutschen Rechts (R/S-L/*Koppensteiner* Anh. § 52 Rn. 28). 13

Bei einem Vertragskonzern ist im Fall eines **Beherrschungs- oder Gewinnabführungsvertrages** zwischen einer deutschen Tochter- und einer ausländischen Muttergesellschaft davon auszugehen, dass ein solcher Vertrag zulässig ist. Aus dem steuerrechtlichen Argument, wonach es sich bei dem Organträger und bei der Organgesellschaft um jeweils inländische Gesellschaften handeln muss (§§ 14 ff. KStG), lässt sich kein gesellschaftsrechtliches Argument gewinnen (*Roth/Altmeppen* Anh. § 13 Rn. 168 ff.). Sofern die deutschen Schutzregelungen zugunsten der Gläubiger und der außenstehenden Gesellschafter im Verhältnis zur Muttergesellschaft im Ausland nicht durchsetzbar sind, werden im Schrifttum zwar Zweifel an der unbeschränkten Zulässigkeit internationaler Beherrschungsverträge geäußert, jedoch verbietet das Diskriminierungsverbot des Art. 18 AEUV jedenfalls die gesellschaftsrechtliche Behinderung internationaler Unternehmensverträge mit Unternehmen in EU Mitgliedstaaten (vgl. nur BGHZ 119, 1 »Asea/BBC I«; BGHZ 138, 136 »Asea/BBC II«; Bayer ZGR 1993, 599, 612 f.; Einsele, ZGR 1996, 40, 47 ff.). Grenzüberschreitende Beherrschungs- und Gewinnabführungsverträge mit der abhängigen deutschen Gesellschaft sind danach zulässig und unterliegen der deutschen Rechtsordnung. Für die **Unternehmensverträge** i. S. d. § 292 AktG gilt kollisionsrechtlich nichts anderes als für Beherrschungs- und Gewinnabführungsverträge. 14

B. Strukturmerkmale und Begriffe des Konzernrechts

Der Konzern ist nach § 18 AktG ein Zusammenschluss mehrerer Unternehmen unter einheitlicher Leitung in der Weise, dass die zusammengeschlossenen Einzelunternehmen rechtlich selbstständig bleiben, oder, mit anderen Worten, eine wirtschaftliche Einheit bei gleichzeitiger rechtliche Vielheit. Der Konzern ist keine eigene Rechtsform, keine juristische Person mit eigenen Organen und besitzt auch keine eigene Rechtspersönlichkeit. 15

Spezifische konzernrechtliche Regelungen finden sich allein in den §§ 15 ff. und §§ 291 ff. AktG. Sie regeln die Beziehungen verbundener Unternehmen jedoch nur partiell und mit unterschiedlichen Anwendungsbereichen. So sind die Regelungen über den Schutz der Minderheitsgesellschafter und Gläubiger der abhängigen Gesellschaft in den §§ 291 bis 328 AktG unmittelbar nur anwendbar, wenn an der Unternehmensverbindung eine deutsche AG oder KGaA beteiligt ist. Demgegenüber 16 enthalten die §§ 15 bis 22 AktG gleichsam den »allgemeinen Teil« des Rechts der verbundenen Unternehmen in Form von Definitionen der wichtigsten konzernrechtlichen Begriffe (§§ 15 bis 19 AktG) sowie durch Begründung verschiedener Mitteilungspflichten (§§ 20 bis 22 AktG). Da sie rechtsformneutral von »Unternehmen« sprechen, sind diese Normen und damit die aktiengesetzlichen Begrifflichkeiten in ihrer Konkretisierung durch Rechtsprechung und Literatur rechtsformübergreifend anwendbar und gelten daher für das Konzernrecht der Aktiengesellschaften, Gesellschaften mbH und Personenhandelsgesellschaften grundsätzlich gleichermaßen.

I. Verbundene Unternehmen (§ 15 AktG)

17 Am Beginn der Regelungen in §§ 15 bis 19 AktG steht in § 15 AktG eine Definition des Begriffs der »verbundenen Unternehmen«. Verbundene Unternehmen sind danach rechtlich selbstständige, im Verhältnis zueinander im Mehrheitsbesitz stehende Unternehmen und mit Mehrheit beteiligte Unternehmen (§ 16 AktG), abhängige und herrschende Unternehmen (§ 17 AktG), Konzernunternehmen (§ 18 AktG), wechselseitig beteiligte Unternehmen (§§ 19, 328 AktG) sowie die Vertragsbestandteile eines Unternehmensvertrages (i. S. d. §§ 291, 292 AktG). Hinzu kommen noch die an einer Eingliederung beteiligten Unternehmen (§§ 319, 320 AktG). Die Regelungen in §§ 15 bis 19 AktG gelten für alle rechtlich selbstständigen Unternehmen ohne Rücksicht auf ihre Rechtsform und Nationalität (BAGE 110, 100, 115). Sie sind daher auf alle Kapital- und Personenhandelsgesellschaften sowie Vereine, Stiftungen und Einzelkaufleute mit Sitz in Deutschland anzuwenden, unabhängig davon, ob es sich dabei um in- oder ausländische Unternehmen handelt.

1. Definition

18 Die Definition des Begriffs »**verbundene Unternehmen**« in § 15 AktG ist von zentraler Bedeutung für das Konzernrecht. Zum einen dient sie als **zusammenfassende Begriffsbestimmung** für diejenigen Vorschriften, die für sämtliche Unternehmensverbindungen zugleich gelten (vor allem §§ 90 Abs. 1 Satz 2, Abs. 3 Satz 1, 131 Abs. 1 Satz 2 AktG). Zum anderen stellt § 15 AktG ausdrücklich klar, dass allein **Unternehmen** an Unternehmensverbindungen im Sinne des Konzernrechts beteiligt sein können. Da das Aktiengesetz die gesetzliche Beschränkung des Anwendungsbereichs des Konzernrechts auf Unternehmen aber selbst nicht streng einhält und sich im Laufe der Diskussion über den Unternehmensbegriff die Erkenntnis durchgesetzt hat, dass es in erster Linie auf die Schutzrichtung der gesetzlichen Regelung zur Vermeidung von Konzernkonflikten ankommt, steht heutzutage, aufbauend auf einem weiten Verständnis des Unternehmensbegriffs, der teleologische oder **zweckorientierte Unternehmensbegriff** im Mittelpunkt (vgl. *Emmerich/Habersack*, KonzernR § 2 Rn. 5 ff.; MüKo AktG/*Bayer*, 3. Aufl., 2008, § 15 Rn. 10). Insofern ist jeder Gesellschafter und insbesondere Aktionär, ohne Rücksicht auf seine Rechtsform, ein Unternehmen i. S. d. § 15 AktG, der neben dem Interesse an der beteiligten Gesellschaft noch gesellschaftsfremde Interessen wirtschaftlicher Art hat, die als solche stark genug sind die Gefahr zu begründen, dass diese Interessen vorrangig zulasten der Gesellschaft verfolgt werden und einen Konzernkonflikt provozieren, denen das Konzernrecht gerade begegnen will (BGH ZIP 1997, 889). Allein die Eigenschaft als Mehrheits- oder sogar Alleingesellschafter einer Gesellschaft reicht daher grundsätzlich nicht aus, um die Unternehmereigenschaft dieses Gesellschafters im Sinne des Konzernrechts zu konstituieren. Es muss vielmehr ein eigenständig betriebenes Unternehmen oder aber eine maßgebliche Beteiligung an einer weiteren Gesellschaft hinzukommen, da gerade erst aus dieser Konstellation der **wirtschaftlichen Interessenbindung auch außerhalb der Gesellschaft** die abstrakte Gefahr resultiert, dass der Gesellschafter der abhängigen Gesellschaft auch gesellschaftsfremde Interessen verfolgen wird (vgl. *Hüffer* AktG, § 15 Rn. 7). Für die wirtschaftliche Interessenbindung außerhalb der Gesellschaft kommt es dabei nicht darauf an, dass der Gesellschafter tatsächlich leitend auf das andere Unternehmen einwirkt, sondern dass er bei dieser Beteiligung die ernsthafte Möglichkeit hat, einen solchen Einfluss geltend zu machen (BGHZ 69, 334, 337 f. »Veba/Gelsenwasser«; BGHZ 148, 123, 125 ff. »MLP«; a. A. *Mülbert* ZHR 163, 1999, 1, 33 f.; vgl. dazu allg. *Emmerich/Habersack*, KonzernR § 2 Rn. 11 m. w. N.).

Da die Rechtsform des Gesellschafters keine Rolle spielt, können nicht nur Kapitalgesellschaften (AG, KGaA, GmbH und die Europäische Gesellschaft (SE), die nach Art. 10 SE-VO der AG gleichsteht, vgl. dazu unten Rdn. 158 ff.) und Personenhandelsgesellschaften (GbR, OHG, KG) ein »Unternehmen« i. S. d. Konzernrechts sein, sondern auch Genossenschaften, Vereine, Stiftungen, Einzelkaufleute und Freiberufler (zu Letzterem vgl. BGH NJW 1994, 3288), sofern sie die oben genannten Voraussetzungen erfüllen. Vereine und Stiftungen, die lediglich ihre Beteiligungen verwalten und karitativ oder gemeinnützig tätig sind, erfüllen den konzernrechtlichen Unternehmensbegriff nicht (vgl. OLG Düsseldorf NZG 2004, 622; allgemein auch: OLG Frankfurt am Main NZG 2004, 419, 420). Die Grenze zur unternehmerischen Betätigung würde hier dann überschritten, wenn sich die vermögensverwaltende Tätigkeit auf maßgebliche Beteiligungen an anderen, unternehmerisch tätigen Gesellschaften erstreckt. Dagegen kann ein Minderheitsgesellschafter durchaus beherrschendes Unternehmen sein, wenn durch gleichgerichtete Mitwirkung anderer Minderheitsgesellschafter eine beständige und umfassende Einflussmöglichkeit gesichert ist (vgl. OLG Düsseldorf AG 2003, 688; OLG Karlsruhe NZG 2004, 334, 335; KG Berlin AG 2005, 398). 19

Im Fluss befindet sich gegenwärtig noch die Diskussion um die Frage, ob und gegebenenfalls unter welchen Voraussetzungen die Unternehmenseigenschaft einzelnen **Personen** zugerechnet werden kann oder bestimmte Merkmale von Personen, die zur Begründung der Unternehmenseigenschaft erforderlich sind, anderen Personen zugerechnet werden können, sodass diese unter Berücksichtigung der in ihrer Person liegenden Umstände im Ganzen als Unternehmen im Sinne des Konzernrechts zu qualifizieren sind. Die Frage stellt sich bei der Zusammenarbeit mehrerer Personen bei der Beherrschung von Gesellschaften. Solange diese Personen in einer **Außengesellschaft** organisiert sind, stellen sich keine zusätzlichen Probleme. Anders ist dies bei der Organisation dieser Personen in reinen **Innengesellschaften** wie z. B. Stimmrechtskonsortien, Ehegatten- oder Familienunternehmen, über die mehrere Personen gemeinsam Einfluss auf ein anderes Unternehmen nehmen. Sind etwa die Anteile an einem Unternehmen auf verschiedene Personen verteilt, von denen kein Gesellschafter allein in der Lage ist, Einfluss zu nehmen, diese Gesellschafter aber zur selben Familie zugehörig sind und zwischen ihnen insofern eine familiäre Interessenverknüpfung anzunehmen ist, muss sich die Frage stellen, ob die allein familiär verbundenen Gesellschafter nicht zumindest gemeinsam als maßgeblich beteiligt an dem anderen Unternehmen und damit selbst gemeinsam als Unternehmen anzusehen sind (vgl. *Klosterkemper*, Abhängigkeit von einer Innengesellschaft, S. 103 ff.; *Emmerich/Habersack*, KonzernR § 2 Rn. 16 ff.). 20

2. Holdinggesellschaften

Holdinggesellschaften sind Unternehmen, nicht selten aus steuerlichen Gründen in der Rechtsform einer Personenhandelsgesellschaft, durch die ein oder mehrere Gesellschaften ihren Anteilsbesitz an anderen Gesellschaften verwalten. Die Bedeutung derartiger Holdingkonzepte im deutschen Wirtschaftsleben ist groß. Bei Holdinggesellschaften ist im Hinblick auf deren Unternehmensqualität und die ihrer Gesellschafter zu unterscheiden: Verwalten die **Gesellschafter** der Holding de facto (weiterhin) die Beteiligung(en), die die Holding hält, indem sie die Entscheidungen treffen, bleiben die Gesellschafter der Holding auch selbst Unternehmen hinsichtlich der Gesellschaft, an der die Holding Anteile hält (weiterführend: Lutter/*Lutter* Holding-Handbuch, § 1 Rn. 33 ff.). Die **Holdinggesellschaft** ihrerseits ist jedenfalls dann Unternehmen im Sinne des Konzernrechts, wenn sie an mehreren anderen Gesellschaften maßgeblich beteiligt ist und ihren Beteiligungsbesitz selbst verwaltet oder wenn sie sich selbst noch neben der Verwaltung ihres Beteiligungsbesitzes anderweitig unternehmerisch betätigt (*Hüffer* AktG, § 15 Rn. 10). 21

3. Öffentliche Hand

Die Unternehmensqualität der Gebietskörperschaften (Bund, Länder und Gemeinden) und damit die Anwendung des Konzernrechts sind grundsätzlich geklärt. In seiner Entscheidung »Veba-Gelsenberg« entschied der BGH erstmalig, dass auch die **öffentliche Hand** Unternehmensgesellschafterin im Sinne des Konzernrechts sein könne (BGHZ 69, 334). Im Fall der Beteiligung der öffentlichen 22

Hand an privaten Gesellschaften lasse sich ein Schutzbedürfnis der Minderheit ebenso wenig von der Hand weisen wie bei sonstigen Mehrfachbeteiligungen privater Unternehmen. Der BGH hat den Unternehmensbegriff sogar noch weiter gefasst als sonst üblich und lässt es für die Anwendung des Konzernrechts bereits genügen, wenn die öffentliche Hand nur ein in privater Rechtform organisiertes Unternehmen beherrscht (BGH ZIP 1997, 889). Denn bei der öffentlichen Hand besteht die generelle Gefahr, dass bereits aufgrund einer einseitigen Förderung der öffentlichen Aufgaben und politischen Ziele eine Benachteiligung der Minderheit eintreten können. Die öffentlichen Interessen allein können so stark sein, dass die öffentliche Hand die Interessen der Gesellschaft zurückstellt. Demzufolge ist eine Körperschaft öffentlichen Rechts bereits dann als Unternehmen anzusehen, wenn sie lediglich ein in privater Rechtform organisiertes Unternehmen beherrscht (BGHZ 135, 107; OLG Celle ZIP 2000, 1984). Auf die zusätzliche Verfolgung unternehmerischer Interessen außerhalb der Gesellschaft kommt es insoweit nicht an. Die Gebietskörperschaften müssen sich bei der Verwaltung ihrer Unternehmen insofern **per se dem Konzernrecht unterstellen** (vgl. Spindler/Stilz/*Schall* Kommentar zum AktG, 2008, § 15 Rn. 44).

4. Abhängiges Unternehmen

23 Die Anwendung des Konzernrechts auf Unternehmensverbindungen setzt nach § 15 AktG im Übrigen voraus, dass es sich auch bei der Beteiligungsgesellschaft um ein »**rechtlich selbständiges Unternehmen**« handelt. Da § 15 AktG im Interesse eines möglichst weiten Anwendungsbereichs des Konzernrechts denkbar weit auszulegen ist, genügt für die Unternehmenseigenschaft der Beteiligungsgesellschaft im Sinne des Konzernrechts jede rechtlich selbstständige Organisation ohne Rücksicht auf ihre Rechtsform oder ihren Geschäftsbetrieb. Niederlassungen i. S. d. §§ 13 ff. HGB oder Regiebetriebe einer Gebietskörperschaft erfüllen diese Voraussetzung nicht, streitig ist dies nur bei Einzelkaufleuten (OLG Stuttgart AG 2005, 125, 128).

II. Mehrheitsbeteiligung und Abhängigkeit (§§ 16 und 17 AktG)

1. Mehrheitsbeteiligung

24 § 16 AktG bestimmt, wann eine **Mehrheitsbeteiligung** eines Unternehmens i. S. d. § 15 AktG an einem anderen rechtlich selbstständigen Unternehmen ohne Rücksicht auf die Rechtsform der Beteiligten vorliegt. Die wichtigsten **Rechtsfolgen** einer Mehrheitsbeteiligungen ergeben sich aus den §§ 19 Abs. 2 und 3, 20 Abs. 4, 21 Abs. 2, 56 Abs. 2 und 71d Satz 2 AktG und vor allem aus der an die Mehrheitsbeteiligung anknüpfende Vermutung der Abhängigkeit (vgl. § 17 Abs. 2 AktG).

25 Die Mehrheitsbeteiligung gem. § 16 Abs. 1 AktG kann eine Anteils- oder Stimmenmehrheit sein. Insofern ist Voraussetzung für den **Regelungsbereich** des § 16 AktG, dass das fragliche Unternehmen **mitgliedschaftlich organisiert** ist und sein Wille nach dem **Mehrheitsprinzip** gebildet wird (vgl. § 133 Abs. 1 AktG, § 47 Abs. 1 GmbHG). Daran fehlt es bei Stiftungen und Anstalten des öffentlichen Rechts (OLG Düsseldorf AG 2008, 859, 860 »Universitätsklinikum Greifswald«). Aufgrund der für das Innenverhältnis geltenden Vertragsfreiheit kann es auch zu Abweichungen bei der GmbH und Personenhandelsgesellschaften kommen geben (*Emmerich/Habersack*, KonzernR § 3 Rn. 3). Die Einzelheiten der Berechnung der Anteils- und der Stimmenmehrheit richten sich nach § 16 Abs. 2 und 3 AktG, während § 16 Abs. 4 AktG regelt, welche Anteile als einem beteiligten Unternehmen gehörig anzusehen sind und dadurch auch Umgehungen des Anwendungsbereichs des § 16 AktG verhindern will.

26 Eine **Anteilsmehrheit** i. S. d. § 16 Abs. 1 AktG i. V. m. § 16 Abs. 2 AktG liegt vor, wenn einem Unternehmen beliebiger Rechtsform die Mehrheit der Anteile eines rechtlich selbstständigen Unternehmens »gehört« oder ihm »zusteht«. Anteilsmehrheit ist die Mehrheit der Kapitalanteile (Aktien, Geschäftsanteile an einer GmbH, Anteile am Vermögen einer Personenhandelsgesellschaft). Eine **Stimmenmehrheit** i. S. d. § 16 Abs. 1 AktG i. V. m. § 16 Abs. 3 AktG ist die Mehrheit der aus den Anteilen folgenden Stimmrechte, die bei der Willensbildung in der Hauptversammlung oder Gesellschafterversammlung ausgeübt werden können. Anteils- und Stimmenmehrheit fallen

regelmäßig aber nicht notwendigerweise zusammen. Abweichungen können sich bei Aktiengesellschaften vor allem bei der Ausgabe von Vorzugsaktien ohne Stimmrecht gem. §§ 12 Abs. 1 Satz 2, 139 ff. AktG ergeben und bei Gesellschaften mbH und Personenhandelsgesellschaften, wenn dort stimmrechtslose Geschäftsanteile, Stimmrechtsbeschränkungen oder Mehrfachstimmrechte bestehen. Für die Begründung einer Mehrheitsbeteiligung i. S. d. § 16 AktG genügt die ein oder andere Mehrheit. Sind an einem anderen Unternehmen ein Unternehmen mit Stimmenmehrheit und ein Weiteres mit Anteilsmehrheit beteiligt, sind beide Unternehmen mit Mehrheit an dem anderen Unternehmen beteiligt.

Für die **Berechnung der Anteilsmehrheit** nach § 16 Abs. 2 AktG kommt es auf das Verhältnis des Gesamtnennbetrages der einem Unternehmen gehörenden Anteile zum Nennkapital der Beteiligungsgesellschaft an, bei einer AG also auf das Verhältnis der dem Unternehmen gehörenden und zuzurechnenden Anteile zum Grundkapital und bei einer GmbH auf das Verhältnis zum Stammkapital. **Eigene Anteile** der Beteiligungsgesellschaft (vgl. § 71 AktG, § 33 GmbHG) bleiben gem. § 16 Abs. 2 Satz 2 AktG bei der Berechnung des Grund- oder Stammkapitals außer Betracht. Gleich stehen gem. § 16 Abs. 2 Satz 3 AktG Anteile, die von einem anderen »für Rechnung« des Unternehmens gehören, d. h. deren wirtschaftliches Risiko und Kosten die Beteiligungsgesellschaft trägt (Hauptfall in der Praxis ist die Treuhand). Die Anteile an der Beteiligungsgesellschaft, die einem davon abhängigen Unternehmen gehören, werden dagegen bei der Berechnung der Beteiligungsquote berücksichtigt (str.). 27

Für die **Berechnung der Stimmenmehrheit** nach § 16 Abs. 3 AktG kommt es auf das Verhältnis der von einem Unternehmen ausübbaren Stimmrechte im Verhältnis zur Gesamtzahl aller Stimmrechte der Beteiligungsgesellschaft an. Bei der Berechnung der Gesamtzahl aller Stimmrechte sind gem. § 16 Abs. 3 Satz 2 AktG in Parallele zur Berechnung der Anteilsmehrheit die Stimmrechte aus eigenen Anteilen sowie Anteile, die nach § 16 Abs. 2 Satz 3 AktG eigenen Anteilen gleichstehen, abzuziehen. Dieser so ermittelten Gesamtzahl der Stimmen ist die Zahl der Stimmrechte gegenüberzustellen, die dem Gesellschafter aus den ihm gehörenden Anteilen zustehen, um zu ermitteln, ob er über eine Mehrheitsbeteiligung verfügt. Eine Mehrheitsbeteiligung liegt vor, wenn ein Gesellschafter wenigstens eine Stimme mehr als die Hälfte der Gesamtzahl der zu berücksichtigenden Stimmen hat. Streitig ist, ob bei der Berechnung auch **Stimmrechtsbeschränkungen oder -ausschlüsse** nach den §§ 20 Abs. 7, 21 Abs. 4 AktG, § 28 Satz 1 WpHG, § 59 Satz 1 WpÜG auf der Seite desjenigen Gesellschafters zu berücksichtigen sind (vgl. »ausüben kann« gem. § 16 Abs. 3 AktG), um dessen Mehrheitsbeteiligung es geht (*Hüffer* AktG, § 16 Rn. 11; a. A. Emmerich/Habersack/*Emmerich*, § 16 Rn. 24). Gleiches müsste dann auch für § 67 Abs. 2 AktG und den durch das MoMiG eingeführten § 16 Abs. 1 Satz 1 GmbHG gelten. 28

Mit Mehrheit i. S. d. § 16 Abs. 1 AktG beteiligt ist ein Unternehmen, wenn ihm die Mehrheit der Anteile oder Stimmrechte bei der anderen Gesellschaft »gehört« oder »zusteht«. Das ist grundsätzlich der Fall bei Rechtsinhaberschaft. Die Anteils- oder Stimmenmehrheit kann sich gem. § 16 Abs. 4 AktG aber auch durch die **Zurechnung von Anteilen Dritter** ergeben. Dies kann soweit gehen, dass sich die Mehrheitsbeteiligung eines Unternehmens an einem anderen Unternehmen allein aus der Zurechnung durch § 16 Abs. 4 AktG ergibt, ohne dass also das Unternehmen unmittelbar an dem anderen Unternehmen beteiligt sein muss. § 16 Abs. 4 AktG unterscheidet drei Fälle der Zurechnung: Erstens werden im Fall der **Abhängigkeit** i. S. d. § 17 AktG die Anteile, die ein herrschendes und ein von ihr abhängiges Unternehmen jeweils an einem Beteiligungsunternehmen halten, gem. § 16 Abs. 4, 1. Alt. AktG zusammengerechnet und in vollem Umfang dem herrschenden Unternehmen zugerechnet (BGHZ 148, 123, 126 f.; OLG Stuttgart AG 2009, 204, 206). Zweitens kommt gem. § 16 Abs. 4, 2. Alt. AktG eine Zurechnung hinsichtlich solcher Anteile in Betracht, die ein Dritter »**für Rechnung** des (beteiligten) Unternehmens oder eines von diesem abhängigen Unternehmens« hält. Es kommt für die Zurechnung insofern darauf an, dass das fragliche Unternehmen die mit dem Anteilsbesitz der anderen verbundenen Risiken und Kosten trägt. Sofern dies das Unternehmen ist, um dessen Mehrheitsbeteiligung es geht, wird ihm der Anteilsbesitz des Dritten zugerechnet. Die wichtigsten Fälle in der Praxis sind die Geschäftsbesorgungs- und 29

Treuhandverhältnisse. Schließlich werden drittens einem **Einzelkaufmann** die Anteile gem. § 16 Abs. 4, 3. Alt. AktG zugerechnet, die er in seinem Privatvermögen hält.

2. Abhängigkeit

30 Die **Abhängigkeit**, ein zentraler Begriff des Konzernrechts, ist in § 17 AktG definiert. An ihn, und nicht erst an den Begriff des Konzerns, knüpft das AktG eine Vielzahl von Rechtsfolgen (vgl. §§ 18 Abs. 1 Satz 3, 56 Abs. 2, 71d Satz 2, 311 ff. AktG), da sie oftmals der Beginn eines Prozesses ist, an dessen Ende die Eingliederung oder gar Verschmelzung der abhängigen Gesellschaft steht (Lutter/Timm, NJW 1982, 409, 411 f.). Nach § 17 Abs. 1 AktG liegt eine Abhängigkeit vor, wenn ein Unternehmen auf ein anderes, rechtlich selbstständiges Unternehmen unmittelbar oder mittelbar, d. h. unter Mitwirkung Dritter, einen beherrschenden Einfluss ausüben »kann«. Die tatsächliche Ausübung des Einflusses ist insofern nicht erforderlich. Es reicht vielmehr die **Möglichkeit der beherrschenden Einflussnahme** aus, da bereits dann die latente Gefahr besteht, dass das herrschende Unternehmen von seiner Einflussnahmemöglichkeit zum Nachteil des beherrschten Unternehmens Gebrauch macht. Allerdings genügt nicht jede vage Möglichkeit der Herrschaftsausübung, um eine konzernrechtliche Abhängigkeit zu begründen (*Hüffer* AktG, § 17 Rn. 8). Voraussetzung ist vielmehr, dass die Einflussmöglichkeit für das herrschende Unternehmen **gesichert und gesellschaftsrechtlich vermittelt** wird. Eine bloße wirtschaftliche Abhängigkeit, etwa aufgrund von Liefer- oder Kreditbeziehungen, reicht zur Begründung der Abhängigkeit nicht aus (BGHZ 90, 395 f.; MüKo AktG/*Bayer*, 3. Aufl., 2008, § 17 Rn. 29; umfassend: *Ulmer* ZGR 1978, 465). Hinzukommen muss in diesen Fällen eine Minderheitsbeteiligung, wenn dadurch in Verbindung mit anderen Umständen rechtlicher und/oder tatsächlicher Natur eine Abhängigkeit i. S. d. § 17 Abs. 1 AktG begründet wird (BGHZ 135, 107, 114 »VW«), oder der Abschluss eines Unternehmensvertrages, insbesondere eines Unternehmens- oder Gewinnabführungsvertrages (OLG Karlsruhe AG 2004, 147 »Heidelberger Schlossquell Brauerei/Brau und Brunnen AG«). Die Möglichkeit der Einflussnahme muss zudem gesichert sein, ohne dass es dafür auf eine bestimmte Dauer ankommt. Dies ist der Fall, wenn das herrschende Unternehmen seinen Einfluss kraft eigener Befugnisse ausüben kann oder die Mitwirkung von Dritten durch entsprechende Abreden sichergestellt ist (z. B. Stimmbindungsvertrag). Umstritten ist, ob die Einflussmöglichkeit für das herrschende Unternehmen, um von § 17 Abs. 1 AktG erfasst zu werden, auch **umfassend** sein muss in dem Sinne, dass sie grundsätzlich den gesamten Tätigkeitsbereich des abhängigen Unternehmens erfasst oder ob es dafür ausreicht, dass wesentliche unternehmerische Teilfunktionen vom herrschenden Unternehmen in seinem Sinne beeinflusst werden (BGHZ 135, 107, 114 »VW«; OLG Karlsruhe AG 2004, 148 »Heidelberger Schlossquell Brauerei/Brau und Brunnen AG«; *Hüffer* AktG, § 15 Rn. 7; *Emmerich/Habersack*, KonzernR § 3 Rn. 25).

31 § 17 Abs. 1 AktG geht von »einem« herrschenden Unternehmen aus. Unstreitig ist jedoch, dass die Abhängigkeit auch gegenüber mehreren Unternehmen und nicht nur zu einer zwischen den Müttern anzunehmenden BGB-Innengesellschaft vorliegen kann (*Emmerich/Habersack*, KonzernR § 3 Rn. 34 ff.) und das bei derartigen **Gemeinschaftsunternehmen** die Mütter gemeinschaftlich einen beherrschenden Einfluss auf das Tochterunternehmen ausüben. Dabei müssen über die gemeinsame Interessenlage und Leitungsmacht der Gesellschafter hinaus weitere Umstände vorliegen, die eine gesicherte Einflussnahme einer Gruppe von Müttern oder aller Mütter auf die gemeinsame Tochter erwarten lassen, etwa indem die Mütter entsprechende Vereinbarung getroffen haben oder eine personelle Verflechtung der Mütter oder deren gemeinsame Beherrschung durch eine Familie die Abhängigkeit des Gemeinschaftsunternehmens begründen (BGHZ 62, 193, 199 ff. »Seitz«; BGHZ 74, 359, 363 ff. »WAZ«; vgl. auch *Hüffer* AktG, § 17 Rn. 13 ff.). Übernimmt eine der Mütter dagegen die Führung, hat dies zur Folge, dass das Gemeinschaftsunternehmen allein von dieser Mutter und nicht von den übrigen Müttern mehr abhängig ist (BGHZ 99, 126, 131 »Hussel/Mara«).

32 Nach § 17 Abs. 2 AktG wird von einem in Mehrheitsbesitz (Anteils- oder Stimmenmehrheit) stehenden Unternehmen (widerleglich) vermutet, dass es von dem an ihm mit Mehrheit beteiligten

Unternehmen abhängig ist. Diese **Abhängigkeitsvermutung** ist ihrerseits Grundlage der Konzernvermutung des § 18 Abs. 1 Satz 3 AktG. Eine Mehrheitsbeteiligung i. S. d. § 16 AktG führt insofern im Zweifel zur Abhängigkeit und zur Annahme eines Konzerns i. S. d. § 18 AktG. Bedeutung hat die Vermutung vor allem im **Rechtsstreit**, wenn streitig ist, ob ein Unternehmen von einem anderen abhängig ist. Wer sich darauf beruft, dass er trotz Mehrheitsbesitz keinen herrschenden Einfluss ausübt, muss dies darlegen und beweisen. Die **Widerlegung** gelingt, wenn Tatsachen oder Umstände behauptet oder bewiesen werden, aus denen sich ergibt, dass ein beherrschender Einfluss nicht ausgeübt werden kann, etwa weil dies Satzungsbestimmungen verhindern, qualifizierte Mehrheiten erforderlich sind oder eine Stimmrechtsbeschränkung aufgrund eines Stimmbindungsvertrages mit einem vom Mehrheitsaktionär unabhängigen Dritten oder ein Entherrschungsvertrag besteht (MüKo AktG/*Bayer*, 3. Aufl., 2008, § 17 Rn. 97; *Emmerich/Habersack*, KonzernR § 3 Rn. 46 ff.). Wichtig ist die Abhängigkeits- und darauf aufbauende Konzernvermutung im Übrigen auch für **Abschlussprüfer**, etwa wenn sie prüfen müssen, ob eine Gesellschaft in einen Konzernabschluss einzubeziehen ist.

III. Konzern (§ 18 AktG)

Der in § 18 AktG definierte Begriff des Konzerns als **Zusammenfassung mehrerer rechtlich selbstständiger Unternehmen unter einer einheitlichen Leitung** gibt dem Regelungskreis über verbundene Unternehmen seinen Namen, obwohl das Gesetz besondere Rechtsfolgen nur in wenigen Vorschriften an den Begriff des Konzerns (vgl. §§ 97 Abs. 1 Satz 1 und 100 Abs. 2 Satz 2 AktG) und viel öfter an den Begriff der Abhängigkeit gem. § 17 AktG knüpft (vgl. §§ 18 Abs. 1 Satz 3, 56 Abs. 2, 71d Satz 2, 311 ff. AktG). Das Gesetz unterscheidet zwischen dem sog. **Unterordnungskonzern** i. S. d. § 18 Abs. 1 AktG und dem **Gleichordnungskonzern** i. S. d. § 18 Abs. 2 AktG. Der Unterschied zwischen beiden Konzernformen besteht darin, dass im Unterordnungskonzern die unter einer einheitlichen Leitung zusammengefassten Unternehmen zugleich voneinander abhängig sind i. S. d. § 17 AktG, während im Gleichordnungskonzern eine solche Abhängigkeit zwischen den verbundenen Unternehmen fehlt. Die Gemeinsamkeit beider Konzernformen ist die Zusammenfassung mehrerer rechtlich selbstständiger Unternehmen unter einheitlicher Leitung. Zusätzlich zu der Unterscheidung zwischen den Erscheinungsformen des Unterordnungs- und des Gleichordnungskonzernen, die sich in der Praxis nicht immer randscharf trennen lassen und teilweise vielmehr ineinander übergehen und verwoben sind, ist im Konzernrecht zu unterscheiden, ob die Beziehungen zwischen den verbundenen Unternehmen auf vertraglicher Grundlage beruhen (z. B. in Form eines Beherrschungsvertrages nach §§ 291 ff. AktG im Unterordnungskonzern) oder lediglich aus dem bloßen Faktum der einheitlichen Leitung und Einflussnahme ohne entsprechende vertragliche Regelung bestehen: im ersten Fall liegt ein **Vertragskonzern** vor, im zweiten Fall spricht man von einem **faktischen Konzern**, der bei Vorliegen besonderer Umstände in der Vergangenheit als **qualifiziert faktischer Konzern** bezeichnet wurde.

33

Der Gesetzgeber hat auf eine Präzisierung des Merkmals der einheitlichen Leitung bewusst verzichtet (vgl. Begründung des Regierungsentwurfs in *Kropff* AktG S. 33: »Eine gesetzliche Festlegung der an die einheitliche Leitung zu stellende Anforderung erscheint aber angesichts der vielfältigen Formen, die die Wirtschaft für die Konzernleitung herausgebildet hat, nicht möglich.«). Was unter **einheitlicher Leitung** i. S. d. § 18 Abs. 1 AktG zu verstehen ist, ist deshalb umstritten. Der **enge Konzernbegriff** geht vom Konzern als wirtschaftliche Einheit aus. Einheitliche Leitung setzt demnach Planung und Durchsetzung von Zielvorstellungen in allen wesentlichen Unternehmensbereichen voraus. Neben dem Personalwesen zählt dazu in erster Linie das Finanzwesen i. S. eines einheitlichen Cash-Managements (*Hüffer* AktG, § 18 Rn. 9). Diese Ansicht stützt sich u. a. auf § 290 HGB für die Konzernrechnungslegung, wo das Begriffspaar »einheitliche Leitung« in diesem Sinne verwendet wird (*Lutter* ZGR 1987, 330). Der **weite Konzernbegriff** stimmt mit dem engen Konzernbegriff im Ausgangspunkt überein, geht aber darüber hinaus und lässt genügen, wenn in einem anderen zentralen Unternehmensbereich, als im Personal- oder Finanzwesen, wie etwa im Ein- und Verkauf, Vertrieb oder der Organisation, eine einheitliche Planung erfolgt und die Koordinierung in diesen Bereichen auf das gesamte Unternehmen ausstrahlt (MüKo AktG/*Bayer* § 18 Rn. 23 ff.).

34

Nach der Rechtsprechung steht bislang nur fest, dass bei einer einheitlichen Finanzplanung für die verbundenen Unternehmen (BGHZ 107, 7, 20; 115, 187, 191) und wenn die Konzernleitung die Geschäftspolitik der Konzerngesellschaften und sonstige grundsätzliche Fragen der Geschäftsführung aufeinander abstimmt (BayObLGZ 1998, 85, 93), jedenfalls ein Konzern anzunehmen ist.

1. Unterordnungskonzern

35 Ein Unterordnungskonzern ist gem. § 18 Abs. 1 Satz 1 AktG anzunehmen, wenn ein herrschendes und ein oder mehrere abhängige Unternehmen unter der einheitlichen Leitung des herrschenden Unternehmens zusammengefasst sind. Neben dem zentralen Merkmal der »einheitlichen Leitung« (vgl. dazu Rdn. 34) muss die »**Zusammenfassung**« der verbundenen Unternehmen zu einer neuen wirtschaftlichen Einheit erfolgen. Teilweise wird dem Merkmal eine eigenständige Bedeutung abgesprochen, weil durch die einheitliche Leitung der verbundenen Unternehmen ihre »Zusammenfassung« erreicht würde (vgl. MüKo AktG/*Bayer*, § 18 Rn. 27; *Hüffer* AktG, § 18 Rn. 7), teilweise wird darin das Differenzierungsmerkmal zwischen einem prinzipiell auf Dauer angelegten Konzern und eine auf den Einzelfall angelegte Koordinierung des Wettbewerbsverhaltens von Unternehmen in Form eines Kartells gesehen (*Emmerich/Habersack*, KonzernR § 4 Rn. 19a). Das Mittel der Zusammenfassung mehrerer Unternehmen unter einheitlicher Leitung spielt keine Rolle.

36 § 18 Abs. 1 Satz 1 AktG geht von der Vorstellung aus, dass im Unterordnungskonzern eine oder mehrere abhängige Gesellschaften unter der einheitlichen Leitung »einer« Obergesellschaft zusammengefasst sind. Im Fall der mehrstufigen Konzernbildung stellt sich daher die Frage nach der einheitlichen Leitung ebenso wie die Frage nach einer mehrfachen Konzernzugehörigkeit und damit auch nach der Möglichkeit eines Konzerns im Konzern. Praktisch bedeutsam sind diese Fragen dabei weniger im Gesellschaftsrecht als unter mitbestimmungsrechtlichen Aspekten. Geht man von einer Mutter-, Tochter- und Enkelgesellschaft aus, so ist jeweils im Einzelfall zu klären, inwieweit es in dieser Konstellation zu einer mehrstufigen, aber einfachen Konzernbildung kommt, oder zu einer einstufigen, aber mehrfachen Konzernbildung (vgl. *Schweda* DB 1974, 1993; *Koppensteiner* FS Steindorff, S. 79). Die **mehrstufige, aber einfache Konzernbildung** geht dabei einen Schritt weiter als die mehrstufige Abhängigkeit in der Grundkonstellation einer Abhängigkeit der Enkelgesellschaft von der Tochter- und Muttergesellschaft. Besteht zwischen der Mutter- und Tochtergesellschaft ein Konzern i. S. d. § 18 Abs. 1 AktG, so werden die Tochter unmittelbar und die Enkelin mittelbar allein von der Mutter einheitlich geleitet. Dass nicht auch die Tochtergesellschaft trotz ihrer Mehrheitsbeteiligung an der Enkelin diese leitet, beruht darauf, dass die Tochtergesellschaft als ihrerseits der Muttergesellschaft untergeordnete Gesellschaft der Enkelgesellschaft gegenüber keinen eigenen Entscheidungsspielraum mehr hat. Die Muttergesellschaft hat die Leitung der Tochtergesellschaft und damit auch die Verwaltung der Beteiligung der Tochtergesellschaft an der Enkelgesellschaft übernommen. Somit ist auch die Enkelgesellschaft Konzernunternehmen nur der Muttergesellschaft. Es besteht letztlich nur ein Konzern, der sich über zwei oder mehrere Stufen erstreckt. Für den **Sonderfall des Gemeinschaftsunternehmens** ist die Möglichkeit einer mehrfachen Konzernzugehörigkeit des Gemeinschaftsunternehmens im positiven Sinne geklärt, sofern die Mütter ihm gegenüber koordiniert auftreten. Unter mitbestimmungsrechtlichen Aspekten werden die Arbeitnehmer des Gemeinschaftsunternehmens bei jeder der Mütter mitgezählt. **Gesellschaftsrechtlich** besteht über den Sonderfall des Gemeinschaftsunternehmens hinaus **kein Anlass**, eine mehrfache Konzernzugehörigkeit und damit einen »**Konzern im Konzern**« anzuerkennen, da die Vorstellung selbstständiger Teilkonzerne mit dem in § 18 Abs. 1 Satz 1 AktG zum Ausdruck kommenden Leitbild der umfassenden und von der Konzernspitze ausgehenden einheitlichen Leitung nicht vereinbar ist. Unter den **mitbestimmungsrechtlichen Aspekte** des § 5 Abs. 1 und 3 MitbestG wird dem gegenüber in der arbeitsrechtlichen Praxis ein Konzern im Konzern durchaus angenommen, jedenfalls wenn die Obergesellschaft in einem Konzern bestimmte, der Mitbestimmung der Arbeitnehmer unterliegende Fragen an ein von ihr abhängiges, nicht der Mitbestimmung der Arbeitnehmer unterworfenes Unternehmen zur selbstständigen Erledigung übertragen hat und die abhängige Gesellschaft nach dieser Umorganisation im Konzern originäre Leitungsmacht in einem Bereich ausübt.

Da der Nachweis der Zusammenfassung mehrerer Unternehmen zu einem Konzern in der Praxis oftmals schwer zu führen ist, stellt das Gesetz (nur) für den Unterordnungskonzern in § 18 Abs. 1 AktG zwei **Konzernvermutungen** auf: Nach § 18 Abs. 1 Satz 2 AktG ist **unwiderleglich** ein Konzern zu vermuten, wenn zwischen den verbundenen Unternehmen ein Beherrschungsvertrag besteht (§ 291 AktG) oder wenn das eine Unternehmen in das andere eingegliedert ist (§ 319 AktG). In allen sonstigen Fällen der Abhängigkeit wird gem. § 18 Abs. 1 Satz 3 AktG ein Konzern **widerleglich** vermutet, wobei die Widerlegung der Konzernvermutung erst greift, wenn zuvor die Abhängigkeit bejaht worden ist. Zur **Widerlegung der Konzernvermutung** ist der Nachweis zu führen, dass trotz Abhängigkeit tatsächlich keine einheitliche Leitung durch das herrschende Unternehmen vorliegt. – Während die Bedeutung der Konzernvermutungen in der gesellschaftsrechtlichen Praxis angesichts der wenigen an das Vorliegen eines Konzerns geknüpften Rechtsfolgen eher gering ist (Ausnahme § 18 Abs. 1 Satz 3 AktG im GmbH-Konzernrecht), ist ihr praktischer Anwendungsbereich außerhalb des AktG bei der Konzernrechnungslegung und vor allem für den Bereich der Mitbestimmung groß, da sämtliche Mitbestimmungsgesetze (§ 5 MitbestG, § 2 DrittelbetG, MontanmitbestimmungsG 1951) auf die beiden Konzernvermutungen Bezug nehmen. 37

2. Gleichordnungskonzern

Ein **Gleichordnungskonzern** ist gem. § 18 Abs. 2 AktG anzunehmen, wenn rechtlich selbstständige Unternehmen unter einheitlicher Leitung zusammengefasst sind, ohne dass das eine Unternehmen von dem anderen abhängig ist. Will man sie von bloßen Kartellen abgrenzen, wird man den Begriff der »einheitlichen Leitung«, obwohl auch in § 18 Abs. 1 AktG verwandt, tendenziell enger fassen und verlangen müssen, dass die einheitliche Leitung die verbundenen Unternehmen in ihrer Gesamtheit erfasst und es dafür eben nicht genügt, wenn einzelne Bereiche oder Aspekte der Unternehmenspolitik koordiniert werden (*Emmerich/Habersack*, KonzernR § 4 Rn. 33). Zusätzliche Voraussetzung für die Annahme eines Gleichordnungskonzerns ist, dass keines der verbundenen Unternehmen von dem oder den anderen verbundenen Unternehmen abhängig ist. Insofern kommt es für das **Fehlen der Abhängigkeit** auf das Verhältnis der auf einer Stufe stehenden Unternehmen (sog. Schwestergesellschaften) an. Da der Gesetzgeber auf eine Regelung des Gleichordnungskonzerns im Grund verzichtet hat (lediglich § 291 Abs. 2 AktG nimmt auf ihn Bezug, das Mitbestimmungsrecht erkennt Gleichordnungskonzerne nicht an) und die Erscheinungsformen von Gleichordnungskonzernen vielfältiger Art sein können, sind zahlreiche Rechtsfragen noch nicht abschließend geklärt. Strittig ist insbesondere, ob und gegebenenfalls unter welchen Voraussetzungen die Gesellschafter der beteiligten Unternehmen dem Vertragsabschluss **zustimmen** müssen (vgl. dazu näher *Emmerich/Habersack*, KonzernR § 4 Rn. 40) und ob **nachteilige Weisungen** des Leitungsorgans mangels Anwendbarkeit des § 308 AktG grundsätzlich verboten sind bzw. im Fall von nachteiligen Weisungen die damit verbundenen **Nachteile ausgeglichen** werden müssen und sogar eine **Verlustausgleichspflicht** der beteiligten Unternehmen analog §§ 302 und 303 AktG in Betracht zu ziehen ist (vgl. dazu näher *Emmerich/Habersack*, KonzernR § 4 Rn. 41 f.). 38

IV. Wechselseitig beteiligte Unternehmen (§ 19 AktG)

Zu den verbundenen Unternehmen i. S. d. § 15 AktG gehören auch die sog. wechselseitig beteiligten Unternehmen i. S. d. § 19 AktG. Der Gesetzgeber hat dabei zwischen **einfachen wechselseitigen Beteiligungen** gem. § 19 Abs. 1 AktG, **einseitig qualifizierten wechselseitigen** Beteiligungen gem. § 19 Abs. 2 AktG und **beidseitig qualifizierten wechselseitigen** Beteiligungen gem. § 19 Abs. 3 AktG unterschieden. Unter anderen Gesichtspunkten kann ferner zwischen zweiseitigen und mehrseitig wechselseitigen Beziehungen unterschieden werden, wobei Letztere durch die Zwischenschaltung weiterer Unternehmen gekennzeichnet sind und insbesondere bei ringförmigen Beteiligungen bzw. Dreiecksbeteiligungen vorliegen. Der Zweck des § 19 AktG wird zum einen in der Regelung der Risiken für die **Kapitalaufbringung und -erhaltung** zum Schutze der Gläubiger und Aktionäre gesehen, denn der Aufbau wechselseitiger Beteiligungen läuft bei wirtschaftlicher Betrachtungsweise letztlich auf ein der verbotenen Einlagenrückgewähr (§ 57 AktG) vergleichbares Ergebnis hinaus. Weiterhin will § 19 AktG vor den Gefahren des **Missbrauchs der Verwaltungsstimmrechte** 39 schützen, der dadurch erfolgen kann, dass sich die Verwaltungen in beiden Gesellschaften über ihren Einfluss auf die jeweils andere Gesellschaft die Herrschaft in der eigenen Haupt- oder Gesellschafterversammlung sichern.

1. Einfache wechselseitige Beteiligungen

40 Eine wechselseitige Beteiligung von Unternehmen nach § 19 Abs. 1 AktG setzt voraus, dass es sich dabei um **Kapitalgesellschaften** im Sinne von § 3 Abs. 1 Nr. 2 UmwG (AG, KGaA, GmbH, SE) mit Sitz im Inland handelt, die dadurch verbunden sind, dass sie einander jeweils mit **mehr als 25 % des Grund- bzw. Stammkapitals** an der anderen Gesellschaft (und weniger als 50 %) beteiligt sind, ohne das dies mit Abhängigkeitsbeziehungen oder Mehrheitsbeteiligungen verbunden ist. Die Berechnung der Anteilshöhe richtet sich gem. § 19 Abs. 1 Satz 2 AktG nach § 16 Abs. 2 Satz 1 und Abs. 4 AktG (s. dazu oben Rdn. 27 und 29), wobei die Beteiligungen von Mutter- und Tochtergesellschaften zusammenzurechnen sind. Eigene Anteile der Beteiligungsgesellschaft sind indes, da § 19 Abs. 1 Satz 2 AktG auf § 16 Abs. 2 Satz 2 AktG keinen Bezug nimmt, nicht zu berücksichtigen.

41 Rechtsfolge der einfachen wechselseitigen Beteiligung ist zunächst, im Umkehrschluss zu § 19 Abs. 4 AktG, die **Anwendbarkeit des § 328 AktG**. Nach § 328 Abs. 1 Satz 1 AktG kann ein Unternehmen i. S. d. § 19 Abs. 1 AktG, sobald ihm der Bestand der wechselseitigen Beteiligung bekannt wird oder ihm die andere Gesellschaft eine Mitteilung nach § 20 Abs. 3 AktG oder § 21 Abs. 1 AktG macht, seine Rechte aus der Beteiligung an der anderen Gesellschaft nur zu höchstens 25 % seiner Anteile ausüben. Solange das Unternehmen seiner **Mitteilungspflicht** gem. §§ 20, 21 AktG nicht nachkommt, stehen ihm ohnehin keine Rechte aus seinen Anteilen zu (vgl. §§ 20 Abs. 7, 21 Abs. 4 AktG, § 28 WpHG). Sobald es seiner Mitteilungspflicht nachgekommen ist, braucht es gem. § 328 Abs. 2 AktG keine Beschränkung seiner Rechte mehr zu befürchten, während die andere Gesellschaft die Rechte aus ihren Anteilen wegen der **Ausübungssperre** gem. § 328 Abs. 1 AktG nur noch bis zur Grenze von 25 % ausüben kann. Unterlässt das erste Unternehmen andererseits die gebotene rechtzeitige Mitteilung und begründet die andere Gesellschaft nunmehr **gutgläubig** eine wechselseitige Beteiligung und macht seinerseits eine Mitteilung nach §§ 20 Abs. 3 und 21 Abs. 1 AktG, kann die andere Gesellschaft die Rechte aus seinen Anteilen vollinhaltlich gem. § 328 Abs. 2 AktG ausüben, während das erste Unternehmen sämtliche Verwaltungs- und Vermögensrechte aus seinen Anteilen gem. § 328 Abs. 1 AktG nur noch bis zur Grenze von 25 % ausüben kann (§ 328 Abs. 1 AktG). Des Weiteren kann das der Ausübungssperre gem. § 328 Abs. 1 AktG unterliegende Unternehmen sein **Stimmrecht** zur Wahl von Mitgliedern in den Aufsichtsrat der anderen Gesellschaft nach § 328 Abs. 3 AktG nicht ausüben. Im Übrigen trifft die wechselseitig verbundenen Unternehmen die **erweiterte Mitteilungspflicht** gem. § 328 Abs. 4 AktG, bei deren Verstoß die §§ 20 Abs. 7, 21 Abs. 4 AktG, § 28 WpHG sowie § 328 Abs. 1 bis 3 AktG gegenüber beiden Gesellschaften eingreifen. Unterlassen beide Gesellschaften die gebotene Mitteilung, ist auf die §§ 20 Abs. 7, 21 Abs. 4 AktG, § 28 WpHG zurückzugreifen, während für den Fall, dass beide Gesellschaften ihre Mitteilungen gleichzeitig machen, die Beschränkung der Rechte durch § 328 Abs. 1 bis 3 AktG gegenüber beiden Gesellschaften eingreifen.

2. Qualifiziert wechselseitige Beteiligungen

42 Eine **einseitig qualifizierte wechselseitige Beteiligung** von Unternehmen nach § 19 Abs. 2 AktG liegt vor, wenn es sich um wechselseitig beteiligte Unternehmen i. S. d. § 19 Abs. 1 AktG handelt (Kapitalgesellschaften mit Sitz im Inland), die aneinander mit jeweils mehr als 25 % der Anteile beteiligt sind und zusätzlich nur eines der beiden Unternehmen an dem anderen **mehrheitlich** i. S. d. § 16 AktG beteiligt oder von diesem Unternehmen das andere **abhängig** i. S. d. § 17 AktG ist, während die andere Gesellschaft an dem herrschenden Unternehmen nur im Sinne von § 19 Abs. 1 AktG beteiligt ist. Rechtsfolge der einseitig qualifiziert wechselseitigen Beteiligung ist, dass eine **unwiderlegbare Abhängigkeitsvermutung** gem. § 19 Abs. 2 AktG gilt. In der Sache bedeutet das, dass bei einseitig qualifiziert wechselseitigen Beteiligungen immer diejenigen Rechtsfolgen ein-

greifen, die das AktG an anderen Stellen an die Abhängigkeit oder an eine Mehrheitsbeteiligung knüpft (vgl. §§ 18 Abs. 1 Satz 3, 56 Abs. 2 Satz 1, 71 bis 71e, 160 Abs. 1 Nr. 7 und 311 ff. AktG).

Eine **beiderseitig qualifizierte wechselseitige Beteiligung** von Unternehmen i. S. d. § 19 Abs. 3 AktG setzt voraus, dass beide Unternehmen i. S. d. § 19 Abs. 1 AktG aneinander mehrheitlich gem. § 16 AktG beteiligt sind oder aufeinander beherrschenden Einfluss i. S. d. § 17 AktG ausüben können. Es gelten dieselben Rechtsfolgen wie bei der einseitig qualifizierten wechselseitigen Beteiligung mit der Maßgabe, dass sie für beide Gesellschaften gelten.   43

V. Mitteilungspflichten

Die §§ 20 bis 22 AktG regeln Mitteilungspflichten bei den dort genannten qualifizierten Beteiligungen an einer AG oder KGaA. Damit wird die Offenlegung der Machtverhältnisse in den einzelnen Gesellschaften im Interesse der beteiligten Gesellschaften wie der Öffentlichkeit bezweckt, da große Teile des Konzernrechts ohne Kenntnis der Beteiligungsverhältnisse nicht praktikabel wären. Solange Unternehmen ihren **Mitteilungspflichten** gem. §§ 20, 21 AktG nicht nachkommen, stehen ihnen keine Rechte aus ihren Anteilen zu (vgl. §§ 20 Abs. 7, 21 Abs. 4 AktG). Die Mitteilungspflichten im Fall von **Beteiligungen an börsennotierten Aktiengesellschaften** (sog. Emittent) mit Sitz in Deutschland richten sich seit dem 3. Finanzmarktförderungsgesetz 1998 nicht mehr nach den §§ 20, 21 AktG, sondern allein nach den weiter gehenden §§ 21 bis 30 WpHG (vgl. § 20 Abs. 8 und § 21 Abs. 5 AktG). Die Rechtsfolgen eines Verstoßes dieser Mitteilungspflichten für Beteiligungen an Emittenten sind in § 28 WpHG geregelt und entsprechen denjenigen in § 20 Abs. 7 AktG. Auf die im **Freiverkehr gehandelten Aktien** sowie auf die **nicht an Börsen gehandelten Aktien** sind die §§ 20 bis 22 AktG aber anzuwenden.   44

§ 20 AktG gilt für **Unternehmen** (nicht Privataktionäre, die sich auf die Verwaltung ihres Privatvermögens beschränken) gleich welcher Rechtsform, auch mit Sitz im Ausland, die an einer AG oder KGaA mit Sitz im Inland beteiligt sind. Mitteilungspflichtig ist gem. § 20 Abs. 1 Satz 1 AktG der Erwerb einer **Kapitalbeteiligung von mehr als 25 %** der Aktien, wobei die Zurechnungstatbestände gem. § 16 Abs. 2 Satz 1, Abs. 4 und § 20 Abs. 2 AktG zu berücksichtigen sind. Die bloße Innehabung von mehr als 25 % der Stimmrechte löst dagegen keine Mitteilungspflicht aus. Ist das Unternehmen, das eine Beteiligung an einer AG oder KGaA hält, eine Kapitalgesellschaft (AG, KGaA, GmbH), und erreicht ihre Beteiligungshöhe mindestens 25 % der Aktien der inländischen AG oder KGaA, ohne dass die Hinzurechnungstatbestände des § 20 Abs. 2 AktG eingreifen, hat es auch dies gem. § 20 Abs. 3 AktG der Gesellschaft unverzüglich zu melden. Erlangt das Unternehmen sodann eine Mehrheitsbeteiligung gem. § 16 Abs. 1 AktG, löst dies gem. § 20 Abs. 4 AktG erneut eine unverzügliche Mitteilungspflicht aus, wobei gleichermaßen eine Kapital- und Stimmenmehrheit mitteilungspflichtig ist. Auch ist jedes Absinken der Beteiligung unter die genannten Schwellenwerte gem. § 20 Abs. 5 AktG mitteilungspflichtig. Für die in § 21 AktG speziell geregelten Mitteilungspflichten, die eine **inländische AG oder KGaA** im Fall ihrer Beteiligung an einer anderen inländischen Kapitalgesellschaft (AG, KGaA, GmbH) trifft, gelten im Wesentlichen die § 20 AktG.   45

Solange die Mitteilungspflicht nicht »unverzüglich« erfüllt ist, bestehen gem. § 20 Abs. 7 Satz 1 AktG die »Rechte aus Aktien« nicht und es tritt ein zeitweiliger Rechtsverlust ein, sofern und soweit nicht § 20 Abs. 7 Satz 2 AktG eingreift. Für die **Mitverwaltungsrechte**, also insbesondere das Recht auf Teilnahme an der Hauptversammlung, das **Stimmrecht**, das **Auskunftsrecht** und die **Anfechtungsbefugnis**, hat das zur Folge, dass sie endgültig erlöschen für die Zeit, für die das Unternehmen schuldhaft gegen seine Mitteilungspflicht verstößt. In Bezug auf die **Vermögensrechte** des mitteilungspflichtigen Aktionärs ist zwischen dem Rechtsverlust und dem bloßen Ruhen des Anspruchs zu unterscheiden: Der **Dividendenanspruch** gem. § 58 Abs. 4 AktG und der **Anspruch auf den Liquidationserlös** gem. § 271 AktG ruhen, wenn gem. § 20 Abs. 7 Satz 2 AktG die Mitteilung nicht vorsätzlich unterlassen wurde und nachgeholt worden ist. Da der Dividendenanspruch für das jeweilige Geschäftsjahr gem. § 174 Abs. 1, Abs. 2 Nr. 2 AktG mit dem Beschluss über die Gewinnverwendung entsteht, ist eine bis zur Beschlussfassung erfolgende Mitteilung noch ausreichend. Eine erst nach einem solchen Beschluss erfolgende Mitteilung stellt dagegen eine Nachholung dar   46 und die Frage der Vorsätzlichkeit der Unterlassung der Mitteilung entscheidet über Rechtsverlust oder Ruhen. Bei einer Kapitalerhöhung gegen Einlagen entfällt das **Bezugsrecht** mit der Maßgabe, dass es für die Rechtzeitigkeit der Mitteilung auf den Zeitpunkt des Kapitalerhöhungsbeschlusses ankommt. Strittig ist in dem Zusammenhang, ob sich das Bezugsrecht der übrigen Aktionäre anteilig erhöht oder ob der Vorstand über die jungen Aktien verfügen und sie unter Berücksichtigung von § 53a AktG verwerten kann (*Emmerich/Habersack*, KonzernR § 6 Rn. 35). Ist ein Hauptversammlungsbeschluss zustande gekommen, bei dem Stimmen entgegen § 20 Abs. 7 AktG mitgezählt worden sind, ist der Beschluss, sofern er auf diesen Stimmen beruht, zwar nicht nichtig, aber gem. § 243 Abs. 1 AktG anfechtbar (vgl. BGHZ 167, 204, 213). Zu Unrecht bezogene Dividenden sind der Gesellschaft gem. § 62 Abs. 1 AktG zurückzugewähren. Für die Ausgleichs- und Abfindungsrechte gem. §§ 304 und 305 AktG gelten die Rechtsfolgen des § 20 Abs. 7 AktG nicht, da sich diese Rechte nicht gegen die Gesellschaft, sondern das herrschende Unternehmen richten.

C. Gruppenbildungs- und Gruppenleitungskontrolle

47 Das Regelungssystem zu verbundenen Unternehmen, weitläufig als Konzernrecht bezeichnet, enthält, abgesehen von wenigen gesetzlichen Regelungen namentlich in §§ 293, 319 und 320 AktG, die eine Mitwirkung der Aktionäre beim Abschluss von Unternehmensverträgen sowie bei der Eingliederung vorsehen, keinen eigentlichen Präventivschutz für das Entstehen von Abhängigkeiten im Unternehmensverbund. Vielmehr kommt das Konzernrecht als bloßes **Schutzrecht** erst zur Anwendung für die bereits abhängige Gesellschaft, wenn diese ihre Unabhängigkeit bereits verloren hat und der Konzernkonflikt droht, da ihr Allein- oder Mehrheitsgesellschafter seine anderweitigen wirtschaftlichen Interessen zum Nachteil der Gesellschaft und ihrer Außenseiter (Minderheitsgesellschafter und Gläubiger) durchsetzen kann. Auf Ebene des herrschenden Unternehmens führt die Begründung von Abhängigkeitsverhältnissen zudem zu geminderten Einflussnahmemöglichkeiten der Gesellschafter des herrschenden Unternehmens auf dessen Vermögen durch die mit der Gruppenbildung einhergehende Kompetenzverlagerung von den Gesellschaftern auf die geschäftsführenden Organe, denen die Ausübung der in den Anteilen des herrschenden Unternehmens an der beherrschten Gesellschaft verkörperten mitgliedschaftlichen Rechte obliegt. Ist der Erwerb einer Mehrheitsbeteiligung und das gem. § 17 Abs. 2 AktG vermutliche Vorliegen einer Abhängigkeit sozusagen der »archimedische« Punkt einer Unternehmensverbindung (Wiedemann, ZGR 1978, 477, 487), an dem ein als Schutzrecht verstandenes Konzernrecht an sich seinen Anfang nehmen muss, um seine Regelungsziele nachhaltig zu verfolgen, dann hat eine **Gruppenbildungskontrolle** genau an dem Punkt anzusetzen und unter dem Gedanken des **konzernrechtlichen Präventivschutzes** zu regeln, ob und unter welchen Voraussetzungen das Entstehen der Abhängigkeit von Unternehmen verhindert bzw. zugelassen werden kann und soll. Und mit Blick auf die als »Mediatisierung« oder »Verwässerung« bezeichnete Einschränkung der mitgliedschaftlichen Teilhabe- und Vermögensrechte der Minderheitsgesellschafter durch die im Zuge der Gruppenbildung und -umbildung einsetzende Kompetenzverlagerungen auf die geschäftsführenden Organe des die Unternehmensgruppe beherrschenden Unternehmens muss eine **Gruppenleitungskontrolle** diesen Gefahren begegnen und die gesetzlichen Regelungen über den Konzern durch geeignete Maßnahme dort flankieren, wo es der Schutz der durch die Konzernierung gefährdeten Aktionärsrechte und -interessen des herrschenden Unternehmens erfordert.

48 In Anbetracht der wenigen gesetzlichen Regelungen (§§ 293, 319 und 320 AktG sowie die §§ 123 ff. UmwG zur qualifizierten Mehrheit bei Ausgliederungen und die §§ 112, 161 Abs. 2 HGB zum Wettbewerbsverbot des persönlich haftenden Gesellschafter einer OHG und KG) ist die Entwicklung einer effektiven Gruppenbildungs- und Gruppenleitungskontrolle vor allem Sache der Rechtsprechung. Mit der sog. »**Holzmüller-Entscheidung**« (BGHZ 83, 122, 130 ff.) und den Jahre später ergangenen sog. »**Gelatine-Entscheidungen**« (BGHZ 159, 30 ff.; BGH ZIP 2007, 24) ist es dem BGH gelungen, eine angemessene Gruppenbildungs- und Gruppenleitungskontrolle auf der Ebene des herrschenden Unternehmens zu implementieren (vgl. auch die Entscheidungen BGHZ 80, 69, 74 f. »Süssen«; BGH 89, 162, 166 ff. »Heumann/Ogilvy«), während es an einer kohären-

ten Gruppenbildungskontrolle auf Ebene der beherrschten Gesellschaft allein schon aufgrund der unterschiedlichen gesellschaftsrechtlichen Organisationsformen weiterhin mangelt.

I. Gruppenbildungskontrolle bei der abhängigen Gesellschaft

Die Gruppenbildungskontrolle setzt am Organisationsrecht der jeweiligen Gesellschaft an und soll die Gesellschafter in die Lage versetzen, das Entstehen der Abhängigkeit ihrer Gesellschaft zu verhindern bzw. zu kontrollieren. Die Gruppenbildungskontrolle ist insofern **rechtsformspezifisch**. Sie kommt nicht in Betracht, wenn die Gesellschaft von vornherein als abhängige gegründet wird. Die Gruppenbildungskontrolle kann allerdings dann bspw. nicht greifen, wenn ein Gesellschafter einen weiteren Anteil und damit die Mehrheit durch Erbgang erwirbt oder wenn ein bereits mehrheitlich beteiligter Gesellschafter durch den Erwerb einer wesentlichen Beteiligung an einer anderen Gesellschaft, die keine Konkurrenztätigkeit gem. § 112 HGB ausübt, Unternehmen im Sinne von § 15 AktG wird. In diesen Fällen muss der Schutz der abhängigen Gesellschaft und ihrer Außenseiter über das Verbot nachteiliger Einflussnahme erfolgen.

49

1. Personenhandelsgesellschaften

Das Recht der Personenhandelsgesellschaften enthält eine Reihe an Vorschriften, die der Sicherung der Unabhängigkeit der Gesellschaft dienen. In einer GbR und einer OHG gilt nach § 709 BGB, § 119 Abs. 1 HGB in Fragen der Beschlussfassung das **Einstimmigkeitsprinzip** für die Willensbildung und verhindert so, dass Beschlüsse gegen den Willen einzelner Gesellschafter gefasst werden können. Die Erlangung einer Kapital- und Stimmenmehrheit führt daher, anders als gem. § 17 Abs. 2 AktG, nicht ohne Weiteres zur Begründung einer Abhängigkeit der Gesellschaft. Gilt in einer Personenhandelsgesellschaft aufgrund gesellschaftsvertraglicher Regelungen das nach Kapitalanteilen berechnete **Mehrheitsprinzip**, haben die Gesellschafter bei der Beschlussfassung die **mitgliedschaftliche Treuepflicht** zu beachten, die eine angemessene Rücksichtnahme auf die berechtigten Belange eines jeden Gesellschafters fordert. Ein Beschluss, der die Abhängigkeit der Gesellschaft begründen soll, bedarf daher der **sachlichen Rechtfertigung** aus den Interessen der Gesellschaft heraus, die kein anderes und milderes Mittel zulassen. Bei Fehlen dieser Kriterien ist der Beschluss rechtswidrig, d. h. nichtig. Schließlich wirkt das den persönlich haftenden Gesellschafter einer OHG und KG treffende **Wettbewerbsverbot** gem. § 112 HGB der Entstehung von Konzernkonflikten weitgehend entgegen.

50

2. GmbH

Anders als das Recht der Personenhandelsgesellschaften hält das Recht der GmbH **keine gesetzlichen Regelungen zur Sicherung der Unabhängigkeit** einer GmbH vor. So gilt für die Willensbildung in der Gesellschafterversammlung gem. § 47 Abs. 1 GmbHG das Mehrheitsprinzip, die Gesellschafterversammlung ist gem. § 37 Abs. 1 GmbHG befugt dem Geschäftsführer umfassende Weisungen erteilen und schließlich sind die Geschäftsanteile gem. § 15 Abs. 1 GmbHG frei übertragbar. Dem entsprechend prädestiniert ist die GmbH für die Einbindung in einen Unternehmensverbund. Andererseits stellt § 45 GmbHG, anders als § 23 Abs. 5 AktG für die AG, die Organisationsverfassung der Gesellschaft weitgehend in das Belieben der Satzung, sodass der Schutz der Gesellschaft und außenstehenden Gesellschafter vorrangig eine **Aufgabe der Satzungsgestaltung** ist. So kann zum Zwecke der Sicherung der Unabhängigkeit der GmbH deren Satzung bspw. eine **Vinkulierung** von Anteilen gem. § 15 Abs. 5 GmbHG der Art vorsehen, dass zur Abtretung der Geschäftsanteile die Zustimmung sämtlicher Gesellschafter erforderlich ist oder im Fall einer Mehrheitsentscheidung der Gesellschafterversammlung der veräußerungswillige Gesellschafter nicht mitstimmen kann. Des Weiteren ist an **Höchst- oder Mehrfachstimmrechte** ebenso zu denken wie an **An-, Vor- und auch Mitverkaufsrechte** der übrigen Gesellschafter im Fall eines Anteilsverkaufs, an Regelungen zur **Zwangseinziehung** gem. § 34 Abs. 2 GmbHG oder dem **Ausschluss** desjenigen Gesellschafters, der ohne Zustimmung der übrigen Gesellschafter ein Unternehmen im Sinne von § 15 AktG ist sowie **Wettbewerbsverbote** und Verbote anderweitiger unternehmerischer Betätigung. Entsprechend

51

der Bedeutung des Zeitpunkts unterliegen Beschlüsse der Gesellschafterversammlung, die eine Abhängigkeit der GmbH begründen (z. B. Zustimmung zum Anteilserwerb oder Kapitalerhöhung unter Ausschluss oder Beschränkung des Bezugsrechts der anderen Gesellschafter), einer **sachlichen Rechtfertigung** (Erforderlichkeit und Verhältnismäßigkeit, schonendstes Mittel) und sind andernfalls aufgrund einer Verletzung der mitgliedschaftlichen Treuepflicht rechtswidrig (BGHZ 80, 69, 74 ff. »Süssen«). Unabhängig von einer entsprechenden Satzungsregelung unterliegt das herrschende Unternehmen einer **mehrgliedrigen GmbH** (kein Bestandschutz bei Ein-Personen-GmbH) aufgrund seiner mitgliedschaftlichen Treuepflicht auch einem **Wettbewerbsverbot**, um die Gefahr einer Kollision der Interessen der abhängigen GmbH und des, unmittelbar oder mittelbar, herrschenden Gesellschafters bereits präventiv zu vermeiden (für den mittelbar eine GmbH & Co. KG beherrschenden Gesellschafter BGHZ 89, 162, 165 »Heumann/Ogilvy«). Das impliziert die Pflicht des herrschenden Unternehmens zur Mitteilung über seine Beteiligungen an anderen Gesellschaften gegenüber der Gesellschaft und den Mitgesellschaftern (vgl. OLG Stuttgart AG 2000, 232 »Breuninger-Gruppe«). Das Wettbewerbsverbot gilt nur dann nicht, wenn die Mitgesellschafter bei Gründung der GmbH oder dem nachträglichen rechtsgeschäftlichen Beteiligungserwerb die von dem herrschenden Gesellschafter bereits ausgeübte Konkurrenztätigkeit kannten (vgl. § 112 Abs. 2 HGB). Im Übrigen ist die Befreiung des herrschenden Gesellschafters vom Wettbewerbsverbot durch Gesellschafterbeschluss möglich, wobei der betroffene Gesellschafter gem. § 47 Abs. 4 GmbHG kein Stimmrecht hat und der Beschluss der sachlichen Rechtfertigung bedarf.

3. Aktiengesellschaft

52 Anders als bei den Personenhandelsgesellschaften und den Gesellschaften mbH bereitet die Entwicklung eines effektiven konzernrechtsrelevanten Präventivschutzes für die AG größere Schwierigkeiten. Ursächlich hierfür sind allen voran der Grundsatz der **Satzungsstrenge** gem. § 23 Abs. 5 AktG sowie die **Fungibilität der Aktie** sowie die gesetzgeberische Entscheidung, den Aktionären lediglich beim Vertragskonzern und der Einbringung, nicht aber bei faktischen Abhängigkeitsverhältnissen ein Mitwirkungsrecht zuzubilligen. Denn die §§ 311 ff. AktG sehen für den faktischen Konzern keinen konzernrechtlichen Präventivschutz vor, sondern suchen den Schutz der Gesellschaft und der außenstehenden Aktionäre durch Berichtspflichten und Nachteilsausgleich zu erreichen. Und die Begründung eines Abhängigkeitsverhältnisses durch Erwerb der Mehrheit der Anteile setzt weder eine »Konzernierungserklärung« noch einen Hauptversammlungsbeschluss voraus, sondern begründet lediglich eine Mitteilungspflicht gem. § 20 Abs. 4 AktG. In Anbetracht des Grundsatzes der Satzungsstrenge bietet das AktG nur wenige Möglichkeiten, die Unabhängigkeit der AG durch die Satzung nach Möglichkeit zu sichern. In Betracht kommen u. a. die **Vinkulierung von Namensaktien** gem. § 68 Abs. 2 AktG sowie die Einführung von **Höchststimmrechten** bei nicht börsennotierten Aktiengesellschaften gem. § 134 Abs. 1 Satz 2 AktG, die Erhöhung des **Mehrheitserfordernisses** für Hauptversammlungsbeschlüsse gem. §§ 133 Abs. 1, 179 Abs. 2 AktG und die Normierung von **Entsenderechten** in den Aufsichtsrat gem. § 101 Abs. 2 AktG und, allerdings umstritten aber wegen der mitgliedschaftlichen Treuepflicht im Ergebnis zu bejahen, die Statuierung eines **Wettbewerbsverbotes** für die herrschenden Unternehmensaktionäre (vgl. zu Letzterem *Emmerich/Habersack*, KonzernR § 8 Rn. 16, 20 f. m. w. N.). Schließlich erfordern Mehrheitsbeschlüsse, die die Rechtsstellung der überstimmten Minderheit beeinträchtigen (z. B. Kapitalerhöhung mit Bezugsrechtsausschluss) eine sachliche Rechtfertigung und unterliegen insofern einer **Inhaltskontrolle** (vgl. allgemein BGHZ 71, 40 »Kali + Salz«). Weitergehende Beschränkungen für den Erwerb und die Veräußerung von Aktien, über die §§ 20 ff. AktG, §§ 15, 21 ff. WpHG und das WpÜG hinausgehenden Verhaltenspflichten gegenüber der AG und ihren Mitaktionären lassen sich dagegen für Aktionäre aus deren mitgliedschaftlichen Treuepflicht nicht ableiten (vgl. *Emmerich/Habersack*, KonzernR § 8 Rn. 18).

II. Gruppenbildungs- und Gruppenleitungskontrolle bei dem herrschenden Unternehmen

53 Sofern es sich bei dem herrschenden Unternehmen um eine Gesellschaft handelt, geht es bei der Gruppenbildungs- und Gruppenleitungskontrolle bei dem herrschenden Unternehmen um die

Frage, ob und wieweit dessen Gesellschafter an der Begründung von Abhängigkeits- und Konzernverhältnissen und sich daran anschließenden Gruppenleitungsmaßnahmen zu beteiligen sind. Dies bestimmt sich nach dem gesellschaftsrechtlichen Organisationsrecht des herrschenden Unternehmens und die dort vorgesehene Kompetenzverteilung zwischen den Gesellschaftern und dem geschäftsführenden Organ. Solche Beteiligungs- und Mitwirkungsrechte ergeben sich dabei sowohl bei Personen- als auch Kapitalgesellschaften zunächst aus der gesellschaftsrechtlichen Festlegung des Unternehmensgegenstandes. Da das geschäftsführende Organ diesen nicht dauerhaft überschreiten und die Struktur der herrschenden Gesellschaft nicht eigenmächtig von Grund auf ändern darf, bedarf jede Maßnahme der Gruppenbildung und auch die Umwandlung in eine reine Holding, bei der der Unternehmensgegenstand durch die Tochtergesellschaften verwirklicht wird, einer entsprechenden Ermächtigung (sog. Konzernklausel) durch den Gesellschaftsvertrag des herrschenden Unternehmens (BGHZ 159, 30, 46 »Gelatine I«). Dies gilt ebenso für Maßnahmen der Gruppenleitung (Gruppenausbau und -umbau), durch die die Teilhabe und Vermögensrechte der Gesellschafter durch die Geschäftsleitung des herrschenden Unternehmens nicht missachtet werden dürfen (vgl. BGHZ 83, 122, 136 f. »Holzmüller«).

1. Personenhandelsgesellschaften

Gesellschafter von Personenhandelsgesellschaften sind aufgrund der Ausgestaltung von deren Organisationsverfassung vor den Gefahren der Gruppenbildung und Maßnahmen der Gruppenleitung weitgehend geschützt. Die Ausgliederung von Unternehmensteilen, die Gründung einer Tochtergesellschaft oder der Erwerb einer Gesellschaftsbeteiligung stellen grundsätzlich außergewöhnliche Geschäfte dar, die gem. §§ 116 Abs. 2, 164 Satz 2 HGB der **Zustimmung aller Gesellschafter** bedürfen. Allerdings sind gesellschaftsvertragliche Regelungen zulässig, die die genannten Maßnahmen aus dem Kreis der außergewöhnlichen Geschäfte herausnehmen oder das Erfordernis der Gesellschafterzustimmung einschränken oder ganz beseitigen.

54

Die Ausübung der Gesellschafterrechte der herrschenden Personenhandelsgesellschaft in dem abhängigen Unternehmen ist zuvörderst Angelegenheit der geschäftsführenden Gesellschafter. Auch für die Gruppenleitungskontrolle gilt allerdings, dass außergewöhnliche Maßnahmen nach §§ 116 Abs. 2, 164 Satz 2 HGB (z. B. Kapitalerhöhung; Abschluss eines Beherrschungsvertrages) der **Zustimmung aller Gesellschafter** der herrschenden Personenhandelsgesellschaft bedürfen. Zu ihrem Schutz ist ihr **Informationsanspruch** auch auf die Angelegenheiten der Tochtergesellschaft zu erstrecken.

55

2. GmbH

Ebenso wie bei Personenhandelsgesellschaften sind auch die Gesellschafter einer GmbH vor den Gefahren der Gruppenbildung und Maßnahmen der Gruppenleitung durch die Satzung weitgehend geschützt. So können die Gesellschafter einer GmbH gem. § 45 Abs. 1 GmbH sämtliche Maßnahmen der Geschäftsführung an sich ziehen und dem Geschäftsführer entsprechende Weisungen erteilen (**Prinzip der Allzuständigkeit**). Ferner haben die Geschäftsführer, denen an sich die Ausübung der Beteiligungsrechte obliegt, Maßnahmen, die außergewöhnlichen Charakter innerhalb der von der GmbH beherrschten Gruppe haben (z. B. Kapitalmaßnahmen) oder mit besonderen Risiken verbunden sind, im Interesse der Gesellschaft gem. § 49 Abs. 2 GmbHG von sich aus der Gesellschafterversammlung zur Entscheidung vorzulegen. Dazu zählen insbesondere die Begründung von Abhängigkeitsverhältnissen (Gründung von Tochtergesellschaften) und besondere Maßnahmen der Gruppenleitung (z. B. Abschluss von Unternehmensverträgen, Gruppenumbildung durch Umhängen und Umwandlungen von Tochtergesellschaft).

56

3. Aktiengesellschaft

Wie bei der Entwicklung einer effektiven Gruppenbildungskontrolle bei der AG als beherrschte Gesellschaft bereitet die Begründung von Mitspracherechten der Aktionäre einer AG als herrschendem Unternehmen in Bezug auf Maßnahmen der Gruppenbildung und Gruppenleitung eben-

57

falls größere Schwierigkeiten. Ursächlich hierfür ist vor allem, dass die Hauptversammlung nach § 119 Abs. 1 AktG nur in den im Gesetz (z. B. §§ 179, 179a, 182, 192, 207, 222, 293, 319 Abs. 2 AktG) und in der Satzung bestimmten Fällen zu beschließen hat, während sie über Fragen der Geschäftsführung nur entscheiden kann, wenn der Vorstand es verlangt (vgl. § 119 Abs. 2 AktG), dem im Übrigen die Allzuständigkeit in Fragen der Geschäftsführung und Vertretung eingeräumt ist (§§ 76 Abs. 1, 78 Abs. 1 Satz 1 AktG). Dem entsprechend ist die Frage nach der Notwendigkeit und Zulässigkeit eines Präventionsschutzes zugunsten der Aktionäre einer AG als herrschendem Unternehmen bei der Gruppenbildung umstritten. Nach der heute herrschenden Meinung in der Rechtsprechung und Literatur sind die Aktionäre über die gesetzlich geregelten Beschlussgegenstände hinaus auch zur Entscheidung in der Hauptversammlung zuständig, soweit es um Maßnahmen wie insbesondere die Konzernbildung geht, die in die **Mitgliedschaftsrechte der Aktionäre** und deren Vermögensinteressen eingreifen, ohne eine faktische Satzungsänderung darzustellen (vgl. BGHZ 83, 122, 136 f. »Holzmüller«; BGHZ 159, 30 ff. »Gelatine I«; Emmerich/Habersack/*Habersack*, vor § 311 Rn. 31 ff.; *Hüffer* AktG, § 119 Rn. 18). Dabei hat sich der BGH gegen eine analoge Anwendung aktien- und umwandlungsrechtlicher Zuständigkeitsregeln (§§ 179, 179a, 293, 319 Abs. 2 AktG, §§ 13, 65 UmwG) als Rechtsgrundlage für diese ungeschriebene Hauptversammlungszuständigkeit bei gruppenbildenden und gruppenleitenden Maßnahmen ausgesprochen und diese vielmehr »als Ergebnis einer **offenen Rechtsfortbildung**« angesehen (BGHZ 159, 30, 42 f. »Gelatine I«). Der die ungeschriebene Zuständigkeit auslösende Umstand besteht für den BGH in der mit der Zuständigkeitsverlagerung (von den Aktionären auf den Vorstand) bei Gruppenbildungs- und Gruppenleitungsmaßnahmen einhergehenden Verkürzung der mitgliedschaftlichen Teilhabe- und Vermögensrechte der Aktionäre. Begründet insofern erst die mitgliedschaftsrelevante Strukturmaßnahme, nicht aber schon jede außergewöhnliche Maßnahme der Geschäftsführung, die **ungeschriebene Hauptversammlungszuständigkeit**, dann kann sich diese nur auf solche Gruppenbildungs- und Gruppenleitungsmaßnahmen erstrecken, die denjenigen zumindest nahe kommen, welche allein durch eine Satzungsänderung herbeigeführt werden können. Dies kann bspw. bei der **Ausgliederung**, beim **Beteiligungserwerb mit liquiden Mitteln**, der **Bargründung einer Tochtergesellschaft** sowie bei **Umstrukturierungen einer Tochter- in eine Enkelgesellschaft** und vergleichbaren Maßnahmen der Gruppenumbildung der Fall sein, wenn die dabei eintretenden Beeinträchtigungen der Mitwirkungsbefugnisse der Aktionäre wirtschaftlich in etwa die Ausmaße haben, wie sie Gegenstand der »Holzmüller«-Entscheidung waren (d. h. die Maßnahme betrifft einen wesentlichen Teil des Gesellschaftsvermögens). In solchen Fällen muss die Hauptversammlung der AG als herrschendem Unternehmen mit qualifizierter Mehrheit von 3/4 des bei der Beschlussfassung vertretenen Kapitals zustimmen.

58 Wie die Gesellschafter einer herrschenden Personenhandelsgesellschaft oder GmbH sind die Aktionäre einer herrschenden AG ebenfalls an wesentlichen Maßnahmen der Gruppenleitung zu beteiligen. Voraussetzung dafür ist allerdings, dass die Tochtergesellschaft »wesentliche« Bedeutung hat. Im Fluss befindet sich dabei noch die Diskussion über den Kreis der zustimmungspflichtigen Maßnahmen. Einigkeit herrscht, dass nicht jede Maßnahme, die auf der Ebene der Tochter- oder Enkelgesellschaft nur mit qualifizierter Mehrheit beschlossen werden können, in die Hauptversammlungszuständigkeit der AG als herrschendem Unternehmen fällt. Dies ist wohl dann der Fall, wenn es auf der Ebene der abhängigen Tochter- oder Enkelgesellschaft um eine **Verschmelzung**, **Spaltung**, **Kapitalerhöhung** oder den **Abschluss eines Unternehmensvertrages** geht, sofern hierdurch über §§ 302 ff., 322, 324 Abs. 3 AktG Haftungsrisiken der AG als herrschendem Unternehmen begründet werden. Eine bloße Satzungsänderung bei der abhängigen Gesellschaft verbleibt dagegen in der Zuständigkeit des Vorstandes im Rahmen seiner normalen Beteiligungsverwaltung.

D. Aktienkonzernrecht

59 Das Dritte Buch des AktG von 1965 unterscheidet im Wesentlichen drei verschiedene Formen von Unternehmensverbindungen, an denen Aktiengesellschaften beteiligt sind, nämlich die **Eingliederung** gem. §§ 319 ff. AktG, den durch Abschluss eines Beherrschungsvertrages begründeten **Vertragskonzern** gem. §§ 291, 308 AktG und die in §§ 311 ff. geregelten Abhängigkeitsverhält-

nisse. Letztere umfassen das **einfache Abhängigkeitsverhältnis** i. S. d. § 17 AktG und den einfachen, vertragslosen und damit »**faktischen**« **Konzern** i. S. d. § 18 Abs. 1 AktG.

I. Eingliederung und Ausschluss von Minderheitenaktionären

Die Vorschriften der AktG (§§ 319 bis 327 AktG) über die Eingliederung einer AG in eine andere AG, die sog. Hauptgesellschaft, sind mit der Reform des AktG 1965 eingeführt und durch das Gesetz zur Bereinigung des Umwandlungsrechts von 1994 in wichtigen Punkten geändert worden. Die Eingliederung kommt der Verschmelzung gem. §§ 2 ff. UmwG wirtschaftlich nahe, unterscheidet sich aber von ihr dadurch, dass die eingegliederte Gesellschaft als selbstständige juristische Person erhalten bleibt. Da die Hauptgesellschaft gem. § 323 AktG allerdings ein umfassendes Weisungsrecht erhält und die §§ 323 Abs. 2, 324 AktG die Grundsätze über die Kapitalaufbringung und -erhaltung partiell aufheben, lässt sich die eingegliederte Gesellschaft als rechtlich selbstständige Betriebsabteilung der Hauptgesellschaft bezeichnen (Begr. RegE zu § 326, bei Kropff, S. 431).

60

Es ist zwischen der **Eingliederung einer 100 %igen Tochtergesellschaft** gem. § 319 AktG und einer **Eingliederung durch Mehrheitsbeschluss** gem. § 320 AktG zu unterscheiden. Die gesetzlichen Regelungen (§§ 321, 322, 324 Abs. 3 AktG) bezwecken in beiden Fällen vor allem den Schutz der Gläubiger der eingegliederten Gesellschaft, bei der Eingliederung durch Mehrheitsbeschluss zusätzlich den Schutz der außenstehenden Aktionäre (§§ 320 bis 320b AktG). Die praktische Bedeutung der Eingliederung ist nie besonders groß gewesen. Mit Inkrafttreten der §§ 327a ff. AktG ist speziell die Bedeutung der Mehrheitseingliederung, die vor allem mit Blick auf das mit ihr verbundene Ausscheiden der Minderheitsaktionäre praktiziert wurde, zudem erheblich zurückgegangen.

61

1. Voraussetzungen und Rechtsfolgen der Eingliederung nach § 319 AktG

Die Eingliederung nach § 319 AktG setzt zunächst voraus, dass sowohl die einzugliedernde Gesellschaft als auch die künftige Hauptgesellschaft **Gesellschaften in der Rechtsform der AG (oder der SE)** sind und die künftige Hauptgesellschaft ihren **Sitz im Inland** haben wird. Die Eingliederung einer AG in eine KGaA soll hingegen nach bislang noch herrschender Ansicht ausgeschlossen sein (*Emmerich/Habersack*, § 319 Rn. 6). Auf das GmbH-Recht lassen sich die §§ 319 ff. AktG auch nicht analog anwenden. Weitere Voraussetzung ist, dass sich sämtliche Aktien der einzugliedernden Gesellschaft »in der Hand« der künftigen Hauptgesellschaft befinden müssen (§ 319 Abs. 1 Satz 1 AktG). Da die Zurechnungsvorschrift des § 16 Abs. 4 AktG keine Anwendung findet, ist diese Voraussetzung auch dann nicht erfüllt, wenn der künftigen Hauptgesellschaft ein Teil der Aktien nur mittelbar, etwa über eine Tochtergesellschaft, gehören. Entsprechendes gilt, wenn die einzugliedernde Gesellschaft selbst noch eigene Aktien besitzt. Keine Rolle spielt dagegen die Art des Eigentums der künftigen Hauptgesellschaft, also ob es sich etwa um Volleigentum oder Sicherungseigentum handelt. Es kommt allein auf die **formale Eigentümerstellung** an. Demgemäß stehen auch von der einzugliedernden Gesellschaft begebene und noch nicht bediente Optionen auf Aktien der Eingliederung nach § 319 AktG nicht entgegen. Ist die Hauptgesellschaft nicht Alleineigentümer aller Aktien, so ist ein gleichwohl gefasster Eingliederungsbeschluss nach § 241 Nr. 3 AktG nichtig (*Emmerich/Habersack*, § 319 Rn. 9).

62

Die Eingliederung beruht nicht auf einem Vertrag zwischen den beiden Gesellschaften, sondern erfolgt vielmehr durch ein Verfahren, das seinen Anfang mit dem **Beschluss der Hauptversammlung der einzugliedernden Gesellschaft** (§ 319 Abs. 1 AktG) nimmt. Der Eingliederungsbeschluss wird nur wirksam, wenn ihm die **Hauptversammlung der künftigen Hauptgesellschaft** gem. § 319 Abs. 2 AktG mit qualifizierter Mehrheit zustimmt. Dem Hauptversammlungsbeschluss muss gem. § 319 Abs. 3 Satz 1 Nr. 3 AktG ein **Eingliederungsbericht** nach dem Vorstand nach dem Vorbild des § 293a AktG und des § 8 UmwG vorhergehen, der Vorabinformationen der Aktionäre über die rechtlichen und wirtschaftlichen Auswirkungen der geplanten Eingliederung dient. Die Eingliederung wird schließlich gem. § 319 Abs. 7 AktG erst wirksam, wenn sowohl der Eingliederungsbeschluss als auch der Zustimmungsbeschluss in das **Handelsregister der einzugliedernden**

63

Gesellschaft eingetragen sind. Dabei kann die Eintragung erst nach Ablauf der Registersperre des § 319 Abs. 5 und 6 AktG erfolgen.

64 Die Eingliederung ermöglicht die nahezu absolute Herrschaft der Hauptgesellschaft über die eingegliederte Gesellschaft. Eine solche Herrschaft konnte der Gesetzgeber nur zulassen, indem er zugleich für den **Schutz der Gläubiger der eingegliederten Gesellschaft** Sorge getragen wird. Insofern hat die Hauptgesellschaft zuvörderst den Gläubigern der eingegliederten Gesellschaft gem. § 321 Abs. 1 Satz 1 AktG **Sicherheit** für die begründeten, aber noch nicht fälligen Verbindlichkeiten zu leisten. Die Höhe der Sicherheitsleistung bemisst sich nach dem konkreten Sicherungsinteresse des Gläubigers. Schuldner des Anspruchs auf Sicherheitsleistung ist die eingegliederte Gesellschaft als Schuldnerin des zu sichernden Anspruchs. Für den Schutz der Gläubiger fälliger Forderungen sorgt zudem vor allem § 322 Abs. 1 AktG, der die **gesamtschuldnerische akzessorische Haftung der Hauptgesellschaft** für alle Verbindlichkeiten der eingegliederten Gesellschaft vorsieht. Weitere rechtliche Folgen der Eingliederung sind zum einen die Befugnis der Hauptgesellschaft zur **Erteilung von Weisungen** an den Vorstand der eingegliederten Gesellschaft. Das Weisungsrecht beinhaltet dabei selbst solche Maßnahmen, die die Existenz der eingegliederten Gesellschaft gefährden, und geht damit über das Weisungsrecht gem. § 308 AktG hinaus. Soweit der Vorstand der Hauptgesellschaft von seinem Weisungsrecht keinen Gebrauch macht, bleibt es bei dem Grundsatz des § 76 AktG. Des Weiteren gelten nach § 323 Abs. 2 AktG die Leistungen der eingegliederten Gesellschaft an die Hauptgesellschaft »nicht als Verstoß gegen §§ 57, 58 und 60« AktG. Mit dieser Fiktion wird die aktienrechtliche **Kapitalbindung aufgehoben** und der Hauptgesellschaft der Zugriff auf das Vermögen der eingegliederten Gesellschaft selbst insoweit gestattet, als dieses Vermögen zur Deckung des Grundkapitals erforderlich ist. Die Grundsätze über die Kapitalaufbringung bleiben dagegen in dem durch § 324 AktG vorgegebenen Rahmen anwendbar. Gem. § 324 Abs. 3 AktG ist die Hauptgesellschaft zudem verpflichtet, jeden durch Kapital- und Gewinnrücklagen nicht gedeckten Verlust auszugleichen. Diese Verpflichtung gegenüber der eingegliederten Gesellschaft tritt neben die Außenhaftung nach § 322 AktG und gewährleistet, dass die eingegliederte Gesellschaft zumindest in Form eines gegen die Hauptgesellschaft gerichteten **Verlustausgleichsanspruchs** über ein das Grundkapital deckendes Reinvermögen verfügt. Und schließlich ist den Aktionären der Hauptgesellschaft gem. § 326 AktG über Angelegenheiten der eingegliederten Gesellschaft ebenso **Auskunft** zu erteilen wie über Angelegenheiten der Hauptgesellschaft.

65 Die Eingliederung endet kraft Gesetzes unter den Voraussetzungen des § 327 Abs. 1 Nr. 1 bis 4 AktG, wobei die Beendigung ipso iure und nur für die Zukunft ihr Ende findet. Die Beendigungsgründe knüpfen dabei, von einer Ausnahme abgesehen (§ 327 Abs. 1 Nr. 1 AktG), durchweg an den **Fortfall einer der Voraussetzungen der Eingliederung** nach § 319 AktG an. Die Aufzählung ist in dem Sinne abschließend, dass weder durch die Satzung der beiden Gesellschaften noch durch einen Vertrag zwischen ihnen weitere Beendigungsgründe geschaffen werden können. Die Beendigungsgründe sind im Einzelnen entweder ein entsprechender Beschluss der Hauptversammlung der eingegliederten Gesellschaft gem. § 327 Abs. 1 Nr. 1 AktG, d.h. die entsprechende Entscheidung des Vorstandes der Hauptgesellschaft, ohne dass es der Zustimmung der Hauptversammlung der Hauptgesellschaft bedarf, oder wenn die Hauptgesellschaft gem. § 327 Abs. 1 Nr. 2 AktG nicht mehr eine AG mit Sitz im Inland ist, wobei davon auch die Fälle erfasst werden, dass die Hauptgesellschaft ihre Rechtsform durch Formwechsel gem. §§ 190 ff. UmwG ändert oder auf einen Rechtsträger anderer Rechtsform verschmolzen wird, oder gem. § 327 Abs. 1 Nr. 3 AktG, wenn sich nicht mehr alle Aktien der eingegliederten Gesellschaft in der Hand der Hauptgesellschaft befinden, und schließlich wenn gem. § 327 Abs. 1 Nr. 4 AktG die Hauptgesellschaft aufgelöst ist.

2. Voraussetzungen und Rechtsfolgen der Eingliederung durch Mehrheitsbeschluss nach § 320 AktG

66 Voraussetzung für die Eingliederung nach § 320 AktG durch Mehrheitsbeschluss ist zunächst, dass beide Gesellschaften über die **Rechtsform einer AG (oder SE)** und einen **Inlandssitz** verfügen. Des Weiteren muss die künftige Hauptgesellschaft an der einzugliedernden Gesellschaft mit mindestens

95 % des Grundkapitals beteiligt sein (§ 320 Abs. 1 Satz 1 AktG), wobei nach § 320 Abs. 1 Satz 2 AktG eigene Aktien der einzugliedernden Gesellschaft vom Grundkapital abzusetzen sind (abweichend von der Rechtslage nach § 319 AktG). Das Verfahren für die Eingliederung entspricht im Wesentlichen dem für die Eingliederung nach § 319 AktG, d. h. die **Hauptversammlung der einzugliedernden Gesellschaft** muss die Eingliederung ebenso beschließen wie die **Hauptversammlung der Hauptgesellschaft** dem Eingliederungsbeschluss gem. § 320 Abs. 1 Satz 3 i. V. m. § 319 Abs. 2 AktG zustimmen muss. Der Vorstand muss zudem einen **Eingliederungsbericht** gem. § 320 Abs. 1 Satz 3 i. V. m. § 310 Abs. 3 Satz 1 Nr. 3 AktG erstellen, in dem Art und Höhe der den außenstehenden Aktionären der einzugliedernden Gesellschaft angebotenen Abfindung zu erläutern und zu begründen ist. Außerdem ist den Aktionären der einzugliedernden Gesellschaft gem. § 320 Abs. 2 Satz 2 Nr. 2 AktG ein konkretes und vollständiges **Abfindungsangebot** bereits in der Bekanntmachung der Tagesordnung zu unterbreiten. Die Angemessenheit dieses Abfindungsangebotes ist durch eine **Eingliederungsprüfung** gem. § 320 Abs. 3 AktG, die der Verschmelzungsprüfung gem. §§ 9 ff. UmwG nachgebildet ist, zu bestätigen. Die Regelungen zur Eintragung der Eingliederung in das Handelsregister ergeben sich gem. § 320 Abs. 1 Satz 3 AktG ebenfalls aus § 319 Abs. 5 bis 7 AktG.

Hinsichtlich der rechtlichen Folgen der Eingliederung durch Mehrheitsbeschluss ist zunächst auf Rdn. 30 zu verweisen. Außerdem bestimmt § 320a AktG, dass mit Wirksamwerden der Eingliederung sämtliche Aktien der eingegliederten Gesellschaft auf die Hauptgesellschaft übergehen. Dies führt im Ergebnis zu einem **Ausschluss der außenstehenden Aktionäre** der eingegliederten Gesellschaft, die zum Ausgleich für diesen Rechtsverlust grundsätzlich eine **Abfindung in eigenen Aktien der Hauptgesellschaft** gem. § 320b Abs. 1 Satz 2 AktG erhalten und diesen Anspruch im Spruchverfahren geltend zu machen haben. Vorbehaltlich des § 320b Abs. 1 Satz 3 AktG sollen die ausgeschiedenen Aktionäre somit keinen Anspruch auf eine Barabfindung haben. In seiner »**Macotron**«-Entscheidung hat der BGH (BGHZ 153, 47, 53) allerdings für das Delisting einen Anspruch auf **Barabfindung** anerkannt. Da es aus Sicht der betroffenen Minderheitsaktionäre keinen Unterschied machen kann, ob ihnen der Markt für Aktien ihrer Gesellschaft durch ein reguläres Delisting oder durch Umstrukturierung der Gesellschaft genommen wird, wird für die Mehrheitseingliederung kaum etwas anderes gelten dürfen (*Emmerich/Habersack*, KonzernR § 10 Rn. 31). Bei einer mehrstufigen Eingliederung, d. h. der Eingliederung einer Enkelgesellschaft in eine bereits eingegliederte Tochtergesellschaft, sind Aktien der Muttergesellschaft zu gewähren (BGHZ 138, 224 ff. »Bayer. Lloyd/Rhenus AG/Veba«).

67

Die durch Art. 7 Nr. 2 des Gesetzes zur Regelung von öffentlichen Angeboten zum Erwerb von Wertpapieren und von Unternehmensübernahmen von 2001 in das AktG eingeführten §§ 327a ff. AktG, die den »**Squeeze out**« von Minderheitsaktionären regeln und die Hauptversammlung einer AG auf Antrag eines Aktionärs, dem die Aktien der Gesellschaft i. H. v. 95 % des Grundkapitals gehören, die Übertragung der Aktien der Minderheitsaktionäre auch gegen deren Willen auf den Hauptaktionär gegen Gewährung einer angemessenen Barabfindung beschließen lassen kann, haben zu einem deutlichen Bedeutungsverlust der Mehrheitseingliederung geführt, sodass dieser Mechanismus nur noch vereinzelt angewendet wird.

68

II. Vertragskonzern

Beim Vertragskonzern beruht die Konzernierung überwiegend oder ausschließlich auf vertraglicher Grundlage, sog. »Unternehmensverträgen«. Das Dritte Buch des AktG über »verbundene Unternehmen« beginnt mit ausführlichen Regelungen über solche »Unternehmensverträge« (§§ 291 bis 307 AktG). An deren Spitze stehen dabei die §§ 291 und 292 AktG, gefolgt von den für die genannten Verträge geltenden allgemeinen Regeln über ihren Abschluss, ihre Änderung und ihre Beendigung (§§ 293 bis 299 AktG), denen dann besondere Vorschriften für einzelne Unternehmensverträge folgen (§§ 300 bis 310 AktG). Über die praktische Verbreitung von Unternehmensverträgen ist nur wenig bekannt. Sicher ist lediglich, dass nach wie vor die Mehrzahl der Konzerne entgegen den Erwartungen des Gesetzgebers keine Vertragskonzerne, sondern faktische Konzerne sind.

69

Anhang 2 AktG Grundzüge des Konzernrechts

1. Unternehmensverträge

70   An der Spitze der Regelungen der Unternehmensverträge stehen die beiden Definitionsnormen der §§ 291 und 292 AktG, aus denen sich im Einzelnen ergibt, welche Verträge der Gesetzgeber unter der Sammelbezeichnung »Unternehmensverträge« zusammengefasst hat. Die Liste reicht von den beiden wichtigsten Unternehmensverträgen, den **Beherrschungsverträgen** und den **Gewinnabführungsverträgen**, bis hin zu normalen Austauschverträgen wie der Gewinngemeinschaft und der Betriebspacht. Durch letztere Verträge kann, muss aber kein Vertragskonzern entstehen. Allein der Beherrschungsvertrag führt zwingend und unwiderleglich zur Begründung eines solchen. Die Erfassung der Rechtsnatur von Beherrschungs- und Gewinnabführungsverträgen ist schwierig. Ursprünglich wurden sie, da sich für beide Vertragsparteien Rechte und Pflichten ergeben, überwiegend als schuldrechtliche Austauschverträge eingestuft. Da sie in ihrer Wirkung aber deutlich über Austauschverträge hinausgehen und letztlich die Satzung der abhängigen Gesellschaft in wichtigen Punkten temporär verdrängen (§ 291 Abs. 1 Satz 1 AktG), werden sie als sog. Organisationsverträge bezeichnet (BGHZ 103, 1, 4f. »Familienheim«, 116, 37, 43 »Stromlieferung«). Zum Ausdruck kommt dadurch, dass diese Verträge nicht nur wechselseitig Rechte und Pflichten der Vertragsparteien begründen, sondern unmittelbar gesellschaftsrechtliche Beziehungen zwischen den Vertragspartnern sowie zwischen der abhängigen Gesellschaft und den außenstehenden Gesellschaftern gestalten.

a) Beherrschungsvertrag

71   Grundform des Vertragskonzerns ist die Verbindung von Unternehmensrechtsträgern durch einen Beherrschungsvertrag, dessen Begriffsmerkmale sich aus § 291 Abs. 1 Satz 1 AktG i. V. m. §§ 18 Abs. 2 Satz 2, 291 Abs. 2, 304 Abs. 3 Satz 1 und 308 Abs. 1 AktG ergeben. Danach ist ein Beherrschungsvertrag ein Vertrag, durch den eine AG oder KGaA mit Sitz im Inland die **Leitung** ihrer Gesellschaft einem anderen Unternehmensrechtsträger beliebiger Rechtsform und Nationalität unterstellt. Gem. § 18 Abs. 1 Satz 2 AktG bilden beide Gesellschaften zwingend einen **Unterordnungskonzern**. Die Bedeutung des Begriffs »Leitung« in § 291 Abs. 1 Satz 1 AktG und § 308 Abs. 1 AktG folgt aus §§ 76 Abs. 1, 77 AktG. Aus der Unterscheidung von Leitung und **Geschäftsführung** ist zu folgern, dass mit der »Geschäftsführung« die Tagesgeschäfte und mit der »Leitung der Gesellschaft« die zentrale Leitungsfunktion, insbesondere also die Besetzung von Führungsstellen der Gesellschaft sowie die Zielplanung, Unternehmenskoordination und -kontrolle, gemeint sind. Dabei muss ein Beherrschungsvertrag diese Bereiche nicht vollumfänglich erfassen. Es reicht für die Annahme eines Beherrschungsvertrages aus, wenn das herrschende Unternehmen in der Lage ist, eine auf das Gesamtinteresse der verbundenen Unternehmen ausgerichtete Zielkonzeption zu entwickeln und gegenüber dem Vorstand der beherrschten Gesellschaft durchzusetzen. Insofern sind auch **Teilbeherrschungsverträge** zulässig, durch die sich die abhängige Gesellschaft nur hinsichtlich einzelner Funktionen der Leitung des herrschenden Unternehmens unterstellt, sofern immer noch eine einheitliche Leitung der verbundenen Unternehmen möglich bleibt (§ 18 Abs. 1 Satz 1 AktG). Trotzdem, oder gerade wegen dieser Vielfalt der vertraglichen Gestaltungen in der Praxis, ist der Mindestinhalt eines Beherrschungsvertrages i. S. d. § 291 Abs. 1 Satz 1 AktG, die vertragliche Unterstellung der Gesellschaft jedenfalls auch hinsichtlich dieser zentralen Leitungsfunktionen unter das **Weisungsrecht der herrschenden Gesellschaft**, nicht immer eindeutig auszumachen. Im Ergebnis kommt es für die Annahme eines Beherrschungsvertrages an, ob sich bei »wirtschaftlicher Betrachtungsweise« aus der Gesamtheit der Abreden der Parteien, aus ihren Interessen und aus den von ihnen verfolgten Zwecken ein rechtlich gesichertes Weisungsrecht der einen Gesellschaft gegenüber der anderen auch in Leitungsfragen ergibt (OLG Schleswig, AG 2009, 374 ff. »MobilCom«).

72   Das herrschende Unternehmen ist gem. § 308 Abs. 1 AktG aufgrund des Beherrschungsvertrages berechtigt, dem Vorstand des beherrschten Unternehmens **Weisungen** für die Leitung der Gesellschaft zu erteilen. Um den Gesellschaftern überhaupt eine sachgerechte Entscheidung über den Vertrag zu ermöglichen, empfiehlt es sich bei der Formulierung des Beherrschungsvertrages, den jeweiligen Umfang des Weisungsrechts sowie dessen Schranken möglichst konkret zu umschreiben.

Denn das Weisungsrecht stellt das Mittel dar, mit dem das herrschende Unternehmen die durch den Beherrschungsvertrag übertragene Leitung der beherrschten Gesellschaft ausüben kann. Die Weisungen können, sofern dies nicht vertraglich ausgeschlossen wird, für das beherrschte Unternehmen auch **nachteilig** sein, sofern sie nur im sog. »**Konzerninteresse**« erfolgen (§ 308 Abs. 1 Satz 2 AktG). Der Vorstand des beherrschten Unternehmens ist grundsätzlich verpflichtet, die Weisungen zu befolgen (§ 308 Abs. 2 AktG). Die Organe der herrschenden Gesellschaft haben bei der Erteilung von Weisungen die Verantwortlichkeit nach § 309 AktG zu beachten. Aus dem Gesagten lässt sich im Umkehrschluss folgern, dass Aufsichtsrat und Hauptversammlung der abhängigen Gesellschaft in ihren Funktionen grundsätzlich weisungsfrei bleiben (Ausnahme § 308 Abs. 3 AktG).

Zum gesetzlichen Mindestinhalt des Beherrschungsvertrages gehört außerdem zwingend die **Regelung des angemessenen Ausgleichs** an außenstehende Aktionäre gem. § 304 Abs. 1 Satz 2, Abs. 2 AktG, da ansonsten die Nichtigkeitsfolge des § 304 Abs. 3 Satz 1 AktG droht, während die Regelung über eine **angemessene Abfindung** letztlich zwar zwingend, ihr Fehlen oder eine unangemessene Regelung aber nicht zur Nichtigkeit des Vertrages führt, wie sich § 305 Abs. 5 Satz 1 und Satz 2 AktG entnehmen lässt, sondern im Spruchverfahren durch das Gericht bestimmt wird. Streitig ist, ob Beherrschungsverträge Regelungen über **Kündigungs- und Rücktrittsrechte** enthalten dürfen, die über §§ 296, 297 AktG hinausgehen. Das Gesetz selbst geht in den §§ 305 Abs. 2 Nr. 2 und 308 Abs. 1 Satz 2 AktG von der Möglichkeit solcher ergänzenden, in einzelnen Beziehungen auch vom Gesetz abweichenden Regelungen aus. Eine Grenze für derartige Abreden bilden jedoch die zwingenden Vorschriften des AktG zum Schutz der Gesellschaft, der Gläubiger und der außenstehenden Gesellschafter (BGHZ 122, 211, 217 ff. »SSI«). 73

b) Gewinnabführungsvertrag

Durch einen Gewinnabführungsvertrag verpflichten sich gem. § 291 Abs. 1 Satz 1 AktG eine AG oder KGaA mit Sitz im Inland, ihren gesamten Gewinn an ein anderes Unternehmen, gleich welcher Rechtsform und gleich welcher Nationalität abzuführen. Gemeint ist der Bilanzgewinn, wie er sich ergäbe, wenn keine Gewinnabführung vereinbart wäre, wobei aber §§ 300 Nr. 1, 301 AktG zu berücksichtigen sind. Gleich einem Gewinnabführungsvertrag gilt nach § 291 Abs. 1 Satz 2 AktG auch ein Geschäftsführungsvertrag, durch den eine AG oder KGaA es übernimmt, ihr Unternehmen für Rechnung eines anderen Unternehmens zu führen. 74

Ein **abzuführender Bilanzgewinn** wird in der Bilanz der abhängigen Gesellschaft als Verbindlichkeit gegenüber dem verbundenen Unternehmen und nicht als Gewinn ausgewiesen. Für die Gewinnermittlung selbst spielt dies aber keine Rolle. Bei der Gewinnermittlung sind die §§ 300 Nr. 1 und 301 AktG zu beachten. Diese Vorschriften richten sich an das abhängige, Gewinn abführende Unternehmen. § 300 AktG regelt drei verschiedene Fallkonstellationen. Im Ergebnis laufen sie darauf hinaus, die gesetzliche **Obergrenze** von 10 % des Grundkapitals der AG bzw. eine höhere satzungsmäßige Obergrenze in kürzerer Zeit, als dies § 150 Abs. 2 AktG vorschreibt, zu erreichen. Das Mittel dazu ist die Festlegung bestimmter Untergrenzen der in die Rücklage einzustellenden Beträge. Für den Gewinnabführungsvertrag sowie den ihm durch § 291 Abs. 1 Satz 2 AktG gleichgestellten Geschäftsführungsvertrag bestimmt § 300 Nr. 1 AktG zwei **Untergrenzen**: Eingestellt werden müssen jährlich 20 % der Differenz zwischen der Rücklage zum Zeitpunkt des Vertragsbeginns und ihrer Sollgröße (10 % des Grundkapitals bzw. höhere satzungsmäßige Rücklage), mindestens jedoch jährlich 5 % des bereinigten Jahresüberschusses, d. h. des in der Vorbilanz ermittelten und um einen Verlustvortrag aus dem Vorjahr geminderten Jahresüberschusses nach §§ 300 Nr. 1 i. V. m. 150 Abs. 2 AktG. Ist ein Teilabführungsvertrag geschlossen worden, gilt die 5 % – Grenze des §§ 150 Abs. 2 i. V. m. 300 Nr. 2 AktG. Bei Vorliegen eines Beherrschungsvertrages gilt nach § 300 Nr. 3 AktG Folgendes: Die Bestimmung des § 300 Nr. 1 AktG gelangt zur Anwendung, wenn ein isolierter oder zusammen mit einem Gewinnabführungsvertrag geschlossener Beherrschungsvertrag existiert. Wegen des Weisungsrechts kann nämlich auch von einem isolierten Beherrschungsvertrag die Gefahr ausgehen, Gewinne zulasten der Substanzbildung der Untergesellschaft zu entziehen. Die Regelungen der §§ 300 Nr. 1 oder 300 Nr. 2 AktG greifen je 75 nachdem, welcher Betrag höher ausfällt, wenn ein Beherrschungsvertrag mit Teilgewinnabführung vorliegt (*Hüffer* AktG, § 300 Rn. 15).

76 Die Regelung des Gewinnabführungsvertrages im AktG folgt in ihren Grundzügen derjenigen des Beherrschungsvertrages, sodass wegen der meisten Einzelheiten auf die Ausführungen zum Beherrschungsvertrag verwiesen werden kann. Sonderregelungen finden sich nur an wenigen Stellen, hervorzuheben sind § 57 Abs. 1 Satz 3 AktG (Aufhebung der Vermögensbindung in der AG), § 71a Abs. 1 Satz 3 AktG (Rückkauf eigener Aktien), § 300 Nr. 1 AktG (Auffüllung der gesetzlichen Rücklage bei Abschluss eines Gewinnabführungsvertrages) sowie § 301 AktG (Höchstbetrag des abzuführenden Gewinns). Zusätzliche Abreden im Gewinnabführungsvertrag sind möglich und verbreitet. Der wichtigste Unterschied zwischen dem Beherrschungs- und dem Gewinnabführungsvertrag besteht darin, dass der Gewinnabführungsvertrag allein **kein Weisungsrecht des herrschenden Unternehmens** i. S. d. § 308 AktG begründet, weshalb das Gesetz an seinen Abschluss auch nicht die unwiderlegliche Konzernvermutung des § 18 Abs. 1 Satz 2 AktG knüpft. Dies ändert nichts daran, dass Gewinnabführungsverträge in der Praxis in aller Regel zwischen voneinander abhängigen Unternehmen abgeschlossen werden, sodass bei Vorliegen eines solchen Vertrages die Vermutungen der §§ 17 Abs. 2 und 18 Abs. 1 Satz 3 AktG tatsächlich kaum widerlegbar sein werden. Im Gegensatz zu Beherrschungsverträgen können Gewinnabführungsverträge mit **Rückwirkung** für das bei Vertragsschluss laufende Geschäftsjahr abgeschlossen werden (BGHZ 155, 110, 116 »Philips I«), wobei dies auch vom Steuerrecht (§ 14 Abs. 1 Satz 2 KStG 2003) anerkannt wird, während eine weiter gehende Rückwirkung allein schon wegen der gravierenden Nachteile für außenstehende Aktionäre nicht zulässig ist.

77 Die praktische Bedeutung des Gewinnabführungsvertrages liegt neben der **Erleichterung der Durchführung von Cash-Pooling-Systemen** in Konzernen vornehmlich auf steuerlichem Gebiet, weil er nach §§ 14, 17 KStG und § 2 Abs. 2 Satz 2 GewStG eine Voraussetzung für die steuerliche Anerkennung der körperschaftsteuerlichen und der gewerbesteuerlichen Organschaft bildet. Die Folge ist, dass die steuerliche Organschaft nur anerkannt wird, wenn der Gewinnabführungsvertrag nach Gesellschaftsrecht wirksam ist und auch bei der Durchführung des Vertrages die gesellschaftsrechtlichen Vorgaben beachtet werden. Geschieht dies nicht, so wird steuerlich die Organschaft verworfen und fortan schon abgeführte Gewinne als verdeckte Gewinnausschüttungen behandelt. Hinzutreten nach § 14 KStG mehrere steuerliche Voraussetzungen, die aus demselben Grund gleichfalls genau beachtet werden müssen (dazu unten Rdn. 185 ff.). Seitdem steuerrechtlich die wirtschaftliche und organisatorische Eingliederung der Organgesellschaft in den Organträger, die immer bei Abschluss eines Beherrschungsvertrages vorliegt, keine Voraussetzung für die körperschaftsteuerliche und gewerbesteuerliche Organschaft mehr ist, genügt jetzt in den meisten Fällen der bloße Abschluss eines (isolierten) Gewinnabführungsvertrages als Voraussetzung der Organschaft.

c) Andere Unternehmensverträge

78 Von dem Beherrschungsvertrag und dem Gewinnabführungsvertrag als Unternehmensverträge i. S. d. § 291 AktG sind die »anderen Unternehmensverträge« des § 292 AktG zu unterscheiden (zu diesen anderen Unternehmensverträgen näher *Emmerich/Habersack*, KonzernR §§ 13 bis 15). § 292 Abs. 1 und Abs. 2 AktG regeln, welche weiteren Verträge neben Beherrschungs- und Gewinnabführungsverträgen Unternehmensverträge sind. Dies sind neben der **Gewinngemeinschaft** gem. § 292 Abs. 1 Nr. 1 AktG, **Betriebspacht- und Betriebsüberlassungsverträge** im Sinne von § 292 Abs. 1 Nr. 3, Abs. 3 AktG, die gesetzlich nicht geregelten **Betriebsführungsverträge** sowie **Teilgewinnabführungsverträge** gem. § 292 Abs. 1 Nr. 2, Abs. 2 AktG. Ein heutzutage praktisch bedeutsames Beispiel für Teilgewinnabführungsverträge sind **stille Beteiligungen** an Aktiengesellschaften i. S. d. § 230 HGB, die eine Beteiligung an dem periodisch ermittelten Gewinn der Gesellschaft zum Gegenstand haben.

79 Für diese »anderen Unternehmensverträge« gelten zum Schutz der Aktionäre ebenfalls die Vorschriften der §§ 293 bis 299 AktG, insofern auch die in § 293 AktG genannten Abschlussvoraus-

setzungen. Da sie aber, anders als der Beherrschungs- oder Gewinnabführungsvertrag, keine sog. Organisationsverträge, sondern lediglich **schuldrechtliche Austauschverträge** sind, gelten für sie weder die besonderen Schutzvorschriften der §§ 300 bis 308 AktG zugunsten der Gesellschaft, ihrer Gesellschafter und Gläubiger noch die Vorschriften über die Leitungsmacht gem. §§ 308 bis 310 AktG. Dem entsprechend führen diese anderen Unternehmensverträge auch weder zu einer Lockerung der gesetzlichen Vermögensbindung aufgrund der §§ 57, 58 und 60 AktG noch zu einer Durchbrechung der alleinigen Zuständigkeit des Vorstands zur Leitung der Gesellschaft gem. § 76 Abs. 1 AktG. Ebenso wenig ist für eine Anwendung des Konzernprivilegs des § 291 Abs. 3 AktG Raum. Schließlich ziehen sie auch nicht automatisch die Abhängigkeit der jeweils verpflichteten Gesellschaft nach sich, vorausgesetzt die Beteiligten sind voneinander unabhängig. In der Praxis dürften jedoch die Mehrzahl der »anderen Unternehmensverträge« i. S. d. § 292 AktG zwischen voneinander abhängigen Unternehmen geschlossen werden, da sich diese Verträge ebenso wie Beherrschungs- und Gewinnabführungsverträge zum Aufbau von Konzernen eignen und schwerwiegende Eingriffe in die Verfassung einer Gesellschaft ermöglichen, sodass von Fall zu Fall zusätzliche Maßnahmen zum Schutz der Gesellschaft, ihrer Gesellschafter und Gläubiger erforderlich sein können.

2. Abschluss, Änderung, Beendigung

Die §§ 293 bis 299 AktG regeln für alle Unternehmensverträge i. S. d. §§ 291, 292 AktG übereinstimmend den Abschluss, die Änderung und die Beendigung des Vertrages.   80

a) Vertragsabschluss

Zuständig für die Entscheidung, ob und mit welchem Inhalt ein Unternehmensvertrag abgeschlossen werden soll, ist das jeweilige **Vorstandsorgan** der Gesellschaft, also der Vorstand bei einer AG und der persönlich haftende Gesellschafter bei einer KGaA (§§ 76, 77, 78, 278 Abs. 2 AktG), wobei die Hauptversammlung gem. § 83 Abs. 1 Satz 2 AktG ein Initiativrecht hat. Auch für den anschließenden Abschluss des Vertrages sind die Vorstandsorgane der Gesellschaft zuständig, wobei die Vertretungsmacht insoweit durch § 293 Abs. 1 und 2 AktG beschränkt sind, als der Vertrag zu seiner Wirksamkeit der **Zustimmung durch die Hauptversammlung** der beherrschten Gesellschaft mit mindestens 3/4 des bei Beschlussfassung vertretenen Grundkapitals gem. § 293 Abs. 1 Satz 1 und Satz 2 AktG bedarf. Zustimmung ist nach §§ 182 bis 184 BGB der Oberbegriff für Einwilligung und Genehmigung. Insofern kann die Zustimmung der Hauptversammlung sowohl im Voraus zu einem ihr vom Vorstand vorgelegten Vertragsentwurf als auch nachträglich zu dem bereits abgeschlossenen Vertrag erklärt werden. Hat auch das herrschende Unternehmen die Rechtsform der AG oder der KGaA, muss auch deren Hauptversammlung dem Abschluss (nur) von Beherrschungs- und Gewinnabführungsverträgen ebenfalls mit qualifizierter Kapitalmehrheit zustimmen (§ 293 Abs. 2 Satz 1 u. 2 i. V. m. § 293 Abs. 1 Satz 2 AktG). Vor der Beschlussfassung über den Unternehmensvertrag treffen die Vorstandsorgane der beteiligten Gesellschaften umfangreiche **Informationspflichten** gem. §§ 293a ff. AktG über die rechtlichen und wirtschaftlichen Implikationen, die mit dem Abschluss des Unternehmensvertrages für die beteiligten Gesellschaften und ihre Anteilsinhaber verbunden sind. Diese Regelungen entsprechend im Wesentlichen den Informationspflichten bei Verschmelzungen, Spaltungen und Formwechseln nach dem UmwG.   81

Nach § 293 Abs. 3 AktG bedarf der Unternehmensvertrag der **Schriftform**. Das Schriftformerfordernis gilt für sämtliche Abreden der Parteien, aus denen sich der Unternehmensvertrag nach dem Willen der Parteien zusammensetzen und deshalb eine rechtliche Einheit i. S. d. § 139 BGB bilden soll (BGH 82, 188, 196 f. »Hoesch/Hoogovens«). Ein Verstoß führt insofern zur Nichtigkeit des Vertrages gem. § 125 BGB. Eine Abfassung des Vertrags in deutscher Sprache ist nicht vorgeschrieben, allerdings muss dem Vertrag dann bei Anmeldung zum Handelsregister nach § 294 Abs. 1 Satz 2 eine deutsche Übersetzung beigefügt werden.   82

Unternehmensverträge werden grundsätzlich nur **auf Zeit** abgeschlossen. Die Festsetzung eines Endtermins ist daher ebenso unbedenklich wie die eines Anfangstermins. Im Hinblick auf die   83

Anhang 2 AktG Grundzüge des Konzernrechts

Zulässigkeit von **Bedingungen** ist zu unterscheiden: bei den Unternehmensverträgen gem. § 292 AktG, da es sich dabei um schuldrechtliche Austauschverträge handelt, ist die Vereinbarung von Bedingungen unproblematisch, während bei Unternehmensverträgen gem. § 291 AktG zwar aufschiebende Bedingungen zulässig sind (BGHZ 122, 211, 219 f. »SSI«; *Emmerich/Habersack*, KonzernR § 16 Rn. 9; a. A. MüKo AktG/*Altmeppen*, § 293 Rn. 26), auflösende Bedingungen aber einer Kündigung gem. § 297 AktG gleichgestellt werden.

84 Der Vorstand der abhängigen Gesellschaft hat einen Unternehmensvertrag gem. § 294 Abs. 1 AktG zur **Eintragung ins Handelsregister** anzumelden und neben dem Unternehmensvertrag gem. § 294 Abs. 1 Satz 2 AktG gegebenenfalls die Niederschrift über die Zustimmung der Hauptversammlung des anderen Vertragsteils nach § 293 Abs. 2 AktG beizufügen. Erst mit der Eintragung wird der Vertrag gem. § 294 Abs. 2 AktG wirksam. Unternehmensverträge, die an einem Wirksamkeitsmangel leiden, aber gleichwohl vollzogen werden, sind nach den **Grundsätzen der fehlerhaften Gesellschaft** als wirksam zu behandeln, bis sich einer der Vertragspartner auf die Unwirksamkeit beruft und die Vollziehung des Vertrages ein Ende findet. Vor Vollzug des Vertrags (näher zum Begriff des Vollzugs *Emmerich/Habersack*, KonzernR § 11 Rn. 25) ist dagegen grundsätzlich kein Raum für die Anwendung der Regeln über fehlerhafter Verträge, sodass hier der Vertrag nichtig ist, wenn der Mangel nicht ausnahmsweise rechtzeitig geheilt wird (s. § 244 AktG).

b) Vertragsänderung

85 Die Änderung eines Unternehmensvertrages bestimmt sich nach § 295 AktG. Eine Vertragsänderung ist jede einverständliche inhaltliche Abänderung des bereits abgeschlossenen Vertrages, die noch während der Laufzeit des Vertrages wirksam werden soll (BGH AG 1979, 289 »Salzgitter-Peine«). Unerheblich ist dabei, ob die Änderung inhaltliche oder (bloß) redaktionelle Bedeutung hat und ob sie wesentlich oder unwesentlich ist. Entscheidend ist allein »die inhaltliche Einwirkung auf das Rechts- und Pflichtengefüge des Vertrages« (BFH NJW-RR 2009, 529, 530). Die Wirksamkeit der Vertragsänderung bestimmt sich nach § 295 Abs. 1 Satz 1 und 2 i. V. m. §§ 293, 294 AktG. Voraussetzung ist ein **Hauptversammlungsbeschluss der abhängigen Gesellschaft** mit 3/4 Mehrheit (§ 295 Abs. 1 i. V. m. § 293 Abs. 1 AktG). Ggf. ist auch ein **Sonderbeschluss** der außenstehenden Aktionäre erforderlich (§ 295 Abs. 2 Satz 1 AktG). Außerdem muss die Hauptversammlung der herrschenden Gesellschaft ebenfalls mit 3/4 Mehrheit zustimmen (§ 295 Abs. 1 i. V. m. § 293 Abs. 2 AktG). Der Änderungsvertrag bedarf der **Schriftform** (§ 295 Abs. 1 Satz 2 i. V. m. § 293 Abs. 3 AktG, §§ 125, 126 BGB). Für die Vertragsänderung gelten die Berichts- und Prüfungspflichten gem. § 295 I 2 i. V. m. § 293a ff. AktG.

86 Zum Inhalt eines Unternehmensvertrages gehört an sich auch die Bestimmung über die **Vertragsdauer**, die Gegenstand des Änderungsvertrages sein kann. Bei Änderungen der Vertragsdauer ist allerdings mit Blick auf das Eingreifen des § 295 AktG zu unterscheiden: Die Verkürzung der ursprünglich vorgesehenen Vertragsdauer oder die nachträgliche Befristung sind entweder als Änderung oder Teilaufhebung zu qualifizieren. Für Letzteres spricht, dass die nur in § 296 Abs. 1 Satz 1 AktG enthaltene Regel über den frühestmöglichen Beendigungszeitpunkt besser passt, sodass § 295 AktG keine Anwendung findet (str., KölnKomm AktG/*Koppensteiner*, § 295 Rn. 17 m. w. N.). Streitig ist auch, ob dies auch für die Verlängerung der Vertragsdauer gilt. Nach einer Ansicht stellt dies im Ergebnis den Abschluss eines neuen Vertrages dar, der allein § 293 AktG unterfällt, sodass ein Sonderbeschluss entbehrlich ist (KölnKomm AktG/*Koppensteiner*, § 295 Rn. 16). Nach anderer Ansicht steht den Parteien die Wahl offen, ob sie die Verlängerung der Vertragsdauer im Wege der Vertragsänderung gem. § 295 AktG oder durch Aufhebung des alten Vertrages i. V. m. dem Neuabschluss eines neuen Vertrages gehen wollen (Emmerich/Habersack/*Emmerich*, § 295 Rn. 11). Unabhängig von der gewählten Konstruktion (§§ 311 Abs. 1, 398 ff., 414 f. BGB) liegt eine Änderung des bisherigen Vertrages i. S. d. § 295 AktG vor bei einem **Parteiwechsel** auf einer oder auf beiden Seiten oder dem Vertragsbeitritt eines Dritten (BGHZ 119, 1, 6, 16 ff. »Asea/BBC«). Keine Vertragsänderung tritt dagegen bei einer Eingliederung, Verschmelzung oder übertragenden

Umwandlung einer Vertragspartei auf ein drittes Unternehmen ein. In diesen Fällen kommt es zu einem Parteiwechsel kraft Gesetz. Für § 295 Abs. 1 AktG ist dann kein Raum.

Die unterschiedlichen Regelung der Änderung und der Kündigung eines Unternehmensvertrages in den §§ 295 und 297 AktG bringt es mit sich, dass die bei einer Vertragsänderung zum Schutz der außenstehenden Aktionäre bestehenden Vorgaben des § 295 AktG durch eine sog. **Änderungskündigung** umgangen werden können. Man versteht darunter die Verbindung einer Kündigung des Vertrages durch das herrschende Unternehmen nach § 297 Abs. 2 AktG mit einem Neuabschluss des Vertrages gem. § 293 AktG. Dies hat für die Beteiligten zwar den Vorteil, dass ein Sonderbeschluss der außenstehenden Aktionäre vermieden wird. Diesem Vorteil steht bei Gewinnabführungsverträgen aber der Nachteil gegenüber, das die Vertragskontinuität verloren geht, die nach § 14 Abs. 1 Satz 1 Nr. 3 KStG 2013 Voraussetzung der körperschaftlichen und gewerbesteuerlichen Organschaft ist.

87

Nach § 295 Abs. 2 Satz 1 und 2 AktG bedarf die Zustimmung der Hauptversammlung der Gesellschaft zu einer Änderung der Bestimmungen des Unternehmensvertrages über Ausgleichs- und Abfindungsleistungen an außenstehende Aktionäre eines **Sonderbeschlusses** der außenstehenden Aktionäre mit 3/4 Mehrheit i. S. d. § 138 AktG, da der Änderungsvertrag in deren Rechte eingreift, die diese aufgrund der ursprünglichen Fassung des Unternehmensvertrages bereits erworben haben. **Außenstehende Aktionäre** sind alle Aktionäre, ausgenommen der andere Vertragsteil sowie die von ihm abhängigen Aktionäre, die in ihrer Eigenschaft einen Anspruch auf Ausgleich oder Abfindung haben (zum Begriff der außenstehenden Aktionäre OLG Nürnberg AG 1996, 228 »Tucherbräu AG«). Aktionäre, die bereits gegen Abfindung aus der Gesellschaft ausgeschieden sind, nehmen an dem Sonderbeschluss dagegen nicht mehr teil. Von der Vertragsänderung müssen die Bestimmungen über die Leistung einer Kompensation für die außenstehenden Aktionäre betroffen sein. Unerheblich ist die Art der Veränderung. Insofern bedürfen auch Verbesserungen eines Sonderbeschlusses (OLG Frankfurt am Main AG 2005, 353 »AEG/Daimler Benz«). Der Sonderbeschluss wird in einer gesonderten Versammlung gem. § 138 AktG gefasst. Er ist Wirksamkeitsvoraussetzung für den Änderungsvertrag. Die Reihenfolge zwischen Hauptversammlungsbeschluss und Sonderbeschluss spielt keine Rolle.

88

Der Vorstand der abhängigen Gesellschaft hat die Vertragsänderung zum Handelsregister anzumelden und dabei die Niederschriften über den Hauptversammlungsbeschluss und den Sonderbeschluss beizufügen. Ohne den Sonderbeschluss darf die Eintragung in das Handelsregister nicht erfolgen. Der Änderungsvertrag wird erst mit **Eintragung im Handelsregister** wirksam.

89

c) Vertragsbeendigung

Das AktG regelt die Beendigung von Unternehmensverträgen nur unvollständig in den §§ 296 bis 299, 303 und 307 AktG. Seinem Wortlaut nach kennt das Gesetz danach lediglich drei Beendigungsgründe, nämlich die einvernehmliche Aufhebung des Vertrages gem. § 296 AktG, dessen Kündigung gem. § 297 AktG sowie gem. § 307 AktG das Hinzutreten eines außenstehenden Aktionärs nach Abschluss eines Beherrschungs- oder Gewinnabführungsvertrages mit einer 100 %igen Tochtergesellschaft. Daneben sind als weitere Beendigungsgründe hervorzuheben der Zeitablauf bei einem befristeten Unternehmensvertrag, Rücktritt und Anfechtung und die Insolvenz einer Vertragspartei. Wenige Regelungen enthält das Gesetz zu den Rechtsfolgen der Beendigung eines Unternehmensvertrages, obwohl die Folgen der Beendigung eines Unternehmensvertrages für das abhängige Unternehmen durchaus gravierend sein können: Bei Beherrschungs- und Gewinnabführungsverträgen tritt nach ihrer Beendigung an die Stelle der Verlustübernahmepflicht des herrschenden Unternehmens aufgrund des § 302 AktG die Regelung des § 303 AktG, eine weiter gehende Verpflichtung des ehemals herrschenden Unternehmens besteht nicht. Abgefundene Aktionäre sind nicht zur Rückgabe der Abfindungsleistungen verpflichtet.

90

Als ersten Grund für die Beendigung eines Unternehmensvertrages regelt § 296 AktG die **vertragliche Aufhebung**. Nach § 296 Abs. 1 Satz 3 AktG bedarf der Aufhebungsvertrag aus Gründen der

91

Rechtssicherheit der Schriftform (§ 126 BGB) mit der Konsequenz der Nichtigkeit nach § 125 BGB bei Nichtbeachtung. Die Erteilung einer Weisung hinsichtlich der Aufhebung (Beendigung) eines Unternehmensvertrages ist gem. § 299 AktG nicht zulässig. § 296 Abs. 1 AktG verlangt für die Aufhebung die Fixierung des Aufhebungszeitpunktes und das Schriftformerfordernis sowie gem. § 296 Abs. 2 AktG einen Sonderbeschluss der außenstehenden Aktionäre. § 296 Abs. 1 Satz 1 AktG bestimmt zudem, dass der Unternehmensvertrag frühestens **zum Ende des laufenden Geschäftsjahres** derjenigen Gesellschaft, die die vertragstypischen Leistungen erbringt (z. B. beim Beherrschungsvertrag die abhängige Gesellschaft), aufgehoben werden kann, nicht dagegen zu einem früheren, unterjährigen (hier ist allein eine nachträgliche Änderung des Geschäftsjahres) oder sogar bereits abgeschlossenen Geschäftsjahr. In den Fällen ist die Regelung gem. § 134 BGB nichtig, die Wirksamkeit des übrigen Vertrages richtet sich nach § 139 BGB. Regelungszweck über den Aufhebungszeitpunkt ist es, Abrechnungsschwierigkeiten und Gewinnmanipulationen vorzubeugen. Einer ausdrücklichen Vereinbarung über den Aufhebungszeitpunkt bedarf es nicht. Ergibt er sich nicht aus dem Vertrag, ist von der Aufhebung zum nächstmöglichen Beendigungstermin auszugehen. Der Abschluss eines Aufhebungsvertrages ist bei einer AG oder KGaA eine **Geschäftsführungsmaßnahme** und fällt in den Zuständigkeitsbereich des Vorstandes bzw. des persönlich haftenden Gesellschafters (§§ 77, 78, 283 AktG). Während, anders als bei Abschluss oder Änderung eines Unternehmensvertrages, die Aufhebung des Vertrages in keinem Fall der Zustimmung der Hauptversammlung einer an dem Vertrag beteiligten AG oder KGaA bedarf, bedarf es für den Abschluss eines Aufhebungsvertrages eventuell gem. § 111 Abs. 4 Satz 2 AktG der Zustimmung des Aufsichtsrats. Sieht der aufzuhebende Unternehmensvertrag einen **Ausgleich** oder eine Abfindung zugunsten der außenstehenden Aktionäre vor, bedarf der Aufhebungsvertrag eines **Sonderbeschlusses** gem. § 296 Abs. 2 AktG, der vor oder nach Abschluss des Aufhebungsvertrages gefasst werden kann (§§ 182 ff. BGB). Das Erfordernis des Sonderbeschlusses kann jedoch durch eine ordentliche oder außerordentliche Kündigung des Unternehmensvertrages gem. § 297 AktG umgangen werden (*Emmerich/Hommelhoff*, KonzernR § 19 Rn. 19). Mit Eintritt des Aufhebungszeitpunktes enden die unternehmensvertraglichen Bindungen. Die Eintragung des Aufhebungsvertrages in das Handelsregister gem. § 298 AktG hat lediglich deklaratorische Bedeutung.

92 Die außerordentliche Kündigung eines Unternehmensvertrages ist in § 297 Abs. 1 AktG geregelt, während sich das Gesetz in § 297 Abs. 2 AktG für die ordentliche Kündigung auf den Fall beschränkt, dass nur die ordentliche Kündigung eines Unternehmensvertrages seitens der abhängigen Gesellschaft, sofern der Vertrags Ausgleichs- oder Abfindungsleistungen zugunsten der außenstehenden Gesellschafter vorsieht, eines Sonderbeschlusses der außenstehenden Aktionäre mit qualifizierter Mehrheit bedarf. Weitere Kündigungsfälle sind in § 304 Abs. 4 und § 305 Abs. 5 Satz 4 i. V. m. § 304 Abs. 4 AktG normiert. Die Beurteilung aller weiteren Fragen richtet sich dagegen nach den Abreden der Parteien und hilfsweise, wo solche fehlen, nach der gesetzlichen Regelung des jeweiligen Vertragstypus. Sowohl die ordentliche als auch die außerordentliche Kündigung bedürfen gem. § 297 Abs. 3 AktG der Schriftform. Die Kündigung ist eine einseitige empfangsbedürftige Willenserklärung, die den Unternehmensvertrag mit Wirkung für die Zukunft beendet.

93 § 297 Abs. 2 AktG setzt den Bestand eines **ordentlichen Kündigungsrechts** der Parteien voraus und regelt lediglich die Frage, wann die Ausübung dieses Kündigungsrechts seitens der abhängigen Gesellschaft von einem **Sonderbeschluss der außenstehenden Aktionäre** abhängig ist. Über die vorausgehende Frage, wann denn tatsächlich ein derartiges ordentliches Kündigungsrecht bei den verschiedenen Unternehmensverträgen besteht, ist nichts gesagt. Zum Teil wird dessen ungeachtet angenommen, zumindest aus der Gesamtheit der gesetzlichen Regelungen ergebe sich der Rechtssatz, dass grundsätzlich alle Unternehmensverträge kraft Gesetzes ordentlich kündbar seien (z. B. Windbichler, Unternehmensverträge, S. 68 ff.). Nach überwiegender Meinung (*Hüffer* AktG, § 297 Rn. 12 f.; KölnKomm AktG/*Koppensteiner* § 297 Rn. 4) kommt dagegen die ordentliche Kündigung eines Unternehmensvertrages nur in Betracht, wenn das Kündigungsrecht im Vertrag ausdrücklich vorgesehen ist oder wenn es sich wie bei den meisten anderen Unternehmensverträgen des § 292 AktG aus der gesetzlichen Regelung des betreffenden Vertragstypus ergibt (vgl. §§ 723, 595, 587, 627, 671 BGB). Bei Fehlen entsprechender Abreden sind Gewinnabführungs- und Beherrschungs-

verträge daher nicht ordentlich kündbar, da sie als Organisationsverträge keinem herkömmlichen Vertragstypus zugeordnet werden können. Die Vertragspraxis hat sich darauf allerdings mittlerweile eingestellt, sodass heutzutage Gewinnabführungs- und Beherrschungsverträge in der Regel nach Ablauf einer festen Vertragsdauer von 5 Jahren (wegen § 14 Abs. 1 Satz 1 Nr. 3 KStG) doch ordentlich kündbar sind.

Nach § 297 Abs. 1 Satz 1 AktG kann ein Unternehmensvertrag, gleich, ob er befristet oder unbefristet abgeschlossen ist, **außerordentlich**, d.h. ohne Einhaltung einer Kündigungsfrist, gekündigt werden, wenn ein **wichtiger Grund** vorliegt. § 297 Abs. 1 Satz 2 AktG nennt beispielhaft die voraussichtliche Leistungsunfähigkeit des anderen (herrschenden) Vertragsteils. Unerheblich ist, ob die Leistungspflichten gegenüber der Gesellschaft (§ 302 AktG) oder gegenüber den außenstehenden Aktionären (§§ 304, 305 AktG) bestehen. Zeichnet sich die dauernde Unerfüllbarkeit dieser Verpflichtung für die nächste Zukunft ab, so kann der Vorstand der abhängigen Gesellschaft bereits dann fristlos kündigen, wenn es »voraussichtlich«, d.h. nach einer vernünftigen Prognose, zu dieser Situation kommen wird. Als weitere wichtige Gründe kommen in Betracht eine **schwerwiegende Vertragsverletzung** in der Vergangenheit, die ein weiteres Festhalten am Vertrag für den vertragstreuen Teil wegen ihres Gewichts unzumutbar machen, die andauernde Erteilung von nach § 308 AktG **unzulässigen Weisungen** sowie die **Eröffnung des Insolvenzverfahrens** über einen der Vertragspartner. Kein wichtiger Grund liegt in der Regel vor bei einer negativen Veränderung der wirtschaftlichen Verhältnisse (OLG München GmbHR 2011, 871, 872) oder der Veräußerung der Beteiligung an der Gesellschaft vor (OLG Düsseldorf AG 1995, 137, 138 »Rütgers Werke AG«). Im Unternehmensvertrag können die Vertragsparteien weitere Sachverhalte als wichtigen Grund festlegen, sofern es sich tatsächlich um wichtige Gründe handelt, die nicht zu einer Umgehung der zwingenden Regelung des § 297 Abs. 2 AktG führen (vgl. BGHZ 122, 211, 227, 231 »SSI«).

94

3. Rechtsfolgen bei Abschluss von Unternehmensverträgen

§ 300 AktG eröffnet den Kanon der Vorschriften zum Schutz der Gesellschaft, ihrer Aktionäre und ihrer Gläubiger gegen die mit dem Abschluss von Unternehmensverträgen, speziell dem Beherrschungsvertrag und dem Gewinnabführungsvertrag, typischerweise verbundenen Gefahren. Am Anfang stehen die §§ 300 bis 303 AktG, mit denen primär der Zweck verfolgt wird, der Gesellschaft wenigstens ihr bilanzmäßiges Anfangsvermögen zu sichern. Der in § 302 AktG angeordneten Verlustübernahmepflicht kommt dabei die größte praktische Bedeutung zu. Denn Beherrschungs- und Gewinnabführungsverträge führen zu einer **Lockerung der Vermögensbindung des abhängigen Unternehmens** und Leistungen der abhängigen Gesellschaft an die herrschende Gesellschaft gelten gem. § 291 Abs. 3 AktG bei Bestehen eines (wirksamen) Beherrschungs- oder Gewinnabführungsvertrages auch ohne vollwertige Gegenleistung **nicht als Verstoß gegen die §§ 57, 58 und 60 AktG** (vgl. § 57 Abs. 1 Satz 3, 1. Fall AktG). Die Formulierung »bei Bestehen« stellt sicher, dass auch solche Leistungen von dem **Verbot der Einlagenrückgewähr** freigestellt sind, die an Dritte auf Veranlassung des herrschenden Unternehmens, bspw. an andere Konzernunternehmen oder an Unternehmen, die mit dem herrschenden Unternehmen oder an deren Konzernunternehmen in Geschäftsverbindungen stehen, erfolgen (**Konzernprivileg**). Die sonst geltenden Kapitalerhaltungsregeln finden mit anderen Worten bei Abschluss eines Beherrschungs- oder Gewinnabführungsvertrages keine Anwendung mehr, sodass jetzt auch aufgrund eines isolierten Gewinnabführungsvertrages ein **Cash-Pooling-System** praktiziert werden kann. Das Konzernprivileg erfasst damit »bei Bestehen« eines Beherrschungs- oder Gewinnabführungsvertrages im Grundsatz »jeglichen unmittelbaren oder mittelbaren Vermögenstransfer« von der abhängigen Gesellschaft auf das herrschende Unternehmen. Wegen dieser weitgehenden Lockerung der Kapitalbindung »bei Bestehen« eines Beherrschungs- oder Gewinnabführungsvertrages sind die fortbestehenden Schranken der §§ 302 bis 310 AktG sowie die Vorschriften über die Organhaftung (§§ 93 und 116 AktG) von besonderer Bedeutung zum Schutz der abhängigen Gesellschaft.

95

Die anschließend folgenden Vorschriften der §§ 304 bis 307 AktG dienen vorrangig dem **Schutz der außenstehenden Aktionäre**, denen durch die Statuierung besonderer Ausgleichs- und Abfin-

96

dungsansprüche eine Entschädigung dafür geboten werden soll, dass ihr Unternehmen im Vertragskonzern fortan nicht mehr in ihrem gemeinsamen Interesse, sondern im Konzerninteresse betrieben wird. Abgerundet werden die Regelungen über die Rechtsfolgen durch eine gesetzliche **Festlegung des Umfangs des Weisungsrechts** in § 308 AktG, durch eine besondere **Organhaftung der Vertreter** des herrschenden Unternehmens gem. § 309 AktG und der der abhängigen Gesellschaft gem. § 310 AktG sowie durch ein besonderes Verfahren zur **Überprüfung der Angemessenheit von Ausgleich und Abfindung**, das ursprünglich in § 306 AktG und mittlerweile im sog. SpruchG von 2003 geregelt ist. Hintergrund der gesetzlichen Regelungen ist das Bemühen des Gesetzgebers, für einen Ausgleich Sorge zu tragen zwischen dem Interesse des herrschenden Unternehmens, die abhängige Gesellschaft seinen Zwecken nutzbar zu machen, und den Vermögensinteressen der außenstehenden Aktionäre gegen eine Beeinträchtigung ihrer Mitgliedschaftsrechte auf Gewinnbeteiligung und der Gläubiger gegen einen Verlust der ihnen haftenden Vermögensmasse durch Aushöhlung der Gesellschaftssubstanz. Mit Rücksicht auf Art. 14 Abs. 1 GG muss daher die Rechtsordnung, wenn sie solche Verträge zulässt, zugleich für eine volle Entschädigung der außenstehenden Aktionäre sorgen (vgl. BVerfGE 14, 276).

a) Sicherung des Gesellschaftsvermögens gem. §§ 300 bis 303 AktG

97   Wie bereits erwähnt verfolgt der Gesetzgeber mit den §§ 300 bis 303 AktG den Zweck, der abhängigen Gesellschaft bei bestehenden eines Beherrschungs- oder Gewinnabführungsvertrages zumindest ihren **bilanzmäßiges Anfangsvermögen** zu sichern. Zu diesem Zweck will das Gesetz in § 300 AktG zunächst für die Auffüllung der gesetzlichen Rücklage i. S. d. § 150 AktG sorgen, da deren Dotierung bei Abschluss solcher Unternehmensverträge besonders gefährdet erscheint (zur Rücklagenbildung bei der Gewinnabführungsverträgen s. o. Rdn. 75 sowie allgemein *Emmerich/Habersack*, KonzernR § 20 Rn. 11 ff.). § 300 AktG ist dabei zwingendes Recht, sodass davon weder durch Satzung oder Unternehmensvertrag zum Nachteil der abhängigen Gesellschaft abgewichen werden darf. Weisungen des herrschenden Unternehmens, die gegen § 300 AktG verstoßen, sind ebenfalls nichtig. Die Regelung des § 300 AktG knüpft an dem in der Praxis vorherrschenden Umstand an, dass Gewinnabführungs- und Beherrschungsverträge aus steuerlichen Gründen in der Regel auf 5 Jahre abgeschlossen werden (§ 14 Abs. 1 Satz 1 Nr. 3 KStG). Insofern soll durch die Maßnahmen des § 300 AktG zunächst die Auffüllung der gesetzlichen bzw. eventuell höheren satzungsmäßigen Rücklagen in einem Zeitraum von 5 Jahren sichergestellt werden. Allerdings greifen die Maßnahmen nur, sofern **tatsächlich ein Jahresüberschuss** zur Verfügung steht, aus dem die Rücklage dotiert werden kann. Dies ist aber selbst bei gewinnbringenden Töchtern keineswegs der Fall, weil das herrschende Unternehmen in der Praxis eine Vielzahl an Möglichkeiten hat, die Entstehung eines Jahresüberschusses bei der abhängigen Gesellschaft überhaupt nicht entstehen zu lassen (z. B. durch **Konzernumlagen** oder **nachteilige Konzernverrechnungspreise**). Die Folge ist dann, dass mangels eines Jahresüberschusses auch keine Beträge in die Rücklage eingestellt werden können, sodass die Regelung des § 300 AktG im Grunde leer läuft und die Überlebensfähigkeit der abhängigen Gesellschaft nach Vertragsende unmittelbar bedroht ist. Hinzu kommt, das die Beschränkung des Schutzes des bilanzmäßigen Anfangsvermögens der Gesellschaft durch § 300 AktG in der Praxis herrschende Unternehmen nicht hindert, **vorvertraglich stille Reserven** bei der abhängigen Gesellschaft aufzulösen und an sich abzuführen oder die **Vermögenssubstanz** der abhängigen Gesellschaft zu deren Nachteil umzuschichten, solange das bilanzmäßigen Anfangsvermögens der Gesellschaft erhalten bleibt (BGHZ 105, 168, 182 ff. »HSW«). Aus diesem Grund werden schon seit längerem Überlegungen angestellt und Modelle entwickelt, um die außenstehenden Aktionäre über das Gesetz hinaus auch gegen die erwähnten Gefahren der Beendigung eines Vertragskonzerns zu schützen und das BAG hat in einem Fall die Verpflichtung des herrschenden Unternehmens angenommen, die abhängige Gesellschaft nach Beendigung eines Beherrschungsvertrags finanziell so auszustatten, dass sie die für die Anpassung der Betriebsrenten erforderliche Leistungsfähigkeit besitzt (BAGE 131, 50; vgl. zu den Überlegungen allgemein *Emmerich/Habersack*, KonzernR § 20 Rn. 4 ff.).

Bei Bestehen eines Unternehmensvertrages, aufgrund dessen es zu einer Gewinnabführung kommt, schreibt zusätzlich § 301 Satz 1 AktG zum Schutz des bilanzmäßigen Anfangsvermögens der Gesellschaft gegen **überhöhte Gewinnabführungen aus der Substanz** vor, dass ohne Rücksicht auf bestehende Vereinbarungen der Parteien höchstens der ohne die Gewinnabführung aufgrund der gesetzlichen Bilanzierungsvorschriften ermittelte Jahresüberschuss abgeführt werden darf, vermindert um einen Verlustvortrag aus dem Vorjahr, um den nach § 300 AktG in die gesetzliche Rücklage einzustellenden Betrag sowie um den nach § 268 Abs. 8 HGB ausschüttungsgesperrten Betrag (zu Einzelheiten, insbesondere zur Obergrenze der Gewinnabführung und der Berechnung der Rücklagen s. *Emmerich/Habersack*, KonzernR § 20 Rn. 17a – 24).

98

Nach § 302 AktG hat das herrschende Unternehmen bei Bestehen eines **Beherrschungs- oder Gewinnabführungsvertrages** der abhängigen Gesellschaft jeden während der Vertragsdauer »sonst« (d.h. ohne § 302 AktG) entstehenden **Jahresfehlbetrag** auszugleichen, soweit dieser nicht dadurch ausgeglichen werden kann, dass den anderen Gewinnrücklagen gem. § 158 Abs. 1 Satz 1 Nr. 4 d) AktG Beträge entnommen werden, die **während der Vertragsdauer** in sie eingestellt wurden (vor dem Vertragsbeginn gebildete andere Gewinnrücklagen sowie die gem. § 158 Abs. 1 Satz 1 Nr. 4 a) – c) AktG gebildeten Gewinnrücklagen scheiden als Verfügungsmasse für den Ausgleich aus). Bei dieser **pauschalen Verlustübernahmeverpflichtung** durch das herrschende Unternehmen gem. § 302 AktG (Innenhaftung) handelt es sich demnach um ein gesetzliches Dauerschuldverhältnis (vgl. K. Schmidt ZGR 1983, 516), der der abhängigen Gesellschaft einen Anspruch auf Verlustausgleich gegenüber der herrschenden Gesellschaft (bei Mehrmütterherrschaft sind diese Gesamtschuldner gem. §§ 421 ff. BGB) gewährt und für die Dauer des Vertrages dessen Insolvenz grundsätzlich ausschließt. Der Jahresfehlbetrag ist der negative Saldo, der in der Gewinn- und Verlustrechnung bei fiktiver Betrachtung gem. § 275 Abs. 2 Nr. 20 und Abs. 3 Nr. 19 HGB auszuweisen wäre, wenn ihm nicht der Anspruch der Gesellschaft auf Verlustübernahme entgegenstünde. Die Ursache des (fiktiven) Jahresfehlbetrages bleibt gleich, sodass die Verlustübernahmepflicht auch dann besteht, wenn der Jahresfehlbetrag nicht auf Maßnahmen des herrschenden Unternehmens zurückzuführen ist (*Hüffer* AktG, § 302 Rn. 5). Neben dem Bestehen eines Beherrschungs- oder Gewinnabführungsvertrages und dem Vorliegen eines Jahresfehlbetrages ist Voraussetzung, dass der (fiktive) Jahresfehlbetrag **während der Vertragsdauer** entstanden ist, sodass vorvertragliche Verluste oder Verluste nach Vertragsende (sog. Abwicklungsverluste) nicht ausgeglichen zu werden brauchen (vgl. KölnKomm AktG/*Koppensteiner* § 302 Rn. 19). Beginnt der Vertrag während des laufenden Geschäftsjahres, erfasst die Haftung aus § 302 Abs. 1 AktG den am nächsten Jahresabschlussstichtag vorhanden (fiktiven) Fehlbetrag, unabhängig davon, ob die hierfür ursächlichen Verluste vor oder nach dem Inkrafttreten des Vertrages entstanden sind. Abhilfe kann hier nur die Bildung eines Rumpfgeschäftsjahres schaffen. Für das Ende ist der Zeitpunkt maßgeblich, in dem der Beherrschungsvertrag außer Kraft tritt. Fällt dieser Zeitpunkt auf einen Abschlussstichtag, muss auch der an diesem Stichtag sich ergebende (fiktive) Jahresfehlbetrag übernommen werden, obwohl die Aufstellung des Jahresabschlusses erst später erfolgt. Endet der Beherrschungsvertrag hingegen während eines Geschäftsjahres (z. B. bei Kündigung aus wichtigem Grund), muss für den fiktiven Fehlbetrag gehaftet werden, der sich aus einer auf den Tag des Außerkrafttretens aufgestellten Zwischen- oder Stichtagsbilanz ergibt (BGHZ 103, 1, 9 f. »Familienheim«). Der Anspruch auf Verlustübernahme entsteht mit Abschluss des Geschäftsjahres, in dem der Jahresfehlbetrag eingetreten ist, und wird zugleich fällig (str., s. aber BGHZ 142, 382, 385 f.).

99

Nach § 303 AktG muss das herrschende Unternehmen im Fall der **Beendigung eines Beherrschungs- oder Gewinnabführungsvertrages** den Gläubigern der abhängigen Gesellschaft **Sicherheit** leisten. Die Forderungen der Gläubiger müssen vor der Bekanntmachung der Eintragung des Erlöschens des Vertrages im Handelsregister **begründet** sein, d.h., wenn sie entstanden sind; auf die Fälligkeit kommt es nicht an. Bei **Dauerschuldverhältnissen** kommt es auf den Vertragsschluss und nicht auf die Einzelansprüche an. Das ist in der Praxis nicht unproblematisch, weil hier die Gefahr einer unbegrenzten Endloshaftung des herrschenden Unternehmens droht. Für die Fälle der §§ 26 und 150 HGB ist dies mit dem Nachhaftungsbegrenzungsgesetz 1994 gesetzlich gelöst worden, für die anderen Fällen wird dies weiter diskutiert (Kündigungstheorie entsprechend dem zu § 159

100

HGB a. F. entwickelten Konzept versus Fünfjahresfrist in Analogie zu §§ 26, 160 HGB; vgl. dazu *Emmerich/Habersack*, KonzernR § 20 Rn. 61 ff.). Wird eine Forderung in der Zeit nach Beendigung des Beherrschungsvertrages und auch nach dessen Eintragung ins Handelsregister, aber noch vor der Bekanntmachung gem. § 10 HGB begründet, ist auch für diese Forderung eine Sicherheitsleistung zu erbringen. Stichtag ist allein die Bekanntmachung der Eintragung der Vertragsbeendigung ins Handelsregister, sodass das Risiko verzögerter Anmeldung das (ehemals) herrschende Unternehmen trägt. Weitere Voraussetzung des Anspruchs des Gläubigers auf Sicherheitsleistung für seine vor dem Stichtag begründeten Forderungen ist nach § 303 Abs. 1 AktG, dass sich der Gläubiger bei dem vormals herrschenden Unternehmen binnen 6 Monaten nach der Bekanntmachung »zu diesem Zweck« meldet. Eine Form für die Geltendmachung ist zwar nicht vorgeschrieben, allerdings empfiehlt sich die Schriftform aus Beweisgründen. Die Art und Weise der **Sicherheitsleistung** richtet sich nach den §§ 232 ff. BGB. Gem. § 303 Abs. 3 Satz 1 AktG darf der andere Vertragsteil die Stellung der Sicherheitsleistung dadurch abwenden, dass er sich für die Forderung verbürgt. Dies ist in der Praxis der Regelfall, sodass § 773 Abs. 1 Nr. 3 BGB den Gläubigern im Fall der Insolvenz des abhängigen Unternehmens den direkten Zugriff auf das herrschende Unternehmen eröffnet (str. bei fehlender Bürgschaft, dann aber wohl Geltendmachung der Ausfallhaftung Sache des Insolvenzverwalters, vgl. BGHZ 115, 187, 200 f. »Video«).

b) Schutz der außenstehenden Aktionäre gem. §§ 304 bis 307 AktG

101 Mit § 304 AktG beginnen die Vorschriften des AktG (§§ 304, 305, 307 AktG) über die Sicherung der außenstehenden Aktionäre bei Abschluss eines Beherrschungs- oder Gewinnabführungsvertrages. Die Aktionäre können danach wählen, ob sie gegen einen angemessenen Ausgleich für ihre Nachteile in der Gesellschaft verbleiben (§ 304 AktG) oder gegen Abfindung aus ihr ausscheiden (§ 305 AktG). Der nötige Rechtsschutz wird durch das SpruchG gewährleistet. Besondere Ausgleichs- und Abfindungsregelungen zum Schutz der außenstehenden Aktionäre sind nur erforderlich, wenn die abhängige Gesellschaft tatsächlich außenstehende Aktionäre hat. Andernfalls sind derartige Regelungen entbehrlich (§§ 304 Abs. 1 Satz 3, 305 Abs. 1 AktG). Jedoch endet dann nach § 307 AktG der Unternehmensvertrag spätestens zum Ende des Geschäftsjahrs, in dem erstmals wieder außenstehende Aktionäre an der abhängigen Gesellschaft beteiligt sind.

102 Der unmittelbare Anwendungsbereich der §§ 304 bis 307 AktG beschränkt sich auf den **Schutz der außenstehenden Aktionäre**. Denselben Begriff verwendet das Gesetz auch noch in den §§ 295 Abs. 2, 296 Abs. 2, 297 Abs. 2 und 302 Abs. 3 Satz 3 AktG, sodass auf die Ausführungen oben in Rdn. 88 zu § 295 Abs. 2 AktG verwiesen werden kann unter folgenden Ergänzungen: Nicht zu den außenstehenden Aktionären gehören mit Blick auf den Schutzzweck der Normen diejenigen, die dem anderen Vertragsteil so nahe stehen, dass sie im Rahmen der §§ 304 und 305 AktG bei »wirtschaftlicher Betrachtungsweise« letztlich mit ihm zu identifizieren sind, also etwa die, die an dem anderen Vertragsteil zu 100 % beteiligt sind oder an denen dieser seinerseits mit 100 % beteiligt ist sowie Aktionäre, die mit dem anderen Vertragsteil durch einen Gewinnabführungs- oder Beherrschungsvertrag verbunden sind.

103 Der Anspruch der außenstehenden Aktionäre der abhängigen Gesellschaft auf angemessenen Ausgleich folgt aus § 304 Abs. 1 Satz 2 AktG. Hierdurch sollen die außenstehenden Aktionäre eine Kompensation erhalten für die Verluste, die ihnen durch den Unternehmensvertrag entstehen: Denn beim Gewinnabführungsvertrag wird das Entstehen eines Bilanzgewinns verhindert, sodass das mitgliedschaftliche Dividendenrecht gem. § 58 Abs. 4 AktG leer läuft, und aufgrund der beim Beherrschungsvertrag bestehenden Weisungsbindung der abhängigen Gesellschaft können vergleichbare Folgen eintreten. Zwar sagt § 304 AktG nicht ausdrücklich, wer **Schuldner der Ausgleichspflicht** ist, jedoch wird allgemein angenommen, dass dies allein das herrschende Unternehmen ist. Den außenstehenden Aktionären kann ein **fester** oder ein **variabler Ausgleich** gewährt werden. Während beim festen Ausgleich eine bestimmte Mindestdividende garantiert wird, hängt der variable von der jährlich in der herrschenden Obergesellschaft gezahlten Dividende ab. Dortige Gewinnausschüttungen werden dann in einem bestimmten Verhältnis auch an die außenstehenden Aktionäre der

abhängigen Gesellschaft gezahlt. Ein variabler Ausgleich ist dort nicht möglich, wo die Dividende der Obergesellschaft als Maßstab ausscheidet (zur Art des Ausgleichs und der Ermittlung seiner Höhe vgl. ausführlich *Hüffer* AktG, § 304 Rn. 8 ff. und Emmerich/Habersack/*Emmerich*, § 304 Rn. 29 ff., 45 ff. sowie BGHZ 147, 108, 113 »DAT/Altana IV«). Enthält der Unternehmensvertrag keine Regelungen über einen angemessenen Ausgleich, ist er gem. § 304 Abs. 3 Satz 1 AktG **nichtig**, es sei denn, die abhängige Gesellschaft hat keine außenstehenden Aktionäre. Gleiches gilt, wenn der abhängigen Gesellschaft anstelle des anderen Vertragsteils die Ausgleichspflicht auferlegt wird. Enthält der Unternehmensvertrag nur einen **unangemessenen (d. h. zu niedrigen) Ausgleich**, ändert dies an der Wirksamkeit des Vertrages nichts. Auch der Hauptversammlungsbeschluss der abhängigen Gesellschaft, mit der dem Unternehmensvertrag zugestimmt worden ist, kann deshalb gem. § 304 Abs. 3 Satz 2 AktG nicht gem. § 243 Abs. 1 oder 2 AktG angefochten werden. Die außenstehenden Aktionäre können aber die **Festsetzung eines angemessenen Ausgleichs im Spruchverfahren** gem. §§ 1 ff. SpruchG verlangen. Setzt das Gericht eine höhere Ausgleichsverpflichtung für den anderen Vertragsteil fest, kann dieser den Unternehmensvertrag gem. § 304 Abs. 4 AktG binnen 2 Monaten nach Rechtskraft der Entscheidung fristlos kündigen.

Neben der Ausgleichsverpflichtung gem. § 304 AktG muss der Beherrschungs- oder Gewinnabführungsvertrag die Verpflichtung des herrschenden Unternehmens enthalten, die Aktien der außenstehenden Aktionäre auf deren Verlangen gegen angemessene **Abfindung** zu erwerben. Der außenstehende Aktionär hat damit ein **Wahlrecht zwischen Ausgleich und Abfindung** und soll so die Möglichkeit haben, aus dem Abschluss des Unternehmensvertrages und der damit einhergehenden Einbuße seiner Mitverwaltungsrechte die Konsequenzen zu ziehen, und gegen Abfindung aus der beherrschten Gesellschaft auszuscheiden. Bei der Abfindung handelt es sich um einen Kauf- oder Tauschvertrag zwischen den außenstehenden Aktionären als Gläubiger und dem herrschenden Unternehmen als Schuldnerin über deren Aktien (§ 305 Abs. 2 AktG i. V. m. §§ 328, 433, 480 BGB). Gem. § 305 AktG muss das herrschende Unternehmen **im Beherrschungs- oder Gewinnabführungsvertrag** den außenstehenden Aktionären der abhängigen Gesellschaft neben dem Ausgleich den Abschluss eines Kauf- oder Tauschvertrages über ihre Aktien anbieten, sodass sich der Unternehmensvertrag insoweit als **echter Vertrag zugunsten Dritter gem. § 328 Abs. 1 BGB** erweist. Allerdings gibt es eine Reihe von Fällen, in denen sich das Abfindungsrecht der außenstehenden Aktionäre letztlich aus § 305 Abs. 1 AktG ergibt, u. a., wenn der Vertrag keine Abfindungsregelung vorsieht, die im Vertrag vorgesehene Abfindung auf Antrag vom Gericht im Spruchverfahren als unangemessen eingestuft und durch eine angemessene ersetzt worden ist, oder die vertragliche Abfindungsregelung vor einer Entscheidung im Spruchverfahren durch Kündigung des Unternehmensvertrages erlischt. Wird das Wahlrecht innerhalb einer im Vertrag bestimmten Ausübungsfrist von mindestens 2 Monaten ab Bekanntmachung der Vertragseintragung ausgeübt, entsteht eine **Abfindungsverpflichtung** des herrschenden Unternehmens gegenüber den außenstehenden Aktionären, die ihr Wahlrecht geltend gemacht haben (vgl. *Hüffer* AktG, § 305 Rn. 3). Schuldner ist immer der andere Vertragsteil. Fällig wird der Abfindungsanspruch mit Einreichung der Aktien des außenstehenden Aktionärs. Bis zur Fälligkeit bleibt das Recht auf Ausgleich nach § 304 AktG bestehen.

104

Welche Art der Abfindung angeboten werden muss, ist in § 305 Abs. 2 AktG geregelt. Danach erfolgt eine **Abfindung in Aktien der herrschenden Gesellschaft**, wenn der andere Vertragsteil eine unabhängige AG oder KGaA ist (§ 305 Abs. 2 Nr. 1 AktG). Die für den Umtausch benötigten Aktien können entweder durch den Erwerb eigener Aktien gem. § 71 Abs. 1 Nr. 3 AktG oder durch eine Kapitalerhöhung unter Ausschluss des Bezugsrechts gem. § 186 Abs. 3 und 4 AktG beschafft werden. Bei der Anteilsgewährung ist der Grundsatz der Gattungsgleichheit zu wahren, d. h. Stammaktien in Stammaktien und Vorzugsaktien in Vorzugsaktien. Ist der andere Vertragsteil eine abhängige oder in Mehrheitsbesitz stehende inländische AG oder KGaA und das herrschende Unternehmen eine inländische AG oder KGaA, so kann die Abfindung gem. § 305 Abs. 2 Nr. 2 AktG entweder in Aktien der herrschenden Gesellschaft oder in einer Geldzahlung (**Barabfindung**) bestehen. Das Wahlrecht zwischen den beiden Abfindungsarten steht nach herrschender Meinung den Vertragsparteien und damit der Sache nach der **herrschenden Gesellschaft** zu und nicht den

105

außenstehenden Aktionären (OLG Düsseldorf AG 2009, 873 »AML/AMB«). In den Übrigen nicht von § 305 Abs. 2 Nr. 1 und Nr. 2 AktG erfassten Fällen ist allein eine Barabfindung anzubieten.

106 Die außenstehenden Aktionäre haben nach § 305 Abs. 1 AktG Anspruch auf eine »**angemessene**« Abfindung in Aktien oder Geld. § 305 Abs. 3 Satz 1 AktG ergänzt, dass bei der Abfindung in Aktien der herrschenden Gesellschaft oder deren Muttergesellschaft für den Umtausch der Aktien die sog. Verschmelzungswertrelation maßgebend ist, während die Barabfindung nach § 305 Abs. 3 Satz 2 AktG die Verhältnisse der abhängigen Gesellschaft im Augenblick der Beschlussfassung ihrer Hauptversammlung über die Zustimmung zu dem Unternehmensvertrag berücksichtigen muss. »Angemessen« i. S. d. § 305 Abs. 1 AktG ist die Abfindung nur dann, wenn sie dem »wirklichen oder wahren Wert« der Beteiligung der außenstehenden Aktionäre an dem Unternehmen ihrer Gesellschaft unter Einschluss der stillen Reserven und des inneren Geschäftswerts entspricht. Die Unternehmensbewertung der abhängigen Gesellschaft hat nach der Maßgabe zu erfolgen, dass der »wirkliche oder wahre« Wert zu ermitteln ist, den das Unternehmen ohne Abschluss des Beherrschungs- und Gewinnabführungsvertrages hätte. Das ist ein schwieriges Unterfangen, weil sich der Wert eines Unternehmens, wenn und solange man sich dafür nicht ausschließlich an Marktpreisen orientiert, nur näherungsweise ermitteln lässt. Unterschiedliche Konzepte werden regelmäßig diskutiert, die heutige Bewertungspraxis orientiert sich an der sog. **Ertragswertmethode**, auf deren Grundlage in der Regel der **Grenzpreis**, d. h. der Betrag, den die außenstehenden Aktionäre erhalten müssen, um aus ihrer Gesellschaft ohne Nachteile ausscheiden zu können, ermittelt wird. Die Untergrenze der Abfindung bildet allerdings der Börsenkurs der abhängigen Gesellschaft (vgl. hierzu näher Emmerich/Habersack/*Emmerich*, § 305 Rn. 36 ff. sowie BGHZ 147, 108 »DAT/Altana IV«; OLG Düsseldorf AG 2000, 421, 422 »DAT/Altana III«; OLG Düsseldorf AG 2003, 329, 333 f. »Siemens/SNI«).

107 Das **Fehlen einer Abfindungsregelung** zieht anders als das Fehlen eines Ausgleichs eben so wenig wie die fehlende Angemessenheit der angebotenen Abfindung die Nichtigkeit des Vertrages nach sich (§ 305 Abs. 5 Satz 2 AktG). Der Zustimmungsbeschluss der Hauptversammlung der abhängigen Gesellschaft ist in diesem Fall nicht nach § 243 AktG anfechtbar (§ 305 Abs. 5 Satz 1 und 2 AktG). An die Stelle dieser Rechtsbehelfe tritt vielmehr die Befugnis außenstehender Aktionäre, ein Spruchverfahren gem. §§ 1 ff. SpruchG einzuleiten, in dem die angemessene Abfindung festzusetzen ist (§ 305 Abs. 5 Satz 2 und 3 AktG; zum Spruchverfahren *Emmerich/Habersack*, KonzernR § 22a). Eine im Spruchverfahren festgesetzte höhere Abfindung berechtigt den anderen Vertragsteil zur fristlosen Kündigung des Vertrages mit Wirkung ex nunc (§ 305 Abs. 5 Satz 4 i. V. m. § 304 Abs. 4 AktG). Haben Aktionäre die vertraglich angebotene Abfindung bereits angenommen, und wird im Spruchverfahren eine höhere Abfindung festgesetzt, steht ihnen gem. § 13 Satz 2 SpruchG ein Abfindungsergänzungsanspruch zu, der mittels Leistungsklage gegen den anderen Vertragsteil geltend zu machen ist.

4. Leitungsmacht und Haftung bei Vorliegen eines Beherrschungsvertrages

108 Der Abschluss eines Beherrschungsvertrages hat zur Folge, dass die **Leitung der abhängigen Gesellschaft auf das herrschende Unternehmen übergeht** (§§ 18 Abs. 1 Satz 2, 201 Abs. 1 Satz 1, 308 AktG). Zum Ausgleich trifft das herrschende Unternehmen und seine gesetzlichen Vertreter eine besondere Verantwortlichkeit gegenüber der abhängigen Gesellschaft gem. § 309 AktG. Kern der gesetzlichen Regelung ist § 308 Abs. 1 AktG, nach dem das herrschende Unternehmen in einem Aktienvertragskonzern befugt ist, dem Vorstand der abhängigen Gesellschaft hinsichtlich der Leitung der Gesellschaft **Weisungen** zu erteilen. Das Weisungsrecht steht dabei immer nur der unmittelbar herrschenden Gesellschaft zu (anderer Vertragsteil). In **mehrstufigen Konzernen** kann die Muttergesellschaft daher keine unmittelbaren Weisungen an die Enkelgesellschaft erteilen. Die Zulässigkeit von Weisungen in **Mehrmütterorganschaften** (ein Gemeinschaftsunternehmen hat Beherrschungsverträge mit mehreren Müttern abgeschlossen) setzt nicht voraus, dass die Mütter in irgendeiner Form für die Koordinierung ihres Vorgehens gegenüber der gemeinsamen Tochtergesellschaft sorgen: Verzichten sie darauf, so ist grundsätzlich davon auszugehen, das auch die

Weisung einer der Mütter allein für die gemeinsame Tochter im Rahmen des § 308 AktG verbindlich ist. Widersprüchliche Weisungen der Mütter heben sich im Regelfall wechselseitig auf. Wollen die Mütter dieses Ergebnis vermeiden, müssen sie die Ausübung des Weisungsrechts in irgendeiner Form (z. B. im Gesellschaftsvertrag) koordinieren.

Das dem herrschenden Unternehmen zustehende Weisungsrecht wird grundsätzlich durch seine **gesetzlichen Vertreter** ausgeübt. Bedienen sich diese der Mithilfe Dritter, ist zu unterscheiden zwischen der sog. Delegation des Weisungsrechts und dessen Übertragung: Eine **Delegation des Weisungsrechts** ist jederzeit möglich, der Dritte ist in diesem Fall Erfüllungsgehilfe des herrschenden Unternehmens, sodass dieses bei einem schuldhaften Verstoß des Vertreters gegen den Beherrschungsvertrag selbst haften muss (§ 309 AktG i. V. m. § 31 und § 278 BGB, str.). Eine »echte« **Übertragung des Weisungsrechts** auf Dritte mit der Folge, dass der Dritte zur Ausübung des Weisungsrechts anstelle des an sich Weisungsberechtigten befugt wäre, ist dagegen unzulässig, da dies letztlich auf eine Auswechselung des herrschenden Unternehmens hinausläuft, die eine Vertragsänderung nach § 295 AktG erfordert. Aus dem Beherrschungsvertrag »verpflichtet« ist nach § 291 Abs. 1 Satz 1 AktG an sich die abhängige Gesellschaft. § 308 Abs. 1 Satz 1 AktG benennt gleichwohl allein den Vorstand und bringt damit zum Ausdruck, dass der Beherrschungsvertrag grundsätzlich nur in die Kompetenzen des Vorstandes gem. § 76 AktG eingreifen kann, nicht hingegen auch in die Kompetenzen der anderen Gesellschaftsorgane.

109

Nach § 308 Abs. 1 Satz 1 AktG ist das herrschende Unternehmen bei Bestehen eines Beherrschungsvertrages berechtigt, dem Vorstand der abhängigen Gesellschaft »**Weisungen**« zu erteilen, und zwar hinsichtlich des gesamten Bereichs der »**Leitung**« des abhängigen Unternehmens i. S. d. § 76 AktG. Eine Weisung ist demnach jede Handlung des herrschenden Unternehmens, durch die es über den Vorstand der abhängigen Gesellschaft Einfluss auf deren Leitung nehmen will, ohne Rücksicht auf ihre äußere Einkleidung in Form einer Direktive, Empfehlung oder Anregung, vorausgesetzt, dass die fragliche Maßnahme aus der Sicht des Vorstandes der abhängigen Gesellschaft zumindest faktisch als verbindlich erscheint (*Hüffer* AktG, § 308 Rn. 10). Wie die Weisung den Vorstand der abhängigen Gesellschaft erreicht hat, ist gleichgültig. Folglich ist es auch irrelevant, ob die Weisung unmittelbar oder mittelbar den Vorstand der abhängigen Gesellschaft beeinflusst hat. Entscheidend ist, dass er sich entsprechend verhält. Dies gilt auch bei den in der Praxis verbreiteten **Vorstandsdoppelmandaten**, bei denen Vertreter des herrschenden Unternehmens auch in Führungsgremien (Vorstand oder Geschäftsführung) des abhängigen Unternehmens anzutreffen sind. Überwiegend wird in solchen Fällen die Auffassung vertreten, dass in der Tätigkeit eines solchen Doppelvorstandes aus Sicht der abhängigen Gesellschaft eine generelle Weisung (sog. **Globalweisung**) des herrschenden Unternehmens an das abhängige Unternehmen liegt, die Weisungen des entsandten Geschäftsleiters zu befolgen (KölnKomm AktG/*Koppensteiner* § 308 Rn. 12). Sind die Mitglieder der Geschäftsführung des herrschenden Unternehmens im **Aufsichtsrat** der abhängigen Gesellschaft tätig, ergibt sich eine andere Konstellation. Als Kontrollorgan der abhängigen Gesellschaft fungieren sie in einer anderen, nicht geschäftsleitenden Funktion. Ihre Kompetenzen leiten sich aus den §§ 95 ff. AktG ab, und diese sind von dem Leitungsbegriff nach § 76 AktG zu unterscheiden. Gleiches gilt für die Stimmrechtsausübung eines Geschäftsleiters des herrschenden Unternehmens auf der Hauptversammlung der abhängigen Gesellschaft. Beide Varianten haben mit dem Weisungsrecht des § 308 Abs. 1 AktG nichts zu tun, sodass die §§ 308, 309 AktG keine Anwendung finden. Da Einflussnahmen trotzdem möglich sind und sich auch in logischer Konsequenz nicht vermeiden lassen, können sich in solchen Fällen Schadensersatzansprüche gem. § 117 AktG oder aus der Treuepflicht ergeben. Aus dem Weisungsrecht folgt keine Vertretungsmacht des herrschenden Unternehmens für die abhängige Gesellschaft. Allerdings kommt im Einzelfall eine Bevollmächtigung des herrschenden Unternehmens durch die abhängige Gesellschaft in Betracht.

110

Der **Umfang des Weisungsrechts** richtet sich in erster Linie nach dem Beherrschungsvertrag. Das Weisungsrecht erstreckt sich nicht nur auf den gesamten Bereich der Geschäftsführung und Vertretung der abhängigen Gesellschaft, woraus zugleich ein umfassender **Auskunftsanspruch** gegenüber der abhängigen Gesellschaft über sämtliche für die Ausübung des Leitungsrechts relevanten

111

Umstände der abhängigen Gesellschaft folgt, sondern auch auf Maßnahmen im innerorganisatorischen Bereich (z. B. Einberufung einer Hauptversammlung oder Vorbereitung einer Kapitalerhöhung). Da durch die Weisung nicht in die Kompetenzen von Aufsichtsrat und Hauptversammlung eingegriffen werden darf, darf der Vorstand das abhängige Unternehmen nicht zu dem Abschluss, der Änderung oder der Aufhebung von Unternehmensverträgen anweisen (§§ 293, 295, 296, 299 AktG). Daran scheitert auch eine etwaige Weisung des herrschenden Unternehmens zur Abführung des Gewinns der abhängigen Gesellschaft.

112 Sofern der Beherrschungsvertrag nichts anderes bestimmt, sind nach § 308 Abs. 1 Satz 2 AktG auch für das abhängige Unternehmen **nachteilige Weisungen zulässig**, wenn die fragliche Maßnahme den Belangen des herrschenden Unternehmens oder der mit ihm oder der Gesellschaft konzernverbundenen Unternehmen dient (sog. »**Konzerninteresse**«). Der Begriff der »Nachteiligkeit« ist hier derselbe wie in den §§ 311 und 317 Abs. 2 AktG, sodass solche Weisungen nachteilig sind, wenn sie Maßnahmen betreffen, die ein ordentlicher und gewissenhafter Geschäftsleiter, der sich ausschließlich an den Interessen seiner Gesellschaft orientiert nicht vorgenommen hätte. Die nachteilige Weisung muss, soll sie zulässig sein, wenigstens mittelbar **Vorteile** für ein mit der abhängigen Gesellschaft konzernverbundenes Unternehmen haben. Dies muss der Vorstand der herrschenden Gesellschaft nach pflichtgemäßem Ermessen prüfen. Nachteilige Weisungen, die ausschließlich im Interesse beliebiger Dritter (Mehrheitsgesellschafter des herrschenden Unternehmens) oder des sog. öffentlichen Interesses liegen, sind unzulässig. Außerdem sind unverhältnismäßige Schädigungen verboten.

113 Das Weisungsrecht des herrschenden Unternehmens ist **nicht grenzenlos**. Bei der Weisung hat das herrschende Unternehmen die **Satzung des abhängigen Unternehmens** zu beachten. Sofern die Weisung den satzungsmäßigen Gegenstand des abhängigen Unternehmens betrifft, etwa indem angewiesen wird neue Tätigkeitsfelder aufzunehmen oder zentrale Tätigkeitsbereiche aufzugeben, setzt dies zunächst eine Satzungsänderung voraus, die in den alleinigen Zuständigkeitsbereich der Hauptversammlung fällt. Unzulässig sind ferner **gesetzeswidrige Weisungen** (§§ 134, 138 BGB), etwa die Anweisung den Anspruch auf Verlustausgleich gem. § 302 AktG nicht geltend zu machen oder gegen zwingende Vorschriften des Wettbewerbs-, Steuer- oder Aufsichtsrechts zu verstoßen. Schließlich wird als weitere Schranke des Weisungsrechts des herrschenden Unternehmens die **Lebensfähigkeit der abhängigen Gesellschaft** diskutiert, wenn also durch die Weisung aktuell und konkret die Existenz der abhängigen Gesellschaft bedroht wird, wie etwa im Hinblick auf die Einstellung lebenswichtiger Produktionen, die Übertragung ertragreicher Betriebszweige auf andere Konzernunternehmen oder das Unterlassen unerlässlicher Erneuerungsinvestitionen (*Emmerich/Habersack*, KonzernR § 23 Rn. 42 f.). Im Fall der Weisung etwa hinsichtlich der Teilnahme an einem **Cash-Pooling-System** muss der Vorstand sorgfältig prüfen, ob der Anspruch der Gesellschaft auf Verlustausgleich nach § 302 AktG noch **werthaltig** ist und die Teilnahme verweigern, soweit dies nicht mehr gewährleistet ist. Eine entgegenstehende Weisung des herrschenden Unternehmens ist soweit unwirksam, weil sie gesetzeswidrig (§ 134 BGB) ist und zur Haftung des herrschenden Unternehmens und seiner gesetzlichen Vertreter nach § 309 Abs. 2 AktG führt.

114 Für zulässige Weisungen trifft den Vorstand der abhängigen AG eine **Befolgungspflicht** (§ 308 Abs. 2 Satz 1 AktG). Diese Befolgungspflicht gilt gem. § 308 Abs. 2 Satz 2 Halbs. 2 AktG nur ausnahmsweise nicht, wenn die Weisung des herrschenden Unternehmens offensichtlich nicht im Konzerninteresse liegt. Die **Darlegungs- und Beweislast** für die Voraussetzungen zur Nichtbefolgung der Weisung liegt bei der abhängigen Gesellschaft. Wegen gesetzeswidriger oder existenzbedrohender Weisungen besteht keine Nichtbefolgungspflicht. In diesen Fällen muss die abhängige Gesellschaft von der herrschenden Gesellschaft die Rücknahme der Weisung verlangen oder auf einem **vorherigen Nachteilsausgleich** seitens des herrschenden Unternehmens bestehen, bevor die Weisung befolgt wird. Vor ihrer Befolgung muss der Vorstand die Weisungen daher mit der Sorgfalt eines ordentlichen und gewissenhaften Geschäftsleiters (§ 310 Abs. 1 AktG) auf ihre Zulässigkeit hin überprüfen. Aus diesem Grunde es ist nicht zulässig, wenn der Vorstand des herrschenden Unternehmens Mitarbeiter anweist, direkt an sie gerichtete Weisungen des herrschenden Unter-

nehmens zu befolgen. Wird eine zulässige Weisung vom Vorstand der abhängigen Gesellschaft nicht befolgt, ist die abhängige Gesellschaft und der Vorstand gegenüber dem herrschenden Unternehmen **schadensersatzpflichtig** (§ 310 Abs. 1 Satz 1 AktG, §§ 276, 278 BGB; vgl. KölnKomm AktG/*Koppensteiner* § 308 Rn. 43).

Aus der gesetzlichen Anerkennung des Weisungsrechts des herrschenden Unternehmens gem. § 308 AktG folgt, dass nach Abschluss eines Beherrschungsvertrages im Ergebnis an die Stelle der eigenverantwortlichen Leitung der abhängigen Gesellschaft durch ihren Vorstand die Leitung der Gesellschaft durch die Vertreter des herrschenden Unternehmens tritt, soweit das herrschende Unternehmen von seinem Weisungsrecht Gebrauch macht. Deshalb bestimmen § 309 Abs. 1 und 2 AktG, dass auch die gesetzlichen Vertreter des herrschenden Unternehmens gegenüber der abhängigen Gesellschaft bei der Erteilung von Weisungen die **Sorgfalt eines ordentlichen und gewissenhaften Geschäftsleiters** anzuwenden haben, sowie dass sie bei einer Verletzung ihrer Pflichten der abhängigen Gesellschaft gesamtschuldnerisch zum Schadensersatz verpflichtet sind. Auch das herrschende Unternehmen selbst haftet im Fall der Erteilung rechtswidriger Weisungen. Streitig ist allein die Anspruchsgrundlage, die sich wegen des auch schuldrechtlichen Charakters des Beherrschungsvertrages aus § 280 Abs. 1 i. V. m. § 31 BGB ergibt. Inhaltlich richtet sich die Haftung auf jeden Fall nach § 309 AktG.

115

Die **Mitglieder des Vorstands** und des **Aufsichtsrates** der abhängigen Gesellschaft, die pflichtwidrig und schuldhaft ihre Sorgfaltspflicht bei der Entgegennahme rechtswidriger Weisungen im Rahmen des § 308 Abs. 2 AktG bzw. ihre Überwachungspflicht verletzt haben, sind ihrer Gesellschaft gem. § 310 Abs. 1 AktG **gesamtschuldnerisch** zum Schadensersatz verpflichtet. Der Pflichtenmaßstab des Vorstands bestimmt sich dabei nach §§ 308 Abs. 2 i. V. m. 310 Abs. 3 AktG.

116

III. Faktischer Aktienkonzern

Besteht zwischen Unternehmen ein **Abhängigkeitsverhältnis, ohne dass ein Beherrschungsvertrag oder eine Eingliederung vorliegt**, so gelten für das konzernrechtliche Verhältnis dieser Unternehmen die §§ 311 ff. AktG (vgl. insbes. §§ 311 Abs. 1, 312 Abs. 1 Satz 1, 317 Abs. 1 Satz 1 AktG), und zwar sowohl für einfache Abhängigkeitsverhältnisse i. S. d. § 17 AktG als auch für einfache, vertragslose und damit »faktische« Konzerne i. S. d. § 18 Abs. 1 AktG. Außerhalb des Vertragskonzerns muss das herrschende Unternehmen das **wirtschaftliche Eigeninteresse der beherrschten AG** beachten und die beherrschte AG ist im wirtschaftlichen Ergebnis so zu stellen, als wenn sie unabhängig wäre. Insofern begegnen die §§ 311 ff. AktG den Gefahren der Abhängigkeit vor allem dadurch, dass sie dem herrschenden Unternehmen, seinen gesetzlichen Vertretern sowie den Mitgliedern des Vorstandes und des Aufsichtsrats der abhängigen Gesellschaft besondere Verhaltenspflichten auferlegen, und bezwecken dadurch den besonderen **Schutz der abhängigen Gesellschaft**, ihrer außenstehenden Aktionäre und ihrer Gläubiger über den allgemeinen Haftungstatbestand des § 117 AktG hinaus. Seit Anerkennung der mitgliedschaftlichen Treuepflicht des Aktionärs gegenüber der AG und den Mitaktionären (BGHZ 103, 184 »Linotype«, 129, 136 »Girmes«) besteht die Funktion der §§ 311 ff. AktG zumindest gleichermaßen in dem Außerkraftsetzen des Verbots nachteiliger Einflussnahme und der Verdrängung der allgemeinen Haftungstatbestände: Leistet das herrschende Unternehmen Nachteilsausgleich nach Maßgabe der § 311 Abs. 2 AktG, so rechtfertigt dies die Maßnahme und damit die Verdrängung der allgemeinen Haftungstatbestände (so h. M., BGHZ 179, 71 »MPS«; 190, 7 »Dritter Börsengang«; *Hüffer* AktG, § 311 Rn. 6 f., 42; KölnKomm AktG/*Koppensteiner* vor § 311 Rn. 5 f.). Von dieser Warte aus betrachtet führen die §§ 311 ff. AktG als Kehrseite zu ihrer Schutzfunktion geradezu zu einer **Privilegierung** der an einem faktischen Konzern beteiligten Unternehmen und fördern so den Aufbau dezentral geführter Konzerne: dem herrschenden Unternehmens werden, nicht zuletzt um die abhängige Gesellschaft unter die einheitliche Konzernleitung zu stellen, nachteilige Einflussnahmen unter den Voraussetzungen gestattet, dass, bezogen auf die einzelnen Maßnahmen, die Vermögensinteressen der abhängigen Gesellschaft gewahrt werden, und die beherrschte Gesellschaft darf sich, die Wahrung ihrer Vermögensverhältnissen unterstellt, den geschäftspolitischen Vorstellungen des herrschenden Unternehmens öffnen.

117

118 Den Schwerpunkt der §§ 311 ff. AktG bildet das **System des Nachteilsausgleichs**: Veranlasst das herrschende Unternehmen die abhängige Gesellschaft zu einem nachteiligen Rechtsgeschäft oder eine nachteilige Maßnahme, muss es den Nachteil spätestens zum Jahresende ausgleichen. Unterlässt das herrschende Unternehmen dies, so macht es sich gem. § 317 Abs. 1 AktG schadensersatzpflichtig, sofern nicht § 317 Abs. 2 AktG eingreift. Neben dem herrschenden Unternehmen haften gegebenenfalls auch dessen gesetzliche Vertreter gem. § 317 Abs. 3 AktG sowie Vorstand und Aufsichtsrat der abhängigen Gesellschaft gem. § 318 AktG. Die §§ 312 bis 316 AktG regeln eine **Berichtspflicht** des abhängigen Unternehmens, welche die Beziehungen zum herrschenden Unternehmen betrifft. Dem Abhängigkeitsbericht ist eine zentrale Funktion zugedacht worden: Mittels der durch ihn zu schaffenden Transparenz über die Erfüllung der Ausgleichspflichten nach §§ 311 Abs. 2, 317 Abs. 1 Satz 1 AktG sollen die Unternehmensorgane angehalten werden, sich der Konzerngefahren für Unternehmen und Gesellschafter bewusst zu werden sowie unter Androhung zivilrechtlicher und strafrechtlicher Haftung nach §§ 318, 400 Abs. 1 Nr. 1, 403 AktG entsprechend zu handeln. Nicht ausdrücklich geregelt sind dagegen die Rechtsfolgen einer nachteiligen Einflussnahme, die dem Einzelausgleichssystem der §§ 311, 317 AktG nicht mehr zugänglich ist und somit an sich nur auf der Grundlage eines Beherrschungsvertrages erfolgen darf. In diesem Fall haftet das herrschende Unternehmen so, als hätte es einen Beherrschungsvertrag geschlossen und damit in entsprechender Anwendung der §§ 302 ff. AktG.

1. Voraussetzungen und Grenzen des faktischen AG-Konzerns

119 Der faktische AG-Konzern ist **zulässig**. Das wurde zwar gerade nach Inkrafttreten der §§ 311 ff. AktG intensiv diskutiert, ist mittlerweile aber unbestritten (vgl. nur BGH NZG 2008, 831 »Züblin/Strabag«; *Hüffer* AktG, § 311 Rn. 6 f.). Der Konzernleitung durch das herrschende Unternehmen werden durch §§ 311 ff. AktG in verschiedener Hinsicht aber Grenzen gesetzt. So muss das herrschende Unternehmen, ebenso wie der Vorstand der abhängigen Gesellschaft auch, den satzungsmäßigen Unternehmensgegenstand und Zweck der abhängigen Gesellschaft beachten. Des Weiteren darf es sich bei seiner Einflussnahme nur in den Grenzen der §§ 311 ff. AktG bewegen und insofern nur einen Einfluss ausüben, der einem **Einzelausgleich** nach § 311 AktG zugänglich ist (vgl. auch BVerfG ZIP 2011, 2094 im Hinblick auf die verfassungsrechtlichen Vorgaben für das Ausgleichssystem der §§ 311 ff. AktG). Lässt sich etwa eine Einflussnahme nicht in Einzelmaßnahmen zerlegen oder in ihren Folgen für die abhängige Gesellschaft nicht überblicken, ist dies dem System des Einzelausgleichs nicht zugänglich und darf nur aufgrund eines Beherrschungsvertrages erfolgen. Das herrschende Unternehmen würde in so einem Fall auf Schadensersatz gem. § 317 AktG haften.

120 Voraussetzung für die Anwendung der §§ 311 ff. AktG ist zunächst, dass es sich bei der abhängigen Gesellschaft um eine inländische AG oder KGaA handelt, wobei die SE der AG gleichsteht. Unerheblich ist in dem Zusammenhang, ob die abhängige Gesellschaft über außenstehende Aktionäre verfügt. Des Weiteren muss die Gesellschaft von einem (in- oder ausländischen) Unternehmen nach § 17 AktG abhängig sein, während ein Konzern i. S. d. § 18 Abs. 1 AktG nicht vorzuliegen braucht. Schließlich setzen die §§ 311 ff. AktG voraus, dass zwischen den verbundenen Unternehmen **kein Beherrschungsvertrag** besteht, da sich eine gleichzeitige Anwendbarkeit der besonderen Schutzmechanismen der §§ 300 ff. AktG bei Vertragskonzernen und der §§ 311 bis 318 AktG verbietet. Andere Unternehmensverträge, mit Ausnahme des Gewinnabführungsvertrags, für den § 316 AktG die Vorschriften der §§ 312 bis 315 Satz 1, 3 und 4 AktG für unanwendbar erklärt, schließen dagegen die Anwendung der §§ 311 ff. AktG nicht aus.

121 Die §§ 311 ff. AktG modifizieren die allgemeinen, für unverbundene Unternehmen geltenden Vorschriften des AktG erheblich. Die §§ 311 ff. AktG **verdrängen die Kapitalerhaltungsvorschriften der §§ 57, 60, 62 AktG**, und die Verpflichtung zum Nachteilsausgleich tritt nach der heute herrschenden Meinung (BGHZ 179, 71 »MPS«; BGHZ 190, 7 »Dritter Börsengang«; *Hüffer* AktG, § 311 Rn. 49) an die Stelle der Rückgewährpflicht gem. § 62 AktG. Unterbleibt der nach § 311 Abs. 2 AktG gebotene Nachteilsausgleich, haftet das herrschende Unternehmen dagegen nicht nur

nach § 317 AktG, sondern es finden die §§ 57, 60, 62 AktG daneben uneingeschränkt Anwendung (**Anspruchsgrundlagenkonkurrenz**; vgl. hierzu OLG Frankfurt am Main AG 1996, 324, 327; OLG Hamm AG 1995, 512, 516 »Harpener/Omni«). Des Weiteren tritt die Haftung gem. § 117 AktG prinzipiell hinter die Nachteilsausgleichspflicht gem. § 311 AktG zurück, wenn es zum Nachteilsausgleich kommt, lebt aber wieder auf, wenn es nicht zum Nachteilsausgleich kommt. Die §§ 311 ff. AktG verdrängen sozusagen die Haftung wegen Verletzung der Treuepflicht durch den Mehrheitsaktionär.

Bei mehrstufigen Unternehmensverbindungen kommen die §§ 311 ff. AktG zwischen allen Unternehmen zur Anwendung, zwischen denen eine Abhängigkeit ohne Beherrschungsvertrag besteht. Weitergehend ist hierbei zu beachten, dass im Grundsatz der Beherrschungsvertrag wegen des bereits zitierten **Exklusivitätsverhältnisses zwischen Beherrschungsvertrag und faktischem Konzern** die §§ 311 ff. AktG immer in dem Verhältnis, in dem der Beherrschungsvertrag besteht, verdrängt. Strittig ist die Konstellation, wenn keine durchgehende Kette von Beherrschungsverträgen besteht. Die Antwort hängt entscheidend von der sog. **Schutzlückenbetrachtung** ab: Die §§ 311 ff. AktG dienen in erster Linie dem Schutz des abhängigen Unternehmens. Daher kann ihre Anwendung nur dann konsequent verneint werden, wenn das abhängige Unternehmen bei ihrer Nichtanwendung nicht schutzlos gestellt wird.

122

2. Nachteilsausgleich und Haftung

Nach § 311 Abs. 1 AktG darf das herrschende Unternehmen seinen Einfluss nicht dazu benutzen, die abhängige Gesellschaft dazu zu »veranlassen«, ein für sie nachteiliges Rechtsgeschäft vorzunehmen oder Maßnahmen zu ihrem Nachteil zu treffen oder zu unterlassen, es sei denn, dass die Nachteile ausgeglichen werden. Die **Verpflichtung zum Nachteilsausgleich** gem. § 311 Abs. 1 AktG beschränkt sich insofern auf Nachteile aus konkreten, einzelnen Rechtsgeschäften und Maßnahmen, die vom herrschenden Unternehmen veranlasst wurden (sog. **Einzelausgleich**) und die ein **pflichtgemäß handelnder Vorstand einer unabhängigen Gesellschaft mit ihrer Durchführung seine Sorgfaltspflicht gem. § 93 Abs. 1 Satz 1 AktG** verletzt hätte. Der Nachteil i. S. d. § 311 Abs. 1 Satz 1 AktG wird insofern ermittelt durch einen Vergleich der Vermögenslage der abhängigen Gesellschaft mit der hypothetischen Vermögenslage einer unabhängigen Gesellschaft in derselben Situation. Maßgebender Zeitpunkt der Betrachtung ist der Zeitpunkt der Durchführung der nachteiligen Maßnahme. Die zulasten der abhängigen Gesellschaft verbleibende Differenz ist der Nachteil. Die Kompensationspflicht beschränkt sich dabei auf Nachteile aus den konkreten vom herrschenden Unternehmen veranlassten Rechtsgeschäften und Maßnahmen (vgl. KölnKomm AktG/*Koppensteiner* § 311 Rn. 29 f.). Nachteilige Maßnahmen sind in der Praxis z. B. oftmals **Umsatzgeschäfte** der abhängigen Gesellschaft mit dem herrschenden Unternehmen **ohne gleichwertige Gegenleistung** (Konzernverrechnungspreise, Veräußerung von Beteiligungsbesitz unter Wert), die Vergabe oder Aufnahme **konzerninterner Darlehen** zu nicht marktgerechten Konditionen (Konzernfinanzierung), **Konzernumlagen** für Leistungen des herrschenden Unternehmens, bei der die Höhe der Umlage einem Drittvergleich nicht Stand hält, **organisatorische Maßnahmen** wie z. B. die Übertragung der gesamten Datenverarbeitung einer Tochtergesellschaft auf ein anderes hierauf spezialisiertes Konzernunternehmen oder die Umlenkung von Geschäftschancen der abhängigen Gesellschaft auf das herrschende Unternehmen. Dagegen ist die Gewährung eines unbesicherten, **kurzfristig rückforderbaren »upstream-Darlehens«** durch eine abhängige Aktiengesellschaft an ihre Mehrheitsaktionärin kein per se nachteiliges Rechtsgeschäft i. S. d. § 311 AktG, wenn die Rückzahlungsforderung im Zeitpunkt der Darlehensausreichung vollwertig ist (BGHZ 179, 71 »MPS«). Weiterhin muss der Nachteil, damit das Nachteilsausgleichssystem des § 311 AktG funktionieren kann, **quantifizierbar** sein. Der Nachteilbegriff ist nicht identisch mit dem Schadensbegriff der §§ 317 ff. AktG sowie der §§ 249 ff. BGB. Konnte ein Nachteil nicht bejaht werden, kommt auch Schadensersatz unter dem Gesichtspunkt der §§ 311 ff., 317 Abs. 1 Satz 1 AktG nicht infrage. Ist der Nachteil aus einer Maßnahme nicht quantifizierbar, ist diese rechtswidrig. Schwierigkeiten treten hinsichtlich der Nachteilsbestimmung in der Praxis z. B. auf beim Unterlassen dringender Erneuerungsinvestitionen, der Aufgabe der eigenen Absatzorganisation, der Einstellung wichtiger

123

Forschungs- und Entwicklungsvorhaben, der Aufgabe einer eigenen Entwicklungsabteilung oder der Abgabe wichtiger Fertigungen an andere Konzernunternehmen.

124 Die Veranlassung ist das Tatbestandselement, über das festgestellt wird, ob der erlittene Nachteil Folge der Abhängigkeit ist. Der Begriff der Veranlassung ist mit dem der Weisung gem. § 308 AktG deckungsgleich. Die unterschiedliche Terminologie bringt zum Ausdruck, dass das herrschende Unternehmen im Anwendungsbereich des § 311 AktG kein Weisungsrecht besitzt und somit eine Befolgungspflicht durch die abhängige Gesellschaft ebenfalls nicht besteht. Eine Veranlassung ist gegeben, wenn aus Sicht der abhängigen Gesellschaft das herrschende Unternehmen ein bestimmtes Tun bei der abhängigen Gesellschaft verursacht. Hat die abhängige Gesellschaft gegen ihre eigenen Interessen und offenkundig zum Vorteil des herrschenden Unternehmens gehandelt und ist ihr dadurch ein Vermögensnachteil entstanden, liegt ein **Beweis des ersten Anscheins** vor, dass dies auf Veranlassung des herrschenden Unternehmens geschehen ist. Die Vermutung ist unwiderleglich, wenn ein Vorstandsdoppelmandat vorliegt (vgl. *Hüffer* AktG, § 311 Rn. 22). Einfluss mit Folge einer Veranlassung kann auch durch Abstimmungen in der Hauptversammlung der abhängigen Gesellschaft oder durch Vertreter des herrschenden Unternehmens im Aufsichtsrat der abhängigen Gesellschaft erfolgen (s. *Emmerich/Habersack*, KonzernR § 25 Rn. 6). Bei jeder vom herrschenden Unternehmen ausgehenden Veranlassung der abhängigen Gesellschaft zu einem bestimmten Verhalten trifft den Vorstand der abhängigen Gesellschaft gem. § 93 Abs. 1 Satz 1 AktG insofern die Pflicht, deren Zulässigkeit, ihre möglichen Auswirkungen auf die Vermögens- und Ertragslage und die Ausgleichsfähigkeit etwaiger Nachteile zu prüfen. Stellt sich die Maßnahme nach dieser Prüfung als **vorteilhaft oder erfolgsneutral** dar, kann sich der Vorstand der abhängigen Gesellschaft dem Willen des herrschenden Unternehmens unterwerfen und eine Folgepflicht besteht für das herrschende Unternehmen nicht. Sind die **Nachteile quantifizierbar**, darf der Vorstand der abhängigen Gesellschaft eine Maßnahme nur vornehmen, wenn das herrschende Unternehmen zugleich mit der Veranlassung die Verpflichtung übernimmt, etwaige künftige Nachteile der von ihm veranlassten Maßnahme auszugleichen. Schließlich ist die Veranlassung per se rechtswidrig und der Vorstand der abhängigen Gesellschaft darf ihr nicht folgen, wenn die **Nachteile nicht quantifizierbar**, da er sich andernfalls schadensersatzpflichtig macht.

125 Seiner **Höhe** nach orientiert sich der Nachteilsausgleich an dem zum Zeitpunkt der Vorteilsgewährung realisierten Umfang des Nachteils. Diesem System liegt eine sog. Jetztbetrachtung zugrunde. Nach überwiegender Auffassung kann im Fall des tatsächlichen Ausgleichs nach § 311 Abs. 2, 1. Alt. AktG der Nachteilsausgleich einseitig vom herrschenden Unternehmen bestimmt werden (vgl. *Hüffer* AktG, § 311 Rn. 41). Allerdings ist Einvernehmen bei der Frage der Vorteilsgewährung mit der abhängigen Gesellschaft zu erzielen, da diese sonst übermäßig benachteiligt würde. Die Grenzen des Nachteilsausgleichs resultieren aus nicht quantifizierbaren Nachteilen, existenzbedrohenden Nachteilen und Veranlassungen außerhalb des Konzerninteresses.

126 Der in § 311 Abs. 2 AktG geregelte Nachteilsausgleich dient dem Ausgleich der erlittenen Nachteile der abhängigen Gesellschaft und ist **zum Jahresende** durchzuführen. Er gewährt der abhängigen Gesellschaft **keinen Anspruch auf Ausgleich**, sondern ist letztlich eine **Obliegenheit des herrschenden Unternehmens** zur Vermeidung der Schadensersatzpflicht aus § 317 Abs. 1 Satz 1 AktG. Kommt das herrschende Unternehmen seiner Ausgleichspflicht bis zum Ende des Geschäftsjahres nicht nach, wandelt sich die **Nachteilsausgleichspflicht** des herrschenden Unternehmens automatisch in einen **Schadensersatzanspruch** des abhängigen Unternehmens gegen das herrschende Unternehmen gem. § 317 Abs. 1 AktG um. Der Vorstand der abhängigen AG ist dann nach § 93 Abs. 1 Satz 1 AktG verpflichtet, den Schadensersatzanspruch gegen das herrschende Unternehmen geltend zu machen. Wird der Schadensersatzanspruch der abhängigen Gesellschaft aus § 317 Abs. 1 AktG nicht in dem Jahresabschluss der abhängigen AG aktiviert, führt dies gem. § 256 Abs. 5 Satz 1 Nr. 2 AktG zur Nichtigkeit des Jahresabschlusses. Zwar ist auch jeder Aktionär der abhängigen Gesellschaft zur Geltendmachung des Schadensersatzanspruches gegenüber dem herrschenden Unternehmen befugt. Ein Aktionär kann aber nur Leistungen an die Gesellschaft fordern (§§ 317 Abs. 4 i. V. m. 309 Abs. 4 Satz 2 AktG). Nach § 317 Abs. 1 Satz 2 AktG besteht zudem ein eigener

Schadensersatzanspruch der Aktionäre, soweit sie einen unmittelbaren eigenen Schaden erlitten haben. Neben die Haftung des herrschenden Unternehmens nach § 317 Abs. 1 AktG tritt gem. § 317 Abs. 3 AktG die gesamtschuldnerische Haftung der gesetzlichen Vertreter, die die Gesellschaft zu dem Rechtsgeschäft oder der Maßnahme veranlasst haben. Gem. § 318 Abs. 1 AktG haften neben den nach § 317 AktG Ersatzpflichtigen auch die Mitglieder des Vorstands der abhängigen Gesellschaft, wenn sie ihre **Berichtspflicht** nach § 312 AktG verletzt haben. Die Mitglieder des Vorstands der abhängigen Gesellschaft trifft gem. § 318 Abs. 1 Satz 2 AktG die Beweislast für die Ordnungsmäßigkeit ihres Handelns.

3. Abhängigkeitsbericht und Sonderprüfung

Nach § 312 Abs. 1 Satz 1 AktG hat der Vorstand einer abhängigen Gesellschaft in den ersten 3 Monaten des folgenden Geschäftsjahres einen schriftlichen Bericht über die Beziehungen der Gesellschaft zu verbundenen Unternehmen (sog. **Abhängigkeitsbericht**) aufzustellen und in dem über alle auf Veranlassung des herrschenden Unternehmens vorgenommenen Rechtsgeschäfte (auch Gestaltungserklärungen wie Anfechtung, Rücktritt, Kündigung, Aufrechnung, nicht aber bloße Erfüllungsgeschäfte) und sonstigen Maßnahmen (z. B. Änderungen in der Produktion, Stilllegung von Betriebsteilen, Finanzierungsmaßnahmen) zu berichten ist, die sich auf die Vermögens- oder Ertragslage der abhängigen Gesellschaft auswirken können. Er beschränkt sich somit nicht auf die wegen ihres nachteiligen Charakters ausgleichspflichtigen Rechtsgeschäfte. Bei den Rechtsgeschäften sind Leistung und Gegenleistung, bei den Maßnahmen die Gründe der Maßnahme und deren Vor- und Nachteile für die Gesellschaft anzugeben. Bei einem Ausgleich von Nachteilen ist im Einzelnen anzugeben, wie der Ausgleich während des Geschäftsjahrs tatsächlich erfolgt ist oder auf welche Vorteile der Gesellschaft ein Rechtsanspruch nach § 312 Abs. 1 Satz 4 AktG gewährt worden ist. Der Bericht ist durch den Abschlussprüfer gem. § 313 AktG und den Aufsichtsrat gem. § 314 AktG zu prüfen und mit einer Schlusserklärung des Vorstandes zu versehen, in der zur Situation der Gesellschaft Stellung genommen wird. Zwar wird der Abhängigkeitsbericht nicht veröffentlicht, weil er Konzerninterna enthält (vgl. *Emmerich/Habersack*, KonzernR § 26 Rn. 3), sodass die **Aktionäre keine Kenntnis vom Inhalt des Abhängigkeitsberichtes** erlangen. Sie müssen sich mit dem Testat des Wirtschaftsprüfers i. S. d. § 313 Abs. 2 AktG begnügen. Unter den Voraussetzungen des § 315 AktG können sie jedoch eine Sonderprüfung durchsetzen.

127

4. Qualifizierte Nachteilszufügung

Das gesetzliche auf den §§ 311 ff. AktG aufbauende Ausgleichsystem im Aktienkonzern, das die nachteilige Einflussnahme auf die abhängige AG zwar erlaubt, dabei aber voraussetzt, dass die Vermögensinteressen der Gesellschaft gewahrt bleiben, indem das herrschende Unternehmen einen Nachteilsausgleich nach Maßgabe des §§ 311 Abs. 2, 317 AktG leistet, kann nur funktionieren, wenn und soweit die nachteilige Einflussnahme diesem Einzelausgleich überhaupt zugänglich ist. Dies ist in der Praxis dann häufig nicht mehr der Fall, wenn das herrschende Unternehmen von einer von §§ 311 ff. AktG erlaubten Konzernführung zu einer so **breitflächigen und intensiven Konzernleitung** übergeht, dass die in dem Zusammenhang verursachten **Nachteile nicht mehr isoliert** werden können. Gerade dem letztgenannten Aspekt kommt größere praktische Bedeutung zu, da die durch die nachhaltige Beeinträchtigung des Eigeninteresses der abhängigen Gesellschaft gekennzeichnete Schwelle zur qualifizierten, d.h. dem Einzelausgleich nicht zugänglichen Nachteilszufügung dort überschritten ist, wo die nachteilige Maßnahme aufgrund der **Unkalkulierbarkeit ihrer Rechtsfolgen** dem gesetzlichen System des Einzelausgleichs nach §§ 311, 317 AktG nicht mehr zugänglich ist (»**existenzvernichtende Eingriffe**«, vgl. dazu im Hinblick auf die GmbH als abhängigem Unternehmen unten Rdn. 146 ff.).

128

In Fällen einer solchen qualifizierten Nachteilszufügung der beherrschten Gesellschaft, bei der jede Form der Einflussnahme rechtswidrig ist und das Schutzsystem der §§ 311, 317 AktG versagt, stellt sich die Frage, ob das herrschende Unternehmen, das die Grenzen der nach § 311 AktG erlaubten Einflussnahme überschreitet und der abhängigen Gesellschaft einen nicht bezifferbaren

129

Nachteil oder Schaden zufügt, in **entsprechender Anwendung der §§ 302, 303 AktG auf Verlustausgleich haftet** und in der Insolvenz der abhängigen Gesellschaft von den Gläubigern **unmittelbar in Anspruch** genommen werden (dazu *Emmerich/Habersack*, KonzernR § 28 Rn. 8 ff.). In der Konsequenz sind die abhängige AG und mit ihr die **Gesellschaftsgläubiger** gegen Maßnahmen des herrschenden Unternehmens schon im Vorfeld der Existenzvernichtung geschützt. Die **außenstehenden Aktionäre** können das herrschende Unternehmen auf Unterlassung und Beseitigung der Maßnahme in Anspruch nehmen und analog § 305 Abs. 2 Nr. 3 AktG Abfindung in bar verlangen. Im Übrigen finden die §§ 302 ff. AktG jedenfalls im Grundsatz Anwendung: die abhängige Gesellschaft kann das herrschende Unternehmen auf Verlustausgleich in Anspruch nehmen und die Gläubiger der abhängigen Gesellschaft haben einen Anspruch analog § 303 Abs. 1 AktG auf **Sicherheitsleistung**.

E. GmbH-Konzernrecht

130 Ein kodifiziertes GmbH-Konzernrecht existiert nicht. Auch enthält das GmbHG keine Vorschriften über verbundene Unternehmen. Einzelne für das GmbH-Konzernrecht geltenden Bereiche sind allerdings außerhalb des GmbHG in den §§ 15 bis 19 AktG **rechtsformneutral** formuliert und können daher auch für die GmbH gelten. Die GmbH kann demnach verbundenes Unternehmen i. S. d. § 15 AktG sein, insbesondere also herrschendes oder abhängiges Unternehmen i. S. d. § 17 AktG oder Konzernunternehmen im Sinne von § 18 AktG. Des Weiteren gelten auch die Vorschriften der §§ 20 bis 22 AktG über Mitteilungspflichten für die GmbH, wenn es sich bei dem anderen beteiligten Unternehmen um eine AG oder KGaA handelt. Die §§ 291 bis 310 AktG über Unternehmensverträge sind zudem unmittelbar auf die GmbH anwendbar, wenn sie die Stellung des herrschenden Unternehmens einnimmt und es sich bei der beherrschten Gesellschaft um eine AG oder KGaA handelt, während mangels ausdrücklicher Regelungen eine differenzierende Betrachtungsweise vorherrscht für den Fall, dass die GmbH als abhängige oder als zur Erbringung der vertragstypischen Leistungen verpflichtete Gesellschaft einen Unternehmensvertrag abschließt. Und schließlich finden die §§ 311 ff. AktG auf eine GmbH als herrschendes Unternehmen ebenfalls Anwendung, während sich der Regelungsbereich der Vorschriften der §§ 319 ff. AktG über die Eingliederung ebenso wie der der Vorschriften der §§ 327a ff. AktG über den Ausschluss von Minderheitsaktionären ausschließlich für die AG ergibt.

131 Abgesehen von der für Gesellschaften mbH nicht geregelten Gruppenbildungskontrolle auf Ebene sowohl der abhängigen als auch der herrschenden GmbH (dazu bereits oben Rdn. 51, 56) und dem gerade eben erwähnten nicht geregelten Bereich der durch eine GmbH als abhängige Gesellschaft abgeschlossenen Unternehmensverträge sind es vor allem zwei weitere Bereiche, für die es an ausdrücklichen für die GmbH geltenden Regelungen fehlt: das ist zum einen die **Rechtslage bei Abhängigkeit oder faktischer Konzernierung der GmbH**, da die §§ 311 ff. AktG bereits nach ihrem Wortlaut nach eine abhängige AG oder KGaA voraussetzen und insofern nach ganz herrschender Meinung auch nicht entsprechend auf die GmbH angewendet werden können, und das ist zum anderen der **Bereich der qualifizierten Nachteilszufügung**, wenn das herrschende Unternehmen die Grenzen der erlaubten Einflussnahme gem. § 311 AktG überschreitet und der abhängigen Gesellschaft in entsprechender Anwendung der §§ 302, 303 AktG auf Verlustausgleich haftet (s. zu der Problematik in Bezug auf die AG oben Rdn. 128 f.).

132 Die Notwendigkeit einer Regelung der durch Abhängigkeits- und Konzernverhältnisse begründeten Gefahren besteht bei der GmbH im besonderen Maße, da sich die GmbH dank ihrer flexiblen Organisations- und Finanzverfassung ganz besonders zur Führung eines Konzerns und zur Einbindung in einen solchen eignet: denn anders als bei der AG, bei der der Vorstand an Weisungen der Aktionäre nicht gebunden ist und nicht gebunden werden kann (vgl. §§ 76 Abs. 1, 23 Abs. 5, 119 Abs. 2 AktG), sind die Geschäftsführer an die Weisungen der Gesellschafter gebunden (vgl. §§ 37 Abs. 1, 46 Nr. 5 und 6 GmbHG). Da das GmbHG auch keine dem § 23 Abs. 5 AktG vergleichbare Regelung kennt, kann die Gesellschaftermehrheit auf diese Weise die Organisation der GmbH weitgehend ihren Vorstellungen anpassen und beherrschen, ohne dass der Abschluss eines Beherr-

schungsvertrages erforderlich ist. Tatsächlich scheinen vertragslose Unternehmensverbindungen unter Beteiligung von Gesellschaften mbH, also einfache Abhängigkeitsverhältnisse und faktische Konzerne, in der Praxis recht häufig zu sein, aber allein schon aus steuerlichen Gründen spielen auch Gewinnabführungs- oder Beherrschungsverträge eine gewisse Rolle im GmbH-Konzernrecht.

I. Vertragskonzern

Eine GmbH kann sich ebenso wie andere Gesellschaften an **Unternehmensverträgen aller Art** beteiligen. Keine Besonderheiten gelten insoweit, wenn die GmbH die Rolle des herrschenden Unternehmens gegenüber einer AG oder KGaA innehat. In dem Fall gelten die §§ 291 bis 310 AktG über Unternehmensverträge unmittelbar. Mangels einschlägiger Regelungen differenziert betrachtet wird dagegen die Situation, in der der Vertragsabschluss durch die GmbH als abhängige Gesellschaft mit einem herrschenden Unternehmen beliebiger Rechtsform erfolgt. Bei der GmbH unterscheidet man dabei genauso wie bei der AG zwischen den Verträgen gem. § 291 AktG und denen des § 292 AktG. Und ebenso wie im Aktienkonzernrecht kommt dem **Beherrschungsvertrag** als Grundlage eines Vertragskonzerns mit einer GmbH als beherrschter Gesellschaft besondere Relevanz zu. Denn durch den Beherrschungsvertrag wird, unter Umgehung der Gesellschafterversammlung, ein **vertraglich legitimiertes und direktes** Weisungsrecht eines herrschenden Unternehmens gegenüber den Geschäftsführern der abhängigen GmbH hinsichtlich der Leitung ihrer Gesellschaft begründet. Dieses Weisungsrecht legitimiert zugleich die Erteilung nachteiliger Weisungen (§ 308 AktG analog), was dem Mehrheitsgesellschafter ansonsten aufgrund der gesellschaftsrechtlichen Treuepflicht verwehrt wäre, sowie Weisungen, durch die die GmbH gerade in den Konzern des einen herrschenden Unternehmens eingegliedert werden soll.

133

1. Vertragsabschluss

Welche Anforderungen an Unternehmensverträge, speziell Beherrschungs- und Gewinnabführungsverträge, zu stellen sind, ergibt sich nicht unmittelbar aus dem Gesetz. Die grundsätzliche, wenn auch nicht pauschale Anwendung der §§ 291 ff. AktG auf solche Unternehmensverträge mit einer (abhängigen) GmbH ist jedoch anerkannt, wobei im Einzelfall zu prüfen ist, welche aktienrechtlichen Wertungen im GmbH-Vertragskonzern im Wege der Analogie anwendbar sein können. Für die Vermögensbindung einer GmbH ordnet der durch das MoMiG 2008 eingeführte § 30 Abs. 1 Satz 2, 1. Fall GmbH an, dass das Verbot des § 30 Abs. 1 Satz 1 GmbHG für die Auszahlung des zur **Erhaltung des Stammkapitals** erforderlichen Vermögens nicht anzuwenden ist für Leistungen bei Bestehen eines Beherrschungs- oder Gewinnabführungsvertrages i. S. d. § 291 AktG.

134

Unternehmensverträge mit einer abhängigen GmbH bedürfen ebenfalls der **Schriftform** (§ 293 Abs. 3 AktG analog). Für den Abschluss sind die **Geschäftsführer zuständig** (vgl. §§ 35, 37 GmbHG). Da es sich bei Beherrschungs- und Gewinnabführungsverträgen um Organisationsverträge handelt, für die der Grundsatz der Unbeschränktheit der Vertretungsmacht nicht gilt, findet § 37 Abs. 2 GmbHG jedoch keine Anwendung. Insofern ist die Vertretungsmacht der Geschäftsführer der abhängigen GmbH beim Vertragsschluss beschränkt und die Wirksamkeit eines Beherrschungs- und Gewinnabführungsvertrages hängt von der **Zustimmung der Gesellschafterversammlung** ab. Denn diese Verträge verändern den Zweck der Gesellschaft und enthalten weitreichende Eingriffe in die Mitverwaltungs- und Gewinnbezugsrechte der Gesellschafter. Der Sache nach kommt deren Abschluss einer Vertragsänderung zumindest so nahe, dass hier die §§ 53 und 54 GmbHG entsprechend anzuwenden sind (wohl auch auf andere Unternehmensverträge wie die Gewinngemeinschaft, den Teilgewinnabführungsvertrag oder Betriebspacht- und Betriebsüberlassungsverträge; vgl. *Emmerich/Habersack*, KonzernR § 32 Rn. 52 ff.). Streitig ist allerdings, ob der **Zustimmungsbeschluss** durch alle Gesellschafter (so die wohl überwiegende Meinung) oder mit 3/4-Mehrheit der abgegebenen Stimmen ergehen muss. Da der Abschluss eines Beherrschungs- oder Gewinnabführungsvertrages den Zweck der Gesellschaft verändert, spricht einiges dafür, in Parallele zu § 33 Abs. 1 Satz 2 BGB, § 53 Abs. 3 GmbHG die Zustimmung aller Gesellschafter zu verlangen. Der Zustimmungsbeschluss durch die Gesellschafter bedarf gem. § 53 Abs. 2 Satz 1

135

GmbHG der **notariellen Beurkundung**. Ist die herrschende Gesellschaft gleichfalls eine GmbH, ist zur Wirksamkeit des Vertrages analog § 293 Abs. 3 AktG auch ein Zustimmungsbeschluss ihrer Gesellschafterversammlung, gefasst mit mindestens 3/4-Mehrheit, erforderlich. Der Eintragung des Beherrschungs- und Gewinnabführungsvertrages in das **Handelsregister** der abhängigen GmbH kommt gem. § 54 Abs. 3 GmbHG analog eine konstitutive Wirkung zu (BGHZ 105, 325, 342 »Supermarkt«). Eine Eintragung in das Handelsregister der Obergesellschaft ist nicht erforderlich. Bei der Änderung von Unternehmensverträgen mit einer GmbH stellt sich die gleiche Streitfrage hinsichtlich der erforderlichen Mehrheit der Gesellschafter wie beim Abschluss: Um die strengen Schutzmechanismen der §§ 53, 54 GmbHG analog nicht durch eine nachträgliche Vertragsänderung ins Leere laufen zu lassen, erscheint für eine Änderung die Zustimmung aller stimmberechtigten Gesellschafter der abhängigen GmbH samt notarieller Beurkundung des Beschlusses und der Eintragung in das Handelsregister der GmbH sowie die Zustimmung der Gesellschafter der Obergesellschaft mit qualifizierter Mehrheit nach § 293 Abs. 3 AktG analog ebenfalls sachgerechter (vgl. Scholz/*Emmerich* GmbHG, Anh. Konzernrecht Rn. 193).

136 Wie auch im Vertragskonzern der AG richten sich der Umfang des **Weisungsrechts** und dessen Grenzen gegenüber der abhängigen GmbH bei Vorliegen eines Beherrschungsvertrages nach Vertrag, Satzung und Gesetz. Insofern gibt es keine GmbH-spezifischen Besonderheiten. Zulässig sind insofern auch **nachteilige Weisungen** analog § 308 Abs. 1 Satz 2 AktG, während die herrschende Gesellschaft kein Weisungsrecht in Bezug auf Grundlagengeschäfte hat, d. h. Geschäfte, die nicht mehr vom Zweck und Gegenstand der Gesellschaft gedeckt sind. Ein Unterschied zur Rechtslage bei der AG besteht jedoch insoweit, als bei der GmbH das Weisungsrecht des herrschenden Unternehmens gem. § 308 AktG analog mit dem der Gesellschafter über die Gesellschafterversammlung gem. § 37 Abs. 1 GmbHG kollidieren kann. Da die Gesellschafter mit der erforderlichen Mehrheit dem Beherrschungsvertrag zuvor zugestimmt haben, geht in Kollisionslagen das Weisungsrecht des herrschenden Unternehmens dem der Gesellschafterversammlung oder des fakultativen Aufsichtsrates der abhängigen GmbH vor (vgl. *Zeidler* NZG 1999, 696). Im Fall eines obligatorischen Aufsichtsrates kann eine mögliche Kollision über § 308 Abs. 2 AktG analog aufgelöst werden (str.; Hachenburg/*Ulmer* GmbHG, Anh § 77 Rn. 221). Wird ein **fehlerhafter Beherrschungs- und/oder Gewinnabführungsvertrag** mit einer GmbH, obwohl nichtig, gleichwohl durchgeführt, so wird er nach den Grundsätzen der fehlerhaften Gesellschaft so lange wie ein wirksamer Vertrag für die Vergangenheit behandelt und das herrschende Unternehmen zum Ausgleich der Verluste verpflichtet, bis sich einer der Vertragspartner auf die Nichtigkeit beruft und die Beherrschung ein Ende findet (vgl. auch *Schürnbrand* ZHR 169, 2005, 48 f.). Für die Zukunft können sich beide Vertragsparteien – bei der GmbH durch ihren Geschäftsführer – von der faktischen Fortgeltung des Vertrages durch Kündigung aus wichtigem Grund lösen (vgl. Scholz/*Emmerich* GmbHG, Anh. Konzernrecht Rn. 174).

2. Vertragsbeendigung

137 §§ 296, 297 AktG nennen als Beendigungsgründe für Unternehmensverträge lediglich den Aufhebungsvertrag und die Kündigung. Weitere Beendigungsgründe sind im GmbH-Vertragskonzern der Zeitablauf bei einem befristeten Unternehmensvertrag, Rücktritt und Anfechtung, die Insolvenz einer der Vertragsparteien, die Nichtigkeit oder auch die Eingliederung und Verschmelzung der einen in die andere Vertragspartei. Die ordentliche Kündigung des Beherrschungs- oder Gewinnabführungsvertrages mit einer GmbH kommt grundsätzlich nur in Betracht, wenn im Vertrag eine entsprechende Kündigungsmöglichkeit vorgesehen ist. Im Übrigen wurde auf die Kündigung in der Vergangenheit allgemein § 297 AktG analog angewendet. Mittlerweile hat der BGH klargestellt, dass es sich bei der Entscheidung über die Aufhebung oder die Kündigung eines Unternehmensvertrages bei einer GmbH um einen **innergesellschaftlichen Organisationsakt** handelt, der nicht in die alleinige Zuständigkeit der Geschäftsführer fällt, sondern der **Bestimmung aller Gesellschafter** unterliegt (BGH AG 2011, 668). Dabei hat auch das herrschende Unternehmen ein Stimmrecht. Dies muss für die ordentliche wie auch die außerordentliche Kündigung aus wichtigem Grund gelten. Höchstrichterlich weiterhin ungeklärt bleibt die sich daran anschließende Frage, ob auf den auf jeden Fall erforderlichen Zustimmungsbeschluss der Gesellschafter die §§ 53 und 54 GmbHG anwendbar sind, sodass die Eintragung der Beendigung des Unternehmensvertrages in das **Handelsregister** bei der GmbH, anders als bei der AG nach § 298 AktG, konstitutive Wirkung hat (so *Emmerich/Habersack*, KonzernR § 32 Rn. 42; anders OLG München AG 2011, 467). Für die außerordentliche Kündigung des Organschafts- oder isolierten Gewinnabführungsvertrages aus wichtigem Grund (vgl. § 297 Abs. 1 AktG analog, der insofern einen allgemeinen Rechtsgedanken wiedergibt) stellt § 14 Abs. 1 Nr. 3 Satz 2 KStG im Übrigen klar, dass eine solche vorzeitige Beendigung unschädlich ist, wenn ein wichtiger Grund die Kündigung rechtfertigt, sodass in diesem Fall trotz vorzeitiger Beendigung des Vertrages die steuerlichen Vorteile der Organschaft nicht verloren gehen.

3. Haftung des herrschenden Unternehmens

Abhängig von der Entscheidung der Frage, welche Mehrheit der Zustimmungsbeschluss der beherrschten GmbH bedarf, ist die Frage einer analogen Anwendung der aktienrechtlichen Regeln über **Ausgleich und Abfindung** gem. §§ 304 ff. AktG zugunsten der außenstehenden Gesellschafter der abhängigen GmbH zu entscheiden: Geht man von dem Erfordernis der Einstimmigkeit aus, sind außenstehende Gesellschafter ohne Weiteres in der Lage, für die Wahrung ihrer Rechte zu sorgen, und insofern nicht schutzwürdig, sodass eine Analogie der §§ 304 ff. AktG dann ausscheidet. Hält man eine 3/4-Mehrheit für den Zustimmungsbeschluss für ausreichend, dann ist eine Analogie zu bejahen und es stellt sich daran anschließend die bislang ungeklärte Frage, ob die außenstehenden Gesellschafter gegenüber der abhängigen GmbH in bestimmten Fällen einen Anspruch auf Abfindung in Anteilen der herrschenden Gesellschaft haben. Dies erscheint jedenfalls dann unbedenklich, wenn die herrschende Gesellschaft eine AG ist, während wohl eine Abfindung in GmbH-Anteilen mangels Fungibilität im Regelfall ausscheiden wird. Ob eine Ausgleichspflicht zumindest der herrschenden Gesellschaft entsprechend § 304 AktG besteht, ist in dem Zusammenhang wohl ebenfalls zu verneinen, wobei andererseits kein sachlicher Grund dafür ersichtlich ist, dass die Minderheitsgesellschafter durch die Beschränkung auf den Abfindungsanspruch gegebenenfalls zum Ausscheiden aus ihrer Gesellschaft gezwungen werden.

138

Unstreitig ist, dass beim Abschluss eines Beherrschungs- und/oder Gewinnabführungsvertrages mit einer GmbH die Vorschriften zur **Verlustübernahme** und zum **Gläubigerschutz** gem. §§ 302 ff. AktG analoge Anwendung finden. Der abhängigen GmbH steht insofern während des Bestands des Vertrages gegen das herrschende Unternehmen ein **Verlustausgleichsanspruch gem. § 302 Abs. 1 AktG analog** zu, sodass es einer Regelung im Vertrag selbst aus gesellschaftsrechtlichen Gründen nicht bedarf. Dem gegenüber muss, angesichts der restriktiven Auslegung des § 17 Abs. 2 Nr. 2 KStG durch die Finanzverwaltung, eine Übernahme des gesamten Verlustes der abhängigen Gesellschaft entsprechend den Vorschriften des § 302 AktG ausdrücklich im Gewinnabführungs- oder Organschaftsvertrag mit einer abhängigen GmbH vereinbart werden und insofern insgesamt § 302 AktG ausdrücklich in Bezug genommen werden, wenn die Organschaft mit Rücksicht auf den Wortlaut des § 17 Abs. 2 Nr. 2 KStG durch die Finanzverwaltung anerkannt werden soll. Den **Gläubigern** der abhängigen GmbH steht zudem nach Beendigung eines Beherrschungs- und/oder Gewinnabführungsvertrages ein **Anspruch auf Sicherheitsleitung** gegen das herrschende Unternehmen gem. § 303 Abs. 1 AktG analog zu, der sich in der Krise der Untergesellschaft in einen unmittelbaren Zahlungsanspruch umwandelt (BGHZ 116, 42). Darüber hinaus haben die Gläubiger ein Verfolgungsrecht entsprechend §§ 309 Abs. 4 Satz 3 i. V. m. 309 Abs. 2, Abs. 1 AktG analog i. V. m. § 31 BGB analog oder nach den Grundsätzen der Pflichtverletzung des Beherrschungsvertrages nach §§ 280 Abs. 1, 278 BGB, mit dessen Hilfe sie sich selbst befriedigen können. Im Übrigen bleibt nach wie vor die Haftung des herrschenden Unternehmens gegenüber den Gläubigern der Untergesellschaft nach allgemeinen Instituten und Vorschriften wie z. B. der außervertraglichen **Durchgriffshaftung** und der **Insolvenzverschleppung** bestehen.

139

Verstößt das herrschende Unternehmen gegen seine Pflicht zur ordnungsgemäßen Konzerngeschäftsführung indem es die vertraglichen und gesetzlichen Schranken des Weisungsrechts missach-

140

tet, ist es der abhängigen GmbH zum **Schadensersatz** gem. §§ 280 Abs. 1, 249 ff. BGB verpflichtet. Neben dem herrschenden Unternehmen haften ferner persönlich entsprechend § 309 Abs. 2, Abs. 1 AktG analog i. V. m. § 31 BGB die gesetzlichen Vertreter des herrschenden Unternehmens. Daneben wird die **Haftung der Geschäftsführer** gegenüber ihrer abhängigen Gesellschaft für Pflichtverletzungen nach § 43 Abs. 2, Abs. 1 GmbHG im GmbH-Vertragskonzern durch § 310 AktG analog insoweit modifiziert, als die Geschäftsführer für die Befolgung von rechtswidrigen (vgl. § 308 Abs. 2 Satz 1 AktG analog) oder für die GmbH offensichtlich nicht bindenden nachteiligen Weisungen (vgl. §§ 308 Abs. 2 Satz 2, 310 Abs. 3 AktG analog) über § 310 Abs. 1, Abs. 3 AktG analog auf Schadensersatz haften (vgl. *Roth/Altmeppen* Anh. § 13 Rn. 68). Die Gesellschafter der abhängigen Gesellschaft haben gem. § 310 Abs. 1, Abs. 4 i. V. m. § 309 Abs. 4 Satz 1 AktG analog und, über die Grundsätze der **actio pro socio**, die Minderheitsgesellschafter nach § 310 Abs. 1, Abs. 4 i. V. m. § 309 Abs. 4 Satz 3 AktG analog das Recht, die Ersatzansprüche der abhängigen Gesellschaft zu verfolgen. Kommen die Geschäftsführer der Untergesellschaft ihrer Pflicht zur Ausführung ordnungsgemäßer Weisungen nicht nach, haften sie dem herrschenden Unternehmen persönlich wegen Pflichtverletzung des Beherrschungsvertrages nach §§ 280 Abs. 1, 278 BGB i. V. m. § 308 AktG analog.

II. Abhängigkeit und einfacher GmbH-Konzern

141 Die Voraussetzungen für einen einfachen GmbH-Konzern sind, ähnlich dem aktienrechtlichen Regelungsmodell, dass eine GmbH von einem anderen Unternehmen im konzernrechtlichen Sinne abhängig ist, ohne dass ein Beherrschungsvertrag vorliegt. Es besteht weitgehend Einigkeit, dass auf die nicht beherrschungsvertraglich gebundene, (faktisch) konzernierte GmbH die **§§ 311 ff. AktG keine, auch nicht analoge Anwendung** finden. Auf das Fehlen spezifischer Vorschriften zur Regelung konzernrelevanter Gefahren für Minderheitsgesellschafter und Gläubiger in einfachen GmbH-Konzernen reagiert das GmbH-Recht mit einem zweistufigen Schutzsystem: vor einer Konzernierung greifen die Grundsätze über die **Gruppenbildungskontrolle** zum Schutz der GmbH ein (s. dazu oben Rdn. 51), ist die GmbH in die Abhängigkeit geraten, sind die Schranken der Einflussnahme durch die mitgliedschaftliche Treuepflicht zu beachten.

1. Anwendbare Rechtsgrundsätze, insbesondere Treuepflicht und Schädigungsverbot

142 In Ermangelung gesetzlicher Regelungen des GmbH-Konzernrechts hat der Schutz einer in Abhängigkeit geratenen GmbH sowie ihrer Gläubiger und Minderheitsgesellschafter unter Rückgriff auf allgemeine Grundsätze des GmbH-Rechts zu erfolgen. Bei Vorliegen eines einfachen GmbH-Konzerns ist die gesellschaftsrechtliche bzw. **mitgliedschaftliche Treuepflicht** dabei von zentraler Bedeutung: Denn obgleich die Treuepflicht ohnehin die Mitgliedschaft eines jeden Gesellschafters prägt und als Korrektiv zum grundsätzlichen Einflusspotenzial von Gesellschaftern einer GmbH fungiert, unterliegt dasjenige Unternehmen mit einem besonders hohen Maß an Einfluss auf die Geschäftsführung, das unter Umständen von diesem Einfluss zum Nachteil der abhängigen GmbH Gebrauch macht, einer »gesteigerten« Treuepflicht und ist an den Zweck und die Interessen der abhängigen Gesellschaft insofern besonders gebunden, als ihm **jede schädigende Einflussnahme** auf die abhängige GmbH (bis hin zu einem präventiv wirkenden Wettbewerbsverbot für das herrschende Unternehmen) strikt untersagt ist, sofern nicht **alle Mitgesellschafter ihre Zustimmung** zur Beeinträchtigung des Eigeninteresses der GmbH erteilen und der Nachteil nicht in den durch § 30 GmbHG geschützten, dem Einfluss der Gesellschafter entzogenen Vermögensbereich eingreift. In der mehrgliedrigen GmbH, also über Minderheitsgesellschafter verfügenden GmbH, ist das unternehmerische Risiko der abhängigen Gesellschaft insofern vom herrschenden Unternehmen zu tragen, wenn es »die ihm obliegende Treuepflicht verletzt und sich der Schaden der abhängigen GmbH infolge der Art der Einflussnahme nicht ermitteln lässt« (*Emmerich/Habersack*, KonzernR § 30 Rn. 3). Der Maßstab dafür, wann die Einflussnahme des herrschenden Unternehmens auf die abhängige Gesellschaft schädigenden Charakter hat, ergibt sich aus den für §§ 311 und 317 AktG geltenden Grundsätzen bzw. § 43 GmbHG: Das herrschende Unternehmen darf die abhängige GmbH nicht zu Maßnahmen veranlassen, die mit den sich daraus ergebenden Vorgaben für eine pflichtbewusste und ordentliche Geschäftsführung einer unabhängigen Gesellschaft, die sich allein

am Interesse der Gesellschaft und ihrer Gesellschafter orientiert, unvereinbar sind. Eine Abwendung der Schadensersatzpflicht durch **Ausgleich der Nachteile analog § 311 Abs. 2 AktG scheidet dabei aus**.

Nachdem der BGH in der »ITT«-Entscheidung die mitgliedschaftliche Treuepflicht nicht nur für das Verhältnis zwischen den Gesellschaftern und der Gesellschaft, sondern **auch für dasjenige der Gesellschafter untereinander** anerkannt hat, ist heutzutage allgemein anerkannt, dass sich das **Schädigungsverbot**, auch insoweit es um Einflussnahmen des herrschenden Unternehmens auf eine abhängige GmbH geht, als **Reflex aus der mitgliedschaftlichen Treuepflicht** ergibt, die in mehrgliedrigen Gesellschaften mbH einen effektiven Schutz der Gesellschaft und ihrer Minderheitsgesellschafter ermöglicht. Darüber hinaus gelten die allgemeinen Instrumente des Minderheitenschutzes, darunter zuvörderst der **Grundsatz der Gleichbehandlung** sowie die **Stimmverbote** des § 47 Abs. 4 GmbHG. Ein **Recht zum Austritt** aus der abhängigen GmbH haben die außenstehenden Gesellschafter dagegen nicht. Ein solches Recht besteht vielmehr erst, wenn das herrschende Unternehmen die GmbH in qualifizierter, d. h. dem Einzelausgleich nicht mehr zugänglicherweise schädigt.

143

Schließlich werden die Gläubiger auch in der abhängigen GmbH vor allem durch die **Grundsätze über die Kapitalaufbringung und -erhaltung gem. §§ 30, 31 GmbHG** geschützt. Dabei gelten die Vorschriften nicht nur bei Leistungen an das herrschende Unternehmen, sondern etwa auch bei Leistungen an ein von diesem gleichfalls abhängigen Unternehmen. Entsprechendes gilt für die Grundsätze über **Gesellschafterdarlehen** (BGH ZIP 2012, 865). Im Übrigen werden die Gläubiger durch das vorgenannte **Schädigungsverbot** geschützt: Durch die Bindung des herrschenden Unternehmens an den Zweck und das Interesse der abhängigen Gesellschaft soll der Gleichlauf von Gesellschafts- und Gesellschafterinteressen wiederhergestellt und damit eine im Interesse der Gesellschaft und eben auch ihrer Gläubiger liegende Unternehmensführung gesichert werden (*Emmerich/Habersack*, KonzernR § 30 Rn. 6). Dies kann allerdings nur bei der **mehrgliedrigen GmbH** gelten, da für das herrschende Unternehmen bei einer **Einpersonen-GmbH** so gut wie keine Schranken der Einflussnahme gelten und insofern auch das Schädigungsverbot zum Schutz der Gläubiger nicht eingreifen kann.

144

3. Rechtsfolgen einer Treuepflichtverletzung

Liegt ein Nachteil für die beherrschte GmbH vor, ist auch eine Schädigung im Sinne des aus der Treuepflicht des herrschenden Unternehmens abgeleiteten **Schädigungsverbots** anzunehmen und das herrschende Unternehmen ist der abhängigen Gesellschaft zum Ersatz des dieser daraus entstandenen Schadens verpflichtet. Wird die Treuepflicht schuldhaft verletzt, führt dies gem. § 280 Abs. 1 BGB zu **Schadensersatzansprüchen**. Die Darlegungs- und Beweislast für das Nichtvorliegen einer Pflichtverletzung und des Vertretenmüssens trägt analog § 93 Abs. 2 Satz 2 AktG das herrschende Unternehmen. Der Inhalt des Anspruchs bestimmt sich nach §§ 249 ff. BGB. Hat etwa das herrschende Unternehmen Geschäftschancen der abhängigen Gesellschaft unter Verletzung seiner Treuepflicht selbst wahrgenommen, so ist es gem. § 252 BGB zur Herausgabe des dabei erzielten Gewinns verpflichtet (vgl. BGH WM 1978, 1205). Zu Unrecht bezogene, verdeckt ausgeschüttete Gewinne sind nach § 249 Satz 1 BGB zu erstatten. Lässt sich der Schaden der Gesellschaft auch unter Anwendung von § 287 ZPO nicht ermitteln, so greifen in der mehrgliedrigen GmbH die **Grundsätze über die qualifizierte Schädigung** ein (dazu unten Rdn. 146). Bei bevorstehender Verletzung der Treuepflicht hat die abhängige Gesellschaft gegen das herrschende Unternehmen einen **Anspruch auf Unterlassung**. Hinzu kommen **Anfechtungsrechte** für die Minderheitsgesellschafter, soweit die treuwidrige Mehrheitsherrschaft durch Beschlüsse ausgeübt wird, bei denen sich der herrschende Gesellschafter im Beschlusswege treuwidrig verhält. Der Unterlassungs- und Schadensersatzanspruch steht der abhängigen GmbH zu und ist von deren Geschäftsführern auf Grundlage eines entsprechenden Gesellschafterbeschlusses gem. § 46 Nr. 8 GmbHG (das herrschende Unternehmen ist dabei vom Stimmrecht nach § 47 Abs. 4 Satz 2 GmbHG ausgeschlossen) geltend zu

145

machen. Es besteht aber auch die Möglichkeit, diese Ansprüche im Wege der actio pro socio durchzusetzen.

III. Qualifizierte Schädigung und Existenzvernichtungshaftung

146 Der Schutz der Gläubiger einer mehrgliedrigen, abhängigen GmbH erfolgt, wie bereits ausgeführt (s. o. Rdn. 142), über das sich aus der Treuepflicht ergebende Schädigungsverbot und dessen Sanktionen. Ein solcher reflexartiger Gläubigerschutz kann dann nicht eingreifen, **wenn Minderheitsgesellschafter nicht existieren** oder, wenn sie existieren, ahnungslos sind, nicht gegen die Einflussnahme des herrschenden Unternehmens opponieren, oder sogar mit der schädigenden Einflussnahme durch das herrschende Unternehmen einverstanden sind (sog. qualifizierte Schädigung). In diesen Fällen lässt sich eine Haftung des herrschenden Unternehmens aus Treuepflichtverletzung nicht begründen. Da sich das **Schädigungsverbot** zu ihren Gunsten im Zusammenhang mit der schädigenden Einflussnahme durch den die GmbH beherrschenden Gesellschafter nicht entfalten kann, sind die Gesellschaftsgläubiger insofern allein auf den **Schutz aus den Kapitalerhaltungsregeln der §§ 30, 31 GmbHG** angewiesen. Da für § 30 Abs. 1 Satz 2 und 3 GmbHG seit Inkrafttreten des MoMiG wieder eine **rein bilanzielle Betrachtungsweise** gilt, sind Gläubiger nur dann geschützt, wenn entweder die Kapitalerhaltungsregeln der §§ 30, 31 GmbHG greifen, da die Gesellschafter unmittelbar oder mittelbar etwas aus dem zur Deckung des Stammkapitals erforderlichen Vermögen der abhängigen GmbH erhalten haben, oder gem. § 64 Satz 3 GmbHG, wenn eine durch die Geschäftsführung der beherrschten GmbH veranlasste Zahlung an das herrschende Unternehmen zur Insolvenz führen musste. **Von den Kapitalerhaltungsregeln regelmäßig nicht erfasst** werden dagegen andere Arten der Einflussnahme und ihre Folgen außerhalb des unmittelbaren oder mittelbaren Vermögenszuflusses, etwa konzernintegrative Maßnahmen, der Entzug von Geschäftschancen oder betriebsnotwendiger Liquidität. In allen diesen Fällen wären die **Gläubiger** an sich den negativen Folgen der Einflussnahme durch das beherrschende Unternehmen schutzlos ausgesetzt.

147 Um diesem Problem zu begegnen, wurden in den vergangenen Jahrzehnten Haftungsfiguren für den Schutz der Gläubiger einer **mehrgliedrigen, abhängigen GmbH** insbesondere durch die Rechtsprechung entwickelt. Nachdem dabei über Jahrzehnte aus der Rechtsfigur des »**qualifiziert faktischen Konzerns**« heraus eine spezifische konzernrechtliche Haftung auf internen Verlustausgleich **analog §§ 302 ff. AktG** und, außerhalb eines Insolvenzverfahrens, auf direkte Befriedigung der Gläubiger begründet wurde (grundlegend: BGHZ 95, 330; 122, 123; *Raiser/Veil* § 53 Rn. 53 ff.) und hierbei die Frage im Mittelpunkt stand, unter welchen Voraussetzungen das herrschende Unternehmen der abhängigen Gesellschaft oder deren Gläubigern ersatzpflichtig ist, entwickelte der BGH, ausgehend von seinen Überlegungen zur Frage des Bestandsschutzes der Einpersonen-GmbH und dem Missbrauch der Leitungsmacht durch das herrschende Unternehmen bei gleichzeitiger Anerkennung der Offenheit einer Einpersonen-GmbH für kompensationslose Nachteilszufügungen in der »**TBB**«-Entscheidung (BGHZ 122, 123, 130), in seinen Entscheidungen »**Bremer Vulkan**« (BGHZ 149, 10, 16 f.), »**KBV**« (BGH ZIP 2002, 848; 1578) und »**Trihotel**« (BGHZ 173, 246) ein Haftungskonzept zum Schutz der Gläubiger einer abhängigen GmbH, das sich losgelöst von dem Vorliegen einer Konzernkonstellation auf das Vorliegen eines »**existenzvernichtenden Eingriffs**« stützt. Die Folge ist, dass es auf die **Unternehmenseigenschaften** des in Anspruch genommenen Gesellschafters nicht mehr ankommt und die Haftung allgemeiner, d. h. nicht mehr konzernspezifischer Natur ist.

1. Haftungstatbestand

148 Während in der »**Bremer Vulkan**«-Entscheidung die Rechtsgrundlage für das vom BGH entwickelte Haftungskonzept zunächst noch offen blieb, ordnete der BGH in seiner »**KBV**«-Entscheidung die »**Haftung wegen existenzvernichtenden Eingriffs**« rechtsmethodisch als Fallgruppe der Durchgriffshaftung im Sinne einer Außenhaftung ein, die wegen Missbrauchs der Rechtsform der GmbH zu einer teleologischen Reduktion des § 13 Abs. 2 GmbHG und zu einer Durchgriffshaftung analog §§ 105 Abs. 1, 128, 129 HGB führe. In der »**Trihotel**«-Entscheidung erfolgte dann

durch den BGH die Neuausrichtung der Rechtsgrundlage für den in der »KBV«-Entscheidung formulierten »existenzvernichtenden Eingriff«. Zwar hielt der BGH an dem Erfordernis einer als »Existenzvernichtungshaftung« bezeichneten Haftung des Gesellschafters für missbräuchliche, zur Insolvenz der GmbH führende oder diese vertiefende kompensationslose Eingriffe in das der Zweckbindung zur vorrangigen Befriedigung der Gesellschaftsgläubiger dienende Gesellschaftsvermögen fest. In einer späteren Entscheidung stellt der BGH zudem klar, dass das Unterlassen hinreichender Kapitalausstattung im Sinne einer »Unterkapitalisierung« einem kompensationslosen Eingriff nicht gleich steht (BGHZ 176, 204 »GAMMA«). In Abweichung vom zuvor verfolgten Ansatz, nach dem es sich dabei um eine eigenständige Haftung wegen Missbrauchs der Rechtsform handelte, sich als Durchgriffshaftung des Allein- oder Mehrheitsgesellschafters gegenüber den Gesellschaftsgläubigern subsidiär zu den §§ 30, 31 GmbHG darstellte, knüpft der BGH die Existenzvernichtungshaftung des Gesellschafters seit der »Trihotel«-Entscheidung an die **missbräuchliche Schädigung des im Gläubigerinteresse gebundenen Gesellschaftsvermögens** an und ordnet sie, in Gestalt einer schadensersatzrechtlichen Innenhaftung gegenüber der Gesellschaft, als besondere Fallgruppe der sittenwidrigen vorsätzlichen Schädigung **§ 826 BGB** zu. Zudem seien Ansprüche aus dieser Haftung nicht mehr, wie bisher angenommen, gegenüber solchen aus §§ 30, 31 GmbHG subsidiär. Vielmehr bestehe im Überschneidungsbereich **Anspruchskonkurrenz** (vgl. BGHZ 173, 246). Damit stellt der BGH den »existenzvernichtenden Eingriff« endgültig auf eine neue dogmatische Grundlage: Haftgrund im qualifiziert faktischen Konzern ist nicht mehr der Zustand der qualifiziert faktischen Konzernbildung, sondern das **unangemessene, die Leitungsmacht missbrauchende Verhalten des herrschenden Unternehmens**. Hinter dem Haftungskonzept der Existenzvernichtungshaftung (vgl. auch BGH, ZIP 2008, 455; BGH, WM 2008, 302) steckt der Grundsatz der Zweckbindung des Gesellschaftsvermögens zur vorrangigen Befriedigung der Gesellschaftsgläubiger. Trotz der jetzt deliktsrechtlichen Verankerung der Existenzvernichtungshaftung bleibt deren Ursprung jedoch gesellschaftsrechtlich, nämlich in den Defiziten der §§ 30, 31 GmbHG begründet. Die Folge ist, dass das Haftungskonzept auf Auslandsgesellschaften jedenfalls nicht unmittelbar anwendbar ist (klarstellend: *Goette* ZInsO 2007, 1177, 1183; vgl. dazu insgesamt *Emmerich/Habersack*, KonzernR § 31 Rn. 6 ff.).

Ausgehend vom Konzept der deliktischen Existenzvernichtungshaftung als Reaktion auf einen Insolvenz auslösenden oder -vertiefenden Vermögenstransfer werden **unternehmerische Fehlentscheidungen**, bei denen sich das unternehmerische Risiko einer Insolvenz realisiert, von vornherein nicht davon erfasst (vgl. *Dauner-Lieb* ZGR 2008, 34, 45). Auslöser einer persönlichen Haftung der Gesellschafter in der GmbH können daher nicht Risikoentscheidungen sein, sondern vielmehr nur **Handlungsweisen**, die nicht von einer, wenn auch fehlgeleiteten Wahrnehmung der Interessen der Gesellschaft bestimmt und damit illoyal sind (vgl. *Dauner-Lieb* ZGR 2008, 34, 45). Die Fälle der Existenzvernichtungshaftung lassen sich nach Auffassung des BGH zwanglos unter § 826 BGB subsumieren, der vorsätzliche Schädigungen des Gesellschaftsvermögens verbietet, die gegen die guten Sitten verstoßen. Die **Sittenwidrigkeit** ist zu bejahen, wenn ein planmäßiger Zugriff auf das Gesellschaftsvermögen erfolgt, der die »auf Grund der Zweckbindung dieses Vermögens gebotene angemessene Rücksichtnahme auf die Erhaltung der Fähigkeit der Gesellschaft zur Bedienung ihrer Verbindlichkeiten in einem ins Gewicht fallenden Maße vermissen« lässt und insofern Insolvenz verursachend oder -vertiefend ist. Zwischen dem Eingriff des Gesellschafters und dem Ausfall des Gläubigers muss **Kausalität** bestehen (BGHZ 173, 246). Als subjektives Tatbestandsmerkmal verlangt § 826 BGB zumindest **Eventualvorsatz**, wobei der Kläger hierfür die Beweislast trägt. Dem Vorsatzerfordernis ist andererseits aber auch genügt, wenn dem handelnden Gesellschafter bewusst ist, dass durch von ihm selbst oder mit seiner Zustimmung veranlasste Maßnahmen das Gesellschaftsvermögen sittenwidrig geschädigt wird. Dafür reicht es aus, dass ihm Tatsachen bewusst sind, die den Eingriff sittenwidrig machen, während das Bewusstsein der Sittenwidrigkeit nicht erforderlich ist.

2. Rechtsfolgen

150 Anders als noch mit dem in der »KBV«-Entscheidung entwickelten Durchgriffskonzept in der Außenhaftung hat sich der BGH in seiner »Trihotel«-Entscheidung für eine auf § 826 BGB gründende und damit **vorsatzabhängige Innenhaftung des Allein- oder Mehrheitsgesellschafters** ausgesprochen. Dieser hat mit Blick auf den Ersatz des eingriffsbedingten Gläubigerausfallschadens gegenüber der GmbH zunächst den Schaden dort auszugleichen, wo er auch unmittelbar entstanden ist. Insofern kommt es für den Ersatz des eingriffsbedingten Gläubigerausfallschadens gegenüber der GmbH darauf an, wie der Gläubiger ohne den Eingriff des Gesellschafters stünde. Ist etwa die Forderung des Gläubigers im Zeitpunkt des Eingriffs nicht mehr voll werthaltig, so ist auch nur der Quotelungsverschlechterungsschaden zu ersetzen. Kommt es nicht zur Eröffnung des Insolvenzverfahrens wegen Vermögenslosigkeit der abhängigen GmbH, wird vorgeschlagen, an der Außenhaftung, entsprechend den Grundsätzen über die Gründerhaftung, festzuhalten (vgl. dazu *Emmerich/Habersack*, KonzernR § 31 Rn. 22).

151 Die Haftung wegen Insolvenz verursachenden oder -vertiefenden Eingriffs ist grundsätzlich Binnenhaftung. Ihre Geltendmachung ist deshalb grundsätzlich Sache der Gesellschaft. Im Fall der Eröffnung des Insolvenzverfahrens ist der Insolvenzverwalter zur Geltendmachung des Anspruchs aus § 826 BGB befugt. Bei Vermögenslosigkeit der Gesellschaft muss andererseits der Gläubiger unmittelbar zur Inanspruchnahme des Gesellschafters befugt sein.

F. Konzernrecht der Personenhandelsgesellschaften

I. Allgemeines

152 Das Konzernrecht der Personenhandelsgesellschaft als ein Teil des Konzerngesellschaftsrechts hat bislang **keine gesetzliche Regelung** erfahren. Mangels einer entsprechenden Kodifikation und der im Fluss befindlichen Materie fehlt es an hinreichend gesicherten Erkenntnissen über das Recht der verbundenen Personenhandelsgesellschaft. Nichtsdestotrotz wird seine Existenz vom Gesetzgeber vorausgesetzt. So finden sich in den §§ 264b, 290 ff. HGB und §§ 1 ff. PublG Vorschriften zur Konzernrechnungslegung, die auch für Personenhandelsgesellschaften gelten. Dabei kommt dem Schrifttum insoweit besondere Bedeutung zu, als gerichtliche Entscheidungen zum Personenhandelsgesellschaftsrecht bis heute selten sind (vgl. BGHZ 65, 15; BayObLG NJW 1993, 1804; LG Mannheim AG 1995, 142). Das Konzernrecht der Personenhandelsgesellschaften dient nach dem bereits skizzierten tradierten Konzernrechtsverständnis primär dem **Schutz der Minderheitsgesellschafter der abhängigen Gesellschaft** vor nachteiligen Maßnahmen des herrschenden Gesellschafters. Gleichzeitig dient es aber auch dem Schutz der **Gesellschafter des herrschenden Unternehmens** vor Maßnahmen der Verwaltung sowie auch dem Schutz der Gläubiger (vgl. MüKo HGB/*Mülbert* KonzernR [Bd. 3], Rn. 15 ff.). Im Fokus der Weiterentwicklung des Rechts der verbundenen Personenhandelsgesellschaft steht die Frage, inwieweit die allgemeinen gesellschaftsrechtlichen Regelungen zu Personenhandelsgesellschaften zur Zielerreichung ausreichen, oder ob und inwieweit auf aktienkonzernrechtliche Regelungen zurückgegriffen werden muss. Die bereits ergangenen Urteile zum Personenhandelsgesellschaftsrecht zeigen, dass Personenhandelsgesellschaften in der Praxis sowohl als herrschendes als auch beherrschtes Unternehmen vorkommen, wobei die GmbH & Co. KG (diese nicht als solche, da sie ein einziges Unternehmen ist und insofern keinen konzernrechtlichen Regelungen unterliegt) hier eindeutig im Vordergrund steht. Weit verbreitet sind ferner Unternehmensverbindungen in Form sog. Betriebsaufspaltungen, bei denen eine Besitzpersonengesellschaft als alleinige Gesellschafterin an einer Betriebs-GmbH beteiligt ist (vgl. BAG ZIP 1999, 723; *Baumbach/Hopt* § 105 Rn. 101).

II. Personenhandelsgesellschaft als abhängiges Unternehmen

153 In diesem Zusammenhang ist zu differenzieren zwischen einfachen Abhängigkeitsverhältnissen und Konzernverhältnissen. Kennzeichnend für die Konzernbildung ist die Zusammenfassung der Gesellschaften unter einheitlicher Leitung und die damit verbundene Ersetzung und Überlagerung des

Gesellschaftsinteresses durch das Konzerninteresse (vgl. GroßkommHGB Anh. § 105 HGB Rn. 29, 32, 58 f.). Dagegen bleiben bei bloßen Abhängigkeitsverhältnissen die Ausrichtung der Gesellschaft auf das Gesellschaftsinteresse und die hierauf bezogenen Sorgfaltspflichten der geschäftsführenden Gesellschafter unberührt.

1. Einfache Abhängigkeitsverhältnisse

Während der Abhängigkeitsbegriff des Aktienrechts an den durch eine Mehrheitsbeteiligung vermittelten Einfluss anknüpft, kann im Personenhandelsgesellschaftsrecht wegen des dort grundsätzlich geltenden **Einstimmigkeitsprinzips** die Abhängigkeit nur durch gesellschaftsvertragliche Regelung begründet werden (s. *Schmitt* S. 84). Wegen des im Personenhandelsgesellschaftsrecht geltenden **Grundsatzes der Gesellschaftsvertragsfreiheit** sind verschiedenste Abhängigkeitskonstellationen denkbar. Als herrschendes Unternehmen kommen neben den persönlich haftenden Gesellschaftern auch die Kommanditisten in Betracht. Schließlich kann der herrschende Einfluss auch von einem nur mittelbar beteiligten Unternehmen ausgeübt werden, so kann z. B. bei einer GmbH & Co. KG die Komplementärin von einem ihrer Gesellschafter abhängig sein. Bei Abschluss des Gesellschaftsvertrages sind die Minderheitsgesellschafter bereits dadurch geschützt, dass ihnen die anderweitige unternehmerische Tätigkeit des herrschenden Gesellschafters im Rahmen der Gruppenbildungskontrolle bekannt ist und sie daher damit zugleich in die Abhängigkeit einwilligen (vgl. MüKo HGB/*Mülbert* KonzernR [Bd. 3] Rn. 256). Bei der nachträglichen Begründung eines Abhängigkeitsverhältnisses ist, anders als bei der Gruppenbildung, eine Zustimmung der Gesellschafter durch einen Gesellschafterbeschluss grundsätzlich rechtlich nicht erforderlich (s. GroßkommHGB Anh § 105 HGB Rn. 40). Die übrigen Gesellschafter sind vor einer nachträglichen Aufnahme einer weiteren unternehmerischen Betätigung durch einen bereits bestellten Gesellschafter in erster Linie durch das **Wettbewerbsverbot** des § 122 HGB geschützt. Das Wettbewerbsverbot gilt nach überwiegender Auffassung nicht nur für die persönlich haftenden Gesellschafter einer KG oder OHG, sondern auch für den beherrschenden Kommanditisten und den nur mittelbar, also über eine Komplementär-GmbH, beteiligten herrschenden Gesellschafter (vgl. BGHZ 89, 162, 165). Bei der Leitungskontrolle, die die Frage der Sorgfaltsanforderungen an die Geschäftsführung betrifft, sind die Minderheitsgesellschafter im Wesentlichen durch die Bindung des herrschenden Gesellschafters an das Gesellschaftsinteresse geschützt. Der herrschende Gesellschafter unterliegt bei der Ausübung der Geschäftsführung der allgemeinen **gesellschaftsrechtlichen Treuepflicht**. Er ist verpflichtet, seine Leitungsmacht im Interesse der Gesellschaft einzusetzen und das absolute Schädigungsverbot zu beachten (vgl. MüKo HGB/*Mülbert* KonzernR [Bd. 3] Rn. 202 ff.). Grundsätzlich ist daher jede nachteilige Einflussnahme auf die Geschäftspolitik des abhängigen Unternehmens durch das herrschende Unternehmen treuwidrig und verpflichtet zum Schadensersatz nach den Grundsätzen des § 280 Abs. 1 BGB. Der allgemeine personengesellschaftsrechtliche Sorgfaltsmaßstab des § 708 BGB findet in Abhängigkeitsverhältnissen auf das herrschende Unternehmen keine Anwendung. Das herrschende Unternehmen hat vielmehr für die im Verkehr **erforderliche Sorgfalt** nach Maßgabe des § 276 BGB einzustehen. Bei Verstößen gegen die Treuepflicht muss das Vorliegen einer schädigenden Handlung von der Gesellschaft dargelegt und bewiesen werden. Eine Beweislastumkehr kommt in den Fällen einfacher Abhängigkeit nicht in Betracht (str.). Der Anspruch gegen den herrschenden Gesellschafter ist nach der Wahl der Gesellschaft gem. § 249 Abs. 1 BGB auf Rückgängigmachung der Schädigung im Wege der Naturalrestitution oder auf Schadensersatz in Geld gerichtet. Diese Ansprüche können auch von den Gesellschaftern im Wege der **actio pro socio** geltend gemacht werden (vgl. *Baumbach/Hopt* § 105 Rn. 103).

2. Konzernabhängigkeit

Konzernverhältnisse mit Personenhandelsgesellschaften entstehen durch ihre »faktische« Eingliederung in einen Konzern oder durch den Abschluss eines Unternehmensvertrages. Durch den Gesellschaftsvertrag oder eines auf Vertragsänderung gerichteten Konzernbildungsbeschlusses wird die Personenhandelsgesellschaft der einheitlichen, am Konzerninteresse ausgerichteten Leitung durch das herrschende Unternehmen unterstellt. Des Abschlusses eines Beherrschungsvertrages (Zulässigkeit generell strittig) oder sonstigen Unternehmensvertrages bedarf es in diesen Fällen gesellschaftsrechtlich legitimierter Leitungsmacht, anders als im Aktienrecht, regelmäßig nicht. Da sowohl für die gesellschaftsvertraglich als auch für die durch einen Unternehmensvertrag begründete Konzernbildung ein **einstimmiger Beschluss** erforderlich ist, kommt der aus dem Konzernrecht der Kapitalgesellschaften bekannten Unterscheidung zwischen faktischem Konzern und Vertragskonzern im Recht der verbundenen Personenhandelsgesellschaften keine besondere Bedeutung zu. Auch die Unterscheidung zwischen einfachen und qualifiziert faktischen Konzernen hat im Personengesellschaftsrecht in Anbetracht des vom BGH einführten Konzepts der Existenzvernichtungshaftung (vgl. dazu Rdn. 148 ff.) keine eigenständige Bedeutung. Bei der Gruppenbildungskontrolle ist zu beachten, dass der Gruppenbildungsbeschluss ein gesellschaftsvertragsänderndes Grundlagengeschäft darstellt und somit stets die vorherige Zustimmung aller Gesellschafter erfordert (vgl. *Kleindiek* S. 257 f.). Einer gesonderten Zustimmung bedarf es dann nicht, wenn diese bereits von allen Gesellschaftern vorweg im Gesellschaftsvertrag erteilt worden ist. Allgemein gehaltene **Konzernklauseln** des Inhalts, dass die Gesellschaft der einheitlichen Leitung eines Unternehmens unterstellt werden kann, reichen nicht aus. Vielmehr muss sich die vorherige Zustimmung im Gesellschaftsvertrag bereits auf einen bestimmten Unternehmensgesellschafter beziehen (vgl. MüKo HGB/*Mülbert* KonzernR [Bd. 3] Rn. 270). Ohne Beschluss oder Beherrschungsvertrag ist die Ausübung einheitlicher Leitung nicht legitimiert und die Gesellschaft bzw. die Minderheitsgesellschafter können im Wege der actio pro socio Unterlassung und Rückgängigmachung etwaiger Maßnahmen zur Konzernbildung begehren. Darüber hinaus können sie auch die Gestaltungsklagen der §§ 712, 715, 737 BGB bzw. §§ 117, 127 AktG oder § 140 HGB erheben. Zudem steht der Gesellschaft ein **Schadensersatzanspruch** wegen sorgfaltswidriger Geschäftsführung zu. Es besteht eine Beweislastumkehr zugunsten der beherrschten Personenhandelsgesellschaft, wobei das herrschende Unternehmen darlegen und beweisen muss, dass die vorgenommenen Handlungen nicht pflichtwidrig sind bzw. erst gar nicht vorgenommen wurden (vgl. MüKo HGB/*Mülbert* KonzernR [Bd. 3] Rn. 301).

III. Personenhandelsgesellschaft als herrschendes Unternehmen

156 Die Konzernrechtsregeln zum Recht der Personenhandelsgesellschaft sind fast durchweg aus der Sicht der beherrschten Personengesellschaft entwickelt worden und gelten für jedes herrschende Unternehmen (vgl. *Baumbach/Hopt* § 105 Rn. 106). Der Schutz der Aktionäre des herrschenden Unternehmens durch ungeschriebene Mitwirkungsbefugnisse der Hauptversammlung bei strukturändernden Maßnahmen infolge der »Holzmüller-Entscheidung« des BGH hat für die Gesellschafter der herrschenden Personenhandelsgesellschaft wegen der Unterschiede im Mitwirkungs- und Beschlussrecht keine unmittelbar entsprechende Bedeutung (vgl. MüKo HGB/*Mülbert* KonzernR [Bd. 3] Rn. 70f). Denn die Gesellschaftergesamtheit ist nach der gesellschaftsrechtlichen Organisationsverfassung der Personenhandelsgesellschaft ohnehin entscheidungsbefugt, sofern und soweit Angelegenheiten der Gruppenbildung und -leitung über die gewöhnlichen Geschäfte des § 116 Abs. 1 HGB hinausreichen (vgl. § 116 Abs. 2, 164 Satz 1 Halbs. 2 HGB).

IV. Gläubigerschutz

157 Bei schlichten Abhängigkeitsverhältnissen bedarf es für den Gläubigerschutz grundsätzlich keiner besonderen Sonderregelungen, da hier das Haftungssystem der Personenhandelsgesellschaften zur Anwendung kommt. Sofern es sich bei dem herrschenden Unternehmen um einen unbeschränkt haftenden Gesellschafter handelt, trifft diesen die persönliche Haftung des § 128 HGB. Ist das herrschende Unternehmen eine GmbH oder wird der herrschende Einfluss mittelbar über eine Komplementär-GmbH ausgeübt, richtet sich der Gläubigerschutz primär nach den Kapitalerhaltungsvorschriften des GmbHG (vgl. *Baumbach/Hopt* § 105 Rn. 3). Schließlich kann bei schwerwiegenden Eingriffen auch eine Haftung des herrschenden Unternehmens nach den Haftungsgrundsätzen des BGH zur qualifizierten Schädigung und Existenzvernichtungshaftung in Betracht kommen. Auf dieser Basis lassen sich auch im Konzernrecht der Personenhandelsgesellschaften interessengerechte Ergebnisse erzielen. Eines besonderen Haftungstatbestandes bedarf es in den Fällen, in denen der Gläubiger den hinter der Komplementär-GmbH stehenden Gesellschafter

in Anspruch nehmen will. Dies gilt entsprechend, wenn die Beherrschung der Gesellschaft durch einen Kommanditisten erfolgt. Dieser haftet den Gläubigern der Gesellschaft nämlich nach § 171 Abs. 1 HGB nur bis zur Höhe seiner noch nicht geleisteten Einlage. Hier bedarf es eines besonderen konzernrechtlichen Haftungstatbestandes, der auch nicht im Widerspruch steht mit der von der Rspr. abgelehnten unbeschränkten Außenhaftung des geschäftsführenden Kommanditisten (vgl. *Bitter* S. 66 ff.). Die an für sich bestehende beschränkte Außenhaftung des Kommanditisten gilt nur für eine gesetzestypische, unabhängige Kommanditgesellschaft. Insofern ist bei konzernspezifischen Sachverhalten sachlogisch eine andere Bewertung gerechtfertigt.

G. Konzernrecht der Societas Europaea (SE)

I. Supranationale Rechtsform

Die **Europäische Gesellschaft** oder **Societas Europaea** (SE) erweist sich als das »Flaggschiff des europäischen Gesellschaftsrechts« (vgl. *Hopt* ZIP 1998, 96, 99) und wird von grenzüberschreitend agierenden deutschen Konzernen als supranationale Rechtsform erwogen (u. a. Allianz, BASF, E.ON, MAN Diesel, Porsche Automobil Holding SE, RWE). Sie erweist sich dabei scheinbar als flexibel einsetzbare Rechtspersönlichkeit. Gesellschaftsrechtlich hat die Verordnung über das Statut der Europäischen Gesellschaft (VO [EG] Nr. 2157/2001) verbindliche Vorgaben für das Gesellschaftsrecht der SE verankert. Die Verordnung wird durch die Richtlinie zur Ergänzung des Statuts der Europäischen Gesellschaft hinsichtlich der Beteiligung der Arbeitnehmer (Richtlinie 2001/86 EG) flankiert. Als europäische Verordnung bedarf sie nach Art. 249 Abs. 2 EG-Vertrag wegen der Wirkung eines innerstaatlichen Gesetzes keines weiteren Transformationsaktes der Mitgliedstaaten. Gleichwohl sieht die Verordnung an vielen Stellen den Erlass von Ausführungsgesetzen der Mitgliedstaaten vor. Deutschland ist dem durch Erlass eines **SE-Ausführungsgesetzes** mit dem Titel »Gesetz zur Einführung einer Europäischen Gesellschaft« (SEEG) gefolgt, das im Dezember 2004 in Kraft getreten ist und seit der Neufassung durch das ARUG in der Fassung vom 30.07.2009 gilt. Das lange umstrittene Thema der Mitbestimmung behandelt das **SE-Beteiligungsgesetz** (SEGB). Ausführungsbestimmungen zum Steuerrecht sucht man in der Verordnung vergebens. Nach dem Erwägungsgrund Nr. 20 der SE-VO wird der Bereich des Steuerrechts ausdrücklich nicht vom Geltungsbereich der Verordnung erfasst. Art. 9 Abs. 1 Buchst. c) Buchst. ii) verweist insoweit nur auf das Recht der Mitgliedstaaten. Die SE-VO regelt zwar nicht die steuerrechtliche Behandlung der Gründung der SE, wohl aber sehen vor allem die **Fusionsrichtlinie** und auch der EG-Vertrag Regelungen vor, die derartige Umstrukturierungsentscheidungen ermöglichen. Die Fusionsrichtlinie 90/434 EWG wurde durch die Richtlinie 2005/19/EG dahin gehend erweitert, dass insbesondere auch die grenzüberschreitende Verschmelzung auf eine SE im Grundsatz steuerneutral durchgeführt werden kann und auch eine steuerneutrale Abspaltung und die steuerneutrale Sitzverlegung einer SE möglich ist.

158

II. Konzernrechtliche Dimension

Angesichts der Komplexität des Statuts und des SEEG ist die SE vorrangig auf Großunternehmen zugeschnitten. Auch das relativ hohe Mindestgrundkapital von 120.000 € und die für die SE geltende aktienrechtliche Satzungsstrenge lassen diese Rechtsform eher für Großunternehmen attraktiv erscheinen (vgl. *Teichmann* ZGR 2002, 383, 388). Typischerweise steht die SE – als herrschendes oder abhängiges Unternehmen – in einem **grenzüberschreitenden Konzernverbund** (*Hommelhoff* AG 2003, 179 f.). Bei der Gründungsform der **Verschmelzung** nach Art. 2 Abs. 1 SE-VO entsteht die SE durch Verschmelzung mindestens zweier Aktiengesellschaften mit Sitz in unterschiedlichen EU-Mitgliedstaaten. Hierbei werden sich in der Regel zwei Konzernführungsgesellschaften zusammenschließen. Die daraus resultierende SE wird damit ebenfalls die Konzernführung übernehmen. Im Fall der **Holding-SE** gründen mindestens zwei Aktiengesellschaften oder Gesellschaften mbH mit Sitz in unterschiedlichen EU-Mitgliedstaaten eine neue gemeinsame Muttergesellschaft in der Rechtsform der SE nach Art. 2 Abs. 2 SE-VO. Dieser Gründungsform ist immanent, dass die neue Holding-SE die Rolle einer Konzernführungsgesellschaft einnehmen wird. Sofern eine Aktien-

159

gesellschaft mindestens eine Tochtergesellschaft mit Sitz in einem anderen EU-Mitgliedstaat hat, kann die Aktiengesellschaft im Wege des **Rechtsformwechsels** in eine SE nach Art. 2 Abs. 4 SE-VO umgewandelt werden. Auch diese SE wird mit großer Wahrscheinlichkeit an der Spitze eines Konzerns stehen. Ferner können zwei Gesellschaften mit Sitz in unterschiedlichen EU-Mitgliedstaaten nach Art. 2 Abs. 3 SE-VO eine **gemeinsame Tochter-SE** gründen. Diese Tochter-SE ist damit typischerweise ein Gemeinschaftsunternehmen. Aus Sicht des deutschen Konzernrechts stellt sich insoweit vor allem die Frage nach der Anwendung der konzernrechtlichen Regeln zum Gemeinschaftsunternehmen. Schließlich kann eine bereits existierende SE eine neue Tochtergesellschaft in der Rechtsform einer SE mit Sitz in demselben oder einem anderen Mitgliedstaat nach Art. 3 Abs. 2 SE-VO gründen. Die hierbei neu entstehende SE ist damit zwangsläufig eine abhängige Konzerngesellschaft. Dabei steht ihr eine SE als herrschendes Unternehmen gegenüber (weiterführend *Lutter/ Hommelhoff* Die Europäische Gesellschaft).

160 Das deutsche Aktienkonzernrecht ist auf eine SE nach den Regeln des internationalen Privatrechts anwendbar (vgl. *Theisen/Wenz/Maul* Kap. Konzernrecht Rn. 434 ff., 450 ff.). Insofern ist die Verweisungsnorm des Art. 9 Abs. 1 Buchst. c) Buchst. ii) SE-VO nicht als reine Sachnormverweisung anzusehen, die nur die materiell-rechtlichen Normen des Sitzstaates, nicht aber dessen Kollisionsrecht für anwendbar erklärt. Das Konzernorganisations- und Konzernschutzrecht findet insoweit auch Anwendung, als die Organisations- und Finanzverfassung einer SE zwingendes Recht für die Mitgliedstaaten ist. Dies gilt sowohl für das Recht des faktischen Konzerns als auch des Vertragskonzerns. Nach den deutschen Regelungen des Internationalen Privatrechts bestimmen sich die materiell-rechtlichen Normenkomplexe zum Schutz einer abhängigen SE, ihrer Minderheitsaktionäre und Gläubiger (noch) nach dem Konzernrecht des Sitzstaates der abhängigen SE (Habersack/ Drinhausen/*Habersack*, SE-Recht, Art. 2 SE-VO Rn. 25). Etwaige Sondervorschriften zum Schutz einer herrschenden SE, ihrer Aktionäre und Gläubiger richten sich hingegen nach dem Sitz der herrschenden SE.

H. Kapitalmarktrechtliche Verhaltenspflichten des Konzerns

I. Einleitung

161 Die neuere Rechtsentwicklung zeigt, dass das Gesellschaftsrecht und damit auch das Konzernrecht zunehmend den Vorgaben des Kapitalmarktrechts Rechnung zu tragen hat (vgl. die grundlegenden Studien von Hopt/Voigt/*Hopt*, Prospekt- und Kapitalmarktinformationshaftung 2005; *Hopt* ZHR 2007, 199, 231 f.). Zielvorgabe ist hierbei u. a., die **Effizienz des Kapitalmarktes** zu steigern. Mit der kapitalmarktrechtlichen Ausrichtung geht eine neue Form der Börsenkommunikation einher, etwa im Bereich der ad-hoc-Publizität gem. § 15 WpHG oder mit den WpÜG-Regelungen zum Pflichtangebot. Deren zentraler Zweck ist es, die Wettbewerbsfähigkeit von Unternehmen am Kapitalmarkt zu sichern. Die Aktie wird dabei weniger als Anteilsschein am Unternehmen, sondern vielmehr als eigenständiges Produkt betrachtet, dass am Markt positioniert werden kann. Vorrangiges Ziel der Börsenkommunikation ist es, durch **Transparenz** der Geschäftspolitik und Bereitstellung umfassender und seriöser Markt- und Unternehmensinformationen mittel- und langfristig **Vertrauen der Anleger** zu erlangen, sie damit zu Aktienkäufen zu animieren und private und institutionelle Shareholder (Anteilseigner) ans Unternehmen zu binden. Dazu gehört die zeitnahe und umfassende Information der Zielgruppen über Unternehmen, Management, Produkte und Dienstleistungen, über Geschäftsprozesse, Forschung und Entwicklung, Markt und Wettbewerb, Chancen und Risiken.

162 Die **ad-hoc-Publizität** gehört zu den wichtigsten Veröffentlichungspflichten für Konzerne als Wertpapieremittenten. Sie ist in § 15 WpHG geregelt. Emittenten, die an einer inländischen Börse zum Handel zugelassen sind, sind gesetzlich verpflichtet, kursrelevante Tatsachen (sog. Insiderinformationen i. S. d. § 13 WpHG) unverzüglich öffentlich zu machen. Ziel ist es, durch das sog. Herstellen der Bereichsöffentlichkeit, also die Informationsweitergabe an wesentliche Informationsvermittler wie überregionale Börsenpflichtblätter und elektronische Informationsverbreitungssysteme eine allgemeine Transparenz zu schaffen und dem Insiderhandel vorzubeugen. **Publizitätspflichtige Tat-**

sachen müssen noch vor der Veröffentlichung an die Bundesanstalt für Finanzdienstleistungsaufsicht (BaFin) und die Geschäftsführungen der Börsen, an denen Effekten oder deren Derivate zum Handel zugelassen sind, übermittelt werden. Ein Verstoß dagegen kann mit einer erheblichen Geldbuße geahndet werden. Die BaFin prüft, ob die Emittenten ihrer Publizitätspflicht nachkommen. Die Börsen entscheiden darüber, ob die Veröffentlichung der kursbeeinflussenden Tatsache eine vorübergehende Kursaussetzung erfordert. Über die Frage, ob es sich tatsächlich um eine kursrelevante Tatsache handelt, entscheiden die an den deutschen Börsen notierten Unternehmen zunächst selbst. Erst im Nachhinein prüft die BaFin, ob ein Unternehmen den Rahmen der gesetzlichen Vorschriften eingehalten hat. Eine generelle Vorabprüfung findet nicht statt.

Auf die **Weitergabe von Insiderinformationen** in einem Konzern sind grundsätzlich die gleichen Regeln des § 14 WpHG anzuwenden wie auf den Informationsfluss innerhalb eines Unternehmens. Einerseits dürfen Insiderinformationen nicht allein deshalb schon zwischen mehreren Unternehmen weitergegeben werden, weil diese zu einem Konzern verbunden sind. Andererseits ist eine solche Weitergabe zulässig, wenn dies zur **Wahrnehmung berechtigter Interessen des Konzerns** erforderlich ist, etwa wenn Insiderinformationen an das herrschende Unternehmen zwecks einheitlicher Konzernleitung übermittelt werden oder die weitergegebenen Insiderinformationen zur Entwicklung einer gemeinsamen Konzernstrategie benötigt werden. 163

Geradezu zu einer Überlagerung des Konzernrechts durch kapitalmarktrechtliche Verhaltensregeln kommt es durch die WpÜG-Regelungen zum Pflichtangebot. Durch sie existiert im Kapitalmarktrecht ein **Gruppeneingangsschutz**, der wesentlich früher als das herkömmliche Konzernrecht eingreift. Die Frage, ob angesichts dessen ein eigenständiges Recht des (faktischen) Konzerns gem. §§ 311 ff. AktG nicht obsolet geworden ist (Buck-Heeb, § 1 Rn. 55 f.; Hopt, ZHR 2007, 199, 231 f.), ist für die Praxis dadurch beantwortet, dass der Gesetzgeber diese Regelungen beibehalten hat. Insofern kommt es eher darauf an, die konzernrechtlichen und übernahmerechtlichen Regelungen auf der Schnittstelle aufeinander abzustimmen. Nach § 17 Abs. 2 AktG ist herrschendes Unternehmen ein solches, das einen Mehrheitsbesitz innehat. § 29 Abs. 2 WpÜG sieht dagegen eine Kontrolle bereits bei dem »Halten« (i. S. d. § 30 WpÜG) von 30 % der Stimmrechte (sog. **Kontrollerwerb**) vor. Grund hierfür ist, dass eine 30 %-ige Beteiligung regelmäßig bereits die Hauptversammlungsmehrheit sichert, da viele Aktien in der Hauptversammlung nicht vertreten sind. Anders als in § 17 AktG werden gem. § 29 Abs. 2 WpÜG die konkreten Verhältnisse bei der Zielgesellschaft nicht berücksichtigt. § 29 Abs. 2 WpÜG enthält, anders als die konzernrechtliche Abhängigkeitsvermutung gem. § 17 Abs. 2 AktG, eine nicht widerlegbare Kontrollvermutung. Insofern kommt es nach § 29 Abs. 2 WpÜG nicht darauf an, ob nach den konkreten Verhältnissen eine wirkliche Kontrolle über die Gesellschaft ausgeübt wird oder werden kann. Andererseits liegt, wenn der Schwellenwert von 30 % nicht erreicht wird, keine Kontrolle im Sinne des WpÜG vor, auch wenn eine solche Herrschaftsmacht faktisch gegeben sein mag. § 17 Abs. 2 AktG ist hier aufgrund der eindeutigen gesetzgeberischen Entscheidung auch nicht analog anwendbar. 164

Schließlich ist mit Blick auf die kapitalmarktrechtlichen Verhaltenspflichten von Konzernen der Vollständigkeit halber auf die **Privilegierung von Tochterunternehmen** gem. § 24 WpHG hinzuweisen, durch den die **Mitteilungspflicht in Konzernen**, für die nach den §§ 290, 340i HGB ein Konzernabschluss aufgestellt werden muss, erleichtert und Doppelmeldungen in Bezug auf meldepflichtige Vorgänge i. S. d. §§ 21, 22 WpHG vermieden werden, indem das Mutterunternehmen die Meldepflicht des oder der Tochterunternehmen, auch im mehrstufigen Konzern, wahrnehmen kann. Diese treten dann, soweit das Mutterunternehmen selbst nach §§ 21, 22 WpHG mitteilungspflichtig ist, neben die eigene Meldepflicht des Mutterunternehmens. Damit kommt es lediglich zu einer Verfahrensvereinfachung, eine Befreiung von den Meldepflichten findet aber nicht statt. Insofern ist für jedes Konzernunternehmen zu prüfen, ob eine Meldepflicht nach §§ 21, 22 WpHG besteht. § 24 WpHG begründet schließlich auch keine Pflicht des Mutterunternehmens, die Meldepflichten des Tochterunternehmens zu überprüfen. Umgekehrt entlastet der Auftrag des Tochterunternehmens an das Mutterunternehmen nicht. 165

II. ad-hoc-Publizität im Konzern

166 Für börsennotierte Konzernunternehmen sind die Vorgaben zur ad-hoc-Publizität in § 15 WpHG, die das Anlegerschutzverbesserungsgesetz (AnSVG) mit sich brachte, von großer Relevanz, insbesondere wenn sowohl die Mutter- als auch die Tochtergesellschaft börsennotiert sind (vgl. *Simon* Der Konzern 2005, 13, 16 f.; *Kuthe* ZIP 2004, 883, 885). Bis zum Inkrafttreten des AnSVG waren aufgrund der bis dato erforderlichen »im Tätigkeitsbereich des Emittenten eingetretenen« Tatsachen des § 15 WpHG a. F. eine Vielzahl von Fällen, bei denen diese Tatsachen zwar in der unternehmerischen Sphäre des Konzerns, aber eben nicht unmittelbar im Tätigkeitsbereich des Emittenten eingetreten waren, von der Veröffentlichungspflicht ausgenommen. Mit der Umsetzung der Marktmissbrauchsrichtlinie und der Vereinheitlichung von Insiderhandelsverbot und ad-hoc-Publizitätspflicht durch Einführung des Begriffs der Insiderinformation wurde das Merkmal des »**Tätigkeitsbereichs**« aufgegeben. Ob deshalb eine generelle Veröffentlichungspflicht anzunehmen ist, ist noch nicht abschließend diskutiert. Die Praxisrelevanz besteht in den vielfältig denkbaren veröffentlichungspflichtigen Insiderinformationen bei Konzerngesellschaften wie etwa Kapitalmaßnahmen, Veränderungen von Posten in den Organen oder auch die Erteilung von Lizenzen oder Patenten. Da die Bewertung eines Emittenten und damit die Bildung »realistischer« Wertpapierpreise häufig auch von der **Einordnung des Emittenten in den Konzernzusammenhang** abhängen, sprechen der Zweck des § 15 WpHG und die daraus resultierende Markttendenz zu einer ausgeprägten Börsenkommunikation im Zweifel eher dafür, Ereignisse, die in der weiteren unternehmerischen Sphäre von Konzernunternehmen eingetreten sind, ebenfalls der ad-hoc-Publizität zu unterwerfen und von einer **Veröffentlichungspflicht** auszugehen. Angebracht erscheint es deswegen auch, dem Kriterium der »**Unmittelbarkeit**« nicht mehr dieselbe eingrenzende Funktion wie vormals dem »Tätigkeitsbereich des Emittenten« zuzusprechen, ebenso wenig wie auch dem Erfordernis der potenziellen Kursbeeinflussung. Aufgrund der Bußgeldbewehrung des § 15 WpHG erlaubt dessen Zwecksetzung andererseits nicht, den Anwendungsbereich der Vorschrift über ihren Wortlaut hinaus auszudehnen. Auch nach dem Wegfall des Merkmals »im Tätigkeitsbereich« wird man daher Umstände aus der Sphäre eines rechtlich selbstständigen (Tochter-) Unternehmens dem Emittenten nur dann als diesen unmittelbar betreffend zurechnen können, wenn der Emittent die Möglichkeit hat, auf dieses (Tochter-) Unternehmen unternehmerischen Einfluss auszuüben. Aus dem Grund der fehlenden **Einflussnahme** können Ereignisse aus der Sphäre anderer Unternehmen, an denen der Emittent eine bloße Finanzbeteiligung hält, oder die in dem Tätigkeitsbereich des Mutterunternehmens des Emittenten oder im Tätigkeitsbereich eines mit dem Mutterunternehmen des Emittenten verbundenen (Schwester-) Unternehmens eingetreten sind, keine Veröffentlichungspflicht des Emittenten begründen (so auch Schwarck/Zimmer/*Zimmer/Kruse*, § 15 WpHG Rn. 45 ff.). Zum Verständnis des **Kursbeeinflussungspotenzials von Tatsachen im Konzern** sollte der aktuelle Emittentenleitfaden der BaFin herangezogen werden (abrufbar unter der URL: www.bafin.de), der ebenso wie die Vorschläge der CESR (Committee of European Securities Regulators) wichtige Präzisierungs- und Konkretisierungsarbeit bei Feststellung einer bestehenden Veröffentlichungspflicht leisten.

III. Informationsdeliktshaftung

167 Ein weiterer Baustein der kapitalmarktrechtlichen Verhaltenspflichten ist die sog. **Informationsdeliktshaftung** (vgl. BGH WM 2008, 790 ff. »Comroad II«; BGH WM 2008, 398 ff. »Comroad I«). Der BGH stellte in seinen Entscheidungen fest, dass im Rahmen der Informationsdeliktshaftung gem. § 826 BGB auf den Nachweis der konkreten Kausalität für den Willensentschluss des Anlegers selbst bei extrem unseriöser Kapitalmarktinformation nicht verzichtet werden kann (vgl. BGH WM 2008, 398). Dies gelte nicht nur für fehlerhafte Ad-hoc-Mitteilungen, sondern auch für die im Bereich des Primärmarkts nach § 47 Abs. 2 BörsG neben der spezialgesetzlichen Börsenprospekthaftung (vgl. §§ 44 ff. BörsG) in Betracht kommende Haftung gem. § 826 BGB. Kernpunkt der Informationsdeliktshaftung ist der Schutz der »**Integrität der Willensentschließung**« (vgl. BGH ZIP 2008, 407, 410), sodass ein Schadensersatzanspruch nur in Betracht kommen kann, wenn der Anleger den Erwerb aufgrund seiner Kenntnis von der Fehlinformation vorgenommen hat. Das

Abstellen auf die – im Strafrecht geltende – reine Bedingungstheorie (conditio-sine-qua-non-Formel) bei der Frage der haftungsbegründenden Kausalität im Rahmen der Fallgruppe der sog. Informationsdeliktshaftung nach § 826 BGB auf dem Primärmarkt wie auch auf dem Sekundärmarkt erweist sich aus der Sicht des BGH als untaugliches Instrument (vgl. BGH WM 2008, 790 ff.). Der Nachweis der sog. **Transaktionskausalität** dient dabei der Vermeidung einer uferlosen Ausweitung des ohnehin offenen Haftungstatbestandes der sittenwidrigen vorsätzlichen Schädigung.

I. Konzernrelevante Berichtspflichten

Das »Gesetz über das elektronische Handelsregister und Genossenschaftsregister sowie das Unternehmensregister« (EHUG) hat zu einer **Angleichung der deutschen an die europäische Handelsregisterpraxis** geführt (vgl. BGBl. I 2006, S. 2533 v. 15.11.2006). Damit wurde die Transparenzrichtlinie 2004/109/EG vom 15.12.2004 (vgl. ABl. EU Nr. L 390, 38) umgesetzt. Unter der URL **http://www.unternehmensregister.de** sind seit dem 01.01.2007 grenzüberschreitend verlässliche Unternehmensdaten abrufbar. Nationale und internationale Transaktionen profitieren im Hinblick auf das Abrufen der unternehmensbezogenen Informationen über ein einheitliches Portal seitdem von einer höheren Transaktionssicherheit und geringeren Kosten.

168

I. Offenlegungspflichten

Für Kapitalgesellschaften hat die mit dem EHUG verbundene Novellierung des § 325 Abs. 1 HGB dazu geführt, dass sie seit dem 01.01.2007 den **Jahresabschluss in elektronischer Form** beim Betreiber des elektronischen Bundesanzeigers einzureichen haben. Dieselbe Verpflichtung gilt nach § 325 Abs. 3 HGB entsprechend auch für die gesetzlichen Vertreter einer Kapitalgesellschaft, die einen **Konzernabschluss** und einen Konzernlagebericht nach den §§ 290, 340i HGB aufzustellen haben. Die Einreichung muss unverzüglich nach Vorlage des Jahresabschlusses an die Gesellschafter, jedoch spätestens binnen 12 Monaten nach dem Abschlussstichtag eines Geschäftsjahres erfolgen. § 329 Abs. 1 HGB ordnet in dem Zusammenhang an, die Prüfungspflicht bezüglich der fristgerechten und vollständigen Einreichung dem Betreiber des elektronischen Bundesanzeigers zuzuordnen. Damit sind die Registergerichte von ihrer Prüfungspflicht entlastet worden. Der **Verstoß** gegen die vollständige und fristgerechte Offenlegung stellt gem. § 335 Abs. 1 HGB eine Ordnungswidrigkeit dar, die zu einem Bußgeld i. H. v. bis zu 25.000,– € führen kann.

169

Für sog. Inlandsemittenten von Wertpapieren, d. h. Unternehmen, die Aktien oder Schuldtitel emittieren, einen organisierten Markt in Anspruch nehmen und die Kriterien des § 2 Abs. 7 WpHG erfüllen, gelten darüber hinaus die Maßgaben der §§ 37v und 37y WpHG, nach denen innerhalb von 4 Monaten nach Abschluss des Geschäftsjahres (Bilanzstichtag) ein **Jahresfinanzbericht** und gegebenenfalls ein **Konzernabschluss** und ein **Konzernlagebericht** zu erstellen sind. Für den Konzernabschluss gelten die von der EU übernommenen IFRS (ABl. EG Nr. L 243, S. 1 ff.). Zwingend ist die Offenlegung des Jahres- und Konzernabschlusses nur dann, wenn nicht bereits nach den handelsrechtlichen Vorschriften, insbesondere § 325 HGB, eine Offenlegung der im Jahresfinanzbericht enthaltenen Rechnungslegungsunterlagen verpflichtend ist. Dann gelten für Inlandsemittenten, deren Sitz in Deutschland ist, allein die handelsrechtlichen Vorschriften zur Offenlegung von Jahresabschlüssen (§ 37v Abs. 1 Satz 1 Halbs. 2 WpHG i. V. m. § 325 Abs. 4 HGB). Dadurch soll eine Doppelbelastung der betroffenen Unternehmen vermieden werden. Nach Veröffentlichung sind die Unterlagen des Jahresfinanzberichts dem Unternehmensregister zur Speicherung zu übermitteln. Inlandsemittenten sind dabei zu einer europaweiten Hinweisbekanntmachung verpflichtet, deren Inhalt, Umfang und Form in der WpAIV näher geregelt ist (s. § 37v Abs. 3 WpHG). Wird die Finanzberichterstattung unterlassen oder erfolgt nicht rechtzeitig, ist dies eine Ordnungswidrigkeit nach § 39 Abs. 2 Nr. 24 und 25 WpHG, die mit einer Geldbuße bis zu 200.000,– € geahndet werden kann.

170

II. Befreiung von Offenlegungspflichten zugunsten der Tochtergesellschaften

171 § 264 Abs. 3 HGB sieht eine **Befreiung von der Offenlegungspflicht** bei Konzerntochtergesellschaften für den Fall vor, dass nach § 264 Abs. 3 Nr. 3 HGB das Tochterunternehmen in den Konzernabschluss einbezogen worden ist und nach § 264 Abs. 3 Nr. 4 HGB die Befreiung des Tochterunternehmens im Anhang des von dem Mutterunternehmen aufgestellten – und nach § 325 HGB durch Einreichung beim Betreiber des elektronischen Bundesanzeigers offengelegten – Konzernabschlusses angegeben und zusätzlich im elektronischen Bundesanzeiger für das Tochterunternehmen unter Bezugnahme auf diese Vorschrift und unter Angabe des Mutterunternehmens mitgeteilt worden ist. Für konzernzugehörige Personenhandelsgesellschaften ist die Befreiung in ihren kumulativen Voraussetzungen § 264b Nr. 3 HGB zu entnehmen. § 290 Abs. 1 HGB enthält den Satz, dass, wenn das Mutterunternehmen eine Kapitalgesellschaft i. S. d. § 325 Abs. 4 Satz 1 HGB ist und nicht zugleich i. S. d. § 327a HGB, der Konzernabschluss sowie der Konzernlagebericht in den ersten 4 Monaten des Konzerngeschäftsjahrs für das vergangene Konzerngeschäftsjahr aufzustellen sind.

J. Konzerninsolvenzrecht

I. Gesetz zur Erleichterung der Bewältigung von Konzerninsolvenzen

172 Bei Einführung der InsO im Jahr 1999 war die Insolvenz eines gesamten Konzerns als »Randproblem« und damit nicht als regelungsbedürftig angesehen worden. Nicht zuletzt Großverfahren wie Arcandor, BenQ, Kirch Media, Neckermann, Schlecker oder die Baumarktketten Praktiker/Max Bahr, aber auch die zunehmende Verbreitung konzernförmig organisierter Unternehmen in der Wirtschaftspraxis belegen deutlich den bestehenden Bedarf einer Reform der InsO in Bezug auf die Insolvenz von Konzernen. Denn bei insolventen Konzernen müssen aufgrund der internen Verflechtungen nicht selten mehrere Unternehmen Insolvenz anmelden. Zuständig sind dann häufig verschiedene Gerichte, die verschiedene Insolvenzverwalter für einzelne Unternehmen bestellen. Diese Verwalter konzentrieren sich naturgemäß auf ihr jeweiliges Verfahren. Konzernspezifische Aspekte, wie Synergien zwischen den verbundenen Unternehmen, eine wirtschaftliche Vereinheitlichung und eine gesellschaftsübergreifend operierende Konzernleitung, werden dabei zwangsläufig nicht berücksichtigt. Der Gesamtkonzern als wirtschaftliche Einheit gerät damit aus dem Blickfeld, dessen Sanierung wird erschwert und betroffene Gläubiger werden benachteiligt. Der Gesetzgeber hat sich daher aktuell daran gemacht, dass Insolvenzrecht an die Besonderheiten einer Konzerninsolvenz anzupassen. Diese Anpassung ist mit Vorlage des Entwurfs eines »**Gesetzes zur Erleichterung der Bewältigung von Konzerninsolvenzen**« durch das Bundesministerium der Justiz am 03.01.2013 (BT-Drucks. 18/407 v. 30.01.2014) eingeleitet worden und befindet sich noch im Gesetzgebungsverfahren.

173 Der Anwendungsbereich der gesetzlichen Neuerungen wird durch den in § 3e InsO-E neu eingeführten Begriff der »**Unternehmensgruppe**« definiert, der in Parallele zum Begriff der »verbundenen Unternehmen« i. S. v. § 15 AktG weiter gehend jede Gruppe rechtlich selbstständiger Unternehmen in den Anwendungsbereich des Gesetzes einbeziehen will, die den Mittelpunkt ihrer hauptsächlichen Interessen im Inland haben und die unmittelbar oder mittelbar miteinander verbunden sind durch die Möglichkeit der Ausübung eines beherrschenden Einflusses oder eine Zusammenfassung unter einheitlicher Leitung. Damit stellt der neue § 3e InsO-E entsprechend § 290 Abs. 1 HGB lediglich auf die Möglichkeit ab, **beherrschenden Einfluss** auszuüben, sodass hierfür auf den Prüfungsmaßstab des § 17 Abs. 1 AktG (s. o. Rdn. 30 ff.) zurückgegriffen werden kann. **Gleichordnungskonzerne** fallen nach § 3e Nr. 2 InsO-E dem entsprechend auch unter den Begriff der Unternehmensgruppe. Die Formulierung »**Mittelpunkt der hauptsächlichen Interessen**« versteht sich als Verweis auf den sog. COMI (Center of Main Interest) nach Art. 3 Abs. 1 EuInsVO. Die vorrangige Zuständigkeit der EuInsVO ist folglich zunächst zu prüfen. Sollte ein gruppenangehöriges Unternehmen seinen COMI in einem anderen EU-Mitgliedsstaat haben, sind für dieses Unternehmen die Bestimmungen des Gesetzesentwurfs nicht anwendbar, sondern die EuInsVO (s. dazu Prager/Keller, NZI 2013, 57 ff.).

Mit der Einführung von neuen Regelungen zur Bewältigung von Konzerninsolvenzen tastet der Gesetzgeber die Grundsätze und Zielbestimmungen des geltenden Insolvenzrechts allerdings nicht an. So bleibt es etwa bei dem insolvenzrechtlich verankerten **Rechtsträgerprinzip »eine Person, ein Vermögen, eine Insolvenz«** (Ehricke, ZInsO 2002, 393), sodass auch zukünftig für jedes einzelne Unternehmen einer Unternehmensgruppe, anders als bspw. in den USA über die sog. »Substantive Consolidation«, bei der die verschiedenen Insolvenzmassen zusammengelegt und sämtliche Verbindlichkeiten miteinander verschmolzen werden, ein eigenes Insolvenzverfahren zu eröffnen sein wird. Zur Begründung führt der Gesetzgeber an, dass anderenfalls die Gefahr bestünde, dass Gläubiger von finanziell noch eher gut ausgestatteten Gesellschaften des Konzerns gegenüber Gläubigern von schwächer ausgestatteten Gesellschaften des Konzerns benachteiligt werden. Eine Absage erteilt der Gesetzesvorschlag auch der immer wieder erhobenen Forderung, die nicht-insolventen Konzerngesellschaften zwingend in das Verfahren einzubeziehen. Der Entwurf hat dem gegenüber vielmehr zum Ziel, die **Abstimmung der einzelnen Insolvenzverfahren in einem Konzern** zur Regel werden zu lassen und setzt dazu auf drei Ebenen mit Regelungsvorgaben an: Erstens, und zuvörderst, sollen zukünftig bei einem Konzerninsolvenzverfahren alle Verfahren bei einem sog. Gruppen-Gerichtsstand konzentriert werden. Der Entwurf sieht dafür aber keine grundsätzliche Festlegung auf den Sitz der Holding als Gerichtsstand vor. Vielmehr soll nach dem neuen § 3a InsO-E eine **Zuständigkeitskonzentration** in zwei Stufen erfolgen: Zunächst beantragt ein Schuldner, der einer Unternehmensgruppe angehört, die Eröffnung des Insolvenzverfahrens über sein Vermögen bei dem nach § 3 InsO für ihn **zuständigen Insolvenzgericht**. Nach § 3a Abs. 1 Satz 1 InsO-E erklärt sich dann auf einen weiteren, vom Eröffnungsantrag zu unterscheidenden Antrag des gruppenangehörigen insolventen Unternehmens auf einen **Gruppen-Gerichtsstand** das angerufene Insolvenzgericht für die Insolvenzverfahren über die anderen gruppenangehörigen Schuldner für zuständig. Dies setzt voraus, dass der Insolvenzeröffnungsantrag überhaupt zulässig ist und dass der Schuldner, der den Antrag auf Begründung eines Gruppen-Gerichtsstands stellt, nicht offensichtlich von untergeordneter Bedeutung für die gesamte Unternehmensgruppe ist. Abgestellt werden muss dabei auf die Bilanzsumme, die Umsatzerlöse sowie die Anzahl der beschäftigten Arbeitnehmer. Für jedes Gruppenunternehmen müssen zudem natürlich die allgemeinen Insolvenzeröffnungsvoraussetzungen vorliegen. Und schließlich muss »eine Verfahrenskonzentration am angerufenen Gerichtsstand im gemeinsamen Interesse der Gläubiger« liegen. Maßgeblich für die Begründung eines Gruppen-Gerichtsstandes ist bei mehreren Anträgen der zuerst gestellte Antrag i. S. v. § 3a InsO-E. Ist dies nicht feststellbar, soll es auf die wirtschaftliche Bedeutung des jeweiligen Antragstellers ankommen. Um eine Konzentration der Insolvenzverfahren am Gruppen-Gerichtsstand zu ermöglichen, sieht § 3d Abs. 1 InsO-E die Möglichkeit einer **Verweisung von Verfahren** an diesen Gruppen-Gerichtsstand vor. Im Fall eines Eigenantrags eines gruppenangehörigen Schuldners außerhalb des Gruppen-Gerichtsstandes liegt die Verweisung im Ermessen des angerufenen Gerichts, welches unter Berücksichtigung des Verfahrensstandes auszuüben ist. Zudem wird die innergerichtliche Zuständigkeit neu geregelt: Für sog. **Gruppen-Folgeverfahren** soll gem. § 3c Abs. 1 InsO-E derjenige Richter zuständig sein, der auch über den Antrag auf Begründung eines Gruppen-Gerichtsstandes entscheidet. Zweitens sieht der Entwurf eine **umfangreiche Kooperation** vor für den Fall, dass kein einheitlicher Gerichtsstand bestimmt wird und wie bisher mehrere Gerichte und Insolvenzverwalter zuständig sein sollen. Wurden mehrere Gerichte angerufen, so haben sich diese nach § 56b Abs. 1 InsO-E über die Zweckmäßigkeit der Bestellung eines einheitlichen Insolvenzverwalters abzustimmen. Maßgeblich sind hierbei die gebotene Unabhängigkeit des gemeinsamen Verwalters und die Vermeidung möglicher Interessenkonflikte. Im Fall der Bestellung mehrerer personenverschiedener Insolvenzverwalter sieht § 269a InsO-E klarstellend vor, dass diese eng zusammenarbeiten, sich untereinander abstimmen und Informationen aktiv austauschen, soweit dadurch die Interessen der Gläubiger des eigenen Verfahrens nicht beeinträchtigt werden. Der Vorrang eines übergeordneten Konzerninteresses besteht insofern nicht. Schließlich regelt § 269c InsO-E die Zusammenarbeit der Gläubiger und die Möglichkeit der Errichtung eines sog. **Gruppen-Gläubigerausschusses**, in den die verschiedenen Gläubigerausschüsse jeweils einen Vertreter entsenden und der nach § 269c Abs. 2 InsO-E die Insolvenzverwalter und die Gläubigerausschüsse in den einzelnen Verfahren unterstützen soll. Und schließlich soll drittens die **Koordination zwischen den verschiedenen Gerichten**

174

Anhang 2 AktG Grundzüge des Konzernrechts

und Insolvenzverwaltern mit den Regelungen der §§ 269d – 269i InsO-E gestärkt werden. Danach kann das Gericht des Gruppen-Gerichtsstandes bei besonderem Abstimmungsbedarf zwischen den Einzelverfahren auf Antrag ein sog. **Koordinationsverfahren** einleiten und einen »**Koordinationsverwalter**« bestellen, der aus dem Kreis der bestellten Verwalter auszuwählen ist und als eine Art Mediator fungieren soll. Dessen Aufgabe wird es sein, einen **Koordinationsplan** zu erarbeiten, der nach gerichtlicher Bestätigung als Referenzplan für alle separaten Verfahren, insbesondere für die jeweiligen Insolvenzpläne, gelten und damit konkrete Vorgaben bezüglich der Restrukturierung oder Abwicklung der Konzerngesellschaften enthalten soll. Die Zusammenarbeit mit ausländischen Verwaltern und Gerichten wird durch das neue Recht im Übrigen nicht weiter geregelt, allerdings wird die bereits übliche Praxis der grenzüberschreitenden Verwaltungsverträge erwähnt und damit vom Gesetzgeber ausdrücklich anerkannt.

175 Die mit dem Gesetzentwurf erstmals erfolgte Berücksichtigung von Konzernstrukturen als wirtschaftliche Realität im Rahmen des Insolvenzrechts ist zu begrüßen. Dass sie nicht nur eine rein nationale Bestrebung ist, sondern auch auf internationaler Ebene diskutiert und vorangetrieben wird, zeigen der Vorschlag der Europäischen Kommission zur Änderung des EuInsVO (COM, 2012, 744 final, vom 12.12.2012) sowie die Arbeiten der UNCITRAL (www.uncitral.org). Ob sich die einzelnen Vorschläge des Entwurfs als praxistauglich erweisen werden, ist abzuwarten. Insbesondere die Gestaltung des Gruppen-Gerichtsstands im Antragsverfahren wird dabei von großer Relevanz sein, da insoweit aus den möglichen Gerichtsständen innerhalb eines Konzerns das am besten geeignete Insolvenzgericht auszuwählen ist und sich noch zeigen muss, welche Insolvenzgerichte sich künftig als **geeignete Insolvenzgerichte** erweisen werden. In der Praxis bewähren wird sich auch erst noch das in seinen Konturen bisher im Entwurf wenig bestimmte eigenständige Koordinationsverfahren für den Fall, dass die Bestellung eines einheitlichen Insolvenzverwalters in den Gruppengesellschaften nicht erfolgt, mit seinen allgemeinen Kooperationspflichten zwischen personenverschiedenen Insolvenzverwaltern und einem unabhängigen, nicht mit expliziten Durchsetzungskompetenzen ausgestatteten Koordinationsverwalter. Auch wird der Koordinationsplan trotz gerichtlicher Bestätigung nur auf Beschluss der Gläubigerversammlung für die Insolvenzverwalter gruppenangehöriger Schuldner verbindlich sein, sodass die Durchsetzung des Koordinationsplans gegenüber einzelnen Insolvenzverfahren erheblich begrenzt sein wird. In jedem Fall werden durch das Koordinationsverfahren **zusätzliche Kosten** verursacht werden, da dem unabhängigen Koordinationsverwalter eine Vergütung sowie die Erstattung seiner Auslagen zusteht.

II. Geltendes Deliktsrecht als flankierende Maßnahme

176 Der Gesetzgeber hat durch den nun eingeschlagenen Weg eines verfahrenstechnisch ausgerichteten Konzerninsolvenzrechts der Forderung nach einem »materiellen Konzerninsolvenzrecht«, bei dem die verschiedenen Insolvenzmassen zusammengelegt, sämtliche Verbindlichkeiten miteinander verschmolzen und sogar nicht-insolvente Konzerngesellschaften in das Verfahren einzubeziehen wären (s. dazu etwa *Paulus* ZIP 2005, 1948, 1953 ff.), aus guten Gründen eine Absage erteilt. Denn wenn ein Konzern nichts anderes ist als eine wirtschaftliche Einheit rechtlich selbstständiger Unternehmen (vgl. Rdn. 5), dann muss sich diese rechtliche Selbstständigkeit auch auf der insolvenzrechtlichen Ebene widerspiegeln. Ein solches Prozedere sorgt für Berechenbarkeit, Rechtssicherheit und damit verbundene Gerechtigkeit. Zu Recht ist betont worden, dass durch Haftungsbegrenzung und -separierung eine positive Risikoneigung gestützt wird, die Grundvoraussetzung für jedes unternehmerische Handeln und jede Investition ist (vgl. *Sester* ZIP 2005, 2099, 2100). Das Konzept der Haftungsbegrenzung von juristischen Personen, dem das neue Konzerninsolvenzrecht Rechnung trägt, gilt allerdings im Fall der Insolvenz von Konzernunternehmen nicht uneingeschränkt. Es wird dort durchbrochen, wo das Deliktsrecht, insbesondere die §§ 823 Abs. 2, 826 BGB, als effektives Mittel zur Bekämpfung von Missbrauchstatbeständen, wie etwa bei Vermögensvermischung bei Konzerngesellschaften, flankierend zum Konzerninsolvenzrecht eingreifen. Die Normen müssen im Einzelfall lediglich konsequent angewendet werden. Der BGH hat dazu u. a. in seiner »ITZ-Entscheidung« (vgl. BGH NJW 2005, 145) ausgeführt: »Der Gesellschafter einer GmbH und eine von ihm beherrschte Schwestergesellschaft der GmbH haften den Gesellschaftsgläubigern jedenfalls

nach § 826 BGB auf Schadensersatz, wenn sie der GmbH planmäßig deren Vermögen entziehen und es auf die Schwestergesellschaft verlagern, um den Zugriff der Gesellschaftsgläubiger zu verhindern«. Dies zeigt, dass die Struktur der Haftungsbegrenzung von juristischen Personen keiner »dogmatischen Aufbrechung und Erneuerung« durch ein »materielles Konzerninsolvenzrecht« bedarf. Das geltende Deliktsrecht reicht vielmehr aus für den im Einzelfall notwendig werdenden direkten Zugriff auf andere, mittels Konzernstruktur mit dem insolventen Unternehmen verbundene juristische Personen.

K. Arbeitsrecht im Konzern

Große praktische Bedeutung erlangt der Konzernbegriff auf dem Gebiet der **Mitbestimmung der Arbeitnehmer** (vgl. *Habersack* AG 2007, 641 ff.; *Röder/Powietzka* DB 2004, 542 ff.; aus der jüngeren Rspr. OLG München, DB 2008, 2827; BAG AG 2007, 665 ff.; OLG Düsseldorf AG 2007, 170 ff.). So werden nach § 5 Abs. 1 Satz 1 MitbestG 1976 im Unterordnungskonzern die Arbeitnehmer sämtlicher Konzernunternehmen dem herrschenden Unternehmen zugerechnet, sodass zum einen allein aufgrund der erfolgten Zurechnung eine wegen ihrer geringen eigenen Arbeitnehmerzahl eigentlich mitbestimmungsfreie Konzernspitze mitbestimmungspflichtig werden kann und zum anderen auch die Arbeitnehmer solcher Konzernunternehmen ihr Mitbestimmungsrecht wahrnehmen können, die allein die Voraussetzung der Mitbestimmung nicht erfüllen (instruktiv Ulmer/Habersack/Henssler/*Ulmer/Habersack* MitbestG § 5 Rn. 10 ff.). Und die Funktion eines Teilkonzerns nach § 5 Abs. 3 MitbestG 1976 gewährleistet, dass bei einer aufgrund ihrer Rechtsform oder ihres Sitzes im Ausland mitbestimmungsfreien Konzernspitze die Mitbestimmung in dem am nächsten stehenden Spitzenunternehmen stattfindet (vgl. OLG Stuttgart AG 1995, 380; LG Stuttgart AG 1993, 473; MüKo AktG/*Bayer*, 3. Aufl., 2008, § 18 Rn. 24). Im mehrstufigen Konzern setzt die mitbestimmungsrechtliche Zurechnung der Arbeitnehmer von Tochterunternehmen zu einer Zwischengesellschaft voraus, dass diese über eigenverantwortliche Leitungsmacht verfügt (»Konzern im Konzern«). Was unter gesellschaftsrechtlichen Aspekten nicht zulässig ist, ist zwar unter dem Aspekt der mitbestimmungsrechtlichen Anerkennung von **Teilkonzernen** erlaubt, aber bedarf jeweils eingehender Feststellungen im Einzelfall (vgl. OLG München, DB 2008, 2827 ff.).

177

Für die Frage, wann und wo ein **Aufsichtsratsmitglied** der Arbeitnehmer (sog. »mitbestimmter Aufsichtsrat«) nach dem MitbestG zu bilden ist, ist allein die kapitalmäßige Beherrschung des Konzerns maßgeblich (vgl. OLG Frankfurt am Main AG 2008, 504 ff.). Aus der kapitalmäßigen Beherrschung können bekanntlich jederzeit auch Leitungsstrukturen folgen. Auf die tatsächliche Ausübung der Leitungsbefugnisse kommt es nicht an, da entscheidend ist, dass sie ausgeübt werden könnten. Diese Sichtweise korrespondiert auch mit dem Zweck des MitbestG, das den Arbeitnehmern dort ein Mitbestimmungsrecht einräumt, wo grundlegende Entscheidungen getroffen werden könnten. Für ein Konzernzwischenunternehmen ist ein **mitbestimmter Aufsichtsrat** zu bilden, wenn es als herrschendes Unternehmen im Sinne des MitbestG gilt, weil sich die Konzernleitung im Ausland befindet, von dort aber die anderen inländischen Konzernunternehmen kapitalmäßig beherrscht und die Leitungsfunktion im Gesamtkonzern sog. »virtuellen Ebenen« übertragen ist (vgl. OLG Frankfurt am Main BB 2008, 1194 ff.). Nach dem Vorgenannten ist der Umstand, dass keinerlei Leitungsfunktion ausgeübt wird, nicht von Relevanz, sofern das Konzernunternehmen in einen Konzern eingegliedert ist, in dem die Konzernmutter die Leitungsfunktion ausübt.

178

L. Steuerrecht im Konzern

Grundsätzlich werden Konzerngesellschaften in Deutschland jeweils getrennt voneinander und nach den allgemeinen Grundsätzen des Unternehmenssteuerrechts besteuert. Ein abgeschlossenes eigenes Konzernsteuerrecht im Sinne einer Gruppenbesteuerung gibt es im Inland nicht, wohl aber steuerliche **Sonderregelungen für bestimmte Unternehmensverbindungen**, insbesondere die Institute der Organschaft sowie der Betriebsaufspaltung (grundlegend: *Kessler/Kröner/Köhler*, Konzernsteuerrecht, 2008). Zudem gibt es zahlreiche steuerliche Einzelregelungen, die ausdrücklich in Konzernsachverhalten einschlägig sein können (z. B. gesetzliche Regelungen zur Zinsschranke bei

179

Konzerngesellschaften), oder die – ohne einen Konzern vorauszusetzen – regelmäßig gerade auch in Konzernen relevant werden (z. B. die Einbeziehung nahestehende Personen i. S. d. § 1 Abs. 2 AStG in steuerliche Wertungen oder der Untergang von Verlusten bei Anteilsübertragungen auf eine Gruppe von Erwerbern mit gleichgerichteten Interessen nach § 8c KStG).

180 Das deutsche Unternehmenssteuerrecht ist rechtsformspezifisch aufgebaut. **Gewinne von Kapitalgesellschaften** unterliegen auf der Ebene der Kapitalgesellschaft der Körperschaftsteuer (von z. Zt. 15 % zzgl. Solidaritätszuschlag i. H. v. 5,5 % auf den Körperschaftsteuerbetrag). Zudem wird bei Kapitalgesellschaften auf inländische Betriebsstättengewinne typischerweise zusätzlich Gewerbesteuer erhoben. Die Höhe der Gewerbesteuer richtet sich nach der Gemeinde (bzw. den Gemeinden), in der die jeweilige Betriebsstätte liegt (Steuersatz 7 % bis über 17 %); die Gewerbesteuer ist nicht mehr auf die Körperschaftsteuer anrechenbar. **Gewinne von Personenhandelsgesellschaften** werden ertragsteuerlich auf der Ebene der Gesellschafter besteuert (bei natürlichen Personen als Gesellschaftern mit dem persönlichen Steuersatz im Rahmen der ESt plus Solidaritätszuschlag und ggf. der Kirchensteuer, bei Körperschaften mit Körperschaftsteuer zuzüglich Solidaritätszuschlag). Soweit gewerblich tätige oder gewerblich geprägte Personenhandelsgesellschaften mit inländischen Betriebsstätteneinkünften der Gewerbesteuer unterliegen, wird diese auf Ebene der Personenhandelsgesellschaft erhoben und ist (nur) bei natürlichen Personen als deren Gesellschaftern pauschaliert auf die ESt anrechenbar.

181 Zur Abmilderung von steuerlichen Mehrfachbelastungen sind **Ausschüttungen von in- oder ausländischen Kapitalgesellschaften** an deutsche Kapitalgesellschaften zu 95 % steuerfrei gestellt, wenn die Empfängerin an der ausschüttenden Gesellschaft seit Beginn des Wirtschaftsjahres/Erhebungszeitraumes zu mindestens 10 % (Körperschaftsteuer) bzw. 15 % (Gewerbesteuer) beteiligt war. Dessen ungeachtet hat die ausschüttende Gesellschaft typischerweise von jeder Dividende 26,375 % Kapitalertragsteuer einzubehalten, die bei einer inländischen Empfängerin ebenfalls typischerweise angerechnet oder dieser erstattet wird. Bei ausländischen Empfängern kann die Kapitalertragsteuer bei Vorliegen der Voraussetzungen nach einem Doppelbesteuerungsabkommen oder der Mutter-Tochter-Richtlinie sowie der ergänzenden Voraussetzungen des § 50d III EStG auf Antrag herabgesetzt oder erstattet (bzw. freigestellt) werden. Bei **natürlichen Personen** unterliegen Dividenden aus Kapitalgesellschaftsbeteiligungen regelmäßig der Abgeltungssteuer i. H. v. 26,375 %; Werbungskosten können nicht geltend gemacht werden. Wird die Beteiligung aber in einem Betriebsvermögen gehalten, so unterliegen 60 % der Dividenden dem persönlichen Steuersatz des Steuerpflichtigen, der dann auch 60 % der Betriebsausgaben ansetzen kann (sog. Teileinkünfteverfahren).

182 **Veräußerungsgewinne** aus der Veräußerung von Kapitalgesellschaftsbeteiligungen sind bei der veräußernden Kapitalgesellschaft ebenfalls regelmäßig zu 95 % freigestellt. Hier kommt es (bisher) auf keine Beteiligungsschwelle oder Haltedauer an. Auch wird keine Kapitalertragsteuer erhoben. Ausnahmen von der weitgehenden Steuerbefreiung gelten jeweils z. B. für kurzfristige Anlagen von Banken, Versicherungen oder Holdinggesellschaften. Entnahmen aus Personenhandelsgesellschaften unterliegen keiner Ertragsteuerbelastung. Bei der Veräußerung von Kapitalgesellschaftsbeteiligungen durch natürliche Personen gelten die vorstehenden Ausführungen zum **Teileinkünfteverfahren** (das regelmäßig auch bei 1 %iger Beteiligung innerhalb der letzten 5 Jahre greift); bei der Veräußerung über inländische Banken kann Kapitalertragsteuer anfallen.

183 Die **rechtsträgerbasierte Besteuerung** (auf für Konzerngesellschaften weitere wichtige Steuerarten, wie die USt und die Grunderwerbsteuer kann nicht näher eingegangen werden) wird auch deutlich, wenn Konzerngesellschaften im Inland oder über die Grenze miteinander in Leistungsbeziehungen treten. Diese haben zwischen den verschiedenen Konzerngesellschaften (einschließlich etwaiger Betriebsstätten) grundsätzlich auf der Basis des – anfänglich zu dokumentierenden – Fremdvergleichsgrundsatzes (»dealing at arm's lenghts«) zu erfolgen. Anderenfalls kann eine Gewinnkorrektur der betroffenen Gesellschaften über die Annahme verdeckter Gewinnausschüttungen, verdeckter Einlagen und/oder einer Verrechnungspreiskorrektur erfolgen.

An bestimmte Unternehmensverbindungen im Konzern knüpft das deutsche Steuerrecht eigene, von den allgemeinen Regeln abweichende Steuerfolgen. Die gilt besonders für die verschiedenen Ausprägungen des Rechtsinstitutes der **Organschaft** wie auch für die **Betriebsaufspaltung**. Konzernunternehmen können in körperschaftsteuerlicher, gewerbesteuerlicher, umsatzsteuerlicher und/oder grunderwerbsteuerlicher Organschaft verbunden sein. Voraussetzungen und Rechtsfolgen der jeweiligen Organschaft regeln die Einzelsteuergesetze autonom.

184

Eine **körperschaftsteuerliche und zugleich gewerbesteuerliche Organschaft** liegt gesetzlich zwingend vor, wenn eine Kapitalgesellschaft mit Geschäftsleitung im Inland und Sitz in der EU/EWR (Organgesellschaft) sich mittels eines Gewinnabführungsvertrages i. S. d. § 291 AktG verpflichtet, ihren ganzen Gewinn an ein einziges gewerbliches Unternehmen (Organträgerin, natürliche Person oder körperschaftsteuerpflichtiges Subjekt) abzuführen, der Gewinnabführungsvertrag für mindestens 5 Zeitjahre abgeschlossen und durchgeführt wird und die Organträgerin seit Beginn des Wirtschaftsjahres der Organgesellschaft ununterbrochen die Mehrheit der Stimmrechte hält (finanzielle Eingliederung; eine wirtschaftliche oder organisatorische Eingliederung sind heute für Ertragsteuerzwecke nicht mehr erforderlich). Auch **Personenhandelsgesellschaften können Organträger** werden. Hierbei ist jedoch auf die Einhaltung besonders strenger Anforderungen zur Erfüllung der gebotenen **funktionalen Zurechnung** der Beteiligung an jeder Organtochter zu der Organträger-Personenhandelsgesellschaft (in Abgrenzung zu Zurechnung zu deren ggf. ausländischen Gesellschaftern) zu achten. Auf das Vorliegen eines Gewinnabführungsvertrags und die jeweilige funktionale Zurechnung möchte der Gesetzgeber ungeachtet EU-rechtlicher Bedenken nicht verzichten, da er anderenfalls fürchtet, dass steuerlich wirksame Organschaften über die Grenze zu einem steuerlichen »Zufluss« nicht-deutscher Verluste ins Inland oder zu einem »Abfluss« inländischer Gewinne ins Ausland führen könnten. Liegt eine körperschaftsteuerliche und gewerbesteuerliche Organschaft vor, bleiben die verbundenen Rechtsträger separate Steuersubjekte. Es wird jedoch das – jeweils separat ermittelte – steuerliche Einkommen jeder Organgesellschaft der Organträgerin zugerechnet und erhöht/vermindert so deren zu versteuerndes Einkommen. Eine etwaige **handelsrechtliche Konzernrechnungslegung** ist für die Besteuerung nicht maßgebend (die seit einigen Jahren angestrebte einheitliche europäische Konzernrechnungslegung als Basis der Zuteilung des internationalen Steuersubstrates scheint vorerst keine echten Umsetzungschancen zu haben). Zugleich haften die Organgesellschaften für die entsprechenden Steuern. Damit kann die steuerliche Organschaft zu einem steuerlich sofort wirksamen **Verlustausgleich im Organkreis** sowie zu einer Vermeidung der jeweils 5%igen Körperschaftsteuern (und Kapitalertragsteuern) auf Dividenden führen. Wird der Gewinnabführungsvertrag jedoch keine 5 Zeitjahre durchgehalten und ohne steuerlich (!) anerkannten Grund vorher beendet oder nicht vollständig wirksam durchgeführt, kann die Anerkennung der steuerlichen Organschaft rückwirkend für den gesamten Zeitraum versagt werden, was wiederum wirtschaftlich erhebliche Folgen haben kann.

185

Im Fall einer **umsatzsteuerlichen Organschaft** sind Lieferungen und Leistungen im inländischen Organkreis (mangels umsatzsteuerlicher Selbstständigkeit der beteiligten Rechtsträger) nicht umsatzsteuerbar, d. h., sie werden ohne Umsatzsteuerbelastung erbracht, aber auch ohne Berechtigung zum Vorsteuerabzug (dies kann insgesamt z. B. bei Leistungen an eine zum Vorsteuerabzug nicht berechtigte Holdinggesellschaft sinnvoll sein). Eine umsatzsteuerliche Organschaft setzt neben der finanziellen Eingliederung jeder Organgesellschaft auch deren wirtschaftliche und organisatorische Eingliederung in die Organträgerin voraus. Die wirtschaftliche Eingliederung bedeutet, dass die Organgesellschaft nach dem Willen des Organträgers im Rahmen des Gesamtunternehmens und in engem wirtschaftlichen Zusammenhang mit dem unternehmerischen Bereich des Gesamtunternehmens tätig ist; zur organisatorischen Eingliederung muss sichergestellt sein, dass der Wille der Organträgerin bei der Organgesellschaft tatsächlich ausgeführt wird. Die genauen Voraussetzungen der organisatorischen und wirtschaftlichen Eingliederung befinden sich derzeit im Wandel.

186

Zur **grunderwerbsteuerlichen Organschaft**: Übertragungen von Grundstücken sowie bestimmte direkte und indirekte, rechtliche wie wirtschaftliche Übertragungen von Beteiligungen an grundstückshaltenden Gesellschaften unterliegen in Deutschland einer Grunderwerbsteuer i. H. v. derzeit

187

3,5% bis 6,5%, je nach Bundesland. Unter anderem unterliegt der Grunderwerbsteuer die Vereinigung von 95% oder mehr der Anteile an einer grundbesitzenden Gesellschaft in einer Hand. Dieser Vereinigung in einer Hand gleichgestellt ist die Vereinigung von Anteilen in einem grunderwerbsteuerlichen Organkreis. Die Voraussetzungen der grunderwerbsteuerlichen Organschaft entsprechen im Wesentlichen denen der umsatzsteuerlichen Organschaft.

188 Eine **Betriebsaufspaltung** wird von der Rechtsprechung bei einer Aufspaltung einer wirtschaftlichen Einheit in eine Betriebsgesellschaft und eine Besitzgesellschaft angenommen. Die Betriebsaufspaltung gibt es in vielen Variationen; typisch ist insbesondere die sog. echte Betriebsaufspaltung, bei der die herrschenden Gesellschafter aus einer ursprünglich gewerblich tätigen Personenhandelsgesellschaft eine Betriebs-Kapitalgesellschaft ausgründen: Die Kapitalgesellschaft führt dann den Betrieb weiter und mietet von der Personenhandelsgesellschaft dort verbliebenen wesentlichen Betriebsgrundlagen (z.B. Grundstücke etc.) an. Ursprünglich waren damit neben einer Haftungsabgrenzung zwischen beiden Unternehmen u.a. auch ertragsteuerliche Ziele verfolgt worden. Die Rechtsprechung sieht jedoch bei einer engen wirtschaftlichen und personellen Verflechtung der Betriebs- mit der Besitzgesellschaft auch die Vermietungstätigkeit der Besitzgesellschaft als gewerbliche Tätigkeit an, die somit typischerweise – wie auch die Tätigkeit der Betriebsgesellschaft – der Gewerbesteuer unterliegt. Zudem gehören in diesem Fall die Anteile an der Betriebsgesellschaft zum steuerlichen Sonderbetriebsvermögen der Besitzgesellschaft und sind somit steuerlich ebenfalls gewerblich verstrickt.

189 Über die vorstehenden Bereiche hinaus gibt es derzeit auf internationaler Ebene zahlreiche interessante Diskussionen zur **Fortentwicklung des internationalen Steuerrechts**, deren Fortgang einen unmittelbaren Einfluss auf die Konzernbesteuerung auch in Deutschland haben kann. Genannt seien hier beispielhaft Diskussionen auf der Ebene der OECD wie im Inland über die Veränderung/Ausweitung des **Betriebsstättenbegriffes**, der **Besteuerung von digitalen oder IT-Leistungen**, der **Besteuerung von grenzüberschreitenden Personenhandelsgesellschaften**, die Fortentwicklung der **Lizenz – und Patentbesteuerungen** (Zulassung und Ausgestaltung von sog. Lizenz- und Patentboxen) und die gezielte Zulassung **langfristiger Nichtbesteuerung** (»ocean profits«) einschließlich der aktuellen »Base Erosion and Profit Shifting« (BEPS) Diskussion um – legale, aber international als wettbewerbsverzerrend angesehene – Steuerstrukturierung, in deren Kern es um eine international faire Aufteilung von Steuersubstrat, die Durchsetzung gleichmäßiger Besteuerung sowie gesetzliche und verwaltungstechnische Gleichbehandlung von international tätigen Konzernen geht.

Gesetz betreffend die Erwerbs- und Wirtschaftsgenossenschaften (Genossenschaftsgesetz – GenG)

in der Fassung der Bekanntmachung vom 16. Oktober 2006 (BGBl. I S. 2230), zuletzt geändert durch Artikel 8 des Gesetzes zur Verkürzung des Restschuldbefreiungsverfahrens und zur Stärkung der Gläubigerrechte vom 15.07.2013 (BGBl. I S. 2379)

– Auszug –

Abschnitt 1 Errichtung der Gesellschaft

§ 1 Wesen der Genossenschaft

(1) Gesellschaften von nicht geschlossener Mitgliederzahl, deren Zweck darauf gerichtet ist, den Erwerb oder die Wirtschaft ihrer Mitglieder oder deren soziale oder kulturelle Belange durch gemeinschaftlichen Geschäftsbetrieb zu fördern (Genossenschaften), erwerben die Rechte einer »eingetragenen Genossenschaft« nach Maßgabe dieses Gesetzes.

(2) Eine Beteiligung an Gesellschaften und sonstigen Personenvereinigungen einschließlich der Körperschaften des öffentlichen Rechts ist zulässig, wenn sie
1. der Förderung des Erwerbes oder der Wirtschaft der Mitglieder der Genossenschaft oder deren sozialer oder kultureller Belange oder,
2. ohne den alleinigen oder überwiegenden Zweck der Genossenschaft zu bilden, gemeinnützigen Bestrebungen der Genossenschaft
zu dienen bestimmt ist.

Übersicht	Rdn.		Rdn.
A. Allgemeines zur Rechtsnatur der eingetragenen Genossenschaft	1	V. Grundsatz der Identität von Mitglied und Kunde	15
B. Begriffsmerkmale der eingetragenen Genossenschaft	3	D. Genossenschaftsarten	16
I. Nicht geschlossene Mitgliederzahl	3	I. Kreditgenossenschaften	17
II. Genossenschaftlicher Förderzweck	4	II. Einkaufsgenossenschaften	18
III. Gemeinschaftlicher Geschäftsbetrieb	9	III. Absatzgenossenschaften	19
C. Genossenschaftliche Grundsätze	11	IV. Produktivgenossenschaften	20
I. Überblick	11	V. Konsumgenossenschaften	21
II. Grundsatz der Selbsthilfe	12	VI. Werk- oder Nutzungsgenossenschaften	22
III. Grundsatz der Selbstverwaltung	13	VII. Wohnungsgenossenschaften	23
IV. Grundsatz der Selbstverantwortung	14	VIII. Sonstige Genossenschaftsarten	25

A. Allgemeines zur Rechtsnatur der eingetragenen Genossenschaft

Die eingetragene Erwerbs- und Wirtschaftsgenossenschaft im Sinne des GenG ist eine Körperschaft (§ 17 Abs. 1 [§§ ohne Angabe sind ebenfalls solche des GenG]). Trotz der im GenG vorgenommenen Bezeichnung als Gesellschaft, ist sie keine Personengesellschaft nach den §§ 705 ff. BGB. Vielmehr ist sie ein wirtschaftlicher Verein (§ 22 BGB), welcher im GenG seinen gesetzlichen Niederschlag gefunden hat. Die eG erlangt ihre Rechtsfähigkeit – im Gegensatz zum gesetzlich nicht näher geregelten wirtschaftlichen Verein – nicht durch staatliche Verleihung, sondern durch Eintragung im Genossenschaftsregister (§§ 13, 17 Abs. 1). Die eG ist Formkaufmann (§ 17 Abs. 2). Soweit die Regelungen des GenG nicht entgegenstehen, finden die allgemeinen Vorschriften des Vereinsrechts (§§ 24 bis 53 BGB) subsidiär Anwendung (*Lang/Weidmüller/Schulte* § 1 Rn. 9). 1

2   In **Abgrenzung zu den Kapitalgesellschaften** weist die eG eine personalistische Struktur auf, welche sich aus der Eigenart des genossenschaftlichen Förderzwecks ergibt. So ist Letzterer nicht auf eine unpersönliche Kapitalrendite, sondern auf die persönliche Förderung der Einzelwirtschaften der Mitglieder gerichtet (RGZ 87, 408). Daher baut die eG primär auf der persönlichen Mitgliedschaft und nur sekundär auf der lediglich dienenden Kapitaleinlage auf (BGHZ 17, 385). Insofern stellt die Einzahlung des Geschäftsanteils lediglich die Folge, nicht aber die Voraussetzung der Mitgliedschaft dar. Daraus ergibt sich zugleich, dass die eG grundsätzlich ein variables Gesellschaftskapital aufweist, wobei mit § 8a nunmehr die Möglichkeit gegeben wird, durch Satzungsbestimmung ein Mindestkapital festzulegen Die personalistische Struktur führt weiter dazu, dass die Mitglieder des Vorstands und Aufsichtsrates Genossen sein müssen (§ 9), jedes Mitglied der eG grundsätzlich nur eine Stimme in der Generalversammlung hat (§ 43 Abs. 3) und diese dort persönlich auszuüben ist (§ 43 Abs. 4).

B. Begriffsmerkmale der eingetragenen Genossenschaft

I. Nicht geschlossene Mitgliederzahl

3   Das Merkmal der **nicht geschlossenen Mitgliederzahl** bringt zum Ausdruck, dass die eG in ihrem Bestehen vom Eintritt und Ausscheiden der Mitglieder grundsätzlich unabhängig ist, was die eG zugleich grundlegend von den Personengesellschaften unterscheidet (§§ 723 BGB, 131 HGB). Durch die Satzung kann weder der Beitritt noch der Austritt aus der eG wirksam ausgeschlossen werden. Allerdings besteht die Möglichkeit, die Mitgliederzahl nach oben oder unten zu beschränken (*Beuthien* § 1 Rn. 6). Die Überschreitung einer satzungsmäßigen Mitgliederhöchstzahl ist zwar nicht unwirksam, führt aber dazu, dass der zu viel Aufgenommene, sofern die Satzung dies gestattet, unverzüglich auszuschließen ist (§ 68 Abs. 2 GenG) (*Beuthien* § 1 Rn. 6). Wird hingegen die statutarische Mindestmitgliederzahl unterschritten, ist die eG unter Anwendung des § 80 GenG aufzulösen. Im Übrigen kann die Satzung einzelne Bestimmungen über die bei der Aufnahme zu erfüllenden persönlichen und sachlichen Voraussetzungen treffen, da grundsätzlich kein Anspruch auf Aufnahme in die eG besteht (RGZ 47, 76; 62, 303; BGH NJW 1961, 172).

II. Genossenschaftlicher Förderzweck

4   Der generell im Gesellschaftsrecht verankerte Grundsatz, wonach die gesellschaftliche Zielsetzung in der Verfolgung eines bestimmten Zwecks begründet ist, gilt auch im Genossenschaftsrecht. Das Ziel der eG kann neben der Förderung des Erwerbs oder der Wirtschaft ihrer Mitglieder auch in der Förderung von deren sozialen oder kulturellen Belangen liegen. Dies steht jedenfalls seit der Genossenschaftsrechtsreform fest. Diese Förderung hat durch die Inanspruchnahme des Geschäftsbetriebs oder der Geschäftseinrichtungen der eG zu erfolgen und nicht allein dadurch, dass den Genossen aufgrund der Mitgliedschaft Einnahmen in Form von Gewinnausschüttungen zufließen.

5   Durch die Unterstützung des Geschäftsbetriebes der Mitglieder erfolgt die **Förderung des Erwerbs**. Die Erwerbstätigkeit kann gewerblicher, freiberuflicher oder sonstiger Natur sein. Eine Förderung liegt immer dann vor, wenn aufseiten des Genossen die Einnahmen vermehrt oder die Ausgaben vermindert werden, wobei dies nicht buchungstechnisch zu verstehen ist, kann eine Förderung bereits darin begründet sein, dass etwa Arbeits- und Absatzmöglichkeiten geschaffen werden (*Beuthien* Aktualisierungsband § 1 Rn. 10). Ebenso kann die Minderung der Betriebsausgaben durch die günstige Verschaffung von Produktionsmitteln und Krediten oder die Erbringung von Dienstleistungen der eG zugunsten der Genossen eine Förderung darstellen.

6   Die **Förderung der Wirtschaft** umfasst die Unterstützung der Mitglieder in ihrer privaten Haushaltsführung. Erfasst wird die gesamte Lebensführung der Genossen, soweit keine Erwerbstätigkeit vorliegt. Eine Förderung ist gegeben, wenn die eG in wirtschaftlich relevanter Weise die Mitglieder bei der Befriedigung der Bedürfnisse ihrer Lebensführung unterstützt, was etwa im Wege der günstigen Belieferung mit Wirtschaftsgütern oder der Durchführung von Beratungstätigkeiten erfolgen kann. Die Zweckbestimmungen der Erwerbs- und Wirtschaftsförderung schließen sich nicht gegenseitig aus. Vielmehr kann es auch zu **Überschneidungen** zwischen der Erwerbs- und der

Wirtschaftsgenossenschaft kommen, was insbesondere bei landwirtschaftlichen Bezugsgenossenschaften sowie Kreditgenossenschaften der Fall ist, falls Letztere die Bankgeschäfte sowohl für den gewerblichen als auch für den privaten Bereich ihrer Mitglieder tätigen.

Durch die im Jahr 2006 erfolgte Novellierung des Genossenschaftsrechts wurden auch die **sozialen und kulturellen Belange** der Mitglieder als Förderzweck gesetzlich verankert. Der Gesetzgeber ermöglicht auf diese Weise die Gründung von Schul-, Sport-, Medien- sowie Theater- und Museumsgenossenschaften, wobei es bei der Förderung der Mitglieder verbleibt (*Lang/Weidmüller/Schulte* § 1 Rn. 34). Zugleich wird durch diese Erweiterung klargestellt, dass eine solche eG auch Mitglieder aufnehmen kann, die nur diese Belange unterstützen wollen, ohne die betriebenen Einrichtungen selbst zu nutzen. 7

Nach dem Wortlaut des § 1 GenG muss die eG die Förderung ihrer Mitglieder nur **bezwecken**. Auf den generellen Eintritt des Fördererfolges sowie dessen gleichmäßige Verteilung auf die Mitglieder kommt es gerade nicht an. Allerdings müssen die Förderleistungen der eG den Mitgliedern unter Beachtung des genossenschaftsrechtlichen Gleichbehandlungsgrundsatzes angeboten werden. 8

III. Gemeinschaftlicher Geschäftsbetrieb

Der genossenschaftliche Förderzweck muss mittels eines **gemeinschaftlichen Geschäftsbetriebs** verfolgt werden. Der **Geschäftsbetrieb** wird als die unternehmerische, auf der Grundlage der organisatorischen Zusammenfassung der Sach- und Personalmittel beruhende, planmäßige und auf Dauer angelegte Tätigkeit der eG definiert. Das Merkmal der **Gemeinschaftlichkeit** ist in seiner Auslegung höchst umstritten (*Beuthien* § 1 Rn. 29 ff.). Die wohl herrschende Meinung zieht hierzu den ursprünglichen Gesetzentwurf, in dem von einem »genossenschaftlichen Geschäftsbetrieb« die Rede war, heran (*Beuthien* § 1 Rn. 30 ff.). Im Laufe der Beratungen wurden das Adjektiv »genossenschaftlich« durch »gemeinschaftlich« ersetzt, da sich der Begriff der Genossenschaft nicht durch das Wort »genossenschaftlich« bestimmen lasse. Das Tatbestandsmerkmal der Gemeinschaftlichkeit wird mittlerweile dahin gehend ausgelegt, dass der Geschäftsbetrieb von der eG selbst auf Grundlage der genossenschaftlichen Organisationsvorschriften geführt werden muss (*Pöhlmann/Fandrich/Bloehs* § 1 Rn. 22 f.). 9

Bspw. genügt die **Vermittlung verbilligter Einkaufsmöglichkeiten** (BayObLG BB 1985, 426) ebenso wie das **Halten von Beteiligungen** dem Merkmal des gemeinschaftlichen Geschäftsbetriebes, wobei in letzterem Fall die Umstände des Einzelfalls zu würdigen sind. 10

C. Genossenschaftliche Grundsätze

I. Überblick

Der Begriff der Genossenschaft als solcher setzt sich aus ökonomischen, soziologischen und rechtlichen Elementen zusammen. Diese bilden den sog. **übergesetzlichen allgemeinen Genossenschaftsbegriff**, haben aber nur z. T. ihren gesetzlichen Niederschlag gefunden. Aus diesem werden bestimmte Grundsätze abgeleitet, welche im Wesentlichen mit 11
– dem Grundsatz der Selbsthilfe,
– dem Grundsatz der Selbstverwaltung,
– dem Grundsatz der Selbstverantwortung sowie
– dem Grundsatz der Identität von Mitglied und Kunde
– umschrieben werden. Diese Grundsätze sind zwar nicht rechtsverbindlich, können aber bei der Auslegung einzelner Bestimmungen und Tatbestandsmerkmale des GenG behilflich sein.

II. Grundsatz der Selbsthilfe

Der Grundsatz der Selbsthilfe bringt zum Ausdruck, dass sich die Mitglieder durch ihre Beteiligung an der eG und am Geschäftsverkehr mit der eG selbst fördern. Selbsthilfe bedeutet im Einzelnen, dass sich die Mitglieder freiwillig zusammengeschlossen haben, diese die erforderlichen Mittel gemeinsam aufbringen und die Bereitschaft zeigen, sich füreinander einzusetzen. 12

III. Grundsatz der Selbstverwaltung

13 Der Grundsatz der Selbstverwaltung basiert auf dem Selbsthilfegrundsatz und besagt, dass die Mitglieder ihre Kontrollrechte selbst durch die Teilnahme an der Generalversammlung ausüben (§ 43 Abs. 1 GenG) sollen. Nichts anderes gilt für die Verwaltung, welche ebenso durch Genossen ausgeübt werden soll (§ 9 Abs. 2 GenG).

IV. Grundsatz der Selbstverantwortung

14 Der Grundsatz der Selbstverantwortung folgt wiederum aus dem Selbstverwaltungsgrundsatz. Im Mittelpunkt steht dabei die Verpflichtung der Genossen für die Verbindlichkeiten der Genossenschaft ggf. persönlich einstehen zu müssen. Von Relevanz ist dieser Grundsatz insbesondere in der Insolvenz der eG oder beim Ausscheiden einzelner Mitglieder im Fall der Überschuldung der eG (§ 73 Abs. 2 GenG).

V. Grundsatz der Identität von Mitglied und Kunde

15 Der Grundsatz der Identität von Mitglied und Kunde resultiert aus dem Auftrag zur Förderung von Erwerb oder Wirtschaft. Er ist Ausdruck des dienenden Charakters der eG. So soll der genossenschaftliche Geschäftsbetrieb unmittelbar den Mitgliedern zugutekommen, mit der Folge, dass auch die Geschäftsbeziehungen zwischen der eG und den einzelnen Mitgliedern abgewickelt werden sollen. Eine Ausnahme von diesem Grundsatz bedarf einer ausdrücklichen Satzungsbestimmung (§ 8 Abs. 1 Nr. 5 GenG).

D. Genossenschaftsarten

16 Die vor der Reformierung des Genossenschaftsrechts in § 1 Abs. 1 Nr. 1–7 GenG a. F. enthaltene Aufzählung einzelner Genossenschaftsarten war nicht abschließend und vermochte dem zeitlichen Wandel nicht Rechnung zu tragen. Aus diesem Grunde beugte sich der Gesetzgeber dem Druck der Literatur und entschloss sich für die Streichung der Nr. 1–7 (BT-Drucks. 16/1025, S. 80). Im Folgenden werden die in der Praxis gängigen Genossenschaftsarten näher erläutert.

I. Kreditgenossenschaften

17 Die **Kreditgenossenschaften**, welche früher auch als »**Vorschuss- und Kreditvereine**« bezeichnet wurden (§ 1 Abs. 1 Nr. 1 GenG a. F.), firmieren als Volksbanken, Raiffeisenbanken, Beamtenbanken und Sparda-Banken. Dabei handelt es sich um Universalbanken, die ihre Tätigkeit auf die Bedürfnisse ihrer Mitglieder ausrichten. Sie unterliegen dem Gesetz über das Kreditwesen (KWG). Ihre Tätigkeit besteht in der Ausübung von Bankgeschäften jeglicher Art, wie insbesondere etwa die Gewährung von Krediten.

II. Einkaufsgenossenschaften

18 Die Einkaufsgenossenschaften haben ihren Schwerpunkt im gewerblichen Sektor (Handel und Handwerk). Diese erwerben die von ihren Mitgliedern für deren Unternehmen benötigten Rohstoffe, Waren und sonstigen Betriebsmittel zentral. Die Mitglieder treten den Einkaufsgenossenschaften als Marktpartner gegenüber und beziehen von Letzteren die benötigten Mittel, wobei sie grundsätzlich nicht dazu verpflichtet sind, bei der eG zu kaufen.

III. Absatzgenossenschaften

19 Die Absatzgenossenschaften vertreiben die Produkte und Erzeugnisse ihrer Mitglieder. Erfolgt zugleich auch die Verarbeitung der Produkte, handelt es sich um **Verwertungsgenossenschaften**, welche insbesondere im landwirtschaftlichen Bereich verbreitet sind (z. B. Molkereigenossenschaften, Winzergenossenschaften). Regelmäßig beziehen die Mitglieder von der eG auch landwirt-

schaftliche Bedarfsartikel wie Düngemittel oder landwirtschaftliche Geräte. Solche Genossenschaften firmieren daher auch als »**Bezugs- und Absatzgenossenschaften**«.

IV. Produktivgenossenschaften

Die Produktivgenossenschaften sind Zusammenschlüsse zur gemeinsamen Herstellung oder Verwertung von Gegenständen oder zur gemeinsamen Erbringung von Dienstleistungen. Da die Mitglieder ihre Arbeitskraft der eG unmittelbar zur Verfügung stellen, sind sie zugleich Arbeitnehmer und Unternehmer. Diese Genossenschaftsform hat sich in der Praxis allerdings nicht bewährt, kann aber im Rahmen der beabsichtigten Schaffung von Miteigentum und Mitverantwortung der Mitarbeiter eines Unternehmens eine geeignete Unternehmensform darstellen.

V. Konsumgenossenschaften

Die Konsumgenossenschaften betreiben den gewerbsmäßigen Großeinkauf von Lebensmitteln und sonstigen Ge- und Verbrauchsgütern des hauswirtschaftlichen Bedarfs zur Weiterveräußerung in kleineren Mengen an ihre Mitglieder sowie an Dritte. Durch die Konsumgenossenschaft wird die »Wirtschaft« der Mitglieder gefördert, wobei sich die Förderung im Fall der Weiterveräußerung an Dritte über Warenrückvergütungen und Preisnachlässe vollzieht.

VI. Werk- oder Nutzungsgenossenschaften

Die Werk- oder Nutzungsgenossenschaften sind vorwiegend in der Landwirtschaft tätige Unternehmen (Maschinengenossenschaften, Elektrizitätsgenossenschaften etc.) die Betriebsgegenstände zur Benutzung durch die Mitglieder anschaffen und unterhalten. Die Pflichtenverteilung zwischen der eG und dem einzelnen Mitglied richtet sich nach der Satzung und soweit diese für den Einzelfall keine Bestimmungen enthält, nach den Vorschriften des BGB über die Leihe bzw. Miete.

VII. Wohnungsgenossenschaften

Die Wohnungsgenossenschaften verfolgen den Zweck, ihre Mitglieder mit Wohn- oder Gewerbeflächen zu versorgen. Dies kann zum einen durch Baumaßnahmen oder in sonstiger Weise erfolgen. Die Rechtsnatur des Nutzungsverhältnisses war lange Zeit umstritten (*Lang/Weidmüller/Schulte* § 1 Rn. 70 m. w. N.). Der BGH hat nunmehr entschieden, dass dieses mietvertraglich ausgestaltet sei (§§ 535 ff. BGB) (BGH NJW-RR 2004, 12 f.). Allerdings müsse auch der »besondere Charakter des genossenschaftlichen Mietverhältnisses« beachtet werden, welches insbesondere auf den beidseitig bestehenden Treuepflichten fuße. Letztere finden etwa für den Fall Berücksichtigung, dass sich ein außenstehender Dritter um den Abschluss eines Mietvertrages bemüht. Das Mitglied erlangt insoweit eine Besserstellung, als ihm eine bevorrechtigte Stellung im Hinblick auf den Abschluss des Mietvertrages zu günstigen Konditionen zukommt. Daher bedürfe es einer Interessenabwägung zwischen den Interessen der eG am bestimmungsgemäßen Einsatz des Wohnungsbestandes und dem Interesse des Mitglieds an der Erlangung einer preiswerten Genossenschaftswohnung auf der einen Seite sowie den Belangen des Nichtmitglieds an der Beibehaltung des vertrauten Wohnumfeldes auf der anderen Seite.

Die eG kann Wohnhäuser und Eigentumswohnungen auf eigene Rechnung erstellen oder erwerben und diese dann an ihre Mitglieder weiterveräußern. Das Rechtsverhältnis zwischen der eG und dem Mitglied bestimmt sich nach der Satzung. Ein Kauf- oder Werkvertrag liegt selbst dann nicht vor, wenn die eG den Wohnraum selbst erstellt hat, allerdings findet das Gewährleistungsrecht dieser Vertragstypen entsprechende Anwendung.

VIII. Sonstige Genossenschaftsarten

Die Rechtsform der Genossenschaft wird in einer Vielzahl von weiteren Fällen gewählt. Häufige Anwendungsbereiche sind etwa **Verkehrs-, Haftungs- und Bürgschaftsgenossenschaften**. Die Verkehrsgenossenschaften dienen der Förderung von Unternehmen des Straßenverkehrsgewerbes, etwa durch Übernahme von Verwaltungsaufgaben oder der Bereitstellung von Gemeinschaftseinrichtungen (z. B. Taxizentrale). Dagegen übernehmen Haftungs- und Bürgschaftsgenossenschaften für ihre Mitglieder Bürgschafts- und Haftungsgarantien gegenüber Banken. Durch die Novellierung des Genossenschaftsrechts im Jahr 2006 gewann auch die Unternehmergenossenschaft an Bedeutung. Dabei handelt es sich um eine eG, die ganz oder zumindest zu 95 % Unternehmer i. S. d. § 14 BGB zum Mitglied hat.

§ 2 Haftung für Verbindlichkeiten

Für die Verbindlichkeiten der Genossenschaft haftet den Gläubigern nur das Vermögen der Genossenschaft.

Übersicht	Rdn.		Rdn.
A. Haftungsverfassung der eG	1	B. Gesetzliche Zahlungspflichten der Genossen	3

A. Haftungsverfassung der eG

1 Den Gläubigern der Genossenschaft haftet allein das Vermögen der eG. Eine Haftung der Genossen im Außenverhältnis scheidet daher grundsätzlich aus. Allerdings kommt eine Inanspruchnahme im Innenverhältnis über die Nachschusspflicht in Betracht. Gem. § 6 Nr. 3 GenG besteht diese – vorbehaltlich einer anderweitigen Satzungsbestimmung – gegenüber der eG für den Fall, dass die Gläubiger im Insolvenzverfahren über das Vermögen der eG nicht befriedigt werden. Dabei entscheidet der Satzungsinhalt darüber, ob die Nachschusspflicht unbeschränkt, beschränkt oder ausgeschlossen ist.

2 Theoretisch denkbar ist die Anwendung des Rechtsinstituts der **Durchgriffshaftung** (materielle Unterkapitalisierung, Vermögensvermischung), welches allerdings aufgrund der Ausgestaltung des GenG sowie der seitens der Rechtsprechung gestellten Anforderungen nur in Ausnahmefällen Anwendung finden wird (s. hierzu *Lang/Weidmüller/Schulte* § 2 Rn. 8). In Betracht kommt eine Haftung der Genossen im Außenverhältnis aufgrund eines besonderen Verpflichtungsgrundes (z. B. Schuldbeitritt oder Bürgschaft). Diese hat ihren Rechtsgrund dann jedoch nicht in der Mitgliedschaft.

B. Gesetzliche Zahlungspflichten der Genossen

3 Gesetzliche Zahlungspflichten bestehen ausschließlich im Innenverhältnis. Diese ergeben sich im Einzelnen aus
- § 7 Nr. 1 GenG (Einzahlungen auf den Geschäftsanteil),
- § 87a Abs. 1 und 2 GenG (Zahlungspflichten im Liquiditätsstadium zur Abwendung der Insolvenz),
- § 73 Abs. 2 GenG (Ausscheiden eines Mitglieds außerhalb der Insolvenz im Fall der Überschuldung der eG) und
- § 105 Abs. 1 GenG (Nachschüsse zur Insolvenzmasse).

§ 3 Firma der Genossenschaft

¹Die Firma der Genossenschaft muss, auch wenn sie nach § 22 des Handelsgesetzbuchs oder nach anderen gesetzlichen Vorschriften fortgeführt wird, die Bezeichnung »eingetragene Genossenschaft« oder die Abkürzung »eG« enthalten. ²§ 30 des Handelsgesetzbuchs gilt entsprechend.

Übersicht	Rdn.		Rdn.
A. Allgemeines	1	2. Firmenwahrheit und -klarheit	5
B. Firmengrundsätze	2	III. Spezialgesetzliche Vorgaben	6
I. Rechtsformzusatz (§ 3 Satz 1 GenG)	2	IV. Nachschusszusatz	7
II. Handelsrechtliche Firmengrundsätze ...	3	C. **Verfahrensfragen**	8
1. Firmenunterscheidbarkeit	4		

A. Allgemeines

Die Firma der eG ist nach § 17 Abs. 1 und 2 HGB der Name, unter dem sie ihre Geschäfte betreibt, ihre Unterschrift abgibt, klagen und verklagt werden kann. Die Firma ist zudem Grundlage des Firmenschutzes nach § 37 Abs. 1 HGB, § 395 FamFG einerseits und nach §§ 12, 823 BGB, § 37 Abs. 2 HGB, §§ 1, 3 UWG, §§ 14, 15 MarkenG andererseits. Für die Firmierung der eG sind § 3 GenG, die handelsrechtlichen Firmengrundsätze sowie spezielle Regelungen für bestimmte Genossenschaften (s. dazu unter Rdn. 3) maßgeblich.

B. Firmengrundsätze

I. Rechtsformzusatz (§ 3 Satz 1 GenG)

§ 3 Satz 1 GenG verlangt die Verwendung des Rechtsformzusatzes in ausgeschriebener Form »eingetragene Genossenschaft« oder in abgekürzter Form »eG«. Der Zusatz muss exakt in dieser Form erfolgen, kann also nicht mit anderen Buchstabenfolgen zusammengesetzt werden und muss als eigenständiges Wort erkennbar sein.

II. Handelsrechtliche Firmengrundsätze

Seit der Neufassung des § 3 GenG durch das HRefG darf die eG grundsätzlich jede Art von Firmennamen führen, also neben der Sachfirma auch eine Personen- oder Fantasiefirma. Allerdings gelten die handelsrechtlichen Grundsätze der – von § 3 Satz 2 GenG zu dem ausdrücklich angeordneten – Firmenunterscheidbarkeit und der Firmenwahrheit und -klarheit.

1. Firmenunterscheidbarkeit

Nach dem Grundsatz der Firmenunterscheidbarkeit muss sich die in das Genossenschaftsregister einzutragende Firma von allen Firmen unterscheiden, die im Handels- und Genossenschaftsregister desselben Ortes bzw. derselben politischen Gemeinde eingetragen sind. Ist die eG an mehreren Orten tätig, gilt dies für alle in den jeweiligen Orten ansässigen Firmen. Der Zusatz »eingetragene Genossenschaft« bzw. »eG« ist hierfür nicht ausreichen (OLG Düsseldorf BB 1961, 1027).

2. Firmenwahrheit und -klarheit

Im Rahmen der Firmenwahrheit und -klarheit, ist insbesondere zu beachten, dass geografische Firmenbestandteile nicht zur Irreführung gereichen dürfen, also eine tatsächlich bestehende räumliche Beziehung der eG zum Ort oder Gebiet zum Ausdruck bringen müssen.

III. Spezialgesetzliche Vorgaben

- Besondere Vorgaben für die Firmierung gelten für
- den Firmenbestandteil »Bank« (§ 39 Abs. 1 KWG),
- den Firmenbestandteil »Sparkasse« (§ 40 KWG),
- den Firmenbestandteil »Versicherung« (§ 4 VAG),
- den Firmenbestandteil »Bausparkasse« (§ 16 BspkG) und
- die Verwendung freiberuflicher Bezeichnungen, akademischer Grade und des Firmenbestandteils »Partner« (§ 11 Abs. 1 PartGG).

IV. Nachschusszusatz

Seit dem Genossenschaftsänderungsgesetz ist auch ein Firmenzusatz zulässig, der über die Nachschusspflicht der Mitglieder unterrichtet.

§ 5 GenG Form der Satzung

C. Verfahrensfragen

8 Meldet die eG eine unzulässige Firma an, ist die Eintragung der eG oder die Firmenänderung abzulehnen. Trägt das Registergericht eine unzulässige Firma ein oder wird die Firma nach Eintragung unzulässig, kann eine Löschung der eG bzw. der Firmenänderung nur unter den Voraussetzungen der §§ 94, 95 GenG von Amts wegen erfolgen. Zuvor hat das Registergericht der eG aber die Möglichkeit zu geben, für Abhilfe zu sorgen. Ungeachtet dessen haben alle Mitglieder und Organmitglieder die Befugnis, eine Nichtigkeitsklage nach § 94 GenG zu erheben.

§ 4 Mindestzahl der Mitglieder

Die Zahl der Mitglieder muss mindestens drei betragen.

1 Das Genossenschaftsänderungsgesetz hat die Mindestzahl der Mitglieder von sieben auf drei Personen reduziert, um so die Attraktivität der eG zu erhöhen. Die Satzung kann entweder eine höhere Mindestmitgliedszahl oder exakt die Mitgliedszahl von drei Personen festlegen, jedoch keine niedrigere Zahl. Wird die eG trotz nicht Erreichens der Mindestmitgliedszahl eingetragen, ist sie zunächst wirksam. Sie ist jedoch auf Antrag des Vorstandes oder nach Ablauf einer Wartefrist von 6 Monaten von Amts wegen zu löschen (§ 80 Abs. 1 GenG). Gleiches gilt, wenn die Mitgliedszahl erst nach der Eintragung unter die Grenze des § 4 GenG sinkt. Ein Auflösungsbeschluss ist zu unterlassen oder aufzuheben, wenn zumindest absehbar ist, dass durch Neubeitritte alsbald wieder die Mindestzahl erreicht ist.

§ 5 Form der Satzung

Die Satzung der Genossenschaft bedarf der schriftlichen Form.

Übersicht	Rdn.		Rdn.
A. Allgemeines	1	C. Satzungsänderungen vor Eintragung der eG	3
B. Schriftformerfordernis	2	D. Schriftformmangel	4

A. Allgemeines

1 Die Satzung der eG ist ihre Verfa5ssung und zu unterscheiden von der Satzungserrichtung, d.h. dem Abschluss des Vertrages durch die Gründungsgesellschafter als rechtsgeschäftlichen Akt. Die Satzungserrichtung ist Rechtsgeschäft, die Satzung selbst ist ein Rechtszustand (*K. Schmidt* Gesellschaftsrecht, § 5 I 1b).

B. Schriftformerfordernis

2 Unabhängig von dieser rechtlichen Einordnung bedarf die Satzungserrichtung ebenso wie die Satzungsänderung der Schriftform, wobei die elektronische Form nach § 126 Abs. 3 BGB zulässig ist. Die Gründungssatzung muss mit ihrem gesamten Inhalt schriftlich abgefasst, mit Datum versehen und von allen Gründungsmitgliedern unterzeichnet werden. Ob die Unterzeichnung eines Gründungsprotokolls oder gesonderter Zustimmungserklärungen dem Schriftformerfordernis genügt, ist jedenfalls nicht sicher. Vorsorglich sollte eine solche Verfahrensweise daher vermieden werden.

C. Satzungsänderungen vor Eintragung der eG

3 Ändern die Gründungsgesellschafter die Satzung vor Eintragung der eG, sind zwar die Anforderungen des § 16 noch nicht zu beachten, erforderlich ist aber eine Einigung sämtlicher Gründungsmitglieder, sofern diese nicht in der Satzung für diesen Fall etwas anderes vereinbart haben. Die Satzungsänderung muss von sämtlichen Gründungsmitgliedern unterzeichnet werden, wobei elektronische Form genügt.

D. Schriftformmangel

Wird dem Schriftformerfordernis nicht genügt, hat das Registergericht die Eintragung der eG oder der Satzungsänderung abzulehnen. Erfolgt gleichwohl eine Eintragung, wird der Formmangel geheilt, da die Verletzung des Schriftformerfordernisses nicht zu den Nichtigkeitsgründen des § 95 Abs. 1 GenG zählt.

§ 6 Mindestinhalt der Satzung

Die Satzung muss enthalten:
1. die Firma und den Sitz der Genossenschaft;
2. den Gegenstand des Unternehmens;
3. Bestimmungen darüber, ob die Mitglieder für den Fall, dass die Gläubiger im Insolvenzverfahren über das Vermögen der Genossenschaft nicht befriedigt werden, Nachschüsse zur Insolvenzmasse unbeschränkt, beschränkt auf eine bestimmte Summe (Haftsumme) oder überhaupt nicht zu leisten haben;
4. Bestimmungen über die Form für die Einberufung der Generalversammlung der Mitglieder sowie für die Beurkundung ihrer Beschlüsse und über den Vorsitz in der Versammlung; die Einberufung der Generalversammlung muss durch unmittelbare Benachrichtigung sämtlicher Mitglieder oder durch Bekanntmachung in einem öffentlichen Blatt erfolgen; das Gericht kann hiervon Ausnahmen zulassen; die Bekanntmachung im Bundesanzeiger genügt nicht;
5. Bestimmungen über die Form der Bekanntmachungen der Genossenschaft sowie Bestimmung der öffentlichen Blätter für Bekanntmachungen, deren Veröffentlichung in öffentlichen Blättern durch Gesetz oder Satzung vorgeschrieben ist.

§ 7 Weiterer zwingender Satzungsinhalt

Die Satzung muss ferner bestimmen:
1. den Betrag, bis zu welchem sich die einzelnen Mitglieder mit Einlagen beteiligen können (Geschäftsanteil), sowie die Einzahlungen auf den Geschäftsanteil, zu welchen jedes Mitglied verpflichtet ist; diese müssen bis zu einem Gesamtbetrage von mindestens einem Zehntel des Geschäftsanteils nach Betrag und Zeit bestimmt sein;
2. die Bildung einer gesetzlichen Rücklage, welche zur Deckung eines aus der Bilanz sich ergebenden Verlustes zu dienen hat, sowie die Art dieser Bildung, insbesondere den Teil des Jahresüberschusses, welcher in diese Rücklage einzustellen ist, und den Mindestbetrag der letzteren, bis zu dessen Erreichung die Einstellung zu erfolgen hat.

Übersicht	Rdn.		Rdn.
A. Allgemeines	1	E. Notwendiger Inhalt der Satzung nach § 7 GenG	11
B. Unvollständigkeit der Satzung	2	I. Geschäftsanteil	11
C. Richterliche Inhaltskontrolle	3	II. Geschäftsguthaben	12
D. Notwendiger Inhalt der Satzung nach § 6 GenG	4	III. Pflichteinzahlungen	13
I. Firma und Sitz (Nr. 1)	4	1. Grundsatz	13
II. Unternehmensgegenstand (Nr. 2)	7	2. Staffelung	14
III. Nachschusspflicht (Nr. 3)	8	3. Einlagearten	15
IV. Formvorschriften für die Generalversammlung (Nr. 4)	9	4. Befreiung von der Zahlungspflicht	16
V. Bekanntmachungen (Nr. 5)	10	5. Erhöhung der Einzahlungspflicht	17
		IV. Gesetzliche Rücklagen	18

A. Allgemeines

Die §§ 6 bis 8 GenG regeln den wesentlichen Inhalt der Satzung. Diese stellt die Basis für die Rechtsbeziehungen zwischen den Mitgliedern und der eG dar. Systematisch muss zwischen dem obligatorischen (§§ 6, 7, 36 Abs. 1 Satz 2 GenG) und fakultativen Satzungsinhalt (§ 7a) differenziert werden. Änderungen der Satzung bedürfen eines Beschlusses der Generalversammlung (§ 16 GenG) bzw. der Vertreterversammlung (§ 43a GenG). Auch außerhalb des GenG finden sich Bestimmungen über den Satzungsinhalt (z. B. im KWG).

B. Unvollständigkeit der Satzung

2   Fehlt ein obligatorischer Satzungsbestandteil (§§ 6, 7, 36 Abs. 1 Satz 2 GenG), ist die Satzung mangelhaft. Dies hat zur Folge, dass das Registergericht die Eintragung der Genossenschaft ablehnen muss. So hat das Registergericht vor der Eintragung die Satzung auf ihre Vollständigkeit zu überprüfen (§ 11a Abs. 3 GenG). Ist die Eintragung dennoch erfolgt, ist die eG zunächst wirksam entstanden, kann aber auf Nichtigkeitsklage eines Genossen, eines Vorstandsmitgliedes oder eines Aufsichtsratsmitgliedes durch Urteil für nichtig erklärt (§§ 94 ff. GenG) oder von Amts wegen gelöscht werden (§§ 397, 395 Abs. 1 FamFG i. V. m. §§ 94 ff. GenG). Allerdings besteht eine Heilungsmöglichkeit durch Nachholung der fehlenden Satzungsbestimmung bis zur Rechtskraft des Urteils oder des gerichtlichen Auflösungsbeschlusses (*Beuthien* § 6 Rn. 3).

C. Richterliche Inhaltskontrolle

3   Der Satzungsinhalt unterliegt nicht den §§ 305 ff. BGB, da diese gem. § 310 Abs. 4 Satz 1 BGB auf das Gesellschaftsrecht keine Anwendung findet. Dieser Ausschluss erfasst Regelungen bezüglich der Kundenbeziehungen zwischen der eG und ihren Mitgliedern, soweit diese in der Satzung festgelegt sind. Allerdings bleibt die Möglichkeit einer Satzungskontrolle unter Zugrundelegung des § 242 BGB unberührt.

D. Notwendiger Inhalt der Satzung nach § 6 GenG

I. Firma und Sitz (Nr. 1)

4   Die **Firma** (§ 3 GenG) muss im vollen Wortlaut, einschließlich des Zusatzes »eingetragene Genossenschaft« oder »eG« in die Satzung aufgenommen werden. Jede Änderung der Firma bedarf einer Satzungsänderung (§ 16 Abs. 4 GenG). Enthält die Satzung eine Regelung über eine unzulässige Firma, fehlt ein notwendiger Bestandteil der Satzung.

5   Der **Sitz** der eG ist eine in der Bundesrepublik Deutschland gelegene Gemeinde. Der Sitz wird durch die Satzung bestimmt und nicht durch die Lage der Geschäftsräume oder den Ort der Tätigkeit (BayObLG DB 1981, 1128 (zur GmbH)). Der Sitz begründet die Zuständigkeit des Registergerichts (§ 10 GenG), den allgemeinen Gerichtsstand (§ 17 ZPO) sowie den besonderen Gerichtsstand der Mitgliedschaft (§ 22 ZPO). Nach bislang herrschender Meinung muss die eG zu dem Ort des Sitzes unter Zugrundelegung des Rechtsgedankens des § 5 Abs. 2 AktG eine konkrete juristische oder betriebliche Beziehung haben (BayObLG DB 1981, 1128). Fraglich ist, ob dieses Erfordernis auch in Zukunft aufrechterhalten werden kann, bringt der Gesetzentwurf der Bundesregierung zur »Modernisierung des GmbH-Rechts und zur Bekämpfung von Missbräuchen (MoMiG)« durch die Aufhebung dieser Norm zum Ausdruck, dass es künftig möglich sein soll, die Geschäftstätigkeit im Rahmen einer (Zweig-) Niederlassung ausschließlich außerhalb des deutschen Hoheitsgebiets zu entfalten (vgl. S. 67 des RegE MoMiG vom 23.05.2007). Dies umfasst aber als Minus auch die Möglichkeit eines solchen Vorgehens innerhalb der Landesgrenzen. De lege lata wird man aber an dem von der herrschenden Meinung aufgestellten Beziehungserfordernis festhalten müssen.

6   Eine **Sitzverlegung** erfolgt durch Satzungsänderung (§ 16 Abs. 4 GenG). Diese wird erst mit der Eintragung in das Genossenschaftsregister am bisherigen Sitz wirksam und nicht bereits mit der tatsächlichen Verlegung der Verwaltung an einen anderen Ort. **Kreditgenossenschaften** haben die Sitzverlegung dem Bundesanstalt und der deutschen Bundesbank unverzüglich anzuzeigen (§ 24 Abs. 1 Nr. 5 KWG).

II. Unternehmensgegenstand (Nr. 2)

Der **Unternehmensgegenstand** ist nicht identisch mit dem Förderzweck der eG. Vielmehr umfasst er die Tätigkeit mit der der Zweck i. S. d. § 1 Abs. 1 erreicht werden soll (*Beuthien* § 6 Rn. 7). Der Unternehmensgegenstand dient dem förderwirtschaftlichen Ziel der eG und muss daher mit dem Förderzweck im Einklang stehen. Letzterer bedarf aber nicht der ausdrücklichen Aufnahme in die Satzung. Der Unternehmensgegenstand muss in gemeinverständlicher Sprache hinreichend bestimmt zum Ausdruck gebracht werden (KGJ 14, 47; 34, 151; RGZ 62, 98). Eine bloße, allgemeine Umschreibung ist daher nicht zulässig.

Soweit die eG für ihre Tätigkeit nach öffentlichrechtlichen Bestimmungen einer **staatlichen Genehmigung** bedarf, darf die Eintragung erst erfolgen, wenn ihr Vorhandensein dem Registergericht nachgewiesen worden ist. Für die **Kreditgenossenschaft** folgt dies aus unmittelbar aus § 43 Abs. 1 KWG. Das Registergericht legt seiner Prüfung die unternehmerische Tätigkeit, die die eG tatsächlich ausüben soll und nicht diejenige, die nach Fassung des Unternehmensgegenstandes theoretisch denkbar wäre, zugrunde (OLG Celle NJW 1964, 1964).

Die nachträgliche **Änderung des Unternehmensgegenstandes** bedarf einer Satzungsänderung (§ 16 Abs. 2 Nr. 1). Für den Fall einer wesentlichen Änderung des Unternehmensgegenstandes besteht unter den Voraussetzungen des § 67a Abs. 1 ein außerordentliches Kündigungsrecht.

III. Nachschusspflicht (Nr. 3)

Die **Nachschusspflicht** der Mitglieder besteht nur im Innenverhältnis. Allerdings eröffnet das GenG die Möglichkeit, diese auf eine bestimmte Summe zu begrenzen (sog. **Haftsumme**) oder sie gänzlich auszuschließen. Die Gläubiger der eG werden über § 22a Abs. 1 i. V. m. § 22 Abs. 1 bis 3 GenG gewarnt und gesichert. Enthält die Satzung keinerlei Angaben über das Bestehen einer Nachschusspflicht, besteht – soweit die eG aufgrund dieses Satzungsmangels nicht bereits für nichtig erklärt oder von Amts wegen gelöscht wurde – aus Gründen des Gläubigerschutzes eine unbeschränkte Nachschusspflicht der Mitglieder (§ 105 GenG a. E.). Im Übrigen erfolgt eine weitere Absicherung der Gläubiger über die genossenschaftliche Pflichtprüfung durch den Prüfungsverband, welche sich sowohl auf die wirtschaftlichen Verhältnisse als auch auf die Ordnungsmäßigkeit der Geschäftsführung erstreckt (§ 53 Abs. 1 GenG).

IV. Formvorschriften für die Generalversammlung (Nr. 4)

Die **Form der Einberufung** der Generalversammlung ist zwingend in der Satzung zu regeln. Die Berufung der Generalversammlung kann entweder durch die unmittelbare **Benachrichtigung** sämtlicher Mitglieder oder durch **Bekanntmachung** in einem öffentlichen Blatt erfolgen. Die Satzung kann auch beide Arten alternativ oder kumulativ sowie weitere Regelungen (z. B. Benachrichtigung durch einen eingeschriebenen Brief) vorsehen. Das Veröffentlichungsblatt ist namentlich zu bezeichnen. Dabei muss es sich um eine allgemein zugängliche Zeitung oder Zeitschrift handeln. Das Gericht kann Ausnahmen zulassen. Eine Bekanntmachung im Bundesanzeiger genügt nicht.

Die Satzung muss Bestimmungen über die **Beurkundung der Beschlüsse** der Generalversammlung enthalten. Darunter ist allerdings nicht eine förmliche Beurkundung zu verstehen, sondern die Art und Weise der einfachen Niederschrift der Beschlüsse. Es ist ausreichend, wenn auch als Mindestinhalt der Satzung zugleich erforderlich, dass in der Ergebnisniederschrift auf § 47 GenG verwiesen oder eine vergleichbare Regelung getroffen wird. Darüber hinaus sind weitere Bestimmungen möglich (z. B. Anwesenheitsliste, Verlesung der Beschlüsse etc.).

Der **Vorsitz der Generalversammlung** kann nur von einem Mitglied der eG übernommen werden. Dies folgt aus dem genossenschaftlichen Grundsatz der Selbstverwaltung. Das Statut muss nur das generelle Besetzungsverhältnis regeln und nicht die betroffenen Personen. Häufig wird durch Statut der jeweilige Aufsichtsratsvorsitzende zum Leiter der Generalversammlung bestimmt. Der Vorsitzende hat nur die formelle Leitung der Versammlung inne, nicht aber weiter gehende materielle Befugnisse.

Den **Ort** der Generalversammlung braucht die Satzung nicht zu regeln. Schweigt die Satzung, hat die Generalversammlung am Sitz der eG stattzufinden.

V. Bekanntmachungen (Nr. 5)

10 Die Satzung muss auch Bestimmungen über die **Form der Bekanntmachungen** der eG enthalten sowie über die öffentlichen Blätter, in welche die Bekanntmachungen aufzunehmen sind. Bekannt zu machen sind alle diejenigen Tatsachen, deren Veröffentlichung das GenG oder die Satzung vorschreibt (z. B. Einberufung der Generalversammlung) und die den gesellschaftsrechtlichen Bereich treffen (BT-Drucks. 16/1025 S. 81). Sieht das Gesetz keine Veröffentlichung in den öffentlichen Blättern zwingend vor, ist die eG frei in der Satzung die Form der Bekanntmachung festzulegen (BT-Drucks. 16/1025 S. 81). Ausreichend ist in diesen Fällen eine schriftliche Mitteilung (z. B. Mitgliederzeitschrift oder E-Mail). Bekanntmachungsorgan kann nur ein **öffentliches Blatt** sein, welches im Geschäftsbereich der eG regelmäßig in deutsche Sprache erscheint. Die Bekanntmachungen müssen vollständig sein und grundsätzlich in deutscher Sprache erfolgen. Im Zuge der Vereinheitlichung des deutschen Wirtschaftsraumes sind aber auch Bekanntmachungen in anderen Sprachen zulässig, soweit dies sachlich geboten und den Mitgliedern zumutbar ist.

E. Notwendiger Inhalt der Satzung nach § 7 GenG

I. Geschäftsanteil

11 Der Geschäftsanteil ist eine in der Satzung festzulegende Beteiligungsgröße, die den Höchstbetrag einer Einlage mit dem sich die Mitglieder einer eG beteiligen können, bezeichnet. Er ist nicht der Inbegriff aller Mitgliedschaftsrechte und streng von dem **Geschäftsguthaben** zu unterscheiden. Der Geschäftsanteil i. S. d. § 7 Nr. 1 GenG ist eine bloße Rechengröße, welche in der Bilanz nicht erscheint, da sie nicht die tatsächliche, sondern nur die höchstmögliche finanzielle Beteiligung des Genossen angibt. Die Satzung muss den Betrag des Geschäftsanteils ziffernmäßig festlegen. Er muss für alle Mitglieder gleich sein. Eine ungleiche Bemessung ist unzulässig. Einen Mindest- oder Höchstbetrag sehen weder das GenG noch sonstige Vorschriften vor. Der Geschäftsanteil sollte aber auf volle Euro lauten und mindestens 1,– € betragen. Die Satzung kann die **Beteiligung mit mehreren Geschäftsanteilen** zulassen oder eine solche Beteiligung zur Pflicht machen (§ 7a GenG). Der Geschäftsanteil kann **erhöht** (§ 16 Abs. 2 Nr. 2 GenG), **herabgesetzt** (§ 22 GenG), **zerlegt** (§§ 16 Abs. 2 Nr. 8, 22b GenG) oder mit anderen Geschäftsanteilen **zusammengelegt** werden. Letzteres ist zwar gesetzlich nicht geregelt, ist aber dennoch für zulässig zu erachten.

II. Geschäftsguthaben

12 Das Geschäftsguthaben ist der Betrag, mit dem das Mitglied tatsächlich finanziell an der eG beteiligt ist. Es ist Bestandteil des Eigenkapitals der eG und stellt im Gegensatz zum konstanten Geschäftsanteil eine variable Größe dar. Das Geschäftsguthaben setzt sich aus den Einlagen der Genossen sowie den Gewinnzuweisungen zusammen und mindert sich durch Verlustabschreibungen. Als tatsächlicher Wert erscheint es in der Bilanz. Das Geschäftsguthaben darf den Geschäftsanteil nicht übersteigen. Soweit dies dennoch erfolgt ist, liegt kein gesellschaftsrechtliches Geschäftsguthaben oder sonstige Kapitaleinlagen der Mitglieder vor, sondern eine schuldrechtliche Verpflichtung der eG gegenüber ihren Mitgliedern. Diese ist – soweit keine Stundungs- oder Darlehensabrede getroffen wurde – sofort zu erfüllen (*Beuthien* § 7 Rn. 4).

Das Geschäftsguthaben ist der Vermögenswert der Mitgliedschaft und ist insbesondere von Bedeutung für die Gewinn- und Verlustverteilung (§ 19 GenG), die Verzinsung (§ 21a GenG), die Bilanzaufstellung (§ 33 GenG), die Auseinandersetzung (§ 73 GenG) und die Liquidation (§ 91 GenG).

III. Pflichteinzahlungen

1. Grundsatz

Das GenG verlangt lediglich, dass die Satzung für mindestens 10% des Geschäftsanteils nach Betrag und Fälligkeitszeitpunkt die Einzahlungspflicht festlegt (§ 7 Nr. 1 GenG). Der Betrag muss ziffernmäßig, der Fälligkeitszeitpunkt nach dem Kalender bestimmt sein, eine bloße Bestimmbarkeit genügt nicht. Über die verbleibenden 90% zum gesamten Geschäftsteil muss die Satzung keine Regelung enthalten. Es besteht keine Volleinzahlungspflicht. Allerdings ist es möglich, in der Satzung höhere Einzahlungspflichten, bis hin zur vollen Höhe des Geschäftsanteils zu normieren. In Ermangelung einer solchen Regelung, liegt es bei der Generalversammlung, die weiteren Zahlungspflichten durch Beschluss festzulegen (§§ 50, 87a GenG). Für den Fall der Übernahme mehrerer Geschäftsanteile im Rahmen einer Pflichtbeteiligung gilt die Regelungspflicht i. H. v. 10% für jeden einzelnen Geschäftsanteil.

2. Staffelung

Die Satzung kann **gestaffelte Pflichteinzahlungen** festlegen. Sofern dafür eine sachliche Begründung besteht, können unterschiedlich hohe Einzahlungspflichten für die einzelnen Mitglieder festgelegt werden. Eine **nachträgliche Staffelung** der Pflichteinzahlung bedarf einer Satzungsänderung, die mit einer Mehrheit von drei Viertel der in der Generalversammlung abgegebenen Stimmen (§ 16 Abs. 4 GenG).

3. Einlagearten

Die Pflichteinzahlung muss der eG in voller Höhe tatsächlich zufließen. Üblich sind **Geldeinlagen**. Eine Aufrechnung des Mitgliedes mit der Pflichteinzahlung ist unzulässig (§ 22 Abs. 5 GenG). Die eG kann nur dann aufrechnen, wenn die Gegenforderung des Mitglieds fällig ist und die eG diese mit Sicherheit erfüllt hätte. **Sacheinlagen** sind, soweit sie aus verwertbaren Vermögensgütern bestehen und zum objektiv nachhaltigen Verkehrswert erfolgen, zulässig, da sie gesetzlich weder untersagt noch zweckwidrig sind. Auch **Dienstleistungseinlagen** sind zum objektiven Verkehrswert zulässig. Dies folgt zum einen aus dem Rechtsgedanken des § 706 Abs. 3 BGB, zum anderen aus dem Selbsthilfecharakter der eG.

4. Befreiung von der Zahlungspflicht

Mit der Einzahlung des Pflichtanteils an die eG wird der Genosse von seiner **Zahlungspflicht befreit**, auch wenn sein Geschäftsguthaben aufgrund von Verlustzuweisungen unter den Pflichteinzahlungsbetrag fällt. Die Einzahlungspflicht lebt dadurch allerdings nicht wieder auf. So wurde diese durch die Bareinzahlung in vollem Umfang erfüllt. Ist die Erfüllung der Einzahlungspflicht hingegen lediglich durch Gewinnzuschreibungen oder Warenrückvergütungen erfolgt, besteht die Einzahlungspflicht fort (RGZ 68, 93; 106, 403).

5. Erhöhung der Einzahlungspflicht

Die Einzahlungspflicht kann betragsmäßig **nachträglich erhöht** werden. Dazu bedarf es eines satzungsändernden Beschlusses der Generalversammlung (§ 16 Abs. 4 GenG), welcher den Mitgliedern wirtschaftlich zumutbar sein muss und sich am Treuegebot zu orientieren (BGHZ 56, 106).

IV. Gesetzliche Rücklagen

Die **Rücklage** ist ein Passivposten der Bilanz, der einen Teil des Aktivvermögens der eG bindet. Gemeint ist nicht etwa die tatsächliche Rücklage realer Vermögenswerte.

Die Satzung darf auf die gesetzliche Rücklage nicht gänzlich verzichten, ist aber in Bezug auf deren Höhe frei. Erforderlich ist die **Festlegung eines Mindestbetrages**, wobei dieser auch in der Nennung von Bruchteilen oder einer anderen variablen Summe (z. B. Wert des Grundbesitzes, des

Umsatzes und des Reingewinns) bestehen kann (KGJ 15, 52). Sofern die Satzung entweder die Gewinnverteilung ausschließt (§ 20 GenG) oder vorsieht, dass ein bestimmter Teil des Gewinnes, ohne Rücksicht auf die Höhe, der gesetzlichen Rücklage zugeführt werden muss, ist die Festlegung entbehrlich.

Die gesetzliche Rücklage darf ausschließlich zur **Ausgleichung** eines bilanziellen Verlustes verwendet werden. Nach dem Ausgleich ist die gesetzliche Rücklage erneut aufzufüllen.

Die Satzung kann auch **freiwillige Rücklagen** vorsehen bzw. können solche durch Beschluss der Generalversammlung gebildet werden. Deren Verwendung unterliegt keinen Beschränkungen.

§ 7a Mehrere Geschäftsanteile; Sacheinlagen

(1) ¹Die Satzung kann bestimmen, dass sich ein Mitglied mit mehr als einem Geschäftsanteil beteiligen darf. ²Die Satzung kann eine Höchstzahl festsetzen und weitere Voraussetzungen aufstellen.

(2) ¹Die Satzung kann auch bestimmen, dass die Mitglieder sich mit mehreren Geschäftsanteilen zu beteiligen haben (Pflichtbeteiligung). ²Die Pflichtbeteiligung muss für alle Mitglieder gleich sein oder sich nach dem Umfang der Inanspruchnahme von Einrichtungen oder anderen Leistungen der Genossenschaft durch die Mitglieder oder nach bestimmten wirtschaftlichen Merkmalen der Betriebe der Mitglieder richten.

(3) Die Satzung kann Sacheinlagen als Einzahlungen auf den Geschäftsanteil zulassen.

Übersicht	Rdn.		Rdn.
A. Beteiligung mit mehreren Geschäftsanteilen (Abs. 1)	1	B. Pflichtbeteiligung mit mehreren Geschäftsanteilen (Abs. 2)	4
		C. Zulässigkeit von Sacheinlagen (Abs. 3) ..	5

A. Beteiligung mit mehreren Geschäftsanteilen (Abs. 1)

1 Ein Genosse kann sich nur dann mit mehr als einem Geschäftsanteil beteiligen, wenn die Satzung dies ausdrücklich zulässt (Abs. 1 Satz 1). Die Satzung kann zusätzlich eine Höchstzahl an Geschäftsanteilen, die ein Mitglied halten darf, festsetzen und weitere Voraussetzungen für den Erwerb zusätzlicher Geschäftsanteile aufstellen (Abs. 1 Satz 2). Hierbei ist jeweils der Gleichbehandlungsgrundsatz zu beachten. Die Höchstzahl muss für alle Mitglieder gleich sein. Sieht die Satzung keine Höchstzahl vor, können sich Mitglieder grundsätzlich mit einer beliebigen Anzahl an Geschäftsanteilen beteiligen. Die Satzung kann allerdings sachliche Gründe für eine Differenzierung vorgeben, bspw. die Dauer der Mitgliedschaft oder die Größe des Unternehmens des Mitglieds.

2 Die Durchführung des Erwerbs weiterer Geschäftsanteile richtet sich nach §§ 15 bis 15b GenG. Durch den Erwerb weiterer Geschäftsanteile erwirbt das Mitglied keine weiteren Mitgliedschaften. Die Mitgliedschaft bleibt vielmehr eine einheitliche.

3 Durch Satzungsänderung kann die Anzahl zulässiger Geschäftsanteile nachträglich verringert werden. Hält das Mitglied bei Wirksamwerden der Satzungsänderung bereits eine höhere Anzahl an Geschäftsanteilen, ändert sich an deren Wirksamkeit nichts. Das Mitglied ist aufgrund seiner Treuepflicht allerdings verpflichtet, die die Höchstzahl übersteigenden Geschäftsanteile zu kündigen.

B. Pflichtbeteiligung mit mehreren Geschäftsanteilen (Abs. 2)

4 Die Satzung kann auch eine Pflichtbeteiligung mit mehreren Geschäftsanteilen anordnen. Dies kann so gestaltet sein, dass alle Mitglieder mit derselben Anzahl von Geschäftsanteilen beteiligt sein müssen, oder dass sich die Anzahl der zu haltenden Geschäftsanteile von den in Abs. 2 Satz 2, 2. Alt. genannten Staffelmerkmalen (Umfang der Inanspruchnahme von Einrichtungen oder anderen

Leistungen der eG, bestimmte wirtschaftliche Merkmale der Betriebe der Mitglieder) abhängig gemacht wird.

C. Zulässigkeit von Sacheinlagen (Abs. 3)

Der durch das Genossenschaftsänderungsgesetz eingeführte Abs. 3 regelt, dass die Satzung Einzahlungen in Form von Sacheinlagen zulassen kann, und klärt damit eine zuvor umstrittene Frage. Erforderlich ist allerdings, das der wirtschaftliche Wert der Sacheinlage feststellbar und vom Prüfungsverband begutachtet werden kann (BT-Drucks. 16/1025, S. 81). Dienstleistungen dürften analog § 27 Abs. 2 Halbs. 2 AktG nicht als Sacheinlage in Betracht kommen, sofern die Satzung ein Mindestkapital vorsieht (§ 8a GenG). 5

§ 8 Satzungsvorbehalt für einzelne Bestimmungen

(1) Der Aufnahme in die Satzung bedürfen Bestimmungen, nach welchen:
1. die Genossenschaft auf eine bestimmte Zeit beschränkt wird;
2. Erwerb und Fortdauer der Mitgliedschaft an den Wohnsitz innerhalb eines bestimmten Bezirks geknüpft wird;
3. das Geschäftsjahr, insbesondere das erste, auf ein mit dem Kalenderjahr nicht zusammenfallendes Jahr oder auf eine kürzere Dauer als auf ein Jahr bemessen wird;
4. die Generalversammlung über bestimmte Gegenstände nicht mit einfacher, sondern mit einer größeren Mehrheit oder nach weiteren Erfordernissen beschließen kann;
5. die Ausdehnung des Geschäftsbetriebes auf Personen, welche nicht Mitglieder der Genossenschaft sind, zugelassen wird.

(2) ¹Die Satzung kann bestimmen, dass Personen, die für die Nutzung oder Produktion der Güter und die Nutzung oder Erbringung der Dienste der Genossenschaft nicht in Frage kommen, als investierende Mitglieder zugelassen werden können. ²Sie muss durch geeignete Regelungen sicherstellen, dass investierende Mitglieder die anderen Mitglieder in keinem Fall überstimmen können und dass Beschlüsse der Generalversammlung, für die nach Gesetz oder Satzung eine Mehrheit von mindestens drei Vierteln der abgegebenen Stimmen vorgeschrieben ist, durch investierende Mitglieder nicht verhindert werden können. ³Die Zulassung eines investierenden Mitglieds bedarf der Zustimmung der Generalversammlung; abweichend hiervon kann die Satzung die Zustimmung des Aufsichtsrats vorschreiben. ⁴Die Zahl der investierenden Mitglieder im Aufsichtsrat darf ein Viertel der Aufsichtsratsmitglieder nicht überschreiten.

Übersicht	Rdn.		Rdn.
A. Allgemeines	1	III. Geschäftsjahr	4
B. Regelungsgegenstände des Abs. 1	2	IV. Beschlussfassung in der Generalversammlung	5
I. Beschränkung der Genossenschaft auf eine bestimmte Zeit	2	V. Nichtmitgliedergeschäft	6
II. Knüpfung der Mitgliedschaft an den Wohnsitz	3	C. Investierende Mitglieder	8

A. Allgemeines

Die Vorschrift ergänzt die den zwingend notwendigen Satzungsinhalt regelnden §§ 6 und 7 um solche Regelungsgegenstände, die zwar einerseits fakultativ sind, andererseits aber wegen ihrer besonderen Bedeutung für die Mitglieder zur Rechtswirksamkeit zwingend in die Satzung aufgenommen werden müssen. § 8 ist in zweierlei Hinsicht nicht abschließend. Zum einen sind weitere Regelungsgegenstände, die rechtswirksam nur durch Aufnahme in die Satzung geregelt werden können, in Einzelvorschriften genannt. § 8a (Mindestkapital), § 19 Abs. 2 (Maßstab der Gewinnverteilung), § 20 (Reservefonds), § 21a (Verzinsung), § 25 (Vertretungsbefugnis des Vorstands), § 27 Abs. 1 (Beschränkungen der Leitungsmacht des Vorstands), § 36 Abs. 1 (Anzahl- und Beschlussfähigkeit 1 der Aufsichtsratsmitglieder), § 38 Abs. 3 (Obliegenheiten des Aufsichtsrats), § 43 (Generalversammlung und Mehrstimmrechte), § 43a Abs. 1 (Vertreterversammlung), § 65 Abs. 2 (Kündigungsfrist), § 68 Abs. 2 (weitere Ausschlussgründe), § 73 Abs. 4 (Auszahlungsmodalitäten), § 76 (Übertragung des Geschäftsguthabens), § 77 (Fortsetzung der Mitgliedschaft durch die Erben), § 78 (Erfordernisse für die Auflösung), § 87a (Mehrheitserfordernisse für die Einzahlung auf Geschäftsguthaben), § 91 Abs. 3 (Vermögensverteilung) und § 121 (Haftsummenausschluss). Zum anderen kann die Satzung weitere Gegenstände benennen, die über die gesetzliche Regelung hinaus nur durch eine Satzungsbestimmung geregelt werden können.

B. Regelungsgegenstände des Abs. 1

I. Beschränkung der Genossenschaft auf eine bestimmte Zeit

2   Soll die eG mit Zeitablauf automatisch aufgelöst sein (§ 79), muss der Endtermin durch Angabe eines Datums, einer Laufzeit oder eines bestimmten Ereignisses bestimmt oder wenigstens bestimmbar sein. Nicht genügend ist eine Regelung, die die Beschränkung der eG von einem Ereignis abhängig macht, dessen Eintritt sich nur durch eine wertende Betrachtung und nicht ausschließlich anhand ohne Weiteres feststellbarer Tatsachen beurteilen lässt.

II. Knüpfung der Mitgliedschaft an den Wohnsitz

3   Der Bezirk muss lediglich klar abgegrenzt sein, nicht aber mit einer bestimmten Gebietskörperschaft übereinstimmen. Beantragt eine Person ohne Wohnsitz im in der Satzung festgelegten Bezirk die Mitgliedschaft in der eG, kann der Beitritt abgelehnt werden. Ein erfolgter Beitritt ist hingegen wirksam. Es kommt allenfalls ein Kündigungsrecht der eG in Betracht, sofern der fehlende Wohnsitz bei der Zulassung des Beitritts nicht bekannt war. Verlegt ein Mitglied seinen Wohnsitz, führt dies nicht zu einem automatischen Verlust der Mitgliedschaft, sondern nur zu einem Sonderkündigungsrecht des Mitglieds und der eG.

III. Geschäftsjahr

4   Soll das Geschäftsjahr mit dem Kalenderjahr übereinstimmen, bedarf es keiner Satzungsregelung. Jede Abweichung hiervon muss in der Satzung geregelt werden. Zulässig sind eine Verkürzung des Geschäftsjahres auf einen Zeitraum von weniger als 12 Monaten sowie eine Verschiebung von Beginn und Ende des Geschäftsjahres im Vergleich zum Kalenderjahr. Unzulässig ist eine Verlängerung des Geschäftsjahres auf einen Zeitraum von mehr als 12 Monaten (§ 39 HGB).

IV. Beschlussfassung in der Generalversammlung

5   Nr. 4. betrifft Beschlussfassungen, für die § 43 Abs. 2 die einfache Stimmenmehrheit genügen lässt. Hiervon kann nur durch Satzungsbestimmung abgewichen werden. Zulässig ist es, die Beschlussfassung von schärferen Anforderungen als die der einfachen Mehrheit abhängig zu machen, bspw. von einer qualifizierten Mehrheit, der absoluten Mehrheit, der Einstimmigkeit der in der Versammlung anwesenden Mitglieder oder aller Mitglieder oder davon, dass eine Mindestanzahl an Mitgliedern bei der Beschlussfassung anwesend ist. Unzulässig sind dagegen Satzungsbestimmungen.
- die die Beschlussfassung von Anforderungen unterhalb der einfachen Mehrheit vorsieht (zu Ausnahmen s. Lang/Weidmüller/*Schulte*, § 8 Rn. 6),
- oder die gegen den Gleichbehandlungsgrundsatz verstoßen, weil sie entweder eine unterschiedliche Gewichtung der Stimmen verschiedener Mitglieder regeln oder die Beschlussfassung von der Zustimmung bestimmter Mitglieder oder Mitgliedergruppen abhängig machen.

V. Nichtmitgliedergeschäft

6   Nr. 5 ist Ausdruck des Förderauftrags der eG. Den Förderzweck betreffende Geschäfte kann die eG grundsätzlich nur mit Mitgliedern abschließen. Hiervon kann nur durch eine Satzungsbestimmung abgewichen werden. Die Gestaltbarkeit unterliegt allerdings Grenzen. Die Nichtmitgliedergeschäfte

müssen dem Förderauftrag gegenüber den Mitgliedern dienen, dürfen nicht zum Hauptzweck der eG werden und nicht zum Zwecke der Gewinnerzielung verfolgt werden.

Von den Zweckgeschäften abzugrenzen sind Gegengeschäfte, Hilfsgeschäfte, Notgeschäfte und Ergänzungsgeschäfte (z. B. s. Lang/Weidmüller/*Schulte* § 8 Rn. 10). Solche Geschäfte können grundsätzlich auch ohne Satzungsbestimmung mit Nichtmitgliedern getätigt werden.

Schließt die eG ein Zweckgeschäft ohne erforderliche Satzungsbestimmung mit einem Nichtmitglied ab, ist das Geschäft wirksam. Nr. 5 stellt kein gesetzliches Verbot i. S. d. § 134 BGB dar. Der Verstoß bedeutet jedoch eine Pflichtverletzung der Geschäftsleitung und kann eine Schadensersatzhaftung begründen. 7

C. Investierende Mitglieder

Abs. 2 ist durch das Genossenschaftsänderungsgesetz eingeführt worden und ermöglicht der eG, investierende Mitglieder aufzunehmen. Investierende Mitglieder kennzeichnen sich dadurch, dass sie für die Nutzung oder Produktion der Güter, oder für die Nutzung der Erbringung der Dienste der eG nicht infrage kommen. Im Grundsatz haben investierende Mitglieder dieselben mitgliedschaftlichen Rechte wie zu fördernde Mitglieder. Zum Schutz der zu fordernden Mitglieder s. Abs. 2 Einschränkungen vor: 8
– Die Satzung muss sicherstellen, dass die zu fördernden Mitglieder nicht überstimmt und Beschlüsse, die nach Gesetz oder Satzung (Abs. 1 Nr. 4) einer qualifizierten Mehrheit von 3/4 der abgegebenen Stimmen bedürfen, von den investierenden Mitglieder nicht verhindert werden können. Diese Beschränkung soll nicht in den Fällen bestehen, in den die erforderliche Mehrheit für das Zustandekommen eines Beschlusses auf den Stimmen der investierenden Mitglieder beruht.
– Die Zulassung eines investierenden Mitglieds bedarf der Zustimmung der Generalversammlung, alternativ bei entsprechender Satzungsbestimmung der Zustimmung des Aufsichtsrats.
– Höchstens 1/4 der Aufsichtsratsmitglieder dürfen investierende Mitglieder sein. Für die Zusammensetzung des Vorstands sieht das GenG keine entsprechende Beschränkung vor.

§ 8a Mindestkapital

(1) In der Satzung kann ein Mindestkapital der Genossenschaft bestimmt werden, das durch die Auszahlung des Auseinandersetzungsguthabens von Mitgliedern, die ausgeschieden sind oder einzelne Geschäftsanteile gekündigt haben, nicht unterschritten werden darf.

(2) ¹Bestimmt die Satzung ein Mindestkapital, ist die Auszahlung des Auseinandersetzungsguthabens ausgesetzt, solange durch die Auszahlung das Mindestkapital unterschritten würde. ²Das Nähere regelt die Satzung.

Übersicht	Rdn.		Rdn.
A. Allgemeines	1	C. Rechtsfolge	3
B. Ausgestaltung des Mindestkapitals	2		

A. Allgemeines

Die durch das Genossenschaftsänderungsgesetz eingeführte Vorschrift ermöglicht der eG, die anders als die Kapitalgesellschaften nicht von Gesetzes wegen über ein Mindestkapital verfügen muss, in der Satzung ein Mindestkapital festzulegen, das durch die Auszahlung von Auseinandersetzungsguthaben nicht unterschritten werden darf. Durch eine solche Selbstbeschränkung kann die eG unter Umständen ihre Kreditwürdigkeit erheblich verbessern (vgl. Lang/Weidmüller/*Schulte* § 8a Rn. 2). Bilanziert sie nach IAS/IFRS, birgt die prinzipiell freie Rückzahlbarkeit des Geschäftsguthabens nach IAS 32 die Gefahr, dass das Geschäftsguthaben eine Verbindlichkeit und kein Eigenkapital 1 darstellt. Wird demgegenüber durch Satzungsbestimmung die Auszahlung des Geschäftsguthabens solange gesperrt, wie ansonsten das festgelegte Mindestkapital unterschritten würde, kann das Geschäftsguthaben als Eigenkapital bilanziert werden.

B. Ausgestaltung des Mindestkapitals

2 Für die Ausgestaltung des Mindestkapitals macht § 8a keine Vorgaben. Es kann entweder ein bestimmter Betrag oder ein bestimmter Prozentsatz bezogen auf den Gesamtbetrag der gezeichneten Geschäftsanteile oder der eingezahlten Geschäftsguthaben. Der Nachteil eines bestimmten Betrages besteht im Anpassungsbedürfnis bei Änderungen der Mitgliederzahl. Wächst die Summe der Geschäftsguthaben durch den Beitritt neuer Mitglieder, können die hinzukommenden Geschäftsguthaben nur bei einer entsprechenden Heraufsetzung des Mindestkapitals ebenfalls als Eigenkapital nach IAS/IFRS bilanziert werden. Nimmt die Mitgliederzahl per Saldo ab, wird eine Herabsetzung notwendig, um die Auseinandersetzungsansprüche der austretenden Mitglieder befriedigen zu können. Eine prozentuale Festlegung des Mindestkapitals (vgl. zu Gestaltungsempfehlungen Lang/Weidmüller/*Schulte* § 8a Rn. 4) führt demgegenüber automatisch zu einer Anpassung an die jeweilige Mitgliederzahl.

C. Rechtsfolge

3 Die Rechtsfolge eines in der Satzung bestimmten Mindestkapitals ist nicht gestaltbar, sondern wird durch Abs. 2 Satz 1 zwingend vorgegeben. Eine Auszahlung des Auseinandersetzungsguthabens nach § 73 Abs. 2 Satz 3 ist danach gesperrt, solange durch die Auszahlung das Mindestkapital unterschritten würde.

4 Gestaltbar ist nach Abs. 2 Satz 2 hingegen die Art und Weise der Auszahlung bis zum Erreichen der Grenze des Eigenkapitals. Dies ist insbesondere für den Fall bedeutsam, dass mehrere Mitglieder austreten und die Bedienung der Auseinandersetzungsansprüche erst in ihrer Summe zu einem Unterschreiten des Mindestkapitals führen würden. Unter Gleichbehandlungsgesichtspunkten wird eine quotale Befriedigung der Ansprüche geboten sein (vgl. Lang/Weidmüller/*Schulte* § 8a Rn. 5).

§ 9 Vorstand; Aufsichtsrat

(1) ¹Die Genossenschaft muss einen Vorstand und einen Aufsichtsrat haben. ²Bei Genossenschaften mit nicht mehr als 20 Mitgliedern kann durch Bestimmung in der Satzung auf einen Aufsichtsrat verzichtet werden. ³In diesem Fall nimmt die Generalversammlung die Rechte und Pflichten des Aufsichtsrats wahr, soweit in diesem Gesetz nichts anderes bestimmt ist.

(2) ¹Die Mitglieder des Vorstands und des Aufsichtsrats müssen Mitglieder der Genossenschaft und natürliche Personen sein. ²Gehören der Genossenschaft eingetragene Genossenschaften als Mitglieder an, können deren Mitglieder, sofern sie natürliche Personen sind, in den Vorstand oder Aufsichtsrat der Genossenschaft berufen werden; gehören der Genossenschaft andere juristische Personen oder Personengesellschaften an, gilt dies für deren zur Vertretung befugte Personen.

Übersicht	Rdn.		Rdn.
A. Allgemeines	1	D. Grundsatz der Selbstorganschaft	9
B. Verzicht auf den Aufsichtsrat	5	E. Fakultative Organe	11
C. Notbestellung	8		

A. Allgemeines

1 Die eG muss drei Organe haben: einen Vorstand als Geschäftsleiter und gesetzliche Vertretung der eG (§§ 24 bis 35 GenG), einen Aufsichtsrat (oder im Fall dessen Verzichtbarkeit ein Bevollmächtigter der Generalversammlung) als Überwachungsorgan (§§ 36 bis 41 GenG) und die Generalversammlung als oberstes Willensbildungsorgan (§§ 43 bis 51 GenG). Diese drei Organe dürfen

jeweils nur einmal vorhanden sein. Vorstand und Aufsichtsrat können – anders als bei der Europäischen Genossenschaft (SCE) – nicht zusammengelegt werden.

Der Vorstand muss aus mindestens zwei natürlichen Personen bestehen und wird nach der gesetzlichen Regelung durch die Generalversammlung bestellt und abberufen (§ 24 GenG). Durch Satzungsbestimmung kann diese Zuständigkeit auf den Aufsichtsrat (oder im Fall dessen Verzichtbarkeit auf den Bevollmächtigten der Generalversammlung) übertragen werden. 2

Der Aufsichtsrat muss aus mindestens drei natürlichen Personen bestehen und wird von der Generalversammlung gewählt und abberufen. 3

Die Generalversammlung besteht aus den Mitgliedern der eG. Ab einer Mitgliederzahl von mehr als 1.500 können die Mitglieder eine Vertreterversammlung wählen, die an die Stelle der Generalversammlung tritt. Zulässig ist, der Generalversammlung trotz Wahl einer Vertreterversammlung die Beschlussfassung über bestimmte Gegenstände vorzubehalten. Macht die eG hiervon Gebrauch, tritt die Generalversammlung als viertes Organ neben die Vertreterversammlung. 4

B. Verzicht auf den Aufsichtsrat

Das Genossenschaftsänderungsgesetz hat kleinen Genossenschaften mit nicht mehr als 20 Mitgliedern die Möglichkeit eingeräumt, durch Satzungsbestimmung auf einen Aufsichtsrat zu verzichten (Abs. 1 Satz 2). Die Rechte und Pflichten des Aufsichtsrates werden in einem solchen Fall von der Generalversammlung wahrgenommen, soweit nicht in bestimmten Fällen (§§ 38 Abs. 2 i.V.m. § 44, § 39 Abs. 1, § 51 Abs. 3, § 57 Abs. 5, § 58 Abs. 3 GenG) die Bestellung eines Bevollmächtigten durch die Generalversammlung vorgesehen ist. Der bestellte Bevollmächtigte unterliegt im Wesentlichen derselben Pflichtenstellung wie ansonsten der Aufsichtsrat, allerdings gegenständlich beschränkt auf die ihm durch das Gesetz zugewiesenen Aufgaben. 5

Sobald die Mitgliederzahl über die Grenze des Abs. 1 Satz 2 steigt, ist die eG verpflichtet, unverzüglich einen Aufsichtsrat zu wählen. Da es an einer Übergangsregelung fehlt, stellt sich die Frage, ob es bis zur Wahl des Aufsichtsrates bei der Wahrnehmung dessen Rechte und Pflichten durch die Generalversammlung und den von ihr bestellten Bevollmächtigten bleibt. Dem wird zutreffend entgegengehalten, dass es an einer Legitimationsgrundlage für eine solche Fortgeltung fehlt (so Lang/Weidmüller/*Schulte* § 9 Rn. 8). Die Problematik lässt sich vermeiden, indem die eG einen Aufsichtsrat bereits dann wählt, wenn absehbar ist, dass durch bevorstehende Beitritte die Grenze des Abs. 1 Satz 2 überschritten wird. 6

Abs. 1 Satz 2 ist nicht anwendbar, wenn die eG dem Drittelbeteiligungsgesetz oder dem Mitbestimmungsgesetz 1976 unterliegt. 7

C. Notbestellung

Fällt die Zahl der Vorstandsmitglieder unter die durch Gesetz oder Satzung vorgegebene Grenze, kann beim Registergericht eine Notbestellung analog § 85 AktG (so *Pöhlmann/Fandrich/Bloehs* § 9 Rn. 2) oder § 29 BGB (so *Beuthien* § 9 Rn. 2) beantragt werden, sofern eine unverzügliche Beschlussfassung durch das für die Bestellung zuständige Organ nicht möglich ist. Die Notbestellung von Aufsichtsratsmitgliedern kann analog § 104 AktG erfolgen, setzt allerdings voraus, 8
– dass die gesetzlich vorgegebene Mindestzahl an Aufsichtsratsmitgliedern unterschritten wird, während das bloße Unterschreiten einer von der Satzung vorgesehenen höheren Mindestzahl nicht ausreichen dürfte, (vgl. Lang/Weidmüller/*Schulte* § 9 Rn. 9; a.A. *Pöhlmann/Fandrich/Bloehs* § 9 Rn. 3)
– dass das betroffene Aufsichtsratsmitglied nicht nur vorübergehend verhindert ist, es sei denn, dass die eG deswegen nicht in der Lage ist, eine Handlung vorzunehmen, die zur Abwehr
– und dass die Einberufung einer außerordentlichen Generalversammlung zum Zwecke der Nachbestellung eines Aufsichtsratsmitglieds unterbleibt.

Lehleiter/Hoppe

D. Grundsatz der Selbstorganschaft

9 Für die eG gilt der Grundsatz der Selbstorganschaft, d. h. Mitglieder von Vorstand und Aufsichtsrat können nur Mitglieder der eG sein. Etwas anderes gilt nur
– für gerichtlich bestellte Notvorstände und Notaufsichtsräte,
– für Mitglieder einer Mitgliedsgenossenschaft
– und für Vertreter von Mitgliedern in der Rechtsform einer sonstigen juristischen Person.

10 Wird ein Nichtmitglied in den Vorstand oder den Aufsichtsrat gewählt, ist die Wahl zwar wirksam, das Nichtmitglied wird aber erst mit seiner Beitrittserklärung und der Zulassung seines Beitritts zum Organmitglied. Hat das Nichtmitglied bereits zuvor an einer Beschlussfassung mitgewirkt, und ist seine Stimme für die Beschlussfassung kausal geworden, ist der Beschluss unwirksam.

E. Fakultative Organe

11 Die Genossenschaft kann sich zwar weitere Organe wie etwa einen Beirat oder besondere Ausschüsse geben. Diesen dürfen jedoch keine Befugnisse übertragen werden, die von Gesetzes wegen ausschließlich den Pflichtorganen zugewiesen sind, es sei denn das GenG sieht dies – wie in § 39 Abs. 1 Satz 2 – ausdrücklich vor. Die Übertragung lediglich beratender Aufgaben auf fakultative Organe begegnet hingegen keinen Bedenken.

§ 10 Genossenschaftsregister

(1) Die Satzung sowie die Mitglieder des Vorstands sind in das Genossenschaftsregister bei dem Gericht einzutragen, in dessen Bezirk die Genossenschaft ihren Sitz hat.

(2) Andere Datensammlungen dürfen nicht unter Verwendung oder Beifügung der Bezeichnung »Genossenschaftsregister« in den Verkehr gebracht werden.

§ 11 Anmeldung der Genossenschaft

(1) Der Vorstand hat die Genossenschaft bei dem Gericht zur Eintragung in das Genossenschaftsregister anzumelden.

(2) Der Anmeldung sind beizufügen:
1. die Satzung, die von den Mitgliedern unterzeichnet sein muss;
2. eine Abschrift der Urkunden über die Bestellung des Vorstands und des Aufsichtsrats;
3. die Bescheinigung eines Prüfungsverbandes, dass die Genossenschaft zum Beitritt zugelassen ist, sowie eine gutachtliche Äußerung des Prüfungsverbandes, ob nach den persönlichen oder wirtschaftlichen Verhältnissen, insbesondere der Vermögenslage der Genossenschaft, eine Gefährdung der Belange der Mitglieder oder der Gläubiger der Genossenschaft zu besorgen ist.

(3) In der Anmeldung ist ferner anzugeben, welche Vertretungsbefugnis die Vorstandsmitglieder haben.

(4) Für die Einreichung von Unterlagen nach diesem Gesetz gilt § 12 Abs. 2 des Handelsgesetzbuchs entsprechend.

§ 11a Prüfung durch das Gericht

(1) ¹Das Gericht hat zu prüfen, ob die Genossenschaft ordnungsmäßig errichtet und angemeldet ist. ²Ist dies nicht der Fall, so hat es die Eintragung abzulehnen.

(2) ¹Das Gericht hat die Eintragung auch abzulehnen, wenn offenkundig oder auf Grund der gutachtlichen Äußerung des Prüfungsverbandes eine Gefährdung der Belange der Mitglieder oder

der Gläubiger der Genossenschaft zu besorgen ist. ²Gleiches gilt, wenn der Prüfungsverband erklärt, dass Sacheinlagen überbewertet worden sind.

(3) Wegen einer mangelhaften, fehlenden oder nichtigen Bestimmung der Satzung darf das Gericht die Eintragung nach Absatz 1 nur ablehnen, soweit diese Bestimmung, ihr Fehlen oder ihre Nichtigkeit
1. Tatsachen oder Rechtsverhältnisse betrifft, die nach den §§ 6 und 7 oder auf Grund anderer zwingender gesetzlicher Vorschriften in der Satzung bestimmt sein müssen oder die in das Genossenschaftsregister einzutragen oder von dem Gericht bekannt zu machen sind,
2. Vorschriften verletzt, die ausschließlich oder überwiegend zum Schutze der Gläubiger der Genossenschaft oder sonst im öffentlichen Interesse gegeben sind, oder
3. die Nichtigkeit der Satzung zur Folge hat.

Übersicht	Rdn.		Rdn.
A. Allgemeines	1	1. Keine Abhilfe	7
B. Eintragungspflichtige Tatsachen	3	2. Prüfungsgegenstand	8
C. Verfahren	4	3. Rechtsfolgen	9
I. Erklärungsarten	4	IV. Rechtsbehelf	11
II. Zuständigkeit bei der eG	5	V. Mängel der Eintragung	12
III. Prüfung durch das Registergericht	7	D. Rechtsfolgen der Eintragung	13

A. Allgemeines

Die §§ 10, 11 und 11a GenG regeln die Ersteintragung der eG im Genossenschaftsregister. Für die eG besteht das Genossenschaftsregister als besondere Form des Handelsregisters. Seit dem 01.01.2007 ist die Bezeichnung »Genossenschaftsregister« genauso geschützt wie die Bezeichnung »Handelsregister«, darf also von anderen Datensammlungen nicht genutzt werden (§ 10 Abs. 3 GenG). 1

Das Genossenschaftsregister wird ebenfalls bei dem für die Führung des Handelsregisters zuständigen Amtsgericht geführt (§ 10 Abs. 2 GenG), seit dem 01.01.2007 ausschließlich noch in elektronischer Form, wobei die Landesregierungen durch Verordnung gestatten können, dass Anmeldungen innerhalb einer Übergangsfrist bis zum 31.12.2009 in Papierform eingereicht werden können. Auch Urschriften können in elektronischer Form eingereicht werden. 2

B. Eintragungspflichtige Tatsachen

Bei der Ersteintragung eintragungspflichtige Tatsachen sind 3
- die Satzung, wobei deren Eintragung lediglich durch Aufnahme des Auszuges geschieht, der die nach § 12 GenG zu veröffentlichenden Angaben und bestimmte weitere Angaben enthält (s. hierzu § 15 GenRegV),
- sämtliche Mitglieder des Vorstands und deren Stellvertreter, wobei Familienname, Vorname, Geburtsdatum und Wohnort anzugeben sind
- und sämtliche Prokuristen, ebenfalls unter Angabe der vorgenannten Daten,
- wobei der Anmeldung die in § 11 Abs. 2 GenG genannten Urkunden, also
- die von allen Gründungsmitgliedern unterzeichnete Satzung in Schriftform,
- die (einfache) Abschrift der Bestellungsurkunden von Vorstand und Aufsichtsrat
- und die Bescheinigung des Prüfungsverbandes, dass die eG zum Beitritt zu ihn zugelassen ist, nebst gutachterlicher Äußerung, ob nach den persönlichen oder wirtschaftlichen Verhältnissen eine Gefährdung der Belange der Mitglieder oder der Gläubiger der eG zu besorgen ist. Die Prüfung der persönlichen Verhältnisse umfasst bei Kreditgenossenschaften und Wohnungsgenossenschaften mit Spareinrichtungen bspw. auch die Einhaltung der Anforderungen des KWG.

Nicht eintragungspflichtig und -fähig sind dem gegenüber
- die Mitglieder des Aufsichtsrats
- und der Aufsichtsratsvorsitzende.

Im Anschluss an die Ersteintragung sind eintragungspflichtig
- Satzungsänderung (§ 16 Abs. 5 GenG),
- Änderungen hinsichtlich der Zusammensetzung des Vorstandes einschließlich seiner Vertretungsbefugnis und einer etwaigen Amtsenthebung (§§ 28, 40 GenG),
- die Auflösung der eG (§§ 78 Abs. 2, 81 Abs. 4 GenG),
- die Fortsetzung der eG (§ 79a Abs. 5 GenG),
- die Eröffnung des Insolvenzverfahrens über das Vermögen der eG (§ 102 GenG)
- und Umwandlungen (§§ 16, 17, 86 UmwG).

C. Verfahren

I. Erklärungsarten

4   Eintragungen erfolgen aufgrund eines – mündlichen oder schriftlichen – Antrags, sofern nicht das GenG eine förmliche Anmeldung verlangt. Die förmliche Anmeldung erfolgt zwingend elektronisch in öffentlich beglaubigter Form.

II. Zuständigkeit bei der eG

5   Die Ersteintragung der eG ist durch sämtliche Vorstandsmitglieder anzumelden, unabhängig davon, ob sie hauptamtlich, nebenamtlich, ehrenamtlich oder als Vertreter i. S. d. § 35 GenG tätig sind. Die Vorstandsmitglieder dürfen sich bei der Erstanmeldung nicht vertreten lassen (§ 157 GenG), es sei denn die Vertretung geschieht durch den die Anmeldung beglaubigenden Notar.

6   Folgeanmeldungen können von Vorstandsmitgliedern in vertretungsberechtigter Anzahl vorgenommen werden.

III. Prüfung durch das Registergericht

1. Keine Abhilfe

7   Weist die Anmeldung Mängel auf, hat das Gericht keine Abhilfebefugnis, kann also nicht selbst Korrekturen vornehmen, sondern nur durch Zwischenverfügungen darauf hinwirken, dass die eG die Mängel beseitigt.

2. Prüfungsgegenstand

8   Im Übrigen hat das Registergericht zu prüfen,
- ob die formalen Vorgaben der Gründung erfüllt sind,
- ob der Zweck der Genossenschaft den Vorgaben des § 1 GenG entspricht,
- ob die Satzung nach §§ 6, 7, 36 und 43a GenG notwendigen Angaben enthält,
- ob die eintragungspflichtigen und anzumeldenden Tatsachen vorliegen,
- ob die Satzung gegen das GenG oder sonstiges Gesetzesrecht verstößt
- und ob angesichts der Leistungsfähigkeit der Genossenschaft die Gefährdung von Mitglieder- und Gläubigerbelangen zu befürchten ist, wobei das Registergericht nicht an die Feststellung der einzureichenden gutachterlichen Stellungnahme des Prüfungsverbandes gebunden ist.

3. Rechtsfolgen

9   Das Registergericht darf die Eintragung nur vornehmen, wenn eine ordnungsgemäße Anmeldung vorliegt und zudem alle sonstigen gesetzlichen Vorschriften der Errichtung eingehalten wurden, wobei mangelhafte, fehlende oder nichtige Bestimmungen der Satzung unter den beschränkenden Voraussetzungen des § 11a Abs. 3 GenG zum Anlass genommen werden können, eine Eintragung abzulehnen.

Liegt danach ein relevanter Ablehnungsgrund vor, und erfolgt gleichwohl eine Eintragung, werden die Mängel geheilt. Eine Löschung ist nur dann zulässig, wenn Nichtigkeitsgründe nach §§ 94, 95 GenG vorliegen. **10**

IV. Rechtsbehelf

Gegen eine ablehnende Verfügung des Registergerichts kann im Wege der Beschwerde gem. §§ 19 ff. FGG vorgegangen werden. **11**

V. Mängel der Eintragung

Weist die Eintragung selbst Mängel auf, können diese im Fall der offensichtlichen Unrichtigkeit sowohl auf Antrag der eG als auch von Amts wegen berichtigt werden. **12**

D. Rechtsfolgen der Eintragung

Mit der Eintragung wird die eG rechtsfähig und zur juristischen Person und gilt als Kaufmann i. S. d. § 6 Abs. 2 HGB. **13**

§ 12 Veröffentlichung der Satzung

(1) Die eingetragene Satzung ist von dem Gericht im Auszug zu veröffentlichen.

(2) Die Veröffentlichung muss enthalten:
1. das Datum der Satzung,
2. die Firma und den Sitz der Genossenschaft,
3. den Gegenstand des Unternehmens,
4. die Mitglieder des Vorstands sowie deren Vertretungsbefugnis,
5. die Zeitdauer der Genossenschaft, falls diese auf eine bestimmte Zeit beschränkt ist.

Die dem Öffentlichkeitsinteresse dienende und keine weiteren Rechtsfolgen auslösende Veröffentlichung der Satzung erfolgt von Amts wegen im Bundesanzeiger. Auf Antrag des Vorstands hat die Veröffentlichung auch in anderen Blättern zu erfolgen. Veröffentlicht wird lediglich ein Auszug der Satzung, der die in Abs. 2 genannten Angaben enthält. Auf Antrag des Vorstands können weitere Satzungsbestimmungen veröffentlicht werden, sofern hierfür ein berechtigtes Interesse besteht. Ein solches Interesse ist regelmäßig für die Veröffentlichung der Haftungssumme oder die Bestimmung über eine unbeschränkte Nachschusspflicht anzunehmen. **1**

§ 13 Rechtszustand vor der Eintragung

Vor der Eintragung in das Genossenschaftsregister ihres Sitzes hat die Genossenschaft die Rechte einer eingetragenen Genossenschaft nicht.

Übersicht	Rdn.		Rdn.
A. Allgemeines	1	II. Vorgenossenschaft	6
B. Gründungsstadien	2	1. Rechtsgrundlagen	6
I. Vorgründungsgenossenschaft	2	2. Vertretung der Vorgenossenschaft	7
1. Rechtsform	2	3. Haftung	8
2. Schriftformerfordernis	3	4. Verhältnis zur Vorgründungsgenossenschaft und zur eG	10
3. Maßgeblichkeit des Personengesellschaftsrechts	4	III. Nichteingetragene Genossenschaft	12

§ 13 GenG   Rechtszustand vor der Eintragung

A. Allgemeines

1   Die Vorschrift bestimmt, dass die Genossenschaft vor ihrer Eintragung im Genossenschaftsregister ihre Rechte als eG nicht hat, also erst mit der Eintragung wirksam wird und ihre Rechtsfähigkeit erlangt. Welche rechtlichen Regelungen auf den Zusammenschluss vor diesem Zeitpunkt anzuwenden sind, regelt das GenG nicht. Es ist daher auf allgemeine gesellschaftsrechtliche Grundsätze zurückzugreifen. Danach durchläuft die Genossenschaft vor ihrer Eintragung regelmäßig zwei Stadien, die Vorgründungsgenossenschaft, die durch den Zusammenschluss der Gründungsgesellschafter zum Zwecke der Genossenschaftsgründung entsteht, und die Vorgenossenschaft, die durch Annahme der Satzung als Gründungsakt entsteht.

B. Gründungsstadien

I. Vorgründungsgenossenschaft

1. Rechtsform

2   Die Vorgründungsgesellschaft entsteht, sobald die Gründungsgesellschafter die Gründung einer eG verbindlich vereinbart haben, und ist ihrer Rechtsform nach GbR oder – sofern sie bereits ein Handelsgewerbe betreibt – OHG. Gesellschaftszweck der Vorgründungsgesellschaft ist die Errichtung der eG.

2. Schriftformerfordernis

3   Ob der Gesellschaftsvertrag der Vorgründungsgesellschaft – ebenso wie die Satzung der eG (§ 5 GenG) und der Beitritt zur eG (§ 15 GenG) – der Schriftform bedarf, ist umstritten. Von der h. M. wird dies unter Hinweis auf die Warnfunktion bejaht (so *Beuthien* § 13 Rn. 2; PraxisHdb Handels- und Gesellschaftsrecht/*Bertram* § 6 Rn. 885). Sofern der Gesellschaftsvertrag lediglich zur Mitwirkung an der Gründung und nicht auch zum Beitritt verpflichtet, wird es einer solchen Warnfunktion zwar kaum bedürfen, (so *Pöhlmann/Fandrich/Bloehs* § 13 Rn. 2) zur Vermeidung von Unsicherheiten sollte auf die schriftliche Abfassung aber trotzdem nicht verzichtet werden.

3. Maßgeblichkeit des Personengesellschaftsrechts

4   Auf die Vorgründungsgenossenschaft sind die §§ 705 BGB und, soweit sie bereits OHG ist, ergänzend die §§ 105 ff. BGB anzuwenden, sodass auf deren Kommentierung Bezug genommen wird. Eine Besonderheit besteht für das Kündigungsrecht der Vorgründungsgesellschafter. Da die Vorgründungsgesellschaft nicht auf unbestimmte Zeit eingegangen ist, sondern mit Erreichen ihres Gesellschaftszwecks, der Errichtung der Genossenschaft, nach § 726 BGB aufgelöst wird, kommt ein ordentliches Kündigungsrecht nach § 723 Abs. 1 Satz 1 BGB nicht in Betracht. Vorgründungsgesellschafter können die Gesellschaft daher nur aus wichtigem Grund kündigen.

5   Eine ergänzende Anwendung der Regelungen des GenG auf die Vorgründungsgenossenschaft kommt wegen ihrer noch fehlenden körperschaftlichen Verfassung nicht in Betracht.

II. Vorgenossenschaft

1. Rechtsgrundlagen

6   Die Vorgenossenschaft entsteht mit der Errichtung der Satzung. Sie ist eine Gesamthandsgemeinschaft eigener Art (*Pöhlmann/Fandrich/Bloehs* § 13 Rn. 5), die bereits dem Recht der eG mit Ausnahme der Vorschriften unterliegt, die die Eintragung in das Genossenschaftsregister zwingend voraussetzen, und der Vorschriften, die durch besondere Gründungsvorschriften ersetzt werden (vgl. BGH NJW 1956, 946 ff.). Danach verbleibende Lücken sind durch Analogien zum GenG und zum AktG zu schließen.

2. Vertretung der Vorgenossenschaft

Ohne erweiternde Satzungsbestimmung ist die Vertretungsmacht des Vorstands bis zur Eintragung dahin gehend beschränkt, dass er für die Vorgenossenschaft nur Rechtsgeschäfte vornehmen kann, die der Herbeiführung der Eintragung dienen und für die Errichtung des Geschäftsbetriebes zwingend erforderlich sind (vgl. BGH BJW 1955, 1229; OLG Zweibrücken NZG 1999, 172, 173). Überschreitet der Vorstand seine Vertretungsmacht und wird das betroffene Geschäft von der eG nach Eintragung nicht genehmigt, haftet der Vorstand dem Vertragspartner als Vertreter ohne Vertretungsmacht (§ 179 BGB). 7

3. Haftung

Im Außenverhältnis haften für die Verbindlichkeiten der Vorgenossenschaft die Vorgenossenschaft selbst und die für sie handelnden Personen (sog. Handelndenhaftung) (vgl. *Pöhlmann/Fandrich/Bloehs* § 13 Rn. 7), wobei die Haftung der Vorgenossenschaft auf die Geschäfte beschränkt ist, die der Vorstand nach der Satzung zulässigerweise tätigen konnte. 8

Die Haftung der Gründungsgesellschafter richtet sich nach den vom BGH für die Haftung in der Vor-GmbH entwickelten Grundsätzen (BGH NJW 2002, 824 ff.). Die Gründungsgesellschafter trifft danach für Verbindlichkeiten der Vorgenossenschaft grundsätzlich keine Außenhaftung, sondern nur eine Verlustdeckungspflicht im Innenverhältnis. Haben die Gründungsgesellschafter einer Aufnahme der Tätigkeit vor Eintragung zugestimmt, haften sie für Verbindlichkeiten der Vorgenossenschaft regelmäßig ebenfalls nur im Innenverhältnis zur Vorgenossenschaft, und zwar der Höhe nach unbeschränkt, aber nur quotal im Verhältnis ihrer Geschäftsanteile zueinander. Etwas anderes gilt im Fall der Vermögenslosigkeit der Vorgenossenschaft. Gläubiger können den einzelnen Gründungsgesellschafter dann unmittelbar und der Höhe nach unbeschränkt in Anspruch nehmen, haben allerdings die quotale Haftungsbeschränkung entsprechend dem Verhältnis des Geschäftsanteils des betroffenen Gründungsgesellschafters zum Gesamtbetrag der Geschäftsanteile zu beachten. Analog § 9 Abs. 2 GmbHG verjährt der Verlustdeckungsanspruch in 10 Jahren und wandelt sich danach in eine Unterbilanzhaftung um. 9

4. Verhältnis zur Vorgründungsgenossenschaft und zur eG

Die Vorgründungsgenossenschaft und die Vorgenossenschaft sind nicht identisch, vielmehr wird die Vorgründungsgesellschaft mit Zweckerreichung, der Errichtung der eG und damit dem Entstehen der Vorgenossenschaft, aufgelöst. Die Verbindlichkeiten der Vorgründungsgenossenschaft gehen daher nicht automatisch auf die Vorgenossenschaft über, sondern müssten, sofern ein solcher Übergang gewollt ist, unter Beteiligung der Gläubiger rechtsgeschäftlich übertragen werden. 10

Die eG tritt demgegenüber im Wege der Universalsukzession in sämtliche Rechte und Pflichten der Vorgenossenschaft ein. 11

III. Nichteingetragene Genossenschaft

Kommt es nach der Errichtung der Satzung nicht zur Eintragung der Genossenschaft, weil
- die Satzung von vornherein keine Eintragung vorsieht,
- die Eintragungsabsicht aufgegeben wird,
- oder die Eintragung rechtskräftig versagt wird,

entsteht eine nichteingetragene Genossenschaft, deren Mitgliedern die Haftungsvorteile der Vorgenossenschaft nicht mehr zugutekommen. Die Mitglieder haften in direkter oder analoger Anwendung der §§ 128, 130 HGB unbeschränkt für die Verbindlichkeiten der nichteingetragenen Genossenschaft. Auch die (Teil-) Rechtsfähigkeit der eingetragenen Genossenschaft richtet sich nach dem Recht der GbR bzw. – sofern sie ein Handelsgewerbe betreibt – nach dem Recht der OHG. Im Übrigen sind die Bestimmungen des GenG anzuwenden, soweit sie nicht zwingend die Eintragung voraussetzen. 12

§ 14 Errichtung einer Zweigniederlassung

(1) ¹Die Errichtung einer Zweigniederlassung ist vom Vorstand beim Gericht des Sitzes der Genossenschaft unter Angabe des Ortes der Zweigniederlassung und eines Zusatzes, falls der Firma der Zweigniederlassung ein solcher beigefügt wird, zur Eintragung in das Genossenschaftsregister anzumelden. ²In gleicher Weise sind spätere Änderungen der die Zweigniederlassung betreffenden einzutragenden Tatsachen anzumelden.

(2) Das zuständige Gericht trägt die Zweigniederlassung auf dem Registerblatt des Sitzes unter Angabe des Ortes der Zweigniederlassung und des Zusatzes, falls der Firma der Zweigniederlassung ein solcher beigefügt ist, ein, es sei denn, die Zweigniederlassung ist offensichtlich nicht errichtet worden.

(3) Die vorstehenden Vorschriften gelten sinngemäß für die Aufhebung einer Zweigniederlassung.

Übersicht

		Rdn.			Rdn.
A.	Allgemeines	1	E.	Vertretung	6
B.	Begriff der Zweigniederlassung	2	F.	Verfahren	7
C.	Rechtsnatur der Zweigniederlassung	4	I.	Anmeldepflicht des Vorstands	7
D.	Firma der Zweigniederlassung	5	II.	Prüfung und Eintragung	8

A. Allgemeines

1 Die Vorschrift regelt das Vorgehen bei der Errichtung einer Zweigniederlassung der eG. Sie wurde durch das Gesetz über elektronische Handelsregister und Genossenschaftsregister sowie das Unternehmensregister (EHUG) mit Wirkung zum 01.01.2007 maßgeblich überarbeitet und vereinfacht. Nach der alten Rechtslage musste eine Zweigniederlassung bei dem Gericht der Hauptniederlassung angemeldet werden, das sodann das für die Zweigniederlassung zuständige Gericht zu unterrichten hatte, das daraufhin die eigentliche Eintragung der Zweigniederlassung vornahm. Dieses Verfahren war umständlich und fehleranfällig. Mit der Änderung des § 14 GenG ist die Zweigniederlassung nun nur noch im Genossenschaftsregister der inländischen Hauptniederlassung einzutragen.

B. Begriff der Zweigniederlassung

2 Der Begriff der Zweigniederlassung wird vom GenG nicht definiert. Sie zeichnet sich durch drei Begriffsmerkmale aus, die kumulativ vorliegen müssen:
– Die Zweigniederlassung muss erstens ein **von der Hauptniederlassung räumlich getrennter Teil der eG** sein. Dies bedeutet nicht, dass sie außerhalb der Gebietskörperschaft liegen muss, in der die eG ihren Sitz hat.
– Zweitens muss ihr **Unternehmensgegenstand** jedenfalls im Wesentlichen **identisch** mit dem der Hauptniederlassung sein. Die bloße Wahrnehmung von Hilfs- oder Abwicklungsgeschäften für die Hauptniederlassung ist nicht ausreichend (Lang/Weidmüller/*Schulte* § 14 Rn. 4).
– Drittens muss die Zweigniederlassung über eine gegenüber der Hauptniederlassung **organisatorische Selbstständigkeit** verfügen, sodass sie ihren Geschäftsbetrieb auch bei Wegfall der Hauptniederlassung fortsetzen könnte. Dazu muss sie aufgrund ihrer sachlichen und personellen Ausstattung in der Lage sein, ihren Geschäftsbetrieb unabhängig von der Hauptniederlassung zu führen. Sie muss ein von ihr eigenverantwortlich zu verwaltendes Vermögen haben, die Zweigniederlassungsleitung muss befugt sein, die Zweigniederlassung nach außen hin eigenverantwortlich zu vertreten. Ob darüber hinaus zwingend erforderlich ist, dass die Zweigniederlassung über eine eigene Buchführung (so BayObLG BB 1980, 335) oder zumindest einen eigenen Buchführungskreis (so *Pöhlmann/Fandrich/Boehls* § 14 Rn. 3) verfügt, ist zumindest zweifelhaft (vgl. Lang/Weidmüller/*Schulte* § 14 Rn. 4).

Errichtet ist die Zweigniederlassung, sobald diese drei Merkmale erfüllt sind. Ihre Eintragung im 3
Genossenschaftsregister der eG hat nur deklaratorische Bedeutung. Fällt eines der Merkmale weg,
ist die Zweigniederlassung damit automatisch aufgehoben. Dies ist nach Abs. 3 zur Eintragung ins
Genossenschaftsregister der eG anzumelden, wobei die Eintragung wiederum nur deklaratorisch
wirkt. Wird der Geschäftsbetrieb der vormaligen Zweigniederlassung nicht eingestellt, wird er zu
einer unselbstständigen Zweistelle der eG.

C. Rechtsnatur der Zweigniederlassung

Die Zweigniederlassung ist ein rechtlich unselbstständiger Teil der eG **ohne eigene Rechtsper-** 4
sönlichkeit und **ohne eigene Grundbuch- oder Parteifähigkeit**. Rechtsgeschäfte, die die Zweigniederlassung tätigt, sind unmittelbar solche der eG. Nach § 21 ZPO kann die eG allerdings bei
Klagen, die sich auf den Geschäftsbetrieb der Zweigniederlassung beziehen, auch unter der Firma
der Zweigniederlassung an deren Ort verklagt werden. Des Weiteren kann die eG ein der Zweigniederlassung zugewiesenes Grundstück unter der Firma der Zweigniederlassung im Grundbuch
eintragen lassen.

D. Firma der Zweigniederlassung

Die Firma der Zweigniederlassung stimmt mit derjenigen der eG überein. Eine abweichende Fir- 5
mierung bedarf grundsätzlich einer Satzungsbestimmung, es sei denn, es soll lediglich ein Zweig-
niederlassungszusatz mit Ortsbezeichnung hinzugefügt werden. Die Firma muss erkennen lassen,
dass es sich um eine Zweigniederlassung handelt und welcher eG sie angehört. Eine Eintragung der
Firma der Zweigniederlassung erfolgt nur, soweit sie nicht mit derjenigen der eG übereinstimmt.

E. Vertretung

Für die gesetzliche Vertretung der Zweigniederlassung ist der Vorstand der eG zuständig. Während 6
seine Vertretungsmacht nach außen nicht auf die Hauptniederlassung oder einzelne Zweigniederlassungen beschränkt werden kann, ist es zulässig, Prokura und Handlungsvollmacht bezogen auf
eine Zweigniederlassung zu erteilen, soweit diese unter einem Zweiniederlassungszusatz firmiert.
Der Zweigniederlassungsleiter ist auch ohne Erteilung von Prokura oder Handlungsvollmacht als
Handlungsbevollmächtigter i. S. d. § 54 HGB anzusehen, allerdings beschränkt auf die Tätigkeiten,
die zum normalen Geschäftsbetrieb der Zweigniederlassung zählen.

F. Verfahren

I. Anmeldepflicht des Vorstands

Der Vorstand der eG ist zur Anmeldung der Errichtung der Zweigniederlassung nach Abs. 1 ver- 7
pflichtet. Die Verpflichtung entsteht nicht mit dem Errichtungsbeschluss, sondern der Errichtung
an sich, d. h. in dem Moment, in dem die unter **B.** genannten drei Merkmale erstmals kumulativ
vorliegen. Bei der Anmeldung sind der Ort der Zweigniederlassung und der Zweigniederlassungs-
zusatz, sofern er der Firma der Zweigniederlassung beigefügt wird.

II. Prüfung und Eintragung

Prüfung und Eintragung der Zweigniederlassung erfolgen durch das für die eG zuständige Register- 8
gericht. Geprüft wird lediglich,
– ob die Anmeldung ordnungsgemäß ist,
– und ob die Zweigniederlassung offenkundig nicht errichtet worden ist (Abs. 2). Weitere Tat-
  sachenfeststellungen sind vom Gesetz nicht vorgesehen.

Wie bei der Ersteintragung der eG steht dem Registergericht keine eigene Abhilfebefugnis bei Män- 9
geln der Anmeldung zu, es kann also nur durch eine Zwischenverfügung darauf hinwirken, dass die
eG den Mangel beseitigt. Wird die Zweigniederlassung trotz formaler Mängel eingetragen, führt

dies zur Heilung. Stellt sich nach Eintragung hingegen heraus, dass die Zweigniederlassung nicht errichtet war, kann das Registergericht sie von Amts wegen löschen.

§ 14a

(weggefallen)

§ 15 Beitrittserklärung

(1) ¹Nach der Anmeldung der Satzung zum Genossenschaftsregister wird die Mitgliedschaft durch eine schriftliche, unbedingte Beitrittserklärung und die Zulassung des Beitritts durch die Genossenschaft erworben. ²Dem Antragsteller ist vor Abgabe seiner Beitrittserklärung eine Abschrift der Satzung in der jeweils geltenden Fassung zur Verfügung zu stellen.

(2) ¹Das Mitglied ist unverzüglich in die Mitgliederliste einzutragen und hiervon unverzüglich zu benachrichtigen. ²Lehnt die Genossenschaft die Zulassung ab, hat sie dies dem Antragsteller unverzüglich unter Rückgabe seiner Beitrittserklärung mitzuteilen.

§ 15a Inhalt der Beitrittserklärung

¹Die Beitrittserklärung muss die ausdrückliche Verpflichtung des Mitglieds enthalten, die nach Gesetz und Satzung geschuldeten Einzahlungen auf den Geschäftsanteil zu leisten. ²Bestimmt die Satzung, dass die Mitglieder unbeschränkt oder beschränkt auf eine Haftsumme Nachschüsse zu leisten haben, so muss die Beitrittserklärung ferner die ausdrückliche Verpflichtung enthalten, die zur Befriedigung der Gläubiger erforderlichen Nachschüsse unbeschränkt oder bis zu der in der Satzung bestimmten Haftsumme zu zahlen.

§ 15b Beteiligung mit weiteren Geschäftsanteilen

(1) ¹Zur Beteiligung mit weiteren Geschäftsanteilen bedarf es einer schriftlichen und unbedingten Beitrittserklärung. ²Für deren Inhalt gilt § 15a entsprechend.

(2) Die Beteiligung mit weiteren Geschäftsanteilen darf, außer bei einer Pflichtbeteiligung, nicht zugelassen werden, bevor alle Geschäftsanteile des Mitglieds, bis auf den zuletzt neu übernommenen, voll eingezahlt sind.

(3) ¹Die Beteiligung mit weiteren Geschäftsanteilen wird mit der Beitrittserklärung nach Absatz 1 und der Zulassung durch die Genossenschaft wirksam. ²§ 15 Abs. 2 gilt entsprechend.

Übersicht	Rdn.		Rdn.
A. Allgemeines	1	I. Beitrittserklärung und Zulassung	3
B. Mitgliedsfähigkeit	2	II. Erwerbsmängel	6
C. Erwerb der Mitgliedschaft	3	III. Erwerb weiterer Geschäftsanteile (§ 15b)	7

A. Allgemeines

1 Die Mitgliedschaft in einer eG kann durch unterschiedliche Erwerbstatbestände erworben werden, im Rahmen der Gründung der eG durch Unterzeichnung der Gründungsurkunde, durch Beitritt zu einer bereits bestehenden eG, durch Erbschaft oder durch Umwandlung. Die §§ 15 bis 15b GenG regeln den Erwerb der Erstmitgliedschaft und weiterer Geschäftsanteile durch Beitritts- und Zulassungserklärung.

B. Mitgliedsfähigkeit

Mitgliedsfähig sind

- natürliche Personen, wobei ein Geschäftsunfähiger beim Beitritt durch seinen gesetzlichen Vertreter vertreten wird, und sich die Wirksamkeit des Beitritts eines beschränkt Geschäftsfähigen nach §§ 107 ff. BGB richtet,
- Personengesellschaften, und zwar auch die GbR, sofern es sich nicht lediglich um eine Innengesellschaft handelt,
- juristische Personen des Privatrechts und des öffentlichen Rechts
- sowie sonstige Personenvereinigungen (z. B. ein nichtrechtsfähiger Verein),

Nicht beitreten können hingegen

- Testamentsvollstrecker und Nachlasspfleger für die von ihnen vertretenen Personen (Lang/Weidmüller/*Schulte* § 15 Rn. 1),
- Insolvenzverwalter für den Insolvenzschuldner (PraxisHdb Handels- und Gesellschaftsrecht/*Bertram* § 6 Rn. 979)
- und stille Gesellschaften (*Beuthien* § 15 Rn. 12).

C. Erwerb der Mitgliedschaft

I. Beitrittserklärung und Zulassung

Die Mitgliedschaft in der eG wird durch eine Beitrittserklärung des Antragstellers und die Zulassung des Beitritts durch die Genossenschaft begründet (§ 15 Abs. 1 Satz 1 GenG). Vor der Abgabe der Beitrittserklärung ist dem Antragsteller eine Abschrift der Satzung zur Verfügung zu stellen, um sicherzustellen, dass die aus der Mitgliedschaft erwachsenden Pflichten für den Antragsteller erkennbar sind. Die anschließende Beitrittserklärung ist eine einseitige Empfangsbedürftige Willenserklärung, die schriftlich und unbedingt abgegeben werden muss. § 15a GenG schreibt zudem zwingend vor, dass die Beitrittserklärung die ausdrückliche Verpflichtung des Mitglieds enthalten muss, die nach Gesetz und Satzung geschuldeten Einzahlungen auf den Geschäftsanteil zu leisten. Ist in der Satzung eine Nachschusspflicht der Mitglieder geregelt, hat die Beitrittserklärung auch die Verpflichtung zur Leistung von Nachschüssen zu enthalten. Eine Beitrittserklärung, die den Anforderungen des § 15a GenG nicht genügt, ist unwirksam.

Wirksam wird der Beitritt mit der Zulassung durch die eG. Auch die Zulassung ist eine einseitige empfangsbedürftige Willenserklärung, die auch konkludent abgegeben werden kann, bspw. indem das neue Mitglied in die Mitgliederliste eingetragen wird. Die Voraussetzungen für die Zulassung eines Mitglieds und das für die Zulassung zuständige Organ können in der Satzung bestimmt werden. Das Zulassungsorgan hat die Zulassung abzulehnen, wenn die Beitrittserklärung nicht den gesetzlichen Vorgaben entspricht (und auch nach Hinweis vom Antragsteller nicht nachgebessert wird), der Antragsteller die in der Satzung geregelten Voraussetzungen für eine Mitgliedschaft nicht erfüllt oder die begründete Besorgnis besteht, dass der Antragsteller nach seinen wirtschaftlichen Verhältnissen nicht in der Lage ist, den ihm aus der Mitgliedschaft erwachsenden Pflichten nachzukommen. Erfolgt eine Zulassung, obwohl diese Zulassungsvoraussetzungen nicht erfüllt sind, ist der Beitritt gleichwohl wirksam. Die Satzung kann allerdings regeln, dass das betroffene Mitglied nachträglich ausgeschlossen werden kann. Ohne eine solche Satzungsbestimmung kann die eG die Mitgliedschaft nicht mit der Begründung beenden, dass eine Zulassung nicht hätte erfolgen dürfen.

Nach der Zulassung muss das Mitglied unverzüglich in die Mitgliederliste eingetragen und hierüber informiert werden. Die Eintragung hat allerdings nur deklaratorische Bedeutung.

II. Erwerbsmängel

Bis zur Zulassung kann der Antragsteller seine Beitrittserklärung nach allgemeinen Regeln anfechten, widerrufen oder deren Nichtigkeit geltend machen. Auf Verbraucher schützende Vorschriften – bspw. zu Haustürgeschäften (§§ 312 ff. BGB) oder zum Verbundgeschäft (§§ 358 ff. BGB) – kann sich der Antragsteller grundsätzlich nicht berufen, da der Beitritt zur eG einem Vertrag über eine entgeltliche Leistung nicht gleichzustellen ist (BGH NJW 1997, 1069, 1070; BGH NJW 2004, 2731, 2733). Nach der Zulassung und der Invollzugsetzung seines Beitritts kann das Mitglied Mängel seiner Beitrittserklärung nur noch nach den Grundsätzen der fehlerhaften Gesellschaft geltend machen. Nichtigkeits- oder Anfechtungsgründe wirken also grundsätzlich nicht ex tunc, sondern können nur im Wege einer außerordentlichen Kündigung der Mitgliedschaft ausgeübt werden. Etwas anderes gilt nur dann, wenn durch den Bestand der Mitgliedschaft bis zur Kündigung gewichtige Interessen der Allgemeinheit oder bestimmter schutzwürdiger Personen entgegenstehen. Dies ist bspw. bei Minderjährigen der Fall, bei deren Beitritt das Erfordernis der Vertretung durch den gesetzlichen Vertreter oder die Vorschriften der §§ 107 ff. BGB nicht beachtet worden sind.

III. Erwerb weiterer Geschäftsanteile (§ 15b)

7   Für den Erwerb weiterer Anteile gelten zunächst die §§ 15, 15a entsprechend. Daneben gibt es zwei weitere Voraussetzungen. Zum einen muss die Möglichkeit des Erwerbs weiterer Geschäftsanteile in der Satzung ausdrücklich vorgesehen sein. Die Satzung kann dabei auch bestimmen, dass der Erwerb mehrerer Geschäftsanteile zu einem Mehrstimmrecht (§ 43 Abs. 3) führt. Ohne eine solche Satzungsbestimmung vermitteln weitere Geschäftsanteile kein Mehrstimmrecht. Zum anderen kann eine Zulassung nur erfolgen, wenn alle bislang bereits erworbenen Geschäftsanteile, bis auf den zuletzt neu übernommenen, voll eingezahlt sind (§ 15b Abs. 2). Etwas anderes gilt nur dann, wenn es sich bei dem Erwerb des weiteren Geschäftsanteils um eine Pflichtbeteiligung handelt. Ein unter Verstoß gegen § 15b Abs. 2 zugelassener Beitritt ist wirksam und begründet einen Einzahlungsanspruch gegenüber dem Mitglied.

§ 16 Änderung der Satzung

(1) Eine Änderung der Satzung oder die Fortsetzung einer auf bestimmte Zeit beschränkten Genossenschaft kann nur durch die Generalversammlung beschlossen werden.

(2) ¹Für folgende Änderungen der Satzung bedarf es einer Mehrheit, die mindestens drei Viertel der abgegebenen Stimmen umfasst:
1. Änderung des Gegenstandes des Unternehmens,
2. Erhöhung des Geschäftsanteils,
3. Einführung oder Erweiterung einer Pflichtbeteiligung mit mehreren Geschäftsanteilen,
4. Einführung oder Erweiterung der Verpflichtung der Mitglieder zur Leistung von Nachschüssen,
5. Verlängerung der Kündigungsfrist auf eine längere Frist als zwei Jahre,
6. Einführung oder Erweiterung der Beteiligung ausscheidender Mitglieder an der Ergebnisrücklage nach § 73 Abs. 3,
7. Einführung oder Erweiterung von Mehrstimmrechten,
8. Zerlegung von Geschäftsanteilen,
9. Einführung oder Erhöhung eines Mindestkapitals,
10. Einschränkung des Anspruchs des Mitglieds nach § 73 Abs. 2 Satz 2 und Abs. 4 auf Auszahlung des Auseinandersetzungsguthabens,
11. Einführung der Möglichkeit nach § 8 Abs. 2 Satz 1 und 2, investierende Mitglieder zuzulassen.

²Die Satzung kann eine größere Mehrheit und weitere Erfordernisse bestimmen.

(3) ¹Zu einer Änderung der Satzung, durch die eine Verpflichtung der Mitglieder zur Inanspruchnahme von Einrichtungen oder anderen Leistungen der Genossenschaft oder zur Leistung von Sachen oder Diensten eingeführt oder erweitert wird, bedarf es einer Mehrheit, die mindestens neun Zehntel der abgegebenen Stimmen umfasst. ²Zu einer Änderung der Satzung, durch die eine Verpflichtung der Mitglieder zur Zahlung laufender Beiträge für Leistungen, welche die Genossenschaft den Mitgliedern erbringt oder zur Verfügung stellt, eingeführt oder erweitert

wird, bedarf es einer Mehrheit von mindestens drei Vierteln der abgegebenen Stimmen. ³Die Satzung kann eine größere Mehrheit und weitere Erfordernisse bestimmen.

(4) Zu sonstigen Änderungen der Satzung bedarf es einer Mehrheit, die mindestens drei Viertel der abgegebenen Stimmen umfasst, sofern nicht die Satzung andere Erfordernisse aufstellt.

(5) ¹Auf die Anmeldung und Eintragung des Beschlusses finden die Vorschriften des § 11 mit der Maßgabe entsprechende Anwendung, dass der Anmeldung der Beschluss nur in Abschrift beizufügen ist. ²Der Anmeldung ist der vollständige Wortlaut der Satzung beizufügen; er muss mit der Erklärung des Vorstands versehen sein, dass die geänderten Bestimmungen der Satzung mit dem Beschluss über die Satzungsänderung und die unveränderten Bestimmungen mit dem zuletzt zum Register eingereichten vollständigen Wortlaut der Satzung übereinstimmen. ³Ist bei Satzungsänderungen der vollständige Wortlaut der Satzung bisher nicht eingereicht worden, so hat der Vorstand zu erklären, dass der eingereichte Wortlaut der Satzung mit dem zuletzt zum Register eingereichten vollständigen Wortlaut der Satzung und allen seither beschlossenen Änderungen übereinstimmt. ⁴Die Veröffentlichung des Beschlusses findet nur insoweit statt, als derselbe eine der in § 12 Abs. 2 bezeichneten Bestimmungen zum Gegenstand hat.

(6) Der Beschluss hat keine rechtliche Wirkung, bevor er in das Genossenschaftsregister des Sitzes der Genossenschaft eingetragen ist.

Übersicht

		Rdn.			Rdn.
A.	Allgemeines	1	C.	Verfahren und Wirksamwerden	7
B.	Mehrheitserfordernisse	3			

A. Allgemeines

Die Vorschrift regelt die grundsätzlichen Fragen im Zusammenhang mit der Änderung der Satzung nach Eintragung der eG. Sie wird durch zahlreiche Einzelvorschriften des GenG, so bspw. durch §§ 78 Abs. 1 Satz 2, 79a Abs. 1 Satz 2 GenG, ergänzt. 1

Abs. 1 bestimmt zwingend die ausschließliche Zuständigkeit der Generalversammlung für Satzungsänderungen. Hiervon kann weder die Satzung abweichen noch kann die Generalversammlung eine Satzungsänderung auf ein anderes Organ delegieren. Abs. 2 bis 4 regeln die für eine Satzungsänderung notwendigen Mehrheiten. Abs. 5 und Abs. 6 regeln registerrechtliche Fragen und den Zeitpunkt des Wirksamwerdens der Satzungsänderung. 2

B. Mehrheitserfordernisse

Nach Abs. 4 bedürfen Satzungsänderungen grundsätzlich einer Mehrheit von mindestens 75 %, sofern nicht die Satzung strengere oder weniger strenge Anforderungen stellt. 3

Abs. 2 und Abs. 3 Satz 2 benennen diejenigen Satzungsänderungen, für die die Satzung zwar eine größere Mehrheit oder sonstige Erfordernisse bestimmen, wegen der grundlegenden Bedeutung aber nicht hinter das Mehrheitserfordernis von 75 % zurückgehen kann: 4
– die Änderung des Unternehmensgegenstandes,
– die Erhöhung des Geschäftsanteils,
– die Einführung oder Erweiterung einer Pflichtbeteiligung mit mehreren Geschäftsanteilen,
– die Einführung oder Erweiterung der Verpflichtung der Mitglieder zur Nachschussleistung,
– die Verlängerung der Kündigungsfrist auf mehr als 2 Jahre,
– die Einführung oder Erweiterung der Beteiligung ausscheidender Mitglieder an der Ergebnisrücklage,
– die Einführung oder Erweiterung von Mehrstimmrechten,
– die Zerlegung von Geschäftsanteilen,
– die Einführung oder Erhöhung eines Mindestkapitals,

- die Einschränkung des Anspruchs des Mitglieds auf Auszahlung des Auseinandersetzungsguthabens,
- die Einführung der Möglichkeit, investierende Mitglieder zuzulassen und
- die Einführung oder Erweiterung einer Verpflichtung der Mitglieder zur Zahlung laufender Beiträge für Leistungen, welche die eG den Mitgliedern erbringt oder zur Verfügung stellt.

5 Abs. 3 Satz 1 benennt diejenigen Satzungsänderungen, die nur mit einer Mehrheit von mindestens 90 % beschlossen werden können:
- die Verpflichtung der Mitglieder zur Inanspruchnahme von Einrichtungen oder anderen Leistungen der eG und
- die Verpflichtung der Mitglieder zur Leistung von Sachen und Diensten.

6 Auch hiervon kann die Satzung nur durch die Aufstellung strengerer Mehrheitserfordernisse oder sonstiger Anforderungen, nicht aber durch die Bestimmung eines Mehrheitserfordernisses von weniger als 90 % abweichen.

C. Verfahren und Wirksamwerden

7 Nach Abs. 5 ist die Satzungsänderung unter Beachtung der Vorgaben des § 11 GenG zur Eintragung im Genossenschaftsregister der eG anzumelden. Vor der Eintragung hat das Registergericht zu Prüfen, ob erstens die Anmeldung ordnungsgemäß ist und ob der Beschluss der Generalversammlung den gesetzlichen und satzungsmäßigen Vorgaben entspricht.

8 Hat das Registergericht lediglich Zweifel an der Ordnungsmäßigkeit der Einberufung der Generalversammlung, an deren Beschlussfähigkeit oder am Zustandekommen der erforderlichen Mehrheit, kann es die Eintragung nicht ablehnen, sondern nur das Verfahren bis zum Ablauf der Anfechtungsfristen oder bis zur rechtskräftigen Entscheidung über eine etwaig erhobene Anfechtungsklage aussetzen. Ist die Anfechtungsfrist ohne Erhebung einer Anfechtungsklage abgelaufen oder wurde eine Anfechtungsklage rechtskräftig abgewiesen, kann das Registergericht eine Ablehnung der Eintragung nicht mit auf diese Beschlussmängel stützen.

9 Abs. 6 sieht vor, dass die der Satzung ändernde Beschluss erst mit der Eintragung im Genossenschaftsregister der eG wirksam wird. Bis dahin entfaltet die Satzungsänderung weder im Innen- noch im Außenverhältnis Rechtswirkungen. Als zwingendes Recht kann Abs. 6 auch nicht dadurch umgangen werden, dass die Generalversammlung beschließt, dass die Satzungsänderung mit Eintragung Rückwirkung auf den Zeitpunkt der Beschlussfassung entfalten soll.

Abschnitt 2 Rechtsverhältnisse der Genossenschaft und ihrer Mitglieder

§ 17 Juristische Person; Formkaufmann

(1) Die eingetragene Genossenschaft als solche hat selbständig ihre Rechte und Pflichten; sie kann Eigentum und andere dingliche Rechte an Grundstücken erwerben, vor Gericht klagen und verklagt werden.

(2) Genossenschaften gelten als Kaufleute im Sinne des Handelsgesetzbuchs.

Übersicht	Rdn.			Rdn.
A. Rechtsfähigkeit	1	D.	Haftung	5
B. Kaufmannseigenschaft	3	I.	Zivilrechtlich	5
C. Partei- und Prozessfähigkeit	4	II.	Strafrechtlich	6

A. Rechtsfähigkeit

Mit ihrer Eintragung in das Genossenschaftsregister wird die eG juristische Person, ist also rechtsfähig und Trägerin eigener Rechte und Pflichten. Ausnahmen gelten nur für solche Rechte und Pflichten, die ihrer Natur nach nur einer natürlichen Person als Rechtsträger zugeordnet sein können. So ist sie grundrechtsfähig nur im Rahmen des Art. 19 Abs. 3 GG, d. h. nur soweit die Grundrechte ihrem Wesen nach auch auf eine juristische Person angewendet werden können. Dies trifft insbesondere auf Art. 12 und 14 GG sowie auf den Rechtsschutz gegenüber der öffentlichen Gewalt nach Art. 19 Abs. 4 GG zu. Auf das allgemeine Persönlichkeitsrecht kann sich die eG hingegen nur eingeschränkt berufen, und zwar soweit ihr Förderzweck betroffen ist.

Die eG ist grundbuchfähig, aktiv und passiv wechselfähig sowie aktiv und – sofern sie Kreditinstitut im Sinne des KWG ist – passiv scheckfähig. Des Weiteren kann sie
- Erbe,
- Testamentsvollstrecker,
- Nachlassverwalter,
- Gesellschafter einer Personen- oder Kapitalgesellschaft und
- Liquidator einer Personen- oder Kapitalgesellschaft sein.

B. Kaufmannseigenschaft

Abs. 2 bestimmt, dass die eG Formkaufmann ist. Die Regelungen des HGB und solche Regelungen außerhalb des HGB, die an die Kaufmannseigenschaft anknüpfen, gelten für die eG also unabhängig davon, ob sie ein Handelsgewerbe ausübt.

C. Partei- und Prozessfähigkeit

Die eG ist unabhängig von der Verfahrensart parteifähig. Sie ist nicht prozessfähig (*Beuthien* § 17 Rn. 2), sondern wird durch ihre Organe vertreten, und zwar
- bei einem Rechtsstreit mit Dritten durch den Vorstand,
- bei einem Rechtsstreit mit dem Vorstand oder einem Vorstandsmitglied durch den Aufsichtsrat,
- bei einem Rechtsstreit mit dem Aufsichtsrat oder einem Aufsichtsratsmitglied durch einen von der Generalversammlung zu wählenden Bevollmächtigten
- und bei Anfechtungs- und Nichtigkeitsklagen durch den Aufsichtsrat und – soweit dieser nicht selbst als Kläger auftritt – den Vorstand.

D. Haftung

I. Zivilrechtlich

Mangels eigener Handlungsfähigkeit handelt die eG wie jede juristische Person durch ihre Organe bzw. Organmitglieder und besonderen Vertreter i. S. d. § 30 BGB. Deren Handlungen werden der eG nach § 31 BGB wie eigene zugerechnet. Sie lösen Rechtsfolgen unmittelbar in der Person der eG aus, stellen also bspw. eine eigene Vertragspflichtverletzung oder ein eigenes deliktisches Verhalten der eG dar.

II. Strafrechtlich

Strafrechtlich findet demgegenüber keine Zurechnung strafbaren Verhaltens der Organe, Organmitglieder und besonderen Vertreter i. S. d. § 30 BGB an die eG statt. Die strafrechtliche Verantwortung trifft vielmehr die Handelnden selbst und nicht die eG. Ausnahmsweise können Geldbußen nach § 30 OWiG auch gegen die eG verhängt werden, wenn durch eine Straftat oder Ordnungswidrigkeit Pflichten der eG verletzt worden sind, oder wenn die eG hierdurch bereichert worden ist oder werden sollte.

§ 18 Rechtsverhältnis zwischen Genossenschaft und Mitgliedern

¹Das Rechtsverhältnis der Genossenschaft und ihrer Mitglieder richtet sich zunächst nach der Satzung. ²Diese darf von den Bestimmungen dieses Gesetzes nur insoweit abweichen, als dies ausdrücklich für zulässig erklärt ist.

Übersicht

		Rdn.			Rdn.
A.	Allgemeines	1	I.	Treuepflicht	11
B.	Mitgliedschaftsrechte	2	II.	Duldungspflicht	12
I.	Mitgliedschaftsrechte aller Genossen	2	III.	Gleichbehandlungsgrundsatz	13
II.	Sonder- und Vorzugsrechte	4		1. Gesetzliche Ausprägung des Gleichheitsgrundsatzes	13
III.	Ausübung und Übertragung	6			
C.	Mitgliedschaftspflichten	8		2. Allgemeine Ausprägung des Gleichheitsgrundsatzes	14
I.	Mitgliedschaftspflichten aller Genossen	8			
II.	Sonderpflichten	10		3. Rechtsfolgen eines Verstoßes	15
D.	Genossenschaftsrechtliche Grundsätze	11	E.	Beziehung der Mitglieder untereinander	16

A. Allgemeines

1 Entgegen dem Wortlaut des § 18 Abs. 1 werden die Rechtsbeziehungen zwischen der eG und den Mitgliedern in erster Linie durch das GenG und erst zweitrangig durch die Satzung bestimmt. Dies ergibt sich daraus, dass nach Abs. 2 vom GenG abweichende Satzungsbestimmungen nur zulässig sind, soweit das GenG solche Abweichungen ausdrücklich zulässt (eine Zusammenstellung der vom GenG zugelassenen Abweichungen findet sich bei *Pöhlmann/Fandrich/Bloehs* § 18 Rn. 3). Daneben gibt es weitere Rechtsquellen, die maßgeblich für das Verhältnis zwischen der eG und den Mitgliedern sind. An dritter Stelle stehen dabei die drei genossenschaftsrechtlichen Grundsätze (Treuepflicht, Duldungspflicht und Gleichbehandlungsgrundsatz). Bei noch bestehenden Lücken ist an vierter Stelle auf die vereinsrechtlichen Bestimmungen der §§ 23 bis 53 BGB zurückzugreifen. Diese Rechtsquellen sind auch zu beachten, wenn die eG schuldrechtliche Rechtsbeziehungen zu einem Mitglied begründet, die eG kann sich durch die Wahl der vertraglichen Ausgestaltung der Geschäftsbeziehung zum Mitglied ihrer genossenschaftsrechtlichen Verpflichtungen nicht entziehen (*Pöhlmann/Fandrich/Bloehs* § 18 Rn. 26). Dies gilt insbesondere für den Gleichbehandlungsgrundsatz.

B. Mitgliedschaftsrechte

I. Mitgliedschaftsrechte aller Genossen

2 Allen Mitgliedern stehen die allgemeinen Teilnahme- und Vermögensrechte zu. Zu den **Teilnahmerechten** zählen
- das Recht auf Teilnahme an der Generalversammlung einschließlich Rede- und Antragsrecht (§ 43 GenG),
- das im Grundsatz gleichwertige Stimmrecht,
- das Recht zur Anfechtung von Beschlüssen der Generalversammlung (§ 51 GenG),
- das Recht auf Einberufung der General- oder Vertreterversammlung (§ 45 Abs. 1 GenG),
- das Recht auf Ankündigung bestimmter Gegenstände für die Beschlussfassung in der General- oder Vertreterversammlung nebst diesbezüglichem Rede- und Antragsrecht in der Vertreterversammlung (§ 45 Abs. 2 GenG),
- das Recht zur Beteiligung an der Wahl einer Vertreterversammlung,
- das aktive und passive Wahlrecht für alle Organe der eG,
- das Recht, sich umfassend über die Angelegenheiten der eG zu informieren, bspw. durch Einsicht in die Versammlungsniederschrift (§ 47 Abs. 4 GenG), den Jahresabschluss, Lagebericht, dem Bericht des Aufsichtsrates (§ 48 Abs. 3 GenG) und die Mitgliederliste (§ 31 Abs. 1 GenG) und

- das Recht auf Erteilung einer Abschrift der Liste der Vertreter (§ 43a Abs. 6 Satz 4 GenG) und der eigenen Eintragungen in der Mitgliederliste.

Diese Teilnahmerechte können den Mitgliedern grundsätzlich nicht entzogen werden. Lediglich das passive Wahlrecht für Vorstand und Aufsichtsrat kann durch Festlegung bestimmter Voraussetzungen (z. B. Mindestalter, berufliche Qualifikation) in der Satzung beschränkt werden.

Zu den **Vermögensrechten** zählen
- das Recht, die Einrichtungen der eG zu nutzen und am Geschäftsverkehr mit der eG teilzunehmen, das durch die Satzung nicht ausgeschlossen, sondern nur nach Art und Umfang ausgestaltet werden kann,
- der Anspruch auf Verteilung des Gewinns,
- der Anspruch auf eine Verzinsung des Geschäftsguthabens nach der Ausnahmevorschrift des § 21a GenG und
- der Anspruch auf Auszahlung eines Auseinandersetzungsguthabens, wobei die drei letztgenannten Ansprüche durch die Satzung ausgeschlossen oder eingeschränkt werden können.

II. Sonder- und Vorzugsrechte

Rechte, die nicht allen, sondern nur einzelnen oder mehreren Mitgliedern gewährt werden, sind im GenG nicht vorgesehen, jedoch grundsätzlich zulässig (§ 35 BGB). Sonderrechte können nur durch Satzungsbestimmung gewährt werden. Ist hierfür eine Satzungsänderung erforderlich, bedarf es neben dem Mehrheitserfordernis der Zustimmung aller Mitglieder, denen die Sonderrechte nicht gewährt werden. Ohne diese Zustimmung ist die Beschlussfassung anfechtbar. Sind Sonderrechte einmal gewährt, können sie ohne Zustimmung aller Mitglieder, denen sie zustehen, auch durch einen Beschluss der Generalversammlung nicht aufgehoben oder beschränkt werden.

Vorzugsrechte werden ohne Satzungsbestimmung gewährt und können ohne Weiteres wieder entzogen werden.

III. Ausübung und Übertragung

Mitgliedschaftsrechte können grundsätzlich nur persönlich ausgeübt werden. Das Mitglied kann durch seinen gesetzlichen Vertreter nur insoweit vertreten werden, als dadurch der Zweck des GenG nicht beeinträchtigt wird. Eine rechtsgeschäftliche Vertretung ist unzulässig, soweit sie nicht in Ausnahmefällen vom GenG zugelassen wird.

Mitgliedschaftsrechte können grundsätzlich auch nicht abgetreten, gepfändet oder verpfändet werden, soweit nicht das GenG Ausnahmen ausdrücklich zulässt (z. B. in § 66 und § 76 GenG). Das gilt auch für das Vermögensstammrecht. Sobald aber einzelne vermögensrechtliche Ansprüche entstanden sind, können sie abgetreten, gepfändet oder verpfändet werden.

C. Mitgliedschaftspflichten

I. Mitgliedschaftspflichten aller Genossen

Bei den Pflichten der Mitglieder sind finanzielle Pflichten und sonstige Pflichten zu unterscheiden. Die **finanziellen Pflichten** sind abschließend gesetzlich geregelt. Zu ihnen zählen
- die Pflicht zur Einzahlung des Geschäftsanteils (§ 7 Nr. 1 GenG),
- die Pflicht zur Deckung eines Fehlbetrags beim Ausscheiden (§ 73 GenG),
- die Pflicht zur weiteren Einzahlung zur Abwendung der Insolvenz (§ 87a GenG) und
- die Pflicht zur Zahlung von Nachschüssen im Insolvenzfall (§ 105 GenG).

Sonstigen Leistungspflichten wie bspw. Bezugs- oder Lieferpflichten sind im GenG nicht geregelt, können aber durch eine Satzungsbestimmung festgelegt werden, wobei die konkrete Ausgestaltung einer Regelung durch den Vorstand oder den Aufsichtsrat vorbehalten werden kann. Ist zur

Begründung einer sonstigen Leistungspflicht eine Satzungsänderung erforderlich, bedarf sie einer Mehrheit von mindestens 75 % (§ 16 Abs. 3 GenG).

II. Sonderpflichten

10 Sollen einzelnen Mitgliedern Sonderpflichten auferlegt werden, bedarf es einer Satzungsbestimmung, wobei die konkrete Ausgestaltung einer Regelung durch den Vorstand oder den Aufsichtsrat vorbehalten werden kann. Erforderlich ist aber stets die Zustimmung aller von der Sonderpflicht betroffenen Mitglieder, die auch konkludent erteilt werden kann, bspw. indem das Mitglied die Pflicht nach der Beschlussfassung vorbehaltlos erfüllt oder eine hierfür gewährte Gegenleistung entgegennimmt. Sonderpflichten, die kein Junktim mit einem Sonderrecht bilden, können jederzeit ohne Zustimmung der belasteten Mitglieder aufgehoben oder beschränkt werden.

D. Genossenschaftsrechtliche Grundsätze

I. Treuepflicht

11 Die eG ist anders als die AG und jedenfalls mehr als die GmbH personalistisch geprägt, weshalb die gesellschaftsrechtliche Treuepflicht eine besondere Rolle spielt (BGHZ 27, 297). Sie verpflichtet die Mitglieder auch dort zur Wahrung der Interessen der eG und zur Unterlassung diese Interessen beeinträchtigender Maßnahmen, wo das GenG oder die Satzung keine ausdrückliche Regelung getroffen haben. Der konkrete Inhalt der Treuepflicht lässt sich nicht abstrakt fassen, sondern nur im konkreten Fall ermitteln. Da auch die eG treuepflichtig ist, sind dazu regelmäßig das Interesse des betroffenen Mitglieds und das Interesse der eG und der weiteren Mitglieder abzuwägen und möglichst zu einem Ausgleich zu bringen. Die Treuepflicht kann beispielsweise dazu verpflichten, Konkurrenz zu unterlassen oder das Stimmrecht in einer bestimmten Form auszuüben.

II. Duldungspflicht

12 Die Duldungspflicht ist ein genossenschaftsrechtliches Spezifikum. Die Mitglieder müssen Beschlüsse, die mit der erforderlichen Mehrheit gefasst werden, hinnehmen, auch wenn dadurch in vom GenG zugelassenen Rahmen zusätzliche Leistungspflichten begründet oder Ansprüche genommen werden. Gleiches gilt für Maßnahmen des Vorstands oder des Aufsichtsrats, die Mitglieder – innerhalb des von der Satzung gezogenen Rahmens – wirtschaftlich belasten. Ihre Grenze findet die Duldungspflicht in der Zumutbarkeit. Unzumutbar sind Bestimmungen oder Maßnahmen, die entweder nicht vorhersehbar waren oder in keinem wirtschaftlichen Verhältnis zur Förderleistung der eG stehen.

III. Gleichbehandlungsgrundsatz

1. Gesetzliche Ausprägung des Gleichheitsgrundsatzes

13 Nach dem genossenschaftsrechtlichen Gleichheitsgrundsatz sind alle Mitglieder in ihren Rechten und Pflichten gleichzubehandeln, und zwar sowohl betreffend die Mitgliedschaft an sich als auch betreffend die Geschäftsbeziehung zwischen den Mitgliedern und der eG. Soweit das GenG in
- § 6, 119 GenG (Höhe der Haftsumme),
- § 7 GenG (Höhe des Geschäftsanteils),
- § 7a GenG (Höchstzahl der freiwillig übernehmbaren Geschäftsanteile),
- § 45a GenG (Minderheitsrechte),
- § 65 GenG (Kündigungsrecht und Kündigungsfrist) und
- § 67b GenG (Recht zur Kündigung von freiwillig übernommenen Geschäftsanteilen)

die Gleichbehandlung der Mitglieder anordnet, ist dies zwingend und auch nicht durch die Mitglieder verzichtbar.

2. Allgemeine Ausprägung des Gleichheitsgrundsatzes

Auch ohne eine gesetzliche Anordnung haben die Mitglieder einen Anspruch auf Gleichbehandlung, der jedoch nicht – wie bei den gesetzlich geregelten Fällen – mit einem Differenzierungsverbot gleichzusetzen ist. Vielmehr sind – ähnlich wie beim verfassungsrechtlichen Gleichheitsgrundsatz des Art. 3 Abs. 1 GG – gleiche Sachverhalte gleich und ungleiche Sachverhalte ungleich zu behandeln. Eine Ungleichbehandlung von Mitgliedern bedarf damit eines sachlichen Grundes. Sofern die Gleichbehandlung nicht durch das GenG zwingend vorgegeben ist, können die Mitglieder hierauf verzichten. 14

3. Rechtsfolgen eines Verstoßes

Verstößt die eG gegen den Gleichheitsgrundsatz, hat sie zunächst eine Abhilfemöglichkeit, kann die ungerechtfertigte Ungleichbehandlung also dadurch beseitigen, dass sie den bevorzugten Mitgliedern, sofern zulässig, den gewährten Vorteil entzieht. Ist dies nicht möglich oder wird hiervon nicht Gebrauch gemacht, haben die benachteiligten Mitglieder grundsätzlich einen Anspruch, den Vorteil ebenfalls zu erhalten. Bringt die Erfüllung dieses Anspruchs einen schwerwiegenden Nachteil für die eG mit sich, kommt es zu einem Konflikt zwischen der genossenschaftsrechtlichen Treuepflicht, der eG keine Schäden zuzufügen, und dem Anspruch auf Gleichbehandlung, der nur im konkreten Fall entschieden werden kann. 15

E. Beziehung der Mitglieder untereinander

Zwischen den Mitgliedern der eG besteht kein unmittelbares Rechtsverhältnis. Aufgrund der Treuepflicht sind sie zwar verpflichtet, sich wechselseitig keinen Schaden zuzufügen. Ein Wettbewerbsverbot ergibt sich hieraus naturgemäß aber nicht. 16

§ 19 Gewinn- und Verlustverteilung

(1) ¹Der bei Feststellung des Jahresabschlusses für die Mitglieder sich ergebende Gewinn oder Verlust des Geschäftsjahres ist auf diese zu verteilen. ²Die Verteilung geschieht für das erste Geschäftsjahr nach dem Verhältnis ihrer auf den Geschäftsanteil geleisteten Einzahlungen, für jedes folgende nach dem Verhältnis ihrer durch die Zuschreibung von Gewinn oder die Abschreibung von Verlust zum Schluss des vorhergegangenen Geschäftsjahres ermittelten Geschäftsguthaben. ³Die Zuschreibung des Gewinns erfolgt so lange, als nicht der Geschäftsanteil erreicht ist.

(2) ¹Die Satzung kann einen anderen Maßstab für die Verteilung von Gewinn und Verlust aufstellen und bestimmen, inwieweit der Gewinn vor Erreichung des Geschäftsanteils an die Mitglieder auszuzahlen ist. ²Bis zur Wiederergänzung eines durch Verlust verminderten Guthabens findet eine Auszahlung des Gewinns nicht statt.

§ 20 Ausschluss der Gewinnverteilung

¹Die Satzung kann bestimmen, dass der Gewinn nicht verteilt, sondern der gesetzlichen Rücklage und anderen Ergebnisrücklagen zugeschrieben wird. ²Die Satzung kann ferner bestimmen, dass der Vorstand einen Teil des Jahresüberschusses, höchstens jedoch die Hälfte, in die Ergebnisrücklagen einstellen kann.

Übersicht	Rdn.			Rdn.
A. Allgemeines	1	I.	Begriff des Verlusts	9
B. Gewinnverteilung	3	II.	Verfahren	10
I. Begriff des Gewinns	3		1. Adressaten der Verlustdeckungspflicht	10
II. Verfahren	4		2. Verteilungsmaßstab	11
1. Adressat der Zuweisung	4		3. Abschreibung	12
2. Verteilungsmaßstab	6	D.	Warenrückvergütungen	13
3. Gewinnzuschreibung	8			
C. Verlustverteilung	9			

§§ 19, 20 GenG Gewinn- und Verlustverteilung; Ausschluss der Gewinnverteilung

A. Allgemeines

1 Der Förderzweck der eG steht einer Gewinnerzielungsabsicht nicht entgegen. Die Gewinnerzielung ist vielmehr wirtschaftliche Voraussetzung dafür, dass die eG bspw. notwendige Investitionen tätigen, Förderleistungen günstig zur Verfügung stellen und ihren Mitgliedern eine finanzielle Gegenleistung für das von ihnen eingezahlte Kapital gewähren kann.

2 §§ 19, 20 regeln im Zusammenhang mit § 48 Abs. 1, wie Gewinn und Verlust bei bestehender eG verwendet werden. Nach § 48 Abs. 1 ist die Generalversammlung für die Beschlussfassung über die Überschussverwendung oder die Verlustdeckung zuständig. Sie kann einen Jahresüberschuss
  – auf neue Rechnung vortragen, sofern die Satzung dies vorsieht,
  – in die gesetzliche Rücklage oder andere Ergebnisrücklagen einstellen, sofern die Satzung dies vorsieht (§ 20), oder
  – unter Beachtung des § 19 Abs. 1 Satz 3 den Geschäftsguthaben der Mitglieder zuweisen,
um so die Erreichung des Förderzwecks auch für die Zukunft sicherzustellen. Den danach verbleibenden Überschussrest bezeichnet § 19 Abs. 1 als den »bei Feststellung des Jahresabschlusses für die Genossen sich ergebende[n] Gewinn«. Die Generalversammlung muss ihn im Überschussverwendungsbeschluss zwingend zur Verteilung an die Mitglieder freigeben (§ 19 Abs. 1 Satz 1). Er ist, ohne dass es eines weiteren Beschlusses der Generalversammlung bedarf, durch den Vorstand auf die Mitglieder zu verteilen. Maßgeblich für die Verteilung ist in erster Linie die Satzung (§ 19 Abs. 2). Ohne Satzungsbestimmung ist auf den Verteilungsmaßstab des § 19 Abs. 1 zurückzugreifen.

B. Gewinnverteilung

I. Begriff des Gewinns

3 Gewinn i. S. d. § 19 ist nicht der gesamte Überschuss der Aktiva über die Passiva im Jahresabschluss der eG, sondern nur derjenige Teil des Jahresüberschusses, der von der Generalversammlung zur Verteilung an die Mitglieder freigegeben worden ist. Dieser Teil berechnet sich aus dem Jahresüberschuss zuzüglich eines etwaigen Gewinnvortrages bzw. abzüglich eines etwaigen Verlustvortrages aus dem Vorjahr und zuzüglich etwaiger Rücklagenauflösungen bzw. – im Fall einer Satzungsbestimmung nach § 20 – abzüglich etwaiger Rücklagenzuführungen.

II. Verfahren

1. Adressat der Zuweisung

4 Die Gewinnverteilung setzt zunächst einen Zuweisungsbeschluss der Generalversammlung nach § 48 Abs. 1 Satz 1 voraus, mit dem der Gewinn i. S. d. § 19 Abs. 1 Satz 1 zur Verteilung freigegeben wird. Hierdurch entsteht ein klagbarer, abtretbarer, pfändbarer und verpfändbarer Anspruch des Mitglieds auf Auszahlung des Gewinnanteils, sofern der Gewinn nicht vorrangig dem Geschäftsguthaben zuzuschreiben ist.

5 Adressat der Zuweisung ist jedes Mitglied, das bis zum Ablauf des Geschäftsjahres Mitglied war, für das der Gewinn verteilt wird, auch wenn das Mitglied im Zeitpunkt des Zuweisungsbeschlusses ausgeschieden ist. Eine Gewinnzuweisung an Dritte ist zwingend ausgeschlossen. Die Ausgabe von Genussrechten wird dadurch aber nicht unzulässig, sondern nur in ihrer Ausgestaltung beschränkt. Durch Vereinbarung einer Verzinsung unabhängig vom Betriebsergebnis können Genussrechte zulasten der Erträge bedient werden, sodass ein Gewinn insofern nicht entsteht. Wird zudem vereinbart, dass das Genussrechtskapital am Verlust teilnimmt, kann es als Eigenkapital bilanziert werden. Gleiches gilt für eine stille Beteiligung.

2. Verteilungsmaßstab

6 Enthält die Satzung keine Bestimmung, gilt der Verteilungsmaßstab des § 19 Abs. 1. Die Vorschrift unterscheidet zwischen der Verteilung im ersten Geschäftsjahr der eG und der Verteilung in Folgejahren. Im ersten Geschäftsjahr richtet sich die Verteilung nach dem Verhältnis der Einlagen, die die

Mitglieder auf ihre Geschäftsanteile geleistet haben. In den Folgejahren richtet sie sich nach dem Verhältnis der Geschäftsguthaben am Ende des Vorjahres unter Berücksichtigung der im laufenden Geschäftsjahr vorgenommenen Gewinnzuschreibungen und Verlustabschreibungen. Einzahlungen, die das Mitglied im laufenden Geschäftsjahr getätigt hat, bleiben demgegenüber unberücksichtigt, da zum einen der Aufwand, unterjährige Einzahlungen zeitanteilig ins Verhältnis zu setzen, jedenfalls ohne EDV-Buchführung erheblich ist, und zum anderen das Mitglied ansonsten je nach wirtschaftlicher Entwicklung den Umfang seiner Gewinnbeteiligung steuern könnte.

Hiervon kann durch Satzungsbestimmung abgewichen werden. Grundsätzlich ist jede Gestaltung zulässig, die mit dem Förderzweck und dem Gleichbehandlungsgrundsatz vereinbar ist. Eine unterschiedliche Behandlung der Mitglieder ist also möglich, sofern sie auf einen sachlichen Grund gestützt werden kann. Differenzierungskriterien können bspw. sein: Anzahl der Geschäftsanteile, Dauer der Zugehörigkeit zu eG, Einzahlungen auf den Geschäftsanteil im Laufe des Geschäftsjahres, der Umfang der Geschäftsbeziehung zwischen Mitglied und eG oder der Umstand, ob es sich um ein investierendes Mitglied handelt. Unzulässig ist demgegenüber der Ausschluss einzelner Mitgliedergruppen. 7

3. Gewinnzuschreibung

Die Verteilung des Gewinns erfolgt in einem ersten Schritt durch Zuschreibungen auf das Geschäftsguthaben des Mitglieds, bis der Geschäftsanteil voll eingezahlt ist. Der verbleibende Betrag wird in einem zweiten Schritt an das Mitglied ausgezahlt. Hiervon kann nur bedingt durch Satzungsbestimmung abgewichen werden. So ist eine Bestimmung zulässig, Auszahlungen an das Mitglied bereits vorzunehmen, wenn der Geschäftsanteil noch nicht voll eingezahlt ist (§ 19 Abs. 2 Satz 1). Etwas anderes gilt dann, wenn das Geschäftsguthaben durch Verlustabschreibungen gemindert wurde. In diesem Fall müssen Gewinnzuschreibungen erfolgen, bis das Geschäftsguthaben wieder den status quo ante erreicht hat (§ 19 Abs. 2 Satz 2). Zuschreibungen über die volle Einzahlung des Geschäftsanteils hinaus sind unzulässig. Das Mitglied kann die Auszahlung solcher überschießender Beträge verlangen. 8

C. Verlustverteilung

I. Begriff des Verlusts

Der Verlust, der auf die Mitglieder verteilt werden kann, ist der Jahresfehlbetrag abzüglich eines etwaigen Gewinnvortrages bzw. zuzüglich eines etwaigen Verlustvortrages aus dem Vorjahr und abzüglich etwaiger Rücklagenauflösungen. 9

II. Verfahren

1. Adressaten der Verlustdeckungspflicht

Die Verlustdeckungspflicht trifft alle Mitglieder, die im Zeitpunkt des Gewinnverwendungsbeschlusses der Generalversammlung Mitglied waren und über ein Geschäftsguthaben verfügen, da der Verlust nur durch Abschreibung des Geschäftsguthabens verteilt werden kann. 10

2. Verteilungsmaßstab

Sofern eine Satzungsbestimmung fehlt, erfolgt die Verteilung ebenso wie die eines Gewinnes nach § 19 Abs. 1 Satz 2. Im ersten Geschäftsjahr richtet sich die Verteilung nach dem Verhältnis der Einlagen, die die Mitglieder auf ihre Geschäftsanteile geleistet haben, in den Folgejahren nach dem Verhältnis der Geschäftsguthaben am Ende des Vorjahres unter Berücksichtigung der im laufenden Geschäftsjahr vorgenommenen Gewinnzuschreibungen und Verlustabschreibungen. Dies führt allerdings zu einer Bevorzugung der Mitglieder, die ihrer Einzahlungsverpflichtung nicht oder nicht vollständig nachgekommen sind und daher mit einem geringeren Geschäftsguthaben an der Verlustbeteiligung teilnehmen. Durch die Satzung kann aber bestimmt werden, dass bei der Berechnung der Verlustbeteiligungsquote – nicht aber bei der Abschreibung, die nur auf tatsächlich eingezahlte Geschäftsguthabens vorgenommen werden kann – nicht nur eingezahlte Geschäftsguthaben, 11 sondern auch fällige Einzahlungspflichten berücksichtigt werden. Auch ansonsten kann die Satzung in den Grenzen des Förderzwecks und des Gleichbehandlungsgrundsatzes einen abweichenden Verteilungsmaßstab vorgeben, insbesondere auch die Berechnung der Quoten für die Gewinn- und Verlustbeteiligung unterschiedlich ausgestalten.

3. Abschreibung

12 Die Verlustzuweisung erfolgt durch Abschreibung des Geschäftsguthabens des Mitglieds, allerdings nur bis zur Aufzehrung des Guthabens. Ein Negativsaldo ist unzulässig. Da Nachschusspflichten der Mitglieder erst in der Insolvenz oder Liquidation der eG entstehen, sind die Mitglieder nicht verpflichtet, ihr Geschäftsguthaben wieder auf den Stand vor der Abschreibung aufzufüllen. Die Abschreibung führt allerdings dazu, dass eine Gewinnauszahlung in Folgejahren nur möglich ist, wenn durch Zuschreibungen das Geschäftsguthaben seinen Stand vor der Abschreibung wieder erreicht hat.

D. Warenrückvergütungen

13 Von der Gewinnverteilung des § 19 ist die sog. Warenrückvergütung zu unterscheiden. Mit der Warenrückvergütung wird der erwirtschaftete Überschuss der eG – unter Ausblendung der Überschüsse aus den Nichtmitgliedergeschäften – ganz oder teilweise an die Mitglieder entsprechend ihres gesamten mit der eG getätigten Umsatzes ausgeschüttet. Die Ausschüttung führt bei der eG zu einer Betriebsausgabe. Aufgrund des Gleichbehandlungsgrundsatzes sind alle Mitglieder, die Geschäfte mit der eG getätigt haben, an der Warenrückvergütung zu beteiligen.

14 Da die Warenrückvergütung keine Gewinnverteilung darstellt, fällt sie vorbehaltlich einer anderen Ausgestaltung in der Satzung nicht in den Zuständigkeitsbereich der Generalversammlung, sondern in den des Vorstands. Der Vorstand darf die Warenrückvergütung auch ohne Satzungsbestimmung durchführen, die eG ist hierzu aber nur im Fall einer solchen Bestimmung den Mitgliedern gegenüber verpflichtet. Ein klagbarer, abtretbarer, pfändbarer und verpfändbarer Anspruch des einzelnen Mitglieds entsteht erst mit der Beschlussfassung des Vorstands über Warenrückvergütung.

§ 21 Verbot der Verzinsung des Geschäftsguthabens

(1) Für das Geschäftsguthaben werden vorbehaltlich des § 21a Zinsen von bestimmter Höhe nicht vergütet, auch wenn das Mitglied Einzahlungen in höheren als den geschuldeten Beträgen geleistet hat.

(2) Auch können Mitglieder, welche mehr als die geschuldeten Einzahlungen geleistet haben, im Falle eines Verlustes andere Mitglieder nicht aus dem Grunde in Anspruch nehmen, dass von letzteren nur diese Einzahlungen geleistet sind.

§ 21a Ausnahme vom Verbot der Verzinsung

(1) ¹Die Satzung kann bestimmen, dass die Geschäftsguthaben verzinst werden. ²Bestimmt die Satzung keinen festen Zinssatz, muss sie einen Mindestzinssatz festsetzen. ³Die Zinsen berechnen sich nach dem Stand der Geschäftsguthaben am Schluss des vorhergegangenen Geschäftsjahres. ⁴Sie sind spätestens sechs Monate nach Schluss des Geschäftsjahres auszuzahlen, für das sie gewährt werden.

(2) Ist in der Bilanz der Genossenschaft für ein Geschäftsjahr ein Jahresfehlbetrag oder ein Verlustvortrag ausgewiesen, der ganz oder teilweise durch die Ergebnisrücklagen, einen Jahresüberschuss und einen Gewinnvortrag nicht gedeckt ist, so dürfen in Höhe des nicht gedeckten Betrags Zinsen für dieses Geschäftsjahr nicht gezahlt werden.

Übersicht

	Rdn.			Rdn.
A.	**Verzinsungsverbot**	1	III. Gegenausnahme (§ 21a Abs. 2 GenG) . . .	3
I.	Grundsatz (§ 21 Abs. 1 GenG)	1	B. **Rückgriffsverbot (§ 21 Abs. 2 GenG)** . . .	4
II.	Ausnahme (§ 21a Abs. 1 GenG)	2		

A. Verzinsungsverbot

I. Grundsatz (§ 21 Abs. 1 GenG)

Eine Verzinsung des Geschäftsguthabens ist grundsätzlich verboten. Ein hiergegen verstoßendes Zinsversprechen ist nach § 134 BGB nichtig. Verbotswidrig ausgezahlte Zinsen sind nach § 812 BGB zu erstatten. Von der Verzinsung des Geschäftsguthabens zu unterscheiden ist die Gewinnverteilung nach § 19 und die Verzinsung sonstiger Finanzierungshilfen, die das Mitglied der eG bspw. in Form eines Darlehens zur Verfügung gestellt hat. **1**

II. Ausnahme (§ 21a Abs. 1 GenG)

Eine Verzinsung ist nur zulässig, wenn sie in der Satzung vorgesehen ist. Die Satzung kann die Verzinsung unter Beachtung des Gleichbehandlungsgrundsatzes auch von bestimmten Voraussetzungen abhängig machen oder nur bestimmte Teile der Geschäftsguthaben einer Verzinsung unterlegen. Die Satzung muss einen bestimmten Mindestzinssatz und die Berechnungsgrundlage für die Ermittlung des konkreten Zinssatzes festlegen, kann aber den Zinssatz auch ganz konkret festsetzen. **2**

III. Gegenausnahme (§ 21a Abs. 2 GenG)

Zinsen dürfen trotz einer Satzungsbestimmung zwingend nicht oder nur teilweise ausgezahlt werden, soweit der Jahresabschluss der eG einen Jahresfehlbetrag oder einen Verlustvortrag ausweist, der weder ganz noch teilweise durch Ergebnisrücklagen, einen Jahresüberschuss oder einen Gewinnvortrag gedeckt ist. Die Mitglieder haben keinen Aufholungsanspruch für den Fall, dass Überschüsse aus Folgejahren eine Verzinsung rückwirkend ermöglichen. Der Zinsanspruch entfällt unter den Voraussetzungen des § 21a Abs. 2 vielmehr endgültig. **3**

B. Rückgriffsverbot (§ 21 Abs. 2 GenG)

§ 21 Abs. 2 GenG stellt klar, dass den Mitgliedern untereinander keine Rückgriffsansprüche im Fall einer Verlustzuweisung zustehen. Soweit ein Mitglied eine höhere als die in der Satzung vorgesehene Pflichteinlage geleistet hat und daher im entsprechend höheren Maße an der Verlustzuweisung durch Abschreibung seines Geschäftsguthabens teilnimmt, kann es von Mitgliedern, die nur die Pflichteinlage erbracht haben, keinen Ausgleich verlangen. **4**

§ 22 Herabsetzung des Geschäftsanteils; Verbot der Auszahlung des Geschäftsguthabens

(1) Werden der Geschäftsanteil oder die auf ihn zu leistenden Einzahlungen herabgesetzt oder die für die Einzahlungen festgesetzten Fristen verlängert, so ist der wesentliche Inhalt des Beschlusses der Generalversammlung durch das Gericht bei der Bekanntmachung der Eintragung in das Genossenschaftsregister anzugeben.

(2) ¹Den Gläubigern der Genossenschaft ist, wenn sie sich binnen sechs Monaten nach der Bekanntmachung bei der Genossenschaft zu diesem Zweck melden, Sicherheit zu leisten, soweit sie nicht Befriedigung verlangen können. ²In der Bekanntmachung ist darauf hinzuweisen.

(3) Mitglieder, die zur Zeit der Eintragung des Beschlusses der Genossenschaft angehörten, können sich auf die Änderung erst berufen, wenn die Bekanntmachung erfolgt ist und die Gläubiger, die sich rechtzeitig gemeldet haben, wegen der erhobenen Ansprüche befriedigt oder sichergestellt sind.

(4) ¹Das Geschäftsguthaben eines Mitglieds darf, solange es nicht ausgeschieden ist, von der Genossenschaft nicht ausgezahlt oder im geschäftlichen Betrieb zum Pfand genommen, eine geschuldete Einzahlung darf nicht erlassen werden. ²Die Genossenschaft darf den Mitgliedern keinen Kredit zum Zweck der Leistung von Einzahlungen auf den Geschäftsanteil gewähren.

(5) Gegen eine geschuldete Einzahlung kann das Mitglied nicht aufrechnen.

(6) ¹Der Anspruch der Genossenschaft auf Leistung von Einzahlungen auf den Geschäftsanteil verjährt in zehn Jahren von seiner Entstehung an. ²Wird das Insolvenzverfahren über das Vermögen der Genossenschaft eröffnet, so tritt die Verjährung nicht vor Ablauf von sechs Monaten ab dem Zeitpunkt der Eröffnung ein.

§ 22a Nachschusspflicht

(1) Wird die Verpflichtung der Mitglieder, Nachschüsse zur Insolvenzmasse zu leisten, auf eine Haftsumme beschränkt oder aufgehoben, so gilt § 22 Abs. 1 bis 3 sinngemäß.

(2) Die Einführung oder Erweiterung der Verpflichtung zur Leistung von Nachschüssen wirkt nicht gegenüber Mitgliedern, die bei Wirksamwerden der Änderung der Satzung bereits aus der Genossenschaft ausgeschieden waren.

Übersicht	Rdn.		Rdn.
A. Allgemeines	1	C. Kapitalerhaltungsgebot (§ 22 Abs. 4 und 5)	8
B. Herabsetzung von Geschäftsanteil und Pflichteinzahlung (§ 22 Abs. 1 bis 3)	2	D. Verjährung der Einzahlungsverpflichtung	9
I. Bekanntmachung	3	E. Schutz ausgeschiedener Mitglieder (§ 22a Abs. 2)	10
II. Sicherheitsleistung	4		
III. Wirksamwerden der Herabsetzung	7		

A. Allgemeines

1 Die Vorschrift des § 22 dient der Erhaltung des Kapitals der eG und dem Gläubigerschutz. In den Abs. 1 bis 3 regelt sie die Anforderungen an die Herabsetzung des Geschäftsanteils und der Pflichteinlage sowie an eine Verlängerung der Einzahlungsfrist. Die Abs. 4 und 5 formulieren das Verbot der vorzeitigen Auszahlung des Geschäftsguthabens an die Mitglieder. § 22a Abs. 1 ergänzt den Gläubigerschutz im Fall der Beschränkung oder Aufhebung der Nachschusspflicht. § 22a Abs. 1 dient dem Schutz ausgeschiedener Mitglieder.

B. Herabsetzung von Geschäftsanteil und Pflichteinzahlung (§ 22 Abs. 1 bis 3)

2 Durch eine Herabsetzung des Geschäftsanteils und der Pflichteinzahlung gibt die eG jeweils Vermögenswerte auf. Wird der Geschäftsanteil herabgesetzt, wird ein ihn dann übersteigendes Geschäftsguthaben grundsätzlich zur Auszahlung an das Mitglied frei. Wird die Pflichteinzahlung reduziert, verzichtet die eG auf einen Teil ihres Einzahlungsanspruchs. Durch diese Maßnahmen wird die den Gläubigern der eG zur Verfügung stehende Haftungsmasse verringert. Daher stellt § 22 in den Abs. 1 bis 3 besondere Anforderung an deren Durchführung auf. Die Vorschrift ist entsprechend auf die Beschränkung oder Aufhebung einer bis dahin unbeschränkten Nachschusspflicht (§ 22a Abs. 1) und auf die Beschränkung oder Aufhebung einer bereits beschränkten Nachschusspflicht (§ 120) anzuwenden. Sie gilt zudem analog für die Zusammenlegung von Geschäftsanteilen, soweit der Zusammenlegungsbeschluss nicht durch eine Erhöhung der neuen Geschäftsanteile für einen Ausgleich sorgt.

I. Bekanntmachung

Der satzungsändernde Beschluss muss, soweit durch ihn die Höhe des Geschäftsanteils oder die Pflichteinzahlung herabgesetzt wird, durch das Registergericht von Amts wegen veröffentlich werden. In der Bekanntmachung ist zudem auf das Recht der Gläubiger auf Sicherheitsleistung nach § 22 Abs. 2 hinzuweisen.

II. Sicherheitsleistung

Gläubiger, die zum Zeitpunkt der Eintragung des Heransetzungsbeschlusses einen – wenn auch nur bedingten, befristeten von einer Gegenleistung abhängigen – geldwerten Anspruch gegen die eG haben, können von dieser eine Sicherheitsleistung verlangen. Auf die Art des Anspruchs kommt es dabei nicht an. Ist ein Anspruch bereits teilweise gesichert, kann Sicherheit nur noch für den bis dahin ungesicherten Teil beansprucht werden. Der Anspruch auf Sicherheitsleistung muss innerhalb einer weder verlänger- noch verkürzbaren Frist von 6 Monaten nach der Bekanntmachung gem. § 22 Abs. 1 gegenüber der eG geltend gemacht werden. Ansonsten erlischt er. Die Art der Sicherheitsleistung bestimmt sich nach §§ 232 bis 240 BGB. Das Wahlrecht wird von der eG ausgeübt.

Die eG kann den Anspruch auf Sicherheitsleistung abwenden, indem sie auf erfüllbare Ansprüche leistet. Hierdurch können zusätzliche Kosten für die Sicherheit eingespart werden.

Ist der Anspruch des Gläubigers bereits fällig, kann er keine Sicherheit verlangen, da er seinen Anspruch direkt durchsetzen kann.

III. Wirksamwerden der Herabsetzung

Während satzungsändernde Beschlüsse grundsätzlich mit der Eintragung ins Genossenschaftsregister wirksam werden, wird der Herabsetzungsbeschluss erst wirksam, wenn die Frist von 6 Monaten nach seiner Bekanntmachung abgelaufen ist, und wenn allen Gläubigern, die dies beansprucht haben, vollständig Sicherheit geleistet wurde. Bis dahin kann ein den Geschäftsanteil infolge der Herabsetzung übersteigendes Geschäftsguthaben nicht ausgezahlt werden. Auch kann das Mitglied bis dahin noch auf Zahlung der nicht herabgesetzten Pflichteinlage in Anspruch genommen werden.

C. Kapitalerhaltungsgebot (§ 22 Abs. 4 und 5)

§ 22 Abs. 4 und 5 dienen der Erhaltung des Geschäftsguthabens. Hierzu werden folgende Verbote angeordnet:
- **Auszahlungsverbot** (Abs. 4 Satz 1, 1. Alt.): Das in der Satzung festgelegte Geschäftsguthaben darf an die Mitglieder vor ihrem Ausscheiden weder offen noch verdeckt (bspw. durch Vereinbarung von Vertragsbedingungen, die zugunsten des Mitglieds einem Drittvergleich nicht standhalten) ausgezahlt werden. Eine hiergegen verstoßende Leistung hat das Mitglied analog § 62 Abs. 1 AktG, § 31 Abs. 1 GmbHG zurückzuzahlen. Lässt sich dieser Anspruch nicht durchsetzen, kommt eine Schadensersatzhaftung der Vorstands- und Aufsichtsratsmitglieder in Betracht.
- **Verbot der Inpfandnahme** (Abs. 4 Satz 1, 2. Alt.): Die eG darf sich am Geschäftsguthaben des Mitglieds kein Pfandrecht zur Sicherung ihrer Ansprüche gegenüber dem Mitglied bestellen lassen. Auch eine Sicherungsabtretung ist ausgeschlossen. Denn ansonsten würde mit Eintritt der Pfandreife das Auszahlungsverbot des Abs. 4 Satz 1, 1. Alt. umgangen.
- **Erlassverbot** (Abs. 4 Satz 1, 3. Alt.): Die nach der Satzung geschuldete Einzahlungsverpflichtung kann nicht erlassen werden. Ein Erlassvertrag ist nach § 134 BGB nichtig. Eine Stundung ist dagegen grundsätzlich möglich, solange sie sich im wirtschaftlichen Ergebnis nicht wie ein Erlass auswirkt.
- **Verbot der Kreditgewährung** (Abs. 4 Satz 2): Die eG darf dem Mitglied keinen Kredit zur Finanzierung seiner in der Satzung vorgesehen oder einer freiwilligen Einzahlung gewähren.

Zulässig ist demgegenüber eine Ratenzahlungsvereinbarung, sofern die Satzung eine Regelung enthält, nach der die Einzahlung der Pflichteinlage in Raten erfolgen darf (BGH WM 2009, 1229).

– **Aufrechnungsverbot** (Abs. 5): Das Mitglied kann seine Pflichteinzahlung nicht durch Aufrechnung mit Ansprüchen erfüllen, die ihm gegenüber der eG zustehen. Dies gilt unabhängig davon, ob der Anspruch aus der Mitgliedschaft oder aus einem Verkehrsgeschäft stammt. Das Verbot gilt analog für die Geltendmachung von Zurückbehaltungsrechten, nicht aber für Aufrechnungen durch die eG. Die eG kann eine Aufrechnung erklären, soweit ihr dadurch der wirtschaftliche Wert der Einzahlungsverpflichtung zufließt. Das ist nicht der Fall, soweit die Gegenansprüche des Mitglieds aufgrund der wirtschaftlichen Situation der eG nicht oder nicht voll werthaltig sind.

D. Verjährung der Einzahlungsverpflichtung

9   Nach § 22 Abs. 6 verjährt der Anspruch der eG auf Erfüllung der Einzahlungsverpflichtung in 10 Jahren, gerechnet ab der Entstehung des Anspruchs. Ist der Anspruch im Zeitpunkt der Eröffnung des Insolvenzverfahrens über das Vermögen der eG noch nicht verjährt, tritt Verjährung nach Ablauf von 6 Monaten ein, soweit nicht die 10-jährige Verjährungsfrist zu einem späteren Zeitpunkt abläuft.

E. Schutz ausgeschiedener Mitglieder (§ 22a Abs. 2)

10   § 22a Abs. 2 stellt zum Schutz ausgeschiedener Mitglieder sicher, dass sie einer Nachschusspflicht nur dann und in der Höhe unterliegen, die im Zeitpunkt des Ausscheidens satzungsmäßig bestimmt war. Wird ein Beschluss der Generalversammlung, der die Nachschusspflicht einführt oder erweitert, erst nach dem Zeitpunkt des tatsächlichen Ausscheidens des Mitglieds im Genossenschaftsregister eingetragen, trifft das Mitglied die Einführung oder Erweiterung der Nachschusspflicht nicht. Hatte das Mitglied im Zeitpunkt der Beschlussfassung lediglich ordentlich gekündigt, kann es wegen des die Nachschusspflicht verschärfenden Beschlusses zusätzlich außerordentlich kündigen (§ 67a Abs. 1), um so den Zeitpunkt des Ausscheidens vorzuverlegen. Ausgeschlossene Mitglieder haben diese Gestaltungsmöglichkeit nicht.

§ 22b Zerlegung des Geschäftsanteils

(1) ¹Der Geschäftsanteil kann in mehrere Geschäftsanteile zerlegt werden. ²Die Zerlegung und eine ihr entsprechende Herabsetzung der Einzahlungen gelten nicht als Herabsetzung des Geschäftsanteils oder der Einzahlungen.

(2) ¹Mit der Eintragung des Beschlusses über die Zerlegung des Geschäftsanteils sind die Mitglieder mit der Zahl von Geschäftsanteilen beteiligt, die sich aus der Zerlegung ergibt. ²§ 15b Abs. 3 ist nicht anzuwenden. ³Die Mitgliederliste ist unverzüglich zu berichten.

Übersicht	Rdn.		Rdn.
A. Zerlegungsbeschluss...............	1	B. Verteilung des Geschäftsguthabens	4

A. Zerlegungsbeschluss

1   Ein Geschäftsanteil kann durch einen satzungsändernden Beschluss der Generalversammlung (§ 16 Abs. 2 Satz 1 Nr. 8) in mehrere selbstständige neue Geschäftsanteile zerlegt werden. Soweit nicht gleichzeitig eine Herabsetzung oder Erhöhung der Geschäftsanteile vorgenommen wird, entspricht der Gesamtbetrag der neuen Geschäftsanteile dem Betrag des bisherigen Geschäftsanteils. Gläubigerinteressen werden durch die bloße Zerlegung also nicht beeinträchtigt. Die Haftsumme wird von der Zerlegung nicht betroffen.

Die Anzahl der entstehenden Geschäftsanteile ist dem Beschluss überlassen, es müssen nur die allgemeinen Anforderungen an Geschäftsanteile nach § 7 GenG erfüllt sein, insbesondere müssen die neuen Geschäftsanteile alle auf denselben Betrag lauten.

Die Zerlegung des Geschäftsanteils wird mit der Eintragung des Zerlegungsbeschlusses im Genossenschaftsregister wirksam. In diesem Moment entstehen die neuen Geschäftsanteile. Eine gesonderte Beitrittserklärung der Mitglieder analog § 15a GenG ist nicht erforderlich. Der Vorstand hat die Mitgliederliste zu berichtigen. Dies hat allerdings nur deklaratorische Bedeutung.

B. Verteilung des Geschäftsguthabens

Die Verteilung des Geschäftsguthabens auf die neuen Geschäftsanteile steht im Ermessen der Generalversammlung. Es muss nur sichergestellt werden, dass die auf die neuen Geschäftsanteile entfallenden Pflichteinzahlungen gedeckt sind. Trifft die Generalversammlung keine ausdrückliche Regelung, ist das Geschäftsguthaben gleichmäßig auf die neuen Geschäftsanteile zu verteilen.

§ 23 Haftung der Mitglieder

(1) Für die Verbindlichkeiten der Genossenschaft haften die Mitglieder nach Maßgabe dieses Gesetzes.

(2) Wer in die Genossenschaft eintritt, haftet auch für die vor seinem Eintritt eingegangenen Verbindlichkeiten.

(3) Vereinbarungen, die gegen die vorstehenden Absätze verstoßen, sind unwirksam.

Die Vorschrift stellt in Abs. 1 klar, dass ein Mitglied nur nach Maßgabe des GenG für die Verbindlichkeiten der eG haftet, also
– nach §§ 105 ff. GenG im Fall der Insolvenz der eG und
– nach § 73 Abs. 2 GenG im Fall seines Ausscheidens in einer Überschuldungssituation der eG, sofern die Satzung nicht jede Nachschusspflicht ausgeschlossen hat. Dies gilt unabhängig davon, ob die Verbindlichkeit der eG vor oder nach dem Beitritt des Mitglieds entstanden ist (Abs. 2). Die Haftung der Mitglieder kann nur durch die Satzung, nicht aber durch eine Vereinbarung zwischen der eG und den Mitgliedern oder der Mitglieder untereinander beschränkt oder ausgeschlossen werden (Abs. 3). Danach sind insbesondere Freistellungsverpflichtungen der eG oder eines Mitglieds gegenüber einem anderen Mitglied unzulässig.

Abschnitt 3 Verfassung der Genossenschaft

§ 24 Vorstand

(1) ¹Die Genossenschaft wird durch den Vorstand gerichtlich und außergerichtlich vertreten. ²Hat eine Genossenschaft keinen Vorstand (Führungslosigkeit), wird die Genossenschaft für den Fall, dass ihr gegenüber Willenserklärungen abgegeben oder Schriftstücke zugestellt werden, durch den Aufsichtsrat vertreten.

(2) ¹Der Vorstand besteht aus zwei Personen und wird von der Generalversammlung gewählt und abberufen. ²Die Satzung kann eine höhere Personenzahl sowie eine andere Art der Bestellung und Abberufung bestimmen. ³Bei Genossenschaften mit nicht mehr als 20 Mitgliedern kann die Satzung bestimmen, dass der Vorstand aus einer Person besteht.

(3) ¹Die Mitglieder des Vorstands können besoldet oder unbesoldet sein. ²Ihre Bestellung ist zu jeder Zeit widerruflich, unbeschadet der Entschädigungsansprüche aus bestehenden Verträgen.

§ 25 Vertretung, Zeichnung durch Vorstandsmitglieder

(1) ¹Die Mitglieder des Vorstands sind nur gemeinschaftlich zur Vertretung der Genossenschaft befugt. ²Die Satzung kann Abweichendes bestimmen. ³Ist eine Willenserklärung gegenüber der Genossenschaft abzugeben, so genügt die Abgabe gegenüber einem Vorstandsmitglied oder im Fall des § 24 Abs. 1 Satz 2 gegenüber einem Aufsichtsratsmitglied.

(2) ¹Die Satzung kann auch bestimmen, dass einzelne Vorstandsmitglieder allein oder in Gemeinschaft mit einem Prokuristen zur Vertretung der Genossenschaft befugt sind. ²Absatz 1 Satz 3 gilt in diesen Fällen sinngemäß.

(3) ¹Zur Gesamtvertretung befugte Vorstandsmitglieder können einzelne von ihnen zur Vornahme bestimmter Geschäfte oder bestimmter Arten von Geschäften ermächtigen. ²Dies gilt sinngemäß, falls ein einzelnes Vorstandsmitglied in Gemeinschaft mit einem Prokuristen zur Vertretung der Genossenschaft befugt ist.

§ 25a Angaben auf Geschäftsbriefen

(1) Auf allen Geschäftsbriefen gleichviel welcher Form, die an einen bestimmten Empfänger gerichtet werden, müssen die Rechtsform und der Sitz der Genossenschaft, das Registergericht des Sitzes der Genossenschaft und die Nummer, unter der die Genossenschaft in das Genossenschaftsregister eingetragen ist, sowie alle Vorstandsmitglieder und, sofern der Aufsichtsrat einen Vorsitzenden hat, dieser mit dem Familiennamen und mindestens einem ausgeschriebenen Vornamen angegeben werden.

(2) Der Angaben nach Absatz 1 bedarf es nicht bei Mitteilungen oder Berichten, die im Rahmen einer bestehenden Geschäftsverbindung ergehen und für die üblicherweise Vordrucke verwendet werden, in denen lediglich die im Einzelfall erforderlichen besonderen Angaben eingefügt zu werden brauchen.

(3) ¹Bestellscheine gelten als Geschäftsbriefe im Sinne des Absatzes 1. ²Absatz 2 ist auf sie nicht anzuwenden.

§ 26 Vertretungsbefugnis des Vorstands

(1) Die Genossenschaft wird durch die von dem Vorstand in ihrem Namen geschlossenen Rechtsgeschäfte berechtigt und verpflichtet; es ist gleichgültig, ob das Geschäft ausdrücklich im Namen der Genossenschaft geschlossen worden ist, oder ob die Umstände ergeben, dass es nach dem Willen der Vertragschließenden für die Genossenschaft geschlossen werden sollte.

(2) Zur Legitimation des Vorstands Behörden gegenüber genügt eine Bescheinigung des Registergerichts, dass die darin zu bezeichnenden Personen als Mitglieder des Vorstands in das Genossenschaftsregister eingetragen sind.

§ 27 Beschränkung der Vertretungsbefugnis

(1) ¹Der Vorstand hat die Genossenschaft unter eigener Verantwortung zu leiten. ²Er hat dabei die Beschränkungen zu beachten, die durch die Satzung festgesetzt worden sind.

(2) ¹Gegen dritte Personen hat eine Beschränkung der Befugnis des Vorstands, die Genossenschaft zu vertreten, keine rechtliche Wirkung. ²Dies gilt insbesondere für den Fall, dass die Vertretung sich nur auf bestimmte Geschäfte oder Arten von Geschäften erstrecken oder nur unter bestimmten Umständen oder für eine bestimmte Zeit oder an einzelnen Orten stattfinden soll oder dass die Zustimmung der Generalversammlung, des Aufsichtsrats oder eines anderen Organs der Genossenschaft für einzelne Geschäfte erforderlich ist.

Übersicht

	Rdn.			Rdn.
A. Vertretung	1	I. Allgemeines		7
I. Allgemeines	1	II. Grenzen der Leitungsmacht		8
II. Grundsatz: Gesamtvertretung	2	1. Zustimmungsvorbehalte		9
III. Abweichende Regelung der Vertretung	4	2. Geschäftsordnung		12
1. Abweichende Regelung der Gesamtvertretung	5	III. Unwirksamkeit von Beschränkungen nach außen, § 27 Abs. 2		14
2. Einzelvertretung	6	C. Willensbildung im Vorstand		15
B. Leitungsverantwortung des Vorstands	7			

A. Vertretung

I. Allgemeines

Die §§ 24 bis 27 betreffen dem ersten Anschein nach allesamt nur die Vertretung der eG nach außen. Bei näherer Betrachtung zeigt sich allerdings, dass die Vorschrift des § 27 ungeachtet ihrer missverständlichen Überschrift auch den Bereich der Geschäftsführung regelt, mithin die Leitung der eG im Innenverhältnis. § 27 Abs. 1 Satz 1 enthält den Grundsatz der Eigenverantwortlichkeit des Vorstands.

II. Grundsatz: Gesamtvertretung

Das Gesetz geht hinsichtlich der Vertretung im Grundsatz von einer **Gesamtvertretung** aus, lässt jedoch eine abweichende Satzungsgestaltung zu (§ 25 Abs. 1 GenG). Enthält die Satzung keine abweichende Regelung, ist für eine wirksame Vertretung der eG die Mitwirkung aller Vorstandsmitglieder erforderlich. Dies erfordert nicht zwingend ein gleichzeitiges Zusammenwirken der einzelnen Vorstandsmitglieder. Ausreichend ist eine – auch konkludent mögliche – Zustimmung durch vorherige Einwilligung oder nachträgliche Genehmigung (BGH NJW 1988, 1199). Der Zustimmende muss nicht alle Details des Geschäfts kennen (BGH BB 1959, 724).

Ist eines der Vorstandsmitglieder infolge von Urlaub, Krankheit, o. ä. vorübergehend verhindert, wird die Vertretungsmacht der übrigen Vorstandsmitglieder nicht erweitert, die eG kann nicht wirksam vertreten werden (BGHZ 34, 27, 29). Auch eine gerichtliche Ersatzbestellung (§ 29 BGB) erfolgt nicht. Anders hingegen, wenn ein Vorstandsmitglied durch Beendigung des Vorstandsamtes dauerhaft entfällt: In diesem Fall bleiben die übrigen Vorstandsmitglieder gemeinsam vertretungsberechtigt, solange nicht die satzungsmäßige Mindestzahl unterschritten wird. Entfällt eines von zwei Vorstandsmitgliedern, wird das verbliebene Vorstandsmitglied nicht einzelvertretungsbefugt. In jedem Fall aber bleibt die eG durch die einzelnen verbleibenden Vorstandsmitglieder passiv vertreten (§ 25 Abs. 1 Satz 3). § 24 Abs. 1 Satz 2 regelt einen Fall der passiven Notvertretung durch den Aufsichtsrat.

III. Abweichende Regelung der Vertretung

Aufgrund der Schwierigkeiten, welche die echte Gesamtvertretung in der Praxis mit sich bringt, wird die Satzung vieler eG Abweichungen von der gesetzlichen Vertretungsregelung enthalten. Denkbar ist insofern zunächst eine abweichende Ausgestaltung der Gesamtvertretung, etwa durch eine unechte Gesamtvertretung oder durch Mischformen. Möglich ist aber auch die Einzelvertretung durch jedes einzelne Vorstandsmitglied.

1. Abweichende Regelung der Gesamtvertretung

Häufig findet sich die Regelung, dass bei einem mehrköpfigen Vorstand die eG durch zwei der Vorstandsmitglieder gemeinsam vertreten werden soll. Man spricht dann von sog. **unechter Gesamtvertretung**. Möglich ist auch eine sog. **gemischte Gesamtvertretung**. In diesem Fall ist ein Vorstandsmitglied nur gemeinsam mit einem Prokuristen vertretungsbefugt. Dabei muss jedoch beachtet werden, dass die gemischte Gesamtvertretung nicht dazu führen darf, dass die Mitglieder des Vorstands nur noch gemeinsam mit einem Prokuristen handeln können. In der Praxis wird daher bei gemischter Gesamtvertretung in der Regel in die Satzung aufgenommen, dass ein Vorstandsmitglied entweder gemeinsam mit einem weiteren Vorstandsmitglied oder gemeinsam mit einem Prokuristen vertretungsbefugt ist.

2. Einzelvertretung

6   Die Satzung kann schließlich auch bestimmen, dass die Vorstandsmitglieder **Einzelvertretungsbefugnis** haben. Möglich sind auch Mischformen, etwa durch eine generelle Gesamtvertretung verbunden mit Einzelvertretungsbefugnissen für einzelne Vorstandsmitglieder. Die Einzelvertretungsbefugnis bringt die größtmögliche Handlungsfreiheit für den Vorstand mit sich, ist aber aufgrund des fehlenden »Vier-Augen-Prinzips« auch mit größeren Risiken behaftet und daher in der Praxis nur selten zu finden. Eine bedingte Einzelvertretungsmacht, etwa für den Fall der Verhinderung eines Vorstandsmitglieds, ist nicht zulässig.

B. Leitungsverantwortung des Vorstands

I. Allgemeines

7   § 27 regelt, dass die Leitung der eG der alleinigen Verantwortung des Vorstands unterliegt (**Grundsatz der Eigenverantwortlichkeit des Vorstands**). Die Vorschrift bestimmt damit einerseits einen weiten Handlungsspielraum zugunsten des Vorstands, der grundsätzlich keinerlei Weisungen eines anderen Organs unterworfen werden kann. Entgegenstehende Satzungsbestimmungen wären unwirksam. Beschränkungen der Leitungsmacht (i. E. der Geschäftsführungsbefugnisse) bedürfen in jedem Fall einer konkreten und ausdrücklichen Festlegung in der Satzung. Andererseits ergibt sich aus § 27 GenG zugleich der Pflichtenkreis des Vorstands: Der Vorstand hat die maßgeblichen Entscheidungen in eigener Verantwortung zu treffen. Vorstandsmitglieder können sich nicht darauf berufen, für die Ihnen übertragenen Aufgaben nicht hinreichend ausgebildet zu sein (BGH NZG 2002, 195), sie haben für eine entsprechende Ausbildung und angemessene Weiterbildung Sorge zu tragen.

II. Grenzen der Leitungsmacht

8   Der Vorstand muss sich bei der Ausübung der Leitungsmacht an die Vorgaben des Gesetzes und der Satzung halten, wie § 27 Abs. 1 Satz 2 GenG klarstellt. Grenzen der Leitungsmacht ergeben sich insbesondere aus dem **Förderzweck** der eG und deren **Unternehmensgegenstand**. Darüber hinausgehende Beschränkungen durch die Satzung sind nur dann wirksam, wenn sie ausdrücklich bezeichnet und hinreichend bestimmt sind. Der Vorstand darf dabei aber nicht den Weisungen eines anderen Organs der eG unterworfen werden, er ist weisungsfrei. Eine ungeschriebene Grenze der Entscheidungsfreiheit des Vorstands besteht hinsichtlich sog. **Grundlagengeschäfte**. Bei solchen Geschäften, die den Kernbereich der Unternehmenstätigkeit betreffen und die Unternehmensstruktur von Grund auf verändern, ist eine Entscheidung der Generalversammlung (mit 3/4 Mehrheit) einzuholen (BGHZ 83, 122, 131 – Holzmüller; BGH NZG 2004, 571 ff., 575 ff. – Gelatine I und II).

1. Zustimmungsvorbehalte

9   Regelmäßig sieht die Satzung **Zustimmungsvorbehalte** zugunsten des Aufsichtsrats oder eines anderen Organs, etwa der Generalversammlung oder eines Beirats, vor (vgl. § 27 Abs. 2 Satz 2 a. E. GenG). Zustimmungsvorbehalte zugunsten des Aufsichtsrats ermöglichen keine Weisungen an den Vorstand, sondern gewähren dem Aufsichtsrat lediglich ein Entscheidungsrecht über das Ob einer Maßnahme. Zustimmungsvorbehalte sind zu beschränken auf Entscheidungen von einer gewissen Bedeutung für die eG. Nicht wirksam wären Zustimmungsvorbehalte für alltägliche Maßnahmen des laufenden Geschäftsbetriebs. Zudem können sich Zustimmungsvorbehalte nur auf einzelne, hinreichend bestimmte Geschäfte beziehen (etwa die Vergabe von Darlehen ab einer bestimmten

Größenordnung). Unzulässig wäre demgegenüber eine Klausel, die alle Geschäfte von grundsätzlicher Bedeutung einem Zustimmungserfordernis unterwirft.

Anders als im Aktienrecht (§ 111 Abs. 4 Satz 2 AktG) kann der Aufsichtsrat der eG bei fehlender Satzungsbestimmung nicht ohne besondere Gestattung durch die Satzung Zustimmungsvorbehalte beschließen. Die Übertragung der Zuständigkeit für die Abfassung eines Katalogs zustimmungspflichtiger Geschäfte auf den Aufsichtsrat durch die Satzung ist hingegen zulässig (wie auch im Aktienrecht: *Hüffer* § 111 AktG Rn. 17; unklar: *Beuthien* § 27 Rn. 11). 10

Der Verstoß gegen ein Zustimmungserfordernis stellt eine Pflichtverletzung des Vorstands dar, die dessen Abberufung und/oder Schadensersatzpflichten zur Folge haben kann. 11

2. Geschäftsordnung

In der Praxis finden sich regelmäßig **Geschäftsordnungen** des Vorstands. Sofern diese bloß verfahrenstechnische Bestimmungen über die Beschlussfassung des Vorstands (Einberufung und Abhaltung von Vorstandssitzungen, usw.), ist damit keine Beschränkung der Leitungsmacht des Vorstands verbunden. Allerdings kann die Geschäftsordnung in den Grenzen des § 27 Abs. 1 Satz 2 GenG auch Beschränkungen der Geschäftsführungsbefugnisse enthalten, insbesondere Zustimmungserfordernisse aufstellen (*Beuthien* § 27 Rn. 18, der insofern dann von einer »Geschäftsanweisung« spricht). Über die Aufstellung einer Geschäftsordnung oder eines Geschäftsverteilungsplans entscheidet der Vorstand nur, soweit nicht Generalversammlung oder (auf der Grundlage einer entsprechenden Satzungsbestimmung) der Aufsichtsrat bereits eine Geschäftsordnung aufgestellt hat (a. A. *Lang/Weidmüller/Schaffland* § 27 Rn. 15). 12

Durch **Geschäftsverteilungspläne** teilen die Vorstandsmitglieder die Leitungsaufgaben untereinander auf und weisen einander bestimmte Geschäftsbereiche zur eigenverantwortlichen Bearbeitung zu (Ressortverantwortung). Damit entledigt sich der Gesamtvorstand allerdings nicht seiner Leitungsverantwortung. Vielmehr bleiben auch die nicht ressortbefassten Vorstandsmitglieder in der Pflicht. Im Hinblick auf die Ressorts der Mitvorstände bleibt jedes Vorstandsmitglied zur Überwachung verpflichtet und hat bei erkennbaren Missständen einzugreifen. Jedes Vorstandsmitglied muss im Übrigen (aus eigener Pflicht) über wesentliche Geschäftsvorfälle aus seinem Ressort im Gesamtvorstand berichten. 13

III. Unwirksamkeit von Beschränkungen nach außen, § 27 Abs. 2

Soweit **Beschränkungen der Geschäftsführungsbefugnisse** des Vorstands zulässig sind, gelten diese **nur im Innenverhältnis**. § 27 Abs. 2 GenG stellt insofern klar, dass solche Beschränkungen Dritten gegenüber keine rechtliche Wirkung entfalten. Dritte im Sinne der Vorschrift sind neben außenstehenden Personen auch Mitglieder der Genossenschaft, soweit sie der eG außerhalb der mitgliedschaftlichen Rechtsbeziehung wie Außenstehende gegenübertreten. Kenntnis des Dritten von den Beschränkungen der Geschäftsführungsbefugnisse führt auch nicht zur Wirksamkeit des Rechtsgeschäfts. Nur im Fall des kollusiven Zusammenwirkens (BGH NJW 1989, 26) oder bei evidentem Missbrauch (BGH NJW 2002, 1488) kann sich ein Dritter ausnahmsweise nicht auf § 27 Abs. 2 berufen. 14

C. Willensbildung im Vorstand

Da es sich bei dem Vorstand um ein Beschlussorgan handelt, erfolgt die Willensbildung grundsätzlich durch in Sitzungen gefasste Beschlüsse. Das Verfahren der Beschlussfassung einschließlich der Einberufung der Vorstandssitzung, den Anforderungen an eine Tagesordnung, usw. wird üblicherweise durch die Geschäftsordnung geregelt. Beschlüsse können aber auch außerhalb von Sitzungen, etwa schriftlich im Umlaufverfahren, unter Nutzung von Telekommunikationsmitteln oder auch konkludent gefasst werden. Beschlüsse, die gegen zwingende gesetzliche oder statutarische Regelungen verstoßen sind nichtig, sofern nicht lediglich ein Verstoß gegen Ordnungsvorschriften vorliegt. 15

§ 28 Änderung des Vorstands und der Vertretungsbefugnis

¹Jede Änderung des Vorstands oder der Vertretungsbefugnis eines Vorstandsmitglieds hat der Vorstand zur Eintragung in das Genossenschaftsregister anzumelden. ²Der Anmeldung sind die Urkunden über die Änderung in Urschrift oder Abschrift beizufügen. ³Die Eintragung ist vom Gericht bekannt zu machen.

§ 29 Publizität des Genossenschaftsregisters

(1) Solange eine Änderung des Vorstands oder der Vertretungsbefugnis eines Vorstandsmitglieds nicht in das Genossenschaftsregister eingetragen und bekannt gemacht ist, kann sie von der Genossenschaft einem Dritten nicht entgegengesetzt werden, es sei denn, dass sie diesem bekannt war.

(2) ¹Ist die Änderung eingetragen und bekannt gemacht worden, so muss ein Dritter sie gegen sich gelten lassen. ²Dies gilt nicht bei Rechtshandlungen, die innerhalb von fünfzehn Tagen nach der Bekanntmachung vorgenommen werden, sofern der Dritte beweist, dass er die Änderung weder kannte noch kennen musste.

(3) Ist die Änderung unrichtig bekannt gemacht, so kann sich ein Dritter auf die Bekanntmachung der Änderung berufen, es sei denn, dass er die Unrichtigkeit kannte.

Übersicht

		Rdn.			Rdn.
A.	Rechtsstellung des Vorstandes	1	I.	Bestellung	8
I.	Allgemein	1	II.	Beendigung des Vorstandsamtes	11
II.	Geschäftsführungs- und Vertretungsbefugnis	2	E.	Anstellungsverhältnis	13
C.	Zusammensetzung des Vorstands	4	I.	Allgemeines	13
I.	Zahl	4	II.	Zuständigkeit	14
II.	Wählbarkeit	6	III.	Inhalt	15
D.	Bestellung des Vorstands und Beendigung des Vorstandsamts	8	IV.	Beendigung	16

A. Rechtsstellung des Vorstandes

I. Allgemein

1 Der Vorstand ist zwingend vorgeschriebenes **Organ der eG** (§ 9 Abs. 1 Satz 1) und ihr **gesetzlicher Vertreter**. Er setzt sich zusammen aus den bestellten Vorstandsmitgliedern und ist ein Beschlussorgan, das seine Beschlüsse grundsätzlich in Sitzungen trifft. Aufgabe des Vorstandes ist die eigenverantwortliche Leitung der eG, er ist nicht an Weisungen anderer Organe der eG gebunden. Ihm obliegt daher die Geschäftsführung (§ 27 Abs. 1 Satz 1) und die gerichtliche wie die außergerichtliche Vertretung der eG (§§ 24 Abs. 1, 25, 26, 27). Bei der Erfüllung seiner Aufgaben hat der Vorstand den Förderzweck der eG zu beachten (§ 1).

II. Geschäftsführungs- und Vertretungsbefugnis

2 Die **Geschäftsführung** umfasst alle tatsächlichen Handlungen und Rechtsgeschäfte, die zur Erreichung des genossenschaftlichen Förderzwecks notwendig und möglich sind. Darunter fallen praktisch alle Handlungen, die der Vorstand für die eG wahrnimmt. Erfasst ist nicht nur der (Förder-)Geschäftsverkehr der eG mit Mitgliedern und Dritten, sondern auch das Mitgliedschaftsverhältnis zwischen eG und Mitgliedern selbst, z. B. die Einforderung von Leistungen, die auf dem Mitgliedschaftsverhältnis beruhen.

3 Die **Vertretung** ist die Umsetzung bestimmter Geschäftsführungsmaßnahmen in rechtsverbindliche Willenserklärungen im Rechtsverkehr mit Mitgliedern oder Dritten. Aus diesen Geschäften wird

die eG berechtigt und verpflichtet (§ 164 BGB). Im Rahmen der gerichtlichen Vertretung nimmt der Vorstand die Prozesshandlungen für die eG vor; lediglich bei Rechtsstreitigkeiten zwischen der eG und einzelnen Vorstandsmitgliedern wird die eG durch den Aufsichtsrat vertreten (BGH WM 2005, 888, s. dazu unten §§ 38, 39). Der gesetzliche Regelfall ist die Gesamtvertretung (§ 25 Abs. 1 Satz 1). Bei **Gesamtvertretung** ist eine wirksame Vertretung der eG nur möglich, wenn alle dafür gesetzlich oder statutarisch vorgeschriebenen Vorstandsmitglieder bestellt sind und mitwirken. Die Satzung kann Abweichendes bestimmen, etwa Einzelvertretung oder gemischte Gesamtvertretung vorsehen (Ausführlich: §§ 25, 25a, 26, 27).

C. Zusammensetzung des Vorstands

I. Zahl

Der Vorstand besteht im Grundsatz aus mindestens zwei Mitgliedern (§ 24 Abs. 2 Satz 1), wobei eine höhere Mitgliederzahl durch die Satzung festgesetzt werden kann. Bei Genossenschaften mit nicht mehr als 20 Mitgliedern kann die Satzung allerdings bestimmen, dass der Vorstand aus einer Person besteht (§ 24 Abs. 2 Satz 3). Mit dieser durch die Genossenschaftsrechtsreform zum 18.08.2006 eingefügten Neuregelung ist der Gesetzgeber Anregungen aus der Praxis entgegengekommen (vgl. *Schulze/Wiese* ZfgG 56 [2006], 97, 112). Die Satzung kann hinsichtlich der Zahl der Vorstandsmitglieder Höchst- und Mindestzahlen vorsehen. Fehlt die nach dem Gesetz oder der Satzung notwendige Zahl, ist eine Ergänzung erforderlich oder gem. § 29 BGB ein Notvorstand zu bestellen (BGHZ 18, 337).

4

Wird die in der Satzung genannte Zahl an Vorstandsmitgliedern unterschritten, können wirksame Willenserklärungen dennoch abgegeben werden, solange so viele Vorstandsmitglieder mitwirken, wie zur satzungsmäßigen Vertretung der eG vorgesehen sind. Bei Einzelvertretungsmacht genügt daher auch die Existenz eines einzigen Vorstandsmitglieds, bei Gesamtvertretung ist erforderlich, dass alle nach der Satzung erforderlichen Vorstandsmitglieder bestellt sind und mitwirken. Werden mehr Vorstandsmitglieder bestellt, als die Satzung vorsieht, führt dies nicht zur Nichtigkeit der Bestellung. Vielmehr muss die Bestellung widerrufen oder die Satzung entsprechend der tatsächlichen Anzahl an vorhandenen Vorstandsmitgliedern angepasst werden.

5

II. Wählbarkeit

Die Vorstandsmitglieder müssen voll geschäftsfähige natürliche Personen sein. Juristische Personen oder Personengesellschaften sind nicht amtsfähig (§ 9 Abs. 2 Satz 1). Wählbar sind ferner nur Mitglieder der Genossenschaft (**Prinzip der Selbstorganschaft**, § 9 Abs. 2 Satz 1), allerdings auch sog. »fördernde Mitglieder« und, falls statutarisch vorgesehen, investierende Mitglieder gem. § 8 Abs. 2. Die Mitgliedschaft muss nicht bereits bei der Bestellung gegeben sein. Vielmehr genügt es, wenn die Vorstandsmitglieder während ihrer Amtsführung Mitglieder der eG sind (RGZ 144, 384). Sofern der eG ihrerseits einzelne eG als Mitglieder angehören, können Mitglieder dieser Mitgliedsgenossenschaft Vorstandsmitglieder werden, ohne persönlich die Mitgliedschaft bei ihr erwerben zu müssen (§ 9 Abs. 2 Satz 2). Mitglieder des Aufsichtsrates können nicht zugleich dem Vorstand angehören, da sie sich nicht selbst kontrollieren können (§ 37 Abs. 1 Satz 1). Zum Zwecke der Vertretung verhinderter Vorstandsmitglieder ist eine Ämterkonkurrenz allerdings für einen im Voraus bestimmten Zeitraum zulässig (§ 37 Abs. 1 Satz 2). In der Regel wird der Prüfungsverband auf die Einhaltung einer Höchstfrist von einem Jahr bestehen. Ist ein Aufsichtsratsmitglied in den Vorstand entsandt, gehört es dem Aufsichtsrat formell weiter an, darf aber seine Aufgaben als Aufsichtsratsmitglied weder aktiv noch passiv wahrnehmen, weshalb eine Zustellung an den Aufsichtsrat über das betroffene Mitglied nicht erfolgen kann (BGH NJW 1974, 278). Die Satzung kann die Wählbarkeit an weitere Voraussetzungen knüpfen, jedoch wegen § 18 Satz 2 nicht von den Vorgaben des § 9 Abs. 2 GenG abweichen.

6

Der Verstoß gegen gesetzliche Amtsunfähigkeitsgründe macht die Bestellung nichtig. Hingegen hat die Nichtbeachtung einer satzungsmäßigen Voraussetzung nicht die Nichtigkeit zur Folge, sondern

7

führt regelmäßig zum Vorliegen eines wichtigen Kündigungsgrundes (Lang/Weidmüller/*Schaffland* § 24 Rn. 27).

D. Bestellung des Vorstands und Beendigung des Vorstandsamts

I. Bestellung

8 Die **Bestellung zum Vorstandsmitglied** ist der körperschaftliche Rechtsakt, durch den einer Person die Organstellung als Vorstandsmitglied verliehen wird. Nach der gesetzlichen Konzeption erfolgt die Bestellung (und die Abberufung) durch die (annahmebedürftige) Wahl in der Generalversammlung. Für die Wahl genügt grundsätzlich einfache Stimmenmehrheit. Eine feste Amtszeit ist – anders als im Aktienrecht – nicht vorgesehen (s. aber § 31 MitbestG).

9 Die Satzung kann gem. § 24 Abs. 2 Satz 2 eine **andere Art der Bestellung** für alle oder einen Teil der Vorstandsmitglieder (etwa die Ehrenamtlichen) vorsehen. Als Bestellungsorgan kommt z. B. der Aufsichtsrat oder ein Beirat in Betracht. Erfolgt die Bestellung durch einen Dritten, wird auf diese Weise ein zusätzliches, für die Besetzung des Vorstandes zuständiges Genossenschaftsorgan erschaffen und der Dritte zum Mitglied dieses Organs bestellt (*Beuthien* § 24 Rn. 10). Die Satzung kann feste Amtszeiten vorsehen und insofern auch zwischen einzelnen Vorstandsmitgliedern differenzieren. In der genossenschaftlichen Praxis ist die Bestellung der hauptamtlichen Mitglieder des Vorstands durch den Aufsichtsrat üblich, wohingegen die nicht ehrenamtlichen Mitglieder häufig durch die Generalversammlung bestellt werden (Lang/Weidmüller/*Schaffland* § 24 Rn. 38). Für den Fall, dass die eG dem Mitbestimmungsgesetz unterliegt, obliegt gem. § 31 MitbestG allein dem Aufsichtsrat die Bestellung des Vorstandes.

10 Die Bestellung zum Vorstand bedarf, ebenso wie die Abberufung oder die Änderung der Vertretungsbefugnisse der Vorstandsmitglieder, der **Eintragung in das Genossenschaftsregister** (§ 28), der allerdings nur deklaratorische Wirkung zukommt. Die Anmeldung erfolgt durch die Vorstandsmitglieder in vertretungsberechtigter Zahl. Der Anmeldung sind die Urkunden über die Änderung im Original oder in beglaubigter Abschrift beizufügen. § 29 Abs. 1 bestimmt (entsprechend zu § 15 Abs. 1 HGB für das Handelsregister), dass eine Änderung des Vorstands oder der Vertretungsbefugnis einem Dritten gegenüber nur dann Wirkungen entfaltet, wenn sie in das Genossenschaftsregister eingetragen ist, es sei denn, dass die Änderung dem Dritten bekannt war (negative Publizität des Genossenschaftsregisters). § 29 Abs. 2 regelt entsprechend § 15 Abs. 2 HGB die positive Publizität; § 29 Abs. 3 erfasst unrichtige Bekanntmachungen und entspricht damit § 15 Abs. 3 HGB.

II. Beendigung des Vorstandsamtes

11 Das Vorstandsamt endet durch den Tod des Vorstandsmitglieds, durch Ablauf der Amtsdauer, durch Abberufung des Vorstandsmitglieds oder durch Amtsniederlegung, ferner bei Entfallen der gesetzlichen Voraussetzungen, etwa bei Beendigung der Mitgliedschaft in der Genossenschaft. Zuständig für die Abberufung ist nach § 24 Abs. 2 Satz 1 grundsätzlich die Generalversammlung. Seit der Genossenschaftsrechtsreform 2006 kann die Kompetenz für die Abberufung durch die Satzung auch auf ein anderes Organ, insbesondere den Aufsichtsrat übertragen werden.

12 Die Bestellung zum Vorstandsmitglied kann gem. § 24 Abs. 3 Satz 2 jederzeit widerrufen werden. Der Angabe von Gründen bedarf es dazu nicht. Der Widerruf kann in der Kündigung des Dienstverhältnisses konkludent enthalten sein. Zuständig für den Widerruf ist der Aufsichtsrat, der zudem als Eilmaßnahme beschließen kann, das betroffene Vorstandsmitglied gem. § 40 vorläufig seines Amtes zu entheben, wobei dann unverzüglich eine Generalversammlung einzuberufen ist, die über die endgültige Abberufung des Vorstandsmitglieds zu entscheiden hat.

E. Anstellungsverhältnis

I. Allgemeines

Zwischen der Bestellung, d. h. der körperschaftsrechtlichen Eingliederung des Vorstandsmitglieds in die Organisation der eG und der Anstellung, d. h. der schuldrechtlichen Verknüpfung zwischen Vorstandsmitglied und eG ist streng zu differenzieren (Trennungsprinzip, vgl. auch § 24 Abs. 3 Satz 2). Der Abschluss des Anstellungsvertrages kann der Bestellung zeitlich vorausgehen, mit ihr zusammenfallen oder ihr nachfolgen. Der **Anstellungsvertrag** ist ein zweiseitiger schuldrechtlicher Vertrag, der die Beziehungen zwischen dem Vorstandsmitglied und der eG, das Anstellungsverhältnis, regelt. Dazu gehören die gegenseitigen Rechte und Pflichten des Vorstandsmitglieds und der eG, die sich nicht bereits aus der Organstellung ergeben. Der Anstellungsvertrag ist entweder besoldeter Dienstvertrag (§§ 611 ff. BGB) oder unbesoldeter Auftrag (§ 662 BGB). Vorstandsmitglieder einer Genossenschaft sind keine Arbeitnehmer, arbeitsrechtliche Vorschriften sind nicht anwendbar (§ 5 Abs. 2 Nr. 1 BetrVG, § 14 Abs. 1 Nr. 1 KSchG, § 1 Nr. 1 MuSchG). Anders als Mitglieder des Vorstands einer AG sollen eG-Vorstände allerdings sozialversicherungspflichtig sein (vgl. BSG NJW 1974, 207 ff.; *Pöhlmann/Fandrich/Bloehs* § 24 Rn. 35).

II. Zuständigkeit

Über den Abschluss des Dienstvertrages entscheidet gem. § 39 Abs. 1 Satz 1 allein der Aufsichtsrat. Sieht die Satzung einer kleinen Genossenschaft (< als 21 Mitglieder) vor, dass ein Aufsichtsrat nicht zu bilden ist, ist ein von der Generalversammlung gewählter Bevollmächtigter zuständig. Der Aufsichtsrat kann die Kompetenz zur Entscheidung über den Abschluss des Dienstvertrags wiederum auf einen Ausschuss übertragen. Einzelne Aufsichtsratsmitglieder, etwa der Aufsichtsratsvorsitzende, können hingegen nicht über den Abschluss entscheiden (BGH NZG 2008, 471), wohl aber in Vollzug eines entsprechenden Gremienbeschlusses den formellen Akt des Abschlusses übernehmen.

III. Inhalt

Bei der Ausgestaltung des Inhalts des Anstellungsvertrags sind die Parteien grundsätzlich frei. Soweit die Bestellung des Vorstandsmitglieds befristet ist, kann es sich anbieten, auch den Anstellungsvertrag entsprechend zu befristen. Wesentliche Pflicht des Vorstands aus dem Anstellungsvertrag ist die Führung der Geschäfte entsprechend den gesetzlichen und satzungsmäßigen Vorgaben, Hauptpflicht der eG ist die Verpflichtung zur Zahlung einer Vergütung. Die Vergütung des Vorstands setzt sich in der Regel aus einem festen Jahresgehalt zuzüglich variabler Gehaltsbestandteile (Tantiemen, Erfolgsbeteiligungen, o. Ä.) zusammen. Regelmäßiger Inhalt von Anstellungsverträgen sind ferner Vereinbarungen über Urlaubs- und Versorgungsansprüche und (nachvertragliche) Wettbewerbsverbote.

IV. Beendigung

Der Anstellungsvertrag endet außer durch Kündigung mit dem Tod des Vorstandsmitglieds, mit Ablauf einer Befristung oder bei Vorliegen eines sonstigen vertraglichen Beendigungsgrundes. Die Abberufung des Vorstandsmitglieds führt hingegen nicht automatisch zur Beendigung des Anstellungsvertrags, wie § 24 Abs. 3 Satz 2 klarstellt.

Ist der Anstellungsvertrag befristet, sieht er regelmäßig kein ordentliches Kündigungsrecht vor, gekündigt werden kann dann nur bei Vorliegen eines wichtigen Grundes (§ 626 BGB). Ist der Anstellungsvertrag unbefristet, sollten Regelungen über die Kündigungsfrist aufgenommen werden, ansonsten gilt § 621 BGB. Zuständig für die Kündigung ist ebenfalls vorbehaltlich einer anderslautenden Satzungsbestimmung der Aufsichtsrat, bzw. ein von diesem eingesetzter Ausschuss. Eine (in der Regel) fristlose, außerordentliche Kündigung des Anstellungsvertrags ist ungeachtet einer vertraglichen Regelung möglich, wenn ein wichtiger Grund im Sinne von § 626 BGB vorliegt. Die Kündigungsfrist des § 626 Abs. 2 BGB ist zu beachten.

§ 30 Mitgliederliste

(1) Der Vorstand ist verpflichtet, die Mitgliederliste zu führen.

(2) ¹In die Mitgliederliste ist jedes Mitglied der Genossenschaft mit folgenden Angaben einzutragen:
1. Familienname, Vornamen und Anschrift, bei juristischen Personen und Personenhandelsgesellschaften Firma und Anschrift, bei anderen Personenvereinigungen Bezeichnung und Anschrift der Vereinigung oder Familiennamen, Vornamen und Anschriften ihrer Mitglieder,
2. Zahl der von ihm übernommenen weiteren Geschäftsanteile,
3. Ausscheiden aus der Genossenschaft.

²Der Zeitpunkt, zu dem die eingetragene Angabe wirksam wird oder geworden ist, sowie die die Eintragung begründenden Tatsachen sind anzugeben.

(3) ¹Die Unterlagen, aufgrund deren die Eintragung in die Mitgliederliste erfolgt, sind drei Jahre aufzubewahren. ²Die Frist beginnt mit dem Schluss des Kalenderjahres, in dem das Mitglied aus der Genossenschaft ausgeschieden ist.

§ 31 Einsicht in die Mitgliederliste

(1) ¹Die Mitgliederliste kann von jedem Mitglied sowie von einem Dritten, der ein berechtigtes Interesse darlegt, bei der Genossenschaft eingesehen werden. ²Abschriften aus der Mitgliederliste sind dem Mitglied hinsichtlich der ihn betreffenden Eintragungen auf Verlangen zu erteilen.

(2) ¹Der Dritte darf die übermittelten Daten nur für den Zweck verarbeiten und nutzen, zu dessen Erfüllung sie ihm übermittelt werden; eine Verarbeitung und Nutzung für andere Zwecke ist nur zulässig, soweit die Daten auch dafür hätten übermittelt werden dürfen. ²Ist der Empfänger eine nicht öffentliche Stelle, hat die Genossenschaft ihn darauf hinzuweisen; eine Verarbeitung und Nutzung für andere Zwecke bedarf in diesem Fall der Zustimmung der Genossenschaft.

§ 32 Vorlage der Mitgliederliste beim Gericht

Der Vorstand hat dem Registergericht auf dessen Verlangen eine Abschrift der Mitgliederliste unverzüglich einzureichen.

1 §§ 30 bis 32 befassen sich mit der **Mitgliederliste**, die gem. § 30 Abs. 1 vom Vorstand zu führen ist. Das Registergericht führt schon seit Inkrafttreten des RegVBG am 01.01.1994 keine eigene »Liste der Genossen« mehr. Bei der Mitgliederliste handelt es sich um eine Übersicht über die Mitglieder der Genossenschaft, in die Name und Anschrift sowie die Zahl der (über den ersten Pflichtanteil hinausgehenden) vom Mitglied übernommen Geschäftsanteile einzutragen sind. Auch das Ausscheiden ist in der Mitgliederliste zu vermerken. Der Eintragung in die Mitgliederliste kommt nur deklaratorische Bedeutung zu (zum Erwerb der Mitgliedschaft s. § 15). Die den Eintragungen in der Mitgliederliste zugrunde liegenden Unterlagen (etwa die Beitrittserklärung) sind noch 3 Jahre nach dem Ausscheiden des betroffenen Mitglieds aufzubewahren (§ 30 Abs. 3).

2 Jedes Mitglied kann ohne besonderen Grund in den Geschäftsräumen der eG **Einsicht in die Mitgliederliste** und die zugehörigen Unterlagen nehmen, Dritte hingegen nur bei Darlegung eines berechtigten Interesses (§ 31 Abs. 1 Satz 1). Ein berechtigtes Interesse ist anzunehmen, wenn der Dritte einen sachlichen Grund vorträgt, der über ein allgemeines Informationsinteresse hinausgeht und nicht rechtsmissbräuchlich erscheint. Abschriften aus der Mitgliederliste stehen gem. § 31 Abs. 1 Satz 2 nur Mitgliedern zu.

3 Auf Verlangen des Registergerichts – etwa im Fall von § 45 Abs. 3 – hat der Vorstand die Mitgliederliste bei diesem einzureichen (§ 32 GenG).

§ 33 Buchführung; Jahresabschluss und Lagebericht

(1) ¹Der Vorstand hat dafür zu sorgen, dass die erforderlichen Bücher der Genossenschaft ordnungsgemäß geführt werden. ²Der Jahresabschluss und der Lagebericht sind unverzüglich nach ihrer Aufstellung dem Aufsichtsrat und mit dessen Bemerkungen der Generalversammlung vorzulegen.

(2) Mit einer Verletzung der Vorschriften über die Gliederung der Bilanz und der Gewinn- und Verlustrechnung sowie mit einer Nichtbeachtung von Formblättern kann, wenn hierdurch die Klarheit des Jahresabschlusses nur unwesentlich beeinträchtigt wird, eine Anfechtung nicht begründet werden.

(3) Ergibt sich bei Aufstellung der Jahresbilanz oder einer Zwischenbilanz oder ist bei pflichtgemäßem Ermessen anzunehmen, dass ein Verlust besteht, der durch die Hälfte des Gesamtbetrags der Geschäftsguthaben und die Rücklagen nicht gedeckt ist, so hat der Vorstand unverzüglich die Generalversammlung einzuberufen und ihr dies anzuzeigen.

Übersicht	Rdn.		Rdn.
A. Allgemeines	1	C. Beschränkung der Anfechtung des Beschlusses der Generalversammlung, Abs. 2	3
B. Jahresabschluss und Lagebericht	2	D. Verlustanzeige, Abs. 3	4

A. Allgemeines

§ 33 normiert als besonderen Bestandteil der Leitungsverantwortung des Vorstands (§ 27) dessen **Pflicht zur Buchführung und zur Aufstellung von Jahresabschluss und Lagebericht**. Die Vorschriften zur Rechnungslegung im Einzelnen sind dem HGB (dort §§ 238 ff.) zu entnehmen, wobei für die eG mit §§ 336 bis 339 HGB ergänzende Sondervorschriften bestehen. Die Buchführungspflicht trifft den gesamten Vorstand, eine besondere Geschäftsverteilung entbindet die ressortfremden Vorstandsmitglieder nicht von einer Überwachungspflicht. Der Vorstand kann die Buchführungspflicht auch delegieren; er muss nur sicherstellen, dass die Bücher ordnungsgemäß geführt werden.

B. Jahresabschluss und Lagebericht

Die Verpflichtung des Vorstands zur Aufstellung von Jahresabschluss und Lagebericht ergibt sich aus §§ 336, 242 HGB. Die Aufstellung muss innerhalb der ersten 5 Monate des nachfolgenden Geschäftsjahres, § 336 Abs. 1 HGB erfolgen. Der Jahresabschluss der eG besteht wie bei den Kapitalgesellschaften aus Bilanz, Gewinn- und Verlustrechnung und Anhang und wird ergänzt durch den Lagebericht. Gem. § 33 Abs. 1 Satz 2 sind Jahresabschluss und Lagebericht unverzüglich nach Aufstellung dem Aufsichtsrat vorzulegen, der den Jahresabschluss, den Lagebericht und den Gewinnverwendungsvorschlag prüft (§ 38). Nach Vorlage an den Aufsichtsrat ist der Jahresabschluss ggf. mit den Anmerkungen des Aufsichtsrats versehen der Generalversammlung vorzulegen, die den Jahresabschluss feststellt (§ 48 Abs. 1 Satz 1). Der Jahresabschluss ist von allen gegenwärtigen Vorstandsmitgliedern zu unterzeichnen.

C. Beschränkung der Anfechtung des Beschlusses der Generalversammlung, Abs. 2

Der Beschluss der Generalversammlung über die Feststellung des Jahresabschlusses (§ 48 Abs. 1 Satz 1) ist grundsätzlich wie andere Generalversammlungsbeschlüsse auch unter den Voraussetzungen von § 51 anfechtbar, etwa wenn der Jahresabschluss gegen nicht zwingende gesetzliche Vorschriften oder gegen die Satzung verstößt und nicht bereits wegen eines besonders schwerwiegenden Verstoßes nichtig ist. Abs. 2 schränkt die Anfechtbarkeit des Feststellungsbeschlusses der Generalversammlung dahin gehend ein, dass die Anfechtung nicht auf die bloße Verletzung von

Vorschriften über die Gliederung oder auf die Nichtbeachtung von Formblättern gestützt werden kann, wenn hierdurch die Klarheit des Jahresabschlusses nicht wesentlich beeinträchtigt wird.

D. Verlustanzeige, Abs. 3

4   Abs. 3 verpflichtet den Vorstand, unverzüglich die Generalversammlung einzuberufen und dieser Anzeige zu erstatten, wenn er feststellt, dass ein Verlust besteht, der durch die Hälfte des Gesamtbetrags der Geschäftsguthaben zuzüglich des Gesamtbetrags der Rücklagen nicht mehr gedeckt ist. Die Vorschrift soll sicherstellen, dass die Mitglieder zeitnah über Verluste informiert werden, für die sie im Insolvenzfall eventuell einstehen müssen. Kommt der Vorstand der Einberufungspflicht nicht nach, macht er sich gem. § 148 Abs. 1 Nr. 1 strafbar.

5   Die Prüfung, ob ein Verlust im Sinne von Abs. 3 vorliegt, erfolgt nach allgemeinen Maßstäben: Eine going concern-Bewertung wird nur dann durchzuhalten sein, wenn eine positive Fortführungsprognose besteht. Stille Reserven können nur dann aufgelöst werden, wenn dies auch im Jahresabschluss möglich wäre (h. M., a. A. aber Lang/Weidmüller/*Schaffland* § 33 Rn. 49).

§§ 33a–33i

(weggefallen)

§ 34 Sorgfaltspflicht und Verantwortlichkeit der Vorstandsmitglieder

(1) ¹Die Vorstandsmitglieder haben bei ihrer Geschäftsführung die Sorgfalt eines ordentlichen und gewissenhaften Geschäftsleiters einer Genossenschaft anzuwenden. ²Über vertrauliche Angaben und Geheimnisse der Genossenschaft, namentlich Betriebs- oder Geschäftsgeheimnisse, die ihnen durch die Tätigkeit im Vorstand bekannt geworden sind, haben sie Stillschweigen zu bewahren.

(2) ¹Vorstandsmitglieder, die ihre Pflichten verletzen, sind der Genossenschaft zum Ersatz des daraus entstehenden Schadens als Gesamtschuldner verpflichtet. ²Ist streitig, ob sie die Sorgfalt eines ordentlichen und gewissenhaften Geschäftsleiters einer Genossenschaft angewandt haben, tragen sie die Beweislast.

(3) Die Mitglieder des Vorstands sind namentlich zum Ersatz verpflichtet, wenn entgegen diesem Gesetz oder der Satzung
1. Geschäftsguthaben ausgezahlt werden,
2. den Mitgliedern Zinsen oder Gewinnanteile gewährt werden,
3. Genossenschaftsvermögen verteilt wird,
4. Zahlungen geleistet werden, nachdem die Zahlungsunfähigkeit der Genossenschaft eingetreten ist oder sich eine Überschuldung ergeben hat, die für die Genossenschaft nach § 98 Grund für die Eröffnung des Insolvenzverfahrens ist,
5. Kredit gewährt wird.

(4) ¹Der Genossenschaft gegenüber tritt die Ersatzpflicht nicht ein, wenn die Handlung auf einem gesetzmäßigen Beschluss der Generalversammlung beruht. ²Dadurch, dass der Aufsichtsrat die Handlung gebilligt hat, wird die Ersatzpflicht nicht ausgeschlossen.

(5) ¹In den Fällen des Absatzes 3 kann der Ersatzanspruch auch von den Gläubigern der Genossenschaft geltend gemacht werden, soweit sie von dieser keine Befriedigung erlangen können. ²Den Gläubigern gegenüber wird die Ersatzpflicht weder durch einen Verzicht oder Vergleich der Genossenschaft noch dadurch aufgehoben, dass die Handlung auf einem Beschluss der Generalversammlung beruht. ³Ist über das Vermögen der Genossenschaft das Insolvenzverfahren eröffnet, so übt während dessen Dauer der Insolvenzverwalter oder Sachwalter das Recht der Gläubiger gegen die Vorstandsmitglieder aus.

(6) Die Ansprüche aus diesen Vorschriften verjähren in fünf Jahren.

Übersicht

	Rdn.			Rdn.
A. Allgemeines	1		a) Voraussetzungen	9
B. Besondere Pflichten der Vorstandsmitglieder, Abs. 1	2		b) Beweislast	12
			c) Sonderfälle, Abs. 3	13
I. Sorgfaltspflichten	2		2. Verfahren	14
II. Verschwiegenheitspflicht, Abs. 1 Satz 2	7	II.	Haftung gegenüber Mitgliedern und Gläubigern	15
C. Haftung des Vorstands	8	III.	Haftungsausschluss, Abs. 4	17
I. Haftung gegenüber der eG	8	IV.	Verjährung, Abs. 6	18
1. Schadensersatzpflicht gem. Abs. 2	9			

A. Allgemeines

Die Vorschrift regelt den auf Vorstandsmitglieder anzuwendenden Sorgfaltsmaßstab (Abs. 1 Satz 1) und enthält in Abs. 2 Satz 1 eine eigenständige Anspruchsgrundlage sowie in Abs. 3 bis 6 weitere Bestimmungen zur Haftung der Vorstandsmitglieder. Sie gilt gem. § 41 auch für die Mitglieder des Aufsichtsrats und ist damit vergleichbar zu § 93 AktG die **zentrale Haftungsnorm für die Organe der eG**. Wie sich an der zunehmenden Rechtsprechung (vgl. etwa BGH NZG 2007, 231 ff.; BGH NZG 2005, 562 ff.; OLG Dresden ZBB 2008, 125 ff.) ablesen lässt, hat die Vorschrift in der letzten Zeit an Bedeutung zugenommen. 1

B. Besondere Pflichten der Vorstandsmitglieder, Abs. 1

I. Sorgfaltspflichten

Abs. 1 Satz 1 verlangt von den Vorstandsmitgliedern bei der Geschäftsführung die Einhaltung der »*Sorgfalt eines ordentlichen und gewissenhaften Geschäftsleiters einer Genossenschaft*« und benennt damit nicht nur die Pflicht der Vorstandsmitglieder zu besonders sorgfältiger Geschäftsführung, sondern konkretisiert damit auch die allgemeinen Vorschriften über den Sorgfaltsmaßstab in §§ 347 HGB, 276 BGB. Man kann insofern von einer **Doppelfunktion** der Vorschrift reden. Was als Sorgfalt eines ordentlichen und gewissenhaften Geschäftsleiters anzusehen ist, lässt sich nicht einheitlich festlegen. Bei der Prüfung einer Sorgfaltspflichtverletzung spielen regelmäßig viele Faktoren eine Rolle, abzuwägen sind u. a. die wirtschaftliche und strategische Bedeutung der jeweiligen Maßnahme und deren Verhältnis zu Größe und wirtschaftlicher Leistungsfähigkeit des jeweiligen genossenschaftlichen Unternehmens. Je größer die Bedeutung einer bestimmten Maßnahme für die eG, desto höher sind die Sorgfaltsanforderungen an den handelnden Vorstand. In jedem Fall muss der Vorstand die gesetzlichen Vorgaben und die Vorgaben der Satzung beachten. Hierüber muss sich jedes Vorstandsmitglied auch selbst informieren. 2

Auch bei der Bestimmung des Pflichtenkreises des Vorstands der eG ist die sog. »**business judgement rule**« zu berücksichtigen. Die Grundsätze der »ARAG/Garmenbeck«-Entscheidung des BGH (BGHZ 135, 244) haben zwar in Abs. 1 anders als in § 93 Abs. 1 Satz 2 AktG keine ausdrückliche Erwähnung gefunden. Es dürfte aber Einigkeit darin bestehen, dass auch dem Mitglied des Vorstands einer eG ein **weiter Handlungsrahmen** zuzubilligen ist, ohne den eine unternehmerische Tätigkeit nicht denkbar ist (BGH NZG 2007, 231 ff.). Wenn daher das Vorstandsmitglied bei einer unternehmerischen Entscheidung vernünftigerweise annehmen durfte, auf der Grundlage angemessener Information zum Wohle der Genossenschaft zu handeln, besteht eine unwiderlegbare Vermutung gegen eine Pflichtverletzung. Einem Vorstand einer eG ist es daher im Ansatz auch gestattet, geschäftliche Risiken einzugehen und die Gefahr von objektiven Fehlbeurteilungen und Fehleinschätzungen in Kauf zu nehmen. Dieser Spielraum ist jedoch dann überschritten, wenn aus der Sicht eines ordentlichen und gewissenhaften Geschäftsleiters das hohe Risiko eines Schadens unabweisbar ist und keine vernünftigen Gründe dafür sprechen, es dennoch einzugehen (vgl. BGH NZG 2005, 562; BGH NZG 2002, 195). Für Vorstandsmitglieder einer Genossenschaftsbank bedeutet dies, dass sie Kredite grundsätzlich nicht ohne die üblichen Sicherheiten und nur unter 3

Beachtung der Beleihungsobergrenzen (vgl. BGH NZG 2005, 562) sowie bei positiver Beurteilung der Kapitaldienstfähigkeit gewähren dürfen.

4 Von wesentlicher Bedeutung für die Vermeidung einer Haftung ist für jedes Vorstandsmitglied die sorgfältige **Entscheidungsvorbereitung** unter Heranziehung der angemessenen Informationen (vgl. *Lehleiter/Hoppe* BKR 2007, 178s. auch BGH WM 2009, 26). Dabei darf sich der Vorstand allerdings nicht blind auf den Rat Dritter verlassen. Auch Empfehlungen des Prüfungsverbands darf der Vorstand nicht ohne eigene Prüfung folgen. Setzt er solche Empfehlungen entgegen seiner eigenen Einschätzung um, kann er diese Pflichtwidrigkeit nicht mit unzureichender Unterstützung des Prüfungsverbands entschuldigen (BGH NJW-RR 2004, 900; OLGR Frankfurt 2006, 918).

5 Neben der Einzelverantwortung für das eigene Ressort trifft ein jedes Vorstandsmitglied auch eine persönliche **Gesamtverantwortung** für die gesamte Leitungstätigkeit des Vorstands, mithin auch für eine ordnungsgemäße Pflichterfüllung durch die Vorstandskollegen in deren Ressorts. Dabei darf sich ein Vorstandsmitglied allerdings im Grundsatz auf eine Kenntnisnahme der regelmäßig zu erstattenden Berichte der übrigen Vorstandsmitglieder beschränken und darf darauf vertrauen, dass jedes Vorstandsmitglied seine Aufgaben mit der gebotenen Sorgfalt wahrnimmt. Ergeben sich jedoch Anhaltspunkte für Missstände in einem anderen Ressort, steigern sich die Kontrollpflichten. Kann das Vorstandsmitglied nicht selbst kurzfristig Abhilfe schaffen, ist ggf. der Aufsichtsrat, die Generalversammlung oder sogar der Prüfungsverband zu benachrichtigen (vgl. BGH NJW-RR 2004, 900).

6 Natürlich kann ein Vorstandsmitglied seine Aufgaben auch auf nachgeordnete Mitarbeiter **delegieren**. In diesem Fall bleibt das Vorstandsmitglied allerdings verpflichtet, die Mitarbeiter sorgfältig auszuwählen und für eine ordnungsgemäße Organisation der Aufgabenerfüllung durch die Mitarbeiter zu sorgen. Auch eine ausreichende Überwachung der Mitarbeiter muss gewährleistet sein.

II. Verschwiegenheitpflicht, Abs. 1 Satz 2

7 Abs. 1 Satz 2 normiert eine Schweigepflicht der Vorstandsmitglieder im Hinblick auf vertrauliche Angaben und Geheimnisse der eG. Darunter fallen insbesondere Betriebs- und Geschäftsgeheimnisse. Erforderlich ist jedoch immer, dass die Kenntniserlangung ursächlich auf dem Vorstandsamt beruht. Die Schweigepflicht besteht nur Dritten gegenüber, d.h. nicht gegenüber den übrigen Vorstandsmitgliedern und dem Aufsichtsrat. Den Mitgliedern der Genossenschaft gegenüber ist der Vorstand allerdings auch zur Verschwiegenheit verpflichtet, soweit diese nicht von ihrem Auskunftsrecht in der Generalversammlung Gebrauch machen. Im Rahmen der Generalversammlung darf der Vorstand die Auskunft nur unter den Voraussetzungen von § 131 Abs. 3 AktG analog verweigern.

C. Haftung des Vorstands

I. Haftung gegenüber der eG

8 Abs. 2 Satz 1 enthält eine eigenständige Anspruchsgrundlage für die **Innenhaftung** der Vorstandsmitglieder gegenüber der eG. Danach haben die Vorstandsmitglieder der eG als Gesamtschuldner den Schaden zu ersetzen, der aus einer Pflichtverletzung entstanden ist. Die Vorschrift begründet einen besonderen korporationsrechtlichen Haftungstatbestand, der neben die allgemeinen Schadensersatzvorschriften aus unerlaubter Handlung (§§ 823 ff. BGB) tritt und Schadensersatzansprüche wegen Verletzung der anstellungsvertraglichen Pflichten (§§ 280 ff. BGB) in sich aufnimmt (BGH NJW 1997, 741 zur GmbH). Die Haftung nach Abs. 2 greift bereits vor Eintragung der eG in das Genossenschaftsregister. Sie beginnt mit der Annahme des Vorstandsamts und endet erst mit dem tatsächlichen Ausscheiden aus dem Amt.

1. Schadensersatzpflicht gem. Abs. 2

a) Voraussetzungen

Voraussetzung einer Haftung gem. Abs. 2 Satz 1 ist, dass das Vorstandsmitglied schuldhaft gegen seine Pflichten verstoßen hat und es hierdurch zu einem adäquat kausal verursachten Schaden der eG gekommen ist. Liegen die Voraussetzungen vor, haften die betroffenen Vorstandsmitglieder der eG als Gesamtschuldner (§§ 421 ff. BGB) für den entstandenen Schaden.

Erforderlich ist zunächst, dass ein **Verstoß gegen die Pflichten des Vorstands** vorliegt. Abs. 2 Satz 1 erfasst insofern die gesetzlichen und statutarischen Vorschriften genauso wie einen Verstoß gegen die allgemeine Sorgfaltspflicht gem. Abs. 1. Zur Bestimmung einer Pflichtverletzung s. bereits oben Rdn. 2 ff. Denkbare Pflichtverletzungen sind etwa:
- Kreditgewährung ohne banktübliche Sicherheiten (BGH NZG 2005, 562) oder bei mangelhafter Bonitätsprüfung (BGH NZG 2002, 195);
- Unterlassene Geltendmachung von Pflichteinzahlungen (BGH NJW-RR 2004, 900);
- Verstoß gegen § 18 KWG (OLG Dresden ZBB 2008, 125);
- Fehlende Zustimmung des Aufsichtsrats (KG NZG 1998, 189);
- Zahlungen entgegen § 99 Abs. 2 Satz 1 (OLG Brandenburg NZG 2001, 766).

Auch wenn in Abs. 2 nicht ausdrücklich erwähnt, besteht eine Haftung des Vorstands nur für eigenes **Verschulden**, wobei leichte Fahrlässigkeit ausreicht. Zudem besteht eine Ersatzpflicht nur hinsichtlich solcher **Schäden, die adäquat kausal durch die Pflichtverletzung** verursacht worden sind. Hinsichtlich der Bestimmung des ersatzfähigen Schadens finden §§ 249 bis 254 BGB Anwendung.

b) Beweislast

Abs. 2 Satz 2 enthält eine **Beweislastumkehr** und gewährt der eG damit in der Auseinandersetzung um Schadensersatzansprüche gegen einen Geschäftsleiter einen erheblichen prozessualen Vorteil: Die eG trifft im Rechtsstreit gem. Abs. 2 Satz 2 die Darlegungs- und Beweislast nur dafür, dass und inwieweit ihr durch ein sich als »möglicherweise« pflichtwidrig darstellendes Verhalten des Vorstands in dessen Pflichtenkreis ein Schaden erwachsen ist. Dabei können ihr die Erleichterungen des § 287 ZPO zugutekommen. Demgegenüber muss das Vorstandsmitglied darlegen und erforderlichenfalls beweisen, dass er seinen Sorgfaltspflichten gem. Abs. 1 Satz 1 nachgekommen ist oder ihn kein Verschulden trifft, oder dass der Schaden auch bei pflichtgemäßem Alternativverhalten eingetreten wäre (BGH NZG 2007, 231 ff.).

c) Sonderfälle, Abs. 3

In Abs. 3 enthält für die darin aufgezählten Sonderfälle einer Pflichtverletzung eine **Schadensvermutung**. Liegt einer dieser Tatbestände vor, wird zugunsten der eG widerleglich vermutet, dass ihr zumindest i. H. d. pflichtwidrig gezahlten Betrags ein Schaden entstanden ist. Die benannten Tatbestände erfordern jeweils einen Verstoß gegen das GenG oder gegen die Satzung der eG; Verstöße gegen andere gesetzliche Bestimmungen, etwa gegen das KWG, fallen nicht darunter.

2. Verfahren

Der Aufsichtsrat hat aufgrund seiner Aufgabe, die Tätigkeit des Vorstandes zu überwachen und zu kontrollieren, die **Pflicht, das Bestehen von Schadensersatzansprüchen der eG gegenüber Vorstandsmitgliedern eigenverantwortlich zu prüfen**. Kommt der Aufsichtsrat zu dem Ergebnis, dass sich der Vorstand schadensersatzpflichtig gemacht hat, muss er sorgfältig abschätzen, ob und in welchem Umfang die gerichtliche Geltendmachung Erfolg haben kann. Stehen der eG danach durchsetzbare Schadensersatzansprüche zu, ist der Aufsichtsrat grundsätzlich verpflichtet, diese zu verfolgen (BGHZ 135, 244 – ARAG/Garmenbeck). Die gerichtliche Geltendmachung von Schadensersatzansprüchen gegen Vorstandsmitglieder kann gem. § 39 Abs. 1 Satz 3 bei Vorliegen einer entsprechenden Satzungsbestimmung eines vorherigen **Beschlusses der Generalversammlung** bedürfen.

II. Haftung gegenüber Mitgliedern und Gläubigern

15 Abs. 2 gewährt nur der eG einen Schadensersatzanspruch, die Vorschrift betrifft allein das Innenverhältnis zwischen Vorstand und eG. Die Vorschrift stellt auch **kein Schutzgesetz im Sinne von § 823 Abs. 2 BGB** dar. Weder Gläubiger noch Mitglieder der Genossenschaft können daher unmittelbare Rechte aus der Vorschrift ableiten (vgl. OLGR Hamm 2001, 15). Mitglieder und dritte Gläubiger können daher allenfalls über die Pfändung und Überweisung der Schadensersatzansprüche der eG gegen den Vorstand vorgehen.

16 Ausnahmsweise ermöglicht Abs. 4 Gesellschaftsgläubigern die Möglichkeit, in den Sonderfällen des Abs. 3 den Schadensersatzanspruch der eG **als fremdes Recht im eigenen Namen** geltend zu machen. Voraussetzung ist neben der Verwirklichung eines der in Abs. 3 genannten Tatbestände eine fällige Forderung des Gläubigers gegen die eG, für die er keine Befriedigung erlangt. Zum Schutz der Gläubiger bestimmt Abs. 4 Satz 2 ferner, dass ein Verzicht oder ein Vergleich die Ersatzpflicht genauso wenig ausschließen wie ein die Pflichtverletzung rechtfertigender Generalversammlungsbeschluss.

III. Haftungsausschluss, Abs. 4

17 Abs. 4 Satz 1 stellt fest, dass die Haftung des Vorstands im Einzelfall durch einen zustimmenden gesetzmäßigen Beschluss der Generalversammlung über das ansonsten pflichtwidrige Verhalten entfällt. Eine Billigung des Verhaltens durch den Aufsichtsrat genügt hingegen nicht (Abs. 4 Satz 2). Ob der Zustimmungsbeschluss nachträglich erfolgen kann oder vor dem pflichtwidrigen Verhalten gefasst werden muss, ist streitig (vgl. *Pöhlmann/Fandrich/Bloehs* § 34 Rn. 27). Jedenfalls kann eine nachträgliche Zustimmung u. U. als Verzicht auf die Geltendmachung von Schadensersatzansprüchen zu werten sein. Die Entlastung des Vorstandes einer Genossenschaft (§ 48 Abs. 1 Satz 2) enthält keinen Verzicht auf Schadensersatzansprüche, welche die Generalversammlung aufgrund der ihr erteilten Informationen nicht zu überblicken vermag (BGH NZG 2005, 562).

IV. Verjährung, Abs. 6

18 Ansprüche aus Abs. 2 Satz 1 verjähren gem. Abs. 6 abweichend von den allgemeinen Verjährungsvorschriften des BGB in 5 Jahren. Die Verjährungsfrist beginnt – unabhängig von der Kenntnis der eG – bereits mit der Entstehung des Anspruchs, d. h. in dem Zeitpunkt, in dem die Pflichtverletzung begangen und der Schadenseintritt feststellbar ist (BGH ZIP 2005, 852). Sie beginnt sogar dann, wenn der haftende Vorstand die Pflichtverletzung bewusst verheimlicht (BGH ZIP 2005, 852). Die Verjährungsfrist ist allerdings auf häufig in Anspruchskonkurrenz stehende deliktische Ansprüche nicht anwendbar, die nach allgemeinen Vorschriften erst in 3 Jahren ab Kenntnis von den anspruchsbegründenden Voraussetzungen verjähren.

§ 35 Stellvertreter von Vorstandsmitgliedern

Die für Mitglieder des Vorstands gegebenen Vorschriften gelten auch für Stellvertreter von Mitgliedern.

§ 36 Aufsichtsrat

(1) ¹Der Aufsichtsrat besteht, sofern nicht die Satzung eine höhere Zahl festsetzt, aus drei von der Generalversammlung zu wählenden Personen. ²Die zu einer Beschlussfassung erforderliche Zahl ist durch die Satzung zu bestimmen.

(2) Die Mitglieder des Aufsichtsrats dürfen keine nach dem Geschäftsergebnis bemessene Vergütung beziehen.

(3) ¹Die Bestellung zum Mitglied des Aufsichtsrats kann auch vor Ablauf des Zeitraums, für welchen es gewählt ist, durch die Generalversammlung widerrufen werden. ²Der Beschluss bedarf einer Mehrheit, die mindestens drei Viertel der abgegebenen Stimmen umfasst.

(4) Bei einer Genossenschaft, die kapitalmarktorientiert im Sinn des § 264d des Handelsgesetzbuchs ist, muss mindestens ein unabhängiges Mitglied des Aufsichtsrats über Sachverstand in Rechnungslegung oder Abschlussprüfung verfügen.

§ 37 Unvereinbarkeit von Ämtern

(1) ¹Die Mitglieder des Aufsichtsrats dürfen nicht zugleich Vorstandsmitglieder, dauernde Stellvertreter der Vorstandsmitglieder, Prokuristen oder zum Betrieb des gesamten Geschäfts ermächtigte Handlungsbevollmächtigte der Genossenschaft sein. ²Der Aufsichtsrat kann einzelne seiner Mitglieder für einen im Voraus begrenzten Zeitraum zu Stellvertretern verhinderter Vorstandsmitglieder bestellen; während dieses Zeitraums und bis zur Erteilung der Entlastung als stellvertretendes Vorstandsmitglied darf dieses Mitglied seine Tätigkeit als Aufsichtsratsmitglied nicht ausüben.

(2) Scheiden aus dem Vorstand Mitglieder aus, so dürfen dieselben nicht vor erteilter Entlastung in den Aufsichtsrat gewählt werden.

Übersicht	Rdn.		Rdn.
A. Allgemeines	1	I. Aufsichtsratsvorsitzender	9
B. Zahl und Zusammensetzung der Aufsichtsratsmitglieder	2	II. Aufsichtsratssitzungen	10
		III. Ausschüsse	12
C. Wahl, Amtszeit und Widerruf der Bestellung	5	E. Rechtsstellung der Aufsichtsratsmitglieder	14
D. Interne Organisation des Aufsichtsrats	8		

A. Allgemeines

Gem. § 9 Abs. 1 Satz 1 ist der Aufsichtsrat ein **Pflichtorgan** der eG. Lediglich in kleinen Genossenschaften kann die Satzung gem. § 9 Abs. 1 Satz 2 von der Bildung eines Aufsichtsrats absehen. In diesem Fall nimmt die Generalversammlung die Aufgaben des Aufsichtsrats wahr und wird gegenüber dem Vorstand durch einen gewählten Bevollmächtigten vertreten (§ 39 Abs. 1 Satz 2). Kernaufgabe des Aufsichtsrats ist die Überwachung der Geschäftsführung (§ 38 Abs. 1 Satz 1). 1

B. Zahl und Zusammensetzung der Aufsichtsratsmitglieder

Gem. Abs. 1 Satz 1 besteht der Aufsichtsrat aus **mindestens drei Personen**. Die Satzung kann eine höhere Mitgliederzahl vorschreiben oder sich auf die Vorgabe einer Mindest- und/oder Höchstzahl beschränken. Ob der Aufsichtsrat bei Unterschreitung einer statutarisch festgelegten Mindestzahl der Aufsichtsratsmitglieder noch beschlussfähig ist, richtet sich ebenfalls nach den Bestimmungen der Satzung (Abs. 1 Satz 2, anders Lang/Weidmüller/*Schaffland* § 36 Rn. 9). Unter der Geltung des MitbestG bzw. des DrittelbG bestehen besondere Anforderungen. Hat eine eG mehr als 500 Arbeitnehmer, muss der Aufsichtsrat gem. § 4 Abs. 1 DrittelbG zu einem Drittel aus Arbeitnehmern bestehen. Hat sie mehr als 2.000 Arbeitnehmer, besteht er zur Hälfte aus Arbeitnehmervertretern. Die Vorschriften des GenG über Wahl und Zusammensetzung des Aufsichtsrats finden insofern keine Anwendung. 2

Das **Prinzip der Selbstorganschaft** (§ 9 Abs. 2 Satz 1) gilt auch und erst recht für die Aufsichtsratsmitglieder, die zwingend Mitglieder der eG sein müssen. Es muss sich außerdem um natürliche 3

Personen handeln, wobei auch gesetzliche Vertreter juristischer Personen, die ihrerseits Mitglied der eG sind, in den Aufsichtsrat gewählt werden können. Bei einer kapitalmarktorientierten Genossenschaft (§ 264d HGB) muss mindestens ein unabhängiges Mitglied des Aufsichtsrats über Sachverstand in Rechnungslegung oder Abschlussprüfung verfügen. Diese Anforderung ist nach § 167 Abs. 1 zwingend, solange alle Mitglieder des Aufsichtsrats und eines etwaigen Prüfungsausschusses nach § 38 Abs. 1a Satz 2 vor dem 29.05.2009 bestellt worden sind. Ist eine eG Mitglied einer anderen eG (Zentralgenossenschaft), können auch deren Mitglieder Organ der Zentralgenossenschaft sein. Die Satzung kann weitere Anforderungen an die Amtsfähigkeit für Vorstandsmitglieder vorsehen.

4   Gem. § 37 Abs. 1 dürfen Vorstandsmitglieder, deren dauernde Stellvertreter, Prokuristen oder Handlungsbevollmächtigte nicht Mitglied des Aufsichtsrats werden. Dies verbietet die Überwachungsfunktion des Aufsichtsrats. Ausgeschiedene Vorstandsmitglieder können erst nach ihrer Entlastung in den Aufsichtsrat gewählt werden, § 37 Abs. 2.

C. Wahl, Amtszeit und Widerruf der Bestellung

5   Zuständig für die Wahl des Aufsichtsrats ist gem. § 36 Abs. 1 Satz 1 **zwingend die Generalversammlung**. Die Satzung kann hiervon nicht abweichen und etwa die Bestellung durch ein anderes Organ, ein Kooptationsmodell oder Ähnliches vorsehen. Eine Notbestellung durch das Registergericht gem. §§ 29 BGB, 104 AktG analog ist möglich, wenn die für die Beschlussfähigkeit des Aufsichtsrats erforderliche Mitgliederzahl unterschritten ist und ein dringendes Bedürfnis besteht. Vorschriften zum Wahlverfahren enthält das GenG nicht, es unterliegt der **freien Gestaltung** durch die Satzung. Wahlvorschläge dürfen sämtliche Mitglieder und auch der Aufsichtsrat selbst in der Generalversammlung abgeben. Wahlvorschläge des Vorstands oder einzelner Vorstandsmitglieder sind (wegen Befangenheit) unzulässig; beruht die Wahl auf einem solchen Vorschlag, ist sie nichtig (OLG Hamm ZIP 1985, 741). Bei der Wahl darf das zu wählende Mitglied mitstimmen. Die Bestellung wird erst mit der Annahme der Wahl wirksam.

6   Die **Amtszeit** der Aufsichtsratsmitglieder ist ebenfalls durch die Satzung festzulegen. Auch wenn eine solche Bestimmung fehlt, ist eine Wahl auf unbestimmte Zeit unzulässig. Die Amtszeit muss für alle Mitglieder gleich sein. Über die Möglichkeit einer Wiederwahl entscheidet ebenfalls die Satzung.

7   Das Aufsichtsratsamt endet außer mit Ablauf des Bestellungszeitraums auch mit dem Ausscheiden des Mitglieds aus der eG und mit dem Tod des Aufsichtsratsmitglieds automatisch. Vonseiten der eG kann die Bestellung zum Aufsichtsrat **jederzeit widerrufen** werden, ohne dass es eines besonderen Grundes bedürfte (§ 36 Abs. 3 Satz 1). Erforderlich ist hierfür ein Beschluss der Generalversammlung, der gem. § 36 Abs. 3 Satz 2 einer Mehrheit von mindestens 75 % der abgegebenen Stimmen bedarf. Die Satzung kann die Mehrheitsanforderungen verschärfen und Verfahrensregeln aufstellen, aber das Widerrufsrecht weder ausschließen noch erleichtern. Das Aufsichtsratsmitglied kann sein Amt **jederzeit niederlegen**, sofern dies nicht zur Unzeit für die eG geschieht.

D. Interne Organisation des Aufsichtsrats

8   Zur internen Organisation des Aufsichtsrats enthält das GenG keine Vorschriften. Auch insofern besteht weitreichende Gestaltungsfreiheit der Satzung. Denkbar sind Regelungen in der Satzung über die Wahl eines Aufsichtsratsvorsitzenden, die Einberufung und Abhaltung von Aufsichtsratssitzungen einschließlich der Beschlussfassung, die Festlegung der Aufgaben des Aufsichtsrats und die Bildung von Ausschüssen. Soweit sich in der Satzung keine Regelungen finden, unterliegen diese Bereiche dem Selbstorganisationsrecht des Aufsichtsrats.

I. Aufsichtsratsvorsitzender

9   Die Wahl eines Aufsichtsratsvorsitzenden ist nicht gesetzlich vorgeschrieben. Gleichwohl ist ein solches Amt dem GenG nicht unbekannt, wie §§ 25a Abs. 1, 57 Abs. 2 und 3, 58 Abs. 3 zeigen.

Der Aufsichtsratsvorsitzende wird aus der Mitte des Aufsichtsrats gewählt. Einzelheiten über die Wahl eines Aufsichtsratsvorsitzenden können etwa in der Geschäftsordnung des Aufsichtsrats enthalten sein. Die Aufgaben des Aufsichtsratsvorsitzenden ergeben sich aus Gesetz, Satzung und Geschäftsordnung des Aufsichtsrats. Regelmäßig obliegt ihm die Koordination der Aufsichtsratsarbeit einschließlich etwaiger Ausschüsse. Hierzu zählen die Einberufung und Protokollierung von Aufsichtsratssitzungen und die Ausführung von Beschlüssen des Aufsichtsrats. Eine eigene Entscheidungskompetenz steht dem Aufsichtsratsvorsitzenden nicht zu, es bedarf in jedem Einzelfall einer besonderen Bevollmächtigung durch den Aufsichtsrat (vgl. auch KG NZG 2007, 312).

II. Aufsichtsratssitzungen

Als Kollegialorgan fasst der Aufsichtsrat seine Beschlüsse regelmäßig in Sitzungen. Das Verfahren der Beschlussfassung einschließlich der Einberufung der Vorstandssitzung, den Anforderungen an eine Tagesordnung, usw. wird (soweit die Satzung keine Regelungen enthält) üblicherweise durch die Geschäftsordnung des Aufsichtsrats geregelt. Beschlüsse können aber – sofern alle Aufsichtsratsmitglieder mitwirken und einverstanden sind – auch außerhalb von Sitzungen gefasst werden, etwa schriftlich im Umlaufverfahren oder unter Nutzung von Telekommunikationsmitteln. Eine konkludente Beschlussfassung ist nicht möglich (BGH NZG 2002, 817).

10

Vorstandsmitgliedern kann durch Satzung oder Geschäftsordnung ein Teilnahmerecht an den Aufsichtsratssitzungen eingeräumt werden. Auf Verlangen des Aufsichtsrats sind die Vorstandsmitglieder verpflichtet, an Aufsichtsratssitzungen teilzunehmen. Auch gemeinsame Sitzungen von Vorstand und Aufsichtsrat sind zulässig, wie §§ 57 Abs. 4, 58 Abs. 4 zeigen. Sie sollten aber nicht den Regelfall darstellen. Auch bei gemeinsamer Sitzung ist getrennte Beschlussfassung und Protokollierung erforderlich.

11

III. Ausschüsse

Sofern die Satzung dies gestattet, kann der Aufsichtsrat auch Ausschüsse bilden und diesen besondere Aufgaben übertragen. Ob der Aufsichtsrat als Ausfluss seines Selbstorganisationsrechts auch ohne entsprechende Satzungsbestimmung Ausschüsse bilden darf, ist umstritten (dafür *Pöhlmann/Fandrich/Bloehs* § 36 Rn. 44; *Lang/Weidmüller/Schaffland* § 38 Rn. 42; dagegen *Beuthien* § 36 Rn. 27). Jedenfalls solange es sich nur um vorbereitend tätige Ausschüsse handelt und das Aufsichtsratsplenum den eigentlichen Beschluss fasst, spricht nichts gegen die Zulässigkeit der Bildung solcher Ausschüsse auch ohne besondere Satzungsgestattung. Auch wenn einem Ausschuss eigene Beschlusskompetenzen übertragen werden, spricht vieles dafür, dies (wie in der AG, vgl. § 107 Abs. 3 AktG) dem Selbstorganisationsrecht des Aufsichtsrats zu überlassen. Schließlich bleibt es auch bei der Bildung von Ausschüssen bei der Gesamtverantwortung des Aufsichtsrats (vgl. bereits RGZ 93, 338, 340; OLG Hamburg AG 1996, 84, 85; jeweils zur AG; *Fandrich/Pöhlmann/Bloehs* § 36 Rn. 48). Die Ausschussmitglieder haben dem Plenum regelmäßig zu berichten.

12

Häufig werden Präsidial-, Personal- oder Prüfungsausschüsse (»audit committees«) gebildet. Mitglieder der Ausschüsse können nur Aufsichtsratsmitglieder werden. Das Aufsichtsratsplenum ist berechtigt, den Ausschüssen sämtliche oder einen Teil ihrer Aufgaben jederzeit wieder zu entziehen.

13

E. Rechtsstellung der Aufsichtsratsmitglieder

Die Rechtsstellung der Aufsichtsratsmitglieder richtet sich in erster Linie nach ihren organschaftlichen Rechten und Pflichten. Daneben besteht ein schuldrechtlicher Vertrag zwischen Aufsichtsratsmitglied und eG, der je nach der Entgeltlichkeit der Aufsichtsratstätigkeit **Auftragsverhältnis** gem. §§ 662 ff. BGB oder **Dienstverhältnis** gem. §§ 621 ff. BGB ist. Die Satzung oder die Generalversammlung kann eine Vergütung der Aufsichtsratsmitglieder vorsehen, die allerdings gem. § 36 Abs. 2 nicht nach dem Geschäftsergebnis der eG bemessen sein darf. Die Höhe der Vergütung muss in einem angemessenen Verhältnis zur wirtschaftlichen Lage der eG und den Aufgaben des Auf-

14

sichtsratsmitglieds stehen (vgl. § 113 Abs. 1 Satz 3 AktG). Unabhängig von der Vergütung hat jedes Aufsichtsratsmitglied Anspruch auf Erstattung seiner Auslagen (§§ 675, 670 BGB).

15 Der Abschluss von gesondert vergüteten **Beraterverträgen** o. Ä. durch Mitglieder des Aufsichtsrats mit der eG ist nur unter den engen Grenzen von § 114 AktG (analog) zulässig. Grundsätzlich sind die Aufsichtsratsmitglieder schon aufgrund ihrer Organstellung zur Beratung des Vorstands unter Einbringung ihrer besonderen persönlichen Kenntnisse und Fähigkeiten verpflichtet. Beraterverträge können sich daher nur auf solche Tätigkeiten beziehen, die außerhalb der organschaftlichen Tätigkeit liegen, etwa die anwaltliche Prozessvertretung oder die Entwicklung eines EDV-gestützten Controlling-Systems.

§ 38 Aufgaben des Aufsichtsrats

(1) ¹Der Aufsichtsrat hat den Vorstand bei dessen Geschäftsführung zu überwachen. ²Er kann zu diesem Zweck von dem Vorstand jederzeit Auskünfte über alle Angelegenheiten der Genossenschaft verlangen und die Bücher und Schriften der Genossenschaft sowie den Bestand der Genossenschaftskasse und die Bestände an Wertpapieren und Waren einsehen und prüfen. ³Er kann einzelne seiner Mitglieder beauftragen, die Einsichtnahme und Prüfung durchzuführen. ⁴Auch ein einzelnes Mitglied des Aufsichtsrats kann Auskünfte, jedoch nur an den Aufsichtsrat, verlangen. ⁵Der Aufsichtsrat hat den Jahresabschluss, den Lagebericht und den Vorschlag für die Verwendung des Jahresüberschusses oder die Deckung des Jahresfehlbetrags zu prüfen; über das Ergebnis der Prüfung hat er der Generalversammlung vor der Feststellung des Jahresabschlusses zu berichten.

(1a) ¹Der Aufsichtsrat kann einen Prüfungsausschuss bestellen, der sich mit der Überwachung des Rechnungslegungsprozesses sowie der Wirksamkeit des internen Kontrollsystems, des Risikomanagementsystems und des internen Revisionssystems befasst. ²Richtet der Aufsichtsrat einer Genossenschaft, die kapitalmarktorientiert im Sinn des § 264d des Handelsgesetzbuchs ist, einen Prüfungsausschuss ein, so muss diesem mindestens ein Mitglied angehören, welches die Voraussetzungen des § 36 Abs. 4 erfüllt.

(2) ¹Der Aufsichtsrat hat eine Generalversammlung einzuberufen, wenn dies im Interesse der Genossenschaft erforderlich ist. ²Ist nach der Satzung kein Aufsichtsrat zu bilden, gilt § 44.

(3) Weitere Aufgaben des Aufsichtsrats werden durch die Satzung bestimmt.

(4) Die Mitglieder des Aufsichtsrats können ihre Aufgaben nicht durch andere Personen wahrnehmen lassen.

§ 39 Vertretungsbefugnis des Aufsichtsrats

(1) ¹Der Aufsichtsrat vertritt die Genossenschaft gegenüber den Vorstandsmitgliedern gerichtlich und außergerichtlich. ²Ist nach der Satzung kein Aufsichtsrat zu bilden, wird die Genossenschaft durch einen von der Generalversammlung gewählten Bevollmächtigten vertreten. ³Die Satzung kann bestimmen, dass über die Führung von Prozessen gegen Vorstandsmitglieder die Generalversammlung entscheidet.

(2) ¹Der Genehmigung des Aufsichtsrats bedarf jede Gewährung von Kredit an ein Mitglied des Vorstands, soweit die Gewährung des Kredits nicht durch die Satzung an noch andere Erfordernisse geknüpft oder ausgeschlossen ist. ²Das Gleiche gilt von der Annahme eines Vorstandsmitglieds als Bürgen für eine Kreditgewährung.

(3) In Prozessen gegen die Mitglieder des Aufsichtsrats wird die Genossenschaft durch Bevollmächtigte vertreten, welche von der Generalversammlung gewählt werden.

§ 40 Vorläufige Amtsenthebung von Vorstandsmitgliedern

Der Aufsichtsrat ist befugt, nach seinem Ermessen von der Generalversammlung abzuberufende Mitglieder des Vorstands vorläufig, bis zur Entscheidung der unverzüglich einzuberufenden Generalversammlung, von ihren Geschäften zu entheben und wegen einstweiliger Fortführung derselben das Erforderliche zu veranlassen.

Übersicht

	Rdn.			Rdn.
A. Allgemeines	1	III.	Mittel der Überwachung	7
B. Überwachung des Vorstands	2	C.	Vertretung der eG gegenüber dem Vorstand	10
I. Gegenstand der Überwachung	2			
II. Umfang der Überwachung	6	D.	Weitere Aufgaben	13

A. Allgemeines

§§ 38 bis 40 befassen sich mit den Aufgaben des Aufsichtsrats. Im Mittelpunkt der Tätigkeit des Aufsichtsrats, des **Kontrollorgans** der eG, steht die Pflicht zur Überwachung der Geschäftsführung durch den Vorstand (§ 38 Abs. 1 Satz 1). Bestandteil der Überwachungspflicht ist die Pflicht zur Prüfung von Jahresabschluss, Lagebericht und Gewinnverwendungsvorschlag (§ 38 Abs. 1 Satz 5) und der Bericht hierüber an die Generalversammlung. Hinzu kommt gem. § 39 die Aufgabe der Vertretung der eG im Verhältnis zum Vorstand, etwa bei Abschluss der Dienstverträge. Dabei ist der Aufsichtsrat dem Vorstand nicht prinzipiell übergeordnet, er hat insbesondere kein Weisungsrecht gegenüber dem Vorstand (§ 27 Abs. 1). Er darf ihm aber Ratschläge geben. 1

B. Überwachung des Vorstands

I. Gegenstand der Überwachung

Die Überwachungsaufgabe des Aufsichtsrats erstreckt sich auf die gesamte Geschäftsführung durch den Vorstand. Die Überwachungsaufgabe erstreckt sich nur auf den Vorstand, nicht aber auf die diesem nachgeordneten Mitarbeiter. Es handelt sich um eine **Daueüberwachung**, die nicht auf eine anlassbezogene Kontrolle beschränkt ist. Vielmehr hat der Aufsichtsrat darauf zu achten, dass der Vorstand bei der Geschäftsführung **immer** die ihm gesetzlich oder statutarisch vorgegebenen Grenzen einhält. Der Aufsichtsrat hat die Geschäftsführung nicht nur im Hinblick auf die Einhaltung der Vorschriften der Satzung und des AktG zu überprüfen, sondern auch auf die Beachtung der Vorgaben anderer Vorschriften, etwa steuerrechtlicher, kartellrechtlicher, umweltrechtlicher und insbesondere auch bankaufsichtsrechtlicher Art. Stellt der Aufsichtsrat Verstöße gegen Rechtsvorschriften fest, hat er selbst hiergegen einzuschreiten, wobei sich die Art und Weise der zu ergreifenden Maßnahme auch nach der Schwere des Verstoßes richtet. Primär hat der Aufsichtsrat in jedem Fall auf eine Abstellung des Verstoßes durch den Vorstand selbst hinzuwirken. 2

Die Überwachung des Vorstands durch den Aufsichtsrat hat sich neben der **Rechtmäßigkeit** auch auf die **Ordnungsmäßigkeit, Wirtschaftlichkeit und Zweckmäßigkeit der Geschäftsführung** zu beziehen. Bei der Prüfung der Ordnungsmäßigkeit der Geschäftsführung hat der Aufsichtsrat zunächst darauf zu achten, dass die Organisation des Unternehmens der Größe, Struktur und den sonstigen Eigenarten des Unternehmens entsprechend ausgestaltet ist. Dies gilt insbesondere im Hinblick auf die Ausgestaltung des Planungs- und Rechnungswesens, die systematische, termingerechte und erschöpfende Berichterstattung an den Aufsichtsrat und allgemein die sorgfältige Vorbereitung von Führungsentscheidungen. 3

Der Aufsichtsrat hat auch zu prüfen, ob der Vorstand ein geeignetes **System zur Risikoerfassung** und Informationsweiterleitung von Risiken sowie zum geeigneten Management erkannter Risiken installiert hat (zu § 91 Abs. 2 AktG vgl. LG München NJW 2008, 319 ff.). Eine Sonderregelung für Kreditinstitute findet sich in § 25a KWG, der für Kredit- und Finanzdienstleistungsinstitute uneingeschränkte Geltung beansprucht. 4

5 Besonderer Bestandteil der Überwachungsaufgabe des Vorstands ist die **Prüfung von Jahresabschluss, Lagebericht und Gewinnverwendungsvorschlag**. Die Kontrolle erstreckt sich nicht nur auf die rechnerische Richtigkeit, sondern auch auf die sachliche Richtigkeit und Rechtmäßigkeit. Auch die Zweckmäßigkeit der Angaben ist zu prüfen. Über das Ergebnis der Prüfung hat der Aufsichtsrat der Generalversammlung (schriftlich) zu berichten.

II. Umfang der Überwachung

6 Die Intensität der Überwachungspflicht des Aufsichtsrats richtet sich nach der Lage der Gesellschaft. Eine laufende Überwachung der Geschäftsführung wird vom Aufsichtsrat im Normalfall nicht erwartet. Aufsichtsratsmitglieder müssen nicht jede einzelne Maßnahme der Geschäftsführung kontrollieren und sich über jede Einzelheit des operativen Geschäfts informieren. Laufen die Geschäfte gut und planmäßig, kann sich der Aufsichtsrat auf eine sorgfältige Kenntnisnahme der Berichte des Vorstands beschränken (h. M., vgl. zur AG BGHZ 69, 207, 213). Kommt es jedoch zu einer Krise des Unternehmens oder ergeben sich sonstige geeignete Hinweise auf kontrollbedürftige Ereignisse im Unternehmen, erhöht sich die Kontrollpflicht des Aufsichtsrats in sachlicher und in zeitlicher Hinsicht. Sie kann sich im extremen Krisenfall steigern bis hin zu einer Teilhabe des Aufsichtsrats an der Leitungsaufgabe des Vorstands durch die Veranlassung unbedingt erforderlicher Geschäftsführungsmaßnahmen, etwa wenn es erforderlich ist, ein oder mehrere Vorstandsmitglieder vorläufig abzuberufen (§ 40).

III. Mittel der Überwachung

7 Wesentliche Voraussetzung einer ordnungsgemäßen Aufgabenerfüllung durch den Aufsichtsrat ist dessen umfassende **Information über die Geschäftsführungsangelegenheiten**. Primär erfolgt diese durch die **Berichterstattung des Vorstands** (§ 38 Abs. 1 Satz 2). Hinzu kommt der jährliche **Prüfungsbericht** (§ 58), von dem gem. § 58 Abs. 3 Satz 2 seit der Genossenschaftsrechtsreform 2006 jedes Aufsichtsratsmitglied zwingend Kenntnis zu nehmen hat. Ergänzend kann der Aufsichtsrat im Rahmen von § 38 Abs. 1 Satz 2 selbst Ermittlungen anstellen.

8 Anders als das Aktienrecht kennt das GenG keine Regelberichterstattungspflicht des Vorstands. Der Aufsichtsrat ist jedoch berechtigt, vom Vorstand jederzeit einen Bericht über die Angelegenheiten der eG zu verlangen. Dieses Recht steht gem. § 38 Abs. 1 Satz 4 seit der Genossenschaftsrechtsreform 2006 auch einzelnen Aufsichtsratsmitgliedern zu, die Berichterstattung jedoch nur an den Gesamtaufsichtsrat verlangen können. Thematisch begrenzt wird das Berichtsverlangen nur durch den notwendigen Bezug der Gesellschaft: Es muss sich um eine Angelegenheit derselben handeln. Betrifft das Berichtsverlangen eine solche Angelegenheit, kann es vom Vorstand nicht zurückgewiesen werden.

9 Die Berichtspflicht des Vorstands wird ergänzt durch das **Einsichts- und Prüfungsrecht** des Aufsichtsrats. Dieser kann – auch durch einzelne beauftragte Mitglieder – Einsicht in alle Unterlagen der eG nehmen. Sofern sachlich geboten, kann sich der Aufsichtsrat in analoger Anwendung von § 111 Abs. 2 Satz 2 AktG durch externe Sachverständige unterstützen lassen. Nach Abs. 1a kann der Aufsichtsrat einen Prüfungsausschuss einrichten, der sich mit der Überwachung des Rechnungslegungsprozesses sowie der Wirksamkeit des internen Kontrollsystems, des Risikomanagementsystems und des internen Revisionssystems befasst.

C. Vertretung der eG gegenüber dem Vorstand

10 Eine weitere wichtige Aufgabe des Vorstands ist die Vertretung der eG gegenüber dem Vorstand (§ 39). Während die eG grundsätzlich durch den Vorstand vertreten wird, gebietet die Vermeidung von Interessenkollisionen, dass die eG bei Geschäften mit dem Vorstand ausschließlich (BGH NZG 2005, 560) durch den Aufsichtsrat vertreten wird. Dies gilt sowohl für die **gerichtliche** als auch für die **außergerichtliche Vertretung** und auch im Hinblick auf ausgeschiedene Vorstandsmitglieder (BGH NJW 1998, 1946), so auch im Fall einer Witwe eines Vorstandsmitglieds über

eine Versorgungszusage (BGH WM 2006, 2308 zu einer AG; vgl. auch BGH NJW 1960, 1667). Die Satzung kann die Prozessführung gegen Vorstandsmitglieder von einer vorherigen Zustimmung durch die Generalversammlung abhängig machen (vor der Gesetzesnovelle 2006 bedurfte dies noch der Zustimmung der Generalversammlung). Ist dies der Fall, ist die Zustimmung materielle Klagevoraussetzung. Fehlt die Zustimmung, wird die Klage als unbegründet abgewiesen. Die Zustimmung kann bis zur letzten mündlichen Verhandlung nachgeholt werden (BGH NJW 1998, 1646). Ausreichend dürfte ein Beschluss sein, der den Aufsichtsrat allgemein ermächtigt, jegliche Schadensersatzansprüche geltend zu machen (BGH NZG 2003, 639).

Nicht der Zustimmung der Generalversammlung bedarf ganz grundsätzlich die Verfolgung von Ansprüchen gegen Vorstandsmitglieder auf anderem Wege, so etwa im Fall der Abtretung (LG Berlin, Urt. v. 23.01.2002, 22 O 495/01, KG, Urt. v. 12.06.2003, 22 U 28/02; *Beuthien* Aktualisierungsband, § 39 Rn. 4d; Lang/Weidmüller/*Schaffland* § 39 Rn. 31), des Vergleichs, des Erlasses oder der Aufrechnung (*Beuthien* Aktualisierungsband, § 39 Rn. 4d; Lang/Weidmüller/*Schaffland* § 39 Rn. 31). 11

Die Vertretung obliegt dem Aufsichtsrat als Gesamtorgan. Dieser muss über die einzelnen Geschäfte beschließen. Der Aufsichtsratsvorsitzende kann den Aufsichtsrat einer Genossenschaft in der Willensbildung zum Abschluss oder zur Änderung des Dienstvertrags mit dem Vorstand nicht vertreten (BGH, NZG 2008, 471), er kann nur die Ausführung der Beschlüsse des Plenums übernehmen, wenn er hierzu bevollmächtigt wird. Hat eine (kleine) eG keinen Aufsichtsrat, hat die Vertretung durch einen von der Generalversammlung gewählten Bevollmächtigten zu erfolgen (§ 39 Abs. 1 Satz 2). 12

D. Weitere Aufgaben

Neben der Überwachung der Geschäftsleitung und der Vertretung der eG gegenüber dem Vorstand ist dem Aufsichtsrat in § 38 Abs. 2 auch die Einberufung der Generalversammlung zugewiesen, wenn das Interesse der eG dies erfordert. Verfügt eine (kleine) eG nicht über einen Aufsichtsrat, fällt diese Aufgabe dem Vorstand zu (§ 38 Abs. 2 Satz 2). Weitere Aufgaben können dem Aufsichtsrat durch die Satzung zugewiesen werden, wie § 38 Abs. 3 klarstellt. 13

§ 41 Sorgfaltspflicht und Verantwortlichkeit der Aufsichtsratsmitglieder

Für die Sorgfaltspflicht und Verantwortlichkeit der Aufsichtsratsmitglieder gilt § 34 über die Verantwortlichkeit der Vorstandsmitglieder sinngemäß.

Die Vorschrift erklärt im Hinblick auf den Pflichtenmaßstab und die Haftung der Aufsichtsratsmitglieder die Vorschrift des § 34 für entsprechend anwendbar. Die Mitglieder des Aufsichtsrats **unterliegen dem gleichen Haftungsregime wie die Mitglieder des Vorstands** (vgl. ausführlich die Kommentierung zu § 34). Ihre Haftung aus §§ 41, 34 Abs. 2 besteht nur im Innenverhältnis gegenüber der eG, eine Außenhaftung kommt nur ausnahmsweise etwa auf deliktischer Grundlage in Betracht (vgl. OLG Düsseldorf DB 2008, 1961 ff.). 1

Allerdings ist der **Pflichtenmaßstab** ein anderer: die Aufsichtsratsmitglieder haben für die Sorgfalt eines ordentlichen und gewissenhaften Aufsichtsratsmitglieds einer eG einzustehen. Die Aufsichtsratsmitglieder tragen keine Leitungs- sondern eine Kontrollverantwortung. Der Aufsichtsrat steht nicht dafür ein, wenn eine Geschäftsführungsmaßnahme nicht pflichtgemäß ausgeführt wird. Er haftet nur dann, wenn ihm ein Kontrollversagen vorzuwerfen ist. Zum Umfang der erforderlichen Kontrolle s. bereits § 34 GenG Rdn. 6 f. Wie auch die Vorstandsmitglieder trifft die Mitglieder des Aufsichtsrats eine Gesamtverantwortung für die Aufgaben des Aufsichtsrats, insbesondere für die ordnungsgemäße Überwachung der Geschäftsführung. 2

§ 42 Prokura; Handlungsvollmacht

(1) Die Genossenschaft kann Prokura nach Maßgabe der §§ 48 bis 53 des Handelsgesetzbuchs erteilen. An die Stelle der Eintragung in das Handelsregister tritt die Eintragung in das Genossenschaftsregister. § 28 Satz 3 und § 29 gelten entsprechend.

(2) Die Genossenschaft kann auch Handlungsvollmacht erteilen. § 54 des Handelsgesetzbuchs ist anzuwenden.

§ 43 Generalversammlung; Stimmrecht der Mitglieder

(1) Die Mitglieder üben ihre Rechte in den Angelegenheiten der Genossenschaft in der Generalversammlung aus, soweit das Gesetz nichts anderes bestimmt.

(2) [1]Die Generalversammlung beschließt mit der Mehrheit der abgegebenen Stimmen (einfache Stimmenmehrheit), soweit nicht Gesetz oder Satzung eine größere Mehrheit oder weitere Erfordernisse bestimmen. [2]Für Wahlen kann die Satzung eine abweichende Regelung treffen.

(3) [1]Jedes Mitglied hat eine Stimme. [2]Die Satzung kann die Gewährung von Mehrstimmrechten vorsehen. [3]Die Voraussetzungen für die Gewährung von Mehrstimmrechten müssen in der Satzung mit folgender Maßgabe bestimmt werden:
1. Mehrstimmrechte sollen nur Mitgliedern gewährt werden, die den Geschäftsbetrieb besonders fördern. Keinem Mitglied können mehr als drei Stimmen gewährt werden. Bei Beschlüssen, die nach dem Gesetz zwingend einer Mehrheit von drei Vierteln der abgegebenen Stimmen oder einer größeren Mehrheit bedürfen, sowie bei Beschlüssen über die Aufhebung oder Einschränkung der Bestimmungen der Satzung über Mehrstimmrechte hat ein Mitglied, auch wenn ihm ein Mehrstimmrecht gewährt ist, nur eine Stimme.
2. Auf Genossenschaften, bei denen mehr als drei Viertel der Mitglieder als Unternehmer im Sinne des § 14 des Bürgerlichen Gesetzbuchs Mitglied sind, ist Nummer 1 nicht anzuwenden. Bei diesen Genossenschaften können Mehrstimmrechte vom einzelnen Mitglied höchstens bis zu einem Zehntel der in der Generalversammlung anwesenden Stimmen ausgeübt werden; das Nähere hat die Satzung zu regeln.
3. Auf Genossenschaften, deren Mitglieder ausschließlich oder überwiegend eingetragene Genossenschaften sind, sind die Nummern 1 und 2 nicht anzuwenden. Die Satzung dieser Genossenschaften kann das Stimmrecht der Mitglieder nach der Höhe ihrer Geschäftsguthaben oder einem anderen Maßstab abstufen.

[4]Zur Aufhebung oder Änderung der Bestimmungen der Satzung über Mehrstimmrechte bedarf es nicht der Zustimmung der betroffenen Mitglieder.

(4) [1]Das Mitglied soll sein Stimmrecht persönlich ausüben. [2]Das Stimmrecht geschäftsunfähiger oder in der Geschäftsfähigkeit beschränkter natürlicher Personen sowie das Stimmrecht von juristischen Personen wird durch ihre gesetzlichen Vertreter, das Stimmrecht von Personenhandelsgesellschaften durch zur Vertretung ermächtigte Gesellschafter ausgeübt.

(5) [1]Das Mitglied oder sein gesetzlicher Vertreter können Stimmvollmacht erteilen. [2]Für die Vollmacht ist die schriftliche Form erforderlich. [3]Ein Bevollmächtigter kann nicht mehr als zwei Mitglieder vertreten. [4]Die Satzung kann persönliche Voraussetzungen für Bevollmächtigte aufstellen, insbesondere die Bevollmächtigung von Personen ausschließen, die sich geschäftsmäßig zur Ausübung des Stimmrechts erbieten.

(6) Niemand kann für sich oder für einen anderen das Stimmrecht ausüben, wenn darüber Beschluss gefasst wird, ob er oder das vertretene Mitglied zu entlasten oder von einer Verbindlichkeit zu befreien ist oder ob die Genossenschaft gegen ihn oder das vertretene Mitglied einen Anspruch geltend machen soll.

(7) ¹Die Satzung kann zulassen, dass Beschlüsse der Mitglieder schriftlich oder in elektronischer Form gefasst werden; das Nähere hat die Satzung zu regeln. ²Ferner kann die Satzung vorsehen, dass in bestimmten Fällen Mitglieder des Aufsichtsrats im Wege der Bild- und Tonübertragung an der Generalversammlung teilnehmen können und dass die Generalversammlung in Bild und Ton übertragen werden darf.

§ 43a Vertreterversammlung

(1) ¹Bei Genossenschaften mit mehr als 1.500 Mitgliedern kann die Satzung bestimmen, dass die Generalversammlung aus Vertretern der Mitglieder (Vertreterversammlung) besteht. ²Die Satzung kann auch bestimmen, dass bestimmte Beschlüsse der Generalversammlung vorbehalten bleiben. ³Der für die Feststellung der Mitgliederzahl maßgebliche Zeitpunkt ist für jedes Geschäftsjahr jeweils das Ende des vorausgegangenen Geschäftsjahres.

(2) ¹Als Vertreter kann jede natürliche, unbeschränkt geschäftsfähige Person, die Mitglied der Genossenschaft ist und nicht dem Vorstand oder Aufsichtsrat angehört, gewählt werden. ²Ist ein Mitglied der Genossenschaft eine juristische Person oder eine Personengesellschaft, können natürliche Personen, die zu deren gesetzlicher Vertretung befugt sind, als Vertreter gewählt werden.

(3) ¹Die Vertreterversammlung besteht aus mindestens 50 Vertretern, die von den Mitgliedern der Genossenschaft gewählt werden. ²Die Vertreter können nicht durch Bevollmächtigte vertreten werden. ³Mehrstimmrechte können ihnen nicht eingeräumt werden.

(4) ¹Die Vertreter werden in allgemeiner, unmittelbarer, gleicher und geheimer Wahl gewählt; Mehrstimmrechte bleiben unberührt. ²Für die Vertretung von Mitgliedern bei der Wahl gilt § 43 Abs. 4 und 5 entsprechend. ³Kein Vertreter kann für längere Zeit als bis zur Beendigung der Vertreterversammlung gewählt werden, die über die Entlastung der Mitglieder des Vorstands und des Aufsichtsrats für das vierte Geschäftsjahr nach dem Beginn der Amtszeit beschließt. ⁴Das Geschäftsjahr, in dem die Amtszeit beginnt, wird nicht mitgerechnet. ⁵Die Satzung muss bestimmen,
1. auf wie viele Mitglieder ein Vertreter entfällt;
2. die Amtszeit der Vertreter.

⁶Eine Zahl von 150 Mitgliedern ist in jedem Fall ausreichend, um einen Wahlvorschlag einreichen zu können. ⁷Nähere Bestimmungen über das Wahlverfahren einschließlich der Feststellung des Wahlergebnisses können in einer Wahlordnung getroffen werden, die vom Vorstand und Aufsichtsrat auf Grund übereinstimmender Beschlüsse erlassen wird. ⁸Sie bedarf der Zustimmung der Generalversammlung.

(5) ¹Fällt ein Vertreter vor Ablauf der Amtszeit weg, muss ein Ersatzvertreter an seine Stelle treten. Seine Amtszeit erlischt spätestens mit Ablauf der Amtszeit des weggefallenen Vertreters. Auf die Wahl des Ersatzvertreters sind die für den Vertreter geltenden Vorschriften anzuwenden.

(6) Eine Liste mit den Namen und Anschriften der gewählten Vertreter und Ersatzvertreter ist mindestens zwei Wochen lang in den Geschäftsräumen der Genossenschaft und ihren Niederlassungen zur Einsichtnahme für die Mitglieder auszulegen. ²Die Auslegung ist in einem öffentlichen Blatt bekannt zu machen. Die Auslegungsfrist beginnt mit der Bekanntmachung. ³Jedes Mitglied kann jederzeit eine Abschrift der Liste der Vertreter und Ersatzvertreter verlangen; hierauf ist in der Bekanntmachung nach Satz 2 hinzuweisen.

(7) ¹Die Generalversammlung ist zur Beschlussfassung über die Abschaffung der Vertreterversammlung unverzüglich einzuberufen, wenn dies von mindestens einem Zehntel der Mitglieder oder dem in der Satzung hierfür bestimmten geringeren Teil in Textform beantragt wird. ²§ 45 Abs. 3 gilt entsprechend.

Übersicht

	Rdn.			Rdn.
A. Allgemeines	1	B.	Vertreterwahl	2

A. Allgemeines

1 Die Vorschrift dient der organisatorischen Vereinfachung der Ausübung der Basisdemokratie bei Genossenschaften mit hoher Mitgliederzahl. Verfügt eine eG über mehr als 1.500 Mitglieder, kann die Satzung bestimmen, dass die Generalversammlung aus Vertretern besteht. Dieser Wortlaut ist ungenau. Denn seit der Genossenschaftsrechtsreform tritt die Vertreterversammlung nicht mehr vollständig an die Stelle der aus sämtlichen Mitgliedern bestehenden Generalversammlung, sondern als viertes Organ der eG neben die Generalversammlung. Die Vertreterversammlung ist eine Art verkleinerte Generalversammlung (BGH NJW 1982, 2558). Nach Abs. 1 Satz 2 ist es zulässig, der Generalversammlung bestimmte Beschlüsse durch Satzungsbestimmung vorzubehalten. Auch ohne einen solchen Vorbehalt bleibt die Generalversammlung jedenfalls das Organ im Hintergrund (*Pöhlmann/Fandrich/Bloehs* § 43a Rn. 4), das nach Abs. 7 über die Abschaffung der Vertreterversammlung entscheidet. Außerdem haben die Mitglieder das Recht, bei Erreichen des erforderlichen Minderheitenquorums die Einberufung einer Vertreterversammlung und die Ankündigung bestimmter Gegenstände zur Beschlussfassung zu verlangen (§ 45 Abs. 1, 2).

B. Vertreterwahl

2 Die Mindestanzahl an Vertretern beträgt 50 Personen. Dass diese Mindestzahl eingehalten wird, soll durch Abs. 5 sichergestellt werden. Danach sind **Ersatzvertreter** in einer Nachrückerliste zu wählen, und zwar so viele, wie während der Wahlperiode voraussichtlich auf Dauer aus dem Amt ausscheiden werden. Reicht die Nachrückerliste nicht aus, um das Ausscheiden von Vertretern zu kompensieren, findet grundsätzlich eine Neuwahl zur Vertreterversammlung statt, es sei denn, die Satzung sieht dies nur für den Fall vor, dass die Zahl der Vertreter unter die gesetzliche Mindestzahl von 50 Personen fällt. Die Satzung muss Bestimmungen dazu enthalten, auf wie viele Mitglieder jeweils ein Vertreter entfällt, und welche Amtszeit die Vertreter haben.

3 Als Vertreter wählbar sind zunächst alle **natürlichen, unbeschränkt geschäftsfähigen Personen**, die Mitglied der eG sind und weder dem Vorstand noch dem Aufsichtsrat angehören. Nach Abs. 2 Satz 2 können Mitglieder, die eine juristische Person oder eine Personengesellschaft sind, ihre eigenen **gesetzlichen Vertreter** als Vertreter für die Vertreterversammlung stellen. Die Wählbarkeitsvoraussetzungen müssen bereits im Zeitpunkt der Wahl erfüllt sein. Ein Vorstands- oder Aufsichtsratsmitglied muss also bei seiner Wahl zum Vertreter bereits aus seiner bisherigen Organstellung ausgeschieden sein. Bereits gewählte Vertreter können demgegenüber zwar vor einer Amtsniederlegung in den Vorstand oder den Aufsichtsrat gewählt werden, müssen aber spätestens bei der Annahme ihres Vorstands- oder Aufsichtsratsmandates ihr Vertreteramt niederlegen.

4 Die Vertreter werden in **allgemeiner, unmittelbarer, gleicher und geheimer Wahl** von den Mitgliedern der eG gewählt. Die näheren Regelungen zur Durchführung des Wahlverfahrens und zur Feststellung des Wahlergebnisses können in einer Wahlordnung getroffen werden. Diese wird von Vorstand und Aufsichtsrat aufgrund übereinstimmender Beschlüsse erlassen und bedarf zusätzlich der Zustimmung durch die Generalversammlung. Das GenG gibt dabei kein bestimmtes Wahlverfahren vor. Zulässig sind daher sowohl eine Mehrheitswahl als auch eine Verhältniswahl als auch Mischformen beider Verfahren. Außerdem darf im Wege sowohl der Persönlichkeitswahl als auch der offenen oder geschlossenen Listenwahl vorgegangen werden. Bei einer geschlossenen Listenwahl müssen die abgegebenen Stimmen allerdings nach dem Verfahren der Verhältniswahl gewichtet werden. Es darf also nicht angeordnet werden, dass diejenige Liste gewählt ist, die die meisten Stimmen auf sich vereinigt hat (BGH NJW 1982, 2558 f.). Ebensowenig ist es zulässig, lediglich eine einzige Liste zur Abstimmung oder Ablehnung vorzulegen, da es dann bereits an einer Wahlmöglichkeit zwischen verschiedenen Alternativen fehlt (OLG Nürnberg ZfG 1979, 258 ff.).

Nach Durchführung der Wahl müssen Listen mit den Namen und Anschriften der gewählten Vertreter und Ersatzvertreter mindestens 2 Wochen lang in den Geschäftsräumen der eG und ihren Niederlassungen ausgelegt werden und die Auslegung in einem öffentlichen Blatt bekannt zu machen (Abs. 6). Die Bekanntmachung hat darauf hinzuweisen, dass jedes Mitglied jederzeit eine Abschrift der Liste verlangen kann.

§ 44 Einberufung der Generalversammlung

(1) Die Generalversammlung wird durch den Vorstand einberufen, soweit nicht nach der Satzung oder diesem Gesetz auch andere Personen dazu befugt sind.

(2) Eine Generalversammlung ist außer in den in der Satzung oder diesem Gesetz ausdrücklich bestimmten Fällen einzuberufen, wenn dies im Interesse der Genossenschaft erforderlich erscheint.

§ 45 Einberufung auf Verlangen einer Minderheit

(1) [1]Die Generalversammlung muss unverzüglich einberufen werden, wenn mindestens ein Zehntel der Mitglieder oder der in der Satzung hierfür bezeichnete geringere Teil in Textform unter Anführung des Zwecks und der Gründe die Einberufung verlangt. [2]Mitglieder, auf deren Verlangen eine Vertreterversammlung einberufen wird, können an dieser Versammlung mit Rede- und Antragsrecht teilnehmen. [3]Die Satzung kann Bestimmungen darüber treffen, dass das Rede- und Antragsrecht in der Vertreterversammlung nur von einem oder mehreren von den teilnehmenden Mitgliedern aus ihrem Kreis gewählten Bevollmächtigten ausgeübt werden kann.

(2) [1]In gleicher Weise sind die Mitglieder berechtigt zu verlangen, dass Gegenstände zur Beschlussfassung einer Generalversammlung angekündigt werden. [2]Mitglieder, auf deren Verlangen Gegenstände zur Beschlussfassung einer Vertreterversammlung angekündigt werden, können an dieser Versammlung mit Rede- und Antragsrecht hinsichtlich dieser Gegenstände teilnehmen. Absatz 1 Satz 3 ist anzuwenden.

(3) [1]Wird dem Verlangen nicht entsprochen, kann das Registergericht die Mitglieder, welche das Verlangen gestellt haben, zur Einberufung der Generalversammlung oder zur Ankündigung des Gegenstandes ermächtigen. [2]Mit der Einberufung oder Ankündigung ist die gerichtliche Ermächtigung bekannt zu machen.

§ 46 Form und Frist der Einberufung

(1) [1]Die Generalversammlung muss in der durch die Satzung bestimmten Weise mit einer Frist von mindestens zwei Wochen einberufen werden. [2]Bei der Einberufung ist die Tagesordnung bekannt zu machen. [3]Die Tagesordnung einer Vertreterversammlung ist allen Mitgliedern durch Veröffentlichung in den Genossenschaftsblättern oder im Internet unter der Adresse der Genossenschaft oder durch unmittelbare schriftliche Benachrichtigung bekannt zu machen.

(2) Über Gegenstände, deren Verhandlung nicht in der durch die Satzung oder nach § 45 Abs. 3 vorgesehenen Weise mindestens eine Woche vor der Generalversammlung angekündigt ist, können Beschlüsse nicht gefasst werden. Dies gilt nicht, wenn sämtliche Mitglieder erschienen sind oder es sich um Beschlüsse über die Leitung der Versammlung oder um Anträge auf Einberufung einer außerordentlichen Generalversammlung handelt.

(3) Zur Stellung von Anträgen und zu Verhandlungen ohne Beschlussfassung bedarf es der Ankündigung nicht.

1 Die Vorschriften der §§ 44 bis 46 regeln die Einberufung der Generalversammlung. Zuständig für die Einberufung ist der Vorstand (§ 44 Abs. 1). Einberufungsgründe ergeben sich aus der Satzung und dem Gesetz (insbesondere: §§ 33 Abs. 3, 40, 45 Abs. 1, 48 Abs. 1 Satz 2, 60 Abs. 1).

2 Mitglieder sind grundsätzlich nicht einberufungsberechtigt, können allerdings bei Erreichen des hierfür notwendigen Minderheitenquorums die Einberufung der Generalversammlung durch den Vorstand verlangen (§ 45 Abs. 1). Kommt der Vorstand dieser Verpflichtung nicht unverzüglich nach, kann das Registergericht die betroffenen Mitglieder auf deren Antrag hin ermächtigen, die Generalversammlung einzuberufen.

3 Die Einberufungsfrist muss mindestens 2 Wochen betragen. Mit der Einberufung muss die Tagesordnung bekannt gemacht werden. Im Übrigen richten sich Art und Weise der Einberufung nach der Satzung. Wird zur Vertreterversammlung einberufen, muss die Tagesordnung nicht nur den Vertretern, sondern auch sämtlichen Mitgliedern bekannt gemacht werden, alternativ durch schriftliche Benachrichtigung oder durch Veröffentlichung in den Genossenschaftsblättern oder im Internet auf der Homepage der eG. Gegenstände der Beschlussfassung können noch bis zu einer Woche vor der Generalversammlung angekündigt werden. Erfolgt die Ankündigung eines Gegenstandes später oder überhaupt nicht, können Beschlüsse hierüber nicht gefasst werden, es sei denn, dass sämtliche Mitglieder erschienen sind (ohne dass es darauf ankommt, ob sie Einwendungen gegen die Beschlussfassung erheben), oder dass es sich lediglich um einen Beschluss über die Versammlungsleitung oder um Anträge auf Einberufung einer außerordentlichen Versammlung handelt.

4 Die Generalversammlung ist am Sitz der eG abzuhalten, sofern nicht die Satzung einen anderen Tagungsort zulässt (RGZ 44, 8, 10). Eine solche Satzungsbestimmung ist insbesondere dann angezeigt, wenn am Sitz der eG keine für die Mitgliederzahl hinreichende Räumlichkeit zur Verfügung steht.

§ 47 Niederschrift

(1) ¹Über die Beschlüsse der Generalversammlung ist eine Niederschrift anzufertigen. ²Sie soll den Ort und den Tag der Versammlung, den Namen des Vorsitzenden sowie Art und Ergebnis der Abstimmung und die Feststellung des Vorsitzenden über die Beschlussfassung enthalten.

(2) ¹Die Niederschrift ist vom Vorsitzenden und den anwesenden Mitgliedern des Vorstands zu unterschreiben. ²Ihr sind die Belege über die Einberufung als Anlagen beizufügen.

(3) ¹Sieht die Satzung die Zulassung investierender Mitglieder oder die Gewährung von Mehrstimmrechten vor oder wird eine Änderung der Satzung beschlossen, die einen der in § 16 Abs. 2 Satz 1 Nr. 2 bis 5, 9 bis 11 oder Abs. 3 aufgeführten Gegenstände oder eine wesentliche Änderung des Gegenstandes des Unternehmens betrifft, oder wird die Fortsetzung der Genossenschaft nach § 117 beschlossen, ist der Niederschrift außerdem ein Verzeichnis der erschienenen oder vertretenen Mitglieder und der vertretenden Personen beizufügen. ²Bei jedem erschienenen oder vertretenen Mitglied ist dessen Stimmenzahl zu vermerken.

(4) ¹Jedes Mitglied kann jederzeit Einsicht in die Niederschrift nehmen. ²Ferner ist jedem Mitglied auf Verlangen eine Abschrift der Niederschrift einer Vertreterversammlung unverzüglich zur Verfügung zu stellen. ³Die Niederschrift ist von der Genossenschaft aufzubewahren.

1 Die Vorschrift enthält zwingende Regelungen über Form und Inhalt der Versammlungsniederschrift (Abs. 1), deren Unterzeichnung (Abs. 2 Satz 1) und die beizufügenden Unterlagen (Abs. 2 Satz 2, Abs. 3). Nach Abs. 4 hat jedes Mitglied das Recht auf jederzeitige Einsicht in die Niederschrift. Außerdem können Mitglieder verlangen, dass ihnen eine Abschrift der Niederschrift einer Vertreterversammlung zur Verfügung gestellt wird.

§ 48 Zuständigkeit der Generalversammlung

(1) ¹Die Generalversammlung stellt den Jahresabschluss fest. ²Sie beschließt über die Verwendung des Jahresüberschusses oder die Deckung eines Jahresfehlbetrags sowie über die Entlastung des Vorstands und des Aufsichtsrats. ³Die Generalversammlung hat in den ersten sechs Monaten des Geschäftsjahres stattzufinden.

(2) ¹Auf den Jahresabschluss sind bei der Feststellung die für seine Aufstellung geltenden Vorschriften anzuwenden. ²Wird der Jahresabschluss bei der Feststellung geändert und ist die Prüfung nach § 53 bereits abgeschlossen, so werden vor der erneuten Prüfung gefasste Beschlüsse über die Feststellung des Jahresabschlusses und über die Ergebnisverwendung erst wirksam, wenn auf Grund einer erneuten Prüfung ein hinsichtlich der Änderung uneingeschränkter Bestätigungsvermerk erteilt worden ist.

(3) ¹Der Jahresabschluss, der Lagebericht sowie der Bericht des Aufsichtsrats sollen mindestens eine Woche vor der Versammlung in dem Geschäftsraum der Genossenschaft oder an einer anderen durch den Vorstand bekannt zu machenden geeigneten Stelle zur Einsichtnahme der Mitglieder ausgelegt oder ihnen sonst zur Kenntnis gebracht werden. ²Jedes Mitglied ist berechtigt, auf seine Kosten eine Abschrift des Jahresabschlusses, des Lageberichts und des Berichts des Aufsichtsrats zu verlangen.

(4) ¹Die Generalversammlung beschließt über die Offenlegung eines Einzelabschlusses nach § 339 Abs. 2 in Verbindung mit § 325 Abs. 2a des Handelsgesetzbuchs. ²Der Beschluss kann für das nächstfolgende Geschäftsjahr im Voraus gefasst werden. ³Die Satzung kann die in den Sätzen 1 und 2 genannten Entscheidungen dem Aufsichtsrat übertragen. ⁴Ein vom Vorstand auf Grund eines Beschlusses nach den Sätzen 1 bis 3 aufgestellter Abschluss darf erst nach seiner Billigung durch den Aufsichtsrat offen gelegt werden.

§ 49 Beschränkung für Kredite

Die Generalversammlung hat die Beschränkungen festzusetzen, die bei Gewährung von Kredit an denselben Schuldner eingehalten werden sollen.

§ 50 Bestimmung der Einzahlungen auf den Geschäftsanteil

Soweit die Satzung die Mitglieder zu Einzahlungen auf den Geschäftsanteil verpflichtet, ohne dieselben nach Betrag und Zeit festzusetzen, unterliegt ihre Festsetzung der Beschlussfassung durch die Generalversammlung.

Übersicht

		Rdn.			Rdn.
A.	Zuständigkeiten der Generalversammlung	1	B.	Versammlungsleitung	12
I.	Überblick	1	C.	Mitgliederrechte	14
II.	Feststellung des Jahresabschlusses	3	I.	Teilnahmerecht	14
III.	Beschluss über die Verwendung des Jahresergebnisses	5	II.	Antragsrecht	15
			III.	Rederecht	16
			IV.	Auskunftsrecht	17
IV.	Entlastung und Verzicht auf Regressansprüche	6	V.	Stimmrecht	18
	1. Allgemeines	6		1. Ein- und Mehrstimmrechte	18
	2. Wirkungen der Entlastung	7		2. Stimmrecht investierender Mitglieder	19
	3. Gesonderte Verzichtserklärung	9		3. Ausübung des Stimmrechts	20
V.	Beschränkung für Kredite (§ 49)	10		4. Ausschluss des Stimmrechts	22
VI.	Festsetzung der Einzahlung auf den Geschäftsanteil (§ 50)	11	D.	Willensbildung	23

A. Zuständigkeiten der Generalversammlung

I. Überblick

1 Die Generalversammlung ist das oberste Willensbildungs- und Entscheidungsorgan der eG. Das GenG legt einen Kanon von Befugnissen fest, die der Generalversammlung zwingend zugewiesen sind und ihr daher insbesondere auch nicht durch eine Satzungsbestimmung entzogen werden können, sofern nicht das GenG im Einzelfall ausdrücklich eine solche Delegation zulässt. Dabei handelt es sich um folgende Befugnisse:
– Zulassung investierender Mitglieder,
– Satzungsänderungen (§ 16 Abs. 1),
– Wahl und Amtsenthebung des Aufsichtsrates (§ 36 Abs. 1 Satz 1), sofern Mitbestimmungsgesetze keine anderweitige Vorgaben machen,
– satzungsmäßige Beschränkung der Geschäftsführungsbefugnisse des Vorstands (§ 27 Abs. 1 Satz 2),
– Wahl eines Prozessbevollmächtigten bei Prozessen gegen Mitglieder des Vorstands, sofern kein Aufsichtsrat vorhanden ist (§ 39 Abs. 1 Satz 2),
– Wahl eines Prozessbevollmächtigten bei Prozessen gegen Mitglieder des Aufsichtsrates und die Genehmigung der Prozessführung (§ 39 Abs. 3),
– Zustimmung zur Wahlordnung der Vertreterversammlung (§ 43a Abs. 4 Satz 8),
– Abschaffung der Vertreterversammlung (§ 43a Abs. 7 Satz 1),
– Feststellung des Jahresabschlusses, Beschluss über die Verwendung des Jahresüberschusses oder die Deckung eines Jahresfehlbetrages, Entlastung von Vorstand und Aufsichtsrat (§ 48),
– Verzicht auf Regressansprüche gegen Mitglieder von Vorstand und Aufsichtsrat (§ 34 Abs. 1),
– Festlegung von Höchstkreditgrenzen (§ 49),
– Festlegung der Modalitäten für Einzahlungen auf den Geschäftsanteil (§ 50),
– Beschlussfassung betreffend den Prüfungsbericht (§ 59 Abs. 1),
– Beschlussfassung über Gegenstände der Mängelbeseitigung (§ 60 Abs. 1),
– Ausschluss von Mitgliedern des Aufsichtsrates (§ 68), Auflösung der eG (§ 78 Abs. 1), Fortsetzung der freiwillig aufgelösten eG (§ 79a Abs. 1),
– Sanierungsmaßnahmen im Liquidationsstadium (§ 87a),
– Heilung von Satzungsmängeln (§ 95 Abs. 2),
– Fortsetzung der eG nach Insolvenzverfahren (§ 117 Abs. 1 Satz 1),
– Verschmelzung der eG (§ 13 Abs. 1),
– Spaltung der eG und Formwechsel in eine Kapitalgesellschaft.

2 Es ist zulässig, der Generalversammlung durch Satzungsbestimmung weitere Befugnisse zu geben. Allerdings sind Grenzen zu beachten. Zum einen dürfen der Generalversammlung keine Befugnisse zugewiesen werden, die unentziehbar einem anderen Organ zustehen (§ 18 Satz 2). Zum anderen kann ihr kein Weisungsrecht über die anderen Organe und auch nicht die umfassende Zuständigkeit eingeräumt werden, Entscheidungen der Geschäftsführung an sich zu ziehen. Auch ohne Regelung in der Satzung unterliegen jedoch solche Geschäftsführungsmaßnahmen einem (ungeschriebenen) Zustimmungsvorbehalt der Generalversammlung, die den Bestand oder den Kernbereich der eG berühren.

II. Feststellung des Jahresabschlusses

3 Nachdem der Vorstand den Jahresabschluss aufgestellt hat und der Aufsichtsrat den Jahresabschluss geprüft, mit seinen Bemerkungen zur Generalversammlung vorgelegt und der Generalversammlung über das Ergebnis seiner Prüfung sowie über die wesentlichen Feststellungen der Verbandsprüfung berichtet hat, beschließt die Generalversammlung mit einfacher Mehrheit über die Feststellung des Jahresabschlusses. Die Satzung kann höhere Mehrheitserfordernisse aufstellen.

4 Die Generalversammlung kann
– den Jahresabschluss in der Form, wie er vorgelegt worden ist, feststellen,

- die Feststellung ablehnen,
- die Feststellung verbunden mit dem Auftrag an den Vorstand, einen neuen Jahresabschluss vorzulegen, ablehnen,
- oder den Jahresabschluss im Rahmen der §§ 336 ff. HGB selbstständig ändern und anschließend feststellen, wodurch eine Nachtragsprüfung erforderlich wird, wenn die Pflichtprüfung nach § 53 bereits abgeschlossen ist.

III. Beschluss über die Verwendung des Jahresergebnisses

Die Generalversammlung beschließt auch über die Verwendung des Jahresergebnisses, soweit dieser nicht durch vorrangige Bestimmungen (Regelungen zur gesetzlichen Rücklage (§ 7 Nr. 2), Gewinn- und Verlustverteilung (§ 19), § 45 KWG, Satzungsregelung) der Disposition der Generalversammlung entzogen ist. Die Generalversammlung entscheidet also nur über das Rest-Jahresergebnis, das nach Berücksichtigung der vorrangigen Bestimmungen verbleibt. 5

IV. Entlastung und Verzicht auf Regressansprüche

1. Allgemeines

Die General- bzw. Vertreterversammlung beschließt über die Entlastung der Mitglieder von Vorstand und Aufsichtsrat. Über die Entlastung beider Organe wird einzeln abgestimmt. Soweit ein Mitglied dies verlangt, wird auch über die Entlastung der Organmitglieder einzeln abgestimmt. 6

2. Wirkungen der Entlastung

Die Entlastung bedeutet zum einen eine Billigung der Geschäftsführung der Organmitglieder von Vorstand und Aufsichtsrat in der Vergangenheit und eine Vertrauensbekundung für die Zukunft (BGH NJW 1986, 129 (zur GmbH)). Zum anderen bewirkt sie bei Hinzutreten bestimmter Voraussetzungen auch einen Verzicht auf Ersatzansprüche gegen die Organmitglieder, wobei der Verzicht als organschaftliche Erklärung einer Annahmeerklärung seitens des betroffenen Organmitglieds nicht bedarf (BGH NJW 1959, 192; NJW 1969, 131; NZG 2002, 195 ff.). 7

Der Entlastungsbeschluss umfasst jedoch nicht sämtliche etwaigen Regressansprüche, sondern nur diejenigen, die der Vertreterversammlung im Zeitpunkt der Beschlussfassung **entweder bekannt oder für sie zumindest erkennbar** waren. Als erkennbar werden solche Schadensersatzansprüche angesehen, die der Vertreterversammlung bei sorgfältiger Prüfung aller Vorlagen und Berichte bekannt sein konnten (BGH WM 1986, 790; WM 1987, 651, ZIP 1988, 706). Das bedeutet, dass die dem Schadensersatzanspruch zugrunde liegenden Tatsachen sowie die sich hieraus ergebenden Rechtsfolgen erkennbar sein mussten. Unter diesen Voraussetzungen hätte auch eine unterlassene Prüfung von Regressansprüchen Verzichtswirkung. Ansprüche, die aus den Berichten des Vorstands und aus den der Versammlung bei der Rechnungslegung unterbreiteten Unterlagen nicht oder doch in wesentlichen Punkten nur so unvollständig erkennbar sind, dass die Mitglieder die Tragweite der ihnen abverlangten Entlastungsentscheidung bei Anlegung eines lebensnahen, vernünftigen Maßstabs bezogen auf diese Ansprüche nicht überblicken können, werden von der Verzichtswirkung nicht erfasst. 8

3. Gesonderte Verzichtserklärung

Auf Regressansprüche gegen Organmitglieder kann nicht nur im Wege des Entlastungsbeschlusses, sondern auch durch eine gesonderte Erklärung verzichtet werden. Geht es um Regressansprüche gegen Aufsichtsratsmitglieder, obliegt die Entscheidung sowohl über die Geltendmachung als auch über den Verzicht zwingend bei der General- bzw. Vertreterversammlung. Bis zur Genossenschaftsrechtsreform galt Entsprechendes auch für Schadensersatzansprüche gegenüber Vorstandsmitgliedern. Nunmehr entscheidet über die Geltendmachung von Regressansprüchen gegen Vorstandsmitglieder von Gesetzes wegen der Aufsichtsrat. Durch Satzungsbestimmung kann diese Zuständigkeit aber wieder auf die General- bzw. Vertreterversammlung übertragen werden. Im Gegenschluss aus 9 der Zuweisung der Initiative für eine Regressinanspruchnahme ergibt sich, dass dann auch die Entscheidung über einen Regress**verzicht** der Vertreterversammlung vorbehalten sein muss.

V. Beschränkung für Kredite (§ 49)

10 Nach § 49 ist die Generalversammlung dafür zuständig, Beschränkungen für die Gewährung von Kredit an denselben Schuldner festzusetzen. Dadurch sollen die Mitglieder vor dem sog. Klumpenrisiko geschützt werden, das durch die hohe Kreditgewährung an einen Kreditnehmer geschaffen wird. Bei Kreditgenossenschaften wird dieser allgemeine Schutz durch die Vorgaben des KWG weiter ausgebaut und kann durch Beschlüsse der Generalversammlung auch nicht zurückgenommen werden. Das Tatbestandsmerkmal »an denselben Schuldner« ist nicht formell auszulegen. Erfolgt die Kreditgewährung an mehrere Personen, die bspw. aufgrund von gesellschaftsrechtlichen Verflechtungen als eine Kreditnehmereinheit zu betrachten sind, hat die eG Beschränkungen, die die Generalversammlung nach § 49 angeordnet hat, ebenfalls zu beachten. Wird gegen eine Beschränkung i. S. d. § 49 verstoßen, lässt dies die Wirksamkeit des Kreditgeschäfts zwar regelmäßig unberührt, kann jedoch zu einer Schadensersatzhaftung der Vorstands- und gegebenenfalls auch der Aufsichtsratsmitglieder führen.

VI. Festsetzung der Einzahlung auf den Geschäftsanteil (§ 50)

11 Sieht die Satzung dem Grunde nach eine Einzahlungspflicht auf den Geschäftsanteil vor, ohne über die Pflichtvorgaben (§ 7 Nr. 1: Festlegung von Betrag und Fälligkeit der Einzahlungen i. H. v. 10 % des Geschäftsanteils) weitere Beträge oder Fälligkeitszeitpunkte für die Einzahlungen zu nennen, obliegt die Entscheidung hierüber der Generalversammlung. Die Beschlussfassung erfolgt mit einfacher Mehrheit, sofern die Satzung keine höheren Erfordernisse aufstellt.

B. Versammlungsleitung

12 Nach § 6 Nr. 4 hat die Satzung den Vorsitzenden der Generalversammlung (bzw. der Vertreterversammlung) zu bestimmen. Regelmäßig wird die Versammlungsleitung dem Aufsichtsratsvorsitzenden übertragen. Zulässig ist auch eine Übertragung auf ein anderes Mitglied des Aufsichtsrats, auf ein Mitglied des Vorstands oder auf ein Mitglied der eG. Wird die Generalversammlung gem. § 60 vom Prüfungsverband einberufen, bestimmt er auch den Versammlungsleiter, wobei die Bestimmung nicht auf Mitglieder der eG beschränkt ist.

13 Aufgabe des Versammlungsleiters ist es, die Versammlung unparteiisch zu leiten und dafür zu sorgen, dass die Versammlungsgegenstände sachgerecht, sinnvoll und zweckmäßig abgearbeitet und erledigt werden. Die hierfür zu ergreifenden Maßnahmen stehen im Ermessen des Versammlungsleiters, das er pflichtgemäß und unter Beachtung insbesondere des Gleichbehandlungsgrundsatzes und des Minderheitenschutzes auszuüben hat. Die Generalversammlung kann dem Versammlungsleiter keine Weisungen erteilen, wie er die Versammlungsleitung wahrzunehmen hat. Der Versammlungsleiter hat schließlich die Abstimmungsergebnisse formell festzustellen und zu verkünden.

C. Mitgliederrechte

I. Teilnahmerecht

14 Sämtliche Mitglieder (bzw. alternativ deren gesetzliche oder bevollmächtigte Vertreter) haben ein Recht auf Teilnahme an der Generalversammlung. In dieses Recht kann lediglich dann von der Versammlungsleitung eingegriffen werden, wenn das Mitglied den Versammlungsablauf nicht nur unerheblich stört, und diese Störung nicht anders als durch einen Entzug des Teilnahmerechts für die konkrete Generalversammlung beseitigt werden kann (BGH NJW 1966, 43 [zur AG]).

II. Antragsrecht

Jedes Mitglied kann Anträge stellen und Wahlvorschläge machen. Über deren Behandlung entscheidet der Versammlungsleiter nach pflichtgemäßem Ermessen. Über einen Antrag zur Beschlussfassung darf der Versammlungsleiter allerdings nicht abstimmen lassen, sofern der Beschlussgegenstand nicht mindestens eine Woche vor der Generalversammlung angekündigt worden ist und auch keine Ausnahme nach § 46 Abs. 2 Satz 2 vorliegt.

15

III. Rederecht

Das Rederecht der Mitglieder dient der Meinungsbildung in der Generalversammlung und damit der Vorbereitung der Beschlussfassung. In das Rederecht kann zum einen generell durch Beschränkungen der Redezeit eingegriffen werden, wenn erkennbar ist, dass die Zahl der Wortmeldungen ansonsten eine sachgerechte Erledigung der Tagesordnung nicht zulässt. Zum anderen kann der Versammlungsleiter konkret in den einzelnen Wortbeitrag eingreifen, wenn dieser nicht sachlich vorgebracht wird oder sich nicht auf die Tagesordnung bezieht. Reicht eine Ermahnung des Mitglieds nicht aus, kann das Rederecht als letztes Mittel entzogen werden.

16

IV. Auskunftsrecht

Das Auskunftsrecht dient ebenfalls der Meinungsbildung in der Generalversammlung und der Vorbereitung der Beschlussfassung. Auskünfte dürfen nur aus den in § 131 Abs. 3 Satz 1 Nr. 1–6 AktG genannten Gründen sowie dann verweigert werden, wenn die Auskunftserteilung den Umfang der Generalversammlung für die weiteren Mitglieder unzumutbar verlängern würde.

17

V. Stimmrecht

1. Ein- und Mehrstimmrechte

Von Gesetzes wegen hat jedes Mitglied der eG in der Generalversammlung eine Stimme (Kopfprinzip, § 43 Abs. 3 Satz 1). Die Satzung kann allerdings die Gewährung von sog. Mehrstimmrechten vorsehen. § 43 Abs. 3 Satz 2 Nr. 1–3 knüpft dies allerdings an bestimmte Voraussetzungen:

18

– Nr. 1: Keinem Mitglied können mehr als drei Stimmen gewährt werden. Mehrstimmrechte sollen zudem nur solchen Mitgliedern eingeräumt werden, die den Geschäftsbetrieb der eG besonders fördern. Bei Beschlüssen, die mindestens einer 3/4-Mehrheit bedürfen oder die die satzungsmäßigen Regelungen über Mehrstimmrechte aufheben oder einschränken, bleibt es beim Kopfprinzip.
– Nr. 2: Die einschränkenden Voraussetzungen der Nr. 1 gelten nicht bei Unternehmer-Genossenschaften, also bei Genossenschaften, bei denen mehr als 3/4 der Mitglieder Unternehmer gem. § 14 BGB sind. Mehrstimmrechte können vom einzelnen Mitglied aber höchstens bis zu einem Zehntel der in der Generalversammlung anwesenden Stimmen ausgeübt werden.
– Nr. 3: Die einschränkenden Voraussetzungen der Nr. 1 und der Nr. 2 gelten nicht bei Sekundärgenossenschaften, also bei Genossenschaften, deren Mitglieder ausschließlich oder überwiegend Genossenschaften sind. Die Satzung kann das Stimmrecht der Mitglieder nach der Höhe ihrer Geschäftsguthaben oder nach einem anderen Maßstab abstufen.

Die Aufhebung von Mehrstimmrechten bedarf nicht der Zustimmung der betroffenen Mitglieder.

2. Stimmrecht investierender Mitglieder

Den investierenden Mitgliedern stehen grundsätzlich die gleichen Rechte wie die sonstigen Mitglieder. Dies gilt auch für das Stimmrecht. Allerdings enthält § 8 Abs. 2 Satz 2 Vorkehrungen zum Schutz der zu fördernden Mitglieder. Danach hat die Satzung sicherzustellen, dass die zu fördernden Mitglieder nicht durch investierende Mitglieder überstimmt werden können, und dass Beschlüsse, die nach Gesetz oder Satzung einer qualifizierten Mehrheit von 3/4 der abgegebenen Stimmen bedürfen, von den investierenden Mitgliedern nicht verhindert werden können. Für den umge-

19

kehrten Fall, dass das Zustandekommen des Beschlusses gerade auf den Stimmen der investierenden Mitglieder beruht, sieht das GenG hingegen keine Beschränkung des Stimmrechts vor.

3. Ausübung des Stimmrechts

20 Das Stimmrecht wird grundsätzlich durch persönliche Stimmabgabe ausgeübt. Mitglieder, die geschäftsunfähig oder beschränkt geschäftsfähig sind, werden durch ihre gesetzlichen Vertreter gemeinsam vertreten, es sei denn, dass die §§ 107 ff. BGB für beschränkt geschäftsfähige Mitglieder eine persönliche Stimmabgabe ermöglichen. Soll für einen Minderjährigen nur ein Elternteil erscheinen, muss die Vollmacht des anderen Elternteils nachgewiesen werden. Juristische Personen und Personenvereinigungen werden bei der Stimmabgabe durch ihre gesetzlichen Vertreter in vertretungsberechtigter Anzahl vertreten, wobei es ausreicht, wenn ein gesetzlicher Vertreter schriftliche Stimmvollmachten derjenigen Person(en) vorlegt, mit der/denen er gemeinsam vertretungsberechtigt ist. Im Rahmen der gesetzlichen Vertretung können die abstimmenden Personen beliebig viele Mitglieder vertreten.

21 Mitglieder können auch rechtsgeschäftlich Stimmvollmacht erteilen, wobei ein Bevollmächtigter nicht mehr als zwei Mitglieder rechtsgeschäftlich vertreten darf (§ 43 Abs. 5). Die Satzung kann an die Person des Bevollmächtigten Anforderungen stellen und insbesondere solche Personen von einer Stimmvollmacht ausschließen, die sich gewerbsmäßig zur Ausübung von Stimmrechten erbieten. Wird von der Stimmrechtsvollmacht Gebrauch gemacht, kann das bevollmächtigende Mitglied nicht nur sein Stimmrecht, sondern allgemein seine auf die Teilnahme an der Versammlung gerichteten Rechte nicht mehr persönlich ausüben und vom Versammlungsleiter lediglich als Gast zugelassen werden. Dabei ist es dem Mitglied aber unbenommen, seinem Bevollmächtigten Weisungen für die Stimmabgabe zu erteilen.

4. Ausschluss des Stimmrechts

22 Der Ausschluss des Stimmrechts ist in § 43 Abs. 6 abschließend geregelt.

Er greift ein, wenn über
- die Entlastung des Mitglieds,
- die Befreiung des Mitglieds von einer Verbindlichkeit oder die Geltendmachung eines Anspruchs gegenüber dem Mitglied

beschlossen werden soll. Der Stimmrechtsausschluss lässt sich nicht durch die Erteilung einer Stimmvollmacht an einen Bevollmächtigten umgehen. Die drei Befangenheitstatbestände müssen jeweils in der Person des Mitglieds erfüllt sein, können also nicht durch eine Betroffenheit von nahen Angehörigen vermittelt werden.

D. Willensbildung

23 Die Generalversammlung ist beschlussfähig, wenn zumindest zwei Mitglieder anwesend sind, die zu bei allen Beschlussgegenstände beschlussberechtigt sind, sofern die Satzung keine höheren Anforderungen stellt. Die Generalversammlung beschließt grundsätzlich mit einfacher Stimmenmehrheit, d.h. mit der Mehrheit der abgegebenen Stimmen, sofern nicht Gesetz oder Satzung eine größere Mehrheit oder sonstige Erfordernisse vorsehen. Enthaltungen, ungültige und nicht abgegebene Stimmen werden grundsätzlich nicht mitgezählt, es denn die, Satzung sieht dies vor. Unzulässig sind Satzungsbestimmungen,
- die das Zustandekommen des Beschlusses von der Zustimmung eines weiteren Organs oder Organmitglieds oder eines Dritten abhängig machen,
- oder die das Zustandekommen des Beschlusses von weiteren Voraussetzungen abhängig machen, wie bspw. das Erreichen eines bestimmten Anteils der Geschäftsanteile (KG OLGRspr. 42, 217).

Sofern die Satzung keine Vorgaben für die Durchführung des Abstimmungsverfahrens macht, entscheidet hierüber der Versammlungsleiter nach pflichtgemäßem Ermessen. Zwingende Voraussetzung für das Zustandekommen des Beschlusses ist die Feststellung der Beschlussfassung durch den Versammlungsleiter (BGH NJW 1997, 318). 24

§ 51 Anfechtung von Beschlüssen der Generalversammlung

(1) ¹Ein Beschluss der Generalversammlung kann wegen Verletzung des Gesetzes oder der Satzung im Wege der Klage angefochten werden. ²Die Klage muss binnen einem Monat erhoben werden.

(2) ¹Zur Anfechtung befugt ist jedes in der Generalversammlung erschienene Mitglied, sofern es gegen den Beschluss Widerspruch zum Protokoll erklärt hat, und jedes nicht erschienene Mitglied, sofern es zu der Generalversammlung unberechtigterweise nicht zugelassen worden ist oder sofern es die Anfechtung darauf gründet, dass die Einberufung der Versammlung oder die Ankündigung des Gegenstandes der Beschlussfassung nicht ordnungsgemäß erfolgt sei. ²Ferner sind der Vorstand und der Aufsichtsrat zur Anfechtung befugt, ebenso jedes Mitglied des Vorstands und des Aufsichtsrats, wenn es durch die Ausführung des Beschlusses eine strafbare Handlung oder eine Ordnungswidrigkeit begehen oder wenn es ersatzpflichtig werden würde.

(3) ¹Die Klage ist gegen die Genossenschaft zu richten. ²Die Genossenschaft wird durch den Vorstand, sofern dieser nicht selbst klagt, und durch den Aufsichtsrat, sofern dieser nicht selbst klagt, vertreten; § 39 Abs. 1 Satz 2 ist entsprechend anzuwenden. ³Zuständig für die Klage ist ausschließlich das Landgericht, in dessen Bezirke die Genossenschaft ihren Sitz hat. ⁴Die mündliche Verhandlung erfolgt nicht vor Ablauf der im ersten Absatz bezeichneten Frist. ⁵Mehrere Anfechtungsprozesse sind zur gleichzeitigen Verhandlung und Entscheidung zu verbinden.

(4) Die Erhebung der Klage sowie der Termin zur mündlichen Verhandlung sind unverzüglich vom Vorstand in den für die Bekanntmachung der Genossenschaft bestimmten Blättern zu veröffentlichen.

(5) ¹Soweit der Beschluss durch Urteil rechtskräftig für nichtig erklärt ist, wirkt dieses Urteil auch gegenüber den Mitgliedern der Genossenschaft, die nicht Partei des Rechtsstreits waren. ²Ist der Beschluss in das Genossenschaftsregister eingetragen, hat der Vorstand dem Registergericht das Urteil einzureichen und dessen Eintragung zu beantragen. ³Eine gerichtliche Bekanntmachung der Eintragung erfolgt nur, wenn der eingetragene Beschluss veröffentlicht worden war.

Übersicht	Rdn.		Rdn.
A. Nichtigkeit von Beschlüssen	1	1. Anfechtungsbefugnis	5
I. Nichtigkeitsgründe	1	2. Anfechtungsfrist	6
II. Nichtigkeitsklage	2	3. Urteilswirkung	7
B. Anfechtung von Beschlüssen	3	4. Schadensersatzverpflichtung des	
I. Anfechtbarkeit	3	Anfechtungsklägers	8
II. Anfechtungsklage	5		

A. Nichtigkeit von Beschlüssen

I. Nichtigkeitsgründe

Das GenG regelt in § 51 lediglich die Anfechtbarkeit von Beschlüssen der Generalversammlung (bzw. der Vertreterversammlung), eine eigenständige Regelung zur Nichtigkeit enthält das Gesetz nicht. Es ist allerdings allgemein anerkannt, dass die aktienrechtlichen Vorschriften der §§ 241 ff. AktG auf die Beschlüsse der Generalversammlung und der Vertreterversammlung entsprechend angewendet werden können, soweit keine genossenschaftsrechtlichen Besonderheiten entgegenstehen (BGH NJW 1996, 1756, 1758). Nichtig ist ein Beschluss, wenn 1

- seine Unwirksamkeit in einem Anfechtungsverfahren rechtskräftig festgestellt worden ist,
- die Generalversammlung nicht gem. § 46 einberufen wurde, es sei denn, dass sämtliche Mitglieder in der Versammlung anwesend waren und keine Einwände gegen die Beschlussfassung erhoben haben (BGH NJW 1955, 1917),
- die Generalversammlung beschlussunfähig war,
- der Beschussinhalt gegen ein gesetzliches Verbot (RGZ 131, 141 (zur GmbH)) oder gegen die guten Sitten verstößt (BGH NJW 1955, 221 (zur GmbH)),
- oder der Beschluss die Rechte Dritter verletzt.

II. Nichtigkeitsklage

2 Die Nichtigkeit wird im Wege der Nichtigkeitsklage geltend gemacht (§ 249 Abs. 1 Satz 1 AktG). Klagebefugt sind die Genossen, der Vorstand als Organ, der Aufsichtsrat als Organ (entsprechend § 51 Abs. 2 Satz 2) sowie die einzelnen Mitglieder von Vorstand und Aufsichtsrat. Hinsichtlich der Beschlüsse der Vertreterversammlung steht auch denjenigen Genossen die Klagebefugnis zu, die nicht u Vertretern gewählt worden sind (BGH NJW 1982, 2558 f.). Klagegegner ist die eG, vertreten durch den Vorstand **und** den Aufsichtsrat. Die Erhebung der Klage ist im Gegensatz zur Anfechtungsklage nicht fristgebunden, mit Ablauf von 3 Jahren nach Eintragung des Beschlusses in das Genossenschaftsregister wird die Nichtigkeit jedoch geheilt, sofern bis dahin kein die Nichtigkeit feststellendes rechtskräftiges Urteil vorliegt. Das Urteil entfaltet Rechtskraftwirkung gegenüber den Mitgliedern, den Organen, den Organmitgliedern sowie dem Registergericht.

B. Anfechtung von Beschlüssen

I. Anfechtbarkeit

3 Anfechtbar sind Beschlüsse der Generalversammlung und der Vertreterversammlung wegen Verletzung des Gesetzes oder der Satzung, soweit dieser Verstoß nicht zur Nichtigkeit führt. Die Anfechtungsgründe lassen sich in **Verfahrensfehler** und **Fehler im Beschlussinhalt** unterteilen. Zu den Verfahrensfehlern zählen vor allem Einberufungsmängel und Mängel beim Ablauf der General- oder Vertreterversammlung. Das Tatbestandsmerkmal »wegen« ist bei Verfahrensfehlern in dem Sinne zu verstehen, dass eine Anfechtung nur unzulässig ist, wenn nicht einmal die Möglichkeit besteht, dass ohne den Verfahrensfehler ein anderes Beschlussergebnis zustande gekommen wäre. Die Darlegungs- und Beweislast hierfür liegt bei der eG. Ein fehlerhafter Beschlussinhalt liegt insbesondere vor, wenn er gegen die genossenschaftliche Treuepflicht oder den Gleichbehandlungsgrundsatz verstößt.

4 Anfechtbare Beschlüsse sind heilbar. Heilung kann durch den Ablauf der Anfechtungsfrist des § 51 Abs. 1 Satz 2, durch die Einwilligung des Betroffenen, durch den Verzicht auf das Anfechtungsrecht durch sämtliche Anfechtungsberechtigten und durch eine Bestätigung analog § 244 AktG eintreten.

II. Anfechtungsklage

1. Anfechtungsbefugnis

5 Die Anfechtbarkeit eines Beschlusses der General- oder Vertreterversammlung wird im Wege der Anfechtungsklage geltend gemacht. Befugt, Beschlüsse der Generalversammlung anzufechten, ist jedes in dieser Versammlung erschienene Mitglied, sofern es gegen den Beschluss Widerspruch zum Protokoll erklärt hat, sowie jedes nicht erschienene Mitglied, sofern es zu der Generalversammlung unberechtigterweise nicht zugelassen wurde, oder sofern die Anfechtbarkeit darauf gestützt wird, dass die Einberufung der Generalversammlung oder die Ankündigung der Beschlussgegenstände nicht ordnungsgemäß erfolgt sei. Anfechtungsbefugt sind daneben der Vorstand und der Aufsichtsrat als Organe. Die Organmitglieder von Vorstand und Aufsichtsrat sind nur dann anfechtungsbefugt, wenn Organmitglieder durch die Ausführung des Beschlusses eine strafbare oder zum Schadensersatz verpflichtende Handlung oder eine Ordnungswidrigkeit begehen würden. Für die Anfechtung von Beschlüssen der Vertreterversammlung gelten die vorstehenden Grundsätze entsprechend, allerdings mit der Ausnahme, dass Mitglieder, die nicht zu Vertretern gewählt worden

sind, generell nicht anfechtungsbefugt sind. Anfechtungsgegner ist die eG, vertreten durch den Vorstand **und** den Aufsichtsrat, sofern nicht eines dieser Organe selbst Anfechtungskläger ist.

2. Anfechtungsfrist

Die Klage kann nur binnen Monatsfrist, gerechnet ab der Beschlussfassung, erhoben werden. Es handelt sich um eine materielle verschuldensunabhängige Ausschlussfrist, was bedeutet, dass das Gericht nur über diejenigen Anfechtungsgründe entscheiden kann, auf die die Anfechtungsklage innerhalb der Frist gestützt worden ist. Das gilt selbst dann, wenn weitere Anfechtungsgründe erst nach Fristablauf bekannt werden.

3. Urteilswirkung

Hält das Gericht einen oder mehrere Anfechtungsgründe für gegeben, erklärt es den Beschluss im Wege des Gestaltungsurteils für nichtig. Mit der Rechtskraft des Urteils gilt der Beschluss gegenüber jedermann als von Anfang an unwirksam. War der angefochtene Beschluss bereits im Genossenschaftsregister eingetragen, ist der Vorstand verpflichtet, das Urteil zur Eintragung in das Genossenschaftsregister einzureichen. Der Beschluss wird dann gelöscht. War der Beschluss noch nicht eingetragen, hat der Vorstand seinen Eintragungsantrag zurückzuziehen. Weist das Gericht die Klage ab, entfaltet das Urteil nur Rechtskraftwirkungen unter den Parteien.

4. Schadensersatzverpflichtung des Anfechtungsklägers

Vor der Genossenschaftsrechtsreform sah das GenG eine Schadensersatzpflicht des Anfechtungs- oder Nichtigkeitsklägers für den Fall vor, dass seine Klage unbegründet war und er böslich gehandelt hatte. Für eine solche Sonderanktion, die im AktG und im GmbHG keine Entsprechung fand, gab es keine hinreichende Rechtfertigung. Mit ihrer Abschaffung richtet sich eine etwaige Schadensersatzverpflichtung ausschließlich nach allgemeinen Grundsätzen (§ 826 BGB).

§ 52

(weggefallen)

Abschnitt 4 Prüfung und Prüfungsverbände

§ 53 Pflichtprüfung

(1) ¹Zwecks Feststellung der wirtschaftlichen Verhältnisse und der Ordnungsmäßigkeit der Geschäftsführung sind die Einrichtungen, die Vermögenslage sowie die Geschäftsführung der Genossenschaft einschließlich der Führung der Mitgliederliste mindestens in jedem zweiten Geschäftsjahr zu prüfen. ²Bei Genossenschaften, deren Bilanzsumme 2 Millionen Euro übersteigt, muss die Prüfung in jedem Geschäftsjahr stattfinden.

(2) ¹Im Rahmen der Prüfung nach Absatz 1 ist bei Genossenschaften, deren Bilanzsumme eine Million Euro und deren Umsatzerlöse 2 Millionen Euro übersteigen, der Jahresabschluss unter Einbeziehung der Buchführung und des Lageberichts zu prüfen. ²§ 316 Abs. 3, § 317 Abs. 1 Satz 2 und 3, Abs. 2 des Handelsgesetzbuchs sind entsprechend anzuwenden. ³Bei der Prüfung großer Genossenschaften im Sinn des § 58 Abs. 2 ist § 317 Abs. 5 und 6 des Handelsgesetzbuchs entsprechend anzuwenden.

(3) Für Genossenschaften, die kapitalmarktorientiert im Sinn des § 264d des Handelsgesetzbuchs sind und keinen Aufsichtsrat haben, gilt § 324 des Handelsgesetzbuchs entsprechend.

§ 54 Pflichtmitgliedschaft im Prüfungsverband

Die Genossenschaft muss einem Verband angehören, dem das Prüfungsrecht verliehen ist (Prüfungsverband).

§ 54a Wechsel des Prüfungsverbandes

(1) ¹Scheidet eine Genossenschaft aus dem Verband aus, so hat der Verband das Registergericht unverzüglich zu benachrichtigen. ²Das Registergericht hat eine Frist zu bestimmen, innerhalb derer die Genossenschaft die Mitgliedschaft bei einem Verband zu erwerben hat.

(2) ¹Weist die Genossenschaft nicht innerhalb der gesetzten Frist dem Registergericht nach, dass sie die Mitgliedschaft erworben hat, so hat das Registergericht von Amts wegen nach Anhörung des Vorstands die Auflösung der Genossenschaft auszusprechen. ²§ 80 Abs. 2 findet Anwendung.

§ 55 Prüfung durch den Verband

(1) ¹Die Genossenschaft wird durch den Verband geprüft, dem sie angehört. ²Der Verband bedient sich zum Prüfen der von ihm angestellten Prüfer. ³Diese sollen im genossenschaftlichen Prüfungswesen ausreichend vorgebildet und erfahren sein.

(2) ¹Ein gesetzlicher Vertreter des Verbandes oder eine vom Verband beschäftigte Person, die das Ergebnis der Prüfung beeinflussen kann, ist von der Prüfung der Genossenschaft ausgeschlossen, wenn Gründe, insbesondere Beziehungen geschäftlicher, finanzieller oder persönlicher Art, vorliegen, nach denen die Besorgnis der Befangenheit besteht. ²Dies ist insbesondere der Fall, wenn der Vertreter oder die Person
1. Mitglied der zu prüfenden Genossenschaft ist;
2. Mitglied des Vorstands oder Aufsichtsrats oder Arbeitnehmer der prüfenden Genossenschaft ist;
3. über die Prüfungstätigkeit hinaus bei der zu prüfenden Genossenschaft oder für diese in dem zu prüfenden Geschäftsjahr oder bis zur Erteilung des Bestätigungsvermerks
   a) bei der Führung der Bücher oder der Aufstellung des zu prüfenden Jahresabschlusses mitgewirkt hat,
   b) bei der Durchführung der internen Revision in verantwortlicher Position mitgewirkt hat,
   c) Unternehmensleitungs- oder Finanzdienstleistungen erbracht hat oder
   d) eigenständige versicherungsmathematische oder Bewertungsleistungen erbracht hat, die sich auf den zu prüfenden Jahresabschluss nicht nur unwesentlich auswirken,
   sofern diese Tätigkeiten nicht von untergeordneter Bedeutung sind; dies gilt auch, wenn eine dieser Tätigkeiten von einem Unternehmen für die zu prüfende Genossenschaft ausgeübt wird, bei dem der gesetzliche Vertreter des Verbandes oder die vom Verband beschäftigte Person als gesetzlicher Vertreter, Arbeitnehmer, Mitglied des Aufsichtsrats oder Gesellschafter, der mehr als 20 Prozent der den Gesellschaftern zustehenden Stimmrechte besitzt, diese Tätigkeit ausübt oder deren Ergebnis beeinflussen kann.

³Satz 2 Nr. 2 ist auf Mitglieder des Aufsichtsorgans des Verbandes nicht anzuwenden, sofern sichergestellt ist, dass der Prüfer die Prüfung unabhängig von den Weisungen durch das Aufsichtsorgan durchführen kann. ⁴Die Sätze 2 und 3 gelten auch, wenn der Ehegatte oder der Lebenspartner einen Ausschlussgrund erfüllt. ⁵Nimmt die zu prüfende Genossenschaft einen organisierten Markt im Sinne des § 2 Abs. 5 des Wertpapierhandelsgesetzes in Anspruch, ist über die in den Sätzen 1 bis 4 genannten Gründe hinaus § 319a Abs. 1 des Handelsgesetzbuchs auf die in Satz 1 genannten Vertreter und Personen des Verbandes entsprechend anzuwenden.

(3) ¹Der Verband kann sich eines von ihm nicht angestellten Prüfers bedienen, wenn dies im Einzelfall notwendig ist, um eine gesetzmäßige sowie sach- und termingerechte Prüfung zu gewährleisten. ²Der Verband darf jedoch nur einen anderen Prüfungsverband, einen Wirtschaftsprüfer oder eine Wirtschaftsprüfungsgesellschaft mit der Prüfung beauftragen.

(4) ¹Führt ein Prüfungsverband die gesetzlich vorgeschriebene Abschlussprüfung bei einem Unternehmen durch, das kapitalmarktorientiert im Sinn des §264d des Handelsgesetzbuchs ist, hat er einen Transparenzbericht zu veröffentlichen. ²§55c der Wirtschaftsprüferordnung gilt entsprechend.

§56 Ruhen des Prüfungsrechts des Verbandes

(1) ¹Das Prüfungsrecht des Verbandes ruht, wenn der Verband über keine wirksame Bescheinigung über die Teilnahme an der nach §63e Abs. 1 erforderlichen Qualitätskontrolle verfügt, es sei denn, dass eine Ausnahmegenehmigung nach §63e Abs. 3 erteilt worden ist.

(2) ¹Ruht das Prüfungsrecht des Verbandes, so hat der Spitzenverband, dem der Verband angehört, auf Antrag des Vorstands der Genossenschaft oder des Verbandes einen anderen Prüfungsverband, einen Wirtschaftsprüfer oder eine Wirtschaftsprüfungsgesellschaft als Prüfer zu bestellen. ²Bestellt der Spitzenverband keinen Prüfer oder gehört der Verband keinem Spitzenverband an, so hat das Registergericht auf Antrag des Vorstands der Genossenschaft oder des Verbandes einen Prüfer im Sinne des Satzes 1 zu bestellen. ³Der Vorstand ist verpflichtet, die Anträge unverzüglich zu stellen, soweit diese nicht vom Verband gestellt werden.

(3) ¹Die Rechte und Pflichten des nach Absatz 2 bestellten Prüfers bestimmen sich nach den für den Verband geltenden Vorschriften dieses Gesetzes. ²Der Prüfer hat dem Verband eine Abschrift seines Prüfungsberichts vorzulegen.

§57 Prüfungsverfahren

(1) ¹Der Vorstand der Genossenschaft hat dem Prüfer die Einsicht der Bücher und Schriften der Genossenschaft sowie die Untersuchung des Kassenbestandes und der Bestände an Wertpapieren und Waren zu gestatten; er hat ihm alle Aufklärungen und Nachweise zu geben, die der Prüfer für eine sorgfältige Prüfung benötigt. ²Das gilt auch, wenn es sich um die Vornahme einer vom Verband angeordneten außerordentlichen Prüfung handelt.

(2) ¹Der Verband hat dem Vorsitzenden des Aufsichtsrats der Genossenschaft den Beginn der Prüfung rechtzeitig anzuzeigen. ²Der Vorsitzende des Aufsichtsrats hat die übrigen Mitglieder des Aufsichtsrats von dem Beginn der Prüfung unverzüglich zu unterrichten und sie auf ihr Verlangen oder auf Verlangen des Prüfers zu der Prüfung zuzuziehen.

(3) Von wichtigen Feststellungen, nach denen dem Prüfer sofortige Maßnahmen des Aufsichtsrats erforderlich erscheinen, soll der Prüfer unverzüglich den Vorsitzenden des Aufsichtsrats in Kenntnis setzen.

(4) ¹In unmittelbarem Zusammenhang mit der Prüfung soll der Prüfer in einer gemeinsamen Sitzung des Vorstands und des Aufsichtsrats der Genossenschaft über das voraussichtliche Ergebnis der Prüfung mündlich berichten. ²Er kann zu diesem Zwecke verlangen, dass der Vorstand oder der Vorsitzende des Aufsichtsrats zu einer solchen Sitzung einladen; wird seinem Verlangen nicht entsprochen, so kann er selbst Vorstand und Aufsichtsrat unter Mitteilung des Sachverhalts berufen.

(5) Ist nach der Satzung kein Aufsichtsrat zu bilden, werden die Rechte und Pflichten des Aufsichtsratsvorsitzenden nach den Absätzen 2 bis 4 durch einen von der Generalversammlung aus ihrer Mitte gewählten Bevollmächtigten wahrgenommen.

§58 Prüfungsbericht

(1) ¹Der Verband hat über das Ergebnis der Prüfung schriftlich zu berichten. ²Auf den Prüfungsbericht ist, soweit er den Jahresabschluss und den Lagebericht betrifft, §321 Abs. 1 bis 3 sowie 4a des Handelsgesetzbuchs entsprechend anzuwenden.

(2) Auf die Prüfung von Genossenschaften, die die Größenmerkmale des § 267 Abs. 3 des Handelsgesetzbuchs erfüllen, ist § 322 des Handelsgesetzbuchs über den Bestätigungsvermerk entsprechend anzuwenden.

(3) ¹Der Verband hat den Prüfungsbericht zu unterzeichnen und dem Vorstand der Genossenschaft sowie dem Vorsitzenden des Aufsichtsrats vorzulegen; § 57 Abs. 5 ist entsprechend anzuwenden. ²Jedes Mitglied des Aufsichtsrats hat den Inhalt des Prüfungsberichts zur Kenntnis zu nehmen.

(4) ¹Über das Ergebnis der Prüfung haben Vorstand und Aufsichtsrat der Genossenschaft in gemeinsamer Sitzung unverzüglich nach Eingang des Prüfungsberichts zu beraten. ²Verband und Prüfer sind berechtigt, an der Sitzung teilzunehmen; der Vorstand ist verpflichtet, den Verband von der Sitzung in Kenntnis zu setzen.

§ 59 Prüfungsbescheinigung; Befassung der Generalversammlung

(1) ¹Der Vorstand hat eine Bescheinigung des Verbandes, dass die Prüfung stattgefunden hat, zum Genossenschaftsregister einzureichen und den Prüfungsbericht bei der Einberufung der nächsten Generalversammlung als Gegenstand der Beschlussfassung anzukündigen. ²Jedes Mitglied hat das Recht, Einsicht in das zusammengefasste Ergebnis des Prüfungsberichts zu nehmen.

(2) In der Generalversammlung hat sich der Aufsichtsrat über wesentliche Feststellungen oder Beanstandungen der Prüfung zu erklären.

(3) Der Verband ist berechtigt, an der Generalversammlung beratend teilzunehmen; auf seinen Antrag oder auf Beschluss der Generalversammlung ist der Bericht ganz oder in bestimmten Teilen zu verlesen.

§ 60 Einberufungsrecht des Prüfungsverbandes

(1) Gewinnt der Verband die Überzeugung, dass die Beschlussfassung über den Prüfungsbericht ungebührlich verzögert wird oder dass die Generalversammlung bei der Beschlussfassung unzulänglich über wesentliche Feststellungen oder Beanstandungen des Prüfungsberichts unterrichtet war, so ist er berechtigt, eine außerordentliche Generalversammlung der Genossenschaft auf deren Kosten zu berufen und zu bestimmen, über welche Gegenstände zwecks Beseitigung festgestellter Mängel verhandelt und beschlossen werden soll.

(2) In der von dem Verband einberufenen Generalversammlung führt eine vom Verband bestimmte Person den Vorsitz.

§ 61 Vergütung des Prüfungsverbandes

Der Verband hat gegen die Genossenschaft Anspruch auf Erstattung angemessener barer Auslagen und auf Vergütung für seine Leistung.

§ 62 Verantwortlichkeit der Prüfungsorgane

(1) ¹Verbände, Prüfer und Prüfungsgesellschaften sind zur gewissenhaften und unparteiischen Prüfung und zur Verschwiegenheit verpflichtet. ²Sie dürfen Geschäfts- und Betriebsgeheimnisse, die sie bei ihrer Tätigkeit erfahren haben, nicht unbefugt verwerten. ³Wer seine Pflichten vorsätzlich oder fahrlässig verletzt, haftet der Genossenschaft für den daraus entstehenden Schaden. ⁴Mehrere Personen haften als Gesamtschuldner.

(2) ¹Die Ersatzpflicht von Personen, die fahrlässig gehandelt haben, beschränkt sich auf eine Million Euro für eine Prüfung. ²Dies gilt auch, wenn an der Prüfung mehrere Personen beteiligt

gewesen oder mehrere zum Ersatz verpflichtende Handlungen begangen worden sind, und ohne Rücksicht darauf, ob andere Beteiligte vorsätzlich gehandelt haben.

(3) Der Verband kann einem Spitzenverband, dem er angehört, Abschriften der Prüfungsberichte mitteilen; der Spitzenverband darf sie so verwerten, wie es die Erfüllung der ihm obliegenden Pflichten erfordert.

(4) ¹Die Verpflichtung zur Verschwiegenheit nach Absatz 1 Satz 1 besteht, wenn eine Prüfungsgesellschaft die Prüfung vornimmt, auch gegenüber dem Aufsichtsrat und den Mitgliedern des Aufsichtsrats der Prüfungsgesellschaft. ²Der Vorsitzende des Aufsichtsrats der Prüfungsgesellschaft und sein Stellvertreter dürfen jedoch die von der Prüfungsgesellschaft erstatteten Berichte einsehen, die hierbei erlangten Kenntnisse aber nur verwerten, soweit es die Erfüllung der Überwachungspflicht des Aufsichtsrats erfordert.

(5) Die Haftung nach diesen Vorschriften kann durch Vertrag weder ausgeschlossen noch beschränkt werden; das Gleiche gilt von der Haftung des Verbandes für die Personen, deren er sich zur Vornahme der Prüfung bedient.

§ 63 Zuständigkeit für Verleihung des Prüfungsrechts

¹Das Prüfungsrecht wird dem Verband durch die zuständige oberste Landesbehörde (Aufsichtsbehörde) verliehen, in deren Gebiet der Verband seinen Sitz hat. ²Die Landesregierungen werden ermächtigt, die Zuständigkeiten nach Satz 1 und § 64 Abs. 1 durch Rechtsverordnung auf eine andere Behörde zu übertragen. ³Mehrere Länder können die Errichtung einer gemeinsamen Behörde oder die Ausdehnung der Zuständigkeit einer Behörde über die Landesgrenzen hinaus vereinbaren.

§ 63a Verleihung des Prüfungsrechts

(1) Dem Antrag auf Verleihung des Prüfungsrechts darf nur stattgegeben werden, wenn der Verband die Gewähr für die Erfüllung der von ihm zu übernehmenden Aufgaben bietet.

(2) Die Aufsichtsbehörde kann die Verleihung des Prüfungsrechts von der Erfüllung von Auflagen und insbesondere davon abhängig machen, dass der Verband sich gegen Schadensersatzansprüche aus der Prüfungstätigkeit in ausreichender Höhe versichert oder den Nachweis führt, dass eine andere ausreichende Sicherstellung erfolgt ist.

§ 63b Rechtsform, Mitglieder und Zweck des Prüfungsverbandes

(1) Der Verband soll die Rechtsform des eingetragenen Vereins haben.

(2) ¹Mitglieder des Verbandes können nur eingetragene Genossenschaften und ohne Rücksicht auf ihre Rechtsform solche Unternehmen oder andere Vereinigungen sein, die sich ganz oder überwiegend in der Hand eingetragener Genossenschaften befinden oder dem Genossenschaftswesen dienen. ²Ob diese Voraussetzungen vorliegen, entscheidet im Zweifelsfall die Aufsichtsbehörde. ³Sie kann Ausnahmen von der Vorschrift des Satzes 1 zulassen, wenn ein wichtiger Grund vorliegt.

(3) Mitglieder des Verbandes, die nicht eingetragene Genossenschaften sind und anderen gesetzlichen Prüfungsvorschriften unterliegen, bleiben trotz ihrer Zugehörigkeit zum Verband diesen anderen Prüfungsvorschriften unterworfen und unterliegen nicht der Prüfung nach diesem Gesetz.

(4) ¹Der Verband muss unbeschadet der Vorschriften des Absatzes 3 die Prüfung seiner Mitglieder und kann auch sonst die gemeinsame Wahrnehmung ihrer Interessen, insbesondere die Unterhaltung gegenseitiger Geschäftsbeziehungen zum Zweck haben. ²Andere Zwecke darf er nicht verfolgen.

(5) ¹Dem Vorstand des Prüfungsverbandes soll mindestens ein Wirtschaftsprüfer angehören. ²Gehört dem Vorstand kein Wirtschaftsprüfer an, so muss der Prüfungsverband einen Wirtschaftsprüfer als seinen besonderen Vertreter nach § 30 des Bürgerlichen Gesetzbuchs bestellen. ³Die Aufsichtsbehörde kann den Prüfungsverband bei Vorliegen besonderer Umstände von der Einhaltung der Sätze 1 und 2 befreien, jedoch höchstens für die Dauer eines Jahres. ⁴In Ausnahmefällen darf sie auch eine Befreiung auf längere Dauer gewähren, wenn und solange nach Art und Umfang des Geschäftsbetriebes der Mitglieder des Prüfungsverbandes eine Prüfung durch Wirtschaftsprüfer nicht erforderlich ist.

(6) Mitgliederversammlungen des Verbandes dürfen nur innerhalb des Verbandsbezirkes abgehalten werden.

§ 63c Satzung des Prüfungsverbandes

(1) Die Satzung des Verbandes muss enthalten:
1. die Zwecke des Verbandes;
2. den Namen; er soll sich von dem Namen anderer bereits bestehender Verbände deutlich unterscheiden;
3. den Sitz;
4. den Bezirk.

(2) Die Satzung soll ferner Bestimmungen enthalten über Auswahl und Befähigungsnachweis der anzustellenden Prüfer, über Art und Umfang der Prüfungen sowie, soweit der Prüfungsverband Abschlussprüfungen von Genossenschaften im Sinn des § 58 Abs. 2, im Sinn des § 340k Abs. 2 Satz 1 des Handelsgesetzbuchs, im Sinn des Artikel 25 Abs. 1 Satz 1 des Einführungsgesetzes zum Handelsgesetzbuch durchführt oder den Konzernabschluss einer Genossenschaft nach § 14 Abs. 1 des Publizitätsgesetzes prüft, über die Registrierung als Abschlussprüfer, über die Bindung an die Berufsgrundsätze und die Beachtung der Prüfungsstandards entsprechend den für Wirtschaftsprüfungsgesellschaften geltenden Bestimmungen, über Berufung, Sitz, Aufgaben und Befugnisse des Vorstands und über die sonstigen Organe des Verbandes.

(3) Änderungen der Satzung, die nach den Absätzen 1 und 2 notwendige Bestimmungen zum Gegenstand haben, sind der Aufsichtsbehörde unverzüglich anzuzeigen.

§ 63d Einreichung bei Gericht

Der Verband hat den Registergerichten, in deren Bezirk die ihm angehörenden Genossenschaften ihren Sitz haben, die Satzung mit einer beglaubigten Abschrift der Verleihungsurkunde sowie jährlich im Monat Januar ein Verzeichnis der ihm angehörenden Genossenschaften einzureichen.

§ 63e Qualitätskontrolle für Prüfungsverbände

(1) ¹Die Prüfungsverbände sind verpflichtet, sich im Abstand von jeweils sechs Jahren einer Qualitätskontrolle nach Maßgabe der §§ 63f und 63g zu unterziehen. ²Prüft ein Prüfungsverband auch eine Genossenschaft, eine in Artikel 25 Abs. 1 Satz 1 Nr. 1 des Einführungsgesetzes zum Handelsgesetzbuch genannte Gesellschaft oder ein in Artikel 25 Abs. 1 Satz 1 Nr. 2 des Einführungsgesetzes zum Handelsgesetzbuch genanntes Unternehmen, die einen organisierten Markt im Sinne des § 2 Abs. 5 des Wertpapierhandelsgesetzes in Anspruch nehmen, verringert sich der Abstand auf drei Jahre. ³Ein Prüfungsverband, der keine in § 53 Abs. 2 Satz 1 bezeichneten Genossenschaften prüft, ist nicht verpflichtet, sich einer Qualitätskontrolle zu unterziehen.

(2) ¹Die Qualitätskontrolle dient der Überwachung, ob die Grundsätze und Maßnahmen zur Qualitätssicherung nach Maßgabe der gesetzlichen Vorschriften insgesamt und bei der Durchführung einzelner Aufträge eingehalten werden. ²Sie erstreckt sich auf die Prüfungen nach § 53

Abs. 1 und 2 bei den in § 53 Abs. 2 Satz 1 bezeichneten Genossenschaften und die Prüfungen bei den in Artikel 25 Abs. 1 Satz 1 des Einführungsgesetzes zum Handelsgesetzbuche genannten Gesellschaften und Unternehmen.

(3) ¹Zur Vermeidung von Härtefällen kann die Wirtschaftsprüferkammer auf Antrag befristete Ausnahmen von der Verpflichtung nach Absatz 1 genehmigen. ²Die Ausnahmegenehmigung kann wiederholt erteilt werden. ³Die Wirtschaftsprüferkammer kann vor ihrer Entscheidung eine Stellungnahme der Aufsichtsbehörde einholen.

(4) Ein Prüfungsverband, der erstmalig eine der Qualitätskontrolle unterfallende Prüfung durchführt, muss spätestens bei Beginn der Prüfung über eine wirksame Bescheinigung über die Teilnahme an der Qualitätskontrolle oder über eine Ausnahmegenehmigung verfügen; im Falle einer Ausnahmegenehmigung ist die Qualitätskontrolle spätestens drei Jahre nach Beginn der ersten Prüfung durchzuführen.

§ 63f Prüfer für Qualitätskontrolle

(1) Die Qualitätskontrolle wird durch Prüfungsverbände nach Maßgabe des Absatzes 2 oder durch Wirtschaftsprüfer oder Wirtschaftsprüfungsgesellschaften durchgeführt, die nach § 57a Abs. 3 der Wirtschaftsprüferordnung als Prüfer für Qualitätskontrolle registriert sind.

(2) ¹Ein Prüfungsverband ist auf Antrag bei der Wirtschaftsprüferkammer als Prüfer für Qualitätskontrolle zu registrieren, wenn
1. ihm das Prüfungsrecht seit mindestens drei Jahren zusteht;
2. mindestens ein Mitglied seines Vorstands oder ein nach § 30 des Bürgerlichen Gesetzbuchs bestellter besonderer Vertreter ein Wirtschaftsprüfer ist, der als Prüfer für Qualitätskontrolle nach § 57a Abs. 3 der Wirtschaftsprüferordnung registriert ist;
3. der Prüfungsverband über eine wirksame Bescheinigung über die Teilnahme an der Qualitätskontrolle verfügt.

²Wird einem Prüfungsverband der Auftrag zur Durchführung einer Qualitätskontrolle erteilt, so muss der für die Qualitätskontrolle verantwortliche Wirtschaftsprüfer die Voraussetzungen des Satzes 1 Nr. 2 erfüllen.

(3) § 57a Abs. 4 der Wirtschaftsprüferordnung ist entsprechend anzuwenden.

§ 63g Durchführung der Qualitätskontrolle

(1) ¹Der Prüfungsverband muss Mitglied der Wirtschaftsprüferkammer nach Maßgabe des § 58 Abs. 2 Satz 2 der Wirtschaftsprüferordnung sein. ²Er erteilt einem Prüfer für Qualitätskontrolle den Auftrag zur Durchführung der Qualitätskontrolle. § 57a Abs. 7 der Wirtschaftsprüferordnung über die Kündigung des Auftrags ist entsprechend anzuwenden.

(2) ¹Auf das Prüfungsverfahren sind § 57a Abs. 5, Abs. 6 Satz 1 bis 4 und 6 bis 9 sowie Abs. 8, §§ 57b bis 57e Abs. 1, Abs. 2 Satz 1 bis 7 und Abs. 3, § 66a Abs. 1 Satz 1, Abs. 3 Satz 1 bis 3, Abs. 5 Satz 1, Abs. 6 Satz 5 und § 66b der Wirtschaftsprüferordnung entsprechend anzuwenden. ²Soweit dies zur Durchführung der Qualitätskontrolle erforderlich ist, ist die Pflicht zur Verschwiegenheit nach § 62 Abs. 1 eingeschränkt.

(3) ¹Erkennt die Wirtschaftsprüferkammer, dass eine Teilnahmebescheinigung nach § 57a Abs. 6 Satz 7 der Wirtschaftsprüferordnung widerrufen oder eine Teilnahmebescheinigung nach § 57a Abs. 6 Satz 9 der Wirtschaftsprüferordnung nicht erteilt werden soll, so ist der Vorgang der Aufsichtsbehörde vor der Entscheidung vorzulegen. ²Die Kommission für Qualitätskontrolle nach § 57e Abs. 1 der Wirtschaftsprüferordnung hat die zuständige Behörde unverzüglich zu unterrichten, wenn die Erteilung der Bescheinigung nach § 57a Abs. 6 Satz 9 der Wirtschaftsprüfer-

ordnung versagt oder nach § 57e Abs. 2 Satz 3, 4 und 6 oder Abs. 3 Satz 2 der Wirtschaftsprüferordnung widerrufen worden ist.

§ 63h Sonderuntersuchungen

¹Führt ein Prüfungsverband die gesetzlich vorgeschriebene Abschlussprüfung bei einem Unternehmen durch, das kapitalmarktorientiert im Sinn des § 264d des Handelsgesetzbuchs ist, können bei diesem Prüfungsverband Sonderuntersuchungen in entsprechender Anwendung des § 61a Satz 2 Nr. 2, § 62b der Wirtschaftsprüferordnung stichprobenartig ohne besonderen Anlass durchgeführt werden. ²§ 57e Abs. 6 Satz 2, § 62 Abs. 4, § 66a Abs. 1 Satz 1, Abs. 3, 5 Satz 1, Abs. 6 Satz 5, Abs. 8, 9, 10 und 11 und § 66b der Wirtschaftsprüferordnung gelten entsprechend. ³Die Wirtschaftsprüferkammer hat der Aufsichtsbehörde das Ergebnis der Sonderuntersuchung mitzuteilen.

§ 64 Staatsaufsicht

(1) Die genossenschaftlichen Prüfungsverbände unterliegen der Aufsicht durch die zuständige Aufsichtsbehörde.

(2) ¹Die Aufsichtsbehörde kann die erforderlichen Maßnahmen ergreifen, um sicherzustellen, dass der Verband die ihm nach diesem Gesetz obliegenden Aufgaben ordnungsgemäß erfüllt. ²Die Aufsichtsbehörde ist insbesondere befugt,
1. von dem Verband Auskunft über alle seine Aufgabenerfüllung betreffenden Angelegenheiten sowie Vorlage von Prüfungsberichten und anderen geschäftlichen Unterlagen zu verlangen,
2. von dem Verband regelmäßige Berichte nach festgelegten Kriterien zu verlangen,
3. an der Mitgliederversammlung des Verbandes durch einen Beauftragten teilzunehmen,
4. bei Bedarf Untersuchungen bei dem Verband durchzuführen und hierzu Dritte heranzuziehen.

³Die mit der Durchführung von Aufsichtsmaßnahmen betrauten Personen und die mit Untersuchungen beauftragten Dritten sind berechtigt, die Geschäftsräume des Verbandes während der Geschäfts- und Arbeitszeiten zu betreten, um Untersuchungen vorzunehmen oder sonst Feststellungen zu treffen, die zur Ausübung der Aufsicht erforderlich sind.

(3) ¹Für Amtshandlungen nach dieser Vorschrift kann die zuständige Behörde zur Deckung des Verwaltungsaufwands Kosten (Gebühren und Auslagen) erheben. ²Die Landesregierungen werden ermächtigt, durch Verordnung die Gebührentatbestände sowie die Gebührenhöhe festzulegen. ³Sie können die Ermächtigung auf die zuständigen obersten Landesbehörden übertragen.

§ 64a Entziehung des Prüfungsrechts

¹Die Aufsichtsbehörde kann dem Verband das Prüfungsrecht entziehen, wenn der Verband nicht mehr die Gewähr für die Erfüllung seiner Aufgaben bietet. ²Vor der Entziehung ist der Vorstand des Verbandes anzuhören. ³Die Entziehung ist den in § 63d genannten Gerichten mitzuteilen.

§ 64b Bestellung eines Prüfungsverbandes

¹Gehört eine Genossenschaft keinem Prüfungsverband an, so kann das Gericht einen Prüfungsverband zur Wahrnehmung der im Gesetz den Prüfungsverbänden übertragenen Aufgaben bestellen. ²Dabei sollen die fachliche Eigenart und der Sitz der Genossenschaft berücksichtigt werden.

§ 64c Prüfung aufgelöster Genossenschaften

Auch aufgelöste Genossenschaften unterliegen den Vorschriften dieses Abschnitts.

Übersicht	Rdn.
A. Prüfung	1
I. Pflichtprüfung (§ 53 GenG)	1
1. Grundsätzliches	1
2. Prüfungszweck	2
3. Gegenstand der Prüfung	3
4. Prüfungszeiträume	7
5. Kreditgenossenschaften und sonstige Sonderregelungen	9
II. Prüfungsverfahren (§ 57 GenG)	10
1. Prüfungsrechte	10
2. Beteiligung des Aufsichtsrats	12
3. Prüfungsschlusssitzung	13
III. Prüfungsbericht (§ 58 GenG)	14
1. Träger der Prüfung	14
2. Berichtsgrundsätze	15
3. Bestätigungsvermerk	16
4. Abschluss der Prüfung	17
5. Kenntnisnahme aller Aufsichtsratsmitglieder	18
6. Gemeinsame Beratung	19
IV. Prüfungsbescheinigung (§ 59 GenG)	21
B. Prüfungsverbände	24
I. Pflichtmitgliedschaft (§ 54 GenG)	24
II. Wechsel des Prüfungsverbandes (§ 54a GenG)	27
III. Prüfung durch den Verband (§ 55 GenG)	30
1. Allgemeines	30
2. Unabhängigkeit	31
a) Generalklausel	32
b) Unwiderlegbare Ausschlussgründe	37
3. Verbandsfremde Prüfer	38
a) Besorgnis der Befangenheit	39
b) Organisatorische Risiken	43
IV. Ruhen des Prüfungsrechts des Verbands (§ 56 GenG)	44
1. Allgemeines und Voraussetzungen	44
2. Rechtsfolgen	45
V. Einberufungsrecht (§ 60 GenG)	47
VI. Vergütung des Prüfungsverbandes (§ 61 GenG)	49
1. Allgemeines	49
2. Höhe	50
3. Anspruchsinhaber	51
4. Fälligkeit und Verjährung	52
VII. Verantwortlichkeit der Prüfungsorgane	53
1. Allgemeines	53
2. Pflichten der Prüfungsorgane	54
a) Gewissenhafte Prüfung	54
b) Unparteiische Prüfung	55
c) Verpflichtung zur Verschwiegenheit	56
VIII. Haftung	60
1. Haftungsgegenstand	60
2. Anspruchsinhaber	61
3. Schuld	62
4. Haftungsschuldner	67
5. Haftungsumfang	68
6. Verjährung	72
7. Haftung gegenüber Dritten	73

A. Prüfung

I. Pflichtprüfung (§ 53 GenG)

1. Grundsätzliches

Die im Jahr 1899 in das GenG aufgenommene Prüfungspflicht ist die älteste Pflichtprüfung des deutschen Gesellschaftsrechts. Die genossenschaftlichen Prüfungsverbände sind alleiniger Träger der Prüfung. Jede Genossenschaft ist verpflichtet, einem genossenschaftlichen Prüfungsverband anzugehören. 1

2. Prüfungszweck

Prüfungszweck ist die Feststellung der wirtschaftlichen Verhältnisse und der Ordnungsmäßigkeit der Geschäftsführung. Soweit der Jahresabschluss seit dem BilRiLG zu prüfen ist (§ 53 Abs. 2 GenG) erfolgt dies im Rahmen der Pflichtprüfung. Gegenstand und Umfang sind weiter gehend als im AktG (Lang/Weidmüller/*Korte* § 53 Rn. 8). 2

3. Gegenstand der Prüfung

3   Prüfungsgegenstand sind die »Einrichtungen« des Genossenschaftsbetriebs. Gemeint sind zunächst sämtliche Vorkehrungen im gesamten Unternehmensbereich (Innen- und Außenorganisation), ebenso wie die rechtlichen Verhältnisse, etwa Satzung, Geschäftsordnungen, ordnungsgemäße Besetzung der Organe sowie dazugehörige Verfahren (Lang/Weidmüller/*Korte* § 53 Rn. 11).

4   Weiter umfasst ist die Vermögenslage, also die wirtschaftlichen Verhältnisse im weitesten Sinne unter Einbezug der Prüfung des Jahresabschlusses (§ 53 Abs. 2 GenG).

5   Wesentlicher Inhalt ist letztlich die Prüfung der Geschäftsführung. Dazu gehört die Prüfung der Geschäftsführung in formeller und materieller Hinsicht, insbesondere auch eine Zweckmäßigkeitsprüfung. Letztere ist mangels Vorliegens objektiver Kriterien in der Praxis schwierig vorzunehmen und ersetzt nicht die Überwachungs- und Überprüfungsaufgaben des Vorstands (OLG Frankfurt am Main, Urt. v. 20.02.2006, 23 U 150/05). Sensible Bereiche sind insbesondere die Überprüfung der Innen- und Außenorganisation sowie die stichprobenartige Überprüfung einzelner Abläufe und betreffend den Aufsichtsrat die Überprüfung der formalen Ordnungsmäßigkeit sowie dessen Vorgehen als Überwachungsorgan.

6   In Fällen von Meinungsverschiedenheiten zwischen Genossenschaft und Verband über Fragen der Prüfungsdurchführung sind die ordentlichen Gerichte zuständig (LG Oldenburg, Beschl. v. 14.01.1989, 12 O 981/88).

4. Prüfungszeiträume

7   Bei Genossenschaften mit einer Bilanzsumme größer als 2 Mio. € hat die Prüfung in jedem Geschäftsjahr, andernfalls nur in jedem zweiten Geschäftsjahr stattzufinden. Dabei beginnt die Frist mit der Beendigung der Prüfung (typischerweise mit dem Zugang des Prüfungsberichts [streitig, vgl. BeckBilK § 321 Rn. 137 zu § 321 HGB; *Poehlmann/Fandrich/Bloehs/Bloehs* § 53 Rn. 26 einerseits und Lang/Weidmüller/*Korte* § 53 Rn. 21 andererseits]) zu laufen.

8   Maßgeblich für die Bestimmung der Bilanzsumme (nur Positionen über dem Bilanzstrich, vgl. § 267 Abs. 1 Nr. 1 HGB) ist das Ende des Geschäftsjahres, in dem die letzte Prüfung stattgefunden hat WP-Handbuch I, 2006, Q Rn. 772, Rn. 1190.

5. Kreditgenossenschaften und sonstige Sonderregelungen

9   Die Rechnungslegungsvorschriften sind durch das BilRiLG im Dritten Buch des HGB zusammengefasst worden. Regelungen für die eG sind in den §§ 336 bis 338 HGB enthalten. Für Kreditinstitute gibt es Sonderregelungen in den §§ 340 bis 340 HGB (*Poehlmann/Fandrich/Bloehs/Bloehs* § 53 Rn. 29), insbesondere in § 340k i. V. m. §§ 316 ff. HGB, aber auch in §§ 26, 28 bis 30 KWG. Wird etwa ein Bestätigungsvermerk wissentlich falsch erteilt und führt dies zu einem Schaden, kann dies zu einer Ersatzpflicht nach § 826 BGB führen (BGH NJW 1987, 1758). Sonderregelungen sind in § 53 Abs. 2 Satz 3 für große Genossenschaften und in Abs. 3 für kapitalmarktorientierte Genossenschaften ohne Aufsichtsrat (Abs. 3 gilt ab 01.01.2010).

II. Prüfungsverfahren (§ 57 GenG)

1. Prüfungsrechte

10   Der Vorstand ist zur umfassenden Mitwirkung und Offenheit im Prüfungsverfahren verpflichtet. Hiermit korrespondiert ein Recht des Prüfers auf Einsicht in alle Unterlagen. Adressat der Verpflichtung ist der Vorstand (Lang/Weidmüller/*Korte* § 57 Rn. 4), es sei denn nach pflichtgemäßem Ermessen kann ein Sachverhalt nicht anders als durch unmittelbare Befragung von Mitarbeitern aufgeklärt werden (nach anderer Ansicht ist eine unmittelbare Befragung von Mitgliedern in jedem Fall unzulässig, *Beuthien* § 57 Rn. 6; *Müller* § 57 Rn. 4). Der Verband ist vollständig und wahrheitsgemäß zu unterrichten (WPg 2006, 854).

In den Fällen der Auskunftsverweigerung kann vom Registergericht ein Zwangsgeld gegen die verweigernden Mitglieder des Vorstands verhängt werden (§ 160 GenG), der ordentliche Rechtsweg ist ebenso wenig wie in § 320 HGB eröffnet (*Poehlmann/Fandrich/Bloehs/Bloehs* § 57 Rn. 7). Die Nichterfüllung stellt eine Pflichtverletzung des § 147 Abs. 2 Nr. 2, § 340m HGB dar. Die Verweigerung ist im Prüfungsbericht zu vermerken. Der Prüfungsverband kann den Aufsichtsrat informieren. In den Fällen des Testats kann dies bei einer wesentlichen Pflichtverletzung verweigert werden. Als stärkste Sanktion kommt in besonders schwerwiegenden Fällen ein Ausschluss aus dem Prüfungsverband in Betracht (*Poehlmann/Fandrich/Bloehs/Bloehs* § 57 Rn. 7; *Lang/Weidmüller/Korte* § 57 Rn. 5).

2. Beteiligung des Aufsichtsrats

Der Aufsichtsrat ist zu beteiligen. Der Verband hat den Beginn der Prüfung rechtzeitig anzuzeigen. Nach überwiegender Ansicht ist es sinnvoll und ausreichend, die Unterrichtung mit Beginn der Prüfung vorzunehmen (»Überraschungsprüfung« zur Vermeidung von Obstruktionsmaßnahmen) (*Bauer* Genossenschafts-Handbuch § 57 Rn. 10; *Müller* § 57 Rn. 15; teilw. a. A.). Es gibt ein Recht der Aufsichtsratsmitglieder und eine (nach Verlangen des Prüfers) korrespondierende Pflicht auf Anwesenheit bei der Prüfung. Bei wichtigen Feststellungen ist der Vorsitzende des Aufsichtsrats unverzüglich zu unterrichten. Gemeint sind die Fälle, in denen ein unverzügliches Tätigwerden des Aufsichtsrats erforderlich ist (der Vorsitzende hat dann typischerweise den Aufsichtsrat einzuberufen) (*Lang/Weidmüller/Korte* § 57 Rn. 8).

3. Prüfungsschlusssitzung

Der Prüfer hat in unmittelbarem zeitlichen Zusammenhang mit der Prüfung Vorstand und Aufsichtsrat über das voraussichtliche Ergebnis zu unterrichten. Faktisch findet die Sitzung nach Abschluss der Prüfung statt.

III. Prüfungsbericht (§ 58 GenG)

1. Träger der Prüfung

Nach dem Gesetz ist der Prüfungsverband als Träger der Prüfung zur schriftlichen Berichterstattung über das endgültige Ergebnis der Prüfung verpflichtet (s. § 126 Abs. 1 BGB). Wird ein Unternehmen i. S. d. Art. 25 Abs. 1 EGHGB geprüft, muss der Bestätigungsvermerk von einem Wirtschaftsprüfer unterzeichnet sein, ansonsten ist die Unterzeichnung durch einen Verbandsprüfer ausreichend (Zeichnung des Prüfungsverbandes erforderlich, *Beuthien* § 58 Rn. 6).

2. Berichtsgrundsätze

Berichtsgrundsätze sind die der Berichtsklarheit, der Berichtswahrheit, der Berichtsvollständigkeit, der Unparteilichkeit und der Berichtseinheitlichkeit (vgl. nur WP Handbuch I., Q, Rn. 39 f.). Ist Gegenstand der Pflichtprüfung auch der Jahresabschluss und der Lagebericht, ist § 321 Abs. 1 HGB entsprechend anwendbar. § 321a HGB (Offenlegung des Prüfungsberichts in besonderen Fällen) gilt für Kreditgenossenschaften (§ 340a Abs. 1 Satz 1 HGB. Bewährt haben sich in der Prüfungspraxis Berichtsschemata und Prüfungschecklisten (IDW-Prüfungsstandard [IBB PS 450], Tz. 8 f., insb. 21 f.). Zudem sind bei Kreditgenossenschaften die Vorgaben des § 29 Abs. 4 KWG, der RechtKredV und PrüfbV zu beachten. Ein Einreichen bei der BaFin erfolgt nur auf Anforderung (§ 26 Abs. 1 Satz 3 KWG).

3. Bestätigungsvermerk

Seit dem BiRiLiG wird ein Bestätigungsvermerk für große Genossenschaften im Sinne von § 267 Abs. 3 HGB erforderlich. Der Jahresabschluss einer Kreditgenossenschaft ist stets zu prüfen und mit dem Bestätigungsvermerk zu versehen (§ 430 Abs. 1 Satz 1 HGB, § 26 Abs. 1 Satz 2 KWG). Den Bestätigungsvermerk hat der Verband als Träger der Prüfung zu erteilen. Aus § 322 HGB ergeben sich die Grundsätze für die Vergabe, Versagung oder Einschränkung des Bestätigungsvermerks (insb. ist der IDW PS 400 zu beachten).

4. Abschluss der Prüfung

17 Mit der Aushändigung des Prüfungsberichts an Vorstand und den Vorsitzenden des Aufsichtsrats ist die Prüfung abgeschlossen, sofern nicht derart wesentliche Mängel vorliegen, dass nicht mehr von einem Bericht inkl. Abschließendem Prüfungsergebnis gesprochen werden kann (Lang/Weidmüller/*Korte* § 58 Rn. 5).

5. Kenntnisnahme aller Aufsichtsratsmitglieder

18 Im Zuge der Gesetzesnovelle 2006 ist statt des (bisherigen) Rechts zur Einsichtnahme nun eine gesetzliche Pflicht statuiert worden. Eine Aushändigung des Berichts an jedes Aufsichtsratsmitglied ist zwar nicht vorgesehen, es muss allerdings jedem Aufsichtsratsmitglied hinreichend Zeit und Möglichkeit gegeben werden, den Bericht zu prüfen und sich eine Auffassung hierzu zu bilden. Nicht ausreichend dürfte es sein, wenn der Vorstand dem Prüfungsbericht lediglich kurz vor Beginn der gemeinsamen Sitzung gem. § 58 Abs. 4 GenG kurz zur Einsicht vorlegt (Lang/Weidmüller/*Korte* § 58 Rn. 6; *Müller* GenG, § 58 Rn. 10).

6. Gemeinsame Beratung

19 Prüfungsergebnisse sind im Rahmen einer gemeinsamen Beratung zu beraten und auszuwerten (*Poehlmann/Fandrich/Bloehs/Bloehs* § 58 Rn. 19). Die Prüfung ist mit Aushändigung des Prüfungsberichts an den Vorstand und den Aufsichtsratsvorsitzenden abgeschlossen, die Abnahme erfolgt analog § 640 BGB in der gemeinsamen Sitzung von Vorstand und Aufsichtsrat (Lang/Weidmüller/*Korte* § 58 Rn. 7).

20 Die Einberufung der Sitzung erfolgt durch den Vorstand, ggf. durch den Aufsichtsrat; der Prüfungsverband steht ein eigenes Einladungsrecht nicht zu (streitig wie hier Lang/Weidmüller/*Korte* § 58 Rn. 7; *Poehlmann/Fandrich/Bloehs/Bloehs* § 58 Rn. 21; *Müller* GenG, § 58 Rn. 11, a. A. *Beuthien* Rn. 9: analoge Anwendung des § 57 Abs. 4). Die Prüfungsbescheinigung enthält (nur) die Erklärung des Prüfungsverbandes, dass die Prüfung stattgefunden hat. Eine Aussage über das Prüfungsergebnis enthält sie nicht (*Poehlmann/Fandrich/Bloehs/Bloehs* § 59 Rn. 1; Lang/Weidmüller/*Korte* § 59 Rn. 1). Der Prüfungsbericht muss Gegenstand der Beratung sein (Lang/Weidmüller/*Korte* § 59 Rn. 2; *Müller* § 59 Rn. 3). Einen Anspruch auf Zusendung oder eine Tischvorlage haben die Mitglieder vor dem Hintergrund schutzwürdiger Geheimhaltungsinteressen der Genossenschaft nicht. Seit der Gesetzesnovelle 2006 hat jedes Mitglied ein recht, Einsicht in das zusammengefasste Ergebnis des Prüfungsberichtes zu nehmen. Maßnahmen zur Beseitigung evtl. festgestellter Mängel sind vom Vorstand (§ 27) und Aufsichtsrat (§ 38) zu treffen. Der Prüfungsverband ist berechtigt, an der Generalversammlung beratend teilzunehmen, insbesondere sind seine Vertreter berechtigt, dass Wort zu ergreifen, um ggf. Ausführungen des Vorstands oder des Aufsichtsrats zum Prüfungsbericht zu ergänzen oder richtigzustellen.

IV. Prüfungsbescheinigung (§ 59 GenG)

21 Die Vorschrift ist im Rahmen der Gesetzesnovelle 2006 geändert worden. Die Prüfungsbescheinigung ist lediglich bei ordentlichen Pflichtprüfungen zu erteilen. Sie enthält keine Aussage über das Prüfungsergebnis, ist daher auch bei erheblichen Beanstandungen zu erteilen. In der Generalversammlung wird über den Prüfungsbericht lediglich beraten, nicht aber über dessen Inhalt beschlossen.

22 Seit der Gesetzesnovelle 2006 kann jedes Mitglied Einsicht in das zusammengefasste Ergebnis des Prüfungsberichts nehmen. Eine komplette Übersendung des Berichts an Mitglieder oder Gläubiger kann allenfalls in Betracht kommen, wenn Geheimhaltungsvorschriften nicht verletzt werden.

Bei Verletzung der Pflichten kann das Registergericht nach § 160 Abs. 1 GenG (Zwangsgeld) vorgehen. 23

B. Prüfungsverbände

I. Pflichtmitgliedschaft (§ 54 GenG)

Jede Genossenschaft hat zwingend einem Prüfungsverband anzugehören. Hintergrund ist die Zielsetzung des Gesetzgebers, für die Pflichtprüfung unabhängige Prüfer zu gewährleisten. Das Rechtsverhältnis zwischen Genossenschaft und Prüfungsverband ist bürgerlich-rechtlicher Natur (BGH, NJW 1961, 1508); d.h., die rechtlichen Beziehungen richten sich nach der Verbandssatzung, den §§ 53 ff. GenG und den vereinsrechtlichen Bestimmungen des BGB (*Großfels* ZfgG 34 [1984, 111, 127]). Die Pflichtmitgliedschaft ist verfassungsgemäß (BVerfG NJW 2001, 2617). 24

Als Korrelat besteht für den Prüfungsverband im Grundsatz eine Aufnahmepflicht beitrittswilliger Genossenschaften, wobei der Verband die Beweislast dafür trägt, dass sachlich gerechtfertigte Gründe für eine Ablehnung vorliegen (Lang/Weidmüller/*Korte* § 54 Rn. 8; *Beuthien* § 54 Rn. 10). Wird eine Genossenschaft in eine AG umgewandelt, besteht kein Anspruch auf Aufnahme in einen genossenschaftsrechtlichen Prüfungsverband bzw. die Aufrechterhaltung der Mitgliedschaft (LG Hamburg, Urt. v. 14.11.1974, Az. 75 O 143/72; Lang/Weidmüller/*Korte* § 54 Rn. 8). 25

Gehört eine Genossenschaft mehreren Prüfungsverbänden an (Zulässigkeit Lang/Weidmüller/*Korte* § 54 Rn. 16; *Poehlmann/Fandrich/Bloehs/Bloehs* § 54 Rn. 13; Berliner Kommentar, § 54 Rn. 11; *Beuthien* § 54 Rn. 10), ist gesetzlicher Prüfungsverband derjenige, der dessen Mitgliedschaft die Genossenschaft zuerst erworben hat. 26

II. Wechsel des Prüfungsverbandes (§ 54a GenG)

Den Genossenschaften steht ein jederzeitiges Austrittsrecht nach Maßgabe der jeweiligen Verbandssitzungen zu. Es wird durch Kündigung entsprechend den satzungsmäßigen Fristen ausgeübt. Losgelöst davon, kann die Genossenschaft die Mitgliedschaft aus wichtigem Grund jederzeit kündigen, was einen Austritt mit sofortiger Wirkung nach sich zieht (vgl. nur BGHZ 9, 157; BGH WM 1983, 1207). Kritisch ist eine Satzungsbestimmung, wonach bei bestimmten Tatbeständen automatisch und ohne Ausschlussverfahren die Mitgliedschaft im Prüfungsverband enden soll (vgl. Lang/Weidmüller/*Korte* § 54a Rn. 3; *Poehlmann/Fandrich/Bloehs/Bloehs* § 54a Rn. 4; BGH NJW 1997, 3368). Im Ausschließungsverfahren hat das Mitglied einen Anspruch auf rechtliches Gehör (BGH NJW 1960, 1861), dessen Verletzung zur Anfechtbarkeit des Ausschließungsbeschlusses führt (BGH NJW 1996, 1756). 27

Da der Ausschluss ultima ratio ist, müsste ggf. im Vorfeld auf Erfüllung der Mitgliedschaftspflichten geklagt werden (BGH NJW 1989, 1724). 28

Das tatsächliche Erlöschen der Genossenschaft führt automatisch zur sofortigen Beendigung der Rechtsfähigkeit und damit der Mitgliedschaft bei einem Prüfungsverband, während die (vorherige) Auflösung der Genossenschaft bei noch bestehender Rechtsfähigkeit keine sofortige Beendigung der Mitgliedschaft nach sich zieht. Vielmehr besteht auch im Stadium der Liquidation die Verpflichtung, einem Prüfungsverband anzugehören (OVG Berlin, ZIP 1982, 1338), § 64c GenG. 29

III. Prüfung durch den Verband (§ 55 GenG)

1. Allgemeines

Der Verband (und nicht der einzelne Prüfer) ist Träger der Prüfung. Da ein wechselseitiger Anspruch auf Prüfungsdurchführung besteht, bedarf es weder einer Prüferbestellung, noch eines Prüfungsauftrags (*Edgar/Hillebrand/Walter* ZfgG 56 [2006, 2646]). Die einzelnen Verbandsprüfer sind Erfüllungsgehilfen des Prüfungsverbandes. Hierbei kann es sich um Wirtschaftsprüfer, aber auch Verbandsprüfer handeln. Angestellter Prüfer ist, wer in einem Anstellungsverhältnis zum 30

Prüfungsverband steht und daher weisungsunterworfen ist. Eine Wirtschaftsprüfungsgesellschaft kann dabei nicht »angestellter Prüfer« in diesem Sinne sein (str., wie hier Lang/Weidmüller/*Korte* § 55 Rn. 7, a. A. *Beuthien* Aktualisierungsband, § 55 Rn. 3).

2. Unabhängigkeit

31 Durch Übernahme der nur für Kreditgenossenschaften geltenden Regelung des § 340k Abs. 2 Satz 3 HGB in § 55 Abs. 2 durch die Gesetzesnovelle 2006 sind einheitliche Unabhängigstandards eingeführt worden.

a) Generalklausel

32 Im Fall der Besorgnis der Befangenheit von gesetzlichen Vertretern und auch beim Verband beschäftigten Personen, die das Ergebnis der Prüfung beeinflussen können, liegt ein Ausschlussgrund von der Prüfung vor.

33 Bei der Auslegung des Begriffs »Personen, die das Ergebnis der Prüfung beeinflussen können«, sind die Empfehlung der EU-Kommission zur Unabhängigkeit des Abschlussprüfers vom 16.05.2002 (ABl. L 191/22 vom 19.07.2002 [2003/590/EG]) und die Erwägungen des Rechtsausschusses des Deutschen Bundestages heranzuziehen (Bericht des Rechtsausschusses von HilRilG, BT-Drucks. 15/4054). Gemeint sind alle Personen, die unmittelbar mit der Prüfung befasst sind, so das gesamte Prüfungsteam und Prüfungsdienstleiter (*Beuthien* Aktualisierungsband, § 55 Rn. 5b). Evtl. hierunter fallende Personen sind persönlich von der Prüfung ausgeschlossen, dürfen damit an keinerlei Tätigkeit mitwirken, die einen eigenen Entscheidungsspielraum belässt, wohl aber reine Hilfsdienste, wie die Vorlage von Unterlagen und Erteilung von Auskünften, leisten (Lang/Weidmüller/*Korte* § 55 Rn. 12; *Beuthien* § 55 Rn. 8).

34 Besorgnis der Befangenheit ist gegeben, wenn es geschäftliche, finanzielle oder Beziehungen persönlicher Art gibt, die objektiv die Annahme als begründet erscheinen lassen, dass die erforderliche und vom Gesetz gewünschte Unvoreingenommenheit nicht gegeben ist (Lang/Weidmüller/*Korte* § 55 Rn. 14; *Beuthien* Aktualisierungsband, § 55 Rn. 5b). Eine Besorgnis der Befangenheit liegt jedoch nicht in jedem Fall einer sachlichen Auseinandersetzung vor, so etwa nicht in jedem Fall der Auseinandersetzung über den Umfang der Bildung von Wertberichtigungen (OLG Naumburg OLGR 2003, 86). Freilich kann im Fall der Eskalation einer solchen Auseinandersetzung der Prüfungsverband einen externen Prüfer heranziehen. Ganz grundsätzlich dürften aber erhebliche Spannungen (*Müller* GenG, § 55 Rn. 12) oder Interessenkonflikte (etwa bei der Frage der Zweckmäßigkeit einer Verschmelzung) die Besorgnis der Befangenheit rechtfertigen.

35 Dass der Prüfer sich subjektiv für befangen hält ist weder erforderlich noch relevant (*Beuthien* Aktualisierungsband, § 55 Rn. 5b). Es ist eine Abwägung im Einzelfall herbeizuführen, bei der auch die beim Prüfungsverband zur Vermeidung der Befangenheit getroffene Maßnahmen zu berücksichtigen sind (*Jessen* ZfG 2005, 38, 45). Nicht ohne Weiteres Grund zur Besorgnis gibt die Tatsache, dass die Genossenschaft Mitglied des Prüfungsverbands ist (BR-Drucks. 71/06 S. 245).

36 Im Grundsatz gilt der Ausschluss lediglich für die Zeit, in der die Ausschlussgründe auch tatsächlich vorliegen (Lang/Weidmüller/*Korte* § 55 Rn. 13; a. A. *Beuthien*, § 55 Rn. 10, 2-jährige Prüfungssperre analog § 56 Abs. 1 Satz 1 a. F.).

b) Unwiderlegbare Ausschlussgründe

37 § 55 Abs. 2 Satz 2 GenG enthält unwiderlegbare Ausschlussgründe. Der Ausschlussgrund der personellen Verflechtung (Nr. 1 und 2) kommt insbesondere auch dann in Betracht, wenn nicht etwa der Prüfer selbst Mitglied der Genossenschaft ist, sondern dessen Verband, wohl aber nicht, für Mitglieder des Aufsichtsorgans des Verbandes (Lang/Weidmüller/*Korte* § 55 Rn. 15, jedenfalls, so lange sichergestellt ist, dass sie nicht den Weisungen des Aufsichtsorgans unterworfen, also unabhängig sind). Der Ausschlussgrund bestimmter Dienstleistungen (Nr. 3) betrifft solche Dienstleistungen,

die über die bloße Prüfungstätigkeit hinausgehen und nicht nur von untergeordneter Bedeutung sind.

3. Verbandsfremde Prüfer

Die Einführung der Vorschrift erfolgte mit dem BiRiLiG. Unterschieden werden zwei Fallgruppen der Heranziehung verbandsfremder Prüfer, so der Ausschluss wegen der Besorgnis der Befangenheit und zum anderen der Ausschluss wegen organisatorischer Schwierigkeiten. 38

a) Besorgnis der Befangenheit

In diesem Fall liegt eine Ermessensreduzierung auf Null vor (OLG Hamm WM 1990, 16; LG Detmold, Beschl. v. 06.07.1988 – Az.: 8 T 6/88). Der Verband ist gehalten, sich eines nicht angestellten Prüfers zu bedienen. Dies ändert jedoch nichts daran, dass der Verband Träger der Prüfung verbleibt (*Poehlmann/Fandrich/Bloehs/Bloehs* § 55 Rn. 14). 39

Die Befangenheit des Prüfungsverbandes selbst ist etwa zu befürchten, wenn er z. B. die Zweckmäßigkeit einer Verschmelzung zu prüfen hätte, durch die die Verbandsmitgliedschaft der Genossenschaft enden würde (Beispiel bei *Beuthien* Aktualisierungsband, § 55 Rn. 5c). Die fortlaufende steuerliche und rechtliche Beratung per se muss noch keine Befangenheit begründen (Lang/Weidmüller/*Korte* § 55 Rn. 24). Ein mit der Abschlussprüfung betrauter Wirtschaftsprüfer darf die Genossenschaft im Vorfeld in wirtschaftlichen und steuerlichen Angelegenheiten beraten haben (BGH NJW 1997, 2178). Die Grenze ist dann nicht überschritten, soweit die funktionale Entscheidungshoheit noch bei der Genossenschaft liegt (Lang/Weidmüller/*Korte* § 55 Rn. 26). Einen Sonderfall hat der BGH in der Hypo-Vereinsbank-Entscheidung zu entscheiden gehabt (BGH NJW 2003, 970. Es stellte sich die Frage, ob die in einem Verschmelzungsgutachten bewusst verschwiegenen Immobilienkreditrisiken in Milliardenhöhe, die in der Abschlussprüfung erneut hätten beurteilt werden müssen, den Vorwurf der Befangenheit begründen. Der BGH bejahte die Frage (BGH NJW 2003, 970. Es stellte sich die Frage, ob die in einem Verschmelzungsgutachten bewusst verschwiegen Immobilienkreditrisiken in Milliardenhöhe, die in der Abschlussprüfung erneut hätten beurteilt werden müssen, den Vorwurf der Befangenheit begründen. Der BGH bejahte die Frage). 40

Die analoge Anwendung des § 56 Abs. 2 GenG kommt nicht in Betracht (h. M., etwa Lang/Weidmüller/*Korte* § 55 Rn. 20; OLG Hamm WM 1990, 16; OLGR Naumburg 2003, 86; a. A. *Beuthien* Aktualisierungsband, § 55 Rn. 5d, differenzierend in Rn. 6a). Eine planwidrige Regelungslücke liegt nicht vor. Dies gilt erst recht seit der Gesetzesnovelle 2006 vor dem Hintergrund des geänderten Wortlauts des § 56 Abs. 1 GenG. 41

Die Genossenschaft hat im Streitfalle die Möglichkeit der Feststellungsklage gem. § 256 ZPO gegen den Prüfungsverband, gerichtet auf Feststellung der Befangenheit. Möglich soll aber auch die Erhebung eines Leistungsklage, gerichtet auf entweder Unterlassung der Prüfung (OLG Hamm WM 1990, 16) bzw., aus Effektivitätsgründen, auf Beauftragung eines anderen Prüfers (OLG Hamm WM 1990, 16). 42

b) Organisatorische Risiken

Hierzu gehören typischerweise Personalknappheit oder das Fehlen fachbezogener Spezialisten (*Poehlmann/Fandrich/Bloehs/Bloehs* § 55 Rn. 13). 43

IV. Ruhen des Prüfungsrechts des Verbands (§ 56 GenG)

1. Allgemeines und Voraussetzungen

Die Vorschrift des § 56 GenG ist durch die Gesetzesnovelle 2006 geändert worden. Die zum Ausschluss des Verbandes führenden Regelungen zur Befangenheit sind in § 55 Abs. 2 GenG konzentriert worden. Gegenstand ist (nur) noch der Verstoß des Verbandes gegen die Regelungen zur Qualitätskontrolle. 44

2. Rechtsfolgen

45 Konsequenz ist das Ruhen des Prüfungsrechts von Gesetzes wegen. Dies bedeutet, dass der Verband nicht länger Träger der Prüfung ist. Eine dennoch durchgeführte Pflichtprüfung ist nichtig (str., *Poehlmann/Fandrich/Bloehs/Bloehs* § 56 Rn. 4; a.A. *Beuthien* Aktualisierungsband, § 56 Rn. 2 mit Hinweis darauf, dass die Wiederholung der Prüfung die Genossenschaft zu stark belasten würde). Nicht betroffen sind Tätigkeiten im Bereich der nicht von der Prüfung umfassten Beratung und Betreuung (Kann-Aufgaben) (*Beuthien* Aktualisierungsband, § 56 Rn. 4; Lang/Weidmüller/*Korte* § 56 Rn. 2).

46 Der Vorstand der eG ist im Fall des Ruhens des Prüfungsrechts verpflichtet, unverzüglich einen Antrag beim Spitzenverband zu stellen, einen anderen Prüfer zu bestellen. Die Einhaltung einer bestimmten Form ist dabei nicht erforderlich. Gehört der Prüfungsverband keinem Spitzenverband an oder bestellt der Spitzenverband keinen Prüfer, kann der Vorstand der Genossenschaft beim zuständigen Registergericht einen Antrag auf gerichtliche Bestellung stellen. Ruht das Prüfungsrecht, hat auch der Prüfungsverband ein Antragsrecht (nach *Beuthien* Aktualisierungsband, § 56 Rn. 3). Ist dem Spitzenverband ein Prüfungsrecht verliehen (und liegen keine sonstigen Hinderungsgründe vor), kann er sich selbst bestellen (vgl. insgesamt Lang/Weidmüller/*Korte* § 56 Rn. 3). Der Aufsichtsrat hat kein eigenes Antragsrecht, kann aber nach Beschluss der Generalversammlung gegen einen säumigen Vorstand auf Antragstellung klagen (*Beuthien* Aktualisierungsband, § 56 Rn. 3).

V. Einberufungsrecht (§ 60 GenG)

47 Dem Prüfungsverband steht als Teil der Prüfungsverfolgung das Recht zu, in eigener Zuständigkeit eine außerordentliche Generalversammlung einzuberufen. Eine Weisungsbefugnis der Genossenschaft gegenüber verschafft dieses Recht nicht.

48 Maßgeblich ist, dass der Prüfungsverband nach pflichtgemäßem Ermessen der Auffassung ist, dass entweder eine ungebührliche Verzögerung der Beschlussfassung über den Prüfungsbericht vorliegt (auch, wenn der Prüfungsbericht nicht als Beschlussgegenstand der maßgeblichen Generalversammlung angekündigt worden ist, Lang/Weidmüller/*Korte* § 60 Rn. 3) bzw. die Generalversammlung bei der Beschlussfassung unzulänglich unterrichtet war (und zwar unabhängig davon, ob sich die mangelhafte Unterrichtung auf die Beschlüsse ausgewirkt hat, *Müller* § 60 Rn. 1). Das objektive Vorliegen ist dann nicht erforderlich (*Poehlmann/Fandrich/Bloehs/Bloehs* § 60 Rn. 1). Da der Prüfungsverband auch im Fall des § 55 Abs. 2 GenG Träger der Prüfung bleibt, steht ihm in diesem Fall das Einberufungsrecht zu, anders im Fall des § 56 Abs. 2 GenG, dort hat der bestellte Prüfer das Einberufungsrecht (Lang/Weidmüller/*Korte* § 60 Rn. 2, str., a. A. *Bauer* Genossenschaftshandbuch, § 60 Rn. 3).

VI. Vergütung des Prüfungsverbandes (§ 61 GenG)

1. Allgemeines

49 Der Prüfungsverband hat einen Anspruch auf Erstattung angemessener barer Auslagen und auf Vergütung. Typisiert bestehen die Einnahmen aus zwei Positionen, so aus Verbandesbeiträgen und aus den in § 61 GenG geregelten Prüfungsgebühren. Handelt es sich nicht um eine gesetzliche Prüfung, sondern eine Auftragsprüfung, gilt Auftragsrecht.

2. Höhe

50 Das Kriterium der Angemessenheit bezieht sich lediglich auf den Auslagenersatz, nicht auch auf die Vergütung. Der Vergütungsanspruch ist unter Berücksichtigung der direkten Kosten und indirekten Kosten (Berichtskritik, Qualitätskontorolle, anteilige Gemeinkosten) festsetzbar. Vor dem Hintergrund der Zwangsmitgliedschaft und im Hinblick auf das Recht der Genossenschaft, die Tätigkeit des Prüfungsverbandes auf Pflichtprüfungen beschränken zu können, ist dafür Sorge zu

tragen, dass pflichtprüfungs- und nicht pflichtprüfungsbedingte Kosten getrennt ermittelt werden und die hierfür festgesetzten Beiträge getrennt verwendet werden (BGH NJW 1995, 2981). Das Vergütungssystem darf im Rahmen der Gleichbehandlung eine Differenzierung nach Größe und Bilanzsumme enthalten (*Poehlmann/Fandrich/Bloehs/Bloehs* § 61 Rn. 7). Auch können Schwierigkeit, Umfang und Dauer der Tätigkeit sowie der Gegenstandswert zugrunde gelegt werden (BGH NJW 1966, 539 [Beschränkung auf Gegenstandswert]; vgl. aber auch OLG Hamburg MDR 1977, 51).

3. Anspruchsinhaber

Der Vergütungsanspruch steht in den Fällen des § 55 Abs. 3 GenG dem Prüfungsverband zu, auch wenn er einen anderen Prüfer als Erfüllungsgehilfen bestellt, da er Träger der Prüfung bleibt (Lang/Weidmüller/*Korte* § 61 Rn. 3). In diesen Fällen hat der bestellte Prüfer gegen den Prüfungsverband einen Anspruch auf Vergütung aus Auftragsrecht (§§ 675, 631 BGB) in vereinbarter Höhe (sonst nach § 632 Abs. 2 BGB: »Üblichkeit«) (*Beuthien* Aktualisierungsband, § 61 Rn. 3). In den Fällen des § 56 Abs. 2 GenG ist der eingeschaltete Prüfer Träger der Prüfung, sodass (nur [unklar hierzu *Beuthien* Aktualisierungsband, § 61 Rn. 3]) ihm konsequent auch der Anspruch nach § 61 GenG zusteht (vgl. *Poehlmann/Fandrich/Bloehs/Bloehs* § 61 Rn. 2). Sollten durch die Beauftragung eines als Erfüllungsgehilfen bestellten Prüfers im Fall des § 55 Abs. 3 GenG zusätzliche Kosten entstanden sein, sind diese ohne entsprechende Vereinbarung (die wohl aber in der Gebührenregelung des Verbandes vereinbart sein kann, Lang/Weidmüller/*Korte* § 61 Rn. 3) oder besondere Verursachung durch die Genossenschaft (*Beuthien* Aktualisierungsband, § 61 Rn. 3) nicht an die Genossenschaft berechenbar (OLG Hamm WM 1990, 16).

51

4. Fälligkeit und Verjährung

Die Fälligkeit des Vergütungsanspruchs tritt ohne besondere Regelung entsprechend § 646 BGB mit Beendigung der Prüfung, also dem Zugang des Prüfungsberichts (§ 58 Abs. 3 GenG) ein. Abschlagszahlungen können vereinbart werden. Der Anspruch verjährt gem. § 195 BGB in 3 Jahren, beginnend mit dem Ende des Jahres, in dem der Anspruch fällig wurde.

52

VII. Verantwortlichkeit der Prüfungsorgane

1. Allgemeines

Die Vorschrift des § 62 regelt im Wesentlichen die Sorgfaltspflichten und – korrespondierend – die Haftung des Prüfungsverbandes, der Prüfer und der Prüfungsgesellschaften. Seit dem Inkrafttreten des EuroBilG (01.01.2002) beträgt die Haftungsgrenze für fahrlässig verursachte Schäden 1 Mio. €. Die Vorschrift entspricht im Wesentlichen § 323 HGB und wurde durch die Gesetzesnovelle 2006 diesem auch sprachlich angepasst.

53

2. Pflichten der Prüfungsorgane

a) Gewissenhafte Prüfung

Eine gewissenhafte Prüfung bedeutet ein besonderes, über die allgemeinen Anforderungen an § 276 BGB hinausgehendes Maß an Sorgfalt. Dennoch sind stets die Umstände des Einzelfalls und die Grundsätze der Wesentlichkeit zu beachten. Ganz grundsätzlich sind die anerkannten gesetzlichen und statutarischen Regeln der Prüfungstechnik einzuhalten (vgl. BGHZ 34, 324).

54

b) Unparteiische Prüfung

Eine unparteiische Prüfung ist eine lediglich am Prüfungszweck und insbesondere unbeeinflusst von dritter Seite oder Sonderinteressen geprägte Prüfung (vgl. *Peemöller* ZfgG 1992, 243). Auch prüfzweckfremde Verbandsinteressen (die allerdings schwierig nachzuweisen sein dürften, vgl. OLGR Naumburg 2003, 86) sind nicht zu berücksichtigen (*Großfeld* ZfgG 1984, 111, 114). Einen

55

Sonderfall der Interessenkollision bilden die Fälle des § 55 Abs. 2 GenG. Hier bildet sich ein Spannungsfeld zwischen Rechts-, Steuer- und sonstiger Beratung einerseits und Unabhängigkeit in der Prüfung (vgl. dazu *Spanier* ZfgG 2003, 117, 121; BGH NJW 2003, 970) andererseits. Im Grundsatz hat der BGH entschieden, dass eine Beratung in steuerlichen Fragen durch den Abschlussprüfer zulässig ist, soweit die »funktionale Entscheidungszuständigkeit« beim Unternehmen verbleibt (BGH NJW 1978, 2178; ADS § 319 Rn. 120 ff.). Weitere Beispiele für Unzulässigkeit sind die Erstellung von Teilen des Jahresabschlusses und die Ermittlung von Abschreibungen, Wertberichtigungen und Rückstellungen durch den Abschlussprüfer oder etwa die (vollständige) Übernahme der internen Revision durch den Abschlussprüfer (IDW, WP Handbuch 2006, Bd. 1 A Rn. 300 vgl. auch die weiteren Beispiele bei Lang/Weidmüller/*Korte* § 62 Rn. 4).

c) Verpflichtung zur Verschwiegenheit

56 Der Schweigepflicht unterliegen neben den Verbänden auch Prüfer und Prüfungsgesellschaften, also nicht beim Prüfungsverband angestellte Prüfungsgesellschaften und Prüfer. Insgesamt unterliegt der Schweigepflicht jeder, der an der Prüfung unmittelbar oder mittelbar beteiligt war.

57 Umfasst sind neben Geschäftsgeheimnissen auch sonstige Umstände im Zusammenhang mit dem Geschäftsbetrieb der Genossenschaft, die nicht offenkundig sind. Die Verschwiegenheitspflicht umfasst auch die im Rahmen allgemeiner Beratungs- und Betreuungstätigkeit erlangten Kenntnisse, endet nicht mit der Tätigkeit für die Genossenschaft und dauert über das Ende des Auftrags- oder Beschäftigungsverhältnisses hinaus. Grenze des spiegelbildlichen Schweigerechts ist die Reichweite des Zeugnisverweigerungsrechts (dazu auch *Peemöller/Weller* BB 2001, 2415 ff.; OLG Schleswig StB 1982, 13; LG Stade Az.: 12 KLs 10 Js 7940/91; *Bauer* Genossenschafts-Handbuch, § 62 Rn. 17 ff.; LG München BB 1985, 373; BB 1985, 374; *Birner* BB 1985, 375; *Freund* NJW 1976, 2002; *Gehre* NJW 1977, 710; LG Berlin NJW 1977, 725).

58 Mit der Schweigepflicht korrespondiert ein Verwertungsverbot von Betriebs- und Geschäftsgeheimnissen, § 62 Abs. 1 Satz 2 GenG. Auf eine Schädigung der Genossenschaft kommt es nicht an, ebenso wenig wie auf einen Geheimhaltungswillen der Genossenschaft.

59 Die Schweigepflicht besteht nicht gegenüber dem Spitzenverband (der Begriff ist weit auszulegen und umfasst auch die Bundesverbände, also BVR und Deutschen Raiffeisenverband [BT-Drucks. 16/1025 S. 91]) des Prüfungsverbandes, § 62 Abs. 3 GenG, wohl aber gegenüber Aufsichtsrat und Mitgliedern des Aufsichtsrats der Prüfungsgesellschaft, § 62 Abs. 4 Satz 1 GenG (str. ist, ob dies auch für die Aufsichtsorgane des Prüfungsverbandes gilt, vgl. einerseits Lang/Weidmüller/*Korte* § 62 Rn. 8 und *Müller* § 62 Rn. 9a andererseits). Im Fall der Wahrung eigener Interessen dürfte eine Befreiung von der Verschwiegenheitspflicht in Betracht kommen, so bei behaupteten Regressansprüchen gegen den Prüfungsverband (Lang/Weidmüller/*Korte* § 62 Rn. 8). Zu beachten sind auch das Anforderungsrecht der BaFin, wie in § 26 Abs. 1 Satz 4 KWG, geregelt und die Verpflichtung des Prüfungsverbandes nach § 29 Abs. 3 Satz 1 KWG zur Anzeige in den dort genannten Fällen (z. B. Einschränkung oder Versagung des Prüfungsvermerks, Bestandsgefährdung oder Entwicklungsbeeinträchtigung des Instituts; schwerwiegende Verstöße der Geschäftsleiter gegen Satzung oder Gesetz).

VIII. Haftung

1. Haftungsgegenstand

60 Haftungsgegenstand sind die Pflichtprüfungen. Für Haftungsfälle außerhalb der ordentlichen und außerordentlichen Pflichtprüfung nach § 53 GenG, so etwa Sonderprüfungen, gelten die allgemeinen Regelungen (Lang/Weidmüller/*Korte* § 62 Rn. 12; vgl. *Poehlmann/Fandrich/Bloehs/Bloehs* § 62 Rn. 13; differenzierend *Beuthien* § 62 Rn. 7).

2. Anspruchsinhaber

Anspruchsinhaber ist die Genossenschaft. Mitglieder und Gläubiger haben ebenso wenig wie Vorstandsmitglieder einen Anspruch nach dieser Vorschrift. Sie können Ansprüche lediglich aus allgemeinen Vorschriften herleiten. Insoweit können sich unter Umständen (vertragliche) Ansprüche aus Vertrag mit Schutzwirkung zugunsten Dritter ergeben. 61

3. Schuld

Es muss sich um eine schuldhafte Pflichtverletzung handeln. Einfache Fahrlässigkeit ist ausreichend, § 276 Abs. 1 BGB. Dabei bedeutet Fahrlässigkeit die Außerachtlassung der erforderlichen Sorgfalt unter Berücksichtigung der besonderen Verantwortung des Prüfers. 62

Ein nach § 254 BGB zu berücksichtigendes Mitverschulden der Genossenschaft kommt in Betracht, wenn etwa dem Prüfer unzutreffende Auskünfte gegeben werden, falsche Unterlagen vorgelegt werden oder notwendige Unterlagen nicht vorgelegt werden. Demgegenüber liegt kein Mitverschulden vor, wenn der Prüfer lediglich Geschäftsführungsfehler schuldhaft nicht aufdeckt, da dies gerade Aufgabe der Prüfung ist (*Beuthien* § 62 Rn. 8; *Poehlmann/Fandrich/Bloehs/Bloehs* § 62 Rn. 17). 63

Die Haftung des Prüfungsverbandes wird im Fall des Verschuldens von Vorstandsmitgliedern des Prüfungsverbandes nach § 31 BGB begründet (Insoweit kommt auch eine Haftung wegen Organisationsmangels in Betracht, vgl. Palandt/*Heinrichs* § 31 Rn. 7 ff.) und im Fall des Handelns von Erfüllungsgehilfen nach § 278 Satz 1 BGB. Erfüllungsgehilfen sind zum einen die angestellten Verbandsprüfer und Prüfungsassistenten. Im Fall des § 55 Abs. 3 GenG ist dies auch der eingeschaltete Verband, Wirtschaftsprüfer oder die eingeschaltete Wirtschaftsprüfungsgesellschaft. 64

Gem. § 62 Abs. 5 GenG kann die Haftung nach § 62 GenG durch Vertrag weder ausgeschlossen noch beschränkt werden; Gleiches gilt für die Haftung des Verbandes für Personen, deren er sich zur Vornahme der Prüfung bedient. 65

Die Beweislast für Verschulden liegt grundsätzlich bei der Genossenschaft (*Beuthien* § 62 Rn. 8; Lang/Weidmüller/*Korte* § 62 Rn. 14; str. a. A. *Müller* § 62 Rn. 15). Unter Umständen kann eine Beweislastumkehr analog § 280 Abs. 1 Satz 2 BGB in Betracht kommen, so wenn die Umstände für die Feststellung der Schuld allein in der Sphäre des Schädigers liegen (vgl. BGH VersR 1965, 788). 66

4. Haftungsschuldner

Haftungsschuldner ist jede natürliche oder juristische Person, die ihre Pflichten nach § 62 Abs. 1 Satz 1 und 2 GenG verletzt. Bei mehreren haftenden Personen haften diese als Gesamtschuldner, § 62 Abs. 1 Satz 4 GenG. 67

5. Haftungsumfang

Für alle Fälle (bloß) fahrlässigen Handelns liegt bei Pflichtprüfungen die Haftungshöchstgrenze bei 1 Mio. € je Pflichtprüfung. Die im Rahmen der Pflichtprüfung begangene Anzahl an Pflichtverletzungen ist unerheblich, § 62 Abs. 2 Satz 2 GenG. 68

Haften die Beteiligten unterschiedlich, so für Vorsatz und für Fahrlässigkeit, liegt Gesamtschuld bis zur Höhe von 1 Mio. € vor (vgl. BGHZ 12, 220; Lang/Weidmüller/*Korte* § 62 Rn. 15). Dies führt dazu, dass die fahrlässig Handelnden nicht über 1 Mio. € hinaus in Anspruch genommen werden können. Zahlungen kommen allen Gesamtschuldnern gleichmäßig zugute. Dies bedeutet im Fall der Zahlung eines vorsätzlich Handelnden, dass auch dessen Zahlungen den (bloß) fahrlässig Handelnden zugutekommen. Eine Anrechnung zunächst auf den die 1 Mio. Grenze übersteigenden Haftungsbetrages des vorsätzlich Haftenden findet nach richtiger Ansicht nicht statt (str., so *Beuthien* § 62 Rn. 10; a. A. *Müller* § 62 Rn. 20). 69

70 Im Innenverhältnis zwischen den Haftenden besteht die Ausgleichspflicht nach § 426 Abs. 1 BGB. Entscheidend ist (in erster Linie) das Maß der Verursachung und (in zweiter Linie) das Maß des Verschuldens (BGH NJW 1969, 653; 2006, 696, 697 st. Rspr. des BGH).

71 Als Schäden kommen neben den unmittelbar verursachten Schäden auch Folgeschäden in Betracht (etwa die fehlende Feststellung der mangelnden Eignung von Vorstandsmitgliedern, die weitere Schäden verursachen, so auch Lang/Weidmüller/*Korte* § 62 Rn. 14).

6. Verjährung

72 Ansprüche nach § 62 GenG verjähren in der Regelverjährungsfrist des § 195 BGB. Damit gilt nicht mehr die alte 5-jährige Verjährungsfrist des bis 2004 geltenden § 62 Abs. 6 GenG a. F. Statt des fixierten Fristbeginns ist Anlauf der Verjährungsfrist jetzt das Jahresende des Jahres, in dem Kenntnis von der Entstehung des Anspruchs und Kenntnis von den Anspruch begründenden Umständen und der Person des Schuldners erlangt wurde oder hätte erlangt werden müssen, § 199 Abs. 1 BGB (vgl. BGH NJW 2007, 830; OLG Frankfurt am Main ZIP 2007, 1745).

7. Haftung gegenüber Dritten

73 Nachdem § 62 GenG allein der Genossenschaft Ansprüche gibt, bleibt zu klären, ob gegenüber Dritten eine Haftung in Betracht kommt. Hier ist wie folgt zu differenzieren:

74 Eine Haftung kann aus Vertrag mit Schutzwirkung zugunsten Dritter oder unter besonderen Umständen bei deliktischem Handeln in Betracht kommen. Davon ausgehend, dass bei der Pflichtprüfung kein vertragliches, sondern ein gesetzliches Verhältnis zwischen Prüfungsverband und Genossenschaft vorliegt, dürfte im Ausgangspunkt eine vertragliche Haftung auch nach den Regeln des Vertrags mit Schutzwirkung zugunsten Dritter praktisch nicht in Betracht kommen (vgl. hierzu OLG Köln MDR 1967, 839). Denkbar ist dies allenfalls dann, wenn der Prüfungsverband und die Genossenschaft übereinstimmend – zusätzlich »quasivertraglich« – davon ausgehen, dass die Prüfung auch im Interesse Dritter erfolgt (weiter noch *Poehlmann/Fandrich/Bloehs/Bloehs* § 62 Rn. 24: wenn davon ausgegangen werden muss, dass der Prüfungsbericht an Dritte weitergegeben wird). Weitere Voraussetzungen für die Anwendung der Grundsätze sind dann die Leistungsnähe des Dritten und die (dann wohl aber gegebene) Erkennbarkeit der Einbeziehung in den Schutzbereich (vgl. dazu BGH NJW 1998, 1948; NJW 2004, 3420, 3421; WM 2006, 423, 425; NJW 2006, 1975). In einem solchen Fall des Vertrags mit Schutzwirkung zugunsten Dritter ist dann allerdings die Haftungsbeschränkung des § 62 Abs. 2 GenG zu berücksichtigen (BGH NJW 2006, 1975).

75 Bei Erbringung von Kann-Leistungen nach § 63b Abs. 4 GenG kommen die vorgenannten Grundsätze ohne die Beschränkung des § 62 Abs. 2 GenG zum tragen.

76 Eine Haftung nach § 823 Abs. 2 BGB in Verbindung mit einem Schutzgesetz (vgl. BGH NWM 1961, 778) kommt insbesondere in den Fällen der §§ 150, 151 GenG, §§ 163, 266 StGB und der §§ 332, 322 HGB i. V. m. § 58 Abs. 2 GenG (inhaltlich unrichtiger Bestätigungsvermerk) in Betracht (vgl. Lang/Weidmüller/*Korte* § 62 Rn. 16).

Abschnitt 5 Beendigung der Mitgliedschaft

§ 65 Kündigung des Mitglieds

(1) Jedes Mitglied hat das Recht, seine Mitgliedschaft durch Kündigung zu beenden.

(2) [1]Die Kündigung kann nur zum Schluss eines Geschäftsjahres und mindestens drei Monate vor dessen Ablauf in schriftlicher Form erklärt werden. [2]In der Satzung kann eine längere, höchstens fünfjährige Kündigungsfrist bestimmt werden. [3]Bei Genossenschaften, bei denen alle Mitglieder als Unternehmer im Sinne des § 14 des Bürgerlichen Gesetzbuchs Mitglied sind, kann die Sat-

zung zum Zweck der Sicherung der Finanzierung des Anlagevermögens eine Kündigungsfrist bis zu zehn Jahre bestimmen.

(3) ¹Entgegen einer in der Satzung bestimmten Kündigungsfrist von mehr als zwei Jahren kann jedes Mitglied, das der Genossenschaft mindestens ein volles Geschäftsjahr angehört hat, seine Mitgliedschaft durch Kündigung vorzeitig beenden, wenn ihm nach seinen persönlichen oder wirtschaftlichen Verhältnissen ein Verbleib in der Genossenschaft bis zum Ablauf der Kündigungsfrist nicht zugemutet werden kann. ²Die Kündigung ist in diesem Fall mit einer Frist von drei Monaten zum Schluss eines Geschäftsjahres zu erklären, zu dem das Mitglied nach der Satzung noch nicht kündigen kann.

(4) ¹Die Mitgliedschaft endet nicht, wenn die Genossenschaft vor dem Zeitpunkt, zu dem die Kündigung wirksam geworden wäre, aufgelöst wird. ²Die Auflösung der Genossenschaft steht der Beendigung der Mitgliedschaft nicht entgegen, wenn die Fortsetzung der Genossenschaft beschlossen wird. ³In diesem Fall wird der Zeitraum, während dessen die Genossenschaft aufgelöst war, bei der Berechnung der Kündigungsfrist mitgerechnet; die Mitgliedschaft endet jedoch frühestens zum Schluss des Geschäftsjahres, in dem der Beschluss über die Fortsetzung der Genossenschaft in das Genossenschaftsregister eingetragen wird.

(5) Vereinbarungen, die gegen die vorstehenden Absätze verstoßen, sind unwirksam.

§ 66 Kündigung durch Gläubiger

(1) ¹Der Gläubiger eines Mitglieds, der die Pfändung und Überweisung eines dem Mitglied bei der Auseinandersetzung mit der Genossenschaft zustehenden Guthabens erwirkt hat, nachdem innerhalb der letzten sechs Monate eine Zwangsvollstreckung in das Vermögen des Mitglieds fruchtlos verlaufen ist, kann das Kündigungsrecht des Mitglieds an dessen Stelle ausüben. ²Die Ausübung des Kündigungsrechts ist ausgeschlossen, solange der Schuldtitel nur vorläufig vollstreckbar ist.

(2) Der Kündigung muss eine beglaubigte Abschrift der vollstreckbaren Ausfertigung des Titels und der Bescheinigungen über den fruchtlosen Verlauf der Zwangsvollstreckung in das Vermögen des Schuldners beigefügt werden.

§ 66a Kündigung im Insolvenzverfahren

Wird das Insolvenzverfahren über das Vermögen eines Mitglieds eröffnet und ein Insolvenzverwalter bestellt, so kann der Insolvenzverwalter das Kündigungsrecht des Mitglieds an dessen Stelle ausüben.

§ 67 Beendigung der Mitgliedschaft wegen Aufgabe des Wohnsitzes

¹Ist nach der Satzung die Mitgliedschaft an den Wohnsitz innerhalb eines bestimmten Bezirks geknüpft, kann ein Mitglied, das seinen Wohnsitz in diesem Bezirk aufgibt, seine Mitgliedschaft ohne Einhaltung einer Kündigungsfrist zum Schluss des Geschäftsjahres kündigen; die Kündigung bedarf der Schriftform. ²Über die Aufgabe des Wohnsitzes ist die Bescheinigung einer Behörde vorzulegen.

§ 67a Außerordentliches Kündigungsrecht

(1) ¹Wird eine Änderung der Satzung beschlossen, die einen der in § 16 Abs. 2 Satz 1 Nr. 2 bis 5, 9 bis 11 oder Abs. 3 aufgeführten Gegenstände oder eine wesentliche Änderung des Gegenstandes des Unternehmens betrifft, kann kündigen:
1. jedes in der Generalversammlung erschienene Mitglied, wenn es gegen den Beschluss Widerspruch zur Niederschrift erklärt hat oder wenn die Aufnahme seines Widerspruchs in die Niederschrift verweigert worden ist;

2. jedes in der Generalversammlung nicht erschienene Mitglied, wenn es zu der Generalversammlung zu Unrecht nicht zugelassen worden ist oder die Versammlung nicht ordnungsgemäß einberufen oder der Gegenstand der Beschlussfassung nicht ordnungsgemäß angekündigt worden ist.

²Hat eine Vertreterversammlung die Änderung der Satzung beschlossen, kann jedes Mitglied kündigen; für die Vertreter gilt Satz 1.

(2) ¹Die Kündigung bedarf der Schriftform. ²Sie kann nur innerhalb eines Monats zum Schluss des Geschäftsjahres erklärt werden. ³Die Frist beginnt in den Fällen des Absatzes 1 Satz 1 Nr. 1 mit der Beschlussfassung, in den Fällen des Absatzes 1 Satz 1 Nr. 2 mit der Erlangung der Kenntnis von der Beschlussfassung. ⁴Ist der Zeitpunkt der Kenntniserlangung streitig, trägt die Genossenschaft die Beweislast. ⁵Im Falle der Kündigung wirkt die Änderung der Satzung weder für noch gegen das Mitglied.

§ 67b Kündigung einzelner Geschäftsanteile

(1) Ein Mitglied, das mit mehreren Geschäftsanteilen beteiligt ist, kann die Beteiligung mit einem oder mehreren seiner weiteren Geschäftsanteile zum Schluss eines Geschäftsjahres durch schriftliche Erklärung kündigen, soweit es nicht nach der Satzung oder einer Vereinbarung mit der Genossenschaft zur Beteiligung mit mehreren Geschäftsanteilen verpflichtet ist oder die Beteiligung mit mehreren Geschäftsanteilen Voraussetzung für eine von dem Mitglied in Anspruch genommene Leistung der Genossenschaft ist.

(2) § 65 Abs. 2 bis 5 gilt sinngemäß.

§ 67c Kündigungsausschluss bei Wohnungsgenossenschaften

(1) Die Kündigung der Mitgliedschaft in einer Wohnungsgenossenschaft durch den Gläubiger (§ 66) oder den Insolvenzverwalter (§ 66a) ist ausgeschlossen, wenn
1. die Mitgliedschaft Voraussetzung für die Nutzung der Wohnung des Mitglieds ist und
2. das Geschäftsguthaben des Mitglieds höchstens das Vierfache des auf einen Monat entfallenden Nutzungsentgelts ohne die als Pauschale oder Vorauszahlung ausgewiesenen Betriebskosten oder höchstens 2.000 Euro beträgt.

(2) Übersteigt das Geschäftsguthaben des Mitglieds den Betrag nach Absatz 1 Nummer 2, ist die Kündigung der Mitgliedschaft nach Absatz 1 auch dann ausgeschlossen, wenn es durch Kündigung einzelner Geschäftsanteile nach § 67b auf einen nach Absatz 1 Nummer 2 zulässigen Betrag vermindert werden kann.

§ 68 Ausschluss eines Mitglieds

(1) ¹Die Gründe, aus denen ein Mitglied aus der Genossenschaft ausgeschlossen werden kann, müssen in der Satzung bestimmt sein. ²Ein Ausschluss ist nur zum Schluss eines Geschäftsjahres zulässig.

(2) ¹Der Beschluss, durch den das Mitglied ausgeschlossen wird, ist dem Mitglied vom Vorstand unverzüglich durch eingeschriebenen Brief mitzuteilen. ²Das Mitglied verliert ab dem Zeitpunkt der Absendung der Mitteilung das Recht auf Teilnahme an der Generalversammlung oder der Vertreterversammlung sowie seine Mitgliedschaft im Vorstand oder Aufsichtsrat.

§ 69 Eintragung in die Mitgliederliste

In den Fällen der §§ 65 bis 67a und 68 ist der Zeitpunkt der Beendigung der Mitgliedschaft, im Falle des § 67b sind der Zeitpunkt der Herabsetzung der Zahl der Geschäftsanteile sowie die Zahl der verbliebenen weiteren Geschäftsanteile unverzüglich in die Mitgliederliste einzutragen; das Mitglied ist hiervon unverzüglich zu benachrichtigen.

§§ 70-72

(weggefallen)

§ 73 Auseinandersetzung mit ausgeschiedenem Mitglied

(1) ¹Nach Beendigung der Mitgliedschaft erfolgt eine Auseinandersetzung der Genossenschaft mit dem ausgeschiedenen Mitglied. ²Sie bestimmt sich nach der Vermögenslage der Genossenschaft und der Zahl ihrer Mitglieder zum Zeitpunkt der Beendigung der Mitgliedschaft.

(2) ¹Die Auseinandersetzung erfolgt unter Zugrundelegung der Bilanz. ²Das Geschäftsguthaben des Mitglieds ist vorbehaltlich des Absatzes 4 und des § 8a Abs. 2 binnen sechs Monaten nach Beendigung der Mitgliedschaft auszuzahlen. ³Auf die Rücklagen und das sonstige Vermögen der Genossenschaft hat das Mitglied vorbehaltlich des Absatzes 3 keinen Anspruch. ⁴Reicht das Vermögen einschließlich der Rücklagen und aller Geschäftsguthaben zur Deckung der Schulden der Genossenschaft nicht aus, hat das ehemalige Mitglied von dem Fehlbetrag den ihn betreffenden Anteil an die Genossenschaft zu zahlen, soweit es im Falle des Insolvenzverfahrens Nachschüsse an die Genossenschaft zu leisten gehabt hätte; der Anteil wird nach der Kopfzahl der Mitglieder berechnet, soweit nicht die Satzung eine abweichende Berechnung bestimmt.

(3) ¹Die Satzung kann Mitgliedern, die ihren Geschäftsanteil voll eingezahlt haben, für den Fall der Beendigung der Mitgliedschaft einen Anspruch auf Auszahlung eines Anteils an einer zu diesem Zweck aus dem Jahresüberschuss zu bildenden Ergebnisrücklage einräumen. ²Die Satzung kann den Anspruch von einer Mindestdauer der Mitgliedschaft abhängig machen sowie weitere Erfordernisse aufstellen und Beschränkungen des Anspruchs vorsehen. ³Absatz 2 Satz 2 ist entsprechend anzuwenden.

(4) Die Satzung kann die Voraussetzungen, die Modalitäten und die Frist für die Auszahlung des Auseinandersetzungsguthabens abweichend von Absatz 2 Satz 2 regeln; eine Bestimmung, nach der über Voraussetzungen oder Zeitpunkt der Auszahlung ausschließlich der Vorstand zu entscheiden hat, ist unwirksam.

§ 74

(weggefallen)

§ 75 Fortdauer der Mitgliedschaft bei Auflösung der Genossenschaft

¹Wird die Genossenschaft binnen sechs Monaten nach Beendigung der Mitgliedschaft eines Mitglieds aufgelöst, gilt die Beendigung der Mitgliedschaft als nicht erfolgt. ²Wird die Fortsetzung der Genossenschaft beschlossen, gilt die Beendigung der Mitgliedschaft als zum Schluss des Geschäftsjahres erfolgt, in dem der Beschluss über die Fortsetzung der Genossenschaft in das Genossenschaftsregister eingetragen ist.

§ 76 Übertragung des Geschäftsguthabens

(1) ¹Jedes Mitglied kann sein Geschäftsguthaben jederzeit durch schriftliche Vereinbarung einem anderen ganz oder teilweise übertragen und hierdurch seine Mitgliedschaft ohne Auseinandersetzung beenden oder die Anzahl seiner Geschäftsanteile verringern, sofern der Erwerber, im Fall einer vollständigen Übertragung anstelle des Mitglieds, der Genossenschaft beitritt oder bereits Mitglied der Genossenschaft ist und das bisherige Geschäftsguthaben dieses Mitglieds mit dem

ihm zuzuschreibenden Betrag den Geschäftsanteil nicht übersteigt. ²Eine teilweise Übertragung von Geschäftsguthaben ist unwirksam, soweit das Mitglied nach der Satzung oder einer Vereinbarung mit der Genossenschaft zur Beteiligung mit mehreren Geschäftsanteilen verpflichtet ist oder die Beteiligung mit mehreren Geschäftsanteilen Voraussetzung für eine von dem Mitglied in Anspruch genommene Leistung der Genossenschaft ist.

(2) Die Satzung kann eine vollständige oder teilweise Übertragung von Geschäftsguthaben ausschließen oder an weitere Voraussetzungen knüpfen; dies gilt nicht für die Fälle, in denen in der Satzung nach § 65 Abs. 2 Satz 3 eine Kündigungsfrist von mehr als fünf Jahren bestimmt oder nach § 8a oder § 73 Abs. 4 der Anspruch nach § 73 Abs. 2 Satz 2 auf Auszahlung des Auseinandersetzungsguthabens eingeschränkt ist.

(3) Auf die Beendigung der Mitgliedschaft und die Verringerung der Anzahl der Geschäftsanteile ist § 69 entsprechend anzuwenden.

(4) Wird die Genossenschaft binnen sechs Monaten nach der Beendigung der Mitgliedschaft aufgelöst, hat das ehemalige Mitglied im Fall der Eröffnung des Insolvenzverfahrens die Nachschüsse, zu deren Zahlung es verpflichtet gewesen sein würde, insoweit zu leisten, als der Erwerber diese nicht leisten kann.

(5) Darf sich nach der Satzung ein Mitglied mit mehr als einem Geschäftsanteil beteiligen, so gelten diese Vorschriften mit der Maßgabe, dass die Übertragung des Geschäftsguthabens auf ein anderes Mitglied zulässig ist, sofern das Geschäftsguthaben des Erwerbers nach Zuschreibung des Geschäftsguthabens des Veräußerers den Gesamtbetrag der Geschäftsanteile, mit denen der Erwerber beteiligt ist oder sich beteiligt, nicht übersteigt.

§ 77 Tod des Mitglieds

(1) ¹Mit dem Tod eines Mitglieds geht die Mitgliedschaft auf den Erben über. Sie endet mit dem Schluss des Geschäftsjahres, in dem der Erbfall eingetreten ist. ²Mehrere Erben können das Stimmrecht in der Generalversammlung nur durch einen gemeinschaftlichen Vertreter ausüben.

(2) ¹Die Satzung kann bestimmen, dass im Falle des Todes eines Mitglieds dessen Mitgliedschaft in der Genossenschaft durch dessen Erben fortgesetzt wird. ²Die Satzung kann die Fortsetzung der Mitgliedschaft von persönlichen Voraussetzungen des Rechtsnachfolgers abhängig machen. ³Für den Fall der Beerbung des Erblassers durch mehrere Erben kann auch bestimmt werden, dass die Mitgliedschaft endet, wenn sie nicht innerhalb einer in der Satzung festgesetzten Frist einem Miterben allein überlassen worden ist.

(3) ¹Der Tod des Mitglieds sowie der Zeitpunkt der Beendigung der Mitgliedschaft, im Falle des Absatzes 2 auch die Fortsetzung der Mitgliedschaft durch einen oder mehrere Erben, sind unverzüglich in die Mitgliederliste einzutragen. ²Die Erben des verstorbenen Mitglieds sind unverzüglich von der Eintragung zu benachrichtigen.

(4) Bei Beendigung der Mitgliedschaft des Erben gelten die §§ 73 und 75, im Falle der Fortsetzung der Mitgliedschaft gilt § 76 Abs. 4 entsprechend.

§ 77a Auflösung oder Erlöschen einer juristischen Person oder Personengesellschaft

¹Wird eine juristische Person oder eine Personengesellschaft aufgelöst oder erlischt sie, so endet die Mitgliedschaft mit dem Abschluss des Geschäftsjahres, in dem die Auflösung oder das Erlöschen wirksam geworden ist. ²Im Falle der Gesamtrechtsnachfolge wird die Mitgliedschaft bis zum Schluss des Geschäftsjahres durch den Gesamtrechtsnachfolger fortgesetzt. ³Die Beendigung der Mitgliedschaft ist unverzüglich in die Mitgliederliste einzutragen; das Mitglied oder der Gesamtrechtsnachfolger ist hiervon unverzüglich zu benachrichtigen.

Übersicht

		Rdn.			Rdn.
A.	**Allgemeines**	1		3. Ausschlussverfahren	16
B.	**Einzelne Ausscheidensgründe**	5	IV.	Übertragung des Geschäftsguthabens	
I.	Kündigung des Mitglieds	5		(§ 76)	19
	1. Ordentliche Kündigung (§ 65 Abs. 1)	5	V.	Wegfall des Mitglieds (§§ 77, 77a)	22
	2. Außerordentliche Kündigung (§§ 65 Abs. 2, 67, 67a)	7		1. Tod einer natürlichen Person (§ 77) .	22
	3. Kündigung einzelner Geschäftsanteile	9		2. Auflösung oder Erlöschen einer Personengesellschaft oder einer juristischen Person (§ 77a)	23
II.	Kündigung durch Privatgläubiger (§ 66) .	11	C.	**Auseinandersetzung (§ 73)**	24
III.	Ausschluss eines Mitglieds (§ 68)	14	I.	Auseinandersetzungsguthaben (§ 73 Abs. 2 Satz 1)	24
	1. Ausschlussgründe...............	14	II.	Nachschusspflicht (§ 73 Abs. 2 Satz 4)...	27
	2. Einschränkungen...............	15			

A. Allgemeines

Die Gründe für das Ausscheiden eines Mitglieds aus der eG sind in den §§ 65 bis 77a sowie in wenigen speziellen Bestimmungen des Umwandlungsrechts (§§ 20 Abs. 1 Nr. 2, 90 UmwG) abschließend geregelt und können daher insbesondere nicht durch eine Satzungsbestimmung oder eine schuldrechtliche Vereinbarung erweitert werden. Dies gilt auch für das Ausscheiden infolge einer außerordentlichen Kündigung des Mitglieds (BGH NJW 1988, 1729), die ausschließlich nach den Regelungen der §§ 65 Abs. 2, 67 und 67a statthaft ist. 1

Die Mitgliedschaft endet grundsätzlich immer zum Ende eines Geschäftsjahres. Dadurch soll die Aufstellung einer gesonderten Auseinandersetzungsbilanz vermieden werden. Ausnahmen in Form einer sofortigen Beendigung der Mitgliedschaft gelten nur für die Übertragung des Geschäftsguthabens und für die umwandlungsrechtlichen Sonderfälle. 2

Nach § 75 scheidet das Mitglied grundsätzlich nur unter der auflösenden Bedingung aus, dass die eG innerhalb von 6 Monaten nach dem Ausscheidenszeitpunkt aufgelöst wird. Dadurch soll insbesondere sichergestellt werden, dass sich Mitglieder in einer Krise der eG nicht durch eine kurzfristige Kündigung ihren Nachschusspflichten in der Insolvenz der eG entziehen können. Wird die aufgelöste eG fortgesetzt, muss das Mitglied eine bereits erklärte Kündigung nicht wiederholen, sondern scheidet automatisch zum Ende des Geschäftsjahres aus, in dem die Fortsetzung der eG in das Genossenschaftsregister eingetragen wird (§ 75 Satz 2). 3

Nach § 69 ist der Zeitpunkt der Beendigung der Mitgliedschaft unverzüglich in die Mitgliederliste einzutragen. Die Eintragung hat allerdings nur deklaratorische Bedeutung. 4

B. Einzelne Ausscheidensgründe

I. Kündigung des Mitglieds

1. Ordentliche Kündigung (§ 65 Abs. 1)

Das Recht des Mitglieds zur außerordentlichen Kündigung kann weder entzogen noch, soweit § 65 Abs. 2 und 4 keine Ausnahme zulassen, beschränkt werden. Die Kündigung kann also insbesondere nicht unter den Zustimmungsvorbehalt eines Organs oder unter einen Begründungszwang gestellt werden oder mit Nachteilen (z. B. Wettbewerbsverbot (RGZ 85, 304), zusätzliche Nachschusspflicht [OLG Düsseldorf DB 1992, 33]) verknüpft werden. 5

Die Kündigungserklärung bedarf der Schriftform (§ 126 Abs. 1 BGB). Die gesetzliche Kündigungsfrist beträgt 3 Monate und kann weder durch die Satzung noch durch eine schuldrechtliche Vereinbarung verkürzt werden. Die Satzung darf allerdings längere Kündigungsfristen vorsehen. Generell darf die Kündigungsfrist auf 5 Jahre ausgedehnt werden. Bei reinen Unternehmergenossenschaften ist eine Ausdehnung auf bis zu 10 Jahre zulässig, wenn dies seinen Grund im Zweck der Sicherung der Finanzierung des Anlagevermögens findet (§ 65 Abs. 2 Satz 2). Wird die Kündigung nicht auf 6 ein bestimmtes späteres Geschäftsjahresende erklärt, wirkt sie zum nächstmöglichen Geschäftsjahresende. Die Kündigung kann aber unter Beachtung der Kündigungsfrist auch auf jedes beliebige zukünftige Geschäftsjahresende erklärt werden.

2. Außerordentliche Kündigung (§§ 65 Abs. 2, 67, 67a)

7 Das Recht zur außerordentlichen Kündigung ist in den §§ 65 Abs. 2, 67 und 67a abschließend geregelt. Nach § 65 Abs. 2 ist eine außerordentliche Kündigung unter Beachtung einer dreimonatigen Kündigungsfrist zum Geschäftsjahresende zulässig, wenn
- die Satzung eine Kündigungsfrist von mehr als 2 Jahren vorsieht,
- das Mitglied der eG im Kündigungszeitpunkt mindestens ein volles Geschäftsjahr angehört hat,
- und ihm der Verbleib bis zum Ablauf der satzungsmäßigen Kündigungsfrist nach seinen persönlichen und wirtschaftlichen Verhältnissen unzumutbar ist (was bspw. zu bejahen ist, wenn das Mitglied seinen Geschäftsbetrieb aufgegeben hat und daher die Leistungen der eG nicht mehr in Anspruch nehmen kann).

8 Nach § 67 berechtigt die Aufgabe des Wohnsitzes im Bezirk der eG zur außerordentlichen Kündigung zum nächsten Geschäftsjahresende, wobei eine gesonderte Kündigungsfrist nicht zu beachten ist. § 67a gewährt den Mitgliedern im Fall von enumerativ aufgeführten Satzungsänderungen unter engen Voraussetzungen ein Kündigungsrecht, das innerhalb eines Monats zum Geschäftsjahresschluss auszuüben ist.

3. Kündigung einzelner Geschäftsanteile

9 Ist ein Mitglied mit mehreren Geschäftsanteilen an der eG beteiligt, kann es, anstatt die Mitgliedschaft insgesamt zu kündigen, grundsätzlich auch einzelne Geschäftsanteile kündigen. Diese Möglichkeit ist lediglich in drei Fällen ausgeschlossen:
- Sieht die Satzung eine Pflichtbeteiligung mit mehreren Anteilen vor, kann das Mitglied nur solche Geschäftsanteile gesondert kündigen, die über die Pflichtbeteiligung hinausgehen.
- Bezieht ein Mitglied Leistungen oder Lieferungen, die an eine bestimmte Anzahl von Geschäftsanteilen gebunden sind, kann es nur solche Geschäftsanteile gesondert kündigen, die über die für den Bezug notwendige Mindestanzahl hinausgehen.
- Hat sich das Mitglied schuldrechtlich zum Halten einer bestimmten Anzahl von Geschäftsanteilen verpflichtet, kann es nur solche Geschäftsanteile gesondert kündigen, die von dieser Vereinbarung nicht erfasst werden.

10 Für die Kündigung einzelner Geschäftsanteile gelten im Übrigen die für die Kündigung der gesamten Mitgliedschaft maßgeblichen Vorschriften entsprechend.

II. Kündigung durch Privatgläubiger (§ 66)

11 § 66 regelt die Kündigung der Mitgliedschaft durch einen Privatgläubiger. Die Vorschrift weicht insofern von den thematisch vergleichbaren Vorschriften der §§ 725 Abs. 1 BGB, 135 HGB ab, als der Gläubiger kein eigenes Kündigungsrecht, sondern lediglich im eigenen Namen das Kündigungsrecht des Mitglieds ausübt. Gemeint ist damit lediglich das ordentliche Kündigungsrecht des § 65 Abs. 1 (gegebenenfalls i. V. m. § 67b), nicht auch das außerordentliche Kündigungsrecht der §§ 65 Abs. 2, 67 und 67a. Die Ausübung des Kündigungsrechts durch den Privatgläubiger eines Mitglieds kann durch die Satzung weder ausgeschlossen noch erschwert werden.

12 Voraussetzung für eine Kündigung durch den Privatgläubiger ist,
- dass er die vollständige oder teilweise Pfändung und Überweisung des Auseinandersetzungsguthabens des Mitglieds gem. §§ 828 ff. ZPO erwirkt hat,
- dass er im Zeitpunkt der Kündigungserklärung über einen endgültigen Vollstreckungstitel verfügt,
- und dass vom Gläubiger oder einem Dritten innerhalb der letzten 6 Monate vor dem Wirksamwerden der Pfändung und Überweisung ein fruchtloser Zwangsvollstreckungsversuch in das

Vermögen des Mitglieds unternommen worden ist. Dem steht die Abgabe der eidesstattlichen Versicherung durch das Mitglied und die Eröffnung des Insolvenzverfahrens über dessen Vermögen gleich.

Nach der Ausübung des Kündigungsrechts durch den Privatgläubiger gelten die für die Kündigung durch ein Mitglied maßgeblichen Vorschriften entsprechend. 13

III. Ausschluss eines Mitglieds (§ 68)

1. Ausschlussgründe

Die Gründe, aus denen ein Mitglied aus der eG ausgeschlossen werden kann, müssen zwingend in 14
der Satzung bestimmt sein. Die Ausschlussgründe müssen dabei so klar und konkret gefasst sein, dass ein durchschnittlich verständiges Mitglied ohne Weiteres erkennen kann, aufgrund welcher Sachverhalte es ausgeschlossen werden kann. Die Satzung kann sich allerdings unbestimmter und erst durch die Rechtsprechung zu konkretisierender Rechtsbegriffe wie den des wichtigen Grundes bedienen. Zulässige Anknüpfungspunkte sind bspw. die Verletzung bestimmter Mitgliederpflichten, die Nichtnutzung des Geschäftsbetriebs, die Eröffnung des Insolvenzverfahrens über das Vermögen des Mitglieds und der Wegfall der für die Aufnahme in die eG geltenden Voraussetzungen.

2. Einschränkungen

Die Ausübung des Ausschlussrechts unterliegt dem Verhältnismäßigkeitsgebot. Es darf also zum 15
einen kein milderes, gleich geeignetes Mittel geben, die Förderinteressen der Mitglieder aufrechtzuerhalten und die Funktionsfähigkeit der eG sicherzustellen. Zum anderen verwirkt die eG ihr Ausschlussrecht, wenn sie es trotz Kenntnis des zum Ausschluss berechtigenden Sachverhaltes über längere Zeit nicht ausübt. Schließlich hat die eG die sich aus § 1 GWB ergebenden Beschränkungen zu beachten.

3. Ausschlussverfahren

Die Bestimmung des für den Ausschluss zuständigen Organs überlässt das GenG der Satzung, 16
wobei die Satzung den Ausschluss auch an die Befassung oder Zustimmung mehrerer Organe knüpfen kann.

Vor dem Ausschluss ist dem betroffenen Mitglied unter Mitteilung der konkreten Gründe und 17
Einräumung einer angemessenen Stellungnahmefrist rechtliches Gehör zu gewähren. Verstößt die eG hiergegen, ist der Ausschließungsbeschluss im Fall einer Entscheidung durch den Vorstand oder den Aufsichtsrat nichtig und im Fall einer Entscheidung durch die Generalversammlung anfechtbar (BGH NJW 1996, 1756). Die Ausschließung kann nur zum Schluss eines Geschäftsjahres erfolgen und wird mit der schriftlichen und begründeten Mitteilung des Ausschließungsbeschlusses durch den Vorstand an das Mitglied wirksam.

Das Mitglied kann sich gegen einen Ausschließungsbeschluss oder Generalversammlung im Wege 18
der Anfechtungsklage und gegen den Ausschließungsbeschluss eines sonstigen Organs im Wege der Nichtigkeitsfeststellungsklage (§ 256 ZPO) zur Wehr setzen. Das Gericht prüft den Ausschließungsbeschluss in beiden Fällen nur auf seine formelle Ordnungsmäßigkeit und auf das Vorliegen eines Ausschlussgrundes, nicht aber auch dahin gehend, ob der Ausschluss zweckmäßig ist und ermessensfehlerfrei beschlossen wurde. Ein Nachschieben von Ausschlussgründen durch die eG ist nicht zulässig.

IV. Übertragung des Geschäftsguthabens (§ 76)

Die Vorschrift des § 76 ermöglicht die vollständige oder teilweise Übertragung eines positiven 19
Geschäftsguthabens, sofern die Satzung eine solche Übertragung nicht ausschließt. Die Übertragung des Geschäftsguthabens ist nicht gleichbedeutend mit einer Übertragung des Geschäftsanteils oder der Mitgliedschaft als solcher. Der Erwerber wird nicht durch die Übertragung des Geschäfts-

guthabens Mitglied der eG, sondern muss Mitglied sein, um das Geschäftsguthaben erwerben zu können. Ist der Erwerber im Zeitpunkt des Abschlusses des Übertragungsvertrages noch kein Mitglied, wird die Übertragung daher erst wirksam,
- wenn der Erwerber die Bedingungen für den Erwerb einer Mitgliedschaft erfüllt, eine ordnungsgemäße Beitrittserklärung abgegeben hat und die Zulassung seitens der eG erfolgte,
- und wenn das originäre Geschäftsguthaben des erwerbenden Mitglieds zusammen mit dem erworbenen Geschäftsguthaben den bei ihm bestehenden Geschäftsanteil nicht übersteigt, wobei der Erwerber diese Begrenzung im Fall einer entsprechenden Satzungsbestimmung durch die Zeichnung weiterer Geschäftsanteile beseitigen kann,
- und wenn etwaige weitere in der Satzung vorgesehene Voraussetzungen (§ 76 Abs. 2) wie bspw. Zustimmungsvorbehalte erfüllt sind.

20 Die Zulassung einer teilweisen Übertragung des Geschäftsguthabens bedeutet, dass das Mitglied sowohl nur einen Teil seines Geschäftsguthabens unter Beibehaltung des Restguthabens auf ein anderes Mitglied übertragen kann als auch sein Geschäftsguthaben aufteilen und auf mehrere andere Mitglieder übertragen kann.

21 Die vollständige Übertragung des Geschäftsguthabens führt zu einem Ausscheiden des übertragenden Mitglieds, und zwar nicht erst mit Wirkung zum Ende des Geschäftsjahres, sondern bereits mit dem Wirksamwerden der Übertragung. Dieses Ausscheiden ist nicht durch die Vorschrift des § 75 auflösend bedingt. Es bleibt also auch dann beim Ausscheiden, sollte die eG binnen 6 Monaten nach dem Ausscheidenszeitpunkt aufgelöst werden. An die Stelle des § 75 tritt eine **Subsidiär**haftung des übertragenden Mitglieds (§ 76 Abs. 4), sofern die eG innerhalb von 6 Monaten nach dem Wirksamwerden des Ausscheidens aufgelöst wird **und** das Insolvenzverfahren über das Vermögen der eG eröffnet wird **und** der Erwerber die ihm infolge der Übertragung obliegenden Nachschusspflichten nicht erfüllen kann.

V. Wegfall des Mitglieds (§§ 77, 77a)

1. Tod einer natürlichen Person (§ 77)

22 Ist das Mitglied eine natürliche Person, geht mit seinem Tod die Mitgliedschaft einschließlich aller Rechte und Pflichten zwingend auf die Erben über, allerdings grundsätzlich befristet bis zum Ende des laufenden Geschäftsjahres. Die Satzung kann bestimmen, dass die Mitgliedschaft mit den Erben fortgesetzt wird, und hierfür auch besondere Voraussetzungen (z. B. persönliche Voraussetzungen in der Person des Erben oder die Einigung der Erbengemeinschaft auf einen Erben, der auf Dauer Mitglied sein soll) festlegen. Die Erben können die Mitgliedschaft in einem solchen Fall nur nach den allgemeinen Grundsätzen beenden. Erbt ein einzelnes Mitglied die Mitgliedschaft eines anderen, verschmelzen beide Mitgliedschaften zu einer einzigen.

2. Auflösung oder Erlöschen einer Personengesellschaft oder einer juristischen Person (§ 77a)

23 Ist das Mitglied eine juristische Person oder eine Personengesellschaft, endet ihre Mitgliedschaft mit dem Ende des Geschäftsjahres, in dem sie aufgelöst wird oder erloschen ist. Im Fall der Gesamtrechtsnachfolge wird die Mitgliedschaft bis zu diesem Zeitpunkt vom Gesamtrechtsnachfolger ausgeübt. Die Regelung des § 77 Abs. 2 ist nicht entsprechend anwendbar, die Satzung kann also keine Fortsetzung der Mitgliedschaft über das Geschäftsjahresende bestimmen.

C. Auseinandersetzung (§ 73)

I. Auseinandersetzungsguthaben (§ 73 Abs. 2 Satz 1)

24 Das Mitglied hat einen Anspruch auf Auszahlung des am Geschäftsjahresende seines Ausscheidens aufgelaufenen Geschäftsguthabens. Maßgeblich ist die Vermögenslage der eG und die Zahl ihrer Mitglieder zum Zeitpunkt der Beendigung der Mitgliedschaft, wobei alle Mitglieder, die zu diesem Zeitpunkt ausscheiden, zu berücksichtigen sind. Auf einen Anteil am sonstigen Vermögen der eG

oder an deren Rücklagen hat das Mitglied keinen Anspruch, sofern die Satzung nicht von der Möglichkeit einer Ergebnisrücklage nach § 73 Abs. 3 Gebrauch gemacht hat.

Der Anspruch auf Auszahlung des Geschäftsguthabens wird, soweit die Satzung keinen anderen Zeitpunkt bestimmt, spätestens 6 Monate nach dem Ausscheiden des Mitglieds fällig. Eine längere Auszahlungsfrist darf die Satzung nur in folgenden Fällen festlegen: 25
- Hat die eG ein Mindestkapital (§ 8a) eingeführt, muss die Satzung auch eine Regelung für die Auszahlungsfälligkeit für den Fall vorsehen, dass das Mindestkapital durch die Auszahlung des Auseinandersetzungsguthabens angetastet wird.
- Nach § 73 Abs. 4 kann die Satzung den Anspruch auf Auszahlung des Auseinandersetzungsguthabens in seinen Voraussetzungen und Modalitäten sowie in der Auszahlungsfrist beschränken.

Für die Verjährung des Anspruchs auf Auszahlung des Auseinandersetzungsguthabens ist mangels Sonderregelung die allgemeine 3-jährige Verjährungsfrist des § 195 BGB maßgeblich. Die Verjährung beginnt mit dem Ende des Kalenderjahres, in dem die Bilanz für das Geschäftsjahr festgestellt worden ist, an dessen Ende das Mitglied ausgeschieden ist. 26

II. Nachschusspflicht (§ 73 Abs. 2 Satz 4)

Ist die eG im Zeitpunkt des Ausscheidens überschuldet, steht dem Mitglied kein Anspruch auf Auszahlung eines Auseinandersetzungsguthabens zu. Sofern die Nachschusspflicht nicht durch die Satzung ausgeschlossen hat, hat das ausgeschiedene Mitglied einen Fehlbetrag anteilig auszugleichen, sofern es bei der Durchführung eines Insolvenzverfahrens über das Vermögen der eG Nachschüsse hätte leisten müssen. Die Verteilung des Fehlbetrages erfolgt, sofern die Satzung keine abweichende Regelung enthält, nach der Kopfzahl der Mitglieder, wobei auch die ausscheidenden Mitglieder berücksichtigt werden. 27

Abschnitt 6 Auflösung und Nichtigkeit der Genossenschaft

§ 78 Auflösung durch Beschluss der Generalversammlung

(1) ¹Die Genossenschaft kann durch Beschluss der Generalversammlung jederzeit aufgelöst werden; der Beschluss bedarf einer Mehrheit, die mindestens drei Viertel der abgegebenen Stimmen umfasst. ²Die Satzung kann eine größere Mehrheit und weitere Erfordernisse bestimmen.

(2) Die Auflösung ist durch den Vorstand unverzüglich zur Eintragung in das Genossenschaftsregister anzumelden.

§§ 78a-78b

(weggefallen)

§ 79 Auflösung durch Zeitablauf

(1) Ist die Genossenschaft nach der Satzung auf eine bestimmte Zeit beschränkt, ist sie mit dem Ablauf der bestimmten Zeit aufgelöst.

(2) § 78 Abs. 2 ist anzuwenden.

§ 79a Fortsetzung der aufgelösten Genossenschaft

(1) ¹Ist die Genossenschaft durch Beschluss der Generalversammlung oder durch Zeitablauf aufgelöst worden, kann die Generalversammlung, solange noch nicht mit der Verteilung des nach Berichtigung der Schulden verbleibenden Vermögens an die Mitglieder begonnen ist, die Fort-

setzung der Genossenschaft beschließen; der Beschluss bedarf einer Mehrheit, die mindestens drei Viertel der abgegebenen Stimmen umfasst. ²Die Satzung kann eine größere Mehrheit und weitere Erfordernisse bestimmen. ³Die Fortsetzung kann nicht beschlossen werden, wenn die Mitglieder nach § 87a Abs. 2 zu Zahlungen herangezogen worden sind.

(2) Vor der Beschlussfassung ist der Prüfungsverband, dem die Genossenschaft angehört, darüber zu hören, ob die Fortsetzung der Genossenschaft mit den Interessen der Mitglieder vereinbar ist.

(3) ¹Das Gutachten des Prüfungsverbandes ist in jeder über die Fortsetzung der Genossenschaft beratenden Generalversammlung zu verlesen. ²Dem Prüfungsverband ist Gelegenheit zu geben, das Gutachten in der Generalversammlung zu erläutern.

(4) Ist die Fortsetzung der Genossenschaft nach dem Gutachten des Prüfungsverbandes mit den Interessen der Mitglieder nicht vereinbar, bedarf der Beschluss einer Mehrheit von drei Vierteln der Mitglieder in zwei mit einem Abstand von mindestens einem Monat aufeinander folgenden Generalversammlungen; Absatz 1 Satz 2 gilt entsprechend.

(5) Die Fortsetzung der Genossenschaft ist durch den Vorstand unverzüglich zur Eintragung in das Genossenschaftsregister anzumelden. Der Vorstand hat bei der Anmeldung die Versicherung abzugeben, dass der Beschluss der Generalversammlung zu einer Zeit gefasst wurde, zu der noch nicht mit der Verteilung des nach der Berichtigung der Schulden verbleibenden Vermögens der Genossenschaft an die Mitglieder begonnen worden war.

§ 80 Auflösung durch das Gericht

(1) ¹Hat die Genossenschaft weniger als drei Mitglieder, hat das Registergericht auf Antrag des Vorstands und, wenn der Antrag nicht binnen sechs Monaten erfolgt, von Amts wegen nach Anhörung des Vorstands die Auflösung der Genossenschaft auszusprechen. ²Bei der Bestimmung der Mindestmitgliederzahl nach Satz 1 bleiben investierende Mitglieder außer Betracht.

(2) ¹Der gerichtliche Beschluss ist der Genossenschaft zuzustellen. Gegen den Beschluss steht der Genossenschaft die sofortige Beschwerde nach der Zivilprozessordnung zu. ²Mit der Rechtskraft des Beschlusses ist die Genossenschaft aufgelöst.

§ 81 Auflösung auf Antrag der obersten Landesbehörde

(1) ¹Gefährdet eine Genossenschaft durch gesetzwidriges Verhalten ihrer Verwaltungsträger das Gemeinwohl und sorgen die Generalversammlung und der Aufsichtsrat nicht für eine Abberufung der Verwaltungsträger oder ist der Zweck der Genossenschaft entgegen § 1 nicht auf die Förderung der Mitglieder gerichtet, kann die Genossenschaft auf Antrag der zuständigen obersten Landesbehörde, in deren Bezirk die Genossenschaft ihren Sitz hat, durch Urteil aufgelöst werden. ²Ausschließlich zuständig für die Klage ist das Landgericht, in dessen Bezirk die Genossenschaft ihren Sitz hat.

(2) ¹Nach der Auflösung findet die Liquidation nach den §§ 83 bis 93 statt. ²Den Antrag auf Bestellung oder Abberufung der Liquidatoren kann auch die in Absatz 1 Satz 1 bestimmte Behörde stellen.

(3) Ist die Auflösungsklage erhoben, kann das Gericht auf Antrag der in Absatz 1 Satz 1 bestimmten Behörde durch einstweilige Verfügung die nötigen Anordnungen treffen.

(4) Die Entscheidungen des Gerichts sind dem Registergericht mitzuteilen. Dieses trägt sie, soweit eintragungspflichtige Rechtsverhältnisse betroffen sind, in das Genossenschaftsregister ein.

§ 81a Auflösung bei Insolvenz

Die Genossenschaft wird aufgelöst
1. mit der Rechtskraft des Beschlusses, durch den die Eröffnung des Insolvenzverfahrens mangels Masse abgelehnt worden ist;
2. durch die Löschung wegen Vermögenslosigkeit nach § 394 des Gesetzes über das Verfahren in Familiensachen und in den Angelegenheiten der freiwilligen Gerichtsbarkeit.

§ 82 Eintragung der Auflösung

(1) Die Auflösung der Genossenschaft ist von dem Gericht unverzüglich in das Genossenschaftsregister einzutragen.

(2) ¹Sie muss von den Liquidatoren durch die für die Bekanntmachungen der Genossenschaft bestimmten Blätter bekannt gemacht werden. ²Durch die Bekanntmachung sind zugleich die Gläubiger aufzufordern, sich bei der Genossenschaft zu melden.

(3) Im Falle der Löschung der Genossenschaft wegen Vermögenslosigkeit sind die Absätze 1 und 2 nicht anzuwenden.

Übersicht

		Rdn.			Rdn.
A.	Allgemeines	1	IV.	Auflösung auf Antrag der obersten Landesbehörde (§ 81)	5
B.	Die einzelnen Auflösungsgründe	2	V.	Auflösung bei Insolvenz (§ 81a)	6
I.	Auflösungsbeschluss (§ 78)	2	C.	Fortsetzung der aufgelösten eG (§ 79a)	7
II.	Zeitablauf (§ 79)	3	D.	Eintragung (§ 82)	8
III.	Gerichtlicher Auflösungsbeschluss (§ 80)	4			

A. Allgemeines

Die Vorschriften der §§ 78, 79, 80, 81 und 81a regeln, welche Gründe die Auflösung der eG zur Folge haben. § 79a bestimmt die Voraussetzungen, unter denen eine nach § 78 oder § 79 aufgelöste eG fortgesetzt werden kann. Weitere Auflösungsgründe finden sich in §§ 54a Abs. 2 und 101 sowie außerhalb des GenG in § 38 Abs. 1 Satz 2 KWG für Kreditgenossenschaften. Außerdem führt der Beschluss über die Sitzverlegung ins Ausland zur Auflösung der eG (*Beuthien* § 78 Rn. 2). Der Katalog der Auflösungsgründe kann durch die Satzung weder eingeschränkt noch erweitert werden. 1

B. Die einzelnen Auflösungsgründe

I. Auflösungsbeschluss (§ 78)

Zuständig für den Auflösungsbeschluss ist die Generalversammlung. Ist eine Vertreterversammlung eingerichtet, ist diese zuständig, es sei denn, die Entscheidung über die Auflösung der eG ist durch Satzungsbestimmung weiterhin der Generalversammlung vorbehalten (§ 43a Abs. 1 Satz 2). Der Beschluss ist mit einer Mehrheit von 75 % der abgegebenen Stimmen zu fassen. Die Satzung kann dieses Mehrheitserfordernis erschweren, indem eine höhere Zustimmungsquote oder weitere Voraussetzungen verlangt werden. Eine Erleichterung gegenüber den gesetzlichen Anforderungen ist demgegenüber nicht zulässig. Die eG ist grundsätzlich bereits mit dem Auflösungsbeschluss aufgelöst. Der Beschluss kann allerdings auch die Auflösung an einen Zeitpunkt in der Zukunft oder an ein zukünftiges Ereignis knüpfen, sofern dessen Eintritt sicher ist und nicht von Dritten beeinflusst werden kann. Auch eine eG, deren Satzung eine Auflösung durch Zeitablauf vorsieht, kann vorzeitig durch einen Auflösungsbeschluss aufgelöst werden. 2

II. Zeitablauf (§ 79)

Ist die eG durch Satzungsbestimmung auf eine bestimmte Zeit beschränkt, so ist sie mit deren Ablauf automatisch aufgelöst. Eines gesonderten Auflösungsbeschlusses bedarf es nicht, wie der 3

Gegenschluss aus § 78 zeigt. Die Zeitbestimmung kann an einen kalendermäßig bestimmbaren Termin oder an ein bestimmtes Ereignis anknüpfen, sofern dessen Eintritt gewiss ist.

III. Gerichtlicher Auflösungsbeschluss (§ 80)

4   Die eG wird durch einen Auflösungsbeschluss des Registergerichts aufgelöst. Das Registergericht wird entweder auf Antrag des Vorstands oder nach Ablauf einer Wartefrist von 6 Monaten von Amts wegen tätig, sobald die eG nicht mehr über mindestens drei Mitglieder verfügt. Gezählt werden dabei nur die ordentlichen Mitglieder, investierende Mitglieder bleiben außer Betracht. Die Wartefrist soll der eG die Möglichkeit geben, neue Mitglieder aufzunehmen, um so wieder die Mindestanzahl zu erreichen. Die Auflösungswirkung tritt erst ein, wenn der Auflösungsbeschluss förmlich zugestellt und rechtskräftig geworden ist.

IV. Auflösung auf Antrag der obersten Landesbehörde (§ 81)

5   Auf Antrag der zuständigen obersten Landesbehörde kann das für den Bezirk des Sitzes der eG zuständige Landgericht deren Auflösung durch Urteil herbeiführen, sofern zumindest einer der beiden in § 81 genannten Auflösungsgründe vorliegt. Auflösungsgrund ist zum einen die Gefährdung des Gemeinwohls durch ein gesetzwidriges Verhalten der Verwaltungsträger der eG, sofern das für die Abberufung zuständige Organ der eG nicht für eine Abberufung sorgt, und zum anderen die Verfolgung eines anderen Zwecks als der der Förderung der Mitglieder. Die bloße Einstellung des Geschäftsbetriebs (*Pöhlmann/Fandrich/Bloehs* § 81 Rn. 3) oder der Betrieb von Geschäften, die vom satzungsmäßigen Unternehmensgegenstand oder Förderzweck nicht umfasst sind, genügt hierzu nicht (BT-Drucks. 16/1025, S. 94). Als weitere Voraussetzung für eine Auflösung muss bei beiden Auflösungsgründen der Verhältnismäßigkeitsgrundsatz gewahrt sein. Es darf kann milderes Mittel geben, das gleichermaßen geeignet ist, die Gemeinwohlgefährdung oder die Zweckverfehlung zu beseitigen. Die Antragstellung erfolgt durch Klageerhebung. Ein Auflösungsurteil kommt nur in Betracht, sofern die Auflösungsgründe und die Wahrung des Verhältnismäßigkeitsgrundsatzes bei Urteilsverkündung noch vorliegen. Fallen die Gründe nachträglich, aber noch vor Eintritt der Rechtskraft, ist das Auflösungsurteil in der Rechtsmittelinstanz aufzuheben.

V. Auflösung bei Insolvenz (§ 81a)

6   Während die Auflösung der eG durch die Eröffnung des Insolvenzverfahrens über ihr Vermögen in § 101 angeordnet wird, regelt § 81a die Fälle, in denen die Eröffnung des Insolvenzverfahrens mangels Masse rechtskräftig abgelehnt (Nr. 1) oder die eG wegen Vermögenslosigkeit gelöscht wird (Nr. 2). Die Auflösung nach Nr. 1 führt zur Liquidation der eG nach §§ 83 bis 93. Im Fall der Nr. 2 findet keine gesonderte Abwicklung statt, da es kein zu verteilendes Vermögen gibt.

C. Fortsetzung der aufgelösten eG (§ 79a)

7   Eine Fortsetzung der wirksam aufgelösten eG kommt nach § 79a nur in Betracht, wenn die Auflösung auf einem Auflösungsbeschluss nach § 78 oder auf Zeitablauf (§ 79) beruht. Sie ist nicht mehr möglich,
   – wenn bereits mit der Verteilung des nach Berichtigung der Schulden verbleibenden Vermögens an die Mitglieder begonnen worden ist,
   – oder wenn die Mitglieder nach § 87a zu Zahlungen herangezogen worden sind.

Vor der Beschlussfassung muss der Prüfungsverband angehört werden. Der Prüfungsverband hat ein Gutachten dazu zu erstatten, ob die Fortsetzung der eG mit den Belangen der Mitglieder vereinbar ist. Dieses Gutachten ist in der Generalversammlung, die über die Fortsetzung beschließen soll, seinem gesamten Wortlaut nach zu verlesen. Der Beschluss bedarf einer Mehrheit von 75 %. Die Satzung kann dieses Mehrheitserfordernis erschweren, indem eine höhere Zustimmungsquote oder weitere Voraussetzungen verlangt werden. Eine Erleichterung gegenüber den gesetzlichen Anforderungen ist demgegenüber nicht zulässig. Die Stellungnahme und das Gutachten des Prüfungsverbandes sind für die Generalversammlung nicht verbindlich. Wird die Fortsetzung gegen die Empfehlung des Prüfungsverbandes beschlossen, wird der Fortsetzungsbeschluss erst wirksam, wenn er in einer zweiten Generalversammlung, die denselben Vorgaben entsprechen muss wie die erste Generalversammlung, bestätigt wird. Die Fortsetzung der Genossenschaft ist durch den Vorstand unverzüglich zur Eintragung in das Genossenschaftsregister anzumelden. Das Registergericht hat vor der Eintragung die Ordnungsmäßigkeit der Anmeldung sowie die gesetzes- und satzungsmäßige Beschlussfassung zu prüfen.

D. Eintragung (§ 82)

Die Eintragung der Auflösung im Genossenschaftsregister hat nur deklaratorische Bedeutung, ist aber wegen § 29 umgehend zu veranlassen. Die Liquidatoren haben die Auflösung zudem in den für die Bekanntmachungen der eG bestimmten Blättern bekannt zu machen. Erst hierdurch wird der Lauf des Sperrjahres nach § 90 in Gang gesetzt. Im Fall der Auflösung durch Löschung wegen Vermögenslosigkeit findet weder eine Eintragung noch eine Bekanntmachung statt.

8

§ 83 Bestellung und Abberufung der Liquidatoren

(1) Die Liquidation erfolgt durch den Vorstand, wenn sie nicht durch die Satzung oder durch Beschluss der Generalversammlung anderen Personen übertragen wird.

(2) Auch eine juristische Person kann Liquidator sein.

(3) Auf Antrag des Aufsichtsrats oder mindestens des zehnten Teils der Mitglieder kann die Ernennung von Liquidatoren durch das Registergericht erfolgen.

(4) [1]Die Abberufung der Liquidatoren kann durch das Gericht unter denselben Voraussetzungen wie die Bestellung erfolgen. [2]Liquidatoren, welche nicht vom Gericht ernannt sind, können auch durch die Generalversammlung vor Ablauf des Zeitraums, für welchen sie bestellt sind, abberufen werden.

(5) Ist die Genossenschaft durch Löschung wegen Vermögenslosigkeit aufgelöst, so findet eine Liquidation nur statt, wenn sich nach der Löschung herausstellt, dass Vermögen vorhanden ist, das der Verteilung unterliegt. Die Liquidatoren sind auf Antrag eines Beteiligten durch das Gericht zu ernennen.

§ 84 Anmeldung durch Liquidatoren

(1) Die ersten Liquidatoren sowie ihre Vertretungsbefugnis hat der Vorstand, jede Änderung in den Personen der Liquidatoren und jede Änderung ihrer Vertretungsbefugnis haben die Liquidatoren zur Eintragung in das Genossenschaftsregister anzumelden. Der Anmeldung ist eine Abschrift der Urkunden über die Bestellung oder Abberufung sowie über die Vertretungsbefugnis beizufügen.

(2) Die Eintragung der gerichtlichen Ernennung oder Abberufung von Liquidatoren geschieht von Amts wegen.

§ 85 Zeichnung der Liquidatoren

(1) [1]Die Liquidatoren haben in der bei ihrer Bestellung bestimmten Form ihre Willenserklärung kundzugeben und für die Genossenschaft zu zeichnen. [2]Ist nichts darüber bestimmt, so muss die Erklärung und Zeichnung durch sämtliche Liquidatoren erfolgen.

(2) Die Bestimmung ist mit der Bestellung der Liquidatoren zur Eintragung in das Genossenschaftsregister anzumelden.

(3) Die Liquidatoren zeichnen für die Genossenschaft, indem sie der Firma einen die Liquidation andeutenden Zusatz und ihre Namensunterschrift hinzufügen.

§ 86 Publizität des Genossenschaftsregisters

Die Vorschriften in § 29 über das Verhältnis zu dritten Personen finden bezüglich der Liquidatoren Anwendung.

Übersicht

		Rdn.			Rdn.
A.	Allgemeines	1	C.	Vertretungsbefugnis	5
B.	Bestellung, Anmeldung und Abberufung der Liquidatoren	2	D.	Nachtragsliquidation (§ 83 Abs. 5)	6

A. Allgemeines

1 Mit der Auflösung tritt die eG ins Abwicklungsstadium. Die Abwicklung erfolgt durch Liquidation, es sei denn, es wurde das Insolvenzverfahren über das Vermögen der eG eröffnet, oder die eG wurde infolge Vermögenslosigkeit gelöscht. In der Liquidation wird der bisherige Vorstand durch die Liquidatoren ersetzt, während die Aufsichtsratsmitglieder oder die nach § 39 Abs. 1 Satz 2 Bevollmächtigten im Amt bleiben.

B. Bestellung, Anmeldung und Abberufung der Liquidatoren

2 Die Aufgabe des Liquidators nehmen in der Regel die bisherigen Vorstandsmitglieder als geborene Liquidatoren ohne gesonderten Bestellungsakt wahr (§ 83 Abs. 1), es sei denn, dass die Satzung oder die Generalversammlung bestimmte Personen zu gekorenen Liquidatoren bestimmt. Des Weiteren kann eine Bestellung von Liquidatoren auf Antrag des Aufsichtsrates oder des zehnten Teils der Mitglieder durch das Registergericht erfolgen (§ 83 Abs. 3), allerdings analog § 265 Abs. 3 Satz 1 AktG nur, soweit ein wichtiger Grund vorliegt. Bei Kreditgenossenschaften kann auch die BaFin nach § 38 Abs. 2 Satz 2 KWG die Bestellung von Liquidatoren beantragen, sofern die sonst zur Abwicklung berufenen Personen keine Gewähr für eine ordnungsgemäße Abwicklung bieten. Als Liquidatoren kommen sowohl natürliche Personen als auch aufgrund der ausdrücklichen Anordnung in § 83 Abs. 2 juristische Personen in Betracht, nicht aber sonstige Personenvereinigungen wie etwa eine OHG. Das Liquidatorenamt ist nicht auf Mitglieder der eG beschränkt.

3 Das Liquidatorenamt endet spätestens mit der Beendigung der Liquidation, zuvor endet es
– durch den Tod des Liquidators,
– durch den Ablauf einer befristeten Anstellung,
– durch Amtsniederlegung,
– durch einen Abberufungsbeschluss der Generalversammlung, wobei die Generalversammlung keine gerichtlich bestellten Liquidatoren abberufen kann,
– oder durch eine Abberufung durch das Registergericht, das sowohl die von ihm bestellten als auch alle anderen Liquidatoren unter den für eine gerichtliche Bestellung geltenden Voraussetzungen abberufen kann.

4 Die ersten Liquidatoren sowie jede spätere Änderung in den Personen der Liquidatoren oder in ihrer Vertretungsbefugnis sind zur Eintragung im Genossenschaftsregister anzumelden (§ 84 Abs. 1). Für die Erstanmeldung ist der (bisherige) Vorstand, für die Folgeanmeldung sind die Liquidatoren zuständig. Die Beendigung des Liquidatorenamtes kann vom betroffenen Liquidator nur angemeldet werden, sofern sein Ausscheiden erst zu einem späteren Zeitpunkt wirksam wird. Nach Beendigung der Liquidation melden die letzten Liquidatoren die Beendigung ihrer Vertretungsbefugnis an. Die Eintragung erfolgt jeweils nur deklaratorisch, hat aber Bedeutung für die Publizität des Genossenschaftsregisters (§§ 29, 86).

C. Vertretungsbefugnis

5 Wird die Abwicklung durch mehrere Liquidatoren durchgeführt, ordnet § 85 Abs. 1 Satz 2 an, dass diese im Zweifel nur zur echten Gesamtvertretung befugt sind. Etwas anderes gilt erstens für geborene

Liquidatoren, die ihre Vertretungsbefugnisse behalten, die sie als Vorstandsmitglieder hatten, und zweitens im Fall einer abweichenden Regelung im Bestellungsakt, der bspw. auch eine Einzelvertretungsbefugnis vorsehen kann. Die jeweilige Vertretungsbefugnis ist zur Eintragung im Genossenschaftsregister anzumelden. Die Zeichnung für die Genossenschaft erfolgt durch Namensunterschrift der Liquidatoren und durch einen der Firma beizufügenden, die Liquidation andeutenden Zusatz (§ 85 Abs. 2). Ein Verstoß hiergegen führt zwar nicht zur Unwirksamkeit der für die eG abgegebenen Willenserklärung, kann aber eine Außenhaftung der Liquidatoren nach § 823 Abs. 2 BGB begründen.

D. Nachtragsliquidation (§ 83 Abs. 5)

Im Fall der Löschung der eG infolge Vermögenslosigkeit findet keine Liquidation statt, da bei Auflösung kein zu verteilendes Vermögen bekannt ist. Wird nachträglich verteilbares Vermögen aufgefunden, trägt das Registergericht die eG wieder ein und bestellt auf Antrag eines Beteiligten Nachtragsliquidatoren, wenn die Kosten des Nachtragsliquidationsverfahrens entweder durch das realisierbare aufgefundene Vermögen oder durch Kostenvorschüsse gedeckt sind. Das Nachtragsliquidationsverfahren richtet sich ebenfalls nach den §§ 83 ff.

6

§ 87 Rechtsverhältnisse im Liquidationsstadium

(1) Bis zur Beendigung der Liquidation sind ungeachtet der Auflösung der Genossenschaft in Bezug auf die Rechtsverhältnisse der Genossenschaft und ihrer Mitglieder die §§ 17 bis 51 weiter anzuwenden, soweit sich aus den Vorschriften dieses Abschnitts und aus dem Wesen der Liquidation nichts anderes ergibt.

(2) Der Gerichtsstand, welchen die Genossenschaft zur Zeit ihrer Auflösung hatte, bleibt bis zur vollzogenen Verteilung des Vermögens bestehen.

Übersicht	Rdn.		Rdn.
A. Im Liquidationsverfahren anzuwendende Vorschriften (Abs. 1) 1		B. Gerichtsstand (Abs. 2) 2	

A. Im Liquidationsverfahren anzuwendende Vorschriften (Abs. 1)

Die Vorschrift bestimmt, welche gesetzlichen Regelungen für die eG im Liquidationsstadium gelten. Vorrangig kommen die Vorschriften des sechsten Abschnitts zur Anwendung. Daneben sind die §§ 17 bis 51 weiterhin anwendbar, soweit die Bestimmungen des sechsten Abschnitts oder das Wesen der Liquidation dem nicht entgegenstehen. Nicht anwendbar sind daher §§ 19, 22a. §§ 24 ff. werden von den §§ 83 ff. teilweise verdrängt, überwiegend aber von § 89 ausdrücklich für anwendbar erklärt. Ungeachtet des Wortlauts des Abs. 1 sind neben dem sechsten Abschnitt und den §§ 17 bis 51 auch die weiteren Vorschriften des GenG anwendbar, soweit dies entweder ausdrücklich gesetzlich angeordnet wird oder jedenfalls dem Wesen der Liquidation nicht widerspricht. Anzuwenden ist danach insbesondere der vierte Abschnitt über die Prüfung und die Prüfungsverbände. Nicht anwendbar sind die Vorschriften über den Beitritt zur eG und der fünfte Abschnitt über die Beendigung der Mitgliedschaft.

1

B. Gerichtsstand (Abs. 2)

Abs. 2 ordnet an, dass eine nach der Auflösung vorgenommene Sitzverlegung den Gerichtsstand der eG bis zum Abschluss des Liquidationsverfahrens nicht verändert. Ein Gläubiger kann (und muss) die eG also weiterhin in dem Gerichtsstand verklagen, den die eG im Zeitpunkt ihrer Auflösung hatte. Damit bringt die Vorschrift allerdings zugleich zum Ausdruck, dass eine solche Sitzverlegung zulässig ist. Sie gilt nicht für Rechtsstreitigkeiten zwischen der eG und ihren Mitgliedern. Diese können auch bei dem für den neuen Sitz der eG zuständigen Gericht geführt werden.

2

§ 87a Zahlungspflichten bei Überschuldung

(1) ¹Ergibt sich bei Aufstellung der Liquidationseröffnungsbilanz, einer späteren Jahresbilanz oder einer Zwischenbilanz oder ist bei pflichtmäßigem Ermessen anzunehmen, dass das Vermögen auch unter Berücksichtigung fälliger, rückständiger Einzahlungen die Schulden nicht mehr deckt, so kann die Generalversammlung beschließen, dass die Mitglieder, die ihren Geschäftsanteil noch nicht voll eingezahlt haben, zu weiteren Einzahlungen auf den Geschäftsanteil verpflichtet sind, soweit dies zur Deckung des Fehlbetrags erforderlich ist. ²Der Beschlussfassung der Generalversammlung stehen abweichende Bestimmungen der Satzung nicht entgegen.

(2) ¹Reichen die weiteren Einzahlungen auf den Geschäftsanteil zur Deckung des Fehlbetrags nicht aus, kann die Generalversammlung beschließen, dass die Mitglieder nach dem Verhältnis ihrer Geschäftsanteile bis zur Deckung des Fehlbetrags weitere Zahlungen zu leisten haben. ²Für Genossenschaften, bei denen die Mitglieder keine Nachschüsse zur Insolvenzmasse zu leisten haben, gilt dies nur, wenn die Satzung dies bestimmt. ³Ein Mitglied kann zu weiteren Zahlungen höchstens bis zu dem Betrag in Anspruch genommen werden, der dem Gesamtbetrag seiner Geschäftsanteile entspricht. ⁴Absatz 1 Satz 2 gilt entsprechend. ⁵Bei der Feststellung des Verhältnisses der Geschäftsanteile und des Gesamtbetrags der Geschäftsanteile gelten als Geschäftsanteile eines Mitglieds auch die Geschäftsanteile, die es entgegen den Bestimmungen der Satzung über eine Pflichtbeteiligung noch nicht übernommen hat.

(3) Die Beschlüsse bedürfen einer Mehrheit, die mindestens drei Viertel der abgegebenen Stimmen umfasst. Die Satzung kann eine größere Mehrheit und weitere Erfordernisse bestimmen.

(4) Die Beschlüsse dürfen nicht gefasst werden, wenn das Vermögen auch unter Berücksichtigung der weiteren Zahlungspflichten die Schulden nicht mehr deckt.

§ 87b Verbot der Erhöhung von Geschäftsanteil oder Haftsumme

Nach Auflösung der Genossenschaft können weder der Geschäftsanteil noch die Haftsumme erhöht werden.

Übersicht

		Rdn.			Rdn.
A.	Allgemeines	1	II.	Zweite Stufe	4
B.	Zahlungspflichten	3	III.	Grenze	5
I.	Erste Stufe	3	IV.	Zuständigkeit und Mehrheitserfordernis	6

A. Allgemeines

1 Die Bestimmung des § 87a soll der eG die Möglichkeit geben, ein bereits begonnenes Liquidationsverfahren auch dann ohne Insolvenzantragstellung zu Ende zu führen, wenn sich im Laufe der Liquidation die Überschuldung der eG herausstellt. Hierzu wird der eG ein zweistufiges Verfahren zur Verfügung gestellt. Auf der ersten Stufe (Abs. 1) kann die Generalversammlung den Einzug rückständiger Einzahlungen auf den Geschäftsanteil beschließen, auf der zweiten Stufe (Abs. 2) die Begründung weiterer Zahlungspflichten bis zur Höhe des Gesamtbetrags der Geschäftsanteile. Beides ist allerdings unzulässig, wenn die Überschuldung dadurch nicht beseitigt werden kann. In diesem Fall muss Insolvenzantrag gestellt werden. Wurden Zahlungspflichten wirksam begründet, muss aber später dennoch Insolvenzantrag gestellt werden, treten die Zahlungspflichten nach § 87a grundsätzlich neben die aus § 105 (*Pöhlmann/Fandrichs/Boehls* § 87a Rn. 2).

2 Nach dem vor der Genossenschaftsrechtsnovelle 1973 geltenden Recht war eine Erhöhung des Geschäftsanteils im Liquidationsverfahren zum Zwecke der Sanierung begrenzt zulässig (§ 139a a. F.). Diese Möglichkeit ist durch die zweistufigen Sanierungsmaßnahmen des § 87a ersetzt worden. § 87b bestimmt daher, dass der Geschäftsanteil und die Haftsumme nach Auflösung der eG nicht erhöht werden können.

B. Zahlungspflichten

I. Erste Stufe

Stellt sich während des Liquidationsverfahrens heraus, dass das Vermögen der eG auch unter Berücksichtigung fälliger, rückständiger Einzahlungen die Schulden nicht mehr deckt, kann die Generalversammlung auf der ersten Stufe beschließen, dass diejenigen Mitglieder, die ihren Geschäftsanteil noch nicht voll eingezahlt haben, zu weiteren Einzahlungen auf den Geschäftsanteil verpflichtet sind. Der Beschluss kann auch schon dann gefasst werden, wenn die Überschuldung zwar noch nicht vorliegt, aber bei pflichtgemäßem Ermessen von ihrem künftigen Eintritt auszugehen ist. Der Höhe nach muss die Einzahlungspflicht auf den Betrag beschränkt werden, der zu Beseitigung der Überschuldung erforderlich ist.

II. Zweite Stufe

Erst wenn die auf der ersten Stufe begründeten Zahlungspflichten nicht ausreichen, um die Überschuldung zu beseitigen, darf auf der zweiten Stufe beschlossen werden, dass weitere Zahlungen bis zum Gesamtbetrag der (gezeichneten und pflichtwidrig nicht gezeichneten) Geschäftsanteile des einzelnen Mitglieds zu erfolgen haben. Zusätzliche Voraussetzung ist allerdings, dass die Satzung eine Nachschusspflicht der Mitglieder oder zumindest ein Vorgehen nach § 87a Abs. 2 ausdrücklich zulässt. Der Höhe nach muss die Zahlungspflicht wiederum auf den Betrag beschränkt werden, der zu Beseitigung der Überschuldung erforderlich ist. Liegt dieser Betrag unterhalb des Gesamtbetrages aller Geschäftsanteile, ist er im Verhältnis der (gezeichneten und pflichtwidrig nicht gezeichneten) Geschäftsanteile auf die Mitglieder zu verteilen.

III. Grenze

Beschlüsse auf der ersten und zweiten Stufe dürfen nur gefasst werden, wenn mit den beschlossenen Zahlungspflichten der Fehlbetrag gedeckt werden kann. Jedoch führt nicht jede Unsicherheit bei der Bewertung dieser Frage dazu, dass der Beschluss zu unterbleiben hat. Auch wenn sich im Nachhinein herausstellt, dass die Zahlungspflichten nicht ausgereicht haben, ändert dies grundsätzlich nichts an der Wirksamkeit des Beschlusses. Ein Beschluss ist erst anfechtbar, wenn schon bei der Beschlussfassung wahrscheinlich war, dass nicht genügend Mittel zur Beseitigung der Überschuldung generiert würden, bzw. nichtig, wenn dies bei der Beschlussfassung mit hinreichender Sicherheit nicht der Fall war.

IV. Zuständigkeit und Mehrheitserfordernis

Zuständig für die Beschlussfassung ist die Generalversammlung bzw. die Vertreterversammlung, soweit die Satzung die Beschlussfassung nach § 87a nicht der Generalversammlung vorbehalten hat. Der Beschluss muss mit einer Mehrheit von mindestens 75 % gefasst werden. Die Satzung kann dieses Mehrheitserfordernis erschweren, indem eine höhere Zustimmungsquote oder weitere Voraussetzungen verlangt werden. Eine Erleichterung gegenüber den gesetzlichen Anforderungen ist demgegenüber nicht zulässig.

§ 88 Aufgaben der Liquidatoren

¹Die Liquidatoren haben die laufenden Geschäfte zu beendigen, die Verpflichtungen der aufgelösten Genossenschaft zu erfüllen, die Forderungen derselben einzuziehen und das Vermögen der Genossenschaft in Geld umzusetzen; sie haben die Genossenschaft gerichtlich und außergerichtlich zu vertreten. ²Zur Beendigung schwebender Geschäfte können die Liquidatoren auch neue Geschäfte eingehen.

§ 88a Abtretbarkeit der Ansprüche auf rückständige Einzahlungen und anteilige Fehlbeträge

(1) Die Liquidatoren können den Anspruch der Genossenschaft auf rückständige Einzahlungen auf den Geschäftsanteil und den Anspruch auf anteilige Fehlbeträge nach § 73 Abs. 2 Satz 4 mit Zustimmung des Prüfungsverbandes abtreten.

(2) Der Prüfungsverband soll nur zustimmen, wenn der Anspruch an eine genossenschaftliche Zentralbank oder an eine der Prüfung durch einen Prüfungsverband unterstehende Stelle abgetreten wird und schutzwürdige Belange der Mitglieder nicht entgegenstehen.

§ 89 Rechte und Pflichten der Liquidatoren

[1]Die Liquidatoren haben die aus den §§ 26, 27, 33 Abs. 1 Satz 1, §§ 34, 44 bis 47, 48 Abs. 3, §§ 51, 57 bis 59 sich ergebenden Rechte und Pflichten des Vorstands und unterliegen gleich diesem der Überwachung des Aufsichtsrats. [2]Sie haben für den Beginn der Liquidation eine Bilanz (Eröffnungsbilanz) sowie für den Schluss eines jeden Jahres einen Jahresabschluss und erforderlichenfalls einen Lagebericht aufzustellen. [3]Die Eröffnungsbilanz ist zu veröffentlichen; die Bekanntmachung ist zu dem Genossenschaftsregister einzureichen.

§ 90 Voraussetzungen der Vermögensverteilung

(1) Eine Verteilung des Vermögens unter die Mitglieder darf nicht vor Tilgung oder Deckung der Schulden und nicht vor Ablauf eines Jahres seit dem Tage vollzogen werden, an welchem die Aufforderung der Gläubiger in den hierzu bestimmten Blättern erfolgt ist.

(2) [1]Meldet sich ein bekannter Gläubiger nicht, so ist der geschuldete Betrag, wenn die Berechtigung zur Hinterlegung vorhanden ist, für den Gläubiger zu hinterlegen. [2]Ist die Berichtigung einer Verbindlichkeit zur Zeit nicht ausführbar oder ist eine Verbindlichkeit streitig, so darf die Verteilung des Vermögens nur erfolgen, wenn dem Gläubiger Sicherheit geleistet ist.

§ 91 Verteilung des Vermögens

(1) [1]Die Verteilung des Vermögens unter die einzelnen Mitglieder erfolgt bis zum Gesamtbetrag ihrer auf Grund der Eröffnungsbilanz ermittelten Geschäftsguthaben nach dem Verhältnis der letzteren. [2]Waren die Mitglieder nach § 87a Abs. 2 zu Zahlungen herangezogen worden, so sind zunächst diese Zahlungen nach dem Verhältnis der geleisteten Beträge zu erstatten. [3]Bei Ermittlung der einzelnen Geschäftsguthaben bleiben für die Verteilung des Gewinns oder Verlustes, welcher sich für den Zeitraum zwischen dem letzten Jahresabschluss und der Eröffnungsbilanz ergeben hat, die seit dem letzten Jahresabschluss geleisteten Einzahlungen außer Betracht. [4]Der Gewinn aus diesem Zeitraum ist dem Guthaben auch insoweit zuzuschreiben, als dadurch der Geschäftsanteil überschritten wird.

(2) Überschüsse, welche sich über den Gesamtbetrag dieser Guthaben hinaus ergeben, sind nach Köpfen zu verteilen.

(3) Durch die Satzung kann die Verteilung des Vermögens ausgeschlossen oder ein anderes Verhältnis für die Verteilung bestimmt werden.

§ 92 Unverteilbares Reinvermögen

[1]Ein bei der Auflösung der Genossenschaft verbleibendes unverteilbares Reinvermögen fällt, sofern dasselbe nicht durch die Satzung einer natürlichen oder juristischen Person zu einem bestimmten Verwendungszweck überwiesen ist, an diejenige Gemeinde, in der die Genossenschaft ihren Sitz hatte. [2]Die Zinsen dieses Fonds sind zu gemeinnützigen Zwecken zu verwenden.

Übersicht

	Rdn.			Rdn.
A. **Aufgaben der Liquidatoren (§ 88)**	1		V. Vereinfachte Verwertung von Ansprüchen gegen Mitglieder (§ 88a)	6
I. Beendigung laufender Geschäfte	1			
II. Befriedigung der Gläubiger	3	B.	**Rechte und Pflichten der Liquidatoren (§ 89)**	7
III. Einziehung von Forderungen	4			
IV. Umsetzung des übrigen Vermögens in Geld	5	C.	**Vermögensverteilung (§§ 90 bis 92)**	8
			I. Voraussetzungen	8
			II. Verfahren	9

A. Aufgaben der Liquidatoren (§ 88)

I. Beendigung laufender Geschäfte

Die Liquidatoren haben die laufenden Geschäfte zu beendigen. Sie haben etwa auf die Beendigung von Dauerschuldverhältnissen durch Kündigung hinzuwirken und müssen andere Verträge möglichst rasch abwickeln. Laufende Rechtsstreitigkeiten sind ebenfalls möglichst rasch zu erledigen. 1

Neue Geschäfte dürfen zur Beendigung schwebender Geschäfte eingegangen werden (§ 88 S. 2). Der Begriff des schwebenden Geschäfts ist hierbei weit auszulegen (BGH WM 1959, 323, 324). Er kann es gebieten, den Geschäftsbetrieb insgesamt einstweilen aufrechtzuerhalten, solange dies nicht auf eine Fortführung der Gesellschaft hinausläuft (RGZ 72, 236, 239 f.). Zulässig sind neue Geschäfte jedenfalls dann, wenn sie zur Erhaltung des Gesellschaftsvermögens erforderlich oder wirtschaftlich sinnvoll sind und einer Minderung des Unternehmenswerts entgegenwirken (BGH WM 1959, 323, 324). Anerkannt hat die Rechtsprechung bislang den Erwerb von Wertpapieren (BGH WM 1959, 323, 324) und die Besicherung von Gesellschaftsverbindlichkeiten durch die Belastung gesellschaftseigener Grundstücke (OLG Frankfurt am Main OLGZ 1980, 95, 99). 2

II. Befriedigung der Gläubiger

Vorhandene Gläubiger sind von den Liquidatoren zu befriedigen. Diese Pflicht besteht allerdings nur im Innenverhältnis zur eG und deren Mitgliedern, nicht aber gegenüber den Gläubigern. Reichen die vorhandenen Vermögenswerte nicht zur Befriedigung der Gläubiger, müssen die Liquidatoren Insolvenz anmelden, sofern auch keine Sanierungsmaßnahmen nach § 87a in Betracht kommen. 3

III. Einziehung von Forderungen

Die Liquidatoren haben offenstehende Forderungen einzuziehen und gegebenenfalls auch gerichtlich durchzusetzen. Erfasst sind sowohl die Forderungen der zu liquidierenden eG gegen Dritte als auch Forderungen gegen Mitglieder. 4

IV. Umsetzung des übrigen Vermögens in Geld

Die Liquidatoren haben vorhandenes Vermögen zu »versilbern«. Sie haben hierzu die wirtschaftlich sinnvollste Art und nicht unbedingt die schnellste Art (*Koller*/Roth/Morck § 149 Rn. 2) zu wählen. Sie dürfen insbesondere das Unternehmen an einen Gesellschafter oder an eine Gesellschaftergruppe veräußern, auch gegen den Widerspruch eines anderen Gesellschafters (OLG Hamm BB 1954, 913). 5

V. Vereinfachte Verwertung von Ansprüchen gegen Mitglieder (§ 88a)

Die Verwertung von rückständigen Pflichteinzahlungsansprüchen und anteiligen Fehlbeträgen nach § 73 Abs. 2 Satz 4 wird durch § 88a vereinfacht. Danach können die Liquidatoren diese Ansprüche veräußern und abtreten, um so einen – wenn auch unter dem Nominalbetrag der Forderung liegenden – Verwertungserlös zu erzielen. Zum Schutz der Mitglieder ist dies allerdings nur mit Zustimmung des Prüfungsverbandes möglich. Ist die eG nicht Mitglied in einem Prüfungsverband, kommt auch eine Abtretung nicht in Betracht. 6

B. Rechte und Pflichten der Liquidatoren (§ 89)

7   Die Liquidatoren übernehmen grundsätzlich die Rechtsstellung des Vorstands. Daher ordnet § 89 Satz 1 an, dass ihnen weitgehend die Rechte des Vorstandes zustehen und dessen Pflichten obliegen. Sie unterliegen der Überwachung durch den Aufsichtsrat, der zwar kein Abberufungsrecht hat, Liquidatoren aber einstweilen des Amtes entheben kann. Zusätzlich bestimmt § 89 Satz 2, dass die Liquidatoren Liquidationsbilanzen (Liquidationseröffnungsbilanz, Jahresabschlüsse zum Schluss jeden Kalenderjahres nebst – abhängig von der Größenklasse der eG – Lagebericht). Die Liquidationseröffnungsbilanz muss in den Blättern der eG veröffentlicht werden, die Bekanntmachung muss zum Genossenschaftsregister eingereicht werden (§ 89 Satz 3).

C. Vermögensverteilung (§§ 90 bis 92)

I. Voraussetzungen

8   Eine Verteilung des Restvermögens ist erst zulässig, wenn sämtliche Gläubigeransprüche entweder befriedigt (§ 90 Abs. 1) oder gesichert (§ 90 Abs. 2) sind und außerdem das Sperrjahr abgelaufen ist. Das Sperrjahr wird ab dem Tage gerechnet, an welchem die Aufforderung der Gläubiger, sich bei der eG zu melden, bekannt gemacht worden ist (§ 82 Abs. 2 Satz 2). Bei dem Sperrjahr handelt es sich allerdings nicht um eine Ausschlussfrist, Ansprüche können also grundsätzlich auch nach dessen Ablauf noch geltend gemacht werden.

II. Verfahren

9   Die Verteilung des Restvermögens unter den Mitgliedern richtet sich nach § 91 und erfolgt grundsätzlich in drei Stufen. Vorrangig ist das Restvermögen dazu zu verwenden, Sanierungszahlungen der Mitglieder nach § 87a Abs. 2 voll oder bei unzureichender Masse nach dem Verhältnis der geleisteten Beträge zu erstatten. Ein verbleibender Rest wird unter den Mitgliedern bis zum Gesamtbetrag ihrer aufgrund der Liquidationseröffnungsbilanz ermittelten Geschäftsguthaben voll oder bei unzureichender Masse im Verhältnis dieser Geschäftsguthaben verteilt. Verbleibt weiteres Vermögen, erfolgt eine Verteilung nach Köpfen.

10 Die Satzung kann unter Beachtung des Gleichbehandlungsgrundsatzes eine anderweitige Verteilung vorsehen. Zulässig ist nach § 92 auch eine Regelung, wonach anstelle der Vermögensverteilung unter den Mitgliedern das Vermögen an eine natürliche oder juristische Personen mit einem bestimmten Verwendungszweck zu überweisen ist. Die Satzung kann auch lediglich die Vermögensverteilung unter den Mitgliedern ganz oder teilweise ausschließen. In diesem Fall erfolgt die Überweisung an die Gemeinde, in der die Genossenschaft zuletzt ihren Sitz hatte. Die Gemeinde hat das Vermögen einem Sonderfonds zuzuführen und die hierauf entfallenden Zinsen zu gemeinnützigen Zwecken zu verwenden.

§ 93 Aufbewahrung von Unterlagen

¹Nach Beendigung der Liquidation sind die Bücher und Schriften der aufgelösten Genossenschaft für zehn Jahre einem ihrer ehemaligen Mitglieder oder einem Dritten in Verwahrung zu geben. ²Ist die Person weder durch Satzung noch durch einen Beschluss der Generalversammlung benannt, wird sie durch das Registergericht bestimmt. ³Das Gericht kann die ehemaligen Mitglieder und deren Rechtsnachfolger sowie die Gläubiger der Genossenschaft ermächtigen, die Bücher und Schriften einzusehen.

Übersicht	Rdn.		Rdn.
A. Beendigung der Liquidation	1	B. Aufbewahrung der Unterlagen	2

A. Beendigung der Liquidation

Die Liquidation der eG ist beendet, sobald die Liquidatoren nach der Vermögensverteilung (§§ 91, 92) eine Schlussbilanz aufgestellt haben und die Generalversammlung diese Schlussbilanz feststellt. Die Liquidatoren melden sodann die Beendigung ihrer Vertretungsbefugnis zur Eintragung in das Genossenschaftsregister verbunden mit der Aussage an, dass die Liquidation mit der Vermögensverteilung beendet ist. Anschließend wird eG wegen Vermögenslosigkeit gelöscht (§ 394 FamFG). Die Eintragung wirkt nur deklaratorisch.

B. Aufbewahrung der Unterlagen

§ 93 bestimmt, dass die Bücher und Schriften der eG für 10 Jahre nach Beendigung der Liquidation aufzubewahren sind. Sofern nicht durch die Satzung oder einen Beschluss der Generalversammlung eine für die Aufbewahrung zuständige Person bestimmt hat, erfolgt die Bestimmung durch das Registergericht. Als Verwahrer kommt insbesondere der zuletzt für die eG zuständige Prüfungsverband in Betracht. Das Registergericht kann ehemalige Mitglieder und deren Rechtsnachfolger sowie Gläubiger der eG ermächtigen, die aufbewahrten Unterlagen einzusehen.

§ 94 Klage auf Nichtigerklärung

Enthält die Satzung nicht die für sie wesentlichen Bestimmungen oder ist eine dieser Bestimmungen nichtig, so kann jedes Mitglied der Genossenschaft und jedes Vorstands- oder Aufsichtsratsmitglied im Wege der Klage beantragen, dass die Genossenschaft für nichtig erklärt werde.

§ 95 Nichtigkeitsgründe; Heilung von Mängeln

(1) Als wesentlich im Sinne des § 94 gelten die in den §§ 6, 7 und 119 bezeichneten Bestimmungen der Satzung mit Ausnahme derjenigen über die Beurkundung der Beschlüsse der Generalversammlung und den Vorsitz in dieser.

(2) Ein Mangel, der eine hiernach wesentliche Bestimmung der Satzung betrifft, kann durch einen den Vorschriften dieses Gesetzes über Änderungen der Satzung entsprechenden Beschluss der Generalversammlung geheilt werden.

(3) Die Einberufung der Generalversammlung erfolgt, wenn sich der Mangel auf die Bestimmungen über die Form der Einberufung bezieht, durch Einrückung in diejenigen öffentlichen Blätter, welche für die Bekanntmachung der Eintragungen in das Genossenschaftsregister des Sitzes der Genossenschaft bestimmt sind.

(4) Betrifft bei einer Genossenschaft, bei der die Mitglieder beschränkt auf eine Haftsumme Nachschüsse zur Insolvenzmasse zu leisten haben, der Mangel die Bestimmungen über die Haftsumme, so darf durch die zur Heilung des Mangels beschlossenen Bestimmungen der Gesamtbetrag der von den einzelnen Mitgliedern übernommenen Haftung nicht vermindert werden.

§ 96 Verfahren bei Nichtigkeitsklage

Das Verfahren über die Klage auf Nichtigkeitserklärung und die Wirkungen des Urteils bestimmen sich nach den Vorschriften des § 51 Abs. 3 bis 5.

§ 97 Wirkung der Eintragung der Nichtigkeit

(1) Ist die Nichtigkeit einer Genossenschaft in das Genossenschaftsregister eingetragen, so finden zum Zweck der Abwicklung ihrer Verhältnisse die für den Fall der Auflösung geltenden Vorschriften entsprechende Anwendung.

(2) Die Wirksamkeit der im Namen der Genossenschaft mit Dritten vorgenommenen Rechtsgeschäfte wird durch die Nichtigkeit nicht berührt.

(3) Soweit die Mitglieder eine Haftung für die Verbindlichkeiten der Genossenschaft übernommen haben, sind sie verpflichtet, die zur Befriedigung der Gläubiger erforderlichen Beträge nach Maßgabe der Vorschriften des Abschnitts 7 zu leisten.

Übersicht	Rdn.			Rdn.
A. Allgemeines	1	C.	Heilung (§ 95 Abs. 2 bis Abs. 4)	4
B. Nichtigkeitsgründe (§§ 94, 95 Abs. 1) ..	3	D.	Verfahren	5

A. Allgemeines

1 Weist die Gründungssatzung mangelhafte, fehlende oder nichtige Bestimmungen auf, kann das Registergericht dies unter den beschränkenden Voraussetzungen des § 11a Abs. 3 zum Anlass nehmen, eine Eintragung abzulehnen. Erfolgt gleichwohl eine Eintragung, kann eine Nichtigerklärung der eG nur noch unter den Voraussetzungen der §§ 94 ff. bewirkt werden. Diese Vorschriften geben den Mitgliedern der eG sowie den Organmitgliedern die Möglichkeit, bei einer fehlenden oder nichtigen wesentlichen Bestimmung der Gründungssatzung die eG durch Urteil für nichtig erklären zu lassen. Nach Eintragung der eG kann auch das Registergericht eine Löschung von Amts wegen nur noch unter den Voraussetzungen der §§ 94, 95 vornehmen.

2 Die §§ 94 ff. gelten nicht für spätere Satzungsänderungen, auch wenn diese dazu führen, dass nunmehr der Satzung eine wesentliche Bestimmung fehlt oder eine wesentliche Bestimmung nichtig ist. Lediglich der der Satzungsänderung zugrunde liegende Beschluss kann im Wege der Anfechtungs- oder Nichtigkeitsklage beseitigt werden, wodurch die Satzung auf den vorherigen Stand zurückgeführt wird.

B. Nichtigkeitsgründe (§§ 94, 95 Abs. 1)

3 § 94 knüpft die Nichtigerklärung der eG an die Voraussetzung, dass ihrer Gründungssatzung eine für sie wesentliche Bestimmung fehlt oder dass eine wesentliche Bestimmung nichtig ist. Eine Satzungsbestimmung fehlt, wenn sie weder vorhanden ist noch aus dem Gesamtinhalt der Satzung durch Auslegung ermittelt werden kann. Als wesentlich definiert § 95 Abs. 1 die in den §§ 6, 7 und 119 bezeichneten Bestimmungen mit Ausnahme der Regelungen über die Beurkundung der Beschlüsse der Generalversammlung und den Vorsitz in dieser (§ 6 Nr. 4). Die Aufzählung ist abschließend und kann durch die Satzung weder erweitert noch beschränkt werden.

C. Heilung (§ 95 Abs. 2 bis Abs. 4)

4 Der Nichtigkeitsgrund wird beseitigt, wenn die Generalversammlung die fehlende Bestimmung in die Satzung einfügt oder die nichtige Bestimmung durch eine wirksame ersetzt. Erforderlich ist hierfür ein formell ordnungsgemäßer Satzungsänderungsbeschluss. Da ein solcher nicht zustande gebracht werden könnte, wenn die fehlende oder nichtige Satzungsbestimmung die Einberufung zur Generalversammlung betrifft, sieht § 95 Abs. 3 vor, dass die Einberufung nicht auf der Grundlage der Satzung erfolgt, sondern durch Einrückung in diejenigen öffentlichen Blätter, die für die Bekanntmachung der Eintragungen in das Genossenschaftsregister des Sitzes der eG bestimmt sind. Zum Schutz der Drittgläubiger der eG sieht § 95 Abs. 4 vor, dass die Heilung einer mangelhaften Bestimmung über die Haftsumme nicht dazu führen darf, dass der Gesamtbetrag der von den einzelnen Mitgliedern übernommenen Haftung vermindert wird.

D. Verfahren

5 Der Nichtigkeitsgrund kann durch Anregung einer Amtslöschung oder durch Erhebung einer Nichtigkeitsklage (§ 94) geltend gemacht werden. Klagebefugt sind nur Mitglieder der eG und

Organmitglieder, nicht aber die Organe der eG als solche. Eine Amtslöschung kann demgegenüber jedermann anregen. Das Klageverfahren und die Wirkungen des Urteils richten sich nach der für die Anfechtungsklage gegen Generalversammlungsbeschlüsse geltenden Vorschrift des § 51 Abs. 3 bis 5 (§ 96). Das der Nichtigkeitsklage stattgebende Urteil wirkt mit Eintritt der Rechtskraft konstitutiv und führt zur Auflösung der eG. Die Nichtigkeit wird im Genossenschaftsregister eingetragen, anschließend wird die eG nach den für die Auflösung geltenden Vorschriften der §§ 83 ff. abgewickelt. § 97 Abs. 2 stellt klar, dass Rechtsgeschäfte, die die eG vor Rechtskraft des Nichtigkeitsurteils vorgenommen hatte, durch das Urteil nicht berührt werden. Reicht das Vermögen der eG nicht zur Befriedigung ihrer Gläubiger aus, sind Mitglieder, die eine Haftung für die Verbindlichkeiten der eG übernommen haben, in entsprechender Anwendung des § 105 zur Nachschussleistung verpflichtet (§ 97 Abs. 3).

Abschnitt 7 Insolvenzverfahren, Nachschusspflicht der Mitglieder

§ 98 Eröffnung des Insolvenzverfahrens

Abweichend von § 19 Abs. 1 der Insolvenzordnung ist bei einer Genossenschaft die Überschuldung nur dann Grund für die Eröffnung des Insolvenzverfahrens, wenn
1. die Mitglieder Nachschüsse bis zu einer Haftsumme zu leisten haben und die Überschuldung ein Viertel des Gesamtbetrags der Haftsummen aller Mitglieder übersteigt,
2. die Mitglieder keine Nachschüsse zu leisten haben oder
3. die Genossenschaft aufgelöst ist.

§ 99 Zahlungsverbot bei Zahlungsunfähigkeit oder Überschuldung

Der Vorstand darf keine Zahlung mehr leisten, sobald die Genossenschaft zahlungsunfähig geworden ist oder sich eine Überschuldung ergeben hat, die für die Genossenschaft nach § 98 Grund für die Eröffnung des Insolvenzverfahrens ist. ²Dies gilt nicht für Zahlungen, die auch nach diesem Zeitpunkt mit der Sorgfalt eines ordentlichen und gewissenhaften Geschäftsleiters einer Genossenschaft vereinbar sind.

§ 100

(weggefallen)

§ 101 Wirkung der Eröffnung des Insolvenzverfahrens

Durch die Eröffnung des Insolvenzverfahrens wird die Genossenschaft aufgelöst.

§ 102 Eintragung der Eröffnung des Insolvenzverfahrens

(1) ¹Die Eröffnung des Insolvenzverfahrens ist von Amts wegen in das Genossenschaftsregister einzutragen. ²Das Gleiche gilt für
1. die Aufhebung des Eröffnungsbeschlusses,
2. die Bestellung eines vorläufigen Insolvenzverwalters, wenn zusätzlich dem Schuldner ein allgemeines Verfügungsverbot auferlegt oder angeordnet wird, dass Verfügungen des Schuldners nur mit Zustimmung des vorläufigen Insolvenzverwalters wirksam sind, und die Aufhebung einer derartigen Sicherungsmaßnahme,
3. die Anordnung der Eigenverwaltung durch den Schuldner und deren Aufhebung sowie die Anordnung der Zustimmungsbedürftigkeit bestimmter Rechtsgeschäfte des Schuldners,
4. die Einstellung und die Aufhebung des Verfahrens und

5. die Überwachung der Erfüllung eines Insolvenzplans und die Aufhebung der Überwachung.

(2) Die Eintragungen nach Absatz 1 werden nicht bekannt gemacht.

Übersicht

		Rdn.			Rdn.
A.	Allgemeines	1	D.	Zahlungsverbot	7
B.	Insolvenzgründe	2	E.	Registerrecht	8
C.	Antragspflicht aufgehoben	4			

A. Allgemeines

1   Als juristische Person ist die eG insolvenzfähig (§ 11 Abs. 1 Satz 1 InsO) und bleibt dies nach § 11 Abs. 3 InsO auch im Fall ihrer Auflösung bis zu dem Zeitpunkt, in dem mit der Verteilung ihres Vermögens begonnen wird. Mit Erlass des Eröffnungsbeschlusses wird die eG aufgelöst (§ 101). Wird der Eröffnungsbeschluss später aufgehoben, wird die eG so behandelt, als sei sie nicht aufgelöst worden. Die Liquidation der eG nach insolvenzbedingter Auflösung erfolgt nicht nach den §§ 78 ff., sondern richtet sich grundsätzlich nach den Vorschriften der InsO, die durch die §§ 98 ff. teils ergänzt und teils modifiziert werden. Die durch §§ 98 ff. angeordneten Abweichungen gelten aufgrund deren körperschaftlicher Struktur auch für die Vorgenossenschaft, nicht aber für die Vorgründungsgenossenschaft.

B. Insolvenzgründe

2   Die Eröffnung des Insolvenzverfahrens setzt das Vorliegen eines Insolvenzgrundes voraus. Insolvenzeröffnungsgrund ist erstens die eingetretene Zahlungsunfähigkeit (s. dazu im Einzelnen § 130a HGB Rdn. 15 ff.) und zweitens grundsätzlich auch die drohende Zahlungsunfähigkeit. Etwas anderes gilt bei der Kreditgenossenschaft. Deren drohende Zahlungsunfähigkeit stellt nach § 46b Abs. 1 Satz 5 KWG nur dann einen Insolvenzeröffnungsgrund dar, wenn Maßnahmen nach §§ 46, 46a KWG nicht Erfolg versprechend erscheinen.

3   Der Insolvenzeröffnungsgrund der Überschuldung (§ 19 InsO) wird durch § 98 modifiziert. Als zusätzliche Anforderung neben der allgemeinen Überschuldungsprüfung (s. dazu im Einzelnen § 130a HGB Rdn. 31 ff.) bildet die Überschuldung nur dann einen Insolvenzeröffnungsgrund, wenn entweder Mitglieder Nachschüsse nur beschränkt bis zu einer Haftsumme zu leisten haben und die Überschuldung ein Viertel des Gesamtbetrags der Haftsumme aller Mitglieder übersteigt, oder wenn die Satzung eine Nachschusspflicht nicht vorsieht, oder wenn die Genossenschaft aufgelöst ist. Bei Kreditgenossenschaften ist die vorrangige Bestimmung des § 46b KWG zu beachten.

C. Antragspflicht aufgehoben

4   Die Antragspflicht des § 99 Abs. 1 a. F. ist durch das Gesetz vom 23.10.2008 (BGBl. I 2026) aufgehoben worden. § 99 Abs. 1 ordnete eine Antragspflicht jedes einzelnen Vorstandsmitglieds bzw. Liquidators an. Die Vorschrift war zwingend. Der Antragsverpflichtete konnte daher insbesondere nicht deswegen von einem Antrag absehen, weil entweder kein Vorstandsbeschluss zustande kommt oder sich andere Vorstandsmitglieder einer Antragstellung verweigern, oder weil er von der Generalversammlung oder dem Aufsichtsrat hierzu angewiesen wird, oder weil bereits ein Gläubiger einen Fremdantrag gestellt hat. Etwas anderes gilt bei der Kreditgenossenschaft. Nach § 46b Abs. 1 Satz 2 KWG trifft das Vorstandsmitglied bzw. den Liquidator anstelle der Antragspflicht eine Anzeigepflicht gegenüber der BaFin, die sodann darüber entscheidet, ob sie einen Insolvenzantrag stellt.

5   Die Vorstandsmitglieder mussten nach Eintritt der Zahlungsunfähigkeit oder Überschuldung unverzüglich, spätestens aber binnen einer Frist von 3 Wochen Insolvenzantrag stellen, wenn bis dahin der Insolvenzeröffnungsgrund nicht beseitigt worden ist.

Verletzten Vorstandsmitglieder oder Liquidatoren schuldhaft ihre Insolvenzantragspflicht, machten sie sich nach § 148 Abs. 1 Nr. 2 strafbar. Als weitere Straftatbestände kommen §§ 266, 283 ff. StGB in Betracht.

D. Zahlungsverbot

Sobald die Vorstandsmitglieder oder die Liquidatoren Kenntnis vom Vorhandensein des Insolvenzgrundes der Zahlungsunfähigkeit oder der Überschuldung erlangt, dürfen sie keine Geldzahlungen mehr leisten, es sei denn, dass Zahlungen mit der Sorgfalt eines ordentlichen und gewissenhaften Geschäftsleiters einer eG vereinbar sind. Vor diesem Zeitpunkt getroffene Maßnahmen, die zu einer Zahlung nach Kenntniserlangung führen (z. B. Einzugsermächtigungen, Überweisungen), müssen widerrufen oder gestoppt werden. Verstoßen Vorstandsmitglieder oder Liquidatoren gegen das Zahlungsverbot, kann sie eine Schadensersatzhaftung sowohl im Außenverhältnis gegenüber Gläubigern der eG (§ 99 i. V. m. § 823 Abs. 2 BGB) als auch im Innenverhältnis zur eG (§ 34 Abs. 2 und 3 Nr. 4) treffen.

E. Registerrecht

Die Eröffnung des Insolvenzverfahrens über das Vermögen der eG und die sonstigen in § 102 genannten Maßnahmen werden von Amts wegen auf entsprechende Information des Insolvenzgerichts hin im Genossenschaftsregister eingetragen. Da die Verfahrenseröffnung ohnehin vom Insolvenzgericht bekannt gemacht wird, schließt § 102 Abs. 2 eine zusätzliche Bekanntmachung durch das Registergericht aus.

§§ 103-104

(weggefallen)

§ 105 Nachschusspflicht der Mitglieder

(1) ¹Soweit die Ansprüche der Massegläubiger oder die bei der Schlussverteilung nach § 196 der Insolvenzordnung berücksichtigten Forderungen der Insolvenzgläubiger aus dem vorhandenen Vermögen der Genossenschaft nicht berichtigt werden, sind die Mitglieder verpflichtet, Nachschüsse zur Insolvenzmasse zu leisten, es sei denn, dass die Nachschusspflicht durch die Satzung ausgeschlossen ist. ²Im Falle eines rechtskräftig bestätigten Insolvenzplans besteht die Nachschusspflicht insoweit, als sie im gestaltenden Teil des Plans vorgesehen ist.

(2) Die Nachschüsse sind von den Mitgliedern nach Köpfen zu leisten, es sei denn, dass die Satzung ein anderes Beitragsverhältnis bestimmt.

(3) Beiträge, zu deren Leistung einzelne Mitglieder nicht in der Lage sind, werden auf die übrigen Mitglieder verteilt.

(4) ¹Zahlungen, die Mitglieder über die von ihnen nach den vorstehenden Vorschriften geschuldeten Beiträge hinaus leisten, sind ihnen nach der Befriedigung der Gläubiger aus den Nachschüssen zu erstatten. ²Das Gleiche gilt für Zahlungen der Mitglieder auf Grund des § 87a Abs. 2 nach Erstattung der in Satz 1 bezeichneten Zahlungen.

(5) Gegen die Nachschüsse kann das Mitglied eine Forderung an die Genossenschaft aufrechnen, sofern die Voraussetzungen vorliegen, unter denen es als Insolvenzgläubiger Befriedigung wegen der Forderung aus den Nachschüssen zu beanspruchen hat.

§ 106 Vorschussberechnung

(1) ¹Der Insolvenzverwalter hat unverzüglich, nachdem die Vermögensübersicht nach § 153 der Insolvenzordnung auf der Geschäftsstelle niedergelegt ist, zu berechnen, wie viel die Mitglieder zur Deckung des aus der Vermögensübersicht ersichtlichen Fehlbetrags vorzuschießen haben. ²Sind in der Vermögensübersicht Fortführungs- und Stilllegungswerte nebeneinander angegeben, ist der Fehlbetrag maßgeblich, der sich auf der Grundlage der Stilllegungswerte ergibt.

(2) ¹In der Vorschussberechnung sind alle Mitglieder namentlich zu bezeichnen und die Beiträge auf sie zu verteilen. ²Die Höhe der Beiträge ist so zu bemessen, dass durch ein vorauszusehendes Unvermögen einzelner Mitglieder zur Leistung von Beiträgen kein Ausfall an dem zu deckenden Gesamtbetrag entsteht.

(3) ¹Die Berechnung ist dem Insolvenzgericht mit dem Antrag einzureichen, dieselbe für vollstreckbar zu erklären. ²Dem Antrag ist eine beglaubigte Abschrift der Mitgliederliste und, sofern das Genossenschaftsregister nicht bei dem Insolvenzgericht geführt wird, eine beglaubigte Abschrift der Satzung beizufügen.

§ 107 Gerichtliche Erklärung über die Vorschussberechnung

(1) ¹Zur Erklärung über die Berechnung bestimmt das Gericht einen Termin, welcher nicht über zwei Wochen hinaus anberaumt werden darf. ²Der Termin ist öffentlich bekannt zu machen; die in der Berechnung aufgeführten Mitglieder sind besonders zu laden.

(2) ¹Die Berechnung ist spätestens drei Tage vor dem Termin auf der Geschäftsstelle zur Einsicht der Beteiligten niederzulegen. ²Hierauf ist in der Bekanntmachung und den Ladungen hinzuweisen.

§ 108 Erklärungstermin

(1) In dem Termin sind Vorstand und Aufsichtsrat der Genossenschaft sowie der Insolvenzverwalter und der Gläubigerausschuss und, soweit Einwendungen erhoben werden, die sonst Beteiligten zu hören.

(2) ¹Das Gericht entscheidet über die erhobenen Einwendungen, berichtigt, soweit erforderlich, die Berechnung oder ordnet die Berichtigung an und erklärt die Berechnung für vollstreckbar. ²Die Entscheidung ist in dem Termin oder in einem sofort anzuberaumenden Termin, welcher nicht über eine Woche hinaus angesetzt werden soll, zu verkünden. ³Die Berechnung mit der sie für vollstreckbar erklärenden Entscheidung ist zur Einsicht der Beteiligten auf der Geschäftsstelle niederzulegen.

(3) Gegen die Entscheidung findet ein Rechtsmittel nicht statt.

§ 108a Abtretbarkeit von Ansprüchen der Genossenschaft

(1) Der Insolvenzverwalter kann die Ansprüche der Genossenschaft auf rückständige Einzahlungen auf den Geschäftsanteil, auf anteilige Fehlbeträge nach § 73 Abs. 2 Satz 4 und auf Nachschüsse mit Genehmigung des Insolvenzgerichts abtreten.

(2) Die Genehmigung soll nur nach Anhörung des Prüfungsverbandes und nur dann erteilt werden, wenn der Anspruch an eine genossenschaftliche Zentralbank oder an eine der Prüfung durch einen Prüfungsverband unterstehende Stelle abgetreten wird.

§ 109 Einziehung der Vorschüsse

(1) Nachdem die Berechnung für vollstreckbar erklärt ist, hat der Insolvenzverwalter unverzüglich die Beiträge von den Mitgliedern einzuziehen.

(2) Die Zwangsvollstreckung gegen ein Mitglied findet nach Maßgabe der Zivilprozessordnung auf Grund einer vollstreckbaren Ausfertigung der Entscheidung und eines Auszuges aus der Berechnung statt.

(3) Für die in den Fällen der §§ 731, 767, 768 der Zivilprozessordnung zu erhebenden Klagen ist das Amtsgericht, bei welchem das Insolvenzverfahren anhängig ist und, wenn der Streitgegenstand zur Zuständigkeit der Amtsgerichte nicht gehört, das Landgericht ausschließlich zuständig, zu dessen Bezirk das Insolvenzgericht gehört.

§ 110 Hinterlegung oder Anlage der Vorschüsse

Die eingezogenen Beträge sind nach Maßgabe des § 149 der Insolvenzordnung zu hinterlegen oder anzulegen.

§ 111 Anfechtungsklage

(1) [1]Jedes Mitglied ist befugt, die für vollstreckbar erklärte Berechnung im Wege der Klage anzufechten. [2]Die Klage ist gegen den Insolvenzverwalter zu richten. Sie findet nur binnen der Notfrist eines Monats seit Verkündung der Entscheidung und nur insoweit statt, als der Kläger den Anfechtungsgrund in dem nach § 107 Abs. 1 anberaumten Termin geltend gemacht hat oder ohne sein Verschulden geltend zu machen außerstande war.

(2) Das rechtskräftige Urteil wirkt für und gegen alle beitragspflichtigen Mitglieder.

§ 112 Verfahren bei Anfechtungsklage

(1) [1]Die Klage ist ausschließlich bei dem Amtsgericht zu erheben, welches die Berechnung für vollstreckbar erklärt hat. Die mündliche Verhandlung erfolgt nicht vor Ablauf der bezeichneten Notfrist. [2]Mehrere Anfechtungsprozesse sind zur gleichzeitigen Verhandlung und Entscheidung zu verbinden.

(2) [1]Übersteigt der Streitgegenstand eines Prozesses die sonst für die sachliche Zuständigkeit der Amtsgerichte geltende Summe, so hat das Gericht, sofern eine Partei in einem solchen Prozess vor der Verhandlung zur Hauptsache dies beantragt, durch Beschluss die sämtlichen Streitsachen an das Landgericht, in dessen Bezirk es seinen Sitz hat, zu verweisen. [2]Gegen diesen Beschluss findet die sofortige Beschwerde statt. Die Notfrist beginnt mit der Verkündung des Beschlusses.

(3) [1]Ist der Beschluss rechtskräftig, so gelten die Streitsachen als bei dem Landgericht anhängig. [2]Die im Verfahren vor dem Amtsgericht erwachsenen Kosten werden als Teil der bei dem Landgericht erwachsenen Kosten behandelt und gelten als Kosten einer Instanz.

(4) Die §§ 769 und 770 der Zivilprozessordnung über die Einstellung der Zwangsvollstreckung und die Aufhebung der Vollstreckungsmaßregeln finden entsprechende Anwendung.

§ 112a Vergleich über Nachschüsse

(1) Der Insolvenzverwalter kann über den von dem Mitglied zu leistenden Nachschuss einen Vergleich abschließen. Der Vergleich bedarf zu seiner Wirksamkeit der Zustimmung des Gläubigerausschusses, wenn ein solcher bestellt ist, und der Bestätigung durch das Insolvenzgericht.

(2) Der Vergleich wird hinfällig, wenn das Mitglied mit seiner Erfüllung in Verzug gerät.

§ 113 Zusatzberechnung

(1) ¹Soweit infolge des Unvermögens einzelner Mitglieder zur Leistung von Beiträgen der zu deckende Gesamtbetrag nicht erreicht wird oder auf Grund des auf eine Anfechtungsklage ergehenden Urteils oder aus anderen Gründen die Berechnung abzuändern ist, hat der Insolvenzverwalter eine Zusatzberechnung aufzustellen. ²Die Vorschriften der §§ 106 bis 112a gelten auch für die Zusatzberechnung.

(2) Die Aufstellung einer Zusatzberechnung ist erforderlichenfalls zu wiederholen.

§ 114 Nachschussberechnung

(1) ¹Sobald mit dem Vollzug der Schlussverteilung nach § 196 der Insolvenzordnung begonnen wird oder sobald nach einer Anzeige der Masseunzulänglichkeit nach § 208 der Insolvenzordnung die Insolvenzmasse verwertet ist, hat der Insolvenzverwalter schriftlich festzustellen, ob und in welcher Höhe nach der Verteilung des Erlöses ein Fehlbetrag verbleibt und inwieweit er durch die bereits geleisteten Nachschüsse gedeckt ist. ²Die Feststellung ist auf der Geschäftsstelle des Gerichts niederzulegen.

(2) Verbleibt ein ungedeckter Fehlbetrag und können die Mitglieder zu weiteren Nachschüssen herangezogen werden, so hat der Insolvenzverwalter in Ergänzung oder Berichtigung der Vorschussberechnung und der zu ihr etwa ergangenen Zusätze zu berechnen, wieviel die Mitglieder nach § 105 an Nachschüssen zu leisten haben (Nachschussberechnung).

(3) Die Nachschussberechnung unterliegt den Vorschriften der §§ 106 bis 109, 111 bis 113, der Vorschrift des § 106 Abs. 2 mit der Maßgabe, dass auf Mitglieder, deren Unvermögen zur Leistung von Beiträgen sich herausgestellt hat, Beiträge nicht verteilt werden.

§ 115 Nachtragsverteilung

(1) ¹Der Insolvenzverwalter hat, nachdem die Nachschussberechnung für vollstreckbar erklärt ist, unverzüglich den gemäß § 110 vorhandenen Bestand und, so oft von den noch einzuziehenden Beiträgen hinreichender Bestand eingegangen ist, diesen im Wege der Nachtragsverteilung nach § 203 der Insolvenzordnung unter die Gläubiger zu verteilen. ²Soweit es keiner Nachschussberechnung bedarf, hat der Insolvenzverwalter die Verteilung unverzüglich vorzunehmen, nachdem die Feststellung nach § 114 Abs. 1 auf der Geschäftsstelle des Gerichts niedergelegt ist.

(2) ¹Außer den Anteilen auf die in §§ 189 bis 191 der Insolvenzordnung bezeichneten Forderungen sind zurückzubehalten die Anteile auf Forderungen, welche im Prüfungstermin von dem Vorstand ausdrücklich bestritten worden sind. ²Dem Gläubiger bleibt überlassen, den Widerspruch des Vorstands durch Klage zu beseitigen. ³Soweit der Widerspruch rechtskräftig für begründet erklärt wird, werden die Anteile zur Verteilung unter die übrigen Gläubiger frei.

(3) Die zur Befriedigung der Gläubiger nicht erforderlichen Überschüsse hat der Insolvenzverwalter an die Mitglieder zurückzuzahlen.

§ 115a Abschlagsverteilung der Nachschüsse

(1) ¹Nimmt die Abwicklung des Insolvenzverfahrens voraussichtlich längere Zeit in Anspruch, so kann der Insolvenzverwalter mit Zustimmung des Gläubigerausschusses, wenn ein solcher bestellt ist, und des Insolvenzgerichts die nach § 110 eingezogenen Beträge schon vor dem in § 115 Abs. 1 bezeichneten Zeitpunkt im Wege der Abschlagsverteilung nach den §§ 187 bis 195 der Insolvenzordnung an die Gläubiger verteilen. ²Eine Abschlagsverteilung soll unterbleiben, soweit nach dem Verhältnis der Schulden zu dem Vermögen mit einer Erstattung eingezogener Beträge an Mitglieder nach § 105 Abs. 4 oder § 115 Abs. 3 zu rechnen ist.

(2) Sollte sich dennoch nach Befriedigung der Gläubiger ein Überschuss aus der Insolvenzmasse ergeben, so sind die zuviel gezahlten Beträge den Mitgliedern aus dem Überschuss zu erstatten.

§ 115b Nachschusspflicht ausgeschiedener Mitglieder

Sobald mit Sicherheit anzunehmen ist, dass die in § 105 Abs. 1 bezeichneten Insolvenzgläubiger auch nicht durch Einziehung der Nachschüsse von den Mitgliedern Befriedigung oder Sicherstellung erlangen, sind die hierzu erforderlichen Beiträge von den innerhalb der letzten 18 Monate vor dem Antrag auf Eröffnung des Insolvenzverfahrens oder nach diesem Antrag ausgeschiedenen Mitgliedern, welche nicht schon nach § 75 oder § 76 Abs. 4 der Nachschusspflicht unterliegen, nach Maßgabe des § 105 zur Insolvenzmasse zu leisten.

§ 115c Beitragspflicht ausgeschiedener Mitglieder

(1) Der Insolvenzverwalter hat unverzüglich eine Berechnung über die Beitragspflicht der ausgeschiedenen Mitglieder aufzustellen.

(2) In der Berechnung sind die ausgeschiedenen Mitglieder namentlich zu bezeichnen und auf sie die Beiträge zu verteilen, soweit nicht das Unvermögen einzelner zur Leistung von Beiträgen vorauszusehen ist.

(3) Im Übrigen finden die Vorschriften in § 106 Abs. 3, §§ 107 bis 109, 111 bis 113 und 115 entsprechende Anwendung.

§ 115d Einziehung und Erstattung von Nachschüssen

(1) Durch die Vorschriften der §§ 115b, 115c wird die Einziehung der Nachschüsse von den in der Genossenschaft verbliebenen Mitgliedern nicht berührt.

(2) Aus den Nachschüssen der verbliebenen Mitglieder sind den ausgeschiedenen Mitgliedern die von diesen geleisteten Beiträge zu erstatten, sobald die in § 105 Abs. 1 bezeichneten Insolvenzgläubiger vollständig befriedigt oder sichergestellt sind.

§ 115e Eigenverwaltung

Ist gemäß § 270 oder § 271 der Insolvenzordnung die Eigenverwaltung unter Aufsicht eines Sachwalters angeordnet, so gelten die §§ 105 bis 115d mit der Maßgabe, dass an die Stelle des Insolvenzverwalters der Sachwalter tritt.

Übersicht	Rdn.		Rdn.
A. Nachschusspflicht	1	VII. Einziehung und Verwahrung der Vorschüsse	12
I. Inhalt und Voraussetzungen	1		
II. Höhe	2	B. Anfechtungsklage	14
III. Zweistufiges Erstattungsverfahren (§ 105 Abs. 4)	3	I. Statthafte Rechtsschutzform und Klagebefugnis	14
IV. Aufrechnung	4	II. Frist und Zuständigkeit	15
V. Abtretbarkeit und Vergleich	5	III. Urteilswirkung	16
VI. Vorschuss	7	C. Nachschussberechnung	17
1. Vorschussberechnung	7	D. Nachtrags- und Abschlagsverteilung (§§ 115, 115a)	18
2. Weiteres Verfahren	8	E. Eigenverwaltung (§ 115e)	21

A. Nachschusspflicht

I. Inhalt und Voraussetzungen

1 Die Vorschrift des § 105 begründet eine nachrangige Haftung der Mitglieder der eG zum Schutz deren Gläubiger für den Fall, dass das Vermögen der eG nicht zur vollständigen Gläubigerbefriedigung ausreicht. Es handelt sich bei ihr um eine im Mitgliedschaftsverhältnis dem Grunde nach angelegte eigene Beitragspflicht des Mitglieds gegenüber der eG (BGH NJW 1964, 766), die allerdings erst mit der Eröffnung des Insolvenzverfahrens entsteht, sofern folgende Voraussetzungen erfüllt sind:
– Erstens muss die Satzung ausdrücklich eine Verpflichtung zur – auf eine Haftsumme beschränkten oder unbeschränkten – Nachschussleistung vorsehen.
– Zweitens muss entweder Masseunzulänglichkeit oder ein vollständiger oder teilweiser Ausfall von Insolvenzgläubigern bei der Schlussverteilung oder eine Aufnahme der Nachschusspflicht im gestaltenden Teil eines rechtskräftig bestätigten Insolvenzplans vorliegen.
– Drittens muss der Anspruchsverpflichtete Mitglied der eG sein bzw. darf nicht länger als 6 Monate vor der Eröffnung des Insolvenzverfahrens ausgeschieden sein (§§ 101, 75). Mitglieder, die vor diesem Zeitraum, aber längstens 18 Monate vor dem Antrag auf Eröffnung des Insolvenzverfahrens ausgeschieden sind, können nach §§ 115b, 115c nur subsidiär – wenn eine Befriedigung der Insolvenzgläubiger auch durch die Nachschüsse der vorstehend genannten Mitglieder – in Anspruch genommen werden, und haben gegebenenfalls einen Erstattungsanspruch gegenüber den übrigen Mitgliedern (§ 115d Abs. 2). Mitglieder, die sowohl früher als 6 Monate vor Insolvenzeröffnung als auch früher als 18 Monate vor Insolvenzantrag ausgeschieden sind, unterliegen keiner Nachschusspflicht.

II. Höhe

2 Sieht die Satzung keine unbeschränkte Nachschusspflicht der Mitglieder vor, ist der Nachschuss für jedes Mitglied auf die in der Satzung festgelegte Haftsumme (s. dazu §§ 119 bis 121) beschränkt. Die Haftsumme stellt den Höchstrahmen der Inanspruchnahme des einzelnen Mitglieds dar. Die Satzung kann auch Regeln vorsehen, wie der Gesamtbetrag der nicht durch das Genossenschaftsvermögen gedeckten Forderungen der Insolvenzgläubiger auf die Mitglieder verteilt wird. Zulässig ist bspw. eine Verteilung entsprechend dem Verhältnis der Geschäftsguthaben oder der Haftsummen zueinander. Enthält die Satzung keine Bestimmung zur Verteilung, ordnet § 105 Abs. 2 eine Verteilung nach Köpfen an. Kann ein Mitglied zweifelsfrei nachweisen, dass es nicht zur Zahlung des sich danach ergebenden Betrages in der Lage ist, ist dieser Betrag nach dem in der Satzung bzw. subsidiär nach dem in § 105 Abs. 2 vorgegebenen Verteilungsmaßstab auf die leistungsfähigen Mitglieder zu verteilen. Das gilt auch dann, wenn ein Mitglied unbekannt verzogen, oder wenn eine Inanspruchnahme aus sonstigen Gründen aus Sicht der eG – nicht aus der des Mitglieds – unzumutbar ist.

III. Zweistufiges Erstattungsverfahren (§ 105 Abs. 4)

3 § 105 Abs. 4 ordnet einen Vorrang der Nachschusspflicht vor sonstigen Leistungen der Mitglieder an. Sieht die Satzung eine unbeschränkte Nachschusspflicht vor oder sind die Haftsummen der Mitglieder nach der Befriedigung sämtlicher Insolvenzgläubiger noch nicht ausgeschöpft, wird das Nachschussverfahren in zwei Stufen fortgeführt. Auf der ersten Stufe werden Nachschusszahlungen verwendet, um etwaige freiwillige oder versehentliche Mehrleistungen von Mitgliedern zu erstatten (Abs. 4 Satz 1). Reicht der Gesamtbetrag der noch offenen und realisierbaren Haftsummen nicht für eine vollständige Befriedigung der Erstattungsansprüche aus, ist er so zu verteilen, dass letztendlich jedes Mitglied, das eine freiwillige oder versehentliche Mehrleistung erbracht hat, mit demselben Betrag belastet bleibt. Verbleiben auch nach dieser Erstattung weitere realisierbare Haftsummen, erfolgt auf der zweiten Stufe die Verteilung zwischen den Mitgliedern, die Zahlungen nach § 87a Abs. 2 erbracht haben (Abs. 4 Satz 2).

IV. Aufrechnung

Ist ein Mitglied zugleich Insolvenzschuldner, ist es nach § 105 Abs. 5 grundsätzlich zur Aufrechnung berechtigt. Der Umfang der zulässigen Aufrechnung ist allerdings auf die Insolvenzquote beschränkt.

4

V. Abtretbarkeit und Vergleich

Die Bestimmungen in § 108a und § 112a dienen der vereinfachten Realisierung der Nachschusspflicht. Nach § 108a kann der Insolvenzverwalter – ähnlich der Regelung in § 88a – Nachschussforderungen (aber auch Forderungen aus rückständigen Pflichteinlagen und auf anteilige Fehlbeträge nach § 73 Abs. 2 Satz 4) veräußern und abtreten. Die Wirksamkeit der Abtretung hängt allerdings von der Genehmigung durch das Insolvenzgericht ab. § 108a Abs. 2 enthält Vorgaben, die das Insolvenzgericht bei seiner Entscheidung berücksichtigen soll. So soll der Prüfungsverband angehört werden. Außerdem soll die Genehmigung nur erteilt werden, wenn die Abtretung an eine genossenschaftliche Zentralbank oder an eine der Prüfung durch einen Prüfungsverband unterstehenden Stelle abgetreten wird. Inhaltliche Vorgaben stellt § 108a seinem Wortlaut nach zwar nicht auf, dem Zweck der Vorschrift nach, der Insolvenzmasse möglichst schnell liquide Mittel zuzuführen, hat das Insolvenzgericht aber darauf zu achten, dass die Veräußerung der Beschleunigung dient und der eG ein angemessener Verwertungserlös zufließt. Eine unter Verstoß gegen diese Sollvorschriften erklärte Genehmigung berührt die Wirksamkeit der Abtretung allerdings nicht.

5

Nach § 112a kann der Insolvenzverwalter mit dem Mitglied einen Vergleich über den zu leistenden Nachschuss schließen, ein vollständiger Verzicht ist demgegenüber unzulässig. Der Vergleich bedarf zu seiner Wirksamkeit der Zustimmung eines etwaig bestellten Gläubigerausschusses sowie der Bestätigung durch das Insolvenzgericht. Gerät das Mitglied mit der Erfüllung des Vergleichs in Verzug, wird der Vergleich hinfällig.

6

VI. Vorschuss

1. Vorschussberechnung

Durch die Vorschrift des § 106 sollen der Insolvenzmasse möglichst schnell liquide Mittel zugeführt werden. Zu diesem Zweck wird der Insolvenzverwalter zwangsgeldbewehrt verpflichtet, unverzüglich nach Niederlegung der Vermögensübersicht eine Vorschussberechnung vorzunehmen, aus der sich ergibt, welche Beträge die Mitglieder oder deren Rechtsnachfolger zur Deckung des aus der Vermögensübersicht ersichtlichen Fehlbetrages vorläufig vorzuschießen haben. Diese Vorschussberechnung ist beim Insolvenzgericht verbunden mit dem Antrag, die Berechnung für vollstreckbar zu erklären, einzureichen. Beizufügen sind beglaubigte Abschriften der Satzung, sofern das Genossenschaftsregister nicht beim Insolvenzgericht geführt wird, und der Mitgliederliste. Die Mitglieder bzw. deren Rechtsnachfolger und die auf sie entfallenden Beträge müssen so konkret bezeichnet werden, dass ein Auszug aus der später für vollstreckbar erklärten Vorschussberechnung den Anforderungen an einen Vollstreckungstitel nach § 750 Abs. 1 ZPO genügt. Steht bereits fest, dass einzelne Mitglieder nicht leistungsfähig sind, ist auch dies in die Vorschussberechnung aufzunehmen. Stellt sich dies erst nach der Vollstreckbarkeitserklärung heraus, hat der Insolvenzverwalter gegebenenfalls eine Berichtigung der Vorschussberechnung in Form einer Zusatzberechnung nach § 113 vorzunehmen. Diese richtet sich ebenfalls nach den §§ 106 bis 112a.

7

2. Weiteres Verfahren

Nach § 107 beraumt das Insolvenzgericht einen Termin an, der innerhalb von 2 Wochen stattzufinden hat, und in dem gem. § 108 Abs. 1 der Vorstand und der Aufsichtsrat der eG sowie diejenigen Mitglieder, die Einwendungen erheben, gehört werden sollen. Der Termin ist öffentlich bekannt zu machen. Die Zweiwochenfrist beginnt nicht mit dem Tag der tatsächlichen Bekanntgabe des Termins, sondern mit dem Tag, an dem die öffentliche Bekanntmachung frühestens hätte erfolgen können. Zusätzlich sind die in der Vorschussberechnung genannten Mitglieder zu laden. Spätestens

8

3 Tage vor dem Termin muss die Vorschussberechnung auf der Geschäftsstelle zur Einsicht der Beteiligten auszulegen. Hierauf ist in der Bekanntmachung und den Ladungen hinzuweisen. Ein Verstoß gegen die formalen Vorgaben begründet einen Anfechtungsgrund nach § 111.

9 Das Insolvenzgericht prüft die Vorschussberechnung zunächst von Amts wegen auf ihre Ordnungsmäßigkeit hin. Sodann hört es im Erklärungstermin Vorstand, Aufsichtsrat, Insolvenzverwalter, einen etwaigen Gläubigerausschuss und – soweit diese Einwendungen erhoben haben – die Mitglieder und Gläubiger der eG an. Die Beteiligten können sowohl formelle Mängel des bisherigen Verfahrens als auch die materielle Unrichtigkeit der Vorschussberechnung einwenden. Die Einwendungen sind nicht nur von Bedeutung für die Vorbereitung der vom Insolvenzgericht zu treffenden Entscheidung, sondern auch für die weiteren Rechtsschutzmöglichkeiten der Mitglieder der eG. Denn grundsätzlich können sie im Rahmen einer Anfechtungsklage gegen die Vorschussberechnung (§ 111) nur solche Einwendungen geltend machen, die sie bereits im Erklärungstermin erhoben haben.

10 Im Anschluss an die Anhörung trifft das Gericht seine Entscheidung, und zwar entweder noch im Erklärungstermin oder im Rahmen eines binnen Wochenfrist anzuberaumenden Verkündungstermins. Liegen aus Sicht des Gerichts keine berechtigten Einwendungen vor, erklärt es die Vorschussberechnung für vollstreckbar. Hält das Gericht dagegen Einwendungen dagegen für begründet, kann es den Antrag des Insolvenzverwalters auf Vollstreckbarerklärung trotzdem nicht, es sei denn der Einwand besteht darin, dass die Satzung überhaupt keine Nachschusspflicht der Mitglieder vorsieht. Sonstige Mängel hat das Gericht solange entweder selbst zu berichtigen oder durch der Insolvenzverwalter berichtigen zu lassen, bis die Vorschussberechnung ordnungsgemäß ist.

11 Die Vollstreckbarerklärung durch das Insolvenzgericht wird mit ihrer Verkündung wirksam und ist nicht anfechtbar. Sie stellt einen Vollstreckungstitel ins persönliche Vermögen der Mitglieder in Höhe des jeweils ausgewiesenen Vorschussbetrages dar.

VII. Einziehung und Verwahrung der Vorschüsse

12 Sobald die Vollstreckbarkeitsentscheidung des Insolvenzgerichts vorliegt, hat der Insolvenzverwalter mit der Einziehung der Vorschussbeträge bei den Mitgliedern zu beginnen (§ 109). Zahlen Mitglieder nicht freiwillig, ist der Insolvenzverwalter wegen des genossenschaftlichen Gleichbehandlungsgrundsatzes verpflichtet, Zwangsvollstreckungsmaßnahmen zu treffen. Den Mitgliedern stehen im Rahmen der Zwangsvollstreckung die allgemeinen vollstreckungsrechtlichen Rechtsbehelfe zu (§§ 731, 767, 768 ZPO).

13 Eingezogene Beträge sind von der Insolvenzmasse zu separieren und bei einer vom Gläubigerausschuss und vom Insolvenzgericht bestimmten Stelle zu den von diesen vorgegebenen Bedingungen zu hinterlegen oder anzulegen (§ 110).

B. Anfechtungsklage

I. Statthafte Rechtsschutzform und Klagebefugnis

14 Einwendungen gegen die für vollstreckbar erklärte Vorschussberechnung, die bis zu deren Vollstreckbarkeitserklärung entstanden sind, können nur im Wege der Anfechtungsklage nach § 111 geltend gemacht werden. Für die Geltendmachung nach diesem Zeitpunkt entstandener Einwendungen ist nicht § 111, sondern die Vollstreckungsgegenklage nach § 767 ZPO statthafte Rechtsschutzform. Klagebefugt sind alle Mitglieder, die in die Vorschussberechnung aufgenommen worden sind (§ 111 Abs. 1 Satz 1) oder denen gegenüber eine vollstreckbare Ausfertigung der Vollstreckbarkeitserklärung erteilt worden ist. Richtiger Beklagter ist der Insolvenzverwalter (§ 111 Abs. 1 Satz 2). Die Anfechtungsklage kann nur auf solche Einwendungen gestützt werden, der Kläger im Erklärungstermin (§ 108 Abs. 1) geltend gemacht hat oder die er ohne sein Verschulden geltend zu machen außerstande war (§ 111 Abs. 1 Satz 3).

Geltend gemacht werden können nur solche Umstände, die die Vorschussberechnung als unzutreffend erscheinen lasse oder die sich auf die Unrichtigkeit der Vorschussberechnung ausgewirkt haben (OLG Schleswig ZIP 2005, 617).

II. Frist und Zuständigkeit

Die Klage kann nur innerhalb einer Notfrist von einem Monat seit Verkündung der Vollstreckbarkeitserklärung erhoben werden (§ 111 Abs. 1 Satz 3). Zuständiges Gericht ist unabhängig vom Streitwert immer das mit dem Insolvenzgericht identische Amtsgericht (§ 112 Abs. 1). Bei einem Streitwert über 5.000 € wird das Landgericht erst zuständig, wenn das Amtsgericht den Rechtsstreit auf Antrag einer Partei rechtskräftig dorthin verweist (§ 112 Abs. 2). Sind mehrere Anfechtungsklagen anhängig gemacht worden, sind sie einheitlich an das Landgericht zu verweisen.

III. Urteilswirkung

Nach § 111 Abs. 2 wirkt das rechtskräftige Urteil für und gegen alle beitragspflichtigen Mitglieder. Dies ist zumindest missverständlich. Denn nur das Mitglied, dessen Klage stattgegeben worden ist, kann die Beitragsleistung aus den im Urteil genannten Gründen und in dem dort aufgeführten Umfang verweigern. Mitglieder, auf die diese Gründe zwar ebenfalls zutreffen, die aber nicht oder nicht innerhalb der Monatsfrist Klage erhoben haben, bleiben zur Zahlung verpflichtet. Die übrigen Mitglieder werden durch das Urteil nur insofern gebunden, als sie es hinnehmen müssen, dass der Kläger bei der Vorschussberechnung nicht mehr zu berücksichtigen ist, sich die übrigen Beiträge folglich erhöhen.

C. Nachschussberechnung

Die Vorschussberechnung ist nur eine vorläufige Berechnung des Umfangs der Nachschusspflicht des einzelnen Mitglieds. Eine abschließende Berechnung ist regelmäßig erst möglich, wenn die Schlussverteilung nach § 196 InsO begonnen hat. Zu diesem Zeitpunkt hat der Insolvenzverwalter die Feststellung zu treffen, ob der nach Verwertung des Vermögens der eG verbleibende Fehlbetrag durch die geleisteten Vorschüsse gedeckt ist oder nicht (§ 114 Abs. 1). Im Fall der Unterdeckung hat der Insolvenzverwalter eine Nachschussberechnung aufzustellen, sofern nicht die Haftsummen der Mitglieder bereits voll ausgeschöpft sind. Auch diese Nachschussberechnung wird durch das Insolvenzgericht nach Prüfung und Anhörung der Beteiligten sowie nach Berichtigung etwaiger Mängel für vollstreckbar erklärt.

D. Nachtrags- und Abschlagsverteilung (§§ 115, 115a)

Die geleisteten Vorschüsse der Mitglieder dürfen grundsätzlich erst dann an die Insolvenzgläubiger verteilt werden, wenn entweder die Nachschussberechnung nach § 114 Abs. 2 für vollstreckbar erklärt worden ist oder die Feststellung nach § 114 Abs. 1 Satz 2, dass die Haftsummen der Mitglieder vollständig ausgeschöpft sind, auf der Geschäftsstelle des Insolvenzgerichts niedergelegt worden ist (§ 115 Abs. 1). Eine Abschlagsverteilung stellt demgegenüber die Ausnahme dar und ist nach § 115a nur zulässig, wenn das Insolvenzgericht und ein etwaiger Gläubigerausschuss zugestimmt haben und nicht mit der Erstattung von Nachschussbeiträgen an die Mitglieder gem. §§ 105 Abs. 4, 115 Abs. 3 zu rechnen ist.

Im Rahmen der Nachtragsverteilung sind zum einen die unter §§ 189 bis 191 InsO fallenden Insolvenzgläubigerforderungen und zum anderen solche Forderungen zurückzubehalten, die vom Vorstand oder von den Liquidatoren im Prüfungstermin ausdrücklich bestritten worden sind (§ 115 Abs. 2 Satz 1). Der von der Zurückbehaltung betroffene Insolvenzgläubiger kann Klage auf Feststellung der Unbegründetheit des Widerspruchs erheben. Wird der Feststellungsklage rechtskräftig stattgegeben, ist der zurückbehaltene Betrag unter Berücksichtigung der Forderung des Klägers zu verteilen. Wird die Klage rechtskräftig abgewiesen, wird der Betrag zur Verteilung unter den übrigen Gläubigern frei. Erhebt der betroffene Gläubiger keine Feststellungsklage, kann die eG Rechtsklarheit durch Erhebung einer eigenen Feststellungsklage herbeiführen.

20 Verbleibt nach der Verteilung der Nachschussbeiträge an die Insolvenzgläubiger ein Rest, ist dieser vorrangig auf die Ansprüche der Mitglieder gem. § 115b, nach deren vollständiger Befriedigung auf die Ansprüche gem. § 105a Abs. 4, nach deren vollständiger Befriedigung auf die Ansprüche gem. § 87a Abs. 2 und nach deren vollständiger Befriedigung auf alle Mitglieder, die Nachschüsse geleistet haben, zu verteilen. Sofern der Betrag nicht ausreicht, um innerhalb einer Rangklasse sämtliche Mitglieder vollständig zu befriedigen, ist er so zu verteilen, dass jedes anspruchsberechtigte Mitglied mit dem gleichen Betrag belastet bleibt.

E. Eigenverwaltung (§ 115e)

21 Die §§ 105 bis 115d gelten auch für die Eigenverwaltung gem. § 270 oder § 271 InsO. § 115e ordnet an, dass die sich aus §§ 105 bis 115d ergebenden Rechte und Pflichten trotz der Eigenverwaltung nicht durch den Vorstand der eG wahrgenommen werden, sondern durch den insofern an die Stelle des Insolvenzverwalters tretenden Sachwalters.

§ 116 Insolvenzplan

Die Vorschriften der Insolvenzordnung über den Insolvenzplan sind mit folgenden Abweichungen anzuwenden:
1. Ein Plan wird berücksichtigt, wenn er vor der Beendigung des Nachschussverfahrens beim Insolvenzgericht eingeht;
2. im darstellenden Teil des Plans ist anzugeben, in welcher Höhe die Mitglieder bereits Nachschüsse geleistet haben und zu welchen weiteren Nachschüssen sie nach der Satzung herangezogen werden könnten;
3. bei der Bildung der Gruppen für die Festlegung der Rechte der Gläubiger im Plan kann zwischen den Gläubigern, die zugleich Mitglieder der Genossenschaft sind, und den übrigen Gläubigern unterschieden werden;
4. vor dem Erörterungstermin hat das Insolvenzgericht den Prüfungsverband, dem die Genossenschaft angehört, darüber zu hören, ob der Plan mit den Interessen der Mitglieder vereinbar ist.

1 Die Vorschrift enthält Ergänzungen der Bestimmungen der InsO zum Insolvenzplan: Nr. 1: Der Insolvenzplan wird auch nach dem Schlusstermin berücksichtigt, wenn er vor Beendigung des Nachschussverfahrens beim Insolvenzgericht eingeht. Nr. 2: Im darstellenden Teil des Insolvenzplans muss zusätzlich angegeben werden, in welcher Höhe Mitglieder bereits Nachschüsse erbracht haben und welche weiteren Nachschüsse von ihnen nach der Satzung noch verlangt werden können. Nr. 3: Der Insolvenzplan darf bei der Gruppenbildung nach § 222 InsO zusätzlich danach differenzieren, ob der Gläubiger zugleich Mitglied der eG ist. Nr. 4: Vor dem Erörterungstermin (§ 235 InsO) hat den Insolvenzgericht den zuständigen Prüfungsverband anzuhören, ob der Insolvenzplan mit den Interessen der Mitglieder vereinbar ist. Unterbleibt die Anhörung, ist die Bestätigung des Insolvenzplans von Amts wegen zu versagen.

§ 117 Fortsetzung der Genossenschaft

(1) ¹Ist das Insolvenzverfahren auf Antrag des Schuldners eingestellt oder nach der Bestätigung eines Insolvenzplans, der den Fortbestand der Genossenschaft vorsieht, aufgehoben worden, so kann die Generalversammlung die Fortsetzung der Genossenschaft beschließen. ²Zugleich mit dem Beschluss über die Fortsetzung der Genossenschaft ist die nach § 6 Nr. 3 notwendige Bestimmung in der Satzung zu beschließen, ob die Mitglieder für den Fall, dass die Gläubiger im Insolvenzverfahren über das Vermögen der Genossenschaft nicht befriedigt werden, Nach-

schüsse zur Insolvenzmasse unbeschränkt, beschränkt auf eine Haftsumme oder überhaupt nicht zu leisten haben.

(2) ¹Die Beschlüsse nach Absatz 1 bedürfen einer Mehrheit, die mindestens drei Viertel der abgegebenen Stimmen umfasst. ²Die Satzung kann eine größere Mehrheit und weitere Erfordernisse bestimmen. Die Vorschriften des § 79a Abs. 2 bis 4 sind anzuwenden.

(3) Die Fortsetzung der Genossenschaft ist zusammen mit dem Beschluss über die Nachschusspflicht der Mitglieder durch den Vorstand unverzüglich zur Eintragung in das Genossenschaftsregister anzumelden.

§ 118 Kündigung bei Fortsetzung der Genossenschaft

(1) ¹Wird die Fortsetzung der Genossenschaft nach § 117 beschlossen, kann kündigen
1. jedes in der Generalversammlung erschienene Mitglied, wenn es gegen den Beschluss Widerspruch zur Niederschrift erklärt hat oder wenn die Aufnahme seines Widerspruchs in die Niederschrift verweigert worden ist;
2. jedes in der Generalversammlung nicht erschienene Mitglied, wenn es zu der Generalversammlung zu Unrecht nicht zugelassen worden ist oder die Versammlung nicht ordnungsgemäß einberufen oder der Gegenstand der Beschlussfassung nicht ordnungsgemäß angekündigt worden ist.

²Hat eine Vertreterversammlung die Fortsetzung der Genossenschaft beschlossen, kann jedes Mitglied kündigen; für die Vertreter gilt Satz 1.

(2) ¹Die Kündigung bedarf der Schriftform. ²Sie kann nur innerhalb eines Monats zum Schluss des Geschäftsjahres erklärt werden. ³Die Frist beginnt in den Fällen des Absatzes 1 Satz 1 Nr. 1 mit der Beschlussfassung, in den Fällen des Absatzes 1 Satz 1 Nr. 2 mit der Erlangung der Kenntnis von der Beschlussfassung. ⁴Ist der Zeitpunkt der Kenntniserlangung streitig, trägt die Genossenschaft die Beweislast. ⁵Im Fall der Kündigung wirkt der Beschluss über die Fortsetzung der Genossenschaft weder für noch gegen das Mitglied.

(3) Der Zeitpunkt der Beendigung der Mitgliedschaft ist unverzüglich in die Mitgliederliste einzutragen; das Mitglied ist hiervon unverzüglich zu benachrichtigen.

(4) ¹Für die Auseinandersetzung des ehemaligen Mitglieds mit der Genossenschaft ist die für die Fortsetzung der Genossenschaft aufgestellte Eröffnungsbilanz maßgeblich. ²Das Geschäftsguthaben des Mitglieds ist vorbehaltlich des § 8a Abs. 2 und des § 73 Abs. 4 binnen sechs Monaten nach Beendigung der Mitgliedschaft auszuzahlen; auf die Rücklagen und das sonstige Vermögen der Genossenschaft hat es vorbehaltlich des § 73 Abs. 3 keinen Anspruch.

Nach § 117 kann die Generalversammlung die Fortsetzung der eG beschließen, wenn das Insolvenzverfahren entweder auf Antrag der eG eingestellt wurde (z. B. §§ 212, 213 InsO) oder nach rechtskräftiger Bestätigung eines auf den Fortbestand der eG gerichteten Insolvenzplans aufgehoben wurde (§ 258 Abs. 1 InsO). Die Beschlussfassung über die Fortsetzung der eG muss zwingend mit einer Beschlussfassung über die künftig geltenden Nachschusspflichten verbunden werden. Die Beschlussfassung bedarf einer Mehrheit von mindestens 75 %. Die Satzung kann dies erschweren, indem sie eine höhere Zustimmungsquote oder weitere Voraussetzungen vorsieht. Eine Erleichterung ist dagegen nicht möglich. Der Prüfungsverband muss vor der Beschlussfassung angehört werden. Beide Beschlüsse sind vom Vorstand zur Eintragung im Genossenschaftsregister anzumelden. 1

Unter den in § 118 genannten Voraussetzungen haben die Mitglieder der eG ein Sonderkündigungsrecht, wenn die Generalversammlung die Fortsetzung der eG beschließt, wobei es nicht darauf ankommt, ob zugleich eine erneute Nachschusspflicht eingeführt wird. Im Übrigen entspricht die Regelung des § 118 weitgehend der des § 67a. An die Stelle der Auseinandersetzungsbilanz tritt die für die Fortsetzung der eG aufgestellte Eröffnungsbilanz. 2

Abschnitt 8 Haftsumme

§ 119 Bestimmung der Haftsumme

Bestimmt die Satzung, dass die Mitglieder beschränkt auf eine Haftsumme Nachschüsse zur Insolvenzmasse zu leisten haben, so darf die Haftsumme in der Satzung nicht niedriger als der Geschäftsanteil festgesetzt werden.

§ 120 Herabsetzung der Haftsumme

Für die Herabsetzung der Haftsumme gilt § 22 Abs. 1 bis 3 sinngemäß.

§ 121 Haftsumme bei mehreren Geschäftsanteilen

[1]Ist ein Mitglied mit mehr als einem Geschäftsanteil beteiligt, so erhöht sich die Haftsumme, wenn sie niedriger als der Gesamtbetrag der Geschäftsanteile ist, auf den Gesamtbetrag. [2]Die Satzung kann einen noch höheren Betrag festsetzen. [3]Sie kann auch bestimmen, dass durch die Beteiligung mit weiteren Geschäftsanteilen eine Erhöhung der Haftsumme nicht eintritt.

Übersicht

		Rdn.			Rdn.
A.	Allgemeines	1	D.	Haftsumme bei mehreren Geschäftsanteilen	5
B.	Mindesthaftsumme	2			
C.	Änderungen der Haftsumme	3			

A. Allgemeines

1 Die §§ 119 bis 121 enthalten Regelungen zur Haftsumme. Die Haftsumme ist der Betrag, bis zu dem die Mitglieder der eG höchstens in Anspruch genommen werden können, wenn das Gesetz eine Nachschusspflicht anordnet (§§ 73 Abs. 2, 87a, 105, 115b).

B. Mindesthaftsumme

2 Nach § 119 muss die Satzung, wenn sie die Nachschusspflicht beschränken soll, die Haftsumme mindestens i. H. d. Geschäftsanteils festsetzen. Ein Verstoß hiergegen bedeutet, dass keine wirksame Beschränkung der Nachschusspflicht vorgenommen worden ist, sodass die Mitglieder unbeschränkt haften. Der Mangel kann durch eine den Vorgaben des § 119 entsprechende Satzungsänderung geheilt werden.

C. Änderungen der Haftsumme

3 Die Haftsumme kann grundsätzlich heraufgesetzt und – solange die Mindesthaftsumme eingehalten wird – herabgesetzt werden. Wird der Geschäftsanteil nachträglich erhöht, muss auch die Haftsumme erhöht werden, wenn sie ansonsten nicht mehr mindestens der Höhe des Geschäftsanteils nach dessen Erhöhung entsprechen würde. Ansonsten käme es zu einer unbeschränkten Nachschusshaftung der Mitglieder. Zum Schutz der Gläubiger der eG ordnet § 120 an, dass bei einer Herabsetzung der Haftsumme die Bestimmungen in § 22 Abs. 1 bis 3 sinngemäß zu beachten sind.

4 Nach Auflösung der eG oder nach Eröffnung des Insolvenzverfahrens über das Vermögen der eG kann die Haftsumme weder erhöht (Mitgliederschutz) noch herabgesetzt werden (Gläubigerschutz).

D. Haftsumme bei mehreren Geschäftsanteilen

5 Übernimmt ein Mitglied mehrere Geschäftsanteile, führt dies nicht zu einer entsprechenden Vervielfältigung seiner Haftsumme. § 121 ordnet lediglich an, dass die Haftsumme mindestens dem

Gesamtbetrag der Geschäftsanteile entspricht, sofern die Satzung nichts anderes vorsieht. Die Satzung kann eine höhere Haftsumme oder eine Vervielfältigung der Haftsumme durch die Übernahme weiterer Geschäftsanteile bestimmen. Sie kann auch festlegen, dass durch die Übernahme weiterer Geschäftsanteile keinerlei Änderung der Haftsumme eintritt. Aus Gründen des Gläubigerschutzes muss die Satzung dies aber unmissverständlich zum Ausdruck bringen.

Insolvenzordnung (InsO)

Vom 05.10.1994 (BGBl. I, 2866), zuletzt geändert durch Art. 6 G. v. 31.08.2013 (BGBl. I S. 3533)
– Auszug –

§ 16 Eröffnungsgrund

Die Eröffnung des Insolvenzverfahrens setzt voraus, daß ein Eröffnungsgrund gegeben ist.

Übersicht	Rdn.		Rdn.
A. Normzweck	1	III. Zukunftsprognosen	10
B. Tatbestandliche Voraussetzungen	5	IV. Zeitpunkt der Feststellung	11
I. Objektive Feststellungen	5	C. Sachverständige	15
II. Feststellungsmethode	8		

A. Normzweck

Es gibt mehrere Gründe, wie die **Liquidation einer Gesellschaft** durchgeführt werden kann. Sie beruhen auf einer Entscheidung der Gesellschafter, die sie sich etwa im Gesellschaftsvertrag oder durch Beschluss gegeben haben. Hierzu zählen etwa die Zweckerreichung, die Auflösung der Gesellschaft und der Zeitablauf (§ 60 Abs. 1 Nr. 1 GmbHG). Sie führen dazu, dass aus einer ursprünglichen werbenden Gesellschaft eine Gesellschaft in Abwicklung (i.L.) wird, sich also der Unternehmensgegenstand ändert, mit der Folge, dass die Geschäftsführung der Gesellschaft verpflichtet wird, alles zu unternehmen, dass es zu einer Beendigung der Gesellschaft kommt, woraus sich die Verpflichtung ergibt, das Aktivvermögen zu verwerten (etwa Forderungen einzutreiben) und das Passivvermögen zu bedienen (etwa Schulden zu bezahlen). Das verbleibende Vermögen ist an die Gesellschafter auszuschütten. 1

Auch das **Insolvenzverfahren** führt zur Liquidation einer Gesellschaft (§ 60 Abs. 1 Nr. 4 GmbHG). Im Ergebnis hat es im Regelfall die gleichen Wirkungen wie die Liquidation einer Gesellschaft (vorstehende Rdn. 1), jedoch mit der Besonderheit, dass die Verfügungsmacht von der Geschäftsführung auf den Insolvenzverwalter übergeht, der die Gläubiger der Gesellschaft mit einzubeziehen hat. 2

Aus diesem Grund ordnet § 16 InsO an, dass ein Insolvenzverfahren nur stattfindet, wenn ein Insolvenzgrund vorliegt, weil nämlich nur dann das Insolvenzverfahren eröffnet werden kann. Soweit also ein Eröffnungsgrund nicht vorliegt, gibt es keine Insolvenzeröffnung, also kein Insolvenzverfahren. Dieser Katalog ist abschließend. Damit stellt § 16 InsO klar, dass es ein Insolvenzverfahren etwa aus politischen Überlegungen, aus arbeitsmarktpolitischen, sozialen, religiösen oder aus kriminalpolitischen Erwägungen nicht gibt. 3

Allgemeiner Eröffnungsgrund ist die Zahlungsunfähigkeit (§ 17 InsO), bei einer juristischen Person zusätzlich auch die Überschuldung (§ 19 InsO). Im Fall eines Eigenantrags kann das Insolvenzverfahren auch bei drohender Zahlungsunfähigkeit eröffnet werden (§ 18 InsO). 4

B. Tatbestandliche Voraussetzungen

I. Objektive Feststellungen

Das Gesetz erfordert die objektive Feststellung des Eröffnungsgrundes (»gegeben ist«). Eine subjektive Feststellung durch das Gericht ist nicht ausreichend. 5

Zweifel an der Objektivität des Insolvenzrichters und/oder des von ihm beauftragten Sachverständigen können auch im Insolvenzverfahren geltend gemacht werden (z. B. §§ 41, 42 ZPO). Dies gilt 6 insbesondere für die Besorgnis der Befangenheit (LG Göttingen, Beschl. v. 14.07.1999 – 10 AR 28/99).

7 Das Insolvenzgericht und der Sachverständige haben das Vorliegen der Insolvenzgründe selbst festzustellen (OLG Köln, Beschl. v. 06.12.1989 – 2 W 173/89). Sie sind dabei nicht an die Angaben im Insolvenzantrag gebunden. Dies kann dazu führen, dass der vom Antragsteller behauptete Insolvenzgrund nicht vorliegt, jedoch ein anderer, weshalb aus diesem Grund das Verfahren eröffnet wird. Die Feststellungen trifft das Insolvenzgericht von Amts wegen.

II. Feststellungsmethode

8 Ob ein Insolvenzgrund vorliegt, ist nach betriebswirtschaftlichen Erkenntnissen und Methoden festzustellen. Die angewandten Methoden müssen dem Insolvenzrichter nachvollziehbar und überprüfbar dargelegt werden. Denn die Grundsätze der freien richterlichen Beweiswürdigung (§ 286 Abs. 2 ZPO) gelten nur eingeschränkt. Dies gilt insbesondere für die Feststellung der Insolvenzgründe, da hier die freie Beweiswürdigung auf die Anwendung betriebswirtschaftlicher Berechnungen beschränkt ist.

9 Die betriebswirtschaftlichen Methoden gelten gleichfalls für die Elemente der Insolvenzgründe, die auf eine Zukunftsprognose gerichtet sind. Dies gilt namentlich für die Fortführungsprognose beim Überschuldungsbegriff, die Abgrenzung zwischen Zahlungsunfähigkeit und Zahlungsstockung und für die drohende Zahlungsunfähigkeit. Bei diesen Zukunftsprognosen gelten keine freien subjektiven Kriterien, sondern diese müssen gleichfalls aus den betriebswirtschaftlichen Methoden abgeleitet werden.

III. Zukunftsprognosen

10 Soweit Zukunftsprognosen getroffen werden müssen, müssen Liquiditätspläne und/oder Ertragspläne erarbeitet und dem Insolvenzgericht vorgelegt werden. Insbesondere die Annahmen, die den Plänen zugrunde liegen, müssen deutlich gemacht werden. Soweit Unsicherheiten bestehen, müssen diese sichtbar gemacht werden (BGH, Urt. v. 13.07.1992 – II ZR 269/91).

IV. Zeitpunkt der Feststellung

11 Maßgeblicher Zeitpunkt, zu dem der Insolvenzgrund gegeben sein muss, ist der Zeitpunkt der Eröffnung des Insolvenzverfahrens (§ 27 InsO; BGH, Beschl. v. 27.07.2006 – IX ZB 104/04 – Leitsatz a).

12 Wird der Insolvenzeröffnungsbeschluss durch die sofortige Beschwerde angegriffen (§ 34 Abs. 2 InsO), wird die Auffassung (Nerlich/Römermann/*Mönning*, § 16 Rn. 11) vertreten, dass es auf Zeitpunkt der letztinstanzlichen Entscheidung ankommt, zu dem die Insolvenzgründe gegeben sein müssen. Dies kann es gebieten, die Liquiditäts- und/oder Ertragspläne nachzuarbeiten. Damit verträgt sich aber nicht ein effektiver Rechtsschutz des Schuldners. Daher ist anzunehmen, dass es für die Feststellung bei dem Zeitpunkt der Verfahrenseröffnungsentscheidung verbleibt. Das Rechtsbeschwerdegericht kann die Vollziehung der erstinstanzlichen Entscheidung bis zur Entscheidung des Beschwerdegerichts aussetzen (BGH, Beschl. v. 27.07.2006 – IX ZB 104/04 – Leitsatz d).

13 Lagen die Eröffnungsvoraussetzungen nicht vor, ist der Eröffnungsbeschluss durch das Beschwerdegericht aufzuheben und der Eröffnungsantrag abzuweisen (BGH, Beschl. v. 27.07.2006 – IX ZB 104/04 – Leitsatz b). Waren im Zeitpunkt der Eröffnungsentscheidung die Voraussetzungen der Eröffnung erfüllt, kann der nachträgliche Wegfall des Insolvenzgrundes nur im Verfahren nach § 212 InsO geltend gemacht werden (BGH, Beschl. v. 27.07.2006 – IX ZB 104/04 – Leitsatz c).

14 Ist ungewiss, ob ein Insolvenzgrund vorliegt, oder sprechen genauso viele Gründe für eine Verfahrenseröffnung wie dagegen, führt dies nicht im Zweifel zur Verfahrenseröffnung. Denn das gerichtliche Liquidationsverfahren (Rdn. 1) stellt die Ausnahme dar, die durch die (nichtexistierende) Regel »im Zweifel in die Insolvenz« nicht zum Regelfall führen darf.

C. Sachverständige

Zur Feststellung des Vorliegens der Insolvenzgründe kann sich das Insolvenzgericht der Hilfe eines Sachverständigen bedienen (§ 5 Abs. 1, 22 Abs. 1 Nr. 3 InsO). Dieses Verfahren ist die Regel, wobei der Sachverständige regelmäßig zugleich auch der vorläufige Insolvenzverwalter ist. 15

Die Auswahl des Sachverständigen bestimmt sich nach § 404 ZPO. Der Sachverständige muss die Voraussetzungen des § 56 InsO (»für den jeweiligen Einzelfall geeignete, insbesondere geschäftskundige und von den Gläubigern und dem Schuldner unabhängige natürliche Person zu bestellen«) erfüllen. 16

Trotz Beauftragung eines Sachverständigen verbleibt die Entscheidung über das Vorliegen der Insolvenzgründe und damit der Eröffnung/Ablehnung des Insolvenzverfahrens beim Insolvenzgericht. Es hat damit das Gutachten einer sachverständigen Würdigung zu unterziehen. 17

§ 17 Zahlungsunfähigkeit

(1) Allgemeiner Eröffnungsgrund ist die Zahlungsunfähigkeit.

(2) Der Schuldner ist zahlungsunfähig, wenn er nicht in der Lage ist, die fälligen Zahlungspflichten zu erfüllen. Zahlungsunfähigkeit ist in der Regel anzunehmen, wenn der Schuldner seine Zahlungen eingestellt hat.

Übersicht

	Rdn.			Rdn.
A. Entstehungsgeschichte	1		3. zu erfüllen	29
B. Tatbestandliche Voraussetzungen	4		4. Indizien	35
I. Allgemeiner Eröffnungsgrund	4		5. Zahlungseinstellung, Abs. 2 Satz 2	38
II. Zahlungsunfähigkeit	6		6. im Zeitpunkt des Eröffnungsbeschlusses	41
1. objektiv nicht in der Lage	7			
2. fällige Zahlungspflichten	16	C.	Haftung Dritter	42

A. Entstehungsgeschichte

§ 17 InsO knüpft an die Zahlungsunfähigkeit als allgemeinen Konkurs- oder Gesamtvollstreckungsgrund in § 102 KO bzw. § 1 Abs. GesO an. Im Vergleich zum alten Recht ist die Regelung in § 17 Abs. 1 InsO neu, die die Zahlungsunfähigkeit als allgemeinen Eröffnungsgrund festschreibt. § 17 Abs. 2 InsO übernimmt mit geringfügigen Änderungen den § 102 KO. 1

Die Definition der Zahlungsunfähigkeit in § 17 Abs. 2 InsO war geboten im Hinblick auf die drohende Zahlungsunfähigkeit (§ 18 InsO) als weiteren Insolvenzgrund. 2

Bereits der erste Bericht der Kommission für Insolvenzrecht enthielt in Leitsatz 1.2.5. Abs. 1 den Hinweis auf die Zahlungsunfähigkeit als allgemeinen Eröffnungsgrund (vgl. 1. und 2. Bericht der Kommission für Insolvenzrecht, Verlag Kommunikations-Forum 1985 und 1986). Die Definition der Zahlungsunfähigkeit ist in Leitsatz 1.2.5. Abs. 2 aufgeführt; dort ist auch die Zahlungseinstellung als eine Erscheinungsform der Zahlungsunfähigkeit genannt. Der Referentenentwurf des Gesetzes zur Reform des Insolvenzrechts entspricht in § 19 dem heutigen Wortlaut (RefE 1989, Verlag Kommunikations-Forum). Die Regelung aus dem Referentenentwurf wurde in den Regierungsentwurf (§ 21 RegE InsO) übernommen (RegE InsO vom 15.04.1992, BT-Drucks. 12/2443, S. 12). 3

B. Tatbestandliche Voraussetzungen

I. Allgemeiner Eröffnungsgrund

Allgemeiner Eröffnungsgrund für ein Insolvenzverfahren ist die Zahlungsunfähigkeit. Er gilt für natürliche Personen, Personengesellschaften, Genossenschaften, Kapitalgesellschaften sowie für 4 nichtrechtsfähige Vereine. Im Unterschied zur Konkurs- und Gesamtvollstreckungsordnung gilt die Zahlungsunfähigkeit auch als Insolvenzgrund für den Nachlass (§ 320 InsO). Als allgemeiner Eröffnungsgrund berechtigt die Zahlungsunfähigkeit sowohl den Schuldner als auch den Gläubiger zur Stellung des Insolvenzantrags.

5   Aus § 15a InsO ergibt sich die Regelung, aus denen sich die Verpflichtung zur Insolvenzantragstellung ergibt. Die bisher in den Spezialgesetzen verstreute Regelung wurde nunmehr einheitlich zusammengefasst.

II. Zahlungsunfähigkeit

6   Zahlungsunfähigkeit wurde definiert als das auf den Mangel an Zahlungsmittel beruhende dauernde Unvermögen des Schuldners, seine sofort zu erfüllenden Geldschulden noch im Wesentlichen zu erfüllen (BGH, Urt. v. 11.10.1961 – VIII 113/60; RG, Urt. v. 17.12.1901 – VII 386/01). Mit Ausnahme der Dauerhaftigkeit der Zahlungsunfähigkeit wurden die von Rechtsprechung und Literatur entwickelten Grundsätze in § 17 Abs. 2 InsO übernommen.

1. objektiv nicht in der Lage

7   Der Schuldner muss objektiv nicht in der Lage sein, die fälligen Zahlungspflichten zu erfüllen. Subjektive Elemente des Schuldners haben keine Bedeutung. Auf seinen Willen und seine Vorstellungen kommt es nicht an.

8   Aus der Tatsache, dass auf das Merkmal der Dauerhaftigkeit der Zahlungsunfähigkeit verzichtet wurde, ergibt sich, dass es sich um eine Zeitpunktilliquidität handelt, also um die Fähigkeit des Schuldners, seine fälligen Zahlungsverpflichtungen zu dem vertraglich vereinbarten oder gesetzlich bestimmten Zeitpunkt zu erfüllen.

9   Der BGH (Urt. v. 24.05.2005 – IX ZR 123/04) hat in der Abgrenzung zwischen **Zahlungsunfähigkeit** und **Zahlungsstockung** folgende Kriterien entwickelt: Es ist festzustellen, ob am Stichtag mehr als 90 % der fälligen Gesamtverbindlichkeiten durch liquide Mittel gedeckt sind. Wenn dies gegeben ist, ist regelmäßig von Zahlungsfähigkeit auszugehen.

Darüber hinaus ist eine Prognose aufzustellen, ob die Liquiditätslücke innerhalb eines Zeitraums von 3 Wochen beseitigt werden kann. Wenn dies der Fall ist, kann die Zahlungsfähigkeit bejaht werden. Gleiches gilt, wenn sich die Liquiditätslücke in dem Zeitraum nicht verschärft.

10 Der Prognosezeitraum von 3 Wochen wurde gewählt, damit sich der Schuldner die liquiden Mittel beschaffen kann. Hierzu heißt es in Leitsatz a) des BGH (Urt. v. 24.05.2005 – IX ZR 123/04): »Eine bloße Zahlungsstockung ist anzunehmen, wenn der Zeitraum nicht überschritten wird, den eine kreditwürdige Person benötigt, um sich die benötigten Mittel zu leihen. Dafür erscheinen drei Wochen erforderlich, aber auch ausreichend.«

11 Regelmäßig ist nach Leitsatz b) des BGH-Urt. v. 24.05.2005 – IX ZR 123/04 von einer Zahlungsfähigkeit auszugehen, wenn die »innerhalb von 3 Wochen nicht zu beseitigende Liquiditätslücke des Schuldners weniger als 10 % seiner fälligen Gesamtverbindlichkeiten (beträgt), es sei denn, es ist bereits absehbar, dass eine Lücke demnächst mehr als 10 % erreichen wird.«

12 Regelmäßig ist nach Leitsatz c) des BGH-Urt. v. 24.05.2005 – IX ZR 123/04 von einer Zahlungsunfähigkeit auszugehen, wenn die »Liquiditätslücke des Schuldners 10 % oder mehr (beträgt), sofern nicht ausnahmsweise mit an Sicherheit grenzender Wahrscheinlichkeit zu erwarten ist, dass die Liquiditätslücke demnächst vollständig oder fast vollständig beseitigt wird und den Gläubigern ein Zuwarten nach den besonderen Umständen des Einzelfalls zuzumuten ist.«

13 Zum Nachweis der Zahlungsunfähigkeit sind damit zwei Maßnahmen erforderlich. Es ist ein Liquiditätsstatus auf den Stichtag zu erstellen sowie eine Liquiditätsplanung für die kommenden 3 Wochen ab dem Stichtag. Stichtag ist der Tag der voraussichtlichen Entscheidung des Insolvenzgerichts über die Insolvenzeröffnung.

Wird von den oben genannten Grundsätzen abgewichen, nehmen mit wachsendem Abstand vom 10 %-Schwellenwert die Anforderungen zu, die die Vermutungsregeln widerlegen. Entscheidendes Augenmerk kommt hier die Frage zu, wie schnell und wie nachhaltig die fälligen Verbindlichkeiten abgebaut werden können. Denn ein Gläubiger, dessen Forderungsbestand auch über eine längere Zeit abgebaut wird, ist eher bereit zu warten als ein solcher, dessen Forderungsbestand sich weiter aufbaut. Insoweit ist das Gläubigerverhalten vor dem Insolvenzantrag zu würdigen. Haben die Gläubiger noch Vertrauen in die Geschäftsführung des Schuldners und unterlassen sie aus diesem Grund die Titulierung ihrer Forderungen, spricht dies trotz Überschreiten des Schwellenwertes eher für die Zahlungsfähigkeit als dagegen. 14

Das Insolvenzgericht hat die Umstände im Rahmen der Amtsermittlungspflicht (§ 5 Abs. 1 InsO) festzustellen. 15

2. fällige Zahlungspflichten

In die **Zahlungspflichten** sind alle Geldschulden des Schuldners einzubeziehen. Diese ergeben sich aus und unter der Bilanz oder aus den betriebswirtschaftlichen Auswertungen (BWA). Im Wesentlichen handelt es sich um Verbindlichkeiten aus Lieferung und Leistung, aus Arbeits- und Dienstleistungsverträgen, gegenüber Darlehensgebern, Sozialversicherungsträgern, gegenüber der Finanzverwaltung und gegenüber Kreditgebern. Auch aus ehemals gebildeten Rückstellungen können Zahlungspflichten erwachsen. 16

Die Zahlungspflichten müssen **fällig** sein. Ist eine Leistungszeit weder bestimmt noch aus den Umständen zu entnehmen, so kann der Gläubiger die Leistung sofort verlangen und der Schuldner hat sie sofort zu bewirken (§ 271 Abs. 1 BGB). Soweit also nichts anderes vereinbart ist oder sich aus den Umständen etwas anderes ergibt, ist sofortige Fälligkeit gegeben. 17

Umstritten war, ob mit der Einführung der InsO auf das Merkmal des ernsthaften Einforderns verzichtet wurde. Der BGH (Beschl. v. 19.07.2007 – IX ZB 36/07) weist zu Recht darauf hin, dass die Fälligkeit i. S. d. § 271 Abs. 1 BGB und des § 17 InsO unterschiedliche Funktionen haben. Zivilrechtlich ist die Fälligkeit einer Forderung Voraussetzung für den Schuldnerverzug und die Erhebung der Leistungsklage sowie Anknüpfung für den Verjährungsbeginn. Insolvenzrechtlich geht es um den Übergang von der Einzelzwangsvollstreckung in die Gesamtvollstreckung. Regelmäßig ist eine Forderung im Sinne von § 17 Abs. 2 InsO fällig, wenn eine Gläubigerhandlung feststeht, aus der sich der Wille, vom Schuldner Erfüllung zu verlangen, im Allgemeinen ergibt. Dies ist grundsätzlich bereits mit Übersendung einer Rechnung zu bejahen. Gleichwohl hat das Insolvenzgericht Tatsachen nachzugehen, die es konkret möglich erscheinen lassen, dass der Gläubiger sich dem Schuldner gegenüber mit einer nachrangigen Befriedigung unter – sei es auch zeitweise – Verzicht auf staatlichen Zwang erklärt hat. Daher ist nach diesseitiger Auffassung das **ernsthafte Einfordern** kein positives Tatbestandsmerkmal, sondern der Verzicht auf das Einfordern ein negatives Tatbestandsmerkmal der fälligen Zahlungspflicht. 18

Eine gestundete Zahlungspflicht ist nicht fällig. **Stundung** bedeutet das Hinausschieben der durch Gesetz oder Parteivereinbarung bestimmten Fälligkeit bei Bestehenbleiben der Erfüllbarkeit (Prütting/Wegen/Weinreich/*Schmidt*, BGB Kommentar, § 468 BGB Rn. 2). Sie beruht in der Regel auf vertraglichen Vereinbarungen, auf Gesetz, durch Richterspruch (§§ 1382, 1613 Abs. 3, 2331a BGB) oder privatrechtsgestaltenden Verwaltungsakten. Auch ein Zahlungsaufschub nach § 506 BGB kann eine Stundung sein. Gestundete Zahlungspflichten dürfen nicht berücksichtigt werden (BGH, Urt. v. 20.12.2007 – IX ZR 93/06 Tz. 25). 19

Bei der Annahme, ein Gläubiger habe stillschweigend in eine spätere oder nachrangige Befriedigung seiner Forderungen eingewilligt, ist Zurückhaltung geboten. **Erzwungene Stundungen**, die dadurch zustande kommen, dass der Schuldner seine fälligen Verbindlichkeiten mangels liquider Mittel nicht mehr oder nur noch mit Verzögerung bedient, die Gläubiger aber nicht mehr sofort klagen und vollstrecken, weil sie dies ohnehin für aussichtslos halten oder sie nicht den sofortigen 20

§ 17 InsO Zahlungsunfähigkeit

Zusammenbruch des Schuldners verantworten wollen, stehen der Zahlungsunfähigkeit nicht entgegen (BGH, Urt. v. 14.02.2008 – IX ZR 38/04, Tz. 22).

21 Bei der Prüfung der Zahlungsunfähigkeit darf eine Forderung, die früher ernsthaft eingefordert war, nicht mehr berücksichtigt werden, wenn inzwischen ein **Stillhalteabkommen** – das keine Stundung im Rechtssinne enthalten muss – mit dem Gläubiger geschlossen wurde (BGH, Urt. v. 20.12.2007 – IX ZR 93/06 Leitsatz a). Ein Stillhalteabkommen ist ein Vertrag, die Forderung zeitweilig nicht geltend zu machen. Sie gibt dem Schuldner eine Einrede und führt im Prozess zur Klageabweisung.

22 Keine Stundung ist die Vereinbarung eines Zahlungsziels. Denn mit dem **Zahlungsziel** wird die Leistungszeit vertraglich bestimmt (§ 271 Abs. 1 BGB).

23 Ein **Versprechen, zeitweilig nicht zu vollstrecken**, ist eine rein vollstreckungsrechtliche Vereinbarung. Fälligkeit der Zahlungspflicht besteht unverändert fort.

24 Bei einem **Verzicht** oder **Erlass** der zugrunde liegenden Forderung wird die Zahlungspflicht mit Wirkung ab dem Verzicht oder Erlass beseitigt.

25 Wurde ein **Rangrücktritt** im Sinne von § 19 Abs. 2 Satz 2 InsO vereinbart, ist die Frage zu stellen, ob sich dieser nur auf den Fall der Überschuldung bezieht oder auch auf den Fall der Zahlungsunfähigkeit. Dies ist durch Auslegung zu ermitteln. Im Zweifel bezieht sich die Rangrücktrittsvereinbarung nur auf den Fall der Überschuldung, weshalb sie im Fall der Zahlungsunfähigkeit nicht die Wirkung einer Stundung hat.

26 **Zahlungspflichten gegenüber Gesellschaftern** sind zu berücksichtigen, es sei denn, sie sind nicht durchsetzbar (§§ 31, 32 GmbHG a. F.), was zu einem Auszahlungshindernis führen würde.

27 Ist die **Zahlungspflicht streitig**, kommt es auf die Wahrscheinlichkeit der Inanspruchnahme an.

28 Ein von der Bundesanstalt für Finanzdienstleistungsaufsicht erlassenes vorübergehendes **Zahlungsverbot** nach § 46 Abs. 2 Nr. 4 KWG entfaltet keine Stundungswirkung (BGH, Urt. v. 12.03.2013 – XI ZR 227/12). Denn das Zahlungsverbot greift nicht vertragsändernd in die bestehenden schuldrechtlichen Verhältnisse ein, sondern beschränkt nur die Durchsetzbarkeit der verbliebenen Masse.

3. zu erfüllen

29 Den Zahlungspflichten sind die **vorhandenen Zahlungsmittel** gegenüberzustellen. Zahlungsmittel sind Kassenbestand, Bundesbankguthaben, Guthaben bei Kreditinstituten und Schecks sowie eine nicht in Anspruch genommene Kreditlinie. Hierzu gehören auch Forderungen aus Lieferungen und Leistungen, Forderungen gegen verbundene Unternehmen, Forderungen gegen Unternehmen, mit denen ein Beteiligungsverhältnis besteht, sonstige Vermögensgegenstände. Hierzu gehören auch Anteile an verbundenen Unternehmen und sonstige Wertpapiere. Ebenso gehören hierzu die Vorräte (Roh-, Hilfs- und Betriebsstoffe; unfertige Erzeugnisse, unfertige Leistungen; fertige Erzeugnisse und Waren).

30 Die Zahlungsmittel müssen fällig, werthaltig, kurzfristig liquidierbar und durchsetzbar sein. Ist dies nicht der Fall, müssen entsprechende Abschläge gemacht werden. Dies gilt namentlich für den Ansatz der Vorräte.

31 Nicht entstandene oder nicht fällige Forderungen können in den Liquiditätsstatus (Rdn. 13) nicht einbezogen werden, da diese erst in Zukunft durchsetzbar sind. Wenn sie allerdings im Prognosezeitraum entstehen oder fällig werden, sind sie in die Prognose einzustellen. Dies gilt etwa für Ansprüche aus Insolvenzanfechtung oder nach § 92 InsO, da diese erst nach Insolvenzeröffnung geltend gemacht werden können.

32 Ist der Schuldner in eine **Cash-Pool**-Vereinbarung einbezogen, kann hieraus ein (ggf. der Höhe nach begrenzter) Anspruch auf Auszahlung bestehen. Hier ist die Vereinbarung zu würdigen.

Soweit der Anspruch nicht sofort fällig ist, kann er im Rahmen der Prognoseentscheidung berücksichtigt werden.

Auf die Unterscheidung in **Anlagevermögen** und Umlaufvermögen kommt es grundsätzlich nicht an. Dem Anlagevermögen fehlt allerdings häufig das Merkmal der kurzfristigen Liquidierbarkeit. So hat der BGH (Beschl. v. 19.07.2007 – IX ZB 36/07, Tz. 31) den Verkauf einer Wohnung berücksichtigt, wenn der Schuldner eine konkrete Verkaufsmöglichkeit zu einem bestimmten Preis darlegt. Dem wird man zustimmen können, wenn der potenzielle Erwerber ein rechtsverbindliches d. h. notarielles, Angebot unterbreitet hat.

33

Streitig wird die Frage diskutiert, wie der Schuldner zu behandeln ist, der über ausreichende liquide Mittel verfügt, aber gleichwohl nicht zahlt. Dass diese Argumentation in der Regel nur vorgeschoben ist, um die tatsächliche Zahlungsunfähigkeit zu verschweigen, liegt auf der Hand. Man wird aber nicht argumentieren können, dass derjenige Schuldner, der seine Zahlungsmittel nicht einsetzt, seine Zahlungen eingestellt habe und somit zahlungsunfähig sei. Denn dies ist eine Regelvermutung, die gerade durch das Vorhandensein der Zahlungsmittel widerlegt wird. Nach diesseitiger Auffassung bleibt es in diesem außergewöhnlichen Fall dabei, dass der Schuldner nicht zahlungsunfähig ist, mit der Folge, dass der Gläubiger auf die Einzelzwangsvollstreckung zu verweisen ist.

34

4. Indizien

Indizien für die Feststellung der Zahlungsunfähigkeit sind das Überziehen von Zahlungszielen, die Einbehaltung, aber Nichtabführung von Lohnsteuer und Sozialabgaben, Pfändung, Zahlungsrückständen bei Löhnen und die Abgabe der Versicherung an Eides statt (OLG Celle, Beschl. v. 29.10.2001 – 2 W 114/01 – Tz. 4).

35

Die **Nichtabführung von Sozialversicherungsbeiträgen** stellt ein starkes Indiz für die Zahlungsunfähigkeit dar, weil diese Forderungen in der Regel wegen der drohenden Strafbarkeit gem. § 266a StGB bis zuletzt bedient werden. Die strafbewehrte Sanktion lässt das Vorliegen einer bloßen Zahlungsunwilligkeit als unwahrscheinlich erscheinen (BGH, Beschl. v. 13.06.2006 – IX ZB 238/05 – Tz. 6).

36

Die schleppende Zahlung von **Löhnen** und Gehältern ist ein Anzeichen für eine Zahlungseinstellung und damit für die Zahlungsunfähigkeit (BGH, Urt. v. 14.02.2008 – IX ZR 38/04, Tz. 20). Die Annahme, eine erzwungene Stundung (oben Rdn. 20) stehe der Zahlungsfähigkeit entgegen, gilt erst recht nicht für Arbeitnehmer. Werden sie darüber informiert, dass das Ausbleiben pünktlicher Lohnzahlungen auf eine ernsthafte Krise des Arbeitgebers zurückzuführen ist, werden sie oft aus Sorge um ihren Arbeitsplatz stillhalten. Blieben ihre Lohnforderungen bei der Prüfung der Zahlungsunfähigkeit unberücksichtigt, würde nicht selten der richtige Zeitpunkt für die Eröffnung des Insolvenzverfahrens verfehlt (BGH, Urt. v. 14.02.2008 – IX ZR 38/04, Tz. 23).

37

5. Zahlungseinstellung, Abs. 2 Satz 2

Liegt eine **Zahlungseinstellung** vor, begründet dies eine gesetzliche Vermutung für die Zahlungsunfähigkeit (BGH, Urt. v. 12.10.2006 – IX ZR 228/03, Tz. 12). Zahlungseinstellung ist dasjenige äußere Verhalten des Schuldners, in dem sich typischerweise eine Zahlungsunfähigkeit ausdrückt. Es muss sich also für die beteiligten Verkehrskreise der berechtigte Eindruck aufdrängen, dass der Schuldner nicht in der Lage ist, fällige Verbindlichkeiten zu erfüllen (BGH, Urt. v. 12.10.2006 – IX ZR 228/03, Tz. 13). Eigene Erklärungen des Schuldners, eine fällige Verbindlichkeit nicht begleichen zu können, deuten auf eine Zahlungseinstellung hin, auch wenn sie mit einer Stundungsbitte versehen sind (BGH, Urt. v. 12.10.2006 – IX ZR 228/03, Tz. 14).

38

Die tatsächliche Nichtzahlung eines erheblichen Teils der fälligen Verbindlichkeiten reicht für eine Zahlungseinstellung aus. Dies gilt auch dann, wenn tatsächlich noch geleistete Zahlungen beträchtlich sind, aber im Verhältnis zu den fälligen Gesamtschulden nicht den wesentlichen Teil ausmachen (BGH, Urt. v. 12.10.2006 – IX ZR 228/03, Tz. 19). Die Nichtbegleichung von **Sozial-**

39

versicherungsbeiträgen bildet infolge ihrer Strafbewehrtheit (§ 266a StGB) ein Beweisanzeichen, das den Schluss auf eine Zahlungseinstellung gestatten kann (BGH, Urt. v. 07.11.2013 – IX ZR 49/13, Rn. 13). In Fällen einer verspäteten Zahlung wird angenommen, dass erst eine mehrmonatige Nichtabführung von Sozialversicherungsbeiträgen eine Zahlungseinstellung umfassend glaubhaft macht (BGH, Urt. v. 07.11.2013 – IX ZR 49/13, Rn. 13). Das Beweisanzeichen ist allerdings dann nicht sehr schwerwiegend zu gewichten, wenn die Zahlungsrückstände mit Rücksicht auf den Geschäftsbetrieb der Schuldnerin und der Gesamtverbindlichkeiten keine besonders hohen Summen erreichen. Auch wenn der Schuldner zur Tilgung der Rückstände eine Frist von bis zu 4 Wochen benötigt und damit der für eine Kreditbeschaffung eröffnete Zeitraum überschritten wird, kann wegen der geringen Höhe der Verbindlichkeiten eine nur geringe Liquiditätslücke vorliegen (BGH, Urt. v. 07.11.2013 – IX ZR 49/13, Rn. 14).

40 Eine einmal eingetretene **Zahlungseinstellung** kann nur dadurch wieder **beseitigt** werden, dass der Schuldner allgemein seine Zahlungen wieder aufnimmt. Dies hat derjenige zu beweisen, der sich darauf beruft (BGH, Urt. v. 12.10.2006 – IX ZR 228/03, Tz. 23)

6. im Zeitpunkt des Eröffnungsbeschlusses

41 Die Zahlungsunfähigkeit muss im Zeitpunkt der Eröffnungsentscheidung (Eröffnung oder Abweisung) vorliegen (§ 16 Rdn. 11 und 12).

C. Haftung Dritter

42 S. § 19 Rdn. 30.

§ 18 Drohende Zahlungsunfähigkeit

(1) Beantragt der Schuldner die Eröffnung des Insolvenzverfahrens, so ist auch die drohende Zahlungsunfähigkeit Eröffnungsgrund.

(2) Der Schuldner droht zahlungsunfähig zu werden, wenn er voraussichtlich nicht in der Lage sein wird, die bestehenden Zahlungspflichten im Zeitpunkt der Fälligkeit zu erfüllen.

(3) Wird bei einer juristischen Person oder einer Gesellschaft ohne Rechtspersönlichkeit der Antrag nicht von allen Mitgliedern des Vertretungsorgans, allen persönlich haftenden Gesellschaftern oder allen Abwicklern gestellt, so ist Absatz 1 nur anzuwenden, wenn der oder die Antragsteller zur Vertretung der juristischen Person oder der Gesellschaft berechtigt sind.

Übersicht	Rdn.		Rdn.
A. Normzweck	1	2. Prognoseentscheidung	15
B. Voraussetzungen	5	3. Bestehende Verbindlichkeiten	17
I. Antragsrecht, Abs. 3	5	4. Zukünftige Ein- und Auszahlungen	19
II. Drohende Zahlungsunfähigkeit	12	C. Glaubhaftmachung	20
1. Prognosezeitraum und seine Länge	13		

A. Normzweck

1 Der Begriff der drohenden Zahlungsunfähigkeit entstammt aus dem Insolvenzstrafrecht (§§ 283 Abs. 1, Abs. 4 Nr. 1, Abs. 5 Nr. 1, 283d Abs. 1 Nr. 1 StGB). Danach macht sich strafbar, wer die drohende Zahlungsunfähigkeit erkannt oder mindestens fahrlässig nicht erkannt hat und weitere Tathandlungen vornimmt. Strafrecht und Insolvenzrecht verfolgen unterschiedliche Zielrichtungen. Zweck des Strafrechts ist es jedenfalls nicht, den Schuldner zu einer frühzeitigen Antragstellung zu bewegen.

2 Die **drohende Zahlungsunfähigkeit** ist ein neuer Insolvenzgrund. Dieser setzt einen Eigenantrag des Schuldners voraus (§ 18 Abs. 1 InsO). Die Antragstellung bei drohender Zahlungsunfähigkeit

ist ein Recht des Schuldners, es besteht keine Antragspflicht. Die antragsberechtigten Organe des Schuldners müssen also nicht damit rechnen, wegen verschleppter Insolvenzantragstellung persönlich zu haften oder einem Anspruch aus § 26 Abs. 3 InsO ausgesetzt zu sein.

Ziel dieses Insolvenzgrundes ist die »Flucht in die Insolvenzverfahren«, also die Chance, rechtzeitig rechtliche und wirtschaftliche Maßnahmen auch zum Schutz des Schuldners mithilfe eines erfahrenen Insolvenzverwalters zu ergreifen. Die drohende Zahlungsunfähigkeit führt zu einer zeitlichen Vorverlagerung des Insolvenzverfahrens. Durch den frühzeitigen Beginn besteht die Hoffnung, mehr Masse in den Insolvenzverfahren zu haben und das Unternehmen ggf. noch sanieren zu können. Allerdings zeigt die Praxis, dass von dieser Möglichkeit nur sehr zurückhaltend Gebrauch gemacht wird.

Gläubigeranträge wegen drohender Zahlungsunfähigkeit sind unzulässig. Dies ist vor dem Hintergrund zu sehen, dass die drohende Zahlungsunfähigkeit nicht als Druckmittel eingesetzt werden soll.

B. Voraussetzungen

I. Antragsrecht, Abs. 3

Eröffnungsgrund für ein Insolvenzverfahren ist die drohende Zahlungsunfähigkeit, sofern der Schuldner den Antrag stellt. Er gilt für natürliche Personen, Personengesellschaften, Genossenschaften, Kapitalgesellschaften sowie für nichtrechtsfähige Vereine. Die drohende Zahlungsunfähigkeit ist auch Insolvenzgrund für den Nachlass (§ 320 InsO), sofern der Erbe, der Nachlassverwalter, ein Nachlasspfleger oder der Testamentsvollstrecker den Antrag stellt.

Bei juristischen Personen und bei Gesellschaften ohne Rechtspersönlichkeit hat/haben die natürliche Person(en), die von dem Recht auf Antragstellung bei drohender Zahlungsunfähigkeit Gebrauch macht(en), ihre Vertretungsberechtigung nachzuweisen. Dies gilt auch für die/den Abwickler (Liquidatoren).

Die Vertretungsmacht kann durch Rechtsgeschäft oder durch Gesetz begründet werden. Bei juristischen Personen ergibt sich die Vertretungsmacht aus der Organstellung als Geschäftsführer oder Vorstand. Dabei ist darauf hinzuweisen, dass die Eintragung im Handelsregister nur deklaratorische Bedeutung hat (§ 39 GmbHG; vgl. § 39 GmbHG Rdn. 1; Henssler/Strohn/*Oetker*, Gesellschaftsrecht, § 39 GmbHG Rn. 16), weshalb der Beschluss über die Bestellung bzw. Abberufung die entscheidende Bedeutung hat.

Wenn bei einer juristischen Person der Antrag auf Eröffnung des Insolvenzverfahrens wegen drohender Zahlungsunfähigkeit nicht von allen Mitgliedern der Geschäftsführung/des Vorstands gestellt wurde, dann ist der Antrag nur zulässig, wenn der/die Antragsteller zur Vertretung der juristischen Person berechtigt ist/sind. Entsprechendes gilt für die persönlich haftenden Gesellschafter bei Gesellschaften ohne Rechtspersönlichkeit. Diese Regelung ist vor dem Hintergrund zu sehen, dass voreilige oder unter den Gesellschaftern und/oder den Organen nicht ausreichend abgestimmte Anträge vermieden werden sollen. Damit wird vermieden, dass Auseinandersetzungen unter Gesellschaftern mit Mitteln des Antragsrechts entschieden werden, z. B. um lästige Mitgesellschafter oder Vertreter aus der Gesellschaft zu drängen. Ein gleichwohl gestellter Antrag führt zur Zurückweisung des Eröffnungsantrags, es sei denn, eine andere zur Vertretung berechtigte Person tritt dem Antrag bei oder genehmigt ihn.

Ein mit Mehrheit gefasster Gesellschafterbeschluss, mit dem die Gesellschafter dem Geschäftsführer untersagen, einen Insolvenzantrag wegen drohender Zahlungsunfähigkeit zu stellen, bindet diesen. Denn die Antragstellung wegen drohender Zahlungsunfähigkeit ist ein Recht und keine Pflicht. Wird der Insolvenzantrag gleichwohl gestellt, macht sich der Geschäftsführer gegenüber den Gesellschaftern schadensersatzpflichtig (Kölner Schrift zur InsO/*Henssler*, S. 1283 ff. Rn. 48).

10 Dem Geschäftsführer, der einen Insolvenzantrag wegen drohender Zahlungsunfähigkeit stellen will, ist überdies zu raten, zuvor einen Beschluss der Gesellschafterversammlung einzuholen. Zwar ist er berechtigt den Antrag zu stellen, aber mit der Antragstellung greift er in das gesellschaftsrechtliche Gefüge insoweit ein, als dass der Auflösungsbeschluss in die Zuständigkeit der Gesellschafterversammlung fällt (§ 60 Abs. 1 Nr. 2 GmbHG).

11 Bei der Ermittlung der Vertretungsberechtigung ist auf den Zeitpunkt der Antragstellung abzustellen. Bei Unklarheiten hat der Insolvenzrichter aufzuklären (§§ 5, 10 InsO).

II. Drohende Zahlungsunfähigkeit

12 Der Eröffnungsgrund der drohenden Zahlungsunfähigkeit setzt voraus, dass die in § 17 Abs. 2 InsO genannten Kriterien der Zahlungsunfähigkeit voraussichtlich eintreten werden. Voraussichtlich bedeutet überwiegende Wahrscheinlichkeit. Dabei ist auf die jeweiligen Umstände des Einzelfalls abzustellen.

1. Prognosezeitraum und seine Länge

13 Die Beurteilung der drohenden Zahlungsunfähigkeit erfolgt zeitraumbezogen. Der Endpunkt aller denkbaren Prognosezeiträume ist die zuletzt fällig werdende Forderung.

14 Die Länge des Prognosezeitraums wird kontrovers diskutiert. Während teilweise auf einen Zeitraum von einigen Monaten abgestellt wird (Nerlich/Römermann/*Mönning*, § 18 Rn. 34), wird teilweise auf einen Zeitraum von einem bis höchstens 2 Jahren (Nerlich/Römermann/*Mönning*, § 18 Rn. 25), höchstens 2 Jahre (Kübler/Prütting/Bork/*Pape*, § 18 InsO Rn. 6), höchstens 3 Jahre (FK-InsO/*Schmerbach*, § 18 InsO Rn. 13) bzw. mehrere Jahre (Nerlich/Römermann/*Mönning*, § 18 Rn. 25) abgestellt. Nach zutreffender Auffassung kann nicht auf einen starren Prognosezeitraum abgestellt werden. Der Prognosezeitraum hängt von den Besonderheiten des Schuldners ab: Hat der Schuldner einen kurzfristigen (z. B. Saisongeschäft) oder langfristigen (z. B. Herstellung eines Zementwerkes) Umschlag. Bei einem kurzfristigen/langfristigen Umschlag endet der Prognosezeitraum regelmäßig am Ende des Umschlags.

2. Prognoseentscheidung

15 Zahlungsunfähigkeit droht, wenn der Schuldner voraussichtlich nicht in der Lage sein wird, die bestehenden Zahlungspflichten im Zeitpunkt der Fälligkeit zu erfüllen. In die Prognose, die bei der Prüfung der drohenden Zahlungsunfähigkeit anzustellen ist, muss die gesamte Finanzlage des Schuldners bis zur Fälligkeit aller bestehenden Verbindlichkeiten einbezogen werden. Der vorhandenen Liquidität und den Einnahmen, die bis zu diesem Zeitpunkt zu erwarten sind, müssen die Verbindlichkeiten gegenübergestellt werden, die bereits fällig sind oder die bis zu diesem Zeitpunkt fällig werden. Ergibt die Prognose, dass der Eintritt der Zahlungsunfähigkeit wahrscheinlicher als ist als deren Vermeidung, droht Zahlungsunfähigkeit (BGH, Urt. v. 05.12.2013 – IX ZR 93/11, Tz. 10).

16 Die in der Prognose innewohnende Ungewissheit kann sich dabei auf die künftig verfügbaren liquiden Mittel, ebenso aber auch auf den Umfang der künftig fällig werdenden Verbindlichkeiten beziehen. Verbindlichkeiten aus einem Darlehen können deshalb nicht nur dann eine drohende Zahlungsunfähigkeit begründen, wenn der Anspruch auf Rückzahlung durch eine bereits erfolgte Kündigung auf einen bestimmten in der Zukunft liegenden Zeitpunkt fällig gestellt ist, sondern auch dann, wenn aufgrund gegebener Umstände überwiegend wahrscheinlich ist, dass eine Fälligstellung im Prognosezeitraum erfolgen wird (BGH, Urt. v. 05.12.2013 – IX ZR 93/11, Tz. 10). Die überwiegende Wahrscheinlichkeit ist anzunehmen, wenn etwa der Gläubiger bereits die Kündigung der Darlehen angekündigt hatte oder wenn dies dem »normalen Geschäftsablauf« entspricht, es sei denn, der Gläubiger hat bereits vorher ein Zuwarten zu erkennen gegeben.

3. Bestehende Verbindlichkeiten

Über den Wortlaut hinaus sind in die Prognose nicht nur die bestehenden fälligen Zahlungspflichten, sondern auch die fällig werdenden Zahlungspflichten während des Prognosezeitraums einzubeziehen. 17

Streitig wird die Frage diskutiert, ob noch nicht begründete Zahlungspflichten zu berücksichtigen sind (verneinend: FK-InsO/*Schmerbach*, § 18 InsO Rn. 10). Nach diesseitiger Auffassung sind in die Liquiditätsrechnung bei wirtschaftlicher Betrachtungsweise alle voraussichtlich zu bedienenden Ausgaben berücksichtigungspflichtig. Wenn bspw. der Schuldner die Herstellung eines Zementwerks mit Eingangstür schuldet, dann gehören die geschätzten Aufwendungen für die Eingangstür in die Liquiditätsplanung aufgenommen, selbst wenn der Auftrag erst in mehreren Jahren erteilt wird, denn die anteiligen Einnahmen aus der Tür sind ebenfalls in die Liquiditätsplanung einzustellen. 18

4. Zukünftige Ein- und Auszahlungen

Ob der Schuldner voraussichtlich seine Zahlungspflichten erfüllen kann, kann nur anhand einer Liquiditätsplanung beurteilt werden. Ausgehend von einem Liquiditätsstatus, der die vorhandenen finanziellen Mittel beschreibt, sind die zukünftigen Zahlungsströme (Ein- und Ausgaben) darzustellen, und zwar innerhalb des Prognosezeitraums in der Regel in monatlichen Abschnitten. Sollte während des Prognosezeitraums das Geschäftsmodell des Schuldners angepasst werden (z. B. Aufgabe eines Betriebsteils), sind die daraus sich ergebenden Ein- und Ausgaben zu berücksichtigen. Einzelheiten: IDW PS 800. 19

C. Glaubhaftmachung

Wird der Antrag nicht von allen Mitgliedern des Vertretungsorgans oder allen persönlich haftenden Gesellschaftern gestellt, ist die drohende Zahlungsunfähigkeit glaubhaft zu machen (§ 15 Abs. 2 Satz 2 InsO). Zusätzlich hat das Insolvenzgericht die nicht den Antrag stellenden Mitglieder des Vertretungsorgans oder persönlich haftenden Gesellschafter zu hören (§ 15 Abs. 2 Satz 3 InsO). 20

§ 19 Überschuldung

(1) Bei einer juristischen Person ist auch die Überschuldung Eröffnungsgrund.

(2) ¹Überschuldung liegt vor, wenn das Vermögen des Schuldners die bestehenden Verbindlichkeiten nicht mehr deckt, es sei denn, die Fortführung des Unternehmens ist nach den Umständen überwiegend wahrscheinlich. ²Forderungen auf Rückgewähr von Gesellschafterdarlehen oder aus Rechtshandlungen, die einem solchen Darlehen wirtschaftlich entsprechen, für die gemäß § 39 Abs. 2 zwischen Gläubiger und Schuldner der Nachrang im Insolvenzverfahren hinter den in § 39 Abs. 1 Nr. 1 bis 5 bezeichneten Forderungen vereinbart worden ist, sind nicht bei den Verbindlichkeiten nach Satz 1 zu berücksichtigen.

(3) Ist bei einer Gesellschaft ohne Rechtspersönlichkeit kein persönlich haftender Gesellschafter eine natürliche Person, so gelten die Absätze 1 und 2 entsprechend. Dies gilt nicht, wenn zu den persönlich haftenden Gesellschaftern eine andere Gesellschaft gehört, bei der ein persönlich haftender Gesellschafter eine natürliche Person ist.

Übersicht	Rdn.			Rdn.
A. Normzweck	1		2. Fortführungsprognose	18
B. Voraussetzungen	6	C.	Besonderheiten	26
I. Anwendungsbereich	6	I.	AG/GmbH/Ltd. & Co. KG	26
II. Überschuldungsprüfung	9	II.	KGaA	29
1. Rechnerische Überschuldung	10	D.	Haftung Dritter	30

A. Normzweck

1 Die Vorschrift enthält neben der Zahlungsunfähigkeit den zweiten wesentlichen Insolvenzgrund, nämlich die Überschuldung. Ziel der Insolvenzeröffnung wegen Überschuldung ist die vorzeitige Insolvenzeröffnung, bevor dem Unternehmen die überlebenswichtigen liquiden Mittel entzogen sind. Die Vorschrift verfolgt damit das Ziel, die Verpflichtung zur Stellung des Insolvenzantrags zeitlich vorzuverlegen.

2 Die Vorschrift gilt nur für einen geringen Teil der insolvenzfähigen Personen, nämlich nur für Kapitalgesellschaften, weil dort eine natürliche Person nicht unbeschränkt haftet. Dort schien es dem Gesetzgeber besonders geboten, die Organe auf eine vorausschauende Liquiditäts- (§ 17 InsO) und Ertragsplanung (§ 19 InsO) zu verpflichten.

3 Der Regelungsinhalt der Überschuldung hat sich in den letzten Jahrzehnten mehrfach verschoben. In Zeiten wirtschaftlicher Schwierigkeiten und vor dem Hintergrund einer engagierten Diskussion in der Literatur hat der BGH (Urt. v. 13.07.1992 – II ZR 269/91) entschieden, dass für Zwecke der Überschuldung eine Stichtagsbilanz unter Ansatz von Liquidationswerten zu erstellen ist, und für den Fall, dass der Schuldner eine positive Fortführungsprognose hat, der Schuldner nicht überschuldet und damit ein Insolvenzantrag wegen Überschuldung nicht mehr zu stellen ist. Diese Auffassung erschien dem Rechtsausschuss des Deutschen Bundestages zu weitgehend (BT-Drucks. 12/3702, S. 157). Der Gesetzgeber wollte sicherstellen, dass eine Gesellschaft, die in ihrem Vermögensstatus unter positiven Fortführungsprognosen überschuldet war, einen Insolvenzantrag zu stellen hat. Ziel war es wiederum, die frühzeitige Insolvenzantragstellung auszulösen.

4 Unter dem Eindruck der seit Mitte 2008 herrschenden Banken- und Finanzmarktkrise hat der Gesetzeber den Überschuldungsbegriff des § 19 Abs. 2 InsO auf den Geltungsstand des Verständnisses des Gesetzes im Sinne der Auslegung des BGH (Urt. v. 13.07.1992 – II ZR 269/91) zurückreguliert: Zunächst sollte dieses Verständnis bis zum 31.12.2010 (Art. 6 Abs. 3 G v. 17.10.2008 I 1982 (FMStG), dann bis zum 31.12.2013 (BGBl. I 2009, S. 3151) mit Wirkung vom 12.12.2012 (Art. 18 G v. 05.12.2012 BGBl. I 2418, S. 2424) über den 01.01.2014 hinaus gelten. Der Gesetzgeber hat damit den Fokus des Überschuldungsbegriffs, der die Gläubiger schützen sollte, substanziell zugunsten der Schuldnerinteressen verschoben.

5 Der Gesetzgeber wird sich noch einmal mit der Frage beschäftigen müssen, ob der derzeit gültige Überschuldungsbegriff fortgilt oder ob auf die Auffassung des Rechtsausschusses zurückgekehrt wird. Auslöser des Meinungswechsels war formaljuristisch die Bankenkrise, da die Banken ihre Dienstleistungen als Geldversorger nicht mehr uneingeschränkt erfüllen. Der dadurch bedingte Anlass, zum alten Überschuldungsbegriff zurückzukehren, wird auch in Zukunft fortbestehen. Der Gläubigerschutz kann nur insofern bestehen, als dass die Gläubiger davon ausgehen dürfen, dass sie im ordnungsgemäßen Geschäftsgang bedient werden. Dies wird durch den aktuellen Überschuldungsbegriff gewahrt, auf mehr haben sie keinen Anspruch.

B. Voraussetzungen

I. Anwendungsbereich

6 § 19 InsO gilt nur für juristische Personen (Abs. 1). Die Überschuldung löst für die Organe der Kapitalgesellschaft eine Antragspflicht aus, die nunmehr aus den gesellschaftsrechtlichen Vorschrift in der InsO (§ 15a) zusammengefasst wurde.

7 § 19 Abs. 3 InsO erweitert den Kreis auf Gesellschaften ohne Rechtspersönlichkeit, bei denen kein persönlich haftender Gesellschafter eine natürliche Person ist, also insbesondere für die GmbH & Co. KG.

8 Die Überschuldung ist ferner Insolvenzgrund beim Nachlass (§ 320 InsO), beim Gesamtgut der fortgesetzten Gütergemeinschaft (§§ 320, 332 InsO), bei der Genossenschaft, aber unter besonde-

ren Voraussetzungen (§ 98 GenG), bei einem Kreditinstitut (§ 46b KWG), bei einem Verein und einer Stiftung (§§ 42 Abs. 2, 86 BGB).

II. Überschuldungsprüfung

Für den nunmehr geltenden zweistufigen modifizierten Überschuldungsbegriff ist eine Prüfungsreihenfolge nicht vorgeschrieben. Entscheidend ist die Fortführungsprognose. Es ist festzustellen, ob nach überwiegender Wahrscheinlichkeit die Finanzkraft des Unternehmens mittelfristig zur Fortführung ausreichend ist. In der Praxis ergibt sich für die geschäftsführenden Organe mit Blick auf ihre Haftung bei verspäteter Antragstellung das Problem, dass in Krisenzeiten der Gesellschaft »zweigleisig« gefahren werden muss. Es bedarf einer (ständig aktualisierten) Überschuldungsrechnung zu Fortführungs-, Liquidations- oder Zerschlagungswerten, um bei (ständig aktualisierter) negativer Fortführungsprognose sofort reagieren zu können.

1. Rechnerische Überschuldung

§ 19 Abs. 2 Satz 1 Halbs. 1 InsO definiert die Überschuldung als rechnerische Überschuldung auf der Grundlage einer Vergleichsrechnung zwischen dem Vermögen (= Aktivvermögen) und den bestehenden Verbindlichkeiten (= Passivvermögen). In der Überschuldungsbilanz ist das gesamte Vermögen erfasst und bewertet. Dies gilt für alle materiellen und immateriellen Vermögenswerte, die verwertbar wären.

Bedingtes und betagtes Aktiv- und Passivvermögen muss in die Bewertung einbezogen werden. Abzustellen ist damit auf die Insolvenzmasse, die den Gläubigern zur Verfügung steht. Dabei sind die sonstigen Masseverbindlichkeiten gem. § 55 Abs. 1 Nr. 2 InsO in die Betrachtung einzubeziehen.

Für die Überschuldungsbilanz sind die Werte des Jahresabschlusses erste Anhaltspunkte. Allerdings sind die Bewertungsvorschriften des Jahresabschlusses für die Überschuldungsbilanz nicht anzuwenden (BGH, Urt. v. 08.01.2001 – II ZR 88/99), sie haben allenfalls indizielle Bedeutung (BGH, Urt. v. 19.11.2013 – II ZR 229/11, Tz. 17; BGH, Urt. v. 13.07.1992 – II ZR 269/91). Zu ermitteln ist der wirkliche Wert. Legt ein Dritter für seine Behauptung, die Gesellschaft sei überschuldet, eine Handelsbilanz vor, aus der sich ein nicht durch Eigenkapital gedeckter Fehlbetrag ergibt, hat er jedenfalls die Ansätze dieser Bilanz darauf zu überprüfen, ob und ggf. in welchem Umfang stille Reserven oder sonstige aus ihr nicht sichtbaren Vermögenswerte vorhanden sind. Dabei muss er nicht jede denkbare Möglichkeit ausschließen, sondern nur naheliegende Anhaltspunkte und die vom Geschäftsführer insoweit aufgestellten Behauptungen widerlegen (BGH, Urt. v. 19.11.2013 – II ZR 229/11, Tz. 17). In dieser Situation ist es Sache des Geschäftsführers, im Rahmen seiner sekundären Beweislast im Einzelnen substantiiert vorzutragen, welche stillen Reserven oder sonstigen für eine Überschuldungsbilanz maßgeblichen Werte in der Handelsbilanz nicht abgebildet sind (BGH, Urt. v. 19.11.2013 – II ZR 229/11, Tz. 19).

Vorschriften über Bewertungsregeln bestehen nicht. Entscheidend ist die Zeitdauer, die man benötigt, um das Unternehmen geordnet zu liquidieren. Besteht Zeitdruck, sind die sog. Zerschlagungswerte anzusetzen, andernfalls die Liquidationswerte. Dabei spielt dann auch eine Rolle, ob eine Einzelveräußerung oder eine Gesamtveräußerung in Betracht kommt.

Auf der Aktivseite sind insbesondere folgende Vermögenswerte anzusetzen:
- Firmen- und Geschäftswert (str.). nach diesseitiger Auffassung sind sie anzusetzen, wenn er im Rahmen der Liquidation veräußerbar ist. Dies kann bejaht werden, wenn eine Veräußerung des Unternehmens als Ganzes möglich ist.
- Ansprüche auf ausstehende Einlagen gegen Gesellschafter und auf Erstattung von verbotenen Rückzahlungen (§ 31 GmbHG),
- Ersatzansprüche gegen Gesellschafter und Geschäftsführer (§§ 9a, 43 Abs. 2 GmbHG),
- Ansprüche gegen persönlich haftende Gesellschafter gem. §§ 128, 161 Abs. 2 HGB (anders: FK-InsO/*Schmerbach*, § 19 InsO Rn. 20), wobei diese i. d. R. mit Null zu bewerten sind.

§ 19 InsO Überschuldung

Auf der Aktivseite sind nicht anzusetzen:
- Anfechtungsansprüche gem. §§ 129 ff. InsO, da diese erst mit Eröffnung des Insolvenzverfahrens entstehen,
- Ansprüche aus sog. Masseschmälerung (§§ 92 Abs. 2 AktG, 64 Abs. 2 GmbHG), da diese Ansprüche die Eröffnung des Verfahrens voraussetzen,
- Ansprüche aus Insolvenzverschleppungshaftung, da diese Ansprüche vor Insolvenzeröffnung den Gläubigern zustehen.

15 Auf der Passivseite sind insbesondere folgende Vermögenswerte anzusetzen:
- alle Verbindlichkeiten, auch wenn diese noch nicht fällig sind,
- streitige Verbindlichkeiten, jedenfalls dann, wenn für sie bereits im Jahresabschluss eine Rückstellung gebildet wurde. Hängt von ihrem Bestehen allerdings die Überschuldung ab, sind sie nicht anzusetzen; vielmehr ist die ernsthaft und nicht aussichtslos bestrittene Verbindlichkeit zunächst im ordentlichen Gerichtsverfahren zu klären (LG Stendal vom 24.05.1994 – 22 T 40/94). Eine durch ein nicht rechtskräftiges Urteil eines OLG titulierte Forderung muss in der Überschuldungsbilanz auch dann mit zumindest 95 % der Forderung passiviert werden, wenn das Urteil Fragen aufwirft, die mit guten Gründen auch anders beantwortet werden können; anders ist es nur dann, wenn es evident einer gefestigten BGH-Rechtsprechung widerspricht (AG Hamburg, Beschl. v. 20.08.2004 – 67a 346/04); ist lediglich eine Teilklage erhoben worden, gilt die Passivierungspflicht für die gesamte Forderung, weil davon auszugehen ist, dass das LG als erste Instanz und das OLG als zweite Instanz der im OLG-Urteil vertretenen Auffassung für die Restforderung folgen werden.
- die im Jahresabschluss gebildeten Rückstellungen als Verbindlichkeiten, wenn ernsthaft mit einer Inanspruchnahme des Schuldners zu rechnen ist (AG Hamburg, Beschl. v. 20.08.2004 – 67a 346/04),

Auf der Passivseite sind nicht zu berücksichtigen:
- Ansprüche auf Rückgewähr von Gesellschafterdarlehen und vergleichbare Rechtshandlungen, soweit diese im Rang nach den im § 39 Abs. 1 Nr. 1 bis 5 InsO bezeichneten Forderungen zurücktreten (§ 19 Abs. 2 Satz 2 InsO). Bei diesem qualifizierten Rangrücktritt erklärt der Gesellschafter, dass er erst nach Befriedigung sämtlicher Gesellschaftsgläubiger und zugleich mit dem Einlagerückgewähranspruch der Gesellschafter befriedigt wird (BGH, Urt. v. 08.01.2001 – II ZR 88/99). Ein Verzicht mit Besserungsschein ist nicht erforderlich.

16 Als Stichtag für die Überschuldungsbilanz ist grundsätzlich der Zeitpunkt der Entscheidung über den Insolvenzantrag maßgeblich (a. A. Schmerbach in Wimmer Frankfurter Kommentar, § 19 Rn. 18).

17 Überschuldung liegt vor, wenn die auf den Stichtag bezogene Unternehmensliquidation für die Gläubiger eine Quote von unter 100 % ergäbe.

2. Fortführungsprognose

18 Trotz bestehender rechnerischer Überschuldung liegt eine insolvenzrechtliche Überschuldung nicht vor, wenn die Fortführung des Unternehmens nach den Umständen überwiegend wahrscheinlich ist (§ 19 Abs. 2 Satz 1 Halbs. 2 InsO). Die Formulierung soll zum Ausdruck bringen, dass die Fortführung nach den Umständen wahrscheinlicher ist als die Stilllegung des Unternehmens (BT-Drucks. 12/7302 S. 157). Bei der Überlebens- oder Fortführungsprognose hat der BGH noch zur Geltung der KO ausgeführt, ob die Finanzkraft der Gesellschaft nach überwiegender Wahrscheinlichkeit mittelfristig zur Fortführung des Unternehmens ausreichend ist. Davon ging auch die Rechtsprechung zur InsO in ihrer Ursprungsfassung aus (AG Bergisch Gladbach, Urt. v. 10.03.2000 – 61C 365/98).

19 Erste Voraussetzung ist ein Fortführungswille (KG, Urt. v. 01.11.2005 – 7 U 49/05). Eine Geschäftsführung/ein Vorstand, die sich gegen die Fortführung des Unternehmens entscheiden, dokumentieren damit, dass sie die Fortführung des Unternehmens nicht tragen und damit das

Unternehmen nicht fortführungsfähig ist. Der Fortführungswillen erstreckt sich sowohl auf das Leitbild des sanierten Unternehmens als auch auf die Sanierungsmaßnahmen (Rdn. 21).

Zweite Voraussetzung ist die überwiegende Fortführungswahrscheinlichkeit. Es muss die Ertragsfähigkeit oder Lebensfähigkeit eines Unternehmens auf absehbare Zeit gewährleistet sein oder in absehbarer Zeit wiederhergestellt werden können (**Fortführungsprognose**; BGH, Urt. v. 23.02.2004 – II ZR 207/01). Dafür ist eine Liquiditätsplanung nach betriebswirtschaftlichen Grundsätzen erforderlich, die mit einer positiven Prognose hinsichtlich der Zahlungsunfähigkeit endet. Erforderlich ist, dass wenigstens mittelfristig mit Einnahmenüberschüssen zu rechnen ist. 20

Die Fortführungsprognose muss für sachverständige Dritte nachvollziehbar sein und ein aussagekräftiges und plausibles Unternehmenskonzept enthalten (LG Göttingen, Urt. v. 03.11.2008 – 10 T 119/08). Insbesondere das Leitbild des sanierten Unternehmens und die Wege dorthin (Sanierungsmaßnahmen) müssen nachvollziehbar und in den Erträgen/Aufwendungen dokumentiert sein. Das Leitbild und die Sanierungsmaßnahmen müssen vom Fortführungswillen umfasst sein. 21

Der Gesetzgeber hat bewusst keinen bestimmten Prognosezeitraum festgelegt (Gottwald/Uhlenbruck/*Uhlenbruck*, InsHdB, § 6 Rn. 25). Teils wird ein Zeitraum von 2 bis 3 Jahren (*Wimmer* NJW 1996, 2546 [2547]: gewisser Zeitraum), teils von 2 Jahren, teils vom laufenden Geschäftsjahr und dem folgenden Geschäftsjahr verlangt (*Uhlenbruck*, § 19 InsO Rn. 29 f.). Allerdings kann es sich hier nur um Richtwerte handeln (FK-InsO/*Schmerbach*, § 19 Rn. 37). Wie auch bei der drohenden Zahlungsunfähigkeit (§ 18 Rdn. 14) ist die Branche/Zyklus des Unternehmens entscheidend. 22

Das Risiko, dass durch eine geschönte Fortführungsprognose die Überschuldung beseitigt wird, besteht. Der aus dem Ärmel geschüttelte größere Auftrag aus einem arabischen Land (FK-InsO/*Schmerbach*, § 19 Rn. 38) muss aussagekräftig und plausibel dargestellt sein (Rdn. 21). Dazu kann es dann auch im Rahmen der Plausibilitätsprüfung gehören, dass die Frage gestellt wird, ob das Zahlungsvolumen für den »Auftrag aus einem arabischen Land« abgesichert ist. 23

Liegen Anhaltspunkte für eine Überschuldung vor, sind die Organe verpflichtet, eine substanziierte Dokumentation der Fortführungsprognose zu erstellen (OLG Naumburg, Urt. v. 20.08.2003 – 5 U 67/03) und fortzuschreiben, andernfalls drohen ihnen Haftungsansprüche. 24

In einem Zivilrechtsstreit haben die Organe bei einer Überschuldung die Fortbestehensprognose und ggf. die Erfüllung der Fortbestehensprognose zu beweisen (»es sei denn«). 25

C. Besonderheiten

I. AG/GmbH/Ltd. & Co. KG

§ 19 Abs. 3 InsO bestimmt, dass Abs. 1 und 2 gelten, wenn bei einer Gesellschaft ohne Rechtspersönlichkeit kein persönlich haftender Gesellschafter eine natürliche Person ist. Dies ist i. d. R. bei der GmbH & Co. KG der Fall. 26

Die Überschuldung ist für die Kommanditgesellschaft und die persönlich haftende Gesellschaft getrennt zu untersuchen. Die Überschuldung der Kommanditgesellschaft führt i. d. R. zur Überschuldung der persönlich haftenden Gesellschaft, insbesondere wenn sie nur über das Mindeststammkapital verfügt, das sie möglicherweise auch noch darlehensweise an die Kommanditgesellschaft verliehen hat. 27

Die persönlich haftende Gesellschafterin ist überschuldet, wenn ihr freies Vermögen nicht ausreicht, um die ungedeckten Schulden der Kommanditgesellschaft zu bedienen. 28

II. KGaA

Vgl. *Rüdiger Siebert* ZInsO 2004, 831 ff. 29

D. Haftung Dritter

30 Der Steuerberater oder ein sonstiger Berater unterliegt bei einem ausdrücklichen Auftrag zur Prüfung der Insolvenzreife eines Unternehmens einer vertraglichen Haftung für etwaige Fehlleistungen (BGH, Urt. v. 07.03.2013 – IX ZR 64/12, Rn. 15; v. 06.06.2013 – IX ZR 204/12, Rn. 12). Dies gilt auch dann, wenn der vertraglich lediglich mit der Erstellung der Steuerbilanz betraute Steuerberater weiter gehend erklärt, dass eine insolvenzrechtliche Überschuldung nicht vorliege (BGH, Urt. v. 06.06.2013, Rn. 13). Der lediglich mit der allgemeinen steuerlichen Beratung einer GmbH beauftragte Berater ist hingegen nicht verpflichtet, die Gesellschaft bei einer Unterdeckung in der Handelsbilanz auf die Pflicht ihres Geschäftsführers ungefragt hinzuweisen, eine Überprüfung, ob Insolvenzreife bestehe, in Auftrag zu geben oder selbst vorzunehmen (BGH, Urt. v. 07.03.2013, a.a.O , Rn. 13). Dieser Grundsatz gilt uneingeschränkt, wenn der Berater ausschließlich mit den steuerlichen oder nicht-insolvenzrechtlichen Angelegenheiten der Gesellschaft befasst ist.

31 Eine solche drittschützende Pflicht trifft den steuerlichen Berater auch gegenüber dem Geschäftsführer der Gesellschaft nicht (BGH, Urt. v. 07.03.2013 – IX ZR 64/12, Leitsatz b).

32 Den Steuerberater oder sonstigen Berater treffen jedoch weiter gehende vertragliche Hinweispflichten, wenn er bei einem rein steuerrechtlichen Mandat mit dem Vertretungsorgan in konkrete Erörterungen über eine etwaige Insolvenzreife der von ihm beratenen Gesellschaft eintritt (BGH, Urt. v. 06.02.2014 – IX ZR 53/13, Rn. 4). Insoweit gilt nichts anderes als in sonstigen Fällen, in denen der Berater außerhalb des bestehenden Mandatsverhältnisses für die Entschließung des Mandanten erkennbar erhebliche Erklärungen abgibt, die sich als unzutreffend erweisen.

33 In einer solchen Gestaltung wird dem Berater nicht angesonnen, schon bei einem »äußeren Anlass« oder »äußeren Verdacht« einer Insolvenz den Mandanten auf die Notwendigkeit einer Prüfung hinzuweisen (vgl. BGH, Urt. v. 07.03.2013, Rn. 17, 19). Vielmehr wird der steuerliche Berater in einem Beratungsgespräch von dem Mandanten unmittelbar mit der konkreten Frage einer Insolvenzreife des Unternehmens konfrontiert. In einem solchen Fall muss der Berater schon mit Rücksicht auf die vielfältigen damit verbundenen rechtlichen Folgen dem Mandanten einen Weg aufzeigen, der ihm die Feststellung ermöglicht, ob eine Insolvenz vorliegt oder nicht. Dies kann geschehen, indem der steuerliche Berater auf der Grundlage eines ihm dann erteilten besonderen Auftrags selbst eine verbindliche gutachtliche Stellungnahme abgibt (BGH, Urt. v. 06.02.2014 – IX ZR 53/13, Rn. 5). Sieht sich der steuerliche Berater hierzu – sei es wegen fehlender Fachkunde oder mit Rücksicht auf eine komplexe Tatsachengrundlage – nicht in der Lage, muss er den Mandanten darauf hinweisen, zum Zwecke der erbetenen Klärung einem geeigneten Dritten einen Prüfauftrag zu erteilen (vgl. BGH, Urt. v. 19.05.2009 – IX ZR 43/08, Rn. 10f).

34 Er haftet der Gesellschaft der Höhe nach auf die Folgen der durch die Falschberatung bedingten verspäteten Insolvenzantragstellung. Der Schaden bemisst sich nach der Differenz zwischen ihrer Vermögenslage im Zeitpunkt der rechtzeitigen Antragstellung im Vergleich zur ihrer Vermögenslage im Zeitpunkt des tatsächlich gestellten Antrags. Allerdings trifft die Gesellschaft in der Regel ein Mitverschulden an dem dadurch bedingten Insolvenzverschleppungsschaden (BGH, Urt. v. 06.06.2013 – IX ZR 204/12, Leitsätze).

Kapitel 1 Die Partnerschaftsgesellschaft

Übersicht

	Rdn.
A. Einführung	1
B. Grundzüge und Voraussetzungen der Partnerschaft	2
I. Die Partnerschaft	2
1. Begriff der freiberuflichen Tätigkeit	3
2. Zweck der Partnerschaft	5
3. Berücksichtigung des Berufsrechts	6
4. Partnerschaft als Steuer- und Rechtssubjekt	7
5. Partnerschaft mit Haftungskonzentration oder beschränkter Berufshaftung	8
II. Anwendbares Recht	9
C. Name der Partnerschaft	10
I. Namensrecht	10
1. Gebot der Namensklarheit	11
2. Gebot der Namenswahrheit, Grundsätze der Namensbeständigkeit	12
II. Umwandlung	13
D. Der Partnerschaftsvertrag	15
I. Formerfordernis	15
II. Mindestregelungen	16
E. Anmeldung der Partnerschaft	19
I. Das Partnerschaftsregister	19
II. Pflichtangaben	20
III. Anmeldung und Form	21
1. Anmeldepflichtige	21
2. Form der Anmeldung	22
3. Anmeldung der Partnerschaft mit beschränkter Berufshaftung	23
4. Prüfung durch das Registergericht	24
5. Konstitutive Eintragung	27
6. Rechtsbehelf gegen Entscheidungen des Registergerichts	28
7. Kostenpflicht der Anmeldung	29
8. Entsprechende Anwendung des Handelsregisterrechts	30
F. Die Partnerschaft im Innenverhältnis	31
I. Wettbewerbsverbot, § 112 HGB	32
II. Informationsrecht, § 118 HGB	33
III. Beschlüsse, § 119 HGB	34
IV. Beiträge zur Partnerschaft und Gewinne	36
1. Beiträge der Partner – Anwendung der §§ 706, 707 BGB	36
2. Gewinnverteilung	38
3. Gewinnermittlung und -feststellung	39
V. Geschäftsführung, §§ 114 bis 117 HGB	40
G. Die Partnerschaft im Außenverhältnis	41
I. Selbstständigkeit der Gesellschaft, Vertretungsbefugnis, Postulationsfähigkeit	41
1. Außenverhältnis – Anwendung der §§ 124 bis 127 HGB	41
2. Vertretung der Partnerschaft nach außen, §§ 125, 126 HGB	42
3. Wirksamkeit der Vor-Partnerschaft nach außen	44
4. Postulationsfähigkeit der Partnerschaft, § 7 Abs. 4 PartGG	46
5. Angaben auf Geschäftsbriefen, § 125a HGB	47
6. Verweis auf Kommentierung in §§ 705 ff. BGB und §§ 105 ff. HGB	48
II. Haftung der Partnerschaft und der Partner	49
1. Gesamtschuldnerische Haftung, § 8 Abs. 1 PartGG	49
a) Akzessorische Haftung, §§ 129, 130 HGB	51
b) Haftung des eintretenden und des ausscheidenden Partners, §§ 130, 160 HGB	52
c) Regelung im Innenverhältnis	53
2. Haftungskonzentration, § 8 Abs. 2 PartGG	54
a) Gesetzliche Haftungsbegrenzung für berufliche Fehler, § 8 Abs. 2 PartGG	54
b) Verbindlichkeit der Partnerschaft, Zurechnung	55
c) Verschulden	56
d) Auftrag i. S. d. § 8 Abs. 2 PartGG	57
e) Scheinpartner	58
f) Überörtliche und interdisziplinäre Partnerschaften	59
g) Beitrag untergeordneter Bedeutung	60
3. Haftungsbeschränkung, § 8 Abs. 3 PartGG	61
4. Haftung der Partnerschaft mit beschränkter Berufshaftung	63
H. Ausscheiden eines Partners, Beendigung der Partnerschaft, §§ 9, 10 PartGG	69
I. Systematik	69
II. Ausscheiden eines Partners	71
1. Verlust der berufsrechtlichen Zulassung, § 9 Abs. 3 PartGG	71
2. Andere Gründe für das Ausscheiden	72
a) Kündigung durch einen Gesellschafter	73
b) Ausschließung eines Partners, §§ 140, 133 HGB	74
c) Tod eines Partners, § 9 Abs. 4 PartGG	75
d) Eröffnung des Insolvenzverfahrens	76
3. Rechtsfolge des Ausscheidens	77
III. Auflösung der Partnerschaft	78
1. Anwendung des § 131 HGB	78

	2. Anmeldung zum Partnerschaftsregister 79	3. Liquidatoren, §§ 146 bis 153 HGB . .	83
IV.	Liquidation der Partnerschaft, § 10 PartGG 80	4. Verteilung des Vermögens, §§ 156, 157 HGB	84
	1. Entsprechende Anwendung der Regelungen für die OHG 80	5. Nachhaftung, §§ 159, 160 HGB	85
		J. Übergangsvorschrift; § 11 PartGG	86
	2. Fortbestand der Partnerschaft in Liquidation, § 156 HGB 82		

A. Einführung

1   Über Bedarf und Inhalt eines Gesetzes über die Partnerschaftsgesellschaften Angehöriger Freier Berufe (PartGG) wurde bereits lange vor seinem Inkrafttreten am 01.07.1995 diskutiert (s. etwa *Henssler* JZ 1992, 687). Erste Initiativen für ein solches Gesetz gab es bereits Anfang der 70er Jahre des letzten Jahrhunderts. Diese scheiterten aber entweder an überambitionierten Ansprüchen des Gesetzgebers oder an Widerständen der Interessenverbände. Da aber die vorhandenen Gesellschaftsformen den Bedürfnissen der Angehörigen freier Berufe letztlich nicht gerecht werden konnten, blieb der Bedarf für eine neu geschaffene Gesellschaftsform für Angehörige freier Berufe unverändert groß. Nach verschiedenen Anläufen hat sich Gesetzgeber schließlich auf eine Gesetzeslösung festgelegt, deren Regelungstechnik so einfach wie überzeugend ist (auch wenn es berechtigte Kritikpunkte gibt, s. *K. Schmidt* ZIP 1993, 633): Das PartGG bestimmt in nur elf Paragrafen als lex specialis die Besonderheiten für Zusammenschlüsse von Freiberuflern im Wege der sog. »Partnerschaftsgesellschaft« oder kurz »Partnerschaft«. Alle anderen Regelungen ergeben sich aus Verweisen, überwiegend auf das im Handelsgesetzbuch geregelte OHG-Recht sowie ergänzend auch auf das Recht der BGB-Gesellschaften.

B. Grundzüge und Voraussetzungen der Partnerschaft

I. Die Partnerschaft

2   Die Partnerschaft ist eine Gesellschaftsform nur für Angehörige der freien Berufe. Es handelt sich um eine gesetzlich neu geschaffene **rechtsfähige Personengesellschaft** für Freiberufler (E/B/J § 1 PartGG Rn. 1), die auch als »Schwesterfigur« der OHG bezeichnet wird (*K. Schmidt*, ZIP 1993, 633, 635).

1. Begriff der freiberuflichen Tätigkeit

3   Das Gesetz beschreibt die freiberufliche Tätigkeit als die »im Allgemeinen auf der Grundlage besonderer beruflicher Qualifikation oder schöpferischer Begabung persönliche, eigenverantwortliche und fachlich unabhängige Erbringung von Dienstleistungen höherer Art im Interesse der Auftraggeber und der Allgemeinheit«, vgl. § 1 Abs. 1 Satz 1 PartGG.

4   § 1 Abs. 2 Satz 2 PartGG definiert sodann im Wege eines eng an § 18 Abs. 1 Nr. 1 EStG angelehnten Kataloges, wer dazu zu zählen ist, etwa Ärzte, Rechtsanwälte, Steuerberater, Wirtschaftsprüfer, Architekten, aber auch z. B. Hebammen, Handelschemiker und Lotsen sowie zahlreiche weitere Berufsgruppen. Durch die Abschlussformulierung »und ähnlicher Berufe« ist eine Auffangregelung für vergleichbare, nicht explizit aufgezählte Berufsgruppen sichergestellt (zu den einzelnen Berufsgruppen und die berufsspezifischen Besonderheiten s. E/B/J § 1 PartGG Rn. 13 ff.).

2. Zweck der Partnerschaft

5   Der Zweck der Partnerschaft ist die Ausübung des jeweiligen freien Berufes (§ 1 Abs. 1 PartGG). Aus diesem – in seiner juristischen Aussage unklaren (s. *Meilicke/v. Westphalen/Hoffmann/Lenz/Wolff* PartGG § 1 Rn. 89 ff., die für eine sehr weite Auslegung des Begriffes plädieren und schon minimale

berufsspezifische Beiträge des Partners für eine »Ausübung« ausreichen lassen wollen.) – gesetzesprogrammatischen Satz wird teilweise abgeleitet, dass nur berufsaktive Freiberufler Partner i. S. d. PartGG sein können (der inaktive »Namenspartner« soll danach nicht Partner i. S. d. PartGG sein können; E/B/J § 1 PartGG Rn. 5; a. A. *Feddersen/Meyer-Landrut* PartGG § 1 Rn. 4; s. zum Umfang der erforderlichen Berufsausübung *Meilicke/v. Westphalen/Hoffmann/Lenz/Wolff* PartGG § 1 Rn. 89 ff.; MüKo BGB/*Schäfer* § 1 Rn. 11 ff.). Nicht Partner kann jedenfalls sein, wer seine erforderliche Zulassung zu dem Freien Beruf verloren hat, den er in der Partnerschaft ausübt (§ 9 Abs. 3 PartGG).

3. Berücksichtigung des Berufsrechts

Nach § 1 Abs. 3 PartGG ist das jeweilige Berufsrecht im Rahmen der Partnerschaft zu berücksichtigen und kann deren Rahmenbedingungen modifizieren (s. etwa E/B/J § 1 PartGG Rn. 38). So sind etwa Apotheker und (Nur-) Notare zwar Freiberufler, aber berufsrechtlich (für den Apotheker ergibt sich dies aus § 8 ApothekenG; der Anwaltsnotar kann gem. § 59a Abs. 1 Satz 3 BRAO nur in seiner Eigenschaft als Rechtsanwalt Partner werden, vgl. auch OLG Stuttgart NJW-RR 2006, 1723; E/B/J § 1 PartGG Rn. 13 ff.) von der Partnerschaft i. S. d. PartGG ausgeschlossen. Dies gilt allerdings nur, soweit sie den ausgeschlossenen Beruf ausüben. Ein Apotheker, der beratend tätig ist, aber keine Apotheke führt, kann Partner sein (BGH, DStR 2013, 1856; teilweise kritisch: *Singer*, DStR 2013, 1857, 1858). Relevant ist in diesem Zusammenhang die interprofessionelle Zusammenarbeit. Während das PartGG auch Lösungen für interprofessionelle Zusammenschlüsse bietet, lassen zahlreiche berufsspezifische Regelungen den »gemischten« Zusammenschluss verschiedener Berufsgruppen nicht zu (für Rechtsanwälte sieht § 59a BRAO vor, dass »Sozietäten« auf eine Zusammenarbeit mit Patentanwälten, Steuerberatern, Steuerbevollmächtigten, vereidigten Buchprüfern und Wirtschaftsprüfern beschränkt sind; der BGH hält die Vorschrift für verfassungswidrig und hat sie dem BVerfG vorgelegt, BGH, DStR 2013, 1856; teilweise kritisch zur Entscheidungserheblichkeit der Verfassungsmäßigkeit: *Singer*, DStR 2013, 1857 ff.; das BVerfG hat mit einer ähnlichen Begründung das Verbot der Gründung einer Rechtsanwaltsanwalts- und Patentanwaltsgesellschaft mit Doppelzulassung für verfassungswidrig erklärt, BVerfG, Beschl. v. 05.02.2014 – Az. 1 BvR 2998/11 und 236/12; ähnliche Regelungen enthalten § 56 StBerG und § 44b i. V. m. § 43a WPO). Da das Registergericht im Rahmen des Eintragungsverfahrens grundsätzlich keine Überprüfung der berufsrechtlichen Zulässigkeit vornimmt (s. § 4 Abs. 2 Satz 2 PartGG und §§ 3, 4 Partnerschaftsregisterverordnung, wonach das Registergericht von den Angaben des Anmelders zur berufsrechtlichen Zulässigkeit ausgeht, es sei denn, ihm ist Gegenteiliges bekannt, s. dazu unten Rdn. 63 f.), ist es Aufgabe der Berufskammern bzw. der entsprechenden Organe, die berufsrechtliche Zulässigkeit der Partnerschaft zu überprüfen und sicherzustellen.

4. Partnerschaft als Steuer- und Rechtssubjekt

Die Partnerschaft übt nach § 1 Abs. 1 Satz 1 PartGG – anders als etwa die GmbH und die AG – kein Handelsgewerbe aus und ist auch nicht kraft Eintragung nach § 2 HGB Kaufmann. Die Partnerschaft unterliegt daher nicht per se der Gewerbesteuer, sie kann jedoch bei entsprechender Tätigkeit gewerbesteuerpflichtig sein. Nach § 1 Abs. 1 Satz 3 PartGG können nur natürliche Personen Partner i. S. d. PartGG sein. Umgekehrt kann die Partnerschaft ihrerseits Beteiligungen an Gesellschaften halten, denn sie ist eine Gesamthandsgemeinschaft und, wie die offene Handelsgesellschaft, auch rechts-, prozess-, register-, grundbuch- und insolvenzfähig. Einschränkungen unterliegt sie dahingehend nur hinsichtlich ihrer Partner, nicht jedoch hinsichtlich der von ihr gehaltenen Beteiligungen. Anders als bei der BGB-Gesellschaft kann es daher für die Partner einer Partnerschaft ausnahmsweise notwendig sein, im Einzelfall ausdrücklich im eigenen Namen aufzutreten, wenn die Wirksamkeit von Rechtshandlungen an die Person des Freiberuflers geknüpft ist (vgl. BFH 1999, 2062 für die Vertretungsbefugnis vor dem BFH, wobei diesbezüglich zwischenzeitlich die Postulationsfähigkeit der Partnerschaftsgesellschaft als solcher in § 7 Abs. 4 PartGG geregelt wurde, zu dessen Anwendungsumfang s. i. E. *Meilicke/v. Westphalen/Hoffmann/Lenz/Wolff* PartGG § 7 Rn. 39 f.).

5. Partnerschaft mit Haftungskonzentration oder beschränkter Berufshaftung

8 Seit dem Inkrafttreten des Gesetzes zur Einführung einer Partnerschaftsgesellschaft mit beschränkter Berufshaftung und zur Änderung des Berufsrechts der Rechtsanwälte, Patentanwälte, Steuerberater und Wirtschaftsprüfer vom 15.07.2013 (BGBl. I 2013 v. 18.07.2013, 2386 ff., im Folgenden »EG-PartGmbB«) am 19.07.2013 bietet die Partnerschaft zwei verschiedene Möglichkeiten, die Haftung für berufliche Fehler zu begrenzen. In der herkömmlichen Variante der Partnerschaft gem. § 8 Abs. 2 PartGG haften für berufliche Fehler das Vermögen der Partnerschaft und sämtliche mit der Bearbeitung des betroffenen Auftrages befassten Partner. In der neuen Variante der Partnerschaft gem. § 8 Abs. 4 PartGG können die Partner die Haftung für berufliche Fehler der Partner vollständig auf das Vermögen der Partnerschaft begrenzen, wenn die Partnerschaft eine zu diesem Zweck durch Gesetz vorgegebene Berufshaftpflichtversicherung unterhält.

II. Anwendbares Recht

9 Der Rechtsrahmen der Partnerschaft bestimmt sich zunächst nach dem PartGG als lex speziales. Aufgrund Verweisungen aus dem PartGG finden das HGB und insbesondere hieraus die Vorschriften zur OHG Anwendung während das BGB subsidiär heranzuziehen ist (§ 1 Abs. 4 PartGG). Mangels ausdrücklicher Verweisung nicht anwendbar sind etwa Vorschriften des HGB zur handelsrechtlichen Gewinnermittlung und Rechnungslegung (E/B/J § 1 PartGG Rn. 46).

C. Name der Partnerschaft

I. Namensrecht

10 § 2 PartGG spricht ausdrücklich von dem »Namen« der Partnerschaft, nicht etwa der Firma. Aufgrund Verweisung auf §§ 18 Abs. 2, 21, 22 Abs. 1, 23, 24, 30, 31 Abs. 2 und 37 HGB findet aber auch für den Namen der Partnerschaft weitgehend Firmenrecht Anwendung.

1. Gebot der Namensklarheit

11 Der Name der Partnerschaft hat bestimmte Voraussetzungen zu erfüllen: Es muss mindestens der Name eines – gegenwärtigen oder ehemaligen (OLG Celle NZG 2008, 866) – Partners im Namen enthalten sein, während Nicht-Partner gar nicht Namensgeber sein können (§ 2 Abs. 1 Satz 1 i. V. m. Satz 3 PartGG). Außerdem muss der Name der Partnerschaft den Zusatz »und Partner« (ebenfalls zulässig, obwohl im Gesetzestext nicht ausdrücklich erwähnt. »& Partner« oder »+ Partner«; BGH, DStR 1997, 1051) oder »Partnerschaft« sowie die Berufsbezeichnung aller in der Partnerschaft vertretenen Berufe enthalten. Sofern den Gläubigern aus Schäden wegen fehlerhafter Berufsausübung nur das Vermögen der Partnerschaft haften soll, muss der Name der Partnerschaft gem. § 8 Abs. 4 Satz 2 PartGG den Zusatz »mit beschränkter Berufshaftung«, die Abkürzung »mbB« oder eine andere allgemein verständliche Abkürzung dieser Bezeichnung enthalten. Die Abkürzung »mbH« ist allerdings nach Ansicht des Gesetzgebers gerade keine andere allgemein verständliche Abkürzung, da sie auf eine generelle Haftungsbeschränkung hinweist und Gläubiger irrtümlich dazu veranlassen könnte, Ansprüche nach § 8 Abs. 1 PartGG nicht gegen die Partner geltend zu machen, obwohl die Haftung für solche Ansprüche nicht beschränkt ist (Regierungsentwurf EGPartGmbB, BR-Drs. 309/12, 14). Anstelle der Namenszusätze nach § 2 Abs. 1 Satz 1 kann der Name der Partnerschaft mit beschränkter Berufshaftung auch den Zusatz »Part« oder »PartG« enthalten. Das Gebot der Namensklarheit macht es erforderlich, auf den Zusatz »und Partner« zu verzichten, wenn nur ein Partner vorhanden ist oder alle Partner im Namen aufgeführt sind; in diesen Fällen bleibt nur der (zwingende) Zusatz »Partnerschaft« oder – bei der Partnerschaft mit beschränkter Berufshaftung – die inhaltsgleichen Abkürzungen »Part« oder »PartG«. Weitere Zusätze, z. B. Fantasiebegriffe, sollen – sofern nicht irreführend – zulässig sein (BGH GRUR 2004, 615 f.).

2. Gebot der Namenswahrheit, Grundsätze der Namensbeständigkeit

Die Funktion der Verweisung auf das Firmenrecht beschreibt *Schäfer* damit, dass »ein weitgehender Gleichklang des Namensrechts der Partnerschaft mit dem HGB-Firmenrecht« (MüKo BGB/ *Schäfer* § 2 PartGG Rn. 16) erreicht werden solle. Dies hat vor allem zur Folge, dass der Name der Partnerschaft dem Gebot der Namenswahrheit (insbesondere Verbot der Irreführung, § 18 Abs. 2 HGB) und den Grundsätzen der Namensbeständigkeit unterliegt. Die Verwendung eines Pseudonyms entspricht dem Gebot der Namenswahrheit jedenfalls dann, wenn der Partner unter dem gewählten Berufs- oder Künstlernamen im Berufsleben seit längerer Zeit auftritt (OLG Frankfurt am Main FGPrax 2003, 43.). Nicht zulässig ist dagegen die Verwendung allein des als Begleitname zum eigentlichen Ehenamen bestimmten Geburtsnamens nach § 1355 Abs. 4 Satz 1 BGB (OLG Karlsruhe MittBayNot 1999, 491). Problematisch sind auch Verfremdungen der Namen, z. B. ist die Zusammensetzung des Namens aus zwei Familiennamen, die zusammen und kleingeschrieben werden, unzulässig (OLG Frankfurt am Main 2008, 167). Das Verbot der Irreführung hat maßgeblich Bedeutung, wenn durch den Namen der Partnerschaft der Eindruck besonderer Spezialisierung bzw. Fachkompetenz oder Internationalität vermittelt wird (BGH NJW 1970, 704; NJW 1996, 237). Unzulässig ist daher bspw. die Bezeichnung »Institut« für eine Partnerschaft von Ärzten zur Ausübung des ärztlichen Berufes, weil dadurch der irreführende Eindruck erweckt werde, es handele sich um eine öffentliche oder unter öffentlicher Aufsicht stehende wissenschaftliche Einrichtung (OLG Frankfurt am Main FGPrax 2001, 209). Ebenso wenig zulässig ist die Bezeichnung »Rechtsanwälte und Steuerberatung«, wenn nur Rechtsanwälte Partner sind, weil die Bezeichnung »Steuerberatung« mit der Berufsausübung eines Steuerberaters gleichgesetzt werde (BVerfG DStR 2006, 1015). Der Grundsatz der Namensbeständigkeit wirkt sich vor allem bei Veränderungen der Partnerschaft bzw. der Partner aus. Ändert sich der Name eines namengebenden Partners, kann der Name der Partnerschaft unverändert bleiben (§ 21 HGB). Dies gilt auch bei Erwerb einer Partnerschaft durch neue Gesellschafter, wenn die (namengebenden) Veräußerer zustimmen (§ 22 HGB); das Verbot der Irreführung überwiegt gegenüber dem Grundsatz der Namensbeständigkeit aber dann, wenn der Erwerber Qualifikationen im Namen (z. B. Doktortitel) nicht selber aufweisen kann (vgl. BGH NJW-RR 1992, 367; NJW 1998, 1150). In diesem Fall bedarf es eines klarstellenden Zusatzes (z. B. Nachfolgezusatz). Ebenfalls gilt per Verweisung das Verbot der Leerübertragung aus § 23 HGB (s. i. E. MüKo BGB/*Schäfer* § 2 PartGG Rn. 19). Durch den Verweis auf § 37 HGB gilt auch die Überwachungsfunktion des Registergerichts, das über die Einhaltung der firmen- bzw. namensrechtlichen Vorschriften wacht.

II. Umwandlung

Aus § 2 Abs. 2 Halbs. 2. PartGG ergibt sich, dass der Name des ausscheidenden BGB-Gesellschafters im Namen der Partnerschaft fortgeführt werden kann (Firmenkontinuität), vorausgesetzt die entsprechende Zustimmung des ausscheidenden Gesellschafters liegt vor (BGH WM 2002, 2164 ff.; OLG München NZG 2000, 367 ff.). Dem ist zu entnehmen, dass die (identitätswahrende) Umwandlung von der BGB-Gesellschaft in eine PartGG ebenso (nach allgemeinen Regeln) möglich sein soll wie von der BGB-Gesellschaft in die OHG, wobei sich die Umwandlung mit Eintragung in das Register vollzieht (vgl. *K. Schmidt* NJW 1995, 1 Fn. 16.).

Das UmwG berücksichtigt mittlerweile (seit Änderungen des UmwG; Änderungsgesetz v. 22.07.1998) auch die Partnerschaft. Der Partnerschaft stehen dieselben Umwandlungsmöglichkeiten offen wie anderen Personengesellschaften, wobei die Besonderheiten der Partnerschaft zu berücksichtigen sind. Dies gilt maßgeblich für den Umstand, dass nur natürliche Personen Partner dieser Gesellschaft sein können. Geregelt ist im UmwG insbesondere die Möglichkeit, das Vermögen der Partnerschaft im Wege der Verschmelzung auf andere Partnerschaften, Personenhandelsgesellschaften und Kapitalgesellschaften zu übertragen. Entsprechendes gilt für die Spaltung. Bzgl. der Einzelheiten zur Verschmelzung bzw. Spaltung wird auf Kap. 2 Rdn. 20 ff. (Verschmelzung) und Rdn. 246 ff. (Spaltung) verwiesen (s. zur Verschmelzung einer Partnergesellschaft im Übrigen auch *Neye* DB 1998, 1649 m. w. N.).

D. Der Partnerschaftsvertrag

I. Formerfordernis

15 § 3 PartGG bestimmt in wenigen Worten, welche Voraussetzungen der Partnerschaftsvertrag zu erfüllen hat. Zunächst legt § 3 Abs. 1 PartGG in formaler Hinsicht das Schriftformerfordernis (i. S. d. §§ 125, 126 BGB) fest und zwar nicht nur für die Mindestbestandteile gem. § 3 Abs. 2 PartGG, sondern für den gesamten Vertrag einschließlich Nebenabreden (MüKo BGB/*Schäfer* § 3 PartGG Rn. 5). Nichtbeachtung hat Nichtigkeit des Vertrages zur Folge. Die Eintragung vermag hieran nichts zu ändern, es gelten bei Fortsetzung der Partnerschaft die Grundsätze der fehlerhaften Gesellschaft (s. dazu ausführl. § 705 BGB Rdn. 51 ff. – für die GbR sowie §§ 105 HGB Rdn. 79 ff.).

II. Mindestregelungen

16 § 3 Abs. 2 PartGG bestimmt, welche Mindestregelungen der Partnerschaftsvertrag enthalten muss, nämlich Name und Sitz der Partnerschaft (Abs. 2 Nr. 1), den Namen, Vornamen, den Wohnort und ausgeübten Beruf jedes Partners (Abs. 2 Nr. 2) sowie den Gegenstand der Partnerschaft (Abs. 2 Nr. 3).

17 Name der Partnerschaft ist der gewählte Name i. S. d. § 2 PartGG (s. o. Rdn. 10 ff.). Sitz der Partnerschaft ist der Ort der Tätigkeit; bei überörtlichen Partnerschaften muss – schon zur eindeutigen Zuständigkeitsbestimmung des Registers – ein Sitz festgelegt werden, die sonstigen Niederlassungen sind gem. §§ 5, 13 HGB (Verweis über § 5 Abs. 2 PartGG) dem jeweiligen Registergericht als Zweigniederlassungen anzuzeigen (MüKo BGB/*Ulmer* § 3 PartGG Rn. 18). Die Pflicht zur Berufsangabe gilt nur für die partnerschaftsbezogene Tätigkeit. Nebenberufe oder nicht partnerschaftsfähige Berufe sind nicht zu nennen; Anwaltsnotare geben als Beruf nur »Rechtsanwalt« an (OLG Stuttgart NJW-RR 2006, 1723 ff.; E/B/J § 3 PartGG Rn. 3.).

18 Gegenstand der Partnerschaft ist die freiberufliche Tätigkeit, die im Rahmen der Partnerschaft ausgeübt wird; bei interdisziplinären Partnerschaften sind alle partnerschaftlich ausgeübten Berufe anzugeben (MüKo BGB/*Schäfer* § 3 PartGG Rn. 22 ff.). Durch den Generalverweis auf die Bestimmungen des BGB zur BGB-Gesellschaft (§ 1 Abs. 4 PartGG) ist der Partnerschaftsvertrag aber auch an der Vorschrift des § 705 BGB zu messen, sodass über den Wortlaut des § 3 Abs. 2 PartGG hinaus Mindestbestandteil der Partnerschaftsverträge der – über den Gegenstand der Partnerschaft hinausgehende – Zweck der Gesellschaft (vgl. dazu ausführl. auch § 705 BGB Rdn. 49 ff.) sowie die – über die Ausübung des freien Berufs hinausgehenden – Beiträge der Partner zu regeln sind (MüKo BGB/*Schäfer* § 3 PartGG Rn. 2; zu der Regelung der Beiträge der Gesellschafter im Gesellschaftsvertrag vgl. ausführl. § 705 BGB Rdn. 14 ff.). Regelungen zu weiteren Tatbeständen sind üblich und selbstverständlich im Rahmen der gesetzlichen Bestimmungen zulässig.

E. Anmeldung der Partnerschaft

I. Das Partnerschaftsregister

19 Da die Partnerschaft kein Handelsgewerbe betreibt, ist statt des Handelsregisters ein eigenes Register für die Partnerschaft vorgesehen, das Partnerschaftsregister. In der Partnerschaftsregisterverordnung (PRV) finden sich die verfahrensrechtlichen Regelungen. Die Anmeldevoraussetzungen der Partnerschaft sind in §§ 4, 5 PartGG niedergelegt, die wiederum auf Vorschriften des HGB, insbesondere die entsprechenden Bestimmungen für die OHG, verweisen. Es wird daher an dieser Stelle auch auf die Kommentierung der entsprechenden Vorschriften verwiesen.

II. Pflichtangaben

20 Mitzuteilen im Rahmen der Anmeldung sind die Angaben aus § 3 Abs. 2 PartGG (Name und Sitz der Partnerschaft, Name, Vorname, Wohnort, ausgeübter Beruf jedes Partners, Gegenstand der

E. Anmeldung der Partnerschaft

Partnerschaft) sowie Geburtsdaten und Vertretungsmacht der Partner. Spätere Änderungen in Bezug auf diese Angaben sind ebenfalls mitzuteilen (§ 4 Abs. 1 Satz 3 PartGG). Eine Pflicht zur Anmeldung einer inländischen Geschäftsanschrift besteht im Gegensatz zur OHG für die Partnerschaft gem. § 3 Abs. 2 Halbs. 2 PartGG nicht.

III. Anmeldung und Form

1. Anmeldepflichtige

Durch den Verweis in § 4 Abs. 1 Satz 1 PartGG auf § 108 HGB müssen zunächst alle Partner die Anmeldung bewirken (§ 108 Abs. 1 HGB), wobei sie sich vertreten lassen können. 21

2. Form der Anmeldung

Die Form der Anmeldung richtet sich nach §§ 5, 12 HGB. Die Angaben sind somit in elektronisch öffentlich beglaubigter Form (§ 129 Abs. 1 BGB) einzureichen. Dies gilt gem. § 12 Abs. 1 Satz 2 HGB auch für die Vollmacht, mit der sich Partner bei der Anmeldung vertreten lassen (MüKo BGB/*Ulmer* §§ 4, 5 PartGG Rn. 8). 22

3. Anmeldung der Partnerschaft mit beschränkter Berufshaftung

Der Anmeldung einer Partnerschaft mit beschränkter Berufshaftung nach § 8 Abs. 4 PartGG muss gem. § 4 Abs. 3 PartGG eine Versicherungsbescheinigung nach § 113 Abs. 2 VVG beigefügt sein. Die Versicherungsbescheinigung hat neben der Bestätigung des Bestands der Versicherung auch die Versicherungssumme auszuweisen. 23

4. Prüfung durch das Registergericht

Zuständig für die Prüfung der Anmeldung und Registerführung ist gem. § 4 Abs. 1 PartGG i. V. m. § 106 Abs. 1 HGB das Registergericht (Amtsgericht, § 160b FGG), in dem die Partnerschaft ihren Sitz hat. Während der formellen Anmeldevoraussetzung der vollen Überprüfung durch das Registergericht unterliegen, hat es gem. § 4 Abs. 2 Satz 2 PartGG im Hinblick auf die Anmeldeangaben der Partner nur ein eingeschränktes Prüfungsrecht (»Das Registergericht legt die Angaben der Partner zugrunde, es sei denn, ihm ist deren Unrichtigkeit bekannt.«). Mit dieser Richtigkeitsvermutung (*Meilicke/v. Westphalen/Hoffmann/Lenz/Wolff* PartGG § 4 Rn. 47) soll nicht nur eine Entlastung der Registergerichte erreicht werden, sondern auch den Anmeldern der Nachweis der sonstigen Zugangsvoraussetzungen (Freiberuflichkeit etc.) erleichtert werden (MüKo BGB/*Schäfer* §§ 4, 5 PartGG Rn. 11 ff.; E/B/J § 4 PartGG Rn. 4). 24

Aufgrund dieser eindeutigen Anordnung des PartGG ist die entgegenstehende Regelung in § 3 Abs. 1 Satz 3 PRV, nach der die Urkunden über die Zulassung oder das Zeugnis über die Befähigung zu einem Beruf mit der Anmeldung vorgelegt werden sollen, wenn die Berufsausübung der staatlichen Zulassung oder einer staatlichen Prüfung unterliegt, als unwirksam anzusehen, da sie höherrangigem geltenden Recht widerspricht (LG Augsburg MittBayNot 2006, 522, 523; LG München I DNotZ 2001, 814; a. A. MüKo BGB/*Schäfer* §§ 4, 5 PartGG Rn. 13, der die Regelungen der PRV als Interpretationshilfe heranzieht, ohne auf die Urteile des LG Augsburg und des LG München I einzugehen). 25

Die Reichweite dieser Prüfungseinschränkung ist im Hinblick auf den Grundsatz der Amtsermittlung (§ 12 FGG) umstritten (vgl. MüKo BGB/*Schäfer* §§ 4, 5 PartGG Rn. 11 ff.). Richtig dürfte aufgrund der systematischen Stellung der Richtigkeitsvermutung die Auffassung sein, wonach sich die Einschränkung auf die Angaben der Partner zur Freiberuflichkeit beschränken und die Registergerichte jedenfalls in Bezug auf die sonstigen Angaben (Name, Sitz, Personalien, Vertretungsmacht etc.) nicht gehindert sind, ermittelnd tätig zu werden (MüKo BGB/*Schäfer* §§ 4, 5 PartGG Rn. 13 f.; *Meilicke/v. Westphalen/Hoffmann/Lenz/Wolff* PartGG, § 4 Rn. 48 ff.). Auch das Erreichen 26

Kapitel 1 — Die Partnerschaftsgesellschaft

der berufsrechtlich vorgesehenen Mindestversicherungssumme ist demnach von den Registergerichten zu prüfen (Gesetzesentwurf der Bundesregierung vom 25.05.2012 zur Einführung einer Partnerschaftsgesellschaft mit beschränkter Berufshaftung und zur Änderung des Berufsrechts der Rechtsanwälte, Patentanwälte, Steuerberater und Wirtschaftsprüfer [»Regierungsentwurf EGPartGmbB«], BR-Drs. 309/12, 12). Zu diesem Zweck ist nach § 8 Abs. 4 PartGG die Versicherungsbescheinigung der Anmeldung der Partnerschaft mit beschränkter Berufshaftung beizufügen. Sieht die berufsrechtliche Regelung eine Mindestversicherungssumme und im Übrigen eine »angemessene« Versicherung vor (Diese Konstellation ist derzeit nicht gesetzlich vorgesehen, nachdem im StBerG davon wieder Abstand genommen wurde.), so soll das Registergericht nach dem Willen des Gesetzgebers gleichwohl lediglich prüfen, ob die Mindestversicherungssumme erreicht ist. Ob die Versicherung im Übrigen angemessen ist, soll das Risiko der Partner bleiben (Regierungsentwurf EGPartGmbB, BR-Drs. 309/12, 12).

5. Konstitutive Eintragung

27 Die erstmalige Eintragung der Partnerschaft ist gem. § 7 Abs. 1 PartGG konstitutiver Natur und bringt die Partnerschaft im Außenverhältnis zur Entstehung. In diesem Punkt besteht also eine Abweichung zum OHG-Recht (s. § 123 HGB Rdn. 8 ff.). Für die in Gründung befindliche Partnerschaft gelten – jedenfalls im Außenverhältnis – die Regeln über die BGB-Gesellschaft (*Feddersen/Meyer-Landrut* PartGG § 4 Rn. 7; E/B/J § 4 PartGG Rn. 4; MüKo BGB/*Schäfer* §§ 7 PartGG Rn. 4 ff.). Ansonsten sind die Eintragungen in das Partnerschaftsregister deklaratorisch (Rechtslage entsprechend derjenigen beim Handelsregister, vgl. MüKo BGB/*Schäfer* §§ 4, 5 PartGG Rn. 18).

6. Rechtsbehelf gegen Entscheidungen des Registergerichts

28 Gegen die Entscheidungen des Registergerichts sind Rechtsbehelfe möglich, die sich nach den Regelungen der freiwilligen Gerichtsbarkeit richten, meist als »einfache Beschwerde« nach § 19 FGG (s. i. E. *Meilicke/v. Westphalen/Hoffmann/Lenz/Wolff* PartGG § 4 Rn. 12 f.).

7. Kostenpflicht der Anmeldung

29 Die Anmeldung der Partnerschaft ist nach § 79 KostO kostenpflichtig. Die Höhe richtet sich nach festen, zwischenzeitlich nicht mehr geschäftswertabhängigen Sätzen, die sich aus §§ 79, 79a, 80 KostO in Verbindung mit der HandelsregistergebührenVO ergibt (z. B. Partnerschaft mit 3 Partnern: 100,– €).

8. Entsprechende Anwendung des Handelsregisterrechts

30 Da im Übrigen für die Führung des Partnerschaftsregisters weitgehend auf die Vorschriften für das Handelsregister verwiesen wird (§ 5 PartGG), gelten die entsprechenden Regelungen, insbesondere § 9 HGB (Registereinsicht), § 10 HGB (Bekanntmachung der Eintragung), §§ 12, 108 HGB (Form der Anmeldung bzw. Zeichnung von Unterschriften) sowie der §§ 13, 13d, 13h HGB (Zweigniederlassungen). Diesbezüglich wird auf die einschlägigen Kommentierungen (etwa E/B/J § 9 Rn. 1 ff.; MüKo HGB § 9 Rn. 1 ff.) verwiesen.

F. Die Partnerschaft im Innenverhältnis

31 Das »Grundprinzip der Partnerschaft« (*Meilicke/ Westphalen/Hoffmann/Lenz/Wolff* PartGG § 6 Rn. 2) ist in § 6 Abs. 3 S. I PartGG niedergelegt: Das Rechtsverhältnis der Partner untereinander richtet sich nach dem Partnerschaftsvertrag. Soweit der Vertrag keine Regelungen enthält, sind gem. § 6 Abs. 3 Satz 2 PartGG §§ 110 bis 116 Abs. 2 sowie §§ 117 bis 119 HGB entsprechend anzuwenden. § 6 Abs. 1 PartGG hält – eigentlich eine Selbstverständlichkeit – nochmals fest, dass die Partner ihre beruflichen Leistungen unter Beachtung des für sie geltenden Berufsrechts erbringen (und daher an systematisch unrichtiger Stelle eine Regelung auch zum Außenverhältnis, vgl. MüKo BGB/*Ulmer* § 6 PartGG Rn. 1); eine partnerschaftsvertragliche Regelung, die einen Verstoß gegen

das Berufsrecht vorsieht (etwa Verstöße gegen die Schweigepflicht bei interdisziplinären Partnerschaften), ist folglich unzulässig (*Meilicke/v. Westphalen/Hoffmann/Lenz/Wolff* PartGG § 6 Rn. 3).

I. Wettbewerbsverbot, § 112 HGB

Für die Partnerschaft von Bedeutung sind zunächst die §§ 112, 113 HGB. Es gilt für die Gesellschafter ein gesetzliches Wettbewerbsverbot. Danach sind insbesondere die Vornahme eigener Geschäfte der Partner im Bereich der freiberuflichen Tätigkeit der Partnerschaft als auch Beteiligungen an konkurrierenden Gesellschaften (mit Ausnahme reiner Kapitalbeteiligungen) an diesem Wettbewerbsverbot zu messen und in der Regel unzulässig (MüKo BGB/*Schäfer* § 6 PartGG Rn. 28 ff.). Aufgrund des Wettbewerbsverbotes darf der Partner auch ihm in seiner Eigenschaft als Gesellschafter der Partnerschaft zugutekommende Informationen nicht zur Wahrnehmung persönlicher Geschäftschancen außerhalb der Partnerschaft nutzen. Da § 112 HGB dispositiv ist (vgl. § 112 HGB Rdn. 11 f.), können abweichende Regelungen zwischen den Partnern getroffen werden. In der Regel wird das Wettbewerbsverbot dahin gehend vertraglich verschärft, dass es auch nach Vertragsende bzw. Ausscheiden eines Partners weiter gelten soll. Für solche nachvertraglichen Wettbewerbsverbote sind indes von der Rechtsprechung strenge Regeln aufgestellt worden. So ist es grundsätzlich unzulässig, Wettbewerbsverbote ohne zeitliche (ggf. auch örtliche und inhaltliche) Beschränkung zu vereinbaren (BGH NJW 1991, 699; vgl. auch § 112 HGB Rdn. 12). Ein übermäßiges Wettbewerbsverbot führt nach der Rechtsprechung zur Unwirksamkeit, ohne dass eine geltungserhaltende Reduktion möglich wäre (s. hierzu BGH NJW 1979, 1606; krit. gegenüber der restriktiven Haltung der Rechtsprechung insbesondere *Meilicke/v. Westphalen/Hoffmann/Lenz/Wolff* PartGG § 6 Rn. 62). S. zu den Einzelheiten des Wettbewerbsverbotes ausführl. § 112 HGB.

32

II. Informationsrecht, § 118 HGB

§ 118 HGB (ebenfalls per Verweis über § 6 Abs. 3 Satz 2 PartGG) gestattet es dem einzelnen Partner, sich über die Verhältnisse der Partnerschaft zu unterrichten (s. zu § 118 HGB i. E. die Kommentierung dort). Ergänzend gelten über § 1 Abs. 4 PartGG die §§ 713 i. V. m. 666 BGB sowie § 810 BGB (vgl. §§ 709 bis 713 BGB Rdn. 57 ff.).

33

III. Beschlüsse, § 119 HGB

Gem. dem ebenfalls per Verweis anwendbaren § 119 HGB gilt grundsätzlich bei (allen) Partnerschaftsbeschlüssen das Einstimmigkeitsprinzip (vgl. § 119 HGB Rdn. 12 ff.). In der Praxis sehen Partnerschaftsverträge regelmäßig abweichende Vereinbarungen vor, wonach z. B. für das operative Geschäft betreffende Beschlüsse das Mehrheitsprinzip und nur bei unternehmenswesentlichen Entscheidungen der Einstimmigkeitsgrundsatz gilt (für den Kernbereich der Mitgliedschaft gilt stets das Einstimmigkeitsprinzip, sodass abweichende Regelungen unzulässig sein dürften; s. MüKo BGB/ *Schäfer* § 6 PartGG Rn. 37 ff.; vgl. dazu auch § 119 HGB Rdn. 18). Es ist hierbei § 3 Abs. 1 PartGG zu beachten. Danach bedarf der Partnerschaftsvertrag der Schriftform (s. o. Rdn. 15); Gleiches gilt für Änderungen des Vertrages. Haben Beschlüsse demnach vertragsändernde Auswirkungen (z. B. Aufnahme neuer Partner), bedürfen sie der Schriftform. Mehrheitsbeschlüsse sind im Übrigen in allen Angelegenheiten zulässig (*Meilicke/v. Westphalen/Hoffmann/Lenz/Wolff* PartGG § 6 Rn. 86). Einen gesetzlichen Einstimmigkeitskatalog gibt es nicht, wobei die Rechtsprechung strenge Anforderungen an den Bestimmtheitsgrundsatz stellt und Klauseln über Mehrheitsbeschlüsse als Abweichung vom gesetzlichen Leitbild in § 119 HGB eng auslegt (vgl. z. B. BGHZ 85, 356 ff. = NJW 1983, 1056 ff.; im Übrigen zu diesen Aspekten ausführlich § 119 HGB Rdn. 14 ff.). Zu Stimmverboten bzw. -geboten wegen Interessenkonflikts vgl. § 119 HGB Rdn. 23 ff.

34

Sofern der Partnerschaftsvertrag Mehrheitsbeschlüsse zulässt, ist zu klären, ob die Umstellung auf eine Partnerschaft mit beschränkter Berufshaftung einen einstimmigen Beschluss erfordert. Falls die Umstellung den Kernbereich der Mitgliedschaft betrifft, ist eine einstimmige Entscheidung erforderlich (s. o. Rdn. 34). Dagegen spricht, dass die Änderung der Versicherung und die Namensänderung

35

jedenfalls nicht die Gesellschafterrechte betreffen, deren Zugehörigkeit zum Kernbereich allgemein anerkannt ist. Denn es werden weder Stimmrechte, Gewinnverteilungsschlüssel, Liquidationsfolgen, der Zweck der Partnerschaft noch die Geschäftsführung oder Informationsrechte geändert (vgl. MüKo BGB/*Schäfer*§ 709 BGB Rn. 93). Auch Gewinnverwendungscharakter (vgl. MüKo BGB/*Schäfer*§ 709 BGB Rn. 93) hat die Entscheidung nicht, auch wenn die Kostenstruktur betroffen ist, falls die Umstellung auf eine Partnerschaft mit beschränkter Berufshaftung höhere Versicherungsprämien nach sich zieht. Denn die Verwendung entstandener Gewinne ist trotzdem nicht von der Umstellung betroffen. Somit spricht nichts dafür, von einem Eingriff in den Kernbereich der Mitgliedschaft auszugehen (im Ergebnis so auch *Sommer, Treptow*, NJW 2013, 3269, 3271 f.). Daher hängt es allein von der Auslegung des Partnerschaftsvertrages ab, ob Einstimmigkeit zu fordern ist. Wegen der erforderlichen Namensänderung bedarf es jedenfalls der für die Änderung des Partnerschaftsvertrages notwendigen Mehrheit (*Uwer/Röding*, AnwBl. 2013, 309, 311).

IV. Beiträge zur Partnerschaft und Gewinne

1. Beiträge der Partner – Anwendung der §§ 706, 707 BGB

36 Ergänzend gelten gem. § 1 Abs. 4 PartGG auch die §§ 706, 707 BGB. Danach haben die Partner Beiträge zu leisten (s. hierzu näher die Ausführungen zu §§ 706, 707 ff. BGB; vgl. auch MüKo BGB/*Schäfer* § 706 Rn. 2 ff.). Abgesehen vom Startkapital erfolgt typischerweise der Beitrag im Rahmen einer Partnerschaft durch Erbringung freiberuflicher Dienste, da die Ausübung der freiberuflichen Tätigkeit zwingend Gesellschaftszweck der Partnerschaft ist.

37 Nach § 706 Abs. 1 BGB sind zwar im Zweifel gleiche Beiträge zu leisten, doch wird zu Recht darauf hingewiesen, dass diese Bestimmung bei Dienstleistungen, noch dazu in einem häufig vertrauensbasierten und persönlichkeitsbestimmten Berufsumfeld, versagen muss (*Meilicke/v. Westphalen/Hoffmann/Lenz/Wolff* PartGG § 6 Rn. 12). Die einzelnen Partner erbringen ihre Leistungen in unterschiedlicher Qualität, Quantität und inhaltlicher Ausrichtung. Entscheidend für den Erfolg der Partnerschaft dürfte insoweit einerseits die partnerschaftsvertragliche Regelung, andererseits aber auch das gemeinsame Grundverständnis der Partner untereinander sein.

2. Gewinnverteilung

38 Dies ändert jedoch nichts daran, dass die Regelung der Beiträge und – als »Gegenleistung« (zum Streitstand ob ein Gesellschaftsvertrag ein gegenseitiger Vertrag ist, s. §§ 706, 707 BGB Rdn. 2 m.w.N.) hiermit zumindest faktisch verknüpft – der Gewinnverteilung in der Praxis ein zentrales Kriterium für das Funktionieren der Partnerschaft ist. Als sinnvoll haben sich dabei in der Regel Beitrags- und Gewinnverteilungssysteme erwiesen, die den einzelnen Partner sowohl am eigenen unternehmerischen Erfolg als auch am Erfolg des Gesamtunternehmens partizipieren lassen (*Meilicke/v. Westphalen/Hoffmann/Lenz/Wolff* PartGG § 6 Rn. 12); die Auffangregelung des § 722 BGB (s. hierzu und zu abweichenden Regelungen ausführl. §§ 721, 722 BGB Rdn. 7 ff.) dürfte nur in seltenen Fällen Anwendung finden.

3. Gewinnermittlung und -feststellung

39 Die Gewinnermittlung richtet sich nach § 721 BGB: §§ 120 bis 122 HGB (Gewinn und Verlust, Gewinnverteilung und Entnahmen bei der OHG; s. hierzu auch MüKo BGB/*Ulmer* § 6 PartGG Rn. 44 f.) sowie §§ 238 ff. HGB (Buchführung) sind nicht anwendbar (*Meilicke/v. Westphalen/Hoffmann/Lenz/Wolff* PartGG § 6 Rn. 17). Die Gewinnfeststellung richtet sich ohne anderslautende vertragliche Regelung nach § 721 BGB. Ohne Regelung im Partnerschaftsvertrag ist es den Partnern nicht gestattet, vor Ablauf eines Geschäftsjahres (§ 721 Abs. 2 BGB; s. §§ 721, 722 BGB Rdn. 3) Vorabentnahmen auf den Gewinn zu tätigen. Der Entnahmeanspruch wird nach der gesetzlichen Regelung erst nach Feststellung des Gewinns fällig (s. §§ 721, 722 BGB Rdn. 5). In der Praxis sehen

die meisten Partnerschaftsverträge abweichend monatliche Vorschüsse für die Partner auf den Gewinn vor.

V. Geschäftsführung, §§ 114 bis 117 HGB

Hinsichtlich der Geschäftsführung verweist § 6 Abs. 3 Satz 2 PartGG weitgehend auf die Vorschriften des HGB zum Geschäftsführungsrecht der OHG, insbesondere auf die §§ 114 bis 117 HGB; insoweit wird zunächst verwiesen auf die ausführliche Kommentierung dieser Vorschriften. Eine Besonderheit der Partnerschaft regelt insoweit § 6 Abs. 2 PartGG. Hiernach können Partner durch den Partnerschaftsvertrag nur von der Führung der »sonstigen Geschäfte« ausgeschlossen werden. Gemeint sind damit alle Geschäfte, die nicht »berufliche Leistungen« i. S. d. § 6 Abs. 1 PartGG sind (MüKo BGB/*Schäfer* § 6 PartGG Rn. 9 ff.; *Meilicke/v. Westphalen/Hoffmann/Lenz/Wolff* PartGG § 6 Rn. 43). Die Grenze zwischen beruflichen Leistungen – zu denen Geschäftsanbahnung, Abschluss und Durchführung eines Vertragsverhältnisses im Rahmen der Berufsausübung des Partners gehören – und »sonstigen Geschäften« ist nicht leicht zu ziehen. Denn im Sinne einer funktionierenden Partnerschaft müssen Eingriffe durch die Geschäftsführung in die Art und Weise der Berufsausübung gegenüber dem einzelnen Partner möglich sein. Die Grenze dieser Eingriffsbefugnis dürfte jedenfalls dort erreicht sein, wo dem einzelnen Partner die freiberufliche Tätigkeit bzw. die Erhebung von Einwänden gegen Geschäftsführungsmaßnahmen weitgehend unmöglich gemacht wird (MüKo BGB/*Schäfer* § 6 PartGG Rn. 9 ff.; *Meilicke/v. Westphalen/Hoffmann/Lenz/Wolff* PartGG § 6 Rn. 46).

G. Die Partnerschaft im Außenverhältnis

I. Selbstständigkeit der Gesellschaft, Vertretungsbefugnis, Postulationsfähigkeit

1. Außenverhältnis – Anwendung der §§ 124 bis 127 HGB

Im Außenverhältnis gelten gem. § 7 Abs. 2 und Abs. 3 PartGG die Regelungen zur OHG aus §§ 124 (rechtliche Selbstständigkeit), 125 Abs. 1 und 2, 126, 127 HGB (Vertretung der OHG) entsprechend. Danach kann die Partnerschaft unter ihrem Namen Rechte erwerben und Verbindlichkeiten eingehen, Eigentum und andere dingliche Rechte an Grundstücken erwerben sowie vor Gericht klagen und verklagt werden (§ 124 HGB). Im Gegensatz zur Geschäftsführungsbefugnis, die für das Verhältnis der Partner im Innenverhältnis gilt, ist die Vertretungsmacht die Rechtsmacht zur rechtsgeschäftlichen Bindung der Partnerschaft im Außenverhältnis gegenüber Dritten. Es wird insoweit zusätzlich auch auf die Kommentierung der genannten Vorschriften des HGB verwiesen.

2. Vertretung der Partnerschaft nach außen, §§ 125, 126 HGB

§ 125 Abs. 1 HGB bestimmt, dass zur Vertretung der Gesellschaft jeder Gesellschafter ermächtigt ist, sofern er nicht durch den Gesellschaftervertrag (hier: Partnerschaftsvertrag) von der Vertretung ausgeschlossen ist. Damit steht fest, dass auch in der Partnerschaft – da § 6 Abs. 2 PartGG (s. o. Rdn. 40) für die Vertretungsbefugnis keine Anwendung findet – der Ausschluss bzw. die Beschränkung einzelner Partner von der Vertretungsbefugnis grundsätzlich möglich sein soll. Wo die Grenzen der vertraglichen Dispositionsfreiheit liegen – insbesondere ob einzelne Partner vollständig von der Vertretung ausgeschlossen werden dürfen – ist strittig (MüKo BGB/*Schäfer* § 7 PartGG Rn. 18; *Michalski/Römermann* PartGG § 7 Rn. 17; dazu vgl. auch – für die OHG § 125 HGB Rdn. 10 ff.). Die Grenze dürfte dort erreicht sein, wo die Einschränkung der Vertretungsbefugnis die Ausübung der individuellen freiberuflichen Tätigkeit unmöglich macht (*Michalski/Römermann* PartGG § 7 Rn. 17; a. A. MüKo BGB/*Schäfer* § 7 PartGG Rn. 18). § 125 Abs. 2 HGB gibt der Partnerschaft weitgehende Freiheit zur Regelung von Gesamt- oder Einzelvertretungsbefugnissen (vgl. dazu ausführl. § 125 HGB Rdn. 16 ff.).

Gem. § 126 Abs. 2 HGB ist eine Beschränkung der Vertretungsmacht im Außenverhältnis unwirksam. Allerdings können für bestimmte Geschäfte Einzelermächtigungen von den Vertretungsberechtigten erteilt werden. Gem. § 5 Abs. 1 PartGG ist die Eintragung (des Umfangs) der Vertretungsbefugnis aller Partner im Partnerschaftsregister erforderlich. Gem. § 127 HGB kann die Vertretungsbefugnis durch gerichtliches Urteil entzogen werden, wobei der Partnerschaftsvertrag erleichterte Regeln vorsehen kann (vgl. zur Entziehung der Vertretungsvollmacht nach § 127 HGB ausführl. § 127 HGB sowie – zu den verfahrensrechtlichen Besonderheiten – Kap. 5 Rdn. 149 ff.).

3. Wirksamkeit der Vor-Partnerschaft nach außen

44 Vor Eintragung der Partnerschaft in das Partnerschaftsregister ist die Partnerschaft gegenüber Dritten nicht »wirksam« (s. o. Rdn. 27); bei Eintritt neuer Partner in eine bestehende (eingetragene) Partnerschaft können diese im Außenverhältnis erst mit ihrer Eintragung verpflichtet werden (§ 7 Abs. 1 PartGG).

45 Dies bedeutet jedoch nicht etwa, dass die Partnerschaft vor Eintragung in das Partnerschaftsregister nicht existent wäre; vielmehr unterliegt sie als Vor-Partnerschaft den Regeln der BGB-Gesellschaft (MüKo BGB/*Schäfer* § 7 PartGG Rn. 4). Insofern kann die Vor-Partnerschaft Rechte und damit Gesellschaftsvermögen erwerben (§ 718 BGB; s. dazu die Kommentierung in § 718 BGB). Das Gesellschaftsvermögen der Vor-Partnerschaft steht den Gesellschaftern zur gesamten Hand zu (§ 719 BGB; vgl. § 719 BGB Rdn. 1 ff.). Genauso ist es möglich, dass die Vor-Partnerschaft in ihrer Eigenschaft als BGB-Gesellschaft Verbindlichkeiten eingeht. Im Hinblick auf die Vertretungsbefugnis gelten die von der Rechtsprechung entwickelten Grundsätze. Danach finden insbesondere bei freiberuflich tätigen BGB-Gesellschaften Rechtsscheingrundsätze Anwendung: Der kontrahierende Dritte darf in der Regel davon ausgehen, dass die ohne Einschränkung auf dem Briefkopf genannte Person auch die anderen Gesellschafter der BGB-Gesellschaft vertritt; der Dritte ist nicht verpflichtet, sich eine Vollmacht vorlegen zu lassen oder zu überprüfen, dass die Person tatsächlich (Mit-)Gesellschafter ist, sondern darf sich auf den Rechtsschein verlassen (BGH NJW 1980, 748 ff.; vgl. auch MüKo BGB/*Schäfer* § 714 BGB Rn. 26 ff. sowie § 8 PartGG Rn. 11). Die Vor-Partnerschaft kann als BGB-Gesellschaft vor Gericht klagen oder verklagt werden (BGHZ 146, 341).

4. Postulationsfähigkeit der Partnerschaft, § 7 Abs. 4 PartGG

46 § 7 Abs. 4 PartGG hält ausdrücklich fest, dass die Partnerschaft und nicht nur der einzelne Partner postulationsfähig ist und als Prozess- und Verfahrensbevollmächtigte beauftragt werden kann. Diese Klarstellung war nach einer höchstrichterlichen Entscheidung notwendig geworden (s. i. E. *Meilicke/v. Westphalen/Hoffmann/Lenz/Wolff* PartGG § 7 Rn. 39).

5. Angaben auf Geschäftsbriefen, § 125a HGB

47 Gem. § 7 Abs. 5 PartGG sind für die Angaben auf Geschäftsbriefen §§ 125a Abs. 1 Satz 1 und Abs. 2 HGB entsprechend anwendbar. Demnach ist auf Briefpapier für externen Schriftverkehr Rechtsform und Sitz der Gesellschaft, das Registergericht und die Handelsregisternummer anzugeben (§ 125a Abs. 1 Satz 1); die Ausnahmen hiervon sind in §§ 125 Abs. 2 i. V. m. 37a HGB geregelt (insbesondere für Mitteilungen im Rahmen laufender Geschäftsbeziehungen). Vgl. zu § 125a HGB die ausführl. Kommentierung dort.

6. Verweis auf Kommentierung in §§ 705 ff. BGB und §§ 105 ff. HGB

48 Im Übrigen wird auf die Kommentierung der einschlägigen Vorschriften zur OHG in §§ 105 ff. HGB sowie zur GbR in §§ 705 ff. BGB verwiesen.

II. Haftung der Partnerschaft und der Partner

1. Gesamtschuldnerische Haftung, § 8 Abs. 1 PartGG

§ 8 PartGG enthält aus gesetzgeberischer Sicht den Kernanreiz zur Begründung einer Partnerschaft (BT-Drucks. 13/9820, S. 17 ff.). Während Abs. 1 die grundsätzliche gesamtschuldnerische Haftung von Partnerschaft und Partnern vorschreibt, regeln Abs. 2 und Abs. 4 die Konzentration der Haftung für berufliche Fehler auf die handelnden Partner oder die vollständige Beschränkung der dieser Haftung auf das Vermögen der Partnerschaft.

Nach § 8 Abs. 1 PartGG haften für die Verbindlichkeiten der Partnerschaft neben der Partnerschaft auch die einzelnen Partner als Gesamtschuldner. In Abs. 1 Satz 2 ist nominiert, dass §§ 129, 130 HGB entsprechend anwendbar sind; insoweit wird zusätzlich auch auf die Kommentierung dieser Vorschriften verwiesen. »Verbindlichkeiten der Partnerschaft« im Sinne dieser Vorschrift können gleichermaßen vertraglich wie gesetzlich begründet werden; der Rechtsgrund ist insoweit ohne Belang (s. MüKo BGB/*Schäfer* § 8 PartGG Rn. 6; *Meilicke/v. Westphalen/Hoffmann/Lenz/Wolff* PartGG § 8 Rn. 7). Die gesamtschuldnerische Haftung des Partners kann nach § 8 Abs. 1 Satz 1 PartGG nur gegeben sein, wenn es sich um eine Schuld der Gesellschaft handelt – sei diese auch dadurch begründet, dass ihr das Verhalten eines Partners – etwa aufgrund gesetzlicher Regelungen (z. B. § 31 oder § 278 BGB) – zugerechnet wird. Im Grundsatz gilt damit, dass den Gläubigern das Vermögen aller einzelnen Partner neben dem Vermögen der Partnerschaft als Haftungsmasse dient.

a) Akzessorische Haftung, §§ 129, 130 HGB

Über den Verweis auf § 129 HGB wird die Verbindlichkeit der Partner mit derjenigen der Partnerschaft akzessorisch. Ein Partner kann Einwendungen, die in seiner Person begründet sind, nur dann gegenüber dem Gläubiger geltend machen, wenn diese Einwendungen auch der Partnerschaft zustehen (§ 129 Satz 1 HGB; dazu ausführl. § 129 HGB Rdn. 7 ff.). Er kann andererseits entsprechend § 129 Abs. 2 HGB die Erfüllung der Verbindlichkeit verweigern, solange die Partnerschaft berechtigt ist, das zugrunde liegende Rechtsgeschäft anzufechten. Gleiches gilt, solange sich der Gläubiger durch Aufrechnung gegenüber der Partnerschaft befriedigen kann, § 129 Abs. 3 HGB entsprechend (vgl. § 129 HGB Rdn. 20 ff.). Aus einem Titel gegen die Partnerschaft kann entsprechend § 129 Abs. 4 HGB nicht gegen den einzelnen Partner vollstreckt werden, es bedarf stets eines eigenen Vollstreckungstitels gegen den einzelnen Partner; eine Umschreibung des Titels gegen die Partnerschaft ist nicht möglich (s. dazu § 129 HGB Rdn. 25 f.).

b) Haftung des eintretenden und des ausscheidenden Partners, §§ 130, 160 HGB

Für den ausscheidenden Partner bedeutet dies, dass er für alle bis zu seinem Ausscheiden begründeten Verbindlichkeiten auch nach seinem Ausscheiden haftet. Die Nachhaftung richtet sich nach § 10 Abs. 2 PartGG, § 160 HGB (sowohl auch *Meilicke/v. Westphalen/Hoffmann/Lenz/Wolff* PartGG § 8 Rn. 7; MüKo BGB/*Schäfer* § 8 PartGG Rn. 31; s. auch § 160 HGB). Für den eintretenden Partner gilt der Verweis auf § 130 HGB. Danach haftet der neu eintretende (für die verschiedenen Möglichkeiten des »Eintritts« und die Grenzfälle s. *Meilicke/v. Westphalen/Hoffmann/Lenz/Wolff* PartGG § 8 Rn. 23 f.) Partner für die bestehenden Altverbindlichkeiten nach Maßgabe der §§ 128, 129 HGB; eine Änderung des Namens der Partnerschaft ist ohne Bedeutung (§ 130 Abs. 1 a. E. HGB). Nach § 128 HGB gilt die gesamtschuldnerische Haftung ähnlich, wie sie in § 8 Abs. 1 PartGG festgehalten ist, wobei § 128 Satz 2 HGB ausdrücklich bestimmt, dass eine entgegenstehende Vereinbarung im Außenverhältnis unwirksam ist (s. dazu § 128 HGB Rdn. 32 ff.). Ob der eintretende Partner die Altverbindlichkeit kannte oder nicht, ist dabei unerheblich für seine Haftung im Außenverhältnis.

c) Regelung im Innenverhältnis

Im Innenverhältnis gelten zunächst die Regelungen über die Gesamtschuld, insbesondere § 426 BGB. Danach ist im Innenverhältnis zunächst die getroffene Vereinbarung maßgeblich (§ 426 Abs. 1

BGB). Deshalb empfehlen sich Regelungen im Innenverhältnis und sind in der Praxis auch vielfach üblich. Im Verhältnis der Partner zueinander können also für die Ausgleichsverteilung Regelungen getroffen werden, die eine Quotenregelung der Partner zueinander bis hin zur vollkommenen Freistellung einzelner Partner vorsehen; auch für ausscheidende und neu eintretende Partner können derartige Regelung getroffen werden. Ein Teil des Regelungsbedarfs im Innenverhältnis dürfte durch die Haftungskonzentration gem. § 8 Abs. 2 PartGG jedoch entfallen (s. dazu gleich Rdn. 55 f.). Darüber hinaus ist im Interesse des neu eintretenden Partners eine vertragliche Regelung denkbar, wonach die übrigen Partner ihn für die Haftung aus Altverbindlichkeiten freistellen (s. auch § 128 HGB Rdn. 32 f.). Für den ausscheidenden Partner kann – je nach Ausscheidungsgrund – eine Begrenzung im Innenverhältnis vorgesehen werden.

2. Haftungskonzentration, § 8 Abs. 2 PartGG

a) Gesetzliche Haftungsbegrenzung für berufliche Fehler, § 8 Abs. 2 PartGG

54 Für »berufliche Fehler« sieht § 8 Abs. 2 PartGG eine Sonderregelung vor, die die gesamtschuldnerische Haftung im Außenverhältnis per Gesetz begrenzt. Damit ist eine wesentliche Quelle haftungsrechtlicher Risiken spezialgesetzlich geregelt und bietet Anreiz, die freiberufliche Tätigkeit mehrerer Beteiligter statt in einer BGB-Gesellschaft in einer Partnerschaft zusammenzufassen (vgl. auch *Seibert* Partnerschaft, S. 56; außerdem auch BT-Drucks. 12/6152, S. 17). Nach § 8 Abs. 2 PartGG haften für berufliche Fehler die einzelnen mit der Bearbeitung des Auftrags befassten Partner. Nicht haftungsbegründend sind Beiträge von untergeordneter Bedeutung, etwa, wenn ein Partner im Rahmen einer Urlaubsvertretung in der Sache oder nur in Randfragen beratend tätig wird (s. Rdn. 60 sowie i. E. *Meilicke/v. Westphalen/Hoffmann/Lenz/Wolff* PartGG § 8 Rn. 68 f.). Alle mit der Bearbeitung nicht oder nur mit Arbeiten untergeordneter Bedeutung befassten Partner, sind von der Haftung im Außenverhältnis ausgenommen. Nicht entscheidend für die Haftung ist dagegen, ob ein Partner zum Zeitpunkt der haftungsauslösenden Handlung bereits Partner war. Da § 8 Abs. 2 PartGG die durch § 8 Abs. 1 Satz 2 PartGG angeordnete Haftung nach § 130 HGB nicht ausschließt, haftet jeder Partner, der irgendwann mit der Sache befasst war, für alle, auch die vor seinem Beitritt begangenen Fehler (BGH BeckRS 2009, 89131, Nr. 16 ff.).

b) Verbindlichkeit der Partnerschaft, Zurechnung

55 Ansprüche wegen eines Bearbeitungsfehlers können vertragliche oder deliktische (auch bei Anspruchskonkurrenz) Grundlagen haben, ohne dass dies für die Haftungskonzentration Auswirkungen hätte. Voraussetzung ist allerdings stets, dass es sich um eine Verbindlichkeit der Partnerschaft i. S. d. § 8 Abs. 1 PartGG handelt. Es muss also eine Zurechnung der (individuellen) Pflichtverletzung an die Partnerschaft möglich sein. Dies ist bei »beruflichen« Fehlern in der Regel der Fall, nur ausnahmsweise kann die Anwendbarkeit der Zurechnungsnormen ausgeschlossen sein – etwa, wenn es sich um einen beruflichen Fehler handelt, der nicht im Rahmen der Partnerschaft bzw. in Ausführung einer dem Partner zustehenden Verrichtung i. S. d. § 31 BGB geschehen ist (s. hierzu BGH NJW 2003, 1444.).

c) **Verschulden**

56 Grundsätzlich gilt bei Gesamtschuldnern, dass das Verschulden gem. § 425 Abs. 2 BGB nur gegenüber demjenigen Gesamtschuldner Wirkung entfaltet, der die Rechtsverletzung zu vertreten hat, den also das Verschulden trifft; (s. MüKo BGB/*Bydlinski* § 425 Rn. 17 f.). Diese Regelung ist jedoch durch § 8 Abs. 1 PartGG spezialgesetzlich zwingend dahin gehend abgeändert, dass eine gesamtschuldnerische Haftung der Partnerschaft und der einzelnen Partner besteht. Erst durch § 8 Abs. 2 PartGG wird diese gesamtschuldnerische Haftung – neben der Partnerschaft – auf den bzw. die bearbeitenden Partner wieder beschränkt.

d) Auftrag i. S. d. § 8 Abs. 2 PartGG

Der bearbeitete »Auftrag« i. S. d. § 8 Abs. 2 PartGG ist weit zu verstehen und umfasst alle für freiberuflichen Beauftragungen der Partnerschaft typischen Verträge, insbesondere Dienst- und Werkverträge einschließlich Behandlungsverträge (*Meilicke/v. Westphalen/Hoffmann/Lenz/Wolff* PartGG § 8 Rn. 51). Wurde ein Rahmenvertrag geschlossen, dann gilt der im Rahmen dieses Vertrages erteilte Einzelauftrag als »Auftrag« i. S. d. § 8 Abs. 2 PartGG (MüKo BGB/*Schäfer* PartGG, § 8 Rn. 18). Ob der einzelne Partner mit einem Auftrag i. S. d. § 8 Abs. 2 PartGG »befasst« war, ist eine tatsächliche Frage. Zum »Befasstsein« in diesem Sinne zählen neben der eigenen Bearbeitung, Behandlung etc. auch die Leitung oder Überwachung der Bearbeitung auch ohne operative Bearbeitung des Auftrags (davon geht auch die Gesetzesbegründung aus, vgl. BT-Drucks. 13/9820, S. 21). Eine Leitung oder Überwachung kann niemals »untergeordnet« i. S. d. § 8 Abs. 2 PartGG sein. Es kommt im Übrigen alleine auf die tatsächlichen Umstände an. Waren ausschließlich Angestellte oder freie Mitarbeiter mit einem Auftrag befasst, so sind die Voraussetzungen des § 8 Abs. 2 PartGG nicht erfüllt und es greift § 8 Abs. 1 PartGG mit der Folge, dass alle Partner akzessorisch haften (vgl. BT-Drucks. 13/9820, S. 21; BGH NJW 2010, 1360, 1362). Unklar ist allerdings der Kreis der Haftenden, wenn ein Partner zur Überwachung eines Mandates nach interner Geschäftsverteilung verpflichtet gewesen wäre, dieser Verpflichtung aber nicht nachgekommen ist. Nach der Gesetzesbegründung ist ein Partner bereits befasst, wenn er »nach der internen Zuständigkeitsverteilung [den Auftrag selbst bearbeiten oder seine Überwachung] hätte [beaufsichtigen] müssen.« (vgl. BT-Drucks. 13/9820, S. 21). Dies kann dazu führen, dass ein Partner ein Mandat fehlerhaft und entgegen den internen Vereinbarungen bearbeitet, vielleicht sogar, ohne dass der eigentlich zuständige Partner davon erfährt, und dennoch der eigentlich zuständige Partner haftet. Um diese Konstellation zu vermeiden, legt das OLG Hamm die Gesetzesbegründung so aus, dass die Befassung aufgrund interner Zuständigkeitsverteilung nur dann zum Tragen kommt, wenn kein Partner sich der Sache tatsächlich annimmt, sei es, weil nur Angestellte oder freie Mitarbeiter die Sache bearbeiten, sei es, weil niemand in der Sache etwas unternimmt. Wenn dagegen ein Partner tatsächlich befasst gewesen sei und die Sache bearbeitet habe, sei der Regelung des § 8 Abs. 2 PartGG bereits Genüge getan und eine Haftung des eigentlich zuständigen aber tatsächlich nicht befassten Partners scheide aus (OLG Hamm, BeckRS 2010, 07867 = DStR 2010, 2007 m. Anm. *Posegga*; die Nichtzulassungsbeschwerde gegen die Entscheidung wurde abgelehnt, ohne dass zur Frage der Befassung nach § 8 Abs. 2 PartGG Stellung genommen wurde, BGH, Beschl. v. 14.06.2012 – IV ZR 45/10).

e) Scheinpartner

Das Haftungsprivileg kommt auch Scheinpartnern zugute, wenn diese nach Rechtsscheingrundsätzen für die Verbindlichkeiten der Partnerschaft haften (*Meilicke/v. Westphalen/Hoffmann/Lenz/Wolff* PartGG § 8 Rn. 51; OLG München NJW-RR 2001, 1358, 1360, die Revision zum BGH wurde nicht angenommen [Beschl. v. 08.11.2001 – I ZR 85/01]; OLG Hamm DStRE 2010, 1533, 1536; vgl. auch *Sommer, Treptow. Friemel*, NZG 2012, 1249 ff.; a. A. *Michalski/Römermann* PartGG § 8 Rn. 29 f.) und deshalb kein Grund besteht, diese von der Haftungskonzentration des Abs. 2 auszunehmen (OLG München NJW-RR 2001, 1358 ff.). War der handelnde Berufsträger ein Scheinpartner, so haftet er mit seinem Gesamtvermögen und daneben nur die Partnerschaft (OLG München NJW-RR 2001, 1358 ff.). Sofern sich der Partner und über ihn die Partnerschaft auch haftungsbegründendes Verhalten Dritter, etwa von Erfüllungsgehilfen, insbesondere Mitarbeitern (§ 278 BGB), und Verrichtungsgehilfen zurechnen lassen muss, gilt die Haftungskonzentration auch für diese Haftungstatbestände.

f) Überörtliche und interdisziplinäre Partnerschaften

Für überörtliche oder -interdisziplinäre Partnerschaften ergeben sich insoweit keine Besonderheiten. Es kommt auf den bzw. die Partner an, die den Auftrag tatsächlich bearbeitet haben, sei es überörtlich oder interdisziplinär und zwar aufgrund des eindeutigen Wortlauts auch dann, wenn Partner ohne berufliche Qualifikation im Rahmen des Auftrags tätig geworden sind und dadurch der Fehler zustande kommt (*Meilicke/v. Westphalen/Hoffmann/Lenz/Wolff* PartGG § 8 Rn. 67; mit beachtlichen Gründen a. A. MüKo BGB/*Schäfer* § 8 PartGG Rn. 23).

g) Beitrag untergeordneter Bedeutung

60 Wann ein Beitrag eines Partners im Rahmen der Auftragsbearbeitung von untergeordneter Bedeutung ist, lässt sich nicht generell beantworten (s. hierzu MüKo BGB/*Schäfer* § 8 PartGG. Rn. 27 f.). Vielmehr bedarf es einer Wertung im Einzelfall. Die Beispiele in der Gesetzesbegründung für untergeordnete Beiträge (Urlaubsvertretung; konsularische Beiziehung zu Nebenthemen) geben zwar Anhaltspunkte, sind aber nicht geeignet, diesem Begriff klare Konturen zu verleihen. Nach der Rechtsprechung soll insbesondere die bloße Urlaubsvertretung und Versendung von bereits vorbereiteten Schriftsätzen des sachbearbeitenden Partners ein Beitrag von untergeordneter Bedeutung sein (LG Magdeburg, BeckRS 2011, 29564). Keine untergeordnete Bedeutung soll das Verfassen einer vierseitigen Replik oder die Wahrnehmung eines Termins zur mündlichen Verhandlung haben (OLG Koblenz, BeckRS 2009, 89141). Nach Ansicht des BGH soll mit dieser Regelung der Kunde geschützt werden, weil dieser häufig nicht erkennen könne, wer in einer Partnerschaft intern für diesen Fehler verantwortlich war. Der Gesetzgeber habe deshalb jeden, der mit einer Angelegenheit befasst gewesen sei, in die Haftung nehmen wollen, da dies i. d. R. relativ gut erkennbar sei. Daraus schließt der BGH, dass prinzipiell jeder, der für den Geschädigten erkennbar an der Sache beteiligt war, haftbar sein soll (BGH BeckRS 2009, 89131, Nr. 17, 20). Ein Ausschluss der Haftung wegen untergeordneter Tätigkeit scheidet jedenfalls dann aus, wenn ein Partner sich inhaltlich mit der Sache befasst hat und Sachentscheidungen getroffen hat, z. B. durch die besagte Verfassung einer Replik und Vertretung in der mündlichen Verhandlung (BGH BeckRS 2009, 89131, Nr. 20). Die h. M. tendiert dahin, dass ein Beitrag von untergeordneter Bedeutung nie vorliegen kann, wenn durch ihn die Schadensursache gesetzt wurde. Dort, wo der berufliche Fehler (evtl. auch durch das Zusammenwirken mehrerer Partner) entstanden ist, liege keine untergeordnete Tätigkeit vor (MüKo BGB/*Schäfer* § 8 PartGG Rn. 28; *Meilicke/v. Westphalen/Hoffmann/Lenz/Wolff* PartGG § 8 Rn. 70 f.).

3. Haftungsbeschränkung, § 8 Abs. 3 PartGG

61 § 8 Abs. 3 PartGG enthält in diesem Zusammenhang eine weitere spezialgesetzliche Regelung für die Partnerschaft: Durch Gesetz kann für einzelne Berufe eine Haftungsbeschränkung für Schäden wegen fehlerhafter Berufsausübung auf bestimmte Höchstbeträge zugelassen werden, wenn dieses Gesetz gleichzeitig die Pflicht zum Abschluss einer Haftpflichtversicherung der einzelnen Partner oder der Partnerschaft vorsieht. In zahlreichen berufsrechtlichen Vorschriften existieren solche Regelungen: So ist nach § 51 BRAO bei Rechtsanwälten für fahrlässig verursachte Schäden durch schriftliche Vereinbarung eine Haftungsbegrenzung möglich; als Mindestversicherungssumme sind 250.000,– € vorgesehen. Ähnliches gilt für Steuerberater (§ 67a StBerG), Patentanwälte (§ 45b PAO) und Wirtschaftsprüfer (§ 54a Abs. 1 WPO), allerdings für Letztere mit einer Mindestversicherungssumme von 1 Mio. €. Darüber hinaus gibt es zahlreiche Berufsgruppen, für die eine solche gesetzliche Regelung nicht erfolgt ist. Alleine die berufsrechtliche Regelung, dass eine Haftpflichtversicherung erforderlich ist, genügt nicht. Die Haftungsgrenze muss gesetzlich normiert sein, nur dann ist es nach § 8 Abs. 3 PartGG möglich, die Haftungssumme auf die Mindestversicherung zu begrenzen.

62 Aber auch in allen anderen Fällen kann eine Haftungsbegrenzung mit dem Vertragspartner vertraglich vereinbart werden (MüKo BGB/*Schäfer* § 8 PartGG Rn. 39). Dies kann durch Individualvereinbarung oder im Rahmen von allgemeinen Geschäftsbedingungen erfolgen. Im Rahmen der Individualvereinbarung kann die Haftung in den Grenzen des § 276 BGB beschränkt werden, also auch für Fälle der groben Fahrlässigkeit, nicht aber für Vorsatz. Im Rahmen des AGB-Rechts kommen die in diesem Rechtsbereich einschlägigen Grundsätze zur Anwendung, auf die an dieser Stelle verwiesen wird (s. etwa Palandt/*Grüneberg* § 307 Rn. 1 ff.).

4. Haftung der Partnerschaft mit beschränkter Berufshaftung

§ 8 Abs. 4 PartGG gewährt schließlich die Möglichkeit, die Haftung wegen fehlerhafter Berufsausübung vollständig auf das Vermögen der Partnerschaft zu beschränken und damit alle, auch die mit einer Angelegenheit befassten Partner von dieser persönlichen Haftung zu befreien. Voraussetzung sind Abschluss und Unterhaltung einer zu diesem Zweck durch Gesetz vorgegebenen Berufshaftpflichtversicherung. Auf diese finden die allgemeinen Vorschriften über Pflichtversicherungen in §§ 113 Abs. 3 und 114 bis 124 VVG Anwendung.

63

Bei manchen Berufsgruppen sind die gesetzlich vorgeschriebenen Mindestvoraussetzungen für die Berufshaftpflichtversicherung für die Partnerschaft mit beschränkter Berufshaftung deutlich höher als für die Berufsausübung generell:

64

– Die Mindestversicherungssumme pro Versicherungsfall beträgt für Partnerschaften mit beschränkter Berufshaftung von Rechts- oder Patentanwälten 2,5 Mio. € (§ 51a Abs. 2 Satz 1 BRAO, § 45a Abs. 2 Satz 1 PAO). Dies ist das Zehnfache der für Rechtsanwälte oder Patentanwälte allgemein geltenden Mindestversicherungssumme von 250.000,-€ (§ 51 Abs. 4 Satz 1 BRAO, § 45 Abs. 4 Satz 1 PAO), entspricht aber der Regelung für die Rechtsanwaltsgesellschaft (§ 59j Abs. 2 BRAO, § 52j Abs. 2 PAO). Für Partnerschaften mit beschränkter Berufshaftung von Steuerberatern beträgt die Mindestversicherungssumme pro Versicherungsfall 1 Mio. € (§ 67 Abs. 2 Satz 1 StBerG) und somit nur das Vierfache der für Steuerberater im Allgemeinen geltenden Mindestversicherungssumme von 250.000,-€ (§ 52 Abs. 1 DVStB, § 158 Nr. 6 StBerG). Die grundsätzliche berufsrechtliche Pflicht für Steuerberater, eine Berufshaftpflichtversicherung in angemessener Höhe abzuschließen (§ 67 Abs. 1 StBerG) bleibt davon unberührt. Für Partnerschaften mit beschränkter Berufshaftung von Wirtschaftsprüfern und vereidigte Buchprüfer gelten die allgemein für Wirtschaftsprüfer geltenden Mindestversicherungssummen (§§ 54, 130 Abs. 1 Satz 1 WiPro, § 323 Abs. 2 Satz 1 HGB).
– Die Jahreshöchstleistung für alle in einem Versicherungsjahr verursachten Schäden muss bei Rechts- und Patentanwälten sowie Steuerberatern muss nicht nur mindestens den vierfachen Betrag der Mindestversicherungssumme (§§ 51 Abs. 4 Satz 2, 51a Abs. 2 Satz 3 BRAO, §§ 45 Abs. 4 Satz 2, 45a Abs. 2 Satz 3 PAO, § 52 Abs. 3 und 4 DVStB i. V. m. § 158 Nr. 6 StBerG, § 67 Abs. 2 Satz 3 StBerG), sondern auch den um die Zahl der Partner vervielfachten Betrag der Mindestversicherungssumme (§ 51a Abs. 2 Satz 2 BRAO, § 45a Abs. 2 Satz 2 PAO, § 67 Abs. 2 Satz 2 StBerG) abdecken. Fraglich soll sein, ob bei der Berechnung der Mindestversicherungssumme auch Scheinpartner einzubeziehen sein sollen (Zimmermann, NJW 2014, 1142, 1143). Dagegen spricht jedoch die klare Aussage des Gesetzgebers in der Regierungsbegründung, dass es auf die Zahl der im Handelsregister eingetragenen Partner ankommt (BT-Drucks. 17/10847, S. 15), sowie die Annahme der Beschlussempfehlung des Rechtsausschusses, wonach zur Vermeidung von Rechtsunsicherheit auch für Steuerberater eine Regelung getroffen wurde, bei deren Einhaltung die beschränkte Berufshaftung auf jeden Fall greift (BT-Drucks. 17/13944, S. 22). Würde man bei der Berechnung der Mindestversicherungssumme auch auf Scheinpartner abstellen, wäre Rechtssicherheit nicht gegeben. Für Wirtschaftsprüfer und vereidigte Buchprüfer gelten die allgemeinen Bestimmungen.
– Anders als bei Rechtsanwälten und Patentanwälten im Allgemeinen darf die Haftung der Versicherung für wissentliche Pflichtverletzungen für deren Partnerschaften mit beschränkter Berufshaftung nicht ausgeschlossen werden (§§ 51a Abs. 1 Satz 2, 51 Abs. 3 Nr. 1 BRAO, §§ 45a Abs. 1 Satz 2, 45 Abs. 3 Nr. 1 PAO). Eine solche Differenzierung wird bei Steuerberatern und Wirtschaftsprüfern nicht gemacht.
– Die Mindestversicherungssummen für Partnerschaften mit beschränkter Berufshaftung von Rechts- und Patentanwälten können durch Rechtsverordnung des Bundesministeriums der Justiz nach Anhörung der zuständigen Berufskammern anders festgesetzt werden, wenn dies erforderlich ist, um bei einer Änderung der wirtschaftlichen Verhältnisse einen hinreichenden Schutz der Geschädigten sicherzustellen (§ 51a BRAO, § 45a PAO). Eine ausdrückliche Ermächtigung zur Änderung der Mindestversicherungssummen für Partnerschaften von Steuerberatern mit beschränkter Berufshaftung sieht das StBerG nicht vor. Zwar darf nach § 158 Nr. 6 StBerG

die Bundesregierung nach Anhörung der Bundessteuerberaterkammer durch Rechtsverordnung Bestimmungen über die Mindesthöhe von Deckungssummen bei der Haftpflichtversicherung erlassen, wovon sie in § 52 Abs. 2 und 3 DVStB Gebrauch gemacht hat. Die Mindestversicherungssummen für die Partnerschaften mit beschränkter Haftung sind jedoch im Gegensatz zu den Mindestversicherungssummen im Allgemeinen unmittelbar im StBerG geregelt. Daher ist davon auszugehen, dass die Bundesregierung keine Ermächtigung hat, durch Rechtsverordnung die Mindestversicherungssummen für Partnerschaften mit beschränkter Berufshaftung von Steuerberatern zu ändern.

– Für weitere freie Berufe sieht das EGPartGmbB keine zu diesem Zweck vorgesehenen Berufshaftpflichtversicherungen vor. Hier obliegt es ggf. den jeweils zuständigen Gesetzgebungsorganen für entsprechende Gesetzesänderungen zu sorgen, z. B. den Bundesländern (vgl. Stellungnahme des Bundesverbandes Freier Berufe zum Gesetzesentwurf der Bundesregierung zur Haftungsbeschränkung von Partnerschaftsgesellschaften vom 05.11.2012, 1 f., abrufbar unter http://www.freie-berufe.de/fileadmin/bfb/5_Themen/2_Qualitaetssicherung-und-Berufsrechte/1_Aktuelles/BT-DRs_1710487_Beitrag_BFB_5_11_2012.pdf).

– Gesetzlich nicht geregelt sind die Voraussetzungen für die Berufshaftpflichtversicherung für interprofessionelle Partnerschaften mit beschränkter Berufshaftung, d. h. Partnerschaften, in denen verschiedene Berufsgruppen vertreten sind. Weichen die Voraussetzungen für die beschränkte Berufshaftung voneinander ab, z. B. bei Rechtsanwälten und Steuerberatern, sind zwei Varianten denkbar. Für das Eingreifen der beschränkten Berufshaftung kann das kumulative Einhalten sämtlicher Vorschriften oder eine Kombination der unterschiedlichen Voraussetzungen in Relation zu den vertretenen Berufsgruppen verlangt werden. Der Gesetzgeber hat auf eine Regelung bewusst verzichtet, weil er davon ausgeht, dass einem allgemeinen berufsrechtlichen Grundsatz zufolge im Fall von divergierenden berufsrechtlichen Anforderungen stets die strengsten gelten und somit die höchste Mindestversicherungssumme maßgeblich sei (Beschlussempfehlung und Bericht des Rechtsausschusses zu dem Gesetzesentwurf der Bundesregierung – Drucksache 17/10487 – vom 12.06.2013 [»Beschlussempfehlung Rechtsausschuss EGPartGmbB«, zitiert nach der elektronischen Vorabfassung], BT-Drs. 17/13944, S. 21). Denkbar wäre eine Differenzierung jedenfalls, soweit Vorbehaltsaufgaben von der Partnerschaft erbracht werden, die ausschließlich die Angehörigen einer der Berufsgruppen erbringen dürfen. Zumindest spricht die gesetzliche Festlegung unterschiedlicher Mindestversicherungssummen und sonstigen Anforderungen an den Versicherungsschutz für verschiedene Berufsgruppen dafür, dass der Auftraggeber einer Vorbehaltsaufgabe angemessen geschützt ist, wenn er neben dem Partnerschaftsvermögen einen Versicherungsanspruch in der festgelegten Höhe geltend machen kann. Es müsste dann im Versicherungsvertrag nach Vorbehaltsaufgaben differenziert und nur im Übrigen auf die strengste Vorschrift abgestellt werden. Dafür spricht auch, dass die unterschiedlichen Regelungen sich teilweise widersprechen (*Gladys*, DStR 2014, 445). In der Praxis bietet allerdings bis zu einer etwaigen Klarstellung jede Lösung, die hinter der kumulativen Erfüllung aller Mindestanforderungen an die Berufshaftpflichtversicherung zurückbleibt, das Risiko den Schutz des persönlichen Vermögens der Partner zu verlieren (*Zimmermann*, NJW 2014, 1142, 1144; *Gladys*, DStR 2014, 445, 447).

65 Voraussetzung für das Eingreifen der Haftungsbeschränkung auf das Vermögen der Partnerschaft ist, dass die Partnerschaft die den gesetzlichen Anforderungen entsprechende Berufshaftpflichtversicherung »unterhält« (§ 8 Abs. 1 Satz 1 PartGG). Das bedeutet auch, dass der Versicherungsschutz zum Zeitpunkt der Anspruchsentstehung noch in ausreichender Höhe bestehen muss (Regierungsentwurf EGPartGmbB, BR-Drs. 309/12, 15 f.).

66 Keine Voraussetzung für das Eingreifen der Haftungsbeschränkung ist, dass der Name der Partnerschaft die für die Partnerschaft mit beschränkter Berufshaftung vorgeschriebenen Namenszusätze enthält. Das ergibt sich sowohl aus dem Wortlaut von § 8 Abs. 4 Satz 1 und 3 PartGG als auch aus der Gesetzgebungsgeschichte. § 8 Abs. 4 Satz 3 PartGG betrifft nur den vertraglich bestimmen Namen der Partnerschaft i. S. v. §§ 2 und 3 Abs. 2 Nr. 1 PartGG, dessen Änderung zum Partnerschaftsregister anzumelden und dort einzutragen ist (§§ 4 Abs. 1 Satz 3, 5 Abs. 1 PartGG;

Beschlussempfehlung Rechtsausschuss EGPartGmbB, BT-Drs. 17/13944, S. 20; Regierungsentwurf EGPartGmbB, BR-Drs. 309/12, 14; Annahme des Gesetzesentwurfes in der Ausschussfassung: Protokoll der 246. Sitzung der 17. Wahlperiode des Deutschen Bundestages vom 13.06.2013, 31438 (D)). Der ursprüngliche Gesetzesentwurf der Regierung sah den Namenszusatz noch als die zweite Bedingung für die Haftungsbeschränkung vor (Regierungsentwurf EGPartGmbB, BR-Drs. 309/12, Art. 1 Nr. 3 des Gesetzesentwurfes). In der endgültigen Gesetzesfassung sollte aber stattdessen die Eintragung des Namenszusatzes in das Partnerschaftsregister nur angeordnet und nicht zur Bedingung für die Haftungsbeschränkung gemacht werden (Beschlussempfehlung und Bericht des Rechtsausschusses zu dem Gesetzesentwurf der Bundesregierung – Drucksache 17/10487 – vom 12.06.2013 [»Beschlussempfehlung Rechtsausschuss EGPartGmbB«, zitiert nach der elektronischen Vorabfassung], BT-Drs. 17/13944, S. 20).

Auch wenn der Namenszusatz nicht Bedingung für das Eingreifen der Haftungsbeschränkung ist, handelt es sich um eine eintragungspflichtige Tatsache im Sinne von § 15 Abs. 1 HGB i. V. m. § 5 Abs. 2 PartGG. Daher können die Partner die Haftungsbeschränkung bis zur Eintragung der Namensänderung Dritten nicht entgegenhalten (vgl. *Römermann, Praß*, NZG 2012, 601, 603; vgl. auch *Leuering*, NZG 2013, 1001, 1003; zweifelnd *Sommer, Treptow*, NJW 2013, 3269, 3272), es sei denn, die Dritten wissen positiv von der Haftungsbeschränkung (*Uwer, Roeding*, AnwBl. 2013, 309, 311; vgl. auch *Leuering*, NZG 2013, 1001. 1003). Führt die Partnerschaft den Namenszusatz im Geschäftsverkehr nicht in jeder konkreten Situation, so gelten unabhängig von der Eintragung des Namenszusatzes in das Partnerschaftsregister die allgemeinen Regeln für Fälle in denen haftungsbeschränkte Gesellschaften im Rechtsverkehr über ihre Haftungsbeschränkung täuschen (Regierungsentwurf EGPartGmbB, BR-Drs. 309/12, 14). 67

Bei Partnerschaften mit beschränkter Berufshaftung kann die Nachschusspflicht nach § 735 BGB i. V. m. § 1 Abs. 4 PartGG letztlich dazu führen, dass die Partner doch persönlich für die Folgen von Fehlern in der Berufsausübung einzelner Partner haften, falls und soweit die Außenhaftung über die Versicherungssumme hinausgeht und das vorhandene Vermögen der Partnerschaft nicht zur Begleichung der Zahlungsansprüche ausreicht (vgl. *Wertenbruch*, NZG 2013, 1006, der im Ergebnis aber von einem konkludenten Ausschluss von § 735 BGB ausgeht, wenn in einem Partnerschaftsvertrag mit beschränkter Berufshaftung keine Regelung existiert). In der Praxis ist daher neben wirksamen und umfassenden Haftungsbeschränkungen im Außenverhältnis im Rahmen des gesetzlich Möglichen eine Regelung für solche Fälle im Partnerschaftsvertrag zu empfehlen (vgl. zu Regelungs- und Auslegungsmöglichkeiten *Wertenbruch*, NZG 2013, 1006 ff.). 68

H. Ausscheiden eines Partners, Beendigung der Partnerschaft, §§ 9, 10 PartGG

I. Systematik

§ 9 PartGG regelt neben der Auflösung den Fall des Ausscheidens aus der Partnerschaft. Der Gesetzgeber hat sich im Rahmen dieser Bestimmung – entsprechend der Grundkonzeption des PartGG – einer dreistufigen Regelungstechnik bedient. § 9 PartGG enthält spezielle Regelungen, die nur für die Partnerschaft gelten. Im Übrigen wird auf §§ 131 bis 144 HGB und damit das entsprechende OHG-Recht verwiesen (s. die Kommentierung zu §§ 105 ff. HGB). Soweit diese Normen keine Regelung bereithalten (z. B. für die Auseinandersetzung bei Ausscheiden), kommen über § 1 Abs. 4 PartGG die Bestimmungen über die BGB-Gesellschaft zur Anwendung. 69

Insofern wird nachfolgend auf die besonderen Regelungen für die Partnerschaft eingegangen und im Übrigen auf die Kommentierung der einschlägigen Paragrafen im Kapitel zu OHG (s. die Kommentierung zu §§ 105 ff. HGB) verwiesen. 70

II. Ausscheiden eines Partners

1. Verlust der berufsrechtlichen Zulassung, § 9 Abs. 3 PartGG

71 Ein spezieller Ausscheidungsgrund für die Partnerschaft ist in § 9 Abs. 3 PartGG geregelt. Verliert ein Partner die für die Ausübung seines Berufes erforderliche Zulassung, scheidet er gem. § 9 Abs. 3 PartGG mit Zulassungsverlust aus der Partnerschaft aus. Diese automatische Rechtsfolge ist angesichts des Umstandes, dass die Partnerschaft der Ausübung eines freien Berufes dient (§ 1 Abs. 1 PartGG) und daher eine spezielle persönliche Partnerqualifikation erfordert, nur konsequent, auch wenn Angehörige freier Berufe mit zwangsweiser Kammermitgliedschaft (dazu zählen insbesondere Architekten, Ärzte, Buchprüfer, Patentanwälte, Rechtsanwälte, Steuerberater und Wirtschaftsprüfer) durch die Regelung benachteiligt werden. Der Freiberufler einer zulassungsfreien Berufssparte scheidet nicht automatisch aus der Partnerschaft aus, wenn er seine Tätigkeit z. B. durch Verlust der erforderlichen Qualifikation verliert (*Meilicke/v. Westphalen/Hoffmann/Lenz/Wolff* PartGG § 9 Rn. 22). Diese Benachteiligung der Kammerberufe ist jedoch berufsinhärent und hinzunehmen.

2. Andere Gründe für das Ausscheiden

72 Für das Ausscheiden eines Gesellschafters gibt es weitere Gründe. Gesetzlich geregelt sind im Rahmen der §§ 131 bis 144 HGB für die OHG insbesondere die Kündigung durch einen Gesellschafter (§ 132 HGB), die Ausschließung eines Gesellschafters (§§ 140, 133 HGB), der Tod des Gesellschafters (§§ 131 Abs. 3 Satz 1 Nr. 1 i. V. m. 139 HGB) und die Eröffnung des Insolvenzverfahrens über das Vermögen eines Gesellschafters (§§ 131 Abs. 3 Satz 1 Nr. 2 HGB).

a) Kündigung durch einen Gesellschafter

73 Für die Kündigung gelten die Regelungen für die OHG ohne Besonderheiten entsprechend. Die ordentliche Kündigung ist auch bei der Partnerschaft nur möglich, wenn die Partnerschaft auf unbestimmte Zeit eingegangen ist. Die Kündigungsfrist beträgt gem. § 9 Abs. 1 PartGG i. V. m. §§ 132, 105 HGB 6 Monate zum Kalenderjahresende, wobei eine abweichende vertragliche Regelung möglich ist. Partnerschaften auf bestimmte Zeit, z. B. bei Vereinbarung einer Mindestdauer oder Ausschluss des ordentlichen Kündigungsrechts für einen gewissen Zeitraum, sind zulässig – in diesem Fall kommt nur die außerordentliche Kündigung nach den allgemeinen für Dauerschuldverhältnisse geltenden Grundsätzen (Palandt/*Grüneberg* § 314 Rn. 1 ff.) in Betracht. Im Übrigen wird auf die Kommentierung des § 132 HGB verwiesen.

b) Ausschließung eines Partners, §§ 140, 133 HGB

74 Die Ausschließung eines Partners richtet sich nach § 9 Abs. 1 PartGG i. V. m. §§ 140, 133 HGB. Wie bei der OHG kann damit ein Partner – zumindest nach den gesetzlichen Regelungen – nicht hinausgekündigt werden. Vielmehr bleibt ohne vertragliche Regelung nur die Ausschließungsklage. Zu den Voraussetzungen vgl. die ausführliche Kommentierung beider Normen sowie – insbesondere zum Verfahren Kap. 5 Rdn. 174 ff. für die Auflösungsklage nach § 133 HGB und Kap. 5 Rdn. 212 ff. für die Ausschließungsklage nach § 140 HGB. Da die Ausschließungsklage ein wenig praktikables Instrument ist, sehen viele Partnerschaftsverträge entsprechende Regelungen vor, die den Ausschluss eines Partners ermöglichen sollen. Dabei ist die Möglichkeit zur Hinauskündigung einzelner Partner durch andere Partner rechtlich fragwürdig (*Meilicke/v. Westphalen/Hoffmann/Lenz/Wolff* PartGG § 9 Rn. 34). Jedenfalls möglich soll es aber sein, statt der Ausschließungsklage, d. h. bei Vorliegen eines Ausschließungsgrundes, einen Gesellschafterbeschluss zum Ausschluss eines Partners genügen zu lassen (BGH NJW 1977, 1292) und zudem den gesetzlichen Katalog der Ausschließungsgründe vertraglich zu erweitern (*Meilicke/v. Westphalen/Hoffmann/Lenz/Wolff* PartGG § 9 Rn. 35, vgl. dazu auch ausführl. § 140 HGB Rdn. 24 ff.).

c) Tod eines Partners, § 9 Abs. 4 PartGG

Beim Tod eines Partners gelten die § 9 Abs. 1 PartGG i. V. m. §§ 131 Abs. 3 Satz 1 Nr. 1, 139 HGB. 75
Ohne vertragliche Regelung bedeutet der Tod eines Partners sein Ausscheiden aus der Partnerschaft (die Kommentierung der genannten Vorschriften). Der Geschäftsanteil des verstorbenen Partners wächst den übrigen Partnern gem. § 738 Abs. 1 BGB ohne zusätzlichen Übertragungsakt an (§ 139 HGB Rdn. 2). Hinsichtlich partnerschaftsvertraglicher Nachfolgeregelungen enthält § 9 Abs. 4 PartGG eine Sonderregelung. Die Beteiligung an der Partnerschaft ist danach zwar grundsätzlich nicht vererblich. Es kann jedoch vertraglich vorgesehen werden, dass die Beteiligung an solche Dritte vererblich ist, die Partner i. S. d. § 1 Abs. 1 und Abs. 2 PartGG sein können. § 139 HGB findet nur insoweit Anwendung, als der Erbe der Beteiligung befugt ist, seinen Austritt aus der Partnerschaft zu erklären. Dies bedeutet, dass § 139 Abs. 1 HGB nicht anwendbar ist, da die Einräumung einer Kommanditistenstellung für Partner bzw. den Erben nicht in Betracht kommt. Die Regelung in § 9 Abs. 4 PartGG bedarf jedoch der (teleologischen) Reduktion: Nach dem Gesetzeswortlaut könnte nämlich bspw. ein Arzt einen Anteil an einer Rechtsanwaltspartnerschaft erben. Nach der teleologischen Reduktion kann Rechtsnachfolger somit nur der sein, der auch sozietätsfähig ist (*Michalski/Römermann* PartGG § 9 Rn. 25a ff.). Doch wird dies in der Praxis selten problematisch werden, da die meisten Partnerschaften vertraglich entsprechende Vorsorge betreiben dürften.

d) Eröffnung des Insolvenzverfahrens

Auch die Eröffnung des Insolvenzverfahrens über das Vermögen eines Partners führt zu seinem Ausscheiden (§ 9 Abs. 1 PartGG i. V. m. § 131 Abs. 3 Nr. 2 HGB). Vertraglich kann vereinbart werden, dass auch die Ablehnung der Eröffnung des Insolvenzverfahrens mangels Masse Ausscheidensgrund ist (s. im Übrigen § 131 HGB Rdn. 20 f. und 23 f.). 76

3. Rechtsfolge des Ausscheidens

Bei Ausscheiden eines Partners besteht die Partnerschaft in der Regel fort. Lediglich wenn der vorletzte Partner aus der Partnerschaft ausscheidet, sodass nur noch ein Partner verbleiben würde, erlischt die Partnerschaft ohne Abwicklung. Sämtliche Rechte, das Vermögen und die Verbindlichkeiten gehen dann auf diesen letzten verbliebenen Partner über (KG NZG 2007, 665 ff.). Sofern dagegen mehr als ein Partner in der Partnerschaft verbleibt, bedarf es daggen der Auseinandersetzung mit den übrigen Partnern. Fehlt eine vertragliche Regelung, richtet sich diese mangels spezialgesetzlicher Regelung nach § 1 Abs. 4 PartGG i. V. m. §§ 738 bis 740 BGB (vgl. die ausführl. Kommentierung der §§ 738 bis 740 BGB). Die Beteiligung des ausscheidenden Partners wächst danach den übrigen Partnern im Verhältnis ihrer Anteile an (§ 738 Abs. 1 BGB, vgl. §§ 738 bis 740 BGB Rdn. 2). Hinsichtlich seiner Nachhaftung gegenüber Dritten (§ 10 Abs. 2 PartGG i. V. m. § 159 Abs. 1 HGB) kann der ausscheidende Partner Freistellung von den übrigen Partnern verlangen (§ 738 Abs. 1, Alt 2. BGB). Ihm steht außerdem u. U. ein Abfindungsanspruch zu (§ 738 Abs. 1, 3. Alt. BGB, vgl. §§ 738 bis 740 BGB Rdn. 5 ff.). An Gewinnen und Verlusten aus schwebenden Geschäften ist der ausscheidende Partner beteiligt (§ 740 BGB). Da alle vorstehenden Regelungen dispositiv sind, können vertraglich abweichende Regelungen vereinbart werden, wovon in der Regel auch Gebrauch gemacht wird (vgl. §§ 738 bis 740 BGB Rdn. 18 ff.). 77

III. Auflösung der Partnerschaft

1. Anwendung des § 131 HGB

Gründe für die Auflösung der Partnerschaft ergeben sich aus § 9 Abs. 1 PartGG i. V. m. § 131 Abs. 1 HGB. Eine Abbedingung dieser Auflösungsgründe ist nicht möglich (s. § 131 HGB Rdn. 12). Zu den Auflösungsgründen zählen Zeitablauf (§ 131 Abs. 1 Nr. 1 HGB), ein entsprechender Gesellschafterbeschluss (§ 131 Abs. 1 Nr. 2 HGB), die Eröffnung des Insolvenzverfahrens über das Vermögen der Gesellschaft (§ 131 Abs. 1 Nr. 3 HGB) und eine entsprechende gerichtliche Entscheidung 78

(§ 131 Abs. 1 Nr. 3 HGB). Zu den Einzelheiten hierzu wird auf § 131 HGB Rdn. 12 ff. verwiesen werden.

2. Anmeldung zum Partnerschaftsregister

79 Die Auflösung der Partnerschaft ist von sämtlichen Partnern zur Eintragung in das Partnerschaftsregister anzumelden (§ 9 Abs. 1 HGB i. V. m. § 143 HGB), außer in Fällen der Eröffnung oder Ablehnung des Insolvenzverfahrens (§ 143 Abs. 1 Satz 2 HGB); hier erfolgt die Eintragung durch das Gericht von Amts wegen. Im Übrigen wird auf die Kommentierung in § 143 HGB Rdn. 2 ff. verwiesen.

IV. Liquidation der Partnerschaft, § 10 PartGG

1. Entsprechende Anwendung der Regelungen für die OHG

80 Die Liquidation der Partnerschaft ist in § 10 PartGG geregelt. Nach § 10 Abs. 1 PartGG sind die Vorschriften über die Liquidation der OHG entsprechend anwendbar. Heranzuziehen sind demnach insbesondere die Vorschriften der §§ 145 bis 158 HGB. Demnach schließt sich das Liquidationsverfahren der Auflösung der Partnerschaft zum Zweck der Auseinandersetzung an, sofern nicht die Partner eine andere Auseinandersetzung vereinbart haben oder über das Vermögen der Partnerschaft das Insolvenzverfahren eröffnet wurde (vgl. § 145 Abs. 1 HGB). Gem. §§ 145 Abs. 1, 158 HGB können die Partner statt der Liquidation eine andere Form der Auseinandersetzung (BGH, NZG 2009, 778, Nr. 3 der Begründung) vereinbaren und werden dies in der Regel auch im Rahmen des Partnerschaftsvertrages (oder zum gegebenen Zeitpunkt) tun. Auch insoweit wird zunächst auf die ausführl. Kommentierung der genannten Vorschriften verwiesen.

81 Eine Liquidation aufgrund Auflösung der Partnerschaft nach Kündigung eines Gläubigers der Partnerschaft oder durch die Eröffnung des Insolvenzverfahrens kann nur mit Zustimmung des Gläubigers oder Insolvenzverwalters bzw. – bei Eigenverwaltung – des Schuldners unterbleiben (§ 145 Abs. 2 HGB). Bei Löschung wegen Vermögenslosigkeit findet eine Liquidation nur statt, wenn sich nach der Löschung herausstellt, dass der Verteilung unterliegendes Vermögen vorhanden ist (§ 145 Abs. 3 HGB). Bezüglich dieser Regelungen gelten keine Besonderheiten für die Partnerschaft, sodass insoweit auf die Ausführungen zu § 145 HGB verwiesen wird.

2. Fortbestand der Partnerschaft in Liquidation, § 156 HGB

82 Die Partnerschaft besteht auch während der Liquidation fort. Insofern bestimmen § 10 Abs. 1 PartGG i. V. m. § 156 HGB, dass die Verhältnisse der Partner zueinander während der Liquidation unverändert bleiben, es sei denn, der Liquidationszweck steht dem entgegen. Es kann insoweit auf die Ausführungen zu §§ 105 ff. HGB verwiesen werden.

3. Liquidatoren, §§ 146 bis 153 HGB

83 Die ebenfalls entsprechend anwendbaren §§ 146 bis 148 HGB regeln das Verfahren zur Bestellung, Abberufung und Anmeldung der Liquidatoren während der Rechte und Pflichten der Liquidatoren in §§ 149 bis 153 HGB festgehalten sind. Da das Verfahren und die Aufgaben der Liquidatoren für die Partnerschaft dem der OHG ohne Besonderheiten entsprechen, wird insoweit auf die Kommentierung der entsprechenden §§ 105 ff. HGB verwiesen.

4. Verteilung des Vermögens, §§ 156, 157 HGB

84 Nach Begleichung der Schulden noch vorhandenes Vermögen wird unter den Partnern im Verhältnis ihrer Kapitalanteile verteilt. Die Einzelheiten richten sich nach §§ 156, 157 HGB (s. die ausführl. Kommentierung in §§ 105 ff. HGB). Sollte das Vermögen nicht zur Begleichung der Schulden ausreichen, besteht für die Partner nach § 1 Abs. 4 PartGG i. V. m. § 735 BGB eine Nachschusspflicht (s. dazu §§ 730 bis 735 BGB Rdn. 13).

5. Nachhaftung, §§ 159, 160 HGB

Die Nachhaftung eines Partners nach Auflösung der Partnerschaft bzw. Ausscheiden eines Partners richtet sich nach § 10 Abs. 1 PartGG i. V. m. §§ 159, 160 HGB und ist damit zeitlich begrenzt. Bei Auflösung der Partnerschaft bestimmt § 10 Abs. 1 PartGG i. V. m. § 159 HGB, dass die Ansprüche gegen einen Partner aus Verbindlichkeiten der Partnerschaft binnen 5 Jahren nach Auflösung der Gesellschaft verjähren. Für das Ausscheiden eines Partners bestimmt § 10 Abs. 1 PartGG i. V. m. § 160 HGB, dass die Haftung des ausgeschiedenen Partners zeitlich begrenzt ist. Danach haftet er nur für bis zu seinem Ausscheiden begründete Verbindlichkeiten der Partnerschaft, wenn diese binnen 5 Jahren ab Eintragung seines Ausscheidens fällig geworden sind und der Anspruch durch Klageerhebung oder ein gleichstehendes Verfahren geltend gemacht wurde. Im Gegensatz zu § 159 HGB handelt es sich insoweit um eine Ausschluss-, nicht eine Verjährungsfrist (*Meilicke/v. Westphalen/Hoffmann/Lenz/Wolff* PartGG § 10 Rn. 46 f.). Zu den Einzelheiten s. die Kommentierung der §§ 159, 160 HGB.

J. Übergangsvorschrift; § 11 PartGG

§ 11 PartGG enthält Übergangsvorschriften. § 11 Abs. 1 PartGG betrifft namensrechtliche Konstellationen. So durften Gesellschaften, die vor Inkrafttreten des PartGG den Zusatz »und Partner« oder »Partnerschaft« in ihrem Namen führten, den Namen noch 2 Jahre unverändert, anschließend mit einem erklärenden Hinweis fortführen. § 11 Abs. 2 PartGG trägt der Änderung der Gesetzeslage durch das ERJuKoG im Hinblick auf die Anmelde- und Eintragungspflichten der Vertretungsmacht der Partner Rechnung (s. i. E. MüKo BGB/*Ulmer* § 11 PartGG Rn. 14 ff.).

Kapitel 2 Grundzüge des Umwandlungs- und Umwandlungssteuerrechts

Übersicht	Rdn.
A. Begriffe, Systematik des Umwandlungsrechts und des Umwandlungssteuerrechts, Umwandlungsarten	1
B. Die einzelnen Umwandlungsarten des Umwandlungsgesetzes und deren steuerliche Behandlung nach dem Umwandlungssteuergesetz	20
I. Verschmelzung	20
1. Begriff der Verschmelzung/verschmelzungsfähige Rechtsträger	20
2. Ablauf der Verschmelzung (Kurzdarstellung)	28
a) Verschmelzungsvertrag	30
b) Verschmelzungsbericht	33
c) Das Umtauschverhältnis, Bewertungsverfahren und die Barabfindung	35
d) Verschmelzungsprüfung	46
e) Verschmelzungsbeschluss	49
f) Registereintragung der Verschmelzung	56
3. Besonderheiten der Verschmelzung durch Neugründung	59
4. Die einzelnen Verschmelzungsfälle im Umwandlungsgesetz	65
a) Verschmelzung von Kapitalgesellschaften untereinander	65
b) Verschmelzung von Personengesellschaften untereinander	74
c) Verschmelzung von Kapitalgesellschaften auf Personengesellschaften	75
d) Sonderfälle der Verschmelzung	77
aa) Genossenschaften	77
bb) Rechtsfähige Vereine	84
cc) Genossenschaftliche Prüfungsverbände	89
dd) Versicherungsvereine auf Gegenseitigkeit	90
5. Die handelsbilanzielle Behandlung der Verschmelzung	94
a) Bilanzierung beim übertragenden Rechtsträger	94
b) Bilanzierung beim übernehmenden Rechtsträger	100
aa) Der übernehmende Rechtsträger hält alle Anteile am übertragenden Rechtsträger	103
(1) Fortführung der Buchwerte	103
(2) Bewertung des übernommenen Vermögens mit den Anschaffungskosten der Anteile	105
bb) Die Anteile an dem übertragenden Rechtsträger werden von anderen Gesellschaftern gehalten	107
(1) Fortführung der Buchwerte	107
(2) Bewertung des übernommenen Vermögens mit den Anschaffungskosten aus der Gewährung von Anteilen	113
6. Die steuerrechtliche Behandlung der Verschmelzung	118
a) Grundsätze	118
b) Steuerliche Rückwirkung	128
c) Die einzelnen Verschmelzungsfälle im Umwandlungssteuergesetz	130
aa) Die Verschmelzung von Körperschaften untereinander	130
(1) Die steuerlichen Auswirkungen auf der Ebene der übertragenden Körperschaft	134
(2) Die steuerlichen Auswirkungen bei der übernehmenden Körperschaft	160
(a) Wertverknüpfung	160
(b) Verlustvortrag	162
(3) Die steuerlichen Auswirkungen bei den Anteilseignern	179
(4) Besteuerung ausländischer Anteilseigner	188
(5) Auswirkungen der Verschmelzung auf die Eigenkapitalgliederung (§ 38 KStG a. F.)	190
(6) Auswirkungen auf das Einlagekonto	192
bb) Die Verschmelzung von Personengesellschaften untereinander	198
(1) Die steuerlichen Auswirkungen auf der Ebene der übernehmenden Personengesellschaft (alte und neue Rechtslage)	199

(2) Steuerliche Auswirkungen bei den Gesellschaftern...............	209
(3) Besteuerung der ausländischen Anteilseigner ...	212
cc) Verschmelzung einer Körperschaft auf eine Personengesellschaft	213
(1) Steuerliche Auswirkungen auf der Ebene der übertragenden Gesellschaft	213
(2) Steuerliche Auswirkungen auf der Ebene der übernehmenden Gesellschaft	217
dd) Verschmelzung einer Kapitalgesellschaft mit dem Vermögen ihres Alleingesellschafters	220
ee) Verschmelzung einer Personengesellschaft auf eine Kapitalgesellschaft................	225
ff) Verschmelzung einer Kapitalgesellschaft auf die GmbH & atypisch Still	237
II. Die Spaltung.....................	244
1. Begriff der Spaltung/Arten der Spaltung	244
2. Spaltungsfähige Rechtsträger.......	246
3. Spaltung zur Aufnahme und Neugründung	249
4. Spezielles Spaltungsrecht	252
5. Ablauf einer Spaltung im Überblick .	255
a) Zuständigkeit der Organe/Aufteilung des Vermögens...........	255
b) Inhalt des Spaltungsplans bzw. des Spaltungsvertrags	258
c) Eintragung der Spaltung in das Handelsregister	261
d) Rechtsfolgen der Eintragung der Spaltung...................	262
6. Die Ausgliederung................	263
7. Handelsbilanzielle Behandlung der Spaltung	266
a) Bilanzierung beim übertragenden Rechtsträger...............	266
b) Bilanzierung beim übernehmenden Rechtsträger	270
8. Steuerrechtliche Behandlung der Spaltung	276
a) Grundsätze.................	276
b) Aufspaltung und Abspaltung von Körperschaften untereinander ...	280
aa) Analoge Anwendung der §§ 11 bis 13 UmwStG......	280
bb) Teilbetrieb	283
cc) Missbrauchsregelungen	288
dd) Steuerliche Auswirkungen bei der übernehmenden Körperschaft...................	291
ee) Aufteilung des verwendbaren Eigenkapitals.............	295
(1) Rechtslage bis 31.12.2000..........	295
(2) Neue Rechtslage ab 2001	299
ff) Übertragung eines verbleibenden Verlustabzugs	302
(1) Bisherige Rechtslage	302
(2) Neue Rechtslage nach dem SEStEG	305
gg) Gewerbesteuerliche Behandlung der Spaltung	306
hh) Steuerliche Auswirkungen auf der Ebene der Anteilseigner (alte Rechtslage und Rechtslage nach Änderungen durch das SEStEG)	311
ii) Besteuerung ausländischer Anteilseigner	316
c) Aufspaltung und Abspaltung von Körperschaften auf Personengesellschaften.................	317
aa) Steuerliche Auswirkungen bei der übertragenden Körperschaft...................	319
bb) Steuerliche Auswirkungen bei der übernehmenden Personengesellschaft................	323
cc) Steuerliche Auswirkungen bei den Gesellschaftern	336
(1) Rechtslage bis 31.12.2000..........	336
(2) Rechtslage ab 2001.....	337
dd) Besteuerung ausländischer Anteilseigner	340
d) Auf- und Abspaltung von Personengesellschaften untereinander..	341
aa) Steuerliche Auswirkungen bei der übertragenden Personengesellschaft	342
bb) Steuerliche Auswirkungen bei der übernehmenden Personengesellschaft................	347
cc) Steuerliche Auswirkungen bei den Gesellschaftern	350
dd) Besteuerung ausländischer Gesellschafter	353
9. Auf- und Abspaltung von Personengesellschaften auf Kapitalgesellschaften......................	354
10. Ausgliederung auf Personengesellschaften......................	362
11. Ausgliederung auf Kapitalgesellschaften......................	363
III. Der Formwechsel	364

1. Behandlung des Formwechsels 364
   a) Systematik 364
   b) Formwechselfähige Rechtsträger.. 366
   c) Ablauf des Formwechsels 370
   d) Formwechsel unter Kapitalgesellschaften 374
      aa) Voraussetzungen/Umwandlungsbeschluss 374
      bb) Inhalt des Umwandlungsbeschlussentwurfs 375
      cc) Umwandlungsbericht 376
      dd) Beschluss über den Formwechsel 377
      ee) Gründungsrecht und Kapitalschutz 378
      ff) Anmeldung zum Handelsregister und Wirkung der Eintragung 379
   e) Formwechsel einer Personenhandelsgesellschaft in eine Kapitalgesellschaft 381
   f) Formwechsel einer Kapitalgesellschaft in eine Personengesellschaft 386
   g) Handelsbilanzielle Behandlung des Formwechsels 389
2. Steuerrechtliche Behandlung des Formwechsels 392
   a) Steuerneutralität des Formwechsels 392
      aa) Bisherige Rechtslage 392
      bb) Neue Rechtslage ab Inkrafttreten der Änderungen des UmwStG durch das SEStEG 393
   b) Steuerliche Rückwirkung 394
   c) Möglichkeiten des Formwechsels 396
      aa) Formwechsel einer Kapitalgesellschaft in eine andere Kapitalgesellschaft 396
      bb) Formwechsel einer Personenhandelsgesellschaft in eine Kapitalgesellschaft 397
         (1) Steuerliche Auswirkungen bei der übernehmenden Kapitalgesellschaft .. 398
            (a) Bisherige Rechtslage . 398
            (b) Neue Rechtslage nach den Änderungen des UmwStG durch das SEStEG........... 402
         (2) Steuerliche Auswirkungen bei der übertragenden Personenhandelsgesellschaft............. 406
            (a) Bisherige Rechtslage . 406
            (b) Neue Rechtslage nach dem SEStEG....... 408
         (3) Steuerliche Auswirkungen bei den Gesellschaftern der übertragenden Gesellschaft (bisherige Rechtslage) 409
         (4) Steuerliche Auswirkungen bei den Gesellschaftern der übertragenden Gesellschaft nach dem SEStEG 415
      cc) Formwechsel einer Kapitalgesellschaft in eine Personenhandelsgesellschaft......... 421
         (1) Steuerliche Auswirkungen bei der übertragenden Kapitalgesellschaft nach bisheriger Rechtslage................ 422
         (2) Steuerliche Auswirkungen bei der übertragenden Kapitalgesellschaft nach neuer Rechtslage des SEStEG 427
         (3) Steuerliche Auswirkungen bei der übernehmenden Personengesellschaft 429
         (4) Ermittlung des Übernahmegewinns bzw. -verlusts nach bisheriger Rechtslage bis zum Inkrafttreten des StSenkG im Einzelnen 436
         (5) Ermittlung des Übernahmegewinns bzw. -verlusts nach der Rechtslage ab 2001 bis 2006 (vor den Änderungen des UmwStG durch das SEStEG)................ 448
         (6) Ermittlung des Übernahmegewinns aufgrund der Änderungen des UmwStG durch das SEStEG 452
IV. Die Vermögensübertragung 459
   1. Behandlung nach dem UmwG 459
   2. Steuerrechtliche Behandlung........ 462
C. **Die steuerliche Behandlung sonstiger Unternehmensumstrukturierungen** 468
I. Die steuerliche Behandlung der Einbringung von Anteilen an einer Kapitalgesellschaft in eine andere Kapitalgesellschaft nach der Rechtslage des SEStEG (Anteilstausch, § 21 UmwStG n. F.) 468
II. Die steuerliche Behandlung der Einbringung einzelner Wirtschaftsgüter des Betriebsvermögens in eine Personengesellschaft 480

III.	Die Realteilung bei Personengesellschaften ...	483	II.	Die neuen steuerlichen Entstrickungsregelungen und Verstrickungsregelungen einzelner Wirtschaftsgüter nach dem SEStEG ... 530
D.	**Internationales Umwandlungssteuerrecht** ...	493		1. Die Entstrickungs- und Verstrickungsregelungen des EStG ... 530
I.	Die steuerliche Behandlung von grenzüberschreitenden Verschmelzungen/Spaltungen/Einbringungen/Anteilstausch ...	493		a) Die einkommensteuerlichen Entstrickungsgrundsätze ... 530
	1. Grenzüberschreitende Verschmelzungen von Kapitalgesellschaften ...	493		aa) Überblick ... 530
	a) Herausverschmelzung ...	493		bb) Die Neuregelungen durch das SEStEG im Einzelnen ... 533
	b) Hineinverschmelzung ...	499		b) Die einkommensteuerlichen Verstrickungsgrundsätze ... 538
	2. Verschmelzung einer Körperschaft auf eine Personengesellschaft oder auf eine natürliche Person mit Auslandsbezug ...	501		2. Die Entstrickungs- und Verstrickungsregelungen nach § 12 KStG n. F. (ohne Sitzverlegung) ... 539
			III.	Die grenzüberschreitende Sitzverlegung von Kapitalgesellschaften ... 540
	3. Formwechsel von einer Körperschaft in eine Personengesellschaft mit Auslandsbezug ...	509	IV.	Die Europäische Aktiengesellschaft (SE) ... 544
	4. Grenzüberschreitende Spaltung ...	510		1. Grundstruktur der SE ... 544
	5. Grenzüberschreitende Einbringung von Unternehmensteilen/Anteilstausch ...	519		2. Die grenzüberschreitende Verschmelzung ... 546
	a) Einbringung von Unternehmensteilen ...	519		3. Gründung durch grenzüberschreitenden Anteilstausch (Holding-SE) ... 551
	b) Grenzüberschreitender Anteilstausch ...	525		4. Gründung durch grenzüberschreitende Betriebsstätteneinbringung (Tochter-SE) ... 553
				5. Grenzüberschreitende Sitzverlegung . 557

A. Begriffe, Systematik des Umwandlungsrechts und des Umwandlungssteuerrechts, Umwandlungsarten

Das Gesetz zur Bereinigung des Umwandlungsrechts vom 28.10.1994 ist am 01.01.1995 in Kraft getreten. Kernstück ist das in Art. 1 UmwBerG normierte neue Umwandlungsgesetz (UmwG). Durch dieses Gesetz sowie durch das UmwStG 1995 (UmwStG) wurden die für Umstrukturierung von Unternehmen maßgeblichen Bestimmungen neu gefasst und wesentlich verändert.   **1**

Die bisher in verschiedenen Gesetzen – neben dem Umwandlungsgesetz 1969 – im Aktiengesetz, Kapitalerhöhungsgesetz, Genossenschaftsgesetz und im Versicherungsaufsichtsgesetz unzureichend geregelten Umstrukturierungsmöglichkeiten von Unternehmen sind nunmehr in einem Gesetzeswerk zusammengefasst. In diesem neuen Umwandlungsgesetz wurden bislang ausgeklammerten Rechtsformen die Möglichkeiten einer Umwandlung gestattet. Außerdem wurden neue Umwandlungsvarianten geschaffen.   **2**

Durch das neue Recht wurden zusätzlich neue Bestimmungen des Anlegerschutzes – hier vor allem der Minderheitenschutz –, der Schutz von Gläubigern sowie der Schutz von Arbeitnehmern einheitlich geregelt.   **3**

Durch das neue handelsrechtliche Umwandlungsrecht war es auch notwendig geworden, Teilbereiche des steuerlichen Umwandlungsrechts neu zu regeln, z. B. die Schaffung von steuerrechtlichen Normen für die formwechselnde Umwandlung von Kapitalgesellschaften in Personengesellschaften und umgekehrt. Ebenso wurde die Bestimmung der Spaltung von Kapital- und Personengesellschaften gesetzlich geregelt. Das Umwandlungsgesetz beschränkt die Umwandlungsmöglichkeiten. Diese kommen nur für Rechtsträger mit Sitz im Inland in Betracht (§ 1 Abs. 1 UmwG).   **4**

Das UmwG regelt im zweiten bis fünften Buch die einzelnen Formen der Umwandlung detailliert. Dabei stehen die allgemeinen Grundsätze der Unternehmensumstrukturierung am Beginn des   **5**

Gesetzes bzw. jeweiligen Buches und darauffolgend werden nur noch Abweichungen geregelt. So stellt der Gesetzgeber die Verschmelzung als Grundfall der Gesamtvermögensübertragung gegen Gewährung von Anteilen voran und bringt damit zum Ausdruck, dass es sich bei der Spaltung und der Vermögensübertragung um Sonderregelungen der Verschmelzung handelt, die denselben Grundsätzen folgen. Dementsprechend beschränken sich die Spaltungsregelungen und die Regelungen über die Vermögensübertragung auf die Normierung der vom Grundfall abweichenden Regelungen und begnügen sich im Übrigen auf Verweisungen auf das Verschmelzungsrecht, z. B. in den §§ 125, 176, 184 Abs. 1 UmwG, vgl. auch S/B/B/*Sagasser* B, Rn. 10.

6   Die Systematik des UmwStG unterscheidet sich von der des UmwG insoweit, dass eine Gliederung in Anlehnung an die Rechtsform des umzuwandelnden Rechtsträgers bzw. der Zielperson der Vorrang gegeben wird vor der im UmwG enthaltenen Gliederung nach der Art der Umwandlung (S/B/B/*Sagasser* B Rn. 19).

7   Das UmwStG lässt auch steuerneutrale Umstrukturierungen zu, ohne dass – wie im UmwG – eine Gesamtrechtsnachfolge gegeben ist. Das UmwStG regelt vielmehr auch steuerneutrale Umstrukturierungsmöglichkeiten, die im Wege der Einzelrechtsnachfolge durchgeführt werden (z. B. die Einbringung von Betrieben, Teilbetrieben oder Mitunternehmeranteilen gem. § 20 UmwStG, § 24 UmwStG, oder den Anteilstausch, § 21 UmwStG i. d. F. des SEStEG).

8   Ziel des UmwStG ist es, Umwandlungen möglichst steuerneutral zuzulassen. Es sollen betriebswirtschaftlich erwünschte Umstrukturierungen nicht durch steuerliche nachteilige Folgen behindert werden. Bei den Umwandlungen nach dem Umwandlungsgesetz handelt es sich um Änderungen der Unternehmensstruktur. Umwandlungen können zu einem bloßen Wechsel der Rechtsform führen (z. B. Umwandlung einer Personengesellschaft in eine Kapitalgesellschaft). Sie können aber auch betroffene Unternehmen zum Erlöschen bringen (z. B. eine Verschmelzung eines Unternehmens auf ein anderes Unternehmen).

9   Allerdings bleibt der Kreis der Anteilseigner bei einer Umwandlung grundsätzlich derselbe mit der Ausnahme bei der Ausgliederung nach § 123 Abs. 3 UmwG. Hier erhält nämlich der übertragende Rechtsträger für die ausgegliederten Vermögensteile selbst Anteile oder Mitgliedschaften am übernehmenden Rechtsträger. Damit wird der übertragende Rechtsträger selbst Anteilseigner des übernehmenden Rechtsträgers. Allerdings kann sich auch die Struktur der Anteilseigner ändern. So kann bei einer Spaltung sich die Zuordnung der Gesellschafter zu den aus der Auf- oder Abspaltung hervorgehenden Gesellschaften ändern (vgl. hierzu § 128 UmwG).

10 Man unterscheidet folgende Umwandlungsarten
    – die Verschmelzung
    – die Spaltung
    – die Vermögensübertragung
    – der Formwechsel.

11 Bei Verschmelzung, Spaltung, Vermögensübertragung liegt eine Änderung der Unternehmensstruktur mit einem Vermögensübergang vor, beim Formwechsel eine Änderung der Unternehmensstruktur ohne Vermögensübergang.

12 Andere als die im Umwandlungsgesetz behandelten Arten der Umwandlung sind nur dann zulässig, wenn sie in anderen Bundes- oder Landesgesetzen ausdrücklich vorgesehen sind (§ 1 Abs. 2 UmwG). Deshalb ist auch die Möglichkeit eine Anwachsung nach § 105 Abs. 2 HGB i. V. m. § 738 BGB weiterhin zulässig.

13 Das UmwG richtet sich an den »Rechtsträger« im Inland, § 1 Abs. 1 UmwG. Rechtsträger ist nach dem UmwG eine juristische Einheit, die an dem Umwandlungsvorgang beteiligt sein kann. Diese Beteiligtenfähigkeit legt das UmwG den jeweiligen Rechtsträgern für jede Form der Umwandlung gesondert bei und hat dadurch einen numerus clausus umwandlungsfähiger Rechtsträger geschaffen.

Nach bisher überwiegender Auffassung in der Literatur hat das noch geltende Gesellschaftsrecht grundsätzlich grenzüberschreitende Umwandlungsvorgänge ausgeschlossen, da – wie oben ausgeführt – das UmwG gem. § 1 nur auf Rechtsträger mit Sitz im Inland anwendbar ist und Umwandlungen außerhalb des UmwG eine spezialgesetzliche Zulassung erfordern würden (vgl. *Schaumburg* GmbHR 1996, 501; Widmann/Mayer/*Heckschen* UmwR, § 1 Rn. 18; *Schwarz* DStR 1994, 1694, 1698). 14

Mittlerweile wurde durch die Änderung des UmwG – verkündet am 24.04.2007 (BGBl. I 2007, S. 542–548) – eine grenzüberschreitende Verschmelzung von Kapitalgesellschaften zugelassen (§§ 122a bis 122b, vgl. auch Rdn. 494 ff.). 15

Diese Änderung des UmwG beruht auf der Verschmelzungsrichtlinie der EU vom 15.12.2005 (2005/56/EG, ABl. L 310/1 ff.), die die Schranken, die die Niederlassungsfreiheit durch die Unzulässigkeit oder Erschwernis grenzüberschreitender Fusionen nach dem Recht der Mitgliedstaaten innerhalb der EU gesetzt sind, durch die Vergabe einheitlicher Regelungen weitgehend beseitigen. 16

Die Verschmelzungsrichtlinie musste bis Dezember 2007 von den einzelnen Mitgliedstaaten der EU umgesetzt werden. 17

Allerdings finden sich grenzüberschreitende Sitzverlegungen von Kapitalgesellschaften hier nicht geregelt. 18

Diese Sitzverlegungen sollen Gegenstand einer eigenen EU-Richtlinie werden. Es lag bisher ein Entwurfspapier hinsichtlich von Sitzverlegungen der EU-Kommission aus dem Jahr 2006 vor. Danach wurden die Arbeiten daran jedoch eingestellt. Nach Aufforderung durch das EU-Parlament im Jahr 2012 hat die EU-Kommission im Internet eine Konsultation zur grenzüberschreitenden Verlegung von »Firmensitzen« (so lautet die Übersetzung von »registered offices«) gestartet, die bis April 2013 gelaufen ist. Die Antworten sollen dazu dienen, die Notwendigkeit einer neuen Rechtsvorschrift zu beurteilen. Bisher ist eine Sitzverlegungsrichtlinie allerdings noch nicht verabschiedet. 19

B. Die einzelnen Umwandlungsarten des Umwandlungsgesetzes und deren steuerliche Behandlung nach dem Umwandlungssteuergesetz

I. Verschmelzung

1. Begriff der Verschmelzung/verschmelzungsfähige Rechtsträger

Die Verschmelzung nach dem UmwG ist die Übertragung des Vermögens eines oder mehrerer Rechtsträger als Ganzes auf einen anderen Rechtsträger gegen Gewährung von Anteilen oder Mitgliedschaften an dem übernehmenden Rechtsträger unter Ausschluss der Liquidation der beteiligten Rechtsträger. Das UmwG unterscheidet in § 2 Nr. 1 und 2 die Verschmelzung durch Aufnahme und die Verschmelzung durch Neugründung. Bei der Verschmelzung durch Aufnahme erfolgt die Übertragung des Vermögens einer oder mehrerer Rechtsträger als Ganzes auf einen schon bestehenden Rechtsträger; bei der Verschmelzung durch Neugründung gehen die übertragenden Rechtsträger (mindestens zwei) als Rechtspersonen unter, während das Vermögen der untergehenden Gesellschaften auf einen neu gebildeten Rechtsträger übergeht. Im Regelfall wird im Rahmen einer Unternehmensumstrukturierung eine Verschmelzung durch Aufnahme durchgeführt, sei es durch Verschmelzung der Tochtergesellschaft auf die Muttergesellschaft (»up-stream-merger«), Verschmelzung der Muttergesellschaft auf die Tochtergesellschaft (»down-stream-merger«) oder eine Verschmelzung zweier Schwestergesellschaften (»side-stream-merger«). 20

Die Verschmelzung durch Neugründung bildet auch weiterhin einen Sonderfall, da neben dem Verschmelzungsvorgang noch ein neuer Rechtsträger errichtet werden muss. Auch erhöhte Kosten der Verschmelzung durch Neugründung sind dafür verantwortlich, dass die Verschmelzung durch Neugründung hinter die Verschmelzung durch Aufnahme zurücktritt, vor allem Notariatskosten und eventuell anfallende Grunderwerbsteuer (vgl. S/B/B/*Brünger* J Rn. 7). 21

22 Allerdings haben sich bei Fusionen von großen Kapitalgesellschaftskonzernen mittlerweile fast ausschließlich in der Praxis Verschmelzungen durch Neugründungen durchgesetzt, um Anfechtungsklagen wegen des Umtauschverhältnisses oder von Barabfindungen zu vermeiden.

23 An einer Verschmelzung können gem. § 3 Abs. 1 UmwG als übertragende, übernehmende oder neue Rechtsträger teilnehmen:
   - Personenhandelsgesellschaften
   - Kapitalgesellschaften
   - eingetragene Genossenschaften
   - eingetragene Vereine
   - genossenschaftliche Prüfungsverbände
   - Versicherungsvereine auf Gegenseitigkeit

24 Gem. § 3 Abs. 2 UmwG können auch die wirtschaftlichen Vereine i. S. d. § 22 BGB übertragende Rechtsträger sein. Natürliche Personen können als übernehmende Rechtsträger in Betracht kommen, und zwar für das Vermögen einer Ein-Mann-Kapitalgesellschaft, wenn sie deren alleinige Gesellschafter sind. Auch die EWIV ist verschmelzungsfähig, da sie durch § 1 EWIV-AusführungsG der OHG gleichgestellt ist (vgl. hierzu *K. Schmidt* NJW 1995, 17; Kallmeyer/*Marsch-Barner* UmwG, § 3 Rn. 3; *Dehmer*, § 3 UmwG Rn. 10; Lutter/*Lutter* UmwG, § 3 Rn. 4; a. A. Widmann/Mayer/ *Schwarz* § 1 UmwG Rn. 26).

25 Nach Inkrafttreten des Gesetzes zur Änderung des Umwandlungsgesetzes, des Partnerschaftsgesellschaftsgesetzes und anderer Gesetze am 22.07.1998 werden Partnerschaftsgesellschaften jetzt grundsätzlich dieselben Umwandlungsmöglichkeiten eingeräumt wie Personenhandelsgesellschaften. Nach bisherigem Recht konnte eine Partnerschaftsgesellschaft nicht umgewandelt werden.

26 Einer Erbengemeinschaft wird von der h. M. in der Literatur die Umwandlungsfähigkeit unter Hinweis auf § 1 Abs. 2 UmwG abgesprochen (vgl. Lutter/*Lutter* UmwG § 3 Rn. 5 zur Verschmelzung; Lutter/*Decher* UmwG § 190 Rn. 12; Widmann/Mayer/*Mayer*, § 152 UmwG Rn. 33 zum Formwechsel). Höchstrichterliche Rechtsprechung zu dieser Frage fehlt bisher.

27 Teilweise wird zumindest für den Fall, dass es sich um eine Erbengemeinschaft nach einem Einzelkaufmann handelt, die Ausgliederung nach §§ 152 ff. UmwG für möglich gehalten, da die Erbengemeinschaft einem Einzelkaufmann handelsrechtlich und umwandlungsrechtlich gleichzustellen sei (Lutter/Karolus § 152 UmwG Rn. 16). Das mag zwar überzeugend sein, ist aber mit der derzeitigen Rechtslage nicht in Einklang zu bringen (vgl. DNotI, Gutachten zum Umwandlungsrecht 1996/1997 Nr. 1 m. w. N.).

2. Ablauf der Verschmelzung (Kurzdarstellung)

28 Nach § 17 Abs. 2 UmwG ist der Anmeldung beim Registergericht eine Schlussbilanz des übertragenden Rechtsträgers beizufügen, die auf einen höchstens 8 Monate vor der Anmeldung liegenden Stichtag datiert, andernfalls erfolgt nicht die Eintragung der Verschmelzung und hindert somit deren Vollzug. Damit ist bereits ein bestimmter einzuhaltender Zeitplan bezüglich der Durchführung der Verschmelzung durch das Gesetz vorgegeben. Wird dieser Zeitplan nicht eingehalten, so entstehen unnötige Kosten für die beteiligten Unternehmen. Deshalb sollten möglichst frühzeitig alle beteiligten Personen – insbesondere die Berater, wie Wirtschaftsprüfer, Rechtsanwälte sowie die Notare – rechtzeitig in einem aufzustellenden Zeitplan bezüglich der durchzuführenden Verschmelzung miteinbezogen werden. Schon relativ frühzeitig sollte auch eine Unternehmensbewertung der beteiligten Rechtsträger erfolgen und Entwürfe eines Verschmelzungsvertrags und Verschmelzungsberichts vorgelegt werden. Die Gesellschafterversammlungen sind rechtzeitig zu terminieren, dies vor allem wegen der Zustimmungsbeschlüsse der Anteilseigner.

Im Einzelnen ist zum Ablauf der Verschmelzung durch Aufnahme Folgendes auszuführen: 29

a) **Verschmelzungsvertrag**

Für jede Verschmelzung ist ein Verschmelzungsvertrag zwischen den beteiligten Rechtsträgern abzuschließen. Hierfür zuständig sind die jeweiligen Vertretungsorgane der Gesellschaft. Nicht ausreichend zum Abschluss eines Verschmelzungsvertrags dürfte die Prokura sein, denn der Verschmelzungsvertrag gehört nicht zu den Geschäften, die der Betrieb eines Handelsgewerbes mit sich bringt (vgl. KölnKomm AktG/*Kraft* § 340 Rn. 12; G/H/E/K/*Grunewald* § 340 Rn. 2). 30

Der Verschmelzungsvertrag bedarf der Zustimmung der Gesellschafterversammlung/Hauptversammlung.

Im § 5 Abs. 1 Nr. 1–9 UmwG ist der Mindestinhalt des Verschmelzungsvertrags bestimmt. Hierzu gehören 31
- Firma und Sitz der beteiligten Rechtsträger, § 5 Nr. 1 UmwG
- Vermögensübertragung als Ganzes gegen Anteilsgewährung § 5 Abs. 1 Nr. 2 UmwG
- Umtauschverhältnis der Anteile/Mitgliedschaften und bare Zuzahlungen, § 5 Abs. 1 Nr. 3 UmwG
- Die Festlegung des Umtauschverhältnisses der alten Anteile der Anteilseigner am übertragenden Rechtsträger gegen Anteile bzw. Mitgliedschaftsrechte am übernehmenden Rechtsträger hat im Verschmelzungsvertrag zu erfolgen. Dieses Umtauschverhältnis ist im Verschmelzungsvertrag genau anzugeben. Hierzu ist – wie bereits oben ausgeführt – eine Unternehmensbewertung der beteiligten Rechtsträger erforderlich. Aus § 12 Abs. 2 UmwG ergibt sich, dass das Umtauschverhältnis »angemessen« sein muss. Dies bedeutet, dass die erhaltenen Anteile den Wert der hingegebenen Anteile im Wesentlichen erreichen müssen. Durch die Gesetzesformulierung »angemessen« gibt der Gesetzgeber zu erkennen, dass es einen einzig richtigen Unternehmenswert nicht gibt und sich somit eine prognoseabhängige Bandbreite ergibt (vgl. S/B/B/*Brünger* J Rn. 28).
- Einzelheiten für den Erwerb der Anteile bzw. Mitgliedschaften, § 5 Nr. 4 UmwG
- Der Verschmelzungsvertrag muss Einzelheiten für die Übertragung der Anteile des übernehmenden Rechtsträgers bzw. über den Erwerb der Mitgliedschaft bei dem übernehmenden Rechtsträger regeln, z. B. eine durchzuführende Kapitalerhöhung.
- Zeitpunkt der Gewinnbeteiligung, § 5 Abs. 1 Nr. 5 UmwG
- Verschmelzungsstichtag § 5 Abs. 1 Nr. 6 UmwG
- Im Verschmelzungsvertrag ist der Verschmelzungsstichtag anzugeben, d. h., der Zeitpunkt, von dem an die Handlungen des übertragenden Rechtsträgers im Innenverhältnis als für Rechnung des übernehmenden Rechtsträgers vorgenommen gelten. Der Termin ist grundsätzlich frei bestimmbar (BT-Drucks. 12/6699, S. 82 zu § 5 UmwG).
- Der Zeitpunkt betrifft das Innenverhältnis der beteiligten Rechtsträger, insbesondere der Überleitung der Rechnungslegung und er dient weiterhin als Stichtag für die steuerlich relevante Übertragung, § 2 UmwStG. Der Zeitpunkt muss mit dem Stichtag der Schlussbilanz des übertragenden Rechtsträgers identisch sein.
- Rechte einzelner Anteils- und Rechtsinhaber, § 5 Abs. 1 Nr. 7 UmwG
- Im Verschmelzungsvertrag können Rechte und Rechtspositionen einzelner bestimmter Personen vom übernehmenden Rechtsträger gewährt werden.
- Besondere Vorteile für Vertretungsorgane, Aufsichtsräte usw., § 5 Abs. 1 Nr. 8 UmwG
- Im Verschmelzungsvertrag sind sämtliche Vorteile, die dem genannten Personenkreis anlässlich der Verschmelzung gewährt werden bzw. wurden, aufzuführen.
- Arbeitnehmerbelange, § 5 Abs. 1 Nr. 9 UmwG
- Der Verschmelzungsvertrag hat Angaben über die Folgen der Verschmelzung für die Arbeitnehmer und ihre Vertretungen sowie die insoweit vorgesehenen Maßnahmen zu enthalten.
- Neben den in § 5 Abs. 1 UmwG genannten Angaben hat der Verschmelzungsvertrag zwingend ein Barabfindungsangebot für jeden Anteilsinhaber des übertragenden Rechtsträgers zu enthalten, der gegen den Verschmelzungsbeschluss Widerspruch zu Protokoll erklärt, wenn der

übernehmende Rechtsträger eine andere Rechtsform als der übertragende Rechtsträger hat (Mischverschmelzung) oder die Anteile am übernehmenden Rechtsträger Verfügungsbeschränkungen unterworfen sind (vgl. § 29 Abs. 1 UmwG).

32 Des Weiteren bestimmt das UmwG im besonderen Teil notwendige Inhalte des Verschmelzungsvertrags rechtsformspezifischer Art (vgl. § 40 Abs. 1 UmwG, § 46 Abs. 1 UmwG, § 46 Abs. 2 UmwG, § 46 Abs. 3 UmwG, § 35 UmwG), also für Personen-, Kapitalgesellschaften (AG, GmbH etc.). Außerdem ist der Verschmelzungsvertrag gem. § 6 UmwG vor oder nach Beschlussfassung der Anteilseigner notariell zu beurkunden.

b) Verschmelzungsbericht

33 Gem. § 8 Abs. 1 UmwG müssen die Vertretungsorgane jeder der an der Verschmelzung beteiligten Rechtsträger einen ausführlichen Bericht erstatten, in dem die Verschmelzung, der Verschmelzungsvertrag bzw. sein Entwurf im Einzelnen und insbesondere das Umtauschverhältnis der Anteile oder die Angaben über die Mitgliedschaft bei dem übernehmenden Rechtsträger sowie die Höhe einer anzubietenden Barabfindung rechtlich und wirtschaftlich erläutert werden. Der Bericht ist grundsätzlich bei allen Verschmelzungen zu erstellen. Nach § 8 Abs. 3 UmwG ist ein solcher Bericht entbehrlich bei der Verschmelzung einer Tochtergesellschaft auf eine 100 %ige Muttergesellschaft. Weiterhin ist ein Verschmelzungsbericht nicht aufzustellen, wenn alle Anteilseigner der beteiligten Rechtsträger hierauf in notariell beurkundeter Form verzichten.

34 Der Verschmelzungsbericht hat Sinn und Zweck der beabsichtigten Verschmelzung darzustellen. Zu erläutern sind die betriebswirtschaftlichen Ziele der Verschmelzung. Die Anteilsinhaber müssen die zu erwartenden Vorteile oder auch die Risiken aus der Verschmelzung aus dem Bericht abwägen können. Auch die einzelnen Bestimmungen des Verschmelzungsvertrags sind zu erläutern.

c) Das Umtauschverhältnis, Bewertungsverfahren und die Barabfindung

35 Im Verschmelzungsbericht sind insbesondere das Umtauschverhältnis sowie erforderlichenfalls eine Barabfindung ausführlich zu erläutern. Durch die Darlegung der Wertverhältnisse der beteiligten Rechtsträger soll dem Anteilseigner eine Stichhaltigkeitskontrolle der vorgesehenen Umtauschverhältnisse ermöglicht werden (OLG Karlsruhe AG 1990, 35, 36). Der Verschmelzungsbericht muss daher tatsächliche Angaben zur Bewertung des Gesellschaftsvermögens enthalten, die den Aktionär bzw. *Gesellschafter* in die Lage versetzen, von sich aus – notfalls auch unter der Mithilfe eines Fachkundigen – die Bewertungsgrundlagen für die Festlegung des Umtauschverhältnisses nachzuvollziehen (OLG Hamm WM 1988, 1164, 1167).

36 Die Unternehmensbewertung ist grundsätzlich durch überschussorientierte Bewertungsverfahren durchzuführen. Diese sind nach heute vorherrschender Erkenntnis im Allgemeinen allein dazu geeignet, den Unternehmenswert zutreffend zu ermitteln. Grundgedanke überschussorientierter Bewertungsverfahren ist, dass nur künftige Unternehmenserfolge den Unternehmenswert zutreffend bestimmen können. Zur Wertermittlung wird auf das Instrumentarium der dynamischen Investitionsrechnung zurückgegriffen. Zukunftserfolge werden mithilfe eines Kapitalisierungszinssatzes auf den Bewertungsstichtag abgezinst. In Deutschland hat bislang als überschussorientierte Bewertungsmethode das Ertragswertverfahren dominiert. International wird seit Mitte der sechziger Jahre das DCF-Verfahren (»Discounted Cash Flow-Verfahren«) favorisiert. Beide Verfahrenstypen beruhen auf der gleichen konzeptionellen Grundlage. Bei DCF-Verfahren sind es cash-flows, die zu diskontieren (abzuzinsen) sind, anstatt beim Ertragswertverfahren die aus den künftigen handelsrechtlichen Ergebnissen abgeleiteten Ertragsüberschüsse.

37 Dabei sind die abzuzinsenden Ertragsüberschüsse bzw. cash-flows allein aus dem sog. betriebsnotwendigen Vermögen des zu bewertenden Unternehmens abzuleiten. Das sog. nicht-betriebsnotwendige Vermögen ist dahingegen gesondert zu bewerten. Auch für dieses nicht-betriebsnotwendige Vermögen sind die abgezinsten finanziellen Ertragsüberschüsse/cash-flows zu bestimmen. Ist

hingegen der Liquidationswert des nicht-betriebsnotwendigen Vermögens höher als der zuvor genannte Wert, so ist der Liquidationswert zugrunde zu legen. In diesem Fall wird angenommen, dass die Liquidation die vorteilhaftere Nutzung des nicht-betriebsnotwendigen Vermögens darstellt. Für die Unternehmensbewertung nach dem Ertragswertverfahren haben sich in Deutschland berufsübliche Standards herausgebildet, die im IDW Standard S 1 des Hauptfachausschusses (»HFA«) des Instituts der Wirtschaftsprüfer in Deutschland e. V. (»IDW«) zusammengefasst sind. Der am 28.06.2000 verabschiedete Standard S 1 ersetzte die Stellungnahme HFA 2/1983: »Grundsätze zur Durchführung von Unternehmensbewertungen« sowie die Stellungnahme HFA 6 1997: »Besonderheiten der Bewertung kleiner und mittlerer Unternehmen«. Am 18.10.2005 wurde der »IDW Standard: Grundsätze zur Durchführung von Unternehmensbewertungen« des IDW veröffentlicht. Diesem folgte der IDW Standard: Grundsätze zur Durchführung von Unternehmensbewertungen S. 1 i. d. F. 2008. Die Stellungnahme IDW S 1 i. d. F. 2008 ersetzt ab dem 05.09.2007 den Vorgänger IDW S1 vom 18.10.2005 (vgl. IDW ES1 i. d. F. 2007, Tz 3). Ziel des IDW S 1 i. d. F. 2008 ist es die relevanten Einflüsse der Unternehmenssteuerreform 2008 zu berücksichtigen. Die Vorgaben des IDW zur Durchführung von Unternehmensbewertungen wurden durch IDW S1 und IDW ES1 gegenüber dem bisherigen IDW S1 vom 28.06.2000 erheblich verändert (vgl. im Einzelnen zur Unternehmensbewertung u. a. *Wollny*, Der objektivierte Unternehmenswert, Herne 2008).

Seit der Entscheidung des Bundesverfassungsgerichts DAT/Altanta (Beschl. v. 27.04.1999 ZIP 1999, 1436 ff.) stellt sich die Frage, inwieweit für die Berechnung des Umtauschverhältnisses der Börsenkurs zu berücksichtigen ist, insbesondere eine Untergrenze für die Berechnung des Umtauschverhältnisses bildet. In der Literatur wurde vereinzelt darauf hingewiesen, dass der Börsenkurs bei börsennotierten Gesellschaften ebenso zutreffend den Unternehmenswert widerspiegelt wie eine langwierige Berechnung des Unternehmenswerts durch Sachverständige nach dem Ertragswertverfahren (*Götz* DB 1996, 259; *Luttermann* ZIP 1999, 45 f.). Das LG München (Beschl. v. 27.03.2000 ZIP 2000, 1055 ff. m. Anm. *Wilken*) ist der Auffassung, dass der Börsenkurs dann nicht entscheidend ist, wenn der Umtauschwert nach dem Ertragswertverfahren zumindest am Tag der Bekanntgabe des Umtauschverhältnisses höher lag als der damalige Börsenkurs. Nach OLG Frankfurt am Main (Beschl. v. 03.09.2010 – 5 W 57/09, WM 2010, 1841) ist das Gericht bei der Überprüfung des Umtauschverhältnisses nach § 15 UmwG auf seine Angemessenheit nicht an das von den Verschmelzungspartnern vertraglich vereinbarte Ertragswertverfahren gebunden. Der Börsenkurs kann bei Gesellschaften, deren Aktien in einem gesetzlich regulierten Börsensegment notiert sind, eine geeignete und vertretbare Schätzmethode sein (OLG Frankfurt am Main, 5 W 57/09, WM 2010, 1841). Das OLG Frankfurt am Main ist der Auffassung, dass unter bestimmten Voraussetzungen eine Schätzung des Wertes eines Unternehmens anhand des Börsenwertes einer Ermittlung des Ertragswertes überlegen ist, wobei diese Vorzugswürdigkeit insbesondere bei Gesellschaften in Betracht komme, deren Aktien in einem bedeutenden Aktienindex aufgenommen sind und in einem hoch liquiden Markt gehandelt werden (OLG Frankfurt am Main, 5 W 57/09, WM 2010 , 1841).

Bei diesen Entscheidungen bleibt allerdings die Frage offen, ob der Börsenwert eine feste Untergrenze bildet. Obwohl die Entscheidung des BVerfG zu einer Entscheidung nach dem Aktiengesetz erging, lassen sich die auf Art. 14 GG basierenden Erwägungen auf eine Verschmelzung übertragen. Dabei ist aber zu beachten, dass der Aktienkurs kurzfristig durch äußere Umstände beeinflusst werden kann (vgl. auch *Brandenburg*, in DAI, Tagungsunterlage, Umwandlungsrecht und -steuerrecht, 30./31.10.2000, Düsseldorf, S. 44/45). Nach Auffassung des IDW soll die Ermittlung eines objektivierten Unternehmenswerts nach den Grundsätzen des IDW S 1 i. d. F. 2008 unter Berücksichtigung eines Börsenkurses als Mindestwerts erforderlich sein, um sicherzustellen, dass ausscheidende Minderheitsgesellschafter die verfassungsrechtlich gebotene »volle Entschädigung« für den Verlust ihrer Eigentums- und Gesellschafterrechte erhalten (so IDW vom 06.02.2012 zur Stellungnahme zum Entwurf » Best-Practice- Empfehlungen Unternehmensbewertung« des DVFA). Nach Auffassung des IDW ist somit auch bei Unternehmensbewertungen der Börsenkurs als Mindestwert heranzuziehen.

40 Mittlerweile hat der BGH mit Beschl. v. 12.03.2001 (BB 2001, 1503 = ZIP 2001, 734 = DStR 2001, 754 = DB 2001, 969 m. Anm. *Meilicke/Heidel*) auf Vorlagebeschluss des BVerfG vom 27.04.1999 die DAT/Altana-Entscheidung des OLG Düsseldorf (BB 2000, 1905; ZIP 2000, 1525; EWiR, § 305 AktG 3/2000, 751 – *W. Müller* –, NZG 2000, 1075; AG 2000, 422) interpretiert (vgl. auch *Wilsing Kruse* DStR 2001, 991).

41 In der Entscheidung des BGH vom 12.03.2001 hat dieser die Kriterien festgelegt, wie im Einzelfall der maßgebliche Börsenkurs zu ermitteln ist. Danach ist für die Ermittlung des maßgeblichen Börsenkurses ein Referenzkurs zugrunde zu legen, der sich aus dem Durchschnittskurs von 3 Monaten ergibt. Die dreimonatige Referenzperiode soll sich bis unmittelbar vor dem Stichtag, nämlich dem Tag der Hauptversammlung der beherrschten bzw. einzugliedernden AG erstrecken (vgl. hierzu § 305 Abs. 3 Satz 2 AktG und § 320b Abs. 1 Satz 5 AktG). Dabei benennt der BGH drei Aspekte, die den Grundsatz des Börsenwertes als Untergrenze für die Barabfindung einschränken können:

42 – mit Aktien der Gesellschaft hat »über einen längeren Zeitraum« praktisch kein Handel stattgefunden;
   – die einzelnen außenstehenden Aktionäre sind aufgrund einer »Marktenge« nicht in der Lage, ihre Aktien zum Börsenpreis zu verkaufen;
   – der Börsenpreis ist »manipuliert« worden

(vgl. auch Widmann/Mayer/*Widmann*§ 5 UmwStG Rn. 100.2).

43 Die Entscheidung des BGH enthält allerdings an keiner Stelle Ausführungen dazu, ob und inwieweit seine Feststellungen auf die Ermittlung des Umtauschverhältnisses bei einer Verschmelzung zu übertragen sind.

44 Ein Teil des Schrifttums lehnt die Anwendung der Grundsätze aus der DAT/Altana-Entscheidung auf die Festsetzung der Umtauschrelation bei Verschmelzungen ab u. a. mit der Begründung, dass die Vorgaben des BVerfG auf Unternehmensverträge und eine Eingliederung zu begrenzen sei (vgl. hierzu *Bungert* BB 2001, 1163, 1166; *Riegger* DB 1999, 1890; *Wilm* NZG 2000, 234, 237).

45 Die Darstellung des Umtauschverhältnisses im Verschmelzungsbericht ist wie folgt zu gliedern:
   – Erläuterung der zur Bewertung der Rechtsträger angewandten Methode
   – Ermittlung der zur Bewertung herangezogenen künftigen Einnahmeüberschüsse
   – Erläuterung des Kapitalisierungszinssatzes.

d) Verschmelzungsprüfung

46 Der Verschmelzungsvertrag oder sein Entwurf sind durch einen oder mehrere sachverständige Prüfer zu prüfen (§ 9 Abs. 1 UmwG). Die Verschmelzungsprüfer sind von den Vertretungsorganen zu bestellen. Die Verschmelzungsprüfer haben einen schriftlichen Bericht zu erstellen (§ 12 UmwG). Dieser Bericht kann auch gemeinsam erstattet werden. Hinzuweisen ist auf die Stellungnahme HFA 6/1988 des Instituts der Wirtschaftsprüfer, die eine zweckmäßige Gliederung des Prüfungsberichts enthält. Nach § 12 UmwG sind dabei im Prüfungsbericht als wesentliche Inhalte die zur Unternehmensbewertung gewählten Methoden, die Begründung der Methodenwahl sowie ggf. die bei Anwendung verschiedener Methoden ermittelten Umtauschverhältnisse darzustellen. Abschließend ist im Prüfungsbericht festzuhalten, ob das im Verschmelzungsvertrag vorgeschlagene Umtauschverhältnis der Anteile sowie die Höhe der baren Zuzahlung oder die Mitgliedschaft in dem übernehmenden Rechtsträger als Gegenwert angemessen ist.

47 Eine Verschmelzungsprüfung ist nicht erforderlich, wenn alle Anteilseigner in notariell beurkundeter Form verzichten oder sich die Anteile des übertragenden Rechtsträgers in der Hand des übernehmenden Rechtsträgers befinden, ein Anteilstausch mithin nicht stattfindet, § 9 Abs. 2, 3 UmwG.

48 Durch die Änderung des UmwG v. 24.04.2007 (BGBl. 2007, S. 542–548) kann eine Verschmelzungsprüfung nach den §§ 44, 48 UmwG nur noch innerhalb einer Woche nach Unterrichtung über den Verschmelzungsvertrag und Verschmelzungsbericht verlangt werden können.

B. Die einzelnen Umwandlungsarten des Umwandlungsgesetzes   **Kapitel 2**

e) Verschmelzungsbeschluss

Damit die Verschmelzung auch wirksam wird, ist nach § 13 UmwG ein Beschluss der Anteilseigner erforderlich. Dieser Beschluss hat zwingend in einer Versammlung der Anteilseigner zu erfolgen. Ein Umlaufverfahren ist nicht möglich (§ 13 Abs. 1 Satz 2 UmwG). Zur Vorbereitung der Gesellschafterversammlung/Hauptversammlung zur Beschlussfassung sind in den Geschäftsräumen der jeweiligen Rechtsträger neben dem Verschmelzungsvertrag und -bericht auch die letzten drei Jahresabschlüsse der beteiligten Rechtsträger nebst Lageberichten auszulegen (§§ 49 Abs. 2, 63 Abs. 1, 82 Abs. 1, 101 Abs. 1 UmwG). Bei Personengesellschaften ist dies allerdings nicht notwendig. Auf Verlangen sind den Anteilseignern Abschriften zu erteilen. Bei Aktiengesellschaften können die Unterlagen dem Aktionär mit dessen Einwilligung auf dem Weg elektronischer Kommunikation übermittelt werden (Ergänzung durch das Dritte Gesetz zur Änderung des Umwandlungsgesetzes v. 11.07.2011 BGBl. I S. 1338 durch die Anfügung in § 63 Abs. 3 UmwG). Die Anteilseigner haben in der Versammlung den Beschluss grundsätzlich mit einer qualifizierten 3/4-Mehrheit zu fassen. Das Umwandlungsgesetz lässt jedoch größere Mehrheiten und weitere Erfordernisse durch Gesellschaftsvertrag oder Satzung zu. Eine Ausnahme gilt allerdings bei Personenhandelsgesellschaften: Hier kann die Einstimmigkeit auf eine andere Mehrheit (mindestens aber eine 3/4-Mehrheit, § 43 Abs. 2 UmwG) abgemindert werden. Gem. § 62 Abs. 4 UmwG i. d. F. vom 11.07.2011 (BGBl. I, 1338) ist ein Verschmelzungsbeschluss nicht erforderlich, wenn sich das gesamte Stamm- oder Grundkapital einer übertragenden Kapitalgesellschaft in der Hand einer übernehmenden Aktiengesellschaft befinden.   49

Neben dieser o. g. 3/4-Mehrheit sind im Umwandlungsgesetz weitere Zustimmungserfordernisse geregelt. So müssen diejenigen Anteilsinhaber zustimmen, deren Sonderrechte berücksichtigt werden, so etwa bei der Geschäftsführung oder der Bestellung der Geschäftsführung (§§ 50 Abs. 2, 13 Abs. 2 UmwG). Außerdem müssen stets die Anteilsinhaber zustimmen, deren Haftungsrisiko sich durch die Verschmelzung vergrößert (§§ 51, 78 UmwG).   50

Im Regelfall wird bei den Gesellschafterversammlungen bei Fassung des Umwandlungsbeschlusses ein Anfechtungsverzicht mit beurkundet. Damit braucht bei der Anmeldung der Umwandlung zum Handelsregister nicht mehr das Verstreichen der Anfechtungsfrist abgewartet werden. Diese Vorgehensweise ist unbedingt zu empfehlen. Für den Verschmelzungsbeschluss ist grundsätzlich die notarielle Beurkundung erforderlich, § 13 Abs. 1, Abs. 2 UmwG. Der Verschmelzungsvertrag ist als Anlage dem Protokoll der Versammlung beizufügen (§ 13 Abs. 3 UmwG).   51

Jedem Anteilsinhaber ist auf dessen Verlangen eine Vertragsabschrift sowie eine Beschlussniederschrift zu erteilen. Allerdings hat der jeweilige Anteilsinhaber die Kosten zu tragen. Aus Gründen einer Kostenersparnis – die unter Umständen erheblich sein kann – kann es empfehlenswert sein, die Gesellschafterversammlung im Ausland durchzuführen (vgl. hierzu u. a. *Hüffer* AktG, § 121 Rn. 15; *Schüssl* DB 1992, 823 ff.).   52

Zur Frage der Möglichkeit einen Verschmelzungsvertrag und die Beschlüsse im Ausland zu beurkunden, wird auf das Urt. des LG Augsburg DB 1996, 1666 einerseits und das des LG Kiel DB 1997, 1223 f., BB 1998, 120 f. zur Verschmelzung von Genossenschaften andererseits verwiesen.   53

Die Beurkundung gesellschaftlicher Angelegenheiten durch ausländische Notare ist noch immer heftig umstritten und die diesbezügliche Rechtslage ist daher weitgehend unklar (vgl. zum Streitstand Widmann/Mayer/*Heckschen*§ 6 UmwG Rn. 42 ff.). Ob die nach §§ 6, 13 Abs. 3 UmwG zwingend erforderliche Beurkundung des Verschmelzungsvertrags und der Zustimmungsbeschlüsse auch von einem ausländischen Notar wahrgenommen werden kann, richtet sich danach, inwieweit die ausländische Beurkundung der deutschen Beurkundung entspricht (BGH, Beschl. v. 16.02.1981, Az. II ZB 8/80, BGHZ 80, 76 »Zürich«; vgl. auch Scholz/*Priester* GmbHG, § 53 Rn. 72). Es müssen mit der Beurkundung im Ausland die von der deutschen Formvorschrift verfolgten Zwecke in gleicher Weise erreicht werden, als wenn ein deutscher Notar tätig wurde (*Goette* DStR 1996, 709, 712).   54

Das LG Augsburg (DB 1996, 1666) hat die Auslandsbeurkundung (hier: in Zürich), insbesondere in Verschmelzungsfällen für unzulässig erklärt, mit der Begründung, dass Schweizer Notare keine   55 umfassende Ausbildung und Weiterbildung im deutschen Gesellschafts- und Umwandlungsrecht haben und damit keine Rechtmäßigkeitskontrolle vornehmen können. Das LG Kiel (DB 1997, 1223 f.; BB 1998, 120 f.) hat dagegen zum Ausdruck gebracht, dass es der Auffassung des LG Augsburg durchaus Gewicht beimesse. Trotzdem hat es die Beurkundung eines Beschlusses über die Verschmelzung von Genossenschaften durch einen österreichischen Notar für zulässig erachtet, mit der Begründung, dass der Prüfungsverband ein Gutachten zur Verschmelzung abzugeben hat. Damit sei die Rechtmäßigkeitskontrolle erfüllt. Mittlerweile hat der BGH mit Beschl. v. 17.12.2013 festgestellt, dass ein Registergericht eine zum Handelsregister eingereichte Gesellschafterliste nicht schon deshalb zurückweisen darf, weil sie von einem Notar mit Sitz in Basel/Schweiz eingereicht worden ist. Der BGH hat in seiner Begründung festgestellt, dass eine nach dem GmbHG erforderliche Beurkundung auch nach Inkrafttreten des Gesetzes zur Modernisierung des GmbH- Rechts und zur Bekämpfung von Missbräuchen (MoMiG) durch einen ausländischen Notar vorgenommen werden kann, sofern die ausländische Beurkundung der deutschen gleichwertig ist (Fortführung des o. g. Beschlusses vom 16.02.1981 II ZB 8/80, BGHZ 80, 76). Ob der BGH auch Auslandsbeurkundungen in Verschmelzungsfällen zulässt, ist offen. Angesicht der derzeitigen noch nicht eindeutig geklärten Rechtslage kann es nicht empfehlenswert sein, eine ausländische Beurkundung vorzunehmen, es sei denn, es erfolgt eine Abstimmung mit dem zuständigen Registerrichter, ob er eine ausländische Beurkundung z. B. in der Schweiz, anerkennt. Zu beachten ist, dass auch Kostengesichtspunkte eine Verlagerung der Beurkundungen ins Ausland nur noch bedingt rechtfertigen. § 39 Abs. 4 KostO enthält für Beurkundungen von Gesellschaftsverträgen, Satzungen und Statuten sowie für Pläne und Verträge nach dem UmwG eine Begrenzung des Geschäftswerts auf 5 Mio. €. Beim Formwechsel fällt ohnehin nur die Gebühr für die Beurkundung des Beschlusses an, die nach § 47 Satz 2 KostO höchstens 5000,– € beträgt.

f) Registereintragung der Verschmelzung

56 Die Verschmelzung wird erst wirksam mit der Eintragung in die Handelsregister aller beteiligten Rechtsträger. Die Vertretungsorgane der beteiligten Rechtsträger haben die Verschmelzung jeweils am Sitz ihres Rechtsträgers zum Register anzumelden. Bei der Anmeldung zum Register haben die jeweiligen Vertretungsorgane verschiedene Erklärungen abzugeben, so u. a. dass eine Anfechtungsklage gegen den Verschmelzungsbeschluss nicht anhängig gemacht worden ist. Außerdem sind der Anmeldung zum Registergericht Anlagen beizufügen (§ 17 UmwG). Das Registergericht prüft die Vollständigkeit der Unterlagen.

57 Mit der Eintragung der Verschmelzung in das Register des übernehmenden Rechtsträgers treten die Wirkungen der Verschmelzung ein. Das Vermögen des übertragenden Rechtsträgers geht uno acta auf die übernehmenden Rechtsträger über. Gleichzeitig werden die ehemaligen Anteilsinhaber der übertragenden Rechtsträger Anteilseigner am übernehmenden Rechtsträger.

58 Ohne Liquidation erlischt dann der übertragende Rechtsträger. Rechte Dritter an den Anteilen setzen sich im Wege der Sukzession an den neuen Anteilen fort. Sind notwendige notarielle Beurkundungen unterlassen worden oder fehlen etwa notwendige Zustimmungserklärungen, so werden diese mit der Eintragung geheilt, § 20 Abs. 1 Nr. 4 UmwG. Auch andere Mängel der Verschmelzung lassen die Eintragungswirkungen unberührt.

3. Besonderheiten der Verschmelzung durch Neugründung

59 In den §§ 36 bis 38 UmwG befinden sich drei Normen, die sich mit der Verschmelzung durch eine Neugründung befassen. Bei einer Verschmelzung durch Neugründung sind nach § 36 Abs. 2 UmwG die jeweiligen Gründungsvorschriften für die einzelnen Gesellschaftsformen einzuhalten.

60 Nach § 37 UmwG hat der Verschmelzungsvertrag den neuen Gesellschaftsvertrag bzw. die Satzung des neuen Rechtsträgers zu enthalten. Durch den Umwandlungsbeschluss wird die neue Satzung festgestellt.

Ist der neue Rechtsträger eine Kapitalgesellschaft, so müssen in die neue Satzung bzw. den neuen Ge- 61
sellschaftsvertrag Festsetzungen über Sondervorteile, Gründungsaufwand, Sacheinlagen und -über-
nahmen, die in den Gesellschaftsverträgen, Satzungen oder Statuten der übertragenden Rechtsträger
enthalten waren, übernommen werden (vgl. §§ 57, 74 UmwG). Zweck der Aufnahme in den neuen
Gesellschaftsvertrag ist es, eine Umgehung der §§ 26, 27 AktG über die Offenlegung derartiger Vereinbarungen mittels Verschmelzung durch Neubildung zu verhindern (S/B/B/*Brünger* J Rn. 148).

Die Abs. 4 und 5 des § 26 AktG bleiben unberührt. In entsprechender Anwendung des § 26 Abs. 1, 2 62
AktG müssen auch bei der Verschmelzung neu begründete Sondervorteile und der aus dem Vermögen der neuen Gesellschaft zu zahlende Gründungsaufwand in die Satzung aufgenommen werden.

Ein Gründungsbericht und eine Gründungsprüfung nach § 33 Abs. 2 des AktG hat nicht zu erfol- 63
gen, soweit übertragender Rechtsträger eine Kapitalgesellschaft oder eine eingetragene Genossenschaft ist (§ 75 Abs. 2 UmwG). Dies gilt ebenso für die GmbH bzw. deren Sachgründungsbericht
(§ 58 Abs. 2 UmwG).

Hinsichtlich der Bestellung des ersten Aufsichtsrates gilt § 30 AktG entsprechend. Im Verschmel- 64
zungsvertrag sind somit der erste Aufsichtsrat und der erste Abschlussprüfer zu bestellen. Dies gilt
auch für die GmbH entsprechend.

4. Die einzelnen Verschmelzungsfälle im Umwandlungsgesetz

a) Verschmelzung von Kapitalgesellschaften untereinander

Möglich ist, dass zwei Aktiengesellschaften oder zwei GmbHs miteinander verschmolzen werden 65
oder auch eine Aktiengesellschaft auf eine GmbH und umgekehrt (sog. Mischverschmelzung). Dabei ist es auch möglich, dass im Konzern die Tochtergesellschaft auf die Muttergesellschaft, die
Muttergesellschaft auf die Tochtergesellschaft oder auch zwei Schwestergesellschaften verschmolzen
werden.

Die Konzernverschmelzung weist sowohl gesellschaftsrechtlich als auch handelsbilanziell und steuer- 66
rechtlich Besonderheiten auf.

Grundsätzlich gewährt der Gesetzgeber bei Konzernverschmelzungen Erleichterungen nur dort, 67
wo die Anteile am übertragenen Rechtsträger sämtlich in einer Hand liegen, mithin eine hundertprozentige Mutter-Tochter-Konstellation vorliegt. In diesen Fällen kann nach § 8 Abs. 3 UmwG
der Verschmelzungsbericht, nach § 9 Abs. 2, 3 UmwG die Prüfung der Verschmelzung und der
als Ergebnis zu erstellende Prüfungsbericht entfallen. Eine weitere Erleichterung der Konzernverschmelzung ergibt sich daraus, dass bei einer Verschmelzung der Tochtergesellschaft auf die Mutter
ein Anteiltausch nicht stattfindet. Die Zulässigkeit der Verschmelzung einer Tochtergesellschaft
auf die Muttergesellschaft ergibt sich nunmehr aus § 5 Abs. 2 UmwG. Nach dieser Vorschrift brauchen Regelungen bezüglich des Anteilstausches in den Verschmelzungsvertrag nicht aufgenommen
werden, wenn die Anteile am übertragenden Rechtsträger sämtlich in einer Hand liegen und dieser
Rechtsträger aufgenommen werden soll. Zusätzlich ergibt sich ein Verbot der Kapitalerhöhung für
den aufnehmenden Rechtsträger, sodass eine Anteilsgewähr ohnehin nur aus eigenen Anteilen der
Muttergesellschaft erfolgen könnte (§§ 54 Abs. 1 Satz 1 Nr. 1, 68 Abs. 1 Satz 2 Nr. 1 UmwG).

Eine Erleichterung sieht nunmehr das UmwG i. d. F. vom 24.04.2007 vor. Nach § 54 Abs. 3 UmwG 68
n. F./§ 68 Abs. 3 UmwG n. F. darf die übernehmende Gesellschaft von der Gewährung von Geschäftsanteilen absehen, wenn alle Anteilsinhaber eines übertragenden Rechtsträgers darauf verzichten. Die Verzichtserklärungen sind notariell zu beurkunden

Eine weitere Erleichterung sieht § 62 UmwG für die Verschmelzung einer Kapitalgesellschaft auf 69
eine herrschende Aktiengesellschaft i. S. d. § 17 AktG vor, wenn sich mindestens 90 % der Anteile
in der Hand der herrschenden Aktiengesellschaft befinden. Ein Verschmelzungsbeschluss der übernehmenden Aktiengesellschaft ist danach nicht erforderlich. Befindet sich das gesamte Stamm- oder

Grundkapital in der Hand der übertragenden Kapitalgesellschaft so ist ein Verschmelzungsbeschluss des Anteilsinhabers der übertragenden Kapitalgesellschaft nicht erforderlich (§ 62 Abs. 4 UmwG i. d. F. vom 11.07.2011). Auch insoweit ist eine zusätzliche Erleichterung durch das Änderungsgesetz vom 11.07.2011 eingetreten.

70 Ein weiterer Fall der Verschmelzung ist die Verschmelzung der Muttergesellschaft auf die Tochtergesellschaft (»down-stream-merger«). Das Umwandlungsgesetz enthält keine Regelung der Verschmelzung einer Muttergesellschaft auf die Tochtergesellschaft. Man wird aber davon ausgehen können, dass der Gesetzgeber die Möglichkeit des »down-stream-merger« in dessen Anwendungsbereich aufgenommen hat. § 1 Abs. 2 UmwG dürfte dem »down-stream-merger« nicht entgegenstehen.

71 Die Verschmelzung einer Muttergesellschaft auf die Tochtergesellschaft war ein Gestaltungsmodell, welches unter steuerlichen Gesichtspunkten nach dem alten Umwandlungssteuerrecht UmwStG 1977 von Bedeutung war. Es war nämlich nach dem Umwandlungssteuergesetz 1977 nicht möglich, dass bei der Tochtergesellschaft aufgelaufene Verlustvorträge durch die Verschmelzung auf die Muttergesellschaft übergehen. Um den Verlustvortrag zu erhalten, musste deshalb der Weg der Verschmelzung der Muttergesellschaft auf die Tochtergesellschaft gewählt werden. Das neue Umwandlungssteuerrecht ab 01.01.1995 hatte bisher das Verlagern von Verlustvorträgen auf den aufnehmenden Rechtsträger zugelassen (§ 12 Abs. 3 Satz 2 UmwStG). Durch die Änderung des UmwStG durch das SEStEG (Gesetz über steuerliche Begleitmaßnahmen zur Einführung der Europäischen Gesellschaft und zur Änderung weiterer steuerrechtlicher Vorschriften) vom 07.12.2006 (BGBl. I 2782) ist der Übergang des Verlustvortrags im Rahmen einer Verschmelzung grundsätzlich nicht mehr möglich, da § 12 UmwStG n. F. eine solche Regelung nicht mehr enthält. Für die Zukunft dürfte daher der Fall der Verschmelzung der Muttergesellschaft auf die Tochtergesellschaft von geringerer Bedeutung sein.

72 An einen solchen »down-stream-merger« ist allerdings dann zu denken, wenn die Tochtergesellschaft erheblichen Grundbesitz hat, die Tochter nicht auf die Muttergesellschaft, sondern diese auf ihre Tochtergesellschaft zur Ersparnis der Grunderwerbsteuer zu verschmelzen (vgl. im Einzelnen auch zur Behandlung des down-stream-merger, Ballreich, Fallkommentar zum Umwandlungsrecht, 4. Aufl. 2008, Fall 4).

73 Sind die Unternehmen, die verschmolzen werden sollen, durch einen Unternehmensvertrag verbunden, so wirft dies keine besonderen Probleme auf. Der Unternehmensvertrag wird durch die Verschmelzung beendet (Köln Komm AktG/*Koppensteiner* § 291 Rn. 20).

b) Verschmelzung von Personengesellschaften untereinander

74 Auch Personengesellschaften untereinander können verschmolzen werden, so eine OHG auf eine andere OHG oder eine KG auf eine KG oder auch eine KG auf eine OHG und umgekehrt.

In diesen Fällen finden die Vorschriften der §§ 2 bis 35 und 39 bis 45 UmwG Anwendung.

c) Verschmelzung von Kapitalgesellschaften auf Personengesellschaften

75 Zulässig ist weiterhin die Verschmelzung einer Kapitalgesellschaft auf eine Personengesellschaft. Hier finden die allgemeinen Vorschriften der §§ 2 bis 35 UmwG sowie die besonderen Vorschriften der §§ 39 bis 45 UmwG bezüglich der Kommanditgesellschaft und die §§ 46 bis 55 UmwG bezüglich der GmbH Anwendung.

76 Für jeden Anteilseigner des übertragenden Rechtsträgers (also der Kapitalgesellschaft) muss im Verschmelzungsvertrag bestimmt werden, ob ihm in der übernehmenden Kommanditgesellschaft die Stellung eines persönlich haftenden Gesellschafters oder eines Kommanditisten eingeräumt wird (§ 40 Abs. 1 UmwG).

d) Sonderfälle der Verschmelzung

aa) Genossenschaften

Durch das Umwandlungsgesetz wurde auch die Verschmelzung unter Beteiligung von Genossenschaften neu geregelt. Nunmehr können Genossenschaften unterschiedlicher Haftart untereinander und Genossenschaften mit Rechtsträgern anderer Rechtsformen verschmolzen werden. Nach § 93a Abs. 1 GenG war bisher lediglich die Verschmelzung von Genossenschaften bezüglich der Nachschusspflicht gleicher Haftart zulässig.

Der Rechtsträger anderer Rechtsform kann auf eine Genossenschaft verschmolzen werden, wenn eine erforderliche Änderung des Statuts der übernehmenden Genossenschaft gleichzeitig mit der Verschmelzung beschlossen wird (§ 79 UmwG). Nach § 80 UmwG i. V. m. § 5 Abs. 1 Nr. 3 UmwG muss der Verschmelzungsvertrag, an dem eine Genossenschaft beteiligt ist, folgende Angaben enthalten:
– jeder Genosse einer übertragenden Genossenschaft muss mit einem Geschäftsanteil bei der übernehmenden Genossenschaft beteiligt werden, sofern das Statut dieser Genossenschaft die Beteiligung mit mehr als einem Geschäftsanteil nicht zulässt oder
– wenn das Statut der übernehmenden Genossenschaft eine Regelung nach § 7a GenG enthält, dass jeder Genosse einer übertragenden Genossenschaft mit mindestens einem und im Übrigen mit Geschäftsanteilen beteiligt wird, die dem Wert seiner Einzahlung bei dem übertragenden Rechtsträger entsprechen. Zugunsten der Genossen der übertragenden Genossenschaft kann der Verschmelzungsvertrag auch eine andere Berechnung vorsehen.

Erfolgt eine Verschmelzung eines Rechtsträgers anderer Rechtsform auf eine Genossenschaft, hat der Verschmelzungsvertrag für jeden übertragenden Anteilseigner den Betrag und die Zahl der Geschäftsanteile anzugeben, mit denen er bei der Genossenschaft beteiligt wird (§ 80 Abs. 1 UmwG). Der Verschmelzungsvertrag hat außerdem den Stichtag der Schlussbilanz anzugeben (§ 80 Abs. 2 UmwG).

An die Stelle der Verschmelzungsprüfung tritt bei der Genossenschaft eine gutachterliche Stellungnahme des genossenschaftlichen Prüfungsverbandes (§ 81 Abs. 1 UmwG). Hinzuweisen ist auf § 81 Abs. 2 UmwG. Danach können auch Rechtsträger anderer Rechtsform, die an der Verschmelzung beteiligt sind, dann vom Prüfungsverband geprüft werden, wenn die Genossenschaft Mehrheitsgesellschafter dieses Rechtsträgers ist.

Auf die Vorbereitung des Verschmelzungsbeschlusses der Genossenschaft findet nach § 82 UmwG die Regelungen betreffend der AG entsprechende Anwendung. Der Verschmelzungsbeschluss bedarf der 3/4-Mehrheit der abgegebenen Stimmen, wenn nicht das Statut eine größere Mehrheit vorschreibt. Nach § 87 Abs. 1 UmwG wird jeder Genosse einer übertragenden Genossenschaft an dem übernehmenden Rechtsträger beteiligt. Rechte Dritter an den Anteilen/Geschäftsguthaben setzen sich an den neu erworbenen Beteiligungen fort.

An die Stelle der §§ 29 bis 34 UmwG (Barabfindung) tritt im Bereich der Genossenschaftsverschmelzung das Rechtsinstitut der Ausschlagung (§§ 90 ff. UmwG).

Nach § 91 UmwG ist die Ausschlagung binnen 6 Monaten nach Bekanntmachung der Verschmelzung schriftlich gegenüber dem übernehmenden Rechtsträger geltend zu machen. Die auf der Verschmelzung beruhenden Anteile oder Mitgliedschaften gelten als nicht erworben, wenn sie ausgeschlagen werden. Die Ausschlagung führt zur Auseinandersetzung. Der Genosse ist an Rücklagen und am sonstigen Vermögen nicht beteiligt. Er kann lediglich sein Geschäftsguthaben heraus verlangen (§ 93 Abs. 2 UmwG). Diese Auszahlungsansprüche aus der vorgenannten Ausschlagung sind binnen 6 Monaten zu erfüllen (§ 94 UmwG).

bb) Rechtsfähige Vereine

84 Nach § 99 Abs. 1 UmwG kann sich ein rechtsfähiger Verein an einer Verschmelzung nur beteiligen, wenn die Satzung oder Landesrecht nicht entgegensteht. Der eingetragene Verein kann als aufnehmender Rechtsträger nur für andere eingetragene Vereine in Betracht kommen. Im Wege der Neugründung kann er mit eingetragenen Vereinen beliebige Rechtsträger gründen.

85 Der wirtschaftliche Verein i. S. d. § 22 BGB ist obligatorisch zu prüfen. Der eingetragene Verein ist nur dann zu prüfen, wenn ein Zehntel der Mitglieder dies schriftlich verlangt (§ 100 UmwG).

86 Der Verschmelzungsbeschluss bedarf einer 3/4-Mehrheit, wenn nicht die Satzung eine größere Mehrheit verlangt (§ 103 UmwG).

87 Bei gemeinnützigen Vereinen sind die Vorschriften über die Barabfindung unanwendbar (§ 104a UmwG).

88 Der Vorstand eines übertragenden Vereins hat die Verschmelzung im Bundesanzeiger und mindestens einem weiteren Blatt bekannt zu machen, wenn der Verein nicht in das Handelsregister eingetragen ist (§ 104 UmwG). Dementsprechend sind in diesem Fall die Vorschriften betreffend der Registeranmeldung und Registereintragung unanwendbar.

cc) Genossenschaftliche Prüfungsverbände

89 Genossenschaftlichen Prüfungsverbänden steht nur die Verschmelzung durch die Aufnahme eines anderen Prüfungsverbandes offen (§ 105 UmwG). Allerdings kann nach § 105 UmwG i. d. F. vom 24.04.2007 ein genossenschaftlicher Prüfungsverband als übernehmender Verband einen rechtsfähigen Verein aufnehmen, wenn bei diesem die Voraussetzungen des § 63b Abs. 2 Satz 1 GenG bestehen und die in § 107 Abs. 2 UmwG n. F. genannte Behörde dem Verschmelzungsvertrag zugestimmt hat (vgl. § 105 Abs. 1 Satz 2 UmwG n. F.).

dd) Versicherungsvereine auf Gegenseitigkeit

90 Versicherungsvereine auf Gegenseitigkeit können nur miteinander verschmolzen oder in eine Versicherungsaktiengesellschaft aufgenommen werden (§ 110 UmwG).

91 Ein Verschmelzungsvertrag zwischen Versicherungsvereinen auf Gegenseitigkeit braucht Ausführungen zum Umtauschverhältnis, zu den Einzelheiten der Anteilsübertragung, zum Stichtag sowie den Rechten, die Sonderrechtsinhabern gewährt werden, nicht zu enthalten (§ 110 UmwG).

92 Für die Vorbereitung des Verschmelzungsbeschlusses gelten die §§ 63 bis 65 UmwG entsprechend. Der Beschluss bedarf der 3/4-Mehrheit der abgegebenen Stimmen (§ 112 UmwG).

93 Bei der Verschmelzung zweier Versicherungsvereine auf Gegenseitigkeit findet gem. § 113 UmwG eine gerichtliche Nachprüfung des Umtauschverhältnisses nicht statt.

5. Die handelsbilanzielle Behandlung der Verschmelzung

a) Bilanzierung beim übertragenden Rechtsträger

94 Gem. § 17 Abs. 2 Satz 2 UmwG hat der übertragende Rechtsträger im Zusammenhang mit der Verschmelzung eine Schlussbilanz aufzustellen, die der Registeranmeldung der Verschmelzung beizufügen ist. Diese Bilanz dient als Grundlage der bilanziellen Übertragung des Vermögens auf den übernehmenden Rechtsträger (vgl. Scholz/*Priester* GmbHG, Anhang Umwandlung § 24 KapErhG Rn. 13). Nach § 17 Abs. 2 Satz 4 UmwG muss sich die Schlussbilanz auf einen Stichtag beziehen, der höchstens 8 Monate vor dem Tag der Registeranmeldung der Verschmelzung liegt.

95 Die Verschmelzung wird erst mit der Eintragung im Register wirksam. Deshalb ist es für den Fall, dass zwischen dem gewählten Verschmelzungsstichtag und der Registereintragung ein regulärer

Bilanzstichtag liegt, erforderlich, auf diesen Bilanzstichtag einen Jahresabschluss nach den allgemeinen Vorschriften zu erstellen und ggf. auch prüfen zu lassen (vgl. Widmann/Mayer/*Widmann* § 24 UmwG Rn. 48).

Gewinnausschüttungen aufgrund dieses Jahresabschlusses sind jedoch nicht möglich, da der davor liegende Verschmelzungsbeschluss zu erkennen gibt, dass das Nettovermögen auf einen anderen Rechtsträger übergehen soll (vgl. Widmann/Mayer/*Widmann* § 24 UmwG Rn. 48). 96

Nach § 17 Abs. 2 Satz 2 UmwG sind für die Schlussbilanz des übertragenden Rechtsträgers die Vorschriften über die Jahresbilanz entsprechend anwendbar, sodass den Gliederungs- und Bewertungsvorschriften der §§ 242 ff. HGB i. d. F. des Bilanzrechtsmodernisierungsgesetzes v. 25.05.2009 (BGBl. I 2009, S. 1102) zu folgen ist. 97

Werden die Buchwerte des übernehmenden Rechtsträgers bei einer Kapitalerhöhung im Rahmen der Verschmelzung gem. § 24 UmwG fortgeführt, dann bestimmt die Schlussbilanz des übertragenden Rechtsträgers auch die Wertansätze in der Bilanz des übernehmenden Rechtsträgers. Die aufnehmende Gesellschaft ist an die Schlussbilanz der übertragenden Gesellschaft gebunden. Es entfällt auch eine Aktivierung selbst geschaffener immaterieller Vermögensgegenstände des Anlagevermögens sowie eine Aktivierung der Verschmelzungskosten (Förschle/Hoffmann, in: *Beck'scher Bilanzkommentar*, § 272 Rn. 365; IDW ERS HFA 42 Anm. 59 und 62). 98

Bezüglich der Prüfung der Schlussbilanz sind im Umwandlungsgesetz keine besonderen Regelungen enthalten, sodass die Vorschriften über die Jahresbilanz Anwendung finden (§ 17 Abs. 2 Satz 2 UmwG). 99

b) Bilanzierung beim übernehmenden Rechtsträger

Der übernehmende Rechtsträger braucht im Fall der Verschmelzung zur Aufnahme keine Übernahmebilanz auf den Verschmelzungsstichtag aufzustellen. Nur bei der Verschmelzung zur Neugründung ist gem. § 242 Abs. 1 HGB eine Eröffnungsbilanz auf den Tag des Wirksamwerdens der Verschmelzung aufzustellen. 100

Der übernehmende Rechtsträger hat gem. § 24 UmwG hinsichtlich der Bewertung des übernommenen Vermögens ein Wahlrecht zwischen der Fortführung der Buchwerte und dem Ansatz der übernommen Vermögensgegenstände mit den Anschaffungskosten, die dem übernehmenden Rechtsträger durch den Erwerb der Anteile entstanden sind oder durch die Gewährung von Anteilen oder Mitgliedschaften entstehen (BT-Drucks. 12/6699, S. 913 zu § 24 UmwG). Durch dieses Wahlrecht können in der Übernahmebilanz stille Reserven aufgedeckt werden, soweit sie bei der Anschaffung »bezahlt« worden sind. Damit ist auch eine Aufstockung immaterieller Wirtschaftsgüter einschließlich des Firmenwerts möglich (vgl. auch S/B/B/*Bula/Schlösser* K Rn. 38 m. w. N.). 101

Eine Aufdeckung stiller Reserven ist allerdings ausgeschlossen, soweit dadurch die Anschaffungskosten des übernehmenden Rechtsträgers überschritten werden. Das Bewertungswahlrecht des § 24 UmwG gilt unabhängig von der Rechtsform des übernehmenden Rechtsträgers. 102

Im Einzelnen gilt Folgendes:

aa) Der übernehmende Rechtsträger hält alle Anteile am übertragenden Rechtsträger.

(1) Fortführung der Buchwerte

Wird das Wahlrecht des § 24 UmwG dahin gehend in Anspruch genommen, dass die übernommenen Vermögensgegenstände und Schulden mit den Buchwerten aus der Schlussbilanz des übertragenden Rechtsträgers fortgeführt werden, dann stehen den Buchwerten des übernommenen Vermögens die für den Erwerb der Anteile aufgewendeten Anschaffungskosten gegenüber. 103

104 Übersteigen die Anschaffungskosten den Buchwert des übernommenen Vermögens, weil z. B. bei Erwerb stiller Reserven mitbezahlt worden sind, dann entsteht i. H. d. Unterschiedes der beiden Werte ein Verschmelzungsverlust, der in der Gewinn- und Verlustrechnung ausweisen ist (vgl. Widmann/Mayer/*Widmann* § 24 UmwG Rn. 336 ff.). In aller Regel wird die Verschmelzung ein Vorgang sein, der außerhalb der gewöhnlichen Geschäftstätigkeit des übernehmenden Rechtsträgers erfolgt, sodass der Ausweis des Verschmelzungsverlustes unter den außerordentlichen Aufwendungen zu erfolgen hat. Ist dagegen der Buchwert des übernehmenden Vermögens höher als die Anschaffungskosten, dann entsteht ein Verschmelzungsgewinn. Dieser Verschmelzungsgewinn ist als außerordentlicher Ertrag in der Gewinn- und Verlustrechnung auszuweisen (vgl. Widmann/Mayer/*Widmann* § 24 UmwG Rn. 336; Förschle/Hoffman, in: *Beck'scher Bilanzkommentar*, § 272 Rn. 175).

(2) Bewertung des übernommenen Vermögens mit den Anschaffungskosten der Anteile

105 In dem Fall, in dem sämtliche Anteile an dem übertragenden Rechtsträger von dem übernehmenden Rechtsträger gehalten werden, dürfen als Gesamtanschaffungskosten für das übernommene Reinvermögen des Tochterunternehmens nach den allgemeinen Grundsätzen auch der Zeitwert der untergehenden Anteile des Tochterunternehmens gewählt werden (Tauschgrundsätze). Beim Ansatz des übernommenen Reinvermögens in der Summe der Zeitwerte der untergehenden Anteile ergibt sich ein Gewinn, wenn die Zeitwerte höher als der Buchwert der untergehenden Anteile ist, der erfolgswirksam erfasst wird (Förschle/Hoffmann, in: *Beck'scher Bilanzkommentar*, § 272 Rn. 364; vgl. auch IDW ERS HFA 42 Anm. 68).

106 Im Fall der Verschmelzung der Muttergesellschaft auf die Tochtergesellschaft (»down-stream-Merger«) erhalten die Gesellschafter des Mutterunternehmens Anteile an der Tochtergesellschaft. Als Anschaffungskosten der aufnehmenden Tochtergesellschaft dürfen die übergehenden Aktiva der untergehenden Muttergesellschaft i. H. d. Zeitwertes ihrer übergehenden Schulden bemessen werden (wenn dadurch der Zeitwert der Aktiva nicht überschritten wird) oder es dürfen Aktiva und Schulden zu Zeitwerten angesetzt werden. Zulässig ist auch eine Buchwertfortführung. Setzt die Tochtergesellschaft das übernommene Reinvermögen mit einem positiven Wert an, so ist diese Vermögensmehrung als sonstige Zuzahlung nach § 272 Abs. 2 Nr. 4 HGB in die Kapitalrücklage einzustellen (Förschle/Hoffmann, in: *Beck'scher Bilanzkommentar*, § 272 HGB Rn. 365; IDW ERS HFA 42 Anm. 47 u. 69). Ist der Zeitwert des übernommenen Reinvermögens per Saldo negativ liegt eine Entnahme durch die Gesellschafter vor. Bei einer GmbH ist diese Entnahme soweit zulässig, als dadurch das Buchvermögen der GmbH nicht unter den Betrag des Stammkapitals sinkt. Bei einer AG dürfte die Entnahme eine unzulässige Einlagerückgewähr nach § 57 Abs. 1 AktG darstellen. Soweit eine zulässige Entnahme vorliegt, dürfte eine Bilanzierung als Entnahme zulässig sein. Dies bedeutet, dass de negative Saldo ohne Berührung der Gewinn – und Verlustrechnung mit den freien Rücklagen der übernehmenden Gesellschaft verrechnet wird (Förschle/Hoffmann, in: *Beck'scher Bilanzkommentar*, § 272 HGB Rn. 364). Im Fall einer unzulässigen Entnahme, soweit diese nicht zur Entstehung einer Ausgleichsforderung gegen den Gesellschafter führt oder die negative Bewertung auf einer Buchwertübernahme beruht und der Saldo des Reinvermögens zu Zeitwerten mindestens ausgeglichen wird, ist die Differenz als Aufwand erfolgswirksam zu erfassen, so Förschle/Hoffmann, in: *Beck'scher Bilanzkommentar*, § 272 HGB Rn. 364; a. A.. IDW ERS HFA 42 Anm. 48 und 69, wonach eine Entnahmebilanzierung undifferenziert für zulässig angesehen wird).

bb) Die Anteile an dem übertragenden Rechtsträger werden von anderen Gesellschaftern gehalten.

(1) Fortführung der Buchwerte

107 Im Fall, in dem sich die untergehenden Anteile an dem übertragenden Rechtsträger in der Hand Dritter befinden, besteht die Gegenleistung für die Vermögensübertragung in der Gewährung von Anteilen an dem übernehmenden Rechtsträger. In diesem Fall erfolgt die Anteilsgewährung der übernehmenden Gesellschaft an die Dritten im Rahmen einer Kapitalerhöhung (im Regelfall) und

ggf. in der Leistung von baren Zuzahlungen oder Abfindungen. Die aufnehmende Gesellschaft ist an die Schlussbilanz der übertragenden Gesellschaft gebunden (vgl. oben Rdn. 98).

Ein Verschmelzungsgewinn oder -verlust ergibt sich dann aus der Gegenüberstellung der gewährten Gegenleistung und dem Buchwert des übernommenen Vermögens. In diesem Fall ist die Gegenleistung, soweit sie auf die Gewährung neuer Anteile entfällt, mit dem Nennwert der gewährten Anteile zuzüglich eines evtl. vereinbarten Aufgeldes anzusetzen. 108

Ein Verschmelzungsgewinn ist als Agio zu behandeln und – soweit es sich bei dem übernehmenden Rechtsträger um eine Kapitalgesellschaft handelt – gem. § 272 Abs. 2 Nr. 1 HGB in die Kapitalrücklage einzustellen (Scholz/*Priester* GmbHG, Anhang Umwandlungen, § 27 KapErhG Rn. 5). Ist die Übernehmerin dagegen eine Personengesellschaft, kann das Agio entweder den Kapitalkonten der Gesellschafter entsprechend deren Beteiligungsverhältnissen zugewiesen werden oder aber wie bei Kapitalgesellschaften in gesamthänderisch gebundene Rücklagen eingestellt werden. 109

Die nach alter Rechtslage gegebene Möglichkeit in den Fällen, in denen zur Durchführung der Verschmelzung das Kapital erhöht wurde, i. H. e. sich sonst ergebenden Verschmelzungsverlustes einen Geschäfts- oder Firmenwert zu aktivieren, der über 4 Jahre bzw. 5 Jahre abzuschreiben war, ist mit der Neufassung des Umwandlungsgesetzes zum 01.01.1995 weggefallen (sog. Verschmelzungsmehrwert). 110

Soll nach neuer Rechtslage ein Verschmelzungsverlust vermieden werden, dann sind die übernommenen Vermögensgegenstände und Schulden mit den Anschaffungskosten, die dem übernehmenden Rechtsträger aus der Gewährung von Anteilen und erforderlichenfalls aus der Leistung barer Zuzahlungen oder Abfindungen entstehen, anzusetzen. 111

Die Fortführung der Buchwerte dürfte bei Verschmelzungen auf Kapitalgesellschaften jedoch dann nicht möglich sein, wenn der Nettobuchwert des übertragenden Vermögens unter dem Nennbetrag der auszugebenden neuen Anteile liegt (so S/B/B/*Sagasser/Schlösser* Umwandlungen, K Rn. 50). Dies ergibt sich zum einen aus dem Verbot der Unterpariemission (vgl. *Hüffer*, AktG, § 27 Rn. 27). Damit ist das Wahlrecht der Buchwertfortführung des § 24 UmwG insoweit eingeschränkt, als eine Aufstockung bis zum Nennbetrag zwingend erfolgen muss (S/B/B/*Bula/Schlösser* Umwandlungen, K, Rn. 50). 112

(2) Bewertung des übernommenen Vermögens mit den Anschaffungskosten aus der Gewährung von Anteilen

Dem übernehmenden Rechtsträger entstehen für die Übernahme des Vermögens Anschaffungskosten aus der Gewährung von Gesellschaftsrechten und erforderlichenfalls aus der Leistung von baren Zuzahlungen oder Abfindungen, wenn die Anteile an dem übertragenden Rechtsträger von anderen Gesellschaftern gehalten werden. Hierbei stellt sich die Frage nach der Bewertung der Anschaffungskosten, soweit sie auf die Gewährung von Gesellschaftsrechten entfallen. 113

Erhöht der übernehmende Rechtsträger zur Durchführung der Verschmelzung das Kapital und werden die neuen Anteile den Gesellschaftern des übertragenden Rechtsträgers gewährt, dann sind für die Bemessung der Anschaffungskosten insoweit die Grundsätze über die Bewertung von Sacheinlagen heranzuziehen (S/B/B/*Bula/Schlösser* Umwandlungen, K, Rn. 45). Insoweit besteht bezüglich der Bemessung der Anschaffungskosten des übertragenden Vermögens ein Wahlrecht. Als Anschaffungskosten können entweder der Ausgabebetrag der gewährten Anteile oder der höhere Zeitwert angesetzt werden. Sofern kein Aufgeld vereinbart wurde, entspricht der Ausgabebetrag dem Nennbetrag der neuen Anteile. Anderenfalls entspricht der Ausgabebetrag dem Nennbetrag zuzüglich des Aufgeldes. Der Ausgabebetrag darf den Zeitwert des übertragenen Vermögens nicht übersteigen. Ist der Zeitwert des übertragenen Vermögens höher als der Ausgabebetrag, dann kann das übertragene Vermögen auch mit dem höheren Zeitwert, höchstens jedoch mit dem Zeitwert der Anteile, angesetzt werden. Der Unterschiedsbetrag zwischen dem Nennbetrag und der neuen Anteile und dem 114

Zeitwert ist nach § 272 Abs. 2 Nr. 1 HGB in die Kapitalrücklage einzustellen (*ADS* § 255 HGB Rn. 111).

115 Werden dagegen den Gesellschaftern der übertragenden Kapitalgesellschaft statt im Wege einer Kapitalerhöhung durch neugeschaffene Anteile bereits bestehende eigene Anteile gewährt, dann ist hierin ein Tauschgeschäft zu sehen. Für die Bemessung der Anschaffungskosten sind die allgemeinen Grundsätze der Bilanzierung von Tauschgeschäften anzuwenden. Nach herrschender Meinung besteht demnach in diesen Fällen ein Wahlrecht, die Anschaffungskosten des übertragenen Vermögens entweder mit dem Nennbetrag der gewährten eigenen Anteile, mit dem höheren Zeitwert des übertragenen Vermögens oder mit einem Zwischenwert, der die ertragsteuerliche Belastung aus einer im Rahmen der Verschmelzung vorgenommenen steuerlichen Wertaufstockung neutralisiert, anzusetzen (*ADS* § 255 HGB Rn. 102 ff.). Allerdings ist hier streitig, ob beim Ansatz mit dem Zeitwert handelsrechtlich der Unterschiedsbetrag in die Kapitalrücklage zuzuführen ist oder als laufender Ertrag über die Gewinn- und Verlustrechnung auszuweisen ist. Nach überwiegender Meinung in der Literatur ist der Unterschiedsbetrag als andere Zuzahlung nach § 272 Abs. 2 Nr. 4 HGB der Kapitalrücklage zuzuführen (vgl. *Schulze-Osterloh* ZGR 1993, 406 f.).

116 Diese Behandlung entspricht der Vorgehensweise bei einem Erwerb von Vermögensgegenständen eines Gesellschafters durch die Gesellschaft zu einem unter dem Zeitwert liegenden Preis. Dient der Erwerb der Kapitalaufbringung, ist auch hier der Unterschiedsbetrag zwischen Kaufpreis und Zeitwert in der Kapitalrücklage einzustellen (*Schneeloch* BB 1987, 486 f.; S/B/B/*Bula/Schlösser* Umwandlungen, K, Rn. 55).

117 Für Personengesellschaften gelten hinsichtlich der Bewertung des eingebrachten Vermögens die gleichen Grundsätze wie für Kapitalgesellschaften. Da der Unterschiedsbetrag zwischen Nennbetrag und Zeitwert des übertragenen Vermögens nicht in eine Kapitalrücklage eingestellt werden kann, wird es in den Fällen, in denen das zu übertragende Vermögen zum Zeitwert angesetzt werden soll, notwendig sein, eine den tatsächlichen Wertverhältnissen entsprechende Anpassung der Kapitalkonten der Gesellschafter bereits im Verschmelzungsvertrag festzulegen.

6. Die steuerrechtliche Behandlung der Verschmelzung

a) Grundsätze

118 Die steuerrechtlichen Vorschriften der Verschmelzung sind in verschiedenen Teilen des UmwStG geregelt.

119 Als übertragende Rechtsträger kommen nach § 1 Abs. 1 Satz 1 UmwStG und aufgrund der Beschränkung auf Umwandlungen i. S. d. § 1 UmwG Kapitalgesellschaften, eingetragene Genossenschaften, eingetragene Vereine i. S. d. § 21 BGB, wirtschaftliche Vereine i. S. d. § 22 BGB, genossenschaftliche Prüfungsverbände sowie Versicherungsvereine auf Gegenseitigkeit in Betracht. Körperschaften und Anstalten des öffentlichen Rechts können nur formwechselnd umgewandelt werden.

120 Verschmelzungen der genannten Rechtsträger auf eine Personengesellschaft oder auf eine natürliche Person sind im zweiten Teil des UmwStG geregelt. Die Vorschriften zur Verschmelzung einer der o. g. Körperschaften auf eine andere Körperschaft befinden sich im dritten Teil des UmwStG. Der vierte Teil des UmwStG behandelt die Auf- und Abspaltung sowie die Vermögensübertragung, der fünfte Teil des UmwStG betrifft die Gewerbesteuer.

121 Die Verschmelzung einer Personengesellschaft auf einen anderen Rechtsträger wird steuerlich als Einbringung behandelt und unterliegt den steuerlichen Vorschriften des sechsten bis achten Teiles des UmwStG über die Einbringung von Betrieben, Teilbetrieben und Mitunternehmeranteilen. Als übertragende Rechtsträger kommen im Rahmen der Verschmelzung im Wege der Gesamtrechtsnachfolge Personenhandelsgesellschaften (OHG, KG) in Betracht.

Die steuerliche Verschmelzung kann jedoch auch im Wege der Einzelrechtsnachfolge stattfinden, sodass auf diesem Wege z. B. auch die Einbringung einer atypisch stillen Beteiligung, die ja steuerlich als Mitunternehmeranteil anzusehen ist, in den Regelungsbereich des § 20 UmwStG a. F. und n. F. i. d. F. des SEStEG fällt. 122

Übernehmende Rechtsträger können Kapitalgesellschaften (sechster Teil des UmwStG) oder Personengesellschaften (siebter Teil des UmwStG) sein. Handelt es sich bei dem übernehmenden Rechtsträger um eine Personengesellschaft, so ist wiederum für die steuerliche Behandlung entscheidend, dass der einbringende Gesellschafter Mitunternehmer der Personengesellschaft wird, ungeachtet der Frage, ob der Vorgang eine Umwandlung i. S. d. § 1 UmwG darstellt. 123

Zwei wesentliche neue Regelungen des UmwStG i. d. F. von 1995 waren die grundsätzlich steuerneutrale mögliche Verschmelzung einer Kapitalgesellschaft auf eine Personengesellschaft (§§ 3 ff. UmwStG) sowie die Übertragung eines Verlustvortrags im Rahmen der Verschmelzung von Kapitalgesellschaften (§ 12 Abs. 3 Satz 2 UmwStG). Allerdings ist die Übertragung eines Verlustvortrags durch die Änderung des § 12 UmwStG durch das SEStEG i. d. F. vom 07.12.2006 nicht mehr möglich. Eine steuerneutrale Verschmelzung ist nunmehr nur noch auf Antrag unter gewissen weiteren Voraussetzungen möglich (vgl. § 11 UmwStG n. F. i. d. F. des SEStEG). 124

Nach Änderung des UmwStG durch das SEStEG finden nunmehr auch gem. § 1 Abs. 1 Satz 2 UmwStG bei der Verschmelzung einer nach den Rechtsvorschriften eines Mitgliedstaats der EU oder des EWR (Liechtenstein, Norwegen, Irland) gegründeten Kapitalgesellschaft auf eine andere nach den Rechtsvorschriften eines Mitgliedstaats der EU oder des EWR gegründeten Kapitalgesellschaft die Vorschriften der §§ 11 bis 13 UmwStG und § 19 UmwStG Anwendung. 125

Das UmwStG i. d. F. des SEStEG findet gem. § 27 Abs. 1 Satz 1 UmwStG n. F. erstmals Anwendung auf Umwandlungen und Einbringungen, bei denen die Anmeldung zur Eintragung in das für die Wirksamkeit des jeweiligen Vorgangs maßgebende öffentliche Register nach dem 12.12.2006 erfolgt ist. 126

Das neue Umwandlungssteuerrecht gilt auch für vergleichbare ausländische Vorgänge (vgl. auch Tz 02.07 und Tz 02.08 UmwStE 2011). 127

b) Steuerliche Rückwirkung

Bei Verschmelzungen von Körperschaften auf andere Rechtsträger sind das Einkommen und das Vermögen der beteiligten Rechtsträger gem. § 2 UmwStG so zu ermitteln, als ob das Vermögen zu dem Stichtag der Schlussbilanz des übertragenden Rechtsträgers auf den übernehmenden Rechtsträger übergegangen wäre. Die Schlussbilanz des übertragenden Rechtsträgers muss gem. § 17 Abs. 2 Satz 4 UmwG auf einen Stichtag aufgestellt werden, der höchstens 8 Monate vor dem Tag der Anmeldung der Verschmelzung zur Registereintragung liegt. Entsprechend dieser Regelung gilt auch eine steuerliche Rückwirkung von 8 Monaten. Die Rückwirkung gilt auch für Auswirkungen bei der Gewerbesteuer. Steuerliche Rückwirkung bedeutet, dass Einkommen und Vermögen des übertragenden Rechtsträgers bereits ab dem steuerlichen Übertragungsstichtag dem übernehmenden Rechtsträger zugerechnet werden. Durch das Amtshilferichtlinie-Umsetzungsgesetz (Gesetz zur Umsetzung der Amtshilferichtlinie sowie zur Änderung steuerlicher Vorschriften vom 26.06.2013, BGBl. I S. 1809) wurde in § 2 Abs. 4 UmwStG bestimmt, dass ein Ausgleich oder die Verrechnung von positiven Einkünften des übertragenden Rechtsträgers im Rückwirkungszeitraum mit verrechenbaren Verlusten, verbleibenden Verlustvorträgen, nicht ausgeglichenen negativen Einkünften und einem Zinsvortrag nach § 4h Abs. 1 Satz 5 des EStG des übernehmenden Rechtsträgers nicht zulässig ist. 128

Zum Begriff des steuerlichen Übertragungsstichtags wird auf die Tz 02. 01–02. 04 UmwStE 2011, zur Rückwirkungsfiktion auf Tz 02. 09–02. 24 UmwStE 2011 verwiesen. 129

c) Die einzelnen Verschmelzungsfälle im Umwandlungssteuergesetz

aa) Die Verschmelzung von Körperschaften untereinander

130 Eine Verschmelzung von Körperschaften untereinander war bisher grundsätzlich erfolgsneutral möglich, indem die Buchwerte der übertragenden Körperschaft von der übernehmenden Körperschaft fortgeführt werden können. Neben dieser Buchwertfortführung bestand ein Wahlrecht, die Wertansätze der zu übertragenden Wirtschaftsgüter bis auf deren Teilwerte aufzustocken, was dann allerdings zur Besteuerung bei der übertragenden Gesellschaft führt. Unter bestimmten Bedingungen bestand auch ein Zwang zu dieser Buchwertaufstockung. Ein Übernahmegewinn oder Übernahmeverlust bleibt grundsätzlich steuerlich bei der übernehmenden Gesellschaft außer Ansatz.

131 Bei den Gesellschaftern vollzog sich die Verschmelzung von Körperschaften steuerneutral, soweit die Gesellschafter für ihre Anteile an der übertragenden Körperschaft Anteile an der übernehmenden Körperschaft erhalten (vgl. die §§ 11 bis 13 UmwStG a. F.).

132 Nach dem UmwStG a. F. konnte ein Verlustvortrag der übertragenden Körperschaft auf die übernehmende Körperschaft übertragen werden. Diese Regelung hatte vor allem die Gestaltung der Fälle vereinfacht, in denen zur Nutzung von Verlustvorträgen bisher von Tochtergesellschaften nach der bisherigen Rechtslage eine sog. »down-stream-merger« durchgeführt wurde.

133 Nach der Änderung des § 12 UmwStG durch das SEStEG ist nunmehr eine Übertragung des Verlustvortrags auf die aufnehmende Kapitalgesellschaft nicht mehr möglich.

(1) Die steuerlichen Auswirkungen auf der Ebene der übertragenden Körperschaft

134 In § 11 UmwStG ist die Besteuerung der übertragenden Körperschaft geregelt. In der steuerlichen Schlussbilanz der übertragenden Körperschaft bestand nach bisheriger Rechtslage ein Wahlrecht hinsichtlich des Wertansatzes der zu übertragenden Wirtschaftsgüter zu Buchwerten, Teilwerten oder auch zu Zwischenwerten. Eine solche Buchwertfortführung war jedoch gem. § 11 Abs. 1 Satz 1 UmwStG nur möglich, soweit
– sichergestellt ist, dass die in dem übergegangenen Vermögen enthaltenen stillen Reserven später bei der übernehmenden Körperschaft der Körperschaftsteuer unterliegen und
– eine Gegenleistung nicht gewährt wird oder in Gesellschaftsrechten besteht.

135 Nach der neuen Rechtslage aufgrund der Änderungen des UmwStG durch das SEStEG gilt nunmehr Folgendes:

136 Bei der übertragenden Gesellschaft sind die auf die übernehmende Kapitalgesellschaft übergehenden Wirtschaftsgüter grundsätzlich mit dem gemeinen Wert anzusetzen (§ 11 Abs. 1 UmwStG i. d. F. des SESTEG).

137 Eine Definition des gemeinen Werts erfolgt im UmwStG nicht. Auch im EStG und im KStG findet sich keine Definition. Folglich sind nach § 1 BewG die Vorgaben des Ersten Teils des BewG für die Bestimmung des gemeinen Werts relevant. Der gemeine Wert wird nach § 9 Abs. 2 BewG durch den Preis bestimmt, der im gewöhnlichen Geschäftsverkehr nach der Beschaffenheit des Wirtschaftsgutes bei einer (Einzel-)Veräußerung zu erzielen wäre. Dabei sind alle Umstände, die den Preis beeinflussen, zu berücksichtigen. Nur ungewöhnliche oder persönliche Verhältnisse sind nicht zu berücksichtigen. Der gemeine Wert enthält idealiter einen Gewinnaufschlag auf die Gestehungskosten und den Wiederbeschaffungspreis, den ein gedachter Erwerber zu bezahlen bereit wäre (vgl. auch Rödder/Herlinghaus/van Lishaut/*Rödder* UmwStG, § 11 Rn. 71/72).

138 Es besteht allerdings nach § 11 Abs. 2 UmwStG n. F. auf Antrag ein Wahlrecht, wonach die Wirtschaftsgüter mit dem Buchwert oder einem Zwischenwert angesetzt werden können, wobei in diesem Fall allerdings die Grundsätze nach bisherigen Recht gelten (§ 11 Abs. 2 Nr. 1–3 UmwStG n. F.).

In § 11 Abs. 2 UmwStG n. F. ist nunmehr unter Nr. 2 neu aufgenommen, dass das Recht der BRD hinsichtlich der Besteuerung des Gewinns aus der Veräußerung der übertragenen Wirtschaftsgüter bei der übernehmenden Kapitalgesellschaft nicht ausgeschlossen oder beschränkt wird. 139

Das Antragswahlrecht bezüglich des Ansatzes des Buchwerts oder eines Zwischenwerts gilt also dann nicht, wenn diese Voraussetzungen gegeben sind (z. B. liegt ein Ausschluss des Besteuerungsrechts vor bei einer Verschmelzung auf eine steuerbefreite Körperschaft). 140

Das zweite Merkmal (Beschränkung des Besteuerungsrechts der BRD) greift nach der Begründung des Gesetzentwurfs für die Fälle ein, in denen das Recht der BRD zur Besteuerung von Wirtschaftsgütern etwa dadurch eingeschränkt wird, dass die Doppelbesteuerung aufgrund eines DBA (Aktivitätsvorbehalt) oder eine vergleichbare Regelung (§ 20 Abs. 2 AStG) vor der Verschmelzung durch Anrechnung und danach beim übernehmenden Rechtsträger durch Freistellung vermieden wird. 141

Das Ansatzwahlrecht nach alter Rechtslage (vgl. Rdn. 130), durfte nur einheitlich für alle Wirtschaftsgüter ausgeübt werden (vgl. hierzu BT-Drucks. 12/6885, S. 20 zu § 11 UmwStG). Dies gilt auch für das Antragswahlrecht nach neuer Rechtslage nach den Änderungen des UmwStG durch das SEStEG. 142

Streitig war nach bisheriger Rechtslage, ob z. B. auch originäre immaterielle Wirtschaftsgüter, wie z. B. ein Auftragsbestand oder ein Geschäfts- oder Firmenwert aufgedeckt werden können. Ein Teil der Literatur hielt dies für möglich (so u. a. S/B/B/*Sagasser* Umwandlungen, L, Rn. 12). § 11 Abs. 2 UmwStG n. F. i. d. F. des SEStEG regelt dies nunmehr ausdrücklich (vgl. *Rödder/Schuhmacher* DStR 2006, 1525, 1527). 143

Streitig war bisher auch, ob eine Bindung der steuerlichen Übertragungsbilanz an die handelsrechtliche Schlussbilanz besteht, sodass das steuerliche Bewertungswahlrecht des § 11 Abs. 1 UmwStG in der steuerlichen Schlussbilanz der übertragenden Körperschaft unabhängig von der Handelsbilanz ausgeübt werden kann. 144

Die Finanzverwaltung war der Auffassung, dass eine solche Maßgeblichkeit der handelsrechtlichen Schlussbilanz besteht, sodass die Vornahme einer handelsrechtlichen zulässigen Zuschreibung nach § 280 Abs. 1, 2 HGB a. F. (vor Wegfall des § 280 HGB durch das Bilanzrechtsmodernisierungsgesetz v. 25.05.2009, BGBl. I 2009, S. 1102) auch steuerrechtlich nachzuvollziehen ist (vgl. *Strahl* KöSDI 1998, 11727 m. w. N.). Hier ist auf die bis bisherige Fassung der Tz 03.01 ff. UmwStE i. V. m. Tz 11.01 und 11.02 UmwStE 2008 hinzuweisen. 145

Bisher war auch umstritten, ob die Wertansätze der steuerlichen Schlussbilanz der übertragenden Körperschaft maßgeblich für die Wertansätze in der handelsrechtlichen Eröffnungsbilanz des übernehmenden Rechtsträgers i. S. v. § 24 UmwG maßgeblich sind (sog. diagonale Maßgeblichkeit). 146

Die Finanzverwaltung vertrat hierzu folgende Auffassung: Setzt der übernehmende Rechtsträger in seiner handelsrechtlichen Eröffnungsbilanz gem. § 24 UmwG Werte an, welche die Ansätze in der handelsrechtlichen Schlussbilanz des übertragenden Rechtsträgers überschreiten, so hat der übernehmende Rechtsträger die Wertansätze in der ersten Schlussbilanz nach der Umwandlung »insoweit bis zur Höhe der steuerlichen Anschaffungs- oder Herstellungskosten der übertragenden Körperschaft (ggf. gemindert um die AfA) erfolgswirksam aufzustocken, sog. phasenverschobene Wertaufholung«. Diese Auffassung der Finanzverwaltung dürfte nicht gerechtfertigt sein (vgl. hierzu auch *Strahl* KöSDI 1998, 11728, Tz 03.02 und Tz 11.02 UmwStE). 147

Mittlerweile liegt zu dieser Frage der Maßgeblichkeit ein nicht rechtskräftiges Urt. des FG Baden-Württemberg v. 04.03.2004 vor. Nach Auffassung des FG Baden-Württemberg beinhaltet § 11 Abs. 1 Satz 2 UmwStG ein eigenständiges steuerliches Wahlrecht, für das der Maßgeblichkeitsgrundsatz nicht gilt. Damit hat das FG der Auffassung der Finanzverwaltung eine klare Absage erteilt. Allerdings hat das FG auch entschieden, dass stille Reserven in bisher nicht bilanzierten Wirtschaftsgütern nicht aufgedeckt werden dürfen, da die Vorschrift ein Bewertungswahlrecht und kein Ansatzwahlrecht enthalte (vgl. FG Baden-Württemberg DStRE 2004, 892). Auch das FG 148

München (Gerichtsbescheid v. 23.03.2004, Az. 7 K 4036/01) hat bei einer formwechselnden Umwandlung einer Personen- in eine Kapitalgesellschaft entgegen Tz 20.30 des Umwandlungssteuererlasses v. 25.03.1998 entschieden, dass der Maßgeblichkeitsgrundsatz nicht anzuwenden sei, da § 25 UmwStG durch Verweis auf § 20 UmwStG ein eigenständiges steuerliches Bewertungswahlrecht einräume. Gegen die Entscheidung wurde ebenfalls Revision von der Finanzverwaltung eingelegt (Az. BFH I R 38/04).

149 Der BFH mit Urt. v. 05.06.2007 – Az.: I R 97/06 – entschieden, dass der Maßgeblichkeitsgrundsatz entgegen Tz 03.01, 11.01 UmwStE nicht gilt. Nach dem Urteil des BFH beinhaltet § 11 Abs. 1 Satz 2 UmwStG a. F. ein eigenständiges eingeräumtes Bewertungswahlrecht bis zur Höhe des Teilwertes.

150 Nach dem UmwStG i. d. F. des SEStEG besteht keine Maßgeblichkeit der Handelsbilanz für die steuerliche Übertragungsbilanz (vgl. BT-Drucks. 16/2710; Blumenberg/Schäfer/*Schaflitzl*/*Widmayer* Das SEStEG, DIV 1a; Rödder/Herlinghaus/van Lishaut/*Rödder* UmwStG, § 11 Rn. 10). Dies erfolgt aus der Zulässigkeit des Ansatzes zu Zwischenwerten (vgl. *Dötsch/Pung* DB 2006, 2704, 2705; *Rödder Schuhmacher* DStR 2006, 1525, 1528). Die Finanzverwaltung hat sich mittlerweile in der Neufassung des UmwStE 2011 in Tz 03.04 der h. M. in der Literatur und Rechtsprechung angeschlossen. Das Maßgeblichkeitsprinzip wurde damit auch seitens der Finanzverwaltung aufgegeben.

151 Waren die Voraussetzungen nach bisheriger Rechtslage für eine Buchwertfortführung nicht gegeben, dann waren die übergehenden Wirtschaftsgüter zwingend mit dem Wert der Gegenleistung anzusetzen. Werden also neben Gesellschaftsrechten z. B. bare Zuzahlungen gewährt, dann war insoweit, als der Nominalbetrag der baren Zuzahlungen, die auf die Zuzahlungen entfallenden anteiligen Buchwerte übersteigt, stille Reserven einschließlich solcher, die in den immateriellen Wirtschaftsgütern enthalten sind, aufzudecken.

152 Wird keine Gegenleistung gewährt und ist die Besteuerung der stillen Reserven bei der Übernehmerin nicht sichergestellt, dann erfolgt zwingend die Aufstockung der Wertansätze der übergehenden Wirtschaftsgüter bis auf deren Teilwerte, § 11 Abs. 2 UmwStG a. F.

153 Nach neuer Rechtslage besteht das Wahlrecht des § 11 Abs. 2 UmwStG n. F. i. d. F. des SEStEG nicht mehr. Es ist grundsätzlich der gemeine Wert für die einzelnen Wirtschaftsgüter anzusetzen. Der in diesen Fällen entstehende Übertragungsgewinn unterliegt bei der übertragenden Körperschaft nach den allgemeinen Vorschriften der Körperschaftsteuer (vgl. *Dehmer* DStR 1994, 1713, 1720) und gem. § 19 i. V. m. § 18 UmwStG der Gewerbesteuer.

– *Verschmelzung der Muttergesellschaft auf die Tochtergesellschaft (»down-stream-merger«):*

154 Die Motive für einen down-stream-merger können unterschiedlicher Art sein. Aus rechtlicher Sicht kann der down-stream-merger einem up-stream-merger dann vorzuziehen sein, wenn die Untergesellschaft im Unterschied zur Obergesellschaft börsennotiert ist und die Börsennotierung erhalten bleiben soll.

Aus steuerlicher Sicht ist ein down-stream-merger dann sinnvoll, wenn die Untergesellschaft über erhebliches Grundvermögen verfügt. Durch das down-stream-merger wird dadurch der Anfall von Grunderwerbsteuer vermieden. Für Zwecke der Verlustnutzung kommt ein down-stream-merger nicht mehr in Betracht, da – wie bereits ausgeführt – nach Änderung des § 12 UmwStG n. F. steuerliche Verlustvorträge nicht mehr auf die übernehmende Körperschaft übertragen werden können (Rdn. 124).

155 Die §§ 11 bis 13 UmwStG a. F. waren im Grundsatz auf die Verschmelzung der Tochtergesellschaft auf die Muttergesellschaft ausgerichtet (vgl. insbes. § 12 Abs. 2 Satz 1 UmwStG a. F.). Der Umwandlungssteuererlass 2008 hat die entsprechende Anwendung der §§ 11 bis 13 UmwStG zu gelassen. Danach ist ein Vermögensübergang von der Muttergesellschaft zu Buchwerten dann möglich, wenn die Besteuerung der stillen Reserven bei der übernehmenden Tochtergesellschaft sichergestellt ist. Erlangt die übernehmende Tochtergesellschaft im Rahmen der Verschmelzung eigene Anteile, so

sind die in diesen Anteilen enthaltenen stillen Reserven nicht aufzudecken, wenn die Voraussetzungen des § 11 Abs. 1 UmwStG a. F. vorliegen und die Tochtergesellschaft diese Anteile einzieht. Dieser Fall ist dann gegeben, wenn die übertragende Kapitalgesellschaft (also die Muttergesellschaft) Anteile an der übernehmenden Kapitalgesellschaft (Tochtergesellschaft) hält. Der Einziehungsvorgang ist ein steuerneutraler gesellschaftsrechtlicher Vorgang (vgl. BFH v. 28.01.1996 – Az. VI 89/65, BStBl. III 1966, S. 245, Tz 11.27 UmwStE 2008). Die Anteile werden steuerlich erfolgsneutral ausgebucht. Sie gehören nicht zu den übergehenden Wirtschaftsgütern i. S. d. § 11 Abs. 1 Abs. 2 Satz 1 UmwStG.

Nach bisher h. M. in der Literatur zur alten Rechtslage wird ein down-stream-merger von den §§ 2, 1 Abs. 1 Nr. 1 UmwG erfasst, sodass die §§ 11 bis 13 UmwStG a. F. i. V. m. § 1 Abs. 1 UmwStG unmittelbar anzuwenden sind (vgl. Widmann/Mayer/*Widmann*, Umwandlungsrecht, Vor 3. Teil UmwStG Rn. 22; *Mentel* DStR 1998, Beilage 17, 26). Aus § 11 Abs. 2 Satz 2 UmwStG i. d. F. des SESTEG folgt, dass der Gesetzgeber den »down-stream-merger« anerkennt. Damit hat die bisherige Streitfrage und die Frage der analogen Anwendung keine Bedeutung mehr. 156

In Tz 11.01 des Umwandlungssteuererlasses 2011 hat die Finanzverwaltung dementsprechend festgestellt, dass die §§ 11 bis 13 UmwStG sowohl auf Aufwärtsverschmelzungen, Abwärtsverschmelzungen als auch Seitwärtsverschmelzungen anwendbar sind. Bei einer Abwärtsverschmelzung führt die Verschmelzung der Muttergesellschaft auf die Tochtergesellschaft nicht zu einem steuerpflichtigen Durchgangserwerb der eigenen Anteile, wenn die Anteilseigner der Muttergesellschaft für ihre Anteile an der Muttergesellschaft von dieser gehaltene Anteile an der Tochtergesellschaft erhalten (Tz 11.18 UmwStE 2011). Auch handelsrechtlich ist anerkannt, dass kein solcher Durchgangserwerb vorliegt, sondern ein Direkterwerb der Anteile durch die Anteilseigner der Muttergesellschaft (vgl. auch Urt. des BFH v. 28.20.2009, BStBl. II 2011, S. 315). Für diese Lösung spricht auch, dass ein Durchgangserwerb, wenn auch nur für eine juristisch logische Sekunde, zu einer dem deutschen Gesellschaftsrecht unbekannten » Keine- Personen-Kapitalgesellschaft« führen würde (*Schmitt/Schloßmacher*, DStR 2010, 673, 674; Dötsch/Patt/Pung/Möhlenbrock, UmwStG, § 11 Rn. 65). 157

Damit ist ein »down-stream-merger« steuerneutral nach § 11 UmwStG auf Antrag möglich. Werden dagegen die in § 11 Abs. 2 Satz 1 Nr. 2 und 3 UmwStG genannten Voraussetzungen nicht erfüllt, sind alle stillen Reserven im Vermögen der übertragenden Muttergesellschaft aufzulösen und zu besteuern. (vgl. auch Tz 11.19 UmwStE 2011). 158

Aus § 11 Abs. 2 Satz 2 UmwStG n. F. i. d. F. des SEStEG folgt r, dass der Gesetzgeber den down-stream-merger ausdrücklich anerkennt. Für die Fälle der Buchwertfortführung oder eines Ansatzes zu Zwischenwerten gilt, dass gem. § 11 Abs. 2 UmwStG n. F. ein Antrag erforderlich ist. Allerdings ist dieser Antrag nicht von allen Beteiligten zu stellen, sondern vom übertragenden Rechtsträger (so die Begründung zu § 11 Abs. 2 UmwStG n. F.). 159

(2) Die steuerlichen Auswirkungen bei der übernehmenden Körperschaft

(a) Wertverknüpfung

Die übernehmende Körperschaft hat gem. § 12 Abs. 1 Satz 1 UmwStG i. V. m. § 4 Abs. 1 UmwStG die auf sie übergehenden Wirtschaftsgüter mit den in der steuerlichen Schlussbilanz der übertragenden Körperschaft angesetzten Werten zu übernehmen. Auch nach dem UmwStG n. F. besteht künftig eine Bindung der Bilanzansätze bei der Übernehmerin an die steuerliche Übertragungsbilanz der Überträgerin. Hinsichtlich der steuerlichen Folgen bei der übernehmenden Körperschaft ist dahin gehend zu unterscheiden, ob die Anteile an der übertragenden Körperschaft von der übernehmenden Körperschaft oder von Dritten gehalten werden. 160

– *Die Anteile an der übertragenden Körperschaft werden von der übernehmenden Körperschaft gehalten*

Hält die übernehmende Körperschaft zum Übertragungsstichtag die Anteile an der übertragenden Körperschaft, dann ergibt sich i. H. d. Unterschiedes zwischen dem Buchwert der Anteile an 161 der übertragenden Körperschaft und Summe der Wertansätze der übertragenden Wirtschaftsgüter ein Übernahmegewinn oder -verlust. Der Übernahmegewinn oder -verlust bleibt bei der steuerlichen Einkommensermittlung der übernehmenden Körperschaft außer Ansatz (§ 12 Abs. 2 Satz 1 UmwStG). Die Eliminierung erfolgt außerhalb der Bilanz (vgl. Widmann/Mayer/*Widmann* Umwandlungsrecht, § 12 UmwStG Rn. 26). Dies gilt auch für § 12 UmwStG n. F. i. d. F. des SEStEG.

Gem. § 12 Abs. 2 Satz 2 UmwStG ist bei einer Aufwärtsverschmelzung auf einen Übernahmegewinn i. S. d. § 12 Abs. 2 Satz 1 UmwStG, in dem die übernehmende Muttergesellschaft unmittelbar an der übertragenden Tochtergesellschaft beteiligt ist, § 8b KStG anzuwenden. Daraus ergibt sich grundsätzlich, dass es zu einer Pauschalierung nachträglich abziehbarer Ausgaben i. H. v. 5 % kommt (§ 8b Abs. 3 Satz 1 KStG). Aus diesem Grunde bleibt auch nicht der gesamte Übernahmegewinn außer Ansatz.

Gem. § 19 Abs. 1 UmwStG bleibt auch bei der Gewerbesteuer ein Übernahmegewinn außer Ansatz.

(b) Verlustvortrag

162 Grundsätzlich ging nach bisheriger Rechtslage auch ein bei der übertragenden Körperschaft verbleibender Verlustabzug i. S. d. § 10d EStG auf die übernehmende Kapitalgesellschaft über.

Fraglich dabei war, ob der übertragende Verlustabzug bei der übernehmenden Körperschaft zu einem Verlustrücktrag gem. § 10d Abs. 1 EStG verwendet werden kann.

163 Da es sich hierbei um den Verlustabzug handelt, der verbleibt, nachdem bei der übertragenden Körperschaft ggf. ein Verlustrücktrag vorgenommen wurde, ist davon auszugehen, dass dies ein Eintreten in die Rechtsstellung der übertragenden Körperschaft nur eine Fortführung des Verlustvortrags durch die übernehmende Körperschaft bedeuten kann (S/B/B/*Sagasser* L Rn. 41, *Wochinger/ Dötsch* DB 1994 – Beilage Nr. 14/94, 16 a. a. O. , 169, 170 f.). Auch nach Auffassung der Finanzverwaltung ist ein Verlustrücktrag ausgeschlossen (vgl. Tz 12.16 S. 2 UmwStE). Die übernehmende Körperschaft kann einen Verlustrücktrag nur für ihre eigenen Verluste vornehmen (Tz 12.16 S. 3 UmwStE). Der BFH hat nunmehr mit Urt. v. 20.12.2006 – Az.: I R 41/06 – die Auffassung der Finanzverwaltung bestätigt.

164 Geht das Vermögen einer Kapitalgesellschaft ganz oder teilweise durch Verschmelzung oder durch Auf- und Abspaltung auf die Organgesellschaft über, kam es dabei auch zum Übergang eines Verlustabzugs nach § 12 Abs. 3 Satz 2 UmwStG a. F. In diesem Fall war streitig, ob dieser Verlustabzug als vororganschaftlicher Verlust zu qualifizieren ist mit der Folge, dass er nach § 15 Nr. 1 KStG für die Dauer der Organschaft nicht abziehbar ist, oder ob dieser Verlust als organschaftlicher Verlust behandelt wird mit der Folge, dass er beim Organträger zu berücksichtigen ist (für eine Qualifikation als organschaftlicher Verlustabzug: *Dehmer*, UmwG/UmwStG, § 12 UmwStG Rn. 119; für Qualifikation als vororganschaftlicher Verlust *Dötsch*, Das neue Umwandlungssteuerrecht ab 1995, Anh. UmwStG Rn. 149; OFD Hannover v. 27.06.1995, DStR 1995, 1194).

165 Die Finanzverwaltung war der Auffassung, dass es sich bei dem im Rahmen einer Verschmelzung oder einer Auf- und Abspaltung auf die Organgesellschaft übergehenden Verlustabzug um einen vororganschaftlichen Verlustabzug handelt, der nach § 15 Nr. 1 KStG während der Geltungsdauer des Gewinnabführungsvertrags nicht abziehbar ist (vgl. Tz Org. 27 UmwStE 2008).

166 Inwieweit ein Verlustabzug überhaupt auf die übernehmende Kapitalgesellschaft übergeht, wurde durch das Gesetz zur Fortsetzung der Unternehmenssteuerreform vom 29.10.1997 (BGBl. I 1997, S. 2590, BStBl. I 1997, S. 928) neu geregelt.

167 Nach § 12 Abs. 3 Satz 2 UmwStG i. d. F. vom 29.10.1997 setzte der Übergang des Verlustabzugs voraus, dass der Betrieb oder Betriebsteil, der den Verlust verursacht hat, über den Umwandlungsstichtag hinaus in einem nach dem Gesamtbild der wirtschaftlichen Verhältnisse vergleichbaren Umfang fortgeführt wird. § 12 Abs. 3 Satz 2 UmwStG ist anzuwenden für Umwandlungsvorgänge, deren Eintragung im Handelsregister nach dem 05.08.1997 beantragt worden sind (vgl. auch FG

Münster, Urt. v. 07.12.2007 – 9 K 1918/04 K, F, Ubg 2008, 512). Zur alten Fassung des § 12 Abs. 3 Satz 2 UmwStG vgl. Tz 12.17–12.25 UmwStE.

Im Übrigen war bis zum Veranlagungszeitraum 2007 auch § 8 Abs. 4 KStG a. F. im Rahmen einer Verschmelzung zu beachten. § 8 Abs. 4 KStG (Mantelkauf) schließt den Verlustabzug eigener Verluste der Kapitalgesellschaft aus. § 8 Abs. 4 KStG war daher ebenfalls in Verschmelzungsfällen stets zu prüfen. 168

Hinzuweisen ist, dass durch das Unternehmenssteuerreformgesetz ab 01.01.2008 die Regelung zum Mantelkauf (§ 8 Abs. 4 KStG) aufgehoben wurde. Vielmehr gilt ab dem Veranlagungszeitraum 2008 die Regelung des § 8c KStG. Die Regelung des § 8c KStG kann unter gewissen Voraussetzungen auch in Verschmelzungsfällen Anwendung finden, da § 8c Abs. 1 KStG auch vergleichbare Sachverhalte erfasst. Hierunter fallen auch Umwandlungen und Einbringungen (vgl. im Einzelnen, *Rödder/Möhlenbrock* Ubg 2008, 595 ff. (599 unter 2.2.4)). Die »alte« Mantelkaufsregelung des § 8 Abs. 4 KStG gilt übergangsweise noch weiter und zwar bei Übertragungen von Anteilen vor dem 01.01.2008. Dies bedeutet, dass § 8 Abs. 4 KStG a. F. solange dieser gilt, in Verschmelzungsfällen weiter zu prüfen ist. 169

Auch nach § 19 Abs. 2 UmwStG konnten gewerbesteuerlich vortragsfähige Fehlbeträge der übertragenden Körperschaft i. S. d. § 10a GewStG auf die übernehmende Körperschaft übertragen werden. Voraussetzung war allerdings wiederum, dass die übertragende Körperschaft ihren Geschäftsbetrieb im Zeitpunkt der Handelsregistereintragung noch nicht eingestellt hat. Wegen der Möglichkeit der Übernahme des Verlustabzugs hat die Gestaltung eines sog. »down-stream-merger« als Gestaltungsmöglichkeit keine wesentliche Bedeutung mehr. 170

Der Übergang eines körperschaftsteuerlichen Verlustvortrags ist allerdings nach § 12 UmwStG i. d. F. des SEStEG nicht mehr möglich. Nach Änderung der §§ 11 bis 15 UmwStG durch das SEStEG gelten diese Vorschriften auch für die Ermittlung des Gewerbeertrags. Für gewerbesteuerliche Verlustvorträge der übertragenden Körperschaft gelten die § 12 Abs. 3 UmwStG n. F. und damit auch § 4 Abs. 2 S. UmwStG n. F. und § 15 Abs. 3 UmwStG n. F. entsprechend. Bei einer Verschmelzung von Körperschaften gehen somit – entsprechend der körperschaftsteuerlichen Konzeption Verlustvorträge unter (vgl. auch *Schaflitz/Widmayer*, in: Blumenberg/Schäfer, Das SEStEG, D VII 2). 171

– *Die Anteile an der übertragenden Gesellschaft werden von einem Dritten gehalten:*

Werden die Anteile an der übertragenden Körperschaft nicht von der übernehmenden Körperschaft, sondern von Dritten gehalten, dann ist diesen für deren Anteile an der untergehenden Körperschaft eine Gegenleistung zu gewähren. Die Gegenleistung kann entweder in Gesellschaftsrechten und ggf. baren Zuzahlungen bestehen oder in Abfindungen, die an ausscheidende Anteilseigner zu leisten sind. Werden als Gegenleistung Gesellschaftsrechte gewährt, dann ist wiederum zu unterscheiden, ob diese aus einer Kapitalerhöhung stammen oder ob bereits bestehende eigene Anteile gewährt werden. 172

Es besteht dabei die Möglichkeit der Gewährung von Gesellschaftsrechten aus einer Kapitalerhöhung oder aus einer Gewährung bereits bestehender eigener Anteile.

– *Hinzurechnungsbesteuerung nach § 12 Abs. 2 Sätze 2–5 UmwStG a. F.*

Hat die übernehmende Kapitalgesellschaft die Anteile an der übertragenden Kapitalgesellschaft mit einem geringeren Wert als den tatsächlichen Anschaffungskosten angesetzt (z. B. durch eine erfolgte Teilwertabschreibung oder durch Übertragung nach § 6b EStG), so ist der Unterschiedsbetrag zwischen den tatsächlichen Anschaffungskosten und dem niedrigeren Buchwert dem steuerpflichtigen Gewinn der übernehmenden Kapitalgesellschaft gem. § 12 Abs. 2 Satz 2 UmwStG hinzuzurechnen (sog. Hinzurechnungsbesteuerung). Damit wird im Ergebnis eine vorgenommene Teilwertabschreibung wieder rückgängig gemacht (vgl. *Schaumburg* FR 1995, 211, 219). 173

174 Die Vorschrift soll eine doppelte Verlustnutzung auf der Ebene der übernehmenden Gesellschaft verhindern. Eine derartige doppelte Verlustnutzung wäre möglich, wenn die Muttergesellschaft zunächst aufgrund von substanziellen Verlusten der Tochtergesellschaft eine Teilwertabschreibung vornimmt. Bei der Verschmelzung würde ein Verlustvortrag der Tochtergesellschaft, der aus den Verlusten resultiert, die zur Teilwertabschreibung geführt haben, gem. § 12 Abs. 4 UmwStG zukünftig auf der Ebene der Mutter berücksichtigt. Um diese Doppelwirkung zu vermeiden, soll die Teilwertabschreibung wieder rückgängig gemacht werden.

175 Die Hinzurechnungsbesteuerung war nach § 12 Abs. 2 Satz 4 UmwStG a. F. begrenzt. Diese Begrenzung der Hinzurechnungsbesteuerung ist durch Art. 3 des Gesetzes zur Fortsetzung der Unternehmenssteuerreform (Gesetz v. 29.10.1997 – BGBl. I 1997, S. 2590; BStBl. I 1997, S. 928, 930) gestrichen worden (vgl. auch Tz 1.07, 12.08 UmwStE).

176 Der 1. Senat des BFH hielt zwischenzeitlich in einem Beschl. v. 29.11.2000 (Az. I R 38/99) die Streichung des § 12 Abs. 2 Satz 4 UmwStG a. F. durch das Gesetz zur Fortsetzung der Unternehmenssteuerreform vom 29.10.1997 für formell verfassungswidrig, da die Änderung nicht im Bundestag verhandelt wurde und sofort als Einigungsvorschlag dem Vermittlungsausschuss vorgelegt wurde (vgl. auch *Schaden* DStZ 2001, 184). Zur Frage der Verfassungsmäßigkeit der Aufhebung des § 12 Abs. 2 Satz 4 UmwStG durch das Unternehmenssteuerfortsetzungsgesetz 1997 ist zwischenzeitlich das BVerfG angerufen worden (vgl. BFH BB 2001, 2564; Az. 2 BvL 12/01). Das BVerfG hat mit Beschl. v. 15.01.2008 – 2 BvL 12/01 (DStR 2008, 556) entschieden, dass § 12 Abs. 2 Satz 4 UmwStG nicht mit dem Grundgesetz vereinbar ist, aber gültig bleibt.

177 Aufgrund der Neufassung des § 12 Abs. 2 Satz 3 UmwStG durch das StSenkG vom 14.07.2000 unterbleibt eine Hinzurechnung, soweit eine Gewinnminderung, die sich durch den Ansatz der Anteile mit dem niedrigen Teilwert ergeben, nach § 50c EStG oder nach § 8b Abs. 3 KStG nicht anerkannt worden ist. Diese Änderung des § 12 Abs. 2 Satz 3 UmwStG ist die Folgewirkung des § 8b Abs. 3 KStG i. V. m. § 8b Abs. 3 KStG sowie des § 50c EStG. Diese Regelung gilt nach § 27 Abs. 1a UmwStG i. V. m. § 34 Abs. 2a, 4 KStG ab dem Wirtschaftsjahr 2002. Die Hinzurechnung gem. § 12 Abs. 2 Satz 2 UmwStG greift daher nur für Teilwertabschreibungen nach dem KStG a. F. (vgl. auch D/E/J/W/*Dötsch* § 12 UmwStG Rn. 39). Liegen diese o. g. Voraussetzungen vor, hat daher eine Hinzurechnungsbesteuerung zu unterbleiben.

178 Im Rahmen der Neufassung des § 12 UmwStG durch das SEStEG kommt es nunmehr über § 12 Abs. 1 Satz 2 UmwStG n. F. i. V. m. § 4 Abs. 1 Satz 2 und Satz 3 UmwStG n. F. zu einer Wertaufholung in den Anteilen der übernehmenden Körperschaft an dem übertragenden Rechtsträger, soweit vorher steuerwirksame Teilwertabschreibungen und ähnliche steuerlich wirksame Abzüge vorgenommen worden sind, höchstens bis zum gemeinen Wert der Anteile. Diese Wertaufholung erhöht den laufenden Gewinn der Körperschaft.

(3) Die steuerlichen Auswirkungen bei den Anteilseignern

179 Soweit die Gesellschafter der übertragenden Körperschaft für ihre untergehenden Anteile Gesellschaftsanteile an der übernehmenden Körperschaft erhalten, vollzog sich die Verschmelzung für sie bisher steuerneutral. Für im Betriebsvermögen gehaltene Anteile ergibt sich dies aus § 13 Abs. 1 UmwStG a. F. Nach dieser Vorschrift galten die Anteile an der übertragenden Körperschaft als zum Buchwert veräußert und die an ihre Stelle tretenden Anteile an der übernehmenden Körperschaft als mit diesem Wert angeschafft.

180 Nach § 13 Abs. 1 UmwStG n. F. i. d. F. des SEStEG gelten nunmehr die Anteile an der übertragenden Körperschaft als zum gemeinen Wert veräußert und die an ihre Stelle tretenden Anteile an der übernehmenden Körperschaft gelten als mit diesem Wert angeschafft.

181 Soweit kein Antrag nach § 11 Abs. 2 UmwStG n. F. gestellt wird, entsteht beim Anteilseigner ein Veräußerungsgewinn i. H. d. Differenz zwischen dem gemeinen Wert der untergehenden Beteiligung und ihrem Buchwert. Auf den Gewinn dürfte § 8b Abs. 2 KStG anwendbar sein, sofern der

Anteilseigner eine Kapitalgesellschaft ist. Nach § 8b Abs. 3 KStG würden dann 5 % des Gewinns der Besteuerung unterliegen, da nach dieser Vorschrift 5 % als Ausgaben gelten, die nicht als Betriebsausgaben abgezogen werden dürfen. (vgl. auch Rdn. 161).

Der Gesellschafter kann allerdings gem. § 13 Abs. 2 UmwStG n. F. den Antrag stellen, dass die Anteile mit dem Buchwert anzusetzen sind. Ein Veräußerungsgewinn entsteht dann bei dem Anteilseigner nicht. § 13 Abs. 1 UmwStG n. F. gilt auch für Anteile im Privatvermögen. Auch hier besteht die Möglichkeit der Antragstellung nach § 13 Abs. 2 UmwStG n. F. 182

Erfolgt eine solche Antragstellung nicht, so unterliegt der Gewinn dem Halbeinkünfteverfahren (§ 3 Nr. 40c EStG). Der Antrag muss von dem betreffenden Anteilseigner gestellt werden. Dies ergibt sich aus de Sachzusammenhang des § 13 Abs. 2 UmwStG n. F. 183

Hinzuweisen ist, dass ab 01.01.2009 bei wesentlichen Beteiligungen i. S. d. § 17 EStG anstatt des Halbeinkünfteverfahrens der Veräußerungsgewinn nach dem Teileinkünfteverfahren zu besteuern ist, d. h. 60 % des Veräußerungsgewinns sind steuerpflichtig (§ 3 Nr. 40c EStG i. d. F. des URG). 184

Im Privatvermögen gehaltene nicht wesentliche (»qualifizierte«) Beteiligungen unterliegen ohnehin nicht der Einkommensbesteuerung, soweit nicht eine Besteuerung als Spekulationsgeschäft i. S. d. § 23 EStG in Betracht kommt. Liegt eine nicht wesentliche Beteiligung vor und findet § 23 EStG keine Anwendung, so ist ein Veräußerungsgewinn damit steuerfrei. Bei einbringungsgeborenen Anteilen i. S. d. § 21 UmwStG a. F. gelten die obigen Ausführungen entsprechend. Liegen einbringungsgeborene Anteile i. S. d. § 21 UmwStG a. F. vor, so gilt für diese die bisherige Rechtslage weiter. 185

Ab 01.01.2009 unterliegen jedoch alle Wertzuwächse der 25 %igen Abgeltungssteuer, sofern keine wesentliche Beteiligung vorliegt. Dies bedeutet, dass ein Veräußerungsgewinn, der bei im Privatvermögen gehaltenen Beteiligungen entsteht, nicht mehr steuerfrei ist (§ 20 Abs. 2 Nr. 1 EStG). 186

Werden neben der Gewährung von Gesellschaftsrechten bare Zuzahlungen geleistet, dann sollen diese nach der Rechtsprechung des Reichsfinanzhofs (RFH v. 06.10.1932, VI a 822–30, RStBl. 1933, 97) in vollem Umfang bei der Gewinnermittlung der Gesellschafter, die die Anteile an der übertragenden Körperschaft in ihrem Betriebsvermögen gehalten haben, Gewinn erhöhend zu berücksichtigen sein. 187

(4) Besteuerung ausländischer Anteilseigner

Die Antragstellung gem. § 13 Abs. 2 UmwStG n. F. i. d. F. des SEStEG auf der Ebene der Anteilseigner gilt grundsätzlich auch für ausländische Anteilseigner, soweit die stillen Reserven in den Gesellschaftsanteilen der deutschen Besteuerung verhaftet bleiben. Dies ist regelmäßig dann der Fall, wenn mangels DBA die Veräußerung einbringungsgeborener Anteile i. S. d. § 21 UmwStG a. F. oder wesentliche (»qualifizierte«) Beteiligung i. S. d. § 17 EStG gem. § 49 Abs. 1 Nr. 2a bzw. e EStG der deutschen Besteuerung unterliegen oder aufgrund eines bestehenden DBA das Besteuerungsrecht für Gewinne aus Anteilsveräußerungen der Bundesrepublik Deutschland zugewiesen ist (vgl. *Vogel*, DBA, Art. 13, Rn. 105). 188

Ist aufgrund DBA das Recht zur Besteuerung von Gewinnen aus Anteilsveräußerungen dem anderen Vertragsstaat zugewiesen (vgl. *Vogel*, DBA, Art. 13 Rn. 78 ff.), dann wird durch die Verschmelzung das Besteuerungsrecht der Bundesrepublik Deutschland hinsichtlich der Veräußerungsgewinne nicht berührt. Die steuerlichen Auswirkungen der Verschmelzung auf die Anteilseigner werden regelmäßig durch die steuerrechtlichen Vorschriften des anderen Vertragsstaates geregelt. Sowohl reine Veräußerungsgewinne als auch Tausch und Einbringungsgewinne fallen nach dem OECD-Musterabkommen unter den Begriff des Veräußerungsgewinns (vgl. *Vogel*, DBA, Art. 13 Rn. 6, 24). 189

(5) Auswirkungen der Verschmelzung auf die Eigenkapitalgliederung (§ 38 KStG a. F.)

Im Fall der Verschmelzung unter der Geltung des körperschaftsteuerlichen Anrechnungsverfahrens wurde das vEK der übertragenden Kapitalgesellschaft letztmals auf den steuerlichen 190

Übertragungsstichtag festgestellt. Geht das Vermögen durch Verschmelzung auf eine gliederungspflichtige Körperschaft über, so ist das vEK der übertragenden Kapitalgesellschaft gem. § 38 Abs. 1 KStG den entsprechenden Teilbeträgen bei der übernehmenden Kapitalgesellschaft hinzuzurechnen (Tz Gl. 03 UmwStE).

191 Ab Inkrafttreten des StSenkG entfällt zum 01.01.2001 die Eigenkapitalgliederung. Wegen der zukünftigen steuerlichen Behandlung der noch vorhandenen Teilbeträge (vgl. *Ballreich* Fallkommentar zum Umwandlungsrecht, 4. Aufl. 2008, Fall 3).

(6) Auswirkungen auf das Einlagekonto

192 Seit der Einführung des Halbeinkünfteverfahrens durch das StSenkG ergaben sich die bei Verschmelzungen erforderlichen Anpassungen aus § 29 KStG n. F., denn nach dem Wegfall des Anrechnungsverfahrens sind auch bei Verschmelzung zweier Kapitalgesellschaften die steuerlichen Eigenkapitalbestandteile der aufnehmenden Kapitalgesellschaft anzupassen (vgl. *Müller/Maiterth* DStR 2002, 746; Widmann/Mayer/*Widmann* § 12 UmwStG Rn. 171 ff.). Zusätzlich waren die Übergangsregelungen nach § 40 KStG a. F. zu beachten.

193 § 40 KStG a. F. ist durch das Jahressteuergesetz 2008 weggefallen (Art. 3 Nr. 7 JStG 2008 v. 20.12.2007, BGBl. I 3150). Infolge der Verschmelzung gilt zunächst das Nennkapital der übertragenden Gesellschaft als in vollem Umfang herabgesetzt, § 29 Abs. 1 i. V. m. § 28 Abs. 1 KStG. Nach § 28 Abs. 2 Satz 1 KStG ist im Fall der Herabsetzung des Nennkapitals zunächst ein etwaiger Sonderausweis zum Schluss des vorangegangenen Wirtschaftsjahres zu mindern. Ein den Sonderausweis übersteigender Betrag des Nennkapitals ist dem steuerlichen Einlagekonto gutzuschreiben. Bei dem Sonderausweis handelt es sich um Beträge, die dem Nennkapital durch Umwandlung von Rücklagen zugeführt worden sind, § 28 Abs. 1 Satz 3 KStG.

194 § 29 KStG gilt auch nach der Änderung des KStG durch das SEStEG in seinen Abs. 1 bis 4 weiter und ist auch bei Verschmelzungen nach dem 12.12.2006 zu beachten.

Geändert wurde allerdings § 37 KStG (vgl. *Dötsch/Pung* DB 2006, 2649; *Winkeljohann/Fuhrmann* DB 2006, 1862, 1864). § 27 Abs. 1 Satz 4 KStG n. F. schließt nunmehr das Entstehen eines negativen Kapitalkontos aus (zu Ausnahmen vgl. *Blumenberg/Lechner* BB 2007, Spezial 8, 25, 33).

195 Bei grenzüberschreitenden Hereinverschmelzungen wird nunmehr nach dem neuen § 29 Abs. 6 KStG der Anwendungsbereich auf Gesellschaften, für die bisher mangels unbeschränkter Steuerpflicht noch kein Einlagekonto festzustellen war, erweitert. An die Stelle des (fehlenden) Einlagekontos tritt der Bestand der nicht in das Nennkapital geleisteten Einlagen zum Zeitpunkt des Vermögensübergangs.

196 Das Einlagekapital ist so festzustellen, wie es sich bei von Anfang an bestehender unbeschränkter Steuerpflicht ergeben hätte, d. h. es sind sowohl Zugänge als auch Rückzahlungen von Einlagen zu berücksichtigen (in: Rödder/Herlinghaus/van Lishaut *van Lishaut* UmwStG, Anhang 2, Rn. 35). Der Bestand der geleisteten Einlagen stellt somit eine Nettogröße dar.

§ 29 Abs. 6 Satz 2 KStG n. F. ordnet die Anwendung von § 27 Abs. 8 KStG an. Der Betrag der Einlagenrückgewähr ermittelt sich daher nach § 27 Abs. 1 bis 6 KStG und den §§ 28, 29 KStG.

197 M.E. dürfte in der Praxis die nachträgliche Ermittlung des Bestands der Einlagen auf Schwierigkeiten stoßen, da die Ermittlung im Extremfall bis zur Gründung der Gesellschaft zurückwirkt (*Dötsch/Pung* DB 2648, 2653; *Rödder/Schuhmacher* DStR 2006, 1481, 1490).

bb) Die Verschmelzung von Personengesellschaften untereinander

198 Die Verschmelzung von Personengesellschaften untereinander vollzieht sich durch die Einbringung von Mitunternehmeranteilen in das Vermögen des übernehmenden Rechtsträgers. Deshalb befinden sich die Vorschriften zur Verschmelzung von Personengesellschaften untereinander im siebten

Teil des Umwandlungssteuergesetzes (§ 24 UmwStG). Dieser regelt die Einbringung von Betrieben, Teilbetrieben, Mitunternehmeranteilen in eine Personengesellschaft. Es haben sich durch das neue UmwStG keine materiellen Änderungen gegenüber dem alten Recht ergeben.

§ 1 Abs. 3 UmwStG n. F. i. d. F. des SEStEG i. V. m. § 24 UmwStG n. F. regelt erstmals ausdrücklich, welche Umstrukturierungswege von § 24 UmwStG erfasst werden:
– die Verschmelzung, Aufspaltung und Abspaltung i. S. d. § 2 und § 123 Abs. 1 und Abs. 2 UmwG von Personenhandelsgesellschaften (OHG, KG) und Partnerschaftsgesellschaften oder vergleichbare ausländische Vorgänge;
– die Ausgliederung von Vermögensteilen i. S. d. § 123 Abs. 3 UmwG;
– die Einbringung von Betriebsvermögen durch Einzelrechtsnachfolge in eine Personengesellschaft.

(1) Die steuerlichen Auswirkungen auf der Ebene der übernehmenden Personengesellschaft (alte und neue Rechtslage)

Gem. § 24 Abs. 2 UmwStG a. F. hatte die übernehmende Personengesellschaft ein Wahlrecht, die übernommenen Wirtschaftsgüter mit ihren Buchwerten, ihren Teilwerten oder mit Zwischenwerten anzusetzen. Nach § 24 Abs. 2 Satz 2 UmwStG n. F. i. d. F. des SEStEG hat die übernehmende Personengesellschaft nunmehr das eingebrachte Betriebsvermögen grundsätzlich mit dem gemeinen Wert anzusetzen. Auf Antrag kann das übernommene Betriebsvermögen mit dem Buchwert, Zwischenwert höchstens mit dem gemeinen Wert angesetzt werden, soweit das Recht der BRD hinsichtlich der Besteuerung des eingebrachten Betriebsvermögens nicht ausgeschlossen oder beschränkt wird. 199

Ein Übernahmegewinn oder -verlust aus der Differenz zwischen dem Buchwert von Anteilen, die die übernehmende Personengesellschaft an der übertragenden Gesellschaft hält, kann sich nicht ergeben, weil aufgrund der spiegelbildlichen Bilanzierung von Anteilen an Personengesellschaften der Wertansatz des Vermögens der übertragenden Personengesellschaft stets mit dem Buchwert der Anteile übereinstimmt (vgl. auch S/B/B/*Sagasser* L Rn. 61). 200

Bei der Bewertung des übernommenen Vermögens stellte sich allerdings nach alter Rechtslage die Frage, ob das Bewertungswahlrecht der übernehmenden Personengesellschaft nach § 24 Abs. 2 UmwStG a. F. nach dem Grundsatz der Maßgeblichkeit an einen entsprechenden Wertansatz in der Handelsbilanz gebunden ist. Nach Auffassung der Finanzverwaltung (vgl. Tz 24.04 UmwStE 2008) zur alten Rechtslage soll hier der Maßgeblichkeitsgrundsatz wohl nicht gelten; Tz 24.04 verweist nämlich nicht auf Tz 20.26 UmwStE 2008. 201

Nach neuer Rechtslage ist eine solche Maßgeblichkeit zu verneinen, denn der Wert, mit dem die übernehmende Personengesellschaft das übernommene Vermögen auf Antrag ansetzt, gilt gem. § 24 Abs. 3 UmwStG für die Gesellschafter, die ihre Mitunternehmeranteile an der übertragenden Personengesellschaft einbringen, als Veräußerungspreis. Setzt die übernehmende Personengesellschaft das übernommene Vermögen zu Zwischenwerten – oder zu Teilwerten (gemeinen Werten nach neuer Rechtslage) – an, entsteht damit ein Veräußerungsgewinn. Nach h. M. ist der Veräußerungsgewinn von der Gewerbesteuer befreit, und zwar auch dann, wenn die übernehmende Personengesellschaft die Wirtschaftsgüter mit ihren Zwischenwerten ansetzt (vgl. hierzu *Dehmer* UmwG/UmwStG, § 24 UmwStG Rn. 29c; Widmann/Mayer/*Widmann* Umwandlungsrecht, § 24 UmwStG Rn. 272 m. w. N.; Haritz/Benkert/*Schlösser*, UmwStG, § 24 Rn. 158; BFH, Urt. v. 29.10.1987, BStBl. 1988 II.374). 202

Setzt die übernehmende Personengesellschaft die Wirtschaftsgüter mit ihren Teilwerten (nunmehr mit den gemeinen Werten) an und wird der einbringende Gesellschafter Mitunternehmer der übernehmenden Personengesellschaft, dann gilt gem. § 24 Abs. 3 Satz 3 UmwStG i. V. m. § 16 Abs. 2 Satz 3 EStG der Veräußerungsgewinn insoweit als laufender Gewinn. 203

Hier stellt sich wiederum die Frage der Gewerbesteuerpflicht des insoweit als laufender Gewinn geltenden Veräußerungsgewinns. Nach einer in der Literatur vertretenen Auffassung soll eine 204

Gewerbesteuerpflicht des Veräußerungsgewinns nicht gegeben sein (S/B/B/*Sagasser* L Rn. 59). Die Finanzverwaltung ist in Tz 24.17 UmwStE 2011 der Auffassung, dass der Gewinn der Gewerbesteuer unterliegt.

205 Ein Verlustabzug nach § 10d EStG geht nicht über. Dies folgt aus der durch das Jahressteuergesetz 1996 klargestellten Verweisung auf §§ 22 Abs. 4, 12 Abs. 3 Satz 2 UmwStG. Dies gilt jedoch nicht für den gewerbesteuerlichen Verlustvortrag nach § 10a GewStG, weil § 24 Abs. 4 Satz 1 UmwStG nicht auf § 22 Abs. 4 UmwStG verweist (vgl. *Thiel/Eversberg/von Lishaut/Neumann* GmbHR 1998, 442 Nr. 2). Der Verlustvortrag kann mit zukünftigen Gewinnen der aufnehmenden Personengesellschaft verrechnet werden, wenn Unternehmensidentität und Unternehmeridentität gegeben sind (vgl. BFH GrS 2/92 vom 03.05.1993, BStBl. II 1993, 616; BFH VIII R 84/90 v. 14.09.1993, BStBl. II 1994, 764; *Bordewin*, DStR 1996, 1025; *Herzig/Förster/Förster* DStR 1996, 1025; zur doppelstöckigen Personengesellschaft *Stegmann* INF 2004, 785).

206 Hinsichtlich der Unternehmeridentität stellt der BFH dabei auf die Gesellschafter und nicht auf die Gesellschaft ab. Sind diese beiden Gesellschaften identisch, liegt Unternehmeridentität vor. Besteht nur teilweise Identität, so kann der Fehlbetrag nur von dem auf die Gesellschafter, die den Verlust erzielt haben, entfallenden Teil des Gewerbeertrags abgezogen werden (*Bordewin* DStR 1995, 313; *Schwedhelm* Die Unternehmensumwandlung, Rn. 1987). Unternehmensidentität ist gegeben, wenn die Aktivitäten des verschmolzenen Unternehmens im Wesentlichen unverändert fortgeführt werden (BFH VIII R 84/90 v. 14.09.1993, BStBl. II 1994, 764).

207 Im Umwandlungssteuererlass äußert sich die Verwaltung auch nicht zur Frage des Übergangs des verrechenbaren Verlustes nach § 15a Abs. 4 EStG im Fall der Einbringung eines Mitunternehmeranteils oder Verschmelzung von Personengesellschaften. Hierzu wird überwiegend die Auffassung vertreten, dass ein solcher Verlustanteil zugunsten der einbringenden Gesellschaft übergehe (Widmann/Mayer/*Widmann* § 24 UmwStG Rn. 288; Schmidt/*Wacker* EStG, § 15a Rn. 238).

208 Wird das eingebrachte Vermögen mit einem Zwischenwert oder mit dem Teilwert nach neuer Rechtslage des SEStEG (gemeinen Wert) nach neuer Rechtslage angesetzt, dann müssen nach der sog. »Stufentheorie« zunächst die bilanzierten Wirtschaftsgüter bis zu deren Teilwerten aufgestockt werden, bevor originäre immaterielle Wirtschaftsgüter, insbesondere ein Geschäfts- oder Firmenwert, aufgedeckt werden (vgl. Widmann/Mayer/*Widmann* § 24 UmwStG Rn. 165).

(2) Steuerliche Auswirkungen bei den Gesellschaftern

209 Die Verschmelzung von Personengesellschaften untereinander vollzieht sich steuerlich durch die Einbringung von Mitunternehmeranteilen. Gem. § 24 Abs. 3 UmwStG wird die Einbringung von Mitunternehmeranteilen wie eine Veräußerung i. S. d. § 16 Abs. 1 EStG behandelt. Der Wert, mit dem das übernommene Betriebsvermögen bei der übernehmenden Personengesellschaft angesetzt wird, wird den Gesellschaftern der einbringenden Personengesellschaft als Veräußerungspreis zugerechnet.

210 Für den Veräußerungsgewinn wird der Freibetrag des § 16 Abs. 4 EStG und die Tarifbegünstigung des § 34 Abs. 1 und Abs. 3 EStG (sofern die Voraussetzungen des § 34 EStG erfüllt sind) nur gewährt, wenn das übertragene Betriebsvermögen mit dem Teilwert (gemeiner Wert nach neuer Rechtslage), d. h. also einschließlich eines ggf. vorhandenen Geschäfts- oder Firmenwerts angesetzt wird, also wenn sämtliche stille Reserven realisiert werden (vgl. auch Tz 24.15 UmwStE 2011) und es sich nicht um die Einbringung von Teilen eines Mitunternehmeranteils handelt (§ 24 Abs. 3 Satz 2 UmwStG).

211 § 34 Abs. 1 und Abs. 3 EStG ist allerdings nur dann anzuwenden, soweit der Veräußerungsgewinn nicht nach § 3 Nr. 40 Satz 1 Buchst. b) i. V. m. § 3c Abs. 2 EStG teilweise steuerbefreit ist (vgl. § 24 Abs. 3 Satz 2 Halbs. 2 UmwStG n. F.).

(3) Besteuerung der ausländischen Anteilseigner

Den ausländischen Anteilseignern der übertragenen Personengesellschaft wird der Wertansatz des übertragenen Vermögens bei der übernehmenden Personengesellschaft gem. § 24 Abs. 3 UmwStG ebenfalls als Veräußerungspreis zugerechnet. Werden von der Übernehmerin die Wertansätze auf den Zwischenwert oder den Teilwert (gemeiner Wert nach neuer Rechtslage) aufgestockt, dann führt dies bei den ausländischen Anteilseignern zu einem zuzurechnenden Veräußerungsgewinn i. S. d. § 16 Abs. 1 EStG. Der ausländische Anteilseigner unterliegt somit mit dem auf ihn entfallenden Veräußerungsgewinn gem. § 49 Abs. 1 Nr. 2 Buchst. a) EStG der deutschen Besteuerung. Dieser ist daher aufgrund des Betriebsstättenprinzips in den von Deutschland abgeschlossenen DBA immer in Deutschland zu versteuern. 212

cc) Verschmelzung einer Körperschaft auf eine Personengesellschaft

(1) Steuerliche Auswirkungen auf der Ebene der übertragenden Gesellschaft

Bisherige Rechtslage: Das bisherige Umwandlungssteuergesetz sah auch die Möglichkeit vor, die Vermögensübertragung einer Körperschaft auf eine Personengesellschaft (weitestgehend) steuerneutral zu gestalten. Insofern wurde nach bisheriger Rechtslage ein Wahlrecht eingeräumt, stille Reserven auf der Ebene der Körperschaft in deren steuerlicher Schlussbilanz aufzudecken, oder die Buchwerte beizubehalten. Auch ein Ansatz zu Zwischenwerten war möglich. 213

Die Besteuerung der übertragenden Körperschaft wurde in § 3 UmwStG a. F. geregelt. In der steuerlichen Schlussbilanz der übertragenden Körperschaft bestand nach bisheriger Rechtslage die Möglichkeit, die Wirtschaftsgüter zu Buchwerten, Teilwerten oder zu Zwischenwerten anzusetzen. Hier stellte sich die Frage, ob die Ausübung des steuerlichen Wahlrechts in der steuerlichen Übertragungsbilanz an eine entsprechende Bewertung in der handelsrechtlichen Schlussbilanz geknüpft ist. Insoweit wird auf die Tz 03.01 UmwStE, und auf die bisherigen Ausführungen verwiesen (Rdn. 146 ff.). 214

Der aus einer Aufstockung entstehende Übertragungsgewinn unterliegt der Körperschaftsteuer und auch nach § 18 Abs. 1 Satz 1 UmwStG der Gewerbesteuer (vgl. Widmann/Mayer/*Widmann* § 3 UmwStG Rn. 529). Eine Gewerbesteuerpflicht konnte deshalb nur bei Buchwertfortführung vermieden werden. Ein verbleibender Verlustabzug i. S. d. § 10d Abs. 3 Satz 2 EStG geht nicht auf die Gesellschafter der übernehmenden Personengesellschaft über (§ 18 Abs. 1 Satz 2 UmwStG). 215

Neue Rechtslage nach Änderung des UmwStG durch das SEStEG: Nach § 3 UmwStG i. d. F. des SEStEG sind nunmehr die übergehenden Wirtschaftsgüter einschließlich entgeltlich erworbener und selbst geschaffener immaterieller Wirtschaftsgüter mit dem gemeinen Wert anzusetzen. Auf Antrag können die übergehenden Wirtschaftsgüter abweichend von Abs. 1 einheitlich mit dem Buchwert oder einem höheren Wert, höchstens jedoch mit dem gemeinen Wert angesetzt werden, soweit 216
1. sie Betriebsvermögen der übernehmenden Personengesellschaft oder natürlichen Person werden und sichergestellt ist, dass sie später der Besteuerung mit ESt oder Körperschaftsteuer unterliegen und
2. das Recht der BRD hinsichtlich der Besteuerung des Gewinns aus der Veräußerung der übertragenen Wirtschaftsgüter bei den Gesellschaftern der übernehmenden Personengesellschaft oder bei der natürlichen Person nicht ausgeschlossen oder beschränkt wird und
3. eine Gegenleistung nicht gewährt wird oder in Gesellschaftsrechten besteht.

(2) Steuerliche Auswirkungen auf der Ebene der übernehmenden Gesellschaft

Bisherige Rechtslage: § 4 Abs. 1 UmwStG n. F. schreibt vor, dass die Personengesellschaft die übertragenen Wirtschaftsgüter mit den Wertansätzen der steuerlichen Schlussbilanz der übertragenden Körperschaft übernimmt. Da die übertragende Körperschaft gem. § 3 Abs. 2 UmwStG n. F. auf Antrag ein Wahlrecht hat, die Wirtschaftsgüter in der steuerlichen Schlussbilanz mit den Buchwerten anzusetzen, könnte ein Vermögensübergang unter Buchwertfortführung grundsätzlich erfolgen. 217

Fraglich ist jedoch, inwieweit die Wahl der Wertansätze in der Handelsbilanz der übernehmenden Personengesellschaft Einfluss auf die Wertansätze in der steuerlichen Aufnahmebilanz hat (hierzu wird auf Tz 03.01 UmwStE zu § 3 und 4 UmwStG a. F. verwiesen).

218 Trotz einer möglichen Buchwertfortführung vollzieht sich die Verschmelzung bei der übernehmenden Personengesellschaft nicht steuerneutral. Das UmwStG sieht nämlich vor, die offenen Reserven der Besteuerung zu unterwerfen (vgl. BT-Drucks. 12/6885, S. 17 zu § 4 UmwStG). Es ist eine Ermittlung des Übernahmegewinns bzw. Übernahmeverlustes bei der übernehmenden Personengesellschaft durchzuführen. Dies gilt sowohl für das UmwStG a. F. als auch für das UmwStG i. d. F. des SEStEG.

219 Neue Rechtslage nach dem SEStEG: Nach § 4 Abs. 1 Satz 1 UmwStG n. F. gilt ebenfalls, dass die Personengesellschaft die übertragenden Wirtschaftsgüter mit den Wertansätzen der steuerlichen Schlussbilanz der übertragenden Körperschaft übernimmt.

Bezüglich der Ermittlung des Übernahmegewinns bzw. Übernahmeverlustes zur steuerlichen Wirksamkeit des Übernahmeverlustes und zur Besteuerung des Übernahmegewinns, Behandlung von Verlustvorträgen, gewerbesteuerlichem Gewinn, zu den steuerlichen Auswirkungen auf der Ebene der Gesellschafter, zur Besteuerung ausländischer Anteilseigner nach bisheriger Rechtslage und nach dem UmwStG i. d. F. des SEStEG, wird auf die Ausführungen zum Formwechsel verwiesen (Rdn. 392 ff.).

dd) Verschmelzung einer Kapitalgesellschaft mit dem Vermögen ihres Alleingesellschafters

220 Eine Kapitalgesellschaft kann auf eine natürliche Person verschmolzen werden, wenn die natürliche Person der alleinige Gesellschafter ist (§ 120 UmwG). Für den Vermögensübergang auf eine natürliche Person gelten steuerlich die §§ 3 bis 10 UmwStG n. F. In § 9 UmwStG a. F. wurden die steuerlichen Folgen der Verschmelzung einer Körperschaft mit dem Vermögen ihres Alleingesellschafters geregelt. § 9 UmwStG a. F. wurde geändert und beinhaltet nun nicht mehr die Verschmelzung einer Kapitalgesellschaft auf ihren Alleingesellschafter. Wird das übertragende Vermögen Privatvermögen des Alleingesellschafters, so findet § 3 Abs. 1 UmwStG n. F. i. d. F. des SEStEG nunmehr Anwendung. Es sind die übergehenden Wirtschaftsgüter mit den gemeinen Werten in der steuerlichen Schlussbilanz anzusetzen, sodass sich insoweit auf der Ebene der übertragenen Kapitalgesellschaft ein Übertragungsgewinn ergibt. Dieser unterliegt der Körperschaftsteuer und gem. § 18 Abs. 1 UmwStG der Gewerbesteuer.

221 Bei dem aufnehmenden Alleingesellschafter ergibt sich ein Veräußerungsgewinn i. S. d. § 17 EStG. Dieser erhöhte sich nach alter Rechtslage gem. § 8 Abs. 2 i. V. m. § 10 Abs. 1 UmwStG a. F. um die anzurechnende Körperschaftsteuer bis zu der Änderung des UmwStG durch das Steuersenkungsgesetz (StSenkG). Mit dem Wegfall des körperschaftsteuerlichen Anrechnungsverfahrens durch die Regelungen des StSenkG 1999/2000/2002 sah § 10 UmwStG i. d. F. des StSenkG die Anrechnung von Körperschaftsteuerguthaben im bisherigen Sinne nicht mehr vor. Gleichwohl konnte die Umwandlung einer Kapitalgesellschaft auf den aufnehmenden Alleingesellschafter auch nach dem § 10 UmwStG Körperschaftsteuer-Minderungs- oder Körperschaftsteuer-Erhöhungseffekte auslösen. Dies lag an der körperschaftsteuerlichen Übergangsregelung zum Wechsel vom Anrechnungs- zum Halbeinkünfteverfahren. Die Übergangsregelung sieht in § 37 und § 38 KStG n. F. vor, dass das aus EK 45 herrührende Körperschaftsteuerminderungspotenzial (1/6 des EK 40), das nun ebenfalls als Körperschaftsteuerguthaben bezeichnet wird, nach Umgliederung durch Ausschüttung in einem 15jährigen Übergangszeitraum realisiert werden kann. Da die Umwandlung einer Kapitalgesellschaft auf ihren Alleingesellschafter nach wie vor als eine Art Vollausschüttung aus der umgewandelten Kapitalgesellschaft angesehen wird, sah § 10 UmwStG a. F. vor, dass auch eine solche Umwandlung innerhalb des 15jährigen Zeitraums das Körperschaftsteuerminderungspotenzial realisiert. Diese Körperschaftsteuerminderung wurde zwischenzeitlich durch einen Auszahlungsanspruch gem. § 37 Abs. 5 KStG n. F. ersetzt. Der gesamte Anspruch auf Auszahlung entsteht mit Ablauf des 31.12.2006 (Regelfall). Der Auszahlungsanspruch ist in der Handels- und Steuerbilanz

des Anspruchsberechtigten zum 31.12.2006 Gewinn erhöhend anzusetzen und mit dem Barwert zu bewerten. Die Gewinnerhöhung aus der Aktivierung des Körperschaftsteuerguthabens ist gem. § 37 Abs. 7 KStG bei der Einkommensermittlung der Kapitalgesellschaft zu neutralisieren (vgl. BMF, Schr. v. 14.01.2008, IV B 7 – S 2861/07/0001, DOK 2007/0580289, DStR 2008, 301). Die Auszahlung erfolgt ab dem Jahre 2008 in zehn gleichen Jahresraten. Die Vereinnahmung der zehn Jahresraten führt i. H. d. Zinsanteils zu einer Gewinnrealisation, die wiederum bei der Ermittlung des Einkommens zu neutralisieren ist (vgl. BMF, Schr. v. 14.01.2008, a. a. O. DStR 2008, 301).

Ein Freibetrag des § 17 Abs. 3 EStG sowie die Tarifbegünstigung des § 34 EStG werden gem. § 9 Abs. 2 i. V. m. § 8 UmwStG a. F. und n. F. nicht gewährt (vgl. S/B/B/*Sagasser* L Rn. 126, vgl. auch *Ballreich* Fall 9). Bei Anteilen im Privatvermögen gilt bis 31.12.2008 bezüglich des Veräußerungsgewinns das Halbeinkünfteverfahren. Da die offenen Rücklagen gem. § 7 UmwStG n. F. Einnahmen aus Kapitalvermögen sind, ist auch Kapitalertragsteuer einzubehalten (vgl. Rödder/Herlinghaus/van Lishaut/*Birkemeier* UmwStG, § 7 Rn. 25 ff.). Ab 01.01.2009 unterliegen die offenen Rücklagen der Abgeltungssteuer (§ 7 UmwStG n. F., § 32d Abs. 1 EStG), da insoweit Einkünfte aus Kapitalvermögen gem. § 20 Abs. 1 Nr. 1 EStG i. d. F. des URG 2008 vorliegen; ein verbleibender Gewinn unterliegt dem neuen Teileinkünfteverfahren (§ 3 Nr. 40 EStG i. d. F. des URG 2008). Dies gilt auch für einbringungsgeborene Anteile, da § 22 Abs. 1 Satz 6 Nr. 3 UmwStG bzw. § 21 Abs. 2 Nr. 3 UmwStG a. F. nicht einschlägig ist (Dötsch/Jost/Pung/Witt/*Patt* § 21 UmwStG Rn. 169 [Juni 2002]).

222

Wird das Vermögen der Kapitalgesellschaft Betriebsvermögen einer natürlichen Person, so besteht unter den Voraussetzungen des § 3 Abs. 2 UmwStG n. F. die Möglichkeit, in der Schlussbilanz der GmbH entweder die Buchwerte fortzuführen oder die stillen Reserven ganz oder teilweise aufzudecken (§ 3 UmwStG n. F.).

223

Bei zum Betriebsvermögen gehörenden Anteilen entsteht auf der Ebene des Gesellschafters ein Gewinn oder Verlust i. H. d. Differenz zwischen dem Buchwert der Anteile und dem gemeinen Wert des auf den Gesellschafters übergehenden Vermögens (§ 8 Abs. 1 i. V. m. §§ 5 und 7 UmwStG). Der Gewinn unterliegt dem Halbeinkünfte- bzw. ab dem 01.01.2009 (§ 52a Abs. 3 EStG) dem Teileinkünfteverfahren (§ 3 Nr. 40 EStG). Dies gilt nicht, soweit nach § 8 i. V. m. § 5 Abs. 3 UmwStG n. F. die Buchwerte der Anteile um Abschreibungen oder Abzüge zu erhöhen sind und diese Abzüge voll steuerwirksam waren (§ 8 i. V. m. § 5 Abs. 2 Satz 3, 4 Abs. 1 Satz 3 UmwStG n. F.). Diese Beträge unterliegen der vollen Besteuerung. Ein Sperrbetrag gem. § 50c EStG ist zu berücksichtigen (§ 8 i. V. m. § 4 Abs. 5 UmwStG n. F.).

224

ee) Verschmelzung einer Personengesellschaft auf eine Kapitalgesellschaft

Aus steuerlicher Sicht vollzieht sich die Verschmelzung von Personengesellschaften auf eine Kapitalgesellschaft durch eine Einbringung von Mitunternehmeranteilen i. S. d. §§ 20 ff. UmwStG. Die §§ 20 ff. UmwStG sind im sechsten Teil des UmwStG geregelt. Diese Regelung betrifft die Einbringung von Betrieben, Teilbetrieben und Mitunternehmeranteilen in eine Kapitalgesellschaft gegen Gewährung von Gesellschaftsrechten. Nach dieser Vorschrift des § 20 UmwStG kann auch nur ein einzelner Gesellschaftsanteil/Mitunternehmeranteil an einer Personengesellschaft eingebracht werden. Es ist also für die Anwendung des § 20 UmwStG nicht erforderlich, dass sämtliche Anteile an einer Personengesellschaft in die Kapitalgesellschaft eingebracht werden. Die Vorschrift des § 20 UmwStG erfasst daher nicht nur die Verschmelzung einer Personengesellschaft auf eine Kapitalgesellschaft, sondern auch die Einbringung von Betrieben, Teilbetrieben oder auch nur *eines Mitunternehmeranteils* an einer Personengesellschaft in eine Kapitalgesellschaft.

225

Nach § 20 Abs. 2 UmwStG a. F. hatte die übernehmende Kapitalgesellschaft hinsichtlich des Wertansatzes der übernommenen Wirtschaftsgüter ein Bewertungswahlrecht und konnte die Wirtschaftsgüter sowohl zu Teilwerten, Zwischenwerten oder mit den Buchwerten ansetzen. Nach § 20 Abs. 2 Satz 1 UmwStG i. d. F. des SEStEG ist grundsätzlich nunmehr der gemeine Wert anzusetzen. Gem. § 20 Abs. 2 Satz 2 UmwStG n. F. kann das übernommene Betriebsvermögen auf Antrag einheitlich

226

mit dem Buchwert oder einem höheren Wert, höchstens jedoch mit dem gemeinen Wert unter den weiteren Voraussetzungen des § 20 UmwStG angesetzt werden.

227 Nach alter Rechtslage war auch hier fraglich, ob der Grundsatz der Maßgeblichkeit der Handelsbilanz für die Steuerbilanz gilt. Insoweit wird auf die Tz 20.26–20.29 UmwStE – auch zur neuen Rechtslage durch das SEStEG – verwiesen. Mit Urt. v. 28.05.2008 – IR 98/06 hat der BFH eine Bindung an den handelsbilanziellen Wertansatz des eingebrachten Betriebsvermögens verneint, also den Maßgeblichkeitsgrundsatz abgelehnt (BStBl. II 2008, S. 916). Nach neuer Rechtslage des SEStEG findet der Maßgeblichkeitsgrundsatz keine Anwendung (vgl. BT-Drucks. 16/2710 sowie Rdn. 150 f. m.w.N.). Mittlerweile ist dies auch die Auffassung der Finanzverwaltung (vgl. Tz 03.04 UmwStE 2011 und die Ausführungen in der Rdn. 150).

228 Eine begünstigte Einbringung nach § 20 UmwStG kann nur dann vorliegen, wenn der Einbringende als Gegenleistung neue Anteile an der aufnehmenden Gesellschaft erhält (vgl. Tz 20.09 UmwStE 2011). Die Ausgabe bereits existierender eigener Anteile der Kapitalgesellschaft reicht nicht aus (vgl. *Dehmer*, UmwG/UmwStG, § 20 UmwStG Rn. 211 m.w.N.). Setzt die übernehmende Gesellschaft das eingebrachte Betriebsvermögen mit einem unter dem gemeinen Wert liegenden Wert an, gelten die §§ 4 Abs. 2 Satz 3 und 12 Abs. 3 UmwStG n. F. entsprechend.

229 Wird das übernommene Vermögen mit dem Buchwert angesetzt, dann tritt die übernehmende Kapitalgesellschaft aufgrund des Verweises auf § 12 Abs. 3 Satz 1 UmwStG hinsichtlich der AfA und der erhöhten Absetzungen etc. in die Rechtsstellung der übertragenden Personengesellschaft ein. Durch den Verweis auf § 4 Abs. 2 Satz 3 UmwStG wird die Unterbrechung der für die Inanspruchnahme steuerlicher Vergünstigungen erforderlichen Besitzzeiten verhindert (vgl. auch *Dehmer*, § 22 UmwStG a. F. Rn. 30 f.).

230 Erfolgt der Ansatz des übernommenen Vermögens mit einem Zwischenwert, tritt die übernehmende Kapitalgesellschaft jedoch in entsprechender Anwendung des § 12 Abs. 3 UmwStG in der Rechtsstellung der übertragenden Personengesellschaft ein, allerdings nicht uneingeschränkt, sondern mit der Maßgabe, nach § 22 Abs. 2 Nr. 1, 2 UmwStG (nunmehr § 23 Abs. 3 UmwStG n. F.), die die Behandlung des Aufstockungsbetrags betreffen (vgl. S/B/B/*Sagasser* L Rn. 137).

231 Eine Übertragung eines verbleibenden Verlustabzugs i. S. d. § 10d Abs. 3 Satz 2 EStG ist nicht möglich. Das Gleiche gilt für einen gewerbesteuerlichen Verlustvortrag i. S. d. § 10a GewStG.

232 Nach § 20 Abs. 4 UmwStG a. F. (nunmehr § 20 Abs. 3 UmwStG n. F. i. d. F. des SEStEG) wird den Gesellschaftern der übertragenden Personengesellschaft der Wert mit dem die übernehmende Kapitalgesellschaft das übernommene Vermögen ansetzt, als Veräußerungspreis des übertragenen Vermögens und als Anschaffungskosten der Anteile zugerechnet.

233 Werden von der übertragenden Kapitalgesellschaft die Wertansätze der übernommenen Wirtschaftsgüter aufgestockt, dann entsteht auf der Ebene der Gesellschafter ein Veräußerungsgewinn. Nach neuer Rechtslage des SEStEG ist allerdings grundsätzlich der gemeine Wert der eingebrachten Wirtschaftsgüter anzusetzen. Nur auf Antrag ist eine Buchwertfortführung oder der Ansatz eines Zwischenwerts möglich (§ 20 Abs. 2 UmwStG n. F.). Ist der Gesellschafter eine natürliche Person, wird gem. § 20 Abs. 5 Satz 1 UmwStG a. F. (nunmehr § 20 Abs. 4 Satz 2 UmwStG n. F.) die Tarifbegünstigung des § 34 Abs. 1 und Abs. 3 EStG gewährt, soweit der Veräußerungsgewinn nicht nach § 3 Nr. 40 Satz 1 i. V. m. § 3c Abs. 2 EStG teilweise steuerbefreit ist. Dies gilt auch dann, wenn ein Zwischenwertansatz gewählt wird (vgl. Tz 32 des BMF-Schreibens vom 16.06.1978, BStBl. I 1978, S. 235 und Fin.Min. NRW v. 05.06.1981 – S 1978 – 2 – V B 1). Der Freibetrag des § 16 Abs. 4 EStG wird aber nur dann gewährt, wenn das übertragene Vermögen zum Teilwert (nunmehr gemeiner Wert) angesetzt wird (§ 20 Abs. 5 Satz 2 UmwStG a. F. und § 20 Abs. 4 Satz 1 UmwStG i. d. F. des SEStEG) und es sich nicht um die Einbringung von Teilen von Mitunternehmeranteilen handelt.

234 Wurde das übertragene Vermögen zum Buchwert oder zum Zwischenwert angesetzt, entstanden nach bisheriger Rechtslage sog. einbringungsgeborene Anteile. Bei einer späteren Veräußerung

wurde ein Gewinn der einbringungsgeborenen Anteile gem. § 21 UmwStG der Besteuerung unterworfen. Diese Steuerverhaftung der sog. einbringungsgeborenen Anteile hatte zur Folge, dass auch die stillen Reserven, die nach der Verschmelzung in der Kapitalgesellschaft entstehen, der Besteuerung unterworfen werden (vgl. *Dehmer*, § 21 UmwStG Rn. 1). § 21 UmwStG a. F. gilt auch nach Inkrafttreten des UmwStG i. d. F. des SEStEG weiter, sofern die Einbringung vor Inkrafttreten des SEStEG erfolgte (§ 27 Abs. 3 UmwStG i. d. F. des SESTEG).

Außerdem kann es zu einer steuerlichen Doppelbelastung kommen, wenn die Kapitalgesellschaft 235 die zu Buch- oder Zwischenwerten übernommenen Wirtschaftsgüter unter Aufdeckung stiller Reserven veräußert mit der Folge, dass die stillen Reserven bei der Kapitalgesellschaft steuerlich erfasst werden. Veräußert dann der Gesellschafter nachfolgend seine Geschäftsanteile und handelt es sich bei diesen um einbringungsgeborene Anteile, dann werden die stillen Reserven ein zweites Mal der Besteuerung unterworfen (vgl. Widmann/Mayer/*Widmann* § 20 UmwStG Rn. 665). Bezüglich der Behandlung der Einbringung von Mitunternehmeranteilen in eine Kapitalgesellschaft vgl. i. E. auch *Ballreich* Fallkommentar zum Umwandlungsrecht, 4. Aufl. 2008, Fall 13).

Bezüglich der Besteuerung ausländischer Anteilseigner wird auf die Ausführungen zur Verschmelzung 236 zweier Personengesellschaften verwiesen. Diese Ausführungen gelten entsprechend (Rdn. 198 ff.).

ff) **Verschmelzung einer Kapitalgesellschaft auf die GmbH & atypisch Still**

Wird eine Kapitalgesellschaft auf ein atypisch stille Gesellschaft verschmolzen, so stellt sich die 237 Frage, nach welchen Vorschriften des UmwStG die Verschmelzung zu behandeln ist.

Der Anwendungsbereich des 2. und 6. Teils des UmwStG ist eröffnet, da es sich um die Umwand- 238 lung einer Kapitalgesellschaft i. S. d. § 1 Abs. 1 UmwStG handelt.

Der Fall der Verschmelzung beurteilt sich dabei entweder nach den §§ 11 ff. oder aber nach den §§ 3 ff., 1 Abs. 2 UmwStG.

In Betracht kommt zunächst die Anwendung der §§ 11 ff. UmwStG, da zivilrechtlich eine Verschmelzung von zwei Kapitalgesellschaften vorliegen könnte (vgl. hierzu Rödder/Herlinghaus/van Lishaut/*Rödder* UmwStG, § 11 Rn. 111 m. w. N.). Dies entspricht auch der Ansicht der Finanzverwaltung, wonach die zivilrechtliche Rechtsform eines Rechtsträgers maßgebend für die umwandlungssteuerliche Behandlung sein soll (vgl. Tz 01.04 UmwStE mit explizitem Bezug auf den Fall der GmbH & atypisch Still). Dies lässt sich damit begründen, dass handelsrechtlich die Beteiligung einer atypisch stillen Gesellschaft an einer Verschmelzung nicht zulässig ist (§ 3 Abs. 1 Nr. 1 UmwG) und das UmwStG in § 1 Abs. 2 die Anwendung u. a. des 2. und 3. Teils daran knüpft, dass eine handelsrechtliche Verschmelzung vorliegt (so wohl H/S/H/*Schmitt* § 3 UmwStG Rn. 21). Die h. M. in der Literatur vertritt die Auffassung, dass eine Verschmelzung einer Kapitalgesellschaft auf eine Personengesellschaft vorliegt. Die atypisch stille Gesellschaft wird steuerlich als Mitunternehmerschaft, d. h. wie eine Personengesellschaft qualifiziert. Dies spricht dafür, die atypisch stille Gesellschaft auch im Rahmen der Umwandlung steuerlich einer Personengesellschaft gleichzustellen (S/B/B/*Sagasser* L Rn. 115; Widmann/Mayer/*Widmann*, vor § 3 UmwStG Rn. 19; Haritz/Benkert/*Brinkhaus* § 3 UmwStG Rn. 13). Anderer Ansicht ist Dötsch/Patt/Pung/Möhlenbrock in UmwStG, Rn. 26 vor §§ 11 bis 13 UmwStG. Danach fällt die atypisch stille Gesellschaft nicht unter die Vorschriften des UmwG und des UmwStG. Es liegt ein zweistufiger Umwandlungsvorgang vor und zwar zunächst eine unter die §§ 11 bis 13 UmwStG fallende Verschmelzung auf die GmbH und anschließend eine nach § 24 UmwStG zu beurteilende Überführung in die Mitunternehmerschaft. Die Anteilseigner der übertragenden Kapitalgesellschaft werden (neue) Anteilseigner der übernehmenden GmbH und nicht Mitunternehmer der atypisch stillen Gesellschaft.

Für die steuerliche Beurteilung kommt es darauf an, ob das übergehende Vermögen Betriebsvermö- 239 gen einer Personengesellschaft oder einer Körperschaft wird. Entscheidend für die Beurteilung, ob den Vorschriften der §§ 11 ff. UmwStG oder denen der §§ 3 ff. UmwStG zu folgen ist, ist daher die Frage, ob die GmbH & atypisch Still über ein eigenes Betriebsvermögen verfügt (vgl. *Knobbe-Keuk*,

§ 9 Abs. 2, 4c) cc)) und damit die Verschmelzung sich in der Gewinnermittlung der GmbH & atypisch Still niederschlägt, oder ob die GmbH als Inhaberin des Handelsgewerbes über das Betriebsvermögen verfügt (so *Döllerer* DStR 1985, 295, 302) mit der Folge, dass die Gewinnermittlung der GmbH von der Verschmelzung betroffen ist.

240 Verfügt die GmbH & atypisch Still nicht über eigenes Betriebsvermögen und wendet man dementsprechend die Vorschriften der Verschmelzung auf Körperschaften an, so besteht bei der übertragenden Kapitalgesellschaft auf Antrag ein steuerliches Wahlrecht, die Buchwerte beizubehalten, einen Zwischenwert anzusetzen oder bis zum gemeinen Wert nach neuer Rechtslage aufzustocken, § 11 Abs. 2 UmwStG. Der Aufstockungsgewinn ist körperschaft- und gewerbeertragsteuerpflichtig, § 19 Abs. 1 UmwStG. Soll eine Besteuerung bei der übertragenden Kapitalgesellschaft vermieden werden, kommt nur ein Buchwertansatz in Betracht. Dabei kann es Fälle geben, dass es zu einem Übernahmeverlust bei der übernehmenden GmbH kommt. Es erscheint allerdings jedoch fraglich, ob die gem. § 11 Abs. 2 Satz 1 Nr. 1 UmwStG für den Buchwertansatz erforderliche Besteuerung der übergebenden stillen Reserven gegeben ist (vgl. dazu Dötsch/Patt/Pung/Möhlenbrock, UmwStG, Rn. 26 vor §§ 11 bis 13 m. w. N.).

241 Fraglich ist dabei, wie der Übernahmeverlust beim atypisch stillen Gesellschafter zu behandeln ist. Gem. § 12 Abs. 2 Satz 1 UmwStG a. F. und n. F. hat der Übernahmeverlust außer Ansatz zu bleiben. Andererseits ist das Kapitalkonto des atypisch Stillen Grundlage für die Ermittlung des späteren Veräußerungsgewinns. Es stellt sich aber hierbei die Frage, ob der um den Übernahmeverlust geminderte Beteiligungswert beim atypisch stillen Gesellschafter durch einen Mehrwert in der Ergänzungsbilanz wieder auszugleichen ist (vgl. auch S/B/B/*Sagasser* L Rn. 118 mit Beispiel). Folgt man dagegen der h. M. in der Literatur, wonach die atypisch stille Gesellschaft über ein eigenes Betriebsvermögen verfügt, dann wären die Vorschriften der §§ 3 ff. UmwStG zur Verschmelzung auf Personengesellschaften anzuwenden (vgl. Widmann/Mayer/*Widmann* vor § 3 UmwStG Rn. 19; Haritz/Benkert/*Brinkhaus* § 3 UmwStG Rn. 13).

242 Die übertragende GmbH hat bei Anwendung der Vorschriften der §§ 3 ff. UmwStG n. F. ebenfalls auf Antrag ein Wahlrecht, die Wirtschaftsgüter in ihrer steuerlichen Schlussbilanz mit dem Buchwert, dem gemeinen Wert oder einem Zwischenwert anzusetzen. Werden die Wirtschaftsgüter aufgestockt, dann ergibt sich ein körperschaft- und gewerbeertragsteuerpflichtiger Übertragungsgewinn (§ 18 Abs. 1 UmwStG). Soll ein solcher Gewinn vermieden werden, hat ein Ansatz in der steuerlichen Schlussbilanz auf Antrag mit dem Buchwert zu erfolgen. Ergibt sich in diesem Fall aus der Gegenüberstellung des Beteiligungsansatzes zum Buchwert des übernommenen Vermögens ein Übernahmeverlust, so bleibt dieser bei der Gewinnermittlung außer Ansatz (§ 4 Abs. 6 UmwStG).

243 Ein Körperschaftsteuerguthaben minderte im Veranlagungszeitraum der Umwandlung nach alter Rechtslage die Körperschaftsteuerschuld der umzuwandelnden Kapitalgesellschaft (§ 14 i. V. m. § 10 UmwStG a. F.). Diese Körperschaftsteuerminderung wurde nunmehr durch einen Auszahlungsanspruch gem. § 37 Abs. 5 KStG n. F. ersetzt. Dieser Auszahlungsanspruch wird ab dem Jahre 2008 in 10 Jahresraten ausbezahlt (vgl. Rdn. 221).

Folgt man somit der h. M. in der Literatur, so ist damit der Übernahmeverlust, der sich auf den Anteil der aufnehmenden Kapitalgesellschaft bezieht, unter Einbeziehung des gesamten Betriebsvermögens des Inhabers des Handelsgeschäfts bei der steuerneutralen Korrektur des Kapitals der GmbH zu berücksichtigen. Da insgesamt die Anwendbarkeit der §§ 11 bis 13 UmwStG streitig ist, sollte zunächst eine GmbH & Co. KG gegründet werden mit anschließender Verschmelzung der Kapitalgesellschaft auf diese. Eine anschließende steuerliche formwechselnde Umwandlung der GmbH & Co. KG in die GmbH & atypisch Still wäre steuerneutral möglich (vgl. S/B/B/*Sagasser* L Rn. 120).

II. Die Spaltung

1. Begriff der Spaltung/Arten der Spaltung

Das Spaltungsrecht ist im Umwandlungsgesetz in den §§ 123 bis 173 geregelt. Wie im Recht der Verschmelzung ist dem Spaltungsrecht ein allgemeiner Teil vorangestellt, der allgemeine Regeln für die Spaltung von Rechtsträgern normiert. 244

Nach § 123 Abs. 1 bis Abs. 3 UmwG kann ein Rechtsträger in Form von 245
– Aufspaltung
– Abspaltung
– Ausgliederung
gespalten werden.

– Die Aufspaltung (§ 123 Abs. 1 UmwG):

Unter Aufspaltung versteht das Umwandlungsgesetz die Übertragung des gesamten Vermögens eines Rechtsträgers auf mindestens zwei bestehende oder dadurch neu gegründete Rechtsträger jeweils als Gesamtheit gegen Gewährung von Anteilen an den übernehmenden Rechtsträgern und unter Erlöschen des übertragenden Rechtsträgers. Der alte Rechtsträger wird durch eine Aufspaltung somit zerschlagen.

– Die Abspaltung (§ 123 Abs. 2 UmwG):

Die Abspaltung erfasst nur einen Teil des Vermögens des spaltenden Rechtsträgers und lässt ihn im Übrigen als Rechtssubjekt bestehen. Bei der Abspaltung werden ein Teil oder mehrere Teile des Vermögens eines Rechtsträgers auf einen oder mehrere bestehende oder dadurch neu errichtete Rechtsträger gegen Gewährung von Anteilen übertragen.

– Die Ausgliederung (§ 123 Abs. 3 UmwG):

Unter Ausgliederung versteht das Gesetz einen Spaltungsvorgang, bei dem der Empfänger der für die Vermögensübertragung gewährten Anteile der spaltende Rechtsträger selbst ist.

2. Spaltungsfähige Rechtsträger

Die spaltungsfähigen Rechtsträger sind nach § 124 Abs. 1 UmwG die in § 3 Abs. 1 UmwG genannten Rechtsformen. An einer Spaltung können daher als übertragende, übernehmende oder neue Rechtsträger teilnehmen: 246
– Personenhandelsgesellschaften
– Kapitalgesellschaften
– eingetragene Genossenschaften
– eingetragene Vereine
– genossenschaftliche Prüfungsverbände.

Außerdem können als übertragende Rechtsträger eine Ausgliederung von Vermögensteilen durchführen:
– wirtschaftliche Vereine
– Einzelkaufleute
– Stiftungen
– Gebietskörperschaften
– Zusammenschlüsse von Gebietskörperschaften, die selbst keine Gebietskörperschaften sind (Zweckverbände).

Wirtschaftliche Vereine können als übertragende Rechtsträger auch an einer Abspaltung und Aufspaltung beteiligt sein. 247

248 Die Regelungen des allgemeinen Teils des Spaltungsrechts werden im besonderen Teil noch ergänzt. So kann z. B. nach § 149 Abs. 2 UmwG ein eingetragener Verein an allen Spaltungen teilnehmen, aber als aufnehmender Rechtsträger jedoch nur, wenn er wiederum andere Vereine aufnimmt.

3. Spaltung zur Aufnahme und Neugründung

249 Ebenso wie bei der Verschmelzung von Rechtsträgern ist auch die Spaltung von Unternehmen in der Form der Spaltung zur Aufnahme und in der Form der Spaltung zur Neugründung möglich. Im Wesentlichen sind auf die Spaltung zur Neugründung die Normen der Spaltung zur Aufnahme anzuwenden (§ 135 Abs. 1 UmwG).

250 Nach § 136 UmwG tritt bei der Spaltung zur Neugründung an die Stelle des Spaltungsvertrags der einseitige Spaltungsplan, der sich aber nur durch seine Bezeichnung, nicht durch seinen notwendigen Inhalt vom Spaltungsvertrag unterscheidet. Zu beachten ist, dass bei der Spaltung zur Neugründung die Gründungsvorschriften der jeweiligen Rechtsform des durch die Spaltung neu errichtenden Rechtsträgers maßgebend ist (§ 135 Abs. 2 UmwG).

251 Weiterhin lässt § 128 UmwG die sog. nicht-verhältniswahrende Spaltung zu. Diese liegt dann vor, wenn die Anteilseigner an den übernehmenden Rechtsträger nicht in dem Verhältnis beteiligt werden, wie es dem Verhältnis ihrer Beteiligung am übertragenden Vermögensteil entsprechen würde. Damit soll die Trennung von Gesellschafterstämmen (bzw. Gesellschaftergruppen) im Wege der Sonderrechtsnachfolge eröffnet und erleichtert werden (BT-Drucks. 12/6699, S. 120 zu § 128 UmwG).

4. Spezielles Spaltungsrecht

252 § 125 UmwG verweist auf das Verschmelzungsrecht im weitesten Umfang. Er erklärt die Verschmelzungsvorschriften jedoch für nicht anwendbar, die mit den einzelnen Spaltungsformen, insbesondere der Ausgliederung, schon nicht vereinbar sind. So ist z. B. die Spaltungsprüfung unter gewissen Umständen nicht notwendig. Ebenfalls unanwendbar ist bei Abspaltung und Ausgliederung § 18 UmwG, der eine erleichterte Firmenfortführung des übernehmenden Rechtsträgers gestattet.

253 Nach § 133 Abs. 1 UmwG haften alle an der Spaltung beteiligten Rechtsträger für die vor dem Wirksamwerden der Spaltung begründeten Forderungen gesamtschuldnerisch. Für die Gläubiger von Kapitalgesellschaften besteht im Rahmen der Kapitalaufbringungs- und -erhaltungsgrundsätze ein gewisses Maß an Schutz.

254 Bei einer Ausgliederung von Aktiengesellschaften kann die Bestellung eines Treuhänders unterbleiben, weil die Anteilseigner keine Aktien des übernehmenden Rechtsträgers erhalten.

5. Ablauf einer Spaltung im Überblick

a) Zuständigkeit der Organe/Aufteilung des Vermögens

255 Für den Abschluss des Spaltungsvertrags bzw. die Erstellung des Spaltungsplans sind die jeweiligen Verwaltungsorgane des Rechtsträgers zuständig (§ 125 i. V. m. § 4 UmwG).

256 Es hat eine Aufteilung des Vermögens zu erfolgen, und zwar müssen im Spaltungsvertrag die genaue Bezeichnung und Aufteilung der Gegenstände des Aktiv- und Passivvermögens, die an jeden der übernehmenden Rechtsträger übertragen werden, enthalten.

257 Bezüglich der Zuweisung der Aktiva und Passiva sind die Verwaltungsorgane frei. Es gelten allerdings gewisse Einschränkungen der Spaltungsfreiheit. Hier ist insbesondere § 132 UmwG zu beachten. Auch ist der sachenrechtliche Bestimmtheitsgrundsatz gem. § 126 Abs. 2 UmwG einzuhalten. Soweit Gegenstände des Aktiv- oder Passivvermögens bei der Aufspaltung durch den Spaltungsvertrag nicht eindeutig einem der übernehmenden Rechtsträger zugeordnet worden sind und sich diese Zuordnung auch nicht durch Auslegung des Spaltungsvertrags ermitteln lässt, bestimmt § 131 Abs. 3 UmwG, dass der Gegenstand auf alle übernehmenden Rechtsträger in dem Verhältnis übergeht, welches sich für die Aufteilung des Überschusses der Aktivseite der Schlussbilanz über deren Passivseite ergibt.

b) Inhalt des Spaltungsplans bzw. des Spaltungsvertrags

Der Inhalt des Spaltungsvertrags ist im weiten Umfang identisch mit dem des Verschmelzungsvertrags (vgl. S/B/B/*Sagasser/Sickinger* N Rn. 119). Der Inhalt des Vertrags ist im § 126 Abs. 1 UmwG festgehalten. Es wird deshalb insbesondere auf die Ausführungen zum Verschmelzungsvertrag verwiesen. 258

Nach § 127 UmwG haben die Verwaltungsorgane auch bei der Spaltung einen ausführlichen schriftlichen Bericht zu erstellen, in dem die Spaltung und der Spaltungsvertrag im Einzelnen sowie bei Auf- und Abspaltung das Umtauschverhältnis sowie dessen Ermittlung, ferner die höher einer ggf. anzubietenden Barabfindung rechtlich und wirtschaftlich zu erläutern sind. Der Spaltungsbericht kann nach § 8 Abs. 3 UmwG unterbleiben, wenn alle Anteilseigner aller beteiligten Rechtsträger hierauf in notariell beurkundeter Form verzichten oder sich der spaltende Rechtsträger zu 100% in der Hand eines Gesellschafters befindet. 259

Spaltungsbeschlüsse sind von den Anteilsinhabern der beteiligten Rechtsträger zu fassen (§ 125 i. V. m. § 13 UmwG, vgl. auch § 126 Abs. 3 UmwG). Der Spaltungsbeschluss hat mit mindestens einer 3/4-Mehrheit zu erfolgen (§§ 45, 50, 163 UmwG). Die Gesellschaftsverträge oder Satzungen können allerdings höhere Mehrheiten oder sonstige Erschwernisse vorsehen. 260

c) Eintragung der Spaltung in das Handelsregister

Die Organe der Gesellschaft haben die Spaltung zur Eintragung in das Handelsregister anzumelden. §§ 16, 17 UmwG gelten insoweit entsprechend. Grundsätzlich hat auch eine Spaltungsprüfung bei der Auf- und Abspaltung zu erfolgen, soweit die rechtsformspezifischen Regelungen eine Prüfung vorsehen. Bei der Ausgliederung findet eine Spaltungsprüfung grundsätzlich nicht statt (§ 125 UmwG). Es gelten für die Anmeldung der Spaltung die §§ 16, 17 UmwG bezüglich der notwendigen Erklärungen und beizufügenden Unterlagen entsprechend. Nach § 130 Abs. 1 UmwG darf die Spaltung in das Register des Sitzes des übertragenden Rechtsträgers erst eingetragen werden, wenn sie in das Register am jeweiligen Sitz der übernehmenden Rechtsträger eingetragen ist. 261

d) Rechtsfolgen der Eintragung der Spaltung

Die Eintragung in das Register des übertragenden Rechtsträgers hat zur Folge, dass gem. § 131 Abs. 1 UmwG 262
– das Vermögen bzw. der Vermögensteil als Ganzes auf den oder die übernehmenden Rechtsträger übergeht,
– bei der Aufspaltung der übertragende Rechtsträger ohne Liquidation erlischt,
– bei Auf- bzw. Abspaltung die Anteilseigner des übertragenden Rechtsträgers Anteilseigner des übernehmenden Rechtsträgers werden und sich die Rechte Dritter an den Anteilen als Rechte an den neuen Anteilen fortsetzen,
– Beurkundungsmängel geheilt werden.

6. Die Ausgliederung

Auch für die Ausgliederung ist ein Vertrag oder Plan nach § 126 UmwG zu erstellen. Dies gilt auch für den ausgliedernden Einzelkaufmann. In den Ausgliederungsvertrag brauchen selbstverständlich alle die Angaben nicht aufgenommen zu werden, die sich mit dem Umtausch der Anteile befassen. Weiterhin ist gem. § 127 UmwG für die Ausgliederung sowohl für den übertragenden als auch für den übernehmenden Rechtsträger ein Ausgliederungsbericht zu fertigen, der aber auch gemeinsam erstellt werden kann. Eine Ausgliederungsprüfung ist nach § 125 i. V. m. § 9 Abs. 2 UmwG nicht erforderlich. 263

264 Die Anteilsinhaber des übertragenden Rechtsträgers müssen jeder Ausgliederung mit einer 3/4-Mehrheit zustimmen (§ 125 i. V. m. § 13 Abs. 1 UmwG). Damit wurde die Wirkung des »Holzmüller«-Urteils des BGH (BGHZ 83, 122, 131; vgl. hierzu auch MünchHdb GesR IV/*Semler* § 34 Rn. 11 m. w. N.), aufgrund dessen für den Fall der Ausgliederung des wertvollsten Teils des Betriebsvermögens einer Aktiengesellschaft auf eine hundertprozentige Tochtergesellschaft die Zustimmung der Hauptversammlung einzuholen ist, auf alle Ausgliederungsfälle ausgedehnt. Dies bedeutet allerdings eine entscheidende Beschneidung der Geschäftsführungsbefugnis der Verwaltungsorgane, die durch den Vorteil der Gesamtrechtsnachfolge schwerlich auszugleichen sein dürfte (*Feddersen/Kiem* ZIP 1994, 1078, 1081).

265 Zu den Mitwirkungsbefugnissen der Hauptversammlung vgl. auch die »Gelatine«-Urt. des BGH v. 26.04.2004 – Az. II ZR 155/02 und Az. II ZR 154/02, NZG 2004, 571 u. 575 – sowie *Götze* NZG 2004, 585 ff.

7. Handelsbilanzielle Behandlung der Spaltung

a) Bilanzierung beim übertragenden Rechtsträger

266 Für die Erstellung und Prüfung der Übertragungsbilanz des übertragenden Rechtsträgers gelten die Vorschriften über die Jahresbilanz entsprechend (§ 125 i. V. m. § 17 Abs. 2 Satz 2 UmwG). Aufwertungen bzw. Wertzuschreibungen sind daher im Rahmen des § 253 Abs. 5 HGB n. F. vorzunehmen.

267 Unproblematisch ist im Fall der Aufspaltung die Bilanzierung bei dem übertragenden Rechtsträger, da bei der Aufspaltung der übertragende Rechtsträger untergeht. Die übertragende Gesellschaft wird ohne Abwicklung aufgelöst. Wird bei der aufnehmenden Gesellschaft keine Kapitalerhöhung durchgeführt, so gelten die Ausführungen unter Rdn. 105, wird eine Kapitalerhöhung durchgeführt, so gelten die Grundsätze unter Rdn. 114 ff. entsprechend.

Wird dagegen bei einer Ausgliederung ein positiver Vermögensteil ausgegliedert, sind beim übertragenden Rechtsträger Anteile am neuen Rechtsträger i. H. d. Saldos zu bilanzieren. Werden die erhaltenen Anteile aber nicht zu Buchwerten des hingegebenen Reinvermögens bilanziert, sondern zu Zeitwerten des hingegebenen Reinvermögens angesetzt, hat die übertragende Gesellschaft erfolgswirksame Erträge (vgl. Förschle/Hoffmann, in: *Beck'scher Bilanzkommentar*, § 272 Rn. 380). Problematisch kann die Bilanzierung beim übertragenden Rechtsträger werden, wenn der Saldo der Buchwerte negativ ist. Dies kann dann eintreten, wenn in dem übertragenden Vermögensteil umfangreiche stille Reserven enthalten sind, sodass der Zeitwert des übertragenden Vermögensteils zur Aufbringung des Nennbetrags der neuen Anteile ausreicht. Da die an die Stelle des ausgliedernden Vermögensteils tretenden Anteile an den übernehmenden Rechtsträger mit dem Buchwert des ausgegliederten Vermögensteils bewertet werden, ergibt sich in diesem Fall ein negativer Buchwert der Anteile. In diesem Fall sollen die mit den negativen Buchwerten hervorgegangenen Anteile zumindest mit einem Erinnerungswert von 1 € zu bewerten sein. Der verbleibende Saldo sollte konsequenterweise in eine Kapitalrücklage eingestellt werden, da der Ausweis eines Spaltungsgewinns aufgrund fehlender Gewinnreduzierung nicht sachgerecht wäre (vgl. *ADS*, § 264 HGB a. F. Rn. 59; S/B/B/*Bula/Schlösser* O Rn. 16).

268 Ein positiver Saldo bei einer Abspaltung führt bei dem übertragenden Rechtsträger zu einer Vermögensminderung, die sich im handelsbilanziellen Ausweis des Eigenkapitals niederschlagen muss (*Priester* DB 1991, 2373, 2377). Da die Gewährung der Gesellschaftsrechte unmittelbar an die Gesellschafter des übertragenden Rechtsträgers erfolgt, ist in der Abspaltung eine Auskehrung bzw. Ausschüttung eines Teils des Vermögens zu sehen. Die Vermögensminderung berührt somit nicht die Gewinn- und Verlustrechnung, sondern ist mit den vorhandenen Rücklagen zu verrechnen bzw. als Spaltungsverlust auszuweisen (S/B/B/*Bula/Schlösser* O Rn. 16).

269 Reichen die bei dem übertragenden Rechtsträger vorhandenen freien Rücklagen nicht aus, um die durch die Abspaltung eingetretene Vermögensminderung zu kompensieren, dann ist zu prüfen, ob

das Vermögen des übertragenden Rechtsträgers einschließlich der stillen Reserven zur Deckung des eingetragenen gezeichneten Kapitals ausreicht (*Ising/Thiel* DB 1991, 2021, 2024). Reicht nach der Abspaltung des Vermögens des übertragenden Rechtsträgers auch unter Einbeziehung der stillen Reserven nicht mehr zur Deckung des gezeichneten Kapitals aus, dann muss zur Vermeidung einer Unterdeckung eine Kapitalherabsetzung erfolgen (*Ising/Thiel*, a. a. O., 2023, 2024). Da das aus der Kapitalherabsetzung freiwerdende Vermögen der Vermeidung der Unterdeckung dienen soll, darf die Kapitalherabsetzung nicht zu einer Rückzahlung an die Gesellschafter führen. Stattdessen muss das freiwerdende Vermögen den Rücklagen zugeführt werden, § 58b GmbHG (vgl. Widmann/Mayer/*Mayer* § 139 UmwG Rn. 69 ff.).

b) Bilanzierung beim übernehmenden Rechtsträger

Ebenso wie bei der Verschmelzung hat bei der Spaltung der übernehmende Rechtsträger nach § 24 UmwG ein Wahlrecht, die Buchwerte der übernommenen Vermögensgegenstände und Schulden fortzuführen oder aber das übernommene Vermögen mit den Anschaffungskosten anzusetzen, die dem übernehmenden Rechtsträger durch die Gewährung von Gesellschaftsrechten entstehen. Werden die übernommenen Aktiva und Passiva mit den Buchwerten fortgeführt und übersteigt der Saldo der Buchwerte den Nennbetrag der Anteile, dann ist dieser positive Unterschiedsbetrag wie ein Aufgeld bei der Ausgabe neuer Anteile zu behandeln und dementsprechend gem. § 272 Abs. 2 Nr. 1 HGB in einer Kapitalrücklage einzustellen (Scholz/*Priester* GmbHG, Anh. UmwG, § 27 KapErhG Rn. 5).

270

Ergibt sich ein negativer Unterschiedsbetrag, weil der Buchwert des übernommenen Vermögens unter dem Nennbetrag der gewährten Anteile liegt, dann ist dieser Unterschiedsbetrag als Spaltungsverlust unter den außerordentlichen Aufwendungen in der Gewinn- bzw. Verlustrechnung auszuweisen (vgl. S/B/B/*Bula/Schlösser* O Rn. 33).

271

Erfolgt keine Buchwertfortführung, so hat der übernehmende Rechtsträger das übernommene Vermögen in der Handelsbilanz gem. § 253 Abs. 1 HGB mit den Anschaffungskosten anzusetzen. Da die Gegenleistung für die Übernahme des Vermögens in der Gewährung von Anteilen besteht, gelten für die Bemessung der Anschaffungskosten die Grundsätze über die Bewertung von Sacheinlagen (*Schulze/Osterloh* ZGR 1993, 420, 428). Als Anschaffungskosten können entweder der Ausgabebetrag der gewährten Anteile oder der höhere Zeitwert der Anteile angesetzt werden. Der Ausgabebetrag entspricht dem Nennbetrag der Anteile zuzüglich eines ggf. vereinbarten Aufgeldes. Dabei ist zu beachten, dass der Ausgabebetrag den Zeitwert des übertragenden Vermögens nicht übersteigen darf.

272

Wurde ein Aufgeld vereinbart, dann ist dies bei Kapitalgesellschaften gem. § 272 Abs. 2 Nr. 1 HGB in die Kapitalrücklage einzustellen.

273

Wie bereits festgestellt, haften alle an der Spaltung beteiligten Rechtsträger gesamtschuldnerisch für die vor dem Wirksamwerden der Spaltung begründeten Verbindlichkeiten des übertragenden Rechtsträgers gem. § 133 UmwG. Fraglich ist daher, ob alle an der Spaltung beteiligten Rechtsträger in ihrer Handelsbilanz jeweils den Gesamtbetrag der Verbindlichkeiten für die diese gesamtschuldnerisch haften zu passivieren haben. Diese Auffassung wird teilweise in der Literatur vertreten (so z. B. *Kleindick* ZGR 1992, 513, 528; ebenso *Teichmann* ZGR 1993, 396, 417).

274

Diese Meinung im Schrifttum ist m. E. jedoch abzulehnen, denn es liegt eine partielle Gesamtrechtsnachfolge vor, deren Konsequenz wäre, dass nach Durchführung der Spaltung und deren Wirksamwerden ein Altgläubiger seine Forderung zunächst gegen den Rechtsträger zu richten hat, dem aufgrund des Spaltungs- und Übernahmevertrags gem. § 126 Abs. 1 Nr. 9 UmwG die entsprechende Verbindlichkeit als Hauptschuldner zugeordnet worden ist und die auf diesen nach § 131 Abs. 1 Nr. 1 UmwG mit der Eintragung in das Handelsregister übergeht (*K. Schmidt* ZGR 1993, 366, 386). Außerdem steht den Altgläubigern nach § 125 UmwG i. V. m. § 22 UmwG das Recht zu, innerhalb eines Zeitraumes von 6 Monaten Sicherheitsleistungen von dem Rechtsträger, gegen den sich ihr Anspruch richtet, zu verlangen. Damit ist eine Passivierung von vor der Spaltung

275

begründeten Verbindlichkeiten in der Bilanz des beteiligten Rechtsträgers, dem diese Verbindlichkeit nicht durch den Spaltungs- und Übernahmevertrag zugewiesen wurde, nicht ohne Weiteres in Betracht zu ziehen. Anders ist dies zu sehen, wenn sich das Risiko der Inanspruchnahme für diesen beteiligten Rechtsträger aufgrund der gesamtschuldnerischen Haftung konkretisiert. In diesem Fall ist eine Passivierung der Verpflichtung als Rückstellung oder Verbindlichkeit geboten (so auch S/B/B/*Bula/Schlösser* O Rn. 30).

8. Steuerrechtliche Behandlung der Spaltung

a) Grundsätze

276 Grundsätzlich sah der Gesetzgeber bisher im Umwandlungssteuergesetz 1995 eine steuerneutrale Spaltung vor, in dem die Möglichkeit der Buchwertfortführung besteht, soweit nicht durch den Umwandlungsvorgang die stillen Reserven der späteren Besteuerung entzogen werden (*Dehmer* DStR 1994, 1713, 1714).

277 § 15 UmwStG beinhaltet daher eine Anzahl von Missbrauchsregelungen, die die Anwendung der Buchwertfortführung ausschließen. Dabei steht im Mittelpunkt, dass der übertragende Vermögensteil einen Teilbetrieb darstellt, im Gegensatz zur Regelung im Umwandlungsgesetz, welches einen solchen Teilbetrieb bei einer Spaltung nicht erfordert. Nur wenn die Voraussetzungen eines Teilbetriebs vorliegen, ist eine Buchwertfortführung möglich. Als Teilbetrieb gilt auch ein Mitunternehmeranteil oder eine 100 %ige Beteiligung an einer Kapitalgesellschaft (§ 15 Abs. 1 Satz 1 Satz 3, § 16 UmwStG).

278 Allerdings sind nach neuer Rechtslage auch die Neuregelungen der §§ 11 bis 13 UmwStG i. d. F. des SEStEG entsprechend für die Auf- und Abspaltung sowie die Ausgliederung anwendbar. Dies bedeutet, dass grundsätzlich die gemeinen Werte für die Wirtschaftsgüter anzusetzen sind. Auf Antrag ist – wie bei einer Verschmelzung – eine Buchwertfortführung möglich (vgl. Rdn. 137/138).

279 Bezüglich der steuerlichen Rückwirkung wird auf die Ausführungen zur Verschmelzung verwiesen, denn die Regelungen der Spaltung sind identisch mit denjenigen der Verschmelzung. Dies gilt auch nach neuer Rechtslage durch die Änderungen des SEStEG (vgl. Rdn. 128 und 129).

b) Aufspaltung und Abspaltung von Körperschaften untereinander

aa) Analoge Anwendung der §§ 11 bis 13 UmwStG

280 Nach § 15 Abs. 1 Satz 1 UmwStG sind auf die Aufspaltungen und Abspaltung vorbehaltlich der weiteren Voraussetzung des § 15 UmwStG, die die Verschmelzung von Körperschaften betreffenden Regelungen der §§ 11 bis 13 UmwStG entsprechend anzuwenden. Danach hatte die übertragende Körperschaft nach bisheriger Rechtslage ein Wahlrecht, die zu übertragenden Wirtschaftsgüter in der gem. § 15 Abs. 2 UmwStG auf den Übertragungsstichtag aufzustellenden Steuerbilanz mit dem Buchwert, dem Teilwert oder einem Zwischenwert anzusetzen, unter der Voraussetzung, dass die Besteuerung der in dem übertragenden Vermögen enthaltenen stillen Reserven sichergestellt ist und entweder eine Gegenleistung nicht gewährt wird oder in Gesellschaftsrechten besteht (§ 11 Abs. 1 UmwStG a. F.; vgl. *Herzig/Momen* DB 1994, 2157).

281 Sind die genannten Voraussetzungen nicht erfüllt, ist das Vermögen mit dem gemeinen Wert der für die Übertragung gewährten Gegenleistung oder mangels Gewährung einer Gegenleistung mit dem Teilwert anzusetzen (§ 11 Abs. 2 UmwStG a. F.). Bei einer Abspaltung war für die bei der abspaltenden Kapitalgesellschaft dort verbleibenden Wirtschaftsgüter die Buchwertfortführung allerdings zwingend geboten.

282 Nach der Rechtslage ab Inkrafttreten der Änderungen des UmwStG durch das SEStEG gelten nunmehr – wie bereits oben ausgeführt – die Vorschriften der §§ 11 bis 13 UmwStG n. F. für die Spaltung entsprechend. Dies bedeutet, dass die zu übertragenden Wirtschaftsgüter grundsätzlich mit

dem gemeinen Wert anzusetzen sind. Auf Antrag kann auch der Buchwert oder ein anderer Wert (Zwischenwert), höchstens jedoch der gemeine Wert angesetzt werden. Zur ausführlichen Darstellung des Bewertungswahlrechts auf der Ebene der übertragenden Körperschaft sowie zur Frage der Maßgeblichkeit der handelsbilanziellen Wertansätze auf die Ausübung des steuerlichen Bewertungswahlrechts nach alter und neuer Rechtslage, wird insoweit auf die Ausführungen zur Verschmelzung (Rdn. 136 ff., zum Maßgeblichkeitsgrundsatz insbesondere auf Rdn. 150) sowie auf Tz 11.01/11.02 und Tz 03.04 UmwStE 2011 verwiesen.

bb) Teilbetrieb

Gem. § 15 Abs. 1 Satz 1 UmwStG a. F. und n. F. i. d. F. des SEStEG sind die Vorschriften der §§ 11 bis 13 UmwStG nur anzuwenden, wenn es sich bei dem übertragenden Vermögensteil jeweils um einen Teilbetrieb handelt. Im Fall der Abspaltung muss auch der bei der Überträgerin verbleibende Vermögensteil einen Teilbetrieb darstellen (§ 15 Abs. 1 Satz 1 und 2 UmwStG a. F. und n. F., Tz 15.01 UmwStE 2011). Als Teilbetrieb gilt auch ein Mitunternehmeranteil oder eine 100 %ige Beteiligung an einer Kapitalgesellschaft – sog. fiktive Teilbetriebe – (§ 15 Abs. 1 Satz 3 UmwStG; *Herzig/Förster* DB 1995, 338; *Thiel* DStR 1995, 237, 240 und Tz 12.03, 12.04 UmwStE).

283

Auch ein Teil eines Mitunternehmeranteils ist ein Teilbetrieb. Die 100 %ige Beteiligung an einer Kapitalgesellschaft stellt aber nur dann einen eigenständigen (fiktiven) Teilbetrieb dar, wenn sie nicht einem anderen Teilbetrieb als wesentliche Betriebsgrundlage zuzurechnen ist.

284

Wird eine 100 %ige Beteiligung, die wesentliche Betriebsgrundlage eines anderen Teilbetriebs ist, übertragen, stellt das zurückbleibende Vermögen keinen Teilbetrieb dar (vgl. hierzu Tz 15.05, 15.06 UmwStE 2011). Allerdings wird von der Finanzverwaltung aus Billigkeitsgründen zugelassen, dem fiktiven Teilbetrieb solche Wirtschaftsgüter einschließlich der Schulden zuzuordnen, die in unmittelbaren wirtschaftlichen Zusammenhang mit dem Teilbetrieb stehen (z.B. bei einer 100 %igen Beteiligung alle Wirtschaftsgüter, die für die Verwaltung der Beteiligung erforderlich sind, wie z.B. Erträgniskonten, Einrichtung). Nach den Vorschriften des UmwG ist eine Spaltung dagegen auch dann zulässig, wenn nur einzelne Wirtschaftsgüter (Vermögensgegenstände) übertragen werden.

285

Nach der Rechtsprechung zu § 16 EStG gilt als Teilbetrieb ein mit einer gewissen Selbstständigkeit ausgestatteter, organisch geschlossener Teil des Gesamtbetriebs, der für sich allein lebensfähig ist (*Schmidt* EStG, § 16 Rn. 15 m. w. N.). Diese Betrachtungsweise wurde entwickelt, um Gewinne bei Teilbetriebsveräußerungen nach § 16 EStG von nicht begünstigten Veräußerungsgewinnen abzugrenzen. Im Rahmen des § 15 UmwStG ist jedoch nur die Zuordnung zu dem einen oder dem anderen Teilbetrieb notwendig. Es geht jedoch nicht um die Entscheidung, ob ein steuerbegünstigter Veräußerungsgewinn vorliegt. Deshalb ist allein die funktionale Betrachtungsweise maßgebend (vgl. BFH v. 01.10.1986, BStBl. II 1987, S. 113). Danach kommt es auf die Funktion und organisatorische Zugehörigkeit eines Wirtschaftsguts zu einem Teilbetrieb an (vgl. auch BFH DStR 1998, 76 zu § 24 UmwStG).

286

Tz 15.02 UmwStE 2011 definiert den Teilbetrieb wie folgt: »Teilbetrieb i. S. d. § 15 UmwStG ist die Gesamtheit der in einem Unternehmensteil einer Gesellschaft vorhandenen aktivem und passiven Wirtschaftsgüter, die in organisatorischer Hinsicht einen selbständigen Betrieb, d.h. einen aus eigenen Mitteln funktionsfähige Einheit darstellen (vgl. Art. 2 Buchst. j RL 2009/133/EG, ABl. EG Nr. L10, S. 34). Zu einem Teilbetrieb gehören alle funktional wesentlichen Betriebsgrundlagen. Die Voraussetzungen eines Teilbetriebs sind nach Maßgabe der einschlägigen Rechtsprechung unter Zugrundelegung der funktionalen Betrachtungsweise aus der Perspektive des übertragenden Rechtsträgers zu beurteilen.«

Mit dieser Definition des Teilbetriebs übernimmt die Finanzverwaltung den europäischen Teilbetriebsbegriff. Was letztendlich unter diesem Teilbetriebsbegriff zu verstehen ist, ist allerdings durch die Rechtsprechung nicht abschließend geklärt.

287 Die Teilbetriebe müssen spätestens im Zeitpunkt des Beschlusses über die Spaltung vorliegen. Ein Teilbetrieb im Aufbau soll nach Ansicht des BFH(Urt. v. 01.02.1989, BStBl. II 1989, S. 458) genügen. Allerdings stellt – entgegen des obigen BFH-Urteils – nach Auffassung der Finanzverwaltung ein Teilbetrieb im Aufbau keinen Teilbetrieb i. S. d. § 15 UmwStG dar (vgl. Tz 15.03 UmwStE 2011). Fehlt die Teilbetriebsvoraussetzung, so ist eine steuerneutrale Spaltung nicht möglich (Tz 15.11 UmwStE). Liegt eine handelsrechtliche Aufspaltung vor, so ist der Vorgang dann nach den Grundsätzen der Liquidation bei der übertragenden Gesellschaft zu behandeln (§ 11 KStG). Die Abspaltung war in diesem Fall nach bisheriger Rechtslage als Sachausschüttung an die Anteilseigner der übertragenden Körperschaft zum gemeinen Wert und als Einlage der Wirtschaftsgüter in die aufnehmende Körperschaft zu beurteilen. Die Aufdeckung und Versteuerung der stillen Reserven trifft allerdings nur die übertragenen Wirtschaftsgüter wozu auch die immateriellen Wirtschaftsgüter einschließlich eines Geschäfts- oder Firmenwertes gehören (vgl. *Thiel/Eversberg/von Lishaut/ Neumann* GmbHR 1998, 426 [Nr. 3]). Fehlt die Teilbetriebsvoraussetzung, war nach alter Rechtslage ein Übergang von Verlustvorträgen ausgeschlossen (Tz 15.48 UmwStE). Nach neuer Rechtslage (UmwStG n. F. i. d. F. des SEStEG) ist bei Fehlen der Teilbetriebsvoraussetzung der Antrag auf Buchwertfortführung bzw. der Ansatz eines Zwischenwerts nicht möglich. Die stillen Reserven sind aufzudecken (Tz 15.12. UmwStE 2011).

cc) Missbrauchsregelungen

288 Kein Bewertungswahlrecht bestand nach alter und besteht nunmehr auch nach neuer Rechtslage bei Aufstockung und Erwerb von Mitunternehmeranteilen und 100%igen Beteiligungen an Kapitalgesellschaften, die innerhalb eines Zeitraumes von 3 Jahren vor dem Übertragungsstichtag durch Übertragung von Wirtschaftsgütern, die kein Teilbetrieb sind, aufgestockt oder erworben worden sind (§ 15 Abs. 3 Satz 1 UmwStG a. F., § 15 Abs. 2 Satz 1 UmwStG n. F. i. d. F. des SEStEG, vgl. auch Tz 15.16 UmwStE 2011). Durch diese Regelung soll offenbar vermieden werden, dass die Teilbetriebsvoraussetzung i. S. d. § 15 Abs. 1 Satz 1 UmwStG in der Weise umgangen werden kann, indem einzelne Wirtschaftsgüter und Vermögenskomplexe, die keine Teilbetriebe darstellen, in Kapitalgesellschaften oder Mitunternehmerschaften eingelegt bzw. eingebracht werden und auf diese Weise steuerneutral von dem übrigen Vermögen der übertragenen Körperschaft abgespalten werden können (S/B/B/*Sagasser/Fahrenberg* P Rn. 29). Weiterhin besteht kein Bewertungswahlrecht bei Veräußerung und Vorbereitung der Veräußerung durch Außenstehende (vgl. Tz 15.22–15.35 UmwStE 2011).

289 Eine weitere Missbrauchsvorschrift besteht bezüglich der Trennung von Gesellschafterstämmen. So könnte ein potenzieller Erwerber vor der Spaltung als Anteilseigner in die zu spaltende Körperschaft eintreten und eine nichtverhältniswahrende Spaltung zur Trennung von Gesellschafterstämmen in der Weise durchgeführt werden, dass der Erwerber alleiniger Anteilseigner der zu erwerbenden Körperschaft wird. § 15 Abs. 3 Satz 5 UmwStG a. F., § 15 Abs. 2 Satz 5 UmwStG n. F. i. d. F. des SEStEG verhindern dies, indem auch in diesem Fall das Bewertungswahlrecht des § 11 Abs. 1 UmwStG zur Fortführung der Buchwerte ausgeschlossen wird, wenn die Beteiligungen an der übertragenden Körperschaft nicht seit mindestens 5 Jahren bestanden haben. Dabei ist nicht auf die Beteiligungsquote der Gesellschafter abzustellen, sondern allein auf das Bestehen der Beteiligung (vgl. *Schwedthelm/ Streck/Mack* GmbHR 1995, 100, 102; *Herzig/Förster* DB 1995, 338, 346, vgl. auch Tz 15.36–15.40 UmwStE 2011). Bei einer solchen nichtverhältniswahrenden Spaltung (§ 128 UmwG) werden die Anteilseigner der übertragenden Körperschaft an dem bzw. den übernehmenden Rechtsträgern nicht in dem gleichen Verhältnis beteiligt, wie sie es an der Übertragerin waren. Nach dem Urt. des LG Konstanz v. 13.02.1998 (GmbHR 1998, 837) lässt § 128 UmwG nicht nur eine sog. Quoten abweichende Spaltung einer Gesellschaft, sondern auch eine Spaltung zu Null zu, bei der einem oder mehreren Gesellschaftern der übertragenden Gesellschaft kein neuer Anteil gewährt wird. Eine nichtverhältniswahrende Spaltung kann mit einer Werteverschiebung zwischen den Anteilseignern verbunden sein, muss es aber nicht (vgl. *Dötsch/Patt/Pung/Möhlenbrock*, UmwStG, § 15 Rn. 249). Im UmStE 2011 hat sich die Finanzverwaltung erstmals unter Tz 15.44 zur steuerlichen Behandlung einer nichtverhältniswahrenden Spaltung wie folgt geäußert:

(1) Werden bei einer Auf- und Abspaltung den Anteilseignern des übertragenden Rechtsträgers oder diesem nahestehenden Personen Anteile an dem übernehmenden Rechtsträger nicht in dem Verhältnis und/oder nicht mit dem ihrer Beteiligung an dem übertragenden Rechtsträger entsprechender Wert zugeteilt (vgl. § 128 UmwG), handelt es sich dabei grundsätzlich um eine Vorteilszuwendung zwischen den Anteilseignern.

(2) In dem einem Anteilseigner gewährten Mehrwert der Anteile ist nicht eine Gegenleistung i. S. d. § 11 Abs. 2 Satz 1 Nr. 3 UmwStG zu sehen (Anm.: Nach § 11 Abs. 2 Satz 2 Nr. 3 UmwStG ist eine Buchwertfortführung auf Gesellschaftsebene nur zulässig, wenn eine Gegenleistung nicht gewährt wird oder wenn sie in Gesellschaftsrechten besteht).

(3) Eine Quoten- und/oder Wertverschreibung infolge einer nichtverhältniswahrenden Spaltung führt nicht zur Anwendung des § 15 Abs. 2 Satz 2 bis 4 UmwStG, es sei denn, die Beteiligungsquoten verschieben sich zugunsten außenstehender Personen.

Damit ist die Verschiebung der Anteilsquoten zwischen den Gesellschaftern keine schädliche Veräußerung i. S. d. § 15 Abs. 2 Sätze 2–4 UmwStG, weil sie unentgeltlich erfolgt. Sie ist auch deshalb unschädlich, weil es nur zur Verschiebung innerhalb des bisherigen Gesellschafterkreises kommt (*Rödder* DStR 1997, 483; *Haritz/Wagner* DStR 1997, 181, 182). Allerdings ist zu prüfen, ob die Werteverschiebung eine freigebige Zuwendung darstellt (vgl. zu schenkungssteuerlichen Folgen einer Spaltung zu Null, *Perwein* DStR 2009, 1892). In Sonderfällen kann die Vermögensverschiebung aufgrund einer nichtverhältniswahrenden Spaltung steuerlich als verdeckte Gewinnausschüttung bzw. als verdeckte Einlage zu beurteilen sein (vgl. auch Dötsch/Patt/Pung/Möhlenbrock, UmwStG, § 15 Rn. 252).

Kommt es aufgrund der Aufdeckung stiller Reserven auf der Ebene der übertragenden Körperschaft zur Realisierung eines Übertragungsgewinns weil die Voraussetzungen für eine Spaltung gem. § 15 UmwStG nicht vorlagen, unterliegt dieser nach den allgemeinen Vorschriften der Körperschaftsteuer und gem. § 19 Abs. 1 UmwStG der Gewerbesteuer. 290

dd) Steuerliche Auswirkungen bei der übernehmenden Körperschaft

Wenn die Voraussetzungen des § 15 Abs. 1 UmwStG a. F. und n. F. i. d. F. des SEStEG erfüllt sind, finden hinsichtlich der Besteuerung der übernehmenden Körperschaft die Vorschriften des § 12 UmwStG a. F. und n. F. entsprechende Anwendung. 291

Die übernehmende Körperschaft hat die Wertansätze aus der steuerlichen Schlussbilanz der übertragenden Körperschaft fortzuführen (§ 12 Abs. 1 i. V. m. § 4 Abs. 1 UmwStG). Werden die Anteile an der übertragenden Körperschaft ganz oder teilweise von der übernehmenden Körperschaft gehalten, entsteht i. H. d. Unterschiedsbetrags zwischen dem übertragenden Vermögen und dem – entsprechend dem übertragenen Vermögensteil – anteilig fortfallenden Beteiligungsbuchwert ein Übernahmegewinn bzw. -verlust (*Thiel* DStR 1995, 276, 279 ff.). 292

Der Übernahmegewinn oder -verlust bleibt gem. § 12 Abs. 2 UmwStG a. F. und n. F. bei der Ermittlung des Einkommens der übernehmenden Gesellschaft außer Ansatz. 293

Die übernehmende Körperschaft tritt bezüglich der AfA, der Sonderabschreibungen und ähnlicher Erleichterungen hinsichtlich der übertragenen Wirtschaftsgüter in die Rechtsstellung der übertragenen Körperschaft ein (§ 15 Abs. 1 i. V. m. § 12 Abs. 3 Satz 1 UmwStG a. F. und n. F.). Bezüglich der Regelungen zur Bemessung der AfA etc. vgl. die Ausführungen zur Verschmelzung unter Rdn. 142 ff.). 294

ee) Aufteilung des verwendbaren Eigenkapitals

(1) Rechtslage bis 31.12.2000

295 Bis zum 31.12.2000 galt im Körperschaftsteuerrecht das sog. Anrechnungsverfahren. Dies bedeutete, dass der Anteilseigner der Kapitalgesellschaft die Körperschaftsteuer auf seine Körperschaftsteuer (Anteilseigner ist juristische Person) oder auf seine ESt (Anteilseigner ist natürliche Person) anrechnen konnte. Nach diesem Verfahren war es erforderlich, das steuerliche Eigenkapital aufzuteilen. Im Einzelnen soll hierzu auf die Kommentare zum Körperschaftsteuergesetz verwiesen werden.

Das verwendbare Eigenkapital der übertragenden Körperschaft war im Fall der Aufspaltung vollständig und im Fall der Abspaltung anteilig auf die übernehmende Körperschaft zu übertragen. Damit wird die auf der Ebene der übertragenden Körperschaft im Zuge der Aufspaltung und Abspaltung eintretende Vermögensminderung nicht als Ausschüttung behandelt, sodass es auch nicht zur Herstellung der Ausschüttungsbelastung kommt (*Wochinger/Dötsch* DB 1994, Beil. 14/94, 25).

296 Die Aufteilung des verwendbaren Eigenkapitals auf die beteiligten Körperschaften ist im § 38a KStG a. F. geregelt. Als Aufteilungsmaßstab ist grundsätzlich das Verhältnis der gemeinen Werte der übergehenden Vermögensteile zu dem vor der Spaltung bei der übertragenen Körperschaft bestehenden Vermögen heranzuziehen. Die Aufteilung erfasst jeden Eigenkapitalteilbetrag sowie auch einen Sonderausweis i. S. d. § 47 Abs. 1 Nr. 2 KStG im jeweils gleichen Umfang, § 38a Abs. 1 Satz 1 KStG (*Herzig/Förster* DB 1995, 338, 347 ff.).

297 Das Aufteilungsverhältnis ergibt sich in der Regel aus der Festlegung des Umtauschverhältnisses der Anteile im Spaltungs- und Übernahmevertrag gem. § 126 Abs. 1 Nr. 3 UmwG bzw. im Spaltungsplan gem. § 136 UmwG. Eine Ermittlung der gemeinen Werte ist daher nur in den Fällen erforderlich, in denen der Spaltungs- und Übernahmevertrag oder der Spaltungsplan keine Angabe zum Umtauschverhältnis enthält oder in denen im Fall einer nicht-verhältniswahrenden Spaltung ein Abweichen des Umtauschverhältnis vereinbart worden ist (*Wochinger/Dötsch* DB 1994, Beil. 14/94, 27).

298 Nach der Aufteilung des verwendbaren Eigenkapitals auf die beteiligten Körperschaften erfolgt in einem zweiten Schritt die sog. Angleichung der Nennkapitalsphäre. Diese dient der Anpassung eines Sonderausweises i. S. d. § 47 Abs. 1 Satz 1 Nr. 2 KStG an die infolge der Spaltung eintretende Änderung des Nennkapitals (*Wochinger/Dötsch* DB 1994, Beil. 14/94, 26).

(2) Neue Rechtslage ab 2001

299 Aufgrund der Änderung der KStG durch das StSenkG entfällt ab 01.01.2001 die Gliederung des verwendbaren Eigenkapitals. Es gibt ab 2001 wegen Wegfalls des Anrechnungsverfahrens kein verwendbares Eigenkapital mehr. Damit entfällt auch zukünftig grundsätzlich eine Aufteilung des verwendbaren Eigenkapitals bei der Spaltung.

300 Es sind vielmehr das Körperschaftsteuerguthaben gem. § 37 KStG i. d. F. des StSenkG und der positive Endbetrag aus dem EK 02 gem. § 28 KStG i. d. F. des StSenkG fortzuschreiben. Diese Beträge sind gem. § 40 Abs. 2 KStG i. d. F. des StSenkG der übernehmenden Körperschaft im Verhältnis der übergehenden Vermögensteile zu dem bei der übertragenden Körperschaft vor dem Übergang bestehenden Vermögen zuzuordnen. Die Zuordnungskriterien entsprechen der bisherigen Rechtslage (Umtauschverhältnis bzw. gemeine Werte, vgl. Widmann/Mayer/*Widmann* § 15 UmwStG Rn. 709).

301 Nach Änderung des KStG ab 01.01.2008 wird das Körperschaftsteuerguthaben nunmehr in einen Auszahlungsanspruch umgewandelt. Das Körperschaftsteuerguthaben wird in zehn gleichen Jahresbeträgen ausbezahlt, und zwar ab dem Jahre 2008 bis zum Jahre 2017 (§ 37 Abs. 5 KStG). Die Ansprüche auf die Auszahlung des Körperschaftsteuerguthabens können dabei im Wege der Einzel- und Gesamtrechtsnachfolge übergehen (vgl. *Winkeljohann/Fuhrmann* Hdb. Umwandlungssteuerrecht, S. 676 unter d). Da es sich bei der Spaltung um eine partielle Gesamtrechtsnachfolge handelt, sind

für den Übergang der Auszahlungsansprüche m. E. die obigen Zuordnungskriterien für den Übergang eines Körperschaftsteuerguthabens maßgebend.

ff) Übertragung eines verbleibenden Verlustabzugs

(1) Bisherige Rechtslage

Ein verbleibender Verlustabzug der übertragenden Körperschaft ging nach bisheriger Rechtslage entsprechend § 12 Abs. 3 Satz 2 UmwStG a. F. nach der Maßgabe des § 15 Abs. 4 UmwStG a. F. anteilig auf die übernehmende Körperschaft über. Der verbleibende Verlustabzug konnte hingegen nicht übertragen werden, wenn der übertragende oder verbleibende Vermögensteil die Teilbetriebseigenschaft nicht erfüllt. 302

Der Aufteilungsmaßstab für die Übertragung eines verbleibenden Verlustabzugs richtete sich wiederum nach dem Verhältnis der gemeinen Werte der übertragenen Vermögensteile zu dem vor der Spaltung bei der Überträgerin vorhandenen Vermögen, wie es im Spaltungs- und Übernahmevertrag oder dem Spaltungsplan festgesetzten Umtauschverhältnis der Anteile zum Ausdruck kommt (§ 15 Abs. 4 UmwStG). 303

Die Übernahme des Verlustabzugs war allerdings an die weitere Voraussetzung geknüpft, dass die übertragende Gesellschaft ihren Geschäftsbetrieb im Zeitpunkt der Eintragung des Vermögensübergangs im Handelsregister noch nicht eingestellt hat (vgl. § 15 Abs. 1 i. V. m. § 12 Abs. 3 Satz 2 a. F., § 19 Abs. 2 Satz 2 UmwStG). Nach § 12 Abs. 3 Satz 2 UmwStG i. d. F. des Gesetzes zur Fortsetzung der Unternehmenssteuerreform geht ein verbleibender Verlustabzug i. S. d. § 10d Abs. 3 Satz 2 EStG unter der Voraussetzung von dem übertragenden Rechtsträger auf den übernehmenden Rechtsträger über, wenn der Betrieb oder Betriebsteil, der den Verlust verursacht hat, über den Verschmelzungsstichtag hinaus in einem nach dem Gesamtbild der wirtschaftlichen Verhältnisse vergleichbaren Umfang in den folgenden 5 Jahren fortgeführt wird (*Füger/Rieger* DStR 1998, 64). Bezüglich dieser Regelung, die auch für die Spaltung gilt, wird auf die Ausführungen zur Verschmelzung verwiesen (Rdn. 167 ff.). Die Regelung war anzuwenden für Spaltungen, deren Eintragungen ins Handelsregister nach dem 05.08.1997 beantragt worden sind. 304

(2) Neue Rechtslage nach dem SEStEG

Nach neuer Rechtslage durch die Änderungen des UmwStG durch das SEStEG geht nunmehr bei einer Aufspaltung der Verlust unter. Bei einer Abspaltung mindert sich ein verbleibender Verlustvortrag der übertragenden Körperschaft in dem Verhältnis, in dem bei Zugrundelegung des gemeinen Werts das Vermögen auf eine andere Körperschaft übergeht. 305

gg) Gewerbesteuerliche Behandlung der Spaltung

Erfolgt im Rahmen der Spaltung eine Aufdeckung stiller Reserven, so ist der Übertragungsgewinn gewerbesteuerpflichtig, da ein Gewinn aus der Veräußerung oder Aufgabe des Betriebs bei Kapitalgesellschaften zum Gewerbeertrag gehört (Abschn. 39 Abs. 3, 41 Abs. 2 GewStR). Werden die Buchwerte fortgeführt, wird jedoch die Entstehung eines solchen Übertragungsgewinns vermieden. 306

War die übertragende Kapitalgesellschaft Mitunternehmerin in einer Personengesellschaft, so gehen auch dort die vortragsfähigen Fehlbeträge i. S. d. § 10a GewStG, soweit sie auf die umgewandelte Kapitalgesellschaft entfallen, verloren. Nach BFH v. 03.05.1993 – GrS 3/92 BStBl. II 1993, S. 616 – führt die Umwandlung der Kapitalgesellschaft aus der Sicht der Personengesellschaft zu einem Unternehmerwechsel und zum (anteiligen) Fortfall des Verlustabzugs gem. § 10a GewStG. 307

Bezüglich der gewerbesteuerlichen Erfassung eines Übernahmegewinns schließt § 18 Abs. 2 UmwStG eine solche Erfassung aus. Die Literatur war daher bis Ende 1998 der Auffassung, dass auch ein Übernahmeverlust nach § 4 Abs. 4 bis 6 UmwStG bei der Gewerbesteuer zu berücksichtigen ist (vgl. *Rödder/Momen* DStR 1997, 1799 ff. m. w. N.; *Klar*, in: Haarmann, Hemmelrath & Partner, 308

Gestaltung und Analyse in der Rechts-, Wirtschafts- und Steuerberatung, S. 26). Nach Auffassung der Finanzverwaltung ist jedoch ein Übernahmeverlust – genau wie ein Übernahmegewinn – bei der Gewerbesteuer nicht zu berücksichtigen (vgl. Tz 18.03 UmwStE 2011).

309 Der BFH hat sich mit Urt. v. 20.06.2000 (DB 2000, 1795) der Auffassung der Literatur angeschlossen. Nach Auffassung des BFH ist ein Übernahmegewinn i. S. d. § 18 Abs. 2 UmwStG 1995 in der bis zum 31.12.1998 gültigen Fassung nur ein Gewinn und nicht auch ein Übernahmeverlust. Damit muss für die Gewerbesteuer eine eigene Gewinnermittlung erfolgen.

310 Allerdings ist § 18 Abs. 2 UmwStG mit Wirkung ab 01.01.1999 geändert worden. Danach ist § 18 Abs. 2 UmwStG nunmehr auch auf einen Übernahmeverlust anwendbar.

hh) **Steuerliche Auswirkungen auf der Ebene der Anteilseigner (alte Rechtslage und Rechtslage nach Änderungen durch das SEStEG)**

311 Auf der Ebene der Anteilseigner vollzog sich bisher die Aufspaltung und Abspaltung gem. § 15 Abs. 1 i. V. m. § 13 UmwStG a. F. grundsätzlich steuerneutral, indem die Anteile an der übertragenen Körperschaft als zum Buchwert bzw. zu den Anschaffungskosten veräußert und die an ihre Stelle tretenden Anteile als zu diesem Wert angeschafft gelten. Eine Gewinnrealisierung tritt allerdings insoweit ein, als über die Gewährung von Gesellschaftsrechten hinaus bare Zuzahlungen oder Abfindungen gewährt werden.

312 Behält ein an der übertragenden Körperschaft i. S. d. § 17 EStG wesentlich Beteiligter (nunmehr qualifizierter Beteiligter) im Zuge der Spaltung Anteile an einer Körperschaft, die keine wesentliche (qualifizierte) Beteiligung darstellen, dann gelten diese Anteile gem. § 15 Abs. 1 UmwStG i. V. m. § 13 Abs. 2 Satz 2 UmwStG a. F. als Anteile i. S. d. § 17 EStG (sog. spaltungsgeborene Anteile – vgl. *Herzig/Momen* DB 1994, 2157, 2161).

313 Anteile an einer übernehmenden Körperschaft, die Anteilseigner für einbringungsgeborene Anteile an der übertragenden Körperschaft i. S. d. § 21 UmwStG a. F. erhalten, galten gem. § 15 Abs. 1 UmwStG i. V. m. § 13 Abs. 3 UmwStG a. F. ebenfalls als einbringungsgeborene Anteile (*Thiel* DStR 1995, 276, 279). Eine entsprechende Regelung gilt für die Anteile i. S. d. § 50c EStG.

314 Für die Ermittlung der Einkünfte gelten die allgemeinen Grundsätze (z. B. § 17, § 22 Nr. 2 EStG, § 21 UmwStG). § 8b KStG und die Vorschriften der DBA sind zu berücksichtigen. Soweit das Besteuerungsrecht der BRD hinsichtlich der Anteile an der übernehmenden Körperschaft nicht eingeschränkt oder ausgeschlossen wird (z. B. aufgrund einer Art. 13 Abs. 2, 4 oder 5 OECD-MA entsprechenden Regelung) können auf Antrag die Buchwerte der Anteile der übertragenden Körperschaft angesetzt werden. Die Anteile an der übernehmenden Körperschaft treten dann gem. Satz 2 in die »Rechtsstellung« der bisherigen Anteile ein.

315 Nach den Änderungen des UmwStG durch das SEStEG gelten die Anteile an der übertragenden Körperschaft grundsätzlich als zum gemeinen Wert veräußert (§ 15 Abs. 1 Satz 1 UmwStG n. F. i. V m. § 13 UmwStG n. F.). Auf Antrag ist unter weiteren Voraussetzungen eine Buchwertfortführung möglich (vgl. § 13 UmwStG n. F.). Damit kann das Entstehen eines Veräußerungsgewinns vermieden werden.

ii) **Besteuerung ausländischer Anteilseigner**

316 Hier wird für die steuerliche Behandlung im Ausland ansässiger Anteilseigner auf die Ausführungen zur Verschmelzung verwiesen (Rdn. 188/189).

c) **Aufspaltung und Abspaltung von Körperschaften auf Personengesellschaften**

317 Diese Fälle der Aufspaltung und Abspaltung werden von der Vorschrift des § 16 UmwStG erfasst. Demgemäß gelten die Vorschriften der §§ 3 bis 8, 10 und 15 UmwStG entsprechend. Als

übertragende Rechtsträger kommen, wie im Fall der Aufspaltung und Abspaltung von Körperschaften untereinander, die in § 1 Abs. 1 UmwStG genannten Körperschaften in Betracht.

Übernehmende Personengesellschaften können nur die im § 3 Abs. 1 UmwG genannten Rechtsträger sein (a. A. *Dehmer* DStR 1995, 1753, 1757, demzufolge auch die GbR von der Regelung des § 16 UmwStG erfasst ist). 318

aa) Steuerliche Auswirkungen bei der übertragenden Körperschaft

Die übertragende Körperschaft hatte gem. § 16 UmwStG a. F. i. V. m. § 3 UmwStG a. F. ein Wahlrecht, in der auf den Übertragungsstichtag aufzustellenden Steuerbilanz die zu übertragenden Wirtschaftsgüter mit dem Buchwert, dem Teilwert oder mit einem Zwischenwert anzusetzen. Voraussetzung ist, dass das übertragene Vermögen Betriebsvermögen der übernehmenden Personengesellschaft wird, sodass die Besteuerung der stillen Reserven sichergestellt ist. Zur Ausübung des Wahlrechts, bezüglich des Maßgeblichkeitsprinzips wird auf die Ausführungen zur Verschmelzung verwiesen (Rdn. 146 ff.). Das Maßgeblichkeitsprinzip wurde mittlerweile auch von der Finanzverwaltung aufgegeben (vgl. Rdn. 150 und Tz 03.04 UmwStE 2011). Wird durch die Aufdeckung stiller Reserven in den übergehenden Vermögensteilen ein Übertragungsgewinn realisiert, unterliegt dieser nach den allgemeinen Grundsätzen der Körperschaftsteuer und gem. § 18 Abs. 1 UmwStG der Gewerbesteuer. Nach neuer Rechtslage ist nunmehr grundsätzlich der gemeine Wert anzusetzen. Auf Antrag besteht ein Wahlrecht auf Ansatz des Buchwerts oder eines Zwischenwerts. Höchstens ist jedoch der gemeine Wert anzusetzen. 319

Auch die Teilbetriebseigenschaft muss vorliegen. Dies ergibt sich aus dem in § 16 UmwStG enthaltenen Verweis auf die Voraussetzung des § 15 Abs. 1 UmwStG. Bezüglich der Missbrauchsregelungen gilt ebenfalls § 15 Abs. 3 UmwStG entsprechend. Auf die Ausführungen zur Spaltung von Körperschaften untereinander wird verwiesen (Rdn. 288/289/290). 320

Ein verbleibender Verlustabzug i. S. d. § 10d Abs. 3 Satz 2 EStG verminderte sich nach alter Rechtslage gem. § 16 Satz 3 UmwStG a. F. in dem Verhältnis, in dem das Vermögen auf die Personengesellschaft übergeht. Entsprechendes galt für vortragsfähige Fehlbeträge i. S. d. § 10a GewStG, § 19 Abs. 2 Satz 3 UmwStG. 321

Nunmehr gilt nach neuer Rechtslage (SEStEG) Folgendes: Bei einer Aufspaltung geht der Verlustvortrag unter, bei einer Abspaltung mindert sich ein verbleibender Verlustvortrag der übertragenden Körperschaft, in dem bei Zugrundelegung des gemeinen Werts das Vermögen auf die übernehmende Personengesellschaft übergeht. Sofern noch die Rechtslage des alten KStG Anwendung findet, vermindert sich auch das verwendbare Eigenkapital gem. § 38a Abs. 1 Satz 3 KStG a. F. in dem Verhältnis, in dem das Vermögen auf die Personengesellschaft übergeht. 322

bb) Steuerliche Auswirkungen bei der übernehmenden Personengesellschaft

Die übernehmende Personengesellschaft hat die auf sie übergehenden Wirtschaftsgüter mit den Wertansätzen in der steuerlichen Übertragungsbilanz der übertragenden Körperschaft zu übernehmen (§ 16 i. V. m. § 4 Abs. 1 UmwStG a. F. und n. F. i. d. F. des SEStEG). Bezüglich des Maßgeblichkeitsprinzips wird auf die bisherigen Ausführungen unter Rdn. 150 ff. und Tz 03–04 UmwStE 2011 verwiesen. Aufgrund des Wahlrechts der Buchwertfortführung besteht die Möglichkeit, lediglich die offenen Reserven durch die Besteuerung zu erfassen. 323

Soweit die Anteile zum steuerlichen Übertragungsstichtag im Betriebsvermögen der übernehmenden Personengesellschaft gehalten werden oder gem. § 5 UmwStG als diesen gehörend gelten, ergibt sich i. H. d. Unterschiedsbetrags zwischen dem Wert mit dem die übertragenden Wirtschaftsgüter übernommen wurden und dem Buchwert der Anteile an der übertragenden Körperschaft ein Übernahmegewinn oder -verlust. 324

325 Bei der Ermittlung des Übernahmegewinns oder -verlustes bleibt der Wert der übertragenden Wirtschaftsgüter insoweit außer Ansatz, als die Anteile an der übertragenden Körperschaft nicht zum Betriebsvermögen der übernehmenden Personengesellschaft gehören oder zu dieser gehörend gelten (§ 4 Abs. 4 Satz 3 UmwStG a. F. und n. F. i. d. F. des SEStEG).

326 Aufgrund der Rechtslage bis 31.12.2000 galt Folgendes:

Die auf dem verwendbaren Eigenkapital der übertragenden Körperschaft lastende Körperschaftsteuer, die gem. § 10 Abs. 1 UmwStG a. F. auf die Einkommen- bzw. Körperschaftsteuer der Gesellschaft anrechenbar war, wird – wie auch ein Sperrbetrag i. S. d. § 50c EStG a. F. – dem Übernahmegewinn hinzugerechnet bzw. von einem Übernahmeverlust in Abzug gebracht, soweit die Anteile an der übertragenden Körperschaft zum Betriebsvermögen der übernehmenden Personengesellschaft gehören bzw. als zu diesem gehörend gelten (*Wochinger/Dötsch* DB 1994, Beil. 14/94, 7).

327 § 16 Satz 2 UmwStG a. F. stellte somit klar, dass die Anrechnung der Körperschaftsteuer gem. § 10 Abs. 1 UmwStG a. F. nur insoweit erfolgen kann, als sich aufgrund des Vermögensübergangs das verwendbare Eigenkapital der übertragenden Körperschaft vermindert hat.

328 Ein sich auf der Ebene der übernehmenden Personengesellschaft ergebender Übernahmeverlust wird in der Weise steuerlich wirksam gemacht, dass in dessen Höhe stille Reserven aufgedeckt werden, indem die Wertansätze der übertragenden Wirtschaftsgüter bis höchstens deren Teilwerte aufgestockt werden (§ 4 Abs. 6 UmwStG). Diese Aufstockung schließt auch den Ansatz selbst geschaffener immaterieller Wirtschaftsgüter einschließlich eines originären Geschäfts- oder Firmenwerts mit ein.

329 Die Aufstockung, die in den Ergänzungsbilanzen der Gesellschafter einer Personengesellschaft vorzunehmen ist, hatte gem. § 4 Abs. 6 Satz 2 UmwStG a. F. in Anlehnung an die Stufentheorie zu erfolgen.

330 Entsteht anstatt eines Übernahmeverlusts ein Übernahmegewinn, so unterliegt dieser der ESt bzw. der Körperschaftsteuer auf der Ebene der Gesellschafter. Der Übernahmegewinn ist von der Gewerbesteuer gem. § 18 Abs. 2 UmwStG befreit. Bezüglich der bisher geltenden Tarifbegrenzung des § 32c EStG für gewerbliche Einkünfte wird auf Tz 04.42 UmwStE hingewiesen.

331 Nach der Rechtslage ab 2001 gilt Folgendes:

Mit Inkrafttreten der Änderungen des UmwStG durch das StSenkG haben sich die o. g. Besteuerungsgrundsätze und sich o. g. Rechtsfolgen grundlegend geändert.

332 Ein Übernahmeverlust, der auf eine Körperschaft, Personenvereinigung oder Vermögensmasse als Mitunternehmerin entfällt, bleibt nunmehr gem. § 4 Abs. 6 UmwStG i. d. F. des StSenkG außer Ansatz (Tz 04.40 UmwStE 2011). Es kommt nun nicht mehr zu einem steuerlichen step-up, wie dieser nach dem § 4 Abs. 6 UmwStG a. F. möglich war (vgl. obige Rdn. 328/329). Eine weitere Änderung gegenüber der bisherigen Rechtslage (vgl. Rdn. 326) ergibt sich insofern, als sich das gem. §§ 37, 38 KStG a. F. zu ermittelnde Körperschaftsteuerguthaben bzw. die Körperschaftsteuerschuld der übertragenden Körperschaft für den Veranlagungszeitraum der Umwandlung (Spaltung), vermindert bzw. erhöht (§ 10 UmwStG a. F.).

333 Im Übrigen gelten jedoch folgende Regelungen ohne Änderungen weiter: Gem. § 4 Abs. 2 UmwStG a. F. und n. F. i. d. F. des SEStEG tritt die übernehmende Personengesellschaft nach dem Grundsatz der partiellen Gesamtrechtsnachfolge hinsichtlich der AfA, der erhöhten Abschreibungen etc. in die Rechtsstellung der übertragenden Körperschaften ein. Dies gilt auch dann, wenn die Wirtschaftsgüter in der steuerlichen Übertragungsbilanz der Körperschaften mit dem Teilwert (nunmehr gemeiner Wert) oder mit einem Zwischenwert angesetzt worden sind. Ergänzend wird auf die Ausführungen zur Verschmelzung einer Körperschaft auf eine Personengesellschaft verwiesen (Rdn. 213 ff.).

334 Ein verbleibender Verlustabzug der übertragenden Körperschaft i. S. d. § 10d Abs. 3 Satz 2 EStG geht gem. § 4 Abs. 2 Satz 2 UmwStG a. F. und n. F. i. d. F. des SEStEG nicht (auch nicht anteilig) auf die

übernehmende Personengesellschaft über. Dasselbe gilt auch für vortragsfähige gewerbesteuerliche Fehlbeträge i. S. d. § 10a GewStG (§ 18 Abs. 1 Satz 2 UmwStG).

Wird der Betrieb der übernehmenden Personengesellschaft innerhalb von 5 Jahren nach dem Vermögensübergang aufgegeben und veräußert, unterliegt ein sich hieraus ergebender Veräußerungs- oder Aufgabegewinn gem. § 18 Abs. 4 UmwStG, § 18 Abs. 3 UmwStG n. F. i. d. F. des SEStEG der Gewerbesteuer. 335

cc) Steuerliche Auswirkungen bei den Gesellschaftern

(1) Rechtslage bis 31.12.2000

Den Gesellschaftern, deren Anteile an der übertragenden Körperschaft zum Übertragungsstichtag als dem Betriebsvermögen der übernehmenden Personengesellschaft gehörend gelten, wird der auf der Ebene der übernehmenden Personengesellschaft ermittelte Übernahmegewinn oder -verlust zugerechnet, soweit er auf diese entfällt. In dem Verhältnis, in dem das Vermögen der übertragenden Körperschaft auf die Personengesellschaft übergegangen ist, ist die auf dem vor der Spaltung vorhandenen verwendbaren Eigenkapital lastende Körperschaftsteuer gem. § 16 Satz 2 i. V. m. § 10 Abs. 1 UmwStG auf die ESt- bzw. Körperschaftsteuer anrechenbar (Konsequenz des bis zum 31.12.2000 geltenden körperschaftsteuerlichen Anrechnungsverfahrens). 336

(2) Rechtslage ab 2001

Auf der Ebene der Gesellschafter wird der Übernahmegewinn nunmehr nur zur Hälfte angesetzt, soweit er auf eine natürliche Person entfällt. Dies ist die Konsequenz des Halbeinkünfteverfahrens. Ab 01.01.2009 gilt das sog. Teileinkünfteverfahren. Danach wird der Übernahmegewinn mit 60 % angesetzt, d. h. 60 % des Übernahmegewinns sind steuerpflichtig (§ 3 Nr. 40 EStG; § 4 Abs. 6 UmwStG i. d. F. d. JStG 2009). 337

Im Übrigen bleibt der Übernahmegewinn außer Ansatz, soweit er auf eine unbeschränkt steuerpflichtige Körperschaft, Personenvereinigungen oder Vermögensmasse als Mitunternehmen der Personengesellschaft entfällt (§ 4 Abs. 7 UmwStG n. F. i. d. F. des SEStEG i. V. m. § 8b KStG n. F.). Eine Anrechnung der Körperschaftsteuer auf die Einkommen- bzw. Körperschaftsteuer des Gesellschafters findet nicht mehr statt. Gem. § 8b Abs. 3 KStG sind allerdings nunmehr 5 % des Übernahmegewinns als nichtabzugsfähige Betriebsausgaben zu versteuern. 338

Bezüglich der Einzelheiten der Berechnung des Übernahmegewinns, auch nach der Rechtslage aufgrund der Neufassung des UmwStG durch das SEStEG, wird auf die nachfolgenden Ausführungen zum Formwechsel verwiesen (Rdn. 392 ff.). 339

dd) Besteuerung ausländischer Anteilseigner

Auch hier wird ergänzend auf die steuerlichen Auswirkungen auf die Ausführung zur Verschmelzung einer Körperschaft auf eine Personengesellschaft oder zum Formwechsel verwiesen. 340

d) Auf- und Abspaltung von Personengesellschaften untereinander

Diese Spaltungsvorgänge sind als Einbringungsvorgänge anzusehen und sind entsprechend von § 24 UmwStG erfasst. Vor Inkrafttreten des SEStEG bestand aus steuerlicher Sicht im UmwStG keine explizite Vorschrift – im Gegensatz zur Spaltung bei Kapitalgesellschaften – welche die Spaltung von Personenhandelsgesellschaften regelte. Durch die Aufnahme der Auf- bzw. Abspaltungsvorgänge von Personenhandelsgesellschaften in § 1 Abs. 3 UmwStG durch das SEStEG ist gesetzlich nunmehr klargestellt, dass derartige Vorgänge unter die Einbringungsvorschriften des UmwStG zu subsumieren sind (vgl. auch *Franz/Wegener* Ubg 2008, S. 608 ff.). Ggf. kommt aber auch eine Anwendung der Grundsätze der steuerlichen Realteilung in Betracht (zur Realteilung vgl. Rdn. 483 ff.; *Dehmer* DStR 1994, 1753, 1761). 341

aa) Steuerliche Auswirkungen bei der übertragenden Personengesellschaft

342 Die steuerlichen Auswirkungen der übertragenden Personengesellschaft werden durch die Bewertung des übertragenden Vermögensteils bei der übernehmenden Personengesellschaft bestimmt. Diese hatte gem. § 24 Abs. 2 UmwStG a. F. bisher ein Wahlrecht, die Wirtschaftsgüter des übernommenen Vermögensteils zu Buchwerten, Teilwerten und zu Zwischenwerten anzusetzen. Nach neuer Rechtslage durch die Änderungen des UmwStG durch das SEStEG ist nunmehr grundsätzlich der gemeine Wert anzusetzen. Auf Antrag kann der Buchwert oder ein Zwischenwert, höchstens jedoch der **gemeine** Wert angesetzt werden (§ 24 Abs. 2 UmwStG n. F. i. d. F. des SEStEG). Der gewählte Wertansatz wird den einbringenden Gesellschaftern gem. § 24 Abs. 3 UmwStG als Veräußerungspreis zugerechnet.

343 Wenn die übernehmende Personengesellschaft die Wirtschaftsgüter zu Zwischen- oder Teilwerten (nunmehr den gemeinen Wert) angesetzt hat, entsteht damit ein Veräußerungsgewinn. Dieser Veräußerungsgewinn unterliegt nach h. M. in der Literatur nicht der Gewerbesteuer, und zwar auch dann nicht, wenn die übernehmende Personengesellschaft die Wirtschaftsgüter mit Zwischenwerten ansetzt (*Dehmer* § 24 UmwStG Rn. 270 m. w. N.).

344 Die Finanzverwaltung ist dagegen in Tz 18.07 UmwStE 2011 der Auffassung, dass die Einbringung eines Betriebs, Teilbetriebs oder Mitunternehmeranteils in eine Personengesellschaft, bei der das eingebrachte Vermögen mit dem Teilwert (bzw. nach neuer Rechtslage nach dem SESTEG mit dem gemeinen Wert) angesetzt wird, insoweit zu einem gewerbeertragsteuerpflichtigen Gewinn führt, als der Einbringende an der Übernehmerin beteiligt ist. Es handelt sich dabei um einen laufenden Gewinn, da das betriebliche Engagement nicht beendet, sondern fortgesetzt wird. Eine Veräußerung liegt dagegen i. S. d. § 18 Abs. 4 UmwStG a. F., § 18 Abs. 3 UmwStG n. F. vor, soweit der Einbringende an der Übernehmerin nicht beteiligt ist.

345 Vortragsfähige gewerbesteuerliche Fehlbeträge der übertragenden Personengesellschaft i. S. d. § 10a GewStG können – soweit die Gesellschafter der übertragenden Personengesellschaft auch an der übernehmenden Personengesellschaft beteiligt sind und die Voraussetzungen der Unternehmensintensität gegeben sind – auf die aufnehmende Personengesellschaft übertragen werden (S/B/B/*Sagasser/Fahrenberg* P Rn. 101; ebenso *Dehmer* Nachtrag zu § 24 Abs. 4 UmwStG in der Fassung des StErgG 1996; *Haritz/Benkert* § 24 UmwStG Rn. 1621).

346 Der Übergang eines im Zeitpunkt der Einbringung bestehenden gewerbesteuerlichen Verlusts setzt Unternehmeridentität voraus, da nur derjenige zum gewerbesteuerlichen Verlustabzug berechtigt ist, der den Verlust in demselben Unternehmen erlitten hat (BFH, GrS v. 03.05.1993, BStBl. II 1993, S. 616).

bb) Steuerliche Auswirkungen bei der übernehmenden Personengesellschaft

347 Gem. § 24 Abs. 2 UmwStG a. F. hatte die übernehmende Personengesellschaft ein Wahlrecht, den eingebrachten Vermögensteil in ihrer Bilanz einschl. der Ergänzungsbilanzen der Gesellschaft mit dem Buchwert, dem Teilwert oder einem Zwischenwert anzusetzen. Voraussetzung ist, dass es sich bei dem eingebrachten Vermögensteil um einen Betrieb, Teilbetrieb oder einem Mitunternehmeranteil handelt (§ 24 Abs. 1 UmwStG). Fraglich ist hier wiederum, ob der Maßgeblichkeitsgrundsatz nach bisheriger Rechtslage gilt (vgl. hierzu Rdn. 201/202).

348 Werden die Wertansätze des übertragenen Vermögensteils in der Bilanz der übernehmenden Personengesellschaft einschließlich der Ergänzungsbilanzen der Gesellschafter aufgestockt, dann gilt auch hier wieder die sog. Stufentheorie. Hierzu wird auf die bisherigen Ausführungen verwiesen (Rdn. 142, 208).

349 Nach § 24 Abs. 2 UmwStG n. F. i. d. F. des SEStEG hat die übernehmende Personengesellschaft das eingebrachte Betriebsvermögen grundsätzlich mit dem gemeinen Wert abzusetzen. Es besteht jedoch

auf Antrag ein Wahlrecht des Ansatzes mit dem Buchwert oder einem Zwischenwert (§ 24 Abs. 2 Satz 2 UmwStG n. F.).

cc) Steuerliche Auswirkungen bei den Gesellschaftern

Die Gesellschafter der übertragenden Personengesellschaft gelten als Einbringende i. S. d. § 24 UmwStG. Dementsprechend wird den Gesellschaftern der übertragenden Gesellschaft der Wert, mit dem der übernommene Vermögensteil bei der übernehmenden Personengesellschaft angesetzt wird, als Veräußerungspreis zugerechnet. Der sich aus der Gegenüberstellung des Veräußerungspreises und der Buchwerte ergebende Gewinn stellt den Veräußerungsgewinn i. S. d. § 16 EStG dar. Der Freibetrag des § 16 Abs. 4 EStG sowie die Begünstigung des § 34 EStG (sofern dessen Voraussetzungen vorliegen) werden jedoch nur gewährt, wenn das übertragene Betriebsvermögen mit dem Teilwert (nunmehr gemeiner Wert nach neuer Rechtslage) angesetzt wird und es sich nicht um die Einbringung von Teilen eines Mitunternehmeranteils handelt (§ 24 Abs. 3 Satz 2 UmwStG a. F. und n. F.). Der Freibetrag und die Begünstigung des § 34 EStG werden jedoch insoweit nicht gewährt, als der einbringende Gesellschafter an der übernehmenden Personengesellschaft beteiligt ist. Dies ergibt sich aus § 24 Abs. 3 Satz 3 UmwStG i. V. m. § 16 Abs. 2 Satz 3 EStG, wonach der Veräußerungsgewinn insoweit als laufender Gewinn gilt. 350

Die Kapitalkonten der Gesellschafter bei der übertragenden Personengesellschaft mindern sich um den Betrag, mit dem die übernehmende Personengesellschaft den übertragenden Vermögensteil angesetzt hat. Die Kapitalkonten der Gesellschafter bei der übernehmenden Personengesellschaft sind in der gleichen Höhe festzusetzen. Damit vollzieht sich die Aufspaltung/Abspaltung auf der Ebene der Gesellschafter erfolgsneutral, soweit die Buchwerte fortgeführt werden und keine Ausgleichszahlungen gewährt werden (vgl. Widmann/Mayer/*Widmann* § 24 UmwStG Rn. 188 ff. zur Behandlung von Ausgleichszahlungen). 351

Zur Aufnahme des Gesellschafters in eine Einzelpraxis mit Zuzahlung in das Privatvermögen vgl. auch BFH v. 21.09.2000, BStBl. II 2001, S. 178 = DStR 2000, 2183 und BMF, Schreiben v. 21.08.2001, IV A 6 – S 1909 – 11/01 = DStR 2001, 1570. 352

dd) Besteuerung ausländischer Gesellschafter

Zu den steuerlichen Auswirkungen bei Beteiligung ausländischer Anteilsinhaber wird auf die Ausführungen zur Verschmelzung von Personengesellschaften untereinander verwiesen (Rdn. 198 ff.). 353

9. Auf- und Abspaltung von Personengesellschaften auf Kapitalgesellschaften

Diese Aufspaltung/Abspaltung von Personengesellschaften auf Kapitalgesellschaften fällt unter die Vorschriften des sechsten Teils des UmwStG. Hierin ist die Einbringung von Betrieben, Teilbetrieben und Mitunternehmeranteilen in eine Kapitalgesellschaft gegen Gewährung von Gesellschaftsrechten geregelt. Durch Aufspaltung/Abspaltung wird ein Vermögensteil in die Kapitalgesellschaft eingebracht. Bisher war streitig, wer dabei als Einbringender anzusehen ist, der Gesellschafter der Personengesellschaft oder die Personengesellschaft als solche. Nach Tz 20.03 UmwStE 2011 ist bei Einbringung von Betriebsvermögen einer Personengesellschaft danach zu entscheiden, ob die einbringende Personengesellschaft nach der Einbringung fortbesteht. Wird diese infolge der Einbringung aufgelöst und stehen die Anteile am übernehmenden Rechtsträger daher zivilrechtlich den Mitunternehmern zu, so sind diese als Einbringende anzusehen (vgl. auch BFH, Urt. v. 16.02.1996, I R 183/94 BStBl. II, 342). Die übernehmende Kapitalgesellschaft hatte gem. § 20 Abs. 2 UmwStG a. F. ein Wahlrecht, die übernommenen Wirtschaftsgüter zu Buchwerten, Teilwerten oder mit Zwischenwerten anzusetzen. 354

Nach § 20 Abs. 2 UmwStG n. F. i. d. F. des SEStEG ist grundsätzlich der gemeine Wert anzusetzen. Auf Antrag kann unter weiteren Voraussetzungen des § 20 Abs. 2 Nr. 1 bis 3 UmwStG n. F. der Buchwert oder ein Zwischenwert, höchstens jedoch der gemeine Wert angesetzt werden. Eine 355

Buchwertfortführung ist dann nicht möglich, wenn der Nettobuchwert des übertragenen Vermögens negativ ist, also die Buchwerte der übertragenen Schulden die Buchwerte des übertragenen Aktivvermögens übersteigen (vgl. § 20 Abs. 2 Satz 2 Nr. 2 UmwStG n. F. i. d. F. des SEStEG, § 20 Abs. 2 Satz 4 UmwStG a. F.). In diesen Fällen sind die Wertansätze der übernommenen Wirtschaftsgüter mindestens soweit aufzustocken, dass sich Schuld- und Vermögensgegenstände ausgleichen (vgl. auch Tz 20.19 ff. UmwStE 2011 zu § 20 Abs. 2 Satz 4 UmwStG a. F.).

356 Werden von der übernehmenden Kapitalgesellschaft weitere Gegenleistungen für die Einbringung gewährt und übersteigt der gemeine Wert dieser Gegenleistungen den Buchwert der eingebrachten Wirtschaftsgüter, dann müssen die eingebrachten Wirtschaftsgüter mindestens mit dem Wert der neben den Gesellschaftsrechten gewährten Gegenleistungen angesetzt werden (§ 20 Abs. 2 Satz 5 UmwStG a. F., § 20 Abs. 2 Satz 5 UmwStG n. F.). Auch in diesem Fall dürfen die Werte der einzelnen Wirtschaftsgüter nicht überschritten werden. Bezüglich der Geltung des Maßgeblichkeitsprinzips nach alter Rechtslage wird auf Tz 20.26 UmStE 2008 verwiesen.

357 Zur Bemessung der AfA, der erhöhten Absetzungen etc., wird auf die Ausführungen zur Verschmelzung einer Personengesellschaft auf eine Kapitalgesellschaft verwiesen (Rdn. 225 ff.), bezüglich der Übertragung eines verbleibenden Verlustabzugs i. S. d. § 10d Abs. 3 Satz 2 EStG auf die Ausführungen zur Aufspaltung/Abspaltung von Personengesellschaften untereinander (Rdn. 341, 342 ff.).

358 Den einbringenden Gesellschaftern der übertragenden Personengesellschaft wird gem. § 20 Abs. 4 UmwStG a. F., § 20 Abs. 3 UmwStG n. F. i. d. F. des SEStEG der Wert, mit dem die übernehmende Kapitalgesellschaft den eingebrachten Vermögenswert ansetzt, als Veräußerungspreis zugerechnet. Werden von der übernehmenden Kapitalgesellschaft die Wertansätze der übernommenen Wirtschaftsgüter aufgestockt, entsteht damit ein Veräußerungsgewinn auf der Ebene der Personengesellschaft, der den Gesellschaftern anteilig zuzurechnen ist.

359 Der Veräußerungsgewinn unterliegt der ESt bzw. Körperschaftsteuer. Ist der Gesellschafter eine natürliche Person, wird gem. § 20 Abs. 5 Satz 1 UmwStG a. F., § 20 Abs. 4 Satz 1 UmwStG n. F. die Begünstigung des § 34 EStG gewährt. Der Freibetrag des § 16 Abs. 4 EStG wird nur dann gewährt, wenn das übertragene Vermögen zum Teilwert angesetzt wird (§ 20 Abs. 5 Satz 2 UmwStG a. F., nach neuer Rechtslage mit dem gemeinen Wert gem. § 20 Abs. 4 Satz 1 UmwStG n. F.).

Soweit Einbringende eine natürliche Person ist, unterliegt ein Veräußerungsgewinn, da er nicht laufender Gewinn ist, nicht der Gewerbesteuer (vgl. *Dehmer*, § 20 UmwStG Rn. 414 ff. m. w. N.; im Einzelnen auch *Herlinghaus*, in: Rödder/*Herlinghaus*/van Lishaut, UmwStG, § 20 Rn. 214). Soweit Einbringende eine Körperschaft i. S. d. § 2 Abs. 2 Satz 1 GewStG ist, gehört der Einbringungsgewinn zum Gewerbeertrag (vgl. im Einzelnen *Herlinghaus*, a. a. O. § 20 Rn. 214).

360 Wurde das übertragene Vermögen zum Buchwert oder zum Zwischenwert angesetzt, entstanden nach bisheriger Rechtslage vor den Änderungen des UmwStG durch das SEStEG sog. einbringungsgeborene Anteile gem. § 21 Abs. 1 Satz 1 UmwStG a. F.

361 Bezüglich der steuerlichen Auswirkungen bei Beteiligungen im Ausland ansässiger Gesellschafter wird auf die Ausführungen zur Verschmelzung von Personengesellschaften auf Kapitalgesellschaften verwiesen (Rdn. 198 ff., 236; vgl. auch Tz 20.37 ff. UmwStE).

10. Ausgliederung auf Personengesellschaften

362 Die Ausgliederung eines Vermögensteils auf eine Personengesellschaft stellt einen Fall der Einbringung dar, der unabhängig von der Rechtsform des übertragenden Rechtsträgers den Vorschriften des § 24 UmwStG der Einbringung von Betrieben, Teilbetrieben und Mitunternehmeranteilen in eine Personengesellschaft unterfällt. Die Einbringung im Rahmen einer Ausgliederung auf eine Personengesellschaft ist im Wesentlichen identisch mit der Einbringung im Rahmen einer Verschmelzung von Personengesellschaften untereinander. Soweit wird auf die Auswirkungen zur Verschmelzung von Personengesellschaften verwiesen. Es besteht lediglich ein Unterschied, dass der Einbringende

im Fall der Ausgliederung der übertragende Rechtsträger ist, der einen Teil seines Betriebsvermögens in die Personengesellschaft einbringt, während bei einer Verschmelzung der Gesellschafter der übertragenden Personengesellschaft ihre Mitunternehmeranteile einbringen.

11. Ausgliederung auf Kapitalgesellschaften

Die Ausgliederung eines Vermögensteils auf eine Kapitalgesellschaft fällt unabhängig von der Rechtsform unter die Vorschriften der §§ 20 ff. UmwStG. Die Einbringung im Rahmen einer Ausgliederung ist im Wesentlichen identisch mit der Einbringung im Rahmen einer Verschmelzung einer Personengesellschaft auf eine Kapitalgesellschaft. Soweit wird auf die Ausführungen einer Verschmelzung einer Personengesellschaft auf eine Kapitalgesellschaft verwiesen (Rdn. 225 ff.). 363

III. Der Formwechsel

1. Behandlung des Formwechsels

a) Systematik

Der Formwechsel wird im fünften Buch in den §§ 190 bis 304 UmwG geregelt. Das Recht des Formwechsels ist vom Gesetzgeber als eigene Rechtsmaterie der Unternehmensumstrukturierung ausformuliert worden, in dem sich lediglich vereinzelt Rückgriffe auf das Recht der Verschmelzung finden. 364

Der Formwechsel ist letztlich ein gesellschaftsinterner Organisationsakt. Beim Formwechsel existiert zwangsläufig kein Vertrag. Vielmehr tritt an dessen Stelle der gesellschaftsinterne Umwandlungsbeschluss. Beim Formwechsel erfolgt keine Vermögensübertragung. Der Gesetzgeber geht davon aus, dass sich beim Formwechsel allein die rechtliche Organisation des Unternehmensträgers ändert, dem vor und nach der Umwandlung dasselbe Vermögen zugeordnet ist (BT-Drucks. 12/6699, S. 136). Die entscheidende und wesentlichste Neuerung des Formwechsels liegt darin, dass auch bei der Umwandlung einer Personen- in eine Kapitalgesellschaft und umgekehrt keine Vermögensübertragung stattfindet (vgl. BT-Drucks. 12/6699, S. 136 zum 3. Buch des UmwG). 365

b) Formwechselfähige Rechtsträger

Gem. § 191 UmwG ist der Formwechsel zugelassen für: 366
- Personenhandelsgesellschaften
- Kapitalgesellschaften
- eingetragene Vereine
- Versicherungsverein auf Gegenseitigkeit
- Körperschaft und Anstalten des öffentlichen Rechts.

Dagegen können die Rechtsträger der neuen Rechtsform nur eine eingeschränkte Zahl gem. § 191 Abs. 2 UmwG von Rechtsformen sein, nämlich 367
- Gesellschaften bürgerlichen Rechts
- Personenhandelsgesellschaften
- Kapitalgesellschaften
- eingetragene Genossenschaften.

Der Formwechsel auf eine GmbH & Co. KG bzw. Stiftung & Co. KG ist nach dem UmwG als Formwechsel auf eine Personenhandelsgesellschaft möglich, ist aber gesetzlich durch den Wunsch nach Gesellschafteridentität erschwert. 368

Aufgrund des neuen UmwG ist nunmehr auch die Möglichkeit des Formwechsels in eine Genossenschaft gegeben. Ein »Formwechsel« ist auch für den Einzelkaufmann möglich. Allerdings behandelt das UmwG diesen »Formwechsel« des Einzelkaufmanns in eine Ein-Mann-Kapitalgesellschaft 369 als Ausgliederung (vgl. §§ 152 bis 160 UmwG, der umgekehrte Fall als Verschmelzung §§ 120 bis 122 UmwG).

c) Ablauf des Formwechsels

370 Im Gegensatz zur Verschmelzung und Spaltung kann der Formwechsel relativ frei geplant werden. Einzuhalten ist allerdings die Monatsfrist des § 194 Abs. 2 UmwG, wonach dem Betriebsrat einen Monat vor der Gesellschafterversammlung der Entwurf des Umwandlungsbeschlusses übersandt werden muss. Eine Prüfung des Umwandlungsbeschlussentwurfs durch einen Abschlussprüfer bedarf es beim Formwechsel nicht. Nach § 208 i. V. m. § 30 Abs. 2 UmwG ist aber ein in den Umwandlungsbeschluss aufzunehmendes Barabfindungsangebot stets zu prüfen, soweit nicht alle Gesellschafter darauf in notariell beurkundeter Form verzichten. Damit ist auch wegen der Barabfindung eine Unternehmensbewertung erforderlich. Die Organe des formwechselnden Rechtsträgers haben den Umwandlungsbeschluss zu entwerfen.

371 Der Formwechsel setzt einen Beschluss der Gesellschafter gem. § 193 Abs. 1 UmwG über den Formwechsel voraus. Dieser ist nur in einer Gesellschafterversammlung, nicht im Umlaufverfahren zu fassen. Für den Beschluss sieht das UmwG eine Mindestmehrheit von 75 % der erschienenen Gesellschafter bzw. des erschienenen Grund- und Stammkapitals vor (§§ 217 Abs. 1, 233 Abs. 2, 240, 262 Abs. 1, 275 Abs. 2 UmwG).

372 Für viele Konstellationen sieht das UmwG jedoch Zustimmungsrechte einzelner Gesellschafter vor, deren Rechtsposition durch den Wechsel der Rechtsform erheblich berührt wird (vgl. §§ 221, 233 Abs. 1, 233 Abs. 2, 240 Abs. 2, 241 Abs. 1, UmwG, §§ 193 Abs. 2, 233 Abs. 2 i. V. m. § 50 Abs. 2, 241 Abs. 1, 241 Abs. 2 i. V. m. § 50 Abs. 2 UmwG).

373 Ist der Beschluss erfolgt, so muss der Formwechsel nach den §§ 198 ff. UmwG in das Handelsregister zur Eintragung angemeldet werden.

d) Formwechsel unter Kapitalgesellschaften

aa) Voraussetzungen/Umwandlungsbeschluss

374 Der Formwechsel von einer Kapitalgesellschaft in eine andere Kapitalgesellschaft (z. B. Formwechsel von einer GmbH in eine AG oder umgekehrt) stellte schon nach altem Umwandlungsrecht eine Umwandlungsform dar, die relativ unproblematisch war. Allerdings ist nach dem UmwStG 1995 eine Erschwerung eingetreten. Es wird nämlich zusätzlich ein Umwandlungsbericht gefordert. Außerdem muss der Umwandlungsbeschluss auch auf die Belange der Arbeitnehmer eingehen, die durch den Formwechsel berührt werden. An die Stelle des Vertrags tritt lediglich als gesellschaftsinterner Formwechsel der Umwandlungsbeschluss der Anteilseigner. Den notwendigen Inhalt legt § 194 Abs. 1 UmwG fest.

bb) Inhalt des Umwandlungsbeschlussentwurfs

375 Der Beschluss muss enthalten, welche Rechtsform durch den Formwechsel erlangt werden soll.
- Firma, § 194 Abs. 1 Nr. 2 UmwG
- Beteiligung am Zielrechtsträger, § 194 Abs. 1 Nr. 3 UmwG
- Einzelheiten zu den Anteilen, § 194 Abs. 1 Nr. 4 UmwG

Gem. § 194 Abs. 1 Nr. 4 UmwG hat der Umwandlungsbeschluss die Zahl, Art und Umfang der Anteile oder Mitgliedschaft zu bestimmen, welche die Anteilseigner durch den Formwechsel erlangen sollen bzw. die einem beitretenden persönlich haftenden Gesellschafter eingeräumt werden.
- Rechte einzelner Anteilsinhaber, § 194 Abs. 1 Nr. 5 UmwG

Der Entwurf des Beschlusses muss außerdem die Rechte einzelner Rechtsinhaber benennen (z. B. Vorzugsanteile, Mehrstimmrechte etc.).

- Abfindungsangebot, § 194 Abs. 1 Nr. 6 UmwG

Weiterhin muss der Entwurf des Umwandlungsbeschlusses ein Barabfindungsangebot nach § 207 UmwG enthalten, wenn nicht ohnehin alle Anteilsinhaber dem Formwechsel zustimmen müssen oder der formwechselnde Rechtsträger nur einen Gesellschafter hat.
- Folgen für die Arbeitnehmer, § 194 Abs. 1 Nr. 7 UmwG
- Neue Satzung: Der Umwandlungsbeschlussentwurf muss die neue Satzung enthalten (§ 243 Abs. 1 i. V. m. § 218 UmwG).
- Kapitalerhöhung

Mit der Umwandlung können Kapitalerhöhungen erwünscht oder auch notwendig sein.
- Unbekannte Aktionäre

Nach den §§ 213 i. V. m. § 35 UmwG hat der Entwurf des Umwandlungsbeschlusses einer AG darüber hinaus unbekannte Aktionäre nach ihren Aktienurkunden zu bezeichnen.

cc) Umwandlungsbericht

Nach § 192 Abs. 1 UmwG haben die Vertretungsorgane des formwechselnden Rechtsträgers einen ausführlichen schriftlichen Bericht zu erstatten, in dem der Formwechsel und insbesondere die künftige Beteiligung der Anteilsinhaber an den Rechtsträgern rechtlich und wirtschaftlich erläutert werden. 376

dd) Beschluss über den Formwechsel

Den Gesellschaftern einer GmbH ist durch den Geschäftsführer zusammen mit der Ladung zur Gesellschafterversammlung der Umwandlungsbericht zuzusenden. Daneben ist in der Tagesordnung der Beschluss über den Formwechsel als Tagesordnungspunkt zu benennen. Der Beschluss über den Formwechsel ist mit einer 3/4-Mehrheit des anwesenden Kapitals bzw. der abgegebenen Stimmen zu beschließen, soweit nicht der Gesellschaftsvertrag oder die Satzung eine höhere Mehrheit oder weitere Erfordernisse festlegt (§ 240 Abs. 1 UmwG), wobei beim Formwechsel einer KGaA in eine AG die Satzung auch geringere Mehrheiten festlegen kann. 377

ee) Gründungsrecht und Kapitalschutz

Beim Formwechsel sind nach § 197 UmwG grundsätzlich die für die jeweilige Rechtsform geltenden Gründungsvoraussetzungen einzuhalten. 378

ff) Anmeldung zum Handelsregister und Wirkung der Eintragung

Der Formwechsel ist durch die Vertretungsorgane des Ausgangsrechtsträgers zur Eintragung in das Handelsregister anzumelden (§ 246 Abs. 2 UmwG). § 199 UmwG benennt die hierzu beizufügenden Anlagen und Erklärungen. 379

Das zuständige Gericht hat nach § 201 UmwG den Formwechsel im Bundesanzeiger und in mindestens einem anderen Blatt bekannt zu machen. Mit der Eintragung des Formwechsels in das Handelsregister ist die Umwandlung vollzogen. Die Eintragung hat gem. den §§ 202, 247 UmwG die folgenden Wirkungen: 380
- der Rechtsträger besteht in der neuen Rechtsform weiter;
- das Stammkapital einer GmbH wird zu Grundkapital bei einer AG und umgekehrt;
- die Anteile wandeln sich der neuen Rechtsform entsprechend, während Rechte Dritter an diesen Anteilen im Wege der Surrogation fortbestehen;
- war die formwechselnde Gesellschaft eine Kommanditgesellschaft auf Aktien, scheiden die persönlich haftenden Gesellschafter als solche aus der Gesellschaft aus;
- Mängel der notariellen Beurkundung werden geheilt;
- es kann eine vereinfachte Kapitalherabsetzung stattfinden.

Nach § 202 Abs. 3 UmwG lassen Mängel des Formwechsels diese Wirkungen der Eintragung unberührt.

e) Formwechsel einer Personenhandelsgesellschaft in eine Kapitalgesellschaft

381 Der Formwechsel von Personenhandelsgesellschaft in Kapitalgesellschaft folgt grundsätzlich denselben Regeln, wie der Formwechsel unter Kapitalgesellschaften. Es ergeben sich natürlich Unterschiede durch die der personalistisch ausgerichteten Struktur der Personenhandelsgesellschaft. Durch den Formwechsel in eine Kapitalgesellschaft wird die persönliche Haftung der Gesellschaft beseitigt.

382 Der Umwandlungsbeschlussentwurf richtet sich ebenso wie bei Kapitalgesellschaften im Wesentlichen nach § 194 UmwG, allerdings mit den Besonderheiten, die für Personengesellschaften gelten. Insoweit wird auf die obigen Ausführungen zum Formwechsel von Kapitalgesellschaften in Kapitalgesellschaften verwiesen.

383 Der Formwechsel führt zur Anwendung des Gründungsrechts der Kapitalgesellschaft (§ 197 UmwG). Es gelten insbesondere die Grundsätze der Gründerhaftung entsprechend § 9a GmbHG, § 46 AktG.

384 Außerdem ist der Formwechsel einer Personenhandelsgesellschaft nicht möglich, wenn das nach Abzug der Schulden verbleibende Vermögen das Nennkapital der angestrebten Kapitalgesellschaft nicht erreicht wird (§ 220 Abs. 1 UmwG). Durch diese Vorschrift wird ein Formwechsel bei Unterdeckung des Nennkapitals ausgeschlossen (vgl. *Joost* in: Lutter, Kölner Umwandlungsrechtstage, S. 257).

385 Nach der Umwandlung haften die Anteilseigner der Personengesellschaft für Neuschulden nicht mehr persönlich. In Übereinstimmung mit dem Nachhaftungsbegrenzungsgesetz vom 18.03.1994 (BGBl. I 1994, S. 560) begrenzt § 224 UmwG die zeitliche Dauer dieser Nachhaftung der Gesellschafter auf grundsätzlich 5 Jahre.

f) Formwechsel einer Kapitalgesellschaft in eine Personengesellschaft

386 Diese Fälle des Formwechsels sind in den §§ 228 bis 237 UmwG als Unterfälle des Formwechsels von Kapitalgesellschaften geregelt. Im § 228 UmwG ist auch der Formwechsel einer Kapitalgesellschaft auf eine Gesellschaft bürgerlichen Rechts zugelassen worden, während das UmwG umgekehrt die Gesellschaft des bürgerlichen Rechts nicht als formwechselfähigen Rechtsträger ansieht.

387 Das UmwG lässt weiterhin den Formwechsel einer Kapitalgesellschaft in eine GmbH & Co. KG zu. Allerdings verlangt das UmwG, dass beim Formwechsel grundsätzlich ein identischer Rechtsträger vorher wie nach der Umwandlung beteiligt sein muss. Wegen den Gestaltungsmodellen bei einer solchen Umwandlung vgl. auch *Ballreich* Fallkommentar zum Umwandlungsrecht, 4. Aufl. 2008, Fall 11.

388 Der Beschluss zum Formwechsel muss einstimmig erfolgen, da alle Gesellschafter nach dem Formwechsel persönlich haften. Dem Beschluss müssen auch die nicht erschienenen Anteilsinhaber zustimmen (§ 233 Abs. 1 UmwG). Bei einer Umwandlung in eine KG bedarf es mindestens eine 75 %-Mehrheit der Gesellschafter der GmbH bzw. Aktionäre einer AG.

g) Handelsbilanzielle Behandlung des Formwechsels

389 Handelsrechtlich ist die Aufstellung von Übertragungs- oder Eröffnungsbilanzen beim Formwechsel nicht erforderlich (im Gegensatz zu der steuerlichen Regelung der §§ 14, 25 UmwStG, vgl. hierzu auch *Wochinger/Dötsch* DB 1994 Beil. Nr. 14/94, 21). Begründet wird dies damit, dass beim bloßen Formwechsel keine Vermögensübertragung auf einen anderen Rechtsträger stattfindet, während das Steuerrecht eine solche **Vermögensübertragung** fingiert (vgl. BT-Drucks. 12/6699, S. 72, S. 137 zu § 190 UmwG; *Wochinger/Dötsch*, a. a. O., Beil. Nr. 14/94 21). Da keine Vermögensübertragung stattfindet, *müssen* die Buchwerte des bisherigen Rechtsträgers fortgeführt werden (IDW ERS HFA 41 Anm. 5).

Bei der Aufstellung des ersten auf den Formwechsel folgenden Jahresabschlusses sind hier bei der neuen Rechtsform ggf. andere Ansatzvorschriften und Bilanzierungswahlrechte zu beachten (so insbesondere beim Formwechsel einer Kapitalgesellschaft in eine Personengesellschaft). Beim Formwechsel einer Kapitalgesellschaft in eine andere Kapitalgesellschaft bleibt das Nennkapital unverändert (§ 247 Abs. 1 UmwG). Dies gilt nach IDW ERS HFA 41 Anm. 9 auch für die Rücklagen. Wird eine Kapitalgesellschaft in eine Personengesellschaft formwechselnd gewandelt, ist zu beachten, dass anstelle des bisherigen gezeichneten Kapitals und etwaiger Kapital- oder Gewinnrücklagen die Kapitalkonten der Gesellschaft treten. Wird eine Personengesellschaft in eine Kapitalgesellschaft umgewandelt, muss das gezeichnete Kapital der Kapitalgesellschaft durch das Reinvermögen zu Zeitwerten der Personengesellschaft gedeckt sein (§ 220 Abs. 1 UmwG). Ist das Reinvermögen zu Buchwerten größer als das gezeichnete Kapital, ist der Mehrbetrag Agio gem. § 272 Abs. 2 Nr. HGB, soweit er sich aus bedungenen Einlagen der Personengesellschaft ergibt (Förschle/Hoffmann, in: *Beck'scher Bilanzkommentar*, *§ 272 Rn. 357*; a.A. IDW ERS HFA 42 m. 7, wonach die Zuordnung vollständig zur Kapitalrücklage nach § 272 Abs. 2 Nr. 4 HGB erfolgen darf). Wird das gezeichnete Kapital der Kapitalgesellschaft durch die zwingende Buchwertfortführung nicht erreicht, ist der Fehlbetrag ähnlich einem Verlustvortrag zu behandeln (IDW ERS HFA 41 Anm. 8; Förschle/Hoffmann in: *Sonderbilanzen*, L 8 Anm. 53). 390

Um den Anteilseignern eine Prüfung der Vermögenslage zu ermöglichen, ist gem. § 192 Abs. 2 Satz 1 UmwG dem Umwandlungsbericht eine Vermögensaufstellung beizufügen, in die Vermögensgegenstände und Schulden mit dem wirklichen Wert zum Zeitpunkt der Erstellung des Berichts beizulegen sind. 391

2. Steuerrechtliche Behandlung des Formwechsels

a) Steuerneutralität des Formwechsels

aa) Bisherige Rechtslage

Das Steuerrecht fingiert beim Formwechsel eine Vermögensübertragung (vgl. Rdn. 389). Der Formwechsel konnte nach der Konzeption des UmwStG 1995 weitgehend steuerneutral durchgeführt werden (vgl. BT-Drucks. 12/6885, S. 14 – Allgemeine Begründung). Dies wurde beim Formwechsel von der Personenhandelsgesellschaft in die Kapitalgesellschaft durch die Buchwertfortführung bei der übernehmenden Kapitalgesellschaft (§§ 25, 20 Abs. 2 UmwStG a. F.) und bei der Umwandlung einer Kapitalgesellschaft in eine Personengesellschaft durch das Recht zum Buchwertansatz bei der übertragenden Kapitalgesellschaft (§ 3 UmwStG a. F.) und die Bindung der übernehmenden Personengesellschaft ohne diese Werte (§ 4 Abs. 1 UmwStG) erreicht. 392

bb) Neue Rechtslage ab Inkrafttreten der Änderungen des UmwStG durch das SEStEG

Nach neuer Rechtslage ist auch weiterhin der Formwechsel steuerneutral möglich, jedoch setzt dies einen Antrag voraus. Zwar ist grundsätzlich der gemeine Wert der übertragenen Wirtschaftsgüter anzusetzen, auf Antrag ist jedoch auch eine Buchwertfortführung oder der Ansatz eines Zwischenwerts möglich (§ 3 Abs. 2 UmwStG n. F. i. d. F. des SEStEG). 393

b) Steuerliche Rückwirkung

§ 9 Satz 2 UmwStG n. F. i. d. F. des SEStEG (§ 14 Satz 3 UmwStG a. F.) regelt, dass die Übertragungsbilanz der Kapitalgesellschaft und die Eröffnungsbilanz der Personengesellschaft für einen Stichtag aufgestellt werden können, der höchstens 8 Monate vor der Anmeldung des Formwechsels zur Eintragung in das Handelsregister liegt (Umwandlungsstichtag). Der steuerliche Übertragungsstichtag ergibt sich jedoch nicht aus § 20 UmwStG, sondern aus einem speziellen Verweis in § 25 Satz 2 UmwStG auf eine entsprechende Anwendung der Regelung in § 9 Satz 3 UmwStG (vgl. Dötsch/Patt/Pung/Möhlenbrock, UmwStG, § 25 Rn. 40). 394

395 Für Formwechsel von Personenhandelsgesellschaften in Kapitalgesellschaften gelten die Vorschriften der Einbringung, also die §§ 20 UmwStG n. F. (§§ 20 bis 23 UmwStG a. F.). Dies ergibt sich aus § 25 Satz 1 UmwStG. Dieser Formwechsel wird somit als Einbringungsvorgang behandelt. Die steuerliche Rückwirkung gilt für Zwecke der Einkommens- und der Vermögensermittlung nach § 20 Abs. 5 und 6 UmwStG n. F. (§ 20 Abs. 6 und 7 UmwStG a. F.) entsprechend. Die Rückbeziehung ist allerdings gem. § 20 Abs. 7 UmwStG antragsgebunden.

c) Möglichkeiten des Formwechsels

aa) Formwechsel einer Kapitalgesellschaft in eine andere Kapitalgesellschaft

396 Es folgt hier keine Gewinnrealisierung bei der Kapitalgesellschaft. Mangels Vermögensübergangs werden die bisherigen Buchwerte fortgeführt (*Dehmer* § 1 UmwStG Rn. 14c). Ein vor der Umwandlung entstandener Verlustabzug bleibt für die Kapitalgesellschaft nach Umwandlung abziehbar (vgl. S/B/B/*Plewka* T Rn. 7 m. w. N.). Das Ausscheiden gegen Barabfindung oder die Leistung barer Zuzahlungen kann auf der Ebene der Anteilseigner zur Gewinnrealisierung nach den allgemeinen Vorschriften führen (S/B/B/*Plewka* T Rn. 7).

bb) Formwechsel einer Personenhandelsgesellschaft in eine Kapitalgesellschaft

397 Hier bestimmt § 25 UmwStG, dass der sechste Teil des UmwStG (Einbringung eines Betriebs, Teilbetriebs oder Mitunternehmeranteils in eine Kapitalgesellschaft gegen Gewährung von Gesellschaftsanteilen, also die §§ 20 bis 23 UmwStG a. F.), anwendbar sind. § 9 Satz 2 und Satz 3 UmwStG n. F. ist entsprechend anwendbar. Bei einem solchen Formwechsel liegt eine Einbringung von Mitunternehmeranteilen in eine Kapitalgesellschaft vor (§ 20 Abs. 1 UmwStG a. F. und § 20 Abs. 1 UmStG i. d. F. des SEStEG).

(1) Steuerliche Auswirkungen bei der übernehmenden Kapitalgesellschaft

(a) Bisherige Rechtslage

398 Die übernehmende Kapitalgesellschaft durfte bisher das eingebrachte Vermögen grundsätzlich mit dem Buchwert, dem Teilwert oder einem Zwischenwert ansetzen (§ 20 Abs. 2 Satz 1 UmwStG a. F.). Die Finanzverwaltung vertrat allerdings die Auffassung, dass beim Formwechsel von einer Personengesellschaft in eine Kapitalgesellschaft auch steuerlich zwingend die Buchwerte fortzuführen sind, weil § 24 UmwG im Fall des Formwechsels keine Anwendung findet und deshalb der Maßgeblichkeitsgrundsatz des § 5 Abs. 1 EStG gilt (Tz 20.30 UmwStE). A. A. ist Dötsch/*Buyer* Das neue Umwandlungssteuerrecht, Rn. 783, der der Auffassung ist, dass ein steuerliches Bewertungswahlrecht gegeben sei, was m. E. zutreffend ist.

399 Folgt man der Auffassung, dass ein steuerliches Bewertungswahlrecht besteht, gilt Folgendes:

Ansatz zum Buchwert: Die Kapitalgesellschaft tritt hinsichtlich
– der AfA
– der erhöhten Absetzungen
– der Sonder-AfA
– der Inanspruchnahme einer Bewertungsfreiheit
– eines Bewertungsabschlags
– eine den steuerlichen Gewinn mindernde Rücklage
– der Anwendung des § 6 Abs. 1 Nr. 2 Satz 2 und 3 EStG
in die Rechtsstellung der formwechselnden Personenhandelsgesellschaft ein.

Ein Eintritt in den verbleibenden Verlustabzug i. S. d. § 10d Abs. 3 Satz 2 EStG ist nicht möglich (vgl. S/B/B/*Plewka* T Rn. 10). Dasselbe gilt für den gewerbesteuerlichen Verlustvortrag nach § 10a GewStG (S/B/B/*Plewka* T Rn. 10).

Ansatz zum Teilwert: Beim Ansatz zum Teilwert gelten die obigen Ausführungen unter (1). Allerdings ermittelt sich die AfA nach § 7 Abs. 1, 4, 5 und 6 EStG vom Zeitpunkt des Formwechsels an nach den Anschaffungs- oder Herstellungskosten bei der Personenhandelsgesellschaft, vermehrt um den Differenzbetrag zwischen dem Buchwert der einzelnen Wirtschaftsgüter und dem Wert, mit dem die Kapitalgesellschaften die Wirtschaftsgüter ansetzt. Bei der degressiven AfA nach § 7 Abs. 2 EStG ist ab dem Zeitpunkt des Formwechsels anstelle des Buchwerts der Wert zugrunde zu legen, mit dem die Kapitalgesellschaft die Wirtschaftsgüter ansetzt (§ 22 Abs. 2 Nr. 1 und 2 UmwStG). 400

Ansatz mit dem Zwischenwert: Es gelten hier die Ausführungen zum Teilwertansatz entsprechend. 401

(b) Neue Rechtslage nach den Änderungen des UmwStG durch das SEStEG

Nach neuer Rechtslage hat grundsätzlich ein Ansatz der Wirtschaftsgüter mit dem gemeinen Wert zu erfolgen. Auf Antrag kann jedoch einheitlich der Buchwert oder ein Zwischenwert für das eingebrachte Vermögen, höchstens jedoch der gemeine Wert angesetzt werden, soweit 402
– sichergestellt ist, dass es später bei der übernehmenden Körperschaft der Besteuerung mit Körperschaftsteuer unterliegt,
– die Passivposten des eingebrachten Betriebsvermögens die Aktivposten nicht übersteigen; dabei ist das Eigenkapital nicht zu berücksichtigen,
– das Recht der BRD hinsichtlich der Besteuerung des Gewinns aus der Veräußerung des eingebrachten Betriebsvermögens bei der übernehmenden Gesellschaft nicht ausgeschlossen oder beschränkt wird (§ 20 Abs. 2 UmwStG n. F.).

Der Antrag ist spätestens bis zur erstmaligen Abgabe der steuerlichen Schlussbilanz bei dem für die Besteuerung der übernehmenden Gesellschaft zuständigen Finanzamt zu stellen. Fraglich ist dabei, wer antragsbefugt ist. Aus der Bezugnahme auf die »steuerliche Schlussbilanz«, bei der es sich um die Bilanz des Einbringenden handeln müsste, könnte sich ergeben, dass der Antrag von dem Einbringenden zu stellen ist. Andererseits ist § 20 Abs. 2 Satz 2 UmwStG n. F. im Zusammenhang mit § 20 Abs. 2 Satz 1 UmwStG n. F. zu sehen, wonach es auf den Ansatz bei der und durch die übernehmende Kapitalgesellschaft ankommt. Der Maßgeblichkeitsgrundsatz ist im Übrigen nicht zu beachten (vgl. Dötsch/Patt/Pung/Möhlenbrock, UmwStG, § 25 Rn. 36). 403

Der Antrag kann für jeden Einbringungsvorgang nur einheitlich gestellt werden. Es können also nur alle Wirtschaftsgüter mit dem Buchwert oder einem Zwischenwert angesetzt werden. Es kann also nicht ein Teil der eingebrachten Wirtschaftsgüter mit dem gemeinen Wert, ein anderer Teil mit dem Buchwert angesetzt werden. 404

Erhält der Einbringende neben den Gesellschaftsanteilen auch andere Wirtschaftsgüter, deren gemeiner Wert den Buchwert des eingebrachten Betriebsvermögens übersteigt, so hat die übernehmende Gesellschaft das eingebrachte Betriebsvermögen mit dem gemeinen Wert der anderen Wirtschaftsgüter anzusetzen (§ 20 Abs. 2 Satz 2 und Satz 3 UmwStG n. F.). 405

(2) Steuerliche Auswirkungen bei der übertragenden Personenhandelsgesellschaft

(a) Bisherige Rechtslage

Aus der Sicht des Steuerrechts liegt ein Identitätswechsel vor (*Dehmer* DStR 1994, 1753, 1754 unter 5.1). § 25 Satz 2 UmwStG verlangt, dass die Personenhandelsgesellschaft zum Übertragungsstichtag eine Steuerbilanz aufzustellen hat, um den zum Übertragungsstichtag erzielten Gewinn vom Gewinn der Kapitalgesellschaft, in die umgewandelt wird, abzugrenzen. Eine Aufdeckung etwaiger stiller Reserven ist daher ausgeschlossen (vgl. S/B/B/*Plewka* T Rn. 11). 406

Nach § 20 Abs. 4 UmwStG a. F. war den einbringenden Gesellschaftern der Wert, mit dem die übernehmende Kapitalgesellschaft das übernommene Vermögen ansetzt, als Veräußerungspreis zuzurechnen. Werden dabei bei der Kapitalgesellschaft die Wertansätze aufgestockt, entsteht für die Gesellschafter ein umwandlungsbedingter Veräußerungsgewinn. Ein solcher Veräußerungsgewinn ist 407 nicht gewerbesteuerpflichtig (vgl. Abschn. 40 Abs. 1 Nr. 1 GewStR und Widmann/Meyer/*Widmann* § 20 UmwStG Rn. 1139).

(b) Neue Rechtslage nach dem SEStEG

408 Die Ausführungen oben unter Nr. 1 (a) gelten entsprechend (vgl. § 20 Abs. 3 UmwStG n. F.).

(3) Steuerliche Auswirkungen bei den Gesellschaftern der übertragenden Gesellschaft (bisherige Rechtslage)

409 Gem. § 20 Abs. 4 UmwStG a. F. war der Wert, mit dem die Kapitalgesellschaft das Betriebsvermögen der Personenhandelsgesellschaft ansetzt, für den Gesellschafter als Veräußerungspreis und als Anschaffungskosten für die Gesellschaftsanteile anzusetzen. Werden daneben noch weitere Wirtschaftsgüter gewährt, so muss der gemeine Wert bei der Bemessung der Anschaffungskosten der Gesellschaftsanteile von dem Wert, mit dem die Kapitalgesellschaft das eingebrachte Betriebsvermögen ansetzt, abgezogen werden.

410 Wenn die Kapitalgesellschaft das übernommene Betriebsvermögen mit einem über dem Buchwert liegenden Wert ansetzt, entsteht ein Veräußerungsgewinn bei den Gesellschaftern – nicht bei der Personenhandelsgesellschaft – entsprechend deren Beteiligungsverhältnissen. Der Veräußerungsgewinn ist gem. § 34 EStG begünstigt, sofern dessen Voraussetzungen vorliegen, wenn der Gesellschafter eine natürliche Person ist (§ 20 Abs. 5 UmwStG a. F.).

411 Der Freibetrag nach § 16 Abs. 4 EStG wird nur gewährt, wenn die Kapitalgesellschaft das übernommene Vermögen mit dem Teilwert ansetzte. Wurde das Betriebsvermögen mit dem Buchwert oder einem Zwischenwert angesetzt, so lagen sog. einbringungsgeborene Anteile gem. § 21 UmwStG a. F. vor. § 21 UmwStG a. F. sah vor, dass dann im Fall einer späteren Veräußerung der Anteile ein Veräußerungsgewinn i. S. d. § 16 EStG entsteht. Der Veräußerungsgewinn ist gem. § 34 EStG – sofern dessen Voraussetzungen i. d. F. des StSenkG vorliegen – begünstigt, wenn es sich beim Veräußernden um eine natürliche Person handelt. Es wurde dann auch der Freibetrag gem. § 16 Abs. 4 EStG anteilig gewährt (vgl. § 21 Abs. 1 Satz 2 UmwStG i. d. F. des Jahressteuergesetzes 1996 v. 11.10.1995).

412 Durch das am 01.01.2001 in Kraft getretene Gesetz zur Senkung der Steuersätze und zur Reform der Unternehmensbesteuerung (StSenkG) haben sich im Zuge des Systemwechsels vom Anrechnungs- auf das Halbeinkünfteverfahren wesentliche Änderungen bei der Besteuerung der Gesellschafter, insbesondere auch bezüglich der einbringungsgeborenen Anteile ergeben. Nach § 3 Nr. 40 Satz 1 Buchst. a), b), c) und i) EStG n. F. werden auch Veräußerungen von Anteilen aus Körperschaften, Personenvereinigungen oder Vermögensmassen, deren Leistungen beim Empfänger zu Dividendeneinnahmen i. S. d. § 20 Abs. 1 Nr. 1 EStG führen, nach dem Halbeinkünfteverfahren (nunmehr: Teileinkünfteverfahren) besteuert.

413 § 3 Nr. 40 Satz 1 Buchst. a) und b) EStG betreffen im Kern die Veräußerungen von Anteilen an Kapitalgesellschaften aus dem Betriebsvermögen heraus sowie die Veräußerungsgewinne i. S. d. § 16 Abs. 2 EStG n. F., soweit die Gewinne aus der Veräußerung auf Anteile an Kapitalgesellschaften entfallen. Veräußerungsgewinne aus einbringungsgeborenen Anteilen fallen – da sie Veräußerungsgewinne i. S. d. § 16 EStG sind – unter § 3 Nr. 40 Satz 1 Buchst. b) EStG n. F.

414 Allerdings ist nach § 3 Nr. 40 Satz 3 EStG n. F. das Halbeinkünftefahren in Veräußerungsfällen, nach § 3 Nr. 40 Satz 1 Buchst. a) und b) EStG n. F. *nicht* bei einbringungsgeborenen Anteilen i. S. d. § 21 UmwStG a. F. anzuwenden. Diese Nichtanwendungsregelung für einbringungsgeborene Anteile wird jedoch durch § 3 Nr. 40 Satz 4 EStG n. F. durchbrochen. Nach § 3 Nr. 40 Satz 4 Buchst. a) EStG n. F. gilt Satz 3 nicht, wenn der in Satz 1 Buchst. a) und b) bezeichnete Vorgang später als 7 Jahre nach dem Zeitpunkt der Einbringung i. S. d. § 20 Abs. 1 bzw. § 23 Abs. 1 bis 3 UmwStG a. F. auf die der Erwerb der in Satz 3 bezeichneten Anteile zurückzuführen ist, stattfindet. Werden also später als 7 Jahre nach dem Zeitpunkt der Einbringung die Anteile veräußert, so ist das Halbeinkünfteverfahren (Teileinkünfteverfahren) anwendbar, wobei als Zeitpunkt des Erwerbs durch

die Kapitalgesellschaft für den Beginn der Berechnung der Sieben-Jahresfrist der steuerliche Übertragungsstichtag anzusehen ist.

(4) Steuerliche Auswirkungen bei den Gesellschaftern der übertragenden Gesellschaft nach dem SEStEG

Im Rahmen der Änderungen des UmwStG durch das SEStEG wird die bisherige Konzeption der einbringungsgeborenen Anteile durch das neue Konzept der nachträglichen Besteuerung des zugrunde liegenden Einbringungsvorgangs ersetzt. Liegen die Voraussetzungen des § 20 Abs. 2 Satz 2 UmwStG n. F. i. d. F. des SEStEG vor, dann kann die Einbringung auf Antrag zu Buchwerten erfolgen. Der Wertansatz bei der aufnehmenden Kapitalgesellschaft bestimmt auf Gesellschafterebene die Höhe der Anschaffungskosten für die erhaltenen Anteile. 415

Werden die im Zuge der Einbringung erhaltenen (Kapitalgesellschafts-)Anteile innerhalb von 7 Jahren nach der Einbringung veräußert, dann kommt es zu einer nachträglichen Besteuerung des Einbringungsgewinns und in entsprechendem Umfang zu einer Höherbewertung des eingebrachten Vermögens bei der übernehmenden Kapitalgesellschaft (§ 22 UmwStG n. F., vgl. *Dötsch/Pung* DB 2006, 2763). § 22 UmwStG n. F. ist gesetzessystematisch eine Sonderregel für Sacheinlagen unter dem gemeinen Wert nach § 20 Abs. 2 Satz 2 UmwStG n. F. 416

Bei einer Veräußerung der Anteile innerhalb des 7-Jahreszeitraums ist der Gewinn aus der Einbringung rückwirkend im Wirtschaftsjahr der Einbringung als Gewinn des Einbringenden nach § 16 EStG zu versteuern. Dieser sog. Einbringungsgewinn I genießt nach § 22 Abs. 1 Satz 1 UmwStG n. F. nicht die Privilegien der §§ 16 Abs. 4, 34 EStG. 417

Steuersystematisch wird die Anteilsveräußerung mit dann erfolgender Besteuerung des Einbringungsgewinns I als rückwirkendes Ereignis nach § 175 Abs. 1 Satz 1 AO qualifiziert (§ 22 Abs. 1 Satz 2 UmwStG n. F.), sodass es fiktiv zu gewerblichen Einkünften kommt. 418

Der Einbringungsgewinn I vermindert sich jeweils um 1/7 für jedes seit dem Einbringungsvorgang abgelaufenem Zeitjahr (§ 22 Abs. 1 UmwStG n. F., sog. Siebtelungsregelung). Erfolgt die Veräußerung der Anteile nach Ablauf der Siebenjahresfrist, ist § 22 UmwStG n. F. nicht anzuwenden. 419

Es kommt dann zu den normalen Rechtsfolgen: Die Veräußerung der kapitalgesellschaftlichen Beteiligung durch eine natürliche Person unterfällt § 3 Nr. 40 EStG; bei einer Kapitalgesellschaft kommt es zu einer 95%igen Befreiung nach § 8b Abs. 2, 3 KStG. Gem. § 8b Abs. 2 KStG ist der Veräußerungsgewinn bei Veräußerung einer Beteiligung an einer Kapitalgesellschaft durch eine Kapitalgesellschaft steuerfrei, jedoch gelten gem. § 8b Abs. 3 KStG von dem jeweiligen Gewinn 5 % als Ausgaben, die nicht als Betriebsausgaben abgezogen werden dürfen. Daraus ergibt sich, dass lediglich 95 % vom Veräußerungsgewinn steuerfrei sind. Hinzuweisen ist dabei noch auf § 17 Abs. 6 Nr. 1 EStG. Danach bekommt auch eine »Mini«-Beteiligung unter 1 % den Status des § 17 EStG. Hinzuweisen ist darauf, dass nach altem Recht entstandene einbringungsgeborene Anteile i. S. d. § 21 UmwStG a. F. ihre Qualität als solche behalten, d. h. es ist immer bei einer Veräußerung zu prüfen, ob einbringungsgeborene Anteile vorliegen (vgl. auch § 27 Abs. 3 UmwStG i. d. F. des SEStEG). 420

cc) Formwechsel einer Kapitalgesellschaft in eine Personenhandelsgesellschaft

Auch hier wurde nach alter Rechtslage im Wesentlichen eine Steuerneutralität aufgrund des Wahlrechts auf Fortführung der Buchwerte gewährleistet. Allerdings geht auch hier das UmwStG beim Formwechsel von einer Übertragung des Vermögens der Kapitalgesellschaft auf die Personenhandelsgesellschaft aus (vgl. *Dehmer* DStR 1994, 1753, 1754; *Schaumburg/Rödder* S. 502 Rn. 20). 421

(1) Steuerliche Auswirkungen bei der übertragenden Kapitalgesellschaft nach bisheriger Rechtslage

422 Nach § 14 Satz 2 UmwStG a. F. hatte die Kapitalgesellschaft eine Übertragungsbilanz zum Zeitpunkt des Wirksamwerdens des Formwechsels aufzustellen, wobei nach § 14 i. V. m. § 3 UmwStG wahlweise die Buchwerte, Zwischenwerte oder Teilwerte angesetzt werden können. Ein Buchwert- oder Zwischenwertansatz war nach bisheriger Rechtslage allerdings nur zulässig, wenn das Betriebsvermögen bei der übernehmenden Personengesellschaft Betriebsvermögen wird, sodass die Besteuerung der stillen Reserven sichergestellt ist (BT-Drucks. 12/6885, S. 16 zu § 3 UmwStG a. F.).

423 Ist dies nicht der Fall – z. B. weil die Personengesellschaft nicht gewerblich tätig wird – so waren die Wirtschaftsgüter in der steuerlichen Schlussbilanz der Kapitalgesellschaft mit dem gemeinen Wert anzusetzen, § 16 Abs. 3 Satz 4 EStG (*Wochinger/Dötsch* DB 1994, Beil. Nr. 14/94, 6). Bezüglich der Wertansätze in der Schlussbilanz der übertragenden Kapitalgesellschaft wird auf die Ausführungen unter Rdn. 146 ff. und Tz 03.01 ff. UmwStE verwiesen.

424 Beim Ansatz der Wirtschaftsgüter mit einem Zwischenwert oder dem Teilwert bei der übertragenden Kapitalgesellschaft entsteht ein Übertragungsgewinn, der sowohl der Körperschaftsteuer als auch der Gewerbesteuer nach § 18 Abs. 1 Satz 1 UmwStG unterliegt. Ein vorhandener Verlustabzug geht nicht auf die Personengesellschaft über (§ 4 Abs. 2 Satz 2 UmwStG).

425 Eine Änderung durch das StSenkG ergab sich insofern, als das gem. §§ 37, 38 KStG n. F. zu ermittelnde Körperschaftsteuerguthaben bzw. die Körperschaftsteuerschuld der übertragenden Körperschaft für den Veranlagungszeitraum die Umwandlung mindern, bzw. erhöhen (vgl. § 10 UmwStG a. F., der zwischenzeitlich durch das SEStEG aufgehoben wurde).

426 Diese Minderung bzw. Erhöhung hat wiederum Auswirkungen auf das steuerliche Buchvermögen der übertragenden Körperschaft in der steuerlichen Schlussbilanz und damit auf die Höhe eines Übernahmegewinns bzw. -verlusts.

(2) Steuerliche Auswirkungen bei der übertragenden Kapitalgesellschaft nach neuer Rechtslage des SEStEG

427 Nach § 3 Abs. 1 UmwStG n. F. i. d. F. des SEStEG hat die übertragende Kapitalgesellschaft in der steuerlichen Schlussbilanz die Wirtschaftsgüter grundsätzlich mit dem gemeinen Wert anzusetzen. Gem. § 3 Abs. 2 UmwStG n. F. ist auf Antrag ein Buchwert- oder Zwischenwertansatz möglich, soweit
– sie Betriebsvermögen der übernehmenden Personengesellschaft oder natürlichen Person werden und sichergestellt ist, dass sie später der Besteuerung mit ESt oder Körperschaftsteuer unterliegen und
– das Recht der BRD hinsichtlich der Besteuerung des Gewinns aus der Veräußerung der übertragenen Wirtschaftsgüter bei den Gesellschaftern der übernehmenden Personengesellschaft oder bei der natürlichen Person nicht ausgeschlossen oder beschränkt wird und
– eine Gegenleistung nicht gewährt wird oder in Gesellschaftsrechten besteht.

428 Durch den Wegfall von § 10 UmwStG durch das SEStEG kommt es allerdings nun nicht mehr zu einer Minderung der auf dem EK 40 lastenden Körperschaftsteuerschuld. Die Körperschaftsteuerminderung wurde durch einen Auszahlungsanspruch gem. § 37 Abs. 5 KStG n. F. ab 01.01.2008 ersetzt. Der Anspruch auf Auszahlung des Körperschaftsteuerguthabens erfolgt in zehn gleichen Jahresraten. Der Anspruch ist jeweils am 30. 9. eines Jahres auszuzahlen und entsteht mit Ablauf des 31.12.2006 (vgl. im Einzelnen § 37 Abs. 5 KStG und Rdn. 221).

(3) Steuerliche Auswirkungen bei der übernehmenden Personengesellschaft

429 Die Personengesellschaft tritt in die steuerliche Rechtsstellung der übertragenden Körperschaft ein (vgl. Tz 04.09 ff. UmwStE). Die Personengesellschaft hat zum Zeitpunkt des Wirksamwerdens des

Formwechsels eine Eröffnungsbilanz zu erstellen. In dieser sind gem. § 4 Abs. 1 UmwStG die in der Übertragungsbilanz ausgewiesenen Werte zu übernehmen. Damit besteht eine Wertverknüpfung zwischen Übertragungsbilanz und Eröffnungsbilanz. Bezüglich der Wertansätze in der Steuerbilanz der übernehmenden Personengesellschaft ist auf Tz 14.02 UmwStE zu verweisen.

Die Finanzverwaltung vertrat auch im Fall des Formwechsels bisher die Auffassung, dass das grundsätzlich in § 3 Satz 1 letzter Halbs. UmwStG enthaltene Wahlrecht wegen des Grundsatzes der Maßgeblichkeit der Handelsbilanz für die Steuerbilanz leer läuft (Tz 14.01 bis 14.03 UmwStG 2008). Wie bereits unter Rdn. 149 und Rdn. 227 ausgeführt, hat der BFH – entgegen der Auffassung der Finanzverwaltung – den Maßgeblichkeitsgrundsatz abgelehnt (vgl. auch *Teiche*, RStR 2008, 1757 ff., zur neuen Rechtslage des SESTEG). Der Grundsatz der Maßgeblichkeit der Handelsbilanz für die Steuerbilanz wurde jedoch im Umwandlungssteuererlass 2011 von der Finanzverwaltung aufgegeben (vgl. Ausführungen in Rdn. 150). 430

Trotz Wertverknüpfung kann es bei der Buchwertfortführung zu einem steuerpflichtigen Übernahmegewinn nach § 4 Abs. 5 UmwStG kommen. Dieser Übernahmegewinn entsteht dann, wenn die für das übernommene Vermögen angesetzten Werte die Buchwerte der Anteile an der Kapitalgesellschaft übersteigen. Außerdem wurde der Übernahmegewinn um die auf dem verwendbaren Eigenkapital der Kapitalgesellschaft lastende Körperschaftsteuer erhöht (§ 4 Abs. 5 UmwStG a. F.). Die Körperschaftsteuer war aber anrechenbar, § 10 Abs. 1 UmwStG a. F. (bis zum Jahre 2000, zur Änderung des UmwStG vgl. unten). Nach der Rechtslage ab 01.01.2001 wird der Übernahmegewinn nicht mehr um die Körperschaftsteuer erhöht. Eine Anrechnung der Körperschaftsteuer entfällt. Dies ergibt sich daraus, dass das körperschaftsteuerliche Anrechnungsverfahren zum 01.01.2001 durch das StSenkG weggefallen ist und durch das Halbeinkünfteverfahren (ab 01.01.2009 Teileinkünfteverfahren) ersetzt wurde. 431

Die Gesellschafter der Kapitalgesellschaft werden im Rahmen des Formwechsels steuerlich Mitunternehmer der Personengesellschaft. Es wird nach dem UmwStG insoweit eine Einlage der Anteile an der Kapitalgesellschaft in die Personengesellschaft fingiert. 432

Die Anteile, die zum inländischen Betriebsvermögen des Gesellschafters gehören oder eine wesentliche (nunmehr »qualifizierte«) Beteiligung i. S. d. § 17 EStG darstellen, werden in die Besteuerung der offenen Reserven auf der Ebene der Personengesellschaft miteinbezogen. Die Anteile gelten als in das Betriebsvermögen der Personengesellschaft mit den Anschaffungskosten der Gesellschafter eingelegt (vgl. S/B/B/*Sagasser/Plewka* T Rn. 25). Die Einlagefiktion des § 5 Abs. 2 UmwStG a. F. gilt auch für einen beschränkt steuerpflichtigen Gesellschafter, der die Anteile i. S. d. § 17 EStG im Privatvermögen hält. Der beschränkt steuerpflichtige Gesellschafter kann also einen anteiligen Übernahmegewinn bzw. Übernahmeverlust erzielen sowie die Erstattung des Körperschaftsteuerguthabens nach § 10 Abs. 1 UmwStG a. F. verlangen. 433

Nach der Neuregelung des UmwStG entfällt nunmehr die Erstattung eines Körperschaftsteuerguthabens wegen des Wegfalls des Anrechnungsverfahrens. Die Fiktion des § 5 UmwStG a. F. galt nicht für nicht wesentliche (»qualifizierte«) Beteiligung im Privatvermögen (BT-Drucks. 12/6885, S. 19 zu § 5 UmwStG). Der nicht wesentliche (»qualifizierte«) Beteiligte konnte daher keinen Übernahmegewinn bzw. Übernahmeverlust erzielen. Bei diesem war § 7 UmwStG a. F. bis 31.12.2000 anzuwenden. Dem Beteiligten wurde das anteilige verwendbare Eigenkapital der Kapitalgesellschaft (offene Rücklage) sowie die anzurechnende Körperschaftsteuer als Einkünfte aus Kapitalvermögen zugerechnet. 434

Auch nach der Rechtslage ab 2001 bleibt es beim bisherigen Ergebnis, als dem betroffenen Gesellschafter das in der Steuerbilanz ausgewiesene Eigenkapital (abzüglich anteiligem Nennkapital und anteiligem Einlagekonto) im Verhältnis seiner Beteiligung an der übertragenden Kapitalgesellschaft als Einkünfte aus Kapitalvermögen zuzurechnen und zu versteuern war. War er beschränkt steuerpflichtig, so entfällt eine Zurechnung der Einkünfte. 435

(4) Ermittlung des Übernahmegewinns bzw. -verlusts nach bisheriger Rechtslage bis zum Inkrafttreten des StSenkG im Einzelnen

436 Es ergibt sich nach § 4 Abs. 4 UmwStG a. F. – soweit die Anteile nach § 5 UmwStG a. F. als in die Personengesellschaft als eingelegt fingiert werden – infolge des Vermögensübergangs ein Übernahmegewinn oder -verlust i. H. d. Unterschiedsbetrags zwischen dem Wert, mit dem die übergegangenen Wirtschaftsgüter zu übernehmen sind und dem Buchwert der Anteile an der übertragenden Kapitalgesellschaft. Dabei sind bei Ermittlung des Übernahmegewinns oder Übernahmeverlusts wesentliche Beteiligungen i. S. d. § 17 EStG, die im Privatvermögen gehalten werden, mit den Anschaffungskosten zu bewerten. Gem. § 5 Abs. 2 UmwStG a. F. gelten sie zum Übertragungsstichtag als mit den Anschaffungskosten in das Betriebsvermögen der Personengesellschaft eingelegt. Dies gilt auch für einbringungsgeborene Anteile i. S. d. § 21 UmwStG a. F.

437 Beteiligungen – auch nicht wesentliche –, die am steuerlichen Übertragungsstichtag zum inländischen Betriebsvermögen eines Gesellschafters der umgewandelten Kapitalgesellschaft gehören, sind im Rahmen der Übernahmegewinn- bzw. -verlustermittlung mit dem Buchwert anzusetzen (§ 5 Abs. 3 UmwStG a. F.). Nach § 5 Abs. 3 UmwStG a. F. sind Beteiligungen, die innerhalb der letzten 5 Jahre vor dem steuerlichen Übertragungsstichtag in ein Betriebsvermögen (nicht allerdings in das der Personengesellschaft) eingelegt wurden, nicht mit dem Teilwert gem. § 6 Abs. 1 Nr. 5 EStG, sondern mit den historischen Anschaffungskosten zu bewerten. Dasselbe gilt für Anteile an der übertragenden Kapitalgesellschaft, die innerhalb der letzten 5 Jahre vor dem steuerlichen Übertragungsstichtag in das Betriebsvermögen der übernehmenden Personengesellschaft eingelegt worden sind (§ 5 Abs. 2 UmwStG a. F.). Diese Regelung will die Besteuerung der stillen Reserven sicherstellen. Es handelt sich dabei um eine Missbrauchsvorschrift. Der Übernahmegewinn oder Übernahmeverlust ist für jeden Gesellschafter eigenständig, also gesellschafterbezogen zu ermitteln.

438 Nicht wesentliche Beteiligungen werden bei der Ermittlung des Übernahmegewinns bzw. Übernahmeverlusts nicht berücksichtigt. Ein Übernahmegewinn erhöht sich bzw. ein Übernahmeverlust verringert sich um die auf dem verwendbaren Eigenkapital der übertragenden Kapitalgesellschaft lastende Körperschaftsteuer. Diese ist nach § 10 Abs. 1 UmwStG a. F. auf die Einkommen- bzw. Körperschaftsteuer der Gesellschafter anrechenbar. Außerdem wird der Sperrbetrag (Differenz zwischen den Anschaffungskosten und dem Nennbetrag) i. S. d. § 50c EStG nach Erwerb vom nichtanrechnungsberechtigten Anteilsinhaber Gewinn erhöhend hinzugerechnet (§ 4 Abs. 5 UmwStG a. F.).

439 § 50c EStG greift ein,
 – wenn ein nicht zur Anrechnung von Körperschaftsteuer berechtigter Anteilseigner (z. B. Ausländer oder die öffentlich Hand) anrechnungsberechtigt wird oder seine Beteiligung an einer Anrechnungsberechtigten überträgt (§ 50c Abs. 1 bis 10 EStG, Grundtatbestand),
 – wenn nicht wesentlich beteiligte private Anteilseigner mit ihren Anteilen in den Bereich der Gewinneinkünfte eintreten oder die Anteile an einen Steuerpflichtigen mit Gewinnanteilen übertragen (§ 50c Abs. 11 EStG, Aufbautatbestand).

Der Aufbautatbestand ist durch das Gesetz zur Fortsetzung der Unternehmenssteuerreform neu eingefügt worden und für Umwandlungen mit steuerlicher Wirkung ab Veranlagungszeit 1997 zu beachten. § 50c Abs. 11 EStG gilt auch für »Alterwerbe« aus den Jahren vor 1997 (Tz 04.29–04.31 UmwStE i. d. F. von 1998, vgl. auch *Lishaut* DB 1997, 2190; *Herzig/Förster* DB 1998, 438; *Wochinger/Rödder* FR 1998, 129).

440 Die Hinzurechnung des Sperrbetrags erfolgt nur, soweit ein Übernahmegewinn i. S. d. §§ 4, 5 UmwStG a. F. zu erfassen ist. Bezüglich der Berechnung des Übernahmegewinns und der Behandlung der Sperrbeträge nach § 50c EStG vgl. auch *Ballreich*, Fallkommentar zum UmwR, 4. Aufl. 2008, Fälle 10 und 11, auch zur Behandlung nach neuer Rechtslage des SEStEG). Durch Hinzurechnung des Sperrbetrags wird ein sich ergebender Übernahmegewinn erhöht bzw. Übernahmeverlust vermindert. Dies hat zur Folge, dass gekaufte stille Reserven nicht »steuerfrei/-neutral« in Abschreibungspotenzial »umgeformt« werden können. Diese gesetzliche Neuregelung gilt nicht für

B. Die einzelnen Umwandlungsarten des Umwandlungsgesetzes   Kapitel 2

Erwerbe von Anteilen im Betriebsvermögen und von sog. einbringungsgeborenen Anteilen. Für beschränkt steuerpflichtige Anteilsinhaber, die wesentliche Beteiligungen im Privatvermögen halten, galt die Regelung des § 4 Abs. 4 und 5 UmwStG a. F. ebenfalls.

Ergibt sich ein Übernahmeverlust, so sind die Wertansätze der übergegangenen Wirtschaftsgüter in der Bilanz der Personengesellschaft nach der Zweistufentheorie einschließlich der Ergänzungsbilanzen für ihre Gesellschafter bis zu den Teilwerten der Wirtschaftsgüter aufzustocken (vgl. § 4 Abs. 6 Satz 1 UmwStG a. F.), wobei ein noch verbleibender Übernahmeverlust nach § 4 Abs. 6 Satz 2 UmwStG zu aktivieren und auf 15 Jahre abzuschreiben ist. Ein Übernahmegewinn ist den Gesellschaftern allerdings nicht nach Maßgabe des Gewinnverteilungsschlüssels anteilig zuzurechnen. Die Zuordnung erfolgt vielmehr zu den Gesellschaftern und auch nur insoweit, als die Gewinnrealisierung auf ihre jeweiligen als in das Betriebsvermögen eingelegten Beteiligungen entfällt. 441

Sofern der Übernahmeverlust auf einem negativen Buchwert des übergegangenen Vermögens beruht, ist das übergehende Vermögen mit mindestens Euro Null anzusetzen. Nach Verwaltungsauffassung ist die Tarifbegrenzung des § 32c EStG auf den Übernahmegewinn nicht anzuwenden (vgl. Tz 04.42 UmwStE i. d. F. von 1998). Der BFH hat dies mittlerweile mit Urt. v. 09.01.2009 – Az.: IV B 27/09 – bestätigt. Allerdings war diese Auffassung in der Literatur umstritten (vgl. *Streck/Posdziech* GmbHR 1995, 278; *Benkert*, in: Haritz/Benkert, UmwStG, § 4 Rn. 125 m. w. N.; Ansicht wie Verwaltung: Widmann/Mayer/*Widmann* § 4 UmwStG Rn. 605; *J. Thiel* DB 1995, 1196, 1199; *Dötsch/Eversberg/Jost/Witt*, Die Körperschaftsteuer, Anh. UmwStG Rn. 70c). 442

Für den Umwandlungsfolgegewinn i. S. d. § 6 UmwStG a. F. gilt jedoch § 32c EStG (vgl. Tz 06.02 UmwStE i. d. F. von 1998). Die Besteuerung des Übernahmegewinns ist nicht nach § 16 Abs. 4, 34 Abs. 1 EStG begünstigt. Der Übernahmegewinn ist gem. § 18 Abs. 2 UmwStG bei der Gewerbesteuer nicht zu erfassen. 443

Wird allerdings der Betrieb der Personengesellschaft oder der natürliche Person innerhalb von 5 Jahren nach der Umwandlung aufgegeben oder veräußert, unterliegt ein Veräußerungs- oder Auflösungsgewinn der Gewerbesteuer (§ 18 Abs. 4 UmwStG a. F.). Dies hat das BVerfG mit Beschl. v. 06.11.2008 (Az. 1 BvR 2360/07) bestätigt. Der auf dieser Veräußerungs- oder Aufgabegewinn beruhende Teil des Gewerbesteuer-Messbetrags ist bei der Ermäßigung der ESt nach § 35 EStG nicht zu berücksichtigen. 444

Ein Verlustabzug der übertragenden Körperschaft i. S. d. § 10d Abs. 3 Satz 2 EStG geht nicht auf die übernehmende Personengesellschaft über (§ 4 Abs. 2 Satz 2 UmwStG). Dasselbe gilt für vortragsfähige gewerbesteuerliche Fehlbeträge gem. § 10a GewStG. 445

Ausländische Gesellschafter mit wesentlichen Beteiligungen im Privatvermögen oder Beteiligungen in einem inländischen Betriebsvermögen sind mit dem Übernahmegewinn als Einkünfte aus Gewerbebetrieb beschränkt steuerpflichtig. Die Einkünfte unterliegen als Betriebsstätteneinkünfte der deutschen Besteuerung (§ 49 Abs. 1 Nr. 2 EStG). Die beschränkt Steuerpflichtigen sind zur Körperschaftsteueranrechnung berechtigt, auch dann, wenn sich ein Übernahmeverlust ergibt. 446

Ausländische Gesellschafter mit nicht wesentlichen Anteilen im Privatvermögen, die weder Wohnsitz noch gewöhnlichen Aufenthalt im Inland haben, können keinen Übernahmegewinn erzielen. Es werden ihm keine Einkünfte zugerechnet. Sie haben keine beschränkt steuerpflichtigen Einkünfte i. S. d. § 49 Abs. 1 EStG. Die Voraussetzungen des § 49 Abs. 1 Nr. 5 EStG sind ebenfalls nicht erfüllt (*Schmidt* EStG, § 49 Rn. 14a; Widmann/Mayer/*Widmann* § 4 UmwStG a. F. Rn. 563). Die auf dem verwendbaren Eigenkapital lastende Körperschaftsteuer ist bei diesen Gesellschaftern nicht anrechenbar, was zu einer Definitivbelastung führt. 447

(5) Ermittlung des Übernahmegewinns bzw. -verlusts nach der Rechtslage ab 2001 bis 2006 (vor den Änderungen des UmwStG durch das SEStEG)

448 Es bleibt auch weiterhin dabei, dass die Gesellschafter der formwechselnden Kapitalgesellschaft sich in zwei Gruppen einteilen lassen, nämlich diejenigen, für die ein Übernahmegewinn bzw. -verlust ermittelt wird (§ 5 UmwStG) und diejenigen, für die das nicht der Fall ist. Da § 5 UmwStG i. d. F. des StSenkG mit der bisherigen Regelung in § 5 UmwStG inhaltsgleich ist, ergeben sich insoweit keine Änderungen.

449 Allerdings unterscheiden sich die Rechtsfolgen der Änderungen des UmStG durch das StSenkG grundlegend vom bisherigen Umwandlungssteuerrecht. Wird der Gesellschafter in die Ermittlung des Übernahmegewinns bzw. -verlusts einbezogen und entsteht ein Übernahmegewinn, so bleibt der Übernahmegewinn außer Ansatz, soweit er auf eine unbeschränkt steuerpflichtige Körperschaft, Personenvereinigung oder Vermögensmasse als Mitunternehmer der Personengesellschaft entfällt. Soweit er auf eine natürliche Person entfällt, wird der Übernahmegewinn zur Hälfte angesetzt. Dies ist die Konsequenz des Halbeinkünfteverfahrens gem. § 3 Nr. 40 EStG n. F. (vgl. auch § 4 Abs. 7 UmwStG i. d. F. des StSenkG). Ein Körperschaftsteueranrechnungsguthaben existiert nicht mehr.

450 Entsteht als Folge der Umwandlung ein Übernahmeverlust, so kann dieser nicht mehr wie bisher zur steuerfreien Aufdeckung stiller Reserven genutzt werden. Er bleibt vielmehr gem. § 4 Abs. 6 UmwStG i. d. F. StSenkG außer Ansatz. Damit fällt eine Nutzung eines step-up für steuerliche Zwecke weg. Insoweit ändern sich die Rechtsfolgen bei einer Umwandlung einer Kapital- in eine Personengesellschaft grundlegend.

451 Im Zuge der Abschaffung des Körperschaftsteueranrechnungsverfahrens zugunsten des Halbeinkünfteverfahrens (ab 01.01.2009: Teileinkünfteverfahren) wird auch zukünftig § 50c EStG überflüssig. Soweit jedoch ein Sperrbetrag bereits entstanden ist, entfällt er nicht mit Inkrafttreten des Steuersenkungsgesetzes. Er bleibt vielmehr für die gesamte Laufzeit, d. h. sowohl im Jahr des Erwerbs als auch in den 9 darauf folgenden Jahren bestehen (vgl. § 52 Abs. 59 EStG n. F.). Darüber hinaus bestimmt § 52 Abs. 59 EStG n. F., wann ein Sperrbetrag letztmals entstehen kann. Entspricht das Wirtschaftsjahr der Kapitalgesellschaft dem Kalenderjahr, so kann ein Sperrbetrag auch noch durch Veräußerung im Wirtschaftsjahr 2001 entstehen; hat die Kapitalgesellschaft ein vom Kalenderjahr abweichendes Wirtschaftsjahr, so ist die Entstehung eines Sperrbetrags noch bis zum Ende des Wirtschaftsjahres 2001/2002 möglich. Die zeitliche Anwendungsregelung zu § 50c EStG läuft also insofern parallel zum zeitlichen Anwendungsbereich des § 8b Abs. 2 KStG n. F. sowie des § 3 Nr. 40 EStG.

(6) Ermittlung des Übernahmegewinns aufgrund der Änderungen des UmwStG durch das SEStEG

452 Zunächst ist auf Ebene der formwechselnden Kapitalgesellschaft zu beachten, dass es nach neuem Recht nicht mehr – wie noch nach § 14 i. V. m. § 10 UmwStG a. F. – zu einer Minderung der auf dem EK 40 lastenden Körperschaftsteuerschuld kommt (vgl. § 10 UmwStG n. F.). Die Körperschaftsteuerminderung wurde durch einen Auszahlungsanspruch gem. § 37 Abs. 5 KStG n. F. Die Besteuerung der Personengesellschaft als Rechtsträger neuer Rechtsform richtet sich nach § 9 i. V. m. §§ 4 ff. UmwStG n. F.

453 Zu beachten ist weiter, dass jedem Anteilseigner unabhängig davon, ob er in die Ermittlung des Übernahmeergebnisses einbezogen wird oder nicht, die offenen Rücklagen i. S. d. § 7 UmwStG n. F. als Einnahmen aus Kapitalvermögen i. S. d. § 20 Abs. 1 Nr. 1 EStG zuzurechnen sind. Die auf den jeweiligen Anteilseigner entfallenden anteiligen Bezüge gem. § 7 UmwStG n. F. reduzieren dementsprechend das Übernahmeergebnis (§ 4 Abs. 5 Satz 2 UmwStG n. F.). Gem. § 4 Abs. 4 Satz 1 UmwStG n. F. ergibt sich als Folge des Vermögensübergangs ein Übernahmegewinn oder Übernahmeverlust. Dabei lassen sich die Gesellschafter der formwechselnden Kapitalgesellschaft in zwei

Gruppen einteilen und zwar in diejenigen, für die ein Übernahmegewinn bzw. -verlust ermittelt wird (§ 5 UmwStG n. F.) und diejenigen, für die dies nicht der Fall ist.

Wird der Gesellschafter in die Ermittlung des Übernahmegewinns oder -verlusts einbezogen, gilt Folgendes: 454
- Körperschaft, Personengesellschaft oder Vermögensmasse als Mitunternehmerin der Personengesellschaft.
- Auf einen Übernahmegewinn findet § 8b KStG Anwendung (§ 4 Abs. 7 Satz 1 UmwStG n. F.).
- Ein Übernahmeverlust bleibt außer Ansatz. Ausnahme: Bei Anteilen an der formwechselnden Gesellschaft, die die Voraussetzungen des § 8b Abs. 7 oder Abs. 8 Satz 1 KStG erfüllen, ist der Übernahmeverlust bis zur Höhe der Bezüge i. S. d. § 7 UmwStG n. F. zu berücksichtigen (vgl. § 4 Abs. 6 Sätze 2 und 3 UmwStG n. F.).
- Natürliche Personen als Mitunternehmer der Personengesellschaft:
- Auf einen Übernahmegewinn ist § 3 Nr. 40 Sätze 1 und 2 sowie § 3c EStG anzuwenden (§ 4 Abs. 7 Satz 2 UmwStG n. F.).
- Ein Übernahmeverlust ist zur Hälfte, höchstens i. H. d. Hälfte der Bezüge i. S. d. § 7 UmwStG zu berücksichtigen (§ 4 Abs. 6 Satz 4 UmwStG n. F.).

§ 4 Abs. 6 UmStG n. F. ist zwischenzeitlich durch das JStG 2009 an das ab dem 01.01.2009 geltende Teileinkünfteverfahren angepasst worden.

Wird ein Gesellschafter dagegen nicht in die Ermittlung des Übernahmegewinns bzw. -verlusts einbezogen, so kommt es bei ihm nur zur Besteuerung der anteilig auf ihn entfallenden offenen Rücklagen i. S. d. § 7 UmwStG n. F. 455

Das in der Steuerbilanz der formwechselnden Kapitalgesellschaft ausgewiesene Eigenkapital (abzgl. anteiligem Nennkapital) wird dem betroffenen Gesellschafter anteilig, d. h. im Verhältnis seiner Beteiligung am Nennkapital der formwechselnden Kapitalgesellschaft als Einnahmen aus Kapitalvermögen i. S. d. § 20 Abs. 1 Nr. 1 EStG zugerechnet und ist von diesem zu versteuern. Bis 31.12.2008 gilt bezüglich dieser Einnahmen das Halbeinkünfteverfahren. Kapitalertragsteuer ist einzubehalten. Ab 01.01.2009 unterliegen diese Einnahmen der 25%igen Abgeltungssteuer (§ 32d Abs. 1 EStG i. d. F. des URG 2008. Ausnahme: § 32d Abs. 2 Nr. 3 EStG i. d. F. des URG 2008). 456

Danach ist für diejenigen Gesellschafter, die in die Ermittlung des Übernahmeergebnisses einzubeziehen sind (§ 5 Abs. 2 und 3 UmwStG n. F.) zu bestimmen, ob ein Übernahmegewinn oder -verlust entsteht. Bei der Berechnung sind vom Wert des übergegangenen Werts die Anschaffungskosten/Buchwert der Beteiligung abzusetzen. Dies ergibt das Übernahmeergebnis 1. Stufe. Von diesem Ergebnis sind dann die Bezüge i. S. von § 7 UmwStG n. F. abzuziehen. Dies ergibt das Übernahmeergebnis 2. Stufe. 457

Die Ermittlung des Übernahmeergebnisses kann nochmals wie folgt dargestellt werden:

(anteiliger) Wert der übernommenen Wirtschaftsgüter (§ 4 Abs. 2 Satz 2 UmwStG)

+ Zuschlag für neutrales Vermögen (§ 4 Abs. 4 Satz 2 UmwStG)

abzgl. ggf. korrigierter Wert der Anteile an der übertragenden Körperschaft (§ 4 Abs. 2 Satz 1 UmwStG)

abzgl. Kosten des Vermögensübergangs

= Übernahmeergebnis 1. Stufe (§ 4 Abs. 4 Sätze 1 + 2 UmwStG)

+ Sperrbetrag gem. § 50c EStG (§ 4 Abs. 5 Satz 1 UmwStG)

abzgl. Bezüge i. S. von § 7 UmwStG (§ 4 Abs. 5 Satz 2 UmwStG)

= Übernahmeergebnis 2. Stufe (§ 4 Abs. 4 + 5 UmwStG)

Dieses Übernahmeergebnis ist dem Gesellschafter entsprechend seiner Beteiligung zuzurechnen.

Gem. § 6 UmwStG erfolgt eine Gewinnerhöhung durch eine Vereinigung von Forderungen und Verbindlichkeiten, wenn die Verschmelzung zu einer Identität von Gläubiger und Schuldner führt. Typische Fälle sind der Übergang teilwertberichtigter Forderungen (der übertragenden Körperschaft) auf den Schuldner (in Form des übernehmenden Rechtsträgers).

Wie oben unter Rdn. 453 bereits ausgeführt, ist dem Anteilseigner der Teil des in der Steuerbilanz ausgewiesenen Eigenkapitals abzüglich des Bestands des steuerlichen Einlagekontos, der sich nach Anwendung des § 29 Abs. 1 KStG ergibt, als Einkünfte aus Kapitalvermögen zuzurechnen, der seiner Beteiligung am Nennkapital entspricht (Tz 07.03 UmwStE 2011). Gedanklich führt dies zu einer Vollausschüttung der thesaurierten Gewinne. Die Regelung in § 7 beruht darauf, dass die Verschmelzung einer Körperschaft auf eine Personengesellschaft oder natürlichen Person die Besteuerungsebene entfällt, denn vor der Verschmelzung führte der Gewinntransfer der Körperschaft zu steuerpflichtigen Dividenden des empfangenden Gesellschafters (§ 20 Abs. 1 Nr. 1 EStG). Nach der Verschmelzung stellt der vergleichbare Vorgang nur noch eine steuerlich irrelevante Entnahme (§ 4 Abs. 1 Satz 2 EStG) dar (vgl. *Hruschka*, DStR 2012, Beilage 2/2012 unter Nr. 6).

458 Der Ansatz des Buchwerts der Beteiligung ist noch um steuerwirksame Teilwertabschreibungen zu erhöhen (§ 4 Abs. 3 Satz 2 UmwStG n. F.) sowie um Abzüge nach § 6b EStG zu erhöhen. Der Wert der Beteiligung ist dabei höchstens mit dem gemeinen Wert anzusetzen. Zur Ermittlung des Übernahmeergebnisses im Einzelnen vgl. ausführlich *Ballreich*, Fallkommentar zum Umwandlungsrecht, 4. Aufl. 2008, Fälle 9–11.

IV. Die Vermögensübertragung

1. Behandlung nach dem UmwG

459 Die Vermögensübertragung ist im 4. Buch des UmwG in den §§ 174 bis 189 UmwG geregelt. Der Gesetzgeber unterscheidet dabei die Vollübertragung und die Teilübertragung. Diese »Ersatzrechtsinstitute« sollen solchen Rechtsträgern die Möglichkeit der Übertragung von Vermögen im Wege der Verschmelzung oder Spaltung ermöglichen und erleichtern, denen dies bisher verwehrt war. Dabei lässt die Vorschrift des § 175 Nr. 1 UmwG auch die Übertragung des Vermögens oder von Vermögensteilen einer Kapitalgesellschaft auf die öffentliche Hand zu.

460 Die Vermögensübertragung ist nur für die Fälle vorgesehen, in denen der übernehmende Rechtsträger der Bund, die Länder, eine Gebietskörperschaft oder ein Zusammenschluss von Gebietskörperschaften, ein Versicherungsverein auf Gegenseitigkeit, ein öffentlich-rechtliches Versicherungsunternehmen oder eine Versicherungs-AG ist (§ 175 UmwG). Bei Vollübertragung i. S. d. § 174 Abs. 1 UmwG überträgt ein einziger Rechtsträger sein Vermögen als Ganzes auf einen anderen bereits bestehenden Rechtsträger gegen Gewährung einer Gegenleistung, die in Form einer Barabfindung oder Übertragung von Wirtschaftsgütern erfolgt.

461 Bezüglich des Ablaufs einer Teilübertragung des Vermögens sind gem. § 177 Abs. 2 UmwG die Vorschriften des § 176 Abs. 2 bis 4 UmwG entsprechend anzuwenden. Die Teilübertragung ist gem. § 176 UmwG in drei Grundfällen möglich:
– Übertragung durch Aufspaltung des gesonderten Vermögens unter Auflösung ohne Abwicklung des übertragenden Rechtsträgers auf verschiedene übernehmende Rechtsträger, § 174 Abs. 2 Nr. 1 UmwG.
– Übertragung durch Abspaltung eines Vermögensteils unter Fortbestand des übertragenden Rechtsträgers, § 174 Abs. 2 Nr. 2 UmwG.
– Übertragung durch Ausgliederung eines Vermögensteils unter Fortbestand des übertragenden Rechtsträgers, § 174 Abs. 2 Nr. 3 UmwG.

2. Steuerrechtliche Behandlung

Auf die Fälle der Vermögensübertragung sind grundsätzlich die Vorschriften des UmwStG anzuwenden, die auch die entsprechenden Vorgänge der Verschmelzung oder der Spaltung regeln (vgl. auch S/B/B/*Sagasser/Watrin* W Rn. 1, sowie Tz 11.15 ff. UmwStE). Gem. § 1 Abs. 2 UmwStG gilt daher für die Vermögensübertragung der dritte und sechste Teil sowie § 19 UmwStG. Für die Aufspaltung und Abspaltung entsprechenden Fälle der Teilübertragung gelten gem. § 1 Abs. 4 UmwStG die §§ 15 und 19 UmwStG n. F. 462

Als übertragende Rechtsträger kommen in Übereinstimmung mit dem UmwG Kapitalgesellschaften, Versicherungsvereine auf Gegenseitigkeit sowie Körperschaften und Anstalten des öffentlichen Rechts in Betracht (§ 1 Abs. 1 UmwStG n. F.). Keine Regelung im UmwStG haben die der Ausgliederung entsprechenden Fälle der Teilübertragung erfahren. 463

Die Anwendbarkeit der Vorschriften der §§ 20 ff., 24 UmwStG n. F. scheidet auf die entsprechenden Fälle der Teilübertragung aus, da in diesen Fällen die übernehmenden Rechtsträger (mit Ausnahme der Versicherungs-AG) weder Kapital- noch Personengesellschaften sind und darüber hinaus die für den Vermögensübergang gewährte Gegenleistung nicht in Gesellschaftsrechten besteht (S/B/B/*Sagasser/Watrin* W Rn. 2). 464

Da für die Vollübertragung und die Teilübertragung die wesentlichen Vorschriften des UmwStG anzuwenden sind, wird auf die bisherigen Ausführungen verwiesen. Allerdings findet das in § 11 Abs. 2 UmwStG n. F. geregelte Bewertungswahlrecht bei einer Vollübertragung keine Anwendung, da die gem. § 174 UmwG gewährte Gegenleistung nicht – wie in § 11 Abs. 2 Nr. 2 UmwStG gefordert – in Gesellschaftsrechten besteht. Deshalb sind die übergehenden Wirtschaftsgüter mit den gewährten Gegenleistungen, also mit dem gemeine Wert anzusetzen (vgl. zur alten Rechtslage vor Inkrafttreten des SEStEG *Dehmer* § 14 UmwStG Rn. 6b) bb)). Die übernehmende Körperschaft setzt die übergegangenen Wirtschaftsgüter gem. § 12 Abs. 1 UmwStG mit dem Wertansatz der steuerlichen Schlussbilanz der Übertragerin an. 465

Bei einer Vermögensübertragung entspricht der Übertragungsgewinn (Buchgewinn) dem Wert der Gegenleistung abzüglich des Buchwerts des Vermögens der übertragenden Körperschaft (*Dehmer* DStR 1994, 1720). 466

Bei der Vermögensübertragung von einer steuerfreien auf eine steuerpflichtige Körperschaft sind die Wirtschaftsgüter zwingend mit dem gemeinen Wert anzusetzen. Bei den Anteilseignern erfolgt eine Gewinnrealisierung i. H. d. Unterschiedsbetrages zwischen dem gemeinen Wert der Gegenleistung und dem Buchwert bzw. den Anschaffungskosten der Anteile, soweit es sich um in einem Betriebsvermögen gehaltenen Anteil oder um wesentliche Beteiligungen bzw. einbringungsgeborene Anteile i. S. d. § 21 UmwStG a. F. handelt (vgl. hierzu insbesondere auch Tz 11.14–11.16 UmwStE 2011), da eine Gegenleistung vorliegt, die nicht in Gesellschaftsrechten besteht. 467

C. Die steuerliche Behandlung sonstiger Unternehmensumstrukturierungen

I. Die steuerliche Behandlung der Einbringung von Anteilen an einer Kapitalgesellschaft in eine andere Kapitalgesellschaft nach der Rechtslage des SEStEG (Anteilstausch, § 21 UmwStG n. F.)

Die Einbringung von Anteilen an einer Kapitalgesellschaft in eine Kapitalgesellschaft (Anteilstausch) ist nunmehr in § 21 UmwStG n. F. geregelt. Bisher war dieser Anteilstausch in § 20 UmwStG a. F. miterfasst. Gem. § 21 Abs. 1 Satz 1 UmwStG n. F. hat die übernehmende Gesellschaft die eingebrachten Anteile grundsätzlich mit dem gemeinen Wert anzusetzen. 468

Nach § 21 Abs. 1 Satz 2 UmwStG n. F. kann bei Einbringung von mehrheitsvermittelnden Anteilen auf Antrag eine Buchwertfortführung erfolgen, wenn kein Ausschluss oder eine Beschränkung des deutschen Besteuerungsrechts erfolgt (sog. qualifizierter Anteilstausch). Ein qualifizierter 469

Anteilstausch liegt dann vor, wenn die übernehmende Gesellschaft nach der Einbringung aufgrund ihrer Beteiligung einschließlich der eingebrachten Anteile nachweisbar unmittelbar die Mehrheit der Stimmrechte an der erworbenen Gesellschaft hat.

470 Beim einfachen Anteilstausch – also bei einem Anteilstausch, bei dem die obigen Voraussetzungen nicht gegeben sind – bleibt es grundsätzlich beim Ansatz der eingebrachten Anteile in der Steuerbilanz mit dem gemeinen Wert. Bei Inlandsfällen des Anteilstauschs bleibt es bei der doppelten Buchwertverknüpfung, d. h. es gilt weiterhin der Grundsatz der Wertverknüpfung (vgl. auch nachfolgend Rdn. 472).

471 § 21 Abs. 2 Satz 1 UmwStG n. F. bestimmt, dass der Wert mit dem die übernehmende Gesellschaft die eingebrachten Anteile ansetzt, für den Einbringenden als Veräußerungsgewinn der eingebrachten Anteile und als Anschaffungskosten der erhaltenen Anteile gilt (bisher § 20 Abs. 4 Satz 1 UmwStG a. F.).

472 Beim grenzüberschreitendem Anteilstausch wurde die doppelte Buchwertverknüpfung aufgegeben (§ 21 Abs. 2 Satz 3 UmwStG n. F.). Der Bewertungsansatz beim Einbringenden ist somit unabhängig vom Bewertungsansatz bei der übernehmenden Gesellschaft.

473 § 22 Abs. 2 Satz 1 UmwStG n. F. bestimmt Folgendes: Soweit im Rahmen eines Anteilstauschs (§ 21 Abs. 1 UmwStG n. F.) unter dem gemeinen Wert eingebrachte Anteile innerhalb eines Zeitraums von 7 Jahren nach dem Einbringungszeitpunkt veräußert werden und der Einbringende keine durch § 8b Abs. 2 KStG begünstigte Person ist, ist der Gewinn aus der Einbringung im Wirtschaftsjahr der Einbringung rückwirkend als Gewinn des Einbringenden aus der Veräußerung von Anteilen zu versteuern (Einbringungsgewinn II). § 16 Abs. 4 EStG ist nicht anzuwenden.

474 Der Einbringungsgewinn II wird wie folgt definiert:

Der Einbringungsgewinn II ist der Betrag, um den der gemeine Wert der eingebrachten Anteile im Einbringungszeitpunkt nach Abzug der Kosten für den Vermögensübergang den Wert mit dem der Einbringende die erhaltenen Anteile angesetzt hat, übersteigt, vermindert um jeweils ein Siebtel für jedes seit dem Einbringungszeitpunkt abgelaufene Zeitjahr.

475 Der Einbringungsgewinn II gilt als nachträgliche Anschaffungskosten der erhaltenen Anteile. Hinsichtlich der Besteuerung des Einbringungsgewinns ist Folgendes zu beachten: Setzt die übernehmende Kapitalgesellschaft die Anteile über dem Buchwert an und ist Einbringender eine natürliche Person und gehören die Anteile zum Privatvermögen, ist der Einbringungsgewinn im Halbeinkünfteverfahren zu besteuern. Soweit die Anteile zu einem Betriebsvermögen gehören, greift § 3 Nr. 40 Buchst. a) EStG. Ab 01.01.2009 ist das Teileinkünfteverfahren anzuwenden. Soweit die Anteile zum Privatvermögen gehören, ist unter den weiteren Voraussetzungen des § 17 EStG oder § 23 EStG, § 3 Nr. 40 Buchst. c) und Buchst. j) anzuwenden. Allerdings gilt § 3 Nr. 40 Buchst. j) EStG ab dem Veranlagungszeitraum 2009 nicht mehr, da ab 2009 ein Wertzuwachs außerhalb der bisherigen Spekulationsfristen immer zu versteuern ist (vgl. Unternehmensteuerreformgesetz 2008 vom 14.08.2007 BGBl. I 1912).

476 § 17 Abs. 3 EStG (Freibetrag) ist nur anzuwenden, wenn die Anteile mit dem gemeinen Wert bewertet wurden (§ 21 Abs. 3 Satz 1 UmwStG n. F.). Der Freibetrag gem. § 16 Abs. 4 EStG kommt nur zum Zuge, wenn der Ansatz mit dem gemeinen Wert erfolgt. Weiterhin ist Voraussetzung, dass eine im Betriebsvermögen gehaltene Beteiligung an einer Kapitalgesellschaft eingebracht wird, die das gesamte Nennkapital der Kapitalgesellschaft umfasst. § 34 Abs. 1 EStG findet keine Anwendung (§ 21 Abs. 3 Satz 2 UmwStG n. F.).

477 Ist der Einbringende eine Körperschaft, so ist der Einbringungsgewinn gem. § 8b Abs. 2 KStG steuerfrei. Gem. § 8b Abs. 3 KStG gelten jedoch 5 % des Gewinns als nichtabzugsfähige Betriebsausgaben. Im Gegensatz zu der Einbringung von Betrieben, Teilbetrieben oder Mitunternehmeranteilen (§ 20 Abs. 6 UmwStG n. F.) ist beim Anteilstausch eine steuerliche Rückwirkung nicht vorgesehen.

Bei Einbringung einbringungsgeborener Anteile ist Folgendes zu beachten: 478

Gem. § 21 Abs. 2 Satz 6 UmwStG n. F. ist in Fällen des Anteilstauschs § 20 Abs. 3 Satz 4 UmwStG n. F. entsprechend anzuwenden. Das bedeutet, dass bei Einbringung einbringungsgeborener Anteile alten Rechts die neu erhaltenen Anteile mit der Einbringungsgeborenheit alter Anteile infiziert werden. Es können also auch im zeitlichen Anwendungsbereich des neuen Umwandlungssteuerrechts einbringungsgeborene Anteile alter Art neu entstehen. Es läuft bei Veräußerung dieser Anteile keine Siebenjahresfrist.

Bei der Veräußerung kommt es nicht zur Anwendung des Halbeinkünfteverfahrens, bzw. des Teileinkünfteverfahrens sondern zur vollen Versteuerung (BT-Drucks. 16/3369 S. 26; Rödder/Herlinghaus/van Lishaut/*Ratlack* § 21 UmwStG Nr. 127). Gem. § 22 Abs. 3 UmwStG n. F. bestehen jährliche Nachweispflichten, in wessen Hand in den Fällen der Sacheinlage die erhaltenen Anteile sich befinden. Dasselbe gilt für den Anteilstausch. Wird ein Nachweis nicht innerhalb der in § 22 UmwStG n. F. genannten Sperrfrist erbracht, gelten die Anteile als am Tag nach dem Einbringungszeitpunkt oder an dem entsprechenden Tag eines Folgejahres als veräußert (fiktive Veräußerung). 479

II. Die steuerliche Behandlung der Einbringung einzelner Wirtschaftsgüter des Betriebsvermögens in eine Personengesellschaft

Eine weitere steuerneutrale Umstrukturierungsmöglichkeit – die allerdings nicht im Umwandlungssteuergesetz geregelt ist, sondern im Einkommensteuergesetz, – ist die Überführung einzelner Wirtschaftsgüter von einem Betriebsvermögen in ein anderes Betriebsvermögen desselben Steuerpflichtigen. In diesem Fall hat der Ansatz mit dem Buchwert zu erfolgen (§ 6 Abs. 5 Satz 1 EStG). Da in diesem Fall kein Rechtsträgerwechsel vorliegt, wird von einer Überführung gesprochen (vgl. BMF-Schreiben vom 08.12.2011 (BStBl. I 2011, 1279 in Tz 8). 480

Wird ein einzelnes Wirtschaftsgut von einem eigenen Betriebsvermögen in eine Sonderbetriebsvermögen bei einer Mitunternehmerschaft oder umgekehrt des Steuerpflichtigen überführt, so ist gem. § 6 Abs. 5 Satz 2 EStG ebenfalls der Buchwert anzusetzen. § 6 Abs. 5 Satz 1 gilt entsprechend. Stille Reserven sind somit nicht zu realisieren und zu versteuern. Dies bedeutet, dass steuerneutral Wirtschaftsgüter in ein Sonderbetriebsvermögen einer Personengesellschaft überführt werden können. Ist § 6 Abs. 5 Satz 1 EStG anzuwenden, so ist die Buchwertübertragung nach h. M. zwingend (vgl. Schmidt/*Glanegger* § 6 EStG Rn. 515). Dies bedeutet die Ausbuchung mit dem Buchwert bei einem Betriebsvermögen und Buchwertfortführung beim anderen Betriebsvermögen des Steuerpflichtigen (Schmidt/*Glanegger* § 6 EStG Rn. 515). 481

§ 6 Abs. 5 Satz 3 Nr. 1–3 EStG regelt weiterhin einzelne Tatbestände der unentgeltlichen Übertragung oder Übertragung einzelner Wirtschaftsgüter des Betriebsvermögens des Mitunternehmers oder des Sonderbetriebsvermögens des Mitunternehmers gegen Gewährung oder Minderung von Gesellschaftsrechten in das Gesamthandsvermögen einer Personengesellschaft sowie die Übertragung zwischen den jeweiligen Sonderbetriebsvermögen verschiedener Mitunternehmer derselben Personengesellschaft. Es handelt sich dabei um eine Übertragung, da ein Rechtsträgerwechsel vorliegt (vgl. BMF-Schreiben v. 08.12.2011, BStBl. I 2011 ,1279, Tz 8). Maßgebend für den Zeitpunkt der Übertragung ist der Übergang des wirtschaftlichen Eigentums. Auf den Zeitpunkt des Übergangs des zivilrechtlichen Eigentums kommt es nicht an. Fraglich ist dabei, ob auch eine unmittelbare Übertragung einzelner Wirtschaftsgüter zwischen zwei Schwesterpersonengesellschaften von § 6 Abs. 5 Satz 3 erfasst ist. Die Finanzverwaltung vertritt in Tz 18 des BMF – Schreibens vom 08.11.2011 die Auffassung, dass nach dem Wortlaut kein Anwendungsfall der Übertragungsvarianten nach § 6 Abs. 5 Satz 3 Nr. 2 EStG darstelle und schließt sich somit der Auffassung des IV. Senats des BFH (Urt. v. 145.04.2010 – IV B 105/09, BStBl. II 2010, S. 971) an. Der I. Senat des BFH (Urt. v. 25.11.2009 – I R 72/09, BStBl. II 2010, S. 471) ist dagegen anderer Auffassung und will die unmittelbare Übertragung zu lassen (vgl. zu diesem Problemkreis: Dornheim, Ubg 2012, 618 ff.). Der BFH hat mittlerweile dem BVerfG die Frage vorgelegt, ob § 6 Abs. 5 Satz 3 EStG gegen den allgemeinen Gleichheitsgrundsatz verstößt, weil hiernach eine Übertragung von Wirtschaftsgütern 482 zwischen beteiligungsidentischen Personengesellschaften nicht zum Buchwert möglich ist (BFH v. 10.04.2013, I R 80/12).

§ 6 Abs. 5 Satz 4 EStG bestimmt verschiedene Sperrfristen, wonach rückwirkend der Teilwert für das übertragene Wirtschaftsgut anzusetzen ist, wenn das Wirtschaftsgut innerhalb dieser Sperrfristen entnommen oder veräußert wird. Soweit infolge der Übertragung von Wirtschaftsgütern stille Reserven auf ein Körperschaftsteuersubjekt übergehen, ordnet § 6 Abs. 5 Satz 5 EStG den Ansatz des Teilwertes an, soweit der Anteil der Körperschaft an dem Wirtschaftsgut begründet wird oder sich erhöht. Der Teilwert ist also nicht in voller Höhe anzusetzen, sondern nur in der quotalen Beteiligung der Körperschaft. Im Übrigen bleibt es bei der Buchwertverknüpfung. Ist die Körperschaft, wie üblicherweise die Komplementär- GmbH einer GmbH & Co. KG, nicht am Gesellschaftsvermögen der KG beteiligt, gehen keine stillen Reserven über, die über § 6 Abs. 5 Satz 5 EStG korrigiert werden müssten (vgl. BMF-Schreiben v. 08.11.2011, BStBl. I 2011, 1279, Tz 29). Zur Neuregelung der Entstrickungs- und Verstrickungskonzeption bei grenzüberschreitender Überführung einzelner Wirtschaftsgüter vgl. die Ausführungen unter Rdn. 530 ff.

III. Die Realteilung bei Personengesellschaften

483 Unter dem Begriff der Realteilung versteht man die Auseinandersetzung einer mitunternehmerisch tätigen Personengesellschaft in der Weise, dass das Gesamthandsvermögen der Personengesellschaft auf die Gesellschafter verteilt wird und jeder Gesellschafter somit einen Anteil des Gesellschaftsvermögens übernimmt (vgl. Budde/Förschle/*Budde* Sonderbilanzen, H Rn. 120).

484 Bei einer Realteilung geht die Personengesellschaft unter, der Betrieb wird weder durch einen Gesellschafter noch durch die Gesamtheit der Gesellschafter fortgesetzt. Die Beendigung der Personengesellschaft im Wege der Realteilung ist damit steuerlich eine Betriebsaufgabe, mit der Folge, dass ein Aufgabegewinn gem. § 16 Abs. 3 EStG zu ermitteln ist (vgl. BFH v. 19.01.1982, BStBl. II 1982, S. 456, 458).

485 Die Realteilung soll nach dieser Auffassung ihrem Wesen nach der umgekehrte Fall einer Einbringung eines Betriebs- oder Teilbetriebs in eine Personengesellschaft gem. § 24 UmwStG darstellen. Hieraus leitet sich ab, dass die Möglichkeit der Buchwertfortführung gem. § 24 analog auch auf den Fall der Realteilung anzuwenden ist (Schmidt/*Wacker* EStG, § 16 Rn. 99d).

486 Nach bisheriger Rechtslage galt Folgendes: Die steuerliche Behandlung der Realteilung von Mitunternehmerschaften hat durch das Steuerentlastungsgesetz (StEntlG) 1999/2000/2002 mit Wirkung ab dem 01.01.1999 erstmalig eine gesetzliche Regelung erfahren. Die Realteilung ist in § 16 Abs. 3 Satz 2 EStG nunmehr gesetzlich verankert worden. Nach dieser Vorschrift hat zwingend eine Gewinnrealisierung im Rahmen einer Realteilung zu erfolgen, wenn weder ein Teilbetrieb noch ein Mitunternehmeranteil auf die bisherigen Mitunternehmer übertragen wird, sondern nur einzelne Wirtschaftsgüter. Damit erfordert die Realteilung eine Zuteilung von Teilbetrieben oder Mitunternehmeranteilen, wenn die Realteilung steuerneutral erfolgen soll. Auch die nach dem sog. Mitunternehmererlass mögliche steuerneutrale Übertragung von Einzelwirtschaftsgütern zwischen einem gesamtheitlichen Betriebsvermögen und dem Betriebsvermögen eines Mitunternehmers ist nun die durch das StEntlG 1999/2000/2002 geänderte Vorschrift des § 6 Abs. 5 EStG nicht mehr möglich (vgl. S/B/B/*Sagasser*/*Fahrenberg* P Rn. 109).

487 Nach der Gesetzesänderung durch das StEntlG 1999/2000/2002 dürfte davon auszugehen sein, dass die Aufspaltung und Abspaltung aus dem Vermögen von Personengesellschaften in das Vermögen anderer Personengesellschaften nicht nur von § 24 UmwStG, sondern auch durch die nunmehr in § 16 Abs. 3 EStG enthaltenen Regelungen über die Realteilung erfasst sind (vgl. S/B/B/*Sagasser*/*Fahrenberg* P Rn. 113).

488 Während jedoch § 24 UmwStG a. F. und n. F. auf Antrag ein Bewertungswahlrecht vorsieht, soweit Teilbetriebe oder Mitunternehmeranteile übertragen werden, ist davon auszugehen, dass in diesem Fall bei Anwendung des § 16 Abs. 3 EStG ein Zwang zu Buchwertfortführung besteht. Die

Anwendung des § 24 UmwStG bietet daher dem Steuerpflichtigen die größere Flexibilität (S/B/B/ *Sagasser/Fahrenberg* P Rn. 113).

Nach neuer Rechtslage gilt nunmehr Folgendes: 489

Durch das Unternehmenssteuerfortentwicklungsgesetz (UntStFG) wurde § 16 Abs. 3 Satz 2 EStG eingeführt, sodass bei Realteilungen nach dem 31.12.2000 (§ 52 Abs. 34 Satz 4 EStG) nunmehr ein Zwang zum Buchwertansatz auch bei der Übertragung einzelner Wirtschaftsgüter besteht, wenn die Wirtschaftsgüter in ein Betriebsvermögen des Mitunternehmers übertragen werden und die Besteuerung der stillen Reserven sichergestellt ist. Diese Pflicht zur Buchwertfortführung besteht also selbst dann, wenn der Realteiler ein Interesse an der Aufdeckung stiller Reserven hat, weil z. B. mit den realisierten Gewinnen bestehende Verlustvorträge ausgeglichen werden könnten. Werden allerdings einzelne Wirtschaftsgüter unmittelbar oder mittelbar auf eine Körperschaft, Personenvereinigung oder Vermögensmasse übertragen, so ist der gemeine Wert anzusetzen.

Durch die Neuregelung ist also nicht nur der Buchwertansatz bei übertragenen Teilbetrieben und 490 Mitunternehmeranteilen zwingend, sondern auch bei Einzelwirtschaftsgütern (§ 16 Abs. 3 Satz 2 EStG). § 16 Abs. 3 Sätze 3 und 4 EStG enthalten spezielle Missbrauchstatbestände, wenn wesentliche Betriebsgrundlagen innerhalb einer Sperrfrist von 3 Jahren veräußert oder entnommen werden. Diese Missbrauchsvorschriften gelten jedoch nur für Realteilungen, bei denen Einzelwirtschaftsgüter übertragen werden.

Aufgrund der Neukonzeption des Einbringungsteils der Änderungen des UmwStG durch das SES- 491 tEG und der damit verbundenen Aufgabe des Systems der einbringungsgeborenen Anteile wurde § 8b Abs. 4 KStG aufgehoben. Da § 8b Abs. 4 KStG nicht nur auf Fälle im Zusammenhang mit der Einbringung in eine Kapitalgesellschaft umfasste, sondern auch Anteilsübertragungen unter dem gemeinen Wert von natürlichen Personen auf Kapitalgesellschaften auf anderem Wege (z. B. Realteilung) mit einschloss, werden diese Fälle nunmehr in § 16 Abs. 5 EStG geregelt. Es kommt somit nicht mehr zu einer Besteuerung der Anteilsveräußerung durch die übernehmende Mitunternehmerkapitalgesellschaft.

Vielmehr wird durch die Anteilsveräußerung eine rückwirkende Besteuerung durch die Realteilung 492 im Rahmen eines Teilbetriebs übertragenen Anteile durch Ansatz des gemeinen Werts ausgelöst, wenn die Veräußerung innerhalb von 7 Jahren nach der Realteilung erfolgt.

D. Internationales Umwandlungssteuerrecht

I. Die steuerliche Behandlung von grenzüberschreitenden Verschmelzungen/Spaltungen/Einbringungen/Anteilstausch

1. Grenzüberschreitende Verschmelzungen von Kapitalgesellschaften

a) Herausverschmelzung

Mit dem am 25. April 2007 in Kraft getretenen Zweiten Gesetz zur Änderung des Umwandlungs- 493 gesetzes wurden die Vorgaben der Verschmelzungsrichtlinie umgesetzt. In den § 122a bis 122l UmwG ist nunmehr die grenzüberschreitende Verschmelzung von Kapitalgesellschaften geregelt. Nicht erfasst werden Verschmelzungen mit Gesellschaften aus sog. Drittstaaten (wie z. B. Schweiz/USA, vgl. auch Rdn. 15 ff.).

Steuerlich gilt für die Verschmelzung von Kapitalgesellschaften folgendes: Neben dem Anwendungsbereich bei Inlandsfällen tritt nun nach § 1 Abs. 1 und § 1 Abs. 2 UmwStG auch die Anwendung auf grenzüberschreitende Umwandlungen und vergleichbare Vorgänge nach ausländischem Recht.

Das UmwStG ist bei Umwandlungen mit Auslandsbezug nur anwendbar, wenn eine Umwandlung nach dem UmwG »vergleichbar« ist. Vergleichbarkeit liegt in Bezug auf

- beteiligte Rechtsträger (Typenvergleich, vgl. BMF-Schreiben v. 19.03.2004, BStBl. I 2004, S. 411)
- Typizität des jeweiligen Umwandlungsvorgangs
  (aa) Übergang der Aktiva und Passiva
  (bb) Aufgrund Rechtsgeschäfts oder kraft Gesetzes
  (cc) Auflösung und Abwicklung
  (dd) i. d. R. gegen Gewährung von Gesellschaftsanteilen
  (ee) (partielle) Gesamtrechtsnachfolge
  (ff) Formwechsel

vor.

494 Bei einer grenzüberschreitenden Herausverschmelzung zweier Kapitalgesellschaften finden die §§ 11 bis 13 UmwStG n. F. i. d. F. des SEStEG (Dritter Teil des UmwStG) Anwendung. Gem. § 1 Abs. 1 Nr. 1 UmwStG gilt u. a. der dritte Teil des UmwStG n. F. für die Verschmelzung von Körperschaften oder vergleichbare ausländische Vorgänge. Die Vergleichbarkeit im o. g. Sinne ist gegeben. Die o. g. Vorschrift ist allerdings gem. § 1 Abs. 2 Nr. 1 UmwStG n. F. nur anwendbar, sofern die übertragenden und übernehmenden Rechtsträger nach den Rechtsvorschriften eines Mitgliedstaates der Europäischen Union oder eines Staates, auf den sich das Abkommen über den Europäischen Wirtschaftsraum (EWR) Anwendung findet, gegründete Gesellschaften sind und deren Sitz und Ort der Geschäftsleitung sich innerhalb des Hoheitsgebiets eines dieser Staaten befindet.

495 Eine Hinausverschmelzung unter Buchwertfortführung auf Antrag kommt gem. § 11 Abs. 2 Nr. 1 i. V. m. Nr. 2 UmwStG n. F. nur dann in Betracht, wenn das deutsche Besteuerungsrecht zukünftig weder ausgeschlossen noch beschränkt ist. Dabei ist immer nach den einzelnen Wirtschaftsgütern zu differenzieren. Liegen die Voraussetzungen nicht vor, ist der gemeine Wert anzusetzen.

496 Wird nach der Verschmelzung eine deutsche Betriebsstätte in der BRD fortgeführt, so ergibt sich eine beschränkte Steuerpflicht der ausländischen aufnehmenden Gesellschaft in Deutschland. Eine Entstrickung und damit keine Besteuerung der stillen Reserven erfolgt im Fall der Hinausverschmelzung dann nicht, wenn in der BRD eine Betriebsstätte verbleibt und die Wirtschaftsgüter der deutschen Betriebsstätte zugeordnet werden können, damit der Buchwertansatz in der Schlussbilanz der übertragenden Gesellschaft zulässig ist Nach § 11 Abs. 2 Nr. 1–3 UmwStG ist Voraussetzung für den Buchwertansatz auf Antrag, dass die übernehmende Gesellschaft der Körperschaftsteuer unterliegt. Dies ist dann der Fall, wenn im Inland eine Betriebsstätte besteht. Damit ist grundsätzlich eine steuerneutrale Hinausverschmelzung möglich und zulässig. Dabei ist für jedes einzelne Wirtschaftsgut die Zuordnung zu prüfen.

497 Ergänzend ist dabei bezüglich eines möglichen EK 02 bei der übertragenden Gesellschaft auf § 38 Abs. 9 KStG n. F. hinzuweisen. Hat der übernehmende Rechtsträger seinen Sitz in einem Drittstaat (Nicht-EU-Staat), werden alle entstandenen und festgesetzten Körperschaftsteuererhöhungsbeträge an dem 30. 9. fällig, der auf den Zeitpunkt des Vermögensübergangs folgt (§ 38 Abs. 9 Satz 1 KStG n. F.). Dies gilt nicht, wenn der übernehmende Rechtsträger in einem anderen Mitgliedstaat der EU unbeschränkt steuerpflichtig ist (§ 38 Abs. 9 Satz 3 KStG n. F. i. d. F. des JStG 2008 v. 20.12.2007 [BGBl. I 3150]). In diesem Fall ist § 38 Abs. 6 KStG i. d. F. des JStG 2008 anzuwenden, wonach die übernehmende Körperschaft den Körperschaftsteuererhöhungsbetrag in zehn gleichen Jahresraten zu entrichten hat und zwar von 2008 bis 2017. Der Anspruch ist nicht verzinslich (§ 38 Abs. 6 Satz 8 KStG i. d. F. des JStG 2008). Allerdings ist die Übergangsregelung des § 34 Abs. 13d Satz 3 KStG zu beachten. Nach dem bisherigen § 40 Abs. 6 KStG – der aufgrund des JStG 2008 weggefallen ist – wurde bei einer Vermögensübertragung auf eine Körperschaft, die ihren Sitz in einem Mitgliedstaat der EU hat, die aufgrund der bisherigen Ausschüttungsfiktion festgesetzte Körperschaftsteuer in einem Übergangszeitraum von 18 Jahren zinslos gestundet. Nach der o. g. Übergangsregelung ist diese bisherige Rechtslage weiter anzuwenden, wenn bis zum 28.12.2007 (Zeitpunkt der Verkündung des Jahressteuergesetzes 2008) bereits eine Festsetzung aufgrund der bisherigen Rechtslage

erfolgt ist. Die entsprechenden Bescheide sind dann nicht aufzuheben und die Stundung ist nicht zu widerrufen (vgl. auch § 34 Abs. 13d Satz 4 KStG n. F.).

Die Besteuerung des aufnehmenden ausländischen Rechtsträgers erfolgt nach dessen Steuerrechtsordnung. Hinsichtlich der Besteuerung der Anteilseigner gilt grundsätzlich § 13 Abs. 1 UmwStG n. F. (Aufdeckung der stillen Reserven). Auf Antrag sind gem. § 13 Abs. 2 Nr. 1 UmwStG n. F. die Anteile an der übernehmenden Körperschaft mit dem Buchwert der Anteile an der übertragenden Körperschaft anzusetzen, wenn das Besteuerungsrecht Deutschlands nicht beschränkt oder ausgeschlossen wird. Dies ist anhand der jeweiligen DBA zu prüfen. 498

b) Hineinverschmelzung

Bezüglich der Besteuerung der übertragenden ausländischen Gesellschaft ist deren ausländisches Steuerrecht maßgebend. Bei einer solchen Hereinverschmelzung überträgt eine im EU/EWR-Ausland ansässige Kapitalgesellschaft ihr Vermögen auf eine im Inland ansässige Gesellschaft. Die steuerlichen Konsequenzen auf Ebene der übertragenden Gesellschaft richten sich ausschließlich nach den nationalen Vorschriften des Ansässigkeitsstaats. Auf Ebene der übernehmenden inländischen Gesellschaft kommt es zu Auswirkungen, wenn nach der Verschmelzung ein inländisches Besteuerungsrecht an Vermögensgegenständen begründet wird. Dies kann u. a. dann der Fall sein, wenn Vermögen, das aufgrund der Zentralfunktion des neuen Stammhauses (Tz 2.4 VWG-Betriebsstätten) erstmalig in Deutschland zuzuordnen ist. Diese Vorgänge stehen einer Einlage, § 4 Abs. 1 Satz 8 Halbs. 2 EStG gleich und sind unabhängig von der Behandlung im Ausland mit dem gemeinen Wert anzusetzen (§ 6 Abs. 1 Nr. 15a EStG). In Fällen der grenzüberschreitenden Hineinverschmelzung einer ausländischen Körperschaft erhöht sich das Einlagekonto der übernehmenden deutschen Körperschaft um die im Ausland geleisteten offenen und verdeckten Einlagen, soweit diese Einlagen im Verschmelzungszeitpunkt noch vorhanden sind (§ 29 Abs. 6 KStG n. F.; vgl. vertiefend auch *Dötsch/Pung* DB 2006, 2648, 2652). 499

Die deutsche aufnehmende Gesellschaft hat gem. § 12 Abs. 1 UmwStG n. F. die Wertansätze aus der ausländischen Steuerbilanz zu übernehmen (vgl. *Dötsch/Pung* DB 2006, 2704, 2705). Damit gilt nicht eine § 4 Abs. 1 Satz 7 EStG entsprechende Regelung, wonach bei Begründung des deutschen Besteuerungsrechts die betreffenden Wirtschaftsgüter mit ihrem gemeinen Wert anzusetzen sind. Zur grenzüberschreitenden Heraus- und Hineinverschmelzung vgl. im Einzelnen auch *Ballreich* Fallkommentar zum Umwandlungsrecht, 4. Aufl. 2008, Fall 17. 500

Auf der Ebene der Anteilseigner ergeben sich keine Besonderheiten hinsichtlich der Anwendung des § 13 UmwStG.

2. Verschmelzung einer Körperschaft auf eine Personengesellschaft oder auf eine natürliche Person mit Auslandsbezug

Bei Umwandlung einer Kapitalgesellschaft in eine Personengesellschaft mit Auslandsbezug ist in folgenden Fällen denkbar: 501
– Der übertragende Rechtsträger besitzt Auslandsvermögen (z. B. ausländisches Betriebsstättenvermögen)Der übertragende ausländische Rechtsträger besitzt Inlandsvermögen (z. B. inländisches Betriebsstättenvermögen)
– An dem übertragenden inländischen Rechtsträger sind ausländische Anteilseigner beteiligt
– An dem ausländischen übertragenden Rechtsträger sind Inländer beteiligt
– Es handelt sich um einen ausländischen Rechtsträger, der in eine Personengesellschaft umgewandelt werden soll.

Bei einer Verschmelzung einer Körperschaft auf eine Personengesellschaft oder auf eine natürliche Person mit Auslandsbezug sind die übergehenden Wirtschaftsgüter in der steuerlichen Schlussbilanz der übertragenden Körperschaft mit dem gemeinen Wert anzusetzen, § 3 Abs. 1 Satz 1 UmwStG. Eine Buchwertübertragung ist auf Antrag möglich, wenn sichergestellt ist, dass die Wirtschaftsgüter 502 bei der übernehmenden Personengesellschaft Betriebsvermögen werden und dass dieses Vermögen später einer inländischen oder ausländischen Ertragsteuer unterliegt (Tz 03.17 UmwStE 2011). Das Besteuerungsrecht der BRD darf hinsichtlich des Gewinns aus der Veräußerung der übertragenen Wirtschaftsgüter bei der übernehmenden Personengesellschaft nicht eingeschränkt oder ausgeschlossen sein (Tz 03.18 UmwStE 2011) Dies gilt subjektbezogen – inländische Steuerpflicht des Übernehmers – und objektbezogen – Zuordnung der übertragenen Vermögensgegenstände zu einem inländischen Betriebsvermögen. Es darf keine Gegenleistung gewährt werden, die über die Gewährung von Gesellschaftsrechten hinausgehen.

503   Eine Beschränkung des deutschen Besteuerungsrechts ist auch dann gegeben, wenn die Wirtschaftsgüter bzw. die Einkünfte der ausländischen Betriebsstätte steuerverstrickt bleiben, aber nach der Verschmelzung erstmalig eine Anrechnung ausländischer Steuern zum Tragen kommt.

Ob diese Voraussetzungen bei einer Übertragung an eine Personengesellschaft vorliegen, ist wegen des Transparenzprinzips bei jedem Beteiligten an der übernehmenden Gesellschaft gesondert zu prüfen (mitunternehmerische Betrachtung).

504   In § 3 Abs. 3 UmwStG ist die fiktive Steueranrechnung geregelt. Nach dieser Vorschrift, die auf Art. 10 Abs. 2 der Fusionsrichtlinie verweist, ist auf den anteiligen Übertragungsgewinn die Steuer anzurechnen, die vom anderen Mitgliedstaat der europäischen Union angerechnet worden wäre, wenn die Wirtschaftsgüter zum angesetzten Preis tatsächlich veräußert worden wären. Diese Vorschrift ist aus folgenden Gründen erforderlich: Im übergehenden Vermögen einer unbeschränkt steuerpflichtigen Körperschaft befindet sich Betriebsstättenvermögen, das in einem EU-Staat liegt, mit dem Deutschland ein DBA unterhält und das Betriebsstättengewinnen ist nicht freistellt. Dies ist insbesondere dann der Fall, wenn Aktivitätsvorbehalte greifen und deshalb keine Freistellung zum Tragen kommt. Nach Übertragung an Personen oder Mitunternehmer einer Personengesellschaft, die nicht im Inland ansässig ist, wäre das ausländische Betriebsstättenvermögen in Deutschland nicht mehr steuerverhaftet. Deshalb ist der gemeine Wert anzusetzen und der Übertragungsgewinn, der auf die aufgedeckten stillen Reserven im Betriebsstättenvermögen entfällt, in Deutschland zu besteuern. Da diese Aufdeckung im ausländischen Staat regelmäßig keine Steuer auslöst, ist eine Anrechnung nach DBA nicht möglich (Tz 03.31 UmwStE 2011).

505   Auf Gesellschafterebene ergeben sich keine wesentlichen Unterschiede zu reinen Inlandsverschmelzungen ohne Auslandsbezug. Soweit eine Besteuerung der offenen Rücklagen erfolgt und werden Anteile an der übergebenden Gesellschaft ganz oder teilweise von ausländischen Anteilseignern gehalten und sind die Anteile in einer inländischen Betriebsstätte des Steuerausländers verhaftet (Betriebsstättenvorbehalt), so sind die Bezüge nach § 7 UmwStG im Inland der beschränkten Steuerpflicht zu unterwerfen (§ 49 Abs. 1 Nr. 2a EStG). Sind die Anteile in einem ausländischen Vermögen, so stellen die o. g. Bezüge beschränkt steuerpflichtige Einkünfte nach § 49 Abs. 1 Nr. 5a EStG dar. Ist der ausländische Anteilseigner in einem Staat ansässig, mit dem die BRD kein DBA unterhält, so werden die Bezüge ohne Einschränkung im Wege des Steuerabzugsverfahrens nach den §§ 43 ff. EStG erfasst.

506   Bei einer Verschmelzung eines ausländischen Rechtsträgers mit Inlandsbezug gilt Folgendes: Bei Anwendung des UmwStG ist auf diesen Vorgang ist zwingend eine steuerliche Schlussbilanz für den ausländischen Rechtsträger aufzustellen. Bezugspunkt zum Inland könnte auf Gesellschaftsebene eine Betriebsstätte des ausländischen Rechtsträgers im Inland sein. Bei einer solchen inländischen Betriebsstätte bliebe das deutsche Besteuerungsrecht auch in vollem Umfang erhalten. Im Anschluss nach der Verschmelzung wird eine anteilige Zurechnung des Ergebnisses zum in Deutschland beschränkt steuerpflichtigen Anteilseigner erfolgen, d. h. für den Ansatz der Wirtschaftsgüter in der Schlussbilanz wäre der Ansatz mit den Buchwerten möglich, weil das inländische Besteuerungsrecht erhalten bliebe. Eine Aufdeckung der stillen Reserven für die inländische Betriebsstätte ist daher nicht notwendig.

Auf Gesellschafterebene ist zunächst die in § 7 UmwStG vorgesehene fiktive Ausschüttung der offenen Rücklagen zu betrachten (vgl. zur Besteuerung der offenen Rücklagen beim Anteilseigner die Ausführungen zum Formwechsel unter Rdn. 452 ff.) Dabei ist von Bedeutung, dass im Ausland ein dem steuerlichen Einlagekonto vergleichbares Rechtsinstitut weitgehend unbekannt sein dürfte. Dieser Betrag ist aber nötig, um die Zurechnung offener Rücklagen zutreffend vornehmen zu können. Innerhalb der EU/EWR Staaten gilt § 27 Abs. 8 KStG analog (Tz 07.04 UmwStE 2011). Den im Inland ansässigen Anteilseignern ist dann der ihrem gesellschaftsrechtlichen Anteil entsprechende Teil zuzuordnen. 507

Weiterhin ist für den inländischen Anteilseigner ein Übernahmeergebnis zu ermitteln. Dabei ist § 4 Abs. 2 Satz 2 UmwStG zu beachten, d. h. die im Eigentum der ausländischen Gesellschaft stehenden Wirtschaftsgüter, die nach dem Verschmelzungsvorgang einer Steuerfreistellung unterliegen (Art. 7 OECD-MA) sind bei der Ermittlung des Übernahmeergebnisses erster Stufe mit dem gemeinen Wert anzusetzen. Dadurch erhöht sich das Übernahmeergebnis durch Hinzurechnung des Werts des ausländischen Betriebsvermögens. Für das Übernahmeergebnis, das auf den in Deutschland ansässigen Anteilseignern entfällt, besteht auch auf DBA-Ebene ein unbeschränktes Besteuerungsrecht (Art. 13 Abs. 5 OECD-MA). Zur Ermittlung des Übernahmeergebnisses im Einzelnen bei einer Verschmelzung einer Kapitalgesellschaft auf eine Personengesellschaft vgl. die Ausführungen unter Rdn. 452 ff.). 508

3. Formwechsel von einer Körperschaft in eine Personengesellschaft mit Auslandsbezug

In § 9 UmwStG ist der Formwechsel einer Körperschaft in eine Personengesellschaft geregelt. Dabei werden auch Umwandlungsvorgänge nach ausländischem Recht erfasst, sofern sie mit einem Formwechsel nach deutschem Recht vergleichbar sind. Für diese Vergleichbarkeit stellt sich allerdings folgende Frage: Nach dem UmwG ist der Formwechsel keine Vermögensübertragung, sondern es wird nur die zivilrechtliche Erscheinungsform gewechselt. Sind nunmehr ausländische Regelungen, die beim Formwechsel einen Vermögensübergang mit Gesamtrechtsnachfolge ansehen, vergleichbar im Sinne des Gesetzes. Dies dürfte zu bejahen sein, denn auch bei Verschmelzungsvorgängen, die wirtschaftlich betrachtet zum gleichen Ergebnis führen, ist eine Begünstigung durch das UmwStG möglich. 509

4. Grenzüberschreitende Spaltung

Gem. § 1 Abs. 1 Satz 1 Nr. 1 UmwStG n. F. i. d. F. des SESTEG findet das UmwStG n. F. auch Anwendung auf die Auf- und Abspaltung i. S. d. §§ 2 und 123 Abs. 1, 2 UmwG von Körperschaften oder vergleichbare ausländische Vorgänge sowie des Art. 17 der Verordnung (EG) Nr. 2157/2001 und des Art. 19 der Verordnung (EG) Nr. 1435/2003. Zurzeit sind nach deutschem Gesellschaftsrecht im UmwG allerdings nur Auf- und Abspaltungen auf in Deutschland unbeschränkt steuerpflichtige Körperschaften möglich. 510

Die SE-Verordnung und die EU-Verschmelzungsrichtlinie regeln nicht die Auf- oder Abspaltung, sondern nur die grenzüberschreitende Verschmelzung. Allerdings dürften jedoch die Grundsätze des EuGH-Urteils in Sachen »SEVIC«, nach denen die fehlende Zulässigkeit einer grenzüberschreitenden (Herein-) Verschmelzung einen Verstoß gegen die Niederlassungsfreiheit darstellt, entsprechende Anwendung finden (zur SEVIC-Entscheidung vgl. im Einzelnen die Ausführungen in *Ballreich* Fall 17, sowie *Rödder/Schuhmacher* DStR 2006, 1525, 1534; *Kallmeyer/Kappes* AG 2006, 224, 234; *Bungert* BB 2006, 53, 55). 511

Damit muss zumindest eine »Hineinspaltung« in einen Mitgliedstaat zulässig sein, wenn das Recht dieses Mitgliedstaates die Spaltung inländischer Gesellschaften gestattet. Ob dies allerdings auch für die Spaltung durch Ausgliederung gilt, ist derzeit offen, da viele ausländische Rechtsordnungen und die 6. Spaltungsrichtlinie vom 17.01.1982 (82/891/EWG) eine Ausgliederung nicht kennen (vgl. *Kallmeyer/Kappes* AG 2006, 224, 236). Im Vorgriff auf eine europäische Spaltungsrichtlinie sieht § 1 Abs. 1 Nr. 1, Abs. 2 UmwStG n. F. eine Erstreckung des UmwStG auf Auf- und Abspaltungen 512 vor, bei denen die beteiligten Körperschaften in der EU oder dem EWR gegründet und ansässig sind, und die Spaltung nach deutschem UmwG oder aufgrund vergleichbarer ausländischer Vorgänge erfolgt.

513 Auf die grenzüberschreitende Spaltung finden weitgehend die Vorschriften über die Verschmelzung Anwendung. Insoweit kann bezüglich der Wertansätze der übertragenden Gesellschaft auf die Ausführungen zur Verschmelzung verwiesen werden (Rdn. 135 ff.). Damit ist grundsätzlich der gemeine Wert der einzelnen Wirtschaftsgüter anzusetzen. Auf Antrag besteht ein Wahlrecht auf Ansatz des Buchwerts oder eines Zwischenwerts, wenn das Besteuerungsrecht der BRD nicht ausgeschlossen oder beschränkt wird.

514 Der Ansatz unter dem gemeinen Wert setzt allerdings – wie schon bisher – die Übertragung und – in Fällen der Abspaltung – zusätzlich den Verbleib eines Teilbetriebs voraus, § 15 Abs. 1 Satz 2 UmwStG n. F. und Art. 2 Buchst. b der Fusionsrichtlinie schreiben das Teilbetriebserfordernis nur für die Abspaltung vor, nicht für die Aufspaltung). Hinsichtlich der Besteuerung der Anteilseigner wird auf die Ausführungen zur grenzüberschreitenden Verschmelzung verwiesen (Rdn. 494 ff.).

515 Auch § 13 Abs. 2 UmwStG n. F. ist wie § 11 Abs. 2 UmwStG n. F. nur anzuwenden, wenn das Teilbetriebserfordernis nach § 15 Abs. 1 Satz 2 UmwStG n. F. erfüllt ist. Damit ist ein Ansatz mit dem Buch- oder Zwischenwert nur bei Vorliegen eines Teilbetriebs möglich.

516 Ist ein deutscher Anteilseigner an einer Gesellschaft beteiligt, die ihren Sitz in einem Drittstaat hat und wird diese Gesellschaft gespalten, so ist § 13 UmwStG n. F. auf diesen Anteilseigner nicht anwendbar. Allerdings enthält § 12 Abs. 2 KStG n. F. eine Regelung für die Übertragung von Inlandsvermögen durch eine Drittstaatenverschmelzung. Nach dieser Vorschrift kann unter gewissen Voraussetzungen der Buchwert bei einem Vermögensübergang angesetzt werden, wenn dieser Vermögensübergang einer Verschmelzung i. S. d. § 2 UmwG vergleichbar ist und das Besteuerungsrecht der BRD sichergestellt ist.

517 Nach § 12 Abs. 2 KStG n. F. letzter Satz gilt danach Folgendes: »Wird das Vermögen einer Körperschaft durch einen Vorgang im Sinne des Satzes 1 auf eine andere Körperschaft übertragen, gilt § 13 des Umwandlungssteuergesetzes für die Besteuerung der Anteilseigner der übertragenden Körperschaft entsprechend.«

518 Die Vorschrift des § 12 Abs. 2 KStG n. F. findet jedoch nur auf Verschmelzungen Anwendung. Nach aktueller Gesetzeslage ist die Spaltung nicht vom Wortlaut des § 12 Abs. 2 KStG n. F. erfasst (vgl. auch *Plewka/Marquardt*, Handbuch Umstrukturierung, S. 338, die allerdings der Auffassung sind, dass insoweit eine verfassungsrechtlich bedenkliche Ungleichbehandlung von Verschmelzung und Spaltung vorliegt). Zur grenzüberschreitenden Spaltung vgl. im Einzelnen auch *Ballreich* Fallkommentar zum Umwandlungsrecht, 4. Aufl. 2008, Fall 18).

5. Grenzüberschreitende Einbringung von Unternehmensteilen/Anteilstausch

a) Einbringung von Unternehmensteilen

519 Grundsätzlich gelten die §§ 20 ff. UmwStG n. F. auch für eine grenzüberschreitende Einbringung. Der sachliche Anwendungsbereich des § 20 UmwStG n. F. muss zunächst eröffnet sein. Weiterhin muss der persönliche Anwendungsbereich eröffnet sein, wobei das Besteuerungsrecht der BRD sichergestellt sein muss. Dabei wird zunächst auf die Ansässigkeit der einbringenden Person abgestellt. Bei einer Kapitalgesellschaft muss z. B. die doppelte Ansässigkeit innerhalb der EU bzw. des EWR gegeben sein. Die juristische Person muss in der EU/EWR gegründet worden sein und Sitz und Geschäftsleitung im Hoheitsgebiet dieser Staaten haben.

520 Ist Einbringender eine Personengesellschaft, müssen zunächst ebenfalls die Anforderungen der vorgenannten doppelten Ansässigkeit erfüllt sein. Da eine Personengesellschaft jedoch einkommensteuerlich transparent ist, müssen zunächst weitere Anforderungen an die Ansässigkeit ihrer

Gesellschafter erfüllt sein. Infolge der steuerlichen Transparenz ist auf den unmittelbaren oder mittelbaren Gesellschafter abzustellen, der nicht steuerlich transparent ist.

§ 1 Abs. 4 Satz 1 Buchst. a) UmwStG n. F. bestimmt, dass die Vorschriften über die steuerliche Betriebseinbringung (§§ 20 ff. UmwStG n. F.) bei Personengesellschaften als Einbringenden nur insoweit anzuwenden sind, als auch ihre unmittelbar oder mittelbar über mehrere Personengesellschaften beteiligten Körperschaften oder natürlichen Personen die Voraussetzungen der doppelten Ansässigkeit erfüllen. 521

Ist Einbringender eine natürliche Person, muss sich deren Wohnsitz oder gewöhnlicher Aufenthalt innerhalb des EU/EWR-Raumes befinden und sie darf nicht aufgrund eines DBA mit einem dritten Staat als außerhalb des Hoheitsgebiets dieser Staaten angesehen werden. 522

Übernehmende Rechtsträger können nur Gesellschaften i. S. d. Art. 48 des EG-Vertrags oder des Art. 34 des EWR-Abkommens sein. Solche Gesellschaften sind nach deutschem Recht z. B. die GmbH und die AG als Kapitalgesellschaften oder die Europäische Genossenschaft. 523

Liegen die obigen Voraussetzungen vor, ist auf Antrag eine Einbringung auf Antrag zum Buchwert oder einem Zwischenwert möglich (§ 20 Abs. 2 Satz 2 UmwStG n. F.). Zu beachten ist, dass bei Einbringung von steuerfreiem Betriebsstättenvermögen sich die Anschaffungskosten auf Ebene des Gesellschafters der übernehmenden Kapitalgesellschaft erhöhen (§ 20 Abs. 3 Satz 2 UmwStG, Tz 20.34 UmwStE 2011). 524

b) Grenzüberschreitender Anteilstausch

Ein grenzüberschreitender Anteilstausch ist nach Maßgabe des § 21 UmwStG n. F. grundsätzlich steuerneutral möglich. Es muss sich dabei um einen Austausch von Anteilen handeln (§ 1 Abs. 3 Nr. 5 UmwStG n. F.). Der persönliche Anwendungsbereich der §§ 21 ff. UmwStG n. F. erfordert weiter, dass beim Austausch von Anteilen der übernehmende Rechtsträger eine Gesellschaft i. S. d. § 1 Abs. 2 Nr. 1 UmwStG n. F. ist, d. h. eine nach den Rechtsvorschriften eines Mitgliedstaats der EU oder eines Staates, auf den das Abkommen über den EWR Anwendung findet. Gegründete Gesellschaft ist i. S. d. Art. 48 EG oder des Art. 34 EWR-Abkommen, eine Gesellschaft deren Sitz und Ort der Geschäftsleitung sich innerhalb des Hoheitsgebiets dieser Staaten befinden. 525

Es gilt also der Grundsatz der doppelten EU/EWR-Ansässigkeit für den übernehmenden Rechtsträger. Dagegen stellt das UmwStG n. F. keine Ansässigkeitserfordernisse für die Kapitalgesellschaft auf, deren Anteile eingebracht werden. Sie kann in einem EU/EWR-Land oder in einem Drittland ansässig sein. Es kommt auch nicht – im Gegensatz zur Einbringung von Unternehmensteilen i. S. d. § 20 UmwStG n. F. – auf die Ansässigkeit des Einbringenden an. Einbringender kann demnach auch eine natürliche oder juristische Person mit Sitz, Geschäftsleitung oder Wohnsitz in einem Drittland sein. 526

Nach § 21 Abs. 1 Satz 1 UmwStG n. F. hat bei einem grenzüberschreitenden Anteilstausch die übernehmende Gesellschaft die eingebrachten Anteile grundsätzlich mit dem gemeinen Wert anzusetzen. Der Buchwertansatz ist auf Antrag zulässig, wenn die Voraussetzungen des § 21 Abs. 1 Satz 2 UmwStG n. F. erfüllt sind. Danach ist der Buchwertansatz zulässig, wenn die übernehmende Gesellschaft nach der Einbringung aufgrund ihrer Beteiligung einschließlich der eingebrachten Anteile nachweisbar unmittelbar die Mehrheit der Stimmrechte an der erworbenen Gesellschaft hat (qualifizierter Anteilstausch). 527

Ein Buchwertansatz oder ein Ansatz mit dem Zwischenwert scheidet nach § 21 Abs. 2 Satz 2 UmwStG n. F. aus, wenn das Besteuerungsrecht Deutschlands für die Gewinne aus den eingebrachten Anteilen ausgeschlossen oder beschränkt ist. Eine Steueranrechnungsverpflichtung in einem DBA stellt jedoch eine Beschränkung des deutschen Besteuerungsrechts dar. Allerdings kommt immer ein Antrag auf Ansatz des Buchwerts in Betracht, wenn der Gewinn nach Art. 8 FusionsRL nicht besteuert werden darf. Dies ist bei Anteilstauschvorgängen innerhalb der EU stets der Fall. 528

529 Art. 8 Abs. 6 der FusionsRL bestimmt jedoch weiterhin, dass die Mitgliedstaaten nicht gehindert sind, den Gewinn aus einer späteren Veräußerung der erworbenen Anteile in gleicher Weise zu besteuern wie den Gewinn aus der Veräußerung der vor dem Erwerb vorhandenen Anteile. Vertiefend zum grenzüberschreitenden Anteilstausch im Einzelnen vgl. *Ballreich* Fallkommentar zum Umwandlungsrecht, 4. Aufl. 2008, Fälle zum Internationalen Umwandlungsrecht und Umwandlungssteuerrecht).

Die Veräußerung der eingebrachten Anteile innerhalb von 7 Jahren führt zum Einbringungsgewinn II, soweit die eingebrachten Anteile nicht gem. § 8b Abs. 2 KStG hätten steuerfrei veräußert werden können (vgl. Tz 22.12 UmwStE 2011).

II. Die neuen steuerlichen Entstrickungsregelungen und Verstrickungsregelungen einzelner Wirtschaftsgüter nach dem SEStEG

1. Die Entstrickungs- und Verstrickungsregelungen des EStG

a) Die einkommensteuerlichen Entstrickungsgrundsätze

aa) Überblick

530 Mit dem SEStEG hat der Gesetzgeber bei einer Überführung oder Übertragung von Wirtschaftsgütern in das Ausland einen allgemeinen Entstrickungstatbestand geschaffen. »Entstrickung« meint damit einen grenzüberschreitenden Vorgang, durch den stille Reserven eines Wirtschaftsguts der deutschen Besteuerung entzogen werden (*Prinz*, GmbHR 2007, 966). Der neue allgemeine Entstrickungstatbestand soll die Besteuerung stiller Reserven sichern. Die Besteuerung der stillen Reserven soll in dem Fall und insoweit erfolgen, als ein deutsches Besteuerungsrecht hinsichtlich des Gewinns aus der Veräußerung oder der Nutzung eines Wirtschaftsguts ausgeschlossen oder beschränkt wird (vgl. *Ritzer*, in: Rödder/Herlinghaus/van Lishaut, UmwStG, Anhang 6, Rn. 1).

531 Vor Inkrafttreten des SEStEG existierte kein allgemeiner Entstrickungstatbestand. Lediglich in Einzelsteuergesetzen fanden sich Regelungen, die eine Besteuerung von stillen Reserven, die dem deutschen Besteuerungsrecht unterlagen, sicherstellten. So ordnete z. B. § 12 KStG a. F. die Liquidationsbesteuerung für den Fall der Verlegung der Geschäftsleitung ins Ausland an. Die Rechtsprechung des BFH hatte die finale Entnahmetheorie entwickelt (vgl. u. a. BFH v. 16.07.1969-I 266/65, BStBl. II 1970, S. 175; BFH v. 30.05.1972-VIII R 111/69, BStBl. II 1972, S. 760; BFH v. 13.11.1990-VIII R 152/86, BStBl. 1991, S. 94; BFH v. 16.05.2004-VIII R 7/02, DStRE 2004, 1109). Wenn danach ein Wirtschaftsgut in eine ausländische Betriebsstätte überführt wurde und der Gewinn dieser Betriebsstätte aufgrund eines DBA in Deutschland von der Besteuerung freigestellt war, wurde vom BFH eine Entnahme angenommen. Die damit aufgedeckten stillen Reserven waren in Deutschland zu versteuern. Diese Rechtsprechung wurde vom BFH mit Urt. v. 17.07.2008 (Az.: I R 77/06, Ubg 2008, 644) aufgegeben. Nach diesem Urteil führt die Überführung eines Einzelwirtschaftsguts aus einem inländischen Stammhaus in eine ausländische (hier im Urteilssachverhalt: österreichische Betriebsstätte) im Zeitraum vor Inkrafttreten des § 6 Abs. 5 EStG 1997 durch das StEntlG 1999/2000/2002 auch dann nicht zur sofortigen Gewinnrealisation, wenn sie ausländischen Betriebsstättengewinne aufgrund eines Doppelbesteuerungsabkommens von der Besteuerung im Inland freigestellt sind. Dies gilt auch für die Einbringung einer Sacheinlage durch eine Personengesellschaft in eine Tochter – Personengesellschaft.

532 Die Finanzverwaltung hatte im Betriebsstättenerlass vom 24.12.1999 ausführlich die Überführung von Wirtschaftsgütern behandelt (vgl. BMF v. 24.12.1999, BStBl. I 1999, S. 1706, Tz 2.6). Die Überführung von Wirtschaftsgütern des Anlage- und Umlaufvermögens in eine Betriebsstätte, die entweder in einem Nicht-DBA-Staat unterhalten wurde oder für die nach einem DBA die Anrechnungsmethode galt, löste danach keine Besteuerung aus, wenn die Erfassung der stillen Reserven gewährleistet war. Bei der Überführung von Wirtschaftsgütern aus dem Inland in eine ausländische

Betriebsstätte, deren Einkünfte durch ein DBA freigestellt waren, erfolgte die Aufdeckung der stillen Reserven grundsätzlich mit dem Fremdvergleichspreis. Allerdings war von der Finanzverwaltung aus Billigkeitsgründen gestattet, einen Gewinn im Zeitpunkt der Überführung noch nicht sofort zu besteuern und zunächst einen passiven Ausgleichsposten in einer Nebenrechnung zu neutralisieren. Der Ausgleichsposten war beim Ausscheiden des Wirtschaftsguts aus dem ausländischen Betriebsvermögen erfolgswirksam aufzulösen. Bei abnutzbarem Anlagevermögen war der Ausgleichsposten bereits auf die Restnutzungsdauer erfolgswirksam aufzulösen. Spätestens nach 10 Jahren hatte die erfolgswirksame Auflösung des Merkpostens zu erfolgen.

bb) Die Neuregelungen durch das SEStEG im Einzelnen

Unter Entstrickung wird ein Vorgang verstanden, durch den stille Reserven eines Wirtschaftsguts (auch partiell) der deutschen Besteuerung entzogen werden (vgl. oben Rdn. 530). Mit dem SEStEG wurde nunmehr in § 4 Abs. 1 Satz 3 EStG folgende Regelung eingefügt: 533

»Einer Entnahme für betriebsfremde Zwecke steht der Ausschluss oder die Beschränkung des Besteuerungsrechts der Bundesrepublik Deutschland hinsichtlich des Gewinns aus der Veräußerung oder der Nutzung eines Wirtschaftsguts gleich«. Nach § 6 Abs. 1 Nr. 4 Satz 1 Halbs. 2 EStG ist »in den Fällen des § 4 Abs. 1 S. 3 EStG die Entnahme mit dem gemeinen Wert anzusetzen«. Im Jahressteuergesetz 2010 hat der Gesetzgeber in § 4 Abs. 1 einen Satz 4 angefügt, nach dem der Ausschluss oder die Beschränkung der deutschen Besteuerung hinsichtlich des Veräußerungsgewinns des Wirtschaftsguts insbesondere dann eintritt »wenn ein bisher einer inländischen Betriebsstätte des Steuerpflichtigen zuzuordnendes Wirtschaftsgut einer ausländischen Betriebsstätte zuzuordnen ist«.

Mit Einfügung dieser Regelung des Satzes 4 wird nach h. M. durch den Gesetzgeber die Aufdeckung der stillen Reserven im Zeitpunkt der Überführung (vorbehaltlich des § 4g EStG) erreicht (*Richter/ Heyd*, Ubg 2011, 174).

Im Einzelnen gilt hierbei Folgendes: 534

Wird ein Wirtschaftsgut in eine ausländische Betriebsstätte überführt, deren Gewinne nach einem DBA freigestellt sind, erfolgt eine sofortige Besteuerung der stillen Reserven. Wird ein Wirtschaftsgut in eine ausländische Betriebsstätte überführt, mit der kein DBA besteht (z. B. in eine Betriebsstätte nach Hongkong) und in eine Betriebsstätte mit der ein DBA besteht, das lediglich eine Anrechnung der ausländischen Steuern vorsieht, also keine Freistellung des Gewinns der Betriebsstätte beinhaltet, so liegt ebenfalls eine Entstrickung vor, da eine Beschränkung des deutschen Besteuerungsrecht gegeben ist. Die stillen Reserven sind sofort zu versteuern (vgl. *Stadler/Elser* BB-Special 8 2006, 19; *Rödder/Schuhmacher* DStR 2006, 1481, 1483; *Schönherr/Lemaitre* GmbHR 2006, 561, 562).

Nach der Gesetzesbegründung vom 12.07.2006 sollen die Grundsätze zur Betriebsaufgabe/Totalentnahme bei der Verlegung einer als Betrieb oder Teilbetrieb zu qualifizierenden Betriebsstätte oder die Überführung eines gesamten Mitunternehmeranteils auf die übertragene Sachgesamtheit entsprechend anzuwenden sein. Damit wären auch nicht bilanzierte immaterielle Wirtschaftsgüter und ein Geschäftswert bei der Besteuerung der stillen Reserven zu berücksichtigen (a. A. wohl *Plewka/ Marquardt*, Handbuch Umstrukturierung S. 99 und *Stadler/Elser* BB Special 8, 2006, 21). Nach Auffassung von *Plewka/Marquardt* sieht der BFH zwar die Betriebsaufgabe als Totalentnahme als Sonderform der Entnahme an. Gesetzlich erfasst wird sie jedoch in § 16 Abs. 3 EStG, der das Tatbestandsmerkmal »Ausschluss oder Beschränkung des Besteuerungsrechts« nicht enthält. Daher wird die Betriebsverlegung nicht von § 4 Abs. 1 Satz 3 EStG umfasst, sondern, zumindest für den selbst geschaffenen Firmenwert, abschließend in § 16 Abs. 3 EStG geregelt. 535

Weiterhin steht nach § 4 Abs. 1 Satz 3 EStG einer Entnahme für betriebsfremde Zwecke der Ausschluss oder die Beschränkung des deutschen Besteuerungsrechts hinsichtlich eines Gewinns aus der Nutzung eines Wirtschaftsguts gleich (z. B. einer ausländischen Betriebsstätte wird ein Patent zur Nutzung überlassen). Wird ein Wirtschaftsgut des Anlagevermögens in eine innerhalb der EU 536 belegene Betriebsstätte überführt, so kann der unbeschränkt Steuerpflichtige auf Antrag einen Ausgleichsposten gem. § 4g Abs. 1 EStG bilden.

537 Der Ausgleichsposten ist für jedes Wirtschaftsgut getrennt auszuweisen. Der Ausgleichsposten ist i. H. d. Differenz von gemeinem Wert und Buchwert für jedes einzelne Wirtschaftsgut zu bilden. Allerdings ist dieser Ausgleichsposten, der die Qualität einer Bilanzierungshilfe hat, nach § 4g Abs. 2 Satz 1 EStG zu je 1/5 beginnend mit dem Jahr der erstmaligen Bildung Gewinn erhöhend aufzulösen. Im ersten Jahr sind also bereits 1/5 der aufgedeckten stillen Reserven zu versteuern. Dennoch kommt es zu einer zeitlich gestreckten Besteuerung der stillen Reserven. Der Ausgleichsposten ist in vollem Umfang aufzulösen, wenn das als entnommen geltende Wirtschaftsgut aus dem Betriebsvermögen des Steuerpflichtigen ausscheidet. Die EU – Kommission hat mit Mahnschreiben vom 10.10.2012 (Nr. 2011/4043) ein Vertragsverletzungsverfahren wegen der Vorschrift des § 4g EStG eingeleitet. In dem Verfahren geht es darum, dass ein Verstoß gegen die Niederlassungsfreiheit moniert wird, da § 4g EStG personell auf unbeschränkt Steuerpflichtige und sachlich auf Anlagevermögen (nicht Umlaufvermögen) begrenzt sei und das UmwStG keine Stundung der Steuer im Entstrickungsfall vorsieht.

b) Die einkommensteuerlichen Verstrickungsgrundsätze

538 Gem. § 4 Abs. 1 Satz 5 Halbs. 2 EStG steht »einer Einlage (steht) die Begründung des Besteuerungsrechts der Bundesrepublik Deutschland hinsichtlich des Gewinns aus der Veräußerung eines Wirtschaftsguts gleich«. Die Begründung des deutschen Besteuerungsrechts hinsichtlich des Gewinns aus der Veräußerung eines Wirtschaftsguts (sog. Verstrickung) wird also einer Einlage gleichgestellt. Das Wirtschaftsgut ist mit dem gemeinen Wert anzusetzen (§ 6 Abs. 1 Nr. 5a EStG). Die Regelung umfasst auch die Verstrickung von Sachgesamtheiten wie den Eintritt einer ausländischen Kapitalgesellschaft in die unbeschränkte Steuerpflicht mit der Folge, dass auch ein Firmen- oder Geschäftswert anzusetzen ist.

2. Die Entstrickungs- und Verstrickungsregelungen nach § 12 KStG n. F. (ohne Sitzverlegung)

539 Das SEStEG hat korrespondierend zur Regelung des § 4 Abs. 1 Satz 3 EStG einen allgemeinen Entstrickungstatbestand in das Körperschaftsteuerrecht in § 12 Abs. 1 KStG n. F. eingeführt. Der Wortlaut stimmt weitgehend mit der neuen Regelung in § 4 Abs. 1 Satz 3 EStG überein. Durch das Jahressteuergesetz 2010 wurde eine identische Regelung wie in § 4 Abs. 1 Satz 4 EStG in § 12 Abs. 1 Satz 2 KStG vorgenommen(vgl. oben Rdn. 533). Wird ein Wirtschaftsgut einer in der BRD ansässigen Körperschaft in eine ausländische Betriebsstätte überführt, so gelten die gleichen oben unter Rdn. 530 ff. dargelegten Grundsätze. Insoweit wird auf die obigen Ausführungen zur einkommensteuerlichen Entstrickung verwiesen (Rdn. 538).

III. Die grenzüberschreitende Sitzverlegung von Kapitalgesellschaften

540 Die steuerliche Behandlung einer gesellschaftsrechtlich zulässigen Sitzverlegung anderer Kapitalgesellschaften als der SE (vgl. nachfolgend unter Rdn. 557 ff.) innerhalb der EU/des EWR beurteilt sich ebenfalls nach § 12 Abs. 1 KStG n. F. Es gelten dabei die Ausführungen zur SE entsprechend (vgl. nachfolgend im Einzelnen unter Rdn. 557 ff.). Eine Gewinnrealisierung tritt nur insoweit ein, als das Besteuerungsrecht der Bundesrepublik hinsichtlich des Gewinns aus der Veräußerung oder Nutzung eines Wirtschaftsguts ausgeschlossen oder beschränkt wird. Dabei ist aber zu beachten, dass es nach den Änderungen durch das MoMiG und im EGBGB im internationalen Gesellschaftsrecht nur möglich ist, den Verwaltungssitz, nicht den Satzungssitz zu verlegen. In der Rechtssache »Cartesio«, steht der EuGH einer simultanen Verlegung von Satzungs- und Verwaltungssitz innerhalb der EU wohl positiv gegenüber und es jedenfalls dem Wegzugsstaat verbieten wird, einer solchen simultanen Sitzverlegung Hürden in den Weg zu stellen, insbesondere deren Auflösung und Liquidation zu verlangen (vgl. EuGH, Urt. v. 16.12.2008 – C-210/06 = NJW 2009, 569; NZG 2009, 61; vgl.

auch *Frobenius*, »Cartesio«: Partielle Wegzugsfreiheiten für Gesellschaften in Europa, DStR 2009, 487 ff.). Die Verlegung des Satzungssitzes in einen anderen EU-Mitgliedstaat ist steuerlich losgelöst von einer zivilrechtlichen Auflösung der Körperschaft nach der Neufassung des § 12 Abs. 2 KStG durch das SEStEG zu beurteilen. Es kommt nur darauf an, ob durch die Sitzverlegung ein Verlust des deutschen Besteuerungsrechts eintritt. Eine grenzüberschreitende Sitzverlegung in einen EU- bzw. EWR-Staat ist dann steuerneutral, wenn auch soweit im Inland eine Betriebsstätte erhalten bleibt und die Wirtschaftsgüter dieser Betriebsstätte zugeordnet werden können. Nach der Entscheidung des EuGH dürfte wohl davon auszugehen sein, dass § 12 KStG europarechtskonform ist. Man wird wohl kaum fordern können, dass der identitätswahrende Wegzug eine nach deutschen Recht gegründete Gesellschaft auch ohne Zurücklassen einer steuerlichen Betriebsstätte im Inland, zulässig sein muss (vgl. aber *Richter* IStR 2008, 719, 723; *Frobenius* DStR 2009, 487, 490).

Allerdings kommt es in den Fällen, dass die Anteile in einem Betriebsvermögen gehalten werden, nicht zu einer nach gelagerten Besteuerung der Anteilseigner nach dem Wortlaut des § 4 Abs. 1 Satz 4 EStG, § 15 Abs. 1a EStG. Anders ist dies – ebenfalls nach dem Wortlaut des Gesetzes – jedoch für Anteile, die im Privatvermögen (und von Steuerausländern) gehalten werden. Insofern ordnet § 17 Abs. 5 Satz 2 EStG die spätere Veräußerungsgewinnbesteuerung ausdrücklich für die Sitzverlegung der SE und anderer Kapitalgesellschaften an. Wird der Sitz außerhalb der EU/EWR-Staaten verlegt, so ordnet § 12 Abs. 3 KStG n. F. bei Ausscheiden aus der unbeschränkten Steuerpflicht die Liquidationsbesteuerung an. In diesem Fall kommt es zur Auflösung und Abwicklung der Gesellschaft (§ 11 KStG). 541

Anders als nach § 12 Abs. 1 KStG n. F. führt der Wegzug aus der EU/dem EWR nicht zu einer wirtschaftsgutbezogenen Besteuerung, sondern zu einer Besteuerung der stillen Reserven des gesamten Vermögens. Dabei ist es nach dem Wortlaut der Vorschrift unerheblich, ob alle oder einzelne Wirtschaftsgüter nach dem Wegzug in Deutschland – etwa in einer Betriebsstätte – steuerverstrickt bleiben. Damit droht im Hinblick auf die in der inländischen Betriebsstätte verbleibenden Wirtschaftsgütern eine Übermaßbesteuerung (Blumenberg/Schäfer/*Blumenberg/Lechner* Das SEStEG, III 3). 542

§ 12 Abs. 3 KStG n. F. findet nur dann Anwendung, wenn eine unbeschränkte Steuerpflicht in der EU/EWR bestand und diese durch Wegzug wegfällt. Sie findet keine Anwendung auf reine Drittlandsfälle, d. h. etwa den Wegzug einer Körperschaft mit inländischem Betriebsvermögen in einen anderen Drittstaat (Blumenberg/Schäfer/*Blumenberg/Lechner*, Das SEStEG, unter III 3). 543

IV. Die Europäische Aktiengesellschaft (SE)

1. Grundstruktur der SE

Am 08.10.2004 ist die Verordnung (EG) Nr. 2157/2001 über das Statut der Europäischen Gesellschaft als unmittelbar geltendes Recht in Kraft getreten. Seit diesem Tag können Europäische Aktiengesellschaften in Europa gegründet werden. Damit verbunden sind insbesondere die erstmals gesellschaftsrechtlich gegebenen Möglichkeiten einer grenzüberschreitenden Verschmelzung und einer identitätswahrenden grenzüberschreitenden Sitzverlegung. Das deutsche Ertragsteuerrecht sah bisher allerdings weder für die Gründung der SE (vor allem für die Gründung durch Verschmelzung) noch für deren Sitzverlegung adäquate Regelungen vor. 544

Eine SE kann durch eine grenzüberschreitende Verschmelzung, durch Gründung einer Holding-SE, durch Gründung einer Tochter-SE und durch Formwechsel entstehen. Nicht möglich ist die Gründung einer SE durch (Ab-)Spaltung, bei der eine Gesellschaft Teile ihres Vermögens als Gesamtheit auf eine andere Gesellschaft gegen Gewährung von Anteilen an der übernehmenden Gesellschaft an die Gesellschaft der übertragenden Gesellschaft überträgt. Eine solche Spaltung ist in der SE-Verordnung nicht geregelt. Der Formwechsel in eine SE ist aus deutscher Sicht ertragsteuerlich unproblematisch. 545

2. Die grenzüberschreitende Verschmelzung

546 Problematisch unter ertragsteuerlichen Gesichtspunkten war bisher dagegen die grenzüberschreitende Verschmelzung. Bei einer Herausverschmelzung (die inländische Gesellschaft wird auf eine ausländische Gesellschaft verschmolzen) sind bei der übertragenden Gesellschaft die §§ 11 und 12 Abs. 1 KStG a. F. nach dem Wortlaut nicht anwendbar. Dennoch wurde das Vorliegen eines Realisationstatbestandes auf Ebene der verschmolzenen Gesellschaft bei einer Herausverschmelzung überwiegend bejaht (vgl. *Förster/Lange* DB 2002, 288; *Rödder* Der Konzern 2003, 522). Insbesondere wurde hinsichtlich des übertragenen Vermögens entweder eine Realisation wegen entsprechender Anwendung des § 11 UmwStG oder aber wegen Sachauskehrung angenommen, denn § 11 UmwStG wäre dann bei gewünschter Buchwertbeibehaltung bei einer Inlandsverschmelzung überflüssig. Allerdings wäre eine durchgängige Realisationspflicht auf Ebene der übertragenden Gesellschaft zumindest nach der nunmehr erfolgten Änderung der Fusionsrichtlinie vom 17.02.2005 fusionsrichtlinienwidrig (ABl. EG 58/19 v. 04.03.2005).

547 Die SE ist nunmehr aufgrund der Änderung dort erfasst. Die Fusionsrichtlinie schreibt vor, dass keine Besteuerung der stillen Reserven auf Ebene der übertragenden Gesellschaft erfolgen darf, wenn und soweit das Vermögen in einer Betriebsstätte im Mitgliedstaat der übertragenden Gesellschaft steuerlich verhaftet bleibt (Art. 4 Abs. 1 FusionsRL), die Buchwerte und die bisher gebrauchten Abschreibungsmethoden in der Betriebsstätte der übernehmenden Gesellschaft fortgeführt werden (Art. 4 Abs. 3 und 4 FusionsRL) und kein Verstoß gegen Art. 11 FusionsRL gegeben ist. Der o. g. Betriebsstättenvorbehalt, der entscheidend ist, bedeutet, dass auch nach der Fusionsrichtlinie durch eine grenzüberschreitende Verschmelzung stille Reserven nicht steuerfrei exportiert werden können und auch sollen, sowie, dass die Sicherstellung der Steuerverhaftung der stillen Reserven durch Zuordnung zu einer Inlandsbetriebsstätte erfolgen muss. Es muss also nach der grenzüberschreitenden Verschmelzung im Staat der übertragenden Gesellschaft eine Betriebsstätte verbleiben, der die per Verschmelzung übergegangenen Wirtschaftsgüter tatsächlich zugerechnet werden.

548 Problematisch ist dabei aber die Verschmelzung bei einer Holding, denn das übertragende Vermögen kann hier weder ganz noch anteilig einer Inlandsbetriebsstätte zugeordnet werden. Von Bedeutung ist auch Art. 6 FusionsRL, wonach Verlustvorträge der übertragenden Gesellschaft bei der übernehmenden Gesellschaft gegen deren Ergebnisse aus der Inlandsbetriebsstätte unter den Voraussetzungen verrechenbar sind, unter denen der Staat der übertragenden Gesellschaft den Übergang von Verlustvorträgen auch bei rein nationalen Verschmelzungen zulässt.

549 Beim Gesellschafter liegt entweder eine Sachdividende oder eine Art Anteilstausch vor. Beim Gesellschafter ist ein steuerpflichtiger Vorgang abhängig vom Gesellschaftsstatus, von der Höhe des Beteiligungsbuchwerts (den relevanten Anschaffungskosten) und von der steuerlichen Qualifikation des Vorgangs nur im Einzelfall vermeidbar.

550 Nach Art. 7 FusionsRL ist ein Verschmelzungsgewinn bei Beteiligung der übernehmenden an der übertragenden Gesellschaft jedenfalls dann zu befreien, wenn die Beteiligungsquote über 20 % liegt (diese Quote wird durch die Änderung der Richtlinie stufenweise weiter auf 10 % verringert). Für eine steuerlich erfolgsneutrale Verschmelzung nach Art. 2 Abs. 1, 17 SE-Verordnung fehlte bis zum Inkrafttreten der Änderungen des UmwStG durch das SEStEG noch die nationale Rechtsgrundlage und zwar für den Fall der Herausverschmelzung, der Hineinverschmelzung und der Auslandsverschmelzung. Nach den Änderungen des UmwStG durch das SEStEG ist nunmehr eine grenzüberschreitende steuerneutrale Verschmelzung der SE möglich, vgl. die Ausführungen zur grenzüberschreitenden Verschmelzung unter Rdn. 494 ff.).

3. Gründung durch grenzüberschreitenden Anteilstausch (Holding-SE)

551 Bei Gründung einer Holding-SE (Art. 2 Abs. 2, Art. 32 SE-Verordnung) werden Anteile an Aktiengesellschaften oder GmbHs mit Sitz und Hauptverwaltung in der EU mit mehr als 50 % der Stimmrechte in eine neu gegründete SE eingebracht, wobei mindestens zwei der betroffenen

Aktiengesellschaften oder GmbHs aus verschiedenen Mitgliedstaaten stammen oder seit mindestens 2 Jahren eine Tochtergesellschaft oder Zweigniederlassung in einem anderen Mitgliedstaat haben müssen.

Nach bisheriger deutscher Rechtslage war eine steuerneutrale Einbringung durch einen Inländer in eine ausländische Kapitalgesellschaft beim Anteilstausch nur im Rahmen des § 23 Abs. 4 UmwStG a. F. möglich. Nunmehr ist nach den Änderungen des UmwStG durch das SEStEG ein steuerneutraler Anteilstausch gem. § 21 UmwStG n. F. möglich (vgl. die Ausführungen unter Rdn. 525 ff.). 552

4. Gründung durch grenzüberschreitende Betriebsstätteneinbringung (Tochter-SE)

Die Gründung einer Tochter-SE (Art. 2 Abs. 3, Art. 35 SE-Verordnung) kann vor allem durch Kapitalgesellschaften und Personengesellschaften mit Sitz und Hauptverwaltung in der EU erfolgen, wobei mindestens zwei von ihnen aus verschiedenen Mitgliedstaaten stammen oder seit mindestens 2 Jahren eine Tochtergesellschaft/Zweigniederlassung in einem anderen Mitgliedstaat haben müssen. Die gemeinsame Tochter-SE kann durch Bar- oder Sachgründung entstehen. 553

Nach bisherigem deutschen Steuerrecht bestand bei der Einbringung von Unternehmensteilen durch einen Inländer in eine ausländische Kapitalgesellschaft ein Verzicht auf eine Realisierung stiller Reserven nur nach § 23 Abs. 1 und 3 UmwStG a. F. § 23 Abs. 1 UmwStG a. F. war bisher anwendbar, wenn 554
- ein Betrieb oder Teilbetrieb durch eine deutsche Kapitalgesellschaft in eine inländische Betriebsstätte einer EU-Kapitalgesellschaft eingebracht wird,
- die Einbringung gegen Gewährung von neuen Gesellschaftsrechten erfolgt und
- Buchwertfortführung bei der EU-Kapitalgesellschaft und damit die Verdoppelung von stillen Reserven gewährleistet wird.

§ 23 Abs. 3 UmwStG a. F. fand Anwendung, wenn ein ausländischer Unternehmensteil durch eine inländische Kapitalgesellschaft in eine ausländische EU-Kapitalgesellschaft eingebracht wird und ansonsten die Voraussetzungen gem. § 23 Abs. 1 UmwStG a. F. erfüllt sind. Wird ein Unternehmensteil durch einen Ausländer in eine inländische Kapitalgesellschaft eingebracht, besteht ein deutsches Besteuerungsrecht nur bei Einbringung einer Inlandsbetriebsstätte. Eine Buchwertverknüpfung nach § 20 Abs. 1 Satz 1 UmwStG a. F. war in diesem Fall regelmäßig nicht erreichbar. 555

Möglich war daher, dass § 23 Abs. 2 UmwStG a. F. Anwendung fand, nämlich dann, wenn ein inländischer Unternehmensteil (inländische Betriebsstätte im Rahmen der Einbringung eines Betriebs oder Teilbetriebs) durch eine ausländische EU-Kapitalgesellschaft in eine inländische Kapitalgesellschaft eingebracht wird und Buchwertverknüpfung gegeben ist. Denkbar ist in einem solchen Fall ein Hinzurechnungsbesteuerungsproblem bei einem »übergeordneten« inländischen Gesellschafter. Auch eine solche Betriebsstätteneinbringung ist nunmehr unter gewissen Voraussetzungen steuerneutral möglich. Hier ist auf § 23 UmwStG zu verweisen (vgl. die Ausführungen unter Rdn. 519 ff.). 556

5. Grenzüberschreitende Sitzverlegung

Zu unterscheiden ist für eine Sitzverlegung die Verlegung des Verwaltungssitzes und des Satzungssitzes. Seit dem 08.10.2004 besteht für die SE nunmehr eine Rechtsgrundlage für die identitätswahrende Sitzverlegung über die Grenze. Nach deutschem Gesellschaftsrecht ist eine identitätswahrende grenzüberschreitende Sitzverlegung von Kapitalgesellschaften grundsätzlich nicht möglich. 557

Die Verlegung nur des Verwaltungssitzes kann die Auflösung der Gesellschaft bedeuten. Dies ist abhängig davon, welcher Theorie gefolgt wird, der Sitz- oder Gründungstheorie. Die »Überseering«-Entscheidung des EuGH (EuGH, Urt. v. 05.11.2002 – Rs. C-208/00, Slg. 2002, I-9919 = ZIP 2002, 2037; vgl. auch *Bayer* BB 2003, 2357, 2361) betrifft die Verlegung des Verwaltungssitzes einer im Ausland wirksam gegründeten Kapitalgesellschaft in das Inland. Die jüngste Entscheidung des EuGH betraf die Frage, ob und inwieweit der Gesetzgeber Sonderregelungen für »formal ausländische Gesellschafter« aufstellen darf (»Inspire Art« – EuGH, Urt. v. 20.09.2003 Rs C-167/01, 558

Slg. 2003 = ZIP 2003, 1885). Aufgrund der »Überseering«-Entscheidung und Inspire Art scheint sich in Deutschland zumindest für Sitzverlegungen im EU-Bereich die Gründungstheorie durchzusetzen. (vgl. auch Hirte/Bücker/*Hirte*, Grenzüberschreitende Gesellschaften § 1 Rn. 19 ff.).

559 Aus steuerlicher Sicht war dabei Folgendes zu berücksichtigen:

Bei einer Sitzverlegung in das Ausland fand § 12 Abs. 1 KStG a. F. seinem Wortlaut nach Anwendung, wenn Ort der Geschäftsleitung und statuarischer Sitz einer deutschen Kapitalgesellschaft in das Ausland verlegt werden und die Kapitalgesellschaft aus der deutschen Steuerpflicht ausscheidet. Dies bedeutet, dass stille Reserven zu realisieren sind. Teilweise wird in der Literatur vertreten, dass § 12 Abs. 1 KStG bei Erhalt der deutschen Steuerverhaftung von stillen Reserven in einer Inlandsbetriebsstätte teleologisch reduziert werden müsse (vgl. *Förster/Lange* RIW 2002, 585; *Rödder*, Der Konzern 2003, 522; *Kessler/Obser/Schmalz* DStZ 2004, 813).

560 Bei einer Sitzverlegung in das Inland sowie bei einer Sitzverlegung im Ausland hinsichtlich Realisierung stiller Reserven in eine Inlandsbetriebsstätte war § 12 Abs. 2 KStG a. F. nicht anwendbar, da keine Übertragung auf eine andere Körperschaft gegeben war.

561 Nunmehr ist die Neuregelung des § 12 KStG durch das SEStEG zu beachten. Die Sitzverlegung einer SE fällt nach dem SEStEG aufgrund der Identitätswahrung nicht in den Anwendungsbereich des UmwStG n. F. Vielmehr sind die Regelungen des EStG und des KStG anzuwenden. Nach dem SEStEG richtet sich die Besteuerung der Sitzverlegung einer SE nach dem allgemeinen Entstrickungstatbestand des § 12 Abs. 1 KStG n. F. Eine (sofortige) Versteuerung tritt damit (nur) insoweit ein, als das Besteuerungsrecht der BRD durch den Wegzug beschränkt oder ausgeschlossen wird. Für die Sitzverlegung in einen Nicht EU/EWR-Staat ordnet § 12 Abs. 3 KStG n. F. – wie bisher § 12 Abs. 1 KStG a. F. – die Liquidationsbesteuerung an. Der Gesetzgeber folgt damit den Vorgaben gem. Art. 10b FusionsRL. Soweit also das Vermögen der SE nach dem Wegzug in der BRD weiterhin steuerverstrickt bleibt, erfolgt keine Sofortbesteuerung der stillen Reserven.

562 Bei einem Zuzug nach Deutschland kommt es grundsätzlich zu einer Verstrickung von Vermögen der SE im Inland. Das SEStEG sieht insoweit keine gesonderte Verstrickungsregelung im KStG vor (vgl. Ausführungen oben unter Rdn. 530 ff.). Die Verstrickung beurteilt sich damit nach den allgemeinen Regelungen des EStG, also nach den §§ 4 Abs. 1 Satz 5, 6 Abs. 1 Nr. 5a EStG i. V. m. § 8 Abs. 1 KStG. Danach kommt es nur zum Ansatz mit dem gemeinen Wert, sofern die stillen Reserven in den Wirtschaftsgütern im Inland erstmalig steuerlich verstrickt werden (BT-Drucks. 16/2710, S. 28).

563 Die gesellschaftsrechtlich identitätswahrende Sitzverlegung der SE stellt beim Anteilseigner keinen Veräußerungstatbestand dar. Möglich ist aber, dass es hierdurch zum Ausschluss oder zur Beschränkung des deutschen Besteuerungsrechts in Bezug auf die vom Anteilseigner gehaltenen Anteile kommt (vgl. Blumenberg/Schäfer/*Blumenberg/Lechner* Das SEStEG, II 2a bb). Das betrifft z. B. den Fall der Sitzverlegung einer deutschen SE, an der ein in einem Nicht-DBA-Staat ansässiger Anteilseigner beteiligt ist, der vor der Sitzverlegung mit einem Gewinn aus der Veräußerung der Anteile der inländischen Besteuerung unterliegt. Die Besteuerung der Anteilseigner bei Wegzug der Gesellschaft richtet sich dann nach § 17 Abs. 5 EStG i. V. m. § 49 Abs. 1 Nr. 2 Buchst. e) aa) EStG. Zur Verstrickung und Entstrickung einzelner Wirtschaftsgüter im Einzelnen vgl. die Ausführungen unter Rdn. 530 ff. sowie *Ballreich* Fallkommentar zum Umwandlungsrecht, 4. Aufl. 2008, Fall 28.

Für die Europäische Genossenschaft SCE nach Art. 19 SCE – Verordnung gelten die obigen Ausführungen entsprechend.

Kapitel 3 Das Unternehmen in der Krise

Übersicht

		Rdn.
A.	**Krisenmerkmale**	4
I.	Arten der Krise	4
	1. Strategische Krise	5
	2. Ergebniskrise	7
	3. Liquiditätskrise	8
II.	Krisenfrüherkennung	9
B.	**Struktur eines Insolvenzverfahrens**	17
I.	Antrag	19
	1. Insolvenzfähigkeit	20
	2. Eigenantrag	21
	3. Antrag des Gläubigers	24
II.	Insolvenzantragsverfahren	27
	1. Gutachtenauftrag	27
	2. Anordnung der vorläufigen Insolvenzverwaltung	28
	3. Einsetzung eines vorläufigen Gläubigerausschusses	31
	4. Insolvenz	33
	a) Zahlungsunfähigkeit, § 17 InsO	34
	b) Drohende Zahlungsunfähigkeit, § 18 InsO	40
	c) Überschuldung, § 19 InsO	43
	5. Abschluss des Eröffnungsverfahrens	47
III.	Das eröffnete Insolvenzverfahren	52
	1. Wirkungen des Eröffnungsbeschlusses	52
	2. Rechtsmittel in der Insolvenz	54
	3. Der Insolvenzverwalter	56
	4. Besonderheiten: Bankenverhalten und Bankengeschäfte	59
IV.	Verfahrensabwicklung	63
	1. Übertragende Sanierung	65
	2. Verteilung der Insolvenzmasse	71
V.	Abwicklung von Vertragsverhältnissen in der Insolvenz	73
	1. Voraussetzungen für das Wahlrecht des Verwalters	76
	a) Gegenseitigkeit	76
	b) beiderseitige nicht vollständige Erfüllung	79
	c) Ausübung des Wahlrechts	81
	d) Rechtsfolgen der Wahlrechtsausübung	83
	2. Sonderbestimmungen bei bestimmten Vertragstypen	85
	a) Fortbestehen von Dauerschuldverhältnissen, § 108 InsO	85
	b) Sondervorschriften für Auftrag, Geschäftsbesorgung und Vollmacht in der Insolvenz	92
VI.	Insolvenz der Personengesellschaft	97
	1. Antrag	98
	2. Auflösung der Gesellschaft	99
	3. Verhältnis zur Gesellschafterinsolvenz	100
	4. Ansprüche gegenüber den Gesellschaftern	103
VII.	Gründungsgesellschaften	106
VIII.	Sonderformen des Insolvenzverfahrens	107
	1. Insolvenzplanverfahren	107
	2. Sonderform des Insolvenzplans: »Pre-Packaged-Plan«	114
	3. Eigenverwaltung	116
IX.	Anfechtungsthematiken in der Insolvenz	123
	1. Gläubigerbenachteiligung	124
	2. Kongruente Deckung	126
	3. Inkongruente Deckung	128
	4. Bargeschäft	132
C.	**Kapitalersatz in der Insolvenz der GmbH**	133
D.	**Haftungsrisiken der Organe**	144
I.	Außenhaftung § 41 GmbHG	145
II.	Innenhaftung des GmbH-Geschäftsführers	146
	1. Haftung nach § 43 GmbHG	146
	2. Insolvenzverschleppung, § 64 GmbHG	148
	3. Pflicht zur Erhaltung der Masse	152
	4. Haftung für Lohnsteuern	155
	5. Vorenthaltung von Sozialversicherungsbeiträgen, § 266a StGB	157
III.	Strafrechtliche Risiken	162
	1. Insolvenzverschleppung	163
	2. Bankrott, § 283 StGB	167
	3. Gläubigerbegünstigung, § 283c StGB	170
	4. Schuldnerbegünstigung, § 283d StGB	173
	5. Sonstige Insolvenzstraftaten	174
IV.	Haftung der Gesellschafter	175
	1. Vermögensvermischung	176
	2. Unterkapitalisierung	177
	3. Verletzung von Treuepflichten	178
V.	Strafbarkeitsrisiken des Sanierungsberaters	179
VI.	Professionelle Unternehmensbestattung	184
E.	**Beratung des Gläubigers**	193
I.	Geltendmachung von Forderungen	193
II.	Aussonderungsrechte, § 47 InsO	202
III.	Absonderungsrechte, §§ 49 ff. InsO	210
IV.	Masseverbindlichkeiten, §§ 53 ff. InsO	217
F.	**Sanierungsmöglichkeiten außerhalb der Insolvenz**	226
I.	Maßnahmen zur Beseitigung der Zahlungsunfähigkeit	226
II.	Beseitigung der Überschuldung	229
	1. Kapitalerhöhung	229
	2. Forderungsverzicht	231
	3. Besserungsschein	233
	4. Rangrücktrittserklärung	236

	5. Patronatserklärung	238	1. Haftungsrisiken des Betriebsübernehmers 242
III.	Vorteile einer außergerichtlichen Sanierung	239	a) Haftung gem. § 613a BGB 243
IV.	Nachteile der außergerichtlichen Sanierung	242	b) Haftung gem. § 25 HGB 245
			c) Haftung gem. § 75 AO 248
			2. Weitere Nachteile 250

1 Der Begriff der Unternehmenskrise steht nicht zuletzt aufgrund prominenter Insolvenzfälle wie die der Karstadt AG, der Drogeriemarktkette Schlecker oder der PROKON AG zunehmend im Blickpunkt der Medien und der Öffentlichkeit. Der steigende Wettbewerbsdruck auf den Weltmärkten macht sich jedoch nicht nur bei medienwirksamen Insolvenzen von Großunternehmen, sondern auch zunehmend bei mittelständischen oder kleinen Unternehmen bemerkbar. Die Zahl der Unternehmensinsolvenzen im Jahr 2013 ging im Vergleich zum Vorjahr um 8,1 % zurück, befindet sich mit einer Gesamtzahl von ca. 26.000 Fällen aber immer noch auf einem signifikanten Niveau. Zudem hat sich in den letzten 10 Jahren der Bedarf an Krisenbewältigung in der Praxis durch die aktive Verringerung der Kreditrisiken auch bei den Banken verschärft, welcher durch eigene Ertragsprobleme der Banken infolge der Finanzkrise des Jahres 2008 und 2009 sowie schärferen Eigenkapitalanforderungen bedingt ist.

2 Die wirtschaftlichen Konsequenzen aus Unternehmensinsolvenzen sind vielschichtig. Forderungsausfälle bei Lieferanten, Arbeitsplatzverluste bei den Arbeitnehmern, Steuerausfälle beim Staat sowie Wertvernichtung bei den Kapitalgebern sind hier zu nennen: Die Gesamtsumme der in den Insolvenzverfahren des Jahres 2013 geltend gemachten Forderungen belief sich auf 37,8 Mrd. € (Quelle: Statistisches Bundesamt). Vor diesem Hintergrund steht auch in der beratenden Praxis zunehmend Bedarf an Kenntnissen der Krisenerkennung sowie der weiteren Vorgehensweise nach Eintritt der Krise und der Begleitung des Insolvenzverfahrens.

3 In der Gesetzeslage haben sich in der jüngeren Vergangenheit interessante Erweiterungen ergeben: Mit dem Gesetz zur Erleichterung der Sanierung von Unternehmen (ESUG) vom 01.03.2012 wurde der Gläubigereinfluss gestärkt, die Möglichkeit der vorläufigen Eigenverwaltung (§ 270a InsO), das Schutzschirmverfahren (§ 270b InsO), die Einrichtung eines vorläufigen Gläubigerausschusses (§ 22a InsO) sowie die Möglichkeit eines Dept-to-Equity-Swaps im Rahmen eines Insolvenzplans (§§ 225a, 254a InsO) eingeführt. Das Schutzschirmverfahren stellt eine weitere Form des Insolvenzverfahrens dar, die eine schnellere und kostengünstigere Unternehmenssanierung in Eigenverwaltung ermöglichen soll.

A. Krisenmerkmale

I. Arten der Krise

4 Die Arten der Krise reichen von der strategischen Krise über die Ergebnis-/Liquiditätskrise bis zur Insolvenz. Die Unternehmensinsolvenz ist somit meist nur die letzte Phase eines lange zuvor begonnenen Prozesses. Bevor ein Unternehmen Insolvenz anmeldet, hat es meist bereits die vorbezeichneten Krisenphasen durchlaufen.

1. Strategische Krise

5 Die strategische Krise steht typischerweise am Anfang des klassischen Krisenverlaufs. Sie ist geprägt durch eine **Verschlechterung der Wettbewerbssituation** des Unternehmens im Markt. Die Signale, an welchen sich eine strategische Krise erkennen lässt, sind meist relativ schwach ausgeprägt. Beispielhaft zu nennen sind hier ein unausgewogenes Produkt-/Unternehmensportfolio, falsche Investitionsentscheidungen oder ein Technologiewandel: Durch den zunehmenden Einsatz elektronischer Kommunikationsmittel gerieten zuletzt bspw. Unternehmen, deren Produkte im Zusammenhang mit Kommunikationsformen mittels Papier stehen, unter Druck. So wurden zuletzt

der Druckmaschinenhersteller manroland AG, die Weltbild Verlags GmbH oder die Münchener Abendzeitung gezwungen, Antrag auf Eröffnung eines Insolvenzverfahrens zu stellen.

Zur Bewältigung dieser Krise bedarf es eines hohen Maßes an Sensibilität aufseiten des Managements, um die Krisenmerkmale bereits in diesem Stadium zu erkennen. Vor allem, solange noch Jahresüberschüsse erwirtschaftet werden und der Handlungsdruck dadurch als nicht allzu hoch empfunden wird. Ein Erkennungsmerkmal ist auch, dass die vorhandenen Ressourcen bereits zugunsten des operativen Tagesgeschäfts eingesetzt werden.

2. Ergebniskrise

Wird der strategischen Krise nicht energisch entgegen gesteuert, tritt oftmals die Phase der Ergebniskrise ein. Diese ist gekennzeichnet durch das **Verfehlen von Gewinn- und Rentabilitätszielen**. Praxisbeispiele zeigen, dass Unternehmen selbst in der prekären Situation einer Ergebniskrise oft nicht mit geeigneten Mitteln schnell und umfassend reagieren, sondern sich die Ergebniskrise durch das Festhalten an einmal eingeschlagenen Wegen noch verschärft.

3. Liquiditätskrise

In der Liquiditätskrise ist das **Eigenkapital** bereits nahezu **aufgezehrt**, das Betriebsergebnis bricht dramatisch ein und es treten Liquiditätsprobleme auf, d. h. die Zahlungsverpflichtungen können nicht mehr vollständig erfüllt werden (vgl. hierzu Rdn. 34 ff.)

II. Krisenfrüherkennung

Die Problematik der **Früherkennung** von Unternehmenskrisen oder eines drohenden Insolvenzverfahrens ist daher eine der Hauptaufgaben des Managements und des Beraters. Häufige endogene Krisenursachen sind bspw. Managementfehler, mangelnde Strategiekonzepte, schlechte Produkte oder Produktionsverhältnisse, fehlende Markt- und Wettbewerberbeobachtung, unzureichende Eigenmittelausstattung etc. Exogene Krisenursachen resultieren etwa aus Konjunkturschwankungen, technischem Fortschritt, Rohstoffverknappungen, geändertem Wettbewerberverhalten, allgemeinem Wertewandel usw.

Unternehmen geraten häufig dann in strategische Krisen, wenn es innerhalb des Marktes zu abrupten Veränderungen kommt. Diese Änderungen können z. B. durch Technologiesprünge begründet sein. Ebenfalls Krisenrisiken bergen finanzielle Investments für Sachinvestitionen oder die Übernahme von Firmen aufgrund der Belastungen durch den langen Amortisationszeitraum. Auch starkes Wachstum kann die Ursache für eine Unternehmenskrise sein, wenn rapide wachsende Auftragsbestände auf noch nicht angepasste Unternehmensstrukturen in der Abarbeitung treffen. In diesem Fall werden oftmals trotz gestiegener Umsätze Verluste erzielt, da akquirierte Aufträge nicht pünktlich oder qualitativ einwandfrei abgearbeitet werden können, was zu Einbrüchen bei den Erlösen führt.

Ein zentrales Instrument der Krisenfrüherkennung ist die **bilanzorientierte Kennzahlenanalyse**. Ergebnis- und Bilanzkosmetik, die häufig in der Krisenfrühphase zu einer Vertuschung der Unternehmensprobleme eingesetzt werden, führen hierbei jedoch zu teils erheblichen Problemen in der Erkennbarkeit der Krisen.

Der Prozess der Jahresabschlussanalyse ist meist standardisiert und erfolgt durch detaillierte Analyse des Jahresabschlussberichts, insbesondere der Erläuterungen, des Anhangs und des Lageberichts. Weiterhin dienlich ist die Analyse und Interpretation der Bilanz und Bildung eines Gesamturteils zum Jahresabschluss. Hierbei ist folgendes **Grundmuster** weit verbreitet:

Aktiv- und Passivseite werden strukturiert und gegenübergestellt. Zusätzlich erfolgt jeweils der Ausweis der wichtigsten relativen Kennzahl (in Prozent der Bilanzsumme sowie der Positionen »unter dem Bilanzstrich«). Die Gewinn- und Verlustrechnung ist im Allgemeinen unterteilt in die Blöcke

Betriebsbereich, Finanzbereich und Neutraler Bereich. Die einzelnen Betriebsergebnisse werden durch Saldierung der Aufwands- und Ertragsposition als Betriebsergebnis (brutto-cashflow) und Ergebnis vor/nach Steuern ausgewiesen und jeweils zum Umsatz bzw. zu der Betriebsleistung ins Verhältnis gesetzt. Des Weiteren werden Kennziffern wie Aufwand/Ertrag pro Beschäftigtem, Zielinanspruchnahmen, statischer und dynamischer Verschuldungsgrad, Eigenkapitalrentabilität, Fremdkapitalverzinsung usw. ermittelt. Die auf diese Weise gewonnenen Kennzahlen lassen sich nunmehr durch Zeitvergleiche aus der Gegenüberstellung der Zahlen des Unternehmens der letzten Jahre sowie ggf. durch einen Branchenvergleich analysieren und interpretieren (weiterführend hierzu *Buth/ Hermanns* § 1 Rn. 68 ff.).

14 Im Hinblick auf die Krisenfrüherkennung gibt es weiterhin verschiedene **Indizien**, die im Zusammenhang mit dem Jahresabschluss stehen und zusätzliche Hinweise auf eine drohende Krise geben können. Erwähnenswert sind z. B. ein eingeschränktes oder gänzlich fehlendes Testat des Wirtschaftsprüfers oder Steuerberaters, anhaltend späte bzw. wiederholt verzögerte Vorlage von Zwischen- und Jahresabschlusszahlen oder negative Abweichungen von vorläufigen und endgültigen Zahlen. In Verbindung mit diesen Signalen können auch bilanzpolitisch motivierte Sachverhaltsgestaltungen als mögliche Krisenanzeigen interpretiert werden. Erwähnt seien in diesem Zusammenhang die Aktivierung von signifikanten immateriellen Vermögenswerten, erhöhte außerordentliche Erträge infolge der Auflösung von Rückstellungen, Rücklagen oder Wertberichtigungen oder sog. sale-and-lease-back-Verfahren zur Verbesserung der Kapitalstruktur. Die Substanz für die vorstehend exemplarisch aufgeführten bilanzpolitischen Maßnahmen wird oft aus den in den Vorjahren gebildeten stillen oder offenen Reserven gezogen. Ein akut gefährdetes Unternehmen hat die Substanz im Allgemeinen nicht mehr.

15 Jahresabschlussdaten, Bilanzpolitik und Entwicklung der Gesamtverschuldung sind gewissermaßen die Fakten, die zur Erkennung einer Krise führen können. Weitere Mittel sind z. B. die Feststellung, ob ein unternehmerisches Strategiekonzept vorhanden ist oder ob das Handeln eher zufallsbedingt nach dem trial-and-error-Prinzip erfolgt. Oftmals resultieren Unternehmenskrisen aus einer mangelhaften oder gänzlich fehlenden Unternehmensplanung. Ebenfalls hinzuzuziehen ist die Stellung eines Unternehmens im Markt sowie wirtschaftlichen Umfeld. Krisenwarnfunktion haben unter anderem unzureichende Produktqualität oder schlechtes Produktimage, veraltete Produktionsanlagen oder unrationelle Produktionsabläufe, Probleme im Vertrieb durch Nichteinhalten von Lieferfristen oder starke Abhängigkeiten auf der Beschaffungsseite von einzelnen Unternehmen.

16 Das Unternehmen selbst kann Alarmzeichen einer bevorstehenden Insolvenzreife aus einer ordnungsgemäß geführten Buchführung erkennen, aber auch die **Gläubiger** können die **Symptome der Krise** rechtzeitig deuten. Typische Anzeichen sind ein plötzlicher Wechsel der Geschäftsführung, erhebliche Überschreitungen der Zahlungsziele, Lastschriftrückgaben, der Wunsch nach Stundungsvereinbarung, plötzliche Qualitätsdefizite, Verschiebung von Investitionsvorhaben, Auftragsannahmen »um jeden Preis«, Häufung von Zahlungsklagen gegen das Unternehmen, ein hoher Lagerbestand an Fertigerzeugnissen usw. Bei Vorliegen dieser oder anderer Krisenanzeichen sollten sich sowohl das Unternehmen selbst als auch die Gläubiger darauf einstellen, dass einer der Beteiligten in absehbarer Zukunft einen Insolvenzantrag stellen und damit ein Insolvenzverfahren in Gang setzen wird.

B. Struktur eines Insolvenzverfahrens

17 Nachfolgend soll eine allgemeine Orientierung über den Ablauf eines Insolvenzverfahrens vermittelt werden. Gem. § 1 InsO dient das Insolvenzverfahren dazu, die Gläubiger eines Schuldners gemeinschaftlich zu befriedigen, indem das Vermögen des Schuldners verwertet und der Erlös verteilt oder in einem Insolvenzplan eine abweichende Regelung insbesondere zum Erhalt des Unternehmens getroffen wird. Dem redlichen Schuldner wird Gelegenheit gegeben, sich von seinen restlichen Verbindlichkeiten zu befreien.

Diese Einleitung zeigt, dass Hauptzweck des Insolvenzverfahrens die **gemeinschaftliche Gläubigerbefriedigung** ist. Der Erhalt des schuldnerischen Unternehmens – mit seinen Arbeitsplätzen – wird nur als ein zulässiges Mittel zur Erreichung jenes Ziels genannt, ist also nicht Selbstzweck (HK InsO/*Kirchhof* § 1 Rn. 1).

I. Antrag

Durch ein Regelinsolvenzverfahren wird dem Schuldner sein gesamtes vollstreckbares Vermögen entzogen und ein Unternehmensträger verliert durch die Insolvenzeröffnung im Ergebnis seine rechtliche Existenz. Aufgrund dieser einschneidenden Wirkung darf ein Insolvenzverfahren nur auf Grundlage bestimmter Voraussetzungen eingeleitet werden. Neben dem Eröffnungsgrund setzt dies zunächst den **Antrag eines Antragsberechtigten** voraus. Diese Voraussetzungen der Verfahrenseröffnung werden in einem Eröffnungsverfahren – quasi in einem Vorverfahren – geprüft.

1. Insolvenzfähigkeit

Zunächst ist zu klären, ob der Betroffene überhaupt **insolvenzfähig** ist. Die Insolvenzfähigkeit korrespondiert mit der Rechtsfähigkeit des materiellen Rechts und der Parteifähigkeit des Zivilprozesses. Die §§ 11, 12 InsO regeln, welche Rechtsträger und Vermögensmassen Gegenstände des Insolvenzverfahrens sein können. Nach § 11 Abs. 1 InsO ist jede juristische Person, also u. a. die **GmbH**, **AG** oder der **Verein**, insolvenzfähig. § 11 Abs. 2 Nr. 1 InsO bestimmt, dass über das Vermögen einer Gesellschaft ohne eigene Rechtspersönlichkeit ebenfalls das Insolvenzverfahren eröffnet werden kann. Hierbei handelt es sich namentlich um die **OHG**, **KG**, **Partnerschaftsgesellschaft**, **BGB-Gesellschaft** und die **EWIV**. Dem gegenüber ist die stille Gesellschaft als reine Innengesellschaft nicht insolvenzfähig (vgl. HK InsO/*Kirchhof* § 11 Rn. 19).

Die mit dem Gesetz zur Modernisierung des GmbH-Rechts und zur Bekämpfung von Missbräuchen (MoMiG) eingeführte Unternehmergesellschaft (haftungsbeschränkt) – vgl. § 5a GmbHG – ist eine Unterform der GmbH und damit ebenfalls insolvenzfähig.

2. Eigenantrag

Nach § 13 Abs. 1 Satz 2 InsO sind der Schuldner bzw. bei **juristischen Personen** das vertretungsberechtigte Organ antragsberechtigt; man spricht insoweit von einem Eigenantrag. Dieser ist grundsätzlich ohne Weiteres zulässig und bedarf nicht, wie der Gläubigerantrag, spezieller Zulassungsvoraussetzungen. Der Schuldner hat jedoch entsprechend § 253 Abs. 2 Nr. 2 ZPO i. V. m. § 4 InsO einen Eröffnungsgrund in substanziierter und nachvollziehbarer Form darzulegen (vgl. HK InsO/ *Kirchhof* § 13 Rn. 18) und ein Verzeichnis des Gläubigers und Ihrer Forderungen beizufügen. Wenn ein Geschäftsbetrieb vorhanden ist, der noch nicht eingestellt ist, sollen in dem Gläubigerverzeichnis die höchsten Forderungen, die höchsten gesicherten Forderungen, die Forderungen der Finanzverwaltung und der Sozialversicherungsträger sowie aus einer betrieblichen Altersversorgung besonders kenntlich gemacht werden. Einer Glaubhaftmachung des Vorliegens eines Insolvenzgrundes, also der Vorlage von Urkunden oder der Nennung anderer Beweismittel wie z. B. einer eidesstattlichen Erklärung, bedarf es grundsätzlich nicht. Die Glaubhaftmachung ist jedoch nach § 15 Abs. 2 Satz 1 InsO dann erforderlich, wenn der Antrag nicht von allen Mitgliedern des Vertretungsorgans gestellt wird. In diesem Fall hat das Insolvenzgericht die übrigen Mitglieder des Vertretungsorgans oder persönlich haftenden Gesellschafter zu hören.

Gem. § 15 Abs. 1 Satz 2 InsO ist zudem im Fall der Führungslosigkeit der juristischen Person jeder Gesellschafter zur Stellung des Insolvenzantrags berechtigt.

Ist der Schuldner eine **natürliche Person** oder eine Gesellschaft ohne Rechtspersönlichkeit, besteht keine gesetzliche Pflicht zur Insolvenzantragstellung. Anders verhält es sich bei juristischen Personen oder **Personenhandelsgesellschaften**, bei denen keine natürliche Person persönlich haftender Gesellschafter ist. In diesem Fällen besteht eine **Antragspflicht** nunmehr für alle juristischen Personen sowie Gesellschaften ohne eigene Rechtspersönlichkeit, die in § 15a der Insolvenzordnung geregelt ist. Diese Verpflichtung stellt letztlich einen Ausgleich für die bei diesen Gesellschaften bestehende beschränkte Haftung dar (Uhlenbruck/*Uhlenbruck* § 13 Rn. 32). So hat bspw. der Geschäftsführer einer GmbH nach § 15a Abs. 1 InsO bei Zahlungsunfähigkeit oder Überschuldung ohne schuldhaftes Zögern, spätestens jedoch 3 Wochen nach Eintritt der Zahlungsunfähigkeit oder der Überschuldung Antrag auf Eröffnung des Insolvenzverfahrens zu stellen. Eine Verletzung dieser Pflicht kann zur Schadensersatzpflicht führen, vgl. unten Rdn. 144 ff. Im Fall der Führungslosigkeit einer GmbH, einer Aktiengesellschaft oder einer Genossenschaft auch jeder Gesellschafter (GmbH), bzw. jedes Mitglied des Aufsichtsrats (AG und Genossenschaft) zur Stellung des Insolvenzantrags verpflichtet, es sei denn dieser oder dieses hatte keine Kenntnis von der Zahlungsunfähigkeit oder Überschuldung (§ 15a Abs. 3 InsO).

23 Für die Insolvenzantragspflicht ist es ohne Bedeutung, ob beim Schuldnerunternehmen Masselosigkeit i. S. v. § 26 Abs. 1 InsO vorliegt oder ob die Verfahrenskosten gedeckt sind (Uhlenbruck/*Uhlenbruck* § 13 Rn. 32). Dies ist erst für die Entscheidung über die Eröffnung des Insolvenzverfahrens von Bedeutung. Der Insolvenzantrag eines Gläubigers beseitigt ferner die Antragspflicht des Schuldnerunternehmens nicht. Keine Antragspflicht besteht jedoch, wenn lediglich eine drohende Zahlungsunfähigkeit vorliegt. Als Konsequenz erwächst aus der Insolvenzantragspflicht ferner die Pflicht zur selbstständigen Eigenprüfung der wirtschaftlichen Verhältnisse durch die organschaftlichen Vertreter, welche sich auch aus anderen Vorschriften wie z. B. § 49 Abs. 3 GmbHG ergibt. Die Insolvenzantragspflicht ist folglich nichts anderes als ein Verbot der Insolvenzverschleppung (Uhlenbruck/*Uhlenbruck* § 13 Rn. 32). Klarzustellen ist, dass, soweit das Gesetz eine 3-Wochen-Frist einräumt, die Pflicht zur Stellung des Insolvenzantrages nicht erst mit dem Ablauf dieser Frist, sondern mit dem Vorliegen des Insolvenzgrundes eintritt. Liegt ein Insolvenzgrund bereits seit längerer Zeit vor, wurde er jedoch nicht bemerkt, ist der Antrag sofort zu stellen.

3. Antrag des Gläubigers

24 Bei einem Gläubigerantrag verlangt der Gesetzgeber, dass **zusätzliche Voraussetzungen** erfüllt sind. Neben dem Vorliegen eines rechtlichen Grundes hat der Gläubiger nach § 14 Abs. 1 InsO seine Forderung und den Eröffnungsgrund glaubhaft zu machen. Zur Glaubhaftmachung i. S. d. § 274 ZPO können alle Beweismittel herangezogen werden, wobei insbesondere auf Urkunden zurückgegriffen werden sollte. Da nur präsente Beweismittel zugelassen sind, können Zeugenaussagen lediglich in schriftlicher Form als eidesstattliche Erklärungen herangezogen werden. Im Rahmen der Glaubhaftmachung nach § 294 ZPO tritt an die Stelle des Vollbeweises eine Wahrscheinlichkeitsfeststellung. Zur Glaubhaftmachung genügt bereits die Vermittlung des die »überwiegende Wahrscheinlichkeit« glaubhaft machenden Umstandes.

25 Jeder Gläubiger muss in seinem Antrag ein **rechtliches Interesse** an der Eröffnung des Insolvenzverfahrens nachweisen, § 14 Abs. 1 InsO. Ein solches fehlt, wenn einem Gläubiger ein einfacherer und billigerer Weg zur Befriedigung seiner Forderungen offen steht als der Gang durch das Insolvenzverfahren (vgl. Nerlich/Römermann/*Mönning* § 14 Rn. 18). Insolvenzanträge sind ferner als unzulässig abzuweisen, wenn diese lediglich zu missbräuchlichen Zwecken gestellt werden, um z. B. Zahlungen solventer Schuldner zu erzwingen. In der Praxis ist jedoch festzustellen, dass insbesondere Krankenkassen oftmals sog. Druckanträge stellen, die nach Erfüllung der rückständigen Sozialversicherungsbeiträge wieder zurückgenommen werden. Zu beachten ist allerdings, dass ein solcher Antrag ausnahmsweise trotz Zahlung nicht unwirksam, wenn bereits in einem Zeitraum von bis zu 2 Jahren vor der aktuellen Antragstellung ein Fremdantrag gestellt worden war (§ 14 Abs. 1 Satz 2 InsO). Zweck dieser Norm ist es, zahlungsunfähige und chronisch unpünktlich zahlende Unternehmen gegebenenfalls aus dem Markt nehmen zu können.

26 Ist der Schuldner zahlungsunfähig, stellt sich für den Gläubiger die Frage nach der richtigen Vorgehensweise. Lässt sich der Gläubiger vom Schuldner noch (weitere) Sicherheiten einräumen, droht diesem die Anfechtung nach den §§ 129 ff. InsO, d. h. der Insolvenzverwalter kann die Leistung

B. Struktur eines Insolvenzverfahrens — Kapitel 3

nach Eröffnung des Verfahrens zurückfordern. Bei Zwangsvollstreckungen greift möglicherweise die sog. Rückschlagsperre des § 88 InsO. Diese hat zur Folge, dass eine Sicherung mit Verfahrenseröffnung unwirksam wird. Daher wird der Gläubiger überlegen, ob sich für ihn die Stellung eines Insolvenzantrages lohnt. Oft wird bereits die Drohung mit dem Insolvenzantrag den Schuldner veranlassen, eine Zahlung zu leisten. Im Fall der Stellung eines Insolvenzantrages, welcher mangels Masse abgewiesen wird, droht jedoch auch ein erhebliches Kostenrisiko, da der Antragsteller nach § 50 GKG Zweitschuldner der Gerichtskosten und der im Verfahren entstandenen Auslagen ist. Eine Antragstellung kann daher auch teuer sein. Es ist folglich zu empfehlen, vor der Stellung eines Insolvenzantrages die **möglichen Kosten** zu kalkulieren.

II. Insolvenzantragsverfahren

1. Gutachtenauftrag

Das Insolvenzgericht (im Antragsverfahren der Insolvenzrichter) ist von Amts wegen nach § 5 Abs. 1 InsO verpflichtet, alle wesentlichen Tatsachen zu ermitteln, die für das Insolvenzverfahren von Bedeutung sind. Es kann zu diesem Zweck insbesondere einen **Sachverständigen** bestellen, welcher das wichtigste Erkenntnisinstrument des Insolvenzgerichts ist. Nach Eingang eines Insolvenzantrages beauftragt das Insolvenzgericht im Regelfall einen Sachverständigen als Gutachter, der vor Ort relevante Informationen sammelt und festhält. Der Gutachter wird in der Regel mit der Prüfung des Vorliegens eines Insolvenzgrundes, der Deckung der Verfahrenskosten sowie der Möglichkeiten einer Unternehmensfortführung beauftragt.

2. Anordnung der vorläufigen Insolvenzverwaltung

Obwohl das Eröffnungsverfahren als Eilverfahren ausgestaltet ist, kann bis zur Prüfung der Eröffnungsvoraussetzungen längere Zeit vergehen. In der Phase zwischen dem Eingang eines zulässigen Antrags und der Entscheidung hat das Insolvenzgericht nach § 21 Abs. 1 InsO alle Maßnahmen zu treffen, die erforderlich erscheinen, um bis zur Entscheidung eine für die Gläubiger nachteilige Veränderung der Vermögenslage des Schuldners zu verhindern. Soweit also Sicherungsbedarf besteht, wird das Insolvenzgericht einen vorläufigen Insolvenzverwalter bestellen, wobei hier verschiedene Ausformungen möglich sind.

Der vom Gesetz vorgesehene Normalfall ist die Bestellung eines vorläufigen Insolvenzverwalters in Verbindung mit der Auferlegung eines **allgemeinen Verfügungsverbotes** gegenüber dem Schuldner. Das Insolvenzgericht entzieht mit dieser Maßnahme dem Schuldner die Verfügungsbefugnis. Diese wird zur Sicherung der Handlungsfähigkeit einem sog. **starken vorläufigen Insolvenzverwalter** auferlegt. Die Verwaltungs- und Verfügungsbefugnis über das der Vollstreckung unterworfene Vermögen geht auf den vorläufigen Verwalter über. Ferner ist gem. § 22 Abs. 1 Satz 2 Nr. 2 InsO vorgesehen, dass der vorläufige Insolvenzverwalter das Unternehmen des Schuldners bis zur Entscheidung über die Eröffnung des Insolvenzverfahrens fortzuführen hat. Zu diesem Zweck geht mit der umfassenden Übertragung die Arbeitgeberfunktion auf den vorläufigen Verwalter über. Ferner sind die vom starken vorläufigen Insolvenzverwalter während seiner Tätigkeit begründeten vertraglichen sowie gesetzlichen Verpflichtungen gem. § 55 Abs. 2 InsO mit der Verfahrenseröffnung **Masseverbindlichkeiten**. Anhängige Rechtsstreitigkeiten werden nach § 240 Satz 2 ZPO unterbrochen. Für die Aufnahme gelten die §§ 85 Abs. 1 Satz 1 und 86 InsO.

Das Insolvenzgericht hat neben der Einsetzung eines vorläufigen Insolvenzverwalters die Möglichkeit, Verfügungen des Schuldners gem. § 21 Abs. 1 Nr. 2, 2. Alt. InsO unter einen allgemeinen Zustimmungsvorbehalt eines sog. **schwachen vorläufigen Verwalters** zu stellen. Dies ist in der Praxis der Regelfall. Bei Anordnung dieses Zustimmungsvorbehalts kann der Schuldner zwar noch über sein Vermögen verfügen, er muss jedoch für jede Verfügung die Zustimmung des vorläufigen Insolvenzverwalters einholen. Alleine kann er keine wirksame Verfügung mehr vornehmen. Ihm steht jedoch das sog. Initiativrecht zu, d.h. dass Verfügungen nur vom Schuldner ausgehen können. Im

Gegensatz zum starken vorläufigen Insolvenzverwalter geht auf diesen Typus des schwachen vorläufigen Insolvenzverwalters die Arbeitgeberfunktion nicht über. Es werden keine Masseverbindlichkeiten begründet und laufende Prozesse werden nicht nach § 240 ZPO unterbrochen. In der Praxis hat sich diese Form durchgesetzt, da die Anordnung des Zustimmungsvorbehalts ein effektives und zugleich maßvolles Instrument zur Massesicherung darstellt. Die umfassende Möglichkeit des sog. starken vorläufigen Verwalters, Masseverbindlichkeiten zu begründen, bewertet man dem gegenüber eher als nachteilig. Die Anordnung des starken vorläufigen Insolvenzverwalters erfolgt in der Regel dann, wenn der Schuldner nicht kooperationswillig ist und sich daher kompetenzrechtliche Konflikte ergeben oder wenn bereits im Antragsverfahren weitreichende, rechtssichere Entscheidungen getroffen werden müssen, wie z. B. eine Betriebsänderung im Sinne von § 111 BetrVG wie z. B. der Stilllegung eines Betriebsteils.

3. Einsetzung eines vorläufigen Gläubigerausschusses

31 Gem. § 22a InsO hat das Gericht einen vorläufigen Gläubigerausschuss nach § 21 Abs. 2 Nr. 1a InsO einzusetzen, wenn der Schuldner im vorangegangenen Geschäftsjahr mindestens zwei der drei nachstehenden Merkmale erfüllt:
– Mindestens 4.840.000 € Bilanzsumme nach Abzug eines auf der Aktivseite ausgewiesenen Fehlbetrages i. S. d. § 268 Abs. 3 HGB;
– Mindestens 9.680.000 € Umsatzerlöse in den 12 Monaten vor dem Abschlussstichtag;
– Im Jahresdurchschnitt mindestens fünfzig Arbeitnehmer.

Dies gilt dann nicht, wenn der Geschäftsbetrieb des Schuldners eingestellt ist, die Einsetzung des vorläufigen Gläubigerausschusses im Hinblick auf die zu erwartende Insolvenzmasse unverhältnismäßig ist oder die mit der Einsetzung verbundene Verzögerung zu einer nachteiligen Veränderung der Vermögenslage des Schuldners führt, § 22a Abs. 2 InsO.

32 Die Möglichkeit, einen vorläufigen Gläubigerausschuss einzusetzen, wurde ebenfalls zum 01.01.2012 mit dem ESUG eingeführt. Neben der gesetzlichen Legitimation eines bereits durch die gerichtliche Praxis etablierten Instituts, war durch die Einführung insbesondere beabsichtigt, den Einfluss der Gläubiger auf das Verfahren frühzeitig zu sichern, da oftmals bereits bis zur ersten Gläubigerversammlung weitreichende Entscheidungen getroffen werden müssen, wie z. B. die Zustimmung zu einer übertragende Sanierung des Geschäftsbetriebes auf einen Erwerber.

4. Insolvenz

33 Ob das Verfahren über das Vermögen des Schuldnerunternehmens eröffnet wird, hängt davon ab, ob nach §§ 16 ff. InsO ein **Eröffnungsgrund** gegeben ist. Das Gesetz kennt drei Eröffnungsgründe: die Zahlungsunfähigkeit i. S. v. § 17 InsO (vgl. Rdn. 34 ff.), drohende Zahlungsunfähigkeit i. S. v. § 18 InsO (vgl. Rdn. 40 f.) und Überschuldung, § 19 InsO (vgl. Rdn. 43 ff.). Maßgeblich für die Feststellung des Vorliegens eines solchen Grundes ist der Zeitpunkt der Entscheidung des Insolvenzgerichts.

a) Zahlungsunfähigkeit, § 17 InsO

34 Allgemeiner Eröffnungsgrund ist die Zahlungsunfähigkeit nach § 17 InsO, welche in der Praxis den am häufigsten vorkommenden Eröffnungsgrund darstellt. Nach der Legaldefinition des § 17 Abs. 2 InsO ist der Schuldner dann zahlungsunfähig, wenn er nicht in der Lage ist, die fälligen Verbindlichkeiten zu erfüllen. Die Zahlungsunfähigkeit wird in der Regel nach außen erkennbar, wenn der Schuldner seine Zahlungen eingestellt hat, § 17 Abs. 2 Satz 2 InsO (vgl. dazu § 64 GmbHG Rdn. 6 ff.).

35 Bei der Untersuchung dieses Insolvenzgrundes ist die Zahlungsunfähigkeit von der **Zahlungsstockung** abzugrenzen, welche noch keine Zahlungsunfähigkeit darstellt. Nach einem viel beachteten Urt. des BGH v. 24.05.2005 (NJW 2005, 3062 = ZIP 2005, 1426) ist eine bloße Zahlungsstockung

dann anzunehmen, wenn der Zeitraum nicht überschritten wird, den eine kreditwürdige Person benötigt, um sich die benötigten Mittel zu leihen.

Dafür erscheinen 3 Wochen erforderlich aber auch ausreichend. Beträgt eine innerhalb von 3 Wochen nicht zu beseitigende Liquiditätslücke des Schuldners weniger als 10 % seiner fälligen Gesamtverbindlichkeiten, ist regelmäßig von Zahlungsfähigkeit auszugehen, es sei denn, es ist bereits absehbar, dass die Lücke mehr als 10 % erreichen wird (s. auch § 64 GmbHG Rdn. 9).

Beträgt die **Liquiditätslücke** des Schuldners **10 % oder mehr**, ist regelmäßig von Zahlungsunfähigkeit auszugehen, sofern nicht ausnahmsweise mit an Sicherheit grenzender Wahrscheinlichkeit zu erwarten ist, dass die Liquiditätslücke demnächst vollständig oder nahezu vollständig beseitigt werden wird und den Gläubigern ein Zuwarten nach den besonderen Umständen des Einzelfalls zuzumuten ist.

Für die Prognose, die der Geschäftsführer anstellen muss, sobald bei einer Liquiditätsbilanz eine Unterdeckung festzustellen ist und die er bei jeder vorzunehmenden Zahlung kontrollieren muss, sind die konkreten Gegebenheiten in Bezug auf das Schuldnerunternehmen – insbesondere dessen Außenstände, die Bonität der Drittschuldner und die Kreditwürdigkeit des Schuldners, die Branche und die Art der fälligen Schulden – zu berücksichtigen (vgl. BGH NJW 2005, 3062 = ZIP 2005, 1426).

Mit diesem Urteil hat die Rechtsprechung der Praxis begrüßenswerte objektive Kriterien zur Ermittlung der Zahlungsunfähigkeit an die Hand gegeben, die es möglich machen, mit der Sorgfalt eines ordentlichen Kaufmanns Haftungstatbestände zu vermeiden. Wenn der Geschäftsführer diese Kriterien jedoch missachtet und den Geschäftsbetrieb bis zur Einstellung jeglicher Zahlungen fortführt, wird er sich in Zukunft gesteigerter haftungs- sowie strafrechtlicher Konsequenzen ausgesetzt sehen.

b) Drohende Zahlungsunfähigkeit, § 18 InsO

Mit der Insolvenzordnung wurde der selbstständige Insolvenzgrund der drohenden Zahlungsunfähigkeit nach § 18 InsO eingeführt. Damit sollte dem Schuldner die Möglichkeit eröffnet werden, bereits vor dem vollständigen Vermögensverfall zur Wahrnehmung von Sanierungschancen frühzeitig geeignete verfahrensrechtliche Gegenmaßnahmen einzuleiten: Dieses Recht steht allerdings Recht nur dem Schuldner zu, § 18 Abs. 1 InsO. Der Schuldner soll durch frühzeitigen Antrag die Möglichkeit haben, sich bestmöglich unter den Schutz von Sicherungsmaßnahmen zu begeben. Andererseits soll vermieden werden, dass Außenstehende den Schuldner schon im Vorfeld der Insolvenz durch einen Insolvenzantrag unter Druck setzen können.

Nach der Legaldefinition des § 18 InsO droht der Schuldner zahlungsunfähig zu werden, wenn er **voraussichtlich** nicht in der Lage sein wird, die bestehenden Zahlungspflichten im Zeitpunkt der Fälligkeit zu erfüllen. Der Begriff »voraussichtlich« ist dahin gehend zu verstehen, dass der Eintritt der Zahlungsunfähigkeit wahrscheinlicher sein muss als deren Vermeidung. In der Praxis ist zu beobachten, dass als Antragsgrund oftmals die drohende Zahlungsunfähigkeit angegeben wird, faktisch jedoch bereits seit längerer Zeit Zahlungsunfähigkeit i. S. v. § 17 InsO eingetreten ist. Von der tatsächlichen Antragstellung wegen drohender Zahlungsunfähigkeit wird in der Praxis kaum Gebrauch gemacht (vgl. HK InsO/*Kirchhof* § 18 Rn. 3). Eine Pflicht zur Stellung des Insolvenzantrages besteht in diesem Fall ausdrücklich nicht.

Der Tatbestand der drohenden Zahlungsunfähigkeit nach § 18 InsO hat nunmehr erhebliche praktische Bedeutung erlangt, da er Voraussetzung für die Durchführung eines Schutzschirmverfahrens im Sinne von § 270b InsO ist.

c) Überschuldung, § 19 InsO

43 Der Antragsgrund der Überschuldung ist auf juristische Personen, auf Gesellschaften ohne Rechtspersönlichkeit, bei denen keine natürliche Person unbegrenzt haftet und den Nachlass beschränkt (vgl. § 19 InsO; s. auch § 64 GmbHG Rdn. 10 ff.).

44 Nach § 19 Abs. 2 InsO in der seit dem 01.01.2014 gültigen Fassung liegt Überschuldung vor, wenn das Vermögen des Schuldners die bestehenden Verbindlichkeiten nicht mehr deckt. Bei der Bewertung des Vermögens ist jedoch die Fortführung des Unternehmens zugrunde zu legen, wenn diese nach den Umständen überwiegend wahrscheinlich ist. Anlass für diese Änderung waren anhaltenden Auswirkungen die Finanzkrise des Jahres 2008, die zu erheblichen Wertverlusten insbesondere bei Aktien und Immobilien geführt hatte. Dies führte bei Unternehmen, die von diesen Verlusten besonders massiv betroffen sind, zu einer bilanziellen Überschuldung. Können diese Verluste nicht durch sonstige Aktiva ausgeglichen werden, so wären die Organe dieser Unternehmen verpflichtet gewesen, innerhalb von 3 Wochen nach Eintritt der rechnerischen Überschuldung einen Insolvenzantrag zu stellen. Dies würde selbst dann gelten, wenn für das Unternehmen an sich eine positive Fortführungsprognose gestellt werden kann und der Turnaround sich bereits in wenigen Monaten abzeichnet.

Nach dem Überschuldungsbegriff des § 19 InsO a. F. bewirkt eine positive Fortführungsprognose lediglich, dass die Aktiva des Unternehmens nicht nach Liquidationssondern nach den regelmäßig höheren Fortführungswerten zu bestimmen sind. Gelingt es jedoch dem Unternehmen nicht, auch unter Einbeziehung der stillen Reserven, des Firmenwertes und des »good will« eine ausgeglichene Bilanz darzustellen, so war zwingend ein Insolvenzantrag zu stellen.

Der neue Gesetzestext soll nunmehr das ökonomisch völlig unbefriedigende Ergebnis vermeiden, dass auch Unternehmen, bei denen die überwiegende Wahrscheinlichkeit besteht, dass sie weiter erfolgreich am Markt operieren können, zwingend ein Insolvenzverfahren zu durchlaufen haben. Deshalb wurde mit dem neuen § 19 Abs. 2 wieder an den sog. zweistufigen modifizierten Überschuldungsbegriff angeknüpft, wie er vom Bundesgerichtshof bis zum Inkrafttreten der Insolvenzordnung vertreten wurde. Dieser Überschuldungsbegriff hatte den Vorteil, dass das prognostische Element (Fortführungsprognose) und das exekutorische Element (Bewertung des Schuldnervermögens nach Liquidationswerten) gleichwertig nebeneinander standen. Bereits eine positive Fortführungsprognose schloss somit eine Überschuldung i. S. d. § 19 aus. Künftig wird es deshalb wieder so sein, dass eine Überschuldung nicht gegeben ist, wenn nach überwiegender Wahrscheinlichkeit die Finanzkraft des Unternehmens mittelfristig zur Fortführung ausreicht (so Begründung zum FMStG vom 13.10.2008). Dabei dient die Fortbestehungs- und Überlebensfähigkeitsprognose allein als Basis für die Bewertung der Vermögensgegenstände (vgl. HK InsO/*Kirchhof* § 19 Rn. 8 ff.). Ungeeignet ist demgegenüber die Zugrundelegung der Bewertungsansätze der Handels- und Steuerbilanz, da es sich hierbei lediglich um Buchwerte handelt. Vielmehr sind im Rahmen der Überschuldungsprüfung entweder Liquidationswerte oder Fortführungswerte anzusetzen. Die Ansetzung von Fortführungswerten ist jedoch gem. § 19 Abs. 2 Satz 2 InsO nur dann möglich, wenn die Fortführung des Unternehmens nach den Umständen überwiegend wahrscheinlich ist. Andernfalls dürfen die Vermögensgegenstände nur mit den im Regelfall wesentlich niedrigeren Liquidationswerten angesetzt werden.

45 Wegen des Normzwecks sind im Überschuldungsstatus nur solche Vermögensbestandteile zu berücksichtigen, die im Zeitpunkt einer alsbaldigen Verfahrenseröffnung als **Massebestandteile** verwertbar wären. Ansprüche, die erst infolge der Insolvenzeröffnung entstehen – insbesondere aufgrund einer etwaigen Insolvenzanfechtung i. S. d. §§ 129 ff. InsO – bleiben außer Ansatz. Stille Reserven sind aufzulösen, wertlose Forderungen und Scheinwerte wegzulassen, Überbewertungen auf den Verkehrswert zurückzuführen (vgl. HK InsO/*Kirchhof* § 19 Rn. 18 ff.). Gewerbliche und andere Schutzrechte sowie vertragliche Rechtspositionen des Schuldners sind zu aktivieren. Vorräte und unfertige Produkte können ebenfalls berücksichtigt werden. Forderungen aus schwebenden Geschäften sind nur dann anzusetzen, soweit mit ihrer Erfüllung trotz drohender Insolvenz zu

rechnen ist. Vermögensgegenstände, die Absonderungsrechten unterliegen, sind ebenso voll in Ansatz zu bringen wie die (möglicherweise auch höheren) Sicherheiten und Gegenforderungen auf der Passivseite (HK InsO/*Kirchhof* § 19 Rn. 22). Geleaste Gegenstände sind in der Regel nicht anzusetzen. Bei der Berücksichtigung der Passiva sind nur bestehende Verbindlichkeiten des Schuldners, die im Fall einer alsbaldigen Insolvenzeröffnung Insolvenzforderungen i. S. v. § 38 InsO begründen, zu berücksichtigen. Nachrangige Insolvenzforderungen gem. § 39 Abs. 1 Nr. 3 und Nr. 4 InsO, also Forderungen auf unentgeltliche Leistungen und Forderungen aus eigenkapitalersetzenden Darlehen sind nach § 19 Abs. 2 Satz 3 InsO nicht mehr zu berücksichtigen. Auch Verbindlichkeiten aus laufenden Pensionen sind mit ihrem Barwert zu passivieren, ebenso wie Verbindlichkeiten aus bereits aufgestellten Sozialplänen. Rückgewähransprüche aufgrund eigenkapitalersetzender Gesellschafterleistungen oder vergleichbare Rechtshandlungen, die nachrangige Insolvenzforderungen im Sinne von § 39 Abs. 1 Nr. 5 InsO begründen würden und sind für die Zwecke der Überschuldungsprüfung ebenfalls außer Acht zu lassen (vgl. § 19 Abs. 3 Satz 3 InsO).

Geschäftsführer einer Unternehmergesellschaft haben zu bedenken, dass für diese der Insolvenzgrund der Überschuldung uneingeschränkt gilt. Sie müssen daher in ihrem eigenen Interesse auf eine angemessene Finanzausstattung der Gesellschaft Acht geben. 46

5. Abschluss des Eröffnungsverfahrens

Der Antrag kann von einem Antragsteller bis zur Entscheidung des Gerichts **zurückgenommen** oder für erledigt erklärt werden, § 13 Abs. 2 InsO. 47

Nach § 26 Abs. 1 InsO weist das Insolvenzgericht den zulässigen und im Übrigen begründeten Antrag auf Eröffnung ab, wenn zwar ein Insolvenzgrund vorliegt, aber das Vermögen des Schuldners voraussichtlich nicht ausreicht, um die **Kosten des Verfahrens** zu decken. Zu den Verfahrenskosten i. S. v. § 54 InsO zählen abschließend die Gerichtskosten für das Insolvenzverfahren, die Vergütung und die Auslagen des Insolvenzverwalters, die Vergütung und die Auslagen des endgültigen Insolvenzverwalters und die Vergütung und die Auslagen der Mitglieder des Gläubigerausschusses. Den überschlägig zu berechnenden Verfahrenskosten ist die sog. freie Masse gegenüber zu stellen. Ist dieser Wert geringer als die Verfahrenskosten wird der Antrag mangels Masse abgewiesen. 48

Bei einem Schuldnerantrag ist vor der Abweisung mangels Masse der Schuldner **anzuhören**. Hat ein Gläubiger den Antrag gestellt, so erhält dieser in der Regel die Möglichkeit, zum gutachterlichen Ergebnis Stellung zu nehmen. Zugleich wird er aufgefordert, einen zur Eröffnung des Verfahrens erforderlichen Vorschuss zu leisten. Unterbleibt die Vorschusszahlung innerhalb einer vom Gericht gesetzten Frist, erfolgt die Abweisung des Antrags mangels Masse durch Beschluss des Gerichts, wobei gleichzeitig die Sicherungsmaßnahmen wieder aufgehoben werden. 49

Rechtsfolge der Abweisung ist, dass die Gesellschaft mit Rechtskraft des Beschlusses kraft Gesetzes aufgelöst wird (vgl. § 262 Abs. 1 Nr. 4 AktG, § 60 Abs. 1 Nr. 5 GmbH, § 130 Abs. 2 sowie § 161 Abs. 2 HGB). Der Insolvenzschuldner wird ferner kraft Gesetz gem. § 26 Abs. 2 InsO in ein Schuldnerverzeichnis eingetragen. 50

Ist das Insolvenzgericht vom Vorliegen eines Insolvenzgrundes überzeugt und reicht die Masse zur Deckung der Verfahrenskosten aus, muss der Richter nach § 27 InsO das Insolvenzverfahren eröffnen. 51

III. Das eröffnete Insolvenzverfahren

1. Wirkungen des Eröffnungsbeschlusses

Mit der Eröffnung des Insolvenzverfahrens wird dem Schuldner die **Verwaltungs- und Verfügungsbefugnis** über sein Vermögen entzogen und diese Rechtsstellung auf den Insolvenzverwalter übertragen, vgl. § 80 Abs. 1 InsO. Der Insolvenzschuldner bleibt weiterhin Eigentümer seines Vermögens und kann auch weiteres Eigentum erwerben. So bleibt der Insolvenzschuldner bspw. 52

Grundstückseigentümer, es erfolgt lediglich in Abteilung II des Grundbuchs ein Insolvenzvermerk (§ 32 InsO). Der Insolvenzverwalter ist ferner grundsätzlich berechtigt, Vermögensgegenstände aus dem Insolvenzbeschlag freizugeben, was sich insbesondere bei Grundstücken anbietet, wenn diese über die Wertgrenzen hinaus belastet sind und zudem der Verdacht des Vorhandenseins von sog. Altlasten besteht, da der Insolvenzverwalter in diesem Fall ggf. als Zustandsstörer auf Beseitigung in Anspruch genommen werden kann.

53 Nach § 88 InsO sind **Sicherungen und Pfandrechte**, die ein Insolvenzgläubiger im letzten Monat vor dem Antrag auf Eröffnung erworben hat, mit Eröffnung des Verfahrens unwirksam. Außerhalb dieses Zeitpunkts erworbene Sicherungen und Pfandrechte bleiben grundsätzlich wirksam. In Bezug auf das im Insolvenzverfahren befangene Vermögen verliert der Insolvenzschuldner die Prozessführungsbefugnis (vgl. § 240 ZPO). Aktiv- und Passivprozesse sind gem. § 240 Abs. 2 ZPO unterbrochen. Für die Wiederaufnahme gelten die §§ 85, 86 InsO. Zwangsvollstreckungen sind für Insolvenzgläubiger i. S. v. § 38 InsO während der Dauer des Insolvenzverfahrens weder in die Insolvenzmasse noch in das sonstige Vermögen des Schuldners zulässig (vgl. § 89 InsO).

2. Rechtsmittel in der Insolvenz

54 Gem. § 6 InsO ist die **sofortige Beschwerde** zulässig, sofern die Insolvenzordnung dies konkret vorsieht. Beispielhaft ist hier die Anordnung der vorläufigen Insolvenzverwaltung, § 21 Abs. 1 Satz 2 InsO oder die Abberufung des Verwalters, § 59 Abs. 2 InsO zu nennen. Insofern wird auf die einschlägigen Kommentierungen verwiesen (vgl. ausführlich FK InsO/*Schmerbach* § 6 Rn. 7 ff.).

55 Gem. § 7 InsO ist gegen die Entscheidung über die sofortige Beschwerde die **Rechtsbeschwerde** gem. §§ 574 ff. ZPO zulässig (vgl. FK InsO/*Schmerbach* § 7 m. w. N. und Ausführungen).

3. Der Insolvenzverwalter

56 Aufgabe des Insolvenzverwalters ist es, das schuldnerische Vermögen zu verwerten und zu verteilen, wobei hierzu auch die Möglichkeit der Sanierung zu zählen ist. Der Verwalter handelt dabei – abgesehen von der Mitwirkung der Gläubigerversammlung und des Gläubigerausschusses (vgl. §§ 69, 76 InsO) – **wirtschaftlich selbstständig** und kann durch das Insolvenzgericht insoweit nicht beeinflusst werden. Nach § 56 Abs. 1 InsO wird lediglich verlangt, dass als Insolvenzverwalter eine geschäftskundige und natürliche Person eingesetzt werden muss.

57 Die Bestimmung der Eignung einer Person bleibt jedoch problematisch, da ein professionell tätiger Insolvenzverwalter damit rechnen muss, in verschiedenen Geschäftsbereichen tätig zu werden. Er muss folglich nicht nur in der Lage sein, bspw. den Betrieb eines Malermeisters, sondern auch mittelständische Unternehmen und Großbetriebe im dienstleistenden sowie verarbeitenden Gewerbe fortzuführen und ggf. abzuwickeln. Der Insolvenzverwalter muss deshalb nicht in erster Linie Spezialist für eine bestimmte Unternehmensbranche sein, sondern vielmehr fundierte **insolvenzrechtliche sowie betriebswirtschaftliche Kenntnisse** haben. Erforderlich ist ferner die Aufrechterhaltung einer entsprechenden Kanzleistruktur, die es dem Insolvenzverwalter erlaubt, in kurzer Zeit mit der erforderlichen Anzahl von Mitarbeitern vor Ort zu sein, da gerade in der Anfangsphase Vermögensgegenstände gefährdet sind und die ebenso akute wie Existenz bedrohende Krisensituationen im Unternehmensalltag des Unternehmens bewältigt werden müssen.

58 Seitens der Gläubiger wird oftmals bereits im Vorfeld versucht, auf die Bestellung des späteren Insolvenzverwalters Einfluss zu nehmen. In der Praxis zeigt sich jedoch, dass das Insolvenzgericht etwaige Interessenverflechtungen in der Regel nicht ausreichend einschätzen kann und daher vornehmlich einen objektiven, nicht vorbefassten Verwalter bestellt. Ist ein vorläufiger Gläubigerausschuss eingerichtet, ist diesem vor der Bestellung eines Verwalters Gelegenheit zu geben, sich zu den Anforderungen, die an den Verwalter zu stellen sind sowie zu dessen Person zu äußern, soweit dies nicht offensichtlich zu einer nachteiligen Veränderung der Vermögenslage des Schuldners führt, vgl. § 56a InsO. Gegen die Bestellung des Insolvenzverwalters steht den Gläubigern zwar kein Rechtsmittel

zu, es besteht jedoch gem. § 56 Abs. 1 InsO die Möglichkeit der **Wahl eines anderen Insolvenzverwalters** im Rahmen der Gläubigerversammlung, § 57 InsO. Zudem kann der vorläufige Gläubigerausschuss – wenn ein solcher bestellt wurde – in seiner ersten Sitzung eine andere Person als die bestellte zum Verwalter wählen.

4. Besonderheiten: Bankenverhalten und Bankengeschäfte

Sobald die Bank Kenntnis davon erhält, dass ihr Kunde in wirtschaftliche Schwierigkeiten geraten ist, stellt sich für sie die Frage nach geeigneten Maßnahmen in Hinblick auf die weitere Behandlung ihres Engagements. Handlungsalternativen sind hier zunächst die abwartende Stillhaltepolitik, ggf. Akzeptanz der stillen Liquidation oder auch das Mittragen von insolvenzrechtlichen Sanierungsmaßnahmen.

Im Regelfall wird jedoch das Engagement **gekündigt** bzw. **bestehende Sicherheiten verwertet** werden. Ziel jeglicher Verhandlungsoptionen ist aus Sicht der Bank die Verminderung von Verlusten, sodass die Überlegungen vorrangig durch wirtschaftliche Kriterien bestimmt werden. Erfahrungen zeigen, dass langjährige gute Geschäftsbeziehungen zum zuständigen Sachbearbeiter der Hausbank oft dadurch beendet werden, dass innerhalb der internen Aufgabenverteilung ein neuer Ansprechpartner – meistens aus der Krisen- und Sanierungsberatung – benannt wird. Idealerweise wird sich der Schuldner in dieser Phase durch einen sanierungserfahrenen Unternehmensberater unterstützen lassen, da auch die Bank in aller Regel professionellen Rat einholt. Dies ist erforderlich, um die nun anstehenden Verhandlungen über die Steuerung des Zahlungsverkehrs, eine eventuelle Nachbesicherung zugunsten der Bank zur Vermeidung der Kündigung des Kreditengagements bzw. die Verhandlungen über Überbrückungs- oder Sanierungskredite zur außergerichtlichen Sanierung zu betreuen.

Aus Sicht des Unternehmens bestehen aber auch rechtliche Risiken im Zusammenhang mit diesen Verhandlungen, da die Nachbesicherung von Altkrediten unter Umständen eine Gläubigerbegünstigung i. S. v. § 283c StGB darstellen kann. Ferner ist bei Ausreichung eines Sanierungskredits zu beachten, dass die Einräumung eines solchen eine etwaige Überschuldung grundsätzlich nicht beseitigt, sondern hierfür ggf. geeignete weitere bilanzielle Maßnahmen zu ergreifen sind wie z. B. Kapitalerhöhung, Rangrücktritt durch Gesellschaftergläubiger oder Forderungsverzicht (s. u. Rdn. 226 ff.).

Sobald der Schuldner einen Insolvenzantrag stellt, wird die Bank unverzüglich Sofortmaßnahmen ergreifen. Insbesondere wird in der Regel eine sofortige Kontosperre veranlasst, die zur Folge hat, dass keinerlei Verfügungen des Schuldners und bisher vertretungsberechtigter Dritter über das Konto mehr möglich sind.

IV. Verfahrensabwicklung

Mit Eröffnung des Insolvenzverfahrens wird der Insolvenzverwalter zu entscheiden haben, ob der Geschäftsbetrieb eingestellt werden muss oder zumindest teilweise bis zur endgültigen Entscheidung über die Verwertung der Vermögenswerte fortgeführt werden kann. Zu diesem Zweck wird in der Regel ein **Liquiditätsplan** aufgestellt und geprüft, ob das Unternehmen voraussichtlich verlustfrei – nach Einleitung von Sanierungsmaßnahmen – fortgeführt werden kann. Insbesondere stellt sich bei der Unternehmensinsolvenz für den Insolvenzverwalter die Frage, ob es ggf. günstiger ist das Unternehmen zu sanieren und damit zu erhalten, da in diesem Zusammenhang Stilllegungskosten wie z. B. Lohnverpflichtungen während des Auslaufens der Kündigungsfristen sowie Verbindlichkeiten gegenüber Vermietern vermieden werden, welche Masseverbindlichkeiten i. S. v. § 55 InsO sind. Zudem ist der Fortführungswert eines funktionierenden Unternehmens höher als der Zerschlagungswert, sodass durch die Verwertung des Unternehmens im Ganzen höhere Erlöse und damit eine bessere Quote für die Gläubiger erreicht werden können.

Insbesondere bietet sich hierbei die sog. **übertragende Sanierung** an. Sofern für das Unternehmen im unsanierten Zustand nicht ohne Weiteres ein Käufer gefunden werden kann, sollten zunächst die Vermögenswerte des Unternehmens auf eine eigens dafür gegründete Auffanggesellschaft übertragen und deren Geschäftsanteile nach Abschluss der Sanierungsmaßnahmen an einen Dritten veräußert werden. Diese Auffanggesellschaft übernimmt vom insolventen Unternehmen im Wege der Einzelrechtsübertragung die Betriebsmittel und führt den Geschäftsbetrieb unbelastet von den bestehenden Verbindlichkeiten fort. Eventuell erwirtschaftete Gewinne werden an das insolvente Unternehmen sprich die Insolvenzmasse abgeführt.

1. Übertragende Sanierung

65 Bei einer übertragenden Sanierung gründen in der Regel übernahmewillige Interessenten einen neuen Unternehmensträger – bspw. eine GmbH mit einem ähnlich lautenden Namen – der als neues, unbelastetes Unternehmen bei den Kunden am Markt eingeführt wird. Eine Übertragung der Arbeitsverhältnisse der Mitarbeiter geschieht hierbei gem. §613a BGB kraft Gesetzes.

66 Soweit ein Betriebsrat vorhanden ist, sollten vorab im Rahmen der Umsetzung eines Sanierungskonzeptes etwaige erforderliche **personelle Restrukturierungen** durch Abschluss eines Interessenausgleichs mit Namensliste sowie eines Sozialplans durchgeführt werden. Von Vorteil ist insbesondere, dass gem. §125 Abs.1 InsO in diesem Fall vermutet wird, dass im Wege der Sanierung ausgesprochene Kündigungen durch dringende betriebliche Erfordernisse begründet sind und ferner die Sozialauswahl nur im Hinblick auf die Dauer der Betriebszugehörigkeit, das Lebensalter und die Unterhaltspflichten und auch insoweit nur auf grobe Fehlerhaftigkeit nachgeprüft wird, wenn eine ausgewogene Personalstruktur erhalten oder geschaffen wird.

67 Die Veräußerung des Unternehmens erfolgt durch die **Übertragung der gesamten Aktivmasse** (Sachen, Rechte, sonstige Vermögenswerte wie z.B. Goodwill, Know-how, Kunden- und Lieferbeziehungen) auf einen neuen Unternehmensträger (Auffanggesellschaft). Dieser Weg im Sinne der Singularsukzession wird als sog. **Asset-Deal** bezeichnet. Durch diese Konstruktion verbleiben die gesamten Verbindlichkeiten beim insolventen Unternehmen. Ein sog. **Share-Deal**, d.h. die Abtretung von Gesellschaftsanteilen, scheidet in diesem Fall aus. Solche Auffanggesellschaften werden bspw. von Altgesellschaftern, von Wettbewerbern, den organschaftlichen Vertretern (sog. **Management buy-out**) oder in Ausnahmefällen auch von den Mitarbeitern (sog. **Mitarbeiter buy-out**) gegründet. Der Erwerber bzw. die Auffanggesellschaft muss in diesem Fall nicht nach §25 HGB für die Verbindlichkeiten des bisherigen Unternehmensträgers einstehen. Ferner ist die Fortführung der bisherigen Firma unschädlich, wenn das Handelsgeschäft im eröffneten Verfahren von einem Insolvenzverwalter erworben wurde.

68 Soweit keine übertragende Sanierung zustande kommt, kann der Insolvenzverwalter **bewegliche Massegegenstände** nur freihändig verwerten. Die Möglichkeit der Zwangsversteigerung besteht nicht. Zulässig ist allerdings, dass der Insolvenzverwalter den Weg einer öffentlichen Versteigerung auf privatrechtlicher Grundlage z.B. durch Auktionen wählt.

69 **Grundstücke** des Schuldners kann der Verwalter entweder freihändig oder im Wege einer Zwangsversteigerung veräußern (§165 InsO). Bei belasteten Grundstücken kann jedoch auch der absonderungsberechtigte Grundpfandgläubiger die Verwertung betreiben. Die Verwertung richtet sich dann gem. §§99, 165 InsO nach dem Gesetz über die Zwangsversteigerung und Zwangsverwaltung.

70 Bewegliche Sachen, an denen ein Absonderungsrecht, also ein Pfandrecht, ein verlängerter Eigentumsvorbehalt oder Sicherungseigentum besteht und die der Verwalter in Besitz hat, darf er nach §166 Abs.1 InsO freihändig verwerten, wobei dies gem. §168 InsO dem jeweiligen Gläubiger mitzuteilen ist.

2. Verteilung der Insolvenzmasse

71 Vor Verteilung der Insolvenzmasse an die Gläubiger sind zunächst die Verfahrenskosten sowie die Masseverbindlichkeiten zu berichtigen (vgl. §55 InsO). Die Befriedigung der Insolvenzgläubiger erfolgt im Wege der Verteilung i.S.d. §§187 ff. InsO entsprechend der Insolvenzquote. Grundlage

der Verteilung ist ein vom Insolvenzverwalter erstelltes Verteilungsverzeichnis nach § 188 InsO, bei dem es sich um die gesetzlich vorgeschriebene **Insolvenztabelle** handelt. In dieser werden alle festgestellten Forderungen berücksichtigt, wobei sich diese sog. Insolvenzquote durch Division der vorhandenen Geldmittel durch die Summe der Forderungen ergibt.

Nach der Schlussverteilung ist das **Insolvenzverfahren vollzogen** und das Verfahren wird durch Beschluss des Amtsgerichts aufgehoben, § 32 InsO. Soweit der Schuldner eine juristische Person war, wird die Eintragung im Handelsregister gelöscht.

V. Abwicklung von Vertragsverhältnissen in der Insolvenz

Das sog. **Insolvenzvertragsrecht** ist in den §§ 103 bis 112 InsO geregelt und bestimmt die rechtlichen Auswirkungen der Insolvenzeröffnung auf Rechtsgeschäfte, die vom Schuldner vor Verfahrenseröffnung eingegangen wurden, zum Zeitpunkt der Eröffnung aber noch nicht vollständig abgewickelt worden sind. Grundnorm ist § 103 InsO, der Anwendung findet, wenn sich aus den §§ 104 ff. InsO keine spezielleren Regelungen ergeben.

§ 103 InsO gibt dem Insolvenzverwalter ein einseitiges Wahlrecht, wonach er sich für die Erfüllung des Vertrages mit Wirkung für und gegen die Insolvenzmasse entscheidet oder die weitere Erfüllung des Vertrages ablehnen kann.

Zweck dieser Regelung ist, dass zum einen der Vertragspartner auch in der Insolvenz zur Erbringung von ausstehenden Leistungen nur dann verpflichtet sein soll, wenn ihm gleichzeitig eine vollwertige Gegenleistung angeboten wird. Zum anderen soll dem Verwalter die Möglichkeit gegeben werden, beiderseitig noch nicht vollständig abgewickelte Verträge zu erfüllen, wenn dies für die Masse vorteilhaft ist.

1. Voraussetzungen für das Wahlrecht des Verwalters

a) Gegenseitigkeit

Erforderlich ist zunächst, dass ein gegenseitiger Vertrag besteht. Gegenseitigkeit liegt vor, wenn die vereinbarten Leistungspflichten in einem synallagmatischen Verhältnis zueinanderstehen, d. h., dass die Leistung nur erfolgt, um die Gegenleistung der anderen Vertragspartei zu erhalten.

In der Praxis fallen **folgende Vertragstypen** am häufigsten unter § 103 InsO:
- Kaufverträge, § 433 BGB,
- Handelskaufverträge, §§ 373 ff. HGB (eingeschränkt durch §§ 106, 107 InsO),
  - Bauverträge oder sonstige Werk- oder Werklieferungsverträge gem. §§ 631, 651 BGB, soweit sie keinen Geschäftsbesorgungscharakter haben und damit § 116 InsO unterfallen,
- Energielieferverträge,
  - Lizenzverträge,
- Reiseverträge, §§ 651a ff. BGB,
- Lagerverträge, §§ 467 ff. HGB,
- Frachtverträge, §§ 407 ff. HGB,
- Darlehensverträge, solange die Darlehensvaluta nicht oder noch nicht vollständig ausgezahlt ist,
  - Versicherungsverträge in der Insolvenz des Versicherungsnehmers (vgl. auch Uhlenbruck/*Buhrscheid* § 103 Rn. 11 ff. m. w. N.).

Nicht von § 103 InsO erfasst sind Arbeits- oder Dienstverhältnisse, der Kontokorrentvertrag, der Bürgschaftsvertrag, Gesellschaftsverträge sowie Tarifverträge.

b) beiderseitige nicht vollständige Erfüllung

79 Haben beide Parteien bereits vor Eröffnung des Verfahrens ihre Leistung vollständig erbracht, sind die gegenseitigen Ansprüche erloschen und der Vertrag ist erfüllt (§ 362 BGB). § 103 InsO ist nicht anwendbar.

80 Hat lediglich der Schuldner die ihm obliegende Leistung vor Verfahrenseröffnung erbracht, so darf der Gläubiger diese behalten, soweit kein Anfechtungstatbestand gegeben ist, muss aber seinerseits an die Masse leisten. Ferner ist § 82 InsO zu beachten, wonach der Gläubiger bei einer Leistung an den Schuldner nach Verfahrenseröffnung nur dann befreit ist, wenn er von der Eröffnung keine Kenntnis hatte. Hat dagegen nur der andere Teil vor Verfahrenseröffnung seine Leistungspflicht vollständig erfüllt, so ist er mit seinem Anspruch gegen den Schuldner lediglich Insolvenzgläubiger nach § 38 InsO und erhält Befriedigung entsprechend der Insolvenzquote. Die von ihm erbrachte Leistung kann nicht mehr zurückgefordert werden, § 105 Satz 2 InsO.

c) Ausübung des Wahlrechts

81 Das Wahlrecht wird durch den Insolvenzverwalter durch einseitig empfangsbedürftige Willenserklärung ausgeübt, welche persönlich abzugeben ist.

82 Um den Zustand der Rechtsunsicherheit zu beseitigen, kann der Insolvenzverwalter gem. § 303 Abs. 2 Satz 2 InsO zur Abgabe seiner Erklärung aufgefordert werden. Erklärt sich der Verwalter nicht rechtzeitig, so verliert er gem. § 103 Abs. 2 Satz 3 InsO sein Wahlrecht. Es bleibt damit bei der Nichterfüllung des Vertrages.

d) Rechtsfolgen der Wahlrechtsausübung

83 Wählt der Insolvenzverwalter die Erfüllung, so erhalten die zunächst nicht durchsetzbaren Ansprüche die Qualität von Masseverbindlichkeiten gem. § 55 InsO. Der Insolvenzverwalter hat den Vertrag dann in gleicher Weise wie der Insolvenzschuldner zu erfüllen.

84 Lehnt der Insolvenzverwalter die Erfüllung des Vertrages ab oder unterbleibt eine unverzügliche Erklärung nach entsprechender Aufforderung durch die Gegenseite, verbleibt es bei der Rechtswirkung der Verfahrenseröffnung, wonach die wechselseitigen Ansprüche nicht mehr durchsetzbar sind. Der Vertragspartner kann dann lediglich gem. § 103 Abs. 2 Satz 1 InsO eine Insolvenzforderung wegen Nichterfüllung geltend machen. Der zu ermittelnde Schaden bemisst sich nach der Differenz zwischen der Vermögenslage, die bei ordnungsgemäßer Erfüllung des Vertrages eingetreten wäre und derjenigen, die durch die tatsächliche Nichterfüllung eingetreten ist.

2. Sonderbestimmungen bei bestimmten Vertragstypen

a) Fortbestehen von Dauerschuldverhältnissen, § 108 InsO

85 Die §§ 108 bis 112 InsO sind Sonderregelungen für die Behandlung von Miet- und Pachtverträgen und gehen insofern der Grundregel des § 103 InsO vor. § 108 Abs. 1 InsO hat dabei in erster Linie klarstellende Funktion.

86 Wird über das Vermögen des Mieters einer unbeweglichen Sache das Insolvenzverfahren eröffnet, sieht § 109 InsO Möglichkeiten einer vorzeitigen Beendigung des Vertrages vor. Durch § 112 Abs. 1 InsO soll verhindert werden, dass dem Verwalter die schon überlassene Sache wieder entzogen wird, obwohl sie zur Betriebsfortführung oder Sanierung benötigt wird. Zum anderen soll die Masse davor geschützt werden, mit Mietzinsansprüchen belastet zu werden, obwohl eine wirtschaftlich angemessene Nutzung des Mietobjekts in Anbetracht der Insolvenz nicht mehr möglich ist. Dem Insolvenzverwalter steht daher gem. § 109 InsO ein **gesetzliches Kündigungsrecht** zu.

Für den Fall, dass der Mietgegenstand dem Schuldner z. Zt. der Eröffnung des Verfahrens noch nicht überlassen war, gilt die Sonderregelung des § 109 Abs. 2 InsO. Sowohl der Vermieter als auch der Insolvenzverwalter haben die Möglichkeit, vom Vertrag **zurückzutreten**. 87

Während dem Insolvenzverwalter ein gesetzliches Kündigungsrecht zusteht, wird die Kündigungsmöglichkeit des Vermieters bereits vor Eröffnung des Insolvenzverfahrens über das Vermögen des Schuldners durch § 112 InsO erheblich eingeschränkt, da andernfalls eine Sanierung nicht möglich wäre, wenn der Vermieter das Mietverhältnis über ein z. B. zur Betriebsfortführung benötigtes Grundstück im Insolvenzeröffnungsverfahren fristlos kündigen könnte. Nach § 112 InsO kann der Vermieter eine fristlose Kündigung nicht mehr auf Gründe stützen, die vor Insolvenzantragstellung gegeben waren und ggf. eine fristlose Kündigung ermöglicht hätten. 88

Wenn zum Zeitpunkt der Insolvenzantragstellung bereits ein Zahlungsverzug i. S. v. § 543 BGB gegeben war, verliert der Vermieter mit Antragstellung automatisch sein Recht, die fristlose oder ordentliche Kündigung auf diesen Zahlungsverzug zu stützen. Zahlungsverzögerungen nach Insolvenzantragstellung fallen dagegen nicht in den Schutzbereich des § 112 InsO und berechtigen den Vermieter bei Vorliegen der Voraussetzungen zur fristlosen Kündigung. 89

In der Insolvenz des Vermieters hat keine der Vertragsparteien, weder der Insolvenzverwalter noch der Vermieter, ein Sonderkündigungsrecht. Das Mietverhältnis besteht mit seinem ursprünglichen Inhalt fort, § 108 Abs. 1 Satz 1 InsO. Der Insolvenzverwalter hat dann die vertraglich festgelegten Verpflichtungen des Vermieters zu erfüllen. Eine Kündigung des Mietverhältnisses ist nur nach den vertraglichen oder gesetzlichen Voraussetzungen zulässig. 90

Wird das Mietobjekt **veräußert**, gewährt § 111 InsO dem Erwerber für den Fall der freihändigen Veräußerung durch den Insolvenzverwalter ein **Sonderkündigungsrecht**, welches demjenigen des § 57a ZVG entspricht. Hierdurch soll bewirkt werden, dass vermietete Objekte leichter veräußert werden können. 91

b) Sondervorschriften für Auftrag, Geschäftsbesorgung und Vollmacht in der Insolvenz

Mit Verfahrenseröffnung geht das Recht des Schuldners, das zur Insolvenzmasse gehörende Vermögen zu verwalten und über dieses zu verfügen, auf den Insolvenzverwalter über (§ 80 InsO). Zur Erreichung dieses Zwecks ordnet das Gesetz an, dass Aufträge gem. § 115 InsO und Geschäftsbesorgungsverträge gem. § 116 InsO bereits mit der Eröffnung des Verfahrens kraft Gesetz ohne Zutun des Insolvenzverwalters erlöschen. Unter § 115 InsO fallen jedoch nur Aufträge, die der Schuldner selbst in Auftrag gegeben hatte. Wurde der Schuldner von einem Dritten beauftragt, gilt § 115 InsO nicht. 92

Beispiele für Aufträge bzw. Geschäftsbesorgungsverträge sind: 93
– Treuhandverträge,
– Inkassoverträge,
– Anwalts- und Steuerberatungsverträge,
– Handelsvertreterverträge und
– Speditionsverträge (vgl. Uhlenbruck/*Buhrscheid* §§ 115, 116 Rn. 8).

Mit der Eröffnung des Insolvenzverfahrens **erlischt** der Auftrag bzw. der Geschäftsbesorgungsvertrag **kraft Gesetzes** gegenüber jedermann. Eventuelle Ansprüche auf die vereinbarte Vergütung oder Verwendungsersatz kann der Beauftragte nur als Insolvenzforderung geltend machen. 94

Solange der Beauftragte die Eröffnung des Insolvenzverfahrens ohne Verschulden nicht kennt, wird das Fortbestehen des Auftrags zu seinen Gunsten fingiert (§ 115 Abs. 3 InsO). 95

Eine vom Schuldner erteilte Vollmacht, die sich auf das zur Insolvenzmasse gehörende Vermögen bezieht, erlischt durch die Eröffnung des Insolvenzverfahrens, § 117 InsO. Vollmachten, die sich auf höchstpersönliche oder insolvenzfreie Gegenstände beziehen, bleiben dagegen bestehen. 96

VI. Insolvenz der Personengesellschaft

97 Nachfolgend werden noch einige Besonderheiten zur Insolvenz der Personengesellschaft ausgeführt. Da hierbei die GmbH & Co. KG, die KG, die OHG und die Gesellschaft bürgerlichen Rechts die größte praktische Bedeutung haben, beziehen sich die Darstellungen auf die vorgenannten Gesellschaften.

1. Antrag

98 Mit der in § 15 Abs. 1 InsO verwandten Formulierung »Vertretungsorgan« ist bei Personengesellschaften der vertretungsberechtigte Gesellschafter gemeint. Bei Personengesellschaften liegt jedoch häufig – entweder aufgrund fehlender anderweitiger Bestimmungen kraft Gesetzes oder aufgrund einer gesellschaftsvertraglich vereinbarten Regelung – **Gesamtvertretung** vor. In diesem Fall müssen gem. § 15 InsO alle Gesamtvertreter den Antrag gemeinsam stellen. Sofern ein haftender Gesellschafter aufgrund fehlender Einzelvertretungsbefugnis nicht gem. § 15 Abs. 2 InsO alleine handeln kann, kommt eine Antragstellung nur dann in Betracht, wenn der Gesellschafter den Antrag glaubhaft macht. Der Kommanditist ist daher nicht vertretungsberechtigt und kann folglich keinen Insolvenzantrag stellen. Soweit er jedoch auch Gesellschafter der Komplementärgesellschaft einer GmbH & Co. KG ist und diese wiederum führungslos ist, führt dies zu einer Antragspflicht.

2. Auflösung der Gesellschaft

99 Mit der Eröffnung des Insolvenzverfahrens wird die Gesellschaft aufgelöst (vgl. § 728 Abs. 1 Satz 1 BGB, §§ 131 Abs. 1 Nr. 3, 161 Abs. 2 HGB). Die Ablehnung der Verfahrenseröffnung mangels Masse führt jedoch nur bei den Personengesellschaften zu einer Auflösung, an denen keine natürliche Personen als Gesellschafter beteiligt sind (vgl. § 31 Nr. 2 InsO).

3. Verhältnis zur Gesellschafterinsolvenz

100 Bei der Personengesellschaftsinsolvenz ist zu berücksichtigen, dass diese nicht zwangsläufig auch eine Insolvenz der Gesellschafter darstellt. Insbesondere bei der GmbH & Co. KG führt eine Insolvenzeröffnung über das Vermögen der Kommanditgesellschaft nicht automatisch zu einer Verfahrenseröffnung über das Vermögen der Komplementär-GmbH. Für diese ist vielmehr ein weiteres Verfahren durchzuführen. Sofern der Gesellschafter persönlich unbeschränkt haftet, kommt es im Regelfall zu getrennten Insolvenzverfahren über die Gesellschafter und die Gesellschaft.

101 Bei der alleinigen Insolvenz des Gesellschafters richtet sich die Verwertung seiner Gesellschaftsbeteiligung zunächst nach den gesellschaftsrechtlichen Vorschriften. Soweit es zur Auflösung kraft Gesetz (§ 728 Abs. 2 Satz 1 BGB) oder aufgrund gesellschaftsvertraglicher Vereinbarungen kommt, fällt in die Insolvenzmasse der entsprechende Anteil am Liquidationserlös (§ 730 BGB, § 155 HGB).

102 Soweit eine Auflösung der Gesellschaft nicht erfolgt, nimmt der Insolvenzverwalter die Rechte und Pflichten des Gesellschafters wahr (§ 146 Abs. 3 HGB). Gem. § 84 Abs. 1 InsO kann der Verwalter die Auseinandersetzung der Gesellschaft außerhalb des Insolvenzverfahrens betreiben. Im Normalfall ist im Gesellschaftsvertrag der Ausschluss des insolventen Gesellschafters vorgesehen.

4. Ansprüche gegenüber den Gesellschaftern

103 Bei der Insolvenz der Personengesellschaft gehören zur Insolvenzmasse neben dem Gesellschaftsvermögen auch die **Ansprüche Dritter** hinsichtlich einer persönlichen Haftung der Gesellschafter (§ 93 InsO).

104 Ansprüche gegenüber den Gesellschaftern können sich aus vertraglichen oder gesetzlichen Grundlagen ergeben. Neben Forderungen gegenüber den Gesellschaften aus mit der Gesellschaft geschlossenen Verträgen, kommt insbesondere die Nachschussverpflichtung gem. § 735 BGB, §§ 105 Abs. 3, 161 Abs. 2 HGB in Betracht. Ferner ist die Gesellschafterhaftung gem. § 735 BGB bzw. die persönliche Haftung des Gesellschafters bei der OHG nach § 128 HGB sowie des Komplementärs nach §§ 128, 161 Abs. 2 HGB relevant.

Obwohl die Firma nicht pfändbar ist, gehört sie als Vermögenswert des immateriellen Rechts zur Insolvenzmasse. Aufgrund der mit der Reform des HGB von 1998 eingeführten Wahlfreiheit bei der Firmenbildung steht dem Verwalter nunmehr auch die Befugnis zur Verwertung von Namensfirmen zu.

VII. Gründungsgesellschaften

In der Gründungsphase einer Kapitalgesellschaft werden die Vorgründungsgesellschaft und die Vorgesellschaft unterschieden. Die **Vorgründungsgesellschaft** bezeichnet den Zeitraum zwischen der Einigung der Gesellschafter über die Gründung der Gesellschaft bis zum Zeitpunkt der notariellen Beurkundung der Satzung. Als BGB-Gesellschaft bzw. OHG ist diese nach § 11 Abs. 2 Nr. 1 InsO insolvenzfähig. Nach notarieller Beurkundung der Satzung bis zur Eintragung der Kapitalgesellschaft im Handelsregister und damit deren Entstehung als juristische Person liegt eine **Vorgesellschaft** vor. Für die Vorgesellschaft gilt bereits das Recht der mit der Eintragung entstehenden Gesellschaft, soweit dies nicht die Rechtsfähigkeit voraussetzt oder mit der Beschränkung auf das Gründungsstadium vereinbar ist. Die Vorgesellschaft ist insolvenzfähig gem. § 11 Abs. 2 Nr. 1 InsO. Für diese gilt die Verlustdeckungshaftung der Gesellschafter bis zur Eintragung der GmbH. Hierbei handelt es sich um eine Innenhaftung, die im Fall der Insolvenz vom Verwalter geltend gemacht werden kann. Mit Eintragung der GmbH wird die sog. **Vorbelastungshaftung** begründet, d. h. zum Zeitpunkt der Eintragung muss das Stammkapital der Gesellschaft in voller Höhe abzüglich des satzungsrechtlich zulässigen Gründungsaufwands zur Verfügung stehen (vgl. zur Vorbelastungshaftung ausführl. § 11 GmbHG Rdn. 19 ff.).

VIII. Sonderformen des Insolvenzverfahrens

1. Insolvenzplanverfahren

Der Insolvenzplan bzw. das Insolvenzplanverfahren zählen zu den grundlegenden Neuerungen, die das deutsche Insolvenzrecht mit Inkrafttreten der Insolvenzordnung und Ablösung der Konkursordnung erfahren hat. Der Rechtsausschuss des deutschen Bundestages hat das neue Rechtsinstitut auch als Kernstück der Reform bezeichnet (vgl. auch Uhlenbruck/*Lüer* § 217 Rn. 1).

Sinn und Zweck des Insolvenzplanverfahrens ist, im Einvernehmen mit der Gläubigermehrheit – unter teilweisem Forderungsverzicht durch die Gläubiger – eine **Gesamtvollstreckung** durchzuführen, die nicht durch »Versilberung« der einzelnen Vermögensgegenstände und Zerschlagung der betrieblichen Einheit erfolgt. Vielmehr soll das Unternehmen in seiner Gesamtheit werterhaltend genutzt werden, wenn es im vorrangigen Interesse der Gläubiger, aber auch im Interesse des Schuldners wirtschaftlich günstiger verwertet werden kann. Sofern das Unternehmen unter Mitwirkung der Gläubiger wirtschaftlich saniert werden kann, ermöglicht dies die ordnungs- oder vertragsgemäße Bedienung und Rückführung auch ungesicherter Gläubigerforderungen, soweit sie noch bestehen bleiben, also kein Verzicht erklärt wurde.

Können Sachgesamtheiten oder Unternehmensteile erhalten werden, wird der Erlös regelmäßig ungleich höher ausfallen als im Fall der Zerschlagung. Der Insolvenzplan rechtfertigt sich mithin rechtspolitisch durch die Absicht, bessere wirtschaftliche Ergebnisse zu erzielen. Das Insolvenzplanverfahren hat mit der Einführung des Schutzschirmverfahrens vor allem bei größeren Insolvenzverfahren erhebliche Bedeutung erlangt. Erfolgreiche Insolvenzplanverfahren wurden zuletzt durchgeführt bei der IVG, der Schuhhandelskette Leiser oder dem Fernsehhersteller Loewe. Auch wenn das Insolvenzplanverfahren zur Förderung der Gläubigerautonomie beitragen soll, sind nach § 218 InsO nur der Insolvenzverwalter und der Schuldner **vorlageberechtigt**. Die Gläubiger können jedoch durch Beschlussfassung in der Gläubigerversammlung den Insolvenzverwalter beauftragen, einen

Insolvenzplan auszuarbeiten. Ferner können sie über den Gläubigerausschuss nach § 218 Abs. 3 InsO an der Erstellung des Insolvenzplans mitwirken.

110 Der Insolvenzplan besteht aus dem darstellenden und dem gestaltenden Teil, § 219 InsO. Im **darstellenden Teil** des Insolvenzplans wird beschrieben, welche Maßnahmen nach Eröffnung des Insolvenzverfahrens getroffen worden sind oder noch getroffen werden sollen, um die Grundlage für die geplante Gestaltung der Rechte der Beteiligten zu schaffen. Neben einer kurzen Beschreibung des Unternehmens sowie der Darstellung des Sanierungskonzepts werden im darstellenden Teil insbesondere die geplanten Sanierungsmaßnahmen sowie die damit verbundenen Risiken ausgeführt.

111 Im **gestaltenden Teil** werden die Gläubiger in Gruppen bspw. Banken, Arbeitnehmer, Finanzamt und sonstige Gläubiger aufgeteilt und die Änderung der Gläubigerrechte beschrieben. In der Regel wird hier insbesondere der von den Gläubigern im Wege eines Teilforderungsverzichts zu leistende Sanierungsbeitrag bestimmt.

112 Hat das Insolvenzgericht den Insolvenzplan **rechtskräftig bestätigt**, treten in materiell rechtlicher Hinsicht alle rechtsgestaltenden Wirkungen ein, die der Plan vorsieht. Dementsprechend gelten insbesondere alle Verfügungsgeschäfte, die der gestaltende Teil des Insolvenzplans vorsieht, als formwirksam vorgenommen. Gleiches gilt für etwaige Verpflichtungsgeschäfte, die einer Begründung, Änderung, Übertragung oder Aufhebung von Rechten und Gegenständen oder der Abtretung von Geschäftsanteilen zugrunde liegen. Diese Wirkungen treten auch gegenüber Insolvenzgläubigern ein, die ihre Forderung nicht angemeldet haben und auch für die Beteiligten, die dem Plan widersprochen haben.

113 Verfahrensrechtlich kommt dem rechtskräftig bestätigten Insolvenzplan zweifache Bedeutung zu: Zum einen bildet er die **Grundlage für die Aufhebung des Verfahrens**, die das Insolvenzgericht nach § 158 Abs. 1 InsO beschließt. Zum anderen bildet er die Grundlage der Zwangsvollstreckung aus dem Insolvenzplan zugunsten der Insolvenzgläubiger, deren Forderungen festgestellt und vom Schuldner im Prüfungstermin nicht bestritten worden sind. Dem Insolvenzplan kommt insoweit die Wirkung eines vollstreckbaren Urteils zu.

2. Sonderform des Insolvenzplans: »Pre-Packaged-Plan«

114 Der Insolvenzschuldner kann bereits vor Stellung des Insolvenzantrags unter Einbeziehung der Gläubiger einen Insolvenzplan vorbereiten. Diese Form des Insolvenzplans wird als **»Pre-Packaged-Plan«** bezeichnet. Der Vorteil dieser Vorgehensweise ist, dass obstruierende Gläubiger, welche einer Sanierung widersprechen, auf diese Weise aufgrund des Obstruktionsverbotes des § 245 InsO überstimmt werden können, wenn sich eine den Plan billigende Gläubigermehrheit findet.

115 Bei der Vorbereitung eines solchen Pre-Packaged Plans sind zunächst folgende **Fragen** zu klären:
– Ab welchem Zeitpunkt liegt der Insolvenzgrund vor?
– Ist Liquidität für die Aufrechterhaltung des Geschäftsbetriebs im Zeitraum zwischen Antragsstellung und Eröffnung des Insolvenzverfahrens vorhanden bzw. kann diese geschaffen werden?
– Ist eine Vermögensminderung im Vorverfahren zu befürchten?
– Ist ausreichend Masse vorhanden um das Insolvenzverfahren zu eröffnen?
– Ist genügend Liquidität für Zeit zwischen Eröffnung des Verfahrens bis zum Wirksamwerden des Plans vorhanden bzw. kann diese geschaffen werden?
– Werden die Gläubiger durch den Insolvenzplan besser gestellt als durch die Regelabwicklung?

3. Eigenverwaltung

116 Im Regelfall des Insolvenzverfahrens verliert der Schuldner mit Eröffnung des Insolvenzverfahrens seine Verfügungs- und Verwaltungsbefugnis über die Insolvenzmasse und geht diese Befugnis auf den Insolvenzverwalter über. In Ausnahmefällen kann dem Schuldner die Verfügungsbefugnis über das Schuldnervermögen belassen und die sog. **Eigenverwaltung gem. §§ 270 ff. InsO** unter Aufsicht eines Sachverwalters angeordnet werden. Die Eigenverwaltung spielte seit Einführung der

Insolvenzordnung im Jahr 1999 nur eine untergeordnete Rolle. Mit Einführung des Gesetzes zur Erleichterung der Sanierung von Unternehmen wurde die Eigenverwaltung deutlich aufgewertet. Neben wirtschaftlich bedeutsamen Eigenverwaltungsverfahren wie z. B. in den Fällen IVG AG, Pfleiderer AG oder LOEWE wurden mit dem Verfahren des Suhrkamp Verlages dabei auch in rechtlicher Hinsicht neue Wege beschritten, indem versucht wurde, gesellschaftsrechtliche Streitigkeiten durch einen sog. Squeeze-Out im Rahmen eines insolvenzrechtlichen Verfahrens zu lösen. Als Vorteile dieser Vorgehensweise werden gesehen:

- Durch die Tatsache, dass der Schuldner damit rechnen kann, nach Verfahrenseröffnung weiter mit der Verwaltung des Vermögens betraut zu werden, soll ein Anreiz geschaffen werden, den Antrag auf Eröffnung des Verfahrens rechtzeitig zu stellen. **117**
- Die Kosten des Insolvenzverfahrens werden verringert, da der Sachverwalter nach der insolvenzrechtlichen Vergütungsverordnung (InsVV) lediglich 60 % der Vergütung des Insolvenzverwalters erhält (vgl. § 12 Abs. 1 InsVV).
- Der Einfluss des Schuldners auf die Wahl des Sachverwalters ist deutlich stärker als im Rahmen eines Regelinsolvenzverfahrens, da das Gericht von einem entsprechenden Vorschlag nur abweichen kann, wenn die vorgeschlagene Person offensichtlich ungeeignet ist (§ 270b Abs. 2 InsO); dadurch ergibt sich für den Schuldner eine erhöhte Planungssicherheit und Berechenbarkeit.
- Daneben fallen bei der Verwertung von mit Absonderungsrechten belasteten Gegenstände keine Kosten der Feststellung an (§ 282 Abs. 1 Satz 2 InsO), sondern nur die tatsächlich entstandenen Verwertungskosten.

Voraussetzung ist in einem ersten Schritt zunächst, dass der Antrag des Schuldners auf Anordnung der Eigenverwaltung nicht offensichtlich aussichtslos, § 270a InsO. Das bedeutet, dass bereits im Insolvenzantrag darzulegen ist, dass durch die Eigenverwaltung nicht »der Bock zum Gärtner« gemacht wird, also einerseits ausreichende Sanierungskenntnisse in der Geschäftsführung vorhanden sind und die Krise nicht durch eklatante Fehler der aktuellen Managements verursacht wurde. Ist dies der Fall, soll das Gericht im Antragsverfahren davon absehen, ein allgemeines oder eingeschränktes Verfügungsverbot zu verhängen. **118**

Hat der Schuldner den Antrag auf Eröffnung des Verfahrens wegen **drohender Zahlungsunfähigkeit** (vgl. § 18 InsO) oder **Überschuldung** (§ 19 InsO) gestellt, kann gem. § 270b InsO ein sog. **Schutzschirmverfahren** angeordnet werden. Der Schuldner muss aber mit dem Antrag eine mit Gründen versehene Bescheinigung eines in Insolvenzsachen erfahrenen Rechtsanwalts, Wirtschaftsprüfers oder Steuerberaters oder einer Person mit vergleichbarer Qualifikation vorlegen, aus der sich ergibt, dass keine Zahlungsunfähigkeit im Sinne von § 17 InsO vorliegt und die angestrebte Sanierung nicht offensichtlich aussichtslos ist. Das Gericht bestimmt auf Antrag des Schuldners eine Frist von max. 3 Monaten zur Vorlage eines Insolvenzplans. Ferner können Maßnahmen nach § 21 Abs. 1 und Abs. 2 Nr. 1a, 3 bis 5 InsO angeordnet werden. Dadurch soll sichergestellt werden, dass der Schuldner seine Sanierungsbemühungen möglichst ungestört von Maßnahmen Dritter durchführen kann. Er genießt in gewisser Weise Schutz vor seinen Gläubigern (daher auch der Begriff »Schutzschirmverfahren«, der sich in der Praxis mittlerweile etabliert hat). **119**

Der zu bestellende **Sachverwalter**, der personenverschieden von dem Aussteller der Bescheinigung zu sein muss, hat im Wesentlichen die Funktion der **Aufsicht und Kontrolle**. Das Initiativrecht zu Verfügungen und Eingehung von Verpflichtungen geht weiterhin vom Insolvenzschuldner aus, ist jedoch an die Zustimmung des Sachverwalters gebunden, sodass die Rechtsstellung des Sachverwalters der des vorläufigen Insolvenzverwalters ähnelt (§ 274 InsO). Im Übrigen hat der Sachverwalter begleitende Funktionen. Er hat die wirtschaftliche Lage des Schuldners zu prüfen, ferner die Geschäftsführung sowie die Ausgaben für die Lebensführung zu überwachen. Stellt er Umstände fest, die erwarten lassen, dass die Fortsetzung der Eigenverwaltung zu Nachteilen für die Gläubiger führen wird, wird er dies unverzüglich dem Gläubigerausschuss und dem Insolvenzgericht anzeigen (§ 274 Abs. 3 InsO). Die Insolvenzgläubiger haben ferner ihre Forderungen bei dem Sachverwalter anzumelden (§ 270 InsO). Dieser nimmt auch die Prüfung des Verteilungsverzeichnisses vor (§ 283 InsO). **120**

121 Der Schuldner hat im Wesentlichen die Aufgabe, die Insolvenzmasse zu verwalten und zu verwerten. Die Anordnung der Eigenverwaltung kann daher nur dann stattfinden, wenn der Schuldner die fachliche Kompetenz zur Erfüllung der ihm obliegenden Aufgaben in eigener Person vorweisen kann. Ferner muss der Schuldner die erforderliche persönliche Integrität aufweisen.

122 Ist der Schuldner eine juristische Person oder eine Gesellschaft ohne Rechtspersönlichkeit, so haben der Aufsichtsrat, die Gesellschafterversammlung oder entsprechende Organe keine Einflussmöglichkeiten auf die Geschäftsführung des Schuldners, § 276a InsO. Die Abberufung oder Neubestellung von Mitgliedern der Geschäftsführung ist nur wirksam, wenn der Sachwalter dem zustimmt. Die Zustimmung darf wiederum nur erteilt werden, wenn die Maßnahme nicht zu Nachteilen für die Gläubiger führt.

IX. Anfechtungsthematiken in der Insolvenz

123 Ziel der Insolvenzanfechtung gem. §§ 129 ff. InsO ist es, die Benachteiligung der Gesamtheit der Insolvenzgläubiger zugunsten einzelner Gläubiger zu vermeiden. Der Anfechtungsanspruch des Insolvenzverwalters geht mithin auf die Rückgewähr von in der kritischen Phase vor Insolvenzantragstellung erlangten Vermögensmitteln. Aus Sicht des Beraters eines Gläubigers ist es daher wichtig zu erkennen, welche Handlungen und Zahlungen der Schuldner in der Krise noch leisten kann und welche Folgen sich ggf. hieraus für den Gläubiger ergeben können.

1. Gläubigerbenachteilung

124 Voraussetzung ist nach § 129 InsO zunächst, dass die Gesamtheit der Insolvenzgläubiger durch eine Rechtshandlung objektiv benachteiligt ist. Eine Gläubigerbenachteiligung liegt grundsätzlich dann vor, wenn die Rechtshandlung entweder die Schulden vermehrt oder die Aktivmasse verkürzt und dadurch den Zugriff auf das Schuldnervermögen vereitelt, erschwert oder verzögert hat, mit anderen Worten, wenn sich die Befriedigungsmöglichkeit der Insolvenzgläubiger ohne die Handlung bei wirtschaftlicher Betrachtungsweise günstiger gestaltet hätte. (HK InsO/*Krefft* § 129 Rn. 36). Handlungen, welche sich auf ein schuldnerfremdes, unpfändbares Vermögen beziehen oder auf nicht werthaltige Gegenstände, sind daher nicht anfechtbar.

125 Die **Anfechtungstatbestände** der Insolvenzordnung unterscheiden zwischen unmittelbarer und mittelbarer Benachteiligung. Bei einer **unmittelbaren Benachteiligung** treten die Nachteile der Rechtshandlung selbst ohne Hinzutreten weiterer Umstände im Vermögen des Insolvenzschuldners ein. Der Nachteil wird also unmittelbar durch das Rechtsgeschäft verursacht, wie etwa bei der Veräußerung von Ware unter Wert oder beim Kauf zu einem überhöhten Preis. Bei der **mittelbaren Benachteiligung** genügt es, dass zu der Rechtshandlung ein weiterer Umstand hinzutritt, der die Gläubigerbenachteiligung auslöst. Dies ist etwa anzunehmen, wenn zwar z. Zt. der Veräußerung eines Gegenstandes eine Gegenleistung in das Vermögen des Schuldners geflossen ist, diese Gegenleistung jedoch nicht im Sondervermögen geblieben ist, weil z. B. der Schuldner einzelne Gläubiger befriedigt hat, das Geld für sich verwendete oder beiseiteschaffte.

2. Kongruente Deckung

126 § 130 InsO regelt die Anfechtbarkeit einer kongruenten Sicherung oder Befriedigung eines Gläubigers. Dies bedeutet zunächst, dass der Gläubiger tatsächlich Anspruch auf die Leistung in der Art und zur geleisteten Zeit hatte. Im Interesse der Gleichbehandlung aller Gläubiger entfällt der Vertrauensschutz des Gläubigers jedoch, wenn er wusste, dass die Krise eingetreten war. Er hat dann die ihm zustehende Leistung zurückzugewähren.

127 Voraussetzung hierfür ist, dass objektiv Zahlungsunfähigkeit bzw. ein Eröffnungsantrag vorlag und der Gläubiger z. Zt. der Handlung die Zahlungsunfähigkeit oder den Eröffnungsantrag kannte. Eine solche **Kenntnis** wird etwa dann vermutet, wenn der Gläubiger weiß, dass der Schuldner seine

3. Inkongruente Deckung

Nach § 131 InsO sind Rechtshandlungen anfechtbar, die einem Insolvenzgläubiger eine Sicherung oder Befriedigung gewährt oder ermöglicht haben, die diese nicht oder »nicht in der Art« oder »nicht zu der Zeit« zu beanspruchen hatte. Aufgrund der Inkongruenz sind die subjektiven und objektiven Anforderungen der Anfechtung niedriger, da der Insolvenzgläubiger weniger schutzwürdig ist. Bei einer Befriedigung innerhalb der letzten 3 Monate vor Verfahrenseröffnung wird entweder die bloße objektive Zahlungsunfähigkeit i. S. d. § 17 InsO verlangt, oder subjektiv die Kenntnis des Gläubigers von der Benachteiligung oder der Umstände, die zwingend auf eine solche schließen lassen.

128

«Nicht in der Art« hatte der Gläubiger einen Anspruch auf die Leistung, wenn ihm anstelle der Leistung, die er zu fordern hat, etwas an Erfüllung statt oder erfüllungshalber überlassen wird. Inkongruente Handlungen sind bspw. die Abtretung von Forderungen, die Hingabe von Waren statt der Bezahlung oder die Weitergabe eines Schecks eines Kunden.

129

«Nicht zu der Zeit« bedeutet Begleichung eines nicht fälligen, aufschiebend bedingten oder befristeten Anspruchs.

130

Unter inkongruente Sicherungen fallen alle Rechtshandlungen, die es dem Gläubiger ermöglichen, sich wegen eines gegen den Schuldner bestehenden Anspruchs zu befriedigen. Zu beanspruchen hat der Gläubiger eine Sicherung nur dann, wenn der Anspruch auf eine bestimmte Sicherung vertraglich oder gesetzlich anfechtungsfrei begründet worden ist (HK InsO/*Krefft* § 131 Rn. 12). Werden eine Abtretung und die ihnen zugrunde liegenden schuldrechtlichen Vereinbarungen erfolgreich angefochten, sind Sicherungen aufgrund späterer Pfändungen der abgetretenen Ansprüche inkongruent (HK InsO/*Krefft* § 131 Rn. 12). Ferner ist eine Sicherung nicht zu beanspruchen, wenn ein Gläubiger überhaupt keinen Anspruch auf Sicherung seiner Forderung hatte. Inkongruent ist insbesondere eine Sicherung, die in der kritischen Zeit im Wege der Zwangsvollstreckung erlangt wird. Hintergrund ist hier, dass nach Eintritt der Krise und der damit verbundenen materiellen Insolvenz eine Ungleichbehandlung nicht mehr durch den Einsatz staatlicher Zwangsmittel erzwungen werden soll (BGH NJW 2002, 2586). Dies gilt insbesondere für die Pfändung von Geld. Anfechtungszeitraum ist hier der 3-Monats-Zeitraum vor Stellung des Insolvenzantrages.

131

4. Bargeschäft

Eine Anfechtung ist jedoch auch bei Vorliegen der Voraussetzungen der §§ 130 ff. InsO ausgeschlossen, wenn für die Leistung des Schuldners unmittelbar eine gleichwertige Gegenleistung in sein Vermögen gelangt ist. Denn dann liegt ein sog. **unanfechtbares Bargeschäft** i. S. d. § 142 InsO vor. Die geforderte Gleichwertigkeit im Sinne dieser Vorschrift ist z. B. im Hinblick auf die Vergütung des rechtlichen Beraters dann gegeben, wenn das angemessene Honorar versprochen und gezahlt wird und die gewünschte Arbeit nicht von vornherein erkennbar aussichtslos und wirtschaftlich unzweckmäßig erscheint. Die im Rahmen der Krisenberatung gezahlten Honorare sind deshalb regelmäßig gleichwertig. Es ist aber zu beachten, dass die Leistungen in einem unmittelbaren zeitlichen Zusammenhang ausgetauscht werden wobei hier Zeiträume von 2 bis 3 Wochen noch zu tolerieren sind. Soweit Zahlungen außerhalb dieses Zeitraums erfolgen, liegt kein Bargeschäft mehr vor und die Anfechtbarkeit ist gegeben.

132

C. Kapitalersatz in der Insolvenz der GmbH

Nach den Kapitalerhaltungsvorschriften im GmbHG darf das zur Erhaltung des Stammkapitals erforderliche Vermögen der GmbH grundsätzlich nicht an die Gesellschafter ausbezahlt werden, vgl. § 30 Abs. 1 Satz 1 GmbHG. Diese Vorschrift verbietet den Geschäftsführern, Aktivvermögen der Gesellschaft wegzugeben, wenn eine Unterbilanz oder gar eine Überschuldung besteht. Entgegen

133

dieser Vorschrift vorgenommene Zahlungen an die Gesellschafter müssen gem. § 31 Abs. 1 GmbHG an die Gesellschaft zurückerstattet werden. Aus steuerlichen und gesellschaftsrechtlichen Gründen werden von den Gesellschaften jedoch häufig – statt der eigentlichen gebotenen Zufuhr von Eigenkapital – Darlehen gewährt. Der Vorteil ist, dass Finanzierungslücken unkompliziert und flexibel geschlossen werden können. Kapitalerhöhungen sind dem gegenüber kostspielig und langwierig.

134 Mit dem MoMiG wurde eingeführt, dass diese Regelung nicht gilt, wenn die Leistungen zwischen den Vertragsteilen im Rahmen eines Beherrschungs- und Gewinnabführungsvertrages (§ 291 AktG) erfolgen oder durch einen vollwertigen Gegenleistungs- oder Rückgewähranspruch gegen den Gesellschafter gedeckt sind.

135 § 30 GmbHG untersagt als Kernvorschrift der Kapitalerhaltung Leistungen aus dem Stammkapital an die Gesellschafter. Ein über die Deckungsgrenze des Stammkapitals hinausgehendes Vermögen kann ohne Verstoß gegen § 30 GmbHG ausgezahlt werden. In vielen Konzernen wurden jedoch sog. Cash-Pools eingeführt, d. h. das vorhandene liquide Vermögen wurde der Konzernmutter zur Verfügung gestellt, die aus dem Pool die Zahlungsströme der Unternehmensgruppe koordiniert. Das Problem von Zahlungen der Gesellschaft in einen der Verfügungsmacht der Konzernmutter unterstehenden Cash-Pool stellte sich daher auch im Rahmen der Kapitalerhaltung, wenn durch die Zahlungen das Stammkapital angegriffen wurde. Durch die Einführung des § 30 Abs. 1 Satz 2 GmbHG wurde diese Praxis nunmehr legitimiert. Die Auszahlung des Stammkapitals ist danach zulässig, wenn an dessen Stelle ein vollwertiger Rückzahlungsanspruch tritt. Vollwertigkeit dürfte danach dann vorliegen, wenn keinerlei Zweifel an der Zahlungsfähigkeit des Zahlungsempfängers bestehen.

136 Spätere, nicht vorhersehbare negative Entwicklungen der Forderung gegen den Gesellschafter führen nicht nachträglich zu einer verbotenen Auszahlung. Es kann aber ein Sorgfaltspflichtverstoß des Geschäftsführers vorliegen, wenn er die Forderung in einem solchen Fall stehen lässt und nicht zurückfordert.

137 Gesellschafterdarlehen, die der GmbH in der Krise gewährt oder belassen wurden, waren nach bisheriger Rechtsprechung wie haftendes Eigenkapital zu behandeln. Infolge der Gleichsetzung der Kreditmittel mit Stammkapital war es der Gesellschaft verboten, das Darlehen an den Gesellschafter zurückzuzahlen.

138 Diese Rechtsprechung wurde mit der Streichung der §§ 32a, 32b GmbHG beseitigt. Das Tatbestandsmerkmal »kapitalersetzend« findet im neuen Recht keinen Platz mehr. Gesellschafterdarlehen werden nicht mehr »kapitalähnlich« behandelt.

139 Auch die Ausfallhaftung der Mitgesellschafter wird bei Rückgewähr kapitalersetzender Leistungen beseitigt (§ 31 Abs. 3 GmbHG).

140 Rückzahlungen sind nunmehr erst dann kritisch, wenn sie ein Jahr vor und in der Insolvenz der Gesellschaft erfolgen. Dann kommen **Rückzahlungsansprüche** des Insolvenzverwalters hinsichtlich des Entgelts gem. § 135 InsO in Betracht.

141 Diese Änderungen haben ebenfalls Auswirkungen auf die sog. »eigenkapitalersetzende Nutzungsüberlassung«. Eigenkapitalersetzenden Charakter enthält die Nutzungsüberlassung, wenn bei Übergabe der Sache die Gesellschaft überlassungsunwürdig ist oder der Gesellschafter bei Eintritt dieser Voraussetzung den Gegenstand nicht herausverlangt. Könnte die Gesellschaft den überlassenen Gegenstand nicht mit eigenen finanziellen Mitteln erwerben, liegt eine Überlassungsunwürdigkeit vor, wenn kein vernünftig handelnder Vertragspartner, der weder an der Gesellschaft beteiligt ist, noch sich an ihr beteiligen will, mit dieser entsprechenden einen Nutzungsüberlassungsvertrag unter den gegebenen Umständen abschließen würde (BGH ZIP 1993, 189). Bei den zu stellenden Anforderungen wird dabei darauf abgestellt, ob es sich bei dem überlassenen Gegenstand um ein Standardwirtschaftsgut oder um einen auf den Nutzer speziell zugeschnittenen Gegenstand handelt. Bei Standardwirtschaftsgütern wird auch ein Dritter geringere Anforderungen an die

Überlassungswürdigkeit stellen, da er bei Ausbleiben des Nutzungsentgelts die Nutzungsvereinbarung kündigen und das Wirtschaftsgut anderweitig nutzen oder verpachten kann.

Aus der Treuepflicht in §§ 135, 143 Abs. 3 InsO wird nunmehr abgeleitet, dass eine Pflicht des Gesellschafters besteht, seinen Aussonderungsanspruch während der Dauer des Insolvenzverfahrens, längstens aber für eine Frist von einem Jahr ab Eröffnung des Verfahrens, nicht geltend zu machen, wenn der Gegenstand für die Fortführung des Unternehmens des Schuldners – was bei betrieblich genutzten Gegenständen regelmäßig anzunehmen ist, aber auch für Rechte und immaterielle Gegenstände gelten kann – von erheblicher Bedeutung ist. Bis zum Ablauf dieser Frist hat der Gesellschafter die Gegenstände zu den vereinbarten Konditionen, aber im Unterschied zu den bisherigen Rechtsprechungsregeln nicht unentgeltlich dem Betrieb zur Verfügung zu stellen. Der Gesellschafter soll dieselbe Vergütung erhalten, die ihm bis zur Verfahrenseröffnung tatsächlich zugeflossen ist. 142

Wenn zwar eine Vergütung vereinbart, diese aber nicht gezahlt wurde, bemisst sich die Höhe nach den im letzten Jahr vor der Insolvenzeröffnung im Durchschnitt geleisteten Zahlungen. Falls der Gesellschafter also die Vergütung nicht verlangt hat, wird ihm zugemutet, den Gegenstand der Gesellschaft auch weiter unentgeltlich zu überlassen. 143

D. Haftungsrisiken der Organe

Da die Gläubiger eines insolventen Unternehmens ihre Forderungen regelmäßig nicht oder nur in geringer Quote befriedigen können, besteht naturgemäß der Anreiz, den oder die Geschäftsführer in Haftung zu nehmen. Ein solcher Durchgriff kommt insbesondere dann in Betracht, wenn der Geschäftsführer seine Pflicht, den Insolvenzantrag rechtzeitig zu stellen, verletzt. Im Folgenden werden zivil- sowie strafrechtliche Haftungstatbestände in diesem Zusammenhang erörtert. 144

I. Außenhaftung § 41 GmbHG

Gem. § 41 GmbHG ist der Geschäftsführer verpflichtet, für eine ordnungsgemäße Buchführung der Gesellschaft entsprechend den handels- und steuerrechtlichen Vorschriften zu sorgen. Wird diese Verpflichtung bei mehreren Geschäftsführern im Rahmen der internen Geschäftsaufteilung auf eine bestimmte Person übertragen, muss diese von den anderen Geschäftsführern fortlaufend überwacht werden. Gerade bei Unternehmen in der Krise sind vielfach Verletzungen der Buchführungspflicht festzustellen. In schweren Fällen kann dies auch eine strafrechtliche Verantwortlichkeit gem. § 283 StGB nach sich ziehen. Es besteht das Risiko der Außenhaftung des GmbH-Geschäftsführers nach § 823 Abs. 2 BGB i. V. m. § 41 GmbHG. Vgl. hierzu auch die ausführl. Kommentierung des § 41 GmbHG. 145

II. Innenhaftung des GmbH-Geschäftsführers

1. Haftung nach § 43 GmbHG

Gem. § 43 GmbHG haben Geschäftsführer gegenüber der Gesellschaft in deren Angelegenheit die **Sorgfalt eines ordentlichen Geschäftsmannes** anzuwenden. Im Fall einer schuldhaften Pflichtverletzung besteht ein Schadensersatzanspruch der Gesellschaft nach § 43 Abs. 2 GmbHG (vgl. auch die Kommentierung in § 43 GmbHG). Dies bedeutet für den Geschäftsführer, dass er eine interne Prüfungspflicht hinsichtlich der Sanierung hat. Das schuldhafte Unterlassen der Sanierungsprüfung kann einen Schadensersatzanspruch der Gesellschaft begründen. Der Geschäftsführer hat sich dabei an dem von § 43 GmbHG vorgegebenen Sorgfaltsmaßstab – die Sorgfalt eines ordentlichen Geschäftsmannes, welcher fremde Vermögensinteressen in verantwortlich leitender Position zu betreuen hat (s. § 43 GmbHG Rdn. 7 ff.) – zu orientieren. Ersatzansprüche aus der Verletzung der Sorgfaltspflichten werden nach § 46 GmbHG durch Gesellschafterbeschluss geltend gemacht, wobei jedoch die Inanspruchnahme durch die Gesellschaft selbst, nicht durch die Gläubiger oder Gesellschafter erfolgt. Nach Eröffnung des Insolvenzverfahrens steht die Befugnis, diese gegenüber 146 der Gesellschaft begründeten Schadensersatzansprüche geltend zu machen, gem. § 92 InsO dem Insolvenzverwalter zu.

147 Insbesondere haftet der Geschäftsführer gem. §§ 43 Abs. 3, 30 GmbHG für in verbotener Weise ausbezahlte Stammeinlagen an die Gesellschafter oder **Rückzahlung eigenkapitalersetzender Gesellschafterdarlehen**, § 43 Abs. 3 GmbHG analog (vgl. auch § 43 GmbHG Rdn. 51 ff.). Verboten sind ebenso **verdeckte Gewinnausschüttungen** (vgl. dazu auch § 29 GmbHG Rdn. 164 ff.). Eine solche liegt bspw. vor, wenn ein Gesellschafter als Geschäftsführer oder Vorstand ein unangemessen hohes Gehalt bezieht oder neben einer angemessenen Vergütung besonders hohe Umsatzvergütungen. Ebenso fällt darunter, wenn ein Gesellschafter von der Gesellschaft ein Darlehen erhält, bei dem schon zum Zeitpunkt der Darlehenshingabe mit der Uneinbringlichkeit gerechnet werden musste.

2. Insolvenzverschleppung, § 64 GmbHG

148 § 15 InsO verpflichtet die Geschäftsführer im Fall des Eintritts der Zahlungsunfähigkeit oder der Überschuldung der Gesellschaft **unverzüglich**, d. h. ohne schuldhaftes Zögern, längstens jedoch innerhalb 3 Wochen, die Eröffnung des Insolvenzverfahrens zu beantragen (vgl. auch § 64 GmbHG Rdn. 5 ff.).

149 Wird hiergegen verstoßen, entstehen Risiken gem. § 64 GmbHG. § 64 GmbHG ist ein **Schutzgesetz** i. S. d. § 823 Abs. 2 BGB zugunsten der Gläubiger der Gesellschaft. Daneben begründet § 64 GmbHG eine eigenständige Schadensersatzpflicht im Innenverhältnis. Die Frist zur Stellung des Insolvenzantrages beginnt ab dem Zeitpunkt, in dem ein ordentlicher Geschäftsführer unter Anwendung der erforderlichen Sorgfalt die Zahlungsunfähigkeit bzw. Überschuldung erkannt hätte. Die Frist endet spätestens mit Ablauf von 3 Wochen. Bis dahin muss entweder ein Insolvenzantrag gestellt oder der Insolvenzgrund beseitigt werden. Beim Haftungsumfang ist zwischen Altgläubigern und Neugläubigern zu unterscheiden. Altgläubiger sind die Gläubiger, die bereits vor dem Entstehen der Antragspflicht Forderungen gegen die GmbH hatten. Demgegenüber sind Neugläubiger diejenigen, die erst nach Entstehung der Antragspflicht mit der GmbH kontrahierten oder aus gesetzlichen oder quasi vertraglichen Schuldverhältnissen Ansprüche erworben haben.

150 Neugläubiger sind so zu stellen, als wenn sie niemals Geschäfte mit der Gesellschaft gemacht hätten, erhalten mithin den gesamten sog. Vertrauensschaden ersetzt. Neugläubiger können Ihre Ansprüche unmittelbar oder außerhalb des Insolvenzverfahrens gegenüber dem Geschäftsführer geltend machen (vgl. § 64 GmbHG Rdn. 26).

151 Altgläubiger können lediglich den sog. Quotenschaden geltend machen. Hierbei handelt es sich um die Differenz zwischen dem nunmehr im Insolvenzverfahren erzielten Betrag und demjenigen, den sie bei rechtzeitiger Antragstellung erhalten hätten.

3. Pflicht zur Erhaltung der Masse

152 Mit dem Eintritt der Zahlungsunfähigkeit oder Überschuldung trifft den Geschäftsführer einer GmbH die Pflicht zur Erhaltung der Masse. Ihm ist somit grundsätzlich die Leistung von Zahlungen bzw. die Eingehung von Verbindlichkeiten, welche mangels Begründung gleichwertiger Gegenansprüche die Insolvenzquote verringern, untersagt. Vgl. hierzu auch ausführl. § 64 GmbHG Rdn. 32 ff.

153 Ausgenommen von diesem Verbot sind lediglich solche Verhaltensweisen, die auch nach dem Eintritt der Zahlungsunfähigkeit oder der Überschuldung mit der Sorgfalt eines ordentlichen Kaufmanns vereinbar waren. Dies ist dann der Fall, wenn für die Leistung der Gesellschaft eine gleichwertige Gegenleistung erfolgt die erforderlich ist, um ein sofortigen Zusammenbruch und damit einen noch höheren Schaden zu vermeiden. Verstößt der Geschäftsführer in der Krise gegen die ihm nach § 64 Abs. 2 GmbHG obliegenden Pflichten, leistet er also in der Überschuldung oder im Zeitraum der Zahlungsunfähigkeit noch Zahlungen aus der Masse oder geht er Verbindlichkeiten

ohne eine äquivalente Gegenleistung ein, **haftet er hierfür persönlich** in voller Höhe gegenüber der Gesellschaft (s. dazu auch ausführl. § 64 GmbHG Rdn. 30 ff.).

Dieser Anspruch wird im Rahmen der Insolvenz ebenfalls gem. § 92 InsO vom Insolvenzverwalter geltend gemacht. Der Insolvenzverwalter braucht dabei lediglich darzulegen und zu beweisen, dass der Geschäftsführer nach Eintritt der Zahlungsunfähigkeit oder Überschuldung Zahlungen leistete. Der Geschäftsführer hingegen muss beweisen, dass er keine Kenntnis von der Zahlungsunfähigkeit oder der Überschuldung hatte oder dass durch seine Handlungen die Masse nicht geschmälert wurde. Ein besonderes Risiko besteht dann, wenn in der Krise noch Kundenschecks auf debitorisch geführten Konten der Hausbank eingelöst werden. Damit werden Verbindlichkeiten zurückgeführt, ohne dass die Gesellschaft eine gleichwertige Gegenleistung erhält. Ferner kann hier der Tatbestand der **Gläubigerbegünstigung** nach § 283c StGB erfüllt sein. In der Krise der Gesellschaft ist es daher ratsam, ein neues Guthabenkonto bei einer anderen Bank zu eröffnen und Kundenschecks bzw. Zahlungen ebenfalls auf dieses Konto einzuziehen.

4. Haftung für Lohnsteuern

Der Geschäftsführer einer GmbH hat dafür Sorge zu tragen, dass die Lohnsteuer der Mitarbeiter richtig berechnet und rechtzeitig an das Finanzamt abgeführt wird. Verstößt er gegen diese Pflicht, haftet er mit seinem Privatvermögen für die nicht abgeführte Steuer. Sofern Steuerverbindlichkeiten aufgrund einer vorsätzlichen oder grob fahrlässigen Pflichtverletzung des Geschäftsführers nicht erfüllt wurden, haftet dieser für die Zahlung gem. §§ 34, 69 AO.

Reicht das vorhandene Vermögen der Gesellschaft nicht zur Lohn- und Lohnsteuerzahlung aus, muss der Geschäftsführer die Nettolöhne verkürzt auszahlen und die entsprechend gekürzte Lohnsteuer abführen. Verstößt der Geschäftsführer gegen diese Verpflichtung, droht eine persönliche Inanspruchnahme, es sei denn die Abführung der Lohnsteuer musste aufgrund der Anordnung eines Verfügungsverbotes unterbleiben.

5. Vorenthaltung von Sozialversicherungsbeiträgen, § 266a StGB

In der Praxis hat auch die mögliche Inanspruchnahme des Geschäftsführers gem. § 823 Abs. 2 BGB i.V.m. § 266a StGB erhebliche praktische Bedeutung. Sehr häufig werden Sozialversicherungsbeiträge nicht mehr bzw. nicht rechtzeitig abgeführt. Auch in diesen Fällen besteht eine Geschäftsführerhaftung. Unterschätzt werden darf in diesem Zusammenhang nicht, dass die meisten Gläubiger-Insolvenzanträge von den Trägern der Sozialversicherungen gestellt werden. Vgl. hierzu auch § 43 GmbHG Rdn. 76 ff.

Festzuhalten ist jedoch, dass Arbeitgeberbeiträge von der Strafrechtsnorm des § 266a StGB und damit auch von der zivilrechtlichen Haftung gem. § 823 Abs. 2 BGB nicht erfasst werden (Baumbach/Hueck/*Zöllner/Noack* § 43 Rn. 91).

Der Tatbestand des § 266a Abs. 1 StGB verlangt die Vorenthaltung der Sozialversicherungsbeiträge, wobei subjektiv bedingter Vorsatz erforderlich, aber auch ausreichend ist (Baumbach/Hueck/*Zöllner/Noack* § 43 Rn. 92). Arbeitnehmerbeiträge zur Sozialversicherung werden **vorenthalten**, wenn eine Beitragspflicht besteht und Beiträge bei Fälligkeit nicht an die zuständige Einzugsstelle abgeführt werden. Die Strafbarkeit und damit die Schadensersatzpflicht setzen hingegen nicht voraus, dass der jeweilige Nettolohn an die Arbeitnehmer ausbezahlt worden ist, § 266a Abs. 1 StGB.

Die Tatbestandsverwirklichung und die entsprechende Haftung setzen jedoch voraus, dass dem Leitungsorgan die Erfüllung der Handlungspflicht **rechtlich wie tatsächlich möglich** ist:

Rechtliche Unmöglichkeit liegt vor, wenn der Geschäftsführer über das Gesellschaftsvermögen im Fälligkeitszeitpunkt nicht mehr verfügen kann, weil hierüber das Regelinsolvenzverfahren eröffnet wurde (§ 80 InsO) oder das Insolvenzgericht im Eröffnungsverfahren ein allgemeines Verfügungsverbot verhängt hat (§ 22 Abs. 1 InsO). Die Strafbarkeit und somit die Haftung des Geschäftsführers scheiden aus, wenn die Gesellschaft im Fälligkeitszeitpunkt insolvenzreif, d. h. überschuldet oder zahlungsunfähig ist. Dies gilt unabhängig davon, ob die Zahlung der Arbeitnehmeranteile aufgrund vorhandener oder noch realisierbarer Mittel tatsächlich möglich ist. Dies folgt aus § 64 Abs. 2 GmbHG, da Zahlungen aus dem Gesellschaftsvermögen nach Insolvenzreife grundsätzlich untersagt sind. Zwar sind Zahlungen zulässig, die mit der Sorgfalt eines ordentlichen Geschäftsmanns in Einklang stehen. Jedoch ist die Abführung fälliger Arbeitnehmerbeiträge in der Regel nicht als zulässige Zahlung zu qualifizieren, da sich der Sorgfaltsmaßstab im Stadium der Insolvenz der Gesellschaft nicht nach den allgemeinen Verhaltenspflichten des Geschäftsführers bestimmt, sondern nach dem Zweck des § 64 Abs. 2 GmbHG, das Interesse der Gesamtheit der Gesellschaftsgläubiger zu wahren und eine Masseverkürzung oder bevorzugte Befriedigung einzelner Gläubiger zu vermeiden (vgl. auch § 64 GmbHG Rdn. 30 ff.). Die Kollision zwischen strafbewährter Handlungspflicht (§ 266a Abs. 1 StGB) einer- und Unterlassungspflicht (§ 64 Abs. 2 GmbHG) andererseits, welche die Geschäftsführer in ein Haftungsdilemma treiben würde, ist zugunsten von § 64 Abs. 2 GmbHG aufzulösen: Der Geschäftsführer kann nicht für das Unterlassen einer Handlung, die ihm die Rechtsordnung gerade verbietet, bestraft und zivilrechtlich verantwortlich gemacht werden (Baumbach/Hueck/*Zöllner*/*Noack* § 43 Rn. 95).

III. Strafrechtliche Risiken

162 Viele Unternehmenskrisen werden von strafrechtlich relevantem Verhalten begleitet. Besonders anfällig ist in diesem Zusammenhang die GmbH. Dies ist zum einen schon dadurch bedingt, dass diese Gesellschaftsform in Deutschland zahlenmäßig die größte ist. Zum anderen bestehen bestimmte Pflichten, wie z. B. Buchführungspflichten, Pflichten zur Insolvenzantragstellung, für Einzelunternehmen nicht oder nur in eingeschränktem Umfang. Einige Straftatbestände werden daher vor allem bei Geschäftsführern bzw. Organen juristischer Personen wie der GmbH oder der AG relevant.

1. Insolvenzverschleppung

163 Die Insolvenzverschleppung ist mit Einführung des MoMig nunmehr ausschließlich Gegenstand des § 15 Abs. 4 und 5 InsO.

164 Da die Tatbestände der Insolvenzverschleppung die gesetzlich vorgeschriebenen Handlungspflichten nicht vom Eintritt eines bestimmten Gefährdungserfolges oder Schadens abhängig machen, zählen sie zu den **abstrakten Gefährdungsdelikten**. Der Einwand, dass durch die Unterlassung oder verspätete Insolvenzantragstellung kein Schaden eingetreten sei, ist daher unbeachtlich. Die vorstehend genannten Strafbestimmungen weichen in ihrem Wortlaut zwar geringfügig voneinander ab, sind jedoch in ihrem Gehalt im Wesentlichen identisch. Im Folgenden wird daher zur Vermeidung von Wiederholungen ausschließlich die Insolvenzverschleppung bei der GmbH dargestellt.

165 Handlungspflichtig sind nach §§ 15 InsO der Geschäftsführer und der Liquidator sowie Gesellschafter und Aufsichtsratsmitglieder führungsloser Gesellschaften. Das Ausscheiden eines Geschäftsführers oder die Amtsniederlegung sind für die Erfüllung der Antragspflicht unbeachtlich, wenn zu diesem Zeitpunkt bereits seit mindestens 3 Wochen Zahlungsunfähigkeit oder Überschuldung vorlag. Das Ausscheiden nach Ablauf der 3-Wochen-Frist lässt die bereits eingetretene Strafbarkeit nicht entfallen. Gesellschafter kommen als mögliche Täter i. S. d. genannten Vorschriften nicht infrage, weil sie keine Antragspflicht trifft.

166 Die vorsätzliche Insolvenzverschleppung wird gem. § 15a InsO mit **Freiheitsstrafe** bis zu 3 Jahren oder mit **Geldstrafe** geahndet. Bei Fahrlässigkeit reduziert sich die angedrohte Freiheitsstrafe auf ein Jahr. Die Verjährungsfrist beträgt bei vorsätzlicher Insolvenzverschleppung 5 Jahre (§ 78 Abs. 1 Nr. 4 StGB), bei der fahrlässigen Begehung 3 Jahre (§ 78 Abs. 1 Nr. 5 StGB). Die Verjährungsfrist beginnt nicht schon mit der (strafrechtlichen) Vollendung der Tat, d. h. (spätestens) nach Ablauf der 3-Wochen-Frist, sondern mit deren tatsächlicher Beendigung. Tatsächliche Beendigung ist erst dann anzunehmen, wenn die Pflicht zum Handeln entfallen ist, also in der Regel dann, wenn der Insolvenzantrag gestellt wurde. Ferner ist die Tat auch dann (tatsächlich) beendet, sobald ein

Insolvenzverfahren eröffnet oder wenn die Zahlungsunfähigkeit oder Überschuldung überwunden, also der Insolvenzgrund entfallen ist.

2. Bankrott, § 283 StGB

§ 283 StGB ist die **zentrale Bestimmung** des Insolvenzstrafrechts und enthält dessen grundlegende Straftatbestände. Geschütztes Rechtsgut ist die Sicherung der Insolvenzmasse im Interesse der gesamten Gläubigergemeinschaft.

167

Der objektive Tatbestand ist erfüllt, wenn der Täter einer der in § 283 Abs. 1 Nr. 1 bis 8 StGB beschriebenen »typischen« Bankrotthandlungen (Beiseiteschaffen von Vermögenswerten, Vortäuschung von Rechten anderer, Verheimlichung der geschäftlichen Verhältnisse etc.) vornimmt.

168

Möglicher Täter ist bei natürlichen Personen der die Bankrotthandlung begehende Schuldner. Bei Gesellschaften ist nach den Gesellschaftsformen zu unterscheiden: Bei einer GbR, einer OHG oder der Vorgesellschaft einer GmbH ist tauglicher Täter jeder einzelne Gesellschafter. Bei einer KG kommt die Komplementärin als Täterin in Betracht. Für juristische Personen richtet sich die Tätereigenschaft nach § 14 Abs. 1 Nr. 1 StGB. Täter bei der GmbH sind somit die Geschäftsführer. Bei der GmbH & Co. KG wird der GmbH-Geschäftsführer als Täter angesehen, wenn er – wie üblich – auch die Geschäfte der KG führt.

169

3. Gläubigerbegünstigung, § 283c StGB

Die Gläubigerbegünstigung nach § 283c StGB ist ein den Täter gegenüber § 283 Abs. 1 Nr. 1 StGB privilegierendes Strafgesetz. Der Strafrahmen ist dementsprechend niedriger als beim vorsätzlichen Bankrott.

170

Der objektive Tatbestand ist verwirklicht, wenn der Schuldner objektiv zahlungsunfähig ist, einem Gläubiger ein inkongruenter Vorteil gewährt wurde, also ein Vorteil, den er nicht oder nicht in der Art oder nicht zu der Zeit zu beanspruchen hatte, und dadurch eine Bevorzugung eines Gläubigers vor den übrigen Gläubiger eingetreten ist. Erforderlich ist zudem die bereits eingetretene Zahlungsunfähigkeit. Eine kongruente und damit zulässige Leistung an den Gläubiger ist nur gegeben, wenn der Gläubiger zum Zeitpunkt der Leistung einen einredefreien Anspruch in voller Höhe der gewährten Sicherheit oder auf Befriedigung hatte.

171

Eine Bevorzugung (Begünstigung) liegt vor, wenn eine Besserstellung des einen Gläubigers zum Nachteil der anderen Gläubiger erfolgt. Schon eine Gefährdung des Befriedigungsinteresses der übrigen Gläubiger reicht aus. Es genügt also, dass der Gläubiger eine Rechtsstellung erhält, die ihm die Möglichkeit eröffnet, eher, besser oder gewisser befriedigt zu werden, als es seinem Anspruch entspricht.

172

4. Schuldnerbegünstigung, § 283d StGB

Mit § 283d StGB wird der Täterkreis der Insolvenzstraftaten auf **Dritte** erweitert. Täter dieses Straftatbestands kann grundsätzlich jedermann sein. Für den Insolvenzschuldner selbst ist die Täterschaft dagegen von vornherein ausgeschlossen. Tathandlungen sind das Beiseiteschaffen, Verheimlichen, Zerstören, Schädigen oder Unbrauchbarmachen von Insolvenzmasse, also Vermögensbestandteilen die zur potenziellen Insolvenzmasse gehören. Durch die Handlung des Täters muss beim Bankrott die Gesamtheit der Gläubiger betroffen sein. Ferner muss der Täter zugunsten des Schuldners oder mit dessen Einwilligung handeln. Ein Handeln zugunsten des Schuldners ist dann gegeben, wenn es dem Interesse des Schuldners dient. In erster Linie werden hiervon die Fälle erfasst, in denen der Täter durch das Verheimlichen oder Beiseiteschaffen von Bestandteilen der späteren Insolvenzmasse dem Schuldner den Vermögensbestandteil erhalten oder zukommen lassen will.

173

5. Sonstige Insolvenzstraftaten

174 Als weitere Insolvenzstraftaten kommen **Untreue** (§ 266 StGB), **Unterschlagung** (§ 246 StGB), **Kreditbetrug** (§ 265b StGB) und **Wechsel-/Scheckbetrug** (§ 263 StGB) in Betracht. Hinsichtlich der Einzelheiten wird auf die einschlägigen Kommentierungen verwiesen.

IV. Haftung der Gesellschafter

175 Auch **Gesellschafter**, die nicht (zugleich) Geschäftsführer sind, können unter Umständen von Gesellschaftsgläubigern bzw. dem Insolvenzverwalter **persönlich** in Anspruch genommen werden. An dieser Stelle sollen nur die wichtigsten Haftungsbereiche angesprochen werden: die Vermögensvermischung, die Unterkapitalisierung und die Verletzung von Treuepflichten.

1. Vermögensvermischung

176 Eine persönliche Haftung von GmbH-Gesellschaftern kommt dann in Betracht, wenn die Abgrenzung zwischen Gesellschaft und Privatvermögen durch eine undurchsichtige Buchführung oder auf andere Weise verschleiert worden ist. Grund hierfür ist, dass in diesem Fall der Grundsatz der Kapitalerhaltung, dessen Beachtung und Einhaltung ein unverzichtbarer Ausgleich für die Beschränkung der Haftung auf das Gesellschaftsvermögen ist, keinen wirksamen Schutz für die Gläubiger bieten kann. Die persönliche Haftung trifft jedoch nur denjenigen Gesellschafter, der aufgrund seines Einflusses auf die Gesellschaft für den Vermischungstatbestand **verantwortlich** ist.

2. Unterkapitalisierung

177 Den Gesellschafter trifft grundsätzlich keine Pflicht, die GmbH in der Krise durch Zufuhr von Kapital am Leben zu erhalten. Die bloße Unterkapitalisierung begründet also noch keine Haftung gegenüber den Gläubigern. Dies kann sich jedoch bei Hinzutreten eines subjektiven Elements, welches das Verhalten des Gesellschafters als einen Verstoß gegen Treu und Glauben oder die guten Sitten qualifiziert, ändern. Dies kann z. B. der Fall sein, wenn die Gesellschafter in der Krise der GmbH zu ihren Gunsten oder zum Vorteil Dritter dem Gesellschaftsvermögen planmäßig Kapital entziehen, um die Gesellschaft zu schädigen, also insbesondere dann, wenn Zahlungen an die Gesellschafter vorgenommen werden, ohne dass diese einen entsprechenden werthaltigen Anspruch gegen die Gesellschaft besitzen.

3. Verletzung von Treuepflichten

178 Auch in der Krise des Unternehmens bestehen die Treuepflichten der Gesellschafter fort. So können Gesellschafter der Gesellschaft bspw. zum Schadensersatz verpflichtet sein, wenn sie sich einem aussichtsreichen Sanierungskonzept widersetzen oder eine Sanierung verhindern.

V. Strafbarkeitsrisiken des Sanierungsberaters

179 Der Wirtschaftsprüfer, Steuerberater oder Rechtsanwalt wird in vielen Fällen nicht rechtzeitig eingeschaltet. Im Zeitpunkt der Einsetzung der Sanierungsberatung sind daher oft bereits Straftatbestände durch die Gesellschaftsorgane verwirklicht worden. Aus diesem Grunde besteht in dieser Phase auch ein besonderes Risiko des Sanierungsberaters, sich selbst strafbar zu machen, vor allem dann, wenn die Beratung dazu dient, eine Straftat des Mandanten zu fördern oder zu verdecken.

180 Ein besonderes, strafrechtliches Risiko besteht außerdem in den Fällen, in denen ein Berater als externer Sanierer aktiv an den Sanierungsbemühungen mitwirkt. Dieses Risiko kann sich z. B. dann verwirklichen, wenn sich der Berater im Rahmen eines Sanierungsplanes mit der Bitte um ein Moratorium an alle Gläubiger wendet und den Gläubigern gleichzeitig die Zahlung zu einem späteren Zeitpunkt aus einem zur Verfügung stehenden Geldbetrag zugesagt wird.

Werden die dann zur Verfügung gestellten Geldmittel entgegen der Zusage des Beraters nicht entsprechend der Ankündigung an die Gläubiger ausgeschüttet, sondern zu anderen Zwecken verwendet, kann der Tatbestand der **Untreue gem. § 266 StGB** erfüllt sein. Es ist also strikt darauf zu achten, dass die Gelder nur im Rahmen des aufgestellten Sanierungsplans verwendet werden. Beim Scheitern des Planes ist es in der Regel eine Frage der Auslegung, wie das vorhandene Geld verteilt werden darf und ob z. B. Honorarforderungen hiervon gedeckt werden können.

Eine **unmittelbare Täterschaft** des Beraters kommt zudem im Bereich der Buchführungs- und Bilanzdelikte der **§§ 283, 283b StGB** in Betracht. Der Wirtschaftsprüfer oder Steuerberater kann in seiner Eigenschaft als Berater auch Täter eines Bankrottdeliktes sein, z. B. wenn er für den Mandanten eigenverantwortlich Buchführungs- und Finanzierungsaufgaben übernimmt und diese nicht oder nur unzulänglich ausführt. Übernimmt der Berater eigenverantwortlich auch Aufgaben, zu denen die GmbH als sein Mandant gesetzlich verpflichtet ist, so tritt er ggf. in die Pflichten seines Mandanten ein.

Die **Teilnahme** an einer Straftat kommt für den Berater im Bereich der Insolvenzverschleppung hauptsächlich in Form der Anstiftung gem. § 26 StGB oder der Beihilfe gem. § 27 StGB in Betracht. Rät der Berater bspw. dem Schuldner trotz kaum bestehender Aussichten einer Sanierung dazu, zunächst einen außergerichtlichen Vergleich mit den Gläubigern zu versuchen und keinen Insolvenzantrag zu stellen, kann eine Anstiftung bzw. Beihilfe zur Insolvenzverschleppung vorliegen.

VI. Professionelle Unternehmensbestattung

In der Praxis ist in der jüngsten Zeit verstärkt die sog. »**Unternehmensbestattung**« zu beobachten. In Tageszeitungen oder Zeitschriften erscheinende Anzeigen mit Wortlauten wie etwa »Unternehmer kauft von Insolvenz bedrohte GmbH bei voller Schuldübernahme und Entlastung der Geschäftsleitung« oder »Firma in Not, Soforthilfe durch Tausch der verschuldeten GmbH gegen unverschuldete GmbH« weisen auf solche professionellen »Unternehmensbestattungen« hin.

Die Anzeigen sind Teil eines Systems zum Aufkauf insolventer Unternehmen. Dabei wird ein Dienstleistungspaket angeboten, das Unternehmern verspricht, die Unannehmlichkeiten einer Insolvenz und insbesondere die strafrechtliche Verfolgung und zivilrechtliche Haftung wegen bereits vorliegender Insolvenzstraftaten vermeiden zu können.

Zu diesem Zweck wird das Unternehmen von einer oftmals im Ausland ansässigen Briefkastenfirma aufgekauft. Zudem wird der Sitz an eine Scheinadresse verlegt, die Firma geändert und ein neuer Geschäftsführer bestellt, wobei insbesondere die Sitzverlegung und der Geschäftsführerwechsel mehrfach wiederholt werden. Im Zuge dieser Maßnahmen verschwinden zumeist die Geschäftsunterlagen, wobei in der Regel nicht festgestellt werden kann, ob sie von der Übernehmerin oder vom Verkäufer beiseitegeschafft wurden.

Alleiniges Ziel dieser Maßnahmen ist, es den Gläubigern der Gesellschaft unmöglich zu machen, ihre Ansprüche weiter zu verfolgen: Mahnbescheide und Klagen können nicht zugestellt werden und Vollstreckungen gehen ins Leere, da die insolvente Gesellschaft nicht mehr erreicht werden kann. Wendet sich der Gläubiger an den Verkäufer und bisherigen Unternehmer, wird dieser den Gläubiger darauf verweisen, sich mit seiner Forderung an den Übernehmer zu richten. In vielen Fällen werden selbst die Mitarbeiter von der Unternehmensbestattung überrascht, da die noch vorhandenen Vermögenswerte in einer »Nacht-und-Nebel-Aktion« beiseitegeschafft werden und Ansprechpartner nicht mehr vorzufinden sind. Von Gläubigern gestellte Insolvenzanträge führen ebenso wenig zum Erfolg, da in der Regel keine Insolvenzmasse mehr vorhanden ist und Ansprüche gegen die Beteiligten wegen fehlender Unterlagen nicht festgestellt bzw. nachgewiesen werden können. Unter Umständen wird der Insolvenzantrag des Gläubigers aufgrund der häufigen Sitzverlegung der Gesellschaft sogar wegen örtlicher Unzuständigkeit (kostenpflichtig!) zurückgewiesen, da der Gläubiger nicht mehr nachvollziehen kann, wo sich der aktuelle Sitz der Gesellschaft befindet.

188 Bei der Unternehmensbestattung verstoßen die Täter konsequent gegen die Rechtsordnung. Das Verhalten aller Beteiligten ist deshalb besonders strafwürdig, weil vorsätzlich und zielgerichtet versucht wird, das vom Gesetzgeber vorgegebene Verfahren zur Prüfung, welche Vermögenswerte zur Befriedigung der Gläubiger noch vorhanden sind oder ggf. über die Wahrnehmung von Anfechtungsrechten zur Masse gezogen werden können, auszuhebeln.

189 Der Verkäufer einer insolventen Gesellschaft hofft, sich durch den Verkauf des Unternehmens und Zahlung eines Geldbetrages von seinen insolvenzrechtlichen Pflichten befreien zu können. Ziel des Verkäufers in dieser Situation ist es, sich der Unannehmlichkeiten eines Insolvenzverfahrens zu ersparen, den »guten Namen« zu erhalten und sich nach Möglichkeit der straf- und zivilrechtlichen Verantwortung zu entziehen. Dabei werden viele Altgeschäftsführer von der Hoffnung getragen, mit einem neuen, unbelasteten Unternehmen wieder am Markt agieren zu können.

190 Diese Hoffnung auf ein (wieder) unbeschwertes Unternehmerleben machen sich die Aufkäufer zunutze und verstärken dieses Gefühl bei den Kontakten mit dem Altgeschäftsführer konsequent. Es wird ein Leben ohne die Sorgen der Not leidenden Gesellschaft in Aussicht gestellt.

191 Dass die Versprechungen des Aufkäufers nicht eingehalten werden können, merkt der Verkäufer, also die Altgesellschafter bzw. der oder die Altgeschäftsführer, in der Regel erst nach Abschluss aller Geschäfte und Zahlung der sog. **Entsorgungsprämie**. Spätestens, wenn die Gläubiger Kenntnis von dem Verkauf erlangen und erfolglos versucht haben, ihre Ansprüche zu verfolgen, erstatten sie vielfach Strafanzeige, da die Motivation der Geschädigten, wenigstens die strafrechtliche Verfolgung des Altgeschäftsführers in Gang zu setzen, in dieser Situation besonders hoch ist.

192 Strafrechtlich relevante Tatbestände der »Unternehmensbestattung« sind neben der **Insolvenzverschleppung** gem. §§ 64, 84 GmbHG insbesondere die **Bankrottdelikte** des § 283 StGB, **Untreue** gem. § 266 StGB, Vorenthalten von Arbeitnehmerbeiträgen gem. § 266a Abs. 1 StGB sowie **Hehlerei** gem. § 259 StGB. Der Straftatbestand der Hehlerei ist insbesondere verwirklicht, wenn der Neugeschäftsführer aufgrund vertraglicher Vereinbarungen mit dem Altgeschäftsführer nach Übertragung der Geschäftsanteile das Anlagevermögen der Gesellschaft auf die neue GmbH des Altgeschäftsführers überträgt. In diesem Fall stammt das Anlagevermögen aus einer rechtswidrigen Tat des Aufkäufers bzw. des Neugeschäftsführers. Dieser begeht eine Untreue gem. § 266 StGB, während der Altgeschäftsführer aufgrund seiner Kenntnis über die Herkunft des Anlagevermögens den Tatbestand der Hehlerei erfüllt.

E. Beratung des Gläubigers

Das Hauptbetätigungsfeld des Beraters eines Gläubigers in der Insolvenz ist die Geltendmachung von Forderungen.

I. Geltendmachung von Forderungen

193 Gläubiger, die einen z. Zt. der Eröffnung des Insolvenzverfahrens begründeten Vermögensanspruch gegen den Schuldner haben, werden gem. § 38 InsO als **Insolvenzgläubiger** bezeichnet.

194 Der Anspruch muss zum Zeitpunkt der Insolvenzeröffnung begründet sein. Nicht fällige Forderungen gelten gem. § 41 Abs. 1 InsO als fällig.

195 Gem. § 87 InsO können die Forderungen der Insolvenzgläubiger nur noch nach den Vorschriften über das Insolvenzverfahren verfolgt werden. Die Insolvenzgläubiger müssen gem. § 174 Abs. 1 InsO ihre **Forderung** schriftlich beim Insolvenzverwalter **anmelden**. Der Anmeldung sollen die Urkunden, aus denen sich die Forderung ergibt, in Abdruck beigefügt werden.

196 Gem. § 28 Abs. 1 InsO sind die Gläubiger bereits im Insolvenzbeschluss aufzufordern, ihre Forderung innerhalb einer bestimmten Frist anzumelden. Forderungen können gem. § 177 InsO auch nachträglich angemeldet werden, wobei jedoch die Kostentragungspflicht des § 177 Abs. 1 Satz 2 InsO zu beachten ist.

Im angesetzten **Prüfungstermin** werden die angemeldeten Forderungen ihrem Rang und ihrem Betrag nach geprüft. Die Forderungen, die bestritten werden, sind einzeln zu erörtern. 197

Ist die Forderung eines Gläubigers bestritten, kann er an der Erlösverteilung erst teilnehmen, wenn er einen **Feststellungsprozess** durchgeführt und diesen gewonnen hat. Der Gläubiger kann den Insolvenzverwalter also nicht auf Zahlung verklagen, sondern lediglich auf die Feststellung, dass dem Gläubiger gegenüber dem Schuldner so, wie die Forderung angemeldet oder im Prüfungstermin bezeichnet worden ist, eine Insolvenzforderung zusteht (§ 181 InsO). 198

Führt der Gläubiger im Zeitpunkt der Stellung des Insolvenzantrags bereits einen Prozess gegen den Schuldner auf Zahlung einer bestimmten Summe, wird der **Prozess** gem. § 240 ZPO mit der Eröffnung des Insolvenzverfahrens **unterbrochen**. Widerspricht der Insolvenzverwalter im Prüfungstermin der Feststellung der Forderung, kann der Gläubiger gegen den Insolvenzverwalter den Prozess wieder aufnehmen. Der Gläubiger muss jetzt allerdings seinen Klageantrag von einem Leistungs- zu einem Feststellungsantrag umstellen. Beklagter ist nunmehr der Insolvenzverwalter. 199

Die **sachliche und örtliche Zuständigkeit** für die Feststellungsklage richtet sich nach § 180 InsO. Danach ist ausschließlich das **Amtsgericht** zuständig, bei dem das Insolvenzverfahren anhängig ist oder anhängig war. Gehört der Streitgegenstand nicht zur Zuständigkeit der Amtsgerichte, so ist ausschließlich das Landgericht zuständig, zu dessen Bezirk das Insolvenzgericht gehört. Bei einer besonderen Gerichtszuständigkeit ist gem. § 185 InsO die Feststellung beim jeweils zuständigen Gericht zu betreiben. 200

Unbedingt zu beachten ist die **Ausschlussfrist des § 189 InsO**: Ein Insolvenzgläubiger, dessen Forderung nicht festgestellt ist und für dessen Forderung ein vollstreckbarer Titel oder ein Urteil nicht vorliegen, hat spätestens innerhalb von **2 Wochen** nach der öffentlichen Bekanntmachung des Verteilungsverzeichnisses dem Insolvenzverwalter nachzuweisen, dass und für welchen Betrag die Feststellungsklage erhoben oder das Verfahren in einem früher anhängigen Rechtsstreit aufgenommen worden ist. Gelingt der rechtzeitige Nachweis, wird der auf die Forderung entfallende Anteil bei der Verteilung zurückbehalten, solange der Rechtsstreit anhängig ist. Wird der Nachweis nicht rechtzeitig erbracht, wird gem. § 189 Abs. 3 InsO die Forderung bei der Verteilung nicht berücksichtigt. 201

II. Aussonderungsrechte, § 47 InsO

Gem. § 47 InsO ist **aussonderungsberechtigt**, wer aufgrund eines dinglichen oder persönlichen Rechts geltend machen kann, dass der von diesem Recht betroffene Gegenstand nicht zur Insolvenzmasse gehört. Er ist dann kein Insolvenzgläubiger. Der Aussonderungsanspruch ist gegen den Insolvenzverwalter zu richten. 202

Ob ein Aussonderungsrecht vorliegt, richtet sich nach der materiellen Berechtigung des Anspruchstellers, die sich aus den allgemeinen Gesetzen ergibt. Das Aussonderungsrecht muss sich auf individuell bestimmbare Gegenstände beziehen. An Geld kann ein Aussonderungsrecht bestehen, solange es unterscheidbar in der Insolvenzmasse des Schuldners vorhanden ist. 203

Im Übrigen sind insbesondere folgende **Aussonderungsrechte** zu nennen: 204
- Eigentum, §§ 903, 985 BGB,
- einfacher Eigentumsvorbehalt, § 449 BGB,
- dingliches Vorkaufsrecht, § 1094 BGB,
- schuldrechtliche Herausgabeansprüche, z. B. §§ 546, 596, 604 BGB,
- Forderungsinhaberschaft, § 398 BGB.

Nicht unter die Aussonderungsrechte, sondern unter die Absonderungsrechte fällt das **Sicherungseigentum**, vgl. § 51 Nr. 1 InsO. Der verlängerte sowie erweiterte Eigentumsvorbehalt fällt in der Regel ebenfalls unter die Absonderungsansprüche. 205

Der Aussonderungsberechtigte muss seinen Anspruch gegenüber dem Insolvenzverwalter nach den allgemeinen Regeln geltend machen. Dabei obliegt es ihm grundsätzlich, die Eigentumsvermutung 206 des § 1006 Abs. 1 BGB zu widerlegen und zu beweisen, dass ihm bezüglich des betroffenen Gegenstands ein Aussonderungsrecht zusteht.

207 Weigert sich der Insolvenzverwalter, den Aussonderungsanspruch zu erfüllen, muss der Aussonderungsberechtigte **Klage** erheben. Der Rechtsweg entspricht demjenigen, den der Aussonderungsberechtigte auch gegenüber dem Schuldner hätte einschlagen müssen. War z. Zt. der Eröffnung des Insolvenzverfahrens bereits ein Rechtsstreit anhängig, kann dieser sowohl vom Insolvenzverwalter als auch vom Gläubiger aufgenommen werden, wenn der Rechtsstreit die Aussonderung eines Gegenstands aus der Insolvenzmasse betrifft (§ 86 Abs. 1 Nr. 1 InsO).

208 Eine Erweiterung der Rechte des Aussonderungsberechtigten findet durch die in § 48 InsO geregelte **Ersatzaussonderung** statt. Danach ist ein Gegenstand, dessen Aussonderung hätte verlangt werden können, der jedoch vor Eröffnung des Verfahrens vom Schuldner oder nach Eröffnung des Verfahrens vom Insolvenzverwalter unberechtigt veräußert wurde, durch Herausgabe der Gegenleistung oder deren Abtretung an den Aussonderungsberechtigten zu erfüllen.

209 Voraussetzung für das Ersatzaussonderungsrecht nach § 48 InsO ist in erster Linie, dass der Gegenstand, der ansonsten der Aussonderung unterlegen hätte, unberechtigt entweder vom Schuldner vor Verfahrenseröffnung oder vom Insolvenzverwalter nach Verfahrenseröffnung veräußert wurde. Hat eine dingliche Surrogation stattgefunden, durch die ein anderer Gegenstand anstelle des auszusondernden ursprünglichen Gegenstands getreten ist, liegen die Voraussetzungen für eine Aussonderung nach § 47 InsO vor.

III. Absonderungsrechte, §§ 49 ff. InsO

210 Im Unterschied zu einem Aussonderungsrecht geht es bei der Absonderung um eine **vorzugsweise Befriedigung** des Gläubigers aus der absonderungsbefangenen Sache. Soweit mehr erlöst wird als der absonderungsberechtigte Gläubiger zu beanspruchen hat, steht der Mehrerlös der Insolvenzmasse zu.

211 Die einzelnen Absonderungsrechte sind in den §§ 49 ff. InsO geregelt. Zumeist hat der Absonderungsberechtigte gleichzeitig auch eine Forderung gegenüber dem Schuldner.

212 Absonderungsrechte ergeben sich aus Grundpfandrechten, Pfandrechten an beweglichen Sachen oder sonstigen Rechten, sowie aus Pfändungspfandrechten oder haben ihre Grundlage in einer Sicherungsübereignung, Sicherungsabtretung oder einem verlängerten bzw. erweiterten Eigentumsvorbehalt (vgl. § 51 InsO).

213 Der Unterschied zum Aussonderungsrecht besteht darin, dass der Insolvenzverwalter gem. §§ 165 ff. InsO das Recht zur Verwertung der Gegenstände hat, die mit Absonderungsrechten belastet sind. Dahinter steht der Grundgedanke, dass die Gegenstände, an denen ein Absonderungsrecht besteht, nicht aus der Insolvenzmasse herausgelöst werden sollen, da diese eventuell für die Fortführung des Betriebes von Bedeutung sein können.

214 Gem. § 167 InsO hat der Insolvenzverwalter gegenüber dem absonderungsberechtigten Gläubiger die Pflicht, über den Zustand der Sache oder der Forderung **Auskunft** zu erteilen.

215 Bevor der Insolvenzverwalter einen Gegenstand, zu dessen Verwertung er nach § 166 InsO berechtigt ist, an einen Dritten veräußert, hat er dem absonderungsberechtigten Gläubiger mitzuteilen, auf welche Weise der Gegenstand veräußert werden soll (§ 168 Abs. 1 Satz 1 InsO). Er hat dem Gläubiger weiter Gelegenheit zu geben, binnen einer Woche auf eine andere, für den Gläubiger günstigere Möglichkeit der Verwertung des Gegenstands hinzuweisen. Der Gläubiger ist auch berechtigt, den Gegenstand selbst zu übernehmen. Teilt der Gläubiger dem Insolvenzverwalter eine günstigere Verwertungsmöglichkeit mit, hat der Insolvenzverwalter diese wahrzunehmen oder den Gläubiger so zu stellen, als hätte er sie wahrgenommen (§ 168 Abs. 2 InsO).

Der Insolvenzverwalter darf grundsätzlich eine absonderungsbefangene bewegliche Sache nutzen. Jedoch ist der Wertverlust gem. § 172 Abs. 1 InsO auszugleichen. Verwertet der Insolvenzverwalter den Gegenstand, sind gem. §§ 170, 171 InsO für die Masse vorweg die Kosten der Feststellung der Verwertung zu entnehmen. Diese belaufen sich für die Feststellung auf pauschal 4 % und für die Verwertung auf 5 % des Verwertungserlöses. Lagen die tatsächlich entstandenen Verwertungskosten höher oder niedriger, sind diese gem. § 171 Abs. 2 Satz 2 InsO anzusetzen. 216

IV. Masseverbindlichkeiten, §§ 53 ff. InsO

Bevor die Insolvenzgläubiger befriedigt werden, sind gem. § 53 InsO zunächst die Kosten des Verfahrens und die sonstigen Masseverbindlichkeiten **vorweg aus der Insolvenzmasse zu befriedigen**. Eine Ausnahme davon gilt nur, wenn gem. den §§ 207 ff. InsO die Masseunzulänglichkeit angezeigt wurde. Dann können auch die Massegläubiger nur mit einer quotalen Befriedigung rechnen. 217

Eine weitere Einschränkung erfahren die Forderungen durch § 90 InsO. Nach dieser Vorschrift sind Zwangsvollstreckungen wegen Masseverbindlichkeiten, die nicht durch eine Rechtshandlung des Insolvenzverwalters begründet worden sind, für die Dauer von 6 Monaten nach Eröffnung des Insolvenzverfahrens unzulässig. 218

Masseverbindlichkeiten sind zunächst gem. § 54 InsO **Kosten des Insolvenzverfahrens**, also die Gerichtskosten sowie die Vergütung und die Auslagen des vorläufigen Insolvenzverwalters und der Mitglieder des Gläubigerausschusses. 219

Sonstige Masseverbindlichkeiten werden durch § 55 InsO definiert. Dies sind insbesondere durch Handlungen des Insolvenzverwalters begründete Forderungen und die aus gegenseitigen Verträgen resultierenden Ansprüche gegen die Insolvenzmasse. 220

Gem. § 55 Abs. 2 InsO werden Verbindlichkeiten, die von einem vorläufigen Insolvenzverwalter mit Verfügungsbefugnis (des sog. starken vorläufigen Insolvenzverwalters; vgl. Rdn. 29) begründet worden sind, ebenfalls als Masseverbindlichkeiten eingeordnet. Verbindlichkeiten, die vom Insolvenzschuldner vor Eröffnung des Insolvenzverfahrens mit Zustimmung des vorläufigen Insolvenzverwalters mit Zustimmungsvorbehalt (des sog. schwachen vorläufigen Insolvenzverwalters, vgl. Rdn. 30) eingegangen werden, stellen keine Masseverbindlichkeiten dar. 221

Kann eine Masseverbindlichkeit, die durch eine Rechtshandlung des Insolvenzverwalters begründet worden ist, aus der Insolvenzmasse nicht voll befriedigt werden, kann gem. § 61 InsO ein Schadensersatzanspruch gegen den Insolvenzverwalter entstehen. Dies gilt jedoch nur, wenn der Insolvenzverwalter bei der Begründung der Verbindlichkeit erkennen konnte, dass die Masse voraussichtlich nicht zur Erfüllung ausreichen würde. 222

Liegt **Masseunzulänglichkeit** vor, ergibt sich die **Rangfolge der Befriedigung** der Massegläubiger aus § 209 InsO. Demnach sind die Kosten des Insolvenzverfahrens vorab zu erfüllen. Im zweiten Schritt werden die Masseverbindlichkeiten erfüllt, die nach der Anzeige der Masseunzulänglichkeit begründet worden sind, ohne zu den Kosten des Verfahrens zu gehören. 223

Zu diesen Masseverbindlichkeiten zählen auch Verbindlichkeiten aus einem gegenseitigen Vertrag, dessen Erfüllung der Verwalter gewählt hat, nachdem er die Masseunzulänglichkeit angezeigt hatte. Verbindlichkeiten aus einem Dauerschuldverhältnis für die Zeit nach dem ersten Termin, zu dem der Verwalter nach der Anzeige der Masseunzulänglichkeit kündigen konnte, sowie Verbindlichkeiten aus einem Dauerschuldverhältnis, soweit der Verwalter nach der Anzeige der Masseunzulänglichkeit für die Insolvenzmasse die Gegenleistung in Anspruch genommen hat. Am Ende werden die übrigen Masseverbindlichkeiten erfüllt. 224

Hat der Insolvenzverwalter bereits Masseunzulänglichkeit angezeigt, besteht für eine Leistungsklage kein Rechtsschutzbedürfnis mehr. Aufgrund des § 210 InsO kann ein Leistungsurteil nicht mehr vollstreckt werden. Daher können z. B. Forderungen gem. § 209 Abs. 1 Nr. 3 InsO nicht mehr mit 225 einer Leistungsklage verfolgt werden. Selbst ein Leistungsurteil i. H. d. zu erwartenden Massequote ist nicht mehr zulässig (vgl. Uhlenbruck/*Uhlenbruck* § 208 Rn. 27).

F. Sanierungsmöglichkeiten außerhalb der Insolvenz

I. Maßnahmen zur Beseitigung der Zahlungsunfähigkeit

226 Die Liquiditätskrise ist die »höchste« Form der Krise. Ihr gehen meist Krisen im Rechtssinne voraus, etwa der Verlust der Hälfte des Kapitals mit Verlustanzeigepflicht und Kreditunwürdigkeit. Die Krise kann sich bis zur bereits dargestellten Zahlungsunfähigkeit entwickeln.

227 Die Liquiditätskrise lässt sich durch **betriebswirtschaftliche und rechtliche Maßnahmen** beseitigen. Die finanzwirtschaftliche Sanierung umfasst u. a. folgende Maßnahmen:
- Veräußerung von nicht betriebsnotwendigem Vermögen,
- Veräußerung von Anlagevermögen mit nachrangiger Anmietung,
- Veräußerung von Know-how,
- Senken des Bestandes an Roh-, Hilfs-, Betriebsstoffen durch Verkauf von Überständen, Verhandlung günstigerer Einkaufskonditionen, Anwendung anderer Lieferbedingungen, bessere Logistik,
- Senken des Bestandes an unfertigen und fertigen Erzeugnissen durch schnelle Durchlaufzeiten,
- Senken des Bestandes an Forderungen aus Lieferung und Leistung durch kürzere Debitorenlaufzeiten, Vereinbarung von Anzahlungen, Sondermaßnahmen, Factoring,
- Einfordern von an Gesellschafter und Dritte gewährte Darlehen,
- Erhöhung von Kreditorenlaufzeiten,
- Vereinbarung einer Stundung von Forderungen mit (einzelnen) Gläubigern,
- Vereinbarung eines Erlasses von Forderungen mit (einzelnen) Gläubigern,
- Verwandlung von Verbindlichkeiten in Eigenkapital.

228 Es muss aber immer darauf geachtet werden, wie sich z. B. die Veräußerung von Anlagevermögen auf den Überschuldungsstatus auswirkt. Bei Stundungsvereinbarungen müssen die Verbindlichkeiten weiterhin passiviert bleiben. Es kann auch Eigenkapital zugeführt werden. Zur Vermeidung einer negativen Auswirkung im Überschuldungsstatus muss aber ein Rangrücktritt erklärt werden.

II. Beseitigung der Überschuldung

1. Kapitalerhöhung

229 Die Überschuldung kann am besten durch eine Kapitalerhöhung beseitigt werden. Dabei ist zu beachten, dass die Leistungen für die Kapitalerhöhung erst nach Abschluss der materiellen Verträge erfolgen, weil anderenfalls auf eine Nichtschuld gezahlt wird mit der Folge, dass der Betrag der Kapitalerhöhung nochmals eingezahlt werden muss. Im Rahmen eines Insolvenzverfahrens werden solche Zahlungen in der Regel direkt vom Insolvenzverwalter eingefordert.

230 Der Betrag aus der Kapitalerhöhung muss zudem bis zur Eintragung in das Handelsregister **zur freien Verfügung** der Geschäftsführung verbleiben, da ansonsten eine **Differenzhaftung** gem. § 9 GmbHG besteht (vgl. dazu § 9 GmbHG Rdn. 6 ff.). Zulässig ist die Einzahlung auf ein debitorisches Konto, soweit die Kreditlinie noch nicht ausgeschöpft ist.

2. Forderungsverzicht

231 Auch der Forderungsverzicht ist ein klassisches Sanierungsinstrument. Mit Ausspruch des Verzichts sind die Forderungen nicht mehr im Überschuldungsstatus auszuweisen. Der Verzicht muss jedoch unbedingt erklärend sein, damit er nicht als Stundung verstanden wird.

232 Auch, wenn die Anerkennung eines steuerfreien Sanierungsgewinns inzwischen im EStG nicht mehr geregelt ist, sondern durch einen Sonderbescheid des Finanzamts herbeigeführt werden muss,

handelt es sich beim Forderungsverzicht um ein einfaches und schnelles Mittel zur Beseitigung der Überschuldung, das außerdem die künftigen Finanzierungskosten des zu sanierenden Unternehmens senkt und damit die Ertragskraft stärkt. Der Forderungsverzicht kann aber eine eingetretene Zahlungsunfähigkeit des insolventen Unternehmens nicht beseitigen.

3. Besserungsschein

Gläubiger sind erfahrungsgemäß oft nicht bereit, einen endgültigen Verlust ihrer Forderungen zu akzeptieren. Der Forderungsverzicht führt zu einem endgültigen Verlust, auch wenn das Unternehmen später erfolgreich saniert und damit wirtschaftlich gesundet ist. Sanierungsinstrumente zur Berücksichtigung der Interessen der Gläubiger sind die sog. **Rangrücktrittsvereinbarung** und die Vereinbarung eines Forderungsverzichts mit **Besserungsschein**. 233

Bei der **Vereinbarung eines Besserungsscheins** handelt es sich um einen Forderungsverzicht durch Erlassvertrag. Der Erlass der Forderung steht dabei unter der auflösenden Bedingung, dass der Forderungserlass bei Besserung der Vermögensverhältnisse entfällt. In der Regel wird in einem Besserungsschein vereinbart, dass auf die erlassene Schuld Nachzahlungen zu leisten sind, soweit sich die Vermögensverhältnisse des Schuldners bessern, insbesondere aus zukünftigen Gewinnen oder aus einem Liquidationserlös. 234

Durch die auflösende Bedingung erlöschen zunächst die erlassenen Forderungen. Erst bei Eintreten der im Einzelnen festgelegten wirtschaftlich besseren Lage des Unternehmens leben die Forderungen in der vereinbarten Höhe wieder auf. Die durch den Besserungsschein betroffenen Forderungen sind weder im Überschuldungsstatus noch in der Handelsbilanz zu passivieren. 235

4. Rangrücktrittserklärung

Auch eine Rangrücktrittserklärung beseitigt die Überschuldung. Hierbei handelt es sich um eine zivilrechtliche Vereinbarung, wonach der Zahlungsanspruch eines Gläubigers für den Fall der Insolvenz des schuldnerischen Unternehmens nicht mehr geltend gemacht werden kann. Der Gläubiger tritt mit seinem Anspruch hinter allen anderen Gläubigern der Gesellschaft zurück. 236

Der Rangrücktritt darf also nicht nur gegenüber einzelnen Gläubigern der Gesellschaft erklärt werden. Soweit der Gläubiger nicht endgültig auf seine Forderungen verzichten will, ist eine **qualifizierte Rangrücktrittserklärung** abzugeben mit der Abrede, dass die Forderung des Gläubigers dann zu befriedigen ist, wenn wieder Gewinne oder Liquidationsüberschüsse erzielt werden. Genügt die Rangrücktrittserklärung den vorgenannten Anforderungen, ist die jeweilige Forderung im Überschuldungsstatus nicht mehr zu passivieren. 237

5. Patronatserklärung

Auch eine Patronatserklärung eines Dritten zugunsten aller Gläubiger der Gesellschaft kann die Überschuldung beseitigen. Zu beachten ist aber, dass eine sog. **harte Patronatserklärung** abzugeben ist, weil nur diese im Ergebnis zu einer Mithaftung des Sicherungsgebers führt. Mit der Patronatserklärung übernimmt in der Regel die Muttergesellschaft die Verpflichtung, dafür Sorge zu tragen, die Tochtergesellschaft finanziell so auszustatten, dass diese jederzeit in der Lage ist, ihren Zahlungsverpflichtungen nachzukommen. Voraussetzung für die Aktivierung harter Patronatserklärungen ist, dass sie zugunsten aller Gläubiger abgegeben wird. 238

III. Vorteile einer außergerichtlichen Sanierung

Die außergerichtliche Sanierung hat den Vorteil, dass sie bereits früher, nämlich bei den ersten Signalen für eine betriebswirtschaftliche Krise, einsetzen kann und nicht erst der Eintritt der Insolvenzreife abgewartet werden muss. Entscheidender Vorteil einer außergerichtlichen Sanierung ist, dass die Gesellschaft allein durch ihre Geschäftsführer und durch die Gesellschafter weitergeführt werden kann. Das »öffentliche Insolvenzverfahren« ist in der Regel mit einer automatischen 239

Entwertung der Aktiva verbunden. Solche für die Sanierung nachteiligen Veränderungen werden in der Regel durch einen außergerichtlichen Vergleich vermieden. Im Rahmen der außergerichtlichen Sanierung werden zudem die Kosten, die mit der Verfahrenseröffnung verbunden sind, vermieden und insgesamt geringer gehalten.

240 Hauptvorteil dieser Vorgehensweise ist, dass der Unternehmensträger an sich intakt bleibt. Die einschneidende Wirkung der Insolvenz, die in vielen Fällen eine Beendigung einer Vielzahl von Vertragsverhältnissen nach sich zieht, wird umgangen. Insbesondere Großunternehmen beliefern nach Erfahrungen aus der Praxis Firmen nach Stellung eines Insolvenzantrags nicht mehr, sodass trotz möglicherweise vorhandener Liquidität sowie der Erteilung von Zahlungszusagen durch den (vorläufigen) Insolvenzverwalter Lieferprobleme auftreten.

241 Ferner werden durch die Stellung des Insolvenzantrags die Beziehungen zu den Kunden beschädigt oder unterbrochen, da insbesondere Großkonzerne interne Vorschriften und Richtlinien haben, nach denen insolvente Lieferanten – soweit möglich – nicht mehr beauftragt werden dürfen. Eine bereits eingetretene Zahlungsunfähigkeit oder Überschuldung kann vielfach ungeahndet beseitigt werden, obwohl der Tatbestand der Insolvenzverschleppung (s. dazu Rdn. 163 ff.) bereits erfüllt ist.

IV. Nachteile der außergerichtlichen Sanierung

1. Haftungsrisiken des Betriebsübernehmers

242 Ein gern gewähltes Sanierungskonzept besteht darin, dass ein Dritter die wesentlichen Vermögenswerte der Gesellschaft übernimmt und den Betrieb fortführt. Dieses Modell birgt indes nicht unerhebliche Haftungsrisiken, die im Vorfeld unbedingt abgeklärt werden sollten. Bei der außergerichtlichen Sanierung durch Übertragung der Vermögenswerte treten die Haftungsbefreiungen von § 613a BGB, § 75 AO und § 25 HGB nicht ein. In der Praxis erweist sich die Vorschrift des § 613a BGB als besonders nachteilig, der für Sanierungsfälle uneingeschränkt gilt.

a) Haftung gem. § 613a BGB

243 Sofern ein Dritter die wesentlichen Teile eines Betriebes, insbesondere Maschinen und Anlagen, Betriebsgrundstücke, Geschäftsbeziehungen oder das Know-how übernimmt, spricht man von einem Betriebsübergang. Gesetzliche Folge eines solchen Betriebsübergangs ist, dass der Übernehmer sämtliche Arbeitsverhältnisse der bisherigen Arbeitnehmer des Ursprungsbetriebes übernimmt, ohne dass es einer vertraglichen Vereinbarung zwischen Übergeber und Übernehmer bedarf. Der Übergang erfolgt zu dem Stichtag, an dem der Übernehmer die betriebliche Leitungsmacht übernimmt.

244 Kündigungen wegen eines geplanten Betriebsübergangs sind unwirksam. Bei § 613a BGB, der nicht abdingbar ist und auch in der Insolvenz gilt, dürfte es sich um eine der sanierungsfeindlichsten Vorschriften der deutschen Rechtsordnung handeln. Die Problematik wird dadurch verschärft, dass nach der Rspr. auch Aufhebungsverträge und Eigenkündigungen der Arbeitnehmer aus Anlass des Betriebsübergangs verboten sind, sofern sie vom Betriebsveräußerer oder -erwerber veranlasst werden, um dem gesetzlichen Kündigungsverbot auszuweichen. Allerdings soll das nur dann gelten, wenn angedacht ist, mit dem Erwerber später einen neuen Arbeitsvertrag abzuschließen. Vereinbarungen, die sich auf ein endgültiges Ausscheiden des Arbeitnehmers aus dem Arbeitsverhältnis richten, sind ohne Rücksicht auf ihre sachliche Berechtigung zulässig. Da hier im Detail Vieles im Streit steht, sollte im Zweifelsfall unbedingt ein erfahrener Arbeitsrechtler um Rat gefragt werden.

b) Haftung gem. § 25 HGB

245 Da mit der Firma, also dem »Namen« eines Unternehmens, vielfach ein besonderer Wert verbunden ist, wird diese häufig von dem Erwerber des Unternehmens (jedenfalls im Kern) unverändert fortgeführt.

In diesen Fällen stellt sich das Problem einer Haftung gem. § 25 Abs. 1 HGB. Nach dieser Vorschrift haftet derjenige, der ein unter Lebenden erworbenes Handelsgeschäft unter der bisherigen Firma mit oder ohne Beifügung eines das Nachfolgeverhältnis andeutenden Zusatz fortführt, für alle im Betriebe des Geschäfts begründeten Forderungen des bisherigen Inhabers. Grund der Haftung ist der durch die Fortführung der Firma begründete **Rechtsschein**, der auf eine Kontinuität der Unternehmensfortführung hindeutet.

Die **Haftung für Altverbindlichkeiten** kann gem. § 25 Abs. 2 HGB ausgeschlossen werden. Dieser Haftungsausschluss muss aber grundsätzlich im Handelsregister eingetragen und bekannt gemacht werden.

c) Haftung gem. § 75 AO

Der Übernehmer eines Betriebes haftet nach § 75 AO für die im Betrieb des Unternehmens begründeten Steuern. Die Haftung kommt auch zum Tragen, wenn ein Teilbetrieb, also ein für sich allein lebensfähiger Bereich des gesamten Unternehmens, übernommen wird. Gerade der letzte Punkt dürfte für Sanierungskonzepte von Relevanz sein.

§ 75 AO findet keine Anwendung, wenn der Betrieb aus einer Insolvenzmasse erworben wird. Auch vor diesem Hintergrund kann es sinnvoll sein, zunächst die Eröffnung eines Insolvenzverfahrens abzuwarten. Wichtig ist, dass auch der Erwerb vom vorläufigen Insolvenzverwalter zu einem Haftungsausschluss führt, jedenfalls dann, wenn anschließend das Insolvenzverfahren eröffnet wird.

2. Weitere Nachteile

Sanierungsfeindlich wirkt sich auch der **Fortfall der Steuerbefreiung** des Sanierungsgewinns aus. Das BMF hat den Finanzbehörden jedoch zwischenzeitlich mit Schreiben vom 27.03.2003 ein Stundungs- und Erlassverfahren vorgegeben für den Fall, dass eine Sanierung zu Buchgewinnen führt.

Der Umstand, dass im Rahmen einer außergerichtlichen Sanierung die Sozialplanansprüche der Arbeitnehmer nur schwer kalkulierbar sind, stellt oft ein Hindernis einer außergerichtlichen Sanierung dar. Die Obergrenze, die § 123 InsO vorsieht, gilt nicht für die außergerichtliche Sanierung. Im Hinblick darauf braucht man vielfach größere Summen zum Sanieren, die oft fehlen.

Nachteilig und mit Risiken behaftet ist auch der Umstand, dass die gesetzliche Frist zur Insolvenzantragstellung während der Sanierungsbemühungen weiter läuft. Im Hinblick auf die Haftungsrisiken der Geschäftsführer, insbesondere aufgrund verspäteter Insolvenzantragstellung und der damit einhergehenden Haftung für die Quoten bzw. bei Neugläubigern für den vollen Schaden ist es wichtig, im Rahmen eines außergerichtlichen Vergleichs die Haftungsrisiken der Geschäftsführer einzubeziehen.

Bei einem außergerichtlichen Vergleich sind die Gläubiger nicht gehindert, in das Gesellschaftsvermögen zu **vollstrecken**. Das in der Insolvenzordnung festgelegte Vollstreckungsverbot und die sog. Rückschlagsperre des § 88 InsO gelten im Rahmen der außergerichtlichen Sanierung nicht. Auch die dinglich gesicherten Gläubiger können während der außergerichtlichen Sanierung die **Zwangsversteigerung**, etwa des Betriebsgrundstückes, betreiben. Für das Schuldnerunternehmen kann zwar ein Vollstreckungsgericht die Einstellung der Zwangsvollstreckung verfügen, jedoch höchstens für eine Dauer von 6 Monaten und nur dann, wenn durch die Einstellung die Versteigerung vermieden wird und wenn die Einstellung nach den persönlichen und wirtschaftlichen Verhältnissen des Schuldners sowie nach Art der Schuld der Billigkeit entspricht.

Kapitel 4 Internationales Gesellschaftsrecht

Übersicht

		Rdn.
A.	Einleitung	1
B.	**Ermittlung des Gesellschaftsstatuts**	2
I.	Mögliche Anknüpfungspunkte (Sitztheorie versus Gründungstheorie)	2
II.	Anwendbares Recht für EU/EWR-Gesellschaften	7
	1. Vorherrschende Meinung bis zur »Überseering«-Entscheidung (Sitztheorie)	7
	2. Wende durch die »Überseering«-Entscheidung (Gründungstheorie)	10
	3. Fortbestand der Sitztheorie und ergänzende Anwendung nationalen Gesellschaftsrechts	14
III.	Anwendbares Recht für Drittland-Gesellschaften (Sitztheorie)	20
IV.	Bewertung der unterschiedlichen Anknüpfungsmerkmale für EU/EWR- bzw. Drittland-Gesellschaften	22
V.	Sonderbestimmungen in Staatsverträgen	26
C.	**Subjektiver Anwendungsbereich des Gesellschaftsstatuts**	32
I.	Begriff der Gesellschaft	32
II.	Zweigniederlassung	36
D.	**Objektiver Regelungsbereich des Gesellschaftsstatuts**	43
I.	Allgemeines	43
II.	Rechtsfähigkeit und Anerkennung von Gesellschaften	46
	1. Rechtsfähigkeit und Anerkennung bei Sitzverlegungen in der EU/EWR	47
	2. Rechtsfähigkeit und Anerkennung bei Sitzverlegungen von Gesellschaften aus Drittstaaten	49
	3. Besonderheit: Handeln ultra-vires	51
	4. Aktive und passive Beteiligungsfähigkeit beim Erwerb von Gesellschaftsanteilen	53
III.	Gründung der Gesellschaft und Formfragen	55
	1. Maßgeblichkeit des Gesellschaftsstatuts	55
	2. Vorgründungs- und Vorgesellschaft	57
	3. Formvorschriften	59
	4. Registereintragungen	62
IV.	Gesellschaftsverfassung und Organe	65
	1. Allgemeines	65
	2. Vertretung der Gesellschaft	66
	3. Mitgliedschaftsrechte und deren Übertragung, Binnengesellschaftsverhältnisse	68
	a) Mitgliedschaft	68
	b) Übertragung und Belastung von Gesellschaftsanteilen	70
	c) Anknüpfung von asset deals	74
	4. Finanzverfassung	76
	5. Unternehmerische Mitbestimmung	78
V.	Haftung von Gesellschaftern und Organen	80
VI.	Rechnungslegung	83
VII.	Auflösung und Liquidation	85
VIII.	Insolvenz	87
IX.	Umwandlung	93
	1. Traditionelles Verständnis für alle ausländischen Gesellschaften	95
	2. Sonderrecht für EU/EWR-Gesellschaften	99
	a) »SEVIC«-Entscheidung	100
	b) »Verschmelzungsrichtlinie«	103
X.	Konzern	113
	1. Grenzüberschreitender Unterordnungskonzern	114
	2. Grenzüberschreitender Gleichordnungskonzern	121

A. Einleitung

1 Gegenstand dieses Kapitels über das internationale Gesellschaftsrecht ist zunächst die Ermittlung des auf gesellschaftsrechtliche Fragen anwendbaren Rechts bei grenzüberschreitenden Sachverhalten (»Gesellschaftsstatut«; vgl. Rdn. 2 ff.). Des Weiteren wird dargestellt, welche gesellschaftsrechtlichen Verhältnisse und Vorgänge dem Gesellschaftsstatut unterfallen, wodurch gleichzeitig der Anknüpfungsgegenstand des Gesellschaftsstatuts definiert und gegenüber anderen Kollisionsregeln abgegrenzt wird (vgl. Rdn. 32 ff. bzw. 43 ff.).

B. Ermittlung des Gesellschaftsstatuts

I. Mögliche Anknüpfungspunkte (Sitztheorie versus Gründungstheorie)

Das geltende deutsche internationale Privatrecht enthält derzeit noch **keine geschriebenen Kollisionsnormen**, die regeln, welche Rechtsordnung für Gesellschaften maßgeblich ist, wenn diese eine Auslandsberührung aufweisen. Stattdessen wurde es der Rechtsprechung und Lehre überlassen, ein derartiges Gesellschaftskollisionsrecht zu entwickeln. Das Bundesjustizministerium hatte zwar bereits am 07.01.2008 einen ersten Referentenentwurf für ein Gesetz zum Internationalen Privatrecht der Gesellschaften, Vereine und juristische Personen vom 07.01.2008 (Referentenentwurf/RefE) veröffentlicht, in dem auch das internationale Gesellschaftsrecht geregelt werden sollte. Zum ersten Mal wurde in diesem Referentenentwurf eine autonomrechtliche Regelung des anwendbaren Rechts auf Gesellschaften getroffen, weitgehend orientiert an der nachfolgend näher darzustellenden Gründungstheorie, auch unter Einbezug von Drittland-Gesellschaften. Der Referentenentwurf wurde auch den Ländern, Fachkreisen und Verbänden zur Stellungnahme übersandt. Allerdings wurde er in der Folgezeit nicht weiter verfolgt, sodass geschriebene Kollisionsregeln auch in naher Zukunft nicht zu erwarten sind.

Gegenwärtig werden in Bezug auf die Anknüpfungsmerkmale für die Ermittlung des Gesellschaftsstatuts – neben vermittelnden Konzepten – hauptsächlich zwei Theorien vertreten. Dabei stehen sich die im anglo-amerikanischen Recht vorherrschende »**Gründungstheorie**«, die die Gesellschaft derjenigen Rechtsordnung unterstellt, nach der die Gesellschaft gegründet worden ist, und die in den kontinentalen Mitgliedstaaten der Europäischen Union verbreitete »**Sitztheorie**«, die die Gesellschaft derjenigen Rechtsordnung unterstellt, in deren Bereich ihre tatsächliche Hauptverwaltung ihren Sitz hat, gegenüber. Hinsichtlich beider Theorien gilt, dass die ermittelten Rechtsordnungen nur vorbehaltlich etwaiger Rück- und Weiterverweisungen, etwaiger »ordre-public-Vorbehalte« (vgl. Art. 6 EGBGB) oder einer staatsvertraglichen Sonderbestimmung Anwendung finden (Staudinger/*Großfeld* IntGesR Rn. 21, 38 ff. jeweils m. w. N.).

Für beide Theorien werden gleichermaßen **Vor- wie Nachteile** angeführt: Die Gründungstheorie lässt dem Parteiwillen Spielraum und eröffnet durch diese Wahlfreiheit der Gründergesellschafter jedem Gesellschaftsrecht die Möglichkeit, zur Anwendung zu kommen (»Wettbewerb der Rechtsordnungen«). Allerdings birgt sie auch das Risiko in sich, dass sich ausländische Gesellschaften mit einem regulierungsschwächeren Gesellschaftsstatut im Inland niederlassen und sich gegenüber inländischen Wettbewerbern dadurch einen Vorteil verschaffen. Die Vorschriften des Verwaltungssitzstaates, die den Schutz bestimmter grundlegender Interessen bezwecken (z. B. Interessen von Gläubigern, des Rechtsverkehrs oder Arbeitnehmern usw.), können so gezielt umgangen werden. Die Sitztheorie hat den Vorteil der Sachnähe und erleichtert eine wirksame Kontrolle und einen effizienten Schutz durch den primär beteiligten Staat, insbesondere im Hinblick auf die dort ansässigen Gläubiger und andere Dritte. Ihr mangelt es aber an Liberalität, da dem Parteiwillen deutlich weniger Raum gelassen wird (vgl. den Überblick bei MüKo BGB/*Kindler* IntGesR Rn. 359 ff.; MünchHdb GesR VI/*Thölke*, § 1 Rn. 61 ff.; Staudinger/*Großfeld* IntGesR Rn. 21, 38 ff. jeweils m. w. N.).

Die Anwendung der Gründungs- bzw. Sitztheorie führt für Gesellschaften, bei denen der tatsächliche Verwaltungssitz und das Gründungsrecht in verschiedenen Rechtsordnungen angesiedelt sind und diese Situation nachträglich (z. B. durch eine Verlegung des Verwaltungssitzes) eintritt, **zu unterschiedlichen Konsequenzen**. Bei Anwendung der Sitztheorie vollzieht sich ein Statutenwechsel der betreffenden Gesellschaft: Die Gesellschaft besteht dann allenfalls unter Maßgabe des neuen Statuts fort, was evtl. eine Änderung ihrer Gesellschaftsform bedingt. Gegebenenfalls, wenn ihr die Anerkennung im Zuzugsstaat versagt wird, ist sie sogar aufzulösen und neu zu gründen. Bei Anwendung der Gründungstheorie hingegen verbleibt es bei der Anwendung des Gesellschaftsstatuts des Gründungsstaats, sodass die Gesellschaft auch nach Verlegung des Verwaltungssitzes unverändert fortbesteht.

6 Das einmal ermittelte Gesellschaftsstatut regelt grundsätzlich einheitlich die gesellschaftsrechtlichen Beziehungen vom Beginn bis zum Ende der Gesellschaft. Dieser Grundsatz schließt aber nicht von vornherein gesellschaftsrechtliche Sonderanknüpfungen mittels nationalen Rechts für die betroffenen Gesellschaften aus, insbesondere aus Gründen des Gläubigerschutzes oder anderer zwingender Gemeinwohlgründe.

II. Anwendbares Recht für EU/EWR-Gesellschaften

1. Vorherrschende Meinung bis zur »Überseering«-Entscheidung (Sitztheorie)

7 Im deutschen internationalen Gesellschaftsrecht war bis zum Anfang des 21. Jahrhunderts ohne Unterscheidung zwischen Gesellschaften aus dem **europäischen** und dem **nicht-europäischen Ausland** gewohnheitsrechtlich die Anwendung der Sitztheorie anerkannt (st. Rspr.; BGH NZG 2009, 68, 70; BGH NJW 2002, 3539, 3540; MüKo BGB/*Kindler*, IntGesR Rn. 420 m. w. N.; MünchHdb GesR VI/*Thölke*, § 1 Rn. 3, 61 ff.).

8 Hinsichtlich europäischer Gesellschaften wurde allerdings seit Mitte der 80er Jahre in der Rechtsprechung und Literatur außerordentlich kontrovers diskutiert, ob nicht aufgrund europäischen Primärrechts zwingend die Gründungstheorie Anwendung finden müsse (MüKo BGB/*Kindler* IntGesR Rn. 358 ff. m. w. N.; MünchHdb GesR VI/*Thölke*, § 1 Rn. 61, 68 ff., 93 ff.). Hintergrund ist die in den Art. 49, 54 AEUV verankerte **Niederlassungsfreiheit**. Sie bestimmt inhaltlich, dass Beschränkungen der Grundfreiheit der freien Niederlassung grundsätzlich verboten sind. Man unterscheidet zwischen der Freiheit zur geschäftlichen Sitznahme der Staatsangehörigen eines Mitgliedstaats im Hoheitsgebiet eines anderen Mitgliedstaats (**primäre Niederlassungsfreiheit**) und der Freiheit zur Gründung von Agenturen, Zweigniederlassungen oder Tochtergesellschaften durch Angehörige eines Mitgliedstaats, die im Hoheitsgebiet eines anderen Mitgliedstaats ansässig sind (**sekundäre Niederlassungsfreiheit**). Umfasst wird von der Niederlassungsfreiheit die Aufnahme und Ausübung einer selbstständigen Erwerbstätigkeit sowie die Gründung und Leitung von Unternehmen. Dabei erstreckt sich die Niederlassungsfreiheit auch auf Gesellschaften, soweit diese nach dem Recht eines Mitgliedstaats gegründet sind und ihren satzungsmäßigen Sitz, ihre Hauptverwaltung oder ihre Hauptniederlassung innerhalb der Gemeinschaft haben. Beschränkungen können nur durch Rechts- und Verwaltungsvorschriften erfolgen, die entweder eine Sonderregelung für Ausländer vorsehen, und aus Gründen der öffentlichen Ordnung, Sicherheit oder Gesundheit gerechtfertigt sind (vgl. Art. 52 AEUV) oder aber die, wenn sie in nicht diskriminierender Weise angewendet werden, zwingenden Gründen des Allgemeininteresses entsprechen, zur Erreichung des verfolgten Zwecks geeignet sind und nicht über das hinaus gehen, was zur Erreichung des Zwecks erforderlich ist (st. Rspr.; vgl. nur EuGH NJW 2004, 2439, 2440 – »Huges de Lasteyrie du Saillant«; EuGH NZG 2006, 109, 110 – »Marks & Spencer plc«; EuGH NZG 2006, 425, 426 – »SEVIC Systems AG«; EuGH EuZW 2009, 75 – »Cartesio«).

9 Das Ergebnis dieser Kontroverse lautete nach der überwiegenden Auffassung in Rechtsprechung und Lehre bis zur »**Überseering**«-**Entscheidung** des EuGH, dass die Anknüpfung des Gesellschaftsstatuts an den tatsächlichen Verwaltungssitz auch hinsichtlich europäischer Gesellschaften nicht gegen die Niederlassungsfreiheit verstoße, da das mitgliedstaatliche internationale Gesellschaftsrecht quasi »unantastbar« sei. Als Hauptargument wurde die Gleichrangigkeit der Anknüpfungsmerkmale in Art. 48 EG (jetzt Art. 54 AEUV) und der Abkommensvorbehalt in Art. 293 EG angeführt. Träger der Niederlassungsfreiheit könnten nur existente bzw. rechtsfähige Gesellschaften sein, über die Existenz bzw. Rechtsfähigkeit entscheide aber das nationale Privatrecht. Dieses Ergebnis wurde dabei auch gerade vor dem Hintergrund der Rechtsprechung des Europäischen Gerichtshofes zur Auslegung bzw. Interpretation der Niederlassungsfreiheit gewonnen (vgl. nur BGH NJW 2002, 3539, 3540; *Roth* ZGR 2000, 311, 327 f.; *Kindler* NJW 1999, 1993, 1995).

2. Wende durch die »Überseering«-Entscheidung (Gründungstheorie)

Die Abkehr von der Sitztheorie für europäische Gesellschaften wurde (endgültig) mit dem Fall »Überseering« eingeleitet. Im Streit stand eine niederländische Gesellschaft mit beschränkter Haftung, die ihren Verwaltungssitz dadurch in die Bundesrepublik Deutschland verlegt hatte, dass ihre Geschäftsanteile vollständig durch zwei deutsche Staatsangehörige erworben wurden. Die deutschen Gerichte erkannten zunächst weder die Rechts- noch die Parteifähigkeit an. Der EuGH entschied am 05.01.2002 auf Vorlagebeschluss des BGH, dass die EG-Mitgliedstaaten aufgrund der Niederlassungsfreiheit verpflichtet seien, im Fall einer Sitzverlegung einer ausländischen Gesellschaft, die ihren satzungsmäßigen Sitz in einem anderen Mitgliedstaat hat und nach dem Recht dieses Mitgliedstaats wirksam gegründet wurde, die **Rechts- und Parteifähigkeit dieser Gesellschaft**, die sie nach dem Recht ihres Gründungsstaats besitzt, zu achten. Ein etwaiger durch Anwendung der Sitztheorie bewirkter (faktischer) Zwang zur Neugründung der ausländischen Gesellschaft im Inland komme nämlich einer auch unter dem Gesichtspunkt der Gläubigerinteressen, des Schutzes von Minderheitsgesellschaftern und Arbeitnehmern oder des Fiskus nicht zu rechtfertigenden Negierung der Niederlassungsfreiheit gleich (EuGH NZG 2002, 1164, 1167 ff. – »Überseering«). 10

Spätestens mit dieser Rechtsprechung des EuGH hielt die innerdeutsche Rechtsprechung ganz überwiegend, wenn auch zunächst noch mit vereinzelten Ausnahmen, einen **Wechsel von der gewohnheitsrechtlich anerkannten Sitztheorie** hin zur Gründungstheorie jedenfalls insoweit für zwingend, als sie solche unter dem Schutz der Niederlassungsfreiheit stehende Gesellschaften im Inland in ihrer ursprünglichen Rechtsform als rechts- und parteifähig anerkannte (st. Rspr. seit BGH NJW 2003, 1461, 1461 f.; vgl. auch BGH NJW-RR 2004, 1618; BGH NJW 2004, 3706, 3707; BGH NJW 2005, 1648, 1649). Auch das überwiegende Schrifttum hielt spätestens mit dieser europäischen Rechtsprechung – zumindest hinsichtlich der Rechts- und Parteifähigkeit einer Kapitalgesellschaft im Zuzugsstaat bei nachträglicher Sitzverlegung – den Wechsel zur Gründungstheorie für zwingend notwendig (vgl. nur *Lutter* BB 2003, 7, 9; *Zimmer* BB 2003, 1, 5; *Eidenmüller* ZIP 2002, 2233, 2238; *Forsthoff* DB 2002, 2471, 2474 f. *Behrens* IPRax 2003, 193, 203; *Weller* IPRax 2003, 207, 207). 11

Der »Überseering«-Entscheidung folgten weitere Urteile des EuGH, die die Anwendung der Gründungstheorie auf europäische Gesellschaften im Anwendungsbereich der Niederlassungsfreiheit für die konkrete Fallgestaltung in der Überseering-Entscheidung bestätigten respektive die Rechtsprechung fortführten und auf weitere Fallgestaltungen mit Bezug zu Teilbereichen des Gesellschaftsstatuts erstreckten (EuGH NJW 2003, 3331 – »Inspire Art«; EuGH NJW 2006, 425 – »SEVIC Systems AG«). 12

Die innerdeutsche Rezeption dieser europäischen Rechtsprechung führte dazu, dass gegenwärtig deutsche Gerichte regelmäßig in wesentlichen Anwendungsbereichen – wie z. B. auch bei der Beurteilung der Geschäftsführerhaftung bzw. Gesellschafterhaftung für Gesellschaftsverbindlichkeiten – auf EU-Gesellschaften das Gründungsstatut anwenden (vgl. nur BGH NZG 2012, 1192, 1195; BGH GmbHR 2010, 211, 212; BGH NJW 2005, 1648, 1649; NJW-RR 2004, 1618; OLG Zweibrücken NZG 2003, 537, 538; abweichend OLG Nürnberg NZG 2012, 468, 469 für den Fall einer Verlegung von Verwaltungs- und statuarischen Sitz). Das gilt auch für EWR-Gesellschaften, denn insoweit entspricht Art. 31 EWR der im Wesentlichen gleichlautenden Vorschrift des Art. 49 AEUV und ist daher nach dem Leitgedanken des EWR-Abkommens aus Gründen der anzustrebenden Rechtshomogenität wie diese auszulegen und anzuwenden (BGH NJW 2005, 3351, 3352; s. a. BGH NStZ 2010, 632, 633 für überseeische Gebiete bzw. assoziierte Staaten wie die British Virgin Islands). Auch das ganz überwiegende Schrifttum versteht die europäische Rechtsprechung heute so, dass sie ein bestimmtes mitgliedstaatliches Gesellschaftskollisionsrecht erzwingt, sodass auch dieses jedenfalls für die kollisionsrechtliche Beurteilung von EU/EWR-Gesellschaften nunmehr **grundsätzlich die Gründungstheorie** für zentrale Regelungsbereiche des Gesellschaftsstatuts heranzieht (vgl. nur Henssler/Strohn/*Servatius*, Internationales GesR, A. II. Rn. 6; Wicke, § 4a GmbHG 13

Rn. 13; *Ressos* DB 2005, 1048, 1049; *Horn* NJW 2004, 893, 896 ff.; *Sandrock* BB 2004, 897, 900; *Zimmer* NJW 2003, 3585, 3591; *Eidenmüller* ZIP 2002, 2233, 2235).

3. Fortbestand der Sitztheorie und ergänzende Anwendung nationalen Gesellschaftsrechts

14 Hinsichtlich der Reichweite der Abkehr von der in der Bundesrepublik Deutschland gewohnheitsrechtlich anerkannten Sitztheorie ist zu bedenken, dass die für europäische Gesellschaften mit der Gründungstheorie gefundene Kollisionsregel ihre Legitimationswirkung aus der europäischen Niederlassungsfreiheit bezieht und diese Kollisionsregel **außerhalb des Schutzbereichs der Niederlassungsfreiheit** keine Geltung beanspruchen kann, mithin das Ende der Sitztheorie – unabhängig von der Frage möglicher Sonderanknüpfungen an nationales Recht – für europäische Gesellschaften noch nicht endgültig besiegelt ist.

15 Theoretisch gilt die Sitztheorie auch für europäische Gesellschaften vor allem weiterhin dann, wenn die grenzüberschreitende Fallgestaltung nicht in den Schutzbereich der Niederlassungsfreiheit fällt. Das betrifft in erster Linie die **Wegzugsfälle** i. S. e. Verlegung des effektiven Verwaltungssitzes (die Verlegung des Satzungssitzes ist streng genommen kein Problem der Sitz- oder Gründungstheorie, sondern allein Frage des nationalen Sachrechts). Nach der bisherigen heftig kritisierten Rechtsprechung des EuGH gewährt die Niederlassungsfreiheit den Gesellschaften kein Recht, den Verwaltungssitz ihrer Geschäftsleitung unter Bewahrung ihrer Eigenschaft als Gesellschaft des Mitgliedstaats ihrer Gründung in einen anderen Mitgliedstaat zu verlegen. Die Probleme, die sich aus der Unterschiedlichkeit der nationalen Rechte bei einer Verlegung des Verwaltungssitzes ergeben, sind vielmehr durch Rechtsetzung oder Vertrag zwischen den Mitgliedstaaten zu lösen (EuGH NJW 1989, 2186 – »Daily Mail« zu Art. 52, 58 EWG; vgl. auch die innerdeutsche Rezeption dieser Rechtsprechung: OLG Hamm ZIP 1997, 1696, 1697). Die Unterscheidung zwischen Zuzugs- und Wegzugsfällen wurde durch die EuGH-Entscheidung im Fall »Cartesio« bestätigt (EuGH EuZW 2009, 75 – »Cartesio«; vgl. auch EuGH NZG 2012, 114 Rn. 27 – »National Grid Indus BV«). Die Mitgliedstaaten können sowohl auf Kollisions- als auch auf sachrechtlicher Ebene eine Verwaltungssitzverlegung ihrer Gesellschaften beschränken, etwa dadurch, dass der Wegzug aus dem Mitgliedstaat mit der Auflösung im Inland verbunden wird (differenziert allerdings EuGH NZG 2012, 114 Rn. 35 – »National Grid Indus BV«: Niederlassungsfreiheit verbietet es, dass der Herkunftsmitgliedstaat die Niederlassung der nach seinem Recht gegründeten Gesellschaft in einem anderen Mitgliedstaat behindert). Dies führt – europarechtlich äußerst problematisch – in der Konsequenz dazu, dass der Zuzugsstaat zwar das Gründungsrecht anzuwenden hat, aufgrund der Wegzugsbeschränkungen im Wegzugsstaat die Anerkennung aber dennoch verweigern kann mit der Folge einer Auflösung nach dem Recht des Wegzugsstaats und einer Nichtanerkennung nach dem Recht des Zuzugsstaats. Konkret bezogen auf deutsche GmbHs oder AGs bedeutet dies z. B., dass in Fällen, in denen die nach »deutscher« Sitztheorie maßgebliche ausländische Rechtsordnung auf das deutsche Sachrecht zurückverweist ein identitätswahrender Wegzug ins Ausland ohne Weiteres möglich ist (vgl. § 4a GmbHG, § 5 AktG). Verweist das nach »deutscher« Sitztheorie maßgebliche ausländische Recht nicht in das deutsche Sachrecht zurück, richtet sich die Anerkennung der deutschen Gesellschaft nach ihrem Wegzug allein nach diesem ausländischen Recht, welche wegen der im europäischen Ausland geltenden europäischen Niederlassungsfreiheit dabei grundsätzlich gegeben sein wird. Unterschiede könnten sich aber de facto aufgrund unterschiedlicher Auslegung der Reichweite der Niederlassungsfreiheit ergeben, jedenfalls soweit EuGH-Rechtsprechung hierzu nicht ersichtlich ist. Eine einheitliche und rechtssichere Lösung der Wegzugproblematik außerhalb der Sitztheorie könnte damit wohl allein über eine zu schaffende EU-Richtlinie über den Wegzug von Gesellschaften bzw. über die grenzüberschreitende Sitzverlegung von Gesellschaften geschaffen werden, soweit für eine derartige Richtlinie eine Regelungskompetenz der EU anzuerkennen ist (so *Kappes* NJW 2006, 101, 102; *Horn* NJW 2004, 893, 897). Die Arbeiten an einer solchen Richtlinie wurden allerdings Ende 2007 von der Kommission eingestellt mit dem Hinweis, dass diese bei der derzeitigen Entwicklung der EuGH-Rechtsprechung nicht mehr von Nöten sei (vgl. *Franz/Laeger* BB 2008, 678, 679).

Im **Anwendungsbereich der Niederlassungsfreiheit** besteht bei grundsätzlicher Anerkennung der **16** Gründungstheorie zudem Raum für eine ergänzende Anwendung nationalen Rechts mittels Sonderanknüpfung an den Sitz der Gesellschaft, wenn ein **Rechtfertigungsgrund für die Beschränkung der Niederlassungsfreiheit** eingreift (so MüKo BGB/*Kindler* IntGesR Rn. 147 m. w. N.). Wie aufgezeigt (vgl. Rdn. 8) sind nach der europäischen Rechtsprechung Beschränkungen der Niederlassungsfreiheit vor allem dann zulässig, wenn sie in nicht diskriminierender Weise angewendet werden, zwingenden Gründen des Allgemeininteresses entsprechen, zur Erreichung des verfolgten Zwecks geeignet sind und nicht über das hinaus gehen, was zur Erreichung des Zwecks erforderlich ist. Zwingende Gründe des Allgemeininteresses können unter bestimmten Voraussetzungen auch der Schutz der Interessen der Gläubiger, der Minderheitsgesellschafter, der Arbeitnehmer, die Wahrung der Wirksamkeit der Steueraufsicht und die Lauterkeit des Handelsverkehrs sein (st. Rspr. seit EuGH NZG 2002, 1164, 1170 – »Überseering«; vgl. auch EuGH NJW 2006, 425, 426 – »SEVIC Systems AG«). Mit Hilfe einer Sonderanknüpfung an bestimmte innerdeutsche Schutzvorschriften kann diesen Interessen sodann Rechnung getragen werden.

Derartige Sonderanknüpfungen dürfen aber nicht die einheitliche kollisionsrechtliche Beurteilung **17** gesellschaftsrechtlicher Fragen gefährden und sind deshalb auf **Ausnahmen** zu beschränken. Nach der bisher ergangenen europäischen Rechtsprechung erscheinen Sonderanknüpfungen ohnehin weitgehend ausgeschlossen: Sie kommen insbesondere dann nicht in Betracht, wenn ein **Selbstschutz der Betroffenen** möglich ist, z. B. indem sie von der Ausländereigenschaft der Gesellschaft Kenntnis erlangen können, oder ein Schutz ausreichend durch bestimmte gemeinschaftsrechtliche Schutzregeln gewährleistet ist. Sonderanknüpfungen sind danach letztlich auf **konkrete Missbrauchsfälle** beschränkt. Die Gründe, aus denen die Gesellschaft in dem anderen Mitgliedstaat errichtet wurde, sind – abgesehen von dem Fall des Betrugs – dabei irrelevant. Auch der Umstand, dass die Gesellschaft in einem Mitgliedstaat nur gegründet wurde, um in den Genuss vorteilhafter Rechtsvorschriften zu kommen, stellt nach der herkömmlichen Auffassung keinen Missbrauch dar und zwar auch dann nicht, wenn die Gesellschaft ihre Tätigkeit ausschließlich oder nahezu ausschließlich im Mitgliedstaat der Niederlassung ausübt (Briefkastenfirma; vgl. EuGH NJW 2003, 3331, 3331 f. – »Inspire Art«; EuGH NJW 2006, 425, 426 – »SEVIC Systems AG«). Eine restriktivere Handhabung der Niederlassungsfreiheit erscheint jedoch nach neuerer EuGH-Rechtsprechung nicht ausgeschlossen (vgl. EuGH NZG 2012, 871 Rn. 27 ff. – »Vale«; Bayer/J. Schmidt ZIP 2012, 1481, 1486 f.; König/Bormann NZG 2012, 1241 ff.). Danach verbietet die Niederlassungsfreiheit vor allem das Versagen eines Formwandels im Zuzugsstaat mit der Sitzverlegung, wenn dieser für inländische Gesellschaften zugelassen ist (EuGH NZG 2012, 871 Rn. 33 ff. – »Vale«; anders aber damit wohl überholt OLG Nürnberg NZG 2012, 468, 469).

Unter welchen Voraussetzungen eine **missbräuchliche oder betrügerische Berufung auf das Gemeinschaftsrecht** anzunehmen ist, hat der EuGH bislang nicht allgemeingültig geklärt. Eine Berufung auf das Gründungsrecht dürfte allenfalls dann als missbräuchlich anzusehen sein, wenn ein Inländer, dem es aufgrund einer gemeinschaftsrechtskonformen gerichtlichen oder behördlichen Entscheidung untersagt ist, ein bestimmtes Gewerbe zu führen, sich einer »**Scheinauslandsgesellschaft**« bedienen will, um die ihm untersagte Tätigkeit trotzdem im Inland auszuüben (so auch OLG Zweibrücken NJW 2003, 537, 538 m. w. N.). Als ein Missbrauchsfall wird auch der Sonderfall der »**Existenzvernichtungshaftung**« diskutiert. Eine Existenzvernichtung ist anzunehmen, wenn eine Gesellschaft eine von ihr abhängige Gesellschaft durch entschädigungslosen Abzug von Liquidität, Vermögen und Ertragschancen in den voraussehbaren wirtschaftlichen Zusammenbruch treibt und dadurch die Gläubiger der illiquid gewordenen Gesellschaft in ihren Interessen unzumutbar beeinträchtigt werden (BGH NJW 2001, 3622, 3623 – »Bremer Vulkan«; bestätigt u. a. durch BGH NJW 2002, 1803, 1805; BGH NJW-RR 2005, 335, 336; BGH NJW 2007, 2689, 2690 mit neuer dogmatischer Begründung; so auch *Horn* NJW 2004, 893, 899; *Altmeppen* NJW 2002, 321, 322). Hierbei ist jedoch zu berücksichtigen, dass die Existenzvernichtungshaftung nicht nur gesellschaftsrechtlich, sondern daneben auch deliktsrechtlich und insolvenzrechtlich qualifiziert werden kann. Ein Rückgriff auf die Sitztheorie ist daher insoweit nicht geboten (anders Hensseler/ **18**

Strohn/*Servatius*, Internationales GesR, A. IV. Rn. 29: Existenzvernichtungshaftung ist eine originär gesellschaftsrechtliche Haftung).

19 Sonderanknüpfungen finden sich ferner außerhalb des Gesellschaftsrechts wie dem **Strafrecht** oder **Verwaltungsrecht** (z. B. die staatliche Überprüfung von Unternehmenskäufen ausländischer Investoren nach dem geänderten Außenwirtschaftsgesetz). Auch diese sind geeignet, Schutzprobleme bei (Schein-)Auslandsgesellschaften zu lösen. Zum Teil wird auch ein – allerdings recht konstruiert anmutender – Lösungsansatz darin gesucht, den Begriff »Gesellschaftsstatut« besonders eng auszulegen, sodass das Gesellschaftskollisionsrecht gar nicht betroffen ist und dadurch z. B. eine Haftung der Gesellschafter außerhalb des Gesellschaftsrechts möglich ist (*Horn* NJW 2004, 893, 899 m. w. N.).

III. Anwendbares Recht für Drittland-Gesellschaften (Sitztheorie)

20 Die Gründungstheorie im Bereich der EU/EWR-Staaten dient – wie dargestellt (vgl. Rdn. 10 ff.) – der Verwirklichung der Niederlassungsfreiheit nach Art. 49 ff. AEUV. Im Verhältnis zu **nicht-europäischen Staaten** (»**Drittländer**«) wird von der überwiegenden innerdeutschen Rechtsprechung und der Literatur weiter von der gewohnheitsrechtlich anerkannten Sitztheorie und deren Rechtsfolgen ausgegangen (zuletzt eindeutig BGH NJW 2009, 289 ff. – »Trabrennbahn«, für eine schweizerische Gesellschaft; BGH ZIP 2004, 2230, 2231; NJW-RR 2004, 1618; *Horn* NJW 2004, 893, 897). Die Folge ist, dass eine nach dem Recht eines Drittstaats gegründete Gesellschaft mit Sitz in Deutschland in das deutsche System der Gesellschaftstypen eingeordnet werden muss. Handelt es sich um eine Gesellschaft mit mehreren Teilhabern, so wird zumeist – da die Gründungsvorschriften für deutsche Kapitalgesellschaften nicht beachtet sein werden – eine GbR bzw. bei Betreiben eines Handelsgewerbes eine OHG vorliegen (MüKo BGB/*Kindler* IntGesR Rn. 491 ff.; Henssler/Strohn/*Servatius*, Internationales GesR, A. IV. Rn. 16). Eine z. B. nach russischem Recht gegründete Kapitalgesellschaft mit einem gewerblichen Betrieb, die ihren Verwaltungssitz in Deutschland hat und mehrere Teilhaber aufweist, wird somit als OHG zu qualifizieren sein mit dem Effekt, dass sie zwar aktiv und passiv parteifähig ist, die Gesellschafter aber auch dann unbeschränkt akzessorisch gem. § 128 HGB für Gesellschaftsverbindlichkeiten haften und die Geschäftsleiter gem. § 11 Abs. 2 GmbHG der Handelndenhaftung unterliegen, wenn das russische Kapitalgesellschaftsrecht diese Haftung ausschließt.

21 Eine einfache Möglichkeit der Umgehung des strengen deutschen Gesellschaftsrechts besteht für derartige Drittlandgesellschaften darin, dass diese Gesellschaften sich nach einem weniger strengen Gesellschaftsrecht eines Mitgliedstaats der Europäischen Union (ohne Wegzugsbeschränkungen) gründen und ihren Sitz als EU-Gesellschaft danach unproblematisch in der Bundesrepublik Deutschland nehmen.

IV. Bewertung der unterschiedlichen Anknüpfungsmerkmale für EU/EWR- bzw. Drittland-Gesellschaften

22 Aus den vorangegangenen Ausführungen ergibt sich, dass das deutsche internationale Gesellschaftsrecht – nach der noch vorherrschenden Rechtsprechung und Literatur – auf einer **gespaltenen Anknüpfung des Gesellschaftsstatuts** beruht: Auf europäische Gesellschaften findet grundsätzlich das Recht des Gründungsstaats Anwendung, während auf Gesellschaften aus Drittstaaten grundsätzlich das Recht des effektiven Hauptsitzes Anwendung findet.

23 Wenn es um die Beantwortung der Frage geht, ob die beschriebene Spaltung in der täglichen Rechtsanwendung sinnvoll erscheint bzw. sachlich gerechtfertigt werden kann, führen die Befürworter der doppelten Anknüpfung regelmäßig ins Feld, dass den Gefahren der Gründungstheorie, mithin vor allem der Flucht in die laxesten Anforderungen an das Gesellschaftsstatut, nur auf EU-Ebene begegnet werden und damit auch nur auf europäische Gesellschaften Anwendung finden kann. Denn nur innerhalb der EU ist eine Rechtsangleichung der Staaten möglich; es existiert mithin nur auf dieser Ebene ein gewisses Korrektiv für Schutzlücken für Gläubiger und Geschäftspartner

vor ausländischen Briefkastengesellschaften mithilfe von Gemeinschaftsrichtlinien (sog. »**Informationsmodell**«; vgl. erste gesellschaftsrechtliche Richtlinie »Publizitätsrichtlinie« v. 09.03.1968 [RL 68/151/EWG ABl. EG Nr. L 65 S. 8]). Darüber hinaus ist die **prozessuale Geltendmachung** von Ansprüchen gegen Drittland-Gesellschaften und deren Vollstreckung kaum rechtlich abgesichert, ganz im Gegensatz zu europäischen Gesellschaften, die entsprechenden europäischen Rechtsakten unterliegen (vgl. die EuGVVO, EuZVO, EuBVO, EuInsVO). Schließlich – so wird argumentiert – ist allenfalls das gesellschaftsrechtliche Sachrecht durch den Gesetzgeber zu ändern, damit die Attraktivität des deutschen Gesellschaftsrechts für ausländische Investoren steigt. Letztlich – so wird als weiteres Argument angeführt – wird die Verwaltungssitzanknüpfung auch in einer Reihe von gesetzlichen Vorschriften im deutschen Recht als selbstverständlich vorausgesetzt (vgl. § 1 BörsZulVO, § 13d HGB, § 1 Abs. 1 UmwG) und beherrscht Rechtsmaterien, die mit dem Gesellschaftsrecht eng zusammenhängen (vgl. u. a. *Bayer* BB 2003, 2357, 2359; *Kindler* NJW 2003, 1073, 1076).

Eine alleinige oder gespaltene Anknüpfung an den Sitz der Gesellschaft ist aus folgenden Gründen **kritikwürdig**: Der Schutz, den die Sitztheorie bietet, wird grundsätzlich überschätzt und sein Wegfall ist leicht zu verschmerzen. Auch die aufgezeigte (vgl. Rdn. 21) leichte »Umgehungsmöglichkeit« für Drittland-Gesellschaften, als EU/EWR-Gesellschaften aufzutreten, belegt dies – es genügt hierfür lediglich die Gründung in einer der nicht zwangsläufig mit höherem Schutzniveau ausgestatteten EU- oder EWR-Staaten, um in den Genuss des Gründungsrechts zu kommen. Angesichts der Modifikations- und Korrekturmöglichkeit etwaiger unsachgerechter Ergebnisse in Form von Schutzdefiziten und Wettbewerbsverzerrungen als Folge der Anwendung der Gründungstheorie mithilfe eines Systems von Sonderanknüpfungen verliert das in einem Verweis auf die potenziellen Gefahren der Gründungstheorie bestehende Hauptargument der Vertreter der gespaltenen Anwendung/ Sitztheorie weiter an Gewicht. Stattdessen sollte auch beachtet werden, dass eine Notwendigkeit des deutschen Gesellschaftsrechts besteht, im Wettbewerb der Rechtsordnungen um die Gunst der Gründer zu konkurrieren (so auch *Eidenmüller* ZIP 2002, 2233, 2237). Für die Abkehr von der Sitztheorie im Allgemeinen spricht zudem das Argument einer unsachgemäßen Differenzierung in Wegzugsfällen: Die der Sitztheorie unterliegenden Gesellschaften werden im Fall des Wegzugs liquidiert, sofern nicht das Sachrecht des Wegzugsstaats bzw. Zuzugsstaats anderes bestimmt, was de facto eine Wegzugsperre bedingt; ausländische Gesellschaften mit Gründungsstatut können dagegen ihren Verwaltungssitz ohne Weiteres, auch in die Bundesrepublik Deutschland, verlegen, ohne aufgelöst zu werden (so auch *Kappes* NJW 2006, 101, 102).

24

Die besseren Argumente sprechen daher für eine **einheitliche Bewertung ausländischer Gesellschaften** und als letzte Konsequenz für eine **grundsätzliche Anwendung der Gründungstheorie** auf alle Gesellschaften. Dieser begrüßenswerte Ansatz ist auch in dem (bislang allerdings nicht mehr verfolgten) Referentenentwurf für ein Gesetz zum Internationalen Privatrecht der Gesellschaften, Vereine und juristische Personen vom 07.01.2008 enthalten (Art. 10 EGBGB-E). Freilich bleibt zu konstatieren, dass letztlich die Entscheidung zwischen Sitz- und Gründungstheorie wie auch einer gespaltenen Anknüpfung je nach Herkunftsland der Gesellschaft von komplexen nationalen und internationalen wirtschafts- und ordnungspolitischen Wertungen abhängt, sodass eine Beurteilung der Anknüpfungspunkte für das Gesellschaftsstatut nicht endgültig und abschließend sein kann. Das Beispiel der USA, in denen die Einzelstaaten vor und nach 1990 einen Wettstreit um die Gunst der Gründer starteten, was zunächst zu einer Degenerierung des einzelstaatlichen Gesellschaftsrechts mit dessen jeweiligen Schutzstandards führte (»Delaware-Effekt«), aber durch die Entwicklung eines Bundes-Kapitalmarktrechts sowie durch Verbesserungen der einzelstaatlichen Rechte inzwischen weitgehend überwunden wurde, zeigt jedenfalls deutlich, dass die Schutzprobleme auch unter der Herrschaft der Gründungstheorie gelöst werden können, vor allem dann, wenn neue Schutzansätze außerhalb des Gesellschaftsrechts i. e. S. gesucht werden. Eine Harmonisierung sowohl des Sachrechts als auch des Kollisionsrechts ist hierfür der geeignete Weg.

25

V. Sonderbestimmungen in Staatsverträgen

26 Völkerrechtliche Verträge gehen gem. Art. 3 EGBGB nationalem Kollisionsrecht vor. Sofern staatsvertragliche Sonderregeln zwischen einzelnen Staaten gelten, können sich Abweichungen von den vorangegangenen Ausführungen ergeben.

27 Die Bundesrepublik Deutschland hat zahlreiche **bilaterale und multilaterale Staatsverträge** abgeschlossen, in denen sich Bestimmungen zur Anknüpfung des Gesellschaftsstatuts von vor allem juristischen Personen und von Personenhandelsgesellschaften finden (vgl. den Überblick bei MüKo BGB/*Kindler* IntGesR Rn. 328 ff.; MünchHdb GesR VI/*Servatius*, § 15 Rn. 21 ff.). Diese Bestimmungen über die gegenseitige Anerkennung von Gesellschaften – häufig unter dem Vorbehalt des *ordre public* – sind teilweise konstitutiv und teilweise rein deklaratorisch, je nachdem, ob die in den Staatsverträgen enthaltenen Klauseln Anknüpfungsmerkmale enthalten, die von denen des allgemeinen deutschen Kollisionsrechts abweichen oder nicht. Zu beachten ist ferner, dass zweiseitige Staatsverträge zwischen EU/EWR-Staaten durch die Niederlassungsfreiheit im AEU-Vertrag überlagert werden, sodass unter Umständen eine Gesellschaft, die nach völkervertraglichen Bestimmungen nicht anerkennungsfähig ist, dennoch aufgrund EU-Rechts als anerkennungsfähig behandelt werden muss (MüKo BGB/*Kindler* IntGesR Rn. 327).

28 Nachfolgend wird exemplarisch nur auf die im Wirtschaftsleben wohl wichtigste völkervertragliche Sonderanknüpfung eingegangen, wobei die Ausführungen auch für sonstige Staatsverträge herangezogen werden können, wenn diese vergleichbare Bestimmungen enthalten: Nach dem **deutsch-amerikanischen Freundschafts-, Handels- und Schifffahrtsvertrag vom 29.10.1954** (BGBl. II 1956, 487 ff.) sind die Bundesrepublik Deutschland und die USA verpflichtet, Handelsgesellschaften, Teilhabergesellschaften sowie sonstige Gesellschaften, Vereinigungen und juristische Personen, die nach dem Recht des anderen Vertragsstaats in dessen Gebiet errichtet sind, im Inland des anderen Vertragsteils anzuerkennen (Art. XXV Abs. 5 Satz 1, 2).

29 Nach neuerer (höchstrichterlicher) Rechtsprechung und überwiegender Auffassung im Schrifttum folgt aus diesem Vertrag die **Anwendung der Gründungstheorie auf US-amerikanische Gesellschaften** mit Sitz in der Bundesrepublik Deutschland, jedenfalls soweit es um die Anerkennung der Rechts- und Parteifähigkeit geht (BGH NJW-RR 2004, 1618; NJW 2003, 1607, 1608; *Horn* NJW 2004, 893, 897 m. w. N.).

30 Ob allerdings der deutsch-amerikanische Staatsvertrag voraussetzt, dass eine effektive Beziehung der Gesellschaft zum Gründungsstaat besteht (sog. »**genuine link**«), bzw. noch weiter gehend, ob die Gründungstheorie grundsätzlich im vollen Umfang, d. h. in allen Fragen der internen und externen Rechtsverhältnisse Anwendung finden kann, ist noch nicht endgültig geklärt (zuletzt BGH NZG 2005, 44 wonach bereits eine geringe Betätigung genügt, um dem Erfordernis gerecht zu werden). Die (höchstrichterliche) Rechtsprechung hat sich zu den Fragen noch nicht geäußert. Da sie aber in ihren Urteilen Bezug auf die in den Art. 43 EG ff. (jetzt Art. 49 ff. AEUV) garantierte Niederlassungsfreiheit nimmt (vgl. BGH NJW-RR 2004, 1618; NJW 2003, 1607, 1608) und zudem nur bei einem derartigen Normverständnis die Einheitlichkeit des Gesellschaftsstatuts gewährleistet ist, liegt es nahe, die vom EuGH aufgestellten Grundsätze für die Niederlassungsfreiheit auf den deutsch-amerikanischen Freundschaftsvertrag zu übertragen, sodass damit auf das »genuine-link«-Erfordernis zu verzichten und davon auszugehen ist, dass grundsätzlich die Gründungstheorie in allen internen wie externen Fragen Anwendung findet (so auch *Meilicke* GmbHR 2003, 793, 805; a. A. u. a. *Bungert* DB 2003, 1044, 1045). Dies schließt nicht aus, dass der Gesetzgeber oder die Rechtsprechung in Spezialfragen mit der gebotenen Toleranz einige wenige Überlagerungen durch das nationale Recht entwickeln können. Aber auch in diesem Fall ist – nach der hier vertretenen Auffassung – die restriktive Rechtsprechung des EuGH zu Sonderanknüpfungen parallel heranzuziehen, sodass derartige Überlagerungen allenfalls in Ausnahmefällen möglich sind. Parallel zu dem betreffend EU/EWR-Gesellschaften gefundenen Ergebnis gilt im Übrigen auch für die dem deutsch-amerikanischen Staatsvertrag unterfallenden Gesellschaften, dass das nationale Kollisionsrecht – mithin die Sitztheorie – Anwendung findet, wenn der Schutzbereich der Niederlassungsfreiheit durch den

Vertrag nicht berührt wird (z. B. bei Wegzugsfällen). Bis zum Inkrafttreten des Gesetzes zur Modernisierung des GmbH-Rechts und zur Bekämpfung von Missbräuchen (MoMiG) am 01.11.2008 war es so, dass eine deutsche Gesellschaft, die ihren Verwaltungssitz in die USA verlegt, sich aufgrund des geltenden deutschen Rechts konkludent auflöst. Durch die Aufhebung von § 4a Abs. 2 GmbHG und von § 5 Abs. 2 AktG ist nun die Verlegung des Verwaltungssitzes in das Ausland möglich, ohne dass sich die Gesellschaft mit beschränkter Haftung bzw. die Aktiengesellschaft im Inland auflösen muss.

Abschließend wird darauf hingewiesen, dass der deutsch-amerikanische Vertrag **keinen Vorbehalt der Anwendung des** *ordre public* enthält (vgl. Art. 6 EGBGB), weshalb nach der ganz h. M. auch die Anerkennung der US-Gesellschaften in der Bundesrepublik Deutschland nicht unter dem *ordre public*-Vorbehalt steht (vgl. nur MüKo BGB/*Sonnenberger* IntPrivatR Art. 6 Rn. 29 m. w. N.). 31

C. Subjektiver Anwendungsbereich des Gesellschaftsstatuts

I. Begriff der Gesellschaft

Die unter Rdn. 2 bis 31 gefundenen Anknüpfungsregeln des deutschen internationalen Gesellschaftsrechts gelten nach h. M. und Rechtsprechung grundsätzlich **für alle rechtsfähigen Gesellschaftsgebilde** (z. B. Kapitalgesellschaften, Vereine, Stiftungen) und auch für alle lediglich teilrechtsfähigen Personenhandelsgesellschaften und sonstigen (teilrechtsfähigen) Personenvereinigungen (z. B. OHG, KG, GbR-Außengesellschaft; vgl. zu Letzterer Vor § 705 BGB Rdn. 6 ff. und 10 ff.), da diese Gesellschaften gemeinsame Wesensmerkmale aufweisen, nämlich vor allem die Entstehung durch Rechtsgeschäft, die Erfüllung gemeinsamer Funktionen und die Teilnahme am Rechtsverkehr als eigenständiges Rechtssubjekt (vgl. BGH NJW 2004, 3706, 3708; OLG Karlsruhe NZG 2001, 748, 749 zur OHG; MüKo BGB/*Kindler* IntGesR, Rn. 3, 262 ff.). **Nicht-rechtsfähige reine Innengesellschaften** (z. B. nicht-rechtsfähiger Verein, GbR-Innengesellschaft) stellen lediglich schuldrechtliche Beziehungen ohne nach außen erkennbare Organisation dar und unterliegen daher dem Schuldvertragsstatut. Sie werden mithin – sofern das auf den Vertrag anwendbare Recht nicht nach Art. 3 der Verordnung (EG) Nr. 583/2008 des Europäischen Parlaments und des Rates vom 17.06.2008 über das auf vertragliche Schuldverhältnisse anzuwendende Recht (Rom-I-Verordnung)) vereinbart worden ist – nach Art. 4 Rom-I-Verordnung behandelt und unterliegen damit dem Recht des Staates, zu dem sie die engste Verbindung aufweisen (MüKo BGB/*Kindler* IntGesR Rn. 287 m. w. N.; *Schücking* WM 1996, 281, 286 zu Innenkonsortien). 32

Jedenfalls solange ein **Erwerbszweck** (vgl. Art. 54 Abs. 2 AEUV) durch die Gesellschaft verfolgt wird, gilt auch die europäische Niederlassungsfreiheit für die Gesellschaft, wenn sie einem EU/EWR-Mitgliedstaat angehört. 33

Nach der hier vertretenen Auffassung ist damit auf EU/EWR-(Außen-)Gesellschaften unabhängig von ihrer Rechtsform immer die Gründungstheorie anwendbar (so auch z. B. *Paefgen* WM 2003, 565, 570). Dasselbe muss nach den vorangegangenen Ausführungen auch für Drittland-(Außen)Gesellschaften gleich welcher Rechtsform gelten. Nach der noch h. M. ist auf Drittland-Gesellschaften gleich welcher Rechtsform die Sitztheorie anwendbar. 34

Hinsichtlich der Reichweite des Gesellschaftsstatuts ist sodann auch kein Unterschied anhand der Rechtsform der Gesellschaft vorzunehmen. So gilt das Gesellschaftsstatut sowohl bei Kapital- als auch bei Personengesellschaften u. a. für die Haftung der Gesellschaft und die Haftung der Gesellschafter, und zwar auch dann, wenn für den Haftungsgrund ein anderes Recht maßgebend ist. Gleiches gilt für das Innenverhältnis der Gesellschafter (s. Rdn. 68 ff.). 35

II. Zweigniederlassung

Eine **Zweigniederlassung** ist ein von der Hauptniederlassung räumlich getrennter, unter deren Oberleitung stehender, jedoch wirtschaftlich und organisatorisch verselbstständigter und auf gewisse 36

Dauer angelegter Geschäftsbetriebsteil. Sie ist eine Zwischenform von eigenständigem Unternehmen und einer bloßen Abteilung eines Unternehmens. Sie bildet trotz ihrer Selbstständigkeit mit dem Hauptgeschäft zusammen dieselbe Rechtspersönlichkeit (Baumbach/Hopt/*Hopt* § 13 Rn. 4). Eine Besonderheit gilt für EU-/EWR-Gesellschaften: Nach dem gemeinschaftsrechtlichen Verständnis des Begriffes »Zweigniederlassung« – insbesondere im Rahmen des Art. 49 Abs. 1 Satz 2 AEUV und nach der Zweigniederlassungsrichtlinie – ist das tatsächliche Bestehen einer Hauptniederlassung nicht Voraussetzung; als Hauptniederlassung gilt insoweit der »Satzungssitz« (BGH NZG 2003, 431, 432 f.; OLG Zweibrücken NZG 2003, 537, 538; *Leible/Hoffmann* EuZW 2003, 677, 680), sodass demnach jede inländische Auslandsgesellschaft unabhängig von der gewählten Zuzugsform als Zweigniederlassung zu verstehen ist.

37 Das Gesellschaftskollisionsrecht gilt gleichermaßen für Hauptniederlassungen wie für Zweigniederlassungen von Gesellschaften, wobei nach h. M. wegen der rechtlichen Unselbstständigkeit der Zweigniederlassung das Statut der Hauptniederlassung auch für die Zweigniederlassung maßgeblich ist (MüKo BGB/*Kindler* IntGesR Rn. 223 ff.). Hinsichtlich der Bestimmung des Statuts der Hauptniederlassung gelten dabei die bereits gemachten Ausführungen unter Rdn. 2 bis 31, sodass ggf. die inländische Zweigniederlassung dem ausländischen Gesellschaftsstatut unterliegt. Für das inländische Registerverfahren und damit die Eintragung der Zweigniederlassung einer ausländischen Gesellschaft in das Handelsregister gilt allerdings wiederum das deutsche Recht (BGH NJW 2007, 2328; OLG München NZG 2011, 157).

38 Hinsichtlich der EU/EWR-Gesellschaften hat sich die Gleichbehandlung von Haupt- und Zweigniederlassungen – mithin von der sekundären mit der primären Niederlassungsfreiheit – von Gesellschaften nach Maßgabe der Rechtsordnung des Gründungsstaats im Übrigen schon frühzeitig in der Rechtsprechung des EuGH abgezeichnet: Schon in der »Centros«-Entscheidung vom 09.03.1999, mithin vor der »Überseering«-Entscheidung (s. Rdn. 10 ff.), hatte der Gerichtshof entschieden, ein Mitgliedstaat müsse es hinnehmen, dass eine wirksam in einem anderen Mitgliedstaat gegründete Gesellschaft, die dort ihren satzungsmäßigen Sitz hat, in seinem Mitgliedstaat eine weitere Niederlassung eintragen lassen kann, von der aus sie ihre gesamte Tätigkeit entfaltet, auch wenn die Gründung in einem anderen Mitgliedstaat lediglich dazu diente, einem weniger strengen Gesellschaftsstatut zu unterliegen (EuGH NJW 1999, 2027, 2028).

39 Die »Centros«-Rechtsprechung wurde schließlich in der »**Inspire-Art**«-**Entscheidung** (EuGH NJW 2003, 3331) fortgeführt: Hintergrund der Entscheidung war eine nach englischem Recht gegründete private company limited by shares mit Satzungssitz in Folkstone (Großbritannien), die ihre Geschäftstätigkeit ausschließlich über eine in Amsterdam (Niederlande) errichtete Zweigniederlassung entfaltete und im Handelsregister der Handelskammer Amsterdam ohne Vermerk »formal ausländische Gesellschaft« eingetragen war, sodass die Handelskammer beim Kantongericht Amsterdam gemäß dem geltenden niederländischen Recht die Aufnahme dieses Zusatzes beantragte, weshalb das Gericht das Vorabentscheidungsverfahren einleitete. Prüfungsgegenstand des Vorabentscheidungsverfahrens war das niederländische Gesetz über formal ausländische Gesellschaften, das gewisse Mindestanforderungen für Auslandsgesellschaften aufstellt, die ihre Geschäftstätigkeit vollständig oder beinahe vollständig in den Niederlanden entfalten und daneben keine tatsächliche Bindung an den Gründungsstaat haben (Handelsregistereintragung als formal ausländische Gesellschaft, Pflichtangaben auf Schriftstücken der Gesellschaft, Mindestkapitalausstattung, Buchführungspflichten, Aufstellung eines Jahresabschlusses, deren Nichtbeachtung insbesondere mit einer persönlichen Haftung der Geschäftsführer sanktioniert wird).

40 Der Gerichtshof entschied, dass mitgliedstaatliche Regelungen, welche die Ausübung der Freiheit zur Errichtung einer Zweigniederlassung in diesem Staat durch eine nach dem Recht eines anderen Mitgliedstaats gegründete Gesellschaft von bestimmten Voraussetzungen abhängig machen, die im innerstaatlichen Recht für die Gründung von Gesellschaften bezüglich des Mindestkapitals und der Haftung der Geschäftsführer vorgesehen sind, gegen Art. 49, 54 AEUV verstoßen, da sie die Niederlassungsfreiheit in nicht zu rechtfertigender Weise behindern. Potentielle Gläubigerinteressen seien

durch das Auftreten der Gesellschaft als ausländische Gesellschaft gewahrt und könnten demnach eine Einschränkung der Niederlassungsfreiheit nicht rechtfertigen; es sei nämlich durch dieses Auftreten erkennbar, dass die Gesellschaft anderen Rechtsvorschriften unterliegt. Zudem bestünden bestimmte gemeinschaftsrechtliche Schutzregelungen, die ebenfalls einer Rechtfertigung über Gläubigerinteressen entgegen stünden (EuGH NJW 2003, 3331, 3334).

Europäisches Sekundärrecht im Zusammenhang mit der hier behandelten Thematik »Zweigniederlassung«, namentlich die sog. elfte gesellschaftsrechtliche Richtlinie bzw. »**Zweigniederlassungsrichtlinie**« (Richtlinie 89/66/EWG über die Offenlegung von Zweigniederlassungen, die in einem Mitgliedstaat von Gesellschaften bestimmter Rechtsformen errichtet werden, die dem Recht eines anderen Staats unterliegen, vom 21.12.1989, ABl. Nr. L 395/36; umgesetzt in deutsches Recht durch §§ 13d ff., 325a HGB, § 80 Abs. 4 AktG, § 35a Abs. 4 GmbHG), beeinflusst dagegen das Gesellschaftsstatut der EU/EWR-Gesellschaften nicht direkt, da es kein Gesellschaftskollisionsrecht enthält, sondern sachrechtlich zu qualifizieren ist. Jedoch hat es in gewisser Hinsicht Einfluss auf die Beurteilung nationalen Fremdenrechts, d. h. von nationalen Rechtsvorschriften, die nur für ausländische Gesellschaften gelten, als gemeinschaftskonform bzw. gemeinschaftswidrig. Dies ist durch die Rechtsprechung des EuGH in der »Inspire-Art«-Entscheidung deutlich herausgearbeitet worden, nach der Folgendes gilt: 41

Soweit inländische Vorschriften die Vorschriften der Zweigniederlassungsrichtlinie umsetzen und mit ihr vereinbar sind, sind keine Behinderungen der Niederlassungsfreiheit festzustellen, wobei damit aber nicht zugleich automatisch auch feststeht, dass nationale Sanktionsvorschriften, die an das Unterlassen von Pflichten im Einklang mit der Zweigniederlassungsrichtlinie anknüpfen, ebenfalls mit der Niederlassungsfreiheit im Einklang stehen (vgl. EuGH NJW 2003, 3331, 3332). Für Letztere bleibt es bei dem Grundsatz, dass Verstöße gegen das Gemeinschaftsrecht nach ähnlichen sachlichen und verfahrensrechtlichen Regeln geahndet werden müssen wie nach Art und Schwere gleiche Verstöße gegen nationales Recht. Solche Sanktionen müssen stets **wirksam, verhältnismäßig und abschreckend** sein. Gehen nationale Vorschriften über die Zweigniederlassungsrichtlinie hinaus, indem sie weiter gehende Offenlegungspflichten festschreiben, verstoßen sie gegen Art. 2 der Richtlinie und damit auch gegen Art. 49, 54 AEUV, da insoweit die durch die Zweigniederlassungsrichtlinie herbeigeführte Harmonisierung abschließend sei (vgl. EuGH NJW 2003, 3331, 3332 ff.). Als eine zulässige Offenlegung als Auslandsgesellschaft nach Maßgabe der Zweigniederlassungsrichtlinie versteht der Gerichtshof – wie der »Inspire-Art«-Entscheidung entnommen werden kann – wohl offenbar eine Firmierung unter dem Rechtsformzusatz des Heimatstaats nur dann, wenn eine Verwechslungsgefahr mit inländischen Rechtsformzusätzen besteht (z. B. existiert in Deutschland und in Österreich der Zusatz »GmbH«). In dem Fall der Verwechslungsgefahr sind die Mitgliedstaaten befugt, im Interesse des Verkehrsschutzes eine Überlagerung der Firmenbildung vorzunehmen und zu verlangen, dass sich die Eigenschaft zweifelsfrei aus der Firmierung ergibt (z. B.: »GmbH österreichischen Rechts« oder »Ltd. [UK]«) (so auch *Leible/Hoffmann* EuZW 2003, 677, 681, 680; vgl. auch OLG München NZG 2011, 157). 42

D. Objektiver Regelungsbereich des Gesellschaftsstatuts

I. Allgemeines

Der Regelungsbereich des Gesellschaftsstatuts umfasst grundsätzlich **alle gesellschaftsrechtlichen Verhältnisse**, d. h. vor allem die Entstehung, die Rechtsfähigkeit, die Firma, die innere Verfassung, Geschäftsführung und Vertretung, Erwerb und Verlust der Mitgliedschaft, Haftung im Innen- und Außenverhältnis sowie Liquidation und Beendigung der Gesellschaft. 43

Soweit das Gründungsrecht zur Anwendung kommt, gilt für die Gesellschaft das Recht des Landes, nach dessen Recht die Gesellschaft gegründet worden ist. Hingegen bemessen sich Außen- und Innenverhältnis nach dem Recht des Sitzstaates, soweit das Sitzstatut einschlägig ist (zur Abgrenzung s. Rdn. 3). 44

45 Der in diesem Abschnitt behandelte Regelungsbereich des Gesellschaftsstatuts wird durch angrenzende Anknüpfungsregeln ergänzt. Hierzu gehören insbesondere das Vertrags- und Deliktsrecht ebenso wie z. B. kapitalmarkt- und insolvenzrechtliche Anknüpfungen. Ferner kann das Gesellschaftsstatut Durchbrechungen dadurch aufweisen, dass bspw. im Anwendungsbereich des Gründungsrechts Bestimmungen des Sitzstatuts maßgeblich werden. Diese Fälle sollen nachfolgend näher behandelt werden.

II. Rechtsfähigkeit und Anerkennung von Gesellschaften

46 **Beginn und Umfang der Rechtsfähigkeit** einer Gesellschaft bemessen sich grundsätzlich nach deren Gesellschaftsstatut (BGHZ 128, 41, 44). Gesetzlich verankert ist allein die Wechsel- und Scheckfähigkeit von Gesellschaften, die sich nach deren Gesellschaftsstatut richten (Art. 91 WG, Art. 60 ScheckG).

1. Rechtsfähigkeit und Anerkennung bei Sitzverlegungen in der EU/EWR

47 Das nach herrschender Ansicht noch bestehende Nebeneinander von Gründungsrecht im Bereich der EU-Niederlassungsfreiheit und Sitzrecht für Gesellschaften aus Drittländern führt zuweilen zu undurchsichtigen Fällen der Anerkennung ausländischer Gesellschaften. Wie oben bereits dargelegt (s. Rdn. 10 ff.), gilt nach der »Überseering«-Entscheidung des EuGH eine nach dem Gründungsstaat, der Mitgliedstaat der EU ist, erworbene Rechtsfähigkeit auch im Zuzugsstaat, in den die Gesellschaft ihren Sitz verlegt. Verlegt daher eine in den Niederlanden gegründete Gesellschaft ihren Sitz nach Deutschland, so gilt diese als rechtsfähig nach dem Recht der Niederlande auch dann, wenn das deutsche Sachrecht diesem Rechtsgebilde die Rechtsfähigkeit abspricht. Das deutsche Recht erkennt eine nach dem Recht eines anderen EU-Mitgliedstaates gegründete Gesellschaft als in Deutschland rechtsfähig an.

48 Diese Anerkennung des Sitzstaates soll allerdings dann nach einer noch teilweise vertretenen Ansicht (BayObLGE 2004, 24, 28; OLG Brandenburg BB 2005, 849, 850 ff.) als Ausfluss der »**Daily Mail**«-**Entscheidung** des EuGH wieder versagt werden können, wenn der Sitz aus dem Sitzstaat heraus in einen anderen Mitgliedstaat verlegt wird. Verlegt also eine in Deutschland ansässige und nach deutschem Recht gegründete Gesellschaft ihren Sitz in die Niederlande, so sind die Niederlande verpflichtet, diese Gesellschaft als rechtsfähig anzuerkennen. Nach dieser Auffassung soll es dem Sitzstaat, also Deutschland, in diesen Fällen wieder frei stehen, die Rechtspersönlichkeit in dem Sitzstaat zu versagen. Vereinzelt wird konstatiert, auch der Zuzugsstaat müsse die Gesellschaft nur dann als rechtsfähig anerkennen, wenn der Wegzugstaat den Wegzug ermögliche. Es wird hier argumentiert, dass die Niederlassungsfreiheit gem. Art. 49, 54 AEUV nicht tangiert sei (so EuGH NJW 1989, 2186 – »Daily Mail«, s. auch oben Rdn. 15; eingehend *Sethe/Winzer* WM 2009, 536; *Laeger* BB 2008, 678). Die im Vordringen befindliche Ansicht (s. o. Rdn. 22 ff., ebenso wie Palandt/*Thorn* Anh. zu Art. 12 EGBGB Rn. 7 m. w. N.) befürwortet hingegen eine einheitliche Beurteilung in den Zuzugs- und in den Wegzugsfällen im Sinne des Gründungsrechts. Eine unbehinderte Ausübung der Niederlassungsfreiheit für Gesellschaften im Bereich der EU setzt voraus, dass die Gesellschaft im Fall der Sitzverlegung nicht befürchten muss, die Rechtsfähigkeit im Wegzugsstaat zu verlieren. Eine Differenzierung von Zuzug und Wegzug der Gesellschaften innerhalb der EU würde dazu führen, dass solche Rechtsordnungen langfristig im Vorteil sind, welche konsequent der Gründungstheorie anhängen. Eine Gesellschaft hätte in diesem Fall bei einem Wegzug nämlich keinen Verlust ihrer Rechtspersönlichkeit zu befürchten (*Kappes* NJW 2006, 101, 102). Die Autoren sprechen sich daher im Sinne der im Vordringen befindlichen Ansicht für eine **einheitliche Anwendung der Gründungstheorie** in allen Anerkennungsfällen bei Bewegungen im Raum der EU und des EWR aus (s. dazu auch oben Rdn. 22 ff.). Anders sieht dies der EuGH, der in seinem Urteil »Cartesio« die in seinem Daily-Mail-Urteil entwickelte »Geschöpftheorie« und somit die Unterscheidung zwischen Weg- und Zuzugsfällen bestätigt hat. Danach sind Gesellschaften Produkte des nationalen Rechts, die außerhalb ihrer Rechtsordnung keinerlei Realität haben. Ob Art. 49 AEUV auf eine Gesellschaft anwendbar ist, stellt eine Vorfrage dar, die nach derzeitigem Stand des Gemeinschaftsrechts von

den einzelnen Mitgliedstaaten entschieden wird (EuGH EuZW 2009, 75 Rn. 109). Der EuGH stellt ausdrücklich fest, dass die Mitgliedstaaten sowohl auf Sach- als auch auf Kollisionsebene eine Satzungs- oder Verwaltungssitzverlegung beschränken können (EuGH EuZW 2009, 75 Rn. 110).

2. Rechtsfähigkeit und Anerkennung bei Sitzverlegungen von Gesellschaften aus Drittstaaten

Außerhalb des Anwendungsbereichs der Niederlassungsfreiheit gem. Art. 49, 54 AEUV kommt nach herrschender Ansicht die Sitztheorie zur Anwendung (s. o. Rdn. 20 f.). Verlegt daher bspw. eine nach russischem Recht gegründete Gesellschaft ihren Sitz nach Deutschland, so bemisst sich deren Rechtsfähigkeit alleine nach deutschem Recht. Es tritt insoweit ein **Statutenwechsel mit der Sitzverlegung** ein. Die Gesellschaft muss sich folglich in eine deutsche Gesellschaft umwandeln, um ihre Rechtsfähigkeit zu bewahren. Nach deutschem Sachrecht kommt jedoch eine Umqualifizierung in eine Personengesellschaft infrage. 49

Die Aufrechterhaltung der Sitztheorie im Verhältnis zu solchen Drittland-Gesellschaften ist, wie aufgezeigt, nicht mehr angemessen (s. o. Rdn. 22 ff.). Die besseren Argumente sprechen für eine konsequente Aufgabe der Sitztheorie zugunsten der alleinigen Anwendung des Gründungsrechts für alle Gesellschaften (vgl. Referentenentwurf, der in Art. 10 Abs. 1 EGBGB-E die Gründungstheorie als allgemeine Anknüpfungsregel gesetzlich verankern würde). Dies würde die Sitzverlegung ausländischer Gesellschaften nach Deutschland erheblich vereinfachen, ohne dass die Verkehrsinteressen in nennenswerter Weise beeinträchtigt würden. Da es im modernen Wirtschaftsleben ohnehin üblich geworden ist, mit multinationalen und ausländischen Gesellschaften zu interagieren, muss der Verkehr in Deutschland nicht darauf vertrauen dürfen, dass sich eine in Deutschland ansässige Gesellschaft stets in einer deutschen Gesellschaftsform konstituiert. 50

3. Besonderheit: Handeln ultra-vires

Art. 12 EGBGB enthält eine Regel, wonach eine Person beim Abschluss eines Vertrages als rechts- und geschäftsfähig gilt, wenn sich die Vertragsparteien in demselben Staat befinden und diese Person rechts- und geschäftsfähig nach den Regeln dieses Staates wäre. In diesem Fall kann sich die Person nicht darauf berufen, dass sie nach ihrem Personalstatut rechts- oder geschäftsunfähig wäre, es sei denn der Vertragspartner kannte diesen Mangel oder musste ihn kennen. Aus Verkehrsschutzgründen ist diese Regelung auch auf Gesellschaften zu übertragen (vgl. *de lege ferenda* Art. 12 Abs. 2 und 3 EGBGB-E). Schließen daher z. B. eine deutsche Gesellschaft sowie eine in Russland nicht rechtsfähige Gesellschaft mit Sitz in Russland einen Vertrag in Deutschland, so gilt die russische Gesellschaft als rechtsfähig, wenn die Vertreter der deutschen Gesellschaft den Mangel der Rechtsfähigkeit nicht kannten und nicht kennen mussten. 51

Tatbestandlich setzt Art. 12 EGBGB voraus, dass sich beide Parteien beim Abschluss des Rechtsgeschäfts **in demselben Staat** befinden. Dies wird bei einem Abschluss durch eine Zweigniederlassung zu bejahen sein, nicht hingegen beim Vertragsschluss durch Fernkommunikationsmittel (MüKo BGB/*Kindler* IntGesR Rn. 568). 52

4. Aktive und passive Beteiligungsfähigkeit beim Erwerb von Gesellschaftsanteilen

Möchte eine Erwerbergesellschaft die Anteile an einer Zielgesellschaft erwerben, so ist sowohl das Gesellschaftsstatut der Erwerbergesellschaft (**aktive Beteiligungsfähigkeit**) als auch das der Zielgesellschaft (**passive Beteiligungsfähigkeit**) bedeutsam. Verbietet eine dieser Rechtsordnungen den Erwerb, hat dieser zu unterbleiben. Ob die Zielgesellschaft für eine Beteiligung durch die Erwerbergesellschaft überhaupt rechtlich geeignet ist, beurteilt das Gesellschaftsstatut der Zielgesellschaft. So können sich entsprechende Grenzen im Gesellschaftsrecht der Rechtsordnung ergeben, welcher die Zielgesellschaft unterliegt. Auch kartellrechtliche Erwerbsverbote sind zu berücksichtigen. Aber auch aufseiten der Erwerbergesellschaft kann es entsprechende Einschränkungen geben, die dem 53

Erwerb von Anteilen an der konkreten Zielgesellschaft entgegenstehen (so z. B. für juristische Personen, die dem schweizerischen Recht unterliegen).

54 Stehen weder aktive noch passive Beteiligungsfähigkeit dem Erwerb von Anteilen an der Zielgesellschaft entgegen, so sind auch **Typenvermischungen** denkbar (OLG Saarbrücken NJW 1990, 647). Bedeutsam wird dies insbesondere bei deutschen Kommanditgesellschaften, deren Komplementär eine ausländische Gesellschaft ist. Während dieser Typenvermischung im Bereich des AEU-Vertrages grundsätzlich keine Gründe entgegen stehen und daher eine sog. **Limited & Co. KG** zulässig ist, wird über die Zulässigkeit derartiger Konstruktionen mit anderen ausländischen Gesellschaften noch debattiert (dagegen etwa MüKo BGB/*Kindler* IntGesR Rn. 576 m. w. N.). Bei einer Beteiligung von Drittland-Gesellschaften wird dieser Fall dann virulent, wenn die Gesellschaft ihren Verwaltungssitz weiterhin im Ausland behält und daher den Regeln des deutschen Gesellschaftsrechts entzogen ist. Gegen eine solche Typenvermischung auch bei Drittland-Gesellschaften, etwa einer Komplementärstellung von US-amerikanischen LLCs, sprechen jedoch keine gewichtigen Gründe des Verkehrsschutzes, da der Verkehr durch den Grundsatz der Firmenpublizität hinreichend geschützt ist.

III. Gründung der Gesellschaft und Formfragen

1. Maßgeblichkeit des Gesellschaftsstatuts

55 Die Gründung der Gesellschaft bemisst sich grundsätzlich nach den **Bestimmungen des Gesellschaftsstatuts**. Insofern ist wiederum mit der herrschenden Ansicht zwischen einer EU/EWR-Gesellschaft und einer Drittland-Gesellschaft zu unterscheiden: Eine nach dem Recht eines **EU/EWR-Mitgliedstaates** wirksam gegründete Gesellschaft ist auch dann wirksam gegründet, wenn sie ihren effektiven Sitz in Deutschland hat und die Gründung nach deutschem Sachrecht nicht wirksam wäre. Anders ist dies für eine nach dem **Recht eines Drittlandes** gegründete Gesellschaft, wenn deren Sitz in Deutschland ist. Die Gründung einer Gesellschaft nach russischem Recht gilt in Deutschland als nicht wirksam gegründet, wenn der Sitz dieser Gesellschaft in Deutschland ist und sie den Gründungsformalitäten in Deutschland nicht nachgekommen ist (ebenso Palandt/*Thorn* Anh. zu Art. 12 EGBGB, Rn. 10). Im Einzelfall erlaubt die Rechtsprechung jedoch die Annahme einer nach deutschem Recht gültigen BGB-Gesellschaft oder, bei gewerblicher Tätigkeit, einer OHG (BGH*Z* 151, 204; s. auch Rdn. 20). Diese Situation könnte sich mit Umsetzung des Referentenentwurfs grundsätzlich ändern, durch den auch Gesellschaften aus Drittstaaten nach ihrem Gründungsstatut beurteilt werden (Art. 10 Abs. 1 EGBGB-E). Eine derartige Umsetzung des bis heute nicht weiter verfolgten Entwurfs ist jedoch in absehbarer Zukunft nicht zu erwarten.

56 Die gleichen Grundsätze gelten im umgekehrten Fall, in dem eine **Gesellschaft mit Sitz im Ausland** nach deutschem Recht gegründet wird. Eine GmbH mit Sitz in den Niederlanden ist daher wirksam gegründet, wenn die deutschen Regeln über die Gründung einer GmbH eingehalten worden sind. Eine GmbH mit Sitz in Russland muss hingegen die Gründungsvoraussetzungen nach russischem Recht einhalten, es sei denn, das russische IPR verweist bezüglich dieser Frage auf das deutsche Kollisionsrecht zurück, womit wiederum deutsches Recht zur Anwendung käme und die GmbH als wirksam zu gelten hätte. Auch dies hätte durch eine entsprechende Umsetzung des Referentenentwurfs längst vereinheitlicht werden können. Seit dem MoMiG ist es zumindest möglich, den Verwaltungssitz ohne sachrechtliche Auflösungskonsequenzen ins Ausland zu verlegen. Über das auf die Gesellschaft anzuwendende Recht sagt dies jedoch noch nichts aus.

2. Vorgründungs- und Vorgesellschaft

57 Nach herrschender Ansicht unterliegt der **Gründungsvorvertrag** nicht dem Gesellschaftsstatut, sondern dem **allgemeinen Vertragsstatut** (Palandt/*Thorn*, Anh. zu Art. 12 EGBGB Rn. 14–15). Fehlt es allerdings an einer Rechtswahl, so kann nach Art. 4 Abs. 3 und 4 Rom-I-VO vermutet werden, dass die engste Beziehung zu dem Staat besteht, nach dessen Recht die Gesellschaft gegründet werden

soll. Das Gesellschaftsstatut dürfte daher auch für die Haftung der Vorgründungsgesellschaft und deren Mitglieder zur Anwendung kommen. Die Anwendung des Vertragsstatuts ist hingegen deswegen nicht gerechtfertigt, weil die vertragliche Rechtswahl keinen Einfluss haben kann auf den Umfang der Haftung von Mitgliedern einer Vorgründungsgesellschaft im Außenverhältnis. Maßgeblich für die Haftung ist insofern das **Recht der noch zu gründenden Gesellschaft**.

Dem Recht der geplanten Gesellschaft unterliegt auch die bereits gegründete, aber noch nicht voll wirksame **Vorgesellschaft** (KG NJW 1989, 3100, 3101; MüKo BGB/*Kindler* IntGesR Rn. 550). Damit unterfällt gleichfalls die sog. Handelndenhaftung (etwa nach § 11 Abs. 2 GmbHG, § 41 Abs. 1 Satz 2 AktG) dem Recht der gegründeten, aber noch nicht voll wirksamen Gesellschaft (LG München I NZG 2000, 106 Anm. *Borges*). Gemäß des bislang nicht umgesetzten Referentenentwurfs unterliegen laut Art. 10 Abs. 1 Satz 2 EGBGB-E die Vorgesellschaften dem Recht, nach dem sie sich organisiert haben (s. Begründung RefE S. 9).

3. Formvorschriften

Von besonderer Bedeutung im gesellschaftsrechtlichen Bereich sind Formfragen. Nach materiellem Gesellschaftsrecht können verschiedene Rechtshandlungen einem **Formzwang** unterliegen. Hierzu gehören neben dem Gründungsakt auch die Satzungsänderung, die Abtretung von Geschäftsanteilen an einer Gesellschaft, der Abschluss von konzernrechtlichen Unternehmensverträgen, umwandlungsrechtliche Maßnahmen oder die Abhaltung von Gesellschafterversammlungen.

Eine gesetzliche Normierung für die Anknüpfung von Formerfordernissen enthält Art. 11 Rom-I-VO. Nach dieser Bestimmung ist das Rechtsgeschäft formgültig, wenn es entweder nach der lex causae oder dem Recht des Ortes gültig ist, in dem die Rechtshandlung vorgenommen wird (sog. **Recht des Vornahmeortes**). Noch zur Vorläuferregelung des Art. 11 Abs. 1 EGBGB wurde vertreten, diese Bestimmung im internationalen Gesellschaftsrecht derart teleologisch einzuschränken, dass jedenfalls für konstitutionelle Handlungen nur die lex causae, also das Gesellschaftsstatut zur Anwendung kommt. Die Ortsform soll mithin für Gründung, Umwandlung und Satzungsänderung außer Betracht bleiben (*Hüffer* AktG, § 23 Rn. 10). Die mittlerweile h. M. ist der Auffassung, dass zumindest die **Übertragung von Geschäftsanteilen** an einer Gesellschaft den Regeln des Art. 11 Abs. 1 Rom-I-VO unterfällt, d. h. auch die Form des Ortsrechts ausreichend ist (richtungsweisend BGH NZG 2005, 41, 42). Der Beurkundungszwang bei der Übertragung von GmbH-Anteilen nach § 15 Abs. 3 und 4 GmbHG ist damit als Formerfordernis zu qualifizieren und dann erfüllt, wenn Geschäftsanteile an einer GmbH in dem Land, in welchem die Rechtshandlung vorgenommen wird, den dortigen Formerfordernissen entspricht (hiergegen MüKo BGB/*Kindler* IntGesR Rn. 558 ff.). Es besteht grundsätzlich kein Anlass, ohne Not von Art. 11 Abs. 1 Rom-I-VO abzuweichen und die Einhaltung der Formzwänge des Gesellschaftsstatuts zu fordern. Art. 11 Abs. 4 und 5 Rom-I-VO enthalten abschließende Ausnahmevorschriften zur alternativen Geltung von Geltungsstatut und Vornahmestatut i. S. d. Art. 11 Abs. 1 Rom-I-VO. Überwiegende kollisionsrechtliche Interessen, die eine teleologische Reduktion des Art. 11 Abs. 1 Rom-I-VO in der Form gebieten, dass nur eine Einhaltung der Formvorschriften des Gesellschaftsstatuts zur Wirksamkeit der Rechtshandlung führt, sind nicht ersichtlich. Es ist nach der hier vertretenen Meinung daher generell ausreichend, wenn die Rechtshandlung nach dem Recht des Staates formwirksam vorgenommen werden kann, in dem diese Rechtshandlung tatsächlich auch stattfindet. Dies wird durch den im (allerdings bislang nicht weiter verfolgten) Referentenentwurf geplanten Abs. 6 des Art. 11 EGBGB-E bestätigt. Laut diesem muss ein Rechtsgeschäft, das die Verfassung einer Gesellschaft, eines Vereins oder einer juristischen Person betrifft, den Formerfordernissen des nach Art. 10 EGBGB-E ermittelten Rechts genügen.

Soweit entgegen der hier vertretenen Ansicht von Teilen in Rechtsprechung und Literatur, insbesondere für Gründungsakte der Gesellschaft sowie andere konstitutionelle Rechtshandlungen, lediglich die Form des Gesellschaftsstatuts als ausreichend angesehen wird, ist für Gesellschaften, die dem deutschen Recht unterliegen, generell zu ermitteln, ob die Einhaltung der Form im Ausland einer inländischen Beurkundung durch einen Notar äquivalent ist (BGH NJW 1981, 1160; OLG Stuttgart NZG 2001, 40, 45; OLG Frankfurt am Main EWiR 2000, 487). Der ausländische Notar muss dabei nicht nur eine nach Ausbildung, Stellung und Verfahrensweise eine dem deutschen Notar entsprechende Funktion ausüben, sondern auch der Akt der Beurkundung selbst muss dem deutschen gleichwertig sein. Inwieweit eine solche Gleichwertigkeit gegeben ist, unterliegt der richterlichen Beurteilung. Insbesondere in Bezug auf Notare in der Schweiz und deren Äquivalenz zu deutschen Notaren ist eine Fülle verwirrender und nur wenig konsistenter richterlicher Kasuistik ergangen (vgl. hierzu auch ausführl. § 2 GmbHG Rdn. 21 ff.). Vor diesem Hintergrund erscheint eine uneingeschränkte Gleichbehandlung von Wirkungsstatut und Ortsrecht gem. Art. 11 Abs. 1 Rom-I-VO für alle gesellschaftsrechtlichen Rechtshandlungen als angemessen und interessengerecht.

4. Registereintragungen

62 Ob und wann eine Gesellschaft als wirksam gegründet gilt und ob es dafür einer Eintragung in ein öffentliches Register bedarf, bestimmt das Gesellschaftsstatut.

63 Das **deutsche Handelsregister** ist international allerdings nur zuständig, wenn der Sitz der Gesellschaft im Inland, d. h. bei Gesellschaften aus Drittstaaten der Verwaltungssitz, bei Gesellschaften aus einem EU-Mitgliedstaat der satzungsmäßige Sitz, ist oder eine Zweigniederlassung in Deutschland besteht (§§ 13d ff. HGB) (*Hüffer*, AktG, § 13d HGB Rn. 2). Das bedeutet, dass eine nach deutschem Recht gegründete Gesellschaft mit Sitz im Ausland ohne eine entsprechende Zweigniederlassung in Deutschland nicht ins Handelsregister eingetragen werden kann.

64 Umgekehrt hat eine nach dem Recht eines EU/EWR-Mitgliedstaats gegründete Gesellschaft mit Sitz in Deutschland die Verpflichtung, die Eintragung in das Handelsregister zu bewirken. Das gilt z. B. für englische Limited-Gesellschaften mit Sitz in Deutschland. Unterlassen die Vertreter der ausländischen Gesellschaft die Eintragung, so kann diese mit einem Zwangsgeld gem. § 14 HGB erzwungen werden. Eine Handelndenhaftung in Analogie zu § 41 Abs. 1 Satz 2 AktG, § 11 Abs. 2 GmbHG hat der BGH hingegen zu Recht verneint (BGH NJW 2005, 1648; a.A. MüKo BGB/*Kindler* IntGesR Rn. 551 ff.).

IV. Gesellschaftsverfassung und Organe

1. Allgemeines

65 Die Verfassung der Gesellschaft, einschließlich der Organisation nach innen und der Vertretung nach außen durch die vertretungsberechtigten Organe der Gesellschaft, unterliegt grundsätzlich dem Gesellschaftsstatut. Unter die **Verfassung der Gesellschaft** fällt die innere Struktur der Gesellschaft, d. h. die Geschäftsführung und Vertretung, Gesellschaftsorgane wie Gesellschafterversammlung, Aufsichts- und Beiräte, einschließlich deren Bestellung und jeweiligen Befugnisse, und das Verhältnis der Gesellschafter untereinander, ebenso wie die Kapitalisierung der Gesellschaft (Kapitalaufbringung und -erhaltung).

2. Vertretung der Gesellschaft

66 Lediglich die **organschaftliche Vertretung** unterfällt dem Gesellschaftsstatut (BGH NJW 2003, 3270, 3271). Das Gesellschaftsstatut bestimmt darüber, welches der Gesellschaftsorgane zur Vertretung befugt ist, ob und wie diese zu bestellen sind, ob einzelne Personen von der Vertretung ausgeschlossen sind oder eine Einzel- oder Gesamtvertretung angeordnet ist. Ebenfalls unterfällt der Umfang der Vertretungsmacht dem Gesellschaftsstatut. Dies ist auch in dem (im Gesetzgebungsverfahren bislang nicht weiter verfolgten) Art. 10 Abs. 2 Nr. 5 EGBGB-E festgehalten. Hingegen gilt für rechtsgeschäftlich bestellte Vertreter, d. h. z. B. Prokuristen, Handlungsbevollmächtigte u.ä., das **Vollmachtstatut**. Das auf die Gesellschaft anwendbare Recht ist insofern nicht betroffen.

Ebenso wie bei der Rechtsfähigkeit spricht auch im Bereich der organschaftlichen Vertretung der Gesellschaft einiges für die analoge Anwendung von Art. 12 Satz 1 EGBGB. Hat daher ein Gesellschaftsorgan einer ausländischen Gesellschaft mit einem gutgläubigen Vertragspartner in Deutschland einen Vertrag im Namen der Gesellschaft abgeschlossen und wäre die Bestellung als Vertreter nach deutschem Recht wirksam, so kann sich die Gesellschaft nicht darauf berufen, dass das Gesellschaftsorgan nach dem ausländischen Recht keine Vertretungsmacht besaß (MüKo BGB/*Kindler* IntGesR Rn. 584 s. a. Art. 12 Abs. 2 EGBGB-E).

3. Mitgliedschaftsrechte und deren Übertragung, Binnengesellschaftsverhältnisse

a) Mitgliedschaft

Die mit der Mitgliedschaft zur Gesellschaft in Zusammenhang stehenden Fragen unterliegen ebenfalls generell dem Gesellschaftsstatut. Hierzu gehört vor allem die **Rechtsstellung der Gesellschafter** und die ihnen verliehenen Befugnisse, z. B. Teilnahme- und Stimmrechte in Gesellschafterversammlungen, Stimmrechtsquoren und -beschränkungen durch Gesellschaftsvertrag (s. Art. 10 Abs. 2 Nr. 6 EGBGB-E).

Vereinbarungen zwischen den Gesellschaftern, also z. B. Wettbewerbsverbote, Veräußerungsbeschränkungen und Vorkaufsrechte und interne Ausgleichsansprüche, unterliegen hingegen nicht zwingend dem Gesellschaftsstatut. Hierfür kann gem. Art. 3 Rom-I-VO eine Rechtswahl erfolgen. Fehlt es an einer solchen, kommt allerdings über Art. 4 Abs. 3 Rom-I-VO das Recht zur Anwendung, dem die Gesellschaft unterliegt. Etwas anderes soll für Haftungsvereinbarungen und Stimmbindungsverträge gelten, da diese die interne Verfassung der Gesellschaft unmittelbar betreffen (so MüKo BGB/*Kindler* IntGesR Rn. 614, 615).

b) Übertragung und Belastung von Gesellschaftsanteilen

Ebenfalls dem Gesellschaftsstatut unterliegt die **Übertragung und Belastung von Mitgliedschaftsrechten**. Für die Form des Übertragungsakts gilt hingegen die allgemeine international-privatrechtliche Regel des Art. 11 Abs. 1 Rom-I-VO, sodass insoweit die Einhaltung der am **Vornahmeort** erforderlichen Formvoraussetzungen ausreichend ist.

Ist mit dem Mitgliedschaftsrecht ein **Wertpapier** verbunden, welches das Mitgliedschaftsrecht verbrieft, so ist für die Übertragung dieses Papiers nicht das Gesellschaftsstatut, sondern das **Wertpapierstatut** maßgeblich. Grundsätzlich gilt dann für die Übertragung der Mitgliedschaftsurkunde das Recht des Landes, in dem sich das betreffende Papier im Zeitpunkt der Übertragung befindet (BGH NJW 1994, 939, 940). Eine Ausnahme gilt allerdings für solche Wertpapiere, deren Registrierung konstitutiv ist oder die auf einem Konto verbucht werden. Gem. § 17a DepotG unterliegen derlei Verfügungen dem Recht des registerführenden Staates bzw. dem Recht des Sitzstaates des kontoführenden Verwahrers (vgl. zu dem UNIDROIT-Konventionsentwurf *Paech* WM 2005, 1101; *Einsele* WM 2005, 1109).

Einer getrennten Anknüpfung unterliegt grundsätzlich das **schuldrechtliche Grundgeschäft**. Insoweit gilt für die Verpflichtung zur Übertragung bzw. Belastung von Geschäftsanteilen das Schuldvertragsstatut der Art. 3 ff. Rom-I-VO. Die Parteien können daher das Recht wählen, dem sie die schuldvertraglichen Wirkungen der Geschäftsanteilsübertragung unterstellen. Bedeutsam ist dies bspw. für die Gewährleistungsrechte im Rahmen von share deals. Erfolgt keine ausdrückliche Rechtswahl, so gilt im Zweifel nicht das Recht am gewöhnlichen Aufenthalt des Verkäufers bzw. Schenkers gem. Art. 4 Abs. 2 Rom-I-VO (a. A. MüKo BGB/*Kindler* IntGesR Rn. 613), sondern nach Art. 4 Abs. 3 Rom-I-VO wird vermutet, dass die engste Verbindung zum Gesellschaftsstatut des Zielunternehmens besteht (ähnlich Palandt/*Thorn* Rom I 4, Rn. 23: auf Sitzstaat des Zielunternehmens abstellend).

73 **Andere Erwerbstatbestände** unterstehen grundsätzlich ebenfalls dem Gesellschaftsstatut. Die Zulässigkeit des Erwerbs eigener Aktien durch die Gesellschaft untersteht in gleichem Maße dem Gesellschaftsstatut (Staudinger/*Großfeld* IntGesR Rn. 344) wie der nicht rechtsgeschäftliche Übergang von Gesellschaftsanteilen auf der Grundlage gesellschaftsrechtlicher Verpflichtungen (z. B. gesetzliche Vorkaufsrechte usw.). Auch die Vererbbarkeit eines Gesellschaftsanteils unterliegt dem Gesellschaftsstatut, während hingegen der Erbgang selbst Art. 25 EGBGB unterfällt.

c) Anknüpfung von asset deals

74 Auch bei sog. asset deals, also der Veräußerung von Betriebsvermögen einer Gesellschaft an einen Erwerber, ist zwischen schuldrechtlichem Grundgeschäft und Verfügungsgeschäft zu unterscheiden. Das **Grundgeschäft** unterliegt wiederum Art. 3 ff. Rom-I-VO, d. h. erlaubt eine Rechtswahl. Fehlt es an dieser, so gilt das Recht des Landes, mit dem der Vertrag die engsten Verbindungen aufweist. Gem. Art. 4 Abs. 1 Rom-I-VO wird vermutet, dass die engste Verbindung zu dem Land besteht, in dem das verkaufende Unternehmen seine Hauptverwaltung hat (ähnlich Palandt/*Thorn* Rom I 4, Rn. 23).

75 Unter Umständen einem anderen Recht unterliegen die Verfügungen, die in Erfüllung des Kaufvertrages zu tätigen sind. Hierfür ist das Gesellschaftsstatut nicht erheblich. Vielmehr gelten die Regeln des allgemeinen Sachenrechts. Gem. Art. 43 Abs. 1 EGBGB ist auf den **Übertragungsakt** das Recht des Landes anwendbar, in dem sich die Sache befindet. Da die zu übereignenden Sachen im Rahmen eines asset deals im Regelfall am Sitz des Zielunternehmens bzw. deren Zweigniederlassungen liegen, sind die betreffenden Rechtsordnungen am Belegenheitsort anzuwenden. Eine Besonderheit gilt für Immaterialgüterrechte. Hierfür gelten Sonderanknüpfungen des internationalen Immaterialgüterrechts, die auf der Geltung des Territorialitätsprinzips beruhen.

4. Finanzverfassung

76 **Kapitalaufbringung** und **Kapitalerhaltung** unterliegen dem Gesellschaftsstatut. Dieses entscheidet über die Höhe des gesetzlichen Mindestkapitals und die Art und Weise der Kapitalaufbringung, z. B. die Zulässigkeit und Bewertung von Sacheinlagen, Ausfallhaftung, Schutz des Kapitalstamms, Kapitalmaßnahmen wie Kapitalerhöhung und -herabsetzung und eine eventuelle Nachschusspflicht. Für Gesellschaften, die nach dem Recht eines EU/EWR-Landes gegründet sind, gilt auch bei Sitz in Deutschland das Recht des **Gründungsstatuts**. Zu beachten ist allerdings eine Haftung bei verbotener materieller Unterkapitalisierung einer Gesellschaft. Hier kann parallel zur Geltung des Gesellschaftsstatuts (s. a. Art. 10 Abs. 2 Nr. 7 EGBGB-E) das Deliktsstatut des Art. 4 der Verordnung (EG) Nr. 864/2007 des Europäischen Parlaments und des Rates vom 11.07.2007 über das auf außervertragliche Schuldverhältnisse anzuwendende Recht (Rom-II-Verordnung) zum Tragen kommen und damit auch das Recht des Landes, in dem die Unterkapitalisierung vorgenommen wurde (für ein Korrektiv durch das Sitzstatut MüKo BGB/*Kindler* IntGesR, Rn. 616).

77 Teilweise wird in der Literatur die Ansicht vertreten, dass der **Schutz des satzungsmäßigen Kapitals** (anders als das des gesetzmäßigen Mindestkapitals) auch bei EU/EWR-Gesellschaften durch das **Sitzrecht** geschützt werden muss (so *Ulmer* NJW 2004, 1201, 1209; *Bitter* WM 2004, 2190, 2195; *Altmeppen* NJW 2004, 97, 102). Hierfür besteht jedoch kein Bedürfnis. Ist die Gründung einer »Ein-Pfund-Limited« nach englischem Recht für eine in Deutschland niedergelassene Gesellschaft möglich, so besteht keine Notwendigkeit zum Schutze eines eventuell höheren satzungsmäßigen Kapitals. Teilweise wird die ergänzende Anknüpfung an den Sitz der Gesellschaft damit begründet, dass ansonsten insbesondere der sog. Existenzvernichtung, also der Vermögensaushöhlung einer Tochtergesellschaft in der Krise, Tür und Tor geöffnet würde. Gerade die Existenzvernichtungshaftung ist allerdings nach richtiger Ansicht (vgl. MüKo BGB/*Kindler* IntGesR Rn. 618) auch insolvenzrechtlich und deliktsrechtlich zu qualifizieren. Hierbei kommt man ohnehin zur Anknüpfung an den Verwaltungssitz (Art. 3 Abs. 1, 4 EuInsVO) bzw. an den Tatort (Art. 40 Abs. 1 EGBGB – die Rom-II-VO ist gem. Art. 1 Abs. 2 d) nicht anwendbar). Zu berücksichtigen ist, dass der durch die

Regeln über den Eigenkapitalersatz und für Gesellschafterdarlehen bewirkte Rangrücktritt in der Insolvenz nicht gesellschaftsrechtlich, sondern insolvenzrechtlich zu qualifizieren ist. Die Bestimmungen hierüber können damit auch auf solche EU/EWR-ausländischen Gesellschaften anwendbar sein, die ihren Hauptsitz in Deutschland haben.

5. Unternehmerische Mitbestimmung

Unter die innere Verfassung einer Gesellschaft fällt auch die Frage einer eventuellen Mitbestimmung von Arbeitnehmern in den Organen der Gesellschaft. Anders als die betriebliche Mitbestimmung, die arbeitsrechtlich zu qualifizieren ist, unterliegt die unternehmerische Mitbestimmung den **Regeln des Gesellschaftsstatuts** (BGH NJW 1982, 933, 934). 78

Eine unter dem Recht eines EU/EWR-Staates gegründete Gesellschaft mit Sitz in Deutschland entgeht somit der unternehmerischen Mitbestimmung nach dem MitbestG bzw. dem Montanmitbestg. Eine Sonderanknüpfung an das Sitzstatut oder eine Heranziehung deutschen Rechts über den *ordre public* ist nicht geboten, auch wenn in der Literatur die unternehmerische Mitbestimmung als eine Beschränkung der Niederlassungsfreiheit angesehen wird, die aus zwingenden Gründen des Allgemeininteresses gerechtfertigt ist (so *Kindler* NJW 2003, 1073, 1079, a. A. zu Recht *Zimmer* NJW 2003, 3585, 3590 f.). Gleiches gilt aber auch für ausländische Kapitalgesellschaften, die nach dem Recht eines Drittstaates gegründet worden sind (MüKo BGB/*Kindler* IntGesR Rn. 592 ff.). Da für diese die Sitztheorie Anwendung findet, gelten diese nach deutschem Recht als nicht wirksam gegründet und damit nur als deutsche Personengesellschaften. Die deutschen Regelungen über die unternehmerische Mitbestimmung sind aber auf Personengesellschaften nicht anwendbar. 79

V. Haftung von Gesellschaftern und Organen

Die Frage, ob und wie Gesellschafter für Verbindlichkeiten der Gesellschaft haften, unterliegt dem Gesellschaftsstatut. Davon ist der Haftungsgrund zu unterscheiden, der im Regelfall nach der lex causae zu qualifizieren ist, also vertragsrechtlich, deliktisch usw. Das Gesellschaftsstatut bestimmt hingegen, inwieweit eine **eigene Haftung des Gesellschafters** neben der der Gesellschaft in Betracht kommt, z. B. im Rahmen einer akzessorischen Haftung bei Personengesellschaften oder als Durchgriffshaftung bei Kapitalgesellschaften. Dies bedeutet nach h. M. für Gesellschaften, die nach dem Recht eines EU/EWR-Staates gegründet worden sind und ihren Sitz in Deutschland haben, dass sich die Gesellschafterhaftung nach dem Recht des Gründungsrechts richtet, d. h. die Gesellschafter z. B. einer englischen Limited nur nach den Bestimmungen des englischen Rechts direkt in Anspruch genommen werden können. Gesellschaften, die nach dem Recht eines Drittstaates gegründet worden sind, unterliegen nach h. M. nach wie vor dem Recht des Sitzstaats, d. h. bei Sitz in Deutschland dem deutschen Recht. In diesem Fall wird häufig das Recht über deutsche Personengesellschaften zur Anwendung kommen und damit eine unbeschränkte Haftung auch der Gesellschafter virulent (s. Art. 10 Abs. 2 Nr. 7 u. Nr. 8 EGBGB-E für Anwendbarkeit des Gesellschaftsstatuts auf die Haftung). 80

In Fällen der **Durchgriffshaftung** gegenüber Gesellschaftern einer Kapitalgesellschaft wird von Stimmen in der Literatur häufig eine generelle Anwendbarkeit des Sitzrechts verlangt (so MüKo BGB/ *Kindler* IntGesR Rn. 639). Es besteht jedoch grundsätzlich keine Notwendigkeit, von den generellen Regeln über die Anwendung des Gesellschaftsstatuts abzuweichen. Ein Durchgriff gegen die Gesellschafter einer Gesellschaft, die eine Vermögens- und Sphärenvermischung praktiziert, d. h. die Trennung von Gesellschafts- und Gesellschaftervermögen missachtet, wird im Regelfall nicht nur gesellschaftsrechtlich, sondern auch deliktisch zu qualifizieren sein (so auch *Ulmer* NJW 2004, 1201, 1207 f.), sodass neben der Anwendung des materiellen Gesellschaftsrechts auch das **Recht des Tatorts** gem. Art. 4 Rom-II-Verordnung (der Ausschluss gem. Art. 1 Abs. 2 d) ist nicht einschlägig) heranzuziehen sein wird. Die Gläubiger sind daher ausreichend gegen Vermögens- und Sphärenvermischungen der Gesellschafter geschützt. Gleiches gilt für den Fall der **chronischen und bezweckten Unterkapitalisierung** einer Gesellschaft. Auch hier sind deliktische Haftungstatbestände möglich, 81 die sich auf kollisionsrechtlicher Ebene unter Art. 40 EGBGB subsumieren lassen (die Rom-II-VO ist nach Art. 1 Abs. 2 d) nicht anwendbar). Das gilt erst recht für die **Existenzvernichtungshaftung** der Gesellschafter (vgl. BGH DStR 2007, 1586), die darüber hinaus auch insolvenzrechtlich zu qualifizieren und damit über Art. 3 und 4 Abs. 1 EuInsVO auch an den Sitz der Hauptverwaltung anzuknüpfen ist. Den Gläubigerinteressen ist durch diese Mehrfachanknüpfung der jeweiligen Haftungstatbestände ausreichend Rechnung getragen, sodass es eines zusätzlichen Korrektivs durch eine Sonderanknüpfung im Bereich des Gesellschaftsstatuts nicht bedarf.

82 Die Frage, ob neben der Gesellschaft auch die **handelnden Organe** nach außen haften, unterliegt ebenfalls dem Gesellschaftsstatut. Zu unterscheiden ist dies allerdings von einer Eigenhaftung der Organe, z. B. für deliktisches Tun oder aus culpa in contrahendo, das der Gesellschaft zugerechnet wird. Hier ist allein das Deliktstatut bzw. des Vertragsstatuts ausschlaggebend. Auch für die Eigenhaftung eines Organs kraft Rechtsschein scheidet die Heranziehung des Gesellschaftsstatuts aus. Es handelt sich dabei um einen rein zivilrechtlichen Haftungstatbestand. Auch die **Zurechnung des Organverschuldens** zulasten der Gesellschaft (im deutschen Sachrecht also insbesondere § 31 BGB) ist deliktsrechtlich zu qualifizieren (nach Art. 10 Abs. 2 Nr. 8 EGBGB-E unterfällt die Haftung wegen der Verletzung gesellschaftsrechtlicher Pflichten allerdings dem Gesellschaftsstatut). Die Haftung für das Verschleppen eines Insolvenzantrags entgegen entsprechender gesellschaftsrechtlicher Verpflichtungen (z. B. gem. § 64 GmbHG und gem. §§ 92 Abs. 2, 93 Abs. 3 Nr. 6 AktG) ist primär insolvenzrechtlicher Natur und unterfällt daher dem Insolvenzstatut. Hier kommt daher das Recht am Sitz der Hauptverwaltung zur Anwendung (zutreffend MüKo BGB/*Kindler* IntGesR Rn. 664).

VI. Rechnungslegung

83 Die h. M. qualifiziert die Bestimmungen über Rechnungslegungspublizität und Abschlussprüfung gesellschaftsrechtlich. Daher ist das auf die Gesellschaft anzuwendende Recht auch heranzuziehen für die Frage, nach welchem Recht sich die Rechnungslegung bemisst (Staudinger/*Großfeld* IntGesR Rn. 362). Nach a. A. stellt das Recht der Rechnungslegung öffentliches Recht dar (MüKo BGB/*Kindler* IntGesR Rn. 273) mit der Folge, dass an den Ort der kaufmännischen Niederlassung anzuknüpfen ist.

84 Vorzuziehen ist die Heranziehung des Gesellschaftsstatuts. Zwar ist der Mindermeinung dahin gehend Recht zu geben, dass die Aufstellung des Inventars, die Erstellung des Jahresabschlusses, Aufbewahrungspflichten in Bezug auf Handelsbücher und Aufzeichnungen auch von öffentlichrechtlicher Relevanz sind, doch dient die Dokumentation primär internen Zwecken sowie dem Gläubigerschutz bzw. der Transparenz gegenüber der Öffentlichkeit. Aus diesem Grund ist der Rechtsansicht zu folgen, die sich für eine Heranziehung des Gesellschaftsstatuts ausspricht (s. a. den bislang nicht umgesetzten Art. 10 Abs. 2 EGBGB-E, der keine abschließende Liste enthält, sondern lediglich beispielhaft [»insbesondere«] die wichtigsten Vorgänge und Verhältnisse benennt.).

VII. Auflösung und Liquidation

85 Die Beendigung, Auflösung und Abwicklung einer Gesellschaft außerhalb der Insolvenz vollzieht sich ebenfalls gem. den Regeln des Gesellschaftsstatuts (s. Art. 10 Abs. 2 Nr. 2 EGBGB-E). Dieses bestimmt die Auflösungsgründe, die Rechtsnatur der Liquidationsgesellschaft und die Rechtsstellung der Liquidatoren (OLG Stuttgart NJW 1974, 1627, 1628). Die Liquidation im Rahmen der Insolvenz unterliegt allerdings anderen Regeln (s. u. Rdn. 87 ff.).

86 Erlischt die Rechtsfähigkeit einer Gesellschaft, die ausländischem Recht unterliegt, so ist dies grundsätzlich auch im Inland anzuerkennen. Problematisch ist dies allerdings dann, wenn noch Vermögen der Gesellschaft in Deutschland belegen ist. Nach deutschem Sachrecht ist eine Gesellschaft noch so lange rechts- und parteifähig, wie sie über liquidationsfähiges Vermögen verfügt. Es kann insofern sinnvoll sein, auch eine ausländische Gesellschaft im Inland noch so lange im Wege einer Sonderanknüpfung an das deutsche Recht als rechtsfähig zu behandeln, wie in Deutschland Liquidationsmasse vorhanden ist (so auch MüKo BGB/*Kindler* IntGesR Rn. 686). Bleibt die Gesellschaft

in Deutschland allerdings auch noch nach Liquidation im Ausland tätig, so entsteht in Deutschland eine Spaltgesellschaft, die sich nach den Bestimmungen der GbR bzw. bei Betreiben eines Handelsgewerbes, nach den einer OHG richtet (vgl. OLG Celle NZG 2012, 738; LG Duisburg NZG 2007, 637).

VIII. Insolvenz

Am 31.05.2002 ist die Verordnung (EG) Nr. 1346/2000 des Rates über Insolvenzverfahren (ABl. EG Nr. L 160 Satz 1) in Kraft getreten. Diese regelt nicht nur die **internationale Zuständigkeit für Insolvenzverfahren** in Mitgliedstaaten der EU, sondern auch das **anwendbare Recht**.

87

Gem. Art. 3 Abs. 1 EuInsVO ist für die **Eröffnung des Insolvenzverfahrens** das Gericht des Mitgliedstaats zuständig, in dessen Gebiet der Schuldner den Mittelpunkt seiner hauptsächlichen Interessen hat. Bei Gesellschaften wird bis zum Beweis des Gegenteils vermutet, dass der Mittelpunkt ihrer hauptsächlichen Interessen der Ort des satzungsmäßigen Sitzes ist. Sog. Partikularverfahren sind in weiteren Staaten gem. Art. 3 Abs. 2 EuInsVO möglich, wenn der Schuldner dort eine Niederlassung hat. Dabei beschränken sich die Wirkungen dieser Verfahren auf das im Gebiet des Mitgliedstaats belegene Vermögen.

88

Grundsätzlich gilt gem. Art. 4 Abs. 1 EuInsVO für das Insolvenzverfahren und seine Wirkungen das Recht des Mitgliedstaats, in dem das Verfahren eröffnet wird (sog. **lex fori concursus**). Das Insolvenzstatut befindet über die Voraussetzungen, unter denen das Insolvenzverfahren eröffnet wird und wie es durchzuführen und zu beenden ist. Hierzu gehört z. B. die **Insolvenzfähigkeit** des Schuldners (Art. 4 Abs. 2a EuInsVO). Da in Deutschland auch Personengesellschaften insolvenzfähig sind, kann auch über das Vermögen von Gesellschaften, die nach einem Drittrecht gegründet worden sind, aber ihren Sitz in Deutschland haben, ein Insolvenzverfahren durchgeführt werden, da diese nach dem Sitzstatut gem. deutschen Rechts wie inländische Personengesellschaften zu behandeln sind. Daneben unterliegt auch der Insolvenzgrund der Beurteilung durch das Insolvenzstatut, d. h. der Insolvenzrichter hat eine Zahlungsunfähigkeit oder Überschuldung nach seinem Recht zu beurteilen und nicht nach dem Recht, dem die Gesellschaft unterliegt. Selbst die Pflichten der Organe zur Stellung eines Insolvenzantrags sowie eine eventuelle deliktische Haftung bei Insolvenzverschleppung unterliegen dem Insolvenzstatut. Ist ein Verfahren noch nicht eröffnet, so ist das Recht des Landes anzuwenden, in dem das Insolvenzverfahren gem. Art. 3 Abs. 1 EuInsVO zu eröffnen wäre, d. h. regelmäßig am satzungsmäßigen Sitz der Gesellschaft. Liegt nach dem Insolvenzstatut Massearmut vor und ist daher der Insolvenzantrag mangels Masse abzuweisen, so erfolgt die Liquidation nach den gesellschaftsrechtlichen Regeln. Hierfür ist wiederum das Gesellschaftsstatut maßgeblich (s. Rdn. 85 f.).

89

Schließlich unterliegen auch die **Auswirkungen der Insolvenz** auf die Schuldnerin dem Insolvenzstatut. Hierzu gehören nicht nur die **Organbefugnisse** des Insolvenzverwalters, sondern auch mögliche **Verfügungsbeschränkungen**, Gläubigerbefugnisse und der Nachrang eigenkapitalersetzender Darlehen. Wie dargestellt, ist auch die sog. Existenzvernichtungshaftung deliktsrechtlich oder insolvenzrechtlich zu qualifizieren und unterliegt damit der lex fori concursus (s. Rdn. 81).

90

Eine Sonderregelung gilt für dingliche Rechte Dritter gem. Art. 5 EuInsVO, d. h. insbesondere **Ab- und Aussonderungsrechte**. Soweit sich die Sache, an der ein entsprechendes Gläubigerrecht besteht, außerhalb des Eröffnungsstaats befindet, gilt das Recht am Belegenheitsort. Absonderungsrechte an Schuldnervermögen in Deutschland unterfallen damit auch dann dem deutschen Recht, wenn in einem anderen Mitgliedstaat der EU das Insolvenzverfahren eröffnet worden ist.

91

Im Verhältnis zu **Staaten außerhalb der EU** gilt das autonome Recht, das jedoch ähnliche Regelungen wie die EuInsVO trifft. Gem. § 335 InsO unterliegen das Insolvenzverfahren und deren Wirkungen ebenfalls der lex fori concursus, also dem Recht des Landes, in dem das Insolvenzverfahren eröffnet wird.

92

IX. Umwandlung

93 Nach ganz überwiegender Meinung gilt auch für **grenzüberschreitende Umwandlungen** das Gesellschaftsstatut (MüKo BGB/*Kindler* IntGesR Rn. 869; Staudinger/*Großfeld* IntGesR Rn. 21, 38 ff. jeweils m. w. N.; s. a. Art. 10a EGBGB-E, der auf Art. 10 EGBGB-E verweist). Betroffen hiervon sind dabei transnationale Verschmelzungen, Spaltungen und Vermögensübertragungen als Umwandlungsformen, nicht hingegen der Formwandel, bei dem mangels Beteiligung mehrerer Gesellschaften eine Abgrenzung der Statute mehrerer Gesellschaften nicht nötig ist (vgl. zum unzulässigen identitätswahrenden grenzüberschreitenden Formwechsel OLG Nürnberg NZG 2012, 468; vgl. zur Abgrenzung der Umwandlungsarten auch Kap. 2 Rdn. 8 f. sowie ausführl. dort zu den einzelnen Umwandlungsarten).

94 Da die **Verschmelzung** wegen der zunehmenden Verflechtung der Wirtschaftsräume und des damit einhergehenden Bedürfnisses grenzüberschreitender Umstrukturierungen in der Praxis der wichtigste Anwendungsfall ist, gelten die nachfolgenden Ausführungen primär dieser Umwandlungsform (vgl. zur Verschmelzung auch ausführl. Kap. 2 Rdn. 12 ff.). Sie gelten aber auch – soweit möglich – sinngemäß für transnationale Spaltungen und Vermögensübertragungen.

1. Traditionelles Verständnis für alle ausländischen Gesellschaften

95 Die früher vertretenen sog. »**Einzeltheorien**«, die entweder auf das Recht der aufnehmenden oder übertragenden Gesellschaft abstellten (vgl. ausführlich dazu MüKo BGB/*Kindler* IntGesR Rn. 869 ff. m. w. N.) sind nunmehr überwunden, sodass derzeit ganz überwiegend nur noch die sog. »**Vereinigungstheorie**« vertreten wird, die das Recht aller an einer transnationalen Verschmelzung teilnehmenden Gesellschaften anwendet. Generell differenzieren die Vertreter der Vereinigungstheorie dabei regelmäßig wie folgt: Die **Zulässigkeit einer Verschmelzung** (z. B. Verschmelzungsverbote, aktive und passive Verschmelzungsfähigkeit oder Besonderheiten bei einer Konzernverschmelzung) und das **Verfahren** (z. B. das Erstellen des Verschmelzungsberichts, die Prüfung des Verschmelzungsvertrags, die Beschlussfassung über den Verschmelzungsvertrag und die Offenlegung der Verschmelzung) richten sich dabei nach dem Gesellschaftsstatut der jeweiligen Gesellschaft. Soweit ein gemeinsames Vorgehen der beteiligten Unternehmen erforderlich ist (z. B. dem Abschluss des Verschmelzungsvertrags), sind die Rechtsordnungen zu kumulieren, wobei sich in dem Bereich gemeinsamer Erfordernisse dabei grundsätzlich die strengste Rechtsordnung durchsetzen soll (MüKo BGB/*Kindler* IntGesR Rn. 874 ff.; *Kappes* NZG 2006, 101, 103 jeweils m. w. N.). Bei den **Wirkungen** (z. B. Vermögensübergang, Übergang der Arbeitnehmerverhältnisse, Erlöschen der übertragenden Gesellschaft, Gesellschafterwechsel und Publizität) gilt hinsichtlich des Vermögensübergangs grundsätzlich das Recht der übertragenden Gesellschaft. Ausgenommen ist der gesetzliche Vertragsübergang, der nach § 613a BGB nach überwiegender Auffassung auch bei der umwandlungsrechtlichen Gesamtrechtsnachfolge eintritt. Ab **Eintreten der Wirkungen** der Verschmelzung, also ab Erlöschen der übertragenden Gesellschaft, ist allein das Gesellschaftsstatut der aufnehmenden Gesellschaft maßgebend (MüKo BGB/*Kindler* IntGesR Rn. 889 ff.; Staudinger/*Großfeld* IntGesR Rn. 21, 38 ff. jeweils m. w. N.). Der Zeitpunkt des Wirksamwerdens der Verschmelzung richtet sich sodann nach dem Recht des Staates, dem die aus der Verschmelzung hervorgehende Gesellschaft unterliegt.

96 Ist nach der so gefundenen kollisionsrechtlichen Abgrenzung deutsches Recht anwendbar, muss auf sachrechtlicher Ebene geprüft werden, ob die Umwandlungsmöglichkeiten des UmwG auch bei Beteiligung von Rechtsträgern mit Sitz im Ausland Anwendung finden. Seit Schaffung der Regelung des § 1 Abs. 1 UmwG, die nach ihrem Wortlaut den Anwendungsbereich des UmwG auf Gesellschaften »mit Sitz im Inland« beschränkt, und/oder mit Blick auf § 1 Abs. 2 UmwG, der ein Analogieverbot für im UmwG nicht geregelte Umwandlungen normiert, geht die wohl h. M. in der Literatur davon aus, dass nach deutschem Sachrecht alle beteiligten Rechtsträger ihren Sitz im Inland haben müssen, sodass grenzüberschreitende Umwandlungen im rechtstechnischen Sinn nach geltendem deutschen UmwG mithin ausgeschlossen sind (MüKo BGB/*Kindler* IntGesR Rn. 906 ff. mit zahlreichen Nachweisen auch zu a. A.; Semler/*Stengel* Einl. A, Rn. 110 ff.): Eine »**Hineinverschmelzung**«, d. h. die

Verschmelzung eines ausländischen Rechtsträgers auf einen deutschen Rechtsträger, ist unzulässig; die »**Herausverschmelzung**« einer deutschen Gesellschaft ins Ausland führt nach der Sitztheorie zur Auflösung der deutschen Gesellschaft.

Auch die deutschen Gerichte trugen eine Verschmelzung unter Beteiligung einer ausländischen Gesellschaft aus eben diesen Gründen oft nicht in das Handelsregister ein (vgl. nur OLG Zweibrücken NJW 1990, 3092, 3092; vgl. aber auch zu dokumentierten Fällen einer geglückten Hineinverschmelzung *Dorr/Stuenborg* DB 2003, 447, 650; *Rixen/Böttcher* GmbHR 1993, 572, 574). 97

Auch aus Staatsverträgen ergibt sich ebenfalls kein Sonderrecht für grenzüberschreitende Umwandlungen, auch nicht aus dem Staatsvertrag mit den Vereinigten Staaten (vgl. Rdn. 28 ff.). Zwar gewährt Art. VII Abs. 1 des Handelsvertrags **den US-Gesellschaften** ein **Recht auf Inländergleichbehandlung** bei der Ausübung jeder Art von geschäftlichen Tätigkeiten. Allerdings sind Umwandlungen in der Aufzählung der einzelnen Ausübungsformen des Niederlassungsrechts nicht enthalten. Darüber hinaus bedeutet das Gebot der Inländergleichbehandlung auch nur, dass die unter dem Schutz des Staatsvertrags stehenden Ausländer nicht allein deshalb ungleich behandelt werden dürfen, weil sie keine Inländer sind. Andere Differenzierungsgründe bleiben zulässig, sodass eine Beschränkung des UmwG auf Gesellschaften mit Satzungssitz im Inland nicht entgegen steht (MüKo BGB/*Kindler* IntGesR Rn. 914 m. w. N.). Etwas anderes ergibt sich auch nicht aus Art. 24 Abs. 1 DBA USA, denn die steuerliche Gleichbehandlung ergibt sich nur für ausländische Staatsangehörige »unter gleichen Verhältnissen« und diese sind bei grenzüberschreitenden Umwandlungen gerade nicht gegeben (so z. B. MüKo BGB/*Kindler* IntGesR Rn. 914 m. w. N.). 98

2. Sonderrecht für EU/EWR-Gesellschaften

Abweichend von dem dargestellten traditionellen Verständnis befindet sich spätestens seit der »Überseering«-Rechtsprechung eine Meinung im Vordringen, die die nach deutschem Umwandlungsrecht statuierte Unzulässigkeit grenzüberschreitender Verschmelzungen von EU/EWR-Gesellschaften als eine **Verletzung der Niederlassungsfreiheit** nach den Art. 49 AEUV ff. begreift (so z. B. Lutter/*Drygala* UmwG, § 1 Rn. 7, 18). Diese Meinung wurde aufgrund junger EuGH-Rechtsprechung und mit Umsetzung der Richtlinie 2005/56/EG des Europäischen Parlaments und des Rates vom 26.10.2005 über die Verschmelzung von Kapitalgesellschaften aus verschiedenen Mitgliedstaaten (ABl. EU Nr. L 310 vom 25.11.2005, S. 1; sog. »**10. gesellschaftsrechtliche Richtlinie**« oder »**Verschmelzungsrichtlinie**«) mit Gesetz vom 19.04.2007 in nationales Recht auch geltendes Recht. 99

a) »SEVIC«-Entscheidung

Die Möglichkeit einer Hineinverschmelzung europäischer Gesellschaften wurde zuvor mit dem Fall »SEVIC Systems AG« eröffnet, in dem es um die Handelsregistereintragung der Verschmelzung einer luxemburgischen Société Anonyme (S.A.) auf eine deutsche Aktiengesellschaft ging, die von dem zuständigen deutschen Registergericht mit Verweis auf den Wortlaut des § 1 Abs. 1 UmwG zunächst verweigert worden war. Der EuGH entschied am 13.12.2005 in einer richtungsweisenden Vorabentscheidung, dass die **europäische Niederlassungsfreiheit berührt** ist, auch wenn äußerlich betrachtet die übertragende Gesellschaft nicht ihren Sitz verändert. Entscheidend ist nämlich insoweit, dass es sich um eine Maßnahme handelt, die es der Gesellschaft ermöglichen und erleichtern soll, in einem anderen Mitgliedstaat als den Sitzstaat am Wirtschaftsleben in gleicher Weise teilzunehmen wie den inländischen Gesellschaften jenes Mitgliedstaats, mithin um eine Strukturmaßnahme, die »den Zusammenarbeits- und Gestaltungsbedürfnissen von Gesellschaften mit Sitz in verschiedenen Mitgliedstaaten« entspricht. Eine Vorschrift wie § 1 UmwG, die nur innerstaatliche, nicht aber grenzüberschreitende Verschmelzungen kennt, stellt somit einen Eingriff in die Niederlassungsfreiheit dar. Die Verweigerung der Eintragung diskriminiert, wenn sie nicht gerechtfertigt werden kann. Dabei wollte der EuGH zwar nicht ausschließen, dass der Schutz von Interessen von Gläubigern, Minderheitsgesellschaftern und Arbeitnehmern unter bestimmten Umständen und bei Beachtung bestimmter Voraussetzungen eine die Niederlassungsfreiheit beschränkende Maßnahme 100 rechtfertigen könne. Allerdings rechtfertigen diese Gründe nie eine generelle Verweigerung der Eintragung in das Handelsregister, da diese auch in unproblematischen Fällen diskriminiert und über das hinausgegangen wird, was zur Erreichung des verfolgten Ziels notwendig ist (EuGH NJW 2006, 425, 426).

101 Der EuGH bescheinigt also eine **generelle Eintragungsfähigkeit grenzüberschreitender Verschmelzungen** entgegen der vorherrschenden Praxis der deutschen Gerichte, entzog sich aber zugleich Forderungen nach einer weiter gehenden Zulassung transnationaler Umwandlungen. Zugleich ist der EuGH-Entscheidung nicht zu entnehmen, wann eine **Rechtfertigung** einer Beschränkung der Niederlassungsfreiheit tatsächlich möglich ist, wann also eine Eintragung von transnationalen Verschmelzungen unterbleiben darf (krit. hierzu *Oechsler* NJW 2006, 812, 813). Auch blieb die Frage offen, ob die Art. 43 ff. EG (jetzt Art. 49 ff. AEUV) auch Hinausverschmelzungen erlauben. Es erfolgte insoweit kein obiter dictum dazu, inwieweit die Niederlassungsfreiheit auch im umgekehrten Fall des »Wegzugs« einer inländischen Gesellschaft in einen anderen Mitgliedstaat die Beseitigung bestehender Beschränkungen gebietet, sodass es nach h. M. vorerst bei den problematischen Feststellungen der »Daily-Mail«-Entscheidung bleibt, wonach beschränkende Maßnahmen des Wegzugsstaats zulässig sind (vgl. dazu Rdn. 15; krit. auch *Kappes* NZG 2006, 101, 102; *Oechsler* NJW 2006, 812, 813). Nach deutschem Sachrecht wäre demnach eine Hinausverschmelzung nicht möglich.

102 Vor allem musste aber mangels legislatorischer Kompetenzen offen gelassen werden, an welchen Grundsätzen sich nunmehr generell mögliche grenzüberschreitende Hineinverschmelzungen zu orientieren haben. Insoweit ist die europäische bzw. die nationale Gesetzgebung gefordert, einen gangbaren Weg – z. B. im Sinne der Vereinigungstheorie – zur Durchführung einer derartigen Verschmelzung zu finden. Diesen Forderungen ist sie teilweise nachgekommen respektive wird sie diesen in naher Zukunft nachkommen.

b) »Verschmelzungsrichtlinie«

103 Auch europäisches Sekundärrecht enthält keine expliziten gesellschaftsrechtlichen Kollisionsregeln betreffend die Umwandlung von Gesellschaften. Nichtsdestotrotz betrifft die Fragestellung einer gangbaren grenzüberschreitenden Umwandlung Gesellschaftskollisionsrecht im weitesten Sinn, sodass es angezeigt erscheint, einige Ausführungen zu den **aktuellsten Entwicklungen** zu machen:

104 Die Verschmelzungsrichtlinie, in Kraft seit 15.12.2005, knüpft an die »3. gesellschaftsrechtliche Richtlinie« bzw. »**Fusionsrichtlinie**« an. Sie wurde mit Gesetz vom 19.04.2007 in nationales Recht, konkret in die §§ 122a ff. UmwG umgesetzt.

105 Die Vorschriften der §§ 122a ff. UmwG regeln die grenzüberschreitende Verschmelzung von Kapitalgesellschaften i. S. d. Europarechts (vgl. § 122a Abs. 1 UmwG) aus verschiedenen EU- und EWR-Mitgliedstaaten; ausgenommen sind die Organismen für gemeinsame Anlagen in Wertpapieren, die speziellen Vorschriften unterliegen (vgl. § 122b Abs. 2 Nr. 2 UmwG).

106 Das **Grundkonzept** ist ganz im Sinne des **europarechtlichen Prinzips der begrenzten Einzelermächtigung** (vgl. Art. 5 EUV) und der kollisionsrechtlichen Vereinigungstheorie (vgl. oben Rdn. 95 und Art. 2 RL), sodass der Grundsatz gilt, dass für jede der an der grenzüberschreitenden Verschmelzung beteiligten Gesellschaften deren jeweiliges nationales Recht gilt, wenn und soweit sich aus der Richtlinie nichts anderes ergibt (vgl. Erwägungsgrund 3). Die Richtlinie selbst beschränkt sich sodann darauf, in ihren Art. 5 ff. zur Koordinierung der nationalen Verfahrensschritte ein europaweit uniformes Gerüst zu normieren.

107 Die Richtlinie bestimmt in Art. 4 den **Grundsatz der vorrangigen Geltung des nationalen Rechts**. Grenzüberschreitende Verschmelzungen sind nach Art. 4 Abs. 1a RL nur zwischen Gesellschaften solcher Rechtsformen möglich, die sich auch nach dem jeweiligen innerstaatlichen Recht verschmelzen dürfen (Art. 4 Abs. 1a). Gem. § 122b Abs. 1 UmwG gilt dies nur für Kapitalgesellschaften i. S. d. Art. 2 Nr. 1 der RL. Gem. Art. 4 Abs. 1b RL sind die Vorschriften und Formalitäten des innerstaatlichen Rechts einzuhalten. Dies gilt nach Art. 4 Abs. 2 RL insbesondere für die Beschlussfassung

über die Verschmelzung und den Schutz der Gläubiger, Gesellschafter und Arbeitnehmer der beteiligten Gesellschaften. Die Mitgliedstaaten sind berechtigt, besondere Vorschriften zum Schutz von Minderheitsgesellschaftern zu erlassen, die der Verschmelzung widersprochen haben. Die Richtlinie untersagt den Mitgliedstaaten, ein spezielles **Einspruchs- bzw. Vetorecht** von Gesellschaftern gegen grenzüberschreitende Verschmelzungen zum Schutze öffentlicher Interessen zu schaffen. Gestattet sind aber unterschiedslos anwendbare Einspruchsrechte zum allgemeinen Schutze öffentlicher Interessen, wenn die Gesellschaft dem Recht dieses Mitgliedstaats unterliegt (vgl. Art. 4 Abs. 1b Satz 2 RL). Dem deutschen Umwandlungsrecht ist ein derartiges Vetorecht allerdings unbekannt. Die Richtlinie erklärt ferner für jede beteiligte Gesellschaft das im jeweiligen nationalen Recht für innerstaatliche Verschmelzungen geltende **Gläubigerschutzrecht** für anwendbar (vgl. Art. 4 Abs. 1b Satz 1, Abs. 2 Satz 1 RL). Hingegen sind die Mitgliedstaaten ermächtigt, zum Schutz von Minderheitsgesellschaftern, die die grenzüberschreitende Verschmelzung abgelehnt haben, einen »angemessenen Schutz« vorzusehen (Art. 4 Abs. 2 Satz 2 RL). In Betracht kommen dabei z. B. Informationsrechte, Zustimmungs- und Mehrheitserfordernisse oder ein Recht auf Austritt gegen Barabfindung, wobei allerdings die Zielvorstellung wohl – wie sich aus Art. 10 Abs. 3 RL ergibt – die Schaffung eines speziellen Verfahrens zur Kontrolle und Veränderung des Umtauschverhältnisses ist.

Voraussetzung für die Zulässigkeit einer grenzüberschreitenden Verschmelzung ist gem. § 122c UmwG die **Aufstellung eines gemeinsamen, notariell zu beurkundenden Verschmelzungsplans**, inklusive der Angaben zur Bewertung des Aktiv- und Passivvermögens, das auf die aus der grenzüberschreitenden Verschmelzung hervorgehende Gesellschaft übertragen wird. Auch sollen die Bilanzstichtage aller an der Verschmelzung beteiligten Gesellschaften angegeben werden, damit der Verschmelzungsplan transparenter wird. § 122c UmwG enthält einen ausführlichen Anforderungskatalog an den Verschmelzungsplan. Diese Anforderungen werden durch die Publizitätsvorschrift des § 122d UmwG (Bekanntmachung des Verschmelzungsplan[entwurf]s im Register) abgesichert. Hinzu kommt zwingend ein Bericht des Leitungs- oder Verwaltungsorgans nach § 122e UmwG, zu dem grundsätzlich ein Bericht unabhängiger Sachverständiger nach § 122f UmwG hinzutritt.

108

Gem. § 122g UmwG ist die **Zustimmung der Anteilsinhaber** jeder der sich verschmelzenden Gesellschaften zu dem gemeinsamen Verschmelzungsplan erforderlich; vorauszugehen hat die Kenntnisnahme der in den § 122e UmwG genannten Berichte des Leitungs- oder Verwaltungsorgans bzw. der unabhängigen Sachverständigen.

109

§ 122f UmwG enthält eine **Rechtmäßigkeitskontrolle** der unabhängigen Sachverständigen. Erst nach dieser Kontrolle kann gem. Art. 12 RL die grenzüberschreitende Verschmelzung wirksam werden. Das Wirksamwerden bestimmt sich nach dem Recht des Mitgliedstaats, dem die daraus hervorgehende Gesellschaft unterliegt. Es folgt die Verschmelzungsbescheinigung des zuständigen Registergerichts nach Prüfung der Voraussetzungen gem. § 122k UmwG für eine deutsche Gesellschaft, die auf eine ausländische Gesellschaft verschmolzen wird, bzw. eine Eintragung in das zuständigen Registergericht gem. § 122l UmwG und der Bekanntmachung der Eintragung gem. §§ 122a UmwG, 19 Abs. 3 UmwG im Fall einer ausländischen Gesellschaft, die auf eine deutsche Gesellschaft verschmolzen wird. In § 20 UmwG (ggf. i. V. m. § 36 UmwG) sind die **Wirkungen der grenzüberschreitenden Verschmelzung** geregelt, zu denen insbesondere der Übergang des gesamten Aktiv- und Passivvermögens der sich verschmelzenden Gesellschaften – je nach Art und Weise der Verschmelzung auf die neue Gesellschaft oder auf die übernehmende Gesellschaft – gehört. Auch gehen die zum Zeitpunkt des Wirksamwerdens der grenzüberschreitenden Verschmelzung bestehenden Rechte und Pflichten der sich verschmelzenden Gesellschaften aus Arbeitsverträgen oder Beschäftigungsverhältnissen auf die daraus hervorgehende Gesellschaft zum Wirksamkeitszeitpunkt über. Art. 17 RL gewährt Bestandsschutz für eine nach diesem Verfahren durchgeführte Umwandlung: Die nach Art. 12 RL wirksam gewordene Verschmelzung kann nicht mehr für nichtig erklärt werden.

110

Aus den Bestimmungen der Richtlinie ergibt sich kollisionsrechtlich, dass in erster Linie die Statute der an der Verschmelzung beteiligten Gesellschaften maßgeblich sind. Damit folgt die Richtlinie

111

und deren Umsetzung in nationales Recht grundsätzlich der oben dargestellten **Vereinigungstheorie** (s. Rdn. 95). Daneben schafft die Richtlinie aber auch **einheitliches europäisches Sachrecht für grenzüberschreitende Verschmelzungen im EU-Raum**, jedenfalls soweit ihr Anwendungsbereich reicht.

112 Das UmwG wird so ergänzt, dass für grenzüberschreitende Verschmelzungen aufgrund Verweises größtenteils dieselben Bestimmungen wie für innerstaatliche Verschmelzungen gelten. Neue Vorschriften sind lediglich dort vorgesehen worden, wo der grenzüberschreitende Charakter der Verschmelzung und die Richtlinie durch abweichende oder zusätzliche Anforderungen dies erfordern.

X. Konzern

113 Das Konzernkollisionsrecht regelt grenzüberschreitende Konzernbildungen und die rechtliche Behandlung des entstandenen Konzerns. In der Praxis kommt besondere Relevanz den folgenden Themenkomplexen zu:

1. Grenzüberschreitender Unterordnungskonzern

114 Ganz überwiegend anerkannt in Literatur und Rechtsprechung ist, dass bei einem internationalen Unterordnungskonzern das Innenverhältnis zwischen den Gesellschaften grundsätzlich dem Gesellschaftsstatut der abhängigen Gesellschaft unterliegt, da das Konzernverhältnis auf der Beteiligung an dieser Gesellschaft fußt (vgl. nur MüKo BGB/*Kindler* IntGesR Rn. 756 ff. m. w. N.). Diese Kollisionsregel gilt jedenfalls, soweit die Interessen der abhängigen Gesellschaft selbst, der außenstehenden Gesellschafter und ihrer Gläubiger berührt sind. Dem Recht der Obergesellschaft unterstehen jedoch Regelungen, die den Schutz der herrschenden Gesellschaft, ihrer außenstehenden Gesellschafter und Gläubiger bezwecken (z. B. § 293 Abs. 2 AktG), die innergesellschaftliche Kompetenzverteilung zwischen den Organen in der Obergesellschaft regeln (z. B. § 119 AktG) und die Delikthaftung oder deliktsähnliche Haftung des herrschenden Unternehmens im Konzern festlegen (z. B. § 117 Abs. 1 AktG).

115 Auch der sog. **faktische Konzern** (zum faktischen Konzern vgl. Anhang 2 zu AktG Rdn. 10 f.) ist nicht anders zu beurteilen, sodass auch insoweit dem Gesellschaftsstatut der abhängigen Gesellschaft der Anwendungsvorrang im Hinblick auf das Innenverhältnis zwischen den Konzerngesellschaften gebührt (BGH NZG 2005, 214, 215; MüKo BGB/*Kindler* IntGesR Rn. 788 ff. m. w. N.; *Roth/Altmeppen* § 13 Anh. Rn. 196).

116 Die Maßgeblichkeit des Rechts der abhängigen Gesellschaft stellt keinen Verstoß gegen die in Art. 49, 54 AEUV gewährte Niederlassungsfreiheit dar. Insbesondere aus dem Recht, Tochtergesellschaften im EU-Ausland zu gründen, folgt nicht, dass Tochtergesellschaften hinsichtlich ihrer konzernrechtlichen Stellung nach dem Recht der Muttergesellschaft zu beurteilen wären. Die Frage, wonach sich das **Gesellschaftsstatut der untergeordneten Tochtergesellschaft** bemisst, ist sodann nach den vorangegangenen Ausführungen zu beurteilen. Im Bereich der EU/EWR gilt damit das Gründungsrecht der Tochtergesellschaft auch für das Konzernverhältnis zur Muttergesellschaft.

117 Das Gesellschaftsstatut der abhängigen Gesellschaft ist nach einhelliger Auffassung in der Literatur grundsätzlich auch entscheidend für die Zulässigkeit, die Wirksamkeitsvoraussetzungen und Rechtsfolgen bei grenzüberschreitenden **Beherrschungs- und Gewinnabführungsverträgen** (MüKo BGB/*Kindler* IntGesR Rn. 774 ff. m. w. N.). Im Ergebnis folgt dem auch die höchstrichterliche Rechtsprechung, ohne dieses Ergebnis jedoch mithilfe des Kollisionsrechts zu begründen (vgl. die sog. »ABB«-Entscheidungen, in denen es um einen Beherrschungsvertrag zwischen einer deutschen Aktiengesellschaft und einem Unternehmen mit Sitz in der Schweiz ging und der Vertrag ganz selbstverständlich deutschem Gesellschaftsrecht unterstellt wurde BGH NJW 1998, 1866, 1867; NJW 1992, 2760, 2761).

118 Damit entscheidet deutsches Gesellschaftsrecht über die Beherrschungs- und Gewinnabführungsverträge einer deutschen abhängigen Tochtergesellschaft mit einer ausländischen Muttergesellschaft

und umgekehrt ausländisches Gesellschaftsrecht über die Beherrschungs- und Gewinnabführungsverträge einer ausländischen abhängigen Tochtergesellschaft mit einer deutschen Muttergesellschaft. Es ist sodann eine Frage des jeweils geltenden Sachrechts, ob derartige grenzüberschreitende Verträge nach der jeweilig geltenden Rechtsordnung zulässig sind, und – im Fall der Zulässigkeit – welchen Wirksamkeitsvoraussetzungen und Rechtsfolgen sie unterliegen.

Nach deutschem Sachrecht sind dabei – nach herrschender Auffassung – **grenzüberschreitende Beherrschungs- und Gewinnabführungsverträge zulässig** (vgl. BGH NJW 1992, 2760, 2761; NJW 1998, 1866, 1867; *Hüffer* AktG, § 291 Rn. 9 ff.; MüKo BGB/*Kindler* IntGesR Rn. 776 ff. m. w. N.). Es gilt **deutsches Konzernrecht**, vor allem dessen Schutzvorschriften, auch gegenüber dem ausländischen herrschenden Unternehmen (vgl. auch Anhang 2 zu AktG Rdn. 27). Insoweit findet auch das Weisungsrecht des herrschenden ausländischen Unternehmens bei den inländischen Mitbestimmungsvorschriften seine Grenze. Hinsichtlich der Rechtsfolgen aus einem Unternehmensvertrag wird zudem zutreffenderweise vertreten, dass trotz des § 308 Abs. 1 Satz 2 AktG der Vorstand der deutschen abhängigen Gesellschaft nachteilige Weisungen erst nach einer Verpflichtung des herrschenden ausländischen Unternehmens, die Vollstreckung rechtskräftiger Urteile über Ansprüche der abhängigen Gesellschaft aus dem Unternehmensvertrag hinzunehmen, ausführen darf (so auch Staudinger/*Großfeld* IntGesR Rn. 577; vgl. auch *Maul* AG 1998, 404, 411 ff.). 119

Eine Vereinheitlichung des materiellen Konzernrechts auf EU-Ebene wurde mit der »9. gesellschaftsrechtlichen Richtlinie« angestrebt. Durch die geplante Konzernrechtsrichtlinie sollten die Strukturen von Konzernen europaweit vereinheitlicht werden. Der Richtlinienentwurf scheiterte allerdings. Ohnehin enthielt der Entwurf keine Bestimmungen von kollisionsrechtlicher Bedeutung. 120

2. Grenzüberschreitender Gleichordnungskonzern

Schwieriger und weitgehend ungeklärt ist die gesellschaftskollisionsrechtliche Behandlung grenzüberschreitender faktischer oder vertraglich begründeter Gleichordnungskonzerne (vgl. zu Begriff und Entstehen von Gleichordnungskonzernen *Hüffer* AktG, § 18 Rn. 20 f.). Entscheidend ist für das anzuwendende Gesellschaftskollisionsrecht grundsätzlich die Organisationsstruktur des betreffenden Gleichordnungskonzerns: 121

Wird der Gleichordnungskonzern durch den Abschluss eines Gleichordnungsvertrags gebildet und sieht dieser Vertrag die Schaffung einer **eigenständigen Zentral- oder Leitungsgesellschaft** mit Außenwirkung vor, findet das Statut derjenigen Gesellschaft Anwendung, welche diese Leitung ausübt. Ist in dem Gleichordnungsvertrag die Schaffung einer eigenständigen Zentral- oder Leitungsgesellschaft dagegen nicht vorgesehen, besteht für die Vertragsparteien in den Grenzen der Statuten der Gesellschaften Rechtswahlfreiheit (MüKo BGB/*Kindler* IntGesR Rn. 797). Wird kein Recht gewählt, so gilt das Recht des Landes, mit dem der Konzern die engste Verbindung aufzuweisen hat. Hierbei kann insbesondere der Ort maßgeblich sein, an dem schwerpunktmäßig die Verwaltungsentscheidungen für den Konzern getroffen werden. 122

Wird der Gleichordnungskonzern durch die **Herstellung personaler Identität** der Leitungsgremien gebildet, so gelten die Personalstatute der beteiligten Gesellschaften, wenn die personelle Verflechtung durch Satzung hergestellt wird, oder aber es besteht – in den Grenzen der Personalstatute der gleich geordneten Gesellschaften – Rechtswahlfreiheit für die Vertragsparteien (MüKo BGB/*Kindler* IntGesR Rn. 798). Mangels Rechtswahl gilt dann auch hier das Recht des Landes mit der engsten Verbindung zu dem Konzerngebilde. 123

Sofern schließlich der Gleichordnungskonzern durch eine **Kapitalverflechtung** entsteht, bilden die Personalstatute der Gesellschaften die Grenzen der Gestaltungsautonomie für die die Verflechtung begründende Satzung bzw. die die Verflechtung begründende schuldrechtliche Vereinbarung. Werden die Mitgliedschaftsrechte aus den Gesellschaften dagegen in eine eigene Gesellschaft mit Außenwirkung eingebracht, findet wiederum das Statut dieser Gesellschaft Anwendung (MüKo BGB/*Kindler* IntGesR Rn. 799). 124

Kapitel 5 Allgemeines Verfahrensrecht

Übersicht

	Rdn.
A. Prozessrecht der Personengesellschaften	1
I. Allgemeines Prozessrecht der BGB-Gesellschaft	1
1. Parteifähigkeit	1
a) Anerkennung der Rechts- und Parteifähigkeit der BGB-Außengesellschaft	1
b) Abkehr von der Streitgenossenschaftslösung	3
c) Aktiv- und Passivlegitimation der BGB-Außengesellschaft	4
d) Änderungen im Gesellschafterbestand	5
e) Prozess zwischen Gesellschaft und Gesellschafter	6
2. Prozessfähigkeit und prozessuale Vertretung	7
3. Bezeichnung der BGB-Gesellschaft im Prozess	12
4. Gesellschafts- und Gesellschafterprozess	15
a) Differenzierung zwischen Gesellschafts- und Gesellschafterprozess	15
b) Haftung des Gesellschafters für Gesellschaftsverbindlichkeiten	16
c) Vollstreckungsrechtliche Fragen	17
aa) Vollstreckung aufgrund eines Titels gegen die Gesellschaft	17
bb) Vollstreckung aufgrund eines Titels gegen sämtliche Gesellschafter als Gesamtschuldner aufgrund einer Gesellschaftsschuld	18
cc) Vollstreckung aufgrund eines Titels gegen sämtliche Gesellschafter als Gesamtschuldner aufgrund einer Privatschuld	19
dd) Vollstreckung aufgrund eines Titels gegen einzelne Gesellschafter	20
d) Prozessuales	21
e) Urteilswirkungen	26
f) Kostenrechtliche Fragen	27
5. Gerichtsstand der BGB-Außengesellschaft	28
6. Zustellungsfragen	31
7. Beweisaufnahme	33
8. Rechtsformwechsel	35
9. Geltendmachung von Ansprüchen der Gesellschaft gegen Dritte durch Gesellschafter in Prozessstandschaft	36
10. Auswirkung der Insolvenzeröffnung auf den Gesellschaftsprozess	38
11. Prozesskostenhilfe	40
II. Allgemeines Prozessrecht der OHG und KG	41
1. Parteifähigkeit	41
a) Parteifähigkeit in der Liquidation	42
b) Vollbeendigung der Gesellschaft und prozessuale Konsequenzen	43
c) Zulassungsstreit	46
d) Änderungen im Gesellschafterbestand	47
2. Prozessfähigkeit und prozessuale Vertretung	48
3. Bezeichnung im Prozess	55
4. Gesellschafts- und Gesellschafterprozess	56
a) Differenzierung zwischen Gesellschafts- und Gesellschafterprozess	56
b) Haftung der Gesellschafter für Gesellschaftsverbindlichkeiten	57
c) Vollstreckungsrechtliche Fragen	58
aa) Vollstreckung aufgrund eines Titels gegen die Gesellschaft	58
bb) Vollstreckung aufgrund eines Titels gegen die Gesellschafter	59
d) Prozessuales	60
e) Zuständigkeitsfragen	65
f) Urteil und Urteilswirkungen	66
g) Kostenrechtliche Fragen	68
5. Prozess zwischen Gesellschaft und Gesellschafter	69
6. Beweisaufnahme	70
7. Zuständigkeit	71
8. Zustellungsfragen	74
9. Prozesskostenhilfe	75
III. Gesellschafterstreitigkeiten	76
1. Einleitung	76
2. Gerichtliche Geltendmachung	77
a) Klageart	77
b) Parteien des Verfahrens	78
aa) Grundsatz	78
bb) Abweichende Regelung	79
c) Urteilswirkungen	80
IV. Beschlussmängelstreitigkeiten	81
1. Einleitung	81
2. Gerichtliche Geltendmachung	82
a) Klageart	82
b) Parteien des Verfahrens	83
c) Frist	84
d) Darlegungs- und Beweislast	85
e) Urteilswirkungen	86
3 Abweichende Regelung	87
a) Grundsatz	87
b) Gesellschaft als Klagegegner	88
c) Vereinbarung einer Klagefrist	89

V.	Actio pro socio	90
1.	Begriff	90
2.	Anwendungsbereich	91
	a) Erfasste Ansprüche	91
	b) Die actio pro socio in der Liquidation	94
3.	Rechtsnatur	95
4.	Besondere Klagevoraussetzungen	97
	a) Gesellschaftereigenschaft des Klägers	97
	b) Subsidiarität	98
	c) Kein Verstoß gegen gesellschafterliche Treuepflicht	99
	d) Zustimmung der Mitgesellschafter nicht erforderlich	100
5.	Weitere prozessuale Aspekte	101
	a) Klageantrag	101
	b) Beklagter	102
	c) Darlegungs- und Beweislast	103
	d) Verfügungsbefugnis über den Streitgegenstand	104
	e) Kosten des Verfahrens	105
	f) Urteil und Urteilwirkungen	106
6.	Verhältnis der actio pro socio zur Klage der Gesellschaft	108
VI.	Handelsrechtliche Gestaltungsklagen	110
1.	Klage auf Entziehung der Geschäftsführungsbefugnis nach § 117 HGB	110
	a) Einleitung	110
	b) Anwendungsbereich des § 117 HGB	117
	aa) Erfasste Gesellschaftsformen	117
	bb) Keine Geltung für Publikumsgesellschaften	118
	cc) Keine Geltung in der Liquidation	119
	dd) Geltung für organschaftliche Geschäftsführungsbefugnis	120
	ee) Geltung für geschäftsführungsbefugten Kommanditisten	123
	ff) Entziehung der Geschäftsführungsbefugnis des einzigen geschäftsführungsbefugten Gesellschafters	124
	c) Wichtiger Grund	125
	aa) Allgemeines	125
	bb) Grobe Pflichtverletzung	126
	cc) Unfähigkeit zur ordnungsgemäßen Geschäftsführung	127
	d) Entziehung der Geschäftsführungsbefugnis als ultima ratio	128
	e) Abweichende Regelung	130
	aa) Allgemeines	130
	bb) Regelung der Entziehungsvoraussetzungen	131
	cc) Entziehung der Geschäftsführungsbefugnis durch Entziehungsbeschluss	132
	dd) Klageerhebung nur nach Gesellschafterbeschluss	133
	f) Das Entziehungsverfahren	134
	aa) Klageart und Klageantrag	134
	bb) Parteien des Verfahrens	135
	(1) Kläger	135
	(2) Beklagter	139
	cc) Klageverbindung	141
	dd) Zuständigkeit	142
	ee) Frist	143
	ff) Darlegungs- und Beweislast	144
	g) Urteil und Urteilswirkungen	145
	h) Einstweiliger Rechtsschutz	147
2.	Klage auf Entziehung der Vertretungsmacht nach § 127 HGB	149
	a) Einleitung	149
	b) Anwendungsbereich des § 127 HGB	155
	aa) Erfasste Gesellschaftsformen	155
	bb) Keine Geltung für Publikumsgesellschaften	156
	cc) Keine Geltung in der Liquidation	157
	dd) Geltung für organschaftliche Vertretungsbefugnis	158
	ee) Keine Geltung für den bevollmächtigten Kommanditisten	159
	ff) Entziehung der Vertretungsbefugnis des einzigen vertretungsbefugten Gesellschafters	160
	gg) Entziehung der Vertretungsbefugnis eines gesamtvertretungsbefugten Gesellschafters	161
	c) Wichtiger Grund	162
	d) Entziehung der Vertretungsbefugnis als ultima ratio	163
	e) Abweichende Regelung	164
	aa) Allgemeines	164
	bb) Regelung der Entziehungsvoraussetzungen	165
	cc) Entziehung der Vertretungsbefugnis durch Entziehungsbeschluss	166
	dd) Klageerhebung nur nach Gesellschafterbeschluss	167
	f) Das Entziehungsverfahren	168
	aa) Klageart und Klageantrag	168
	bb) Kläger	169
	cc) Beklagter	170
	g) Urteil und Urteilswirkungen	171
	h) Einstweiliger Rechtsschutz	173
3.	Klage auf Auflösung der Gesellschaft nach § 133 HGB	174
	a) Einleitung	174

b)	Anwendungsbereich des § 133 HGB	176
	aa) Erfasste Gesellschaftsformen	176
	bb) Geltung für die fehlerhafte Gesellschaft	177
	cc) Austrittskündigung	178
	dd) Geltung in der Liquidation	179
c)	Wichtiger Grund	180
	aa) Definition	180
	bb) Prognoseentscheidung	181
	cc) Gesellschafts- und personenbezogene Auflösungsgründe	182
	dd) § 133 Abs. 2 HGB	183
	ee) Beurteilungszeitpunkt	184
d)	Auflösung als ultima ratio	185
e)	Abweichende Regelung	188
	aa) § 133 Abs. 3 HGB – Keine Erschwerung der Auflösung	188
	bb) Regelung der Auflösungsvoraussetzungen	189
	cc) Verfahrensmäßige Erleichterungen	190
f)	Das Auflösungsverfahren	192
	aa) Klageart und Klageantrag	192
	bb) Kläger	193
	(1) Klagebefugnis des Gesellschafters	193
	(2) Zustimmung Dritter	194
	(3) Ausscheiden des Klägers während des Verfahrens	195
	(4) Notwendige Streitgenossenschaft	197
	cc) Beklagte	198
	(1) Grundsatz	198
	(2) Einverständniserklärung	199
	(3) Gesellschaft als Beklagte	200
	(4) Ausscheiden eines beklagten Gesellschafters während des Verfahrens	201
	dd) Klageverbindung	202
	ee) Zuständigkeit und Kosten des Verfahrens	203
	ff) Rechtsschutzbedürfnis	205
	gg) Klagefrist	206
	hh) Weitere prozessuale Fragen	207
g)	Urteil und Urteilswirkungen	210
h)	Einstweiliger Rechtsschutz	211
4.	Klage auf Ausschließung eines Gesellschafters nach § 140 HGB	212
a)	Einleitung	212
b)	Anwendungsbereich des § 140 HGB	214
	aa) Erfasste Gesellschaftsformen	214
	bb) Keine Geltung für Publikumsgesellschaften	216
	cc) Ausschluss des einzigen vertretungsbefugten Gesellschafters	217

	dd) Ausschließungsklage in der Liquidation	218
c)	Wichtiger Grund	219
	aa) Grundsatz	219
	bb) Prognoseentscheidung und umfassende Interessenabwägung	220
	cc) Zurechnung des Verhaltens anderer	221
	dd) Berücksichtigung des Verhaltens der übrigen Gesellschafter	222
	ee) Beurteilungszeitpunkt	223
d)	Ausschluss eines Gesellschafters als ultima ratio	224
e)	Abweichende Regelung	226
	aa) Allgemeines	226
	bb) Regelung der Ausschließungsvoraussetzungen	227
	cc) Klageerhebung nur nach Mehrheitsbeschluss	228
	dd) Ausschließung durch Ausschließungsbeschluss	229
	ee) Hinauskündigungsrecht – Verzicht auf wichtigen Grund	230
f)	Das Ausschließungsverfahren	231
	aa) Klageart und Klageantrag	231
	bb) Kläger	232
	cc) Beklagter	237
	dd) Zuständigkeit	239
	ee) Klagefrist	240
	ff) Weitere prozessuale Fragen	241
g)	Urteil und Urteilswirkungen	243
h)	Einstweiliger Rechtsschutz	246
i)	Sonderfall des § 140 Abs. 1 Satz 2 HGB	247
B.	Prozessrecht der GmbH	249
I.	Allgemeine prozessrechtliche Fragen zur GmbH	249
1.	Parteifähigkeit der GmbH	249
a)	Allgemeines	249
b)	Auflösung der GmbH	250
c)	Vollbeendigung der GmbH	251
	aa) Voraussetzungen der Vollbeendigung	251
	bb) Auswirkung der Vollbeendigung auf die Parteifähigkeit	253
	cc) Löschung der GmbH während eines laufenden Verfahrens	254
	dd) Klage nach Löschung der GmbH	255
d)	Parteifähigkeit im Zulassungsstreit	256
2.	Prozessfähigkeit und prozessuale Vertretung	257
a)	Prozessfähigkeit – Grundsatz	257

- b) Vertretung durch die Geschäftsführer... 258
- c) Vertretung in der Liquidation... 259
  - aa) Vertretung durch Liquidatoren... 259
  - bb) Gerichtliche Bestellung der Liquidatoren gem. § 66 Abs. 2 GmbHG... 260
    - (1) Einleitung... 260
    - (2) Zuständigkeit... 261
    - (3) Antrag und Antragsbefugnis... 262
    - (4) Gesellschaft in der Liquidation... 263
    - (5) Weitere verfahrensrechtliche Fragen... 264
    - (6) Wichtiger Grund... 265
    - (7) Entscheidung... 266
    - (8) Rechtsmittel... 268
  - cc) Gerichtliche Bestellung von Notliquidatoren... 270
    - (1) Einleitung... 270
    - (2) Zuständigkeit... 271
    - (3) Antrag und Antragsbefugnis... 272
    - (4) Materielle Voraussetzungen... 273
    - (5) Entscheidung... 274
    - (6) Rechtsmittel... 275
  - dd) Eignung als Liquidator... 276
    - (1) Natürliche Personen... 276
    - (2) Juristische Personen... 277
    - (3) Personengesellschaften... 278
  - ee) Abberufung von Liquidatoren... 279
    - (1) Abberufung durch Gesellschafterbeschluss... 279
    - (2) Gerichtliche Abberufung... 281
- d) Nachtragsliquidation... 282
  - aa) Einleitung... 282
  - bb) Prozessuale Situation... 283
  - cc) Gerichtliche Bestellung der Nachtragsliquidatoren gem. § 66 Abs. 5 Satz 2 GmbHG... 285
    - (1) Zuständigkeit... 285
    - (2) Antrag und Antragsbefugnis... 286
    - (3) Entscheidung... 287
    - (4) Rechtsmittel... 288
- e) Vertretung der Gesellschaft in Verfahren gegen Geschäftsführer und Gesellschafter, § 46 Nr. 8 Halbs. 2 GmbHG... 289
  - aa) Normzweck... 289
  - bb) Vertretung durch den Aufsichtsrat... 290
  - cc) Geltungsbereich des § 46 Nr. 8 Halbs. 2 GmbHG... 291
  - dd) Bestellung eines Prozessvertreters nach § 46 Nr. 8 Halbs. 2 GmbHG... 295
    - (1) Beschlussfassung... 295
    - (2) Inhalt des Beschlusses... 296
    - (3) Wirkung des Beschlusses und rechtliche Stellung des Prozessvertreters... 297
  - ee) Keine Bestellung eines Prozessvertreters nach § 46 Nr. 8 Halbs. 2 GmbHG... 298
- f) Bestellung eines Notgeschäftsführers... 299
  - aa) Einleitung... 299
  - bb) Voraussetzungen... 300
    - (1) Fehlen eines Geschäftsführers... 301
    - (2) Dringender Fall... 302
  - cc) Verfahren der gerichtlichen Bestellung von Notgeschäftsführern... 303
    - (1) Zuständigkeit... 303
    - (2) Antrag und Antragsbefugnis... 304
    - (3) Weitere verfahrensrechtliche Fragen... 305
    - (4) Entscheidung... 306
  - dd) Rechtliche Stellung des Notgeschäftsführers... 307
- g) Bestellung eines Prozesspflegers... 308
3. Zustellungsfragen... 309
4. Beweisaufnahme im Prozess der Gesellschaft... 311
   - a) Vernehmung der Geschäftsführer als Partei... 311
   - b) Vernehmung der Gesellschafter als Zeugen... 312
   - c) Eidesstattliche Versicherungen... 313
5. Prozessstandschaft des Gesellschafters... 314
6. Zuständigkeit... 315
   - a) Allgemeiner Gerichtsstand des Sitzes, § 17 ZPO... 315
   - b) Besonderer Gerichtsstand der Niederlassung, § 21 ZPO... 316
   - c) Besonderer Gerichtsstand der Mitgliedschaft, § 22 ZPO... 317
   - d) Besonderer Gerichtsstand des Erfüllungsortes, § 29 ZPO... 318
   - e) Funktionelle Zuständigkeit der Kammer für Handelssachen... 319
7. Prozesskostenhilfe... 320
8. Prozessrechtliche Fragen zur Vor-GmbH... 323
   - a) Allgemeines... 323
   - b) Parteifähigkeit der Vor-GmbH... 325
   - c) Vertretung der Vor-GmbH im Prozess... 326

II.	Gesellschafterklagen	327
	1. Einleitung	327
	2. Actio pro socio	328
	a) Einleitung und Bedeutung der actio pro socio	328
	b) Rechtsnatur	331
	c) Subsidiarität der actio pro socio	332
	d) Klagegegenstand	335
	aa) Sozialansprüche	335
	bb) Ansprüche gegen Organmitglieder	336
	cc) Ansprüche gegen Dritte	337
	e) Weitere prozessuale Fragen	338
	f) Urteil und Urteilswirkungen	341
	3. Mitgliedschaftsstreit	343
	4. Abwehrklage gegen rechtswidriges Organhandeln	344
III.	Klagerecht von Aufsichtsrat und Aufsichtsratsmitgliedern	345
	1. Klagerecht des Aufsichtsrats	345
	a) Klagerecht des Aufsichtsrats im eigenen Namen	345
	b) Klagerecht des Aufsichtsrats im Namen der Gesellschaft	346
	2. Klagerecht der Aufsichtsratsmitglieder	347
	a) Durchsetzung von Ansprüchen aus Drittgeschäften	347
	b) Durchsetzung organschaftlicher Rechte	348
	c) Durchsetzung von Aufsichtsratsrechten	350
IV.	Beschlussmängelstreitigkeiten bei Gesellschafterbeschlüssen	351
	1. Analoge Anwendung aktienrechtlicher Vorschriften	351
	2. Nichtige Beschlüsse	353
	a) Analoge Anwendung des § 241 AktG	353
	aa) § 241 Nr. 1 AktG analog – Einberufungsmängel	354
	bb) § 241 Nr. 2 AktG analog – Beurkundungsmängel	355
	cc) § 241 Nr. 3 AktG analog – Verstoß gegen das Wesen der GmbH	356
	dd) § 241 Nr. 4 AktG analog – Verstoß gegen die guten Sitten	357
	ee) § 241 Nr. 5 AktG analog – Nichtigerklärung aufgrund Anfechtungsklage	358
	ff) § 241 Nr. 6 AktG analog – Nichtigerklärung aufgrund Amtslöschung	359
	b) Sonderregelungen	360
	aa) Nichtigkeit der Wahl von Aufsichtsratsmitgliedern	360
	bb) Nichtigkeit des Jahresabschlusses der GmbH	361
	(1) Analoge Anwendbarkeit des § 256 AktG	361
	(2) § 256 Abs. 1 Nr. 1 AktG analog – Verstoß gegen gläubigerschützende Vorschriften	362
	(3) § 256 Abs. 1 Nrn. 2, 3 AktG analog – Verstoß gegen ordnungsgemäße Abschlussprüfung	363
	(4) § 256 Abs. 1 Nr. 4 AktG analog – Verstoß gegen Vorschriften bzgl. Kapital- oder Gewinnrücklagen	364
	(5) § 256 Abs. 3 AktG analog	365
	cc) Gewinnverwendungsbeschluss	366
	dd) Kapitalerhöhungen	367
	c) Wirkung und Heilung nichtiger Beschlüsse	368
	d) Geltendmachung der Nichtigkeit eines Beschlusses	372
	e) Teilnichtigkeit	374
	3. Anfechtbare Beschlüsse	376
	a) Analoge Anwendung des § 243 Abs. 1 AktG	376
	aa) Verstoß gegen Gesetz	376
	bb) Verstoß gegen Satzungsregelung	377
	cc) Inhaltliche Mängel und Verfahrensfehler	378
	dd) Keine Dispositivität	380
	b) Sonderregelungen	381
	c) Vorläufige Wirksamkeit und gerichtliche Geltendmachung anfechtbarer Beschlüsse	384
	d) Heilung	386
	e) Teilanfechtung	387
	4. Unwirksame Beschlüsse, Scheinbeschlüsse und wirkungslose Beschlüsse	388
	a) Unwirksame Beschlüsse	388
	b) Scheinbeschlüsse	389
	c) Wirkungslose Beschlüsse	390
	5. Das Verhältnis von Anfechtungs- und Nichtigkeitsklage	391
	6. Anfechtungsklage analog § 243 Abs. 1 AktG	396
	a) Gegenstand der Anfechtungsklage	396
	b) Antrag und Streitgegenstand	398
	c) Anfechtungsbefugnis	399
	aa) Begriff und Rechtsnatur	399
	bb) Anfechtungsbefugnis des Gesellschafters	400
	(1) Grundsatz	400

(2)	Treugeber, Nießbraucher und Pfandgläubiger	401
(3)	Gemeinschaftliche Berechtigung	402
(4)	Zeitpunkt des Vorliegens der Gesellschaftereigenschaft	403
(5)	Einschränkung des Anfechtungsrechts	405
(6)	Anfechtungsrecht für Betriebsräte	406
cc)	Anfechtungsbefugnis von Organmitgliedern	407
dd)	Anfechtungsbefugnis Dritter	409
ee)	Missbrauch der Anfechtungsbefugnis	410
ff)	Notwendige Streitgenossenschaft	411
d)	Anfechtungsfrist	412
aa)	Geltung einer angemessenen Anfechtungsfrist	412
bb)	Beginn der Anfechtungsfrist	414
cc)	Gesellschaftsvertragliche Regelung	415
dd)	Wahrung der Anfechtungsfrist	416
ee)	Rechtsnatur und Bedeutung der Anfechtungsfrist	417
e)	Passivlegitimation und Vertretungsfragen	419
f)	Zuständigkeit	424
g)	Rechtsschutzbedürfnis	426
h)	Darlegungs- und Beweislast	428
i)	Verfügungsbefugnis über den Streitgegenstand	429
j)	Informationspflicht der Geschäftsführer und Nebenintervention	430
k)	Klageverbindung	433
l)	Widerklage	434
m)	Urteil und Urteilswirkungen	435
aa)	Das Klage stattgebende Anfechtungsurteil	435
(1)	Gestaltungsurteil und materielle Rechtskraft	435
(2)	Rückwirkende Nichtigkeit des Beschlusses	436
bb)	Das Klage abweisende Urteil	438
(1)	Sachurteil	438
(2)	Prozessurteil	439
n)	Kosten des Verfahrens	440
o)	Heilung durch Bestätigungsbeschluss	442
aa)	Voraussetzungen	443
bb)	Auswirkungen auf eine Anfechtungsklage gegen den Ursprungsbeschluss	444
cc)	§ 244 Satz 2 AktG analog	445

	dd) Mangelhafter Bestätigungsbeschluss	446
7.	Nichtigkeitsklage analog § 249 AktG	447
a)	Einleitung	447
b)	Klagebefugnis	448
c)	Weitere verfahrensrechtliche Fragen	452
aa)	Rechtsschutzinteresse	452
bb)	Passivlegitimation und Vertretung	453
cc)	Klagefrist	454
dd)	Klageverbindung	455
ee)	Zuständigkeit	456
ff)	Informationspflicht des Geschäftsführers	457
gg)	Darlegungs- und Beweislast	458
hh)	Anerkenntnis und Vergleich	459
ii)	Streitwert	460
d)	Urteil und Urteilswirkungen	461
8.	Positive Beschlussfeststellungsklage	463
a)	Bedeutung der positiven Beschlussfeststellungsklage	463
b)	Klageantrag, besonderes Rechtsschutzbedürfnis, Passivlegitimation	464
c)	Verbindung mit Anfechtungsklage	465
d)	Klagefrist	466
e)	Urteil und Urteilswirkungen	467
9.	Allgemeine Feststellungsklage	468
a)	Verhältnis der allgemeinen Feststellungsklage zur Anfechtungs- und Nichtigkeitsklage	468
b)	Passivlegitimation	470
c)	Klagefrist	471
d)	Urteil und Urteilswirkungen	472
10.	Einstweiliger Rechtsschutz	473
a)	Einleitung	473
b)	Einstweiliger Rechtsschutz nach Beschlussfassung	476
aa)	Ziel: Verhinderung der Beschlussausführung	476
bb)	Ziel: Ausführung eines Beschlusses	479
c)	Einstweiliger Rechtsschutz im Vorfeld der Beschlussfassung	480
V.	Beschlussmängelstreitigkeiten bei Beschlüssen des Aufsichtsrats	485
1.	Einleitung	485
2.	Beschlussfassung des Aufsichtsrats in übertragener Zuständigkeit	486
3.	Beschlussfassung des Aufsichtsrats in originärer Zuständigkeit	488
a)	Inhalts- und Verfahrensfehler	488
b)	Gerichtliche Geltendmachung	489
VI.	Aufhebung gesellschaftsrechtlicher Bindung	490
1.	Einleitung und Überblick	490

2. Ausschluss eines Gesellschafters 493
   a) Einleitung 493
   b) Voraussetzungen 494
      aa) Wichtiger Grund.......... 494
         (1) Grundsatz............. 494
         (2) Personen- und verhaltensbezogene Gründe ... 495
         (3) Berücksichtigung des Verhaltens der übrigen Gesellschafter 496
         (4) Zurechnung des Verhaltens Dritter........... 497
         (5) Differenzierung zwischen personalistischer und kapitalistischer Struktur ... 498
         (6) Ausscheiden des auszuschließenden Gesellschafters 499
         (7) Besonderheiten in der Liquidation........... 500
      bb) Ausschluss als ultima ratio... 501
      cc) Grundsatz der Kapitalaufbringung und -erhaltung.... 502
   c) Durchführung der Ausschließung 503
      aa) Einleitung............... 503
      bb) Ausschließungsbeschluss 504
         (1) Mehrheitserfordernis ... 504
         (2) Rechtsstellung des auszuschließenden Gesellschafters bei der Beschlussfassung.......... 505
         (3) Rechtsschutz gegen Ausschließungsbeschluss.... 506
      cc) Ausschließungsklage 507
         (1) Klageart 507
         (2) Parteien des Verfahrens.. 508
         (3) Zuständigkeit.......... 509
         (4) Ausschließungsbeschluss als Klagevoraussetzung .. 510
         (5) Entscheidungserheblicher Zeitpunkt 511
         (6) Urteil und Urteilswirkungen 512
   d) Abweichende Satzungsregelungen 515
      aa) Regelung zum wichtigen Grund.................. 516
      bb) Ausschluss durch Gesellschafterbeschluss............. 517
      cc) Übertragung der Entscheidungszuständigkeit 518
      dd) Abfindung............... 519
      ee) Verwertung.............. 520
   e) Besonderheiten bei der Zweipersonen-Gesellschaft 521
3. Austritt eines Gesellschafters 524
   a) Einleitung................... 524
   b) Voraussetzungen 525
      aa) Wichtiger Grund.......... 525
      bb) Austritt als ultima ratio 526
      cc) Grundsatz der Kapitalaufbringung und -erhaltung.... 527
   c) Satzungsregelungen 528
   d) Austrittserklärung 529
   e) Rechtsfolgen 530
   f) Rechtsschutz 531
4. Auflösungsklage gem. § 61 GmbHG 532
   a) Wichtiger Grund 532
   b) Auflösung als ultima ratio 533
   c) Das Auflösungsverfahren 534
      aa) Klageart................. 534
      bb) Klagebefugnis 535
      cc) Passivlegitimation und Vertretung 538
      dd) Zuständigkeit 540
      ee) Informationspflicht des Gerichts und Nebenintervention.................... 541
      ff) Vergleich, Anerkenntnis 542
      gg) Kosten des Verfahrens 543
   d) Urteil und Urteilswirkungen ... 544
   e) Revisibilität 546
   f) Einstweiliger Rechtsschutz 547
   g) Fortsetzung der Gesellschaft.... 548
5. Nichtigkeitsklage gem. § 75 GmbHG.................... 549
   a) Einleitung 549
   b) Klageart und Geltendmachung .. 550
   c) Klagebefugnis................ 551
   d) Passivlegitimation und Vertretung 552
   e) Zuständigkeit................ 555
   f) Klageverbindung 556
   g) Klagefrist 557
   h) Rechtsschutzbedürfnis 558
   i) Bekanntgabe der Klageerhebung . 559
   j) Urteil und Urteilswirkungen ... 560
   k) Kosten des Verfahrens 562
   l) Schadensersatz 563
   m) Fortsetzungsbeschluss........ 564
   n) Einstweiliger Rechtsschutz..... 565
6. Amtslöschungsverfahren nach § 397 FamFG 566
   a) Zuständigkeit................ 567
   b) Einleitung des Verfahrens...... 568
   c) Beteiligte 569
   d) Löschungsankündigung....... 570
   e) Widerspruchsverfahren 571
   f) Entscheidung des Gerichts und Rechtsfolgen 572
   g) Rechtsmittel................. 573
   h) Verhältnis zur Nichtigkeitsklage gem. § 75 GmbHG 574
VII. Abberufung des Geschäftsführers 575
   1. Die Abberufung des Geschäftsführers im Überblick................... 575

- a) Die Abberufung des Geschäftsführers in der nicht mitbestimmten Gesellschaft 575
  - aa) Grundsatz der freien Abberufbarkeit 575
  - bb) Die Abberufung aus wichtigem Grund 579
    - (1) Beschränkungen des Grundsatzes der freien Abberufbarkeit 579
    - (2) Wichtiger Grund 581
  - cc) Abberufungszuständigkeit . . . 584
    - (1) Zuständigkeit der Gesellschafterversammlung . . . 584
    - (2) Stimmrecht des Gesellschafter-Geschäftsführers 585
    - (3) Wichtiger Grund bei der Zwei-Personen-GmbH . . 586
  - dd) Kundgabe der Abberufung . . 587
  - ee) Eintragung in das Handelsregister 589
- b) Abberufung des Geschäftsführers in der mitbestimmten Gesellschaft 590
2. Gerichtliche Geltendmachung einer fehlerhaften Abberufung 591
  - a) Zuständigkeit der ordentlichen Gerichtsbarkeit 591
  - b) Anfechtungsklage 592
  - c) Nichtigkeitsklage 594
  - d) Positive Beschlussfeststellungsklage 595
  - e) Allgemeine Feststellungsklage 596
  - f) Sonderproblem: Nachschieben von Gründen 598
3. Vorläufige Wirksamkeit der Abberufung 599
  - a) Einleitung und Problemstellung . . 599
  - b) Abberufung des Gesellschafter-Geschäftsführers einer Zwei-Personen-GmbH 603
  - c) Gesellschafter-Geschäftsführer mit Sonderrecht 607
  - d) Fremd-Geschäftsführer 608
  - e) Minderheitsgesellschafter-Geschäftsführer 609
4. Einstweiliger Rechtsschutz nach Beschlussfassung 610
  - a) Einstweiliger Rechtsschutz außerhalb des Anwendungsbereichs des § 84 Abs. 3 Satz 4 AktG analog . . . 610
    - aa) Grundsatz 610
    - bb) Antragsbefugnis 611
    - cc) Antragsgegner 613
    - dd) Inhalt des Antrags 614
    - ee) Sonderfall Zwei-Personen-GmbH 616
  - b) Einstweiliger Rechtsschutz im Anwendungsbereich des § 84 Abs. 3 Satz 4 AktG analog 617
5. Einstweiliger Rechtsschutz im Vorfeld des Abberufungsbeschlusses 621
  - a) Problemstellung 621
  - b) Suspendierung 622
  - c) Voraussetzungen des einstweiligen Rechtsschutzes 623
6. Vertretung der Gesellschaft 627
  - a) Nicht mitbestimmte Gesellschaft 627
  - b) Mitbestimmte Gesellschaft 628
VIII. Ersatzansprüche der Gesellschaft gegen Gesellschafter oder Geschäftsführer, insbesondere Geschäftsführerhaftung gem. § 43 Abs. 2 GmbHG 629
1. Beschlusserfordernis gem. § 46 Nr. 8 Halbs. 1 GmbHG 629
  - a) Sinn und Zweck der Regelung des § 46 Nr. 8 Halbs. 1 GmbHG 629
  - b) Geltungsbereich des § 46 Nr. 8 Halbs. 1 GmbHG 630
  - c) Beschlussfassung 636
  - d) Entbehrlichkeit der Beschlussfassung 637
  - e) Beschlusserfordernis nach § 46 Nr. 8 Halbs. 1 GmbHG als materielle Voraussetzung der Geltendmachung des Anspruchs 638
  - f) Kein Beschlusserfordernis bei einstweiligem Rechtsschutz 640
  - g) Rechtsschutz gegen fehlerhaften Gesellschafterbeschluss 641
  - h) Vertretung der Gesellschaft 642
2. Geltendmachung von Schadensersatzansprüchen gegen Geschäftsführer gem. § 43 Abs. 2 GmbHG . . . 643
  - a) Einleitung 643
  - b) Rechtsweg und Zuständigkeit . . . 644
  - c) Aktivlegitimation 645
  - d) Vertretungsfragen 646
  - e) Darlegungs- und Beweislast 647
    - aa) Organstellung 648
    - bb) Pflichtwidriges Verhalten des Geschäftsführers 649
    - cc) Eintritt und Höhe eines adäquat kausalen Schadens 650
    - dd) Verschulden des Geschäftsführers 651

A. Prozessrecht der Personengesellschaften

I. Allgemeines Prozessrecht der BGB-Gesellschaft

1. Parteifähigkeit

a) Anerkennung der Rechts- und Parteifähigkeit der BGB-Außengesellschaft

1 Durch seine Grundsatzentscheidung vom 29.01.2001 hat der BGH die Rechtsfähigkeit sowie die aktive und passive Parteifähigkeit der **BGB-Außengesellschaft** bejaht (BGH, Urt. v. 29.01.2001 – II ZR 331/00; durch BAG für Arbeitsgerichtsverfahren bestätigt BAG, Urt. v. 01.12.2004 – 5 AZR 549/03; Urt. v. 14.01.2009 – 3 AZR 529/07; MüKo BGB/*Ulmer/Schäfer* § 705 Rn. 318; MüKo ZPO/*Lindacher* § 50 Rn. 26). Die BGB-Außengesellschaft kann demnach am Rechtsverkehr teilnehmen, Rechte erwerben und Verbindlichkeiten eingehen sowie klagen und verklagt werden (BGH, Urt. v. 15.01.2003 – XII ZR 300/99; Beschl. v. 16.10.2002 – XII ZR 73/02; MüKo BGB/*Ulmer/Schäfer* vor § 705 Rn. 11; Bamberger/Roth/*Schöne* § 705 Rn. 153). Nach dem Wortlaut des § 736 ZPO ist für die Zwangsvollstreckung in das Gesellschaftsvermögen ein Titel gegen alle Gesellschafter erforderlich. Diese Regelung steht nach der Rechtsprechung des BGH der Anerkennung der Parteifähigkeit der BGB-Außengesellschaft nicht entgegen, da sie lediglich verhindern soll, dass ein Privatgläubiger nur eines einzelnen Gesellschafters oder einzelner Gesellschafter in das Gesellschaftsvermögen vollstreckt (BGH, Urt. v. 29.01.2001 – II ZR 331/00; Hk-ZPO/*Kindl* § 736 Rn. 1; *K. Schmidt* NJW 2001, 993, 997; *Wertenbruch* NJW 2002, 324, 325).

2 Die **BGB-Innengesellschaft** ist weiterhin weder rechts- noch parteifähig (Bamberger/Roth/*Schöne* § 705 Rn. 164; MünchHdb GesR I/*Gummert* § 17 Rn. 14, § 19 Rn. 14).

b) Abkehr von der Streitgenossenschaftslösung

3 Nach der früher durch den BGH vertretenen Streitgenossenschaftslösung waren Gesellschaftsforderungen und Gesellschaftsverbindlichkeiten durch bzw. gegen die Gesellschafter als notwendige Streitgenossen gerichtlich geltend zu machen (BGH, Urt. v. 29.01.2001 – II ZR 331/00; Urt. v. 23.10.2003 – IX ZR 324/01; *K. Schmidt* NJW 2001, 993, 999). Die Abkehr von der Streitgenossenschaftslösung erleichtert Gesellschaftsgläubigern nun die Geltendmachung ihrer Forderungen. Aufgrund der Anerkennung der Rechts- und Parteifähigkeit der BGB-Außengesellschaft kann ein Gesellschaftsgläubiger seine Ansprüche gerichtlich gegen die Gesellschaft selbst geltend machen. Die früher geltende Streitgenossenschaftslösung stellte Gläubiger der Gesellschaft gerade bei Gesellschaften mit einem großen und/oder schwer überschaubaren Gesellschafterkreis bei der gerichtlichen Geltendmachung ihrer Ansprüche vor erhebliche praktische Probleme (MüKo BGB/*Ulmer/Schäfer* § 705 Rn. 319; *Kraemer* RWS-Forum GesR 2003, 145, 158; vgl. Rdn. 12).

c) Aktiv- und Passivlegitimation der BGB-Außengesellschaft

4 Aufgrund der Anerkennung der Rechts- und Parteifähigkeit der BGB-Außengesellschaft ist diese daher im Aktivprozess zur gerichtlichen Geltendmachung einer ihr zustehenden Forderung »richtige« Partei und damit aktivlegitimiert (BGH, Urt. v. 29.01.2001 – II ZR 331/00; Urt. v. 14.09.2005 – VIII ZR 117/04; MüKo BGB/*Ulmer/Schäfer* § 705 Rn. 321; Bamberger/Roth/*Schöne* § 705 Rn. 153; MünchHdb GesR I/*Gummert* § 19 Rn. 22). Eine Verbindlichkeit der Gesellschaft ist direkt gegen die Gesellschaft als »richtige« Partei geltend zu machen; die BGB-Außengesellschaft ist passivlegitimiert (BGH, Urt. v. 29.01.2001 – II ZR 331/00; MüKo BGB/*Ulmer/Schäfer* § 705 Rn. 321; MünchHdb GesR I/*Gummert* § 19 Rn. 25; Vorwerk/Wolf/*Hübsch* § 50 Rn. 18). Eine Klage durch oder gegen alle Gesellschafter als notwendige Streitgenossen ist als unbegründet abzuweisen (BGH, Urt. v. 14.09.2005 – VIII ZR 117/04; MüKo BGB/*Ulmer/Schäfer* § 705 Rn. 321; Bamberger/Roth/*Schöne* § 705 Rn. 153). Davon zu unterscheiden ist die Inanspruchnahme der Gesellschafter aufgrund ihrer

persönlichen akzessorischen Haftung für Verbindlichkeiten der Gesellschaft (dazu ausführlich vgl. unten Rdn. 15 ff.).

d) Änderungen im Gesellschafterbestand

Aufgrund der Rechts- und Parteifähigkeit der BGB-Außengesellschaft wirkt sich eine **Änderung im Gesellschafterbestand** während des Prozesses, sei es aufgrund Austritt, Neueintritt oder Tod eines Gesellschafters, grundsätzlich nicht auf die Parteistellung der Gesellschaft und auf den Prozess aus (BGH, Urt. v. 15.01.2003 – XII ZR 300/99; Urt. v. 29.01.2001 – II ZR 331/00; Bamberger/Roth/ *Schöne* § 705 Rn. 151; MünchHdb GesR I/*Gummert* § 19 Rn. 39; *Scholz* NZG 2002, 153, 159). Die Identität der Gesellschaft wird durch den Gesellschafterwechsel nicht berührt (MüKo ZPO/*Lindacher* § 50 Rn. 28). Es kommt nicht zum Parteiwechsel (MünchHdb GesR I/*Gummert* § 19 Rn. 39). Der Tod eines Gesellschafters führt nicht zum »Tod der Partei« i. S. d. § 239 Abs. 1 ZPO und somit regelmäßig nicht zur Unterbrechung des Verfahrens (MünchHdb GesR I/*Gummert* § 19 Rn. 39). Das Rubrum muss grundsätzlich nicht geändert werden (Henssler/Strohn/*Servatius* § 705 Rn. 71). Eine Rubrumsberichtigung ist nur dann erforderlich, wenn der Name des ausgeschiedenen oder verstorbenen Gesellschafters Bestandteil der Parteibezeichnung ist oder der ausgeschiedene bzw. verstorbene Gesellschafter vertretungsbefugt war (MüKo ZPO/*Lindacher* § 50 Rn. 28; MünchHdb GesR I/*Gummert* § 19 Rn. 39; *Wertenbruch* NJW 2002, 324, 326; *Pohlmann* WM 2002, 1421, 1422). Scheiden jedoch bis auf einen Gesellschafter alle Gesellschafter aus der Gesellschaft aus und geht das Vermögen ohne Liquidation auf den verbleibenden Gesellschafter über, sind die Regeln der §§ 239 ff. ZPO sinngemäß anwendbar (BGH, Beschl. v. 18.02.2002 – II ZR 331/00; vgl. zur OHG und KG unten Rdn. 47).

5

e) Prozess zwischen Gesellschaft und Gesellschafter

Infolge der Parteifähigkeit der BGB-Gesellschaft ist ein Prozess zwischen der Gesellschaft und einzelnen Gesellschaftern grundsätzlich möglich (Hk-ZPO/*Bendtsen* § 50 Rn. 23; MünchHdb GesR I/*Gummert* § 19 Rn. 16). So kann die Gesellschaft bspw. einzelne Gesellschafter auf Leistung der Einlage oder ein Gesellschafter die Gesellschaft auf Auszahlung seines Gewinnanteils oder des Abfindungsguthabens verklagen (MünchHdb GesR I/*Gummert* § 19 Rn. 15; *Wertenbruch* NJW 2002, 324, 327; *Scholz* NZG 2002, 153, 159).

6

2. Prozessfähigkeit und prozessuale Vertretung

Prozessfähig ist, wer fähig ist, Prozesshandlungen selbst oder durch einen selbst bestellten Vertreter vor- und entgegenzunehmen (MüKo ZPO/*Lindacher* §§ 51, 52 Rn. 1). Die BGB-Außengesellschaft ist nicht prozessfähig (Bamberger/Roth/*Schöne* § 705 Rn. 154; MünchHdb GesR I/*Gummert* § 19 Rn. 20). Im Prozess wird die Gesellschaft durch ihre vertretungsberechtigten Gesellschafter vertreten (BGH, Urt. v. 19.07.2010 – II ZR 56/09; Urt. v. 23.10.2003 – IX ZR 324/01; MüKo ZPO/*Lindacher* § 52 Rn. 25; Musielak/*Weth* § 50 Rn. 22e; Bamberger/Roth/*Schöne* § 705 Rn. 154; *Scholz* NZG 2002, 153, 158. Soweit im Gesellschaftsvertrag keine abweichende Regelung getroffen wurde, sind sämtliche Gesellschafter gem. §§ 714, 709 BGB als Gesamtvertreter gemeinschaftlich vertretungsberechtigt (BGH, Urt. v. 23.10.2003 – IX ZR 324/01; OLG Düsseldorf, Urt. v. 13.02.2003 – 10 U 216/01; Musielak/*Weth* § 50 Rn. 22e; Bamberger/Roth/*Schöne* § 705 Rn. 154; MünchHdb GesR I/*Gummert* § 19 Rn. 26; *K. Schmidt* NJW 2001, 993, 999; *Wertenbruch* NJW 2002, 324, 326). Eine abweichende Regelung bietet sich vor allem bei Gesellschaften mit einem großen Gesellschafterbestand an, da ansonsten alle Gesellschafter als Prozessvertreter am Verfahren zu beteiligen sind (*Scholz* NZG 2002, 153, 159). Das Gericht ist gem. § 56 Abs. 1 ZPO dazu verpflichtet, die ordnungsgemäße Vertretung der Gesellschaft zu prüfen. Beinhaltet der Gesellschaftsvertrag eine von der gesetzlichen Regel der §§ 714, 709 BGB abweichende Regelung, ist dies durch die Gesellschaft im Prozess – in der Regel durch Vorlage des Gesellschaftsvertrages – darzulegen und ggf. zu beweisen (Bamberger/Roth/*Schöne* § 705 Rn. 154; MünchHdb GesR I/*Gummert* § 19 Rn. 20; *K. Schmidt* NJW 2001, 993, 999; *Pohlmann* WM 2002, 1421, 1423 f.).

7

8 Die Vertreter der Gesellschaft sind nach § 130 Nr. 1 ZPO in der Klageschrift anzugeben (Musielak/ *Weth* § 50 Rn. 22e; MünchHdb GesR I/*Gummert* § 19 Rn. 29; *Scholz* NZG 2002, 153, 159; *Pohlmann* WM 2002, 1421, 1423). Dies ist im Aktivprozess der Gesellschaft regelmäßig unproblematisch (MünchHdb GesR I/*Gummert* § 19 Rn. 30). Im Passivprozess der Gesellschaft wird der Kläger jedoch häufig mangels Registerpublizität der BGB-Gesellschaft keine Kenntnis der Vertretungsverhältnisse der Gesellschaft haben. Daher wird insoweit eine Darlegungslast der Gesellschaft angenommen (*Pohlmann* WM 2002, 1421, 1424; MünchHdb GesR I/*Gummert* § 19 Rn. 30). Wurden die Vertreter irrtümlich falsch bezeichnet, kann dies berichtigt werden (BGH, Urt. v. 19.07.2010 – II ZR 56/09).

9 Die Vertreter der Gesellschaft nehmen die **Prozesshandlungen** für die Gesellschaft vor (*Pohlmann* WM 2002, 1421, 1423). Dabei haben die Prozessvertreter grundsätzlich einheitlich zu handeln (BGH, Urt. v. 23.10.2003 – IX ZR 324/01; MüKo ZPO/*Lindacher* § 50 Rn. 28; Hk-BGB/*Saenger* § 709 Rn. 3). Geben die Vertreter der Gesellschaft widersprüchliche prozessuale Erklärungen ab, ist keine der Erklärungen wirksam (MüKo ZPO/*Lindacher* § 50 Rn. 28). Für die Frage, ob Säumnis vorliegt, ist auf die vertretungsberechtigten Gesellschafter abzustellen (Bamberger/Roth/*Schöne* § 705 Rn. 154).

10 Bei einem Prozess zwischen Gesellschaft und Geschäftsführer ist dieser aufgrund Interessenskollision von der Vertretung ausgeschlossen. Die prozessuale Vertretung erfolgt in diesem Verfahren dann durch die anderen zur Vertretung befugten Gesellschafter. In entsprechender Anwendung der Grundsätze über die Prozessstandschaft (vgl. dazu unten Rdn. 36–37) hat das OLG Düsseldorf entschieden, dass ein vertretungsberechtigter Gesellschafter von der Vertretung ausgeschlossen ist, wenn er aus gesellschaftswidrigen Gründen die gerichtliche Geltendmachung einer der Gesellschaft zustehenden Forderung verweigert. Die Gesellschaft wird dann durch die verbleibenden vertretungsberechtigten Gesellschafter ordnungsgemäß vertreten (OLG Düsseldorf, Urt. v. 13.02.2003 – 10 U 216/01). Ist der einzige zur Vertretung berechtigte Gesellschafter von der Vertretung ausgeschlossen, kommt Notgeschäftsführung gem. § 744 Abs. 2 BGB in Betracht (MünchHdb GesR I/*v. Ditfurth* § 7 Rn. 74).

11 Mit Auflösung der Gesellschaft sind alle Gesellschafter als Liquidatoren grundsätzlich nur gemeinschaftlich prozessual vertretungsbefugt (BGH, Urt. v. 05.07.2011 – II ZR 199/10; OLG Dresden, Beschl. v. 15.02.2012 – 17 W 1163/11, 17 W 1164/11; OLG Oldenburg, Urt. v. 15.11.2001 – 8 U 176/01). Die Auflösung hat zur Folge, dass die, einzelnen Gesellschaftern verliehene Einzelgeschäftsführungsbefugnis gem. § 730 Abs. 2 Satz 2 BGB erlischt (BGH, Urt. v. 05.07.2011 – II ZR 199/10; MüKo BGB/*Schäfer* § 730 Rn. 40). Eine Forderung der Gesellschaft kann daher durch sämtliche Gesellschafter bzw. Liquidatoren nur gemeinschaftlich eingeklagt werden (OLG Oldenburg, Urt. v. 15.11.2001 – 8 U 176/01). Die Gesellschafter haben die Möglichkeit, die Geschäftsführung und Vertretung der Abwicklungsgesellschaft durch Beschluss einzelnen Gesellschaftern zu übertragen (BGH, Urt. v. 05.07.2011 – II ZR 199/10).

3. Bezeichnung der BGB-Gesellschaft im Prozess

12 Gem. § 253 Abs. 2 Nr. 1 ZPO muss die Klageschrift die Gesellschaft als Partei zweifelsfrei bezeichnen (MünchHdb GesR I/*Gummert* § 19 Rn. 29; *K. Schmidt* NJW 2001, 993, 999; *Pohlmann* WM 2002, 1421, 1422). Führt die BGB-Gesellschaft im Rechtsverkehr einen **Namen**, der ihre Identifizierung ermöglicht, genügt in der Regel die Angabe dieses Namens in der Klageschrift (MüKo ZPO/*Lindacher* § 50 Rn. 27; Musielak/*Weth* § 50 Rn. 22e; MünchHdb GesR I/*Gummert* § 19 Rn. 29; *Wertenbruch* NJW 2002, 324, 326). Dies stellt eine Erleichterung zur alten Rechtslage dar, nach der bei einer Klage gegen die Gesellschaft alle Gesellschafter als notwendige Streitgenossen in der Klageschrift einzeln benannt werden mussten, was insbesondere bei großen Gesellschaften äußerst schwierig und häufig praktisch unmöglich war (vgl. oben zur Streitgenossenschaftslösung Rdn. 3; *Wertenbruch* NJW 2002, 324, 326; *K. Schmidt* NJW 2001, 993, 999; *Scholz* NZG 2002, 153, 159).

Verwendet die BGB-Gesellschaft keinen Namen oder keinen, der eine eindeutige Identifizierung erlaubt, ist die Gesellschaft durch die **Angabe der Namen der Gesellschafter** mit dem Zusatz »in Gesellschaft bürgerlichen Rechts« zu bezeichnen (MüKo ZPO/*Lindacher* § 50 Rn. 27; MünchHdb GesR I/*Gummert* § 19 Rn. 29; *K. Schmidt* NJW 2001, 993, 999). Durch diesen Zusatz wird klargestellt, dass nicht die Gesellschafter persönlich, sondern die Gesellschaft selbst Partei des Verfahrens ist (Musielak/*Weth* § 50 Rn. 22e). Dabei ist es unschädlich, wenn die Gesellschafter nicht vollständig benannt werden, solange die Identifizierung der Gesellschaft möglich ist (MünchHdb GesR I/*Gummert* § 19 Rn. 29; *K. Schmidt* NJW 2001, 993, 999; *Scholz* NZG 2002, 153, 158; *Pohlmann* WM 2002, 1421, 1422). Darüber hinausgehende Angaben zur Identifizierung der Gesellschaft sind nur erforderlich, wenn die Angabe der Gesellschafter zur Identifizierung der Gesellschaft nicht genügt. Dies ist z. B. der Fall, wenn dieselben Gesellschafter an mehreren Gesellschaften beteiligt sind (MüKo ZPO/*Lindacher* § 50 Rn. 27; *K. Schmidt* NJW 2001, 993, 100). Eine Auflistung der Gesellschafter kann sich auch zusätzlich zur Namensbezeichnung anbieten, da der Name der BGB-Gesellschaft mangels Registerpublizität mit größeren Unsicherheiten behaftet ist, als bei anderen Gesellschaftsformen.

13

Haben die Gesellschafter einer BGB-Gesellschaft vor Erlass des Grundsatzurteils vom 29.01.2001 eine Gesamthandsforderung entsprechend der früheren Rechtsprechung als notwendige Streitgenossen klageweise geltend gemacht, ist nach der Rechtsprechung des BGH in diesen anhängigen Verfahren kein Parteiwechsel dahin gehend erforderlich, dass nun die BGB-Gesellschaft Klägerin ist. In solchen Fällen ist lediglich das **Rubrum zu berichtigen** (BGH, Urt. v. 23.10.2003 – IX ZR 324/01; Urt. v. 15.01.2003 – XII ZR 300/99; Henssler/Strohn/*Servatius* § 705 Rn. 71; *Jacoby* NJW 2003, 1644, 1645). Dies ergibt sich daraus, dass auch bei äußerlich unrichtiger Bezeichnung grundsätzlich das Rechtssubjekt als Partei anzusehen ist, das nach dem objektiven Sinn der fehlerhaften Bezeichnung betroffen ist. Dieser Grundsatz gilt auch dann, wenn sich die klagende Partei selbst unrichtig bezeichnet hat (BGH, Urt. v. 15.01.2003 – XII ZR 300/99; OLG Rostock, Beschl. v. 26.09.2006 – 3 U 121/98). Die Rubrumsberichtigung kann auch noch in der Revisionsinstanz erfolgen (BGH, Urt. v. 23.10.2003 – IX ZR 324/01).

14

4. Gesellschafts- und Gesellschafterprozess

a) Differenzierung zwischen Gesellschafts- und Gesellschafterprozess

Infolge der Anerkennung der Rechts- und Parteifähigkeit der BGB-Außengesellschaft ist zwischen Gesellschafts- und Gesellschafterprozess zu trennen (Musielak/*Weth* § 50 Rn. 22a; *Wertenbruch* NJW 2002, 324, 325). Zwischen Verbindlichkeiten der Gesellschaft und Verbindlichkeiten der Gesellschafter ist zu differenzieren (*K. Schmidt* NJW 2001, 993, 999; *Wertenbruch* NJW 2002, 324, 325). Das Vermögen der Gesellschaft und das Privatvermögen der Gesellschafter sind unterschiedliche Haftungsgegenstände (*Pohlmann* WM 2002, 1421; Musielak/*Lackmann* § 736 Rn. 1).

15

b) Haftung des Gesellschafters für Gesellschaftsverbindlichkeiten

In seiner Grundsatzentscheidung vom 29.01.2001 hat der BGH nicht nur die Rechts- und Parteifähigkeit der BGB-Außengesellschaft bejaht, sondern auch entschieden, dass die Gesellschafter für die Verbindlichkeiten der Gesellschaft grundsätzlich **wie die Gesellschafter einer OHG** haften. Die Gesellschafter haften für die Verbindlichkeiten der Gesellschaft somit **persönlich, akzessorisch und gesamtschuldnerisch** (BGH, Urt. v. 17.10.2006 – XI ZR 19/05; Urt. v. 29.01.2001 – II ZR 331/00; BayObLG, Beschl. v. 09.09.2002 – 1 Z AR 116/02; OLG Frankfurt am Main, Beschl. v. 13.08.2001 – 5 W 21/01; MünchHdb GesR I/*Gummert* § 19 Rn. 25; *K. Schmidt* NJW 2001, 993, 998). Das Akzessorietätsprinzip besagt, dass die Haftung der Gesellschafter in Umfang und Bestand von der Gesellschaftsverbindlichkeit abhängt (Musielak/*Weth* § 50 Rn. 22c). Entsprechend § 128 HGB haften die Gesellschafter grundsätzlich **unbeschränkt**. § 129 Abs. 1 HGB gilt sinngemäß auch für die BGB-Gesellschaft (BGH, Urt. v. 22.03.2011 – II ZR 249/09; Urt. v. 03.04.2006 – II ZR 40/05; Urt. v. 29.01.2001 – II ZR 331/00). In entsprechender Anwendung des § 129 Abs. 1 HGB

16

kann sich der Gesellschafter bei seiner persönlichen Inanspruchnahme für Gesellschaftsverbindlichkeiten sowohl auf Einreden und Einwendungen berufen, die ihm persönlich zustehen, als auch auf Einreden und Einwendungen der Gesellschaft. Eine Berufung des Gesellschafters auf Einreden und Einwendungen der Gesellschaft, die von der Gesellschaft nicht mehr geltend gemacht werden können, ist nicht möglich (BGH, Urt. v. 22.03.2011 – II ZR 249/09; Urt. v. 03.04.2006 – II ZR 40/05; *K. Schmidt* NJW 2001, 993, 999). Ist in einem Prozess gegen die Gesellschaft ein rechtskräftiges Urteil ergangen, wirkt dieses auch gegen die Gesellschafter, indem es ihnen die Einwendungen nimmt, die der Gesellschaft abgesprochen wurden (BGH, Urt. v. 22.03.2001 – II ZR 249/09; Urt. v. 19.06.2008 – III ZR 46/06; Urt. v. 03.04.2006 – II ZR 40/05).

c) Vollstreckungsrechtliche Fragen

aa) Vollstreckung aufgrund eines Titels gegen die Gesellschaft

17 Ein Titel gegen die Gesellschaft ermöglicht grundsätzlich die **Vollstreckung in das Gesellschaftsvermögen** (Bamberger/Roth/*Schöne* § 705 Rn. 158; Musielak/*Weth* § 50 Rn. 22b; Hk-ZPO/*Kindl* § 736 Rn. 2). Die Regelung des § 736 ZPO steht dem nicht entgegen, sondern ist so zu verstehen, dass zur Vollstreckung ein Titel gegen die Gesellschaft aber eben auch ein Titel gegen alle Gesellschafter als Gesamtschuldner genügt (BGH, Urt. v. 17.10.2006 – XI ZR 19/05; Urt. v. 29.01.2001 – II ZR 331/00; Hk-ZPO/*Kindl* § 736 Rn. 1; MüKo ZPO/*Heßler* § 736 Rn. 1; *K. Schmidt* NJW 2001, 993, 1000; *Scholz* NZG 2002, 153, 157; *Pohlmann* WM 2002, 1421, 1426). Nach früherer Rechtslage war ein Titel gegen sämtliche Gesellschafter erforderlich (*Scholz* NZG 2002, 153, 158). Ein Titel gegen die Gesellschaft selbst ermöglicht **keinen Vollstreckungszugriff auf das Privatvermögen der Gesellschafter** (MüKo BGB/*Ulmer/Schäfer* § 705 Rn. 321; Musielak/*Weth* § 50 Rn. 22c; Bamberger/Roth/*Schöne* § 705 Rn. 158; *Wertenbruch* NJW 2002, 324, 325). § 129 Abs. 4 HGB gilt analog (MüKo BGB/*Ulmer/Schäfer* § 705 Rn. 321; Bamberger/Roth/*Schöne* § 705 Rn. 158; Hk-ZPO/*Kindl* § 736 Rn. 2). Zur Vollstreckung in das Privatvermögen eines Gesellschafters ist ein Titel gegen den Gesellschafter persönlich erforderlich (vgl. unten Rdn. 18 ff.; *Wertenbruch* NJW 2002, 324, 325). Bei gerichtlicher Geltendmachung von Ansprüchen gegen die Gesellschaft wird daher regelmäßig empfohlen, **zusätzlich die Gesellschafter** aufgrund ihrer Haftung für die Gesellschaftsverbindlichkeiten **persönlich zu verklagen**, um auch in das Privatvermögen der Gesellschafter vollstrecken zu können (BGH, Urt. v. 29.01.2001 – II ZR 331/00; Musielak/*Weth* § 50 Rn. 22b; Bamberger/Roth/*Schöne* § 705 Rn. 158; MünchHdb GesR I/*Gummert* § 19 Rn. 34; *Wertenbruch* NJW 2002, 324, 325, 329; *Pohlmann* WM 2002, 1421; *K. Schmidt* NJW 2001, 993, 999 f.). Stellt sich bei der Zwangsvollstreckung heraus, dass kein Gesellschaftsvermögen vorhanden ist, verbleibt dem Gläubiger aufgrund des Titels gegen die Gesellschafter dann noch die Möglichkeit, in ihr Privatvermögen zu vollstrecken (BGH, Urt. v. 29.01.2001 – II ZR 331/00).

bb) Vollstreckung aufgrund eines Titels gegen sämtliche Gesellschafter als Gesamtschuldner aufgrund einer Gesellschaftsschuld

18 Ein Titel gegen alle Gesellschafter als Gesamtschuldner aufgrund ihrer persönlichen Haftung für eine Gesellschaftsschuld ermöglicht eine **Vollstreckung in das Privatvermögen der Gesellschafter** (Musielak/*Weth* § 50 Rn. 22c). Nach der Rechtsprechung des BGH und h. M. ermöglicht ein solcher Titel gem. § 736 ZPO auch die **Vollstreckung in das Gesellschaftsvermögen** (BGH, Urt. v. 17.10.2006 – XI ZR 19/05; Urt. v. 29.01.2001 – II ZR 331/00; MünchHdb GesR I/*Gummert* § 19 Rn. 37; Hk-BGB/*Saenger* § 705 Rn. 22; Hk-ZPO/*Kindl* § 736 Rn. 3). Die Regelung des § 124 Abs. 2 HGB, nach der im Recht der Personenhandelsgesellschaften ein Zugriff auf das Gesellschaftsvermögen aufgrund eines Titels gegen die Gesellschafter persönlich nicht möglich ist, kommt damit nicht zur Anwendung (*Pohlmann* WM 2002, 1421, 1426). Nicht ausreichend ist ein Titel gegen alle Gesellschafter als Teilschuldner (BGH, Urt. v. 17.10.2006 – XI ZR 19/05; Hk-ZPO/*Kindl* § 736 Rn. 3). Die Titel gegen die Gesellschafter müssen nicht gleichzeitig, sondern können auch gesondert und nacheinander erzielt werden (Musielak/*Weth* § 50 Rn. 22b; Musielak/*Lackmann* § 736 Rn. 4). Ausreichend sind auch Titel verschiedener Art, wie z. B. Urteil und Prozessvergleich (MüKo

ZPO/*Heßler* § 736 Rn. 8; Musielak/*Lackmann* § 736 Rn. 4; Hk-ZPO/*Kindl* § 736 Rn. 3). Nach zunehmend in der Literatur vertretener Ansicht, kommt eine Vollstreckung in das Gesellschaftsvermögen aufgrund eines Titels gegen die Gesellschafter persönlich nicht in Betracht (MüKo BGB/*Ulmer/ Schäfer* § 705 Rn. 321; MüKo ZPO/*Lindacher* § 50 Rn. 28; Bamberger/Roth/*Schöne* § 705 Rn. 158). § 124 Abs. 2 HGB ist analog anwendbar. Infolge der Anerkennung der Parteifähigkeit der BGB-Außengesellschaft ist § 736 ZPO auf Fälle zu reduzieren, in denen eine Klage gegen die BGB-Gesellschaft selbst mangels Parteifähigkeit ausscheidet. In einem solchen Fall ist der Gesellschaftsgläubiger darauf verwiesen, die Gesellschafter im Wege der Gesamthandsschuldklage als notwendige Streitgenossen zu verklagen. Ein auf diese Weise ergehender Titel ermöglicht die Vollstreckung in das Gesamthandsvermögen (MüKo BGB/*Ulmer/Schäfer* § 705 Rn. 321).

cc) **Vollstreckung aufgrund eines Titels gegen sämtliche Gesellschafter als Gesamtschuldner aufgrund einer Privatschuld**

Umstritten ist, ob nach § 736 ZPO aufgrund eines Titels gegen sämtliche Gesellschafter wegen einer Privatschuld in das Gesellschaftsvermögen vollstreckt werden kann, wenn die Gesellschafter für die Schuld gesamtschuldnerisch verurteilt wurden. Nach h.A. erlaubt § 736 ZPO nur die Vollstreckung in das Gesellschaftsvermögen aufgrund eines Titels gegen die Gesellschafter bei einer Verurteilung wegen einer Gesellschaftsschuld (BGH, Urt. v. 25.01.2008 – V ZR 63/07; OLG Hamburg, Beschl. v. 10.02.2011 – 13 W 5/11; *K. Schmidt* NJW 2001, 993, 1001; Musielak/*Lackmann* § 736 Rn. 4; Kindl/Meller-Hannich/Wolf/*Giers* § 736 Rn. 6; Henssler/Strohn/*Servatius* § 705 Rn. 71). Den Privatgläubigern bleibt die Möglichkeit, den Gesellschaftsanteil der Schuldner zu pfänden (*K. Schmidt* NJW 2001, 993, 1001). Gegen den Vollstreckungszugriff auf ihr Gesellschaftsvermögen durch Privatgläubiger der Gesellschafter kann sich die Gesellschaft im Wege der Drittwiderspruchsklage erwehren (*K. Schmidt* NJW 2001, 993, 1001). Nach a. A. ist diese restriktive Auslegung des § 736 ZPO nicht geboten, sofern ein Gesamtschuldtitel gegen die Gesellschafter vorliegt. Der Titel muss nicht auf einer Gesellschaftsschuld beruhen (MüKo ZPO/*Heßler* § 736 Rn. 27; Hk-ZPO/*Kindl* § 736 Rn. 3). Grund dafür sei der Sinn und Zweck des § 736 ZPO, lediglich eine Vollstreckung in das Gesellschaftsvermögen aufgrund eines Titels gegen nur einzelne Gesellschafter zu verhindern, sodass auch eine Vollstreckung in das Gesellschaftsvermögen aufgrund eines Titels gegen sämtliche Gesellschafter wegen einer Privatschuld möglich sei. Der Gesellschaft bleibt jedoch auch nach dieser Auffassung die Möglichkeit, sich im Wege der Drittwiderspruchsklage analog §§ 771, 774 ZPO auf den fehlenden Haftungsgrund zu berufen (Hk-ZPO/*Kindl* § 736 Rn. 3).

dd) **Vollstreckung aufgrund eines Titels gegen einzelne Gesellschafter**

Ergeht ein Titel nur gegen einzelne oder einen einzelnen Gesellschafter der BGB-Gesellschaft, scheidet die Vollstreckung in das Gesellschaftsvermögen aus. Es liegt dann kein Titel gegen alle Gesellschafter vor, der auch zur Vollstreckung in das Gesellschaftsvermögen berechtigt (*Wertenbruch* NJW 2002, 324, 328). Sind dem Kläger nicht alle Gesellschafter bekannt, empfiehlt sich daher neben der Klage gegen die Gesellschafter auch eine Klage gegen die Gesellschaft selbst (OLG Frankfurt am Main, Beschl. v. 13.08.2001 – 5 W 21/01). Ein Titel gegen einen einzelnen Gesellschafter ermöglicht nur die Zwangsvollstreckung in das Privatvermögen des betreffenden Gesellschafters (Musielak/*Lackmann* § 736 Rn. 4). Dies umfasst auch die Pfändung des Gesellschaftsanteils nach §§ 725, 859 ZPO (Hk-ZPO/*Kindl* § 736 Rn. 3; Musielak/*Lackmann* § 736 Rn. 4; *Wertenbruch* NJW 2002, 324, 328; *Pohlmann* WM 2002, 1421, 1422).

d) **Prozessuales**

Eine **persönliche Inanspruchnahme** der Gesellschafter ist neben der Inanspruchnahme der Gesellschaft grundsätzlich zulässig. Die Einrede der Rechtshängigkeit steht dem nicht entgegen (*Wertenbruch* NJW 2002, 324, 325).

22 Werden Gesellschafter aufgrund ihrer akzessorischen Haftung neben der Gesellschaft verklagt, besteht zwischen der Gesellschaft und den einzelnen Gesellschaftern sowie den Gesellschaftern untereinander keine notwendige, sondern **einfache Streitgenossenschaft**. Das Urteil gegenüber den Gesellschaftern kann aufgrund ihrer Möglichkeit, persönliche Einreden zu erheben, anders ausfallen als das Urteil gegenüber der Gesellschaft (OLG Frankfurt am Main, Beschl. v. 13.08.2001 – 5 W 21/01; Musielak/*Weth* § 50 Rn. 22b; MüKo ZPO/*Schultes* § 62 Rn. 14; Bamberger/Roth/*Schöne* § 705 Rn. 153; *Wertenbruch* NJW 2002, 324, 325). Da zwischen Gesellschafts- und Gesellschafterprozess zu trennen ist, handelt es sich beim Übergang vom Gesellschafts- zum Gesellschafterprozess und umgekehrt um **gewillkürten Parteiwechsel** (OLG Frankfurt am Main, Beschl. v. 13.08.2001 – 5 W 21/01; MünchHdb GesR I/*Gummert* § 19 Rn. 34; *Wertenbruch* NJW 2002, 324, 325; *Pohlmann* WM 2002, 1421, 1425).

23 Nach h. M. unterbricht die Klage gegen die Gesellschaft auch die **Verjährung** der Haftung der Gesellschafter für Verbindlichkeiten der Gesellschaft (BGH, Urt. v. 11.12.1978 – II ZR 235/77; *Wertenbruch* NJW 2002, 324, 325). Dagegen führt die Klage gegen einen Gesellschafter aufgrund der persönlichen Haftung für Gesellschaftsverbindlichkeiten nicht zur Verjährungsunterbrechung der Forderung gegen die Gesellschaft. Verjährt die Forderung gegen die Gesellschaft während eines Prozesses gegen einen Gesellschafter, kann sich der Gesellschafter entgegen der Akzessorietät seiner Haftung von der Gesellschaftsverbindlichkeit nach h.L. nicht auf die Verjährung der Verbindlichkeiten der Gesellschaft berufen, da es ansonsten nicht möglich wäre, allein den Gesellschafter zu verklagen (BGH, Urt. v. 22.03.1988 – X ZR 64/87; *Wertenbruch* NJW 2002, 324, 325).

24 Aufgrund der akzessorischen Haftung der Gesellschafter für Verbindlichkeiten der Gesellschaft kommt den Rechtsinstituten der **Nebenintervention** und der **Streitverkündung** im Prozessrecht der BGB-Gesellschaft besondere Bedeutung zu. Nicht vertretungsberechtigte Gesellschafter haben keinen Einfluss auf den Verlauf des Gesellschaftsprozesses; die Prozessführung obliegt den Geschäftsführern (vgl. oben Rdn. 7–11; *Wertenbruch* NJW 2002, 324, 326). Wird im Prozess gegen die Gesellschaft eine Gesellschaftsschuld rechtskräftig festgestellt, können die Gesellschafter nicht mehr geltend machen, die Gesellschaftsverbindlichkeit bestehe nicht. Die Gesellschafter können gegen ihre Inanspruchnahme aufgrund einer Gesellschaftsschuld dann nur noch persönliche Einwendungen geltend machen (vgl. oben Rdn. 16; *Wertenbruch* NJW 2002, 324, 326). Aus diesem Haftungsmodell folgt ein **rechtliches Interesse der Gesellschafter i. S. d. § 66 ZPO**, sodass die nicht vertretungsbefugten Gesellschafter dem Gesellschaftsprozess als Nebenintervenienten nach § 66 ZPO beitreten können (MünchHdb GesR I/*Gummert* § 19 Rn. 36; *Wertenbruch* NJW 2002, 324, 326, 327). Als Nebenintervenienten haben die Gesellschafter gem. § 67 ZPO die Möglichkeit, Angriffs- und Verteidigungsmittel geltend zu machen und Prozesshandlungen für die Partei vorzunehmen (Musielak/*Weth* § 67 Rn. 4). Auf diese Weise kann ein Gesellschafter bspw. eine Säumnis der Gesellschaft verhindern, Tatsachen behaupten und bestreiten oder Beweismittel vorbringen, um die Feststellung einer Gesellschaftsschuld zu verhindern. Diese Möglichkeit steht Gesellschaftern, die zwar neben der Gesellschaft verklagt werden, aber nicht als Nebenintervenienten dem Gesellschaftsprozess beigetreten sind, nicht zu, da sie im Verhältnis zur Gesellschaft nur einfache Streitgenossen sind, die solche Maßnahmen nicht ergreifen können.

25 Durch **Streitverkündung** benachrichtigt eine Partei einen Dritten förmlich von einem anhängigen Prozess mit dem Ziel, sich einen nachfolgenden Regressprozess gegen diesen Dritten durch die Interventionswirkung nach § 68 ZPO zu erleichtern. Im Recht der BGB-Gesellschaft kommt die Streitverkündung z. B. dann in Betracht, wenn die Gesellschaft auf Schadensersatz in Anspruch genommen wird und ggf. einen Rückgriffsanspruch gegen einen Gesellschafter hat. Bspw. kann ein solcher Schadensersatzanspruch gegen die Gesellschaft auf eine fehlerhaft erbrachte Sacheinlage zurückzuführen sein, sodass sich die Gesellschaft im Folgeprozess bei dem Gesellschafter schadlos halten möchte, der die fehlerhafte Einlage erbracht hat (*Wertenbruch* NJW 2002, 324, 327). Verkündet die Gesellschaft diesem Gesellschafter den Streit, kann sich dieser im Folgeprozess nicht mehr gegen die im Vorprozess getroffenen Feststellungen wenden.

e) Urteilswirkungen

Wird ein Gesellschafter aufgrund seiner akzessorischen Haftung für Gesellschaftsschulden in Anspruch genommen, wirkt das Urteil nicht für bzw. gegen die Gesellschaft (BGH, Urt. v. 22.03.2011 – II ZR 249/09). Eine Rechtskrafterstreckung ist abzulehnen. Ergeht in einem solchen Verfahren ein Klage abweisendes Urteil, hat der Kläger demnach die Möglichkeit, einen weiteren Prozess gegen die Gesellschaft selbst zu führen. Ergeht in einem Verfahren gegen die Gesellschaft dagegen ein Klage abweisendes Urteil, kann sich ein Gesellschafter bei seiner Inanspruchnahme entsprechend § 129 Abs. 1 HGB auf die Klageabweisung im Prozess gegen die Gesellschaft berufen (*Müther* MDR 2002, 987, 991).

26

f) Kostenrechtliche Fragen

Wird im Aktivprozess der Gesellschaft die Klage **als unbegründet abgewiesen**, werden die Kosten des Verfahrens der klagenden Gesellschaft auferlegt. Aufgrund der Trennung zwischen Gesellschafts- und Gesellschafterprozess ergeht die Kostenentscheidung nur gegen die Gesellschaft selbst, nicht auch gegen die Gesellschafter (Bamberger/Roth/*Schöne* § 705 Rn. 157). Der Kostenfestsetzungsbeschluss gegen die Gesellschaft ermöglicht nur eine Vollstreckung in das Gesellschaftsvermögen. Dies birgt für den Beklagten insbesondere bei vermögenslosen Gesellschaften ein hohes Vollstreckungsrisiko (*K. Schmidt* NJW 2001, 993, 999 f.; *Wertenbruch* NJW 2002, 324, 327; *Engels* MDR 2003, 1028). Um auch einen Vollstreckungstitel gegen die Gesellschafter zu erlangen und auf das Privatvermögen der Gesellschafter zugreifen zu können, wird empfohlen, eine **Drittwiderklage** gegen die Gesellschafter zu erheben. Der Antrag lautet, die Klage abzuweisen und die Kosten des Rechtsstreits der Klägerin sowie den Widerbeklagten als Gesamtschuldnern aufzuerlegen (BGH, Urt. v. 05.04.2001 – VII ZR 135/00; Bamberger/Roth/*Schöne* § 705 Rn. 157; *K. Schmidt* NJW 2001, 993, 1000; *Wertenbruch* NJW 2002, 324, 327, 328; *Engels* MDR 2003, 1028; krit. *Kemke* NJW 2002, 2218, 2219).

27

5. Gerichtsstand der BGB-Außengesellschaft

Der allgemeine Gerichtsstand der BGB-Außengesellschaft richtet sich gem. § 17 Abs. 1 Satz 1 ZPO nach ihrem **Sitz** (OLG Köln, Beschl. v. 28.05.2003 – 5 W 54/03; MüKo ZPO/*Patzina* § 17 Rn. 4; Bamberger/Roth/*Schöne* § 705 Rn. 156; MünchHdb GesR I/*Gummert* § 19 Rn. 26). Nach früherer Rechtslage wurde gem. § 13 ZPO auf den Wohnsitz der Gesellschafter abgestellt, der nunmehr für die Klage gegen die Gesellschaft unerheblich ist (MünchHdb GesR I/*Gummert* § 19 Rn. 26; *Pohlmann* WM 2002, 1421, 1423; *Wertenbruch* NJW 2002, 324, 325).

28

Der Sitz der Gesellschaft i. S. d. § 17 Abs. 1 Satz 1 ZPO bestimmt sich nach materiellem Recht und kann sich aus Gesetz oder Satzung ergeben (Hk-ZPO/*Bendtsen* § 17 Rn. 6; Vorwerk/Wolf/*Toussaint* § 17 Rn. 9). Mangels registergerichtlicher Eintragung der BGB-Gesellschaft können sich Schwierigkeiten bei der Ermittlung des Gesellschaftssitzes ergeben (*Wertenbruch* NJW 2002, 324, 325). Dann ist gem. § 17 Abs. 1 Satz 2 ZPO auf den **Ort der tatsächlichen Verwaltung** abzustellen (MünchHdb GesR I/*Gummert* § 19 Rn. 26; Musielak/*Heinrich* § 17 Rn. 10). Der Ort der Verwaltung ist der Ort, wo die Geschäftsführung tatsächlich erfolgt, also dort, wo die grundlegenden Entscheidungen der Unternehmensleitung effektiv in laufende Geschäftsführungsakte umgesetzt werden (BGH, Beschl. v. 10.03.2009 – VIII ZB 105/07; Urt. v. 21.03.1986 – V ZR 10/85; MüKo ZPO/*Patzina* § 17 Rn. 13; Vorwerk/Wolf/*Toussaint* § 17 Rn. 7; Bamberger/Roth/*Schöne* § 705 Rn. 156). Indizien für den Verwaltungsort sind z. B. Ortsangaben auf Geschäftsbriefen oder auch der private Wohnsitz des Geschäftsführers, wenn dieser von dort aus die Geschäfte leitet (BGH, Beschl. v. 10.03.2009 – VIII ZB 105/07; *Wertenbruch* NJW 2002, 324, 325). Darauf, wo die Entscheidungen der Unternehmensleitung umgesetzt werden, z. B. der Ort der Herstellung, oder auf den Ort einer Zweigniederlassung kommt es nicht an (MüKo ZPO/*Patzina* § 17 Rn. 13; Musielak/*Heinrich* § 17 Rn. 10). Führen mehrere Gesellschafter die Geschäfte von unterschiedlichen Orten aus, können **mehrere Gerichte** örtlich zuständig sein. In diesem Fall hat der Kläger gem. § 35 ZPO die Wahl (MünchHdb GesR I/*Gummert* § 19 Rn. 26; *Pohlmann* WM 2002, 1421, 1423; *Müther* MDR 2002, 987, 988).

29

30 Neben dem allgemeinen Gerichtsstand können **besondere Gerichtsstände**, wie z. B. der Gerichtsstand des Erfüllungsorts nach § 29 ZPO, in Betracht kommen (OLG Schleswig, Beschl. v. 11.08.2003 – 2 W 128/03; MünchHdb GesR I/*Gummert* § 19 Rn. 26). Ferner kann der besondere Gerichtsstand der Mitgliedschaft nach § 22 ZPO gegeben sein (OLG Köln, Beschl. v. 28.05.2003 – 5 W 54/03). § 22 ZPO gilt für vermögensrechtliche und nicht vermögensrechtliche Streitigkeiten (Musielak/*Heinrich* § 22 Rn. 1). Der Gerichtsstand der Mitgliedschaft erfasst Streitigkeiten zwischen der Gesellschaft und ihren Gesellschaftern sowie Streitigkeiten zwischen Gesellschaftern, soweit diese Streitigkeiten auf der Mitgliedschaft beruhen, wie bspw. Streitigkeiten der Gesellschafter um das Auseinandersetzungsguthaben (OLG Köln, Beschl. v. 28.05.2003 – 5 W 54/03; LG Bonn, Urt. v. 20.02.2002 – 2 O 111/01; MünchHdb GesR I/*Gummert* § 19 Rn. 28; Musielak/*Heinrich* § 22 Rn. 1, 5, 6). Erfasst sind auch Klagen gegen ausgeschiedene Gesellschafter (Musielak/*Heinrich* § 22 Rn. 5; Hk-ZPO/*Bendtsen* § 22 Rn. 2). Der Sinn und Zweck des § 22 ZPO besteht darin, Streitigkeiten, die sich auf die inneren Rechtsbeziehungen der Gesellschaft beziehen, am Sitz der Gesellschaft zu konzentrieren (BGH, Urt. v. 13.03.1980 – II ZR 258/78; OLG Karlsruhe, Beschl. v. 20.01.1998 – 4 W 169/97; OLG Schleswig, Urt. v. 27.03.1980 – 2 U 60/79; Musielak/*Heinrich* § 22 Rn. 1; Hk-ZPO/*Bendtsen* § 22 Rn. 1). Für die Gesellschaft muss daher ein Gerichtsstand nach § 17 ZPO gegeben sein (MüKo ZPO/*Patzina* § 22 Rn. 2). Der Gerichtsstand der Mitgliedschaft nach § 22 ZPO konkurriert mit dem allgemeinen Gerichtsstand des § 17 ZPO. In diesem Fall hat der Kläger gem. § 35 ZPO die Wahl (Musielak/*Heinrich* § 22 Rn. 7; Hk-ZPO/*Bendtsen* § 22 Rn. 3).

6. Zustellungsfragen

31 Da jeder Gesellschafter nach früherer Rechtslage selbst Partei war, musste eine Klage gegen die Gesellschaft somit auch **jedem Gesellschafter zugestellt** werden. Oft war es bei großen BGB-Gesellschaften in der Praxis schwierig, jeden Gesellschafter zu ermitteln und so genau zu bezeichnen, dass eine ordnungsgemäße Zustellung an ihn möglich war. Die Regelung des § 170 Abs. 3 ZPO, nach der die Zustellung an einen gesetzlichen Vertreter ausreicht, war nicht anwendbar (*Wertenbruch* NJW 2002, 324, 326; MünchHdb GesR I/*Gummert* § 19 Rn. 33).

32 Nach neuer Rechtslage ist die Klageschrift grundsätzlich **an den bzw. die Vertreter** der Gesellschaft zuzustellen (Bamberger/Roth/*Schöne* § 705 Rn. 154). Dabei genügt nach § 170 Abs. 3 ZPO bei mehreren gesetzlichen Vertretern die Zustellung an einen Vertreter (BGH, Beschl. v. 06.04.2006 – V ZB 158/05; OLG Celle, Urt. v. 31.03.2004 – 9 U 217/03; MüKo ZPO/*Häublein* § 170 Rn. 8; MünchHdb GesR I/*Gummert* § 19 Rn. 33; *Wertenbruch* NJW 2002, 324, 326). Dies gilt sowohl für die Gesamtvertretung als auch für den Fall, dass die Geschäftsführung mehreren Gesellschaftern nach § 710 BGB übertragen wurde. Eine wirksame Zustellung an die von der Geschäftsführung und Vertretung ausgeschlossenen Gesellschafter ist nicht möglich (MünchHdb GesR I/*Gummert* § 19 Rn. 33; *Wertenbruch* NJW 2002, 324, 326; *Scholz* NZG 2002, 153, 159).

7. Beweisaufnahme

33 Nach früherer Rechtslage waren die Gesellschafter der BGB-Außengesellschaft selbst Partei eines Verfahrens und damit grundsätzlich als Partei und nicht als Zeuge zu vernehmen. Infolge der Anerkennung der Rechts – und Parteifähigkeit der BGB-Außengesellschaft sind die vertretungsberechtigten Gesellschafter im Prozess der Gesellschaft als Partei, die von der Vertretung ausgeschlossenen Gesellschafter dagegen **als Zeugen** zu vernehmen (Bamberger/Roth/*Schöne* § 705 Rn. 154; MünchHdb GesR I/*Gummert* § 19 Rn. 35; *Wertenbruch* NJW 2002, 324, 326; *Pohlmann* WM 2002, 1421, 1425). Die Parteistellung der vertretungsberechtigten Gesellschafter ergibt sich daraus, dass eine Parteivernehmung als Akt der Prozessführung zu werten ist (BGH, Urt. v. 19.10.1064 – II ZR 109/62). Für die Zeugenstellung der nicht vertretungsberechtigten Gesellschafter spricht, dass sie als Partei prozessual eine Verfügungsbefugnis über den Streitgegenstand erlangen würden, die ihnen materiell nicht zusteht (MünchHdb GesR I/*Gummert* § 19 Rn. 35; *Wertenbruch* NJW 2002, 324, 326).

Werden neben der Gesellschaft auch Gesellschafter aufgrund ihrer akzessorischen Haftung verklagt, besteht zwischen ihnen und der Gesellschaft **einfache Streitgenossenschaft** (*Pohlmann* WM 2002, 1421, 1425; vgl. Rdn. 22). Da Streitgenossen im jeweils anderen Prozess nicht als Zeugen, sondern nur als Partei vernommen werden können, sind die nicht vertretungsberechtigten Gesellschafter, die neben der Gesellschaft aufgrund ihrer Haftung für Gesellschaftsverbindlichkeiten gerichtlich in Anspruch genommen werden, im Prozess der Gesellschaft als Partei zu vernehmen. Ausnahmsweise können Streitgenossen dann als Zeugen vernommen werden, wenn das Beweisthema nur den Prozess des anderen betrifft (BGH, Urt. v. 11.07.1990 – VIII ZR 165/89; MünchHdb GesR I/*Gummert* § 19 Rn. 35; *Pohlmann* WM 2002, 1421, 1426). 34

8. Rechtsformwechsel

Der Rechtsformwechsel der BGB-Gesellschaft zur OHG oder KG während eines Verfahrens der Gesellschaft wirkt sich nicht auf den Prozess aus, da die Identität der Gesellschaft durch den Rechtsformwechsel nicht berührt wird. Dieselbe Gesamthandsgemeinschaft bleibt Partei des Verfahrens. Der Rechtsformwechsel führt lediglich zu einer Rubrumsberichtigung (BGH, Urt. v. 29.01.2001 – II ZR 331/00; Urt. v. 06.05.1993 – IX ZR 73/92; MünchHdb GesR I/*Gummert* § 19 Rn. 40, 4; *Scholz* NZG 2002, 153, 159; *Wertenbruch* NJW 2002, 324, 327). 35

9. Geltendmachung von Ansprüchen der Gesellschaft gegen Dritte durch Gesellschafter in Prozessstandschaft

Zur Geltendmachung von Ansprüchen der Gesellschaft gegen Dritte sind die Gesellschafter einer BGB-Gesellschaft im eigenen Namen regelmäßig nicht berechtigt, da die Einziehung einer Forderung der Geschäftsführung zusteht (BGH, Urt. v. 10.11.1999 – VIII ZR 78/98; Urt. v. 30.10.1987 – V ZR 174/86; Urt. v. 12.10.1987 – II ZR 21/87). Dies folgt aus §§ 709 Abs. 1, 730 BGB, wonach die Gesellschafter der BGB-Gesellschaft, falls nichts anderes vereinbart wurde, die Geschäfte der Gesellschaft nur gemeinschaftlich führen und somit Forderungen auch **nur gemeinschaftlich einklagen** können (BGH, Urt. v. 18.11.1999 – IX ZR 153/98). Die Geltendmachung einer Forderung der Gesellschaft obliegt grundsätzlich der Geschäftsführung (BGH, Urt. v. 24.02.1954 – II ZR 3/53; OLG Dresden, Urt. v. 15.07.1999 – 19 U 1480/98). Damit wird in der Regel nicht nur den Interessen der Mitgesellschafter entsprochen, sondern auch dem Schuldner, der bei einem Klage abweisenden Urteil infolge beschränkter Rechtskraft befürchten müsste, in einem weiteren Prozess (durch die Gesellschaft) in Anspruch genommen zu werden (BGH, Urt. v. 12.10.1987 – II ZR 21/87). 36

Ein Gesellschafter kann einen solchen Anspruch der Gesellschaft gegen Dritte allerdings dann im eigenen Namen in **gewillkürter Prozessstandschaft** geltend machen, wenn er durch die Gesellschaft dazu **ermächtigt** wurde und ein schutzwürdiges Interesse an der Geltendmachung hat (BGH, Urt. v. 03.07.2002 – XII ZR 234/99; Urt. v. 10.11.1999 – VIII ZR 78/98; Urt. v. 12.10.1987 – II ZR 21/87; Urt. v. 03.06.1980 – IV a ZR 38/80; *K. Schmidt* GesR, S. 635). Wurde eine solche Ermächtigung nicht erteilt, steht dem einzelnen Gesellschafter die Prozessführungsbefugnis ausnahmsweise auch dann zu, wenn dieser an der Geltendmachung ein berechtigtes Interesse hat, die anderen Gesellschafter die Geltendmachung aus gesellschaftswidrigen Gründen verweigern und der Schuldner an dem gesellschaftswidrigen Verhalten der Mitgesellschafter beteiligt ist (BGH, Urt. v. 19.06.2008 – III ZR 46/06; Urt. v. 18.11.1999 – IX ZR 153/98; Urt. v. 30.10.1987 – V ZR 174/86; Urt. v. 10.01.1963 – II ZR 95/61; *Bork/Oepen* ZGR 2001, 515, 544). Ansonsten müsste der einzelne Gesellschafter die anderen Gesellschafter auf Mitwirkung an der Geltendmachung der Forderung verklagen, was bei Beteiligung des Schuldners bzw. Beklagten am gesellschaftswidrigen Verhalten einen unnötigen Umweg bedeuten würde (BGH, Urt. v. 30.10.1987 – V ZR 174/86; Urt. v. 10.01.1963 – II ZR 95/61). Dieser Grundsatz gilt auch in der Liquidation, in der regelmäßig nur alle Gesellschafter gemeinsam befugt sind, eine Gesellschaftsforderung einzuklagen (OLG Oldenburg, Urt. v. 15.11.2001 – 8 U 176/01; OLG Dresden, Urt. v. 15.07.1999 – 19 U 1480/98). Diese Fallgestaltungen sind von der actio pro socio abzugrenzen, die sich auf die Geltendmachung von Sozialansprüchen beschränkt (vgl. dazu unten Rdn. 90 ff.). 37

10. Auswirkung der Insolvenzeröffnung auf den Gesellschaftsprozess

38 Wird während eines Gesellschaftsprozesses das **Insolvenzverfahren** über das Vermögen der Gesellschaft eröffnet, wird das Verfahren gem. **§ 240 ZPO unterbrochen**. Sind neben der Gesellschaft auch Gesellschafter aufgrund ihrer akzessorischen Haftung für Gesellschaftsverbindlichkeiten verklagt, werden auch diese Verfahren unterbrochen (BGH, Beschl. v. 14.11.2002 – IX ZR 236/99; MüKo ZPO/*Gehrlein* § 240 Rn. 19; Hk-ZPO/*Wöstmann* § 240 Rn. 6; MAH InsO/*Beck* § 40 Rn. 12). Dies ergibt sich nach Auffassung des BGH aus einer analogen Anwendung des § 17 Abs. 1 Satz 1 AnfG (BGH, Beschl. v. 14.11.2002 – IX ZR 236/99; Hk-ZPO/*Wöstmann* § 240 Rn. 6; krit. Musielak/*Stadler* § 240 Rn. 2).

39 Wird über das Vermögen eines Gesellschafters während eines Gesellschaftsprozesses das Insolvenzverfahren eröffnet, wirkt sich dies, unabhängig davon, dass die Gesellschaft nach § 728 Abs. 2 BGB in einem solchen Fall aufgelöst wird, grundsätzlich nicht auf die Parteistellung und den Prozess der Gesellschaft aus (MüKo ZPO/*Gehrlein* § 240 Rn. 15; Musielak/*Stadler* § 240 Rn. 2). Dies ergibt sich daraus, dass dem Gesellschafter im Gesellschaftsprozess keine Parteistellung zukommt und zwischen Gesellschaft und Gesellschaftern einfache Streitgenossenschaft besteht (vgl. oben Rdn. 22; Musielak/*Stadler* § 240 Rn. 2). Ist der Gesellschafter, über dessen Vermögen das Insolvenzverfahren eröffnet wird, neben der Gesellschaft verklagt, wird lediglich das gegen den Gesellschafter gerichtete Verfahren nach § 240 ZPO unterbrochen. Der Prozess gegen die Gesellschaft und etwaige Mitgesellschafter bleibt davon unberührt.

11. Prozesskostenhilfe

40 Die BGB-Außengesellschaft ist aufgrund ihrer Parteifähigkeit als »parteifähige Vereinigung« i. S. d. § 116 Satz 1 Nr. 2 ZPO anzusehen und kann als solche Prozesskostenhilfe beantragen (BGH, Beschl. v. 10.02.2011 – IX ZB 145/09; MüKo ZPO/*Motzer* § 116 Rn. 20; Hk-BGB/*Saenger* § 705 Rn. 22). Mangels Parteifähigkeit ist die BGB-Innengesellschaft von § 116 Satz 1 Nr. 2 ZPO nicht erfasst (MüKo ZPO/*Motzer* § 116 Rn. 21; Musielak/*Fischer* § 116 Rn. 11). Für die BGB-Innengesellschaft kommt es darauf an, ob ihre Gesellschafter prozesskostenhilfeberechtigt sind (Musielak/*Fischer* § 116 Rn. 11).

II. Allgemeines Prozessrecht der OHG und KG

1. Parteifähigkeit

41 Gem. § 124 Abs. 1 HGB können OHG und KG (§ 161 Abs. 2 HGB) unter ihrer Firma vor Gericht **klagen und verklagt werden**. Die Parteifähigkeit der OHG und KG ist durch die Rechtsprechung und h.L. grundsätzlich anerkannt (BGH, Urt. v. 07.10.1994 – V ZR 58/93; Beschl. v. 18.03.1975 – X ZB 12/74; Urt. v. 13.02.1974 – VIII ZR 147/72; Urt. v. 06.06.1955 – II ZR 233/53; MüKo ZPO/*Lindacher* § 50 Rn. 25; Staub/*Habersack* § 124 Rn. 23; E/B/J/S/*Hillmann* § 124 Rn. 1, 16; Baumbach/Hopt/*Roth* § 124 Rn. 42; MünchHdb GesR I/*Neubauer* § 70 Rn. 1; MünchHdb GesR II/*Neubauer* § 32 Rn. 1).

a) Parteifähigkeit in der Liquidation

42 Während ihrer **Auflösung** ist die OHG bzw. KG weiterhin parteifähig (Baumbach/Hopt/*Roth* § 124 Rn. 44; K/R/M/*Koller* § 124 Rn. 8). Die Auflösung der Gesellschaft wirkt sich nicht auf den Prozess aus (MüKo HGB/*K. Schmidt* § 124 Rn. 29; Staub/*Habersack* § 124 Rn. 37; Hk-ZPO/*Bendtsen* § 50 Rn. 22).

b) Vollbeendigung der Gesellschaft und prozessuale Konsequenzen

43 Die Parteifähigkeit endet mit **Vollbeendigung** der Gesellschaft (BGH, Urt. v. 28.03.1996 – IX ZR 77/95; Urt. v. 07.10.1994 – V ZR 58/93; Röhricht/v. Westphalen/Haas/*Haas* § 124 Rn. 6a; MüKo

ZPO/*Lindacher* § 50 Rn. 29; MünchHdb GesR I/*Neubauer* § 70 Rn. 2; MünchHdb GesR II/*Neubauer* § 32 Rn. 2; E/B/J/S/*Hillmann* § 124 Rn. 26). Die Vollbeendigung setzt Vermögenslosigkeit und Löschung der Gesellschaft im Register voraus. Ungeachtet ihrer Löschung im Register ist die Gesellschaft im Aktivprozess daher so lange parteifähig, wie die Gesellschaft einen vermögenswerten Anspruch geltend macht (MüKo ZPO/*Lindacher* § 50 Rn. 29; MünchHdb GesR I/*Neubauer* § 70 Rn. 2; MünchHdb GesR II/*Neubauer* § 32 Rn. 2). Im Passivprozess ist die Gesellschaft parteifähig, solange ein vermögenswerter Anspruch gegen sie substanziiert behauptet wird (BGH, Urt. v. 05.04.1979 – II ZR 73/78; MüKo ZPO/*Lindacher* § 50 Rn. 29).

Mit Vollbeendigung der Gesellschaft wird die Klage **unzulässig** (BGH, Urt. v. 29.09.1981 – VI ZR 21/80; Urt. v. 05.04.1979 – II ZR 73/78; Staub/*Habersack* § 124 Rn. 39; Baumbach/Hopt/*Roth* § 124 Rn. 44; E/B/J/S/*Hillmann* § 124 Rn. 26). Endet die Parteifähigkeit der Gesellschaft während des Prozesses aufgrund Vollbeendigung und war die Klage gegen die Gesellschaft bis dahin begründet, **erledigt sich die Hauptsache** (BGH, Urt. v. 29.09.1981 – VI ZR 21/80; Baumbach/Hopt/*Roth* § 124 Rn. 44; K/R/M/*Koller* § 124 Rn. 8). Es kann eine Erledigterklärung nach § 91a ZPO abgegeben werden, sodass noch über die Kosten des Verfahrens entschieden wird. Insoweit wird die Parteifähigkeit der Gesellschaft als fortbestehend fingiert (BGH, Urt. v. 29.09.1981 – VI ZR 21/80; Staub/*Habersack* § 124 Rn. 39; MünchHdb GesR I/*Neubauer* § 70 Rn. 2, 14; MünchHdb GesR II/*Neubauer* § 32 Rn. 2; E/B/J/S/*Hillmann* § 124 Rn. 26). Wird die Hauptsache nicht für erledigt erklärt, ist die Klage als unzulässig abzuweisen (BGH, Urt. v. 05.04.1978 – II ZR 73/78; MünchHdb GesR I/*Neubauer* § 70 Rn. 14; MünchHdb GesR II/*Neubauer* § 32 Rn. 14; K/R/M/*Koller* § 124 Rn. 8). 44

Endet die Parteifähigkeit der Gesellschaft durch Vollbeendigung, treten die Gesellschafter grundsätzlich nicht automatisch in das Prozessrechtsverhältnis der Gesellschaft ein (E/B/J/S/*Hillmann* § 124 Rn. 26; MüKo HGB/*K. Schmidt* § 124 Rn. 29; Röhricht/v. Westphalen/Haas/*Haas* § 124 Rn. 7). Wird die Gesellschaft während eines Passivprozesses vollbeendet, kann der Prozess im Wege **gewillkürten Parteiwechsels** gegen die verbliebenen Gesellschafter selbst fortgesetzt werden (BGH, Urt. v. 29.09.1981 – VI ZR 21/80; Urt. v. 13.02.1974 – VIII ZR 147/22; Staub/*Habersack* § 124 Rn. 39; Hk-ZPO/*Bendtsen* § 50 Rn. 22; E/B/J/S/*Hillmann* § 124 Rn. 26). In der ersten Instanz kann der Kläger die Klage nach den Regeln der Klageänderung nach §§ 263 ff. ZPO gegen die Gesellschafter fortführen. Der Kläger wird die Klage nach diesen Grundsätzen regelmäßig auf die Gesellschafter umstellen können (BGH, Urt. v. 13.07.1956 – VI ZR 32/55). In der Berufungsinstanz ist die Zustimmung der Gesellschafter erforderlich (BGH, Urt. v. 13.02.1974 – VIII ZR 147/22; Baumbach/Hopt/*Roth* § 124 Rn. 44). 45

c) Zulassungsstreit

Im Streit um die Parteifähigkeit der Gesellschaft, im sog. Zulassungsstreit, ist diese als parteifähig zu behandeln (BGH, Urt. v. 29.09.1981 – VI ZR 21/80; Musielak/*Weth* § 50 Rn. 15; MünchHdb GesR I/*Neubauer* § 70 Rn. 2; MünchHdb GesR II/*Neubauer* § 32 Rn. 2). 46

d) Änderungen im Gesellschafterbestand

Kommt es während des Verfahrens zu einem **Wechsel im Gesellschafterbestand**, wirkt sich dies aufgrund der Parteistellung der OHG bzw. KG grundsätzlich nicht auf den Prozess der Gesellschaft aus (Staub/*Habersack* § 124 Rn. 26; Baumbach/Hopt/*Roth* § 124 Rn. 42; Hk-ZPO/*Bendtsen* § 50 Rn. 22). Es findet kein Parteiwechsel statt (MüKo ZPO/*Lindacher* § 50 Rn. 28; MünchHdb GesR I/*Neubauer* § 70 Rn. 12; MünchHdb GesR II/*Neubauer* § 32 Rn. 12). Ist infolge des Ausscheidens eines Gesellschafters eine organschaftliche Vertretung nicht mehr möglich, kann es zur Unterbrechung oder Aussetzung des Verfahrens nach §§ 241 Abs. 1, 246 ZPO kommen (Staub/*Habersack* § 124 Rn. 26; MüKo ZPO/*Lindacher* § 50 Rn. 28). Scheiden während eines Verfahrens ein oder mehrere Gesellschafter aus der Gesellschaft mit der Folge aus, dass nur noch ein Gesellschafter verbleibt und übernimmt dieser die Geschäfte der Gesellschaft mit Aktiven und Passiven, erwirbt der 47 verbleibende Gesellschafter das Gesellschaftsvermögen in Gesamtrechtsnachfolge. Die Gesellschaft wird nicht liquidiert. Der verbleibende Gesellschafter tritt dann als Gesamtrechtsnachfolger entsprechend §§ 239 ff. ZPO in den Prozess der Gesellschaft ein (BGH, Beschl. v. 18.02.2002 – II ZR 331/00; Urt. v. 06.05.1993 – IX ZR 73/92; Urt. v. 28.06.1971 – III ZR 103/68; MüKo HGB/*K. Schmidt* § 124 Rn. 29; Staub/*Habersack* § 124 Rn. 40; E/B/J/S/*Hillmann* § 124 Rn. 28).

2. Prozessfähigkeit und prozessuale Vertretung

48 Nach h. M. sind OHG und KG **nicht prozessfähig** (MünchHdb GesR I/*Neubauer* § 70 Rn. 4; MünchHdb GesR II/*Neubauer* § 32 Rn. 4; Baumbach/Hopt/*Roth* § 124 Rn. 42; Röhricht/v. Westphalen/Haas/*Haas* § 124 Rn. 6a; Oetker/*Boesche* § 124 Rn. 23; a. A. MüKo HGB/*K. Schmidt* § 124 Rn. 22). Prozessfähig ist, wer selbst oder durch einen selbst bestellten Vertreter Prozesshandlungen vornehmen oder entgegennehmen kann und somit in der Lage ist, einen Prozess selbstständig zu führen (Staub/*Habersack* § 124 Rn. 27; MüKo ZPO/*Lindacher* §§ 51, 52 Rn. 1; Hk-ZPO/*Bendtsen* § 51 Rn. 1). Diese Fähigkeit wird der OHG und der KG als nicht natürliche Person abgesprochen (E/B/J/S/*Hillmann* § 124 Rn. 17; Staub/*Habersack* § 124 Rn. 27; MünchHdb GesR I/*Neubauer* § 70 Rn. 4; MünchHdb GesR II/*Neubauer* § 32 Rn. 4; Henssler/Strohn/*Steitz* § 124 Rn. 24).

49 OHG und KG werden prozessual durch ihre **organschaftlichen Vertreter** vertreten (MüKo ZPO/*Lindacher* § 52 Rn. 25; Baumbach/Hopt/*Roth* § 124 Rn. 42; K/R/M/*Koller* § 124 Rn. 9). Den organschaftlichen Vertretern kommt im Prozess der Gesellschaft die Stellung eines gesetzlichen Vertreters nach §§ 56, 57 ZPO zu (Staub/*Habersack* § 124 Rn. 27; MüKo ZPO/*Lindacher* §§ 51, 52 Rn. 23, 25; Oetker/*Boesche* § 124 Rn. 23). Bei der OHG sind vorbehaltlich abweichender gesellschaftsvertraglicher Regelung gem. § 125 Abs. 1 HGB sämtliche Gesellschafter als Einzelvertreter vertretungsbefugt (MüKo ZPO/*Lindacher* § 52 Rn. 25).

50 Die **KG** wird im Prozess durch ihre persönlich haftenden Gesellschafter vertreten (MünchHdb GesR II/*Neubauer* § 32 Rn. 6; MüKo ZPO/*Lindacher* §§ 51, 52 Rn. 25). Die Kommanditisten sind von der organschaftlichen Vertretung der Gesellschaft gem. § 170 HGB zwingend ausgeschlossen (Heidel/Schall/*Eberl* § 170 Rn. 1).

51 Das Gericht hat eine ordnungsgemäße Vertretung der Gesellschaft nach § 56 ZPO von Amts wegen zu prüfen (Staub/*Habersack* § 124 Rn. 27; E/B/J/S/*Hillmann* § 124 Rn. 17; MüKo ZPO/*Lindacher* § 56 Rn. 1, 2). Die Gesellschaft handelt im Prozess durch ihre organschaftlichen Vertreter (§§ 51 Abs. 1, 313 Abs. 1 Nr. 1 ZPO; MüKo HGB/*K. Schmidt* § 124 Rn. 25; Röhricht/v. Westphalen/Haas/*Haas* § 124 Rn. 6a). Eine Säumnis der organschaftlichen Vertreter ist der Gesellschaft zuzurechnen (MüKo ZPO/*Lindacher* § 50 Rn. 28). Die Prozessvertretung der Gesellschaft durch mehrere Vertreter hat einheitlich zu erfolgen (MüKo ZPO/*Lindacher* § 50 Rn. 28; E/B/J/S/*Hillmann* § 124 Rn. 17). Geben zwei alleinvertretungsberechtigte Gesellschafter sich widersprechende Erklärungen ab, heben sich diese Erklärungen gegeneinander auf (Staub/*Habersack* § 124 Rn. 27; E/B/J/S/*Hillmann* § 124 Rn. 17).

52 Nach §§ 253 Abs. 4, 130 Nr. 1 ZPO sollen die Vertreter der Gesellschaft in der Klageschrift angeführt werden (Staub/*Habersack* § 124 Rn. 27). Im Urteil werden die Vertreter gem. § 313 Abs. 1 Nr. 1 ZPO im Rubrum aufgeführt (MünchHdb GesR I/*Neubauer* § 70 Rn. 6; MünchHdb GesR II/*Neubauer* § 32 Rn. 6).

53 Hat die Gesellschaft keine vertretungsberechtigten Gesellschafter, ist nach § 57 Abs. 1 ZPO ein **Prozesspfleger** zu bestellen (Staub/*Habersack* § 124 Rn. 27). Dies kann bspw. dann der Fall sein, wenn der einzige oder die einzigen zur Vertretung befugten Gesellschafter Klage gegen die OHG bzw. KG erheben oder umgekehrt und daher von der prozessualen Vertretung der Gesellschaft ausgeschlossen sind (MünchHdb GesR I/*Neubauer* § 70 Rn. 15, 1; MünchHdb GesR II/*Neubauer* § 32 Rn. 15, 17; MüKo ZPO/*Lindacher* § 57 Rn. 2). Dabei ist zu beachten, dass der vom Gericht bestellte Prozesspfleger nur zur prozessualen Vertretung der Gesellschaft in dem betreffenden Verfahren befugt ist (Staub/*Habersack* § 124 Rn. 27; MüKo ZPO/*Lindacher* § 57 Rn. 19).

Kommt es während des Verfahrens zur **Auflösung der Gesellschaft**, erfolgt die prozessuale Vertretung nach § 149 Satz 2 HGB durch die **Liquidatoren** (Staub/*Habersack* § 124 Rn. 37; E/B/J/S/*Hillmann* § 124 Rn. 25; MünchHdb GesR I/*Neubauer* § 70 Rn. 13; MünchHdb GesR II/*Neubauer* § 32 Rn. 13; MüKo ZPO/*Lindacher* § 50 Rn. 29). Ist eine OHG oder eine KG aufgelöst und zu liquidieren, sind sämtliche Gesellschafter – bei der KG auch die Kommanditisten – Liquidatoren und nur gemeinschaftlich vertretungsberechtigt (OLG Dresden, Beschl. v. 15.02.2012 – 17 W 1163/11, 17 W 1164/11). 54

3. Bezeichnung im Prozess

Gem. § 124 Abs. 1 HGB kann die Gesellschaft unter ihrem Namen **klagen und verklagt werden**. OHG und KG sind als Prozesspartei i. S. d. § 253 Abs. 2 Nr. 1 ZPO somit regelmäßig **unter ihrer Firma** zu bezeichnen (Staub/*Habersack* § 124 Rn. 30; MüKo HGB/*K. Schmidt* § 124 Rn. 25; Baumbach/Hopt/*Roth* § 124 Rn. 42). Eine Auflistung der Gesellschafter ist nicht erforderlich (Staub/*Habersack* § 124 Rn. 30; Baumbach/Hopt/*Roth* § 124 Rn. 42; MünchHdb GesR I/*Neubauer* § 70 Rn. 5; MünchHdb GesR II/*Neubauer* § 32 Rn. 5). Sofern die Identität der Partei eindeutig feststeht, ist eine falsche Bezeichnung, sei es im Aktiv- oder Passivprozess, unschädlich (Baumbach/Hopt/*Roth* § 124 Rn. 42). In einem solchen Fall kommt eine Rubrumsberichtigung in Betracht (BGH, Beschl. v. 03.02.1999 – VIII ZB 35–98; E/B/J/S/*Hillmann* § 124 Rn. 18; MünchHdb GesR I/*Neubauer* § 70 Rn. 5; MünchHdb GesR II/*Neubauer* § 32 Rn. 5). 55

4. Gesellschafts- und Gesellschafterprozess

a) Differenzierung zwischen Gesellschafts- und Gesellschafterprozess

Bei der OHG und KG ist streng zwischen Gesellschafts- und Gesellschafterprozess zu differenzieren (BGH, Beschl. v. 18.03.1975 – X ZB 12/74; Urt. v. 13.02.1974 – VIII ZR 147/72; Staub/*Habersack* § 124 Rn. 23, 26; MüKo HGB/*K. Schmidt* § 124 Rn. 29; Röhricht/v. Westphalen/Haas/*Haas* § 124 Rn. 6). Dies folgt daraus, dass OHG bzw. KG selbst Trägerin von Rechten und Pflichten ist (Baumbach/Hopt/*Roth* § 124 Rn. 41). Nach dem **Trennungsprinzip** ist zwischen dem Vermögen der Gesellschaft und dem Vermögen der Gesellschafter zu unterscheiden (Staub/*Habersack* § 124 Rn. 17, 26; § 128 Rn. 2; E/B/J/S/*Hillmann* § 129 Rn. 15; Hk-ZPO/*Bendtsen* § 50 Rn. 21). Gesellschafts- und Gesellschaftervermögen sind unterschiedliche Haftungsgegenstände (BGH, Urt. v. 13.02.1974 – VIII ZR 147/72; MünchHdb GesR I/*Neubauer* § 70 Rn. 3; MünchHdb GesR II/*Neubauer* § 32 Rn. 1, 3). 56

b) Haftung der Gesellschafter für Gesellschaftsverbindlichkeiten

Gem. § 128 Satz 1 HGB **haften** die Gesellschafter der OHG zum Schutz der Gläubiger der Gesellschaft für die Verbindlichkeiten der Gesellschaft als Gesamtschuldner mit ihrem Privatvermögen (MüKo HGB/*K. Schmidt* § 128 Rn. 1; Baumbach/Hopt/*Roth* § 128 Rn. 1). Bei der KG gilt § 128 Abs. 1 HGB für die Komplementäre, aber nicht für die Kommanditisten, sofern diese nicht mangels Eintragung unbeschränkt haften (MüKo HGB/*K. Schmidt* § 128 Rn. 4). Es handelt sich um eine **akzessorische Haftung** (MüKo HGB/*K. Schmidt* § 128 Rn. 1; Baumbach/Hopt/*Roth* § 128 Rn. 1). Die Haftung der Gesellschafter ist somit hinsichtlich Umfang und Bestand von der Gesellschaftsschuld abhängig (E/B/J/S/*Hillmann* § 128 Rn. 19; Oetker/*Boesche* § 128 Rn. 5; Henssler/Strohn/*Steitz* § 128 Rn. 18, 19). Die persönlich haftenden Gesellschafter können sich im Fall ihrer Inanspruchnahme für Verbindlichkeiten der Gesellschaft auf **persönliche Einreden und Einwendungen** und, als Ausdruck des Akzessorietätsprinzips, auf Einwendungen und Einreden der Gesellschaft berufen (MüKo HGB/*K. Schmidt* § 129 Rn. 1, 2; Baumbach/Hopt/*Roth* § 129 Rn. 1, 6; Henssler/Strohn/*Steitz* § 129 Rn. 1). Dies umfasst Einreden und Einwendungen jeder Art, wie z. B. Erlass, Erfüllung, Erfüllungssurrogate sowie Verwirkung (Baumbach/Hopt/*Roth* § 129 Rn. 1). 57

c) Vollstreckungsrechtliche Fragen

aa) Vollstreckung aufgrund eines Titels gegen die Gesellschaft

58 Die Zwangsvollstreckung in das Gesellschaftsvermögen erfordert gem. § 124 Abs. 2 HGB einen Titel gegen die Gesellschaft (MüKo HGB/*K. Schmidt* § 129 Rn. 27; Staub/*Habersack* § 124 Rn. 23, 42). Ein solcher Titel berechtigt gem. § 129 Abs. 4 HGB nur zur Vollstreckung in das Gesellschaftsvermögen und nicht in das Privatvermögen der Gesellschafter (BGH, Urt. v. 13.02.1974 – VIII ZR 147/72). Zur Vollstreckung in das Privatvermögen der Gesellschafter wegen einer Gesellschaftsschuld ist ein Titel gegen die Gesellschafter erforderlich (BGH, Urt. v. 13.02.1974 – VIII ZR 147/72; Staub/*Habersack* § 124 Rn. 23; Röhricht/v. Westphalen/Haas/*Haas* § 124 Rn. 6b; E/B/J/S/*Hillmann* § 129 Rn. 15; Oetker/*Boesche* § 128 Rn. 88). Ein Titel gegen die Gesellschaft kann grundsätzlich nicht nach § 727 ZPO gegen den Gesellschafter umgeschrieben werden (MüKo HGB/*K. Schmidt* § 129 Rn. 27; E/B/J/S/*Hillmann* § 129 Rn. 15; Röhricht/v. Westphalen/Haas/*Haas* § 124 Rn. 6b; K/R/M/*Koller* § 124 Rn. 10). Etwas anderes gilt nur dann, wenn das Gesellschaftsvermögen auf einen einzigen verbleibenden Gesellschafter im Wege der Gesamtrechtsnachfolge übergeht, da dieser dann Rechtsnachfolger der Gesellschaft ist (MüKo HGB/*K. Schmidt* § 129 Rn. 27). Eine Klage gegen die Gesellschafter aufgrund ihrer akzessorischen Haftung für Verbindlichkeiten ist daher immer dann zu empfehlen, wenn auf ihr Privatvermögen zurückgegriffen werden soll. Wird aufgrund eines Titels gegen die Gesellschaft in Gegenstände des Gesellschafters vollstreckt, hat der Gesellschafter grundsätzlich die Möglichkeit, Drittwiderspruchsklage gem. § 771 ZPO zu erheben. Diese ist jedoch wegen unzulässiger Rechtsausübung nach Treu und Glauben unzulässig, wenn der Gesellschafter für die titulierte Verbindlichkeit der Gesellschaft nach § 128 HGB persönlich unbeschränkt haftet (MüKo HGB/*K. Schmidt* § 129 Rn. 28; Henssler/Strohn/*Steitz* § 129 Rn. 18; Oetker/*Boesche* § 129 Rn. 16).

bb) Vollstreckung aufgrund eines Titels gegen die Gesellschafter

59 Aufgrund eines Titels gegen die Gesellschafter kann nur in ihr Privatvermögen vollstreckt werden (vgl. § 129 Abs. 4 HGB; Staub/*Habersack* § 124 Rn. 42; § 129 Rn. 26). Im Unterschied zur BGB-Außengesellschaft berechtigt ein Titel gegen sämtliche Gesellschafter nicht zur Vollstreckung in das Gesellschaftsvermögen (Hk-ZPO/*Kindl* § 736 Rn. 7; Röhricht/v. Westphalen/Haas/*Haas* § 124 Rn. 6b; K/R/M/*Koller* § 124 Rn. 10). Aufgrund eines Titels gegen einen Gesellschafter kann in dessen Gesellschaftsanteil vollstreckt werden (Staub/*Habersack* § 124 Rn. 43).

d) Prozessuales

60 Es steht einem Gläubiger grundsätzlich frei, die Gesellschaft und/oder die Gesellschafter, entweder alle, einige oder einen einzelnen zu verklagen (Baumbach/Hopt/*Roth* § 128 Rn. 39). Eine Klage gegen die Gesellschaft und die Gesellschafter muss nicht miteinander verbunden werden (E/B/J/S/*Hillmann* § 128 Rn. 59). Eine Inanspruchnahme der Gesellschaft vor der Inanspruchnahme der Gesellschafter ist grundsätzlich nicht erforderlich, da die Gesellschafter für die Gesellschaftsverbindlichkeiten primär haften (MüKo HGB/*K. Schmidt* § 128 Rn. 20; Staub/*Habersack* § 128 Rn. 26; E/B/J/S/*Hillmann* § 128 Rn. 18). Problematisch ist, ob neben einer Feststellungsklage gegen die Gesellschaft auf Feststellung einer bestimmten Verbindlichkeit auch eine entsprechende Feststellungsklage gegen einen Gesellschafter erhoben werden kann. Dies wird in der Regel mangels Rechtsschutzbedürfnis zu verneinen sein, da das Feststellungsurteil nach § 129 Abs. 1 HGB auch für und gegen die Gesellschafter wirkt und einen zur Zwangsvollstreckung geeigneten Titel darstellt (BGH, Urt. v. 06.06.1951 – II ZR 24/50; Baumbach/Hopt/*Roth* § 128 Rn. 42; E/B/J/S/*Hillmann* § 128 Rn. 60; K/R/M/*Koller* § 124 Rn. 9d). Etwas anderes kann dann gelten, wenn der Gesellschafter sich auf persönliche Einwendungen berufen kann (BGH, Urt. v. 19.06.2008 – III ZR 46/06).

61 Werden Gesellschaft und Gesellschafter gemeinsam verklagt, besteht zwischen ihnen **einfache Streitgenossenschaft**, da wegen § 129 Abs. 1 HGB unterschiedliche Entscheidungen ergehen können

(BGH, Urt. v. 10.07.1974 – IV ZR 212/72; Urt. v. 13.07.1970 – VIII ZR 230/68; OLG Frankfurt am Main, Beschl. v. 13.08.2001 – 5 W 21/01; Staub/*Habersack* § 124 Rn. 26; Baumbach/Hopt/*Roth* § 124 Rn. 41, § 128 Rn. 39; MüKo HGB/*K. Schmidt* § 128 Rn. 21; Röhricht/v. Westphalen/Haas/*Haas* § 124 Rn. 6; E/B/J/S/*Hillmann* § 128 Rn. 59). Da die Gesellschafter persönliche Einwendungen geltend machen können, wird nicht notwendig einheitlich entschieden. Ob sich die Gesellschafter im Einzelfall auch auf diese Einwendungen berufen, ist dabei unerheblich (Staub/*Habersack* § 124 Rn. 26; Baumbach/Hopt/*Roth* § 128 Rn. 39; E/B/J/S/*Hillmann* § 128 Rn. 59). Mehrere Gesellschafter, die aufgrund ihrer akzessorischen Haftung verklagt werden, sind einfache Streitgenossen (MüKo HGB/*K. Schmidt* § 128 Rn. 21).

Die Klage gegen die Gesellschaft und die Klage gegen einen oder mehrere Gesellschafter betrifft unterschiedliche Streitgegenstände (Röhricht/v. Westphalen/Haas/*Haas* § 124 Rn. 6). Der Übergang vom Gesellschafts- zum Gesellschafterprozess und umgekehrt stellt somit einen **gewillkürten Parteiwechsel** dar (BGH, Urt. v. 13.02.1974 – VIII ZR 147/72; Urt. v. 06.06.1955 – II ZR 233/53; Staub/*Habersack* § 124 Rn. 26; MüKo HGB/*K. Schmidt* § 124 Rn. 29; Baumbach/Hopt/*Roth* § 124 Rn. 41; E/B/J/S/*Hillmann* § 124 Rn. 14). Ist bereits ein Gesellschaftsprozess anhängig, steht einer Klage gegen einen Gesellschafter die **Einrede der Rechtshängigkeit** nicht entgegen (E/B/J/S/*Hillmann* § 128 Rn. 60; Baumbach/Hopt/*Roth* § 128 Rn. 41). Dies gilt auch für eine Klage gegen die Gesellschaft, wenn bereits ein Prozess gegen einen Gesellschafter anhängig ist (BGH, Urt. v. 13.02.1974 – VIII ZR 147/72; Baumbach/Hopt/*Roth* § 128 Rn. 41).

Bei Prozesshandlungen ist jeweils deutlich zu machen, ob sie gegen die Gesellschaft oder gegen Gesellschafter gerichtet sind bzw. von Gesellschaft oder Gesellschaftern ausgehen (MüKo HGB/*K. Schmidt* § 124 Rn. 29; Staub/*Habersack* § 124 Rn. 26).

Die Gesellschafter können dem Prozess gegen die Gesellschaft als **einfache Nebenintervenienten** nach § 66 ZPO beitreten (BGH, Urt. v. 13.02.1974 – VIII ZR 147/72; MüKo HGB/*K. Schmidt* § 124 Rn. 29; Staub/*Habersack* § 124 Rn. 26; Baumbach/Hopt/*Roth* § 128 Rn. 41; E/B/J/S/*Hillmann* § 129 Rn. 60). Um dies zu ermöglichen, ist der geschäftsführende Gesellschafter dazu verpflichtet, die Gesellschafter von einer Klage gegen die Gesellschaft zu informieren (Staub/*Habersack* § 129 Rn. 13). Das für einen Beitritt nach § 66 ZPO erforderliche **rechtliche Interesse am Obsiegen** einer Partei ergibt sich daraus, dass ein Urteil im Gesellschaftsprozess gem. § 129 Abs. 1 HGB auch für und gegen die Gesellschafter wirkt (MünchHdb GesR I/*Neubauer* § 70 Rn. 10; MünchHdb GesR II/*Neubauer* § 32 Rn. 10; Staub/*Habersack* § 124 Rn. 26; Baumbach/Hopt/*Roth* § 128 Rn. 41). Als Nebenintervenienten haben die von der Vertretung ausgeschlossenen Gesellschafter, bei der KG auch die Kommanditisten, die Möglichkeit, Einfluss auf den Prozess zu nehmen und so zu verhindern, dass ihnen nach § 129 Abs. 1 HGB bestimmte Einwendungen und Einreden abgesprochen werden (MünchHdb GesR I/*Neubauer* § 70 Rn. 10; MünchHdb GesR II/*Neubauer* § 32 Rn. 10). Ein Nebenintervenient ist nach § 67 ZPO dazu befugt, Prozesshandlungen vorzunehmen und Angriffs- und Verteidigungsmittel geltend zu machen (MüKo ZPO/*Schultes* § 67 Rn. 4 ff.; Hk-ZPO/*Bendtsen* § 67 Rn. 6).

e) Zuständigkeitsfragen

Klagt ein Gesellschaftsgläubiger sowohl gegen die Gesellschaft als auch gegen Gesellschafter aufgrund ihrer Haftung nach § 128 HGB, ist der Gerichtsstand der Gesellschaft und der der verklagten Gesellschafter grundsätzlich gesondert zu bestimmen (MüKo HGB/*K. Schmidt* § 128 Rn. 22; Staub/*Habersack* § 124 Rn. 29; Oetker/*Boesche* § 128 Rn. 84; Henssler/Strohn/*Steitz* § 128 Rn. 75). Wird der Gesellschafter infolge akzessorischer Haftung in Anspruch genommen, kann neben dem allgemeinen Gerichtsstand des Gesellschafters (§§ 12 ff. ZPO) sowohl der Gerichtsstand des Erfüllungsortes gem. § 29 ZPO für die Schuld der Gesellschaft als auch der Gerichtsstand der unerlaubten Handlung der Gesellschaft in Betracht kommen (Staub/*Habersack* § 124 Rn. 29; MüKo ZPO/*Patzina* § 29 Rn. 3; K/R/M/*Koller* §§ 128, 129 Rn. 6). Eine Gerichtsstandsvereinbarung nach § 38 ZPO zwischen der Gesellschaft und Dritten erstreckt sich nach h. M. bei der persönlichen

Inanspruchnahme von Gesellschaftern aufgrund akzessorischer Haftung regelmäßig auch auf die Gesellschafter, sofern die Vereinbarung einer entsprechenden Auslegung zugänglich ist (E/B/J/S/*Hillmann* § 128 Rn. 61; Oetker/*Boesche* § 128 Rn. 84; Henssler/Strohn/*Steitz* § 128 Rn. 75). Nach *K. Schmidt* gilt dies jedoch nur, wenn die Gesellschafter an der Vereinbarung mitgewirkt oder ihre Zustimmung erklärt haben (MüKo HGB/*K. Schmidt* § 128 Rn. 22).

f) Urteil und Urteilswirkungen

66 Ein im Prozess der Gesellschaft ergehendes rechtskräftiges Urteil wirkt grundsätzlich zwischen den Parteien des Verfahrens (Staub/*Habersack* § 124 Rn. 36). Darüber hinaus wirkt ein solches Urteil gem. § 129 Abs. 1 HGB auch **für und gegen die Gesellschafter**, wenn sie aufgrund ihrer persönlichen Haftung für Verbindlichkeiten der Gesellschaft in Anspruch genommen werden (BGH, Urt. v. 22.03.2011 – II ZR 249/09; Urt. v. 08.11.2004 – II ZR 362/02; Staub/*Habersack* § 124 Rn. 36; MüKo ZPO/*Schultes* § 62 Rn. 14; Henssler/Strohn/*Steitz* § 129 Rn. 8; MünchHdb GesR I/*Neubauer* § 70 Rn. 20; MünchHdb GesR II/*Neubauer* § 32 Rn. 20). Dies ist Ausdruck der persönlichen akzessorischen Haftung der Gesellschafter für Verbindlichkeiten der Gesellschaft (Henssler/Strohn/*Steitz* § 129 Rn. 1, 8a). Umstritten, aber praktisch nicht relevant ist, ob es sich bei dieser Wirkung um Rechtskrafterstreckung oder um einen Fall der Präklusion (so Staub/*Habersack* § 129 Rn. 11) handelt (dazu vgl. BGH, Urt. v. 03.04.2006 – II ZR 40/05; MüKo HGB/*K. Schmidt* § 129 Rn. 13; Henssler/Strohn/*Steitz* § 129 Rn. 8; E/B/J/S/*Hillmann* § 128 Rn. 62). Wird in einem Prozess zwischen der Gesellschaft und Gläubigern festgestellt, dass keine Verbindlichkeit der Gesellschaft besteht, kann sich der Gesellschafter auf das Nichtbestehen dieser Forderung berufen (MüKo HGB/*K. Schmidt* § 129 Rn. 12; Baumbach/Hopt/*Roth* § 128 Rn. 43). Dies gilt unabhängig davon, ob die Gesellschaft als Passivpartei verklagt wurde oder das Urteil durch negative Feststellungsklage erstritten hat (MüKo HGB/*K. Schmidt* § 129 Rn. 12). Wird durch Urteil eine Verbindlichkeit der Gesellschaft rechtskräftig festgestellt, nimmt es den Gesellschaftern im Fall ihrer Inanspruchnahme aufgrund akzessorischer Haftung die Einwendungen, die der Gesellschaft abgesprochen wurden (BGH, Urt. v. 22.03.2011 – II ZR 249/09; Urt. v. 03.04.2006 – II ZR 40/05; Staub/*Habersack* § 129 Rn. 11; Baumbach/Hopt/*Roth* § 128 Rn. 43). Auf persönliche Einwendungen und Einreden können sich die Gesellschafter im Fall ihrer Inanspruchnahme weiterhin berufen (Staub/*Habersack* § 129 Rn. 12; Baumbach/Hopt/*Roth* § 129 Rn. 6). Ein Urteil, das gegen die Gesellschaft ergangen ist, wirkt nicht gegen einen Gesellschafter, der vor Klageerhebung aus der Gesellschaft ausgeschieden war (BGH, Urt. v. 08.11.1965 – II ZR 223/64; Baumbach/Hopt/*Roth* § 128 Rn. 43; Oetker/*Boesche* § 128 Rn. 86).

67 Ein gegen einen Gesellschafter ergehendes Urteil wirkt weder für noch gegen die Gesellschaft (BGH, Urt. v. 22.03.2011 – II ZR 249/09 zur GbR; Baumbach/Hopt/*Roth* § 128 Rn. 44; E/B/J/S/*Hillmann* § 128 Rn. 63). Ein solches Urteil kann ggf. Rückgriffsansprüche des verurteilten Gesellschafters gegen die Mitgesellschafter begründen (E/B/J/S/*Hillmann* § 128 Rn. 63; Oetker/*Boesche* § 128 Rn. 87).

g) Kostenrechtliche Fragen

68 Im Gesellschaftsprozess ist die Gesellschaft aufgrund ihrer Parteifähigkeit selbst **Kostenschuldner** (MüKo HGB/*K. Schmidt* § 124 Rn. 27). Ergeht in einem Prozess gegen Gesellschaft und Gesellschafter ein auf eine Leistungsklage stattgebendes Urteil, sind Gesellschaft und Gesellschafter als Gesamtschuldner zu verurteilen. Dies gilt unabhängig davon, ob Gesamtschuld vorliegt. Die Kostenfolge richtet sich dann nach § 100 Abs. 4 ZPO (Staub/*Habersack* § 124 Rn. 26; MüKo HGB/*K. Schmidt* § 128 Rn. 23; E/B/J/S/*Hillmann* § 128 Rn. 59; Oetker/*Boesche* § 128 Rn. 84).

5. Prozess zwischen Gesellschaft und Gesellschafter

69 Gesellschaft und Gesellschafter sind unterschiedliche Prozessparteien (Staub/*Habersack* § 124 Rn. 26). Die Gesellschafter sind im Prozess der Gesellschaft nicht Partei des Verfahrens. Ein Prozess

zwischen der Gesellschaft und ihren Gesellschaftern ist grundsätzlich möglich (MüKo HGB/*K. Schmidt* § 124 Rn. 29; Staub/*Habersack* § 124 Rn. 26; E/B/J/S/*Hillmann* § 124 Rn. 14, 15; Baumbach/Hopt/*Roth* § 124 Rn. 41; Hk-ZPO/*Bendtsen* § 50 Rn. 21). Dabei geht es häufig um die Geltendmachung von Einlageforderungen, Sozialansprüchen und -verpflichtungen oder um die Auslegung von Gesellschaftsverträgen (E/B/J/S/*Hillmann* § 124 Rn. 15; Oetker/*Boesche* § 124 Rn. 20).

6. Beweisaufnahme

Im Prozess der Gesellschaft sind vertretungsberechtigte Gesellschafter **als Partei**, nicht vertretungsberechtigte Gesellschafter **als Zeugen** zu vernehmen (MüKo HGB/*K. Schmidt* § 124 Rn. 22; Röhricht/v. Westphalen/Haas/*Haas* § 124 Rn. 6a; Hk-ZPO/*Bendtsen* § 50 Rn. 21). Bei der KG ist der Kommanditist, der nach § 170 HGB von der organschaftlichen Vertretung der Gesellschaft zwingend ausgeschlossen ist, somit als Zeuge zu vernehmen (BGH, Urt. v. 27.09.1965 – II ZR 239/64; K/R/M/*Koller* § 124 Rn. 9a; MünchHdb GesR II/*Neubauer* § 32 Rn. 11). Befindet sich die Gesellschaft in der Liquidation, sind die Liquidatoren als Partei zu vernehmen (K/R/M/*Koller* § 124 Rn. 9a). In der Liquidation ist der vertretungsberechtigte Gesellschafter, der nicht Liquidator ist, wie ein nichtvertretungsberechtigter Gesellschafter als Zeuge zu vernehmen (BGH, Urt. 27.09.1965 – II ZR 239/64; MünchHdb GesR I/*Neubauer* § 70 Rn. 11; MünchHdb GesR II/*Neubauer* § 32 Rn. 11). Ob ein Gesellschafter als Zeuge oder Partei zu vernehmen ist, beurteilt sich nach seiner Vertretungsbefugnis im Zeitpunkt der Vernehmung (E/B/J/S/*Hillmann* § 124 Rn. 23).

70

7. Zuständigkeit

Der allgemeine Gerichtsstand der OHG und KG bestimmt sich gem. § 17 Abs. 1 Satz 1 ZPO nach dem **Sitz der Gesellschaft** (Röhricht/v. Westphalen/Haas/*Haas* § 124 Rn. 6; Baumbach/Hopt/*Roth* § 124 Rn. 42). Dabei ist auf den nach § 106 Abs. 2 Nr. 2 HGB in das Handelsregister eingetragenen Sitz der Gesellschaft abzustellen (MüKo HGB/*K. Schmidt* § 124 Rn. 24; Staub/*Habersack* § 124 Rn. 29; MünchHdb GesR II/*Neubauer* § 32 Rn. 17). Auf den **Wohnsitz** der Gesellschafter kommt es nicht an (Baumbach/Hopt/*Roth* § 124 Rn. 42).

71

Neben § 17 ZPO kann sich die Zuständigkeit aus dem besonderen Gerichtsstand der Mitgliedschaft nach § 22 ZPO ergeben (MüKo HGB/*K. Schmidt* § 124 Rn. 24). § 22 ZPO erfasst Klagen der Gesellschaft gegen Gesellschafter sowie Klagen der Gesellschafter untereinander, sofern diese auf dem Gesellschaftsverhältnis beruhen (Staub/*Habersack* § 124 Rn. 29; Röhricht/v. Westphalen/Haas/*Haas* § 124 Rn. 6; Musielak/*Lackmann* § 22 Rn. 1; Hk-ZPO/*Bendtsen* § 22 Rn. 2). Dies ist z. B. der Fall bei der Auflösungsklage nach § 133 HGB oder der Ausschließungsklage nach § 140 HGB (vgl. unten zu § 133 HGB Rdn. 203, zu § 140 HGB Rdn. 239; OLG Karlsruhe, Beschl. v. 20.01.1998 – 4 W 169/97). Sinn und Zweck des § 22 ZPO besteht darin, Streitigkeiten, die die inneren Rechtsbeziehungen der Gesellschaft betreffen, am Sitz der Gesellschaft zu konzentrieren (BGH, Urt. v. 13.03.1980 – II ZR 258/78; OLG Karlsruhe, Beschl. v. 20.01.1998 – 4 W 169/97; Musielak/*Heinrich* § 22 Rn. 1; Hk-ZPO/*Bendtsen* § 22 Rn. 1).

72

Nach § 95 Abs. 1 Nr. 1 GVG ist die **Kammer für Handelssachen** funktionell zuständig für Klagen gegen die Gesellschaft aus beiderseitigen Handelsgeschäften als Handelssache (MüKo HGB/*K. Schmidt* § 124 Rn. 24; Staub/*Habersack* § 124 Rn. 31; Hk-ZPO/*Rathmann* § 95 GVG Rn. 3, 4). Dies kann auch Klagen eines Gesellschaftsgläubigers gegen die Gesellschafter aufgrund akzessorischer Haftung nach § 128 HGB erfassen (Staub/*Habersack* § 124 Rn. 31; Musielak/*Wittschier* § 95 GVG Rn. 6; MüKo ZPO/*Zimmermann* § 95 GVG Rn. 6). Gem. § 95 Abs. 1 Nr. 4a GVG sind ferner Klagen zwischen der Gesellschaft und ihren Gesellschaftern sowie den Gesellschaftern untereinander, die auf dem mitgliedschaftlichen Verhältnis beruhen, Handelssachen, wie bspw. die Klagen nach §§ 133, 140 HGB (MüKo ZPO/*Zimmermann* § 95 GVG Rn. 11, 12; E/B/J/S/*Hillmann* § 124 Rn. 21). Die Zuständigkeit der Kammer für Handelssachen wird gem. §§ 96 Abs. 1, 98 Abs. 1 GVG **auf Antrag des Klägers**, der in der Klageschrift zu stellen ist, begründet.

73

8. Zustellungsfragen

74 Die Zustellung an die Gesellschaft erfolgt nach § 171 Abs. 1 ZPO an ihre **vertretungsberechtigten Gesellschafter** (MüKo HGB/*K. Schmidt* § 124 Rn. 25; Staub/*Habersack* § 124 Rn. 32). Sind mehrere Gesellschafter zur Vertretung berechtigt, reicht nach § 170 Abs. 3 ZPO die Zustellung an einen Vertreter (MünchHdb GesR I/*Neubauer* § 70 Rn. 7; MünchHdb GesR II/*Neubauer* § 32 Rn. 7; Henssler/Strohn/*Steitz* § 125 Rn. 46; MüKo ZPO/*Häublein* § 170 Rn. 8). Dies ergibt sich auch der Regelung des § 125 Abs. 2 Satz 3 HGB, nach der für die Abgabe von Willenserklärungen gegenüber der Gesellschaft die Abgabe gegenüber einem vertretungsbefugten Gesellschafter genügt. Diese passive Einzelvertretungsbefugnis gilt auch für Zustellungen (MüKo HGB/*K. Schmidt* § 125 Rn. 47; Staub/*Habersack* § 124 Rn. 32; Baumbach/Hopt/*Roth* § 124 Rn. 42). **Ersatzzustellung** ist nach § 178 Abs. 1 Nr. 2 ZPO im Geschäftslokal der Gesellschaft möglich. Nicht ausreichend ist eine Ersatzzustellung im Geschäftslokal eines Gesellschafters, z. B. bei einer GmbH & Co KG im Geschäftslokal der Komplementär-GmbH (Staub/*Habersack* § 124 Rn. 32; E/B/J/S/*Hillmann* § 124 Rn. 20).

9. Prozesskostenhilfe

75 OHG und KG sind als »parteifähige Personenvereinigungen« i. S. d. § 116 Satz 1 Nr. 2 ZPO anzusehen und können als solche Prozesskostenhilfe beantragen (BGH, Urt. v. 10.02.2011 – IX ZB 145/09; Staub/*Habersack* § 124 Rn. 23; MüKo HGB/*K. Schmidt* § 124 Rn. 26). Gem. §§ 116 Satz 1 Nr. 2, 114 ZPO steht der OHG bzw. der KG Prozesskostenhilfe zu, wenn weder die Gesellschaft noch die am Gegenstand des Rechtsstreits wirtschaftlich Beteiligten die Kosten des Verfahrens aufbringen können, die beabsichtigte Rechtsverfolgung oder -verteidigung Aussicht auf Erfolg hat und ihre Unterlassung allgemeinen Interessen zuwiderlaufen würde (MüKo HGB/*K. Schmidt* § 124 Rn. 26; Staub/*Habersack* § 124 Rn. 34; MünchHdb GesR I/*Neubauer* § 70 Rn. 8; MünchHdb GesR II/*Neubauer* § 32 Rn. 8; E/B/J/S/*Hillmann* § 124 Rn. 22). **Wirtschaftlich beteiligt** sind diejenigen, denen ein Erfolg der Rechtsverfolgung voraussichtlich zugutekommt (Staub/*Habersack* § 124 Rn. 34; MüKo ZPO/*Motzer* § 116 Rn. 23). Bei der OHG und KG sind dies die Gesellschafter. Dies umfasst die persönlich haftenden Gesellschafter ebenso wie Kommanditisten und stille Gesellschafter (OLG Stuttgart, Beschl. v. 12.02.1975 – 1 W 58/74; MüKo HGB/*K. Schmidt* § 124 Rn. 26; Staub/*Habersack* § 124 Rn. 34; E/B/J/S/*Hillmann* § 124 Rn. 22; MünchHdb GesR II/*Neubauer* § 32 Rn. 8). Die Kommanditisten können als wirtschaftlich Beteiligte angesehen werden, da das Verfahren regelmäßig auch in ihrem wirtschaftlichen Interesse geführt wird. Davon kann insbesondere dann ausgegangen werden, wenn die Beteiligung der persönlich haftenden Gesellschafter gering, die der Kommanditisten dagegen hoch ist (OLG Stuttgart, Beschl. v. 12.02.1975 – 1 W 58/74). Die Unterlassung der Rechtsverfolgung läuft dann **allgemeinen Interessen** entgegen, wenn die Verweigerung der Prozesskostenhilfe größere Kreise der Bevölkerung oder des Wirtschaftslebens in Mitleidenschaft ziehen würde und soziale Auswirkungen zur Folge hätte. Dies ist bspw. dann der Fall, wenn eine große Zahl von Angestellten oder Kleingläubigern betroffen ist (E/B/J/S/*Hillmann* § 124 Rn. 22; Hk-ZPO/*Pukall* § 116 Rn. 14).

III. Gesellschafterstreitigkeiten

1. Einleitung

76 Gesellschafterstreitigkeiten sind Streitigkeiten, die die **Stellung des Gesellschafters in der Gesellschaft** bzw. die **Grundlagen des Gesellschaftsverhältnisses** selbst betreffen. Dazu zählen Beschlussmängelstreitigkeiten (dazu vgl. gesonderte Darstellung Rdn. 81 ff.), Streitigkeiten über die Gesellschaftereigenschaft, wie bspw. über die Wirksamkeit von Eintritt und Ausscheiden eines Gesellschafters sowie Streitigkeiten über Gesellschafterrechte (BGH, Urt. v. 24.03.2003 – II ZR 4/01; OLG Rostock, Beschl. v. 30.07.2008 – 1 U 33/08; Baumbach/Hopt/*Roth* § 109 Rn. 38, 39; E/B/J/S/*Wertenbruch* § 105 Rn. 124). Vorbehaltlich abweichender gesellschaftsvertraglicher Regelung sind solche Streitigkeiten nicht zwischen der Gesellschaft und ihren Gesellschaftern, sondern **grundsätzlich unter den Gesellschaftern** auszutragen (BGH, Urt. v. 09.11.1998 – II ZR 213/97; Urt. v.

A. Prozessrecht der Personengesellschaften — Kapitel 5

11.12.1989 – II ZR 61/89; Urt. v. 06.11.1989 – II ZR 302/88; Urt. v. 30.04.1984 – II ZR 293/83; Urt. v. 13.07.1981 – II ZR 256/80; E/B/J/S/*Wertenbruch* § 105 Rn. 124; MüKo HGB/*Enzinger* § 109 Rn. 31). Grund dafür ist, dass diese Streitigkeiten die Grundlagen des Gesellschaftsverhältnisses betreffen und der Gesellschaft selbst hierüber **keine Dispositionsbefugnis** zusteht (BGH, Urt. v. 06.11.1989 – II ZR 302/88; Urt. v. 13.07.1981 – II ZR 256/80; Urt. v. 05.06.1967 – II ZR 128/65; MüKo BGB/*Ulmer/Schäfer* § 705 Rn. 200; Baumbach/Hopt/*Roth* § 109 Rn. 38). Dieser Grundsatz gilt auch für Publikumsgesellschaften (BGH, Urt. v. 24.03.2003 – II ZR 4/01; Urt. v. 07.06.1999 – II ZR 278/98; Urt. v. 11.12.1989 – II ZR 61/89; Baumbach/Hopt/*Roth* § 109 Rn. 38; *Brandes* WM 2000, 285, 289). Im Recht der Personenhandelsgesellschaften sind einige gesellschaftsrechtliche Streitigkeiten gesondert geregelt. So sind Streitigkeiten über die Entziehung der Geschäfts- und Vertretungsbefugnis (§§ 117, 127 HGB), über den Ausschluss eines Gesellschafters (§ 140 HGB) und die Auflösung der Gesellschaft (§ 133 HGB) als Gestaltungsklagen ausgestaltet, die besonderen Regeln unterliegen (Baumbach/Hopt/*Roth* § 109 Rn. 40; Oetker/*Weitemeyer* § 105 Rn. 47; E/B/J/S/ *Wertenbruch* § 105 Rn. 123). Hinsichtlich dieser handelsrechtlichen Gestaltungsklagen wird auf die gesonderte Darstellung verwiesen (vgl. unten Rdn. 110 ff.).

2. Gerichtliche Geltendmachung

a) Klageart

Vorbehaltlich abweichender gesellschaftsvertraglicher Regelung sind Gesellschafterstreitigkeiten durch allgemeine Feststellungsklage gem. § 256 Abs. 1 ZPO gerichtlich geltend zu machen (BGH, Urt. v. 30.04.1984 – II ZR 293/83; Urt. v. 07.06.1999 – II ZR 278/98; OLG Nürnberg, Urt. v. 30.01.2013 – 12 U 726/11; MüKo BGB/*Ulmer/Schäfer* § 705 Rn. 200). 77

b) Parteien des Verfahrens

aa) Grundsatz

Die Klage ist grundsätzlich gegen die Mitgesellschafter zu richten, die die festzustellende Rechtslage bestreiten. Sofern keine abweichende gesellschaftsvertragliche Regelung getroffen wurde, ist die Gesellschaft selbst nicht Klagegegner (BGH, Urt. v. 24.11.2008 – II ZR 116/08; Urt. v. 30.04.1984 – II ZR 293/83; Baumbach/Hopt/*Roth* § 109 Rn. 40). Dieser Grundsatz gilt auch für Publikumsgesellschaften (BGH, Urt. v. 24.03.2003 – II ZR 4/01; Urt. v. 07.06.1999 – II ZR 278/98). Wird dennoch Klage gegen die Gesellschaft erhoben, ist diese mangels Passivlegitimation als unbegründet abzuweisen (BGH, Urt. v. 13.07.1981 – II ZR 256/80). Gesellschaftsrechtliche Streitigkeiten können im Verfahren zwischen einem Gesellschafter und der Gesellschaft allerdings als Vorfrage entschieden werden (MüKo BGB/*Ulmer/Schäfer* § 709 Rn. 200; Baumbach/Hopt/*Roth* § 109 Rn. 40). Sind mehrere Gesellschafter am Verfahren beteiligt, besteht weder auf Kläger- noch auf Beklagtenseite eine notwendige Streitgenossenschaft (BGH, Urt. v. 24.11.2008 – II ZR 116/08; Urt. v. 09.11.1989 – II ZR 213/97; MüKo BGB/*Ulmer/Schäfer* § 705 Rn. 200; Baumbach/Hopt/*Roth* § 109 Rn. 40; MüKo HGB/*Enzinger* § 109 Rn. 31). Die Gesellschaft ist dazu verpflichtet, dem klagewilligen Gesellschafter Namen und Adressen der Gesellschafter bekannt zu geben (BGH, Urt. v. 15.06.1987 – II ZR 261/86; *Brandes* NZG 1999, 936, 937). 78

bb) Abweichende Regelung

Gesellschaftsvertraglich kann vereinbart werden, dass die Klage gegen die Gesellschaft selbst zu richten ist (BGH, Urt. v. 16.10.2012 – II ZR 70/11; Urt. v. 19.07.2011 – II ZR 153/09; Urt. v. 01.03.2011 – II ZR 83/09; OLG Rostock, Beschl. v. 30.07.2008 – 1 U 33/08; E/B/J/S/*Wertenbruch* § 105 Rn. 124). Eine solche Vereinbarung kann sich auch konkludent aus dem Gesellschaftsvertrag ergeben (MüKo BGB/*Schäfer* § 709 Rn. 114). So hat der BGH aus einer gesellschaftsvertraglichen Vereinbarung einer Publikums-KG, nach der Beschlussmängelstreitigkeiten nach kapitalgesellschaftsrechtlichem Vorbild auszutragen sind, auf den Willen der Gesellschafter geschlossen, dass 79 auch Streitigkeiten über die Mitgliedschaft gegen die Gesellschaft selbst und nicht gegen die Mitgesellschafter zu richten sind (BGH, Urt. v. 24.03.2003 – II ZR 4/01).

c) Urteilswirkungen

80 Eine rechtskräftige Entscheidung über eine Gesellschafterstreitigkeit unter den Gesellschaftern wirkt auch für und gegen die Gesellschaft (BGH, Urt. v. 22.03.2011 – II ZR 249/09; Urt. v. 05.06.1967 – II ZR 128/65; MüKo BGB/*Ulmer/Schäfer* § 705 Rn. 200; Baumbach/Hopt/*Roth* § 109 Rn. 40).

IV. Beschlussmängelstreitigkeiten

1. Einleitung

81 Gesellschafterbeschlüsse im Recht der Personengesellschaften können aus formellen sowie aus inhaltlichen Gründen mangelhaft sein (Henssler/Strohn/*Finckh* § 119 Rn. 52; Oetker/*Weitemeyer* § 119 Rn. 54). Unabhängig davon, aus welchem Grund der Beschluss mangelhaft ist, führt die Mangelhaftigkeit grundsätzlich zur Nichtigkeit (§§ 134, 138 BGB) des Beschlusses (OLG Nürnberg, Urt. v. 30.01.2013 – 12 U 726/11; Henssler/Strohn/*Servatius* § 705 Rn. 61; MüKo HGB/*Enzinger* § 119 Rn. 94; Baumbach/Hopt/*Roth* § 119 Rn. 31; MünchHdb GesR I/*Weipert* § 57 Rn. 92). Im Unterschied zum Recht der Kapitalgesellschaften (vgl. §§ 241 ff. AktG) wird im Recht der Personengesellschaften nicht zwischen anfechtbaren und nichtigen Beschlüssen differenziert. Die aktienrechtlichen Regelungen der §§ 241 ff. AktG finden grundsätzlich keine analoge Anwendung (BGH, Urt. v. 07.06.1999 – II ZR 278/98; OLG Nürnberg, Urt. v. 30.01.2013 – 12 U 726/11; Baumbach/Hopt/*Roth* § 119 Rn. 31; MünchHdb GesR I/*Weipert* § 57 Rn. 92). Die gerichtliche Geltendmachung von Beschlussmängeln ist im Recht der Personengesellschaften nicht geregelt (MüKo BGB/*Schäfer* § 709 Rn. 113; Henssler/Strohn/*Finckh* § 119 Rn. 50). Nach höchstrichterlicher Rechtsprechung und h. M. ist für die gerichtliche Geltendmachung von Beschlussmängeln nicht auf das kapitalgesellschaftsrechtliche System der Anfechtungs- und Nichtigkeitsklage (§§ 241 ff. AktG) zurückzugreifen (BGH, Urt. v. 19.07.2011 – II ZR 209/09; Urt. v. 01.03.2011 – II ZR 83/09; Urt. 07.06.1999 – II ZR 278/98; Oetker/*Weitemeyer* § 119 Rn. 58; E/B/J/S/*Goette* § 119 Rn. 75).

2. Gerichtliche Geltendmachung

a) Klageart

82 Vorbehaltlich abweichender gesellschaftsvertraglicher Regelung (vgl. unten Rdn. 87) ist die Nichtigkeit eines Beschlusses durch **allgemeine Feststellungsklage** nach § 256 Abs. 1 ZPO geltend zu machen (BGH, Urt. v. 19.07.2011 – II ZR 209/09; Urt. v. 01.03.2011 – II ZR 83/09; Urt. 07.06.1999 – II ZR 278/98; MüKo BGB/*Schäfer* § 709 Rn. 113; E/B/J/S/*Goette* § 119 Rn. 75). Darüber hinaus kann ein Gesellschafter die Nichtigkeit eines Beschlusses auch als Einrede geltend machen oder sich auf die Nichtigkeit inzident in einem Verfahren gegen die Gesellschaft berufen (OLG München, Urt. v. 16.06.2004 – 7 U 5669/03; OLG Stuttgart, Urt. v. 19.04.2000 – 20 U 96/99; MüKo HGB/*Enzinger* § 119 Rn. 97; Oetker/*Weitemeyer* § 119 Rn. 58).

b) Parteien des Verfahrens

83 Der Streit um die Wirksamkeit eines Gesellschafterbeschlusses ist grundsätzlich unter den Gesellschaftern auszutragen. Die Klage ist gegen die Gesellschafter zu richten, die die Nichtigkeit des Beschlusses bestreiten oder für den Beschluss gestimmt haben. Vorbehaltlich abweichender Vereinbarung ist die Gesellschaft selbst nicht Klagegegner (BGH, Urt. v. 16.10.2012 – II ZR 70/11; Urt. v. 01.03.2011 – II ZR 83/09; Urt. v. 15.11.1982 – II ZR 62/82; MüKo HGB/*Enzinger* § 119 Rn. 97; Oetker/*Weitemeyer* § 119 Rn. 58; E/B/J/S/*Goette* § 119 Rn. 77). Dies gilt auch bei Publikumsgesellschaften (BGH, Urt. v. 19.07.2011 – II ZR 209/09; Urt. v. 24.03.2003 – II ZR 4/01; OLG Frankfurt am Main, Urt. v. 19.03.1993 – 24 U 50/92; MüKo HGB/*Enzinger* § 119 Rn. 97).

Jeder Gesellschafter ist grundsätzlich dazu berechtigt, sich auf die Nichtigkeit eines Gesellschafterbeschlusses zu berufen (Henssler/Strohn/*Servatius* § 705 Rn. 61; MünchHdb GesR I/*Weipert* § 57 Rn. 92). Es besteht weder auf Kläger- noch auf Beklagtenseite notwendige Streitgenossenschaft (BGH, Urt. v. 15.06.1959 – II ZR 44/58; MüKo BGB/*Schäfer* § 709 Rn. 113; E/B/J/S/*Goette* § 119 Rn. 77). Den beklagten Gesellschaftern muss vor Klageerhebung nicht Möglichkeit zur Abhilfe eingeräumt werden (K/R/M/*Koller* § 119 Rn. 15). Die übrigen Gesellschafter sind von der Klage zu informieren. Sie haben dadurch die Möglichkeit, dem Verfahren als Nebenintervenienten beizutreten (MüKo HGB/*Enzinger* § 119 Rn. 97). Um die Klage zu ermöglichen, sind dem Gesellschafter, der beabsichtigt, gegen den Beschluss gerichtlich vorzugehen, Namen und Anschriften der Gesellschafter durch die Gesellschaft bekannt zu geben (BGH, Urt. v. 15.06.1987 – II ZR 261/86; MüKo-BGB/*Schäfer* § 709 Rn. 113; MüKo HGB/*Enzinger* § 119 Rn. 97).

c) Frist

Die Klage zur Geltendmachung von Beschlussmängeln unterliegt grundsätzlich keiner Frist. Die für das Recht der Kapitalgesellschaften geltende Regelung des § 246 Abs. 1 AktG ist für Personengesellschaften nicht anwendbar (BGH, Urt. v. 07.06.1999 – II ZR 278-98). Dies gilt auch bei einer Publikumsgesellschaft mit körperschaftlicher Struktur (BGH, Urt. v. 07.06.1999 – II ZR 278-98; E/B/J/S/*Goette* § 119 Rn. 76; Henssler/Strohn/*Finckh* § 119 Rn. 60). Allerdings kann das Recht zur Geltendmachung der Nichtigkeit des Beschlusses bei langem Zuwarten nach allgemeinen Grundsätzen verwirkt sein (BGH, Urt. v. 07.06.1999 – II ZR 278-98; Urt. v. 28.01.1991 – II ZR 20/90 Klage 6 Monate nach Beschlussfassung angemessen; OLG München, Urt. v. 16.06.2004 – 7 U 5669/03; E/B/J/S/*Goette* § 119 Rn. 76). Ein Recht ist verwirkt, wenn es nach einem längeren Zeitraum nicht geltend gemacht wurde und besondere Umstände hinzutreten, die das Vertrauen rechtfertigen, der Berechtigte werde seinen Anspruch nicht mehr geltend machen (BGH, Urt. v. 07.06.1999 – II ZR 278/98; OLG München, Urt. v. 16.06.2004 – 7 U 5669/03).

84

d) Darlegungs- und Beweislast

Derjenige, der sich auf die Nichtigkeit des Beschlusses beruft, hat die Umstände darzulegen, aus denen sich im konkreten Fall die Nichtigkeit ergibt. Die Beweislast dafür, dass der Beschluss wirksam ist, trägt derjenige, der Rechte aus dem Beschluss ableitet (BGH, Urt. v. 19.01.1987 – II ZR 158/86; MüKo HGB/*Enzinger* § 119 Rn. 97; Heidel/Schall/*Psaroudakis* § 119 Rn. 8; Baumbach/Hopt/*Roth* § 119 Rn. 31).

85

e) Urteilswirkungen

Ein rechtskräftiges Urteil bindet grundsätzlich auch die Gesellschaft (BGH, Urt. v. 22.03.2011 – II ZR 249/09; Henssler/Strohn/*Servatius* § 705 Rn. 61). Haben die Gesellschafter vereinbart, dass die Klage gegen die Gesellschaft zu richten ist (vgl. unten Rdn. 88), erstreckt sich das Klage stattgebende Urteil in seiner Wirkung nicht auf die Mitgesellschafter. Diese sind schuldrechtlich verpflichtet, sich dem Urteil zu unterwerfen (BGH, Urt. v. 06.11.1989 – II ZR 302/88; Urt. v. 30.06.1966 – II ZR 149/64; Bamberger/Roth/*Schöne* § 709 Rn. 65; MüKo HGB/*Enzinger* § 119 Rn. 97).

86

3 Abweichende Regelung

a) Grundsatz

Die Gesellschafter haben die Möglichkeit, die Geltendmachung von Beschlussmängeln abweichend von den dargelegten Grundsätzen zu regeln. Dabei steht es den Gesellschaftern frei, sich insgesamt am kapitalgesellschaftsrechtlichen System zu orientieren oder dieses auch nur z. T. zu übernehmen (BGH, Urt. v. 19.10.2009 – II ZR 240/08; Henssler/Strohn/*Servatius* § 705 Rn. 61; E/B/J/S/*Goette* § 119 Rn. 78; Oetker/*Weitemeyer* § 119 Rn. 59). So können die Gesellschafter vereinbaren, dass Beschlussmängel durch eine Anfechtungsklage nach kapitalgesellschaftsrechtlichem Vorbild geltend

87

zu machen sind (E/B/J/S/*Goette* § 119 Rn. 78; Oetker/*Weitemeyer* § 119 Rn. 59). Auch wenn sich solche Regelungen zumeist bei Publikumsgesellschaften oder bei Gesellschaften mit einer großen Anzahl von Gesellschaftern finden, ist eine solche Übernahme des kapitalgesellschaftsrechtlichen Systems nicht auf diese Gesellschaften beschränkt (BGH, Urt. v. 01.03.2011 – II ZR 83/09; Oetker/*Weitemeyer* § 119 Rn. 59).

b) Gesellschaft als Klagegegner

88   Durch gesellschaftsvertragliche Regelung kann vereinbart werden, dass die Feststellungsklage nicht gegen die Mitgesellschafter, sondern **gegen die Gesellschaft** zu richten ist (BGH, Urt. v. 16.10.2012 – II ZR 70/11; Urt. v. 19.07.2011 – II ZR 209/09, Urt. v. 01.03.2011 – II ZR 83/09; MüKo BGB/*Schäfer* § 709 Rn. 114; Baumbach/Hopt/*Roth* § 119 Rn. 32; zu den Urteilswirkungen vgl. oben Rdn. 86). Eine solche Vereinbarung kann sich auch konkludent ergeben (BGH, Urt. v. 24.03.2003 – II ZR 4/01; MüKo BGB/*Schäfer* § 709 Rn. 114). Findet sich ein solche Vereinbarung im Gesellschaftsvertrag einer nicht rechts- und parteifähigen BGB-Innengesellschaft, ist diese Klausel dahin auszulegen, dass die Klage gegen die übrigen Gesellschafter als notwendige Streitgenossen zu richten ist (MüKo BGB/*Schäfer* § 709 Rn. 114).

c) Vereinbarung einer Klagefrist

89   Die Gesellschafter können für die Geltendmachung von Beschlussmängeln gesellschaftsvertraglich eine **Klagefrist** als materielle Ausschlussfrist vereinbaren (BGH, Urt. v. 07.06.1999 – II ZR 278-98; MüKo BGB/*Schäfer* § 709 Rn. 114; Oetker/*Weitemeyer* § 119 Rn. 59; E/B/J/S/*Goette* § 119 Rn. 78). Die Klagefrist muss angemessen sein und darf die Monatsfrist des § 246 AktG nicht unterschreiten, da ansonsten das unentziehbare Recht jedes Gesellschafters, die Rechtswidrigkeit eines Beschlusses gerichtlich geltend zu machen, unzulässig verkürzt wird (BGH, Urt. v. 13.02.1995 – II ZR 15/94; Oetker/*Weitemeyer* § 119 Rn. 59; Baumbach/Hopt/*Roth* § 119 Rn. 32). Dies gilt auch für Publikumsgesellschaften (K/R/M/*Koller* § 119 Rn. 15). Wurde eine zu kurze Frist vereinbart, führt dies nicht dazu, dass gar keine Frist gilt. An die Stelle der zu knapp bemessenen Frist tritt dann eine Frist, die sich am Leitbild der Monatsfrist des § 246 AktG orientiert (BGH, Urt. v. 13.02.1995 – II ZR 15/95). Aus Gründen der Rechtssicherheit und der Praktikabilität wird eine Regelung der Klagefrist häufig zu empfehlen sein. Dennoch kann einer Gesellschaft, auch wenn es sich um eine Publikumsgesellschaft handelt, ohne entsprechende Regelung keine Klagefrist aufgezwungen werden (BGH, Urt. v. 07.06.1999 – II ZR 278-98; OLG Nürnberg, Urt. v. 30.01.2013 – 12 U 726/11). Auch folgt allein aus der Vereinbarung einer Anfechtungsfrist noch nicht, dass die Gesellschafter das kapitalgesellschaftsrechtliche System insgesamt übernommen haben und die Klage daher gegen die Gesellschaft zu richten ist (BGH, Urt. 01.03.2011 – II ZR 83/09; Baumbach/Hopt/*Roth* § 119 Rn. 32). Ob dies der Fall ist, ist durch Auslegung des Gesellschaftsvertrags im Einzelfall zu ermitteln (BGH, Urt. v. 01.03.2011 – II ZR 83/09). Die Klagefrist beginnt erst dann, wenn der Kläger Kenntnis von den Namen und Adressen der Mitgesellschafter hat (K/R/M/*Koller* § 119 Rn. 15). Für die Präklusionswirkung ist zu beachten, dass sich diese nur auf die Geltendmachung der Nichtigkeit des Beschlusses bezieht. Fehlt es an der Zustimmung eines Gesellschafters zu dem Beschluss, z.B. weil dieser zu Nachschüssen verpflichtet, so ist der Beschluss dem nicht zustimmenden Gesellschafter gegenüber auch nach Fristablauf unwirksam, gegenüber den zustimmenden Gesellschaftern jedoch wirksam (BGH, Urt. v. 19.10.2009 – II ZR 240/08; MüKo BGB/*Schäfer* § 709 Rn. 114; E/B/J/S/*Goette* § 119 Rn. 78). Der Gesellschafter, der dem zustimmungsbedürftigen Beschluss nicht zugestimmt hat, kann die Unwirksamkeit dieses Beschlusses ihm gegenüber daher im Klagewege weiterhin geltend machen (E/B/J/S/*Goette* § 119 Rn. 78).

V. Actio pro socio

1. Begriff

Unter actio pro socio versteht man das Recht eines Gesellschafters, **Sozialansprüche der Gesellschaft** im eigenen Namen klageweise auf Leistung an die Gesellschaft geltend zu machen (BGH, Urt. v. 16.01.2001 – II ZR 48/99; Urt. v. 13.05.1985 – II ZR 170/84; Staub/*Schäfer* § 105 Rn. 256; Röhricht/v. Westphalen/Haas/*Haas* § 105 Rn. 77, 78). Diese Einzelklagebefugnis der Gesellschafter ist grundsätzlich anerkannt, in Einzelfragen jedoch durchaus noch umstritten (BGH, Urt. v. 13.05.1985 – II ZR 170/84; Urt. v. 17.06.1953 – II ZR 205/52; MüKo BGB/*Ulmer/Schäfer* § 705 Rn. 205; Staub/*Schäfer* § 105 Rn. 256; *K. Schmidt* GesR, S. 630 f.; *Bork/Oepen* ZGR 2001, 515, 518). 90

2. Anwendungsbereich

a) Erfasste Ansprüche

Die actio pro socio erfasst **nur Sozialansprüche** (Bamberger/Roth/*Schöne* § 705 Rn. 113; MüKo HGB/*K. Schmidt* § 105 Rn. 200; E/B/J/S/*Wertenbruch* § 105 Rn. 147). Sozialansprüche sind Ansprüche der Gesellschaft gegen einzelne Gesellschafter, die ihre Grundlage im Gesellschaftsvertrag haben (BGH, Urt. v. 16.01.2001 – II ZR 48/99; MüKo HGB/*K. Schmidt* § 105 Rn. 200; Staub/*Schäfer* § 105 Rn. 257). Beispiele für Sozialansprüche sind Beitrags- und Nachschusspflichten, Schadensersatzansprüche gegen Gesellschafter aufgrund der Verletzung von Geschäftsführungspflichten oder der gesellschafterlichen Treuepflicht und Ansprüche aufgrund Verstößen gegen Wettbewerbsverbote (Bamberger/Roth/*Schöne* § 705 Rn. 114; Staub/*Schäfer* § 105 Rn. 257; E/B/J/S/*Wertenbruch* § 105 Rn. 147). Zur Durchsetzung von Schadensersatzansprüchen gegen Geschäftsführer können die Gesellschafter nach der Rechtsprechung des BGH analog § 46 Nr. 8 Halbs. 2 GmbHG einen besonderen Vertreter bestellen (BGH, Beschl. v. 07.06.2010 – II ZR 210/09; MüKo BGB/*Ulmer/Schäfer* § 705 Rn. 210a; MüKo HGB/*K. Schmidt* § 105 Rn. 201). Dies schließt die Möglichkeit der actio pro socio jedoch nicht aus (MüKo BGB/*Ulmer/Schäfer* § 705 Rn. 210a). Sozialansprüche stehen der Gesellschaft zu. Zur Geltendmachung von Sozialansprüchen sind grundsätzlich die geschäftsführungs- und vertretungsberechtigten Gesellschafter zuständig (BGH, Urt. v. 09.05.1974 – II ZR 84/72; E/B/J/S/*Wertenbruch* § 105 Rn. 145; Bamberger/Roth/*Schöne* § 705 Rn. 115). Die actio pro socio durchbricht diese Zuständigkeitsordnung und kommt als Hilfsrecht nur dann in Betracht, wenn eine Geltendmachung der Sozialansprüche durch die zuständigen Organe ohne sachlichen Grund nicht erfolgt (zur Subsidiarität der actio pro socio vgl. Rdn. 98; BGH, Urt. v. 09.05.1974 – II ZR 84/72; *K. Schmidt* GesR, S. 637). 91

Unterlassungsansprüche gegen Geschäftsführer können nicht durch die actio pro socio geltend gemacht werden, da dies einen kompetenzwidrigen Eingriff in die Geschäftsführungsbefugnis darstellen würde (BGH, Urt. v. 11.02.1980 – II ZR 41/79; Bamberger/Roth/*Schöne* § 705 Rn. 120; Staub/*Schäfer* § 705 Rn. 257; MüKo HGB/*K. Schmidt* § 105 Rn. 200; E/B/J/S/*Wertenbruch* § 105 Rn. 147). Die actio pro socio stellt daher kein Instrument zur Durchsetzung einer ordnungsgemäßen Geschäftsführung dar (MüKo HGB/*K. Schmidt* § 105 Rn. 200). 92

Ansprüche der Gesellschaft gegen Dritte werden von der actio pro socio ebenso wenig erfasst, wie Ansprüche der Gesellschaft gegen Mitgesellschafter aus **Drittgeschäften** (BGH, Urt. v. 17.06.1953 – II ZR 205/52; MüKo BGB/*Ulmer/Schäfer* § 705 Rn. 206; MüKo HGB/*K. Schmidt* § 105 Rn. 200; Baumbach/Hopt/*Roth* § 109 Rn. 32, 33). Diese Ansprüche sind grundsätzlich von den zuständigen Organen geltend zu machen (MüKo HGB/*K. Schmidt* § 105 Rn. 200; Staub/*Schäfer* § 105 Rn. 258). Ausnahmsweise kann ein Gesellschafter nach der Rechtsprechung Drittansprüche im eigenen Namen auf Leistung an die Gesellschafter geltend machen, wenn ein berechtigtes Interesse des Gesellschafters auf Geltendmachung im eigenen Namen besteht, die Gesellschaft aus gesellschaftswidrigen Gründen selbst untätig bleibt und der Beklagte an diesem gesellschaftswidrigen Handeln mitgewirkt 93 hat (BGH, Urt. v. 19.06.2008 – III ZR 46/06; MüKo BGB/*Ulmer/Schäfer* § 705 Rn. 206; Oetker/*Weitemeyer* § 105 Rn. 49). Dieser besondere Fall einer Prozessstandschaft ist nicht mit der actio pro socio gleichzusetzen (MüKo BGB/*Ulmer/Schäfer* § 705 Rn. 206; Staub/*Schäfer* § 105 Rn. 258).

b) Die actio pro socio in der Liquidation

94 Das Recht der Gesellschafter, Sozialansprüche im Wege der actio pro socio geltend zu machen, besteht nach h. M. grundsätzlich auch in der Liquidation (BGH, Urt. v. 04.11.2002 – II ZR 210/00; MüKo BGB/*Ulmer/Schäfer* § 705 Rn. 204; Staub/*Schäfer* § 105 Rn. 257; Röhricht/v. Westphalen/Haas/*Haas* § 105 Rn. 80a; E/B/J/S/*Wertenbruch* § 105 Rn. 151). Dies ergibt sich daraus, dass die Gesellschaft im Liquidationsstadium Ansprüche gegen einzelne Gesellschafter geltend machen kann (BGH, Urt. v. 04.11.2002 – II ZR 210/00). Ausnahmsweise kann der Gesellschafter im Liquidationsstadium auf Leistung an sich klagen, wenn dies die letzte in der Abwicklung zu erfolgende Leistung darstellt und die Abwicklung damit beendet wäre. Die Leistung an die Gesellschaft wäre in diesem Fall ein unnötiger Umweg (BGH, Urt. v. 22.02.1971 – II ZR 100/68; Urt. v. 27.06.1957 – II ZR 15/56; Bamberger/Roth/*Schöne* § 705 Rn. 118; *K. Schmidt* GesR, S. 639).

3. Rechtsnatur

95 Die actio pro socio hat ihre Grundlage im Gesellschaftsvertrag und ist Ausfluss des Mitgliedschaftsrechts des Gesellschafters (BGH, Beschl. v. 26.04.2010 – II ZR 69/09; Bamberger/Roth/*Schöne* § 705 Rn. 117; MüKo HGB/*K. Schmidt* § 105 Rn. 198; Baumbach/Hopt/*Roth* § 109 Rn. 32). Insofern handelt es sich bei der actio pro socio um ein eigenes Recht der Gesellschafter. Umstritten ist jedoch, ob der Gesellschafter mit der actio pro socio ein **eigenes oder ein fremdes Recht** geltend macht (MüKo HGB/*K. Schmidt* § 105 Rn. 198; *Lüke* ZGR 1994, 266, 275). Nach früher vertretener Auffassung in der Rechtsprechung des BGH und der Literatur macht der Gesellschafter einen eigenen Anspruch geltend, der sich daraus ergibt, dass die Gesellschafter aufgrund des Gesellschaftsvertrages wechselseitig zur Leistung von Sozialansprüchen verpflichtet sind (BGH, Urt. v. 11.02.1960 – II ZR 198/59; Urt. v. 27.06.1957 – II ZR 15/56). Nach nunmehr h.A. stehen Sozialansprüche nur der Gesellschaft selbst zu (MüKo HGB/*K. Schmidt* § 105 Rn. 198; Bamberger/Roth/*Schöne* § 705 Rn. 117). Da der Gesellschafter somit kein eigenes, sondern ein **Recht der Gesellschaft** geltend macht, ist die actio pro socio nach h. M. als Fall der **gesetzlichen Prozessstandschaft** zu sehen (MüKo BGB/*Ulmer/Schäfer* § 705 Rn. 208, 209; Henssler/Strohn/*Servatius* § 705 Rn. 48; MüKo HGB/*K. Schmidt* § 105 Rn. 198; Staub/*Schäfer* § 105 Rn. 256; Röhricht/v. Westphalen/Haas/*Haas* § 105 Rn. 78; Heidel/Schall/*Heidel* § 105 Rn. 241; Baumbach/Hopt/*Roth* § 109 Rn. 32; für gewillkürte Prozessstandschaft: Bork/Oepen ZGR 2001, 515, 524).

96 Da die actio pro socio es dem einzelnen Gesellschafter ermöglicht, Sozialansprüche auch gegen den Willen der Mehrheit durchzusetzen, stellt sie ein Instrument des **Minderheitenschutzes** dar (Staub/*Schäfer* § 105 Rn. 259; Heidel/Schall/*Heidel* § 105 Rn. 244). Als Instrument des Minderheitenschutzes ist die actio pro socio in ihrem Kernbereich unabdingbar (Bamberger/Roth/*Schöne* § 705 Rn. 122; MüKo HGB/*K. Schmidt* § 105 Rn. 199; Staub/*Schäfer* § 105 Rn. 259; Röhricht/v. Westphalen/Haas/*Haas* § 105 Rn. 79). Die actio pro socio stellt ein unverzichtbares Mitgliedschaftsrecht dar (Staub/*Schäfer* § 105 Rn. 259). Inwieweit das Klagerecht des einzelnen Gesellschafters durch den Gesellschaftsvertrag allerdings erschwert werden kann, ist umstritten (BGH, Urt. v. 13.05.1985 – II ZR 170/84; MüKo HGB/*K. Schmidt* § 105 Rn. 199).

4. Besondere Klagevoraussetzungen

a) Gesellschaftereigenschaft des Klägers

97 Nur Gesellschafter haben das Recht, einen Anspruch im Wege der actio pro socio geltend zu machen (MüKo HGB/*K. Schmidt* § 105 Rn. 201). Klagebefugt ist grundsätzlich jeder Gesellschafter. Auf die Höhe der Beteiligung und die Geschäftsführungsbefugnis kommt es dabei nicht an (BGH, Urt. v.

17.06.1953 – II ZR 205/52; Staudinger/*Habermeier* § 705 Rn. 47; MünchHdb GesR I/*v. Ditfurth* § 47 Rn. 67). Ist die Gesellschaftereigenschaft bei Klageerhebung nicht gegeben, ist die Klage als unzulässig abzuweisen (MüKo BGB/*Ulmer/Schäfer* § 705 Rn. 210). Verliert der klagende Gesellschafter während des Verfahrens seine Gesellschafterstellung, ist danach zu unterscheiden, ob er mit oder ohne Rechtsnachfolger aus der Gesellschaft ausscheidet. Überträgt der Gesellschafter seinen Anteil an einen Dritten, ist nach h. M. § 265 ZPO anzuwenden. Der Kläger kann das Verfahren fortführen (BGH, Urt. v. 11.02.1960 – II ZR 198/59; OLG Karlsruhe, Urt. v. 09.12.1993 – 11 U 50/91; MüKo HGB/*K. Schmidt* § 105 Rn. 201; Baumbach/Hopt/*Roth* § 109 Rn. 35; a. A. MüKo BGB/*Ulmer/Schäfer* § 705 Rn. 210). Dies entspricht dem Sinn und Zweck des § 265 ZPO, der Gegenpartei die bisherigen Prozessergebnisse zu erhalten und eine doppelte Inanspruchnahme der Gerichte in der gleichen Sache zu vermeiden (*Eckardt* NZG 1999, 991, 992). Scheidet der klagende Gesellschafter während des Verfahrens dagegen ohne Nachfolger aus und wächst sein Gesellschaftsanteil den verbleibenden Gesellschaftern an, ist § 265 ZPO nicht anzuwenden. Die Klage ist dann als unzulässig abzuweisen (OLG Karlsruhe, Urt. v. 09.12.1993 – 11 U 50/91).

b) Subsidiarität

Die actio pro socio ist nach h. M. im Verhältnis zum Klagerecht der Gesellschaft nur **subsidiär** als Hilfszuständigkeit zulässig (MüKo BGB/*Ulmer/Schäfer* § 705 Rn. 210; Staub/*Schäfer* § 105 Rn. 262; MüKo HGB/*K. Schmidt* § 105 Rn. 201; a. A. noch *Raiser* ZHR 153 [1989] 1, 5, 9). Die actio pro socio setzt daher voraus, dass die Geschäftsführung aus sach- bzw. gesellschaftswidrigen Gründen ungeachtet einer entsprechenden Aufforderung von der Geltendmachung des Sozialanspruchs absieht (Bamberger/Roth/*Schöne* § 107 Rn. 119; Henssler/Strohn/*Servatius* § 705 Rn. 47; MüKo HGB/*K. Schmidt* § 105 Rn. 201; Röhricht/v. Westphalen/Haas/*Haas* § 105 Rn. 80; E/B/J/S/*Wertenbruch* § 105 Rn. 150). Der Charakter der actio pro socio als Hilfszuständigkeit trägt der Zuständigkeitsordnung der Gesellschaft, nach der die Geltendmachung von Sozialansprüchen grundsätzlich der Geschäftsführung zusteht, Rechnung (vgl. oben Rdn. 91; Staub/*Schäfer* § 105 Rn. 262; MüKo HGB/*K. Schmidt* § 105 Rn. 201). Der Kläger hat im Verfahren darzulegen und ggf. zu beweisen, dass die eigentlich zuständigen Organe den Anspruch nicht geltend machen und die Klage daher im Wege der actio pro socio erforderlich ist (MüKo BGB/*Ulmer/Schäfer* § 705 Rn. 210; E/B/J/S/*Wertenbruch* § 105 Rn. 150). Da die actio pro socio dem Minderheitenschutz dient, sind an diese Darlegungs- und Beweislast keine zu hohen Anforderungen zu stellen (MüKo BGB/*Ulmer/Schäfer* § 705 Rn. 211; Staub/*Schäfer* § 105 Rn. 262; Oetker/*Weitemeyer* § 105 Rn. 50). Ausreichend ist insofern ein schlüssiger Vortrag des Klägers (MüKo BGB/*Ulmer/Schäfer* § 705 Rn. 211; Staub/*Schäfer* § 105 Rn. 262).

c) Kein Verstoß gegen gesellschafterliche Treuepflicht

Als Mitgliedschaftsrecht unterliegt die actio pro socio der gesellschafterlichen Treuepflicht. Die actio pro socio darf sich daher im Hinblick auf die konkreten Gesellschaftsverhältnisse nicht als rechtsmissbräuchlich darstellen (BGH, Beschl. v. 26.04.2010 – II ZR 69/09; MüKo BGB/*Ulmer/Schäfer* § 705 Rn. 210; Oetker/*Weitemeyer* § 105 Rn. 50). Zu den konkreten Gesellschaftsverhältnissen gehört auch das Verhalten des sich auf die actio pro socio berufenden Gesellschafters (BGH, Beschl. v. 26.04.2010 – II ZR 69/09).

d) Zustimmung der Mitgesellschafter nicht erforderlich

Die actio pro socio ist als Minderheitsrecht nicht an die Zustimmung der Mitgesellschafter gebunden (MüKo BGB/*Ulmer/Schäfer* § 705 Rn. 211; Henssler/Strohn/*Servatius* § 705 Rn. 48; Baumbach/Hopt/*Roth* § 109 Rn. 35; E/B/J/S/*Wertenbruch* § 105 Rn. 149). Die Geltendmachung eines Anspruchs im Wege der actio pro socio erfordert keinen entsprechenden Gesellschafterbeschluss (BGH, Urt. v. 27.06.1957 – II ZR 15/56; Staub/*Schäfer* § 105 Rn. 257; K/R/M/*Koller* § 105 Rn. 43). Ein Beschluss ist nur dann erforderlich, wenn dieser eine Voraussetzung des betreffenden materiellen Anspruchs darstellt (MüKo BGB/*Ulmer/Schäfer* § 705 Rn. 212; Staub/*Schäfer* § 105 Rn. 261).

5. Weitere prozessuale Aspekte

a) Klageantrag

101 Der Klageantrag ist **im eigenen Namen des Gesellschafters** zu erheben und auf Leistung an die Gesellschaft zu richten (Henssler/Strohn/*Servatius* § 705 Rn. 48; MüKo HGB/*K. Schmidt* § 105 Rn. 198, 202; Staub/*Schäfer* § 105 Rn. 263; Baumbach/Hopt/*Roth* § 109 Rn. 32).

b) Beklagter

102 Die Klage ist gegen den zur Erbringung des Sozialanspruchs **verpflichteten Mitgesellschafter** zu richten (Oetker/*Weitemeyer* § 105 Rn. 50). Handelt es sich bei dem Mitgesellschafter um eine Personenhandelsgesellschaft, kann im Wege der actio pro socio deren persönlich haftender Gesellschafter direkt in Anspruch genommen werden (K/R/M/*Koller* § 105 Rn. 43; MüKo HGB/*Grunewald* § 161 Rn. 68).

c) Darlegungs- und Beweislast

103 Die Darlegungs- und Beweislast des klagenden Gesellschafters im Hinblick auf den geltend gemachten Anspruch beurteilt sich grundsätzlich nach allgemeinen Regeln. Danach hat der Kläger die Umstände darzulegen und zu beweisen, aus denen sich der Anspruch der Gesellschaft gegen den beklagten Gesellschafter ergibt. Eine Beweiserleichterung kommt insofern nicht in Betracht (BGH, Urt. v. 08.11.1999 – II ZR 197/98; MüKo HGB/*K. Schmidt* § 105 Rn. 202). Fordert der Kläger unberechtigte Entnahmen zurück und wurde von ihm dargelegt und bewiesen, dass eine Entnahme auch erfolgt ist, obliegt es dem Beklagten, seine Berechtigung zur Entnahme darzulegen und ggf. zu beweisen, da er sich ansonsten durch Eigenmächtigkeit in eine günstige Beweislage setzen könnte (BGH, Urt. v. 08.11.1999 – II ZR 197/98).

d) Verfügungsbefugnis über den Streitgegenstand

104 Nach h. M. kann der klagende Gesellschafter im Prozess weder auf den Anspruch verzichten, noch ihn erlassen oder stunden oder einen Prozessvergleich abschließen. Dies ergibt sich daraus, dass dem Gesellschafter lediglich die **Prozessführungsbefugnis** zusteht, nicht die **materielle Verfügungsbefugnis** über den Anspruch (BGH, Urt. v. 27.06.1957 – II ZR 15/56; MüKo BGB/*Ulmer/Schäfer* § 705 Rn. 213; Bamberger/Roth/*Schöne* § 705 Rn. 117; Staub/*Schäfer* § 105 Rn. 263; Oetker/*Weitemeyer* § 105 Rn. 50; E/B/J/S/*Wertenbruch* § 105 Rn. 148). Die Verfügungsbefugnis über den Sozialanspruch liegt bei der Gesellschaft als Inhaberin des Anspruchs (Bamberger/Roth/*Schöne* § 705 Rn. 122). Die Gesellschaft kann den Anspruch daher inhaltlich verändern, stunden oder auch auf ihn verzichten, sofern dadurch nicht unzulässig in Rechte der Gesellschafter eingegriffen wird. Auf diese Weise kann die Gesellschaft bzw. können die Mehrheitsgesellschafter der actio pro socio den Boden entziehen (BGH, Urt. v. 13.05.1985 – II ZR 170/84; Urt. v. 27.06.1957 – II ZR 15/56; Bamberger/Roth/*Schöne* § 705 Rn. 122; Staub/*Schäfer* § 105 Rn. 260; Oetker/*Weitemeyer* § 105 Rn. 50; Baumbach/Hopt/*Roth* § 109 Rn. 35). Die Klage des Gesellschafters wird **unbegründet** (Staub/*Schäfer* § 105 Rn. 260). Der klagende Gesellschafter hat dann die Möglichkeit, die Hauptsache für erledigt zu erklären (MüKo HGB/*K. Schmidt* § 105 Rn. 203). Beruht die Verfügung der Gesellschaft über den Anspruch auf einem Gesellschafterbeschluss, verbleibt dem Minderheitsgesellschafter die Möglichkeit, gegen diesen Beschluss gerichtlich vorzugehen (MüKo BGB/*Ulmer/Schäfer* § 705 Rn. 212; zu Beschlussmängelstreitigkeiten vgl. oben Rdn. 81 ff.).

e) Kosten des Verfahrens

105 Da ein Prozessrechtsverhältnis zwischen dem klagenden Gesellschafter und dem Beklagten besteht, trägt der Kläger die Kosten des Verfahrens, nicht die Gesellschaft (MüKo BGB/*Ulmer/Schäfer* § 705 Rn. 213; Bamberger/Roth/*Schöne* § 705 Rn. 123; Staub/*Schäfer* § 105 Rn. 263). Wird die Klage abgewiesen, steht dem Kläger regelmäßig kein Aufwendungsersatzanspruch gegen die Gesellschaft zu

(MüKo HGB/*K. Schmidt* § 105 Rn. 202; Staub/*Schäfer* § 105 Rn. 263; Baumbach/Hopt/*Roth* § 109 Rn. 35; Röhricht/v. Westphalen/Haas/*Haas* § 105 Rn. 78).

f) Urteil und Urteilwirkungen

Aufgrund ihres Charakters als gesetzliche Prozessstandschaft, wirkt ein im Wege der actio pro socio ergehendes Urteil weder für noch gegen die Gesellschaft (Henssler/Strohn/*Servatius* § 705 Rn. 48; Staub/*Schäfer* § 105 Rn. 263; Röhricht/v. Westphalen/Haas/*Haas* § 105 Rn. 78; Baumbach/Hopt/*Roth* § 109 Rn. 35; E/B/J/S/*Wertenbruch* § 105 Rn. 151). Entscheidend ist dabei die Überlegung, dass die gesetzliche Prozessstandschaft die Prozessführungsbefugnis des Rechtsinhabers nicht beseitigt (BGH, Urt. v. 23.02.1981 – V ZR 146/79). Ergeht im Wege der actio pro socio ein Klage abweisendes Urteil, ist die Gesellschaft daher nicht gehindert, den Sozialanspruch selbst klageweise geltend zu machen (Staub/*Schäfer* § 105 Rn. 263). Der beklagte Gesellschafter kann daher wegen der gleichen Forderung mehrfach verklagt werden. Ergeht ein Klage stattgebendes Urteil im Prozess des Gesellschafters, hat die Gesellschaft die Möglichkeit, die Prozessführung nachträglich zu genehmigen und auf diesem Wege eine Rechtskrafterstreckung zu erreichen (MüKo HGB/*Ulmer/Schäfer* § 705 Rn. 214). 106

Wurde dagegen in einem Prozess der Gesellschaft gegen einen Gesellschafter auf Leistung von Sozialansprüchen die Klage durch rechtskräftiges Sachurteil abgewiesen, kann sich der verklagte Gesellschafter gegenüber der Klage eines Gesellschafters im Wege der actio pro socio auf dieses Urteil berufen. Dies ergibt sich daraus, dass der Schuldner gegenüber dem klagenden Gesellschafter alle Einwendungen geltend machen kann, die ihm auch gegenüber der Gesellschaft zustehen würden (Staub/*Schäfer* § 105 Rn. 263). 107

6. Verhältnis der actio pro socio zur Klage der Gesellschaft

Die Gesellschaft kann während einer actio pro socio selbst Klage gegen den betroffenen Mitgesellschafter auf Leistung des Sozialanspruchs erheben (MüKo BGB/*Ulmer/Schäfer* § 705 Rn. 214; Staub/*Schäfer* § 105 Rn. 263; MüKo HGB/*K. Schmidt* § 105 Rn. 203; E/B/J/S/*Wertenbruch* § 105 Rn. 151). Der Einwand der Rechtshängigkeit steht dem nicht entgegen (MüKo BGB/*Ulmer/Schäfer* § 705 Rn. 214; Staub/*Schäfer* § 105 Rn. 263; Baumbach/Hopt/*Roth* § 109 Rn. 35). Dies ist Konsequenz der Einordnung der actio pro socio als Fall der gesetzlichen Prozessstandschaft, bei der nach allgemeinen Grundsätzen einer Klage des Rechtsinhabers der Einwand der Rechtshängigkeit grundsätzlich nicht entgegensteht (MüKo BGB/*Ulmer/Schäfer* § 705 Rn. 214; E/B/J/S/*Wertenbruch* § 105 Rn. 151). 108

Die Subsidiarität der actio pro socio hat zur Folge, dass die Klage des Gesellschafters durch eine eigene Klage der Gesellschaft **unzulässig** wird (BGH, Urt. v. 13.05.1985 – II ZR 170/84; MüKo BGB/*Ulmer/Schäfer* § 705, 214; Bamberger/Roth/*Schöne* § 705 Rn. 118; MüKo HGB/*K. Schmidt* § 105 Rn. 203; Staub/*Schäfer* § 105 Rn. 263; Röhricht/v. Westphalen/Haas/*Haas* § 105 Rn. 80). Die Erforderlichkeit, den Anspruch durch actio pro socio geltend zu machen, entfällt dann (Staub/*Schäfer* § 105 Rn. 263). Der klagende Gesellschafter kann die Hauptsache für erledigt erklären, sodass nur noch über die Kosten entschieden wird (MüKo HGB/*K. Schmidt* § 105 Rn. 203; E/B/J/S/*Wertenbruch* § 105 Rn. 151). 109

VI. Handelsrechtliche Gestaltungsklagen

1. Klage auf Entziehung der Geschäftsführungsbefugnis nach § 117 HGB

a) Einleitung

Die Geschäftsführungsbefugnis der OHG ist in §§ 114 bis 117 HGB geregelt. Für die KG ist § 164 HGB zu beachten. Unter **Geschäftsführung** ist jede Tätigkeit zu verstehen, die für die Gesellschaft wahrgenommen wird, der Förderung des Gesellschaftszwecks dient und nicht die Grundlagen der 110

Gesellschaft betrifft. Davon sind sämtliche rechtsgeschäftlichen und tatsächlichen Handlungen erfasst, wie z. B. An- und Verkauf von Waren, Buchführung und Aufstellung der Bilanz (Oetker/*Weitemeyer* § 114 Rn. 4; Henssler/Strohn/*Finckh* § 114 Rn. 4; MünchHdb GesR I/*v. Ditfurth* § 53 Rn. 3). Die Geschäftsführungsbefugnis ist nicht auf gewöhnliche Geschäfte begrenzt, sondern betrifft auch außergewöhnliche Handlungen, solange diese der **Verwirklichung des Gesellschaftszwecks** dienen (Oetker/*Weitemeyer* § 114 Rn. 6; Baumbach/Hopt/*Roth* § 114 Rn. 2; MünchHdb GesR I/*v. Ditfurth* § 53 Rn. 6; MüKo HGB/*Jickeli* § 116 Rn. 6). Auch die Prozessführung für die Gesellschaft gehört zum Bereich der Geschäftsführung (MünchHdb GesR I/*v. Ditfurth* § 53 Rn. 3). **Grundlagengeschäfte** sind dagegen nicht der Geschäftsführung zugeordnet. Grundlagengeschäfte sind solche Handlungen bzw. Maßnahmen, die die Grundlagen des Gesellschaftsverhältnisses und seine Ausgestaltung betreffen, wie z. B. Änderungen des Gesellschaftsvertrages oder die Umwandlung der Gesellschaft (Baumbach/Hopt/*Roth* § 114 Rn. 3; Henssler/Strohn/*Finckh* § 114 Rn. 4, 5). Vorbehaltlich abweichender gesellschaftsvertraglicher Regelung erfordern Grundlagengeschäfte die Zustimmung sämtlicher Gesellschafter (BGH, Urt. v. 15.01.2007 – II ZR 245/05; Baumbach/Hopt/*Roth* § 114 Rn. 3; E/B/J/S/*Mayen* § 114 Rn. 6; MünchHdb GesR I/*v. Ditfurth* § 53 Rn. 7 f.).

111 Bei der Besetzung der Geschäftsführung der OHG und KG gilt der **Grundsatz der Selbstorganschaft**. Dies bedeutet, dass nur ein Gesellschafter Geschäftsführer sein kann (MüKo HGB/*Rawert* § 114 Rn. 24; MünchHdb GesR II/*Wirth* § 7 Rn. 15). Die organschaftliche Geschäftsführungsbefugnis unterliegt dem **Abspaltungsverbot** (MüKo HGB/*Rawert* § 114 Rn. 24). Das bedeutet, dass die Geschäftsführungsbefugnis nicht vom Gesellschaftsanteil abgespalten und unabhängig vom Gesellschaftsanteil auf einen Dritten übertragen werden kann (Baumbach/Hopt/*Roth* § 114 Rn. 11; MüKo HGB/*Rawert* § 114 Rn. 24; MünchHdb GesR I/*v. Ditfurth* § 53 Rn. 22; MünchHdb GesR II/*Wirth* § 7 Rn. 16). Allerdings kann ein Dritter mit der Ausübung von Geschäftsführungsaufgaben betraut werden, soweit die Planungs- und Entscheidungsbefugnisse über grundsätzliche Fragen der Geschäftsführung den geschäftsführenden Gesellschaftern vorbehalten bleiben und ausreichend Kontroll- und Mitwirkungsrechte bestehen (Baumbach/Hopt/*Roth* § 114 Rn. 11, 24, 25; MünchHdb GesR II/*Wirth* § 7 Rn. 17; MünchHdb GesR I/*v. Ditfurth* § 53 Rn. 23; Heidel/Schall/*Eberl* § 164 Rn. 18).

112 Von der Geschäftsführung ist die **Vertretung der Gesellschaft** zu unterscheiden. Die Geschäftsführung betrifft das Verhältnis der Gesellschafter untereinander; die Vertretung das Verhältnis zu Dritten (Baumbach/Hopt/*Roth* § 114 Rn. 1; Oetker/*Weitemeyer* § 114 Rn. 5). Aufgrund seiner Geschäftsführungsbefugnis ist ein Gesellschafter berechtigt, für die Gesellschaft zu handeln und aufgrund seiner Vertretungsmacht, die Gesellschaft nach außen auch rechtsgeschäftlich zu vertreten (Henssler/Strohn/*Finckh* § 114 Rn. 11). Regelmäßig wird eine Maßnahme sowohl die Geschäftsführungsbefugnis als auch die Vertretungsbefugnis erfordern bzw. betreffen (MünchHdb GesR I/*v. Ditfurth* § 53 Rn. 5; MüKo HGB/*Rawert* § 114 Rn. 7). Dabei ist jede Vertretungshandlung auch Geschäftsführung, nicht aber jede Maßnahme der Geschäftsführung auch Vertretung (MüKo HGB/*Rawert* § 114 Rn. 15; Oetker/*Weitemeyer* § 114 Rn. 5).

113 Nach der gesetzlichen Regel des § 114 Abs. 1 HGB sind alle **Gesellschafter einer OHG** zur Geschäftsführung berechtigt (Baumbach/Hopt/*Roth* § 114 Rn. 4; Henssler/Strohn/*Finckh* § 114 Rn. 12). Es bedarf keiner besonderen Bestellung zum Geschäftsführer (MünchHdb GesR I/*v. Ditfurth* § 53 Rn. 12). Durch gesellschaftsvertragliche Regelung kann von diesem Grundsatz abgewichen und die Geschäftsführung einem oder auch mehreren Gesellschaftern übertragen werden. Die übrigen Gesellschafter sind dann nach der Auslegungsregel des § 114 Abs. 2 HGB von der Geschäftsführung ausgeschlossen (Baumbach/Hopt/*Roth* § 114 Rn. 6; MüKo HGB/*Rawert* § 114 Rn. 19). Sind mehrere oder alle Gesellschafter Geschäftsführer, ist jeder Geschäftsführer nach § 115 Abs. 1 HGB grundsätzlich einzelgeschäftsführungsbefugt (Baumbach/Hopt/*Roth* § 115 Rn. 1; Henssler/Strohn/*Finckh* § 114 Rn. 12; MünchHdb GesR I/*v. Ditfurth* § 53 Rn. 34). § 115 HGB ist dispositiv. Abweichende gesellschaftsvertragliche Regelungen sind möglich (Baumbach/Hopt/*Roth* § 115 Rn. 7; Henssler/Strohn/*Finckh* § 115 Rn. 2).

Bei der **KG** sind die Kommanditisten gem. § 164 Satz 1 HGB grundsätzlich von der Geschäftsführung ausgeschlossen. Die Geschäftsführung einer KG obliegt somit vorbehaltlich abweichender gesellschaftsvertraglicher Regelung den Komplementären (Heidel/Schall/*Eberl* § 164 Rn. 2; Henssler/Strohn/*Gummert* § 164 Rn. 3; Baumbach/Hopt/*Roth* § 164 Rn. 1). Dadurch wird der gesetzestypischen Struktur der KG Rechnung getragen, nach der die Kommanditisten in erster Linie als Kapitalgeber beteiligt sind (Heidel/Schall/*Eberl* § 164 Rn. 2; Henssler/Strohn/*Gummert* § 164 Rn. 1). Die Regelung des § 164 Satz 1 HGB ist dispositiv. Den Kommanditisten kann durch gesellschaftsvertragliche Regelung Geschäftsführungsbefugnis eingeräumt werden (BGH, Urt. v. 09.12.1968 – II ZR 33/67; Heidel/Schall/*Eberl* § 164 Rn. 18; Baumbach/Hopt/*Roth* § 164 Rn. 6; Oetker/*Oetker* § 164 Rn. 37, 38).

114

Gem. § 117 HGB kann die **Geschäftsführungsbefugnis** eines Gesellschafters aus wichtigem Grund **nur durch Gestaltungsklage entzogen** werden (Baumbach/Hopt/*Roth* § 117 Rn. 1; E/B/J/S/*Mayen* § 117 Rn. 1). Im Unterschied dazu kann bei der BGB-Gesellschaft die Entziehung der Geschäftsführungsbefugnis nach § 712 BGB aus wichtigem Grund bereits durch Beschluss der Gesellschafter erfolgen (Henssler/Strohn/*Servatius* § 712 Rn. 1; Baumbach/Hopt/*Roth* § 117 Rn. 1). Die Entziehung der Geschäftsführungsbefugnis in einer Personenhandelsgesellschaft erfolgt der gesetzlichen Regel nach dagegen erst nach gerichtlicher Prüfung (zur Abdingbarkeit des § 117 vgl. unten Rdn. 130 ff.). Sinn und Zweck dieser Regelung ist, Rechtssicherheit zu gewährleisten und den Geschäftsführer vor einer unberechtigten Entziehung seiner Geschäftsführungsbefugnis zu schützen (MüKo HGB/*Jickeli* § 117 Rn. 1; Staub/*Schäfer* § 117 Rn. 2; Oetker/*Weitemeyer* § 117 Rn. 2; E/B/J/S/*Mayen* § 117 Rn. 1).

115

Bei der Geschäftsführungsbefugnis handelt es sich um ein Mitgliedschaftsrecht, das dem Kernbereich der Mitgliedschaft angehört. Die Entziehung der Geschäftsführungsbefugnis durch Gestaltungsurteil stellt daher eine **Änderung des Gesellschaftsvertrags** dar (MüKo HGB/*Jickeli* § 117 Rn. 6; Staub/*Schäfer* § 117 Rn. 58; MünchHdb GesR I/*v. Ditfurth* § 53 Rn. 11).

116

b) Anwendungsbereich des § 117 HGB

aa) Erfasste Gesellschaftsformen

§ 117 HGB gilt für die **OHG** und über § 161 Abs. 2 HGB auch für die **KG** sowie für die **GmbH & Co KG** (BGH, Urt. v. 10.12.2001 – II ZR 139/00; Staub/*Schäfer* § 117 Rn. 3, 4; MüKo HGB/*Jickeli* § 117 Rn. 3, 4; Henssler/Strohn/*Finckh* § 117 Rn. 2). Bei der **GmbH & Co KG** bezieht sich § 117 HGB auf die Geschäftsführungsbefugnis der Komplementär-GmbH (MüKo HGB/*Jickeli* § 117 Rn. 4; Staub/*Schäfer* § 117 Rn. 4; E/B/J/S/*Mayen* § 117 Rn. 2; Henssler/Strohn/*Finckh* § 117 Rn. 2). Dabei ist für den wichtigen Grund auf das Verhalten des GmbH-Geschäftsführers abzustellen, das insofern der GmbH zuzurechnen ist (BGH, Urt. v. 25.04.1983 – II ZR 170/82; MüKo HGB/*Jickeli* § 117 Rn. 4, 13; Staub/*Schäfer* § 117 Rn. 4; E/B/J/S/*Mayen* § 117 Rn. 2). Die Entziehung der Geschäftsführungsbefugnis des Geschäftsführers der Komplementär-GmbH selbst richtet sich nach GmbH-Recht, nicht nach § 117 HGB (MüKo HGB/*Jickeli* § 117 Rn. 4; Staub/*Schäfer* § 117 Rn. 4; Röhricht/v. Westphalen/Haas/*Haas* § 117 Rn. 1). Durch die Abberufung des GmbH-Geschäftsführers kann ggf. die Entziehung der Geschäftsführungsbefugnis der Komplementär-GmbH verhindert werden (Staub/*Schäfer* § 117 Rn. 4; MüKo HGB/*Jickeli* § 117 Rn. 34).

117

bb) Keine Geltung für Publikumsgesellschaften

§ 117 HGB gilt grundsätzlich nicht für Publikumsgesellschaften (BGH, Urt. v. 09.11.1987 – II ZR 100/87 zur Publikums-GbR; Staub/*Schäfer* § 117 Rn. 5, 58; MüKo HGB/*Jickeli* § 117 Rn. 5; Oetker/*Weitemeyer* § 117 Rn. 17). Die Klage auf Entziehung der Geschäftsführungsbefugnis nach § 117 HGB ist gegen den Gesellschafter zu richten, dessen Geschäftsführungsbefugnis entzogen werden soll und grundsätzlich durch alle übrigen Gesellschafter zu erheben (vgl. dazu ausführl. unten Rdn. 135–140; MüKo HGB/*Jickeli* § 117 Rn. 5). Da es bei einer Publikumsgesellschaft praktisch

118

unmöglich wäre, eine Klageerhebung durch alle Gesellschafter und damit die Entziehung der Geschäftsführungsbefugnis zu erreichen, ist § 117 HGB nicht auf Publikumsgesellschaften anwendbar (BGH, Urt. v. 09.11.1987 – II ZR 100/87 zur Publikums-GbR; MüKo HGB/*Jickeli* § 117 Rn. 5; MüKo HGB/*Grunewald* § 161 Rn. 134). Bei einer Publikumsgesellschaft kann der Geschäftsführer aus Gründen des Anlegerschutzes bereits durch Mehrheitsbeschluss (Mehrheit der abgegebenen Stimmen) abberufen werden (BGH, Urt. v. 09.11.1987 – II ZR 100/87; MüKo HGB/*Jickeli* § 117 Rn. 5; Staub/*Schäfer* § 117 Rn. 58; E/B/J/S/*Mayen* § 117 Rn. 15; Oetker/*Weitemeyer* § 117 Rn. 17). Dies gilt auch ohne entsprechende gesellschaftsvertragliche Regelung (Staub/*Schäfer* § 117 Rn. 58).

cc) Keine Geltung in der Liquidation

119 § 117 HGB gilt nicht für die **aufgelöste Gesellschaft** (MüKo HGB/*Jickeli* § 117 Rn. 3; Heymann/*Emmerich* § 117 Rn. 2). Mit der Liquidation der Gesellschaft erlischt die Geschäftsführungsbefugnis der Gesellschafter nach §§ 114 ff. HGB. In der Liquidation steht die Geschäftsführungsbefugnis den **Liquidatoren** zu (MüKo HGB/*K. Schmidt* § 146 Rn. 1; Baumbach/Hopt/Roth § 146 Rn. 1). Die Abberufung der Liquidatoren richtet sich nach § 147 HGB und erfolgt entweder durch einstimmigen Beschluss der Beteiligten oder auf Antrag eines Beteiligten aus wichtigem Grund durch das Gericht (Baumbach/Hopt/*Roth* § 147 Rn. 1, 3; E/B/J/S/*Hillmann* § 147 Rn. 1; Oetker/*Kamanabrou* § 147 Rn. 1). Die gerichtliche Abberufung eines Liquidators setzt wie auch die Entziehung der Vertretungsbefugnis nach § 117 HGB einen wichtigen Grund voraus (dazu vgl. unten Rdn. 125). Allerdings rechtfertigt ein Umstand, der einen wichtigen Grund i. S. d. § 117 HGB darstellt, nicht auch zwingend die Abberufung eines Liquidators nach § 147 HGB und umgekehrt, da die Aufgaben des Geschäftsführers einer werbenden Gesellschaft nicht dem Aufgabenbereich eines Liquidators entsprechen (MüKo HGB/*K. Schmidt* § 147 Rn. 21; Baumbach/Hopt/*Roth* § 147 Rn. 3).

dd) Geltung für organschaftliche Geschäftsführungsbefugnis

120 § 117 HGB gilt für jede Art der organschaftlichen Geschäftsführung von Gesellschaftern (Röhricht/v. Westphalen/Haas/*Haas* § 117 Rn. 1; Henssler/Strohn/*Finckh* § 117 Rn. 2). Erfasst ist somit die gesetzliche und die gesellschaftsvertraglich eingeräumte Geschäftsführungsbefugnis sowie Einzel- und Gesamtgeschäftsführungsbefugnis (Staub/*Schäfer* § 117 Rn. 12; Baumbach/Hopt/*Roth* § 117 Rn. 3; Oetker/*Weitemeyer* § 117 Rn. 7; Röhricht/v. Westphalen/Haas/*Haas* § 117 Rn. 1). § 117 HGB ist auch für die Geschäftsführungsbefugnis eines Gesellschafters anwendbar, die über den gesetzlichen Umfang hinausgeht (E/B/J/S/*Mayen* § 117 Rn. 4: MünchHdb GesR I/*v. Ditfurth* § 55 Rn. 11).

121 Wurde ein Dritter mit Geschäftsführungsaufgaben betraut (vgl. oben Rdn. 111), ist § 117 HGB **nicht anwendbar**, da das Verhältnis dieses Dritten im Unterschied zu den geschäftsführenden Gesellschaftern nicht durch gesellschaftsrechtliche Grundsätze geprägt ist. Die Abberufung richtet sich dann nach dem mit dem Dritten geschlossenen Geschäftsbesorgungsvertrag (BGH, Urt. v. 22.01.1962 – II ZR 11/61; E/B/J/S/*Mayen* § 117 Rn. 3; MüKo HGB/*Jickeli* § 117 Rn. 6).

122 **Prokura und Handlungsvollmachten**, die Gesellschaftern gesellschaftsvertraglich als Sonderrecht eingeräumt wurden, fallen nicht in den Anwendungsbereich des § 117 HGB, sondern können **durch Widerruf** eingezogen werden (BGH, Urt. v. 27.06.1955 – II ZR 232/54; MünchHdb GesR I/*v. Ditfurth* § 55 Rn. 12). Auch die Entziehung sonstiger Rechte eines Gesellschafters, wie Informations- oder Kontrollrechte, werden vom Anwendungsbereich des § 117 HGB nicht erfasst, weder direkt noch analog (MüKo HGB/*Jickeli* § 117 Rn. 9; Oetker/*Weitemeyer* § 117 Rn. 6; MünchHdb GesR I/*v. Ditfurth* § 55 Rn. 12).

ee) Geltung für geschäftsführungsbefugten Kommanditisten

123 Wurde einem Kommanditisten einer KG entgegen der gesetzlichen Regel des § 164 Satz 1 HGB gesellschaftsvertraglich Geschäftsführungsbefugnis eingeräumt, kann diese grundsätzlich nur gem. § 117 HGB aus wichtigem Grund wieder entzogen werden (Oetker/*Oetker* § 164 Rn. 40; Heidel/

Schall/*Eberl* § 164 Rn. 22; MüKo HGB/*Jickeli* § 117 Rn. 3; Baumbach/Hopt/*Roth* § 117 Rn. 3; Röhricht/v. Westphalen/Haas/*Haas* § 117 Rn. 1). Grund dafür ist, dass dem Kommanditisten die Geschäftsführungsbefugnis dann in seiner Eigenschaft als Gesellschafter aufgrund gesellschaftsvertraglicher Erweiterung seiner Gesellschafterrechte zusteht (Heidel/Schall/*Eberl* § 164 Rn. 22). Davon kann durch gesellschaftsvertragliche Regelung abgewichen werden (Heidel/Schall/*Eberl* § 164 Rn. 22; Oetker/*Oetker* § 164 Rn. 40).

ff) Entziehung der Geschäftsführungsbefugnis des einzigen geschäftsführungsbefugten Gesellschafters

Bei einer OHG kann die Entziehungsklage nach § 117 HGB grundsätzlich gegen den einzigen mit Geschäftsführungsbefugnis ausgestatteten Gesellschafter erhoben werden (Staub/*Schäfer* § 117 Rn. 12; Röhricht/v. Westphalen/Haas/*Haas* § 117 Rn. 1; MüKo HGB/*Jickeli* § 117 Rn. 7). Bei einer KG gilt dies auch für den einzigen persönlich haftenden Gesellschafter (BGH, Urt. v. 09.12.1968 – II ZR 33/67; Urt. v. 25.04.1983 – II ZR 170/82; Staub/*Schäfer* § 117 Rn. 12, 20; Röhricht/v. Westphalen/Haas/*Haas* § 117 Rn. 1; E/B/J/S/*Mayen* § 117 Rn. 2). Kommt es zur Entziehung der Geschäftsführungsbefugnis des einzigen geschäftsführungsbefugten Gesellschafters und beinhaltet der Gesellschaftsvertrag für diesen Fall keine vorsorgliche Regelung, sind die Gesellschafter verpflichtet, die Geschäftsführungsbefugnis neu zu regeln (zu den Urteilswirkungen vgl. unten Rdn. 146; Staub/*Schäfer* § 117 Rn. 77; MüKo HGB/*Jickeli* § 117 Rn. 7). Bis zur Neuregelung sind sämtliche Gesellschafter geschäftsführungsbefugt (MüKo HGB/*Jickeli* § 117 Rn. 7; MünchHdb GesR I/*v. Ditfurth* § 55 Rn. 11).

124

c) Wichtiger Grund

aa) Allgemeines

Die Geschäftsführungsbefugnis kann gem. § 117 HGB nur **aus wichtigem Grund** entzogen werden. Ein wichtiger Grund ist gegeben, wenn den Mitgesellschaftern unter Abwägung aller Umstände des Einzelfalls die Geschäftsführung durch den betroffenen Gesellschafter nicht mehr zumutbar ist (MüKo HGB/*Jickeli* § 117 Rn. 28; Staub/*Schäfer* § 117 Rn. 24; Oetker/*Weitemeyer* § 117 Rn. 9; Baumbach/Hopt/*Roth* § 117 Rn. 4). Es muss die Gefahr bestehen, dass die Belange der Gesellschaft bei Fortdauer der jeweiligen Umstände beeinträchtigt werden. Eine Schädigung der Gesellschaft muss noch nicht eingetreten sein (Staub/*Schäfer* § 117 Rn. 24, 28; MüKo HGB/*Jickeli* § 117 Rn. 38). Beispielhaft nennt § 117 Halbs. 2 HGB **grobe Pflichtverletzung** und **Unfähigkeit zur ordnungsgemäßen Geschäftsführung** als wichtigen Grund (vgl. unten Rdn. 126, 127). Im Rahmen der Gesamtabwägung sind die jeweiligen Umstände des Einzelfalls umfassend zu würdigen (MüKo HGB/*Jickeli* § 117 Rn. 32; Röhricht/v. Westphalen/Haas/*Haas* § 117 Rn. 6). Schuldhaftes Handeln des Betroffenen wird zwar häufig gegeben sein, ist aber keine zwingende Voraussetzung für das Vorliegen eines wichtigen Grundes (Staub/*Schäfer* § 117 Rn. 26; MüKo HGB/*Jickeli* § 117 Rn. 32; Röhricht/v. Westphalen/Haas/*Haas* § 117 Rn. 2). Zu berücksichtigen sind auch Umstände zugunsten des betroffenen Gesellschafters, wie bspw. besondere Verdienste in der Vergangenheit für die Gesellschaft (Staub/*Schäfer* § 117 Rn. 29; MüKo HGB/*Jickeli* § 117 Rn. 13; Röhricht/v. Westphalen/Haas/*Haas* § 117 Rn. 6). Bei der Gesamtabwägung ist auch das Verhalten der Kläger miteinzubeziehen (MüKo HGB/*Jickeli* § 117 Rn. 36; Staub/*Schäfer* § 117 Rn. 32; Röhricht/v. Westphalen/Haas/*Haas* § 117 Rn. 6). So werden sich die Kläger regelmäßig nicht auf Verstöße des betroffenen Gesellschafters gegen Steuer- oder Strafvorschriften berufen können, wenn sie diese mitgetragen und sogar dazu ermuntert haben (BGH, Urt. v. 17.12.1959 – II ZR 32/59; MüKo HGB/*Jickeli* § 117 Rn. 36; Staub/*Schäfer* § 117 Rn. 32).

125

bb) Grobe Pflichtverletzung

Eine grobe Pflichtverletzung des Geschäftsführers setzt schuldhaftes Verhalten voraus (Staub/*Schäfer* § 117 Rn. 35; MüKo HGB/*Jickeli* § 117 Rn. 47; Oetker/*Weitemeyer* § 117 Rn. 11). Umstritten ist,

126

welchen Grad das Verschulden aufweisen muss (dazu vgl. MüKo HGB/*Jickeli* § 117 Rn. 47). Diese Frage kann jedoch dahinstehen, da der Grad des Verschuldens im Einzelfall im Rahmen der Gesamtabwägung zu berücksichtigen ist (MüKo HGB/*Jickeli* § 117 Rn. 47; Staub/*Schäfer* § 117 Rn. 35). Umso schwerer dabei das Verschulden wiegt, umso eher wird ein wichtiger Grund zu bejahen sein (E/B/J/S/*Mayen* § 117 Rn. 10; Staub/*Schäfer* § 117 Rn. 35). Erforderlich ist, dass die Pflichtverletzung das Vertrauensverhältnis der Gesellschafter zum Geschäftsführer so nachhaltig beeinträchtigt hat, dass die Fortführung der Geschäftsführertätigkeit durch den Betroffenen nicht mehr zumutbar ist (MüKo HGB/*Jickeli* § 117 Rn. 49; Staub/*Schäfer* § 117 Rn. 34). Eine solche grobe Pflichtverletzung kann bspw. bei der Missachtung der Mitwirkungsrechte anderer Gesellschafter, bei Begehung von Straftaten zum Nachteil der Gesellschaft oder auch bei einem Verstoß gegen ein Wettbewerbsverbot zu bejahen sein (MüKo HGB/*Jickeli* § 117 Rn. 51; Oetker/*Weitemeyer* § 117 Rn. 11; E/B/J/S/*Mayen* § 117 Rn. 10; Baumbach/Hopt/*Roth* § 117 Rn. 4).

cc) Unfähigkeit zur ordnungsgemäßen Geschäftsführung

127 Unfähigkeit zur ordnungsgemäßen Geschäftsführung setzt nicht grundsätzlich schuldhaftes Verhalten des Geschäftsführers voraus. Es kommt vielmehr entscheidend darauf an, ob der Geschäftsführer objektiv nicht zur Geschäftsführung geeignet ist (Staub/*Schäfer* § 117 Rn. 38; Röhricht/v. Westphalen/Haas/*Haas* § 117 Rn. 5; E/B/J/S/*Mayen* § 117 Rn. 12; Oetker/*Weitemeyer* § 117 Rn. 13). Unfähigkeit zur Geschäftsführung kann z. B. auf lang andauernder Krankheit oder auch langer Abwesenheit beruhen (MüKo HGB/*Jickeli* § 117 Rn. 57; Oetker/*Weitemeyer* § 117 Rn. 13; Baumbach/Hopt/*Roth* § 117 Rn. 4).

d) Entziehung der Geschäftsführungsbefugnis als ultima ratio

128 Die Entziehung der Geschäftsführungsbefugnis ist als **ultima ratio** grundsätzlich nur dann zulässig, wenn kein **milderes Mittel** dazu geeignet ist, die Störung zu beseitigen (BGH, Urt. v. 25.04.1983 – II ZR 170/82; Staub/*Schäfer* § 117 Rn. 42; Baumbach/Hopt/*Roth* § 117 Rn. 5; Röhricht/v. Westphalen/Haas/*Haas* § 117 Rn. 6). Als milderes Mittel kann z. B. die Beschränkung oder Teilentziehung der Geschäftsführungsbefugnis in Betracht kommen (BGH, Urt. v. 09.12.1968 – II ZR 33/67; MüKo HGB/*Jickeli* § 117 Rn. 19; Staub/*Schäfer* § 117 Rn. 42; Röhricht/v. Westphalen/Haas/*Haas* § 117 Rn. 8). So kann bspw. eine Einzelgeschäftsführungsbefugnis in eine Gesamtgeschäftsführungsbefugnis umgewandelt oder die Geschäftsführungsbefugnis zeitlich oder auch sachlich beschränkt werden (MüKo HGB/*Jickeli* § 117 Rn. 22; Baumbach/Hopt/*Roth* § 117 Rn. 5; Röhricht/v. Westphalen/Haas/*Haas* § 117 Rn. 8; E/B/J/S/*Mayen* § 117 Rn. 14). Die Entziehung der Vertretungsmacht nach § 127 HGB stellt gegenüber der Entziehung der Geschäftsführungsbefugnis kein milderes Mittel dar. Zwischen der Entziehung der Geschäftsführungsbefugnis und der Entziehung der Vertretungsbefugnis besteht **kein Stufenverhältnis** (MüKo HGB/*Jickeli* § 117 Rn. 14; Henssler/Strohn/*Finckh* § 117 Rn. 7). Vielmehr werden in der Praxis häufig beide Verfahren miteinander verbunden, da Geschäftsführungsbefugnis und Vertretungsmacht in der Regel zusammenfallen (dazu vgl. unten Rdn. 141; MüKo HGB/*Jickeli* § 117 Rn. 13; E/B/J/S/*Mayen* § 117 Rn. 18; Baumbach/Hopt/*Roth* § 127 Rn. 1). Regelmäßig, wenn auch nicht zwingend, wird ein Umstand sowohl die Entziehung der Geschäftsführungsbefugnis als auch die Entziehung der Vertretungsbefugnis rechtfertigen (MüKo HGB/*Jickeli* § 117 Rn. 14; Staub/*Schäfer* § 117 Rn. 8). Der Ausschluss eines Gesellschafters nach § 140 HGB sowie die Auflösung der Gesellschaft nach § 133 HGB stellen im Verhältnis zur Entziehung der Geschäftsführungsbefugnis einen stärkeren Eingriff in die Mitgliedschaft dar (MüKo HGB/*Jickeli* § 117 Rn. 15, 17; Henssler/Strohn/*Finckh* § 117 Rn. 8, 9). Die Entziehung der Geschäftsführungsbefugnis nach § 117 HGB kommt daher als milderes Mittel gegenüber den Verfahren nach § 133 HGB und § 140 HGB in Betracht (MüKo HGB/*K. Schmidt* § 140 Rn. 28; MüKo HGB/*Jickeli* § 117 Rn. 15, 17; vgl. unten zu § 133 HGB Rdn. 185, zu § 140 HGB Rdn. 224).

129 Ist die völlige Entziehung der Geschäftsführungsbefugnis beantragt, kommt aber als milderes Mittel eine **Teilentziehung** in Betracht, kann das Gericht nicht von sich aus ohne entsprechenden **Antrag** auf dieses Mittel erkennen. Die vollständige Entziehung der Geschäftsführungsbefugnis und die

teilweise Entziehung stellen grundsätzlich unterschiedliche Streitgegenstände dar. Es ist daher ein entsprechender Antrag erforderlich (BGH, Urt. v. 10.12.2001 – II ZR 139/00; MüKo HGB/*Jickeli* § 117 Rn. 20; Staub/*Schäfer* § 117 Rn. 19; Baumbach/Hopt/*Roth* § 117 Rn. 7; Röhricht/v. Westphalen/Haas/*Haas* § 117 Rn. 9). Ohne entsprechenden Antrag wäre die Klage abzuweisen (Röhricht/v. Westphalen/Haas/*Haas* § 117 Rn. 9; E/B/J/S/*Mayen* § 117 Rn. 24). Das Gericht ist nach § 139 ZPO verpflichtet, auf einen entsprechenden Antrag – ggf. als Hilfsantrag – hinzuwirken (BGH, Urt. v. 06.07.1961 – II ZR 219/58; Staub/*Schäfer* § 117 Rn. 15, 42; Baumbach/Hopt/*Roth* § 117 Rn. 5, 7).

e) Abweichende Regelung

aa) Allgemeines

Die Vorschrift des § 117 HGB ist **weitgehend dispositiv** (Baumbach/Hopt/*Roth* § 117 Rn. 11; Oetker/*Weitemeyer* § 117 Rn. 29; Röhricht/v. Westphalen/Haas/*Haas* § 117 Rn. 21). Die Gesellschafter können sowohl die Voraussetzungen der Entziehung als auch das Entziehungsverfahren durch gesellschaftsvertragliche Regelung erschweren oder erleichtern (MüKo HGB/*Jickeli* § 117 Rn. 79; E/B/J/S/*Mayen* § 117 Rn. 35; Baumbach/Hopt/*Roth* § 117 Rn. 11 f.). Nach h. M. kann das Recht zur Entziehung der Geschäftsführungsbefugnis aus wichtigem Grund nicht vollständig ausgeschlossen werden (Baumbach/Hopt/*Roth* § 117 Rn. 11; E/B/J/S/*Mayen* § 117 Rn. 36; Oetker/*Weitemeyer* § 117 Rn. 29; Röhricht/v. Westphalen/Haas/*Haas* § 117 Rn. 21; Heymann/*Emmerich* § 117 Rn. 25a). Nach a. A. kann die Möglichkeit, die Geschäftsführungsbefugnis aus wichtigem Grund zu entziehen, vollständig ausgeschlossen werden, soweit den übrigen Gesellschaftern die Möglichkeit verbleibt, den betroffenen Gesellschafter nach § 140 HGB aus der Gesellschaft auszuschließen (Staub/*Schäfer* § 117 Rn. 10, 45; MüKo HGB/*Jickeli* § 117 Rn. 79; E/B/J/S/*Mayen* § 117 Rn. 36). Dafür spricht, dass die Gesellschafter bei sittenwidrigem und vorsätzlichem Handeln durch die Haftung des Geschäftsführers geschützt sind, in diesen Fällen regelmäßig auch ein Ausschließungsgrund nach § 140 HGB gegeben sein wird und dem Interesse der Gesellschafter am Erhalt der Gesellschaft Rechnung getragen wird (MüKo HGB/*Jickeli* § 117 Rn. 80). Zum Teil wird zusätzlich gefordert, dass der Ausschluss nach § 140 HGB den Gesellschaftern zumutbar sein und in besonders schwerwiegenden Fällen eine Entziehungsklage möglich sein muss (E/B/J/S/*Mayen* § 117 Rn. 36; Heymann/*Emmerich* § 117 Rn. 25a). Ein solcher Fall sei bspw. anzunehmen, wenn die Abfindung des auszuschließenden Gesellschafters so hoch ist, dass nur die Auflösung der Gesellschaft oder die Tolerierung des Geschäftsführers in Betracht kommt (E/B/J/S/*Mayen* § 117 Rn. 36).

130

bb) Regelung der Entziehungsvoraussetzungen

Durch gesellschaftsvertragliche Regelung können die Anforderungen, die an den wichtigen Grund zu stellen sind, näher definiert werden (Baumbach/Hopt/*Roth* § 117 Rn. 11 f.; K/R/M/*Koller* § 117 Rn. 5). Es kann vereinbart werden, dass bestimmte Umstände entweder grundsätzlich als wichtiger Grund gelten oder auch nicht genügen, um einen wichtigen Grund zu begründen (MüKo HGB/*Jickeli* § 117 Rn. 81; Staub/*Schäfer* § 117 Rn. 45). Nach h. M. ist auch eine Regelung zulässig, nach der eine Abberufung des Geschäftsführers ohne wichtigen Grund möglich ist (BGH, Urt. v. 23.10.1972 – II ZR 31/70; Röhricht/v. Westphalen/Haas/*Haas* § 117 Rn. 22; MüKo HGB/*Jickeli* § 117 Rn. 82; a. A. Heidel/Schall/*Psaroudakis* § 117 Rn. 5). Die Abberufung erfolgt in einem solchen Fall dann durch Gesellschafterbeschluss (Röhricht/v. Westphalen/Haas/*Haas* § 117 Rn. 22).

131

cc) Entziehung der Geschäftsführungsbefugnis durch Entziehungsbeschluss

Nicht selten regelt der Gesellschaftsvertrag auch das Verfahren zur Entziehung der Geschäftsführungsbefugnis. Das Entziehungsverfahren nach § 117 HGB kann erleichtert werden, indem das Klageerfordernis durch einen Beschluss der Gesellschafter ersetzt wird, den sog. **Entziehungsbeschluss** (BGH, Urt. v. 17.12.1959 – II ZR 32/59 zu § 140 HGB; Baumbach/Hopt/*Roth* § 117 Rn. 12). Dabei kann Einstimmigkeit, qualifizierte oder auch einfache Mehrheit vereinbart werden (MüKo HGB/*Jickeli* § 117 Rn. 83; Baumbach/Hopt/*Roth* § 117 Rn. 12). Der Gesellschafterbeschluss hat

132

konstitutive Wirkung. Eine Klage nach § 117 HGB ist dann nicht erforderlich (Röhricht/v. Westphalen/Haas/*Haas* § 117 Rn. 24). Die Geschäftsführungsbefugnis endet mit wirksamer Beschlussfassung (Oetker/*Weitemeyer* § 117 Rn. 31; Henssler/Strohn/*Finckh* § 117 Rn. 44). Dies setzt die Mitteilung an den Betroffenen voraus (zu § 140 vgl. BGH, Urt. v. 17.12.1959 – II ZR 32/59; Baumbach/Hopt/*Roth* § 117 Rn. 12; MüKo HGB/*Jickeli* § 117 Rn. 83). Für eine solche Regelung kann sprechen, dass bei groben Verfehlungen des Geschäftsführers die Fortführung der Geschäftsführung durch den jeweiligen Geschäftsführer bis zur rechtskräftigen Entscheidung im Interesse der Gesellschaft schwer erträglich sein wird (BGH, Urt. v. 20.12.1982 – II ZR 110/82). Bei der Beschlussfassung ist der betroffene Gesellschafter vom Stimmrecht ausgeschlossen (BGH, Urt. v. 09.11.1987 – II ZR 100/87; Oetker/*Weitemeyer* § 117 Rn. 31; Röhricht/v. Westphalen/Haas/*Haas* § 117 Rn. 24; Henssler/Strohn/*Finckh* § 117 Rn. 44; E/B/J/S/*Mayen* § 117 Rn. 39; nach MüKo HGB/*Jickeli* § 117 Rn. 83 Ausschluss vom Stimmrecht nur bei Vorliegen eines wichtigen Grundes). Der abberufene Geschäftsführer kann sich gegen die Entziehung der Geschäftsführungsbefugnis mit einer Klage auf Feststellung der Nichtigkeit des Entziehungsbeschlusses wehren (zu Beschlussmängelstreitigkeiten vgl. oben Rdn. 81 ff.; BGH, Urt. v. 09.11.1987 – II ZR 100/87 zur GbR; MüKo HGB/*Jickeli* § 117 Rn. 83; Oetker/*Weitemeyer* § 117 Rn. 31). Für diese Klage kann gesellschaftsvertraglich eine Frist vorgesehen werden (Röhricht/v. Westphalen/Haas/*Haas* § 117 Rn. 24; Heidel/Schall/*Psaroudakis* § 117 Rn. 6). Bei der Beurteilung, ob ein wichtiger Grund vorliegt, kommt es dabei maßgeblich auf den Zeitpunkt der Abberufungsentscheidung an. Ein Nachschieben von Gründen in dem gerichtlichen Verfahren würde ansonsten dazu führen, dass nicht mehr die Gesellschafterversammlung als zuständiges Organ die Gründe abwägen und über die Abberufung entscheiden würde (BGH, Urt. v. 29.03.1973 – II ZR 20/71; OLG Köln, Urt. v 30.08.2007 – 18 U 57/07). Die Möglichkeit, die Rechtmäßigkeit der Abberufung durch Feststellungsklage gerichtlich prüfen zu lassen, kann nicht ausgeschlossen werden (MüKo HGB/*Jickeli* § 117 Rn. 83; Baumbach/Hopt/*Roth* § 117 Rn. 12; Röhricht/v. Westphalen/Haas/*Haas* § 117 Rn. 24).

dd) Klageerhebung nur nach Gesellschafterbeschluss

133 Die Entscheidung, Entziehungsklage nach § 117 HGB zu erheben, kann durch gesellschaftsvertragliche Regelung an einen Gesellschafterbeschluss gebunden werden (Staub/*Schäfer* § 117 Rn. 72; MüKo HGB/*Jickeli* § 117 Rn. 85; Oetker/*Weitemeyer* § 117 Rn. 30; Röhricht/v. Westphalen/Haas/*Haas* § 117 Rn. 23). Dieser Beschluss kann je nach Vereinbarung mit qualifizierter oder einfacher Mehrheit gefasst werden (Baumbach/Hopt/*Roth* § 117 Rn. 11). Auch wenn dieser Beschluss dem Gesellschaftsvertrag entsprechend durch Mehrheitsentscheidung gefasst werden kann, ist dennoch eine Klageerhebung durch alle übrigen Gesellschafter erforderlich (vgl. Rdn. 135; Röhricht/v. Westphalen/Haas/*Haas* § 117 Rn. 23; Staub/*Schäfer* § 117 Rn. 63, 72). Die Pflicht der Minderheit zur Mitwirkung bei der Klageerhebung ergibt sich aus dem gefassten Beschluss (Staub/*Schäfer* § 117 Rn. 63, 72; Röhricht/v. Westphalen/Haas/*Haas* § 117 Rn. 23).

f) Das Entziehungsverfahren

aa) Klageart und Klageantrag

134 Die Klage auf Entziehung der Geschäftsführungsbefugnis ist **Gestaltungsklage** (Röhricht/v. Westphalen/Haas/*Haas* § 117 Rn. 11) und auf Änderung des Gesellschaftsvertrags gerichtet (Staub/*Schäfer* § 117 Rn. 58). Der Antrag lautet auf Entziehung der Geschäftsführungsbefugnis (E/B/J/S/*Mayen* § 117 Rn. 18; Oetker/*Weitemeyer* § 117 Rn. 16).

bb) Parteien des Verfahrens

(1) Kläger

135 Die Entziehungsklage ist **durch alle übrigen Gesellschafter** zu erheben, also durch sämtliche Gesellschafter, bis auf den Beklagten (BGH, Urt. v. 14.04.1975 – II ZR 16/73; Staub/*Schäfer* § 117

Rn. 49; Röhricht/v. Westphalen/Haas/*Haas* § 117 Rn. 11). Dies gilt auch für Gesellschafter, die von der Geschäftsführung ausgeschlossen sind (MüKo HGB/*Jickeli* § 117 Rn. 659; Baumbach/Hopt/*Roth* § 117 Rn. 6; E/B/J/S/*Mayen* § 117 Rn. 15). Bei der KG erfasst dies auch die Kommanditisten (Baumbach/Hopt/*Roth* § 117 Rn. 6). Grund dafür ist, dass es sich bei der Erhebung der Entziehungsklage nicht um eine Maßnahme der Geschäftsführung, sondern um ein Grundlagengeschäft handelt (Oetker/*Weitemeyer* § 117 Rn. 17; E/B/J/S/*Mayen* § 117 Rn. 15). Dieser Grundsatz gilt daher auch bei Gefahr im Verzug (MüKo HGB/*Jickeli* § 117 Rn. 59; Baumbach/Hopt/*Roth* § 117 Rn. 6; Oetker/*Weitemeyer* § 117 Rn. 17). Nach h. M. genügt es aus Gründen der Prozessökonomie, wenn sich ein Gesellschafter bindend mit der Klageerhebung einverstanden erklärt und das Ergebnis des Rechtsstreits als verbindlich akzeptiert (BGH, Urt. v. 18.10.1976 – II ZR 98/75 zu § 140 HGB; MüKo HGB/*Jickeli* § 117 Rn. 61; Staub/*Schäfer* § 117 Rn. 52; Röhricht/v. Westphalen/Haas/*Haas* § 117 Rn. 11; Baumbach/Hopt/*Roth* § 117 Rn. 7). Dabei handelt es sich um einen Fall **gewillkürter Prozessstandschaft** (MüKo HGB/*Jickeli* § 117 Rn. 61; Staub/*Schäfer* § 117 Rn. 52; Röhricht/v. Westphalen/Haas/*Haas* § 117 Rn. 11; E/B/J/S/*Mayen* § 117 Rn. 20). Die Mitwirkung sämtlicher Gesellschafter bis auf den Betroffenen ist Voraussetzung dafür, dass das stattgebende Urteil den Gesellschaftsvertrag umgestaltet (zur Urteilswirkung vgl. unten Rdn. 145; Staub/*Schäfer* § 117 Rn. 51; Röhricht/v. Westphalen/Haas/*Haas* § 117 Rn. 11a; MüKo HGB/*Jickeli* § 117 Rn. 59). Die Klageerhebung bzw. Zustimmung zur Klageerhebung ersetzt die Zustimmung zur Vertragsänderung (Staub/*Schäfer* § 117 Rn. 51).

Die klagenden Gesellschafter sind **notwendige Streitgenossen nach § 62 ZPO**, da ihnen gegenüber nur einheitlich entschieden werden kann (MüKo HGB/*Jickeli* § 117 Rn. 67; Staub/*Schäfer* § 117 Rn. 63; Baumbach/Hopt/*Roth* § 117 Rn. 7). Die übrigen Gesellschafter sind nur gemeinsam klagebefugt (MüKo HGB/*Jickeli* § 117 Rn. 67). Klagt ein Gesellschafter nicht, genügt der Nachweis, dass dieser die anderen Gesellschafter zur Klageerhebung ermächtigt hat (vgl. oben Rdn. 135; Oetker/*Weitemeyer* § 117 Rn. 22; MüKo HGB/*Jickeli* § 117 Rn. 67). Wirken nicht alle Gesellschafter bei der Klageerhebung mit, ist die Klage als unzulässig abzuweisen (BGH, Urt. v. 15.06.1959 – II ZR 44/58; Staub/*Schäfer* § 117 Rn. 63; Oetker/*Weitemeyer* § 117 Rn. 22). Dies gilt auch dann, wenn die Klage durch einen Kläger während des Verfahrens zurückgenommen wird (E/B/J/S/*Mayen* § 117 Rn. 20).

136

Liegt ein wichtiger Grund vor und ist die Klageerhebung persönlich zumutbar, sind die Gesellschafter in der Regel aufgrund ihrer gesellschafterlichen Treuepflicht zur **Mitwirkung** bei der Klageerhebung verpflichtet (BGH, Urt. v. 09.11.1987 – II ZR 100/87; Urt. v. 25.04.1983 – II ZR 170/82; MüKo HGB/*Jickeli* § 117 Rn. 62; Staub/*Schäfer* § 117 Rn. 53; Röhricht/v. Westphalen/Haas/*Haas* § 117 Rn. 12; Oetker/*Weitemeyer* § 117 Rn. 18). Persönliche Unzumutbarkeit kann bspw. bei verwandtschaftlichen Beziehungen der Fall sein (MüKo HGB/*Jickeli* § 117 Rn. 62).

137

Die Mitwirkungspflicht kann durch **Leistungsklage auf Zustimmung** zur Erhebung der Entziehungsklage durchgesetzt werden. Diese kann aus prozessökonomischen Gründen mit der Entziehungsklage verbunden werden (BGH, Urt. v. 25.04.1983 – II ZR 170/82; Urt. v. 14.04.1975 – II ZR 16/73; MüKo HGB/*Jickeli* § 117 Rn. 63, 64; Staub/*Schäfer* § 117 Rn. 54, 55; Röhricht/v. Westphalen/Haas/*Haas* § 117 Rn. 13). Das rechtskräftige Urteil ersetzt dann nach § 894 ZPO die Zustimmungserklärung zur Klageerhebung (BGH, Urt. v. 25.04.1983 – II ZR 170/82; Staub/*Schäfer* § 117 Rn. 54; Oetker/*Weitemeyer* § 117 Rn. 18). Die Zustimmungsklage muss nicht gemeinschaftlich durch die übrigen Gesellschafter erhoben werden. Da insofern ein Individualanspruch durchgesetzt wird, genügt die Klage eines einzelnen Gesellschafters (BGH, Urt. v. 14.04.1975 – II ZR 16/73; Oetker/*Weitemeyer* § 117 Rn. 18; E/B/J/S/*Mayen* § 117 Rn. 16). Wird die Leistungsklage auf Zustimmung zur Erhebung der Entziehungsklage abgewiesen, ist die Prozessvoraussetzung der Klageerhebung durch die übrigen Gesellschafter nicht erfüllt. Die Entziehungsklage ist daher als unzulässig abzuweisen. Eine erneute Klage auf Entziehung der Geschäftsführungsbefugnis unter Mitwirkung aller übrigen Gesellschafter bleibt möglich (Staub/*Schäfer* § 117 Rn. 56).

138

(2) Beklagter

139 Die Klage ist gegen den Gesellschafter zu richten, dessen Geschäftsführungsbefugnis entzogen werden soll (Oetker/*Weitemeyer* § 117 Rn. 19; Röhricht/v. Westphalen/Haas/*Haas* § 117 Rn. 11; E/B/J/S/*Mayen* § 117 Rn. 18). Die Entziehungsklage kann **zugleich gegen mehrere** Gesellschafter gerichtet werden. Ein sachlicher Zusammenhang oder derselbe wichtige Grund ist dabei nicht erforderlich (MüKo HGB/*Jickeli* § 117 Rn. 60; Oetker/*Weitemeyer* § 117 Rn. 23; Röhricht/v. Westphalen/Haas/*Haas* § 117 Rn. 14; E/B/J/S/*Mayen* § 117 Rn. 21). Ein solches Vorgehen birgt das Risiko, dass die Abweisung der Klage gegen einen Geschäftsführer bzw. Beklagten als unbegründet dazu führt, dass die anderen Klagen auf Entziehung der Geschäftsführungsbefugnis dann als unzulässig abzuweisen sind, da es auf Klägerseite dann an der Mitwirkung aller »übrigen« Gesellschafter fehlt (Röhricht/v. Westphalen/Haas/*Haas* § 117 Rn. 14; Staub/*Schäfer* § 117 Rn. 57; Oetker/*Weitemeyer* § 117 Rn. 23). Dies kann vermieden werden, indem hilfsweise die Mitwirkung an der Entziehungsklage der jeweils anderen von der Entziehung betroffenen Gesellschafter beantragt wird (MüKo HGB/*Jickeli* § 117 Rn. 60; Staub/*Schäfer* § 117 Rn. 57).

140 Bei einer **GmbH & Co KG** ist die Entziehungsklage **gegen die Komplementär-GmbH** zu richten (dazu ausführlich vgl. oben Rdn. 117; MüKo HGB/*Jickeli* § 117 Rn. 4; Röhricht/v. Westphalen/Haas/*Haas* § 117 Rn. 1).

cc) Klageverbindung

141 Die Klage auf Entziehung der Geschäftsführungsbefugnis kann mit einer Klage auf Entziehung der Vertretungsbefugnis nach § 127 HGB, auf Auflösung der Gesellschaft nach § 133 HGB oder mit einer Ausschließungsklage nach § 140 HGB verbunden werden (Oetker/*Weitemeyer* § 117 Rn. 23; Röhricht/v. Westphalen/Haas/*Haas* § 117 Rn. 15). Fällt die Geschäftsführungsbefugnis mit der Vertretungsbefugnis zusammen und soll der betroffene Gesellschafter insgesamt seiner Organstellung enthoben werden, ist die Klage nach § 117 HGB mit der Klage auf Entziehung der Vertretungsbefugnis nach § 127 HGB zu verbinden (Staub/*Schäfer* § 117 Rn. 8; Staub/*Habersack* § 127 Rn. 3). Häufig, wenn auch nicht zwingend, wird derselbe Grund die Entziehung der Geschäftsführungs- und der Vertretungsbefugnis rechtfertigen (Staub/*Schäfer* § 117 Rn. 8; MüKo HGB/*Jickeli* § 117 Rn. 14). Wurde nur ein Antrag nach § 117 HGB oder nur ein Antrag nach § 127 HGB gestellt, so hat das Gericht nach § 139 ZPO auf Klarstellung hinzuwirken, ob die Entziehung sowohl der Geschäftsführungsbefugnis als auch der Vertretungsbefugnis beabsichtigt ist (Staub/*Schäfer* § 117 Rn. 8; Staub/*Habersack* § 127 Rn. 3). Kommt die Entziehung der Geschäftsführungsbefugnis gegenüber der Auflösung der Gesellschaft oder der Ausschließung des betroffenen Gesellschafters als milderes Mittel in Betracht, kann die Klage nach § 117 HGB als **Hilfsantrag** mit der Auflösungsklage nach § 133 HGB oder der Ausschließungsklage nach § 140 HGB verbunden werden (MüKo HGB/*Jickeli* § 117 Rn. 66, Staub/*Schäfer* § 117 Rn. 6; Röhricht/v. Westphalen/Haas/*Haas* § 117 Rn. 15; vgl. unten zu § 133 HGB Rdn. 185, 186, zu § 140 HGB Rdn. 224, 225).

dd) Zuständigkeit

142 Der Gerichtsstand richtet sich nach allgemeinen Regeln (§§ 12, 22 ZPO) (MüKo HGB/*Jickeli* § 117 Rn. 65; E/B/J/S/*Mayen* § 117 Rn. 19). Eine ausschließliche Zuständigkeit ist nicht vorgesehen (Staub/*Schäfer* § 117 Rn. 60).

ee) Frist

143 Die Entziehungsklage unterliegt grundsätzlich **keiner Klagefrist**. Allerdings kann langes Abwarten gegen die Unzumutbarkeit der Geschäftsführung durch den Betroffenen und damit gegen einen wichtigen Grund sprechen oder zu einer Verwirkung des Klagerechts führen (MüKo HGB/*Jickeli* § 117 Rn. 65; Staub/*Schäfer* § 117 Rn. 59; Röhricht/v. Westphalen/Haas/*Haas* § 117 Rn. 11a; E/B/J/S/*Mayen* § 117 Rn. 19).

ff) Darlegungs- und Beweislast

Die Darlegungs- und Beweislast für das Vorliegen eines wichtigen Grundes obliegt grundsätzlich den Klägern (E/B/J/S/*Mayen* § 117 Rn. 9; Henssler/Strohn/*Finckh* § 117 Rn. 17).

g) Urteil und Urteilswirkungen

Liegt ein wichtiger Grund als ultima ratio vor, ist die Klage begründet. Das Gericht hat insoweit keinen Ermessensspielraum. Der Klage ist stattzugeben (Baumbach/Hopt/*Roth* § 117 Rn. 7; Oetker/*Weitemeyer* § 117 Rn. 24; E/B/J/S/*Mayen* § 117 Rn. 24). Das der Klage stattgebende Urteil entzieht als **Gestaltungsurteil** mit Rechtskraft die Geschäftsführungsbefugnis je nach Antragstellung ganz oder teilweise und ändert damit den Gesellschaftsvertrag (MüKo HGB/*Jickeli* § 117 Rn. 74; Staub/*Schäfer* § 117 Rn. 58, 65; Oetker/*Weitemeyer* § 117 Rn. 24; Röhricht/v. Westphalen/Haas/ *Haas* § 117 Rn. 11a, 16). Das Urteil wirkt nicht nur zwischen den Parteien sondern gegenüber jedermann. Wird für den beklagten Gesellschafter durch Entziehung der Geschäftsführungsbefugnis der Verbleib in der Gesellschaft unzumutbar, hat er die Möglichkeit, **Auflösungsklage nach § 133 HGB** zu erheben (Staub/*Schäfer* § 117 Rn. 58). Wurde eine feste Vergütung vereinbart, so entfällt mit der Entziehung der Geschäftsführungsbefugnis regelmäßig auch der Vergütungsanspruch des betroffenen Gesellschafters (MüKo HGB/*Jickeli* § 117 Rn. 75; Oetker/*Weitemeyer* § 117 Rn. 27; Baumbach/Hopt/*Roth* § 117 Rn. 9). Etwas anderes gilt, wenn die Vergütung nicht klar von dem Gewinnanspruch abgrenzbar geregelt ist. In einem solchen Fall ist regelmäßig eine Änderung des Gesellschaftsvertrages erforderlich (MüKo HGB/*Jickeli* § 117 Rn. 75; Oetker/*Weitemeyer* § 117 Rn. 27; E/B/J/S/*Mayen* § 117 Rn. 29). Die Änderung des Gesellschaftsvertrages kann mit Leistungsklage durchgesetzt werden (MüKo HGB/*Jickeli* § 117 Rn. 75; E/B/J/S/*Mayen* § 117 Rn. 29). Bis zur rechtskräftigen Entscheidung bleibt die Geschäftsführungsbefugnis des beklagten Gesellschafters unberührt (Staub/*Schäfer* § 117 Rn. 2).

Die Entziehung der Geschäftsführungsbefugnis betrifft allein den beklagten Gesellschafter. Das Gericht gestaltet die Geschäftsführung der Gesellschaft nicht neu. Dem Gericht steht somit nur eine negative Eingriffsbefugnis hinsichtlich der Geschäftsführungsbefugnis des beklagten Gesellschafters zu. Darüber hinaus besteht **keine positive Gestaltungsbefugnis** (MüKo HGB/*Jickeli* § 117 Rn. 74; Staub/*Schäfer* § 117 Rn. 66; E/B/J/S/*Mayen* § 117 Rn. 30). Die Geschäftsführungsbefugnis anderer Gesellschafter bleibt unberührt (MüKo HGB/*Jickeli* § 117 Rn. 76; Staub/*Schäfer* § 117 Rn. 77). Durch die Entziehung der Geschäftsführungsbefugnis kann eine **Neuordnung der Geschäftsführungsbefugnis** durch Vereinbarung der Gesellschafter erforderlich werden (Staub/*Schäfer* § 117 Rn. 77; Röhricht/v. Westphalen/Haas/*Haas* § 117 Rn. 19). Dies ist dann der Fall, wenn dem einzigen zur Geschäftsführung befugten Gesellschafter die Geschäftsführungsbefugnis entzogen wird oder wenn nach Entziehung der Geschäftsführungsbefugnis eine mehreren Gesellschaftern eingeräumte Gesamtbefugnis nicht mehr in erforderlicher Anzahl durch die verbleibenden Geschäftsführer ausgeübt werden kann (Staub/*Schäfer* § 117 Rn. 77; MüKo HGB/*Jickeli* § 117 Rn. 76; Baumbach/ Hopt/*Roth* § 117 Rn. 10; Oetker/*Weitemeyer* § 117 Rn. 28). Aufgrund der gesellschafterlichen Treuepflicht sind die Gesellschafter dazu verpflichtet, an der Neuordnung der Geschäftsführungsbefugnis mitzuwirken (MüKo HGB/*Jickeli* § 117 Rn. 77; Oetker/*Weitemeyer* § 117 Rn. 28; Röhricht/v. Westphalen/Haas/*Haas* § 117 Rn. 19). Die Pflicht zur Mitwirkung kann durch Klage auf Zustimmung durchgesetzt werden. Diese Klage kann mit der Entziehungsklage verbunden werden (Staub/*Schäfer* § 117 Rn. 82; MüKo HGB/*Jickeli* § 117 Rn. 77; Henssler/Strohn/*Finckh* § 117 Rn. 40). Erfolgt keine Neuordnung der Geschäftsführung, kann jeder Gesellschafter die Ausschließung des sich der Neuordnung verweigernden Gesellschafters nach § 140 HGB oder die Auflösung der Gesellschaft nach § 133 HGB geltend machen (Baumbach/Hopt/*Roth* § 117 Rn. 10; Oetker/*Weitemeyer* § 117 Rn. 28; Henssler/Strohn/*Finckh* § 117 Rn. 41). Bis zur Neuordnung steht die Geschäftsführungsbefugnis sämtlichen Gesellschaftern, also auch dem von der Entziehungsklage betroffenen Gesellschafter, gemeinsam zu (BGH, Urt. v. 25.05.1964 – II ZR 42/62; Urt. v. 11.07.1960 – II ZR 260/59; Staub/*Schäfer* § 117 Rn. 78; MüKo HGB/*Jickeli* § 117 Rn. 78; Röhricht/v. Westphalen/Haas/*Haas* § 117 Rn. 19). Dies gilt bei einer KG auch für die Kommanditisten (MüKo HGB/*Jickeli* § 117

Rn. 78). Sind mehrere Gesellschafter Einzelgeschäftsführer und wird einem von ihnen die Geschäftsführungsbefugnis entzogen, besteht die Geschäftsführungsbefugnis der übrigen geschäftsführungsbefugten Gesellschafter unverändert fort. Es kommt dann nicht zur Gesamtgeschäftsführungsbefugnis sämtlicher Gesellschafter (Staub/*Schäfer* § 117 Rn. 77; Heymann/*Emmerich* § 117 Rn. 23).

h) Einstweiliger Rechtsschutz

147 Da die Geschäftsführungsbefugnis des beklagten Gesellschafters bis zum Erlass eines rechtskräftigen Klage stattgebenden Urteils bestehen bleibt, besteht häufig ein Bedürfnis danach, eine vorläufige Regelung hinsichtlich der Geschäftsführungsbefugnis zu treffen. Durch **einstweilige Verfügung** nach §§ 935, 940 ZPO kann die Geschäftsführungsbefugnis vorläufig ganz oder teilweise entzogen oder auch ein Dritter vorläufig als Geschäftsführer bestellt werden (Baumbach/Hopt/*Roth* § 117 Rn. 7; MüKo HGB/*Jickeli* § 117 Rn. 69 f.; Oetker/*Weitemeyer* § 117 Rn. 25; Röhricht/v. Westphalen/Haas/*Haas* § 117 Rn. 17). Der Antrag ist grundsätzlich durch alle »übrigen« Gesellschafter bzw. mit Zustimmung aller Gesellschafter zu stellen (MüKo HGB/*Jickeli* § 117 Rn. 71; Staub/*Schäfer* § 117 Rn. 68; E/B/J/S/*Mayen* § 117 Rn. 25). Verweigert ein Gesellschafter treuwidrig seine Mitwirkung, kann - wie auch im Hauptsacheverfahren - der Antrag mit einer Leistungsklage auf Zustimmung verbunden werden (vgl. oben Rdn. 137, 138; MüKo HGB/*Jickeli* § 117 Rn. 71). Im Übrigen ist auf die allgemeinen Regeln des einstweiligen Rechtsschutzes zu verweisen (MüKo HGB/*Jickeli* § 117 Rn. 69).

148 Wurde dem Geschäftsführer die Geschäftsführungsbefugnis durch Gesellschafterbeschluss wirksam entzogen (vgl. oben Rdn. 132) und hat der Geschäftsführer Klage auf Feststellung der Nichtigkeit des Entziehungsbeschlusses erhoben, kann der von der Entziehung betroffene Geschäftsführer bis zur endgültigen Klärung der Wirksamkeit seiner Abberufung einstweiligen Rechtsschutz begehren (OLG Köln, Beschl. v. 14.07.1976 – 2 U 7/76; Staub/*Schäfer* § 117 Rn. 70; Oetker/*Weitemeyer* § 117 Rn. 25).

2. Klage auf Entziehung der Vertretungsmacht nach § 127 HGB

a) Einleitung

149 Die Vertretung der OHG ist in §§ 125 bis 127 HGB geregelt. § 125 HGB gilt gem. § 161 Abs. 2 HGB für die persönlich haftenden Gesellschafter (Komplementäre) einer KG (MüKo HGB/*K. Schmidt* § 125 Rn. 2). Die Kommanditisten sind gem. § 170 HGB zwingend von der organschaftlichen Vertretung ausgeschlossen (Staub/*Habersack* § 125 Rn. 2; Heidel/Schall/*Eberl* § 170 Rn. 1, 2). Vertretungsmacht ist die Befugnis, die Gesellschaft gegenüber Dritten rechtsgeschäftlich zu binden (Baumbach/Hopt/*Roth* § 125 Rn. 1).

150 Grundsätzlich steht die Vertretungsbefugnis gem. § 125 Abs. 1 HGB jedem Gesellschafter zu, sofern er nicht aufgrund gesellschaftsvertraglicher Regelung von der Vertretung ausgeschlossen ist. § 125 Abs. 1 HGB normiert den **Grundsatz der Einzelvertretungsbefugnis**. Dies bedeutet, dass der Vertreter seine Vertretungsmacht unabhängig von der Mitwirkung anderer Gesellschafter ausüben kann (Baumbach/Hopt/*Roth* § 125 Rn. 10; Oetker/*Boesche* § 125 Rn. 14; MünchHdb GesR I/*v. Ditfurth* § 54 Rn. 17). Nach § 125 Abs. 2 HGB kann gesellschaftsvertraglich vereinbart werden, dass die Gesellschaft nur durch alle Gesellschafter gemeinschaftlich vertreten werden kann, sog. **Gesamtvertretung** (Baumbach/Hopt/*Roth* § 125 Rn. 16; MünchHdb GesR I/*v. Ditfurth* § 54 Rn. 25). Wurde Gesamtvertretung vereinbart, kann nach § 125 Abs. 3 HGB auch Vertretung durch einen oder mehrere zur Vertretung befugte Gesellschafter mit einem oder mehreren Prokuristen angeordnet werden, sog. **gemischte Gesamtvertretung** (Baumbach/Hopt/*Roth* § 125 Rn. 19; MünchHdb GesR I/*v. Ditfurth* § 54 Rn. 29).

151 Bei der Vertretungsbefugnis nach §§ 125 ff. HGB handelt es sich um eine **organschaftliche Vertretung** (Staub/*Habersack* § 125 Rn. 4). Dies bedeutet, dass die Gesellschaft durch ihre organschaftlichen Vertreter wie eine juristische Person handelt (Oetker/*Boesche* § 125 Rn. 3; MünchHdb GesR

I/*v. Ditfurth* § 54 Rn. 3). Die Anwendbarkeit der §§ 164 ff. BGB ist anerkannt. Der Gesellschafter muss daher erkennbar im Namen der Gesellschaft handeln und vertretungsberechtigt sein (MüKo HGB/*K. Schmidt* § 125 Rn. 3; Oetker/*Boesche* § 125 Rn. 3). Handelt ein nicht zur Vertretung Berechtigter, sind §§ 177 ff. BGB anwendbar, sofern der Geschäftsgegner nicht auf § 15 HGB vertraut hat oder nach allgemeinen bürgerlich-rechtlichen Grundsätzen auf die Vertretungsmacht des Handelnden (Anscheins- oder Duldungsvollmacht) vertrauen durfte (MüKo HGB/*K. Schmidt* § 125 Rn. 3; Henssler/Strohn/*Steitz* § 125 Rn. 6). Nach dem **Grundsatz der Selbstorganschaft** können bei der OHG nur Gesellschafter die Gesellschaft organschaftlich vertreten; bei der KG nur persönlich haftende Gesellschafter (Baumbach/Hopt/*Roth* § 125 Rn. 5; Heidel/Schall/*Freitag/Seeger* § 125 Rn. 3). Daher ist es unzulässig, wenn alle (persönlich haftenden) Gesellschafter von der Vertretung ausgeschlossen werden oder die (persönlich haftenden) Gesellschafter nicht ohne Mitwirkung Dritter die Gesellschaft vertreten können (MüKo HGB/*K. Schmidt* § 125 Rn. 6; MünchHdb GesR I/*v. Ditfurth* § 54 Rn. 12; Heidel/Schall/*Freitag/Seeger* § 125 Rn. 3). Der Grundsatz der Selbstorganschaft findet seine Berechtigung in der persönlichen Haftung der Gesellschafter (Baumbach/Hopt/Roth § 125 Rn. 5; MünchHdb GesR I/*v. Ditfurth* § 54 Rn. 12).

Nach § 127 HGB kann die Vertretungsmacht eines Gesellschafters aus wichtigem Grund gegen seinen Willen grundsätzlich nur durch gerichtliche Entscheidung entzogen werden (Heidel/Schall/*Freitag/Seeger* § 127 Rn. 2; E/B/J/S/*Hillmann* § 127 Rn. 1). Im Unterschied zur BGB-Gesellschaft, bei der die Vertretungsmacht gem. §§ 715, 712 Abs. 1 BGB durch Gesellschafterbeschluss entzogen werden kann, ist eine Entziehung der Vertretungsbefugnis bei Personenhandelsgesellschaften der gesetzlichen Regel nach somit erst nach einer gerichtlichen Prüfung möglich. 152

Bei der Klage auf Entziehung der Vertretungsbefugnis nach § 127 HGB handelt es sich um eine parallele Regelung zu § 117 HGB (E/B/J/S/*Hillmann* § 127 Rn. 1). Die Klage auf Entziehung der Vertretungsmacht wird in der Praxis häufig mit der **Klage auf Entziehung der Geschäftsführungsbefugnis** nach § 117 HGB verbunden (dazu ausführlich oben Rdn. 141; MüKo HGB/*K. Schmidt* § 127 Rn. 4; Röhricht/v. Westphalen/Haas/*Haas* § 127 Rn. 1; Baumbach/Hopt/*Roth* § 127 Rn. 8; Heidel/Schall/*Freitag/Seeger* § 127 Rn. 2). Es handelt sich dann um einen Fall der **objektiven Klagehäufung** nach § 260 ZPO (MüKo HGB/*K. Schmidt* § 127 Rn. 4; Staub/*Habersack* § 127 Rn. 3). Gründe, die zur Entziehung der Geschäftsführungsbefugnis nach § 117 HGB führen, rechtfertigen regelmäßig, wenn auch nicht zwingend, die Entziehung der Vertretungsbefugnis (E/B/J/S/*Hillmann* § 127 Rn. 3; Baumbach/Hopt/*Roth* § 127 Rn. 6). 153

Die freiwillige Niederlegung der Vertretungsbefugnis ist in § 127 HGB nicht geregelt (Henssler/Strohn/*Steitz* § 127 Rn. 1; Baumbach/Hopt/*Roth* § 127 Rn. 4; Röhricht/v. Westphalen/Haas/*Haas* § 127 Rn. 7). Nach t.v.A. kann der zur Vertretung befugte Gesellschafter analog § 712 Abs. 2 BGB die Vertretungsmacht aus wichtigem Grund einseitig niederlegen (K/R/M/*Koller* § 127 Rn. 4). Nach h. M. ist eine einseitige Niederlegung der Vertretungsbefugnis nicht möglich (MüKo HGB/*K. Schmidt* § 127 Rn. 6; Staub/*Habersack* § 127 Rn. 5; Baumbach/Hopt/*Roth* § 127 Rn. 4; Henssler/Strohn/*Steitz* § 125 Rn. 26). Dagegen kann die Geschäftsführungsbefugnis nach § 105 Abs. 3 HGB i. V. m. § 712 Abs. 2 BGB jederzeit gekündigt werden (Staub/*Habersack* § 127 Rn. 5; MüKo HGB/*K. Schmidt* § 127 Rn. 6). Die Kündigung der Geschäftsführungsbefugnis führt regelmäßig auch zum Erlöschen der Vertretungsbefugnis (MüKo HGB/*K. Schmidt* § 127 Rn. 6; Staub/*Habersack* § 127 Rn. 5; Röhricht/v. Westphalen/Haas/*Haas* § 127 Rn. 7). 154

b) Anwendungsbereich des § 127 HGB

aa) Erfasste Gesellschaftsformen

§ 127 HGB gilt für die **OHG** und für die **KG** (vgl. § 161 Abs. 2 HGB) im Hinblick auf die Komplementäre (BGH, Urt. v. 10.12.2001 – II ZR 139/00; Urt. v. 03.11.1997 – II ZR 353/96; Staub/*Habersack* § 127 Rn. 2; MüKo HGB/*K. Schmidt* § 127 Rn. 2). § 127 HGB erfasst auch die **GmbH & Co KG** (MüKo HGB/*K. Schmid*t § 127 Rn. 2). Bei einer GmbH & Co KG kann der 155

Komplementär-GmbH nach § 127 HGB die Vertretungsbefugnis entzogen werden (Staub/*Habersack* § 127 Rn. 2). Die Entziehung der Vertretungsbefugnis des bzw. der GmbH-Geschäftsführer(s) der Komplementär-GmbH erfolgt nicht nach § 127 HGB, sondern richtet sich nach den Regeln des GmbH-Rechts (MüKo HGB/*K. Schmidt* § 127 Rn. 2; Staub/*Habersack* § 127 Rn. 2). Über die Verweisung des § 7 Abs. 3 PartGG ist § 127 HGB auch auf die **Partnerschaftsgesellschaft** anwendbar (MüKo HGB/*K. Schmidt* § 127 Rn. 2; Staub/*Habersack* § 127 Rn. 2; Oetker/*Boesche* § 127 Rn. 2). Gem. § 1 EWIV-Ausführungsgesetz gilt § 127 HGB auch für die **EWIV** (Staub/*Habersack* § 127 Rn. 2). § 127 HGB gilt nicht für die BGB-Gesellschaft (MüKo HGB/*K. Schmidt* § 127 Rn. 2; Oetker/*Boesche* § 127 Rn. 2). Bei der BGB-Gesellschaft wird die Vertretungsmacht wie auch die Geschäftsführungsbefugnis nach §§ 715, 712 Abs. 1 BGB durch Beschluss der Gesellschafter entzogen. Wurde die Vertretungsbefugnis in Verbindung mit der Geschäftsführungsbefugnis erteilt, so kann sie nach § 715 Halbs. 2 BGB nur mit dieser entzogen werden.

bb) Keine Geltung für Publikumsgesellschaften

156 Das Entziehungsverfahren nach § 127 HGB ist wie auch das Verfahren nach § 117 HGB aus Gründen des Anlegerschutzes nicht auf **Publikumsgesellschaften** anwendbar (vgl. oben Rdn. 118). Bei Publikumsgesellschaften kann die Vertretungsbefugnis bereits durch einfachen Mehrheitsbeschluss entzogen werden (BGH, Urt. v. 09.11.1987 – II ZR 100/87; MüKo HGB/*K. Schmidt* § 127 Rn. 36; Staub/*Habersack* § 127 Rn. 22; Baumbach/Hopt/*Roth* § 127 Rn. 3, Anh. § 177a Rn. 74; E/B/J/S/*Hillmann* § 127 Rn. 23; *Reichert/Winter* BB 1988, 981, 984). Dies gilt auch dann, wenn der Gesellschaftsvertrag kein entsprechendes Beschlussverfahren vorsieht (Staub/*Habersack* § 127 Rn. 2; MüKo HGB/*K. Schmidt* § 127 Rn. 36; Baumbach/Hopt/*Roth* § 127 Rn. 3). Eine gesellschaftsvertragliche Regelung, die insoweit höhere Anforderungen stellt oder gar eine Gestaltungsklage nach § 127 HGB erfordert, ist unwirksam (Oetker/*Boesche* § 127 Rn. 19; E/B/J/S/*Hillmann* § 127 Rn. 23). Grund für die Unanwendbarkeit der Regelung des § 127 HGB auf Publikumsgesellschaften ist, dass es in einer Publikumsgesellschaft kaum möglich ist, sämtliche Gesellschafter auf Klägerseite (dazu vgl. unten Rdn. 169) oder ggf. auf Beklagtenseite am Verfahren zu beteiligen. Dies würde dazu führen, dass die Entziehung der Vertretungsbefugnis praktisch unmöglich wäre und nicht mit dem Sinn und Zweck des § 127 HGB vereinbar (MüKo HGB/*K. Schmidt* § 127 Rn. 36; MüKo HGB/*Grunewald* § 161 Rn. 134; Oetker/*Boesche* § 127 Rn. 19). Wird dem Geschäftsführer einer Publikumsgesellschaft seine Vertretungsbefugnis durch einfachen Mehrheitsbeschluss entzogen, kann er das Vorliegen eines wichtigen Grundes gerichtlich prüfen lassen (E/B/J/S/*Hillmann* § 127 Rn. 23).

cc) Keine Geltung in der Liquidation

157 § 127 HGB findet in der **Liquidation** der Gesellschaft keine Anwendung. Es gelten die Sonderregelungen der §§ 146 Abs. 2 und 147 HGB (vgl. entspr. Ausführungen zu § 117 HGB Rdn. 119; Heymann/*Emmerich* § 127 Rn. 2).

dd) Geltung für organschaftliche Vertretungsbefugnis

158 Das Entziehungsverfahren nach § 127 HGB erfasst grundsätzlich jede Art von organschaftlicher Vertretungsmacht, sei es Einzel- oder Gesamtvertretungsmacht, gesetzliche oder durch Gesellschaftsvertrag eingeräumte Vertretungsbefugnis (MüKo HGB/*K. Schmidt* § 127 Rn. 3; Staub/*Habersack* § 127 Rn. 6; Baumbach/Hopt/*Roth* § 127 Rn. 5; Röhricht/v. Westphalen/Haas/*Haas* § 127 Rn. 2). § 127 HGB gilt nicht für die einem Gesellschafter erteilte rechtsgeschäftliche Vollmacht. Das Erlöschen einer solchen Vollmacht richtet sich nach allgemeinen Regeln (MüKo HGB/*K. Schmidt* § 127 Rn. 5; Henssler/Strohn/*Steitz* § 127 Rn. 3; E/B/J/S/*Hillmann* § 127 Rn. 6). Dies gilt auch für den Fall, dass die Vertretungsmacht gesellschaftsvertraglich eingeräumt wurde (MüKo HGB/*K. Schmidt* § 127 Rn. 5). § 127 HGB gilt somit nicht für die Prokura. Diese ist nach § 52 HGB jederzeit widerrufbar ist (MüKo HGB/*K. Schmidt* § 127 Rn. 5; Baumbach/Hopt/Roth § 127 Rn. 5; Röhricht/v. Westphalen/Haas/*Haas* § 127 Rn. 1). Im Fall der unechten Gesamtvertretung erfasst § 127 HGB nur den organschaftlichen Vertreter (E/B/J/S/*Hillmann* § 127 Rn. 9; Heymann/*Emmerich* § 127

Rn. 3). § 127 HGB gilt nicht für eine nach § 125 Abs. 2 Satz 2 HGB erteilte Ermächtigung (Staub/*Habersack* § 127 Rn. 6; MüKo HGB/*K. Schmidt* § 127 Rn. 5; E/B/J/S/*Hillmann* § 127 Rn. 6). Eine Klage auf Entziehung einer solchen Ermächtigung ist nicht erforderlich, da diese jederzeit ohne wichtigen Grund widerrufen werden kann (Staub/*Habersack* § 127 Rn. 6; MüKo HGB/*K. Schmidt* § 125 Rn. 46).

ee) Keine Geltung für den bevollmächtigten Kommanditisten

Nach § 170 HGB ist der Kommanditist einer KG zwingend von der organschaftlichen Vertretung der Gesellschaft ausgeschlossen (Heidel/Schall/*Eberl* § 170 Rn. 3; Baumbach/Hopt/*Roth* § 170 Rn. 1). Einem Kommanditisten kann rechtsgeschäftlich Vollmacht erteilt werden; sei es in Form einer einfachen Handlungsvollmacht, Generalvollmacht oder Prokura (MüKo HGB/*Grunewald* § 170 Rn. 15; Staub/*Habersack* § 127 Rn. 2; E/B/J/S/*Weipert* § 170 Rn. 6). Dies kann durch Gesellschaftsvertrag oder auch außerhalb des Gesellschaftsvertrages durch sonstiges Rechtsgeschäft erfolgen (MüKo HGB/*Grunewald* § 170 Rn. 16; Heidel/Schall/*Eberl* § 170 Rn. 4). Wurde einem Kommanditisten Vertretungsmacht durch gesellschaftsvertragliche Regelung erteilt, kann diese als Bestandteil der Mitgliedschaft nur mit Zustimmung des Kommanditisten oder aus wichtigem Grund entzogen werden (BGH, Urt. v. 27.06.1955 – II ZR 232/54; Heidel/Schall/*Eberl* § 170 Rn. 4). Ein Verfahren nach § 127 HGB ist nicht erforderlich (Baumbach/Hopt/*Roth* § 170 Rn. 4; E/B/J/S/*Weipert* § 170 Rn. 6; Heidel/Schall/*Eberl* § 170 Rn. 4). Die Entziehung einer rechtsgeschäftlich erteilten Vollmacht fällt nicht in den Anwendungsbereich des § 127 HGB (Baumbach/Hopt/*Roth* § 127 Rn. 5; Röhricht/v. Westphalen/Haas/*Haas* § 127 Rn. 1).

159

ff) Entziehung der Vertretungsbefugnis des einzigen vertretungsbefugten Gesellschafters

Es ist zulässig, dem einzigen zur Vertretung befugten Gesellschafter einer **OHG** die Vertretungsmacht zu entziehen (BGH, Urt. v. 09.12.1968 – II ZR 33/67; Staub/*Habersack* § 127 Rn. 7; MüKo HGB/*K. Schmidt* § 127 Rn. 7; Röhricht/v. Westphalen/Haas/*Haas* § 127 Rn. 2; Baumbach/Hopt/*Roth* § 127 Rn. 2). Dies hat zur Folge, dass sämtliche Gesellschafter – auch der von der Entziehung Betroffene – gesamtvertretungsbefugt werden (vgl. unten zu den Urteilsfolgen Rdn. 172; Staub/*Habersack* § 127 Rn. 7; Hensler/Strohn/*Steitz* § 127 Rn. 4). Damit ist dem Grundsatz der Selbstorganschaft genügt (Staub/*Habersack* § 127 Rn. 7). Dagegen ist es nicht zulässig, dem einzigen persönlich haftenden Gesellschafter einer **KG** die Vertretungsmacht zu entziehen. Da die Kommanditisten von der organschaftlichen Vertretung der Gesellschaft gem. § 170 HGB zwingend ausgeschlossen sind und dann eine organschaftliche Vertretung der Gesellschaft nicht mehr möglich wäre, würde ein rechtlich unmöglicher Zustand eintreten (BGH, Urt. v. 10.12.2001 – II ZR 139/00; Urt. v. 03.11.1997 – II ZR 353/96; Urt. v. 09.12.1968 – II ZR 33/67; Oetker/*Boesche* § 127 Rn. 9; Baumbach/Hopt/*Roth* § 127 Rn. 3; Röhricht/v. Westphalen/Haas/*Haas* § 127 Rn. 2). Ist die Vertretung durch den einzigen persönlich haftenden Gesellschafter einer KG jedoch nicht mehr zumutbar, bleibt den Kommanditisten die Möglichkeit, auf eine Änderung des Gesellschaftsvertrages hinzuwirken oder die **Auflösungs- oder Ausschließungsklage** zu erheben (BGH, Urt. v. 09.12.1968 – II ZR 33/67; MüKo HGB/*K. Schmidt* § 127 Rn. 7; Baumbach/Hopt/*Roth* § 127 Rn. 3; K/R/M/*Koller* § 127 Rn. 3). Nach a. A. sollte als milderes Mittel gegenüber der Ausschließung des einzigen persönlich haftenden Gesellschafters oder der Auflösung der Gesellschaft die Entziehung der Vertretungsmacht des einzigen persönlich haftenden Gesellschafters möglich sein. Die Entziehung der Vertretungsmacht würde dann zur Auflösung der Gesellschaft und ihrer Vertretung durch sämtliche Kommanditisten als Liquidatoren (vgl. § 146 HGB) führen (MüKo HGB/*K. Schmidt* § 127 Rn. 7; Staub/*Habersack* § 127 Rn. 8). In diesem Fall haben die Gesellschafter die Möglichkeit, einen Fortsetzungsbeschluss zu fassen und die Vertretung der Gesellschaft neu zu regeln. (MüKo HGB/*K. Schmidt* § 127 Rn. 7; Staub/*Habersack* § 127 Rn. 8; Baumbach/Hopt/*Roth* § 127 Rn. 3).

160

gg) Entziehung der Vertretungsbefugnis eines gesamtvertretungsbefugten Gesellschafters

161 § 127 HGB gilt auch für den Fall, dass Gesamtvertretungsbefugnis vereinbart wurde (zu den Urteilsfolgen vgl. unten Rdn. 172; Oetker/*Boesche* § 127 Rn. 10; Henssler/Strohn/*Steitz* § 127 Rn. 4). Die Entziehung der Vertretungsmacht ist dann gegen den Gesellschafter zu richten, in dessen Person ein wichtiger Grund gegeben ist (Staub/*Habersack* § 127 Rn. 9; Henssler/Strohn/*Steitz* § 127 Rn. 4). Dies gilt sowohl für den Fall der echten als auch der gemischten Gesamtvertretung (Henssler/Strohn/*Steitz* § 127 Rn. 5; E/B/J/S/*Hillmann* § 127 Rn. 8, 9). Im Fall der gemischten Gesamtvertretung kann nur die Vertretungsbefugnis des organschaftlichen Vertreters nach § 127 HGB entzogen werden. Die Entziehung der Prokura wird nicht von § 127 HGB erfasst, sondern ist nach § 52 HGB zu widerrufen (vgl. oben Rdn. 158; Staub/*Habersack* § 127 Rn. 10; E/B/J/S/*Hillmann* § 127 Rn. 9). Wird die Prokura widerrufen, erlischt auch die Gesamtvertretungsbefugnis des Gesellschafters. Dieser hat dann einen Anspruch auf Bestellung eines neuen Prokuristen oder auf Begründung halbseitiger Gesamtvertretungsbefugnis nach § 125 Abs. 2 Satz 1 HGB (Staub/*Habersack* § 127 Rn. 10; E/B/J/S/*Hillmann* § 127 Rn. 9).

c) Wichtiger Grund

162 Die Entziehung der Vertretungsmacht gem. § 127 HGB setzt einen wichtigen Grund voraus. Ein wichtiger Grund ist dann gegeben, wenn das **Vertrauensverhältnis** des vertretungsbefugten Gesellschafters zu den anderen Gesellschaftern so gestört ist, dass diesen die Ausübung der Vertretungsmacht durch den betreffenden Gesellschafter nicht mehr zugemutet werden kann (MüKo HGB/*K. Schmidt* § 127 Rn. 15; Oetker/*Boesche* § 127 Rn. 5; Henssler/Strohn/*Steitz* § 127 Rn. 9). Der wichtige Grund muss sich auf die Rechtsfolge des § 127 HGB, also auf die Entziehung der Vertretungsbefugnis, beziehen (MüKo HGB/*K. Schmidt* § 127 Rn. 15; Staub/*Habersack* § 127 Rn. 12). Ob ein wichtiger Grund vorliegt, ist aufgrund einer umfassenden **Interessenabwägung** aller Umstände des Einzelfalls zu ermitteln (E/B/J/S/*Hillmann* § 127 Rn. 5; Henssler/Strohn/*Steitz* § 127 Rn. 11). Ein wichtiger Grund ist bspw. dann gegeben, wenn der zur Vertretung befugte Gesellschafter seine Pflichten grob verletzt oder aufgrund Krankheit oder mangelnder fachlicher Eignung nicht zur ordnungsgemäßen Vertretung fähig ist. Ein Verschulden des zur Vertretung befugten Gesellschafters ist nicht grundsätzlich erforderlich (Röhricht/v. Westphalen/Haas/*Haas* § 127 Rn. 3; E/B/J/S/*Hillmann* § 127 Rn. 4). Rechtfertigt ein bestimmter Umstand die Entziehung der Geschäftsführungsbefugnis nach § 117 HGB, liegt regelmäßig, wenn auch nicht zwingend, ein wichtiger Grund i. S. d. § 127 HGB vor (vgl. oben Rdn. 153; Staub/*Habersack* § 127 Rn. 12).

d) Entziehung der Vertretungsbefugnis als ultima ratio

163 Die Entziehung der Vertretungsbefugnis ist ebenso wie die Entziehung der Geschäftsführungsbefugnis nur als ultima ratio zulässig. Es darf daher **kein milderes Mittel** dazu geeignet sein, die Störung zu beseitigen (BGH, Urt. v. 10.12.2001 – II ZR 139/00; Staub/*Habersack* § 127 Rn. 13; Oetker/*Boesche* § 127 Rn. 6). Als milderes Mittel kann die **Beschränkung der Vertretungsmacht** bzw. eine **Teilentziehung** in Betracht kommen, wie bspw. die Beschränkung der Vertretungsmacht von Einzel- auf Gesamtvertretungsbefugnis oder auch die Beschränkung der Vertretungsmacht auf eine Niederlassung (BGH, Urt. v. 10.12.2001 – II ZR 139/00; OLG München, Urt. v. 25.02.2000 – 23 U 4297/99; MüKo HGB/*K. Schmidt* § 127 Rn. 17; Staub/*Habersack* § 127 Rn. 11, 13; Röhricht/v. Westphalen/Haas/*Haas* § 127 Rn. 4). Auch eine zeitlich beschränkte Entziehung der Vertretungsmacht kann in Betracht kommen (Staub/*Habersack* § 127 Rn. 11). Eine Teilentziehung darf die Befugnisse anderer Gesellschafter nicht beschränken (Staub/*Habersack* § 127 Rn. 13; E/B/J/S/*Hillmann* § 127 Rn. 5). Es ist zu beachten, dass es sich bei der Teilentziehung und der vollständigen Entziehung der Vertretungsmacht um unterschiedliche Streitgegenstände handelt. Das Gericht kann daher nicht von sich aus auf Teilentziehung erkennen. Es ist insoweit ein Antrag des Klägers erforderlich, der ggf. als Hilfsantrag gestellt werden kann (BGH, Urt. v. 10.12.2001 – II ZR 139/00; MüKo HGB/*K. Schmidt* § 127 Rn. 23; Staub/*Habersack* § 127 Rn. 11; Röhricht/v. Westphalen/Haas/*Haas* § 127 Rn. 5; E/B/J/S/*Hillmann* § 127 Rn. 11). Stellen die Kläger keinen Antrag auf Teilentziehung, obwohl diese aus Gründen der Verhältnismäßigkeit geboten ist, ist die Klage als unbegründet abzuweisen (Staub/*Habersack* § 127 Rn. 11). Kommt eine Teilentziehung als milderes Mittel in Betracht, hat das Gericht nach § 139 ZPO auf einen entsprechenden **Antrag** hinzuwirken (Röhricht/v. Westphalen/Haas/*Haas* § 127 Rn. 5; Henssler/Strohn/*Steitz* § 127 Rn. 20; MünchHdb GesR I/*v. Ditfurth* § 55 Rn. 32).

e) Abweichende Regelung

aa) Allgemeines

§ 127 HGB ist weitgehend **dispositiv** (Staub/*Habersack* § 127 Rn. 4). Das Recht, die Vertretungsbefugnis aus wichtigem Grund zu entziehen, kann durch gesellschaftsvertragliche Vereinbarung sowohl im Hinblick auf die Entziehungsvoraussetzungen als auch auf das Verfahren erleichtert werden (BGH, Urt. v. 03.11.1997 – II ZR 353/96; MüKo HGB/*K. Schmidt* § 127 Rn. 18; E/B/J/S/*Hillmann* § 127 Rn. 17; Baumbach/Hopt/*Roth* § 127 Rn. 11, 12; Röhricht/v. Westphalen/Haas/*Haas* § 127 Rn. 11). Nach h. M. kann die Möglichkeit, die Vertretungsbefugnis aus wichtigem Grund zu entziehen, nicht ausgeschlossen werden (BGH, Urt. v. 03.11.1997 – II ZR 353/96; MüKo HGB/*K. Schmidt* § 127 Rn. 9; Staub/*Habersack* § 127 Rn. 15; Baumbach/Hopt/*Roth* § 127 Rn. 11; Henssler/Strohn/*Steitz* § 127 Rn. 12). Grund dafür ist, dass gegen den betroffenen Gesellschafter ansonsten eine Ausschließungsklage erhoben werden müsste oder sogar nur die Auflösung der Gesellschaft verbleiben würde (Staub/*Habersack* § 127 Rn. 15).

164

bb) Regelung der Entziehungsvoraussetzungen

Die Anforderungen an den wichtigen Grund können im Gesellschaftsvertrag näher präzisiert werden (Oetker/*Boesche* § 127 Rn. 21; E/B/J/S/*Hillmann* § 127 Rn. 18 f.). Es können bestimmte Umstände definiert werden, die stets die Entziehung der Vertretungsmacht rechtfertigen (E/B/J/S/*Hillmann* § 127 Rn. 18). Durch gesellschaftsvertragliche Regelung kann auch vollständig auf das Vorliegen eines wichtigen Grundes verzichtet werden. Die Entziehung der Vertretungsbefugnis erfolgt dann durch Gesellschafterbeschluss (BGH, Urt. v. 03.11.1997 – II ZR 353/96; MüKo HGB/*K. Schmidt* § 127 Rn. 11, 19; Röhricht/v. Westphalen/Haas/*Haas* § 127 Rn. 11, 12). Ein solcher Beschluss der Gesellschafter kann gerichtlich durch allgemeine Feststellungsklage nach § 256 ZPO überprüft werden und ist unwirksam, wenn die Entziehung willkürlich erfolgt und gegen die gesellschafterliche Treuepflicht verstößt (vgl. oben zu Beschlussmängelstreitigkeiten Rdn. 81 ff.; E/B/J/S/*Hillmann* § 127 Rn. 19; Staub/*Habersack* § 127 Rn. 14; Oetker/*Boesche* § 127 Rn. 21; Henssler/Strohn/*Steitz* § 127 Rn. 12).

165

cc) Entziehung der Vertretungsbefugnis durch Entziehungsbeschluss

Die Gesellschafter können durch gesellschaftsvertragliche Vereinbarung regeln, dass die Vertretungsbefugnis nicht durch Entziehungsklage sondern durch Gesellschafterbeschluss entzogen wird (MüKo HGB/*K. Schmidt* § 127 Rn. 10; Staub/*Habersack* § 127 Rn. 4, 21; Baumbach/Hopt/*Roth* § 127 Rn. 12). Der betroffene Gesellschafter ist bei der Beschlussfassung vom Stimmrecht ausgeschlossen (Staub/*Habersack* § 127 Rn. 21; Röhricht/v. Westphalen/Haas/*Haas* § 127 Rn. 12), hat aber das Recht vor der Beschlussfassung angehört zu werden (MüKo HGB/*K. Schmidt* § 127 Rn. 25; Henssler/Strohn/*Steitz* § 127 Rn. 24). Sobald der Beschluss wirksam gefasst und dem betroffenen Gesellschafter mitgeteilt wurde, ist die Vertretungsmacht entzogen (Röhricht/v. Westphalen/Haas/*Haas* § 127 Rn. 12; Staub/*Habersack* § 127 Rn. 21). Die Rechtmäßigkeit der Entziehung der Vertretungsbefugnis durch Beschluss der Gesellschafter kann dann im Wege einer Feststellungsklage nach § 256 ZPO gerichtlich überprüft werden (vgl. oben zu Beschlussmängelstreitigkeiten Rdn. 81 ff.; Staub/*Habersack* § 127 Rn. 4, 21; Röhricht/v. Westphalen/Haas/*Haas* § 127 Rn. 12). Diese Streitigkeit ist grundsätzlich zwischen den Gesellschaftern auszutragen (E/B/J/S/*Hillmann* § 127 Rn. 21; vgl. oben Rdn. 83 zu Gesellschafterstreitigkeiten). Im Gesellschaftsvertrag kann bestimmt werden, dass ein solches Verfahren gegen die Gesellschaft selbst zu führen ist (E/B/J/S/*Hillmann* § 127

166

Rn. 21; vgl. oben Rdn. 88). Diese Möglichkeit zur gerichtlichen Überprüfung kann nicht ausgeschlossen werden (MüKo HGB/*K. Schmidt* § 127 Rn. 10; Staub/*Habersack* § 127 Rn. 21).

dd) Klageerhebung nur nach Gesellschafterbeschluss

167 Wie auch bei der Entziehung der Geschäftsführungsbefugnis nach § 117 HGB kann die Erhebung der Entziehungsklage nach § 127 HGB an die zusätzliche Voraussetzung eines Gesellschafterbeschlusses gebunden werden, der je nach Vereinbarung mit einfacher oder qualifizierter Mehrheit zu fassen ist. Dieser Beschluss begründet dann eine Pflicht der Minderheit, bei der Klageerhebung mitzuwirken (vgl. oben zu § 117 HGB Rdn. 133; Röhricht/v. Westphalen/Haas/*Haas* § 127 Rn. 12).

f) Das Entziehungsverfahren

aa) Klageart und Klageantrag

168 Die Klage auf Entziehung der Vertretungsbefugnis nach § 127 HGB ist eine Gestaltungsklage (MüKo HGB/*K. Schmidt* § 127 Rn. 20; Röhricht/v. Westphalen/Haas/*Haas* § 127 Rn. 8). Der Antrag lautet auf Entziehung der Vertretungsbefugnis (MüKo HGB/*K. Schmidt* § 127 Rn. 23). Die Klage ist auf eine Änderung des Gesellschaftsvertrages gerichtet (Staub/*Habersack* § 127 Rn. 16). Das Verfahren nach § 127 HGB entspricht im Wesentlichen dem Verfahren nach § 117 HGB, auf das insoweit an dieser Stelle daher verwiesen werden kann (Staub/*Habersack* § 127 Rn. 16).

bb) Kläger

169 Die Klage nach § 127 HGB ist wie auch die Klage nach § 117 HGB **durch alle übrigen Gesellschafter** zu erheben (MüKo HGB/*K. Schmidt* § 127 Rn. 20); bei der KG auch durch die Kommanditisten (E/B/J/S/*Hillmann* § 127 Rn. 12). Die Kläger sind **notwendige Streitgenossen** (MüKo HGB/*K. Schmidt* § 127 Rn. 20; Staub/*Habersack* § 127 Rn. 17; Henssler/Strohn/*Steitz* § 127 Rn. 14). Ihnen steht das Recht zur Klageerhebung nur gemeinsam zu (Staub/*Habersack* § 127 Rn. 17). Fehlt es an der Mitwirkung eines Gesellschafters, ist die Klage als unzulässig abzuweisen (BGH, Urt. v. 15.06.1959 – II ZR 44/58; Staub/*Habersack* § 127 Rn. 17). Nach h. M. ist es ausreichend, wenn sich ein Gesellschafter mit der Klage und dem Ergebnis bindend einverstanden erklärt. Die anderen Gesellschafter klagen für ihn dann im Wege der **gewillkürten Prozessstandschaft** (Staub/*Habersack* § 127 Rn. 17; Baumbach/Hopt/*Roth* § 127 Rn. 8; § 117 Rn. 7; Henssler/Strohn/*Steitz* § 127 Rn. 15; Röhricht/v. Westphalen/Haas/*Haas* § 127 Rn. 8; § 117 HGB Rdn. 11; a. A. MüKo HGB/*K. Schmidt* § 127 Rn. 20). Liegt ein wichtiger Grund i. S. d. § 127 HGB vor, besteht in der Regel aufgrund der gesellschafterlichen Treuepflicht eine **Mitwirkungspflicht** der Gesellschafter bei der Klageerhebung (MüKo HGB/*K. Schmidt* § 127 Rn. 20; E/B/J/S/*Hillmann* § 127 Rn. 12; Henssler/Strohn/*Steitz* § 127 Rn. 15). Verweigert ein Gesellschafter seine Mitwirkung, kann diese nach h. M. durch Leistungsklage auf Zustimmung gerichtlich durchgesetzt werden. Das Zustimmungsurteil ersetzt dann die Mitwirkung bei der Klage (BGH, Urt. v. 18.10.1976 – II ZR 98/75; Staub/*Habersack* § 127 Rn. 17; E/B/J/S/*Hillmann* § 127 Rn. 12; a. A. im Hinblick auf die rechtsdogmatischen Grundlagen und für einen einheitlichen mehrseitigen Gestaltungsprozess vgl. MüKo HGB/*K. Schmidt* § 127 Rn. 20). Die anderen Gesellschafter klagen dann für diesen Gesellschafter im Wege der gewillkürten Prozessstandschaft (Oetker/*Boesche* § 127 Rn. 13; E/B/J/S/*Hillmann* § 127 Rn. 12). Aus prozessökonomischen Gründen kann die Zustimmungsklage mit der Entziehungsklage verbunden werden (Staub/*Habersack* § 127 Rn. 17; E/B/J/S/*Hillmann* § 127 Rn. 12; Henssler/Strohn/*Steitz* § 127 Rn. 15). Die Mitwirkung sämtlicher Gesellschafter bis auf den Betroffenen ist Voraussetzung dafür, dass das stattgebende Urteil den Gesellschaftsvertrag umgestaltet (Staub/*Habersack* § 127 Rn. 16). Die Klageerhebung bzw. Zustimmung zur Klageerhebung ersetzt die Zustimmung zur Vertragsänderung (entsprechend zur Entziehungsklage nach § 117 HGB siehe oben Rdn. 135).

cc) Beklagter

Die Klage auf Entziehung der Vertretungsmacht ist gegen den Gesellschafter zu richten, dem die Vertretungsmacht entzogen werden soll (MüKo HGB/*K. Schmidt* § 127 Rn. 21; Röhricht/v. Westphalen/Haas/*Haas* § 127 Rn. 8). **Mehrere** zur Vertretung befugte Gesellschafter können gemeinsam auf Entziehung der Vertretungsbefugnis verklagt werden. Dabei ist weder ein sachlicher Zusammenhang noch der gleiche wichtige Grund erforderlich (MüKo HGB/*K. Schmidt* § 127 Rn. 21; Henssler/Strohn/*Steitz* § 127 Rn. 16). Wird eine Klage gegen mehrere Gesellschafter nur gegen einen Gesellschafter abgewiesen, führt dies auch zur Abweisung der Klagen gegen die anderen mitverklagten Gesellschafter, da es insoweit an der Klageerhebung durch alle »übrigen« Gesellschafter fehlt. Um dieses Prozessrisiko zu vermeiden, können die beklagten Gesellschafter hilfsweise auf Zustimmung zur Klageerhebung verklagt werden (Staub/*Habersack* § 127 Rn. 18; vgl. zu § 117 HGB oben Rdn. 138).

170

g) Urteil und Urteilswirkungen

Das der Klage stattgebende Gestaltungsurteil führt mit Rechtskraft – je nach Antragstellung – zum Erlöschen oder zur Beschränkung bzw. Teilentziehung der Vertretungsmacht **gegenüber jedermann** (MüKo HGB/*K. Schmidt* § 127 Rn. 8, 24; Staub/*Habersack* § 127 Rn. 24; Baumbach/Hopt/*Roth* § 127 Rn. 9; E/B/J/S/*Hillmann* § 127 Rn. 15). Die Entziehung der Vertretungsmacht ist von den klagenden Gesellschaftern zur Eintragung ins **Handelsregister anzumelden** (Röhricht/v. Westphalen/Haas/*Haas* § 127 Rn. 6; Oetker/*Boesche* § 127 Rn. 16). Die Eintragung ist lediglich deklaratorisch (Staub/*Habersack* § 127 Rn. 24, 25). Die Wirkung gegenüber Dritten richtet sich nach § 15 HGB (Staub/*Habersack* § 127 Rn. 24, 25; Baumbach/Hopt/*Roth* § 127 Rn. 10; E/B/J/S/*Hillmann* § 127 Rn. 16). Erfolgt keine Eintragung, müssen Dritte die Entziehung der Vertretungsmacht somit nicht gegen sich gelten lassen (Baumbach/Hopt/*Roth* § 127 Rn. 10; Baumbach/Hopt/*Hopt* § 15 Rn. 1).

171

Wird dem einzigen zur Vertretung befugten Gesellschafter die Vertretungsmacht entzogen, führt dies nach h. M. bei der OHG zur Gesamtvertretung durch alle Gesellschafter, bei der KG zur Gesamtvertretung durch alle Komplementäre. Dies umfasst auch den von der Ausschließung betroffenen Gesellschafter (BGH, Urt. v. 09.12.1968 – II ZR 33/67; Urt. v. 11.07.1960 – II ZR 260/59; Staub/*Habersack* § 127 Rn. 7, 9; Baumbach/Hopt/*Roth* § 127 Rn. 2; E/B/J/S/*Hillmann* § 127 Rn. 7; a. A. für differenzierende Betrachtung Henssler/Strohn/*Steitz* § 127 Rn. 6). *K. Schmidt* spricht sich dagegen für eine Vertretung durch die übrigen, nicht von der Entziehung betroffenen Gesellschafter aus (MüKo HGB/*K. Schmidt* § 127 Rn. 7). Besteht die OHG nur aus zwei Gesellschaftern oder sind bei einer KG nur zwei Komplementäre vorhanden, führt die Entziehung der Vertretungsbefugnis eines Gesellschafters einer OHG bzw. eines Komplementärs einer KG zur Alleinvertretungsbefugnis des nicht von der Entziehung betroffenen Gesellschafters (Staub/*Habersack* § 127 Rn. 9; E/B/J/S/*Hillmann* § 127 Rn. 8; Oetker/*Boesche* § 127 Rn. 10; a. A. MüKo HGB/*K. Schmidt* § 127 Rn. 24 mit Verweis auf § 125 Rn. 52).

172

h) Einstweiliger Rechtsschutz

Bis zur rechtskräftigen Entscheidung über die Entziehungsklage kann eine vorläufige Regelung durch einstweilige Verfügung nach §§ 935, 940 ZPO getroffen werden (Staub/*Habersack* § 127 Rn. 18). Dies setzt voraus, dass dadurch wesentliche Nachteile abgewendet werden (BGH, Urt. v. 11.07.1960 – II ZR 260/59; MüKo HGB/*K. Schmidt* § 127 Rn. 26; Oetker/*Boesche* § 127 Rn. 17). Durch einstweilige Verfügung kann dem zur Vertretung Berechtigten die Ausübung der Vertretungsmacht ganz oder teilweise untersagt (MüKo HGB/*K. Schmidt* § 127 Rn. 27; Staub/*Habersack* § 127 Rn. 18; Oetker/*Boesche* § 127 Rn. 17) oder auch die Vertretungsmacht beschränkt oder entzogen werden (BGH, Urt. v. 11.07.1960 – II ZR 260/59; MüKo HGB/*K. Schmidt* § 127 Rn. 28; Staub/*Habersack* § 127 Rn. 19; E/B/J/S/*Hillmann* § 127 Rn. 13). Die Entziehung der Vertretungsbefugnis führt dazu, soweit insofern keine Regelung getroffen wurde, dass den Gesellschaftern die Vertretung

173

gemeinsam zusteht (BGH, Urt. v. 11.07.1960 – II ZR 260/59; Oetker/*Boesche* § 127 Rn. 17; E/B/J/S/*Hillmann* § 127 Rn. 13). Durch einstweilige Verfügung besteht auch die Möglichkeit, einen anderen Gesellschafter, bei der KG auch einen Kommanditisten, oder auch einen Dritten vorläufig als Vertreter zu bestellen (BGH, Urt. v. 11.07.1960 – II ZR 260/59; MüKo HGB/*K. Schmidt* § 127 Rn. 29; Oetker/*Boesche* § 127 Rn. 17). Der Grundsatz der Selbstorganschaft steht der vorläufigen Bestellung eines Dritten als Vertreter nicht entgegen (BGH, Urt. v. 11.07.1960 – II ZR 260/59; MüKo HGB/*K. Schmidt* § 127 Rn. 29). Wird die vorläufige Entziehung der Vertretungsbefugnis sowie die vorläufige Übertragung der Vertretungsmacht auf einen Gesellschafter oder Dritten beantragt, ist der Antrag durch die übrigen Gesellschafter gemeinsam zu stellen (MüKo HGB/*K. Schmidt* § 127 Rn. 31; Staub/*Habersack* § 127 Rn. 20). Umstritten ist, ob dies auch gilt, wenn die vorläufige Untersagung der Ausübung der Vertretungsbefugnis begehrt wird. So ist nach *K. Schmidt* in diesem Fall die Antragstellung durch einen Gesellschafter ausreichend, weil im Unterschied zur Entziehung und Verleihung der Vertretungsbefugnis nicht gestaltend in das Gesellschaftsverhältnis eingegriffen wird (MüKo HGB/*K. Schmidt* § 127 Rn. 31; auch Henssler/Strohn/*Steitz* § 127 Rn. 23).

3. Klage auf Auflösung der Gesellschaft nach § 133 HGB

a) Einleitung

174 Mit ihrer Auflösung ist eine Personenhandelsgesellschaft nicht beendet, sondern tritt in das Liquidationsstadium ein. Die werbende Gesellschaft wird zur **Abwicklungsgesellschaft**. Werbende und Abwicklungsgesellschaft sind rechtlich identisch. Mit der Auflösung ändert sich der **Gesellschaftszweck**. Der Zweck der Gesellschaft in der Liquidation ist auf Abwicklung und Auseinandersetzung des Vermögens gerichtet. Erst die Abwicklung führt zur Vollbeendigung der Gesellschaft. Mit Vollbeendigung existiert die Gesellschaft nicht mehr. Eine Fortsetzung ist dann nicht mehr möglich (Baumbach/Hopt/*Roth* § 131 Rn. 2; MünchHdb GesR I/*Butzer/Knof* § 83 Rn. 61, 62).

175 Die **Gründe für die Auflösung** einer Personenhandelsgesellschaft sind in § 131 HGB abschließend normiert (BGH, Urt. v. 08.10.1979 – II ZR 257/78; Baumbach/Hopt/*Roth* § 131 Rn. 6; MünchHdb GesR I/*Butzer/Knof* § 83 Rn. 6). Danach kann eine Personenhandelsgesellschaft gem. § 131 Abs. 1 HGB durch Zeitablauf, durch Beschluss der Gesellschafter, durch Insolvenz der Gesellschaft oder durch gerichtliche Entscheidung nach § 133 HGB aufgelöst werden. Allerdings führt die Insolvenz der Gesellschaft regelmäßig nicht zur Liquidation, sondern zum Insolvenzverfahren (Baumbach/Hopt/*Roth* § 131 Rn. 13). Nach § 133 HGB kann bei Vorliegen eines wichtigen Grundes **Klage auf Auflösung** der Gesellschaft erhoben werden. § 133 HGB ist Ausdruck des allgemeinen Grundsatzes, nach dem Dauerschuldverhältnisse aus wichtigem Grund aufgelöst werden können (MüKo HGB/*K. Schmidt* § 133 Rn. 1; Staub/*Schäfer* § 133 Rn. 1; Heidel/Schall/*Heidel* § 133 Rn. 1, 2; E/B/J/S/*Lorz* § 133 Rn. 1). Das Recht der BGB-Gesellschaft sieht dagegen eine Auflösung durch gerichtliche Entscheidung nicht vor (*K. Schmidt* GesR, S. 1513). Die Gesellschafter der BGB-Gesellschaft können die Gesellschaft, sofern diese nicht für eine bestimmte Zeit eingegangen ist, nach § 737 Abs. 1 Satz 1 BGB jederzeit **kündigen**. Wurde die Gesellschaft auf bestimmte Zeit eingegangen, kann nach § 723 Abs. 1 Satz 2 BGB auch vor Ablauf dieser Zeit aus wichtigem Grund gekündigt werden (Palandt/*Sprau* § 723 Rn. 2; Heymann/*Emmerich* § 133 Rn. 1). Die Kündigung führt regelmäßig zur Auflösung der Gesellschaft (Palandt/*Sprau* § 723 Rn. 1). Ein solches Kündigungsrecht sieht das Recht der OHG nicht vor, kann aber durch Gesellschaftsvertrag vereinbart werden (dazu vgl. unten Rdn. 178, 191). Die Auflösungsklage ersetzt dieses Kündigungsrecht. Aus Gründen der Rechtssicherheit und -klarheit, tritt die Auflösung der Gesellschaft erst nach einer gerichtlichen Überprüfung durch rechtskräftiges Gestaltungsurteil ein (BGH, Urt. v. 13.05.1953 – II ZR 157/52; Staub/*Schäfer* § 133 Rn. 2, 46; MüKo HGB/*K. Schmidt* § 133 Rn. 2; Baumbach/Hopt/*Roth* § 133 Rn. 1; MünchHdb GesR I/*Butzer/Knof* § 83 Rn. 21). Bei der BGB-Gesellschaft erfolgt eine etwaige gerichtliche Überprüfung dagegen erst nach der Kündigung (*Lüke* JuS 1998, 594; *K. Schmidt* GesR, S. 1513).

b) Anwendungsbereich des § 133 HGB

aa) Erfasste Gesellschaftsformen

§ 133 HGB gilt für die OHG und über § 161 Abs. 2 HGB für die KG (Heidel/Schall/*Heidel* § 133 Rn. 4; Baumbach/Hopt/*Roth* § 133 Rn. 2). § 133 HGB erfasst die GmbH & Co KG. § 133 HGB ist auch dann anwendbar, wenn die Gesellschaft befristet eingegangen wurde (Staub/*Schäfer* § 133 Rn. 5). Nach § 9 Abs. 1 PartGG ist § 133 HGB für die Partnerschaftsgesellschaft anwendbar (MüKo HGB/*K. Schmidt* § 133 Rn. 3; Heidel/Schall/*Heidel* § 133 Rn. 4; E/B/J/S/*Lorz* § 133 Rn. 4). Für die EWIV gilt Art. 32 EWIV-VO (MüKo HGB/*K. Schmidt* § 133 Rn. 3; Heidel/Schall/*Heidel* § 133 Rn. 4). Eine analoge Anwendung des § 133 HGB auf die BGB-Gesellschaft wird abgelehnt. Es gilt § 723 BGB (vgl. oben Rdn. 175; Staub/*Schäfer* § 133 Rn. 7; Baumbach/Hopt/*Roth* § 133 Rn. 2; Oetker/*Kamanabrou* § 133 Rn. 2; Heidel/Schall/*Heidel* § 133 Rn. 4). Dies gilt nach h. M. auch für eine unternehmenstragende BGB-Gesellschaft (Baumbach/Hopt/*Roth* § 133 Rn. 2; Heidel/Schall/*Heidel* § 133 Rn. 4; Henssler/Strohn/*Klöhn* § 133 Rn. 2; a. A. MüKo HGB/*K. Schmidt* § 133 Rn. 3, wonach für die unternehmenstragende BGB-Gesellschaft in Anlehnung an § 133 HGB ein jederzeitiges Kündigungsrecht nur aus wichtigem Grund anzuerkennen ist).

176

bb) Geltung für die fehlerhafte Gesellschaft

Die Auflösungsklage nach § 133 HGB kann auch bei einer in Vollzug gesetzten **fehlerhaften Gesellschaft** erhoben werden (BGH, Urt. v. 24.10.1951 – II ZR 18/51; MüKo HGB/*K. Schmidt* § 133 Rn. 4; Staub/*Schäfer* § 133 Rn. 5). Die Fehlerhaftigkeit der Gesellschaft begründet nach h. M. einen wichtigen Grund für ihre Auflösung (BGH, Urt. v. 30.03.1967 – II ZR 102/65; Baumbach/Hopt/*Roth* § 133 Rn. 2; E/B/J/S/*Lorz* § 133 Rn. 5; Oetker/*Kamanabrou* § 133 Rn. 2; Heidel/Schall/*Heidel* § 133 Rn. 5). Nach *K. Schmidt* ist ein Auflösungsgrund nur dann gegeben, wenn der Fehler dem Gesellschaftsverhältnis im Zeitpunkt der Entscheidung weiterhin anhaftet. Dies ist dann nicht der Fall, wenn der Fehler geheilt wurde (MüKo HGB/*K. Schmidt* § 133 Rn. 15; zu § 105 siehe unten Rdn. 282, 255).

177

cc) Austrittskündigung

Durch gesellschaftsvertragliche Regelung kann die Auflösungsklage nach § 133 HGB durch ein Kündigungsrecht der Gesellschafter aus wichtigem Grund, das auf die Auflösung der Gesellschaft gerichtet ist, ersetzt werden (dazu vgl. unten Rdn. 191; MüKo HGB/*K. Schmidt* § 133 Rn. 6, 66). Haben die Gesellschafter das Recht, die Gesellschaft jederzeit fristlos zu kündigen und dadurch die Auflösung herbeizuführen, kommt eine Auflösungsklage nach § 133 HGB mangels Rechtsschutzbedürfnis nicht in Betracht (vgl. unten Rdn. 205; MüKo HGB/*K. Schmidt* § 133 Rn. 6; E/B/J/S/*Lorz* § 133 Rn. 4; Heidel/Schall/*Heidel* § 133 Rn. 7). Bei **Publikumsgesellschaften** ist eine **Austrittskündigung aus wichtigem Grund** auch ohne entsprechende gesellschaftsvertragliche Vereinbarung grundsätzlich anerkannt (Staub/*Schäfer* § 133 Rn. 3). Dies gilt insbesondere für den Fall des fehlerhaften Beitritts und der grundlegenden Umgestaltung des Gesellschaftsverhältnisses. Dieses Kündigungsrecht tritt bei der **Publikumsgesellschaft** aus Gründen des Anlegerschutzes an die Stelle der Auflösungsklage nach § 133 HGB. Ein darüber hinausgehendes Kündigungsrecht, das bei Publikumsgesellschaften die Regelung des § 133 HGB ersetzt, hat sich nicht durchgesetzt (BGH, Urt. v. 12.05.1977 – II ZR 89/75; Urt. v. 19.12.1974 – II ZR 27/73; E/B/J/S/*Lorz* § 133 Rn. 2).

178

dd) Geltung in der Liquidation

Die Auflösungsklage ist nach h. M. bei einer aus einem anderen Grund **aufgelösten Gesellschaft** so lange zulässig, bis die Auflösung aus diesem Grund definitiv und unstreitig feststeht. Erst dann entfällt das Rechtsschutzbedürfnis für die Auflösungsklage aus wichtigem Grund (MüKo HGB/*K. Schmidt* § 133 Rn. 5; Staub/*Schäfer* § 133 Rn. 9; E/B/J/S/*Lorz* § 133 Rn. 5; Röhricht/v. Westphalen/Haas/*Haas* § 133 Rn. 3; Heidel/Schall/*Heidel* § 133 Rn. 6; Oetker/*Kamanabrou* § 133 Rn. 3).

179

Wird die Gesellschaft während des Auflösungsprozesses aus anderem Grund aufgelöst, z. B. durch Beschluss der Gesellschafter nach § 131 Abs. 1 Nr. 2 HGB, kommt es zur Erledigung der Hauptsache (MüKo HGB/*K. Schmidt* § 133 Rn. 54; Staub/*Schäfer* § 133 Rn. 9; E/B/J/S/*Lorz* § 133 Rn. 38; Heidel/Schall/*Heidel* § 133 Rn. 6). Bei Vollbeendigung einer Gesellschaft ist § 133 HGB nicht mehr anwendbar. Das Rechtsschutzbedürfnis für eine bereits anhängige Auflösungsklage entfällt (MüKo HGB/*K. Schmidt* § 133 Rn. 5; Staub/*Schäfer* § 133 Rn. 9; Röhricht/v. Westphalen/Haas/*Haas* § 133 Rn. 3).

c) Wichtiger Grund

aa) Definition

180   Die Auflösung der Gesellschaft nach § 133 Abs. 1 HGB setzt einen wichtigen Grund voraus. Ein wichtiger Grund ist gegeben, wenn dem klagenden Gesellschafter unter Abwägung aller Umstände des Einzelfalls die Fortsetzung des Gesellschaftsverhältnisses **nicht zumutbar** und das Zusammenwirken der Gesellschafter zur Erreichung des Gesellschaftszwecks unmöglich geworden ist (BGH, Urt. v. 15.09.1997 – II ZR 97/96; Urt. v. 12.05.1977 – II ZR 89/75; MüKo HGB/*K. Schmidt* § 133 Rn. 11; Staub/*Schäfer* § 133 Rn. 10; Baumbach/Hopt/*Roth* § 133 Rn. 5; Röhricht/v. Westphalen/ Haas/*Haas* § 133 Rn. 4; E/B/J/S/*Lorz* § 133 Rn. 6; MünchHdb GesR I/*Butzer/Knof* § 83 Rn. 25).

bb) Prognoseentscheidung

181   Die Frage, ob ein wichtiger Grund vorliegt, erfordert eine **prognostische Entscheidung** für die Zukunft (MüKo HGB/*K. Schmidt* § 133 Rn. 12; Oetker/*Kamanabrou* § 133 Rn. 5; Henssler/Strohn/ *Klöhn* § 133 Rn. 7). Dabei können in die Interessenabwägung auch Umstände aus der Vergangenheit miteinbezogen werden (BGH, Urt. v. 15.09.1997 – II ZR 97/96; Staub/*Schäfer* § 133 Rn. 15; MüKo HGB/*K. Schmidt* § 133 Rn. 12). Diese Umstände müssen sich auf die zukünftige Situation auswirken (MüKo HGB/*K. Schmidt* § 133 Rn. 12). Zu beachten ist, dass es gegen einen wichtigen, die Auflösung rechtfertigenden Grund sprechen kann, wenn dieser länger zurück liegt und über diesen längeren Zeitraum hinweg nicht geltend gemacht wurde (vgl. unten Rdn. 206; Staub/*Schäfer* § 133 Rn. 15; Oetker/*Kamanabrou* § 133 Rn. 14). Der wichtige Grund setzt nicht voraus, dass bereits ein Schaden eingetreten ist (Staub/*Schäfer* § 133 Rn. 22; Henssler/Strohn/*Klöhn* § 133 Rn. 8).

cc) Gesellschafts- und personenbezogene Auflösungsgründe

182   Die Unzumutbarkeit, die Gesellschaft fortzusetzen, kann auf personen- oder gesellschaftsbezogenen Gründen beruhen (MüKo HGB/*K. Schmidt* § 133 Rn. 14; Oetker/*Kamanabrou* § 133 Rn. 12). Als **gesellschaftsbezogene Gründe** kann die Fehlerhaftigkeit des Gesellschaftsvertrages (MüKo HGB/*K. Schmidt* § 133 Rn. 15; Staub/*Schäfer* § 133 Rn. 38; Henssler/Strohn/*Klöhn* § 133 Rn. 24) oder die Unerreichbarkeit des Gesellschaftszwecks, bspw. aufgrund dauerhafter Unrentabilität, in Betracht kommen (MüKo HGB/*K. Schmidt* § 133 Rn. 16; Staub/*Schäfer* § 133 Rn. 35 ff.; Oetker/*Kamanbrou* § 133 Rn. 12). Zu den **personenbezogenen Gründen** zählt die Verletzung wesentlicher Vertragspflichten (vgl. unten Rdn. 183; § 133 Abs. 2 HGB), wie z. B. die Verletzung von Beitragspflichten oder Verstöße gegen die gesellschafterliche Treuepflicht (Staub/*Schäfer* § 133 Rn. 23, 24, 26; Baumbach/Hopt/*Roth* § 133 Rn. 8). Der wichtige Grund muss nicht auf **Verschulden** beruhen (Baumbach/Hopt/*Roth* § 133 Rn. 8; Henssler/Strohn/*Klöhn* § 133 Rn. 9). Hat der klagende Gesellschafter die Zerrüttung der Gesellschaft (mit-) verschuldet, steht dies der Auflösung der Gesellschaft nicht grundsätzlich entgegen, da es maßgeblich darauf ankommt, ob der Gesellschaftszweck unerreichbar geworden und die Fortsetzung unzumutbar ist (MüKo HGB/*K. Schmidt* § 133 Rn. 25; E/B/J/S/*Lorz* § 133 Rn. 18). Das Verschulden ist im Rahmen der Interessenabwägung zu berücksichtigen (E/B/J/S/*Lorz* § 133 Rn. 18; Henssler/Strohn/*Klöhn* § 133 Rn. 9). Trifft den klagenden Gesellschafter jedoch eine überwiegende Schuld oder hat er die Zerrüttung bewusst herbeigeführt, wird eine Ausschließung dieses Gesellschafters in der Regel vorrangig sein (vgl. unten Rdn. 185; MüKo HGB/*K. Schmidt* § 133 Rn. 25; E/B/J/S/*Lorz* § 133 Rn. 18; MünchHdb GesR I/*Butzer/Knof* § 83

Rn. 26). Befindet sich die Gesellschaft in einem frühen Stadium, kann das Vorliegen eines wichtigen Grundes eher bejaht werden, als bei einer Gesellschaft, die schon länger erfolgreich besteht (BGH, Urt. v. 17.02.1969 – II ZR 116/67; Baumbach/Hopt/*Roth* § 133 Rn. 5; E/B/J/S/*Lorz* § 133 Rn. 16; MünchHdb GesR I/*Butzer/Knof* § 83 Rn. 26).

dd) § 133 Abs. 2 HGB

Gem. § 133 Abs. 2 HGB liegt ein wichtiger Grund bspw. dann vor, wenn ein anderer Gesellschafter eine ihm nach dem Gesellschaftsvertrag obliegende wesentliche Verpflichtung vorsätzlich oder aus grober Fahrlässigkeit verletzt hat oder die Erfüllung einer solchen Verpflichtung unmöglich wird (Staub/*Schäfer* § 133 Rn. 10; Baumbach/Hopt/*Roth* § 133 Rn. 8, 9). Die Erfüllung einer solchen Verpflichtung kann z. B. aufgrund schwerer Krankheit, Alter oder auch anderweitiger Berufstätigkeit unmöglich werden (E/B/J/S/*Lorz* § 133 Rn. 14; Baumbach/Hopt/*Roth* § 133 Rn. 9). **Pflichtverletzungen** sind z. B. die Verweigerung der Erfüllung von Einlagepflichten, Verstöße gegen Wettbewerbsverbote sowie Verstöße gegen die allgemeine gesellschafterliche Treuepflicht (E/B/J/S/*Lorz* § 133 Rn. 17; Staub/*Schäfer* § 133 Rn. 24; Baumbach/Hopt/*Roth* § 133 Rn. 8). Wie sich aus § 133 Abs. 2 HGB ergibt, ist Verschulden der Beklagten nicht zwingend erforderlich, jedoch bei der Abwägung zu berücksichtigen (Baumbach/Hopt/*Roth* § 133 Rn. 8; E/B/J/S/*Lorz* § 133 Rn. 13).

183

ee) Beurteilungszeitpunkt

Für die Frage, ob ein wichtiger Grund i. S. d. § 133 HGB gegeben ist, kommt es maßgeblich auf den Zeitpunkt der letzten mündlichen Verhandlung an (BGH, Urt. v. 15.09.1997 – II ZR 97/96; Staub/*Schäfer* § 133 Rn. 15; Oetker/*Kamanabrou* § 133 Rn. 5). Dabei können auch Gründe geltend gemacht werden, die erst nach Klageerhebung entstanden sind. Ein Nachschieben von Gründen ist insofern möglich (Staub/*Schäfer* § 133 Rn. 15; Henssler/Strohn/*Klöhn* § 133 Rn. 7).

184

d) Auflösung als ultima ratio

Um die Zerschlagung von Vermögenswerten zu verhindern, ist die Auflösung der Gesellschaft grundsätzlich nur als ultima ratio zulässig. Im Interesse der Unternehmenskontinuität darf daher **kein milderes Mittel** geeignet sein, die Störung in der Gesellschaft zu beseitigen (Staub/*Schäfer* § 133 Rn. 13; Baumbach/Hopt/*Roth* § 133 Rn. 6; Röhricht/v. Westphalen/Haas/*Haas* § 133 Rn. 5; E/B/J/S/*Lorz* Rn. 10). Das mildere Mittel muss dem Kläger zumutbar sein (MüKo HGB/*K. Schmidt* § 133 Rn. 13; Baumbach/Hopt/*Roth* § 133 Rn. 6). Als milderes Mittel kann die Entziehung der Geschäftsführungs- und/oder Vertretungsbefugnis (vgl. §§ 117, 127 HGB), die Ausschließung eines Gesellschafters nach § 140 HGB oder auch eine Vertragsänderung in Betracht kommen (BGH, Urt. v. 14.05.1952 – II ZR 40/51; Urt. v. 30.11.1951 – II ZR 109/51; Röhricht/v. Westphalen/Haas/ *Haas* § 133 Rn. 5; MünchHdb GesR I/*Butzer/Knof* § 83 Rn. 24). Für das **Verhältnis zu § 140 HGB** gilt, dass die Auflösung der Gesellschaft dann nicht in Betracht kommt, wenn die Störung durch die Ausschließung eines oder auch mehrerer Gesellschafter beseitigt werden kann und die Fortsetzung der Gesellschaft dem Kläger dann zumutbar ist (MüKo HGB/*K. Schmidt* § 133 Rn. 7; E/B/J/S/*Lorz* § 133 Rn. 10). Die Ausschließungsklage erfordert die Mitwirkung aller Gesellschafter, bis auf den auszuschließenden Gesellschafter (vgl. unten Rdn. 232). Scheitert die Ausschließungsklage an der Mitwirkung der Gesellschafter, ist der Auflösungskläger nicht auf die Ausschließungsklage als milderes Mittel zu verweisen. In einem solchen Fall ist der Kläger nicht dazu verpflichtet, die Mitgesellschafter auf Mitwirkung bei der Ausschließungsklage zu verklagen (Henssler/Strohn/*Klöhn* § 133 Rn. 12; dazu vgl. unten Rdn. 235, 236). Es verbleibt dann bei der Auflösungsklage (MüKo HGB/*K. Schmidt* § 133 Rn. 7; Staub/*Schäfer* § 133 Rn. 13; E/B/J/S/*Lorz* § 133 Rn. 10). Entsprechendes gilt, wenn die Entziehung der Geschäftsführungsbefugnis nach § 117 HGB oder die Entziehung der Vertretungsbefugnis nach § 127 HGB als milderes Mittel in Betracht kommt, die übrigen Gesellschafter jedoch nicht dazu bereit sind, bei der entsprechenden Klage mitzuwirken (Staub/*Schäfer* § 133 Rn. 13). Bieten die beklagten Gesellschafter dem klagenden Gesellschafter eine ihm zumutbare **Änderung des Gesellschaftsvertrages** an und lehnt der Kläger diesen Vorschlag ab, kann die

185

Auflösungsklage nicht durchgreifen. Sie ist als unbegründet abzuweisen (MüKo HGB/*K. Schmidt* § 133 Rn. 10; E/B/J/S/*Lorz* § 133 Rn. 12; Henssler/Strohn/*Klöhn* § 133 Rn. 13). Wurde ein **Austrittsrecht aus wichtigem Grund** gesellschaftsvertraglich vereinbart (vgl. unten Rdn. 190), kann der, die Auflösung begehrende Gesellschafter nur darauf verwiesen werden, aus der Gesellschaft auszutreten, wenn ihm dies zumutbar ist (E/B/J/S/*Lorz* § 133 Rn. 11; Baumbach/Hopt/*Roth* § 133 Rn. 6; Röhricht/v. Westphalen/Haas/*Haas* § 133 Rn. 5).

186 Wird die Auflösung der Gesellschaft beantragt, bietet sich aber zur Beseitigung der Störung ein milderes Mittel an, kann das Gericht nicht von sich aus auf diese mildere Maßnahme erkennen. Erforderlich ist ein entsprechender Antrag, der ggf. als Hilfsantrag zu stellen ist (MüKo HGB/*K. Schmidt* § 133 Rn. 52, 55; Staub/*Schäfer* § 133 Rn. 14; E/B/J/S/*Lorz* § 133 Rn. 39). Stellt der Kläger seinen Antrag nicht entsprechend um, ist die Klage abzuweisen (E/B/J/S/*Lorz* § 133 Rn. 39). Das Gericht hat nach § 139 ZPO auf eine entsprechende Antragstellung hinzuweisen.

187 Das Gericht hat die Möglichkeit, mildere Mittel, die zur Beseitigung der Störung geeignet und für alle Beteiligten zumutbar sind, als **Vergleich** vorzuschlagen. Lehnen die beklagten Gesellschafter diesen Vergleichsvorschlag ab, kommt ein milderes Mittel als die Auflösung nicht in Betracht. Wird der Vergleichsvorschlag jedoch durch die Kläger abgelehnt, wird die Unzumutbarkeit der Fortsetzung der Gesellschaft und damit ein wichtiger Grund i. S. d. § 133 HGB regelmäßig zu verneinen sein (BGH, Urt. v. 27.10.1955 – II ZR 310/53; Staub/*Schäfer* § 133 Rn. 14).

e) Abweichende Regelung

aa) § 133 Abs. 3 HGB – Keine Erschwerung der Auflösung

188 § 133 HGB ist nicht grundsätzlich zwingend (BGH, Urt. v. 17.12.1959 – II ZR 32/59; MüKo HGB/*K. Schmidt* § 133 Rn. 62; Baumbach/Hopt/*Roth* § 133 Rn. 18). Unzulässig und nichtig sind nach § 133 Abs. 3 HGB allerdings Vereinbarungen, die das Recht des Gesellschafters, die Auflösung der Gesellschaft zu verlangen, ausschließen oder der Regelung des § 133 Abs. 1 und Abs. 2 HGB zuwider beschränken (MüKo HGB/*K. Schmidt* § 133 Rn. 62; Staub/*Schäfer* § 133 Rn. 70; Oetker/*Kamanabrou* § 133 Rn. 21). Dies betrifft jedoch nur gesellschaftsvertragliche Regelungen, die in die Zukunft wirken. § 133 Abs. 3 HGB steht daher dem Verzicht auf eine Auflösung aufgrund eines bereits vorliegenden Auflösungsgrunds nicht entgegen (MüKo HGB/*K. Schmidt* § 133 Rn. 64; Oetker/*Kamanabrou* § 133 Rn. 21: Röhricht/v. Westphalen/Haas/*Haas* § 133 Rn. 22; E/B/J/S/*Lorz* § 133 Rn. 42). § 133 Abs. 3 HGB gilt auch in der kapitalistisch strukturierten Gesellschaft (MüKo HGB/*K. Schmidt* § 133 Rn. 62; E/B/J/S/*Lorz* § 133 Rn. 43). Unzulässige Beschränkungen des Auflösungsrechts sind bspw. der vollständige Ausschluss des Rechtsweges, Abhängigkeit der Klage von der Zustimmung Dritter oder auch ein zwangsweises Ausscheiden des Auflösungsklägers im Fall einer erfolglosen Auflösungsklage oder andere straffähige Sanktionen (Oetker/*Kamanabrou* § 133 Rn. 22; Baumbach/Hopt/*Roth* § 133 Rn. 20; E/B/J/S/*Lorz* § 133 Rn. 43). Verstößt eine gesellschaftsvertragliche Klausel gegen die Vorschrift des § 133 Abs. 3 HGB führt dies zur Nichtigkeit dieser Klausel, nicht aber zur Nichtigkeit des gesamten Gesellschaftsvertrags (MüKo HGB/*K. Schmidt* § 133 Rn. 62; Oetker/*Kamanabrou* § 133 Rn. 22; Baumbach/Hopt/*Roth* § 133 Rn. 21; E/B/J/S/*Lorz* § 133 Rn. 43).

bb) Regelung der Auflösungsvoraussetzungen

189 Zulässige Erweiterungen oder Erleichterungen des Auflösungsrechts können sowohl die materiellen Voraussetzungen als auch das Verfahren selbst betreffen. Grundsätzlich zulässig ist eine Klausel, nach der bestimmte Umstände stets einen wichtigen Grund darstellen, wie bspw. Krankheit oder lange Abwesenheit eines Gesellschafters (MüKo HGB/*K. Schmidt* § 133 Rn. 67; Staub/*Schäfer* § 133 Rn. 71; Oetker/*Kamanabrou* § 133 Rn. 23; Röhricht/v. Westphalen/Haas/*Haas* § 133 Rn. 23; E/B/J/S/*Lorz* § 133 Rn. 45). Bei einer solchen Klausel ist durch Auslegung zu ermitteln, ob bei Eintritt der als wichtigen Grund definierten Umstände auch das Klageerfordernis abbedungen und ein

Kündigungsrecht gewollt ist (MüKo HGB/*K. Schmidt* § 133 Rn. 67; E/B/J/S/*Lorz* § 133 Rn. 45). Auch Klauseln, wonach bestimmte Umstände keinen wichtigen Grund darstellen, sind zulässig. Eine solche Klausel bedeutet jedoch nicht, dass bei Eintritt der bezeichneten Umstände grundsätzlich kein Auflösungsgrund anzunehmen ist. Im Hinblick auf § 133 Abs. 3 HGB bedeutet eine solche Klausel vielmehr, dass der Richter bei der Gesamtabwägung diese Vertragsklausel miteinbezieht und dann entscheidet, ob ein wichtiger Grund zu bejahen ist oder nicht (MüKo HGB/*K. Schmidt* § 133 Rn. 68; Oetker/*Kamanabrou* § 133 Rn. 24; Henssler/Strohn/*Klöhn* § 133 Rn. 44; MünchHdb GesR I/*Butzer/Knof* § 83 Rn. 35).

cc) Verfahrensmäßige Erleichterungen

Als verfahrensmäßige Erleichterung können die Gesellschafter das Klagerecht nach § 133 HGB durch ein Austrittsrecht aus wichtigem Grund ersetzen, **sog. Fortsetzungsklausel**. Auf diese Weise kann ein Gesellschafter im Fall eines wichtigen Grundes aus der Gesellschaft ausscheiden. Dabei muss allerdings sichergestellt sein, dass dem ausscheidenden Gesellschafter eine angemessene Abfindung zusteht (MüKo HGB/*K. Schmidt* § 133 Rn. 69, 70; Oetker/*Kamanabrou* § 133 Rn. 26; Röhricht/v. Westphalen/Haas/*Haas* § 133 Rn. 22). Die Abfindung ist angemessen, wenn sie dem Betrag, der dem Gesellschafter im Fall der Liquidation zustehen würde, mindestens entspricht (MüKo HGB/*K. Schmidt* § 133 Rn. 70; Henssler/Strohn/*Klöhn* § 133 Rn. 50; MünchHdb GesR I/*Butzer/Knof* § 83 Rn. 33). Eine zu geringe Abfindung könnte sich sonst nachteilig auf die Entscheidung auswirken, vom Kündigungsrecht Gebrauch zu machen und somit gegen § 133 Abs. 3 HGB verstoßen.

190

Zulässig ist auch eine gesellschaftsvertragliche Vereinbarung, nach der die Auflösung der Gesellschaft aus wichtigem Grund nicht durch Klage, sondern durch **Kündigungserklärung** herbeigeführt wird, sog. **Auflösungskündigung** (BGH, Urt. v. 30.03.1967 – II ZR 102/65; Urt. v. 17.12.1959 – II ZR 32/59; MüKo HGB/*K. Schmidt* § 133 Rn. 66; Staub/*Schäfer* § 133 Rn. 73; Oetker/*Kamanabrou* § 133 Rn. 70; Röhricht/v. Westphalen/Haas/*Haas* § 133 Rn. 24). Die Auflösungsfolge tritt dann bereits mit Zugang der Kündigungserklärung bei den anderen Gesellschaftern ein (Staub/*Schäfer* § 133 Rn. 73). Die Rechtmäßigkeit der Auflösung kann dann nachträglich mit der allgemeinen Feststellungsklage gerichtlich überprüft werden (Staub/*Schäfer* § 133 Rn. 73; E/B/J/S/*Lorz* § 133 Rn. 46; MünchHdb GesR I/*Butzer/Knof* § 83 Rn. 33).

191

f) Das Auflösungsverfahren

aa) Klageart und Klageantrag

Das Auflösungsrecht nach § 133 HGB kann **nur im Klagewege** geltend gemacht werden, nicht als Einrede oder Einwendung (Baumbach/Hopt/*Roth* § 133 Rn. 4; Oetker/*Kamanbrou* § 133 Rn. 18). Die Auflösungsklage ist **Gestaltungsklage** und auf Änderung des Gesellschaftsvertrages gerichtet (Staub/*Schäfer* § 133 Rn. 46, 48). Der Antrag lautet darauf, die Gesellschaft für aufgelöst zu erklären (MüKo HGB/*K. Schmidt* § 133 Rn. 43, 51; Staub/*Schäfer* § 133 Rn. 55; Henssler/Strohn/*Klöhn* § 133 Rn. 38; zur Formulierung des Klageantrags vgl. Heidel/Schall/*Heidel* § 133 Rn. 25). Die Auflösungsklage kann als Widerklage erhoben werden, die sich in der Praxis häufig gegen eine Entziehungsklage nach §§ 117, 127 HGB oder gegen eine Ausschließungsklage nach § 140 HGB richtet (Staub/*Schäfer* § 133 Rn. 47; MüKo HGB/*K. Schmidt* § 133 Rn. 53; Baumbach/Hopt/*Roth* § 133 Rn. 14).

192

bb) Kläger

(1) Klagebefugnis des Gesellschafters

Klagebefugt ist im Unterschied zu den Verfahren nach §§ 117, 127, 140 HGB grundsätzlich jeder einzelne Gesellschafter (MüKo HGB/*K. Schmidt* § 133 Rn. 45; Staub/*Schäfer* § 133 Rn. 40, 41; Baumbach/Hopt/*Roth* § 133 Rn. 13). Dies ist Ausdruck des Grundsatzes, dass jeder das Recht hat,

193

ein Dauerschuldverhältnis aus wichtigem Grund zu lösen (vgl. oben Rdn. 175; *K. Schmidt* GesR, S. 1515). Das Recht, auf Auflösung der Gesellschaft aus wichtigem Grund zu klagen, ist ein **Individualrecht jedes Gesellschafters** (Staub/*Schäfer* § 133 Rn. 40). Der klagende Gesellschafter muss nicht geschäftsführungs- und bzw. oder vertretungsbefugt sein (Staub/*Schäfer* § 133 Rn. 48). Auf die Höhe der Beteiligung kommt es nicht an (MüKo HGB/*K. Schmidt* § 133 Rn. 4550). Bei der KG hat auch ein Kommanditist das Recht, Auflösungsklage zu erheben, bei der GmbH & Co. KG die Komplementär-GmbH (MüKo HGB/*K. Schmidt* § 133 Rn. 45; Baumbach/Hopt/*Roth* § 133 Rn. 13; E/B/J/S/*Lorz* § 133 Rn. 30). Nicht klagebefugt sind die Gesellschafter der Komplementär-GmbH einer GmbH & Co. KG (MüKo HGB/*K. Schmidt* § 133 Rn. 45; E/B/J/S/*Lorz* § 133 Rn. 30). Besteht Treuhand an einem Gesellschaftsanteil ist grundsätzlich nur der Treuhänder klagebefugt, nicht der Treugeber (MüKo HGB/*K. Schmidt* § 133 Rn. 45; Oetker/*Kamanabrou* § 133 Rn. 15; Baumbach/Hopt/*Roth* § 133 Rn. 13; E/B/J/S/*Lorz* § 133 Rn. 30). Nicht klagebefugt sind Nießbraucher an einem Gesellschaftsanteil und Dritte (MüKo HGB/*K. Schmidt* § 133 Rn. 45; Oetker/*Kamanabrou* § 133 Rn. 15; E/B/J/S/*Lorz* § 133 Rn. 30). Mangels mitgliedschaftlicher Beteiligung sind stille Gesellschafter und Unterbeteiligte nicht klagebefugt (MüKo HGB/*K. Schmidt* § 133 Rn. 45; Henssler/Strohn/*Klöhn* § 133 Rn. 36).

(2) Zustimmung Dritter

194   Die Frage, ob die Erhebung der Auflösungsklage die **Genehmigung oder Zustimmung Dritter** erfordert, ist wie bei der ordentlichen Kündigung nach § 132 HGB zu beurteilen, sodass insoweit verwiesen wird (E/B/J/S/*Lorz* § 133 Rn. 31; Staub/*Schäfer* § 133 Rn. 40). Umstritten ist, ob im Fall der Zugewinngemeinschaft der klagende Gesellschafter gem. § 1365 BGB die Zustimmung des Ehegatten bedarf. Dies ist nach t.v.A. zu bejahen, wenn der Gesellschaftsanteil das Gesamtvermögen des Auflösungsklägers i. S. v. § 1365 BGB bildet (E/B/J/S/*Lorz* § 133 Rn. 31; Henssler/Strohn/*Klöhn* § 133 Rn. 33). Nach a. A. ist § 1365 Abs. 1 BGB für den Fall der Auflösung aus wichtigem Grund teleologisch zu reduzieren, sodass die Zustimmung des Ehegatten zur Auflösungsklage nicht erforderlich ist. Dem Auflösungsinteresse kommt in diesem Fall Vorrang gegenüber dem von § 1365 geschützten Interesse an der Sicherung der wirtschaftlichen Grundlage der Familie und der Ausgleichsansprüche des Ehegatten zu. Dafür spricht dieser Ansicht nach, dass bei Zerstörung der Vertrauensgrundlage in die Gesellschaft deren Auflösung auch regelmäßig den wirtschaftlichen Interessen der Familie dient (Staub/*Schäfer* § 133 Rn. 43; K/R/M/*Koller* § 133 Rn. 3). Erhebt ein minderjähriger Gesellschafter Auflösungsklage, ist die Genehmigung des Vormundschaftsgerichts nicht erforderlich (E/B/J/S/*Lorz* § 133 Rn. 31).

(3) Ausscheiden des Klägers während des Verfahrens

195   Die **Gesellschaftereigenschaft** des Klägers muss grundsätzlich bis zum Zeitpunkt der letzten mündlichen Verhandlung gegeben sein (Baumbach/Hopt/*Roth* § 133 Rn. 13). Scheidet der Kläger während des Verfahrens aus der Gesellschaft aus, wird die Klage unbegründet (MüKo HGB/*K. Schmidt* § 133 Rn. 46; Staub/*Schäfer* § 133 Rn. 61; Oetker/*Kamanabrou* § 133 Rn. 15; E/B/J/S/*Lorz* § 133 Rn. 32). Dies gilt auch im Fall einer Anteilsübertragung während des Verfahrens. § 265 ZPO kommt nicht zur Anwendung, da auf das Auflösungsinteresse des neuen Gesellschafters abzustellen ist (Staub/*Schäfer* § 133 Rn. 61; MüKo HGB/*K. Schmidt* § 133 Rn. 46; E/B/J/S/*Lorz* § 133 Rn. 32; Oetker/*Kamanabrou* § 133 Rn. 15). Es wird daher regelmäßig eine Erledigterklärung in Betracht kommen (MüKo HGB/*K. Schmidt* § 133 Rn. 46). Die Einbeziehung des neuen Gesellschafters kommt bei Anteilsübertragung lediglich nach den Regeln des Parteiwechsels in Betracht (E/B/J/S/*Lorz* § 133 Rn. 32; MüKo HGB/*K. Schmidt* § 133 Rn. 46).

196   Verstirbt der klagende Gesellschafter während des Verfahrens, sind die Erben befugt, den Prozess weiter zu führen, sofern sie durch Nachfolgeklausel die Nachfolge angetreten haben oder – im Fall einer KG – bei Tod eines Kommanditisten die Gesellschaft gem. § 177 HGB kraft Gesetzes mit den Erben fortgesetzt wird (BGH, Urt. v. 30.03.1967 – II ZR 102/65; E/B/J/S/*Lorz* § 133 Rn. 32; MüKo HGB/*K. Schmidt* § 133 Rn. 46; Oetker/*Kamanabrou* § 133 Rn. 15). Auch ein wirksam

eingesetzter Testamentsvollstrecker ist klagebefugt (MüKo HGB/*K. Schmidt* § 133 Rn. 46). Nicht klagebefugt ist ein Nachlassverwalter (BGH, Urt. v. 30.03.1967 – II ZR 102/65; MüKo HGB/*K. Schmidt* § 133 Rn. 46).

(4) Notwendige Streitgenossenschaft

Mehrere Kläger sind **notwendige Streitgenossen** i. S. d. § 62 ZPO da über die Auflösung der Gesellschaft den klagenden Gesellschaftern gegenüber nur einheitlich entschieden werden kann (MüKo HGB/*K. Schmidt* § 133 Rn. 47; Baumbach/Hopt/*Roth* § 133 Rn. 13; Röhricht/v. Westphalen/Haas/ *Haas* § 133 Rn. 17).

cc) Beklagte

(1) Grundsatz

Die Klage ist nicht gegen die Gesellschaft, sondern grundsätzlich gegen **alle Mitgesellschafter** zu richten, die nicht ebenso aktiv die Auflösung der Gesellschaft betreiben bzw. die der Auflösung widersprechen (BGH, Urt. v. 15.09.1997 – II ZR 97/96; MüKo HGB/*K. Schmidt* § 133 Rn. 2, 48; Staub/*Schäfer* § 133 Rn. 52; Oetker/*Kamanabrou* § 133 Rn. 16; Röhricht/v. Westphalen/Haas/*Haas* § 133 Rn. 17). Mehrere Beklagte sind notwendige Streitgenossen i. S. d. § 62 ZPO aus materiellen Gründen (Staub/*Schäfer* § 133 Rn. 52; Baumbach/Hopt/*Roth* § 133 Rn. 13; Röhricht/v. Westphalen/Haas/*Haas* § 133 Rn. 17; E/B/J/S/*Lorz* § 133 Rn. 33). Eine Klage gegen die Gesellschaft ist als unzulässig abzuweisen (MüKo HGB/*K. Schmidt* § 133 Rn. 50; E/B/J/S/*Lorz* § 133 Rn. 35; zu abweichenden gesellschaftsvertraglichen Vereinbarungen vgl. unten Rdn. 200). Um eine einheitliche Entscheidung zu ermöglichen, sind grundsätzlich alle Gesellschafter am Verfahren zu beteiligen, entweder auf Kläger- oder auf Beklagtenseite (BGH, Urt. v. 15.06.1959 – II ZR 44/58; Staub/*Schäfer* § 133 Rn. 52; MüKo HGB/*K. Schmidt* § 133 Rn. 2; Baumbach/Hopt/*Roth* § 133 Rn. 13). Die Beteiligung sämtlicher Gesellschafter auf Kläger- oder Beklagtenseite ist Prozessvoraussetzung. Werden nicht sämtliche Gesellschafter im Verfahren beteiligt, ist die Klage als unzulässig abzuweisen (Staub/*Schäfer* § 133 Rn. 52).

(2) Einverständniserklärung

Nicht mitzuverklagen sind nach h. M. die Gesellschafter, die sich mit der Auflösung der Gesellschaft bereits außergerichtlich bindend einverstanden erklärt haben (BGH, Urt. v. 17.12.2001 – II ZR 31/00; Urt. v. 15.09.1997 – II ZR 97/96; Staub/*Schäfer* § 133 Rn. 53; Baumbach/Hopt/*Roth* § 133 Rn. 13; Röhricht/v. Westphalen/Haas/*Haas* § 133 Rn. 17; Oetker/*Kamanbrou* § 133 Rn. 16; dazu krit. MüKo HGB/*K. Schmidt* § 133 Rn. 48). Die **Einverständniserklärung** ist dem Gericht gegenüber nachzuweisen (Staub/*Schäfer* § 133 Rn. 55; Baumbach/Hopt/*Roth* § 133 Rn. 13). Dies kann durch Einverständniserklärung gegenüber dem Gericht direkt oder durch Nachweis in schriftlicher Form erfolgen (MüKo HGB/*K. Schmidt* § 133 Rn. 51; Staub/*Schäfer* § 133 Rn. 55). Durch die Einverständniserklärung ist der Gesellschafter an ein rechtskräftiges Auflösungsurteil gebunden (Staub/*Schäfer* § 133 Rn. 53). Ein nachträglicher Widerspruch ist unbeachtlich (Baumbach/Hopt/ *Roth* § 133 Rn. 13). Wird ein Gesellschafter ungeachtet einer solchen Einverständniserklärung verklagt, ist die Klage gegen ihn mangels Rechtsschutzbedürfnis abzuweisen (MüKo HGB/*K. Schmidt* § 133 Rn. 51).

(3) Gesellschaft als Beklagte

Die Gesellschaft selbst ist grundsätzlich nicht Partei des Verfahrens (vgl. oben Rdn. 198). Es ist jedoch anerkannt, dass gesellschaftsvertraglich vereinbart werden kann, dass die Auflösungsklage gegen die Gesellschaft selbst zu richten ist (Staub/*Schäfer* § 133 Rn. 50; Oetker/*Kamanabrou* § 133 Rn. 17). Dies ist insbesondere bei **Publikumsgesellschaften** zu empfehlen (E/B/J/S/*Lorz* § 133 Rn. 35; Staub/*Schäfer* § 133 Rn. 50; MüKo HGB/*K. Schmidt* § 133 Rn. 50, 66). Nach zunehmend vertretener Ansicht ist bei Publikumsgesellschaften auch ohne entsprechende gesellschaftsvertragliche Vereinbarung die Auflösungsklage grundsätzlich gegen die Gesellschaft zu richten (E/B/J/S/*Lorz* § 133 Rn. 35; MüKo HGB/*K. Schmidt* § 133 Rn. 50; Heidel/Schall/*Heidel* § 133 Rn. 31; Oetker/*Kamanabrou* § 133 Rn. 17; K/R/M/*Koller* § 133 Rn. 3). Eine gesellschaftsvertragliche Regelung, nach der die Auflösungsklage direkt gegen die Gesellschaft zu richten ist, bietet sich bei der GmbH & Co KG an, da der klagende Gesellschafter dann die KG nach § 133 HGB und die Komplementär-GmbH nach § 61 GmbHG auf Auflösung verklagen kann (MüKo HGB/*K. Schmidt* § 133 Rn. 50; E/B/J/S/*Lorz* § 133 Rn. 35). Aus dieser Erwägung heraus wird z. T. bei der GmbH & Co KG generell eine Analogie zu § 61 GmbHG erwogen (MüKo HGB/*K. Schmidt* § 133 Rn. 50).

(4) Ausscheiden eines beklagten Gesellschafters während des Verfahrens

201 Scheidet ein beklagter Gesellschafter während des Verfahrens **ohne Rechtsnachfolger** aus, wird die Klage gegen ihn unzulässig (Oetker/*Kamanabrou* § 133 Rn. 16; Röhricht/v. Westphalen/Haas/*Haas* § 133 Rn. 18; Henssler/Strohn/*Klöhn* § 133 Rn. 37). Der Kläger kann die Erledigung der Hauptsache nach § 91a ZPO erklären, sodass dann nur noch über die Kosten zu entscheiden ist (E/B/J/S/*Lorz* § 133 Rn. 34; MüKo HGB/*K. Schmidt* § 133 Rn. 49; Henssler/Strohn/*Klöhn* § 133 Rn. 37). Scheidet ein Beklagter dagegen während des Verfahrens **durch Anteilsveräußerung** aus, kommt nach h.L. § 265 ZPO zur Anwendung, da die Mitgliedschaft eines sich der Auflösungsklage widersetzenden Gesellschafters als streitbefangen anzusehen ist (MüKo HGB/*K. Schmidt* § 133 Rn. 49; Oetker/*Kamanabrou* § 133 Rn. 16; Henssler/Strohn/*Klöhn* § 133 Rn. 37). Das Verfahren kann gegen den veräußernden Gesellschafter fortgesetzt werden (MüKo HGB/*K. Schmidt* § 133 Rn. 49; Henssler/Strohn/*Klöhn* § 133 Rn. 37). Nach a. A. ist § 265 ZPO auch im Fall der Anteilsveräußerung nicht anwendbar, da der Auflösungsprozess nicht ohne Rücksicht auf das Auflösungsinteresse des neuen Gesellschafters geführt werden kann (Staub/*Schäfer* § 133 Rn. 61). Aufgrund der streitigen Rechtslage ist im Fall der Anteilsveräußerung während des Auflösungsverfahrens daher dem Kläger vorsorglich zu empfehlen, den Antrag im Wege des Parteiwechsels auf den neuen Gesellschafter umzustellen und die Sachdienlicherklärung durch das Gericht zu beantragen (MüKo HGB/*K. Schmidt* § 133 Rn. 49; Röhricht/v. Westphalen/Haas/*Haas* § 133 Rn. 18; E/B/J/S/*Lorz* § 133 Rn. 34).

dd) Klageverbindung

202 Die Auflösung der Gesellschaft kann als **Hauptantrag** begehrt und mit **Ausschließungsantrag** nach § 140 HGB oder Antrag auf Entziehung der Geschäftsführungs- oder Vertretungsbefugnis (§§ 117, 127 HGB) als Hilfsantrag verbunden werden (vgl. oben Rdn. 185 ff.; MüKo HGB/*K. Schmidt* § 133 Rn. 52; Henssler/Strohn/*Klöhn* § 133 Rn. 38). Dies kommt in Betracht, wenn die Entziehung der Geschäftsführungs- und/oder Vertretungsbefugnis als milderes Mittel zu erwägen ist (vgl. oben Rdn. 185). Die Klage auf Auflösung der Gesellschaft gem. § 133 HGB und die Ausschließungsklage nach § 140 HGB betreffen verschiedene Streitgegenstände, sodass der Übergang von einer zur anderen Klage als Klageänderung zu bewerten ist (Baumbach/Hopt/*Roth* § 133 Rn. 14).

ee) Zuständigkeit und Kosten des Verfahrens

203 Der **örtliche Gerichtsstand** der Auflösungsklage bestimmt sich nach allgemeinen Grundsätzen (MüKo HGB/*K. Schmidt* § 133 Rn. 43; Henssler/Strohn/*Klöhn* § 133 Rn. 35). Ein ausschließlicher Gerichtsstand besteht grundsätzlich nicht, kann aber gesellschaftsvertraglich vereinbart werden (Staub/*Schäfer* § 133 Rn. 58). Neben dem allgemeinen Gerichtsstand nach § 17 ZPO kommen der besondere Gerichtsstand der Mitgliedschaft nach § 22 ZPO und der Gerichtsstand des Erfüllungsortes nach § 29 ZPO in Betracht (MüKo HGB/*K. Schmidt* § 133 Rn. 43; Staub/*Schäfer* § 133 Rn. 58; MünchHdb GesR I/*Butzer/Knof* § 83 Rn. 39; Baumbach/Hopt/*Roth* § 133 Rn. 14). **Funktionell zuständig** ist die Kammer für Handelssachen gem. § 95 Abs. 1 Nr. 4a GVG (MüKo HGB/*K. Schmidt* § 133 Rn. 43; Henssler/Strohn/*Klöhn* § 133 Rn. 35).

Der **Streitwert** der Klage ist gem. § 3 ZPO nach richterlichem Ermessen festzusetzen und richtet sich 204
nach dem Interesse des Klägers an der Auflösung der Gesellschaft (MüKo HGB/*K. Schmidt* § 133
Rn. 43; Staub/*Schäfer* § 133 Rn. 59). Das Interesse des Klägers an der Auflösung entspricht in der
Regel der Höhe seiner Beteiligung. Nach dem so zu ermittelnden Streitwert richtet sich auch die
sachliche Zuständigkeit (OLG Köln, Urt. v. 22.06.1982 – 2 W 79/82; Staub/*Schäfer* § 133 Rn. 59;
Baumbach/Hopt/*Roth* § 133 Rn. 14; Henssler/Strohn/*Klöhn* § 133 Rn. 35).

ff) Rechtsschutzbedürfnis

Für eine Auflösungsklage nach § 133 HGB besteht dann **kein Rechtsschutzbedürfnis**, wenn der 205
Kläger aufgrund gesellschaftsvertraglicher Regelung jederzeit ordentlich oder außerordentlich kündigen kann und dadurch die Auflösung der Gesellschaft herbeigeführt wird (Baumbach/Hopt/*Roth*
§ 133 Rn. 3; Heidel/Schall/*Heidel* § 133 Rn. 7; vgl. oben Rdn. 178, 191).

gg) Klagefrist

Die Auflösungsklage unterliegt grundsätzlich **keiner Frist** (Staub/*Schäfer* § 133 Rn. 57). Zu langes 206
Abwarten mit der Klageerhebung kann u. U. aber als Verzicht auf das Klagerecht zu werten sein
oder zur Verwirkung führen (Staub/*Schäfer* § 133 Rn. 41, 57; Baumbach/Hopt/*Roth* § 133 Rn. 12 ;
MünchHdb GesR I/*Butzer/Knof* § 83 Rn. 38). Zudem kann langes Abwarten gegen die Unzumutbarkeit der Fortsetzung der Gesellschaft und damit gegen einen wichtigen Grund sprechen (vgl.
oben Rdn. 181; BGH, Urt. v. 14.06.1999 – II ZR 193/98; Urt. v. 11.07.1966 – II ZR 215/64
[Abwarten von 15 Monaten]; Röhricht/v. Westphalen/Haas/*Haas* § 133 Rn. 4; MünchHdb GesR
I/*Butzer/Knof* § 83 Rn. 38; Staub/*Schäfer* § 133 Rn. 42).

hh) Weitere prozessuale Fragen

Die **Darlegungs- und Beweislast** für die Tatsachen, die eine Auflösung der Gesellschaft rechtfertigen, trägt der Kläger (MüKo HGB/*K. Schmidt* § 133 Rn. 54; Staub/*Schäfer* § 133 Rn. 56; E/B/J/S/ 207
Lorz § 133 Rn. 38).

Ein **Versäumnisurteil** kann sowohl bei Säumnis des Klägers als auch bei Säumnis der bzw. des Be- 208
klagten ergehen (MüKo HGB/*K. Schmidt* § 133 Rn. 54; E/B/J/S/*Lorz* § 133 Rn. 38). Problematisch
ist, ob ein **Anerkenntnisurteil** ergehen kann. Dies würde ein Anerkenntnis aller beklagten Gesellschafter erfordern, ein Anerkenntnis nur einzelner Gesellschafter reicht nicht aus (MüKo HGB/*K.
Schmidt* § 133 Rn. 54). Stimmen alle Beklagten während des Auflösungsverfahrens der Auflösung
zu, kann dies als Auflösungsbeschluss nach § 131 Nr. 2 HGB verstanden werden. Dies führt zur Erledigung des Verfahrens in der Hauptsache gem. § 91a ZPO (MüKo HGB/*K. Schmidt* § 133 Rn. 54;
Staub/*Schäfer* § 133 Rn. 60; E/B/J/S/*Lorz* § 133 Rn. 38).

Liegt ein **wichtiger Grund i. S. d. § 133 HGB** vor, hat das Gericht die Auflösung der Gesellschaft 209
auszusprechen. Entgegen dem missverständlichen Wortlaut des § 133 Abs. 1 HGB steht dem Gericht insoweit kein Ermessensspielraum zu (Staub/*Schäfer* § 133 Rn. 62; MüKo HGB/*K. Schmidt*
§ 133 Rn. 55; Baumbach/Hopt/*Roth* § 133 Rn. 16; E/B/J/S/*Lorz* § 133 Rn. 39).

g) Urteil und Urteilswirkungen

Das der Klage stattgebende Urteil bewirkt als **Gestaltungsurteil** mit Eintritt der Rechtskraft die 210
Auflösung der Gesellschaft (Staub/*Schäfer* § 133 Rn. 62, 64, 65; Röhricht/v. Westphalen/Haas/
Haas § 133 Rn. 20; E/B/J/S/*Lorz* § 133 Rn. 40; MünchHdb GesR I/*Butzer/Knof* § 83 Rn. 40). Die
Gesellschaft wird nach allgemeinen Grundsätzen liquidiert (Staub/*Schäfer* § 133 Rn. 67; Oetker/
Kamanabrou § 133 Rn. 20; Röhricht/v. Westphalen/Haas/*Haas* § 133 Rn. 20). Maßgeblicher Zeitpunkt für die Auflösung ist der Eintritt der Rechtskraft des Urteils (MüKo HGB/*K. Schmidt* § 133
Rn. 59; Röhricht/v. Westphalen/Haas/*Haas* § 133 Rn. 20). Bis dahin besteht die Gesellschaft als
werbende Gesellschaft weiter fort (Staub/*Schäfer* § 133 Rn. 64; E/B/J/S/*Lorz* § 133 Rn. 40). Für den

Bewertungsstichtag für die Auseinandersetzung ist auf den Zeitpunkt der Rechtskraft des Urteils abzustellen (E/B/J/S/*Lorz* § 133 Rn. 40). Eine Vorverlegung auf den Zeitpunkt der Klageerhebung wie in § 140 Abs. 2 HGB kommt nicht in Betracht (E/B/J/S/*Lorz* § 133 Rn. 40; dazu vgl. unten Rdn. 245). Im Urteil selbst kann der Zeitpunkt der Auflösung grundsätzlich nicht abweichend festgelegt werden. So kann auch Auflösung für einen bestimmten Zeitpunkt nicht beantragt werden (Staub/*Schäfer* § 133 Rn. 66). Es wird allerdings aus Zweckmäßigkeits- und Billigkeitserwägungen als zulässig erachtet, die Auflösungswirkung auf Antrag einer Partei auf einen Zeitpunkt in naher Zukunft festzusetzen, wie bspw. auf das Ende des laufenden Geschäftsjahres (MüKo HGB/*K. Schmidt* § 133 Rn. 55; Staub/*Schäfer* § 133 Rn. 66; E/B/J/S/*Lorz* § 133 Rn. 40). Die Auflösung ist nach § 143 Abs. 1 Satz 1 HGB von sämtlichen Gesellschaftern zur Eintragung in das **Handelsregister anzumelden** (Staub/*Schäfer* § 133 Rn. 67).

h) Einstweiliger Rechtsschutz

211 Da die gesellschaftsrechtlichen Rechte und Pflichten bis zur Auflösung bestehen bleiben, wird häufig bis zum rechtskräftigen Auflösungsurteil ein Bedürfnis nach vorläufiger Regelung bestehen. Aufgrund des Verbots der Vorwegnahme der Hauptsache kann die Auflösung der Gesellschaft selbst nicht im Wege der einstweiligen Verfügung bewirkt werden (MüKo HGB/*K. Schmidt* § 133 Rn. 57; Staub/*Schäfer* § 133 Rn. 63; Baumbach/Hopt/*Roth* § 133 Rn. 14; Röhricht/v. Westphalen/Haas/*Haas* § 133 Rn. 21). Zulässig sind dagegen Maßnahmen des vorläufigen Rechtsschutzes, die die künftige Auflösung sichern sollen, wie z. B. die Entziehung der Geschäftsführungs- oder Vertretungsbefugnis oder die Einsetzung eines Dritten als Verwalter (MüKo HGB/K. *Schmidt* § 133 Rn. 57; Henssler/Strohn/*Klöhn* § 133 Rn. 41).

4. Klage auf Ausschließung eines Gesellschafters nach § 140 HGB

a) Einleitung

212 Die Ausschließung eines Gesellschafters aus einer Personenhandelsgesellschaft aus wichtigem Grund erfolgt im gesetzlichen Regelfall durch **Ausschließungsklage** nach § 140 HGB (zur Abdingbarkeit vgl. unten Rdn. 226–230). Der betroffene Gesellschafter scheidet dann durch rechtskräftiges **Gestaltungsurteil** aus der Gesellschaft aus (BGH, Urt. v. 05.06.1989 – II ZR 227/88; MüKo HGB/*K. Schmidt* § 140 Rn. 83; Staub/*Schäfer* § 140 Rn. 45). Im Unterschied dazu kann ein Gesellschafter aus einer BGB-Gesellschaft bereits durch Kündigung nach § 737 BGB ausgeschlossen werden. Dies setzt voraus, dass eine Fortsetzungsklausel vereinbart wurde und die Fortsetzung der Gesellschaft mit dem Auszuschließenden für die übrigen Gesellschafter unzumutbar ist (BGH, Urt. v. 31.03.2003 – II ZR 8/01; MüKo HGB/*K. Schmidt* § 140 Rn. 6; Hk-BGB/*Saenger* § 737 Rn. 1). Der Ausschluss des Gesellschafters aus der BGB-Gesellschaft wird bereits mit Zugang der Ausschlusserklärung an ihn wirksam (Hk-BGB/*Saenger* § 737 Rn. 4; Henssler/Strohn/*Kilian* § 737 Rn. 12). Die Rechtmäßigkeit des Ausschlusses kann dann durch Feststellungsklage überprüft werden (Henssler/Strohn/*Kilian* § 737 Rn. 12; Jauernig/*Stürner* §§ 736, 737 Rn. 9). Die Regelung des § 140 HGB dient für das Recht der Personenhandelsgesellschaften der Rechtsklarheit und -sicherheit, da die Ausschließung eines Gesellschafters erst nach gerichtlicher Prüfung erfolgt und nicht bereits durch Kündigung (BGH, Urt. v. 17.12.1959 – II ZR 32/59; Urt. v. 13.05.1953 – II ZR 157/52; Baumbach/Hopt/*Roth* § 140 Rn. 1; E/B/J/S/*Lorz* § 140 Rn. 1). Eine gerichtliche Prüfung der Rechtmäßigkeit des Ausschlusses erfolgt im Unterschied zur BGB-Gesellschaft somit bereits im Vorfeld des Ausschlusses (*K. Schmidt* GesR, S. 1448).

213 Die **Ausschließung** kann nach § 140 Abs. 1 Satz 1 HGB verlangt werden, wenn in der Person eines Gesellschafters ein wichtiger Grund vorliegt, der nach § 133 HGB eine Auflösung der Gesellschaft rechtfertigen würde (Staub/*Schäfer* § 140 Rn. 6; E/B/J/S/*Lorz* § 140 Rn. 1; Henssler/Strohn/*Klöhn* § 140 Rn. 1). § 140 HGB ermöglicht somit die Beseitigung der Störung des Gesellschaftsverhältnisses ohne die Auflösung der Gesellschaft zu erfordern (MüKo HGB/*K. Schmidt* § 140 Rn. 1; Röhricht/v. Westphalen/Haas/*Haas* § 140 Rn. 1). Sinn und Zweck dieser Regelung ist, den gesellschaftstreuen

Gesellschaftern die Kontinuität des Unternehmens und die im Unternehmen enthaltenen Werte zu erhalten (BGH, Urt. v. 09.07.1968 – V ZR 80/66; Urt. v. 14.05.1952 – II ZR 40/51; Staub/*Schäfer* § 140 Rn. 1; Baumbach/Hopt/*Roth* § 140 Rn. 1; Oetker/*Kamanabrou* § 140 Rn. 1; E/B/J/S/*Lorz* § 140 Rn. 1). Dies setzt jedoch voraus, dass alle übrigen Gesellschafter bis auf den auszuschließenden Gesellschafter gemeinsam die Ausschließung des betreffenden Gesellschafters begehren (E/B/J/S/*Lorz* § 140 Rn. 1; Henssler/Strohn/*Klöhn* § 140 Rn. 2; zum Erfordernis gemeinsamer Klageerhebung vgl. unten Rdn. 232–236).

b) Anwendungsbereich des § 140 HGB

aa) Erfasste Gesellschaftsformen

§ 140 HGB gilt für die **OHG** und gem. § 161 Abs. 2 HGB für die **KG** (Staub/*Schäfer* § 140 Rn. 3; Oetker/*Kamanabrou* § 140 Rn. 4). § 140 HGB erfasst auch die **GmbH & Co. KG** (Staub/*Schäfer* § 140 Rn. 3; Henssler/Strohn/*Klöhn* § 140 Rn. 3). § 140 HGB gilt auch für die **fehlerhafte Gesellschaft** (BGH, Urt. v. 14.05.1952 – II ZR 40/51; MüKo HGB/*K. Schmidt* § 140 Rn. 8; Staub/*Schäfer* § 140 Rn. 3; Baumbach/Hopt/*Roth* § 140 Rn. 2). Über § 9 Abs. 1 PartGG ist § 140 HGB auf die **Partnerschaftsgesellschaft** anwendbar (E/B/J/S/*Lorz* § 140 Rn. 3; Heidel/Schall/*Heidel* § 140 Rn. 4). Für die stille Gesellschaft gilt § 234 HGB; § 140 HGB ist nicht anwendbar (Heidel/Schall/*Heidel* § 140 Rn. 4; vgl. auch MüKo HGB/*K. Schmidt* § 140 Rn. 5, 7 krit. hinsichtlich atypischer stiller Gesellschaft). Für die **EWIV** gilt Art. 27 Abs. 2 EWIV-VO als entsprechende Regelung (MüKo HGB/*K. Schmidt* § 140 Rn. 4; Heidel/Schall/*Heidel* § 140 Rn. 4).

214

§ 140 HGB ist auf die **BGB-Gesellschaft** nicht anwendbar (Staub/*Schäfer* § 140 Rn. 3; Baumbach/Hopt/*Roth* § 140 Rn. 2). Die Ausschließung aus einer BGB-Gesellschaft erfolgt durch Kündigung nach § 737 BGB (dazu vgl. oben Rdn. 212). Dies gilt nach auch bei einer unternehmenstragenden BGB-Gesellschaft (Heidel/Schall/*Heidel* § 140 Rn. 4; E/B/J/S/*Lorz* § 140 Rn. 3; Henssler/Strohn/*Klöhn* § 140 Rn. 3).

215

bb) Keine Geltung für Publikumsgesellschaften

§ 140 HGB gilt nicht für **Publikumsgesellschaften** (MüKo HGB/*Grunewald* § 161 Rn. 134). Bei Publikumsgesellschaften kann ein Gesellschafter aus wichtigem Grund aus der Gesellschaft grundsätzlich durch Mehrheitsbeschluss ausgeschlossen werden. Eine entsprechende gesellschaftsvertragliche Vereinbarung ist nicht erforderlich (BGH, Urt. v. 09.11.1987 – II ZR 100/87 zur Publikums-GbR; Staub/*Schäfer* § 140 Rn. 57; MüKo HGB/*K. Schmidt* § 140 Rn. 91; *K. Schmidt* ZGR 2004, 227, 229).

216

cc) Ausschluss des einzigen vertretungsbefugten Gesellschafters

Gem. § 140 HGB kann aus einer OHG auch der einzige zur Vertretung berechtigte Gesellschafter ausgeschlossen werden. In diesem Fall kommt es zur **Gesamtvertretung** durch die anderen Gesellschafter (Baumbach/Hopt/*Roth* § 140 Rn. 8). Bei der KG kann die Ausschließungsklage sowohl gegen einen persönlich haftenden Gesellschafter als auch gegen einen Kommanditisten erhoben werden (OLG Rostock, Urt. v. 19.12.2007 – 6 U 103/06 zur Ausschließung des Kommanditisten; MüKo HGB/*K. Schmidt* § 140 Rn. 4; Heymann/*Emmerich* § 140 Rn. 3a). Bei einer GmbH & Co. KG kann die Ausschließungsklage gegen die Komplementär-GmbH gerichtet werden (Staub/*Schäfer* § 140 Rn. 3). Die Ausschließungsklage kann sich auch gegen den einzigen persönlich haftenden Gesellschafter einer KG richten (BGH, Urt. v. 18.10.1976 – II ZR 98/75; Urt. v. 09.12.1968 – II ZR 33/67; Urt. v. 14.05.1952 – II ZR 40/51; MüKo HGB/*K. Schmidt* § 140 Rn. 4; Staub/*Schäfer* § 140 Rn. 27; Röhricht/v. Westphalen/Haas/*Haas* § 140 Rn. 1). Dies gilt auch für eine GmbH & Co KG, bei der nur die Komplementär-GmbH einzig persönlich haftender Gesellschafter ist (MüKo HGB/*K. Schmidt* § 140 Rn. 4). Allerdings führt der Ausschluss des einzigen persönlich haftenden Gesellschafters zwangsläufig zur Auflösung der Gesellschaft, wenn nicht ein Kommanditist oder ein

217

der Gesellschaft beitretender Dritter Komplementär der KG wird (BGH, Urt. v. 09.12.1968 – II ZR 33/67; Staub/*Schäfer* § 140 Rn. 27; Baumbach/Hopt/*Roth* § 140 Rn. 8; Röhricht/v. Westphalen/Haas/*Haas* § 140 Rn. 1; E/B/J/S/*Lorz* § 140 Rn. 3). Wie sich aus § 140 Abs. 1 Satz 2 HGB ergibt, ist eine Ausschließung auch dann möglich, wenn nur noch ein Gesellschafter verbleibt (Röhricht/v. Westphalen/Haas/*Haas* § 140 Rn. 1). Dies gilt sowohl für die Ausschließungsklage gegen einen Gesellschafter einer Zweipersonengesellschaft als auch für die Klage eines Gesellschafters einer mehrgliedrigen Gesellschaft gegen sämtliche Mitgesellschafter (MüKo HGB/*K. Schmidt* § 140 Rn. 11; E/B/J/S/*Lorz* § 140 Rn. 2; ausführlich zum Sonderfall des § 140 Abs. 1 Satz 2 HGB vgl. unten Rdn. 247, 248).

dd) Ausschließungsklage in der Liquidation

218 Die Ausschließungsklage kann auch **in der aufgelösten Gesellschaft** erhoben werden (Staub/*Schäfer* § 140 Rn. 2, 29; Röhricht/v. Westphalen/Haas/*Haas* § 140 Rn. 2; Oetker/*Kamanabrou* § 140 Rn. 4). Ob ein wichtiger Grund vorliegt, ist dann im Hinblick auf die Auflösung der Gesellschaft zu beurteilen (zum Erfordernis des wichtigen Grundes vgl. unten Rdn. 219 ff.). So ist ein wichtiger Grund bspw. dann zu bejahen, wenn der Verbleib des betroffenen Gesellschafters in der Gesellschaft eine ordnungsgemäße Abwicklung gefährden würde oder durch den Ausschluss des Gesellschafters die Fortsetzung der Gesellschaft unter den verbleibenden Gesellschaftern ermöglicht werden soll (BGH, Urt. v. 04.04.1951 – II ZR 10/50; MüKo HGB/*K. Schmidt* § 140 Rn. 8, 34; Staub/*Schäfer* § 140 Rn. 31; E/B/J/S/*Lorz* § 140 Rn. 4). Die Abberufung des Gesellschafters als Liquidator nach § 147 HGB wird allerdings häufig als milderes Mittel in Betracht kommen (zur Verhältnismäßigkeit vgl. unten Rdn. 224; MüKo HGB/*K. Schmidt* § 140 Rn. 34; Oetker/*Kamanabrou* § 140 Rn. 4; E/B/J/S/*Lorz* § 140 Rn. 4 Rn. 9). Mit Vollbeendigung der Gesellschaft ist eine Ausschließungsklage nicht mehr möglich (MüKo HGB/*K. Schmidt* § 140 Rn. 8; Staub/*Schäfer* § 140 Rn. 33).

c) Wichtiger Grund

aa) Grundsatz

219 § 140 HGB setzt ebenso wie § 133 HGB einen **wichtigen Grund** voraus (BGH, Urt. v. 12.12.1994 – II ZR 206/93). Nach § 140 Abs. 1 Satz 1 HGB kann die Ausschließung eines Gesellschafters begehrt werden, wenn in seiner Person ein Umstand vorliegt, der die Auflösung nach § 133 HGB rechtfertigen würde (vgl. oben Rdn. 213; Staub/*Schäfer* § 140 Rn. 4). Ein wichtiger Grund liegt demnach vor, wenn in der Person des auszuschließenden Gesellschafters Umstände vorliegen, die bei umfassender Interessenabwägung im Einzelfall die Fortsetzung der Gesellschaft mit dem auszuschließenden Gesellschafter für die anderen Gesellschafter **unzumutbar** machen (BGH, Urt. v. 17.12.1959 – II ZR 32/59; Urt. v. 14.05.1952 – II ZR 40/51; OLG Rostock, Urt. v. 19.12.2007 – 6 U 103/06; MüKo HGB/*K. Schmidt* § 140 Rn. 16; Röhricht/v. Westphalen/Haas/*Haas* § 140 Rn. 3). Ein wichtiger Grund i. S. d. § 140 HGB ist also immer dann zu bejahen, wenn der Ausschluss des betreffenden Gesellschafters den Auflösungsgrund i. S. d. § 133 HGB entfallen lässt (E/B/J/S/*Lorz* § 140 Rn. 5; Heidel/Schall/*Heidel* § 140 Rn. 9). Dies entspricht dem Sinn und Zweck des § 140 HGB, eine Störung innerhalb der Gesellschaft zu beseitigen und gleichzeitig die Gesellschaft und die in ihr enthaltenen Werte für die gesellschaftstreuen Gesellschafter zu erhalten (vgl. oben Rdn. 213).

bb) Prognoseentscheidung und umfassende Interessenabwägung

220 Bei der Prüfung, ob ein wichtiger Grund vorliegt, ist eine **prognostische Entscheidung** für die Zukunft dahin gehend zu treffen, ob es den übrigen Gesellschaftern zumutbar ist, die Gesellschaft mit dem Betroffenen fortzusetzen (zu § 133 vgl. oben Rdn. 181; BGH, Urt. v. 15.09.1997 – II ZR 97/96 zu § 133 HGB; MüKo HGB/*K. Schmidt* § 140 Rn. 18; Henssler/Strohn/*Klöhn* § 140 Rn. 10). Dabei sind die Umstände des Einzelfalls umfassend zu würdigen (Röhricht/v. Westphalen/Haas/*Haas* § 140 Rn. 3; Henssler/Strohn/*Klöhn* § 140 Rn. 10). Nicht erforderlich ist, dass bereits ein Schaden entstanden ist (Röhricht/v. Westphalen/Haas/*Haas* § 140 Rn. 3; Oetker/*Kamanabrou* § 140 Rn. 13).

Der wichtige Grund i. S. d. § 140 HGB muss in der Person des Betroffenen begründet sein (Staub/ *Schäfer* § 140 Rn. 6; Oetker/*Kamanabrou* § 140 Rn. 6) und sich auf das Gesellschaftsverhältnis beziehen (MüKo HGB/*K. Schmidt* § 140 Rn. 17; Staub/*Schäfer* § 140 Rn. 6; Oetker/*Kamanabrou* § 140 Rn. 9). Dabei kann es sich um einen verhaltens- oder personenbezogen Grund handeln (MüKo HGB/*K. Schmidt* § 140 Rn. 22; Oetker/*Kamanabrou* § 140 Rn. 9). Ein Verschulden des betroffenen Gesellschafters ist für die Annahme eines wichtigen Grundes nicht grundsätzlich erforderlich, wird einen Ausschließungsgrund jedoch häufig rechtfertigen (MüKo HGB/*K. Schmidt* § 140 Rn. 23; Staub/*Schäfer* § 140 Rn. 9; E/B/J/S/*Lorz* § 140 Rn. 11; Oetker/*Kamanabrou* § 140 Rn. 10; MünchHdb GesR I/*Piehler/Schulte* § 74 Rn. 39). Die Höhe der Beteiligung des Auszuschließenden ist regelmäßig unerheblich (BGH, Urt. v. 09.12.1968 – II ZR 42/67; Baumbach/Hopt/*Roth* § 140 Rn. 9; Henssler/Strohn/*Klöhn* § 140 Rn. 18). Ein Verhalten des betroffenen Gesellschafters aus seinem privaten Bereich kommt nur dann als wichtiger Grund in Betracht, wenn sich dieses auf das Gesellschaftsverhältnis auswirkt, wie z. B. ehebrecherische Beziehungen in einer Familiengesellschaft (BGH, Urt. v. 09.11.1972 – II ZR 30/70; MüKo HGB/*K. Schmidt* § 140 Rn. 17; Henssler/ Strohn/*Klöhn* § 140 Rn. 12).

cc) Zurechnung des Verhaltens anderer

Das Verhalten eines gesetzlichen Vertreters ist dem auszuschließenden Gesellschafter grundsätzlich zuzurechnen (MüKo HGB/*K. Schmidt* § 140 Rn. 25; Baumbach/Hopt/*Roth* § 140 Rn. 12; Oetker/*Kamanabrou* § 140 Rn. 11). Dies gilt sowohl für eine natürliche Person als auch für rechtsfähige Personengesellschaften und juristische Personen (MüKo HGB/*K. Schmidt* § 140 Rn. 25; Oetker/ *Kamanabrou* § 140 Rn. 11). Zu prüfen ist, ob die Ausschließung durch Austausch des gesetzlichen Vertreters, z. B. Abberufung des Geschäftsführers einer als Gesellschafterin beteiligten GmbH, im Einzelfall abgewendet werden kann (Staub/*Schäfer* § 140 Rn. 7; MüKo HGB/*K. Schmidt* § 140 Rn. 25; Oetker/*Kamanbrou* § 140 Rn. 11). Das Verhalten von Hilfspersonen kann je nach den Umständen des Einzelfalls zurechenbar sein (MüKo HGB/*K. Schmidt* § 140 Rn. 25; Röhricht/v. Westphalen/Haas/*Haas* § 140 Rn. 4). Im Fall der Treuhand ist das Verhalten des Treugebers dem Treuhandgesellschafter zuzurechnen, wenn der Treugeber auf das Verhalten des Treuhandgesellschafters einwirken kann (BGH, Urt. v. 30.06.1980 – II ZR 219/79; MüKo HGB/*K. Schmidt* § 140 Rn. 25; Staub/*Schäfer* § 140 Rn. 7; Baumbach/Hopt/*Roth* § 140 Rn. 12). Das Verhalten des herrschenden Unternehmens ist dem abhängigen Unternehmen regelmäßig zuzurechnen (MüKo HGB/*K. Schmidt* § 140 Rn. 26; Oetker/*Kamanabrou* § 140 Rn. 12; Röhricht/v. Westphalen/Haas/*Haas* § 140 Rn. 4). Im Fall der Rechtsnachfolge – Einzel- oder Gesamtrechtsnachfolge – wird das Verhalten des Rechtsvorgängers eines Gesellschafters grundsätzlich nicht zugerechnet (MüKo HGB/*K. Schmidt* § 140 Rn. 24; Röhricht/v. Westphalen/Haas/*Haas* § 140 Rn. 4). Eine Ausnahme besteht jedoch z. B. dann, wenn der Rechtsnachfolger an dem störenden Verhalten des Rechtsvorgängers beteiligt war (MüKo HGB/*K. Schmidt* § 140 Rn. 24). Das Verhalten von Familienangehörigen ist nur dann zurechenbar, wenn es sich auf die Person des betroffenen Gesellschafters derart auswirkt, dass die Störung nur durch Ausschluss des Gesellschafters behoben werden kann (OLG Saarbrücken, Urt. v. 30.06.1989 – 4 U 2/89; Oetker/*Kamanabrou* § 140 Rn. 11; Staub/*Schäfer* § 140 Rn. 7). Wichtige Gründe in diesem Sinne sind bspw. Veruntreuung, Verstoß gegen ein Wettbewerbsverbot, Verschleierung von Sondereinnahmen oder auch Geisteskrankheit sowie Entmündigung (BGH, Urt. v. 17.12.1959 – II ZR 32/59; Baumbach/Hopt/*Roth* § 140 Rn. 7).

dd) Berücksichtigung des Verhaltens der übrigen Gesellschafter

Für die Frage, ob ein wichtiger Grund vorliegt, ist auch das Verhalten der anderen Gesellschafter zu berücksichtigen. Es muss deutlich zwischen dem störenden, sich gesellschaftswidrig verhaltenden Gesellschafter und den übrigen gesellschaftstreuen Gesellschaftern zu unterscheiden sein (Staub/*Schäfer* § 140 Rn. 4; Henssler/Strohn/*Klöhn* § 140 Rn. 13). *K. Schmidt* spricht insoweit plakativ von der Unterscheidung zwischen »weißen und schwarzen Schafen« (MüKo HGB/*K. Schmidt* § 140 Rn. 19). Ist eine solche Unterscheidung nicht möglich weil in der Person des bzw. der verbleibenden Gesellschafter selbst ein Ausschließungsgrund gegeben ist, kommt nur die Auflösung der

Gesellschaft (§ 133 HGB) in Betracht (Baumbach/Hopt/*Roth* § 140 Rn. 7; Röhricht/v. Westphalen/Haas/*Haas* § 140 Rn. 5; Henssler/Strohn/*Klöhn* § 140 Rn. 14). Trifft die anderen Gesellschafter auch Verschulden, kommt eine Ausschließung des betroffenen Gesellschafters nur dann in Betracht, wenn das Verschulden bzw. das Fehlverhalten des auszuschließenden Gesellschafters das der anderen Gesellschafter deutlich überwiegt (BGH, Urt. v. 23.11.1967 – II ZR 183/66; Henssler/Strohn/*Klöhn* § 140 Rn. 14).

ee) Beurteilungszeitpunkt

223 Für die Frage, ob ein wichtiger Grund vorliegt, kommt es maßgeblich auf den Zeitpunkt der letzten mündlichen Verhandlung an (Staub/*Schäfer* § 140 Rn. 8, 18; Henssler/Strohn/*Klöhn* § 140 Rn. 19; Oetker/*Kamanabrou* § 140 Rn. 17). Ein Nachschieben von Gründen nach Klageerhebung ist somit zulässig (Henssler/Strohn/*Klöhn* § 140 Rn. 10). Entfällt der Ausschließungsgrund vor dem Zeitpunkt der letzten mündlichen Verhandlung, z. B. durch Ausscheiden des betroffenen Gesellschafters, wird die Klage in der Regel unbegründet (Staub/*Schäfer* § 140 Rn. 8; zu den prozessualen Folgen vgl. unten Rdn. 238).

d) Ausschluss eines Gesellschafters als ultima ratio

224 Der Ausschluss eines Gesellschafters ist nur als ultima ratio zulässig. Es darf daher **kein zumutbares milderes Mittel** zur Beseitigung der Störung geeignet sein (Staub/*Schäfer* § 140 Rn. 16; MüKo HGB/*K. Schmidt* § 140 Rn. 28). Als milderes Mittel kann z. B. die Entziehung oder Beschränkung der Vertretungs- oder Geschäftsführungsbefugnis, die Anteilsübertragung an einen Treuhänder oder auch eine Änderung des Gesellschaftsvertrages, wie z. B. die Umwandlung der Gesellschafterstellung in die eines stillen Gesellschafters oder Kommanditisten, in Betracht kommen (BGH, Urt. v. 31.03.2003 – II ZR 8/01; Urt. v. 06.07.1961 – II ZR 219/58; Urt. v. 27.10.1955 – II ZR 310/53; Urt. v. 30.11.1951 – II ZR 109/51; Urt. v. 14.05.1951 – II ZR 40/51; OLG Rostock, Urt. v. 19.12.2007 – 6 U 103/06; MüKo HGB/*K. Schmidt* § 140 Rn. 28; Staub/*Schäfer* § 140 Rn. 4, 16; Baumbach/Hopt/*Roth* § 140 Rn. 6; Röhricht/v. Westphalen/Haas/*Haas* § 140 Rn. 6). Die Auflösung der Gesellschaft stellt regelmäßig kein milderes Mittel dar (Baumbach/Hopt/*Roth* § 140 Rn. 6). Im Prozess obliegt es in erster Linie dem beklagten Gesellschafter, mildere Maßnahmen anzubieten, um seinen Ausschluss aus der Gesellschaft zu verhindern (BGH, Urt. v. 06.07.1961 – II ZR 219/58; MüKo HGB/*K. Schmidt* § 140 Rn. 28; Röhricht/v. Westphalen/Haas/*Haas* § 140 Rn. 6; E/B/J/S/*Lorz* § 140 Rn. 10). Den Klägern muss dieses Mittel zumutbar sein (Oetker/*Kamanabrou* § 140 Rn. 14). Lehnen die Kläger ein solches milderes Mittel ab, ist die Klage abzuweisen (E/B/J/S/*Lorz* § 140 Rn. 10; Henssler/Strohn/*Klöhn* § 140 Rn. 16). Ein milderes Mittel kann auch von den Klägern und ggf. vom Gericht angeregt werden (BGH, Urt. v. 27.10.1955 – II ZR 310/53; E/B/J/S/*Lorz* § 140 Rn. 10; MüKo HGB/*K. Schmidt* § 140 Rn. 28). Geht der Beklagte auf ein solches Angebot allerdings nicht ein, wird sein Ausschluss aus der Gesellschaft regelmäßig gerechtfertigt sein (BGH, Urt. v. 27.10.1955 – II ZR 310/53; Staub/*Schäfer* § 140 Rn. 16; E/B/J/S/*Lorz* § 140 Rn. 10).

225 Das Gericht kann auf einen **Ausschließungsantrag** hin von sich aus keine mildere Maßnahme aussprechen. Daher ist gegebenenfalls ein solches milderes Mittel als **Hilfsantrag** aufzunehmen (BGH, Urt. v. 06.07.1961 – II ZR 219/58; MüKo HGB/*K. Schmidt* § 140 Rn. 76).

e) Abweichende Regelung

aa) Allgemeines

226 § 140 HGB ist grundsätzlich **dispositiv** (BGH, Urt. v. 15.09.1997 – II ZR 97/96; OLG Rostock, Urt. v. 19.12.2007 – 6 U 103/06; Staub/*Schäfer* § 140 Rn. 52; Oetker/*Kamanabrou* § 140 Rn. 39; MünchHdb GesR I/*Piehler* § 67 Rn. 40 ff.). Im Unterschied zum Auflösungsrecht, das nach § 133 Abs. 3 HGB weder beschränkt noch ausgeschlossen werden kann, ist das Ausschließungsrecht nach § 140 HGB nicht zwingend. Eine mit § 133 Abs. 3 HGB vergleichbare Regelung besteht für

das Ausschließungsrecht nicht (BGH, Urt. v. 17.12.1959 – II ZR 32/59; OLG Rostock, Urt. v. 19.12.2007 – 6 U 103/06; Staub/*Schäfer* § 140 Rn. 52; Oetker/*Kamanabrou* § 140 Rn. 39; Heidel/Schall/*Heidel* § 140 Rn. 53). Das Ausschließungsrecht kann daher erleichtert, erschwert und nach h. M. auch vollständig abbedungen werden (Staub/*Schäfer* § 140 Rn. 53; Baumbach/Hopt/ *Roth* § 140 Rn. 28; E/B/J/S/*Lorz* § 140 Rn. 43; Oetker/*Kamanabrou* § 140 Rn. 40; Henssler/Strohn/ *Klöhn* § 140 Rn. 40). Ist das Ausschließungsrecht vollständig abbedungen und liegt in der Person eines Gesellschafters ein Ausschließungsgrund vor, verbleibt den übrigen Gesellschaftern die Möglichkeit, die Gesellschaft aus wichtigem Grund aufzulösen (MüKo HGB/*K. Schmidt* § 140 Rn. 88, 89; E/B/J/S/*Lorz* § 140 Rn. 43; Oetker/*Kamanabrou* § 140 Rn. 40). Daher sollte nach t.v.A. die vollständige Abdingbarkeit des Ausschließungsrechts nur aus sachlichem Grund zulässig sein (MüKo HGB/*K. Schmidt* § 140 Rn. 89; Heymann/*Emmerich* § 140 Rn. 30). Ein solcher sachlicher Grund ist nach *K. Schmidt* bspw. bei einer Zweipersonengesellschaft gegeben, um eine einseitige Übernahme zu verhindern (MüKo HGB/*K. Schmidt* § 140 Rn. 89).

bb) Regelung der Ausschließungsvoraussetzungen

Im Gesellschaftsvertrag kann geregelt werden, welche Anforderungen an einen wichtigen Grund zu stellen sind. So können bestimmte Gründe als Ausschließungsgrund zugelassen oder auch ausgeschlossen werden (MüKo HGB/*K. Schmidt* § 140 Rn. 94 f.; Staub/*Schäfer* § 140 Rn. 55, 56; Röhricht/v. Westphalen/Haas/*Haas* § 140 Rn. 23; MünchHdb GesR I/*Piehler/Schulte* § 74 Rn. 57). Bspw. kann vereinbart werden, dass die Pfändung des Gesellschaftsanteils den Ausschluss des betroffenen Gesellschafters rechtfertigt (Röhricht/v. Westphalen/Haas/*Haas* § 140 Rn. 23; E/B/J/S/ *Lorz* § 140 Rn. 52). Liegt ein im Gesellschaftsvertrag als Ausschließungsgrund definierter Umstand vor, so ist darin nach h. M. ein wichtiger Grund i. S. d. § 140 HGB zu sehen. Eine weitere Interessenabwägung und Prüfung, ob ein milderes Mittel zur Beseitigung der Störung geeignet ist, ist dann nach h. M. nicht erforderlich (E/B/J/S/*Lorz* § 140 Rn. 52; Oetker/*Kamanabrou* § 140 Rn. 45; MünchHdb GesR I/*Piehler/Schulte* § 74 Rn. 70; a. A. Staub/*Schäfer* § 140 Rn. 56 sofern weiterhin eine Gestaltungsklage erforderlich ist). 227

cc) Klageerhebung nur nach Mehrheitsbeschluss

Die Erhebung der Anfechtungsklage kann von einem **Mehrheitsbeschluss der Gesellschafter** abhängig gemacht werden. Dieser Beschluss ersetzt nicht die Ausschließungsklage nach § 140 HGB, begründet aber eine Pflicht auch der überstimmten Gesellschafter, sich an der Ausschließungsklage zu beteiligen (MünchHdb GesR I/*Piehler/Schulte* § 74 Rn. 59). 228

dd) Ausschließung durch Ausschließungsbeschluss

Die Gesellschafter können im Gesellschaftsvertrag gem. § 131 Abs. 3 Nr. 6 HGB vereinbaren, dass an die Stelle der Gestaltungsklage des § 140 HGB ein **Gesellschafterbeschluss** tritt (BGH, Urt. v. 21.06.2011 – II ZR 262/09; Urt. v. 05.06.1989 – II ZR 227/88; Urt. v. 13.07.1981 – II ZR 256/80; Urt. v. 20.01.1977 – II ZR 217/75; Urt. v. 30.03.1967 – II ZR 102/65; Urt. v. 17.12.1959 – II ZR 32/59; OLG Rostock, Urt. v. 19.12.2007 – 6 U 103/06; MüKo HGB/*K. Schmidt* § 140 Rn. 91; Staub/*Schäfer* § 140 Rn. 57; MünchHdb GesR I/*Piehler/Piehler* § 74 Rn. 58). Ein Ausschließungsbeschluss muss stets auf einer entsprechenden gesellschaftsvertraglichen Regelung beruhen (MüKo HGB/*K. Schmidt* § 140 Rn. 91). § 131 Abs. 3 Nr. 6 HGB stellt keine ausreichende Grundlage dar (Heidel/Schall/*Heidel* § 131 Rn. 42; Oetker/*Kamanabrou* § 131 Rn. 37). Eine solche Vereinbarung ist auch in einer zweigliedrigen Gesellschaft zulässig (Staub/*Schäfer* § 140 Rn. 57). Der Ausschließungsbeschluss ist grundsätzlich **einstimmig** zu fassen. Gesellschaftsvertraglich kann eine **Mehrheitsentscheidung** vereinbart werden (OLG Rostock, Urt. v. 19.12.2007 – 6 U 103/06; MüKo HGB/*K. Schmidt* § 140 Rn. 91; Staub/*Schäfer* § 140 Rn. 57; Baumbach/Hopt/*Roth* § 140 Rn. 30). Der Bestimmtheitsgrundsatz ist dabei zu wahren (MüKo HGB/*K. Schmidt* § 131 Rn. 89; Baumbach/Hopt/*Roth* § 140 Rn. 30; MünchHdb GesR I/*Piehler/Schulte* § 74 Rn. 58). Für Publikumsgesellschaften ist anerkannt, dass ein Gesellschafter auch ohne entsprechende gesellschaftsvertragliche 229

Regelung grundsätzlich durch Mehrheitsbeschluss aus der Gesellschaft ausgeschlossen werden kann (vgl. oben Rdn. 216; MüKo HGB/*K. Schmidt* § 140 Rn. 91; Staub/*Schäfer* § 140 Rn. 57; Oetker/*Kamanabrou* § 140 Rn. 41). Dem auszuschließenden Gesellschafter steht bei der Beschlussfassung kein Stimmrecht zu (Staub/*Schäfer* § 140 Rn. 57; Baumbach/Hopt/*Roth* § 140 Rn. 30; E/B/J/S/*Lotz* § 140 Rn. 45; MünchHdb GesR I/*Piehler/Schulte* § 74 Rn. 58). Der auszuschließende Gesellschafter hat das Recht, zuvor angehört zu werden (BGH, Urt. v. 26.02.1996 – II ZR 77/95; E/B/J/S/*Lotz* § 140 Rn. 45; MünchHdb GesR I/*Piehler/Schulte* § 74 Rn. 58). Liegt ein Ausschließungsgrund vor, sind die Gesellschafter dazu verpflichtet, bei der Beschlussfassung für den Ausschluss des betroffenen Gesellschafters zu stimmen. Verweigert ein Gesellschafter treuwidrig seine Mitwirkung, ist er auf Zustimmung zur Ausschließung zu verklagen. Für eine Ausschließungsklage ist nach Auffassung des BGH in einem solchen Fall kein Raum (BGH, Urt. v. 03.02.1997 – II ZR 71/96; dazu krit. MüKo HGB/*K. Schmidt* § 140 Rn. 92). Die Ausschließung wird mit Beschlussfassung und Bekanntgabe gegenüber dem auszuschließenden Gesellschafter wirksam (BGH, Urt. v. 21.06.2011 – II ZR 262/09; Urt. v. 17.12.1959 – II ZR 32/59; OLG Karlsruhe, Beschl. v. 14.05.1996 – 11 Wx 86/95; OLG Saarbrücken, Urt. v. 30.06.1989 – 4 U 2/89; Oetker/*Kamanabrou* § 140 Rn. 43; Baumbach/Hopt/*Roth* § 140 Rn. 30). Diese Wirksamkeitsvoraussetzung ist nicht abdingbar (MünchHdb GesR I/*Piehler/Schulte* § 74 Rn. 58; E/B/J/S/*Lorz* § 140 Rn. 45). Der betroffene Gesellschafter scheidet mit Mitteilung aus der Gesellschaft aus (MüKo HGB/*K. Schmidt* § 140 Rn. 91). Die Ausschließung eines Gesellschafters ist ins Handelsregister einzutragen. Dies gilt auch dann, wenn ein Rechtsstreit über die Rechtmäßigkeit des Ausschlusses anhängig ist (OLG Karlsruhe, Beschl. v. 14.05.1996 – 11 Wx 86/95; MüKo HGB/*K. Schmidt* § 140 Rn. 91). Der Ausschluss eines Gesellschafters durch Gesellschafterbeschluss kann durch **Feststellungsklage** gerichtlich überprüft werden (vgl. oben Rdn. 81 ff. zu Beschlussmängelstreitigkeiten; BGH, Urt. v. 21.06.2011 – II ZR 262/09; Urt. v. 17.12.1959 – II ZR 32/59; OLG Karlsruhe, Beschl. v. 14.05.1996 – 11 Wx 86/95; MüKo HGB/*K. Schmidt* § 140 Rn. 93; Staub/*Schäfer* § 140 Rn. 58; MünchHdb GesR I/*Piehler/Schulte* § 74 Rn. 58). Liegt kein wichtiger Grund für den Ausschluss des Gesellschafters vor, ist der Beschluss fehlerhaft und damit nichtig (vgl. oben Rdn. 81; MüKo HGB/*K. Schmidt* § 140 Rn. 93). Die Klage ist gegen die übrigen Mitgesellschafter zu richten (BGH, Urt. v. 21.06.2011 – II ZR 262/09; E/B/J/S/*Lorz* § 140 Rn. 45; Oetker/*Kamanabrou* § 140 Rn. 43). Klagebefugt ist jeder Gesellschafter (Staub/*Schäfer* § 140 Rn. 58). Auch der Gesellschaft kann durch gesellschaftsvertragliche Vereinbarung ein Klagerecht eingeräumt werden (Staub/*Schäfer* § 140 Rn. 58). Gesellschaftsvertraglich kann vereinbart werden, das die Klage gegen die Gesellschaft zu richten ist (Oetker/*Kamanabrou* § 140 Rn. 43; MünchHdb GesR I/*Piehler/Schulte* § 74 Rn. 58). Für diese Klage kann im Gesellschaftsvertrag eine Frist bestimmt werden (BGH, Urt. v. 21.06.2011 – II ZR 262/09).

ee) Hinauskündigungsrecht – Verzicht auf wichtigen Grund

230 Ob für den Ausschluss eines Gesellschafters aus einer Personenhandelsgesellschaft auch auf das Erfordernis eines wichtigen Grundes verzichtet werden kann, ist problematisch. Nach der Rechtsprechung des BGH und h.L. bedarf eine Regelung, nach der die Ausschließung eines Gesellschafters ohne Vorliegen eines wichtigen Grundes zulässig ist, einer **besonderen sachlichen Rechtfertigung**, da ein solches **sog. Hinauskündigungsrecht** die wirtschaftliche und persönliche Freiheit der Gesellschafter unverhältnismäßig einschränken würde (BGH, Urt. v. 05.06.1989 – II ZR 227/88; Urt. v. 13.07.1981 – II ZR 256/80; Urt. v. 20.01.1977 – II ZR 217/75; MüKo HGB/*K. Schmidt* § 140 Rn. 89, 98 ff.; Röhricht/v. Westphalen/Haas/*Haas* § 140 Rn. 24; MünchHdb GesR I/*Piehler/Schulte* § 74 Rn. 62, 63). Eine solche besondere Rechtfertigung hat der BGH in einem Fall bejaht, in dem der berechtigte Gesellschafter die volle Finanzierung übernommen und seiner Lebensgefährtin als auszuschließende Gesellschafterin für die Dauer dieser Beziehung eine Mehrheitsbeteiligung eingeräumt hatte (BGH, Urt. v. 09.07.1990 – II ZR 194/89; MünchHdb GesR I/*Piehler/Schulte* § 74 Rn. 63).

f) Das Ausschließungsverfahren

aa) Klageart und Klageantrag

Liegt ein Ausschließungsgrund vor, ist dieser durch **Ausschließungsklage** nach § 140 HGB geltend zu machen. Die Geltendmachung als Einrede oder Einwendung scheidet aus (Staub/*Schäfer* § 140 Rn. 42; Baumbach/Hopt/*Roth* § 140 Rn. 2; E/B/J/S/*Lorz* § 140 Rn. 24). Die Ausschließungsklage ist **Gestaltungsklage** (Staub/*Schäfer* § 140 Rn. 35; MüKo HGB/*K. Schmidt* § 140 Rn. 64; MünchHdb GesR I/*Piehler/Schulte* § 74 Rn. 51) und auf eine Änderung des Gesellschaftsvertrages gerichtet (Henssler/Strohn/*Klöhn* § 140 Rn. 26). Der **Klageantrag** lautet auf Ausschließung eines bestimmten, genau zu bezeichnenden Gesellschafters, z. B.: »Gesellschafter X wird aus der ...-Gesellschaft ausgeschlossen« (Staub/*Schäfer* § 140 Rn. 42; MüKo HGB/*K. Schmidt* § 140 Rn. 75; Heidel/Schall/*Heidel* § 140 Rn. 36). Der **Streitgegenstand** der Ausschließungsklage ist die Ausschließung des betroffenen Gesellschafters aufgrund des vorgetragenen Lebenssachverhalts (Heidel/Schall/*Heidel* § 140 Rn. 42; Henssler/Strohn/*Klöhn* § 140 Rn. 26). Die Ausschließungsklage kann als **Widerklage** erhoben werden (Staub/*Schäfer* § 140 Rn. 42; Röhricht/v. Westphalen/Haas/*Haas* § 140 Rn. 16; Baumbach/Hopt/*Roth* § 140 Rn. 21). Dies erfolgt in der Praxis häufig gegen eine von dem auszuschließenden Gesellschafter erhobene Auflösungsklage (MüKo HGB/*K. Schmidt* § 140 Rn. 65; E/B/J/S/*Lorz* § 140 Rn. 24). Der Ausschließungsantrag kann als **Haupt- oder als Eventualantrag** gestellt werden (Henssler/Strohn/*Klöhn* § 140 Rn. 30). So wird nicht selten die Auflösungsklage mit einem Hilfsantrag auf Ausschließung eines Gesellschafters verbunden (MüKo HGB/*K. Schmidt* § 140 Rn. 76; Staub/*Schäfer* § 140 Rn. 42; Henssler/Strohn/*Klöhn* § 140 Rn. 30). Kommt die Entziehung der Geschäftsführungs- und/oder Vertretungsbefugnis gegenüber der Ausschließung als milderes Mittel in Betracht, kann der Antrag nach § 140 HGB als Hauptantrag mit einem Antrag nach § 117 HGB und/oder § 127 HGB als Hilfsantrag kombiniert werden (Röhricht/v. Westphalen/Haas/*Haas* § 140 Rn. 18; Henssler/Strohn/*Klöhn* § 140 Rn. 30). Da Ausschließungs- und Auflösungsklage verschiedene Streitgegenstände betreffen, stellt der Übergang von Auflösungs- zur Ausschließungsklage eine Klageänderung dar (Staub/*Schäfer* § 140 Rn. 42; Baumbach/Hopt/*Roth* § 140 Rn. 21; MüKo HGB/*K. Schmidt* § 140 Rn. 77; MünchHdb GesR I/*Piehler/Schulte* § 140 Rn. 51). Ist sowohl ein Auflösungs- als auch ein Ausschließungsverfahren bei demselben Gericht anhängig, ist nach h. M. weder die Auflösungs- noch die Ausschließungsklage aufgrund Vorgreiflichkeit nach § 148 ZPO auszusetzen (MüKo HGB/*K. Schmidt* § 140 Rn. 77; Staub/*Schäfer* § 140 Rn. 42; E/B/J/S/*Lorz* § 140 Rn. 27; Baumbach/Hopt/*Roth* § 140 Rn. 21; a. A. MünchHdb GesR I/*Piehler/Schulte* § 74 Rn. 51 für Aussetzung der Auflösungsklage bis zur Entscheidung über die Ausschließungsklage). Eine Verbindung beider Verfahren ist zu empfehlen (Baumbach/Hopt/*Roth* § 140 Rn. 21; E/B/J/S/*Lorz* § 140 Rn. 27).

bb) Kläger

Die Ausschließungsklage ist grundsätzlich durch alle übrigen Gesellschafter gegen den auszuschließenden Gesellschafter zu erheben (BGH, Urt. v. 18.10.1976 – II ZR 98/75; Urt. v. 14.04.1975 – II ZR 16/73; MüKo HGB/*K. Schmidt* § 140 Rn. 57, 67; MünchHdb GesR I/*Piehler/Schulte* § 74 Rn. 52). Richtige Kläger sind somit die Gesellschafter, die nicht ausgeschlossen werden sollen (Röhricht/v. Westphalen/Haas/*Haas* § 140 Rn. 16). Im Unterschied zur Auflösungsklage nach § 133 HGB steht den verbleibenden Gesellschaftern das Klagerecht zur Ausschließung eines Gesellschafters **nur gemeinsam** zu (BGH, Urt. v. 15.06.1959 – II ZR 44/58; MüKo HGB/*K. Schmidt* § 140 Rn. 67; Staub/*Schäfer* § 140 Rn. 36). Auf diese Weise wird sichergestellt, dass die übrigen Gesellschafter ein Interesse daran haben, die Gesellschaft unter Ausschluss des Störers zu erhalten (Heymann/*Emmerich* § 140 Rn. 23a; Oetker/*Kamanabrou* § 140 Rn. 32). Die Kläger sind **notwendige Streitgenossen** aus materiell-rechtlichen Gründen i. S. d. § 62 Abs. 1, 2. Alt. ZPO (BGH, Urt. v. 15.06.1959 – II ZR 44/58; OLG München, Urt. v. 25.01.1999 – 30 U 569/98; MüKo HGB/*K. Schmidt* § 140 Rn. 73; Baumbach/Hopt/*Roth* § 140 Rn. 17; Oetker/*Kamanabrou* § 140 Rn. 32; Henssler/Strohn/*Klöhn* § 140 Rn. 28). Die Mitwirkung sämtlicher Gesellschafter, bis auf den

Betroffenen, ist Prozessvoraussetzung (Henssler/Strohn/*Klöhn* § 140 Rn. 28). Klagen diese nicht gemeinsam, ist die Klage als unzulässig abzuweisen (BGH, Urt. v. 15.06.1959 – II ZR 44/58).

233 Nach der gesetzlichen Regelung steht der **Gesellschaft** selbst **kein Klagerecht** zu (Staub/*Schäfer* § 140 Rn. 36). Dieses kann gesellschaftsvertraglich aber vereinbart werden und wird sich häufig bei Publikumsgesellschaften anbieten (MüKo HGB/*K. Schmidt* § 140 Rn. 90).

234 Die Mitwirkung eines Mitgesellschafters ist nach h. M. dann entbehrlich, wenn der Gesellschafter sich verbindlich mit der Klageerhebung **einverstanden erklärt** hat (BGH, Urt. v. 17.12.2001 – II ZR 31/00; Urt. v. 15.09.1997 – II ZR 97/96; Urt. v. 18.10.1976 – II ZR 98/75; Staub/*Schäfer* § 140 Rn. 37; Henssler/Strohn/*Klöhn* § 140 Rn. 28; Röhricht/v. Westphalen/Haas/*Haas* § 140 Rn. 16; dazu krit. MüKo HGB/*K. Schmidt* § 140 Rn. 66 ff.). Die Einverständniserklärung ist im Prozess beizubringen (Staub/*Schäfer* § 140 Rn. 42). Es handelt sich um einen Fall gewillkürter Prozessstandschaft (*Pabst* BB 1987, 892; *Roth* FS Großfeld 1999, 915, 919).

235 Der einzelne Gesellschafter ist aufgrund seiner **Treuepflicht** dazu verpflichtet, seine Zustimmung zur Erhebung der Ausschließungsklage zu erteilen, wenn in der Person eines Gesellschafters ein Ausschließungsgrund gegeben ist und ihm die Mitwirkung an der Klage persönlich zuzumuten ist (BGH, Urt. v. 09.11.1987 – II ZR 100/87; Urt. v. 18.10.1976 – II ZR 98/75; Urt. v. 14.04.1975 – II ZR 16/73; MüKo HGB/*K. Schmidt* § 140 Rn. 60; Röhricht/v. Westphalen/Haas/*Haas* § 140 Rn. 17). Liegt ein Ausschließungsgrund vor, besteht daher regelmäßig auch eine **Mitwirkungspflicht** (Staub/*Schäfer* § 140 Rn. 39; Oetker/*Kamanabrou* § 140 Rn. 33; Röhricht/v. Westphalen/Haas/*Haas* § 140 Rn. 17). An der persönlichen Zumutbarkeit der Klageerhebung kann es ausnahmsweise bei engen familiären Beziehungen fehlen (MüKo HGB/*K. Schmidt* § 140 Rn. 60; MünchHdb GesR I/*Piehler/Schulte* § 74 Rn. 54).

236 Verweigert ein Gesellschafter die Mitwirkung, müssen die verbleibenden Gesellschafter Leistungsklage **auf Zustimmung** erheben, die aus prozessökonomischen Gründen mit der Ausschließungsklage verbunden werden kann (BGH, Urt. v. 18.10.1976 – II ZR 98/75; Urt. v. 14.04.1975 – II ZR 16/73; Staub/*Schäfer* § 140 Rn. 40; Oetker/*Kamanabrou* § 140 Rn. 34; Röhricht/v. Westphalen/Haas/*Haas* § 140 Rn. 17; Heidel/Schall/*Heidel* § 140 Rn. 34, 45; dazu krit. MüKo HGB/*K. Schmidt* § 140 Rn. 61 f., 66 ff., 75). Der Klageantrag lautet auf Zustimmung zur Ausschließung (Staub/*Schäfer* § 140 Rn. 40). Auch wenn vor Erhebung der Ausschließungsklage zuerst die Zustimmungsklage zu erheben wäre, muss das Urteil im Zustimmungsprozess nach h. M. weder abgewartet, noch muss der Ausschließungsprozess ausgesetzt werden (BGH, Urt. v. 18.10.1976 – II ZR 98/75; krit. MüKo HGB/*K. Schmidt* § 140 Rn. 70). Über beide Klagen wird gleichzeitig verhandelt und entschieden. Die Zustimmungsklage kann durch einen einzelnen Gesellschafter erhoben werden, da mit ihr ein sich aus dem Gesellschaftsvertrag ergebender Individualanspruch geltend gemacht wird (BGH, Urt. v. 14.04.1975 – II ZR 16/73; Röhricht/v. Westphalen/Haas/*Haas* § 140 Rn. 17). Wird der beklagte Gesellschafter zur Zustimmung verurteilt, ersetzt das Urteil nach § 894 ZPO seine Zustimmung, sodass die anderen Gesellschafter in Prozessstandschaft die Ausschließungsklage erheben (BGH, Urt. v. 18.10.1976 – II ZR 98/75; Urt. v. 14.04.1975 – II ZR 16/73; Staub/*Schäfer* § 140 Rn. 40; Oetker/*Kamanabrou* § 140 Rn. 34). Im Unterschied zur h. M. und der Übung in der Praxis spricht sich *K. Schmidt* für eine **einheitliche Gestaltungsklage** aus, die sowohl gegen die auszuschließenden Gesellschafter als auch gegen die Gesellschafter, die ihre Mitwirkung verweigern, zu erheben ist. Eine gesonderte Zustimmungsklage wäre damit entbehrlich (MüKo HGB/*K. Schmidt* § 140 Rn. 70, 75).

cc) **Beklagter**

237 Richtiger Beklagter ist der Gesellschafter, der aus der Gesellschaft ausgeschlossen werden soll (MüKo HGB/*K. Schmidt* § 140 Rn. 69; Staub/*Schäfer* § 140 Rn. 41). Die Ausschließungsklage kann auch gegen **mehrere Beklagte** erhoben werden (BGH, Urt. v. 18.10.1976 – II ZR 98/75; Urt. v. 14.04.1975 – II ZR 16/73; Staub/*Schäfer* § 140 Rn. 38; MüKo HGB/*K. Schmidt* § 140 Rn. 67, 68; Röhricht/v. Westphalen/Haas/*Haas* § 140 Rn. 18). Ein einheitlicher Ausschließungsgrund oder ein sachlicher Zusammenhang ist dabei nicht erforderlich (MüKo HGB/*K. Schmidt* § 140 Rn. 67;

Oetker/*Kamanabrou* § 140 Rn. 35; Baumbach/Hopt/*Roth* § 140 Rn. 19). Mehrere Beklagte sind notwendige Streitgenossen (MüKo HGB/*K. Schmidt* § 140 Rn. 74; Staub/*Schäfer* § 140 Rn. 41; Oetker/*Kamanbrou* § 140 Rn. 35; Heidel/Schall/*Heidel* § 140 Rn. 35; Henssler/Strohn/*Klöhn* § 140 Rn. 29). Ist in einem solchen Fall die Klage gegen einen Beklagten unbegründet, ist sie gegenüber den anderen Beklagten als unzulässig abzuweisen, da es dann insoweit an der Prozessvoraussetzung der Klageerhebung durch alle übrigen Gesellschafter fehlt (BGH, Urt. v. 14.04.1975 – II ZR 16/73; MüKo HGB/*K. Schmidt* § 140 Rn. 67; Staub/*Schäfer* § 140 Rn. 38, 41; Baumbach/Hopt/*Roth* § 140 Rn. 19). Eine solche Abweisung lässt sich vermeiden, indem jeder der beklagten Gesellschafter hilfsweise auf Zustimmung zur Ausschließungsklage gegen die jeweils anderen Betroffenen verklagt wird (Staub/*Schäfer* § 140 Rn. 38; Oetker/*Kamanabrou* § 140 Rn. 35; krit. MüKo HGB/*K. Schmidt* § 140 Rn. 67).

Scheidet der beklagte Gesellschafter während des Verfahrens aus der Gesellschaft **aus**, entfällt regelmäßig der wichtige Grund (BGH, Urt. v. 04.04.1951 – II ZR 10/50; MüKo HGB/*K. Schmidt* § 140 Rn. 79; Staub/*Schäfer* § 140 Rn. 8; E/B/J/S/*Lorz* § 140 Rn. 33). Dies führt regelmäßig zur Erledigung der Hauptsache (Staub/*Schäfer* § 140 Rn. 8; Röhricht/v. Westphalen/Haas/*Haas* § 140 Rn. 16). Die Klage wird unbegründet (vgl. oben Rdn. 223; Staub/*Schäfer* § 140 Rn. 8; Henssler/Strohn/*Klöhn* § 140 Rn. 29). Um die Kostenbelastung zu vermeiden, müssen den Kläger den Rechtsstreit in der Hauptsache für erledigt erklären (MüKo HGB/*K. Schmidt* § 140 Rn. 79; Henssler/Strohn/*Klöhn* § 140 Rn. 29). Es ist davon auszugehen, dass im Fall der Anteilsübertragung die Klage regelmäßig nicht gegen den Rechtsnachfolger weiter verfolgt werden kann, da der Ausschließungsgrund auf die Person des auszuschließenden Gesellschafters bezogen ist. § 265 Abs. 2 ZPO ist nicht anwendbar (MüKo HGB/*K. Schmidt* § 140 Rn. 79; Staub/*Schäfer* § 140 Rn. 43; Henssler/Strohn/*Klöhn* § 140 Rn. 29, 30). Eine Ausnahme besteht nur dann, wenn auch in der Person des Rechtsnachfolgers ein Ausschließungsgrund gegeben ist oder wenn dem Rechtsnachfolger das Verhalten des ursprünglichen Gesellschafters zuzurechnen ist (vgl. oben zur Zurechnung von Verhalten Dritter Rdn. 221; Staub/*Schäfer* § 140 Rn. 8; MüKo HGB/*K. Schmidt* § 140 Rn. 78). Ein Parteiwechsel ist dann regelmäßig sachdienlich (MüKo HGB/*K. Schmidt* § 140 Rn. 79).

238

dd) Zuständigkeit

Die Klage ist beim Gerichtsstand des Auszuschließenden nach § 13 ZPO oder im besonderen Gerichtsstand der Mitgliedschaft nach § 22 ZPO zu erheben (Baumbach/Hopt/*Roth* § 140 Rn. 21; MüKo HGB/*K. Schmidt* § 140 Rn. 64; E/B/J/S/*Lorz* § 140 Rn. 24). Eine ausschließliche Zuständigkeit besteht nicht (Henssler/Strohn/*Klöhn* § 140 Rn. 27). Die **sachliche Zuständigkeit** richtet sich nach dem Streitwert, der gem. § 3 ZPO durch das Gericht nach freiem Ermessen festzusetzen ist. Dabei kommt es maßgeblich auf das Interesse der Kläger an der Ausschließung an. Dieses Interesse bestimmt sich nicht nach dem Gesellschaftsanteil des Beklagten, sondern im Regelfall nach dem Gesellschaftsanteil des bzw. der klagenden Gesellschafter (BGH, Urt. v. 28.11.1955 – II ZR 19/55; Staub/*Schäfer* § 140 Rn. 42; MüKo HGB/*K. Schmidt* § 140 Rn. 64). **Funktionell zuständig** ist die Kammer für Handelssachen gem. § 95 Abs. 1 Nr. 4a GVG (MüKo HGB/*K. Schmidt* § 140 Rn. 64; Henssler/Strohn/*Klöhn* § 140 Rn. 27).

239

ee) Klagefrist

Die Ausschließungsklage unterliegt grundsätzlich **keiner Frist**. Zu langes Abwarten kann allerdings zur Verwirkung führen oder gegen die Unzumutbarkeit der Fortsetzung des Gesellschaftsverhältnisses und damit gegen einen Ausschließungsgrund sprechen (BGH, Urt. v. 14.06.1999 – II ZR 193/98; Urt. v. 05.06.1989 – II ZR 227/88; Urt. v. 11.07.1966 – II ZR 215/64; Heymann/*Emmerich* § 140 Rn. 18). Eine **Verwirkung** setzt voraus, dass das Verhalten aller übrigen Gesellschafter dahin gehend zu deuten ist, dass sie die Ausschließung nicht mehr geltend machen werden (Staub/*Schäfer* § 140 Rn. 18).

240

ff) Weitere prozessuale Fragen

241 Grundsätzlich kann nach allgemeinen prozessualen Regeln ein **Versäumnisurteil** ergehen (MüKo HGB/*K. Schmidt* § 140 Rn. 78). Da den Gesellschaftern die Verfügungsbefugnis über den Ausschließungsanspruch zusteht, können sie – wenngleich auch nur gemeinsam – auf den Anspruch **verzichten** (Staub/*Schäfer* § 140 Rn. 18). Aufgrund der Verfügungsbefugnis der Parteien über den Streitgegenstand ist auch ein **Anerkenntnis** nach § 307 ZPO nicht grundsätzlich unzulässig. Erkennt der beklagte Gesellschafter das Ausschlussbegehren der Kläger an, wird dies regelmäßig als materiell rechtliche Austrittsvereinbarung zu bewerten sein, sodass einem prozessualen Anerkenntnis wenig praktische Bedeutung zukommen wird (MüKo HGB/*K. Schmidt* § 140 Rn. 78).

242 Liegt ein Ausschließungsgrund vor, hat das Gericht der Klage stattzugeben. Entgegen der missverständlichen Formulierung in § 140 HGB steht dem Gericht insoweit kein Ermessen zu (MüKo HGB/*K. Schmidt* § 140 Rn. 81; Oetker/*Kamanabrou* § 140 Rn. 36).

g) Urteil und Urteilswirkungen

243 Das der Klage stattgebende Gestaltungsurteil führt **mit Rechtskraft** zur Ausschließung des Gesellschafters (BGH, Urt. v. 05.06.1989 – II ZR 227/88; MüKo HGB/*K. Schmidt* § 140 Rn. 83; Staub/*Schäfer* § 140 Rn. 44, 45; Baumbach/Hopt/*Roth* § 140 Rn. 22; Röhricht/v. Westphalen/Haas/*Haas* § 140 Rn. 19, 20). Bis zu diesem Zeitpunkt behält der auszuschließende Gesellschafter seine Gesellschafterstellung mit allen Rechten und Pflichten, wie bspw. das Recht zur Mitwirkung bei Beschlussfassungen oder das Entnahmerecht, bei (Staub/*Schäfer* § 140 Rn. 46; MüKo HGB/*K. Schmidt* § 140 Rn. 83). Das Urteil hat keine Rückwirkung (Henssler/Strohn/*Klöhn* § 140 Rn. 31). Der Gesellschafter scheidet erst mit Rechtskraft des Urteils aus der Gesellschaft aus (MüKo HGB/*K. Schmidt* § 140 Rn. 83; Staub/*Schäfer* § 140 Rn. 45). Das Ausscheiden des Gesellschafters ist zur Eintragung ins **Handelsregister anzumelden** (Baumbach/Hopt/*Roth* § 143 Rn. 2; E/B/J/S/*Lorz* § 143 Rn. 5).

244 Die Gesellschaft besteht **als werbende Gesellschaft** unter den übrigen Gesellschaftern fort, sofern mindestens zwei Gesellschafter verbleiben (Staub/*Schäfer* § 140 Rn. 45). Der Gesellschaftsanteil des Ausgeschlossenen wächst den verbleibenden Gesellschaftern an (MüKo HGB/*K. Schmidt* § 140 Rn. 85; Röhricht/v. Westphalen/Haas/*Haas* § 140 Rn. 20). Wird jedoch der einzige persönlich haftende Gesellschafter einer KG ausgeschlossen, führt dies zur Auflösung der Gesellschaft, sofern nicht ein neuer persönlich haftender Gesellschafter der KG beitritt oder ein Kommanditist die unbeschränkte Haftung übernimmt (vgl. oben Rdn. 217; BGH, Urt. v. 09.12.1968 – II ZR 33/67; Baumbach/Hopt/*Roth* § 140 Rn. 8; E/B/J/S/*Lorz* § 140 Rn. 34).

245 Der ausgeschlossene Gesellschafter hat Anspruch auf **Auszahlung des Auseinandersetzungsguthabens**. Für die Bemessung der Abfindung kommt es gem. § 140 Abs. 2 HGB auf den Zeitpunkt der Klageerhebung an (MüKo HGB/*K. Schmidt* § 140 Rn. 85, 87; Staub/*Schäfer* § 140 Rn. 48, 49; E/B/J/S/*Lorz* § 140 Rn. 36).

h) Einstweiliger Rechtsschutz

246 Bis zur rechtskräftigen Entscheidung über die Klage besteht häufig das Bedürfnis, eine vorläufige Regelung zu erwirken, da der auszuschließende Gesellschafter seine Gesellschafterstellung mit allen Rechten und Pflichten behält (vgl. oben Rdn. 243) und die Beziehung der Gesellschafter untereinander typischerweise so stark gestört ist, dass ein Zusammenwirken nicht mehr zu erwarten ist. Aufgrund des Verbots der Vorwegnahme der Hauptsache ist der Ausschluss des betroffenen Gesellschafters durch **einstweilige Verfügung nicht zulässig** (BGH, Urt. v. 11.07.1960 – II ZR 260/59; E/B/J/S/*Lorz* § 140 Rn. 26; MüKo HGB/*K. Schmidt* § 140 Rn. 80; Baumbach/Hopt/*Roth* § 140 Rn. 21). Dagegen kann dem auszuschließenden Gesellschafter durch einstweilige Verfügung die Geschäftsführungs- oder Vertretungsbefugnis entzogen und gegebenenfalls einem Dritten übertragen werden (MüKo HGB/*K. Schmidt* § 140 Rn. 80; Henssler/Strohn/*Klöhn* § 140 Rn. 33; E/B/J/S/*Lorz* § 140 Rn. 26). Dies gilt auch für den einzigen zur Geschäftsführung und Vertretung befugten

Gesellschafter – insbesondere im Hinblick auf den einzigen persönlich haftenden Gesellschafter einer KG (BGH, Urt. v. 11.07.1960 – II ZR 260/59).

i) Sonderfall des § 140 Abs. 1 Satz 2 HGB

Nach § 140 Abs. 1 Satz 2 HGB steht der Ausschließungsklage nicht entgegen, dass nach der Ausschließung nur ein Gesellschafter verbleibt (MüKo HGB/*K. Schmidt* § 140 Rn. 9; *K. Schmidt* ZIP 1997, 909, 918). § 142 HGB a. F. regelte für diesen Fall eine gesonderte **Übernahmeklage**, mit der der Kläger auf Übernahme des Unternehmens mit Aktiva und Passiva klagte. Nach alter Rechtslage handelte es sich bei der Ausschließungs- und Übernahmeklage um unterschiedliche Streitgegenstände (BGH, Urt. v. 04.04.1951 – II ZR 10/50; MüKo HGB/*K. Schmidt* § 140 Rn. 10). Mit der Neuregelung in § 140 Abs. 1 Satz 2 HGB durch die Handelsrechtsreform von 1998 wurde diese Unterscheidung aufgegeben. § 140 Abs. 1 Satz 2 HGB erfasst sowohl die Ausschließung eines Gesellschafters aus einer Zwei-Personen-Gesellschaft als auch die Ausschließung aller Gesellschafter aus einer mehrgliedrigen Gesellschaft mit Ausnahme des klagenden Gesellschafters (MüKo HGB/*K. Schmidt* § 140 Rn. 10 f.; Staub/*Schäfer* § 140 Rn. 20; E/B/J/S/*Lorz* § 140 Rn. 2). Umstritten ist, ob an den wichtigen Grund bei einer Klage nach § 140 Abs. 1 Satz 2 HGB höhere Anforderungen zu stellen sind, als im Fall des § 140 Abs. 1 Satz 1 HGB (so wohl Baumbach/Hopt/*Roth* § 140 Rn. 14). Nach h. M. ist das Vorliegen eines Ausschließungsgrundes bei einer Ausschließungsklage nach § 140 Abs. 1 Satz 2 HGB nicht anders zu beurteilen, als im Rahmen des § 140 Abs. 1 Satz 1 HGB. Dafür spricht zum einen die Integration des § 142 HGB a. F. in die Regelung des § 140 Abs. 1 HGB als auch die Erwägung, dass sich der Ausschluss im Fall des § 140 Abs. 1 Satz 2 HGB für den betroffenen Gesellschafter – gerade auch hinsichtlich der finanziellen Folgen – nicht härter darstellt als im Fall des § 140 Abs. 1 Satz 1 HGB. Allerdings wird es regelmäßig schwer sein, einen wichtigen Grund nachzuweisen, der den Verbleib nur eines Gesellschafters rechtfertigt (E/B/J/S/*Lorz* § 140 Rn. 7; Staub/*Schäfer* § 140 Rn. 21; MüKo HGB/*K. Schmidt* § 140 Rn. 11, 19; Henssler/Strohn/*Klöhn* § 140 Rn. 36).

247

Verbleibt nach dem Ausschluss lediglich ein Gesellschafter, geht das Gesellschaftsvermögen im Wege der Gesamtrechtsnachfolge auf ihn über. Die Gesellschaft selbst erlischt ohne Liquidation (BGH, Urt. v. 16.12.1999 – VII ZR 53/97; Urt. v. 10.12.1990 – II ZR 256/89; Urt. v. 28.06.1971 – III ZR 103/68; Urt. v. 06.06.1968 – II ZR 118/66; Urt. v. 13.07.1967 – II ZR 268/64; MüKo HGB/*K. Schmidt* § 140 Rn. 86; Staub/*Schäfer* § 140 Rn. 51; Röhricht/v. Westphalen/Haas/*Haas* § 140 Rn. 20; E/B/J/S/*Lorz* § 140 Rn. 39).

248

B. Prozessrecht der GmbH

I. Allgemeine prozessrechtliche Fragen zur GmbH

1. Parteifähigkeit der GmbH

a) Allgemeines

Gem. § 50 Abs. 1 ZPO ist parteifähig, wer rechtsfähig ist. Nach § 13 Abs. 1 GmbHG besitzt die GmbH **Rechtsfähigkeit** und kann vor Gericht klagen und verklagt werden. Die GmbH ist somit parteifähig (BGH, Urt. v. 12.10.1987 – II ZR 251/86; BAG, Urt. v. 04.06.2003 – 10 AZR 448/02; Lutter/Hommelhoff/*Lutter/Bayer* § 13 Rn. 3; MüKo GmbHG/*Merkt* § 13 Rn. 45; Michalski/*Funke* § 13 Rn. 67; Baumbach/Hueck/*Fastrich* § 13 Rn. 8). Dies gilt sowohl für Streitigkeiten aus dem Gesellschaftsverhältnis als auch für Streitigkeiten zwischen der GmbH und Dritten (Baumbach/Hueck/*Fastrich* § 13 Rn. 9). Ob die GmbH auch vor ausländischen Gerichten parteifähig ist, richtet sich nach der lex fori (Michalski/*Funke* § 13 Rn. 67; MüKo GmbHG/*Merkt* § 13 Rn. 45). Die Parteifähigkeit ist **Prozessvoraussetzung** und muss als solche noch im Zeitpunkt der letzten mündlichen Verhandlung vorliegen; sei es auch noch in der Revisionsinstanz (Zöller/*Vollkommer* vor § 50 Rn. 17, § 50 Rn. 5). Ansonsten ist die Klage als unzulässig abzuweisen (OLG Hamm, Urt. v.

249

19.07.2006 – 20 U 214/05; OLG Düsseldorf, Urt. v. 14.11.2003 – 16 U 95/98; Zöller/*Vollkommer* § 50 Rn. 5). Die Parteifähigkeit ist von Amts wegen zu prüfen (OLG Hamm, Urt. v. 19.07.2006 – 20 U 214/05; MAH GmbH/*Schindler* § 25 Rn. 2). Die GmbH wird mit Eintragung nach § 11 Abs. 1 GmbHG rechts- und parteifähig (BAG, Urt. v. 04.06.2003 – 10 AZR 448/02).

b) Auflösung der GmbH

250   Durch Auflösung ist die GmbH noch nicht beendet, sondern tritt regelmäßig zunächst in das Liquidationsstadium ein (vgl. § 66 GmbHG). In der Liquidation ist die Gesellschaft weiterhin rechts- und parteifähig (OLG Koblenz, Beschl. v. 10.02.2004 – 14 W 102/04; Hk-ZPO/*Bendtsen* § 50 Rn. 18; Musielak/*Weth* § 50 Rn. 18). Dies gilt unabhängig davon, ob die Liquidation aufgrund Gesellschafterbeschluss oder Eröffnung des Insolvenzverfahrens eingeleitet wird. Wird der Antrag auf Eröffnung des Insolvenzverfahrens einer GmbH in Liquidation mangels Masse abgelehnt, bleibt sie solange parteifähig, wie noch verteilungsfähiges Vermögen vorhanden ist (BGH, Urt. v. 20.03.1985 – VIII ZR 342/83; Zöller/*Vollkommer* § 50 Rn. 4b; MüKo ZPO/*Lindacher* § 50 Rn. 13).

c) Vollbeendigung der GmbH

aa) Voraussetzungen der Vollbeendigung

251   Die Vollbeendigung einer GmbH setzt nach der **Lehre vom Doppeltatbestand** die Vermögenslosigkeit der Gesellschaft und die Eintragung der Löschung ins Handelsregister voraus (BGH, Urt. v. 10.10.1988 – II ZR 92/88; Urt. v. 21.10.1985 – II ZR 82/85; BAG, Urt. v. 04.06.2003 – 10 AZR 448/02; OLG Koblenz, Urt. v. 09.03.2007 – 8 U 228/06; KG, Beschl. v. 06.07.2004 – 1 W 174/04; OLG Düsseldorf, Urt. v. 14.11.2003 – 16 U 95/98; Scholz/*K. Schmidt* § 74 Rn. 14; Michalski/*Nerlich* § 74 Rn. 31 ff.; Lutter/Hommelhoff/*Kleindiek* § 74 Rn. 6, 7; MüKo GmbHG/*H. F. Müller* § 74 Rn. 32; Hk-ZPO/*Bendtsen* § 50 Rn. 18). Für diese Auffassung sprechen Gründe der Rechtssicherheit und Rechtsklarheit, da das Merkmal der Vermögenslosigkeit zu viele Unsicherheiten in sich trägt, um für sich allein die Vollbeendigung zu begründen (Scholz/*K. Schmidt* § 74 Rn. 14). Wird die Löschung eingetragen, obwohl noch Vermögen vorhanden ist, ist die GmbH noch nicht beendet. Ist die GmbH vermögenslos, die Löschung aber noch nicht eingetragen, liegt auch keine Beendigung vor (OLG Düsseldorf, Beschl. v. 05.04.2006 – 3 Wx 222/05; Urt. v. 14.11.2003 – 16 U 95/98; KG, Beschl. v. 06.07.2004 – 1 W 174/04; Scholz/*K. Schmidt* § 74 Rn. 14; Michalski/*Nerlich* § 74 Rn. 34; R/S-L/*Gesell* § 74 Rn. 12; Lutter/Hommelhoff/*Kleindiek* § 74 Rn. 6, 7).

252   Die Lehre vom Doppeltatbestand wurde in der Literatur in Anlehnung an die Regelung des § 273 Abs. 4 AktG weiterentwickelt. Nach dieser im Vordringen befindlichen **Lehre vom erweiterten Doppeltatbestand** ist die GmbH erst dann vollbeendet, wenn sie vermögenslos und im Handelsregister gelöscht ist und darüber hinaus kein weiterer Abwicklungsbedarf besteht. Dieser Abwicklungsbedarf kann z. B. in der Abgabe von Willenserklärungen bestehen (Hk-ZPO/*Bendtsen* § 50 Rn. 18; Musielak/*Weth* § 50 Rn. 18; Baumbach/Hueck/*Haas* § 60 Rn. 7; Roth/*Altmeppen* § 74 Rn. 21; dazu kritisch MüKo GmbHG/*H. F. Müller* § 74 Rn. 33). Nach a. A. stehen solche Abwicklungsmaßnahmen der Vollbeendigung einer gelöschten und vermögenslosen GmbH nicht entgegen. Vielmehr gehe es dabei lediglich um die Erfüllung fortbestehender Handlungspflichten, die entsprechend § 74 Abs. 2 Satz 2 GmbHG durch einen Gesellschafter oder einen Dritten zu erfüllen sind (Scholz/*K. Schmidt* § 74 Rn. 20a; MüKo GmbHG/*H. F. Müller* § 74 Rn. 33).

bb) Auswirkung der Vollbeendigung auf die Parteifähigkeit

253   Mit ihrer Vollbeendigung verliert die GmbH grundsätzlich ihre Rechts- und Parteifähigkeit (BGH, Urt. v. 10.10.1988 – II ZR 92/88; BAG, Urt. v. 04.06.2003 – 10 AZR 448/02; OLG Düsseldorf, Urt. v. 14.11.2003 – 16 U 95/98; Scholz/*K. Schmidt* § 74 Rn. 17; R/S-L/*Gesell* § 74 Rn. 13; Musielak/*Weth* § 50 Rn. 18). Dies hat zur Folge, dass jede Klage der Gesellschaft sowie jede gegen die Gesellschaft erhobene Klage **unzulässig** wird. Um einer Klageabweisung zu entgehen, ist die Erledigung

des Rechtsstreits zu erklären (BGH, Urt. v. 29.09.1981 – VI ZR 21/80; Urt. v. 05.04.1979 – II ZR 73/78; OLG Düsseldorf, Urt. v. 14.11.2003 – 16 U 95/98; Michalski/*Nerlich* § 74 Rn. 35 f.; Lutter/Hommelhoff/*Kleindiek* § 74 Rn. 17).

cc) Löschung der GmbH während eines laufenden Verfahrens

Die Löschung einer GmbH ist während eines laufenden Prozesses grundsätzlich unzulässig (Scholz/*K. Schmidt* § 74 Rn. 17b). Macht die Gesellschaft in einem **Aktivprozess** einen Anspruch geltend, stellt dieser einen Vermögensgegenstand dar, der der Löschung entgegensteht (Baumbach/Hueck/*Haas* § 74 Rn. 18; Henssler/Strohn/*Büteröwe* § 74 Rn. 4). Im Passivprozess steht schon der Abwicklungsbedarf, der sich aus der Stellung der GmbH als Verfahrensbeteiligte ergibt, der Löschung entgegen (Baumbach/Hueck/*Haas* § 74 Rn. 19; MüKo GmbHG/*H. F. Müller* § 74 Rn. 39). Erfolgt dennoch die Löschung der Gesellschaft während eines laufenden Verfahrens, ist die Gesellschaft infolge der Lehre vom Doppeltatbestand im **Aktivprozess** daher so lange parteifähig, wie sie vermögenswerte Rechte substanziiert geltend macht. Der durch die Gesellschaft geltend gemachte vermögenswerte Anspruch steht der Vollbeendigung entgegen (BGH, Urt. v. 25.10.2010 – II ZR 115/09; Urt. v. 18.01.1994 – XI ZR 95/93; Urt. v. 21.10.1985 – II ZR 82/85; Urt. v. 05.04.1979 – II ZR 73/78; KG, Beschl. v. 06.03.2007 – 1 W 285/06; OLG Hamm, Urt. v. 20.02.1998 – 19 U 95/97; Baumbach/Hueck/*Haas* § 74 Rn. 18; MüKo GmbHG/*H. F. Müller* § 74 Rn. 37; Michalski/*Nerlich* § 74 Rn. 37; Musielak/*Weth* § 50 Rn. 18). Über den von der Gesellschaft geltend gemachten Anspruch wird dann in diesem Verfahren entschieden (Baumbach/Hueck/*Haas* § 74 Rn. 18). Wird die Löschung der GmbH während eines laufenden **Passivprozesses** eingetragen, ist die GmbH weiter parteifähig, wenn der Kläger substanziiert behauptet, bei der Gesellschaft sei noch Vermögen vorhanden (BGH, Urt. v. 25.10.2010 – II ZR 115/09; Urt. v. 18.01.1994 – XI ZR 95/93; Urt. v. 29.09.1967 – V ZR 40/66; BAG, Urt. v. 04.06.2003 – 10 AZR 448/02). Die Parteifähigkeit der GmbH ergibt sich auch aus einem möglichen Kostenerstattungsanspruch, der der Gesellschaft im Fall ihres Obsiegens zusteht (BGH, Urt. v. 21.10.1985 – II ZR 82/85; OLG Koblenz, Beschl. v. 10.02.2004 – 14 W 103/04; Scholz/*K. Schmidt* § 74 Rn. 17a; MüKo GmbHG/*H. F. Müller* § 74 Rn. 39; Michalski/*Nerlich* § 74 Rn. 38). Kommt es zur Löschung der Gesellschaft während des Verfahrens, endet jedoch die Prozessvertretung durch die Geschäftsführer oder Liquidatoren. Durch das Registergericht sind Nachtragsliquidatoren zu bestellen; ansonsten ist die Gesellschaft im Verfahren handlungs- und prozessunfähig (vgl. ausführl. unten Rdn. 282 ff.; Michalski/*Nerlich* § 66 Rn. 87, 96 ff., § 74 Rn. 49; *Bork* JZ 1991, 841, 844).

dd) Klage nach Löschung der GmbH

Ist die GmbH bereits wegen Vermögenslosigkeit gelöscht, können vermögenswerte Ansprüche im **Passivprozess** gegen die Gesellschaft grundsätzlich nicht mehr geltend gemacht werden. Da ein Leistungsurteil mangels Vermögensmasse nicht vollstreckt werden könnte, liegt **kein anerkennenswertes Interesse** für eine solche Klage vor (BGH, Urt. v. 10.10.1988 – II ZR 92/88). Von diesem Grundsatz ist jedoch dann eine Ausnahme zu machen, wenn der Kläger substanziiert behauptet, die GmbH habe noch Aktivvermögen (KG, Beschl. v. 13.02.2007 – 1 W 272/06; Scholz/*K. Schmidt* § 74 Rn. 17; MüKo GmbHG/*H. F. Müller* § 74 Rn. 39; Baumbach/Hueck/*Haas* § 74 Rn. 19; Michalski/*Nerlich* § 74 Rn. 40; MüKo ZPO/*Lindacher* § 50 Rn. 15). Ausreichend ist, wenn der Kläger behauptet, der GmbH stehen noch Ansprüche zu (BGH, Urt. v. 29.09.1967 – V ZR 40/66). Dies ist z. B. dann der Fall, wenn der Gläubiger im Liquidationsverfahren zu Unrecht übergangen wurde und der Gesellschaft daher ein Ersatzanspruch gegen die Liquidatoren zusteht (BGH, Urt. v. 10.10.1988 – II ZR 92/88; BAG, Urt. v. 04.06.2003 – 10 AZR 448/02; KG, Beschl. v. 13.02.2007 – 1 W 272/06). Um dem Gläubiger den Zugriff auf das Aktivvermögen zu ermöglichen, bedarf es eines Rechtsinhabers – die GmbH –, gegen den ein Titel erwirkt werden kann (BGH, Urt. v. 10.10.1988 – II ZR 92/88). Die Parteifähigkeit einer bereits gelöschten GmbH ist auch dann anzunehmen, wenn gegen sie ein Anspruch geltend gemacht wird, der kein Vermögen erfordert, wie z. B. eine Löschungsbewilligung oder die Erteilung eines Zeugnisses (Michalski/*Nerlich* § 74 Rn. 40; Baumbach/Hueck/*Haas* § 74 Rn. 19). Ein **Aktivprozess** einer bereits gelöschten Gesellschaft ist dann möglich, wenn substanziiert dargelegt wird, dass der Gesellschaft weiter vermögenswerte Ansprüche zustehen, die ihrer Beendigung entgegenstehen (BGH, Urt. v. 25.10.2010 – II ZR 115/09; BAG, Urt. v. 19.03.2002 – 9 AZR 752/00; Michalski/*Nerlich* § 74 Rn. 39; Scholz/*K. Schmidt* § 74 Rn. 17; Zöller/*Vollkommer* § 50 Rn. 4 b; MüKo ZPO/*Lindacher* § 50 Rn. 15). Die GmbH hat die Tatsachen darzulegen, die ihre Parteifähigkeit begründen. Dabei handelt es sich um sog. doppelrelevante Tatsachen, die sowohl die Frage der Zulässigkeit der Klage als auch deren Begründetheit betreffen. Für die Zulässigkeit des Verfahrens ist das Vorbringen der GmbH regelmäßig als richtig zu unterstellen. Stellt sich heraus, dass der Gesellschaft der geltend gemachte Anspruch nicht zusteht, ist die Klage durch Sachurteil abzuweisen (BAG, Urt. v. 19.03.2002 – 9 AZR 752/00; OLG Koblenz, Urt. v. 09.03.2007 – 8 U 228/06; *Saenger* GmbHR 1994, 300, 303). Für ein Verfahren gegen oder durch eine bereits gelöschte GmbH sind Nachtragsliquidatoren zu bestellen (vgl. unten Rdn. 282 ff.; Michalski/*Nerlich* § 66 Rn. 96, 101, § 74 Rn. 41).

d) Parteifähigkeit im Zulassungsstreit

256 Im Streit um die Parteifähigkeit der Gesellschaft, im **sog. Zulassungsstreit**, gilt die Gesellschaft bis zur rechtskräftigen Entscheidung grundsätzlich als parteifähig (BGH, Urt. v. 29.09.1981 – VI ZR 21/80; Musielak/*Weth* § 50 Rn. 15; Zöller/*Vollkommer* § 50 Rn. 8).

2. Prozessfähigkeit und prozessuale Vertretung

a) Prozessfähigkeit – Grundsatz

257 Die Prozessfähigkeit der GmbH ist umstritten. Prozessfähig ist, wer selbst oder durch einen selbst bestellten Vertreter Prozesshandlungen vornehmen und entgegennehmen kann (BAG, Urt. v. 04.06.2003 – 10 AZR 448/02; Zöller/*Vollkommer* Vor § 50 Rn. 15, § 52 Rn. 1; MüKo ZPO/*Lindacher* §§ 51, 52 Rn. 1). Nach t.v.A. können nur natürliche Personen prozessfähig sein, sodass die Prozessfähigkeit der GmbH als juristische Person abgelehnt wird (MüKo ZPO/*Lindacher* §§ 51, 52 Rn. 23). Die h. M. bejaht dagegen die Prozessfähigkeit der GmbH unter Berufung auf die **Organtheorie**, nach der die GmbH durch ihre Organe selbst handlungsfähig ist und sich daher auch vertraglich verpflichten kann (BAG, Urt. v. 04.06.2003 – 10 AZR 448/02; Zöller/*Vollkommer* § 52 Rn. 2; R/S-L/*Pentz* § 13 Rn. 24; Baumbach/Hueck/*Fastrich* § 13 Rn. 8; Michalski/*Michalski/Funke* § 13 Rn. 68; *Roth/Altmeppen* § 13 Rn. 6). Auf die Entscheidung dieses Streitstands kommt es an dieser Stelle nicht an, da Einigkeit darin besteht, dass die GmbH im Prozess grundsätzlich durch ihre Geschäftsführer vertreten wird (Michalski/*Michalski/Funke* § 13 Rn. 68; MüKo ZPO/*Lindacher* §§ 51, 52 Rn. 25; Zöller/*Vollkommer* § 52 Rn. 6a). Eine Klage durch oder gegen eine nicht ordnungsgemäß vertretene GmbH ist unzulässig (BGH, Urt. v. 23.02.1978 – II ZR 37/77).

b) Vertretung durch die Geschäftsführer

258 Die GmbH wird im Prozess gem. § 35 Abs. 1 GmbHG grundsätzlich durch ihre Geschäftsführer vertreten (vgl. Ausnahmen jeweils bei besonderen Klagearten; Ausnahme bei Verfahren gegen Geschäftsführer vgl. unten Rdn. 289 ff.; MüKo ZPO/*Lindacher* §§ 51, 52 Rn. 25; Lutter/Hommelhoff/*Kleindiek* § 35 Rn. 12; Michalski/*Michalski/Funke* § 13 Rn. 70; R/S-L/*Pentz* § 13 Rn. 25). Dies gilt für sämtliche Gerichtsbarkeiten (Lutter/Hommelhoff/*Kleindiek* § 35 Rn. 12). Mehrere Geschäftsführer wirken nach der gesetzlichen Regel des § 35 Abs. 2 Satz 2 GmbHG grundsätzlich als Gesamtvertreter zusammen (BGH, Urt. v. 12.12.1960 – II ZR 255/59; R/S-L/*Koppensteiner/Gruber* § 35 Rn. 40, 50; Michalski/*Lenz* § 35 Rn. 41). Vom Grundsatz der Gesamtvertretung kann durch gesellschaftsvertragliche Vereinbarung abgewichen werden (Michalski/*Lenz* § 35 Rn. 41, 48). So kann der Gesellschaftsvertrag **Einzelvertretungsbefugnis** für jeden oder auch nur einzelne Geschäftsführer vorsehen (Michalski/*Lenz* § 35 Rn. 50; R/S-L/*Koppensteiner/Gruber* § 35 Rn. 50). Möglich ist auch eine Kombination von Einzel- und Gesamtvertretung in der Weise, dass ein Geschäftsführer zur alleinigen Vertretung befugt ist, weitere Geschäftsführer dagegen als Gesamtvertreter handeln müssen (R/S-L/*Koppensteiner/Gruber* § 35 Rn. 50; Michalski/*Lenz* § 35 Rn. 54). Auch wenn das Recht

der GmbH keine entsprechende gesetzliche Regelung aufweist, ist anerkannt, dass auch unechte Gesamtvertretung durch einen oder mehrere Geschäftsführer im Zusammenwirken mit einem Prokuristen möglich ist (R/S-L/*Koppensteiner/Gruber* § 35 Rn. 56; R/S-L/*Pentz* § 13 Rn. 25; Michalski/*Lenz* § 35 Rn. 56). In der Klageschrift sollen nach § 130 Nr. 1 ZPO Namen und Anschriften der Geschäftsführer angegeben werden (Scholz/*Emmerich* § 13 Rn. 24; MAH GmbH/*Schindler* § 25 Rn. 1; Zöller/*Greger* § 130 Rn. 4). Legt der einzige zur Vertretung befugte Geschäftsführer sein Amt nieder, ist die GmbH nicht mehr prozessfähig. Daran ändert auch die Regelung des § 35 Abs. 1 Satz 2 GmbHG nichts, nach der die Gesellschaft bei Führungslosigkeit von ihren Gesellschaftern gesetzlich vertreten wird, wenn ihr gegenüber Willenserklärungen abzugeben oder Schriftstücke zuzustellen sind. Prozessfähigkeit setzt nicht nur die Passivvertretung voraus, sondern erfordert auch Aktivvertretung der Gesellschaft. Hierzu sind die Gesellschafter gem. § 35 Abs. 1 Satz 2 GmbHG jedoch nicht befugt. In einem solchen Fall hat der Kläger die Möglichkeit, für die GmbH die Bestellung eines Prozesspflegers nach § 57 Abs. 1 ZPO oder eines Notgeschäftsführers nach § 29 BGB analog zu beantragen (vgl. dazu unten Rdn. 299 ff., 308; BGH, Urt. v. 25.10.2010 – II ZR 115/09; MAH GmbH/*Schindler* § 25 Rn. 3).

c) Vertretung in der Liquidation

aa) Vertretung durch Liquidatoren

In der Liquidation wird die GmbH prozessual durch die Liquidatoren vertreten (R/S-L/*Koppensteiner/Gruber* § 35 Rn. 4, 8; Michalski/*Michalski/Funke* § 13 Rn. 70; MüKo GmbHG/*H. F. Müller* § 70 Rn. 2). Wird die Gesellschaft nach § 60 GmbHG aufgelöst, kommt es, außer bei Durchführung eines Insolvenzverfahrens, zur Liquidation der Gesellschaft (Michalski/*Nerlich* § 66 Rn. 3). Mit Auflösung der Gesellschaft erlischt die Vertretungsbefugnis der Geschäftsführer. Die Geschäftsführungs- und Vertretungsbefugnis der Gesellschaft liegt bei den Liquidatoren (Lutter/Hommelhoff/*Kleindiek* § 66 Rn. 1; Michalski/*Nerlich* § 66 Rn. 9; Scholz/*K. Schmidt* § 66 Rn. 2). Wird durch Satzung oder Gesellschafterbeschluss nichts anderes bestimmt, sind die Geschäftsführer nach § 66 Abs. 1 GmbHG als **geborene Liquidatoren** für die Durchführung der Liquidation zuständig (Scholz/*K. Schmidt* § 66 Rn. 4, 5; Michalski/*Nerlich* § 66 Rn. 21). Eine besondere Erklärung durch die Geschäftsführer ist insofern nicht erforderlich, da die Bestellung durch Gesetz erfolgt. Es gilt insofern der **Grundsatz der Kontinuität des Amtes** (Scholz/*K. Schmidt* § 66 Rn. 5; MüKo GmbHG/*H. F. Müller* § 66 Rn. 12). Bestimmen die Gesellschafter durch Satzung oder Gesellschafterbeschluss andere Personen zu Liquidatoren, wird von **gekorenen Liquidatoren** gesprochen (R/S-L/*Rasner* § 66 Rn. 2; Michalski/*Nerlich* § 66 Rn. 26 ff.; Scholz/*K. Schmidt* § 66 Rn. 7 f.). Im Unterschied zu den geborenen Liquidatoren ist eine Annahme der Bestellung durch die gekorenen Liquidatoren erforderlich (Michalski/*Nerlich* § 66 Rn. 26; MüKo GmbHG/*H. F. Müller* § 66 Rn. 16). Gem. § 68 Abs. 1 Satz 2 GmbHG sind die Liquidatoren, vorbehaltlich abweichender Regelung im Gesellschaftsvertrag oder eines abweichenden Gesellschafterbeschlusses, nur gemeinsam vertretungsberechtigt (Grundsatz der Gesamtvertretung). Eine Alleinvertretungsbefugnis der Geschäftsführer setzt sich nicht als Alleinvertretungsbefugnis der Liquidatoren fort, sondern endet mit Auflösung der Gesellschaft. Dies gilt auch dann, wenn die Geschäftsführer als geborene Liquidatoren für die Gesellschaft weiter tätig sind (BGH, Urt. v. 27.10.2008 – II ZR 255/07; *Reymann* GmbHR 2009, 176 ff.).

259

bb) Gerichtliche Bestellung der Liquidatoren gem. § 66 Abs. 2 GmbHG

(1) Einleitung

Aus Gründen des Minderheitenschutzes (vgl. zur Antragsbefugnis unten Rdn. 262) und zur Sicherstellung der Handlungsfähigkeit der Gesellschaft können die Liquidatoren gem. § 66 Abs. 2 GmbHG **aus wichtigem Grund** gerichtlich bestellt werden (MüKo GmbHG/*H. F. Müller* § 66 Rn. 27; Michalski/*Nerlich* § 66 Rn. 35). Dies kann insbesondere dann relevant werden, wenn die Bestellung gekorener Liquidatoren erforderlich wird (vgl. oben Rdn. 259), die Gesellschafter im Wege der Beschlussfassung aber keine Einigung erzielen (MüKo GmbHG/*H. F. Müller* § 66 Rn. 27).

260

Die gerichtliche Bestellung der Liquidatoren erfolgt gem. § 375 Nr. 6 FamFG als unternehmensrechtliches Verfahren im Rahmen der freiwilligen Gerichtsbarkeit nach §§ 375 ff. FamFG durch das Amtsgericht (Baumbach/Hueck/*Haas* § 66 Rn. 21; MüKo GmbHG/*H. F. Müller* § 66 Rn. 37). Der Antrag nach § 66 Abs. 2 GmbHG ist auch bei der Liquidation einer Vor-GmbH zulässig (Michalski/*Nerlich* § 66 Rn. 35; MüKo GmbHG/*H. F. Müller* § 66 Rn. 27; Lutter/Hommelhoff/*Kleindiek* § 66 Rn. 5).

(2) Zuständigkeit

261 Die sachliche Zuständigkeit des Amtsgerichts ergibt sich aus § 367 Abs. 1 FamFG (Baumbach/Hueck/*Haas* § 66 Rn. 21). Ausschließlich örtlich zuständig ist gem. § 377 Abs. 1 FamFG das Amtsgericht, in dessen Bezirk die Gesellschaft ihren Sitz hat (Lutter/Hommelhoff/*Kleindiek* § 66 Rn. 6; Baumbach/Hueck/*Haas* § 66 Rn. 21). Funktionell zuständig ist gem. § 3 Nr. 2d RpflG der Rechtspfleger. Aufgrund der Rückausnahme nach § 17 Nr. 2d RpflG besteht für die Bestellung von Liquidatoren gem. § 66 Abs. 2 GmbHG kein Richtervorbehalt.

(3) Antrag und Antragsbefugnis

262 Die gerichtliche Bestellung von Liquidatoren gem. § 66 Abs. 2 GmbHG setzt einen **Antrag** voraus (MüKo GmbHG/*H. F. Müller* § 66 Rn. 27). Antragsberechtigt sind ein oder mehrere Gesellschafter, der bzw. die mindestens 10 % des Stammkapitals hält bzw. halten (Michalski/*Nerlich* § 66 Rn. 37; Scholz/*K. Schmidt* § 66 Rn. 12). Es handelt sich um eine Regelung des **Minderheitenschutzes**, die als solche durch gesellschaftsvertragliche Regelung nicht beschränkt werden kann (Lutter/Hommelhoff/*Kleindiek* § 66 Rn. 5; MüKo GmbHG/*H. F. Müller* § 66 Rn. 27, 28; R/S-L/*Rasner* § 66 Rn. 10, 19; Michalski/*Nerlich* § 66 Rn. 3). Erleichterungen, wie z. B. die Herabsetzung der 10 %-Hürde oder ein Antragsrecht jedes Gesellschafters unabhängig von der Höhe seiner Kapitalbeteiligung, sind möglich (Scholz/*K. Schmidt* § 66 Rn. 12; Lutter/Hommelhoff/*Kleindiek* § 66 Rn. 5; Michalski/*Nerlich* § 66 Rn. 36). Nur Gesellschaftern steht das Antragsrecht nach § 66 Abs. 2 GmbHG zu (Scholz/*K. Schmidt* § 66 Rn. 17). Andere, wie z. B. Gläubiger der Gesellschaft, sind nicht antragsbefugt. Ihnen verbleibt die Möglichkeit, die gerichtliche Bestellung von Notliquidatoren zu beantragen (vgl. unten Rdn. 270; Lutter/Hommelhoff/*Kleindiek* § 66 Rn. 7; Baumbach/Hueck/*Haas* § 66 Rn. 19). Der Antrag nach § 66 Abs. 2 GmbHG wird häufig mit einem Abberufungsantrag nach § 66 Abs. 3 GmbHG (dazu vgl. unten Rdn. 281) verbunden (Scholz/*K. Schmidt* § 66 Rn. 14).

(4) Gesellschaft in der Liquidation

263 Grundsätzlich setzt ein Antrag nach § 66 Abs. 2 GmbHG voraus, dass sich die GmbH oder die Vor-GmbH im Stadium der Liquidation befindet (Scholz/*K. Schmidt* § 66 Rn. 16). Der Antrag kann ausnahmsweise bereits vor Liquidation gestellt werden, wenn absehbar ist, dass eine gerichtliche Bestellung der Liquidatoren erforderlich wird; also ein wichtiger Grund vorliegt. Das Amt als Liquidator entsteht dann erst mit Liquidation der Gesellschaft und kann auch erst dann ins Handelsregister eingetragen werden (Scholz/*K. Schmidt* § 66 Rn. 16; Michalski/*Nerlich* § 66 Rn. 38; MüKo GmbHG/*H. F. Müller* § 66 Rn. 31).

(5) Weitere verfahrensrechtliche Fragen

264 Gem. § 26 FamFG ermittelt das Gericht von Amts wegen (Michalski/*Nerlich* § 66 Rn. 47; MüKo GmbHG/*H. F. Müller* § 66 Rn. 38; Baumbach/Hueck/*Haas* § 66 Rn. 21). Zur Wahrung des rechtlichen Gehörs nach Art. 103 Abs. 1 GG sind die übrigen Gesellschafter, also die Gesellschafter die keinen Antrag gestellt haben, die Gesellschaft sowie die von einer Abberufung bedrohten Liquidatoren zu hören (Scholz/*K. Schmidt* § 66 Rn. 20; Michalski/*Nerlich* § 66 Rn. 47; Baumbach/Hueck/*Haas* § 66 Rn. 21). Ggf. kommt dabei eine Vertretung der Gesellschaft durch Notliquidatoren in Betracht (Baumbach/Hueck/*Haas* § 66 Rn. 21).

(6) Wichtiger Grund

Der Antrag ist begründet, wenn ein wichtiger Grund vorliegt (Scholz/*K. Schmidt* § 66 Rn. 19; Michalski/*Nerlich* § 66 Rn. 41). Ein wichtiger Grund ist immer dann gegeben, wenn ohne gerichtliche Bestellung eine ordnungsgemäße Liquidation der Gesellschaft nicht gewährleistet ist (Michalski/*Nerlich* § 66 Rn. 41; MüKo GmbHG/*H. F. Müller* § 66 Rn. 32). Dies ist z. B. dann der Fall, wenn Liquidatoren nicht oder nicht in vertretungsberechtigter Anzahl vorhanden sind und mit ihrer Bestellung dauerhaft durch die Gesellschafter – aufgrund Untätigkeit oder fehlender Einigung – auch nicht zu rechnen ist (Michalski/*Nerlich* § 66 Rn. 42; MüKo GmbHG/*H. F. Müller* § 66 Rn. 32; Baumbach/Hueck/*Haas* § 66 Rn. 20; Lutter/Hommelhoff/*Kleindiek* § 66 Rn. 5). Nicht ausreichend ist, wenn die Liquidatoren lediglich vorübergehend fehlen (Michalski/*Nerlich* § 66 Rn. 42; Scholz/*K. Schmidt* § 66 Rn. 19). Die Bestellung eines Notliquidators lässt den wichtigen Grund nicht entfallen, da die Bestellung eines Notliquidators keine dauerhafte Lösung darstellt (vgl. unten Rdn. 270; MüKo GmbHG/*H. F. Müller* § 66 Rn. 32; Lutter/Hommelhoff/*Kleindiek* § 66 Rn. 5). Ein wichtiger Grund ist auch dann gegeben, wenn zwar Liquidatoren vorhanden sind, diese jedoch nicht oder voraussichtlich nicht befähigt sind, eine ordnungsgemäße Abwicklung durchzuführen (Michalski/*Nerlich* § 66 Rn. 43; MüKo GmbHG/*H. F. Müller* § 66 Rn. 33). In einem solchen Fall ist der Antrag nach § 66 Abs. 2 GmbHG mit einem Abberufungsantrag nach § 66 Abs. 3 GmbHG zu verbinden (Michalski/*Nerlich* § 66 Rn. 44; Roth/*Altmeppen* § 66 Rn. 33; Baumbach/Hueck/*Haas* § 66 Rn. 20; nach Scholz/*K. Schmidt* § 66 Rn. 18 ist Verbindung mit Antrag nach § 66 Abs. 3 GmbHG eine Frage der Zulässigkeit des Antrags). Die Unfähigkeit zur ordnungsgemäßen Abwicklung kann z. B. auf mangelnder fachlicher Eignung, Pflichtverletzungen oder Parteilichkeit der Liquidatoren sowie Interessenkonflikten beruhen. Verschulden ist nicht zwingend erforderlich (Michalski/*Nerlich* § 66 Rn. 43; MüKo GmbHG/*H. F. Müller* § 66 Rn. 33, 34, 35; Lutter/Hommelhoff/*Kleindiek* § 66 Rn. 5). Meinungsverschiedenheiten zwischen den Liquidatoren oder zwischen Liquidatoren und Gesellschaftern sind nicht grundsätzlich als wichtiger Grund i. S. d. § 66 Abs. 2 GmbHG zu werten. Streitigkeiten können jedoch dann die gerichtliche Bestellung von Liquidatoren rechtfertigen, wenn diese unüberbrückbar sind und die ordnungsgemäße Abwicklung der Gesellschaft gefährden (Michalski/*Nerlich* § 66 Rn. 43; MüKo GmbHG/*H. F. Müller* § 66 Rn. 34). Amtsunfähigkeit nach § 66 Abs. 4 i. V. m. § 6 Abs. 2 Satz 2, 3 GmbHG stellt keinen wichtigen Grund dar, da die Bestellung zum Liquidator in diesem Fall unwirksam ist. Eine Abberufung durch das Gericht ist nicht erforderlich (Michalski/*Nerlich* § 66 Rn. 45; MüKo GmbHG/*H. F. Müller* § 66 Rn. 36).

265

(7) Entscheidung

Das Gericht entscheidet durch Beschluss gem. § 38 FamFG (Scholz/*K. Schmidt* § 66 Rn. 21; MüKo GmbHG/*H. F. Müller* § 66 Rn. 41; Michalski/*Nerlich* § 66 Rn. 47). Dieser ist gem. § 38 Abs. 3 Satz 1 FamFG zu begründen (MüKo GmbHG/*H. F. Müller* § 66 Rn. 41). Liegt ein wichtiger Grund vor, ist das Gericht entgegen dem insofern missverständlichen Wortlaut (»kann«) zur Bestellung verpflichtet. Ein Entscheidungsermessen steht dem Gericht insofern nicht zu (MüKo GmbHG/*H. F. Müller* § 66 Rn. 41; Baumbach/Hueck/*Haas* § 66 Rn. 21). Bei der Entscheidung, wieviele Liquidatoren bestellt werden und wer als Liquidator bestellt wird, ist das Gericht hingegen frei und hat ein Auswahlermessen (BayObLG, Beschl. v. 13.07.1989 – 3 Z 35/89; Baumbach/Hueck/*Haas* § 66 Rn. 21; MüKo GmbHG/*H. F. Müller* § 66 Rn. 41; Lutter/Hommelhoff/*Kleindiek* § 66 Rn. 5). Eine Bindung an den Antrag besteht nicht; dieser wird lediglich als Anregung verstanden (MüKo GmbHG/*H. F. Müller* § 66 Rn. 41). Voraussetzung der Bestellung zum Liquidator ist die fachliche Eignung, Zuverlässigkeit und Unparteilichkeit (Michalski/*Nerlich* § 66 Rn. 40; MüKo GmbHG/*H. F. Müller* § 66 Rn. 41). Das Gericht entscheidet auch frei über die Vertretungsbefugnis der Liquidatoren. Es kann Gesamt- oder Einzelvertretung vorschreiben. Dabei ist das Gericht weder an Anträge noch an den Gesellschaftsvertrag gebunden (Scholz/*K. Schmidt* § 66 Rn. 22; MüKo GmbHG/*H. F. Müller* § 66 Rn. 42).

266

Der Beschluss ist allen Gesellschaftern, den Liquidatoren sowie der Gesellschaft selbst bekannt zu machen, § 41 FamFG (MüKo GmbHG/*H. F. Müller* § 66 Rn. 41; Henssler/Strohn/*Büteröwe* § 66

267

Rn. 26; Scholz/*K. Schmidt* § 66 Rn. 21). Gem. § 40 Abs. 1 FamFG wird der Beschluss mit Bekanntgabe an den Beteiligten, für den er seinem wesentlichen Inhalt nach bestimmt ist, wirksam. Dies ist der bestellte Liquidator (MüKo GmbHG/*H. F. Müller* § 66 Rn. 43). Die gerichtliche Bestellung zum Liquidator setzt zudem die Annahme des Amtes durch die bestellte Person voraus (Michalski/ *Nerlich* § 66 Rn. 35; MüKo GmbHG/*H. F. Müller* § 66 Rn. 43). Da keine Pflicht zur Annahme des Amtes als Liquidator besteht, ist es empfehlenswert, vor Bestellung abzuklären, ob die zu bestellende Person bereit ist, das Amt anzunehmen (BayObLG, Beschl. v. 12.06.1996 – 3Z BR 90/96; Baumbach/Hueck/*Haas* § 66 Rn. 21). Besteht diese Bereitschaft nicht, hat die Bestellung nicht zu erfolgen (Lutter/Hommelhoff/*Kleindiek* § 66 Rn. 5; MüKo GmbHG/*H. F. Müller* § 66 Rn. 43). Bestellt das Gericht eine nach § 6 Abs. 2 Satz 2, 3 GmbHG amtsunfähige Person, ist die Entscheidung unwirksam (Baumbach/Hueck/*Haas* § 66 Rn. 21; MüKo GmbHG/*H. F. Müller* § 66 Rn. 41).

(8) Rechtsmittel

268 Gegen die Entscheidung des Gerichts, stattgebend oder ablehnend, kann gem. § 402 FamFG **Beschwerde** erhoben werden (MüKo GmbHG/*H. F. Müller* § 66 Rn. 45; Baumbach/Hueck/*Haas* § 66 Rn. 22). Die Beschwerde ist gem. § 64 Abs. 1 Satz 1 FamFG bei dem Gericht einzureichen, dessen Entscheidung angefochten wird, d. h. beim Amtsgericht (vgl. oben Rdn. 261; Lutter/Hommelhoff/ *Kleindiek* § 66 Rn. 6; Hensler/Strohn/*Büteröwe* § 66 Rn. 26). Die Frist beträgt gem. § 63 Abs. 1 FamFG einen Monat ab schriftlicher Bekanntgabe des Beschlusses (Lutter/Hommelhoff/*Kleindiek* § 66 Rn. 6; MüKo GmbHG/*H. F. Müller* § 66 Rn. 45). Beschwerdebefugt gegen die ablehnende Entscheidung sind gem. § 59 Abs. 2 FamFG nur die Antragsteller. Erforderlich ist wie auch bei der Antragsbefugnis, dass die Beschwerdeführer mit mindestens 10 % am Stammkapital beteiligt sind (vgl. oben Rdn. 262 zur Antragsbefugnis; Scholz/*K. Schmidt* § 66 Rn. 23; MüKo GmbHG/*H. F. Müller* § 66 Rn. 46; Michalski/*Nerlich* § 66 Rn. 48; a. A. Lutter/Hommelhoff/*Kleindiek* § 66 Rn. 6). Hat das Amtsgericht dem Antrag stattgegeben, ist gem. § 59 Abs. 1 FamFG jeder beschwerdeberechtigt, der durch die Verfügung beeinträchtigt ist. Dies ist die Gesellschaft, vertreten durch ihre übrigen Liquidatoren; ggf. vertreten durch Notliquidatoren, sowie jeder einzelne Gesellschafter, der nicht an der Antragstellung beteiligt war (Scholz/*K. Schmidt* § 66 Rn. 23; Hensler/Strohn/*Büteröwe* § 66 Rn. 26; Baumbach/Hueck/*Haas* § 66 Rn. 22; MüKo GmbHG/*H. F. Müller* § 66 Rn. 47). Eine Mindestbeteiligung i. H. v. 10 % des Stammkapitals ist hinsichtlich der Beschwerdebefugnis der Gesellschafter nicht erforderlich (MüKo GmbHG/*H. F. Müller* § 66 Rn. 47; Michalski/*Nerlich* § 66 Rn. 48; Baumbach/Hueck/*Haas* § 66 Rn. 22). Wird mit der Bestellung von Liquidatoren zugleich auch über die Abberufung von Liquidatoren gem. § 66 Abs. 3 GmbHG entschieden, sind auch die abberufenen Liquidatoren beschwerdebefugt (Scholz/*K. Schmidt* § 66 Rn. 23; Hensler/Strohn/*Büteröwe* § 66 Rn. 26). Nicht beschwerdebefugt ist der bestellte Liquidator, da ihm die Möglichkeit verbleibt, die Bestellung abzulehnen (MüKo GmbHG/*H. F. Müller* § 66 Rn. 47; Baumbach/Hueck/*Haas* § 66 Rn. 22). Etwas anderes gilt, wenn das Gericht den Liquidator gegen seinen ausdrücklich erklärten Willen bestellt (Baumbach/Hueck/*Haas* § 66·Rn. 22; MüKo GmbHG/*H. F. Müller* § 66 Rn. 47).

269 Hilft das Amtsgericht der Beschwerde nicht ab, entscheidet gem. § 119 Abs. 1 Nr. 1 GVG das zuständige OLG (Lutter/Hommelhoff/*Kleindiek* § 66 Rn. 6; MüKo GmbHG/*H. F. Müller* § 66 Rn. 45). Gegen die Entscheidung des OLG kann **Rechtsbeschwerde** gem. § 70 FamFG zum BGH eingelegt werden (Lutter/Hommelhoff/*Kleindiek* § 66 Rn. 6).

cc) Gerichtliche Bestellung von Notliquidatoren

(1) Einleitung

270 Von der gerichtlichen Bestellung der Liquidatoren nach § 66 Abs. 2 GmbHG ist die gerichtliche Bestellung von Notliquidatoren nach §§ 29, 48 BGB analog zu unterscheiden. Im Unterschied zur gerichtlichen Bestellung nach § 66 Abs. 2 GmbHG, die eine dauerhafte Abwicklung bezweckt, hat die Bestellung von Notliquidatoren durch das Gericht lediglich **vorläufigen Charakter** (OLG Köln, Beschl. v. 01.08.2007 – 2 Wx 33/07; Scholz/*K. Schmidt* § 66 Rn. 33; Baumbach/Hueck/*Haas* § 66

Rn. 32). Die Bestellung von Notliquidatoren schließt die Bestellung von Liquidatoren nach § 66 Abs. 1 und Abs. 2 GmbHG nicht aus (Scholz/*K. Schmidt* § 66 Rn. 33), sondern ist durch eine Bestellung nach § 66 Abs. 1 oder Abs. 2 GmbHG zu ersetzen ist (vgl. oben Rdn. 265; Michalski/*Nerlich* § 66 Rn. 53; Baumbach/Hueck/*Haas* § 66 Rn. 32). Wurde ein Notliquidator bestellt und kommt es danach zur Bestellung von Liquidatoren nach § 66 Abs. 1 oder Abs. 2 GmbHG, endet das Amt des Notliquidators automatisch (OLG Köln, Beschl. v. 01.08.2007 – 2 Wx 33/07; Scholz/*K. Schmidt* § 66 Rn. 38; Baumbach/Hueck/*Haas* § 66 Rn. 32).

(2) Zuständigkeit

Zuständig für die Bestellung von Notliquidatoren ist das für die Gesellschaft zuständige Registergericht (MüKo GmbHG/*H. F. Müller* § 66 Rn. 54; Lutter/Hommelhoff/*Kleindiek* § 66 Rn. 7, 6). **271**

(3) Antrag und Antragsbefugnis

Die gerichtliche Bestellung von Notliquidatoren nach §§ 29, 48 BGB analog setzt einen Antrag voraus (BeckOK FamFG/*Munzig* § 375 Rn. 105). Antragsbefugt ist jeder Beteiligte (Scholz/*K. Schmidt* § 66 Rn. 35; Baumbach/Hueck/*Haas* § 66 Rn. 32; Lutter/Hommelhoff/*Kleindiek* § 66 Rn. 7; Michalski/*Nerlich* § 66 Rn. 54). Beteiligt ist, wer ein schutzwürdiges Interesse an der Notbestellung hat (MüKo GmbHG/*H. F. Müller* § 66 Rn. 54; BeckOK FamFG/*Munzig* § 375 Rn. 105; MüKo BGB/*Reuter* § 29 Rn. 13). Dies sind die Gesellschafter sowie die Gläubiger und Schuldner der Gesellschaft (Michalski/*Nerlich* § 66 Rn. 54; MüKo GmbHG/*H. F. Müller* § 66 Rn. 54; Baumbach/Hueck/*Haas* § 66 Rn. 32). Ein bereits bestellter Liquidator ist antragsbefugt, wenn er allein bestellt ist, aber Gesamtvertretungsbefugnis besteht oder er aufgrund § 181 BGB einer Beschränkung unterliegt (MüKo GmbHG/*H. F. Müller* § 66 Rn. 54; Michalski/*Nerlich* § 66 Rn. 54). Antragsbefugt sind ferner frühere Geschäftsführer und Liquidatoren (Scholz/*K. Schmidt* § 66 Rn. 35; MüKo GmbHG/*H. F. Müller* § 66 Rn. 54; *Roth*/Altmeppen § 66 Rn. 29) sowie ein Kommanditist einer GmbH & Co KG für die Bestellung von Notliquidatoren für die Komplementär-GmbH (Baumbach/Hueck/*Haas* § 66 Rn. 32; MüKo GmbHG/*F. H. Müller* § 66 Rn. 54; Scholz/*K. Schmidt* § 66 Rn. 35). **272**

(4) Materielle Voraussetzungen

Die gerichtliche Bestellung von Notliquidatoren analog §§ 29, 48 BGB setzt als materielle Voraussetzung einen Mangel i. S. d. § 29 BGB voraus (Michalski/*Nerlich* § 66 Rn. 55; Baumbach/Hueck/*Haas* § 66 Rn. 32). Ein Mangel in diesem Sinne liegt vor, wenn keine Liquidatoren vorhanden sind oder Liquidatoren in erforderlicher Anzahl fehlen (Scholz/*K. Schmidt* § 66 Rn. 36; MüKo GmbHG/*H. F. Müller* § 66 Rn. 55; Baumbach/Hueck/*Haas* § 33 Rn. 32). Nicht ausreichend sind Streitigkeiten unter den Liquidatoren oder Gehorsamsverweigerung eines vorhandenen Liquidators (Scholz/*K. Schmidt* § 66 Rn. 36; MüKo GmbHG/*H. F. Müller* § 66 Rn. 55; Michalski/*Nerlich* § 66 Rn. 55). Weiter muss ein dringender Fall vorliegen (Scholz/*K. Schmidt* § 66 Rn. 37). Ein solcher ist gegeben, wenn sofortiges Handeln geboten ist, um drohende Schäden von der Gesellschaft oder anderen Beteiligten abzuwenden (zur Bestellung von Notgeschäftsführern OLG München, Beschl. v. 11.09.2007 – 31 Wx 49/07; Scholz/*K. Schmidt* § 66 Rn. 37; Michalski/*Nerlich* § 66 Rn. 55; MüKo GmbHG/*H. F. Müller* § 66 Rn. 56). Die Möglichkeit, einen Prozesspfleger nach § 57 ZPO zu bestellen, schließt die Bestellung eines Notliquidators nicht aus (Scholz/*K. Schmidt* § 66 Rn. 37; MüKo GmbHG/*H. F. Müller* § 66 Rn. 56; R/S-L/*Gesell* § 66 Rn. 16). Die materiellen Voraussetzungen hat das Gericht gem. §§ 29, 30 FamFG von Amts wegen zu prüfen (BeckOK FamFG/*Munzig* § 375 Rn. 105). **273**

(5) Entscheidung

Das Gericht entscheidet durch Beschluss (MüKo GmbHG/*H. F. Müller* § 66 Rn. 57; Michalski/*Nerlich* § 66 Rn. 58). Bei der Auswahl des Notliquidators hat das Gericht nach pflichtgemäßem Ermessen zu handeln und eine fachlich geeignete und unparteiliche Person zu bestellen (Scholz/*K.* **274**

Schmidt § 66 Rn. 38; MüKo GmbHG/*H. F. Müller* § 66 Rn. 57). Da die gerichtliche Bestellung von Notliquidatoren einen schweren Eingriff in die Rechte der Gesellschafter darstellt, ist der Aufgabenkreis des bzw. der Notliquidatoren auf das sachlich Notwendige zu beschränken (Baumbach/Hueck/*Haas* § 66 Rn. 32; MüKo GmbHG/*H. F. Müller* § 66 Rn. 58). So kann die Befugnis des Notliquidators bspw. auf bestimmte Geschäfte begrenzt werden (Scholz/*K. Schmidt* § 66 Rn. 38; MüKo GmbHG/*H. F. Müller* § 66 Rn. 58). Den Gesellschaftern ist vor der Entscheidung rechtliches Gehör zu gewähren (Michalski/*Nerlich* § 66 Rn. 58; MüKo GmbHG/*H. F. Müller* § 66 Rn. 57). Es besteht keine Verpflichtung, das Amt als Notliquidator anzunehmen (Scholz/*K. Schmidt* § 66 Rn. 38). Daher ist es empfehlenswert, vor der Bestellung einer bestimmten Person deren Bereitschaft zur Übernahme des Amtes abzuklären.

(6) Rechtsmittel

275   Gegen die Bestellung von Notliquidatoren kann Beschwerde nach §§ 58 ff. FamFG eingelegt werden (Lutter/Hommelhoff/*Kleindiek* § 66 Rn. 7; MüKo GmbHG/*H. F. Müller* § 66 Rn. 59; Baumbach/Hueck/*Haas* § 66 Rn. 32; R/S-L/*Gesell* § 66 Rn. 16). Hat das Gericht die Bestellung von Notliquidatoren abgelehnt, ist der Antragsteller beschwerdeberechtigt. Hat das Gericht dem Antrag stattgegeben, sind diejenigen beschwerdebefugt, die antragsbefugt gewesen wären (OLG Köln, Beschl. v. 01.08.2007 – 2 Wx 33/07; MüKo GmbHG/*H. F. Müller* § 66 Rn. 59; Michalski/*Nerlich* § 66 Rn. 60). Gegen die Entscheidung des Beschwerdegerichts kann nach §§ 70 ff. FamFG Rechtsbeschwerde eingelegt werden (MüKo GmbHG/*H. F. Müller* § 66 Rn. 59; Michalski/*Nerlich* § 66 Rn. 60).

dd) Eignung als Liquidator

(1) Natürliche Personen

276   Für die Eignung, das Amt als Liquidator auszuüben, verweist § 66 Abs. 4 GmbHG auf die Regelung des § 6 Abs. 2 Satz 2, 3 GmbHG zur Eignung als Geschäftsführer (Henssler/Strohn/*Büteröwe* § 66 Rn. 16; *Roth/Altmeppen* § 66 Rn. 9). Grundsätzlich ist jede natürliche, unbeschränkt geschäftsfähige Person für das Amt als Liquidator geeignet. Gesellschafterstellung ist nicht erforderlich (MüKo GmbHG/*H. F. Müller* § 66 Rn. 7; Baumbach/Hueck/*Haas* § 66 Rn. 5; Michalski/*Nerlich* § 66 Rn. 11). Nicht geeignet sind nach § 6 Abs. 2 Satz 2 Nr. 1 GmbHG Personen, die als Betreute bei der Besorgung ihrer Vermögensangelegenheiten ganz oder teilweise einem Einwilligungsvorbehalt nach § 1903 BGB unterliegen, die einem Berufsverbot nach § 6 Abs. 2 Satz 2 Nr. 2 GmbHG unterliegen sowie Personen, die aufgrund einer in § 6 Abs. 2 Satz 2 Nr. 3 Satz 3 GmbHG bezeichneten Straftat rechtskräftig verurteilt wurden (MüKo GmbHG/*H. F. Müller* § 66 Rn. 7; Michalski/*Nerlich* § 66 Rn. 12). Ist eine Bestellung zum Liquidator erfolgt, obwohl ein Ausschlussgrund nach § 6 Abs. 2 Satz 2 Nrn. 1–3 GmbHG vorliegt, ist die Bestellung gem. § 134 BGB unwirksam (Michalski/*Nerlich* § 66 Rn. 13; Baumbach/Hueck/*Haas* § 66 Rn. 5). Tritt ein Ausschlussgrund erst im Laufe der Amtsausübung als Liquidator ein, endet das Amt automatisch (Michalski/*Nerlich* § 66 Rn. 13; MüKo GmbHG/*H. F. Müller* § 66 Rn. 7; *Roth/Altmeppen* § 66 Rn. 13).

(2) Juristische Personen

277   Da sich die Verweisung des § 66 Abs. 4 GmbHG nicht auf § 6 Abs. 2 Satz 1 GmbHG erstreckt, ist anerkannt, dass auch juristische Personen als Liquidator bestellt werden können (MüKo GmbHG/*H. F. Müller* § 66 Rn. 8; Lutter/Hommelhoff/*Kleindiek* § 66 Rn. 1). Dies gilt auch für juristische Personen des öffentlichen Rechts. Nicht befähigt, Liquidator zu sein, sind jedoch Behörden (Michalski/*Nerlich* § 66 Rn. 17; Henssler/Strohn/*Büteröwe* § 66 Rn. 17; *Roth/Altmeppen* § 66 Rn. 12). Bei der Bestellung einer juristischen Person zum Liquidator, darf der gesetzliche Vertreter keinem Ausschlussgrund des § 6 Abs. 2 Satz 2 und 3 GmbHG unterliegen (MüKo GmbHG/*H. F. Müller* § 66 Rn. 8; Michalski/*Nerlich* § 66 Rn. 17).

(3) Personengesellschaften

Da Personenhandelsgesellschaften gem. § 124 HGB mit eigener Rechtspersönlichkeit ausgestattet sind, können diese nach h. M. auch als Liquidator bestellt werden (Michalski/*Nerlich* § 66 Rn. 18; MüKo GmbHG/*H. F. Müller* § 66 Rn. 9; Lutter/Hommelhoff/*Kleindiek* § 66 Rn. 1; *Roth/Altmeppen* § 66 Rn. 12). Aufgrund der Verweisung des § 7 Abs. 2 PartGG auf § 124 HGB gilt dies auch für die Partnerschaftsgesellschaft (Michalski/*Nerlich* § 66 Rn. 18; MüKo GmbHG/*H. F. Müller* § 66 Rn. 9). Obwohl die Rechtsfähigkeit der BGB-Außengesellschaft durch den BGH anerkannt wurde, kommt diese mangels Registerpublizität nicht als Liquidator in Betracht (Baumbach/Hueck/*Haas* § 66 Rn. 7; Lutter/Hommelhoff/*Kleindiek* § 66 Rn. 1; BeckOK GmbHG/*Lorscheider* § 66 Rn. 6; Henssler/Strohn/*Büteröwe* § 66 Rn. 17). *H. F. Müller* spricht sich dafür aus, die notwendige Registerpublizität und damit die Eignung einer rechtsfähigen BGB-Gesellschaft als Liquidator dann anzuerkennen, wenn ihre Gesellschafter sowie ihre Vertretungsverhältnisse nach § 67 GmbHG angemeldet und eingetragen werden (MüKo GmbHG/*H. F. Müller* § 66 Rn. 9).

278

ee) Abberufung von Liquidatoren

(1) Abberufung durch Gesellschafterbeschluss

Bei der Abberufung von Liquidatoren ist zwischen der Abberufung durch die Gesellschafter nach § 66 Abs. 3 Satz 2 GmbHG und der gerichtlichen Abberufung nach § 66 Abs. 3 Satz 1 GmbHG zu unterscheiden. Die nach § 66 Abs. 1 GmbHG durch die Gesellschafter bestellten Liquidatoren können **durch Gesellschafterbeschluss** nach § 66 Abs. 3 Satz 2 GmbHG jederzeit, fristlos und ohne wichtigen Grund abberufen werden (Baumbach/Hueck/*Haas* § 66 Rn. 24; MüKo GmbHG/*H. F. Müller* § 66 Rn. 61, 62; Michalski/*Nerlich* § 66 Rn. 62; Lutter/Hommelhoff/*Kleindiek* § 66 Rn. 11). Gerichtlich bestellte Liquidatoren können nicht durch Beschluss der Gesellschafter abberufen werden. Dies gilt für nach § 66 Abs. 2 GmbHG bestellte Liquidatoren, für die nach § 66 Abs. 5 GmbHG bestellten Nachtragsliquidatoren, sonstige Nachtragsliquidatoren sowie die nach § 38 Abs. 2 KWG bestellten Liquidatoren (MüKo GmbHG/*H. F. Müller* § 66 Rn. 61; Michalski/*Nerlich* § 66 Rn. 62). Es besteht auch kein Abberufungsrecht der Gesellschafter für analog §§ 29, 48 BGB bestellte Notliquidatoren. Die Gesellschafter haben bei gerichtlich bestellten Notliquidatoren die Möglichkeit, durch Gesellschafterbeschluss Liquidatoren in ausreichender Anzahl zu bestellen. Dies führt dann automatisch zur Beendigung des Amtes der Notliquidatoren (Scholz/*K. Schmidt* § 66 Rn. 43; Michalski/*Nerlich* § 66 Rn. 62; Lutter/Hommelhoff/*Kleindiek* § 66 Rn. 11).

279

Bei der Beschlussfassung genügt grundsätzlich einfache Mehrheit (Scholz/*K. Schmidt* § 66 Rn. 43). Davon abweichend kann gesellschaftsvertraglich ein qualifiziertes Mehrheitserfordernis vereinbart werden (MüKo GmbHG/*H. F. Müller* § 66 Rn. 62; Michalski/*Nerlich* § 66 Rn. 63; *Roth/Altmeppen* § 66 Rn. 47). Erfolgt die Abberufung nicht aus wichtigem Grund, steht dem Liquidator, sofern er auch Gesellschafter ist, ein Stimmrecht zu (Baumbach/Hueck/*Haas* § 66 Rn. 24; Michalski/*Nerlich* § 66 Rn. 63). Umstritten ist, ob im Gesellschaftsvertrag entsprechend § 38 Abs. 2 GmbHG vereinbart werden kann, dass eine Abberufung nur aus wichtigem Grund möglich ist (dafür: MüKo GmbHG/*H. F. Müller* § 66 Rn. 63; Baumbach/Hueck/*Haas* § 66 Rn. 24; dagegen: Lutter/Hommelhoff/*Kleindiek* § 66 Rn. 11; *Roth/Altmeppen* § 66 Rn. 47 unter Hinweis auf die besondere Interessenlage bei der Liquidation). Übt ein Liquidator sein Amt aufgrund eines gesellschaftsvertraglich vereinbarten Sonderrechts aus, ist dessen Abberufung nur aus wichtigem Grund oder mit Zustimmung des betroffenen Liquidators möglich (MüKo GmbHG/*H. F. Müller* § 66 Rn. 62, 63; Scholz/*K. Schmidt* § 66 Rn. 43, 44; Michalski/*Nerlich* § 66 Rn. 66; Baumbach/Hueck/*Haas* § 66 Rn. 24). Die Abberufung wird mit Zugang (§ 130 BGB) bei dem Liquidator wirksam. Kein Wirksamkeitserfordernis ist die Eintragung in das Handelsregister nach § 67 Abs. 1 GmbHG (Michalski/*Nerlich* § 66 Rn. 65; Baumbach/Hueck/*Haas* § 66 Rn. 25). Die Abberufung wirkt sich nicht auf den Anstellungsvertrag aus (Michalski/*Nerlich* § 66 Rn. 65).

280

(2) Gerichtliche Abberufung

281 Gem. § 66 Abs. 3 Satz 1 GmbHG können Liquidatoren durch gerichtliche Entscheidung unter denselben Voraussetzungen wie die gerichtliche Bestellung nach § 66 Abs. 2 GmbHG abberufen werden (Scholz/*K. Schmidt* § 66 Rn. 45; R/S-L/*Gesell* § 66 Rn. 27). Diese Regelung gilt für alle Liquidatoren (Lutter/Hommelhoff/*Kleindiek* § 66 Rn. 11; MüKo GmbHG/*H. F. Müller* § 66 Rn. 64). Erfasst sind demnach die durch Gesellschafterbeschluss nach § 66 Abs. 1 GmbHG sowie die nach § 66 Abs. 2 GmbHG gerichtlich bestellten Liquidatoren sowie Nachtragsliquidatoren (Baumbach/Hueck/*Haas* § 66 Rn. 26; MüKo GmbHG/*H. F. Müller* § 66 Rn. 64; Michalski/*Nerlich* § 66 Rn. 68). Auch wenn das Amt der analog §§ 29, 48 BGB gerichtlich bestellten Notliquidatoren automatisch mit der Bestellung anderer Liquidatoren endet, können auch sie gerichtlich abberufen werden (Michalski/*Nerlich* § 66 Rn. 68; MüKo GmbHG/*H. F. Müller* § 66 Rn. 65). Die gerichtliche Abberufung gem. § 66 Abs. 3 GmbHG erfolgt gem. § 375 Nr. 6 FamFG im unternehmensrechtlichen Verfahren. Zuständig ist das Amtsgericht als Registergericht (§ 376 FamFG). Örtlich zuständig ist gem. § 377 Abs. 1 FamFG das Amtsgericht, in dessen Bezirk die Gesellschaft ihren Sitz hat. Die gerichtliche Abberufung von Liquidatoren setzt einen Antrag von Gesellschaftern voraus, deren Geschäftsanteile mindestens 10 % des Stammkapitals entsprechen (Michalski/*Nerlich* § 66 Rn. 67; Scholz/*K. Schmidt* § 66 Rn. 45; MüKo GmbHG/*H. F. Müller* § 66 Rn. 64). Erforderlich ist weiterhin ein wichtiger Grund (MüKo GmbHG/*H. F. Müller* § 66 Rn. 64; *Roth/Altmeppen* § 66 Rn. 43). Ein solcher liegt vor, wenn die Abwicklung der Gesellschaft gefährdet wird (Scholz/*K. Schmidt* § 66 Rn. 45). So liegt ein wichtiger Grund für die Abberufung von Liquidatoren insbesondere dann vor, wenn die vorhandenen Liquidatoren eine ordnungsgemäße Abwicklung nicht erwarten lassen (OLG Frankfurt am Main, Beschl. v. 17.11.2005 – 20 W 388/05). Dabei sind die Interessen der Gesellschaft und einzelner Gesellschafter abzuwägen (R/S-L/*Gesell* § 66 Rn. 27; Scholz/*K. Schmidt* § 66 Rn. 45). Ein wichtiger Grund ist bspw. bei groben Pflichtverletzungen, Unfähigkeit zur ordnungsgemäßen Geschäftsführung oder bei begründetem Misstrauen gegen die Unparteilichkeit des betroffenen Liquidators zu bejahen (OLG Frankfurt am Main, Beschl. v. 17.11.2005 – 20 W 388/05; Scholz/*K. Schmidt* § 66 Rn. 45; *Roth/Altmeppen* § 66 Rn. 44). Verschulden ist nicht grundsätzlich erforderlich (Scholz/*K. Schmidt* § 66 Rn. 45). Das Gericht entscheidet durch Beschluss (Michalski/*Nerlich* § 66 Rn. 69). Die Abberufung wird mit Bekanntmachung (§ 41 FamFG) gegenüber dem betroffenen Liquidator wirksam (Baumbach/Hueck/*Haas* § 66 Rn. 26; MüKo GmbHG/*H. F. Müller* § 66 Rn. 68). Gegen die gerichtliche Entscheidung kann gem. § 402 FamFG Beschwerde erhoben werden (Michalski/*Nerlich* § 66 Rn. 69).

d) Nachtragsliquidation

aa) Einleitung

282 Wurde eine Gesellschaft gelöscht, obwohl noch Vermögen vorhanden ist oder anderweitiger Abwicklungsbedarf besteht, ist die Gesellschaft noch nicht vollbeendet (vgl. oben Rdn. 251, 252). In einem solchen Fall erfolgt zur endgültigen Abwicklung der Gesellschaft eine Nachtragsliquidation (R/S-L/*Gesell* § 74 Rn. 18). § 66 Abs. 5 GmbHG regelt die Nachtragsliquidation für den Fall der Löschung wegen Vermögenslosigkeit nach § 394 Abs. 1 FamFG, wenn sich danach herausstellt, dass weiter Vermögen vorhanden ist (R/S-L/*Gesell* § 74 Rn. 18; Scholz/*K. Schmidt* § 66 Rn. 53; Michalski/*Nerlich* § 66 Rn. 85; Baumbach/Hueck/*Haas* § 66 Rn. 36). Wurde die Gesellschaft aus anderem Grund gelöscht oder besteht anderweitiger Abwicklungsbedarf als die Verteilung von Vermögen, erfolgt die Nachtragsliquidation nach h. M. analog § 273 Abs. 4 Satz 1 AktG (R/S-L/*Gesell* § 74 Rn. 18; Baumbach/Hueck/*Haas* § 66 Rn. 36; Lutter/Hommelhoff/*Kleindiek* § 74 Rn. 19); nach a. A. analog § 74 Abs. 2 Satz 2 GmbHG (MüKo GmbHG/*H. F. Müller* § 66 Rn. 81). Der Zweck der Gesellschaft in Nachtragsliquidation liegt in der Herbeiführung der Vollbeendigung (OLG Koblenz, Urt. v. 09.03.2007 – 8 U 228/06). Die Durchführung der Nachtragsliquidation erfolgt durch die gerichtlich zu bestellenden Nachtragsliquidatoren (Michalski/*Nerlich* § 66 Rn. 96).

bb) Prozessuale Situation

Die GmbH ist in der Nachtragsliquidation parteifähig (MüKo GmbHG/*H. F. Müller* § 66 Rn. 88; Michalski/*Nerlich* § 66 Rn. 101; Scholz/*K. Schmidt* § 74 Rn. 24). Die prozessuale Vertretung der Gesellschaft obliegt den Nachtragsliquidatoren (Michalski/*Nerlich* § 66 Rn. 101; MüKo GmbHG/*H. F. Müller* § 66 Rn. 89). Allein diese sind zur Vertretung der Gesellschaft befugt (OLG München, Beschl. v. 03.08.2005 – 31 Wx 4/05; Michalski/*Nerlich* § 66 Rn. 101, § 74 Rn. 49). Mit Eintragung der Löschung der Gesellschaft endet die organschaftliche Stellung der Geschäftsführer oder Liquidatoren (BGH, Urt. v. 18.01.1994 – XI ZR 95/93; Urt. v. 18.04.1985 – IX ZR 75/84; BAG, Urt. v. 04.06.2003 – 10 AZR 448/02; OLG Hamm, Beschl. v. 08.05.2001 – 15 W 43/01; Michalski/*Nerlich* § 74 Rn. 49). Die Liquidatoren sind nicht automatisch die Nachtragsliquidatoren (Michalski/*Nerlich* § 74 Rn. 49; Lutter/Hommelhoff/*Kleindiek* § 74 Rn. 21). Der Grundsatz der Kontinuität des Amtes (vgl. oben Rdn. 259) gilt insofern nicht. Die Nachtragsliquidatoren sind erst gerichtlich zu bestellen (Scholz/*K. Schmidt* § 66 Rn. 55). Prozessual hat dies zur Folge, dass die Gesellschaft bis zur Bestellung der Nachtragsliquidatoren kein vertretungsbefugtes Organ aufweist und daher vorübergehend **handlungs- und prozessunfähig** ist (Michalski/*Nerlich* § 66 Rn. 101; Scholz/*K. Schmidt* § 74 Rn. 24). Mit Bestellung der Nachtragsliquidatoren ist die Gesellschaft uneingeschränkt prozessfähig (MüKo GmbHG/*H. F. Müller* § 66 Rn. 88). Verzögert sich die Bestellung der Nachtragsliquidatoren, kann in dringenden Fällen ein **Prozesspfleger** nach § 57 ZPO bestellt werden (Michalski/*Nerlich* § 66 Rn. 101).

283

Wurde vor der Löschung der Gesellschaft ein Prozessvertreter bestellt, so kann dieser die Gesellschaft, solange noch keine Nachtragsliquidatoren bestellt sind, im Verfahren gem. § 86 ZPO wirksam prozessual vertreten, da die Prozessvollmacht weiter gilt (BGH, Urt. v. 08.02.1993 – II ZR 62/92; BAG, Urt. v. 04.06.2003 – 10 AZR 448/02; Michalski/*Nerlich* § 66 Rn. 101; Scholz/*K. Schmidt* § 66 Rn. 55, § 74 Rn. 24). Der Verlust der Prozessfähigkeit durch die Löschung der Gesellschaft berührt eine zuvor wirksam erteilte Prozessvollmacht nicht. Dies gilt unabhängig davon, ob die Löschung der Gesellschaft vor oder nach dem Eintritt der Rechtshängigkeit erfolgt ist. Die Regelung des § 86 ZPO dient dem praktischen Bedürfnis und Interesse, den einmal anhängigen Prozess ohne Stillstand zu Ende führen zu können. Es kommt nicht zur Unterbrechung des Verfahrens (BGH, Urt. v. 08.02.1993 – II ZR 62/92; *Saenger* GmbHR 1994, 300, 305; *Bork* JZ 1991, 841, 846).

284

cc) Gerichtliche Bestellung der Nachtragsliquidatoren gem. § 66 Abs. 5 Satz 2 GmbHG

(1) Zuständigkeit

Die gerichtliche Bestellung von Nachtragsliquidatoren erfolgt gem. § 375 Nr. 6 FamFG im unternehmensrechtlichen Verfahren (MüKo GmbHG/*H. F. Müller* § 66 Rn. 83; Baumbach/Hueck/*Haas* § 66 Rn. 39). Sachlich zuständig ist gem. § 23a Abs. 1 Nr. 2, Abs. 2 Nr. 4 GVG das Amtsgericht als Registergericht (Lutter/Hommelhoff/*Kleindiek* § 66 Rn. 14, 6). Ausschließlich örtlich zuständig ist gem. § 377 Abs. 1 FamFG das Gericht, in dessen Bezirk sich der Sitz der Gesellschaft befindet (Lutter/Hommelhoff/*Kleindiek* § 66 Rn. 14, 6). Funktionell zuständig ist gem. § 3 Nr. 2d RpflG der Rechtspfleger. Aufgrund der Rückausnahme nach § 17 Nr. 2d RpflG besteht für die Bestellung von Nachtragsliquidatoren kein Richtervorbehalt.

285

(2) Antrag und Antragsbefugnis

Erforderlich ist ein Antrag eines Beteiligten (MüKo GmbHG/*H. F. Müller* § 66 Rn. 84; Baumbach/Hueck/*Haas* § 66 Rn. 39). Beteiligt ist, wer ein wirtschaftliches Interesse an der Durchführung der Nachtragsliquidation hat (Michalski/*Nerlich* § 66 Rn. 96; Baumbach/Hueck/*Haas* § 66 Rn. 39). Dies sind Gesellschafter, frühere Geschäftsführer und Liquidatoren sowie Gläubiger der Gesellschaft (MüKo GmbHG/*H. F. Müller* § 66 Rn. 84; Michalski/*Nerlich* § 66 Rn. 96). Auch die Steuerbehörden sind antragsbefugt (Michalski/*Nerlich* § 66 Rn. 96).

286

(3) Entscheidung

287 Das Gericht entscheidet durch Beschluss (Michalski/*Nerlich* § 66 Rn. 97). Bei der Auswahl der als Nachtragsliquidator zu bestellenden Person, steht dem Gericht ein Auswahlermessen zu (Michalski/*Nerlich* § 66 Rn. 97; MüKo GmbHG/*H. F. Müller* § 66 Rn. 85). Liegen die Voraussetzungen einer Nachtragsliquidation vor, ist das Gericht verpflichtet, einen Nachtragsliquidator zu bestellen. Insofern besteht kein Entscheidungsermessen (MüKo GmbHG/*H. F. Müller* § 66 Rn. 85). Es bedarf der Annahme des Amtes durch den als Nachtragsliquidator Bestellten (Michalski/*Nerlich* § 66 Rn. 97). Eine Verpflichtung, das Amt als Nachtragsliquidator anzunehmen, besteht nicht (Baumbach/Hueck/*Haas* § 66 Rn. 39, 22).

(4) Rechtsmittel

288 Gegen die Entscheidung des Gerichts kann analog § 273 Abs. 5 AktG das Rechtsmittel der Beschwerde eingelegt werden (Baumbach/Hueck/*Haas* § 33 Rn. 39; Michalski/*Nerlich* § 66 Rn. 99; Henssler/Strohn/*Büteröwe* § 66 Rn. 34). Gem. § 64 FamFG ist die Beschwerde bei dem Gericht einzulegen, dessen Beschluss angefochten wird. Für die Beschwerde gilt die Monatsfrist des § 63 FamFG (Baumbach/Hueck/*Haas* § 66 Rn. 39). Beschwerdebefugt ist die Gesellschaft (Scholz/*K. Schmidt* § 66 Rn. 55). Dabei wird die Gesellschaft durch den oder die letzten Geschäftsführer oder Liquidatoren vertreten (Scholz/*K. Schmidt* § 66 Rn. 55; Baumbach/Hueck/*Haas* § 66 Rn. 39; Henssler/Strohn/*Büteröwe* § 66 Rn. 34). *K. Schmidt* befürwortet auch die Beschwerdebefugnis der Gesellschafter bzw. deren Rechtsnachfolger (Scholz/*K. Schmidt* § 66 Rn. 55; a. A. Baumbach/Hueck/*Haas* § 66 Rn. 39). Da der als Nachtragsliquidator Bestellte nicht verpflichtet ist, das Amt anzunehmen, ist er nicht beschwerdebefugt (vgl. oben Rdn. 287; Baumbach/Hueck/*Haas* § 66 Rn. 39, 33). Gegen die Entscheidung des Beschwerdegerichts ist gem. §§ 70, 72 FamFG die Rechtsbeschwerde statthaft (Michalski/*Nerlich* § 66 Rn. 99).

e) Vertretung der Gesellschaft in Verfahren gegen Geschäftsführer und Gesellschafter, § 46 Nr. 8 Halbs. 2 GmbHG

aa) Normzweck

289 Im Prozess der Gesellschaft gegen Geschäftsführer haben die Gesellschafter gem. § 46 Nr. 8 Halbs. 2 GmbHG das Recht, für dieses Verfahren einen Prozessvertreter zu bestimmen. Dadurch soll vermieden werden, dass die GmbH handlungsunfähig wird und sichergestellt werden, dass die GmbH frei von Interessenkonflikten und sachfremden Erwägungen ordnungsgemäß prozessual vertreten wird (BGH, Urt. v. 06.03.2012 – II ZR 76/11; Urt. v. 16.12.1991 – II ZR 31/91; Scholz/*K. Schmidt* § 46 Rn. 163; Lutter/Hommelhoff/*Bayer* § 46 Rn. 42; R/S-L/*Koppensteiner/Gruber* § 35 Rn. 10, § 46 Rn. 40; Michalski/*Römermann* § 46 Rn. 466, 467).

bb) Vertretung durch den Aufsichtsrat

290 Hat die Gesellschaft einen **Aufsichtsrat**, so vertritt dieser gem. § 52 Abs. 1 GmbHG i. V. m. § 112 AktG grundsätzlich die Gesellschaft in Verfahren gegen einen Geschäftsführer (BGH, Urt. v. 26.11.2007 – II ZR 161/06; Urt. v. 24.11.2003 – II ZR 127/01; Urt. v. 21.06.1999 – II ZR 27/98; OLG München, Beschl. v. 31.07.2002 – 7 U 2216/02; Lutter/Hommelhoff/*Bayer* § 46 Rn. 43; Michalski/*Michalski/Funke* § 13 Rn. 74). Dies gilt auch für einen Prozess mit einem ausgeschiedenen Geschäftsführer (BGH, Urt. v. 24.11.2003 – II ZR 127/01; Urt. v. 21.06.1999 – II ZR 27/98; OLG München, Beschl. v. 31.07.2002 – 7 U 2216/02). Wie § 46 Nr. 8 Halbs. 2 GmbHG soll auch § 112 AktG eine sachgerechte, unbefangene Vertretung der Gesellschaft, frei von Interessenkollisionen und sachfremden Erwägungen, gewährleisten (OLG München, Beschl. v. 31.07.2002 – 7 U 2216/02). In der **mitbestimmten Gesellschaft mit obligatorischem Aufsichtsrat** liegt die Prozessvertretung nach h.L. zwingend beim Aufsichtsrat und kann durch die Gesellschafter nicht abbedungen werden (Scholz/*K. Schmidt* § 46 Rn. 165; MüKo GmbHG/*Liebscher* § 46 Rn. 264;

Michalski/*Römermann* § 46 Rn. 469, 470; Lutter/Hommelhoff/*Bayer* § 46 Rn. 43; R/S-L/*Koppensteiner/Gruber* § 46 Rn. 47). Nach a. A. steht die Vertretung durch den Aufsichtsrat analog § 147 Abs. 3 Satz 1 AktG unter dem Vorbehalt anderweitiger Bestimmung durch die Gesellschafterversammlung (*Roth/Altmeppen* § 46 Rn. 56). Besteht ein **fakultativer Aufsichtsrat**, kann von dem Grundsatz der Prozessvertretung durch den Aufsichtsrat durch gesellschaftsvertragliche Vereinbarung abgewichen und die Bestimmung der Prozessvertretung der Gesellschafterversammlung übertragen werden (BGH, Urt. v. 26.11.2007 – II ZR 161/06; Urt. v. 24.11.2003 – II ZR 127/01; Scholz/*K. Schmidt* § 46 Rn. 165; MüKo GmbHG/*Liebscher* § 46 Rn. 265; Michalski/*Römermann* § 46 Rn. 471). Umstritten ist, ob die Gesellschafter auch ohne entsprechende Satzungsregelung dazu befugt sind, über die Prozessvertretung zu entscheiden. Dies wird von der h. M. abgelehnt (MüKo GmbHG/*Liebscher* § 46 Rn. 265; Michalski/*Römermann* § 46 Rn. 472, 473; Baumbach/Hueck/*Zöllner* § 46 Rn. 69), nach a. A. unter Hinweis darauf, dass die Prozessvertretung grundsätzlich der Bestimmung der Gesellschafter vorbehalten sei, befürwortet (*Roth/Altmeppen* § 46 Rn. 56).

cc) Geltungsbereich des § 46 Nr. 8 Halbs. 2 GmbHG

§ 46 Nr. 8 Halbs. 2 GmbHG gilt grundsätzlich für jede GmbH. Auch die Vor-GmbH fällt in den Geltungsbereich des § 46 Nr. 8 Halbs. 2 GmbHG (Scholz/*K. Schmidt* § 46 Rn. 165; MüKo GmbHG/*Liebscher* § 46 Rn. 261; Michalski/*Römermann* § 46 Rn. 474). § 46 Nr. 8 Halbs. 2 GmbHG gilt **für alle Aktiv- und Passivprozesse** zwischen Gesellschaft und Geschäftsführern (BGH, Urt. v. 06.03.2012 – II ZR 76/11; MüKo GmbHG/*Liebscher* § 46 Rn. 267; R/S-L/*Koppensteiner/Gruber* § 47 Rn. 45). Auf die Parteirolle der Gesellschaft bzw. der Geschäftsführer kommt es nicht an (Michalski/*Römermann* § 46 Rn. 481; MüKo GmbHG/*Liebscher* § 46 Rn. 268). Die Notwendigkeit, § 46 Nr. 8 Halbs. 2 GmbHG auch auf Passivprozesse der Gesellschaft zu erstrecken, zeigt sich insbesondere an dem praxisrelevanten Fall der negativen Feststellungsklage eines Geschäftsführers gegen die GmbH (Scholz/*K. Schmidt* § 46 Rn. 166; MüKo GmbHG/*Liebscher* § 46 Rn. 267). § 46 Nr. 8 Halbs. 2 GmbHG erfasst jede Art von gerichtlichen Verfahren und jede Gerichtsbarkeit und ist nicht auf die streitige Gerichtsbarkeit begrenzt (MüKo GmbHG/*Liebscher* § 46 Rn. 266; Michalski/*Römermann* § 46 Rn. 478, 479). § 46 Nr. 8 Halbs. 2 GmbHG gilt auch für Schiedsverfahren (MüKo GmbHG/*Liebscher* § 46 Rn. 266).

291

§ 46 Nr. 8 Halbs. 2 GmbHG beschränkt sich im Unterschied zur Regelung des Halbs. 1 nicht auf Ersatzansprüche, sondern erfasst jede Art von gegenseitigen Ansprüchen zwischen Gesellschaft und Geschäftsführer (BGH, Urt. v. 16.12.1991 – II ZR 31/91; Scholz/*K. Schmidt* § 46 Rn. 166; MüKo GmbHG/*Liebscher* § 46 Rn. 266; Michalski/*Römermann* § 46 Rn. 480). Der Anspruch muss nicht aus der Organstellung oder dem Anstellungsverhältnis des Geschäftsführers resultieren oder in Zusammenhang stehen (Michalski/*Römermann* § 46 Rn. 480; MüKo GmbHG/*Liebscher* § 46 Rn. 266). Auch bei anderweitigen Ansprüchen der Gesellschaft gegen den Geschäftsführer muss eine sachgerechte Vertretung der Gesellschaft frei von Interessenkonflikten gewährleistet werden (Michalski/*Römermann* § 46 Rn. 480).

292

Unstreitig gilt § 46 Nr. 8 Halbs. 2 GmbHG für ein **Verfahren gegen einen amtierenden Geschäftsführer** (Michalski/*Römermann* § 46 Rn. 482; MüKo GmbHG/*Liebscher* § 46 Rn. 269). Umstritten ist, ob § 46 Nr. 8 Halbs. 2 GmbHG auch **Verfahren gegen ausgeschiedene Geschäftsführer** umfasst (zur Darstellung des Streitstands vgl. Michalski/*Römermann* § 46 Rn. 483 ff.; MüKo GmbHG/ *Liebscher* § 46 Rn. 269 ff.). Dies wird vom BGH und der h.L. grundsätzlich bejaht (BGH, Urt. v. 06.03.2012 – II ZR 76/11; Urt. v. 24.11.2003 – II ZR 127/01; OLG Hamm, Urt. v. 20.11.2006 – 8 U 217/05; MüKo GmbHG/*Liebscher* § 46 Rn. 270; Scholz/*K. Schmidt* § 46 Rn. 167; Michalski/*Römermann* § 46 Rn. 485; Lutter/Hommelhoff/*Bayer* § 46 Rn. 42; R/S-L/*Koppensteiner/Gruber* § 46 Rn. 45). Gegen diese Auffassung wird z. T. eingewandt, dass die Handlungsfähigkeit der Gesellschaft nicht sichergestellt werden muss, wenn bereits ein oder mehrere neue Geschäftsführer bestellt wurden und die ratio der Vorschrift, eine unvoreingenommene Prozessvertretung sicherzustellen, die Anwendung des § 46 Nr. 8 Halbs. 2 GmbHG auf ausgeschiedene Geschäftsführer nicht gebietet (*Roth/Altmeppen* § 46 Rn. 57; Baumbach/Hueck/*Zöllner* § 46 Rn. 67). Für die Anwendung

293

des § 46 Nr. 8 Halbs. 2 GmbHG auch auf Verfahren gegen ausgeschiedene Geschäftsführer spricht, dass auch dann die Gefahr bestehen kann, dass das Verfahren durch den oder die neuen Geschäftsführer nicht frei von Interessenskollisionen und sachfremden Erwägungen geführt wird (MüKo GmbHG/*Liebscher* § 46 Rn. 270; Michalski/*Römermann* § 46 Rn. 485; MAH GmbH/*Schindler* § 25 Rn. 9). Dies gilt insbesondere für Verfahren, in denen streitig ist, ob die Abberufung des früheren Geschäftsführers wirksam erfolgt ist (MüKo GmbHG/*Liebscher* § 46 Rn. 270; Scholz/*K. Schmidt* § 46 Rn. 167). Im Verfahren gegen ehemalige Geschäftsführer kann die Gesellschaft jedoch durch die neuen Geschäftsführer vertreten werden, sofern die Gesellschafter von ihrer Befugnis nach § 46 Nr. 8 Halbs. 2 GmbHG keinen Gebrauch machen (BGH, Urt. v. 06.03.2012 – II ZR 76/11; OLG Hamm, Urt. v. 20.11.2006 – 8 U 217/05).

294 Nach Rechtsprechung und h.L. gilt zur Sicherung einer unvoreingenommenen Prozessführung § 46 Nr. 8 Halbs. 2 GmbHG auch in einem Verfahren gegen einen Gesellschafter, sofern ihm dieselben Pflichtverletzungen wie dem Geschäftsführer vorgeworfen werden (BGH, Urt. v. 16.12.1991 – II ZR 31/91; Urt. v. 20.01.1986 – II ZR 73/85; Scholz/*K. Schmidt* § 46 Rn. 170; MüKo GmbHG/*Liebscher* § 46 Rn. 271; Michalski/*Römermann* § 46 Rn. 487; R/S-L/*Koppensteiner/Gruber* § 46 Rn. 45; zu § 46 Nr. 8 Halbs. 1 GmbHG vgl. unten Rdn. 629 ff.). *K. Schmidt* befürwortet aus Praktikabilitätserwägungen, diese Analogie generell auf Prozesse gegen Mitgesellschafter auszudehnen (Scholz/*K. Schmidt* § 45 Rn. 170).

dd) Bestellung eines Prozessvertreters nach § 46 Nr. 8 Halbs. 2 GmbHG

(1) Beschlussfassung

295 Für die Beschlussfassung gelten die allgemeinen Regeln der §§ 47 ff. GmbHG (Michalski/*Römermann* § 46 Rn. 489; MüKo GmbHG/*Liebscher* § 46 Rn. 273). Der Beschluss ist grundsätzlich mit einfacher Mehrheit zu fassen (Scholz/*K. Schmidt* § 46 Rn. 171; Michalski/*Römermann* § 46 Rn. 489). Bei der Beschlussfassung über die Vertretung der Gesellschaft ist der Gesellschafter-Geschäftsführer, gegen den der Prozess geführt werden soll, gem. § 47 Abs. 4 GmbHG **vom Stimmrecht ausgeschlossen** (BGH, Urt. v. 16.12.1991 – II ZR 31/91; Urt. v. 20.01.1986 – II ZR 737/85; Scholz/*K. Schmidt* § 46 Rn. 171; Michalski/*Römermann* § 46 Rn. 491; MüKo GmbHG/*Liebscher* § 46 Rn. 273; R/S-L/*Koppensteiner/Gruber* § 46 Rn. 48). Dies gilt auch für einen Gesellschafter, der an der Pflichtverletzung mitgewirkt hat und bzw. oder mitverklagt werden soll oder zusammen mit dem Geschäftsführer klagt (Scholz/*K. Schmidt* § 46 Rn. 171; Michalski/*Römermann* § 46 Rn. 491; MüKo GmbHG/*Liebscher* § 46 Rn. 273). Nach h.L. ist ein Gesellschafter, der zum Prozessvertreter bestellt werden soll, nicht nach § 47 Abs. 4 GmbHG vom Stimmrecht ausgeschlossen, da es sich bei der Bestellung zum Prozessvertreter um einen körperschaftlichen Organisationsakt und nicht um ein Rechtsgeschäft handelt (Scholz/*K. Schmidt* § 46 Rn. 171; MüKo GmbHG/*Liebscher* § 46 Rn. 274; Michalski/*Römermann* § 46 Rn. 492).

(2) Inhalt des Beschlusses

296 Hinsichtlich der Person, die als Prozessvertreter bestimmt wird, unterliegt die Gesellschafterversammlung grundsätzlich keiner Beschränkung (R/S-L/*Koppensteiner/Gruber* § 47 Rn. 48; Michalski/*Römermann* § 46 Rn. 493). Es kann daher ein Dritter, aber auch ein Gesellschafter oder ein anderer (Mit-) Geschäftsführer zum Prozessvertreter bestimmt werden (Michalski/*Römermann* § 46 Rn. 493; MüKo GmbHG/*Liebscher* § 46 Rn. 275). Möglich ist auch, dass sich ein Minderheitsgesellschafter selbst zum Prozessvertreter bestellt (R/S-L/*Koppensteiner/Gruber* § 46 Rn. 48). Anerkannt ist auch, dass ein prozessbevollmächtigter Rechtsanwalt zum Prozessvertreter i. S. d. § 46 Nr. 8 Halbs. 2 GmbHG bestellt werden kann (Scholz/*K. Schmidt* § 46 Rn. 172; Michalski/*Römermann* § 46 Rn. 494; MüKo GmbHG/*Liebscher* § 46 Rn. 275). In diesem Fall ist der Anwalt prozessbevollmächtigt und organschaftlich vertretungsbefugt (Scholz/*K. Schmidt* § 46 Rn. 172). Die Gesellschafter können im Beschluss Vorgaben für die Prozessführung festlegen, wie z. B. hinsichtlich der

Auswahl des Prozessvertreters oder der Art und Weise der Prozessführung (MüKo GmbHG/*Liebscher* § 46 Rn. 276; Michalski/*Römermann* § 46 Rn. 495).

(3) Wirkung des Beschlusses und rechtliche Stellung des Prozessvertreters

Bestellen die Gesellschafter einen Vertreter, hat dies zur Folge, dass die Vertretungsbefugnis des bzw. der Geschäftsführer endet. Besteht ein fakultativer Aufsichtsrat, endet dessen Vertretungsbefugnis (R/S-L/*Koppensteiner/Gruber* § 46 Rn. 47). Es bedarf der Annahme des Amtes als Prozessvertreter durch den Bestellten (Michalski/*Römermann* § 46 Rn. 498; Lutter/Hommelhoff/*Bayer* § 46 Rn. 45). Dem durch die Gesellschafter bestellten Prozessvertreter wird organschaftliche Vertretungsbefugnis eingeräumt (Michalski/*Römermann* § 46 Rn. 501; MüKo GmbHG/*Liebscher* § 46 Rn. 278; R/S-L/ *Koppensteiner/Gruber* § 46 Rn. 47). Diese ist auf die konkrete Prozessführung beschränkt (Scholz/*K. Schmidt* § 46 Rn. 173; R/S-L/*Koppensteiner/Gruber* § 46 Rn. 47). Es ist Aufgabe des Prozessvertreters, ggf. anwaltliche Vertretung zu beauftragen (R/S-L/*Koppensteiner/Gruber* § 46 Rn. 47; Michalski/*Römermann* § 46 Rn. 504). Der bestellte Prozessvertreter ist Vertreter der Gesellschaft i. S. d. § 51 ZPO. Er ist im Verfahren als Partei, nicht als Zeuge zu vernehmen (Michalski/*Römermann* § 46 Rn. 502, 503; Scholz/*K. Schmidt* § 45 Rn. 173; MüKo GmbHG/*Liebscher* § 46 Rn. 278; vgl. unten Rdn. 311–313). Geschäftsführer, die nicht als Prozessvertreter bestellt sind, können dagegen in diesem Verfahren als Zeugen vernommen werden (Scholz/*K. Schmidt* § 46 Rn. 173; Michalski/ *Römermann* § 46 Rn. 503). Der Prozessvertreter unterliegt den Weisungen der Gesellschafterversammlung (Scholz/*K. Schmidt* § 46 Rn. 173; Michalski/*Römermann* § 46 Rn. 506). So können die Gesellschafter dem Prozessvertreter Weisungen zu einer bestimmten Prozessführung erteilen, wie z. B. einen bestimmten Vergleichsrahmen vorgeben oder ein Rechtsmittel einzulegen (Michalski/*Römermann* § 46 Rn. 506; MüKo GmbHG/*Liebscher* § 46 Rn. 280). Vorbehaltlich abweichender Weisung oder Beschlussfassung durch die Gesellschafterversammlung stehen dem Prozessvertreter zur sachgerechten Ausführung seiner Aufgaben grundsätzlich Informationsrechte und Einsichtsrechte in die Bücher und sonstige Unterlagen der Gesellschaft zu (MüKo GmbHG/*Liebscher* § 46 Rn. 282; Scholz/*K. Schmidt* § 46 Rn. 173; R/S-L/*Koppensteiner/Gruber* § 46 Rn. 48). Diese Rechte muss der Prozessbevollmächtigte gegenüber den Geschäftsführern nicht besonders begründen. Werden Informationen oder die Einsicht in Unterlagen verweigert, kann der Prozessvertreter diese Rechte gegen die GmbH, vertreten durch ihre Geschäftsführer, im eigenen Namen klageweise geltend machen (Michalski/*Römermann* § 46 Rn. 509; MüKo GmbHG/*Liebscher* § 46 Rn. 282). Das Rechtsverhältnis zwischen Gesellschaft und Prozessvertreter ist als Auftrag nach §§ 662 ff. oder als Geschäftsbesorgungsvertrag nach § 675 BGB zu qualifizieren (Scholz/*K. Schmidt* § 46 Rn. 173; MüKo GmbHG/ *Liebscher* § 46 Rn. 281; Michalski/*Römermann* § 46 Rn. 507). Dem Prozessvertreter kann somit ein Anspruch auf Aufwendungsersatz gem. § 670 BGB und ein Anspruch auf Vergütung gem. § 612 BGB zustehen (MüKo GmbHG/*Liebscher* § 46 Rn. 281; R/S-L/*Koppensteiner/Gruber* § 46 Rn. 48; einschränkend für den als Prozessvertreter bestellten Gesellschafter bei der personalistischen GmbH insoweit Scholz/*K. Schmidt* § 46 Rn. 173). Der Vertragsschluss (Auftrag oder Geschäftsbesorgung) mit dem Prozessvertreter fällt in die Zuständigkeit der Gesellschafterversammlung (Baumbach/ Hueck/*Zöllner* § 46 Rn. 71; MüKo GmbHG/*Liebscher* § 46 Rn. 281; Henssler/Strohn/*Mollenkopf* § 46 Rn. 47). Das Amt des Prozessvertreters endet mit Abberufung durch die Gesellschafterversammlung oder durch Erledigung der Aufgabe (Baumbach/Hueck/*Zöllner* § 46 Rn. 71; Henssler/ Strohn/*Mollenkopf* § 46 Rn. 47).

ee) Keine Bestellung eines Prozessvertreters nach § 46 Nr. 8 Halbs. 2 GmbHG

Es kann dazu kommen, dass die Gesellschafter für ein Verfahren i. S. d. § 46 Nr. 8 Halbs. 2 GmbHG keinen Prozessvertreter bestimmen. Dies kann bspw. darauf beruhen, dass die Gesellschafter sich nicht auf einen Prozessvertreter einigen können oder Unkenntnis über die Rechtslage besteht (MüKo GmbHG/*Liebscher* § 46 Rn. 285). Unterbleibt die Bestimmung eines Prozessvertreters, ist für die rechtlichen Folgen danach zu differenzieren, ob eine Vertretung der Gesellschaft durch weitere Geschäftsführer in vertretungsberechtigter Zahl möglich ist oder nicht. Sind weitere Geschäftsführer in vertretungsberechtigter Anzahl vorhanden, vertreten diese die Gesellschaft prozessual. Die

Gesellschaft kann somit auch einen Prozess i. S. d. § 46 Nr. 8 Halbs. 2 GmbHG führen, wenn von der Möglichkeit des § 46 Nr. 8 Halbs. 2 GmbHG kein Gebrauch gemacht wird. Es verbleibt bei der Zuständigkeit der übrigen Geschäftsführer (BGH, Urt. v. 24.02.1992 – II ZR 79/91; OLG Hamm, Urt. v. 20.11.2006 – 8 U 217/05; Scholz/*K. Schmidt* § 46 Rn. 164; MüKo GmbHG/*Liebscher* § 46 Rn. 288; R/S-L/*Koppensteiner/Gruber* § 46 Rn. 46). Dies ergibt sich daraus, dass § 46 Nr. 8 Halbs. 2 GmbHG nach h. M. die Gesellschafter berechtigt, nicht aber verpflichtet, einen Prozessvertreter zu bestimmen (Scholz/*K. Schmidt* § 46 Rn. 164; Michalski/*Römermann* § 46 Rn. 521, 522; MüKo GmbHG/*Liebscher* § 46 Rn. 288; R/S-L/*Koppensteiner/Gruber* § 46 Rn. 45). Ist die Vertretung der Gesellschaft durch die übrigen Geschäftsführer nicht möglich, also im Prozess der GmbH gegen den einzigen zur Vertretung befugten Geschäftsführer oder gegen einen von mehreren gesamtvertretungsbefugten Geschäftsführern, und bestellen die Gesellschafter keinen Prozessvertreter, hat dies zur Folge, dass die Gesellschaft handlungs- und i. S. d. § 51 ZPO prozessunfähig ist (MüKo GmbHG/*Liebscher* § 46 Rn. 286; Michalski/*Römermann* § 46 Rn. 522). Für Zustellungen genügt jedoch gem. § 171 Abs. 3 ZPO die Zustellung an einen – soweit vorhanden – gesamtvertretungsberechtigten Geschäftsführer (Michalski/*Römermann* § 46 Rn. 523; MüKo GmbHG/*Liebscher* § 46 Rn. 286). Bis zur Bestellung eines Prozessvertreters kommt subsidiär die Bestellung eines **Notvertreters nach § 29 BGB** oder die Bestellung eines **Prozessvertreters nach § 57 ZPO** (ggf. analog) in Betracht (vgl. unten Rdn. 299 ff., 308; OLG Dresden, Beschl. v. 11.12.2001 – 2 W 1848/01; Michalski/*Römermann* § 46 Rn. 524; Michalski/*Michalski/Funke* § 13 Rn. 72; MüKo GmbHG/*Liebscher* § 46 Rn. 286; R/S-L/*Koppensteiner/Gruber* § 46 Rn. 46).

f) Bestellung eines Notgeschäftsführers

aa) Einleitung

299 Das Recht der GmbH sieht im Unterschied zum Aktienrecht (vgl. § 85 AktG) die gerichtliche Bestellung eines Geschäftsführers nicht vor. Dennoch ist grundsätzlich anerkannt, dass analog § 29 BGB ein Notgeschäftsführer gerichtlich bestellt werden kann (BGH, Urt. v. 25.10.2010 – II ZR 115/09; Urt. v. 14.07.2004 – VIII ZR 224/02; R/S-L/*Koppensteiner/Gruber* § 35 Rn. 76; Michalski/*Tebben* § 6 Rn. 72; Lutter/Hommelhoff/*Kleindiek* vor § 35 Rn. 13). Die Bestellung eines Notgeschäftsführers ist bereits im Gründungsstadium möglich (Baumbach/Hueck/*Fastrich* § 6 Rn. 32; MüKo GmbHG/*Goette* § 6 Rn. 77). Bei der mitbestimmten GmbH erfolgt die Bestellung eines Notgeschäftsführers gem. § 31 Abs. 1 MitbestG nach § 85 AktG (MüKo GmbHG/*Stephan/Tieves* § 35 Rn. 56; Michalski/*Tebben* § 6 Rn. 72; *Roth/Altmeppen* § 6 Rn. 58). Soll ein Insolvenzverfahren eröffnet werden und fehlt ein Geschäftsführer, kann der Insolvenzantrag gem. § 15a Abs. 3 InsO durch jeden Gesellschafter gestellt werden, sodass insofern die Bestellung eines Notgeschäftsführers nach § 29 BGB analog nicht erforderlich ist (Baumbach/Hueck/*Fastrich* § 6 Rn. 32; MüKo GmbHG/*Goette* § 6 Rn. 77).

bb) Voraussetzungen

300 Die Bestellung eines Notgeschäftsführers setzt voraus, dass ein für die organschaftliche Vertretung der GmbH unentbehrlicher Geschäftsführer fehlt oder aus tatsächlichen oder rechtlichen Gründen sein Amt nicht ausüben kann und ein dringender Fall gegeben ist (OLG Zweibrücken, Beschl. v. 30.09.2011 – 3 W 119/11; OLG München, Beschl. v. 11.09.2007 – 31 Wx 049/07, 31 Wx 49/07; OLG Frankfurt am Main, Beschl. v. 27.07.2005 – 20 W 280/05). Diese Voraussetzungen sind grundsätzlich eng auszulegen, da die gerichtliche Bestellung eines Notgeschäftsführers einen schwerwiegenden hoheitlichen Eingriff in die Kompetenz des für die Bestellung der Geschäftsführer zuständigen Organs – gem. § 46 Nr. 5 GmbHG regelmäßig die Gesellschafterversammlung – darstellt (OLG Zweibrücken, Beschl. v. 30.09.2011 – 3 W 119/11; OLG München, Beschl. v. 11.09.2007 – 31 Wx 049/07, 31 Wx 49/07; OLG Frankfurt am Main, Beschl. v. 27.07.2005 – 20 W 280/05; Lutter/Hommelhoff/*Kleindiek* vor § 35 Rn. 13).

(1) Fehlen eines Geschäftsführers

Vom Fehlen eines Geschäftsführers ist auszugehen, wenn das Amt des Geschäftsführers nicht besetzt ist. Dies kann darauf beruhen, dass der Geschäftsführer verstorben ist, seine Bestellung unwirksam war, der Geschäftsführer wirksam abberufen wurde oder sein Amt niedergelegt hat (MüKo GmbHG/*Stephan/Tieves* §6 Rn. 59; Lutter/Hommelhoff/*Kleindiek* vor §35 Rn. 13; Michalski/*Tebben* §6 Rn. 74). War die Abberufung des Geschäftsführers unwirksam, fehlt der Geschäftsführer nicht (BayObLG, Beschl. v. 29.09.1999 – 3Z BR 76/99; Beschl. v. 28.08.1997 – 3Z BR 1/97; Michalski/*Tebben* §6 Rn. 74; Lutter/Hommelhoff/*Kleindiek* vor §35 Rn. 14). Der fehlenden Besetzung des Geschäftsführeramtes ist gleichgestellt, wenn der Geschäftsführer dauerhaft, z. B. aufgrund Krankheit oder Abwesenheit (z. B. Auslandsaufenthalt), an der Ausübung des Amtes gehindert ist. Nicht ausreichend ist eine lediglich vorübergehende Verhinderung (MüKo GmbHG/*Stephan/Tieves* §35 Rn. 59; Michalski/*Tebben* §6 Rn. 74). Ein erforderlicher Geschäftsführer fehlt auch dann, wenn zwar Geschäftsführer vorhanden sind, aber nicht in der für die Vertretung erforderlichen Anzahl (Michalski/*Tebben* §6 Rn. 73). Da die Voraussetzungen des §29 BGB eng auszulegen sind, genügt treuwidrige oder unzweckmäßige Ausübung des Amtes durch den Geschäftsführer nicht (BayObLG, Beschl. v. 28.08.1997 – 3Z BR 1/97; MüKo GmbHG/*Stephan/Tieves* §35 Rn. 59; R/S-L/*Koppensteiner/Gruber* §35 Rn. 76). Eine Verhinderung des Geschäftsführers aus rechtlichen Gründen besteht z. B. dann, wenn dem Geschäftsführer aufgrund des Verbots des §181 BGB die Vertretungsbefugnis fehlt (BGH, Urt. v. 06.10.1960 – II ZR 215/58; Michalski/*Tebben* §6 Rn. 74; Lutter/Hommelhoff/*Kleindiek* vor §35 Rn. 14).

(2) Dringender Fall

Ein dringender Fall ist zu bejahen, wenn die Gesellschaftsorgane in angemessener Zeit nicht in der Lage sind, für eine ordnungsgemäße Vertretung zu sorgen, einem Beteiligten ohne Bestellung eines Notgeschäftsführers Schaden drohen würde oder eine erforderliche Handlung nicht vorgenommen werden könnte (OLG Zweibrücken, Beschl. v. 30.09.2011 – 3W 119/11; Beschl. v. 12.04.2001 – 3W 23/01; OLG Frankfurt am Main, Beschl. v. 26.05.2011 – 20W 248/11; Beschl. v. 27.07.2005 – 20W 280/05; OLG München, Beschl. v. 11.09.2007 – 31 Wx 049/07, 31 Wx 49/07; BayObLG, Beschl. v. 12.08.1998 – 3Z BR 456 u. 457/97; MüKo GmbHG/*Goette* §6 Rn. 77; MüKo GmbHG/*Stephan/Tieves* §35 Rn. 61). Die Bestellung eines Notgeschäftsführers dient nicht dazu, Streitigkeiten innerhalb der Gesellschaft zu lösen. Da die Voraussetzungen des §29 BGB eng auszulegen sind (vgl. oben Rdn. 300), begründet allein die fehlende Einigung der Gesellschafter daher an sich noch keinen dringenden Fall (OLG Zweibrücken, Beschl. v. 30.09.2011 – 3W 119/11; OLG München, Beschl. v. 11.09.2007 – 31 Wx 049/07, 31 Wx 49/07; OLG Frankfurt am Main, Beschl. v. 27.07.2005 – 20W 280/05; Beschl. v. 09.01.2001 – 20W 421/00; BayObLG, Beschl. v. 28.08.1997 – 3Z BR 1/97). Erforderlich ist daher grundsätzlich, dass zunächst auf Ebene der Gesellschafterversammlung bzw. des zur Bestellung der Geschäftsführer zuständigen Organs versucht wird, das Problem zu lösen. Eine Bestellung nach §29 BGB analog kommt erst dann infrage, wenn sich dieser Versuch aus tatsächlichen oder rechtlichen Gründen oder auch nach entsprechenden Initiativen als erfolglos erweist (OLG Zweibrücken, Beschl. v. 30.09.2011 – 3W 119/11; OLG Frankfurt am Main, Beschl. v. 26.05.2011 – 20W 248/11). So kommt die Bestellung eines Notgeschäftsführers bei einer Zwei-Personen-GmbH in Betracht, wenn die Gesellschafter in einem solchen Maß zerstritten sind, dass mit der einvernehmlichen Bestellung eines Geschäftsführers nicht gerechnet werden kann (OLG Frankfurt am Main, Beschl. v. 26.05.2011 – 20W 248/11; Beschl. v. 27.07.2005 – 20W 280/05; BayObLG, Beschl. v. 29.09.1999 – 3Z BR 76/99). Die gerichtliche Bestellung eines Notgeschäftsführers ist bei fehlender Einigung der Gesellschafter ausnahmsweise auch dann geboten, wenn eine gesetzliche Pflicht (z. B. §§41, 43 Abs. 3 GmbHG) nicht erfüllt werden kann oder wenn die Bestellung eines Notgeschäftsführers zur Wahrung der Rechte Dritter erforderlich ist (OLG München, Beschl. v. 11.09.2007 – 31 Wx 049/07, 31 Wx 49/07). Ein dringender Fall ist zu verneinen, wenn bereits ein Prozesspfleger bestellt ist oder bestellt wird und dadurch der drohende Schaden abgewendet werden kann (OLG Zweibrücken, Beschl. v. 30.09.2011 – 3W 119/11; Beschl. v. 12.04.2001 – 3W 23/01).

cc) Verfahren der gerichtlichen Bestellung von Notgeschäftsführern

(1) Zuständigkeit

303 Die gerichtliche Bestellung eines Notgeschäftsführers analog § 29 BGB erfolgt im Verfahren nach FamFG (Baumbach/Hueck/*Fastrich* § 6 Rn. 32; Henssler/Strohn/*Oetker* § 6 Rn. 54; BeckOK GmbHG/*Kuhn* § 6 Rn. 50). Sachlich zuständig ist das Amtsgericht als Registergericht. Örtlich zuständig ist das Amtsgericht bzw. Registergericht am Sitz der Gesellschaft (Baumbach/Hueck/*Fastrich* § 6 Rn. 32; Michalski/*Tebben* § 6 Rn. 78; MAH GmbH/*Schindler* § 25 Rn. 5).

(2) Antrag und Antragsbefugnis

304 Die gerichtliche Bestellung eines Notgeschäftsführers setzt einen Antrag voraus (OLG München, Beschl. v. 11.09.2007 – 31 Wx 049/07, 31 Wx 49/07; MüKo GmbHG/*Stephan*/*Tieves* § 35 Rn. 66). Antragsberechtigt sind Gesellschafter, Mitglieder eines Aufsichts- oder Betriebsrates sowie noch vorhandene Geschäftsführer, sofern für die ordnungsgemäße Vertretung der Gesellschaft ein weiterer Geschäftsführer erforderlich ist (OLG Hamm, Beschl. v. 04.12.1995 – 15 W 399/95; KG, Beschl. v. 04.04.2000 – 1 W 3052/99; MAH GmbH/*Schindler* § 25 Rn. 5). Da die Gesellschaft ohne ordnungsgemäße prozessuale Vertretung vor Gericht nicht in Anspruch genommen werden kann, sind auch Gläubiger der Gesellschaft antragsbefugt (MAH GmbH/*Schindler* § 25 Rn. 5; Baumbach/Hueck/*Hueck*/*Fastrich* § 6 Rn. 32).

(3) Weitere verfahrensrechtliche Fragen

305 Die Gesellschafter sind am Verfahren zu beteiligen und gem. § 37 Abs. 2 FamFG vor der Bestellung eines Notgeschäftsführers anzuhören (OLG München, Beschl. v. 11.09.2007 – 31 Wx 049/07, 31 Wx 49/07; BayObLG, Beschl. v. 07.10.1980 – BReg. 1 Z 24/80; Michalski/*Tebben* § 6 Rn. 78). Die Gesellschafter haben das Recht, durch entsprechende Vorschläge auf die Auswahl des Notgeschäftsführers einzuwirken oder zur Person des in Aussicht genommenen Geschäftsführers Stellung zu beziehen (OLG München, Beschl. v. 11.09.2007 – 31 Wx 049/07, 31 Wx 49/07; BayObLG, Beschl. v. 14.09.1999 – 3Z BR 158/99; Beschl. v. 07.10.1980 – BReg. 1Z 24/8; Michalski/*Tebben* § 6 Rn. 77). Die Voraussetzungen der Bestellung eines Notgeschäftsführers sind durch den bzw. die Antragsteller gem. § 31 FamFG glaubhaft zu machen (Michalski/*Tebben* § 6 Rn. 77; Lutter/Hommelhoff/*Kleindiek* vor § 35 Rn. 17).

(4) Entscheidung

306 Das Gericht entscheidet durch Beschluss (Lutter/Hommelhoff/*Kleindiek* vor § 35 Rn. 21). Die Auswahl der als Geschäftsführer zu bestellenden Person liegt im pflichtgemäßen Ermessen des Gerichts (BayObLG, Beschl. v. 12.08.1998 – 3Z BR 456 u. 457/97; MüKo GmbHG/*Stephan*/*Tieves* § 35 Rn. 71; BeckOK GmbHG/*Kuhn* § 6 Rn. 53). Das Gericht ist dabei nicht an die Anträge der Parteien gebunden (OLG München, Beschl. v. 11.09.2007 – 31 Wx 049/07, 31 Wx 49/07). Weicht die Entscheidung von einem übereinstimmenden Vorschlag der Gesellschafter ab, bedarf es einer – wenn auch nur knappen – Begründung, warum von diesem Vorschlag abgewichen wird (BayObLG, Beschl. v. 07.10.1980 – BReg. 1 Z 24/80; Lutter/Hommelhoff/*Kleindiek* vor § 35 Rn. 18). Die zu bestellende Person muss unparteiisch sein (OLG München, Beschl. v. 11.09.2007 – 31 Wx 049/07, 31 Wx 49/07). Da grundsätzlich keine Verpflichtung besteht, das Amt des Notgeschäftsführers zu übernehmen, empfiehlt es sich, vorab zu klären, ob die in Aussicht genommene Person bereit ist, das Amt zu übernehmen (OLG München, Beschl. v. 11.09.2007 – 31 Wx 049/07, 31 Wx 49/07; OLG Frankfurt am Main Beschl. v. 27.07.2005 – 20 W 280/05). Bei der Bestellung des Notgeschäftsführers ist das Gericht an die gesetzlichen und gesellschaftsvertraglichen Vertretungsregeln und weitere gesellschaftsvertragliche Vorgaben, wie z. B. Qualifikationserfordernisse, gebunden (KG, Beschl. v. 04.04.2000 – 1 W 3052/99; OLG Hamm, Beschl. v. 04.12.1995 – 15 W 399/95; Michalski/*Tebben* § 6 Rn. 77; Baumbach/Hueck/*Fastrich* § 6 Rn. 32; Henssler/Strohn/*Oetker* § 6 Rn. 53). Es kann

daher die Bestellung von zwei Notgeschäftsführern geboten sein (Baumbach/Hueck/*Fastrich* § 6 Rn. 32). Keine Bindung an gesellschaftsvertragliche Vorgaben besteht, wenn diese der Bestellung eines Notgeschäftsführers entgegenstehen würden, wie z. B. das Erfordernis, einer Familie anzugehören (Lutter/Hommelhoff/*Kleindiek* vor § 35 Rn. 20). Da die gerichtliche Bestellung eines Notgeschäftsführers einen erheblichen Eingriff in die Kompetenz der Gesellschafter (vgl. oben Rdn. 300, § 46 Nr. 5 GmbHG) darstellt, hat das Gericht die Befugnisse des Notgeschäftsführers auf das sachlich Notwendige zu begrenzen (OLG München, Beschl. v. 11.09.2007 – 31 Wx 049/07, 31 Wx 49/07; KG, Beschl. v. 04.04.2000 – 1 W 3052/99; MüKo GmbHG/*Stephan/Tieves* § 35 Rn. 62; BeckOK GmbHG/*Kuhn* § 6 Rn. 54). Das Gericht wird daher die Bestellung regelmäßig auf einen bestimmten Wirkungskreis beschränken (Baumbach/Hueck/*Fastrich* § 6 Rn. 32; BeckOK GmbHG/ *Kuhn* § 6 Rn. 54). Soweit erforderlich, kann der Geschäftsführer vom Verbot des § 181 BGB befreit werden (OLG Düsseldorf, Beschl. v. 12.11.2001 – 3 Wx 157/00 und 3 Wx 239/00; BeckOK GmbHG/*Kuhn* § 6 Rn. 54). Steht trotz Ausschöpfung der gebotenen Ermittlungsmöglichkeiten durch das Gericht keine geeignete und zur Übernahme des Amtes bereite Person zur Verfügung, ist der Antrag zurückzuweisen (OLG München, Beschl. v. 11.09.2007 – 31 Wx 049/07, 31 Wx 49/07; OLG Frankfurt am Main, Beschl. v. 27.07.2005 – 20 W 280/05; Michalski/*Tebben* § 6 Rn. 78). Gegen den Beschluss des Registergerichts kann Beschwerde gem. § 58 FamFG eingelegt werden (Lutter/Hommelhoff/*Kleindiek* vor § 35 Rn. 2; Michalski/*Tebben* § 6 Rn. 78).

dd) Rechtliche Stellung des Notgeschäftsführers

Die Bestellung des Notgeschäftsführers wird mit Bekanntgabe der Bestellung an die zu bestellende Person und der Annahme des Amtes wirksam (MüKo GmbHG/*Stephan/Tieves* § 35 Rn. 68). Der Annahme bedarf es, da keine Verpflichtung besteht, das Amt des Notgeschäftsführers zu übernehmen. Durch die Annahme des Amtes kommt zwischen dem Notgeschäftsführer und der Gesellschaft ein Geschäftsbesorgungsvertrag zustande (OLG Frankfurt am Main, Beschl. v. 27.07.2005 – 20 W 280/05). Das Gericht handelt insoweit anstelle der für die Bestellung der Geschäftsführer zuständigen Gesellschafterversammlung (vgl. § 46 Nr. 5 GmbHG). Aus diesem Vertrag steht dem Notgeschäftsführer ein Vergütungsanspruch gegen die Gesellschaft zu (OLG Frankfurt am Main, Beschl. v. 27.07.2005 – 20 W 280/05; BayObLG, Beschl. v. 07.10.1980 – BReg. 1 Z 24/80). Ein Anspruch gegen die Gesellschafter selbst besteht nicht (BGH, Urt. v. 22.10.1984 – II ZR 31/84; Baumbach/Hueck/*Fastrich* § 6 Rn. 32). Die Bestellung des Notgeschäftsführers ist in das Handelsregister einzutragen. Die Eintragung ist jedoch keine Wirksamkeitsvoraussetzung der Bestellung (MüKo GmbHG/*Stephan/Tieves* § 35 Rn. 69). Der gerichtlich bestellte Notgeschäftsführer übernimmt vollständig die Stellung eines Geschäftsführers mit allen Rechten und Pflichten (BayObLG, Beschl. v. 07.10.1980 – BReg. 1 Z 24/80; Beschl. v. 12.08.1998 – 3Z BR 456 u. 457/97; BeckOK GmbHG/*Kuhn* § 6 Rn. 55). Im Unterschied zum Prozesspfleger (dazu vgl. unten Rdn. 308) ist die Legitimation des Notgeschäftsführers nicht auf den konkreten Rechtsstreit begrenzt (OLG Zweibrücken, Beschl. v. 22.01.2007 – 4 W 6/07). Das Amt des Notgeschäftsführers endet erst mit ordnungsgemäßer Neubestellung eines Geschäftsführers durch die Gesellschaft oder durch seine gerichtliche Abberufung aus wichtigem Grund. Eine Abberufung durch die Gesellschafter nach § 38 GmbHG ist nicht möglich (BGH, Urt. v. 10.11.1980 – II ZR 51/80; OLG München, Urt. v. 30.06.1993 – 7 U 6945/92; MüKo GmbHG/*Stephan/Tieves* § 35 Rn. 75; BeckOK GmbHG/*Kuhn* § 6 Rn. 56). Besteht die Notlage weiter fort, kommt die Abberufung eines Notgeschäftsführers durch das Gericht nur in Verbindung mit einer ordnungsgemäßen Neubestellung eines anderen Notgeschäftsführers in Betracht (OLG Düsseldorf, Beschl. v. 18.04.1997 – 3 Wx 584/96; BeckOK GmbHG/*Kuhn* § 6 Rn. 56). Dabei kann das Gericht von sich aus oder auf Antrag eines Gesellschafters tätig werden (OLG Düsseldorf, Beschl. v. 18.04.1997 – 3 Wx 584/96; BeckOK GmbHG/*Kuhn* § 6 Rn. 56).

307

g) Bestellung eines Prozesspflegers

Eine GmbH ist prozessunfähig, wenn ihr ein gesetzlicher Vertreter fehlt (vgl. oben Rdn. 257). Da es dennoch möglich sein muss, einen Anspruch gegen die Gesellschaft prozessual geltend zu machen, kann der Kläger in einem solchen Fall gem. § 57 Abs. 1 ZPO einen Antrag auf Bestellung

308

eines Prozesspflegers stellen (Zöller/*Vollkommer* § 57 Rn. 1; MAH GmbH/*Schindler* § 25 Rn. 5; Hk-ZPO/*Bendtsen* § 57 Rn. 1). Die Bestellung eines Prozesspflegers setzt Gefahr im Verzug voraus (Michalski/*Tebben* § 6 Rn. 84; Hk-ZPO/*Bendtsen* § 57 Rn. 5). Gefahr im Verzug besteht dann, wenn die Rechte des Klägers ohne Bestellung des Prozesspflegers ernstlich gefährdet oder vereitelt werden würden (OLG Dresden, Beschl. v. 10.08.2005 – 2 U 290/05, Zöller/*Vollkommer* § 57 Rn. 4). § 57 ZPO erfasst den Fall, dass die Gesellschaft bereits zu Beginn des Verfahrens prozessunfähig ist. Stellt sich erst während des Verfahrens heraus, dass die Gesellschaft zu Beginn des Verfahrens prozessunfähig war, gilt § 57 ZPO analog (BGH, Urt. v. 23.02.1990 – V ZR 188/88; Zöller/*Vollkommer* § 57 Rn. 2). Wird die Gesellschaft jedoch erst während des laufenden Verfahrens prozessunfähig, ist § 57 ZPO nicht anwendbar; das Verfahren wird nach § 241 ZPO unterbrochen oder gem. § 246 ZPO ausgesetzt (Zöller/*Vollkommer* § 57 Rn. 3; Michalski/*Tebben* § 6 Rn. 84). Der Prozesspfleger nimmt die Stellung eines gesetzlichen Vertreters ein. Seine Legitimation ist auf den Rechtsstreit begrenzt (OLG Zweibrücken, Beschl. v. 22.01.2007 – 4 W 6/07; Zöller/*Vollkommer* § 57 Rn. 9). Der Prozesspfleger tritt im Unterschied zum Notgeschäftsführer nicht in die volle organschaftliche Stellung des Geschäftsführers ein (vgl. oben Rdn. 307; OLG Zweibrücken, Beschl. v. 12.04.2001 – 3 W 23/01). Da die Bestellung eines Prozesspflegers der einfachere Weg ist, schließt die Möglichkeit, einen Notgeschäftsführer zu bestellen, die Bestellung eines Prozesspflegers nicht aus (OLG Zweibrücken, Beschl. v. 22.01.2007 – 4 W 6/07; Michalski/*Tebben* § 6 Rn. 83). Wurde jedoch bereits ein Notgeschäftsführer bestellt, kommt die Bestellung eines Prozesspflegers nicht in Betracht (Michalski/*Tebben* § 6 Rn. 83). Der Prozesspfleger wird durch unanfechtbare Verfügung des Vorsitzenden bestellt (Michalski/*Tebben* § 6 Rn. 85; Hk-ZPO/*Bendtsen* § 57 Rn. 8). Es besteht keine Verpflichtung, das Amt des Prozesspflegers zu übernehmen (Michalski/*Tebben* § 6 Rn. 85). Gegen eine Ablehnung des Antrags auf Bestellung eines Prozesspflegers kann sofortige Beschwerde (§ 567 Abs. 1 Nr. 2 ZPO) erhoben werden (Hk-ZPO/*Bendtsen* § 57 Rn. 9; Michalski/*Tebben* § 6 Rn. 85).

3. Zustellungsfragen

309 Zustellungen an die GmbH sind gem. §§ 170 Abs. 1 ZPO, 35 Abs. 1 GmbHG **an die Geschäftsführer** zu bewirken (Michalski/*Michalski/Funke* § 13 Rn. 75). Hat die GmbH mehrere Geschäftsführer, so genügt nach §§ 35 Abs. 2 Satz 2 GmbHG, 170 Abs. 3 ZPO die Zustellung an einen Geschäftsführer (R/S-L/*Pentz* § 13 Rn. 26; Michalski/*Michalski/Funke* § 13 Rn. 75). Dies gilt auch dann, wenn die Geschäftsführer nur gesamtvertretungsberechtigt sind (Zöller/*Stöber* § 170 Rn. 6; Michalski/*Michalski/Funke* § 13 Rn. 75). Gem. § 177 ZPO kann die Zustellung an den Geschäftsführer an jedem beliebigen Ort erfolgen. Der Geschäftsführer muss demnach nicht zwingend im Geschäftslokal der Gesellschaft angetroffen werden. Ausreichend ist, wenn der Geschäftsführer in seiner Wohnung oder auf der Straße oder an jedem anderen Ort angetroffen wird (*Roth/Altmeppen* § 35 Rn. 27; Baumbach/Hueck/*Zöllner/Noack* § 35 Rn. 104; Zöller/*Stöber* § 177 Rn. 1). Unangemessene Belästigungen und Zustellungen zu unpassender Gelegenheit oder unüblicher Zeit sind dabei zu vermeiden (Zöller/*Stöber* § 177 Rn. 1). Eine **Ersatzzustellung** in den Geschäftsräumen der **GmbH an einen Gehilfen** scheidet aus (BayObLG, Beschl. v. 04.11.1999 – 2 Z BR 122/99; Michalski/*Michalski/Funke* § 13 Rn. 75).

310 Durch das Gesetz zur Modernisierung des GmbH-Rechts und zur Bekämpfung von Missbräuchen (MoMiG) vom 23.10.2008 ist die Zustellung an die GmbH erleichtert worden (R/S-L/*Koppensteiner/Gruber* § 35 Rn. 49). Nach § 10 Abs. 1 Satz 1 GmbHG ist bei der Anmeldung einer GmbH neben dem Sitz der Gesellschaft auch eine inländische Geschäftsanschrift anzugeben und in das Handelsregister einzutragen. Gem. § 35 Abs. 2 Satz 3 GmbHG können Schriftstücke für die Gesellschaft an den oder die Vertreter der Gesellschaft unter dieser Geschäftsanschrift zugestellt werden (BR-Drucks. 354/07 S. 81; R/S-L/*Koppensteiner/Gruber* § 35 Rn. 49; *Roth/Altmeppen* § 35 Rn. 27; Baumbach/Hueck/*Zöllner/Noack* § 35 Rn. 104a; Hensseler/Strohn/*Oetker* § 35 Rn. 57). § 35 Abs. 2 Satz 3 GmbHG begründet eine unwiderlegbare Vermutung dafür, dass unter der Geschäftsanschrift ein Geschäftsführer erreichbar ist (Hensseler/Strohn/*Oetker* § 35 Rn. 57; Baumbach/Hueck/*Zöllner/Noack* § 35 Rn. 104a). Die GmbH erhält durch § 10 Abs. 2 Satz 2 GmbHG zudem die Möglichkeit, eine empfangsberechtigte Person zu bestimmen und im Handelsregister anzumelden. Wurde eine

empfangsberechtigte Person bestimmt, können Zustellungen an die GmbH gem. § 35 Abs. 2 Satz 4 GmbHG an die eingetragene Anschrift dieser Person erfolgen (R/S-L/*Koppensteiner/Gruber* § 35 Rn. 49; Henssler/Strohn/*Oetker* § 35 Rn. 59). Über diese Möglichkeiten hinaus hat das MoMiG die öffentliche Zustellung erleichtert. So kann die Zustellung an die Gesellschaft durch den neu eingeführten § 15a HGB durch öffentliche Zustellung erfolgen, wenn die Zustellung weder unter der eingetragenen Geschäftsanschrift noch an eine empfangsberechtigte Person möglich ist (Henssler/Strohn/*Oetker* § 35 Rn. 57).

4. Beweisaufnahme im Prozess der Gesellschaft

a) Vernehmung der Geschäftsführer als Partei

Im Prozess der GmbH können amtierende Geschäftsführer nicht als Zeugen auftreten, sondern sind als Partei zu vernehmen (R/S-L/*Pentz* § 13 Rn. 26; Michalski/*Michalski/Funke* § 13 Rn. 76). Dies ergibt sich aus der **Organstellung des Geschäftsführers**, durch den die GmbH handelt. Ehemalige Geschäftsführer können als Zeugen vernommen werden. Es kann daher im Einzelfall aus prozesstaktischen Gründen zu empfehlen sein, die Geschäftsführer abzuberufen, um so ihre Zeugenvernehmung zu ermöglichen (R/S-L/*Pentz* § 13 Rn. 26). 311

b) Vernehmung der Gesellschafter als Zeugen

Gesellschafter der GmbH, die nicht Geschäftsführer sind, werden als Zeugen vernommen (R/S-L/*Pentz* § 13 Rn. 26). Dies gilt unabhängig von den wirtschaftlichen Interessen des Gesellschafters, da sich die Zeugenstellung allein nach formalen Kriterien beurteilt (Michalski/*Michalski/Funke* § 13 Rn. 77; MüKo ZPO/*Damrau* § 373 Rn. 10). Somit kann auch der alleinige Gesellschafter einer Ein-Personen-GmbH als Zeuge aussagen (R/S-L/*Pentz* § 13 Rn. 26; Michalski/*Michalski/Funke* § 13 Rn. 77). Etwas anderes gilt, wenn der Alleingesellschafter auch Geschäftsführer ist (Michalski/*Michalski/Funke* § 13 Rn. 77). Die wirtschaftlichen Verhältnisse können allerdings bei der Beweiswürdigung von Bedeutung sein (R/S-L/*Pentz* § 13 Rn. 26). Ein **Zeugnisverweigerungsrecht** steht dem Gesellschafter hinsichtlich des Geschehens in der GmbH nicht zu (Michalski/*Michalski/Funke* § 13 Rn. 77, 79; R/S-L/*Pentz* § 13 Rn. 26). Mitglieder eines Aufsichtsrats sind als Zeugen zu vernehmen, soweit sie nicht ausnahmsweise als besondere Vertreter tätig werden (MüKo ZPO/*Damrau* § 373 Rn. 10; Michalski/*Michalski/Funke* § 13 Rn. 78; R/S-L/*Pentz* § 13 Rn. 26). 312

c) Eidesstattliche Versicherungen

Eidesstattliche Versicherungen nach §§ 807, 883 Abs. 2, 889 ZPO gibt der Geschäftsführer für die GmbH ab (R/S-L/*Pentz* § 13 Rn. 26; Michalski/*Michalski/Tebben* § 13 Rn. 81). 313

5. Prozessstandschaft des Gesellschafters

Gesellschafter einer GmbH können grundsätzlich von den Geschäftsführern dazu ermächtigt werden, Ansprüche der Gesellschaft im Wege der Prozessstandschaft geltend zu machen. Dem Gesellschafter muss dabei unter anderem ein **eigenes schutzwürdiges Interesse** an der Durchsetzung dieser Ansprüche zustehen. Dies ist regelmäßig dann der Fall, wenn der Gesellschafter alleiniger Inhaber der GmbH ist oder eine hohe Beteiligung aufweist, da der Gesellschafter dann ebenso wie die Gesellschaft selbst an der Geltendmachung der Ansprüche interessiert ist (Michalski/*Ebbing* § 14 Rn. 97; Lutter/Hommelhoff/*Kleindiek* § 35 Rn. 6; MüKo GmbHG/*Merkt* § 13 Rn. 313). Darüber hinaus müssen die sonstigen allgemeinen Voraussetzungen der Prozessstandschaft erfüllt sein (vgl. dazu Zöller/*Vollkommer* Vor § 50 Rn. 42 ff.). 314

6. Zuständigkeit

a) Allgemeiner Gerichtsstand des Sitzes, § 17 ZPO

315 Gem. § 17 Abs. 1 Satz 1 ZPO bestimmt sich der allgemeine Gerichtsstand einer GmbH nach ihrem Sitz. Dabei ist grundsätzlich auf den **gesellschaftsvertraglichen Sitz** abzustellen, den die GmbH nach § 15 HGB gegen sich gelten lassen muss (OLG Brandenburg, Beschl. v. 25.08.2003 – 1 AR 66/03; R/S-L/*Pentz* § 13 Rn. 28). Kann der Sitz einer Gesellschaft nicht eindeutig bestimmt werden, ist nach § 17 Abs. 1 Satz 2 ZPO auf den **Verwaltungssitz** abzustellen. Da bei der GmbH der Sitz nach § 3 Abs. 1 Nr. 1 GmbHG zwingend in der Satzung anzugeben ist, kommt eine Ersatzbestimmung nach § 17 Abs. 1 Satz 2 ZPO nicht in Betracht (Zöller/*Vollkommer* § 17 Rn. 9; Michalski/*Michalski/Funke* § 13 Rn. 85). Der allgemeine Gerichtsstand des Sitzes ist für juristische Personen nicht abdingbar. Nach § 17 Abs. 3 ZPO besteht jedoch die Möglichkeit, in der Satzung einen Nebensitz und damit einen weiteren allgemeinen Gerichtsstand, den Gerichtsstand des Nebensitzes, zu begründen (R/S-L/*Pentz* § 13 Rn. 28; MAH GmbH/*Schindler* § 25 Rn. 21; Zöller/*Vollkommer* § 17 Rn. 13; Musielak/*Heinrich* § 17 Rn. 12). Zudem können in der Satzung besondere, ausschließliche Gerichtsstände begründet werden (R/S-L/*Pentz* § 13 Rn. 28; Zöller/*Vollkommer* § 17 Rn. 13). Der Kläger hat dann nach § 35 ZPO die Wahl (Michalski/*Michalski/Funke* § 13 Rn. 85).

b) Besonderer Gerichtsstand der Niederlassung, § 21 ZPO

316 Für Klagen gegen die GmbH kann sich die Zuständigkeit aus dem besonderen Gerichtsstand der Niederlassung gem. § 21 ZPO ergeben (Zöller/*Vollkommer* § 21 Rn. 2). Der Gerichtsstand des § 21 ZPO konkurriert mit dem allgemeinen Gerichtsstand des § 17 ZPO (Zöller/*Vollkommer* § 21 Rn. 3; MüKo ZPO/*Patzina* § 21 Rn. 14). Nach § 21 ZPO können Klagen, die in einer Beziehung zum Geschäftsbetrieb der Niederlassung stehen, bei dem Gericht erhoben werden, in dessen Bezirk sich die Niederlassung befindet (Zöller/*Vollkommer* § 21 Rn. 11). Dadurch soll die Rechtsverfolgung gegen Gewerbetreibende erleichtert werden (MüKo ZPO/*Patzina* § 21 Rn. 1; Zöller/*Vollkommer* § 21 Rn. 1). § 21 ZPO setzt eine gewerbliche Niederlassung voraus. Der Begriff der Niederlassung i.S.d. § 21 ZPO erfasst sowohl die Haupt- als auch die Zweigniederlassung (Zöller/*Vollkommer* § 21 Rn. 7; MüKo ZPO/*Patzina* § 21 Rn. 7 f.). Unter einer Niederlassung ist jede von dem Inhaber an einem anderen Ort als dem seines Sitzes für eine gewisse Dauer eingerichtete, auf seinen Namen und für seine Rechnung betriebene und selbstständig handelnde Geschäftsstelle zu verstehen (BGH, Urt. v. 13.07.1987 – II ZR 188/86; Zöller/*Vollkommer* § 21 Rn. 6; Musielak/*Heinrich* § 21 Rn. 2). Wie dargelegt, begründet der Sitz der Gesellschaft den allgemeinen Gerichtsstand nach § 17 ZPO (vgl. oben Rdn. 315). Da der Sitz der GmbH in das Handelsregister einzutragen ist, kommt eine Ersatzbestimmung nach dem Verwaltungssitz nach § 17 Abs. 1 Satz 2 ZPO nicht in Betracht (vgl. oben Rdn. 315). Dem Gerichtsstand der Hauptniederlassung nach § 21 ZPO kommt daher dann Bedeutung zu, wenn der satzungsmäßige Sitz der Gesellschaft und der Ort der Verwaltung auseinanderfallen. Der Verwaltungsort begründet dann die Zuständigkeit nach § 21 ZPO (Zöller/*Vollkommer* § 21 Rn. 7). Existieren mehrere Niederlassungen, gilt § 21 ZPO für jede Niederlassung (Zöller/*Vollkommer* § 21 Rn. 6). Die Niederlassung muss bereits im Zeitpunkt der Klageerhebung bestehen (BGH, Urt. v. 12.06.2007 – XI ZR 290/06; BayObLG, Beschl. v. 20.07.2005 – 1Z AR 118/05; Zöller/*Vollkommer* § 21 Rn. 6).

c) Besonderer Gerichtsstand der Mitgliedschaft, § 22 ZPO

317 Für Streitigkeiten aus der Mitgliedschaft besteht nach § 22 ZPO der besondere Gerichtsstand der Mitgliedschaft, der auf den allgemeinen Gerichtsstand des § 17 ZPO verweist. § 22 ZPO erfasst vermögensrechtliche und nicht vermögensrechtliche Streitigkeiten (Musielak/*Heinrich* § 22 Rn. 1). Es muss sich um eine Klage der GmbH gegen einen Gesellschafter oder um eine Klage der Gesellschafter untereinander handeln. Die Klage einer GmbH gegen einen Gesellschafter muss sich auf die Mitgliedschaft beziehen, wie z. B. bei einer Klage der GmbH gegen einen Gesellschafter auf Zahlung der Stammeinlage (OLG Karlsruhe, Urt. v. 20.01.1998 – 4 W 169/97; Musielak/*Heinrich* § 22 Rn. 1,

5, 6; Michalski/*Michalski/Funke* § 13 Rn. 86; Zöller/*Vollkommer* § 22 Rn. 5 ff.; MüKo ZPO/*Patzina* § 22 Rn. 6). Sinn und Zweck des § 22 ZPO ist es, Streitigkeiten, die die inneren Rechtsbeziehungen der Gesellschaft betreffen, am Sitz der Gesellschaft zu konzentrieren (BGH, Urt. v. 13.03.1980 – II ZR 258/78; OLG Karlsruhe, Urt. v. 20.01.1998 – 4 W 169/97; Hk-ZPO/*Bendtsen* § 22 Rn. 1).

d) Besonderer Gerichtsstand des Erfüllungsortes, § 29 ZPO

Die Zuständigkeit kann sich aus dem besonderen Gerichtsstand des Erfüllungsortes nach § 29 ZPO ergeben, der für alle Streitigkeiten aus Vertragsverhältnissen sowie für jede Klageart gilt (Zöller/*Vollkommer* § 29 Rn. 5, 16). § 29 ZPO ist bspw. anwendbar bei Streitigkeiten zwischen der GmbH und dem Geschäftsführer über die Wirksamkeit seiner Abberufung sowie dann, wenn der Geschäftsführer aufgrund einer Pflichtverletzung nach § 43 GmbHG in Anspruch genommen wird (zu § 43 GmbHG vgl. unten Rdn. 643 ff.; Michalski/*Terlau/Schäfers* § 38 Rn. 72).

318

e) Funktionelle Zuständigkeit der Kammer für Handelssachen

Die Kammer für Handelssachen ist nach §§ 94, 95 GVG funktionell für Handelssachen zuständig, sofern beim Landgericht eine solche Kammer gebildet wurde. Bei der Zuständigkeit der Kammer für Handelssachen handelt es sich um eine Frage der Geschäftsverteilung, die die sachliche Zuständigkeit des Landgerichts voraussetzt (Zöller/*Lückemann* Vor § 93 GVG Rn. 1). Gem. § 95 Abs. 1 Nr. 1 GVG ist die Kammer für Handelssachen für **beiderseitige Handelsgeschäfte** zuständig. Die GmbH ist nach § 13 Abs. 3 GmbHG **Handelsgesellschaft** (Zöller/*Lückemann* § 95 GVG Rn. 5, 8; Michalski/*Michalski/Funke* § 13 Rn. 300; R/S-L/*Pentz* § 13 Rn. 32). Ist das konkrete Geschäft auch für die andere Seite ein Handelsgeschäft, ist die Zuständigkeit der Kammer für Handelssachen nach § 95 Abs. 1 Nr. 1 GVG begründet (Michalski/*Michalski/Funke* § 13 Rn. 301 f.). Nicht selten beruht die Zuständigkeit der Kammer für Handelssachen auch auf der Regelung des § 95 Abs. 1 Nr. 4a GVG. Danach sind Handelssachen solche Streitigkeiten, in denen ein Anspruch aus einem Rechtsverhältnis zwischen den Mitgliedern einer Handelsgesellschaft oder zwischen dieser und ihren Mitgliedern sowohl während des Bestehens als auch nach Auflösung des Gesellschaftsverhältnisses und aus dem Rechtsverhältnis zwischen den Vorstehern oder den Liquidatoren einer Handelsgesellschaft und der Gesellschaft oder deren Mitgliedern geltend gemacht wird. § 95 Abs. 1 Nr. 4a GVG erfasst mitgliedschaftliche Streitigkeiten der Gesellschafter und Streitigkeiten der Gesellschafter mit Geschäftsführern und Liquidatoren (MAH GmbH/*Schindler* § 25 Rn. 25; Michalski/*Michalski/Funke* § 13 Rn. 86). Unter diese Regelung fallen z. B. Klagen eines Gesellschafters gegen Mitgesellschafter aus einem der Gesellschaft gewährten Darlehen (Zöller/*Lückemann* § 95 GVG Rn. 8), die Anfechtungs- und Nichtigkeitsklage bei Beschlussmängelstreitigkeiten von Gesellschafterbeschlüssen (Michalski/*Römermann* Anh. § 47 Rn. 509) sowie die Auflösungsklage nach § 61 GmbHG (Michalski/*Nerlich* § 61 Rn. 40). Gem. § 96 Abs. 1 GVG wird der Rechtsstreit vor der Kammer für Handelssachen verhandelt, wenn der Kläger dies in der Klageschrift beantragt oder der Beklagte gem. § 98 Abs. 1 GVG einen Verweisungsantrag gestellt hat (Zöller/*Lückemann* § 98 GVG Rn. 1, 2).

319

7. Prozesskostenhilfe

Die GmbH kann unter den Voraussetzungen des § 116 Satz 1 Nr. 2 ZPO Prozesskostenhilfe erhalten (R/S-L/*Pentz* § 13 Rn. 27; Zöller/*Geimer* § 116 Rn. 20). § 116 Satz 1 Nr. 2 ZPO gilt für juristische Personen oder parteifähige Vereinigungen, die im Inland, in einem anderen Mitgliedstaat der Europäischen Union oder in einem anderen Vertragsstaat des Abkommens über den europäischen Wirtschaftsraum gegründet oder dort ansässig sind; juristischen Personen, die außerhalb der europäischen Union ansässig sind, kann keine Prozesskostenhilfe gewährt werden (Zöller/*Geimer* § 116 Rn. 19). Voraussetzung ist, dass die Rechtsverfolgung Aussicht auf Erfolg hat und die Prozesskosten weder von der GmbH selbst noch von den wirtschaftlich Beteiligten getragen werden können (Zöller/*Geimer* § 116 Rn. 22; R/S-L/*Pentz* § 13 Rn. 27).

320

321 **Wirtschaftlich beteiligt** ist derjenige, auf dessen Vermögenslage sich Obsiegen oder Unterliegen der juristischen Person wirtschaftlich auswirkt (Zöller/*Geimer* § 116 Rn. 22; Michalski/*Michalski/Funke* § 13 Rn. 82; MüKo-ZPO/*Motzer* § 116 Rn. 22). Wirtschaftlich beteiligt in diesem Sinne sind regelmäßig die Gesellschafter der GmbH (BGH, Beschl. v. 11.02.2009 – IX ZB 25/09; OLG München, Beschl. v. 25.06.1985 – 7 U 3854/84; Zöller/*Geimer* § 116 Rn. 22; R/S-L/*Pentz* § 13 Rn. 27) sowie die Muttergesellschaft am Rechtsstreit ihrer Tochtergesellschaft (MüKo ZPO/*Motzer* § 116 Rn. 23). § 116 Satz 1 Nr. 2 ZPO fordert ferner, dass die Unterlassung der Rechtsverfolgung bzw. Rechtsverteidigung allgemeinen Interessen zuwiderlaufen würde (Zöller/*Geimer* § 116 Rn. 24; Michalski/*Michalski/Funke* § 13 Rn. 84; R/S-L/*Pentz* § 13 Rn. 27). Dies ist dann zu bejahen, wenn die GmbH Aufgaben wahrnimmt, die der Allgemeinheit dienen oder die Verweigerung der Prozesskostenhilfe größere Kreise der Bevölkerung oder des Wirtschaftslebens in Mitleidenschaft ziehen würde und soziale Auswirkungen zur Folge hätte (BGH, Beschl. v. 10.02.2011 – IX ZB 145/09; Beschl. v. 24.06.2010 – III ZR 48/10; Beschl. v. 20.12.1989 – VIII ZR 139/89; Zöller/*Geimer* § 116 Rn. 25, 26). Diese Voraussetzung kann bspw. dann erfüllt sein, wenn eine große Zahl von Angestellten oder Kleingläubigern betroffen wäre (BGH, Beschl. v. 10.02.2011 – IX ZB 145/09; Zöller/*Geimer* § 116 Rn. 25; Michalski/*Michalski/Funke* § 13 Rn. 84). Grundsätzlich nicht ausreichend ist jedoch das allgemeine Interesse der Gesellschaft an der Rechtsverfolgung und einer richtigen Entscheidung (BGH, Beschl. v. 20.12.1989 – VIII ZR 139/89; Beschl. v. 05.11.1985 – X ZR 23/85; MüKo-ZPO/*Motzer* § 116 Rn. 25).

322 Im Fall der Insolvenz der GmbH kann auf **Antrag des Insolvenzverwalters** Prozesskostenhilfe nach § 116 Satz 1 Nr. 1 ZPO gewährt werden (Michalski/*Michalski/Funke* § 13 Rn. 82; MüKo ZPO/*Motzer* § 116 Rn. 12). Wie auch im Fall des § 116 Satz 1 Nr. 2 ZPO ist zu prüfen, ob es den wirtschaftlich Beteiligten zumutbar ist, die Kosten des Verfahrens zu tragen. Wirtschaftlich beteiligt sind diejenigen, deren Befriedigungsaussichten sich im Fall des Obsiegens des Insolvenzverwalters verbessern, wie bspw. die Insolvenzgläubiger, die bei erfolgreichem Abschluss zumindest mit teilweiser Befriedigung rechnen können (BGH, Beschl. v. 27.09.1990 – IX ZR 250/89; Zöller/*Geimer* § 116 Rn. 9). Es ist regelmäßig dem Insolvenzverwalter sowie Arbeitnehmern nicht zumutbar, die Prozesskosten aufzubringen (BGH, Beschl. v. 27.09.1990 – IX ZR 250/89; Beschl. v. 15.01.1998 – IX ZB 122/97; OLG Düsseldorf, Beschl. v. 25.03.1993 – 17 W 7/93; Zöller/*Geimer* § 116 Rn. 9). Darauf, ob die Rechtsverfolgung im allgemeinen Interesse liegt, kommt es im Rahmen des § 116 Satz 1 Nr. 1 ZPO nicht an, da diese Regelung den Schutz der Arbeitnehmer und geschädigter Gläubiger bezweckt (BGH, Beschl. v. 27.09.1990 – IX ZR 250/89; Michalski/*Michalski/Funke* § 13 Rn. 83).

8. Prozessrechtliche Fragen zur Vor-GmbH

a) Allgemeines

323 Die Vor-GmbH entsteht als **notwendige Vorstufe** zur juristischen Person der GmbH mit der notariellen Beurkundung der Satzung und endet mit Eintragung der GmbH ins Handelsregister (BGH, Beschl. v. 09.10.2003 – IX ZB 34/03; OLG Hamm, Urt. v. 19.07.2006 – 20 U 214/05; Zöller/*Vollkommer* § 50 Rn. 19; Michalski/*Michalski/Funke* § 11 Rn. 42). Der Zweck der Vorgesellschaft besteht in der Eintragung der Gesellschaft ins Handelsregister und ihrer Umwandlung in eine GmbH (OLG Hamm, Urt. v. 19.07.2006 – 20 U 214/05; *Goette* § 1 Rn. 39). Werden die Gründer bereits vor notarieller Beurkundung tätig, entsteht die **Vorgründungsgesellschaft**, die je nach ihrem Unternehmensgegenstand eine BGB-Gesellschaft oder eine OHG darstellt und auf die das Recht der GmbH keine Anwendung findet (*Boujong* NZG 2000, 1193, 1194; R/S-L/*Schmidt-Leithoff* § 2 Rn. 88). Die Vorgründungsgesellschaft entsteht durch einen Vorvertrag, mit dem die Gesellschafter die Gründung einer GmbH anstreben (R/S-L/*Schmidt-Leithoff* § 2 Rn. 84; Michalski/*Michalski/Funke* § 11 Rn. 14). Als BGB-Gesellschaft oder OHG ist die Vorgründungsgesellschaft parteifähig (Hk-ZPO/*Bendtsen* § 50 Rn. 17).

324 Die Vor-GmbH ist keine juristische Person. Die GmbH als juristische Person entsteht durch die Eintragung (OLG Hamm, Beschl. v. 19.07.2006 – 20 U 214/05). Auf die Vor-GmbH findet das

Recht der GmbH insoweit Anwendung, als es nicht die Eintragung voraussetzt (R/S-L/*Schmidt-Leithoff* § 11 Rn. 20). Die Vor-GmbH kann bereits Träger von Rechten und Pflichten sein (OLG Hamm, Beschl. v. 19.07.2006 – 20 U 214/05). Die Rechte und Pflichten der Vor-GmbH gehen ohne besonderen Übertragungsakt mit Eintragung auf die GmbH über. Es besteht eine Kontinuität der Rechtsverhältnisse (Michalski/*Michalski/Funke* § 11 Rn. 70; *K. Schmidt* GesR, S. 1017).

b) Parteifähigkeit der Vor-GmbH

Die Parteifähigkeit der Vor-GmbH ist sowohl für Aktiv- als auch Passivprozesse grundsätzlich anerkannt. Die Vor-GmbH kann als solche verklagt werden, wenn sie im Rechtsverkehr selbst wie eine juristische Person auftritt (BGH, Beschl. v. 09.10.2003 – IX ZB 34/03; Urt. v. 28.11.1997 – V ZR 178/96; Urt. v. 23.01.1981 – I ZR 30/79; OLG Hamm, Beschl. v. 19.07.2006 – 20 U 214/05; OLG Brandenburg, Beschl. v. 25.08.2003 – 1 AR 66/03; Zöller/*Vollkommer* § 50 Rn. 19; R/S-L/*Schmidt-Leithoff* § 11 Rn. 81). Kommt es nicht zur Entstehung der GmbH, ist die Vor-GmbH auch in ihrer Auflösung parteifähig (R/S-L/*Schmidt-Leithoff* § 11 Rn. 81; MüKo ZPO/*Lindacher* § 50 Rn. 18; Hk-ZPO/*Bendtsen* § 50 Rn. 17). Entsprechendes gilt, wenn die Eintragungsabsicht aufgegeben wird (BGH, Urt. v. 31.03.2008 – II ZR 308/06; R/S-L/*Schmidt-Leithoff* § 11 Rn. 81; Hk-ZPO/*Bendtsen* § 50 Rn. 17). Für die Prozessfähigkeit kann auf die Ausführungen zur GmbH verwiesen werden (vgl. Rdn. 257 ff.).

325

c) Vertretung der Vor-GmbH im Prozess

Die Vor-GmbH wird bei Rechtsstreitigkeiten durch ihre **Geschäftsführer** vertreten. § 46 Nr. 8 Halbs. 2 GmbHG findet auf die Vor-GmbH Anwendung, da sich Interessenkollisionen auch schon in diesem Stadium ergeben können (Michalski/*Römermann* § 46 Rn. 474). Im Fall ihrer Liquidation wird die Vor-GmbH durch ihre **Liquidatoren** vertreten (vgl. oben Rdn. 259 ff.). Nach h.L. kann auch bei der Liquidation der Vor-GmbH aus Gründen des Minderheitenschutzes ein Antrag nach § 66 Abs. 2 GmbHG auf gerichtliche Bestellung der Liquidatoren aus wichtigem Grund gestellt werden (Michalski/*Nerlich* § 66 Rn. 35; Baumbach/Hueck/*Haas* § 66 Rn. 18). Die Zuständigkeitsnorm des § 17 Abs. 1 ZPO ist direkt nur für bereits entstandene juristische Personen des Privatrechts anwendbar. Da die Vor-GmbH im Zivilprozess aktiv und passiv parteifähig ist, ist analog § 17 Abs. 1 Satz 1 ZPO für den allgemeinen Gerichtsstand der Vor-GmbH auf den in der Satzung gewählten Sitz abzustellen (OLG Brandenburg, Beschl. v. 25.08.2003 – 1 AR 66/03).

326

II. Gesellschafterklagen

1. Einleitung

Ob und unter welchen Voraussetzungen ein Gesellschafter dazu berechtigt ist, bestimmte Ansprüche gerichtlich geltend zu machen, richtet sich nach der Art des jeweiligen Anspruchs. Eigene mitgliedschaftliche Ansprüche, die einem Gesellschafter gegen die Gesellschaft oder gegen Mitgesellschafter zustehen, wie z. B. das Auskunfts- und Einsichtsrecht nach § 51a GmbHG, kann der Gesellschafter grundsätzlich einklagen. Ansprüche der Gesellschaft gegen Mitgesellschafter kann ein Gesellschafter nur unter den besonderen Voraussetzungen der **actio pro socio** gerichtlich geltend machen (vgl. unten Rdn. 328 ff.; Michalski/*Ebbing* § 14 Rn. 95; R/S-L/*Pentz* § 13 Rn. 128). Durch den **Mitgliedschaftsstreit** hat ein Gesellschafter die Möglichkeit, die Gesellschaftereigenschaft einer Person gerichtlich prüfen zu lassen (vgl. unten Rdn. 343; R/S-L/*Pentz* § 13 Rn. 135; MüKo GmbHG/*Merkt* § 13 Rn. 312). Ob der Gesellschafter gegen rechtswidriges Organhandeln, insbesondere gegen rechtswidrige Maßnahmen der Geschäftsführung, gerichtlich vorgehen kann, wird in der Literatur kontrovers diskutiert (vgl. unten Rdn. 344).

327

2. Actio pro socio

a) Einleitung und Bedeutung der actio pro socio

328 Unter actio pro socio ist das Recht eines Gesellschafters zu verstehen, unter bestimmten Voraussetzungen **Sozialansprüche der Gesellschaft** gegen Mitgesellschafter im eigenen Namen für die Gesellschaft gerichtlich geltend zu machen (BGH, Urt. v. 29.11.2004 – II ZR 14/03; OLG Köln, Urt. v. 05.11.1992 – 18 U 50/92; Michalski/*Ebbing* § 14 Rn. 95; R/S-L/*Pentz* § 13 Rn. 128; Lutter/Hommelhoff/*Lutter*/*Bayer* § 13 Rn. 51). Die actio pro socio wurde im Personengesellschaftsrecht entwickelt und ist mittlerweile auch im Recht der GmbH grundsätzlich anerkannt, in ihren Voraussetzungen jedoch z. T. noch umstritten (BGH, Urt. v. 16.03.1998 – II ZR 303/96; Urt. v. 28.06.1982 – II ZR 199/81; Urt. v. 05.06.1975 – II ZR 23/74; OLG Köln, Urt. v. 05.11.1992 – 18 U 50/92; OLG Düsseldorf, Urt. v. 14.03.1996 – 6 U 119/94; Urt. v. 28.10.1993 – 6 U 160/92; *K. Schmidt* GesR, S. 630, 641; MüKo GmbHG/*Merkt* § 13 Rn. 315; Lutter/Hommelhoff/*Lutter*/*Bayer* § 13 Rn. 51; *Roth/Altmeppen* § 13 Rn. 15; Baumbach/Hueck/*Fastrich* § 13 Rn. 36,). Für das Aktienrecht wird eine actio pro socio bislang abgelehnt (*K. Schmidt* GesR, S. 641; *Raiser* ZHR 153 [1989] 1, 3).

329 Grundsätzlich steht die **Geltendmachung von Ansprüchen** der Gesellschaft gegen Gesellschafter den hierfür zuständigen Organen der GmbH, in der Regel den Geschäftsführern, zu (Baumbach/Hueck/*Fastrich* § 13 Rn. 39). Nach § 46 Nr. 8 Halbs. 1 GmbHG entscheiden die Gesellschafter darüber, ob Ersatzansprüche gegen Geschäftsführer und Gesellschafter aus der Gründung oder Geschäftsführung geltend gemacht werden (*K. Schmidt* GesR, S. 642). Nach h. M. ist aus § 46 Nr. 8 Halbs. 1 GmbHG eine **primäre Zuständigkeit der Gesellschafterversammlung** für die Entscheidung über die Geltendmachung solcher Ansprüche zu entnehmen (BGH, Urt. v. 28.06.1982 – II ZR 199/81; Urt. v. 05.06.1975 – II ZR 23/74; OLG Köln, Urt. v. 05.11.1992 – 18 U 50/92; *Raiser* ZHR 153 [1989] 1, 21; Michalski/*Römermann* § 46 Rn. 531; Scholz/*Emmerich* § 13 Rn. 53). Das Rechtsinstitut der actio pro socio durchbricht diese Zuständigkeitsordnung, indem es dem einzelnen Gesellschafter unter bestimmten Voraussetzungen das Recht verleiht, einen solchen Anspruch der Gesellschaft gerichtlich geltend zu machen (BGH, Urt. v. 16.03.1998 – II ZR 303/96; *K. Schmidt* GesR, S. 641 f.; Scholz/*Emmerich* § 13 Rn. 53; Baumbach/Hueck/*Fastrich* § 13 Rn. 39).

330 Die Geltendmachung von Ansprüchen der Gesellschaft **durch einen Gesellschafter** wird insbesondere dann relevant, wenn die Mehrheitsverhältnisse in der Gesellschaft dafür sprechen, dass der Anspruch treuwidrig nicht geltend gemacht wird oder die Geschäftsführung den Anspruch nicht geltend machen will (BGH, Urt. v. 28.06.1982 – II ZR 199/81; R/S-L/*Pentz* § 13 Rn. 128; *K. Schmidt* GesR, S. 631, 642; Lutter/Hommelhoff/*Lutter*/*Bayer* § 13 Rn. 51). Das Rechtsinstitut der actio pro socio stellt somit sicher, dass die der Gesellschaft zustehenden Ansprüche gegen Gesellschafter auch gegen den Willen der Geschäftsführung oder anderer Mitgesellschafter durchgesetzt werden können, wenn das Zuständigkeitssystem der Gesellschaft nicht mehr funktioniert (OLG Düsseldorf, Urt. v. 28.10.1993 – 6 U 160/92; *K. Schmidt* GesR, S. 631; Michalski/*Ebbing* § 14 Rn. 96). Die actio pro socio dient insofern dem **Schutz der Minderheit** und kann daher weder durch Satzung noch durch Gesellschafterbeschluss vollständig abbedungen oder in ihrem Kern eingeschränkt werden (R/S-L/*Pentz* § 13 Rn. 128, 129; Baumbach/Hueck/*Fastrich* § 13 Rn. 37; Michalski/*Ebbing* § 14 Rn. 96). Es wird jedoch als zulässig erachtet, gesellschaftsvertraglich zu vereinbaren, dass vor Klageerhebung ein Gesellschafterausschuss, Aufsichtsrat, Beirat oder auch ggf. ein satzungsmäßiges Schiedsgericht anzurufen ist (R/S-L/*Pentz* § 13 Rn. 129).

b) Rechtsnatur

331 Umstritten ist, ob der Gesellschafter mit der actio pro socio ein eigenes oder ein Recht der Gesellschaft geltend macht. Wie auch im Recht der Personengesellschaften geht die h. M. für das Recht der GmbH davon aus, dass der Gesellschafter mit der actio pro socio **von der Gesellschaft abgeleitete Rechte** wahrnimmt und die actio pro socio daher als **Fall der gesetzlichen Prozessstandschaft**

anzusehen ist (OLG Düsseldorf, Urt. v. 14.03.1996 – 6 U 119/94; Urt. v. 28.10.1993 – 6 U 160/92; MüKo GmbHG/*Merkt* § 13 Rn. 318, 319; MAH GmbH/*Schindler* § 25 Rn. 14; Lutter/Hommelhoff/*Lutter/Bayer* § 13 Rn. 54; Michalski/*Ebbing* § 14 Rn. 95, 96; Michalski/*Römermann* § 46 Rn. 529). Nach a. A. nimmt der Gesellschafter mit der actio pro socio keine fremden, sondern eigene Rechte wahr, die sich aus der Mitgliedschaft ergeben, sodass es der Konstruktion der Prozessstandschaft nicht bedarf (*Roth/Altmeppen* § 13 Rn. 17; R/S-L/*Pentz* § 13 Rn. 131; *Raiser* ZHR 153 [1989] 9, 13, 32). Demnach stehen die Ansprüche der Gesellschaft und des Gesellschafters unabhängig nebeneinander (*Raiser* ZHR 153 [1989] 1, 234).

c) Subsidiarität der actio pro socio

Nach h. M. ist die Geltendmachung von Ansprüchen der Gesellschaft im Wege der actio pro socio **nur subsidiär** gegenüber der Geltendmachung dieser Ansprüche durch die zuständigen Organe der Gesellschaft selbst zulässig. Die actio pro socio ist als **subsidiäre Not- bzw. Hilfszuständigkeit** daher immer dann ausgeschlossen, wenn das nach der Kompetenzordnung der Gesellschaft zuständige Organ den Anspruch verfolgt (BGH, Urt. v. 29.11.2004 – II ZR 14/03; OLG Köln, Urt. v. 05.11.1992 – 18 U 50/92; OLG Düsseldorf, Urt. v. 28.10.1993 – 6 U 160/92; *K. Schmidt* GesR, S. 641; MüKo GmbHG/*Merkt* § 13 Rn. 326, 327; Scholz/*Emmerich* § 13 Rn. 53; Baumbach/Hueck/*Fastrich* § 13 Rn. 39; *Roth/Altmeppen* § 13 Rn. 20 ff.). Daraus ergibt sich, dass der Kläger als besondere Zulässigkeitsvoraussetzung der Klage schlüssig darzulegen hat, dass die Gesellschaft selbst untätig und eine actio pro socio daher erforderlich ist (R/S-L/*Pentz* § 13 Rn. 134).

332

Ist die **Gesellschaft selbst untätig**, ist der Gesellschafter vor Klageerhebung dazu verpflichtet, die gesellschaftsinternen Möglichkeiten auszuschöpfen und auf eine Geltendmachung der Ansprüche durch die Gesellschaft selbst hinzuwirken. Dies bedeutet für Ansprüche i. S. d. § 46 Nr. 8 Halbs. 1 GmbHG, dass der Gesellschafter zunächst auf eine **Beschlussfassung durch die Gesellschafterversammlung** hinzuwirken hat. Entscheidet die Gesellschafterversammlung gegen die Geltendmachung des Anspruchs, ist der Gesellschafter nach h.L. weiter dazu verpflichtet, gegen diesen Beschluss mit einer Anfechtungs- oder Nichtigkeitsklage, ggf. in Verbindung mit einer positiven Beschlussfeststellungsklage vorzugehen (BGH, Urt. v. 05.06.1975 – II ZR 23/74; Urt. v. 28.06.1982 – II ZR 199/81; OLG Düsseldorf, Urt. v. 28.10.1993 – 6 U 160/92; OLG Köln, Urt. v. 05.11.1992 – 18 U 50/92; Baumbach/Hueck/*Fastrich* § 13 Rn. 39; *Roth/Altmeppen* § 13 Rn. 20 ff.; R/S-L/*Pentz* § 13 Rn. 132; Michalski/*Römermann* § 46 Rn. 531, 533; a. A. Michalski/*Ebbing* § 13 Rn. 104 aus prozessökonomischen Erwägungen). Hat der Gesellschafter nicht oder nicht rechtzeitig Klage erhoben, kommt eine actio pro socio nicht in Betracht (*Roth/Altmeppen* § 13 Rn. 24). Auf die Beschlussfassung nach § 46 Nr. 8 Halbs. 1 GmbHG kann nach h. M. im Einzelfall ausnahmsweise verzichtet werden, wenn von vornherein eindeutig feststeht, dass die Gesellschafterversammlung den Anspruch nicht verfolgen wird. Dies ist bspw. dann der Fall, wenn die Machtverhältnisse innerhalb der Gesellschaft gegen eine solche Beschlussfassung sprechen oder die Beschlussfassung, wie bei einer Zwei-Personen-GmbH, auf reine Förmelei hinauslaufen würde (BGH, Urt. v. 29.11.2004 – II ZR 14/03; Urt. v. 28.06.1982 – II ZR 199/81; OLG Düsseldorf, Urt. v. 14.03.1996 – 6 U 119/94; Urt. v. 28.10.1993 – 6 U 160/92; *Roth/Altmeppen* § 13 Rn. 23; Michalski/*Römermann* § 46 Rn. 531; R/S-L/*Pentz* § 13 Rn. 133; Baumbach/Hueck/*Fastrich* § 13 Rn. 39).

333

Die Subsidiarität der actio pro socio hat zur Folge, dass bei Klageerhebung durch die Gesellschaft die Klage des Gesellschafters **unzulässig** wird (R/S-L/*Pentz* § 13 Rn. 134). Macht die Gesellschaft ihre Ansprüche erst gerichtlich geltend, wenn der Gesellschafter bereits Klage erhoben hat, führt dies zur Erledigung der Hauptsache der Klage des Gesellschafters. Um Kosten zu vermeiden, muss der Gesellschafter die Erledigung der Hauptsache erklären (R/S-L/*Pentz* § 13 Rn. 134). Der Gesellschafter hat die Möglichkeit, dem Prozess der Gesellschaft als Nebenintervenient beizutreten (R/S-L/*Pentz* § 13 Rn. 134).

334

d) Klagegegenstand

aa) Sozialansprüche

335 Im Wege der actio pro socio können grundsätzlich nur Sozialansprüche geltend gemacht werden. Sozialansprüche sind Ansprüche der Gesellschaft gegen Mitgesellschafter, die **im Gesellschaftsverhältnis begründet** sind. Ansprüche gegen Gesellschafter aus Drittgeschäften sind nicht vom Anwendungsbereich der actio pro socio erfasst (Baumbach/Hueck/*Fastrich* § 13 Rn. 38; *Roth/Altmeppen* § 13 Rn. 19; MAH GmbH/*Schindler* § 25 Rn. 15; Michalski/*Ebbing* § 14 Rn. 99). Mit der actio pro socio werden in der Praxis hauptsächlich Ansprüche auf **Erbringung von Einlagen und Nachschüssen** sowie **Erstattungs- und Schadensersatzansprüche** aufgrund Verletzung gesellschafterlicher Treuepflichten geltend gemacht (OLG Düsseldorf, Urt. v. 28.10.1993 – 6 U 160/92; R/S-L/*Pentz* § 13 Rn. 128; Michalski/*Ebbing* § 14 Rn. 99). Dabei ist zu berücksichtigen, dass Ansprüche der Gesellschaft auf Einzahlung von Nachschüssen nach § 26 Abs. 1 GmbHG sowie die Geltendmachung von Einlageforderungen nach § 46 Nr. 2 GmbHG einen entsprechenden **Beschluss der Gesellschafterversammlung** erfordern. Sowohl der Anspruch der Gesellschaft auf Zahlung eines Nachschusses als auch auf Leistung der Einlage kann somit erst geltend gemacht werden, wenn ein solcher Beschluss gefasst wurde. Im Unterschied zu dem Beschlusserfordernis nach § 46 Nr. 8 Halbs. 1 GmbHG bei Ersatzansprüchen (vgl. oben Rdn. 333) ist hier die Beschlussfassung eine materielle Voraussetzung für das Entstehen des Anspruchs (Michalski/*Ebbing* § 14 Rn. 99; Michalski/*Zeidler* § 26 Rn. 18).

bb) Ansprüche gegen Organmitglieder

336 Ansprüche gegen Organmitglieder, die keine Gesellschafter sind, können grundsätzlich nicht im Wege der actio pro socio geltend gemacht werden (Lutter/Hommelhoff/*Lutter/Bayer* § 13 Rn. 53). Dagegen ist es teilweise anerkannt, dass Ansprüche gegen Organmitglieder, die auch Gesellschafter sind, durch actio pro socio geltend gemacht werden können, wenn der Anspruch auf der Verletzung einer gesellschafterlichen Pflicht, die gesellschaftsvertraglich begründet wurde, beruht (BGH, Urt. v. 29.11.2004 – II ZR 14/03; Urt. v. 28.06.1982 – II ZR 199/81; Michalski/*Ebbing* § 14 Rn. 101; Baumbach/Hueck/*Fastrich* § 13 Rn. 38). Stark umstritten ist, ob Ansprüche gegen einen Gesellschafter-Geschäftsführer nach § 43 Abs. 2 GmbHG durch actio pro socio durch einen Gesellschafter geltend gemacht werden können (vgl. dazu Rdn. 645 und Baumbach/Hueck/*Fastrich* § 13 Rn. 38; MüKo GmbHG/*Fleischer* § 43 Rn. 324). Dies wird z. T. bejaht, wenn die Pflicht zur Geschäftsführung satzungsmäßig vereinbart wurde (Baumbach/Hueck/*Fastrich* § 13 Rn. 38).

cc) Ansprüche gegen Dritte

337 Ansprüche der Gesellschaft gegen Dritte sind grundsätzlich nicht von der actio pro socio erfasst. Die Geltendmachung solcher Ansprüche steht allein den Geschäftsführern zu (BGH, Urt. v. 28.06.1982 – II ZR 199/81; Michalski/*Ebbing* § 14 Rn. 101; Baumbach/Hueck/*Fastrich* § 13 Rn. 38; *K. Schmidt* GesR, S. 643 f.). Es ist jedoch anerkannt, dass im Wege der actio pro socio auch Ansprüche bei Konzernsachverhalten gegen herrschende Unternehmen sowie gegen Personen geltend gemacht werden können, die dem Gesellschafter nahe stehen, wie bspw. Angehörige (Michalski/*Ebbing* § 14 Rn. 101; MüKo GmbHG/*Merkt* § 13 Rn. 323; Baumbach/Hueck/*Fastrich* § 13 Rn. 38; MAH GmbH/*Schindler* § 25 Rn. 16; Lutter/Hommelhoff/*Lutter/Bayer* § 13 Rn. 53).

e) Weitere prozessuale Fragen

338 Die Klage ist durch den Gesellschafter **im eigenen Namen** zu erheben und gegen den Mitgesellschafter zu richten. Der Klageantrag muss auf **Leistung an die Gesellschaft** gerichtet sein (OLG Düsseldorf, Urt. v. 28.10.1993 – 6 U 160/92; R/S-L/*Pentz* § 13 Rn. 134).

339 Ein **Vergleich** oder **Verzicht** über den geltend gemachten Anspruch durch den klagenden Gesellschafter wirkt grundsätzlich nicht für die Gesellschaft (R/S-L/*Pentz* § 13 Rn. 134; *Raiser* ZHR 153 [1989] 1, 23). Eine Verfügung der Gesellschaft wirkt sich aufgrund ihrer primären Zuständigkeit für

die Geltendmachung des Anspruchs auf den Gesellschafter aus (R/S-L/*Pentz* § 13 Rn. 134). Beruht die Verfügung der Gesellschaft über den Anspruch auf einem Beschluss, kann der Gesellschafter ggf. gegen diesen Beschluss durch Anfechtungsklage gerichtlich vorgehen (R/S-L/*Pentz* § 13 Rn. 134).

Der klagende Gesellschafter trägt grundsätzlich das **Prozesskostenrisiko** (Michalski/*Ebbing* § 14 Rn. 105; Henssler/Strohn/*Verse* § 14 Rn. 127). Auf diese Weise werden Gesellschaft und Mitgesellschafter vor mutwilligen Klagen, z. B. aufgrund Differenzen in der Unternehmenspolitik, geschützt. Eine Erstattung der Kosten durch die Gesellschaft kann der klagende Gesellschafter nur nach den Grundsätzen der Geschäftsführung ohne Auftrag erreichen (*K. Schmidt* GesR, S. 642; R/S-L/*Pentz* § 13 Rn. 134). 340

f) Urteil und Urteilswirkungen

Da es sich bei der actio pro socio nach h. M. um einen **Fall der Prozessstandschaft** handelt (vgl. oben Rdn. 331), wirkt ein Urteil, das im Wege der actio pro socio ergeht, nicht nur zwischen den Parteien, sondern auch für und gegen die Gesellschaft (Michalski/*Ebbing* § 14 Rn. 105; a. A. R/S-L/*Pentz* Rn. 134; Raiser ZHR 153 [1989] 1, 23). 341

Ergeht in einer Klage der Gesellschaft selbst ein Klage abweisendes Urteil, so bindet dieses aufgrund der primären Zuständigkeit der Gesellschaft für die Geltendmachung des Anspruchs auch den Gesellschafter (R/S-L/*Pentz* § 13 Rn. 134; a. A. *Raiser* ZHR 153 [1989] 1, 23). Ein solches Urteil steht somit der erneuten Geltendmachung des Anspruchs durch den Gesellschafter im Wege der actio pro socio entgegen. 342

3. Mitgliedschaftsstreit

Auch der Mitgliedschaftsstreit zählt zu den Gesellschafterklagen. Bei einem Mitgliedschaftsstreit wird im Wege der Feststellungsklage nach § 256 ZPO die **Gesellschafterstellung** einer bestimmten Person geklärt. Die Klage kann gegen die Gesellschaft oder auch gegen Mitgesellschafter gerichtet werden (BGH, Urt. v. 01.03.1962 – II ZR 1/62; MüKo GmbHG/*Merkt* § 13 Rn. 312; R/S-L/*Pentz* § 13 Rn. 135; Scholz/*Emmerich* § 13 Rn. 54). Im Personengesellschaftsrecht ist die Frage der Mitgliedschaft dagegen nur unter den Mitgesellschaftern zu klären, eine Klage gegen die Gesellschaft kommt nur bei entsprechender gesellschaftsvertraglicher Vereinbarung in Betracht (vgl. oben Rdn. 79). Ein in einem Rechtsstreit zwischen den Mitgesellschaftern ergehendes Urteil bindet lediglich die Prozessparteien und nicht auch die Gesellschaft (BGH, Urt. v. 01.03.1962 – II ZR 1/62; R/S-L/*Pentz* § 13 Rn. 135; Scholz/*Emmerich* § 13 Rn. 54). Ergeht dagegen ein Urteil gegen die Gesellschaft als Prozesspartei, so bindet dieses auch die Mitgesellschafter und die Gesellschaftsorgane (R/S-L/*Pentz* § 13 Rn. 135; MüKo GmbHG/*Merkt* § 13 Rn. 312; Scholz/*Emmerich* § 13 Rn. 54). Die Mitgesellschafter und Gesellschaftsorgane können dem Verfahren als Nebenintervenienten beitreten (R/S-L/*Pentz* § 13 Rn. 135). Besteht ein rechtliches Interesse, kann die Klage durch die Gesellschaft oder durch Gesellschafter auch gegen einen Dritten gerichtet werden, mit dem Antrag festzustellen, ob dieser Gesellschafter ist (Michalski/*Ebbing* § 14 Rn. 109; MüKo GmbHG/*Merkt* § 13 Rn. 312; Scholz/*Emmerich* § 13 Rn. 54). Auch ein Dritter kann bei Vorliegen des Feststellungsinteresses i. S. d. § 256 ZPO die Gesellschaftereigenschaft einer Person gerichtlich klären lassen (R/S-L/*Pentz* § 13 Rn. 135). 343

4. Abwehrklage gegen rechtswidriges Organhandeln

Infolge der im Aktienrecht ergangenen »Holzmüller«-Entscheidung (BGH, Urt. v. 25.02.1982 – II ZR 174/80), in der der BGH Abwehransprüche und dementsprechend eine **Unterlassungsklage des Aktionärs zur Verhinderung rechtswidrigen Vorstandshandelns** anerkannt hat, stellt sich auch im GmbH-Recht die Frage, ob dem Gesellschafter ein Abwehrrecht gegen rechtswidriges Organhandeln der Geschäftsführer zusteht. Ein solches Klagerecht des Gesellschafters besteht nur dann, wenn ein Gesellschaftsorgan seine Kompetenzen überschreitet. Dies ist bspw. der Fall, wenn die Geschäftsführung in den Zuständigkeitsbereich der Gesellschafterversammlung eingreift (*Roth/* 344

Altmeppen § 13 Rn. 26; Michalski/*Ebbing* § 14 Rn. 108). Ein darüber hinausgehendes Abwehrrecht gegen sonstiges rechtswidriges oder gar unzweckmäßiges Organhandeln wird jedoch abgelehnt. Dies ergibt sich zum einen daraus, dass den GmbH-Gesellschaftern im Unterschied zu den Aktionären gegenüber der Geschäftsführung ein umfangreiches Weisungsrecht zusteht und sie nach § 50 GmbHG die Einberufung einer Gesellschafterversammlung verlangen können (Michalski/*Ebbing* § 14 Rn. 108). Zum anderen würde die Gefahr bestehen, dass die Geschäftsführung durch Gesellschafterklagen blockiert wird.

III. Klagerecht von Aufsichtsrat und Aufsichtsratsmitgliedern

1. Klagerecht des Aufsichtsrats

a) Klagerecht des Aufsichtsrats im eigenen Namen

345 In der Literatur wird diskutiert, ob der Aufsichtsrat dazu befugt ist, **im eigenen Namen eigene Rechte** klageweise geltend zu machen und im Wege einer Abwehrklage gegen rechtswidriges Handeln der Geschäftsführung oder anderer Organe (»**Organstreit**«) vorzugehen. Ein solches eigenes Klagerecht des Aufsichtsrates ist mangels Rechts- und Parteifähigkeit des Aufsichtsrates abzulehnen (BGH, Urt. v. 17.05.1993 – II ZR 89/92; Michalski/*Giedinghagen* § 52 Rn. 298, 299; BeckOK GmbHG/*Jaeger* § 52 Rn. 59; Scholz/*Schneider* § 52 Rn. 561; Roth/*Altmeppen* § 52 Rn. 67).

b) Klagerecht des Aufsichtsrats im Namen der Gesellschaft

346 Verletzt die Geschäftsführung Rechte des Aufsichtsrats, wie z. B. Berichtspflichten oder Zustimmungsvorbehalte, hat der Aufsichtsrat die Möglichkeit, gegen die Geschäftsführer im Namen der Gesellschaft vorzugehen und auf Einhaltung seiner Rechte zu klagen (Michalski/*Giedinghagen* § 52 Rn. 299; Scholz/*Schneider* § 52 Rn. 562).

2. Klagerecht der Aufsichtsratsmitglieder

a) Durchsetzung von Ansprüchen aus Drittgeschäften

347 Steht einem Aufsichtsratsmitglied ein schuldrechtlicher Anspruch gegen die Gesellschaft aus einem Drittgeschäft zu, steht es diesem Aufsichtsratsmitglied nach allgemeinen Grundsätzen frei, diesen Anspruch im eigenen Namen gegen die Gesellschaft geltend zu machen. In einem solchen Fall wird die Gesellschaft grundsätzlich durch ihre Geschäftsführer vertreten (Scholz/*Schneider* § 52 Rn. 553). Handelt es sich jedoch um eine Streitigkeit aus dem Anstellungsvertrag zwischen dem Aufsichtsratsmitglied und der Gesellschaft, wird die Gesellschaft durch die Gesamtheit der Gesellschafter vertreten, da die Gesamtheit der Gesellschafter auch für den Abschluss dieses Vertrages verantwortlich ist (Scholz/*Schneider* § 52 Rn. 554).

b) Durchsetzung organschaftlicher Rechte

348 Ein Aufsichtsratsmitglied kann eigene organschaftliche Rechte, wie z. B. Rede-, Antrags-, Informations- und Teilnahmerecht, im eigenen Namen durch Klage gegen die GmbH durchzusetzen (Scholz/*Schneider* § 52 Rn. 555; Lutter/Hommelhoff/*Lutter* § 52 Rn. 99; BeckOK GmbHG/*Jaeger* § 52 Rn. 59).

349 Nach t.v.A. wird die GmbH in einem solchen Verfahren grundsätzlich **durch die Geschäftsführer vertreten** (Michalski/*Giedinghagen* § 52 Rn. 301; Lutter/Hommelhoff/*Lutter* § 52 Rn. 99). Nach a. A. ist bei der Vertretung danach zu differenzieren, ob das Aufsichtsratsmitglied eigennützige oder fremdnützige Rechte geltend macht. Fremdnützige Rechte sind solche, die dem Aufsichtsratsmitglied im Interesse der Gesellschaft zustehen, wie z. B. Teilnahme- und Stimmrechte. Bei der Geltendmachung fremdnütziger Rechte wird die GmbH durch den Aufsichtsrat vertreten (Scholz/*Schneider* § 52 Rn. 557). Macht ein Aufsichtsratsmitglied dagegen eigennützige organschaftliche Rechte, wie

z. B. einen Anspruch auf Aufwendungsersatz oder Vergütung, geltend, erfolgt die Vertretung der Gesellschaft durch die Gesamtheit der Gesellschafter (Scholz/*Schneider* § 52 Rn. 556).

c) Durchsetzung von Aufsichtsratsrechten

Ein einzelnes Aufsichtsratsmitglied ist nicht dazu befugt, Rechte des Aufsichtsrats gerichtlich durchzusetzen (Scholz/*Schneider* § 52 Rn. 557). Für eine solche Befugnis fehlt es schon an einem entsprechenden Recht des Aufsichtsrats, das durch ein Aufsichtsratsmitglied in Prozessstandschaft geltend gemacht werden könnte. Dem einzelnen Aufsichtsratsmitglied steht somit auch **kein individuelles organschaftliches Recht** zu, gerichtlich gegen rechtswidriges Handeln der Geschäftsführung vorzugehen (Scholz/*Schneider* § 52 Rn. 559; MüKo GmbHG/*Spindler* § 52 Rn. 632; Michalski/*Giedinghagen* § 52 Rn. 299; BeckOK GmbHG/*Jaeger* § 52 Rn. 59). Die Frage der Geltendmachung der Verletzung von Rechten des Aufsichtsrats hat vorrangig innerhalb des Aufsichtsrats zu erfolgen (MüKo GmbHG/*Spindler* § 52 Rn. 632; BeckOK GmbHG/*Jaeger* § 52 Rn. 59). Werden die Rechte des Aufsichtsrats durch Maßnahmen der Geschäftsführer verletzt, muss das einzelne Aufsichtsratsmitglied daher zunächst einen Beschluss des Aufsichtsrats über die Geltendmachung dieser Rechtsverletzung herbeiführen (BGH, Urt. v. 28.11.1988 – II ZR 57/88; Michalski/*Giedinghagen* § 52 Rn. 300; BeckOK GmbHG/*Jaeger* § 52 Rn. 59). Werden die Rechte des Aufsichtsrats verletzt, besteht in der Regel eine Pflicht der Aufsichtsratsmitglieder aufgrund der organschaftlichen Treuepflicht einen entsprechenden Beschluss zu fassen. Wird die Geltendmachung der Rechtsverletzung entgegen dieser Verpflichtung durch Beschluss der Aufsichtsratsmitglieder abgelehnt, kann dieser Beschluss nach allgemeinen Regeln durch jedes Aufsichtsratsmitglied (vgl. Rdn. 489) durch Feststellungsklage angegriffen werden (BGH, Urt. v. 17.05.1993 – II ZR 89/92; Urt. v. 28.11.1988 – II ZR 57/88; Michalski/*Giedinghagen* § 52 Rn. 300; BeckOK GmbHG/*Jaeger* § 52 Rn. 58).

IV. Beschlussmängelstreitigkeiten bei Gesellschafterbeschlüssen

1. Analoge Anwendung aktienrechtlicher Vorschriften

Der Prozess der **Willensbildung in der GmbH** obliegt den Gesellschaftern und erfolgt gem. § 47 Abs. 1 GmbHG durch Beschlussfassung. Auf diese Weise kann jeder Gesellschafter an der Willensbildung der Gesellschaft teilhaben (Michalski/*Römermann* § 48 Rn. 4). Die Beschlussfassung erfolgt gem. § 48 Abs. 1 GmbHG grundsätzlich in der Gesellschafterversammlung (Michalski/*Römermann* § 48 Rn. 1, 4; Henssler/Strohn/*Hillmann* § 48 Rn. 1). Abweichend von dieser Regel ermöglicht § 48 Abs. 2 GmbHG eine Beschlussfassung im schriftlichen Verfahren, wenn die Gesellschafter den Beschlussvorschlag einstimmig billigen oder schriftlich ihr Einverständnis mit der schriftlichen Abstimmung erklären (BGH, Urt. v. 16.01.2006 – II ZR 135/04; Michalski/*Römermann* § 48 Rn. 2). Andere Beschlussverfahren sind gesetzlich nicht vorgesehen (*K. Schmidt* NJW 2006, 2599, 2600). Die Gesellschafter können durch Satzung jedoch von § 48 GmbHG abweichende Regelungen treffen und z. B. eine Erleichterung der formellen Voraussetzungen der Beschlussfassung oder auch ein kombiniertes Verfahren vorsehen. Eine kombinierte Beschlussfassung zeichnet sich dadurch aus, dass der Beschluss z. T. durch mündliche Zustimmung in der Gesellschafterversammlung und z. T. durch schriftliche Stimmabgabe zustande kommt (BGH, Urt. v. 16.01.2006 – II ZR 135/04; *K. Schmidt* NJW 2006, 2599, 2600; zur Nichtigkeit von Beschlussfassungen im kombiniertem Verfahren vgl. unten Rdn. 353). Das Recht der GmbH trifft keine gesetzliche Regelung darüber, wie fehlerhafte Beschlüsse der Gesellschafterversammlung zu behandeln und gerichtlich geltend zu machen sind (BGH, Urt. v. 14.12.1961 – II ZR 97/59; Urt. v. 16.12.1953 – II ZR 167/52; Scholz/*K. Schmidt* § 45 Rn. 36; Michalski/*Römermann* Anh. § 47 Rn. 1). Die Regeln des BGB über die Anfechtbarkeit und Nichtigkeit von Willenserklärungen (§§ 119 ff. BGB) finden auf Gesellschafterbeschlüsse der GmbH keine Anwendung (Michalski/*Römermann* Anh. § 47 Rn. 22; Lutter/Hommelhoff/*Bayer* Anh. § 47 Rn. 1).

Nach st. Rspr. des BGH und h. L. sind die aktienrechtlichen Regeln über die Anfechtbarkeit und Nichtigkeit von Hauptversammlungsbeschlüssen (§§ 241 ff. AktG) auf fehlerhafte

Gesellschafterbeschlüsse der GmbH sinngemäß anzuwenden, soweit nicht die Besonderheiten der GmbH eine abweichende Behandlung erfordern (BGH, Urt. v. 25.11.2002 – II ZR 69/01; Urt. v. 09.12.1968 – II ZR 57/67; Urt. v. 16.12.1953 – II ZR 167/52; MünchHdb GesR III/*Wolff* § 40 Rn. 1; Lutter/Hommelhoff/*Bayer* Anh. § 47 Rn. 1; *Roth/Altmeppen* § 47 Rn. 91; *Saenger* GmbHR 1997, 112; dazu krit.: *Zöllner/Noack* ZGR 1989, 529). Das Aktienrecht differenziert zwischen nichtigen und anfechtbaren Hauptversammlungsbeschlüssen und sieht für die Geltendmachung dieser Beschlussmängel **besondere Rechtsbehelfe** vor. Nichtige Beschlüsse sind mit der **Nichtigkeitsklage gem. § 249 AktG**, anfechtbare Beschlüsse durch **Anfechtungsklage nach § 243 AktG** geltend zu machen (MünchHdb GesR IV/*Semler* § 41 Rn. 6). Aufgrund der analogen Anwendung der aktienrechtlichen Vorschriften ist auch im Recht der GmbH zwischen **anfechtbaren und nichtigen Beschlüssen** zu unterscheiden, die jeweils mit Anfechtungs- bzw. Nichtigkeitsklage geltend zu machen sind (MünchHdb GesR III/*Wolff* § 40 Rn. 1; Lutter/Hommelhoff/*Bayer* Anh. § 47 Rn. 1). Ein mangelhafter Gesellschafterbeschluss ist im Recht der GmbH daher im Unterschied zum Recht der Personengesellschaften nicht generell nichtig (vgl. oben Rdn. 81). Neben anfechtbaren und nichtigen Beschlüssen wird teilweise noch zwischen unwirksamen, wirkungslosen und Scheinbeschlüssen unterschieden (vgl. unten Rdn. 388–390; Michalski/*Römermann* Anh. § 47 Rn. 24; Lutter/Hommelhoff/*Bayer* Anh. § 47 Rn. 4 ff.).

2. Nichtige Beschlüsse

a) Analoge Anwendung des § 241 AktG

353 Im Aktienrecht regelt § 241 AktG abschließend, welche Gründe zur Nichtigkeit eines Hauptversammlungsbeschlusses führen. Diese Grundsätze sind **analog auf Beschlüsse der Gesellschafterversammlung einer GmbH** heranzuziehen (BGH, Urt. v. 17.02.1997 – II ZR 41/96; Urt. v. 16.12.1991 – II ZR 58/91; Urt. v. 17.10.1988 – II ZR 18/88; OLG München, Urt. v. 28.10.1999 – 14 U 268/99; Scholz/*K. Schmidt* § 45 Rn. 62; R/S-L/*Koppensteiner/Gruber* § 47 Rn. 94; MünchHdb GesR III/*Wolff* § 40 Rn. 11; *Saenger* GmbHR 1997, 112, 113). Für die Nichtigkeit eines Beschlusses kommt es nicht darauf an, ob der Mangel für die Beschlussfassung kausal oder relevant geworden ist (vgl. unten Rdn. 379; BGH, Urt. v. 16.12.1953 – II ZR 167/52; *Saenger* GmbHR 1997, 112, 113; R/S-L/*Koppensteiner/Gruber* § 47 Rn. 94). Aus Gründen der Rechtssicherheit können die Nichtigkeitsgründe im Gesellschaftsvertrag weder erweitert noch eingeschränkt werden (Scholz/*K. Schmidt* § 45 Rn. 63; Lutter/Hommelhoff/*Bayer* Anh. § 47 Rn. 9; R/S-L/*Koppensteiner/Gruber* § 47 Rn. 94).

aa) § 241 Nr. 1 AktG analog – Einberufungsmängel

354 Entsprechend § 241 Nr. 1 AktG ist ein Gesellschafterbeschluss, der an einem **Einberufungsmangel** leidet, nichtig. Dies ist bspw. der Fall, wenn überhaupt keine Einberufung erfolgt ist, die Versammlung von einem Unbefugten einberufen wurde oder nicht alle Gesellschafter zur Teilnahme an der Gesellschafterversammlung eingeladen wurden (BGH, Urt. v. 16.12.1953 – II ZR 167/52; Scholz/*K. Schmidt* § 45 Rn. 64; Lutter/Hommelhoff/*Bayer* Anh. § 47 Rn. 11, 12; R/S-L/*Koppensteiner/Gruber* § 47 Rn. 95 ff.; Michalski/*Römermann* Anh. § 47 Rn. 76 f.). In entsprechender Anwendung des § 241 Nr. 1 AktG ist ein Beschluss, der durch eine unzulässige kombinierte Beschlussfassung zustande gekommen ist, nichtig (zur kombinierten Beschlussfassung vgl. oben Rdn. 351; BGH, Urt. v. 16.01.2006 – II ZR 135/04). Nach neuerer Rechtsprechung des BGH ist eine kombinierte Beschlussfassung nur dann zulässig, wenn sie in der Satzung ausdrücklich vorgesehen ist. Ist dies nicht der Fall, ist ein Beschluss, der nicht in einem gesellschaftsvertraglich vorgesehenen kombinierten Verfahren zustande gekommen ist, nichtig. Dies gilt auch bei Einvernehmen sämtlicher Gesellschafter (BGH, Urt. v. 16.01.2006 – II ZR 135/04).

bb) § 241 Nr. 2 AktG analog – Beurkundungsmängel

355 Ein Gesellschafterbeschluss ist analog § 241 Nr. 2 AktG nichtig, wenn ein gesetzlich vorgesehenes notarielles **Beurkundungserfordernis** unterblieben ist. Hauptanwendungsfall sind dabei

satzungsändernde Beschlüsse, die nach § 53 Abs. 2 GmbHG notariell beurkundet werden müssen (Scholz/*K. Schmidt* § 45 Rn. 66; *Roth/Altmeppen* § 47 Rn. 101; R/S-L/*Koppensteiner/Gruber* § 47 Rn. 99). § 241 Nr. 2 AktG ist nicht auf gesellschaftsvertraglich vereinbarte Beurkundungserfordernisse übertragbar (MüKo GmbHG/*Wertenbruch* Anh. § 47 Rn. 40; Michalski/*Römermann* Anh. § 47 Rn. 111; Baumbach/Hueck/*Zöllner* Anh. § 47 Rn. 49). Ein Beschluss, der gegen ein gesellschaftsvertragliches Beurkundungserfordernis, das nicht nur eine Ordnungsvorschrift darstellt, verstößt, ist lediglich anfechtbar (Lutter/Hommelhoff/*Bayer* Anh. § 47 Rn. 15; MüKo GmbHG/*Wertenbruch* Anh. § 47 Rn. 40; Michalski/*Römermann* Anh. § 47 Rn. 112).

cc) § 241 Nr. 3 AktG analog – Verstoß gegen das Wesen der GmbH

Entsprechend § 241 Nr. 3 AktG sind Beschlüsse nichtig, die ihrem Inhalt nach mit dem **Wesen der GmbH nicht vereinbar** sind oder Vorschriften verletzen, die ausschließlich oder überwiegend zum Schutz der Gläubiger der Gesellschaft, wie die Grundsätze der Kapitalaufbringung und -erhaltung, oder sonst im öffentlichen Interesse gegeben sind (Scholz/*K. Schmidt* § 45 Rn. 72; R/S-L/*Koppensteiner/Gruber* § 47 Rn. 100 f.; Michalski/*Römermann* Anh. § 47 Rn. 117 ff.). Unvereinbar mit dem Wesen der GmbH sind bspw. Beschlüsse, die gegen unverzichtbare Individual- und Minderheitsrechte, wie das Anfechtungsrecht oder Teilnahmerechte, verstoßen (Scholz/*K. Schmidt* § 45 Rn. 73; Lutter/Hommelhoff/*Bayer* Anh. § 47 Rn. 17; MünchHdb GesR III/*Wolff* § 40 Rn. 21; *Roth/Altmeppen* § 47 Rn. 96; a.A. Michalski/*Römermann* Anh. § 47 Rn. 133, 134). Ein Verstoß gegen die Grundsätze der Kapitalerhaltung und Kapitalaufbringung liegt z. B. vor, wenn ein Anteil entgeltlich eingezogen wird und durch die Auszahlung des Einziehungsentgelts das Vermögen angegriffen werden müsste, das zur Erhaltung des Stammkapitals erforderlich ist (BGH, Urt. v. 19.06.2000 – II ZR 73/99; Scholz/*K. Schmidt* § 45 Rn. 74). Zu den Vorschriften im öffentlichen Interesse zählen u. a. die Vorgaben für die Firma der GmbH (§ 4 GmbHG), die Eignungsvoraussetzungen für Geschäftsführer (§ 6 Abs. 2 GmbHG), wesentliche Bestimmungen des MitbestG wie die §§ 32, 33 MitbestG sowie strafrechtliche Vorschriften (BGH, Urt. v. 14.11.1983 – II ZR 33/83; Michalski/*Römermann* Anh. § 47 Rn. 142; Lutter/Hommelhoff/*Bayer* Anh. § 47 Rn. 19; *Roth/Altmeppen* § 47 Rn. 97).

356

dd) § 241 Nr. 4 AktG analog – Verstoß gegen die guten Sitten

Analog § 241 Nr. 4 AktG sind Beschlüsse nichtig, die ihrem Inhalt nach **gegen die guten Sitten** verstoßen (BGH, Urt. v. 01.06.1987 – II ZR 128/86; OLG Dresden, Urt. v. 14.07.1999 – 12 U 679/99). Dabei ist erforderlich, dass der Beschluss »für sich allein betrachtet« seinem Inhalt nach gegen die guten Sitten verstößt. Beschlüsse, bei denen nicht der eigentliche Beschlussinhalt, sondern nur Erwägungen und Zielsetzungen, die außerhalb des Beschlusses liegen, sittenwidrig sind, sind lediglich anfechtbar (BGH, Urt. v. 01.06.1987 – II ZR 128/86; OLG Nürnberg, Urt. v. 25.08.1999 – 12 U 430/99; Michalski/*Römermann* Anh. § 47 Rn. 147; *Roth/Altmeppen* § 47 Rn. 99). Zielt der Beschluss jedoch auf die Schädigung Dritter ab, so ist Nichtigkeit gegeben, da diesen kein Anfechtungsrecht zusteht (BGH, Urt. v. 01.06.1987 – II ZR 128/86; OLG Nürnberg, Urt. v. 25.08.1999 – 12 U 430/99; OLG Dresden, Urt. v. 14.07.1999 – 12 U 679/99; MünchHdb GesR III/*Wolff* § 40 Rn. 22; Michalski/*Römermann* Anh. § 47 Rn. 148; *Roth/Altmeppen* § 47 Rn. 100).

357

ee) § 241 Nr. 5 AktG analog – Nichtigerklärung aufgrund Anfechtungsklage

Entsprechend § 241 Nr. 5 AktG ist ein Beschluss nichtig, der auf **Anfechtungsklage** hin rechtskräftig für nichtig erklärt worden ist (Michalski/*Römermann* Anh. § 47 Rn. 155, 156; MünchHdb GesR III/*Wolff* § 40 Rn. 23).

358

ff) § 241 Nr. 6 AktG analog – Nichtigerklärung aufgrund Amtslöschung

Registergerichtlich gelöschte Beschlüsse (§ 398 FamFG) sind nach § 241 Nr. 6 AktG analog nichtig (Baumbach/Hueck/*Zöllner* Anh. § 47 Rn. 57; MünchHdb GesR III/*Wolff* § 40 Rn. 24; MAH GmbH/*Römermann* § 15 Rn. 159).

359

b) Sonderregelungen

aa) Nichtigkeit der Wahl von Aufsichtsratsmitgliedern

360 Für die Wahl von Aufsichtsratsmitgliedern normiert das Aktienrecht in § 250 Abs. 1 AktG spezielle Nichtigkeitsgründe. Nach h.L. ist **§ 250 Abs. 1 AktG** im Recht der GmbH auf die Wahl von Aufsichtsratsmitgliedern für einen obligatorischen Aufsichtsrat anzuwenden (Scholz/*K. Schmidt* § 45 Rn. 78; Michalski/*Römermann* Anh. § 47 Rn. 180; Saenger/Inhester/*Puszkajler* Anh. § 47 Rn. 39). Ob und inwieweit § 250 Abs. 1 AktG auch für den fakultativen Aufsichtsrat einer GmbH gilt, ist umstritten (vgl. dazu Scholz/*K. Schmidt* § 45 Rn. 78; Michalski/*Römermann* Anh. § 47 Rn. 182 ff.). Einigkeit besteht darin, dass die Wahl einer nicht voll geschäftsfähigen Person zum Mitglied eines fakultativen Aufsichtsrats analog §§ 250 Abs. 1 Nr. 4, 100 Abs. 1 AktG nichtig ist (Scholz/*K. Schmidt* § 45 Rn. 78; Lutter/Hommelhoff/*Bayer* Anh. § 47 Rn. 22; Michalski/*Römermann* Anh. § 47 Rn. 183).

bb) Nichtigkeit des Jahresabschlusses der GmbH

(1) Analoge Anwendbarkeit des § 256 AktG

361 Der Jahresabschluss wird bei der GmbH vorbehaltlich abweichender gesellschaftsvertraglicher Regelung gem. § 46 Nr. 1 GmbHG grundsätzlich durch die Gesellschafterversammlung festgestellt (MüKo GmbHG/*Wertenbruch* Anh. § 47 Rn. 83; Michalski/*Römermann* Anh. § 47 Rn. 187). Hinsichtlich der Nichtigkeit des festgestellten Jahresabschlusses der AG enthält § 256 AktG Sonderregelungen. Diese sind auf die GmbH weitgehend analog anwendbar (MüKo GmbHG/*Wertenbruch* Anh. § 47 Rn. 83; MünchHdb GesR III/*Wolff* § 40 Rn. 27; Lutter/Hommelhoff/*Bayer* Anh. § 47 Rn. 24). Nicht anwendbar ist § 256 Abs. 2 AktG, da die Feststellung des Jahresabschlusses im Recht der GmbH nicht durch den Vorstand und Aufsichtsrat erfolgt (Michalski/*Römermann* Anh. § 47 Rn. 188; R/S-L/*Koppensteiner*/*Gruber* § 47 Rn. 109). Nach *Wertenbruch* ist § 256 Abs. 2 AktG auf die GmbH jedoch dann analog anwendbar, wenn abweichend von § 46 Nr. 1 GmbHG die Feststellung des Jahresabschlusses durch Geschäftsführung und Aufsichtsrat vorgesehen wird (MüKo GmbHG/*Wertenbruch* Anh. § 47 Rn. 90). Die Regelung des § 257 Abs. 1 Satz 2 AktG, nach der die Anfechtung der Feststellung des Jahresabschlusses nicht darauf gestützt werden kann, dass der Inhalt des Jahresabschlusses gegen Gesetz oder Satzung verstößt, ist auf das Recht der GmbH nicht übertragbar (Michalski/*Römermann* Anh. § 47 Rn. 189, 343; Saenger/Inhester/*Puszkajler* Anh. § 47 Rn. 40). Für die Anfechtbarkeit der Feststellung des Jahresabschlusses gelten die allgemeinen Regeln (Michalski/*Römermann* Anh. § 47 Rn. 345). Ein Verstoß gegen gesellschaftsvertragliche Regelungen führt daher zur Anfechtbarkeit des festgestellten Jahresabschlusses (R/S-L/*Koppensteiner*/*Gruber* § 47 Rn. 109). Dies gilt auch dann, wenn die Satzung durch den Inhalt des festgestellten Jahresabschlusses erfolgt (MüKo GmbHG/*Römermann* Anh. § 47 Rn. 85).

(2) § 256 Abs. 1 Nr. 1 AktG analog – Verstoß gegen gläubigerschützende Vorschriften

362 Analog § 256 Abs. 1 Nr. 1 AktG führt ein Verstoß gegen gesetzliche Vorschriften, die ausschließlich oder überwiegend zum Schutz der Gläubiger der Gesellschaft gegeben sind, zur Nichtigkeit des Beschlusses über die Feststellung des Jahresabschlusses (MüKo GmbHG/*Wertenbruch* Anh. § 47 Rn. 85; Michalski/*Römermann* Anh. § 47 Rn. 195). Zu gläubigerschützenden Vorschriften in diesem Sinne zählen die Grundsätze ordnungsgemäßer Buchführung sowie die Regeln der §§ 242 ff. HGB (MüKo GmbHG/*Wertenbruch* Anh. § 47 Rn. 87; Saenger/Inhester/*Puszkajler* Anh. § 47 Rn. 40). Es muss sich um einen wesentlichen Verstoß handeln (Michalski/*Römermann* Anh. § 47 Rn. 199; Saenger/Inhester/*Puszkajler* Anh. § 47 Rn. 40). Wesentlichkeit ist anzunehmen, wenn der Schutz der Gläubiger erheblich beeinträchtigt oder vollständig verhindert wird (MüKo GmbHG/*Wertenbruch* Anh. § 47 Rn. 86). Unwesentliche Verstöße oder Verstöße gegen Satzungsbestimmungen führen lediglich zur Anfechtbarkeit des Beschlusses (Michalski/*Römermann* Anh. § 47 Rn. 198, 199; MüKo GmbHG/*Wertenbruch* Anh. § 47 Rn. 85, 86; Saenger/Inhester/*Puszkajler* Anh. § 47 Rn. 40).

(3) § 256 Abs. 1 Nrn. 2, 3 AktG analog – Verstoß gegen ordnungsgemäße Abschlussprüfung

Nach § 256 Abs. 1 Nr. 2 AktG analog ist die Feststellung des Jahresabschlusses nichtig, wenn keine Prüfung nach § 316 HGB erfolgt ist oder eine nach § 316 Abs. 3 HGB erforderliche Nachprüfung unterbleibt (MüKo GmbHG/*Wertenbruch* Anh. § 47 Rn. 88; Saenger/Inhester/*Puszkajler* Anh. § 47 Rn. 42; Michalski/*Römermann* Anh. § 47 Rn. 200, 202). Analog § 256 Abs. 1 Nr. 3 AktG ist ein festgestellter Jahresabschluss nichtig, wenn die Prüfung durch eine nicht befähigte Person erfolgt ist (MüKo GmbHG/*Wertenbruch* Anh. § 47 Rn. 88; Michalski/*Römermann* Anh. § 47 Rn. 201). 363

(4) § 256 Abs. 1 Nr. 4 AktG analog – Verstoß gegen Vorschriften bzgl. Kapital- oder Gewinnrücklagen

§ 241 Abs. 1 Nr. 4 AktG gilt für die GmbH nur analog bei der Verletzung von **gesetzlichen Regeln** über die Einstellung von Beträgen in Kapital- oder Gewinnrücklagen oder über die Entnahme von Beträgen aus Kapital- oder Gewinnrücklagen. Werden entsprechende gesellschaftsvertragliche Regelungen verletzt, führt dies nur zur Anfechtbarkeit (Michalski/*Römermann* Anh. § 47 Rn. 190; R/S-L/*Koppensteiner/Gruber* § 47 Rn. 109; Saenger/Inhester/*Puszkajler* Anh. § 47 Rn. 46). Grund dafür ist, dass die Anfechtbarkeit bei einem Verstoß gegen solche Satzungsbestimmungen aufgrund der Unanwendbarkeit des § 257 Abs. 1 Satz 2 AktG im Recht der GmbH im Unterschied zum Aktienrecht nicht ausgeschlossen ist (vgl. oben Rdn. 361; MüKo GmbHG/*Wertenbruch* Anh. § 47 Rn. 89). 364

(5) § 256 Abs. 3 AktG analog

Die in § 256 Abs. 3 AktG aufgeführten Nichtigkeitsgründe entsprechen § 241 Nr. 1, 2, 5 AktG, auf die an dieser Stelle verwiesen wird (MüKo GmbHG/*Wertenbruch* Anh. § 47 Rn. 92; Saenger/Inhester/*Puszkajler* Anh. § 47 Rn. 45, 20 ff.). 365

cc) Gewinnverwendungsbeschluss

In analoger Anwendung des § 253 Abs. 1 Satz 1 AktG erstreckt sich die Nichtigkeit eines Jahresabschlusses auch auf den Gewinnverwendungsbeschluss, der auf dem Jahresabschluss beruht (MünchHdb GesR III/*Wolff* § 40 Rn. 27; Saenger/Inhester/*Puszkajler* Anh. § 47 Rn. 46; Lutter/Hommelhoff/*Bayer* Anh. § 47 Rn. 24). Dies gilt ebenso, wenn kein festgestellter Jahresabschluss gegeben ist (MüKo GmbHG/*Wertenbruch* Anh. § 47 Rn. 99; Saenger/Inhester/*Puszkajler* Anh. § 47 Rn. 46). Im Übrigen gelten auch für den Gewinnverwendungsbeschluss die allgemeinen Regeln der Anfechtbarkeit und Nichtigkeit (MüKo GmbHG/*Wertenbruch* Anh. § 47 Rn. 99; Scholz/*K. Schmidt* § 45 Rn. 79; Michalski/*Römermann* Anh. § 47 Rn. 215 ff.). 366

dd) Kapitalerhöhungen

Im Recht der GmbH ist der besondere Nichtigkeitsgrund des § 57j Satz 2 GmbHG und des § 57n Abs. 2 Satz 4 GmbHG zu berücksichtigen (Lutter/Hommelhoff/*Bayer* Anh. § 47 Rn. 9; Michalski/*Hermanns* § 57j Rn. 10; MünchHdb GesR III/*Wolff* § 40 Rn. 28). 367

c) Wirkung und Heilung nichtiger Beschlüsse

Ein nichtiger Beschluss entfaltet von Anfang an **keine Rechtswirkung**. Dies hat zur Folge, dass solche Beschlüsse durch Gesellschafter und Geschäftsführer weder ausgeführt noch zur Eintragung ins Handelsregister angemeldet werden dürfen (MünchHdb GesR III/*Wolff* § 40 Rn. 29; Michalski/*Römermann* Anh. § 47 Rn. 226 ff.; R/S-L/*Koppensteiner/Gruber* § 47 Rn. 112). Nichtige Beschlüsse dürfen vom Registergericht **nicht eingetragen** werden (OLG Frankfurt am Main, Beschl. v. 06.11.2008 – 20 W 385/08; OLG Köln, Beschl. v. 17.07.1992 – 2 Wx 32/92; Lutter/Hommelhoff/*Bayer* Anh. § 47 Rn. 26; Scholz/*K. Schmidt* § 45 Rn. 83; MünchHdb GesR III/*Wolff* § 40 Rn. 29). 368

Erfolgt dennoch eine Eintragung in das Handelsregister, kommt eine **Heilung des Mangels** in Betracht. Es ist anerkannt, dass die aktienrechtliche Regelung des § 242 AktG über die Heilung 369 nichtiger Hauptversammlungsbeschlüsse im Recht der GmbH entsprechend anwendbar ist (BGH, Urt. v. 19.06.2000 – II ZR 73/99; Urt. v. 06.11.1995 – II ZR 181/94, Urt. v. 23.03.1981 – II ZR 27/80; Michalski/*Römermann* Anh. §47 Rn. 237). Nichtige Beschlüsse (entsprechend §241 Nr. 1, 3, 4 AktG) werden aus Gründen der Rechtssicherheit analog §242 Abs. 2 Satz 1 AktG durch Registereintragung und Ablauf von 3 Jahren geheilt (BGH, Urt. v. 19.06.2000 – II ZR 73/99; Urt. v. 06.11.1995 – II ZR 181/94; Urt. v. 23.03.1981 – II ZR 27/80; OLG Stuttgart, Urt. v. 17.05.2000 – 20 U 68/99; Lutter/Hommelhoff/*Bayer* Anh. §47 Rn. 26; R/S-L/*Koppensteiner/Gruber* §47 Rn. 114; *Saenger* GmbHR 1997, 112, 114). Die Nichtigkeit kann dann nicht mehr geltend gemacht werden (BGH, Urt. v. 23.03.1981 – II ZR 27/80; Scholz/*K. Schmidt* §45 Rn. 89). Liegt ein Beurkundungsmangel entsprechend §241 Nr. 2 AktG vor, ist der Beschluss also entgegen gesetzlicher Vorschrift nicht notariell beurkundet worden, genügt für die Heilung analog §242 Abs. 1 AktG bereits die Eintragung in das Handelsregister an sich (Lutter/Hommelhoff/*Bayer* Anh. §47 Rn. 26; R/S-L/*Koppensteiner/Gruber* §47 Rn. 113; Michalski/*Römermann* Anh. §47 Rn. 240; MünchHdb GesR III/*Wolff* §40 Rn. 32).

370 Leidet der **Jahresabschluss** an einem Nichtigkeitsgrund entsprechend §256 AktG, so kann dieser gem. §256 Abs. 6 Satz 1 AktG analog in den Fällen des §256 Abs. 1 Nr. 1, Nr. 3, Nr. 4 AktG sowie §256 Abs. 3 Nr. 1, Nr. 2, Abs. 4 und 5 AktG nach Ablauf von 6 Monaten und in den übrigen Fällen nach Ablauf von 3 Jahren nicht mehr geltend gemacht werden. Analog §256 Abs. 6 Satz 2 AktG hemmt eine während dieser Frist erhobene Nichtigkeitsklage den Ablauf der Frist. Kann die Nichtigkeit des Jahresabschlusses aufgrund Heilung nicht mehr geltend gemacht werden, ist auch die Nichtigkeit des Beschlusses über die Verwendung des Bilanzgewinns (§253 Abs. 1 Satz 2 AktG analog) geheilt (Lutter/Hommelhoff/*Bayer* Anh. §47 Rn. 24; Michalski/*Römermann* Anh. §47 Rn. 218; R/S-L/*Koppensteiner/Gruber* §47 Rn. 109).

371 Eine Heilung von Beschlüssen, die keine Eintragung ins Handelsregister erfordern, ist mit Ausnahme des Beschlusses, der den Jahresabschluss feststellt und des Ergebnisverwendungsbeschlusses grundsätzlich nicht möglich (*Roth/Altmeppen* §47 Rn. 116; Lutter/Hommelhoff/*Bayer* Anh. §47 Rn. 27; Saenger/Inhester/*Puszkajler* Anh. §47 Rn. 51). Im Unterschied zu anfechtbaren Beschlüssen können **nichtige Beschlüsse nicht** durch Genehmigung oder Bestätigungsbeschluss geheilt werden (OLG Stuttgart, Urt. v. 17.05.2000 – 20 U 68/99; MünchHdb GesR III/*Wolff* §40 Rn. 35; MAH GmbH/*Römermann* §15 Rn. 161; *Roth/Altmeppen* §47 Rn. 116; vgl. dazu unten Rdn. 386, 442–446). Der Beschluss kann jedoch fehlerfrei neu vorgenommen werden (MünchHdb GesR III/*Wolff* §40 Rn. 35; Saenger/Inhester/*Puszkajler* Anh. §47 Rn. 51). Die Neuvornahme beseitigt die Fehlerhaftigkeit des ursprünglichen Beschlusses nicht rückwirkend (BGH, Urt. v. 16.12.1953 – II ZR 167/52; *Roth/Altmeppen* §47 Rn. 116; R/S-L/*Koppensteiner/Gruber* §47 Rn. 115; Saenger/Inhester/*Puszkajler* Anh. §47 Rn. 51). Wird ungeachtet der Heilung eines nichtigen Beschlusses Nichtigkeitsklage erhoben, so ist diese unbegründet.

d) Geltendmachung der Nichtigkeit eines Beschlusses

372 Auf die Nichtigkeit eines Beschlusses kann sich grundsätzlich jedermann jederzeit berufen. Dies gilt auch für Gesellschafter, die für den nichtigen Beschluss gestimmt haben (BGH, Urt. v. 16.12.1953 – II ZR 167/52; Scholz/*K. Schmidt* §45 Rn. 81; Michalski/*Römermann* Anh. §47 Rn. 234; MünchHdb GesR III/*Wolff* §40 Rn. 29; *Roth/Altmeppen* §47 Rn. 111). Gerichtlich kann die Nichtigkeit mit der **Nichtigkeitsklage analog §249 AktG** sowie durch **allgemeine Feststellungsklage nach §256 ZPO** geltend gemacht werden (Scholz/*K. Schmidt* §45 Rn. 44, 81; Lutter/Hommelhoff/*Bayer* Anh. §47 Rn. 30; R/S-L/*Koppensteiner/Gruber* §47 Rn. 111; MünchHdb GesR III/*Wolff* §40 Rn. 30). Dabei ist zu beachten, dass einer allgemeinen Feststellungsklage das Feststellungsinteresse fehlt, wenn Nichtigkeitsklage erhoben werden kann (Lutter/Hommelhoff/*Bayer* Anh. §47 Rn. 30; MünchHdb GesR III/*Wolff* §40 Rn. 30; zur Abgrenzung dieser Klagearten vgl. unten Rdn. 468).

373 Die Nichtigkeit eines Beschlusses kann im Unterschied zur Anfechtbarkeit auch **außerhalb eines gerichtlichen Verfahrens** sowie inzident als Vorfrage oder als Einrede geltend gemacht werden

(Lutter/Hommelhoff/*Bayer* Anh. § 47 Rn. 29; Scholz/*K. Schmidt* § 45 Rn. 44, 81; *Roth/Altmeppen* § 47 Rn. 111; R/S-L/*Koppensteiner/Gruber* § 47 Rn. 111). Die Heilung eines nichtigen Beschlusses kann allerdings nur durch Erhebung der Nichtigkeitsklage, nicht durch allgemeine Feststellungsklage verhindert werden, da nur das der Klage stattgebende Nichtigkeitsurteil für und gegen jedermann wirkt (vgl. unten Rdn. 461; Saenger/Inhester/*Puszkajler* Anh. § 47 Rn. 50; Lutter/Hommelhoff/*Bayer* Anh. § 47 Rn. 26). Eine andere Geltendmachung der Nichtigkeit, wie durch Einrede oder allgemeine Feststellungsklage nach § 256 ZPO, genügt insofern nicht (Scholz/*K. Schmidt* § 45 Rn. 89; R/S-L/*Koppensteiner/Gruber* § 47 Rn. 114).

e) Teilnichtigkeit

Ein **einheitlicher Beschluss** liegt vor, wenn eine einheitliche Abstimmung stattgefunden hat. Dies ist auch dann der Fall, wenn mehrere Entscheidungsgegenstände in einen Tagesordnungspunkt bzw. Abstimmungsvorgang zusammengefasst werden (BGH, Urt. v. 25.01.1988 – II ZR 148/87; Michalski/*Römermann* Anh. § 47 Rn. 219; R/S-L/*Koppensteiner/Gruber* § 47 Rn. 110; MüKo GmbHG/ *Wertenbruch* Anh. § 47 Rn. 107). Es ist daher möglich, dass lediglich ein Entscheidungsgegenstand eines einheitlichen Beschlusses einen Nichtigkeitsgrund aufweist (R/S-L/*Koppensteiner/Gruber* § 47 Rn. 110; Lutter/Hommelhoff/*Bayer* Anh. § 47 Rn. 25). Da Verfahrensfehler regelmäßig den gesamten Beschluss erfassen, kommt dies insbesondere bei inhaltlichen Mängeln in Betracht (Michalski/*Römermann* Anh. § 47 Rn. 221; Saenger/Inhester/*Puszkajler* Anh. § 47 Rn. 12). Ob dadurch der gesamte Beschluss oder nur ein Teil nichtig ist, richtet sich nach § 139 BGB (R/S-L/*Koppensteiner/ Gruber* § 47 Rn. 110; MüKo GmbHG/*Wertenbruch* Anh. § 47 Rn. 106; Saenger/Inhester/*Puszkajler* Anh. § 47 Rn. 12). Demnach kann eine Teilnichtigkeit eines einzelnen Entscheidungsgegenstands nur dann angenommen werden, wenn davon auszugehen ist, dass die Gesellschafter die fehlerfreien Entscheidungsgegenstände auch dann beschlossen hätten, wenn sie von der Fehlerhaftigkeit des oder der anderen Entscheidungsgegenstände Kenntnis gehabt hätten. Im Zweifel kann davon jedoch nicht ausgegangen werden (Lutter/Hommelhoff/*Bayer* Anh. § 47 Rn. 25; MünchHdb GesR III/*Wolff* § 40 Rn. 31; MüKo GmbHG/*Wertenbruch* Anh. § 47 Rn. 106; Michalski/*Römermann* Anh. § 47 Rn. 222).

374

Die prozessualen Konsequenzen einer Teilnichtigkeit richten sich nach dem Klageantrag. Wurde beantragt, die Nichtigkeit des gesamten Beschlusses festzustellen, ist dieser aber nur teilweise nichtig, ist die Klage im Übrigen abzuweisen (MüKo GmbHG/*Wertenbruch* Anh. § 47 Rn. 109; Michalski/ *Römermann* Anh. § 47 Rn. 223). Mit diesem Urteil ist dann klargestellt, dass der übrige Beschlussteil wirksam ist (Michalski/*Römermann* Anh. § 47 Rn. 223). Wurde beantragt, einen Teil eines Beschlusses für nichtig zu erklären, so kann sich das Urteil nur auf diesen Beschlussteil beziehen. Über die Wirksamkeit des darüber hinausgehenden Beschlusses wird dann keine Aussage getroffen (Michalski/*Römermann* Anh. § 47 Rn. 223; MüKo GmbHG/*Wertenbruch* Anh. § 47 Rn. 108; Baumbach/ Hueck/*Zöllner* Anh. § 47 Rn. 80).

375

3. Anfechtbare Beschlüsse

a) Analoge Anwendung des § 243 Abs. 1 AktG

aa) Verstoß gegen Gesetz

Beschlüsse, die **gegen Gesetz verstoßen** und nicht nichtig sind, sind entsprechend § 243 Abs. 1 AktG anfechtbar (BGH, Urt. v. 14.07.1954 – II ZR 342/53; OLG Köln, Urt. v. 02.06.1999 – 5 U 196/98; Scholz/*K. Schmidt* § 45 Rn. 93; MünchHdb GesR III/*Wolff* § 40 Rn. 3, 36; Lutter/ Hommelhoff/*Bayer* Anh. § 47 Rn. 43). Der Begriff des Gesetzes ist weit zu verstehen, erfasst **jede zwingende Rechtsnorm** und ist nicht auf Normen des GmbH-Rechts beschränkt. Unter den Gesetzesbegriff des § 243 Abs. 1 AktG fallen daher auch zivilrechtliche Generalklauseln, wie §§ 138, 242 BGB, sowie ungeschriebene Grundsätze des Gesellschaftsrechts, wie bspw. der Grundsatz der Gleichbehandlung und die gesellschafterliche Treuepflicht (BGH, Urt. v. 16.12.1991 – II ZR 58/91;

376

OLG Köln, Urt. v. 02.06.1999 – 5 U 196/98; Urt. v. 10.03.1999 – 5 U 43/97; Scholz/*K. Schmidt* § 45 Rn. 93, 104; R/S-L/*Koppensteiner/Gruber* § 47 Rn. 116; Lutter/Hommelhoff/*Bayer* Anh. § 47 Rn. 43; MünchHdb GesR III/*Wolff* § 40 Rn. 44). **Kein Gesetzesverstoß** liegt in der Verletzung bloßer Ordnungsvorschriften, wie z. B. bei der Verletzung von Protokollierungspflichten oder schuldrechtlichen Verpflichtungen der Gesellschaft gegenüber Dritten oder der Gesellschafter untereinander oder auch gegenüber Dritten (Scholz/*K. Schmidt* § 45 Rn. 93; MünchHdb GesR III/*Wolff* § 40 Rn. 36, 46; R/S-L/*Koppensteiner/Gruber* § 47 Rn. 116; Michalski/*Römermann* Anh. § 47 Rn. 300).

bb) Verstoß gegen Satzungsregelung

377 Ein Beschluss ist analog § 243 Abs. 1 AktG anfechtbar, wenn er gegen eine Satzungsregelung verstößt. Dabei ist zu beachten, dass nur ein Verstoß gegen **echte bzw. korporative Satzungsregelungen** die Anfechtbarkeit des Beschlusses begründet (Scholz/*K. Schmidt* § 45 Rn. 93; Michalski/*Römermann* Anh. § 47 Rn. 353; Saenger/Inhester/*Puszkajler* Anh. § 47 Rn. 52). Nicht selten wird diskutiert, ob ein Beschluss gegen den **in der Satzung normierten Gesellschaftszweck** verstößt. Der Gesellschaftszweck ist in der Regel erwerbswirtschaftlich (Michalski/*Römermann* Anh. § 47 Rn. 360). Für die Frage, ob eine Maßnahme wegen eines Verstoßes gegen den Gesellschaftszweck anfechtbar ist, ist danach zu unterscheiden, ob es sich um eine Einzelmaßnahme handelt oder der Gesellschaftszweck dauerhaft geändert wird. Eine grundlegende Veränderung des Gesellschaftszwecks bedarf einer einstimmigen Entscheidung der Gesellschafter. Ein Beschluss, der dies missachtet, ist anfechtbar. Bei der Frage, ob eine einzelne Maßnahme gegen den Gesellschaftszweck verstößt, ist zu berücksichtigen, dass eine Anfechtung aufgrund unternehmerischer Unzweckmäßigkeit regelmäßig ausscheiden wird (OLG Köln, Urt. v. 02.06.1999 – 5 U 196/98; Lutter/Hommelhoff/*Bayer*, Anh. § 47 Rn. 53; Scholz/*K. Schmidt* § 45 Rn. 115; *Roth/Altmeppen* § 47 Rn. 119). Der Gesellschaftermehrheit steht bei unternehmerischen Entscheidungen ein Ermessensspielraum zu, der der richterlichen Kontrolle entzogen ist (OLG Köln, Urt. v. 13.07.2000 – 18 U 37/00; Urt. v. 02.06.1999 – 5 U 196/98; OLG Düsseldorf, Urt. v. 14.03.1996 – 6 U 119/94; Michalski/*Römermann* Anh. § 47 Rn. 360; Saenger/Inhester/*Puszkajler* Anh. § 47 Rn. 53). Dies gilt auch für Spenden, solange sie verkehrsüblich und nicht an Organisationen gerichtet sind, die mit dem Gesellschaftszweck kollidieren (Scholz/*K. Schmidt* § 45 Rn. 115; Michalski/*Römermann* Anh. § 47 Rn. 361). Eine gerichtliche Kontrolle des ausgeübten Ermessens kommt nur bei **Ermessensüberschreitungen**, wie z. B. bei außergewöhnlich verlustreichen oder evident gesellschaftsfremden Maßnahmen und bei Ermessensreduzierungen auf eine richtige Entscheidung in Betracht (BGH, Urt. v. 16.02.1981 – II ZR 168/79; OLG Köln, Urt. v. 13.07.2000 – 18 U 37/00; Urt. v. 02.06.1999 – 5 U 196/98; OLG Hamm, Urt. v. 06.04.2000 – 27 U 78/99; *Roth/Altmeppen* § 47 Rn. 119). Diese Grundsätze gelten auch für die Anfechtbarkeit eines Beschlusses über die Entlastung eines Geschäftsführers. Ein Entlastungsbeschluss ist demnach nur dann anfechtbar, wenn das Ermessen der Gesellschafterversammlung über die Entlastung des Geschäftsführers soweit reduziert war, dass ausschließlich eine Verweigerung der Entlastung ermessensfehlerfrei gewesen wäre (BGH, Beschl. v. 04.05.2009 – II ZR 169/07; OLG Köln, Urt. v. 13.07.2000 – 18 U 37/00; Urt. v. 02.06.1999 – 5 U 196/98; *Roth/Altmeppen* § 47 Rn. 119; *Grunewald* NZG 2000, 1137).

cc) Inhaltliche Mängel und Verfahrensfehler

378 Ein Verstoß i. S. d. § 243 Abs. 1 AktG analog kann sowohl die Art und Weise des Zustandekommens als auch den Inhalt des Beschlusses betreffen (OLG Düsseldorf, Urt. v. 24.08.1995 – 6 U 124/94; MünchHdb GesR III/*Wolff* § 40 Rn. 36). Es ist somit zwischen Verfahrensverstößen und inhaltlichen Mängeln zu unterscheiden (Scholz/*K. Schmidt* § 45 Rn. 93). **Inhaltliche Mängel des Gesellschafterbeschlusses** können auf der Verletzung der Satzung oder auf einem Gesetzesverstoß beruhen (MünchHdb GesR III/*Wolff* § 40 Rn. 44; Michalski/*Römermann* Anh. § 47 Rn. 298). **Verfahrensfehler** beruhen häufig auf einer fehlerhaften Vorbereitung und Durchführung der Gesellschafterversammlung. Bei Mängeln der Einberufung ist zu beachten, dass besonders schwerwiegende Fehler analog § 241 Nr. 1 AktG bereits zur Nichtigkeit des Beschlusses führen, wie z. B. bei fehlender Einladung einzelner Gesellschafter oder bei Ladung durch einen Nichtberechtigten (vgl.

oben Rdn. 354; Michalski/*Römermann* Anh. § 47 Rn. 268; MünchHdb GesR III/*Wolff* § 40 Rn. 37, 38). Bei der Durchführung der Gesellschafterversammlung begründen bspw. der unberechtigte Ausschluss eines Gesellschafters von der Teilnahme oder auch Abweichungen von der Tagesordnung die Anfechtbarkeit des Beschlusses (Scholz/*K. Schmidt* § 45 Rn. 96; Michalski/*Römermann* Anh. § 47 Rn. 279, 280; MünchHdb GesR III/*Wolff* § 40 Rn. 38).

Nach früherer Auffassung setzte die **Anfechtbarkeit eines Beschlusses aufgrund eines Verfahrensverstoßes** grundsätzlich voraus, dass dieser Fehler für die Beschlussfassung **kausal** geworden ist (BGH, Urt. v. 22.01.1990 – II ZR 21/89; Urt. v. 14.07.1954 – II ZR 342/53). Ein Beschluss war daher nicht anfechtbar, wenn er auch ohne den Verfahrensverstoß mit demselben Inhalt zustande gekommen wäre (BGH, Urt. v. 12.11.2001 – II ZR 225/99; Urt. v. 08.12.1997 – II ZR 216/96; Urt. v. 22.01.1990 – II ZR 21/89; *Roth/Altmeppen* § 47 Rn. 125). Dies führte dazu, dass Einberufungsfehler keine Anfechtbarkeit begründen würden, wenn feststeht, dass der betroffene Gesellschafter das Ergebnis auf keinen Fall hätte beeinflussen können und der Beschluss daher auch ohne Vorliegen des Mangels zustande gekommen wäre (BGH, Urt. v. 08.12.1997 – II ZR 216/96). Dies hatte zur Folge, dass ein Beschluss durch die Mehrheit auch durchgesetzt werden konnte, ohne ein ordnungsgemäßes Verfahren durchzuführen (Baumbach/Hueck/*Zöllner* Anh. § 47 Rn. 126; Michalski/*Römermann* Anh. § 47 Rn. 266). Zum Schutz der Minderheitsgesellschafter hat sich daher die sog. **Relevanztheorie** durchgesetzt, nach der ein Beschluss aufgrund eines Verfahrensverstoßes immer dann anfechtbar ist, wenn Partizipations- oder Mitwirkungsrechte von Gesellschaftern und dadurch konkrete Interessen beeinträchtigt werden. Dabei ist unerheblich, ob der Beschluss auch ohne den Verfahrensfehler zustande gekommen wäre (BGH, Urt. v. 13.02.2006 – II ZR 200/04; zur AG, Urt. v. 18.10.2004 – II ZR 250/02; Urt. v. 12.11.2001 – II ZR 225/99; OLG Düsseldorf, Urt. v. 31.07.2003 – I-6 U 27/03; OLG Hamm, Urt. v. 06.05.2003 – 27 U 131/02; MünchHdb GesR III/*Wolff* § 40 Rn. 41; Michalski/*Römermann* Anh. § 47 Rn. 267). Daher begründen Nichtladung und Ladungsfehler grundsätzlich die Anfechtbarkeit des Beschlusses, da die Ladung zur Gesellschafterversammlung das Recht des Gesellschafters auf Teilnahme an der Gesellschafterversammlung und der damit verbundenen Einflussmöglichkeit auf die Willensbildung der Gesellschaft sichert (BGH, Urt. v. 13.02.2006 – II ZR 200/04). Dies gilt auch dann, wenn der Gesellschafter nicht stimmberechtigt ist, da das Teilnahmerecht über das Recht, an der Abstimmung mitzuwirken, hinausgeht (BGH, Urt. v. 13.02.2006 – II ZR 200/04). So ist Anfechtbarkeit bspw. zu bejahen, wenn das Auskunftsrecht des Gesellschafters verletzt wurde und dem Gesellschafter daher für die Beschlussfassung die Grundlage für eine sachgerechte Beurteilung fehlt (BGH, Urt. v. 18.10.2004 – II ZR 250/02). Die Anfechtbarkeit bei der Verletzung von Verfahrensvorschriften ist nur dann zu verneinen, wenn Partizipationsinteressen von Gesellschaftern nicht konkret beeinträchtigt wurden (OLG Düsseldorf, Urt. v. 31.07.2003 – I-6 U 27/03; Lutter/Hommelhoff/*Bayer* Anh. § 47 Rn. 51; Baumbach/Hueck/*Zöllner* Anh. § 47 Rn. 126).

dd) Keine Dispositivität

In der Satzung können die gesetzlichen Anfechtungsgründe weder eingeschränkt noch ausgeschlossen werden, da das Recht zur Anfechtung als **unentziehbares Gesellschafterrecht** ausgestaltet ist (Scholz/*K. Schmidt* § 45 Rn. 118; Michalski/*Römermann* Anh. § 47 Rn. 365). In der Satzung können zusätzliche Anfechtungsgründe geschaffen oder die gesetzlichen Anfechtungsgründe inhaltlich erweitert werden (Michalski/*Römermann* Anh. § 47 Rn. 366).

b) Sonderregelungen

Neben § 243 Abs. 1 AktG sind spezielle Anfechtungsgründe in den §§ 243 Abs. 2, 251, 254, 255, 257 AktG geregelt. Der besondere Anfechtungsgrund des § 243 Abs. 2 Satz 1 AktG, nach dem die Anfechtung darauf gestützt werden kann, dass ein Gesellschafter mit der Ausübung des Stimmrechts nach Sondervorteilen zum Schaden der Gesellschaft oder anderen Gesellschaftern strebt, ist im Recht der GmbH analog anzuwenden. Es handelt sich dabei um einen allgemeinen Grundsatz, der auch für die GmbH Geltung beansprucht (BGH, Urt. v. 28.01.1980 – II ZR 124/78; OLG

Köln, Urt. v. 02.06.1999 – 5 U 196/98; R/S-L/*Koppensteiner/Gruber* § 47 Rn. 116, 126; Michalski/*Römermann* Anh. § 47 Rn. 307 ff.).

382 Für die Anfechtung der Wahl von Aufsichtsratsmitgliedern gilt § 251 Abs. 1 Satz 1 AktG analog (Lutter/Hommelhoff/*Bayer* Anh. § 47 Rn. 59; Michalski/*Römermann* Anh. § 47 Rn. 278). § 255 Abs. 2 AktG ist entsprechend für die **Anfechtung der Kapitalerhöhung** gegen Einlage anzuwenden. Für den Beschluss über die Verwendung des Bilanzgewinns gilt § 254 Abs. 1 AktG entsprechend (MünchHdb GesR III/*Wolff* § 40 Rn. 47).

383 Nach § 257 Abs. 1 Satz 2 AktG ist die Anfechtung eines durch die Hauptversammlung festgestellten Jahresabschlusses wegen Inhaltsmängeln **ausgeschlossen**. § 257 Abs. 1 Satz 2 AktG ist im Recht der GmbH nicht analog anzuwenden, da das Recht der GmbH keine Sonderprüfung wegen unzulässiger Unterbewertung nach §§ 258 ff. AktG vorsieht und der Gesellschafterversammlung im Recht der GmbH die alleinige Feststellungszuständigkeit für den Jahresabschluss zukommt (OLG Köln, Urt. v. 10.03.1999 – 5 U 43/97; Lutter/Hommelhoff/*Bayer* Anh. § 47 Rn. 57; Michalski/*Römermann* Anh. § 47 Rn. 189; MünchHdb GesR III/*Wolff* § 40 Rn. 47). Eine Anfechtungsklage gegen den Jahresabschluss kann somit im Recht der GmbH darauf gestützt werden, dass der Inhalt eines Jahresabschlusses gegen Gesetz oder Satzung verstößt (Michalski/*Römermann* Anh. § 47 Rn. 189; Lutter/Hommelhoff/*Bayer* Anh. § 47 Rn. 57).

c) Vorläufige Wirksamkeit und gerichtliche Geltendmachung anfechtbarer Beschlüsse

384 Anfechtbare Beschlüsse sind im Unterschied zu nichtigen Beschlüssen zunächst **rechtswirksam**, können aber durch Anfechtungsklage **rückwirkend für nichtig erklärt** werden (BGH, Urt. v. 03.05.1999 – II ZR 119/98; Urt. v. 21.03.1988 – II ZR 308/87; OLG Düsseldorf, Urt. v. 08.03.2001 – 6 U 64/00; Lutter/Hommelhoff/*Bayer* Anh. § 47 Rn. 38; Michalski/*Römermann* Anh. § 47 Rn. 262). Ein anfechtbarer Beschluss, der förmlich festgestellt wurde, ist zunächst rechtswirksam und vorläufig verbindlich (BGH, Urt. v. 03.05.1999 – II ZR 119/98; Urt. v. 21.03.1988 – II ZR 308/87; OLG Stuttgart, Beschl. v. 25.10.2011 – 8 W 387/11; Scholz/*K. Schmidt* § 45 Rn. 45; R/S-L/*Koppensteiner/Gruber* § 47 Rn. 117). Ob ein anfechtbarer Beschluss auszuführen ist, ist umstritten. Wurde bereits Anfechtungsklage gegen den betreffenden Beschluss erhoben, so darf dieser durch die Geschäftsführer nicht mehr ausgeführt werden (MünchHdb GesR III/*Wolff* § 40 Rn. 49). Wurde der Beschluss noch nicht angefochten, haben die Geschäftsführer das Recht und u. U. sogar die Pflicht, die Ausführung des Beschlusses zu verweigern. So können sich die Geschäftsführer gegen die Ausführung von Weisungsbeschlüssen auf Rechtswidrigkeit bzw. Anfechtbarkeit des Beschlusses berufen (Scholz/*K. Schmidt* § 45 Rn. 124; R/S-L/*Koppensteiner/Gruber* § 43 Rn. 35, § 47 Rn. 117). Nach a. A. sind anfechtbare Beschlüsse grundsätzlich auszuführen; eine Verweigerung der Durchführung komme nur in Ausnahmefällen in Betracht (Michalski/*Römermann* Anh. § 47 Rn. 262). Die bloße Anfechtbarkeit eines Beschlusses steht der Eintragung in das Handelsregister grundsätzlich nicht entgegen (OLG Stuttgart, Beschl. v. 25.10.2011 – 8 W 387/11; Lutter/Hommelhoff/*Bayer* Anh. § 47 Rn. 38; Oetker/*Preuß* § 8 Rn. 112). Das Registergericht kann gem. § 381 Satz 1 FamFG das Eintragungsverfahren gem. § 21 FamFG bis zum Ablauf der Anfechtungsfrist aussetzen. Nach § 381 Satz 2 FamFG ist eine Frist zur Klageerhebung zu setzen, wenn ein Anfechtungsprozess noch nicht anhängig ist. Wurde dennoch ein anfechtbarer Beschluss eingetragen und durch Anfechtungsurteil später für nichtig erklärt, ist dieses Urteil in das Register einzutragen. Eine Löschung der Eintragung des Beschlusses kommt gem. § 398 FamFG in Betracht, wenn der Beschluss zwingende gesetzliche Vorschriften verletzt und seine Beseitigung im öffentlichen Interesse erforderlich scheint. Ein anfechtbarer Beschluss, der nicht fristgemäß angefochten wird, wird **endgültig wirksam** (BGH, Urt. v. 03.05.1999 – II ZR 119/98; Urt. v. 21.03.1988 – II ZR 308/87; Scholz/*K. Schmidt* § 45 Rn. 45).

385 Die Anfechtbarkeit eines Beschlusses kann **nur durch Anfechtungsklage** geltend gemacht werden. Eine Geltendmachung durch Einrede kommt im Unterschied zu nichtigen Beschlüssen nicht in Betracht (Scholz/*K. Schmidt* § 45 Rn. 39; Lutter/Hommelhoff/*Bayer* Anh. § 47 Rn. 38, 67; R/S-L/*Koppensteiner/Gruber* § 47 Rn. 117). Das Erfordernis der Anfechtungsklage betrifft jedoch lediglich

die klageweise Geltendmachung der Anfechtbarkeit eines Beschlusses und steht einer Aufhebung des anfechtbaren Beschlusses durch einen Beschluss der Gesellschafter nicht entgegen (Scholz/*K. Schmidt* § 45 Rn. 45).

d) Heilung

Die Anfechtbarkeit eines Beschlusses kann durch **Bestätigungsbeschluss** in entsprechender Anwendung des § 244 AktG sowie durch **Genehmigung** geheilt werden. Die Heilung durch Bestätigungsbeschluss sowie ihre prozessualen Folgen werden an späterer Stelle näher erläutert (vgl. unten Rdn. 442–446). Beruht die Anfechtbarkeit eines Beschlusses darauf, dass dieser verzichtbare Rechte eines Gesellschafters verletzt, kann dieser Mangel durch Genehmigung bzw. Zustimmung des betroffenen Gesellschafters **geheilt** werden (Scholz/*K. Schmidt* § 45 Rn. 119; Lutter/Hommelhoff/*Bayer* Anh. § 47 Rn. 60). Dies ist bspw. bei der Verletzung von Informations- oder Teilhaberechten möglich (Scholz/*K. Schmidt* § 45 Rn. 119; MünchHdb GesR III/*Wolff* § 40 Rn. 51). Die Genehmigung führt zur Heilung des Beschlusses und beseitigt damit die Anfechtbarkeit (BGH, Urt. v. 08.12.1997 – II ZR 216/96; Scholz/*K. Schmidt* § 45 Rn. 119; MünchHdb GesR III/*Wolff* § 40 Rn. 51; R/S-L/*Koppensteiner/Gruber* § 47 Rn. 136). Die Heilung durch Genehmigung wirkt demnach nicht nur gegen den Gesellschafter, der die Genehmigung erteilt hat, sondern für und gegen jedermann (Scholz/*K. Schmidt* § 45 Rn. 119; MünchHdb GesR III/*Wolff* § 40 Rn. 51). Der Beschluss kann auch durch keinen anderen Gesellschafter mehr angefochten werden (MünchHdb GesR III/*Wolff* § 40 Rn. 51; Lutter/Hommelhoff/*Bayer* Anh. § 47 Rn. 60). Die Genehmigung kann ausdrücklich oder stillschweigend erklärt werden. Der Gesellschafter kann die Genehmigung vor, während oder auch nach der Beschlussfassung erteilen (Scholz/*K. Schmidt* § 45 Rn. 119; Michalski/*Römermann* Anh. § 47 Rn. 369). Von der Heilung durch Genehmigung ist der **Rügeverzicht** oder auch Rügeverlust zu unterscheiden, der lediglich zum Verlust des Anfechtungsrechts des Verzichtenden führt, nicht aber den Anfechtungsgrund an sich entfallen lässt (Scholz/*K. Schmidt* § 45 Rn. 122; Lutter/Hommelhoff/*Bayer* Anh. § 47 Rn. 60). Der Beschluss kann weiterhin durch andere Gesellschafter angefochten werden (MünchHdb GesR III/*Wolff* § 40 Rn. 51).

386

e) Teilanfechtung

Ob eine Teilanfechtung möglich ist, richtet sich nach denselben Grundsätzen wie die bereits dargestellte Teilnichtigkeit (vgl. oben Rdn. 374; Saenger/Inhester/*Puszkajler* Anh. § 47 Rn. 12). In analoger Anwendung des § 139 BGB kommt es somit darauf an, ob der verbleibende Beschlussgegenstand noch einen sinnvollen Regelungsgehalt aufweist und dessen Aufrechterhaltung im Interesse der Gesellschafter liegt (Michalski/*Römermann* Anh. § 47 Rn. 368). Wird der gesamte Beschluss angefochten, jedoch nur ein Teil für nichtig erklärt, ist die Klage im Übrigen abzuweisen.

387

4. Unwirksame Beschlüsse, Scheinbeschlüsse und wirkungslose Beschlüsse

a) Unwirksame Beschlüsse

Von den nichtigen und anfechtbaren Beschlüssen sind die unwirksamen Beschlüsse zu unterscheiden (BGH, Urt. v. 13.07.1967 – II ZR 238/64; Scholz/*K. Schmidt* § 45 Rn. 40; R/S-L/*Koppensteiner/Gruber* § 47 Rn. 88). Ein Beschluss ist unwirksam, wenn eine Wirkungsvoraussetzung fehlt, wie z. B. die erforderliche Zustimmung eines Gesellschafters oder die Handelsregistereintragung bei satzungsändernden Beschlüssen (Scholz/*K. Schmidt* § 45 Rn. 53; R/S-L/*Koppensteiner/Gruber* § 47 Rn. 88). So bedarf bspw. ein Beschluss, der den Gesellschaftern weitere Pflichten auferlegt, der Zustimmung aller betroffenen Gesellschafter (BGH, Urt. v. 13.07.1967 – II ZR 238/64; Urt. v. 10.11.1954 – II ZR 299/53; Scholz/*K. Schmidt* § 45 Rn. 54; MünchHdb GesR III/*Wolff* § 40 Rn. 7). Diese Beschlüsse sind zunächst **schwebend unwirksam**, können aber zu vollwirksamen Beschlüssen erstarken, wenn die fehlende Wirksamkeitsvoraussetzung nachgeholt wird (OLG Hamm, Urt. v. 30.08.2001 – 27 U 26/01; Scholz/*K. Schmidt* § 45 Rn. 53; R/S-L/*Koppensteiner/Gruber* § 47 Rn. 89; MünchHdb GesR III/*Wolff* § 40 Rn. 7). Steht fest, dass das Wirksamkeitserfordernis nicht

388

mehr eintreten kann, wird der Beschluss endgültig unwirksam (BGH, Urt. v. 10.11.1954 – II ZR 299/53; Scholz/*K. Schmidt* § 45 Rn. 53). Endgültig unwirksame Beschlüsse dürfen nicht ins Handelsregister eingetragen werden (OLG Frankfurt am Main, Beschl. v. 06.11.2008 – 20 W 385/08; R/S-L/*Koppensteiner/Gruber* § 47 Rn. 89). Etwas anderes gilt, wenn die Eintragung selbst Wirksamkeitsvoraussetzung ist. In diesem Fall ist eine Eintragung möglich (R/S-L/*Koppensteiner/Gruber* § 47 Rn. 89). Die schwebende Unwirksamkeit kann als **Einrede** oder auch durch **allgemeine Feststellungsklage** gem. § 256 Abs. 1 ZPO geltend gemacht werden (Lutter/Hommelhoff/*Bayer* Anh. § 47 Rn. 5; Scholz/*K. Schmidt* § 45 Rn. 40; Roth/*Altmeppen* § 47 Rn. 92). Umstritten ist, wie gerichtlich vorzugehen ist, wenn der Beschluss endgültig unwirksam geworden ist. Nach t.v.A. ist auch die endgültige Unwirksamkeit durch allgemeine Feststellungsklage nach § 256 Abs. 1 ZPO geltend zu machen (BGH, Urt. v. 10.11.1954 – II ZR 299/53; Scholz/*K. Schmidt* § 45 Rn. 59; MünchHdb GesR III/*Wolff* § 40 Rn. 7). Nach a.A. ist die endgültige Unwirksamkeit durch Nichtigkeitsklage analog § 249 AktG geltend zu machen (Lutter/Hommelhoff/*Bayer* Anh. § 47 Rn. 5; R/S-L/*Koppensteiner/Gruber* § 47 Rn. 89; Roth/*Altmeppen* § 47 Rn. 92).

b) Scheinbeschlüsse

389 Ein Scheinbeschluss ist anzunehmen, wenn lediglich der Anschein eines Gesellschafterbeschlusses besteht (R/S-L/*Koppensteiner/Gruber* § 47 Rn. 90). Dies kann z.B. der Fall sein, wenn ein Beschluss von den Mitgesellschaftern oder der Gesellschaft **lediglich behauptet** wird, aber nicht vorliegt (Scholz/*K. Schmidt* § 45 Rn. 50). Ein Scheinbeschluss hat keine Rechtswirkungen (Scholz/*K. Schmidt* § 45 Rn. 51). Es steht jedermann frei, sich darauf zu berufen, dass ein solcher »Beschluss« nicht existiert. Ist die Existenz eines Beschlusses umstritten, kann dies gerichtlich im Wege der **allgemeinen Feststellungsklage gem. § 256 ZPO** geklärt werden (Scholz/*K. Schmidt* § 45 Rn. 51). Nach zunehmend vertretener Auffassung, bedarf es der Kategorie der Scheinbeschlüsse nicht, da in solchen Fällen regelmäßig analog § 241 Nr. 3 AktG Nichtigkeit anzunehmen ist (Lutter/Hommelhoff/*Bayer* Anh. § 47 Rn. 7; R/S-L/*Koppensteiner/Gruber* § 47 Rn. 90; Roth/*Altmeppen* § 47 Rn. 93; Michalski/*Römermann* Anh. § 47 Rn. 50 ff.; MünchHdb GesR III/*Wolff* § 40 Rn. 10).

c) Wirkungslose Beschlüsse

390 Ein Beschluss ist wirkungslos, wenn seine **Rechtswirkung nicht erzielt werden kann** oder der Beschlussgegenstand nicht in die Kompetenz der Gesellschafterversammlung fällt und daher gegenstandslos oder unheilbar unwirksam ist (Michalski/*Römermann* Anh. § 47 Rn. 33; Lutter/Hommelhoff/*Bayer* Anh. § 47 Rn. 6). Danach wäre bspw. ein Beschluss der Gesellschafter über die Abberufung des Geschäftsführers in der mitbestimmten GmbH wirkungslos, da nach mitbestimmungsrechtlichen Regelungen zwingend der Aufsichtsrat über die Abberufung zu befinden hat (vgl. ausführl. zur Abberufung des Geschäftsführers unten Rdn. 575 ff.; Lutter/Hommelhoff/*Bayer* Anh. § 47 Rn. 6; Michalski/*Römermann* Anh. § 47 Rn. 35). Allerdings lassen sich nach der wohl im Vordringen befindlichen Auffassung diese Fallgestaltungen der Kategorie der nichtigen, anfechtbaren oder der unwirksamen Beschlüsse zuordnen, sodass es der Sonderkategorie der wirkungslosen Beschlüsse nicht bedarf (Roth/*Altmeppen* § 47 Rn. 93; R/S-L/*Koppensteiner/Gruber* § 47 Rn. 90; MünchHdb GesR III/*Wolff* § 40 Rn. 9; Lutter/Hommelhoff/*Bayer* Anh. § 47 Rn. 6). So sei bei einem Verstoß gegen gesetzliche Kompetenzüberschreitungen, wie z.B. der Verstoß gegen die Zuständigkeit des Aufsichtsrats für die Abberufung des Geschäftsführers nach Mitbestimmungsrecht, Nichtigkeit analog § 241 Nr. 3 AktG anzunehmen (Michalski/*Römermann* Anh. § 47 Rn. 37; MünchHdb GesR III/*Wolff* § 40 Rn. 9). Ein Beschluss, der die gesellschaftsvertragliche Zuständigkeitsordnung verletzt, ist anfechtbar (MünchHdb GesR III/*Wolff* § 40 Rn. 9).

5. Das Verhältnis von Anfechtungs- und Nichtigkeitsklage

391 Die **Anfechtungsklage** ist nach h.M. **Gestaltungsklage** und darauf gerichtet, einen bestimmten Beschluss für nichtig zu erklären (Scholz/*K. Schmidt* § 45 Rn. 123; Michalski/*Römermann* Anh. § 47 Rn. 479; MünchHdb GesR III/*Wolff* § 40 Rn. 54; R/S-L/*Koppensteiner/Gruber* § 47 Rn. 141). Die

Rechtsnatur der Nichtigkeitsklage ist dagegen umstritten. Nach t.v.A. ist auch die Nichtigkeitsklage Gestaltungsklage (*Ebbing* NZG 1998, 281, 285; vgl. unten Rdn. 395 zum Konzept der kassatorischen Klage). Die h.L. begreift die **Nichtigkeitsklage** jedoch als **Feststellungsklage** mit dem Ziel, die Nichtigkeit des angegriffenen Beschlusses festzustellen (OLG Düsseldorf, Urt. v. 08.07.2005 – I-16 I 104/04; R/S-L/*Koppensteiner/Gruber* § 47 Rn. 141; MünchHdb GesR III/*Wolff* § 40 Rn. 84; Saenger/Inhester/*Puszkajler* Anh. § 47 Rn. 76). Dafür spricht neben dem Wortlaut des § 249 AktG auch der Umstand, dass nichtige Beschlüsse im Unterschied zu anfechtbaren Beschlüssen von Anfang an unwirksam sind und ihre Nichtigkeit daher nicht erst durch Gestaltungsurteil herbeigeführt werden muss (Michalski/*Römermann* Anh. § 47 Rn. 480).

Nach älterer Rechtsprechung verfolgte die Anfechtungsklage ein anderes Rechtsschutzbegehren als die Nichtigkeitsklage (BGH, Urt. v. 23.05.1960 – II ZR 89/58; MünchHdb GesR III/*Wolff* § 40 Rn. 54). Daher wurden in der Praxis häufig Anfechtungs- und Nichtigkeitsgründe als Haupt- und Hilfsantrag geltend gemacht (R/S-L/*Koppensteiner/Gruber* § 47 Rn. 141; *Steinmeyer/Seidel* DStR 1999, 2077, 2078). Nach neuer Rechtsprechung des BGH und der h. M. in der Literatur verfolgen Anfechtungs- und Nichtigkeitsklage **dasselbe materielle Ziel**, nämlich die richterliche Klärung der Nichtigkeit eines Gesellschafterbeschlusses mit Wirkung für und gegen jedermann (BGH, Urt. v. 22.07.2002 – II ZR 286/01; Urt. v. 01.03.1999 – II ZR 305/97; Urt. v. 17.02.1997 – II ZR 41/96; OLG Düsseldorf, Urt. v. 08.07.2005 – I-16 U 104/04; Lutter/Hommelhoff/*Bayer* Anh. § 47 Rn. 78; R/S-L/*Koppensteiner/Gruber* § 47 Rn. 141). Anfechtungs- und Nichtigkeitsantrag stehen folglich nicht in einem Eventualverhältnis zueinander (BGH, Urt. v. 17.02.1997 – II ZR 41/96; *Steinmeyer/Seidel* DStR 1999, 2077, 2079). Der Streitgegenstand der Nichtigkeits- und Anfechtungsklage wird durch den Mangel, also die fehlende Übereinstimmung mit Gesetz und Satzung, durch den Beschlussgegenstand, den Beschlussinhalt sowie das Verfahren definiert, das zur Beschlussfassung geführt hat (BGH, Urt. v. 22.07.2002 – II ZR 286/01; Lutter/Hommelhoff/*Bayer* Anh. § 47 Rn. 78). Zum Verfahren in diesem Sinne gehören die verschiedenen Stadien der Vorbereitung des Beschlusses bis zur Beschlussfassung an sich (BGH, Urt. v. 22.07.2002 – II ZR 286/01). Weist ein Beschluss mehrere Beschlussmängel auf, können diese daher in einer Klage geltend gemacht werden (Saenger/Inhester/*Puszkajler* Anh. § 47 Rn. 77).

Der **Antrag der Anfechtungsklage** ist darauf gerichtet, einen bestimmten Beschluss für nichtig zu erklären (vgl. unten Rdn. 398). Dieser Antrag beschränkt das Gericht jedoch nicht auf die Prüfung von Anfechtungsgründen (*Steinmeyer/Seidel* DStR 1999, 2077, 2079). Da der Anfechtungs- und Nichtigkeitsklage derselbe Streitgegenstand zugrunde liegt, prüft das Gericht unabhängig von der Bezeichnung als Anfechtungs- oder Nichtigkeitsklage sämtliche in Betracht kommenden Anfechtungs- und Nichtigkeitsgründe anhand des vom Kläger vorgetragenen Sachverhalts (BGH, Urt. v. 01.03.1999 – II ZR 305/97; Urt. v. 17.02.1997 – II ZR 41/96; Scholz/*K. Schmidt* § 45 Rn. 48; Michalski/*Römermann* Anh. § 47 Rn. 511; MünchHdb GesR III/*Wolff* § 40 Rn. 54; R/S-L/*Koppensteiner/Gruber* § 47 Rn. 141). Das Gericht hat durch Subsumtion zu entscheiden, ob die Regelung des § 248 AktG analog oder des § 249 AktG analog Anwendung findet. Es kommt daher nicht darauf an, ob der Kläger die Gründe unter dem Gesichtspunkt der Nichtigkeit oder der Anfechtbarkeit vorträgt (BGH, Urt. v. 01.03.1999 – II ZR 305/97; Lutter/Hommelhoff/*Bayer* Anh. § 47 Rn. 79; Saenger/Inhester/*Puszkajler* Anh. § 47 Rn. 77). Dies hat zur Folge, dass aufgrund des Anfechtungsantrags ein Nichtigkeitsurteil ergehen kann und umgekehrt (Scholz/*K. Schmidt* § 45 Rn. 48). Auf die früher übliche Geltendmachung von Anfechtungs- und Nichtigkeitsgründen als Haupt- und Hilfsantrag kann daher verzichtet werden (*Steinmeyer/Seidel* DStR 1999, 2077, 2079). Ändert sich die rechtliche Begründung der Klage vom Anfechtungsgrund zum Nichtigkeitsgrund oder umgekehrt, liegt somit keine Klageänderung vor (Lutter/Hommelhoff/*Bayer* Anh. § 47 Rn. 80; Saenger/Inhester/*Puszkajler* Anh. § 47 Rn. 77). Wird – wie früher in der Praxis üblich – der Anfechtungsantrag mit einem Nichtigkeitsantrag als Haupt- und Hilfsantrag verbunden, hat dies aufgrund der Einheitlichkeit des Streitgegenstandes zur Folge, dass keine Klagehäufung gegeben ist, soweit beide Anträge auf demselben Lebenssachverhalt beruhen (Michalski/*Römermann* Anh. § 47 Rn. 482). Ein Teilurteil über die Anfechtungs- oder Nichtigkeitsklage ist daher nicht auszusprechen (BGH, Urt. v. 01.03.1999 – II ZR 305/97; R/S-L/*Koppensteiner/Gruber* § 47 Rn. 141; *Goette* DStR 1999, 644).

394 Nichtigkeits- und Anfechtungsklage unterscheiden sich im Wesentlichen dadurch, dass die Anfechtungsklage innerhalb einer angemessenen Klagefrist erhoben werden muss, in der auch die Tatsachen vorzutragen sind, die die Anfechtbarkeit des Beschlusses begründen (vgl. unten Rdn. 412 ff.). Dagegen unterliegt die Geltendmachung von Nichtigkeitsgründen im Wege der Nichtigkeitsklage grundsätzlich keiner Klagefrist (vgl. unten Rdn. 454; Lutter/Hommelhoff/*Bayer* Anh. § 47 Rn. 79). Daraus folgt, dass das Gericht bei einer Klage, die nach Ablauf einer angemessenen Frist eingereicht wird, lediglich Nichtigkeitsgründe prüft. Anfechtungsgründe können dann nicht mehr zum Erfolg der Klage führen (Scholz/*K. Schmidt* § 45 Rn. 45, 48; R/S-L/*Koppensteiner/Gruber* § 47 Rn. 141).

395 In der Literatur lässt sich die Tendenz erkennen, nicht zwischen Anfechtungs- und Nichtigkeitsklage zu differenzieren, sondern von einer **sog. kassatorischen Klage** zu sprechen und in deren Rahmen zwischen Anfechtungs- und Nichtigkeitsgründen zu unterscheiden (vgl. dazu insbesondere Scholz/*K. Schmidt* § 45 Rn. 45; Michalski/*Römermann* Anh. § 47 Rn. 481).

6. Anfechtungsklage analog § 243 Abs. 1 AktG

a) Gegenstand der Anfechtungsklage

396 Gegenstand der Anfechtungsklage ist nach Auffassung der Rechtsprechung und der h.L. ein durch den Versammlungsleiter **förmlich festgestellter Gesellschafterbeschluss**. Nur dann steht ein Beschluss mit einem Beschlussinhalt fest, gegen den sich die Anfechtungsklage richten kann (BGH, Urt. v. 11.02.2008 – II ZR 187/06; Urt. v. 01.03.1999 – II ZR 305/97; Urt. v. 21.03.1988 – II ZR 308/87; Urt. v. 28.01.1980 – II ZR 84/79; Lutter/Hommelhoff/*Bayer* Anh. § 47 Rn. 38; MünchHdb GesR III/*Wolff* § 40 Rn. 53). Fehlt es an einer förmlichen Beschlussfeststellung, kann die Mangelhaftigkeit des Beschlusses im Wege einer allgemeinen Feststellungsklage nach § 256 ZPO oder einredeweise geltend gemacht werden (dazu unten Rdn. 469; BGH, Urt. v. 11.02.2008 – II ZR 187/06; Beschl. v. 04.05.2009 – II ZR 169/07; Urt. v. 01.03.1999 – II ZR 205/98; Urt. v. 28.01.1980 – II ZR 84/79; Lutter/Hommelhoff/*Bayer* Anh. § 47 Rn. 39; *Roth/Altmeppen* § 47 Rn. 132). Eine förmliche Beschlussfeststellung liegt vor, wenn dadurch Unsicherheiten darüber beseitigt werden, ob ein wirksamer Beschluss gefasst wurde. Diese Voraussetzung ist erfüllt, wenn ein Versammlungs- oder Verhandlungsleiter den Beschluss in der Verhandlung verkündet und dabei zu erkennen gibt, dass er ihn als wirksam ansieht (BGH, Urt. v. 11.02.2008 – II ZR 187/06; OLG Stuttgart, Beschl. v. 13.04.1994 – 2 U 303/93; Lutter/Hommelhoff/*Bayer* Anh. § 47 Rn. 38).

397 Die Anfechtungsklage kann sich nach gefestigter Rechtsprechung auch gegen einen Beschluss richten, der durch Fehler bei der Beschlussfeststellung, wie z. B. durch Mitzählen unwirksamer Stimmen, zustande gekommen ist, sofern dieser förmlich festgestellt ist. Nur so kann ausreichender Rechtsschutz gewährleistet werden (noch a. A. BGH, Urt. v. 09.12.1968 – II ZR 57/67; heute st. Rspr. BGH, Urt. 20.01.1986 – II ZR 73/85; Urt. v. 21.03.1988 – II ZR 308/87; Urt. v. 12.06.1989 – II ZR 246/88; Scholz/*K. Schmidt* § 45 Rn. 20). Grundsätzlich kann auch ein **satzungsauslegender Beschluss** angefochten werden, wenn dieser Beschluss in Wahrheit keine Auslegung, sondern eine Änderung der Satzung enthält. Das ist insbesondere dann der Fall, wenn durch diesen Beschluss über die Zulässigkeit einer Maßnahme entschieden wird und ihm somit regelnder Charakter zukommt. Die Zulässigkeit der Klage hängt insofern nicht davon ab, ob die Satzung tatsächlich durchbrochen wurde. Befinden die Gesellschafter dagegen ohne Regelungswirkung über die Auslegung der Satzung, kann dies durch Feststellungsklage oder ggf. Unterlassungsklage gerichtlich überprüft werden (BGH, Urt. v. 25.11.2002 – II ZR 69/01; *Riehm* GmbHR 2003, 176).

b) Antrag und Streitgegenstand

398 Der Antrag der Anfechtungsklage ist darauf gerichtet, einen bestimmten Gesellschafterbeschluss für nichtig zu erklären (BGH, Urt. v. 16.12.1991 – II ZR 58/91; Scholz/*K. Schmidt* § 45 Rn. 123; Michalski/*Römermann* Anh. § 47 Rn. 512). Dabei ist der angegriffene Gesellschafterbeschluss möglichst genau nach Gesellschaft, Datum der Beschlussfassung und Inhalt zu bezeichnen (MünchHdb

GesR III/*Wolff* § 40 Rn. 54; Saenger/Inhester/*Puszkajler* Anh. § 47 Rn. 107). Der Streitgegenstand ergibt sich aus dem Gesellschafterbeschluss, den der Kläger angreift sowie dem Tatsachenstoff, der die Mangelhaftigkeit des Beschlusses begründen soll (vgl. oben Rdn. 392; Lutter/Hommelhoff/*Bayer* Anh. § 47 Rn. 78).

c) Anfechtungsbefugnis

aa) Begriff und Rechtsnatur

Anfechtungsbefugnis ist das Recht, Anfechtungsklage zu erheben. Nach h. M. handelt es sich bei der Anfechtungsbefugnis um eine **materiell rechtliche Voraussetzung der Klage**. Fehlt die Anfechtungsbefugnis, ist die Klage daher als unbegründet abzuweisen (OLG Stuttgart, Urt. v. 23.07.2003 – 20 U 5/03 zur AG; OLG Düsseldorf, Urt. v. 24.08.1995 – 6 U 124/94; Michalski/*Römermann* Anh. § 47 Rn. 382; MüKo GmbHG/*Wertenbruch* Anh. § 47 Rn. 172). Nach a. A. ist die Anfechtungsbefugnis eine Prozessführungsbefugnis und damit Sachurteilsvoraussetzung, dessen Fehlen zur Klageabweisung als unzulässig führt (Scholz/*K. Schmidt* § 45 Rn. 127, 147; MünchHdb GesR III/*Wolff* § 40 Rn. 61). Eine analoge Anwendung des § 245 AktG, der für die aktienrechtliche Anfechtungsklage die Anfechtungsbefugnis regelt, wird für das Recht der GmbH abgelehnt (MünchHdb GesR III/*Wolff* § 40 Rn. 63; Michalski/*Römermann* Anh. § 47 Rn. 384).

399

bb) Anfechtungsbefugnis des Gesellschafters

(1) Grundsatz

Grundsätzlich ist im Recht der GmbH **jeder Gesellschafter** zur Anfechtung befugt (OLG Düsseldorf, Urt. v. 24.02.2000 – 6 U 77/99; Urt. v. 24.08.1995 – 6 U 124/94; OLG Hamm, Urt. v. 06.12.1999 – 8 U 296/98; Scholz/*K. Schmidt* § 45 Rn. 128; Michalski/*Römermann* Anh. § 47 Rn. 388 ff.). Wer als Gesellschafter anzusehen ist, bestimmt sich nach § 16 GmbHG (BGH, Urt. v. 13.10.2008 – II ZR 112/07; OLG Saarbrücken, Urt. v. 24.11.2004 – 1 U 202/04-35; OLG Hamm, Urt. v. 06.12.1999 – 8 U 926/98; OLG Düsseldorf, Urt. v. 24.08.1995 – 6 U 124/94; Lutter/Hommelhoff/*Bayer* Anh. § 47 Rn. 70). Die Anfechtungsbefugnis setzt **keine persönliche Betroffenheit** bzw. individuelle Rechtsverletzung des klagenden Gesellschafters voraus, da jeder Gesellschafter das Recht darauf hat, dass die Gesellschafterversammlung nur solche Beschlüsse fasst, die mit Gesetz und Gesellschaftsvertrag in Einklang stehen. Ein weiter gehendes Rechtsschutzbedürfnis oder eine individuelle Rechtsverletzung muss der klagende Gesellschafter nicht darlegen (BGH, Urt. v. 25.11.2002 – II ZR 69/01; Urt. v. 25.02.1965 – II ZR 287/63; OLG Düsseldorf, Urt. v. 08.03.2001 – 6 U 64/00; Urt. v. 24.02.2000 – 6 U 77/99; Scholz/*K. Schmidt* § 45 Rn. 129; MünchHdb GesR III/*Wolff* § 40 Rn. 63). Im Unterschied zum Aktienrecht (§ 245 Nr. 1 AktG) kommt es nicht darauf an, dass der Gesellschafter an der Versammlung teilgenommen und Widerspruch erklärt hat (OLG Hamm, Urt. v. 07.05.1984 – 8 U 22/84; Lutter/Hommelhoff/*Bayer* Anh. § 47 Rn. 71; Scholz/*K. Schmidt* § 45 Rn. 129; MünchHdb GesR III/*Wolff* § 40 Rn. 63). Die Anfechtungsbefugnis entfällt allerdings nach dem Rechtsgedanken des venire contra factum proprium, wenn der Gesellschafter i. S. d. Beschlusses gestimmt oder ihm nachträglich zugestimmt hat (Lutter/Hommelhoff/*Bayer* Anh. § 47 Rn. 71; MünchHdb GesR III/*Wolff* § 40 Rn. 63; Saenger/Inhester/*Puszkajler* Anh. § 47 Rn. 89). Das Anfechtungsrecht gehört zum **Kernbereich der Mitgliedschaft** und kann daher nicht isoliert übertragen werden. Liegt jedoch eine wirksame Stimmrechtsabspaltung vor, geht die Anfechtungsbefugnis mit dem Stimmrecht über (Michalski/*Römermann* Anh. § 47 Rn. 388; R/S-L/*Koppensteiner/Gruber* § 47 Rn. 146; Saenger/Inhester/*Puszkajler* Anh. § 47 Rn. 89a).

400

(2) Treugeber, Nießbraucher und Pfandgläubiger

Nach h. M. sind Treugeber, Nießbraucher und Pfandgläubiger des Gesellschaftsanteils **nicht anfechtungsbefugt**. Das Anfechtungsrecht steht nur demjenigen zu, der das Vollrecht am Gesellschaftsanteil hält; auf die wirtschaftliche Stellung kommt es dabei nicht an (BGH, Urt. v. 13.10.2008 – II ZR

401

112/07; Lutter/Hommelhoff/*Bayer* Anh. § 47 Rn. 70; Scholz/*K. Schmidt* § 45 Rn. 128; MünchHdb GesR III/*Wolff* § 40 Rn. 64; Michalski/*Römermann* Anh. § 47 Rn. 389, 399).

(3) Gemeinschaftliche Berechtigung

402 Sind mehrere Gesellschafter an einem Anteil gemeinschaftlich berechtigt, so können diese das Anfechtungsrecht gem. § 18 Abs. 1 GmbHG grundsätzlich nur gemeinschaftlich ausüben (MüKo GmbHG/*Wertenbruch* Anh. § 47 Rn. 173; Saenger/Inhester/*Puszkajler* Anh. § 47 Rn. 91). Es handelt sich um **notwendige Streitgenossenschaft** i. S. d. § 62 ZPO. Für die Prozessführung ist ein gemeinsamer Vertreter zu bestellen (Scholz/*K. Schmidt* § 45 Rn. 128; MünchHdb GesR III/*Wolff* § 40 Rn. 64; R/S-L/*Koppensteiner/Gruber* § 47 Rn. 146). Bei einer **Erbengemeinschaft** kann die Klage eines einzelnen Mitberechtigten nach § 2038 Abs. 1 Satz 2 BGB zulässig sein, sofern die Ausübung des Anfechtungsrechts als notwendige Erhaltungsmaßnahme zu sehen ist (BGH, Urt. v. 12.06.1989 – II ZR 246/88; MüKo GmbHG/*Wertenbruch* Anh. § 47 Rn. 174; Scholz/*K. Schmidt* § 45 Rn. 128). Testamentsvollstrecker sind im Rahmen ihrer Zuständigkeit für die Erben zur Anfechtung befugt (BGH, Urt. v. 12.06.1989 – II ZR 246/88; Scholz/*K. Schmidt* § 45 Rn. 128; R/S-L/*Koppensteiner/Gruber* § 47 Rn. 146). Im **Insolvenzverfahren** des Gesellschafters übt der Insolvenzverwalter das Anfechtungsrecht aus (OLG Düsseldorf, Urt. v. 24.08.1995 – 6 U 124/94; Scholz/*K. Schmidt* § 45 Rn. 128; MünchHdb GesR III/*Wolff* § 40 Rn. 64).

(4) Zeitpunkt des Vorliegens der Gesellschaftereigenschaft

403 Umstritten ist, in welchem Zeitpunkt die Gesellschaftereigenschaft vorliegen muss. Einigkeit besteht darin, dass die Gesellschaftereigenschaft im **Zeitpunkt der Klageerhebung** erforderlich ist (OLG Hamm, Urt. v. 06.12.1999 – 8 U 296/98; OLG Düsseldorf, Urt. v. 24.08.1995 – 6 U 124/94; Scholz/*K. Schmidt* § 45 Rn. 130; MünchHdb GesR III/*Wolff* § 40 Rn. 65; Lutter/Hommelhoff/ *Bayer* Anh. § 47 Rn. 70). Eine Klage, die nach Beendigung der Gesellschafterstellung eingereicht wird, ist unbegründet (OLG Hamm, Urt. v. 06.12.1999 – 8 U 296/98). Fraglich ist, ob die Gesellschaftereigenschaft auch schon im **Zeitpunkt der Beschlussfassung** gegeben sein muss. Diese Fragestellung wird insbesondere dann relevant, wenn der Gesellschaftsanteil zwischen Beschlussfassung und Klageerhebung veräußert, vererbt oder originär erworben wird. Es ist anerkannt, dass das Anfechtungsrecht als Bestandteil der Gesellschafterstellung im Fall der Einzel- oder Gesamtrechtsnachfolge in den vollen Gesellschaftsanteil auf den Erwerber übergeht (BGH, Urt. v. 25.02.1965 – II ZR 287/63; OLG Schleswig, Urt. v. 16.03.2000 – 5 U 244/97; Scholz/*K. Schmidt* § 45 Rn. 132; Baumbach/Hueck/*Zöllner* Anh. § 47 Rn. 138; Michalski/*Römermann* Anh. § 47 Rn. 406; Lutter/ Hommelhoff/*Bayer* Anh. § 47 Rn. 70). Voraussetzung ist, dass der veräußernde Gesellschafter selbst anfechtungsberechtigt war (Saenger/Inhester/*Puszkajler* Anh. § 47 Rn. 90). Veräußert ein Gesellschafter lediglich einen Teil seines Gesellschaftsanteils, so ist sowohl der Veräußerer als auch der Erwerber anfechtungsbefugt (Scholz/*K. Schmidt* § 45 Rn. 132; Michalski/*Römermann* Anh. § 47 Rn. 408, 409; MünchHdb GesR III/*Wolff* § 40 Rn. 65). Wird ein Gesellschaftsanteil dagegen nach Beschlussfassung originär erworben, z. B. im Rahmen einer Kapitalerhöhung, ist der Erwerber nach h.L. nicht zur Anfechtung befugt, da er im Zeitpunkt der Beschlussfassung nicht Träger mitgliedschaftlicher Rechte war und der Gesellschaftsanteil nicht durch die Beschlussfassung geprägt wurde (Scholz/*K. Schmidt* § 45 Rn. 131; R/S-L/*Koppensteiner/Gruber* § 47 Rn. 146; Michalski/*Römermann* Anh. § 47 Rn. 413 f.; Lutter/Hommelhoff/*Bayer* Anh. § 47 Rn. 70; Saenger/Inhester/*Puszkajler* Anh. § 47 Rn. 90). Nach a. A. steht demjenigen, der im Rahmen einer Kapitalerhöhung einen Gesellschaftsanteil originär erwirbt, hinsichtlich früherer Beschlüsse ein vollumfängliches Anfechtungsrecht zu (MünchHdb GesR III/*Wolff* § 40 Rn. 65). Nach a. A. besteht lediglich ein Anfechtungsrecht hinsichtlich inhaltlich gesetzeswidriger nicht eingetragener und dem Erwerber unbekannter Satzungsänderungs- und sonstiger eintragungsbedürftiger Grundlagenbeschlüsse (Baumbach/Hueck/ *Zöllner* Anh. § 47 Rn. 138).

404 Wird ein **Gesellschaftsanteil** nach Klageerhebung **während des Verfahrens veräußert**, kann der Veräußerer den Prozess nach § 265 Abs. 2 Satz 1 ZPO grundsätzlich fortführen (BGH, Urt. v.

09.10.2006 – II ZR 46/05; Urt. v. 12.07.1993 – II ZR 65/92; Urt. v. 25.02.1965 – II ZR 287/63; OLG Düsseldorf, Urt. v. 24.02.2000 – 6 U 77/99; Scholz/*K. Schmidt* § 45 Rn. 133; Michalski/*Römermann* Anh. § 47 Rn. 411; MüKo GmbHG/*Wertenbruch* Anh. § 47 Rn. 179; MünchHdb GesR III/*Wolff* § 40 Rn. 65). Die Abtretung des Geschäftsanteils wirkt sich somit nicht auf den Prozess aus (BGH, Urt. v. 25.02.1965 – II ZR 287/63; OLG Düsseldorf, Urt. v. 08.03.2001 – 6 U 64/00; Urt. v. 24.02.2000 – 6 U 77/99). Eine Fortführung des Prozesses durch den früheren Anteilsinhaber scheidet lediglich dann aus, wenn ihm das Rechtsschutzbedürfnis fehlt (Lutter/Hommelhoff/*Bayer* Anh. § 47 Rn. 72). Stimmen die beklagte Gesellschaft und der Veräußerer zu, kann nach § 265 Abs. 2 Satz 2 ZPO auch der neue Anteilsinhaber den Prozess weiterführen (Scholz/*K. Schmidt* § 45 Rn. 133; R/S-L/*Koppensteiner/Gruber* § 47 Rn. 146; Lutter/Hommelhoff/*Bayer* Anh. § 47 Rn. 72).

(5) Einschränkung des Anfechtungsrechts

Das Anfechtungsrecht der Gesellschafter kann grundsätzlich nicht durch Satzung eingeschränkt oder gar entzogen werden, da es dem **Kernbereich der Mitgliedschaft** angehört (Scholz/*K. Schmidt* § 45 Rn. 135; MünchHdb GesR III/*Wolff* § 40 Rn. 112; Michalski/*Römermann* Anh. § 47 Rn. 435). 405

(6) Anfechtungsrecht für Betriebsräte

Wird die Wahl von Aufsichtsratsmitgliedern analog § 251 AktG angefochten, erweitert § 251 Abs. 2 AktG analog die Klagebefugnis auf Betriebsräte, Gesamtbetriebsräte sowie auf die im Unternehmen vertretenen Gewerkschaften und deren Spitzenorganisationen. 406

cc) Anfechtungsbefugnis von Organmitgliedern

Im Aktienrecht sind der Vorstand als Organ, Vorstands- und Aufsichtsratsmitglieder unter bestimmten Voraussetzungen der § 245 Nr. 4 und 5 AktG anfechtungsbefugt. Für das Recht der GmbH ist umstritten, ob auch Organmitglieder wie **Geschäftsführer, Aufsichtsrats- oder auch Beiratsmitglieder**, die nicht auch Gesellschafter sind, zur Anfechtung berechtigt sind (zum Streitstand vgl. auch Michalski/*Römermann* Anh. § 47 Rn. 415 ff.; Scholz/*K. Schmidt* § 45 Rn. 134). Die h. M. lehnt eine Anfechtungsbefugnis von Organmitgliedern grundsätzlich ab (BGH, Urt. v. 11.02.2008 – II ZR 187/06; Urt. v. 28.01.1980 – II ZR 84/79; Michalski/*Römermann* Anh. § 47 Rn. 427 ff.; MünchHdb GesR III/*Wolff* § 40 Rn. 66). Dafür spricht, dass der Geschäftsführer ansonsten über das Anfechtungsrecht der Gesellschafter verfügen und auf diese Weise die Entscheidung der Gesellschafter, einen Beschluss nicht anzufechten und ihn mit Verstreichen der Anfechtungsfrist voll wirksam werden zu lassen, verhindern könnte. Dies würde der Weisungsgebundenheit des Geschäftsführers an Entscheidungen der Gesellschafterversammlung nach § 37 Abs. 1 GmbHG zuwiderlaufen (BGH, Urt. v. 28.01.1980 – II ZR 84/79). Ausnahmsweise sind Organmitglieder dann anfechtungsbefugt, wenn sie durch Ausführung der Beschlüsse eine Straftat oder Ordnungswidrigkeit begehen würden (Baumbach/Hueck/*Zöllner* Anh. § 47 Rn. 140, 141; Lutter/Hommelhoff/*Bayer* Anh. § 47 Rn. 72, 74; R/S-L/*Koppensteiner/Gruber* § 47 Rn. 147; Saenger/Inhester/*Puszkajler* Anh. § 47 Rn. 92). Nach *K. Schmidt* sind Organmitglieder zur Anfechtung von ausführungsbedürftigen Beschlüssen, die einen Inhaltsmangel aufweisen, befugt (Scholz/*K. Schmidt* § 45 Rn. 134; a. A. Lutter/Hommelhoff/*Bayer* Anh. § 47 Rn. 72). 407

Die Anfechtungsbefugnis eines Organmitglieds kann **in der Satzung vereinbart werden** (Scholz/*K. Schmidt* § 45 Rn. 135; Lutter/Hommelhoff/*Bayer* Anh. § 47 Rn. 76; Michalski/*Römermann* Anh. § 47 Rn. 437; MünchHdb GesR III/*Wolff* § 40 Rn. 112; R/S-L/*Koppensteiner/Gruber* § 47 Rn. 119). Wurde eine solche Regelung gesellschaftsvertraglich nicht vereinbart, ist der Praxis aufgrund des uneinheitlichen Meinungsstandes in der Literatur zu empfehlen, gerichtliche Klärung durch die allgemeine Feststellungsklage nach § 256 ZPO herbeizuführen (Scholz/*K. Schmidt* § 45 Rn. 134; Michalski/*Römermann* Anh. § 47 Rn. 431). Auf diese Weise kann bspw. ein Geschäftsführer gerichtlich klären lassen, ob er zur Ausführung bestimmter Beschlüsse verpflichtet ist (Scholz/*K. Schmidt* § 45 Rn. 134). 408

dd) Anfechtungsbefugnis Dritter

409 Eine Anfechtungsbefugnis Dritter wird von der h.M. **grundsätzlich abgelehnt** (Michalski/*Römermann* Anh. § 47 Rn. 433). Im Unterschied zu Organmitgliedern kann Dritten die Anfechtungsbefugnis auch nicht durch Satzung eingeräumt werden (Scholz/*K. Schmidt* § 45 Rn. 135; R/S-L/*Koppensteiner/Gruber* § 47 Rn. 119; MünchHdb GesR III/*Wolff* § 40 Rn. 112; a. A. Lutter/Hommelhoff/*Bayer* Anh. § 47 Rn. 76).

ee) Missbrauch der Anfechtungsbefugnis

410 Die Anfechtungsbefugnis ist durch das **Verbot des Rechtsmissbrauchs** begrenzt (Scholz/*K. Schmidt* § 45 Rn. 137). Rechtsmissbrauch kann dann vorliegen, wenn sich der Kläger durch die Klage zu seinem früheren Verhalten in Widerspruch setzt (vgl. oben Rdn. 400; BGH, Urt. v. 15.06.1992 – II ZR 173/91; OLG Hamm, Urt. v. 18.01.1993 – 8 U 90/92; MünchHdb GesR III/*Wolff* § 40 Rn. 62). Unter dem Stichwort »Missbrauch der Anfechtungsbefugnis« wird wie auch im Aktienrecht der Fall der **erpresserischen Anfechtungsklage** diskutiert, bei der die Anfechtung allein darauf abzielt, sich das Anfechtungsrecht abkaufen zu lassen. Ein solcher Missbrauch liegt vor, wenn es dem Kläger, unabhängig davon, ob ein mangelhafter Beschluss vorliegt, darauf ankommt, in grob eigennütziger Weise besondere finanzielle Vorteile zu erlangen, auf die er keinen rechtlichen Anspruch hat und billigerweise auch nicht erheben kann. Dabei muss der Tatbestand der Nötigung oder Erpressung im strafrechtlichen Sinne nicht gegeben sein (BGH, Urt. v. 22.05.1989 – II ZR 206/88; OLG Düsseldorf, Urt. v. 14.03.1996 – 6 U 119/94; Michalski/*Römermann* Anh. § 47 Rn. 448 ff.; R/S-L/*Koppensteiner/Gruber* § 47 Rn. 138; Lutter/Hommelhoff/*Bayer* Anh. § 47 Rn. 82). Nach h.M. ist eine rechtsmissbräuchlich erhobene Anfechtungsklage als unbegründet abzuweisen (OLG Düsseldorf, Urt. v. 14.03.1996 – 6 U 119/94; Lutter/Hommelhoff/*Bayer* Anh. § 47 Rn. 82; Michalski/*Römermann* Anh. § 47 Rn. 453). Nach a.A. ist die Klage im Fall des Missbrauchs unzulässig (Scholz/*K. Schmidt* § 45 Rn. 137).

ff) Notwendige Streitgenossenschaft

411 Mehrere Anfechtungskläger, die Anfechtungs- und/oder Nichtigkeitsklagen gegen denselben Beschluss erheben, sind **notwendige Streitgenossen** aus prozessualen Gründen i. S. d. § 62 Abs. 1, 1. Fall ZPO (BGH, Urt. v. 08.02.2011 – II ZR 206/08; *Roth/Altmeppen* § 47 Rn. 151; R/S-L/*Koppensteiner/Gruber* § 47 Rn. 150).

d) Anfechtungsfrist

aa) Geltung einer angemessenen Anfechtungsfrist

412 Wie auch im Aktienrecht ist die Anfechtungsklage im Recht der GmbH an eine Klagefrist gebunden (Scholz/*K. Schmidt* § 45 Rn. 141 f.). Eine strikte Anwendung des § 246 Abs. 1 AktG analog, nach dem die aktienrechtliche Anfechtungsklage innerhalb einer Monatsfrist zu erheben ist, wird durch Rechtsprechung und h.L. für die GmbH abgelehnt (BGH, Urt. v. 14.05.1990 – II ZR 126/89; Urt. v. 21.03.1988 – II ZR 308/87; Urt. v. 27.05.1982 – III ZR 157/80; Urt. v. 16.12.1953 – II ZR 167/52; OLG Saarbrücken, Urt. v. 24.11.2004 – 1 U 202/04-35; OLG Düsseldorf, Urt. v. 08.07.2005 – I-16 U 104/04; OLG Jena, Urt. v. 06.11.2001 – 8 U 517/01; Scholz/*K. Schmidt* § 45 Rn. 142; Lutter/Hommelhoff/*Bayer* Anh. § 47 Rn. 62; *Roth/Altmeppen* § 47 Rn. 144). Grund dafür ist, dass die GmbH im Unterschied zur AG typischerweise auf der Verbundenheit und dem gegenseitigen Vertrauen der Gesellschafter beruht. Die Gesellschafter einer GmbH sind demnach viel stärker als die Gesellschafter einer AG darauf angewiesen, die Streitigkeiten über einen Gesellschafterbeschluss einvernehmlich zu lösen (BGH, Urt. v. 14.05.1990 – II ZR 126/89; Urt. v. 21.03.1988 – II ZR 308/87; OLG Hamm, Urt. v. 04.12.2003 – 27 U 112/03; MünchHdb GesR III/*Wolff* § 40 Rn. 72; Michalski/*Römermann* Anh. § 47 Rn. 460; R/S-L/*Koppensteiner/Gruber* § 47 Rn. 139). Das

Bedürfnis nach Rechtssicherheit durch eine starre Monatsfrist ist demnach bei der GmbH geringer als bei der Aktiengesellschaft.

Anfechtungsklagen sind im Recht der GmbH innerhalb einer **angemessenen Frist** zu erheben, bei der der Monatsfrist des § 246 Abs. 1 AktG Leitbildcharakter zukommt (BGH, Urt. v. 03.05.1999 – II ZR 119/98; Urt. v. 12.01.1998 – II ZR 82/93; Urt. v. 16.12.1991 – II ZR 58/91; Urt. v. 14.05.1990 – II ZR 126/89; Urt. v. 21.03.1988 – II ZR 308/87; OLG Düsseldorf, Urt. v. 08.07.2005 – I-16 U 104/04; OLG Hamm, Urt. v. 04.12.2003 – 27 U 112/03; Scholz/*K. Schmidt* § 45 Rn. 142, 143; Lutter/Hommelhoff/*Bayer* Anh. § 47 Rn. 62). Der **Leitbildcharakter der Monatsfrist** bedeutet, dass – vorbehaltlich abweichender gesellschaftsvertraglicher Regelung (vgl. unten Rdn. 415) – grundsätzlich die Monatsfrist des § 246 Abs. 1 AktG einzuhalten ist. Dem Kläger ist die Klageerhebung innerhalb dieser Frist regelmäßig zumutbar (BGH, Beschl. v. 13.07.2009 – II ZR 272/08; Urt. v. 21.03.1988 – II ZR 308/87; OLG Hamm, Urt. v. 04.12.2003 – 27 U 112/03; MünchHdb GesR III/*Wolff* § 40 Rn. 72). Der Kläger hat aus Gründen der Rechtssicherheit mit zumutbarer Beschleunigung vorzugehen (BGH, Urt. v. 18.04.2005 – II ZR 151/03; Urt. v. 12.01.1998 – II ZR 82/93; Urt. v. 14.05.1990 – II ZR 126/89; Urt. v. 01.06.1987 – II ZR 128/86; OLG Düsseldorf, Urt. v. 08.07.2005 – I-16 U 104/04; Scholz/*K. Schmidt* § 45 Rn. 143; R/S-L/*Koppensteiner/Gruber* § 47 Rn. 139). Die Monatsfrist kann dann überschritten werden, wenn zwingende Umstände den Gesellschafter an einer früheren Klageerhebung gehindert haben (BGH, Beschl. v. 13.07.2009 – II ZR 272/08; Urt. v. 18.04.2005 – II ZR 151/03; Urt. v. 12.01.1998 – II ZR 82/93; Lutter/Hommelhoff/*Bayer* Anh. § 47 Rn. 63). Dies ist bspw. dann der Fall, wenn die Monatsfrist im Einzelfall nicht ausreicht, um schwierige rechtliche und bzw. oder tatsächliche Fragen zu klären, die für die Beurteilung der Erfolgsaussichten einer Anfechtungsklage maßgeblich sind oder länger über eine einvernehmliche Lösung verhandelt wurde, z. B. im Rahmen einer Mediation (BGH, Urt. v. 14.05.1990 – II ZR 126/89; OLG Saarbrücken, Urt. v. 24.11.2004 – I U 202/04-35; OLG Hamm, Urt. v. 04.12.2003 – 27 U 112/03; OLG Stuttgart, Urt. v. 27.10.1999 – 20 U 30/99; OLG München, Urt. v. 28.19.1999 – 14 U 268/99; Scholz/*K. Schmidt* § 45 Rn. 143; Lutter/Hommelhoff/*Bayer* Anh. § 47 Rn. 63). Nach gescheiterten Verhandlungen über eine einvernehmliche Lösung muss alsbald Klage erhoben werden, regelmäßig innerhalb eines Monats (OLG Dresden, Urt. v. 05.12.1996 – 7 U 1338/96; Scholz/*K. Schmidt* § 45 Rn. 143; Baumbach/Hueck/*Zöllner* Anh. § 47 Rn. 149). Überschreitet der Kläger nach Beschlussfassung die angemessene Frist, bevor er Maßnahmen einleitet, um eine gütliche Einigung zu erzielen und wäre es zumutbar gewesen, diese Maßnahmen früher zu ergreifen, kann er sich bei Scheitern dieser Maßnahmen und anschließender Klageerhebung nicht darauf berufen, er sei durch zwingende Umstände an einer früheren Klageerhebung gehindert gewesen und er habe die Anfechtungsklage mit jeder ihm zumutbaren Beschleunigung erhoben (BGH, Urt. v. 17.10.1988 – II ZR 18/88).

413

bb) Beginn der Anfechtungsfrist

Umstritten ist, in welchem Zeitpunkt die Anfechtungsfrist beginnt. Nach t.v.A. kommt es darauf an, wann der Gesellschafter von der Beschlussfassung und damit von dem Anfechtungsgrund Kenntnis erlangt, da der Gesellschafter erst dann in der Lage ist, über die Anfechtung zu entscheiden (OLG Hamm, Urt. v. 26.02.2003 – 8 U 110/02; OLG München, Urt. v. 29.10.1999 – 14 U 268/99; OLG Jena, Urt. v. 06.11.2001 – 8 U 517/01; Lutter/Hommelhoff/*Bayer* Anh. § 47 Rn. 62; *Roth/Altmeppen* § 47 Rn. 147). Dabei ist zu berücksichtigen, dass ein Gesellschafter, der an der Gesellschafterversammlung nicht teilgenommen, aber Kenntnis von der Gesellschafterversammlung und den Tagesordnungspunkten hatte, dazu verpflichtet ist, sich über die Beschlussfassung zu informieren und nicht zuwarten kann, bis ihm das Protokoll der Gesellschafterversammlung zugesandt wird (OLG Hamm, Urt. v. 26.02.2003 – 8 U 110/02; Urt. v. 14.02.2000 – 8 U 117/99). Nach a. A. beginnt die Frist entsprechend § 246 Abs. 1 AktG im Zeitpunkt der Beschlussfassung (OLG Schleswig, Beschl. v. 29.01.1998 – 5 U 125/96; Scholz/*K. Schmidt* § 45 Rn. 145; MünchHdb GesR III/*Wolff* § 40 Rn. 75; Michalski/*Römermann* Anh. § 47 Rn. 468, 469). Der Zeitpunkt der Kenntnis des Gesellschafters ist im Rahmen der Angemessenheit der Frist zu berücksichtigen, sodass beide Ansichten

414

wohl regelmäßig zu gleichen Ergebnissen führen werden (OLG Schleswig, Beschl. v. 29.01.1998 – 5 U 125/96; Scholz/*K. Schmidt* § 45 Rn. 145; MünchHdb GesR III/*Wolff* § 40 Rn. 75).

cc) Gesellschaftsvertragliche Regelung

415 Im Gesellschaftsvertrag kann die Dauer und der Beginn der Anfechtungsfrist geregelt werden (BGH, Beschl. v. 13.07.2009 – II ZR 272/08; Saenger/Inhester/*Puszkajler* Anh. § 47 Rn. 104). Dadurch lassen sich Rechtsunsicherheiten, die dadurch entstehen, dass das Recht der GmbH keine starre Anfechtungsfrist vorsieht und der Beginn der Anfechtungsfrist umstritten ist, vermeiden (MünchHdb GesR III/*Wolff* § 40 Rn. 113; BeckOK GmbHG/*Leinekugel* Beschlussanfechtung Rn. 156). Der Gesellschaftsvertrag kann eine längere Frist als die Monatsfrist vorsehen (OLG Köln, Urt. v. 17.02.1995 – 19 U 167/94; Baumbach/Hueck/*Zöllner* Anh. § 47 Rn. 152). Eine Frist, die 3 Monate überschreitet, wird z. T. als unangemessen erachtet (OLG Köln, Urt. v. 17.02.1995 – 19 U 167/94). Die vereinbarte Frist darf die Monatsfrist nicht unterschreiten (BGH, Urt. v. 12.06.1989 – II ZR 246/88; Urt. v. 21.03.1988 – II ZR 308/87; OLG Düsseldorf, Urt. v. 08.07.2005 – I-16 U 104/04; Scholz/*K. Schmidt* § 45 Rn. 144; MünchHdb GesR III/*Wolff* § 40 Rn. 113). Unzulässig ist bereits eine Vierwochenfrist (Scholz/*K. Schmidt* § 45 Rn. 144). Eine solche Satzungsbestimmung ist unwirksam, da sie das Anfechtungsrecht der Gesellschafter unzulässig verkürzen würde. Stattdessen gilt dann eine angemessene Frist (BGH, Urt. v. 21.03.1988 – II ZR 308/87; OLG Schleswig, Beschl. v. 29.01.1998 – 5 U 125/96). Durch gesellschaftsvertragliche Regelung kann festgelegt werden, wann die Anfechtungsfrist beginnt. Nach Ansicht des OLG Hamm ist es zulässig, den Fristbeginn auf den Tag nach der Protokollierung der Beschlussfassung festzulegen. Da es den Gesellschaftern grundsätzlich offen steht, sich Kenntnis über die gefassten Beschlüsse zu verschaffen, muss nicht zwingend auf den Zeitpunkt der Kenntnis des Gesellschafters von der Beschlussfassung abgestellt werden (OLG Hamm, Urt. v. 14.02.2000 – 8 U 117/99 Rn. 35). Außerhalb einer gesellschaftsvertraglichen Regelung wird eine Verlängerung der Anfechtungsfrist im Einzelfall dann als zulässig erachtet, wenn sämtliche Gesellschafter zustimmen (Saenger/Inhester/*Puszkajler* Anh. § 47 Rn. 104; BeckOK GmbHG/*Leinekugel* Beschlussanfechtung Rn. 159).

dd) Wahrung der Anfechtungsfrist

416 Die Fristwahrung erfolgt **durch Klageerhebung** (MünchHdb GesR III/*Wolff* § 40 Rn. 76). In der Klage muss ein bestimmter Klageantrag gestellt und die Anfechtungsgründe in ihrem wesentlichen Kern dargestellt werden (vgl. unten Rdn. 417; Scholz/*K. Schmidt* § 45 Rn. 145; MünchHdb GesR III/*Wolff* § 40 Rn. 76). Die Klage muss innerhalb der Frist rechtshängig sein. Dabei genügt für die Fristwahrung gem. § 167 ZPO die Einreichung der Klageschrift, wenn die Zustellung demnächst erfolgt (BGH, Urt. v. 16.12.1991 – II ZR 58/91; OLG Düsseldorf, Urt. v. 08.07.2005 – I-16 U 104/04; KG, Urt. v. 13.04.1995 – 2 U 582/94; MünchHdb GesR III/*Wolff* § 40 Rn. 76; Lutter/Hommelhoff/*Bayer* Anh. § 47 Rn. 68). Verzögerungen dürfen dem Kläger nicht anzulasten sein. So darf die Zustellung nicht durch die späte Einzahlung der Gerichtskosten verzögert werden (BGH, Urt. v. 08.02.2011 – II ZR 206/08; OLG Köln, Urt. v. 17.02.1995 – 19 U 167/94; Scholz/*K. Schmidt* § 45 Rn. 145). Nach h. M. kann die Frist durch einen Prozesskostenhilfeantrag gewahrt werden (Lutter/Hommelhoff/*Bayer* Anh. § 47 Rn. 68; Baumbach/Hueck/*Zöllner* Anh. § 47 Rn. 151; Roth/Altmeppen § 47 Rn. 148). Nach *K. Schmidt* steht ein Prozesskostenhilfeantrag der Klageerhebung nicht gleich, kann aber die Angemessenheit der Frist verlängern (Scholz/*K. Schmidt* § 45 Rn. 145). Die Klageerhebung vor einem unzuständigen Gericht wahrt die Frist. Der Rechtsstreit ist zu verweisen (BGH, Urt. v. 06.02.1961 – III ZR 13/60; Scholz/*K. Schmidt* § 45 Rn. 145). Die Darlegungs- und Beweislast für die Wahrung der Anfechtungsfrist obliegt dem klagenden Gesellschafter (BGH, Urt. v. 15.06.1998 – II ZR 40/97; OLG Düsseldorf, Urt. v. 08.07.2005 – I-16 U 104/04; OLG Hamm, Urt. v. 14.02.2000 – 8 U 117/99 Rn. 37).

ee) Rechtsnatur und Bedeutung der Anfechtungsfrist

Die Anfechtungsfrist stellt nach h. M. eine **materiell rechtliche Ausschlussfrist** dar. Eine verfristete Anfechtungsklage ist als unbegründet abzuweisen (OLG Stuttgart, Urt. v. 23.07.2003 – 20 U 5/03 zur AG; OLG Jena, Urt. v. 06.11.2001 – 8 U 517/01; Scholz/*K. Schmidt* § 45 Rn. 141, 146; R/S-L/*Koppensteiner/Gruber* § 47 Rn. 140; Michalski/*Römermann* Anh. § 47 Rn. 471; Lutter/Hommelhoff/*Bayer* Anh. § 47 Rn. 68). Mit Ablauf der Anfechtungsfrist wird der Beschluss bestandskräftig (BGH, Urt. v. 03.05.1999 – II ZR 119/98; Urt. v. 01.06.1987 – II ZR 128/86; *Roth/Altmeppen* § 47 Rn. 91, 150). Die Anfechtungsfrist dient damit der Rechtssicherheit. Die Anfechtungsfrist ist als materielle Klagevoraussetzung in jeder Lage des Verfahrens von Amts wegen zu prüfen (BGH, Urt. v. 15.06.1998 – II ZR 40/97; Lutter/Hommelhoff/*Bayer* Anh. § 47 Rn. 68). Diese Grundsätze gelten auch bei einer gesellschaftsvertraglich vereinbarten Anfechtungsfrist (BGH, Urt. v. 15.06.1998 – II ZR 40/97). Die Anfechtungsgründe müssen in ihrem wesentlichen tatsächlichen Kern innerhalb dieser Klagefrist geltend gemacht werden (BGH, Beschl. v. 13.07.2009 – II ZR 272/08; Scholz/*K. Schmidt* § 45 Rn. 144; MünchHdb GesR III/*Wolff* § 40 Rn. 76; Lutter/Hommelhoff/*Bayer* Anh. § 47 Rn. 68). Nach Ablauf der Anfechtungsfrist sind die Anfechtungsgründe präkludiert; sie können nicht mehr geltend gemacht werden (Scholz/*K. Schmidt* § 45 Rn. 141; Michalski/*Römermann* Anh. § 47 Rn. 473; *Roth/Altmeppen* § 47 Rn. 150). Dies schließt allerdings nicht aus, dass Rechtsausführungen und bloße Ergänzungen des Vortrags auch nach Ablauf der Anfechtungsfrist nachgeschoben werden können (BGH, Urt. v. 14.03.2005 – II ZR 153/03; Urt. v. 12.01.1998 – II ZR 82/93; OLG Jena, Urt. v. 06.11.2001 – 8 U 517/01; Michalski/*Römermann* Anh. § 47 Rn. 472; Lutter/Hommelhoff/*Bayer* Anh. § 47 Rn. 68). Unzulässig ist dagegen das **Nachschieben von neuen Anfechtungsgründen nach Ablauf der Anfechtungsfrist**, da dies ansonsten der Zulassung einer verspäteten Klage gleichkommen würde (BGH, Urt. v. 11.07.1966 – II ZR 134/65; OLG Jena, Urt. v. 06.11.2001 – 8 U 517/01; Scholz/*K. Schmidt* § 45 Rn. 145; *Steinmeyer/Seidel* DStR 1999, 2077, 2079). Eine Ausnahme wird nur dann anerkannt, wenn Anfechtungsgründe erst während des Prozesses bekannt werden und die Anfechtungsfrist diesbezüglich noch gewahrt werden kann (MünchHdb GesR III/*Wolff* § 40 Rn. 76). So hat der BGH entschieden, dass keine verspätete Klage vorliegt, wenn eine Anfechtungsklage auf Stimmrechtsmissbrauch gestützt wird und dieses Motiv erst nach Ablauf der Anfechtungsfrist deutlich wird (BGH, Urt. v. 11.07.1966 – II ZR 134/65; Saenger/Inhester/*Puszkajler* Anh. § 47 Rn. 102).

Problematisch ist, ob ein Gesellschafter auch noch nach **Ablauf der Anfechtungsfrist** gegen einen ihn betreffenden Ausschließungsbeschluss vorgehen kann. Dies wird unter Hinweis auf die bei Beschlussmängeln von der Rechtsprechung und h.L. angewandten Analogie zu den §§ 241 ff. AktG abgelehnt (BGH, Urt. v. 12.10.1992 – II ZR 286/91; Urt. v. 10.06.1991 – II ZR 234/89; Michalski/*Römermann* Anh. § 47 Rn. 46).

e) Passivlegitimation und Vertretungsfragen

Die Klage ist grundsätzlich **gegen die Gesellschaft** zu richten. Eine Klage gegen die Mitgesellschafter kommt nicht in Betracht (Scholz/*K. Schmidt* § 45 Rn. 148, 149; MünchHdb GesR III/*Wolff* § 40 Rn. 78; R/S-L/*Koppensteiner/Gruber* § 47 Rn. 149). Dies gilt auch für personalistische und Zwei-Personen-Gesellschaften (OLG Rostock, Urt. v. 28.05.2003 – 6 U 173/02; Scholz/*K. Schmidt* § 45 Rn. 148; *Oppenländer* DStR 1996, 922, 928). Im Unterschied zur Anfechtungsklage kann die allgemeine Feststellungsklage, soweit ihre Voraussetzungen erfüllt sind, gegen jedermann erhoben werden (vgl. unten Rdn. 468, 470).

Die GmbH wird im Prozess grundsätzlich **durch ihre Geschäftsführer vertreten** (vgl. oben Rdn. 258; MüKo GmbHG/*Wertenbruch* Anh. § 47 Rn. 194; Michalski/*Römermann* Anh. § 47 Rn. 490). Im Unterschied zum Anfechtungsprozess im Aktienrecht ist eine Vertretung durch den Aufsichtsrat ausgeschlossen (R/S-L/*Koppensteiner/Gruber* § 47 Rn. 149; Michalski/*Römermann* Anh. § 47 Rn. 491; Scholz/*K. Schmidt* § 45 Rn. 149; MünchHdb GesR III/*Wolff* § 40 Rn. 59). Dies gilt auch für die mitbestimmte Gesellschaft (Scholz/*K. Schmidt* § 45 Rn. 149; Michalski/*Römermann* Anh.

§ 47 Rn. 491). Klagt der Geschäftsführer selbst, können die Gesellschafter gem. § 46 Nr. 8 Halbs. 2 GmbHG einen besonderen Vertreter bestellen (vgl. oben Rdn. 289 ff.; Michalski/*Römermann* Anh. § 47 Rn. 492; MünchHdb GesR III/*Wolff* § 40 Rn. 59). Fehlt ein Geschäftsführer, ist der Geschäftsführer an der Vertretung verhindert oder wurde nach § 46 Nr. 8 Halbs. 2 GmbHG kein besonderer Vertreter bestimmt, so wird entsprechend § 29 BGB ein **Notgeschäftsführer** oder nach § 57 ZPO ein **Prozesspfleger** bestellt (vgl. oben Rdn. 299–308; Scholz/*K. Schmidt* § 45 Rn. 149; R/S-L/*Koppensteiner/Gruber* § 47 Rn. 149; Michalski/*Römermann* Anh. § 47 Rn. 492; MünchHdb GesR III/*Wolff* § 40 Rn. 59).

421 Wird durch die Anfechtungsklage die Bestellung oder Abberufung eines Geschäftsführers angegriffen, so ist als Geschäftsführer anzusehen, wer aufgrund des angefochtenen Beschlusses diese Stellung innehat, also im Fall des Obsiegens der Gesellschaft als deren Geschäftsführer anzusehen ist (vgl. unten zur Abberufung des Geschäftsführers Rdn. 503 ff.; BGH, Urt. v. 10.11.1980 – II ZR 51/80; OLG Köln, Beschl. v. 17.02.2003 – 18 W 6/03; OLG Hamm, Urt. v. 07.10.1992 – 8 U 75/92; Michalski/*Römermann* Anh. § 47 Rn. 493; MünchHdb GesR III/*Wolff* § 40 Rn. 59). Auf diese Weise wird vermieden, dass die Vertretungsbefugnis vom Ausgang des Rechtsstreits abhängt und ggf. von den Instanzgerichten unterschiedlich bewertet wird und gewährleistet, dass vor Eintritt der materiellen Prüfung feststeht, ob die Klage zulässig oder unzulässig ist (BGH, Urt. v. 10.11.1980 – II ZR 51/80; OLG Köln, Beschl. v. 17.02.2003 – 18 W 6/03). Die Vertretungsbefugnis des Geschäftsführers besteht auch in der 2. Instanz; auch dann, wenn der Anfechtungsklage in der Vorinstanz stattgegeben wurde (KG, Urt. v. 04.03.1997 – 14 U 6988/96; Michalski/*Römermann* Anh. § 47 Rn. 493; Baumbach/Hueck/*Zöllner* Anh. § 47 Rn. 165).

422 Im Fall der **Liquidation** wird die Gesellschaft durch die Liquidatoren vertreten (vgl. oben Rdn. 259 ff.; MünchHdb GesR III/*Wolff* § 40 Rn. 59; MüKo GmbHG/*Wertenbruch* Anh. § 47 Rn. 194). Dies gilt auch für den Fall, dass sich die Anfechtungsklage gegen den Auflösungsbeschluss richtet, da der Auflösungsbeschluss und damit die Bestellung des Liquidators bis zum rechtskräftigen stattgebenden Anfechtungsurteil wirksam ist (BGH, Urt. v. 14.12.1961 – II ZR 97/59; Michalski/*Römermann* Anh. § 47 Rn. 495; Scholz/*K. Schmidt* § 45 Rn. 149; R/S-L/*Koppensteiner/Gruber* § 47 Rn. 149).

423 Im Insolvenzverfahren der GmbH steht dem Insolvenzverwalter die Vertretung der GmbH im Anfechtungsprozess dann zu, wenn der angegriffene Beschluss die Masse berührt (Scholz/*K. Schmidt* § 45 Rn. 149; MüKo GmbHG/*Wertenbruch* Anh. § 47 Rn. 195; Michalski/*Römermann* Anh. § 47 Rn. 496). Betrifft die Anfechtungsklage die Masse nicht, bleiben die Geschäftsführer vertretungsberechtigt (Scholz/*K. Schmidt* § 45 Rn. 149; R/S-L/*Koppensteiner/Gruber* § 47 Rn. 149).

f) Zuständigkeit

424 Für die Anfechtungsklage ist analog § 246 Abs. 3 Satz 1 AktG **ausschließlich das Landgericht** zuständig, in dessen Bezirk die Gesellschaft ihren Sitz hat (Scholz/*K. Schmidt* § 45 Rn. 150; MünchHdb GesR III/*Wolff* § 40 Rn. 58; R/S-L/*Koppensteiner/Gruber* § 47 Rn. 143). Der Gerichtsstand kann vertraglich nicht abbedungen werden, vgl. §§ 38, 40 Abs. 2 Satz 1 Nr. 2 ZPO (Lutter/Hommelhoff/*Bayer* Anh. § 47 Rn. 81; Michalski/*Römermann* Anh. § 47 Rn. 508).

425 In analoger Anwendung des § 246 Abs. 3 Satz 2 AktG ist für die Anfechtungsklage ausschließlich die **Kammer für Handelssachen funktionell zuständig** (OLG München, Beschl. v. 14.09.2007 – 31 AR 211/07; Michalski/*Römermann* Anh. § 47 Rn. 509; MünchHdb GesR III/*Wolff* § 40 Rn. 58). Ziel der Regelung des § 246 Abs. 3 Satz 1 und Satz 2 AktG ist es, Anfechtungsklagen gegen Gesellschafterbeschlüsse sachlich, örtlich und funktionell zu konzentrieren (OLG München, Beschl. v. 14.09.2007 – 31 AR 211/07).

g) Rechtsschutzbedürfnis

426 Die Anfechtungsklage setzt wie jede andere Klage grundsätzlich auch ein Rechtsschutzbedürfnis des Klägers voraus (OLG Saarbrücken, Beschl. v. 17.01.2001 – 1 U 686/00-155). Ein besonderes

Rechtsschutzbedürfnis für die Geltendmachung der Anfechtbarkeit ist allerdings nicht erforderlich und bedarf daher regelmäßig keiner besonderen Begründung. Der Kläger muss somit keine Verletzung individueller Rechte geltend machen (vgl. oben Rdn. 400; BGH, Urt. v. 25.02.1965 – II ZR 287/63; Scholz/*K. Schmidt* § 45 Rn. 136; MünchHdb GesR III/*Wolff* § 40 Rn. 68; Michalski/*Römermann* Anh. § 47 Rn. 442).

In einigen Fällen kann das **Rechtsschutzbedürfnis** für eine Anfechtungsklage jedoch **fehlen**. Dies ist dann der Fall, wenn ein **ablehnender Beschluss** ohne Erhebung einer positiven Beschlussfeststellungsklage angefochten, ein positiver Beschluss aber behauptet wird (vgl. ausführl. unten zur positiven Beschlussfeststellungsklage Rdn. 463 ff.; Scholz/*K. Schmidt* § 45 Rn. 136; MünchHdb GesR III/*Wolff* § 40 Rn. 69). Allein durch Feststellung der Nichtigkeit des Beschlusses ist dem Rechtsschutzziel des Klägers nicht gedient, da auf diesem Weg keine positive Beschlussfeststellung erreicht wird (Michalski/*Römermann* Anh. § 47 Rn. 444). Das Rechtsschutzbedürfnis für eine Anfechtungsklage fehlt auch dann, wenn der ursprünglich fehlerhafte Beschluss durch die Gesellschafterversammlung rückwirkend aufgehoben oder mangelfrei wiederholt und bestätigt wird (vgl. oben Rdn. 386; vgl. unten zum Bestätigungsbeschluss Rdn. 442 ff.; OLG Saarbrücken, Beschl. v. 17.01.2001 – 1 U 686/00-155; R/S-L/*Koppensteiner/Gruber* § 47 Rn. 142; Scholz/*K. Schmidt* § 45 Rn. 136). Das Rechtsschutzbedürfnis ist auch dann zu verneinen, wenn das Rechtsschutzziel durch ein anderes Verfahren schneller und einfacher erreicht werden kann. So fehlt aufgrund des Informationserzwingungsverfahrens nach § 51b GmbHG das Rechtsschutzbedürfnis für die Anfechtungsklage gegen einen Beschluss nach § 51a Abs. 2 Satz 2 GmbHG (MünchHdb GesR III/*Wolff* § 40 Rn. 69; Scholz/*K. Schmidt* § 45 Rn. 136; MüKo GmbHG/*Hillmann* § 51b Rn. 45). Fehlt das Rechtsschutzbedürfnis von Anfang an, ist die Klage **als unzulässig** abzuweisen; fällt es erst nachträglich weg, führt dies zur **Erledigung der Hauptsache** (Michalski/*Römermann* Anh. § 47 Rn. 446).

h) Darlegungs- und Beweislast

Grundsätzlich hat jede Partei die Tatsachen darzulegen und zu beweisen, aus denen sie eine für sie günstige Rechtsfolge herleitet. Nach dieser Regel hat der Kläger darzulegen und ggf. zu beweisen, ob und mit welchem Inhalt ein vorläufig wirksamer, anfechtbarer Beschluss zustande gekommen ist. Weiter muss der Kläger seine Anfechtungsbefugnis und die Einhaltung der Anfechtungsfrist darlegen und beweisen (Scholz/*K. Schmidt* § 45 Rn. 161; Michalski/*Römermann* Anh. § 47 Rn. 517; R/S-L/*Koppensteiner/Gruber* § 47 Rn. 152). Erhebt der Kläger nach Ablauf der Monatsfrist Klage, hat er darzutun, warum die Einhaltung der Monatsfrist nicht eingehalten werden konnte und dass er mit der ihm zumutbaren Beschleunigung vorgegangen ist (vgl. oben Rdn. 413; Saenger/Inhester/*Puszkajler* Anh. § 47 Rn. 105). Für Inhaltsfehler trifft den Kläger grundsätzlich die volle Darlegungs- und Beweislast. Auch Verfahrensfehler sind vom Kläger grundsätzlich substanziiert vorzutragen (Scholz/*K. Schmidt* § 45 Rn. 161; Saenger/Inhester/*Puszkajler* Anh. § 47 Rn. 105). Eine Ausnahme besteht für Vorgänge im Innern der Gesellschaft, von denen der Kläger regelmäßig keine ausreichende Kenntnis haben kann (Michalski/*Römermann* Anh. § 47 Rn. 518; R/S-L/*Koppensteiner/Gruber* § 47 Rn. 152). Eine grundsätzliche Umkehr der Beweislastverteilung aus Gründen des Minderheitenschutzes ist jedoch abzulehnen. Die GmbH hat die ordnungsgemäße Vorbereitung und Organisation der Gesellschafterversammlung darzutun und zu beweisen (Scholz/*K. Schmidt* § 45 Rn. 161; Michalski/*Römermann* Anh. § 47 Rn. 519; Saenger/Inhester/*Puszkajler* Anh. § 47 Rn. 106). Für individuelle Verfahrensverstöße trifft den Kläger die volle Darlegungs- und Beweislast, z. B. wenn er sich darauf beruft, dass ihm die Teilnahme an der Gesellschafterversammlung rechtswidrig verweigert wurde (Michalski/*Römermann* Anh. § 47 Rn. 519; Scholz/*K. Schmidt* § 45 Rn. 161). Ferner obliegt dem Kläger die Beweislast für ein unrichtig festgestelltes Abstimmungsergebnis (Saenger/Inhester/*Puszkajler* Anh. § 47 Rn. 105).

i) Verfügungsbefugnis über den Streitgegenstand

Für die Frage, wie weit die Parteien über den Streitgegenstand verfügen können, ist zwischen Kläger und der beklagten Gesellschaft zu differenzieren. Die beklagte Gesellschaft ist in ihrer

Dispositionsbefugnis beschränkt, nicht dagegen der Kläger. Der Kläger kann somit **Klagerücknahme** und **Klageverzicht** erklären oder ein **Versäumnisurteil** gegen sich ergehen lassen (Scholz/*K. Schmidt* § 45 Rn. 158; R/S-L/*Koppensteiner/Gruber* § 47 Rn. 154). Da die Beseitigung eines von den Gesellschaftern gefassten Beschlusses nicht im freien Belieben der Gesellschaft bzw. der die Gesellschaft vertretenden Geschäftsführer steht, kann diese dagegen nicht frei über den Streitgegenstand verfügen. Daher kann ein Beschluss nicht durch **Vergleich** zwischen Kläger und beklagter Gesellschaft aufgehoben werden. Nur die Gesellschafter können den Beschluss durch Aufhebungsbeschluss beseitigen (Scholz/*K. Schmidt* § 45 Rn. 159; Lutter/Hommelhoff/*Bayer* Anh. § 47 Rn. 85; MünchHdb GesR III/*Wolff* § 40 Rn. 57; R/S-L/*Koppensteiner/Gruber* § 47 Rn. 154). Heben die Gesellschafter den angefochtenen Beschluss während eines Anfechtungsverfahrens auf, kann der Kläger Erledigung der Hauptsache erklären (Scholz/*K. Schmidt* § 45 Rn. 163). Ob ein **Klageanerkenntnis** (§ 307 ZPO) der Gesellschaft zulässig ist, ist umstritten (offen gelassen bei BGH, Urt. v. 12.07.1993 – II ZR 65/92; dagegen: Scholz/*K. Schmidt* § 45 Rn. 159; R/S-L/*Koppensteiner/Gruber* § 47 Rn. 154; dafür: Baumbach/Hueck/*Zöllner* Anh. § 47 Rn. 175). Gegen die Zulässigkeit des Anerkenntnisses spricht, dass die Gesellschaft über den Streitgegenstand – den Gesellschafterbeschluss – nicht verfügen kann (Scholz/*K. Schmidt* § 45 Rn. 159). Die Gesellschaft kann allerdings durch Nichtbestreiten, Säumnis und Rechtsmittelverzicht das Prozessergebnis beeinflussen (zur Bedeutung der Nebenintervention in diesem Zusammenhang vgl. unten Rdn. 431; Scholz/*K. Schmidt* § 45 Rn. 160; MünchHdb GesR III/*Wolff* § 40 Rn. 57; Michalski/*Römermann* Anh. § 47 Rn. 525; R/S-L/*Koppensteiner/Gruber* § 47 Rn. 154; Lutter/Hommelhoff/*Bayer* Anh. § 47 Rn. 85).

j) Informationspflicht der Geschäftsführer und Nebenintervention

430 In analoger Anwendung des § 246 Abs. 4 AktG sind die Geschäftsführer verpflichtet, sämtlichen Gesellschaftern die Erhebung der Anfechtungsklage und den Termin zur ersten mündlichen Verhandlung mitzuteilen. Auf diese Weise soll den Gesellschaftern die Möglichkeit gegeben werden, dem Verfahren als Nebenintervenienten beizutreten (BGH, Urt. v. 20.01.1986 – II ZR 73/85; OLG Düsseldorf, Urt. v. 08.03.2001 – 6 U 64/00; Scholz/*K. Schmidt* § 45 Rn. 156; Michalski/*Römermann* Anh. § 47 Rn. 498; MünchHdb GesR III/*Wolff* § 40 Rn. 60). Folgt man der Auffassung, nach der auch Organmitglieder zur Anfechtung befugt sind (vgl. oben Rdn. 407), sind auch diese von der **Informationspflicht der Geschäftsführer** erfasst (Für Unterrichtung eines bestehenden Aufsichtsrates Baumbach/Hueck/*Zöllner* Anh. § 47 Rn. 170; a. A. Michalski/*Römermann* Anh. § 47 Rn. 500). Das Gericht ist erst dann zur Mitteilung verpflichtet, wenn es Anhaltspunkte dafür hat, dass die Geschäftsführer ihrer Informationspflicht nicht nachkommen (Scholz/*K. Schmidt* § 45 Rn. 156; Michalski/*Römermann* Anh. § 47 Rn. 501; MüKo GmbHG/*Wertenbruch* Anh. § 47 Rn. 201). Eine Mitteilung in den Gesellschaftsblättern ist im Unterschied zum Aktienrecht nicht ausreichend (R/S-L/*Koppensteiner/Gruber* § 47 Rn. 144; MüKo GmbHG/*Wertenbruch* Anh. § 47 Rn. 201). Unterlassen die Geschäftsführer die Information, hat dies keine Auswirkung auf den Prozessverlauf, da es sich lediglich um eine gesellschaftsrechtliche Verpflichtung handelt, deren Verletzung allerdings Schadensersatzansprüche auslösen kann (Michalski/*Römermann* Anh. § 47 Rn. 499; MüKo GmbHG/*Wertenbruch* Anh. § 47 Rn. 201).

431 Nach § 66 Abs. 1 ZPO kann jeder, der ein **rechtliches Interesse** daran hat, einem zwischen anderen Personen anhängigen Rechtsstreit beitreten. Aufgrund der Urteilswirkungen eines klagestattgebenden Anfechtungsurteils (vgl. unten Rdn. 435) ist ein solches rechtliches Interesse für jeden Gesellschafter grundsätzlich zu bejahen (BGH, Beschl. v. 23.04.2007 – II ZB 29/05 zur AG; OLG Frankfurt am Main, Beschl. v. 18.10.2001 – 5 W 16/01 zur AG; Scholz/*K. Schmidt* § 45 Rn. 156; R/S-L/*Koppensteiner/Gruber* § 47 Rn. 151; Michalski/*Römermann* Anh. § 47 Rn. 503). In Anbetracht dieser Urteilswirkungen handelt es sich um eine **streitgenössische Nebenintervention** i. S. d. § 69 ZPO (BGH, Beschl. v. 23.04.2007 – II ZB 29/05 zur AG; BGH, Urt. v. 12.07.1993 – II ZR 65/92; Scholz/*K. Schmidt* § 45 Rn. 156; MünchHdb GesR III/*Wolff* § 40 Rn. 60; R/S-L/*Koppensteiner/Gruber* § 47 Rn. 151; Michalski/*Römermann* Anh. § 47 Rn. 506). Die praktische Bedeutung der Nebenintervention liegt darin, dass der Nebenintervenient auch gegen den Willen der Hauptpartei Angriffs- und Verteidigungsmittel vorbringen und Rechtsmittel einlegen kann. Der Nebenintervenient

kann Tatsachen behaupten und bestreiten und einem Anerkenntnis widersprechen oder den Erlass eines Versäumnisurteils verhindern (Scholz/*K. Schmidt* § 45 Rn. 156; Michalski/*Römermann* Anh. § 47 Rn. 506; MüKo GmbHG/*Wertenbruch* Anh. § 47 Rn. 200). Der Gesellschafter kann auf Klägerseite oder auf Seite der beklagten Gesellschaft beitreten (Baumbach/Hueck/*Zöllner* Anh. § 47 Rn. 169; Lutter/Hommelhoff/*Bayer* Anh. § 47 Rn. 86). In der Praxis tritt regelmäßig ein Gesellschafter der beklagten Gesellschaft bei (Scholz/*K. Schmidt* § 45 Rn. 156). Dies ist insbesondere dann relevant, wenn die Gesellschaft durch Nichtbestreiten, Säumnis oder Rechtsmittelverzicht das Prozessergebnis zu beeinflussen versucht (vgl. oben Rdn. 429; Lutter/Hommelhoff/*Bayer* Anh. § 47 Rn. 85). Nach der Regelung des § 246 Abs. 4 Satz 2 AktG, die durch das am 01.11.2005 in Kraft getretene UMAG neu eingeführt wurde, ist der Beitritt aufseiten des Anfechtungsklägers nur zulässig, solange die Anfechtungsfrist für den Nebenintervenienten nicht abgelaufen ist. Ob diese Regelung auch analog für die GmbH gilt, ist umstritten (dafür: Scholz/*K. Schmidt* § 45 Rn. 156; MüKo GmbHG/*Wertenbruch* Anh. § 47 Rn. 203; *Rensen* NZG 2011, 569, 570, 571; dagegen: Baumbach/Hueck/*Zöllner* Anh. § 47 Rn. 169; zur Rechtslage vor Inkrafttreten des UMAG vgl. BGH, Beschl. v. 23.04.2007 – II ZB 29/05 zur AG).

Ob **Organmitglieder** als Nebenintervenienten dem Anfechtungsprozess beitreten können, ist umstritten. Teilweise wird ein rechtliches Interesse von Organmitgliedern i. S. d. § 66 Abs. 1 ZPO aufgrund der Urteilswirkungen des stattgebenden Anfechtungsurteils grundsätzlich bejaht (MünchHdb GesR III/*Wolff* § 40 Rn. 60; Lutter/Hommelhoff/*Bayer* Anh. § 47 Rn. 86; R/S-L/*Koppensteiner/Gruber* § 47 Rn. 151). Nach a. A. ergibt sich das rechtliche Interesse nicht ohne Weiteres aus der Organstellung, sondern ist im Einzelfall zu prüfen (Michalski/*Römermann* Anh. § 47 Rn. 504). Ein konkretes rechtliches Eigeninteresse ist z. B. dann gegeben, wenn der angefochtene Beschluss die Rechtslage des Beitretenden betrifft, wie z. B. die Bestellung oder Entlastung als Geschäftsführer (Scholz/*K. Schmidt* § 45 Rn. 156; MüKo GmbHG/*Wertenbruch* Anh. § 47 Rn. 199). Tritt der Geschäftsführer aufseiten des Klägers bei, verliert er seine Vertretungsbefugnis im Anfechtungsprozess für die GmbH (zu den Folgen für die Vertretung der Gesellschaft vgl. oben Rdn. 420; Michalski/*Römermann* Anh. § 47 Rn. 504; R/S-L/*Koppensteiner/Gruber* § 47 Rn. 151). 432

k) Klageverbindung

Mehrere Anfechtungsklagen gegen denselben Beschluss sind in analoger Anwendung des § 246 Abs. 3 Satz 3 AktG notwendig zur gleichzeitigen Verhandlung und Entscheidung zu verbinden (Scholz/*K. Schmidt* § 45 Rn. 157; MünchHdb GesR III/*Wolff* § 40 Rn. 77). Gem. § 249 Abs. 2 Satz 2 AktG analog sind auch Anfechtungs- und Nichtigkeitsklagen gegen denselben Beschluss zu verbinden (MünchHdb GesR III/*Wolff* § 40 Rn. 77; Scholz/*K. Schmidt* § 45 Rn. 157). 433

l) Widerklage

Die Anfechtungsklage kann grundsätzlich auch als Widerklage erhoben werden. Die Zulässigkeit der Widerklage richtet sich nach § 33 ZPO (R/S-L/*Koppensteiner/Gruber* § 47 Rn. 153; Michalski/*Römermann* Anh. § 47 Rn. 516). 434

m) Urteil und Urteilswirkungen

aa) Das Klage stattgebende Anfechtungsurteil

(1) Gestaltungsurteil und materielle Rechtskraft

Das der Anfechtungsklage stattgebende Urteil erklärt den Beschluss für nichtig. Wie auch im Klageantrag (vgl. oben Rdn. 398) ist der Beschluss nach Gesellschaft, Datum der Beschlussfassung und Inhalt möglichst genau zu bezeichnen (Saenger/Inhester/*Puszkajler* Anh. § 47 Rn. 107). Es handelt sich um ein **Gestaltungsurteil**, das für und gegen jedermann wirkt und mit Eintritt der Rechtskraft den angefochtenen Beschluss rückwirkend beseitigt. Das Urteil verändert somit die materielle 435

Rechtslage (Lutter/Hommelhoff/*Bayer* Anh. § 47 Rn. 87; Scholz/*K. Schmidt* § 45 Rn. 168, 171, 172; MünchHdb GesR III/*Wolff* § 40 Rn. 79; MüKo GmbHG/*Wertenbruch* Anh. § 47 Rn. 199). Diese Wirkung ist nicht, wie aus dem Wortlaut des § 248 Abs. 1 Satz 1 AktG geschlossen werden könnte, auf Gesellschafter, Organe und Organmitglieder begrenzt. § 248 Abs. 1 Satz 1 AktG erweitert vielmehr die materielle Rechtskraft des Urteils auf Gesellschafter, Organe und Organmitglieder, die nicht am Verfahren beteiligt sind (Lutter/Hommelhoff/*Bayer* Anh. § 47 Rn. 87; MünchHdb GesR III/*Wolff* § 40 Rn. 79; Michalski/*Römermann* Anh. § 47 Rn. 538). Gestaltungsurteile wirken zwar gegenüber jedermann, entfalten nach h. M. materielle Rechtskraft jedoch nur für die Parteien (Zöller/*Vollkommer* § 322 Rn. 4). Unter materieller Rechtskraft ist die Bindung der Parteien an das Urteil für zukünftige Fälle zu verstehen. Soweit die präjudizierende Wirkung des Urteils reicht, darf keine abweichende Sachentscheidung ergehen (MüKo AktG/*Hüffer* § 248 Rn. 6). Praktische Bedeutung wird der Unterscheidung zwischen Gestaltungswirkung und materieller Rechtskraft in diesem Zusammenhang eher selten zukommen, wie z. B. dann, wenn die unterlegene Partei in einem späteren Verfahren Schadensersatz- oder Bereicherungsansprüche mit der Begründung geltend macht, das Gestaltungsurteil sei zu Unrecht ergangen (MüKo AktG/*Hüffer* § 248 Rn. 6; Zöller/*Vollkommer* § 322 Rn. 4). Richtet sich die Anfechtungsklage gegen die Wahl von Aufsichtsratsmitgliedern, so ist für die Drittwirkung der materiellen Rechtskraft § 252 Abs. 2 AktG zu berücksichtigen (Michalski/*Römermann* Anh. § 47 Rn. 538).

(2) Rückwirkende Nichtigkeit des Beschlusses

436 Der Beschluss ist rückwirkend auf den Zeitpunkt der Beschlussfassung als nichtig anzusehen und daher grundsätzlich so zu behandeln, als wäre er nie gefasst worden (Scholz/*K. Schmidt* § 45 Rn. 172, 174; Michalski/*Römermann* Anh. § 47 Rn. 541; Lutter/Hommelhoff/*Bayer* Anh. § 47 Rn. 87; Baumbach/Hueck/*Zöllner* Anh. § 47 Rn. 178; MünchHdb GesR III/*Wolff* § 40 Rn. 79). Aus Gründen des Verkehrs- und Vertrauensschutzes sind hiervon bestimmte **Ausnahmen** zuzulassen (Michalski/*Römermann* Anh. § 47 Rn. 542 f., 549; R/S-L/*Koppensteiner/Gruber* § 47 Rn. 157). **Unternehmensverträge**, **Unternehmenszusammenschlüsse und Umwandlungen** bleiben für die Vergangenheit wirksam, können mit Wirkung für die Zukunft aber berichtigt werden (Scholz/*K. Schmidt* § 45 Rn. 172; R/S-L/*Koppensteiner/Gruber* § 47 Rn. 155; Michalski/*Römermann* Anh. § 47 Rn. 551). Nach t.v.A. gilt dies auch für **Kapitalerhöhungen** (Scholz/*K. Schmidt* § 45 Rn. 172; R/S-L/*Koppensteiner/Gruber* § 47 Rn. 155). Nach a.A. sind die Gesellschafter bei Kapitalerhöhungsbeschlüssen verpflichtet, Einlagen zu leisten, die zur Befriedigung von Gläubigern erforderlich sind, deren Forderungen zwischen der Eintragung der Kapitalerhöhung und der Feststellung der Nichtigkeit begründet wurden (Michalski/*Römermann* Anh. § 47 Rn. 550). Wird eine **Geschäftsführerbestellung** angefochten, berührt dies nach h. M. die zwischen der Bestellung und der Nichtigerklärung vom Geschäftsführer getätigten Rechtsgeschäfte und Handlungen nicht (Michalski/*Römermann* Anh. § 47 Rn. 543; MünchHdb GesR III/*Wolff* § 40 Rn. 79). Zum Teil wird vertreten, dass solche Handlungen und Rechtsakte grundsätzlich auch für die Vergangenheit nichtig sind, wobei ein Vertrauensschutz allerdings über § 15 Abs. 3 HGB sowie über die Grundsätze der Anscheins- und Duldungsvollmacht möglich ist (Michalski/*Römermann* Anh. § 47 Rn. 545; R/S-L/*Koppensteiner/Gruber* § 47 Rn. 157). Der Nichtigkeit von **Aufsichtsratswahlen** kommt im Unterschied zum Aktienrecht im GmbH-Recht ex-tunc-Wirkung zu. Im Einzelfall kann allerdings ein schutzwürdiges Vertrauen für eine rechtmäßige Zusammensetzung des Aufsichtsrates gegeben sein (vgl. dazu Michalski/*Römermann* Anh. § 47 Rn. 547; R/S-L/*Koppensteiner/Gruber* § 47 Rn. 157).

437 Nach § 248 Abs. 1 Satz 2 AktG analog sind die Geschäftsführer verpflichtet, das der Anfechtungsklage stattgebende Urteil beim **Handelsregister** einzureichen (Scholz/*K. Schmidt* § 45 Rn. 170; MünchHdb GesR III/*Wolff* § 40 Rn. 80).

bb) Das Klage abweisende Urteil

(1) Sachurteil

Wird die Klage abgewiesen, ist hinsichtlich der Urteilswirkungen zwischen Prozess- und Sachurteil zu differenzieren. Wird die Klage durch Sachurteil abgewiesen, steht fest, dass der vorgetragene Sachverhalt die Nichtigkeit des Beschlusses nicht zu begründen vermag. Der Kläger kann somit eine erneute Klage nicht auf denselben Sachverhalt stützen. Dies gilt unabhängig von der Klageform sowohl für eine Nichtigkeitsklage als auch für eine allgemeine Feststellungsklage nach § 256 ZPO (BGH, Urt. v. 17.02.1997 – II ZR 41/96; Scholz/*K. Schmidt* § 45 Rn. 176, 177; Lutter/Hommelhoff/*Bayer* Anh. § 47 Rn. 87; Michalski/*Römermann* Anh. § 47 Rn. 534; R/S-L/*Koppensteiner/Gruber* § 47 Rn. 159). Derselbe Kläger kann gegen denselben Beschluss allerdings dann gerichtlich vorgehen, wenn er sich zur Begründung der Nichtigkeit auf einen anderen Lebenssachverhalt beruft. In der Praxis wird eine solche Klage allerdings häufig an der Einhaltung der Anfechtungsfrist scheitern (Michalski/*Römermann* Anh. § 47 Rn. 534). Im Unterschied zum Klage stattgebenden Urteil wirkt das **abweisende Sachurteil** nur zwischen den Parteien, also zwischen Kläger und beklagter GmbH (MünchHdb GesR III/*Wolff* § 40 Rn. 81; Lutter/Hommelhoff/*Bayer* Anh. § 47 Rn. 87). Da das Urteil Dritten gegenüber keine Wirkung entfaltet, können sich diese in einer Klage auf den bereits zuvor in einem anderen Rechtsstreit geltend gemachten Lebenssachverhalt berufen (Michalski/*Römermann* Anh. § 47 Rn. 535).

438

(2) Prozessurteil

Im Fall der Klageabweisung durch Prozessurteil kann der Kläger unter Berufung auf denselben Sachverhalt erneut Klage erheben, da das Urteil nicht in materielle Rechtskraft erwächst. Voraussetzung ist allerdings die Einhaltung der Klagefrist (Scholz/*K. Schmidt* § 45 Rn. 176; Michalski/*Römermann* Anh. § 47 Rn. 533).

439

n) Kosten des Verfahrens

Für die Kostentragungspflicht gelten die **§§ 91 ff. ZPO**. Unterliegt die Gesellschaft als Beklagte, trägt sie daher als Partei die Kosten des Verfahrens. Die Kostentragungspflicht trifft somit nicht die Mehrheitsgesellschafter, die den angefochtenen Beschluss gefasst haben. Insoweit kommt u. U. nur eine **interne Ausgleichspflicht** in Betracht (MünchHdb GesR III/*Wolff* § 40 Rn. 83; Baumbach/Hueck/*Zöllner* Anh. § 47 Rn. 173). § 93 ZPO ist grundsätzlich auf die Anfechtungsklage anwendbar (OLG Naumburg, Beschl. v. 22.10.1997 – 7 W 34/97). Nach § 93 ZPO trägt der Kläger die Kosten, wenn der Beklagte keine Veranlassung zur Klage gegeben hat und den Anspruch sofort anerkennt. Die Gesellschaft als Beklagte hat dann keine Veranlassung zur Klage gegeben, wenn unverzüglich eine Gesellschafterversammlung einberufen wird und die weiteren Gesellschafter der GmbH auf Aufforderung des klagenden Gesellschafters hin beschließen, den angefochtenen Beschluss aufzuheben (OLG Naumburg, Beschl. v. 22.10.1997 – 7 W 34/97; OLG Frankfurt am Main, Beschl. v. 30.03.1992 – 5 W 4/92; MünchHdb GesR III/*Wolff* § 40 Rn. 83). Zur Vermeidung von Kostennachteilen ist der Kläger grundsätzlich dazu verpflichtet, die Gesellschaft von der beabsichtigten Klageerhebung in Kenntnis zu setzen. Dies gilt grundsätzlich auch für die Zwei-Personen-GmbH (KG, Beschl. v. 14.10.1999 – 2 W 6870/99). Eine Abmahnung ist ausnahmsweise dann entbehrlich, wenn sich aus dem vorprozessualen Verhalten der Beklagten schließen lässt, dass eine Aufhebung des angefochtenen Beschlusses nicht erfolgen wird oder eine vorherige Abmahnung für den Kläger unzumutbar wäre (OLG Frankfurt am Main, Beschl. v. 30.03.1992 – 5 W 4/92; KG, Beschl. v. 14.10.1999 – 2 W 6870/99). Das KG weist darauf hin, dass die Abmahnung an die Gesellschafter zu richten ist, da nur diese den Kläger durch Aufhebung des Beschlusses klaglos stellen können. Für die Frage, ob dem Kläger eine Abmahnung zumutbar ist, kommt es unter Berücksichtigung der kurzen Anfechtungsfrist daher entscheidend auf die Anzahl der Gesellschafter an. In einer Zwei-Personen-GmbH erfolgt die Kommunikation und Willensbildung schneller und einfacher als in einer GmbH mit großem Gesellschafterkreis, sodass ggf. auch schnell und einfach Prozess vermeidende

440

Maßnahmen ergriffen werden können. Eine Abmahnung ist daher in einer Zwei-Person-Gesellschaft grundsätzlich zumutbar. Im Unterschied dazu bedeutet es sowohl einen hohen Kosten- als auch Zeitaufwand die Aufhebung des angefochtenen Beschlusses durch eine hohe Gesellschafterzahl zu erreichen, sei es durch Beschlussfassung in der Gesellschafterversammlung oder auf schriftlichem Weg. In Anbetracht der Anfechtungsfrist ist dem Kläger in einem solchen Fall die Abmahnung nicht zumutbar (KG, Beschl. v. 29.06.2005 – 2 W 6/05; Beschl. v. 14.10.1999 – 2 W 6870/99).

441 Der **Streitwert** der Anfechtungsklage ist analog § 247 Abs. 1 Satz 1 AktG nach billigem Ermessen unter Berücksichtigung aller Umstände des Einzelfalls zu ermitteln (R/S-L/*Koppensteiner/Gruber* § 47 Rn. 144; Lutter/Hommelhoff/*Bayer* Anh. § 47 Rn. 83; MünchHdb GesR III/*Wolff* § 40 Rn. 82). Die Regelung des § 247 Abs. 1 Satz 2 AktG, die für die Streitwertbemessung eine Obergrenze festlegt, ist für die GmbH nach h. M. nicht anwendbar (OLG Karlsruhe, Urt. v. 09.09.1994 – 15 W 30/94; Baumbach/Hueck/*Zöllner* Anh. § 47 Rn. 171; MüKo GmbHG/*Wertenbruch* Anh. § 47 Rn. 246; Michalski/*Römermann* Anh. § 47 Rn. 529; a. A. MünchHdb GesR III/*Wolff* § 40 Rn. 81). Dies erklärt sich daraus, dass es sich um eine Schutzvorschrift zugunsten kleinerer Aktionäre handelt, für die im Recht der GmbH aufgrund der unterschiedlichen Kapitalausstattung der beiden Gesellschaftsformen kein vergleichbares Bedürfnis besteht (Michalski/*Römermann* Anh. § 47 Rn. 528 f.). Dagegen kommt eine Streitwertspaltung in analoger Anwendung des § 247 Abs. 2 und 3 AktG in Betracht (Lutter/Hommelhoff/*Bayer* Anh. § 47 Rn. 83; MüKo GmbHG/*Wertenbruch* Anh. § 47 Rn. 246; MünchHdb GesR III/*Wolff* § 40 Rn. 82). Macht eine Partei geltend, die Kostenbelastung aufgrund des nach § 247 Abs. 1 Satz 1 AktG analog bestimmten Streitwerts gefährde ihre wirtschaftliche Lage, kann das Gericht anordnen, dass ihre Zahlungsverpflichtung nach einem ihrer Wirtschaftslage angepassten Streitwert zu bemessen ist (Michalski/*Römermann* Anh. § 47 Rn. 531).

o) Heilung durch Bestätigungsbeschluss

442 Anfechtbare Beschlüsse, die an einem Verfahrensmangel leiden, können durch einen **Bestätigungsbeschluss analog § 244 AktG** geheilt werden. Ein Bestätigungsbeschluss ist dadurch gekennzeichnet, dass die Gesellschafter ihren ersten Beschluss trotz seiner Mängel als verbindliche Regelung anerkennen (BGH, Urt. v. 14.03.2005 – II ZR 253/03; Urt. v. 15.12.2003 – II ZR 194/01). Durch den Bestätigungsbeschluss wird der Mangel des Ursprungsbeschlusses beseitigt (BeckOK GmbHG/*Leinekugel* Beschlussanfechtung Rn. 91). Es handelt sich somit nicht um die Neuvornahme eines Beschlusses (MüKo GmbHG/*Wertenbruch* Anh. § 47 Rn. 149; BeckOK GmbHG/*Leinekugel* Beschlussanfechtung Rn. 91c). Die Anfechtbarkeit des Ursprungsbeschlusses entfällt mit neuer Beschlussfassung und kann analog § 244 Satz 1 AktG nicht mehr geltend gemacht werden (BGH, Urt. v. 15.12.2003 – II ZR 194/01; OLG München, Urt. v. 21.05.2003 – 7 U 5347/02; Scholz/*K. Schmidt* § 45 Rn. 32, 121, 165; R/S-L/*Koppensteiner/Gruber* § 47 Rn. 137; MünchHdb GesR III/*Wolff* § 40 Rn. 52). Die Gesellschafter haben dadurch die Möglichkeit, die durch die Anfechtbarkeit des ursprünglichen Beschlusses begründete Rechtsunsicherheit zu beseitigen (BGH, Urt. v. 15.12.2003 – II ZR 194/01; OLG Stuttgart, Beschl. v. 06.05.2004 – 20 U 16/03). Die Wirkung tritt nach h.L. **ex nunc** ein, sodass zwischenzeitlich erworbene Rechte durch den Bestätigungsbeschluss unberührt bleiben (BGH, Urt. v. 15.12.2003 – II ZR 194/01; Scholz/*K. Schmidt* § 45 Rn. 121; Michalski/*Römermann* Anh. § 47 Rn. 375; MüKo GmbHG/*Wertenbruch* Anh. § 47 Rn. 149).

aa) Voraussetzungen

443 Eine Heilung durch Bestätigungsbeschluss ist nur bei anfechtbaren Beschlüssen möglich. Eine Bestätigung nichtiger Beschlüsse ist nicht möglich (BGH, Urt. v. 12.12.2005 – II ZR 253/03; Beschl. v. 20.01.2003 – II ZR 322/01; Michalski/*Römermann* Anh. § 47 Rn. 373). Die Nichtigkeit lässt sich nur durch Heilung (vgl. oben Rdn. 369 ff.) beheben (OLG Stuttgart, Beschl. v. 06.05.2004 – 20 U 16/03). Der Bestätigungsbeschluss ist mit demselben Inhalt wie der Ursprungsbeschluss erneut und fehlerfrei zu fassen (BGH, Urt. v. 15.12.2003 – II ZR 194/01; OLG München, Urt. v. 21.03.2003 – 7 U 5347/02; Michalski/*Römermann* Anh. § 47 Rn. 373; Scholz/*K. Schmidt* § 45 Rn. 121, 165; R/S-L/*Koppensteiner/Gruber* § 47 Rn. 137). Daher kommt ein Bestätigungsbeschluss

nur bei Verfahrensmängeln in Betracht. Leidet der ursprüngliche Beschluss an einem Inhaltsmangel und wird der Bestätigungsbeschluss, der inhaltlich mit dem Ursprungsbeschluss übereinstimmen muss, mit demselben Inhalt gefasst, so ist daher auch der Bestätigungsbeschluss mangelhaft. Die Heilungswirkung kann dann nicht eintreten (BGH, Urt. v. 12.12.2005 – II ZR 253/03; MünchHdb GesR III/*Wolff* § 40 Rn. 52; BeckOK GmbHG/*Leinekugel* Beschlussanfechtung Rn. 92). Umstritten ist, ob ein Bestätigungsbeschluss auch dann möglich ist, wenn streitig ist, ob die Beschlussfeststellung durch den Versammlungsleiter richtig erfolgt ist (dafür: OLG Stuttgart, Beschl. v. 06.05.2004 – 20 U 16/03; Michalski/*Römermann* Anh. § 47 Rn. 373; dagegen: OLG München, Urt. v. 21.05.2003 – 7 U 5347/02). Dafür spricht der Sinn und Zweck des Bestätigungsbeschlusses, Zweifel an der Gültigkeit des Beschlusses zu beseitigen (OLG Stuttgart, Beschl. v. 06.05.2004 – 20 U 16/03). Die Heilung durch Bestätigungsbeschluss scheidet dann aus, wenn über eine Anfechtungsklage hinsichtlich des Ursprungsbeschlusses bereits rechtskräftig entschieden wurde oder die Anfechtungsfrist für den ursprünglichen Beschluss abgelaufen ist (BGH, Beschl. v. 20.01.2003 – II ZR 322/01). Bis zur rechtskräftigen stattgebenden Entscheidung steht eine Anfechtungsklage (ggf. auch in Verbindung mit einer positiven Beschlussfeststellungsklage) gegen den Erstbeschluss jedoch der Heilung des Erstbeschlusses durch Bestätigung nicht entgegen (BGH, Urt. v. 14.03.2005 – II ZR 253/03).

bb) Auswirkungen auf eine Anfechtungsklage gegen den Ursprungsbeschluss

Der Bestätigungsbeschluss hat **materiell rechtliche Wirkung**. Eine gegen den Ursprungsbeschluss anhängige Anfechtungsklage wird durch einen wirksamen Bestätigungsbeschluss unbegründet (BGH, Urt. v. 15.12.2003 – II ZR 194/01; OLG Stuttgart, Urt. v. 10.11.2004 – 20 U 16/03; Scholz/*K. Schmidt* § 45 Rn. 165; MüKo GmbHG/*Wertenbruch* Anh. § 47 150; MünchHdb GesR III/*Wolff* § 40 Rn. 52). Ein Bestätigungsbeschluss ist wirksam, wenn er nicht nichtig und nicht erfolgreich angefochten ist (OLG Stuttgart, Urt. v. 10.11.2004 – 20 U 16/03; MüKo GmbHG/*Wertenbruch* Anh. § 47 Rn. 150). Dies bedeutet, dass im Anfechtungsverfahren zu prüfen ist, ob der Bestätigungsbeschluss nichtig ist (OLG Stuttgart, Urt. v. 10.11.2004 – 20 U 16/03). Durch einen wirksamen Bestätigungsbeschluss ist das Anfechtungsverfahren in der Hauptsache erledigt. Um eine Klageabweisung zu vermeiden, muss der Kläger die Hauptsache für erledigt erklären (Scholz/*K. Schmidt* § 45 Rn. 166; R/S-L/*Koppensteiner/Gruber* § 47 Rn. 137; Lutter/Hommelhoff/*Bayer* Anh. § 47 Rn. 61; MünchHdb GesR III/*Wolff* § 40 Rn. 52).

444

cc) § 244 Satz 2 AktG analog

In analoger Anwendung des § 244 Satz 2 AktG kann ein rechtliches Interesse daran bestehen, den Ursprungsbeschluss für den Zeitraum bis zum Bestätigungsbeschluss für nichtig zu erklären (BGH, Urt. v. 15.12.2003 – II ZR 194/01; OLG Düsseldorf, Urt. v. 14.11.2003 – 16 U 95/98; Scholz/*K. Schmidt* § 45 Rn. 121, 166; Michalski/*Römermann* Anh. § 47 Rn. 376 f.). Die Klage ist dann im Übrigen für erledigt zu erklären. Ein entsprechender **Antrag** kann mit der Erledigterklärung verbunden werden (MünchHdb GesR IV/*Semler* § 41 Rn. 43). Ein rechtliches Interesse kann dann bejaht werden, wenn die Rechtslage des klagenden Gesellschafters oder der Gesellschaft von der Wirksamkeit des Beschlusses abhängt, wie es z.B. bei der Wahl von Organmitgliedern der Fall ist (OLG Stuttgart, Urt. v. 10.11.2004 – 20 U 16/03; R/S-L/*Koppensteiner/Gruber* § 47 Rn. 137; MünchHdb GesR III/*Wolff* § 40 Rn. 52). *K. Schmidt* spricht sich dafür aus, ein solches Interesse schon immer dann anzunehmen, wenn sich die Zielsetzung der Klage durch den Bestätigungsbeschluss nicht erledigt hat (Scholz/*K. Schmidt* § 45 Rn. 166).

445

dd) Mangelhafter Bestätigungsbeschluss

Ist der Bestätigungsbeschluss **nichtig**, entfaltet er **keine Rechtswirkungen**; die Heilungswirkung tritt nicht ein. Leidet der Bestätigungsbeschluss an einem **Anfechtungsgrund**, wird jedoch nicht angefochten, tritt die **Heilungswirkung** mit Ablauf der Anfechtungsfrist ein (OLG Düsseldorf, Urt. v. 24.08.1995 – 6 U 124/94; Michalski/*Römermann* Anh. § 47 Rn. 378; MünchHdb GesR III/*Wolff*

446

§ 40 Rn. 52). Soll die Heilung des Ursprungsbeschlusses verhindert werden, muss auch der Bestätigungsbeschluss nach allgemeinen Grundsätzen angefochten werden (Michalski/*Römermann* Anh. § 47 Rn. 378). Der Bestätigungsbeschluss ist auch dann anzufechten, wenn er an demselben Mangel leidet, wie der ursprüngliche Beschluss. Die Anfechtung des Ursprungsbeschlusses reicht insofern nicht aus (*Hüffer* AktG § 244 Rn. 9). Erst mit rechtskräftiger Entscheidung über diese Anfechtungsklage gegen den Bestätigungsbeschluss steht fest, ob die Anfechtbarkeit des ursprünglichen Beschlusses geheilt wurde. Mit rechtskräftiger Entscheidung über die Rechtmäßigkeit des Bestätigungsbeschlusses entfällt dann die Anfechtbarkeit des Erstbeschlusses (BGH, Beschl. v. 27.01.2003 – II ZR 189/02; OLG Stuttgart, Beschl. v. 06.05.2004 – 20 U 16/03; OLG Düsseldorf, Urt. v. 24.08.1995 – 6 U 124/94; Scholz/*K. Schmidt* § 45 Rn. 121; *Hüffer* AktG, § 244 Rn. 3). Wird festgestellt, dass der Ursprungsbeschluss durch Bestätigungsbeschluss geheilt wurde, ist die Anfechtungsklage gegen den Ursprungsbeschluss abweisungsreif (OLG Stuttgart, Urt. v. 10.11.2004 – 20 U 16/03). Die Frage, ob der Bestätigungsbeschluss wirksam ist, ist somit i. S. d. § 148 ZPO vorgreiflich für das Anfechtungsverfahren gegen den Ursprungsbeschluss, sodass es für das Verfahren gegen den Ursprungsbeschluss sinnvoll ist, den Ausgang des Verfahrens gegen den Bestätigungsbeschluss abzuwarten (BGH, Beschl. v. 27.01.2003 – II ZR 189/02; OLG Stuttgart, Beschl. v. 06.05.2004 – 20 U 16/03). Beide Verfahren können auch aus prozessökonomischen Gründen gemeinsam verhandelt und entschieden werden. Es handelt sich um eine nachträgliche objektive Klagehäufung (OLG Stuttgart, Urt. v. 10.11.2004 – 20 U 16/03; *Roth/Altmeppen* § 47 Rn. 135; MünchHdb GesR IV/*Semler* § 41 Rn. 44).

7. Nichtigkeitsklage analog § 249 AktG

a) Einleitung

447 Wie dargelegt, kann die Nichtigkeit eines Beschlusses gerichtlich mit der Nichtigkeitsklage analog § 249 AktG geltend gemacht werden (vgl. oben Rdn. 372). In analoger Anwendung des § 249 Abs. 1 AktG finden auf die Nichtigkeitsklage die meisten Vorschriften der Anfechtungsklage sinngemäß Anwendung (MünchHdb GesR III/*Wolff* § 40 Rn. 85). Wie auch der Anfechtungsprozess unterliegt der Nichtigkeitsprozess im Übrigen den allgemeinen zivilprozessualen Regeln. Der Antrag lautet auf Feststellung der Nichtigkeit eines bestimmten Gesellschafterbeschlusses (MünchHdb GesR III/*Wolff* § 40 Rn. 85; Michalski/*Römermann* Anh. § 47 Rn. 477; zur Rechtsnatur der Nichtigkeitsklage vgl. oben Rdn. 391).

b) Klagebefugnis

448 Klagebefugt ist grundsätzlich **jeder Gesellschafter** (OLG Düsseldorf, Urt. v. 24.08.1995 – 6 U 124/94; MünchHdb GesR III/*Wolff* § 40 Rn. 86; Lutter/Hommelhoff/*Bayer* Anh. § 47 Rn. 30). Wie auch bei der Anfechtungsklage geht mit Veräußerung des Gesellschaftsanteils zwischen Beschlussfassung und Klageerhebung die Klagebefugnis auf den Erwerber über (vgl. oben Rdn. 403; BGH, Urt. v. 25.02.1965 – II ZR 287/63). Wird der Geschäftsanteil während des Verfahrens veräußert, kann der veräußernde Gesellschafter nach § 265 Abs. 2 Satz 1 ZPO den Prozess fortführen. Erheben mehrere Gesellschafter Nichtigkeitsklage gegen denselben Beschluss, so sind sie **notwendige Streitgenossen** i. S. d. § 62 ZPO, da das Gericht nur einheitlich entscheiden kann (Michalski/*Römermann* Anh. § 47 Rn. 484).

449 Nach h. M. sind **Organmitglieder** (Geschäftsführer, Aufsichtsratsmitglieder) im Unterschied zur Anfechtungsklage klagebefugt (vgl. oben Rdn. 407; BGH, Urt. v. 14.11.1983 – II ZR 33/83; Scholz/*K. Schmidt* § 45 Rn. 134; Michalski/*Römermann* Anh. § 47 Rn. 483; Lutter/Hommelhoff/*Bayer* Anh. § 47 Rn. 30; MünchHdb GesR III/*Wolff* § 40 Rn. 86). Dafür spricht, dass nichtige Beschlüsse an schwerwiegenderen Mängeln leiden als anfechtbare Beschlüsse und daher ein eher allgemeines Interesse dafür besteht, ihre Nichtigkeit festzustellen (MünchHdb GesR III/*Wolff* § 40 Rn. 86). Nach der Rechtsprechung des BGH besteht eine Klagebefugnis der Aufsichtsratsmitglieder zumindest dann, wenn sie einen Beschluss wegen eines Verstoßes gegen das Mitbestimmungsrecht angreifen (BGH, Urt. v. 14.11.1983 – II ZR 33/83; *Roth/Altmeppen* § 47 Rn. 112).

Wird mit der Nichtigkeitsklage die Nichtigkeit der Wahl von Aufsichtsratsmitgliedern nach § 250 AktG analog geltend gemacht, erweitert § 250 Abs. 2 AktG analog die Klagebefugnis auf bestimmte **Arbeitnehmervertretungen** (MünchHdb GesR III/*Wolff* § 40 Rn. 86; Lutter/Hommelhoff/*Bayer* Anh. § 47 Rn. 31; Michalski/*Römermann* Anh. § 47 Rn. 179).

450

Wer nicht klagebefugt ist, hat die Möglichkeit, eine **allgemeine Feststellungsklage nach § 256 ZPO** auf Feststellung der Nichtigkeit des Beschlusses zu erheben (vgl. unten zur allgemeinen Feststellungsklage Rdn. 468–472; MünchHdb GesR III/*Wolff* § 40 Rn. 86; Lutter/Hommelhoff/*Bayer* Anh. § 47 Rn. 30).

451

c) Weitere verfahrensrechtliche Fragen

aa) Rechtsschutzinteresse

Ein besonderes Rechtsschutzinteresse ist bei der Nichtigkeitsklage nicht erforderlich (R/S-L/*Koppensteiner/Gruber* § 47 Rn. 142; MünchHdb GesR III/*Wolff* § 40 Rn. 85, 68).

452

bb) Passivlegitimation und Vertretung

Die Nichtigkeitsklage ist ebenso wie die Anfechtungsklage **gegen die Gesellschaft** zu richten, die prozessual grundsätzlich durch die **Geschäftsführer vertreten** wird (OLG Hamburg, Urt. v. 13.05.1995 – 11 U 183/94; Michalski/*Römermann* Anh. § 47 Rn. 486, 490; Lutter/Hommelhoff/*Bayer* Anh. § 47 Rn. 32). Dies gilt auch für die Zwei-Personen-GmbH. Eine Klage gegen den, den fehlerhaften Gesellschafterbeschluss tragenden Gesellschafter kommt nicht in Betracht (OLG Rostock, Urt. v. 28.05.2003 – 6 U 173/02).

453

cc) Klagefrist

Der wesentliche Unterschied zur Anfechtungsklage besteht darin, dass die Nichtigkeitsklage - außer in den Fällen der §§ 14 Abs. 1, 195 Abs. 1 UmwG - **keiner Klagefrist** unterliegt (MüKo GmbHG/*Wertenbruch* Anh. § 47 Rn. 204; Scholz/*K. Schmidt* § 45 Rn. 146). Nach allgemeinen Grundsätzen kann das Klagerecht allerdings **verwirkt** sein (MünchHdb GesR III/*Wolff* § 40 Rn. 87). Durch Satzung kann nicht bestimmt werden, dass Nichtigkeitsgründe innerhalb einer bestimmten Frist geltend zu machen sind. Nichtigkeitsgründe sind schwere Rechtsmängel, die zur Wirkungslosigkeit des Beschlusses führen. Ihre Geltendmachung steht auch im öffentlichen Interesse und darf daher nicht zur Disposition durch die Satzung gestellt werden (Scholz/*K. Schmidt* § 45 Rn. 146; Baumbach/Hueck/*Zöllner* Anh. § 47 Rn. 29). Bei eintragungspflichtigen Beschlüssen ist zu beachten, dass entsprechend § 242 Abs. 2 Satz 1 AktG eine Nichtigkeitsklage aus Gründen der Rechtssicherheit unzulässig ist, die 3 Jahre nach Eintragung des Beschlusses in das Handelsregister erhoben wird (BGH, Urt. v. 23.03.1981 – II ZR 27/80). Die Sperrwirkung des § 242 Abs. 2 Satz 1 AktG gilt auch dann, wenn die Nichtigkeit als Einrede geltend gemacht wird (BGH, Urt. v. 06.10.1960 – II ZR 150/58).

454

dd) Klageverbindung

Mehrere Nichtigkeitsklagen gegen denselben Beschluss sind nach § 249 Abs. 2 Satz 1 AktG analog zur gleichzeitigen Verhandlung und Entscheidung zu verbinden, da die Entscheidung nur einheitlich ergehen kann. Ungeachtet des Wortlauts des § 249 Abs. 2 Satz 2 AktG sind auch Nichtigkeits- und Anfechtungsklage gegen denselben Beschluss aufgrund der Einheitlichkeit des Streitgegenstandes zwingend miteinander zu verbinden (Scholz/*K. Schmidt* § 45 Rn. 157; Michalski/*Römermann* Anh. § 47 Rn. 478; R/S-L/*Koppensteiner/Gruber* § 47 Rn. 144).

455

ee) Zuständigkeit

456 Für die Nichtigkeitsklage ist entsprechend §§ 249 Abs. 1, 246 Abs. 3 Satz 1 AktG **ausschließlich das Landgericht** am Sitz der Gesellschaft zuständig. Funktionell zuständig ist die **Kammer für Handelssachen** (vgl. Rdn. 424, 425; R/S-L/*Koppensteiner/Gruber* § 47 Rn. 143).

ff) Informationspflicht des Geschäftsführers

457 Aufgrund der erweiterten Urteilswirkungen (vgl. unten Rdn. 461) ist der Geschäftsführer dazu verpflichtet, die Gesellschafter und Organmitglieder über die Erhebung einer Nichtigkeitsklage **zu informieren**, um ihnen die Möglichkeit zu geben, dem Verfahren als Nebenintervenienten beizutreten und als solche Einfluss auf das Verfahren nehmen und eine nachteilige Entscheidung verhindern zu können (Lutter/Hommelhoff/*Bayer* Anh. § 47 Rn. 32, 33; Michalski/*Römermann* Anh. § 47 Rn. 539; *Roth/Altmeppen* § 47 Rn. 112). Eine Veröffentlichung in den Gesellschaftsblättern reicht nicht aus (Lutter/Hommelhoff/*Bayer* Anh. § 47 Rn. 33; R/S-L/*Koppensteiner/Gruber* § 47 Rn. 144).

gg) Darlegungs- und Beweislast

458 Nach allgemeinen Grundsätzen hat der Kläger die Tatsachen darzulegen und zu beweisen, die die Nichtigkeit des Beschlusses begründen. Vorgänge im Innern der Gesellschaft, von denen der Kläger regelmäßig keine Kenntnis haben kann, sind von der Gesellschaft substanziiert darzulegen (vgl. oben zur Anfechtungsklage Rdn. 428; R/S-L/*Koppensteiner/Gruber* § 47 Rn. 152).

hh) Anerkenntnis und Vergleich

459 Umstritten ist, ob die Gesellschaft dazu befugt ist, den Klageanspruch im Verfahren nach § 307 ZPO anzuerkennen oder einen Vergleich zu schließen (zum Streitstand auch bei Anfechtungsklage vgl. oben Rdn. 429). Mangels Verfügungsbefugnis der Gesellschaft als Beklagte wird die Zulässigkeit eines Anerkenntnisses oder eines **Prozessvergleichs** abgelehnt (Scholz/*K. Schmidt* § 45 Rn. 159; R/S-L/*Koppensteiner/Gruber* § 47 Rn. 154).

ii) Streitwert

460 Für die Bestimmung des Streitwerts gilt wie auch bei der Anfechtungsklage die Regelung des § 247 AktG, sodass insoweit auf die dortigen Ausführungen verwiesen werden kann (vgl. oben Rdn. 441; MünchHdb GesR III/*Wolff* § 40 Rn. 85, 82 f.).

d) Urteil und Urteilswirkungen

461 Das der Klage stattgebende Urteil wirkt **für und gegen jedermann** (Scholz/*K. Schmidt* § 45 Rn. 173; MünchHdb GesR III/*Wolff* § 40 Rn. 88). Mit Rechtskraft des stattgebenden Urteils ist der Beschluss als **von Anfang an unwirksam** anzusehen (BGH, Urt. v. 12.07.1993 – II ZR 65/92; Scholz/*K. Schmidt* § 45 Rn. 172). In entsprechender Anwendung der §§ 249 Abs. 1 Satz 1, 248 Abs. 1 Satz 1 AktG erstreckt sich das Urteil in seiner materiellen Rechtskraft nicht nur auf die Parteien, sondern auf sämtliche Gesellschafter und Organmitglieder (zur Bedeutung der materiellen Rechtskraft vgl. oben Rdn. 435; MünchHdb GesR III/*Wolff* § 40 Rn. 88; Lutter/Hommelhoff/*Bayer* Anh. § 47 Rn. 30). Richtet sich die Nichtigkeitsklage gegen die Wahl eines Aufsichtsratsmitglieds, so ist die erweiterte Rechtskraftwirkung des § 252 Abs. 1 AktG zu berücksichtigen (MünchHdb GesR III/*Wolff* § 40 Rn. 88; Michalski/*Römermann* Anh. § 47 Rn. 538; Lutter/Hommelhoff/*Bayer* Anh. § 47 Rn. 31).

462 Das Klage abweisende Sachurteil ist in seinen Wirkungen auf die Prozessparteien beschränkt (Lutter/Hommelhoff/*Bayer* Anh. § 47 Rn. 30), sodass eine erneute Nichtigkeitsklage durch einen nicht am Verfahren Beteiligten auf denselben Sachverhalt gestützt werden kann.

8. Positive Beschlussfeststellungsklage

a) Bedeutung der positiven Beschlussfeststellungsklage

Mit der Anfechtungsklage kann ein anfechtbarer Beschluss nur für nichtig erklärt und damit **rückwirkend vernichtet** werden (vgl. oben Rdn. 435). Allein durch die Beseitigung des anfechtbaren Beschlusses ist dem Rechtsschutzbedürfnis des Klägers allerdings nicht gedient, wenn ein ablehnender Beschluss gefasst wurde und bei ordnungsgemäßer Beschlussfassung ein positiver Beschluss erzielt worden wäre. Durch die erfolgreiche Anfechtungsklage wird zwar der ablehnende Beschluss beseitigt, der positive Beschluss allerdings nicht herbeigeführt (Scholz/*K. Schmidt* §45 Rn. 47, 174, 179; Michalski/*Römermann* Anh. §47 Rn. 567 f.). In diesen Fällen ist die Anfechtungsklage mit einer **Klage auf Feststellung des positiven Beschlussergebnisses** zu verbinden. Mit der positiven Beschlussfeststellungsklage kann dann geklärt werden, dass ein bestimmter Gesellschafterbeschluss als gefasst gilt (BGH, Urt. v. 13.01.2003 – II ZR 173/02; Urt. v. 20.01.1986 – II ZR 73/85; OLG Koblenz, Urt. v. 12.01.1989 – U 1053/87; Scholz/*K. Schmidt* §45 Rn. 174; Michalski/*Römermann* Anh. §47 Rn. 569; Lutter/Hommelhoff/*Bayer* Anh. §47 Rn. 40; MünchHdb GesR III/*Wolff* §40 Rn. 90). Die positive Beschlussfeststellungsklage kommt insbesondere dann in Betracht, wenn das Abstimmungsergebnis falsch festgestellt wurde oder Stimmen von Gesellschaftern mitgezählt wurden, die von der Abstimmung ausgeschlossen waren. Darüber hinaus ist die positive Beschlussfeststellungsklage auch für den Fall anerkannt, dass ein stimmberechtigter Gesellschafter unter Verletzung seiner gesellschafterlichen Treuepflicht missbräuchlich gegen den Antrag gestimmt hat (BGH, Urt. v. 20.01.1986 – II ZR 73/85; Urt. v. 26.10.1983 – II ZR 87/83; OLG Saarbrücken, Urt. v. 24.11.2004 – 1 U 202/04-35; OLG Koblenz, Urt. v. 12.01.1989 – U 1053/87; Lutter/Hommelhoff/*Bayer* Anh. §47 Rn. 41; Baumbach/Hueck/*Zöllner* Anh. §47 Rn. 186, 191; R/S-L/*Koppensteiner/Gruber* §47 Rn. 153; MünchHdb GesR III/*Wolff* §40 Rn. 91, 98). Einer isoliert erhobenen Anfechtungsklage wird in einem solchen Fall regelmäßig das Rechtsschutzbedürfnis fehlen, da durch sie das Rechtsschutzziel des Klägers, die Feststellung des positiven Beschlussergebnisses, nicht erreicht werden kann (vgl. oben Rdn. 427; OLG Hamm, Urt. v. 06.04.2000 – 27 U 78/99; Scholz/*K. Schmidt* §45 Rn. 136, 179). Eine positive Beschlussfeststellungsklage kommt nicht in Betracht, wenn ein positives Beschlussergebnis angefochten wird (BGH, Urt. v. 13.01.2003 – II ZR 173/02).

463

b) Klageantrag, besonderes Rechtsschutzbedürfnis, Passivlegitimation

Der **Klageantrag** ist auf die **Feststellung eines inhaltlich genau formulierten Gesellschafterbeschlusses** zu richten (Scholz/*K. Schmidt* §45 Rn. 180; Michalski/*Römermann* Anh. §47 Rn. 573). Kläger kann jeder sein, der auch zur Erhebung der Anfechtungsklage befugt ist. Ein **besonderes Rechtsschutzbedürfnis** ist grundsätzlich nicht erforderlich, kann aber im Einzelfall fehlen (Scholz/*K. Schmidt* §45 Rn. 181; MünchHdb GesR III/*Wolff* §40 Rn. 95; Michalski/*Römermann* Anh. §47 Rn. 575). Die positive Beschlussfeststellungsklage ist ebenso wie die Anfechtungsklage **gegen die Gesellschaft** zu richten. Eine Klage gegen die betroffenen Mitgesellschafter kommt nicht in Betracht (BGH, Urt. v. 20.01.1986 – II ZR 73/85; OLG Saarbrücken, Urt. v. 24.11.2004 – 1 U 202/04-35; OLG Hamm, Urt. v. 12.04.2000 – 8 U 165/99; Scholz/*K. Schmidt* §45 Rn. 181; Michalski/*Römermann* Anh. §47 Rn. 576). Der Geschäftsführer ist wie auch bei der Anfechtungsklage dazu verpflichtet, die Gesellschafter von der Klageerhebung **zu unterrichten** (BGH, Urt. v. 20.01.1986 – II ZR 73/85; OLG Düsseldorf, Urt. v. 24.02.2000 – 6 U 77/99; Lutter/Hommelhoff/*Bayer* Anh. §47 Rn. 40; MünchHdb GesR III/*Wolff* §40 Rn. 94). Erfolgt dies nicht, hat das Gericht die Gesellschafter von der Klage in Kenntnis zu setzen (BGH, Urt. v. 20.01.1986 – II ZR 73/85; Lutter/Hommelhoff/*Bayer* Anh. §47 Rn. 40). Die Mitgesellschafter können dann als **Nebenintervenienten** aufseiten der beklagten Gesellschaft beitreten. Auf diese Weise können sie einredeweise Mängel geltend machen, die den Beschluss betreffen, dessen positive Feststellung klageweise begehrt wird (BGH, Urt. v. 20.01.1986 – II ZR 73/85; Urt. v. 26.10.1983 – II ZR 87/83; zur AG, Urt. v. 13.03.1980 – II ZR 54/78; OLG Saarbrücken, Urt. v. 24.11.2004 – 1 U 202/04-35; OLG Düsseldorf, Urt. v. 24.02.2000 – 6 U 77/99; Michalski/*Römermann* Anh. §47 Rn. 576, 577; MünchHdb GesR III/*Wolff* §40 Rn. 94; Lutter/Hommelhoff/*Bayer* Anh. §47 Rn. 40). Eine Anfechtung des

464

infolge einer positiven Beschlussfeststellungsklage gerichtlich festgestellten Beschlusses ist ausgeschlossen (zur AG BGH, Urt. v. 13.03.1980 – II ZR 54/78).

c) Verbindung mit Anfechtungsklage

465 Die positive Beschlussfeststellungsklage ist mit der Anfechtungsklage zu verbinden (BGH, Urt. v. 20.01.1986 – II ZR 73/85; zur AG, Urt. v. 13.03.1980 – II ZR 54/78; Lutter/Hommelhoff/*Bayer* Anh. § 47 Rn. 40; Michalski/*Römermann* Anh. § 47 Rn. 574). Allerdings muss sie nicht gleichzeitig mit der Anfechtungsklage erhoben werden, sondern kann im Wege der **Klageerweiterung** geltend gemacht werden (Baumbach/Hueck/*Zöllner* Anh. § 47 Rn. 188; Michalski/*Römermann* Anh. § 47 Rn. 571; MünchHdb GesR III/*Wolff* § 40 Rn. 99). Für die positive Beschlussfeststellungsklage ist das Gericht zuständig, das für die Anfechtungsklage ausschließlich zuständig ist (vgl. dazu Rdn. 424; Michalski/*Römermann* Anh. § 47 Rn. 574; MünchHdb GesR III/*Wolff* § 40 Rn. 93).

d) Klagefrist

466 Die positive Beschlussfeststellungsklage ist innerhalb der **Anfechtungsfrist zu erheben** (zur AG BGH, Urt. v. 13.03.1980 – II ZR 54/78; OLG Koblenz, Urt. v. 12.01.1989 – U 1053/87; Scholz/*K. Schmidt* § 45 Rn. 181; Baumbach/Hueck/*Zöllner* Anh. § 47 Rn. 188; Lutter/Hommelhoff/*Bayer* Anh. § 47 Rn. 40; R/S-L/*Koppensteiner/Gruber* § 47 Rn. 153; a. A. MünchHdb GesR III/*Wolff* § 40 Rn. 96). Ist ein Beschluss durch Verstreichen der Anfechtungsfrist unanfechtbar geworden, kommt auch eine positive Beschlussfeststellungsklage nicht in Betracht (OLG Koblenz, Urt. v. 12.01.1989 -U 1053/87).

e) Urteil und Urteilswirkungen

467 Das der Klage stattgebende Urteil wirkt als **Gestaltungsurteil** ebenso wie das stattgebende Anfechtungsurteil für und gegen jedermann und erstreckt seine **materielle Rechtskraft analog § 248 Abs. 1 Satz 1 AktG** auf alle Gesellschafter und Gesellschaftsorgane (BGH, Urt. v. 10.05.2001 – III ZR 262/00; Urt. v. 20.01.1986 – II ZR 73/85; zur AG, Urt. v. 13.03.1980 – II ZR 54/78; Scholz/*K. Schmidt* § 45 Rn. 180; Lutter/Hommelhoff/*Bayer* Anh. § 47 Rn. 40; MünchHdb GesR III/*Wolff* § 40 Rn. 97).

9. Allgemeine Feststellungsklage

a) Verhältnis der allgemeinen Feststellungsklage zur Anfechtungs- und Nichtigkeitsklage

468 Grundsätzlich kann zur Klärung der Rechtslage bei fehlerhaften Gesellschafterbeschlüssen eine allgemeine Feststellungsklage gem. § 256 ZPO durch jedermann gegen jedermann erhoben werden, soweit ihre Voraussetzungen erfüllt sind (OLG Düsseldorf, Urt. v. 24.08.1995 – 6 U 124/94; Scholz/*K. Schmidt* § 45 Rn. 82, 127, 148; MünchHdb GesR III/*Wolff* § 40 Rn. 100; Michalski/*Römermann* Anh. § 47 Rn. 592). Die Feststellungsklage nach § 256 ZPO setzt ein **Feststellungsinteresse** voraus. Ein solches Feststellungsinteresse fehlt aufgrund der Subsidiarität der allgemeinen Feststellungsklage dann, wenn dem Kläger eine bessere Rechtsschutzmöglichkeit zur Verfügung steht (OLG Düsseldorf, Urt. v. 24.08.1995 – 6 U 124/94; Scholz/*K. Schmidt* § 45 Rn. 82). Ein Urteil, das im Verfahren der allgemeinen Feststellungsklage ergeht, wirkt grundsätzlich nur zwischen den Parteien (Scholz/*K. Schmidt* § 45 Rn. 82; MünchHdb GesR III/*Wolff* § 40 Rn. 100). Im Bereich der Beschlussmängelstreitigkeiten bieten Anfechtungs- und Nichtigkeitsklage aufgrund ihrer erweiterten Urteilswirkungen (vgl. dazu oben Rdn. 435, 461) eine bessere Rechtsschutzmöglichkeit als die allgemeine Feststellungsklage. Einer allgemeinen Feststellungsklage fehlt daher regelmäßig das Feststellungsinteresse, wenn der Kläger Anfechtungs- oder Nichtigkeitsklage erheben kann (BGH, Urt. v. 23.02.1978 – II ZR 37/77; OLG Rostock, Urt. v. 28.05.2003 – 6 U 173/02; OLG Hamburg, Urt. v. 31.05.1995 – 11 U 183/94; Scholz/*K. Schmidt* § 45 Rn. 82; MüKo GmbHG/*Wertenbruch* Anh. § 47 Rn. 171; Roth/*Altmeppen* § 47 Rn. 113). Eine allgemeine Feststellungsklage kommt daher

häufig dann in Betracht, wenn der Kläger nicht anfechtungsbefugt ist (BGH, Urt. v. 13.10.2008 – II ZR 112/07; OLG Rostock, Urt. v. 28.05.2003 – 6 U 173/02; MünchHdb GesR III/*Wolff* § 40 Rn. 100; Scholz/*K. Schmidt* § 45 Rn. 82, 147).

Besondere Bedeutung kommt der allgemeinen Feststellungsklage bei **fehlerhaften Gesellschafterbeschlüssen** dann zu, wenn das Beschlussergebnis nicht förmlich festgestellt wurde, da die Anfechtungsklage einen förmlich festgestellten Beschluss voraussetzt (BGH, Urt. v. 01.03.1999 – II ZR 205/98; Urt. v. 13.11.1995 – II ZR 288/94; vgl. oben Rdn. 396). Auf diese Weise kann gerichtlich geklärt werden, ob ein Beschluss eines bestimmten Inhalts überhaupt gefasst wurde (BGH, Beschl. v. 04.05.2009 – II ZR 169/07; Urt. v. 13.11.1995 – II ZR 288/94; Scholz/*K. Schmidt* § 45 Rn. 20). Die Anfechtungsklage verdrängt die allgemeine Feststellungsklage somit immer dann, wenn eine förmliche Beschlussfeststellung erfolgt ist (BGH, Urt. v. 13.01.2003 – II ZR 173/02; Urt. v. 01.03.1999 – II ZR 305/97; Urt. v. 21.03.1988 – II ZR 308/87; Urt. v. 28.01.1980 – II ZR 84/79; Urt. v. 09.12.1968 – II ZR 57/67; OLG Köln, Urt. v. 16.05.2002 – 18 U 31/02). Fehlt es dagegen an einer förmlichen Beschlussfeststellung, kann die Rechtslage im Wege der allgemeinen Feststellungsklage geklärt werden (BGH, Urt. v. 01.03.1999 – II ZR 305/97; Urt. v. 28.01.1980 – II ZR 84/79; OLG Köln, Urt. v. 16.05.2002 – 18 U 31/02; MüKo GmbHG/*Wertenbruch* Anh. § 47 Rn. 8; Lutter/Hommelhoff/*Bayer* Anh. § 47 Rn. 39).

469

b) Passivlegitimation

Die Feststellungsklage wird häufig **gegen die Gesellschaft** gerichtet werden (OLG München, Urt. v. 27.03.1996 – 7 U 6037/95). Sofern ihre Voraussetzungen erfüllt sind, kann die allgemeine Feststellungsklage darüber hinaus gegen jedermann erhoben werden (Scholz/*K. Schmidt* § 45 Rn. 148).

470

c) Klagefrist

Im Unterschied zur Anfechtungsklage ist die allgemeine Feststellungsklage an **keine Klagefrist** gebunden. Die allgemeine Feststellungsklage unterliegt demnach auch im Gesellschaftsrecht keiner Präklusionswirkung. Zu beachten ist jedoch, dass bei langem Zuwarten mit Klageerhebung der Einwand der **Verwirkung** oder des rechtsmissbräuchlichen Verhaltens entgegenstehen kann (BGH, Urt. v. 01.03.1999 – II ZR 305/97; Urt. v. 13.11.1995 – II ZR 288/94; OLG Köln, Urt. v. 16.05.2002 – 18 U 31/02; Michalski/*Römermann* Anh. § 47 Rn. 591). Die Geltendmachung eines Rechts ist als verwirkt anzusehen, wenn der Rechtsinhaber über einen längeren Zeitraum sein Recht nicht geltend macht und dadurch bei der Gegenseite den Eindruck erweckt, dieser müsse mit der Inanspruchnahme des Rechts in Zukunft nicht mehr rechnen (BGH, Urt. v. 01.03.1999 – II ZR 305/97).

471

d) Urteil und Urteilswirkungen

Im Unterschied zur Nichtigkeits- und Anfechtungsklage bleiben die Urteilswirkungen einer allgemeinen Feststellungsklage nach herrschender, wenn auch nicht ganz unbestrittener Meinung auf die **Prozessparteien** beschränkt. Der Gesellschafterbeschluss kann durch allgemeine Feststellungsklage nicht rechtsgestaltend für nichtig erklärt werden (BGH, Urt. v. 13.10.2008 – II ZR 112/07; Urt. v. 25.11.2002 – II ZR 69/01; Urt. v. 10.05.2001 – III ZR 262/00; Scholz/*K. Schmidt* § 45 Rn. 82; MünchHdb GesR III/*Wolff* § 40 Rn. 100; a. A. Michalski/*Römermann* Anh. § 47 Rn. 598).

472

10. Einstweiliger Rechtsschutz

a) Einleitung

Da Gesellschafterbeschlüsse für einzelne Gesellschafter sowie die Gesellschaft erhebliche Folgen, v. a. wirtschaftlicher Art haben können, kommt der Frage, ob und mit welcher Zielsetzung einstweiliger Rechtsschutz bei Beschlussmängelstreitigkeiten begehrt werden kann, erhebliche praktische Bedeutung zu. Dabei ist danach zu differenzieren, ob im Wege des einstweiligen Rechtsschutzes bereits **auf die Beschlussfassung selbst** eingewirkt werden oder ob der **Zeitraum nach Beschlussfassung** bis

473

zur rechtskräftigen Entscheidung über die Rechtmäßigkeit des Beschlusses im Hauptsacheverfahren vorläufig geregelt werden soll (Michalski/*Römermann* Anh. § 47 Rn. 599; BeckOK GmbHG/*Leinekugel* Beschlussanfechtung Rn. 222; MünchHdb GesR III/*Wolff* § 40 Rn. 101; *Saenger* GmbHR 1997, 112, 117). Indem mangelhafte Beschlüsse ausgeführt oder auch fehlerfreie Beschlüsse nicht ausgeführt werden, besteht die Gefahr, dass entgegen der objektiven Rechtslage vollendete Tatsachen und damit eine Sachlage geschaffen wird, die auch durch rechtskräftige Entscheidung in der Hauptsache nicht mehr revidiert werden kann (OLG München, Beschl. v. 20.07.1998 – 23 W 1455/98; *Michalski* GmbHR 1991, 12). Diese Gefahr besteht vor allem bei anfechtbaren Beschlüssen, da diese bis zur rechtskräftigen Feststellung ihrer Nichtigkeit zunächst rechtswirksam und daher u. U. auch auszuführen sind (vgl. oben Rdn. 384; *Beyer* GmbHR 2001, 467). Für den Zeitraum bis zur rechtskräftigen Entscheidung über die Nichtigerklärung des Beschlusses spielt das Instrument des einstweiligen Rechtsschutzes daher eine wichtige Rolle. Es hat sich jedoch gezeigt, dass auch die Frage, ob bereits im Vorfeld der Beschlussfassung vorläufiger Rechtsschutz begehrt werden kann, zunehmend an Bedeutung gewinnt.

474 Gesetzlich sind zwei Arten von einstweiligen Verfügungen vorgesehen – die **Sicherungsverfügung nach § 935 ZPO**, die auf Sicherung eines Individualanspruchs, der nicht in Geld besteht, gerichtet ist sowie die **Regelungsverfügung nach § 940 ZPO**, die streitige Rechtsverhältnisse vorläufig regelt. Daneben ist durch Rechtsprechung und h.L. die **Leistungsverfügung** in analoger Anwendung des § 940 ZPO anerkannt, die auf die vorläufige Befriedigung von Ansprüchen gerichtet ist (Zöller/*Vollkommer* § 940 Rn. 1 f.; *Michalski* GmbHR 1991, 12; *Damm* ZHR 154 [1990] 413, 415 f.).

475 Ein Antrag auf Erlass einer einstweiligen Verfügung ist nur dann begründet, wenn der Antragsteller einen Verfügungsanspruch und Verfügungsgrund dargelegt und glaubhaft gemacht hat. Unter dem **Verfügungsanspruch** ist die materielle Rechtsposition zu verstehen, die im Hauptsacheverfahren geltend gemacht wird (*Saenger* GmbHR 1997, 112, 117). Dies ist im Rahmen von Beschlussmängelstreitigkeiten der Anspruch auf Nichtigerklärung eines bestimmten Beschlusses. Im Rahmen des **Verfügungsgrundes** ist die besondere Dringlichkeit bzw. Gefährdung dieser Rechtsposition darzulegen, die einen vorläufigen Rechtsschutz erforderlich macht (*Damm* ZHR 154 [1990] 413, 418).

b) Einstweiliger Rechtsschutz nach Beschlussfassung

aa) Ziel: Verhinderung der Beschlussausführung

476 Einstweiliger Rechtsschutz nach Beschlussfassung kann sowohl auf die Durchführung von Beschlüssen als auch darauf gerichtet sein, die Durchführung von Beschlüssen zu verhindern (Michalski/*Römermann* Anh. § 47 Rn. 609). Es ist anerkannt, dass die **Ausführung fehlerhafter Beschlüsse** durch einstweilige Verfügung verhindert werden kann (OLG Saarbrücken, Beschl. v. 09.05.2006 – 4 U 338/05-155; OLG Nürnberg, Beschl. v. 04.05.1993 – 3 U 136/93; OLG Hamm, Urt. v. 07.10.1992 – 8 U 75/92; Michalski/*Römermann* Anh. § 47 Rn. 613 f.; Scholz/*K. Schmidt* § 45 Rn. 183; MünchHdb GesR III/*Wolff* § 40 Rn. 109; *Beyer* GmbHR 2001, 467). Grundsätzlich unzulässig ist es dagegen, den Beschluss vorläufig für nichtig zu erklären, da dies einen Verstoß gegen das Verbot der Vorwegnahme der Hauptsache darstellen würde (Scholz/*K. Schmidt* § 45 Rn. 183; Michalski/*Römermann* Anh. § 47 Rn. 612; BeckOK GmbHG/*Leinekugel* Beschlussanfechtung Rn. 229). Bei eintragungsbedürftigen Beschlüssen kann die einstweilige Verfügung darauf gerichtet sein, die Anmeldung zur Eintragung in das Handelsregister zu verhindern (OLG Saarbrücken, Beschl. v. 09.05.2006 – 4 U 338/05-155; Scholz/*K. Schmidt* § 45 Rn. 183; Baumbach/Hueck/*Zöllner* Anh. § 47 Rn. 197). Dabei ist das Sperr- und Freigabeverfahren nach §§ 16, 198 UmwG vorrangig zu berücksichtigen, soweit es Anwendung findet (Scholz/*K. Schmidt* § 45 Rn. 183; Michalski/*Römermann* Anh. § 47 Rn. 620).

477 Eine einstweilige Verfügung, mit der die Ausführung eines Beschlusses vorläufig untersagt wird, setzt voraus, dass der Beschluss bei summarischer Prüfung als nichtig oder anfechtbar erscheint und auch die übrigen Voraussetzungen für den Erlass einer einstweiligen Verfügung gegeben sind (OLG

Saarbrücken, Beschl. v. 09.05.2006 – 4 U 338/05-155; OLG Nürnberg, Beschl. v. 04.05.1993 – 3 U 136/93). Da ein anfechtbarer Beschluss im Unterschied zu einem nichtigen Beschluss zunächst wirksam ist und erst durch das Anfechtungsurteil rückwirkend vernichtet wird (vgl. oben Rdn. 384), hat der Antragsteller im Fall eines anfechtbaren Beschlusses glaubhaft zu machen, dass ein Anfechtungsgrund vorliegt und Anfechtungsklage erhoben ist oder erhoben wird und das Anfechtungsverfahren zur Durchführung kommen wird (Baumbach/Hueck/*Zöllner* Anh. § 47 Rn. 201; BeckOK GmbHG/*Leinekugel* Beschlussanfechtung Rn. 230; Michalski/*Römermann* Anh. § 47 Rn. 619; R/S-L/*Koppensteiner/Gruber* § 47 Rn. 145). Ferner hat der Antragsteller darzulegen, dass die Ausführung des Beschlusses schwerwiegende Nachteile mit sich bringen würde und keine überwiegenden Interessen der Gesellschaft die Ausführung des Beschlusses erfordern (Scholz/*K. Schmidt* § 45 Rn. 183; Michalski/*Römermann* Anh. § 47 Rn. 619).

Antragsbefugt ist jeder, der im Hauptsacheverfahren dazu berechtigt ist, gegen den mangelhaften Beschluss Anfechtungs- bzw. Nichtigkeitsklage zu erheben (OLG Saarbrücken, Beschl. v. 09.05.2006 – 4 U 338/05-155; OLG Hamm, Urt. v. 07.10.1992 – 8 U 75/92; R/S-L/*Koppensteiner/Gruber* § 47 Rn. 145; Baumbach/Hueck/*Zöllner* Anh. § 47 Rn. 197, 201). Der Antrag auf Erlass einer einstweiligen Verfügung ist ebenso wie die Anfechtungs- und Nichtigkeitsklage **gegen die Gesellschaft** zu richten, die durch ihre Geschäftsführer vertreten wird (Baumbach/Hueck/*Zöllner* Anh. § 47 Rn. 197). Dies ergibt sich daraus, dass Gesellschafterbeschlüsse, soweit sie nicht nichtig sind, die Gesellschaft binden (OLG Saarbrücken, Beschl. v. 09.05.2006 – 4 U 338/05-155; OLG Nürnberg, Beschl. v. 04.05.1993 – 3 U 136/93; OLG Hamm, Urt. v. 07.10.1992 – 8 U 75/92). Nicht passivlegitimiert sind daher die Geschäftsführer der GmbH, auch wenn sie als Organe der Gesellschaft dazu verpflichtet sind, die Beschlüsse auszuführen (OLG Saarbrücken, Beschl. v. 09.05.2006 – 4 U 338/05-155; OLG Nürnberg, Beschl. v. 04.05.1993 – 3 U 136/93; Scholz/*K. Schmidt* § 45 Rn. 183).

478

bb) Ziel: Ausführung eines Beschlusses

Einstweiliger Rechtsschutz kann auch auf die Ausführung eines Beschlusses selbst gerichtet sein (*Saenger* GmbHR 1997, 112, 118; Michalski/*Römermann* Anh. § 47 Rn. 609 f.). Besonders zu berücksichtigen ist dabei allerdings die Gefahr, endgültige Verhältnisse zu schaffen und damit gegen das **Verbot der Vorwegnahme der Hauptsache** zu verstoßen (R/S-L/*Koppensteiner/Gruber* § 47 Rn. 145). Der umstrittene Beschluss kann daher im Weg des einstweiligen Rechtsschutzes nicht für wirksam erklärt werden, da dies einen Verstoß gegen das Verbot der Vorwegnahme der Hauptsache darstellen würde (Michalski/*Römermann* Anh. § 47 Rn. 611).

479

c) Einstweiliger Rechtsschutz im Vorfeld der Beschlussfassung

Im Vorfeld einer Beschlussfassung kann sich bereits zeigen, dass der zu fassende Beschluss mangelhaft sein wird (Michalski/*Römermann* Anh. § 47 Rn. 603). Dies kann sich z. B. aus der der Einladung beigefügten Tagesordnung oder aus der Ankündigung eines Gesellschafters ergeben, im Widerspruch zu einer Stimmbindungsvereinbarung zu stimmen. Die Frage, ob im Wege des einstweiligen Rechtsschutzes auf den **Prozess der Willensbildung** selbst eingewirkt werden kann, war Gegenstand einer intensiven Auseinandersetzung in Literatur und Rechtsprechung (*Beyer* GmbHR 2001, 467, 468). Nach teilweise vertretener Auffassung war vorläufiger Rechtsschutz im Vorfeld einer Beschlussfassung grundsätzlich unzulässig, da dies einen Verstoß gegen das Verbot der Vorwegnahme der Hauptsache und einen zu weit gehenden Eingriff in den Prozess der Willensbildung der Gesellschaft darstellen würde (OLG Stuttgart, Beschl. v. 18.02.1997 – 20 W 11/97; OLG Hamm, Beschl. v. 06.07.1992 – 8 W 18/92; OLG Koblenz, Urt. v. 25.10.1990 – 6 U 238/90; Baumbach/Hueck/*Zöllner* Anh. § 47 Rn. 203).

480

Diese Argumentation wurde von der Literatur unter Hinweis auf die grundsätzlich anerkannte **Leistungs- bzw. Befriedigungsverfügung** zunehmend infrage gestellt, da diese in ihrer Rechtsfolge dem Hauptsacheverfahren nicht nachsteht und das im Eilverfahren geltende Verbot der Vorwegnahme der Hauptsache insofern relativiere (*Damm* ZHR 154 [1990] 413, 415 f.; *Beyer* GmbHR 2001,

481

467, 468). Auch in der jüngeren Rechtsprechung der Oberlandesgerichte hat sich die Auffassung durchgesetzt, einstweiligen Rechtsschutz hinsichtlich der Beschlussfassung selbst zuzulassen (OLG Hamm, Urt. v. 06.07.1992 – 8 W 18/92; OLG Frankfurt am Main, Urt. v. 01.07.1992 – 17 U 9/9; OLG Koblenz, Urt. v. 25.10.1990 – 6 U 238/90; OLG München, Beschl. v. 20.07.1998 – 23 W 1455/981; *Beyer* GmbHR 2001, 467, 468). So wurde zunächst die Durchsetzung eines Stimmverbots und einer wirksamen rechtsgeschäftlichen Stimmrechtsbindung im Wege des einstweiligen Rechtsschutzes für zulässig erachtet (OLG Koblenz, Urt. v. 25.10.1990 – 6 U 238/90; *Michalski* GmbHR 1993, 164), später dann auch die Zulässigkeit einer einstweiligen Verfügung, die dem Gesellschafter auferlegt, das Stimmrecht in einer dem Gesellschaftsvertrag oder der gesellschaftlichen Treuepflicht entsprechenden Weise auszuüben (OLG Hamburg, Urt. v. 28.06.1991 – 11 I 65/91; *K. Schmidt* GmbHR 1991, 469; *Michalski* GmbHR 1993, 164).

482 Durch Rechtsprechung und h.L. ist mittlerweile anerkannt, dass **durch einstweilige Verfügung** im Vorfeld der Beschlussfassung auf den **Willensbildungsprozess** in der Gesellschaft eingewirkt werden kann, da man ansonsten dem rechtsstaatlichen Gebot, effektiven Rechtsschutz zu gewährleisten, nicht gerecht werden würde. Ob durch einstweiligen Rechtsschutz auf die Beschlussfassung selbst eingewirkt werden kann, ist eine Frage der Begründetheit des Antrags, nicht der Zulässigkeit (OLG Frankfurt am Main, Urt. v. 01.07.1992 – 17 U 9/91; OLG Hamburg, Urt. v. 28.06.1991 – 11 U 65/91; OLG München, Beschl. v. 20.07.1998 – 23 W 1455/98; Scholz/*K. Schmidt* § 45 Rn. 183; *Michalski/Römermann* Anh. § 47 Rn. 606 f.; BeckOK GmbHG/*Leinekugel* Beschlussanfechtung Rn. 226; *Beyer* GmbHR 2001, 467, 469). Der Erlass einer einstweiligen Verfügung setzt nach den von der Rechtsprechung aufgestellten Maßstäben eine eindeutige Rechtslage, ein besonderes bzw. überragendes Schutzbedürfnis des Antragstellers oder eine besonders schwerwiegende Beeinträchtigung seiner Belange voraus und muss dem Gebot des geringstmöglichen Eingriffs entsprechen (OLG Zweibrücken, Urt. v. 30.10.1997 – 4 U 11/97; OLG Stuttgart, Beschl. v. 18.02.1997 – 20 W 11/97; OLG Hamm, Beschl. v. 06.07.1992 – 8 W 18/92; OLG Frankfurt am Main, Urt. v. 01.07.1992 – 17 U 9/91; OLG Hamburg, Urt. v. 28.06.1991 – 11 U 65/91; OLG München, Beschl. v. 20.07.1998 – 23 W 1455/98; *Michalski/Römermann* Anh. § 47 Rn. 606; BeckOK GmbHG/*Leinekugel* Beschlussanfechtung Rn. 226). Das Gebot des geringstmöglichen Eingriffs ist verletzt, wenn es dem Antragsteller zuzumuten ist, die Beschlussfassung abzuwarten und sich dann durch einstweilige Verfügung gegen den Vollzug des Beschlusses zu wehren (OLG Stuttgart, Beschl. v. 18.02.1997 – 20 W 11/97; BeckOK GmbHG/*Leinekugel* Beschlussanfechtung Rn. 226). Die Untersagung der Beschlussausführung besitzt im Rahmen des einstweiligen Rechtsschutzes Vorrang vor der Untersagung der Beschlussfassung (OLG Hamm, Urt. v. 06.07.1992 – 8 W 18/92; Scholz/*K. Schmidt* § 45 Rn. 183; *Michalski/Römermann* Anh. § 47 Rn. 606). Ein solches Vorgehen kann dem Antragsteller allerdings dann nicht zugemutet werden, wenn die drohende Entwicklung irreversible Folgen hätte und die Versagung des einstweiligen Rechtsschutzes somit faktisch auf eine Rechtsverweigerung in der Hauptsache hinaus laufen würde. Insoweit bedarf es einer Abwägung der Interessen von Antragsteller und Antragsgegner im Einzelfall (OLG Zweibrücken, Urt. v. 30.10.1997 – 4 U 11/97; OLG Stuttgart, Beschl. v. 18.02.1997 – 20 W 11/97; BeckOK GmbHG/*Leinekugel* Beschlussanfechtung Rn. 226; *Michalski* GmbHR 1991, 12, 13; *Beyer* GmbHR 2001, 467, 469).

483 Ihrem Inhalt nach kann die einstweilige Verfügung je nach Sachlage darauf gerichtet sein, die Beschlussfassung an sich zu untersagen (OLG Koblenz, Urt. v. 12.01.1089 – 6 U 238/90), die Ausübung des Stimmrechts in bestimmter Weise zu untersagen (OLG Frankfurt am Main, Urt. v. 01.07.1992 – 17 U 9/91) oder auch die Ausübung des Stimmrechts in bestimmter Weise vorzugeben (OLG Frankfurt am Main, Urt. v. 01.07.1992 – 17 U 9/91; OLG Hamburg, Urt. v. 28.06.1991 – 11 U 65/91; *Michalski/Römermann* Anh. § 47 Rn. 608). Mit welchem Inhalt die einstweilige Verfügung auszusprechen ist, ist eine Frage des jeweiligen Einzelfalls.

484 Es ist anerkannt, dass die **Gesellschafter antragsbefugt** sind. Problematisch ist, ob auch die Gesellschaft u. U. befugt ist, einen Antrag im Verfahren des einstweiligen Rechtsschutzes zu stellen (*Beyer* GmbHR 2001, 467, 470). Der Verfügungsantrag kann sich je nach Antragsinhalt gegen (Mit-)Gesellschafter oder auch gegen die Gesellschaft selbst richten (Scholz/*K. Schmidt* § 45 Rn. 183;

Michalski/*Römermann* Anh. § 47 Rn. 607). Richtet sich das Rechtsschutzbegehren darauf, eine bestimmte Stimmabgabe zu erreichen oder zu verbieten, ist der Antrag gegen den betreffenden Gesellschafter zu richten (Michalski/*Römermann* Anh. § 47 Rn. 607).

V. Beschlussmängelstreitigkeiten bei Beschlüssen des Aufsichtsrats

1. Einleitung

Im Unterschied zum Aktienrecht ist die Bildung eines Aufsichtsrats bei der GmbH grundsätzlich nicht vorgeschrieben (Michalski/*Giedinghagen* § 52 Rn. 1; MüKo GmbHG/*Spindler* § 52 Rn. 1). Allerdings ist aufgrund der Mitbestimmungsgesetze (BetrVG 1952, MitbestG, MontanMitbestG, MitbestErgG) unter bestimmten Voraussetzungen in der GmbH ein **obligatorischer Aufsichtsrat** zu bilden (Michalski/*Giedinghagen* § 52 Rn. 2; MüKo GmbHG/*Spindler* § 52 Rn. 2). Im Übrigen kann die Satzung der GmbH einen fakultativen Aufsichtsrat vorsehen (Michalski/*Giedinghagen* § 52 Rn. 2; MüKo GmbHG/*Spindler* § 52 Rn. 1). Nach § 52 Abs. 1 GmbHG finden vorbehaltlich abweichender gesellschaftsvertraglicher Regelung bestimmte Vorschriften des Aktienrechts auf den **fakultativen Aufsichtsrat** der GmbH entsprechende Anwendung (*Roth/Altmeppen* § 52 Rn. 1). Der fakultative Aufsichtsrat ist ein Gesellschaftsorgan, das hierarchisch der Gesellschafterversammlung untergeordnet ist (BGH, Beschl. v. 06.03.1997 – II ZB 4/96). Seine Hauptaufgabe ist entsprechend § 111 Abs. 1 AktG die Überwachung der Geschäftsführung (Henssler/Strohn/*Henssler* § 52 Rn. 12). Darüber hinaus können dem Aufsichtsrat dispositive Kompetenzen der Gesellschafterversammlung nach §§ 45, 46 GmbHG zur Wahrnehmung übertragen werden (*Roth/Altmeppen* § 52 Rn. 46). Sowohl der obligatorische als auch der fakultative Aufsichtsrat entscheidet grundsätzlich durch Beschluss (Henssler/Strohn/*Henssler* § 52, 9, 37; Michalski/*Giedinghagen* § 52 Rn. 358; Baumbach/Hueck/*Zöllner/Noack* § 52 Rn. 88; *Roth/Altmeppen* § 52 Rn. 45). Wie ein mangelhafter Aufsichtsratsbeschluss zu behandeln und geltend zu machen ist, ist gesetzlich nicht geregelt (MüKo GmbH/*Spindler* § 52 Rn. 513).

485

2. Beschlussfassung des Aufsichtsrats in übertragener Zuständigkeit

Die h.L. differenziert danach, ob der Aufsichtsrat im Rahmen seiner originären Zuständigkeit tätig geworden ist oder Aufgaben der Gesellschafterversammlung wahrgenommen hat. Wird der Aufsichtsrat anstelle **der Gesellschafterversammlung** tätig, sind nach h. M. die Regeln über die Behandlung von mangelhaften Gesellschafterbeschlüssen **analog §§ 241 ff. AktG** heranzuziehen (BGH, Urt. v. 25.02.1965 – II ZR 287/63; OLG Düsseldorf, Urt. v. 11.03.1982 – 6 U 174/81; Scholz/*K. Schmidt* § 45 Rn. 185; R/S-L/*Koppensteiner/Gruber* § 45 Rn. 20; Saenger/Inhester/*Puszkajler* Anh. § 47 Rn. 15). Demnach ist zwischen anfechtbaren und nichtigen Beschlüssen zu unterscheiden, die jeweils mit Anfechtungs- und Nichtigkeitsklage geltend zu machen sind.

486

Nach a. A. ist die analoge Anwendung der §§ 241 ff. AktG auf fehlerhafte Aufsichtsratsbeschlüsse auch im Bereich des übertragenen Aufgabenkreises abzulehnen (Baumbach/Hueck/*Zöllner/Noack* Anh. § 47 Rn. 208; Michalski/*Römermann* Anh. § 47 Rn. 625; *Roth/Altmeppen* § 52 Rn. 47). Gegen die Anwendbarkeit der §§ 241 ff. AktG spricht nach *Altmeppen* eine Entscheidung des BGH zum Aktienrecht, in der eine entsprechende Anwendung der §§ 241 ff. AktG auf fehlerhafte Aufsichtsratsbeschlüsse abgelehnt wird (BGH, Urt. v. 17.05.1993 – II ZR 89/92; *Roth/Altmeppen* § 52 Rn. 47). Ob die zum Aktienrecht ergangenen BGH-Entscheidungen auf das Recht der GmbH übertragen werden kann, wird jedoch infrage gestellt (Scholz/*K. Schmidt* § 45 Rn. 185).

487

3. Beschlussfassung des Aufsichtsrats in originärer Zuständigkeit

a) Inhalts- und Verfahrensfehler

Handelt der Aufsichtsrat in originärer Kompetenz, ist bei Beschlussmängeln zwischen Inhalts- und Verfahrensverstößen zu unterscheiden (Michalski/*Giedinghagen* § 52 Rn. 373). Verstößt ein

488

Beschluss seinem **Inhalt** nach gegen Gesetz oder Satzung, führt dies grundsätzlich zur **Nichtigkeit** (BGH, Urt. v. 21.04.1997 – II ZR 175/95; Urt. v. 05.06.1975 – II ZR 156/73; Baumbach/Hueck/ *Zöllner/Noack* § 52 Rn. 91; Michalski/*Giedinghagen* § 52 Rn. 373). Dies ist bspw. der Fall, wenn der Aufsichtsrat mit der Beschlussfassung seine Kompetenzen überschreitet, etwa einen Geschäftsführer bestellt oder entlastet (BGH, Urt. v. 15.11.1993 – II ZR 235/92). Die Rechtsfolgen von Verfahrensverstößen sind hingegen umstritten. Nach h. M. führen lediglich **wesentliche Verfahrensverstöße** zur **Nichtigkeit** des Beschlusses (BGH, Urt. v. 15.11.1993 – II ZR 235/92; Lutter/Hommelhoff/*Lutter* § 52 Rn. 96; Michalski/*Giedinghagen* § 52 Rn. 376). Wesentliche Verfahrensverstöße sind z. B. Ladungsfehler oder die fehlende Mitteilung der Tagesordnung (Michalski/*Giedinghagen* § 52 Rn. 376). Liegt kein wesentlicher Verfahrensfehler vor, ist der Beschluss wirksam (Michalski/*Giedinghagen* § 52 Rn. 373). Dies ist der Fall, wenn der Beschluss gegen reine Ordnungs- oder Formvorschriften verstößt (Michalski/*Giedinghagen* § 52 Rn. 375; R/S-L/*Koppensteiner/Schnorbus* § 52 Rn. 28; Baumbach/Hueck/*Zöllner/Noack* § 52 Rn. 92).

b) Gerichtliche Geltendmachung

489 Eine analoge Anwendung der §§ 241 ff. AktG und der damit verbundenen besonderen Rechtsbehelfe der Anfechtungs- und Nichtigkeitsklage scheidet aus, soweit der Aufsichtsrat in originärer Zuständigkeit tätig wird (BGH, Urt. v. 21.04.1997 – II ZR 175/95; Urt. v. 15.11.1993 – II ZR 235/92; Urt. v. 17.05.1993 – II ZR 89/92; Scholz/*K. Schmidt* § 45 Rn. 185; Michalski/*Giedinghagen* § 52 Rn. 374; R/S-L/*Koppensteiner/Schnorbus* § 52 Rn. 27). Die Nichtigkeit eines Beschlusses ist durch **allgemeine Feststellungsklage nach § 256 ZPO** geltend zu machen (Saenger/Inhester/ *Puszkajler* Anh. § 47 Rn. 15; BeckOK GmbHG/*Jaeger* § 52 Rn. 58; Michalski/*Giedinghagen* § 52 Rn. 380). Dies gilt sowohl für Inhalts- als auch Verfahrensmängel (Michalski/*Giedinghagen* § 52 Rn. 380). Nach allgemeinen Grundsätzen ist ein **besonderes Feststellungsinteresse** erforderlich. Dieses Feststellungsinteresse wird in der Regel bei einer Klage durch Aufsichtsratsmitglieder aufgrund ihrer Organstellung und ihrer sich daraus ergebenden Verantwortung für die Rechtmäßigkeit der vom Aufsichtsrat gefassten Beschlüsse zu bejahen sein (BGH, Urt. v. 21.04.1997 – II ZR 175/95; Urt. v. 17.05.1993 – II ZR 89/92; OLG Frankfurt am Main, Urt. v. 04.02.2003 – 5 U 63/01; Michalski/*Giedinghagen* § 52 Rn. 380, 381; MüKo GmbHG/*Spindler* § 52 Rn. 520; BeckOK GmbHG/*Jaeger* § 52 Rn. 57, 58). Das Aufsichtsratsmitglied hat die Pflicht und das Recht, dass der Aufsichtsrat seine Entscheidung im Einklang mit Gesetz und Satzung trifft (BGH, Urt. v. 21.04.1997 – II ZR 175/95). Eine Rüge vor Klageerhebung ist nicht erforderlich (Michalski/*Giedinghagen* § 52 Rn. 380). Im Einzelfall kann auch für Geschäftsführer und Gesellschafter ein Feststellungsinteresse bestehen, insbesondere dann, wenn der Beschluss des Aufsichtsrats ihre Rechte verletzt. Dritte sind regelmäßig nicht klagebefugt (Michalski/*Giedinghagen* § 52 Rn. 381; BeckOK GmbHG/*Jaeger* § 52 Rn. 57, 58). Die Klage ist nicht gegen den Aufsichtsrat selbst, sondern gegen die GmbH zu richten, die bei Klage durch ein Aufsichtsratsmitglied oder einen Gesellschafter prozessual durch ihre Geschäftsführer vertreten wird (BGH, Urt. v. 17.05.1993 – II ZR 89/92; BeckOK GmbHG/*Jaeger* § 52 Rn. 58; Michalski/*Giedinghagen* § 52 Rn. 383; MüKo GmbHG/*Spindler* § 52 Rn. 521). Klagt hingegen ein Geschäftsführer, wird die Gesellschaft entsprechend § 112 AktG durch ihren Aufsichtsrat vertreten (Michalski/*Giedinghagen* § 52 Rn. 383). Die Feststellungsklage unterliegt **keiner Klagefrist**. Das Klagerecht kann allerdings verwirkt sein, wenn der Kläger zu lange mit der Klageerhebung wartet (Michalski/*Giedinghagen* § 52 Rn. 382; MüKo GmbHG/*Spindler* § 52 Rn. 522; Baumbach/Hueck/*Zöllner/Noack* § 52 Rn. 96).

VI. Aufhebung gesellschaftsrechtlicher Bindung

1. Einleitung und Überblick

490 Die gesellschaftsrechtliche Verbundenheit der Gesellschafter kann durch Auflösung der Gesellschaft oder durch Ausscheiden eines oder mehrerer Gesellschafter gelöst werden (Michalski/*Sosnitza* Anh. § 34 Rn. 1; *Mayer/Elfring* GmbHR 2004, 869, 870). Eine **Auflösung der Gesellschaft** kommt im Interesse des Bestandsschutzes der GmbH nur unter engen Voraussetzungen in Betracht. In § 60 Abs. 1

GmbHG sind gesetzliche Auflösungsgründe normiert, wobei Nr. 3 bis 7 zwingenden Charakter haben (Michalski/*Nerlich* § 60 Rn. 2). Die Aufzählung in § 60 Abs. 1 GmbHG ist nicht abschließend. Nach § 60 Abs. 2 GmbHG steht es den Gesellschaftern frei, im Gesellschaftsvertrag weitere Auflösungsgründe zu vereinbaren (*Roth/Altmeppen* § 60 Rn. 2, 30; Michalski/*Nerlich* § 60 Rn. 2; *Saenger* GmbHR 1994, 300). Nach §§ 60 Abs. 1 Nr. 3, 61 GmbHG kann die GmbH aus wichtigem Grund durch Urteil aufgelöst werden (vgl. unten Rdn. 532 ff.). Bei einigen schwerwiegenden Satzungsmängeln kann die Auflösung der Gesellschaft durch Nichtigkeitsklage nach § 75 GmbHG herbeigeführt werden (vgl. unten Rdn. 549 ff.; Scholz/*K. Schmidt* § 75 Rn. 1). Mit ihrer Auflösung tritt die GmbH in die Phase der Liquidation ein, in der ihre Geschäfte mit dem Ziel der Beendigung der Gesellschaft abgewickelt werden. Die Liquidation der GmbH ist in §§ 65 bis 74 GmbHG geregelt. In der Phase der Liquidation besteht die Gesellschaft als juristische Person weiter fort (Michalski/*Nerlich* § 60 Rn. 4 f.). Erst mit ihrer Beendigung endet auch ihre Existenz als juristische Person (vgl. oben zur Parteifähigkeit der GmbH Rdn. 249 ff.; Scholz/*K. Schmidt* § 60 Rn. 6).

Das **Ausscheiden eines Gesellschafters** beruht häufig darauf, dass er nach § 15 GmbHG seinen Geschäftsanteil veräußert (Michalski/*Sosnitza* Anh. § 34 Rn. 2; Henssler/Strohn/*Fleischer* § 34 Rn. 2; *Mayer/Elfring* GmbHR 2004, 869, 870). Im Fall der unbeschränkten Nachschusspflicht hat der Gesellschafter das Recht, seinen Geschäftsanteil nach § 27 Abs. 1 GmbHG preiszugeben, das sog. Abandonrecht (MüKo GmbHG/*Strohn* § 34 Rn. 3; Michalski/*Sosnitza* § 34 Rn. 2). Erbringt der Gesellschafter seine Einlage nicht, kann er im Wege der Kaduzierung nach § 21 GmbHG aus der Gesellschaft ausgeschlossen werden (Michalski/*Sosnitza* Anh. § 34 Rn. 3). Nicht selten kommt es zum Ausschluss eines Gesellschafters im Wege der Einziehung seines Geschäftsanteils nach § 34 GmbHG aus der Gesellschaft (Michalski/*Sosnitza* Anh. § 34 Rn. 3). 491

Neben diesen gesetzlich geregelten Fällen ist durch Rechtsprechung und Lehre ein **allgemeines Austritts- und Ausschlussrecht aus wichtigem Grund** auch ohne entsprechende Regelung in der Satzung grundsätzlich anerkannt (BGH, Urt. v. 16.12.1991 – II ZR 58/91; Urt. v. 01.04.1953 – II ZR 235/52; R/S-L/*Gesell* § 61 Rn. 1; Michalski/*Sosnitza* Anh. § 34 Rn. 3, 6; MüKo GmbHG/*Strohn* § 34 Rn. 4; *Roth/Altmeppen* § 60 Rn. 5, 60). Ein solches allgemeines Austritts- und Ausschlussrecht ist im Recht der GmbH nicht ausdrücklich geregelt (R/S-L/*Gesell* § 61 Rn. 1). Dieses Recht beruht auf dem allgemeinen Grundsatz, dass ein auf Dauer angelegtes Rechtsverhältnis aus wichtigem Grund beendet werden kann (BGH, Urt. v. 01.04.1953 – II ZR 235/52; Michalski/*Sosnitza* Anh. § 34 Rn. 6). Auf diese Weise wird bei Vorliegen eines wichtigen Grundes das Ausscheiden eines Gesellschafters aus der Gesellschaft ohne Auflösung der Gesellschaft ermöglicht und damit dem Bestandsschutz der Gesellschaft Rechnung getragen (*Roth/Altmeppen* § 60 Rn. 60 f.). 492

2. Ausschluss eines Gesellschafters

a) Einleitung

Das Recht der Personengesellschaften sieht in § 737 BGB und § 140 HGB den Ausschluss eines Gesellschafters aus wichtigem Grundes ausdrücklich vor (vgl. oben Rdn. 212 ff.). Im Recht der GmbH fehlt eine entsprechende gesetzliche Regelung. Es ist jedoch anerkannt, dass auch ein Gesellschafter einer GmbH **aus wichtigem Grund** aus der Gesellschaft ausgeschlossen werden kann (BGH, Urt. v. 20.09.1999 – II ZR 345/97; Urt. v. 17.02.1955 – II ZR 316/53; Urt. v. 01.04.1953 – II ZR 235/52; Michalski/*Sosnitza* Anh. § 34 Rn. 3, 6; G/E/S/*Sandhaus* § 34 Rn. 77). Dieses Ausschlussrecht, das der BGH aus der gesellschafterlichen Treuepflicht ableitet, ermöglicht es, das Gesellschaftsverhältnis mit einem Mitgesellschafter zu lösen, ohne Auflösungsklage erheben zu müssen. Auf diese Weise können die Gesellschaft sowie die in ihr enthaltenen Vermögenswerte erhalten werden (BGH, Urt. v. 20.09.1999 – II ZR 345/97; Urt. v. 17.02.1955 – II ZR 316/53; Urt. v. 01.04.1953 – II ZR 235/52; *Roth/Altmeppen* § 60 Rn. 60 f.). Das Recht, einen Gesellschafter aus wichtigem Grund aus der Gesellschaft auszuschließen setzt keine entsprechende Regelung in der Satzung voraus (Michalski/*Sosnitza* Anh. § 34 Rn. 6; R/S-L/*Görner* § 34 Rn. 80; G/E/S/*Sandhaus* § 34 Rn. 77). Das Ausschlussrecht besteht auch in der Zwei-Personen-GmbH (dazu ausführlich vgl. unten Rdn. 521 ff.; Saenger/ 493

Inhester/*Greitemann/Klingsch* Anh. § 34 Rn. 3) und kann sich sowohl gegen Minderheits- als auch gegen Mehrheitsgesellschafter richten (Michalski/*Sosnitza* Anh. § 34 Rn. 7; G/E/S/*Sandhaus* § 34 Rn. 77). Der Ausschluss eines Gesellschafters ist grundsätzlich auch in der Vorgesellschaft und in der Liquidation möglich (Michalski/*Sosnitza* Anh. § 34 Rn. 7; Saenger/Inhester/*Greitemann/Klingsch* Anh. § 34 Rn. 3; G/E/S/*Sandhaus* § 34 Rn. 77). Das Ausschlussrecht besteht unabhängig davon, ob die Gesellschaft kapitalistisch oder personalistisch strukturiert ist (Michalski/*Nerlich* Anh. § 34 Rn. 7, 16; G/E/S/*Sandhaus* § 34 Rn. 77).

b) Voraussetzungen

aa) Wichtiger Grund

(1) Grundsatz

494 Der Ausschluss eines Gesellschafters setzt einen wichtigen Grund voraus. Ein wichtiger Grund liegt vor, wenn der Verbleib des auszuschließenden Gesellschafters in der Gesellschaft den Fortbestand der Gesellschaft unmöglich machen oder ernsthaft gefährden würde oder den anderen Gesellschaftern aus sonstigen Gründen **nicht mehr zumutbar** ist. Dabei sind alle Umstände des Einzelfalls umfassend zu würdigen (BGH, Urt. v. 23.02.1981 – II ZR 229/79; Urt. v. 17.02.1955 – II ZR 316/53; Urt. v. 01.04.1953 – II ZR 235/52; OLG Düsseldorf, Urt. v. 22.10.1998 – 6 U 78/97; OLG Hamm, Urt. v. 01.04.1998 – 8 U 72/97; Michalski/*Sosnitza* Anh. § 34 Rn. 8; MüKo GmbHG/*Strohn* § 34 Rn. 123, 124). Der wichtige Grund muss in der Person oder dem Verhalten des auszuschließenden Gesellschafters begründet sein (BGH, Urt. v. 17.02.1955 – II ZR 316/53; MüKo GmbHG/*Strohn* § 34 Rn. 123; Michalski/*Sosnitza* Anh. § 34 Rn. 9, 10).

(2) Personen- und verhaltensbezogene Gründe

495 Verschulden des auszuschließenden Gesellschafters ist nicht erforderlich, wird in der Regel aber den Ausschluss rechtfertigen (BGH, Urt. v. 01.04.1953 – II ZR 235/52; OLG München, Urt. v. 03.11.1993 – 7 U 2905/93; Michalski/*Sosnitza* Anh. § 34 Rn. 12, 17; *Roth/Altmeppen* § 60 Rn. 78). Ein personenbezogener Ausschlussgrund kann auf längerer Krankheit des auszuschließenden Gesellschafters beruhen, die ihn dauerhaft daran hindert, seiner – für die Gesellschaft erforderlichen – Mitarbeit nachzukommen oder darauf, dass ein Gesellschafter eine der Satzung nach erforderliche Eigenschaft verliert, wie z. B. eine berufliche Qualifikation (z. B. Rechtsanwaltszulassung) oder die erforderliche Familienzugehörigkeit bei einer Familiengesellschaft (R/S-L/*Görner* § 34 Rn. 82; MüKo GmbHG/*Strohn* § 34 Rn. 126; BeckOK GmbHG/*Schindler* 34 Rn. 120). Im Hinblick auf verhaltensbedingte Gründe, die einen Ausschluss rechtfertigen, besteht eine umfangreiche Kasuistik (vgl. R/S-L/*Görner* § 34 Rn. 83). Erforderlich sind danach schwere Pflichtverletzungen oder grobe Verstöße gegen die Treuepflicht durch den auszuschließenden Gesellschafter. Ein Ausschluss kommt z. B. in Betracht bei Straftaten zum Nachteil der Gesellschaft, wie Untreue oder Betrug (BGH, Urt. v. 09.03.1987 – II ZR 215/86; OLG Düsseldorf, Urt. v. 22.10.1998 – 6 U 78/97), beim Verrat von Betriebsgeheimnissen (BGH, Urt. v. 22.01.1990 – II ZR 21/89), gesellschaftsschädigendem Verhalten in der Öffentlichkeit (OLG Jena, Urt. v. 05.10.2005 – 6 U 162/05) oder unberechtigten Privatentnahmen (OLG Brandenburg, Urt. v. 15.10.1997 – 7 U 56/95). Allein die Ausübung von Gesellschafterrechten, sollte dies auch zur Belastung der Gesellschaft oder von Mitgesellschaftern führen, stellt an sich noch keinen wichtigen Grund dar. Dies ist nur dann der Fall, wenn zugleich eine Verletzung der gesellschaftlichen Treuepflicht vorliegt (OLG Frankfurt am Main, Urt. v. 15.01.1992 – 13 U 196/88; Michalski/*Sosnitza* Anh. § 34 Rn. 11; BeckOK GmbHG/*Schindler* § 34 Rn. 122). Das Verhalten oder Verfehlungen eines Gesellschafters aus seinem privaten Bereich können einen Ausschluss nur dann rechtfertigen, wenn sich dies geschäftsschädigend auf die Gesellschaft oder das Verhältnis zu den Gesellschaftern auswirkt (Michalski/*Sosnitza* Anh. § 34 Rn. 14; MüKo GmbHG/*Strohn* § 34 Rn. 123; BeckOK GmbHG/*Schindler* § 34 Rn. 122).

(3) Berücksichtigung des Verhaltens der übrigen Gesellschafter

Zu berücksichtigen sind auch Umstände, die in der Person der übrigen Gesellschafter liegen. Solche Umstände können zu einer milderen Beurteilung der vom auszuschließenden Gesellschafter gesetzten Gründe führen (BGH, Urt. v. 10.06.1991 – II ZR 234/89; Urt. v. 22.01.1990 – II ZR 21/89; MüKo GmbHG/*Strohn* § 34 Rn. 124; G/E/S/*Sandhaus* § 34 Rn. 78). Ein tiefgreifendes Zerwürfnis zwischen den Gesellschaftern begründet nur dann den Ausschluss eines Gesellschafters, wenn dieses überwiegend durch den auszuschließenden Gesellschafter verursacht wurde und in der Person der anderen Gesellschafter nicht auch einen Ausschlussgrund rechtfertigt (MüKo GmbHG/*Strohn* § 34 Rn. 128; Baumbach/Hueck/*Fastrich* Anh. § 34 Rn. 4). 496

(4) Zurechnung des Verhaltens Dritter

Auch Gründe in der Person oder in dem Verhalten des Vertreters eines Gesellschafters können den Ausschluss des Gesellschafters rechtfertigen, wenn die Vertretung langfristig angelegt ist und eine Abberufung nicht erfolgt oder nicht erfolgen kann (MüKo GmbHG/*Strohn* § 34 Rn. 123; Baumbach/Hueck/*Fastrich* Anh. § 34 Rn. 5; BeckOK GmbHG/*Schindler* § 34 Rn. 125). Wird ein Gesellschaftsanteil treuhänderisch gehalten, kommt es für die Frage, ob ein wichtiger Grund vorliegt, grundsätzlich auf die Person des Treuhänders an, da dieser Gesellschafter ist. Ausnahmsweise sind auch Gründe in der Person des Treugebers relevant, wenn dieser dazu befugt ist, den Treuhänder anzuweisen und dadurch auf die gesellschaftlichen Verhältnisse einwirken kann (MüKo GmbHG/*Strohn* § 34 Rn. 135; Baumbach/Hueck/*Fastrich* Anh. § 34 Rn. 5; Saenger/Inhester/*Greitemann/Klingsch* Anh. § 34 Rn. 6; BeckOK GmbHG/*Schindler* § 34 Rn. 125). 497

(5) Differenzierung zwischen personalistischer und kapitalistischer Struktur

Wie dargelegt, besteht das Recht, einen Gesellschafter aus wichtigem Grund auszuschließen sowohl in der personalistisch als auch in der kapitalistisch strukturierten GmbH (vgl. oben Rdn. 493). Allerdings spielt die Struktur der Gesellschaft bei der Beurteilung der Frage, ob ein wichtiger Grund vorliegt, eine Rolle. Je stärker die Gesellschaft personalistisch geprägt ist, umso bedeutsamer sind persönliche Eigenschaften des auszuschließenden Gesellschafters und das Vertrauensverhältnis der Gesellschafter untereinander. Je kapitalistischer sich die Struktur einer Gesellschaft darstellt, desto weniger Bedeutung kommt diesen Kriterien zu (MüKo GmbHG/*Strohn* § 34 Rn. 124; Michalski/*Sosnitza* Anh. § 34 Rn. 16). 498

(6) Ausscheiden des auszuschließenden Gesellschafters

Kommt es zum Gesellschafterwechsel aufseiten des auszuschließenden Gesellschafters, entfällt der Ausschließungsgrund in der Regel. Der neue Gesellschafter muss sich grundsätzlich nicht das Verhalten seines Rechtsvorgängers zurechnen lassen (Saenger/Inhester/*Greitemann/Klingsch* Anh. § 34 Rn. 6). Wurde Ausschließungsklage erhoben, führt dies zur Erledigung der Hauptsache (Michalski/*Sosnitza* Anh. § 34 Rn. 13; Baumbach/Hueck/*Fastrich* Anh. § 34 Rn. 5). Etwas anderes gilt, wenn der neue Gesellschafter lediglich als Strohmann des alten Gesellschafters tätig wird oder der alte Gesellschafter als Treugeber weiterhin Einfluss auf die gesellschaftlichen Verhältnisse hat (Michalski/*Sosnitza* Anh. § 34 Rn. 13; MüKo GmbHG/*Strohn* § 34 Rn. 132). 499

(7) Besonderheiten in der Liquidation

In der Liquidation ist ein wichtiger, den Ausschluss rechtfertigender Grund nur dann zu bejahen, wenn das Verbleiben des auszuschließenden Gesellschafters in der Gesellschaft deren ordnungsgemäße Abwicklung unmöglich machen oder unvertretbar erschweren würde (OLG Frankfurt am Main, Urt. v. 02.10.2001 – 5 U 31/2000). 500

bb) Ausschluss als ultima ratio

501 Der Ausschluss eines Gesellschafters kommt **nur als äußerstes Mittel** in Betracht (BGH, Urt. v. 17.02.1955 – II ZR 316/53; OLG Köln, Urt. v. 20.06.2000 – 18 U 36/00; Michalski/*Sosnitza* Anh. § 34 Rn. 18; MüKo GmbHG/*Strohn* § 34 Rn. 136; *Roth/Altmeppen* § 60 Rn. 80). Aus der gesellschaftlichen Treuepflicht ergibt sich die Verpflichtung der Gesellschafter, weniger einschneidende Maßnahmen zu ergreifen, wenn diese ebenso geeignet sind, die Störung zu beseitigen (Michalski/*Sosnitza* Anh. § 34 Rn. 18; G/E/S/*Sandhaus* § 34 Rn. 80). Ein milderes Mittel stellt bspw. die Abberufung eines Gesellschafters als Geschäftsführer dar (Michalski/*Sosnitza* Anh. § 34 Rn. 19; MüKo GmbHG/*Strohn* § 34 Rn. 136). Übt ein Gesellschafter seine Sperrminorität in querulantischer gesellschaftswidriger Weise aus, kann eine Teileinziehung oder die Übertragung der Geschäftsanteile auf einen Treuhänder als milderes Mittel in Betracht kommen (Michalski/*Sosnitza* Anh. § 34 Rn. 19; MüKo GmbHG/*Strohn* § 34 Rn. 136; Baumbach/Hueck/*Fastrich* Anh. § 34 Rn. 6). Ist ein Gesellschafter dauerhaft unerreichbar, ist die Bestellung eines Pflegers nach § 1911 BGB zu erwägen (Michalski/*Sosnitza* Anh. § 34 Rn. 19; R/S-L/*Görner* § 34 Rn. 86; G/E/S/*Sandhaus* § 34 Rn. 80). Erfordert eine Maßnahme als milderes Mittel die Mitwirkung des betroffenen Gesellschafters, so wird regelmäßig ein Ausschluss gerechtfertigt sein, wenn der Gesellschafter seine Mitwirkung verweigert (Michalski/*Sosnitza* Anh. § 34 Rn. 19; G/E/S/*Sandhaus* § 34 Rn. 80; Baumbach/Hueck/*Fastrich* Anh. § 34 Rn. 6). Die Gesellschaft kann im Ausschließungsprozess ein milderes Mittel ggf. als Hilfsantrag geltend machen (MüKo GmbHG/*Strohn* § 34 Rn. 136). Im Verhältnis zur Auflösungsklage nach § 61 GmbHG ist der Ausschluss eines Gesellschafters regelmäßig das mildere Mittel, da der Ausschluss es ermöglicht, den in der Gesellschaft enthaltenen Vermögenswert zu erhalten (MüKo GmbHG/*Strohn* § 34 Rn. 136; Baumbach/Hueck/*Fastrich* Anh. § 34 Rn. 6).

cc) Grundsatz der Kapitalaufbringung und -erhaltung

502 Bei dem Ausschluss eines Gesellschafters ist der Grundsatz der Kapitalaufbringung und -erhaltung zu berücksichtigen (Michalski/*Sosnitza* Anh. § 34 Rn. 20; R/S-L/*Görner* § 34 Rn. 88; Baumbach/Hueck/*Fastrich* Anh. § 34 Rn. 7). Dies bedeutet, dass ein Ausschluss eines Gesellschafters nur dann möglich ist, wenn dieser die von ihm übernommene Stammeinlage voll eingezahlt hat oder – sollte dies nicht der Fall sein – Mitgesellschafter oder Dritte den Anteil des auszuschließenden Gesellschafters übernehmen (Michalski/*Sosnitza* Anh. § 34 Rn. 20; MüKo GmbHG/*Strohn* § 34 Rn. 112; Baumbach/Hueck/*Fastrich* Anh. § 4 Rn. 7). Weiter ist erforderlich, dass die Abfindung an den auszuschließenden Gesellschafter unter Beachtung des § 30 Abs. 1 GmbHG aus dem freien Vermögen der Gesellschaft erbracht werden kann (Michalski/*Sosnitza* Anh. § 34 Rn. 20; R/S-L/*Görner* § 34 Rn. 88; MüKo GmbHG/*Strohn* § 34 Rn. 110). Ausreichend ist, wenn ein oder mehrere verbleibende Gesellschafter persönlich oder ein Dritter die Abfindungszahlung übernimmt (R/S-L/*Görner* § 34 Rn. 88; MüKo GmbHG/*Strohn* § 34 Rn. 110; G/E/S/*Sandhaus* § 34 Rn. 81). Diese Grundsätze sind auch dann zu berücksichtigen, wenn die Ausschließung des Gesellschafters allein durch Gesellschafterbeschluss erfolgen kann und eine Ausschlussklage nicht erforderlich ist (Michalski/*Sosnitza* Anh. § 34 Rn. 20; R/S-L/*Görner* § 34 Rn. 88). Ein Ausschließungsbeschluss, der gegen diese Grundsätze verstößt, ist entsprechend § 241 Nr. 3 AktG nichtig (BGH, Urt. v. 24.01.2012 – II ZR 109/11; Urt. v. 05.04.2011 – II ZR 263/08 zum Einziehungsbeschluss; MüKo GmbHG/*Strohn* § 34 Rn. 113; BeckOK GmbHG/*Schindler* § 34 Rn. 132; für Anfechtbarkeit Michalski/*Sosnitza* Anh. § 34 Rn. 20). Eine Ausschließungsklage, die unter Missachtung dieser Grundsätze erhoben wird, ist unabhängig davon, ob ein wichtiger Grund vorliegt, als unbegründet abzuweisen (MüKo GmbHG/*Strohn* § 34 Rn. 113; Michalski/*Sosnitza* Anh. § 34 Rn. 20; G/E/S/*Sandhaus* § 34 Rn. 81).

c) Durchführung der Ausschließung

aa) Einleitung

503 Vorbehaltlich abweichender gesellschaftsvertraglicher Regelung (vgl. unten Rdn. 517) erfolgt der Ausschluss eines Gesellschafters in einem zweistufigen Verfahren. Auf erster Stufe ist zunächst

vorgesehen, dass die Gesellschafterversammlung über die Ausschließung des betroffenen Gesellschafters entscheidet und aufgrund dieses Beschlusses dann auf zweiter Stufe eine Ausschließungsklage erhoben wird (BGH, Urt. v. 13.01.2003 – II ZR 227/00; Urt. v. 20.09.1999 – II ZR 345/97; Urt. v. 17.02.1955 – II ZR 316/53; Urt. v. 01.04.1953 – II ZR 235/52; OLG Düsseldorf, Urt. v. 22.10.1998 – 6 U 78/97; MüKo GmbHG/*Strohn* § 34 Rn. 144; Michalski/*Sosnitza* Anh. § 34 Rn. 21; *Roth/Altmeppen* § 60 Rn. 85). Die Entscheidung, eine Ausschlussklage zu erheben, steht vorbehaltlich abweichender Regelung grundsätzlich den Gesellschaftern zu (MüKo GmbHG/*Strohn* § 34 Rn. 144; Michalski/*Sosnitza* Anh. § 34 Rn. 22).

bb) Ausschließungsbeschluss

(1) Mehrheitserfordernis

Nach der Rechtsprechung des BGH und der h. M. bedarf der **Ausschließungsbeschluss** entsprechend § 60 Abs. 1 Nr. 2 GmbHG einer **3/4-Mehrheit**, da der Ausschluss besonders einschneidend in die Mitgliedschaft eingreift und an die Stelle der Auflösung der Gesellschaft tritt, die alle Gesellschafter gleichermaßen betreffen würde (BGH, Urt. v. 13.01.2003 – II ZR 173/02; Urt. v. 13.01.2003 – II ZR 227/00; Urt. v. 01.04.1953 – II ZR 235/52; Michalski/*Sosnitza* Anh. § 34 Rn. 25; MüKo GmbHG/*Strohn* § 34 Rn. 149, 150; *Roth/Altmeppen* § 60 Rn. 87). Dafür spricht, dass die Ausschließung eines Gesellschafters auch die Interessen der verbleibenden Gesellschafter und der Gesellschaft betrifft, da dem auszuschließenden Gesellschafter eine Abfindung zu zahlen ist und dies die Liquidität der Gesellschaft beeinflusst. Auch der Umstand, dass die Ausschließung eines Gesellschafters durch Ausschließungsklage einer gerichtlichen Überprüfung unterliegt, rechtfertigt es nicht, eine einfache Mehrheit ausreichen zu lassen. Durch das qualifizierte Mehrheitserfordernis soll verhindert werden, dass die Ausschließung eines missliebigen Gesellschafters schon mit einer geringfügigen relativen Mehrheit beschlossen werden kann (BGH, Urt. v. 13.01.2003 – II ZR 173/02; Urt. v. 13.01.2003 – II ZR 227/00). Liegt ein wichtiger, die Ausschließung eines Gesellschafters rechtfertigender Grund vor, kommt der Ausschließungsbeschluss jedoch nicht mit der erforderlichen Mehrheit zustande, sind die Gesellschafter, die den Ausschluss begehren, nicht rechtlos gestellt. Liegt ein wichtiger Ausschließungsgrund vor, ist die Ablehnung des Ausschließungsbeschlusses treuwidrig. Gegen den durch treuwidrige Abstimmung erfolgten Beschluss kann Anfechtungsklage in Verbindung mit positiver Beschlussfeststellungsklage erhoben werden (vgl. Rdn. 463 ff.; BGH, Urt. v. 13.01.2003 – II ZR 173/02; Urt. v. 13.01.2003 – II ZR 227/00; Saenger/Inhester/*Greitemann/ Klingsch* Anh. § 34 Rn. 14). Abweichend von diesem Grundsatz kann die Satzung ein anderes Mehrheitserfordernis vorsehen (BGH, Urt. 13.01.2003 – II ZR 227/00; MüKo GmbHG/*Strohn* § 34 Rn. 148). Möglich ist einfache Mehrheit oder auch Einstimmigkeit (MüKo GmbHG/*Strohn* § 34 Rn. 148).

504

(2) Rechtsstellung des auszuschließenden Gesellschafters bei der Beschlussfassung

Der auszuschließende Gesellschafter ist bei der Beschlussfassung nach § 47 Abs. 4 GmbHG vom Stimmrecht ausgeschlossen (BGH, Urt. v. 01.04.1953 – II ZR 235/52; OLG Düsseldorf, Urt. v. 22.10.1998 – 6 U 78/97; Michalski/*Sosnitza* Anh. § 34 Rn. 24; MüKo GmbHG/*Strohn* § 34 Rn. 152; *Roth/Altmeppen* § 60 Rn. 85). Dem auszuschließenden Gesellschafter ist Gelegenheit zu geben, zu den Vorwürfen Stellung zu nehmen (R/S-L/*Görner* § 34 Rn. 90; Michalski/*Sosnitza* Anh. § 34 Rn. 24). Ansonsten ist der Ausschließungsbeschluss anfechtbar (Michalski/*Sosnitza* Anh. § 34 Rn. 24; MüKo GmbHG/*Strohn* § 34 Rn. 153). Sollen mehrere Gesellschafter ausgeschlossen werden, ist für jeden einzelnen auszuschließenden Gesellschafter eine gesonderte Beschlussfassung erforderlich (Michalski/*Sosnitza* Anh. § 34 Rn. 24; MüKo GmbHG/*Strohn* § 34 Rn. 152). Ein auszuschließender Gesellschafter ist von der Abstimmung über die Ausschließung eines anderen Gesellschafters ausgeschlossen, wenn zwischen den Ausschließungsgründen ein sachlicher Zusammenhang besteht (Michalski/*Sosnitza* Anh. § 34 Rn. 24; MüKo GmbHG/*Strohn* § 34 Rn. 152).

505

(3) Rechtsschutz gegen Ausschließungsbeschluss

506 Umstritten ist, ob der auszuschließende Gesellschafter gegen den Ausschließungsbeschluss mit **Anfechtungs- oder Nichtigkeitsklage** vorgehen kann. Nach t.v.A. fehlt einer solchen Klage das Rechtsschutzbedürfnis, da die Ausschließung des Gesellschafters umfassend im gerichtlichen Ausschließungsverfahren überprüft wird (OLG Düsseldorf, Urt. v. 22.10.1998 – 6 U 78/97). Nach h.M. kann gegen einen Ausschließungsbeschluss Anfechtungs- oder Nichtigkeitsklage erhoben werden, da der Gesellschafterbeschluss notwendige materiell rechtliche Voraussetzung für die Erhebung der Ausschließungsklage ist (BGH, Urt. v. 13.01.2003 – II ZR 173/02; Urt. v. 13.01.2003 – II ZR 227/00; MüKo GmbHG/*Strohn* § 34 Rn. 155). Formelle Mängel des Ausschließungsbeschlusses können nur durch Anfechtungsklage geltend gemacht werden (BGH, Urt. v. 13.01.2003 – II ZR 173/02; Urt. v. 13.01.2003 – 227/00). Das Rechtsschutzbedürfnis für eine Anfechtungsklage entfällt auch dann nicht, wenn zwischenzeitlich Ausschließungsklage erhoben wurde, da die Gefahr besteht, dass der Ausschließungsbeschluss nach Ablauf einer angemessenen Klagefrist in Bestandskraft erwächst und infolgedessen in einem Ausschlussverfahren nicht mehr überprüft werden kann (BGH, Urt. v 13.01.2003 – II ZR 227/00; OLG Köln, Urt. v. 20.06.2000 – 18 U 36/00; *Mayer/ Elfring* GmbHR 2004, 869, 876). Das Fehlen eines wichtigen Grundes kann jedoch nicht durch Anfechtungsklage geltend gemacht werden, da diese Voraussetzung der Ausschließung des Gesellschafters im gerichtlichen Ausschließungsverfahren überprüft wird (BGH, Urt. v. 13.01.2003 – II ZR 227/00; MüKo GmbHG/*Strohn* § 34 Rn. 155; Saenger/Inhester/*Greitemann/Klingsch* Anh. § 34 Rn. 15). Etwas anderes gilt jedoch dann, wenn aufgrund gesellschaftsvertraglicher Regelung keine Ausschließungsklage erforderlich ist und der Ausschluss des Gesellschafters bereits durch Beschlussfassung erfolgt. In diesem Fall ist das Vorliegen eines wichtigen Grundes im Rahmen der Anfechtungsklage gegen den Ausschließungsbeschluss gerichtlich nachprüfbar (vgl. unten Rdn. 517; Henssler/Strohn/*Fleischer* § 34 Rn. 30).

cc) Ausschließungsklage

(1) Klageart

507 Bei der Ausschließungsklage handelt es sich um eine **Gestaltungsklage** (R/S-L/*Görner* § 34 Rn. 91; Baumbach/Hueck/*Fastrich* Anh. § 34 Rn. 8).

(2) Parteien des Verfahrens

508 **Aktivlegitimiert** ist grundsätzlich die **Gesellschaft** selbst, nicht die einzelnen Gesellschafter (BGH, Urt. v. 17.02.1955 – II ZR 316/53; Urt. v. 01.04.1953 – II ZR 235/52; MüKo GmbHG/*Strohn* § 34 Rn. 158; *Roth/Altmeppen* § 60 Rn. 85). Die Gesellschaft wird im Ausschlussprozess grundsätzlich durch ihre Geschäftsführer vertreten (MüKo GmbHG/*Strohn* § 34 Rn. 159; *Roth/Altmeppen* § 60 Rn. 85; G/E/S/*Sandhaus* § 34 Rn. 83). Die Gesellschafter sind dazu befugt, einen besonderen Prozessvertreter nach § 46 Nr. 8 GmbHG zu bestellen (MüKo GmbHG/*Strohn* § 34 Rn. 159; Michalski/*Sosnitza* Anh. § 34 Rn. 27; Baumbach/Hueck/*Fastrich* Anh. § 34 Rn. 8). Die Klage ist **gegen den auszuschließenden Gesellschafter** zu richten (MüKo GmbHG/*Strohn* § 34 Rn. 158; R/S-L/*Görner* § 34 Rn. 91). Die Parteirolle der GmbH als Klägerin hat zur Folge, dass die Gesellschafter, die den Ausschluss anstreben, als Zeugen vernommen werden können, der auszuschließende Beklagte dagegen nur als Partei gehört werden kann (MüKo GmbHG/*Strohn* § 34 Rn. 158). Diese besondere Situation sollte durch das Gericht bei der Beweiswürdigung berücksichtigt und eine Anhörung des Beklagten nach § 141 ZPO oder eine Parteivernehmung nach § 448 ZPO erwogen werden (MüKo GmbHG/*Strohn* § 34 Rn. 159; Michalski/*Sosnitza* Anh. § 34 Rn. 27).

(3) Zuständigkeit

509 Der Gerichtsstand richtet sich nach allgemeinen Regeln. Die örtliche Zuständigkeit bestimmt sich nach § 13 ZPO (Wohnsitz des Beklagten) oder nach §§ 17, 22 ZPO (Sitz der Gesellschaft), soweit das zuständige Gericht für die Ausschließungsklage nicht gem. § 38 ZPO durch Satzung bestimmt ist (MüKo GmbHG/*Strohn* § 34 Rn. 159). Für die sachliche Zuständigkeit ist auf den Verkehrswert des Geschäftsanteils des auszuschließenden Gesellschafters abzustellen (MüKo GmbHG/*Strohn* § 34 Rn. 159).

(4) Ausschließungsbeschluss als Klagevoraussetzung

Der Ausschließungsbeschluss der Gesellschafter ist eine materielle Voraussetzung der Klage. Die Klage ist daher nur dann **schlüssig**, wenn die Beschlussfassung in der Klageschrift dargelegt wird. Ist ein solcher Beschluss nicht erfolgt, ist die Klage als unbegründet abzuweisen (BGH, Urt. v. 13.01.2003 – II ZR 173/02; Urt. v. 13.01.2003 – II ZR 227/00; OLG Düsseldorf, Urt. v. 22.10.1998 – 6 U 78/97; MüKo GmbHG/*Strohn* § 34 Rn. 160). Dies gilt unabhängig davon, ob ein Ausschlussgrund vorliegt (MüKo GmbHG/*Strohn* § 34 Rn. 160).

510

(5) Entscheidungserheblicher Zeitpunkt

Entscheidungserheblicher Zeitpunkt dafür, ob ein wichtiger Grund vorliegt, ist grundsätzlich die letzte mündliche Verhandlung im Ausschließungsprozess (MüKo GmbHG/*Strohn* § 34 Rn. 125; BeckOK GmbHG/*Schindler* § 34 Rn. 128). Andere Ausschließungsgründe können nachgeschoben werden. Dies gilt sowohl für Gründe, die bereits vor Klageerhebung vorlagen, unabhängig davon, ob diese Gründe bereits bekannt waren oder erst später bekannt geworden sind, als auch für Gründe, die erst nach Klageerhebung entstanden sind. Erforderlich ist, dass über diese Gründe ein weiterer Gesellschafterbeschluss (Ausschließungsbeschluss) gefasst wird. Ein solcher Beschluss ist nur ausnahmsweise dann nicht erforderlich, wenn der nachgeschobene Grund eng mit dem ursprünglich geltend gemachten Grund zusammenhängt (MüKo GmbHG/*Strohn* § 34 Rn. 125; BeckOK GmbHG/*Schindler* § 34 Rn. 128).

511

(6) Urteil und Urteilswirkungen

Das Klage stattgebende Urteil hat **Gestaltungswirkung** (Michalski/*Sosnitza* Anh. § 34 Rn. 30; *Roth*/*Altmeppen* § 60 Rn. 83). Es wirkt somit nicht nur zwischen den Parteien, sondern für und gegen jedermann. Da dem ausgeschlossenen Gesellschafter ein **Abfindungsanspruch** zusteht, ist nach der von der Rechtsprechung entwickelten **Bedingungstheorie, der sich die h. M. angeschlossen hat**, im Urteil auszusprechen, dass die Ausschließung des Gesellschafters unter der aufschiebenden Bedingung der Abfindungszahlung innerhalb angemessener Frist steht. Im Urteil ist somit die Höhe der Abfindung und eine angemessene Zahlungsfrist festzusetzen (BGH, Urt. v. 17.02.1955 – II ZR 316/53; Urt. v. 01.04.1953 – II ZR 235/52; OLG Düsseldorf, Urt. v. 22.10.1998 – 6 U 78/97; R/S-L/*Görner* § 34 Rn. 92; *Goette* DStR 2001, 533, 539). Diese Lösung dient dem Schutz des Gesellschafters davor, seinen Gesellschaftsanteil zu verlieren, ohne zugleich einen Gegenwert zu erhalten (Baumbach/Hueck/*Fastrich* Anh. § 34 Rn. 12). Wirkt der auszuschließende Gesellschafter bei der Ermittlung des Abfindungsanspruchs nicht mit, kann die Abfindung geschätzt werden (BGH, Urt. v. 17.02.1955 – II ZR 316/53; R/S-L/*Görner* § 34 Rn. 113; Baumbach/Hueck/*Fastrich* Anh. 34 Rn. 12). Hält der ausgeschlossene Gesellschafter die geschätzte Abfindung für zu niedrig, ist er darauf verwiesen, später Leistungsklage zu erheben (R/S-L/*Görner* § 34 Rn. 113).

512

Die Bedingungstheorie hat den Nachteil, dass die erforderliche Festsetzung der Höhe der Abfindung ggf. schwierige Bewertungsfragen und langwierige Beweisaufnahmen erfordert und dadurch zu unzumutbaren Verzögerungen des Verfahrens führen kann (MüKo GmbHG/*Strohn* § 34 Rn. 170; Baumbach/Hueck/*Fastrich* Anh. § 34 Rn. 12). Im Hinblick auf diese Problematik hat der BGH zur Zwangseinziehung von Gesellschaftsanteilen das sog. Haftungsmodell entwickelt, nachdem die Wirksamkeit der Einziehung nicht an die Zahlung der Abfindung gekoppelt ist und dem betroffenen Gesellschafter gegen die übrigen Gesellschafter ein subsidiärer Haftungsanspruch auf Zahlung des Abfindungsanspruchs pro rata ihrer Beteiligung für den Fall zusteht, dass sie nicht für die Auszahlung der Abfindung sorgen (BGH, Urt. v. 24.01.2012 – II ZR 109/11; Baumbach/

513

Hueck/*Fastrich* Anh. § 34 Rn. 12; § 34 Rn. 42). In der Literatur wird die Anwendung dieses Modells auch auf den Ausschluss eines Gesellschafters teilweise befürwortet (Henssler/Strohn/*Fleischer* § 34 Rn. 31; MüKo GmbHG/*Strohn* § 34 Rn. 174; Baumbach/Hueck/*Fastrich* Anh. § 34 Rn. 14).

514 Bis zur Rechtskraft des Ausschließungsurteils bestehen die Gesellschafterrechte des auszuschließenden Gesellschafters vollumfänglich fort (R/S-L/*Görner* § 34 Rn. 96, 97). Umstritten ist, wie die Rechtsstellung des beklagten Gesellschafters nach Erlass des Ausschließungsurteils bis zur Zahlung der Abfindung zu beurteilen ist. Nach t.v.A. ruhen die mitgliedschaftlichen Rechte und Pflichten des auszuschließenden Gesellschafters zunächst mit Rechtskraft des Urteils (Michalski/*Sosnitza* Anh. § 34 Rn. 37). Nach a. A. ist der auszuschließende Gesellschafter in dieser Schwebezeit nur noch dazu berechtigt, seine mitgliedschaftlichen Rechte insoweit auszuüben, wie seine wirtschaftlichen Interessen an der Durchsetzung des Abfindungsanspruchs betroffen sind (R/S-L/*Görner* § 34 Rn. 98). Nach der Rechtsprechung des BGH ist der auszuschließende Gesellschafter bis zur Zahlung der Abfindung weiterhin dazu berechtigt, seine Mitgliedschaftsrechte mit Ausnahme von Angelegenheiten, die die Durchführung seiner Ausschließung betreffen, wahrzunehmen (BGH, Urt. v. 01.04.1953 – II ZR 235/52; Urt. v. 26.10.1983 – II ZR 87/83; *Goette* § 6 Rn. 48). Ist die Zahlung der Abfindung nicht fristgemäß erfolgt, stehen dem Gesellschafter seine mitgliedschaftlichen Rechte wieder voll zu (Michalski/*Sosnitza* Anh. § 34 Rn. 37). Mit Eintritt der Bedingung, also der **Zahlung der Abfindung**, ist der Gesellschafter aus der Gesellschaft ausgeschlossen (R/S-L/*Görner* § 34 Rn. 91; Scholz/Winter/*Seibt* Anh. § 34 Rn. 47). Der Geschäftsanteil des ausgeschlossenen Gesellschafters fällt an die Gesellschaft (Scholz/Winter/*Seibt* Anh. § 34 Rn. 47). Der Gesellschafter verliert seine mitgliedschaftlichen Rechte und Pflichten endgültig (BGH, Urt. v. 01.04.1953 – II ZR 235/52; R/S-L/*Görner* § 34 Rn. 99). Es besteht die Möglichkeit, die Abfindungssumme schon vor Urteilsverkündung zu hinterlegen. Ist dies erfolgt, kann ein unbedingtes Urteil ergehen (Scholz/Winter/ *Seibt* Anh. § 34 Rn. 43).

d) Abweichende Satzungsregelungen

515 Die Gesellschafter haben die Möglichkeit, in der Satzung Regelungen zu den Voraussetzungen und dem Verfahren des Ausschlusses sowie zur Anteilsverwertung und zur Abfindung zu vereinbaren (BGH, Urt. v. 01.04.1953 – II ZR 235/52; MüKo GmbHG/*Strohn* § 34 Rn. 137; Michalski/*Sosnitza* Anh. § 34 Rn. 41 ff.; R/S-L/*Görner* § 34 Rn. 80). Aus Gründen der Rechtssicherheit sind solche Regelungen häufig empfehlenswert. Dabei ist zu beachten, dass das Ausschlussrecht in seinem Kernbereich grundsätzlich zwingend ist und als solches nicht vollständig ausgeschlossen werden darf (MüKo GmbHG/*Strohn* § 34 Rn. 137; R/S-L/*Görner* § 34 Rn. 80; Michalski/*Sosnitza* Anh. § 34 Rn. 41; Roth/*Altmeppen* § 60 Rn. 68).

aa) Regelung zum wichtigen Grund

516 Der wichtige Grund kann in der Satzung näher umschrieben und definiert werden. Dabei besteht Einigkeit darin, dass die Voraussetzungen unter denen ein Ausschluss möglich sein soll, erleichtert werden können (MüKo GmbHG/*Strohn* § 34 Rn. 137; Michalski/*Sosnitza* Anh. § 34 Rn. 41; G/E/S/ *Sandhaus* § 34 Rn. 90), umstritten ist jedoch, ob diese unter Berücksichtigung des Kernbereichs des Ausschlussrechts auch erschwert werden können (so MüKo GmbHG/*Strohn* § 34 Rn. 137; BeckOK GmbHG/*Schindler* § 34 Rn. 127; a. A. R/S-L/*Görner* § 34 Rn. 80; G/E/S/*Sandhaus* § 34 Rn. 90). So wird in der Literatur darauf hingewiesen, dass eine Einschränkung von Gründen, die anerkanntermaßen einen Ausschlussgrund bilden, aufgrund des zwingenden Charakters des Ausschlussrechts aus wichtigem Grund grundsätzlich nicht möglich ist (R/S-L/*Görner* § 34 Rn. 80; G/E/S/*Sandhaus* § 34 Rn. 90). In der Satzung können bestimmte Gründe als Ausschlussgründe explizit aufgeführt werden. Dies bedeutet allerdings nicht, dass ein Ausschluss aus anderen, nicht aufgeführten Gründen nicht möglich ist (MüKo GmbHG/*Strohn* § 34 Rn. 137, 138; Michalski/*Sosnitza* Anh. § 34 Rn. 41). Soll eine solche Satzungsregelung nachträglich eingeführt oder geändert werden, ist die Zustimmung sämtlicher Gesellschafter erforderlich (Michalski/*Sosnitza* Anh. § 34 Rn. 41; G/E/S/ *Sandhaus* § 34 Rn. 90).

bb) Ausschluss durch Gesellschafterbeschluss

Grundsätzlich erfolgt der Ausschluss eines Gesellschafters aus wichtigem Grund in einem 2-stufigen Verfahren, das auf erster Stufe einen Gesellschafterbeschluss über die Ausschließung des betroffenen Gesellschafters und auf zweiter Stufe eine Ausschlussklage erfordert (vgl. oben Rdn. 503 ff.). Davon abweichend kann gesellschaftsvertraglich vereinbart werden, dass der Ausschluss eines Gesellschafters bereits durch Gesellschafterbeschluss erfolgt und ein gerichtliches Verfahren nicht erforderlich ist (MüKo GmbHG/*Strohn* § 34 Rn. 143; Michalski/*Sosnitza* Anh. § 34 Rn. 42; *Roth/Altmeppen* § 60 Rn. 71). Sieht die Satzung den Ausschluss eines Gesellschafters durch Gesellschafterbeschluss vor, erfolgt der Ausschluss des betroffenen Gesellschafters aus der Gesellschaft durch ordnungsgemäße Beschlussfassung der Gesellschafterversammlung (BGH, Urt. v. 30.06.2003 – II ZR 326/01; Urt. v. 10.06.1991 – II ZR 234/89; Urt. v. 25.01.1960 – II ZR 22/59; *Abramenko* GmbHR 2004, 501, 502). Mit rechtmäßigem Ausschließungsbeschluss verliert der auszuschließende Gesellschafter seine Gesellschafterrechte. Eine Ausschließungsklage ist nicht erforderlich (BGH, Urt. v. 26.10.1983 – II ZR 87/83; Urt. v. 25.01.1960 – II ZR 22/59; MüKo GmbHG/*Strohn* § 34 Rn. 157). Wird dennoch eine Ausschließungsklage erhoben, fehlt dieser regelmäßig das Rechtsschutzbedürfnis und die Klage ist als unzulässig abzuweisen (Michalski/*Sosnitza* Anh. § 34 Rn. 42; MüKo GmbHG/*Strohn* § 34 Rn. 159; G/E/S/*Sandhaus* § 34 Rn. 91). Der betroffene Gesellschafter kann die Rechtmäßigkeit des Ausschließungsbeschlusses mit Anfechtungs- oder Nichtigkeitsklage gerichtlich überprüfen lassen. Im Rahmen dieser Klage kann sich der auszuschließende Gesellschafter auch darauf berufen, ein wichtiger Grund sei nicht gegeben (BGH, Urt. v. 10.06.1991 – II ZR 234/89; Michalski/*Sosnitza* Anh. § 34 Rn. 42; MüKo GmbHG/*Strohn* § 34 Rn. 156, 157; G/E/S/*Sandhaus* § 34 Rn. 91; *Abramenko* GmbHR 2004, 501, 502).

517

cc) Übertragung der Entscheidungszuständigkeit

Die Entscheidungsbefugnis der Gesellschafter über die Erhebung der Ausschließungsklage kann durch gesellschaftsvertragliche Regelung auch auf ein anderes Organ, wie z. B. einen Aufsichtsrat, Beirat oder Gesellschafterausschuss, übertragen werden (MüKo GmbHG/*Strohn* § 34 Rn. 144; Michalski/*Sosnitza* Anh. § 34 Rn. 22; R/S-L/*Görner* § 34 Rn. 90). Um zu vermeiden, dass die Entscheidung über die Ausschließung eines Gesellschafters gesellschaftsfremden Dritten zusteht, ist erforderlich, dass dieses Organ mehrheitlich mit Gesellschaftern besetzt ist (MüKo GmbHG/*Strohn* § 34 Rn. 144). Umstritten ist, ob die Entscheidungsbefugnis auf Geschäftsführer übertragen werden kann (so Michalski/*Sosnitza* Anh. § 34 Rn. 22; a. A. R/S-L/*Görner* § 34 Rn. 90; BeckOK GmbHG/*Schindler* § 34 Rn. 148).

518

dd) Abfindung

In der Satzung kann eine Regelung über die Art, die Höhe, die Berechnung und die Fälligkeit der Abfindung getroffen werden (Baumbach/Hueck/*Fastrich* Anh. § 34 Rn. 17; Scholz/*Winter/Seibt* Anh. § 34 Rn. 52; R/S-L/*Görner* § 34 Rn. 117, 118). Grundsätzlich ist der Abfindungsanspruch nach dem Verkehrswert zu bemessen (MüKo GmbHG/*Strohn* § 34 Rn. 208; R/S-L/*Görner* § 34 Rn. 115). Davon abweichend kann der Abfindungsanspruch durch Satzungsregelung beschränkt werden (BGH, Urt. v. 17.12.2001 – II ZR 348/99; MüKo GmbHG/*Strohn* § 34 Rn. 221; Baumbach/Hueck/*Fastrich* Anh. § 34 Rn. 17; Scholz/*Winter/Seibt* Anh. § 34 Rn. 52). Zulässig ist auch eine Regelung, nach der der Ausschluss eines Gesellschafters unabhängig und unbedingt von der Zahlung einer Abfindung erfolgt (BGH, Urt. v. 30.06.2003 – II ZR 326/01; Baumbach/Hueck/*Fastrich* Anh. § 34 Rn. 14).

519

ee) Verwertung

In der Satzung kann die Art und Weise der Verwertung des Anteils des auszuschließenden Gesellschafters geregelt werden (Baumbach/Hueck/*Fastrich* Anh. § 34 Rn. 17; Scholz/*Winter/Seibt* Anh. § 34 Rn. 51). In Betracht kommt dabei die Einziehung, die Veräußerung an einen Dritten, die

520

Übernahme durch einen anderen Gesellschafter oder pro rata durch alle verbleibenden Gesellschafter oder auch die Übernahme durch die Gesellschaft selbst (R/S-L/*Görner* § 34 Rn. 119; Baumbach/Hueck/*Fastrich* Anh. § 34 Rn. 17).

e) Besonderheiten bei der Zweipersonen-Gesellschaft

521 Das Recht, einen Gesellschafter aus wichtigem Grund aus der Gesellschaft auszuschließen, besteht grundsätzlich auch in der Zwei-Personen-GmbH (BGH, Urt. v. 25.01.1960 – II ZR 22/59; OLG Düsseldorf, Urt. v. 22.10.1998 – 6 U 78/97; Michalski/*Sosnitza* Anh. § 34 Rn. 7; MüKo GmbHG/*Strohn* § 34 Rn. 131). Durch Ausschluss eines Gesellschafters aus einer Zwei-Personen-GmbH entsteht eine Ein-Personen-GmbH (BGH, Urt. v. 23.02.1981 – II ZR 229/79; Urt. v. 17.02.1955 – II ZR 316/53; OLG Düsseldorf, Urt. v. 22.10.1998 – 6 U 78/97). Auch bei der Zwei-Personen-GmbH kann der Ausschluss eines Gesellschafters durch Beschlussfassung in der Satzung vereinbart werden. Dagegen spricht nach Ansicht des BGH auch nicht die Gefahr, dass es zwischen den beiden Gesellschaftern zu einem Wettlauf um die Ansetzung einer Gesellschafterversammlung kommt, in der über den Ausschluss des jeweils anderen Gesellschafters entschieden werden soll. Diese Gefahr legitimiere es nicht, die Vertragsfreiheit, eine solche Regelung zu vereinbaren, einzuschränken. Bei Ungewissheit sind die Parteien auf eine gerichtliche Nachprüfung der Rechtmäßigkeit des Gesellschafterbeschlusses verwiesen (BGH, Urt. v. 25.01.1960 – II ZR 22/59).

522 Fehlt eine solche Satzungsregelung und ist eine Ausschließungsklage erforderlich, ist ein Ausschließungsbeschluss jedoch entbehrlich (BGH, Urt. v. 20.09.1999 – II ZR 345/97; R/S-L/*Görner* § 34 Rn. 93). Dies beruht auf der Überlegung, dass der Gesellschafter, der die Ausschließung des anderen anstrebt, die Entscheidung allein treffen kann, da der auszuschließende Gesellschafter vom Stimmrecht ausgeschlossen wäre (vgl. oben Rdn. 505; *Goette* DStR 2001, 533, 534). Bei der Zwei-Personen-GmbH kann die Klage durch die Gesellschaft oder auch durch den einzelnen Gesellschafter erhoben werden (R/S-L/*Görner* § 34 Rn. 93; Michalski/*Sosnitza* Anh. § 34 Rn. 28; MüKo GmbHG/*Strohn* § 34 Rn. 163).

523 Ein Ausschluss eines Gesellschafters aus einer Zwei-Mann-Gesellschaft ist dann nicht möglich, wenn in der Person des verbleibenden Gesellschafters selbst ein Ausschlussgrund vorliegt (BGH, Urt. v. 22.01.1990 – II ZR 21/89; Urt. v. 23.02.1981 – II ZR 229/79; Urt. v. 25.01.1960 – II ZR 22/59; Urt. v. 17.02.1955 – II ZR 316/53; OLG München, Urt. v. 08.10.1993 – 23 U 3365/93). Ansonsten hätte trotz Vorliegen eines Ausschlussgrundes in seiner Person ein Gesellschafter die Möglichkeit, die Gesellschaft fortzuführen und es könnte zum Wettlauf eines gegenseitigen Ausschlusses aus der Gesellschaft kommen. Scheidet eine anderweitige Einigung der Gesellschafter aus, kommt in einem solchen Fall lediglich die Auflösung der Gesellschaft in Betracht (MüKo GmbHG/*Strohn* § 34 Rn. 131).

3. Austritt eines Gesellschafters

a) Einleitung

524 Der Austritt eines Gesellschafters ist im Recht der GmbH nicht gesetzlich geregelt (Michalski/*Sosnitza* Anh. § 34 Rn. 43; R/S-L/*Görner* § 34 Rn. 78). Um den Fortbestand der GmbH zu ermöglichen, ist ein Austrittsrecht eines jeden Gesellschafters aus wichtigem Grund auch ohne entsprechende Satzungsregelung grundsätzlich anerkannt (BGH, Urt. v. 16.12.1991 – II ZR 58/91; R/S-L/*Görner* § 34 Rn. 79; Michalski/*Sosnitza* Anh. § 34 Rn. 45; Baumbach/Hueck/*Fastrich* Anh. § 34 Rn. 18). Dieses Recht beruht auf dem allgemeinen Grundsatz, dass eine Auflösung dauerhafter Rechtsverhältnisse aus wichtigem Grund möglich ist (Michalski/*Sosnitza* Anh. § 34 Rn. 45). Das Austrittsrecht besteht auch in der Zwei-Personen-GmbH (MüKo GmbHG/*Strohn* § 34 Rn. 180; R/S-L/*Görner* § 34 Rn. 104).

b) Voraussetzungen

aa) Wichtiger Grund

Ein wichtiger Grund liegt vor, wenn dem Gesellschafter der Verbleib in der Gesellschaft unzumutbar ist (BGH, Urt. v. 16.12.1991 – II ZR 58/91; MüKo GmbHG/*Strohn* § 34 Rn. 180; R/S-L/*Görner* § 34 Rn. 102). Ob dies der Fall ist, erfordert eine umfassende Interessenabwägung im Einzelfall (R/S-L/*Görner* § 34 Rn. 102; Baumbach/Hueck/*Fastrich* Anh. § 34 Rn. 19). Bei dieser Interessenabwägung sind die Struktur der Gesellschaft und die Interessen der Mitgesellschafter mit zu berücksichtigen (R/S-L/*Görner* § 34 Rn. 102; MüKo GmbHG/*Strohn* § 34 Rn. 180). Bei einer personalistisch strukturierten GmbH wird eher ein wichtiger Grund anzunehmen sein, als bei einer GmbH mit kapitalistischer Struktur (MüKo GmbHG/*Strohn* § 34 Rn. 180). Der wichtige Grund kann in der Person des austrittswilligen Gesellschafters, der Mitgesellschafter oder in den Verhältnissen der Gesellschaft begründet sein (R/S-L/*Görner* § 34 Rn. 102; Baumbach/Hueck/*Fastrich* Anh. § 34 Rn. 19). Verschulden der Mitgesellschafter ist nicht zwingend erforderlich. Ein Verschulden des austrittswilligen Gesellschafters steht seinem Austritt nicht grundsätzlich entgegen (MüKo GmbHG/*Strohn* § 34 Rn. 180; Baumbach/Hueck/*Fastrich* Anh. § 34 Rn. 19; Michalski/*Sosnitza* Anh. § 34 Rn. 50). Ein wichtiger in der Person des austrittswilligen Gesellschafters begründeter Austrittsgrund kann z.B. bei langer Krankheit des Gesellschafters oder auch bei einer Änderung des Wohnsitzes gegeben sein, wenn dadurch die Ausübung der Mitgliedschaftsrechte erheblich erschwert wird (R/S-L/*Görner* § 34 Rn. 102; MüKo GmbHG/*Strohn* § 34 Rn. 181). Ein Austrittsgrund, der sich aus den Verhältnissen der Gesellschaft ergibt, ist z.B. gegeben, wenn sich die Beteiligungsverhältnisse derart ändern, dass es zu einem Abhängigkeitsverhältnis nach §§ 15 ff. AktG kommt oder der Unternehmensgegenstand wesentlich geändert oder ausgedehnt wird (R/S-L/*Görner* § 34 Rn. 102; Michalski/*Sosnitza* Anh. § 34 Rn. 53).

525

bb) Austritt als ultima ratio

Ebenso wie der Ausschluss eines Gesellschafters ist auch der Austritt nur als ultima ratio zulässig (Baumbach/Hueck/*Fastrich* Anh. § 34 Rn. 22; Michalski/*Sosnitza* Anh. § 34 Rn. 54). Als milderes Mittel kommt z.B. die Veräußerung des Geschäftsanteils durch den austrittswilligen Gesellschafter in Betracht, sofern dies nicht durch die Satzung ausgeschlossen ist (R/S-L/*Görner* § 34 Rn. 101; *Roth/Altmeppen* § 60 Rn. 107 ff.). Dabei hat der Gesellschafter auch finanzielle Einbußen in Kauf zu nehmen, da das Risiko der wirtschaftlichen Beteiligung nicht durch Austritt auf die Mitgesellschafter abgewälzt werden darf, indem sich der austrittswillige Gesellschafter eine Abfindung aus dem Gesellschaftsvermögen auszahlen lässt (Baumbach/Hueck/*Fastrich* Anh. § 34 Rn. 22; Michalski/*Sosnitza* Anh. § 34 Rn. 54; MüKo GmbHG/*Strohn* § 34 Rn. 190). Ob eine finanzielle Einbuße im Einzelfall zumutbar ist, hängt davon ab, ob der wichtige Grund für den Austritt aus der Sphäre der Mitgesellschafter oder aus der Sphäre des austretenden Gesellschafters stammt (Michalski/*Sosnitza* Anh. § 34 Rn. 54; Baumbach/Hueck/*Fastrich* Anh. § 34 Rn. 22; MüKo GmbHG/*Strohn* § 34 Rn. 190).

526

cc) Grundsatz der Kapitalaufbringung und -erhaltung

Ebenso wie der Ausschluss eines Gesellschafters aus wichtigem Grund ist der Austritt nur dann zulässig, wenn der Grundsatz der Kapitalaufbringung und -erhaltung berücksichtigt wird (Michalski/*Sosnitza* Anh. § 34 Rn. 57; Baumbach/Hueck/*Fastrich* Anh. § 34 Rn. 23). Der Austritt eines Gesellschafters ist daher nur dann möglich, wenn dieser die von ihm übernommene Stammeinlage voll eingezahlt hat oder – sollte dies nicht der Fall sein – Mitgesellschafter oder Dritte bereit sind, den Anteil des austrittswilligen Gesellschafters zu übernehmen (Baumbach/Hueck/*Fastrich* Anh. § 34 Rn. 23; R/S-L/*Görner* § 34 Rn. 106). Weiter ist erforderlich, dass die an den Gesellschafter zu zahlende Abfindung unter Beachtung des § 30 Abs. 1 GmbHG aus dem freien Vermögen der Gesellschaft erbracht werden kann (Michalski/*Sosnitza* Anh. § 34 Rn. 57; Baumbach/Hueck/*Fastrich* Anh. § 34 Rn. 23).

527

c) Satzungsregelungen

528 Das **Austrittsrecht** ist als **unverzichtbares Mitgliedschaftsrecht** zwingend und kann als solches durch gesellschaftsvertragliche Regelung weder vollständig ausgeschlossen noch wesentlich erschwert werden (BGH, Urt. v. 16.12.1991 – II ZR 58/91; MüKo GmbHG/*Strohn* § 34 Rn. 194; *Roth/Altmeppen* § 60 Rn. 68). Das Austrittsrecht wird z. B. wesentlich erschwert, wenn eine gesellschaftsvertragliche Abfindungsbeschränkung in einem groben Missverhältnis zum vollen, nach wirtschaftlichen Kriterien bemessenen Abfindungsanspruch steht (BGH, Urt. v. 16.12.1991 – II ZR 58/91). In diesem Rahmen kann das Austrittsrecht gesellschaftsvertraglich näher geregelt werden. So können die Voraussetzungen, unter denen ein Austritt aus der Gesellschaft möglich ist, das Verfahren des Austritts, die Art, Höhe, Berechnung und Fälligkeit der Abfindung sowie die Art und Weise der Verwertung des Anteils festgelegt werden (MüKo GmbHG/*Strohn* § 34 Rn. 194, 203; Baumbach/Hueck/*Fastrich* Anh. § 34 Rn. 27).

d) Austrittserklärung

529 Der Austritt erfolgt grundsätzlich durch eine Austrittserklärung des Gesellschafters gegenüber der Gesellschaft (Baumbach/Hueck/*Fastrich* Anh. § 34 Rn. 24). Die Austrittserklärung muss gem. § 35 GmbHG den Geschäftsführern zugehen (MüKo GmbHG/*Strohn* § 34 Rn. 197; Michalski/*Sosnitza* Anh. § 34 Rn. 58; *Roth/Altmeppen* § 60 Rn. 114). Die Austrittserklärung ist an keine besondere Form gebunden. Aus Beweiszwecken empfiehlt es sich, die Erklärung schriftlich abzugeben (MüKo GmbHG/*Strohn* § 34 Rn. 197; Michalski/*Sosnitza* Anh. § 34 Rn. 58). Die Austrittserklärung ist als Gestaltungsrecht grundsätzlich bedingungsfeindlich (MüKo GmbHG/*Strohn* § 34 Rn. 197; Michalski/*Sosnitza* Anh. § 34 Rn. 58). Ist die Austrittserklärung den Geschäftsführern zugegangen, kann sie nicht mehr einseitig zurückgenommen werden (Michalski/*Sosnitza* Anh. § 34 Rn. 58). Eine Anfechtung nach §§ 119 ff. BGB ist möglich (Michalski/*Sosnitza* Anh. § 34 Rn. 58; MüKo GmbHG/*Strohn* § 34 Rn. 197).

e) Rechtsfolgen

530 Mit Zugang der Austrittserklärung steht dem austrittswilligen Gesellschafter ein **Abfindungsanspruch** zu (Baumbach/Hueck/*Fastrich* Anh. § 34 Rn. 25). Die Gesellschaft kann den Gesellschaftsanteil dann entweder einziehen oder die Abtretung an einen Dritten oder an die Gesellschaft verlangen; allerdings nur Zug um Zug gegen die Zahlung der dem Austrittswilligen zustehenden Abfindung (R/S-L/*Görner* § 34 Rn. 109; *Roth/Altmeppen* § 60 Rn. 115).

f) Rechtsschutz

531 Ein **gerichtliches Verfahren** wie beim Ausschluss eines Gesellschafters ist zur Durchführung des Austritts nicht erforderlich. Ist die Wirksamkeit des Austritts streitig, kann eine gerichtliche Klärung im Wege der allgemeinen Feststellungsklage herbeigeführt werden (*Roth/Altmeppen* § 60 Rn. 114). Der austrittswillige Gesellschafter kann auch auf Zahlung der Abfindung klagen, wobei die Wirksamkeit des Austritts inzident zu prüfen ist (Michalski/*Sosnitza* Anh. § 34 Rn. 59).

4. Auflösungsklage gem. § 61 GmbHG

a) Wichtiger Grund

532 Die Gesellschaft kann gem. §§ 60 Abs. 1 Nr. 3, 61 GmbHG aus wichtigem Grund durch gerichtliches Urteil aufgelöst werden. Ein wichtiger Grund liegt vor, wenn dem Kläger bzw. den Klägern die **Aufrechterhaltung des Gesellschaftsverbands unzumutbar** ist (Michalski/*Nerlich* § 61 Rn. 18; MüKo GmbHG/*Limpert* § 61 Rn. 17). Das ist z. B. gem. § 61 Abs. 1 GmbHG der Fall, wenn die Erreichung des Gesellschaftszwecks unmöglich wird (Lutter/Hommelhoff/*Kleindiek* § 61 Rn. 7). Der wichtige Grund muss in den Verhältnissen der Gesellschaft begründet sein (BGH, Urt. v. 23.02.1981 – II ZR 229/79; Michalski/*Nerlich* § 61 Rn. 14; Lutter/Hommelhoff/*Kleindiek* § 61

Rn. 8; *Roth/Altmeppen* § 61 Rn. 2). Dabei ist anerkannt, dass auch ein tiefgreifendes und nicht zu beseitigendes Zerwürfnis zwischen den Gesellschaftern, v. a. bei einer personalistisch ausgerichteten Gesellschaft, einen wichtigen Grund darstellen kann (BGH, Urt. v. 23.02.1981 – II ZR 229/79; OLG München, Urt. v. 02.03.2005 – 7 U 4759/04; *Michalski/Nerlich* § 61 Rn. 19). Ein solches Zerwürfnis bildet einen wichtigen, die Auflösung rechtfertigenden Grund, wenn dadurch das Gedeihen der Gesellschaft, insbesondere die Ertragskraft, beeinträchtigt wird oder hiermit in Kürze zu rechnen ist. Dies gilt besonders dann, wenn die Gesellschaft auf eine persönliche Zusammenarbeit der Gesellschafter angelegt ist und die Uneinigkeit der Gesellschafter die Geschäftsführung nachhaltig blockiert. Insbesondere bei einer Zwei-Mann-Gesellschaft mit paritätisch beteiligten Gesellschaftern ist das persönliche Zusammenwirken der Gesellschafter für das Gedeihen des Unternehmens unerlässlich (BGH, Urt. v. 15.04.1985 – II ZR 274/83; OLG München, Urt. v. 02.03.2005 – 7 U 4759/04).

b) Auflösung als ultima ratio

Die Auflösung kommt aufgrund ihrer weitreichenden Folgen nur **als äußerstes Mittel** in Betracht. Um dem Interesse der Gesellschafter am Fortbestand der Gesellschaft Rechnung zu tragen, scheidet die Auflösung daher aus, wenn weniger einschneidende Maßnahmen geeignet sind, die Störung innerhalb der Gesellschaft zu beseitigen (*Michalski/Nerlich* § 61 Rn. 10; MüKo GmbHG/*Limpert* § 61 Rn. 9; *Roth/Altmeppen* § 61 Rn. 1). Die Auflösungsklage ist daher gegenüber einer Änderung des Gesellschaftsvertrags und, sollte dies nicht zum Ziel führen, gegenüber Austritt oder Ausschluss eines oder mehrerer Gesellschafter oder der Veräußerung eines Gesellschaftsanteils **subsidiär**. Kommt eine mildere Maßnahme in Betracht, ist die Auflösungsklage abzuweisen (BGH, Urt. v. 23.02.1981 – II ZR 229/79; OLG München, Urt. v. 02.03.2005 – 7 U 4759/04; R/S-L/*Gesell* § 61 Rn. 2, 3; *Henssler/Strohn/Arnold* § 61 Rn. 1; Scholz/*K. Schmidt* § 61 Rn. 3). Da häufig ein milderes Mittel dazu geeignet sein wird, den Konflikt zu lösen, ist die praktische Bedeutung der Auflösungsklage eher gering (Lutter/Hommelhoff/*Kleindiek* § 61 Rn. 8; Scholz/*K. Schmidt* § 61 Rn. 1, 3).

533

c) Das Auflösungsverfahren

aa) Klageart

Bei der Auflösungsklage nach § 61 GmbHG handelt es sich um eine **Gestaltungsklage** (Scholz/*K. Schmidt* § 61 Rn. 5).

534

bb) Klagebefugnis

Klagebefugt sind gem. § 61 Abs. 2 Satz 2 GmbHG ein oder mehrere Gesellschafter, der bzw. die **mindestens 10 % des Stammkapitals** hält bzw. halten. Auf den Stimmanteil kommt es nicht an (Lutter/Hommelhoff/*Kleindiek* § 61 Rn. 3). Diese Voraussetzung ist von Amts wegen zu prüfen (*Michalski/Nerlich* § 61 Rn. 26). Fehlt sie, ist die Klage **als unzulässig** abzuweisen (R/S-L/*Gesell* § 61 Rn. 11; Scholz/*K. Schmidt* § 61 Rn. 7; *Henssler/Strohn/Arnold* § 61 Rn. 9). § 61 Abs. 2 Satz 2 GmbHG ermöglicht es somit einer Minderheit, bei Vorliegen eines wichtigen Grundes die Auflösung der Gesellschaft zu betreiben (Lutter/Hommelhoff/*Kleindiek* § 61 Rn. 1; Scholz/*K. Schmidt* § 61 Rn. 1; *Roth/Altmeppen* § 61 Rn. 1). Das Klagerecht der Minderheit ist zwingend und kann daher weder durch Satzung noch durch Gesellschafterbeschluss erschwert oder vollständig ausgeschlossen werden. Eine Erleichterung des Klagerechts ist dagegen möglich (Lutter/Hommelhoff/*Kleindiek* § 61 Rn. 2; R/S-L/*Gesell* § 61 Rn. 4; *Michalski/Nerlich* § 61 Rn. 5 f.). So kann in der Satzung die 10 %-Grenze herabgesetzt werden oder einem Gesellschafter das Klagerecht unabhängig von der Höhe seiner Beteiligung eingeräumt werden (R/S-L/*Gesell* § 61 Rn. 4, 11).

535

Mehrere klagende Gesellschafter sind **notwendige Streitgenossen** nach § 62 ZPO, da nur einheitlich auf Auflösung der Gesellschaft oder auf Klageabweisung erkannt werden kann (Scholz/*K. Schmidt* § 61 Rn. 8; *Roth/Altmeppen* § 61 Rn. 8). **Klagebefugt** sind nur Gesellschafter, die nach § 16 GmbHG legitimiert sind (Scholz/*K. Schmidt* § 61 Rn. 7). Nicht klagebefugt sind Treugeber, Nießbraucher

536

und Pfandgläubiger (R/S-L/*Gesell* § 61 Rn. 13; Scholz/*K. Schmidt* § 61 Rn. 7; Michalski/*Nerlich* § 61 Rn. 29). Wird das Insolvenzverfahren über das Vermögen eines Gesellschafters eröffnet, geht das Klagerecht des Gesellschafters gem. § 85 InsO auf den **Insolvenzverwalter** über (Michalski/*Nerlich* § 61 Rn. 28; Lutter/Hommelhoff/*Kleindiek* § 61 Rn. 3; Henssler/Strohn/*Arnold* § 61 Rn. 10). Im Erbfall steht den Erben des Gesellschafters gem. § 239 ZPO das Recht zu, das Verfahren weiter zu führen (Michalski/*Nerlich* § 61 Rn. 28).

537 Die **Gesellschaftereigenschaft** muss im Zeitpunkt der Klageerhebung bis zur letzten mündlichen Verhandlung gegeben sein (Scholz/*K. Schmidt* § 61 Rn. 7; Lutter/Hommelhoff/*Kleindiek* § 61 Rn. 3; Michalski/*Nerlich* § 61 Rn. 26). Dabei ist entscheidend, ob der Gesellschafter gem. § 16 Abs. 1 GmbHG in der Gesellschafterliste aufgeführt ist (Lutter/Hommelhoff/*Kleindiek* § 61 Rn. 3; Michalski/*Nerlich* § 61 Rn. 27). Veräußert ein Gesellschafter während des Prozesses seinen Geschäftsanteil, verliert er seine Klagebefugnis (Michalski/*Nerlich* § 61 Rn. 27; MüKo GmbHG/*Limpert* § 61 Rn. 41). § 265 ZPO findet im Auflösungsprozess keine Anwendung, da das Interesse des Klägers an der Auflösung mit der Veräußerung seines Geschäftsanteils entfällt (Lutter/Hommelhoff/*Kleindiek* § 61 Rn. 3; Henssler/Strohn/*Arnold* § 61 Rn. 11). Der Erwerber kann im Wege des gewillkürten Parteiwechsels nach § 263 ZPO in den Prozess eintreten, wenn dies sachdienlich ist oder die Gesellschaft zustimmt (Scholz/*K. Schmidt* § 61 Rn. 7; Lutter/Hommelhoff/*Kleindiek* § 61 Rn. 3; Henssler/Strohn/*Arnold* § 61 Rn. 11; Michalski/*Nerlich* § 61 Rn. 27). Tritt der Erwerber nicht in den Prozess ein, wird die Klage unbegründet (*Roth/Altmeppen* § 62 Rn. 8).

cc) Passivlegitimation und Vertretung

538 Die Klage ist nach § 61 Abs. 2 Satz 1 GmbHG **gegen die Gesellschaft** zu richten, die grundsätzlich durch die Geschäftsführer in vertretungsberechtigter Zahl prozessual vertreten wird (R/S-L/*Gesell* § 61 Rn. 14; Scholz/*K. Schmidt* § 61 Rn. 9; *Roth/Altmeppen* § 61 Rn. 9). Durch die Beklagtenstellung der Gesellschaft selbst wird eine für alle Gesellschafter verbindliche Entscheidung bewirkt, ohne dass alle Gesellschafter – im Unterschied zur Auflösungsklage im Personengesellschaftsrecht – am Prozess zu beteiligen sind (vgl. oben Rdn. 193, 199 ff.).

539 Klagt ein Gesellschafter-Geschäftsführer auf Auflösung der Gesellschaft, ist er von der Vertretung ausgeschlossen (Lutter/Hommelhoff/*Kleindiek* § 61 Rn. 4; Henssler/Strohn/*Arnold* § 61 Rn. 12). Dies gilt nach h. M. auch dann, wenn der Geschäftsführer von den Beschränkungen des § 181 BGB befreit ist (R/S-L/*Gesell* § 61 Rn. 14; MüKo GmbHG/*Limpert* § 61 Rn. 46). Ist eine Vertretung der Gesellschaft infolgedessen durch Geschäftsführer in vertretungsberechtigter Zahl nicht möglich, kommt die Bestellung eines Notgeschäftsführers entsprechend § 29 BGB oder eines Prozesspflegers gem. § 57 ZPO in Betracht (vgl. oben Rdn. 299–308; Scholz/*K. Schmidt* § 61 Rn. 9; Lutter/Hommelhoff/*Kleindiek* § 61 Rn. 4; Henssler/Strohn/*Arnold* § 61 Rn. 12). Die nicht klagenden Gesellschafter haben in einem solchen Fall auch die Möglichkeit, analog § 46 Nr. 8 GmbHG einen Prozessvertreter zu bestellen (Scholz/*K. Schmidt* § 61 Rn. 9; R/S-L/*Gesell* § 61 Rn. 14; MüKo GmbHG/*Limpert* § 61 Rn. 46). Die klagenden Gesellschafter sind bei der Beschlussfassung vom Stimmrecht ausgeschlossen (R/S-L/*Gesell* § 61 Rn. 14; MüKo GmbHG/*Limpert* § 61 Rn. 46; Michalski/*Nerlich* § 61 Rn. 33).

dd) Zuständigkeit

540 Nach § 61 Abs. 3 GmbHG ist das **Landgericht ausschließlich zuständig**, in dessen Bezirk die Gesellschaft ihren Sitz hat. Abweichende Gerichtsstandsvereinbarungen hinsichtlich sachlicher oder örtlicher Zuständigkeit sind unzulässig (Michalski/*Nerlich* § 61 Rn. 40; Lutter/Hommelhoff/*Kleindiek* § 61 Rn. 5). Der Rechtsstreit ist nach § 95 Nr. 4a GVG **Handelssache** (R/S-L/*Gesell* § 61 Rn. 15; Scholz/*K. Schmidt* § 61 Rn. 5).

ee) Informationspflicht des Gerichts und Nebenintervention

Das Gericht ist aufgrund der inter-omnes-Wirkung des Gestaltungsurteils (vgl. unten Rdn. 544) dazu verpflichtet, die nicht klagenden Gesellschafter von der Auflösungsklage in Kenntnis zu setzen, da andernfalls der Anspruch auf rechtliches Gehör nach Art. 103 Abs. 1 GG nicht gewahrt ist (BVerfGE 60, 7, 11; Scholz/*K. Schmidt* § 61 Rn. 10; R/S-L/*Gesell* § 61 Rn. 16; Michalski/*Nerlich* § 61 Rn. 35). Bei Gesellschaften mit einer großen Anzahl von Gesellschaftern genügt es, dass das Gericht den Aufsichtsrat oder ggf. den Gesellschafterbeirat informiert (Scholz/*K. Schmidt* § 61 Rn. 10; Michalski/*Nerlich* § 61 Rn. 35; MüKo GmbHG/*Limpert* § 61 Rn. 47). Die anderen Gesellschafter haben dann die Möglichkeit, den Klägern oder der beklagten Gesellschaft als Nebenintervenienten nach §§ 66, 69 ZPO beizutreten und können als solche - ggf. auch gegen den Willen der Gesellschaft - Prozesshandlungen und Erklärungen vornehmen (BVerfGE 60, 7, 8, 14 f.; Lutter/Hommelhoff/*Kleindiek* § 61 Rn. 4; Michalski/*Nerlich* § 61 Rn. 37).

541

ff) Vergleich, Anerkenntnis

Vergleich und Klageanerkenntnis sind im Auflösungsprozess **unzulässig** (R/S-L/*Gesell* § 61 Rn. 16; Michalski/*Nerlich* § 61 Rn. 39). Die beklagte Gesellschaft kann jedoch durch Säumnis, Geständnis, Nichtbestreiten oder auch Rechtsmittelverzicht auf das Prozessergebnis Einfluss nehmen. Daher ist insbesondere der Beitritt auf Beklagtenseite praxisrelevant, da die streitgenössischen Nebenintervenienten diese Wirkungen verhindern können (Scholz/*K. Schmidt* § 61 Rn. 10; Michalski/*Nerlich* § 61 Rn. 39).

542

gg) Kosten des Verfahrens

Der Streitwert der Auflösungsklage richtet sich grundsätzlich nach dem Wert des Gesellschaftsanteils bzw. der Gesellschaftsanteile des bzw. der Kläger (R/S-L/*Gesell* § 61 Rn. 20; Michalski/*Nerlich* § 61 Rn. 52; Baumbach/Hueck/*Haas* § 61 Rn. 25; Henssler/Strohn/*Arnold* § 61 Rn. 18). Dabei kann das Prozessgericht analog §§ 247 Abs. 2, Abs. 3 AktG einen anderen Wert festsetzen, wenn die wirtschaftliche Lage des Klägers bzw. der Kläger durch den Ansatz des vollen Streitwerts erheblich gefährdet wäre (Michalski/*Nerlich* § 61 Rn. 52; Baumbach/Hueck/*Haas* § 61 Rn. 25; a. A. R/S-L/*Gesell* § 61 Rn. 20). Der nur auf die AG zugeschnittene § 247 Abs. 1 Satz 2 AktG findet keine Anwendung (Michalski/*Nerlich* § 61 Rn. 52).

543

d) Urteil und Urteilswirkungen

Das **Klage stattgebende** Urteil ist **Gestaltungsurteil**, das mit Rechtskraft die Auflösung der Gesellschaft gegenüber jedermann bewirkt (R/S-L/*Gesell* § 61 Rn. 17; Henssler/Strohn/*Arnold* § 61 Rn. 15). Aufgrund der rechtsgestaltenden Wirkung darf die vorläufige Vollstreckbarkeit in der Hauptsache nicht angeordnet werden (MüKo GmbHG/*Limpert* § 61 Rn. 51; Michalski/*Nerlich* § 61 Rn. 46; Henssler/Strohn/*Arnold* § 61 Rn. 15). Liegen die Voraussetzungen für eine Auflösung vor, hat das Gericht aufzulösen. Entgegen dem insofern missverständlichen Wortlaut des § 61 Abs. 1 GmbHG steht dem Gericht diesbezüglich kein Ermessen zu (R/S-L/*Gesell* § 61 Rn. 17; MüKo GmbHG/*Limpert* § 61 Rn. 51). Bewertungsstichtag für die Eröffnungsbilanz (§ 71 GmbHG) ist der Zeitpunkt der Eintritt der Rechtskraft. Das Urteil wirkt im Unterschied zu § 140 Abs. 2 HGB nicht auf den Zeitpunkt der Klageerhebung zurück (MüKo GmbHG/*Limpert* § 61 Rn. 51; R/S-L/*Gesell* § 61 Rn. 17; Michalski/*Nerlich* § 61 Rn. 47). Die Geschäftsführer sind mit Rechtskraft des Urteils gem. § 65 Abs. 1 Satz 1 GmbHG dazu verpflichtet, die Auflösung zur Eintragung ins **Handelsregister anzumelden** (Scholz/*K. Schmidt* § 61 Rn. 11; R/S-L/*Gesell* § 61 Rn. 17; Michalski/*Nerlich* § 61 Rn. 47). Die Auflösung der Gesellschaft durch Auflösungsurteil führt zur ihrer Liquidation nach §§ 66 ff. GmbHG (Michalski/*Nerlich* § 61 Rn. 47).

544

Das **Klage abweisende** Urteil wirkt im Unterschied zum Klage stattgebenden Urteil lediglich zwischen den Parteien (R/S-L/*Gesell* § 61 Rn. 17). Ergeht ein Prozessurteil, ist der oder sind die Kläger nicht daran gehindert, eine zulässige Klage aus demselben Grund erneut zu erheben. Dagegen

545

hindert ein Klage abweisendes Sachurteil den Kläger, eine erneute Klage auf denselben Streitgegenstand zu stützen. Eine neue Auflösungsklage kann derselbe Kläger nur auf andere Gründe stützen. Da sich die Urteilswirkungen nur auf die Parteien beziehen, steht es anderen Gesellschaftern frei, eine Auflösungsklage aus demselben oder auch aus anderem Grund zu erheben (Scholz/*K. Schmidt* § 61 Rn. 12; R/S-L/*Gesell* § 61 Rn. 17; MüKo GmbHG/*Limpert* § 61 Rn. 52; Michalski/*Nerlich* § 61 Rn. 48).

e) Revisibilität

546 Bei der Revisibilität des Auflösungsurteils stellt sich die Frage, ob der wichtige Grund **als Tat- oder Rechtsfrage** einzuordnen ist. Im Rahmen der Revision überprüft das Gericht grundsätzlich nur Rechtsfragen, keine Tatfragen. Daraus folgt, dass die Ermittlung der Tatsachen und ihre Würdigung durch die Instanzgerichte im Auflösungsprozess **nicht revisibel** sind. Dagegen obliegt die Subsumtion der ermittelten Tatsachen unter den Rechtsbegriff des »wichtigen Grundes« der Überprüfung durch die Revision (Michalski/*Nerlich* § 61 Rn. 24 f.; Lutter/Hommelhoff/*Kleindiek* § 61 Rn. 10).

f) Einstweiliger Rechtsschutz

547 Eine **Auflösung der Gesellschaft** ist im Wege des einstweiligen Rechtsschutzes aufgrund des Verbots der Vorwegnahme der Hauptsache **nicht möglich**. Dagegen können **andere Maßnahmen** zur Sicherung und Durchführung des Klagerechts durch einstweilige Verfügung angeordnet werden. Von praktischer Relevanz ist dabei bspw. die Untersagung von Geschäftsführungsmaßnahmen oder auch die vorläufige Entziehung der Geschäftsführungs- und Vertretungsbefugnis (Scholz/*K. Schmidt* § 61 Rn. 14; Michalski/*Nerlich* § 61 Rn. 49 f.; Henssler/Strohn/*Arnold* § 61 Rn. 16; Roth/*Altmeppen* § 61 Rn. 10).

g) Fortsetzung der Gesellschaft

548 Eine durch Urteil aufgelöste Gesellschaft kann grundsätzlich durch Beschluss der Gesellschafter fortgesetzt werden, da die Gesellschaft noch nicht beendet ist, sondern lediglich das Stadium der Liquidation eingeleitet wurde (MüKo GmbHG/*Limpert* § 61 Rn. 62; R/S-L/*Gesell* § 61 Rn. 21; Michalski/*Nerlich* § 61 Rn. 53). Für den **Fortsetzungsbeschluss** ist in der Regel eine satzungsändernde, d. h. eine **3/4-Mehrheit** erforderlich. Zusätzlich ist die Zustimmung des bzw. der Auflösungskläger erforderlich, da ansonsten das Minderheitsrecht der Auflösungsklage durch Mehrheitsbeschluss umgangen werden könnte. In der Satzung kann daher nicht geregelt werden, dass ein Fortsetzungsbeschluss ohne die Zustimmung der klagenden Gesellschafter gefasst werden kann (MüKo GmbHG/*Limpert* § 61 Rn. 63; R/S-L/*Gesell* § 61 Rn. 21; Michalski/*Nerlich* § 61 Rn. 54). Der Fortsetzungsbeschluss kann schon während des Auflösungsprozesses gefasst werden. Stimmt der bzw. stimmen die Kläger dem Fortsetzungsbeschluss zu, führt dies zur Erledigung des Rechtsstreits in der Hauptsache. Erklären die Parteien den Rechtsstreit gem. § 91a ZPO für erledigt, entscheidet das Gericht über die Kosten des Prozesses (MüKo GmbHG/*Limpert* § 61 Rn. 64; Michalski/*Nerlich* § 61 Rn. 55). Wird während des Auflösungsprozesses die Fortsetzung ohne Zustimmung der Auflösungskläger beschlossen, so kann dieser Beschluss als Verweis auf die Subsidiarität der Auflösungsklage gegenüber einer Austritts- oder Ausschlussmöglichkeit der Kläger anzusehen sein (MüKo GmbHG/*Limpert* § 61 Rn. 64; Michalski/*Nerlich* § 61 Rn. 55).

5. Nichtigkeitsklage gem. § 75 GmbHG

a) Einleitung

549 Mit Eintragung ins Handelsregister genießt die GmbH im Interesse der Gesellschafter und der Allgemeinheit **besonderen Bestandsschutz**. Mängel des Gesellschaftsvertrages werden grundsätzlich durch Eintragung geheilt. Die allgemeine Nichtigkeitsregelung des Privatrechts (§ 139 BGB) ist nicht anwendbar (OLG Frankfurt am Main, Beschl. v. 04.12.2001 – 20 W 31/01; Michalski/*Rühland* § 75

Rn. 3; *Roth/Altmeppen* § 75 Rn. 2, 18). Allerdings besteht nach § 75 GmbHG bei einigen schwerwiegenden Satzungsmängeln die Möglichkeit, eine **Nichtigkeitsklage** zu erheben und dadurch die Auflösung der Gesellschaft herbeizuführen (R/S-L/*Baukelmann* § 75 Rn. 1; Michalski/Rühland § 75 Rn. 1). Die Formulierung in § 75 GmbHG ist insofern missverständlich, als nicht die GmbH selbst nichtig ist, sondern nur bestimmte Gründe im Wege der Nichtigkeitsklage zur Auflösung der Gesellschaft führen (Scholz/*K. Schmidt* § 75 Rn. 1; Lutter/Hommelhoff/*Kleindiek* § 75 Rn. 1). Nach § 75 Abs. 1 GmbHG kann Nichtigkeitsklage erhoben werden, wenn der Gesellschaftsvertrag keine Bestimmung über die Höhe des Stammkapitals oder über den Unternehmensgegenstand enthält oder wenn die Bestimmungen des Gesellschaftsvertrages über den Unternehmensgegenstand nichtig sind. Die Bestimmung über den Gegenstand des Unternehmens ist nichtig, wenn dieser gesetzes- oder sittenwidrig ist. Die in § 75 Abs. 1 GmbHG aufgezählten Nichtigkeitsgründe sind abschließend (OLG Frankfurt am Main, Beschl. v. 04.12.2001 – 20 W 31/01; Scholz/*K. Schmidt* § 75 Rn. 7; Lutter/Hommelhoff/*Kleindiek* § 75 Rn. 3; *Roth/Altmeppen* § 75 Rn. 17). Liegen die Voraussetzungen einer Nichtigkeitsklage vor, kommt auch ein Amtslöschungsverfahren nach § 397 FamFG in Betracht (vgl. unten Rdn. 566 ff.: Baumbach/Hueck/*Haas* § 75 Rn. 2; R/S-L/*Baukelmann* § 75 Rn. 4, 22).

b) Klageart und Geltendmachung

Die Nichtigkeitsklage ist **Gestaltungsklage** und auf die **Auflösung der GmbH** gerichtet, auch wenn beantragt wird, die GmbH für nichtig zu erklären (Scholz/*K. Schmidt* § 75 Rn. 14 f.; Lutter/Hommelhoff/*Kleindiek* § 75 Rn. 2, 5). Auf den Nichtigkeitsprozess finden §§ 246 bis 248 AktG gem. § 75 Abs. 2 GmbHG entsprechende Anwendung (Michalski/*Rühland* § 75 Rn. 1). Die Nichtigkeit kann nach h. M. nur durch Nichtigkeitsklage, nicht durch Einrede herbeigeführt werden (Scholz/*K. Schmidt* § 75 Rn. 13; R/S-L/*Baukelmann* § 75 Rn. 22; Michalski/*Rühland* § 75 Rn. 15). Eine Geltendmachung durch Widerklage ist ausreichend (Scholz/*K. Schmidt* § 75 Rn. 15; R/S-L/*Baukelmann* § 75 Rn. 22; Michalski/*Rühland* § 75 Rn. 15).

550

c) Klagebefugnis

Klagebefugt sind nach § 75 Abs. 1 GmbHG jeder **Gesellschafter**, jeder **Geschäftsführer** und falls ein Aufsichtsrat besteht – fakultativ oder obligatorisch – jedes **Aufsichtsratmitglied**. Nicht zur Klage berechtigt ist der Aufsichtsrat als Organ sowie Dritte, wie bspw. Gläubiger der Gesellschaft. Pfandgläubiger, Treugeber und Nießbraucher sind mangels Gesellschaftereigenschaft nicht klagebefugt (Scholz/*K. Schmidt* § 75 Rn. 16; Lutter/Hommelhoff/*Kleindiek* § 75 Rn. 2; Michalski/*Rühland* § 75 Rn. 16; R/S-L/*Baukelmann* § 75 Rn. 23). Nicht klagebefugt sind die Mitglieder eines Beirats (Michalski/*Rühland* § 75 Rn. 17; MüKo GmbHG/*Hillmann* § 75 Rn. 18). Wer Gesellschafter ist, bestimmt sich nach § 16 GmbHG (MüKo GmbHG/*Hillmann* § 75 Rn. 16; Michalski/*Rühland* § 75 Rn. 16). Auf die Höhe der Beteiligung kommt es für die Klagebefugnis des Gesellschafters nicht an (Michalski/Rühland § 75 Rn. 16; MüKo GmbHG/*Hillmann* § 75 Rn. 16). Veräußert der klagende Gesellschafter während des Verfahrens seinen Gesellschaftsanteil, verliert er seine Klagebefugnis. § 265 ZPO ist nicht anwendbar (R/S-L/*Baukelmann* § 75 Rn. 23; Michalski/*Rühland* § 75 Rn. 16). Ein Gesellschafter, dessen Geschäftsanteil kaduziert oder eingezogen wurde, ist nicht klagebefugt (Michalski/*Rühland* § 75 Rn. 16; MüKo GmbHG/*Hillmann* § 75 Rn. 16). Steht der Gesellschaftsanteil mehreren Mitberechtigten zu, müssen diese in **notwendiger Streitgenossenschaft** nach § 62 ZPO zusammen klagen (Scholz/*K. Schmidt* § 75 Rn. 16; R/S-L/*Baukelmann* § 75 Rn. 23). Die Klagebefugnis eines Geschäftsführers besteht unabhängig von seiner Vertretungsbefugnis (R/S-L/*Baukelmann* § 75 Rn. 23; MüKo GmbHG/*Hillmann* § 75 Rn. 17). Mit Auflösung der Gesellschaft sind die **Liquidatoren** klagebefugt, sofern für eine Nichtigkeitsklage im Liquidationsstadium noch ein Rechtsschutzbedürfnis besteht (Scholz/*K. Schmidt* § 75 Rn. 16; Michalski/*Rühland* § 75 Rn. 17; MüKo GmbHG/*Hillmann* § 75 Rn. 17; vgl. unten zum Rechtsschutzbedürfnis einer Nichtigkeitsklage Rdn. 558). Mehrere Kläger sind notwendige Streitgenossen nach § 62 ZPO, da das streitige Rechtsverhältnis nur einheitlich entschieden werden kann (Scholz/*K. Schmidt* § 75 Rn. 16; R/S-L/*Baukelmann* § 75 Rn. 23).

551

d) Passivlegitimation und Vertretung

552 Die Klage ist **gegen die GmbH** zu richten (Scholz/*K. Schmidt* § 75 Rn. 17; Michalski/Rühland § 75 Rn. 18). § 75 GmbHG gilt grundsätzlich nur für die **eingetragene GmbH**, da der besondere Bestandsschutz der GmbH erst mit Eintragung greift (Scholz/*K. Schmidt* § 75 Rn. 2; R/S-L/*Baukelmann* § 75 Rn. 2).

553 Die beklagte GmbH wird grundsätzlich **durch ihre Geschäftsführer** in vertretungsberechtigter Zahl vertreten. Besteht ein Aufsichtsrat, wird die GmbH nach § 246 Abs. 2 Satz 2 AktG i. V. m. § 75 Abs. 2 GmbHG zusätzlich durch den Aufsichtsrat vertreten. Klagen Aufsichtsratsmitglieder, obliegt die Vertretung allein der Geschäftsführung. Klagt ein Geschäftsführer, vertritt – soweit ein solcher besteht – allein der Aufsichtsrat die Gesellschaft. Klagt ein Geschäftsführer und existiert kein Aufsichtsrat, kann die Gesellschafterversammlung nach § 46 Nr. 8 Halbs. 2 GmbHG einen Prozessvertreter bestellen (vgl. oben Rdn. 289 ff.). Fehlt ein Vertretungsorgan, z. B. bei Klage des Alleingeschäftsführers einer GmbH ohne Aufsichtsrat, so ist entsprechend § 29 BGB ein Notgeschäftsführer oder gem. § 57 ZPO ein Prozesspfleger zu bestellen (vgl. oben Rdn. 299 ff.; Scholz/*K. Schmidt* § 75 Rn. 17; MüKo GmbHG/*Hillmann* § 75 Rn. 24; Lutter/Hommelhoff/*Kleindiek* § 75 Rn. 2).

554 In der Klageschrift sind nach §§ 253 Abs. 4, 130 Nr. 1 ZPO die Vertreter der Gesellschaft zu benennen. Wird die Gesellschaft durch die Geschäftsführer vertreten, sind diese in vertretungsberechtigter Zahl anzugeben. Im Fall der Vertretung der Gesellschaft durch den Aufsichtsrat, sind sämtliche Mitglieder des Aufsichtsrats anzugeben (zur Vertretung vgl. oben Rdn. 553; R/S-L/*Baukelmann* § 75 Rn. 27). Nach § 170 Abs. 3 ZPO genügt die Zustellung der Klage an einen Vertreter der Gesellschaft (Scholz/*K. Schmidt* § 75 Rn. 17). Wird die Gesellschaft durch ihre Geschäftsführer vertreten, ist demnach die Zustellung an einen Geschäftsführer – bei Vertretung durch den Aufsichtsrat an ein Aufsichtsratsmitglied – ausreichend (R/S-L/*Baukelmann* § 75 Rn. 27; MüKo GmbHG/*Hillmann* § 75 Rn. 25; Michalski/*Rühland* § 75 Rn. 25). Im Fall der Doppelvertretung der Gesellschaft durch Geschäftsführer zusammen mit dem Aufsichtsrat, ist die Klage an jeweils einen Geschäftsführer und ein Aufsichtsratsmitglied zuzustellen (Michalski/*Rühland* § 75 Rn. 25; MüKo GmbHG/*Hillmann* § 75 Rn. 25; a. A. R/S-L/*Baukelmann* § 75 Rn. 27 Zustellung an ein Aufsichtsratsmitglied im Fall der Doppelvertretung ausreichend).

e) Zuständigkeit

555 Nach § 75 Abs. 2 GmbHG i. V. m. § 246 Abs. 3 Satz 1 AktG ist **ausschließlich das Landgericht** zuständig, in dessen Bezirk die Gesellschaft ihren Sitz hat. Die Nichtigkeitsklage ist **Handelssache** nach § 95 Abs. 2 GVG (Scholz/*K. Schmidt* § 75 Rn. 18; Michalski/*Rühland* § 75 Rn. 21; Lutter/Hommelhoff/*Kleindiek* § 75 Rn. 2).

f) Klageverbindung

556 Mehrere Prozesse sind analog § 246 Abs. 3 Satz 6 AktG zur gleichzeitigen Verhandlung und Entscheidung zu **verbinden** (Scholz/*K. Schmidt* § 75 Rn. 16; Michalski/*Rühland* § 75 Rn. 28).

g) Klagefrist

557 Die Erhebung der Nichtigkeitsklage unterliegt **keiner Klagefrist**. Die Verweisung des § 75 Abs. 2 GmbHG erstreckt sich nicht auf die Monatsfrist der aktienrechtlichen Anfechtungsklage, da die §§ 272, 273 HGB a. F. keine solche Fristbestimmung enthielten (R/S-L/*Baukelmann* § 75 Rn. 29). Zudem wird ein Bedürfnis, wie bei anfechtbaren Beschlüssen, nach einer gewissen Zeit Rechtssicherheit zu schaffen, bei Nichtigkeitsgründen nicht gesehen. Wird die Klage über einen langen Zeitraum hinweg allerdings nicht erhoben, kann das Klagerecht **verwirkt** sein (Scholz/*K. Schmidt* § 75 Rn. 19; R/S-L/*Baukelmann* § 75 Rn. 29; Lutter/Hommelhoff/*Kleindiek* § 75 Rn. 2; Michalski/*Rühland* § 75 Rn. 22).

h) Rechtsschutzbedürfnis

Die Nichtigkeitsklage erfordert nach allgemeinen Grundsätzen ein Rechtsschutzbedürfnis. Die Einleitung eines Amtslöschungsverfahrens nach § 397 FamFG, vor oder nach Erhebung der Nichtigkeitsklage, beseitigt nicht das Rechtsschutzbedürfnis für die Nichtigkeitsklage (Scholz/*K. Schmidt* § 75 Rn. 17, 29). Kommt es allerdings zur Löschung nach § 397 FamFG, so entfällt das Rechtsschutzbedürfnis für die Nichtigkeitsklage (vgl. unten Rdn. 574 zum Verhältnis von Nichtigkeitsklage und Amtslöschungsverfahren; Michalski/*Rühland* § 75 Rn. 24). Bei einer bereits aufgelösten Gesellschaft kann eine Nichtigkeitsklage aus anderen Gründen erhoben werden. Für eine solche Klage wird es aber regelmäßig am Rechtsschutzbedürfnis fehlen, da die Klage auch nur zur Auflösung der Gesellschaft führt (Scholz/*K. Schmidt* § 75 Rn. 3).

558

i) Bekanntgabe der Klageerhebung

Die Klageerhebung und der Termin zur mündlichen Verhandlung sind gem. § 75 Abs. 2 GmbHG i. V. m. § 246 Abs. 4 AktG durch die Geschäftsführer in den Gesellschaftsblättern bekannt zu machen, um den Beteiligten die Möglichkeit zu geben, sich am Prozess zu beteiligen. Dies gilt unabhängig davon, wie die Geschäftsführer am Prozess beteiligt sind (Michalski/*Rühland* § 75 Rn. 26; Lutter/Hommelhoff/*Kleindiek* § 61 Rn. 2).

559

j) Urteil und Urteilswirkungen

Das der Klage **stattgebende** rechtskräftige Urteil führt mit Rechtskraft als **Gestaltungsurteil** die **Auflösung der GmbH** herbei; nicht deren Nichtigkeit. Das Urteil wirkt für und gegen jedermann (Scholz/*K. Schmidt* § 75 Rn. 21; R/S-L/*Baukelmann* § 75 Rn. 32; Michalski/*Rühland* § 75 Rn. 29, 30). Die Auflösung richtet sich grundsätzlich nach den allgemeinen Regeln über die Liquidation. Die Eintragung der Nichtigkeit erfolgt gem. § 65 GmbHG aufgrund Anmeldung (Scholz/*K. Schmidt* § 75 Rn. 22; Michalski/*Rühland* § 75 Rn. 32; R/S-L/*Baukelmann* § 75 Rn. 34). Die Liquidatoren haben das rechtskräftige Urteil beim Registergericht einzureichen (Scholz/*K. Schmidt* § 75 Rn. 22; Michalski/*Rühland* § 75 Rn. 31; *Roth/Altmeppen* § 75 Rn. 28). Die Einreichung kann gem. § 14 HGB erzwungen werden (Scholz/*K. Schmidt* § 75 Rn. 22; Baumbach/Hueck/*Haas* § 75 Rn. 31; *Roth/Altmeppen* § 75 Rn. 28). Nach a. A. genügt formlose Einreichung des Urteils beim Registergericht. Die Eintragung der Nichtigkeit erfolgt analog § 275 Abs. 4 Satz 3 AktG von Amts wegen (Baumbach/Hueck/*Haas* § 75 Rn. 32; *Roth/Altmeppen* § 75 Rn. 28).

560

Ein **Klage abweisendes** Urteil wirkt im Unterschied zum Klage stattgebenden Urteil **nur inter partes**. Nach einem Klage abweisenden Sachurteil können daher andere zur Klage Berechtigte Nichtigkeitsklage erheben (R/S-L/*Baukelmann* § 75 Rn. 32; Michalski/*Rühland* § 75 Rn. 33).

561

k) Kosten des Verfahrens

Auch wenn § 75 Abs. 2 GmbHG nicht auf § 247 AktG verweist, wird der **Streitwert** analog § 247 AktG vom Gericht nach billigem Ermessen festgesetzt (Scholz/*K. Schmidt* § 75 Rn. 15). Dabei findet der auf die Publikums-AG zugeschnittene § 247 Abs. 1 Satz 2 AktG bei Klage eines Gesellschafters keine Anwendung. In diesem Fall ist auf den Wert des Geschäftsanteils des Klägers abzustellen. Bei Klage eines Fremd-Geschäftsführers oder eines Aufsichtsratsmitglieds kann auf diese Regelung allerdings zurückgegriffen werden (Michalski/*Rühland* § 75 Rn. 34; R/S-L/*Baukelmann* § 75 Rn. 33).

562

l) Schadensersatz

Eine unbegründete Nichtigkeitsklage begründet grundsätzlich noch keine **Schadensersatzpflicht des Klägers**. Die Regelung des § 200 Abs. 2 AktG 1937 über die Haftung aus unberechtigter Anfechtungsklage, die kraft Verweisung auch für die Nichtigkeitsklage galt, wurde 1965 gestrichen. Eine Haftung kommt ausnahmsweise nur dann in Betracht, wenn durch Klageerhebung die Treuepflicht des Gesellschafters oder die Amtspflicht eines Organmitglieds schuldhaft verletzt wurde. Eine

563

etwaige Haftung aus unerlaubter Handlung nach §§ 823 ff. BGB bleibt unberührt (R/S-L/*Baukelmann* § 75 Rn. 36; Michalski/*Rühland* § 75 Rn. 36).

m) Fortsetzungsbeschluss

564 Den Gesellschaftern ist es grundsätzlich möglich, in der Auflösung der Gesellschaft einen **Fortsetzungsbeschluss** zu fassen, durch den die GmbH i.L. in eine werbende Gesellschaft umgewandelt wird. Besondere Voraussetzung ist in diesem Zusammenhang, dass der Mangel, der die Nichtigkeit begründet, durch Satzungsänderung beseitigt wird. Dies ist nach § 76 GmbHG bei Zustimmung aller Gesellschafter dann möglich, wenn eine Bestimmung über den Unternehmensgegenstand fehlt.

n) Einstweiliger Rechtsschutz

565 Die Nichtigerklärung kann nicht im Wege der einstweiligen Verfügung bewirkt werden, da dies einen Verstoß gegen das Verbot der Vorwegnahme der Hauptsache bedeuten würde. Zulässig sind hingegen Maßnahmen des vorläufigen Rechtsschutzes, die dazu dienen, eine spätere Auflösung der Gesellschaft durch Nichtigkeitsurteil zu sichern, wie z. B. eine einstweilige Verfügung gegen die Geschäftsführer, die eine Geschäftstätigkeit verhindert, die mit der Liquidation der Gesellschaft unvereinbar wäre (Scholz/*K. Schmidt* § 75 Rn. 23; *Roth/Altmeppen* § 75 Rn. 29, Michalski/*Rühland* § 75 Rn. 35).

6. Amtslöschungsverfahren nach § 397 FamFG

566 Die Amtslöschung einer GmbH nach § 397 FamFG kommt aus denselben Gründen in Betracht, wie die Nichtigkeitsklage nach § 75 GmbHG (vgl. oben Rdn. 549 ff.; Scholz/*K. Schmidt* § 75 Rn. 24; *Roth/Altmeppen* § 61 Rn. 31; MüKo GmbHG/*Hillmann* § 75 Rn. 35).

a) Zuständigkeit

567 Sachlich zuständig ist ausschließlich das Amtsgericht als Registergericht (MüKo FamFG/*Krafka* § 397 Rn. 14; Saenger/Inhester/*Nordmeyer* § 75 Rn. 57). Funktionell zuständig ist gem. § 17 Nr. 1 Buchst. e) RPflG der Richter (Michalski/*Rühland* Anh. § 77 Rn. 9; MüKo FamFG/*Krafka* § 397 Rn. 14; *Roth/Altmeppen* § 75 Rn. 32). Nach § 19 Abs. 1 Nr. 6 RPflG sind die Landesregierungen dazu ermächtigt, den Richtervorbehalt aufzuheben (Michalski/*Rühland* Anh. § 77 Rn. 9; Keidel/*Heinemann* FamFG, § 397 Rn. 16). Die nach FFG bestehende alternative Zuständigkeit des Landgerichts und funktionell die Kammer für Handelssachen wurde mit dem Inkrafttreten des FamFG aufgehoben (*Roth/Altmeppen* § 75 Rn. 32). Die örtliche Zuständigkeit bestimmt sich gem. § 377 Abs. 1 FamFG nach dem Sitz der Gesellschaft (MüKo FamFG/*Krafka* § 397 Rn. 14; Keidel/*Heinemann* FamFG § 397 Rn. 16).

b) Einleitung des Verfahrens

568 Das Registergericht ist dazu befugt, das Verfahren **von Amts wegen** einzuleiten (Scholz/*K. Schmidt* § 75 Rn. 26; MüKo FamFG/*Krafka* § 397 Rn. 13; MüKo GmbHG/*Hillmann* § 75 Rn. 36). Die Einleitung des Verfahrens kann gem. 24 FamFG durch jedermann angeregt werden (MüKo GmbHG/ *Hillmann* § 75 Rn. 36). Die **Anregung des Verfahrens** kann demnach auch durch Personen erfolgen, die nicht dazu befugt sind, Nichtigkeitsklage nach § 75 GmbHG zu erheben. Zudem bietet die Anregung des Verfahrens nach § 24 FamFG den zur Klage nach § 75 GmbHG Befugten eine kostengünstigere Alternative als die Erhebung der Nichtigkeitsklage (MüKo GmbHG/*Hillmann* § 75 Rn. 36). In der Praxis erfolgt die Anregung des Verfahrens häufig durch Gesellschafter oder Geschäftsführer (MüKo GmbHG/*Hillmann* § 75 Rn. 36). Das Verfahren kann auch auf Antrag nach § 23 FamFG eingeleitet werden (Keidel/*Heinemann* FamFG, § 397 Rn. 18; MüKo GmbHG/ *Hillmann* § 75 Rn. 36). Antragsbefugt sind gem. § 395 Abs. 1 FamFG die berufsständischen Organisationen nach § 380 Abs. 1 FamFG, wie die IHK (Nr. 1) und die Rechtsanwaltskammer (Nr. 4)

(Keidel/*Heinemann* FamFG § 397 Rn. 18; Lutter/Hommelhoff/*Kleindiek* § 75 Rn. 6; Roth/Altmeppen § 75 Rn. 32).

c) Beteiligte

Beteiligt ist die Gesellschaft und ihre gesetzlichen Vertreter, also i. d. R. die Geschäftsführer (MüKo GmbHG/*Hillmann* § 75 Rn. 37; Keidel/*Heinemann* FamFG, § 397 Rn. 21; R/S-L/*Baukelmann* § 75 Rn. 41). Nicht beteiligt sind die Gesellschafter, ein ggf. bestehender Aufsichtsrat oder sonstige Dritte (MüKo GmbHG/*Hillmann* § 75 Rn. 37; Scholz/*K. Schmidt* § 75 Rn. 26). Wurde das Verfahren auf Antrag einer berufsständischen Organisation eingeleitet, ist diese gem. § 7 Abs. 1 FamFG beteiligt (Keidel/*Heinemann* FamFG, § 397 Rn. 21). Ansonsten sind berufsständische Organisationen auf ihren Antrag gem. § 380 Abs. 2 Satz 2 FamFG als Beteiligte hinzuzuziehen (R/S-L/*Baukelmann* § 75 Rn. 41; Keidel/*Heinemann* FamFG § 397 Rn. 21; Scholz/*K. Schmidt* § 75 Rn. 26).

569

d) Löschungsankündigung

Die Beteiligten sind gem. §§ 397, 395 Abs. 2 FamFG von der beabsichtigten Löschung zu benachrichtigen (**Löschungsankündigung**). Mit der Benachrichtigung beginnt das Verfahren (R/S-L/*Baukelmann* § 75 Rn. 42; Lutter/Hommelhoff/*Kleindiek* § 75 Rn. 6). Zugleich ist den Beteiligten eine angemessene Frist zur Geltendmachung eines Widerspruchs zu setzen (MüKo GmbHG/*Hillmann* § 75 Rn. 39; R/S-L/*Baukelmann* § 75 Rn. 42; Scholz/*K. Schmidt* § 75 Rn. 26). Innerhalb dieser Frist kann ggf. eine Heilung nach § 76 GmbHG erfolgen (R/S-L/*Baukelmann* § 75 Rn. 42; Michalski/*Rühland* Anh. § 77 Rn. 12; Roth/*Altmeppen* § 75 Rn. 36). Eine Frist von einem Monat ist regelmäßig als angemessen anzusehen (MüKo GmbHG/*Hillmann* § 75 Rn. 39; MüKo FamFG/*Krafka* § 397 Rn. 17; Roth/*Altmeppen* § 75 Rn. 36). Die Frist beginnt mit Bekanntgabe der Löschungsankündigung. Gem. § 15 Abs. 2 FamFG erfolgt die Bekanntgabe durch Zustellung nach §§ 166 ff. ZPO oder durch Aufgabe zur Post. Nach §§ 395 Abs. 2 Satz 2, 394 Abs. 2 Satz 2 FamFG besteht zudem die Möglichkeit einer öffentlichen Bekanntgabe nach § 10 HGB (MüKo FamFG/*Krafka* § 397 Rn. 17; MüKo GmbHG/*Hillmann* § 75 Rn. 39).

570

e) Widerspruchsverfahren

Gegen die Löschungsankündigung können die Beteiligten gem. §§ 395 Abs. 3, 393 Abs. 3, Abs. 4 FamFG Widerspruch einlegen (R/S-L/*Baukelmann* § 75 Rn. 42). Der Widerspruch kann, muss jedoch nicht begründet werden (MüKo GmbHG/*Hillmann* § 75 Rn. 41; Michalski/*Rühland* Anh. § 77 Rn. 13; Scholz/*K. Schmidt* § 75 Rn. 26). Eine Begründung wird sich z. B. dann anbieten, wenn zwischenzeitlich eine Heilung nach § 76 GmbHG erfolgt ist (MüKo GmbHG/*Hillmann* § 75 Rn. 41). Das Registergericht entscheidet über den Widerspruch durch Beschluss (MüKo GmbHG/ *Hillmann* § 75 Rn. 42; MüKo FamFG/*Krafka* § 397 Rn. 18). Der Widerspruch ist zurückzuweisen, wenn ein Nichtigkeitsgrund i. S. d. § 75 GmbHG vorliegt und keine Heilung eingetreten ist (MüKo GmbHG/*Hillmann* § 75 Rn. 42). Gegen die Zurückweisung des Widerspruchs kann Beschwerde (§ 393 Abs. 3 FamFG) eingelegt werden (Scholz/*K. Schmidt* § 75 Rn. 26; Roth/*Altmeppen* § 61 Rn. 36; MüKo FamFG/*Krafka* § 397 Rn. 18).

571

f) Entscheidung des Gerichts und Rechtsfolgen

Das Gericht entscheidet durch Beschluss (Lutter/Hommelhoff/*Kleindiek* § 75 Rn. 6). Die Löschung erfolgt durch Eintragung des Löschungsvermerks ins Handelsregister (Scholz/*K. Schmidt* § 75 Rn. 26; Baumbach/Hueck/*Haas* Anh. § 77 Rn. 28). Die Löschung setzt voraus, dass kein Widerspruch erhobe oder ein Widerspruch rechtskräftig zurückgewiesen wurde (R/S-L/*Baukelmann* § 75 Rn. 42; Scholz/*K. Schmidt* § 75 Rn. 26). Liegen die Voraussetzungen des § 75 Abs. 1 GmbHG vor und ist keine Heilung erfolgt, ist das Registergericht zur Löschung der Gesellschaft verpflichtet. Ungeachtet des Wortlauts des § 397 Satz 1 FamFG (»kann«) besteht insofern kein Ermessen des Gerichts (MüKo GmbHG/*Hillmann* § 75 Rn. 38; R/S-L/*Baukelmann* § 75 Rn. 43; Lutter/Hommelhoff/*Kleindiek*

572

§ 75 Rn. 6). Durch die Eintragung der Löschung (Löschungsvermerk) kommt es ebenso wie im Fall einer erfolgreichen Nichtigkeitsklage nach § 75 GmbHG zur Auflösung der Gesellschaft (R/S-L/*Baukelmann* § 75 Rn. 45; Scholz/*K. Schmidt* § 75 Rn. 26, 28; *Roth/Altmeppen* § 61 Rn. 38).

g) Rechtsmittel

573 Gegen die Amtslöschung besteht kein Rechtsmittel (*Roth/Altmeppen* § 61 Rn. 39; Haußleitner/ *Schemmann* FamFG, § 397 Rn. 12). Bestehen wesentliche Verfahrensmängel, kann die Löschung durch Amtslöschung nach § 395 FamFG aufgehoben werden (Scholz/*K. Schmidt* § 75 Rn. 27; R/S-L/*Baukelmann* § 75 Rn. 44; Keidel/*Heinemann* FamFG, § 397 Rn. 26)

h) Verhältnis zur Nichtigkeitsklage gem. § 75 GmbHG

574 Das Amtslöschungsverfahren nach § 397 FamFG und die Nichtigkeitsklage nach § 75 GmbHG stehen selbstständig nebeneinander (Scholz/*K. Schmidt* § 75 Rn. 29; R/S-L/*Baukelmann* § 75 Rn. 47; Lutter/Hommelhoff/*Kleindiek* § 75 Rn. 7). Wurde bereits ein Verfahren nach § 397 FamFG eingeleitet, fehlt daher einer Nichtigkeitsklage nicht das Rechtsschutzbedürfnis und die Erhebung einer Nichtigkeitsklage hindert nicht die Einleitung des Verfahrens nach § 397 FamFG, solange nicht in einem Verfahren verbindlich positiv entschieden wurde (Scholz/*K. Schmidt* § 75 Rn. 29; Lutter/ Hommelhoff/*Kleindiek* § 75 Rn. 7; Michalski/*Rühland* § 75 Rn. 24). Wurde abweisend entschieden, kann das jeweils andere Verfahren fortgeführt werden (Lutter/Hommelhoff/*Kleindiek* § 75 Rn. 7; R/S-L/*Baukelmann* § 75 Rn. 47). Kommt es zur Nichtigerklärung im Verfahren nach § 75 GmbH, ist ein laufendes Verfahren nach § 397 FamFG einzustellen (R/S-L/*Baukelmann* § 75 Rn. 47). Erfolgt eine Löschung im Verfahren nach § 397 FamFG, kann eine anhängige Nichtigkeitsklage für erledigt erklärt werden (R/S-L/*Baukelmann* § 75 Rn. 47; Michalski/*Rühland* § 75 Rn. 24). Laufen beide Verfahren parallel, kann die Nichtigkeitsklage nach § 148 ZPO oder das Amtslöschungsverfahren nach § 21 Abs. 1 FamFG ausgesetzt werden (R/S-L/*Baukelmann* § 75 Rn. 47; Michalski/*Rühland* § 75 Rn. 24).

VII. Abberufung des Geschäftsführers

1. Die Abberufung des Geschäftsführers im Überblick

a) Die Abberufung des Geschäftsführers in der nicht mitbestimmten Gesellschaft

aa) Grundsatz der freien Abberufbarkeit

575 § 38 Abs. 1 GmbHG regelt **den Grundsatz der freien Abberufbarkeit des Geschäftsführers** einer nicht mitbestimmten GmbH. Nach diesem Grundsatz haben die Gesellschafter vorbehaltlich abweichender gesellschaftsvertraglicher Regelung die Möglichkeit, den Geschäftsführer jederzeit, ohne Begründung und ohne vorherige Anhörung abzuberufen (MüKo GmbHG/*Stephan/Tieves* § 38 Rn. 6, 7; Baumbach/Hueck/*Zöllner/Noack* § 38 Rn. 1; R/S-L/*Koppensteiner/Gruber* § 38 Rn. 2). Die Geschäftsführer sind in ihrer Organstellung somit von einem fortdauernden Vertrauen der Gesellschafter abhängig (Michalski/*Terlau* § 38 Rn. 3; MüKo GmbHG/*Stephan/Tieves* § 38 Rn. 2; Baumbach/ Hueck/*Zöllner/Noack* § 38 Rn. 1). Dieses freie Abberufungsrecht der Gesellschafter stellt einen Ausgleich dafür dar, dass die Vertretungsmacht der Geschäftsführer gem. § 37 Abs. 2 GmbHG nach außen unbeschränkt und unbeschränkbar ist (OLG Hamm, Urt. v. 20.11.2006 – 8 U 217/05; OLG Zweibrücken, Urt. v. 30.10.1997 – 4 U 11/97; Urt. v. 05.06.2003 – 4 U 117/02; Michalski/*Terlau* § 38 Rn. 3; Lutter/Hommelhoff/*Kleindiek* § 38 Rn. 2).

576 Der Grundsatz der freien Abberufbarkeit gilt für **Fremd-Geschäftsführer** und **Gesellschafter-Geschäftsführer** (OLG Zweibrücken, Urt. v. 30.10.1997 – 4 U 11/97; MüKo GmbHG/*Stephan/Tieves* § 38 Rn. 9; Michalski/*Terlau* § 38 Rn. 5, 32). Bei einem **Gesellschafter-Geschäftsführer** kann das Recht zur freien Abberufbarkeit jedoch durch die gesellschafterliche Treuepflicht beschränkt sein

(Michalski/*Terlau* § 38 Rn. 37). Dies bedeutet, dass auf die Belange des Gesellschafter-Geschäftsführers Rücksicht zu nehmen ist. Im Einzelfall kann es daher geboten sein, dass die Abberufung durch sachliche Gründe zu rechtfertigen ist und nicht aus Willkür und sachfremden Erwägungen erfolgen darf (BGH, Urt. v. 25.09.1986 – II ZR 262/85; Beschl. v. 29.11.1993 – II ZR 61/93; OLG Zweibrücken, Urt. v. 05.06.2003 – 4 U 117/02; OLG Jena, Urt. v. 04.12.2001 – 8 U 751/01; Michalski/*Terlau* § 38 Rn. 37; Lutter/Hommelhoff/*Kleindiek* § 38 Rn. 7). Dies ist z. B. der Fall, wenn die Tätigkeit als Geschäftsführer die berufliche Haupttätigkeit des Gesellschafters und somit seine Lebensgrundlage darstellt (BGH, Beschl. v. 29.11.1993 – II ZR 61/93; OLG Jena, Urt. v. 04.12.2001 – 8 U 751/01). Die Anforderungen müssen dabei nicht dem Vorliegen eines wichtigen Grundes (vgl. unten Rdn. 581) entsprechen (Michalski/*Terlau* § 38 Rn. 37). Ein sachlicher Grund in diesem Sinne liegt bereits vor, wenn der jeweilige Sachverhalt einen verständigen Entscheidungsträger zur Abberufung veranlassen würde (OLG Zweibrücken, Urt. v. 05.06.2003 – 4 U 117/02).

§ 38 Abs. 1 GmbHG gilt grundsätzlich auch für eine **personalistische Gesellschaft** (MüKo GmbHG/*Stephan/Tieves* § 38 Rn. 9; R/S-L/*Koppensteiner/Gruber* § 38 Rn. 3). Bei der Abberufung eines Gesellschafter-Geschäftsführers einer personalistisch strukturierten Gesellschaft kann sich aus der gesellschafterlichen Treuepflicht ergeben, dass die Abberufung durch einen sachlichen Grund gerechtfertigt sein muss (OLG Stuttgart, Urt. v. 30.03.1994 – 3 U 154/93; OLG Zweibrücken, Urt. v. 05.06.2003 – 4 U 117/02; Michalski/*Terlau* § 38 Rn. 6).   577

Von der Abberufung ist die **Beendigung des Anstellungsverhältnisses** zu unterscheiden (MüKo GmbHG/*Stephan/Tieves* § 38 Rn. 4; R/S-L/*Koppensteiner/Gruber* § 38 Rn. 1). Die Abberufung als Geschäftsführer beendet nicht automatisch das Dienstverhältnis (sog. Trennungsprinzip; Michalski/ *Terlau* § 38 Rn. 26; Scholz/*Schneider* § 38 Rn. 6). Ebenso beendet die Kündigung des Anstellungsverhältnisses nicht automatisch auch die Organstellung des Geschäftsführers. Allerdings wird die wirksame Kündigung des Anstellungsvertrages in der Regel auch als Abberufung des Geschäftsführers auszulegen sein, da ein Geschäftsführer in der Regel nicht ohne Vertragsgrundlage weiterhin tätig sein wird (BGH, Urt. v. 24.11.1980 – II ZR 182/79; Urt. v. 23.10.1995 – II ZR 130/94; Michalski/*Terlau* § 38 Rn. 26; *Stück* GmbHR 2006, 1009, 1011; *Heller* GmbHR 2002, 1227). Zulässig ist eine sog. **Koppelungsklausel**, nach der die Abberufung als Geschäftsführer zugleich als ordentliche Kündigung gilt (Michalski/*Terlau* § 38 Rn. 41). Da für die ordentliche Kündigung des Anstellungsverhältnisses die Fristen des § 622 BGB gelten, ist eine Koppelungsklausel nur dann wirksam, wenn die Kündigung nicht sofort, sondern nur innerhalb einer § 622 BGB entsprechenden Frist wirkt (BGH, Urt. v. 21.06.1999 – II ZR 27/98; OLG Hamm, Urt. v. 20.11.2006 – 8 U 217/05; *Stück* GmbHR 2006, 1009, 1011). Die Vereinbarung einer längeren Frist ist unschädlich (OLG Hamm, Urt. v. 20.11.2006 – 8 U 217/05).   578

bb) Die Abberufung aus wichtigem Grund

(1) Beschränkungen des Grundsatzes der freien Abberufbarkeit

Der Grundsatz der freien Abberufbarkeit ist **dispositives Recht** und kann durch satzungsmäßige Vereinbarung beschränkt werden (Michalski/*Terlau* § 38 Rn. 29; Baumbach/Hueck/*Zöllner/Noack* § 38 Rn. 7). Häufig wird entsprechend § 38 Abs. 2 GmbHG gesellschaftsvertraglich vereinbart, dass der Geschäftsführer **nur aus wichtigem Grund** abberufen werden kann (MüKo GmbHG/*Stephan/ Tieves* § 38 Rn. 3). Darüber hinaus sind andere Beschränkungen möglich. So kann die Abberufung eines Geschäftsführers an qualifizierte Voraussetzungen gebunden werden, wie bspw. an ein qualifiziertes Mehrheitserfordernis oder an bestimmte Anhörungs- und Zustimmungserfordernisse (OLG Zweibrücken, Urt. v. 30.10.1997 – 4 U 11/97; Michalski/*Terlau* § 38 Rn. 29; Henssler/Strohn/*Oetker* § 38 Rn. 12   579

Das Recht, den Geschäftsführers **aus wichtigem Grund** abzuberufen, kann in der Satzung weder eingeschränkt noch ausgeschlossen werden (Michalski/*Terlau* § 38 Rn. 30; Baumbach/Hueck/*Zöllner/Noack* § 38 Rn. 7; Henssler/Strohn/*Oetker* § 38 Rn. 12, 16). Es ist daher zulässig, in der Satzung   580 bestimmte Gründe als wichtigen Grund zu definieren, nicht aber dadurch andere wichtige Gründe auszuschließen (Michalski/*Terlau* § 38 Rn. 30; Henssler/Strohn/*Oetker* § 38 Rn. 16; Baumbach/Hueck/*Zöllner*/*Noack* § 38 Rn. 7). Eine unzulässige Einschränkung liegt vor, wenn die Abberufung aus wichtigem Grund an eine höhere als die in § 47 Abs. 1 GmbHG vorgesehene einfache Mehrheit gebunden wird, da die Mehrheitsverhältnisse in der Gesellschaft ansonsten einer Abberufung des Geschäftsführers aus wichtigem Grund entgegenstehen könnten (BGH, Urt. v. 20.12.1982 – II ZR 110/82; a. A. Baumbach/Hueck/*Zöllner*/*Noack* § 38 Rn. 30).

(2) Wichtiger Grund

581 Ein wichtiger Grund liegt vor, wenn das Verbleiben des abzuberufenden Geschäftsführers in seiner Organstellung **für die Gesellschaft unzumutbar** ist. Ob dies zu bejahen ist, ist eine Frage des Einzelfalls, bei der die Interessen der Beteiligten umfassend zu würdigen sind (OLG Stuttgart, Urt. v. 30.03.1994 – 3 U 154/93; OLG Zweibrücken, Urt. v. 30.10.1997 – 4 U 11/97; OLG Düsseldorf, Urt. v. 24.02.2000 – 6 U 77/99; R/S-L/*Koppensteiner*/*Gruber* § 38 Rn. 10; Baumbach/Hueck/*Zöllner*/*Noack* § 38 Rn. 12; Michalski/*Terlau* § 38 Rn. 38; Lutter/Hommelhoff/*Kleindiek* § 38 Rn. 20). Als Beispiele eines wichtigen Grundes nennt § 38 Abs. 2 Satz 2 GmbHG die **grobe Pflichtverletzung** und die **Unfähigkeit zur ordnungsgemäßen Geschäftsführung** (vgl. hierzu OLG Zweibrücken, Urt. v. 30.10.1997 – 4 U 11/97; Michalski/*Terlau* § 38 Rn. 42). Eine grobe Pflichtverletzung wird z. B. bei Annahme von Schmiergeldern, Bilanzmanipulationen sowie Steuerhinterziehung regelmäßig anzunehmen sein (R/S-L/*Koppensteiner*/*Gruber* § 38 Rn. 11; Henssler/Strohn/*Oetker* § 38 Rn. 19). Ein wichtiger Grund liegt ferner bei **schwerem Vertrauensbruch** sowie einem **Zerwürfnis** zwischen Gesellschaftern und Geschäftsführer vor (OLG Köln, Urt. v. 01.06.2010 – 18 U 72/09; Michalski/*Terlau* § 38 Rn. 44, 48, 50; Henssler/Strohn/*Oetker* § 38 Rn. 19). Ein wichtiger Grund liegt auch dann vor, wenn zwei oder mehrere Geschäftsführer untereinander so zerstritten sind, dass eine Zusammenarbeit zwischen ihnen nicht mehr möglich ist. In diesem Fall kann jeder von den Geschäftsführern, der durch sein Verhalten zu dem Zerwürfnis beigetragen hat, unabhängig davon ob schuldhaft oder nicht, abberufen werden (BGH, Urt. v. 24.02.1992 – II ZR 79/91; Michalski/*Terlau* § 38 Rn. 47; Baumbach/Hueck/*Zöllner*/*Noack* § 38 Rn. 13; zur Zwei-Personen-GmbH vgl. unten Rdn. 586).

582 Allerdings können Umstände, die bereits bei der Bestellung des Geschäftsführers **bekannt** waren, eine Abberufung aus wichtigem Grund nicht rechtfertigen (BGH, Urt. v. 12.07.1993 – II ZR 65/92; Baumbach/Hueck/*Zöllner*/*Noack* § 38 Rn. 14). Das Recht zur Abberufung aus wichtigem Grund kann verwirkt sein, wenn die Gesellschaft in Kenntnis des Abberufungsgrundes den Geschäftsführer über längere Zeit im Amt belässt und dieser daher davon ausgehen darf, dass aus diesem Grund keine Abberufung mehr erfolgt (BGH, Urt. v. 12.07.1993 – II ZR 65/92; R/S-L/*Koppensteiner*/*Gruber* § 38 Rn. 16; Baumbach/Hueck/*Zöllner*/*Noack* § 38 Rn. 17).

583 Aufgrund gesellschaftsvertraglicher Regelung kann Gesellschaftern die **Geschäftsführungsbefugnis** auch **als Sonderrecht** eingeräumt werden. Ist dies der Fall, kann der Geschäftsführer nur aus wichtigem Grund abberufen werden. Eine Abberufung aus anderen Gründen erfordert die Zustimmung des Geschäftsführers (Michalski/*Terlau* § 38 Rn. 21, 32, 62; MüKo GmbHG/*Stephan*/*Tieves* § 38 Rn. 118; Baumbach/Hueck/*Zöllner*/*Noack* § 38 Rn. 51).

cc) Abberufungszuständigkeit

(1) Zuständigkeit der Gesellschafterversammlung

584 In der nicht mitbestimmten Gesellschaft ist die Gesellschafterversammlung gem. § 46 Nr. 5 GmbHG für die Abberufung des Geschäftsführers zuständig (OLG Zweibrücken, Urt. v. 30.10.1997 – 4 U 11/97; OLG Hamm, Urt. v. 07.10.1992 – 8 U 75/92; Michalski/*Terlau* § 38 Rn. 9; Baumbach/Hueck/*Zöllner*/*Noack* § 38 Rn. 24; R/S-L/*Koppensteiner*/*Gruber* § 38 Rn. 5). Die Abberufung des Geschäftsführers setzt grundsätzlich einen Abberufungsbeschluss voraus (Michalski/*Terlau* § 38 Rn. 7).

Vorbehaltlich anderer gesellschaftsvertraglicher Regelung genügt ein **einfacher Mehrheitsbeschluss** nach § 47 Abs. 1 GmbHG (Michalski/*Terlau* § 38 Rn. 9, 20; R/S-L/*Koppensteiner/Gruber* § 38 Rn. 5; Baumbach/Hueck/*Zöllner/Noack* § 38 Rn. 29). Durch gesellschaftsvertragliche Regelung können andere Mehrheitserfordernisse vereinbart werden, wie z. B. eine qualifizierte Mehrheit oder auch Einstimmigkeit (Michalski/*Terlau* § 38 Rn. 20, 29; Baumbach/Hueck/*Zöllner/Noack* § 38 Rn. 29; R/S-L/*Koppensteiner/Gruber* § 38 Rn. 5). Dies gilt jedoch nicht für die Abberufung aus wichtigem Grund (vgl. oben Rdn. 580). Die Abberufungszuständigkeit kann durch Satzung auch auf ein anderes Organ, wie Aufsichtsrat oder Beirat, oder auch auf einen einzelnen Gesellschafter übertragen werden (Baumbach/Hueck/*Zöllner/Noack* § 38 Rn. 24; Michalski/*Terlau* § 38 Rn. 14; Henssler/Strohn/*Oetker* § 38 Rn. 28). Wurde die Abberufungszuständigkeit auf ein anderes Organ übertragen, ist die Gesellschafterversammlung zur Abberufung nicht befugt. Dies gilt auch bei Vorliegen eines wichtigen Grundes (Michalski/*Terlau* § 38 Rn. 18). Die Zuständigkeit zur Abberufung kann nicht auf Dritte übertragen werden (Michalski/*Terlau* § 38 Rn. 17; Baumbach/Hueck/*Zöllner/Noack* § 38 Rn. 24; Henssler/Strohn/*Oetker* § 38 Rn. 28). Steht die Abberufung der Gesamtheit der Gesellschafter zu, kann ein einzelner Gesellschafter den Geschäftsführer grundsätzlich nicht abberufen (Scholz/*Schneider* § 38 Rn. 20). Dies gilt auch bei Vorliegen eines wichtigen Grundes oder Gefahr im Verzug (Michalski/*Terlau* § 38 Rn. 10; Lutter/Hommelhoff/*Kleindiek* § 38 Rn. 4). In einem solchen Fall hat der Gesellschafter gegen seine Mitgesellschafter aus der gesellschaftlichen Treuepflicht einen Anspruch auf Zustimmung zur Abberufung (Scholz/*Schneider* § 38 Rn. 20; Lutter/Hommelhoff/*Kleindiek* § 38 Rn. 4).

(2) Stimmrecht des Gesellschafter-Geschäftsführers

Grundsätzlich steht dem Gesellschafter-Geschäftsführer bei der Beschlussfassung über seine Abberufung ein Stimmrecht zu (BGH, Urt. v. 24.02.1992 – II ZR 79/91; OLG Hamm, Urt. v. 07.10.1992 – 8 U 75/92; OLG Naumburg, Urt. v. 25.01.1996 – 2 U 31/95; Baumbach/Hueck/*Zöllner/Noack* § 38 Rn. 33; R/S-L/*Koppensteiner/Gruber* § 38 Rn. 5; Lutter/Hommelhoff/*Kleindiek* § 38 Rn. 6). Dies kann u. U. dazu führen, dass der Gesellschafter-Geschäftsführer seine Abberufung verhindert (OLG Zweibrücken, Urt. v. 30.10.1997 – 4 U 11/97; Baumbach/Hueck/*Zöllner/Noack* § 38 Rn. 21). Das Stimmverbot des § 47 Abs. 4 GmbHG greift nicht (OLG Düsseldorf, Urt. v. 24.02.2000 – 6 U 77/99; Michalski/*Terlau* § 38 Rn. 21). Dies gilt jedoch nicht im Fall der Abberufung aus wichtigem Grund. In diesem Fall ist der Gesellschafter-Geschäftsführer **vom Stimmrecht ausgeschlossen** (BGH, Urt. v. 24.02.1992 – II ZR 79/91; Urt. v. 20.12.1982 – II ZR 110/82; OLG Stuttgart, Beschl. v. 13.04.1994 – 2 U 303/93; OLG Hamm, Urt. v. 07.10.1992 – 8 U 75/92; OLG Düsseldorf, Urt. v. 24.02.2000 – 6 U 77/99; OLG Naumburg, Urt. v. 25.01.1996 – 2 U 31/95; Michalski/*Terlau* § 38 Rn. 21, 59; Baumbach/Hueck/*Zöllner/Noack* § 38 Rn. 34). Dies ergibt sich aus dem Grundsatz, dass niemand durch Ausübung seines Stimmrechts Maßnahmen verhindern darf, die sich aus wichtigem Grund gegen ihn richten. Andernfalls könnte ein Mehrheitsgesellschafter-Geschäftsführer seine Abberufung aus wichtigem Grund verhindern (OLG Zweibrücken, Urt. v. 30.10.1997 – 4 U 11/97; *Oppenländer* DStR 1996, 922, 924; *Heller* GmbHR 2002, 1227). Der Gesellschafter-Geschäftsführer ist nicht rechtlos gestellt, da er den Abberufungsbeschluss bei Fehlen eines wichtigen Grundes anfechten und seine Rechte bis zur rechtskräftigen Entscheidung im Anfechtungsverfahren im Wege einstweiligen Rechtsschutzes sichern kann (vgl. dazu unten Rdn. 599 ff., 610 ff.).

585

(3) Wichtiger Grund bei der Zwei-Personen-GmbH

Bei einer Zwei-Personen-GmbH sind an das Vorliegen eines wichtigen Grundes **besondere Anforderungen** zu stellen (Michalski/*Terlau* § 38 Rn. 52; Lutter/Hommelhoff/*Kleindiek* § 38 Rn. 31; Scholz/*Schäfer* § 38 Rn. 53). Da der Gesellschafter-Geschäftsführer bei einer Abberufung aus wichtigem Grund von seinem Stimmrecht ausgeschlossen ist (vgl. oben Rdn. 585), könnte der andere hälftig oder mit einer Minderheit beteiligte Gesellschafter einer Zwei-Personen-GmbH durch die Behauptung, es liege ein wichtiger Grund vor, der die Abberufung des Gesellschafter-Geschäftsführers rechtfertigt, einen formgültigen Gesellschafterbeschluss herbeiführen. Es erscheint daher nicht

586

gerechtfertigt, allein aufgrund des Vertrauensverlustes des Mitgesellschafters in die Zweckmäßigkeit der Geschäftsführung des anderen Gesellschafters einen wichtigen Abberufungsgrund anzunehmen. Vielmehr ist erforderlich, dass nach Abwägung aller Umstände bei objektiver Betrachtung eine so schwere Verletzung der Grundsätze der Ordnungsmäßigkeit der Geschäftsführung vorliegt, die der Gesellschaft die Fortsetzung des Geschäftsverhältnisses nicht mehr zumutbar macht (Scholz/*Schneider* § 38 Rn. 53; G/E/S/*Buck-Heeb* § 38 Rn. 31; *Oppenländer* DStR 1996, 922, 924 f.).

dd) Kundgabe der Abberufung

587 Allein der Abberufungsbeschluss führt noch nicht zur Abberufung des Geschäftsführers. Der Abberufungsbeschluss muss **dem Geschäftsführer gegenüber erklärt** werden (Michalski/*Terlau* § 38 Rn. 7; Lutter/Hommelhoff/*Kleindiek* § 38 Rn. 6). Erst mit dem Zugang der Abberufungserklärung beim Geschäftsführer wird die Abberufung wirksam (Michalski/*Terlau* § 38 Rn. 23; *Heller* GmbHR 2002, 1227; zur vorläufigen Wirksamkeit der Abberufung im Streitfall vgl. ausführlich unten Rdn. 599 ff.). Mit Zugang der Abberufungserklärung entfallen Geschäftsführungsbefugnis sowie Vertretungsmacht. Dies gilt im Grundsatz sowohl für die Abberufung nach § 38 Abs. 1 GmbHG als auch für die Abberufung aus wichtigem Grund nach § 38 Abs. 2 GmbHG (Michalski/*Terlau* § 38 Rn. 25). Eine Annahme der Abberufung durch den betroffenen Geschäftsführer ist nicht erforderlich (Scholz/*Schäfer* § 38 Rn. 15).

588 Wie die Abberufungserklärung zu erfolgen hat, hängt davon ab, ob der Geschäftsführer bei der Beschlussfassung über seine Abberufung anwesend war. War der Geschäftsführer anwesend, wird die Abberufung wirksam, sobald der Versammlungsleiter das Ergebnis der Abstimmung festgestellt hat (Michalski/*Terlau* § 38 Rn. 24; Baumbach/Hueck/*Zöllner/Noack* § 38 Rn. 42). Ansonsten muss dem Geschäftsführer die Beschlussfassung mitgeteilt werden (Baumbach/Hueck/*Zöllner/Noack* § 38 Rn. 43). Eine zufällige Kenntnisnahme reicht nicht aus (Michalski/*Terlau* § 38 Rn. 24; Baumbach/Hueck/*Zöllner/Noack* § 38 Rn. 43; *Heller* GmbHR 2002, 1227).

ee) Eintragung in das Handelsregister

589 Die Abberufung des Geschäftsführers stellt eine in das Handelsregister einzutragende Tatsache i. S. d. § 15 HGB dar und ist nach § 39 HGB zur **Eintragung in das Handelsregister** anzumelden (Scholz/*Schäfer* § 38 Rn. 31). Die Eintragung ist **deklaratorisch**, sie ist keine Voraussetzung für die Wirksamkeit der Abberufung (Michalski/*Terlau* § 38 Rn. 25a). Mit Eintragung hat ein Dritter nach § 15 Abs. 2 HGB die Abberufung gegen sich gelten zu lassen. Wird die Abberufung nicht eingetragen, wird die Gesellschaft durch Maßnahmen des abberufenen Geschäftsführers nach den Grundsätzen der Rechtsscheinshaftung gem. § 15 Abs. 3 HGB weiterhin verpflichtet (*Heller* GmbHR 2002, 1227, 1228).

b) Abberufung des Geschäftsführers in der mitbestimmten Gesellschaft

590 Bei der mitbestimmten GmbH ist § 38 GmbHG nicht anwendbar (Baumbach/Hueck/*Zöllner/Noack* § 38 Rn. 4; R/S-L/*Koppensteiner/Gruber* § 38 Rn. 1). Für mitbestimmte Gesellschaften gilt nach § 12 Montan-MitbestG, § 13 Montan-MitbestErgG bzw. § 31 MitbestG zwingend die Regelung des § 84 Abs. 3 Satz 4 AktG, nach der ein Geschäftsführer nur aus wichtigem Grund abberufen werden kann (Baumbach/Hueck/*Zöllner/Noack* § 38 Rn. 4; R/S-L/*Koppensteiner/Gruber* § 38 Rn. 1). Für die Abberufung des Geschäftsführers in der mitbestimmten GmbH ist **zwingend** der **Aufsichtsrat zuständig**; nicht die Gesellschafterversammlung (Michalski/*Terlau* § 38 Rn. 12; Baumbach/Hueck/*Zöllner/Noack* § 38 Rn. 26; Henssler/Strohn/*Oetker* § 38 Rn. 31; R/S-L/*Koppensteiner/Gruber* § 38 Rn. 17).

2. Gerichtliche Geltendmachung einer fehlerhaften Abberufung

a) Zuständigkeit der ordentlichen Gerichtsbarkeit

Für Rechtsstreitigkeiten zwischen der Gesellschaft und dem Geschäftsführer über die Rechtmäßigkeit der Abberufung sind die **ordentlichen Gerichte**, nicht die Arbeitsgerichte zuständig, da die Organstellung des Geschäftsführers betroffen ist (BAG, Beschl. v. 06.05.1999 – 5 AZB 22/98; Michalski/*Terlau* § 38 Rn. 72). Der **Gerichtsstand** richtet sich nach § 29 ZPO (Michalski/*Terlau* § 38 Rn. 72).

b) Anfechtungsklage

Ist ein Abberufungsbeschluss der Gesellschafter fehlerhaft, so hängt die gerichtliche Geltendmachung von der Art des Beschlussmangels ab. Ist der Abberufungsbeschluss anfechtbar und förmlich festgestellt, kann dieser Beschluss durch **Anfechtungsklage** für nichtig erklärt werden (BGH, Urt. v. 01.03.1999 – II ZR 305/97; Urt. v. 21.03.1988 – II ZR 308/87; MüKo GmbHG/*Stephan*/*Tieves* § 38 Rn. 115; Baumbach/Hueck/*Zöllner*/*Noack* § 38 Rn. 45; *Heller* GmbHR 2002, 1227, 1228). Ist eine förmliche Beschlussfeststellung nicht erfolgt, kommt eine **allgemeine Feststellungsklage** nach § 256 ZPO in Betracht.

Grundsätzlich ist ein Beschluss dann anfechtbar, wenn er **gegen Gesetz oder Satzung verstößt** und nicht nichtig ist (BGH, Urt. v. 14.07.1954 – II ZR 342/53; vgl. oben Rdn. 376 f.). Im Fall einer Abberufung aus wichtigem Grund stellt das Fehlen eines wichtigen Grundes einen Anfechtungsgrund dar (Scholz/*Schneider* § 38 Rn. 60a; Lutter/Hommelhoff/*Kleindiek* § 38 Rn. 29). Die Anfechtungsklage unterliegt allgemeinen Grundsätzen und ist somit durch einen Anfechtungsberechtigten innerhalb einer angemessenen Klagefrist zu erheben (vgl. oben Rdn. 399 ff.; *Heller* GmbHR 2002, 1227, 1229). Zur Anfechtung befugt ist nur ein Gesellschafter, sodass ein Geschäftsführer gegen einen anfechtbaren Abberufungsbeschluss nur dann vorgehen kann, wenn er zugleich auch Gesellschafter ist. Ein Fremd-Geschäftsführer ist somit nicht zur Anfechtung befugt (Baumbach/Hueck/*Zöllner*/*Noack* § 38 Rn. 45; Henssler/Strohn/*Oetker* § 38 Rn. 44). Die Anfechtungsklage ist gegen die Gesellschaft zu richten, nicht gegen die Gesellschafter, die dem Beschluss zugestimmt haben. Mit Rechtskraft des stattgebenden Anfechtungsurteils wird die Abberufung rückwirkend unwirksam.

c) Nichtigkeitsklage

Ist ein Abberufungsbeschluss nichtig, kann analog § 249 AktG **Nichtigkeitsklage** erhoben werden (vgl. oben Rdn. 447 ff.; MüKo GmbHG/*Stephan*/*Tieves* § 38 Rn. 115; *Heller* GmbHR 2002, 1227, 1229). Ein Abberufungsbeschluss ist bspw. dann nichtig, wenn nicht sämtliche Gesellschafter zur Gesellschafterversammlung eingeladen worden sind (OLG Hamm, Urt. v. 07.10.1992 – 8 U 75/92). Im Unterschied zur Anfechtungsklage können nicht nur Gesellschafter sondern auch Geschäftsführer und Aufsichtsratsmitglieder Nichtigkeitsklage erheben (vgl. oben Rdn. 448 f.; BGH, Urt. v. 14.11.1983 – II ZR 33/83). Daher kann sich auch der Fremd-Geschäftsführer im Klageweg durch Nichtigkeitsklage gegen einen nichtigen Abberufungsbeschluss wenden (MüKo GmbHG/*Stephan*/*Tieves* § 38 Rn. 115; Henssler/Strohn/*Oetker* § 38 Rn. 44). Die Nichtigkeitsklage ist gegen die Gesellschaft zu richten.

d) Positive Beschlussfeststellungsklage

Nicht selten wird auch bei Streitigkeiten um die Abberufung des Geschäftsführers eine **positive Beschlussfeststellungsklage** in Betracht kommen (vgl. zu den allgemeinen Voraussetzungen oben Rdn. 463–467). Dies ist bspw. der Fall, wenn ein ablehnender Beschluss über die Abberufung mit der Begründung angefochten wird, die Stimme des abzuberufenden Geschäftsführers sei ungeachtet des Stimmverbots mitgezählt und infolgedessen ablehnend entschieden worden. Ein Gesellschafter hat dann die Möglichkeit, die Anfechtungsklage mit einer positiven Beschlussfeststellungsklage auf Feststellung des positiven Beschlussergebnisses zu verbinden (Baumbach/Hueck/*Zöllner* § 39 Rn. 64).

e) Allgemeine Feststellungsklage

596 Besteht Streit über die Rechtmäßigkeit der Abberufung eines Geschäftsführers, kann die **allgemeine Feststellungsklage gem. § 256 ZPO** zur Klärung der Rechtslage in Betracht kommen (OLG Stuttgart, Urt. v. 11.02.2004 – 14 U 58/03; *Heller* GmbHR 2002, 1227, 1239). Zu beachten ist, dass diese gegenüber der Anfechtungs- und der Nichtigkeitsklage **nur subsidiär zulässig** ist (vgl. oben Rdn. 468). Die Feststellungsklage kommt zur Klärung der Rechtslage daher insbesondere dann in Betracht, wenn es an einer förmlichen Beschlussfeststellung fehlt oder streitig ist, ob und mit welchem Inhalt ein Beschluss gefasst wurde (MüKo GmbHG/*Stephan/Tieves* § 38 Rn. 116; Baumbach/Hueck/*Zöllner/Noack* § 38 Rn. 46, 58). Die Feststellungsklage kann grundsätzlich von jedermann jederzeit geltend gemacht werden, soweit der Einwand der Verwirkung nicht entgegensteht und ein **Feststellungsinteresse** zu bejahen ist (OLG Stuttgart, Urt. v. 11.02.2004 – 14 U 58/03). Eine Feststellungsklage wird in der Praxis häufig von einem an der Klärung der Rechtslage interessierten Gesellschafter gegen die Gesellschaft erhoben. Der Fremd-Geschäftsführer kann durch eine allgemeine Feststellungsklage gegen seine Abberufung vorgehen. Fehlt es an einem förmlich festgestellten Beschluss, kann auch die Gesellschaft selbst ein berechtigtes Interesse daran haben, im Wege der Feststellungsklage die Rechtslage zu klären. So kann die Gesellschaft auf Feststellung klagen, dass der Beklagte aufgrund Abberufungsbeschluss nicht mehr Geschäftsführer ist (*Heller* GmbHG 2002, 1227, 1230). Die allgemeine Feststellungsklage steht grundsätzlich auch Dritten zur Verfügung (MüKo GmbHG/*Stephan/Tieves* § 38 Rn. 115).

597 Durch Feststellungsklage kann ferner die **Unwirksamkeit eines Abberufungsbeschlusses** geklärt werden. Dies wird insbesondere bei der Abberufung eines Gesellschafter-Geschäftsführers mit Sonderrecht zur Geschäftsführung aus wichtigem Grund relevant, wenn kein wichtiger Grund vorliegt und der Geschäftsführer der Abberufung nicht zugestimmt hat. Eine solche Abberufung greift in das Mitgliedschaftsrecht des Gesellschafter-Geschäftsführers ein und ist daher unwirksam. Im Streitfall kann durch Feststellungsklage die gerichtliche Klärung sowohl durch den Gesellschafter-Geschäftsführer, durch die übrigen Gesellschafter oder durch die Gesellschaft selbst herbeigeführt werden (Michalski/*Terlau* § 38 Rn. 70).

f) Sonderproblem: Nachschieben von Gründen

598 Nicht selten wird sich im Verfahren die Frage ergeben, ob Gründe zur Rechtfertigung einer Abberufung aus wichtigem Grund nachgeschoben werden können. Unter Berücksichtigung der allgemeinen prozessualen Regeln hinsichtlich des Nachschiebens von Gründen dürfen Abberufungsgründe nachgeschoben werden, wenn sie bereits im **Zeitpunkt der Abberufungsentscheidung** vorlagen. Dies gilt auch dann, wenn dem abberufendem Organ die nachzuschiebenden Gründe im Zeitpunkt der Abberufung nicht bekannt waren (BGH, Urt. v. 14.10.1991 – II ZR 239/90; Urt. v. 29.03.1973 – II ZR 20/71; Urt. v. 05.05.1958 – II ZR 245/56; OLG Zweibrücken, Urt. 05.06.2003 – 4 U 117/02; MüKo GmbHG/*Stephan/Tieves* § 38 Rn. 174). Handelt aber im Prozess nicht das Organ, das für die Entscheidung über die Abberufung zuständig ist, bedarf es einer Entscheidung dieses Organs darüber, ob die Abberufung auf diese Gründe gestützt werden soll. Bei Zuständigkeit der Gesellschafterversammlung ist ein Gesellschafterbeschluss erforderlich (BGH, Urt. v. 14.10.1991 – II ZR 239/90; Urt. v. 29.03.1973 – II ZR 20/71; Henssler/Strohn/*Oetker* § 38 Rn. 18; MüKo GmbHG/*Stephan/Tieves* § 38 Rn. 174). Bei der Abberufung eines Geschäftsführers einer **Zwei-Personen GmbH** kann der Abberufende, sofern er die Gesellschaft prozessual vertritt, Abberufungsgründe auch ohne weiteren Gesellschafterbeschluss nachschieben (OLG Naumburg, Urt. v. 25.01.1996 – 2 U 31/95). Da der Abzuberufende bei seiner Abberufung aus wichtigem Grund ohnehin vom Stimmrecht ausgeschlossen ist, würde das Erfordernis eines Gesellschafterbeschlusses eine bloße Formalie darstellen.

3. Vorläufige Wirksamkeit der Abberufung

a) Einleitung und Problemstellung

Wie bereits dargelegt, wird die Abberufung grundsätzlich mit Zugang der Abberufungserklärung beim Geschäftsführer wirksam (vgl. oben Rdn. 587; R/S-L/*Koppensteiner/Gruber* § 38 Rn. 21; *Heller* GmbHR 2002, 1227, 1227). Die Abberufung ist jedoch nur wirksam, wenn der Abberufungsbeschluss nicht gegen Satzung oder Gesetz verstößt (*Goette* DStR 1994, 215, 216). Besteht **Streit über die Rechtmäßigkeit der Abberufung** des Geschäftsführers, stellt sich die Frage, ob die Abberufung bis zur rechtskräftigen Entscheidung als wirksam oder unwirksam anzusehen ist und der Zeitraum bis zur rechtskräftigen Entscheidung durch einstweiligen Rechtsschutz vorläufig geregelt werden kann. Ist der Abberufungsbeschluss nichtig, ist die Abberufung unwirksam (R/S-L/*Koppensteiner/Gruber* § 38 Rn. 21; *Heller* GmbHR 2002, 1227, 1229). Ein anfechtbarer Beschluss ist nach allgemeinen Grundsätzen zunächst wirksam (R/S-L/*Koppensteiner/Gruber* § 38 Rn. 21). Bei der Anfechtung des Abberufungsbeschlusses einer Abberufung i. S. d. § 38 Abs. 1 GmbHG wird der Abberufungsbeschluss allgemeinen Grundsätzen entsprechend erst mit rechtskräftigem Anfechtungsurteil unwirksam. Problematisch ist jedoch, ob die Abberufung eines Geschäftsführers aus wichtigem Grund (§ 38 Abs. 2 GmbHG) im Streitfall bis zur rechtskräftigen Entscheidung wirksam oder unwirksam ist. Umstritten ist, ob § 84 Abs. 3 Satz 4 AktG auch bei der **nicht mitbestimmten Gesellschaft** anzuwenden ist, wenn die Abberufung des Geschäftsführers nur aus wichtigem Grund erfolgen kann.

599

Im Recht der **Personenhandelsgesellschaften** verliert der Geschäftsführer nach §§ 117, 127 HGB seine Geschäftsführungs- und Vertretungsbefugnis erst durch rechtskräftiges Gestaltungsurteil (BGH, Urt. v. 20.12.1982 – II ZR 110/82; MüKo GmbHG/*Stephan/Tieves* § 38 Rn. 140). Bis dahin ist er in seiner Organstellung als Geschäftsführer geschützt (vgl. oben Rdn. 115). Eine analoge Anwendung der §§ 117, 127 HGB auf die GmbH wurde vom BGH unter Hinweis auf die unterschiedliche Rechtslage hinsichtlich der Abberufung des Geschäftsführers zwischen OHG bzw. KG und GmbH mit der folgenden Begründung abgelehnt: Im Unterschied zur OHG bzw. KG, bei der dem Geschäftsführer die Vertretungsmacht der gesetzlichen Regel nach nur durch gerichtliche Entscheidung entzogen werden könne, werde der Geschäftsführer einer GmbH durch Gesellschafterbeschluss nicht nur bestellt, sondern auch abberufen. Dieser Abberufungsbeschluss wird bei Vorliegen der sachlichen Voraussetzungen sofort wirksam. Daher habe eine spätere gerichtliche Entscheidung lediglich feststellende, nicht aber rechtsgestaltende Wirkung, soweit die Wirksamkeit der Abberufung bestätigt wird (BGH, Urt. v. 20.12.1982 – II ZR 110/82).

600

Bei der **mitbestimmten Gesellschaft** ist die Abberufung des Geschäftsführers aus wichtigem Grund nach § 84 Abs. 3 Satz 4 AktG grundsätzlich bis zu dem Zeitpunkt, in dem ihre Unwirksamkeit rechtskräftig festgestellt wird, wirksam (BGH, Urt. v. 20.12.1982 – II ZR 110/82; Michalski/*Terlau* § 38 Rn. 65; MüKo GmbHG/*Stephan/Tieves* § 38 Rn. 141; R/S-L/*Koppensteiner/Gruber* § 38 Rn. 22). § 84 Abs. 3 Satz 4 AktG bringt auf diese Weise Ruhe in die Geschäfte der Gesellschaft und dient damit der Rechtssicherheit. Dem liegt die Vorstellung des Gesetzgebers zugrunde, Organfragen möglichst nicht vorläufig zu regeln (OLG Hamm, Urt. v. 17.09.2001 – 8 U 126/01). Für die nicht mitbestimmte Gesellschaft enthält das Recht der GmbH jedoch keine Regelung darüber, wie die Wirksamkeit der Abberufung des Geschäftsführers aus wichtigem Grund im Streitfall bis zu einer rechtskräftigen Entscheidung zu beurteilen ist (*Heller* GmbHR 2002, 1227).

601

Ob die Regelung des § 84 Abs. 3 Satz 4 AktG bei einer Abberufung des Geschäftsführers aus wichtigem Grund auch bei einer nicht mitbestimmten Gesellschaft anwendbar ist, ist umstritten. In der Lehre werden folgende Fallgruppen unterschieden und diskutiert (vgl. hierzu ausführl. *Heller* GmbHR 2002, 1227):

602

b) Abberufung des Gesellschafter-Geschäftsführers einer Zwei-Personen-GmbH

603 Nach Auffassung des BGH und h.L. kann der Gedanke des § 84 Abs. 3 Satz 4 AktG auf eine Zwei-Personen-GmbH mit hälftig beteiligten Gesellschaftern und einem oder zwei Gesellschafter-Geschäftsführern **nicht übertragen** werden (Michalski/*Terlau* § 38 Rn. 66; Scholz/*Schneider* § 38 Rn. 66; Lutter/Hommelhoff/*Kleindiek* § 38 Rn. 31). Ansonsten könnte ein Gesellschafter mit der Behauptung, der Gesellschafter-Geschäftsführer sei für die Gesellschaft als Geschäftsführer aus wichtigem Grund nicht mehr tragbar, das Stimmrecht des anderen Gesellschafters (vgl. oben Rdn. 585) ausschalten und einen formal gültigen Abberufungsbeschluss herbeiführen (BGH, Urt. v. 20.12.1982 – II ZR 110/82; Michalski/*Terlau* § 38 Rn. 67; Scholz/*Schneider* § 38 Rn. 66; *Heller* GmbHR 2002, 1227; *Vorwerk* GmbHR 1995, 266, 267 ff.). Sind beide Gesellschafter einer Zwei-Personen-GmbH Geschäftsführer, so könnte dies wechselseitig geschehen und es könnte zum Wettlauf gegenseitiger Abberufungen kommen (BGH, Urt. v. 20.12.1982 – II ZR 110/82; OLG Hamm, Urt. v. 17.09.2001 – 8 U 126/01). Wäre die Abberufung aus wichtigem Grund bis zu einer rechtskräftigen Gerichtsentscheidung auch noch vorläufig wirksam, könnte der geschäftsführende Gesellschafter bei Interessensgegensätzen auf einfache Weise ausgeschaltet werden. Auch wenn das Gericht dem abberufenen Gesellschafter Recht geben würde, könnte der andere Gesellschafter erneut einen Abberufungsbeschluss bewirken (BGH, Urt. v. 20.12.1982 – II ZR 110/82).

604 Diese Überlegungen gelten nicht nur für den hälftig beteiligten Gesellschafter-Geschäftsführer, sondern auch für den **Mehrheitsgesellschafter-Geschäftsführer** einer Zwei-Personen-GmbH (Scholz/*Schneider* § 38 Rn. 67). Auch ein solcher Geschäftsführer könnte allein durch die Behauptung eines wichtigen Grundes von der Geschäftsführung ausgeschlossen werden (Michalski/*Terlau* § 38 Rn. 66; R/S-L/*Koppensteiner/Gruber* § 38 Rn. 25; *Heller* GmbHR 2002, 1227, 1228). Allerdings könnte sich der abberufene Mehrheitsgesellschafter-Geschäftsführer aufgrund der Mehrheitsverhältnisse durch einen Bestellungsbeschluss wieder als Geschäftsführer einsetzen. Da eine Abberufung des Geschäftsführers durch Behauptung eines wichtigen Grundes durch den Minderheitsgesellschafter jedoch erneut möglich wäre, könnte es auch in dieser Fallgestaltung zur Pattsituation kommen. § 84 Abs. 3 Satz 4 AktG kommt daher auch in diesem Fall nicht zur analogen Anwendung (Michalski/*Terlau* § 38 Rn. 66; *Heller* GmbHR 2002, 1227, 1228).

605 Nach t.v.A. gelten diese Grundsätze nicht nur für den hälftig beteiligten und den Mehrheitsgesellschafter-Geschäftsführer, sondern auch für den **Minderheitsgesellschafter-Geschäftsführer** einer personalistischen bzw. Zwei-Personen-Gesellschaft, da dieser ansonsten unter Verstoß gegen den Gleichbehandlungsgrundsatz diskriminiert werden würde (Lutter/Hommelhoff/*Kleindiek* § 38 Rn. 33).

606 Die Wirksamkeit der Abberufung aus wichtigem Grund richtet sich in diesen Fallgestaltungen allein nach der materiellen Rechtslage (BGH, Urt. v. 20.12.1982 – II ZR 110/82; Michalski/*Terlau* § 38 Rn. 67; Lutter/Hommelhoff/*Kleindiek* § 38 Rn. 31; R/S-L/*Koppensteiner/Gruber* § 38 Rn. 25). Im Fall der unberechtigten Abberufung hat der Gesellschafter-Geschäftsführer seine Geschäftsführerstellung nie verloren. Bei berechtigter Abberufung sind die Rechtswirkungen dagegen mit der Abberufungserklärung eingetreten (Lutter/Hommelhoff/*Kleindiek* § 38 Rn. 31). Der im Streitfall über die Rechtmäßigkeit der Abberufung bestehende Schwebezustand ist hinzunehmen, kann aber durch Maßnahmen des vorläufigen Rechtsschutzes, wie z. B. die Untersagung von Geschäftsführungsmaßnahmen, bis zur endgültigen Klärung geregelt werden (BGH, Urt. v. 20.12.1982 – II ZR 110/82; Michalski/*Terlau* § 38 Rn. 68; Lutter/Hommelhoff/*Kleindiek* § 38 Rn. 32; Scholz/*Schneider* § 38 Rn. 67, 77). Eine Eintragung der Abberufung in das Handelsregister scheidet bis zur rechtskräftigen Entscheidung aus (Michalski/*Terlau* § 38 Rn. 68; Lutter/Hommelhoff/*Kleindiek* § 38 Rn. 31).

c) Gesellschafter-Geschäftsführer mit Sonderrecht

607 Wurde einem Gesellschafter die **Geschäftsführungsbefugnis als Sonderrecht** eingeräumt, ist nach h.L. eine analoge Anwendung des § 84 Abs. 3 Satz 4 AktG abzulehnen. Dies ergibt sich daraus, dass eine Abberufung, der der Geschäftsführer nicht zugestimmt hat und die nicht durch einen wichtigen

Grund gerechtfertigt ist, das Mitgliedschaftsrecht des Geschäftsführers verletzt (Michalski/*Terlau* § 38 Rn. 69; Henssler/Strohn/*Oetker* § 38 Rn. 42; Scholz/*Schneider* § 38 Rn. 66; *Heller* GmbHR 2002, 1227, 1228). Eine Abberufung, die nicht durch wichtigen Grund gerechtfertigt ist und ohne Zustimmung des Geschäftsführers erfolgt, ist unwirksam (Michalski/*Terlau* § 38 Rn. 69; R/S-L/ *Koppensteiner/Gruber* § 38 Rn. 24; Baumbach/Hueck/*Zöllner/Noack* § 38 Rn. 62; Lutter/Hommelhoff/*Kleindiek* § 38 Rn. 34). Der Geschäftsführer bleibt bis zur rechtskräftigen Entscheidung über die Rechtmäßigkeit seiner Abberufung im Amt (Michalski/*Terlau* § 38 Rn. 69; Scholz/*Schneider* § 38 Rn. 66; Lutter/Hommelhoff/*Kleindiek* § 38 Rn. 34). Die Rechtslage kann durch Feststellungsklage geklärt werden (Lutter/Hommelhoff/*Kleindiek* § 38 Rn. 34; R/S-L/*Koppensteiner/Gruber* § 38 Rn. 24). Vor Klärung der Rechtslage durch rechtskräftiges Urteil darf keine Eintragung ins Handelsregister erfolgen (Lutter/Hommelhoff/*Kleindiek* § 38 Rn. 34; Michalski/*Terlau* § 38 Rn. 69). Bis zur rechtskräftigen Entscheidung haben die Gesellschafter jedoch die Möglichkeit, Geschäftsführungsmaßnahmen im Wege des einstweiligen Rechtsschutzes zu verhindern (vgl. unten Rdn. 610 ff.; Michalski/*Terlau* § 38 Rn. 69).

d) Fremd-Geschäftsführer

Wird ein Fremd-Geschäftsführer aus wichtigem Grund abberufen, ist nach h. M. § 84 Abs. 3 Satz 4 AktG analog anzuwenden. Die Abberufung wird somit auch im Streitfall mit Zugang der Erklärung sofort wirksam (OLG Hamm, Urt. v. 17.09.2001 – 8 U 126/01; Lutter/Hommelhoff/*Kleindiek* § 38 Rn. 27; R/S-L/*Koppensteiner/Gruber* § 38 Rn. 26; Michalski/*Terlau* § 38 Rn. 71). Die Abberufung ist zur Eintragung in das Handelsregister anzumelden (Lutter/Hommelhoff/*Kleindiek* § 38 Rn. 27). Da der Fremd-Geschäftsführer nicht selbst Gesellschafter der GmbH ist, kann er seine Abberufung nicht anfechten (Michalski/*Terlau* § 38 Rn. 71; Lutter/Hommelhoff/*Kleindiek* § 38 Rn. 27). Insofern ist er mit dem Vorstand einer Aktiengesellschaft vergleichbar (*Heller* GmbHR 2002, 1227, 1228). Der Fremd-Geschäftsführer kann gegen seine Abberufung mit der **Nichtigkeitsklage** vorgehen (Michalski/*Terlau* § 38 Rn. 71; Lutter/Hommelhoff/*Kleindiek* § 38 Rn. 27).

608

e) Minderheitsgesellschafter-Geschäftsführer

Umstritten ist, ob § 84 Abs. 3 Satz 4 AktG auf die Abberufung eines Minderheitsgesellschafter-Geschäftsführers analog anwendbar ist. Nach t.v.A. ist ein Minderheitsgesellschafter-Geschäftsführer wie ein Fremd-Geschäftsführer zu behandeln, sodass § 84 Abs. 3 Satz 4 AktG analog anzuwenden ist und die Abberufung daher auch im Streitfall sofort wirksam wird (R/S-L/*Koppensteiner/Gruber* § 38 Rn. 26; Scholz/*Schneider* § 38 Rn. 63 f.). Nach a. A. kann der Minderheitsgesellschafter-Geschäftsführer vorläufig bis zur Klärung der Rechtslage sein Amt weiter ausüben (Michalski/*Terlau* § 38 Rn. 70). Aufgrund seiner Gesellschafterstellung hat der Minderheitsgesellschafter-Geschäftsführer die Möglichkeit, den Abberufungsbeschluss – z. B. bei Fehlen eines wichtigen Grundes – anzufechten (vgl. oben Rdn. 593). Bis zur rechtskräftigen Entscheidung können Geschäftsführermaßnahmen im Wege des vorläufigen Rechtsschutzes verhindert werden (vgl. unten Rdn. 610 ff.).

609

4. Einstweiliger Rechtsschutz nach Beschlussfassung

a) Einstweiliger Rechtsschutz außerhalb des Anwendungsbereichs des § 84 Abs. 3 Satz 4 AktG analog

aa) Grundsatz

Ob und mit welcher Zielsetzung einstweiliger Rechtsschutz im Streitfall begehrt werden kann, richtet sich danach, ob § 84 Abs. 3 Satz 4 AktG analoge Anwendung findet. Wie bereits ausgeführt, ist nach h.L. in der nicht mitbestimmten Gesellschaft die Regelung des § 84 Abs. 3 Satz 4 AktG nur auf den Fall der Abberufung des Fremd-Geschäftsführers aus wichtigem Grund anwendbar (vgl. oben Rdn. 608). § 84 Abs. 3 Satz 4 AktG findet somit keine Anwendung auf die Abberufung des Fremd-Geschäftsführers, wenn dieser entsprechend § 38 Abs. 1 GmbHG abberufen wird sowie auf die

610

Abberufung von Gesellschafter-Geschäftsführern, unabhängig davon, ob es sich um eine Abberufung nach § 38 Abs. 1 GmbHG oder um eine Abberufung aus wichtigem Grund handelt. Außerhalb des Anwendungsbereichs des § 84 Abs. 3 Satz 4 AktG ist einstweiliger Rechtsschutz **grundsätzlich möglich** (Michalski/ *Terlau* § 38 Rn. 76; R/S-L/ *Koppensteiner/Gruber* § 38 Rn. 27; *Heller* GmbHR 2002, 1227, 1231). Einstweiliger Rechtsschutz kann sowohl darauf gerichtet sein, den umstrittenen Abberufungsbeschluss auszuführen als auch seine Ausführung zu verhindern.

bb) Antragsbefugnis

611 Einstweiligen Rechtsschutz gegen die Durchführung der Abberufung kann nur derjenige beantragen, der die Fehlerhaftigkeit des Beschlusses durch Anfechtungs- oder Nichtigkeitsklage gerichtlich geltend machen kann (vgl. oben Rdn. 592 ff.; OLG Hamm, Urt. v. 07.10.1992 – 8 U 75/92). Ist der Abberufungsbeschluss anfechtbar, hat **nur ein Gesellschafter** die Möglichkeit, Anfechtungsklage zu erheben. Der abberufene **Fremd-Geschäftsführer** ist nicht klagebefugt (vgl. oben Rdn. 593; Michalski/ *Terlau* § 38 Rn. 71). Dies hat zur Folge, dass im Fall eines anfechtbaren Beschlusses der Fremd-Geschäftsführer auch für das Verfahren des einstweiligen Rechtsschutzes nicht antragsbefugt ist (Michalski/ *Terlau* § 38 Rn. 71; *Vorwerk* GmbHR 1995, 266, 270). Ist der Abberufungsbeschluss jedoch nichtig, kann der Fremd-Geschäftsführer die Nichtigkeit des Abberufungsbeschlusses im Hauptsacheverfahren durch Nichtigkeitsklage geltend machen (vgl. oben Rdn. 594), sodass er auch im Verfahren des einstweiligen Rechtsschutzes antragsbefugt ist und auf diese Weise bis zur rechtskräftigen Entscheidung in der Hauptsache gegen seine Abberufung vorgehen kann.

612 Ein Gesellschafter-Geschäftsführer kann sowohl Anfechtungs- als auch Nichtigkeitsklage **im Hauptsacheverfahren** erheben. Ein abberufener Gesellschafter-Geschäftsführer kann daher bei einem anfechtbaren sowie einem nichtigen Abberufungsbeschluss bis zur rechtskräftigen Entscheidung im Hauptsacheverfahren durch einstweiligen Rechtsschutz eine vorläufige Überprüfung erreichen (OLG Hamm, Urt. v. 17.09.2001 – 8 U 126/01; *Heller* GmbHR 2002, 1227, 1231; *Vorwerk* GmbHR 1995, 266, 270; *Lunk* ZIP 1999, 1777, 1786).

cc) Antragsgegner

613 Antragsgegner ist regelmäßig die GmbH (OLG Hamm, Urt. v. 07.10.1992 – 8 U 75/92; Michalski/ *Terlau* § 38 Rn. 73; *Heller* GmbHR 2002, 1227, 1231).

dd) Inhalt des Antrags

614 Einstweiliger Rechtsschutz kann inhaltlich gegen die **Ausführung des Abberufungsbeschlusses** und somit gegen die tatsächliche Entziehung der Geschäftsführungsbefugnis sowie dagegen gerichtet sein, die Abberufung nach außen zu verlautbaren (OLG Hamm, Urt. v. 07.10.1992 – 8 U 75/92; *Heller* GmbHR 2002, 1227, 1231). Auf diese Weise kann sich der Geschäftsführer den Zugang zu den Geschäftsräumen oder die Einsicht in Geschäftsunterlagen sichern und die Eintragung der Abberufung ins Handelsregister verhindern (Michalski/ *Terlau* § 38 Rn. 78).

615 Die abberufenden Gesellschafter (bzw. die Gesellschaft) können durch einstweiligen Rechtsschutz die **Abberufung vorläufig durchsetzen** bzw. durchführen und so die Weiterführung der Geschäfte durch den abberufenen Geschäftsführer verhindern. Eine einstweilige Verfügung kann inhaltlich auf die Unterlassung bestimmter Geschäftsführungsmaßnahmen oder auch auf die vollständige Entziehung der Geschäftsführungsbefugnis gerichtet sein (Michalski/ *Terlau* § 38 Rn. 76). Der Antrag richtet sich regelmäßig gegen den abberufenen Geschäftsführer (OLG Hamm, Urt. v. 07.10.1992 – 8 U 75/92; *Heller* GmbHR 2002, 1227, 1231; *Lunk* ZIP 1999, 1777, 1786).

ee) Sonderfall Zwei-Personen-GmbH

616 Wie bereits erläutert, kann es bei der **Zwei-Personen-GmbH** mit zwei Gesellschafter-Geschäftsführern zu einer wechselseitigen Abberufung als Geschäftsführer bzw. zu einem **Wettlauf der**

Abberufung kommen (vgl. oben Rdn. 603). Allein durch die Behauptung eines wichtigen Grundes wird der betroffene Geschäftsführer vom Stimmrecht ausgeschlossen. Aufgrund dieser Sondersituation darf einem Gesellschafter-Geschäftsführer im Verfahren des einstweiligen Rechtsschutzes seine Geschäftsführungsbefugnis aus wichtigem Grund weder eingeschränkt noch entzogen werden, wenn dies auch für die Geschäftsführungsbefugnis des anderen Gesellschafter-Geschäftsführers aus wichtigem Grund gerechtfertigt wäre (Michalski/*Terlau* § 38 Rn. 77). Eine vorläufige Regelung zulasten eines Geschäftsführers kommt ausnahmsweise nur dann in Betracht, wenn ansonsten unmittelbare Nachteile für die Gesellschaft drohen (Michalski/*Terlau* § 38 Rn. 77). Um einen Wettlauf der Abberufung zu vermeiden, ist im Verfahren daher die Abberufung beider Geschäftsführer zu berücksichtigen (Michalski/*Terlau* § 38 Rn. 77; *Lunk* ZIP 1999, 1777, 1786). Antragsbefugt ist grundsätzlich die Gesellschaft; ist die Gesellschaft jedoch handlungsunfähig, steht die Antragsbefugnis auch einem Gesellschafter zu (Michalski/*Terlau* § 38 Rn. 77; *Oppenländer* DStR 1996, 922, 926).

b) Einstweiliger Rechtsschutz im Anwendungsbereich des § 84 Abs. 3 Satz 4 AktG analog

Wird der Abberufungsbeschluss bei der mitbestimmten Gesellschaft mit der Begründung, die Abberufung sei durch wichtigen Grund nicht gerechtfertigt, angefochten, kann der **abberufene Geschäftsführer** aufgrund der Regelung des § 84 Abs. 3 Satz 4 AktG im Wege einstweiligen Rechtsschutzes nicht gegen seine Abberufung vorgehen. Wird der Abberufungsbeschluss jedoch aus anderen Gründen angefochten oder ist er nichtig, ist einstweiliger Rechtsschutz grundsätzlich möglich, da § 84 Abs. 3 Satz 4 AktG insofern nicht gilt (Michalski/*Terlau* § 38 Rn. 78; R/S-L/*Koppensteiner/Gruber* § 38 Rn. 22). 617

Wie bereits dargelegt, ist die **Abberufung** des Fremd-Geschäftsführers der nicht mitbestimmten Gesellschaft aus wichtigem Grund nach h.L. analog § 84 Abs. 3 Satz 4 AktG **sofort** bis zur rechtskräftigen Entscheidung über ihre Rechtmäßigkeit **wirksam** (vgl. oben Rdn. 608). Der Fremd-Geschäftsführer kann bei seiner Abberufung aus wichtigem Grund gegen die Abberufung nicht im Wege des einstweiligen Rechtsschutzes vorgehen. Dafür spricht, dass die Regelung des § 84 Abs. 3 Satz 4 AktG Ruhe in die Geschäfte der Gesellschaft bringen soll und damit der Rechtssicherheit dient. Könnte der Fremd-Geschäftsführer gegen seine Abberufung aus wichtigem Grund durch einstweiligen Rechtsschutz vorgehen, würde dies dem Zweck der Regelung des § 84 Abs. 3 Satz 4 AktG analog zuwiderlaufen (OLG Hamm, Urt. v. 17.09.2001 – 8 U 126/01; *Heller* GmbHR 2002, 1227, 1231). Nach a. A. ist einstweiliger Rechtsschutz grundsätzlich auch dann möglich, wenn die Abberufung des Geschäftsführers entsprechend § 84 Abs. 3 Satz 4 AktG bis zur rechtskräftigen Entscheidung wirksam ist (Michalski/*Terlau* § 38 Rn. 78). Der Zielsetzung des § 84 Abs. 3 Satz 4 AktG, im Interesse der Gesellschaft klare Verhältnisse zu schaffen, ist im Rahmen der Abwägung bei der Prüfung der Begründetheit des Verfügungsantrags Rechnung zu tragen. 618

Wie oben erläutert, ist eine **Antragsbefugnis des Fremd-Geschäftsführers** im Verfahren des vorläufigen Rechtsschutzes zu verneinen, wenn der Abberufungsbeschluss lediglich anfechtbar ist, da er im Hauptsacheverfahren nicht klagebefugt ist (vgl. oben Rdn. 593, 611). Da das Fehlen des wichtigen Grundes bei der Abberufung eines Geschäftsführers aus wichtigem Grund einen Anfechtungsgrund darstellt, müsste insoweit eine Antragsbefugnis des Fremd-Geschäftsführers ohnehin zu verneinen sein (*Lunk* ZIP 1999, 1777, 1786; *Vorwerk* GmbHR 1995, 266, 270). 619

Für einstweiligen Rechtsschutz der Gesellschafter zur Durchsetzung der Abberufung aufgrund ihrer sofortigen Wirksamkeit nach § 84 Abs. 3 Satz 4 AktG analog bis zur rechtskräftigen Entscheidung im Hauptsacheverfahren wird regelmäßig kein Rechtsschutzbedürfnis bestehen (Michalski/*Terlau* § 38 Rn. 76). 620

5. Einstweiliger Rechtsschutz im Vorfeld des Abberufungsbeschlusses

a) Problemstellung

621 Einstweiliger Rechtschutz hat im Zusammenhang mit der Abberufung des Geschäftsführers jedoch nicht nur für den Zeitraum nach der Beschlussfassung über die Abberufung praktische Bedeutung. Bereits im **Vorfeld der Beschlussfassung** über die Abberufung eines Geschäftsführers kann schon ein Bedürfnis nach einer einstweiligen Maßnahme gegeben sein. Dies betrifft sowohl den Geschäftsführer, der seiner Abberufung vorbeugen möchte als auch die Gesellschafter, die schon vor Beschlussfassung u. U. ein Interesse daran haben, ein Tätigwerden des Geschäftsführers zu verhindern. Dies kann z. B. dann von Bedeutung sein, wenn die Gesellschaft Schadensersatzansprüche gegen den Geschäftsführer geltend macht und Verschleierungsmaßnahmen seinerseits verhindern möchte (*Zwissler* GmbHR 1999, 336, 337 f.).

b) Suspendierung

622 **Nicht zulässig** ist eine **vorläufige Amtsenthebung** (Suspendierung) des Geschäftsführers (Lutter/Hommelhoff/*Kleindiek* § 38 Rn. 38). Eine solche Suspendierung ist weder gesetzlich vorgesehen noch ist ein praktisches Bedürfnis anzuerkennen, da die Gesellschafter den Geschäftsführer anweisen können, sich jeder oder auch bestimmter Geschäftsführungstätigkeiten zu enthalten (Lutter/Hommelhoff/*Kleindiek* § 38 Rn. 38; R/S-L/*Koppensteiner/Gruber* § 38 Rn. 32). Auch wenn aufgrund der Mehrheitsverhältnisse in der Gesellschaft eine solche Anweisung nicht erfolgt, verbleibt einem Gesellschafter, auf die nachfolgend dargestellten Möglichkeiten des einstweiligen Rechtsschutzes zurückzugreifen (Lutter/Hommelhoff/*Kleindiek* § 38 Rn. 38; R/S-L/*Koppensteiner/Gruber* § 38 Rn. 32).

c) Voraussetzungen des einstweiligen Rechtsschutzes

623 Wie oben bereits dargelegt (vgl. oben Rdn. 480 ff.), haben Rechtsprechung und h. M. in der Literatur die Zulässigkeit von einstweiligem Rechtsschutz im Vorfeld einer Beschlussfassung zur Einwirkung auf den Willensbildungsprozess der Gesellschaft mittlerweile **grundsätzlich bejaht**. Dies gilt auch im Vorfeld der Beschlussfassung über die Abberufung eines Geschäftsführers (OLG Zweibrücken, Urt. v. 30.10.1997 – 4 U 11/97; OLG München, Beschl. v. 20.07.1998 – 23 W 1455/98; *Oppenländer* DStR 1996, 922, 926). Allerdings kommt einstweiliger Rechtsschutz nur bei **eindeutiger Rechtslage** oder **besonders schwerer Beeinträchtigung der Interessen des Antragstellers** in Betracht. Zudem muss die einstweilige Verfügung dem **Gebot des geringstmöglichen Eingriffs** entsprechen (vgl. oben Rdn. 482; OLG Zweibrücken, Urt. v. 30.10.1997 – 4 U 11/97; OLG Stuttgart, Beschl. v. 18.02.1997 – 20 W 11/97; MüKo GmbHG/*Stephan/Tieves* § 38 Rn. 110; Michalski/*Terlau* § 38 Rn. 79). Es ist daher zu prüfen, ob dem Antragsteller zugemutet werden kann, den Gesellschafterbeschluss abzuwarten und sich dann im Wege des einstweiligen Rechtsschutzes gegen die Durchführung des Beschlusses zu wehren. Der Antragsteller kann dann nicht auf einstweiligen Rechtsschutz nach Beschlussfassung verwiesen werden, wenn die drohende Entwicklung irreversibel wäre und die Versagung einstweiligen Rechtsschutzes im Vorfeld der Beschlussfassung daher faktisch auf eine Rechtsverweigerung hinauslaufen würde (OLG Stuttgart, Beschl. v. 18.02.1997 – 20 W 11/97).

624 Der Geschäftsführer kann seiner Abberufung durch einstweiligen Rechtsschutz diesen Grundsätzen nach daher lediglich dann vorbeugen, wenn eine eindeutige Rechtslage gegeben ist oder ein überragendes Schutzbedürfnis besteht (MüKo GmbHG/*Stephan/Tieves* § 38 Rn. 110). Ein besonderes Schutzbedürfnis besteht, wenn ohne einstweiligen Rechtsschutz die Belange des Betroffenen besonders schwerwiegend beeinträchtigt werden würden (Michalski/*Terlau* § 38 Rn. 79). Ein **besonderes Schutzbedürfnis** kann für den Gesellschafter-Geschäftsführer mit Sonderrecht zur Geschäftsführung zu bejahen sein. Ob der Geschäftsführer auf einstweiligen Rechtsschutz nach der Beschlussfassung verwiesen werden kann, hängt davon ab, ob seine Abberufung im Streitfall sofort wirksam wird. Wie dargelegt, wird die Abberufung des Geschäftsführers aus wichtigem Grund in der nicht mitbestimmten Gesellschaft nach § 84 Abs. 3 Satz 4 AktG analog nur bei Abberufung eines Fremd-Geschäftsführers sofort wirksam. Im Übrigen scheidet eine analoge Anwendung des § 84 Abs. 3 Satz 4 AktG nach h.L. aus. Die Wirksamkeit der Abberufung hängt in diesen Fällen von der objektiven Rechtslage ab (vgl. oben Rdn. 606, 607). Ist die Abberufung unberechtigt, hat der Gesellschafter-Geschäftsführer seine Geschäftsführungsbefugnisse und Vertretungsmacht nie verloren. Eine Abberufung wäre nicht wirksam. Nach Auffassung der Rechtsprechung und der h.L. ist in einem solchen Fall die vorläufige Unsicherheit über die Wirksamkeit der Abberufung hinzunehmen. Der Geschäftsführer kann somit darauf verwiesen werden, sich im Wege des einstweiligen Rechtsschutzes nach Beschlussfassung die Weiterführung seiner Tätigkeit zu sichern (OLG Stuttgart, Beschl. v. 18.02.1997 – 20 W 11/97).

Ein **Fremd-Geschäftsführer** hat keine Möglichkeit, im Wege des vorläufigen Rechtsschutzes im Vorfeld auf die Beschlussfassung einzuwirken. (OLG Hamm, Urt. v. 17.09.2001 – 8 U 126/01; Michalski/*Terlau* § 38 Rn. 79; MüKo GmbHG/*Stephan/Tieves* § 38 Rn. 108; Baumbach/Hueck/*Zöllner/Noack* § 38 Rn. 70; Henssler/Strohn/*Oetker* § 38 Rn. 45). 625

Unter den dargelegten Voraussetzungen kann auch ein Gesellschafter im Wege des einstweiligen Rechtsschutzes beantragen, den Tätigkeitsbereich des Geschäftsführers einzuschränken oder auch ein umfassendes Tätigkeitsverbot aufzuerlegen (Lutter/Hommelhoff/*Kleindiek* § 38 Rn. 5; Henssler/Strohn/*Oetker* § 38 Rn. 45). Ansonsten könnte kein Rechtsschutz erlangt werden, bevor die Gesellschafterversammlung als Beschlussorgan der Gesellschaft ordnungsgemäß zusammentritt (OLG Frankfurt am Main, Beschl. v. 18.09.1998 – 5 W 22/98). 626

6. Vertretung der Gesellschaft

a) Nicht mitbestimmte Gesellschaft

Klagt ein Geschäftsführer gegen seine Abberufung, haben die Gesellschafter die Möglichkeit, für die beklagte Gesellschaft gem. § 46 Nr. 8 GmbHG für dieses Verfahren einen **besonderen Vertreter** zu bestimmen Michalski/*Terlau* § 38 Rn. 74; Baumbach/Hueck/*Zöllner/Noack* § 38 Rn. 60; Scholz/*Schneider* § 38 Rn. 69; R/S-L/*Koppensteiner/Gruber* § 38 Rn. 28). Machen die Gesellschafter von dieser Möglichkeit keinen Gebrauch, kann die Gesellschaft durch die verbleibenden Geschäftsführer in vertretungsberechtigter Anzahl vertreten werden (Michalski/*Terlau* § 38 Rn. 74; Baumbach/Hueck/*Zöllner/Noack* § 38 Rn. 60; *Zwissler* GmbHR 1999, 336, 337). Ist dies nicht möglich, kommt die Bestellung eines Prozessvertreters nach § 57 ZPO oder eines Notgeschäftsführers analog § 29 BGB in Betracht (vgl. oben Rdn. 299 ff.). Besteht ein Aufsichtsrat, steht diesem nach §§ 52 Abs. 1 GmbHG, 112 AktG die Prozessvertretung zu (Michalski/*Terlau* § 38 Rn. 74; Henssler/Strohn/*Oetker* § 38 Rn. 46; Scholz/*Schneider* § 38 Rn. 70). 627

b) Mitbestimmte Gesellschaft

Bei einer Klage des Geschäftsführers gegen seine Abberufung, wird die **mitbestimmte Gesellschaft** nach § 112 AktG analog prozessual durch den **Aufsichtsrat** vertreten. Allein der Aufsichtsrat ist zur prozessualen Vertretung der Gesellschaft befugt (Michalski/*Terlau* § 38 Rn. 74; Henssler/Strohn/*Oetker* § 38 Rn. 46; R/S-L/*Koppensteiner/Gruber* § 38 Rn. 30). 628

VIII. Ersatzansprüche der Gesellschaft gegen Gesellschafter oder Geschäftsführer, insbesondere Geschäftsführerhaftung gem. § 43 Abs. 2 GmbHG

1. Beschlusserfordernis gem. § 46 Nr. 8 Halbs. 1 GmbHG

a) Sinn und Zweck der Regelung des § 46 Nr. 8 Halbs. 1 GmbHG

629   Nach § 46 Nr. 8 Halbs. 1 GmbHG entscheidet die Gesamtheit der Gesellschafter über die Geltendmachung von Ersatzansprüchen, die der Gesellschaft gegen Gesellschafter und Geschäftsführer zustehen (R/S-L/*Koppensteiner/Gruber* § 46 Rn. 40; MüKo GmbHG/*Liebscher* § 46 Rn. 230). Sinn und Zweck dieser Regelung besteht darin, es der Entscheidung der Gesellschafterversammlung und nicht dem Entschluss der Geschäftsführer zu überlassen, ob gesellschaftsinterne Vorgänge, die unter Umständen dem Ansehen der Gesellschaft schaden können, in einem gerichtlichen Verfahren an die Öffentlichkeit gelangen sollen (BGH, Urt. v. 14.07.2004 – VIII ZR 224/02; OLG Düsseldorf, Urt. v. 18.08.1994 – 6 U 185/93; R/S-L/*Koppensteiner/Gruber* § 46 Rn. 40; Michalski/*Römermann* § 46 Rn. 390; Baumbach/Hueck/*Zöllner* § 46 Rn. 57). Ferner trägt § 46 Nr. 8 Halbs. 1 GmbHG dem Umstand Rechnung, dass die Zusammenarbeit zwischen Gesellschaftern und Geschäftsführern, insbesondere in einer personalistisch strukturierten GmbH, ein Vertrauensverhältnis erfordert. Daher soll die Abwägung im Einzelfall, ob eine Beeinträchtigung dieses Vertrauensverhältnisses durch die Geltendmachung von Ansprüchen gegen den Geschäftsführer oder einen Gesellschafter in Kauf genommen wird, der Gesamtheit der Gesellschafter zustehen (Michalski/*Römermann* § 46 Rn. 391; R/S-L/*Koppensteiner/Gruber* § 46 Rn. 40).

b) Geltungsbereich des § 46 Nr. 8 Halbs. 1 GmbHG

630   § 46 Nr. 8 Halbs. 1 GmbHG gilt grundsätzlich für jede GmbH und erfasst somit auch die Vor- und die Ein-Personen-GmbH (Michalski/*Römermann* § 46 Rn. 393). Für die **Ein-Personen-GmbH** ist zu berücksichtigen, dass eine einfache Entschließung des Gesellschafters zur Geltendmachung des jeweiligen Ersatzanspruchs ausreicht, sodass ein förmlicher Gesellschafterbeschluss nicht erforderlich ist (vgl. unten Rdn. 637; BGH, Urt. v. 09.12.1996 – II ZR 240/95). § 46 Nr. 8 Halbs. 1 GmbHG gilt sowohl für eine GmbH mit obligatorischem als auch mit fakultativem Aufsichtsrat (Lutter/Hommelhoff/*Bayer* § 46 Rn. 35; Michalski/*Römermann* § 46 Rn. 395). Ob § 46 Nr. 8 Halbs. 1 GmbHG auch für die nach MitbestG 76 mitbestimmte Gesellschaft mit paritätisch besetztem Aufsichtsrat gilt, ist umstritten (Lutter/Hommelhoff/*Bayer* § 46 Rn. 35; dagegen: Michalski/*Römermann* § 46 Rn. 395). § 46 Nr. 8 Halbs. 1 GmbHG gilt auch für die **aufgelöste Gesellschaft** (Michalski/*Römermann* § 46 Rn. 393). § 46 Nr. 8 Halbs. 1 GmbHG gilt **nicht** für die **GmbH & Co. KG** (BGH, Urt. v. 10.02.1992 – II ZR 23/91).

631   Das Beschlusserfordernis erfasst **nur Ansprüche der Gesellschaft** (Michalski/*Römermann* § 46 Rn. 406). Für Ansprüche eines Gesellschafters oder Ansprüche Dritter greift diese Regelung nicht. § 46 Nr. 8 Halbs. 1 GmbHG erfasst seinem Wortlaut nach Ersatzansprüche gegen Gesellschafter oder Geschäftsführer (Michalski/*Römermann* § 46 Rn. 411). Nach h. M. gilt § 46 Nr. 8 Halbs. 1 GmbHG auch für Ansprüche gegen ehemalige Geschäftsführer und ehemalige Gesellschafter (BGH, Urt. v. 14.07.2004 – VIII ZR 224/02; Urt. v. 04.11.2002 – II ZR 224/00; Urt. v. 21.06.1999 – II ZR 47/98; R/S-L/*Koppensteiner/Gruber* § 46 Rn. 42; Michalski/*Haas/Ziemons* § 43 Rn. 222; Michalski/*Römermann* § 46 Rn. 406, 412). § 46 Nr. 8 Halbs. 1 GmbHG gilt ferner für Ersatzansprüche gegen **Liquidatoren**, gegen **Abschlussprüfer**, gegen **Mitglieder anderer Gesellschaftsorgane**, wie bspw. Aufsichtsrat oder Beirat, sowie gegen die **Erben** des jeweiligen Schuldners (BGH, Urt. v. 23.06.1969 – II ZR 272/67; Michalski/*Römermann* § 46 Rn. 414; R/S-L/*Koppensteiner/Gruber* § 46 Rn. 42; Baumbach/Hueck/*Zöllner* § 46 Rn. 59 a. A. hinsichtlich Abschlussprüfer).

632   § 46 Nr. 8 Halbs. 1 GmbHG betrifft alle Ersatzansprüche aus Pflichtverstößen bei Gründung und Geschäftsführung. **Ersatzansprüche** im Sinne dieser Vorschrift sind alle Ansprüche, die auf einem schädigenden Handeln oder Unterlassen beruhen (Michalski/*Römermann* § 46 Rn. 416; Baumbach/

Hueck/*Zöllner* § 46 Rn. 58). Unerheblich ist in diesem Zusammenhang, ob der Anspruch auf vertraglicher oder außervertraglicher Grundlage beruht (BGH, Urt. v. 21.04.1986 – II ZR 165/85; R/S-L/*Koppensteiner*/*Gruber* § 46 Rn. 43; Michalski/*Römermann* § 46 Rn. 416). Erfasst sind daher auch **deliktische und Bereicherungsansprüche** gegen Geschäftsführer oder Gesellschafter (BGH, Urt. v. 14.07.2004 – VIII ZR 224/02; Urt. v. 21.04.1986 – II ZR 165/85; Michalski/*Römermann* § 46 Rn. 424). § 46 Nr. 8 Halbs. 1 GmbHG erfasst bspw. **Ansprüche nach § 9a GmbHG** (Michalski/*Römermann* § 46 Rn. 418, 424) sowie **Schadensersatzansprüche gegen Geschäftsführer nach § 43 Abs. 2 GmbHG** (BGH, Urt. v. 03.05.1999 – II ZR 119/98; R/S-L/*Koppensteiner*/*Gruber* § 46 Rn. 43; Michalski/*Römermann* § 46 Rn. 424). § 46 Nr. 8 Halbs. 1 GmbHG gilt **nicht** für Ansprüche der Gesellschaft aus sonstigen Drittgeschäften mit Gesellschaftern oder Geschäftsführern (Lutter/Hommelhoff/*Bayer* § 46 Rn. 37). Ansprüche, die der Kapitalerhaltung der Gesellschaft und damit Gläubigerinteressen dienen, sind ebenfalls nicht vom Anwendungsbereich des § 46 Nr. 8 Halbs. 1 GmbHG erfasst (Michalski/*Römermann* § 46 Rn. 417, 425). Nicht erfasst sind daher bspw. Ansprüche aus **Differenzhaftung nach § 9 GmbHG** sowie **Rückgewähransprüche aus § 31 GmbHG** aufgrund verbotener Ausschüttungen (Lutter/Hommelhoff/*Bayer* § 46 Rn. 37; Michalski/*Römermann* § 46 Rn. 426; *Roth*/*Altmeppen* § 46 Rn. 62). Solche Ansprüche müssen von den Geschäftsführern ohne Einfluss der Gesellschafter ohne Weiteres geltend gemacht werden können (Michalski/*Römermann* § 46 Rn. 425).

Das **Beschlusserfordernis** des § 46 Nr. 8 Halbs. 1 GmbHG gilt nicht nur für die positive Durchsetzung des Anspruchs, sondern auch **für Erlass, Stundung, Verzicht, Aufrechnung, Vergleich** sowie für die Annahme von Leistungen **an Erfüllung statt** sowie im Fall sog. **Generalbereinigungen** (BGH, Urt. v. 08.12.1997 – II ZR 236/96; OLG Düsseldorf, Urt. v. 18.08.1994 – 6 U 185/93; OLG Frankfurt am Main, Urt. v. 04.12.1998 – 25 U 39/98; Michalski/*Römermann* § 46 Rn. 433; Baumbach/Hueck/*Zöllner* § 46 Rn. 60). 633

Das Beschlusserfordernis gilt **nicht**, wenn über das Vermögen der Gesellschaft das **Insolvenzverfahren** eröffnet wurde, da die Kompetenz zur Geltendmachung von Ansprüchen i. S. d. § 46 Nr. 8 Halbs. 1 GmbHG allein dem Insolvenzverwalter zusteht (BGH, Urt. v. 14.07.2004 – VIII ZR 224/02; Urt. v. 10.02.1992 – II ZR 23/91; Michalski/*Römermann* § 46 Rn. 408; Baumbach/Hueck/*Zöllner* § 46 Rn. 60). Dies erklärt sich daraus, dass zum Schutz von Gläubigerinteressen die Entscheidung über die Geltendmachung von Forderungen gegen Geschäftsführer oder Gesellschafter in der Insolvenz der Gesellschaft nicht der Gesellschafterversammlung überlassen bleiben soll (BGH, Urt. v. 14.07.2004 – VIII ZR 224/02.). 634

Wurde der Anspruch durch einen Gläubiger **gepfändet**, kann dieser den Anspruch auch ohne Beschlussfassung geltend machen (Baumbach/Hueck/*Zöllner* § 46 Rn. 60; Michalski/*Römermann* § 46 Rn. 409). Wurde der Anspruch jedoch abgetreten, besteht das Beschlusserfordernis des § 46 Nr. 8 Halbs. 1 GmbHG Auffassung fort (Michalski/*Römermann* § 46 Rn. 410; R/S-L/*Koppensteiner*/*Gruber* § 46 Rn. 42). 635

c) Beschlussfassung

Der Beschluss wird vorbehaltlich abweichender gesellschaftsvertraglicher Regelung mit **einfacher Mehrheit** gem. § 47 Abs. 1 GmbHG gefasst (MüKo GmbHG/*Liebscher* § 46 Rn. 248; Michalski/*Römermann* § 46 Rn. 436). Ein **betroffener Gesellschafter** ist nach § 47 Abs. 4 Satz 2 GmbHG vom **Stimmrecht ausgeschlossen** (MüKo GmbHG/*Liebscher* § 46 Rn. 248; Michalski/*Römermann* § 46 Rn. 437). Das Stimmverbot erfasst nicht nur die unmittelbar betroffenen Gesellschafter, sondern auch Gesellschafter, die an der Pflichtverletzung des Geschäftsführers oder anderer Gesellschafter beteiligt sind (BGH, Urt. v. 20.01.1986 – II ZR 73/85; Michalski/*Römermann* § 46 Rn. 437; MüKo GmbHG/*Liebscher* § 46 Rn. 248). Der Beschluss muss eindeutig den Willen der Gesellschafterversammlung erkennen lassen, den jeweiligen Anspruch geltend zu machen. Der betreffende Anspruch muss **ausreichend konkretisiert** werden (BGH, Urt. v. 17.02.2003 – II ZR 187/02; OLG Düsseldorf, Urt. v. 18.08.1994 – 6 U 185/93). Die Person des Schuldners muss sich eindeutig aus dem 636

Beschluss ergeben (MüKo GmbHG/*Liebscher* § 46 Rn. 249; Michalski/*Römermann* § 46 Rn. 443). Erforderlich ist auch, dass der Lebenssachverhalt und die Tatsachen, auf denen der Anspruch beruht, hinreichend konkret umschrieben werden (Lutter/Hommelhoff/*Bayer* § 46 Rn. 39; MüKo GmbHG/*Liebscher* § 46 Rn. 249; Michalski/*Römermann* § 46 Rn. 443). Nicht erforderlich ist eine Darstellung sämtlicher Einzelheiten und eine juristische Begründung oder die Angabe einer Anspruchsgrundlage (Michalski/*Römermann* § 46 Rn. 443; Baumbach/Hueck/*Zöllner* § 46 Rn. 61). Im Beschluss kann auch die Art und Weise der Geltendmachung des Anspruchs vorgegeben werden (MüKo GmbHG/*Liebscher* § 46 Rn. 249). Enthält der Beschluss diesbezüglich keine näheren Angaben, ist davon auszugehen, dass der Beschluss zu jeder Art der Geltendmachung des Anspruchs ermächtigt (Michalski/*Römermann* § 46 Rn. 443; MüKo GmbHG/*Liebscher* § 46 Rn. 249). Ein Beschluss zur Geltendmachung von Ersatzansprüchen kann nach h. M. bei Einverständnis aller Gesellschafter auch **formlos** im Rahmen eines Zusammentreffens ohne förmliche Einberufung gefasst werden (BGH, Urt. v. 21.06.1999 – II ZR 47/98; MüKo GmbHG/*Liebscher* § 46 Rn. 247; Henssler/Strohn/*Mollenkopf* § 46 Rn. 41; Baumbach/Hueck/*Zöllner* § 46 Rn. 62; a. A. Michalski/*Römermann* § 46 Rn. 440).

d) Entbehrlichkeit der Beschlussfassung

637 Ein Beschluss ist entbehrlich, wenn das Beschlusserfordernis als **reine Förmelei** und unnötiger Umweg erscheint. So ist ein förmlicher Beschluss im Fall der **Ein-Personen-Gesellschaft** entbehrlich (vgl. oben Rdn. 630). Der alleinige Gesellschafter muss seinen Willen, den Anspruch geltend zu machen, jedoch deutlich zum Ausdruck bringen, z. B. durch eine schriftliche Erklärung (BGH, Urt. v. 09.12.1996 – II ZR 240/95; Michalski/*Haas/Ziemons* § 43 Rn. 223; Michalski/*Römermann* § 46 Rn. 394; Baumbach/Hueck/*Zöllner* § 46 Rn. 63; Henssler/Strohn/*Mollenkopf* § 46 Rn. 41). Darüber hinaus ist ein Beschluss im Einzelfall auch dann entbehrlich, wenn aufgrund der Machtverhältnisse in der Gesellschaft die Herbeiführung eines solchen Beschlusses **aussichtslos erscheint** (vgl. zur actio pro socio Rdn. 333; BGH, Urt. v. 20.12.1982 – II ZR 110/82; Urt. v. 05.06.1975 – II ZR 23/74; Michalski/*Römermann* § 46 Rn. 531). In einem solchen Fall kann eine Geltendmachung des Anspruchs im Wege der actio pro socio durch einen Gesellschafter in Betracht kommen (vgl. ausführl. zur actio pro socio und ihren Voraussetzungen Rdn. 328 ff.). Auch bei einer **Zwei-Personen-GmbH** mit zwei alleinvertretungsberechtigten Gesellschafter-Geschäftsführern ist eine Beschlussfassung entbehrlich, da der jeweils andere Gesellschafter-Geschäftsführer vom Stimmrecht ausgeschlossen wäre (vgl. oben Rdn. 636; R/S-L/*Koppensteiner/Gruber* § 46 Rn. 42).

e) Beschlusserfordernis nach § 46 Nr. 8 Halbs. 1 GmbHG als materielle Voraussetzung der Geltendmachung des Anspruchs

638 Die Geltendmachung eines vom Anwendungsbereich des § 46 Nr. 8 Halbs. 1 GmbHG erfassten Anspruchs setzt grundsätzlich eine entsprechende Beschlussfassung der Gesellschafter voraus. Es handelt sich dabei um eine **materielle Voraussetzung der Geltendmachung des Anspruchs im Außenverhältnis** (BGH, Urt. v. 08.12.1997 – II ZR 236/96; MüKo GmbHG/*Liebscher* § 46 Rn. 255; Michalski/*Haas/Ziemons* § 43 Rn. 222; R/S-L/*Koppensteiner/Gruber* § 46 Rn. 41). Das Beschlusserfordernis gilt sowohl für die **gerichtliche als auch außergerichtliche Geltendmachung** des Anspruchs (BGH, Urt. v. 08.12.1997 – II ZR 236/96; Michalski/*Römermann* § 46 Rn. 427, 429). Bei gerichtlicher Geltendmachung gilt das Beschlusserfordernis unabhängig von der Klageart, sei es eine Leistungs-, Feststellungs- oder Unterlassungsklage (R/S-L/*Koppensteiner/Gruber* § 46 Rn. 43; Michalski/*Römermann* § 46 Rn. 429).

639 Fehlt der Beschluss, ist die Klage als unbegründet abzuweisen (BGH, Urt. v. 21.06.1999 – II ZR 47/98; Urt. v. 08.12.1997 – II ZR 236/96; Urt. v. 21.04.1986 – II ZR 165/85; Urt. v. 20.11.1958 – II ZR 17/57; R/S-L/*Koppensteiner/Gruber* § 46 Rn. 41; MüKo GmbHG/*Liebscher* § 46 Rn. 256). Eine fehlende Beschlussfassung kann als materiell rechtlicher Einwand gegen die Geltendmachung des Anspruchs vorgebracht werden. Das Gericht hat **von Amts wegen** zu prüfen, ob ein Beschluss nach § 46 Nr. 8 Halbs. 1 GmbHG gegeben ist (MüKo GmbHG/*Liebscher* § 46 Rn. 256). Die

Darlegungs- und Beweislast diesbezüglich liegt bei der Gesellschaft (R/S-L/*Koppensteiner/Gruber* § 46 Rn. 41; MüKo GmbHG/*Liebscher* § 46 Rn. 256). Allerdings kann ein Beschluss der Gesellschafter über die Geltendmachung der Ersatzansprüche auch noch nach Rechtshängigkeit der Klage bis zum Schluss der mündlichen Verhandlung gefasst und dem Gericht vorgelegt werden (BGH, Urt. v. 26.11.2007 – II ZR 161/07; Urt. v. 14.07.2004 – VIII ZR 224/02; Urt. v. 03.05.1999 – II ZR 119/98; MüKo GmbHG/*Liebscher* § 46 Rn. 256; Michalski/*Haas* § 43 Rn. 222). In diesem Zusammenhang ist darauf hinzuweisen, dass es für die **Hemmung der Verjährung** auf den Zeitpunkt der Klageerhebung ankommt, nicht auf den Zeitpunkt der Beschlussfassung (BGH, Urt. v. 03.05.1999 – II ZR 119/98; R/S-L/*Koppensteiner/Gruber* § 46 Rn. 41; Lutter/Hommelhoff/*Bayer* § 46 Rn. 40). Die Unterbrechung der Verjährung durch Klage setzt nicht voraus, dass im Zeitpunkt der Zustellung alle Anspruchsvoraussetzungen, wie die Beschlussfassung nach § 46 Nr. 8 Halbs. 1 GmbHG, gegeben sind (BGH, Urt. v. 03.05.1999 – II ZR 119/98).

f) Kein Beschlusserfordernis bei einstweiligem Rechtsschutz

Das Beschlusserfordernis des § 46 Nr. 8 Halbs. 1 GmbHG gilt aufgrund der Eilbedürftigkeit **nicht** für Maßnahmen des **einstweiligen Rechtsschutzes** (Baumbach/Hueck/*Zöllner* § 46 Rn. 60). Die zeitliche Verzögerung durch die Einberufung der Gesellschafterversammlung würde eine erfolgreiche Vollstreckung aufgrund des Hauptsacheverfahrens gefährden (R/S-L/*Koppensteiner* § 46 Rn. 42; Michalski/*Römermann* § 46 Rn. 430). Im Rahmen des Verfügungs- bzw. Arrestanspruchs ist glaubhaft zu machen, dass ein Beschluss zur Geltendmachung der Ersatzansprüche gegen den Geschäftsführer noch möglich ist und herbeigeführt werden wird (Michalski/*Römermann* § 46 Rn. 432). Als Mittel der Glaubhaftmachung kommen bspw. die Vorlage der Einladung zur Gesellschafterversammlung oder auch eine eidesstattliche Versicherung des Geschäftsführers in Betracht (Michalski/*Römermann* § 46 Rn. 432).

g) Rechtsschutz gegen fehlerhaften Gesellschafterbeschluss

Ist ein Gesellschafterbeschluss i. S. d. § 46 Nr. 8 Halbs. 1 GmbHG, der zur Geltendmachung des Anspruchs ermächtigt, mangelhaft, so kann gegen diesen Beschluss nach allgemeinen Grundsätzen je nach Art des Mangels **Anfechtungs- oder Nichtigkeitsklage** erhoben werden (MüKo GmbHG/*Liebscher* § 46 Rn. 257; Michalski/*Römermann* § 46 Rn. 441). Wurde die Geltendmachung des fraglichen Anspruchs beschlossen und ist der Haftungsprozess bereits anhängig, kann die **Nichtigkeit** des Beschlusses in diesem Haftungsprozess **einredeweise** geltend gemacht und inzident berücksichtigt werden (vgl. oben Rdn. 373; MüKo GmbHG/*Liebscher* § 46 Rn. 259; Baumbach/Hueck/*Zöllner/Noack* § 46 Rn. 64). Ist der Beschluss nichtig, ist die Klage auf Geltendmachung des Ersatzanspruchs als unzulässig abzuweisen (Baumbach/Hueck/*Zöllner* § 46 Rn. 64). Eine einredeweise Geltendmachung von Anfechtungsgründen ist nicht möglich. Anfechtungsgründe sind daher durch Anfechtungsklage geltend zu machen (Baumbach/Hueck/*Zöllner* § 46 Rn. 64; s. auch Rdn. 385). Wird während eines anhängigen Haftungsprozesses Anfechtungsklage erhoben, kann das Gericht das Verfahren gem. § 148 ZPO aussetzen und die rechtskräftige Entscheidung im Anfechtungsprozess abwarten (MüKo GmbHG/*Liebscher* § 46 Rn. 259; Baumbach/Hueck/*Zöllner* § 46 Rn. 64). Hält das Gericht die Haftungsklage jedoch schon aus anderen Gründen für abweisungsreif, muss es die Abweisung der Klage aussprechen (MüKo GmbHG/*Liebscher* § 46 Rn. 259; Baumbach/Hueck/*Zöllner/Noack* § 46 Rn. 64). Wurde die Geltendmachung des Ersatzanspruchs von der Gesellschafterversammlung durch mangelhaften Gesellschafterbeschluss abgelehnt, so ist ein Gesellschafter, der die Geltendmachung des Ersatzanspruchs betreiben möchte, darauf zu verweisen, den ablehnenden Beschluss mit Nichtigkeits- oder Anfechtungsklage in Verbindung mit einer positiven Beschlussfeststellungsklage anzugreifen (vgl. zu dieser Problematik ausführl. oben Rdn. 463 ff.; BGH, Urt. v. 28.06.1982 – II ZR 199/81; Baumbach/Hueck/*Zöllner* § 46 Rn. 64). Die Klage auf positive Beschlussfeststellung ist erforderlich, da allein die gerichtliche Nichtigerklärung des ablehnenden Beschlusses nicht als materiell rechtliche Voraussetzung der Geltendmachung des Ersatzanspruchs genügt (MüKo GmbHG/*Liebscher* § 46 Rn. 260; Baumbach/Hueck/*Zöllner* § 46 Rn. 64).

h) Vertretung der Gesellschaft

642 Hinsichtlich der prozessualen Vertretung der Gesellschaft bei der Geltendmachung von Ansprüchen i. S. d. § 46 Nr. 8 Halbs. 1 GmbHG wird auf die Ausführungen zu § 46 Nr. 8 Halbs. 2 GmbHG verwiesen (vgl. oben Rdn. 289 ff.).

2. Geltendmachung von Schadensersatzansprüchen gegen Geschäftsführer gem. § 43 Abs. 2 GmbHG

a) Einleitung

643 § 43 Abs. 2 GmbHG regelt die **Organhaftung von Geschäftsführern** gegenüber der Gesellschaft (MüKo GmbHG/*Fleischer* § 43 Rn. 1). Nach § 43 Abs. 2 GmbHG haften die Geschäftsführer der Gesellschaft für den Schaden, der durch **schuldhafte Verletzung** ihrer Pflichten entstanden ist (BGH, Urt. v. 09.12.1996 – II ZR 240/95; Urt. v. 21.03.1994 – II ZR 260/92). Welche Sorgfaltspflichten ein Geschäftsführer zu beachten hat, ergibt sich aus § 43 Abs. 1 GmbHG (Henssler/Strohn/*Oetker* § 43 Rn. 4; Baumbach/Hueck/*Zöllner/Noack* § 43 Rn. 1). So hat der Geschäftsführer in Angelegenheiten der Gesellschaft die **Sorgfalt eines ordentlichen Kaufmanns** anzuwenden. § 43 Abs. 3 GmbHG normiert besondere Haftungstatbestände hinsichtlich der Verletzung gläubigerschützender Vorschriften zur Erhaltung des Stammkapitals (Michalski/*Haas/Ziemons* § 43 Rn. 216). Der Schadensersatzanspruch nach § 43 Abs. 2 GmbHG setzt die Organstellung als Geschäftsführer und eine schuldhafte Pflichtverletzung des Geschäftsführers voraus (Henssler/Strohn/*Oetker* § 43 Rn. 45). **Verschulden** ist sowohl bei Vorsatz als auch bei Fahrlässigkeit gegeben (Michalski/*Haas/Ziemons* § 43 Rn. 188). Der Gesellschaft muss ein **Schaden** entstanden sein, der durch die Pflichtverletzung adäquat kausal verursacht wurde (Michalski/*Haas/Ziemons* § 43 Rn. 199; Baumbach/Hueck/*Zöllner/Noack* § 43 Rn. 16). Haben mehrere Geschäftsführer den Schaden verursacht, so haften sie nach § 43 Abs. 2 GmbHG **als Gesamtschuldner** gem. §§ 421 ff. BGB (BGH, Urt. v. 26.11.2007 – II ZR 161/06; Baumbach/Hueck/*Zöllner/Noack* § 43 Rn. 25; Henssler/Strohn/*Oetker* § 43 Rn. 45).

b) Rechtsweg und Zuständigkeit

644 Für ein Verfahren der Gesellschaft gegen Geschäftsführer aufgrund ihrer Organhaftung ist der ordentliche Rechtsweg zu den **Zivilgerichten**, nicht zu den Arbeitsgerichten, eröffnet (MüKo GmbHG/*Fleischer* § 43 Rn. 334; Michalski/*Haas/Ziemons* § 43 Rn. 242). Der **Gerichtsstand** bestimmt sich wahlweise nach dem allgemeinen Gerichtsstand des Geschäftsführers nach §§ 12, 13 ZPO oder nach dem Gerichtsstand des Erfüllungsortes gem. § 29 ZPO (BGH, Urt. v. 10.02.1992 – II ZR 23/91; BayObLG, Beschl. v. 25.09.1992 – 1 Z AR 107/92; Michalski/*Haas/Ziemons* § 43 Rn. 243). Der Gerichtsstand des Erfüllungsortes befindet sich am Sitz der Gesellschaft, da dies der Ort ist, an dem der Geschäftsführer seine organschaftlichen Pflichten zu erfüllen hat (Michalski/*Haas/Ziemons* § 43 Rn. 243).

c) Aktivlegitimation

645 Die Gesellschaft ist aktivlegitimiert (Michalski/*Haas/Ziemons* § 43 Rn. 248). Der Geschäftsführer haftet allein der **Gesellschaft**, nicht gegenüber Gesellschaftern oder Dritten. Der Anspruch auf Geltendmachung des Schadensersatzanspruchs steht daher der Gesellschaft zu und ist durch diese gerichtlich geltend zu machen (R/S-L/*Koppensteiner/Gruber* § 43 Rn. 42, 46).

d) Vertretungsfragen

646 Hinsichtlich der prozessualen Vertretung der Gesellschaft bei der Geltendmachung von Schadensersatzansprüchen gegen den Geschäftsführer gem. § 43 Abs. 2 GmbHG wird auf die Ausführungen zu § 46 Nr. 8 Halbs. 2 GmbHG verwiesen (vgl. oben Rdn. 289 ff.).

e) Darlegungs- und Beweislast

Grundsätzlich ist der **Kläger** verpflichtet, die Umstände darzulegen und zu beweisen, die seinen Anspruch begründen (Michalski/*Haas/Ziemons* § 43 Rn. 248). Für die Darlegungs- und Beweislast der Geschäftsführerhaftung nach § 43 Abs. 2 GmbHG ist eine nach den Anspruchsvoraussetzungen differenzierte Betrachtung geboten (zu den Anspruchsvoraussetzungen vgl. oben Rdn. 643).

aa) Organstellung

Die Gesellschaft hat die **Organeigenschaft** als Geschäftsführer im Zeitpunkt des schädigenden Ereignisses nachzuweisen (Henssler/Strohn/*Oetker* § 43 Rn. 56; Baumbach/Hueck/*Zöllner/Noack* § 43 Rn. 36). Dies gilt auch für alle Umstände, die die Eigenschaft als faktischen Geschäftsführer begründen (Baumbach/Hueck/*Zöllner/Noack* § 43 Rn. 36).

bb) Pflichtwidriges Verhalten des Geschäftsführers

Die Gesellschaft hat darzulegen und ggf. zu beweisen, dass sich der Geschäftsführer möglicherweise pflichtwidrig verhalten hat (BGH, Urt. v. 18.06.2013 – II ZR 86/11; Urt. v. 22.06.2009 – II ZR 143/08; BeckOK GmbHG/*Ziemons* § 43 Rn. 318; Baumbach/Hueck/*Zöllner/Noack* § 43 Rn. 41; Henssler/Strohn/*Oetker* § 43 Rn. 59). Den Geschäftsführer trifft die Darlegungs- und Beweislast dafür, dass er sich nicht pflichtwidrig verhalten hat (BGH, Urt. v. 18.06.2013 – II ZR 86/11; Urt. v. 22.06.2009 – II ZR 143/08). Der Geschäftsführer hat darzulegen und zu beweisen, dass er sich im Rahmen der Business Judgement Rule bewegt und den dadurch gewährten Ermessensspielraum nicht überschritten hat (BGH, Urt. v. 18.06.2013 – II ZR 86/11; Urt. v. 15.01.2013 – II ZR 90/11 zur AG; Urt. v. 04.11.2002 – II ZR 224/00; Baumbach/Hueck/*Zöllner/Noack* § 43 Rn. 40).

cc) Eintritt und Höhe eines adäquat kausalen Schadens

Die Gesellschaft ist dazu verpflichtet, darzulegen und ggf. zu beweisen, dass ihr aufgrund eines möglicherweise pflichtwidrigen Verhaltens des Geschäftsführers ein **Schaden** in einer bestimmten Höhe entstanden ist (BGH, Urt. v. 22.06.2009 – II ZR 143/08; Urt. v. 26.11.2007 – II ZR 161/06; Urt. v. 04.11.2002 – II ZR 224/00; OLG Stuttgart, Beschl. v. 30.05.2000 – 20 W 1/2000, 20 W 1/00). An die Beweisführung der Gesellschaft dürfen jedoch keine Anforderungen gestellt werden, die von ihr tatsächlich nicht erfüllt werden können. Hinsichtlich der Darlegung und des Beweises von Schadenseintritt und -höhe sowie des Ursachenzusammenhangs greifen zugunsten der Gesellschaft die Beweiserleichterungen des Anscheinsbeweises sowie der Schätzung gem. § 287 ZPO (BGH, Urt. v. 18.02.2008 – II ZR 62/07; Urt. v. 04.11.2002 – II ZR 224/00; Urt. v. 21.03.1994 – II ZR 260/92; OLG Stuttgart, Beschl. v. 30.05.2000 – 20 W 1/2000, 20 W 1/00; BeckOK GmbHG/*Ziemons* § 43 Rn. 320, 321). Der Anscheinsbeweis wird zum Nachweis eines Ursachenzusammenhangs herangezogen, wenn ein Schadensereignis nach allgemeiner Lebenserfahrung typischerweise infolge einer bestimmten Pflichtverletzung eintritt (Zöller/*Greger* vor § 284 Rn. 30). Die Beweiserleichterung nach § 287 ZPO greift für das Ob und die Höhe des Schadens sowie für die Kausalität zwischen dem Haftungsgrund und der Schadensfolge (BGH, Urt. v. 04.11.2002 – II ZR 224/00; BeckOK GmbHG/*Ziemons* § 43 Rn. 322; Baumbach/Hueck/*Zöllner/Noack* § 43 Rn. 37). Der Geschäftsführer hat darzulegen und zu beweisen, dass der Schaden auch bei pflichtgemäßem Alternativverhalten eingetreten wäre (BGH, Urt. v. 18.06.2013 – II ZR 86/11; Urt. v. 26.11.2007 – II ZR 161/06; Urt. v. 04.11.2002 – II ZR 224/00; BeckOK GmbHG/*Ziemons* § 43 Rn. 322; Baumbach/Hueck/*Zöllner/Noack* § 43 Rn. 36).

dd) Verschulden des Geschäftsführers

Für die Frage, ob Verschulden des Geschäftsführers vorliegt, ist die Regelung des § 93 Abs. 2 Satz 2 AktG analog heranzuziehen (BGH, Urt. v. 26.11.2007 – II ZR 161/06; Urt. v. 04.11.2002 – II ZR 224/00; Michalski/*Haas/Ziemons* § 43 Rn. 248; Henssler/Strohn/*Oetker* § 43 Rn. 57). Nach § 93 Abs. 2 Satz 2 AktG hat das Mitglied des Vorstands darzulegen und zu beweisen, dass er die Sorgfalt eines ordentlichen und gewissenhaften Geschäftsleiters angewandt hat (Michalski/*Haas/Ziemons* §43 Rn. 248). Der Geschäftsführer hat demnach entsprechend §93 Abs. 2 Satz 2 AktG darzulegen und zu beweisen, dass sein Verhalten weder pflichtwidrig noch schuldhaft war (BGH, Urt. v. 18.06.2013 – II ZR 86/11; Urt. v. 26.11.2007 – II ZR 161/06). Ihn trifft somit die Darlegungs- und Beweislast dafür, dass er die Sorgfalt eines ordentlichen und gewissenhaften Geschäftsleiters angewandt hat. Den Geschäftsführer trifft der Entlastungsbeweis somit sowohl in subjektiver als auch in objektiver Hinsicht (BGH, Urt. v. 04.11.2002 – II ZR 224/00). Im Hinblick auf das Verschulden des Geschäftsführers besteht somit eine Beweislastumkehr (BeckOK GmbHG/*Ziemons* §43 Rn. 319). So obliegt bspw. im Fall von für die Gesellschaft nicht klär- und nachvollziehbaren Kassen- und Warenfehlbeständen dem für die Buchhaltung verantwortlichen Geschäftsführer der Nachweis der ordnungsgemäßen Verwendung der Gelder (BGH, Urt. v. 04.11.2002 – II ZR 224/00; OLG Stuttgart, Beschl. v. 30.05.2000 – 20 W 1/2000, 20 W 1/00).

Kapitel 6 Prozessrecht der AG

Übersicht

		Rdn.
A.	Allgemeine prozessrechtliche Fragen	1
I.	Parteifähigkeit	1
	1. AG und Vor-AG	1
	2. Liquidation und Insolvenz	4
II.	Prozessfähigkeit und prozessuale Vertretung	8
	1. Prozessfähigkeit	8
	2. Prozessuale Vertretung	11
	a) Vertretung durch den Vorstand	11
	b) Vertretung durch den Aufsichtsrat	13
	c) Doppelvertretung	17
	d) Vertretung durch besonderen Vertreter	18
	e) Vertretung in Insolvenz und Liquidation	19
	f) Angabe der Vertretungsorgane	21
III.	Zustellungsfragen	22
IV.	Beweisaufnahme im Prozess der Gesellschaft	26
V.	Zuständigkeit	29
B.	Beschlussmängelstreitigkeiten bei Hauptversammlungsbeschlüssen	32
I.	Nichtigkeits- und Anfechtungsklage	34
	1. Verhältnis von Anfechtungs- und Nichtigkeitsklage sowie positiver Feststellungsklage	36
	2. Parteien bis hier	38
	a) Anfechtungsbefugnis, Aktivlegitimation	38
	b) Passivlegitimation	44
	c) Nebenintervention	45
	3. Zuständigkeit	47
	4. Anfechtungsfrist	50
	5. Begründetheit der Beschlussmängelklage	52
	a) Nichtige Beschlüsse	52
	b) Anfechtbare Beschlüsse	58
	6. Bekanntmachungspflichten	63
	7. Kosten und Streitwert	64
II.	Besondere Beschlussmängelstreitigkeiten	66
	1. Anfechtung der Wahl von Aufsichtsratsmitgliedern	67
	2. Anfechtung der Bilanzgewinnverwendung	70
	3. Anfechtung des Kapitalerhöhungsbeschlusses unter Bezugsrechtsausschluss	73
III.	Freigabeverfahren	74
	1. Kapitalmaßnahmen und Unternehmensverträge	75
	a) Gerichtliches Verfahren	76
	b) Feststellungsinhalt und Entscheidungswirkungen	79
	c) Beschlussvoraussetzungen	81

		Rdn.
	2. Eingliederung und Squeeze-Out	84
	a) Gerichtliches Verfahren	84
	b) Feststellungsinhalt und Entscheidungswirkungen	85
	c) Beschlussvoraussetzungen	87
C.	Klagerechte von Aufsichtsrat und Aufsichtsratmitgliedern	88
I.	Beschlussmängelstreitigkeiten bei Hauptversammlungsbeschlüssen	89
II.	Beschlussmängelstreitigkeiten bei Aufsichtsratsbeschlüssen	92
III.	Durchsetzung organschaftlicher Befugnisse	95
	1. Durchsetzung von Rechten des Gesamtgremiums	96
	2. Durchsetzung von Befugnissen einzelner Aufsichtsratsmitglieder	97
D.	Ersatzansprüche	100
I.	Ersatzansprüche aus der Gründung oder Geschäftsführung	100
	1. Geltendmachung von Ersatzansprüchen	101
	2. Aktionärsklage	105
	a) Verfahren	107
	b) Besonderheiten des Verfahrens	109
	c) Kosten des Klagezulassungsverfahrens und der Klage	112
	d) Verfahrensbeendigung	115
II.	Unrichtige Darstellung, § 400 AktG	116
	1. Haftung für fehlerhafte Informationen	117
	2. Feststellungsfähigkeit im Musterverfahren	118
E.	Spruchstellenverfahren	120
I.	Allgemeines	120
II.	Anwendungsbereich	121
III.	Gerichtszuständigkeit und Parteien	126
	1. Zuständigkeit	126
	2. Parteien	129
	a) Antragsberechtigte	129
	b) Antragsgegner	132
	c) Gemeinsamer Vertreter	134
IV.	Verfahrensgang	140
	1. Einleitung des Verfahrens	140
	a) Inhalt des Antrags	141
	b) Form des Antrags	142
	c) Antragsbegründung	143
	d) Antragsfrist und Antragsbegründungsfrist	144
	e) Rechtschutzbedürfnis	147
	f) Rücknahme des Antrags	148
	2. Vorbereitung und mündliche Verhandlung	149
	3. Gerichtliche Entscheidung	152

a) Beschluss und Rechtsmittel 152	**Bindung (Nichtigkeitsklage)** 163
b) Exkurs Unternehmensbewertung 156	I. Prozessuales 164
4. Kosten......................... 157	II. Klagefrist 168
F. **Aufhebung der gesellschaftsrechtlichen**	III. Begründetheit der Klage............. 169

A. Allgemeine prozessrechtliche Fragen

I. Parteifähigkeit

1. AG und Vor-AG

1 Als Gesellschaft mit eigener Rechtspersönlichkeit (§ 1 Abs. 1 S. 1 AktG) ist die AG rechtsfähig und damit gem. § 50 Abs. 1 ZPO aktiv und passiv parteifähig. Die Rechts- und damit auch die Parteifähigkeit beginnt gem. § 41 Abs. 1 S. 1 AktG mit der Eintragung der AG in das Handelsregister.

2 Bis dahin besteht bei Errichtung durch mehrere Personen eine Vor-AG als Gesellschaft eigener Art mit Gesamthandsstruktur und auch als solche rechtsfähig (BGHZ 21, 242, 246; 45, 338, 347; 51, 30, 32; 143, 314, 319; BGH NZG 2007, 20; BayObLG NJW 1965, 2254). Auch ihre aktive und passive Parteifähigkeit wird daher anerkannt (BGHZ 79, 239, 241; BGH NJW 1998, 1079, 1080; BGH NZG 2007, 20; BAG NJW 1963, 680, 681; BayObLG NJW 1965, 2254; OLG Hamburg BB 1973, 1505; OLG Hamm WM 1985, 658, 659; vgl. auch *Hüffer* FS Stimpel, 1985, S. 165, S. 182 f.).

3 Die Organe der AG, insbesondere der Vorstand und der Aufsichtsrat, haben als solche vor allem Kompetenzen, aber auch subjektive Rechte. Deshalb ist weitgehend anerkannt, dass den Organen Parteifähigkeit zuzusprechen ist, soweit sie in einem Organstreit um diese Rechte streiten (LG Darmstadt AG 1987, 219; Stein/Jonas/*Bork* ZPO § 50 Rn. 9; *Bork* ZIP 1991, 139; *Häsemeyer* AcP 188 [1988], 160 f.; *Hauswirth*, Befugnisse und Pflichten von Organen der Aktiengesellschaft als Gegenstand von Organstreitigkeiten vor den Zivilgerichten, 1997, S. 130 ff., S. 187 ff.; vgl. auch BGHZ 106, 54; OLG Frankfurt am Main ZIP 1988, 233, OLG Celle ZIP 1989, 1552; a. A. *Brücher* AG 1989, 190; *Mertens* ZHR 154 [1990], 24).

2. Liquidation und Insolvenz

4 Die Parteifähigkeit endet mit dem Verlust der Rechtsfähigkeit. Mit Auflösung der AG tritt eine wirkliche Beendigung noch nicht ein, sondern die Gesellschaft besteht während der Dauer der Liquidation für die Zwecke der Abwicklung fort und ist daher, solange noch Vermögensstücke vorhanden sind, auch parteifähig (BGH NJW 1996, 2035; BGH MDR 1995, 529; 1995, 163; BayObLG WuM 2002, 522; OLG Koblenz NJW-RR 1994, 500 f.; Stein/Jonas/*Bork* ZPO § 50 Rn. 46). Deshalb ist auch die Löschung im Handelsregister nach zutreffender Auffassung nicht der richtige Anknüpfungspunkt, maßgebend ist allein die Vermögenslosigkeit (Zöller/*Vollkommer* ZPO § 50 Rn. 4). In der Liquidation ist die Abwicklungsgesellschaft Partei.

5 Gleiches gilt für die Insolvenz. Die Rechtsfähigkeit der AG endet nicht mit Eröffnung des Insolvenzverfahrens (OLG Zweibrücken ZIP 2003, 343, 344; Zöller/*Vollkommer* ZPO § 50 Rn. 4).

6 Wird während des Rechtsstreits die Gesellschaft gelöscht, so wird im Passivprozess die Klage unzulässig, weil die beklagte Partei nicht mehr existiert (BGHZ 74, 212, 213; OLG Rostock NZG 2002, 94; OLG Saarbrücken GmbHR 1992, 311; a. A. BAG NJW 1982, 1831; Zöller/*Vollkommer* ZPO § 50 Rn. 5). Nur soweit gerade die Existenz der Gesellschaft fraglich ist oder über die Kostenfolgen ihres Wegfalls zu entscheiden ist, darf ausnahmsweise mit der Fiktion des Fortbestehens geholfen werden (BGH NJW 1982, 238; BGHZ 74, 212, 214; 24, 91, 94; weiter gehend BAGE 36, 125, 1129 ff.). Wird die Klage erst nach Löschung erhoben, so ist sie nach allg. Meinung als unzulässig abzuweisen (*Hüffer* AktG § 237 Rn. 9).

Im Aktivprozess ist die gelöschte AG Partei. Ihre Parteifähigkeit bleibt gem. § 50 Abs. 1 ZPO erhalten, weil die juristische Person besteht, solange aus der früheren werbenden Tätigkeit Vermögen vorhanden ist (BGHZ 74, 212 f.; 48, 303, 307; BGH WM 1957, 975).

II. Prozessfähigkeit und prozessuale Vertretung

1. Prozessfähigkeit

Gem. § 52 ZPO ist eine Person insoweit prozessfähig, als sie sich (selbstständig) durch Verträge verpflichten kann (Zöller/*Vollkommer* ZPO § 52 Rn. 2). Umstritten ist daher, ob auch juristische Personen wie die AG prozessfähig sein können, da sie nur durch ihre Organe handeln können. Nach wohl herrschender Auffassung ist die Prozessfähigkeit der AG nicht anzuerkennen (BGHZ 38, 71, 75; so auch Baumbach/Lauterbach/Albers/*Hartmann* ZPO § 52 Rn. 4; Stein/Jonas/*Bork* ZPO § 51 Rn. 12; a. A. *Hüffer* AktG § 1 Rn. 7; *Jauernig* ZivilprozessR § 20 II 1). Letztlich ist der Streit aber ohne praktische Bedeutung, da die Prozessfähigkeit jedenfalls über die gesetzlichen Vertreter erreicht wird (Stein/Jonas/*Bork* ZPO § 51 Rn. 22).

Sind allerdings die jeweils zur Vertretung berufenen Organe nicht handlungsfähig, so ist die AG nicht prozessfähig. Dem Mangel kann durch Bestellung eines Prozesspflegers gem. § 57 ZPO abgeholfen werden (OLG Dresden AG 2005, 812 f.; vgl. auch *Piorreck* RPfleger 1978, 157, 160). Nach der Löschung der Gesellschaft wird die Prozessfähigkeit der AG für den Aktivprozess durch die Bestellung von Nachtragsabwicklern begründet.

Durch Eröffnung des Insolvenzverfahrens wird die Prozessfähigkeit nicht berührt. Der Insolvenzschuldner verliert allerdings die Befugnis, über das zur Insolvenzmasse gehörende Vermögen zu verfügen. Im Prozess fehlt damit die Prozessführungsbefugnis. Hier wird die AG durch den Insolvenzverwalter, sowie den sog. »starken« vorläufigen Insolvenzverwalter kraft seines Amtes vertreten, der den Rechtsstreit im eigenen Namen führt (BGHZ 100, 346, 351; 88, 331, 334; 49, 11, 16; 44, 1; 32, 114, 118; Stein/Jonas/*Bork* ZPO Vor § 50 Rn. 28 f.).

2. Prozessuale Vertretung

a) Vertretung durch den Vorstand

Gem. § 78 Abs. 1 AktG, wird die Gesellschaft nicht nur außergerichtlich, sondern auch gerichtlich regelmäßig vom Vorstand vertreten. Der Vorstand ist damit zur Vornahme von Prozesshandlungen für die AG berechtigt. Diese Vertretungsmacht wächst dem Vorstand mit der Bestellung zu (BGHZ 64, 72, 75). Der Vorstand vertritt die Gesellschaft nach zutreffender Auffassung auch, wenn einzelne Aufsichtsratsmitglieder gegen die Gesellschaft auf Feststellung der Nichtigkeit von Aufsichtsratsbeschlüssen klagen (BGHZ 122, 342, 345 f.; LG Frankfurt am Main ZIP 1996, 1661, 1662).

Besteht der Vorstand aus mehreren Personen, so sind mangels abweichender Satzungsbestimmungen sämtliche Vorstandsmitglieder gem. § 78 Abs. 2 S. 1 AktG nur gemeinschaftlich zur Vertretung der Gesellschaft befugt. Die Satzung kann aber gem. § 78 Abs. 3 S. 1 AktG bestimmen, dass einzelne Vorstandsmitglieder allein oder in Gemeinschaft mit einem Prokuristen zur Vertretung der Gesellschaft befugt sind. Dasselbe kann der Aufsichtsrat bestimmen, wenn die Satzung ihn hierzu ermächtigt.

b) Vertretung durch den Aufsichtsrat

Die gerichtliche Vertretung der AG liegt jedoch nur in der Regel beim Vorstand. Das AktG selbst bestimmt eine Reihe von Ausnahmen: Gem. § 112 AktG wird die Gesellschaft gegenüber Vorstandsmitgliedern durch den Aufsichtsrat vertreten. Gemeint sind alle Vorstandsmitglieder, also nicht nur die amtierenden, sondern auch ausgeschiedene Vorstandsmitglieder (BGH AG 2005, 239; 1991, 269; BGHZ 157, 151, 153 f.; 130, 108, 111 f.; BGH NJW 1999, 3263; 1997, 2324; BGH NZG

2004, 327; OLG Frankfurt am Main ZIP 2011, 2008, 2009; OLG Düsseldorf AG 1997, 231, 234; OLG Hamburg AG 2002, 521, 522). Unerheblich ist auch, ob die Bestellung wirksam oder unwirksam erfolgt ist (OLG Frankfurt am Main ZIP 2011, 2008, 2009; *Hüffer* AktG § 112 Rn. 2; MüKo AktG/*Habersack* § 112 Rn. 10; *Werner* ZGR 1989, 369, 376 f.). Der Aufsichtsrat ist selbst dann zuständig, wenn es um eine Kündigungsschutzklage des Vorstandsmitglieds aus dem ruhenden Arbeitsverhältnis wegen angeblichen Fehlverhaltens im Vorstandsamt (BAG NJW 2002, 1444 f.) oder um Geschäfte im Vorfeld der Bestellung geht (BGHZ 26, 236, 238).

14 Die Vertretungsmacht wird durch § 112 AktG dem Gesamtaufsichtsrat zugewiesen. Werden sämtliche Aufsichtsratsmitglieder als Vertreter tätig, so ist dies unproblematisch. Da dies unpraktisch ist, kann auch einem Ausschuss die Vertretung der AG übertragen werden, soweit dieser gem. § 107 Abs. 3 AktG anstelle des Aufsichtsrats beschließen kann (vgl. RegBegr. *Kropff*, S. 156; Spindler/Stilz/*Spindler* AktG § 112 Rn. 29; MüKo AktG/*Habersack* § 112 Rn. 22). Einzelne Aufsichtsratsmitglieder können nach h. M. nur als Erklärungs-, aber nicht als Willensvertreter tätig werden, also nur durch Erklärung des durch Beschluss des Aufsichtsrats oder seiner Ausschüsse gebildeten Willens (BGHZ 12, 227, 334 ff.; OLG Düsseldorf AG 2004, 321, 322 f.; Spindler/Stilz/*Spindler* AktG § 112 Rn. 31 f.).

15 Ein Vertretungsmangel führt im Zivilprozess zur Unzulässigkeit der Klage, und zwar gleicherweise im Aktiv- wie im Passivprozess (BGHZ 157, 151, 154 ff.; 130, 108, 111 f.; BGH NZG 2004, 327; BGH NJW 1997, 318; BAG 2002, 459 f.). Der Aufsichtsrat kann in einem solchen Fall in den Prozess eintreten und die Prozessführung des Vorstands genehmigen (BGH WM 2009, 702; BGH NJW 1999, 3263 f.; BGH NJW 1989, 2055 f.; BAG 2002, 459 f.).

16 Sind an einer Klageführung sowohl Mitglieder des Vorstands als auch Mitglieder des Aufsichtsrats beteiligt, ist nach § 57 Abs. 1 ZPO für die Gesellschaft ein besonderer Vertreter zu bestellen (OLG Hamburg NZG 2003, 478, 479; MüKo AktG/*Hüffer* § 246 Rn. 67; Happ/*Tielmann* AktienR 18.01 Rn. 6).

c) Doppelvertretung

17 Der Aufsichtsrat vertritt die Gesellschaft des Weiteren, dann aber gemeinsam mit dem Vorstand (sog. Doppelvertretung) in den Fällen der Anfechtungsklage gem. § 246 Abs. 2 S. 2 AktG: Das Prinzip der Doppelvertretung gilt für alle Prozesshandlungen der Gesellschaft, auch bei der Passivvertretung (*Hüffer* AktG § 246 Rn. 30). Zur Willensbildung beschließen Vorstand und Aufsichtsrat jeweils für sich.

d) Vertretung durch besonderen Vertreter

18 Schließlich kann im Zusammenhang mit der Geltendmachung von Ersatzansprüchen gem. § 147 Abs. 2 S. 1 AktG ein besonderer Vertreter von der Hauptversammlung bestellt werden. Dieser verdrängt Vorstand oder Aufsichtsrat im Rahmen seines Aufgabekreises und hat insoweit selbst Organqualität (BGH NJW 1989, 1097, 1098; LG München I ZIP 2007, 1809, 1812; Spindler/Stilz/*Mock* AktG § 147 Rn. 25). Gleiches gilt für den vom Gericht bestellten besonderen Vertreter im Sinne von § 147 Abs. 2 S. 2 AktG.

e) Vertretung in Insolvenz und Liquidation

19 In der Liquidation wird die Gesellschaft gem. § 269 Abs. 1 AktG gerichtlich durch die Abwickler vertreten. Im Prozess über die Anfechtung eines Auflösungsbeschlusses wird die Gesellschaft durch den Abwickler und den Aufsichtsrat vertreten (Happ/*Tielmann* AktienR 18.01 Rn. 6). Bei ihnen gilt wie beim Vorstand gem. § 269 Abs. 2 S. 1 AktG das Prinzip der Gesamtvertretungsbefugnis, sofern nicht die Satzung, die sonst zuständige Stelle oder bei entsprechender Ermächtigung der Aufsichtsrat gem. § 269 Abs. 3 AktG bestimmt, dass einzelne Abwickler allein oder in Gemeinschaft mit einem Prokuristen zur Vertretung der Gesellschaft befugt sind.

Zur Vertretung in der Insolvenz vgl. Rdn. 10. 20

f) Angabe der Vertretungsorgane

Die Angabe der Vertretungsorgane gehört nicht zu dem nach § 253 Abs. 2 ZPO notwendigen Inhalt der Klageschrift. Sie kann daher zwar grundsätzlich nachgeholt werden. Gleiches gilt für die namentliche Nennung der Mitglieder des Vorstands und des Aufsichtsrats, die gem. §§ 130 Nr. 1, 253 Abs. 4, 313 Abs. 1 Nr. 1 ZPO in Schriftsätzen und Urteilen erfolgen soll (BGHZ 32, 114, 117; KölnKomm AktG/*Zöllner* § 246 Rn. 2 f.). Allerdings wird eine Zustellung nur wirksam bewirkt werden können, wenn zuvor die Benennung erfolgt ist. 21

III. Zustellungsfragen

Eine gegen die AG gerichtete Klage ist dem Vorstand zuzustellen, wenn dieser die Gesellschaft im Prozess vertritt (§ 170 Abs. 1 ZPO). Es genügt gem. § 170 Abs. 3 ZPO die Zustellung an ein einzelnes Vorstandsmitglied (vgl. auch *Hüffer* AktG § 78 Rn. 4). Entsprechendes gilt bei der Vertretung durch den Aufsichtsrat oder den Abwickler. Auch hier ist die Zustellung an ein Mitglied des jeweiligen Organs gem. § 170 Abs. 3 ZPO genügend. 22

In den Fällen der Doppelvertretung, also namentlich bei Anfechtungsklagen nach § 246 AktG, ist diese Doppelvertretung bei der Zustellung zu beachten. Weil Vorstand und Aufsichtsrat beide gesetzliche Vertreter sind und damit i. S. d. § 170 Abs. 1 S. 1 Zustellungsadressaten, muss auch an beide Organe zugestellt werden. Nach zutreffender Auffassung bewirkt § 170 Abs. 2 ZPO nichts anderes. Auch insoweit genügt jedoch nach § 170 Abs. 3 ZPO die Zustellung jeweils an ein Mitglied des Vorstands und des Aufsichtsrats (ständige Rechtsprechung, vgl. BGH NJW 1992, 2099 f., BGHZ 32, 114, 119; RGZ 107, 161, 164; 83, 414, 417; OLG Dresden AG 1996, 425 f., OLG Frankfurt am Main WM 1984, 209, 211; KG AG 2005, 583; *Hüffer* AktG § 246 Rn. 32; Happ/*Tielmann* 18.01 Rn. 7). 23

Die ordnungsmäßige Zustellung erfolgt durch Aushändigung einer Abschrift an den Adressaten in Person, egal an welchem Ort (§ 177 ZPO). Eine Ersatzzustellung an dem Vorstand kann gem. § 178 Abs. 1 Nr. 2 ZPO in den Geschäftsräumen durch Aushändigung an dort beschäftigte Personen erfolgen. Möglich ist eine Ersatzzustellung aber auch in der Wohnung des Vorstandsmitglieds (§ 178 Abs. 1 Nr. 1 ZPO), insbesondere durch Aushändigung an Familienangehörige oder Hauspersonal, sowie in anderen Räumen, von denen aus das Vorstandsmitglied selbständig tätig wird (*Hüffer* AktG § 246 Rn. 33; *Tielmann* ZIP 2002, 1879, 1833). 24

Eine Ersatzzustellung an den Aufsichtsrat kann zunächst gem. § 178 Abs. 1 Nr. 1 ZPO unter der Privatanschrift des Aufsichtsratsmitglieds erfolgen. § 178 Abs. 1 Nr. 2 ZPO lässt jedoch auch hier eine Zustellung in den Geschäftsräumen zu, die das Aufsichtsratsmitglied nutzt oder unterhält. Damit kann Aufsichtsratsmitglieder, die gleichzeitig Vertretungsorgan einer anderen Gesellschaft sind, insbesondere in den dortigen Geschäftsräumen zugestellt werden (*Hüffer* AktG § 246 Rn. 34; *Heidel* AktG § 246 Rn. 26; *Tielmann* ZIP 2002, 1879, 1883). Unzulässig ist jedoch eine Ersatzzustellung in den Geschäftsräumen der AG. Selbst wenn das Aufsichtsratsmitglied dort Räume zur Verfügung hat, wird davon ausgegangen, dass es sich dort nicht dauernd aufhält. Auch widerspräche es dem Zweck der Doppelvertretung, die Übergabe der Klageschrift an Gesellschaftspersonal genügen zu lassen (RGZ 83, 414, 417; BGHZ 107, 296, 299; OLG Hamburg OLGR 27, 61 f.; OLG Hamburg, AG 2002, 521, 523; KG AG 2005, 583; a. A. OLG Celle AG 1989, 209, 210). 25

IV. Beweisaufnahme im Prozess der Gesellschaft

Soweit Vorstandmitglieder die AG im Prozess vertreten, die Prozessführung also in den Vertretungsbereich des Vorstands fällt, sind sie Partei i. S. d. § 455 ZPO und daher als solche, nicht als Zeugen zu vernehmen (RGZ 2, 400 f.; 46, 318, 319; vgl. auch *Hüffer* AktG § 78 Rn. 4; Zöller/*Greger* ZPO § 373 Rn. 6; Stein/Jonas/*Berger* ZPO Vor § 373 Rn. 6 und § 455 Rn. 2). Dabei bestimmt das 26

Gericht, ob nur einzelne oder alle Vorstandsmitglieder als Partei vernommen werden (§§ 449 i. V. m. 455 Abs. 1 S. 2 ZPO).

27 Gleiches gilt entsprechend für die Mitglieder des Aufsichtsrats, soweit der Aufsichtsrat – etwa gem. §§ 112 oder 246 AktG die AG im Prozess vertritt. In den Fällen des § 112 AktG können Vorstandsmitglieder, die nicht Partei des Verfahrens sind, demnach als Zeugen vernommen werden.

28 Wer als Zeuge oder Partei zu vernehmen ist, bestimmt sich nach dem Zeitpunkt der Vernehmung (Stein/Jonas/*Berger* § 455 Rn. 6). Mit dem Ausscheiden aus dem Amt erlischt die Parteistellung und kann eine Zeugenvernehmung des betreffenden vormaligen Organmitglieds erfolgen. Erfolgt das Ausscheiden allerdings allein zu diesem Zweck, so ist dieser Umstand bei der Beweiswürdigung entsprechend zu berücksichtigen und schmälert den Beweiswert der Aussage mehr oder weniger stark (BGH NJW 2001, 826; Stein/Jonas/*Berger* ZPO Vor § 373 Rn. 9). Ist ein Mitglied des Vertretungsorgans bereits als Partei vernommen und scheidet dann aus dem Amt aus, so wird eine nochmalige Zeugenvernehmung in aller Regel entbehrlich sein. Wird ein Zeuge im Laufe des Verfahrens Mitglied des Vertretungsorgans, so ist sein Zeugnis im Prozess gleichwohl zu berücksichtigen (OLG Karlsruhe VersR 1979, 1033; Stein/Jonas/*Berger* vor § 373 Rn. 10)

V. Zuständigkeit

29 Für bestimmte Verfahrensarten bestimmt das AktG eine besondere Zuständigkeit. Dies gilt namentlich für Beschlussmängelklagen einschließlich der jeweiligen Freigabeverfahren (§§ 246 Abs. 3, 249 Abs. 1 S. 1 AktG, § 246a Abs. 1 AktG, § 319 Abs. 6 S. 7 AktG, §§ 327e Abs. 2 i. V. m. 319 Abs. 6 S. 7 AktG).

30 In allen anderen Fällen richtet sich die sachliche und örtliche Zuständigkeit nach allgemeinen zivilprozessualen Regeln. Allgemeiner Gerichtsstand der AG ist gem. § 17 ZPO der Ort des satzungsmäßigen Sitzes (Zöller/*Vollkommer* ZPO § 17 Rn. 9). Dieser ist auch Gerichtsstand der Mitgliedschaft im Sinne von § 22 ZPO. Bei einem Doppelsitz können verschiedene Gerichte nebeneinander zuständig sein. Der Kläger hat hier gem. § 35 ZPO die Wahl.

31 Für Klagen wegen falschen, irreführenden oder unterlassenen öffentlichen Kapitalmarktinformationen ergibt sich aus § 32b ZPO der ausschließliche Gerichtsstand am Sitz des betroffenen Emittenten. Die Regelung bezieht sich nicht nur auf Informationspflichten aus den kapitalmarktrechtlichen Gesetzen und setzt keine besondere Anspruchsgrundlage voraus. Umfasst sind damit auch im Rahmen der Hauptversammlung erteilte Mitteilungen und aufgrund verschiedener Berichtpflichten vorgeschriebene Abschlüsse sowie Schadensersatzansprüche aus spezialgesetzlichen Regelungen und aus allgemeinen Regeln (z. B. aus § 823 Abs. 2 BGB i. V. m. § 400 AktG) (Zöller/*Vollkommer* ZPO § 32b Rn. 5).

B. Beschlussmängelstreitigkeiten bei Hauptversammlungsbeschlüssen

32 Um einen effektiven Schutz der Minderheitenrechte zu erreichen und als Instrument zur allgemeinen Rechtmäßigkeitskontrolle des Verwaltungshandelns durch den einzelnen Aktionär hat dieser die Möglichkeit, gegen Hauptversammlungsbeschlüsse Beschlussmängelklage zu erheben. Wichtigster Fall der Beschlussmängelklage ist die Anfechtungsklage. Daneben kommt die Nichtigkeitsklage in Betracht.

33 Beschlussmängelstreitigkeiten sind nicht i. S. d. §§ 1025 ff. ZPO schiedsfähig. Selbst wenn man dem einzelnen Aktionär das Recht zubilligen würde, entgegen § 246 Abs. 3 S. 1 AktG zur Entscheidung über die Streitigkeit ein Schiedsgericht anzurufen, könnte wegen der Wirkung des Spruchs für und gegen auch alle anderen Aktionäre ein Schiedsgericht nur dann angerufen werden, wenn die Aktionäre allseitig einen Schiedsvertrag geschlossen hätten (BGHZ 132, 278, 285 ff.; 38, 155, 158; BGH NJW 1979, 2567, 2569; vgl. auch Happ/*Tielmann* AktR 18.01 Rn. 1 m. w. N.).

I. Nichtigkeits- und Anfechtungsklage

Gegenstand einer Beschlussmängelklage ist ein Hauptversammlungsbeschluss. Die Anfechtungs- oder Nichtigkeitsklage ist entweder auf Feststellung dessen Nichtigkeit oder Vernichtung durch Anfechtung gerichtet (Happ/*Tielmann* AktR 18.01 Rn. 2). Gegenstand einer Beschlussmängelklage können sowohl dem Beschlussvorschlag zustimmende als auch ihn ablehnende Beschlüsse sein (BGHZ 76, 191, 197). Auf Sonderbeschlüsse finden die §§ 241 ff. AktG gem. § 138 S. 2 AktG sinngemäß Anwendung (*Hüffer* AktG § 138 Rn. 4). Demgegenüber sind Beschlussmängelklagen gegen Minderheitsverlangen unzulässig, da solche keine Beschlüsse der Hauptversammlung darstellen und diesen auch nicht nach § 138 S. 2 AktG gleichgestellt werden (MüKo AktG/*Hüffer* § 241 Rn. 12; Happ/*Tielmann* AktR 18.01 Rn. 2).

Das Bestehen des Hauptversammlungsbeschlusses wird aufgrund seiner Feststellung durch den Versammlungsleiter konstituiert (Happ/*Tielmann* AktienR 18.02 Rn. 2). Stellt der Versammlungsleiter einen Beschluss fest, obwohl die erforderliche Mehrheit nicht vorliegt, so begründet dies ebenfalls als Verfahrensfehler allein die Anfechtbarkeit (BGHZ 76, 191, 197). Hat der Versammlungsleiter demgegenüber in der Hauptversammlung zu Unrecht als förmliches Beschlussergebnis eine Ablehnung des Antrags festgestellt, so kann und muss die gegen diesen Beschluss gerichtete Anfechtungsklage mit dem Antrag auf Feststellung des zustimmenden Beschlusses verbunden werden (BGHZ 76, 191, 197; 88, 320; 97, 25).

1. Verhältnis von Anfechtungs- und Nichtigkeitsklage sowie positiver Feststellungsklage

Entgegen der früheren Rechtsprechung sind die Streitgegenstände von Anfechtungs- und Nichtigkeitsklage trotz der Antragsverschiedenheit – Feststellung der Nichtigkeit nach § 241 Nr. 1 bis 4 AktG einerseits oder Erklärung der Nichtigkeit gem. § 241 Nr. 5 andererseits – auf dasselbe Ziel gerichtet. Da auch der aktienrechtlichen Nichtigkeitsklage nach geänderter Rechtsprechung des BGH rechtsgestaltende Wirkung zukommt, ist diese ebenso wie die Anfechtungsklage in gewissem Sinne Gestaltungsklage (BGH NJW 1999, 16, 38; vgl. auch *Henze* BB 2000, 2053, 2055; *Kindl* ZGR 2000, 166, 185). Gleichwohl stehen der Nichtigkeitsantrag und der Anfechtungsantrag nicht in einem Eventualverhältnis; der Nichtigkeitsantrag schließt den Antrag auf Nichtigkeitserklärung i. S. v. § 248 Abs. 1 AktG ein (BGH NJW 1997, 1510, 1511).

Da die Anfechtungsklage einen Hauptversammlungsbeschluss nur vernichten kann und damit kassatorische Wirkung hat, besteht daneben ein Bedürfnis für eine positive Beschlussfeststellung in Fällen der Anfechtbarkeit eines Hauptversammlungsbeschlusses, weil der Versammlungsleiter ein anderes als das tatsächlich zustande gekommene Abstimmungsergebnis festgestellt und als Beschluss verkündet hat. Gleichermaßen wird das Bedürfnis für eine positive Beschlussfeststellung bejaht, wenn ein Antrag abgelehnt wird, weil ein Aktionär rechtsmissbräuchlich dagegen stimmt oder trotz Ausschlusses vom Stimmrecht gem. §§ 126 Abs. 1, 142 Abs. 1 AktG an der Abstimmung mitgewirkt hat (BGHZ 88, 320, 329 ff. – zur GmbH); Großkomm AktG/*K. Schmidt* § 246 Rn. 98 ff.; MünchHdb AG/*Semler* § 41 Rn. 94). Die positive Beschlussfeststellungsklage setzt die Anfechtungsklage voraus, durch die zunächst der festgestellte Beschluss vernichtet wird, bevor der gegenteilige Beschluss durch das Gericht festgestellt wird (vgl. auch OLG Hamburg AG 2003, 46, 48). Für die positive Beschlussfeststellungsklage gelten die Vorschriften über die Anfechtungsklage entsprechend (BGHZ 76, 191, 197 ff.; Happ/*Tielmann* AktienR 18.01, Rn. 9).

2. Parteien bis hier

a) Anfechtungsbefugnis, Aktivlegitimation

Bei der Nichtigkeitsklage ist jeder Aktionär klagebefugt. Klagebefugt sind auch Aktionäre, die in der Hauptversammlung nicht erschienen sind. Es genügt, dass der Kläger seine Aktionärsstellung bis zum Schluss der mündlichen Verhandlung erlangt. Eine Aktionärsstellung bei Beschlussfassung ist nicht Voraussetzung (OLG Stuttgart AG 2001, 315, 316; *Hüffer* AktG § 249 Rn. 5).

39 Der Anfechtungskläger muss hingegen bereits im Zeitpunkt der Klageerhebung Aktionär der Gesellschaft bzw. im Fall des § 245 Nr. 4 AktG deren Organmitglied sein. Seine Aktionärseigenschaft muss darüber hinaus nicht schon im Zeitpunkt der Beschlussfassung bestanden haben; § 245 Nr. 1 und 3 AktG setzt vielmehr eine Vorbesitzzeit bis vor Bekanntmachung der Tagesordnung voraus, um zu verhindern, dass potenzielle Anfechtungskläger in Kenntnis der Tagesordnung Aktien erwerben (*Fleischer* NJW 2005, 3525, 3529). Die Eigenschaft als Aktionär muss in entsprechender Anwendung des § 265 ZPO nach heute h. M. nicht bis zur letzten mündlichen Verhandlung fortdauern (BGHZ 169, 221; 43, 261, 266 f. – zur GmbH; OLG Stuttgart NJOZ 2006, 2226; MünchKomm AktG/*Hüffer* § 245 Rn. 24; KölnKomm AktG/*Zöllner* § 246 Rn. 23; a. A. OLG Celle WM 1984, 494, 500). Die entsprechende Anwendung von § 265 ZPO bezieht sich nicht nur auf die rechtsgeschäftliche Veräußerung der Aktien, sondern auch auf den unfreiwilligen Verlust der Aktien (insb. durch Squeeze-out), sofern an der Fortführung des Verfahrens jeweils ein berechtigtes Interesse besteht (BGHZ 169, 221; OLG München AG 2009, 912, 913; OLG Frankfurt am Main AG 2010, 679 f.; einschränkend Schmidt/Lutter/*Schwab* AktG, § 245 Rn. 26; Waclawik ZIP 2007, 1, 3: Fortsetzung unabhängig von einem rechtlichen Interesse).

40 Die Anfechtungsbefugnis ist darüber hinaus an weitere Voraussetzungen geknüpft. Anfechtungsbefugt ist zunächst einmal jeder in der Hauptversammlung erschienene oder vertretene Aktionär, wenn er die Aktien schon vor der Bekanntmachung der Tagesordnung erworben hatte und er oder sein Vertreter gegen den Beschluss Widerspruch zur Niederschrift erklärt hat (§ 245 Nr. 1 AktG). In der Hauptversammlung nicht erschienene Aktionäre sind anfechtungsbefugt, wenn sie zu der Hauptversammlung zu Unrecht nicht zugelassen oder die Versammlung nicht ordnungsgemäß einberufen oder der Gegenstand der Beschlussfassung nicht ordnungsgemäß bekannt gemacht worden ist (§ 245 Nr. 2 AktG). Daneben besteht Anfechtungsbefugnis für jeden Aktionär bei Stimmrechtsausübung zur unzulässigen Erlangung von Sondervorteilen, wenn er die Aktien schon vor der Bekanntmachung der Tagesordnung erworben hatte (§ 245 Nr. 3, 243 Abs. 2 AktG).

41 Anfechtungsbefugt sind schließlich alle Mitglieder des Vorstands und des Aufsichtsrats, wenn durch die Ausführung des Beschlusses Mitglieder des Vorstands oder des Aufsichtsrats eine strafbare Handlung oder eine Ordnungswidrigkeit begehen oder wenn sie ersatzpflichtig werden würden (§ 245 Nr. 4 AktG). Eine Pflicht des Vorstands zur Anfechtung rechtswidriger Hauptversammlungsbeschlüsse besteht nach h. M. nur, wenn die Gesellschaft durch die Ausführung einen Schaden erlitte oder punktuell zur Rechtswahrung bei besonders schweren Verstößen (KölnKomm AktG/*Mertens* § 283 Rn. 188; MünchHdb AG/*Wiesner* § 25 Rn. 80; *Fleischer* BB 2005, 2025, 2030).

42 Bei der Anfechtung von Sonderbeschlüssen ist jeder Aktionär klagebefugt, nicht nur der zur Sonderbeschlussfassung zugelassene (KölnKomm AktG/*Zöllner* § 138 Rn. 14; Großkomm AktG/*Bezzenberger* § 138 Rn. 30). Auch bei Vorstand, einzelnen Mitgliedern des Vorstands und des Aufsichtsrats – sowie bei Aufsichtsratswahlen Arbeitnehmervertreter – ist das Feststellungsinteresse gegeben, sodass sie klagebefugt sind (§ 249 Abs. 1, 250 AktG).

43 Bei einer Anfechtung eines Gewinnverwendungsbeschlusses nach § 254 AktG steht den Aktionären die Klagebefugnis nur zu, wenn ihre Anteile zusammen 5 % des Grundkapitals oder den anteiligen Betrag von 500.000 € erreichen sowie alle klagenden Aktionäre die Voraussetzungen für die Anfechtungsbefugnis nach § 245 Nr. 1 oder 2 AktG erfüllen (Großkomm AktG/*K. Schmidt* § 245 Rn. 12; KölnKomm AktG/*Zöllner* § 254 Rn. 23; a. A. *Hüffer* AktG § 254 Rn. 9: Erfordernis des § 254 Nr. 1 oder 2 AktG nur in der Person eines Aktionärs).

b) Passivlegitimation

44 Die Klage ist gegen die Gesellschaft zu richten. Zur Vertretung vgl. Rdn. 17.

c) Nebenintervention

Aufgrund der Inter-omnes-Wirkung der Rechtskraft des Anfechtungsurteils (§ 248 Abs. 1 AktG) kann jeder Aktionär dem Rechtsstreit als notwendiger Streitgenosse (§§ 62, 69 ZPO) sowohl aufseiten des klagenden Aktionärs als auch aufseiten der Gesellschaft beitreten (vgl. ausführlich *Gehrlein* AG 1994, 103; *Austmann* ZHR 158 [1994], 495). Die Vorbesitzregelung des § 245 Nr. 2 und 3 AktG findet auch auf den Nebenintervenienten Anwendung (RegE UMAG, BT-Drucks. 15/5092, S. 2; Happ/*Tielmann* AktienR 18.01 Rn. 5; *Wilsing* DB 2005, 35, 37; krit. BGH NZG 2008, 630 f.; a. A. BGH NJW-RR 2007, 1634 zur alten Rechtslage). Der Nebenintervenient muss die übrigen Klagevoraussetzungen der Anfechtungsklage nicht erfüllen, insbesondere muss er nicht Widerspruch zu Protokoll erklärt haben (BGH NZG 2008, 630 f.; BGH NJW-RR 2007, 1634 ff.; OLG Nürnberg AG 2009, 748, 749; LG Frankfurt am Main NZG 2009, 149, 150). 45

Ein Streitbeitritt ist nach Ablauf der Anfechtungsfrist innerhalb eines Monats nach der Bekanntmachung gem. § 246 Abs. 4 AktG im elektronischen Bundesanzeiger zulässig. Wird zunächst die Klageerhebung und erst zu einem späteren Zeitpunkt die Terminsbestimmung bekannt gemacht, beginnt die Nebeninterventionsfrist des § 246 Abs. 4 Satz 2 AktG bereits mit der ersten Bekanntmachung (Happ/*Tielmann* AktienR 18.01 Rn. 5). Die Frist gilt nur für den Beitritt eines Aktionärs, nicht für den Vorstand oder Mitglieder des Vorstands oder des Aufsichtsrats, die sich auch nach Ablauf der Monatsfrist als Nebenintervenienten beteiligen können (MünchKomm AktG/*Hüffer* § 246 Rn. 81). 46

3. Zuständigkeit

Ausschließlich zuständig für Anfechtungs- und Nichtigkeitsklagen ist das Landgericht – dort die KfH – am Sitz der Gesellschaft (§§ 246 Abs. 3, 249 Abs. 1 AktG). Die Bundesländer können die Verfahren einheitlich bei einem Landgericht eines Oberlandesgerichtsbezirks bündeln. Von der Möglichkeit der Zuständigkeitskonzentration haben die Bundesländer Baden-Württemberg für die OLG-Bezirke Karlsruhe (LG Mannheim) und Stuttgart (LG Stuttgart) – § 13 Abs. 2 Nr. 7a ZuVOJu, Bayern für die OLG-Bezirke München (LG München I) sowie Nürnberg und Bamberg (LG Nürnberg-Fürth) – § 21 GZVJu, Hessen für alle Landgerichtsbezirke (LG Frankfurt am Main) – § 38 Nr. 2 JuZuV, Niedersachsen für alle Landgerichtsbezirke (LG Hannover) – § 2 Nr. 7 ZustVO-Justiz, Nordrhein-Westfalen für die LG-Bezirke Düsseldorf, Duisburg, Kleve, Krefeld, Mönchengladbach und Wuppertal (LG Düsseldorf), Arnsberg, Bielefeld, Bochum, Detmold, Dortmund, Essen, Hagen, Münster, Paderborn und Siegen (LG Dortmund) sowie Aachen, Bonn und Köln (LG Köln) – § 1 Nr. 9 KonzentrationsVO Gesellschaftsrecht und Sachsen für den OLG-Bezirk Dresden (LG Leipzig) – § 10 Nr. 12 SächsJOrg VO Gebrauch gemacht. Auch bei der Sitzverlegung bestimmt sich der Gerichtsstand nach dem Satzungssitz und wechselt gem. § 45 Abs. 2 Satz 5 AktG mit Eintragung in das Handelsregister des neuen Sitzgerichts (*Hüffer* AktG § 246 Rn. 37). 47

Hat eine Aktiengesellschaft einen Doppelsitz, sind grundsätzlich beide Landgerichte, in deren Bezirk jeweils ein Sitz der Gesellschaft liegt, ausschließlich zuständig (KG AG 1996, 421 unter Hinweis auf § 148 ZPO; LG Berlin AG 1995, 41, 42; MünchKomm AktG/*Heider* § 5 Rn. 56 f.; a. A. *Hüffer* AktG § 246 Rn. 37: tatsächlicher inländischer Verwaltungssitz). Nach § 35 ZPO hat der Kläger unter mehreren Gerichten die Wahl, die er durch Klageerhebung ausübt; allerdings wird in analoger Anwendung von § 15 Abs. 4 HGB die Wahl dahin gehend eingeschränkt, dass es auf den Sitz ankommt, zu dem das streitige Rechtsverhältnis die engere Beziehung hat, in der Regel also der führende Sitz (Happ/*Tielmann* AktienR 18.01 Rn. 3). 48

Die Klage vor dem unzuständigen Gericht wirkt nach zutreffender Auffassung Frist wahrend, sofern kein Missbrauch vorliegt (*Hüffer* AktG § 246 Rn. 24 f.). Anderes gilt, wenn die an das zuständige Landgericht gerichtete Klage fälschlich beim Amtsgericht eingereicht wird (LG Hannover AG 1993, 187 f.). 49

4. Anfechtungsfrist

50 Die Frist für die Erhebung einer Anfechtungsklage beträgt gem. § 246 Abs. 1 AktG einen Monat. Sie beginnt unabhängig von der Kenntnis von der Beschlussfassung oder von den Anfechtungsgründen mit der Beschlussfassung der HV (OLG Düsseldorf DB 2001, 2390, 2391). Zur Fristwahrung genügt die rechtzeitige Klageeinreichung, sofern die Klage demnächst im Sinne von § 167 ZPO zugestellt wird (BGH WM 1989, 58, 60; OLG München WM 2010, 1859, 1860; OLG Düsseldorf WM 1991, 2145, 2146). Die Anfechtungsfrist ist eine Ausschlussfrist, deren Versäumung die Klage unbegründet macht (KölnKomm AktG/*Zöllner* § 246 Rn. 6; *Happ/Tielmann* AktienR 18.01 Rn. 8). Bei der Anfechtung eines Gewinnverwendungsbeschlusses oder der Feststellung des Jahresabschlusses durch die Hauptversammlung wird die einmonatige Anfechtungsfrist des § 246 Abs. 1 AktG durch eine erneute Prüfung des Jahresabschlusses nach § 316 Abs. 3 HGB nicht verlängert (§§ 254 Abs. 2 S. 2, 257 Abs. 2 S. 2 AktG).

51 Für die Nichtigkeitsklage sieht das Gesetz keine Klagefrist vor. Dies ist folgerichtig, da der nichtige Beschluss kraft Gesetzes ungültig ist. Zur Heilung vgl. § 242 Abs. 2 AktG).

5. Begründetheit der Beschlussmängelklage

a) Nichtige Beschlüsse

52 Die Gründe für die Nichtigkeit von Hauptversammlungsbeschlüssen sind in §§ 241, 250, 253 und 256 AktG abschließend aufgezählt. Aufgrund der Rechtsfolge des § 241 AktG (Nichtigkeit des Beschlusses ohne darauf gerichtete Klage) handelt es sich bei der Nichtigkeitsklage gem. § 249 AktG um eine Feststellungsklage. Mit dem Urteil wird die seit Beschlussfassung, also anfänglich, und für und gegen jedermann bestehende Nichtigkeit bestätigt (*Happ/Tielmann* AktienR 18.01 Rn. 11).

53 Gem. § 241 Nr. 1 AktG ist ein Beschluss der Hauptversammlung nichtig, wenn die Versammlung unter Verstoß gegen § 121 Abs. 2 und 3 oder 4 AktG einberufen worden ist. Zu nennen sind exemplarisch die Einberufung durch Unbefugte (BGHZ 11, 231, 236), die unrichtige Angabe von Teilnahmebedingungen (auch bei gleichzeitiger richtiger Angabe von Stimmrechtsbedingungen) (OLG Frankfurt am Main AG 1991, 208, 209), die nicht ordnungsgemäße Bekanntmachung eines Tagesordnungspunktes (LG Oldenburg DB 1993, 576) und die ungenaue Angabe von Firma oder Sitz (OLG Düsseldorf ZIP 1997, 1153, 1159 f.).

54 Zur Nichtigkeit führen des Weiteren gem. § 241 Nr. 2 AktG Beurkundungsmängel, wenn sie unter § 130 Abs. 1, 2 oder 4 AktG fallen. Als Beurkundung in diesem Sinne gilt auch das privatschriftliche Protokoll, das in den Fällen nicht börsennotierter Gesellschaften gem. § 130 Abs. 1 Satz 3 AktG zulässig ist (*Hüffer* AktG § 241 Rn. 13, *Happ/Tielmann* AktienR 18.01 Rn. 11). Nichtigkeitsgründe sind insbesondere die fehlende Beurkundung (außer in den Fällen des § 130 Abs. 1 Satz 3 AktG) (MünchKomm AktG/*Hüffer* § 241 Rn. 38 ff.), das Fehlen der in § 130 Abs. 2 AktG vorgeschriebenen förmlichen oder inhaltlichen Mindestangaben sowie das Fehlen der nach § 130 Abs. 4 AktG vorgeschriebenen Unterschrift des Notars bzw. des Aufsichtsratsvorsitzenden oder Hauptversammlungsleiters (*Hüffer* AktG § 241 Rn. 13; *Happ/Tielmann* AktienR 18.01 Rn. 11).

55 § 241 Nr. 3 AktG umschreibt zur Nichtigkeit führende Inhaltsmängel (Unvereinbarkeit mit dem Wesen der Aktiengesellschaft oder Gesetzesverstoß). § 241 Nr. 3 AktG hat insoweit abschließenden Charakter bezüglich der Inhaltsmängel – abgesehen von §§ 241 Nr. 4, 250, 253 und 256 AktG (*Hüffer* AktG § 241 Rn. 15; a. A. *Geßler* ZGR 1980, 427, 444). Zu den Gläubiger schützenden Vorschriften gehören alle Normen, die speziell auf Gläubigerschutz gerichtet sind, wie §§ 225, 233, 303 und 321 AktG, sowie die auch der Kapitalerhaltung dienenden Normen wie §§ 57, 58 Abs. 4, 71 ff. (*Hüffer* AktG § 241 Rn. 17). Bei der Prüfung, ob andere Vorschriften verletzt wurden, die – ausschließlich oder überwiegend – im öffentlichen Interesse gegeben sind, ist der Begriff des öffentlichen Interesses weit auszulegen (OLG Düsseldorf AG 1968, 19, 22). Umfasst sind auch Kompetenz überschreitende Hauptversammlungsbeschlüsse, namentlich solche, die in die Geschäftsführungszuständigkeit des

Vorstands eingreifen (MünchKomm AktG/*Hüffer* § 241 Rn. 62; KölnKomm AktG/*Zöllner* § 241 Rn. 26 und 117; s. auch OLG Stuttgart AG 2004, 678, 679). Mit dem Wesen der Aktiengesellschaft unvereinbar sind Beschlüsse, deren Inhalt ersichtlich keinen Bestand haben kann, ohne dass sich das Ergebnis auf bestimmte Vorschriften stützen lässt (vgl. RGZ 21, 148, 156 f.; 49, 77, 79; öOGH AG 2002, 575, 577; s. auch *Hüffer* AktG § 241 Rn. 21). Die Verletzung von Treupflichten fällt hingegen nicht unter das gesetzliche Tatbestandsmerkmal (OLG Düsseldorf AG 2003, 578 f.).

Ein Hauptversammlungsbeschluss ist außerdem gem. § 241 Nr. 4 AktG im Fall der Sittenwidrigkeit nichtig. Praktisch sind vor allem die Fälle der Gläubigerschädigung (z. B. durch Verzicht der Hauptversammlung auf Schadensersatzansprüche gegen Organmitglieder nach Eintritt der Insolvenzreife) (BGH NJW 1952, 98, 99; BGHZ 8, 348, 355; 15, 382, 385 f.; 24, 119; OLG München AG 2001, 197, 198). Der Tatbestand ist enger gefasst als in § 138 Abs. 1 BGB, sodass Nichtigkeit nur gegeben ist, wenn der Beschluss für sich allein genommen sittenwidrig ist. Das Zustandekommen, die Beweggründe und der Zweck können hingegen nur eine Anfechtbarkeit begründen (RGZ 131, 141, 145; 146, 385; 166, 129, 132). 56

Schließlich tritt Nichtigkeit gem. § 241 Nr. 5 AktG durch rechtskräftiges Anfechtungsurteil sowie gem. § 241 Nr. 6 AktG aufgrund rechtskräftiger Entscheidung des Registergerichts über die Löschung des Hauptversammlungsbeschlusses nach § 398 FamFG ein. 57

b) Anfechtbare Beschlüsse

Alle übrigen Gesetzesverstöße, die nicht von § 241 Nr. 1 bis 4 AktG erfasst werden, begründen nur eine Anfechtbarkeit des betroffenen Beschlusses (*Hüffer* ZGR 2001, 833, 837). § 243 Abs. 1 AktG bestimmt die Voraussetzungen der Anfechtbarkeit. Hiernach ist die Anfechtungsklage begründet, wenn der Beschluss der Hauptversammlung auf einer Verletzung der Satzung oder des Gesetzes beruht. Eine auf die Verletzung von § 128 AktG gestützte oder gegen Abschlussprüferwahlbeschlüsse gerichtete Anfechtungsklage ist gem. § 243 Abs. 3 AktG indes ausgeschlossen. Gegen Beschlüsse zur Abschlussprüferwahl ist das Ersetzungsverfahren nach § 318 Abs. 3 HGB der abschließende Rechtsbehelf. 58

Als Anfechtungsgründe kommen damit eine Vielzahl von Mängeln in Betracht. Die häufigsten Fälle lassen sich unter den Stichworten der Informationsmängel (z. B. unzureichende Erfüllung von Berichtspflichten – §§ 186 Abs. 4 Satz 2, 293a, 320a, 327c Abs. 2 AktG, § 8 UmwG; Verletzung der Pflicht zur Bekanntmachung des wesentlichen Vertragsinhalts – § 124 Abs. 2 Satz 2, 2. Alt., 293 AktG; fehlende Auslegung des Vertrages ab Einberufung und während der Durchführung der Hauptversammlung – §§ 179a Abs. 2, 293f, 293g Abs. 1 und 2, 327d i. V. m. 327c Abs. 3 AktG, §§ 63, 64 Abs. 1 UmwG), der Verfahrensfehler (z. B. Beschlussvorschläge durch unvollständig besetzten Vorstand – BGH AG 2002, 241; Unterschreitung der Einberufungsfrist – BGHZ 100, 264, 265; Wahlvorschlag für Abschlussprüfer durch Aufsichtsrat und vom unzuständigen Vorstand BGH WM 2003, 437, 439), der Verstöße gegen die mitgliedschaftliche Treuepflicht, soweit sie sich an den Maßstäben der Erforderlichkeit und der Verhältnismäßigkeit messen lassen (grundlegend BGHZ 71, 40, 51 ff. »Kali + Salz«; vgl. auch BGHZ 120, 141, 145 ff.; 125, 239, 244; OLG Braunschweig AG 1999, 84, 86; OLG Stuttgart AG 1998, 529, 531) und der Bewirkung von Sondervorteilen durch die Ausübung des Stimmrechts eines Aktionärs für sich oder einen Dritten zum Nachteil der Gesellschaft oder der anderen Aktionäre (§ 243 Abs. 2 AktG) zusammenfassen. Wegen unrichtiger, unvollständiger und verweigerter Erteilung von Informationen kann nur angefochten werden, wenn ein objektiv urteilender Aktionär die Erteilung der Information als wesentliche Voraussetzung für die sachgerechte Wahrnehmung seiner Teilnahme- und Mitgliedsrechte angesehen hätte (§ 243 Abs. 4 Satz 1 AktG; vgl. zur früheren Rechtslage BGH AG 2005, 87). Soweit eine Anfechtung auf Verfahrensfehler gestützt wird, ist ein rechtlicher Zusammenhang zwischen dem Rechtsverstoß und dem Beschlussergebnis erforderlich (RGZ 167, 151, 165; BGH NJW 1952, 98 f.; BGHZ 86, 1, 3; 107, 296, 306 f.; 119, 1, 18 f.; 122, 211, 238 ff.; BGH AG 1995, 462; OLG Stuttgart AG 1995, 234 f.; OLG München AG 1996, 327, 328). 59

60 Im Prozess trägt der Anfechtungskläger die Darlegungs- und Beweislast für das Vorliegen eines Anfechtungsgrundes und hat damit die Tatsachen darzulegen und zu beweisen, die die Norm voraussetzt, aus der er die ihm günstige Rechtsfolge der Anfechtbarkeit ableitet (MünchKomm AktG/ *Hüffer* § 243 Rn. 145; Happ/*Tielmann* AktienR 18.01 Rn. 10). Das Nachschieben von Unwirksamkeitsgründen nach Ablauf der Ausschlussfrist des § 246 Abs. 1 AktG ist ausgeschlossen (BGH NJW 1993, 400, 404; BGH AG 2006, 158; OLG Düsseldorf DB 2001, 2390, 2391; MünchKomm AktG/*Hüffer* § 246 Rn. 41 ff.; Happ/*Tielmann* AktienR 18.01 Rn. 10). Über die Anfechtungsfrist hinaus können daher zwar generell noch Nichtigkeitsgründe vorgebracht werden. In der Zulässigkeit einer späteren oder Klage erweiternden Nichtigkeitsklage bei einer Identität des Streitgegenstands mit einer anderen Beschlussmängelklage kann jedoch die doppelte Rechtshängigkeit entgegen stehen (*Bub* AG 2002, 679 unter Bezug auf BGH AG 2002, 677 ff.). Nach dem von der h. M. in der Literatur vertretenen zweigliedrigen Streitgegenstandsbegriff wird der Streitgegenstand einer aktienrechtlichen Anfechtungs- und Nichtigkeitsklage zum einen vom Klageantrag (Nichtigkeit eines bestimmten, im Einzelfall bezeichneten Hauptversammlungsbeschlusses herbeizuführen) und zum anderen von dem zum Antrag vorgetragenen Nebensachverhalt bestimmt (Happ/*Tielmann* AktienR 18.01 Rn. 10 m. w. N.). Demgegenüber verfolgt die Rechtsprechung den eingliedrigen Streitgegenstandsbegriff, nach welchem alleiniger Streitgegenstand einer Anfechtungs- und Nichtigkeitsklage das mit dem Klageantrag verfolgte prozessuale Ziel ist, die richterliche Klärung der Nichtigkeit eines Hauptversammlungsbeschlusses in Bezug auf seine fehlende Übereinstimmung mit Gesetz oder Satzung hinsichtlich seines Gegenstandes und Inhalts sowie des zur Beschlussfassung führenden Verfahrens herbeizuführen (BGH AG 2002, 676; vgl. auch *Bub* AG 2002, 679 f.; *Bork* NZG 2002, 1094 f.). Dementsprechend ist eine erneute Erhebung einer Nichtigkeitsklage gegen einen Beschluss, der aufgrund anderer behaupteter Mängel bereits Gegenstand einer Beschlussmängelklage war, unabhängig von den Tatsachen, auf die sie sich stützt, unzulässig (*Bub* AG 2002, 679; Happ/*Tielmann* AktienR 18.01 Rn. 10).

61 Durch das Anfechtungsurteil wird der zunächst wirksame Hauptversammlungsbeschluss gem. § 241 Nr. 5 AktG für nichtig erklärt. Das der Anfechtungsklage stattgebende Urteil ist ein Gestaltungsurteil und führt zur Nichtigkeit des Hauptversammlungsbeschlusses ab Rechtskraft des Urteils. Das Urteil wirkt für und gegen alle Aktionäre sowie die Mitglieder des Vorstands und des Aufsichtsrats, auch wenn sie nicht Partei des Anfechtungsstreits waren (§ 248 Abs. 1 AktG). Bei bereits eingetragenen Kapitalerhöhungs- bzw. Kapitalherabsetzungsbeschlüssen führt die Anwendung der Lehre von der fehlerhaften Gesellschaft dazu, dass das Anfechtungsurteil Rechtswirkungen ex nunc, also nur für die Zukunft entfaltet (BGHZ 139, 225, 231 ff.). Mit der Rechtskraft ist damit die Grundkapitalziffer mit einem bei Kapitalerhöhung entsprechend geringeren und bei Kapitalherabsetzung entsprechend höheren Betrag zu bilanzieren (Happ/*Tielmann* AktienR 18.01 Rn. 13). Diese ungewollte Folge und Bestandskraft einer Kapitalmaßnahme trotz erfolgreicher Anfechtung kann nur aufgrund eines Freigabeschlusses nach § 246a AktG vermieden werden (vgl. dazu Rdn. 74 ff.).

62 Werden Sonderbeschlüsse aufgrund der Anfechtung für nichtig erklärt, bleibt ein fehlerfreier Hauptversammlungsbeschluss schwebend unwirksam. Die fehlende Zustimmung durch Sonderbeschluss kann nachgeholt werden (Kölner Kommentar AktG/*Zöllner* § 138 Rn. 30; GroßkommAktG/*Betzenberger* § 138 Rn. 30).

6. Bekanntmachungspflichten

63 Der Vorstand hat die Erhebung einer Anfechtungs- oder Nichtigkeitsklage und den Termin zur mündlichen Verhandlung unverzüglich nach Zustellung der Klage in den Gesellschaftsblättern bekannt zu machen (§§ 246 Abs. 4, 249 Abs. 1 S. 1 AktG). Soweit die Anfechtungsklage mit einer positiven Beschlussfeststellungsklage verbunden wird, ist auch deren Erhebung bekannt zu machen (BGHZ 97, 28, 31 f.).

7. Kosten und Streitwert

Der Streitwert wird gem. § 47 Abs. 1 AktG nach billigem Ermessen unter Berücksichtigung aller Umstände des Einzelfalls, insbesondere der Bedeutung der Sache für die Parteien bestimmt. Gleiches gilt für die Beschwerde des Rechtsmittelführers (BGH ZIP 1981, 1335, 1336). Das Interesse des Klägers an der Nichtigkeit des Beschlusses bestimmt sich wirtschaftlich anhand der Auswirkungen, die eine Nichtigkeit des Hauptversammlungsbeschlusses für den anfechtenden Aktionär und die Gesellschaft hätte. Grundsätzlich ist der Streitwert auf ein Zehntel des Grundkapitals oder, wenn das Grundkapital 5 Mio. € übersteigt, auf den Höchstbetrag von 500.000 € begrenzt (§ 247 Abs. 1 AktG). Der Höchstbetrag kann nur überschritten werden, wenn die Bedeutung für den Kläger höher zu bewerten ist (*Baums* FS Lutter, 2000, S. 283, S. 285). Um finanziell schwachen Aktionären die Klage zu ermöglichen, kann der Streitwert der wirtschaftlichen Lage des klagenden Aktionärs gem. § 247 Abs. 2 AktG angepasst werden.   64

Die Kosten des Rechtsstreits einschließlich der eigenen Anwaltskosten und der Kosten des Verfahrens trägt gem. § 91 ZPO die unterliegende Partei (kritisch *Baums* FS Lutter, 2000, S. 283).   65

II. Besondere Beschlussmängelstreitigkeiten

Für bestimmte Hauptversammlungsbeschlüsse sieht das Gesetz themenspezifisch besondere Nichtigkeits- oder Anfechtungsgründe vor. Prozessual weisen die entsprechenden Verfahren keine Besonderheiten auf. Die Hauptversammlungsbeschlüsse werden vielmehr durch »normale« Nichtigkeits- oder Anfechtungsklage angegriffen.   66

1. Anfechtung der Wahl von Aufsichtsratsmitgliedern

Aus Gründen der Rechtssicherheit und Rechtsklarheit kann die Nichtigkeit von Beschlüssen über die Wahl des Aufsichtsrats nicht aus den Generalklauseln des § 241 Nr. 3 oder Nr. 4 AktG abgeleitet werden. Gem. dem Katalog der Nichtigkeitsgründe des § 241 AktG sind Wahlbeschlüsse nur bei Einberufungs- oder Beurkundungsfehlern i. S. v. § 241 Nr. 1 und 2 AktG nichtig sowie bei rechtskräftigem Anfechtungsurteil gem. § 241 Nr. 5 AktG. Daneben bestimmt § 250 Abs. 1 AktG weitere Nichtigkeitsgründe. Nichtigkeit ist hiernach auch gegeben, wenn der Aufsichtsrat unter Verstoß gegen §§ 96 Abs. 2, 97 Abs. 2 Satz 1 oder 98 Abs. 4 AktG zusammengesetzt wird, die Hauptversammlung eine nicht vorgeschlagene Person wählt, obwohl sie an Wahlvorschläge gebunden ist (§§ 6 und 8 MontanMitbestG), durch die Wahl die gesetzliche Höchstzahl der Aufsichtsratsmitglieder überschritten wird (§ 95 AktG) oder die gewählte Person nach § 100 Abs. 1 und 2 AktG bei Beginn ihrer Amtszeit nicht Aufsichtsratsmitglied sein kann.   67

Die Wahl eines Aufsichtsratsmitglieds ist nach § 251 AktG im Fall der Verletzung des Gesetzes oder der Satzung anfechtbar. Ist die Hauptversammlung an Wahlvorschläge gebunden, kann die Anfechtung auch darauf gestützt werden, dass der Wahlvorschlag gesetzwidrig zustande gekommen ist (§ 251 Abs. 1 AktG). Gesetzesverletzungen sind insbesondere in Verstößen gegen §§ 126, 127 und 137 AktG zu sehen.   68

§§ 250 und 251 AktG gelten nur für Aufsichtsratswahlen durch Hauptversammlungsbeschluss. Dabei steht der Anwendbarkeit nicht entgegen, wenn die Hauptversammlung an Wahlvorschläge gebunden ist (*Hüffer* AktG § 250 Rn. 2, § 251 Rn. 1). Sowohl für die Nichtigkeits- als auch für die Anfechtungsklage bestimmt das Gesetz eine Erweiterung des Kreises der Parteifähigen: Für Nichtigkeitsklagen erklärt § 250 Abs. 2 AktG auch Betriebsräte, Sprecherausschüsse, Gewerkschaften und deren Spitzenorganisationen für parteifähig. Dies schließt die Fähigkeit ein, sich als Nebenintervenient am Rechtsstreit zu beteiligen (RegBegr. *Kropff* S. 357). Anfechtungsbefugt sind nach § 251 Abs. 2 AktG Aktionäre unter den zusätzlichen Voraussetzungen des § 245 Nr. 1 und 2 AktG und auch der Vorstand als Organ. Wie bei der Nichtigkeitsklage sind hinsichtlich der Wahl von Aufsichtsratsmitgliedern, die nach dem MontanMitbestG auf Vorschlag der Betriebsräte gewählt werden, auch Betriebsräte, Gewerkschaften und deren Spitzenorganisationen anfechtungsbefugt.   69

Die Wahl eines weiteren Mitglieds, das nach dem MontanMitbestG oder der MitbestErgG auf Vorschlag der übrigen Aufsichtsratsmitglieder gewählt worden ist, kann auch von jedem Aufsichtsratsmitglied angefochten werden.

2. Anfechtung der Bilanzgewinnverwendung

70 § 253 Abs. 1 AktG zählt abschließend die Gründe für eine Nichtigkeit des Beschlusses über die Verwendung des Bilanzgewinns auf. Es sind dies das Nichtvorliegen oder nicht rechtzeitige Vorliegen des uneingeschränkten Bestätigungsvermerks hinsichtlich der Änderungen des prüfungspflichtigen Jahresabschlusses durch die Hauptversammlung (§ 173 Abs. 3 AktG), die rückwirkende Teilhabe junger Aktien an der Gewinnverwendung ohne Eintragung des Beschlusses in das Handelsregister innerhalb Drei-Monats-Frist (§ 217 Abs. 2 AktG) sowie die Nichtigkeitsgründe des § 241 AktG. Typische Nichtigkeitsgründe i. S. v. § 241 AktG sind Verstöße gegen die Bindung an den festgestellten Jahresabschluss (§ 174 Abs. 1 Satz 2 i. V. m. § 241 Nr. 3 AktG) sowie die erfolgreiche Anfechtung wegen übermäßiger Rücklagenbildung nach § 254 AktG. Daneben tritt Nichtigkeit ein, wenn die Feststellung des Jahresabschlusses nichtig ist und der Gewinnverwendungsbeschluss auf dem Jahresabschluss beruht. Die Feststellung des Jahresabschlusses ist nur unter den Voraussetzungen des § 256 AktG – einschließlich der Anfechtung gem. § 257 AktG – nichtig. Allerdings wird die Nichtigkeit des Gewinnverwendungsbeschlusses nach § 253 Abs. 1 Satz 2 AktG geheilt, wenn auch die vorgelagerte Nichtigkeit des Jahresabschlusses gem. § 256 Abs. 6 AktG geheilt ist.

71 Verstöße gegen § 174 Abs. 2 AktG führen nur zur Anfechtbarkeit (MünchKomm AktG/*Hüffer* § 253 Rn. 7 m. w. N.). Insoweit bestimmt § 254 Abs. 1 AktG, dass der Beschluss über die Verwendung des Bilanzgewinns nur nach § 243 AktG sowie im Fall übermäßiger Rücklagenbildung angefochten werden kann. Zweck dieses materiellen Anfechtungsgrundes ist der Schutz der Minderheit vor einer Aushungerungspolitik der Mehrheit (RegBegr. *Kropff* S. 340). Maßgebliche Schwelle, die unter den weiteren Voraussetzungen des § 254 Abs. 1 AktG nicht unterschritten werden darf, ist eine Gewinnverteilung i. H. v. 4 % des durch Einlagen belegten Grundkapitals.

72 Greift ein Aktionär den Gewinnverwendungsbeschluss im Wege der Anfechtungsklage an, fehlt ihm für eine weitere Klage nach § 256 ZPO auf Feststellung der Unrechtmäßigkeit einer dividendenabhängigen Vergütungsausschüttung an die Aufsichtsratsmitglieder das Rechtsschutzbedürfnis (LG Frankfurt am Main DB 2001, 1083, 1084).

3. Anfechtung des Kapitalerhöhungsbeschlusses unter Bezugsrechtsausschluss

73 Für die Kapitalerhöhung unter Bezugsrechtsausschluss sieht § 255 Abs. 2 AktG – ohne Beschränkung der allgemeinen Anfechtungsgründe – einen besonderen Anfechtungsgrund vor. Anfechtbarkeit ist hiernach gegeben, wenn der sich aus dem Erhöhungsbeschluss ergebende Ausgabebetrag oder der Mindestbetrag, unter dem die neuen Aktien nicht ausgegeben werden sollen, unangemessen niedrig ist. Diese Regelung gilt für Sachkapitalerhöhungen analog; insoweit gilt anstelle des Ausgabebetrags der Wert der Sacheinlage (BGHZ 71, 40, 51).

III. Freigabeverfahren

74 Regelmäßig steht der Handelsregistereintragung von Kapitalmaßnahmen und Unternehmensverträgen eine gegen die Wirksamkeit der entsprechenden HV-Beschlüsse erhobene Klage aufgrund der aus § 21 FamFG folgenden Aussetzungsbefugnis in aller Regel entgegen. Für die Eintragung einer Eingliederung gem. § 319 AktG oder des Übernahmebeschlusses im Rahmen des Squeeze-Out gem. § 327e AktG gilt bei Beschlussmängelklagen eine gesetzliche Registersperre. Um Missbrauch durch anfechtende Aktionäre zu verhindern, hat der Gesetzgeber ein Eilverfahren entwickelt, mit welchem schon vor rechtskräftiger Entscheidung über eine Anfechtungsklage unter bestimmten Voraussetzungen die Registereintragung durchgesetzt werden kann.

1. Kapitalmaßnahmen und Unternehmensverträge

Bei dem sog. Freigabeverfahren i. S. v. § 246a AktG handelt es sich um ein besonderes, den Regeln der ZPO unterliegendes Eilverfahren, welches die Durchsetzung der Registereintragung von Hauptversammlungsbeschlüssen über eine Maßnahme der Kapitalbeschaffung, der Kapitalherabsetzung (§§ 182 bis 240 AktG) oder einen Unternehmensvertrag (§§ 291 bis 397 AktG) bezweckt. Das Freigabeverfahren setzt einen entsprechenden Hauptversammlungsbeschluss voraus, gegen den Klage i. S. v. § 253 Abs. 1 ZPO erhoben sein muss. Das Freigabeverfahren kann nicht nur bei Anfechtungsklagen stattfinden, sondern auch bei Nichtigkeitsklagen (*M. Winter* FG Happ, 2006, S. 363, 368f; *Hüffer* AktG § 246a Rn. 2; Happ/*Thielmann* AktienR 18.02 Rn. 3f.).

75

a) Gerichtliches Verfahren

Das Freigabeverfahren setzt einen Antrag der Gesellschaft voraus. Diese wird nach zutreffender Auffassung gem. § 78 AktG nur durch ihren Vorstand vertreten (OLG Bremen AG 2009, 203; OLG Frankfurt am Main AG 2010, 39 f.; OLG Hamm AG 2005, 773, 774; *Faßbender* AG 2006, 872, 874; a. A. i. S. d. Doppelvertretung durch Vorstand und Aufsichtsrat: OLG Düsseldorf NZG 2004, 328). Der Antrag richtet sich gegen sämtliche Anfechtungskläger (OLG Jena AG 2007, 31, 32). Etwaige Nebenintervenienten des Anfechtungsprozesses müssen mangels notwendiger Streitgenossenschaft nicht in das Freigabeverfahren einbezogen werden (OLG Frankfurt am Main AG 2008, 667, 668 f.; OLG Jena AG 2007, 31, 32; OLG Düsseldorf AG 2005, 654; OLG Stuttgart AG 2005, 662, 663).

76

Ist die Eintragung des Hauptversammlungsbeschlusses trotz Anfechtung erfolgt, kann gleichwohl ein Freigabeverfahren initiiert werden, weil angesichts der Möglichkeit der Amtslöschung aus § 395 FamFG auf diese Weise auch Bestandsschutz erreicht werden kann (OLG München DB 2006, 1608, 1610; vgl. auch RegBegr. BR-Drucks. 3/05, S. 56 f.; a.A. LG Hannover ZIP 2007, 2218, 2219).

77

Die Zuständigkeit liegt nicht mehr beim für die Anfechtungs- oder Nichtigkeitsklage zuständigen Prozessgericht, sondern gem. § 246a Abs. 1 S. 3 AktG bei einem Senat des nach dem Gesellschaftssitz zuständigen OLG. Die Antragsschrift kann analog § 82 ZPO dem Prozessbevollmächtigten zugestellt werden, den die Antragsgegner für die Beschlussmängelklage bestellt haben (LG Münster AG 2007, 377, 378). In dringenden Fällen ist eine mündliche Verhandlung gem. § 246a Abs. 3 S. 2 AktG entbehrlich.

78

b) Feststellungsinhalt und Entscheidungswirkungen

Sind die Voraussetzungen des § 246a Abs. 2 erfüllt, so stellt das Prozessgericht durch Beschluss fest, dass die Anfechtungsklage der Eintragung des angegriffenen Hauptversammlungsbeschlusses nicht entgegensteht und mögliche Mängel des Beschlusses die Wirkung seiner Eintragung unberührt lassen. Der Beschluss soll gem. § 246a Abs. 3 Satz 6 AktG 3 Monate nach Antragstellung ergehen; Verzögerungen sind Begründungspflichtig und bedürfen eines selbstständigen Beschlusses. Mit dem Eintritt seiner Rechtskraft wird der Beschluss für das Registergericht bindend. Die Bestandkraft wirkt nach § 246a Abs. 3 Satz 3 AktG nicht nur für und gegen die Antragsteller und die Gesellschaft, sondern für und gegen jedermann. Stellt sich später die Anfechtungsklage als begründet heraus, besteht eine Schadensersatzpflicht der Gesellschaft.

79

Der Beschluss ist gem. § 246a Abs. 3 S. 4 AktG unanfechtbar.

80

c) Beschlussvoraussetzungen

Die Entscheidung über den Freigabeantrag hängt gem. § 246 Abs. 2 AktG von den Erfolgsaussichten der Klage, dem Nachweis der Aktionärseigenschaft durch den Anfechtungskläger oder einer Interessenabwägung ab.

81

Die Anfechtungsklage steht der Handelsregistereintragung des angefochtenen Beschlusses in der ersten Variante des § 246a Abs. 2 Nr. 1 AktG nicht entgegen, wenn sie unzulässig oder offensichtlich unbegründet ist. Nach h. M. ist eine Klage offensichtlich unbegründet, wenn die Sach- und Rechtslage eindeutig ist oder gleichbedeutend andere Beurteilungen unvertretbar sind (KG AG 2009, 30, 32; OLG Düsseldorf AG 2004, 207 f.; OLG Frankfurt am Main AG 1998, 428, 429; 2003, 573, 574; 2006, 249, 250; OLG Hamburg AG 2003, 441, 444; 2003, 696; NZG 2005, 86; OLG Hamm AG 1999, 422; 2005, 361; OLG Jena AG 2007, 31, 32; OLG Karlsruhe ZIP 2007, 270, 271; OLG Köln AG 2004, 39; OLG Stuttgart AG 2003, 456; 2004, 105, 106). Eine bloß kursorische Prüfung kommt nicht in Betracht (a. A. OLG Stuttgart AG 1997, 138, 139).

82 Ebenso wird die Registereintragung gem. § 246a Abs. 2 Nr. 2 AktG freigegeben, wenn der Anfechtungskläger nicht innerhalb einer Woche nach Zustellung des Freigabeantrags durch Urkunden nachgewiesen hat, dass er seit Bekanntmachung der Einberufung der Hauptversammlung – und auch noch in der Folgezeit (OLG Nürnberg ZIP 2010, 2498, 2499; OLG Bamberg NZG 2014, 306, 307) – einen anteiligen Betrag von mindestens 1.000,– € am Grundkapital hält. Durch diese Beteiligungsgrenze soll verhindert werden, dass sich Kleinstaktionäre als Trittbrettfahrer an Anfechtungsklagen anderer anhängen (OLG Nürnberg ZIP 2010, 2498, 2499; *Florstedt* AG 2009, 465, 472). Bei Kleinstaktienbesitz, der das Bagatellquorum nicht erreicht, werden im Freigabeverfahren die möglichen Nachteile für den Aktionär (falls dessen Anfechtungsklage erfolgreich wäre) vom Gesetzgeber geringer gewichtet als die Nachteile, die die Aktiengesellschaft infolge der durch die erhobene Anfechtungsklage bewirkte Registerblockade erleidet (OLG Nürnberg ZIP 2010, 2498, 2499). Bei der Wochenfrist handelt es sich um eine Ausschlussfrist (OLG Nürnberg ZIP 2010, 2498, 2499). Der Nachweis hat urkundlich zu erfolgen, also durch Vorlage einer Aktienurkunde oder – so wohl der Regelfall – durch Vorlage einer geeigneten Bank- oder Depotbescheinigung im Original. Die Vorlage einer Kopie genügt nicht (OLG Bamberg NZG 2014, 306 f.).

83 Ein vorrangiges Interesse der Gesellschaft am alsbaldigen Wirksamwerden muss alternativ höher zu bewerten sein als das Interesse der Anfechtungskläger am Aufschub (LG Wiesbaden AG 1997, 274; *Bork* ZGR 1993, 343, 363). Es ist insoweit Aufgabe der Gesellschaft als Antragstellerin, ihre Interessen und die der von ihr repräsentierten Aktionäre darzulegen und drohende wesentliche Nachteile substanziiert zu behaupten (LG Freiburg AG 1998, 536, 537). Solche Nachteile liegen vor allem in quantifizierbaren finanziellen Belastungen der Gesellschaft (OLG Hamm AG 2011, 136, 138; vgl. Bsp. bei *Fuhrmann/Linnerz* ZIP 2004, 2306, 2309 f.; s. a. LG München I BB 2006, 459, 460).

2. Eingliederung und Squeeze-Out

a) Gerichtliches Verfahren

84 Für den Fall der Anfechtung einer Eingliederung oder eines Squeeze-Out sieht das Gesetz in §§ 319 Abs. 6, 327e Abs. 2 AktG ein gleichgelagertes Verfahren vor, das aber von der dort geltenden Registersperre und Negativerklärung ausgeht. Auch hier entscheidet das Prozessgericht auf Antrag der Gesellschaft (nicht des Hauptaktionärs), die dabei gem. § 78 AktG durch ihren Vorstand vertreten wird (OLG Hamm ZIP 2005, 1457 f. »GEA«; LG Frankfurt am Main AG 2005, 740, 741 »Höchst«; wohl a. A. OLG Düsseldorf NZG 2004, 328 »Edscha«), durch Beschluss. Die Entscheidung soll innerhalb von 3 Monaten ergehen. Nur in dringenden Fällen ist eine mündliche Verhandlung entbehrlich (OLG München AG 2004, 217). Die Entscheidung kann mit den sofortigen Beschwerden binnen einer Notfrist von 2 Wochen angegriffen werden.

b) Feststellungsinhalt und Entscheidungswirkungen

85 Ein Senat des OLG, in dessen Bezirk die AG ihren Sitz hat (§ 319 Abs. 6 S. 7 AktG), entscheidet über den Antrag durch Beschluss. Er stellt fest, dass die gegen die Wirksamkeit des Hauptversammlungsbeschlusses erhobene Klage seiner Eintragung nicht entgegensteht. Die Wirkung des Beschlusses erschöpft sich darin, die Negativerklärung des Vorstands zu ersetzen; weitere Prüfungen und

Eintragungsverfügungen bleiben Sache des Registerrichters (*Hüffer* AktG § 319 Rn. 17). Stellt sich nachträglich heraus, dass die Anfechtungsklage begründet war, bleibt es bei der Eintragung; die Gesellschaft ist gem. § 319 Abs. 6 Satz 7 (i. V. m. § 327e Abs. 2) AktG gegenüber den Antragsgegnern schadensersatzpflichtig.

Der Beschluss ist gem. § 319 Abs. 6 S. 9 AktG unanfechtbar. 86

c) Beschlussvoraussetzungen

§§ 327a Abs. 2, 319 Abs. 6 S. 2 AktG enthalten drei Freigabegründe, die denen des Freigabeverfahrens nach § 246a AktG entsprechen. In der Praxis ist die offensichtliche Unbegründetheit der Klage der wichtigste Grund für eine Freigabe nach § 327a AktG, da der Minderheitenausschluss in einem sehr formalisierten Verfahren stattfindet, dessen einzelne Schritte einschließlich der Hauptversammlung gut dokumentiert sind, sodass Tatsachen selten streitig sind (MünchHdB AG/*Austmann* § 74 Rn. 79). Ein besonderes Vollzugsinteresse des Hauptaktionärs lässt sich demgegenüber nur in besonderen Fällen denken, etwa dem Squeeze-out als Teil einer Umwandlung oder sonstigen umfassenderen Umstrukturierung (RegBegr. BT-Drucks. 14/7034, S. 73). 87

C. Klagerechte von Aufsichtsrat und Aufsichtratsmitgliedern

Die Klagebefugnis des Aufsichtsrats oder einzelner Aufsichtratsmitglieder ist differenziert zu betrachten, da sie sich nach dem Inhalt des als verletzt gerügten Rechts und der Frage richtet, wem dieses Recht materiell-rechtlich zugeordnet ist. 88

I. Beschlussmängelstreitigkeiten bei Hauptversammlungsbeschlüssen

Jedes Mitglied des Aufsichtsrats ist gem. § 249 Abs. 1 S. 1 AktG befugt, Nichtigkeitsklage gegen einen Hauptversammlungsbeschluss zu erheben (*Hüffer* AktG § 249 Rn. 7). Für die Klage auf Feststellung der Nichtigkeit des Jahresabschlusses bestimmt das Gesetz die Klagebefugnis der einzelnen Mitglieder des Aufsichtsrats explizit in §§ 256 Abs. 7 i. V. m. 249 Abs. 1 AktG (vgl. auch BGHZ 124, 111). 89

Eine Anfechtungsbefugnis ergibt sich nach näherer Maßgabe von § 245 Nr. 5 AktG. Ersatzmitglieder des Aufsichtsrats haben das Anfechtungsrecht erst, wenn sie gem. § 101 Abs. 3 S. 2 AktG in den Aufsichtsrat eingerückt sind (*Hüffer* AktG § 245 Rn. 31). Maßgeblich ist die Mitgliedschaft im Aufsichtsrat im Zeitpunkt der Klageerhebung, nicht im Zeitpunkt der Beschlussfassung. Ein Amtsverlust nach Klageerhebung führt nach überwiegender Auffassung nicht zum Wegfall der Anfechtungsbefugnis (GroßKomm AktG/*K. Schmidt* § 245 Rn. 40; KölnKomm/*Zöllner* AktG § 245 Rn. 74; *Hüffer* AktG § 245 Rn. 31). Die Anfechtungsbefugnis ist nicht an förmliche Voraussetzungen wie die Anwesenheit in der Hauptversammlung oder Widerspruch zur Niederschrift gebunden. Allerdings muss es sich um einen ausführungsbedürftigen Beschluss handeln, wozu insbesondere Beschlüsse gehören, die zur Eintragung in das Handelsregister anzumelden sind (*Hüffer* AktG § 245 Rn. 32). 90

Erhebt das Aufsichtsratsmitglied Anfechtungs- oder Nichtigkeitsklage, ist es selbst Prozesspartei. Es liegt kein Fall der Prozessstandschaft vor. Entsprechend trägt das einzelne Aufsichtsratsmitglied auch das Kostenrisiko, hat aber einen Aufwendungsersatzanspruch gegen die Gesellschaft nach Maßgabe der §§ 670, 675 BGB (MünchKomm AktG/*Hüffer* § 245 Rn. 76). 91

II. Beschlussmängelstreitigkeiten bei Aufsichtsratsbeschlüssen

Das Gesetz sieht eine Möglichkeit der Anfechtung von Aufsichtsratsbeschlüssen nicht ausdrücklich vor. Gleichwohl ist jedem Mitglied des Aufsichtsrats eine Klagebefugnis zuzubilligen. 92

Nach der Rechtsprechung des BGH ist jeder Beschluss des Aufsichtsrats, der seinem Inhalt nach oder durch das Verfahren gegen zwingende Vorschriften des Gesetzes oder der Satzung verstößt, nichtig (BGHZ 124, 111, 115 »Vereinte Krankenversicherung«; BGHZ 122, 342, 346 93

»Hamburg-Mannheimer«). Demgegenüber wird im Schrifttum z.T. unter Bildung von Fallgruppen zwischen nichtigen und lediglich anfechtbaren Beschlüssen unterschieden (vgl. dazu etwa KölnKomm AktG/*Mertens* § 108 Rn. 82 ff.; MünchHdB AG/*Hoffmann-Becking* § 31 Rn. 108 f.; *Baums* ZGR 183, 300, 305).

94 Die Rechtsprechung hat zur Konsequenz, dass die Nichtigkeit eines fehlerhaften Aufsichtsratsbeschlusses im Wege der Klage gerichtlich festzustellen ist. Das Feststellungsinteresse ergibt sich ohne Weiteres aus der Stellung als Mitglied des Aufsichtsrats und der daraus folgenden Mitverantwortung für die Rechtmäßigkeit der Beschlüsse des Organs (BGHZ 135, 244 »Arag/Garmenbeck«; vgl. auch BGHZ 124, 111, 115; 122, 342, 350; 83, 144, 146). Die Klage richtet sich nach h. M. nicht gegen den Aufsichtsrat, sondern gegen die Gesellschaft, die im Rechtsstreit vom Vorstand vertreten wird (BGHZ 135, 244; 122, 342, 344; 83, 144, 146; OLG Hamburg WM 1992, 1278; MünchHdB AG/*Hoffmann-Becking* § 33 Rn. 72; a.A. *Hommelhoff* ZHR 143 [1979], 288, 314 f.; *Häsemeyer* ZHR 144 [1980], 265, 274; *Bork* ZGR 1989, 1, 22).

III. Durchsetzung organschaftlicher Befugnisse

95 Eine Verletzung organschaftlicher Befugnisse ist in verschiedener Hinsicht denkbar. Zum einen kommen Rechtsstreitigkeiten zwischen einzelnen Organen in Betracht, bei denen das Gesamtorgan Aufsichtsrat seine organschaftlichen Befugnisse gegenüber einem anderen Organ (insbesondere dem Vorstand) klageweise durchsetzen möchte. Zum anderen kommt die Durchsetzung individueller Befugnisse des einzelnen Aufsichtsratsmitglieds in Betracht. Hier ist weiter danach zu differenzieren, ob es sich um einen internen Streit innerhalb des Aufsichtsrats handelt oder um einen Streit mit einem anderen Organ.

1. Durchsetzung von Rechten des Gesamtgremiums

96 Die Voraussetzungen und Grenzen eines Streites zwischen verschiedenen Organen, namentlich zwischen Aufsichtsrat und Vorstand, werden in der Literatur kontrovers diskutiert. Wohl überwiegend wird unter engen Voraussetzungen eine Klage des Gesamtaufsichtsrats zur Abwehr von Eingriffen in die eigenen gesetzlichen Kompetenzen durch den Vorstand zugelassen, eine Organklage des Aufsichtsrats gegen den Vorstand auf rechtmäßiges Verhalten in Fragen der Geschäftsführung jedoch abgelehnt (offen gelassen bei BGHZ 106, 54, 60 »Opel«; vgl. *Raiser* AG 1989, 185, 188 f.; *Brücher* AG 1989, 190; vgl. auch *Hüffer* AktG § 90 Rn. 23).

2. Durchsetzung von Befugnissen einzelner Aufsichtsratsmitglieder

97 Bestehen Streitigkeiten zwischen einem oder mehreren Aufsichtsratsmitgliedern und dem Aufsichtsratsvorsitzenden, z. B. über ein Verbot der Teilnahme an einer Ausschusssitzung nach § 109 Abs. 2 AktG (MünchKomm AktG/*Habersack* § 109 Rn. 31), über Auskünfte zu Beschlüssen des Personalausschusses (LG Düsseldorf AG 1988, 386) oder über die Aushändigung eines schriftlichen Vorstandsberichts nach § 90 Abs. 5 Satz 2 AktG (BGHZ 106, 54, 62), so ist dem Aufsichtsratsmitglied unstreitig eine Klagebefugnis zuzusprechen. Umstritten ist, ob der Aufsichtsrat als Organ oder der Aufsichtsratsvorsitzende oder die Gesellschaft (vertreten durch den Vorstand) zu verklagen ist (BGHZ 85, 293, 295 »Hertie«, *Hüffer* AktG § 90 Rn. 22 und KölnKomm AktG/*Mertens* § 90 Rn. 66: Klage gegen die Gesellschaft; LG Düsseldorf AG 1988, 386: Klage gegen den Vorstand; *Bork* ZIP 1991, 137, 143 und *Stodolkowitz* ZHR 154 [190], 1,16: Klage gegen den Aufsichtsrat; *Häsemeyer* ZHR 144 [1980], 265, 248: Klage gegen den Aufsichtsratsvorsitzenden; *Lutter/Krieger* Rechte und Pflichten § 10 Rn. 709: Klage gegen die Gesellschaft vertreten durch den Aufsichtsrat).

98 Dem einzelnen Aufsichtratsmitglied stehen auch bestimmte organschaftliche Befugnisse gegenüber anderen Organen zu, bspw. aus § 90 Abs. 3 S. 2 AktG (Berichterstattung des Vorstands an den Aufsichtsrat) und § 118 Abs. 2 AktG (Teilnahme an der Hauptversammlung). Auch hier sind dem einzelnen Aufsichtsratsmitglied Klagebefugnisse zuzusprechen. Streitig ist auch hier allerdings, wer passivlegitimiert ist (LG Dortmund Die Mitbestimmung 1984, 410, LG Bonn AG 1987, 24 und

Stodolkowitz ZHR 154 [1990], 1,15: Klage nach § 90 Abs. 3 S. 2 AktG gegen alle Mitglieder des Vorstands als notwendige Streitgenossen; *Bork* ZIP 1991, 135, 144: Klage gegen den Vorstand; offen gelassen in BGHZ 106, 54, 62 »Opel«.

Eine Klagebefugnis des einzelnen Aufsichtsratsmitgliedes ist jedoch dort zu verneinen, wo dieses anstelle des Gesamtorgans Aufsichtsrat gegen ein kompetenzwidriges oder auch nur allgemein rechtswidriges Verhalten des Vorstands durch Klage vorgehen möchte. Denn die Überwachung des Vorstands steht nach § 111 AktG dem Aufsichtsrat insgesamt und nicht dem einzelnen Aufsichtsratsmitglied zu (BGHZ 106, 54, 63 »Opel«; vgl. auch BGHZ 106, 54, 66 f.; OLG Celle AG 1990, 264 »Pelikan«). 99

D. Ersatzansprüche

I. Ersatzansprüche aus der Gründung oder Geschäftsführung

An verschiedenen Stellen des AktG werden Gesetzesverstöße mit Schadensersatzpflichten sanktioniert. Schadensersatzansprüche der Gesellschaft können sich insbesondere aus der Gründung gegen die nach §§ 86 bis 88, 53 AktG verpflichteten Personen oder aus der Geschäftsführung gegen die Mitglieder des Vorstands und des Aufsichtsrats oder aus § 117 AktG ergeben. Häufig wird der Geltendmachung solcher Schadensersatzansprüche eine Sonderprüfung gem. §§ 142 AktG vorangestellt, die der Vorbereitung dient. Die Durchführung einer Sonderprüfung ist aber weder Voraussetzung für die Geltendmachung von Ersatzansprüchen, noch mündet sie notwendigerweise in der Geltendmachung solcher Ansprüche. Vielmehr bleibt der Aufsichtsrat verpflichtet, eigenständig zu prüfen, ob Ersatzansprüche gegen Vorstandsmitglieder erhoben werden sollen (BGHZ 135, 244 »Arag/Garmenbeck«; vgl. auch MünchHdB AG/*Semler* § 42 Rn. 21). 100

1. Geltendmachung von Ersatzansprüchen

Wird der Aufsichtsrat nicht tätig, so kann die Hauptversammlung mit einfacher Stimmenmehrheit die Erhebung von Ersatzansprüchen gegen Gründer und andere im Rahmen der Gründung ersatzpflichtige Personen sowie amtierende oder ausgeschiedene Mitglieder des Vorstands oder des Aufsichtsrats und gegen die aus § 117 AktG verpflichteten Personen beschließen (§ 147 Abs. 1 S. 1 AktG). Auch Ansprüche gegen ausgeschiedene Verwaltungsmitglieder fallen unter § 147 AktG (RGZ 74, 301, 302; vgl. auch BGHZ 28, 355, 357; BGH NJW 1960, 1667; 1965, 977 – jeweils zur GmbH). Die Anwendung auf konzernrechtliche Ersatzansprüche, namentlich §§ 308, 309, 310 und 317 AktG, ist strittig (vgl. dazu *Hüffer* AktG § 147 Rn. 2a). Bei der Beschlussfassung unterliegen Aktionäre, gegen die sich die Rechtsverfolgung richten soll, dem Stimmverbot aus § 136 Abs. 1 AktG (BGHZ 97, 28, 34 – zur GmbH; *Hüffer* AktG § 147 Rn. 3; MünchHdB AG/*Semler* § 42 Rn. 22). 101

Zur Geltendmachung solcher Ersatzansprüche kann die Hauptversammlung nach § 147 Abs. 2 S. 1 AktG besondere Vertreter bestellen. § 147 Abs. 2 S. 2 AktG ermöglicht es einer qualifizierten Minderheit von Aktionären, die eine Beteiligung von mindestens 10 % des Grundkapitals oder Anteile mit einem anteiligen Betrag von 1 Mio. € repräsentieren, gerichtlich andere Vertreter der Gesellschaft bestellen zu lassen als diejenigen, die nach den allgemeinen Vorschriften oder aufgrund des mit Mehrheit gefassten Hauptversammlungsbeschlusses die Gesellschaft zu vertreten haben. 102

Beschließt die Hauptversammlung die Geltendmachung von Ersatzansprüchen, so müssen diese geltend gemacht werden, und zwar nach der Sollvorschrift des § 147 Abs. 1 S. 2 AktG innerhalb von 6 Monaten nach dem Tag der Hauptversammlung. Wird der gesetzliche oder durch die Hauptversammlung bestimmte besondere Vertreter trotz Hauptversammlungsbeschlusses nicht tätig, kommt nur die Aktionärsklage nach § 148 f. AktG in Betracht (*Hüffer* AktG § 147 Rn. 3 und 5; MünchHdB AG/*Semler* § 42 Rn. 23). 103

Im Rahmen ihres Aufgabenkreises haben die von der Hauptversammlung bestellten besonderen Vertreter selbst Organqualität und verdrängen insoweit Vorstand bzw. Aufsichtsrat (BGH NZG 2011, 104

1383; BGH NJW 1981, 1097, 1098; LG München I ZIP 2007, 1809, 1812; vgl. auch Spindler/Stilz/*Mock* AktG § 147 Rn. 66; K. Schmidt/Lutter/*Spindler* AktG § 147 Rn. 23).

2. Aktionärsklage

105 Ungeachtet dessen, ob zuvor ein Hauptversammlungsbeschluss i. S. v. § 147 AktG gefasst (und nicht durchgeführt) wurde, räumt das Gesetz im Zusammenhang mit der Geltendmachung von Ersatzansprüchen unter bestimmten Voraussetzungen die Möglichkeit der Aktionärsklage ein. Aktionäre, deren Anteile im Zeitpunkt der Antragstellung zusammen 1 % des Grundkapitals oder einen anteiligen Betrag von 100.000 € erreichen, können gem. § 148 AktG die Zulassung beantragen, im eigenen Namen die in § 147 Abs. 1 S. 1 AktG bezeichneten Ersatzansprüche der Gesellschaft geltend zu machen. Im Gegensatz zu § 142 Abs. 2 AktG verlangt das Klagezulassungsverfahren nicht, dass die Antragsteller eine entsprechende Beteiligung bis zur Entscheidung über den Antrag halten (MünchHdB AG/*Semler* § 42 Rn. 25 unter Hinweis auf die RegBegr.).

106 Um das notwendige Quorum zu erreichen, können Aktionäre über das Aktionärsforum i. S. v. § 127a AktG um Beteiligung am Klagezulassungsbegehren werben. Die Antragsteller handeln als GbR, die Verfahrenspartei ist (RegBegr. BR-Drucks. 3/05 S. 43; MünchHdB AG/*Semler* § 42 Rn. 25). Damit können sich auch zu einem späteren Zeitpunkt noch weitere Aktionäre am Zulassungsverfahren beteiligen, indem sie der Antrag stellenden GbR beitreten. Daneben kommt bis zur Entscheidung über die Zulassung der Klage ein Beitritt als Nebenintervenient in Betracht (vgl. insgesamt MünchHdB AG/*Semler* § 42 Rn. 25).

a) Verfahren

107 Das Klagezulassungsverfahren ist ein Verfahren nach der ZPO (RegBegr. BR-Drucks. 3/05 S. 40). Zuständig ist das Landgericht, dort die Kammer für Handelssachen, in dessen Bezirk die Gesellschaft ihren Sitz hat. Die einzelnen Bundesländer können die Zuständigkeit für die Klagezulassungsverfahren bei einem von mehreren an sich zuständigen Landgerichten konzentrieren. Die Entscheidung ergeht durch Beschluss, der mit sofortiger Beschwerde angegriffen werden kann. Die Rechtsbeschwerde ist gem. § 148 Abs. 2 AktG ausgeschlossen. Nach rechtskräftiger Zulassung und nur für börsennotierte Gesellschaften ist eine Bekanntmachung des Klagezulassungsverfahrens in § 149 Abs. 1 AktG vorgesehen.

108 Antragsgegner sind diejenigen Personen, gegen die die Ansprüche gemacht werden sollen. Die Gesellschaft ist i. S. v. §§ 65 Abs. 2, 66 VwGO beizuladen (RegBegr. BR-Drucks. 3/05 S. 40). Entschließt die Gesellschaft sich (z. B. aufgrund des Verfahrensstandes im Klagezulassungsverfahren), selbst Klage zu erheben, so wird das Klagezulassungsverfahren unzulässig. In diesem Fall sind aber die Antragsteller im Klageverfahren gem. § 148 Abs. 3 AktG beizuladen.

b) Besonderheiten des Verfahrens

109 Der Antragsteller (also ggf. die GbR) kann nach rechtskräftiger Zulassung i. S. v. § 148 AktG innerhalb von 3 Monaten die Klage erheben. Voraussetzung ist, dass er zuvor die Gesellschaft nochmals unter Setzung einer angemessenen Frist aufgefordert hat, selbst Klage zu erheben (§ 148 Abs. 4 AktG). Insoweit klagt der Antragsteller im eigenen Namen als Prozessstandschafter einen Anspruch der Gesellschaft ein und kann auch nur Leistung an die Gesellschaft verlangen.

110 Aktionäre, die im Klagezulassungsverfahren als Nebenintervenienten beigetreten sind, können sich auch am Klageverfahren als Nebenintervenienten beteiligen und sind notwendige Streitgenossen i. S. v. § 62 ZPO (MünchHdB GesR AG/Semler § 42 Rn. 27). Auch im Klageverfahren ist die Gesellschaft gem. § 148 Abs. 2 AktG beizuladen. Sie bleibt jederzeit berechtigt, die klagegegenständlichen Ansprüche selbst geltend zu machen, was zu einer Unzulässigkeit der Aktionärsklage führt. In dem Verfahren der Gesellschaft sind die bisherigen Kläger beizuladen.

Das Urteil der Aktionärsklage wirkt für und gegen die Gesellschaft (§ 148 Abs. 5 S. 1 AktG) und für und gegen alle Aktionäre. Dies setzt allerdings die Einhaltung des Prozedere voraus, mit anderen Worten tritt die Rechtsstreiterstreckung nur ein, wenn die Klage erhoben wurde, nachdem das Gericht die Klage zugelassen hat und die Aktionäre die Gesellschaft erneut aufgefordert haben, selbst Klage zu erheben (MünchHdB AG/*Semler* § 42 Rn. 28).

111

c) Kosten des Klagezulassungsverfahrens und der Klage

Über die Kosten des Zulassungsverfahrens wird nach allgemeinen Grundsätzen entschieden: Gem. § 91 ZPO trägt die unterliegende Partei die Kosten, im Fall einer Abweisung des Zulassungsantrags also die Antragsteller, denen grundsätzlich keine materiellen Kostenerstattungsansprüche gegen die Gesellschaft zustehen. Ausnahmen gelten nur dann, wenn der Zulassungsantrag wegen entgegenstehender Gründe des Gesellschaftswohls (§ 148 Abs. 1 Nr. 4 AktG) abgewiesen wird. In diesem Fall muss die Gesellschaft die Kosten erstatten, wenn sie die Gründe vor Einbringen des Zulassungsantrags hätte vorbringen können (§ 148 Abs. 6 AktG). Wird das Klagezulassungsverfahren unzulässig, weil die Gesellschaft selbst Klage erhoben hat, ist Erledigung der Hauptsache zu erklären und richtet sich die Kostentragung nach § 91a ZPO (vgl. insgesamt MünchHdB AG/*Semler* § 42 Rn. 29).

112

Der Gebührenstreitwert für das Klagezulassungsverfahren beträgt gem. § 53 Abs. 1 S. 2 GKG regelmäßig höchstens 500.000 €. Die anwaltliche Verfahrensgebühr beläuft sich auf 0,75 einer vollen Gebühr nach Nr. 3325 VV (Anlage 1) zum RVG.

113

Für das Klageverfahren gilt eine modifizierte Kostentragungsregelung aus § 148 Abs. 6 S. 5. Soweit die Klage erfolgreich ist, hat die Gesellschaft die Kosten nach allgemeinen Grundsätzen zu tragen. Wird die Klage abgewiesen, trifft den im eigenen Namen als Prozessstandschafter klagenden Aktionär zwar die prozessuale Kostentragungspflicht; er kann jedoch von der Gesellschaft Erstattung dieser Kosten verlangen, sofern nicht die Klagezulassung durch vorsätzlich oder grob fahrlässig unrichtigen Vortrag erwirkt wurde. Wird die Klage unzulässig, weil die Gesellschaft selbst Klage erhebt, gelten die gleichen Grundsätze wie bei der Zulassungsklage (vgl. Rdn. 112).

114

d) Verfahrensbeendigung

Die Klage kann nicht nur durch Urteil beendet werden, sondern nach allgemeinen zivilprozessualen Grundsätzen auch durch Klagerücknahme oder Vergleich. Um Missbräuche zu verhindern, sind Verfahrensbeendigungen bei börsennotierten Gesellschaften bekannt zu machen. Die Gesellschaft selbst kann die Klage nur zurücknehmen, wenn die Hauptversammlung zustimmt und nicht eine Minderheit, deren Anteile zusammen 10 % des Grundkapitals erreichen, widerspricht (§ 148 Abs. 6 i. V. m. § 93 Abs. 4 AktG). Für einen Anspruchsverzicht durch Vergleich gilt § 93 Abs. 4 AktG unmittelbar; insoweit ist ebenfalls die Zustimmung der Hauptversammlung erforderlich. Von diesem Grundsatz sieht das Gesetz auch dann keine Ausnahme vor, wenn die als Prozessstandschafter klagenden Aktionäre einen Vergleich abschließen wollen (vgl. hierzu sowie zu weiteren Differenzierungen *Paschos/Neumann* DB 2005, 1779, 1785 f.).

115

II. Unrichtige Darstellung, § 400 AktG

Die unrichtige Darstellung ist im Wesentlichen unter dem Stichwort »Haftung für fehlerhafte Kapitalmarktinformationen« bekannt. Sie geht jedoch darüber hinaus und betrifft nicht nur börsennotierte Aktiengesellschaften, sondern auch alle anderen. Sanktioniert ist zum einen die unrichtige Wiedergabe oder Verschleierung der Verhältnisse der Gesellschaft einschließlich ihrer Beziehungen zu verbundenen Unternehmen in Darstellungen oder Übersichten über den Vermögensstand, in Vorträgen oder Auskünften in der Hauptversammlung. Darüber hinaus sind Tathandlung falsche Angaben oder die unrichtige Wiedergabe oder Verschleierung der Verhältnisse der Gesellschaft in Aufklärungen oder Nachweisen, die nach den Vorschriften des AktG einem Prüfer der Gesellschaft oder eines verbundenen Unternehmens zu geben sind, sowie falsche Angaben oder Verschweigen

116

erheblicher Umstände als Gründer oder als Aktionär in Aufklärungen oder Nachweisen, die nach den Vorschriften des AktG einem Gründungsprüfer oder sonstigen Prüfer zu geben sind.

1. Haftung für fehlerhafte Informationen

117 § 400 AktG ist ein Schutzgesetz i. S. v. § 823 Abs. 2 BGB. Allerdings scheiterten die Geltendmachung von Schadensersatzansprüchen in der Vergangenheit regelmäßig am erforderlichen Nachweis vorsätzlichen Handels, eines tatsächlich eingetretenen Schadens oder einer Haftungsbegründenden Kausalität (MünchKomm AktG/*Schaal* § 400 Rn. 3 und 7; GroßKomm AktG/*Otto* § 400 Rn. 4 f.; vgl. auch BGH NJW 2005, 445 ff. »EM.TV«; BGHZ 160, 134 ff. »Infomatec«).

2. Feststellungsfähigkeit im Musterverfahren

118 Die Frage, ob die Merkmale des § 400 Abs. 1 Nr. 1 AktG vorliegen, lässt sich mit Breitenwirkung für alle Anleger feststellen und kann daher gem. § 1 Abs. 1 Satz 1 Nr. 1 KapMuG als Musterfrage Gegenstand eines Musterverfahrens sein. Das Gleiche gilt für den subjektiven Tatbestand, da sich dieser unabhängig von den individuellen Verhältnissen des Anlegers prüfen und einheitlich mit Breitenwirkung für eine Vielzahl von Anlegern feststellen lässt (KölnKomm KapMuG/*Dörrbecker* § 400 AktG Rn. 32 f.).

119 Nicht feststellungsfähig sind im Musterverfahren hingegen grundsätzlich die Merkmale des § 400 Abs. 1 Nr. 2 und des § 400 Abs. 2 AktG, da die Tathandlung gegenüber dem Abschlussprüfer bzw. gegenüber einem Gründungsprüfer oder sonstigen Prüfer begangen wird und höchstens mittelbar Wirkung auf die Anleger hat (KölnKomm KapMuG/*Dörrbecker* § 400 AktG Rn. 44 und 48).

E. Spruchstellenverfahren

I. Allgemeines

120 Das Spruch(stellen)verfahren gibt es bereits seit rund 80 Jahren. Es hat seinen Ursprung im Umwandlungsgesetz 1934. Seitdem wurden in einer Reihe von Gesetzen (z. B. Umwandlungsgesetz 1956, 1965/1969 und 1994, Aktiengesetz 1937, 1965, D-Mark-Bilanzgesetz 149, Verschmelzungsrichtliniegesetz 1982) unter der Bezeichnung Spruchverfahren Rechtsbehelfe für bestimmte Fallgestaltungen aufgenommen. Zweck des Spruchverfahrens ist, eine gerichtliche Entscheidung herbeizuführen, die nicht nur zwischen den Verfahrensbeteiligten, sondern für alle wirtschaftlich Betroffenen Gültigkeit erlangt (MünchKomm AktG/*Kubis* SpruchG Vor § 1 Rn. 1). Inhaltlich dient es im Wesentlichen der Durchsetzung von Minderheitenansprüchen bei Strukturmaßnahmen (KölnKomm AktG/*Rieger*/*Gayk* SpruchG Einl Rn. 2). Es trägt durch den Vorrang des Spruchverfahrens vor Anfechtungs- und Leistungsklagen aber auch den unternehmerischen Interessen der Beklagten Rechnung, die im Rahmen einer Strukturmaßnahme zur Kompensationsleistungen verpflichtet sind (*Simon* SpruchG Einf. Rn. 2). Die Strukturmaßnahmen, auf die das SpruchG gem. § 1 anwendbar ist, sind dadurch gekennzeichnet, dass sie durch qualifizierten Mehrheitsbeschluss der Anteilseignerversammlung durchgesetzt werden können, der Minderheitsgesellschafter im Gegenzug aber eine »volle« Kompensation erhalten muss (BVerfGE 14, 263, 283; 100, 289, 303; BGHZ 135, 374, 378; 147, 108). Geht es ausschließlich um die Frage, ob die »volle« Abfindung angeboten ist, so bedarf es keiner Beschlussmängelklage, die zu einer Registersperre führen würde (vgl. etwa §§ 16 Abs. 2 S. 2, 125 UmwG, § 319 Abs. 5 S. 2, 327e Abs. 2 AktG; auch § 21 FamFG), sondern einer bloßen Überprüfung der angebotenen Abfindung, die im Rahmen des Spruchverfahrens erfolgt.

II. Anwendungsbereich

121 Wann ein Spruchverfahren eingeleitet werden kann, ergibt sich zunächst aus dem SpruchG selbst. § 1 SpruchG bestimmt als Anwendungsbereich gerichtliche Verfahren für die Bestimmung des Ausgleichs bzw. der Abfindung für außenstehende bzw. ausgeschiedene Aktionäre bei Beherrschungs- und Gewinnabführungsverträgen (§§ 304, 305 AktG), Eingliederung von Aktiengesellschaften

(§ 320b AktG), Squeeze-Out (§§ 327a bis327f AktG), Umwandlung (§§ 15, 34, 122h, 122i, 176 bis 181, 186, 196 und 212 UmwG), Gründung und Sitzverlegung einer SE (§§ 6, 7, 9, 11 und 12 SE-AG) und Gründung einer Europäischen Genossenschaft (§ 7 SCE-AG).

Strittig ist, ob die Bestimmungen über das Spruchverfahren auch in gesetzlich nicht geregelten Fällen Anwendung finden kann. Dies wird überwiegend bejaht (vgl. etwa BVerfG ZIP 2000, 1670, 1673 [»MotoMeter«] für den Fall der übertragenden Auflösung; BGHZ 153, 47 »Macrotron«; vgl. auch die Fallbeispiele bei MünchKomm AktG/*Kubis* § 1 SpruchG Rn. 18 ff.; a. A. KölnKomm AktG/*Wasmann* § 1 SpruchG Rn. 16 f.).

122

Im Fall eines Beherrschungs- oder Gewinnabführungsvertrages mit einer abhängigen GmbH wurde trotz der Analogie zu §§ 304, 305 AktG der Rechtsbehelf des Spruchverfahrens jedenfalls zum alten Spruchverfahrensrecht (§ 306 AktG a. F.) überwiegend abgelehnt (Scholz/*Emmerich* GmbHG, 9. Aufl. 2000, Anh § 13 Rn. 169; Lutter/Hommelhoff GmbHG, 16. Aufl. 2004, Anh § 13 Rn. 58, *Ulmer* BB 1989, 10, 14; *Körfer/Seltzner* GmbHR 1997, 285). Mit der grundsätzlichen Anerkennung der Möglichkeit einer analogen Anwendung des Spruchgesetzes dürfte heute jedoch angesichts der vergleichbaren Sach- und Rechtslage eine analoge Anwendung des Spruchgesetzes auf den Fall eines Unternehmensvertrag mit einer abhängigen GmbH zu bejahen sein, wenn der zustimmende Gesellschafterbeschluss aufgrund einer entsprechenden gesellschaftsvertraglichen Regelung nicht der Einstimmigkeit bedarf, sondern mit satzungsändernder Mehrheit gefasst werden kann (MünchKomm AktG/*Kubis* § 1 SpruchG Rn. 18; *Emmerich*/Habersack SpruchG § 1 Rn. 8; Lutter/Hommelhoff GmbHG Anh § 13 Rn. 71a; Hegemann GmbHR 2012, 315 ff; Simon SpruchG § 1 Rn. 40; a. A. KölnKomm AktG/*Wasmann* § 1 SpruchG Rn. 37; Spindler/Stilz/*Drescher* AktG, § 1 SpruchG Rn. 28).

123

Darüber hinaus hat die Rechtsprechung in der Praxis weitere Anwendungsfälle bestimmt, in denen das Spruchverfahren in analoger Anwendung zur Anwendung kommt. Positiv entschieden wurde das für die Strukturmaßnahmen der übertragenden Auflösung (BVerfG NZG 2000, 1117 »MotoMeter«) und des regulären Delisting (BGHZ 153, 47 »Macrotron«). Das BVerfG hält ein Abfindungsangebot und damit ein Spruchverfahren beim Delisting zwar nicht für verfassungsrechtlich erforderlich, sieht die Rechtsprechung des BGH aber als zulässige richterliche Rechtsfortbildung an (BVerfG DB 2012, 1618 ff.). Ein partielles Delisting fällt nicht unter das Spruchgesetz (MünchKomm AktG/*Kubis* § 1 SpruchG Rn. 21; *Schlitt* ZIP 2004, 533, 540). Auch der bloße Segmentwechsel vom regulierten Markt in den Freiverkehr soll die Möglichkeit des Spruchverfahrens dann nicht, wenn kein regelrechtes Delisting beabsichtigt ist, sondern in ein Handelssegment, das weiterhin die Verkehrsfähigkeit der Aktie gewährleistet, wie dem Münchner m: access oder den Frankfurter Entry Standard (OLG Bremen AG 2013, 597 ff.; KG ZIP 2009, 1116 ff.; OLG München BB 2008, 1303 ff.).

124

Abgelehnt wird ein analoges Spruchverfahren bei der übertragenden Auflösung (sog. Liquidationsmodell), bei welcher eine Gesellschaft, an der auch Minderheitsgesellschafter beteiligt sind, ihr gesamtes oder nahezu gesamtes Vermögen veräußert und alsdann liquidiert wird. In solchen Fallgestaltungen haben die Minderheitsaktionäre keinen Barabfindungsanspruch (a. A. Lutter/*Leinekugel* ZIP 1999, 261, 265); die Angemessenheit des Kaufpreises ist im Rahmen einer Beschlussmängelklage zu überprüfen (OLG Zweibrücken AG 2005, 778 ff.; vgl. zum Recht vor Inkrafttreten des SpruchG BayObLG NZG 1988, 1001 »MotoMeter«; OLG Stuttgart ZIP 1995, 1515 »MotoMeter I«; ZIP 1997, 362 »MotoMeter II«; BVerfG NZG 2000, 1117 »MotoMeter«; vgl. auch KölnKomm AktG/*Wasmann* SpruchG § 1 Rn. 32 ff.; MünchKomm AktG/*Kubis* § 1 SpruchG Rn. 28). Ebenso wenig besteht ein im Spruchverfahren durchsetzbarer Abfindungsanspruch analog § 305 AktG bei faktischen Beherrschungsverträgen, also vertraglichen Abreden einer Aktiengesellschaft mit einem ihrer Aktionäre, die zwar nicht formell den Regelungen der §§ 191 AktG unterworfen werden, aber in ihrem wirtschaftlichen Gehalt einer vertraglichen Beherrschung gleichkommen (OLG München NZG 2008, 753, 754 f.; OLG Schleswig NZG 2008, 868; LG Flensburg Der Konzern 2006, 303; MünchKomm AktG/Kubis § 1 SpruchG Rn. 19; a. A. *Hirte/Schall* Der Konzern 2006, 243).

125

III. Gerichtszuständigkeit und Parteien

1. Zuständigkeit

126 Gem. § 2 Abs. 1 SpruchG ist unabhängig vom Streitwert das Landgericht sachlich zuständig. § 2 Abs. 2 SpruchG ordnet die ausschließliche funktionale Zuständigkeit der KfH an, wenn eine solche besteht.

127 Die – ausschließliche – örtliche Zuständigkeit richtet sich nach dem Sitz des Rechtsträgers, dessen Anteilsinhaber antragsberechtigt sind. Sitz des Rechtsträgers ist der in Satzung, Gesellschaftsvertrag oder Statut festgelegte Sitz (MünchKomm AktG/*Kubis* SpruchG § 2 Rn. 2 m. w. N.). Aufgrund von § 71 Abs. 4 GVG haben einige Bundesländer von der Möglichkeit der Zuständigkeitskonzentration Gebrauch gemacht: Baden-Württemberg für die OLG-Bezirke Karlsruhe (LG Mannheim) und Stuttgart (LG Stuttgart) – § 13 Abs. 2 Nr. 8 ZuVOJu, Bayern für die OLG-Bezirke München (LG München I) sowie Nürnberg und Bamberg (LG Nürnberg-Fürth) – § 26 GZVJu, Hessen für alle LG-Bezirke (LG Frankfurt am Main) – § 38 Nr. 5 JuZuV, Niedersachsen für alle LG-Bezirke (LG Hannover) – § 2 Nr. 10, 11, 17 ZustVO-Justiz, Nordrhein-Westfalen für die OLG-Bezirke Hamm (LG Dortmund), Düsseldorf (LG Düsseldorf) und Köln (LG Köln) – § 1 Nr. 1 KonzentrationsVO Gesellschaftsrecht, Rheinland-Pfalz für die OLG-Bezirke Koblenz (LG Koblenz) und Zweibrücken (LG Frankenthal/Pfalz) – § 10 Abs. 1 ZivilZustV RP und Sachsen für den OLG-Bezirk Dresden (LG Leipzig) – § 10 Nr. 8 SächsJOrg VO.

128 Bei Vorhandensein eines Doppelsitzes eines beteiligten Rechtsträgers, aber auch wenn sich mehrere Gesellschaften mit unterschiedlichem Sitz fremder Leitung unterstellen oder zur Gewinnabführung verpflichten, oder bei Verschmelzungen mit mehreren übertragenden Rechtsträgern unterschiedlichen Sitzes können verschiedene Gerichte nebeneinander zuständig sein. Über den Verweis in § 2 Abs. 1 Satz 2 SpruchG auf § 2 Abs. 1 FamFG wird das Spruchverfahren in solchen Fällen vor demjenigen Landgericht geführt, das zuerst in der Sache tätig geworden ist. Bei grenzüberschreitenden Konstellationen bestimmt sich die internationale Zuständigkeit auf europäischer Ebene nach der EUGVVO, ansonsten nach Deutschem Internationalem Privatrecht, wenn nicht speziellere Regelungen den Gerichtsstand vorgeben. Sowohl für die Gründung oder Sitzverlegung einer SE als auch bei der grenzüberschreitenden Verschmelzung wird das Spruchverfahren ggf. über die Verweisung in Art. 25 Abs. 2 SE-VO i. V. m. §§ 6 Abs. 4 S. 1, 7 Abs. 7 S. 1, 9 Abs. 2, 11 Abs. 2, 12 Abs. 2 SE-AG bzw. Art. 10 Abs. 3 der Richtlinie zur grenzüberschreitenden Verschmelzung i. V. m. §§ 122h Abs. 2, 122i Abs. 2 S. 2 UmwG auf § 2 SpruchG dem danach zuständigen deutschen Landgericht zugewiesen.

2. Parteien

a) Antragsberechtigte

129 Antragsberechtigt sind gem. § 3 S. 1 SpruchG bei Beherrschungs- und Gewinnabführungsverträgen jeder außenstehende Aktionär, bei der Eingliederung von AG und dem Squeeze-Out jeder ausgeschiedene Aktionär, bei der Umwandlung jeder in §§ 15, 34, 122h, 122i., 176 bis 181, 186, 196 und 212 UmwG bezeichnete Anteilsinhaber, bei Gründung oder Sitzverlegung einer SE jeder in §§ 6, 7, 9, 11 und 12 SE-AG bezeichnete Anteilsinhaber und bei Gründung einer Europäischen Genossenschaft jedes in § 7 SCE-AG bezeichnete Mitglied. Beim Delisting ergibt sich in analoger Anwendung von § 3 S. 1 Nr. 1, S. 2 SpruchG die Antragsberechtigung für alle Aktionäre, die im Zeitpunkt des Hauptversammlungsbeschlusses über die Delistingentscheidung Aktionär sind und dies bei Antragstellung noch sind (BGH DB 2008, 1735, 1738; OLG Frankfurt am Main ZIP 2012, 371, 374; 354; KölnKomm AktG/*Wasmann* § 3 SpruchG Rn. 20).

130 Mit Ausnahme derjenigen Anwendungsfälle, in denen die Antragsteller durch die Strukturmaßnahme aus der Gesellschaft ausscheiden, also der Eingliederung und dem Squeeze-Out, ist die Antragsberechtigung gem. § 3 S. 2 SpruchG nur gegeben, wenn der Antragsteller zum Zeitpunkt der Antragstellung Anteilsinhaber ist. Die Stellung als Aktionär ist dem Gericht, und zwar auch

in den Fällen der Eingliederung und des Squeeze-Out (MünchKomm AktG/*Kubis* § 3 SpruchG Rn. 22; KölnKomm AktG/*Wasmann* § 3 SpruchG Rn. 23; *Büchel* NZG 2003, 793, 794) gem. § 3 S. 3 SpruchG durch Urkunden nachzuweisen. Das Erfordernis des Urkundsnachweises gilt ausschließlich für Aktionäre, nicht hingegen für antragsberechtigte Anteilsinhaber von Gesellschaften anderer Rechtsform, z. B. dem Minderheitsgesellschafter einer unternehmensvertraglich abhängigen GmbH (MünchKomm AktG/*Kubis* § 3 SpruchG Rn. 24). Geeignete Urkunden sind effektive Aktienstücke oder Depotauszüge (RegBegr. § 3 BT-Drucks. 15371 S. 13; vgl. näher auch KölnKomm AktG/*Wasmann* § 3 SpruchG Rn. 24; MünchKomm AktG/*Kubis* § 3 SpruchG Rn. 23). Sofern der Antragsteller Namensaktien hält, ist ein urkundlicher Nachweis über die Eintragung im Aktienregister zum Zeitpunkt der Antragstellung zu erbringen (LG Frankfurt am Main am Main AG 2005, 666 »Celanese«; KölnKomm AktG/*Wasmann* § 3 SpruchG Rn. 27). In Fällen, in denen es dem antragstellenden Aktionär nicht möglich ist, seine Aktionärstellung durch Urkunden nachzuweisen, ist nicht zunächst der Verbriefungsanspruch gegen die Gesellschaft geltend zu machen, sondern eine teleologische Reduktion von § 3 SpruchG dahin gehend vorzunehmen, dass die Beschränkung des Nachweises auf Urkunden nicht greift (KölnKomm AktG/*Wasmann* § 3 SpruchG Rn. 25; MünchKomm AktG/*Kubis* § 3 SpruchG Rn. 24; Spindler/Stilz/*Drescher* AktG, § 3 SpruchG Rn. 20; a. A. Widmann/Mayer/*Wälzholz* Anh 13 § 3 SpruchG Rn. 52).

In den Fällen der Eingliederung und des Squeeze-Out ist der Nachweis abweichend auf den Zeitpunkt des Wirksamwerdens der jeweiligen Maßnahme, also die Handelsregistereintragung der Eingliederung oder des Squeeze-Out zu beziehen (OLG Frankfurt am Main ZIP 2008, 1036 und 1039; OLG Hamburg ZIP 2004, 622; KölnKomm AktG/Wasmann § 3 SpruchG Rn. 11). Wer seine Anteile vor Antragstellung veräußert, verliert seine Antragsbefugnis nach § 3 S. 2 SpruchG (*Gude* AG 2005, 233; *Fuhrmann/Linnerz* Der Konzern 2004, 265, 267). Veräußert der (ehemalige) Aktionär seine Aktien (vor Handelsregistereintragung, da sie in diesem Zeitpunkt auf den Mehrheitsaktionär übergehen) oder isoliert seinen Abfindungsanspruch, so wird der Erwerber nicht Aktionär und kann deshalb nicht antragsberechtigt sein (OLG Hamburg AG 2004, 622 f.; OLG Frankfurt am Main ZIP 2005, 2069; KölnKomm AktG/Wasmann § 3 SpruchG Rn. 12).

131

b) Antragsgegner

Antragsgegner ist gem. § 5 SpruchG in den Fällen des Beherrschungs- und Gewinnabführungsvertrages der andere Vertragsteil des Unternehmensvertrages (Obergesellschaft), in den Fällen der Eingliederung die Hauptgesellschaft, in den Fällen des Squeeze-Out der Hauptaktionär, in Umwandlungsfällen der übernehmende oder neue Rechtsträger oder der Rechtsträger neuer Rechtsform, in den Fällen der Gründung oder Sitzverlegung einer SE die die Gründung oder Sitzverlegung anstrebende Gesellschaft und in den Fällen der Gründung einer Europäischen Genossenschaft die Europäischen Genossenschaft. Beim Delisting ist entweder vom Hauptaktionär oder von der Gesellschaft ein Abfindungsangebot zu machen; Antragsgegner ist der Anbietende (OLG Frankfurt am Main ZIP 2012, 371, 275; MünchKomm AktG/*Kubis* § 5 SpruchG Rn. 6; Spindler/Stilz/*Drescher* AktG, § 5 SpruchG Rn. 8; *Wasmann* WM 2004, 819, 824; a. A. *Habersack* ZHR 176 [2012], 463, 468: stets die Gesellschaft). Ist das erforderliche Angebot unterblieben, ist streitig, ob das Spruchverfahren überhaupt zulässig ist und, wenn ja, ob es nur gegen die Gesellschaft zu führen ist (so MünchKomm AktG/Kubis § 5 SpruchG Rn. 6; Spindler/Stilz/*Drescher* AktG, § 5 SpruchG Rn. 8) oder wahlweise gegen Gesellschaft oder Hauptaktionär (so LG München I Konzern 2004, 358 ff.; *Fritzsche/Dreier/Verfürth* SpruchG § 5 Rn. 9).

132

Die Vertretung des Antragsgegners richtet sich nach den allgemeinen Bestimmungen (vgl. Rdn. 11 ff.). Ist oder war ein antragstellender Aktionär zugleich Mitglied des Vorstands des Antragsgegners, wird die Aktiengesellschaft gem. § 112 AktG durch den Aufsichtsrat vertreten. Stellt das Vorstandsmitglied selbst keinen Antrag und nimmt lediglich durch den gemeinsamen Vertreter am Verfahren teil, verbleibt es bei der Vertretung durch den Vorstand gem. § 78 Abs. 1 AktG (Simon/Leuering SpruchG § 5 Rn. 14).

133

c) Gemeinsamer Vertreter

134 Da das Spruchverfahren nicht nur zwischen den Verfahrensbeteiligten Wirkung entfaltet, sondern gegenüber allen Anteilsinhabern, bestellt das zuständige Gericht den Antragsberechtigten, die nicht selbst Antragsteller sind, zur Wahrung ihrer Rechte gem. § 6 Abs. 1 SpruchG frühzeitig einen gemeinsamen Vertreter. Dieser hat die Stellung eines gesetzlichen Vertreters. Er wird ohne Antrag der Beteiligten von Amts wegen bestellt. Eine vorherige Anhörung der Beteiligten zur Bestellung ist nicht erforderlich (KölnKomm AktG/*Wasmann* § 6 SpruchG Rn. 28; MünchKomm AktG/*Kubis* § 6 SpruchG Rn. 5; a.A. *Emmerich*/Habersack SpruchG § 6 Rn. 7), aber in der Praxis die Regel. Die Beteiligten können Vorschläge unterbreiten, die jedoch lediglich Anregungen an das Gericht darstellen (Simon/*Leuering* SpruchG § 6 Rn. 12 f.).

135 Für das Spruchverfahren nach Gründung einer SE, nach Gründung einer Europäischen Genossenschaft und nach grenzüberschreitender Verschmelzung enthalten §§ 6a bis 6c SpruchG ergänzende Regeln für die Bestellung eines gemeinsamen Vertreters selbst nicht antragsberechtigter Anteilsinhaber bzw. Mitglieder.

136 Die Bestellung erfolgt grundsätzlich für das gesamte Spruchverfahren, also auch für eine etwaige zweite Instanz (BayObLG AG 1992, 59, 60; OLG Hamburg AG 1975, 191, 192; KölnKomm AktG/*Wasmann* § 6 SpruchG Rn. 27; MünchKomm AktG/*Kubis* § 6 SpruchG Rn. 7; Schmitt/Hörtnagl/Stratz UmwG, § 6 SpruchG Rn. 9). Die Bestellung des gemeinsamen Vertreters erfolgt zwar durch Beschluss. Allerdings handelt es sich hierbei um eine bloße Zwischenentscheidung (vgl. die Definition der Endentscheidung in § 38 Abs. 1 FamFG) und ist entsprechend nicht mit der Beschwerde nach § 58 FamFG angreifbar (OLG Frankfurt am Main ZIP 2011, 1637, 1638; KölnKomm AktG/*Wasmann* § 6 SpruchG Rn. 34; MünchKomm AktG/*Kubis* § 6 SpruchG Rn. 8 a.E.; a.A. Widmann/Mayer/*Wälzholz* UmwG, Anh. 13 § 6 SpruchG Rn. 22 ff.).

137 Eine (vorzeitige) Abberufung ist gesetzlich nicht geregelt. Die Befugnis zur Abberufung durch das Gericht ergibt sich jedoch als actus contrarius zur Befugnis zur Bestellung. Voraussetzung für die Abberufung ist allerdings ein Abberufungsgrund (KölnKomm AktG/*Wasmann* § 6 SpruchG Rn. 32; MünchKomm AktG/*Kubis* § 6 SpruchG Rn. 10; Widmann/Mayer/*Wälzholz* UmwG, Anh. 13 § 6 SpruchG Rn. 19 ff.). Eine Abberufung ist angezeigt, wenn nach der gegebenen Verfahrenssituation die Notwendigkeit der Bestellung eines gemeinsamen Vertreters entfallen ist oder wenn dies im Interesse der durch den gemeinsamen Vertreter vertretenen außenstehenden Aktionäre geboten ist (BayObLG AG 1992, 59, 60; OLG Düsseldorf DB 1998, 1108; KölnKomm AktG/*Wasmann* § 6 SpruchG Rn. 32; MünchKomm AktG/*Kubis* § 6 SpruchG Rn. 10; Spindler/Stilz/*Drescher* AktG, § 6 SpruchG Rn. 13).

138 Als gesetzlicher Vertreter wahrt der gemeinsame Vertreter im Spruchverfahren die Rechte der Antragsberechtigten, die nicht selbst Antragsteller sind. Konsequenz hieraus ist, dass der gemeinsame Vertreter auch nach Rücknahme eines Antrags gem. § 6 Abs. 3 SpruchG das Verfahren fortführen kann. Auch hat er nach h.M. ein eigenes Beschwerderecht gegen die gerichtliche Entscheidung (OLG Düsseldorf AG 2009, 907; OLG Celle ZIP 2007, 2025; KölnKomm AktG/*Wasmann* § 6 SpruchG Rn. 20; einschränkend Spindker/Stilz/*Drescher* AktG, § 12 SpruchG Rn. 8; *Kann/Hirschmann* DStR 2003, 1488, 1493: Beschwerdebefugnis nur im Fall der Rücknahme aller Anträge). Der gemeinsame Vertreter ist gegenüber den von ihm vertretenen Anteilsinhabern unabhängig und handelt nach eigenem pflichtgemäßen (OLG München WM 2010, 1605, 1608; KölnKomm AktG/*Wasmann* § 6 SpruchG Rn. 21; MünchKomm AktG/Kubis § 6 SpruchG Rn. 15; *Hess* AG 2003, 113, 121). Nach überwiegender Auffassung ist er gegenüber den von ihm Vertretenen nicht auskunfts- und rechenschaftspflichtig (OLG München WM 2010, 1605, 1608; KölnKomm AktG/*Wasmann* § 6 SpruchG Rn. 21; MünchKomm AktG/*Kubis* § 6 SpruchG Rn. 15 Schmitt/Hörtnagl/Stratz UmwG, § 6 SpruchG Rn. 18; *Hüffer* AktG Anh § 305 § 6 SpruchG Rn. 6; a.A. Simon/*Leuering* SpruchG § 6 Rn. 33).

In prozessualer Hinsicht ist der gemeinsame Vertreter Verfahrensbeteiligter i. S. v. § 7 Abs. 2 Nr. 2 FamFG (KölnKomm AktG/*Wasmann* § 6 SpruchG Rn. 16). Damit ist ihm rechtliches Gehör zu gewähren und er ist zu mündlichen Verhandlungen zu laden.

IV. Verfahrensgang

1. Einleitung des Verfahrens

Das Spruchverfahren ist als echtes Streitverfahren ein Antragsverfahren und wird entsprechend durch Antrag auf gerichtliche Entscheidung nach § 4 SpruchG eingeleitet. Das Vorliegen des Antrags ist Verfahrensvoraussetzung. Ohne Antrag ist eine gleichwohl ergangene Entscheidung nichtig und erwächst nicht in materieller Rechtskraft (MünchKomm AktG/*Kubis* § 4 SpruchG Rn. 2; Simon/*Leuering* SpruchG § 4 Rn. 6 m. w. N.; vgl. auch § 22 Abs. 2 FamFG).

a) Inhalt des Antrags

Der Antrag ist seinem Inhalt nach darauf zu richten, dass das Gericht zur Bestimmung der angemessenen Kompensation die Höhe der angebotenen Kompensation überprüft und, soweit eine zu niedrige Kompensation angeboten wurde, anpasst. Eine Herabsetzung der Kompensation durch das Gericht ist nicht möglich (OLG Schleswig ZIP 2004, 2433, 2434 »Kieler Verkehrs-AG«; MünchKomm AktG/*Kubis* § 4 SpruchG Rn. 3). Der Antragsteller muss nicht die seiner Ansicht nach angemessene Höhe der Kompensation beziffern (MünchKomm AktG/*Kubis* § 4 SpruchG Rn. 3; Fritzsche/Dreier/Verfürth SpruchG § 4 Rn. 15). Wurde überhaupt keine Gegenleistung angeboten, sowie bei der Ermittlung der baren Zuzahlung, hat das Gericht auch darüber zu bestimmen, ob dem Grunde nach überhaupt eine Kompensation geschuldet wird. I. Ü. ist ein separater Feststellungsantrag, dass dem Grunde nach eine Zuzahlung oder Abfindung geschuldet wird, nicht statthaft (MünchKomm AktG/*Kubis* § 4 SpruchG Rn. 3). Gleiches gilt für Leistungsanträge zur Geltendmachung von Ergänzungsansprüchen, arg e § 16 SpruchG (Simon/*Leuering* SpruchG § 4 Rn. 7). Auch über den Anspruch auf die gesetzliche Verzinsung aus §§ 305 Abs. 3 S. 3, 320b Abs. 1 S. 6, 327b Abs. 2 AktG, § 5 Abs. 6 S. 2 EG AktG, § 15 Abs. 2 S. 1, 30 Abs. 1 S. 2, 196 S. 3, 208 UmwG, § 7 Abs. 2 S. 2 SE-AG und § 7 Abs. 3 SCE-AG ist vom Gericht nicht zu entscheiden (MünchKomm AktG/*Kubis* § 4 SpruchG Rn. 3).

b) Form des Antrags

Gem. § 25 FamFG ist der Antrag schriftlich oder zur Niederschrift der Geschäftsstelle des zuständigen Gerichts oder eines Amtsgerichts zu stellen. Es besteht in erster Instanz kein Anwaltszwang (MünchKomm AktG/*Kubis* § 4 SpruchG Rn. 2). Sofern der Antragsteller sich – aufgrund schriftlicher Vollmacht, § 11 FamFG – vertreten lässt, wird der Kreis der vertretungsbefugten Personen jedoch durch § 10 Abs. 2 FamFG eingeschränkt. In der Beschwerdeinstanz muss sich der Antragsteller allerdings durch einen Anwalt vertreten lassen, § 12 Abs. 1 S. 2 SpruchG.

c) Antragsbegründung

Mit dem SpruchG führte der Gesetzgeber die Pflicht des Antragstellers ein, seinen Antrag zu begründen. Es sind nicht nur der Antragsgegner zu bezeichnen, die Antragsberechtigung nach § 3 SpruchG darzulegen und Angaben zur Art der Strukturmaßnahme und der vom Gericht zu bestimmenden Kompensation nach § 1 SpruchG zu machen (vgl. § 4 Abs. 2 S. 2 Nr. 1 bis 3 SpruchG). Vielmehr fordert § 4 Abs. 2 S. 2 Nr. 4 SpruchG eine konkrete Bewertungsrüge. Der Antragsteller hat konkrete Einwendungen gegen die Angemessenheit der Kompensation oder gegen den als Grundlage für die Kompensation ermittelten Unternehmenswert vorzubringen (zu den Anforderungen im Einzelnen vgl. OLG Frankfurt am Main am Main NZG 2006, 674, 676). Es genügt nicht, wenn einzelne Bewertungsfaktoren lediglich mit formelhaften Wendungen angegriffen werden (KG NZG 2008, 469). Die Anforderungen an die Darlegung richten sich nach dem Gehalt der für die

Strukturmaßnahmen erstellten und den Anteilsinhabern zugänglich gemachten Unterlagen (Köln-Komm AktG/*Wasmann* § 4 SpruchG Rn. 18; MünchKomm AktG/*Kubis* § 4 SpruchG Rn. 19 ff.). Ob darüber hinaus die persönliche Qualifikation Einfluss auf die Anforderungen an die Konkretisierung haben kann, ist fraglich (bejahend für den Fall besonderer Sachkenntnis KG NZG 2008, 469, 570; Simon/*Leuering* SpruchG § 4 Rn. 50; generell bejahend *Büchel* NZG 2003, 793, 796; *Land/Hennings* AG 2005, 380, 382; zu Recht zweifelnd MünchKomm AktG/*Kubis* § 4 SpruchG Rn. 19 ff.). Aus der Antragsbegründung soll sich außerdem gem. § 4 Abs. 2 S. 3 SpruchG die Zahl der vom Antragsteller gehaltenen Anteile ergeben.

d) Antragsfrist und Antragsbegründungsfrist

144 Der Antrag auf gerichtliche Entscheidung im Spruchverfahren kann gem. § 4 Abs. 1 S. 1 SpruchG nur innerhalb von 3 Monaten nach Handelsregistereintragung der jeweiligen Strukturmaßnahme gestellt werden. Auf die Kenntnis des Antragsberechtigten kommt es für den Fristbeginn nicht an (Schmitt/*Hörtnagl*/Stratz UmwG, § 4 SpruchG Rn. 5; Simon/*Leuering* SpruchG § 4 Rn. 23). Gem. § 4 Abs. 2 S. 1 SpruchG ist er innerhalb dieser Frist auch zu begründen. Die Frist berechnet sich nach § 16 Abs. 2 FamFG, § 188 Abs. 2 und 3 BGB. Sie wird mit Einreichung des Antrags bei Gericht gewahrt. Erfolgt die Antragstellung oder die Antragsbegründung nicht rechtzeitig, ist der Antrag unzulässig (KölnKomm AktG/*Puszkajler* SpruchG § 11 Rn. 10; *Lamb/Schluck-Amend* DB 2003, 1259, 1261; *Wasmann* WM 2004, 819, 822).

145 Beim Delisting wird der Widerruf der Börsenzulassung nicht im Handelsregister eingetragen. Maßgeblich für den Fristbeginn ist daher die Veröffentlichung des Widerrufs im Internet gem. § 39 Abs. 2 S. 3 BörsG (BGH DB 2008, 1735, 1736; OLG Frankfurt am Main ZIP 2012, 371, 373; KG Berlin ZIP 2007, 2352, 2355).

146 Bei der Einhaltung der Antragsfrist handelt es sich um eine materiell-rechtliche Ausschlussfrist, deren Einhaltung Zulässigkeitsvoraussetzung ist (KölnKomm AktG/*Wasmann* § 4 SpruchG Rn. 4; MünchKomm AktG/*Kubis* § 4 SpruchG Rn. 6; Schmitt/*Hörtnagl*/Stratz UmwG, § 4 SpruchG Rn. 5). Wiedereinsetzung in den vorigen Stand analog § 17 FamFG ist daher nicht möglich (KölnKomm AktG/*Wasmann* § 4 SpruchG Rn. 4; vgl. zum FGG auch OLG Düsseldorf BeckRS 2009, 21626; OLG Frankfurt am Main NZG 2009, 1225; OLG Düsseldorf NZG 2005, 719 »Gelsenwasser AG«; BayObLG NZG 2005, 312, 314; a. A. Widmann/Mayer/*Wälzholz* UmwG, Anh. 13 § 4 SpruchG Rn. 17). Kann der Antragsteller im Zeitpunkt der Antragstellung aus Gründen, die er nicht zu vertreten hat, nicht über die in § 7 Abs. 3 genannten Unterlagen verfügen, kann demgegenüber auf seinen Antrag hin die Frist zur Antragsbegründung angemessen verlängert werden (vgl. § 4 Abs. 2 S. 2 Nr. 4 S. 2 SpruchG).

e) Rechtsschutzbedürfnis

147 Nicht explizit im Spruchgesetz festgelegte Zulässigkeitsvoraussetzung ist das Bestehen eines Rechtsschutzbedürfnisses, das regelmäßig zu bejahen ist. Es fehlt allerdings, wenn die Antragstellung rechtsmissbräuchlich ist, etwa weil ein Antrag nur gestellt wird, um sich den Lästigkeitswert abkaufen zu lassen (OLG Stuttgart AG 2012, 839, 840; 2011, 601; OLG Stuttgart ZIP 2010 1641, 1643; KölnKomm AktG/*Wasmann* Vorb. §§ 1 ff. SpruchG Rn. 2). Selbst eine äußerst geringe Anteilsbeteiligung steht dem Rechtsschutzbedürfnis nicht entgegen. Allerdings fehlt das Rechtsschutzbedürfnis, wenn der Antragsteller rechtsmissbräuchlich handelt, etwa den Antrag auf gerichtliche Entscheidung nur zu dem Zweck stellt, das Unternehmen zum Abkauf des »Lästigkeitswerts« des Antrags zu veranlassen (Schmitt/*Hörtnagl*/Stratz UmwG, § 4 SpruchG Rn. 16; Simon/*Leuering* SpruchG § 4 Rn. 61).

f) Rücknahme des Antrags

148 Der verfahrenseinleitende Antrag kann gem. § 17 Abs. 1 SpruchG i. V. m. § 22 Abs. 1 FamFG – auch noch in der Beschwerdeinstanz (KölnKomm AktG/*Wilske* § 12 SpruchG Rn. 49; Spindler/Stilz/*Drescher* AktG, § 12 SpruchG Rn. 20) – zurückgenommen werden. Derjenige, der seinen Antrag

zurückgenommen hat, wird ab dem Zeitpunkt der Antragsrücknahme vom gemeinsamen Vertreter vertreten (*Schmitt/Hörnagl/Stratz* SpruchG § 4 Rn. 15). Werden alle Anträge mit Zustimmung des gemeinsamen Vertreters zurückgenommen, ist das Verfahren gem. § 17 Abs. 1 SpruchG i. V. m. § 22 Abs. 2 S. 1 FamFG beendet und verlieren bereits ergangene Entscheidung ohne Weiteres ihre Wirksamkeit (KölnKomm AktG/*Wilske* § 12 SpruchG Rn. 49; teilweise abweichend Simon/*Leuering* SpruchG § 4 Rn. 14: auch ohne Zustimmung des gemeinsamen Vertreters). Ansonsten hat der gemeinsame Vertreter nach § 6 Abs. 3 SpruchG das Recht zur Verfahrensfortführung (KölnKomm AktG/*Wilske* § 12 SpruchG Rn. 51; wohl auch MünchKomm AktG/*Kubis* § 4 SpruchG Rn. 4). Eine Einwilligung der anderen Verfahrensbeteiligten zur Rücknahme ist gem. § 17 Abs. 1 SpruchG i. V. m. § 22 Abs. 1 S. 2 FamFG nach Erlass der Endentscheidung erforderlich.

2. Vorbereitung und mündliche Verhandlung

Mit Zustellung der Anträge an den Antragsgegner und den gemeinsamen Vertreter wird dem Antragsgegner nach § 7 Abs. 2 SpruchG eine Erwiderungsfrist gesetzt. Die Antragserwiderung wird nicht nur dem Antragsteller, sondern auch dem gemeinsamen Vertreter zur Erwiderung gem. § 7 Abs. 4 SpruchG zugeleitet. Die Parteien trifft kraft ausdrücklicher Anordnung in § 9 SpruchG bei der Vorbereitung der mündlichen Verhandlung eine Verfahrensförderungspflicht.

Schon vor dem ersten Termin kann das Gericht gem. § 7 Abs. 6 SpruchG eine Beweisaufnahme durch Sachverständige zur Klärung von Vorfragen, insbesondere zu Art und Umfang einer folgenden Beweisaufnahme, für die Vorbereitung der mündlichen Verhandlung anordnen oder dazu eine schriftliche Stellungnahme des sachverständigen Prüfers einholen. Zweck der Regelung ist also, das eigentliche Beweisthema einzugrenzen (Schmitt/*Hörtnagl*/Stratz UmwG, § 7 SpruchG Rn. 15). Für die Art der Beweisaufnahme gilt § 29 FamFG. Das Gericht kann entsprechend ein Gutachten zu der Frage einholen, ob und welche der von den Antragstellern vorgebrachten Rügen entscheidungserheblich sind (MünchKomm AktG/*Kubis* § 7 SpruchG Rn. 17: *Büchel* NZG 2003, 793, 798). Zum Teil werden in der Literatur auch Einzelfragen des Prüfungsberichts zu den Vorfragen gezählt (Schmitt/*Hörtnagl*/Stratz SpruchG § 7 Rn. 15). Das Gesetz lässt ausdrücklich auch die Einholung einer schriftlichen Stellungnahme des sachverständigen Prüfers zu. Die Frage nach dem konkreten Unternehmenswert gehört hingegen zu den nicht nach § 7 Abs. 6 SpruchG zu behandelnden Hauptfragen (MünchKomm AktG/*Kubis* § 7 SpruchG Rn. 17; Simon/*Winter* SpruchG § 7 Rn. 52).

Gem. § 7 Abs. 7 SpruchG kann das Gericht dem Antragsgegner aufgeben, sonstige für die Entscheidung erhebliche Unterlagen vorzulegen. Auch der Antragsteller kann dies verlangen. Die Verpflichtung zur Vorlage kann gem. § 7 Abs. 8 i. V. m. § 35 FamFG mit Zwangsmitteln durchgesetzt werden.

Es folgt eine möglichst frühe mündliche Verhandlung i. S. v. § 8 SpruchG, in der ggf. auch der mit den Vorfragen befasste sachverständige Prüfer gehört wird. Für die Vorbereitung und Durchführung der mündlichen Verhandlung gelten §§ 138, 139, 279 Abs. 2 und 3 und 283 ZPO entsprechend. Im Nachgang der mündlichen Verhandlung erfolgt ggf. eine punktuelle Beweisaufnahme, an die sich die Fortsetzung der mündlichen Verhandlung gem. § 8 Abs. 3 SpruchG i. V. m. § 279 Abs. 3 ZPO anschließt.

3. Gerichtliche Entscheidung

a) Beschluss und Rechtsmittel

Das Gericht entscheidet gem. § 11 Abs. 1 SpruchG durch einen mit Gründen versehenen Beschluss. Sind Spruchverfahrensanträge unzulässig, werden sie als unzulässig verworfen (KölnKomm AktG/*Puszkajler* § 11 SpruchG Rn. 10 mit Beispielen). Ansonsten ergeht eine Sachentscheidung. Hält das Gericht die angebotene und beschlossene Kompensation ihrer Art und Höhe nach für angemessen, wird der Antrag als unbegründet zurückgewiesen. Ist dies nicht der Fall, wird im Tenor sowohl die Art als auch die Höhe der Kompensationsleistung genau bezeichnet (näher KölnKomm AktG/*Puszkajler* § 11 SpruchG Rn. 12 ff.; vgl. auch *Simon* SpruchG § 11 Rn. 3 f.). Ein Ausspruch über die gesetzliche Verzinsung in der Spruchentscheidung erfolgt nach h. M. nicht, da die Verzinsung unmittelbar aus dem Gesetz folgt und damit an sich zum Gegenstand einer sich anschließenden Leistungsklage zu machen ist (OLG Hamburg AG 2002, 89; KölnKomm AktG/*Puszkajler* § 112 SpruchG Rn. 15; MünchKomm AktG/*Kubis* § 11 SpruchG Rn. 4 *Fritzsche/Dreier/Verfürth* SpruchG § 11 Rn. 6; *Simon* SpruchG § 11 Rn. 6; a. A. OLG Karlsruhe AG 2005, 45, 48 für den Abfindungsergänzungsanspruch).

153 Gegen die Entscheidung nach § 11 SpruchG findet gem. § 12 SpruchG die Beschwerde nach § 58 Abs. 1 FamFG statt. Über diese entscheidet das OLG (KölnKomm AktG/*Wilske* § 12 SpruchG Rn. 8; Spindler/Stilz/*Drescher* § 12 SpruchG Rn. 24). Folgende Bundesländer haben von der Möglichkeit der Zuständigkeitskonzentration nach § 12 Abs. 2 SpruchG Gebrauch gemacht: Bayern (OLG München) – § 26 Abs. 2 GZVJu, Nordrhein-Westfalen (OLG Düsseldorf) – § 2 KonzentrationsVO Gesellschaftsrecht und Rheinland-Pfalz (OLG Zweibrücken) für die OLG-Bezirke Koblenz und Zweibrücken) – § 10 Abs. 2 Nr. 1 ZivilZustV RP.

154 Als weiteres Rechtsmittel ist die Rechtsbeschwerde nach § 70 Abs. 1 FamFG nur statthaft, wenn das OLG sie durch Beschluss zugelassen hat. Die Möglichkeit der Nichtzulassungsbeschwerde ist nicht gegeben (KölnKomm AktG/*Wilske* § 12 SpruchG Rn. 71; *Krafka* NZG 2009, 650, 654; *Preuß* NZG 2009, 961, 965). Im Fall der Verletzung rechtlichen Gehörs ist allerdings der Weg der Anhörungsrüge nach § 44 FamFG gegeben.

155 Die Entscheidung wird gem. § 13 SpruchG erst mit Rechtskraft wirksam, wirkt dann aber für und gegen alle, einschließlich derjenigen Anteilsinhaber, die bereits gegen die ursprünglich angebotene Barabfindung oder sonstige Abfindung aus dem betroffenen Rechtsträger ausgeschieden sind. Um diese Anteilsinhaber zu informieren, statuiert das Spruchgesetz in § 14 eine Bekanntmachungspflicht für die gesetzlichen Vertreter der betroffenen Gesellschaft bzw. im Fall des Squeeze-Out den Hauptaktionär.

b) Exkurs Unternehmensbewertung

156 Da die Entscheidung Ausfluss der Prüfung ist, ob die gesetzlichen Vorgaben zur Wertbestimmung der Kompensation bei Strukturmaßnahmen zutreffend angewendet worden sind, ist in aller Regel die vorgenommene Unternehmensbewertung nachzuvollziehen. Es ist allgemein anerkannt, dass es nicht den einen und einzigen richtigen Unternehmenswert gibt, sondern bei der Wertbestimmung in aller Regel ein Rahmen besteht (OLG Frankfurt am Main AG 2012, 513, 514; OLG Stuttgart, Beschl. v. 03.04.2012 – 20 W 7/09 – Tz. 73; KölnKomm AktG/*Riegger/Gayk* Anh. § 11 SpruchG Rn. 3; Simon/*Leverkus* SpruchG Anh § 11 Rn. 11). Der Prüfer der Strukturmaßname ist grundsätzlich frei in der Entscheidung, welche Methode er für die Unternehmensbewertung anwendet, sofern damit das Prinzip der Angemessenheit erfüllt wird. In der Praxis dominiert bei Strukturmaßnahmen das Ertragswertverfahren (OLG Karlsruhe AG 2013, 353 Tz. 47; KölnKomm AktG/*Riegger/Gayk* Anh. § 11 SpruchG Rn. 4; MünchKomm AktG/*Paulsen* § 305 Rn. 80; Simon/*Leverkus* SpruchG Anh § 11 Rn. 51). Je nach Sachlage kann im Einzelfall eine andere Bewertungsmethode angemessen sein (KölnKomm AktG/*Riegger/Gayk* Anh. § 11 SpruchG Rn. 5; vgl. bspw. OLG Stuttgart, Beschl. v. 03.04.2012 – 20 W 7/09). Die Prüfungskompetenz des Gerichts beschränkt sich darauf, ob der Wert der Kompensation innerhalb des weit gesteckten Rahmens liegt. Der Unternehmenswert muss den wirklichen Wert des Unternehmens abbilden. Untergrenze ist grundsätzlich der Verkehrswert des Anteils (BVerfGE 100, 289, 306; BVerfG BB 2003, 2305, 2306; OLG Karlsruhe AG 2013 Tz. 28). Der Verkehrswert des Unternehmens ist nach einer anerkannten betriebswirtschaftlichen Methode im Wege der Schätzung gem. § 287 Abs. 2 ZPO zu ermitteln (BGH ZIP 2001, 734, 736 »DAT Altana«).

4. Kosten

157 § 15 SpruchG enthält Regelungen zu den Kosten. Für die Gerichtskosten sind die Vorschriften des GNotKG anzuwenden. Geschäftswert ist gem. § 74 GNotKG der Betrag, der von allen in § 3

SpruchG genannten Antragsberechtigten nach der Entscheidung des Gerichts zuzüglich zu dem ursprünglich angebotenen Betrag insgesamt gefordert werden kann. Er beträgt mindestens 200.000 € und höchstens 7,5 Mio. € Maßgeblicher Zeitpunkt für die Wertbestimmung ist der Tag nach Ablauf der Antragsfrist gem. § 4 Abs. 1 SpruchG.

Für das Verfahren im ersten Rechtszug wird eine 2,0 Gebühr nach Nr. 13500 KV erhoben, die sich auf eine 1,0 Gebühr nach Nr. 11503 KV vermindert, wenn lediglich ein Beschluss über das Zustandekommen eines Vergleichs nach § 11 Abs. 4 S. 2 SpruchG ergeht. Für den zweiten Rechtszug wird eine 3,0 Gebühr nach Nr. 13610 KV erhoben. **158**

Eine Besonderheit gegenüber ordentlichen Gerichtsverfahren liegt darin, dass Schuldner der Gerichtskosten gem. § 23 Nr. 14 GNotKG i. d. R. nur der Antragsgegner ist. In der Praxis wird zunehmend von der in § 15 Abs. 2 SpruchG normierten Möglichkeit Gebrauch gemacht, die Kosten nach Billigkeitsgesichtspunkten ganz oder z. T. den Antragstellern aufzuerlegen. **159**

Die außergerichtlichen Kosten trägt grds. jede Partei selbst (RegBegr BT-Drucks. 15/371 S. 17). Allerdings hat das Gericht gem. § 15 Abs. 2 SpruchG anzuordnen, dass die Kosten der Antragsteller, die zur zweckentsprechenden Erledigung der Angelegenheit notwendig waren, ganz oder z. T. vom Antragsgegner zu erstatten sind, wenn dies unter Berücksichtigung des Ausgangs des Verfahrens der Billigkeit entspricht. Hierunter fallen in erster Linie die Kosten der anwaltlichen Vertretung (KölnKomm AktG/*Rosskopf* § 15 SpruchG Rn. 57), wenn der Anwalt nicht in eigener Sache auftritt (BGH ZIP 2014, 491 f.; BayObLG NJW-RR 2007, 773; OLG München AG 2007, 411, 415 f.). Bei der Bemessung der Rechtsanwaltsvergütung ist zur Bestimmung des Gegenstandswerts § 31 RVG zu beachten, wonach der Geschäftswert nur anteilig entsprechend dem Beteiligungsverhältnis der vertretenen Antragsteller zu bestimmen ist. Kosten für Privatgutachten sind in aller Regel nicht erstattungsfähig (OLG Düsseldorf WM 1992, 418). Eine Erstattung der außergerichtlichen Kosten des Antragsgegners durch den Antragsteller kann nicht angeordnet werden (BGH AG 2012, 173 ff.; OLG Stuttgart AG 2009, 707, 716; a. A. OLG München AG 2010, 677, 679; OLG Hamburg AG 2005, 853, 854). **160**

Der gemeinsame Vertreter hat einen eigenen und unmittelbaren Vergütungsanspruch gegen den Antragsgegner aus § 6 Abs. 2 SpruchG. Sein Vergütungsanspruch richtet sich nach dem RVG. **161**

Die Kostenentscheidung ist sowohl als Teil der Hauptentscheidung als auch als isolierte Entscheidung mit der Beschwerde nach § 58 Abs. 1 FamFG angreifbar (KölnKomm AktG/*Wilske* § 12 SpruchG Rn. 19); MünchKomm ZPO/*Schindler* § 81 FamFG Rn. 78; Schmidt/Lutter AktG, § 15 SpruchG Rn. 25; teilw. a. A. Hölters/*Simons* AktG, § 15 SpruchG Rn. 20: sofortige Beschwerde nach § 85 FamFG i. V. m. § 104 Abs. 3 S. 1 ZPO bei isolierter Kostenentscheidung). **162**

F. Aufhebung der gesellschaftsrechtlichen Bindung (Nichtigkeitsklage)

In den seltenen Fällen, in denen die Satzung der Aktiengesellschaft keine Bestimmung über die Höhe des Grundkapitals (vgl. § 23 Abs. 3 Nr. 3 AktG) oder keine Bestimmung über den Gegenstand des Unternehmens (vgl. § 23 Abs. 3 Nr. 2 AktG) enthält, oder wenn Bestimmungen der Satzung über den Gegenstand des Unternehmens nichtig sind, kann gem. § 275 AktG auf Nichtigerklärung der Gesellschaft geklagt werden. Es handelt sich um eine Gestaltungsklage (*Hüffer* AktG § 275 Rn. 20), sodass mit Rechtskraft des Urteils die Auflösung der AG gem. § 277 Abs. 1 AktG bewirkt wird. **163**

I. Prozessuales

Zuständig für die Nichtigerklärung ist gem. §§ 246 Abs. 3 S. 1, 275 Abs. 4 Satz 1 AktG, § 95 Abs. 2, 1. Alt. GVG die Kammer für Handelssachen beim Landgericht des Gesellschaftssitzes. Einige Bundesländer haben von der Ermächtigung aus § 148 Abs. 2 S. 3 und 4 AktG zur Zuständigkeitskonzentration durch Rechtsverordnung Gebrauch gemacht (vgl. dazu Rdn. 47). **164**

165 Klagebefugt sind die Aktionäre der Gesellschaft einschließlich der Inhaber stimmrechtsloser Vorzugsaktien, aber auch die Mitglieder des Vorstands und Aufsichtsrats (MünchKomm AktG/*Hüffer* § 275 Rn. 45 und 48, *Happ/Tielmann* AktR 18.17 Rn. 3). Die Klage richtet sich gegen die AG. Diese wird bei einer Klage von Aktionären gem. §§ 275 Abs. 4 S. 1, 246 Abs. 2 S. 1 AktG bzw. §§ 246 Abs. 2 S. 3, 275 Abs. 4 S. 1 AktG durch die Mitglieder des Vorstands und des Aufsichtsrates, bei einer von Organmitgliedern erhobenen Klage durch das jeweils andere Organ, dessen Mitglieder nicht beteiligt sind, vertreten.

166 Der Vorstand der beklagten Gesellschaft hat gem. §§ 246 Abs. 4, 275 Abs. 4 S. 1 AktG die Klageerhebung und den Termin zur mündlichen Verhandlung sowie – bei der börsennotierten Gesellschaft – die Beendigung des Rechtsstreits nach §§ 248a, 275 Abs. 4 S. 1 AktG bekannt zu machen und gem. § 275 Abs. 4 S. 2 AktG eine beglaubigte Abschrift der Klage und des rechtskräftigen Urteils zum Handelsregister einzureichen.

167 Für die Festsetzung des Streitwerts gilt über die Verweisungsnorm in § 275 Abs. 4 S. 1 AktG § 247 AktG entsprechend. Eine Überschreitung des Höchstbetrages aus § 247 AktG kommt in Betracht, wenn die Bedeutung für den Kläger höher zu bewerten ist, etwa bei Klagen von Großaktionären (*Baums* FS Lutter 2000, 283, 285; *Saenger* AG 2002, 536, 537). Bei börsennotierten Aktiengesellschaften wird der Streitwert durch den Kurswert begrenzt (*Happ/Pfeiffer* ZGR 1991, 101, 106). Für die Kostentragungspflicht gilt § 91 ZPO (kritisch *Baums* FS Lutter 2000, 283).

II. Klagefrist

168 § 275 Abs. 3 S. 1 AktG bestimmt eine materiell rechtliche Ausschlussfrist von 3 Jahren ab Eintragung der AG in das Handelsregister. Für die Fristberechnung gelten §§ 187, 188 BGB sowie § 193 BGB analog (*Hüffer* AktG § 275 Rn. 25). Zur Fristwahrung genügt die Klageeinreichung, wenn die Zustellung i. S. v. § 270 Abs. 3 AktG »demnächst« darauf folgt. Nach Ablauf der Drei-Jahres-Frist besteht das Gestaltungsrecht nicht mehr mit der Folge einer Unbegründetheit einer verspätet erhobenen Klage. Die hierdurch eintretende materielle Heilungswirkung tritt ex lege ein. Allerdings ist auch noch nach Ablauf der Drei-Jahres-Frist eine Amtslöschung nach §§ 275 Abs. 3 S. 2 AktG, 397 S. 1, 395 FamFG möglich. Bei dem Verweis auf den nicht existenten § 397 Abs. 1 FamFG in § 275 Abs. 3 S. 2 AktG dürfte es sich um ein redaktionelles Versehen handeln.

III. Begründetheit der Klage

169 Die Klage auf Nichtigerklärung ist begründet, wenn (i) die Satzung der Aktiengesellschaft keine Bestimmung über die Höhe des Grundkapitals enthält, (ii) die Satzung der Aktiengesellschaft keine Bestimmung über den Gegenstand des Unternehmens enthält oder (iii) die Bestimmungen der Satzung über den Gegenstand des Unternehmens nichtig sind. Bestimmungen über die Höhe des Grundkapitals sowie den Gegenstand des Unternehmens sind zwingender Satzungsinhalt gem. § 23 Abs. 3 AktG (vgl. § 23 AktG Rdn. 18 f.). Eine Nichtigkeit der Bestimmungen über den Unternehmensgegenstand liegt nur bei Gesetzes- oder Sittenwidrigkeit i. S. v. § 241 Nr. 3 oder Nr. 4 AktG vor, insbesondere bei Verstößen gegen strafrechtliche Verbotsnormen wie verbotenes Glücksspiel, gewerblicher Schmuggel oder Hehlerei (*Hüffer* AktG § 275 Rn. 11; *Happ/Tielmann* AktR 18.17 Rn. 7). Andere Gründungsmängel sind nach § 275 Abs. 1 S. 2 AktG als Klagegründe ausgeschlossen.

170 Die Klage wegen eines Mangels, der die Bestimmung über den Gegenstand des Unternehmens betrifft, kann jedoch erst nach erfolgloser Aufforderung des Klageberechtigten an die Gesellschaft, den Mangel zu beseitigen, erhoben werden, § 275 Abs. 2 AktG. Dies folgt aus der durch § 276 AktG eröffneten Heilungsmöglichkeit. Bei der Aufforderung und dem Ablauf der Drei-Monats-Frist handelt es sich um besondere Zulässigkeitsvoraussetzungen (MünchKomm AktG/*Hüffer* § 275 Rn. 41; *Happ/Tielmann* AktR 18.17 Rn. 8). Für die Fristberechnung gelten §§ 187 Abs. 1, 188 Abs. 2 BGB (MünchKomm AktG/*Hüffer* § 275 Rn. 43). Die Gesellschaft kommt der Aufforderung nur nach, wenn sie den Mangel fristgerecht beseitigt, also innerhalb der Frist die erforderliche Satzungsänderung gem. § 179 AktG beschlossen und in das Handelsregister i. S. v. § 188 Abs. 3 AktG eingetragen

ist (*Happ/Tielmann* AktR 18.17 Rn. 8). Ob die Klage vor Ablauf der Drei-Monats-Frist des § 275 Abs. 2 AktG erhoben werden kann, wenn ansonsten der Ablauf der Drei-Jahres-Frist des § 275 Abs. 3 AktG droht, ist umstritten (für Zulässigkeit etwa MünchKomm AktG/*Hüffer* § 275 Rn. 44; Köln-Komm AktG/*Kraft* § 275 Rn. 39; dagegen *Happ/Tielmann* AktR 18.17 Rn. 8).

Kapitel 7 Schiedsverfahren im Gesellschaftsrecht

Übersicht

		Rdn.
A.	Einleitung	1
B.	Einführung in die Schiedsgerichtsbarkeit	2
I.	Vorteile von Schiedsverfahren im Gesellschaftsrecht	2
II.	Gesetzliche Grundlagen	4
III.	Organisation des Schiedsverfahrens	5
IV.	Legitimation der Zuständigkeit eines Schiedsgerichts	8
V.	Formanforderungen an eine Schiedsvereinbarung i. S. d. § 1029 ZPO	11
	1. Einleitung	11
	2. Gewerblicher Bereich	12
	a) Schiedsvereinbarung in gemeinsam unterzeichnetem Dokument	12
	b) Schiedsvereinbarung durch Korrespondenz	13
	c) Schiedsvereinbarung durch einseitig übermitteltes Schriftstück	14
	d) Schiedsvereinbarung durch Bezugnahme	15
	e) Schiedsvereinbarung durch Begebung eines Konnossements	16
	3. Besonderes Formerfordernis bei Beteiligung eines Verbrauchers	17
	4. Heilung von Formmängeln	18
	5. Formerfordernis des Hauptvertrags	19
VI.	Schiedsvereinbarung als Prozesshindernis	20
C.	Schiedsfähigkeit gesellschaftsrechtlicher Streitigkeiten	21
I.	Alte Rechtslage vor 01.01.1998	22
II.	Neue Rechtslage seit 01.01.1998	24
III.	Gesellschaftsrechtliche Streitigkeiten als vermögensrechtlicher Anspruch i. S. d. § 1030 Abs. 1 Satz 1 ZPO	26
	1. Allgemeines	26
	2. »Anspruch« i. S. d. § 1030 ZPO	27
	3. Ausschließlicher Gerichtsstand gesellschaftsrechtlicher Streitigkeiten	28
D.	Gesellschaftsvertragliche Schiedsklauseln	30
I.	Schiedsklausel im Gesellschaftsvertrag einer Personengesellschaft	30
	1. Anwendbarkeit der §§ 1029 ff. ZPO	30
	2. Formfragen – Gesellschaftsvertrag als »Verbrauchergeschäft«	34
	3. Sachliche Reichweite der Schiedsvereinbarung	37
	4. Persönliche Reichweite der Schiedsvereinbarung	40
	a) Bindung von Gesamtrechtsnachfolgern	41
	b) Bindung von Einzelrechtsnachfolgern	42
	c) Bindung ausgeschiedener Gesellschafter	45
	5. Nachträgliche Aufnahme einer Schiedsklausel in den Gesellschaftsvertrag	46
	6. Sonderproblem: Mehrparteienschiedsverfahren im Personengesellschaftsrecht	49
	a) Allgemeines	50
	b) Bindungswirkung	51
II.	Statutarische Schiedsklausel bei Kapitalgesellschaften	55
	1. Anwendbarkeit des § 1066 ZPO	55
	a) Allgemeines	55
	b) Formanforderungen	56
	c) Abgrenzung zum organschaftlichen »Schiedsgericht«	57
	2. Vereinbarkeit statutarischer Schiedsklauseln mit dem Grundsatz der Satzungsstrenge im Aktienrecht	58
	a) Prinzip der Satzungsstrenge gem. § 23 Abs. 5 AktG	58
	b) Satzungsbegleitende Nebenabrede	59
	c) Andere Ansicht	60
	3. Sachliche Reichweite der Schiedsklausel	61
	4. Persönliche Reichweite der Schiedsklausel	63
	5. Nachträgliche Aufnahme einer Schiedsklausel in die Satzung	66
	6. Sonderproblem: Schiedsfähigkeit von Beschlussmängelstreitigkeiten im Recht der GmbH	69
	a) Einleitung	69
	b) Die Entscheidung des BGH vom 29.03.1996	70
	c) Die Entscheidung des BGH vom 06.04.2009	74
E.	Wirkung schiedsrichterlicher Gestaltungsurteile in gesellschaftsrechtlichen Streitigkeiten	76
I.	Allgemeines – Wirkung von Gestaltungsklage und -urteil	76
II.	Wirkung eines Schiedsspruchs	78
	1. Gestaltungswirkung mit Vollstreckbarerklärung	79
	2. Gestaltungswirkung mit Rechtskraft des Schiedsspruchs	80
F.	Bindung des persönlich haftenden Gesellschafters an die Schiedsvereinbarung einer Personengesellschaft	81
I.	Rechtslage bei der OHG und KG	81
II.	Rechtslage bei der BGB-Gesellschaft	85
III.	Auffassung Habersack	87

G.	**Vollstreckbarerklärung inländischer und ausländischer Schiedssprüche**.......	88		

G. **Vollstreckbarerklärung inländischer und ausländischer Schiedssprüche**........ 88
I. Einleitung......................... 88
II. Vollstreckbarerklärung inländischer Schiedssprüche................... 91
   1. Gegenstand des Verfahrens........ 91
   2. Zulässigkeit des Antrags auf Vollstreckbarerklärung und Verfahren... 97
     a) Zuständigkeit................. 98
     b) Parteien des Verfahrens........ 99
     c) Formelle Antragsvoraussetzungen 100
     d) Rechtliches Gehör............ 101
     e) Mündliche Verhandlung....... 102
     f) § 1063 Abs. 4 ZPO........... 103
   3. Entscheidung des Gerichts........ 104
   4. Rechtsmittel.................... 106
   5. Begründetheit des Antrags auf Vollstreckbarerklärung................ 107
     a) Fehlen von Aufhebungsgründen.. 107
     b) Berücksichtigung von Einwendungen gegen den zugesprochenen Anspruch im Vollstreckbarerklärungsverfahren............ 109
     c) Berücksichtigung von Einwendungen gegen den zugesprochenen Anspruch im Vollstreckungsverfahren................... 117
III. Vollstreckbarerklärung ausländischer Schiedssprüche.................... 118
   1. Anwendbarkeit des UNÜ......... 118
   2. Gegenstand des Verfahrens........ 120
   3. Zulässigkeit des Antrags auf Vollstreckbarerklärung und Verfahren... 121
   4. Entscheidung des Gerichts........ 122
   5. Rechtsmittel.................... 123
   6. Begründetheit des Antrags auf Vollstreckbarerklärung................ 124
     a) Versagungsgründe............ 124
     b) Einwendungen gegen den Schiedsspruch................ 127
   7. Antrag auf Aufhebung der Vollstreckbarerklärung nach § 1061 Abs. 3 ZPO........................... 128
H. **Einstweiliger Rechtsschutz im Schiedsverfahren**...................... 129
I. Einleitung........................ 129
II. Parallele Zuständigkeit von staatlicher Gerichtsbarkeit und Schiedsgericht..... 130
III. Vorläufige und sichernde Maßnahmen i. S. d. § 1041 Abs. 1 Satz 1 ZPO..... 135
   1. Arrest und einstweilige Verfügung... 135
   2. Weitere einstweilige Maßnahmen... 141
IV. Sicherheitsleistung nach § 1041 Abs. 1 Satz 2 ZPO...................... 142
V. Verfahren........................ 143
   1. Antrag......................... 143
   2. Glaubhaftmachung.............. 144
   3. Gebot des rechtlichen Gehörs...... 145
VI. Vollziehbarerklärung einer durch ein Schiedsgericht angeordneten Maßnahme des einstweiligen Rechtsschutzes....... 146
   1. Vollziehbarerklärung als Grundlage staatlicher Vollstreckung.......... 146
   2. Prüfungskompetenz des staatlichen Gerichts........................ 147
   3. Antrag und Antragsbefugnis....... 149
   4. Rechtsschutzbedürfnis............ 150
   5. Zuständigkeit................... 151
   6. Entscheidung des Gerichts........ 152
   7. Regelung des § 1041 Abs. 3 ZPO.... 153
VII. Schadensersatz aufgrund unberechtigter Vollziehung........................ 154

A. Einleitung

Die praktische Bedeutung von Schiedsverfahren im Gesellschaftsrecht nimmt sowohl im nationalen als auch im internationalen Bereich stetig zu (*Schneider* GmbHR 2005, 86; *Trittmann* ZGR 1999, 340, 341; *Raeschke-Kessler* SchiedsVZ 2003, 145, 146; *Kröll* SchiedsVZ 2003, 113; Oppenländer/Trölitzsch/*Oppenländer* § 9 Rn. 75). Dies betrifft Streitigkeiten zwischen einer Gesellschaft und einer dritten Partei sowie gesellschaftsinterne Streitigkeiten. Die Zuständigkeit eines Schiedsgerichts für gesellschaftsrechtliche Streitigkeiten beruht häufig auf einer gesellschaftsvertraglichen Schiedsklausel. Dabei ist zu berücksichtigen, dass eine Schiedsklausel im Gesellschaftsvertrag einer Personengesellschaft anders zu beurteilen ist, als eine Schiedsklausel in der Satzung einer Kapitalgesellschaft (vgl. dazu unten Rdn. 30–75). Möglich ist auch, dass die Gesellschafter die Zuständigkeit eines Schiedsgerichts für gesellschaftsinterne Streitigkeiten außerhalb des Gesellschaftsvertrags vereinbaren. Nachfolgend werden zunächst die Grundsätze der Schiedsgerichtsbarkeit dargestellt und im Anschluss daran die spezifischen Probleme des Schiedsverfahrens im gesellschaftsrechtlichen Bereich.

1

B. Einführung in die Schiedsgerichtsbarkeit

I. Vorteile von Schiedsverfahren im Gesellschaftsrecht

2 Für ein Schiedsverfahren spricht häufig, dass Schiedsverfahren grundsätzlich nur parteiöffentlich sind, also unter Ausschluss der Öffentlichkeit durchgeführt werden. Dadurch lässt sich verhindern, dass unternehmensinterne Informationen nach außen dringen. Wird eine gesellschaftsinterne Streitigkeit oder auch eine Streitigkeit mit einem Dritten vor einem staatlichen Gericht ausgetragen, kann sich dies u. U. negativ auf die Geschäftstätigkeit der Gesellschaft auswirken. Diese Auswirkungen können durch ein Schiedsverfahren vermieden werden (*Trittmann* ZGR 1999, 340, 342 f.). Zudem werden Schiedsverfahren in der Regel schneller durchgeführt als Verfahren vor den staatlichen Gerichten. Grund dafür ist nicht nur, dass die Schiedsgerichtsbarkeit keinen Instanzenzug aufweist, sondern auch, dass die Parteien die Entscheidung einer Person übertragen können, zu der sie Vertrauen haben und die für die Streitigkeit besondere Sachkunde aufweist, sodass eine zügige und fachkundige Erledigung erwartet werden kann (*Schwab/Walter* Kap. 1 Rn. 8; *Trittmann* ZGR 1999, 340; *Hawickhorst* BRAK-Mitt. 2005, 222, 224; *Berger* ZHR 164, [2000] 295, 304; *Bork* ZHR 160, 1996, 374, 375; dazu krit. *Lachmann* BRAK-Mitt. 2005, 217, 229).

3 Ein weiterer Vorteil des Schiedsverfahrens liegt darin, dass die Parteien und Schiedsrichter das Verfahren unter Beachtung bestimmter rechtsstaatlicher Mindeststandards weitgehend frei gestalten können. Gerade unter diesem Aspekt gewinnen Schiedsverfahren im **internationalen Bereich** zunehmend an Bedeutung. Durch ein Schiedsverfahren lassen sich nicht nur kosten- und zeitintensive Prozesse im Ausland vermeiden. Die Parteien haben auch die Möglichkeit, das Schiedsverfahren an die speziellen Bedürfnisse internationaler Fallgestaltungen anzupassen. So können die Parteien einen neutralen Schiedsort wählen und die Anwendbarkeit eines neutralen Rechts vereinbaren (GF-ZPO/*Eberl/Eberl* § 1043 Rn. 3; § 1052 Rn. 2). Bei internationalen Fallgestaltungen wird häufig ein Schiedsverfahren nach den Schiedsregeln der Internationalen Handelskammer (ICC) mit Sitz in Paris durchgeführt (vgl. unten Rdn. 6; GF-ZPO/*Eberl/Eberl* § 1042 Rn. 4). Zudem sind Schiedssprüche im internationalen Kontext häufig leichter vollstreckbar als Urteile staatlicher Gerichte (vgl. dazu unten Rdn. 118–130).

II. Gesetzliche Grundlagen

4 Obwohl das deutsche Schiedsverfahrensrecht (§§ 1029 ff. ZPO) durch das Gesetz zur Neuregelung des Schiedsverfahrens vom 22.12.1997, das mit Wirkung zum 01.01.1998 in Kraft getreten ist, novelliert wurde, sind die spezifischen Probleme, die sich für Schiedsverfahren im gesellschaftsrechtlichen Bereich ergeben, nach wie vor ungeregelt. Dies ist im Wesentlichen darauf zurückzuführen, dass sich das Schiedsverfahrens-Neuregelungsgesetz maßgeblich an dem UNCITRAL-Modellgesetz (Modellgesetz der Kommission der Vereinten Nationen für internationales Handelsrecht) orientiert, das auf die besonderen Bedürfnisse der Handelsschiedsgerichtsbarkeit ausgerichtet ist (*K. Schmidt* BB 2001, 1857, 1864; *Schneider* GmbHR 2005, 86; *Habersack* SchiedsVZ 2003, 241, 242; *Bayer* ZIP 2003, 881, 881; *Trittmann* ZGR 1999, 340). Die Schiedsgerichtsbarkeit profitiert im Gesellschaftsrecht zwar durchaus von den allgemeinen Verbesserungen durch die Neuregelung des Schiedsverfahrensrechts; die Lösung der spezifischen Probleme bleibt jedoch weitgehend der Praxis überlassen (*K. Schmidt* BB 2001, 1857, 1864). Für Schiedsvereinbarungen, die vor dem 01.01.1998 geschlossen wurden, gilt die alte Rechtslage (*Lachmann* Rn. 326).

III. Organisation des Schiedsverfahrens

5 Es steht den Parteien nach § 1042 Abs. 3 ZPO frei, das Verfahren durch die Einbeziehung einer **Schiedsinstitution** oder einzelfallbezogen und ohne Mitwirkung einer solchen Institution als sog. **ad-hoc-Schiedsverfahren** zu regeln (*Zöller/Geimer* § 1042 Rn. 25; *Schwab/Walter* Kap. 1 Rn. 10). Setzen die Parteien ein sog. ad-hoc-Schiedsgericht ein, d. h. ein Gelegenheitsgericht, und treffen sie keine näheren Bestimmungen über das Verfahren, kommen die Regelungen der §§ 1034 ff. ZPO zur

B. Einführung in die Schiedsgerichtsbarkeit **Kapitel 7**

Anwendung (*Schwab/Walter* Kap. 1 Rn. 10). Die Einbeziehung von Schiedsinstitutionen hat gegenüber dem ad-hoc-Verfahren den Vorteil, dass diese über eigene Schiedsordnungen und Sekretariate verfügen, die administrative Aufgaben der Institutionen wahrnehmen (*Trittmann* ZGR 1999, 340, 359). Institutionelle Schiedsordnungen enthalten zudem häufig Regelungen über Mehrparteienschiedsverfahren, die besonders für gesellschaftsrechtliche Streitigkeiten relevant werden (vgl. unten Rdn. 49 ff.; *Schwab/Walter* Kap. 10 Rn. 15). Beispiele dafür sind § 13 DIS-Schiedsgerichtsordnung sowie Art. 10 ICC-Schiedsgerichtsordnung (vgl. unten Rdn. 53, 54).

Für gesellschaftsrechtliche Streitigkeiten mit nationalem Bezug bietet es sich insbesondere an, die **6** Schiedsgerichtsordnung der **DIS** (Deutsche Institution für Schiedsgerichtsbarkeit e. V.) zu vereinbaren, die eine Musterschiedsklausel für gesellschaftsrechtliche Streitigkeiten vorschlägt und »Ergänzende Regeln für gesellschaftsrechtliche Streitigkeiten« vorsieht (vgl. unten Rdn. 75). Wichtige internationale Schiedsinstitutionen mit eigenen Schiedsgerichtsordnungen sind z. B. die **ICC** (International Court of Arbitration of the International Chamber of Commerce) in Paris und die **LCIA** (London Court of International Arbitration) in London. Daneben spielen die »**Swiss Rules**« der schweizerischen Handelskammern eine bedeutende Rolle.

Ist die Einbeziehung einer Schiedsinstitution und deren Verfahrensordnung gewollt, so ist insoweit **7** eine **ausdrückliche Bestimmung** zu treffen (zur Einbeziehung einer Schiedsinstitution vgl. GF-ZPO/*Eberl/Eberl* § 1042 Rn. 1–5). Die Schiedsinstitutionen schlagen vielfach Standard-Schiedsklauseln vor (vgl. www.dis-arb.de, www.iccarbitration.org, www.lcia-arbitration.com, www.swissarbitration.ch). Bei internationalem Bezug empfehlen sich Regelungen zum materiellen Recht und zur Verfahrenssprache.

IV. Legitimation der Zuständigkeit eines Schiedsgerichts

Die Zuständigkeit eines Schiedsgerichts beruht regelmäßig auf einer **Vereinbarung der Parteien** **8** nach § 1029 ZPO. Daneben ist eine Unterwerfung unter eine Schiedsklausel auch durch **einseitige Anordnung** bzw. außervertragliche Regelung nach § 1066 ZPO möglich (*Haas* ZGR 2001, 325; *Bayer* ZIP 2003, 881, 885; *K. Schmidt* BB 2001, 1857, 1862). § 1066 ZPO erfasst Schiedsgerichte, die nicht auf vertraglicher Grundlage beruhen (Zöller/*Geimer* § 1066 Rn. 1; Hk-ZPO/*Saenger* § 1066 Rn. 1; *Schwab/Walter* Kap. 32 Rn. 34).

Schiedsklauseln in Satzungen von Kapitalgesellschaften oder in Gesellschaftsverträgen von Per- **9** sonengesellschaften sind weder in §§ 1029 ff. ZPO noch in § 1066 ZPO ausdrücklich erwähnt. Schiedsklauseln in Satzungen von Kapitalgesellschaften fallen nach h. M. unter § 1066 ZPO (vgl. unten Rdn. 55; Zöller/*Geimer* § 1066 Rn. 1; *Habersack* SchiedsVZ 2003, 241, 242). Nach herrschender, wenn auch umstrittener Auffassung sind Schiedsklauseln in einem Gesellschaftsvertrag einer Personengesellschaft als Schiedsvereinbarung nach § 1029 ZPO anzusehen (vgl. ausführlich unten Rdn. 30 ff.; BGH, Beschl. v. 01.08.2002 – III ZB 66/01; MüKo ZPO/*Münch* § 1066 Rn. 20; a. A. Zöller/*Geimer* § 1066 Rn. 1, 13).

Schiedsvereinbarungen zwischen einer Gesellschaft und Dritten fallen unter § 1029 ZPO. § 1029 **10** ZPO gilt auch für Schiedsvereinbarungen zwischen den Gesellschaftern hinsichtlich gesellschaftsinterner Streitigkeiten, die außerhalb eines Gesellschaftsvertrags geschlossen werden. Dies gilt unabhängig davon, ob es sich um Gesellschafter einer Personen- oder einer Kapitalgesellschaft handelt.

V. Formanforderungen an eine Schiedsvereinbarung i. S. d. § 1029 ZPO

1. Einleitung

Eine Schiedsvereinbarung nach § 1029 ZPO muss den Formanforderungen des § 1031 ZPO ent- **11** sprechen. Dabei handelt es sich um ein **Wirksamkeitserfordernis** (Hk-ZPO/*Saenger* § 1031 Rn. 1; MüKo ZPO/*Münch* § 1031 Rn. 10). Entspricht eine Schiedsvereinbarung den Anforderungen des § 1031 ZPO nicht, ist sie grundsätzlich unwirksam und es verbleibt bei der Zuständigkeit der staatlichen Gerichte (OLG Hamm, Beschl. v. 18.07.2007 – 8 Sch 02/07; Zöller/*Geimer* § 1031 Rn. 39; MüKo ZPO/*Münch* § 1031 Rn. 10; GF-ZPO/*Eberl/Eberl* § 1031 Rn. 3). Wird dennoch ein Schiedsverfahren durchgeführt und ergeht ein Schiedsspruch, kommt Aufhebung aufgrund § 1059 Abs. 2 Nr. 1a ZPO in Betracht (Zöller/*Geimer* § 1031 Rn. 39; MüKo ZPO/*Münch* § 1031 Rn. 10). Die Formvorschrift des § 1031 ZPO dient dem Schutz und der Warnung der Vertragsparteien, da diese durch Unterwerfung unter ein Schiedsgericht auf ihr verfassungsmäßiges Recht auf den gesetzlichen Richter gem. Art. 101 Abs. 1 Satz 2 GG verzichten (BGH, Urt. v. 05.05.1977 – II ZR 177/74; BeckOK ZPO/*Vorwerk/Wolf* § 1031 Rn. 3; *Ebbing* NZG 1998, 64). Welche Formanforderungen gelten, richtet sich danach, ob ein Verbraucher am Abschluss der Schiedsvereinbarung beteiligt ist oder ob es sich um ein gewerbliches Geschäft handelt. Ist ein Verbraucher beteiligt, gelten die besonderen Formanforderungen des § 1031 Abs. 5 ZPO (vgl. unten Rdn. 17). Ist kein Verbraucher beteiligt, gelten die weniger strengen Formvorschriften des § 1031 Abs. 1 bis 4 ZPO. Der **Verbraucherbegriff** i. S. d. § 1031 Abs. 5 ZPO entspricht dem Verbraucherbegriff des § 13 BGB (MüKo ZPO/*Münch* § 1031 Rn. 47; BeckOK ZPO/*Vorwerk/Wolf* § 1031 Rn. 20). Verbraucher ist demnach eine natürliche Person, die außerhalb ihrer gewerblichen und selbstständigen beruflichen Tätigkeit handelt (BGH, Beschl. v. 24.02.2005 – III ZB 36/04; OLG Hamm, Beschl. v. 18.07.2007 – 8 Sch 02/07; Zöller/*Geimer* § 1031 Rn. 35; MüKo ZPO/*Münch* § 1031 Rn. 48). Das Handeln einer juristischen Person ist grundsätzlich dem gewerblichen Bereich zuzuordnen (Hk-ZPO/*Saenger* § 1031 Rn. 10; *Lachmann* Rn. 331; zur Verbrauchereigenschaft von Personengesellschaften vgl. ausführlich *Lachmann* Rn. 334 ff.; Gesellschaftsvertrag als Verbrauchergeschäft vgl. unten Rdn. 34–35).

2. Gewerblicher Bereich

a) Schiedsvereinbarung in gemeinsam unterzeichnetem Dokument

12 Nach § 1031 Abs. 1 ZPO bedarf eine **Schiedsvereinbarung** für ihre Wirksamkeit grundsätzlich der **Schriftform**, eine mündliche Vereinbarung genügt nicht (Zöller/*Geimer* § 1031 Rn. 5; Hk-ZPO/*Saenger* § 1031 Rn. 1; *Schwab/Walter* Kap. 5 Rn. 1 f.). Nach früherer Rechtslage (vgl. § 1027 Abs. 2 ZPO a. F.) konnten Kaufleute eine Schiedsvereinbarung auch mündlich schließen (BGH, Urt. v. 11.10.1079 – III ZR 184/78; OLG Karlsruhe, Urt. v. 19.10.1990 – 15 U 150/90). Nach neuer Rechtslage gilt das Schriftformerfordernis jedoch auch für den gewerblichen Bereich (Zöller/*Geimer* § 1031 Rn. 5; Hk-ZPO/*Saenger* § 1031 Rn. 1; *Ebbing* NZG 1998, 281). Gem. § 1031 Abs. 1, 1. Alt. ZPO muss die Schiedsvereinbarung in einem von den Parteien unterzeichneten Schriftstück enthalten sein (Hk-ZPO/*Saenger* § 1031 Rn. 3; MüKo ZPO/*Münch* § 1031 Rn. 27). Es genügt die Unterzeichnung durch einen **Bevollmächtigten**. Die Schiedsvereinbarung muss nicht in einer eigenen Urkunde geregelt werden (Ausnahme bei Beteiligung eines Verbrauchers, vgl. Rdn. 17). Das Schriftstück kann neben der Schiedsvereinbarung auch sonstige Vereinbarungen enthalten, wie bspw. den Hauptvertrag (Zöller/*Geimer* § 1031 Rn. 6; Hk-ZPO/*Saenger* § 1031 Rn. 4; *Schwab/Walter* Kap. 5 Rn. 2). Eine eigenhändige Unterschrift ist nicht erforderlich (Hk-ZPO/*Saenger* § 1031 Rn. 4; MüKo ZPO/*Münch* § 1031 Rn. 28). Es genügt insofern die Unterzeichnung durch einen Bevollmächtigten. Handelt der Vertreter ohne Vertretungsmacht, ist eine nachträgliche Genehmigung möglich (Zöller/*Geimer* § 1031 Rn. 6; *Lachmann* Rn. 344).

b) Schiedsvereinbarung durch Korrespondenz

13 Gem. § 1031 Abs. 1, 2. Alt. ZPO kann die Schiedsvereinbarung auch in zwischen den Parteien gewechselten Schreiben, Fernkopien, Telegrammen oder anderen Formen der Nachrichtenübermittlung enthalten sein. Erfasst ist dabei auch elektronischer Datenaustausch, wie bspw. der Austausch von **E-Mails** über das Internet (Zöller/*Geimer* § 1031 Rn. 7; GF-ZPO/*Eberl/Eberl* § 1031 Rn. 6; Hk-ZPO/*Saenger* § 1031 Rn. 5; *Lachmann* Rn. 346; Schwab/*Walter* Kap. 5 Rn. 4). Um den Nachweis der Vereinbarung zu gewährleisten, ist Abspeicherung oder ein sonstiger Beleg erforderlich (OLG München, Beschl. v. 16.12.2001 – 34 SchH 30/11; Zöller/*Geimer* § 1031 Rn. 7; Hk-ZPO/*Saenger* § 1031 Rn. 5).

c) Schiedsvereinbarung durch einseitig übermitteltes Schriftstück

§ 1031 Abs. 2 ZPO erleichtert die Formanforderung des § 1031 Abs. 1 ZPO, indem eine Schiedsvereinbarung auch durch ein **einseitig übermitteltes Schriftstück** (»halbe Schriftform«) zustande kommen kann, wenn das Schweigen der Gegenpartei der Verkehrssitte entsprechend als Zustimmung zu sehen ist. Dies betrifft in der Praxis vor allem das kaufmännische Bestätigungsschreiben (BGH, Beschl. v. 21.09.2005 – III ZB 18/05; Zöller/*Geimer* § 1030 Rn. 8; GF-ZPO/*Eberl/Eberl* § 1031 Rn. 6; MüKo ZPO/*Münch* § 1031 Rn. 35; Hk-ZPO/*Saenger* § 1031 Rn. 6).

d) Schiedsvereinbarung durch Bezugnahme

Gem. § 1031 Abs. 3 ZPO kann eine Schiedsvereinbarung auch durch Bezugnahme begründet werden. Erforderlich ist, dass der Hauptvertrag, der die Verweisung enthält, den Anforderungen des § 1031 Abs. 1 und Abs. 2 ZPO entspricht (MüKo ZPO/*Münch* § 1031 Rn. 37; Hk-ZPO/*Saenger* § 1031 Rn. 7). Aufgrund der Verweisung muss das Schriftstück, auf das verwiesen wird, Inhalt des Vertrages werden (Zöller/*Geimer* § 1031 Rn. 9; MüKo ZPO/*Münch* § 1031 Rn. 38; Hk-ZPO/*Saenger* § 1031 Rn. 7). Hauptanwendungsfall in der Praxis ist die **Bezugnahme auf AGB**, die eine Schiedsvereinbarung enthalten (MüKo ZPO/*Münch* § 1031 Rn. 40; Hk-ZPO/*Saenger* § 1031 Rn. 7; *Lachmann* Rn. 348; *Schwab/Walter* Kap. 5 Rn. 9). Eine allgemeine Bezugnahme auf das Schriftstück genügt. Ein besonderer Hinweis darauf, dass die AGB eine Schiedsklausel enthalten, ist nicht erforderlich (BGH, Urt. v. 25.01.2007 – VII ZR 105/06; BayObLG, Beschl. v. 17.09.1998 – 4Z Sch 1 –98; Zöller/*Geimer* § 1031 Rn. 9, 10; GF-ZPO/*Eberl/Eberl* § 1031 Rn. 6; S/J/*Schlosser* § 1031 Rn. 5; *Trittmann* ZGR 1999, 340, 346).

e) Schiedsvereinbarung durch Begebung eines Konnossements

Nach § 1031 Abs. 4 ZPO kann ein Verfrachter mit einem Dritten eine Schiedsvereinbarung durch Begebung eines Konnossements begründen, das selbst keine Schiedsklausel enthält aber ausdrücklich auf eine in einem Chartervertrag enthaltene Schiedsklausel Bezug nimmt. Erforderlich ist insoweit eine Inkorporationsklausel, die ausdrücklich darauf hinweist, dass im Chartervertrag eine Schiedsklausel enthalten ist; eine allgemeine Verweisung genügt nicht (Zöller/*Geimer* § 1031 Rn. 11; MüKo ZPO/*Münch* § 1031 Rn. 42; Hk-ZPO/*Saenger* § 1031 Rn. 8; S/J/*Schlosser* § 1031 Rn. 6).

3. Besonderes Formerfordernis bei Beteiligung eines Verbrauchers

Gem. § 1031 Abs. 5 ZPO unterliegen Schiedsvereinbarungen, an denen ein Verbraucher beteiligt ist, einem besonderen Formerfordernis. Danach muss eine Schiedsvereinbarung in einer von den Parteien **eigenhändig unterzeichneten Urkunde** enthalten sein, die keine anderen Vereinbarungen als solche enthält, die sich auf das schiedsrichterliche Verfahren beziehen (MüKo ZPO/*Münch* § 1031 Rn. 53, 59; GF-ZPO/*Eberl/Eberl* § 1031 Rn. 5; BeckOK ZPO/*Vorwerk/Wolf* § 1031 Rn. 21, 22, 23; *Schwab/Walter* Kap. 5 Rn. 17; *Habersack* SchiedsVZ 2003, 241, 242). Auf diese Weise sollen Verbraucher davor geschützt werden, sich durch Unterzeichnung umfangreicher Klauselwerke einer Schiedsvereinbarung zu unterwerfen, ohne sich dessen bewusst zu sein (BGH, Urt. v. 13.01.2005 – III ZR 265/03; Zöller/*Geimer* § 1031 Rn. 34; MüKo ZPO/*Münch* § 1031 Rn. 7, 45; Hk-ZPO/*Saenger* § 1031 Rn. 9; *Lachmann* Rn. 327). Die Schriftform kann gem. § 1031 Abs. 5 Satz 2 BGB durch die elektronische Form nach § 126a BGB ersetzt werden (Zöller/*Geimer* § 1031 Rn. 36). Erfolgt die Beurkundung des Hauptvertrags durch einen Notar, muss die Schiedsvereinbarung nicht in einer gesonderten Urkunde enthalten sein, da der Schutz des Verbrauchers durch die **Belehrungspflicht** sichergestellt wird (BGH, Urt. v. 01.03.2007 – III ZR 164/06; Zöller/*Geimer* § 1031 Rn. 38; GF-ZPO/*Eberl/Eberl* § 1031 Rn. 5; Hk-ZPO/*Saenger* § 1031 Rn. 14).

4. Heilung von Formmängeln

Gem. § 1031 Abs. 6 ZPO können Formmängel durch **rügelose Einlassung zur Hauptsache** geheilt werden. Die Heilung hat zur Folge, dass die Schiedsvereinbarung rückwirkend als formgemäß vereinbart gilt (Hk-ZPO/*Saenger* § 1031 Rn. 15; BeckOK ZPO/*Vorwerk/Wolf* § 1031 Rn. 27). Erforderlich ist, dass der Gegner mündlich oder schriftlich ohne Vorbehalt zur Sache verhandelt (BGH, Beschl. v. 29.06.2005 – III ZB 65/04; MüKo ZPO/*Münch* § 1031 Rn. 67; Hk-ZPO/*Saenger* § 1031 Rn. 15; GF-ZPO/*Eberl/Eberl* § 1031 Rn. 7). Ein Bewusstsein der Parteien über den Formmangel und die Heilung ist nicht erforderlich (BGH, Urt. v. 22.05.1967 – VII ZR 188/64; Zöller/*Geimer* § 1031 Rn. 42; *Lachmann* Rn. 369; a. A. Hk-ZPO/*Saenger* § 1031 Rn. 15). Dies gilt nur dann, wenn die Parteien bereits eine Schiedsvereinbarung, wenn auch nicht formgemäß, getroffen haben. Fehlt eine Schiedsvereinbarung jedoch völlig, ist ein Erklärungsbewusstsein erforderlich, da die Heilung eines Formmangels den Willen der Parteien, den ordentlichen Rechtsweg auszuschließen, nicht ersetzen kann (Zöller/*Geimer* § 1031 Rn. 45; Hk-ZPO/*Saenger* § 1031 Rn. 16; S/J/*Schlosser* § 1031 Rn. 19). Die Heilung tritt nur insoweit ein, wie die Streitigkeit durch den Sachantrag konkretisiert ist. Sie erfasst weder die gesamte Schiedsvereinbarung noch künftige Verfahren (Zöller/*Geimer* § 1031 Rn. 40; MüKo ZPO/*Münch* § 1031 Rn. 69; Hk-ZPO/*Saenger* § 1031 Rn. 15). Wird die Schiedsklage zurückgenommen und anschließend wiederholt, wirkt die Heilung nicht fort (Zöller/*Geimer* § 1031 Rn. 40; GF-ZPO/*Eberl/Eberl* § 1031 Rn. 7; *Lachmann* Rn. 371). Mangels Sacheinlassung führt allein die Mitwirkung bei der Bildung des Schiedsgerichts oder die Zahlung eines Kostenvorschusses nicht zur Heilung (vgl. § 1040 Abs. 2 ZPO; Zöller/*Geimer* § 1031 Rn. 40). Rein vorsorgliche Ausführungen zur Hauptsache unter dem Vorbehalt, die Rüge der Unzuständigkeit aufrechtzuerhalten, heilen den Formmangel nicht (Zöller/*Geimer* § 1031 Rn. 41; MüKo ZPO/*Münch* § 1031 Rn. 67; BeckOK ZPO/*Vorwerk/Wolf* § 1031 Rn. 26). Vorbehalte, die sich auf andere Punkte, nicht aber auf die fehlende Form beziehen, stehen der Heilung eines Formmangels nicht entgegen. Nur eine Rüge, die den Formmangel geltend macht, kann die Heilung verhindern (BGH, Beschl. v. 29.06.2005 – III ZB 65/04; Zöller/*Geimer* § 1031 Rn. 40; GF-ZPO/*Eberl/Eberl* § 1031 Rn. 7; Hk-ZPO/*Saenger* § 1031 Rn. 15).

5. Formerfordernis des Hauptvertrags

19 Nach § 1040 Abs. 1 Satz 2 ZPO sind Schiedsvereinbarung und Hauptvertrag als voneinander unabhängige Verträge zu beurteilen. Nicht endgültig geklärt war bisher die Frage, ob die Einhaltung der Schriftform gem. § 1031 ZPO für die Schiedsvereinbarung und/oder die Bezugnahme auf eine Schiedsordnung genügt, wenn der Hauptvertrag (wie z. B. bei der Übertragung von Geschäftsanteilen nach § 15 Abs. 4 Satz 1 GmbHG) notariell beurkundet werden muss. In einer Entscheidung zum alten Schiedsverfahrensrecht aus dem Jahr 1977 hat der BGH die Beurkundungspflicht einer Schiedsvereinbarung im Rahmen eines Grundstückkaufvertrages verneint (BGH, Urt. v. 22.09.1977 – III ZR 144/76). Dem ist die herrschende Meinung in der Literatur gefolgt (dazu vgl. Hk-ZPO/*Saenger* § 1031 Rn. 17a; a. A. *Broichmann/Matthäus* SchiedsVZ 2008, 274, 277). Das OLG München hat sich jüngst mit der Frage beschäftigt, ob die Bezugnahme auf die Schiedsgerichtsordnung der Deutschen Institution für Schiedsgerichtsbarkeit e. V. (DIS) in einer Schiedsklausel bei einem nach § 311b Abs. 1 Satz 1 BGB und § 15 Abs. 4 Satz 1 GmbHG beurkundungspflichtigen Vertrag mitbeurkundet werden muss, und verneinte dies im konkreten Fall (OLG München, Beschl. 10.09.2013 – 34 SchH 10/13). Mit Beschluss vom 24.07.2014 hat der BGH nun die Beurkundungsbedürftigkeit einer in Bezug genommenen Schiedsgerichtsordnung verneint (BGH, Beschl. v. 24.07.2014 - III ZB 83/13).

VI. Schiedsvereinbarung als Prozesshindernis

20 Eine wirksame Schiedsvereinbarung begründet gem. § 1032 Abs. 1 ZPO eine **Prozess hindernde Einrede** gegen die Klage vor einem ordentlichen Gericht. Dies bedeutet, dass sich der Beklagte ausdrücklich auf die Schiedsvereinbarung berufen muss. Die Schiedshängigkeit ist nicht von Amts wegen zu berücksichtigen (BGH, Beschl. v. 04.07.1996 – III ZR 145/95; Zöller/*Geimer* § 1032 Rn. 1, 4; GF-ZPO/*Eberl/Eberl* § 1032 Rn. 2). Beruft sich der Beklagte berechtigterweise auf die Schiedsvereinbarung, ist die Klage vor dem ordentlichen Gericht als **unzulässig** abzuweisen. Es kommt weder zur Aussetzung des Verfahrens noch zur Verweisung an ein Schiedsgericht (BGH, Urt. v. 31.05.2007 – III ZR 22/06; Zöller/*Geimer* § 1032 Rn. 7; Hk-ZPO/*Saenger* § 1031 Rn. 10).

C. Schiedsfähigkeit gesellschaftsrechtlicher Streitigkeiten

Die Zuständigkeit eines Schiedsgerichts kann nur dann begründet werden, wenn die Streitigkeit **schiedsfähig** ist. Ansonsten bleibt die Entscheidung den ordentlichen Gerichten vorbehalten. Wird ein Schiedsverfahren trotz fehlender Schiedsfähigkeit durchgeführt, kommt die Aufhebung des Schiedsspruchs unter Berufung auf § 1059 Abs. 2 Nr. 2a ZPO in Betracht (Musielak/*Voit* § 1059 Rn. 24; Hk-ZPO/*Saenger* § 1059 Rn. 22; *Lachmann* Rn. 2296). Die **objektive Schiedsfähigkeit** ist in § 1030 ZPO geregelt und beantwortet die Frage, welche Streitigkeiten einer Schiedsklausel unterworfen werden können (Hk-ZPO/*Saenger* § 1030 Rn. 1; Musielak/*Voit* § 1030 Rn. 1). 21

I. Alte Rechtslage vor 01.01.1998

Nach altem Recht, d. h. vor dem 01.01.1998, war eine Schiedsvereinbarung über einen Streitgegenstand gem. § 1025 Abs. 1 ZPO a. F. nur dann zulässig, wenn die Parteien berechtigt waren, über diesen Streitgegenstand einen Vergleich zu schließen (OLG Frankfurt am Main, Urt. v. 30.01.2004 – 10 U 75/03; Michalski/*Michalski*/*Funke* § 13 Rn. 91; BeckOK ZPO/*Vorwerk*/*Wolf* § 1030 Rn. 2; *Schwab*/*Walter* Kap. 4 Rn. 1). Für Rechtsverhältnisse, für die sich der Staat ein Rechtsprechungsmonopol vorbehalten hat, wie z. B. für Ehe- und Kindschaftssachen, war die Schiedsfähigkeit daher abzulehnen (OLG Frankfurt am Main, Urt. v. 30.01.2004 – 10 U 75/03; *Bork* ZHR 160, 1996, 374, 378; *K. Schmidt* ZHR 162, 1998, 265, 267 f.). 22

Im Bereich des Gesellschaftsrechts wurde die Schiedsfähigkeit für bestimmte Streitigkeiten, wie bspw. für Streitigkeiten über die Einlageverpflichtung bei verdeckter Sacheinlage (Michalski/*Michalski*/*Funke* § 13 Rn. 91) oder für Beschlussmängelstreitigkeiten einer GmbH (*Schneider* GmbHR 2005, 86) mangels Vergleichsfähigkeit abgelehnt. 23

II. Neue Rechtslage seit 01.01.1998

Nach neuem Recht ist für die objektive Schiedsfähigkeit zwischen vermögensrechtlichen und nicht vermögensrechtlichen Ansprüchen zu unterscheiden. Gem. § 1030 Abs. 1 Satz 1 ZPO sind grundsätzlich **alle vermögensrechtlichen Streitigkeiten schiedsfähig**. Auf die Vergleichsbefugnis kommt es nicht mehr an (OLG Frankfurt am Main, Urt. v. 30.01.2004 – 10 U 75/03; Zöller/*Geimer* § 1030 Rn. 1; GF-ZPO/*Eberl*/*Eberl* § 1031 Rn. 12; Michalski/*Michalski*/*Funke* § 13 Rn. 91; Hk-ZPO/*Saenger* § 1030 Rn. 2; BeckOK ZPO/*Wolf*/*Vorwerk* § 103 Rn. 3). Insoweit erweitert § 1030 Abs. 1 Satz 1 ZPO die Schiedsfähigkeit gegenüber der alten Rechtslage (*Trittmann* ZGR 1999, 340, 348). Eine Streitigkeit ist **vermögensrechtlich**, wenn sie auf einem vermögensrechtlichen Rechtsverhältnis beruht oder auf Geld oder geldwerte Sachen und Rechte gerichtet ist, auch wenn das zugrunde liegende Rechtsverhältnis als nicht vermögensrechtlich einzuordnen ist (Zöller/*Geimer* § 1030 Rn. 1; Hk-ZPO/*Saenger* § 1030 Rn. 2; BeckOK ZPO/*Vorwerk*/*Wolf* § 1030 Rn. 4; *Raeschke-Kessler* SchiedsVZ 2003, 145, 152; *Bayer* ZIP 2003, 881, 883). 24

Nichtvermögensrechtliche Streitigkeiten nach § 1030 Abs. 1 Satz 2 ZPO sind nur dann schiedsfähig, wenn die Parteien berechtigt sind, über den Streitgegenstand einen Vergleich abzuschließen, also **über den Streitgegenstand verfügen** können (Hk-ZPO/*Saenger* § 1030 Rn. 5; BeckOK ZPO/*Vorwerk*/*Wolf* § 1030 Rn. 3, 7). Nicht vergleichsfähig sind Streitgegenstände, über die sich der Staat ein Rechtsschutzmonopol vorbehalten hat, wie z. B. Ehe- und Kindschaftssachen (OLG Frankfurt am Main, Urt. v. 30.01.2004 – 10 U 75/03; Hk-ZPO/*Saenger* § 1030 Rn. 6; *Lachmann* Rn. 279; *Schwab*/*Walter* Kap. 4 Rn. 1 f.; *K. Schmidt* ZHR 162, 1998, 265, 271; *Bayer* ZIP 2003, 881, 882). 25

III. Gesellschaftsrechtliche Streitigkeiten als vermögensrechtlicher Anspruch i. S. d. § 1030 Abs. 1 Satz 1 ZPO

1. Allgemeines

26 Gesellschaftsrechtliche Streitigkeiten sind vermögensrechtliche Ansprüche i. S. d. § 1030 Abs. 1 Satz 1 ZPO. Nach neuer Rechtslage kommt es daher für die Schiedsfähigkeit gesellschaftsrechtlicher Streitigkeiten nicht darauf an, ob die Parteien befugt sind, sich über den Streitgegenstand zu vergleichen. Die mangelnde Vergleichsfähigkeit einer gesellschaftsrechtlichen Streitigkeit, wie z. B. bei Beschlussmängelstreitigkeiten im Recht der GmbH oder bei Erfüllungsansprüchen auf die Stammeinlage nach verschleierter Sacheinlage, steht der Schiedsfähigkeit daher nach neuer Rechtslage nicht mehr entgegen (OLG Frankfurt am Main, Urt. v. 30.01.2004 – 10 U 75/03; Michalski/*Michalski*/*Funke* § 13 Rn. 91; *Lachmann* Rn. 282; *Schneider* GmbHR 2005, 86; *Bayer* ZIP 2003, 881, 883).

2. »Anspruch« i. S. d. § 1030 ZPO

27 Der Begriff des »Anspruchs« i. S. d. § 1030 ZPO ist prozessual zu verstehen und erfasst daher Leistungs-, Feststellungs- und Gestaltungsklagen und geht insofern über den Anspruchsbegriff des materiellen Rechts hinaus. So ist anerkannt, dass Schiedsgerichte auch Schiedssprüche mit gestaltender Wirkung erlassen können (BGH, Urt. v. 29.03.1996 – II ZR 124/95; Zöller/*Geimer* § 1030 Rn. 3, 4; *Schwab*/*Walter* Kap. 21 Rn. 12). Gesellschaftsrechtliche Streitigkeiten, die durch **Gestaltungsklage** geltend zu machen sind, wie bspw. die Klage auf Auflösung der GmbH gem. § 61 GmbHG, die Klage auf Nichtigerklärung gem. § 75 GmbHG sowie die handelsrechtlichen Gestaltungsklagen auf Entziehung der Geschäftsführungs- und der Vertretungsbefugnis nach §§ 117, 127 HGB, die Auflösungsklage gem. § 133 HGB und die Klage auf Ausschließung eines Gesellschafters gem. § 140 HGB sind daher schiedsfähig (BGH, Urt. v. 29.03.1996 – II ZR 124/95; Zöller/*Geimer* § 1030 Rn. 5; Baumbach/Hopt/*Roth* § 117 Rn. 8; § 133 Rn. 19; MüKo HGB/*K. Schmidt* § 127 Rn. 10; § 140 Rn. 90; Henssler/Strohn/*Klöhn* § 140 Rn. 41; Henssler/Strohn/*Steitz* § 127 Rn. 17). Umstritten ist jedoch, ob ein gestaltender Schiedsspruch erst mit Vollstreckbarerklärung Gestaltungswirkung erzeugt (dazu vgl. unten Rdn. 76 ff.).

3. Ausschließlicher Gerichtsstand gesellschaftsrechtlicher Streitigkeiten

28 Für einige gesellschaftsrechtliche Streitigkeiten sieht das Gesetz einen ausschließlichen Gerichtsstand vor. Für Beschlussmängelstreitigkeiten im GmbH-Recht ist nach § 246 Abs. 3 Satz 1 AktG analog ausschließlich das Landgericht zuständig, in dessen Bezirk die Gesellschaft ihren Sitz hat (MüKo GmbHG/*Wertenbruch* Anh. § 47 Rn. 222; Baumbach/Hueck/*Zöllner* Anh. § 47 Rn. 168). Gem. § 61 Abs. 3 GmbHG ist für die Klage auf Auflösung der GmbH ausschließlich das Landgericht zuständig, in dessen Bezirk die Gesellschaft ihren Sitz hat (MüKo GmbHG/*Limpert* § 61 Rn. 49). Es ist anerkannt, dass der ausschließlichen Zuständigkeit für solche gesellschaftsrechtlichen Streitigkeiten **keine ausschließliche Zuweisung an die staatlichen Gerichte** zu entnehmen ist. Diese Regelungen normieren eine ausschließliche Zuständigkeit nur für den Fall, dass die Streitigkeit durch staatliche Gerichte zu entscheiden ist. Die ausschließliche Zuständigkeit für bestimmte gesellschaftsrechtliche Streitigkeiten steht ihrer Schiedsfähigkeit daher nicht entgegen (vgl. unten Rdn. 70; BGH, Urt. v. 29.03.1996 – II ZR 124/95; Zöller/*Geimer* § 1030 Rn. 4; Hk-ZPO/*Saenger* § 1030 Rn. 3; BeckOK ZPO/*Vorwerk*/*Wolf* § 1030 Rn. 5).

29 Es kann daher festgehalten werden, dass jedes gesellschaftsrechtliche Leistungs-, Feststellungs- oder Gestaltungsbegehren als vermögensrechtlicher Anspruch unabhängig von seiner Vergleichsfähigkeit **grundsätzlich schiedsfähig** ist (*Schneider* GmbHR 2005, 86; *Trittmann* in ZGR 1999, 340, 348; *K. Schmidt* ZHR 162, 1998, 265, 271; *Raeschke-Kessler* SchiedsVZ 2003, 145, 152; *Bayer* ZIP 2003, 881, 883 f.). Bei gesellschaftsrechtlichen Streitigkeiten sind regelmäßig auf Kläger- und/oder auf Beklagtenseite mehrere Personen beteiligt, wie z. B. bei den handelsrechtlichen Gestaltungsklagen sowie Gesellschafterstreitigkeiten im Personengesellschaftsrecht. Es stellt sich daher die Frage, wie eine

D. Gesellschaftsvertragliche Schiedsklauseln

Legitimation des Schiedsgerichts und damit eine Wirkung des Verfahrens für alle Beteiligten bzw. zu beteiligenden Personen erreicht werden kann. Dabei handelt es sich jedoch nicht um eine Frage der Schiedsfähigkeit der Streitigkeit, sondern um spezifische Probleme des Mehrparteienschiedsverfahrens, auf die nachfolgend noch eingegangen wird (vgl. Rdn. 49–53).

D. Gesellschaftsvertragliche Schiedsklauseln

I. Schiedsklausel im Gesellschaftsvertrag einer Personengesellschaft

1. Anwendbarkeit der §§ 1029 ff. ZPO

In Gesellschaftsverträgen wird häufig vereinbart, dass alle Streitigkeiten aus dem Gesellschaftsverhältnis durch ein Schiedsgericht zu entscheiden sind (*Lachmann* BRAK-Mitt. 2005, 217, 218). Sieht die Satzung einer Kapitalgesellschaft eine solche **Schiedsklausel** vor, fällt diese Klausel nach h.L. unter die Regelung des § 1066 ZPO (vgl. unten Rdn. 55; BGH, Urt. v. 11.10.1979 – III ZR 184/78; *Zöller/Geimer* § 1066 Rn. 4; *Schwab/Walter* Kap. 32 Rn. 3; *Habersack* SchiedsVZ 2003, 231, 242). Schiedsklauseln in Gesellschaftsverträgen von Personengesellschaften richten sich dagegen nach h.M. nach §§ 1029 ff. ZPO (BGH, Beschl. v. 01.08.2002 – III ZB 66/01; *Musielak/Voit* § 1066 Rn. 7; MüKo ZPO/*Münch* § 1066 Rn. 20; BeckOK ZPO/*Wolf/Eslami* § 1066 Rn. 8; Hk-ZPO/*Saenger* § 1066 Rn. 8 *Schwab/Walter* Kap. 32 Rn. 3; *Schneider* GmbHR 2005, 86, 90; *Ebbing* NZG 1998, 281, 282; a. A. vgl. unten Rdn. 31). Dies gilt auch für Schiedsklauseln in Gesellschaftsverträgen von Publikumsgesellschaften (BGH, Urt. v. 11.10.1979 – III ZR 184/78). Die Anwendung der **§§ 1029 ff. ZPO** auf Schiedsklauseln in Gesellschaftsverträgen von Personengesellschaften ergibt sich daraus, dass eine gesellschaftsvertragliche Schiedsklausel auf vereinbarter und nicht auf statutarischer Bindung mit verselbstständigter Mitgliedschaft beruht. Ein Gesellschafter, der einer Personengesellschaft beitritt, unterwirft sich nicht einem fremden Statut, sondern schließt einen neuen, eigenen Gesellschaftsvertrag sowie eine Schiedsvereinbarung ab (MüKo ZPO/*Münch* § 1066 Rn. 20). 30

Nach a. A. sind auch Schiedsklauseln in Gesellschaftsverträgen von Personengesellschaften vom **Anwendungsbereich des § 1066 ZPO** erfasst (*Zöller/Geimer* § 1066, 1, 13; *K. Schmidt* BB 2001, 1857, 1862; *Habersack* SchiedsVZ 2003, 241, 243). § 1066 ZPO bezweckt, dass auch Personen an Schiedsklauseln gebunden sind, die sich nicht persönlich der Schiedsgerichtszuständigkeit unterworfen haben. Dafür, auch Schiedsvereinbarungen in Gesellschaftsverträgen von Personengesellschaften dieser Regelung zu unterstellen, wird angeführt, dass grundsätzlich anerkannt ist, dass der Gesellschaftsanteil an einer Personengesellschaft durch Abtretung übertragen werden kann. Ein Gesellschafterwechsel vollzieht sich somit nicht durch Vertragsübernahme, sondern wie auch im Recht der Kapitalgesellschaften durch Übertragung eines subjektiven Rechts (*K. Schmidt* BB 2001, 1857, 1862; *Habersack* SchiedsVZ 2003, 241, 243). Dem entspricht, dass jeder, der einer Personengesellschaft beitritt, an die gesellschaftsvertragliche Schiedsklausel gebunden ist (vgl. unten Rdn. 42–43 zur Bindung des neu hinzu tretenden Gesellschafters; *K. Schmidt* BB 2001, 1857, 1862). Davon unberührt bleibt jedoch die Möglichkeit der Gesellschafter einer Personengesellschaft, eine Schiedsvereinbarung i. S. d. § 1031 ZPO zu treffen (*Habersack* SchiedsVZ 2003, 241, 243). 31

Die Frage, ob eine gesellschaftsvertragliche Schiedsklausel einer Personengesellschaft unter § 1066 ZPO oder §§ 1029 ff. ZPO einzuordnen ist, hat entscheidende Auswirkung darauf, ob **die Schiedsklausel die Formanforderungen des § 1031 ZPO** erfüllen muss (BGH, Urt. v. 11.10.1979 – III ZR 184/78; *K. Schmidt* BB 2001, 1857, 1862 f.). Auch wenn § 1066 ZPO generell auf die §§ 1025 ZPO verweist, ist anerkannt, dass § 1031 Abs. 1 bis 5 ZPO von dieser Verweisung ausgenommen ist (vgl. unten Rdn. 56). Dies hat zur Folge, dass Schiedsklauseln in Satzungen von Kapitalgesellschaften nicht der Form des § 1031 ZPO entsprechen müssen (MüKo ZPO/*Münch* § 1031 Rn. 16; *Schwab/Walter* Kap. 32 Rn. 4; *Ebbing* NZG 1998, 281). Da die h.L. eine gesellschaftsvertragliche Schiedsklausel bei Personengesellschaften nicht der Regelung des § 1066 ZPO unterstellt, ist die 32

Form des § 1031 ZPO zu beachten (BGH, Urt. v. 11.10.1979 – III ZR 184/78; *Schneider* GmbHR 2005, 86, 90).

33 Schiedsklauseln im Gesellschaftsvertrag einer **Publikumspersonengesellschaft** unterstehen nach h.L. grundsätzlich der Regelung des § 1031 ZPO (BGH, Urt. v. 11.10.1979 – III ZR 184/78). Dies wird aus Gründen des Anlegerschutzes auch von Autoren befürwortet, die sich ansonsten dafür aussprechen, Schiedsklauseln in Gesellschaftsverträgen von Personengesellschaften nach § 1066 ZPO zu beurteilen (*K. Schmidt* ZHR 162, 1998, 265, 282; *Habersack* SchiedsVZ 2003, 241, 244 f.).

2. Formfragen – Gesellschaftsvertrag als »Verbrauchergeschäft«

34 Als Schiedsvereinbarung i. S. d. § 1029 ZPO muss eine gesellschaftsvertragliche Schiedsvereinbarung einer Personengesellschaft grundsätzlich den **Formanforderungen des § 1031 ZPO** entsprechen (vgl. oben Rdn. 11–16). Wie bereits ausgeführt, muss eine Schiedsvereinbarung, an der **Verbraucher** beteiligt sind, nach § 1031 Abs. 5 ZPO zum Schutz des Verbrauchers in einer gesonderten, von den Parteien eigenhändig unterzeichneten Urkunde enthalten sein (vgl. Rdn. 17). Es bedarf nur dann keiner gesonderten Urkunde, wenn die Beurkundung durch einen Notar erfolgt, da der Schutz des Verbrauchers durch die Belehrung des Notars sichergestellt ist (BGH, Urt. v. 01.03.2007 – III ZR 164/06; *Zöller/Geimer* § 1031 Rn. 38; MüKo ZPO/*Münch* § 1031 Rn. 58; *Schwab/Walter* Kap. 5 Rn. 17 ff.; *Habersack* SchiedsVZ 2003, 241, 242). Umstritten ist, ob ein Gesellschafter einer Personengesellschaft als Verbraucher im Sinne dieser Vorschrift anzusehen und § 1031 Abs. 5 ZPO daher anzuwenden ist. Verbraucher i. S. d. § 1031 Abs. 5 ZPO ist eine natürliche Person, die außerhalb ihrer gewerblichen und selbstständigen beruflichen Tätigkeit handelt (vgl. oben Rdn. 11; BGH, Beschl. v. 24.02.2005 – III ZB 36/04; OLG Hamm, Beschl. v. 18.07.2007 – 8 Sch 02/07; Hk-ZPO/*Saenger* § 1031 Rn. 10; Musielak/*Voit* § 1031 Rn. 9). In der Regel wird der Abschluss eines Gesellschaftsvertrages zur Gründung einer Personengesellschaft nicht der privaten Sphäre des Gesellschafters, sondern seiner gewerblichen oder selbstständigen beruflichen Tätigkeit zuzuordnen sein (BGH, Beschl. v. 24.02.2005 – III ZB 36/04; *Zöller/Geimer* § 1031 Rn. 35b; Hk-ZPO/*Saenger* § 1031 Rn. 10; Musielak/*Voit* § 1031 Rn. 9; *Schwab/Walter* Kap. 5 Rn. 20). Dagegen ist Verbrauchereigenschaft regelmäßig bei der Beteiligung an einer Publikumsgesellschaft (Musielak/*Voit* § 1031 Rn. 9; Hk-ZPO/*Saenger* § 1031 Rn. 19) oder an einer vermögensverwaltenden Gesellschaft – unabhängig von der Höhe des verwalteten Vermögens – gegeben (BGH, Urt. v. 23.10.2001 – XI ZR 63/01; Musielak/*Voit* § 1031 Rn. 9).

35 Ist die Beteiligung eines Gesellschafters an der Personengesellschaft als Verbrauchergeschäft anzusehen, unterliegt die gesellschaftsvertragliche Schiedsvereinbarung somit dem Formerfordernis des § 1031 Abs. 5 ZPO. Das Formerfordernis des § 1031 Abs. 5 ZPO greift bereits dann ein, wenn lediglich ein Verbraucher an der Schiedsvereinbarung beteiligt ist (*Zöller/Geimer* § 1031 Rn. 34; MüKo ZPO/*Münch* § 1031 Rn. 47; *Habersack* SchiedsVZ 2003, 241, 242). Wird der Gesellschaftsvertrag nicht notariell beurkundet, hat dies zur Folge, dass die **Schiedsklausel** entsprechend § 1031 Abs. 5 Satz 1 ZPO in einer **gesonderten Urkunde** abgefasst werden muss. Diese Vereinbarung muss zusätzlich zum Gesellschaftsvertrag erstellt und unterzeichnet werden (*Ebbing* NZG 1998, 281, 282; *Schneider* GmbHR 2005, 86, 90). Eine Bezugnahme nach § 1031 Abs. 3 ZPO auf die gesellschaftsvertragliche Klausel erfüllt diese Anforderungen nicht (*Habersack* SchiedsVZ 2003, 241, 242). Es wird empfohlen, die Schiedsvereinbarung zeitgleich mit dem Gesellschaftsvertrag abzuschließen und in diesem auf die gesonderte Schiedsvereinbarung hinzuweisen. Wird diesen Anforderungen nicht entsprochen, ist die Schiedsvereinbarung **unwirksam**. Es verbleibt bei der Zuständigkeit staatlicher Gerichte (*Zöller/Geimer* § 1031 Rn. 39; MüKo ZPO/*Münch* § 1031 Rn. 10). Wird der Gesellschaftsvertrag jedoch notariell beurkundet, kann die Schiedsvereinbarung gem. § 1031 Abs. 5 Satz 2 ZPO wirksam innerhalb des Gesellschaftsvertrages geschlossen und auf eine gesonderte Urkunde verzichtet werden (*Zöller/Geimer* § 1031 Rn. 38; *Trittmann* ZGR 1999, 340, 346; *Berger* ZHR 164, 2000, 295, 303).

Liegt **kein Verbrauchergeschäft** i. S. d. § 1031 Abs. 5 ZPO vor, so ist dem Formerfordernis des § 1031 Abs. 1 bis Abs. 4 ZPO regelmäßig genüge getan, wenn die Schiedsvereinbarung in einem schriftlich abgeschlossenen Gesellschaftsvertrag enthalten ist (*Ebbing* NZG 1998, 281, 282).

3. Sachliche Reichweite der Schiedsvereinbarung

Es obliegt den Gesellschaftern, die sachliche Reichweite einer gesellschaftsvertraglichen Schiedsklausel zu bestimmen. Im Grundsatz sind Schiedsvereinbarungen und somit auch Schiedsvereinbarungen in Gesellschaftsverträgen von Personengesellschaften **weit auszulegen** (BGH, Urt. v. 19.07.2004 – II ZR 65/03; OLG Düsseldorf, Beschl. v. 27.02.2004 – I-26 Sch 01/04; Zöller/*Geimer* § 1029 Rn. 74; *Schwab/Walter* Kap. 3 Rn. 19; *Lachmann* BRAK-Mitt. 2005, 217, 218). Es ist grundsätzlich davon auszugehen, dass eine umfassende Entscheidungskompetenz des Schiedsgerichts begründet werden soll (Hk-ZPO/*Saenger* § 1029 Rn. 15). Eine Klausel, nach der sämtliche Streitigkeiten aus dem Gesellschaftsverhältnis einem Schiedsgericht unterstellt sind, erfasst regelmäßig Streitigkeiten zwischen der Gesellschaft und Gesellschaftern sowie Streitigkeiten unter den Gesellschaftern, sofern sie auf dem Gesellschaftsverhältnis beruhen (OLG Hamm, Beschl. v. 27.03.2000 – 15 W 355/99; *Ebbing* NZG 1998, 281, 282 f.). Die Schiedsklausel erfasst daher auch Gesellschafterstreitigkeiten, wie z. B. Beschlussmängelstreitigkeiten, Mitgliedschaftsstreitigkeiten, Streitigkeiten über Beitragspflichten, die Geltendmachung von Schadensersatzansprüchen aus Treuepflichtverletzung, die Geltendmachung gesellschaftsrechtlicher Vor- und Ankaufsrechte sowie die handelsrechtlichen Gestaltungsklagen auf Einziehung der Geschäftsführungs- und Vertretungsbefugnis gem. §§ 117, 127 HGB, auf Ausschließung eines Gesellschafters nach § 140 HGB und auf Auflösung der Gesellschaft gem. § 133 HGB (*Habersack* SchiedsVZ 2003, 241, 245.). Soweit die Schiedsklausel einer solchen Auslegung nicht entgegensteht, werden von ihr auch Streitigkeiten über Ausgleichsansprüche der Gesellschafter untereinander, die auf ihrer Gesellschafterstellung beruhen, erfasst (*Ebbing* NZG 1998, 281, 283). Eine Schiedsklausel hinsichtlich gesellschaftsvertraglicher Streitigkeiten erfasst regelmäßig auch Streitigkeiten zwischen den Erben über die Gesellschaftsnachfolge (*Schwab/Walter* Kap. 7 Rn. 39).

Nicht erfasst sind sog. **Drittgeschäfte**. Ein Drittgeschäft liegt vor, wenn ein Geschäft mit außerhalb der Gesellschaft stehenden Dritten getätigt wird. Unter einem Drittgeschäft sind auch Rechtsverhältnisse zwischen Gesellschaft und Gesellschaftern zu verstehen, die ihre Grundlage nicht im mitgliedschaftlichen Rechtsverhältnis haben, sondern nur bei Gelegenheit der Mitgliedschaft getätigt werden (Zöller/*Geimer* § 1029 Rn. 74; *Habersack* SchiedsVZ 2003, 241, 245; *Ebbing* NZG 1998, 281, 283).

Befindet sich die Gesellschaft in der **Insolvenz**, erfasst eine solche Klausel auch Ansprüche des Insolvenzverwalters, die aus den Kapitalerhaltungsvorschriften abzuleiten sind. Nicht erfasst sind dagegen Ansprüche, die der Insolvenzverwalter aus dem Rechtsinstitut des existenzvernichtenden Eingriffs geltend macht (*Lachmann* BRAK-Mitt. 2005, 217, 218).

4. Persönliche Reichweite der Schiedsvereinbarung

Eine Schiedsvereinbarung wirkt grundsätzlich zwischen den Parteien und ihren Rechtsnachfolgern (Zöller/*Geimer* § 1029 Rn. 63; Hk-ZPO/*Saenger* § 1029 Rn. 20; *Schwab/Walter* Kap. 7 Rn. 22). Daraus ergibt sich, dass die Gesellschafter, die an der Vereinbarung der Schiedsklausel beteiligt waren, ihrer Bindung unterliegen. Unter bestimmten Umständen kommt auch eine Bindung Dritter in Betracht (BGH, Urt. v. 31.01.1980 – III ZR 83/78; *Habersack* SchiedsVZ 2003, 241, 244).

a) Bindung von Gesamtrechtsnachfolgern

Gesamtrechtsnachfolger sind grundsätzlich an die Schiedsvereinbarung gebunden. Bei Tod eines Gesellschafters unterstehen seine Erben daher der Schiedsklausel. Gesamtrechtsnachfolge ist ferner bei gesellschaftsrechtlichen Umwandlungsvorgängen denkbar (BGH, Urt. v. 31.01.1980 – III ZR

83/78; Urt. v. 28.05.1979 – III ZR 18/77; Urt. v. 05.05.1977 – III ZR 177/74; MüKo ZPO/*Münch* § 1029 Rn. 45; *Schwab/Walter* Kap. 7 Rn. 30).

b) **Bindung von Einzelrechtsnachfolgern**

42 Wird ein Gesellschaftsanteil auf einen neu eintretenden Gesellschafter übertragen, entspricht es der mittlerweile gefestigten Rechtsprechung und h. L., dass der **Erwerber des Gesellschaftsanteils** als Einzelrechtsnachfolger an die Schiedsklausel gebunden ist. Nach st. Rspr. des BGH ist die Schiedsklausel als Eigenschaft des abgetretenen Rechts zu sehen und geht nach dem in § 401 BGB enthaltenen Grundgedanken mit dem abgetretenen Recht auf den Erwerber über, sofern nichts Gegenteiliges vereinbart oder den Umständen zu entnehmen ist (BGH, Urt. v. 03.05.2000 – XII ZR 42/98; Urt. v. 02.10.1997 – III ZR 2/96; Urt. v. 31.01.1980 – III ZR 83/78; Urt. v. 02.03.1978 – III ZR 99/76; Zöller/*Geimer* § 1029 Rn. 68, § 1031 Rn. 17; MüKo ZPO/*Münch* § 1029 Rn. 46; *K. Schmidt* BB 2001, 1857, 1862 f.; *Schneider* GmbHR 2005, 86, 90; a. A. *Schwab/Walter* Kap. 7 Rn. 32). Ein gesonderter Beitritt des Erwerbers des Gesellschaftsanteils zum Schiedsvertrag unter Wahrung der Form nach § 1031 ZPO ist grundsätzlich nicht erforderlich. Etwas anderes gilt nur dann, wenn dies ausdrücklich vereinbart wurde (BGH, Urt. v. 02.10.1997 – III ZR 2/96; Urt. v. 28.05.1979 – III ZR 18/77; Urt. v. 02.03.1978 – III ZR 99/76; Zöller/*Geimer* § 1031 Rn. 17). Die Warnfunktion der Formvorschrift tritt zurück, da es dem Sonderrechtsnachfolger grundsätzlich zuzumuten ist, sich über den Inhalt des übertragenen Rechts und damit auch über die Schiedsklausel zu informieren. Ein schutzwürdiges Recht des Rechtsnachfolgers, den Gesellschaftsanteil unter Wegfall der Bindung an die Schiedsklausel zu erwerben – ohne Zustimmung des Vertragspartners – ist nicht anzuerkennen (BGH, Urt. v. 02.10.1997 – III ZR 2/96; Urt. v. 02.03.1978 – III ZR 99/76).

43 Wenn sich auch die h. M. in der Literatur im Ergebnis für eine Bindung des Erwerbers eines Gesellschaftsanteils an die Schiedsklausel ausspricht, wird die dogmatische Begründung des BGH, die Bindung des neu hinzutretenden Gesellschafters aus dem Rechtsgedanken des § 401 BGB herzuleiten, z. T. kritisiert (vgl. z. B. *K. Schmidt* BB 2001, 1857, 1863). So wird darauf hingewiesen, dass sich die Bindung neu hinzutretender Gesellschafter nicht durch den Gedanken des § 401 BGB, sondern damit begründen lässt, dass auch gesellschaftsvertragliche Schiedsklauseln von Personengesellschaften der Regelung des § 1066 ZPO unterstehen und allein diese Regelung die Bindung des Anteilserwerbers an die Schiedsklausel im Ergebnis plausibel mache (*K. Schmidt* BB 2001, 1857, 1863; *Habersack* SchiedsVZ 2003, 241, 245).

44 Für die Praxis wird z. T. empfohlen, die **Übertragbarkeit** der Schiedsvereinbarung in der Schiedsvereinbarung selbst zu bestätigen. Für den Fall, dass die Altgesellschafter jedoch nicht in jedem Fall auch im Verhältnis zu später eintretenden Gesellschaftern der Bindung der Schiedsklausel unterliegen wollen, kann die Übertragbarkeit der Schiedsklausel ausdrücklich **ausgeschlossen** werden. Der Ausschluss der Übertragbarkeit kann sich nach teilweise vertretener Ansicht auch aus der Schiedsvereinbarung selbst ergeben, bspw. dann, wenn der Vereinbarung ein besonderes Vertrauensverhältnis zugrunde liegt (*Schwab/Walter* Kap. 7 Rn. 31).

c) **Bindung ausgeschiedener Gesellschafter**

45 Eine gesellschaftsvertragliche Schiedsklausel gilt auch für bereits ausgeschiedene Gesellschafter hinsichtlich sämtlicher Streitigkeiten aus dem Gesellschaftsverhältnis, wie z. B. für Mitglieds- oder Abfindungsstreitigkeiten. Dafür spricht, dass diese Streitigkeiten ungeachtet des Ausscheidens des Gesellschafters weiterhin ihre Grundlage im Gesellschaftsverhältnis finden (OLG Düsseldorf, Beschl. v. 27.02.2004 – I-26 Sch 01/04; OLG Karlsruhe, Urt. v. 19.10.1990 – 15 U 150/90; Zöller/*Geimer* § 1029 Rn. 74, 78; *Schwab/Walter* Kap. 7 Rn. 32; *Habersack* SchiedsVZ 2003, 241, 244).

5. Nachträgliche Aufnahme einer Schiedsklausel in den Gesellschaftsvertrag

46 Schiedsvereinbarungen für gesellschaftsrechtliche Streitigkeiten können auch nachträglich in einen bereits bestehenden Gesellschaftsvertrag aufgenommen werden. Einigkeit besteht darin, dass dies

durch **einstimmigen Beschluss der Gesellschafter** möglich ist (Zöller/*Geimer* § 1029 Rn. 74; *Habersack* SchiedsVZ 2003, 241, 245; *Reichert/Harbarth* NZG 2003, 379, 381; *K. Schmidt* BB 2001, 1857, 1863). Umstritten ist, ob die nachträgliche Aufnahme einer Schiedsklausel auch durch Mehrheitsbeschluss aufgrund einer gesellschaftsvertraglichen Mehrheitsklausel erfolgen kann (dagegen: *K. Schmidt* BB 2001, 1857, 1863). Nach dem gesetzlichen Leitbild des § 709 Abs. 1 BGB für die BGB-Gesellschaft und des § 119 Abs. 1 HGB für die OHG und KG ist ein Beschluss über die Änderung des Gesellschaftsvertrages grundsätzlich einstimmig zu fassen. Durch Gesellschaftsvertrag können jedoch **Mehrheitsbeschlüsse** zugelassen werden, vgl. § 119 Abs. 2 HGB, § 709 Abs. 2 BGB (*Reichert/Harbarth* NZG 2003, 379, 380, 318). Die Zulässigkeit von Mehrheitsbeschlüssen ist jedoch durch die Kernbereichslehre begrenzt. Danach bedarf ein Beschluss, der den Kernbereich der Mitgliedschaft eines Gesellschafters betrifft, grundsätzlich seiner Zustimmung (BGH, Urt. v. 19.11.1984 – II ZR 102/84). Ob eine Schiedsvereinbarung nachträglich durch Mehrheitsbeschluss in die Satzung aufgenommen werden kann, hängt somit entscheidend davon ab, ob der Zugang zu den ordentlichen Gerichten zum Kernbereich der Mitgliedschaft gezählt wird.

Nach teilweise vertretener Auffassung ist die nachträgliche Einführung einer Schiedsklausel durch Mehrheitsbeschluss zulässig, wenn der Gesellschaftsvertrag eine auch für Vertragsänderungen geltende **Mehrheitsklausel** enthält. Nach *Habersack* gehört der Zugang zu den ordentlichen Gerichten nicht zum Kernbereich der Mitgliedschaft, sodass die nachträgliche Einführung einer Schiedsklausel den Inhalt der mitgliedschaftlichen Rechte unberührt lässt (*Habersack* SchiedsVZ 2003, 241, 245). *Habersack* verweist in diesem Zusammenhang auf eine Entscheidung des BGH, in der dieser für das Vereinsrecht entschieden hat, dass ein Vereinsmitglied nicht der Bindung einer nachträglich in die Satzung aufgenommenen Schiedsklausel unterliegt, wenn es der Satzungsänderung nicht zugestimmt hat und ihm der Austritt aus dem Verein als Reaktion auf die Satzungsänderung nicht zugemutet werden könne (*Habersack* SchiedsVZ 2003, 241, 245; vgl. auch BGH, Urt. v. 03.04.2000 – II ZR 373/98). Nach *Habersack* ist die Rechtslage im Personengesellschaftsrecht durch das Recht zur ordentlichen Kündigung der Gesellschaft (§§ 723, 724 BGB) bzw. der Mitgliedschaft (§§ 131 Abs. 3 Nr. 3, 132 HGB) mit dem Vereinsrecht vergleichbar, sodass ein Gesellschafter, auch wenn er gegen die Satzungsänderung gestimmt hat, dann an eine nachträglich eingeführte Schiedsklausel gebunden ist, wenn er eine grundsätzlich zumutbare Kündigung unterlässt. In der unterlassenen Kündigung sei letztlich eine freiwillige Unterwerfung unter die Schiedsklausel zu sehen (*Habersack* SchiedsVZ 2003, 241, 245).

47

Nach a. A. kommt eine nachträgliche Einführung einer Schiedsklausel durch Mehrheitsbeschluss grundsätzlich nicht in Betracht, da der Zugang zu den ordentlichen Gerichten unter dem Schutz des Kernbereichs der Mitgliedschaft steht (*K. Schmidt* BB 2001, 1857, 1863; Zöller/*Geimer* § 1029 Rn. 74).

48

6. Sonderproblem: Mehrparteienschiedsverfahren im Personengesellschaftsrecht

Sowohl im Personengesellschaftsrecht wie auch im Recht der Körperschaften kommt dem Mehrparteienschiedsverfahren eine erhebliche praktische Bedeutung zu.

49

a) Allgemeines

Ein **Mehrparteienschiedsverfahren** im engeren Sinn (sog. »multi-party arbitration«) liegt vor, wenn auf einer oder beiden Seiten mehrere Parteien aufgrund einer gemeinsam vereinbarten Schiedsabrede an einem Schiedsverfahren beteiligt sind (*Schwab/Walter* Kap. 7 Rn. 29, Kap. 10 Rn. 14; MüKo ZPO/*Münch* § 1029 Rn. 57 ff.). Das Problem des Mehrparteienschiedsverfahrens stellt sich bei Personengesellschaften vor allem bei Gesellschafterstreitigkeiten, die für und gegen alle Gesellschafter wirken. Gesellschafterstreitigkeiten, wie z. B. Beschlussmängelstreitigkeiten oder Mitgliedschaftsstreitigkeiten, sind durch allgemeine Feststellungsklage gerichtlich geltend zu machen, bei der der klagende Gesellschafter im Regelfall Klage gegen alle widersprechenden Gesellschafter zu erheben hat (BGH, Urt. v. 07.06.1999 – II ZR 278/98; *K. Schmidt* BB 2001, 1857, 1864). Auch

50

bei den handelsrechtlichen Gestaltungsklagen stellen sich regelmäßig die Probleme des Mehrparteienschiedsverfahrens. So ist bspw. die Auflösungsklage nach § 133 HGB vorbehaltlich abweichender gesellschaftsvertraglicher Vereinbarung gegen die Mitgesellschafter zu richten (MüKo HGB/*K. Schmidt* § 133 Rn. 44, 48 ff.).

b) Bindungswirkung

51 Bei Mehrparteienschiedsverfahren stellt sich regelmäßig die Frage, wie die Bindungswirkung der Schiedsvereinbarung und des Schiedsspruchs für alle Beteiligten erreicht werden kann. Die Bindung aller Beteiligten an die Schiedsvereinbarung ist insoweit unproblematisch, wenn die Vereinbarung von den Beteiligten unterzeichnet wurde, wie es regelmäßig bei gesellschaftsvertraglichen Schiedsklauseln der Fall ist. Es ist jedoch danach zu fragen, wie das Schiedsgericht in einem solchen Fall konstituiert wird. Für Mehrparteienschiedsverfahren fehlt diesbezüglich eine ausdrückliche gesetzliche Regelung (Zöller/*Geimer* § 1029 Rn. 42). Grundsätzlich ist erforderlich, dass alle Parteien auf die Bildung des Schiedsgerichts gleichen Einfluss nehmen können (BGH, Urt. v. 29.03.1996 – II ZR 124/95; Zöller/*Geimer* § 1029 Rn. 42; *Trittmann* ZGR 1999, 340, 355 f.). Aufgrund des **Grundsatzes der Gleichbehandlung der Parteien** bei der Konstituierung des Schiedsgerichts steht jeder Partei das Recht zu, einen eigenen Schiedsrichter ihres Vertrauens zu benennen. Dieses Recht ist vor der Entstehung der konkreten Streitigkeit nicht abdingbar (BGH, Urt. v. 29.03.1996 – II ZR 124/95; *Schwab/Walter* Kap. 10 Rn. 14). Problematisch ist, wie das Schiedsgericht unter gleichberechtigter Beteiligung aller Parteien konstituiert werden kann (*Schwab/Walter* Kap. 7 Rn. 29; *Lachmann/Lachmann* BB 2000, 1633, 1634). Schwierigkeiten können sich daraus ergeben, dass sich mehrere Parteien auf einer Seite auf einen Schiedsrichter einigen müssen (*Schwab/Walter* Kap. 10 Rn. 14; *Trittmann* ZGR 1999, 340, 356). Zudem ist der Gesichtspunkt des Grundsatzes der Gleichbehandlung der Parteien dadurch betroffen, dass einer Partei bei der Benennung eines Dreiergremiums ein prozessuales Übergewicht zukommen würde, wenn auf der Gegenseite mehrere Parteien dazu gezwungen wären, eine Einigung über die Schiedsrichterbenennung zu erzielen (*Schwab/Walter* Kap. 10 Rn. 15).

52 Zur Lösung dieser Problematik ist die bloße Verweisung auf die gesetzlichen Vorschriften oder eine Verfahrensordnung, die keine Regelungen für Mehrparteienschiedsverfahren enthält, nicht ausreichend. Der Grundsatz der Gleichbehandlung bei der Konstituierung des Schiedsgerichts kann dadurch gewahrt werden, dass alle Schiedsrichter **von einem neutralen Dritten bestellt** werden (Zöller/*Geimer* § 1029 Rn. 42; *Lachmann/Lachmann* BB 2000, 1633, 1634; *Trittmann* ZGR 1999, 340, 356). Da die meisten institutionellen Schiedsorganisationen in ihrer Schiedsordnung eine Regelung für die Schiedsrichterbenennung bei Mehrparteienschiedsverfahren vorsehen, empfiehlt sich, die Anwendbarkeit einer solchen Schiedsordnung zu vereinbaren (*Schwab/Walter* Kap. 10 Rn. 15).

53 So sieht **§ 13.1 DIS-SchGO** bei einer Mehrheit von Klägern für den Fall eines Dreier-Schiedsgremiums (vgl. § 12 DIS-SchGO) vor, dass diese gemeinsam einen Schiedsrichter zu benennen haben. Bei zwei oder mehr Beklagten haben diese nach § 13.2 DIS-SchGO, soweit nichts anderes vereinbart wurde, innerhalb von 30 Tagen nach Empfang der Klage gemeinsam einen Schiedsrichter zu benennen. Kommt es zu keiner Einigung der Parteien innerhalb dieser Frist, so ernennt der DIS-Ernennungsausschuss zwei Schiedsrichter (vgl. § 13.2. DIS-SchGO). Etwaige abweichende vertragliche Regelungen bleiben davon unberührt. Wird eine Schiedsrichterbenennung auf Beklagtenseite durch den Ernennungsausschuss erforderlich, so wird die bereits erfolgte Benennung auf Klägerseite gegenstandslos (vgl. § 13.2 DIS-SchGO).

54 Nach **Art. 10 Abs. 1 der ICC-SchGO** haben mehrere Parteien auf Kläger- oder Beklagtenseite im Fall der Bildung eines Dreiergremiums jeweils einen gemeinsamen Schiedsrichter zu benennen. Erfolgt keine Einigung durch die Parteien und können die Parteien sich auch nicht auf ein Verfahren zur Benennung von Schiedsrichtern einigen, kann der Gerichtshof alle Schiedsrichter ernennen und einen von ihnen als Vorsitzenden bestimmen (vgl. Art. 10 Abs. 2 ICC-SchGO).

II. Statutarische Schiedsklausel bei Kapitalgesellschaften

1. Anwendbarkeit des § 1066 ZPO

a) Allgemeines

Eine Schiedsklausel in der Satzung einer Kapitalgesellschaft, die für alle Streitigkeiten aus dem Gesellschaftsverhältnis die Zuständigkeit eines Schiedsgerichts anordnet, fällt unter die Regelung des § 1066 ZPO (BGH, Urt. v. 11.10.1979 – III ZR 184/78; Zöller/*Geimer* § 1066 Rn. 4; Musielak/*Voit* § 1066 Rn. 7; *Schwab/Walter* Kap. 32 Rn. 3; *Habersack* SchiedsVZ 2003, 231, 242). Nach § 1066 ZPO kann die Zuständigkeit eines Schiedsgerichts in gesetzlich statthafter Weise außer durch Schiedsvereinbarung i. S. d. § 1029 ZPO auch durch letztwillige oder andere nicht auf Vereinbarung beruhender Verfügung begründet werden (BGH, Urt. v. 11.10.1979 – III ZR 184/78; *K. Schmidt* BB 2001, 1857, 1862). § 1066 ZPO erfasst somit Schiedsgerichte, die nicht auf einer Vereinbarung der Parteien beruhen, sondern auf einer einseitigen privatrechtlichen Anordnung (Musielak/*Voit* § 1066 Rn. 1; BeckOK ZPO/*Wolf/Eslami* § 1066 Rn. 1; Hk-ZPO/*Saenger* § 1066 Rn. 1). Die Anwendbarkeit des § 1066 ZPO auf statutarische Schiedsklauseln von Kapitalgesellschaften ergibt sich daraus, dass die Klausel nicht vertraglich vereinbart, sondern aufgrund der dem Verband gewährten Satzungsautonomie angeordnet ist (BGH, Urt. v. 11.10.1979 – III ZR 184/78; MüKo ZPO/*Münch* § 1066 Rn. 8; *Ebbing* NZG 2000, 899).

55

b) Formanforderungen

Nach h.L. ist die **Formvorschrift des § 1031 ZPO** (vgl. Rdn. 11 ff.) von der Verweisung des § 1066 ZPO auf die Regeln der §§ 1025 ZPO ff. ausgenommen (Musielak/*Voit* § 1066 Rn. 7; BeckOK ZPO/*Wolf/Eslami* § 1066 Rn. 5; MüKo GmbHG/*Merkt* § 113 Rn. 67). Eine statutarische Schiedsklausel einer Kapitalgesellschaft untersteht im Unterschied zu Schiedsklauseln in Gesellschaftsverträgen von Personengesellschaften daher nicht den Formerfordernissen des § 1031 ZPO. Dies gilt sowohl für den Fall, dass die Schiedsklausel bei Gründung der Gesellschaft in die Satzung aufgenommen wird, als auch bei nachträglicher Einfügung der Schiedsklausel in die Satzung (OLG Hamburg, Beschl. v. 29.01.2004 – 11 W 93/03; Michalski/*Michalski/Funke* § 13 Rn. 93; *Schwab/Walter* Kap. 32 Rn. 4; *Ebbing* NZG 1998, 281; *Bayer* ZIP 2003, 881, 891; *Berger* ZHR 164, 2000, 295, 303).

56

c) Abgrenzung zum organschaftlichen »Schiedsgericht«

Von einer statutarischen Schiedsklausel sind solche Fälle abzugrenzen, in denen die Satzung Befugnisse der Gesellschafterversammlung einem sog. »Schiedsgericht« überträgt, wie bspw. die Entscheidungszuständigkeit für Fälle, in denen Gesellschafterbeschlüsse nicht zustande kommen. Dieses sog. »Schiedsgericht« übt allerdings keine Rechtsprechung aus, sondern stellt lediglich ein Gremium dar, das an die Stelle der Gesellschafterversammlung tritt (BGH, Urt. v. 25.02.1965 – II ZR 287/63; OLG Hamburg, Beschl. v. 29.01.2004 – 11 W 93/03; Zöller/*Geimer* § 1066 Rn. 10; Michalski/*Michalski/Funke* § 13 Rn. 93). Ein solches Schiedsgericht wird nicht nach den gesetzlichen Regeln des Schiedsverfahrensrechts der ZPO tätig, sondern als **Gesellschaftsorgan**, da es in die Organisation der Gesellschaft integriert ist und in gesellschaftlichen Angelegenheiten entscheiden soll (BGH, Urt. v. 25.02.1965 – II ZR 287/63; MüKo GmbHG/*Merkt* § 13 Rn. 74). Die Entscheidung solcher Gremien kann daher mit einer Anfechtungs- oder auch Nichtigkeitsklage vor ordentlichen Gerichten angegriffen werden (BGH, Urt. v. 25.02.1965 – II ZR 287/63; MüKo GmbHG/*Merkt* § 13 Rn. 74; Michalski/*Michalski/Funke* § 13 Rn. 93).

57

2. Vereinbarkeit statutarischer Schiedsklauseln mit dem Grundsatz der Satzungsstrenge im Aktienrecht

a) Prinzip der Satzungsstrenge gem. § 23 Abs. 5 AktG

58 Nach dem Prinzip der Satzungsstrenge des § 23 Abs. 5 AktG kann die Satzung einer AG nur dann von den Vorschriften des Aktiengesetzes abweichen, wenn dies vom Aktiengesetz zugelassen wird und Vorschriften des Aktienrechts nur dann ergänzen, soweit das Aktienrecht keine abschließende Regelung aufweist (MüKo AktG/*Pentz* § 23 Rn. 152; *Hüffer* § 23 Rn. 34, 45; *K. Schmidt* BB 2001, 1857, 1860). Für Beschlussmängelstreitigkeiten von Hauptversammlungsbeschlüssen sieht das Aktienrecht in §§ 241 ff. AktG als besondere Rechtsbehelfe die **Anfechtungs- und Nichtigkeitsklage** vor, für die gem. § 246 Abs. 3 AktG (§ 249 Abs. 1 AktG) ausschließlich das Landgericht am Sitz der Gesellschaft zuständig ist. Nach herrschender, aber umstrittener Auffassung können Beschlussmängelstreitigkeiten im Aktienrecht aufgrund der zwingenden Zuständigkeitsnorm des § 246 Abs. 3 AktG **keiner statutarischen Schiedsklausel** unterworfen werden (BGH, Urt. v. 04.07.1951 – II ZR 117/50; *Hüffer* § 246 Rn. 19; Hensseler/Strohn/*Drescher* § 246 Rn. 33; Spindler/Stilz/*Dörr* § 246 Rn. 10; *Habersack* SchiedsVZ 2003, 241, 244; a. A. Zöller/*Geimer* § 1029 Rn. 75; Taktik im Schiedsverfahren/*Geimer* S. 111; S/J/*Schlosser* § 1034 Rn. 29; *Lüke/Blenske* ZGR 1998, 253, 257). Nach h. M. garantiert die Zuständigkeitsnorm des § 246 Abs. 3 AktG Rechtsschutz vor den ordentlichen Gerichten, der durch die Satzung **nicht abbedungen** werden kann (*Hüffer* § 23 Rn. 19; Spindler/Stilz/*Dörr* § 246 Rn. 10; *Habersack* SchiedsVZ 2003, 241, 244). Nach *K. Schmidt* steht jedoch nicht nur die Zuständigkeitsnorm des § 246 Abs. 3 AktG einer statutarischen Schiedsklausel, die sich auf Beschlussmängelstreitigkeiten erstreckt, entgegen, sondern das gesamte Rechtsschutzkonzept des Aktienrechts für Beschlussmängelstreitigkeiten bei Hauptversammlungsbeschlüssen. Eine Zuweisung der Anfechtungsstreitigkeit an ein Schiedsgericht würde insoweit eine nach § 23 Abs. 5 AktG unzulässige Abweichung vom Aktiengesetz darstellen (*K. Schmidt* BB 2001, 1857, 1861; a. A. *Raeschke-Kessler* SchiedsVZ 2003, 145, 152).

b) Satzungsbegleitende Nebenabrede

59 Die Regelung des § 23 Abs. 5 AktG verbietet es jedoch nicht grundsätzlich, aktienrechtliche Beschlussmängelstreitigkeiten durch ein Schiedsgericht zu entscheiden. Es verbleibt die Möglichkeit, eine Schiedsabrede in einer sog. satzungsbegleitenden Nebenabrede, an der alle Aktionäre beteiligt sind, zu regeln (Spindler/Stilz/*Dörr* § 246 Rn. 11; *Hüffer* § 246 Rn. 19a). Eine solche satzungsbegleitende Nebenabrede steht jeder Regelung offen, die ohne § 23 Abs. 5 AktG zulässiger Satzungsinhalt wäre. Sie stellt eine **Schiedsvereinbarung i. S. d. § 1029 ZPO** dar, die alle an ihr Beteiligten sowie ihre Gesamtrechtsnachfolger bindet. Einzelrechtsnachfolger und Zeichner wären allerdings nur dann an diese Schiedsklausel gebunden, soweit sie sich der Nebenabrede angeschlossen haben (*Hüffer* § 246 Rn. 19a; *K. Schmidt* BB 2001, 1857, 1861; *Raeschke-Kessler* SchiedsVZ 2003, 145, 152).

c) Andere Ansicht

60 Nach a. A. schreibt das Aktienrecht durch seine ausschließlichen Zuständigkeitsregelungen in Verbindung mit dem Grundsatz der Satzungsstrenge nicht zwingend Rechtsschutz durch staatliche Gerichte vor (Zöller/*Geimer* § 1066 Rn. 12, § 1029 Rn. 75; § 1030 Rn. 9). In seiner Entscheidung vom 29.03.1996 hat der BGH zum Recht der GmbH entschieden, dass die im Recht der GmbH analog anzuwendende Regelung des § 246 Abs. 3 AktG der Schiedsfähigkeit einer Anfechtungsklage nicht entgegensteht, da diese Zuständigkeitsbestimmung lediglich die örtliche und sachliche Zuständigkeit für den Fall regelt, dass die staatlichen Gerichte zulässigerweise angerufen wurden (BGH, Urt. v. 29.03.1996 – II ZR 124/95; vgl. hierzu auch *Borris* S. 113). Da § 246 Abs. 3 AktG somit nicht den Rechtsweg zu den ordentlichen Gerichten garantiere, könne diese Regelung auch nicht in Verbindung mit dem Grundsatz der Satzungsstrenge dagegen sprechen, aktienrechtliche Beschlussmängelstreitigkeiten einer statutarischen Schiedsklausel zu unterwerfen (Zöller/*Geimer* § 1030 Rn. 9;

Bork ZHR 160, 1996, 374, 377; *Lüke/Blenske* ZGR 1998, 253, 257 f.; *Raeschke-Kessler* SchiedsVZ 2003, 145, 152).

3. Sachliche Reichweite der Schiedsklausel

Eine statutarische Schiedsklausel i.S.d. § 1066 ZPO kann nur solche Streitigkeiten erfassen, die Gegenstand statutarischer Bindung sein können. Die Streitigkeit muss somit der Bestimmung der Gesellschafter unterliegen (MüKo ZPO/*Münch* § 1066 Rn. 18; Musielak/*Voit* § 1066 Rn. 9; Hk-ZPO/*Saenger* § 1066 Rn. 6; BeckOK ZPO/*Wolf/Eslami* § 1066 Rn. 6). Dazu zählen bspw. Streitigkeiten über Stimmrechte, Mitwirkungsrechte, Beitragspflichten der Gesellschafter, Ansprüche auf Gewinnbeteiligung, über den Erwerb und Verlust der Mitgliedschaft, Abfindungsrechte sowie Beschlussmängelstreitigkeiten (Zöller/*Geimer* § 1030 Rn. 9; § 1066 Rn. 4; Hk-ZPO/*Saenger* § 1066 Rn. 6; BeckOK GmbHG/*Ziemons/Jaeger* § 13 Rn. 41). Individual-rechtliche Vereinbarungen der Mitglieder im Gesellschaftsvertrag können nicht Gegenstand einer Schiedsklausel i.S.d. § 1066 ZPO sein (BGH, Urt. v. 25.10.1962 – II ZR 188/61; MüKo GmbHG/*Merkt* § 13 Rn. 67; Scholz/*Emmerich* § 13 Rn. 30; BeckOK ZPO/*Vorwerk/Wolf* § 1066 Rn. 6; Hk-ZPO/*Saenger* § 1066 Rn. 6). Eine solche Regelung ist nach §§ 1029 ff. ZPO zu beurteilen (MüKo GmbHG/*Merkt* § 13 Rn. 67; Scholz/*Emmerich* § 13 Rn. 30). Eine gesellschaftsvertragliche Schiedsklausel i.S.d. § 1066 ZPO kann sowohl Streitigkeiten zwischen der Gesellschaft und den Gesellschaftern als auch Streitigkeiten unter den Gesellschaftern erfassen (Scholz/*Emmerich* § 13 Rn. 29; MüKo GmbHG/*Merkt* § 13 Rn. 70; BeckOK GmbHG/*Ziemons/Jaeger* § 13 Rn. 41; Michalski/*Michalski/Funke* § 13 Rn. 91).

61

Eine statutarische Schiedsklausel ist grundsätzlich **weit auszulegen**. Erstreckt sich eine Schiedsklausel auf sämtliche Streitigkeiten aus dem Gesellschaftsverhältnis und zählt die Klausel einige bestimmte gesellschaftsrechtliche Streitigkeiten beispielhaft auf, so schließt dies weitere gesellschaftsrechtliche Streitigkeiten vom Anwendungsbereich der Schiedsklausel nicht aus. Bezieht sich eine Schiedsklausel auf alle Streitigkeiten aus dem Gesellschaftsverhältnis, erfasst dies sowohl Ansprüche der Gesellschaft gegen Gesellschafter als auch Ansprüche der Gesellschafter gegen die Gesellschaft (BGH, Urt. v. 19.07.2004 – II ZR 65/03).

62

4. Persönliche Reichweite der Schiedsklausel

Die statutarische Schiedsklausel bindet grundsätzlich die juristische Person sowie die **Gründungsgesellschafter** (MüKo ZPO/*Münch* § 1066 Rn. 16). **Erwerber eines Gesellschaftsanteils** einer Kapitalgesellschaft unterstehen der Bindungswirkung der statutarischen Schiedsklausel ohne Weiteres. Dies gilt auch für Gesellschafter, die der Gesellschaft originär beitreten z. B. durch Übernahme einer neuen Stammeinlage bei Kapitalerhöhung. Ein besonderer Beitritt zur Schiedsvereinbarung ist nicht erforderlich (BGH, Urt. v. 19.07.2004 – II ZR 65/03; OLG Hamburg, Beschl. v. 29.01.2004 – 11 W 93/03; Zöller/*Geimer* § 1066 Rn. 9; BeckOK ZPO/*Wolf/Eslami* § 1066 Rn. 6; Michalski/*Michalski/Funke* § 13 Rn. 90; MüKo GmbHG/*Merkt* § 13 Rn. 67; Hensseler/Strohn/*Hillmann* Anh. § 47 Rn. 12; *Schneider* GmbHR 2005, 86, 90; *Berger* ZHR 164, 2000, 295, 301 ff.). Dies resultiert daraus, dass sich der neue Gesellschafter mit seinem Eintritt in die Gesellschaft der neuen Satzung und somit auch der Schiedsklausel unterwirft (BGH, Urt. v. 02.03.1978 – III ZR 99/76; Zöller/*Geimer* § 1066 Rn. 9). Bereits **ausgeschiedene Gesellschafter** unterliegen der Bindungswirkung der Schiedsklausel im Hinblick auf Streitigkeiten, die ihren Grund im Gesellschaftsverhältnis haben, wie bspw. bei der Geltendmachung rückständiger Beiträge oder von Gewinnbeteiligungen (MüKo ZPO/*Münch* § 1066 Rn. 17).

63

Eine gesellschaftsvertragliche Schiedsklausel, die alle gesellschaftsrechtlichen Streitigkeiten erfasst, bindet auch den **Insolvenzverwalter**, wenn über das Vermögen der Gesellschaft das Insolvenzverfahren eröffnet wurde (BGH, Urt. v. 19.07.2004 – II ZR 65/03; Urt. v. 28.02.1957 – VII ZR 204/56).

64

Statutarische Schiedsklauseln entfalten grundsätzlich **keine Bindungswirkung für Dritte** (MüKo ZPO/*Münch* § 1066 Rn. 17; BeckOK ZPO/*Wolf/Eslami* § 1066 Rn. 6; Hk-ZPO/*Saenger* § 1066 Rn. 6). Dritter in diesem Sinne kann auch ein Gesellschafter sein, wenn es sich um eine

65

Individualstreitigkeit handelt, die nicht im Gesellschaftsverhältnis begründet ist (BeckOK ZPO/ *Wolf/Eslami* § 1066 Rn. 6). Soll ein Dritter auch an die Schiedsklausel gebunden sein, so beurteilt sich dies nach §§ 1029 ff. (MüKo ZPO/*Münch* § 1066 Rn. 17).

5. Nachträgliche Aufnahme einer Schiedsklausel in die Satzung

66 Eine Schiedsklausel kann grundsätzlich auch nachträglich in die Satzung aufgenommen werden (Zöller/*Geimer* § 1066 Rn. 7; BeckOK ZPO/*Wolf/Eslami* § 1066 Rn. 7; Hk-ZPO/*Saenger* § 1066 Rn. 7; *Bayer* ZIP 2003, 881, 890). Umstritten ist, ob die erforderliche **Satzungsänderung durch Mehrheitsbeschluss** erfolgen kann oder ob grundsätzlich ein **einstimmiger Beschluss** erforderlich ist (zur Zulässigkeit von Mehrheitsbeschlüssen vgl. BGH, Urt. v. 24.11.2008 – II ZR 116/08; *K. Schmidt* BB 2001, 1857, 1861; *Raeschke-Kessler* SchiedsVZ 2003, 145, 153). Nach herrschender Meinung kann eine Schiedsklausel nachträglich nur durch einstimmige Entscheidung der Gesellschafter in die Satzung aufgenommen werden, da es sich bei der Unterwerfung unter ein Schiedsgericht um einen Verzicht auf den gesetzlichen Richter nach Art. 101 Abs. 1 Satz 2 GG handelt (BGH, Urt. v. 03.04.2000 – II ZR 373/98; Urt. v. 05.05.1977 – III ZR 177/74; Zöller/*Geimer* § 1066 Rn. 7; Michalski/*Michalski/Funke* § 13 Rn. 93; MüKo GmbHG/*Merkt* § 13 Rn. 68; Ulmer/*Raiser* § 13 Rn. 37; Scholz/*Emmerich* § 13 Rn. 31; *K. Schmidt* BB 2001, 1857, 1861; *Bayer* ZIP 2003, 881, 890; Henssler/Strohn/*Hillmann* Anh. § 47 Rn. 12). Nach *K. Schmidt* folgt dieses Ergebnis auch aus der Kernbereichslehre, da der verfassungsrechtlich garantierte Rechtsschutz vor den ordentlichen Gerichten zum Kernbereich der Mitgliedschaft gehört, deshalb nicht ohne Zustimmung des betroffenen Gesellschafters eingeschränkt werden darf und daher jeden Gesellschafter vor einer unfreiwilligen nachträglichen Unterwerfung unter die Schiedsgerichtszuständigkeit schützt (*K. Schmidt* BB 2001, 1857, 1861 f.).

67 Nach anderer Ansicht kann eine Schiedsklausel grundsätzlich nachträglich durch Mehrheitsentscheidung in die Satzung aufgenommen werden, wenn die Satzung Mehrheitsentscheidungen erlaubt (*Raeschke-Kessler* SchiedsVZ 2003, 145, 154; *Reichert/Harbarth* NZG 2003, 379, 381; Hk-ZPO/*Saenger* § 1066 Rn. 7; BeckOK ZPO/*Wolf/Eslami* § 1066 Rn. 7; Musielak/*Voit* § 1066 Rn. 8). Da die Schiedsgerichtsbarkeit gegenüber dem staatlichen Rechtsschutz grundsätzlich gleichwertig ist, könne das Einstimmigkeitserfordernis nicht auf das Recht auf den gesetzlichen Richter gestützt werden (BeckOK ZPO/*Wolf/Eslami* § 1066 Rn. 7; *Ebbing* NZG 2000, 899, 899; *Raeschke-Kessler* SchiedsVZ 2003, 145, 154). Nach *Raeschke-Kessler* spricht für diese Ansicht ferner der Grundsatz der Parteiautonomie. Trete ein Gesellschafter einer Gesellschaft bei, deren Satzung Satzungsänderungen durch Mehrheitsbeschluss zulässt, so sei darin ein grundsätzliches Einverständnis für spätere Satzungsänderungen durch Mehrheitsbeschluss zu sehen. Dies gelte auch für einen überstimmten Gesellschafter (*Raeschke-Kessler* SchiedsVZ 2003, 145, 154). Ein Einstimmigkeitserfordernis gilt nach teilweise vertretener Ansicht dann, wenn das gegen die Mehrheitsentscheidung stimmende Mitglied sich nicht frei von wirtschaftlichen oder anderen faktischen Zwängen durch Austritt der Schiedsvereinbarung entziehen kann, wie z. B. bei Monopolvereinen (Hk-ZPO/*Saenger* § 1066 Rn. 7; BeckOK ZPO/*Wolf/Eslami* § 1066 Rn. 7; Musielak/*Voit* § 1066 Rn. 8).

68 Fraglich ist, ob das Einstimmigkeitserfordernis auch dann Geltung beansprucht, wenn eine bereits existierende, allerdings unzureichend ausgestaltete statutarische Schiedsklausel im Hinblick auf die BGH-Entscheidungen vom 29.03.1996 und 06.04.2009 **nachgebessert** wird (vgl. unten Rdn. 69 ff.). In solchen Fällen genügt ein Satzungsänderungsbeschluss mit qualifizierter Mehrheit, da einem Kapitalgesellschafter kein Recht darauf zusteht, dass eine in der Satzung vorhandene Schiedsklausel an den vom BGH aufgestellten Erfordernissen scheitert (*K. Schmidt* BB 2001, 1857, 1862; Scholz/*K. Schmidt* § 45 Rn. 150; *Bayer* ZIP 2003, 881, 890; *Schneider* GmbHR 2005, 86, 87).

6. Sonderproblem: Schiedsfähigkeit von Beschlussmängelstreitigkeiten im Recht der GmbH

a) Einleitung

Nach früherer Rechtslage hat der BGH die Schiedsfähigkeit von Beschlussmängelstreitigkeiten unter Hinweis auf die Zuständigkeitsnorm des § 246 Abs. 3 AktG grundsätzlich abgelehnt (BGH, Urt. v. 04.07.1951 – II ZR 117/50). Mit seinem Grundsatzurt. v. 29.03.1996, das sich auf das alte Schiedsverfahrensrecht bezieht, ist der BGH von dieser Rechtsprechung abgewichen und hat die Frage aufgeworfen, wie einem Schiedsurteil die erweiterte Rechtskraftwirkung der §§ 248 Abs. 1 Satz 1, 249 Abs. 1 Satz 1 AktG zukommen kann, nach der sich das Urteil auch auf Gesellschafter, Organe und Organmitglieder bezieht, die nicht am Verfahren beteiligt sind (BGH, Urt. v. 29.03.1996 – II ZR 124/95; OLG Düsseldorf, Urt. v. 14.11.2003 – 16 U 95/98). Wie eine Schiedsvereinbarung und das Schiedsverfahren auszugestalten sind, um einem Schiedsspruch die analoge Wirkung der §§ 248 Abs. 1 Satz 1, 249 Abs. 1 Satz 1 AktG zukommen zu lassen, hat der BGH in dieser Entscheidung jedoch nicht beantwortet, sondern dem Gesetzgeber überlassen. Im Anschluss an dieses Urteil hat sich die Literatur mit der durch den BGH aufgeworfenen Fragestellungen eingehend auseinandergesetzt und entsprechende Musterschiedsklauseln formuliert (vgl. *Borris*, S. 127 ff.; oder *Raeschke-Kessler* SchiedsVZ 2003, 145, 153). Durch Entscheidung vom 06.04.2009 hat der BGH nunmehr Mindestanforderungen aufgestellt, die eine Schiedsvereinbarung erfüllen muss, um einem Schiedsspruch die Rechtskraftwirkung der §§ 248 Abs. 1 Satz 1, 249 Abs. 1 Satz 1 AktG analog zukommen zu lassen (BGH, Urt. v. 06.04.2009 – II ZR 255/08).

69

b) Die Entscheidung des BGH vom 29.03.1996

Nach § 246 Abs. 3 Satz 1 AktG, der im GmbH-Recht entsprechende Anwendung findet, ist für Anfechtungsklagen ausschließlich das Landgericht am Sitz der Gesellschaft zuständig. Nach Ansicht des BGH steht diese Regelung der Schiedsfähigkeit von Beschlussmängelstreitigkeiten nicht entgegen, sondern regelt lediglich die sachliche und örtliche Zuständigkeit unter den staatlichen Gerichten für den Fall, dass diese zulässigerweise angerufen werden. Eine Entscheidung darüber, ob und unter welchen Voraussetzungen der Rechtsstreit statt vor den staatlichen Gerichten auch vor einem privaten Schiedsgericht ausgetragen werden kann, ist dieser Regelung nicht zu entnehmen (BGH, Urt. v. 29.03.1996 – II ZR 124/95; MüKo GmbHG/*Merkt* § 13 Rn. 72). Ferner hat der BGH klargestellt, dass er auch in der rechtsgestaltenden Wirkung des im Beschlussmängelstreit ergehenden Urteils kein Hindernis für die Schiedsfähigkeit sieht und verweist darauf, dass zahlreiche Gestaltungsprozesse, wie z. B. nach §§ 127, 133, 140, 142 HGB (vgl. hierzu ausführl. Kap. 5 Rdn. 110 ff.), für schiedsfähig angesehen werden. Auch die Bedeutung der Rechtsstreitigkeit steht der Schiedsfähigkeit von Beschlussmängelstreitigkeiten nach Ansicht des BGH nicht von vornherein entgegen. Zwar sieht der BGH das Recht eines jeden Gesellschafters, Mehrheitsbeschlüsse der Gesellschafterversammlung durch unabhängige Gerichte überprüfen zu lassen, als unverzichtbares Recht der Minderheit an, weist aber aufgrund des Fehlens einer § 23 Abs. 5 AktG entsprechenden Norm im Recht der GmbH darauf hin, dass dieser Rechtsschutz nicht zwangsläufig ausschließlich durch staatliche Gerichte gewährleistet werden müsse. Als Voraussetzung für die Entscheidung von Beschlussmängelstreitigkeiten durch ein Schiedsgericht fordert der BGH eine Ausgestaltung des schiedsgerichtlichen Verfahrens, die gewährleistet, dass der **Rechtsschutz der überstimmten Minderheit** dadurch keine Einschränkung erfährt (BGH, Urt. v. 29.03.1996 – II ZR 124/95).

70

Bedenken gegen die Entscheidung von Beschlussmängelstreitigkeiten durch ein Schiedsgericht ergaben sich für den BGH jedoch daraus, dass die Regelung des § 248 Abs. 1 Satz 1 AktG als gesellschaftsrechtliche Sonderbestimmung nicht ohne Weiteres auf einen Schiedsspruch übertragen werden kann (BGH, Urt. v. 29.03.1996 – II ZR 124/95; MüKo GmbHG/*Merkt* § 13 Rn. 72). Nach § 248 Abs. 1 Satz 1 AktG bzw. § 249 Abs. 1 Satz 1 AktG erstreckt sich die materielle Rechtskraft eines Klage stattgebenden Anfechtungs- und Nichtigkeitsurteils im Recht der GmbH nicht nur auf die Parteien des Verfahrens, sondern auch auf sämtliche Gesellschafter, Organe und Organmitglieder der GmbH, die nicht am Verfahren beteiligt sind (OLG Düsseldorf, Urt. v. 14.11.2003 – 16 U

71

95/98; MüKo AktG/*Hüffer* § 248 Rn. 6; *Berger* ZHR 164, 2000, 195, 296, 297). Dadurch soll vermieden werden, dass verschiedene Gerichte über den Streitgegenstand unterschiedlich entscheiden (BGH, Urt. v. 29.03.1996 – II ZR 124/95; *Borris* S. 114).

72 Grundlage des § 248 Abs. 1 Satz 1 AktG ist die Regelung des § 246 Abs. 3 Satz 3 AktG, nach der mehrere Verfahren zur gleichzeitigen Verhandlung und Entscheidung zu bringen sind sowie die Erwägung, dass die Entscheidung auch für nicht unmittelbar am Verfahren Beteiligte gelten könne, weil die Entscheidung durch einen staatlichen Richter in einem streng förmlichen öffentlichen Verfahren ausschließlich nach Gesichtspunkten objektiver Rechtmäßigkeit zustande kommen würde (BGH, Urt. v. 29.03.1996 – II ZR 124/95; *Borris* S. 115). Der Gefahr unterschiedlicher Entscheidungen durch verschiedene Schiedsgerichte könnte nach Ansicht des BGH begegnet werden, indem eine ausschließliche Zuständigkeit des zuerst einberufenen Schiedsgerichts angenommen wird. Dies würde jedoch alle späteren Kläger an die Wahl der Schiedsrichter des zuerst einberufenen Schiedsgerichts binden und ihnen die Möglichkeit nehmen, einen Schiedsrichter ihres Vertrauens zu benennen. Da das Recht jeder Partei, einen Schiedsrichter ihres Vertrauens zu benennen, ein prozessuales Grundrecht darstellt, muss jeder Gesellschafter gleichwertig an der Benennung »seines« Schiedsrichters mitwirken können. Als denkbare Lösungswege kommen eine einfache oder eine qualifizierte Mehrheitsentscheidung nach Ansicht des BGH ebenso in Betracht wie die Benennung des Schiedsrichters durch diejenige Stelle, die für die Untätigkeit einer Partei vorgesehen ist oder die Konstituierung des gesamten Schiedsgerichts bei entsprechender Satzungsbestimmung durch eine von beiden Parteien unabhängige Instanz (BGH, Urt. v. 29.03.1996 – II ZR 124/95).

73 Der Entscheidung des BGH von 1996 ist daher nicht zu entnehmen, dass die aufgeworfenen Bedenken grundsätzlich der Entscheidung von Beschlussmängelstreitigkeiten durch ein Schiedsgericht entgegenstehen. Es verblieb jedoch die Frage, wie das schiedsgerichtliche Verfahren und die Beteiligungsmöglichkeiten der von ihm subjektiv Betroffenen auszugestalten sind, um eine tragfähige Grundlage für eine analoge Anwendung der §§ 246 ff. AktG zu bieten und somit eine Wirkung des Schiedsspruchs für alle Beteiligten zu erreichen (BGH, Urt. v. 29.03.1996 – II ZR 124/95; OLG Düsseldorf, Urt. v. 14.11.2003 – 16 U 95/98; *Raeschke-Kessler* SchiedsVZ 2003, 145, 152; *Schneider* GmbHR 2005, 86, 87). Auch wenn der BGH ausdrücklich darauf hinweist, dass die Problemlösung dem Gesetzgeber überlassen bleibt, herrschte weitgehend Einigkeit darüber, dass eine Lösung auch durch entsprechende Ausgestaltung einer Schiedsklausel erfolgen kann (BGH, Urt. v. 29.03.1996 – II ZR 124/95; *Berger* ZHR 164, 2000, 295, 298; RIW 2001, 7, 14; zur Ausgestaltung entsprechender Schiedsklauseln vgl. *Borris*, S. 127 ff.; oder *Raeschke-Kessler* SchiedsVZ 2003, 145, 153).

c) Die Entscheidung des BGH vom 06.04.2009

74 Mit Grundsatzentscheidung vom 06.04.2009 hat der BGH unter der Voraussetzung, dass das Schiedsverfahren bestimmte Mindestanforderungen erfüllt, die Schiedsfähigkeit von Beschlussmängelstreitigkeiten grundsätzlich bejaht (BGH, Urt. v. 06.04.2009 – II ZR 255/08; MüKo GmbHG/*Merkt* § 13 Rn. 73). Der BGH hält nicht mehr daran fest, dass die Probleme, die sich bei der Entscheidung von Beschlussmängelstreitigkeiten durch ein Schiedsgericht stellen, durch den Gesetzgeber zu lösen sind, sondern greift eine Lösung durch die Rechtsprechung auf. Eine Schiedsklausel, nach der Beschlussmängelstreitigkeiten durch ein Schiedsgericht entschieden werden, muss folgende Mindestanforderungen erfüllen: Die Schiedsklausel bedarf grundsätzlich der Zustimmung sämtlicher Gesellschafter. Dies gilt für eine statutarische Schiedsklausel sowie für eine Schiedsklausel, die durch die Gesellschafter außerhalb der Satzung vereinbart wird. Jeder Gesellschafter und jedes Gesellschaftsorgan ist über die Einleitung und den Verlauf des Schiedsverfahrens zu informieren und wird dadurch in die Lage versetzt, dem Verfahren zumindest als Nebenintervenient beizutreten. Sämtliche Gesellschafter müssen an der Auswahl und der Bestellung der Schiedsrichter mitwirken können, sofern nicht die Auswahl durch eine neutrale Stelle erfolgt. Bei der Beteiligung mehrerer Gesellschafter auf einer Seite kann grundsätzlich das Mehrheitsprinzip zur Anwendung kommen. Es muss ferner sichergestellt sein, dass alle Beschlussmängelstreitigkeiten, die denselben Streitgegenstand betreffen, bei einem Schiedsgericht konzentriert sind. Eine lückenhafte Schiedsklausel kann

nicht im Wege der ergänzenden Vertragsauslegung ausgefüllt werden. Entspricht die Schiedsklausel den nachfolgend dargelegten Anforderungen, kommt dem Schiedsurteil zwingend die Rechtskraftwirkung analog §§ 248 Abs. 1 Satz 1, 249 Abs. 1 Satz 1 AktG zu (BGH, Urt. v. 06.04.2009 – II ZR 255/08).

Diese Anforderungen hat die Deutsche Institution für Schiedsgerichtsbarkeit e. V. (DIS) in einer Musterschiedsvereinbarung und in »Ergänzende Regeln für gesellschaftsrechtliche Streitigkeiten« (ERGeS) umgesetzt, auf die an dieser Stelle verwiesen wird (vgl. www.dis-arb.de). 75

E. Wirkung schiedsrichterlicher Gestaltungsurteile in gesellschaftsrechtlichen Streitigkeiten

I. Allgemeines – Wirkung von Gestaltungsklage und -urteil

Einige gesellschaftsrechtliche Streitigkeiten werden durch Gestaltungsklage entschieden. Im Recht der Personenhandelsgesellschaften findet die Entziehung der Geschäftsführungs- (§ 117 HGB) und Vertretungsbefugnis (§ 127 HGB), die Auflösung der Gesellschaft (§ 133 HGB) und die Ausschließung eines Gesellschafters (§ 140 HGB) der gesetzlichen Regel nach durch **Gestaltungsklage** bzw. Gestaltungsurteil statt (Henssler/Strohn/*Finckh* § 117 Rn. 1; Henssler/Strohn/*Steitz* § 127 Rn. 13; Henssler/Strohn/*Klöhn* § 133 Rn. 34, § 140 Rn. 26. 34). Sowohl die Entziehung der Vertretungsmacht, die Auflösung der Gesellschaft als auch das Ausscheiden eines Gesellschafters ist zur Eintragung ins Handelsregister anzumelden (Oetker/*Boesche* § 127 Rn. 16; Staub/*Schäfer* § 133 Rn. 67; Baumbach/Hopt/*Roth* § 143 Rn. 2). 76

Bei Beschlussmängelstreitigkeiten von Gesellschafterbeschlüssen einer GmbH ist die Anfechtungsklage Gestaltungsklage (vgl. Kap. 5 Rdn. 391). Das der Anfechtungsklage stattgebende Urteil ist **Gestaltungsurteil**, das den angefochtenen Beschluss rückwirkend mit Wirkung für und gegen jedermann beseitigt (vgl. Kap. 5 Rdn. 435; Scholz/*K. Schmidt* § 45 Rn. 168, 171, 172). Wird die Anfechtungsklage mit einer positiven Beschlussfeststellungsklage verbunden, so hat nach h.L. auch das Klage stattgebende Urteil der Beschlussfeststellungsklage Gestaltungswirkung (vgl. Kap. 5 Rdn. 467; Scholz/*K. Schmidt* § 45 Rn. 180). Die **Klage auf Ausschließung eines Gesellschafters** der GmbH ist Gestaltungsklage (vgl. Kap. 5 Rdn. 507; R/S-L/*Görner* § 34 Rn. 91). Auch die **Auflösung der Gesellschaft** nach § 61 GmbHG sowie die **Nichtigerklärung der GmbH** nach § 75 GmbHG erfolgen durch Gestaltungsurteil (vgl. Kap. 5 Rdn. 534 zur Auflösungsklage, Rdn. 550 zur Nichtigkeitsklage). Das der Klage stattgebende Auflösungs- sowie das Nichtigkeitsurteil führen zur Auflösung der Gesellschaft. Sowohl die Auflösung als auch die Nichtigerklärung der GmbH sind im Handelsregister einzutragen (vgl. Kap. 5 Rdn. 544 zur Auflösungsklage, Rdn. 560 zur Nichtigkeitsklage). Das Auflösungs- bzw. Nichtigkeitsurteil ist beim Registergericht einzureichen. 77

II. Wirkung eines Schiedsspruchs

Es ist anerkannt, dass auch diese Streitigkeiten durch ein Schiedsgericht entschieden werden können (vgl. oben Rdn. 26ff.). Gem. § 1055 ZPO hat ein Schiedsspruch die Wirkung eines **rechtskräftigen gerichtlichen Urteils** (Zöller/*Geimer* § 1055 Rn. 1; *Trittmann* ZGR 1999, 340, 342). Umstritten ist jedoch, ob die Gestaltungswirkung bereits durch den Schiedsspruch an sich herbeigeführt wird oder ob der Schiedsspruch zunächst für vollstreckbar erklärt werden muss. 78

1. Gestaltungswirkung mit Vollstreckbarerklärung

Nach teilweise vertretener Auffassung der prozessrechtlichen Literatur tritt die Gestaltungswirkung eines rechtsgestaltenden Schiedsspruchs erst mit Vollstreckbarerklärung des Schiedsspruchs ein (Hk-ZPO/*Saenger* § 1060 Rn. 9; BeckOK ZPO/*Vorwerk/Wolf* § 1055 Rn. 6; MüKo ZPO/*Münch* § 1055 Rn. 32). So vertritt auch die herrschende Meinung der handelsrechtlichen Literatur für die handelsrechtlichen Gestaltungsklagen auf Entziehung der Geschäftsführungs- und Vertretungsbefugnis (§§ 117, 127 HGB), auf Auflösung der Gesellschaft (§ 133 HGB) sowie auf Ausschluss eines Gesellschafters (§ 140 HGB) die Auffassung, dass die Gestaltungswirkung des Schiedsspruchs erst 79 mit Vollstreckbarerklärung eintritt (BayObLG, Beschl. v. 24.02.1984 – BReg. 3 Z 197/83; MüKo HGB/*K. Schmidt* § 127 Rn. 24, § 133 Rn. 58; § 140 Rn. 83; E/B/J/S/*Hillmann* § 127 Rn. 14; E/B/J/S/*Lorz* § 133 Rn. 47; Baumbach/Hopt/*Roth* § 117 Rn. 8; § 133 Rn. 19; § 140 Rn. 22).

2. Gestaltungswirkung mit Rechtskraft des Schiedsspruchs

80 Nach a. A. tritt die Gestaltungswirkung des Schiedsspruchs bereits mit Rechtskraft ein. Eine Vollstreckbarerklärung des Schiedsspruchs ist insofern nicht erforderlich (Zöller/*Geimer* § 1055 Rn. 2; Musielak/*Voit* § 1055 Rn. 11; *Lachmann* Rn. 1787; *Schwab/Walter* Kap. 21 Rn. 12; *Berger* ZHR 164, 2000, 295, 317 f.; *Vollmer* BB 1984, 1774, 1776). Dies gelte auch dann, wenn der Schiedsspruch Grundlage für eine Eintragung ins Handelsregister ist (Zöller/*Geimer* § 1055 Rn. 2). Zur Begründung dieser Auffassung wird auf die Regelung des § 1055 ZPO verwiesen, nach der der Schiedsspruch die Wirkung eines rechtskräftigen Urteils hat. Auch der Zusatz »unter den Parteien« ändere daran nichts (*Lüke/Blenske* ZGR 1998, 253, 273). Zudem sei die Gestaltungswirkung des Schiedsspruchs unabhängig davon zu beurteilen, ob dem Schiedsspruch mit seiner Vollstreckbarerklärung erhöhte Bestandskraft zukomme (*Schwab/Walter* Kap. 21 Rn. 12). Der Eintritt der Rechtskraft sei von der Vollstreckbarkeit zu unterscheiden (Musielak/*Voit* § 1055 Rn. 11).

F. Bindung des persönlich haftenden Gesellschafters an die Schiedsvereinbarung einer Personengesellschaft

I. Rechtslage bei der OHG und KG

81 Eine Schiedsvereinbarung bindet grundsätzlich nur die Parteien und ihre Rechtsnachfolger (Zöller/*Geimer* § 1029 Rn. 63; Hk-ZPO/*Saenger* § 1029 Rn. 20). Nur in Ausnahmefällen kommt eine Erstreckung der Schiedsvereinbarung auf Dritte in Betracht, sog. **Dritterstreckung** (MüKo ZPO/*Münch* § 1029 Rn. 49). Die Schiedsvereinbarung einer von der Gesellschaft getroffenen Schiedsvereinbarung mit einem Dritten erfasst auch die persönlich haftenden Gesellschafter der OHG und KG, bei Letzterer jedoch nicht die Kommanditisten (BGH, Urt. v. 12.11.1990 – II ZR 249/89; OLG Karlsruhe, Urt. v. 19.10.1990 – 15 U 150/90; Zöller/*Geimer* § 1029 Rn. 64; Hk-ZPO/*Saenger* § 1029 Rn. 23; MüKo ZPO/*Münch* § 1029 Rn. 51; E/B/J/S/*Hillmann* § 128 Rn. 61; MüKo HGB/*K. Schmidt* § 128 Rn. 22; *Schwab/Walter* Kap. 7 Rn. 35).

82 Diese Bindungswirkung ist gerechtfertigt, da die Haftung der Gesellschafter gem. § 128 Satz 1 HGB in Bestand und Umfang von der Schuld der Gesellschaft abhängt. Auf diese Weise wird eine Aufspaltung des Rechtswegs vermieden und beiden Parteien bleiben die Vorteile des Schiedsverfahrens, das regelmäßig kostengünstiger und schneller verläuft, erhalten (BGH, Urt. v. 12.11.1990 – II ZR 249/89; MüKo ZPO/*Münch* § 1029 Rn. 51; MüKo HGB/*K. Schmidt* § 128 Rn. 22; E/B/J/S/*Hillmann* § 128 Rn. 61). Ansonsten hätte der Prozessgegner der Gesellschaft die Möglichkeit, sich durch Klage gegen den persönlich haftenden Gesellschafter vor einem ordentlichen Gericht einseitig von der Schiedsvereinbarung zu lösen (*Schwab/Walter* Kap. 7 Rn. 35).

83 Nach *K. Schmidt* ergibt sich die Bindung des Gesellschafters an die Schiedsvereinbarung der Gesellschaft aus der Auslegung der Schiedsvereinbarung und setzt voraus, dass die Schiedsvereinbarung mit – ggf. stillschweigend erklärter – Vollmacht, mit Zustimmung oder evtl. konkludenter Billigung der Gesellschafter getroffen wurde (*K. Schmidt* ZHR 162, 1998, 265, 273; MüKo HGB/*K. Schmidt* § 128 Rn. 22; vgl. auch S/J/*Schlosser* § 1029 Rn. 34).

84 Die Bindungswirkung erstreckt sich auf Rechtsstreitigkeiten, in denen Ansprüche gegen die Gesellschaft erhoben werden und der Gesellschafter aufgrund seiner akzessorischen Haftung für die Verbindlichkeiten der Gesellschaft in Anspruch genommen wird sowie auf Streitigkeiten, in denen der Gesellschafter in dieser Eigenschaft Ansprüche der Gesellschaft geltend macht. Die Schiedsklausel erfasst somit sowohl **Aktiv- als auch Passivprozesse** des persönlich haftenden Gesellschafters einer OHG oder KG. Forderungen gegen den Gesellschafter, die nicht gesellschaftsbezogen sind, unterliegen nicht der Bindungswirkung der Schiedsvereinbarung. Auch Ansprüche, die dem

Gesellschafter persönlich und nicht in seiner Eigenschaft als Gesellschafter zustehen, unterfallen nicht der Schiedsvereinbarung (BGH, Urt. v. 12.11.1990 – II ZR 249/89; MüKo ZPO/*Münch* § 1029 Rn. 51; *Schwab/Walter* Kap. 7 Rn. 35).

II. Rechtslage bei der BGB-Gesellschaft

Da seit der Entscheidung des BGH vom 29.01.2001 zur Rechts- und Parteifähigkeit der BGB-Gesellschaft (BGH, Urt. v. 29.01.2001 – II ZR 331/00) auch die BGB-Gesellschaft **Partei eines Schiedsverfahrens** sein kann, stellt sich die Frage, welche Bindungswirkung einer Schiedsvereinbarung zukommt. 85

Schiedsklauseln, die von den Gesellschaftern vor Änderung der Rechtsprechung unterzeichnet wurden, binden jetzt auch die Gesellschaft. Ferner gilt auch hier, dass sich eine Schiedsvereinbarung, welche die Gesellschaft nach Änderung der Rechtsprechung vereinbart hat, auch auf die Gesellschafter erstreckt, sofern sie aufgrund ihrer persönlichen Haftung für Verbindlichkeiten der Gesellschaft in Anspruch genommen werden (MüKo ZPO/*Münch* § 1029 Rn. 51). Vereinbaren die Gesellschafter einer BGB-Gesellschaft eine Schiedsklausel nach der Änderung der Rechtsprechung, so bindet diese Vereinbarung die BGB-Gesellschaft nur dann, wenn die Gesellschafter für die Gesellschaft handeln – sei es ausdrücklich oder stillschweigend (*Schwab/Walter* Kap. 7 Rn. 35; *Wiegand* SchiedsVZ 2003, 52). 86

III. Auffassung Habersack

Habersack lehnt eine Bindung der persönlich haftenden Gesellschafter an die von der Gesellschaft geschlossene Schiedsvereinbarung ab. Gegen die Bindung des persönlich haftenden Gesellschafters spreche, dass auch der akzessorisch haftende Bürge nach h.L. nicht von einer zwischen dem Hauptschuldner und dem Gläubiger geschlossenen Schiedsvereinbarung erfasst wird, sodass sich die Bindung des persönlich haftenden Gesellschafters einer OHG bzw. KG nicht aus der Akzessorietät seiner Haftung ergeben könne. Auch eine Herleitung der Bindung der Gesellschafter an die Schiedsklausel durch Auslegung der Vereinbarung lehnt *Habersack* unter Hinweis auf die Regelung des § 1031 Abs. 1, 2 und 3 ZPO ab. Problematisch erscheint nach *Habersack* auch die Einbeziehung der Gesellschafter einer BGB-Gesellschaft in den Geltungsbereich einer Schiedsklausel zwischen der Gesellschaft und einem Gläubiger aufgrund der Vielgestaltigkeit der BGB-Gesellschaft. Um einen Gleichlauf der Rechtswege zu erreichen, müsse der Gläubiger mit den Gesellschaftern eine gesonderte Schiedsvereinbarung treffen (vgl. *Habersack* SchiedsVZ 2003, 241, 246). 87

G. Vollstreckbarerklärung inländischer und ausländischer Schiedssprüche

I. Einleitung

Die Voraussetzungen der Anerkennung und Vollstreckung von Schiedssprüchen regelt das Gesetz in §§ 1060 ff. ZPO. Gem. § 1055 ZPO hat ein Schiedsspruch unter den Parteien die Wirkungen eines rechtskräftigen gerichtlichen Urteils. Dennoch kann ein Schiedsspruch als solcher nicht vollstreckt werden. Im Unterschied zum Urteil eines staatlichen Gerichts ist ein Schiedsspruch **kein Vollstreckungstitel** (Zöller/*Geimer* § 1055 Rn. 1; *Lachmann* Rn. 2397; MüKo ZPO/*Münch* § 1060 Rn. 2; S/J/*Schlosser* § 1060 Rn. 1). Gem. § 1060 Abs. 1 ZPO bedarf ein Schiedsspruch der Vollstreckbarerklärung. Vollstreckungstitel ist dann die Vollstreckbarerklärung durch das zuständige staatliche Gericht und nicht der Schiedsspruch (MüKo ZPO/*Münch* § 1060 Rn. 4; Hk-ZPO/*Saenger* § 1060 Rn. 9). 88

Eine **Klage auf Erfüllung** des Schiedsspruchs kann anstelle des Vollstreckbarerklärungsverfahrens grundsätzlich **nicht erhoben werden**. Eine solche Klage ist mangels Rechtsschutzbedürfnis als unzulässig abzuweisen, da das Verfahren auf Vollstreckbarerklärung des Schiedsspruchs im Verhältnis zu einer solchen Leistungsklage regelmäßig das einfachere Verfahren darstellt (Zöller/*Geimer* § 1060 Rn. 8; MüKo ZPO/*Münch* § 1060 Rn. 11; Hk-ZPO/*Saenger* § 1060 Rn. 41; *Schwab/Walter* Kap. 26 Rn. 4; S/J/*Schlosser* § 1060 Rn. 15). 89

90 Für die Vollstreckbarerklärung von Schiedssprüchen ist zwischen inländischen und ausländischen Schiedssprüchen zu differenzieren. Das Vollstreckbarerklärungsverfahren **inländischer Schiedssprüche** richtet sich nach § 1060 ZPO, die Anerkennung und Vollstreckung **ausländischer Schiedssprüche** nach § 1061 ZPO (MüKo ZPO/*Münch* § 1060 Rn. 1; Hk-ZPO/*Saenger* § 1060 Rn. 2). Ebenso wie ausländische Urteile können ausländische Schiedssprüche ohne Anerkennung im Inland keine Wirkung entfalten (Zöller/*Geimer* § 1061 Rn. 1).

II. Vollstreckbarerklärung inländischer Schiedssprüche

1. Gegenstand des Verfahrens

91 Das Vollstreckbarerklärungsverfahren nach § 1060 ZPO setzt einen **inländischen Schiedsspruch voraus** (MüKo ZPO/*Münch* § 1060 Rn. 8, 14; Hk-ZPO/*Saenger* § 1060 Rn. 2). Wann ein inländischer Schiedsspruch gegeben ist, richtet sich nach § 1025 Abs. 1 ZPO. Nach dem in § 1025 Abs. 1 ZPO verankerten Territorialitätsprinzip ist ein Schiedsspruch dann inländisch, wenn dieser im Inland erlassen wurde bzw. sich der Schiedsort im Inland befindet (OLG Hamburg, Beschl. v. 24.01.2003 – 11 Sch 06/01; Hk-ZPO/*Saenger* § 1060 Rn. 2; MüKo ZPO/*Münch* § 1060 Rn. 14).

92 Gegenstand des Vollstreckbarerklärungsverfahrens kann nur ein Schiedsspruch sein, der den Erfordernissen des § 1054 ZPO entspricht (OLG München, Beschl. v. 18.12.2013 – 34 Sch 14/12; Beschl. v. 11.11.2013 – 34 Sch 14/12; OLG Köln, Beschl. v. 22.04.2004 – 9 Sch 20/03; Zöller/*Geimer* § 1060 Rn. 15; MüKo ZPO/*Münch* § 1060 Rn. 9; Hk-ZPO/*Saenger* § 1060 Rn. 2; *Lachmann* Rn. 2399; zu den zwingenden Förmlichkeiten vgl. GF-ZPO/*Eberl/Eberl* § 1055 Rn. 5). Es muss sich somit um die **schriftlich abgefasste Entscheidung** eines **nicht staatlichen Gerichts** handeln, die das Verfahren urteilsmäßig endgültig abschließt, sei es gänzlich oder zu einem abtrennbaren Teil. Auch ein Teilschiedsspruch kann somit für vollstreckbar erklärt werden (OLG Düsseldorf, Beschl. v. 19.01.2005 – I-26 Sch 05/03; Zöller/*Geimer* § 1060 Rn. 15; Taktik im Schiedsverfahren/*Eberl* S. 191, 192; MüKo ZPO/*Münch* § 1060 Rn. 12; S/J/*Schlosser* § 1060 Rn. 3). Der Schiedsspruch muss durch die Schiedsrichter **unterzeichnet** und den Parteien wirksam übersandt worden sein (OLG München, Beschl. v. 18.12.2013 – 34 Sch 14/12; Beschl. v. 11.11.2013 – 24 Sch 14/12; OLG Düsseldorf, Beschl. v. 19.01.2005 – I-26 Sch 05/03; GF-ZPO/*Eberl/Eberl* § 1055 Rn. 5). Aufgrund ihres vorläufigen Charakters sind einstweilige Anordnungen eines Schiedsgerichts keine Schiedssprüche in diesem Sinne (*Lachmann* Rn. 2514; Schwab/*Walter* Kap. 30 Rn. 12). Ein Kostenergänzungsschiedsspruch, der unabhängig vom Hauptschiedsspruch erlassen wurde, kann Gegenstand eines Vollstreckbarerklärungsverfahrens sein (OLG Köln, Beschl. v. 15.01.2004 – 9 Sch 17/03).

93 Ein in einem Schiedsverfahren abgeschlossener **Vergleich** kann nur dann für vollstreckbar erklärt werden, wenn er in Form eines Schiedsspruchs mit vereinbartem Wortlaut abgefasst ist. Dies ist dann der Fall, wenn gem. § 1053 Abs. 2 Satz 1 ZPO angegeben ist, dass es sich um einen Schiedsspruch handelt (BGH, Beschl. v. 08.03.2007 – III ZB 21/06; OLG Frankfurt am Main, Beschl. v. 14.03.2003 – 20 Sch 01/02; Taktik im Schiedsverfahren/*Eberl* S. 193; zur Formulierung eines Schiedsspruchs mit vereinbartem Wortlaut vgl. GF-ZPO/*Eberl/Eberl* § 1053 Rn. 7 ff.; *Kröll* SchiedVZ 2004, 113, 120). Wird der Vergleich lediglich protokolliert, ist dies nicht ausreichend (Schwab/*Walter* Kap. 42 Rn. 6).

94 Die Voraussetzung eines Schiedsspruchs i. S. d. § 1054 ZPO muss im entscheidungserheblichen Zeitpunkt – vor Schluss der mündlichen Verhandlung – gegeben sein (MüKo ZPO/*Münch* § 1060 Rn. 9).

95 In Literatur und Rechtsprechung der Oberlandesgerichte wurde die Frage, ob auch Schiedssprüche mit nicht vollstreckungsfähigem Inhalt, wie **feststellende oder gestaltende Schiedssprüche**, für vollstreckbar erklärt werden können, unterschiedlich beurteilt. Zum Teil wird das Rechtsschutzbedürfnis für die Vollstreckbarerklärung eines nicht vollstreckungsfähigen Schiedsspruchs abgelehnt, da das Vollstreckbarerklärungsverfahren einzig der Vorbereitung des Vollstreckungsverfahrens dient und

die Vollstreckbarerklärung daher auch die Möglichkeit der Zwangsvollstreckung erfordert (OLG Frankfurt am Main, Beschl. v. 26.07.2005 – 26 Sch 03/05; KG Berlin, Beschl. v. 27.05.2005 – 20 Sch 07/05; Zöller/*Geimer* § 1060 Rn. 6; MüKo ZPO/*Münch* § 1060 Rn. 11). Nach h. M. besteht aufgrund der Präklusionswirkung des § 1059 Abs. 3 Satz 4 ZPO jedoch auch dann ein rechtlich anzuerkennendes Interesse an der Vollstreckbarerklärung eines Schiedsspruchs, wenn dieser Schiedsspruch nicht vollstreckbar ist. Es können daher verurteilende, feststellende und gestaltende Schiedssprüche für vollstreckbar erklärt werden (BGH, Beschl. v. 30.03.2006 – III ZB 78/05; OLG München, Beschl. v. 22.02.2006 – 34 Sch 02/06; OLG Köln, Beschl. v. 22.04.2004 – 9 Sch 20/03; BayObLG, Beschl. v. 22.11.2002 – 4 Z Sch 13/02; Hk-ZPO/*Saenger* § 1060 Rn. 2; S/J/*Schlosser* § 1060 Rn. 2; Taktik im Schiedsverfahren/*Eberl* S. 193, 194; *Schwab/Walter* Kap. 26 Rn. 7). Liegt ein Aufhebungsgrund nach § 1059 Abs. 2 ZPO vor, kann ein Schiedsspruch aufgehoben werden (Zöller/*Geimer* § 1059 Rn. 1). Der Antrag auf **Aufhebung des Schiedsspruchs** kann gem. § 1059 Abs. 3 Satz 4 ZPO dann nicht mehr gestellt werden, wenn der Schiedsspruch von einem deutschen Gericht für vollstreckbar erklärt worden ist. Ein für vollstreckbar erklärter Schiedsspruch besitzt somit höhere Bestandskraft und kann nicht mehr Gegenstand eines Aufhebungsverfahrens sein (BGH, Beschl. v. 30.03.2006 – III ZB 78/05; OLG Köln, Beschl. v. 22.04.2004 – 9 Sch 20/03; Zöller/*Geimer* § 1059 Rn. 78; *Schwab/Walter* Kap. 26 Rn. 7). Ob der Schiedsspruch eine vollstreckbare Entscheidung enthält, ist erst im Verfahren auf Erteilung der Vollstreckungsklausel zu prüfen (OLG München, Beschl. v. 22.02.2006 – 34 Sch 02/06; BayObLG, Beschl. v. 27.07.1999 – 4 Z Sch 31/99; S/J/*Schlosser* § 1060 Rn. 2). Daher kann auch ein klageabweisender Schiedsspruch (*Schwab/Walter* Kap. 26 Rn. 7) sowie eine Kostengrundentscheidung (GF-ZPO/*Eberl/Eberl* § 1060 Rn. 8) für vollstreckbar erklärt werden.

Die **Darlegungs- und Beweislast** dafür, dass ein Schiedsspruch i. S. d. § 1054 vorliegt, trägt der Antragsteller (MüKo ZPO/*Münch* § 1060 Rn. 7).

96

2. Zulässigkeit des Antrags auf Vollstreckbarerklärung und Verfahren

Das Verfahren der Vollstreckbarerklärung unterliegt grundsätzlich den **allgemeinen Prozessvoraussetzungen**. Das Gericht prüft somit nach allgemeinen Regeln von Amts wegen die Partei- und Prozessfähigkeit der Parteien, die Zulässigkeit des Rechtsweges sowie die Zuständigkeit des Gerichts (MüKo ZPO/*Münch* § 1060 Rn. 7). Die Vollstreckbarerklärung erfolgt im Beschlussverfahren (BGH, Beschl. v 23.02.2006 – III ZB 50/05; Zöller/*Geimer* § 1063 Rn. 1). Es gelten die §§ 1062 bis 1065 ZPO (MüKo ZPO/*Münch* § 1060 Rn. 15; Hk-ZPO/*Saenger* § 1060 Rn. 3). Das Verfahren der Vollstreckbarerklärung ist gem. § 1064 Abs. 1 Satz 1 ZPO durch nicht fristgebundenen **Antrag** einzuleiten (MüKo ZPO/*Münch* § 1060 Rn. 7; Hk-ZPO/*Saenger* § 1060 Rn. 1, 3; *Schwab/Walter* Kap. 27 Rn. 2; *Lachmann* Rn. 2467). Der Antrag lautet auf Vollstreckbarerklärung eines genau zu bezeichnenden Schiedsspruchs (zur Formulierung vgl. GF-ZPO/*Eberl/Eberl* § 1060 Rn. 6; *Lachmann* Rn. 2468).

97

a) Zuständigkeit

Der **Antrag** ist schriftlich oder zu Protokoll der Geschäftsstelle beim zuständigen OLG einzureichen (vgl. § 1063 Abs. 4 ZPO, Zöller/*Geimer* § 1060 Rn. 17; Hk-ZPO/*Saenger* § 1060 Rn. 5). **Zuständig** ist gem. § 1062 Abs. 1 Nr. 4, 2. Fall ZPO das OLG, das in der Schiedsvereinbarung bezeichnet ist oder, wenn eine solche Bezeichnung fehlt, in dessen Bezirk der Ort des schiedsrichterlichen Verfahrens liegt (BGH, Beschl. v. 23.02.2006 – III ZB 50/05; OLG Hamburg, Beschl. v. 24.01.2003 – 11 Sch 06/01; OLG Stuttgart, Beschl. v. 04.10.2000 – 1 Sch 13/99; BayObLG, Beschl. v. 12.04.2000 – 4 Z Sch 2/00; Zöller/*Geimer* § 1062 Rn. 2; GF-ZPO/*Eberl/Eberl* § 1060 Rn. 3; MüKo ZPO/*Münch* § 1060 Rn. 7). Nach früherer Rechtslage waren für die Vollstreckbarerklärung von Schiedssprüchen – national als auch international – Amts- und Landgerichte zuständig. Die Zuständigkeit für die Vollstreckbarerklärung wurde aus Gründen der Verfahrensvereinfachung und -effizienz durch die Reform von 1998 auf die Oberlandesgerichte übertragen (BayObLG, Beschl. v. 12.04.2000 – 4 Z Sch 2/00; *Wagner* JZ 2000, 1171, 1172). Durch die Eingangszuständigkeit der Oberlandesgerichte

98

wird die Einschaltung des BGH im Rechtsmittelverfahren und damit eine einheitliche Rechtsanwendung ermöglicht (*Wagner* JZ 2000, 1171, 1172; BT-Drucks. 13/5274, S. 63).

b) Parteien des Verfahrens

99 **Antragsberechtigt** ist die obsiegende Partei des Schiedsverfahrens (MüKo ZPO/*Münch* § 1060 Rn. 7). Nicht erforderlich ist ein völliges Obsiegen, ausreichend ist insofern bereits ein teilweises Obsiegen, wie bspw. hinsichtlich der Kostenlast (BGH, Beschl. v. 08.03.2007 – III ZB 21/06; MüKo ZPO/*Münch* § 1060 Rn. 7; *Schwab*/*Walter* Kap. 27 Rn. 2). Hat eine Partei nur z. T. obsiegt, ist der Antrag auf Vollstreckbarerklärung nur auf Vollstreckbarerklärung des obsiegenden Teils zu richten. Wird dennoch ein Antrag auf Vollstreckbarerklärung des gesamten Schiedsspruchs gestellt, ist dieser dahin auszulegen, dass der Antragsteller nicht die Vollstreckbarerklärung des ihn beschwerenden Teils begehrt (*Lachmann* Rn. 2468). Tritt die obsiegende Partei eines Schiedsverfahrens den ihr durch den Schiedsspruch zugesprochenen Anspruch an einen Dritten ab, ist die abtretende Partei nicht dazu befugt, die Vollstreckbarerklärung des Schiedsspruchs zu beantragen, da ihr der materielle Anspruch nicht mehr zusteht. Antragsbefugt ist der Dritte, auf den der Anspruch übergegangen ist (*Zöller*/*Geimer* § 1060 Rn. 18; *Lachmann* Rn. 2471; *Schwab*/*Walter* Kap. 27 Rn. 5). **Antragsgegner** ist der im Schiedsspruch benannte Vollstreckungsschuldner. Im Fall der Rechtsnachfolge aufseiten des Gläubigers oder aufseiten des Schuldners ist die Vollstreckbarerklärung unmittelbar für und gegen den Rechtsnachfolger zulässig. Insoweit ist der Grundgedanke des § 727 ZPO heranzuziehen (BGH, Beschl. v. 08.03.2007 – III ZB 21/06; *Lachmann* Rn. 2473; *Schwab*/*Walter* Kap. 27 Rn. 5; S/J/*Schlosser* § 1060 Rn. 14; Hk-ZPO/*Saenger* § 1060 Rn. 4; MüKo ZPO/*Münch* § 1060 Rn. 7). Richtet sich der Antrag gegen den Rechtsnachfolger des Schuldners, ist im Fall des Obsiegens die Vollstreckbarerklärung dann gegen den Rechtsnachfolger auszusprechen (*Zöller*/*Geimer* § 1060 Rn. 19). Im Unterschied zu § 727 ZPO ist jedoch im Verfahren der Vollstreckbarerklärung ein Nachweis der Rechtsnachfolge durch öffentliche oder öffentlich beglaubigte Urkunde nicht erforderlich. § 727 ZPO fordert den Nachweis der Rechtsnachfolge, da die übertragende Klausel durch einen Rechtspfleger in einem nicht kontradiktorischen Verfahren ohne Anhörung der Parteien erfolgt. Dagegen entscheidet im Fall des Vollstreckbarerklärungsverfahrens das OLG, das den Antragsgegner zwingend anzuhören hat. Der Antragsgegner hat dann die Möglichkeit, die Rechtsnachfolge zu bestreiten (BGH, Beschl. v. 08.03.2007 – III ZB 21/06).

c) Formelle Antragsvoraussetzungen

100 Mit dem Antrag auf Vollstreckbarerklärung eines inländischen Schiedsspruchs ist nach § 1064 Abs. 1 Satz 1 ZPO der Schiedsspruch im Original oder eine **beglaubigte Abschrift des Schiedsspruchs** vorzulegen (OLG München, Beschl. v. 21.01.2014 – 34 Sch 30/13; Beschl. v. 22.02.2006 – 34 Sch 02/06; OLG Köln, Beschl. v. 04.07.2012 – 19 Sch 18/12; Beschl. v. 22.04.2004 – 9 Sch 20/03; *Schwab*/*Walter* Kap. 27 Rn. 2). Eine besondere Form der Beglaubigung wird grundsätzlich nicht gefordert, kann durch das Gericht gem. § 142 ZPO jedoch angeordnet werden (*Zöller*/*Geimer* § 1064 Rn. 1). Nach § 1064 Abs. 1 Satz 2 ZPO kann die Beglaubigung auch durch den für das gerichtliche Verfahren bevollmächtigten Rechtsanwalt vorgenommen werden. Die Beglaubigung muss sich auf den Schiedsspruch i. S. d. § 1054 ZPO beziehen sowie die Unterschriften der Schiedsrichter erfassen (*Zöller*/*Geimer* § 1064 Rn. 1; GF-ZPO/*Eberl*/*Eberl* § 1060 Rn. 9; MüKo ZPO/*Münch* § 1064 Rn. 5). Die Schiedsvereinbarung selbst muss nicht vorgelegt werden (GF-ZPO/*Eberl*/*Eberl* § 1060 Rn. 9).

d) Rechtliches Gehör

101 Nach § 1063 Abs. 1 Satz 2 ZPO ist dem Gegner vor der Entscheidung des Gerichts rechtliches Gehör zu gewähren (Hk-ZPO/*Saenger* § 1063 Rn. 2). Wird nicht mündlich verhandelt, muss dem Gegner die Gelegenheit gegeben werden, sich schriftlich zum Antrag zu äußern (Musielak/*Voit* § 1063 Rn. 6; *Schwab*/*Walter* Kap. 27 Rn. 22).

e) Mündliche Verhandlung

Es steht grundsätzlich im Ermessen des Gerichts, eine mündliche Verhandlung anzuordnen (BGH, Beschl. v. 23.02.2006 – III ZB 50/05; Beschl. v. 15.07.1999 – III ZB 21/98; OLG Hamm, Beschl. v. 20.06.2001 – 8 Sch 02/00; OLG Stuttgart, Beschl. v. 04.10.2000 – 1 Sch 13/99; BayObLG, Beschl. v. 12.04.2000 – 4 Z Sch 2/00; MüKo ZPO/*Münch* § 1060 Rn. 15; Hk-ZPO/*Saenger* § 1063 Rn. 2). Eine mündliche Verhandlung ist nach § 1063 Abs. 2 ZPO dann zwingend geboten, wenn die Aufhebung des Schiedsspruchs beantragt wird (1. Alt.) oder Aufhebungsgründe nach § 1059 ZPO in Betracht kommen (2. Alt.) (Zöller/*Geimer* § 1063 Rn. 2; MüKo ZPO/*Münch* § 1060 Rn. 15; Hk-ZPO/*Saenger* § 1063 Rn. 2). § 1063 Abs. 2, 1. Alt. ZPO setzt voraus, dass ein förmlicher Aufhebungsantrag gestellt wurde. Gegenanträge im Vollstreckbarerklärungsverfahren genügen insoweit nicht (BGH, Beschl. v. 15.07.1999 – III ZB 21/98; OLG Köln, Beschl. v. 22.02.2007 – 9 Sch 16/06; S/J/*Schlosser* § 1063 Rn. 2; *Schwab/Walter* Kap. 27 Rn. 18). Aufhebungsgründe kommen i. S. d. § 1063 Abs. 2, 2. Alt. ZPO in Betracht, wenn sie sich aus der Aktenlage ergeben oder begründet geltend gemacht werden (Zöller/*Geimer* § 1063 Rn. 2; S/J/*Schlosser* § 1063 Rn. 2). Eine mündliche Verhandlung hat aufgrund Art. 6 Abs. 1 EMRK auch dann zu erfolgen, wenn eine Partei dies ausdrücklich beantragt (Zöller/*Geimer* § 1063 Rn. 2; Hk-ZPO/*Saenger* § 1063 Rn. 2).

102

f) § 1063 Abs. 4 ZPO

Solange keine mündliche Verhandlung angeordnet ist, können gem. § 1063 Abs. 4 ZPO zu Protokoll der Geschäftsstelle Anträge gestellt und Erklärungen abgegeben werden (Zöller/*Geimer* § 1063 Rn. 5; MüKo ZPO/*Münch* § 1060 Rn. 16). § 1063 Abs. 4 ZPO stellt insoweit eine Abmilderung des ansonsten gem. § 78 ZPO vor Oberlandesgerichten bestehenden Anwaltszwanges dar. Die Parteien können somit selbst Anträge stellen und Erklärungen abgeben (Zöller/*Geimer* § 1063 Rn. 5; *Lachmann* Rn. 2470).

103

3. Entscheidung des Gerichts

Die Entscheidung über die Vollstreckbarkeit ergeht gem. § 1063 Abs. 1 Satz 1 ZPO stets **durch Beschluss** (BGH, Beschl. v. 23.02.2006 – III ZB 50/05; OLG Stuttgart, Beschl. v. 04.10.2000 – 1 Sch 13/99; BayObLG, Beschl. v. 12.04.2000 – 4 Z Sch 2/00). Die stattgebende Entscheidung lautet auf **Vollstreckbarerklärung des Schiedsspruchs** (MüKo ZPO/*Münch* § 1060 Rn. 23). Der Beschluss, durch den der Schiedsspruch für vollstreckbar erklärt wird, ist gem. § 1064 Abs. 2 ZPO für vorläufig vollstreckbar zu erklären (MüKo ZPO/*Münch* § 1064 Rn. 11; *Lachmann* Rn. 2488). Eine Sicherheitsleistung wird nicht festgesetzt (Zöller/*Geimer* § 1063 Rn. 1; MüKo ZPO/*Münch* § 1060 Rn. 23). Leidet der Antrag auf Vollstreckbarerklärung an einem förmlichen Mangel, so ist dieser als unzulässig zu verwerfen. Liegt ein nach § 1060 Abs. 2 ZPO zu berücksichtigender Aufhebungsgrund vor, ist die Vollstreckbarerklärung als unbegründet abzuweisen und der Schiedsspruch zugleich aufzuheben (MüKo ZPO/*Münch* § 1060 Rn. 26). Ein gesonderter Antrag auf Aufhebung des Schiedsspruchs ist dabei nicht erforderlich. Die Aufhebung erfolgt von Amts wegen (Zöller/*Geimer* § 1060 Rn. 26; MüKo ZPO/*Münch* § 1060 Rn. 26; Hk-ZPO/*Saenger* § 1060 Rn. 10; S/J/*Schlosser* § 1060 Rn. 10; *Lachmann* Rn. 2491). Betrifft der Aufhebungsgrund nur einen Teil des Schiedsspruchs, kann der andere Teil für vollstreckbar erklärt werden, wenn über ihn nach § 301 ZPO ein Teilurteil ergehen könnte (*Lachmann* Rn. 2486).

104

Die §§ 330 ff. ZPO finden im Vollstreckbarerklärungsverfahren keine Anwendung, sodass ein »Versäumnisbeschluss« nicht ergehen kann. Gegen die Anwendbarkeit der §§ 330 ff. ZPO spricht die Struktur des Vollstreckbarerklärungsverfahrens als vereinfachtes Beschlussverfahren sowie die Entscheidung als Beschluss, gegen den lediglich die Rechtsmittelbeschwerde statthaft ist (vgl. unten Rdn. 106; BGH, Beschl. v. 23.02.2006 – III ZB 50/05; OLG Hamm, Beschl. v. 13.07.2012 – I-25 Sch 3/11; Zöller/*Geimer* § 1060 Rn. 3).

105

4. Rechtsmittel

106 Gegen die Vollstreckbarerklärung oder die Ablehnung der Vollstreckbarerklärung eines inländischen Schiedsspruchs kann gem. §§ 1065 Abs. 1 Satz 1, § 1062 Abs. 1 Nr. 4 ZPO das Rechtsmittel der **Rechtsbeschwerde zum BGH** eingelegt werden (Zöller/*Geimer* § 1065 Rn. 1; Hk-ZPO/*Saenger* § 1065 Rn. 2). Grundsätzlich führt die Rechtsbeschwerde nur zu einer Überprüfung von Rechtsverletzungen (BGH, Beschl. v. 15.07.1999 – III ZB 21/98; MüKo ZPO/*Münch* § 1065 Rn. 14; *Wagner* JZ 2000, 1171, 1172). Dabei ist der BGH an die tatsächlichen Feststellungen des OLG gebunden (BGH, Beschl. v. 15.07.1999 – III ZB 21/98). Gem. § 577 Abs. 2 i. V. m. § 559 Abs. 1 Satz 1 ZPO ist die Einführung neuer Tatsachen grundsätzlich nicht zulässig. Ausnahmsweise sind neue Tatsachen dann zu berücksichtigen, wenn diese die prozessuale Rechtslage erst während des Verfahrens der Rechtsbeschwerde verändern oder von Amts wegen zu berücksichtigen sind (BGH, Beschl. v. 01.03.2007 – III ZB 7/06; Beschl. v. 22.02.2001 – III ZB 71/99; Zöller/*Geimer* § 1065 Rn. 4; Hk-ZPO/*Saenger* § 1065 Rn. 2).

5. Begründetheit des Antrags auf Vollstreckbarerklärung

a) Fehlen von Aufhebungsgründen

107 Dem Antrag auf Vollstreckbarerklärung ist stattzugeben, wenn ein endgültiger Schiedsspruch vorliegt (vgl. oben Rdn. 91–98) und kein Aufhebungsgrund nach § 1059 ZPO gegeben ist (vgl. § 1060 Abs. 2 ZPO; Taktik im Schiedsverfahren/*Eberl* S. 200; GF-ZPO/*Eberl/Eberl* § 1060 Rn. 12; MüKo ZPO/*Münch* § 1060 Rn. 18; Hk-ZPO/*Saenger* § 1060 Rn. 7). Die materielle Richtigkeit des Schiedsspruchs wird dabei nicht geprüft. Es gilt das Verbot der révision au fond (MüKo ZPO/*Münch* § 1060 Rn. 19). Die Aufhebungsgründe des § 1059 Abs. 2 Nr. 1 ZPO sind **nur auf Einrede** hin zu überprüfen; sie sind durch den Antragsgegner im Vollstreckbarerklärungsverfahren substanziiert geltend zu machen (BGH, Beschl. v. 02.11.2000 – III ZB 55/99; Urt. v. 08.10.1959 – VII ZR 87/58; MüKo ZPO/*Münch* § 1060 Rn. 20; zur Geltendmachung von Aufhebungsgründen vgl. Taktik im Schiedsverfahren/*Eberl* S. 199 ff.). Die Aufhebungsgründe des § 1059 Abs. 2 Nr. 2 ZPO sind **von Amts wegen** zu berücksichtigen (BGH, Beschl. v. 02.11.2000 – III ZB 55/99; Beschl. v. 15.07.1999 – III ZB 21/98; MüKo ZPO/*Münch* § 1060 Rn. 20; *Schwab/Walter* Kap. 27 Rn. 8; S/J/*Schlosser* § 1060 Rn. 10). Entsprechende Ausführungen sind dabei in der Praxis üblich und zu empfehlen (GF-ZPO/*Eberl/Eberl* § 1060 Rn. 12). Das Gericht prüft somit z. B. die Schiedsfähigkeit und ob die Vollstreckung des Schiedsspruchs mit dem ordre public vereinbar ist. Dies umfasst auch die Prüfung, ob dem Antragsgegner rechtliches Gehör gewährt wurde (*Schwab/Walter* Kap. 27 Rn. 8).

108 Gem. § 1060 Abs. 2 Satz 2 ZPO sind solche Aufhebungsgründe **nicht zu berücksichtigen**, soweit im Zeitpunkt der Zustellung des Antrags auf Vollstreckbarerklärung ein auf sie gestützter Aufhebungsantrag rechtskräftig abgewiesen wurde (Hk-ZPO/*Saenger* § 1060 Rn. 7; *Lachmann* Rn. 2429; *Schwab/Walter* Kap. 27 Rn. 9). Nach § 1060 Abs. 2 Satz 3 ZPO sind zudem die Aufhebungsgründe nach § 1059 Abs. 2 Nr. 1 ZPO dann nicht zu berücksichtigen, wenn die in § 1059 Abs. 3 ZPO bestimmten **Fristen abgelaufen** sind, ohne dass der Antragsteller einen Aufhebungsantrag gestellt hat (BGH, Beschl. v. 30.03.2006 – III ZB 78/05; Beschl. v. 23.02.2006 – III ZB 50/05; vgl. zur Fristberechnung OLG Hamburg, Beschl. v. 24.01.2003 – 11 Sch 06/01; Hk-ZPO/*Saenger* § 1060 Rn. 7; *Lachmann* Rn. 2430). Könnten die Aufhebungsgründe noch nach Fristablauf im Vollstreckbarerklärungsverfahren geltend gemacht werden, wäre die Frist zur Geltendmachung von Aufhebungsgründen wenig sinnvoll (*Lachmann* Rn. 2431; *Schwab/Walter* Kap. 27 Rn. 9). Sind Aufhebungsgründe jedoch erst nach Ablauf der Frist des § 1059 Abs. 3 ZPO bekannt geworden, können sie im Vollstreckbarerklärungsverfahren geltend gemacht und berücksichtigt werden (*Lachmann* Rn. 2433). Die von Amts wegen zu berücksichtigenden Aufhebungsgründe des § 1059 Abs. 2 Nr. 2 ZPO, wie z. B. ein Verstoß gegen den ordre public, sind im Vollstreckbarerklärungsverfahren grundsätzlich von Amts wegen zu berücksichtigen und unterliegen nicht der Präklusion des § 1059 Abs. 3 ZPO (BGH, Beschl. v. 30.03.2006 – III ZB 78/05; Beschl. v. 23.02.2006 – III ZB 50/05; Beschl. v.

02.11.2000 – III ZB 55/99; Beschl. v. 15.07.1999 – III ZB 21/98; Hk-ZPO/*Saenger* § 1060 Rn. 7; MüKo ZPO/*Münch* § 1060 Rn. 21; *Schwab/Walter* Kap. 27 Rn. 9).

b) **Berücksichtigung von Einwendungen gegen den zugesprochenen Anspruch im Vollstreckbarerklärungsverfahren**

Nicht selten wird sich die Frage stellen, ob der Antragsgegner im Vollstreckbarerklärungsverfahren Einwendungen geltend machen kann, die sich gegen den im Schiedsspruch zugesprochenen Anspruch richten. Wird ein Leistungsanspruch durch Urteil eines staatlichen Gerichts festgestellt, so hat der Schuldner im Vollstreckungsverfahren die Möglichkeit, im Wege der Vollstreckungsgegenklage gem. § 767 ZPO Einwendungen, die den durch das Urteil festgestellten **Anspruch selbst betreffen**, geltend zu machen. Solche Einwendungen können bspw. auf Abtretung, Aufrechnung, Erfüllung oder auch Erlass des Anspruchs beruhen (Zöller/*Herget* § 767 Rn. 1, 12 f.; *Schwab/Walter* Kap. 27 Rn. 12). Eine erfolgreiche Vollstreckungsgegenklage beseitigt die Vollstreckbarkeit des Titels (Zöller/*Herget* § 767 Rn. 5). Gem. § 767 Abs. 2 ZPO kann die Klage nur auf solche Einwendungen gestützt werden, die nach Schluss der letzten mündlichen Tatsachenverhandlung entstanden sind (Zöller/*Herget* § 767 Rn. 14; *Schwab/Walter* Kap. 27 Rn. 12).

109

Umstritten ist, ob Einwendungen, die eine **Vollstreckungsgegenklage nach § 767 ZPO** begründen würden, bereits **im Vollstreckbarerklärungsverfahren** durch den Antragsgegner geltend gemacht werden können oder ob dieser darauf zu verweisen ist, die Vollstreckungsgegenklage nach § 767 ZPO **im Vollstreckungsverfahren** zu erheben (OLG München, Beschl. v. 01.02.2008 – 34 Sch 18/07; Beschl. v. 22.02.2006 – 34 Sch 02/06). Vor der Reform des Schiedsverfahrensrechts war die Geltendmachung materiellrechtlicher Einwendungen, wie z. B. die Einwendung der Aufrechnung, im Vollstreckbarerklärungsverfahren anerkannt (BGH, Urt. v. 12.07.1990 – III ZR 174/89; Urt. v. 16.02.1961 – VII ZR 191/59; BayObLG, Beschl. v. 12.04.2000 – 4 Z Sch 02/00). Ein Antrag auf Vollstreckbarerklärung eines Schiedsspruchs war dann zurückzuweisen, wenn sich der Antragsgegner im Verfahren der Vollstreckbarerklärung auf eine nicht präkludierte Einwendung i. S. d. § 767 ZPO berufen hat (*Weigel* MDR 2000, 969, 970). Dafür sprach die Erwägung, dass es zu einer unnötigen Häufung von Verfahren führen würde, wenn über Einwendungen i. S. d. § 767 ZPO nicht bereits im Rahmen des Vollstreckbarerklärungsverfahrens entschieden würde und der Antragsgegner daher ein weiteres Verfahren nach § 767 ZPO anhängig machen müsste (BayObLG, Beschl. v. 12.04.2000 – 4 Z Sch 02/00). Ob diese Auffassung auch noch nach Änderung des Schiedsverfahrensrechts weiterhin bestehen kann, war Gegenstand intensiver Auseinandersetzung in Literatur und Rechtsprechung.

110

Unter Hinweis auf die geänderte Rechtslage durch das Schiedsverfahrensreformgesetz sprach sich das BayObLG, gefolgt vom OLG Stuttgart und OLG Köln gegen die bisherige Rechtsprechung und gegen die Berücksichtigung von Einwendungen i. S. d. § 767 ZPO im Vollstreckbarerklärungsverfahren aus (BayObLG, Beschl. v. 12.04.2000 – 4 Z Sch 02/00; OLG Stuttgart, Beschl. v. 04.10.2000 – 1 Sch 13/99; OLG Köln, Beschl. v. 20.04.2004 – 9 Sch 20/03). Zur Begründung verwies das BayObLG darauf, dass infolge der Eingangszuständigkeit der Oberlandesgerichte, die über den Antrag auf Vollstreckbarerklärung des Schiedsspruchs durch Beschluss entscheiden, lediglich das Rechtsmittel der Rechtsbeschwerde zum BGH möglich ist. Dies führt, so das BayObLG, gegenüber der alten Rechtslage, nach der je nach Streitwert das Amts- oder Landgericht zuständig war (§§ 1045, 1046 a. F. ZPO), zum Verlust einer Tatsacheninstanz, da durch Rechtsbeschwerde nur die Rechtsverletzungen überprüft werden können (BayObLG, Beschl. v. 04.05.2000 – 4 Z Sch 04/05; Beschl. v. 12.04.2000 – 4 Z Sch 02/00). Nach alter Rechtslage war jedoch im Verfahren der Vollstreckbarerklärung wie im Verfahren der Vollstreckungsgegenklage gem. § 767 ZPO eine zweite Tatsacheninstanz möglich (BayObLG, Beschl. v. 04.05.2000 – 4 Z Sch 04/05). Gegen die Berücksichtigung von Einwendungen nach § 767 ZPO wurde zudem auf die Zielsetzung der Reform des Schiedsverfahrensrechts verwiesen, das Vollstreckbarerklärungsverfahren zu vereinfachen und zu straffen (BayObLG, Beschl. v. 12.04.2000 – 4 Z Sch 02/00; OLG Stuttgart, Beschl. v. 04.10.2000 – 1 Sch 13/99; OLG Köln, Beschl. v. 20.04.2004 – 9 Sch 20/03). Die zeitaufwendige

111

Überprüfung materiell-rechtlicher Einwendungen, ggf. durch Beweisaufnahmen, durch die Obergerichte im Vollstreckbarerklärungsverfahren, die hauptsächlich als Rechtsmittelgerichte tätig werden, stehe dieser Zielsetzung entgegen (BayObLG, Beschl. v. 04.05.2000 – 4 Z Sch 04/00; Beschl. v. 12.04.2000 – 4 Z Sch 02/00; OLG Stuttgart, Beschl. v. 04.10.2000 – 1 Sch 13/99; OLG Köln, Beschl. v. 20.04.2004 – 9 Sch 20/03). Auch sei die Struktur des Vollstreckbarerklärungsverfahrens, das gem. § 1063 Abs. 2 ZPO nur dann eine mündliche Verhandlung erfordert, wenn Aufhebungsgründe nach § 1059 Abs. 2 ZPO in Betracht kommen, nicht mit der Struktur der Vollstreckungsgegenklage nach § 767 ZPO vereinbar, bei der eine Entscheidung grundsätzlich nur nach mündlicher Verhandlung ergehen kann (BayObLG, Beschl. v. 12.04.2000 – 4 Z Sch 02/00; OLG Stuttgart, Beschl. v. 04.10.2000 – 1 Sch 13/99).

112 Nach höchstrichterlicher Rechtsprechung und herrschender Meinung in der Literatur ist die Berücksichtigung von Einwendungen, auf die eine Vollstreckungsgegenklage gestützt werden könnten, auch nach Neuregelung des Schiedsverfahrensrechts weiterhin **im Vollstreckbarerklärungsverfahren** möglich. (BGH, Beschl. v. 18.12.2013 – III ZB 92/12; Beschl. v. 30.09.2010 – III ZB 57/10; Beschl. v. 08.11.2007 – III ZB 95/06; OLG Düsseldorf, Beschl. v. 10.01.2005 – I-26 Sch 05/03; OLG Dresden, Beschl. v. 09.02.2005 – 11 Sch 03/04; OLG Köln, Beschl. v. 15.02.2000 – 9 Sch 13/99; OLG Düsseldorf, Beschl. v. 16.03.1999 – 4 Sch 01/98; Zöller/*Geimer* § 1060 Rn. 9; MüKo ZPO/*München* § 1060 Rn. 19; Hk-ZPO/*Saenger* § 1060 Rn. 8; *Schwab/Walter* Kap. 27 Rn. 12). Diese Einwendungen müssen daher nicht in einem gesonderten Rechtsstreit nach § 767 ZPO geltend gemacht werden. Dies würde eine unnötige Verweisung auf ein weiteres Verfahren und damit einen höheren Zeit- und Kostenaufwand bedeuten (*Schwab/Walter* Kap. 27 Rn. 12). Gegen das Argument, die Berücksichtigung von Einwendungen i. S. d. § 767 ZPO im Vollstreckbarerklärungsverfahren führe zum Verlust einer Tatsacheninstanz, lässt sich einwenden, dass die Oberlandesgerichte auch für eine gesondert zu erhebende Vollstreckungsgegenklage gem. § 767 ZPO zuständig wären, sodass auch insoweit keine zweite Tatsacheninstanz gegeben wäre. Dies folgt aus der Regelung des § 767 Abs. 1 ZPO, nach der die Vollstreckungsgegenklage beim Prozessgericht des ersten Rechtszuges zu erheben ist (BGH, Beschl. v. 30.09.2010 – III ZB 57/10 zur Vollstreckbarerklärung eines ausländischen Schiedsspruchs; OLG Hamm, Beschl. v. 20.06.2001 – 8 Sch 02/00). Darunter ist das Gericht des Verfahrens zu verstehen, in dem der Vollstreckungstitel geschaffen wurde, im Fall des Vollstreckbarerklärungsverfahrens somit das jeweils zuständige Oberlandesgericht (BGH, Beschl. v. 30.09.2010 – III ZB 57/10 zur Vollstreckbarerklärung eines ausländischen Schiedsspruchs; OLG Hamm, Beschl. v. 20.06.2001 – 8 Sch 02/00; *Wagner* JZ 2000, 1171, 1173). Auch wenn das Vollstreckbarerklärungsverfahren im Unterschied zum Verfahren nach § 767 ZPO nicht grundsätzlich eine mündliche Verhandlung erfordert, spricht dies auch nicht gegen die Berücksichtigung von Einwendungen nach § 767 ZPO im Vollstreckbarerklärungsverfahren, da sich das gerichtliche Ermessen, ob eine mündliche Verhandlung nach § 1063 Abs. 1 ZPO erfolgen soll, in den Fällen, in denen materiell-rechtliche Einwendungen durch den Antragsgegner vorgebracht werden, auf die Anordnung einer mündlichen Verhandlung reduzieren wird (OLG Hamm, Beschl. v 20.06.2001 – 8 Sch 02/00).

113 Die Gründe, auf denen die Einwendungen beruhen, müssen in entsprechender Anwendung des § 767 Abs. 2 ZPO nach dem Schiedsverfahren entstanden sein (BGH, Beschl. v. 18.12.2013 – III ZB 92/12; Beschl. v. 30.09.2010 – III ZB 57/10; Zöller/*Geimer* § 1060 Rn. 9). Dabei kommt es allein darauf an, ob die objektiven Voraussetzungen für die Einwendung zum maßgeblichen Zeitpunkt vorgelegen haben. Unerheblich ist, ob der Schuldner davon Kenntnis hatte oder hätte haben müssen (BGH, Beschl. v. 18.12.2013 – III ZB 92/12). Einwendungen, die der Schuldner bereits im Schiedsverfahren hätte geltend machen können, können im Vollstreckbarerklärungsverfahren entsprechend § 767 Abs. 2 ZPO somit grundsätzlich **nicht berücksichtigt werden** (Zöller/*Geimer* § 1060 Rn. 12; Hk-ZPO/*Saenger* § 1060 Rn. 8). Die Berücksichtigung solcher Einwendungen würde zu einer materiellen Nachprüfung des Schiedsspruchs im Vollstreckbarerklärungsverfahren führen (BGH, Urt. v. 12.07.1990 – III ZR 174/89; OLG Koblenz, Beschl. v. 28.07.2005 – 2 Sch 04/05; OLG Köln, Beschl. v. 15.02.2000 – 9 Sch 13/99; OLG Hamm, Beschl. v. 20.06.2001 – 8 Sch 02/00; Zöller/*Geimer* § 1060 Rn. 12; GF-ZPO/*Eberl/Eberl* § 1060 Rn. 14). Dieser Grundsatz gilt auch für die Aufrechnung, sofern das Schiedsgericht auch für die Entscheidung über die Gegenforderung zuständig

ist (BGH, Beschl. v. 30.09.2010 – III ZB 57/10; OLG München, Beschl. v. 27.03.2013 – 34 Sch 27/10; Musielak/*Voit* § 1060 Rn. 12; Hk-ZPO/*Saenger* § 1060 Rn. 8). Etwas anderes gilt für Einwendungen, die zwar vor dem Schiedsverfahren entstanden sind und vor dem Schiedsgericht geltend gemacht wurden, das Schiedsgericht sich jedoch bezüglich der Entscheidung über diese Einwendung – zu Recht oder Unrecht – für unzuständig erachtet hat (BGH, Beschl. v. 18.12.2013 – III ZB 92/12; Urt. v. 07.01.1965 – VII ZR 241/63). In einem solchen Fall steht § 767 Abs. 2 ZPO der Geltendmachung der Einwendung im Vollstreckbarerklärungsverfahren nicht entgegen. Gleiches gilt, wenn die Einwendung vor dem Schiedsgericht nicht erhoben wurde, aber feststeht, dass das Schiedsgericht sich mit der Einwendung mangels Zuständigkeit nicht befasst hätte (BGH, Beschl. v. 18.12.2013 – III ZB 92/12; Urt. v. 07.01.1965 – VII ZR 241/63). Dies ist z. B. bei der Aufrechnung der Fall, wenn die Aufrechnungslage zwar bereits vor Schluss der mündlichen Verhandlung des Schiedsverfahrens gegeben war, die zur Aufrechnung stehende Forderung jedoch nicht von der Schiedsvereinbarung erfasst ist (BGH, Beschl. v. 30.09.2010 – III ZB 57/10; Urt. v. 07.01.1965 – VII ZR 241/63; OLG Koblenz, Beschl. v. 28.07.2005 – 2 Sch 04/05; *Wagner* JZ 2000, 1171, 1172; Zöller/*Herget* § 767 Rn. 17; *Schwab/Walter* Kap. 27 Rn. 12). Während des Schiedsverfahrens hatte der Schuldner in diesem Fall keine Möglichkeit, die Aufrechnung zu erklären.

Materiell-rechtliche Einwendungen, die ihrerseits von einer Schiedsklausel erfasst sind und diesbezüglich die Einrede der Schiedsvereinbarung gem. § 1032 Abs. 1 ZPO erhoben wird, können im Vollstreckbarerklärungsverfahren nicht berücksichtigt werden (BGH, Beschl. v. 30.09.2010 – III ZB 57/10 zur Vollstreckbarerklärung eines ausländischen Schiedsspruchs; OLG Köln, Beschl. v. 26.02.2014 – 19 Sch 12/13; KG Berlin, Beschl. v. 20.01.2011 – 20 Sch 09/09; OLG München, Beschl. v. 01.02.2008 – 34 Sch 18/07; Beschl. v. 22.02.2006 – 34 Sch 02/06; Zöller/*Geimer* § 1060 Rn. 9; Musielak/*Voit* § 1060 Rn. 12).

114

Sind die **Einwendungen begründet und nicht gem. § 767 Abs. 2 ZPO präkludiert**, ist die Vollstreckbarerklärung des Schiedsspruchs abzuweisen. Eine Aufhebung des Schiedsspruchs kommt nicht in Betracht, da kein Aufhebungsgrund nach § 1059 ZPO vorliegt (Zöller/*Geimer* § 1060 Rn. 10).

115

Ist das Verfahren der Vollstreckbarerklärung bereits in Gang gesetzt, so fehlt einer Vollstreckungsgegenklage nach § 767 ZPO regelmäßig das Rechtsschutzbedürfnis. Nach Ansicht *Schwab/Walter* kann eine Vollstreckungsgegenklage jedoch dann zulässig erhoben werden, wenn die Vollstreckbarerklärung noch nicht beantragt wurde, da es dem Schuldner nicht zuzumuten ist, mit der Geltendmachung seiner Einwendungen so lange zu warten, bis das Vollstreckbarerklärungsverfahren beginnt (*Schwab/Walter* Kap. 27 Rn. 13 m. w. N.).

116

c) Berücksichtigung von Einwendungen gegen den zugesprochenen Anspruch im Vollstreckungsverfahren

Einwendungen, die erst nach rechtskräftiger Vollstreckbarerklärung entstanden sind, können im Vollstreckungsverfahren gem. § 767 ZPO durch Vollstreckungsgegenklage geltend gemacht werden (Zöller/*Geimer* § 1060 Rn. 10, 14). Ob Einwendungen, die im Vollstreckbarerklärungsverfahren hätten geltend gemacht werden können, jedoch nicht geltend gemacht worden sind, noch nach Abschluss des Vollstreckbarerklärungsverfahrens geltend gemacht werden können, ist umstritten (vgl. dazu *Schwab/Walter* Kap. 27 Rn. 14; so Zöller/*Geimer* § 1060 Rn. 9; a. A. Musielak/*Voit* § 1060 Rn. 13; MüKo ZPO/*Münch* § 1060 Rn. 35; Hk-ZPO/*Saenger* § 1060 Rn. 8). Wird im Vollstreckungsverfahren eine **Vollstreckungsgegenklage** erhoben, so ist zu beachten, dass eine Schiedseinrede dann gegenüber der Vollstreckungsabwehrklage durchgreift, wenn über die Einwendungen (ggf. eine Aufrechnung), die mit dieser Klage gegen den titulierten Anspruch geltend gemacht werden, aufgrund einer Vereinbarung der Parteien ein Schiedsgericht entscheiden soll. Dem staatlichen Gericht steht dann insoweit keine Entscheidungskompetenz zu (BGH, Urt. v. 03.12.1986 – IVb ZR 80/85; Zöller/*Geimer* § 1060 Rn. 14). Dagegen spricht nach Ansicht des BGH auch nicht, dass das Schiedsgericht nicht wie das staatliche Gericht die Möglichkeit hat, die Zwangsvollstreckung einstweilig

117

einzustellen, da eine Schiedsvereinbarung einen teilweisen Verzicht auf staatlichen Rechtsschutz beinhaltet. Im Schiedsverfahren stehen den Parteien allerdings ähnliche Rechtsbehelfe, wie eine Klage auf Feststellung des Erlöschens des titulierten Anspruchs oder auf Herausgabe des vollstreckbaren Titels, zur Verfügung. Im anschließenden Vollstreckbarerklärungsverfahren dieses Titels kann die Vollstreckbarerklärung mit einem Ausspruch über die Unzulässigkeit der Zwangsvollstreckung verbunden werden. Dies ermöglicht eine Einstellung oder Beschränkung der Zwangsvollstreckung gem. § 775 Nr. 1 ZPO (BGH, Urt. v. 03.12.1986 – IVb ZR 80/85).

III. Vollstreckbarerklärung ausländischer Schiedssprüche

1. Anwendbarkeit des UNÜ

118 Die Anerkennung und Vollstreckung ausländischer Schiedssprüche richtet sich gem. § 1061 Abs. 1 ZPO grundsätzlich nach dem **UN-Übereinkommen über die Anerkennung und Vollstreckung ausländischer Schiedssprüche vom 10.06.1958** (UNÜ 1958). Dies gilt unabhängig davon, ob der Schiedsspruch in einem Mitgliedstaat des Übereinkommens erlassen wurde (BGH, Beschl. v. 23.02.2006 – III ZB 50/05; Beschl. v. 25.09.2003 – III ZB 68/02; Urt. v. 01.02.2001 – III ZR 332/99; OLG Schleswig, Beschl. v. 15.07.2003 – 16 Sch 01/03; BayObLG, Beschl. v. 11.08.2000 – 4 Z 5/00; Zöller/*Geimer* § 1061 Rn. 1; GF-ZPO/*Eberl/Eberl* § 1061 Rn. 2; Hk-ZPO/*Saenger* § 1061 Rn. 1). Nach § 1061 Abs. 1 Satz 2 ZPO bleiben die Vorschriften über die Anerkennung und Vollstreckung anderer bilateraler und multilateraler Abkommen unberührt, vgl. Art. VII Abs. 1 UNÜ 1958 (BayObLG, Beschl. v. 11.08.2000 – 4 Z Sch 5/00; Zöller/*Geimer* § 1061 Rn. 2; Hk-ZPO/*Saenger* § 1061 Rn. 1, 5; *Schwab/Walter* Kap. 30 Rn. 2).

119 Das UNÜ 1958 lässt gem. Art. VII Abs. 1 nach dem **Grundsatz der Meistbegünstigung** die Anwendung anerkennungsfreundlicherer nationaler Normen sowie zwei- und mehrseitige Verträge über die Anerkennung und Vollstreckung von Schiedssprüchen unberührt. Das deutsche Gericht ist dann befugt, auch ohne dass sich die Parteien darauf berufen, auf das anerkennungsfreundlichere innerstaatliche Recht zurückzugreifen (BGH, Beschl. v. 30.09.2010 – III ZB 69/09; Beschl. v. 23.02.2006 – III ZB 50/05; Beschl. v. 21.09.2005 – III ZB 18/05; Beschl. v. 25.09.2003 – III ZB 68/02; Zöller/*Geimer* § 1061 Rn. 2; GF-ZPO/*Eberl/Eberl* § 1061 Rn. 2; *Kröll* SchiedsVZ 2003, 282, 283). Die durch den Grundsatz der Meistbegünstigung gebotene Anwendung des schiedsfreundlicheren nationalen Rechts umfasst nicht nur die Bestimmungen zur Anerkennung und Vollstreckung von Schiedssprüchen gem. §§ 1025 ff. ZPO, sondern auch die nationalen Kollisionsregeln sowie das danach als Statut der Schiedsvereinbarung berufene nationale Recht (BGH, Beschl. v. 21.09.2005 – III ZB 18/05). Ebenso wie bei der Vollstreckbarerklärung inländischer Schiedssprüche scheidet eine Leistungsklage auf Erfüllung des Schiedsspruchs mangels Rechtsschutzbedürfnis grundsätzlich aus, da die Anerkennung und Vollstreckung ausländischer Schiedssprüche nach §§ 1061 ff. ZPO einen einfacheren Weg darstellt (Zöller/*Geimer* § 1061 Rn. 60).

2. Gegenstand des Verfahrens

120 Ob ein **ausländischer Schiedsspruch** vorliegt, bestimmt sich nach deutschem Recht (OLG Düsseldorf, Beschl. v. 19.01.2005 – I-26 Sch 05/03; OLG Rostock, Beschl. v. 22.11.2001 – 1 Sch 3/00; Zöller/*Geimer* § 1061 Rn. 3, 4; Musielak/*Voit* § 1061 Rn. 3; *Lachmann* Rn. 2511; *Schwab/Walter* Kap. 30 Rn. 11). Ein ausländischer Schiedsspruch liegt nach dem in § 1025 Abs. 1 ZPO normierten Territorialitätsprinzip dann vor, wenn dieser durch ein Schiedsgericht mit Sitz im Ausland erlassen wurde (OLG Düsseldorf, Beschl. v. 19.01.2005 – I-26 Sch 05/03; Zöller/*Geimer* § 1061 Rn. 3, § 1025 Rn. 7; Hk-ZPO/*Saenger* § 1061 Rn. 3; BeckOK ZPO/*Vorwerk/Wolf* § 1061 Rn. 5; *Lachmann* Rn. 2510). Hinsichtlich der Regelung des § 1054 ZPO wird auf die Darstellung zur Vollstreckbarerklärung inländischer Schiedssprüche verwiesen (vgl. oben Rdn. 91 ff.). Eine ausländische Entscheidung muss einem deutschen Schiedsspruch i. S. d. § 1054 ZPO **funktional äquivalent** sein. Eine solche Äquivalenz wird bei Entscheidungen, die lediglich schuldrechtlichen Charakter haben, wie bspw. der italienische lodo irrituale, abgelehnt. Solche Entscheidungen können nicht vollstreckt

werden. Zu ihrer Durchsetzung ist Erfüllungsklage zu erheben (BGH, Beschl. v. 21.12.2006 – IX ZB 150/05, Urt. v. 08.10.1981 – III ZR 42/80; BayObLG, Beschl. v. 22.11.2002 – 4 Z Sch 13/02; Zöller/*Geimer* § 1061 Rn. 4; *Lachmann* Rn. 2516; Musielak/*Voit* § 1061 Rn. 3; *Schwab/Walter* Kap. 30 Rn. 11, Kap. 42 Rn. 4). Voraussetzung für die Anerkennung und Vollstreckung eines ausländischen Schiedsspruchs ist gem. § 1061 Abs. 1 ZPO i. V. m. Art. 5 Abs. 1 Buchst. e) UNÜ 1958, dass dieser nach dem für ihn maßgeblichen Verfahrensrecht verbindlich geworden ist (OLG Köln, Beschl. v. 26.09.2013 – 19 Sch 15/11; Beschl. v. 06.07.2012 – 19 Sch 8/11; BayObLG, Beschl. v. 22.11.2002 – 4 Z Sch 13/02; Hk-ZPO/*Saenger* § 1061 Rn. 2; Musielak/*Voit* § 1061 Rn. 5). Ein Schiedsspruch ist für die Parteien dann verbindlich, wenn er weder bei einer höheren schiedsrichterlichen Instanz noch mit einem Rechtsmittel angegriffen werden kann. Dabei steht es der Verbindlichkeit nicht entgegen, wenn der ausländische Schiedsspruch in seinem Erlassstaat mit einem Rechtsmittel, das der deutschen Aufhebungsklage vergleichbar ist, nachträglich beseitigt werden kann, da ein solches Verfahren nur die Möglichkeit der nachträglichen Beseitigung des Schiedsspruchs bietet. Dies gilt auch dann, wenn ein solches Verfahren bereits eingeleitet wurde (BGH, Urt. v. 26.06.1969 – VII ZR 32/67; OLG Köln, Beschl. v. 26.09.2013 – 19 Sch 15/11; Beschl. v. 06.07.2012 – 19 Sch 8/11; BayObLG, Beschl. v. 22.11.2002 – 4 Z Sch 13/02). Nicht für vollstreckbar erklärt werden kann eine Entscheidung eines ausländischen Gerichts, die den ausländischen Schiedsspruch für vollstreckbar erklärt (BGH, Urt. v. 02.07.2009 – IX ZR 152/06; Musielak/*Voit* § 1061 Rn. 6; GF-ZPO/*Eberl/Eberl* § 1061 Rn. 4; *Plaßmeier* SchiedsVZ 2010, 82; MüKo ZPO/*Münch* § 1061 Rn. 32 ff.). Nur der ausländische Schiedsspruch kann Gegenstand einer Vollstreckbarerklärung sein (GF-ZPO/*Eberl/Eberl* § 1061 Rn. 4).

3. Zulässigkeit des Antrags auf Vollstreckbarerklärung und Verfahren

Für das Verfahren der Anerkennung und Vollstreckung gelten die §§ 1061 bis 1065 ZPO; es entspricht daher grundsätzlich dem Verfahren der Vollstreckbarerklärung inländischer Schiedssprüche (*Schwab/Walter* Kap. 30 Rn. 25; Musielak/*Voit* § 1061 Rn. 9). Das Verfahren wird **durch Antrag** eingeleitet, der bei dem nach § 1062 Abs. 1 Nr. 4 ZPO **zuständigen OLG** einzureichen ist (GF-ZPO/*Eberl/Eberl* § 1061 Rn. 3; Hk-ZPO/*Saenger* § 1061 Rn. 6; Musielak/*Voit* § 1061 Rn. 10, 11; *Lachmann* Rn. 2721). Der Antrag ist nicht fristgebunden (Musielak/*Voit* § 1061 Rn. 11; Hk-ZPO/*Saenger* § 1061 Rn. 6) und lautet auf Anerkennung und Vollstreckbarerklärung des genau zu bezeichnenden ausländischen Schiedsspruchs (GF-ZPO/*Eberl/Eberl* § 1061 Rn. 1; *Lachmann* Rn. 2729). Nach Art. IV Abs. 2 UNÜ 1958 ist ein nicht in deutscher Sprache abgefasster Schiedsspruch in amtlich beglaubigter deutscher Übersetzung beizubringen, wenn der Schiedsspruch in Deutschland geltend gemacht wird (*Schwab/Walter* Kap. 30 Rn. 26). § 1064 Abs. 1 ZPO verlangt keine Übersetzung eines in einer anderen Sprache abgefassten Schiedsspruchs. Ausreichend ist, wenn mit dem Antrag auf Vollstreckbarerklärung der **Schiedsspruch in Ur- oder beglaubigter Abschrift** vorgelegt wird. Diese gegenüber Art. IV Abs. 2 UNÜ 1958 anerkennungsfreundlichere innerstaatliche Regelung kommt aufgrund des Prinzips der Meistbegünstigung nach Art. VII Abs. 1 UNÜ 1958 (vgl. Rdn. 119) vorrangig zur Anwendung. Art. IV Abs. 2 UNÜ 1958 wird insoweit verdrängt (BGH, Beschl. v. 25.09.2003 – III ZB 68/02; OLG Köln, Beschl. v. 21.02.2014 – 19 Sch 18/13; OLG München, Beschl. v. 27.03.2013 – 34 Sch 27/10; OLG Koblenz, Beschl. v. 28.07.2005 – 2 Sch 04/05; OLG Schleswig, Beschl. v. 15.07.2003 – 16 Sch 01/03; BayObLG, Beschl. v. 11.08.2000 – 4 Z Sch 5/00; Hk-ZPO/*Saenger* § 1061 Rn. 6; *Schwab/Walter* Kap. 30 Rn. 26; *Lachmann* Rn. 2735; *Kröll* SchiedsVZ 2004, 113, 120). Die Vorlage eines ins Deutsche übersetzten und hinsichtlich der Übereinstimmung mit der Urschrift amtlich beglaubigten Schiedsspruchs ist somit keine Zulässigkeitsvoraussetzung für die Vollstreckbarerklärung eines ausländischen Schiedsspruchs (OLG Köln, Beschl. v. 21.02.2014 – 19 Sch 18/13; BayObLG, Beschl. v. 11.08.2000 – 4 Z Sch 5/00; Hk-ZPO/*Saenger* § 1061 Rn. 6; Musielak/*Voit* § 1061 Rn. 11). Der Antragsteller ist daher grundsätzlich nicht dazu verpflichtet, seinem Antrag eine Übersetzung des Schiedsspruchs beizufügen. Das Gericht kann jedoch nach § 142 Abs. 3 ZPO eine Übersetzung des Schiedsspruchs verlangen (OLG München, Beschl. v. 30.07.2012 – 34 Sch 18/10; Hk-ZPO/*Saenger* § 1061 Rn. 6; *Schwab/Walter* Kap. 30 Rn. 26; *Lachmann* Rn. 2738; *Kröll* SchiedsVZ 2003, 282, 283, 284). Auf diese Weise kann der Gefahr der Benachteiligung des Antragsgegners begegnet werden (BayObLG, Beschl. v. 11.08.2000 – 4 Z Sch 5/00). Dies ist jedoch keine Frage der Zulässigkeit des Antrags (*Kröll* SchiedsVZ 2003, 282, 284). Für die Praxis ist es allerdings empfehlenswert, bei einem nicht in deutscher Sprache abgefassten Schiedsspruch zumindest eine Übersetzung des Entscheidungstenors vorzulegen (GF-ZPO/*Eberl/Eberl* § 1061 Rn. 5).

4. Entscheidung des Gerichts

122 Die Entscheidung ergeht gem. § 1063 Abs. 1 ZPO durch **Beschluss** (Hk-ZPO/*Saenger* § 1061 Rn. 7; BeckOK ZPO/*Vorwerk/Wolf* § 1061 Rn. 65). Das Gericht entscheidet auf Vollstreckbarerklärung oder lehnt den Antrag ab. Ist die Vollstreckbarerklärung abzulehnen, stellt das Gericht nach § 1061 Abs. 2 ZPO fest, dass der Schiedsspruch im Inland nicht anzuerkennen ist (OLG München, Beschl. v. 30.07.2012 – 34 Sch 18/10; BeckOK ZPO/*Vorwerk/Wolf* § 1061 Rn. 66; *Schwab/Walter* Kap. 30 Rn. 29). Soweit staatsvertragliche Regelungen nicht entgegenstehen, ist nach § 1064 Abs. 3 ZPO die vorläufige Vollstreckbarkeit auszusprechen (*Schwab/Walter* Kap. 30 Rn. 30). Eine Sicherheitsleistung wird nicht festgesetzt.

5. Rechtsmittel

123 Gegen die Vollstreckbarerklärung eines ausländischen Schiedsspruchs sowie gegen die Aufhebung der Vollstreckbarerklärung nach § 1061 Abs. 3 ZPO kann gem. §§ 1065 Abs. 1 Satz 1, 1062 Abs. 1 Nr. 4 ZPO das Rechtsmittel der **Rechtsbeschwerde** erhoben werden (vgl. dazu auch oben Rdn. 106; BGH, Beschl. v. 23.02.2006 – III ZB 50/05; Hk-ZPO/*Saenger* § 1061 Rn. 7; BeckOK ZPO/*Vorwerk/Wolf* § 1061 Rn. 70).

6. Begründetheit des Antrags auf Vollstreckbarerklärung

a) Versagungsgründe

124 Ausländische Schiedssprüche sind dann für vollstreckbar zu erklären, wenn **kein Versagungsgrund** i. S. d. Art. V UNÜ 1958 vorliegt (OLG Köln, Beschl. v. 10.07.2012 – 19 Sch 15/12). Dabei ist zwischen Versagungsgründen zu unterscheiden, die **von Amts wegen** zu berücksichtigen sind und solchen, die nur auf Rüge hin beachtet werden dürfen (*Eberl* SchiedsVZ 2003, 109, 110; *Lachmann* Rn. 2534). Die Versagungsgründe nach dem UNÜ 1958 entsprechen im Wesentlichen den Versagungsgründen des § 1059 ZPO (*Lachmann* Rn. 2534; *Schwab/Walter* Kap. 30 Rn. 17). Art. V Abs. 1 UNÜ 1958 normiert die Versagungsgründe, die auf Rüge der Partei hin zu berücksichtigen sind. Ein Versagungsgrund ist demnach gegeben, wenn gem. Art. V Abs. 1a) UNÜ 1958 **keine wirksame Schiedsklausel** existiert, die Gegenseite sich nach Art. V Abs. 1b) UNÜ 1958 auf **fehlende Verteidigungsmöglichkeit** beruft, sowie nach Art. V Abs. 1c) UNÜ 1958, wenn der Schiedsspruch nicht durch die Schiedsvereinbarung gedeckt ist (BGH, Urt. v. 01.02.2001 – III ZR 332/99; Zöller/*Geimer* § 1061 Rn. 22; *Eberl* SchiedsVZ 2003, 109, 111; *Kröll* SchiedsVZ 2003, 113, 120; *Schwab/Walter* Kap. 30 Rn. 18). Ein auf Rüge hin zu berücksichtigender Versagungsgrund ist nach Art. V Abs. 1d) UNÜ 1958 ferner dann gegeben, wenn das **Schiedsgericht unzulässig besetzt** war sowie nach Art. V Abs. 1e) UNÜ 1958, wenn der ausländische Schiedsspruch nach der für ihn maßgeblichen Rechtsordnung **nicht verbindlich** geworden ist (zur Geltendmachung von Anerkennungsversagungsgründen vgl. Taktik im Schiedsverfahren/*Eberl* S. 206 ff.).

125 Von Amts wegen zu berücksichtigen ist nach Art. V Abs. 2a) UNÜ 1958 das **Fehlen der objektiven Schiedsfähigkeit** und nach Art. V Abs. 2b) UNÜ 1058 ein **Verstoß gegen den ordre public** (zum Verstoß gegen den ordre public vgl. Taktik im Schiedsverfahren/*Eberl* S. 208 ff.). Ein Verstoß gegen den ordre public liegt vor, wenn der Schiedsspruch eine Norm verletzt, die die Grundlagen des staatlichen oder wirtschaftlichen Lebens zwingend regelt und nicht auf bloßen Zweckmäßigkeitserwägungen beruht und mit den deutschen elementaren Gerechtigkeitsvorstellungen unvereinbar ist (BGH, Urt. v. 18.01.1990 – III ZR 269/88; OLG Frankfurt am Main, Beschl. v. 31.07.2013 – 26

SchH 4/13; BayObLG, Beschl. v. 23.09.2004 – 4 Z Sch 05/04; Beschl. v. 20.11.2003 – 4 Z Sch 17/03; Hk-ZPO/*Saenger* § 1061 Rn. 15; *Schwab/Walter* Kap. 30 Rn. 21). Dabei ist zwischen dem ordre public intern und dem ordre public international zu unterscheiden. An einen Verstoß gegen den ordre public international sind höhere Anforderungen zu stellen, als im Bereich des ordre public intern (BGH, Urt. v. 18.01.1990 – III ZR 269/88; Urt. v. 15.05.1986 – III ZR 192/84, Urt. v. 01.02.2001 – III ZR 332/99; Hk-ZPO/*Saenger* § 1061 Rn. 15; *Schwab/Walter* Kap. 30 Rn. 21; *Kröll* SchiedsVZ 2004, 113, 122). Die Anerkennung und Vollstreckung ausländischer Schiedssprüche unterliegt somit einer weniger strengen Kontrolle als inländische Schiedssprüche (BGH, Urt. v. 18.01.1990 – III ZR 269/887; Urt. v. 01.02.2001 – III ZR 332/99; BayObLG, Beschl. v. 23.09.2004 – 4 Z Sch 05/04; Zöller/*Geimer* § 1061 Rn. 42). Es ist daher durchaus möglich, dass ein inländischer Schiedsspruch aufgrund eines bestimmten Sachverhalts wegen eines Verstoßes gegen den ordre public aufzuheben wäre, einem ausländischen Schiedsspruch unter im Übrigen gleichen Bedingungen jedoch die Anerkennung nicht versagt werden kann (BGH, Urt. v. 15.05.1986 – III ZR 192/84).

Es ist zwischen dem materiellrechtlichen und dem verfahrensrechtlichen ordre public zu unterscheiden. Im Bereich des materiellrechtlichen ordre public ist das Verbot der révision au fond zu beachten. Danach ist es dem staatlichen Gericht grundsätzlich untersagt, den Schiedsspruch auf seine materielle Richtigkeit hin zu überprüfen (OLG Köln, Beschl. v. 22.02.2007 – 9 Sch 16/06; BayObLG, Beschl. v. 20.11.2003 – 4 Z Sch 17/03; Zöller/*Geimer* § 1061 Rn. 40, Taktik im Schiedsverfahren/*Eberl* S. 209). Ein Verstoß gegen den verfahrensrechtlichen ordre public international kann lediglich dann angenommen werden, wenn die Entscheidung von den Grundprinzipien des deutschen Verfahrensrechts in einem solchen Maße abweicht, dass sie nach der deutschen Rechtsordnung nicht als in einem geordneten rechtsstaatlichen Verfahren ergangen angesehen werden kann. Dabei ist nicht jeder Verfahrensfehler von Bedeutung. Die Anerkennung eines ausländischen Urteils kann nicht schon deshalb versagt werden, weil es in einem Verfahren erlassen wurde, das von zwingenden Vorschriften des deutschen Prozessrechts abweicht. Vielmehr müssen Mindeststandards an Verfahrensgerechtigkeit verletzt sein und die Entscheidung muss auf dieser Verletzung beruhen. Zu diesen Mindeststandards gehört der Grundsatz des fairen und transparenten Verfahrens und als dessen besondere Ausprägung der Anspruch auf Gewährung rechtlichen Gehörs (BGH, Urt. v. 18.01.1990 – III ZR 269/88, Urt. v. 15.05.1986 – III ZR 192/84, Urt. v. 07.01.1971 – VII ZR 160/69; OLG Köln, Beschl. v. 06.07.2012 – 19 Sch 8/11; BayObLG, Beschl. v. 20.11.2003 – 4 Z Sch 17/03; OLG Stuttgart, Beschl. v. 14.10.2003 – 1 Sch 16/02 und 1 Sch 06/03; Hk-ZPO/*Saenger* § 1061 Rn. 15).

b) Einwendungen gegen den Schiedsspruch

Hinsichtlich der Geltendmachung von Einwendungen i. S. d. § 767 ZPO ist auf die Ausführungen zu der Vollstreckbarerklärung inländischer Schiedssprüche zu verweisen (s. o. Rdn. 109 ff.). Die dortigen Ausführungen gelten entsprechend auch für ausländische Schiedssprüche (BGH, Beschl. v. 30.09.2010 – III ZB 57/10; OLG Köln, Beschl. v. 26.02.2014 – 19 Sch 12/13; OLG Saarbrücken, Beschl. v. 30.05.2011 – 4 Sch 3/10; OLG Düsseldorf, Beschl. v. 19.01.2005 – I-26 Sch 05/03; OLG Köln, Beschl. v. 15.02.2000 – 9 Sch 13/99; Zöller/*Geimer* § 1061 Rn. 54; Hk-ZPO/*Saenger* § 1061 Rn. 17; *Schwab/Walter* Kap. 30 Rn. 27).

7. Antrag auf Aufhebung der Vollstreckbarerklärung nach § 1061 Abs. 3 ZPO

Wird der Schiedsspruch für vollstreckbar erklärt, im Ausland jedoch später nach Beendigung des inländischen Vollstreckbarerklärungsverfahrens aufgehoben, kann der Schuldner nach § 1061 Abs. 3 ZPO die Aufhebung der Vollstreckbarerklärung beantragen (Zöller/*Geimer* § 1061 Rn. 59; Hk-ZPO/*Saenger* § 1061 Rn. 20; *Schwab/Walter* Kap. 30 Rn. 32, 33). Der Antrag unterliegt keiner Frist (Hk-ZPO/*Saenger* § 1061 Rn. 20; Musielak/*Voit* § 1061 Rn. 30). Voraussetzung ist, dass die Aufhebung im Ausland rechtskräftig ist (Hk-ZPO/*Saenger* § 1061 Rn. 20; BeckOK ZPO/*Vorwerk/Wolf* § 1061 Rn. 71). Die Aufhebung der Vollstreckbarkeit ist erforderlich, da sich die Aufhebung des Schiedsspruchs im Ausland auf die Vollstreckbarkeit im Inland nicht auswirkt (Zöller/*Geimer* § 1061

Rn. 59). Wurde der Schiedsspruch im Ausland vor Beendigung des inländischen Vollstreckbarerklärungsverfahrens aufgehoben, ist eine Geltendmachung der Aufhebung des Schiedsspruchs nach § 1061 Abs. 3 ZPO jedoch nicht mehr möglich. Die Partei ist insoweit **präkludiert** (Zöller/*Geimer* § 1061 Rn. 59; *Schwab/Walter* Kap. 30 Rn. 33). Die **Prüfungskompetenz des Gerichts** beschränkt sich in diesem Verfahren darauf, ob nach dem jeweiligen maßgeblichen Recht eine wirksame Aufhebung erfolgt ist. Eine darüber hinausgehende Überprüfung des Schiedsspruchs ist unzulässig (BeckOK ZPO/*Vorwerk/Wolf* § 1061 Rn. 71). Wird die Vollstreckbarerklärung nach § 1061 Abs. 3 ZPO aufgehoben, entfällt die Vollstreckbarkeit des Schiedsspruchs im Inland rückwirkend (*Schwab/Walter* Kap. 30 Rn. 35).

H. Einstweiliger Rechtsschutz im Schiedsverfahren

I. Einleitung

129 Gerade bei gesellschaftsrechtlichen Streitigkeiten besteht bis zur rechtskräftigen Entscheidung in der Hauptsache häufig ein praktisches Bedürfnis nach einer vorläufigen Regelung (*K. Schmidt* ZHR 162, 1998, 265, 287; *Trittmann* ZGR 1999, 340, 361). Ein solches Bedürfnis ist bspw. bei der Anfechtung von Gesellschafterbeschlüssen einer GmbH häufig gegeben, da ein anfechtbarer Beschluss, bis er durch rechtskräftiges Urteil für nichtig erklärt wird, vorläufig wirksam und daher ggf. auch auszuführen ist (vgl. Kap. 5 Rdn. 384). Auch bei den handelsrechtlichen Gestaltungsklagen auf Entziehung der Geschäftsführungs- und Vertretungsbefugnis (§ 117 HGB, vgl. Kap. 5 Rdn. 145–148; § 127 HGB, vgl. Kap. 5 Rdn. 171–173), auf Ausschluss eines Gesellschafters (§ 140 HGB, vgl. Kap. 5 Rdn. 243, 246) sowie auf Auflösung der Gesellschaft (§ 133 HGB, vgl. Kap. 5 Rdn. 210, 211) werden häufig einstweilige Maßnahmen beantragt, da die begehrte Rechtsfolge erst mit rechtskräftigem Urteil des Hauptsacheverfahrens eintritt. Durch Maßnahmen des einstweiligen Rechtsschutzes kann während des Zeitraums bis zur rechtskräftigen Entscheidung in der Hauptsache der Gefahr begegnet werden, dass vollendete Tatsachen geschaffen werden, die später auch durch die Entscheidung in der Hauptsache nicht mehr korrigierbar sind (*Trittmann* ZGR 1999, 340, 361). Ist eine gesellschaftsrechtliche Streitigkeit der Entscheidung eines Schiedsgerichts unterstellt, stellt sich daher auch häufig die Frage, ob und mit welchem Inhalt einstweiliger Rechtsschutz durch das Schiedsgericht gewährt werden kann (*K. Schmidt* ZHR 162, 1998, 265, 288).

II. Parallele Zuständigkeit von staatlicher Gerichtsbarkeit und Schiedsgericht

130 Vor der Neuregelung des schiedsrichterlichen Verfahrens durch die Reform von 1998 war streitig, ob Maßnahmen des einstweiligen Rechtsschutzes durch ein Schiedsgericht gewährt werden können. Nach h.L. zur früheren Rechtslage war ein Schiedsgericht nicht zum Erlass einstweiliger Maßnahmen befugt. Der Bereich des einstweiligen Rechtsschutzes war allein **den staatlichen Gerichten vorbehalten** (BGH, Urt. v. 28.10.1993 – III ZR 175/92; MüKo ZPO/*Münch* § 1041 Rn. 4; *Schwab/Walter* Kap. 17a Rn. 1; *K. Schmidt* ZHR 162, 1998, 265, 287; S/J/*Schlosser* § 1041 Rn. 1).

131 Mit der Neuregelung des Schiedsverfahrensrechts wurde eine **originäre Kompetenz der Schiedsgerichte** zum Erlass einstweiliger Maßnahmen anerkannt (MüKo ZPO/*Münch* § 1041 Rn. 1). Vorbehaltlich abweichender Parteivereinbarung ist ein Schiedsgericht gem. § 1041 Abs. 1 Satz 1 ZPO dazu befugt, Maßnahmen des einstweiligen Rechtsschutzes zu erlassen (Zöller/*Geimer* § 1040 Rn. 1; MüKo ZPO/*Münch* § 1041 Rn. 9; Musielak/*Voit* § 1041 Rn. 1; *Schwab/Walter* Kap. 17a Rn. 1). Im gesetzlichen Regelfall ermächtigt eine Schiedsvereinbarung somit das Schiedsgericht auch zum Erlass einstweiliger Maßnahmen (BeckOK ZPO/*Wolf/Eslami* § 1041 Rn. 3). Die Zuständigkeit des Schiedsgerichts zum Erlass einstweiliger Maßnahmen muss daher nicht gesondert vereinbart werden (MüKo ZPO/*Münch* § 1041 Rn. 9). So können z. B. während eines handelsrechtlichen Gestaltungsverfahrens, das vor einem Schiedsgericht verhandelt wird, nunmehr auch einstweilige Maßnahmen durch das Schiedsgericht angeordnet werden.

Aus § 1033 ZPO ergibt sich, dass neben dem Schiedsgericht auch ein **staatliches Gericht** dazu befugt ist, Maßnahmen des einstweiligen Rechtsschutzes zu erlassen (Zöller/*Geimer* § 1033 Rn. 1; Musielak/*Voit* § 1041 Rn. 1). § 1033 ZPO regelt ausdrücklich, dass eine Schiedsvereinbarung es nicht ausschließt, einstweiligen Rechtsschutz vor einem staatlichen Gericht zu beantragen (LG Saarbrücken, Urt. v. 05.02.2007 – 3 O 27/07; E/B/J/S/*Mayen* § 117 Rn. 28; *Trittmann* ZGR 1999, 340, 360; *K. Schmidt* ZHR 162, 1998, 265, 288). Das staatliche und das Schiedsgericht stehen insofern gleichrangig nebeneinander (OLG Saarbrücken, Beschl. v. 27.02.2007 – 4 Sch 01/07; Zöller/*Geimer* § 1033 Rn. 2, § 1041 Rn. 1; Musielak/*Voit* § 1041 Rn. 1; Hk-ZPO/*Saenger* § 1041 Rn. 1; *Schütze* BB 1998, 1650, 1650). Die Parteien können somit wählen, ob sie einstweiligen Rechtsschutz vor dem Schiedsgericht oder vor einem staatlichen Gericht beantragen (MüKo ZPO/*Münch* § 1941 Rn. 1; *Lachmann* Rn. 2853; *Trittmann* ZGR 1999, 340, 360; *Schütze* BB 1998, 1650, 1650). Dabei ist zu berücksichtigen, dass eine durch ein Schiedsgericht angeordnete einstweilige Maßnahme nicht ohne Weiteres vollstreckbar ist, sondern nach § 1041 Abs. 2 ZPO der **Vollziehbarerklärung durch ein staatliches Gericht** bedarf, was sich u. U. nachteilig auf die Effektivität des einstweiligen Rechtsschutzes vor dem Schiedsgericht auswirken kann (dazu vgl. unten Rdn. 146 ff.; Musielak/*Voit* § 1041 Rn. 1; Hk-ZPO/*Saenger* § 1041 Rn. 1; S/J/*Schlosser* § 1041 Rn. 1, 14).

132

Durch **Parteivereinbarung** können die Parteien den Bereich des einstweiligen Rechtsschutzes gem. § 1041 Abs. 1 Satz 1 ZPO auch aus der Schiedsvereinbarung **ausnehmen** (sog. »opting-out«) oder die Befugnis des Schiedsgerichts auf bestimmte einstweilige Maßnahmen beschränken (MüKo ZPO/*Münch* § 1041 Rn. 8; *Schwab/Walter* Kap. 17a Rn. 1). Eine solche Vereinbarung ist nicht formbedürftig (Hk-ZPO/*Saenger* § 1041 Rn. 2; Musielak/*Voit* § 1041 Rn. 1). Treffen die Parteien keine diesbezügliche Vereinbarung, sind Schiedsgericht und staatliche Gerichtsbarkeit gleichrangig zuständig (vgl. oben Rdn. 132; Musielak/*Voit* § 1041 Rn. 1; Hk-ZPO/*Saenger* § 1041 Rn. 1). Beantragt eine Partei einstweiligen Rechtsschutz vor einem staatlichen Gericht, kann die Gegenpartei daher nicht die Schiedseinrede erheben (*Schwab/Walter* Kap. 17a Rn. 23). Umstritten ist, ob die Zuständigkeit staatlicher Gerichte für das Eilverfahren durch die Parteien ausgeschlossen werden kann. Die herrschende Meinung lehnt die Abdingbarkeit der Zuständigkeit staatlicher Gerichte ab und misst § 1033 ZPO zwingenden Charakter bei (OLG München, Urt. v. 26.10.2000 – U [K] 3208/00; MüKo ZPO/*Münch* § 1041 Rn. 9, § 1033 Rn. 17, 18; Hk-ZPO/*Saenger* § 1033 Rn. 4; *Lachmann* Rn. 2853; a. A.: Zöller/*Geimer* § 1033 Rn. 6; *Schütze* BB 1998, 1650). Da bis zur Konstituierung des Schiedsgerichts ein Bedürfnis danach besteht, einstweiligen Rechtsschutz vor einem staatlichen Gericht beantragen zu können, ist zumindest bis zur Konstituierung des Schiedsgerichts zu befürworten, dass die Zuständigkeit der staatlichen Gerichte nicht abbedungen werden kann (S/J/*Schlosser* § 1033 Rn. 1).

133

Die Parteien haben die Möglichkeit, einstweiligen Rechtsschutz sowohl bei einem staatlichen Gericht als auch vor dem Schiedsgericht zu beantragen. Wurde aber bereits eine Maßnahme des einstweiligen Rechtsschutzes vor einem staatlichen Gericht begehrt, scheidet gem. § 1041 Abs. 2 Satz 1 ZPO die Vollziehbarerklärung der durch ein Schiedsgericht angeordneten einstweiligen Maßnahme aus. Der staatliche Rechtsschutz hat insofern Vorrang (BeckOK ZPO/*Wolf/Eslami* § 1041 Rn. 11; *K. Schmidt* ZHR 162, 1998, 265, 288; *Schütze* BB 1998, 1650). Auf diese Weise soll die Durchsetzung sich widersprechender Entscheidungen verhindert werden (BeckOK ZPO/*Wolf/Eslami* § 1041 Rn. 11). In diesem Zusammenhang ist hervorzuheben, dass § 1041 Abs. 2 ZPO lediglich die Durchsetzung der durch ein Schiedsgericht angeordneten einstweiligen Maßnahme verhindert, nicht auch den Erlass einer einstweiligen Maßnahme. Dadurch wird die parallele Zuständigkeit von Schieds- und staatlichem Gericht indirekt bestätigt, da es ansonsten nicht zu einer Kollision kommen könnte (*Schütze* BB 1998, 1650).

134

III. Vorläufige und sichernde Maßnahmen i. S. d. § 1041 Abs. 1 Satz 1 ZPO

1. Arrest und einstweilige Verfügung

135 § 1041 ZPO spricht von »vorläufigen oder sichernden Maßnahmen«, definiert jedoch nicht genauer, was darunter zu verstehen ist (BeckOK ZPO/*Wolf/Eslami* § 1041 Rn. 4). Das deutsche Prozessrecht kennt als Maßnahmen des einstweiligen Rechtsschutzes die einstweilige Verfügung sowie den Arrest (*Schütze* BB 1998, 1650; *Trittmann* ZGR 1999, 340, 362). Der **Arrest nach § 916 ZPO** dient der Sicherung der Zwangsvollstreckung wegen Geldforderungen (Zöller/*Vollkommer* § 916 Rn. 4). Die **einstweilige Verfügung** dient der Sicherung von Ansprüchen, die nicht auf Leistung eines Geldbetrages gerichtet sind und kann als Sicherungs-, Regelungs- sowie als Leistungsverfügung ergehen. Durch einstweilige Sicherungsverfügung gem. § 935 ZPO können Individualansprüche gesichert werden, die nicht in einer Geldforderung bestehen (Zöller/*Vollkommer* § 935 Rn. 1), durch einstweilige Regelungsverfügung nach § 940 ZPO wird ein streitiges Rechtsverhältnis vorläufig geregelt (Zöller/*Vollkommer* § 940 Rn. 2). Durch Leistungsverfügung analog § 940 ZPO kann eine vorläufige Befriedigung des Gläubigers erreicht werden (Zöller/*Vollkommer* vor § 940 Rn. 1, 6). § 1041 Abs. 1 Satz 1 ZPO erfasst die einstweilige Verfügung und den Arrest (Zöller/*Geimer* § 1041 Rn. 1). Dies ergibt sich daraus, dass das Schiedsgericht gleichrangig neben dem staatlichen Gericht befugt ist, Maßnahmen des einstweiligen Rechtsschutzes zu erlassen (vgl. oben Rdn. 131, 132; *Schütze* BB 1998, 1650, 1651; *Trittmann* ZGR 1999, 340, 362; S/J/*Schlosser* § 1041 Rn. 2; *Lachmann* Rn. 2890).

136 Das Schiedsgericht ist bei **Geldansprüchen** dazu befugt, **Arrest über das Vermögen** des Antragsgegners anzuordnen (MüKo ZPO/*Münch* § 1041 Rn. 14; Musielak/*Voit* § 1041 Rn. 4; Hk-ZPO/*Saenger* § 1041 Rn. 2; *Schütze* BB 1998, 1650, 1651; *Schwab/Walter* Kap. 17a Rn. 4). Wie auch im Verfahren vor einem staatlichen Gericht setzt dies einen Arrestanspruch und Arrestgrund voraus (Zöller/*Geimer* § 1041 Rn. 1). Eine solche Anordnung kommt daher dann in Betracht, wenn die Gefahr besteht, dass der Gläubiger Vermögensgegenstände verschiebt bzw. beiseiteschafft (MüKo ZPO/*Münch* § 1041 Rn. 14). Im Unterschied zu staatlichen Gerichten ist das Schiedsgericht dazu befugt, den Arrest beschränkt zu erlassen, bspw. nur in Bezug auf bestimmte Vermögensgegenstände, wie ein einzelnes Bankkonto (S/J/*Schlosser* § 1041 Rn. 3). Die Durchsetzung von Zwang, also der Vollzug der angeordneten Maßnahme, erfordert jedoch die Vollziehbarerklärung durch ein staatliches Gericht (vgl. unten Rdn. 146 ff.; S/J/*Schlosser* § 1041 Rn. 3; *Schwab/Walter* Kap. 17a Rn. 4).

137 Umstritten ist, ob das Schiedsgericht **persönlichen Arrest** (vgl. §§ 918, 933 ZPO) anordnen kann. Nach teilweise vertretener Auffassung kann ein Schiedsgericht keinen persönlichen Arrest anordnen, da die Anordnung freiheitsentziehender Maßnahmen aufgrund des Richtervorbehalts des Art. 104 Abs. 2 GG allein den staatlichen Gerichten zusteht (MüKo ZPO/*Münch* § 1041 Rn. 14; *Schwab/Walter* Kap. 17a Rn. 4). Nach anderer Auffassung ist auch ein Schiedsgericht dazu befugt, persönlichen Arrest anzuordnen. Ein Verstoß gegen Art. 104 Abs. 2 GG bestehe nicht, da die Vollziehung des durch ein Schiedsgericht ausgesprochenen persönlichen Arrests die Anordnung eines staatlichen Gerichts erfordert (vgl. unten Rdn. 146 ff.; Zöller/*Geimer* § 1041 Rn. 2; Musielak/*Voit* § 1041 Rn. 4; S/J/*Schlosser* § 1041 Rn. 5; GF-ZPO/*Eberl/Eberl* § 1041 Rn. 19).

138 Zur Sicherung von Ansprüchen, die **nicht in Geldforderungen** bestehen, kann das Schiedsgericht eine **einstweilige Verfügung** anordnen (Musielak/*Voit* § 1041 Rn. 4). Wird bspw. in der Hauptsache die Entziehung der Geschäftsführungs- oder Vertretungsbefugnis (vgl. §§ 117, 127 HGB) angestrebt, kann im Verfahren des einstweiligen Rechtsschutzes die Geschäftsführungs- und/oder Vertretungsbefugnis eines Geschäftsführers vorläufig begrenzt oder auch entzogen werden (*Schwab/Walter* Kap. 17a Rn. 8, 10; vgl. dazu auch ausführl. Kap. 5 Rdn. 147, 173). Wie auch im Verfahren des einstweiligen Rechtsschutzes vor staatlichen Gerichten setzt der Erlass einer einstweiligen Verfügung durch ein Schiedsgericht einen Verfügungsanspruch und Verfügungsgrund voraus (Zöller/*Geimer* § 1041 Rn. 1; *Trittmann* ZGR 1999, 340, 362; *Schütze* BB 1998, 1650, 1651).

139 Im Unterschied zum Verfahren des einstweiligen Rechtsschutzes vor staatlichen Gerichten kann ein Schiedsgericht auch einstweilige Maßnahmen für einen Zeitraum nach der Entscheidung zur

Hauptsache anordnen. Dies wird insbesondere dann relevant, wenn die Umsetzung des Schiedsspruchs im Hauptsacheverfahren eine gewisse Zeit in Anspruch nehmen wird. So kann bspw. ein Amtswalter vorläufig eingesetzt werden, wenn Wahlen für nichtig erklärt wurden (Zöller/*Geimer* § 1041 Rn. 1; S/J/*Schlosser* § 1041 Rn. 2).

Wie auch im Verfahren des einstweiligen Rechtsschutzes vor einem staatlichen Gericht ist bei Erlass einer einstweiligen Verfügung oder eines Arrests das **Verbot der Vorwegnahme der Hauptsache** zu beachten (Zöller/*Geimer* § 1041 Rn. 1; *Lachmann* Rn. 2895). 140

2. Weitere einstweilige Maßnahmen

Nach h.M. ist das Schiedsgericht nicht auf die Maßnahmen der einstweiligen Verfügung und des Arrests begrenzt (Zöller/*Geimer* § 1041 Rn. 18; *Schwab/Walter* Kap. 17a Rn. 5). Das Schiedsgericht kann auch vorläufige Maßnahmen treffen, die das deutsche Recht nicht vorsieht (Zöller/*Geimer* § 1041 Rn. 1; S/J/*Schlosser* § 1041 Rn. 4). Insoweit ist die Befugnis des Schiedsgerichts im Verfahren des einstweiligen Rechtsschutzes weiter als die der staatlichen Gerichte. Solche ausländischen Rechtsinstitute können sich gerade im Bereich des Wirtschaftslebens anbieten (*Schwab/Walter* Kap. 17a Rn. 5). In Betracht kommt bspw. der Erlass einer sog. »**freezing order**« (**Mareva injunction**) nach englischem Vorbild, durch die dem Antragsgegner die Verfügung über bestimmte Vermögenswerte, wie bspw. Bankkonten oder auch bewegliches Vermögen, untersagt wird (Zöller/*Geimer* § 1041 Rn. 1; Hk-ZPO/*Saenger* § 1041 Rn. 2; S/J/*Schlosser* § 1041 Rn. 4; *Schlosser* RIW 2001, 81, 82). Durch eine solche Anordnung lässt sich verhindern, dass weitere Gläubiger des Antragsgegners vorrangige Sicherungsrechte erlangen (S/J/*Schlosser* § 1041 Rn. 4; *Schwab/Walter* Kap. 17a Rn. 5 Fn. 8). Bei der Anordnung von Maßnahmen durch ein Schiedsgericht, die dem deutschen Recht unbekannt sind, ist zu berücksichtigen, dass die Durchsetzung dieser Anordnung nur dann möglich ist, wenn dies der staatlichen Rechtsordnung entspricht und vom Antragsgegner auch erfüllt werden kann (*Schwab/Walter* Kap. 17a Rn. 5). 141

IV. Sicherheitsleistung nach § 1041 Abs. 1 Satz 2 ZPO

Nach § 1041 Abs. 1 Satz 2 ZPO kann das Schiedsgericht sowohl vom Antragsteller als auch vom Antragsgegner verlangen, eine Sicherheit zu stellen (Zöller/*Geimer* § 1041 Rn. 2; Musielak/*Voit* § 1041 Rn. 4; S/J/*Schlosser* § 1041 Rn. 9; *Schütze* BB 1998, 1650, 1652). Im Unterschied dazu sieht das Verfahren des einstweiligen Rechtsschutzes vor staatlichen Gerichten lediglich die Sicherheitsleistung durch den Antragsteller vor. Zu berücksichtigen ist, dass die Anordnung einer Sicherheit gegenüber dem Antragsgegner nicht die eigentlich begehrte einstweilige Maßnahme darstellen darf, sondern lediglich **als Annex** zur einstweiligen Maßnahme zulässig ist (MüKo ZPO/*Münch* § 1041 Rn. 27). In der Praxis wird das Schiedsgericht die Anordnung einer einstweiligen Maßnahme häufig von der Leistung einer angemessenen Sicherheit durch den Antragsteller abhängig machen (*Schwab/Walter* Kap. 17a Rn. 32). Die Bestimmung der **Höhe der Sicherheitsleistung** liegt im schiedsrichterlichen Ermessen. Hat der Antragsteller die Sicherheit zu leisten, wird regelmäßig auf den Schaden abzustellen sein, der dem Antragsgegner droht, wenn sich die einstweilige Maßnahme als ungerechtfertigt erweist (Musielak/*Voit* § 1041 Rn. 4; *Lachmann* Rn. 2909; BeckOK ZPO/*Wolf/Eslami* § 1041 Rn. 10; *Schwab/Walter* Kap. 17a Rn. 32). 142

V. Verfahren

1. Antrag

Das Verfahren richtet sich nach § 1041 ZPO sowie den §§ 1042 ff. ZPO. Der Erlass einer einstweiligen Maßnahme durch ein Schiedsgericht setzt den **Antrag einer Partei** voraus. Das Schiedsgericht wird nicht von sich aus tätig (GF-ZPO/*Eberl/Eberl* § 1041 Rn. 2; *Lachmann* Rn. 2900; Musielak/*Voit* § 1041 Rn. 2; MüKo ZPO/*Münch* § 1041 Rn. 7; *Schwab/Walter* Kap. 17a Rn. 19). Der Antrag auf Erlass einstweiliger Maßnahmen muss durch die Partei **gesondert gestellt** werden und kann nicht 143 bereits dem Klageantrag entnommen werden (MüKo ZPO/*Münch* § 1041 Rn. 7). An die inhaltliche Ausgestaltung des Antrags sind keine überzogenen Anforderungen zu stellen, solange das Rechtsschutzbegehren deutlich wird. Die Entscheidung steht im schiedsrichterlichen Ermessen und kann daher grundsätzlich abweichend vom Antrag ergehen (MüKo ZPO/*Münch* § 1041 Rn. 7). Es ist davon auszugehen, dass das Schiedsgericht an den Antrag inhaltlich nur dann gebunden ist, wenn dies dem Parteiwillen entspricht (S/J/*Schlosser* § 1041 Rn. 11).

2. Glaubhaftmachung

144 Wie auch im Verfahren vor den ordentlichen Gerichten setzt eine einstweilige Maßnahme im Schiedsverfahren voraus, dass ein **Verfügungsanspruch** sowie ein **Verfügungsgrund** glaubhaft gemacht wird (OLG Frankfurt am Main, Beschl. v. 31.07.2013 – 26 SchH 4/13; *Trittmann* ZGR 1999, 340, 362; *Schütze* BB 1998, 1650, 1651). In Betracht kommt dabei grundsätzlich jedwedes Erkenntnismittel, das die Notwendigkeit und den Anspruch bzw. die Berechtigung auf die begehrte Eilmaßnahme ausreichend wahrscheinlich macht (OLG Frankfurt am Main, Beschl. v. 31.07.2013 – 26 SchH 4/13; MüKo ZPO/*Münch* § 1041 Rn. 24). Dabei ist zu beachten, dass das Schiedsgericht nicht dazu befugt ist, eine strafbewehrte eidesstattliche Versicherung selbst abzunehmen, sodass die **eidesstattliche Versicherung** als Mittel der Glaubhaftmachung vor einem Schiedsgericht **ausscheidet** (OLG Frankfurt am Main, Beschl. v. 31.07.2013 – 26 SchH 4/13; MüKo ZPO/*Münch* § 1041 Rn. 24; Zöller/*Geimer* § 1041 Rn. 2; Musielak/*Voit* § 1041 Rn. 3; S/J/*Schlosser* § 1041 Rn. 11; *Schütze* BB 1998, 1650, 1651). Die Abnahme einer eidesstattlichen Versicherung steht allein einem staatlichen Gericht zu. Neben anderen Mitteln der Glaubhaftmachung hat der Antragsteller jedoch die, wenn auch nicht besonders praktische, zudem kosten- und zeitaufwendige Möglichkeit, die eidesstattliche Versicherung im Wege der Rechtshilfe vor einem ordentlichen Gericht abnehmen zu lassen und diese dem Schiedsgericht vorzulegen (OLG Frankfurt am Main, Beschl. v. 31.07.2013 – 26 SchH 4/13; S/J/*Schlosser* § 1041 Rn. 11; *Trittmann* ZGR 1999, 340, 363; *Schütze* BB 1998, 1650, 1651; *Schwab/Walter* Kap. 15 Rn. 25). Die Beweiskraft dieser Urkunde hat das Schiedsgericht dann frei zu würdigen (OLG Frankfurt am Main, Beschl. v. 31.07.2013 – 26 SchH 4/13). Nach teilweise vertretener Ansicht kann der Antragsteller in analoger Anwendung des § 22 Abs. 2 BNotO im Schiedsverfahren die eidesstattliche Versicherung notariell beurkunden lassen und diese Urkunde in das schiedsrichterliche Verfahren einführen (*Schwab/Walter* Kap. 15 Rn. 25; *Schütze* BB 1998, 1650, 1651; S/J/*Schlosser* § 1041 Rn. 11). Nach a. A. ist die analoge Anwendung des § 22 Abs. 2 BNotO auf ein Schiedsverfahren abzulehnen, sodass die Einführung einer notariell beglaubigten eidesstattlichen Versicherung als Mittel der Glaubhaftmachung ausscheidet. § 22 Abs. 2 BNotO bezieht sich dieser Ansicht nach lediglich auf Behauptungen, die gegenüber einer Behörde oder einer sonstigen Dienststelle abgegeben werden, nicht gegenüber einem Schiedsgericht (*Lachmann* Rn. 2902; MüKo ZPO/*Münch* § 1041 Rn. 24).

3. Gebot des rechtlichen Gehörs

145 Es ist grundsätzlich anerkannt, dass ein **staatliches Gericht** eine einstweilige Maßnahme ohne vorherige mündliche Verhandlung und Anhörung des Gegners erlassen kann. Ansonsten könnte häufig der erforderliche Überraschungseffekt nicht erreicht und der Gefahr der Vereitelung von Rechten durch den Antragsgegner nicht ausreichend entgegengewirkt werden (*Lachmann* Rn. 2906; S/J/*Schlosser* § 1041 Rn. 11). Ein Verstoß gegen das Recht auf rechtliches Gehör liegt nicht vor, da dieses im Widerspruchsverfahren nachgeholt werden kann (BeckOK ZPO/*Wolf/Eslami* § 1041 Rn. 7). Ob ein **Schiedsgericht** eine einstweilige Maßnahme ohne mündliche Verhandlung und Anhörung des Gegners erlassen kann, ist gesetzlich nicht geregelt und in der Literatur umstritten (*Lachmann* Rn. 2904). Im Unterschied zum Verfahren vor dem staatlichen Gericht existiert gegen die Entscheidung eines Schiedsgerichts, durch die eine einstweilige Maßnahme ergeht, grundsätzlich kein Rechtsbehelf, in dessen Rahmen das rechtliche Gehör nachgeholt werden könnte (*Schütze* BB 1998, 1650, 1651; *Schwab/Walter* Kap. 17a Rn. 39; *Trittmann* ZGR 1999, 340, 363). Die **Entscheidung des Schiedsgerichts** ist **nicht anfechtbar** (Musielak/*Voit* § 1041 Rn. 10). In § 1042 Abs. 1 Satz 2 ZPO ist der Grundsatz des rechtlichen Gehörs für das Schiedsverfahren festgeschrieben. Infolgedessen

muss nach teilweise vertretener Ansicht im Unterschied zu dem Verfahren des einstweiligen Rechtsschutzes vor einem staatlichen Gericht bei einem schiedsrichterlichen Eilverfahren rechtliches Gehör gewährt werden, bevor eine Entscheidung durch das Schiedsgericht ergeht. Das Schiedsgericht kann erst nach Anhörung des Antragsgegners entscheiden (BeckOK ZPO/*Wolf/Eslami* § 1041 Rn. 8; MüKo ZPO/*Münch* § 1041 Rn. 25; *Schütze* BB 1998, 1650, 1651; *Trittmann* ZGR 1999, 340, 363). Eine schriftliche Anhörung ist ausreichend (*Schütze* BB 1998, 1650, 1651). Nach a. A. kann eine einstweilige Maßnahme zur Sicherung des Überraschungseffekts auch ohne vorherige Anhörung des Antragsgegners im ex-parte-Verfahren ergehen (Zöller/*Geimer* § 1041 Rn. 1; Musielak/*Voit* § 1041 Rn. 3; Hk-ZPO/*Saenger* § 1041 Rn. 2, § 1042 Rn. 8). Dafür wird angeführt, dass das Schiedsgericht nach der Reform des Schiedsverfahrensrechts im Hinblick auf einstweiligen Rechtsschutz gleichrangig neben dem staatlichen Gericht steht (Zöller/*Geimer* § 1041 Rn. 1; S/J/*Schlosser* § 1041 Rn. 11). Das Schiedsgericht ist jedoch dazu verpflichtet, dem Antragsgegner nach Anordnung der einstweiligen Maßnahme unverzüglich Gelegenheit zum rechtlichen Gehör zu gewähren (Zöller/*Geimer* § 1041 Rn. 1; § 1042 Rn. 3; Musielak/*Voit* § 1041 Rn. 3; Hk-ZPO/*Saenger* § 1041 Rn. 2; S/J/*Schlosser* § 1041 Rn. 11; vgl. dazu auch *Lachmann* Rn. 2907).

VI. Vollziehbarerklärung einer durch ein Schiedsgericht angeordneten Maßnahme des einstweiligen Rechtsschutzes

1. Vollziehbarerklärung als Grundlage staatlicher Vollstreckung

Die durch ein Schiedsgericht angeordnete einstweilige Maßnahme kann nicht ohne Weiteres vollzogen werden, sondern bedarf gem. § 1041 Abs. 2 Satz 1 ZPO einer Vollziehbarerklärung durch ein staatliches Gericht (OLG Frankfurt am Main, Beschl. v. 28.06.2012 – 26 Sch 5/12). Erst dann liegt ein Titel als Grundlage staatlicher Vollstreckung vor (MüKo ZPO/*Münch* § 1041 Rn. 29, 30; *Lachmann* Rn. 2910; *Trittmann* ZGR 1999, 340, 363). Dies ist für die Praxis insofern nachteilig, als die Entscheidung des Schiedsgerichts im Verfahren des einstweiligen Rechtsschutzes im Unterschied zu einer durch ein staatliches Gericht angeordneten einstweiligen Maßnahme nicht unmittelbar vollstreckbar ist (Musielak/*Voit* § 1041 Rn. 1; *Trittmann* ZGR 1999, 340, 363; *Schwab/Walter* Kap. 17a Rn. 2; *Schütze* BB 1998, 1650, 1650).

146

2. Prüfungskompetenz des staatlichen Gerichts

Die Vollziehbarerklärung steht im **pflichtgemäßen Ermessen des Gerichts** (Zöller/*Geimer* § 1041 Rn. 3; Musielak/*Voit* § 1041 Rn. 8; Hk-ZPO/*Saenger* § 1041 Rn. 4; *Lachmann* Rn. 2910). Der Umfang der Prüfungskompetenz des Gerichts ist umstritten (*Schwab/Walter* Kap. 17a Rn. 30). Nach teilweise vertretener Ansicht hat das staatliche Gericht das Recht, die vom Schiedsgericht angeordnete Maßnahme einer **umfassenden Rechtmäßigkeitskontrolle** zu unterziehen (Zöller/*Geimer* § 1041 Rn. 3; *Schütze* BB 1998, 1650, 1652; SchiedsVZ 2009, 241, 244; vgl. dazu auch *Lachmann* Rn. 2917). Dafür spricht, dass dadurch der Rechtsschutz gegenüber einem Eilverfahren vor staatlichen Gerichten nicht verkürzt wird (Zöller/*Geimer* § 1041 Rn. 3). *Schütze* spricht sich dafür aus, die Wirksamkeit der Schiedsvereinbarung, das Vorliegen eines Verfügungs- und Arrestgrundes, die Vereinbarkeit mit dem ordre public sowie die Notwendigkeit und Angemessenheit der Sicherheitsleistung der Prüfung des staatlichen Gerichts zu unterstellen. Darüber hinaus sei das Gericht dazu befugt, hinsichtlich Verfügungs- und Arrestgrund eigenes Ermessen auszuüben (*Schütze* BB 1998, 1650, 1652).

147

Nach anderer Auffassung ist das staatliche Gericht lediglich dazu befugt zu überprüfen, ob eine **wirksame Schiedsvereinbarung** vorliegt, ein Schutzinteresse des Antragstellers, d. h. ein Arrest- oder Verfügungsgrund plausibel ist und ob die vom Schiedsgericht angeordnete Maßnahme mit dem **ordre public** übereinstimmt (OLG Frankfurt am Main, Beschl. v. 31.07.2013 – 26 SchH 4/13; MüKo ZPO/*Münch* § 1041 Rn. 39, 40; für Prüfung der Wirksamkeit der Schiedsvereinbarung Musielak/*Voit* § 1041 Rn. 7). Eine darüber hinausgehende umfassende materiellrechtliche Prüfung der Entscheidung des Schiedsgerichts ist abzulehnen (OLG Saarbrücken, Beschl. v. 27.02.2007 – 4

148

Sch 01/07). Eine Ausnahme besteht nur bei offensichtlich rechtswidrigen Maßnahmen, da es dem staatlichen Gericht nicht zugemutet werden kann, eine solche offensichtlich rechtswidrige Maßnahme des vorläufigen Rechtschutzes für vollziehbar zu erklären (OLG Saarbrücken, Beschl. v. 27.02.2007 – 4 Sch 01/07; MüKo ZPO/*Münch* § 1041 Rn. 40; *Schwab/Walter* Kap. 17a Rn. 30).

3. Antrag und Antragsbefugnis

149 Die Vollziehbarerklärung der vom Schiedsgericht erlassenen einstweiligen Maßnahme erfolgt aufgrund des Dispositionsgrundsatzes **nur auf Antrag einer Partei** (Zöller/*Geimer* § 1041 Rn. 3; MüKo ZPO/*Münch* § 1041 Rn. 31). Umstritten ist, ob nur die Partei, die die einstweilige Maßnahme bewirkt hat, antragsbefugt ist, oder ob das Antragsrecht auch der anderen Partei zusteht. Nach teilweise vertretener Ansicht ist sowohl der von der einstweiligen Maßnahme Begünstigte als auch der Belastete antragsberechtigt, wenn auch in der Praxis regelmäßig die begünstigte Partei die Vollziehbarerklärung beantragen wird (MüKo ZPO/*Münch* § 1041 Rn. 31; Musielak/*Voit* § 1041 Rn. 6). Nach *Münch* spricht dafür der Wortlaut der Vorschrift (»Antrag einer Partei«), der sich nicht ausdrücklich nur auf den Begünstigten bezieht, sowie die Erwägung, dass auch der durch die einstweilige Maßnahme Belastete durchaus ein Interesse an der Klarstellung seiner Verpflichtung haben kann (MüKo ZPO/*Münch* § 1041 Rn. 31). *Lachmann* beurteilt es jedoch als dogmatisch falsch und praxisfremd, auch dem Belasteten ein Antragsrecht zuzugestehen, da in der Praxis Fälle, in denen der Belastete ein Interesse an der Vollziehbarerklärung der ihn belastenden Maßnahme hat, kaum denkbar sind und sich zudem aus der Regelung der Schadensersatzpflicht bei ungerechtfertigter Eilmaßnahme nach § 1041 Abs. 4 ZPO ergebe, dass die Vollziehung nicht durch die belastete Partei erfolgt (*Lachmann* Rn. 2913).

4. Rechtsschutzbedürfnis

150 Der Antrag auf Vollziehbarerklärung ist unzulässig, wenn die gegnerische Partei die Anordnung des Schiedsgerichts freiwillig befolgt (Hk-ZPO/*Saenger* § 1041 Rn. 4; Musielak/*Voit* § 1041 Rn. 6). Der Antrag auf Vollziehbarerklärung ist mangels Rechtsschutzbedürfnis auch dann unzulässig, wenn eine entsprechende Maßnahme des einstweiligen Rechtsschutzes bereits vor einem staatlichen Gericht beantragt wurde (Hk-ZPO/*Saenger* § 1041 Rn. 4; Musielak/*Voit* § 1041 Rn. 6). Das Gericht hat in einem solchen Fall nach § 1041 Abs. 2 Satz 1 Halbs. 2 ZPO die Vollziehbarerklärung zu versagen (Musielak/*Voit* § 1041 Rn. 6; BeckOK ZPO/*Wolf/Eslami* § 1041 Rn. 11; *Lachmann* Rn. 2911; S/J/*Schlosser* § 1041 Rn. 15). Zu berücksichtigen ist, dass sich diese Regelung lediglich auf einen Antrag derselben Partei bezieht (S/J/*Schlosser* § 1041 Rn. 15). Ziel dieser Regelung ist, einander widersprechende Entscheidungen zu vermeiden (vgl. oben Rdn. 134; BeckOK ZPO/*Wolf/Eslami* § 1041 Rn. 11; *Lachmann* Rn. 2911).

5. Zuständigkeit

151 Für die Vollziehbarerklärung ist gem. § 1062 Abs. 1 Nr. 3 ZPO das **Oberlandesgericht** zuständig, das in der Schiedsvereinbarung bezeichnet ist oder hilfsweise das Oberlandesgericht, in dessen Bezirk der Ort des schiedsrichterlichen Verfahrens liegt (OLG Frankfurt am Main, Beschl. v. 31.07.2013 – 26 SchH 4/13; Musielak/*Voit* § 1041 Rn. 6; *Lachmann* Rn. 2912; *Trittmann* ZGR 1999, 340, 363; *Schwab/Walter* Kap. 17a Rn. 31).

6. Entscheidung des Gerichts

152 Das Gericht entscheidet **durch Beschluss** und kann die durch das Schiedsgericht erlassene einstweilige Maßnahme für vollziehbar erklären oder den Antrag auf Vollziehbarerklärung zurückweisen (MüKo ZPO/*Münch* § 1041 Rn. 30; *Schütze* BB 1998, 1650, 1652; SchiedsVZ 2009, 241, 244). Nach § 1041 Abs. 2 Satz 2 ZPO ist das Gericht dazu befugt, die Anordnung des Schiedsgerichts auch abweichend zu fassen, wenn dies zur Vollziehung der Maßnahme notwendig ist (Musielak/*Voit* § 1041 Rn. 9; MüKo ZPO/*Münch* § 1041 Rn. 32). Dies kann bspw. dann der Fall sein, wenn die

Maßnahme nicht ausreichend bestimmt genug gefasst war (Zöller/*Geimer* § 1041 Rn. 3; Hk-ZPO/*Saenger* § 1041 Rn. 5; *Schwab/Walter* Kap. 17a Rn. 29; *Schütze* SchiedsVZ 2009, 241, 244). Ferner kann das staatliche Gericht einer Unterlassungsverfügung eine Strafandrohung i. S. d. § 890 Abs. 2 ZPO hinzufügen (*Schütze* BB 1998, 1650, 1652). Die Entscheidung ist nicht anfechtbar (Musielak/*Voit* § 1041 Rn. 10; MüKo ZPO/*Münch* § 1041 Rn. 30, 34).

7. Regelung des § 1041 Abs. 3 ZPO

Nach § 1041 Abs. 3 ZPO kann das staatliche Gericht seinen Beschluss i. S. d. Abs. 2 aufheben oder ändern. Das Gericht kann nur auf Antrag hin tätig werden (Zöller/*Geimer* § 1041 Rn. 4; MüKo ZPO/*Münch* § 1041 Rn. 45; Musielak/*Voit* § 1041 Rn. 11). § 1041 Abs. 3 ZPO ermöglicht eine Anpassung der durch das Schiedsgericht erlassenen einstweiligen Maßnahme an nachträglich **geänderte Umstände** (MüKo ZPO/*Münch* § 1041 Rn. 46; BeckOK ZPO/*Wolf/Eslami* § 1041 Rn. 14; Hk-ZPO/*Saenger* § 1041 Rn. 6). Dies kommt z. B. dann in Betracht, wenn das Schiedsgericht selbst die von ihm erlassene Maßnahme aufgehoben oder geändert hat, wozu es jederzeit befugt ist (*Schwab/Walter* Kap. 17a Rn. 38). Eine Aufhebung oder Änderung der einstweiligen Maßnahme kann bspw. dann erforderlich werden, wenn die Anhörung des Antragsgegners nachgeholt wird (vgl. oben Rdn. 145; S/J/*Schlosser* § 1041 Rn. 13). Der Antrag auf Aufhebung oder Änderung aufgrund geänderter Umstände kann sogleich beim staatlichen Gericht gestellt werden. Eine Entscheidung des Schiedsgerichts muss zuvor nicht beantragt werden; dies würde lediglich eine unnötige Förmelei darstellen (*Schwab/Walter* Kap. 17a Rn. 38).

153

VII. Schadensersatz aufgrund unberechtigter Vollziehung

Erweist sich eine schiedsrichterliche Anordnung als von Anfang an ungerechtfertigt, so ist die Partei, die die einstweilige Maßnahme bewirkt hat, gem. § 1041 Abs. 4 Satz 1 ZPO verpflichtet, dem Antragsgegner den Schaden zu ersetzen, der ihm aus der Vollziehung der Maßnahme oder dadurch entstanden ist, dass er eine Sicherheit zur Abwendung der Vollziehung geleistet hat. Diese Regelung ist der Vorschrift des § 945 ZPO nachempfunden und entspringt nicht dem ModG (Zöller/*Geimer* § 1041 Rn. 5; MüKo ZPO/*Münch* § 1041 Rn. 49; S/J/*Schlosser* § 1041 Rn. 16; *Risse/Frohloff* SchiedsVZ 2011, 239, 240). § 1041 Abs. 4 Satz 1 ZPO gewährt den Ersatz des Schadens, der **aus der Vollziehung** entsteht (*Risse/Frohloff* SchiedsVZ 2011, 239, 244). Voraussetzung ist somit, dass die vorläufige Maßnahme durch ein staatliches Gericht für vollziehbar erklärt wurde und Zwangsvollstreckungsmaßnahmen durch den Antragsgegner eingeleitet wurden (Musielak/*Voit* § 1041 Rn. 14; MüKo ZPO/*Münch* § 1941 Rn. 50; *Lachmann* Rn. 2932; S/J/*Schlosser* § 1041 Rn. 16). Wird dagegen eine einstweilige Verfügung durch den Antragsgegner freiwillig befolgt, scheidet ein Schadensersatzanspruch nach § 1041 Abs. 4 Satz 2 ZPO nach h. M. aus (Musielak/*Voit* § 1041 Rn. 14; MüKo ZPO/*Münch* § 1941 Rn. 51; S/J/*Schlosser* § 1041 Rn. 16; dazu krit. *Risse/Frohloff* SchiedsVZ 2011, 239, 244, 245). Ein möglicher Schadensersatzanspruch aus anderem Grund bleibt davon jedoch unberührt (Musielak/*Voit* § 1041 Rn. 14). Eine einstweilige Maßnahme ist in Anlehnung an § 945 ZPO dann **ungerechtfertigt**, wenn sich herausstellt, dass ein Verfügungs-/Arrestgrund oder ein Verfügungs-/Arrestanspruch von Anfang an nicht gegeben war (S/J/*Schlosser* § 1041 Rn. 16, Zöller/*Vollkommer* § 945 Rn. 8). Hinsichtlich des **schiedsrichterlichen Ermessens** wird es dabei darauf ankommen, ob ein objektiver Beobachter unter Berücksichtigung der zwischenzeitlichen Aufklärung das Ermessen ebenso ausgeübt hätte (S/J/*Schlosser* § 1041 Rn. 16).

154

Nach § 1041 Abs. 4 Satz 2 ZPO kann dieser Anspruch im noch anhängigen Schiedsverfahren geltend gemacht werden (Hk-ZPO/*Saenger* § 1041 Rn. 7; Musielak/*Voit* § 1041 Rn. 13; *Risse/Frohloff* SchiedsVZ 2011, 239, 246). Dies ist jedoch nicht zwingend (*Lachmann* Rn. 2932; Zöller/*Geimer* § 1041 Rn. 5). Der Schadensersatzanspruch kann alternativ auch vor einem staatlichen Gericht geltend gemacht werden. Insofern besteht ein Wahlrecht (MüKo ZPO/*Münch* § 1041 Rn. 58; Musielak/*Voit* § 1041 Rn. 13; *Risse/Frohloff* SchiedsVZ 2011, 239, 246). Ist das Schiedsverfahren bereits abgeschlossen, bleibt nur die Möglichkeit, den Schadensersatzanspruch nach § 1041 Abs. 4 Satz 2 ZPO vor einem staatlichen Gericht geltend zu machen (*Risse/Frohloff* SchiedsVZ 2011, 239, 247).

155

Kapitel 8 Streitwert und Geschäftswert im Gesellschaftsrecht

Übersicht

	Rdn.
Einleitung	1
A. Gerichtskosten	2
I. Gebührenansatz	3
II. Streitwert	5
1. Allgemeines	5
2. Beispielsfälle	9
B. Gerichtskosten in Angelegenheiten der freiwilligen Gerichtsbarkeit	10
I. Eintragungen in das Handels-, Partnerschafts- oder Genossenschaftsregister	11
II. Entscheidungen und Anordnungen des Registergerichts	15
1. Gebührenansatz	15
2. Wertberechnung	19
a) Wertberechnung im Allgemeinen	19
b) Aktien- und übernahmerechtliche Besonderheiten	21
C. Notarkosten	25
I. Beurkundungsverfahren	26
1. Verträge, bestimmte Erklärungen und Beschlüsse	28
a) Gebührenansatz	28
aa) Verträge und einseitige Willenserklärungen	28
bb) Beschlüsse	32
b) Geschäftswert	37
aa) Verträge	38
bb) Beschlüsse	44
cc) Handelsregisteranmeldungen	47
c) Mehrere Beurkundungsgegenstände	48
2. Sonstige Erklärungen, Tatsachen und Vorgänge	53
3. Vorzeitige Beendigung des Beurkundungsverfahrens	56
II. Vollzug eines Geschäfts und Betreuungstätigkeiten	57
1. Gebührenansatz	57
a) Vollzugstätigkeiten	58
b) Betreuungstätigkeiten	60
2. Wertermittlung	61
III. Entwürfe und Beratung	62
1. Gebührenansatz	62
a) Entwurf	62
b) Beratung	64
2. Wertermittlung	66
IV. Sonstige Geschäfte	68
1. Gebührenansatz	69
2. Geschäftswert	70
D. Rechtsanwaltskosten	71
I. Gebührenansatz	72
1. Außergerichtliche Beratung und Vertretung	73
2. Gerichtliche Rechtsstreitigkeiten	77
II. Gegenstandswert	80

Einleitung

1 Diejenigen Abgaben bzw. Aufwendungen, die einer Person für die Inanspruchnahme von Gerichten, eines Anwalts oder eines Notars entstehen, werden unter dem Begriff der Kosten zusammengefasst (*Hartmann* KostG, Einl. II Rn. 1). Die **Kosten** setzen sich aus **Gebühren und Auslagen** zusammen (BGHZ 98, 320). Im Gesellschaftsrecht erfolgt die Berechnung der Gebühr im Allgemeinen unter Zugrundelegung eines **Streitwerts, Geschäftswerts oder Gegenstandswerts**. Aus der Höhe dieses Wertes ergibt sich nach der im jeweiligen Kostengesetz enthaltenen Gebührentabelle die volle (= 1,0) Gebühr (*Hartmann* KostG, Einl. II Rn. 10). Gerichtsverfahren werden kostenmäßig im Regelfall in mehrere Abschnitte aufgeteilt, sodass für dieselbe Instanz mehrere Gebühren entstehen können (*Hartmann* KostG, Einl. II Rn. 11).

A. Gerichtskosten

2 Bei der Erhebung der Gebühren in Rechtsstreitigkeiten vor den ordentlichen Gerichten gelten für gesellschaftsrechtliche Auseinandersetzungen **keine Besonderheiten**. Kosten werden gem. § 1 Nr. 1 GKG ausschließlich nach dem Gerichtskostengesetz (GKG) erhoben. Die Gebühren richten sich gem. § 3 GKG nach dem **Wert des Streitgegenstands**. Die Wertgebühr errechnet sich nach § 34 GKG.

I. Gebührenansatz

Kosten werden gem. § 3 Abs. 2 GKG nach dem Kostenverzeichnis (KV) der **Anlage 1 zum GKG** erhoben. Gem. Nr. 1210 KV entstehen für das Verfahren in I. Instanz im Allgemeinen 3,0 Gebühren nach § 34 GKG, die sich im Fall der Klagerücknahme vor Schluss der mündlichen Verhandlung, bei Anerkenntnis- oder Verzichtsurteil sowie in weiteren Fällen des Nr. 1211 KV auf 1,0 Gebühren ermäßigen. Im Berufungsverfahren sowie für Beschwerdeverfahren nach § 48 WpÜG entsteht in der Berufungsinstanz gem. Nr. 1220 KV eine 4,0 Gebühr nach § 34 GKG, die sich im Fall der Zurücknahme des Rechtsmittels vor seiner Begründung nach Nr. 1221 KV auf 1,0 Gebühren vermindert. Weitere Tatbestände, bei denen sich die Gebühr für das Berufungs- oder Beschwerdeverfahren vermindert, finden sich in Nr. 1222 und 1223 KV.

3

In der Revisionsinstanz fällt für das Verfahren im Allgemeinen gem. Nr. 1230 KV eine 5,0 Gebühr nach § 34 GKG an, die sich im Fall der Rücknahme des Rechtsmittels oder der Klage vor Begründung gem. Nr. 1231 KV auf eine 1,0 Gebühr vermindert. Weitere Tatbestände, bei denen die Gebühr sich vermindert, sind in Nr. 1232 KV enthalten.

4

II. Streitwert

1. Allgemeines

Gem. § 3 Abs. 1 GKG richten sich die Gebühren in der Regel nach dem **Wert des Streitgegenstands (Streitwert)**. Hierbei handelt es sich um den prozessualen Anspruch, also den vom Kläger oder Widerkläger aufgrund eines bestimmten Sachverhalts begehrten und der Rechtskraft fähigen Rechtsausspruch des Gerichts. Maßgebend ist der tatsächlich gestellte Antrag unter Berücksichtigung seiner Begründung (*Hartmann* KostG, § 3 GKG Rn. 2; *Meyer* GKG, § 3 Rn. 9).

5

Abschnitt 7 des GKG enthält Wertvorschriften. Gem. § 39 GKG werden im selben Verfahren und im selben Rechtszug die **Werte mehrerer Streitgegenstände** i. d. R. zusammengerechnet. Der Streitwert beträgt höchstens 30,0 Mio. €, soweit nichts anderes bestimmt ist. Für die Wertberechnung ist gem. § 40 GKG der Zeitpunkt der den jeweiligen Streitgegenstand betreffenden Antragstellung entscheidend. Sind außer dem Hauptanspruch **Nebenforderungen** betroffen, so wird der Wert der Nebenforderungen gem. § 43 Abs. 1 GKG nicht berücksichtigt. Anderes gilt, wenn es sich bei den Nebenforderungen um den Hauptanspruch handelt, § 43 Abs. 2 GKG. Bei Stufenklagen ist gem. § 44 GKG für die Wertberechnung nur der höchste Anspruch maßgeblich. In einer **Klage und einer Widerklage** geltend gemachte Ansprüche werden gem. § 45 Abs. 1 Satz 1 GKG zusammengerechnet. Ein **hilfsweise geltend gemachter Anspruch** wird mit dem Hauptanspruch gem. § 45 Abs. 1 Satz 2 GKG zusammengerechnet, soweit eine Entscheidung über ihn ergeht. Betreffen die Ansprüche im Fall von Klage und Widerklage oder Hilfsanträgen denselben Gegenstand, ist nur der Wert des höheren Anspruchs maßgebend. Im **Rechtsmittelverfahren** bestimmt sich der Streitwert schließlich gem. § 47 GKG nur nach den Anträgen des Rechtsmittelführers, also nur i. H. d. mit dem Rechtsmittel geltend gemachten Beschwer.

6

In bürgerlichen Rechtsstreitigkeiten, zu denen auch die gesellschaftsrechtlichen Angelegenheiten gehören, richten sich die Gebühren gem. § 48 GKG nach den für die Zuständigkeit des Prozessgerichts oder die Zulässigkeit des Rechtsmittels geltenden Vorschriften über den Wert des Streitgegenstands, soweit das GKG nichts anderes bestimmt. Der Verweis bezieht sich primär auf **§§ 3 bis 9 ZPO, 182 InsO** (vgl. *Meyer* GKG, § 48 Rn. 2). Gem § 3 ZPO wird der Wert vom Gericht **nach freiem Ermessen** festgesetzt. Das ihm eingeräumte »freie Ermessen« befreit das Gericht jedoch nicht von der Pflicht, den vollen Wert zu ermitteln und festzusetzen (*Hartmann* KostG, Anh. I § 48 GKG [§ 3 ZPO] Rn. 4). Die Festsetzung kann nur auf Ermessensfehler überprüft werden (BGH NJW-RR 2010, 1081 Tz. 10). Maßgeblich ist der **objektive Wert**; es kommt nicht auf diejenige wirtschaftliche Bedeutung an, die der Kläger seinen Anträgen beimisst (LAG Köln MDR 1999, 1336; *Schönbach* NJW 1977, 857). Die Wertangaben des Klägers liefern einen wichtigen Anhaltspunkt für den wirklichen Streitwert (OLG Frankfurt am Main AnwBl. 1983, 89; OLG Köln MDR 1985, 153). Für

7

die Wertberechnung ist gem. § 4 ZPO der **Zeitpunkt der Einreichung der Klage**, in der Rechtsmittelinstanz der Zeitpunkt der Einlegung des Rechtsmittels, bei der Verurteilung der Zeitpunkt des Schlusses der mündlichen Verhandlung, auf die das Urteil ergeht, entscheidend. Mehrere in einer Klage geltend gemachte Ansprüche werden gem. § 5 ZPO zusammengerechnet; dies gilt nicht für den Gegenstand der Klage und der Widerklage.

8   In **nichtvermögensrechtlichen Streitigkeiten** wird der Streitwert gem. § 48 Abs. 2 GKG unter Berücksichtigung aller Umstände des Einzelfalls, insbesondere des Umfangs und der Bedeutung der Sache und der Vermögens- und Einkommensverhältnisse der Parteien, nach Ermessen bestimmt. Der Wert darf nicht über 1,0 Mio. € angenommen werden. Für die Frage, ob ein vermögensrechtlicher oder nichtvermögensrechtlicher Anspruch vorliegt, kommt es allein auf die Natur des Rechts an (*Hartmann* KostG, § 48 GKG Rn. 4). Vermögensrechtlich ist jeder Anspruch, der entweder auf einer vermögensrechtlichen Beziehung beruht oder auf Geld oder Geldeswert geht (LAG Bremen AnwBl. 1984, 165; LAG München AnwBl. 1987, 287; *Meyer* GKG, § 48 Rn. 7).

2. Beispielsfälle

9

Bestand und Auflösung der Gesellschaft	
Auflösung einer Gesellschaft	Der Streitwert einer Klage auf Auflösung einer Gesellschaft richtet sich nach dem Interesse des Klägers an der Auflösung. Regelmäßig ist ein bestimmter Bruchteil des Wertes der gesellschaftlichen Beteiligung des Klägers maßgeblich; oberste Grenze ist der volle Wert des klägerischen Gesellschaftsanteils, der aber nur als Ansatz in Betracht kommt, wenn die Auflösung der Gesellschaft begehrt wird, um den vollständigen Verlust der bisher unversehrten Einlage zu verhindern (RG JW 1901, 395).
Auflösung einer GmbHG	Vgl. OLG Hamm GmbHR 1955, 226; OLG München GmbHR 1957, 43; OLG Köln DB 1988, 281.
Auflösung einer OHG	Vgl. OLG Köln BB 1982, 1348.
Feststellung des Bestehens oder Nichtbestehens eines Gesellschaftsvertrages	Maßgeblich ist das Interesse des Klägers i. S. v. § 3 ZPO. Es ist vom Anteil des Klägers am Gesellschaftsvermögen im Zeitpunkt der Klageerhebung auszugehen (OLG München OLGE 25, 124). Maßgeblich ist der Verkehrswert, nicht der Nennwert des Gesellschaftsanteils (OLG Frankfurt am Main JurBüro 1980, 606). Wollen sämtliche Gesellschafter mit Ausnahme des Beklagten am Gesellschaftsverhältnis festhalten, stellt sich das klägerische Interesse als Wert des Gesellschaftsanteils des Beklagten dar, der weiter an die Gesellschaft gebunden werden soll (OLG Nürnberg Rpfleger 1956, 298). Ist die Auflösung der Gesellschaft als solche unstreitig, der Zeitpunkt jedoch umstritten, ist ein deutlich niedrigerer Wert festzusetzen (*Oestreich/Winter/Hellstab* Streitwerthandbuch, »Gesellschaft«).
Feststellung des Fortbestehens eines Gesellschaftsvertrages	Es ist eine Berücksichtigung aller Faktoren ohne das Interesse der übrigen Gesellschafter geboten (OLG Köln ZIP 1982, 1006).
Übernahme des Geschäfts durch einen Gesellschafter (§ 142 HGB)	Streitwert ist gem. § 3 ZPO das wirtschaftliche Interesse des verbleibenden Gesellschafters an der alleinigen Fortführung des Unternehmens, wobei neben dem Gesellschaftsanteil des anderen Gesellschafters auch der Firmenwert und der zu erwartende Gewinn zu berücksichtigen sind (OLG Neustadt Rpfleger 1957, 237; vgl. auch OLG Stuttgart Rpfleger 1964, 163).
Ausscheiden von Gesellschaftern	
Ausscheiden eines Gesellschafters	Es gilt § 3 unter Berücksichtigung des Werts der Anteile des Klägers (BVerfG NJW 1997, 312). Gleiches gilt bei einer Klage mit dem Ziel der Eintragung des Ausscheidens (BGH Rpfleger 1979, 194).

Ausschließung des Gesellschafters einer Personengesellschaft oder GmbH	Gem. § 3 ZPO ist das Interesse des Klägers an der von ihm erstrebten Ausschließung maßgebend. Ausgangspunkt ist der Wert des Gesellschaftsanteils des Klägers. Bei Vorliegen besonderer Umstände kann es jedoch angezeigt sein, den Wert des Streitgegenstandes niedriger als den Wert des Gesellschaftsanteils festzusetzen (BGHZ 19, 172; OLG Stuttgart Rpfleger 1964, 163; OLG Bamberg JurBüro 1963, 556; OLG Neustadt MDR 1964, 605; OLG Frankfurt am Main MDR 1967, 138). Auf den Wert des Gesellschaftsanteils des auszuschließenden Gesellschafters kommt es nicht an (OLG Hamm Rpfleger 1962, 222).
Einziehung von Anteilen	Es gilt § 3 ZPO unter Berücksichtigung des Wertes der Anteile des Klägers (BGH NJW 1997, 312).
Feststellung des Ausscheidens eines OHG-Gesellschafters infolge Kündigung	Will der Kläger nach Kündigung eines Gesellschafters die Gesellschaft mit einem Dritten fortsetzen, so bemisst sich der Streitwert nach der Veränderung des Ertragswerts für den Kläger, die durch die gesellschaftsrechtliche Bindung mit dem Dritten anstelle des Beklagten eintreten würde, und zwar gem. § 3 ZPO (OLG Nürnberg JurBüro 1964, 829).
Feststellung der Gesellschaftereigenschaft	Maßgeblich ist der objektive Wert der gesellschaftsrechtlichen Beteiligung des Klägers nach dem Klagevorbringen (*Oestreich/Winter/Hellstab* Streitwerthandbuch, »Gesellschaft«). Wird mit der Klage auf Feststellung der Gesellschaftereigenschaft eine Klage auf Duldung der Einsicht in Geschäftsbücher verbunden, sind beide Streitgegenstände gesondert zu bewerten und gem. § 5 ZPO zusammenzurechnen (OLG Karlsruhe HRR 1930, 746).
Unwirksamkeit der Kündigung eines Kommanditisten	
	Klagt der persönlich haftende Gesellschafter einer KG auf Feststellung, dass die Kündigung des Kommanditisten unwirksam ist, so ist dessen Einlage unabhängig von der Frage der Einzahlung Streitwert (OLG München OLGZ 29, 7).
Beschlussanfechtung	
Anfechtung eines Hauptversammlungsbeschlusses einer AG	Aktienrechtliche Anfechtungsklagen betreffen immer vermögensrechtliche Ansprüche, wenn der Unternehmensgegenstand geschäftlicher Art ist (BGH WM 1982, 359). Im Fall der Anfechtung eines Beschlusses der Hauptversammlung einer AG wird der Wert aufgrund der gesamten Verhältnisse unter Berücksichtigung des Interesses der Gesellschaft an einer Aufrechterhaltung des Beschlusses, § 247 Abs. 1 AktG (BGH RR 1999, 910), und der wirtschaftlichen Bedeutung des Hauptversammlungs-Beschlusses für den Kläger (ohne mittelbares Interesse z. B. eines Kleinaktionärs) festgestellt. Das Interesse der Gesellschaft ist allerdings nicht zu hoch anzusetzen, wenn der angefochtene Beschluss an einem erkennbaren Mangel leidet und die Gesellschaft daher mit der Anfechtung objektiv und nicht nur wegen des besonderen persönlichen Interesses einzelner Aktionäre rechnen muss (OLG Neustadt Rpfleger 1957, 238). Mehrere Beschlüsse müssen stets gesondert bewertet werden (OLG Frankfurt am Main WM 1984, 655). Das Gericht hat die Möglichkeit, den Kostenstreitwert der wirtschaftlichen Lage einer Partei anzupassen, § 247 Abs. 2 AktG (BGH MDR 1993, 184; OLG Frankfurt am Main JB 1976, 347; BB 1985, 1360); dies gilt jedoch nicht bei einer rechtsmissbräuchlichen Aktionärsklage (BGH NJW 1992, 569).
Anfechtung eines Beschlusses über die Entlastung des Aufsichtsrats-Vorsitzenden	Bei der Anfechtungsklage gegen die Entlastung des Aufsichtsratsvorsitzenden sind die Interessen des Klägers und die wirtschaftlichen Auswirkungen zu beachten (OLG Stuttgart BB 1995, 2442).

Anfechtung eines Beschlusses über die Geltendmachung von Schadensersatzansprüchen	Der Streitwert einer Anfechtungsklage gegen einen Gesellschafterbeschluss, der die Geltendmachung von Schadensersatzansprüchen gegen den anfechtenden Gesellschafter-Geschäftsführer zum Gegenstand hat, ist unter Zugrundelegung der Höhe der Forderung zu schätzen (OLG Nürnberg Rpfleger 1963, 218).
Feststellung der Nichtigkeit des Gesellschafterbeschlusses einer GmbH	Der Streitwert ist nach dem Grundgedanken der §§ 3 ZPO, 247 Abs. 1 AktG zu schätzen (BGH RR 1999, 1485; LG Bayreuth JurBüro 1985, 768). Dies gilt nicht für die Abberufung eines Geschäftsführers. § 247 Abs. 1 Satz 2 AktG ist nicht anwendbar (OLG Frankfurt am Main JurBüro 1968, 829; OLG Celle Rpfleger 1974, 233). Der Streitwert wird nicht unbedingt durch den Geschäftsanteil des klagenden Gesellschafters nach oben begrenzt (KG Rpfleger 1962, 154).
Gesellschafterstreitigkeiten	
actio pro socio	Der Streitwert der Klage eines Gesellschafters auf Leistung an die Gesellschaft bemisst sich nach dem vollen Betrag der eingeklagten Forderung und nicht nur nach dem Anteil des Klägers (zur OHG RGZ 171, 51; OLG München NJW 1965, 258).
Einsichtnahme	Das Einsichtnahmerecht wird nach den privaten oder geschäftlichen Interessen an diesem bewertet (OLG Frankfurt am Main DB 1931, 272; vgl. zur Auskunftserzwingung nach § 132 AktG OLG Stuttgart DB 1992, 1179).
Vertretungs- und Aufsichtsorgane	
Abberufung eines Geschäftsführers	Wenn der Anstellungsvertrag des abberufenen Geschäftsführers bestehen bleibt, ist nur § 3 ZPO anwendbar, nicht § 9 ZPO (BGH MDR 2009, 815; OLG Stuttgart JurBüro 2013, 308 Tz. 12). Bei Abberufung eines Organmitglieds einer Kapitalgesellschaft ist das Interesse der Gesellschaft an seiner Fernhaltung oder sein Gegeninteresse maßgeblich (BGH NJW-RR 1995, 1502 Tz. 4). Das Interesse der Gesellschaft an der Wirksamkeit der Gesellschafterbeschlüsse ist angemessen zu berücksichtigen durch Abschätzung der wirtschaftlichen Auswirkungen, die bei einem Obsiegen des Klägers für die Gesellschaft zu erwarten sind (OLG Stuttgart Rpfleger 1964, 163).
Abberufung eines Organmitglieds	Maßgeblich ist das Interesse der Gesellschaft an der Fernhaltung des Organmitglieds oder das Gegeninteresse des Organmitglieds (BGH RR 1995, 1502).
Aufsichtsratszugehörigkeit	Zum Streitwert einer Klage auf Feststellung, dass der Kläger dem Aufsichtsrat einer AG angehört, vgl. RGZP 154, 338.
Rentenansprüche von Organmitgliedern	Der Streitwert für eine auf künftige Rentenleistungen gerichtete Insolvenzsicherungsklage ist in entsprechender Anwendung von § 17 Abs. 3 GKG auf den dreifachen Jahresbetrag festzusetzen (BGH JurBüro 1980, 1822).
Vergütungsansprüche von Organmitgliedern	Klagen von Organmitgliedern auf Zahlung von Vergütung sind gem. § 9 ZPO zu bewerten, weil Organmitglieder keine Arbeitnehmer i. S. v. § 17 Abs. 3 GKG sind (BGH Rpfleger 1954, 439; NJW 1956, 182; JurBüro 1979, 41; OLG Koblenz Rpfleger 1956, 147; OLG Nürnberg Rpfleger 1956, 268; OLG Karlsruhe Rpfleger 1961, 91; OLG Celle Rpfleger 1962, 223; OLG Neustadt Rpfleger 1966, 354; OLG Hamm AnwBl. 1977, 111; a. A. KG NJW 1955, 875; MDR 1956, 689; NJW 1968, 756; OLG Frankfurt am Main JurBüro 1961, 83; OLG Celle MDR 1957, 431; differenzierend OLG Köln MDR 1968, 593; OLG Stuttgart Justiz 1968, 306; OLG Bamberg JurBüro 1975, 65; OLG Schleswig JurBüro 1980, 408).

Anmeldungen zum Handelsregister	
Anmeldung zum Handelsregister	Der Streitwert einer Klage auf Mitwirkung bei Anmeldungen zum Handelsregister bestimmt sich gem. § 3 ZPO nach dem Interesse des Klägers an der Anmeldung, nicht am Betrag der finanziellen Beteiligung der Gesellschafter. I. d. R. wird nur ein niedriger Wert in Betracht kommen (OLG Karlsruhe JurBüro 2007, 364; OLG Köln MDR 1971, 768; 1974, 53: 1/10 der Einlage des Klägers).
	Der Wert einer Mitwirkung wird nach § 3 ZPO geschätzt, wobei es auf das Interesse des Klägers an der Klarstellung der Beteiligung sowie auf die Frage ankommt, ob eine Tatsache streitig ist. Die Höhe der Einlage oder des Gesellschaftsanteils ist ein bloßer Anhaltspunkt (BGH BB 1979, 674). Angemessen sind häufig 10 bis 25 % des Klägeranteils (OLG Bamberg JurBüro 1984, 756). Der Wert kann aber auch höher liegen (BGH BB 1979, 674).
Anmeldung des Ausscheidens eines Gesellschafters	Mit der Klage eines Mitgesellschafters einer OHG auf Mitwirkung bei Anmeldung des Ausscheidens aus der Gesellschaft zum Handelsregister ist das Interesse, die Registereintragung durchzusetzen, nicht so hoch wie das Interesse an einer Ausschließungsklage oder einer Klage auf Feststellung, dass die Mitgliedschaft beendet ist. Das Interesse des Klägers am Erfolg der Registerklage ist aber i. d. R. höher, wenn der Beklagte auf der Zugehörigkeit zur Gesellschaft besteht, als wenn das Ausscheiden unstreitig ist und der Beklagte nur aus anderen Gründen die Registeranmeldung verweigert (BGH Rpfleger 1979, 194).
	Bei einer Klage gegen einen ausgeschiedenen Kommanditisten, die zur Löschung im Handelsregister erforderlichen Erklärungen abzugeben, ist der Wert nicht auf den Betrag der Kommanditeinlage festzusetzen (OLG Koblenz Rpfleger 1956, 147). Gleiches gilt für die Klage des Kommanditisten gegen den persönlich haftenden Gesellschafter auf Mitwirkung bei der Anmeldung der Gesellschaft im Handelsregister (OLG Frankfurt am Main NJW 1959, 945).
	Bei der Klage auf Mitwirkung bei der Löschung der Eintragung des Beklagten als Gesellschafter im Handelsregister ist neben dem Streitwert der Klage auf Feststellung, dass der Beklagte infolge Kündigung aus der Gesellschaft ausgeschieden ist, kein gesonderter Wert festzusetzen, weil dieser Antrag neben dem Feststellungsantrag keine selbstständige Bedeutung hat (OLG Nürnberg JurBüro 1964, 829).

B. Gerichtskosten in Angelegenheiten der freiwilligen Gerichtsbarkeit

Im Bereich der freiwilligen Gerichtsbarkeit gilt grds. das **Gesetz über Kosten der freiwilligen Gerichtsbarkeit für Gericht und Notare (GNotKG)**, soweit nicht ausnahmsweise Sonderregeln Vorrang haben. Wesentlicher Anwendungsbereich im Gesellschaftsrecht sind die Registersachen sowie notarielle Beurkundungen von Gesellschaftsverträgen, Gesellschafterbeschlüssen und Hauptversammlungen. Angelegenheiten der freiwilligen Gerichtsbarkeit sind gem. § 1 Abs. 2 GNotKG u. a. auch:

10

- im Aktienrecht die gerichtliche Entscheidung über die Zusammensetzung des Aufsichtsrats (§§ 98, 99 AktG), die gerichtliche Entscheidung über das Auskunftsrecht (§ 132 AktG), die Bestellung von Sonderprüfern und über den Inhalt des Prüfungsberichts bzw. über die abschließenden Prüfungsfeststellungen (§§ 142, 145, §§ 258, 260, § 293c und § 315 AktG),
- im GmbH-Recht die gerichtliche Entscheidung über Auskunfts- und Einsichtsrechte (§ 51b GmbHG),
- im SE-Recht die gerichtliche Entscheidung über die Zusammensetzung des Verwaltungsrats (§ 26 SEAG),

- im Umwandlungsrecht die Bestellung von Verschmelzungsprüfern (§ 10 UmwG),
- Verfahren nach dem Spruchverfahrensgesetz und
- im Übernahmerecht der Ausschluss von Minderheitsaktionären nach erfolgreichem Übernahmeangebot (übernahmerechtlicher Squeeze-out – §§ 39a und 39b).

I. Eintragungen in das Handels-, Partnerschafts- oder Genossenschaftsregister

11 Die Gebühren für Eintragungen in das Handels-, Partnerschafts- oder Genossenschaftsregister richten sich nach § 58 GNotKG, der auf eine zu erlassende Rechtsverordnung verweist. Als Verordnung zu § 58 GNotKG wurde die Handelsregistergebührenverordnung (HRegGebV) erlassen. Diese enthält ein detailliertes Gebührenverzeichnis für alle Eintragungen sowie für die Entgegennahme, Prüfung und Aufbewahrung der zum Handels-, Partnerschafts- oder Genossenschaftsregister einzureichenden Unterlagen sowie die Übertragung von Schriftstücken in ein elektronisches Dokument nach § 9 Abs. 2 HGB und Art. 61 Abs. 3 EGHGB mit Ausnahme der im Rahmen von Insolvenzverfahren von Amts wegen vorzunehmenden Eintragungen und Löschungen und der Löschungen nach § 395 FamFG.

12 Grds. gilt gem. § 2 HRegGebV, dass neben der **Gebühr für die Ersteintragung** nur Gebühren für die gleichzeitig angemeldete Eintragung der Errichtung einer Zweigniederlassung und für die Eintragung einer Prokura gesondert erhoben werden. Die übrigen Tatbestände sind mit der Gebühr für die Ersteintragung abgegolten, sofern sie gleichzeitig angemeldet werden (Bormann/Diehn/*Sommerfeldt* GNotKG, § 58 Anh. HRegGebV § 2 Rn. 8). Mehrere Anmeldungen, die am selben Tag beim Registergericht eingehen und dasselbe Unternehmen betreffen, werden gem. § 2 Abs. 4 HRegGebV als eine Anmeldung behandelt. Betrifft eine spätere Anmeldung mehrere Tatsachen, so ist für jede Tatsache eine gesonderte Gebühr zu erheben. § 2 Abs. 2 Satz 2 und Abs. 3 HRegGebV enthalten Regelungen, was als eine und was als mehrere Tatsachen anzusehen ist. Insbesondere wird das Eintreten oder Ausscheiden einzutragender Personen hinsichtlich einer jeden Person als eine besondere Tatsache behandelt. Werden also bspw. zwei Geschäftsführer einer GmbH durch zwei andere Geschäftsführer ausgetauscht, so handelt es sich gebührenrechtlich um vier Tatsachen (weitere Beispiele bei Bormann/Diehn/*Sommerfeldt* GNotKG, § 58 Anh. HRegGebV § 2 Rn. 18 ff.).

13 Im Fall der **Rücknahme einer Anmeldung** vor Eintragung oder Zurückweisung fallen gem. § 3 Abs. 1 HRegGebV 120 % der für die Eintragung bestimmten Gebühren an. Erfolgt die Rücknahme spätestens einen Tag vor Unterzeichnung einer Zwischenverfügung, beträgt die Gebühr 75 % der für die Eintragung bestimmten Gebühr an, höchstens jedoch 250,– €, § 3 Abs. 2 HRegGebV. Sofern die Anmeldung mehrere Tatsachen betrifft, betragen die auf die zurückgenommenen Teile der Anmeldung entfallenden Gebühren insgesamt höchstens 250,– €. Im Fall der **Zurückweisung** werden 170 % der für Eintragung bestimmten Gebühr erhoben, § 4 HRegGebV. Die Gebühren für die gleichzeitig angemeldete Eintragung der Errichtung einer Zweigniederlassung und für die Eintragung einer Prokura bleiben bei der Rücknahme und Zurückweisung unberücksichtigt. § 5 HRegGebV enthält Sondertatbestände.

14 Das Gebührenverzeichnis in der Anlage zur HRegGebV ist in fünf Teile untergliedert. Teil 1 betrifft Eintragungen in das Handelsregister Abteilung A und das Partnerschaftsregister, Teil 2 betrifft Eintragungen in das Handelsregister Abteilung B, Teil 3 betrifft Eintragungen in das Genossenschaftsregister, Teil 4 betrifft Prokuren und Teil 5 fängt die weiteren Geschäfte auf. Die einzelnen Teile des Gebührenverzeichnisses sind z. T. weiter nach Sachverhalten in Abschnitte untergliedert. Es finden sich alsdann zu einzelnen Tatbeständen jeweils ausgewiesene Gebühren.

II. Entscheidungen und Anordnungen des Registergerichts

1. Gebührenansatz

15 Zum Bereich der freiwilligen Gerichtsbarkeit gehört im Gesellschaftsrecht neben den Registersachen eine große Zahl von Fällen einer Anordnung oder Entscheidung des Richters der freiwilligen

Gerichtsbarkeit. § 55 Abs. 1 GNotKG bestimmt, dass die Gebühr für das Verfahren im Allgemeinen und die Gebühr für eine Entscheidung oder die Vornahme einer Handlung in jedem Rechtszug hinsichtlich eines jeden Teils des Verfahrensgegenstands nur einmal werden. Daraus folgt, dass im selben Rechtszug mehrere Verfahrenswerte zu addieren sind und die Gebühr vom Gesamtwert erhoben wird. Für Handlungen, die einen Teil eines Verfahrensgegenstands betreffen, sind die Gebühren nach näherer Maßgabe von § 56 GNotKG nur nach dem Wert dieses Teils zu berechnen.

In verschiedenen Rechtszügen entstehend die Gebühren nach diesem Prinzip gesondert (Bormann/Diehn/*Sommerfeldt* GNotKG, § 55 Rn. 6). Wird eine Sache an ein Gericht eines unteren Rechtszuges zurückverwiesen, bildet das weitere Verfahren mit dem früheren Verfahren vor diesem Gericht gem. § 57 Abs. 1 GNotKG einen (einheitlichen) Rechtszug. **16**

Die Gebühren decken prinzipiell die gesamte Tätigkeit des Gerichts im jeweiligen Verfahren und Rechtszug ab. Gleichwohl ist in vielen Fällen neben der Erhebung einer Verfahrensgebühr noch die Ergebung von Entscheidungs- und Aktgebühren vorgesehen (Bormann/Diehn/*Sommerfeldt* GNotKG, § 58 Rn. 2). Verfahrensgebühren sind Gebühren, die pauschal des Verfahren von der Einleitung bis zur Beendigung betreffen (Bormann/Diehn/*Sommerfeldt* GNotKG, § 55 Rn. 12). Entscheidungsgebühren sind Aktgebühren, die nur im Fall des Erlasses bestimmter gerichtlicher Entscheidungen erhoben werden (Bormann/Diehn/*Sommerfeldt* GNotKG, § 55 Rn. 16). **17**

Die Gebühr für **unternehmensrechtliche Verfahren im Allgemeinen** findet sich in Nr. 13500 KV. Hiernach werden 2,0 Gebühren nach Tabelle A erhoben. Im Fall der vorzeitigen Beendigung des Verfahrens (z. B. durch Antragsrücknahme) verringert sich die Gebühr gem. Nr. 13504 KV auf 0,5 Gebühren. Im **Rechtsmittelverfahren** fallen gem. Nr. 13610 KV im Allgemeinen 3,0 Gebühren nach Tabelle A an, die sich im Fall der Rücknahme vor Beschwerdebegründung gem. Nr. 13611 KV auf 0,5 Gebühren und in anderen Fällen der Beendigung (z. B. durch spätere Beschwerderücknahme) gem. Nr. 13612 KV auf 1,0 Gebühren verringert. Für das Verfahren der **Rechtsbeschwerde** fallen gem. Nr. 13620 KV im Allgemeinen 4,0 Gebühren nach Tabelle A an. Diese verringern sich bei Antragsrücknahme vor Beschwerdebegründung gem. Nr. 13621 KV auf 1,0 Gebühren und bei sonstiger Beendigung des Verfahrens gem. Nr. 13622 KV auf 2,0 Gebühren. **18**

2. Wertberechnung

a) Wertberechnung im Allgemeinen

Die Wertberechnung erfolgt nach §§ 59 bis 80 GNotKG. Kernvorschrift für das Gesellschaftsrecht ist § 67 GNotKG, der für bestimmte unternehmensrechtliche Verfahren konkrete Geschäftswerte vorgibt. Dies sind grundsätzlich – vorbehaltlich der nachfolgend dargestellten speziellen Regelungen – alle unternehmensrechtlichen Verfahren i. S. v. § 375 FamFG sowie die in § 1 Abs. 2 genannten Verfahren. **19**

Gem. § 67 Abs. 1 GNotKG beträgt der Geschäftswert in einem unternehmensrechtlichen Verfahren
- bei Kapitalgesellschaften und Versicherungsvereinen auf Gegenseitigkeit 60.000,– €
- bei Personenhandels- und Partnerschaftsgesellschaften sowie bei Genossenschaften 30.000,– €,
- bei Vereinen und Stiftungen 5.000,– € und
- in allen sonstigen Fällen 10.000,– €.

Bei Unbilligkeit des maßgeblichen Wertes kann das Gericht im Einzelfall gem. § 67 Abs. 3 GNotKG einen höheren oder einen niedrigeren Wert ansetzen.

Für einige Verfahren gelten Besonderheiten und damit Abweichungen von der allgemeinen Wertvorschrift des § 67 GNotKG. **20**

b) Aktien- und übernahmerechtliche Besonderheiten

21 Insbesondere im Bereich des Aktien- und des Übernahmerechts gibt es weitere Vorgänge, die über § 1 Abs. 2 GNotKG gebührenrechtlich dem GNotKG unterstehen. Dies betrifft u. a. die gerichtliche Entscheidung über die **Zusammensetzung des Aufsichtsrats**, über die gem. § 98 AktG das LG aufgrund eines Antrags im Verfahren der freiwilligen Gerichtsbarkeit durch Beschluss nach § 99 AktG entscheidet. Der Geschäftswert wird von Amts wegen auf Grundlage von § 36 Abs. 1 GNotKG festgelegt (vgl. Bormann/Diehn/*Sommerfeldt* GNotKG, § 75 Rn. 3). Dabei ist gem. § 75 GNotKG von einem **Regelwert von 50.000,– €** auszugehen.

22 Hat das Gericht aufgrund eines Antrags einen **Sonderprüfer** i. S. v. § 258 AktG bestellt, so können die AG oder eine im Gesetz näher bestimmte Mehrheit von Aktionären Antrag auf gerichtliche Entscheidung über die abschließenden Feststellungen der Sonderprüfung stellen, über den das Landgericht im Verfahren der freiwilligen Gerichtsbarkeit gem. § 260 AktG durch Beschluss entscheidet. Der Geschäftswert wird gem. § 72 GNotKG nach billigem Ermessen unter Berücksichtigung der Bedeutung der Sache für die Parteien festgesetzt. Er darf jedoch den Betrag von 10 % des Grundkapitals oder – sofern dieser Anteil höher liegt – den Betrag von 500.000,– € nur übersteigen, wenn die Bedeutung der Sache für den Kläger höher zu bewerten ist.

23 Im Verfahren über den **Ausschluss von Aktionären** nach §§ 39a und 39b WpÜG (übernahmerechtlicher Squeezeout) beläuft sich der Geschäftswert gem. § 73 GNotKG auf den Betrag, der dem Wert aller vom Ausschluss betroffenen Aktien entspricht. Allerdings ist ein **Mindestbetrag** von 200.000,– € und ein **Höchstbetrag** von 7,5 Mio. € zu beachten.

24 Schließlich ist auch in allen Fällen des **Spruchverfahrens** das GNotKG anzuwenden. Der anzunehmende Geschäftswert ergibt sich aus § 74 GNotKG: Als Geschäftswert ist der Betrag anzunehmen, der von allen in § 3 SpruchG genannten Antragsberechtigten nach der Entscheidung des Gerichts zusätzlich zu dem ursprünglich angebotenen Betrag insgesamt gefordert werden kann. Dabei ist ein **Mindestgeschäftswert von 200.000,– €** und ein **max. Geschäftswert von 7,5 Mio. €** vorgegeben.

C. Notarkosten

25 Die Kosten der deutschen Notare bestimmen sich ausschl. nach Kapitel 3 des GNotKG (§§ 85 bis 131 GNotKG). Es wird, wie sich aus § 85 GNotKG ergibt, zwischen Beurkundungsverfahren (Teil 2 Hauptabschnitt 1 KV), Vollzug eines Geschäfts und Betreuungstätigkeiten (Teil 2 Hauptabschnitt 2 KV), sonstigen notariellen Verfahren (Teil 2 Hauptabschnitt 3 KV), Entwurf und Beratung (Teil 2 Hauptabschnitt 4 KV) und sonstigen Geschäften (Teil 2 Hauptabschnitt 5 KV) unterschieden. Vereinbarungen über die Höhe der Kosten sind gem. § 126 GNotKG nur für Tätigkeiten des Notars als Mediator oder Schlichter sowie in nicht durch das GNotKG geregelten Angelegenheiten zulässig, ansonsten gem. § 125 GNotKG unwirksam.

I. Beurkundungsverfahren

26 Die Gebühren für das Beurkundungsverfahren ergeben sich aus Teil 2 Hauptabschnitt 1 KV. Gebührentechnisch unterschieden wird im KV zwischen der Beurkundung von Verträgen, bestimmten Erklärungen sowie Beschlüssen von Organen einer Vereinigung oder Stiftung (Abschnitt 1), der Beurkundung sonstiger Erklärungen, Tatsachen und Vorgängen (Abschnitt 2) und der vorzeitigen Beendigung des Beurkundungsverfahrens (Abschnitt 3).

27 Die Gebühren für das Beurkundungsverfahren erfassen gemäß Vorbemerkung 2.1 Abs. 1 KV die **Vorbereitung und Durchführung** der Beurkundung einschließlich der Beschaffung erforderlicher Informationen. Die Gebühren Nr. 21100 bis 21304 KV decken gemäß Vorbemerkung 2.1 Abs. 2 Nr. 1 KV auch die **Übermittlung von Anträgen und Erklärungen** an ein Gericht oder eine Behörde sowie gemäß Nr. 2 die Stellung von Anträgen im Namen der Beteiligten ab. Insbesondere löst die Einreichungspflicht aus § 53 BeurkG keinen zusätzlichen Gebührentatbestand aus (Bormann/ Diehn/Sommerfeldt GNotKG, Vorbem. 2.1 KV Rn. 15). Erledigt der Notar Beanstandungen, so

decken die Gebühren nach Nr. 21100 bis 21304 KV dies gem. Vorbemerkung 2.1 Abs. 2 Nr. 3 KV selbst dann ab, wenn ein Beschwerdeverfahren bestritten werden muss. Schließlich ist nach Vorbemerkung 2.1 Abs. 2 Nr. 4 KV auch die notwendige Bescheinigung des Gesellschaftsvertrags- oder Satzungswortlauts bei Änderungen eines Gesellschaftsvertrages bzw. einer Satzung (vgl. § 54 GmbHG, § 181 AktG) erfasst. Dies gilt allerdings nicht, wenn der Notar die Gesellschaftsvertrags- oder Satzungsänderung nicht beurkundet hat (Bormann/*Diehn*/Sommerfeldt GNotKG, Vorbem. 2.1 KV Rn. 22).

1. Verträge, bestimmte Erklärungen und Beschlüsse

a) Gebührenansatz

aa) Verträge und einseitige Willenserklärungen

Für die Beurkundung von **Verträgen** erhält der Notar im Allgemeinen gem. Nr. 21100 KV 2,0 Gebühren. Allerdings gilt eine Mindestgebühr von 120,– €. Erfasst sind grds. sowohl schuldrechtliche als auch – mit Modifikationen – dingliche Verträge (Bormann/*Diehn*/Sommerfeldt GNotKG, Vorbem. 2.1.1 KV Rn. 5). Verträge sind zweiseitige Rechtsgeschäfte, zu deren Zustandekommen korrespondierende Willenserklärungen mehrere Personen oder gleichgerichtete Erklärungen zur Inkraftsetzung erforderlich sind (Bormann/*Diehn*/Sommerfeldt GNotKG, Nr. 21100 KV Rn. 5). 28

Im Gesellschaftsrecht sind insbesondere erfasst (Bormann/*Diehn*/Sommerfeldt GNotKG, Nr. 21100 KV Rn. 9): 29
– die Aufnahme eines Gesellschafters durch Vertrag,
– Beitrittsvereinbarungen,
– die Gründung einer Gesellschaft durch mehrere Personen (zur Ein-Personen-Gründung vgl. Rn. 12),
– die Abtretung von Geschäftsanteilen oder Übertragung von Beteiligungen an Personengesellschaften,
– Verschmelzungsverträge,
– Spaltung einschließlich der Ausgliederung zur Aufnahme (zur Spaltung zur Neugründung vgl. Nr. 21200 KV Rn. 5).

Wird lediglich ein **Antrag zum Abschluss eines Vertrages** beurkundet, so entsteht gem. Vorbem. 2.1.1 Abs. 1 Nr. 1 grds. gleichwohl die 2,0 Gebühr der Nr. 21100 KV. Dafür entsteht gem. Nr. 21101 Nr. 1 KV aber für die **Beurkundung der Annahme** nur eine 0,5 Gebühr. 30

Erfolgt das **Verfügungsgeschäft**, so etwa bei Verkauf und Übertragung von GmbH-Geschäftsanteilen die Abtretung, in gesonderter Urkunde, so wird gem. für das dingliche Geschäft nur eine verringerte Gebühr erhoben. Diese beträgt, wenn der beurkundende Notar bereits das zugrunde liegende Rechtsgeschäft beurkundet und mit einer Gebühr nach Nr. 21100 KV abgerechnet hat, eine 0,5 Gebühr nach Nr. 21101 Nr. 2 KV. Wurde das beurkundete Geschäft bereits anderweitig beurkundet, wird für die Beurkundung des Verfügungsgeschäfts eine 1,0 Gebühr nach Nr. 21102 Nr. 1 KV erhoben, wobei die Beurkundung vor einem im Ausland amtierenden Notar genügt nach wohl h. M. nicht (Bormann/*Diehn*/Sommerfeldt GNotKG, Nr. 21102 KV Rn. 8 unter Hinweis auf BayObLG DNotZ 1978, 58; OLG Hamm MittBayNot 1998, 201; a. A. OLG Köln FGPrax 2002, 89). Ist das zugrunde liegende Geschäft noch nicht beurkundet, gilt mangels abweichender Regelung Nr. 21100 KV. Wird ein Verfügungsgeschäft in derselben Urkunde wie das Grundgeschäft beurkundet, so liegt gem. § 109 Abs. 1 GNotKG derselbe Beurkundungsgegenstand vor, aus dessen Wert einmal die 2,0 Gebühr der Nr. 21100 KV erhoben wird (Bormann/*Diehn*/Sommerfeldt GNotKG, Nr. 21101 KV Rn. 6). 31

bb) Beschlüsse

32 Für die Beurkundung von **Beschlüssen von Organen einer Vereinigung oder Stiftung** gilt ebenfalls der Gebührentatbestand der Nr. 21100 KV und der Notar erhält damit eine 2,0 Gebühr. Die Gebühr erfasst die Protokollierung der tatsächlichen Vorgänge bei Beschlussfassung, insbesondere der Willensbildung, der Beschlussfeststellung und des Beschlussergebnisses sowie etwaiger Widersprüche (Bormann/*Diehn*/Sommerfeldt GNotKG, Nr. 21100 KV Rn. 19). Im Fall von Satzungs- oder Gesellschaftsvertragsänderungen gilt die für die Anmeldung zum Handelsregister erforderliche Bescheinigung des neuen vollständigen Wortlauts gem. Vorbem. 2.1 Abs. 2 Nr. 4 KV als gebührenfreies Nebengeschäft.

33 Erfasst sind die **Beschlussorgane** sämtlicher Rechtsträger, also (Bormann/*Diehn*/Sommerfeldt GNotKG, Nr. 21100 KV Rn. 17):
- bei der AG und KGaA deren Hauptversammlung bzw. Versammlung der Aktionäre, Aufsichtsrat, ein mehrgliedriger Vorstand oder sonstige fakultative Organe,
- bei der GmbH deren Gesellschafterversammlung, eine mehrgliedrige Geschäftsführung, ein etwaiger Aufsichtsrat und sonstige fakultative Organe,
- beim Verein die Mitgliederversammlung, ein mehrgliedriger Vorstand und sonstige fakultative Organe,
- bei der Personengesellschaft die Gesellschafterversammlung und etwaige fakultative Organe.

34 Der Begriff des Beschlusses beinhaltet mehrseitige Rechtsgeschäfte, die der Willensbildung im Gesellschafts- und Vereinsrecht dienen einschließlich Wahlen (Bormann/*Diehn*/Sommerfeldt GNotKG, Nr. 21100 KV Rn. 11). Die Gebühr Nr. 21100 KV entsteht auch für Beschlüsse von Ein-Personen-Gesellschaften (Bormann/*Diehn*/Sommerfeldt GNotKG, Nr. 21101 KV Rn. 12).

35 Werden **Beschlüsse gemeinsam mit Willenserklärungen** beurkundet, so etwa bei der Gründung von Kapitalgesellschaften (Vertrag) und der Bestellung der ersten Geschäftsführers oder des ersten Aufsichtsrats (Beschluss), so liegen gem. § 110 Nr. 1 GNotKG verschiedene Beurkundungsgegenstände vor. Damit entsteht die 2,0 Gebühr der Nr. 21100 KV zwar nur einmal (sofern die Erklärungen und Beschlüsse in derselben Urkunde enthalten sind), werden aber die Werte nach § 35 Abs. 1 GNotKG addiert (Bormann/*Diehn*/Sommerfeldt GNotKG, Nr. 21101 KV Rn. 13). Werden in derselben Versammlung oder Sitzung mehrere Beschlüsse gefasst, so ist anhand von § 109 Abs. 2 Satz 1 Nr. 4 GNotKG abzugrenzen, ob es sich um denselben oder einen anderen Beurkundungsgegenstand (im letztgenannten Fall mit der Folge einer Addierung der Werte nach § 35 Abs. 1 GNotKG) handelt.

36 Wird entgegen vorgesehener Tagesordnung kein Beschluss gefasst, so liegt ein Fall der vorzeitigen Beendigung vor.

b) Geschäftswert

37 §§ 97 bis 111 GNotKG enthalten Wertvorschriften für die Gebührenberechnung im Beurkundungsverfahren.

aa) Verträge

38 Der Geschäftswert bei der Beurkundung von Verträgen bestimmt sich nach § 97 Abs. 1 GNotKG nach dem **Wert des Rechtsverhältnisses**, das Beurkundungsgegenstand ist. Maßgeblich ist der objektive Wert der beurkundeten Erklärungen (BayObLG Rpfleger 1992, 77; OLG Hamm FGPrax 1998, 153; OLG Karlsruhe Rpfleger 2001, 321). Im Fall von **Austauschverträgen**, also gegenseitigen Verträgen, durch die eine Vertragspartei eine Leistung erbringt, um von der anderen Vertragspartei eine Gegenleistung zu erhalten (BayObLG JB 1978, 578), ist nur der Wert der Leistungen des einen Teils maßgeblich, bei unterschiedlichen Werten der höhere. Es findet also keine Addition der wechselseitigen Leistungen statt. Gemeint ist bspw. die **Veräußerung eines Geschäftsanteils** (OLG Dresden DB 1994, 319; OLG Köln FGPrax 2000, 126).

§ 107 GNotKG enthält Sonderregelungen für die Beurkundung von **gesellschaftsrechtlichen Verträgen**, Satzungen und **Plänen**. Hiernach gilt ein Mindestwert von 30.000,– € und ein Höchstwert von 10 Mio. €. Der Mindestwert gilt jedoch nicht für die Gründung einer Unternehmergesellschaft (haftungsbeschränkt) i. S. v. § 2 Abs. 1a GmbHG und, wenn von dem Musterprotokoll nicht abgewichen wird, für Änderungen des Gesellschaftsvertrages. 39

Für die **Wertermittlung in den Fällen des § 107 Abs. 1 GNotKG** gelten folgende **Beispiele**: Bei einer **Gründung der Gesellschaft** ist zunächst das Stamm- bzw. Grundkapital maßgeblich; hinzuzurechnen sind Sacheinlagen, andere Einlagen (Aufgelder) und ein genehmigtes Kapital (Bormann/*Diehn*/Sommerfeldt GNotKG, § 107 Rn. 3; *Otto* JB 1997, 287 f.). Für die mit dem MoMiG eingeführte Unternehmergesellschaft (haftungsbeschränkt) richtet sich der Geschäftswert nach der Höhe des konkreten Stammkapitals (Antwort der Bundesregierung auf die kleine Anfrage der Fraktion Bündnis 90/Die Grünen und verschiedener Abgeordneter, BT Drucks. 16/10739). Bei Publikumsgesellschaften ist die Ermächtigung zur Aufnahme weiterer Gesellschafter mit betragsmäßig bestimmten Einlagen werterhöhend zu berücksichtigen. Eine Vollmacht zur Aufnahme weiterer Gesellschafter bildet demgegenüber einen eigenständigen Beurkundungsgegenstand nach § 86 Abs. 2 GNotKG (Bormann/*Diehn*/Sommerfeldt GNotKG, § 107 Rn. 4). 40

Bei einer **Auseinandersetzung** der Gesellschafter kommt es auf den Wert des betroffenen Vermögens ohne einen Schuldenabzug an (LG Kleve JB 2001, 378). Für das **Ausscheiden eines Gesellschafters** einer OHG und die Fortführung durch die übrigen Gesellschafter ist der Wert des Gesellschaftsanteils des Ausscheidenden ohne einen Schuldenabzug oder seine Abfindung, je nachdem welcher Wert höher ist, maßgeblich (OLG Zweibrücken MittBayNot 2002, 61; Bormann/*Diehn*/Sommerfeldt GNotKG, § 107 Rn. 19). 41

Grundlage für die Bewertung von Verträgen nach dem UmwG sind die in der Verschmelzungs-, Spaltungs- oder Formwechselbilanz des übertragenden Rechtsträgers ausgewiesenen Aktiva (Bormann/*Diehn*/Sommerfeldt GNotKG, § 107 Rn. 33). Der Buchwert in der Bilanz ausgewiesener Grundstücke und Gesellschaftsbeteiligungen ist durch den Verkehrswert zu ersetzen (Bormann/*Diehn*/Sommerfeldt GNotKG, § 107 Rn. 33). Ein auf der Aktivseite ausgewiesener nicht durch Eigenkapital gedeckte Fehlbetrag ist abzusetzen (Bormann/*Diehn*/Sommerfeldt GNotKG, § 107 Rn. 33). Im Fall der **Umwandlung durch Aufhebung** des alten Vertrags und Abschluss eines neuen Vertrags ist das übertragene Vermögen maßgeblich (BayObLG DB 1997, 88). Für die **Verschmelzung durch Neugründung** eines anderen Gesellschafters oder durch Übertragung des Vermögens der Gesellschaft als Ganzes ist der Wert der Aktiva des einzubringenden Vermögens ohne einen Schuldenabzug maßgebend (BayObLG-RR 1999, 1373). 42

Bei der Beurkundung von Verträgen zwischen i. S. v. § 15 AktG verbundenen Unternehmen über die Veräußerung oder über die Verpflichtung zur Veräußerung von Geschäftsanteilen und beteiligungen ist der Geschäftswert gem. § 107 Abs. 2 GNotKG i. d. R. auf den Höchstbetrag von 10 Mio. € begrenzt. 43

bb) Beschlüsse

Für den Geschäftswert bei der Beurkundung von Beschlüssen von Organen von Kapital-, Personenhandels- und Partnerschaftsgesellschaften gilt gem. § 108 Abs. 1 GNotKG § 105 Abs. 4 und 6 GNotKG entsprechend. Es gelten also die für die Handels- oder Partnerschaftsregister bestimmten Regelgeschäftswerte. Bei der Beurkundung von Beschlüssen, welche die Zustimmung zu einem bestimmten Rechtsgeschäft enthalten, ist gem. § 108 Abs. 2 GNotKG der (fiktive) Geschäftswert dieses Geschäfts maßgeblich. 44

Der Geschäftswert bei der Beurkundung von Beschlüssen nach dem UmwG ist der Wert des Vermögens des übertragenden oder formwechselnden Rechtsträgers (vgl. Rdn. 42). Der Geschäftswert bei der Beurkundung von Beschlüssen einer GbR, deren Gegenstand keinen bestimmten Geldwert hat, beträgt gem. § 108 Abs. 4 GNotKG 30.000,– €. 45

46 Allgemein gilt nach § 108 Abs. 5 GNotKG eine Wertgrenze von 5 Mio. €, auch wenn mehrere Beschlüsse mit verschiedenem Gegenstand in einem Beurkundungsverfahren zusammengefasst sind.

cc) Handelsregisteranmeldungen

47 Für Anmeldungen zum Handelsregister enthält § 105 GNotKG besondere Wertvorschriften.

c) Mehrere Beurkundungsgegenstände

48 Für die Frage, welche Gebühren anfallen, wenn **mehrere Verträge, Beschlüsse oder Erklärungen in derselben Urkunde** enthalten sind, ist stets zu prüfen, ob es sich um denselben Beurkundungsgegenstand i. S. v. § 109 GNotKG handelt oder um verschiedene Beurkundungsgegenstände i. S. v. § 110 GNotKG. Liegt derselbe Beurkundungsgegenstand vor, so bestimmt sich der Geschäftswert nur nach dem Wert des Rechtsverhältnisses, zu dessen Erfüllung, Sicherung oder sonstiger Durchführung die anderen Rechtsverhältnisse dienen (§ 119 Abs. 1 GNotKG) bzw. nach dem höchsten in Betracht kommenden Geschäftswert (§ 119 Abs. 2 GNotKG). Liegen verschiedene Beurkundungsgegenstände vor, so werden die Werte für die Bemessung der pro Verfahren jeweils nur einmal zu erhebenden Verfahrens-, Vollzugs- oder Betreuungsgebühr nach § 35 Abs. 1 GNotKG zusammengerechnet.

49 **Derselbe Beurkundungsgegenstand** liegt gem. § 109 Abs. 1 GNotKG vor, wenn Rechtsverhältnisse zueinander in einem Abhängigkeitsverhältnis stehen und das eine Rechtsverhältnis unmittelbar dem Zweck des anderen dient. Ein solches Abhängigkeitsverhältnis liegt nur vor, wenn das andere Rechtsverhältnis der Erfüllung, Sicherung oder sonstigen Durchführung des einen Rechtsverhältnisses dient. Als Beispiele nennt die gesetzliche Regelung u. a.:
– den Gesellschaftsvertrag und die Auflassung bzgl. eines einzubringenden Grundstücks (§ 109 Abs. 1 Satz 4 Nr. 2 GNotKG),
– Beschlüsse von Organen einer Vereinigung oder Stiftung und eine damit im Zusammenhang stehende Änderung des Gesellschaftsvertrages oder der Satzung (§ 109 Abs. 2 Satz 1 Nr. 4 Buchst. a) GNotKG),
– Kapitalerhöhungs- oder Kapitalherabsetzungsbeschlüsse und die weiteren damit im Zusammenhang stehenden Beschlüsse (§ 109 Abs. 2 Satz 1 Nr. 4 Buchst. b) GNotKG),
– mehrere Änderungen des Gesellschaftsvertrages oder der Satzung, deren Gegenstand keinen bestimmten Geldwert hat (§ 109 Abs. 2 Satz 1 Nr. 4 Buchst. c) GNotKG),
– mehrere Wahlen, sofern nicht Einzelwahlen stattfinden (§ 109 Abs. 2 Satz 1 Nr. 4 Buchst. d) GNotKG),
– mehrere Beschlüsse über die Entlastung von Verwaltungsträgern, sofern nicht Einzelbeschlüsse gefasst werden (§ 109 Abs. 2 Satz 1 Nr. 4 Buchst. e) GNotKG),
– Wahlen und Entlastungsbeschlüsse, sofern nicht einzeln abgestimmt wird (§ 109 Abs. 2 Satz 1 Nr. 4 Buchst. f) GNotKG),
– Beschlüsse von Organen verschiedener Vereinigungen bei Umwandlungsvorgängen, sofern die Beschlüsse denselben Beschlussgegenstand haben (§ 109 Abs. 2 Satz 1 Nr. 4 Buchst. g) GNotKG).

50 Im Übrigen stellen Beschlüsse von Organen einer Vereinigung oder Stiftung und Erklärungen jedoch gem. § 110 Nr. 1 GNotKG verschiedene Beurkundungsgegenstände dar. Gegenstandsverschieden sind außerdem:
– die Übertragung eines Kommanditanteils und die Übertragung eines Gesellschafterkontos (LG Wuppertal RNotZ 2001, 294),
– Kauf und Verkauf eines Geschäftsanteils unter gleichzeitiger Aufhebung eines Treuhandverhältnisses (LG München MittBayNot 1996, 56).

51 Mehrere Umwandlungsvorgänge bilden verschiedene Beurkundungstatbestände, deren Werte gem. § 35 Abs. 1 GNotKG zusammenzurechnen sind (Bormann/*Diehn*/Sommerfeldt GNotKG, § 107 Rn. 45). Die Feststellung des Gesellschaftsvertrages oder der Satzung des neu zu errichtenden Rechtsträgers, der Verzicht auf den Verschmelzungsbericht nach § 8 Abs. 3 UmwG oder auf

die Verschmelzungsprüfung nach § 9 Abs. 3 UmwG sowie der Verzicht auf den Verschmelzungsprüfungsbericht nach §§ 12 Abs. 3, 9 Abs. 3 UmwG sind mit dem Verschmelzungsvertrag gegenstandsgleich (OLG Hamm MittBayNot 2002, 210). Etwa in derselben Urkunde enthaltene Zustimmungsbeschlüsse der beteiligten Rechtsträger sind demgegenüber gegenstandsverschieden gem. § 110 Nr. 1 GNotKG.

Handelsregisteranmeldungen gelten gem. § 111 Nr. 3 GNotKG stets als besonderer Beurkundungsgegenstand. Das bedeutet, dass mehrere Anmeldungen zum Handelsregister im Verhältnis untereinander und im Verhältnis zu in derselben Urkunde niedergelegten Erklärungen und Beschlüssen gegenstandsverschieden sind (Bormann/*Diehn*/Sommerfeldt GNotKG, § 111 Rn. 14). Ausnahmen gelten 52

- gem. § 105 Abs. 1 Nr. 1 und 5, Abs. 3 Nr. 3 GNotKG für die Erstanmeldung einer Gesellschaft und die Anmeldung der vertretungsberechtigten Organe bzw. der Gesellschafter einschließlich Vertretungsberechtigung,
- die in § 109 Abs. 2 Satz 1 Nr. 4 GNotKG genannten Fälle,
- die Anmeldung der Beendigung der Liquidation und des Erlöschens der Gesellschaft (Bormann/*Diehn*/Sommerfeldt GNotKG, § 111 Rn. 14),
- die Anmeldung der Fortsetzung einer aufgelösten Gesellschaft und die Anmeldung der Abberufung des Liquidators sowie die Anmeldung der Neubestellung des Geschäftsführers (Bormann/*Diehn*/Sommerfeldt GNotKG, § 111 Rn. 14).

2. Sonstige Erklärungen, Tatsachen und Vorgänge

Für die Beurkundung von sonstigen Erklärungen, Tatsachen und Vorgängen erhält der Notar gemäß Nr. 21200 KV eine 1,0 Gebühr bei einer Mindestgebühr von 60,– €, sofern nicht einer der Sonderfälle der Nr. 21201 KV vorliegt. Erfasst werden damit alle einseitigen Vorgänge, unabhängig davon, ob es sich um Willenserklärungen, rechtsgeschäftsähnliche Handlungen, sonstige Erklärungen, Tatsache oder sonstige Vorgänge handelt (Bormann/*Diehn*/Sommerfeldt GNotKG, Nr. 21200 KV Rn. 3). 53

Im Gesellschaftsrecht ist Nr. 21200 KV bspw. relevant für: 54

- **Spaltungsplan** bei Spaltung zur Neugründung (Bormann/*Diehn*/Sommerfeldt GNotKG, Nr. 21200 KV Rn. 6; zur Spaltung zur Aufnahme vgl. Rn. 28);
- **Gründung von Ein-Personen-Gesellschaften**, sofern die Urkunde nicht die Erfüllung von Einlageverpflichtungen enthält, sodass ein Vertrag i. S. v. Nr. 21100 vorliegt (Bormann/*Diehn*/Sommerfeldt GNotKG, Nr. 21200 KV Rn. 11);
- notarielle Vollmachten (Bormann/*Diehn*/Sommerfeldt GNotKG, Nr. 21200 KV Rn. 23);
- Ausübung von **Vorkaufsrechten** oder Verzichte auf Vorkaufsrechte (Bormann/*Diehn*/Sommerfeldt GNotKG, Nr. 21200 KV Rn. 23);
- **Bezugsurkunden** (z. B. bei Unternehmenskäufen; Bormann/*Diehn*/Sommerfeldt GNotKG, Nr. 21200 KV Rn. 7).

Die Gebühr Nr. 21200 KV wird gem. Nr. 21201 KV in den dort bestimmten Fällen auf eine 0,5 Gebühr und eine Mindestgebühr von 30,– € reduziert. Betroffen sind u. a. nach Nr. 5 **Anmeldungen zum Handelsregister** oder zu einem ähnlichen Register. Ähnliche Register sind u. a. das Vereinsregister und das Partnerschaftsregister (Bormann/*Diehn*/Sommerfeldt GNotKG, Nr. 21201 KV Rn. 15). Bei Handelsregisteranmeldungen können darüber hinaus Gebühren für die Erzeugung von sog. XML-Strukturdaten nach Nr. 22114 KV, Vollzugsgebühren nach Nr. 22124 KV oder Beglaubigungsgebühren nach Nr. 25102 KV entstehen. 55

3. Vorzeitige Beendigung des Beurkundungsverfahrens

Im Fall einer vorzeitigen Beendigung des Beurkundungsverfahrens entstehen ebenfalls Gebühren. Diese reduzieren sich jedoch gemäß Teil 2 Hauptabschnitt 1 Abschnitt 3 KV in Abhängigkeit von den Tätigkeiten, die der Notar zum Zeitpunkt der Beendigung bereits erbracht hat. Ein 56

Beurkundungsverfahren ist gem. Vorbem. 2.1.3 KV vorzeitig beendet, wenn vor Unterzeichnung der Niederschrift durch den Notar der Beurkundungsauftrag zurückgenommen oder zurückgewiesen wird oder der Notar feststellt, dass nach seiner Überzeugung mit der Beurkundung aus Gründen, die nicht in seiner Person liegen, nicht mehr zu rechnen ist.

II. Vollzug eines Geschäfts und Betreuungstätigkeiten

1. Gebührenansatz

57 Neben den Gebühren für das Beurkundungsverfahren können weitere Gebühren für Vollzugs- und Betreuungstätigkeiten des Notars entstehen. Die Gebührentatbestände finden sich in Teil 2 Hauptabschnitt 2 KV. Sie setzen gem. Vorbem. 2.2 KV voraus, dass dem Notar für seine Tätigkeit ein besonderer Auftrag erteilt ist. Allerdings kann der Notar grds. davon ausgehen, dass ihm ein Auftrag (formlos oder konkludent) erteilt ist, wenn die Beteiligten von ihm mangels eigener Kenntnisse erwarten, dass er alle Maßnahmen zum Vollzug ergreift (Bormann/*Diehn*/Sommerfeldt GNotKG, Vorbem. 2.2 KV Rn. 3).

a) Vollzugstätigkeiten

58 Zu den Gebühren auslösenden Vollzugstätigkeiten des Notars gehören gem. Vorbem. 2.2.1.1:
– die Anforderung und Prüfung einer Erklärung oder Bescheinigung nach öffentlich-rechtlichen Vorschriften (z. B. der Industrie- und Handelskammer nach § 23 Satz 2 HRV, vgl. Bormann/*Diehn*/Sommerfeldt GNotKG, Vorbem. 2.2.1.1 KV Rn. 27) – Höchstgebühr gem. Nr. 22112: 50,– €;
– die Fertigung, Änderung oder Ergänzung von Gesellschafterlisten (§§ 8 Abs. 1 Nr. 3, 40 GmbHG) oder Übernehmerlisten (§ 57 Abs. 3 Nr. 2 GmbHG) – Höchstgebühr gem. Nr. 22113: 250,– €;
– die Anforderung und Prüfung einer Vollmachtsbestätigung oder einer privatrechtlichen Zustimmungserklärung (z. B. bei vollmachtslosem Vertreter);
– die Anforderung einer privatrechtlichen Verzichtserklärung;
– die Anforderung und Prüfung einer Erklärung über die Ausübung oder Nichtausübung eines privatrechtlichen Vorkaufs- oder Wiederkaufsrechts.

59 Die Vollzugsgebühr beträgt gem. Nr. 22110 KV grundsätzlich 0,5 für alle Vollzugstätigkeiten. Wenn der Gebührensatz für das zugrunde liegende Beurkundungsverfahren kleiner als 2,0 ist, beträgt die Vollzugsgebühr nach Nr. 22111 KV 0,3. Kann der Notar keine Gebühr für das Beurkundungsverfahren oder einen Entwurf erheben, erhöhen sich die Vollzugsgebühren nach Unterabs. 2 (Nr. 22120 bis 22125 KV).

b) Betreuungstätigkeiten

60 Eine 0.5 Betreuungsgebühr entsteht gem. Nr. 22200 KV u. a. für
– die Erteilung von Bescheinigungen über den Eintritt der Wirksamkeit von Verträgen, Erklärungen und Beschlüssen;
– Fälligkeitsprüfung und -mitteilungen;
– Beachtung bestimmter Auflagen;
– Beachtung von Auflagen bei verwahrtem Geld;
– Anzeigen und Anmeldungen von Tatsachen and Dritte;
– Erteilung einer Bescheinigung über Veränderungen hinsichtlich der Personen der Gesellschafter oder des Umfangs ihrer Beteiligung.

2. Wertermittlung

61 Der Geschäftswert für die Vollzugsgebühr richtet sich nach § 112 GNotKG und damit nach dem vollen Wert des Beurkundungsverfahrens. Ebenso ist der Geschäftswert für Betreuungstätigkeiten gem. § 113 Abs. 1 GNotKG wie bei der Beurkundung zu bestimmen.

III. Entwürfe und Beratung

1. Gebührenansatz

a) Entwurf

Kommt es nicht zu einer Beurkundung, sondern fertigt der Notar auf Anforderung nur den **Entwurf einer Urkunde**, so erhält der Notar gem. Teil 2 Hauptabschnitt 4 Abschnitt 1 KV eine Gebühr, deren Höhe sich nach dem Gebührenansatz im Beurkundungsverfahren richtet. Eine entsprechende Gebühr entsteht nach Vorbem. 2.4.1 Abs. 3 KV auch, wenn ein Notar einen ihm vorgelegten Entwurf überprüft, ändert oder ergänzt. Führt der Notar demnächst nach Fertigung eines Entwurfs auf dessen Grundlage ein Beurkundungsverfahren durch, so wird die Entwurfsgebühr auf die Gebühr für das Beurkundungsverfahren angerechnet. 62

Das KV sieht für Entwürfe jeweils eine Rahmengebühr vor. Für die vollständige Erstellung eines Entwurfs und eine umfassende Überprüfung ist gem. § 92 Abs. 2 GNotKG die Höchstgebühr zu erheben. Im Übrigen bestimmt der Notar die Gebühr gem. § 92 Abs. 1 GNotKG im Einzelfall unter Berücksichtigung des Umfangs der erbrachten Leistung nach billigem Ermessen. 63

b) Beratung

Für die Beratung durch einen Notar entsteht gem. Teil 2 Hauptabschnitt 4 Abschnitt 2 KV eine Beratungsgebühr, soweit der Beratungsgegenstand nicht Gegenstand eines anderen gebührenpflichtigen Verfahrens oder Geschäfts ist. 64

Von besonderer Bedeutung im Gesellschaftsrecht ist Nr. 24203 KV, die für die Beratung bei der Vorbereitung oder Durchführung einer **Hauptversammlung oder Gesellschafterversammlung** einen besonderen Gebührenrahmen eröffnet. Diese Gebühr entsteht, soweit der Notar die Gesellschaft über die im Rahmen eines Beurkundungsverfahrens bestehenden Amtspflichten hinaus berät. Zu nennen sind etwa (Bormann/*Diehn*/Sommerfeldt GNotKG, Nr. 24203 KV Rn. 4): 65
– die Vorbereitung oder Überprüfung der Einladung;
– die Prüfung des Versammlungsleitfadens;
– die Begleitung einer Generalprobe;
– die Fertigung des Teilnehmerverzeichnisses und
– die Überprüfung der Ermittlung des Abstimmungsergebnisses.

2. Wertermittlung

Bei der Fertigung eines **Entwurfs** bestimmt sich der Geschäftswert gem. § 119 Abs. 1 GNotKG nach den für die Beurkundung geltenden Vorschriften. Im Fall der Fertigung eines Serienentwurfs ist gem. Abs. 2 die Hälfte des Werts aller zum Zeitpunkt der Entwurfsfertigung beabsichtigten Einzelgeschäfte maßgeblich. 66

Der Geschäftswert für eine **Beratung** wird gem. § 36 GNotKG nach billigem Ermessen bestimmt. Im Fall der **Beratung bei einer Haupt- oder Gesellschafterversammlung** bemisst sich der Geschäftswert nach § 120 GNotKG und damit nach der Summe der Geschäftswerte für die Beurkundung der in der Versammlung zu fassenden Beschlüsse. Es gilt eine Wertobergrenze von 5 Mio. €. 67

IV. Sonstige Geschäfte

Alle sonstigen Geschäfte sind als Gebührentatbestände in Teil 2 Hauptabschnitt 5 geregelt. Erfasst sind Beglaubigungen und sonstige Zeugnisse (Abschnitt 1), andere Bescheinigungen und sonstige Geschäfte (Abschnitt 2) sowie die Verwahrung von Geld, Wertpapieren und Kostbarkeiten (Abschnitt 3). 68

1. Gebührenansatz

69 Der Notar erhält für die **Beglaubigung von Unterschriften oder Handzeichen** gem. Nr. 25100 KV eine 0.2 Gebühr, mindestens aber 20,– € und höchstens 70,– €. Die Regelung gilt unabhängig davon, ob die Beglaubigung nach §§ 39, 40 BeurkG (also durch persönliche Vollziehung der Unterschrift vor dem Notar, etwa nach § 12 HGB) vorgenommen wird oder in anderer Form (Bormann/*Diehl*/Sommerfeldt GNotKG, Nr. 25100, 25101 KV Rn. 2). Soweit der Notar den Inhalt der Urkunde prüft, ist diese Tätigkeit durch die Gebühr nach § 45 Abs. 1 KostO mit abgegolten. Nimmt er rein sprachliche Änderungen vor, verbleibt es beim Gebührenansatz; nur soweit sachliche Änderungen vorgenommen werden, entsteht eine Entwurfsgebühr, wenn der Notar hierzu wenigstens stillschweigend beauftragt ist (LG Mannheim JB 1999, 378).

2. Geschäftswert

70 Der Geschäftswert richtet sich nach § 121 GNotKG. Er wird damit so bestimmt, als sei die Erklärung beurkundet worden.

D. Rechtsanwaltskosten

71 Die Vergütung für anwaltliche Tätigkeiten bemisst sich nach dem **Rechtsanwaltsvergütungsgesetz (RVG)**. Gem § 3 RVG sind **Vereinbarungen über die Anwaltsvergütung** zulässig (und im Übrigen auch geboten). Aus solchen Vereinbarungen können, wenn sie den Anforderungen des § 3 RVG entsprechen, gem. § 4 RVG sowohl höhere als auch niedrigere als die gesetzlichen Gebühren verlangt werden. In gerichtlichen Angelegenheiten darf generell nur eine höhere als die gesetzliche Gebühr vereinbart werden. Allerdings darf gem. § 4a Abs. 1 Satz 2 RVG für den Fall des Misserfolgs vereinbart werden, dass keine oder eine geringere als die gesetzliche Vergütung zu zahlen ist, wenn für den Erfolgsfall ein angemessener Zuschlag auf die gesetzliche Vergütung (Erfolgshonorar) vereinbart wird. Die Anforderungen an Erfolgshonorarvereinbarungen ergeben sich aus § 4a Abs. 2 RVG.

I. Gebührenansatz

72 Richten sich die Gebühren des Anwalts nach RVG, so werden sie i. d. R. gem. § 2 Abs. 1 RVG nach dem Wert berechnet, den der Gegenstand der anwaltlichen Tätigkeit hat. Die Höhe der Vergütung bestimmt sich nach dem **Vergütungsverzeichnis der Anlage 1 zum RVG (VV)**. Für die Berechnung der **Wertgebühr** sind § 13 RVG sowie die in Anlage 2 zum RVG enthaltene Gebührentabelle maßgeblich. **Rahmengebühren** werden gem. § 14 RVG im Einzelfall unter Berücksichtigung aller Umstände, vor allem des Umfangs und der Schwierigkeit der anwaltlichen Tätigkeit, der Bedeutung der Angelegenheit sowie der Einkommens- und Vermögensverhältnisse des Auftraggebers, nach billigem Ermessen bestimmt. Ein besonderes Haftungsrisiko darf und ist bei Rahmengebühren, die sich nach dem Gegenstandswert richten, zu berücksichtigen.

1. Außergerichtliche Beratung und Vertretung

73 Gem § 34 Abs. 1 RVG soll der Rechtsanwalt für einen mündlichen oder schriftlichen Rat oder eine Auskunft (Beratung), die nicht mit einer anderen gebührenpflichtigen Tätigkeit zusammenhängen, für die Ausarbeitung eines schriftlichen Gutachtens und für die Tätigkeit als Mediator auf eine Gebührenvereinbarung hinwirken, soweit in Teil 2 Abschnitt 1 VV keine Gebühren bestimmt sind. Eine Gebührenvereinbarung empfiehlt sich aber auch in diesem Fall, um Streit zu vermeiden.

74 Teil 2 VV enthält einen **Katalog von Gebührentatbeständen** für die außergerichtliche Beratung und Vertretung durch einen Rechtsanwalt. Abschnitt 1 (Nr. 2100 bis 2103) betrifft die Prüfung der Erfolgsaussicht eines Rechtsmittels. Von wesentlicher Bedeutung im Gesellschaftsrecht ist daneben Abschnitt 3, der Gebührentatbestände für die außergerichtliche Vertretung enthält.

75 Gem. Nr. 2300 VV entsteht eine **0,5 bis 2,5 Geschäftsgebühr** für das **Betreiben des Geschäfts** einschließlich der Information und für die Mitwirkung bei der Gestaltung eines Vertrages. Eine Gebühr

von **mehr als 1,3** kann aber nur gefordert werden, wenn die Tätigkeit umfangreich oder schwierig war. Umfasst sind damit alle Beratungsleistungen im Zusammenhang mit Gesellschaftsgründungen einschließlich des Entwurfs des Gesellschaftsvertrages, Gesellschaftsvertragsänderungen und sonstiger gesellschaftsrechtlicher Beratung. Beschränkt der Auftrag sich, bspw. bei Gesellschafterstreitigkeiten, auf ein **Schreiben einfacher Art**, beträgt die Gebühr nach Nr. 2300 VV gem. Nr. 2302 VV nur 0,3. Um ein Schreiben einfacher Art handelt es sich, wenn dieses weder schwierige rechtliche Ausführungen noch größere sachliche Auseinandersetzungen enthält.

Das RVG sieht für die **Teilnahme an Besprechungen mit Dritten** (z. B. Vertragsverhandlungen, Gesellschafterversammlungen o. ä.) keine gesonderte Gebühr vor. Dennoch können sich solche Besprechungen auf den Gebührenrahmen auswirken, nämlich immer dann, wenn diese zu einer Bewertung der Angelegenheit als »umfangreich« oder »schwierig« i. S. d. Kriterien des § 14 RVG führen, und damit eine Überschreitung der Kappungsgrenze von 1,3 für die Geschäftsgebühr rechtfertigen (*Gerold/Schmidt/v. Eicken/Madert/Müller-Rabe* RVG, 2300 VV Rn. 16, 28; *Hartmann* KostG, 2300 VV Rn. 30).

2. Gerichtliche Rechtsstreitigkeiten

Die Gebührentatbestände für bürgerliche Rechtsstreitigkeiten sind in Teil 3 VV enthalten. Abschnitt 1 enthält Gebührentatbestände für den **ersten Rechtszug**. I. d. R. entsteht eine **1,3 Verfahrensgebühr** gem. Nr. 3100 VV, die sich in den Fällen des Nr. 3101 VV auf 0,8 ermäßigt. Darüber hinaus entsteht mit der mündlichen Verhandlung eine **1,2 Terminsgebühr** gem. Nr. 3104 VV, wenn eine Partei nicht erschienen oder nicht ordnungsgemäß vertreten ist und lediglich Antrag auf Versäumnisurteil gestellt wird, gem. Nr. 3105 VV jedoch nur i. H. e. 0,5 Gebühr. In **Rechtsmittelinstanzen** erhöht sich die Verfahrensgebühr gem. Nr. 3200 (Abschnitt 2) VV auf 1,6. Die Terminsgebühr bleibt in der Berufungsinstanz unverändert, in der Revisionsinstanz beträgt sie 1,5 gem. Nr. 3210 VV.

Wird der Anwalt in derselben Angelegenheit **von mehreren Personen beauftragt**, so erhält er nicht von jedem Auftraggeber separate Gebühren, sondern erhöhen sich die Verfahrens- oder Geschäftsgebühr **für jede weitere Person um 0,3** oder 30 %. Mehrere Erhöhungen dürfen einen Gebührensatz von 2,0 nicht übersteigen, Nr. 1008 VV. Abgrenzungsschwierigkeiten ergeben sich häufig im Gesellschaftsrecht. Mit der Anerkennung der Rechtsfähigkeit sowie der Partei- und Prozessfähigkeit der GbR liegt im Fall der Beauftragung eines Rechtsanwaltes **durch eine GbR** auch nur **ein Auftraggeber** vor (*Gerold/Schmidt/v. Eicken/Madert/Müller-Rabe* RVG, 1008 VV Rn. 62). Nicht ausgeschlossen ist allerdings bei der GbR ebenso wie bei der OHG, dass im Passivprozess neben der Gesellschaft auch deren Gesellschafter verklagt werden, um neben dem Gesellschaftsvermögen auch in das Privatvermögen der akzessorisch haftenden Gesellschafter vollstrecken zu können. In diesem Fall müssen auch die Gesellschafter einen Rechtsanwalt beauftragen und sind damit zusätzliche Auftraggeber i. S. v. Nr. 1008 VV (OLG Düsseldorf MDR 2005, 1257). Gleiches gilt selbstverständlich, wenn die Gesellschafter selbst an einem Aktivprozess beteiligt sind (*Gerold/Schmidt/v. Eicken/ Madert/Müller-Rabe* RVG, 1008 VV Rn. 64). Im Fall von **Gesellschafterstreitigkeiten** vertritt der Rechtsanwalt nicht die Gesellschaft, sondern die Gesellschafter und damit, wenn er mehrere Gesellschafter vertritt, eine Mehrheit von Auftraggebern. Anderes gilt, wenn die Gesellschaft als solche gegen einen einzelnen Gesellschafter vorgeht (OLG Hamm MDR 2002, 721).

Wirkt der Anwalt beim **Abschluss eines Vergleiches** mit, so erhält gem. Nr. 1000 VV eine **1,5 Einigungsgebühr**. Diese ermäßigt sich dann, wenn ein gerichtliches Verfahren anhängig ist, gem. Nr. 1003 VV auf eine 1,0 Gebühr, in der Berufungs- oder Revisionsinstanz erhöht sie sich auf eine 1,3 Gebühr.

II. Gegenstandswert

Um ein Auseinanderlaufen der Wertansätze im selben Verfahren zu vermeiden, bestimmt sich der Gegenstandswert für die Tätigkeit eines Rechtsanwalts gem. § 23 RVG in gerichtlichen Verfahren nach den für die Gerichtsgebühren geltenden Vorschriften (vgl. Rdn. 5 ff.). **Gerichtliche Festsetzungen** sind gem. § 32 RVG auch für die Gebühren des Rechtsanwalts maßgebend.

81 In anderen Angelegenheiten gelten gem. § 23 Abs. 3 RVG für den Gegenstandswert die Bewertungsvorschriften des GNotKG und die §§ 37, 38, 42 bis 45 sowie 99 bis 102 GNotKG entsprechend. Soweit sich der Gegenstandswert aus den Vorschriften des GKG und des GNotKG nicht ergibt und auch sonst nicht feststeht, ist er **nach billigem Ermessen** zu bestimmen. Mangels genügender tatsächlicher Anhaltspunkte für eine Schätzung oder bei **nichtvermögensrechtlichen Gegenständen** ist der Gegenstandswert **mit 5.000,– €**, nach Lage des Falles niedriger oder höher, nicht jedoch über 500.000,– € anzunehmen.

82 In derselben Angelegenheit werden gem. § 22 Abs. 1 RVG die **Werte mehrerer Gegenstände zusammengerechnet**. Abgrenzungstatbestände, wann dieselbe Angelegenheit anzunehmen ist, enthalten §§ 16, 17 RVG. Zu beachten ist des Weiteren die in § 22 Abs. 2 RVG bestimmte **Höchstgrenze von 30,0 Mio. €** für den Wert in derselben Angelegenheit, soweit durch Gesetz nicht ausnahmsweise etwas anderes bestimmt ist. Sind in derselben Angelegenheit mehrere Personen Auftraggeber, beträgt der Wert für jede Person höchstens 30,0 Mio. €, insgesamt jedoch nicht mehr als 100,0 Mio. €.

83 Daneben enthält das RVG eine Reihe von **speziellen Wertvorschriften**. Für das Gesellschaftsrecht ist **§ 31 RVG** maßgeblich, der den Gegenstandswert in **gerichtlichen Verfahren nach dem SpruchG** dann, wenn der Rechtsanwalt einen von mehreren Antragstellern vertritt, nach dem Bruchteil des für die Gerichtsgebühren geltenden Geschäftswertes bestimmt, der sich aus dem Verhältnis der Anzahl der Anteile des Auftraggebers zu der Gesamtzahl der Anteile aller Antragsteller ergibt. Maßgeblich ist der Zeitpunkt der Antragstellung. Ist die Anzahl der auf einen Antragsteller entfallenden Anteile nicht gerichtsbekannt, wird vermutet, dass er lediglich einen Anteil hält. Der Wert beträgt mindestens 5.000,– €. Bei Beauftragung durch mehrere Antragsteller sind die auf die einzelnen Antragsteller entfallenden Werte zusammenzurechnen; Nr. 1008 VV gilt insoweit nicht.

Stichwortverzeichnis

Die **fett** gedruckten Zahlen bezeichnen das Gesetz und die Paragraphen oder die Kapitel. Die mager gedruckten Zahlen verweisen auf die Randnummern.

Abandon **GmbHG 33** 3
Abberufung des GmbH-Geschäftsführers
   GmbHG 6 31; **38** 1 ff.; **43a** 5; **46** 23 ff.; **Kap. 5** 575 ff.
– Abberufung aus wichtigem Grund t5 579 ff.
– Abberufung in der mitbestimmten Gesellschaft **Kap. 5** 590 ff.
– Abberufung in der nicht mitbestimmten Gesellschaft **Kap. 5** 575 ff.
– Abberufungszuständigkeit **Kap. 5** 584
– Beschlussfassung über Abberufung ins Handelsregister **Kap. 5** 584 ff.
– einstweiliger Rechtsschutz im Vorfeld der Beschlussfassung **Kap. 5** 621 ff.
– einstweiliger Rechtsschutz nach Beschlussfassung **Kap. 5** 610 ff.
– Eintragung der Abberufung **Kap. 5** 589
– gerichtliche Geltendmachung fehlerhafter Abberufung **Kap. 5** 591 ff.
– Grundsatz der freien Abberufbarkeit **Kap. 5** 575 ff.
– Kundgabe der Abberufung **Kap. 5** 587 f.
– Suspendierung **Kap. 5** 622
– vorläufige Wirksamkeit der Abberufung **Kap. 5** 599 ff.
– wichtiger Grund **Kap. 5** 581 ff.
– wichtiger Grund bei der Zwei-Personen-GmbH **Kap. 5** 586
Abberufung des Vorstands
– Rechtsschutz **AktG 84** 29 ff.
– wichtiger Grund **AktG 84** 21 ff.
– Wirksamkeit **AktG 84** 28
Abberufung von Aufsichtsratsmitgliedern der AG
   HGB 131 1 ff.; **131** 42 ff.; **140** 1 ff.; **161** 40; **161** 42; **177** 16
Abfindung **GmbHG 34** 10
– Beschränkung **GmbHG 34** 22 ff.
– Buchwert **GmbHG 34** 23
– Ertragswertmethode **GmbHG 34** 21
– Nennwert **GmbHG 34** 23
– Streit über die Höhe **GmbHG 34** 24
– Verkehrswert **GmbHG 34** 20
Abfindung bei der GbR **BGB 738–740** 5 ff.
– Abfindungsbeschränkungen **BGB 738–740** 19 ff.
– Abfindungsregelungen **BGB 738–740** 19 ff.
– Auszahlungsvereinbarungen **BGB 738–740** 29 ff.
– Buchwertklausel **BGB 738–740** 22
– Ertragswertmethode **BGB 738–740** 7
– Fälligkeit **BGB 738–740** 8
– Höhe **BGB 738–740** 6 f.

Abfindung bei der GmbH & Co. KG **HGB Anh. 3** 68
Abfindung bei der KG **HGB 161** 41; **163** 3; **177** 16
Abgeltungssteuer **Kap. 2** 186, 456
Abgrenzung der GbR von anderen Rechtsinstituten **BGB Vor 705** 12 ff.
– Bruchteilsgemeinschaft **BGB Vor 705** 15
– Erbengemeinschaft **BGB Vor 705** 16
– Gefälligkeitsverhältnis **BGB Vor 705** 13
– partiarische Rechtsverhältnisse **BGB Vor 705** 17
– Partnerschaft **BGB Vor 705** 19
– Personenhandelsgesellschaften **BGB Vor 705** 18
– Sternverträge **BGB Vor 705** 20
Abhängigkeitsbericht **AktG 170** 2
Ablehnung Insolvenzeröffnung bei der GmbH **GmbHG 60** 11
Absatzgenossenschaft **GenG 1** 19
Abschlagszahlung
– Bilanzielle Auswirkung **AktG 59** 8
– Ermächtigung des Vorstands **AktG 59** 3
– Gläubigerrecht, verkehrsfähiges **AktG 59** 7
– Höhe **AktG 59** 5 f.
– Rückgewährverpflichtung **AktG 59** 9
– Satzungsbestimmung **AktG 59** 1 f.
– Verkehrsfähigkeit **AktG 59** 7
– Vorabausschüttung **AktG 59** 1
– Voraussetzungen **AktG 59** 3 ff.
– vorläufiger Abschluss **AktG 59** 5
– Zuständigkeit **AktG 59** 2
– Zustimmung Aufsichtsrat **AktG 59** 4
Abschluss der Liquidation der GmbH
– Anmeldung **GmbHG 74** 2
– Aufbewahrung von Büchern und Schriften **GmbHG 74** 8 ff.
– Beendigung Liquidation **GmbHG 74** 1
– Einsicht in aufbewahrte Bücher und Schriften **GmbHG 74** 11 ff.
– laufende Rechtsstreitigkeiten **GmbHG 74** 2
– Schluss der Liquidation **GmbHG 74** 2 ff.
– Schlussrechnung **GmbHG 74** 4
– ungeklärte Verbindlichkeiten **GmbHG 74** 3
– Vollbeendigung **GmbHG 74** 7
Abschlussprüfer
– Schadensersatzanspruch **AktG 253** 12
– Teilnahme an Gesellschafterversammlungen **GmbHG 42a** 16 ff.
Absonderung **Kap. 3** 213
Abspaltung **Kap. 2** 245
– steuerliche Auswirkungen auf Anteilseigner **Kap. 2** 311 ff.

Stichwortverzeichnis

Abspaltung von Körperschaften untereinander Kap. 2 280 ff.
Abspaltungsverbot HGB 161 37; 163 2
– bei der GmbH GmbHG 14 7
– bei der KG HGB Vor 161 3
Abtretung der Einlagenforderung der KG HGB 171 17
Abtretung, Verpfändung der Einlageforderung der GmbH GmbHG 19 37 f.
Abwehrklage gegen rechtswidriges Organhandeln, GmbH Kap. 5 344
Abwickler AktG 265 1 ff.
– Abberufung AktG 265 10 f.
– Amtsniederlegung AktG 265 12
– Anmeldung AktG 266 1 ff.
– Aufruf der Gläubiger AktG 267 1 ff.
– Beendigung des Rechtsverhältnisses AktG 265 10 ff.
– Bilanzen AktG 270 1 ff.
– geborene AktG 265 3
– gekorene AktG 265 5
– gerichtliche bestellte AktG 265 7
– Pflichten AktG 268 1 ff.
– Rechnungslegung AktG 270 1 ff.
– Vergütung und Auslagenersatz AktG 265 9
– Vertretung der Gesellschaft AktG 269 1 ff.
– Vor-AG AktG 265 1 ff.
– Vorstandsmitglied AktG 265 3 f.
Abwicklung der AG AktG 264 1 ff.; 273 6
– Abwickler AktG 265 1 ff.
– Anmeldung des Schlusses AktG 273 1 ff.
– Gläubigerschutz AktG 271 1 ff.
– Löschung im Register AktG 273 4
– Nachtragsabwickler AktG 273 7
– Nachtragsabwicklung AktG 264 6
– Schluss der Abwicklung AktG 271 1 ff.
– Vermögensverteilung AktG 271 1 ff.
– Verteilungsverfahren AktG 271 4
Actio pro socio
– Actio pro socio im GmbH-Recht *(siehe dort)* Kap. 5
– Actio pro socio im Recht der Personengesellschaften *(siehe dort)* Kap. 5
– im GmbH-Recht *(siehe dort)* Kap. 5
Actio pro socio (GbR) BGB 709–713 25
Actio pro socio bei der GbR BGB 709–713 25 ff.
– GmbHG 31 5
Actio pro socio bei der KG HGB 161 30
Actio pro socio bei der OHG HGB 105 50 ff.
Actio pro socio im GmbH-Recht Kap. 5 328 ff.
– Ansprüche gegen Organmitglieder Kap. 5 336
– Begriff Kap. 5 328
– Gegenstand Kap. 5 335 ff.
– gesetzliche Prozessstandschaft Kap. 5 331
– Klageantrag Kap. 5 338
– Minderheitsrecht Kap. 5 330
– Prozesskostenrisiko Kap. 5 340
– Rechtsnatur Kap. 5 331

– Sozialansprüche Kap. 5 328, 335
– Subsidiarität Kap. 5 332 ff.
– Urteil Kap. 5 341 f.
– Vergleich Kap. 5 339
– Verzicht Kap. 5 339
– Zuständigkeit der Gesellschafterversammlung Kap. 5 329
Actio pro socio im Recht der Personengesellschaften Kap. 5 90 ff.
– Anwendungsbereich Kap. 5 91 ff.
– Begriff Kap. 5 90
– Beweislast Kap. 5 103
– in der Liquidation Kap. 5 94
– Klageantrag Kap. 5 101
– Klagevoraussetzungen Kap. 5 97 ff.
– Kosten des Verfahrens Kap. 5 105
– Minderheitsrecht Kap. 5 96
– Rechtsnatur Kap. 5 95
– Sozialansprüche Kap. 5 90, 91
– Subsidiarität Kap. 5 98
– Urteil Kap. 5 106 f.
– Verfügungsbefugnis über den Streitgegenstand Kap. 5 104
– Verhältnis zur Klage der Gesellschaft Kap. 5 108 f.
Agio (Aufgeld) Kap. 2 109
– Berücksichtigung bei Gewinnverteilung AktG 60 8
– Kapitalrücklage AktG 54 8
Aktie AktG 1 7
– Einziehung eigener AktG 71c 1 ff.
– Inhaberaktie AktG 10 2
– Namensaktie AktG 10 3
– Nennbetragsaktie AktG 8 2
– Stückaktie AktG 8 3
– Umwandlung AktG 24 1
– Veräußerung eigener AktG 71c 1 ff.
– vinkulierte Namensaktien AktG Einl. 27, 10 3
– Vorzugsaktie AktG Einl. 5, Einl. 27
Aktien
– Erwerb eigener AktG 71 1 ff.
– Inpfandnahme AktG 71e 1 ff.
– Rechte aus eigenen AktG 71b 1 ff.
– Rechtsgemeinschaft an AktG 69 1 ff.
Aktien, *(s. auch eigene Aktien; Übertragung von Aktien)*
– Abspaltungsverbot AktG 12 2
– Aktienbesitzzeit AktG 70 1 ff.
– Ausgaben neuer Urkunden AktG 74 1
– gutgläubiger Erwerb AktG 54 4
– Kraftloserklärung AktG 72–73 1 ff.
– Nebenleistungsverpflichtung AktG 55 11
– Rechtsgemeinschaft AktG 69 1 ff.
– Vorzugsaktien ohne Stimmrecht AktG 139 1 ff.
Aktienbesitzzeit
– Berechnung AktG 70 1 ff.
– Karenzfristen AktG 70 2, 70 2
– Zurechnung AktG 70 3

Stichwortverzeichnis

Aktienerwerb, originärer AktG 56 1 ff.
Aktiengattung AktG 152 3; 160 9
- Mehrstimmrechtsaktie AktG 152 3
- Stammaktie AktG 11 2, 152 3
- Vorzugsaktie AktG 11 3, 152 3

Aktiengesellschaft
- Beweisaufnahme im Prozess Kap. 6 26 ff.
- Doppelvertretung Kap. 6 17
- Insolvenz Kap. 6 4 ff.
- Liquidation Kap. 6 4 ff.
- Parteifähigkeit Kap. 6 1
- Prozessfähigkeit Kap. 6 8 ff.
- Prozessrecht Kap. 6 1 ff.
- prozessuale Vertretung Kap. 6 8 ff.
- Vertretung durch Aufsichtsrat Kap. 6 13
- Vertretung durch Vorstand Kap. 6 11
- Zustellung der Klage Kap. 6 22 ff.

Aktiengesellschaft (AG)
- Bekanntmachungen AktG 25 1 f.
- börsennotiert AktG 3 2 f.
- Einflussnahme AktG 117 1 ff.
- Errichtung AktG 29 1
- Firma AktG 4 1 ff.
- Formkaufmann AktG 3 1 ff.
- Geschichte AktG Einl. 1 ff.
- Gesellschaftssitz AktG 5 1
- Grundbuchfähigkeit AktG 1 5
- Haftung für Verbindlichkeiten AktG 1 8 f.
- Insolvenzfähigkeit AktG 1 5
- Juristische Person AktG 1 3 f.
- Kapitalgesellschaft AktG 1 6 f.
- Körperschaft AktG 1 1 f.
- Parteifähigkeit AktG 1 5
- Pflichtorgane AktG Einl. 4
- Prozessfähigkeit AktG 1 5
- Rechtsformzusatz AktG 4 1
- Reformen AktG Einl. 3
- Satzungssitz AktG 5 2
- Sitzverlegung AktG 5 5
- Verwaltungssitz AktG 5 4

Aktienoptionsprogramm, Erwerb eigener Aktien AktG 71 9

Aktienregister AktG 67 3 ff.
- Anwendungsbereich AktG 67 2
- Eintragung AktG 67 1 ff.
- Eintragung der Aktionäre AktG 67 5, 67 5
- Eintragungen, andere AktG 67 6
- Eintragungswirkung AktG 67 9 f.
- fakultative Eintragungen AktG 67 6
- Legitimationsaktionäre AktG 67 7 f.
- Legitimationswirkung AktG 67 9
- Löschung von Eintragungen AktG 67 20 ff., 67 20 ff.
- Pflicht zur Führung AktG 67 4, 67 4
- Überblick AktG 67 1
- Übertragung der Namensaktie AktG 67 12 ff.
- Umgang mit Daten AktG 67 24
- Zwischenscheine AktG 67 2

Aktienübernahme
- durch abhängige Unternehmen AktG 56 7 ff.
- für Rechnung der AG AktG 56 13 ff.
- Haftung der Vorstandsmitglieder AktG 56 21 f.

Aktienübernahmeerklärung AktG 23 14 ff.
Aktienunterzeichnung AktG 13 1

Aktienurkunde
- Mantel, Bogen und Talon AktG 75 1
- Nebenleistungsverpflichtung AktG 55 6

Aktienurkunden
- beschädigt oder verunstaltet AktG 74 1 ff.
- Mantel AktG 75 1

Aktionär, *(s. auch Treuepflicht)*
- acting in concert AktG 54 11
- Eintragung im Aktienregister AktG 67 5
- Hauptpflichten AktG 54 1 ff.
- Nebenabreden AktG 54 11
- Nebenleistungsverpflichtung AktG 55 1 ff.

Aktionärsdarlehen, eigenkapitalersetzende
- Abtretung der Darlehensforderung AktG 57 26
- Anwendbarkeit der GmbH-Grundsätze AktG 57 23 f.
- Finanzverantwortlichkeit des Aktionärs AktG 57 25
- Überblick AktG 57 22 ff.
- Veräußerung der Aktien AktG 57 26

Aktionärsklage Kap. 6 105 ff.

Amtsauflösung der GmbH GmbHG 75 19 ff.
- Ein-Mann-GmbH GmbHG 75 20
- Mängelheilung GmbHG 75 21
- Voraussetzungen GmbHG 75 19

Amtslöschung einer GmbH
- Amtslöschungsverfahren nach § 397 FamFG *(siehe dort)* Kap. 5

Amtslöschung nichtiger Gesellschaften GmbHG 60 14; 75 17

Amtslöschung unzulässiger Eintragungen GmbHG 75 16 f.
- Fehlen von Verfahrensvoraussetzungen GmbHG 75 16
- Materiell-rechtliche Mängel GmbHG 75 17

Amtslöschungsverfahren nach § 397 FamFG Kap. 5 566 ff.
- Beteiligte Kap. 5 569
- Einleitung des Verfahrens Kap. 5 568
- Entscheidung Kap. 5 572
- Gründe Kap. 5 566
- Löschungsankündigung Kap. 5 570
- Nichtigerklärung Kap. 5 359
- Rechtsmittel Kap. 5 573
- Verhältnis zur Nichtigkeitsklage nach § 75 GmbHG Kap. 5 574
- Widerspruchsverfahren Kap. 5 571
- Zuständigkeit Kap. 5 567

Amtsverfahren zur Löschung/Auflösung GmbH GmbHG 75 13 ff.
- Beschwerderecht GmbHG 75 15
- Verfahrenseinleitung GmbHG 75 14

2625

Stichwortverzeichnis

Änderung der Genossenschaftssatzung
- Mehrheitserfordernis GenG 16 3 ff.
- Verfahren GenG 16 7 ff.

Änderung des Gesellschaftsvertrages der GbR BGB 705 35 ff.
- Form BGB 705 48
- Grundsatz der Einstimmigkeit BGB 705 36 ff.
- Kernbereich der Mitgliedschaft BGB 705 45
- Mehrheitsbeschluss BGB 705 39 ff.

Änderung Ergebnisverwendungsbeschluss der GmbH GmbHG 29 149

Änderung Jahresabschluss der GmbH GmbHG 29 46 f.

Anfechtbarkeit von GmbH-Gesellschafterbeschlüssen Kap. 5 376 ff.
- Anfechtungsklage im GmbH-Recht *(siehe dort)* Kap. 5
- Bestätigung anfechtbarer GmbH-Gesellschafterbeschlüsse *(siehe dort)* Kap. 5
- Ermessensüberschreitungen Kap. 5 377
- gerichtliche Geltendmachung Kap. 5 384
- Gesetzesverstoß Kap. 5 376
- Heilung durch Bestätigungsbeschluss Kap. 5 386, 442 ff.
- Heilung durch Genehmigung Kap. 5 386
- Inhaltsmangel Kap. 5 378
- Relevanztheorie Kap. 5 379
- teilweise Anfechtbarkeit Kap. 5 387
- Verfahrensfehler Kap. 5 378
- Verstoß gegen Satzung Kap. 5 377

Anfechtung in der Insolvenz Kap. 3 125

Anfechtung von Beschlüssen der AG AktG 243 1 ff.
- Anfechtungsgründe AktG 243 1 ff.
- Ausschluss der Anfechtung AktG 243 22
- Beschluss über die Verwendung des Bilanzgewinns AktG 254 1 ff.
- Beschluss über die Wahl von Aufsichtsratsmitgliedern AktG 251 1 ff.
- Feststellung des Jahresabschlusses AktG 257 1 ff.
- Kapitalerhöhung gegen Einlagen AktG 255 1 ff.
- Teilanfechtung AktG 243 1

Anfechtung von GmbH-Gesellschafterbeschlüssen Kap. 5 396 ff.

Anfechtungsbefugnis bei Anfechtungsklage AktG 245 1 ff.
- Aktionärseigenschaft AktG 245 3
- Anfechtung der Verwendung des Bilanzgewinns AktG 254 9
- Anfechtung der Wahl von Aufsichtsratsmitgliedern AktG 251 8
- Rechtsmissbrauch AktG 245 17
- Sondervorteil AktG 245 15

Anfechtungsfrist Kap. 2 51

Anfechtungsklage Kap. 6 34 ff.

Anfechtungsklage gegen Beschlüsse der AG AktG 246 1 ff.; 252 4
- Anfechtungsfrist AktG 246 6
- Bekanntmachungen AktG 246 15, 248a 1 ff.
- Doppelvertretung AktG 246 9
- falsch festgestelltes Beschlussergebnis AktG 243 11
- Nachschieben von Anfechtungsgründen AktG 246 7
- Nebenintervention AktG 246 15
- Streitgegenstand AktG 246 3
- Streitwert AktG 247 1 ff.
- Urteilswirkung AktG 248 1 ff., 252 1 ff.
- Verhältnis zur Nichtigkeitsklage AktG 241 26

Anfechtungsklage gegen Beschlüsse der GmbH
- Klagebefugnis GmbHG 47 83
- Klagefrist GmbHG 47 82

Anfechtungsklage im GmbH-Recht Kap. 5 396 ff.
- Anfechtungsbefugnis Kap. 5 399 ff.
- Anfechtungsbefugnis bei gemeinschaftlicher Berechtigung Kap. 5 402
- Anfechtungsbefugnis bei Veräußerung des Gesellschaftsanteils Kap. 5 404
- Anfechtungsbefugnis von Betriebsräten Kap. 5 406
- Anfechtungsbefugnis von Geschäftsführern Kap. 5 407 f.
- Anfechtungsbefugnis von Gesellschaftern Kap. 5 400 ff.
- Anfechtungsbefugnis von Organmitgliedern Kap. 5 407 f.
- Anfechtungsfrist Kap. 5 412 ff.
- Antrag Kap. 5 398
- Beweislast Kap. 5 428
- erpresserische Anfechtungsklage Kap. 5 410
- förmliche Beschlussfeststellung Kap. 5 396
- Gegenstand Kap. 5 396
- Informationspflicht der Geschäftsführer Kap. 5 430
- Klageanerkenntnis Kap. 5 429
- Klagerücknahme Kap. 5 429
- Klageverbindung Kap. 5 433
- Klageverzicht Kap. 5 429
- Kosten des Verfahrens Kap. 5 440 f.
- Missbrauch des Anfechtungsrechts Kap. 5 410
- Nebenintervention Kap. 5 431 f.
- notwendige Streitgenossenschaft auf Klägerseite Kap. 5 411
- Passivlegitimation Kap. 5 419
- Rechtsschutzbedürfnis Kap. 5 426 f.
- Streitgegenstand Kap. 5 398
- Urteil Kap. 5 435 ff.
- Urteilswirkungen Kap. 5 435 ff.
- Verfügungsbefugnis über Streitgegenstand Kap. 5 429
- Vergleich Kap. 5 429
- Versäumnisurteil Kap. 5 429
- Vertretung der Gesellschaft Kap. 5 420 ff.
- Widerklage Kap. 5 434
- Zuständigkeit Kap. 5 424 f.

Anfechtungsurteil AktG 252 4 ff.

Angaben auf Geschäftsbriefen AktG 80 1 ff.
– bei der GmbH GmbHG 35a 2
– bei der GmbH & Co. KG HGB Anh. 3 20
– bei der KG HGB 177a 1 ff.
– bei der Liquidationsgesellschaft der GmbH GmbHG 71 11
– bei der OHG HGB 125a 3
Angaben auf Geschäftsbriefen ausländischer Gesellschaften GmbHG 35a 4
Angehörige, Zahlungen an Angehörige GmbHG 30 44
Anhang des Jahresabschlusses der AG AktG 152 6; 160 1 ff.; 170 2; 173 6
– Gliederung AktG 160 2
– Kenntnisnahmerecht AktG 170 13
– Pflichtangaben AktG 160 2 ff.
– Schutzklausel AktG 160 16 f.
Anlegerschaden bei Publikumsgesellschaft
– Haftungsgrundlagen HGB Anh. 2 81 ff.
– Mitverschulden HGB Anh. 2 123
– Prospekthaftung (allgemeine) HGB Anh. 2 81
– Prospekthaftung (spezialgesetzliche) HGB Anh. 2 85 ff.
– Schadensumfang HGB Anh. 2 120 f.
– Vorteilsanrechnung HGB Anh. 2 122
Anlegerschutz bei Publikumsgesellschaft
– Anlagevermittler HGB Anh. 2 84
– Anlegerschaden HGB Anh. 2 120 ff.
– Anlegerschutzverbesserungsgesetz (AnSVG) HGB Anh. 2 85 f.
– Aufklärungspflichten HGB Anh. 2 82 ff.
Anmeldung AktG 36 1 ff.
– Inhalt AktG 37 1 ff.
Anmeldung der (effektiven) Kapitalerhöhung der GmbH GmbHG 57 1 ff.
– Anlagen zur Anmeldung GmbHG 57 8
– Form GmbHG 57 1
– Freigabeverfahren GmbHG 57 11
– Haftung der anmeldenden Geschäftsführer GmbHG 57 9
– Heilung durch Eintragung GmbHG 57 10
– Inhalt der Anmeldung GmbHG 57 3 ff.
– schlagwortartige Bezeichnung GmbHG 57 3
– Stellvertretung GmbHG 57 1
– Versicherung der freien Verfügbarkeit GmbHG 57 7
– Versicherung über das Bewirken der Leistung GmbHG 57 6
– Voraussetzungen GmbHG 57 2
Anmeldung der GmbH zum Handelsregister
– Anmeldebefugnis GmbHG 78 5
– Anmeldegrundsatz GmbHG 78 3
– Anmeldepflicht GmbHG 78 3 f.
– Bevollmächtigung zur Anmeldung GmbHG 78 7
– Form GmbHG 78 9
– Löschung der Eintragung GmbHG 78 13

Anmeldung der Kapitalerhöhung der GmbH aus Gesellschaftsmitteln GmbHG 57i 1 ff.
– Anlagen GmbHG 57i 7
– Anmeldende GmbHG 57i 4
– Form GmbHG 57i 3
– Haftung GmbHG 57i 4
– Inhalt GmbHG 57i 5
Anmeldung der Liquidatoren der GmbH GmbHG 67 1 ff.
– Anmeldepflicht GmbHG 67 2
– Beilagen GmbHG 67 5 f.
– Form GmbHG 67 3
– Inhalt GmbHG 67 7 f.
– Versicherung GmbHG 67 7 f.
Anmeldung der OHG, Pflicht der Gesellschafter HGB 108 1 ff.
Anmeldung der Partnerschaft
– eingeschränktes Prüfungsrecht Kap. 1 24
– Eintragung Kap. 1 27, 44
– Form Kap. 1 22 f., 30
– Partnerschaftsregisterverordnung Kap. 1 19, 25
– Pflichtangaben Kap. 1 20
– Rechtsbehelfe Kap. 1 28
– Richtigkeitsvermutung Kap. 1 24 ff.
Anschaffungskosten GmbHG 33 18; Kap. 2 104
anteiliges verwendbares Eigenkapital Kap. 2 434
Anteilseigner
– Besteuerung ausländischer ~ Kap. 2 188
– steuerliche Auswirkungen Kap. 2 179
Anteilsgewährung Kap. 2 107
Anteilstausch Kap. 2 519 ff.
– doppelte Buchwertverknüpfung Kap. 2 470
– Einbringung einbringungsgeborener Anteile Kap. 2 478
– Einbringungsgewinn II Kap. 2 474
– einfacher Anteilstausch Kap. 2 470
– grenzüberschreitender Anteilstausch Kap. 2 470
– qualifizierter Anteilstausch Kap. 2 469
– SEStEG Kap. 2 468 ff.
Anteilsübertragung
– bei der KG HGB 173 14 ff.
– bei der OHG HGB 105 58 ff.
Anteilsveräußerung Kap. 2 418
Anteilsversteigerung bei der GmbH GmbHG 23 1 ff.
– anderweitiger Verkauf GmbHG 23 6
– Mehrerlös GmbHG 23 9
– Mindererlös GmbHG 23 9
– öffentliche Versteigerung GmbHG 23 5
– Unverkäuflichkeit GmbHG 23 12
Antragswahlrecht
– Ansatz des Buchwerts Kap. 2 140
– Zwischenwert Kap. 2 140
Anwachsung Kap. 2 12
anwendbares Recht Kap. 4 1 ff.
– Anerkennung Kap. 4 43 ff.
– Asset Deal Kap. 4 74 f.
– Auflösung Kap. 4 85 f.

Stichwortverzeichnis

- Erwerb von Gesellschaften Kap. 4 53 f.
- Finanzverfassung Kap. 4 76 f.
- Form Kap. 4 55 ff.
- Gesellschaftsverfassung Kap. 4 65 ff.
- Gründung Kap. 4 55 ff.
- Haftung Kap. 4 80 ff.
- Insolvenz Kap. 4 87 ff.
- Konzern Kap. 4 113 ff.
- Liquidation Kap. 4 85 f.
- Mitbestimmung Kap. 4 78 f.
- Mitgliedschaft Kap. 4 66 ff.
- Rechnungslegung Kap. 4 83 f.
- Rechtsfähigkeit Kap. 4 43 ff.
- Sitzverlegung Kap. 4 43 ff.
- Umwandlung Kap. 4 93 ff.
- Vertretung Kap. 4 66 f.
- Zweigniederlassung Kap. 4 36 ff.

Arbeitsdirektor GmbHG 6 3; 43a 5; 44 5
Asset Deal, anwendbares Recht Kap. 4 74 f.
atypisch stille Beteiligung, Mitunternehmeranteil Kap. 2 122
atypisch stille Gesellschaft Kap. 2 238
Auf- und Abspaltung von Körperschaften auf Personengesellschaften
- Besteuerung ausländischer Anteilseigner Kap. 2 340
- steuerliche Auswirkungen bei übernehmender Personengesellschaft Kap. 2 323 ff.
- steuerliche Auswirkungen bei übertragender Körperschaft Kap. 2 319

Auf- und Abspaltung von Personengesellschaften auf Kapitalgesellschaften
- gemeiner Wert Kap. 2 354
- Veräußerungsgewinn Kap. 2 359

Auf- und Abspaltung von Personengesellschaften untereinander
- Besteuerung ausländischer Gesellschafter Kap. 2 353
- steuerliche Auswirkung bei Gesellschaftern Kap. 2 351
- steuerliche Auswirkung bei übernehmender Personengesellschaft Kap. 2 347
- steuerliche Auswirkungen bei übertragender Personengesellschaft Kap. 2 342

Aufforderung zur Leistung der Einlagen AktG 63–65 6 ff.
- Adressat AktG 63–65 9
- Rechtswirkung AktG 63–65 17 ff.

Aufklärungspflichten bei Publikumsgesellschaft HGB Anh. 2 82 f.
Auflösung der AG AktG 262 1 ff.
- Ablauf der in der Satzung bestimmten Zeit AktG 262 2
- Amtsauflösung AktG 262 5
- Anmeldung und Eintragung AktG 263 1 f., 263 1 ff.
- Auflösungsgründe AktG 262 1 ff.
- Beschluss der Hauptversammlung AktG 262 2

- Eröffnung Insolvenzverfahrens AktG 262 4
- Gründe AktG 262 2 ff.
- Löschung wegen Vermögenslosigkeit AktG 262 6

Auflösung der GbR BGB 726–728 1
- durch Insolvenz BGB 726–728 4
- Erreichung des Zwecks BGB 726–728 2
- Insolvenz BGB 726–728 4
- Kündigung als Auflösungsgrund BGB 723–724 2 ff.
- Kündigung aus wichtigem Grund BGB 723–724 9 ff.
- Kündigung durch Gesellschafter BGB 723–724 2 ff.
- Kündigung durch Pfändungspfandgläubiger BGB 725 1 ff.
- Kündigung durch Privatgläubiger BGB 725 1 ff.
- Kündigungserklärung BGB 723–724 17 ff.
- ordentliche Kündigung BGB 723–724 5 ff.
- Tod eines Gesellschafters BGB 726–728 3, 726–728 3
- Unmöglichwerden des Zwecks BGB 726–728 2

Auflösung der GmbH & Co. KG HGB Anh. 3 65; Anh. 3 69; Anh. 3 99 f.
Auflösung der Publikums-KG
- Auflösungsklage HGB Anh. 2 131
- Einschränkungen des Kündigungsrechts HGB Anh. 2 131
- Kündigung bei Treuhandverhältnissen HGB Anh. 2 132
- Kündigung durch Kommanditist HGB Anh. 2 131

Auflösung der Stiftung BGB Anh. 60
Auflösung im internat. Kontext, anwendbares Recht Kap. 4 85 f.
Auflösung von Rücklagen der GmbH GmbHG 29 38
Auflösung, anwendbares Recht Kap. 4 85 ff.
Auflösung, OHG
- Abwicklungsgesellschaft Kap. 5 174
- Gesellschaftszweck Kap. 5 174
- Gründe Kap. 5 175
- Klage auf Auflösung der Gesellschaft gem. § 133 HGB *(siehe dort)* Kap. 5 174 ff.

Auflösungsbeschluss bei der GmbH GmbHG 60 6 ff.
- Form GmbHG 60 8
- Rechtfertigung GmbHG 60 7
- Treuepflicht GmbHG 60 7
- Unauflöslichkeit GmbHG 60 6
- Wirksamkeitszeitpunkt GmbHG 60 8

Auflösungsgründe (eG)
- Auflösungsbeschluss GenG 82 2 ff.
- gerichtlicher Beschluss GenG 82 4
- Insolvenz GenG 82 6
- Zeitablauf GenG 82 3

Auflösungsgründe bei der GmbH GmbHG 60 5 ff.

Stichwortverzeichnis

- Ablehnung Insolvenzeröffnung **GmbHG 60** 11
- Amtslöschung **GmbHG 60** 14, **75** 17
- Feststellungsverfügung **GmbHG 60** 11
- Gesellschafterbeschluss **GmbHG 60** 6
- Insolvenzeröffnung **GmbHG 60** 10
- Kein-Mann-Gesellschaft **GmbHG 60** 15
- Nichtigkeitsurteil **GmbHG 60** 14, **75** 12
- satzungsmäßige Auflösungsgründe **GmbHG 60** 18
- Sitzverlegung ins Ausland **GmbHG 60** 16, **75** 19
- Urteil **GmbHG 60** 9
- Vermögenslosigkeit **GmbHG 60** 13
- Verwaltungsakt **GmbHG 60** 9
- Zeitablauf **GmbHG 60** 5

Auflösungsklage gem. § 133 HGB, OHG
- siehe *Klage auf Auflösung der Gesellschaft gem. § 133 HGB* **Kap. 5** 174 ff.

Auflösungsklage gem. § 61 GmbHG
- Anerkenntnis **Kap. 5** 542
- Fortsetzungsbeschluss **Kap. 5** 548
- Klageart **Kap. 5** 534
- Klagebefugnis **Kap. 5** 535 ff.
- Kosten **Kap. 5** 543
- Nebenintervention **Kap. 5** 541
- Revisibilität **Kap. 5** 546
- ultima ratio **Kap. 5** 533
- Urteil **Kap. 5** 544 f.
- Urteilswirkungen **Kap. 5** 544 f.

Auflösungsklage gem. § 133 HGB **HGB 133** 1 ff.

Auflösungsklage gem. § 61 GmbHG **GmbHG 60** 9; **61** 1 ff.; **Kap. 5** 532 ff.
- Anteilsveräußerung **GmbHG 61** 5
- Ausschließungsklage **GmbHG 61** 4
- Gestaltungsurteil **GmbHG 61** 1
- Klagebefugnis **GmbHG 61** 5
- Passivlegitimation **GmbHG 61** 5
- Streitgenossenschaft **GmbHG 61** 6
- Subsidiarität **GmbHG 61** 4
- Unmöglichwerden Gesellschaftszweck **GmbHG 61** 2
- Verfahren **Kap. 5** 534 ff.
- Vergleich **Kap. 5** 542
- Vertretung **Kap. 5** 538 f.
- wichtiger Grund **GmbHG 61** 2; **Kap. 5** 532
- Zuständigkeit **GmbHG 61** 7; **Kap. 5** 540

Aufrechnung bei verbotenen Rückzahlungen **GmbHG 31** 70

Aufrechnung mit Einlageleistung bei der GmbH **GmbHG 19** 52 ff.
- Aufrechnungserklärung **GmbHG 19** 63
- Aufrechnungsvertrag **GmbHG 19** 61
- durch Gesellschaft **GmbHG 19** 58 ff.
- durch Gesellschafter **GmbHG 19** 52 ff.

Aufrechnungsverbot (AG)
- Aufrechnung durch AG **AktG 66** 7
- Aufrechnung durch Aktionär **AktG 66** 6
- erfasste Leistungspflichten **AktG 66** 2 ff.
- Erwerb eigener Aktien **AktG 71** 46
- mit Einlageleistung **AktG 66** 2 ff.

Aufrechnungsverbot (GmbH) **GmbHG 19** 83 ff.

Aufsichtsorgane der Publikumsgesellschaft
- Aufgaben **HGB Anh. 2** 55
- Befugnisse **HGB Anh. 2** 55
- Bestellung **HGB Anh. 2** 54
- Geltendmachung von Ansprüchen **HGB Anh. 2** 58
- Haftung der Mitglieder **HGB Anh. 2** 56
- Haftungsausschluss **HGB Anh. 2** 57
- Haftungserleichterungen **HGB Anh. 2** 56
- Stellung **HGB Anh. 2** 54, **Anh. 2** 57
- Verjährung von Schadensersatzansprüchen **HGB Anh. 2** 56

Aufsichtsrat (AG)
- Abberufung **AktG 103** 1 ff.
- Abberufungskompetenz **AktG 103** 7 f.
- Amtsniederlegung **AktG 103** 3
- Amtszeit **AktG 102** 1 ff.
- Aufsichtsrat **AktG 101** 1 ff.
- Aufsichtsratsausschüsse **AktG 107** 12 ff.
- Befugnisse **AktG 111** 11 ff.
- Bekanntmachung der Zusammensetzung **AktG 97** 1 ff.
- Bekanntmachung von Änderungen **AktG 106** 1 f.
- Beschlussfassung **AktG 108** 1 ff.
- Bestellung der Mitglieder **AktG 101** 1 ff.
- Bestellung durch Gericht **AktG 104** 1 ff.
- Delegationsverbot **AktG 111** 19
- DrittelbG **AktG 96** 3
- Einberufung **AktG 110** 2 ff.
- Einberufung der Hauptversammlung **AktG 111** 13 f.
- Entsendungsrecht **AktG 100** 5 f.
- Ergänzung wegen Beschlussunfähigkeit **AktG 104** 2 ff.
- Ergänzung wegen Unterschreitens der Mitgliederzahl **AktG 104** 5 ff.
- Ersatzansprüche der Gesellschaft **AktG 116** 12 ff.
- Ersatzmitglieder **AktG 100** 7 ff.
- Funktionstrennung **AktG 105** 1 ff.
- gerichtliche Entscheidung über Zusammensetzung **AktG 98** 1 ff.
- Geschäftsordnung **AktG 107** 17 ff.
- innere Ordnung **AktG 107** 1 ff.
- Karenzzeit **AktG 100** 7
- Konzernaufsichtsratsmandate **AktG 100** 4, **100** 4, **101** 4
- Kreditgewährung an Mitglieder des Aufsichtsrats **AktG 115** 1 ff.
- MitbestG **AktG 96** 2 ff.
- Mitgliederanzahl **AktG 95** 1 ff.
- MontanMitbestG **AktG 96** 2
- Persönliche Voraussetzungen **AktG 100** 1 ff.
- Sitzungsniederschrift **AktG 107** 9 ff.

2629

Stichwortverzeichnis

- Sitzungsteilnahmer **AktG 109** 1 ff.
- Sorgfaltspflicht der Mitglieder **AktG 116** 3 ff.
- Stimmrecht **AktG 108** 4
- Treuepflicht **AktG 116** 8 ff.
- Überkreuzverflechtung **AktG 100** 6
- Überwachungsaufgabe **AktG 111** 2 ff.
- Unabhängiger Finanzexperte **AktG 100** 9
- Unvereinbarkeit mit Vorstandsamt **AktG 105** 1 ff.
- Verantwortlichkeit **AktG 116** 9 ff.
- Verfahrensordnung **AktG 99** 1 ff.
- Vergütung **AktG 113** 1 ff.
- Verschwiegenheitspflicht **AktG 116** 5 ff.
- Verträge mit Mitgliedern **AktG 114** 1 ff.
- Vertretung der AG **AktG 112** 1 ff.
- Verzicht auf Ersatzansprüche **AktG 116** 15
- Vetorecht **AktG 108** 3
- Zusammensetzung **AktG 96** 1 ff.
- Zustimmungsvorbehalte **AktG 111** 15 ff.

Aufsichtsrat der AG
- Nichtigkeit der Wahl von Aufsichtsratsmitgliedern **AktG 250** 1 ff.

Aufsichtsrat der Genossenschaft
- Aufgaben **GenG 40** 1 ff.
- Haftung **GenG 41** 1 ff.
- Mindestanzahl **GenG 37** 2 ff.
- Rechtsstellung **GenG 37** 14 ff.
- Überwachung des Vorstands **GenG 40** 2 ff.
- Vertretung gegenüber dem Vorstand **GenG 40** 10 ff.

Aufsichtsrat der GmbH GmbHG 35 35; **52** 1 ff.
- Abberufung der Mitglieder **GmbHG 52** 6
- Anfechtung der Wahl von Aufsichtsratsmitgliedern **Kap. 5** 382
- Anmeldung zum Handelsregister **GmbHG 52** 10
- Ausschüsse **GmbHG 52** 25
- Beschlussfassung des Aufsichtsrats **GmbHG 52** 23 f.
- Beschlussfassung in originärer Zuständigkeit **Kap. 5** 488 f.
- Beschlussfassung in übertragender Zuständigkeit **Kap. 5** 486 f.
- Beschlussmängelstreitigkeiten bei Aufsichtsratsbeschlüssen **Kap. 5** 485 ff.
- Bestellung der Mitglieder **GmbHG 52** 5
- Entlastung **GmbHG 52** 8
- fakultativer Aufsichtsrat **GmbHG 6** 30, **35** 18, **44** 11, **52** 2; **Kap. 5** 485
- innere Ordnung **GmbHG 52** 21 ff.
- Klagerecht **Kap. 5** 345 f.
- Mitglieder **GmbHG 52** 3
- Nichtigkeit der Wahl von Aufsichtsratsmitgliedern **Kap. 5** 360
- Nichtigkeit von Aufsichtsratswahlen **GmbHG 47** 54 f.
- obligatorischer Aufsichtsrat **GmbHG 43** 36, **52** 1; **Kap. 5** 485
- Pflichten und Rechte der Mitglieder **GmbHG 52** 11 ff.
- Prüfung der Bestellung der Mitglieder durch das Registergericht **GmbHG 9c** 23
- Vergütung **GmbHG 52** 9
- Vertretung der Gesellschaft **GmbHG 52** 20
- Vorsitzender des Aufsichtsrat **GmbHG 35a** 10

Aufsichtsrat der GmbH & Co. KG HGB Anh. 3 31 f.
- fakultativer **HGB Anh. 3** 32
- obligatorischer **HGB Anh. 3** 31

Aufsichtsrat, Klagerechte Kap. 6 89 ff.
Aufsichtsratsbeschlüsse, Beschlussmängelstreitigkeiten Kap. 6 92 ff.
Aufsichtsratshaftung, Gründungsphase AktG 48 1 ff.
Aufsichtsratsmitglieder der AG, Nichtigkeit der Wahl AktG 250 1 ff.
Aufsichtsratsmitglieder in der GmbH
- Klagerecht **Kap. 5** 347 ff.

Aufsichtsratsmitlieder, Klagerechte Kap. 6 89 ff.
Aufspaltung Kap. 2 245
- steuerliche Auswirkungen auf Anteilseigner **Kap. 2** 311 ff.

Aufspaltung von Körperschaften untereinander Kap. 2 280 ff.
Aufstellung des Jahresabschlusses der GmbH GmbHG 29 18 ff.
Aufstellung einer Zwischenbilanz der GmbH GmbHG 30 60
Aufstellungsfrist für Jahresabschluss der GmbH GmbHG 29 22
Aufwendungsersatz des Gesellschafters der OHG HGB 110 8 ff.
Auseinandersetzung bei der GbR BGB 730–735 1
- Berichtigung der Gesellschaftsschulden **BGB 730–735** 7
- Erstattung der Einlagen **BGB 730–735** 8
- Geschäftsführung **BGB 730–735** 3
- Nachschusspflicht **BGB 730–735** 13
- Rückgabe von Gegenständen **BGB 730–735** 5, **738–740** 3
- Verfahren **BGB 730–735** 4 ff.
- Verteilung des Überschusses **BGB 730–735** 12

Auseinandersetzung der KG HGB 161 4
Ausfallhaftung bei der AG, des ausgeschlossenen Aktionärs AktG 63–65 27; **66** 12
Ausfallhaftung bei der GmbH GmbHG 23 9; **25** 1
- Haftungsbegrenzung **GmbHG 24** 12
- Rückgriffsanspruch **GmbHG 24** 16
- Verjährung **GmbHG 24** 11
- Verpflichteter **GmbHG 24** 4

ausgeschiedener GmbH-Gesellschafter, Haftung für verbotene Rückzahlungen GmbHG 31 11
Ausgleichszahlung Kap. 2 351
Ausgliederung Kap. 2 245, 263

Ausgliederung auf Kapitalgesellschaften Kap. 2 363
Ausgliederung auf Personengesellschaften Kap. 2 362
Auskunfts- und Einsichtsrecht (GmbH), gerichtliche Entscheidung GmbHG 51b 1 ff.
Auskunftsrecht
– Antragsberechtigung AktG 132 2
– Anwaltszwang AktG 132 2
– des Aktionärs AktG 131 1 ff.
– Frist AktG 132 2
– gerichtliche Durchsetzung AktG 132 1 ff.
– Verfahren AktG 132 2
Auskunftsrecht des Aktionärs, (s. auch Durchführung der Hauptverhandlung)
– Auskunftspflichtverletzung AktG 243 7
ausländische Betriebsstätte Kap. 2 534
ausländische Gesellschafter Kap. 2 446, 447
ausländischer Anteilseigner Kap. 2 236
Auslandsgründung der GmbH GmbHG 75 19
– Abschluss des Gesellschaftsvertrags GmbHG 2 21 ff.
– Änderung des Gesellschaftsvertrages GmbHG 53 19
– Satzungssitz GmbHG 4a 5
– Sitzverlegung ins Ausland GmbHG 60 16
Auslegung des Gesellschaftsvertrags der Publikumsgesellschaft
– mündliche Nebenabreden HGB Anh. 2 72
– objektive Auslegungsmethode HGB Anh. 2 22
– Schriftformerfordernis HGB Anh. 2 22
– subjektive Auslegungsmethode HGB Anh. 2 22
Ausscheiden GmbHG 34 2
Ausscheiden eines Gesellschafters der GbR BGB 736 2 ff.
– Insolvenz BGB 736 2
– Kündigung BGB 736 4
– Nachhaftung BGB 736 7
– Tod BGB 736 3
Ausscheiden eines Gesellschafters der KG HGB 161 40; 162 14
Ausscheiden eines Gesellschafters der OHG HGB 131 32 ff.
Ausscheiden eines Partners
– Gründe Kap. 1 71 ff.
– Insolvenzverfahren Kap. 1 76
– Nachhaftung Kap. 1 52 f., 77, 85
– Wettbewerbsverbot Kap. 1 32
– Zulassungsverlust Kap. 1 71
Ausscheiden von Gesellschaftern der GmbH & Co. KG HGB Anh. 3 61 ff.
– Abfindung des Ausscheidenden HGB Anh. 3 68
– Ausschließung HGB Anh. 3 67
– Insolvenz der Komplementär-GmbH HGB Anh. 3 62, Anh. 3 99
– Kündigung HGB Anh. 3 64 ff.
– Tod eines Kommanditisten HGB Anh. 3 63

Ausscheiden von Kommanditisten bei Publikums-KG
– arglistige Täuschung HGB Anh. 2 22
– Kündigung aus wichtigem Grund HGB Anh. 2 128
– Widerrufsrecht HGB Anh. 2 127 f.
Ausschließung eines Aktionärs
– Ausfallhaftung AktG 63–65 27
– Wirkung AktG 63–65 25
Ausschließung eines Gesellschafters der GbR BGB 737 1
– Ausschlussgrund BGB 737 5 ff.
– Erklärung BGB 737 13
– freies Hinauskündigungsrecht BGB 737 17 ff.
– Rechtsfolge BGB 737 15
– ultima ratio BGB 737 6
Ausschließungsklage bei der OHG HGB 140 1 ff.
Ausschließungsklage, OHG
– siehe Klage auf Ausschließung gem. § 140 HGB Kap. 5
Ausschluss eines GmbH-Gesellschafter
– Ausschließungsbeschluss Kap. 5 504 ff.
Ausschluss eines GmbH-Gesellschafters Kap. 5 493 ff.
– Abfindung Kap. 5 519
– aus wichtigem Grund Kap. 5 493 ff.
– Ausschließungsklage (siehe auch Klage auf Ausschließung eines GmbH-Gesellschafters) Kap. 5 493 ff.
– durch Gesellschafterbeschluss Kap. 5 514
– Entscheidungszuständigkeit Kap. 5 503, 518
– Grundsatz der Kapitalaufbringung- und -erhaltung Kap. 5 502
– in der Liquidation Kap. 5 500
– Rechtsschutz gegen Ausschließungsbeschluss Kap. 5 506
– ultima ratio Kap. 5 501
– Verfahren Kap. 5 503 ff.
– Verwertung des Anteils Kap. 5 520
– wichtiger Grund Kap. 5 494 ff.
– Zwei-Personen-Gesellschaft Kap. 5 521 ff.
Ausschluss eines OHG-Gesellschafters
– siehe Klage auf Ausschließung gem. § 140 HGB Kap. 5
Ausschluss säumiger Aktionäre AktG 63–65 25 ff.
– Ausfallhaftung AktG 63–65 39
– Kaduzierungsverfahren AktG 63–65 25 ff.
Ausschlusserklärung (AG), Kaduzierungsverfahren AktG 63–65 24
Außen- und Innengesellschaft Einführung und Grundlagen 7
Außengesellschaft (GbR) Einführung und Grundlagen 21
– BGB Vor 705 10
Außenhaftung des GmbH-Geschäftsführers Kap. 3 148
Außenverhältnis der Publikumsgesellschaft HGB Anh. 2 129

Aussonderung Kap. 3 205
Austritt aus der GmbH GmbHG 60 19
– Abfindung GmbHG 60 20
– Fortsetzungsbeschluss GmbHG 60 20, 77 5
– Kündigungsklausel GmbHG 60 19
Austritt eines GmbH-Gesellschafters Kap. 5 524 ff.
– Abfindungsanspruch Kap. 5 530
– Austrittserklärung Kap. 5 529
– Grundsatz der Kapitalaufbringung und -erhaltung Kap. 5 527
– Rechtsfolgen Kap. 5 530
– ultima ratio Kap. 5 526
– wichtiger Grund Kap. 5 525
Auszahlungsanspruch Kap. 2 221, 301

Bankenstimmrecht AktG 135 1 ff.
– Stimmrechtsausübung AktG 135 9 ff.
– Stimmrechtsausübung bei Namensaktien AktG 135 12 f.
– Vollmachtsgestaltung AktG 135 6 ff.
Bankrecht
– bankrechtlicher Einschlag im Konzern AktG Anh. 2 109 ff.
– Darlehensvertrag AktG Anh. 2 100
– Kreditnehmereinheit nach § 19 KWG AktG Anh. 2 111
– Vertrag mit Schutzwirkung zu Gunsten Dritter AktG Anh. 2 100
Bankrott Kap. 3 170
Bareinlagen bei der AG
– Adressat der Einlageleistung AktG 63–65 8 ff.
– Aufforderung der Einlageleistung AktG 63–65 12 ff.
– Einforderung durch den Vorstand AktG 54 15
– Einzahlung auf debotorisches Konto AktG 54 21
– Erfüllbarkeit AktG 63–65 15
– Erfüllung der Einlageverpflichtung AktG 63–65 12
– Fälligkeit AktG 63–65 5 ff.
– freie Verfügbarkeit AktG 54 21
– Kreditinstitut als Gründer AktG 54 20
– Schuldner AktG 54 4
– Übergang bei Übertragung der Aktie AktG 54 5
– Unter- und Obergrenze AktG 54 7
– Verjährung AktG 54 22
– Währung AktG 54 19
– Zahlungsarten und Zahlungsmittel AktG 54 14
Bareinlageverpflichtung AktG 63–65 6 f.
Bargeschäft Kap. 3 135
Barzahlung der Stammeinlage GmbHG 19 18
bedingte Kapitalerhöhung der AG AktG 192 1 ff.
– Ausgabe der Bezugsaktien AktG 199 2 ff.
– Ausgabebetrag der Bezugsaktien AktG 193 8 ff.
– Ausgabeverbot vor Eintragung AktG 197 2 f.
– Beschlussinhalt AktG 193 4 ff.
– Beschlussmängel AktG 193 17

– Beschlussmehrheit AktG 193 1 f.
– Bezugsberechtigte AktG 193 7
– Bezugserklärung AktG 198 5 ff.
– Bezugsrecht AktG 192 23, 193 3, 198 2 ff.
– entgegenstehender Hauptversammlungsbeschluss AktG 192 21 f.
– fehlerhafte Aktienausgabe AktG 200 2
– Handelsregisteranmeldung AktG 195 2 ff., 201 2 ff.
– Handelsregisterverfahren AktG 195 5 f., 201 6
– mit Sacheinlagen AktG 194 1 ff.
– Umfang AktG 192 18 ff.
– Unter-pari-Emission AktG 199 8 ff.
– Wirksamwerden AktG 200 1
– Zwecke AktG 192 5 ff.
Beendigung der GbR BGB 723–724 1
Befreiungs- und Aufrechnungsverbot AktG 66 1 ff.
– Anwendbarkeit, entsprechende AktG 66 10 ff.
– Befreiung AktG 66 14
– Kapitalherabsetzung AktG 66 14
Befreiungsverbot AktG 66 3
Beherrschungsvertrag AktG Anh. 2 33
Beirat der GmbH GmbHG 35 35
Beirat der KG HGB 163 13 f.
– Aufgaben HGB 163 14
– Bestellung HGB 163 14
– Entscheidungsbefugnis HGB 163 17
– Haftung HGB 163 19
– innere Ordnung HGB 163 15
– Pflichtmaßstab HGB 163 16
– Treuepflicht HGB 163 18
– Vergütung HGB 163 14
Beirat der OHG HGB 114 9
Beiträge bei der GbR
– Art der Beiträge BGB 706–707 3 ff.
– Einlagen BGB 706–707 2
– Erhöhung der Beiträge BGB 706–707 9 ff.
– Höhe der Beiträge BGB 706–707 6 ff.
– Zurückbehaltungsrecht BGB 706–707 19
Beiträge, bei der GbR BGB 706–707 2 ff.
Beitragspflicht bei der OHG HGB 105 46 ff.
Beitragspflichten des Aktionärs
– Begründung AktG 55 2 ff.
– Leistungsstörungen AktG 55 9 ff.
– Unwirksamkeit AktG 55 7
Bekanntmachungen der AG
– Leistung der Bareinlage AktG 63–65 14
– Nachfristsetzung bei Kaduzierung AktG 63–65 23
Bekanntmachungen der GmbH
– der Gesellschaft GmbHG 12 5 ff.
– des Registergerichts GmbHG 10 18 ff., 54 33
– Gesellschaftsblatt GmbHG 12 10 ff.
Belegschaftsaktien
– Aktienoptionsprogramm AktG 71 9
– Erwerb eigener Aktien AktG 71 7 ff.
– Zulässigkeit bei Organmitgliedern AktG 71 8

Berater der GbR
- Hinzuziehung BGB 716 8
- Vertretung BGB 716 9

Bericht des Aufsichtsrats der AG AktG 171 9; 172 8
- Aushändigung AktG 175 7
- Auslegung AktG 175 6, 176 2
- Bindung AktG 175 11
- Erläuterung AktG 176 4
- Form AktG 171 9
- Inhalt AktG 171 10
- Verstoß AktG 171 9
- Vorlage AktG 176 2

Berichtspflicht, Vorstand an Aufsichtsrat AktG 90 2 ff.

Beschlussfassung der GmbH & Co. KG HGB Anh. 3 57 ff.
- Einstimmigkeitsprinzip HGB Anh. 3 57
- Mehrheitsbeschlüsse HGB Anh. 3 58
- Stimmrecht HGB Anh. 3 57

Beschlussfassung der KG HGB 163 5 f.
- Abspaltungsverbot HGB 163 8
- Einstimmigkeitsprinzip HGB 161 22, 163 6
- Mehrheitsprinzip HGB 161 22, 163 6
- Stimmbindungsvereinbarung HGB 161 23, 163 10
- Stimmrechtsausschluss HGB 163 9
- Stimmrechtsausübung durch Vertreter HGB 163 11
- Stimmrechtsbeschränkung HGB 161 23 f., 163 9
- Vertreterklausel HGB 163 11

Beschlussfassung der OHG HGB 119 1 ff.
- Abspaltungsverbot HGB 119 26
- Beschlussmängel HGB 119 6 ff.

Beschlussfeststellungsklage bei der GmbH
- positive Beschlussfeststellungsklage im GmbH-Recht *(siehe dort)* Kap. 5

Beschlussmängelklage
- anfechtbare Beschlüsse Kap. 6 58 ff.
- Begründetheit Kap. 6 52 ff.
- nichtige Beschlüsse Kap. 6 52 ff.

Beschlussmängelstreitigkeiten
- Anfechtung der Bilanzgewinnverwendung Kap. 6 70
- Anfechtung der Wahl von Aufsichtsratmitgliedern Kap. 6 66 ff.
- Anfechtung des Kapitalerhöhungsbeschlusses Kap. 6 73
- bei Aufsichtsratsbeschlüssen Kap. 6 92 ff.
- bei Hauptversammlungsbeschlüssen Kap. 6 32 ff.; Kap. 6 89
- Schiedsfähigkeit Kap. 7 69 ff.

Beschlussmängelstreitigkeiten bei Aufsichtsratsbeschlüssen im GmbH-Recht Kap. 5 485 ff.
- Beschlussfassung in originärer Zuständigkeit Kap. 5 488 f.
- Beschlussfassung in übertragener Zuständigkeit Kap. 5 486 f.

Beschlussmängelstreitigkeiten bei GmbH-Aufsichtsratsbeschlüssen Kap. 5 485 ff.

Beschlussmängelstreitigkeiten bei GmbH-Gesellschafterbeschlüssen Kap. 5 351 ff.
- analoge Anwendung aktienrechtlicher Vorschriften Kap. 5 351 f.
- Anfechtungsklage im GmbH-Recht *(siehe dort)* Kap. 5
- einstweiliger Rechtsschutz Kap. 5 473 ff.
- Feststellungsklage Kap. 5 468 ff.
- kassatorische Klage Kap. 5 395
- nichtige Beschlüsse Kap. 5 353 ff.
- Scheinbeschlüsse Kap. 5 389
- unwirksame Beschlüsse Kap. 5 388
- wirkungslose Beschlüsse Kap. 5 390

Beschlussmängelstreitigkeiten im Personengesellschaftsrecht Kap. 5 81 ff.
- Beweislast Kap. 5 85
- gerichtliche Geltendmachung Kap. 5 82 ff.
- gesellschaftsvertragliche Regelung Kap. 5 87 ff.
- Klageart Kap. 5 82
- Klagefrist Kap. 5 84
- Parteien des Verfahrens Kap. 5 83, 88
- Urteilswirkungen Kap. 5 86

Beschwerde
- sofortige InsO 16 12

Besserungsschein AktG 160 13; Kap. 3 236

Bestätigung anfechtbarer GmbH-Gesellschafterbeschlüsse Kap. 5 442
- Auswirkungen auf eine Anfechtungsklage Kap. 5 444
- Heilungswirkung Kap. 5 442
- Voraussetzungen Kap. 5 443

Bestätigung Feststellungsbeschluss GmbHG 29 68

Bestimmtheitsgrundsatz
- Anwendung auf Publikumsgesellschaft HGB Anh. 2 42 f.
- bei der GmbH & Co. KG HGB Anh. 3 58
- bei der KG HGB Vor 161 3, 161 21, 163 2
- bei der OHG HGB 105 43, 109 24

Beteiligung von Gebietskörperschaften
- Berichterstattung AktG 395 3 f.
- Verschwiegenheitspflicht AktG 395 5 f.

Beteiligungsumwandlung bei der KG HGB 173 11

Betriebseinbringung Kap. 2 521

Betriebsstätte Kap. 2 496, 540

Beurkundungsmangel, als Nichtigkeitsgrund (AG) AktG 241 13

Beweislast Kapitalerhaltung/-ersatz bei der GmbH
- Gutgläubigkeit i.S.d. § 31 Abs. 2 GmbH GmbHG 31 49 f.
- Haftung nach § 31 Abs. 3 GmbH GmbHG 31 63

Stichwortverzeichnis

- Höhe des Erstattungsanspruchs nach § 31 GmbHG   GmbHG 31 34
- **Bewertungswahlrecht**   Kap. 2 288
- **Bewirken der Einlagen der Kapitalerhöhung**   GmbHG 55 33 ff.; 56 5
- Insolvenz   GmbHG 55 37
- Verjährung   GmbHG 55 38 f.
- **Bezugsrecht bei der AG**   AktG 160 12; 186 1 ff.
- Ausübungsfrist   AktG 186 9 f.
- bedingtes Kapital   AktG 198 2 ff.
- Bekanntmachungspflichten   AktG 186 12
- Bezugsberechtigte   AktG 186 6
- Bezugserklärung   AktG 186 8, 198 5 ff.
- mittelbares Bezugsrecht   AktG 186 34 ff.
- Verstoß   AktG 186 11
- Zusicherung von Rechten auf Bezug   AktG 187 1 ff.
- **Bezugsrechtsausschluss**   Kap. 6 73
- **Bezugsrechtsausschluss bei der AG**   AktG 186 13 ff.
- Anfechtbarkeit des Beschlusses   AktG 243 13
- Bekanntmachung   AktG 186 14
- Bericht des Vorstands   AktG 186 28 ff.
- Beschluss   AktG 186 13
- Beschlussmängel   AktG 186 33
- faktischer Bezugsrechtsausschluss   AktG 186 27
- gerichtliche Kontrolle   AktG 186 21
- sachliche Rechtfertigung   AktG 186 15 ff.
- **Bezugsrechtsausschluss bei der GmbH**   GmbHG 55 4
- Anfechtbarkeit   GmbHG 55 24
- faktischer Bezugsrechtsausschluss   GmbHG 55 23
- formelle Voraussetzungen   GmbHG 55 20
- gesetzliches Bezugsrecht   GmbHG 55 18
- materielle Voraussetzungen   GmbHG 55 22
- Mehrheit   GmbHG 55 20
- sachliche Rechtfertigung   GmbHG 55 19
- schriftlicher Bericht   GmbHG 55 21
- **BGB-Gesellschaft**
- Aktivlegitimation   Kap. 5 4
- Beweisaufnahme   Kap. 5 33 f.
- BGB-Außengesellschaft   Kap. 5 1
- BGB-Innengesellschaft   Kap. 5 2
- Gerichtsstand   Kap. 5 28 ff.
- Gesellschafterprozess   Kap. 5 15 ff.
- Gesellschaftsprozess   Kap. 5 15 ff.
- Haftung der Gesellschafter   Kap. 5 16, 21 ff.
- Insolvenzeröffnung während eines Verfahrens   Kap. 5 38 f.
- Parteibezeichnung im Prozess   Kap. 5 12 ff.
- Parteifähigkeit   Kap. 5 1 ff.
- Passivlegitimation   Kap. 5 4
- Prozessfähigkeit   Kap. 5 7 ff.
- Prozesshandlungen   Kap. 5 9
- Prozesskostenhilfe   Kap. 5 40
- Prozessrecht   Kap. 5 1 ff.
- Prozessstandschaft von Gesellschaftern   Kap. 5 36 ff.
- prozessuale Vertretung   Kap. 5 7 ff.
- Rechtsformwechsel während eines Verfahrens   Kap. 5 35
- Streitgenossenschaftslösung   Kap. 5 3
- Vollstreckungsrechtliche Fragen   Kap. 5 17 f.
- Zustellungsfragen   Kap. 5 31 f.
- **Bilanz**   GmbHG 33 18
- **Bilanz der AG**   AktG 152 1 ff.; 160 10; 170 2; 173 6
- **Bilanz der OHG**   HGB 120 2 ff.; 154 1 ff.
- **Bilanzgewinn**
- Abschlagszahlung   AktG 59 1 ff.
- Anspruch der Aktionäre   AktG 58 34 ff.
- Gewinnauszahlungsanspruch, schuldrechtlicher   AktG 58 37 f.
- **Bilanzgewinn der AG,** *(s. auch Gewinnverteilung)*
- Abschlagszahlung   AktG 59 1 ff.
- andere Verwendung   AktG 58 24
- Anfechtung Verwendungsbeschluss   AktG 254 1 ff.
- bei Vorliegen eines Jahresfehlbetrages   AktG 58 3
- Dividendenrecht   AktG 58 25
- Ermittlung   AktG 58 3
- Vergütung für Nebenleistung   AktG 61 1
- Verwendung   AktG 58 20 ff.
- Vorabausschüttung   AktG 59 1 ff.
- Vortrag auf neue Rechnung   AktG 58 23
- **Bilanzgewinnverwendung, Anfechtung**   Kap. 6 70
- **bilanzielle Rückwirkung der gleichzeitigen Kapitalerhöhung**   GmbHG 58f 1 ff.
- Mängel   GmbHG 58f 4
- Offenlegungssperre   GmbHG 58f 5
- Voraussetzungen   GmbHG 58f 3
- Vorwegnahme der Kapitalerhöhung   GmbHG 58f 2
- **bilanzielle Rückwirkung der Kapitalherabsetzung der GmbH**   GmbHG 58e 1 ff.
- Bilanzoptik   GmbHG 58e 1
- Offenlegungssperre   GmbHG 58e 6
- Voraussetzungen   GmbHG 58e 3 ff.
- Vorwegnahme der Kapitalherabsetzung   GmbHG 58e 2
- **bilanzieller Wertansatz bei der GmbH**   GmbHG 57o 1
- bilanzrechtliche Vorschrift   GmbHG 57o 1
- Gewinnausweis   GmbHG 57o 2
- steuerlich neutraler Vorgang   GmbHG 57o 3
- **Bilanzierung beim übernehmenden Rechtsträger**   Kap. 2 270
- **Bilanzrechtsmodernisierungsgesetz**   Kap. 2 97, 145
- **Bilanzverlust der AG**   AktG 152 8; 158 3
- **Bildung neuer Geschäftsanteile bei der GmbH**   GmbHG 57h 2 f.
- Mindestnennbetrag   GmbHG 57h 1
- Teilbarkeit des neuen Geschäftsanteils   GmbHG 57h 1

Stichwortverzeichnis

– teileingezahlte Geschäftsanteile GmbHG 57h 2
– Verhältnis wahrende Beteiligung GmbHG 57h 2 f.
Bogen, Aktienurkunde AktG 75 1
Börsengang der stillen Gesellschaft, Umwandlung stiller Beteiligung HGB Anh. 1 175 ff.
Bruchteilsgemeinschaft Einführung und Grundlagen 11
– Abgrenzung zur GbR BGB Vor 705 15
– Rechtsgemeinschaft an Aktie AktG 69 3
Buchführung der GmbH GmbHG 41 1 ff.
– Aufbewahrungspflichten GmbHG 41 45 ff.
– doppelte Buchführung GmbHG 41 8
– Grundsätze ordnungsgemäßer Buchführung (GoB) GmbHG 41 7
– Inventarpflicht GmbHG 41 42 ff.
– Rechtsfolgen bei Verstößen GmbHG 41 57 ff.
Buchwerte Kap. 2 103
– Fortführung Kap. 2 107
Buchwertfortführung Kap. 2 218, 272
Buchwertklausel BGB 738–740 22
Business Judgement Rule AktG 93 2; 116 9

Cartesio Kap. 2 540
Cash-Management, Einlagerückgewähr AktG 57 18
Cash-Pooling bei der GmbH GmbHG 30 23 ff.; 55 34 ff.
– aufsteigende Darlehen GmbHG 55 35
– dingliche Verfügungsbefugnis über Zielkonto GmbHG 55 35
– Drittvergleich GmbHG 55 35 f.
– Indizien GmbHG 55 36
– Interessenabwägung GmbHG 55 36
– Reform des GmbH-Rechts (MoMiG) AktG Anh. 2 6; GmbHG 55 36
– Unterbilanz GmbHG 55 35
– Verbot AktG Anh. 2 6
– Zahlung zur endgültig freien Verfügung GmbHG 55 35
– zentrales Cash-Pool-Konto GmbHG 55 34
Cash-Pool-Vereinbarung InsO 17 32
Change-of-Control-Klausel AktG 87 36
Code of Best Practice AktG 161 4
Corporate Governance Kodex AktG 161 1 ff.; 175 3
– Führungsgrundsätze AktG 76 43
– Rechtscharakter AktG 161 4

Darlehen bei der KG HGB 172a 1 ff.
– Eigenkapitalersatz HGB 172a 2
Datenschutz (AG) AktG 67 24
DBA Kap. 2 188, 314
Delisting AktG 76 24; 119 13
deutsch-amerikanischer Freundschaftsvertrag Kap. 4 28
Deutsche Institution für Schiedsgerichtsbarkeit (DIS) Kap. 7 6

Dividende, gutgläubiger Dividendenbezug AktG 62 20
Dividendenverzicht AktG 60 14 ff.
down-stream-merger Kap. 2 20, 70
– Buchwertfortführung Kap. 2 159
– Durchgangserwerb Kap. 2 156
– Grunderwerbsteuer Kap. 2 72
– stille Reserven Kap. 2 158
– Verlustabzug Kap. 2 170
Drittansprüche von Gesellschaftern der OHG HGB 128 7 ff.
Drittorganschaft HGB 114 8
Durchgriffshaftung bei der GmbH, (s. auch existenzvernichtender Eingriff)
– existenzvernichtender Eingriff GmbHG 13 15 ff.
– sonstige Fälle GmbHG 13 23 ff.
– umgekehrter Durchgriff GmbHG 13 28
– Unterkapitalisierung GmbHG 13 25
– Vermögensvermengung GmbHG 13 24
– zugunsten Minderheitsgesellschafter GmbHG 13 29

EHUG, Offenlegungspflichten AktG Anh. 2 112
eigene Aktien
– 10%-Grenze AktG 71 37
– AktG 160 6
– Anwendbarkeit des WpÜG AktG 71 33
– Ausgabebetrag AktG 71 40
– Belegschaftsaktien AktG 71 7 ff.
– durch Tochterunternehmen AktG 71a 9, 71d 7
– Einlagenrückgewähr AktG 57 38, 71 1
– Einziehung eigener Aktien AktG 71c 11
– Ermächtigungsbeschluss AktG 71 23
– Erwerb AktG 160 7
– Erwerb über die Börse AktG 71 29 ff.
– Erwerb zur Einziehung AktG 71 18
– Erwerbsverbot AktG 71 2 f.
– Gesamtrechtsnachfolge AktG 71 17
– Grenzen des Erwerbs (§ 71 Abs. 2 AktG) AktG 71 6
– Inpfandnahme eigener Aktien AktG 71e 1 ff.
– Kapitalgrenze, Rücklagenbildung AktG 71 38 f.
– Kommissionsgeschäft AktG 71 14 f.
– Leverage Buyouts AktG 71a 1
– mittelbare Stellvertretung AktG 71a 8, 71d 6
– Nichtigkeit des Erwerbs eigener Aktien AktG 71 45 ff.
– Paketerwerbe AktG 71 31 ff.
– Pflichten aus eigenen Aktien AktG 71b 6
– Rechte aus eigenen Aktien AktG 71b 4
– Rechtsfolgen eines unwirksamen Erwerbs AktG 71 45 ff.
– Überblick AktG 71 1
– unentgeltlicher Erwerb AktG 71 14
– Unterrichtungspflicht AktG 71 42
– Veräußerung eigener Aktien AktG 71 32 ff., 71c 3 ff.
– Wertpapierhandel AktG 71 19 ff.

2635

– zur Schadensabwehr AktG 71 4
Eigenkapital der AG AktG 150 7; 152 1
– ausstehende Einlagen AktG 152 2
– Ausweis AktG 152 1 ff.
– Bruttomethode AktG 152 2
– Grundkapital AktG 150 6, 152 1, 160 9
– Nettomethode AktG 152 2
Eigenkapitalersatz bei der GmbH & Co. KG
  HGB Anh. 3 74; Anh. 3 84 ff.
– Anwendbarkeit von §§ 32a, 32b GmbHG
  HGB Anh. 3 74, Anh. 3 84 f.
– Darlehensgewährung HGB Anh. 3 87
– Darlehensrückzahlung HGB Anh. 3 88
– Kleinbeteiligung HGB Anh. 3 87
– Sanierungsprivileg HGB Anh. 3 87
Eigenkapitalersatz bei der stillen Beteiligung
  HGB Anh. 1 208 ff.
Eigenkapitalersetzende Darlehen bei der GmbH
– als Auszahlung i.S.d. § 30 GmbH GmbHG 30
  28 f.
– Überschuldung GmbHG 64 20
– verdeckte Gewinnausschüttung GmbHG 29
  161 ff., 32 5
– Vermögensverteilung der Liquidation
  GmbHG 72 4
– Zahlungsunfähigkeit GmbHG 64 10
Eigenkapitalgliederung Kap. 2 190
Eigenstiftung BGB Anh. 5
Eigenverwaltung in der Insolvenz Kap. 3 120 ff.
Einberufung der Hauptversammlung der AG, (s. auch Aufsichtsrat)
– Bekanntmachungsfehler AktG 241 11
– Einberufungsmangel AktG 241 9
– Einberufungszuständigkeit AktG 241 9
– Verfahrensmangel AktG 243 5
Einbringung einbringungsgeborener Anteile
  Kap. 2 478
Einbringung einzelner Wirtschaftsgüter
– Sperrfristen Kap. 2 482
– steuerliche Behandlung Kap. 2 480 ff.
einbringungsgeborene Anteile Kap. 2 185, 222, 234, 235, 411
Einbringungsgewinn I Kap. 2 419
Einbringungsgewinn II Kap. 2 475
Einflussnahme
– Auf die Aktiengesellschaft AktG 117 1 ff.
– Haftungsausnahmen AktG 117 9 f.
– Mithaftung AktG 117 7 f.
Einfordern
– ernsthaftes InsO 17 18
Einforderung der Stammeinlage GmbHG 19 11 ff.
– Anforderung GmbHG 19 12
– Aufrechnung des Einlagenschuldners
  GmbHG 19 38
– Einforderung GmbHG 19 12
– Einlagenanspruch GmbHG 19 12
– Einreden und Einwendungen GmbHG 19 12

– Leistungshandlung GmbHG 19 17 f.
– Leistungsort GmbHG 19 16
– Leistungszeit GmbHG 19 17
– Leistungszweck GmbHG 19 54
– stimmberechtigter Gesellschafter GmbHG 19 14
Einforderung von Nachschüssen GmbHG 19 6
Einforderungsbeschluss GmbHG 19 12 f.
– Ermessen GmbHG 19 16
– Insolvenz der Gesellschaft GmbHG 19 13
– Liquidation GmbHG 19 13
eingetragene Genossenschaft GenG 1 1 ff.
einheitliche Leitung
– einstufige, mehrfache Konzernbildung
  AktG Anh. 2 25
– mehrstufige und mehrfache Konzernbildung
  AktG Anh. 2 23
– mehrstufige, einfache Konzernbildung
  AktG Anh. 2 24
Einheitsgesellschaft (GmbH & Co. KG)
  HGB Anh. 3 5; Anh. 3 112
Einkaufsgenossenschaft GenG 1 18
Einlagekonto Kap. 2 192
Einlagen bei der AG
– Befreiung AktG 66 3
– Einforderung der Einlageleistung AktG 54 15
– Erfüllung der Bar- und Sacheinlage AktG 54 12
– Erlass AktG 66 3
– freie Verfügbarkeit AktG 54 21
– gemischte Bar- und Sacheinlage AktG 54 3
– Gewinnverteilung AktG 60 6 ff.
– Mehrleistung auf eingeforderte Einlage AktG 54 15
– Nachschussverpflichtung AktG 54 10
– Schuldner bei Bareinlagen AktG 54 4 f.
– Schuldner bei Sacheinlagen AktG 54 6
– schuldrechtliche Nebenabreden AktG 54 11
– Überblick AktG 54 1
– Übertragung der Aktie AktG 54 5
– Umfang der Einlageverpflichtung AktG 54 2 ff.
– Unter- und Obergrenze AktG 54 7 ff.
– Werthaltigkeit AktG 66 8
Einlagen bei der GbR BGB 706–707 2
Einlagen bei der KG HGB 171 8 ff.
– Abtretbarkeit HGB 171 17
– Aufrechnung HGB 171 15 f.
– Bareinlagen HGB 171 9
– Dienste HGB 171 12 f.
– Enthärtung HGB 171 8 ff.
– Erlass HGB 172 6 f.
– Forderungen HGB 171 12
– Gewinnanteile HGB 171 12
– Hafteinlage HGB 161 27, 171 8 f., 172 11
– Leistung HGB 171 8 ff.
– Pfändbarkeit HGB 171 17
– Pflichteinlage HGB 161 27, 172 14
– Rückgewähr HGB 172 8 ff.
– Sacheinlage HGB 171 9 ff.

– Stundung HGB 172 6 f.
Einlagen bei der OHG HGB 105 46; 120 12 ff.
– Einlagenverzinsung HGB 111 1 ff.
Einlagen bei Publikumsgesellschaft
– Befreiung Gründer von Einlageverpflichtung HGB Anh. 2 20
– gesplittete Einlage HGB Anh. 2 74 ff.
– Leistung und Verwendung bei Treuhand HGB Anh. 2 65 ff.
– nachträgliche Änderung HGB Anh. 2 23
– nachträgliche Beitragspflichten HGB Anh. 2 23
– Umfang und Grenzen HGB Anh. 2 23
Einlagenänderung bei der KG HGB 175 1 ff.
– Anmeldung HGB 175 1 f.
– Bekanntmachung HGB 175 5
– Einlagenerhöhung HGB 172 4 f.
– Eintragung HGB 175 3 f.
Einlagenrückgewähr bei der AG
– Abschlagszahlung auf Bilanzgewinn AktG 59 9
– Aktionärsdarlehen AktG 57 22 ff.
– Ausnahmen AktG 57 38 ff.
– Begriff AktG 57 6 ff.
– Beherrschungsvertrag AktG 57 40
– cash-management AktG 57 18
– Darlehensgewährung an Aktionäre AktG 57 16 f.
– Drittvergleich AktG 57 11
– eigene Aktien AktG 71 1
– Eigenkapitalersatz AktG 57 23 ff.
– Erwerb eigener Aktien AktG 57 38, 71 1
– faktischer Konzern AktG 57 41
– Gewinnabführungsvertrag AktG 57 40
– Leistungsverweigerungsrecht AktG 57 45
– nahestehende Personen des Aktionärs AktG 57 32
– Nichtigkeit der Rechtsgeschäfte AktG 57 40 ff.
– offene Zuwendungen AktG 57 9
– Rechtsfolgen bei Verstößen AktG 57 44 ff.
– Sondervorteile nach § 26 AktG AktG 57 42
– Stellung von Sicherheiten AktG 57 9
– subjektive Kenntnis AktG 57 15
– Überblick AktG 57 1
– Umsatzgeschäfte (Beispiele) AktG 57 12
– Unterbilanz AktG 57 8
– Verbot der sonstigen Vermögensverteilung AktG 57 37
– verdeckte Zuwendungen AktG 57 10 ff.
– Vergütung für Nebenleistung AktG 61 1 ff.
– Verhältnis zu kapitalmarktrechtlichen Vorschriften AktG 57 5
– Zinsverbot AktG 57 35
– Zuwendungen der AG an Dritte AktG 57 31 ff.
– Zuwendungen von Dritten an AG AktG 57 33
– Zuwendungen von Dritten an Dritte AktG 57 34
Einlagenrückgewähr bei der GmbH & Co. KG HGB Anh. 3 73

– analoge Anwendung des § 30 Abs. 1 GmbH HGB Anh. 3 79 ff.
– Ausfallhaftung nach § 31 GmbH HGB Anh. 3 79
– Geschäftsführergehalt HGB Anh. 3 80
Einlagenrückgewähr bei der KG HGB 172 8 ff.
Einlagenrückgewähr bei der stillen Gesellschaft, Anfechtbarkeit HGB Anh. 1 236 f.
Einlage-Splitting bei der GmbH & Co. KG HGB Anh. 3 83
Einlageverpflichtung des Aktionärs AktG 54 1 ff.
– Bareinlageverpflichtung AktG 54 3
– Begrenzung AktG 54 2
– Einlageforderung AktG 54 4
– Einlageleistung AktG 54 5 f.
– Erfüllung AktG 54 12 ff.
– Grundsätze AktG 54 7 f.
– Nebenabreden, schuldrechtliche AktG 54 11
– Nebenpflichten AktG 54 9 f.
– Sacheinlageverpflichtung AktG 54 3
– Verfügbarkeit des Vorstandes AktG 54 20
– Verjährung AktG 54 21 f.
– Zahlungsarten AktG 54 14 ff.
Einmann-AG AktG 42 1 ff.
– Entlastung AktG 120 4
Ein-Mann-GmbH, Amtsauflösung GmbHG 75 20
Ein-Mann-Personengesellschaft HGB 161 14
Einpersonen-Gründung AktG Einl. 9
Einstimmigkeitsprinzip
– bei der GmbH & Co. KG HGB Anh. 3 57
– bei der KG HGB Vor 161 3, 161 22
einstweiliger Rechtsschutz bei GmbH-Beschlussmängelstreitigkeiten Kap. 5 473 ff.
– Antragsbefugnis Kap. 5 478
– eintragungsbedürftige Beschlüsse Kap. 5 476
– nach Beschlussfassung Kap. 5 476 ff.
– Verfügungsanspruch Kap. 5 475
– Verfügungsgrund Kap. 5 475
– vor Beschlussfassung Kap. 5 480 ff.
– Vorwegnahme der Hauptsache Kap. 5 476, 479
einstweiliger Rechtsschutz im Schiedsverfahren Kap. 7 129 ff.
– Antrag Kap. 7 143
– freezing order Kap. 7 141
– Glaubhaftmachung Kap. 7 144
– opting-out Kap. 7 133
– parallele Zuständigkeit von staatlicher Gerichtsbarkeit und Schiedsgericht Kap. 7 130 ff.
– persönlicher Arrest Kap. 7 137
– rechtliches Gehör Kap. 7 145
– Schadensersatz aufgrund unberechtigter Vollziehung Kap. 7 154 f.
– Sicherheitsleistung Kap. 7 142
– Verbot der Vorwegnahme der Hauptsache Kap. 7 140
– Verfahren Kap. 7 143 ff.

Stichwortverzeichnis

– Verhältnis zur staatlichen Gerichtsbarkeit Kap. 7 130 ff.
– Vollziehbarerklärung Kap. 7 146 ff.
– vorläufige Maßnahmen Kap. 7 135 ff.
– Zuständigkeit der Schiedsgerichte Kap. 7 130 ff.

Eintragung der GmbH in das Handelsregister
– Ablehnung GmbHG 9c 40 ff., 54 21 ff.
– Anmeldung GmbHG 7 5 ff., 54 7 ff.
– einzutragende Tatsachen GmbHG 10 5 ff., 54 28 ff.

Eintragung der Kapitalerhöhung der GmbH aus Gesellschaftsmitteln GmbHG 57i 1 ff.
– Bekanntmachung GmbHG 57i 11
– gerichtliche Eignungsprüfung GmbHG 57i 9
– Heilung GmbHG 57i 12
– konstitutive Wirkung GmbHG 57i 10
– Mängel GmbHG 57i 12
– Mitgliedschaftsrechte GmbHG 57i 10

Eintragung, Inhalt AktG 39 1 f.
Eintragungsfähigkeit AktG 38 1 ff.
Eintritt eines Gesellschafters in die GmbH & Co. KG HGB Anh. 3 61
Eintritt eines Gesellschafters in die OHG HGB 130 6 f.
Eintritt in eine Personenhandelsgesellschaft HGB 173 1 ff.; 177 6
Eintritt von Kommanditisten in Publikums-KG
– Annahme Beitrittserklärung HGB Anh. 2 13
– Aufnahmevertrag HGB Anh. 2 13
– aufschiebende Bedingungen HGB Anh. 2 9, Anh. 2 18
– Beteiligung über Treuhänder HGB Anh. 2 15
– Bevollmächtigung Komplementär HGB Anh. 2 13
– Duldungshaftung HGB Anh. 2 16
– Einverständnis der Gesellschafter HGB Anh. 2 13
– Ermächtigung HGB Anh. 2 13 f.
– fehlerhafter Gesellschafterbeitritt HGB Anh. 2 17
– Umfang einer Ermächtigung HGB Anh. 2 14
– Vertragspartner HGB Anh. 2 13 f.
– Vertragsschluss durch Publikums-KG HGB Anh. 2 14

Eintrittsklausel bei der GbR BGB 726–728 14
Einzahlung auf Stammeinlagen GmbHG 19 2 ff.
– Aufrechnung GmbHG 19 52 ff.
– Bareinlagen GmbHG 19 3
– Differenzhaftung GmbHG 19 6, 20 3
– Erlassverbot GmbHG 20 11 ff.
– gemischte Einlagen GmbHG 19 9
– Gleichbehandlungsgrundsatz GmbHG 19 8 ff.
– Grundsatz gleichmäßiger Heranziehung der Gesellschafter GmbHG 19 8
– Leistungsverpflichtungen GmbHG 19 5
– Neben- und Folgeansprüche GmbHG 19 4 f.
– Sacheinlagen GmbHG 19 3
– Stundungsverbot GmbHG 19 48 ff.
– Vergleich GmbHG 19 50 f.
– Verhältnismäßigkeit GmbHG 19 30 ff.
– Vorbelastungshaftung GmbHG 19 6, 20 3

Einzelgeschäftsführung (GbR), Widerspruchsrecht der Gesellschafter BGB 709–713 28 ff.
Einzelrechtsnachfolge Kap. 2 122
Einziehung ausstehender Einlagen bei GmbH
– Liquidationsgesellschaft GmbHG 69 3
– nichtige Gesellschaft GmbHG 77 4

Einziehung von Aktien
– Erwerb eigener Aktien AktG 71 18, 71c 11
– Kapitalherabsetzung AktG 237 3 ff.

Einziehung von GmbH-Geschäftsanteilen GmbHG 34 2 ff.
– Bekanntgabe GmbHG 34 32
– Durchführung GmbHG 34 27
– eigene Geschäftsanteile GmbHG 34 38
– freiwillige GmbHG 34 2 ff.
– Grund GmbHG 34 16 ff.
– Rechtsfolgen GmbHG 34 26
– Teil-Geschäftsanteil GmbHG 34 37
– Wirkung GmbHG 34 34
– zwangsweise GmbHG 34 2 ff.

Eiziehung
– der Aktie AktG 71c 11

Emittenten AktG 47 5
Empfang verbotener Leistungen AktG 62 10 f.
– Dividendenbezug, gutgläubiger AktG 62 19 ff.
– Haftung AktG 62 1 ff.
– Inanspruchnahme von Dritten AktG 62 7
– Zeitpunkt AktG 62 5

Entlastung
– Antrag auf Vertrauensentzug AktG 120 9
– Beschlussfassung AktG 120 2 ff.
– Einmann-AG AktG 120 4
– Einzelentlastung AktG 120 5
– Gesamtentlastung AktG 120 5
– Präklusion von Ersatzansprüchen AktG 120 12
– Teilentlastung AktG 120 7
– Umfang AktG 120 6 ff.
– Verfahren AktG 120 11
– Verweigerung AktG 120 9

Entnahme bei der OHG HGB 122 1 ff.
Entnahmerecht des GmbH-Gesellschafters GmbHG 29 160
Entsprechenserklärung AktG 161 1
– Absichtserklärung AktG 161 5
– Aufsichtsratsbeschluss AktG 161 8
– Erklärungsinhalt AktG 161 9 ff.
– Erklärungspflicht AktG 161 2
– Haftung AktG 161 14 f.
– Offenlegung AktG 161 13
– Vorstandsbeschluss AktG 161 7
– Willenserklärung AktG 161 5
– Zuständigkeit AktG 161 6

Entstrickungsgrundsätze, finale Entnahmetheorie Kap. 2 531

Entstrickungsregelungen
- Ausgleichsposten Kap. 2 537
- ausländische Betriebsstätte Kap. 2 534
- nach § 12 KStG n.F. Kap. 2 539

Entziehungsklage gem. § 117 HGB
- Klage auf Entziehung der Geschäftsführungsbefugnis gem. § 117 HGB *(siehe dort)* Kap. 5 110 ff.

Entziehungsklage gem. § 127 HGB
- Klage auf Entziehung der Vertretungsbefugnis *(siehe dort)* Kap. 5 149 ff.

Entziehungsklage gem. § 117 HGB HGB 117 11 ff.

Entziehungsklage gem. § 127 HGB HGB 127 8 ff.

Erbeinsetzung bei der Stiftung
- Testament oder Erbvertrag BGB Anh. 24
- testamentarische Auflage BGB Anh. 23
- Vermächtnis BGB Anh. 27
- Vorerbschaft BGB Anh. 27

Erben bei der KG
- Mitverwaltungsrechte der Erben HGB 163 12
- Testamentsvollstrecker HGB 163 12

Erben bei der OHG HGB 139 1 ff.

Erbengemeinschaft Einführung und Grundlagen 14; Kap. 2 26
- Abgrenzung zur GbR BGB Vor 705 16
- als Gesellschafterin einer GmbH GmbHG 1 24

Erbenhaftung bei der KG HGB 173 25 f.; 176 15; 177 10

Erbrechtliche Sondernachfolge bei der KG
- Auflösungsklausel HGB 177 16
- Ausschließungsklausel HGB 177 14
- Eintrittsklausel HGB 177 13
- Eintrittsrecht HGB 173 23, 177 6
- Erbquote HGB 177 4
- Kündigungsrecht HGB 177 15
- Nachfolgeklausel HGB 173 22, 177 12
- qualifizierte Nachfolgeklausel HGB 173 22, 177 12
- Testamentsvollstreckung HGB 177 7
- Vermächtnisnehmer HGB 173 24, 177 6
- Vertreterklausel HGB 177 4

Erbschaft bei der KG HGB 162 17
Ergänzungsbilanz Kap. 2 241, 441
Ergebnisverwendung bei der AG AktG 158 1
Ergebnisverwendung bei der GmbH GmbHG 29 1 ff.; 42a 1
- Änderung Ergebnisverwendungsbeschluss GmbHG 29 149
- Änderung Jahresabschluss GmbHG 29 46 f.
- Auflösung von Rücklagen GmbHG 29 38
- Aufstellung des Jahresabschlusses GmbHG 29 18 ff.
- Aufstellungsfrist für Jahresabschluss GmbHG 29 22
- Beschlussfassung GmbHG 42a 12 ff., 46 10 ff.
- Bestätigung Feststellungsbeschluss GmbHG 29 68
- externe Publizität GmbHG 29 86
- faktischer Geschäftsführer GmbHG 29 24
- festgestellter Jahresabschluss GmbHG 29 79 ff.
- Geschäftsjahr GmbHG 29 19
- Gewinnabführungsvertrag GmbHG 29 42 f.
- Gewinnanspruch der GmbH-Gesellschafter GmbHG 29 117 ff.
- Gewinnanteilscheine GmbHG 29 127
- Gewinnausschüttung GmbHG 29 117
- Gewinnrücklage GmbHG 29 113
- Gewinnverwendungsbeschluss GmbHG 29 97 ff.
- Gewinnvorschüsse der Gesellschafter GmbHG 29 153
- Gewinnvortrag GmbHG 29 115
- interne Publizität GmbHG 29 81
- mangelhafter Ergebnisverwendungsbeschluss GmbHG 29 145
- mangelhafter Feststellungsbeschluss GmbHG 29 66
- nichtig aufgestellter Jahresabschluss GmbHG 29 45
- Nießbrauchsrecht am Gewinnanspruch GmbHG 29 125
- Pfandrecht am Gewinnanspruch GmbHG 29 125
- phasengleiche Vereinnahmung GmbHG 29 119
- satzungsdurchbrechender Beschluss GmbHG 29 142
- Schütt-aus-Hol-zurück-Beschluss GmbHG 29 128 ff.
- Treuepflichten GmbHG 29 138
- Verjährung GmbHG 29 124
- Verlustvortrag GmbHG 29 116
- Verpfändung des Gewinnanspruchs GmbHG 29 125
- Verteilungsmaßstab GmbHG 29 141 ff.
- Vollausschüttungsgebot GmbHG 29 98
- Vorschlag zur Ergebnisverwendung GmbHG 42a 10
- Zinsen auf Stammeinlage GmbHG 29 158
- Zweck des festgestellten Jahresabschlusses GmbHG 29 79

Erhöhung des Nennbetrags der GmbH (Aufstockung) GmbHG 57h 4
- Mindestnennbetrag GmbHG 57h 2
- Spitzenbeträge GmbHG 57h 6 f.
- Teilbarkeit des aufgestockten Geschäftsanteils GmbHG 57h 2

Ermächtigungsbeschluss, Erwerb eigener Aktien AktG 71 19 ff.
Erneuerungsschein AktG 75 1
Erneuerungsschein, Ausgabe AktG 75 2
Eröffnungsbilanz Kap. 2 389
Eröffnungsbilanz der GmbH GmbHG 41 16

Stichwortverzeichnis

Eröffnungsgrund
- allgemeiner InsO 17 4 ff.
- drohende Zahlungsunfähigkeit InsO 16 4
- objektive Feststellung InsO 16 5
- Überschuldung InsO 16 4
- Zahlungsunfähigkeit InsO 16 4

Ersatzansprüche gegen GmbH-Geschäftsführer Kap. 5 629 ff.
- Schadensersatzansprüche gem. § 43 Abs. 2 GmbHG Kap. 5 643 ff.

Ersatzansprüche, *(s. Haftung)* AktG 51 1 ff.

Ersatzansprüche*(s. Haftung)*
- aus Geschäftsführung Kap. 6 100 ff.

Ersatzansprüche, *(s. Haftung)*
- aus Gründung Kap. 6 100 ff.
- Vergleich GmbHG 9b 3
- Verjährung GmbHG 9b 10
- Verzicht GmbHG 9b 1 ff.
- Verzicht und Vergleich AktG 50 1 f.

Erstattung verbotener Rückzahlungen bei der GmbH GmbHG 31 1 ff.
- actio pro socio GmbHG 31 5
- Einwendungen des Erstattungspflichtigen GmbHG 31 25 ff.
- entgangene Nutzungen GmbHG 31 31
- Erlass GmbHG 31 66 ff.
- guter Glaube GmbHG 31 38 ff.
- Haftung des ausgeschiedenen Gesellschafters GmbHG 31 11
- internationale Zuständigkeit GmbHG 31 35
- kollusives Verhalten GmbHG 31 18
- Leistungsverweigerungsrecht GmbHG 31 4
- Rechtsnatur des Erstattungsanspruchs GmbHG 31 19
- Sachleistungen GmbHG 31 22
- Stundung des Erstattungsanspruchs GmbHG 31 29
- Subsidärhaftung GmbHG 31 2
- Vergleich GmbHG 31 73
- Verjährung GmbHG 31 74 ff.
- Verzug GmbHG 31 30

Erster Abschlussprüfer AktG 30 12 ff.
Erster Aufsichtsrat AktG 30 2 ff.
Erster Vorstand AktG 30 8 ff.
Ertragswertmethode (GbR) BGB 738–740 7
Ertragswertverfahren Kap. 2 38

Erwerb eigener Aktien
- Abfindungsgebote AktG 71 11 f.
- durch Dritte AktG 71d 1 ff.
- Ermächtigungsbeschluss AktG 71 23 ff.
- Erwerbsverbot AktG 71 2 ff.
- Herausgabe und Erstattungsanspruch AktG 71 15
- Kapitalgrenze AktG 71 6, 38 f.
- Kommissionsgeschäft AktG 71 14
- Rechtsfolgen AktG 71d 6 ff.
- Stellvertreter, mittelbarer AktG 71d 2 ff.
- unzulässiger AktG 71 45
- Wertpapierhandel AktG 71 19 ff.
- zulässiger AktG 71 36 ff.

Erwerb eigener Anteile, Einziehung bei der GmbH, Liquidationsgesellschaft GmbHG 69 7

Erwerbsverbot, Erwerb eigener Aktien AktG 71 2 f.

Europäische Aktiengesellschaft (SE)
- »Inspire Art« Kap. 2 558
- »Überseering«-Entscheidung Kap. 2 558, 544 ff.
- dualistisches System Einführung und Grundlagen 91 ff.
- Entstrickungstatbestand Kap. 2 561
- gesetzliches Mindestkapital Einführung und Grundlagen 83
- grenzüberschreitende Sitzverlegung Kap. 2 557
- grenzüberschreitende Verschmelzung Kap. 2 546
- Gründungstatbestände Einführung und Grundlagen 84
- Hauptversammlung Einführung und Grundlagen 90
- konzernrechtliche Dimension AktG Anh. 2 100
- monistisches System Einführung und Grundlagen 91 ff.
- SEStEG Kap. 2 561
- supranationale Rechtsform AktG Anh. 2 99 ff.
- Verschmelzungsgewinn Kap. 2 550

Europäische Privatgesellschaft Einführung und Grundlagen 107

Europäische Wirtschaftliche Interessenvereinigung (EWIV)
- Gesamthandsgesellschaft Einführung und Grundlagen 94
- Geschäftsführer Einführung und Grundlagen 103
- Gründungsvertrag Einführung und Grundlagen 97
- Haftung Einführung und Grundlagen 99
- Mitglieder Einführung und Grundlagen 99
- Mitgliederversammlung Einführung und Grundlagen 105
- Zweckbestimmung Einführung und Grundlagen 98

Euro-Umstellung GmbHG 5 7
EU-Verschmelzungsrichtlinie Kap. 2 511
existenzvernichtender Eingriff AktG 1 10
- Außenhaftung GmbHG 30 99
- Haftung des Gesellschafters GmbHG 30 97 ff.

Existenzvernichtungshaftung, anwendbares Recht Kap. 4 18

faktischer Konzern
- einfacher faktischer Konzern AktG Anh. 2 10
- faktischer AG-Konzern AktG Anh. 2 64
- faktischer GmbH-Konzern AktG Anh. 2 78
- Haftung im faktischen AG-Konzern AktG Anh. 2 62
- Haftung im faktischen GmbH-Konzern AktG Anh. 2 83 f.

- Konzerneingangskontrolle im faktischen AG-Konzern **AktG Anh. 2** 73 ff.
- Konzerneingangskontrolle im faktischen GmbH-Konzern **AktG Anh. 2** 81
- qualifiziert faktischer Konzern **AktG Anh. 2** 11, **Anh. 2** 85

Familienrecht Einführung und Grundlagen 49
Familienstiftung BGB Anh. 15
fehlerhaft wirksame Gesellschaft
- Prospekthaftung bei der stillen Gesellschaft **HGB Anh. 1** 62
- stille Gesellschaft **HGB Anh. 1** 59 ff.

fehlerhafte Gesellschaft
- Anwendung auf Publikumsgesellschaft **HGB Anh. 2** 17
- bei der GbR **BGB 705** 51 ff.
- bei der OHG **HGB 105** 79 ff.

fehlerhafter Beitritt zu einer Gesellschaft
- bei der GbR **BGB 738–740** 15
- bei der OHG **HGB 130** 7

fehlerhaftes Ausscheiden aus einer GbR **BGB 738–740** 15 ff.

Festsetzungen im Gesellschaftsvertrag der GmbH **GmbHG 5** 36 ff.
- Bestimmtheit des Einbringungsgegenstandes **GmbHG 5** 37
- Bezugnahme **GmbHG 5** 37
- Formmangel **GmbHG 5** 39
- Handelsgeschäft **GmbHG 5** 37
- Heilung verdeckter Sacheinlagen **GmbHG 5** 40
- Identität des Einbringungsgegenstandes **GmbHG 5** 37
- Person des Übernehmers **GmbHG 5** 38
- verkehrsübliche Bezeichnung **GmbHG 5** 37

Feststellung des Jahresabschlusses der AG
- Aufsichtsratsbeschluss **AktG 172** 3 f.
- Hauptversammlungsbeschluss **AktG 172** 6 f., 173 2, 175 10
- Nichtigkeit **AktG 173** 2
- Rechtscharakter **AktG 172** 2 f.
- Zuständigkeit **AktG 172** 1

Feststellungsklage, Verhältnis zur Nichtigkeitsklage **AktG 249** 16; **256** 31

Feststellungsmethode
- Insolvenzgrund **InsO 16** 8

Feststellungsverfügung bei der GmbH **GmbHG 60** 12

Fiktionstheorie Einführung und Grundlagen 22
Finanzierungsverantwortung der Kommanditisten **HGB Anh. 3** 79

Firma der GmbH
- Änderung **GmbHG 4** 5
- Anforderungen **GmbHG 4** 6 ff.
- Bestimmung im Gesellschaftsvertrag **GmbHG 3** 2, 4 5
- Eintragung in das Handelsregister **GmbHG 10** 5
- Fortführung **GmbHG 4** 24 f.

Firma der GmbH & Co. KG **HGB Anh. 3** 14
Firma der OHG **HGB 105** 10; **125a** 2
- Löschung **HGB 157** 1 ff.

Form des GmbH-Gesellschaftsvertrags
- Abschluss des Gesellschaftsvertrags **GmbHG 2** 15 ff.
- Änderung des Gesellschaftsvertrages **GmbHG 53** 16 ff.
- Vollmacht zum Abschluss eines Gesellschaftsvertrags **GmbHG 2** 46 ff.

Formwechsel
- Ablauf **Kap. 2** 370
- Anmeldung zum Handelsregister **Kap. 2** 379
- Einbringungsgewinn **Kap. 2** 417
- einer Kapitalgesellschaft in eine andere Kapitalgesellschaft **Kap. 2** 396
- einer Kapitalgesellschaft in eine Personengesellschaft **Kap. 2** 386
- einer Kapitelgesellschaft in eine Personenhandelsgesellschaft **Kap. 2** 421
- einer Personengesellschaft in eine Kapitalgesellschaft **Kap. 2** 381
- einer Personenhandelsgesellschaft in eine Kapitalgesellschaft **Kap. 2** 397
- Ermittlung des Übernahmegwinns (bis 2006) **Kap. 2** 448 ff.
- Ermittlung des Übernahmegwinns (nach SEStEG) **Kap. 2** 452 ff.
- formwechselfähige Rechtsträger **Kap. 2** 366
- gemeiner Wert **Kap. 2** 402
- Gründungsrecht **Kap. 2** 378
- handelbilanzielle Behandlung **Kap. 2** 389
- Inhalt des Umwandlungsbeschlussentwurf **Kap. 2** 375
- Kapitalschutz **Kap. 2** 378
- Maßgeblichkeitsgrundsatz **Kap. 2** 430
- SEStEG **Kap. 2** 393, 402, 408
- steuerliche Auswirkung bei übertragenden Kapitalgesellschaft (bisherige Rechtslage) **Kap. 2** 422 ff.
- steuerliche Auswirkung bei übertragenden Personenhandelsgesellschaft **Kap. 2** 406 ff.
- steuerliche Auswirkungen bei Gesellschaftern der übertragenden Gesellschaft **Kap. 2** 409 ff.
- steuerliche Auswirkungen bei Gesellschaftern der übertragenden Gesellschaft nach SEStEG **Kap. 2** 415 ff.
- steuerliche Auswirkungen bei übernehmenden Personengesellschaft **Kap. 2** 429 ff.
- steuerliche Auswirkungen bei übernehmender Kapitalgesellschaft **Kap. 2** 398
- steuerliche Auswirkungen bei übertragenden Kapitalgesellschaft nach SEStEG **Kap. 2** 427 ff.
- steuerliche Rückwirkung **Kap. 2** 394
- steuerrechtliche Behandlung **Kap. 2** 392
- Übernahmegewinn **Kap. 2** 436
- Umwandlungsbericht **Kap. 2** 376
- Umwandlungsbeschluss **Kap. 2** 374

Stichwortverzeichnis

- unter Kapitalgesellschaften Kap. 2 374
- Vermögensaufstellung Kap. 2 391
- Voraussetzungen Kap. 2 374
- Wirkung der Eintragung Kap. 2 379

Fortführungsprinzip bei der GmbH GmbHG 71 3
- Liquidationsrechnungsauslegung GmbHG 71 3
- Überschuldung GmbHG 64 16 ff.
- Zahlungsunfähigkeit GmbHG 64 8 ff.

Fortführungsprognose InsO 16 9; 19 18 ff., 20 ff.

Fortsetzung der GmbH GmbHG 60 20
- Anmeldung GmbHG 65 8
- Austrittsrecht GmbHG 60 20
- Bekanntmachung GmbHG 65 9
- Form GmbHG 60 5
- Fortfall Anmeldungspflicht GmbHG 65 2
- Fortsetzungsbeschluss GmbHG 60 20, 77 5
- Mehrheit GmbHG 60 20
- Zeitpunkt GmbHG 60 20 f.

Fortsetzung einer aufgelösten AG AktG 274 1 ff.

Fortsetzungsbeschluss
- bei der GbR BGB 737 3
- bei der GmbH GmbHG 60 20, 77 5
- bei der OHG HGB 131 29, 144 4

Fortsetzungsklausel, bei der GbR BGB 726–728 7

Freiberufliche Tätigkeit, Auffangregelung im PartGG Kap. 1 3 f.

Freies Hinauskündigungsrecht (GbR) BGB 737 17

Freigabeverfahren AktG 242 9; 243 24; 246a 1 ff.; Kap. 6 74

Fungibilität der Geschäftsanteile der GmbH GmbHG 5 3

GbR
- Bürgin BGB Vor 705 7
- Grundbuchfähigkeit BGB Vor 705 9
- Grundrechtsfähigkeit BGB Vor 705 8
- Involzugsetzung BGB 705 57
- Parteifähigkeit BGB Vor 705 7; Kap. 5 1 ff.
- Prozessfähigkeit Kap. 5 7 ff.
- Prozessrecht Kap. 5 1 ff.
- Prozessuale Vertretung Kap. 5 7 ff.
- Rechtsgemeinschaft an Aktie AktG 69 3
- steuerliche Behandlung BGB Vor 705 22

Gefälligkeitsverhältnis, Abgrenzung zur GbR BGB Vor 705 13

Geheimhaltungspflicht bei der GmbH
- Antragsrecht GmbHG 85 13
- Betriebs- und Geschäftsgeheimnisse GmbHG 85 4 ff.
- fehlende Befugnis GmbHG 85 9 ff.
- qualifizierte Verletzung GmbHG 85 12
- Strafantrag GmbHG 85 13
- Täter GmbHG 85 3
- Tathandlung GmbHG 85 7 ff.
- Verjährung GmbHG 85 14

Gelegenheitsgesellschaft BGB 721–722 4

gemeiner Wert Kap. 2 137, 153, 181, 212, 216, 233, 282, 342

gemeinnützige Stiftungen BGB Anh. 14; Anh. 42

Gemeinschaft zur gesamten Hand Einführung und Grundlagen 13 f.

gemeinschaftlicher Vertreter
- Bestellung bei Rechtsgemeinschaft AktG 69 5
- Person AktG 69 6
- unterlassene Bestellung bei Rechtsgemeinschaft AktG 69 7

gemeinwohlkonforme Allzweckstiftung BGB Anh. 25

genehmigtes Kapital bei der AG AktG 160 11; 202 1 ff.
- Aktieninhalt AktG 204 2
- Änderung der Ermächtigung AktG 202 10
- Arbeitnehmeraktien AktG 202 18 ff., 203 25, 204 8 ff., 205 6
- Ausgabe der neuen Aktien AktG 203 1 ff., 204 3 f.
- Ausübung der Ermächtigung AktG 202 16 f.
- Beschlussmehrheit AktG 202 12 f.
- Bezugsrecht AktG 203 3
- Bezugsrechtsausschluss AktG 202 18, 203 4 ff.
- Dauer der Ermächtigung AktG 202 6 f.
- Handelsregisteranmeldung AktG 203 10
- Höhe des genehmigten Kapitals AktG 202 14 f.
- Inhalt der Ermächtigung AktG 202 6 ff.
- mit Sacheinlagen AktG 205 1 ff., 206 1 ff.
- Vorzugsaktien AktG 204 6 f.
- Wirksamwerden der Kapitalerhöhung AktG 203 11
- Zeichnung der neuen Aktien AktG 203 2

Genehmigung, als beizufügende Unterlage GmbHG 8 17 ff.; 54 21

Generalversammlung (eG), Formvorschriften GenG 7 9

Generalversammlung der Genossenschaft
- Beschlussfähigkeit GenG 50 23 f.
- Einberufung GenG 46 1 ff.
- Entlastung von Vorstand und Aufsichtrat GenG 50 6 ff.
- Feststellung des Jahresabschlusses GenG 50 3 ff.
- Heilung der Nichtigkeit GenG 97 4
- Mitgliederrechte GenG 50 14 ff.
- Niederschrift der Beschlüsse GenG 47 1
- Zuständigkeit GenG 50 1 ff.

Genossenschaft Kap. 2 79
- Änderung der Satzung GenG 16 1 ff.
- Änderung der Vertretungsbefugnis GenG 29 1 ff.
- Änderung des Vorstandes GenG 29 1 ff.
- Anmeldung zum Genossenschaftsregister GenG 11a 1 ff.
- Arten GenG 1 16 ff.
- Auflösung der Genossenschaft GenG 82 1 ff.
- Auflösungsbeschluss GenG 82 2 ff.
- Aufsichtsrat GenG 37 1 ff.

Stichwortverzeichnis

- Auseinandersetzung **GenG 77a** 24 ff.
- Ausschluss eines Mitglieds **GenG 77a** 14 ff.
- Beendigung der Liquidation **GenG 93** 1
- Beendigung der Mitgliedschaft **GenG 77a** 1 ff.
- Beschlussfassung in Generalversammlung **GenG 8** 5
- Beschränkung auf bestimmte Zeit **GenG 8** 2
- Beteiligung mit mehreren Geschäftsanteilen **GenG 7a** 1 ff.
- Einzahlungspflicht **GenG 7** 13 ff.
- Errichtung der Gesellschaft **GenG 1** 1 ff.
- Erwerb der Mitgliedschaft **GenG 15b** 3 ff.
- Firma und Sitz **GenG 7** 4 ff.
- Firmengrundsätze **GenG 3** 2 ff.
- Form der Satzung **GenG 5** 1 ff.
- gemeinschaftlicher Geschäftsbetrieb **GenG 1** 9 f.
- Generalversammlung **GenG 46** 1 ff.
- genossenschaftlicher Prüfungsverband **Kap. 2** 81
- Geschäftsanteil **Kap. 2** 79
- Geschäftsjahr **GenG 8** 4
- gesetzliche Rücklagen **GenG 7** 18
- Gewinnverteilung **GenG 20** 3
- Grundsätze **GenG 1** 11 ff.
- Haftsumme **GenG 121** 1 ff.
- Haftung **GenG 17** 5 f.
- Haftung der eG **GenG 2** 1 ff.
- Haftung der Mitglieder **GenG 23** 1 ff.
- Herabsetzung von Geschäftsanteil **GenG 22a** 2 ff.
- Insolvenz **GenG 82** 6
- Insolvenzplan **GenG 116** 1
- Insolvenzverfahren **GenG 102** 1 ff.
- investierende Mitglieder **GenG 8** 8
- Jahresabschluss **GenG 33** 2
- Kapitalerhaltungsgebot **GenG 22a** 8
- Kaufmannseigenschaft **GenG 17** 3
- Kündigung des Mitglieds **GenG 77a** 5 ff.
- Kündigung durch Privatgläubiger **GenG 77a** 11 ff.
- Lagebericht **GenG 33** 2
- Mindestkapital **GenG 8a** 1 ff.
- Mindestzahl der Mitglieder **GenG 4** 1
- Mitgliederliste **GenG 32** 1 ff.
- Mitgliederzahl **GenG 1** 3
- Mitgliedschaftsrechte **GenG 17** 2 ff.
- Nachschusspflicht **GenG 7** 8, **22a** 1 ff.
- Nichtigkeit **GenG 97** 1 ff.
- Nichtmitgliedergeschäft **GenG 8** 6 f.
- Pflichtbeteiligung mit mehreren Geschäftsanteilen **GenG 7a** 4
- Prüfung **GenG 64c** 1 ff.
- Prüfung durch Registergericht **GenG 11a** 7 ff.
- Prüfung durch Verband **GenG 64c** 30 ff.
- Prüfungsverfahren **GenG 64c** 10 ff.
- Rechtsfähigkeit **GenG 17** 1 ff.
- Rechtsnatur **GenG 1** 1 f.
- Rückgriffsverbot **GenG 21a** 4
- Satzungsvorbehalt **GenG 8** 1 ff.
- Übertragung des Geschäftsguthabens **GenG 77a** 19 ff.
- Unternehmensgegenstand **GenG 7** 7
- Verjährung der Einzahlungsverpflichtung **GenG 22a** 9
- Verknüpfung von Mitgliedschaft und Wohnsitz **GenG 8** 3
- Verlustanzeige **GenG 33** 4 f.
- Verlustverteilung **GenG 20** 9 ff.
- Verschmelzung **Kap. 2** 77
- Verschmelzungsprüfung **Kap. 2** 80
- Verteilung des Geschäftsguthabens **GenG 22b** 4
- Vertreterwahl **GenG 43a** 2 ff.
- Vertretung durch Vorstand **GenG 27** 1 ff.
- Verzicht auf Aufsichtsrat **GenG 9** 5 ff.
- Verzinsungsverbot **GenG 21a** 1 ff.
- Vorstand **GenG 9** 1 ff.
- Wegfall des Mitglieds **GenG 77a** 22 f.
- Zahlungspflicht bei Liquidation **GenG 87b** 3 ff.
- Zahlungspflichten der Genossen **GenG 2** 3
- Zerlegungsbeschluss **GenG 22b** 1 ff.
- Zulässigkeit von Sacheinlagen **GenG 7a** 5
- Zuständigkeit der Generalversammlung **GenG 50** 1 ff.
- Zweigniederlassung **GenG 14** 2 ff.

genossenschaftliche Grundsätze **GenG 1** 11 ff.
- Identität von Mitglied und Kunde **GenG 1** 15
- Selbsthilfe **GenG 1** 12
- Selbstverantwortung **GenG 1** 14
- Selbstverwaltung **GenG 1** 13

genossenschaftliche Prüfungsverbände **Kap. 2** 89
genossenschaftlicher Förderzweck **GenG 1** 4 ff.
Genossenschaftsregister **GenG 11a** 1 ff.
- eintragungspflichtige Tatsachen **GenG 11a** 3
- Publizität **GenG 29** 1 ff.

Genussrechte **AktG 160** 13; **221** 20 ff.
- **HGB Anh. 1** 23 f.
- Ausgabe **AktG 221** 45 f.
- Beeinträchtigung **AktG 221** 54 ff.
- Begründung **AktG 221** 24 f.
- Bezugsrecht **AktG 221** 32
- Bezugsrechtsausschluss **AktG 221** 33 ff.
- Eigenkapitalcharakter **AktG 221** 28 f.
- Inhalt **AktG 221** 26 f.
- mittelbares Bezugsrecht **AktG 221** 40
- Übertragbarkeit **AktG 221** 47

Gerichtliche Auflösung der AG
- Auflösungsklage **AktG 398** 1 ff.
- einstweilige Verfügung **AktG 398** 5
- Gemeinwohlgefährdung **AktG 398** 2
- Grundsatz der Verhältnismäßigkeit **AktG 398** 3

Gerichtskosten **Kap. 8** 2 ff.
- Gebührenansatz **Kap. 8** 3 f.
- gesellschaftsrechtliche Streitigkeiten **Kap. 8** 3
- Streitwert **Kap. 8** 5 ff.

Gerichtsstand
- BGB-Gesellschaft **Kap. 5** 28

2643

Stichwortverzeichnis

- der Liquidationsgesellschaft der GmbH **GmbHG 69** 13
- GmbH **Kap. 5** 315 ff.
- KG **Kap. 5** 70 ff.
- OHG **Kap. 5** 70 ff.

Gerichtsstand der Mitgliedschaft, GmbH Kap. 5 317

Gerichtsstand der Niederlassung, GmbH Kap. 5 316

Gerichtsstand des Erfüllungsortes, GmbH Kap. 5 318

Gesamthand Einführung und Grundlagen 20 f.
- GbR **BGB 719** 1 ff.
- KG **HGB 161** 1

Gesamthandsgemeinschaft, als Gesellschafterin einer GmbH GmbHG 1 22 ff.

Gesamtrechtsnachfolge (AG), Erwerb eigener Aktien AktG 71 17

Geschäftsanteil der GmbH
- Auslandsbeurkundung **GmbHG 15** 29 ff.
- Beschränkung der Übertragung **GmbHG 15** 40 ff.
- Definition **GmbHG 14** 2
- eigene Anteile **GmbHG 33** 1 ff.
- Einziehung **GmbHG 46** 22
- Entstehen/Erlöschen **GmbHG 14** 3
- Formerfordernis bei Übertragung **GmbHG 15** 14 ff.
- gemeinsamer Vertreter **GmbHG 18** 8 f.
- gutgläubiger Erwerb **GmbHG 15** 31 ff.
- Haftung für rückständige Leistungen **GmbHG 16** 26 ff.
- Mitberechtigung **GmbHG 18** 2 ff.
- Nachweis des Übergangs **GmbHG 16** 13 ff.
- nicht voll eingezahlte Anteile **GmbHG 33** 1 ff.
- Nießbrauch **GmbHG 15** 8 f.
- Selbständigkeit **GmbHG 15** 11
- Sicherungsabtretung **GmbHG 15** 5
- Teilung **GmbHG 46** 21
- Teilung und Zusammenlegung **GmbHG 14** 5, **15** 12 ff.
- Übertragung **GmbHG 15** 2 ff.
- Verbriefung **GmbHG 14** 4
- Vererblichkeit **GmbHG 15** 10
- Verpfändung **GmbHG 15** 6 f.
- Zustimmungserfordernis bei Übertragung **GmbHG 15** 32 f.

Geschäftsanteile der GmbH, Abtretung GmbHG 29 126

geschäftsführender Gesellschafter (GbR), Haftung BGB 709–713 62 f.

Geschäftsführer der GmbH
- Abberufung **GmbHG 6** 31, **38** 1 ff., **43a** 5
- Abberufung des GmbH-Geschäftsführers *(siehe dort)* **Kap. 5**
- Alleingesellschaftergeschäftsführer **GmbHG 35** 29
- allgemeine Geschäftsführerhaftung in Unternehmenskrise **GmbHG 64** 52
- Amtsniederlegung **GmbHG 38** 30 ff.
- Amtsunfähigkeit **GmbHG 6** 12
- Anmeldung zum Handelsregister **GmbHG 39** 1 ff.
- Ansprüche gegen Geschäftsführer **GmbHG 46** 33 ff.
- Anstellungsverhältnis **GmbHG 38** 3
- Ausländer **GmbHG 6** 17
- Beamter **GmbHG 6** 18
- Bedingung der Bestellung **GmbHG 6** 32, **38** 34
- Befristung der Bestellung **GmbHG 38** 26
- Bestellung **GmbHG 6** 2
- Bestellungsbeschluss **GmbHG 6** 35
- Bestellungskompetenz **GmbHG 6** 25 ff.
- Eintragung in das Handelsregister **GmbHG 10** 5
- Eintragung ins Handelsregister **GmbHG 39** 1 ff.
- faktischer Geschäftsführer **GmbHG 6** 8, **43a** 5
- Haftung für verbotene Rückzahlungen **GmbHG 31** 79
- Haftung wegen Masseschmälerung **GmbHG 64** 34 ff.
- Handelsregisterpflichten **GmbHG 37** 3
- In-sich-Geschäfte **GmbHG 35** 24 ff.
- Insolvenzbeobachtungspflicht **GmbHG 64** 3
- Insolvenzverschleppungshaftung **GmbHG 64** 24 ff.
- Kreditverbot **GmbHG 43a** 1 ff.
- Kündigung des Anstellungsverhältnisses **GmbHG 38** 12
- Legitimation als beizufügende Unterlage **GmbHG 8** 9
- Liquidationsgesellschaft **GmbHG 69** 8
- Loyalitätspflichten **GmbHG 43** 33 ff.
- Prüfung der Bestellung durch das Registergericht **GmbHG 9c** 22
- Stellvertreter **GmbHG 35a** 9, **43a** 5, **44** 1 ff.
- Titelabstufung **GmbHG 44** 4 f.
- Tod des Geschäftsführers **GmbHG 6** 33, **38** 37
- Treuepflicht **GmbHG 43** 20 f.
- unternehmensbezogenes Handeln **GmbHG 35** 23
- Verschwiegenheitspflicht **GmbHG 43** 26 ff.
- Vertretungsmacht **GmbHG 35** 1 ff.
- Voraussetzungen **GmbHG 6** 11 ff.
- Vorschlagsrecht **GmbHG 6** 29
- Wettbewerbsverbot **GmbHG 43** 21 ff.
- Widerruf der Bestellung **GmbHG 6** 31, **38** 1 ff.
- Wohnsitz **GmbHG 6** 17
- Zeichnung **GmbHG 35** 23

Geschäftsführer der Komplementär-GmbH HGB Anh. 3 27
- Bestellung **HGB Anh. 3** 27
- Dienstverhältnis **HGB Anh. 3** 23
- Haftung **HGB Anh. 3** 26, **Anh. 3** 95 ff.
- Jahresabschluss **HGB Anh. 3** 106 ff.

- Organ der GmbH HGB Anh. 3 23
- Vertretung HGB Anh. 3 21
- Weisungsbefugnis der Gesellschafterversammlung HGB Anh. 3 24
- Wettbewerbsverbot HGB Anh. 3 25, Anh. 3 47

Geschäftsführung
- AG AktG Einl. 13
- Ersatzansprüche Kap. 6 100 ff.
- GmbH AktG Einl. 13

Geschäftsführung (GbR)
- Einziehung der - BGB 709–713 64
- Kündigung der - BGB 709–713 71 ff.

Geschäftsführung bei der GmbH
- Gesamtverantwortung GmbHG 35 39
- Geschäftsordnung GmbHG 35 40
- Ressort-/Kompetenzverteilung GmbHG 35 39, 43 13
- Vetorecht GmbHG 35 38
- Vorsitzender der Geschäftsführung GmbHG 35 38

Geschäftsführung bei der GmbH & Co. KG HGB Anh. 3 22; Anh. 3 42
- Befugnisse HGB Anh. 3 17
- Geschäftsführer HGB Anh. 3 23 ff.
- Haftungsmaßstab HGB Anh. 3 22
- Kommanditist HGB Anh. 3 42
- Komplementär-GmbH HGB Anh. 3 21 f., Anh. 3 42
- Verbot des Selbstkontrahierens HGB Anh. 3 22

Geschäftsführung bei der KG HGB 164 1 ff.
- durch Dritte HGB 164 6
- durch Kommanditisten HGB 164 4 f.; Kap. 5 114
- durch Komplementär HGB 164 1 ff.
- gesellschaftsvertragliche Regelung HGB 164 9 ff.
- Notgeschäftsführung HGB 164 5
- Weisungsrecht HGB 164 12
- Widerspruchsrecht des Kommanditisten HGB 164 7 f.

Geschäftsführung bei der OHG HGB 114 1 ff.
- Einzelgeschäftsführungsbefugnis Kap. 5 113
- Entlastung des Geschäftsführers HGB 114 19
- Entziehung der Geschäftsführungsbefugnis HGB 117 1 ff.
- Entziehung der Geschäftsführungsbefugnis durch Entziehungsbeschluss Kap. 5 132
- Entziehung der Geschäftsführungsbefugnis durch Klage Kap. 5 110 ff.
- Entziehungsklage gem. § 117 HGB HGB 117 11 ff.
- Gesamtgeschäftsführung HGB 115 13 ff.
- Grundsatz der Selbstorganschaft Kap. 5 111
- Klage auf Entziehung der Geschäftsführungsbefugnis gem. § 117 HGB (siehe dort) Kap. 5
- Widerspruchsrecht HGB 115 2 ff.

Geschäftsführung bei der Publikumsgesellschaft
- Abberufung von Geschäftsführern HGB Anh. 2 28, Anh. 2 31

- Geschäftsführung durch Dritte HGB Anh. 2 30
- Geschäftsführung durch Komplementär HGB Anh. 2 29
- gesellschaftsvertragliche Regelungen HGB Anh. 2 31
- Grundsatz der Selbstorganschaft HGB Anh. 2 30
- Haftung des Geschäftsführers HGB Anh. 2 34
- Selbstkontrahierungsverbot HGB Anh. 2 33
- Umfang der Geschäftsführungsbefugnis HGB Anh. 2 33

Geschäftsführung bei der Stiftung BGB Anh. 64

Geschäftsführung der AG
- Befugnis AktG 77 3 ff.
- Begriff AktG 77 2
- Gefahr im Verzug AktG 77 8
- Gesamtgeschäftsführungsbefugnis AktG 77 4
- Geschäftsordnung des Vorstands AktG 77 15
- Stimmverbote AktG 77 6

Geschäftsführungsbefugnis (GbR) BGB 709–713 2 ff.

Geschäftsführungsbefugnis bei der GbR BGB 709–713 2
- actio pro socio BGB 709–713 25 ff.
- Arten BGB 709–713 5 ff.
- Entziehung BGB 709–713 64 ff.
- Fortdauer BGB 729 1 ff.
- Kündigung BGB 709–713 1 ff.
- Notgeschäftsführung BGB 709–713 22 ff.
- Umfang BGB 709–713 13 ff.
- Vertretungsmacht BGB 709–713 2
- Widerspruchsrecht BGB 709–713 28 ff.

Geschäftsführungsbefugnis bei der GmbH GmbHG 35 1 ff.
- Beschränkungen GmbHG 37 4 ff.
- Einzelgeschäftsführungsbefugnis GmbHG 35 37
- Gesamtgeschäftsführungsbefugnis GmbHG 35 37
- ungewöhnliches Geschäft GmbHG 37 14

Gesellschaft (GbR)
- Auflösung BGB 726–728 1 ff.
- Auseinandersetzung BGB 730–735 1
- Ausschließung BGB 737 1
- Beendigung BGB 723–724 1
- Gelegenheitsgesellschaft BGB 721–722 4
- Invollzugsetzung BGB 705 57
- Kündigung, außerordentliche BGB 723–724 9 ff.
- Kündigung, ordentliche BGB 723–724 5 ff.
- Kündigungserklärung BGB 723–724 17 ff.
- Kündigungsfrist BGB 723–724 19
- Kündigungsgrund BGB 723–724 18
- Leistungsstörungen BGB 706–707 18 ff.
- Liquidation BGB 723–724 1
- Unzumutbarkeit der Fortsetzung BGB 723–724 12 ff.

Gesellschafter der BGB-Gesellschaft, Haftung Kap. 5 16, 21 ff.

Stichwortverzeichnis

Gesellschafter der GbR
- Aufwendungsersatz BGB 709–713 53 ff.
- Ausscheiden aus der Gesellschaft BGB 736 2 ff.
- Ausschluss BGB 737 1
- Beiträge BGB 706–707 2 ff.
- Geschäftsführung BGB 709–713 2 ff.
- Haftung BGB 709–713 62 f.; Kap. 5 16, 21 ff.
- Haftungsbegrenzung BGB 708 1
- Informationsrechte BGB 716 3 ff.
- Insolvenz BGB 736 2
- Kontrollrechte BGB 716 3 ff.
- Nachschusspflicht BGB 706–707 10
- nachvertragliches Wettbewerbsverbot BGB 736 15 f.
- Tod BGB 736 3
- Vergütung BGB 709–713 40
- Wettbewerbsverbot BGB 709–713 51 f.

Gesellschafter der GmbH
- Abberufung GmbHG 46 23 ff.
- Ansprüche gegen Gesellschafter GmbHG 46 33 ff.
- Auskunftsrecht GmbHG 51a 1 ff.
- Ausleihung gegenüber dem Gesellschafter GmbHG 42 11
- Ausschluss Kap. 5 493 ff.
- Austritt Kap. 5 524
- Beschluss über Änderung des Gesellschaftsvertrags GmbHG 53 14 f.
- Bestellung GmbHG 46 23 ff.
- Einsichtsrecht GmbHG 51a 1
- Erbengemeinschaft GmbHG 1 24
- Forderungen gegenüber dem Gesellschafter GmbHG 42 11
- Generalbereinigung GmbHG 46 28
- Gesamthandsgemeinschaft GmbHG 1 22
- Gütergemeinschaft GmbHG 1 25
- Informationsverweigerung gegenüber dem Gesellschafter GmbHG 51 10 ff.
- juristische Person GmbHG 1 19 ff.
- Liste GmbHG 8 11 f.
- Minderjähriger GmbHG 1 17
- Mitgliedschaftsrechte GmbHG 45 1 ff.
- natürliche Person GmbHG 1 16 ff.
- Sonderrechte GmbHG 45 11
- Testamentsvollstrecker GmbHG 1 18
- Treuepflicht GmbHG 38 5, 43 61, 47 75
- Treuhand-Gesellschafter (Treuhänder) GmbHG 1 26 ff.
- Verbindlichkeiten gegenüber dem Gesellschafter GmbHG 42 11
- Weisungsrecht GmbHG 37 22 ff.
- Zuständigkeiten GmbHG 46 1 ff.

Gesellschafterbeiträge (GbR), Erhöhung BGB 706–707 9 ff.

Gesellschafterbeschluss der GmbH-Gesellschafterversammlung
- Anfechtbarkeit GmbHG 47 39; Kap. 5 376 ff.
- Anfechtungsgründe GmbHG 47 70 ff.; Kap. 5 376 ff.
- Anfechtungsklage im GmbH-Recht *(siehe dort)* Kap. 5 396 ff.
- Antrag auf Beschluss GmbHG 47 4
- Antragsrecht GmbHG 48 10
- Aufhebung GmbHG 47 7
- Auflösungsbeschluss GmbHG 60 6
- Auslegung GmbHG 47 8
- Beschlussfeststellungsklage GmbHG 47 86
- Beschlussmängelstreitigkeiten Kap. 5 351 ff.
- Bestätigungsbeschluss GmbHG 47 60; Kap. 5 442 ff.
- Beurkundungsmangel GmbHG 47 45
- Entscheidungsvorschlag GmbHG 47 4
- Form GmbHG 47 6
- förmliche Beschlussfeststellung GmbHG 47 6
- Förmliche Beschlussfeststellung Kap. 5 396 f.
- gesetzwidrige Beschlüsse GmbHG 62 2
- Heilung GmbHG 47 57 f.
- Inhaltsmangel GmbHG 47 46 ff.
- Mehrheitserfordernis GmbHG 47 5
- Nichtigkeit GmbHG 47 41 ff.; Kap. 5 353 ff.
- Nichtigkeitsgründe GmbHG 47 43 ff.
- Nichtigkeitsklage GmbHG 47 56 ff.
- Nichtigkeitsklage im GmbH-Recht *(siehe dort)* Kap. 5 447 ff.
- Niederschrift bei Einpersonengesellschaft GmbHG 48 23 f.
- Positive Beschlussfeststellungsklage im GmbH-Recht *(siehe dort)* Kap. 5 463 ff.
- qualifizierte Mehrheit GmbHG 47 5
- schriftliche Beschlussfassung GmbHG 48 15
- telefonische Beschlussfassung GmbHG 48 21
- Unwirksamkeit GmbHG 47 87
- Verfahrensverstoß GmbHG 47 71 ff.

Gesellschafterdarlehen der GmbH GmbHG 30 19 ff.

Gesellschafterklage des GmbH-Gesellschafters (actio pro socio) GmbHG 14 23 f.

Gesellschafterklagen im GmbH-Recht Kap. 5 327

Gesellschafterliste GmbHG 40 1 ff.
- Einreichung zum Handelsregister GmbHG 40 18
- inhaltliche Angaben GmbHG 40 7 ff.

Gesellschafterstreitigkeiten im Personengesellschaftsrecht Kap. 5 80
- Beschlussmängelstreitigkeiten im Personengesellschaftsrecht *(siehe dort)* Kap. 5
- gerichtliche Geltendmachung Kap. 5 77 ff.
- gesellschaftsvertragliche Regelung Kap. 5 79
- Klageart Kap. 5 77
- Parteien Kap. 5 78
- Urteilswirkungen Kap. 5 89

Gesellschafterversammlung bei der Publikumsgesellschaft
- Beschlussfähigkeit HGB Anh. 2 41
- Beschlussfassung HGB Anh. 2 41

Stichwortverzeichnis

- Beschlussmängel HGB Anh. 2 43
- Bevollmächtigung HGB Anh. 2 39
- Einberufung HGB Anh. 2 36
- Einstimmigkeitsprinzip HGB Anh. 2 40
- fehlerhafte Einberufung HGB Anh. 2 37
- Ladungsfrist HGB Anh. 2 38
- Mehrheitserfordernisse HGB Anh. 2 40 f.
- Mehrheitsprinzip HGB Anh. 2 40, Anh. 2 42
- Stimmrechte der Kommanditisten HGB Anh. 2 39

Gesellschafterversammlung der GmbH GmbHG 48 1 ff.
- Absage GmbHG 51 15
- bei der Liquidationsgesellschaft GmbHG 69 10 f.
- Beschlussfähigkeit GmbHG 43 3, 47 2 ff.
- Einberufung GmbHG 49 1 ff.
- Einberufungsfrist GmbHG 49 6 f.
- Einberufungsmangel GmbHG 47 43 f., 51 12 ff.
- Einberufungspflicht GmbHG 49 8 ff.
- Einberufungstermin GmbHG 49 2 ff.
- Einberufungsverlangen GmbHG 50 2 ff.
- fehlerhafte Einberufung GmbHG 50 7
- Form der Einberufung GmbHG 51 1 ff.
- hälftiger Stammkapitalverlust GmbHG 64 3
- Protokollierung GmbHG 48 14
- Rederecht GmbHG 48 10
- Selbstbewirkung der Einberufung GmbHG 50 9 ff.
- Tagesordnung GmbHG 38 16, 49 8, 51 8 f.
- Teilnahmerecht GmbHG 38 18, 47 4 ff., 51 2
- Verlegung GmbHG 51 16
- Versammlungsleitung GmbHG 48 11 ff.
- Vollversammlung GmbHG 48 20, 51 11

Gesellschafterversammlung der GmbH & Co. KG HGB Anh. 3 30

Gesellschafterversammlung der KG HGB 161 29

Gesellschaftsanteil der stillen Gesellschaft, Nießbrauch HGB Anh. 1 17, 154

Gesellschaftsgründung
- AG AktG Einl. 11 f.
- GmbH AktG Einl. 11 f.
- Gründerpersonen AktG 2 3
- Stufengründung AktG 2 4

gesellschaftsrechtliche Bindung, Aufhebung Kap. 6 163 ff.

gesellschaftsrechtliche Streitigkeiten, Schiedsfähigkeit Kap. 7 21 ff., 26 ff.

Gesellschaftsstatut Kap. 4 1 ff.
- Delaware-Effekt Kap. 4 1 ff., 25
- Gründungstheorie Kap. 4 3 ff., 10 ff.
- Scheinauslandsgesellschaft Kap. 4 18
- Sitztheorie Kap. 4 3 ff., 7 ff.
- Überseering-Entscheidung Kap. 4 10 ff.
- Wegzugsfälle Kap. 4 15, 47 ff.

Gesellschaftsvermögen (allgemein) Einführung und Grundlagen 7 f., 11

Gesellschaftsvermögen der GbR BGB 718 2 ff.

- Verfügung BGB 719 2
- Vollstreckung BGB 718 6 ff.

Gesellschaftsvermögen der OHG
- Vollstreckung HGB 124 3

Gesellschaftsvertrag
- Ein-Personen-AG AktG 2 2
- Feststellung der Satzung AktG 2 1 f., 23 2 ff.

Gesellschaftsvertrag der GbR
- Abfindungsbeschränkungen BGB 738–740 19 ff.
- Abfindungsregelungen BGB 738–740 19 ff.
- Abschluss BGB 705 3 ff.
- Änderung BGB 705 35 ff.
- Arten von Gesellschaftern BGB 705 11 ff.
- Auslegung BGB 705 31
- Auszahlungsvereinbarungen BGB 738–740 29 ff.
- Beitragserhöhung BGB 706–707 9 ff.
- Beitragshöhe BGB 706–707 6 ff.
- Bestimmtheitsgrundsatz BGB 705 43
- Eintrittsklausel BGB 726–728 14
- Form BGB 705 19 ff.
- Fortsetzungsbeschluss BGB 736 1, 737 4
- Fortsetzungsklausel BGB 726–728 7
- gegenseitiger Vertrag BGB 706–707 18
- gemeinsamer Zweck BGB 705 49 f.
- Gesellschafter BGB 705 9 ff.
- Grundsatz der Einstimmigkeit BGB 705 36
- Kernbereich der Mitgliedschaft BGB 705 45
- Kündigung, außerordentliche BGB 723–724 9 ff.
- Kündigung, ordentliche BGB 723–724 5 ff.
- Kündigungserklärung BGB 723–724 17 ff.
- Kündigungsfrist BGB 723–724 19
- Kündigungsgrund BGB 723–724 18
- Leistungsstörungen BGB 705 18 ff.
- Mängel beim Abschluss BGB 705 8
- Mehrheitsklauseln BGB 705 39 ff.
- Mindestanzahl von Gesellschaftern BGB 705 9 f.
- Nachfolgeklausel BGB 726–728 9
- nachvertragliches Wettbewerbsverbot BGB 709–713 43 ff.
- Stellvertretung beim Abschluss BGB 705 7
- Unwirksamkeitsgründe BGB 705 6
- Zustimmungspflicht zu Änderungen BGB 705 37

Gesellschaftsvertrag der GmbH
- als beizufügende Unterlage GmbHG 8 6 f.
- anzuwendendes Recht GmbHG 2 8 ff.
- Auslegung GmbHG 2 12 ff.
- echte Bestandteile GmbHG 2 9 ff., 3 20, 53 5 f.
- fehlerhafter GmbHG 2 58 f.
- Form GmbHG 2 15 ff.
- Mitwirkung der Gesellschafter GmbHG 2 31 f.
- notwendige Bestandteile GmbHG 3 2 ff.
- Prüfung durch das Registergericht GmbHG 9c 11 ff.

Stichwortverzeichnis

- Rechtsnatur **GmbHG 2** 7 f.
- Satzungsdurchbrechung **GmbHG 53** 10 ff.
- unechte Bestandteile **GmbHG 2** 9 ff., 3 20, 53 5 f.

Gesellschaftsvertrag der KG HGB 161 19 ff.
- Abfindungsklausel **HGB 163** 3
- Änderung des Vertrages **HGB 161** 21
- Auflösungsklausel **HGB 177** 16
- Ausschließungsklausel **HGB 161** 42, **163** 3, **177** 14
- Ausschluss des Widerspruchsrechts des Kommanditisten **HGB 164** 14
- Einstimmigkeitsprinzip **HGB 161** 22
- Gewinn- und Verlustregelungen **HGB 167** 9 ff., **168** 4 ff., **169** 6 f.
- Mehrheitsbeschlüsse **HGB 161** 22
- Nachfolgeklausel **HGB 177** 12
- Stimmbindungsvereinbarung **HGB 161** 23
- Vertreterklausel **HGB 161** 23 f., **163** 11, **177** 4
- Wettbewerbsregelungen **HGB 165** 17 ff.

Gesellschaftsvertrag der OHG HGB 105 30 ff.
- Änderung **HGB 105** 42 ff.
- Auslegung **HGB 109** 28
- Form **HGB 105** 32
- Inhalt **HGB 105** 31
- Rechtsnatur **HGB 105** 30

Gesellschaftsvertrag der Publikumsgesellschaft
- Auslegung **HGB Anh. 2** 22 ff.
- Beitragspflichten **HGB Anh. 2** 23
- Beschlussprotokolle **HGB Anh. 2** 11
- Bestimmtheitsgrundsatz **HGB Anh. 2** 42 ff.
- Form **HGB Anh. 2** 11
- Inhaltskontrolle **HGB Anh. 2** 25 f.
- Offenlegung **HGB Anh. 2** 11
- Publizität **HGB Anh. 2** 11
- Schiedsklauseln **HGB Anh. 2** 21
- Sondervorteile **HGB Anh. 2** 11, **Anh. 2** 20
- Vertreterregelung **HGB Anh. 2** 47 ff.
- vorformulierter Vertrag **HGB Anh. 2** 10

gesellschaftsvertragliche Schiedsklausel
- Schiedsvereinbarung im Gesellschaftsvertrag einer Personengesellschaft *(siehe dort)* **Kap. 7**
- Schiedsvereinbarung in der Satzung einer Kapitalgesellschaft *(siehe dort)* **Kap. 7**

Gesplittete Einlage bei der Publikumsgesellschaft
- Begriff und Erscheinungsformen **HGB Anh. 2** 74
- Funktion **HGB Anh. 2** 75 ff.

Gesplittete Einlage bei der stillen Gesellschaft HGB Anh. 1 209

Gewerbesteuer
- Einbringen der **Kap. 2** 359
- Einbringungsgewinn **Kap. 2** 359

gewerbesteuerliche Verlustvorträge Kap. 2 171, 205

Gewinn GmbHG 33 21

Gewinn der KG
- Auszahlung des Gewinnanteils **HGB 169** 1

- Beschränkung der Gewinngutschrift **HGB 167** 4 ff.
- gesellschafterliche Treuepflicht **HGB 169** 3
- Gewinnentnahme der Kommanditisten **HGB 169** 1 ff.
- Gewinnermittlung **HGB 167** 1 ff.
- Gewinnregelungen **HGB 167** 9 ff., **168** 4 ff., **169** 6 f.
- Gewinnrückzahlung **HGB 169** 4 f.
- Gewinnverteilung **HGB 168** 1 f.
- Gewinnvoraus **HGB 168** 2
- Jahresfrist **HGB 169** 2
- Mehrgewinn **HGB 168** 2

Gewinn und Verlust der GmbH & Co. KG HGB Anh. 3 51 ff.; **Anh. 3** 133 ff.
- Entnahme **HGB Anh. 3** 54
- Ergebnisermittlung **HGB Anh. 3** 52
- Ergebnisverwendung bei der Komplementär-GmbH **HGB Anh. 3** 51, **Anh. 3** 56
- Gewinn- und Verlustverteilung **HGB Anh. 3** 51 ff., **Anh. 3** 133 ff.
- Gewinn-Rückzahlung **HGB Anh. 3** 55

Gewinnabführungsvertrag AktG 158 10; **Anh. 2** 74
- vororganschaftlicher Verlustabzug **Kap. 2** 165

Gewinnabführungsvertrag bei der stillen Gesellschaft HGB Anh. 1 50

Gewinnanspruch der Aktionäre
- Entstehung, Fälligkeit **AktG 58** 27
- Sachdividende **AktG 58** 28
- Vermögensrecht des Aktionärs **AktG 58** 26

Gewinnanspruch der GmbH-Gesellschafter GmbHG 29 117 ff.

Gewinnanteilsschein (AG)
- Ausgabe neuer Gewinnanteilsscheine **AktG 75** 1 ff.
- Erneuerungsschein **AktG 75** 2

Gewinnanteilsschein (GmbH) GmbHG 29 127

Gewinnanteilsscheine, neue
- Aushändigung **AktG 75** 3
- Widerspruch gegen Ausgabe **AktG 75** 2

Gewinnausschüttung bei der GmbH GmbHG 29 117; **58d** 1 ff.
- Ausschüttungshöhe **GmbHG 58d** 5
- Fünf-Jahres-Zeitraum **GmbHG 58d** 4
- Gewinnabführung **GmbHG 58d** 3
- Gläubigerschutz **GmbHG 58d** 1
- Mängel **GmbHG 58d** 7 f.
- Reservefonds **GmbHG 58d** 1
- Verbot der Gewinnausschüttung **GmbHG 58d** 2 ff.

Gewinnauszahlungsanspruch bei der GmbH, Liquidationsgesellschaft GmbHG 69 5

Gewinnbeteiligung bei der stillen Gesellschaft
- Berechnungsgrundlage **HGB Anh. 1** 80 ff.
- Fälligkeit **HGB Anh. 1** 90 ff.

Gewinnbeteiligung neuer Geschäftsanteile der GmbH GmbHG 57n 1 ff.

Stichwortverzeichnis

- abweichende Regelungen GmbHG 57n 3
- Ausschluss der Gewinnbeteiligung GmbHG 57n 3
- Eintragungsfrist GmbHG 57n 4
- Fristüberschreitung GmbHG 57n 6
- Gewinn des laufenden Geschäftsjahres GmbHG 57n 2
- Mängel GmbHG 57n 5
- Reihenfolge GmbHG 57n 4
- Voraussetzungen GmbHG 57n 4
- zeitanteilige Gewinnberechtigung GmbHG 57n 3
- Zeitpunkt der Beschlussfassung GmbHG 57n 2

Gewinnbezugsrecht GmbHG 33 21

Gewinnschuldverschreibungen AktG 221 6
- Ausgabe AktG 221 45 f.
- Beeinträchtigung AktG 221 54 ff.
- Bekanntmachung AktG 221 18 f.
- Beschlussinhalt AktG 221 16
- Beschlussmängel AktG 221 17
- Beschlussmehrheit AktG 221 8 ff.
- Bezugsrecht AktG 221 32
- Bezugsrechtsausschluss AktG 221 33 ff.
- mittelbares Bezugsrecht AktG 221 40
- Übertragbarkeit AktG 221 47

Gewinnverteilung AktG 60 1 ff.
- Dividendenverzicht AktG 60 14 f.
- Gewinnverteilung, abweichende AktG 60 8 ff.
- quotale AktG 60 3
- Vorabdividende AktG 60 4 ff.

Gewinnverteilung bei der AG, *(s. auch Verwendung des Jahresüberschusses und Bilanzgewinn)*
- Ausschluss des Gewinnrechts AktG 60 13
- Berechnung einer Vorabdividende AktG 60 10
- disquotale Gewinnausschüttung AktG 60 11 ff.
- disquotale Rücklagenbildung AktG 60 14
- Dividendenverzicht AktG 60 14 f.
- Gewinnbeteiligung bei Kapitalerhöhungen AktG 60 12
- Gewinnverteilungsabreden AktG 60 13
- quotale Gewinnbeteiligung AktG 60 4
- Vergütung für Nebenleistungen AktG 61 1
- Vorabdividende AktG 60 5
- Zeitpunkt der Einlageleistung AktG 60 9
- Zuständigkeit AktG 60 2

Gewinnverteilung bei der GbR BGB 721–722 1 ff.

Gewinnverteilung der Genossenschaft
- Gewinnzuschreibung GenG 20 8
- Verteilungsmaßstab GenG 20 6 f.

Gewinnverwendung
- durch die Hauptversammlung AktG 58 28 ff.

Gewinnverwendung bei der AG AktG 152 7; 174 3; 175 2
- Auszahlungsanspruch AktG 174 6
- Begründung AktG 170 10
- Gewinnverzicht AktG 174 6
- Gliederung AktG 170 8 f.
- Kenntnisnahmerecht AktG 170 13
- Vorschlag AktG 158 7, 170 1, 171 1, 175 6, 176 2 f.

Gewinnverwendungsbeschluss bei der GmbH GmbHG 29 97 ff.
- Nichtigkeit Kap. 5 366

Gewinnverwendungsbeschluss der AG AktG 150 4; 158 6; 174 1 ff.; 176 1
- Entstehung des Gewinnanspruchs AktG 58 27
- Gliederung AktG 174 4
- Kompetenz AktG 174 1
- Nichtigkeit AktG 173 6
- Rechtsfolge AktG 174 6

Gewinnvorschüsse der GmbH-Gesellschafter GmbHG 29 153; 32 5

Gewinnvortrag bei der AG AktG 150 9; 158 3; 170 11; 174 4

gezeichnetes Kapital der GmbH GmbHG 42 2 ff.

Gläubigeranträge InsO 18 4

Gläubigeraufforderung, GmbH-Liquidation
- Anzahl GmbHG 65 9
- Aufforderung GmbHG 65 8
- Zeiträume GmbHG 65 9

Gläubigerschutz bei der AG
- Kapitalherabsetzung durch Einziehung von Aktien AktG 237 21
- ordentliche Kapitalherabsetzung AktG 225 1 ff.
- Rückzahlungsverbot AktG 225 16 ff.
- Sicherheitsleistung AktG 225 2 ff.

Gläubigerverwaltung in der Insolvenz Kap. 3 173

Gleichbehandlung der Aktionäre AktG 53a 1 ff.
- allgemeiner Grundsatz AktG 53a 1

Gleichbehandlungsgebot AktG 53a 4 ff.
- Begünstigter AktG 53a 5
- Gleichbehandlung, aktive AktG 53a 17
- Ungleichbehandlung AktG 53a 8 ff.
- Voraussetzungen, gleiche AktG 53a 7

Gleichbehandlungsgrundsatz
- bei der GmbH GmbHG 14 18 ff.
- bei der KG HGB Vor 161 3, 161 32, 163 2
- bei der OHG HGB 109 17
- Verhältnis zur Treuepflicht AktG 53a 2 f.

Gleichbehandlungsgrundsatz bei der AG AktG 241 17; 243 14
- Adressatenkreis AktG 53a 5
- aktive Gleichbehandlung AktG 53a 17
- Bestandteil der Mitgliedschaft, subjektives Recht AktG 53a 4
- formelle und materielle Ungleichbehandlung AktG 53a 8
- Gewinnverteilung AktG 60 1
- Haupt- und Hilfsrechte AktG 53a 7
- Inhalt AktG 53a 4
- Maßstab AktG 53a 6
- materielle Beschlusskontrolle AktG 53a 12
- Rechtsfolgen einer Ungleichbehandlung AktG 53a 14 ff.
- sachgerechte Abwägung AktG 53a 12

2649

Stichwortverzeichnis

- sachliche Rechtfertigung AktG 53a 6
- Satzungsregelung AktG 53a 11
- Überblick AktG 53a 1
- Verhältnis zur Treuepflicht AktG 53a 2 f.
- Verzicht auf Gleichbehandlung AktG 53a 13

GmbH
- Abwehrklage gegen rechtswidriges Organhandeln Kap. 5 344
- Actio pro socio im GmbH-Recht *(siehe dort)* Kap. 5
- allgemeines Prozessrecht Kap. 5 249 ff.
- Ausschluss eines Gesellschafters *(siehe auch dort)* Kap. 5 493 ff.
- Austritt eines Gesellschafters *(siehe auch dort)* Kap. 5 524 ff.
- Beschlussmängelstreitigkeiten bei GmbH-Gesellschafterbeschlüssen *(siehe auch dort)* Kap. 5 351 ff.
- Beweisaufnahme im Prozess der GmbH Kap. 5 311 ff.
- eidesstattliche Versicherung Kap. 5 313
- Gerichtsstand Kap. 5 315 ff.
- Gesellschafterklagen Kap. 5 327 ff.
- im internationalen Wettbewerb GmbHG Einl. 5 ff.
- im nationalen Wettbewerb GmbHG Einl. 9 ff.
- Löschung einer GmbH *(siehe dort)* Kap. 5 254 f.
- Mitgliedschaftsstreit Kap. 5 343
- Organtheorie Kap. 5 257
- Parteifähigkeit Kap. 5 249 ff.
- Parteifähigkeit im Zulassungsstreit Kap. 5 256
- Prozessfähigkeit Kap. 5 257
- Prozesskostenhilfe Kap. 5 320 ff.
- prozessuale Vertretung der GmbH *(siehe dort)* Kap. 5 257 ff.
- Verbreitung GmbHG Einl. 1 ff.
- Vollbeendigung der GmbH *(siehe dort)* Kap. 5 251 ff.
- Zustellungsfragen Kap. 5 309

GmbH & Co KG
- Auflösungsklage Kap. 5 176
- Klage auf Entziehung der Geschäftsführungsbefugnis Kap. 5 140
- Klage auf Entziehung der Vertretungsbefugnis Kap. 5 155

GmbH Co.KGaA AktG Anh. 1 5; Anh. 1 13 f.

GmbH-Recht
- Gesetze mit Bedeutung für das - GmbHG Einl. 10 ff.

grenzüberschreitende Einbringung, von Unternehmensteilen Kap. 2 519 ff.

grenzüberschreitende Hereinverschmelzung
- Einlagekonto Kap. 2 195
- Einlagenrückgewähr Kap. 2 196

Grenzüberschreitende Konzernbildung AktG Anh. 2 29; Anh. 2 63

grenzüberschreitende Sitzverlegung Kap. 2 540
- von Kapitalgesellschaften Kap. 2 540 ff.

grenzüberschreitende Sitzverlegungen Kap. 2 18

grenzüberschreitende Spaltung Kap. 2 510 ff.
- gemeiner Wert Kap. 2 514
- Teilbetriebserfordernis Kap. 2 514
- Verschmelzung Kap. 2 513

grenzüberschreitende Verschmelzung Kap. 2 15
- steuerliche Behandlung Kap. 2 494 ff.
- von Kapitalgesellschaften Kap. 2 494 ff.

grenzüberschreitender Anteilstausch Kap. 2 525

Gründer, Begriff AktG 28 1 ff.

Gründerhaftung AktG 46 1 ff.

Grunderwerbsteuer Kap. 2 21

Grundkapital AktG 1 6; 6 1
- Mindestnennbetrag AktG 7 1 ff.
- Nennbetrag AktG 6 2

Grundlagenbeschluss der AG, Inhaltskontrolle AktG 243 16

Grundlagengeschäfte
- bei der GbR BGB 709–713 14
- bei der OHG HGB 114 2 ff., 116 7; Kap. 5 110

Grundsatz der Satzungstrenge AktG Einl. 6; Einl. 12

Grundsatz der Selbstorganschaft Kap. 5 111, 151

Gründung der GmbH & Co. KG HGB Anh. 3 9 ff.
- Firma HGB Anh. 3 14
- Handelsregistereintragung HGB Anh. 3 9, Anh. 3 13
- Pflichtangaben auf Geschäftsbriefen HGB Anh. 3 20
- Sitz HGB Anh. 3 15
- Unternehmensgegenstand HGB Anh. 3 16 ff.
- Verbot des Selbstkontrahierens HGB Anh. 3 12

Gründung der Publikumsgesellschaft
- aufschiebende Bedingungen HGB Anh. 2 9, Anh. 2 18
- Gesellschaftsvertrag HGB Anh. 2 10
- Gründungsschritte HGB Anh. 2 10
- Treuhand HGB Anh. 2 10

Gründung, Ersatzansprüche Kap. 6 100 ff.

Gründungsaufwand AktG 26 5 ff.

Gründungsaufwand (GmbH)
- Haftung GmbHG 9a 23 ff.
- Übernahme aufgrund Bestimmung im Gesellschaftsvertrag GmbHG 3 23 f., 7 20, 8 28 f., 9 20, 9a 18, 11 26

Gründungsbericht AktG 32 1 ff.

Gründungsgenossen, Haftung AktG 47 1 ff.

Gründungsprüfer, Haftung AktG 49 1 ff.

Gründungsprüfung AktG 33 1 ff.
- Ausnahmen von der externen Prüfung AktG 34 1 ff.
- Meinungsverschiedenheiten AktG 35 1 ff.
- Umfang AktG 34 1 ff.

Gründungstheorie Kap. 4 2 ff., 3 ff., 10 ff.

Gründungsvorvertrag (GmbH), Form GmbHG 2 66

Gütergemeinschaft Einführung und Grundlagen 13
– als Gesellschafterin einer GmbH **GmbHG 1** 25
GuV-Rechnung AktG 150 5; **152** 9; **158** 1 ff.; **170** 2; **173** 6
– Gliederung **AktG 158** 1 f.
– Wahlrecht **AktG 158** 8

Hafteinlage bei der GmbH & Co. KG HGB Anh. 3 50; **Anh. 3** 72
Haftung
– anwendbares Recht **Kap. 4** 80 ff.
– für fehlerhafte Informationen **Kap. 6** 117
Haftung bei der GmbH & Co. KG
– GmbH & Co. KG **HGB Anh. 3** 39
– Gründungsstadium **HGB Anh. 3** 33
– Insolvenz **HGB Anh. 3** 95
– Kommanditist **HGB Anh. 3** 38
– Komplementär-GmbH **HGB Anh. 3** 36 f., **Anh. 3** 40
– Schuldenübergang ohne Vorbelastungsverbot **HGB Anh. 3** 36
– Verlustdeckungshaftung **HGB Anh. 3** 35
– Vorbelastungs- oder Unterbilanzhaftung **HGB Anh. 3** 36
– Vor-GmbH & Co. KG **HGB Anh. 3** 35
– Vorgründungsgesellschaft **HGB Anh. 3** 34
Haftung bei der KG HGB 176 2 ff.
– des Kommanditisten **HGB 161** 6, **171** 1 ff., **172** 1 ff.
– des Komplementärs **HGB Vor 161** 3, **161** 11
– des Strohmannkommanditisten **HGB 171** 3
– des Treuhänders **HGB 171** 3
– Ehegatteneinwilligung **HGB 161** 28
– Erbenhaftung **HGB 173** 25 f., **176** 15, **177** 10
Haftung bei der OHG HGB 114 14 ff.; **128** 1 ff.; **130** 1 ff.
– der geschäftsführenden Gesellschafter **HGB 114** 14 ff.
– der Gesellschafter **HGB 128** 1 ff.
– des eintretenden Gesellschafters **HGB 130** 1 ff.
– Haftungsbeschränkungen **HGB 128** 32 ff.
– Haftungsregress **HGB 128** 71 ff.
– in der Insolvenz **HGB 128** 84 ff.
– Verjährung **HGB 159** 1 ff.
Haftung der Kommanditisten, Aufgeld-Rückgewähr HGB Anh. 2 76
Haftung des eintretenden Kommanditisten HGB 173 1 ff.; **176** 11 ff.
– Eintritt durch Aufnahme **HGB 176** 13 f.
– Handelsregistereintragung **HGB 176** 18
– kein Zustimmungserfordernis **HGB 176** 17
– Kenntnis des Gläubigers **HGB 176** 19
– Nachfolge von Todes wegen **HGB 176** 15
– Umwandlung **HGB 176** 16
Haftung des GmbH-Geschäftsführers GmbHG 43 1 ff.

– allgemeine Geschäftsführerhaftung in Unternehmenskrise **GmbHG 64** 52
– Außenhaftung **GmbHG 43** 70 ff.
– Business Judgment Rule **GmbHG 43** 12
– D&O-Versicherung **GmbHG 43** 4
– Darlegungs- und Beweislast **GmbHG 43** 49 ff.
– Haftung für verbotene Rückzahlungen **GmbHG 31** 79 ff.
– Haftung wegen Masseschmälerung **GmbHG 64** 34 ff.
– Haftungsfreistellung **GmbHG 43** 5
– Haftungsverzicht **GmbHG 43** 41 ff.
– Innenhaftung **GmbHG 43** 1; **Kap. 3** 149 ff.
– Insolvenzverschleppungshaftung **GmbHG 64** 24 ff.
– Kreditverbot **GmbHG 43a** 11
– Nichtabführung von Sozialversicherungsbeiträgen **GmbHG 43** 78 ff.
– Pflichtverletzung **GmbHG 43** 10
– Unterlassungsansprüche **GmbHG 43** 47 ff.
– Verjährung **GmbHG 43** 58 ff.
– Verletzung steuerlicher Pflichten **GmbHG 43** 77
Haftung des Kommanditisten HGB 161 27; **171** 1 ff.; **172** 1 ff.
– Einlagenerhöhung **HGB 172** 5
– Einlagenrückgewähr **HGB 172** 8 ff.
– Erlass und Stundung **HGB 172** 6 f.
– Gewinnentnahme **HGB 172** 13
– GmbH & Co. KG **HGB 172** 19 ff.
– Gutgläubiger Gewinnbezug **HGB 172** 15 ff.
– Handelsregistereintragung **HGB 172** 1 ff.
Haftung im Internat. Kontext, anwendbares Recht Kap. 4 80 ff.
Haftung in der GmbH
– des Handelnden **GmbHG 11** 53 ff.
– Unterbilanzhaftung **GmbHG 11** 23 ff.
– Verlustdeckungshaftung **GmbHG 11** 36 ff.
– wegen Abgabe einer unrichtigen Bankbestätigung **GmbHG 9a** 29 ff.
– wegen Auftretens im Geschäftsverkehr ohne Rechtsformzusatz **GmbHG 4** 34 ff.
– wegen falscher Angaben zum Zweck der Errichtung der Gesellschaft **GmbHG 9a** 5 ff.
– wegen fortgeführter Geschäftstätigkeit trotz Aufgabe der Eintragungsabsicht **GmbHG 11** 46 ff.
– wegen Gründungsschwindels **GmbHG 9a** 28
– wegen Schädigung durch Einlagen oder Gründungsaufwand **GmbHG 9a** 23 ff.
– wegen Überbewertung der Sacheinlagen **GmbHG 9** 1 ff.
Haftung kraft Rechtsschein, bei der KG HGB 161 20; **171** 6; **172** 1; **176** 21
Haftung nach Auflösung der KG HGB 171 5
Haftung nach Ausscheiden aus der KG HGB 171 5
Haftung vor Eintragung der KG HGB 176 1
– Handelsregistereintragung **HGB 176** 8 f.

Stichwortverzeichnis

- Kenntnis des Gläubigers HGB 176 10
- Vertrauensschutz HGB 176 1
- Voraussetzungen HGB 176 2 ff.
- Zustimmung des Kommanditisten HGB 176 5 ff.

Haftungsausschluss, Wegfall bei der KG HGB 171 8 ff.
- Abtretbarkeit der Einlagenforderung HGB 171 17 ff.
- Aufrechnung von Forderungen HGB 171 15
- Bareinlage HGB 171 9
- Befriedigung an Sicherungsgegenstand HGB 171 20
- Befriedigung eines Gläubigers HGB 171 16
- Beweislast HGB 171 21
- Dienste HGB 171 13
- Einlagenleistung HGB 161 27, 171 8
- Gewinnanteile HGB 171 12
- künftige Forderungen HGB 171 14
- Sachleistung HGB 171 9 f.
- schenkungsweise Aufnahme HGB 171 11
- Umbuchung HGB 171 11

Haftungsdurchgriff AktG 1 9
Halbeinkünfte Kap. 2 479
Halbeinkünfteverfahren Kap. 2 184, 192, 221, 222, 431, 451, 475
Handeln in eigenen Aktien AktG 71 28
Handelndenhaftung AktG 41 13 ff.
handelsbilanzielle Behandlung der Spaltung, Bilanzierung beim übernehmenden Rechtsträger Kap. 2 270
Handelsbücher der GmbH GmbH 41 9; 51a 9
Handelsgesellschaft (allgemein) Einführung und Grundlagen 4, 7
Handelsgesellschaft (GmbH) GmbHG 13 32
handelsrechtliche Gestaltungsklagen Kap. 5 110 ff.
handelsrechtliche Schlussbilanz Kap. 2 144
Handelsregister Kap. 2 167
Handelsregisteranmeldung der KG HGB 162 1 ff.
- Anmeldepflicht HGB 162 5 ff.
- Auflösung der Kommanditgesellschaft HGB 162 18
- Austritt eines Kommanditisten HGB 162 12
- Bekanntmachung HGB 162 9 ff.
- Eintragung HGB 162 8
- Eintritt eines Kommanditisten HGB 162 12
- Erbschaft HGB 162 17
- Haftsumme HGB 162 4
- Inhalt HGB 162 2
- juristische Person HGB 162 3
- Liquidation HGB 162 3
- Nachfolgevermerk HGB 162 16 f.
- natürliche Person HGB 162 2
- Übertragung der Kommanditistenbeteiligung HGB 162 15 ff.
- Umwandlung der Gesellschafterstellung HGB 162 13

- zuständiges Gericht HGB 162 1
- Zweigniederlassung HGB 162 7

Handelsregistereintragung der KG HGB 172 1; 175 3; 177 8
Hauptpflicht des Aktionärs AktG 63–65 1 ff.
Hauptversammlung AktG Einl. 15
- Pflicht zur Ausführung von Beschlüssen AktG 82 5
- Vorbereitung von Beschlüssen AktG 82 2

Hauptversammlung der AG AktG 172 6; 173 2; 174 1; 175 1 ff.
- Absetzung AktG 129 28
- Abstimmungsleitung AktG 129 30
- Abstimmungsverfahren AktG 129 31
- Aktionärsforum AktG 127a 1
- Aktionärsrechte AktG 118 1 ff.
- Änderung der Geschäftsordnung AktG 129 4
- Anfechtbarkeit bei nicht ordnungsgemäßer Bekanntmachung AktG 123 5
- Anfechtungsgrund AktG 131 18 ff.
- Anfechtungsrecht AktG 129 14
- Anmeldeerfordernis AktG 123 5
- Anträge AktG 129 29
- Anträge von Aktionären AktG 126 1 ff.
- Art und Weise der Stimmrechtsausübung AktG 134 16
- Audiovisuelle Übertragung AktG 118 16
- Aufhebung oder Beschränkung des Vorzugs AktG 140 2 ff.
- Ausgabe neuer Vorzugsaktien AktG 141 5 f.
- Auskunftsrecht des Aktionärs AktG 131 1 ff.
- Auskunftsverweigerungsrecht AktG 131 13
- Auslegung AktG 176 2
- Ausnahmen vom Bekanntmachungserfordernis AktG 123 10
- Ausschluss des Stimmrechts AktG 136 1 ff.
- Ausübung der Rechte AktG 118 2 f.
- Bankenstimmrecht AktG 134 11, 135 1 ff.
- Bekanntmachung der Einberufung AktG 121 18
- Bekanntmachung von Ergänzungsanträgen AktG 123 2 ff.
- Bekanntmachungspflichten AktG 123 3 ff.
- Berichterstattungspflicht AktG 119 17
- Beschlussfähigkeit AktG 133 4
- Beschlussfassung über Vergütungssystem AktG 120 12 ff.
- Beschlussfassungsmehrheit AktG 133 5 ff.
- Beseitigungsanspruch AktG 119 21
- Bestellung von Sonderprüfern AktG 142 1 ff.
- Beurkundungspflicht AktG 130 2 ff.
- Briefwahl AktG 118 15
- Einberufung AktG 121 1 ff., 175 2
- Einberufung durch Minderheit AktG 122 1 ff.
- Einberufungsfrist AktG 121 18, 123 1 ff.
- Einberufungsgründe AktG 121 2 ff.
- Einberufungszuständigkeit AktG 121 6 ff.
- Einreichung zum Handelsregister AktG 130 14

Stichwortverzeichnis

- Entlastung **AktG 120** 1 ff.
- Ergänzungsrecht **AktG 122** 12 ff.
- Erläuterung **AktG 176** 3 f.
- Erteilung der Vollmacht **AktG 134** 14
- Erwerb eigener Aktien **AktG 71** 19 ff.
- Folgepflicht des Vorstands **AktG 122** 9
- Freistellungs- und Erstattungsanspruch **AktG 122** 19
- Fristenberechnung **AktG 121** 30 ff.
- Gegenstand des Auskunftsrechts **AktG 131** 6 ff.
- Geltendmachung von Ersatzansprüchen **AktG 147** 1 ff.
- gerichtliche Bestellung von Sonderprüfern **AktG 142** 6 ff.
- gerichtliche Einberufung **AktG 122** 15 ff.
- gerichtliche Entscheidung über Auskunftsrecht **AktG 132** 1 ff.
- Geschäftsführung **AktG 119** 6
- Geschäftsordnung **AktG 129** 2 ff.
- gesetzliche Mehrheitserfordernisse **AktG 133** 12
- Höchstgrenze für Vorzugsaktien **AktG 139** 6
- Höchststimmrechte **AktG 134** 3 ff.
- im Ausland **AktG 121** 24
- Informationspflichten **AktG 119** 17
- Inhaberaktien **AktG 121** 21
- Inhalt der Einberufung **AktG 121** 9 ff.
- Inhalt der Niederschrift **AktG 130** 11 ff.
- Klagezulassungsverfahren **AktG 148** 1 ff.
- konkurrierende Zuständigkeit **AktG 121** 7
- Kosten **AktG 122** 19
- Legitimationsanforderungen **AktG 123** 7
- Leitung der Hauptversammlung **AktG 129** 17
- Mediatisierung **AktG 119** 11
- Minderheitsverlangen **AktG 133** 3
- Missbrauchskontrolle **AktG 122** 8
- Mitteilungspflichten des Vorstands **AktG 125** 1 ff.
- Mitteilungspflichten von Kreditinstituten **AktG 128** 2 ff.
- Modalitäten der Einberufung **AktG 121** 18
- Nachweis der Teilnahmeberichtigung **AktG 123** 7
- Namensaktien **AktG 121** 20
- Nichtbeachtung der Einberufung **AktG 121** 17
- Nichtigkeit von Beschlüssen **AktG 121** 17
- Niederschrift **AktG 130** 1 ff.
- Online-Teilnahme **AktG 118** 14
- ordentliche Hauptversammlung **AktG 175** 1
- Ordnungsmaßnahmen **AktG 129** 27
- Ort **AktG 121** 24 ff.
- Pflicht zur Zugänglichmachung von Anträgen **AktG 126** 2 ff.
- positive Beschlüsse **AktG 133** 2
- privatschriftliches Protokoll **AktG 130** 7 ff.
- Publizität des Teilnehmerverzeichnisses **AktG 129** 11 ff.
- Recht auf Einberufung **AktG 122** 2 ff.
- Rechte der Vorzugsaktionäre **AktG 140** 1 ff.
- Rechtsgrundsätze zur Durchführung der Hauptversammlung **AktG 129** 16
- Record Date **AktG 123** 10
- Redezeit **AktG 129** 23
- Redezeitbeschränkung **AktG 129** 24
- Satzungsregeln **AktG 133** 16 ff.
- Schadensersatz bei Verletzung von Mitteilungspflichten **AktG 128** 5
- Schadensersatzansprüche **AktG 119** 22
- Schließung der Rednerliste **AktG 129** 25
- Schluss der Debatte **AktG 129** 25
- Sonderbeschlüsse **AktG 133** 2 ff., **138** 1 ff.
- Sonderzuständigkeiten **AktG 119** 4
- Stichtag **AktG 123** 10
- Stimmabgabe **AktG 133** 10 f.
- Stimmbindung **AktG 133** 7 ff.
- Stimmbindungsverträge **AktG 133** 7 f.
- Stimmenkauf **AktG 133** 8
- Stimmkraft bei unvollständig geleisteter Einlage **AktG 134** 9 f.
- Stimmrecht **AktG 133** 1 ff., **133** 6, **134** 1 ff.
- Stimmrecht der Vorzugsaktionäre **AktG 140** 2
- Stimmrechtsausübung durch Bevollmächtigte **AktG 134** 11 ff.
- strukturverändernde Maßnahmen **AktG 119** 11
- Tagesordnung **AktG 121** 10, **122** 12 ff.
- Teilnahme des Abschlussprüfers **AktG 176** 6 f.
- Teilnahme Dritter **AktG 118** 10 ff.
- Teilnahmepflicht für Verwaltungsmitglieder **AktG 118** 7 ff.
- Teilnahmerecht **AktG 118** 5 f., **122** 2
- Teilnehmerverzeichnis **AktG 129** 6 ff.
- Umfang des Auskunftsrechts **AktG 131** 6 ff.
- ungeschriebene Zuständigkeiten **AktG 119** 9 ff.
- Unterbreitungspflicht von Vorschlägen **AktG 123** 6 ff.
- Unterlassungsansprüche **AktG 119** 21
- Verlangen auf Einberufung **AktG 122** 5
- Verletzung der Auskunftspflicht **AktG 131** 1 ff.
- Veröffentlichung auf der Internetseite der Gesellschaft **AktG 124a** 1 ff.
- Verstöße gegen die bestehende Geschäftsordnung **AktG 129** 5
- Vertagung **AktG 129** 28
- Verwendung des Bilanzgewinns **AktG 58** 20 ff.
- Vollversammlung **AktG 121** 28 f.
- Vorab-Ermächtigungsbeschluss **AktG 119** 18
- Voraussetzungen des Auskunftsrechts **AktG 131** 1 ff.
- Vorlage **AktG 176** 2
- Vorzugsaktien ohne Stimmrecht **AktG 139** 1 ff.
- Wahlbeschlüsse **AktG 133** 19 ff.
- Wahlvorschläge **AktG 137** 1 ff.
- Wahlvorschläge von Aktionären **AktG 127** 1
- zeitlicher Rahmen **AktG 175** 2 f.
- Zuständigkeiten **AktG 119** 2 ff.
- Zuständigkeiten nach Satzung **AktG 119** 5

Stichwortverzeichnis

Hauptversammlungsbeschluss der AG
– Amtslöschung AktG 241 20, 242 7
– Anfechtbarkeit AktG 241 2 ff.
– Beschlussmangel AktG 241 2 ff.
– Bestätigung AktG 244 1 ff.
– Beurkundungsmangel AktG 242 2
– Einberufungsmangel AktG 242 3
– Genehmigung AktG 242 8
– Heilung AktG 242 1 ff.
– Nichtigkeit AktG 241 1 ff.
– Unwirksamkeit AktG 241 6 ff.
– Verfahrensmangel AktG 243 5
Hauptversammlungsbeschlüsse, Beschlussmängelstreitigkeiten Kap. 6 32 ff., 89
Heilung GmbHG 33 10
Her- und Hinzahlen GmbHG 7 29 ff.
Herabsetzung der Haftsumme der KG HGB 174 1 ff.
– Altforderung HGB 174 5 ff.
– Handelsregistereintragung HGB 174 2 ff.
Herausverschmelzung Kap. 2 494 ff.
Hinauskündigungsklausel GmbHG 34 18
Hineinspaltung Kap. 2 512
Hineinverschmelzung Kap. 2 499 f.
Höchststimmrechte AktG 12 5; 134 3 ff.
Holdinggesellschaft AktG Einl. 30
Holding-SE, Gründung durch grenzüberschreitenden Anteilsaustausch Kap. 2 551 f.
Holzmüller-Entscheidung AktG 119 9 ff.; 130 7; Kap. 2 264; Kap. 5 344

ICC Kap. 7 3, 6
Indossament AktG 68 3
Informationspflichten des geschäftsführenden Gesellschafters der GbR BGB 709–713 57
Informationsrecht der Aktionäre, Informationspflichtverletzung AktG 243 10
Informationsrechte bei der GmbH & Co. KG HGB Anh. 3 43
– GmbH-Gesellschafter HGB Anh. 3 43
– Kommanditisten HGB Anh. 3 43
Informationsrechte des Kommanditisten
– ausgeschiedener Kommanditist HGB 166 10
– außerordentliches Informationsrecht HGB 166 13 ff.
– Ausübung des Einsichtsrechts HGB 166 4 ff.
– Einsichtsrecht HGB 166 9
– gesellschaftsvertragliche Regelungen HGB 166 20
– individuelles Informationsrecht HGB 166 18
– kollektives Informationsrecht HGB 166 19
– ordentliches Informationsrecht HGB 166 1 ff.
– sonstige Informationsrechte HGB 166 17
– Umfang des Einsichtsrechts HGB 166 2 ff.
– Unrichtigkeit des Jahresabschlusses HGB 166 8
Inhaberaktie AktG 63–65 8
Inhaberaktien, Hauptversammlung der AG AktG 121 21

Inhaltskontrolle des Gesellschaftsvertrags der Publikumsgesellschaft
– Abberufung des Gesellschafter-Geschäftsführers HGB Anh. 2 28, Anh. 2 31
– Aktienrecht HGB Anh. 2 27
– Allgemeine Geschäftsbedingungen HGB Anh. 2 25
– gegenseitige Verträge HGB Anh. 2 26
– Gläubigerschutz HGB Anh. 2 27
– Haftungsbeschränkungen HGB Anh. 2 28
– Interessenabwägung HGB Anh. 2 27
– Kontrollmaßstab HGB Anh. 2 25
– Rechtsprechung zur Inhaltskontrolle HGB Anh. 2 28
– Schlichtungsklauseln HGB Anh. 2 28
– Sperrminorität von Gründern HGB Anh. 2 28
– Übernahmerecht HGB Anh. 2 28
– Verhältnis zur Vertragsauslegung HGB Anh. 2 25
– Verkürzung der Verjährungsfrist HGB Anh. 2 28
Inkongruente Deckung, § 131 InsO Kap. 3 130
Innengesellschaft Einführung und Grundlagen 8
– BGB Vor 705 10
– HGB Anh. 1 12
– anwendbares Recht Kap. 4 32
Innenverhältnis der Publikums-KG
– Aufsichtsorgane HGB Anh. 2 54 ff.
– Bestimmtheitsgrundsatz HGB Anh. 2 42 f.
– Geschäftsführung HGB Anh. 2 29 f.
– Gesellschafterversammlung HGB Anh. 2 35 ff.
– Kommanditistenausschuss HGB Anh. 2 59
– Treuhandkommanditist HGB Anh. 2 60 ff.
– Vertreterregelung HGB Anh. 2 47 ff.
Inpfandnahme
– eigene Aktien AktG 71e 1 ff.
– eigene Anteile GmbHG 33 3 ff.
Inpfandnahme eigener Aktien
– durch AG AktG 71e 1 ff.
– durch Dritte AktG 71e 12
– Nichtigkeit AktG 71e 9
– Umgehungsgeschäfte AktG 71e 7
– Unwirksamkeit AktG 71e 8
– Wirksamkeit AktG 71e 10
Insichgesellschaft (KG), KG HGB 161 14
Insolvenz (eG)
– Erstattungsverfahren GenG 115e 3
– Fortsetzung der Genossenschaft GenG 118 1 ff.
– Insolvenzgründe GenG 102 2 f.
– Insolvenzplan GenG 116 1
– Nachschusspflicht GenG 115e 1 ff.
– Nachtragsverteilung GenG 115e 18 ff.
– Registereintragung GenG 102 8
– Zahlungsverbot GenG 102 7
Insolvenz der GbR
– Auflösung der Gesellschaft BGB 726–728 4
– Ausscheiden des Gesellschafters BGB 736 2
Insolvenz der Genossenschaft GenG 82 6

– Liquidatoren GenG 86 1 ff.
Insolvenz der GmbH & Co. KG HGB Anh. 3 90 ff.
– Antragspflicht HGB Anh. 3 90, Anh. 3 94, Anh. 3 97
– Auflösung HGB Anh. 3 98 ff.
– Darlehensrückzahlung vor Insolvenzeröffnung HGB Anh. 3 88
– GmbH & Co. KG HGB Anh. 3 90
– Gründe HGB Anh. 3 92
– Komplementär-GmbH HGB Anh. 3 62, Anh. 3 91
– Schadensersatzpflicht des Geschäftsführers HGB Anh. 3 94 ff.
– Zahlungsverbot HGB Anh. 3 93 f.
Insolvenz der OHG HGB 124 28; 128 84 ff.; 130a 1 ff.
Insolvenz der stillen Gesellschaft, stille Gesellschaft HGB Anh. 1 197 ff.
Insolvenz, anwendbares Recht Kap. 4 87 ff.
Insolvenzanfechtung bei der stillen Gesellschaft
– Einlagenrückgewähr HGB Anh. 1 236
– stille Gesellschaft HGB Anh. 1 229 ff.
Insolvenzantrag Kap. 3 19
Insolvenzantragspflicht bei der GmbH GmbHG 64 8 ff.
– allg. Geschäftsführerhaftung in Unternehmenskrise GmbHG 64 52
– Beobachtungspflicht GmbHG 64 3
– drohende Zahlungsunfähigkeit GmbHG 64 8; Kap. 3 14 f.
– Geschäftsführerhaftung GmbHG 64 6
– Haftung wegen Masseschmälerung GmbHG 64 34 ff.
– Inhalt GmbHG 64 22
– Insolvenzverschleppungshaftung GmbHG 64 24 ff.
– Überschuldung GmbHG 64 8; Kap. 3 43 ff.
– Zahlungsunfähigkeit GmbHG 64 8; Kap. 3 34 ff.
– Zeitpunkt GmbHG 64 5
Insolvenzantragstellung
– Verpflichtung InsO 17 5
Insolvenzbeobachtungspflicht bei der GmbH GmbHG 64 3
– Haftungsvermeidung Geschäftsführer GmbHG 64 6
– Insolvenzverschleppungshaftung GmbHG 64 24 ff.
– Liquidatoren GmbHG 70 7, 73 4
– Ressortverteilung Geschäftsführer GmbHG 64 3
Insolvenzeröffnung InsO 16 3
Insolvenzeröffnung bei der GmbH GmbHG 60 10; 64 1 ff.
– Insolvenzreife GmbHG 64 8
– Insolvenzstatistik GmbHG 64 1
– Sanierungsmöglichkeiten GmbHG 64 3
– Stammkapitalverlust GmbHG 64 3

Insolvenzeröffnungsbeschluss InsO 16 12
Insolvenzfähigkeit Kap. 3 20
Insolvenzgrund
– Feststellungsmethode InsO 16 8
– Nachlass InsO 17 4
– nachträglicher Wegfall InsO 16 12
– Zeitpunkt der Eröffnung des Insolvenzverfahrens InsO 16 11
Insolvenzhaftung bei der KG HGB 171 22 ff.
– Abtretung HGB 171 28
– Aufrechnung HGB 171 26 f.
– Ausscheiden HGB 171 31
– Einforderung offener Ansprüche HGB 171 25
– Einwendungen HGB 171 29 f.
– gerichtliche Geltendmachung HGB 171 32 f.
– Insolvenzverwalter HGB 171 22 ff.
– Sachwalter HGB 171 22 ff.
– Schuldenreduzierungen HGB 171 34
Insolvenzplan Kap. 3 109 ff.
Insolvenzrecht Einführung und Grundlagen 59
– anwendbares Recht im internat. Kontext Kap. 4 87 ff.
– Deliktsrecht als Rechtsgrundlage AktG Anh. 2 108
– materielles Konzerninsolvenzrecht AktG Anh. 2 106 ff.
Insolvenzverfahren (eG) GenG 102 1 ff.
Insolvenzverschleppung Kap. 3 151 ff., 166
Insolvenzverschleppungshaftung bei der GmbH GmbHG 64 24 ff.
– Altgläubiger GmbHG 64 30
– Gesamtgläubigerschaden GmbHG 64 32
– Haftung gegenüber Gesellschaftern GmbHG 64 26
– Haftung gegenüber Gesellschaftsgläubigern GmbHG 64 27 ff.
– Haftung gegenüber GmbH GmbHG 64 25
– Individualschaden GmbHG 64 30
– Neugläubiger GmbHG 64 30
– Quotenschaden GmbHG 64 30
– Sozialversicherungsträger GmbHG 64 30
– strafrechtliche Sanktionen GmbHG 64 24
– Verjährung GmbHG 64 33
– Vertrauensschaden GmbHG 64 30
– zivilrechtliche Sanktionen GmbHG 64 24 ff.
Insolvenzverursachungshaftung bei der GmbH
– Cash-Pooling GmbHG 64 45
– Entlastung, Verschulden GmbHG 64 50
– Kausalität GmbHG 64 46 ff.
– Rechtsfolge GmbHG 64 51
– Sicherheitsleistungen GmbHG 64 44
– Zahlungen GmbHG 64 43
Interimsscheine AktG 9 2

Jahresabschluss Kap. 2 390
Jahresabschluss bei der AG, *(s. auch Verwendung des Jahresüberschusses)*
– Auf- und Feststellung AktG 58 4 ff.

Stichwortverzeichnis

Jahresabschluss bei der GmbH GmbHG 29 45
- Änderung GmbHG 29 46 f.
- Aufstellung GmbHG 29 18 ff.
- Aufstellungsfrist GmbHG 29 22
- Feststellung GmbHG 29 51
- nichtig aufgestellter Jahresabschluss GmbHG 29 45
- Zweck des festgestellten Jahresabschlusses GmbHG 29 79

Jahresabschluss der AG
- Änderung AktG 172 9, 174 5
- Anfechtungsgründe AktG 257 3
- Aufstellung AktG 158 6
- Aufstellungspflicht AktG 150 3
- Aushändigung AktG 175 7
- Auslegung AktG 175 6, 176 2
- Billigung AktG 171 13, 172 3, 175 11
- Erläuterung AktG 176 3
- Feststellung AktG 158 6, 172 1 ff., 173 1 ff., 175 10, 176 1, 256 2
- formelle Mängel AktG 256 18 ff.
- Heilung AktG 256 29 f.
- Kenntnisnahmerecht AktG 170 13 ff.
- materielle Mängel AktG 256 9 ff.
- Nichtigkeit AktG 150 3, 256 1 ff.
- Nichtigkeitsgründe des § 256 AktG AktG 256 8 ff.
- Nichtigkeitsgünde außerhalb des § 256 AktG AktG 256 5 ff.
- Nichtigkeitsklage AktG 256 31
- Prüfung AktG 171 1 ff.
- Vorlage AktG 170 2, 176 2

Jahresabschluss der GmbH
- Anfechtbarkeit Kap. 5 383
- Anhang GmbHG 41 26
- Aufstellung GmbHG 41 17 ff.
- Aufstellungsfrist GmbHG 41 39 ff.
- Billigung GmbHG 46 14
- Feststellung GmbHG 42a 12 ff., 46 5 ff.
- Gewinn- und Verlustrechnung GmbHG 41 24
- Gliederung GmbHG 41 21 ff.
- Nichtigkeit GmbHG 47 53; Kap. 5 361
- Offenlegung GmbHG 41 52 ff., 46 13
- Vorlage GmbHG 42a 1 ff.
- Vorlage an den Aufsichtsrat GmbHG 42a 4 ff.

Jahresabschluss der GmbH & Co. KG HGB Anh. 3 101 ff.
- Anhang HGB Anh. 3 103, Anh. 3 119
- Anlagegitter HGB Anh. 3 113
- Ansatzvorschriften HGB Anh. 3 110
- Aufstellung HGB Anh. 3 106 ff.
- Bewertungsvorschriften HGB Anh. 3 116 ff.
- Bilanz HGB Anh. 3 114
- Feststellung HGB Anh. 3 131
- Gewinn- und Verlustrechnung HGB Anh. 3 115
- Gewinnermittlung HGB Anh. 3 133 ff.
- Gewinnverteilung HGB Anh. 3 138
- GmbH & Co. KG HGB Anh. 3 101 ff.
- Grundsatz ordnungsgemäßer Buchführung HGB Anh. 3 102
- Grundsätze zur Aufstellung HGB Anh. 3 111
- IFRS-Abschluss HGB Anh. 3 132
- Komplementär-GmbH HGB Anh. 3 105, Anh. 3 122 ff.
- Konzernabschluss HGB Anh. 3 104
- Lagebericht HGB Anh. 3 103, Anh. 3 120
- Offenlegung HGB Anh. 3 129 f.
- Prüfung HGB Anh. 3 128
- verdeckte Einlage HGB Anh. 3 140
- verdeckte Gewinnausschüttung HGB Anh. 3 139
- Vorschriften für Kapitalgesellschaften HGB Anh. 3 103

Jahresabschluss der KG HGB 166 8; 167 9

Jahresabschlussprüfung bei der GmbH
- Pflichten des Geschäftsführers GmbHG 41 48
- Zuständigkeit für Erteilung des Prüfungsauftrages GmbHG 41 48

Jahresbilanz der GmbH, Verwendung der letzten
- 8-Monats-Frist GmbHG 57e 3
- GmbHG 57e 1 ff.
- Heilung GmbHG 57e 7
- Mängel GmbHG 57e 6
- Prüferbestellung GmbHG 57e 4
- testierte Bilanz GmbHG 57e 1 f.
- Umfang der Prüfung GmbHG 57e 5
- Voraussetzungen GmbHG 57e 2 ff.

Jahresfehlbetrag bei der AG AktG 150 8 f.; 152 8; 158 4; 176 3

Jahresüberschuss
- Begriff AktG 58 4 f.
- Einstellung in andere Gewinnrücklagen AktG 58 6
- Feststellung durch Beschluss der Hauptversammlung AktG 58 7 ff.
- Feststellung durch Vorstand und Aufsichtsrats AktG 58 10 ff.
- Verwendung des AktG 58 1 ff.

Jahresüberschuss bei der AG AktG 150 10 f.

Juristische Person Einführung und Grundlagen 22 f., 25, 27, 65
- als Gesellschafterin einer GmbH GmbHG 1 19 ff.

Kaduzierung (AG)
- Ausfallhaftung AktG 63–65 27
- Ausschließung AktG 63–65 25 ff.
- Einleitung des Verfahrens AktG 63–65 20 ff.
- Inhaberaktien AktG 63–65 29
- Namensaktien AktG 63–65 29
- Verkauf der Aktie AktG 63–65 37
- Voraussetzungen AktG 63–65 19
- Zahlungsverpflichtung der Nachmänner AktG 63–65 30 ff.

– Zahlungsverpflichtung der Vormänner AktG 63–65 28 ff.
Kaduzierung (GmbH) GmbHG 21 1 ff.; 33 3
– Abfindung GmbHG 21 21 ff.
– Androhung GmbHG 21 15 f.
– Ausschlusserklärung GmbHG 21 19
– bei abgetretener, gepfändeter, verpfändeter Einlageforderung GmbHG 21 4
– Haftung der Rechtsvorgänger GmbHG 22 1 ff.
– mehrere säumige Gesellschafter GmbHG 21 11
– Nachfrist GmbHG 21 13
– Vereinbarung im Gesellschaftsvertrag GmbHG 21 5
– Verfahrensmängel GmbHG 23 11
Kaduzierungsverfahren AktG 63–65 28 ff.
– Wirkung AktG 63–65 36 ff.
Kapitalaufbringung
– anwendbares Recht im internat. Kontext Kap. 4 76
– Bareinlagen AktG 36 6 ff.
Kapitalaufbringung bei der GmbH & Co. KG HGB Anh. 3 71 ff.
– Komplementär-GmbH HGB Anh. 3 75 f.
Kapitalaufbringung bei nachträglicher Einpersonen-GmbH GmbHG 19 66 ff.
Kapitalaufbringung und -erhaltung bei der GmbH GmbHG 19 1
– Grundsatz der Erhaltung des Stammkapitals GmbHG 19 1
– Grundsatz der Schaffung des Stammkapitals GmbHG 19 1
– Grundsatz der Sicherung des Stammkapitals GmbHG 19 1
– Liquidationsgesellschaft GmbHG 69 5
Kapitalerhaltung
– anwendbares Recht im internat. Kontext Kap. 4 76
– stille Gesellschaft HGB Anh. 1 110
Kapitalerhaltung bei der GmbH GmbHG 30 1 ff.
– Aufstellung einer Zwischenbilanz GmbHG 30 60 ff.
– Auszahlung GmbHG 30 10 ff.
– Auszahlungsverbot GmbHG 30 64
– Cash-Pooling GmbHG 30 23 ff.
– Deckung des Stammkapitals GmbHG 30 79
– Drittvergleich GmbHG 30 17
– Erstattung verbotener Rückzahlungen GmbHG 31 1 ff.
– existenzvernichtender Eingriff GmbHG 30 97 ff.
– Existenzvernichtungshaftung GmbHG 30 97 ff.
– faktischer Geschäftsführer GmbHG 30 8
– Fortführungswerte GmbHG 30 62
– Frühwarn- und Informationssystem GmbHG 30 28
– Gesellschafterdarlehen GmbHG 30 19 ff.
– Gründungskosten GmbHG 30 63
– internationale Zuständigkeit GmbHG 30 104

– Kosten der Ingangsetzung des Geschäftsbetriebes GmbHG 30 63
– Leistungsverweigerungsrecht der Gesellschaft GmbHG 30 64
– Nachschüsse GmbHG 30 73 ff.
– Passivtausch GmbHG 30 95
– Rücklagen GmbHG 30 53
– Rückstellung GmbHG 30 63
– Rückzahlungsbeschluss GmbHG 30 85 ff.
– Sachleistung GmbHG 30 89
– Sicherheitenbestellung zugunsten Gesellschafter GmbHG 30 31 ff.
– Sperrfrist GmbHG 30 87
– Unterbilanz GmbHG 30 55 ff.
– Veranlassung der Gesellschaft GmbHG 30 12
– Verlustvortrag GmbHG 30 63
– Vertragskonzern GmbHG 30 38
– Wahlrechte GmbHG 30 63
– wechselseitige Beteiligungen GmbHG 30 35
– Zerschlagungswerte GmbHG 30 62
– zuzurechnende Dritte GmbHG 30 44 ff.
– Zwischenbilanz GmbHG 30 57
Kapitalerhaltung bei der GmbH & Co. KG
– Ausfallhaftung HGB Anh. 3 80
– der Kommanditisten HGB Anh. 3 78
– der Komplementär-GmbH HGB Anh. 3 77
– Einlagenrückgewähr HGB Anh. 3 79 ff.
Kapitalerhöhung Kap. 2 107
Kapitalerhöhung (GmbH)
– Durchführung GmbHG 55a 22 ff.
– Ermächtigung der Geschäftsführung GmbHG 55a 7 ff.
– Genehmigung GmbHG 55a 1 ff.
– Schranken der Ermächtigung GmbHG 55a 12 ff.
Kapitalerhöhung der AG AktG 150 12; 152 8; 158 4 f.
– Gewinnbeteiligung AktG 60 12
Kapitalerhöhung der AG aus Gesellschaftsmitteln AktG 207 1 ff.
– Änderung des Kapitalerhöhungsbeschlusses AktG 207 9
– Aufforderung zur Abholung AktG 214 1 ff.
– Ausgabeverbot AktG 219 1 ff.
– bedingtes Kapital AktG 218 1 ff.
– Berechtigte aus der Kapitalerhöhung AktG 212 1 f.
– Beschlussinhalt AktG 207 6 ff.
– Beschlussmängel AktG 207 10
– Beschlussmehrheit AktG 207 5
– Bilanz AktG 207 11, 209 1 ff.
– bilanzielle Behandlung AktG 220 1 ff.
– Durchführung AktG 213 1 ff., 215 4 f.
– eigene Aktien AktG 215 3
– Einlagepflicht AktG 211 2
– Gewinnbeteiligung AktG 217 1 ff.
– Handelsregisteranmeldung AktG 207 12, 210 1 ff.

Stichwortverzeichnis

- Handelsregisterverfahren AktG 210 4 ff.
- Mitgliedsrechte AktG 216 2
- Nebenverpflichtungen AktG 216 17
- teileingezahlte Aktien AktG 215 2 ff., 216 5
- Teilrechte AktG 213 1 ff.
- Übertragung von Mitgliedsrechten vor Eintragung AktG 219 2
- umwandlungsfähige Rücklagen AktG 208 1 ff.
- unverbriefte Aktien AktG 214 7
- Verkauf nicht abgeholter Aktien AktG 214 4 ff.
- Wirksamwerden der Kapitalerhöhung AktG 211 1

Kapitalerhöhung der AG gegen Einlagen AktG 182 1 ff.
- Aufhebung und Änderung des Beschlusses AktG 182 15
- Ausgabebetrag der neuen Aktien AktG 182 20 ff.
- Ausgabeverbot vor Eintragung AktG 191 3 ff.
- Ausschluss bei ausstehenden Einlagen AktG 182 24 ff.
- Beginn der Gewinnberechtigung AktG 182 13
- Beschlussinhalt AktG 182 7 ff.
- Beschlussmehrheit AktG 182 4 ff.
- Fehlerhaftigkeit des Beschlusses AktG 182 16
- Handelsregisteranmeldung AktG 184 1 ff., 188 2 ff.
- Handelsregisterverfahren AktG 184 7, 188 14 f.
- Hauptversammlungsbeschluss AktG 182 3 ff.
- Kapitalaufbringung AktG 188 11 ff.
- Kapitalerhöhungsbetrag AktG 182 7
- Mängel AktG 189 2 f.
- Sonderbeschluss AktG 182 17 ff.
- Verfügungsverbot vor Eintragung AktG 191 2
- Wirksamwerden AktG 189 1 ff.

Kapitalerhöhung der AG mit Sacheinlagen AktG 183 1 ff.
- Anfechtung AktG 255 7
- Begriff der Sacheinlage AktG 183 2
- Beschlussinhalt AktG 183 8
- Differenzhaftung AktG 183 13
- Hauptversammlungsbeschluss AktG 183 7 ff.
- Nachgründung AktG 183 5
- Prüfung AktG 183 11 ff.
- Sacheinlagevereinbarung AktG 183 4 f.
- verdeckte Sacheinlage AktG 183 3

Kapitalerhöhung der GmbH aus Gesellschaftsmitteln
- 8-Monats-Frist GmbHG 57c 4
- GmbHG 57c 1 ff.
- Anpassung Rechte Dritter GmbHG 57m 14
- Beschluss über die Gewinnverwendung GmbHG 57c 3
- Beschlussmängel GmbHG 57c 7
- Bestätigungsvermerk des Abschlussprüfers GmbHG 57c 3
- Bilanz GmbHG 57c 4

- Feststellung des Jahresabschlusses GmbHG 57c 3
- Inhalt des Kapitalerhöhungsbeschlusses GmbHG 57c 6
- Minderheitenrechte GmbHG 57m 6
- Mitgliedschaftsrechte GmbHG 57m 2
- Nebenleistungspflichten GmbHG 57m 7
- nominelle Kapitalerhöhung GmbHG 57c 1
- satzungsändernder Beschluss GmbHG 57c 5
- Sondervorteile GmbHG 57m 3
- teileingezahlte Geschäftsanteile GmbHG 57m 11
- Umbuchung von Bilanzpositionen GmbHG 57c 1
- Verbindung mit anderen Kapitalmaßnahmen GmbHG 57c 8
- Verbindung mit Kapitalherabsetzung GmbHG 57c 9
- Verbindung mit ordentlicher Kapitalerhöhung GmbHG 57c 8
- Verwässerungsschutz GmbHG 57m 14
- Voraussetzungen GmbHG 57c 3 ff.
- Vorzugsrechte GmbHG 57m 4

Kapitalerhöhungsbeschluss der GmbH GmbHG 55 9
- Agio GmbHG 55 13
- Aufgeld GmbHG 55 13
- Ausgabepreis GmbHG 55 31
- Bildung neuer Stammeinlage GmbHG 55 27
- erhöhter Betrag GmbHG 55 10
- Erhöhungsbetrag GmbHG 55 10
- Frist GmbHG 55 12
- Höchstbetrag GmbHG 55 11
- Inhalt GmbHG 55 1 ff.
- Mindestbetrag GmbHG 55 11
- Nachschusspflichten GmbHG 55 13
- Nebenverpflichtungen GmbHG 55 13
- Registersperre GmbHG 55 30
- Teilbarkeit GmbHG 55 27
- Unter-pari-Emission GmbHG 55 31
- Vinkulierung GmbHG 55 13
- Vorzugsrechte GmbHG 55 13

Kapitalerhöhungsbeschluss, Anfechtung Kap. 6 73

Kapitalerhöhungssonderbilanz der GmbH
- 8-Monats-Frist GmbHG 57f 3
- GmbHG 57f 1 ff.
- Gliederung der Bilanz GmbHG 57f 2
- inhaltliche Anforderungen an Zwischenbilanz GmbHG 57f 1 ff.
- Prüferbestellung GmbHG 57f 5
- Prüfung GmbHG 57f 4
- Prüfungsumfang GmbHG 57f 6
- Wertansätze in der Bilanz GmbHG 57f 2

Kapitalersetzende Nutzungsüberlassung Kap. 3 142

Kapitalgesellschaften, grenzüberschreitende Sitzverlegung Kap. 2 540 ff.

Kapitalherabsetzung Kap. 2 269
Kapitalherabsetzung der AG AktG 158 4; 173 1
– Einlagenrückgewähr AktG 57 43
Kapitalherabsetzung der AG, ordentliche
– Änderung AktG 222 10
– Art der Herabsetzung AktG 222 15 ff.
– Auflösung AktG 222 18
– Ausweis im Jahresabschluss AktG 240 3 ff.
– Beschlussinhalt AktG 222 4 ff.
– Beschlussmängel AktG 222 11
– Beschlussmehrheit AktG 222 2
– Gläubigerschutz AktG 225 1 ff.
– Handelsregisteranmeldung AktG 223 1 ff., 227 1 ff.
– Handelsregisterverfahren AktG 227 5, 228 7
– Herabsetzungsbetrag AktG 222 4
– Kraftloserklärung von Aktien AktG 226 6 ff.
– Mängel AktG 224 6
– Mindestnennbetrag AktG 228 1 ff.
– Rückzahlungsverbot AktG 225 16 ff.
– sachliche Rechtfertigung AktG 222 8 f.
– Sicherheitsleistung AktG 225 2 ff.
– Sonderbeschluss AktG 222 12 f.
– Verwertung von Aktien AktG 226 10
– Wirksamwerden AktG 224 1 ff.
– Zusammenlegung von Aktien AktG 226 3 ff.
– Zweck AktG 222 14
Kapitalherabsetzung der AG, vereinfachte
– Ausschüttungsbeschränkungen AktG 233 5 ff.
– Ausschüttungsverbot AktG 233 1 ff.
– Ausweis im Jahresabschluss AktG 240 3 ff.
– Eigenkapitalvoraussetzungen AktG 229 7
– Eintragungsfrist AktG 234 5 ff., 235 4
– Feststellung des Jahresabschlusses AktG 234 3 f.
– Herabsetzungsbetrag AktG 229 5
– mit gleichzeitiger Kapitalerhöhung AktG 229 2, 235 1
– Offenlegung des Jahresabschlusses AktG 236 1
– Rücklagenbildung AktG 229 6, 231 1 ff.
– Rückwirkung AktG 234 1 f., 235 1 f.
– Verlustdeckung AktG 229 4, 232 1 ff.
– Verwendungsbindung AktG 230 3 f.
– Wertminderungsausgleich AktG 229 4
– Zahlungen an die Aktionäre AktG 230 1 f.
– Zwecke AktG 229 3 ff.
Kapitalherabsetzung der GmbH, ordentliche GmbHG 58 1 ff.
– Anmeldung GmbHG 58 16 ff.
– anteilige Herabsetzung der Geschäftsanteile GmbHG 58 8
– Ausschüttung GmbHG 58 4
– Befriedigung der Gläubiger GmbHG 58 13
– Beseitigung einer Unterbilanz GmbHG 58 1
– effektive Kapitalherabsetzung GmbHG 58 1
– Eintragung GmbHG 58 20
– Gläubigeraufruf, dreimaliger GmbHG 58 10 ff.
– Inhalt des Kapitalherabsetzungsbeschlusses GmbHG 58 6 ff.
– Insolvenz GmbHG 58 25
– Kombination mit Kapitalerhöhung GmbHG 58 24
– Liquidation GmbHG 58 25
– Mängel GmbHG 58 26
– Mindestbetrag der Stammeinlagen GmbHG 58 23
– Mindestbetrag des Stammkapitals GmbHG 58 22 f.
– Sicherheitsleistung GmbHG 58 4
– Sperrjahr GmbHG 58 14
– Umwandlungsmaßnahmen GmbHG 58 15
– Verringerung des Haftungsfonds GmbHG 58 3
– Vollzug des festgelegten Zwecks GmbHG 58 21
– Voraussetzungen GmbHG 58 5 ff.
– Zustimmung sämtlicher Gesellschafter GmbHG 58 9
– Zwecke GmbHG 58 2
Kapitalherabsetzung der GmbH, vereinfachte GmbHG 58a 1 ff.
– Abdeckung von Verlusten GmbHG 58a 3
– Anmeldung GmbHG 58a 15
– Anpassung der Nennbeträge GmbHG 58a 11
– Ausschüttungsbeschränkungen GmbHG 58a 1, 58d 2 ff.
– Einhaltung der Mindeststammkapitalhöhe GmbHG 58a 13
– Eintragung GmbHG 58a 17
– Gewinnvortrag, fehlender GmbHG 58a 7
– Gläubigerschutz GmbHG 58a 1
– Kapitalherabsetzungsbeschluss GmbHG 58a 8 ff.
– Mitwirkungspflicht GmbHG 58a 10
– Prüfungsumfang des Registergerichts GmbHG 58a 16
– qualifizierter Verlust GmbHG 58a 6
– Rücklagenauffüllung GmbHG 58a 5
– sachliche Rechtfertigung GmbHG 58a 10
– Sanierung GmbHG 58a 1
– sofortiger Vollzug GmbHG 58a 1
– Vermeidung einer Unterbilanz GmbHG 58a 4
– Verwendungszweckbindung GmbHG 58a 1, 58b 1 ff.
– Voraussetzungen GmbHG 58a 6 ff.
– zulässige Zwecke GmbHG 58a 2
Kapitalherabsetzung durch Einziehung von Aktien AktG 237 1 ff.
– Ausweis im Jahresabschluss AktG 240 3 ff.
– Beschlusserfordernis AktG 237 16 f.
– Beschlussinhalt AktG 237 19
– Beschlussmängel AktG 237 33 ff.
– Beschlussmehrheit AktG 237 17
– Einziehung durch den Vorstand AktG 237 31 f.
– Einziehung nach Erwerb AktG 237 14 ff.
– Einziehungsentgelt AktG 237 12 f.
– Einziehungshandlung AktG 237 6 ff.
– Ermächtigungsklausel AktG 237 5 ff.
– Gläubigerschutz AktG 237 21

Stichwortverzeichnis

- Handelsregisteranmeldung AktG 237 20, 239 3 f.
- Handelsregisterverfahren AktG 239 5
- ordentliches Einziehungsverfahren AktG 237 17 ff.
- Stimmrecht AktG 237 18
- vereinfachtes Einziehungsverfahren AktG 237 22 ff.
- Verfahren der Zwangseinziehung AktG 237 8 ff.
- Wirksamwerden AktG 237 1 ff.
- Zwangseinziehung AktG 237 4 ff.

Kapitalmarktrecht Einführung und Grundlagen 54
- ad-hoc-Publizität im Konzern AktG Anh. 2 104
- kapitalmarktrechtliche Verhaltenspflichten AktG Anh. 2 102

Kapitalrücklage Kap. 2 109, 114, 117, 273

Kapitalrücklage der AG
- bei Erwerb eigener Aktien AktG 71 38 f.
- disquotale Kapitalrücklage AktG 60 14 f.

Kapitalsicherung bei der Publikumsgesellschaft
- atypisch stille Beteiligung HGB Anh. 2 80
- gesplittete Einlage HGB Anh. 2 74 f.

Kapitalverfassung AktG Einl. 5

Kartellrecht Einführung und Grundlagen 52

Kein-Mann-Gesellschaft (GmbH) GmbHG 33 24; 60 15

Kernbereichslehre
- bei der KG HGB Vor 161 3, 161 22, 163 2 f., 166 20
- bei der OHG HGB 109 23

KG
- allgemeines Prozessrecht Kap. 5 41 ff.
- Beweisaufnahme Kap. 5 70
- Gerichtsstand Kap. 5 71 ff.
- Gesellschafterprozess Kap. 5 56
- Gesellschafterwechsel während eines Verfahrens Kap. 5 47
- Gesellschaftsprozess Kap. 5 56
- Haftung der Gesellschafter Kap. 5 57 ff.
- organschaftliche Vertretung Kap. 5 49, 151
- Parteibezeichnung im Prozess Kap. 5 55
- Parteifähigkeit Kap. 5 41 ff.
- Prozessfähigkeit Kap. 5 48 ff.
- Prozesskostenhilfe Kap. 5 75
- Prozesspfleger Kap. 5 53
- Prozessrecht Kap. 5 41 ff.
- prozessuale Vertretung Kap. 5 48 ff.
- Vollbeendigung Kap. 5 42 ff.
- vollstreckungsrechtliche Fragen Kap. 5 58 ff.
- Zulassungsstreit Kap. 5 46
- Zustellungsfragen Kap. 5 74

KGaA
- Abwicklung AktG Anh. 1 66
- Auflösung AktG Anh. 1 65
- Aufsichtsrat AktG Anh. 1 20, Anh. 1 42 ff.
- Ausschuss der Kommanditaktionäre AktG Anh. 1 51
- außergewöhnliche Geschäfte AktG Anh. 1 40 f.
- Beirat AktG Anh. 1 50
- Bekanntmachung AktG Anh. 1 23
- Besteuerung AktG Anh. 1 76 ff.
- Bezugsrecht AktG Anh. 1 55
- Feststellung des Jahresabschlusses AktG Anh. 1 41
- Firma AktG Anh. 1 22
- Formwechsel AktG Anh. 1 75
- genehmigtes Kapital AktG Anh. 1 56
- Geschäftsführung AktG Anh. 1 28, Anh. 1 32
- gewillkürte Organe AktG Anh. 1 56
- Gewinnverteilung AktG Anh. 1 63 f.
- Gründer AktG Anh. 1 12 ff.
- Grundkapital AktG Anh. 1 57
- Gründung AktG Anh. 1 16
- Gründungsbericht AktG Anh. 1 20
- Handelregistereintragung AktG Anh. 1 23
- Hauptversammlung AktG Anh. 1 38 ff.
- Jahresabschluss AktG Anh. 1 61 ff.
- Kapitalmaßnahmen AktG Anh. 1 53 ff.
- Kommanditaktionär AktG Anh. 1 13, Anh. 1 36 ff., Anh. 1 51, Anh. 1 64
- Kompetenzen Aufsichtsrat AktG Anh. 1 44 ff.
- Konzern AktG Anh. 1 82 ff.
- Nachgründung AktG Anh. 1 25
- persönlich haftender Gesellschafter AktG Anh. 1 13, Anh. 1 27 ff., Anh. 1 45, Anh. 1 47
- Rechtsformwahl AktG Anh. 1 7 ff.
- Rechtsnatur AktG Anh. 1 6
- Satzungsinhalt AktG Anh. 1 18
- Spaltung AktG Anh. 1 74
- Umwandlung AktG Anh. 1 67 ff.
- Verlustdeckungshaftung AktG Anh. 1 21
- Vermögenseinlagen AktG Anh. 1 54
- Verschmelzung AktG Anh. 1 69 ff.
- Vorbelastungshaftung AktG Anh. 1 21
- Wettbewerbsverbot AktG Anh. 1 37
- Zusammensetzung Aufsichtsrat AktG Anh. 1 43

Klage auf Auflösung der Gesellschaft gem. § 133 HGB Kap. 5 174 ff.
- Abdingbarkeit des § 133 HGB Kap. 5 188 ff.
- Anerkenntnisurteil Kap. 5 208
- Anwendungsbereich des § 133 HGB Kap. 5 176 ff.
- aufgelöste Gesellschaft Kap. 5 179
- Auflösungsgrund (siehe auch wichtiger Grund) Kap. 5 180 ff.
- Auflösungskündigung Kap. 5 191
- Austrittskündigung Kap. 5 178
- Beklagte Kap. 5 198 ff.
- Beurteilungszeitpunkt Kap. 5 184
- Beweislast Kap. 5 207
- einstweiliger Rechtsschutz Kap. 5 211
- Einverständniserklärung Kap. 5 199
- erfasste Gesellschaftsformen Kap. 5 176
- fehlerhafte Gesellschaft Kap. 5 177
- Fortsetzungsklausel Kap. 5 190

- Frist **Kap. 5** 206
- Gesellschaft als Beklagte **Kap. 5** 200
- in der Liquidation **Kap. 5** 179
- Klageantrag **Kap. 5** 192
- Klageart **Kap. 5** 192
- Klagebefugnis **Kap. 5** 193
- Kläger **Kap. 5** 193 ff.
- Klageverbindung **Kap. 5** 202
- Kosten **Kap. 5** 204
- notwendige Streitgenossenschaft **Kap. 5** 197, 198
- Prognoseentscheidung **Kap. 5** 181
- Publikumsgesellschaft **Kap. 5** 178, 200
- Rechtsschutzbedürfnis **Kap. 5** 205
- ultima ratio **Kap. 5** 185 ff.
- Urteil **Kap. 5** 210
- Urteilswirkungen **Kap. 5** 210
- Verfahren **Kap. 5** 192 ff.
- Versäumnisurteil **Kap. 5** 208
- Verwirkung **Kap. 5** 206
- wichtiger Grund **Kap. 5** 180 ff.
- Zuständigkeit **Kap. 5** 203
- Zustimmung Dritter **Kap. 5** 194

Klage auf Ausschließung eines GmbH-Gesellschafters Kap. 5 507 ff.
- Abfindungsanspruch **Kap. 5** 512 ff.
- abweichende Satzungsregelungen **Kap. 5** 515 ff.
- Aktivlegitimation **Kap. 5** 508
- Ausschließungsbeschluss **Kap. 5** 504 ff., 510
- Bedingungstheorie **Kap. 5** 512 f.
- entscheidungserheblicher Zeitpunkt **Kap. 5** 511
- Grundsatz der Kapitalaufbringung und -erhaltung **Kap. 5** 502
- in der Liquidation **Kap. 5** 500
- Klageart **Kap. 5** 507
- Parteien **Kap. 5** 508
- ultima ratio **Kap. 5** 501
- Urteil **Kap. 5** 512 f.
- Urteilswirkungen **Kap. 5** 512 ff.
- wichtiger Grund **Kap. 5** 494 ff.
- Zuständigkeit **Kap. 5** 509
- Zweipersonen-GmbH **Kap. 5** 521 ff.

Klage auf Ausschließung gem. § 140 HGB
- § 140 Abs. 1 S. 2 HGB **Kap. 5** 247 f., 212 ff.
- Abdingbarkeit des § 140 HGB **Kap. 5** 226 ff.
- Anerkenntnis **Kap. 5** 241
- Anwendungsbereich des § 140 HGB **Kap. 5** 214 ff.
- aufgelöste Gesellschaft **Kap. 5** 218
- Auseinandersetzungsguthaben **Kap. 5** 245
- Ausschluss des einzigen vertretungsbefugten Gesellschafters **Kap. 5** 217
- Ausschluss durch Ausschließungsbeschluss **Kap. 5** 229
- Beklagter **Kap. 5** 237 f.
- Beurteilungszeitpunkt **Kap. 5** 223
- einstweiliger Rechtsschutz **Kap. 5** 246
- erfasste Gesellschaftsformen **Kap. 5** 214

- fehlerhafte Gesellschaft **Kap. 5** 214
- Frist **Kap. 5** 240
- GmbH & Co KG **Kap. 5** 214
- Hinauskündigungsrecht **Kap. 5** 230
- in der Liquidation **Kap. 5** 218
- Klageantrag **Kap. 5** 231
- Klageart **Kap. 5** 231
- Kläger **Kap. 5** 232 ff.
- Leistungsklage auf Zustimmung zur Ausschließungsklage **Kap. 5** 236
- Mitwirkungspflicht **Kap. 5** 235
- notwendige Streitgenossenschaft **Kap. 5** 232
- Partnerschaftsgesellschaft **Kap. 5** 214
- Prognoseentscheidung **Kap. 5** 220
- Publikumsgesellschaft **Kap. 5** 216
- ultima ratio **Kap. 5** 224 f.
- Urteil **Kap. 5** 212, 243 ff.
- Urteilswirkungen **Kap. 5** 243 ff.
- Verfahren **Kap. 5** 231 ff.
- Verhalten Dritter **Kap. 5** 221
- Versäumnisurteil **Kap. 5** 241
- wichtiger Grund **Kap. 5** 219 f.
- Zuständigkeit **Kap. 5** 239

Klage auf Entziehung der Geschäftsführungsbefugnis gem. § 117 HGB
- erfasste Gesellschaftsformen **Kap. 5** 117
- Mitwirkungspflicht **Kap. 5** 137, 110 ff.
- Abdingbarkeit des § 117 HGB **Kap. 5** 130 ff.
- Anwendungsbereich des § 117 HGB **Kap. 5** 117 ff.
- Beklagter **Kap. 5** 139 f.
- Beweislast **Kap. 5** 144
- einstweiliger Rechtsschutz **Kap. 5** 147 f.
- Entziehungsbeschluss **Kap. 5** 132
- Frist **Kap. 5** 143
- Geltung für geschäftsführungsbefugten Kommanditisten **Kap. 5** 123
- Geltung für organschaftliche Geschäftsführungsbefugnis **Kap. 5** 120 ff.
- Geltungsbereich **Kap. 5** 117 ff.
- GmbH & Co KG **Kap. 5** 117, 140
- grobe Pflichtverletzung **Kap. 5** 126
- in der Liquidation **Kap. 5** 119
- Klageantrag **Kap. 5** 134
- Klageart **Kap. 5** 134
- Kläger **Kap. 5** 135 ff.
- Klageverbindung **Kap. 5** 141
- Leistungsklage auf Zustimmung zur Entziehungsklage **Kap. 5** 138
- notwendige Streitgenossenschaft **Kap. 5** 136
- Publikumsgesellschaften **Kap. 5** 118
- Teilentziehung **Kap. 5** 129
- ultima ratio **Kap. 5** 128 f.
- Unfähigkeit zur ordnungsgemäßen Geschäftsführung **Kap. 5** 127
- Urteil **Kap. 5** 145 f.
- Urteilswirkungen **Kap. 5** 145 f.
- Verfahren **Kap. 5** 134 ff.

Stichwortverzeichnis

- wichtiger Grund **Kap. 5** 125 ff.
- Zuständigkeit **Kap. 5** 142

Klage auf Entziehung der Vertretungsmacht gem. § 127 HGB **Kap. 5** 149 ff.
- Abdingbarkeit des § 127 HGB **Kap. 5** 164 ff.
- Anwendungsbereich des § 127 HGB **Kap. 5** 155 ff.
- Beklagter **Kap. 5** 170
- einstweiliger Rechtsschutz **Kap. 5** 173
- Entziehung der Vertretungsmacht durch Entziehungsbeschluss **Kap. 5** 166
- Entziehungsbeschluss **Kap. 5** 166
- erfasste Gesellschaftsformen **Kap. 5** 155
- Geltung für organschaftliche Vertretungsbefugnis **Kap. 5** 158
- Geltungsbereich **Kap. 5** 155 ff.
- GmbH & Co KG **Kap. 5** 155
- in der Liquidation **Kap. 5** 157
- Klageantrag **Kap. 5** 168
- Klageart **Kap. 5** 168
- Kläger **Kap. 5** 169
- Mitwirkungspflicht **Kap. 5** 169
- notwendige Streitgenossenschaft **Kap. 5** 169
- Publikumsgesellschaften **Kap. 5** 156
- Teilentziehung **Kap. 5** 163
- ultima ratio **Kap. 5** 163
- Urteil **Kap. 5** 171 f.
- Urteilwirkungen **Kap. 5** 171 f.
- Verfahren **Kap. 5** 168 ff.
- wichtiger Grund **Kap. 5** 162

Klagezulassungsverfahren AktG 148 1 ff.
- Bekanntmachungen **AktG** 149 1 ff.
- Rechtskrafterstreckung **AktG** 148 12
- Subsidiarität **AktG** 148 8 ff.
- Verfahrenskosten **AktG** 148 14

Kleine AG AktG Einl. 2; Einl. 7 ff.
Kleingewerbetreibende HGB 161 6
Kommanditgesellschaft (KG) HGB 161 1 ff.
- Auflösung **HGB** 161 3 f.
- Aufspaltungsverbot **HGB** 161 37
- Auseinandersetzung **HGB** 161 4
- Ausscheiden eines Gesellschafters **HGB** 161 40
- Ausschluss eines Gesellschafters **HGB** 161 42
- Beiträge der Gesellschaft **HGB** 161 4
- Beschlussfassung **HGB** 161 3
- Besteuerung **HGB Vor** 161 4 ff.
- Betrieb des Handelsgewerbes **HGB** 161 1
- Errichtung **HGB** 161 3
- Erscheinungsformen **HGB** 161 44
- Firma **HGB** 161 9
- Gesamthandsgemeinschaft **HGB** 161 1
- Geschäftsführung **HGB** 161 3 f.
- Gesellschafterversammlung **HGB** 161 29
- Gesellschaftsvermögen **HGB** 161 4
- Gesellschaftsvertrag **HGB** 161 19 ff., 163 4, 168 7
- Gewerbebetrieb **HGB** 161 6
- Gewinn- und Verlust **HGB** 161 4
- Grundlagengeschäfte **HGB** 164 2
- Hafteinlage **HGB** 161 27, 171 8 f., 172 11
- Haftung **HGB** 161 3 f.
- Jahresabschluss **HGB** 167 2 f.
- Kaufmannseigenschaft **HGB** 161 1
- Kontrollrechte **HGB** 161 3
- Konzerngesellschaft **HGB** 161 25
- Liquidation **HGB** 161 3
- minderjähriger Gesellschafter **HGB** 161 15
- Nachschusspflicht **HGB** 161 4
- Parteifähigkeit **HGB** 161 8
- Pflichteinlage **HGB** 161 27, 172 14
- Prozessfähigkeit **HGB** 161 8
- Rechte und Pflichten aus der Mitgliedschaft **HGB** 161 26 ff.
- Rechtsverhältnisse der Gesellschafter **HGB** 161 3
- Sitz **HGB** 161 10
- Stimmrecht **HGB** 161 29
- Treuhänder **HGB** 161 16
- Unterbeteiligung **HGB** 161 17
- Vererblichkeit des Kommanditanteils **HGB** 177 3
- Vertragsfreiheit **HGB** 163 1 ff.
- Wettbewerbsverbot **HGB** 161 3
- Zweck **HGB** 161 6

Kommanditist HGB 161 12 f.
- Abfindungsanspruch **HGB** 161 41
- actio pro socio **HGB** 161 30
- Arbeitsverhältnis **HGB** 164 15 ff., 165 13
- Ausscheiden **HGB** 161 40
- Beitrag **HGB Anh. 3** 48 f.
- beschränkte Haftung **HGB Vor** 161 2, 161 5
- Geschäftsführung **HGB Anh. 3** 42, 161 35, 164 4, 165 8
- Gesellschafterversammlung **HGB** 161 29
- Gewinnrecht **HGB** 161 39, 167 4 ff.
- Gleichbehandlungsgrundsatz **HGB** 161 32
- Haftung **HGB Anh. 3** 38, 161 6, 171 1 ff.
- Informations- und Kontrollrechte **HGB Anh. 3** 43, 161 35
- Kündigung **HGB** 161 31, 166 1 ff.
- Kündigungsrecht **HGB** 161 40
- Mitunternehmer **HGB Vor** 161 4
- Nachschusspflicht **HGB** 161 4, 167 8
- Notgeschäftsführung **HGB** 164 5
- Rechte und Pflichten **HGB Anh. 3** 41 ff.
- Selbstberufungsrecht **HGB** 161 29
- sonstiges Tätigwerden für die KG **HGB** 164 15 ff.
- Sorgfaltsmaßstab **HGB** 161 36
- Stimmrecht **HGB** 161 29
- Tod **HGB** 177 1 ff.
- Treuepflicht **HGB Anh. 3** 44, 161 32, 165 6 ff., 166 7, 169 3
- Veräußerung des gesamten Unternehmensanteils **HGB Vor** 161 9
- Verluste **HGB Vor** 161 7, 167 7, 168 3

– Vertretung HGB Anh. 3 28, 161 35, 164 13, 170 5 ff.
– Weisungsrecht HGB 164 12
– Wettbewerbsverbot HGB Anh. 3 46, 161 33, 165 6 ff.
– Widerspruchsrecht HGB 164 7 f.
Kommanditistenausschuss der Publikumsgesellschaft HGB Anh. 2 59
Kommissionsgeschäft, Erwerb eigener Aktien AktG 71 14 f.
Kommunale oder örtliche Stiftung BGB Anh. 11
Komplementär HGB 161 11
– Abfindung HGB 161 41
– actio pro socio HGB 161 30
– Aufstellung der Bilanzen HGB 161 38
– Ausscheiden HGB 161 40
– Geschäftsführung HGB 161 34, 164 1 f.
– Gewinnrecht HGB 161 39
– Grundlagengeschäfte HGB 164 2
– Haftung HGB Vor 161 3, 161 11
– Kündigungsrecht HGB 161 40
– Mitunternehmer HGB Vor 161 4
– Sorgfaltsmaßstab HGB 161 36
– Stimmrecht HGB 161 29
– Tod HGB 177 1
– Veräußerung des gesamten Unternehmensanteils HGB Vor 161 9
– Verluste HGB Vor 161 7
– Vertretung HGB 161 34, 170 1 ff.
– Wettbewerbsverbot HGB 161 33, 165 1 ff.
Komplementär-GmbH
– Beitrag HGB Anh. 3 48
– Geschäftsführung HGB Anh. 3 22 ff.
– Haftung HGB Anh. 3 22, Anh. 3 26, Anh. 3 36 f., Anh. 3 95
– Insolvenz HGB Anh. 3 91
– Rechte und Pflichten HGB Anh. 3 41 ff.
– Treuepflicht HGB Anh. 3 44 f.
– Vertretung HGB Anh. 3 21, Anh. 3 23
– Wettbewerbsverbot HGB Anh. 3 45
Konfusion GmbHG 33 1
Konsortialvereinbarung AktG Einl. 27
Konsumgenossenschaft GenG 1 21
Kontrollorgan, Aufsichtsrat AktG Einl. 14
Kontrollrechte der Gesellschafter der GbR BGB 716 3 ff.
– Auskunft BGB 716 4
– Einsichtnahme BGB 716 3
– Erlöschen BGB 716 7
– Hinzuziehung von Dritten BGB 716 8 ff.
Kontrollrechte der Gesellschafter der KG HGB 161 4; 163 3
Kontrollrechte der Gesellschafter der OHG HGB 109 9; 118 1 ff.
Konzern GmbHG 33 28
– anwendbares Recht Kap. 4 113 ff.
– Arbeitsrecht AktG Anh. 2 115
– Steuerrecht AktG Anh. 2 117

Konzernabschluss GmbHG 41 29 ff.
– Aufstellungsfrist GmbHG 41 39 ff.
– Billigung GmbHG 46 15
Konzerneingangskontrolle, im faktischen AG-Konzern AktG Anh. 2 73; Anh. 2 73 ff.
Konzerngesellschaft HGB 161 25
Konzernrecht
– anwendbares Recht im internat. Kontext Kap. 4 113 ff.
– Gefahrenlage im Konzern AktG Anh. 2 3 f.
– Gegenstand und Bedeutung AktG Anh. 2 5
– Gründe der Konzernbildung AktG Anh. 2 6
Konzernverbund AktG Einl. 30
Konzernverschmelzung, Erleichterungen Kap. 2 66, 67
Konzessionssystem Einführung und Grundlagen 27
Kooperation Einführung und Grundlagen 3
Körperschaften Einführung und Grundlagen 60 f.
Körperschaftsteuer-Erhöhungseffekt Kap. 2 221
Körperschaftsteuerguthaben Kap. 2 221, 332
– Auszahlungsanspruch Kap. 2 243
Körperschaftsteuer-Minderungseffekt Kap. 2 221
körperschaftsteuerrechtliches Anrechnungsverfahren Kap. 2 190
Kosten in Angelegenheiten der freiwilligen Gerichtsbarkeit Kap. 8 10 ff.
– Aktienrecht Kap. 8 17 ff.
– Anordnungen des Registergerichts Kap. 8 15 ff.
– Eintragungen in das Handelsregister Kap. 8 11 ff.
– Entscheidungen des Registergerichts Kap. 8 15 ff.
– Spruchverfahren Kap. 8 20
Kraftloserklärung AktG 72–73 1 ff.
– Einfluss auf Mitglieder AktG 72–73 5
– Kostentragungspflicht AktG 72–73 6
– nach § 72 AktG AktG 72–73 7 f.
Kraftloserklärung nach § 72 AktG
– Abhandenkommen oder Vernichtung AktG 72–73 7 ff.
– Aufgebotsverfahren, gerichtliches AktG 72–73 8 f.
– Gewinnanteilsschein AktG 72–73 11
Kraftloserklärung nach § 73 AktG AktG 72–73 13 ff.
– Bekanntmachung AktG 72–73 17
– Verfahren AktG 72–73 14
– Wirkung AktG 72–73 18 f.
Kraftloserklärung von Aktien
– bei ordentlicher Kapitalherabsetzung AktG 226 3 ff.
– durch die Gesellschaft AktG 72–73 1 ff.
– Mängel AktG 226 9
Kreditgenossenschaft GenG 1 17
Kreditgewährung
– an Vorstandsmitglieder AktG 89 2 ff.
– andere Kreditnehmer AktG 89 5 ff.

Stichwortverzeichnis

- Aufsichtsratsmitglieder AktG 115 1 ff.
- **Kreditinstitut**
- Erwerb eigener Aktien AktG 71 19 ff.
- Legitimationsaktionär AktG 67 7
- Mitteilungspflicht AktG 67 14
- **Krise der Gesellschaft** Kap. 3 4 ff.
- **KStG § 12 Abs. 1 n.f., Entstrickungstatbestand** Kap. 2 539
- **Kündigung bei der GbR**
- Abfindung BGB 738–740 24 ff.
- Ausschluss BGB 723–724 29 ff.
- außerordentliche BGB 723–724 9 ff.
- Beschränkungen BGB 738–740 24 ff.
- Erklärung BGB 723–724 17 ff.
- freies Hinauskündigungsrecht BGB 737 17
- Frist BGB 723–724 19
- Grund BGB 723–724 18
- ordentliche BGB 723–724 5 ff.
- Pfändungspfandgläubiger BGB 725 2
- Privatgläubiger BGB 725 2
- Verwirkung BGB 723–724 21
- Zugang BGB 723–724 17
- **Kündigung bei der KG** HGB 177 15
- **Kündigung bei der OHG** HGB 132 1 ff.; 135 1 ff.
- **Kündigung der GmbH als Auflösungsgrund** GmbHG 60 19

- **Lagebericht der AG** AktG 170 3
- Aushändigung AktG 175 7
- Auslegung AktG 175 6, 176 2
- Erläuterung AktG 176 3
- Kenntnisnahmerecht AktG 170 13
- Prüfung AktG 171 1 ff.
- Vorlage AktG 170 2, 176 2
- **Lagebericht der GmbH** GmbHG 41 28
- **LCIA** Kap. 7 6
- **Legitimationsaktionäre**
- Aktienregister AktG 67 7
- Erwerb eigener Aktien AktG 71b 3
- Kreditinstitut AktG 67 7
- **Legitimationswirkung, Aktienregister** AktG 67 9
- **Leistung auf die Stammeinlage** GmbHG 19 17 ff.
- Befreiung von der Leistung GmbHG 19 42 ff.
- **Leistung der Einlagen**
- Bareinlagen AktG 36a 2 ff.
- Sacheinlagen AktG 36a 5 f.
- **Leistungspflichten**
- Aufrechnungsverbot AktG 66 6 ff.
- Befreiungsverbot AktG 66 3 f.
- **Leistungsstörungen bei der GbR** BGB 706–707 18
- **Leistungsverweigerungsrecht** GmbHG 33 23
- **Leitung der AG**
- Kompetenzaufteilung AktG 76 2
- Vorstand AktG 76 4 ff.
- **Leverage Buyouts, Erwerb eigener Aktien** AktG 71a 1
- **Limited (Ltd.)** Einführung und Grundlagen 39

- stille Beteiligung HGB Anh. 1 41
- **Liquidation (eG)** GenG 87 1 ff.
- Beendigung GenG 93 1
- **Liquidation der AG** AktG 264 1 ff.
- **Liquidation der GbR** BGB 723–724 1
- **Liquidation der GmbH**
- Anmeldung GmbHG 65 2 f.
- Auflösung der GmbH GmbHG 60 1 ff.
- Bekanntmachung GmbHG 65 6 ff.
- Eintragung GmbHG 65 4 f.
- Firma GmbHG 4 28
- Fortsetzungsbeschluss GmbHG 60 20, 77 5
- Gesellschaftszweck GmbHG 60 2
- Gläubigeraufforderung GmbHG 65 8
- Identität zwischen werbender und Liquidationsgesellschaft GmbHG 69 1
- Liquidationsgesellschaft GmbHG 60 1
- Rechtsstellung von Gesellschaft und Gesellschaftern GmbHG 69 1 ff.
- Unauflöslichkeit GmbHG 60 6
- Vermögenslosigkeit GmbHG 60 3
- Vermögensverteilung (s. Liquidation der GmbH, Vermögensverteilung) GmbHG 72 1 ff.
- Verschmelzung GmbHG 60 4
- Vollbeendigung GmbHG 60 2
- **Liquidation der GmbH & Co KG** HGB Anh. 3 70
- **Liquidation der GmbH, Rechnungslegung**
- Anschaffungs- und Herstellungskosten GmbHG 71 3
- Bewertungsspielraum GmbHG 71 1
- Ertragsbilanz GmbHG 71 4
- externe Liquidationsrechnungslegung GmbHG 71 3 ff.
- Fortführungsprinzip GmbHG 71 3
- immaterielle Vermögensgegenstände GmbHG 71 3
- interne Liquidationsrechnungslegung GmbHG 71 1
- Inventur GmbHG 71 5
- laufende Rechnungslegung GmbHG 71 6
- Liquidationsschlussbilanz GmbHG 71 7 f., 74 4
- Niederstwertgebot GmbHG 71 5
- Prüfungspflicht GmbHG 71 7
- Stichtag GmbHG 71 5
- stille Reserven GmbHG 71 3
- Verkehrswerte GmbHG 71 7
- Vermögensbilanz GmbHG 71 4
- **Liquidation der GmbH, Vermögensverteilung** GmbHG 72 1 ff.
- Anspruch auf Sicherstellung GmbHG 73 3
- ausstehende Einlagen GmbHG 72 6
- bekannter Gläubiger GmbHG 73 5
- Bürgschaft GmbHG 73 2
- Drittgläubigeransprüche GmbHG 72 4
- eigenkapitalersetzende Darlehen GmbHG 72 4
- Gläubiger GmbHG 72 6
- Gleichbehandlung GmbHG 73 4

- Hinterlegung **GmbHG** 73 2
- Insolvenzbeobachtungspflicht **GmbHG** 73 4
- künftige Ansprüche gegen GmbH **GmbHG** 72 2
- Liquidationsguthaben **GmbHG** 72 2
- mitgliedschaftliche Ansprüche **GmbHG** 72 5
- Rückübertragungsansprüche **GmbHG** 72 3
- Sicherstellung von Gesellschaftsschulden **GmbHG** 73 2
- Sperrjahr **GmbHG** 72 1
- unbekannter Gläubiger **GmbHG** 73 5
- Verteilungsart **GmbHG** 72 7
- Verteilungsfehler **GmbHG** 72 8
- Verteilungsplan **GmbHG** 71 7, 72 7
- Verteilungsschlüssel **GmbHG** 72 6
- Voraussetzungen **GmbHG** 73 2 ff.

Liquidation der OHG HGB 145 1 ff.; 146 1 ff.
Liquidation der Publikums-KG HGB Anh. 2 133
Liquidation einer Gesellschaft InsO 16 1
- Auflösung **InsO** 16 1
- Insolvenzverfahren **InsO** 16 2
- Zeitablauf **InsO** 16 1
- Zweckerreichung **InsO** 16 1

Liquidatoren (eG) GenG 86 2 ff.
- Aufgaben **GenG** 92 1 ff.
- Vermögensverteilung **GenG** 82 8 ff.

Liquidatoren der GmbH GmbHG 60 1 ff.
- Abberufung **Kap. 5** 279 ff., 279 ff.
- Amtsniederlegung **GmbHG** 60 13
- Anmeldung **GmbHG** 67 1 ff.
- Aufgaben *(s. Liquidatoren der GmbH, Aufgaben)* **GmbHG** 70 1 ff.
- Bestimmung durch GmbH **GmbHG** 66 2 ff.
- Eignung **Kap. 5** 276 ff.
- Eintragung **GmbHG** 66 3, 67 9
- früherer Geschäftsführer **GmbHG** 66 5
- geborene Liquidatoren **GmbHG** 66 2
- gekorene Liquidatoren **GmbHG** 66 3 f.
- gerichtliche Abberufung **Kap. 5** 281
- gerichtliche Bestellung *(s. Liquidatoren der GmbH, gerichtliche Bestellung)* **GmbHG** 66 6 ff.; Kap. 5
- Geschäftsbriefe **GmbHG** 71 11
- Geschäftsführer **GmbHG** 66 2
- Gesellschafterbeschluss **GmbHG** 66 4
- Haftung *(s. Liquidatoren der GmbH, Haftung)* **GmbHG** 71 10
- juristische Personen **GmbHG** 66 4
- Kündigung Dienstverhältnis **GmbHG** 66 12
- Notliquidator **GmbHG** 66 3, 68 4
- Notliquidatoren, gerichtliche Bestellung *(siehe dort)* **Kap. 5**
- persönliche Eignung **GmbHG** 66 14
- Rechte und Pflichten **GmbHG** 71 1 ff.
- Versicherung **GmbHG** 67 7
- Zeichnung und Vertretung *(s. Liquidatoren der GmbH, Vertretung)* **GmbHG** 68 1 ff.

Liquidatoren der GmbH, Aufgaben GmbHG 70 1 ff.
- Abwicklungsrichtlinien **GmbHG** 70 4 ff.
- Beendigung laufender bzw. schwebender Geschäfte **GmbHG** 70 6
- Befugnisse **GmbHG** 70 3 ff.
- Erfüllung Verpflichtungen der GmbH **GmbHG** 70 7 ff.
- Gesellschafteransprüche **GmbHG** 70 9
- Gesellschaftsforderungen **GmbHG** 70 10
- Gläubigergleichbehandlung **GmbHG** 70 8
- Liquidationskonzept **GmbHG** 71 2 ff.
- Veräußerung von Gesellschaftsvermögen **GmbHG** 70 11
- Vermögensverteilung **GmbHG** 72 1 ff.

Liquidatoren der GmbH, gerichtliche Bestellung Kap. 5 260 ff.
- Abberufung **GmbHG** 66 10 ff.
- Antrag **Kap. 5** 262
- Antragsbefugnis **Kap. 5** 262
- Antragsrecht **GmbHG** 66 7
- Antragsstellung in der Liquidation **Kap. 5** 263
- Antragsstellung vor Liquidation **Kap. 5** 263
- Auswahl der Liquidatoren **GmbHG** 66 7
- Dienstverhältnis **GmbHG** 66 9
- Entscheidung **Kap. 5** 266 f.
- Minderheitenschutz **Kap. 5** 262
- Rechtliches Gehör **Kap. 5** 264
- Rechtsmittel **GmbHG** 66 8; Kap. 5 268 f.
- unternehmensrechtliches Verfahren **Kap. 5** 260
- Vergütung **GmbHG** 66 9
- wichtiger Grund **GmbHG** 66 6; Kap. 5 265
- Zuständigkeit **GmbHG** 66 8; Kap. 5 261

Liquidatoren der GmbH, Haftung
- Einhaltung Sperrjahr **GmbHG** 73 8 ff.
- Insolvenzverschleppungshaftung **GmbHG** 64 24 ff.
- persönlich steuerrechtliche Haftung **GmbHG** 73 15
- Verteilungsfehler **GmbHG** 72 8

Liquidatoren der GmbH, Vertretung GmbHG 68 1 ff.
- gerichtliche Vertretungsregelung **GmbHG** 68 7
- Gesamt- und Einzelvertretung **GmbHG** 68 4 ff.
- Gesellschaftsvertrag **GmbHG** 68 5
- gesetzliche Grundregel **GmbHG** 68 4
- Insichgeschäfte **GmbHG** 68 3
- nachträgliche Änderungen **GmbHG** 68 6
- Notliquidator **GmbHG** 68 4
- Vertretungsregelungen **GmbHG** 68 2
- Zeichnungsregelung **GmbHG** 68 8 f.

Löschung der AG, Vollbeendigung AktG 264 4 ff.
Löschung einer GmbH
- während eines laufenden Verfahrens **Kap. 5** 254

Managermodell BGB 737 19
Mannesmann-Urteil AktG 87 11

Stichwortverzeichnis

Mantel, *(s. wirtschaftliche Neugründung)*
- Aktienurkunde AktG 75 1

Mantelkauf, Verschmelzung Kap. 2 168

Masseschmälerung bei der GmbH
- Ausschluss der Haftung GmbHG 64 36
- Haftung GmbH-Geschäftsführer GmbHG 64 34 ff.
- interner Haftungsausschluss/-verzicht GmbHG 64 38
- Verjährung GmbHG 64 34
- Verschulden GmbHG 64 39
- Zahlungen nach Insolvenzreife GmbHG 64 35

Masseunzulänglichkeit Kap. 3 226

Masseverbindlichkeit Kap. 3 220

Maßgeblichkeit Kap. 2 201

Maßgeblichkeit der Handelsbilanz Kap. 2 227

Maßgeblichkeitsgrundsatz Kap. 2 148, 227
- Verschmelzung von Personengesellschaften Kap. 2 201

materielles Eigenkapital der stillen Gesellschaft HGB Anh. 1 208 ff.

Mehrparteienschiedsverfahren Kap. 7 49 ff.
- Grundsatz der Gleichbehandlung der Parteien Kap. 7 51

Mehrstimmrechte AktG 12 5

Metageschäft bei der stillen Gesellschaft HGB Anh. 1 129

Mezzanine-Finanzierung HGB Anh. 1 2

Minderheitsschutz in der KG HGB Vor 161 3; 161 22; 163 2

Minderheitsschutz in der OHG HGB 119 14 ff.

Minderheitsaktionäre, Mitgliedschaftsrechte AktG 243 15

Minderjähriger, als Gesellschafter einer GmbH GmbHG 1 17

Mindestbeteiligungsquote AktG 122 3

Mindestkapital, der Genossenschaft GenG 8a 1 ff.

Missbrauch der Vertretungsmacht AktG 82 7

Missbrauchsregelungen Kap. 2 277, 288

Mitarbeiterbeteiligung bei stiller Gesellschaft HGB Anh. 1 7

Mitbestimmung
- anwendbares Recht Kap. 4 78 f.
- anwendbares Recht im internat. Kontext Kap. 4 78 f.
- Arbeitnehmer AktG Einl. 10

Mitgliederausschluss AktG Einl. 18

Mitgliedschaft (GmbH)
- Definition GmbHG 14 6
- gemeinschaftliche Ausübung GmbHG 18 5 ff.
- Rechte und Pflichten GmbHG 14 10 ff.
- sonstiges Recht GmbHG 14 8

Mitgliedschaftsrechte (GmbH)
- Gestaltung GmbHG 14 26 ff.
- unentziehbare GmbHG 14 26

Mitgliedschaftsrechte im internat. Kontext, anwendbares Recht Kap. 4 68 ff.

Mitgliedschaftsstreit im GmbH-Recht Kap. 5 343

Mitteilungspflichten von Kreditinstituten AktG 128 2 ff.
- Schadensersatz AktG 128 5

Mitunternehmer Kap. 2 203

Mitunternehmeranteil Kap. 2 350

MoMiG Einführung und Grundlagen 39

Nachfolgeklausel
- bei der GbR BGB 726–728 9
- bei der KG HGB 177 12
- bei der OHG HGB 139 3 ff.

Nachfolgevermerk bei der KG HGB 162 15 ff.; 173 15 ff.
- Eintrittsrecht HGB 173 23
- Erbnachfolge HGB 173 22
- Gesamtrechtsnachfolge HGB 173 21 ff.
- Umwandlung von Beteiligungen HGB 173 21
- Vermächtnis HGB 173 24

Nachgründung AktG 52 1 ff.
- Ersatzansprüche AktG 53 1 ff.

Nachhaftung bei der GbR BGB 736 7 ff.
- Begrenzung BGB 736 8 ff.

Nachhaftung bei der OHG HGB 160 1 ff.

Nachlass-Insolvenzverfahren bei der KG HGB 177 9

Nachlassverwaltung bei der KG HGB 161 43; 177 9

Nachlassverwaltung bei der OHG HGB 139 29 ff.

Nachmännern, Haftung auf Einlage AktG 63–65 30 ff.

Nachschuss GmbHG 33 21

Nachschusspflicht bei der GmbH GmbHG 26 1 ff.; 30 73 ff.
- Anforderung durch Geschäftsführer GmbHG 26 7
- beschränkte GmbHG 26 13, 28 1 ff.
- Betragsgrenze GmbHG 26 14
- Einforderungsbeschluss GmbHG 26 5
- Liquidationsgesellschaft GmbHG 69 4
- Nachschusspflicht GmbHG 42 6 ff.
- Preisgabe GmbHG 27 7 f., 28 1 ff.
- Rückgabe von Nachschüssen GmbHG 46 19 f.
- unbeschränkte GmbHG 27 1 ff.
- Verjährung GmbHG 26 12
- verpflichtete Gesellschafter GmbHG 26 11
- vorzeitige GmbHG 28 7
- Zulässigkeit GmbHG 26 4

Nachschusspflicht bei der KG HGB 161 4 f.; 167 8

Nachschusspflicht bei der OHG HGB 120 15; 131 56

Nachtragsliquidation (eG) GenG 86 6

Nachtragsliquidation bei der GmbH GmbHG 66 15 f.
- Nachtragsliquidator GmbHG 66 16
- Notwendigkeit von Abwicklungsmaßnahmen GmbHG 66 15
- Verfahrensregeln GmbHG 66 17

Stichwortverzeichnis

- vermeintliche Vermögenslosigkeit **GmbHG 66** 15
Nachtragsliquidation der GmbH Kap. 5 282 ff.
- Auswirkungen auf Parteifähigkeit der GmbH **Kap. 5** 283 f.
- Nachtragsliquidatoren der GmbH, gerichtliche Bestellung *(siehe dort)* **Kap. 5** 285 ff.
Nachtragsliquidatoren der GmbH, gerichtliche Bestellung Kap. 5 285 ff.
- Antrag **Kap. 5** 286
- Antragsbefugnis **Kap. 5** 286
- Entscheidung **Kap. 5** 287
- Rechtsmittel **Kap. 5** 288
- Zuständigkeit **Kap. 5** 285
nachvertragliches Wettbewerbsverbot bei der GbR BGB 709–713 43 ff.; 736 15 f.
- Karenzentschädigung **BGB 709–713** 50
Name der Partnerschaft Kap. 1 10 ff.
- Gebot der Namenswahrheit **Kap. 1** 12
- Namensbeständigkeit **Kap. 1** 12
- Verbot von Leerübertragung **Kap. 1** 11
- Zusatz »und Partner« **Kap. 1** 11
Namensaktie, *(s. auch vinkulierte Namensaktie)*
- Aktienregister **AktG 67** 2
- Kaduzierungsverfahren **AktG 63–65** 8
- Nebenleistungspflichten **AktG 55** 2
- Übertragbarkeit **AktG 67** 12
Namensaktien
- vinkulierte **AktG 68** 8 ff.
Namensaktien, Hauptversammlung der AG AktG 121 20
natürliche Person, als Gesellschafterin einer GmbH GmbHG 1 16 ff.
Nebenleistung des Aktionärs
- Höhe der Vergütung **AktG 61** 1 ff.
- Vergütungsanspruch **AktG 61** 5
Nebenleistungen
- Vergütung von **AktG 61** 1 ff.
- Vergütungsanspruch **AktG 61** 3 ff.
Nebenleistungspflicht
- Änderung **AktG 55** 12
- Beendigung **AktG 55** 13 f.
- Kündigung, ordentliche **AktG 55** 16
- Sicherung **AktG 55** 10
- Übergang **AktG 55** 11
Nebenleistungspflicht (GmbH)
- Änderung **GmbHG 3** 22
- Bestimmung im Gesellschaftsvertrag **GmbHG 3** 18 ff.
Nebenverpflichtungen der Aktionäre AktG 180 1 ff.
- Aktienurkunde **AktG 55** 6
- Aufhebung, Änderung, Verzicht, Kündigung **AktG 55** 13 f.
- Entgeltlichkeit **AktG 55** 5
- Inhalt **AktG 55** 8
- Leistungsstörungen **AktG 55** 9 ff.
- nachträgliche Begründung **AktG 180** 3

- Sanktionen bei Nichterfüllung **AktG 55** 10
- Satzungsregelung **AktG 55** 3
- schuldrechtliche Nebenverpflichtungen **AktG 55** 1
- Überblick **AktG 55** 1
- Übergang bei Umwandlungen **AktG 55** 15
- Übertragbarkeit **AktG 55** 11
- Zustimmung der betroffenen Aktionäre **AktG 180** 5
nichteingetragene Genossenschaft GenG 13 12
Nichtigerklärung der AG AktG 275 1 ff.
- Eintragung der Nichtigkeit **AktG 276** 1 ff.
- Heilung von Mängeln **AktG 276** 1 ff.
- Nichtigkeitsgründe **AktG 275** 3 ff.
- Nichtigkeitsklage **AktG 275** 5
Nichtigkeit der GmbH GmbHG 75 1 ff.
- Bestandsschutz **GmbHG 75** 1 f.
- Eintragung **GmbHG 75** 12
- Fehlen/Nichtigkeit von Satzungsbestimmungen **GmbHG 75** 5 f.
- Nichtigkeitsfolge **GmbHG 75** 2
- Nichtigkeitsgründe **GmbHG 75** 3 ff.
Nichtigkeit des festgestellten Jahresabschlusses der AG AktG 256 1 ff.
Nichtigkeit von Beschlüssen der AG AktG 252 2; 256 1 ff.
- Beschluss über die Verwendung des Bilanzgewinns **AktG 254** 1 ff.
- Beschluss über die Wahl von Aufsichtsratsmitgliedern **AktG 250** 1 ff.
- festgestellter Jahresabschluss **AktG 256** 1 ff.
- Heilung **AktG 242** 1 ff.
- Kapitalerhaltungsvorschriften **AktG 241** 17
- Nichtigkeitsgründe **AktG 241** 1 ff.
Nichtigkeit von GmbH-Gesellschafterbeschlüssen Kap. 5 353 ff.
- Beurkundungsmangel **Kap. 5** 355
- Einberufungsmangel **Kap. 5** 354
- Geltendmachung der Nichtigkeit **Kap. 5** 372 f.
- Gewinnverwendungsbeschluss **Kap. 5** 366
- Heilung **Kap. 5** 369 ff.
- Jahresabschluss **Kap. 5** 361
- Teilnichtigkeit **Kap. 5** 374 f.
- Verstoß gegen das Wesen der GmbH **Kap. 5** 356
- Verstoß gegen die guten Sitten **Kap. 5** 357
- Wirkung **Kap. 5** 368
Nichtigkeitsklage Kap. 6 34 ff., 163 ff.
- Begründetheit der Klage **Kap. 6** 169 f.
- Klagefrist **Kap. 6** 168
Nichtigkeitsklage gegen Beschlüsse der AG AktG 241 26; 249 1 ff.; 252 2; 256 31
- Aktionärseigenschaft **AktG 249** 5
- Amtslöschung **AktG 241** 20
- Bekanntmachung **AktG 249** 8
- Freigabeverfahren **AktG 249** 9
- Nichtigkeitsurteil **AktG 252** 1 f.
- Streitwert **AktG 247** 1 ff.
- Urteilswirkung **AktG 249** 11, 252 1 ff.

2667

- Verhältnis zur Anfechtungsklage AktG 241 26
Nichtigkeitsklage gegen Beschlüsse der GmbH
  GmbHG 47 61 ff.
- Darlegungs- und Beweislast GmbHG 47 65
- Klagebefugnis GmbHG 47 61
- Klagefrist GmbHG 47 63
- Verwirkung GmbHG 47 63
- Zuständigkeit GmbHG 47 64
Nichtigkeitsklage gegen festgestellten Jahresabschluss der AG AktG 256 31
Nichtigkeitsklage gem. § 75 GmbH
- Schadensersatzpflicht des Klägers Kap. 5 563
Nichtigkeitsklage gem. § 75 GmbHG
  GmbHG 75 7 ff.; Kap. 5 549 ff.
- Anmeldung GmbHG 75 12
- Bekanntgabe der Klageerhebung Kap. 5 559
- einstweiliger Rechtsschutz Kap. 5 565
- Fortsetzungsbeschluss Kap. 5 564
- Frist GmbHG 75 9
- Klageantrag Kap. 5 550
- Klageart Kap. 5 550
- Klagebefugnis Kap. 5 551
- Klagebefugnis/Aktivlegitimation GmbHG 75 8
- Klagefrist Kap. 5 557
- Klageverbindung mehrerer Nichtigkeitsklagen Kap. 5 556
- Kosten des Verfahrens Kap. 5 562
- Notwendige Streitgenossenschaft Kap. 5 551
- Passivlegitimation GmbHG 75 8; Kap. 5 552
- Rechtsnatur GmbHG 75 7
- Rechtsschutzbedürfnis GmbHG 75 10; Kap. 5 558
- Urteil GmbHG 60 14, 75 12; Kap. 5 560
- Urteilswirkungen Kap. 5 560
- Vertretung Kap. 5 553 f.
- Zuständigkeit GmbHG 75 11; Kap. 5 555
Nichtigkeitsklage im GmbH-Recht Kap. 5 447 ff.
- Anerkenntnis Kap. 5 459
- Darlegungs- und Beweislast Kap. 5 458
- Frist Kap. 5 454
- Informationspflicht der Geschäftsführer Kap. 5 457
- Klagebefugnis Kap. 5 448 ff.
- Klageverbindung mehrerer Nichtigkeitsklagen Kap. 5 455
- Klageverbindung mit Anfechtungsklage Kap. 5 455
- notwendige Streitgenossenschaft mehrerer Kläger Kap. 5 448
- Passivlegitimation Kap. 5 453
- prozessuale Vertretung Kap. 5 453
- Rechtsschutzinteresse Kap. 5 452
- Streitwert Kap. 5 460
- Urteil Kap. 5 461 f.
- Urteilswirkungen Kap. 5 461 f.
- Vergleich Kap. 5 459
- Verhältnis zur allgemeinen Feststellungsklage Kap. 5 451, 468

- Verhältnis zur Anfechtungsklage Kap. 5 391 ff.
- Zuständigkeit Kap. 5 456
Nichtigkeitswirkungen bei der GmbH
  GmbHG 77 1 ff.
- Einlagerückstände GmbHG 77 4
- Rechtsfolgen der Nichtigerklärung GmbHG 77 2
Niederlassungsfreiheit Kap. 4 8
Notarkosten Kap. 8 21 ff.
- Änderungen und Ergänzungen von Urkunden Kap. 8 51
- Anmeldungen zum Handelsregister Kap. 8 39 ff.
- Beglaubigungen Kap. 8 52 ff.
- Bescheinigungen Kap. 8 48
- Beschlüsse Kap. 8 31 ff.
- einseitige Erklärungen Kap. 8 22
- Rechtsanwaltskosten Kap. 8 54 ff.
- Übertragung von Geschäftsanteilen Kap. 8 26
- Urkundsentwürfe Kap. 8 50
- Verträge Kap. 8 23 f.
- Vertragsangebote Kap. 8 24
- Vollmachten Kap. 8 47
Notgeschäftsführer bei der GmbH GmbHG 6 4; 35 11; 35a 9
- Abberufung GmbHG 6 6, 38 19
- Bestellung GmbHG 6 5 f.
- Kreditverbot GmbHG 43a 5
- Vergütung GmbHG 6 7
Notgeschäftsführer der GmbH
- rechtliche Stellung Kap. 5 307
Notgeschäftsführer der GmbH, gerichtliche Bestellung Kap. 5 299 ff.
- Antrag Kap. 5 304
- Antragsbefugnis Kap. 5 304
- dringender Fall Kap. 5 302
- Entscheidung Kap. 5 306
- im Gründungsstadium Kap. 5 299
- rechtliche Stellung des Notgeschäftsführer Kap. 5 307
- Voraussetzungen Kap. 5 300 ff.
- Zuständigkeit Kap. 5 303
Notgeschäftsführung
- bei der GbR BGB 709–713 22 ff.
- bei der OHG HGB 114 11
Notgeschäftsführung (GbR) BGB 709–713 22
Notgeschäftsführung bei der GmbH Kap. 5 299 ff.
Notliquidatoren der GmbH, gerichtliche Bestellung Kap. 5 270 ff.
- Antrag Kap. 5 272
- Antragsbefugnis Kap. 5 272
- Entscheidung Kap. 5 274
- Rechtsmittel Kap. 5 275
- Voraussetzungen Kap. 5 273
- Zuständigkeit Kap. 5 271
Notvorstand der Stiftung BGB Anh. 75
Nutzungsgenossenschaft GenG 1 23

Offene Handelsgesellschaft (OHG)
- Abberufung von Liquidatoren   HGB 147 1 ff.
- Abfindungs(klauseln)   HGB 131 57 ff.
- Abspaltungsverbot   HGB 119 26
- actio pro socio   HGB 105 50 ff.
- Altgläubiger   HGB 130a 62 ff.
- Angaben auf Geschäftsbriefen   HGB 125a 3
- Anmeldung von Änderungen   HGB 107 1 ff.
- Anmeldung zum Handelsregister   HGB 106 1 ff.
- Anteilsübertragung   HGB 105 58 ff.
- Anwachsung   HGB 131 45
- Auflösung der OHG   HGB 131 1 ff.
- Auflösungsklage   HGB 133 1 ff.
- Aufrechnung als Einwendung   HGB 129 24
- Aufrechnung gegen Entnahmeanspruch   HGB 122 14 ff.
- Aufwendungsersatz des Gesellschafters   HGB 110 8 ff.
- Auslegung des Gesellschaftsvertrags   HGB 109 28
- Ausscheiden eines Gesellschafters der OHG   HGB 131 32 ff.
- Ausschließung eines Gesellschafters der OHG   HGB 131 42 f., 140 1 ff.
- Ausschließungsklage gem. § 140 HGB   HGB 140 1 ff.
- außergewöhnliche Geschäfte   HGB 116 5 f.
- Beirat   HGB 114 9
- Beitragspflicht   HGB 105 46 ff.
- Beschlussfassung   HGB 119 1 ff.
- Beschlussmängel   HGB 119 6 ff.
- Bestimmtheitsgrundsatz   HGB 105 43, 109 24
- Bilanz der OHG   HGB 120 2 ff., 154 1 ff.
- Bürgschaft eines Gesellschafters   HGB 128 98 ff.
- Deliktsrecht der OHG   HGB 124 15
- Drittansprüche von Gesellschaftern   HGB 128 7 ff.
- Drittorganschaft   HGB 114 8
- Ehegattengesellschaft   HGB 105 15
- Ehrenschutz   HGB 124 6
- Einlage   HGB 105 46, 120 12 ff.
- Einlagenverzinsung   HGB 111 1 ff.
- Eintragung ins Handelsregister   HGB 123 6 f.
- Eintritt eines Gesellschafters   HGB 130 6 f.
- Eintrittsklauseln   HGB 139 12 ff.
- Einwendungen des Gesellschafters   HGB 129 1 ff.
- Entlastung des Geschäftsführers   HGB 114 19
- Entnahme   HGB 122 1 ff.
- Entziehung der Geschäftsführungsbefugnis   HGB 117 1 ff.
- Entziehung der Vertretungsmacht   HGB 127 1 ff.
- Erben   HGB 139 1 ff.
- fehlerhafte Gesellschaft   HGB 105 79 ff.
- fehlerhafter Eintritt   HGB 130 7
- Firma   HGB 105 10, 125a 2
- Fortsetzung der Gesellschaft   HGB 131 29 f., 144 1 ff.
- gemeinsamer Zweck   HGB 105 7
- gerichtliche Entscheidung über Auflösung   HGB 133 1 ff.
- Gesamtgeschäftsführung   HGB 115 13 ff.
- gesamtschuldnerische Haftung   HGB 128 26
- Geschäftsbeginn   HGB 128 8 ff.
- Geschäftsführung   HGB 114 1 ff.
- Gesellschafterbeschlüsse   HGB 119 1 ff.
- Gesellschafterfähigkeit   HGB 105 20 ff.
- Gesellschaftsvermögen   HGB 124 3
- Gesellschaftsvertrag   HGB 105 30 ff.
- Gläubigerschutz   HGB 120 13, 129 6
- Gleichbehandlung   HGB 109 17
- Grundlagengeschäfte   HGB 114 2 ff., 116 7
- Haftung   HGB 114 14 ff., 128 1 ff., 130 1 ff.
- Haftungsbeschränkungen   HGB 128 32 ff.
- Haftungsregress   HGB 128 71 ff.
- Insolvenz   HGB 124 28, 128 84 ff., 130a 1 ff.
- Interessenkonflikt bei Stimmabgabe   HGB 119 23
- Kapitalanteil   HGB 120 7 ff.
- Kapitalkonto   HGB 120 15 ff.
- Kernbereichslehre   HGB 109 23
- Kontrollrecht   HGB 109 4, 118 1 ff.
- Kündigung   HGB 132 1 ff., 135 1 ff.
- Liquidation   HGB 145 1 ff., 146 1 ff.
- Löschung der Firma   HGB 157 1 ff.
- Mehrgewinn(verteilung)   HGB 121 8 f.
- Minderheitenschutz   HGB 109 4, 119 14 ff.
- Minderjährigenschutz   HGB 105 87 f., 128 36 ff.
- Mitgliedschaft   HGB 105 45 ff.
- Nachfolgeklauseln   HGB 139 3 ff.
- Nachhaftung   HGB 160 1 ff.
- Nachlassverwaltung   HGB 139 29 ff.
- Nachschusspflicht   HGB 120 15, 131 56
- Neugläubiger   HGB 130a 66 ff.
- Nießbraucher   HGB 105 67 ff.
- Notgeschäftsführung   HGB 114 11
- Prozess   HGB 124 19 ff., 128 44 ff.
- Rechtsfähigkeit   HGB 124 1 ff.
- Rechtsformzwang   HGB 105 3
- Rechtsverhältnis zu Dritten   HGB 123 1 ff., 124 1 ff.
- Scheingesellschaft   HGB 105 105 ff.
- schwebendes Geschäft   HGB 131 50 ff.
- Selbstkontrahieren   HGB 126 8 f.
- Selbstorganschaft   HGB 109 16
- Sozialanspruch   HGB 128 10
- Stimmrecht   HGB 119 20 ff.
- Stimmrechtsbindung   HGB 119 29
- Testamentsvollstreckung   HGB 139 22 ff.
- Treuepflicht   HGB 109 18
- Treuhänder   HGB 105 75 ff.
- Überschuldung   HGB 130a 31 ff.
- Umwandlung   HGB 105 27 ff.
- Verjährung der Haftung   HGB 159 1 ff.

Stichwortverzeichnis

- Verlustausgleichspflicht HGB 110 13 ff.
- Verteilung des Vermögens HGB 155 1 ff.
- Vertretung HGB 125 1 ff.
- Vertretungsmacht HGB 126 1 ff.
- Vorgesellschaft HGB 105 22
- Vorzugsgewinn(anteil) HGB 121 6 f.
- Wechsel in die Kommanditgesellschaft HGB 160 22 ff.
- Wettbewerbsverbot HGB 112 1 ff., 113 1 ff.
- Widerspruchsrecht der Geschäftsführer HGB 115 2 ff.
- Wissenszurechnung bei Vertretung HGB 125 7
- Zahlungsunfähigkeit HGB 130a 15 ff.
- Zustimmungspflicht HGB 119 21 f.
- Zwangsvollstreckung HGB 124 25 ff.

Offenlegungspflicht, Befreiung AktG Anh. 2 114
Öffentliche Stiftung BGB Anh. 20
OHG
- Actio pro socio Kap. 5 90 ff.
- allgemeines Prozessrecht Kap. 5 41 ff.
- Auflösungsklage, § 133 HGB *(siehe auch Klage auf Auflösung gem. § 133 HGB)* Kap. 5 174 ff.
- Ausschließungsklage *(siehe Klage auf Ausschließung gem. § 140 HGB)* Kap. 5
- Ausschluss eines Gesellschafters *(siehe Klage auf Ausschließung gem. § 140 HGB)* Kap. 5 212 ff.
- Beschlussmängelstreitigkeiten Kap. 5 81 ff.
- Beweisaufnahme Kap. 5 70
- Entziehungsklage, § 117 *(siehe auch Klage auf Entziehung der Geschäftsführungsbefugnis)* Kap. 5 110 ff.
- Entziehungsklage, § 127 HGB *(siehe auch Klage auf Entziehung der Vertretungsmacht gem. § 127 HGB)* Kap. 5 149 ff.
- Gerichtsstand Kap. 5 71 ff.
- Gesellschafterprozess Kap. 5 56 ff.
- Gesellschafterstreitigkeiten Kap. 5 76 ff.
- Gesellschafterwechsel während eines Verfahrens Kap. 5 47
- Gesellschaftsprozess Kap. 5 56 ff.
- Haftung der Gesellschafter für Gesellschaftsverbindlichkeiten Kap. 5 57 ff.
- organschaftliche Vertretung Kap. 5 49, 151
- Parteibezeichnung im Prozess Kap. 5 55
- Parteifähigkeit Kap. 5 41 ff.
- Parteifähigkeit in der Liquidation Kap. 5 42
- Prozessfähigkeit Kap. 5 48 ff.
- Prozesskostenhilfe Kap. 5 75
- Prozesspfleger Kap. 5 53
- Prozessuale Vertretung Kap. 5 48 ff.
- Vertretungsbefugnis Kap. 5 149 ff.
- Vollbeendigung Kap. 5 42 ff.
- vollstreckungsrechtliche Fragen Kap. 5 58 ff.
- Zulassungsstreit Kap. 5 46
- Zustellungsfragen Kap. 5 74

Operative und fördernde Stiftungen BGB Anh. 18
Opting-Out-Beschluss AktG 87 36

Optionsanleihen, *(s. auch Wandelschuldverschreibungen)*
- Beschlussinhalt AktG 221 15

Optionsrechte AktG 152 4
Ordre Public, im Schiedsverfahren Kap. 7 125 f.
Organe der GmbH GmbHG 52 26 ff.
Organe der GmbH & Co. KG
- fakultativer Beirat HGB Anh. 3 32
- Gesellschafterversammlung HGB Anh. 3 30
- obligatorischer Aufsichtsrat bei Mitbestimmungspflicht HGB Anh. 3 31
- Vertretung und Geschäftsführung durch die Komplementär-GmbH HGB Anh. 3 21 f.

Organgesellschaft, vororganschaftlicher Verlust Kap. 2 164
organschaftliche Befugnisse, Durchsetzung Kap. 6 95 ff.
Organtheorie, *(s. auch Vertretung der AG)*
- GmbH Kap. 5 257

Parteien-Stiftung BGB Anh. 9
Parteifähigkeit
- BGB-Gesellschaft Kap. 5 1 ff.
- GmbH Kap. 5 249 ff.
- KG Kap. 5 41 ff.
- OHG Kap. 5 41 ff.

PartGG, lex specialis Kap. 1 1
partiarisches Rechtsverhältnis HGB Anh. 1 18 ff.
- Abgrenzung zur GbR BGB Vor 705 17

partielle Gesamtrechtsnachfolge Kap. 2 333
Partnerschaft
- Abgrenzung zur GbR BGB Vor 705 19
- Altverbindlichkeiten Kap. 1 52 f.
- Anmeldung Kap. 1 19 ff.
- Auflösung Kap. 1 78 f.
- Ausscheiden eines Partners Kap. 1 69 ff.
- Ausschließung Kap. 1 74
- Außenverhältnis Kap. 1 27, 41, 43 ff., 52, 54
- Beendigung Kap. 1 78 f.
- Beiträge zur Partnerschaft Kap. 1 18, 36 ff.
- berufsrechtliche Zulässigkeit Kap. 1 6
- Beschlüsse Kap. 1 34 f.
- Eintragung Kap. 1 27, 44
- Gegenstand Kap. 1 18
- Geschäftsführung Kap. 1 40
- Gewinnermittlung Kap. 1 9, 39
- Haftung, gesamtschuldnerische Kap. 1 49 ff.
- Haftung, mit beschränkter Berufshaftung Kap. 1 63 ff.
- Haftungsbeschränkung Kap. 1 11, 23, 26, 61
- Haftungskonzentration Kap. 1 54 ff.
- Innenverhältnis Kap. 1 31 ff., 53
- interprofessionelle Zusammenschlüsse Kap. 1 6, 64
- Kündigung Kap. 1 73
- Liquidation Kap. 1 80 ff.
- Nachhaftung Kap. 1 52 f., 77, 85
- Postulationsfähigkeit Kap. 1 41, 46

Stichwortverzeichnis

- Scheinpartner **Kap. 1** 58, 64
- Selbstständigkeit **Kap. 1** 41
- Tod **Kap. 1** 75
- Übergangsvorschrift **Kap. 1** 86
- Umwandlung **Kap. 1** 13 f.
- untergeordneter Beitrag **Kap. 1** 57, 60
- Vertretungsbefugnis **Kap. 1** 41 ff.
- Vor-Partnerschaft **Kap. 1** 44 f.
- Wettbewerbsverbot **Kap. 1** 32
- Zweck der Partnerschaft **Kap. 1** 5, 18

Partnerschaftsgesellschaft Kap. 2 25
Partnerschaftsvertrag Kap. 1 15 ff.
- Mindestregelungen **Kap. 1** 16 ff.
- Schriftformerfordernis **Kap. 1** 15

Patentanwaltsgesellschaft
- Firma **GmbHG 4** 13
- Zulässigkeit **GmbHG 1** 13

Patronatserklärung Kap. 3 241
Personengesellschaft im Konzern Einführung und Grundlagen 60 ff.
- als beherrschtes Unternehmen **AktG Anh. 2** 94 ff.
- als herrschendes Unternehmen **AktG Anh. 2** 97
- Gläubigerschutz **AktG Anh. 2** 98

Personenhandelsgesellschaften, Abgrenzung zur GBR BGB Vor 705 18
Persönlichkeitsrecht der GmbH GmbHG 13 5
Pfändung der Einlageforderung der GmbH GmbHG 19 39
Pflichteinlage bei der GmbH & Co. KG HGB Anh. 3 50; **Anh. 3** 72
Poolvereinbarung AktG Einl. 27
Positive Beschlussfeststellungsklage (AG) AktG 246 16
- Streitwert **AktG 247** 1 ff.
- Urteilswirkung **AktG 248** 1 ff.

Positive Beschlussfeststellungsklage im GmbH-Recht Kap. 5 463 ff.
- Bedeutung **Kap. 5** 463
- Klageantrag **Kap. 5** 464
- Klagefrist **Kap. 5** 466
- Nebenintervention **Kap. 5** 464
- Passivlegitimation **Kap. 5** 464
- Rechtsschutzbedürfnis **Kap. 5** 464
- Urteil **Kap. 5** 467
- Urteilswirkungen **Kap. 5** 467
- Verbindung mit Anfechtungsklage **Kap. 5** 465

Pre-Packaged-Plan Kap. 3 116 ff.
privatrechtliche Stiftung Einführung und Grundlagen 9
Privatvermögen Kap. 2 222
Produktivgenossenschaft GenG 1 20
Prognoseentscheidung InsO 18 15 f.
Prognosezeitraum InsO 18 13 f.
Projektverantwortliche bei
- Anbieter **HGB Anh. 2** 92

Projektverantwortliche bei Publikumsgesellschaft
- Garanten **HGB Anh. 2** 93

- Kreditgeber **HGB Anh. 2** 94
- Prospektveranlasser **HGB Anh. 2** 92
- Prospektverfasser **HGB Anh. 2** 95

Prokurist der GmbH
- Bestellung **GmbHG 46** 31
- Widerruf der Bestellung **GmbHG 46** 32

Proportionalität der Kapitalerhöhung der GmbH aus Gesellschaftsmitteln GmbHG 57j 1 ff.
- automatischer Zuwachs der Geschäftsanteile **GmbHG 57j** 2 f.
- de lege ferenda **GmbHG 57j** 1
- Rechte Dritter **GmbHG 57j** 4
- Rechtsfolgen **GmbHG 57j** 5
- zwingendes Recht **GmbHG 57j** 1

Prospekthaftung
- allgemeine Grundsätze **HGB Anh. 2** 92
- allgemeine Prospekthaftung **HGB Anh. 2** 81
- Anbieter **HGB Anh. 2** 92
- Anlegerschaden **HGB Anh. 2** 120 ff.
- Anlegerschutzverbesserungsgesetz (AnSVG) **HGB Anh. 2** 85 f.
- Anspruchsberechtigte **HGB Anh. 2** 96 f.
- Anwendungsbereich **HGB Anh. 2** 81, **Anh. 2** 85 f.
- börsengesetzliche Prospekthaftung **HGB Anh. 2** 81, **Anh. 2** 93
- fehlender Prospekt **HGB Anh. 2** 102 f.
- Garanten **HGB Anh. 2** 93
- Gerichtsstand **HGB Anh. 2** 126
- Haftungsausschluss **HGB Anh. 2** 105
- Haftungsumfang **HGB Anh. 2** 100
- Kausalität **HGB Anh. 2** 98
- Kreditgeber **HGB Anh. 2** 94
- Prospektinhalt **HGB Anh. 2** 89
- Prospektpflicht **HGB Anh. 2** 88
- Prospektprüfung **HGB Anh. 2** 90
- Prospektveranlasser **HGB Anh. 2** 92
- Prospektverantwortliche **HGB Anh. 2** 92 ff.
- Rechtsgrundlagen **HGB Anh. 2** 85
- Sachverständige **HGB Anh. 2** 93
- spezialgesetzliche Prospekthaftung **HGB Anh. 2** 86, **Anh. 2** 91
- stille Gesellschaft **HGB Anh. 1** 124
- unrichtige Angaben **HGB Anh. 2** 91
- Verjährung **HGB Anh. 2** 101
- Verschulden **HGB Anh. 2** 99, **Anh. 2** 104
- Verschulden bei Vertragshandlungen **HGB Anh. 2** 109 ff.
- Verschuldensmaßstab **HGB Anh. 2** 99

Proxy-Voting AktG 134 13
Prozessfähigkeit
- BGB-Gesellschaft **Kap. 5** 7 ff.
- GmbH **Kap. 5** 257 ff.
- KG **Kap. 5** 48 ff.
- OHG **Kap. 5** 48 ff.

Prozessrecht, Aktiengesellschaft Kap. 6 1 ff.
prozessuale Vertretung der BGB-Gesellschaft Kap. 5 7 ff.

- in der Liquidation Kap. 5 11
prozessuale Vertretung der GmbH Kap. 5 257 ff.
- durch den Aufsichtsrat Kap. 5 290
- durch Geschäftsführer Kap. 5 258
- durch Notgeschäftsführer *(siehe Notgeschäftsführer der GmbH, gerichtliche Bestellung)* Kap. 5 299 ff.
- durch Notliquidatoren Kap. 5 270
- durch Prozesspfleger Kap. 5 308
- gerichtliche Bestellung von Liquidatoren *(siehe Liquidatoren der GmbH, gerichtliche Bestellung)* Kap. 5 260 ff.
- in der Liquidation Kap. 5 259 ff.
- in der Nachtragsliquidation Kap. 5 282 ff.
- in Verfahren gegen Geschäftsführer Kap. 5 289 ff.
- in Verfahren gegen Gesellschafter Kap. 5 289 ff.
- Notliquidatoren der GmbH, gerichtliche Bestellung *(siehe dort)* Kap. 5 270 ff.
prozessuale Vertretung der OHG Kap. 5 48 ff.
- in der Liquidation Kap. 5 55
Prüfung der Kapitalerhöhung der GmbH GmbHG 57a 1 ff.
- Bewertungszeitpunkt GmbHG 57a 2
- Nachweis der Werthaltigkeit der Sacheinlagen GmbHG 57a 2
- Prüfungsumfang GmbHG 57a 1
- Prüfungsverfahren GmbHG 57a 3
- Sachkapitalerhöhungsbericht GmbHG 57a 2
- Werthaltigkeitskontrolle GmbHG 57a 1
Prüfung des Jahresabschlusses der AG AktG 170 1; 171 1 ff.
- Frist AktG 171 15
- Nachtragsprüfung AktG 173 6
- Organpflicht AktG 171 5
- Sorgfaltsmaßstab AktG 171 5
- Teilnahme des Abschlussprüfers AktG 171 6, 176 6 f.
- Umfang AktG 171 2 ff., 173 3
- Zuständigkeit AktG 171 1
Prüfung durch (Register-)Gericht (GmbH)
- Abschluss des Gesellschaftervertrages GmbHG 9c 11
- Änderung des Gesellschaftsvertrages GmbHG 54 22 ff.
- Firma GmbHG 4 32
- Inhalt des Gesellschaftsvertrages GmbHG 9c 12 ff.
- Satzungssitz GmbHG 4a 12
- Zweck der Gesellschaft GmbHG 1 14
Prüfungsorgane (eG)
- Haftung GenG 64c 60 ff.
- Sorgfaltspflichten GenG 64c 53 ff.
Prüfungsverband (eG)
- Einberufung einer Generalversammlung GenG 64c 47 ff.
- Vergütung GenG 64c 49 ff.
Publikumsfonds HGB Anh. 1 8

Publikumsgesellschaft HGB Anh. 3 7; Anh. 3 22; 161 46; 163 3
- Auflösungsklage Kap. 5 200
- Ausschließung eines Gesellschafters Kap. 5 216
- Austrittskündigung Kap. 5 178
- Bedeutung HGB Anh. 2 28
- Begriff HGB Anh. 2 31
- Entziehung der Geschäftsführungsbefugnis Kap. 5 118
- Entziehung der Vertretungsbefugnis Kap. 5 156
- GbR HGB Anh. 2 81 ff.
- GmbH & Co. KG HGB Anh. 2 130 ff.
- Kapitalgesellschaften HGB Anh. 2 54 ff.
- Klagefrist bei Gesellschafterstreitigkeiten Kap. 5 79
- Kommanditgesellschaft (KG) HGB Anh. 2 23
- Merkmale HGB Anh. 2 29 f.
- Offene Handelsgesellschaft (OHG) HGB Anh. 2 11
- Organisation HGB Anh. 2 34
- Personengesellschaften HGB Anh. 2 29 ff.
- Rechtsformen HGB Anh. 2 7
- steuerliche Bedeutung HGB Anh. 2 7
- stille Gesellschaft HGB Anh. 2 133
- Typen HGB Anh. 2 5
- Unternehmergesellschaft (haftungsbeschränkt) HGB Anh. 2 1
- Verlustzuweisungen HGB Anh. 2 7
- Zweck HGB Anh. 2 7
Publikums-KG
- Abberufung der Geschäftsführer HGB Anh. 2 2
- Anlegerschutz HGB Anh. 2 27
- Auflösung HGB Anh. 2 7
- Aufsichtsorgane HGB Anh. 2 54
- Beitragspflicht für Kommanditisten HGB Anh. 2 23
- Geschäftsführung HGB Anh. 2 29
- Gründung HGB Anh. 2 11 f.
- Haftung des Geschäftsführers HGB Anh. 2 7
- Innenverhältnis HGB Anh. 2 29 f.
- Kapitalsicherung HGB Anh. 2 73
- Liquidation HGB Anh. 2 133

Qualifiziert faktischer Konzern
- Haftungsmodelle AktG Anh. 2 87
- Kennzeichen AktG Anh. 2 85

Rangrücktrittserklärung Kap. 3 239
- bei der stillen Gesellschaft HGB Anh. 1 221 ff.
- Überschuldungsbilanz GmbH GmbHG 64 20
- Zahlungsunfähigkeit GmbH GmbHG 64 10
Realteilung Kap. 2 341 ff., 489
- bei Personengesellschaften Kap. 2 483
- Mitunternehmeranteile Kap. 2 488
- Teilbetrieb Kap. 2 483 ff.
Rechnungslegung bei der AG AktG 150 1 ff.; 175 2

Stichwortverzeichnis

Rechnungslegung, anwendbares Recht im internat. Kontext **Kap. 4** 83 f.
Rechte aus eigenen Aktien
– Legitimationsübertragung **AktG 71b** 3
– Pflichten aus eigenen **AktG 71b** 6
– Vermögensrechte **AktG 71b** 5
– Verwaltungsrechte **AktG 71b** 5
Rechte und Pflichten bei der GmbH & Co. KG **HGB Anh. 3** 41 ff.
– Beteiligung am Gewinn und Verlust **HGB Anh. 3** 51 ff.
– Geschäftsführung **HGB Anh. 3** 42
– Hafteinlage **HGB Anh. 3** 50
– Informationsrechte **HGB Anh. 3** 43
– Leistung von Kapitaleinlagen **HGB Anh. 3** 48 f.
– Pflichteinlage **HGB Anh. 3** 50
– Stimmrechte **HGB Anh. 3** 57 ff.
– Treuepflichten **HGB Anh. 3** 44 ff.
– Wettbewerbsverbot **HGB Anh. 3** 45 ff.
– Zweckförderungspflicht **HGB Anh. 3** 48
rechtliches Gehör
– einstweiliger Rechtsschutz im Schiedsverfahren **Kap. 7** 145
– Vollstreckbarerklärung inländischer Schiedssprüche **Kap. 7** 101
Rechtsanwaltsgesellschaft
– Firma **GmbHG 4** 13
– Zulässigkeit **GmbHG 1** 12
Rechtsanwaltskosten
– außergerichtliche Beratung und Vertretung **Kap. 8** 56 ff.
– Gegenstandswert **Kap. 8** 63 ff.
– gerichtliche Vertretung **Kap. 8** 60 ff.
– Vergütungsvereinbarung **Kap. 8** 54
rechtsfähiger Verein, Verschmelzung **Kap. 2** 84
Rechtsfähigkeit der Stiftung **BGB Anh.** 46
– Rechtsanspruch auf Anerkennung **BGB Anh.** 49
– Rücknahme der Anerkennung **BGB Anh.** 59
– zuständige Behörde für Anerkennung **BGB Anh.** 53
Rechtsfähigkeit, anwendbares Recht
– (allgemein) **Einführung und Grundlagen** 65; **Kap. 4** 43 ff.
– der GbR **BGB Vor 705** 6 ff.
– der OHG **HGB 124** 1 ff.
Rechtsgemeinschaft an Aktie, *(s. auch gemeinschaftlicher Vertreter)*
– bei Bruchteilsgemeinschaft **AktG 69** 3
– bei GbR **AktG 69** 3
– gesamtschuldnerische Haftung **AktG 69** 9
Rechtsgemeinschaft an einer Aktie
– Haftung, gesamtschuldnerische **AktG 69** 9
– Mitgliedschaftsrechte **AktG 69** 8
– Vertreter, gemeinschaftlicher **AktG 69** 2 ff.
– Willenserklärungen der AG **AktG 69** 10
Rechtsträger **Einführung und Grundlagen** 3 f., 65
Rechtsvorgängerhaftung bei GmbH **GmbHG 22** 1 ff.

Registergericht **GmbHG 35a** 1 ff.
– Angaben zur GmbH beim Registergericht **GmbHG 35a** 5 ff.
Registersperre für Beschlüsse der AG **AktG 243** 24
Rentabilitätsbericht **AktG 170** 4
Richtlinien der EU **Einführung und Grundlagen** 41
Risikokapital bei der stillen Gesellschaft **HGB Anh. 1** 4
Rückerstattungsanspruch **GmbHG 33** 6
Rückgewähr unzulässiger Einlagen (AG)
– Geltendmachung durch Dritte **AktG 62** 23 ff.
– Gläubiger des Anspruchs **AktG 62** 3
– Haftung Dritter für Rückgewähr **AktG 62** 6 ff.
– Inhalt und Umfang **AktG 62** 13 ff.
– Rechtsnatur des Anspruchs **AktG 62** 2
– Rückabwicklung **AktG 62** 15
– Schuldner des Anspruchs **AktG 62** 4
– Überblick **AktG 62** 1 ff.
– unzulässiger Erwerb eigener Aktien **AktG 71** 47
– verbotene Leistungen **AktG 62** 11
– Verjährung **AktG 62** 25
– Wertersatz **AktG 62** 17
– Zeitpunkt **AktG 62** 5
Rückgewährungsanspruch der AG **AktG 62** 1 ff.
Rücklage **GmbHG 33** 16
Rücklagen der AG **AktG 150** 1 ff.
– Ausweis **AktG 152** 4
– Begriff **AktG 150** 1
– Bildung **AktG 150** 2 ff.
– Dotierung **AktG 150** 5 ff., 152 7, 173 5
– Einstellungen **AktG 158** 6, 170 10
– Entnahmen **AktG 152** 5, 158 4
– gesetzliche Rücklagen **AktG 150** 3, 158 5 f., 173 5
– Gewinnrücklagen **AktG 150** 2, 152 6 ff., 158 5 f., 170 10, 173 5, 174 4
– Kapitalrücklagen **AktG 150** 7 ff., 152 4, 173 5
– Mindestbetrag **AktG 150** 8
– Nichtigkeit des Jahresabschlusses **AktG 256** 11
– Obergrenze **AktG 150** 5 ff.
– satzungsmäßige Rücklagen **AktG 158** 5, 173 5
– Verstoßfolgen **AktG 150** 13
– Verwendungsmöglichkeiten **AktG 150** 11 f.
Rückständige Geldeinlagebeträge (GmbH) **GmbHG 24** 2
Rückzahlung von Gewinn bei der GmbH **GmbHG 32** 1 ff.
– guter Glaube **GmbHG 32** 8 ff.
– Rückforderungsanspruch der Gesellschaft **GmbHG 32** 2
– Tantieme **GmbHG 32** 5
Rückzahlungsbeschluss bei der GmbH **GmbHG 30** 85 ff.
– Bekanntmachung **GmbHG 30** 86
– Sperrfrist **GmbHG 30** 87

Sachausschüttung AktG 58 39 ff.; Kap. 2 287
Sachdividende AktG 58 28
Sacheinlage Kap. 2 114
Sacheinlagegegenstand bei der GmbH GmbHG 5 28 ff.
– Forderungen GmbHG 5 32
– Forderungen gegen Gesellschafter GmbHG 5 33
– obligatorische Nutzungsrechte GmbHG 5 34
– Rechte GmbHG 5 30
– Sach- und Rechtsgesamtheiten GmbHG 5 31
– Sachen GmbHG 5 29
– Verpflichtungen zu Dienstleistungen GmbHG 5 35
Sacheinlagen AktG 27 3 f.; Kap. 2 272
– Abgrenzung zu anderen Formen AktG 27 7 ff.
Sacheinlagen bei der AG
– Agio als Kapitalrücklage AktG 54 8
– Differenzhaftung AktG 54 8 f.
– Erfüllung der Sacheinlage AktG 54 12
– Fälligkeit der Sacheinlage AktG 63–65 7
– Festlegung des Ausgabebetrages AktG 54 8
– Schuldner AktG 54 6
– Übergang bei Übertragung der Aktie AktG 54 6
– Umwandlung in Bareinlage AktG 54 11
– verunglückte Sacheinlage AktG 66 13
Sacheinlagen bei der GmbH, *(s. auch Einzahlung auf Stammeinlagen)*
– Aufrechnung GmbHG 19 74
– gemischte Einlage GmbHG 5 27
– gemischte Sacheinlage GmbHG 5 24
– Leistung (Bewirkung) GmbHG 7 45 ff.
– Leistung an Erfüllung Statt GmbHG 19 75
– Mischeinlage GmbHG 5 27
– Prüfung durch das Registergericht GmbHG 9c 30 ff.
– Sachgründungsbericht GmbHG 8 14
– schuldrechtliche Verwendungsabsprache GmbHG 19 78
– Sicherung der Sacheinlagevorschriften GmbHG 19 74 ff.
– Überbewertung GmbHG 5 8, 9 1 ff.
– unbare Zahlung GmbHG 19 76
– Versicherung GmbHG 8 33
– Werthaltigkeitskontrolle GmbHG 5 8
– Zahlung an Dritte GmbHG 19 78 ff.
– Zurückbehaltungsrecht GmbHG 19 64
Sacheinlageverpflichtung AktG 63–65 8
Sachgründungsbericht GmbHG 5 41 f.
– Angemessenheit GmbHG 5 41
– Einbringung eines Unternehmens GmbHG 5 41
– Höchstpersönlichkeit GmbHG 5 41
– Mängel GmbHG 5 42
– Schriftform GmbHG 5 41
– Stellvertretung GmbHG 5 41
Sachübernahmen AktG 27 5 f.
Sachverständiger InsO 16 15
– Auswahl InsO 16 16

Sachverwalter Kap. 3 122
Sanierung Kap. 3 67 ff., 229 ff.
Sanierungsfinanzierung bei der stillen Gesellschaft HGB Anh. 1 5
Sanierungsgesellschaft HGB 161 20
Satzung
– Auslegung AktG 23 6
– Feststellung AktG 23 11 ff.
– Mängel AktG 23 8 ff.
– Nebenabreden AktG 23 30 f.
– notwendiger Inhalt AktG 23 18 ff.
– Satzungsbegriff AktG 23 3 ff.
– Satzungsstrenge AktG 23 25 ff.
Satzung der AG
– Satzungsdurchbrechung AktG 179 4
– Satzungsverletzung AktG 243 3
Satzung der Genossenschaft
– Bekanntmachungen GenG 7 10
– Formvorschriften für Generalversammlung GenG 7 9
– Mindestinhalt GenG 7 1 ff.
– notwendiger Inhalt GenG 7 4 ff., 7 11 ff.
– Regelungsgegenstände GenG 8 2 ff.
– richterliche Inhaltskontrolle GenG 7 3
– Schriftform GenG 5 2 ff.
– Unvollständigkeit GenG 7 2
– Veröffentlichung GenG 12 1
Satzungsänderung (AG) AktG 179 1 ff.
– bedingte Satzungsänderung AktG 179 7
– befristete Satzungsänderung AktG 179 7
– Begriff AktG 179 3
– Beschlussmehrheit AktG 179 12 ff.
– faktische Satzungsänderung AktG 179 2
– Fassungsänderung AktG 179 9
– Handelsregisteranmeldung AktG 181 2 ff.
– Handelsregistereintragung AktG 181 15 ff.
– Handelsregisterverfahren AktG 181 11 ff.
– Rückwirkung AktG 179 7
– Sonderbeschluss AktG 179 19 ff.
Satzungsänderung (GmbH), Liquidationsgesellschaft GmbHG 69 12
Satzungsautonomie (GmbH) GmbHG 45 5 ff.
Satzungsinhalt (eG)
– Geschäftsanteil GenG 7 11
– Geschäftsguthaben GenG 7 12
– Pflichteinzahlungen GenG 7 13 ff.
Scheingesellschaft
– KG HGB 161 20
– OHG HGB 105 105 ff.
Schenkweise Aufnahme bei der KG HGB 171 11
Schiedseinrede Kap. 7 20
Schiedsfähigkeit
– Beschlussmängelstreitigkeiten Kap. 7 69 ff.
– gesellschaftsrechtliche Streitigkeiten Kap. 7 21 ff., 26 ff.
– Nichtvermögensrechtlicher Streitigkeiten Kap. 7 25
– objektive Schiedsfähigkeit Kap. 7 21

Stichwortverzeichnis

- Vermögensrechtliche Streitigkeiten Kap. 7 24, 26 ff.

Schiedsinstitution Kap. 7 5 ff.

Schiedsklausel
- Gesellschaftsvertragliche Schiedsklausel Kap. 7 30 ff.

Schiedsklauseln bei der Publikumsgesellschaft HGB Anh. 2 21

Schiedsspruch
- ausländisch Kap. 7 120
- Gestaltungsurteil Kap. 7 76 ff.
- Gestaltungswirkung Kap. 7 79 f.
- inländisch Kap. 7 91
- Vollstreckbarerklärung ausländischer Schiedssprüche *(siehe dort)* Kap. 7 88 ff., 118 ff.
- Vollstreckbarerklärung inländischer Schiedssprüche *(siehe dort)* Kap. 7 88 ff., 91 ff.
- Wirkungen Kap. 7 78 ff.

Schiedsvereinbarung
- Auslegung Kap. 7 37, 62
- Beteiligung eines Verbrauchers Kap. 7 11, 17
- durch Austausch von E-mails Kap. 7 13
- durch Begebung eines Konnossements Kap. 7 16
- durch Bezugnahme Kap. 7 15
- durch einseitig übermitteltes Schriftstück Kap. 7 14
- durch Korrespondenz Kap. 7 13
- Form Kap. 7 11 ff.
- Formerfordernis des Hauptvertrages Kap. 7 19
- gewerblicher Bereich Kap. 7 12 ff.
- Heilung von Formmängeln Kap. 7 18
- im Gesellschaftsvertrag einer Personengesellschaft *(siehe dort)* Kap. 7 30 ff.
- in der Satzung einer Kapitalgesellschaft *(siehe dort)* Kap. 7 55 ff.
- in gemeinsam unterzeichnetem Dokument Kap. 7 12
- persönliche Reichweite Kap. 7 40 ff.
- Prozesshindernis Kap. 7 20
- Wirksamkeit Kap. 7 11

Schiedsvereinbarung im Gesellschaftsvertrag einer Personengesellschaft Kap. 7 30 ff.
- Auslegung Kap. 7 37
- Bindung ausgeschiedener Gesellschafter Kap. 7 45
- Bindung der persönlich haftenden Gesellschafter Kap. 7 81 ff.
- Bindung von Einzelrechtsnachfolgern Kap. 7 42 ff.
- Bindung von Gesamtrechtsnachfolgern Kap. 7 41
- Form Kap. 7 32, 34 ff.
- Mehrparteienschiedsverfahren Kap. 7 49 ff.
- nachträgliche Aufnahme in Gesellschaftsvertrag Kap. 7 46 ff.
- persönliche Reichweite Kap. 7 40 ff.
- Publikumsgesellschaft Kap. 7 33
- sachliche Reichweite Kap. 7 37 ff.
- Verbraucherbeteiligung Kap. 7 34 f.

Schiedsvereinbarung in der Satzung einer Kapitalgesellschaft Kap. 7 55 ff.
- Abgrenzung zum organschaftlichem Schiedsgericht Kap. 7 57
- Auslegung Kap. 7 62
- Beschlussmängelstreitigkeiten Kap. 7 69 ff.
- Formanforderungen Kap. 7 56
- nachträgliche Aufnahme in die Satzung Kap. 7 66 ff.
- persönliche Reichweite Kap. 7 63 ff.
- Prinzip der Satzungsstrenge gem. § 23 Abs. 5 AktG Kap. 7 58 ff.
- sachliche Reichweite Kap. 7 61 f.
- satzungsbegleitende Nebenabrede Kap. 7 59

Schiedsverfahren Einführung und Grundlagen 58
- ad-hoc Kap. 7 5
- administriert Kap. 7 5
- Deutsche Institution für Schiedsgerichtsbarkeit (DIS) Kap. 7 6
- einstweiliger Rechtsschutz im Schiedsverfahren *(siehe dort)* Kap. 7 129 ff.
- Grundsatz der Gleichbehandlung Kap. 7 51
- ICC Kap. 7 3, 6
- institutionell Kap. 7 5 ff.
- international Kap. 7 3
- London Court of International Arbitration (LCIA) Kap. 7 6
- Mehrparteienschiedsverfahren Kap. 7 49 ff.
- Parteiöffentlichkeit Kap. 7 2
- Schiedsinstitution Kap. 7 5 ff.
- Swiss Rules Kap. 7 6
- UNCITRAL-Modellgesetz Kap. 7 4
- Vorteile Kap. 7 1 f.

Schlussbilanz, Prüfung Kap. 2 99
Schlusserklärung AktG 171 10
Schriftformklausel des GbR-Gesellschaftsvertrags
- einfache BGB 705 24
- qualifizierte BGB 705 25

schuldrechtliche Vereinbarung (Nebenabrede)
- als unechter Bestandteil des Gesellschaftsvertrags GmbHG 3 20
- Begründung von Nebenleistungspflichten GmbHG 3 18

Schütt-aus-Hol-zurück-Beschluss GmbHG 19 74; 29 128 ff.
Segmentberichterstattung, stille Gesellschaft HGB Anh. 1 132 ff.
Selbstbeteiligung, mittelbar GmbHG 33 28
Selbstkontrahierungsverbot AktG 82 6
Selbstorganschaft bei der GbR BGB 709–713 10 ff.
Selbstorganschaft bei der KG HGB Vor 161 3; 161 7; 163 2
Selbstorganschaft bei der OHG HGB 109 16
selbstständige Stiftung BGB Anh. 3

2675

Stichwortverzeichnis

SEStEG Kap. 2 71, 124, 142, 150, 153, 155, 199, 216, 219, 227, 233, 278, 289, 305, 355, 358, 360
– Anteilseigner Kap. 2 180
– einbringungsgeborene Anteile Kap. 2 491
– gemeiner Wert Kap. 2 208
– Herausverschmelzung Kap. 2 494
– körperschaftsteuerlicher Verlustvortrag Kap. 2 171
– steuerliche Entstrickungsregelungen Kap. 2 530 ff.
– Verstrickungsregelungen einzelner Wirtschaftsgüter Kap. 2 530 ff.
– Wertaufholung in den Anteilen der übernehmenden Körperschaft Kap. 2 178
SE-Verordnung, grenzüberschreitende Spaltung Kap. 2 511
side-stream-merger Kap. 2 20
Sitz der GmbH GmbHG 35a 7
– Anforderungen an Satzungssitz GmbHG 4a 7 ff.
– Bestimmung im Gesellschaftsvertrag GmbHG 4a 3 ff.
– Eintragung ins das Handelsregister GmbHG 10 5
– Sitzverlegung ins Ausland GmbHG 60 16, 75 19
– Verlegung (Änderung) des Satzungssitzes GmbHG 4a 13 ff.
Sitz der GmbH & Co. KG HGB Anh. 3 15
Sitztheorie Kap. 4 2 ff., 3 ff., 7 ff.
Sitzverlegung AktG 45 1 ff.
Sitzverlegung ins Ausland, der GmbH GmbHG 60 16; 75 19
Sonderbeschluss AktG 138 1 ff.
Sonderbeschluss der AG, *(s. auch Vorzugsaktien ohne Stimmrecht; Durchführung der Hauptversammlung)*
– als Wirksamkeitsvoraussetzung AktG 241 6 f.
– Anfechtbarkeit AktG 243 1
Sonderprüfer AktG 142 1 ff.
– Auswahl AktG 143 1 ff.
– Kosten AktG 146 1 ff.
– Prüfungsbericht AktG 145 4 ff.
– Rechte AktG 145 2 ff.
– Verantwortlichkeit AktG 144 1
Sonderprüfer (GmbH) GmbHG 46 30
Sonderprüfung wegen unzulässiger Unterbewertung AktG 258 1 ff.
– Bestellung des Sonderprüfers AktG 258 1 ff.
– Entscheidung über den Ertrag auf Grund höherer Bewertung AktG 261 1 ff.
– gerichtliche Entscheidung AktG 260 1 ff.
– Mitteilung an die BaFin AktG 261a 1
– Prüfungsbericht AktG 259 1
Sonderrecht der Publikumsgesellschaft
– anwendbare gesetzliche Bestimmungen HGB Anh. 2 3
– Befreiung Gründer von Einlageverpflichtung HGB Anh. 2 20

– Rechtsgrundlagen HGB Anh. 2 3
– Sondervorteile HGB Anh. 2 11, Anh. 2 20
– Wirksamkeit von Schiedsklauseln HGB Anh. 2 21
Sonderrechte der GmbH-Gesellschafter
– Befristung/Bedingung GmbHG 14 33
– Beispiele GmbHG 14 30
– Einschränkung/Aufhebung GmbHG 14 31
– Einstimmigkeitserfordernis GmbHG 14 29
– Zustimmung GmbHG 14 28
Sonderrücklage GmbHG 33 18
Sondervergütungen bei der Publikumsgesellschaft HGB Anh. 2 11; Anh. 2 19
Sondervorteile AktG 26 1 ff.
Sondervorteile von Aktionären AktG 243 17 ff.; 255 3
– Anfechtungsbefugnis AktG 245 15
– Einlagenrückgewähr AktG 57 42
Sorgfaltspflicht, Aufsichtsratsmitglieder AktG 116 3 ff.
Sozialansprüche Kap. 5 91
Spaltung Kap. 2 9
– Ablauf Kap. 2 255
– Abspaltung Kap. 2 245
– Arten Kap. 2 244
– Aufspaltung Kap. 2 245
– Ausgliederung Kap. 2 245
– Begriff Kap. 2 244
– Besteuerung ausländischer Anteilseigner Kap. 2 316
– Bilanzierung beim übertragenden Rechtsträger Kap. 2 266
– Eintragung in das Handelsregister Kap. 2 261
– gewerbesteuerliche Behandlung Kap. 2 306
– handelsbilanzielle Behandlung Kap. 2 266
– Missbrauchsregelungen Kap. 2 288
– Spaltungsplan Kap. 2 258
– Spaltungsvertrag Kap. 2 258
– steuerliche Auswirkungen bei übernehmender Körperschaft Kap. 2 291 ff.
– steuerliche Rückwirkung Kap. 2 279
– steuerrechtliche Behandlung Kap. 2 276 ff.
– Teilbetrieb Kap. 2 276
– Trennung von Gesellschafterstämmen Kap. 2 289
– Übernahmevertrag Kap. 2 297
– Umtauschverhältnis Kap. 2 297
– Verlustabzug Kap. 2 302
– Verlustabzug nach SEStEG Kap. 2 306
– verwendbares Eigenkapital Kap. 2 296
– zur Aufnahme und Neugründung Kap. 2 249
spaltungsfähige Rechtsträger Kap. 2 246
Spaltungsverlust Kap. 2 268
Spartenbeteiligung HGB Anh. 1 9
– Mitgliedschaftsrechte HGB Anh. 1 137
Spekulationsgeschäft Kap. 2 185
Sperrbetrag Kap. 2 440
Sperrbetrag i.S.d. § 50c EStG Kap. 2 326, 438

Stichwortverzeichnis

Sperrfrist bei GmbH-Liquidation GmbHG 73 1 ff.
– Ablauf GmbHG 73 6
– Ausschüttungssperre GmbHG 73 1
– Beginn GmbHG 65 9
– Bekanntmachung der Auflösung GmbHG 65 9
– Drittgläubigeransprüche GmbHG 73 1
– Gesellschafterhaftung GmbHG 73 13 f.
– Gläubigerverfolgungsrecht GmbHG 73 10
– Haftung der Liquidatoren GmbHG 73 8 ff.
– Rechtsschutz für Gläubiger GmbHG 73 7
– Sachwerte GmbHG 73 1
– Verjährung von Haftungsansprüchen GmbHG 73 11
– Voraussetzungen für Vermögensverteilung GmbHG 72 1
Spruchstellenverfahren Kap. 6 120 ff.
– Anwendungsbereich Kap. 6 121 ff.
– Gerichtszuständigkeit Kap. 6 126 ff.
– Parteien Kap. 6 126 ff.
– Verfahrensgang Kap. 6 140 ff.
Spruchverfahren AktG 243 8
Stammeinlagen GmbHG 5 12
– Aufwertung der Gesellschafterliste GmbHG 5 21
– Bareinlagen GmbHG 19 3
– Barzahlung GmbHG 19 18
– Befreiung von der Leistung GmbHG 19 42 ff.
– Bestandteil des Gesellschaftsvertrags GmbHG 3 10 ff.
– Einforderungsbeschluss GmbHG 19 12 f.
– Einheitlichkeit des Geschäftsanteils GmbHG 5 19
– Eintragungshindernis GmbHG 5 17
– Leistung GmbHG 7 11 ff.
– Leistung auf die Stammeinlage GmbHG 19 17 ff.
– Nennwertbeträge GmbHG 5 11 ff.
– Nichtigkeit GmbHG 5 17
– Prüfung durch das Registergericht GmbHG 9c 24 ff.
– Teilbarkeit GmbHG 5 7
– Übernahme mehrerer Stammeinlagen GmbHG 5 19
– unterschiedliche Nennwertbeträge GmbHG 5 12
– Verjährung der Stammeinlageforderung GmbHG 19 88 ff.
Stammkapital GmbHG 33 1 ff.
– Erhaltung GmbHG 33 1, 34 9
– Herabsetzung GmbHG 34 12
– Kapitalaufbringung GmbHG 33 19, 34 9
– Volleinzahlung GmbHG 33 1, 34 25
Stammkapital der GmbH GmbHG 5 1 ff.; 42 2 ff.
– Eigenkapital GmbHG 5 9
– Bestimmung im Gesellschaftsvertrag GmbHG 3 9

– Eintragung in das Handelsregister GmbHG 10 5
– Forderung von Einzahlungen GmbHG 46 16 ff.
– Haftungsfonds GmbHG 5 1
– Mindestbetrag der Stammeinlage GmbHG 5 2
– Mindeststammkapital GmbHG 5 1
– Unterkapitalisierung GmbHG 5 9 ff.
Stammkapitalerhöhung gegen Geldeinlagen GmbHG 55 1 ff.
– Abfolge GmbHG 55 4
– effektive Kapitalerhöhung GmbHG 55 2
– Gesellschafterversammlung GmbHG 55 4
– Insolvenz GmbHG 55 48 ff.
– Kapitalerhöhung durch Geldeinlagen GmbHG 55 1
– Liquidationsverfahren GmbHG 55 48
– Satzungsänderung GmbHG 55 2
– Übernahmeerklärungen GmbHG 55 6
– Übernahmevertrag GmbHG 55 6
Stammkapitalerhöhung mit Sacheinlagen GmbHG 56 1 ff.
– Bestimmtheit des Sacheinlagegegenstands GmbHG 56 2
– Betrag der Sacheinlage GmbHG 56 2
– Differenzhaftung GmbHG 56 9
– Fehlen der Festsetzungen GmbHG 56 4
– Festsetzungen der Sacheinlage GmbHG 56 2 ff.
– Gegenstand der Sacheinlage GmbHG 56 2
– Mindesteinzahlungsgebot bei Geldeinlagen GmbHG 56a 2
– Person des Übernehmers GmbHG 56 3
– Sacheinlagebericht GmbHG 56 7
– Sachkapitalerhöhungsbericht GmbHG 56 7
– Sicherheitsleistung bei Ein-Personen-GmbH GmbHG 56a 3
– Volleinzahlungsgebot bei Sacheinlagen GmbHG 56a 4
step-up Kap. 2 332
Sternverträge, Abgrenzung zur GbR BGB Vor 705 20
Steuerberatungsgesellschaft, Zulässigkeit GmbHG 1 11
Steuerbilanz Kap. 2 456
steuerliche Aufnahmebilanz Kap. 2 217
steuerliche Behandlung der GbR BGB Vor 705 22
steuerliche Behandlung der GmbH & Co. KG HGB Anh. 3 142 ff.
– Erbschaftsteuer HGB Anh. 3 149
– Geschäftsführerbezüge HGB Anh. 3 145 f.
– Gewerbesteuer HGB Anh. 3 143
– Grunderwerbsteuer HGB Anh. 3 148
– Körperschaftsteuer HGB Anh. 3 144
– Umsatzsteuer HGB Anh. 3 147
steuerliche Behandlung der KG HGB Vor 161 4 ff.
– Einkommensteuer HGB Vor 161 4
– Handelsbilanz HGB Vor 161 6
– Körperschaftsteuer HGB Vor 161 4

Stichwortverzeichnis

- Mitunternehmer HGB Vor 161 4
- Sonderbilanz HGB Vor 161 6
- Umsatzsteuer HGB Vor 161 10
- Veräußerung des gesamten Unternehmensanteils HGB Vor 161 9
- Verluste HGB Vor 161 7 f.
- zweistufige Gewinnermittlung HGB Vor 161 6

steuerliche Rückwirkung Kap. 2 128
steuerliche Schlussbilanz Kap. 2 145
steuerlicher Übertragungsstichtag Kap. 2 129
Steuernummer der GmbH GmbHG 35a 11
Steuerrecht (allgemein) Einführung und Grundlagen 56 f.
Stichtag AktG 123 10
Stiftung
- Abberufung des Stiftungsvorstands BGB Anh. 75
- Alleinerbin BGB Anh. 27
- Änderung der Satzung BGB Anh. 45
- Änderung des Stiftungszwecks BGB Anh. 36
- Anfallberechtigte BGB Anh. 63
- Aufhebung der Stiftung BGB Anh. 60
- Auflösung der Stiftung BGB Anh. 60
- ausländische Stiftungen BGB Anh. 13
- Auslegung der Stiftungssatzung BGB Anh. 44
- Beschränkung der Vertretungsmacht BGB Anh. 71
- besondere Vertreter BGB Anh. 40, Anh. 65, Anh. 72
- Bestandserhaltung des Vermögens BGB Anh. 2
- Bestellung des Stiftungsvorstands BGB Anh. 75
- Bürgerstiftung BGB Anh. 17
- Destinatäre BGB Anh. 41
- Direktorium BGB Anh. 38
- Eigenstiftung BGB Anh. 5
- Erbeinsetzung BGB Anh. 27
- Erfüllung des Stiftungszwecks BGB Anh. 50
- Erlöschen der Stiftung BGB Anh. 62
- Familienstiftung BGB Anh. 15
- Formfreiheit des Widerrufs BGB Anh. 56
- Formvorschriften, erbrechtliche BGB Anh. 48
- fremdnützige Zielsetzung BGB Anh. 7
- gemeinnützige Stiftung BGB Anh. 14
- Gemeinschaftsstiftung BGB Anh. 17
- Gemeinwohlgefährdung BGB Anh. 25, Anh. 45
- gemeinwohlkonforme Allzweckstiftung BGB Anh. 25
- Gesamtrechtsnachfolge BGB Anh. 63
- Gesamtvertretung BGB Anh. 69
- Geschäftsführung BGB Anh. 64
- Gesetz zur Modernisierung des Stiftungsrechts BGB Anh. 21
- Haftung BGB Anh. 76
- Insolvenz BGB Anh. 61
- kirchliche Stiftung BGB Anh. 12
- kommunale oder örtliche Stiftung BGB Anh. 11
- Kuratorium BGB Anh. 38
- Landesstiftungsgesetze BGB Anh. 21
- Mindest-Stiftungsvermögen BGB Anh. 26
- Motive des Stifters BGB Anh. 25
- Namen der Stiftung BGB Anh. 33
- Notvorstand BGB Anh. 75
- öffentliche Stiftung BGB Anh. 20
- operative und fördernde Stiftungen BGB Anh. 18
- Parteien-Stiftung BGB Anh. 9
- Passivvertretung BGB Anh. 73
- Pflichtverletzungen BGB Anh. 76
- Rechtsanspruch auf Anerkennung BGB Anh. 49
- Rechtsaufsicht BGB Anh. 78
- Rechtsfähigkeit BGB Anh. 46
- Rechtsnatur der Vermögensausstattung BGB Anh. 31
- Rücknahme der Ankerkennung BGB Anh. 59
- Rücknahme des Antrags auf Anerkennung BGB Anh. 55
- Rückwirkung des Übergangs der Rechte BGB Anh. 30
- Selbstkontrahierungsverbot BGB Anh. 70
- selbstständige Stiftung BGB Anh. 3
- staatliche Anerkennung BGB Anh. 4, Anh. 19
- Stifterversammlung BGB Anh. 17, Anh. 40
- Stiftung auf Zeit BGB Anh. 19
- Stiftung im weiteren Sinn BGB Anh. 2
- Stiftung unter öffentlicher Verwaltung BGB Anh. 20
- Stiftungsaufsicht, Mittel der BGB Anh. 78
- Stiftungsgeschäft BGB Anh. 4
- Stiftungsregister BGB Anh. 54
- Stiftungssteuerrecht BGB Anh. 78
- Stiftungszweck BGB Anh. 35
- Testament oder Erbvertrag BGB Anh. 24
- testamentarische Auflage BGB Anh. 23
- Treuhandvertrag BGB Anh. 5
- Unternehmensbeteiligungsstiftung BGB Anh. 16
- Unternehmensträgerstiftung BGB Anh. 16
- unternehmensverbundene Stiftung BGB Anh. 16
- Vermächtnis BGB Anh. 27
- Vermögen der Stiftung BGB Anh. 37
- vermögensrechtlicher Teil BGB Anh. 22
- Versteigung des Stifterwillens BGB Anh. 7
- Vertretungsbescheinigung BGB Anh. 71
- Verwaltung durch öffentliche Behörde BGB Anh. 74
- Verwaltungsrat BGB Anh. 38
- Verwaltungsrechtsweg BGB Anh. 78
- Vorerbschaft BGB Anh. 27
- Vorschriften der Schenkung BGB Anh. 31
- Vor-Stiftung BGB Anh. 58
- Widerruf des Stiftungsgeschäfts BGB Anh. 56
- Zusammenlegung BGB Anh. 60
- zusätzliche Befugnisse für den Vorstand BGB Anh. 39

- zuständige Behörde für Anerkennung BGB Anh. 53
- Zustiftung BGB Anh. 6
- zweckentsprechende Mittelverwendung BGB Anh. 2

Stiftung auf Zeit BGB Anh. 19

Stiftung unter öffentlicher Verwaltung BGB Anh. 20

Stiftungsrecht, als Teil des Gesellschaftsrecht Einführung und Grundlagen 10

Stiftungsregister BGB Anh. 54

Stiftungssatzung
- Änderung BGB Anh. 46
- Auslegung BGB Anh. 44

Stiftungszweck BGB Anh. 35
- Änderungen BGB Anh. 36
- Erfüllung BGB Anh. 50

Stille Beteiligung
- eigenkapitalersetzende HGB Anh. 1 214 ff.
- Limited HGB Anh. 1 41
- Nichtkaufmann HGB Anh. 1 40
- Nießbrauch HGB Anh. 1 154
- Rangrücktritt HGB Anh. 1 221
- Übertragung HGB Anh. 1 150 ff.
- Verpfändung HGB Anh. 1 153

Stille Gesellschaft
- Abschluss Gesellschaftervertrag HGB Anh. 1 45 ff.
- Abwicklung HGB Anh. 1 181 ff.
- Anspruch aus Auseinandersetzung HGB Anh. 1 192 ff.
- atypisch HGB Anh. 1 106 ff.
- Auflösungsgründe HGB Anh. 1 164 ff.
- Auseinandersetzungsguthaben HGB Anh. 1 187
- außerordentliche Kündigung HGB Anh. 1 162 ff.
- Beendigung HGB Anh. 1 156 ff.
- Beirat HGB Anh. 1 131
- Besteuerung HGB Anh. 1 242 ff.
- Beteiligung am Gesellschaftsvermögen HGB Anh. 1 108
- Einlage HGB Anh. 1 57 f.
- fehlerhaft wirksame Gesellschaft HGB Anh. 1 59 ff.
- Formerfordernisse HGB Anh. 1 26 ff.
- Geschäftsführung HGB Anh. 1 96 ff.
- Gestaltungsspielraum HGB Anh. 1 14 f.
- Gewinnanknüpfung HGB Anh. 1 86 ff.
- Gewinnbeteiligung HGB Anh. 1 67 ff.
- Insolvenz des Geschäftsinhabers HGB Anh. 1 197 ff.
- Insolvenzanfechtung HGB Anh. 1 229 ff.
- Kapitalbindung HGB Anh. 1 110
- Kapitalerhaltung HGB Anh. 1 110
- Kündigung durch Privatgläubiger HGB Anh. 1 166 f.
- Kündigungsgründe HGB Anh. 1 164
- Laufzeit HGB Anh. 1 172
- materielles Eigenkapital HGB Anh. 1 208 ff.
- Mehrgliedrigkeit HGB Anh. 1 116 ff.
- Mitgliedschaftsrechte HGB Anh. 1 100 ff.
- Mitunternehmerschaft HGB Anh. 1 251 ff.
- Mustervertrag HGB Anh. 1 260
- ordentliche Kündigung HGB Anh. 1 157 ff.
- partielle Beteiligung HGB Anh. 1 125 ff.
- Prospekthaftung HGB Anh. 1 124
- Publikumsgesellschaft HGB Anh. 1 116 ff.
- rechtliche Grundlagen HGB Anh. 1 11
- schwebende Geschäfte HGB Anh. 1 184 ff.
- stehengelassener Gewinn HGB Anh. 1 94 f.
- Treuhänder HGB Anh. 1 122
- typische HGB Anh. 1 64 ff.
- Umqualifizierung HGB Anh. 1 10
- Umwandlung HGB Anh. 1 138 ff., Anh. 1 175 ff.
- Veränderung des Geschäftsinhabers HGB Anh. 1 138 ff.
- Veräußerung des Handelsgeschäfts HGB Anh. 1 146 ff.
- Verjährung Auseinandersetzungsguthaben HGB Anh. 1 187
- Verlustbeteiligung HGB Anh. 1 74 ff.
- Verlustfeststellung HGB Anh. 1 78
- Vermögensrechte HGB Anh. 1 66 ff.
- Zweigliedrigkeit HGB Anh. 1 56
- zwingendes Recht HGB Anh. 1 15

Stiller Gesellschafter
- Abschluss Gesellschaftervertrag HGB Anh. 1 55
- Besteuerung HGB Anh. 1 244 f.
- Eignung HGB Anh. 1 53
- Einlage HGB Anh. 1 57 f.
- Haftung HGB Anh. 1 113
- Kontrollrechte HGB Anh. 1 100 ff.
- laufende Informationen HGB Anh. 1 103
- Minderjährige HGB Anh. 1 31 ff.
- Mitunternehmerschaft HGB Anh. 1 251 ff.
- Personenverschiedenheit HGB Anh. 1 38
- standesrechtliche Verbote HGB Anh. 1 43
- Tod HGB Anh. 1 168
- Treuepflicht HGB Anh. 1 109
- Vertraulichkeit HGB Anh. 1 105
- Vertretungsmacht HGB Anh. 1 112
- Wettbewerbsverbot HGB Anh. 1 115

Stillhalteabkommen InsO 17 21

Stimmbindungsvereinbarung AktG 243 2
- GmbHG 47 14
- HGB 119 29; 161 23

Stimmrecht AktG 134 1 ff.
- GmbHG 33 21
- Ausschluss AktG 136 1 ff.
- Stimmrechtsvereinbarungen AktG 136 10

Stimmrecht in der AG, Stimmrechtsmissbrauch AktG 241 17

Stimmrecht in der GbR, Ausschluss BGB 709–713 15 ff.

Stimmrecht in der GmbH GmbHG 47 9 ff.

Stichwortverzeichnis

– schriftliche Stimmabgabe **GmbHG 48** 18
– Stimmbindungsvereinbarung **GmbHG 47** 14
– Stimmgewicht **GmbHG 47** 12
– Stimmrechtsausübung **GmbHG 47** 13 ff.
– Stimmrechtsvertretung **GmbHG 47** 15 ff.
– Stimmrechtsvollmacht **GmbHG 47** 6
– Stimmverbot **GmbHG 38** 18, **47** 31 ff.
Stimmrecht in der OHG **HGB 119** 20 ff.
– Stimmrechtsbindung **HGB 119** 29
Stock Options, *(s. auch Vorstandsbezüge)*
– begünstigter Personenkreis **AktG 192** 13
– Ermächtigungsbeschluss **AktG 192** 17
Streitwert Kap. 8 5 ff.
– nichtvermögensrechtliche Streitigkeiten **Kap. 8** 8
– Wertberechnung **Kap. 8** 7
Strohmanngründung AktG 2 2
Strohmannverhältnisse (GmbH) GmbHG 13 27
Stufentheorie Kap. 2 208
Stundung InsO 17 19
– erzwungene **InsO 17** 20
Stundungsabrede AktG 66 4
Subprime-Gesellschaft GmbHG 5a 1
System der freien Körperschaftsbildung Einführung und Grundlagen 25
System der Normativbestimmung Einführung und Grundlagen 26

Talon, Aktienurkunde AktG 75 1
Tarifbegrenzung des § 32c EStG Kap. 2 442
Tarifbegünstigung des § 34 EStG Kap. 2 222
Teilbarkeit der Stammeinlage GmbHG 5 7
Teilbetrieb Kap. 2 277
– Begriff **Kap. 2** 286
– fiktiver **Kap. 2** 285
– Mitunternehmeranteil **Kap. 2** 284
– Spaltung **Kap. 2** 283
Teilbetrieb im Aufbau Kap. 2 287
Teilbetriebseigenschaft Kap. 2 320
Teilbetriebsveräußerung Kap. 2 286
Teileinkünfteverfahren Kap. 2 184, 224, 337, 431, 451, 454, 475
Teilnahme an der Kapitalerhöhung der GmbH aus Gesellschaftsmitteln GmbHG 57l 1 ff.
– eigene Anteile **GmbHG 57l** 1
– Mängel **GmbHG 57l** 6
– Teilbarkeit **GmbHG 57l** 5
– teileingezahlte Anteile **GmbHG 57l** 2 ff.
Teilrechte bei Kapitalerhöhung der GmbH GmbHG 57k 1 ff.
– Ausübung **GmbHG 57k** 6
– Entstehung **GmbHG 57k** 2
– Erhöhungsvolumen **GmbHG 57k** 1
– Mindestnennbetrag **GmbHG 57k** 3
– Nennbetragserhöhung **GmbHG 57k** 1
– Rechtsnatur **GmbHG 57k** 5
– Ruhen der Teilrechte **GmbHG 57k** 6
– Spitzenbeträge **GmbHG 57k** 1 f.

– Summe der entstehenden Teilrechte **GmbHG 57k** 3
– Teilbarkeit **GmbHG 57k** 3
Teilwert Kap. 2 212, 281
Teilwertabschreibung Kap. 2 174
– Anteile an der übertragenden Kapitalgesellschaft **Kap. 2** 173
Teilwertabschreibungen Kap. 2 458
Teilwerte Kap. 2 328
Territorialitätsprinzip, im Schiedsverfahren Kap. 7 91, 120
Testamentsvollstrecker, als Gesellschafter einer GmbH GmbHG 1 18
Testamentsvollstreckung bei der KG HGB 161 43; **163** 12; **177** 7
Testamentsvollstreckung bei der OHG HGB 139 22 ff.
Theorie der realen Verbandspersönlichkeit Einführung und Grundlagen 22
Tochter-SE
– Gründung durch grenzüberschreitende Betriebsstätteneinbringung **Kap. 2** 553 ff.
– Hinzurechnungsbesteuerung **Kap. 2** 556
– inländische Betriebsstätte **Kap. 2** 556
Tod eines Gesellschafters der KG HGB 177 1 ff.
– eines Kommanditisten **HGB 177** 1
– eines Komplementärs **HGB 177** 1
Tracking Stocks
– Mitgliedschaftsrechte **HGB Anh. 1** 137
– stille Gesellschaft **HGB Anh. 1** 9, **Anh. 1** 125 ff.
Trennungsprinzip AktG 1 3
Trennungsprinzip (GmbH) GmbHG 13 2
Treuepflicht
– Aufsichtsratsmitglieder **AktG 116** 8 ff.
– bei der GbR **BGB Vor 705** 5
– bei der GmbH & Co. KG **HGB Anh. 3** 44, **Anh. 3** 46
– bei der KG **HGB 163** 2, **165** 6 ff., **169** 3
– bei der OHG **HGB 109** 18
Treuepflicht bei der AG
– Adressatenkreis **AktG 53a** 3
– Inhalt und Umfang **AktG 53a** 19 f.
– Minderheiten- und Mehrheitenschutz **AktG 53a** 20
– passive und aktive Treuepflicht **AktG 53a** 21
– Rechtsfolgen eines Verstoßes **AktG 53a** 22 f.
– Überblick **AktG 53a** 18
– Verhältnis zu § 53a AktG **AktG 53a** 2
– Verstoß **AktG 243** 15
Treuepflicht bei der GmbH
– Abstimmungsverhalten **GmbHG 14** 13
– Angelegenheiten der Geschäftsführung **GmbHG 14** 13
– Gesellschaftsangelegenheiten **GmbHG 14** 14
– Loyalitätspflicht **GmbHG 14** 17
– mitgliedschaftliche Hauptpflicht **GmbHG 14** 12
– Rechtsfolgen der Verletzung **GmbHG 14** 16

Treuepflicht, mitgliedschaftliche AktG 53a 18 ff.
- Adressat AktG 53a 19
- Förderpflicht, aktive AktG 53a 26
- horizontale AktG 53a 20
- Intensität AktG 53a 22
- Mehrheitsaktionär AktG 53a 24
- Minderheitsaktionär AktG 53a 25
- Rücksichtnahmepflicht AktG 53a 21 f.
- Schadensersatzansprüche AktG 53a 29
- spiegelbildliche AktG 53a 19
- Stimmabgabe, nichtige AktG 53a 28

Treugeber bei der Publikumsgesellschaft
- Haftung für Einlageleistung HGB Anh. 2 67
- Rechte und Pflichten HGB Anh. 2 62
- Weisungsrecht HGB Anh. 2 62

Treuhand (stille Gesellschaft) HGB Anh. 1 25

Treuhandabrede GmbHG 7 32

Treuhänder bei der Publikumsgesellschaft
- Aufklärungspflicht HGB Anh. 2 63
- Ausübung von Gesellschafterrechten HGB Anh. 2 64
- Beteiligung über HGB Anh. 2 15
- Einlagenleistung HGB Anh. 2 65 ff.
- Haftung aus Verschulden bei Vertragshandlungen HGB Anh. 2 112
- Haftung für Einlagenleistung HGB Anh. 2 67
- Rechte und Pflichten HGB Anh. 2 63 ff.

Treuhand-Gesellschafter (GmbH)
- als Gesellschafter einer GmbH GmbHG 1 26 ff.
- Haftung wegen falscher Angaben GmbHG 9a 12
- Haftung wegen Schädigung durch Einlagen oder Gründungsaufwand GmbHG 9a 21 f.
- Verhältnis zum Treugeber GmbHG 1 28

Treuhandkommanditist bei Publikumsgesellschaft HGB Anh. 2 60 ff.

Treuhandverhältnis bei der Publikumsgesellschaft
- echtes HGB Anh. 2 10, Anh. 2 61
- erlaubnisfreie Tätigkeit HGB Anh. 2 15
- Erlaubnispflicht des Treuhandvertrages HGB Anh. 2 15
- Kündigung HGB Anh. 2 62, Anh. 2 70
- Leistung und Verwendung von Einlagen HGB Anh. 2 65 ff.
- Rechtsdienstleistung HGB Anh. 2 16
- unechtes HGB Anh. 2 10, Anh. 2 61
- unerlaubte Rechtsdienstleistung HGB Anh. 2 16

Typenbildung der GmbH & Co. KG
- ausländische juristische Person & Co. KG HGB Anh. 3 8
- doppelstöckige GmbH & Co. KG HGB Anh. 3 6
- Einheits-GmbH & Co. KG HGB Anh. 3 5
- Ein-Personen-GmbH & Co. KG HGB Anh. 3 3
- nicht personen- und beteiligungsidentische GmbH & Co. KG HGB Anh. 3 4
- personen- und beteiligungsidentische GmbH & Co. KG HGB Anh. 3 3

- Publikums-GmbH & Co. KG HGB Anh. 3 7

Typenvermischung Kap. 4 54

Übernahmebilanz Kap. 2 101

Übernahmeerklärungen bei Erhöhung des Stammkapitals GmbHG 55 6
- Beglaubigung GmbHG 55 17
- Beurkundung GmbHG 55 17
- Form GmbHG 55 17
- Inhalt GmbHG 55 26
- Kosten GmbHG 55 17
- Übernahme mehrerer Stammeinlagen GmbHG 55 46
- Übernahmevertrag GmbHG 55 6

Übernahmegewinn Kap. 2 130, 161, 200, 293, 325, 330, 431, 434, 437, 440, 454
- bei übernehmender Personengesellschaft Kap. 2 218

Übernahmeverlust Kap. 2 130, 454
- bei übernehmender Personengesellschaft Kap. 2 218

Übernahmeverlust bei atypisch stillem Gesellschafter Kap. 2 241

Übernahmevertrag Kap. 2 275

Übernahmevertrag bei Erhöhung des Stammkapitals GmbHG 55 6
- andere Gewinnrücklagen mit Zweckbestimmung GmbHG 57d 8
- Aufgelder GmbHG 57d 3
- Bilanzgewinn GmbHG 57d 6
- Gewinnrücklagen GmbHG 57d 4
- Jahresüberschuss GmbHG 57d 6
- Kapitalrücklagen GmbHG 57d 3
- künftige Rücklagen GmbHG 57d 6
- letzte Jahresbilanz GmbHG 57d 2, 57e 1 ff.
- Nachschüsse GmbHG 57d 3
- Options- oder Wandlungsprämien GmbHG 57d 3
- Rechtsfolgen eines Verstoßes GmbHG 57d 9
- Sonderposten mit Rücklagenanteil GmbHG 57d 6
- sonstige Zuzahlungen in die Kapitalrücklage GmbHG 57d 3
- stille Reserven GmbHG 57d 6
- umwandlungsfähige Rücklagen bei der GmbH GmbHG 57d 1 ff.
- Verlustsituation GmbHG 57d 7
- Zuzahlung bei Gewährung von Vorzügen GmbHG 57d 3
- Zwischenbilanz GmbHG 57d 2

übernehmende Personengesellschaft
- gemeiner Wert Kap. 2 199
- Gewerbesteuerpflicht Kap. 2 215

übernehmender Rechtsträger, Gegenleistung Kap. 2 107

Überschuldung InsO 19 1 ff.; Kap. 3 43 ff., 232 ff.
- Fortführungsprognose InsO 19 18 ff.
- Haftung Dritter InsO 19 30 ff.

Stichwortverzeichnis

- rechnerische InsO 19 10 ff.
Überschuldung (eG) GenG 87b 1 ff.
Überschuldung der GmbH GmbHG 64 8
- Aktivseite Überschuldungsbilanz GmbHG 64 19
- Begriff GmbHG 64 12
- drohende Überschuldung GmbHG 64 18
- Finanzplan GmbHG 64 16
- Fortführungswerte GmbHG 64 16
- Liquidationswerte GmbHG 64 16
- Passivseite Überschuldungsbilanz GmbHG 64 20
- Rangrücktritt GmbHG 64 10
- Überschuldungsbilanz GmbHG 64 18 ff.
Überschuldungsbegriff InsO 19 4
Überschuldungsprüfung InsO 19 9 ff.
Überschuldungsstatus, stille Beteiligung HGB Anh. 1 226
»Überseering«-Entscheidung Kap. 4 7 ff.
Übertragbarkeit von Namensaktien AktG 68 2 ff.
- durch Indossament AktG 68 3 ff.
- Prüfungspflicht AktG 68 20
übertragender Rechtsträger, Gegenleistung Kap. 2 107
Übertragung der Kommanditistenbeteiligung HGB 162 15 ff.
Übertragung des ganzen Gesellschaftsvermögens der AG AktG 179a 1 ff.
- Auflösung der Gesellschaft AktG 179a 11
- Beschlussmehrheit AktG 179a 6
- Informationspflichten AktG 179a 8
- Stimmrecht AktG 179a 7
- Zeitpunkt der Beschlussfassung AktG 179a 4
- Zustimmungserfordernis AktG 179a 2
Übertragung von Aktien
- Abtretung AktG 68 6
- Beendigung der Pflichten AktG 54 5
- Indossament AktG 68 3
- Mitteilungspflicht der Kreditinstitute AktG 67 16
- Nachweis AktG 67 16
- Namensaktie AktG 67 12, 68 2 ff.
Übertragung von Anteilen der GmbH & Co. KG HGB Anh. 3 61
Übertragung, Aktien AktG Einl. 16
Übertragungsgewinn Kap. 2 424
Umgehungsgeschäft (AG), Erwerb eigener Aktien AktG 71a 1 ff.
Umgehungsgeschäft (GmbH) GmbHG 33 11
Umgehungsgeschäfte AktG 71a 1 ff.
- Finanzierungsabreden AktG 71a 2 ff.
- Tochterunternehmen AktG 71a 9 f.
- Umgehungstatbestand AktG 71a 8 ff.
Umtauschverhältnis Kap. 2 43, 297
- Barabfindung Kap. 2 35
- Bewertungsverfahren Kap. 2 35
Umwandlung GmbHG 33 25
- anwendbares Recht Kap. 4 93 ff.

Umwandlung der KG HGB 161 2; 162 17
Umwandlung der OHG HGB 105 27 ff.
Umwandlungsarten
- Formwechsel Kap. 2 10
- Spaltung Kap. 2 10
- Vermögensübertragung Kap. 2 10
- Verschmelzung Kap. 2 10
Umwandlungsrecht, Beteiligung stiller Gesellschafter HGB Anh. 1 143
unerlaubte Handlung bei der Publikumsgesellschaft HGB Anh. 2 119
unrichtige Darstellung, § 400 AktG Kap. 6 116 ff.
Unterbeteiligung HGB Anh. 1 17
Unterkapitalisierung Kap. 3 180
Unternehmen
- Einzelperson AktG Anh. 2 14
- Gebietskörperschaft AktG Anh. 2 16
- Holdinggesellschaft AktG Anh. 2 15
Unternehmensbestattung Kap. 3 187
Unternehmensbeteiligungsstiftung BGB Anh. 16
Unternehmensbewertung Kap. 2 28
- DCF-Verfahren Kap. 2 36
- dynamische Investionsrechnung Kap. 2 36
- Ertragswertverfahren Kap. 2 36
- IDW Standard S 1 Kap. 2 37
- Liquidationswert Kap. 2 37
- nicht-betriebsnotwendiges Vermögen Kap. 2 37
- überschussorientiertes Bewertungsverfahren Kap. 2 36
- Umtauschverhältnis Kap. 2 31
Unternehmensgegenstand der GmbH
- Änderung GmbHG 3 8
- Bestimmung im Gesellschaftsvertrag GmbHG 3 6
- Definition/Abgrenzung zum Zweck der Gesellschaft GmbHG 1 4 ff., 3 6 f.
- Mängelheilung GmbHG 76 1 ff.
Unternehmensgegenstand der GmbH & Co. KG HGB Anh. 3 16 ff.
- Komplementär-GmbH HGB Anh. 3 18
Unternehmensinteresse AktG 76 18 ff.
- Shareholder-Value AktG 76 18 f.
Unternehmensrecht Einführung und Grundlagen 2
Unternehmenssteuerfortsetzungsgesetz 1997 Kap. 2 176
Unternehmensteuerfortentwicklungsgesetz Kap. 2 489
Unternehmensteuerreformgesetz Kap. 2 475
Unternehmensträgerstiftung BGB Anh. 16
Unternehmensverbundene Stiftung BGB Anh. 16
Unternehmenswert, Börsenkurs Kap. 2 38
Unternehmergesellschaft GmbHG 5a 1 ff.
- als Komplementärin GmbHG 5a 13
- Ausschüttungssperre GmbHG 5a 8
- drohende Zahlungsunfähigkeit GmbHG 5a 9 f.
- Firmierung GmbHG 5a 4
- Geldeinlagepflicht GmbHG 5a 5

Stichwortverzeichnis

– Normzweck **GmbHG 5a** 1
– Umwandlungsfähigkeit **GmbHG 5a** 11
– Volleinzahlungsgebot **GmbHG 5a** 5
Unternehmergesellschaft (haftungsbeschränkt),
 Beteiligung an Publikumsgesellschaft
 HGB Anh. 2 8
Unternehmeridentität Kap. 2 205, 206
Unterpari-Emission AktG 10 2; **10** 8
UN-Übereinkommen, Vollstreckbarerklärung
 ausländischer Schiedssprüche Kap. 7 118 f.
Up-stream-Ioan, Einlagenrückgewähr AktG 57
 16 f.
up-stream-merger Kap. 2 20

Verantwortlichkeit
– Aufsichtsratsmitglieder **AktG 116** 9 ff.
– Freistellungsklauseln **AktG 116** 10
Veräußerungsgewinn Kap. 2 233, 241
– Gewerbesteuerpflicht **Kap. 2** 204
Veräußerungspflicht AktG 71c 3 ff.
Veräußerungspreis Kap. 2 350
Verband Einführung und Grundlagen 3 ff., 9, 13,
 27 f.
Verbindlichkeiten
– bestehende **InsO 18** 17 f.
Verbraucherbegriff Kap. 7 11
Verbriefung der Aktien AktG 10 9
verdeckte Gewinnausschüttung GmbHG 29
 161 ff.; **32** 5
verdeckte Sacheinlage (GmbH) GmbHG 5 43 ff.;
 7 39 f.; **56** 8
– Gründungsaufwand **GmbHG 5** 61
– Heilung **GmbHG 19** 81
– Hin- und Herzahlen **GmbHG 5** 47 ff.
– Neuforderung **GmbHG 5** 53
– Sondervorteile **GmbHG 5** 61
– Umgehungsabrede **GmbHG 5** 45
– Verrechnung **GmbHG 5** 43
– wirtschaftliche Betrachtungsweise **GmbHG 5** 43
Verein
– Auflösung **Einführung und Grundlagen** 80
– Gründung **Einführung und Grundlagen** 75
– Haftung für Organe **Einführung und Grundlagen** 79
– Idealverein **Einführung und Grundlagen** 69 ff.
– Liquidationsverein **Einführung und Grundlagen**
 80
– Rechtsfähigkeit **Einführung und Grundlagen** 74
– Vereinssatzung **Einführung und Grundlagen** 77
– Verfassung **Einführung und Grundlagen** 77
– Vorverein **Einführung und Grundlagen** 76
– wirtschaftlicher Verein **Einführung und Grundlagen** 71, 74
Vererblichkeit des Kommanditanteils HGB 177
 3 f.
Verfall des kaduzierten Geschäftsanteils
 GmbHG 21 23

Vergütung von Nebenleistungen
– Berücksichtigung bei Gewinnverteilung
 AktG 61 6
– Höchstgrenze **AktG 61** 1
Verhältnismäßigkeit der Einzahlung auf Stammeinlagen GmbHG 19 30 ff.
– freiwillige Mehrleistung **GmbHG 19** 36
– Leistungsverweigerungsrecht **GmbHG 19** 32
– Unmöglichkeit der Leistung **GmbHG 19** 35
– Zahlungsunfähigkeit **GmbHG 19** 35
Verjährung der Stammeinlageforderung
 GmbHG 19 88 ff.
Verlustabzug Kap. 2 231, 303, 321, 334
Verlustdeckungshaftung, *(s. Haftung in der GmbH)*
 Kap. 2
Verluste der KG
– Beschränkung der Verlustbeteiligung **HGB 167**
 7 f.
– Verlustermittlung **HGB 167** 1 ff.
– Verlustregelungen **HGB 167** 9 ff.
– Verlustverteilung **HGB 168** 3
Verluste der OHG, Verlustausgleichspflicht
 HGB 110 13 ff.
Verlustnutzung Kap. 2 174
Verlustverteilung bei der GbR BGB 721–722 1 ff.
Verlustvortrag Kap. 2 71, 124, 133
– Verlustabzug **Kap. 2** 163
– Verlustrücktrag **Kap. 2** 263
Verlustvortrag bei der AG AktG 150 8; **158** 3 f.
Vermächtnisnehmer bei der KG HGB 173 24;
 177 6
Vermögensbindungsgrundsatz AktG 57 1 ff.
– Einlagenrückgewähr **AktG 57** 5 ff.
– Informationshaftung, Verhältnis zur kapitalmarktrechtlichen **AktG 57** 4
– Schutzvorschrift **AktG 57** 2
– Verbot sonstiger Vermögensverteilung **AktG 57**
 39
– Zinsverbot **AktG 57** 37
Vermögensgegenstände Kap. 2 98
Vermögenslosigkeit der GmbH GmbHG 60 13
Vermögensübertragung
– Behandlung nach dem UmwG **Kap. 2** 459 ff.
– steuerrechtliche Behandlung **Kap. 2** 462
– Teilübertragung **Kap. 2** 466
– Vollübertragung **Kap. 2** 465
Vermögensvermischung Kap. 3 179
verrechenbarer Verlust, Erbringung eines Mitunternehmeranteils Kap. 2 207
Verschmelzung
– Ablauf **Kap. 2** 28
– Anschaffungsvorgang **Kap. 2** 105
– bare Zuzahlungen **Kap. 2** 113
– Begriff **Kap. 2** 20 ff.
– Bilanzierung beim übernehmenden Rechtsträger
 Kap. 2 100
– Bilanzierung beim übertragenden Rechtsträger
 Kap. 2 94

Stichwortverzeichnis

- down-stream-merger Kap. 2 20, 70
- durch Aufnahme Kap. 2 20
- durch Neugründung Kap. 2 20, 59
- Eigenkapitalgliederung Kap. 2 190
- Einlagekonto Kap. 2 192
- Eintragung im Register Kap. 2 95
- Genossenschaften Kap. 2 77
- genossenschaftliche Prüfungsverbände Kap. 2 89
- handelsbilanzielle Behandlung Kap. 2 94
- Kapitalgesellschaften auf Personengesellschaften Kap. 2 75
- Kapitalrücklage Kap. 2 114
- Mantelkauf Kap. 2 169
- Mitunternehmeranteile Kap. 2 198
- natürliche Person Kap. 2 120
- Personengesellschaft Kap. 2 121
- Personengesellschaften Kap. 2 74
- rechtsfähiger Verein Kap. 2 84
- Registereintragung Kap. 2 56
- side-stream-merger Kap. 2 20
- steuerliche Rückwirkung Kap. 2 128
- steuerrechtliche Behandlung Kap. 2 118
- Unterpari-Emission Kap. 2 112
- up-stream-merger Kap. 2 20
- verschmelzungsfähige Rechtsträger Kap. 2 20 ff.
- Versicherungsvereine auf Gegenseitigkeit Kap. 2 90
- von Kapitalgesellschaften Kap. 2 65
- von Personengesellschaften untereinander Kap. 2 198

Verschmelzung auf Kapitalgesellschaften, Fortführung der Buchwerte Kap. 2 112

Verschmelzung einer Kapitalgesellschaft Kap. 2 69

Verschmelzung einer Kapitalgesellschaft auf die GmbH & atypisch Still Kap. 2 237 ff.

Verschmelzung einer Kapitalgesellschaft mit dem Vermögen ihres Alleingesellschafters, aufnehmender Alleingesellschafter Kap. 2 221

Verschmelzung einer Körperschaft auf eine Personengesellschaft
- Gewerbesteuerpflicht Kap. 2 215
- steuerliche Auswirkung auf Ebene der übernehmenden Gesellschaft Kap. 2 217
- steuerliche Auswirkung auf Ebene der übertragenden Gesellschaft Kap. 2 213

Verschmelzung einer Personengesellschaft auf eine Kapitalgesellschaft
- ausländischer Anteilseigner Kap. 2 236
- Bewertungswahlrecht Kap. 2 226
- Einbringung von Betrieben, Teilbetrieben und Mitunternehmeranteilen Kap. 2 225

Verschmelzung von Körperschaften, steuerliche Behandlung Kap. 2 130

Verschmelzung von Personengesellschaften untereinander
- Besteuerung ausländischer Anteilseigner Kap. 2 212
- steuerliche Auswirkung für übernehmende Personengesellschaft Kap. 2 199 ff.
- steuerliche Auswirkungen bei Gesellschaftern Kap. 2 209
- Veräußerungsgewinn Kap. 2 210

Verschmelzungsbericht Kap. 2 28, 33
- Umtauschverhältnis Kap. 2 45

Verschmelzungsbeschluss Kap. 2 49

Verschmelzungsgewinn Kap. 2 106
- Kapitalrücklage Kap. 2 108

Verschmelzungsprüfung
- Unternehmensbewertung Kap. 2 46
- Verschmelzungsvertrag Kap. 2 46

Verschmelzungsrichtlinie EU Kap. 2 16, 17

Verschmelzungsverlust Kap. 2 104, 110

Verschmelzungsvertrag Kap. 2 28, 67, 79
- Arbeitnehmerbelange Kap. 2 31
- ausländische Beurkundung Kap. 2 53
- Barabfindungsangebot Kap. 2 31
- besondere Vorteile für Vertretungsorgane Kap. 2 31
- Mindestinhalt Kap. 2 31
- Rechte einzelner Anteils- und Rechtsinhaber Kap. 2 31
- Verschmelzungsstichtag Kap. 2 31

Verschulden bei Vertragshandlungen (Publikumsgesellschaft)
- Haftung der Mitgesellschafter HGB Anh. 2 109 ff.
- Haftung der Publikums-KG HGB Anh. 2 113
- Haftung von Kreditgebern HGB Anh. 2 116 ff.
- Haftung von Vertretern und Verhandlungsführern HGB Anh. 2 114 f.
- Verjährung HGB Anh. 2 125

Verschwiegenheitspflicht, Aufsichtsratsmitglieder AktG 116 5 ff.

Versicherung
- Mindest-Leistungen auf die Stammeinlagen GmbHG 8 22 ff.
- Nichtvorliegen von Bestellungshindernissen GmbHG 8 36 ff.

Versicherungsvereine auf Gegenseitigkeit Kap. 2 90

Verstrickungsgrundsätze Kap. 2 538

Verstrickungsregelungen, nach § 12 KStG n.F. Kap. 2 539

Vertragskonzern
- AG-Vertragskonzern AktG Anh. 2 26
- Beherrschungsvertrag AktG Anh. 2 33
- fehlerhafter Beherrschungsvertrag AktG Anh. 2 30
- GmbH-Vertragskonzern AktG Anh. 2 54
- Haftung im AG-Vertragskonzern AktG Anh. 2 39 ff.
- Haftung im GmbH-Vertragskonzern AktG Anh. 2 59 ff.
- Weisungsbegriff AktG Anh. 2 34

Stichwortverzeichnis

Vertragsstrafe, Fälligkeit der Bareinlage (AG) AktG 63–65 18
Vertraulichkeit, stiller Gesellschafter HGB Anh. 1 105
Vertreterklausel bei der KG HGB 161 23; 163 11; 177 4
Vertreterregelung bei der Publikumsgesellschaft
– Abberufung des Vertreters HGB Anh. 2 52
– Abspaltungsverbot HGB Anh. 2 47
– Bestellung des Vertreters HGB Anh. 2 50
– Mehrheitserfordernisse HGB Anh. 2 50
– persönliche Voraussetzungen HGB Anh. 2 51
– Umfang und Grenzen HGB Anh. 2 47 f.
– Vertreterklauseln HGB Anh. 2 47, Anh. 2 47, Anh. 2 48
– Weisungsrecht der Gesellschafter HGB Anh. 2 53
Vertretung der GmbH GmbHG 35 1 ff.
– bei Abschluss des Gesellschaftsvertrags GmbHG 2 45 ff.
– bei Änderung des Gesellschaftsvertrags GmbHG 53 39 ff.
– bei Anmeldung zum Handelsregister GmbHG 7 7, 54 11 ff.
– Beschränkungen GmbHG 37 16
– echte Gesamtvertretung GmbHG 35 13, 38 22
– Einzelvertretungsbefugnis GmbHG 35 15 f.; Kap. 5 258
– Grundsatz der Kontinuität des Amtes Kap. 5 259
– Kollusion GmbHG 37 20
– Mehrfachvertretung GmbHG 35 24 ff.
– Missbrauch der Vertretungsmacht GmbHG 37 18 f.
– modifizierte Gesamtvertretung GmbHG 35 14
– Passivvertretung GmbHG 35 8
– prozessuale Vertretung der GmbH *(siehe dort)* Kap. 5
– unechte Gesamtvertretung GmbHG 35 14
Vertretung der GmbH & Co. KG HGB Anh. 3 21 ff.
– organschaftliche HGB Anh. 3 21 f.
– rechtsgeschäftliche HGB Anh. 3 28 f.
Vertretung der KG HGB 170 1
– Entziehung der Vertretungsmacht HGB 170 3
– gerichtliche Entscheidung HGB 170 5
– Gesamtvertretung HGB 170 2
– gewillkürte Vertretungsmacht HGB 170 6
– Handelsregisteranmeldung HGB 170 4
– Kommanditistenhaftung HGB 170 10
– organschaftliche Vertretung HGB 161 34 f., 164 13
– Prokura HGB 164 3, 170 7
– Vertretungsmacht HGB 170 8 f.
Vertretung der OHG HGB 125 1 ff.; Kap. 5 149 ff.
– Einzelvertretungsbefugnis Kap. 5 150

– Entziehung der Vertretungsbefugnis *(siehe auch Klage auf Entziehung der Vertretungsmacht gem. § 127 HGB)* Kap. 5 149 ff.
– gemischte Gesamtvertretung Kap. 5 150
– Gesamtvertretung Kap. 5 150
– Grundsatz der Selbstorganschaft Kap. 5 151
– Klage auf Entziehung der Vertretungsmacht gem. § 127 HGB Kap. 5 149 ff.
– Niederlegung der Vertretungsmacht Kap. 5 154
– organschaftliche Vertretung Kap. 5 151
– Wissenszurechnung HGB 125 7
Vertretung, anwendbares Recht Kap. 4 66 f.
Vertretungsbefugnis (GbR), Entziehung der – BGB 714–715 6 ff.
Vertretungsbefugnis der GmbH-Geschäftsführer
– Anmeldung GmbHG 8 46 ff.
– Eintragung in das Handelsregister GmbHG 10 9 f.
Vertretungsmacht (GbR) BGB 714–715 1 ff.
Vertretungsmacht bei der GbR
– Arten BGB 714–715 12 ff.
– Entziehung BGB 714–715 6 f.
– Umfang BGB 714–715 3 ff.
Vertretungsmacht bei der OHG HGB 126 1 ff.
– Entziehungsklage gem. § 127 HGB HGB 127 8 ff.
Vertretungsorgane, Angabe Kap. 6 21
Verwaltungsakt, Auflösung GmbH GmbHG 60 9; 62 1 ff.
– Gemeinwohlgefährdung GmbHG 62 1
– Subsidiarität GmbHG 62 1
– Verfahren GmbHG 62 5
– Verhältnismäßigkeit GmbHG 62 1
– Voraussetzungen GmbHG 62 2 ff.
verwendbares Eigenkapital Kap. 2 294, 299, 326, 447
Verwendung des Jahresüberschusses der AG, *(s. auch Bilanzgewinn der AG)*
– Auf- und Feststellung des Jahresabschlusses AktG 58 4 ff.
– Ermächtigung zur Rücklagenbildung AktG 58 13 ff.
– Ermittlung des Bilanzgewinns AktG 58 3
– Feststellung des Jahresabschlusses AktG 58 9 ff.
– Höhe der Rücklagenbildung AktG 58 11 ff.
– Sachdividende AktG 58 28
– Sicherstellung eines Bilanzgewinns AktG 58 7
– Wertaufholungen AktG 58 19
Verwendungsbeschränkungen GmbHG 58b 1 ff.
– Auffüllung der Kapitalrücklage GmbHG 58b 2
– Ausgleich eines Jahresfehlbetrages GmbHG 58b 3
– Ausgleich eines Verlustvortrages GmbHG 58b 3
– Buchgewinn GmbHG 58b 2
– Dauer GmbHG 58b 2
– erlaubte Zwecke GmbHG 58b 2
– Mängel GmbHG 58b 6
– Verlustdeckung GmbHG 58b 2

Stichwortverzeichnis

Verzugszinsen bei Einlageforderung GmbHG 20 1 ff.
- auf Geldeinlage GmbHG 19 2
- Einwendungen und Einreden GmbHG 19 6
- Fälligkeit GmbHG 19 5
- Höhe GmbHG 19 9 f.
- Vertragsstrafe GmbHG 19 11 f.

Vinkulierte Namensaktien
- Satzungserfordernis AktG 68 13 f.
- Überblick AktG 68 8 ff.
- Zustimmungserteilung AktG 68 15 ff.

Vinkulierung AktG 68 1 ff.

Vinkulierung von Aktien AktG 180 6 f.

Vollbeendigung der GmbH Kap. 5 251 ff.
- Auswirkungen der Vollbeendigung auf die Parteifähigkeit der GmbH Kap. 5 253
- Lehre vom Doppeltatbestand Kap. 5 251
- Lehre vom erweiterten Doppeltatbestand Kap. 5 252
- Voraussetzungen Kap. 5 251 ff.

Vollbeendigung GmbH GmbHG 60 2; 74 7

Vollmacht (GmbH)
- als beizufügende Unterlage GmbHG 8 8
- zum Abschluss eines Gesellschaftsvertrags GmbHG 2 46 ff.
- zur Änderung des Gesellschaftsvertrags GmbHG 53 40

Vollstreckbarerklärung inländischer Schiedssprüche
- Antrag Kap. 7 98
- Antragsberechtigung Kap. 7 99

Vollstreckbarerklärung ausländischer Schiedssprüche Kap. 7 118 ff.
- Antrag Kap. 7 121
- Antrag auf Aufhebung der Vollstreckbarerklärung nach § 1061 Abs. 3 ZPO Kap. 7 128
- ausländischer Schiedsspruch Kap. 7 120
- Begründetheit Kap. 7 124 ff.
- Berücksichtigung materiellrechtlicher Einwendungen iSd § 767 ZPO Kap. 7 127
- Gegenstand des Verfahrens Kap. 7 120
- gerichtliche Entscheidung Kap. 7 122
- Grundsatz der Meistbegünstigung Kap. 7 119
- Rechtsmittel Kap. 7 123
- UN-Übereinkommen Kap. 7 118 f.
- Verfahren Kap. 7 121 ff.

Vollstreckbarerklärung inländischer Schiedssprüche Kap. 7 91 f.
- Antragsvoraussetzungen Kap. 7 100
- Begründetheit Kap. 7 107 ff.
- Berücksichtigung materiellrechtlicher Einwendungen iSd § 767 ZPO Kap. 7 109 ff.
- Gegenstand des Verfahrens Kap. 7 91 ff.
- gerichtliche Entscheidung Kap. 7 104
- inländischer Schiedsspruch Kap. 7 91
- Parteien des Verfahrens Kap. 7 99
- rechtliches Gehör Kap. 7 101
- Rechtsmittel Kap. 7 106
- Verfahren Kap. 7 97 ff.

- Vergleich Kap. 7 93
- Verhältnis zur Vollstreckungsgegenklage Kap. 7 117
- Zuständigkeit Kap. 7 98

Vollstreckbarerklärung inländischer Schiedssprüchen
- Mündliche Verhandlung Kap. 7 102

Vollstreckbarerklärung von Schiedssprüchen Kap. 7 88 ff.

Vollversammlung der Aktionäre, Unbeachtlichkeit von Einberufungsmängeln AktG 241 12

Vor-AG AktG 30 1
- Abwickler AktG 265 1 ff.
- Einpersonen-Vorgesellschaft AktG 41 10 ff.
- Kontofähigkeit AktG 54 18
- Mehrpersonen-Vorgesellschaft AktG 41 2 ff.

Vorbelastung, *(s. Vorbelastungshaftung)*
- Prüfung durch das Registergericht GmbHG 9c 37 ff.

Voreinzahlung auf künftige Kapitalerhöhung der GmbH GmbHG 55 40 ff.; 56a 6

Vorgenossenschaft GenG 13 6 ff.
- Haftung GenG 13 8 ff.

Vorgesellschaft (GmbH)
- als Gesellschafterin einer GmbH GmbHG 1 20
- Änderung des Gesellschaftsvertrages GmbHG 2 56, 53 13
- Auflösung (Liquidation) GmbHG 11 15
- Firma GmbHG 4 26 f.
- Geschäftsführung und Vertretung GmbHG 11 11 ff.
- Rechtsnatur GmbHG 2 55, 11 8 ff.
- Wechsel eines Gesellschafters GmbHG 2 57

Vorgesellschaft, anwendbares Recht im internat. Kontext Kap. 4 58

Vor-GmbH GmbHG 13 7; 15 3
- anwendbares Recht Kap. 5 324
- Parteifähigkeit Kap. 5 325
- prozessuale Fragen Kap. 5 323 ff.
- prozessuale Vertretung Kap. 5 326

Vorgründungsgenossenschaft GenG 13 2 ff.

Vorgründungsgesellschaft Kap. 5 323

Vorgründungsgesellschaft (GmbH)
- anzuwendendes Recht GmbHG 2 68 f.
- Haftung der Gesellschafter GmbHG 2 70
- Haftung des Handelnden GmbHG 11 59
- Rechtsnatur GmbHG 2 68 f.

Vorgründungsgesellschaft, anwendbares Recht im internat. Kontext Kap. 4 57

Vorlage der Kapitalerhöhungssonderbilanz GmbHG 57g 1

Vorläufige Insolvenzverwaltung Kap. 3 28 ff.

Vormänner
- Haftung auf Einlage AktG 63–65 29
- Kaduzierungsverfahren AktG 63–65 28 ff.

Vorratsaktien AktG 160 3
- Erwerb AktG 160 4
- Verwertung AktG 160 5

Vorstand der AG, *(s. auch Vertretung der AG)*
– Abberufung AktG 84 13 ff.
– Aktienoptionen, stock options AktG 87 7
– allg. gesetzliche Pflichten AktG 76 44
– Änderungen AktG 81 1 ff.
– Anerkennungsprämien AktG 87 10
– Anforderungen u. Bestellungshindernisse AktG 76 54 ff.
– Angemessenheit von Bezügen AktG 87 4 ff.
– Anreize zur Nachhaltigkeit AktG 87 17
– Anstellungsvertrag AktG 84 1 ff.
– Aufgaben u. Leistungen AktG 87 14
– Berichtspflicht AktG 76 37
– Beschränkungen der Vertretungs- und Geschäftsführungsbefugnis AktG 82 1 ff.
– Bestellung AktG 84 2 ff.
– Bestellung durch Gericht AktG 85 1 ff.
– Bezüge AktG 87 1 ff.
– Buchführung AktG 91 1 ff.
– Change of control – Klauseln AktG 87 8
– Eigenverantwortlichkeit AktG 76 13 ff.
– einseitige Amtsniederlegung AktG 84 16
– Einvernehmliche Beendigung AktG 84 15
– Einzelvertretung AktG 78 7
– Funktionstrennung AktG 105 1 ff.
– Gesamtverantwortung AktG 76 37
– Gesamtvertretung AktG 78 9
– gesetzliche Vertretungsregelung AktG 78 7 ff.
– gesetzliches Vertretungsorgan AktG 78 2 ff.
– Gewinnbeteiligungen AktG 87 5
– Grenzen der Leitungsmacht AktG 76 21 ff.
– Haftung bei Zeichnung eigener Aktien AktG 56 6
– Herabsetzung von Bezügen AktG 87 1 ff., 87 23 ff.
– Heraufsetzung AktG 87 34
– Insiderinformationen AktG 76 39
– Jahresboni AktG 87 19
– kollegiale Zusammenarbeit AktG 76 36
– Leitungsermessen AktG 76 17 ff.
– Leitungsmacht im Konzern AktG 76 29 ff.
– Offenlegung der Vergütung AktG 87 36
– Organisation AktG 91 1 ff.
– Passivvertretung AktG 78 8
– Pflichten in der Krise AktG 92 1 ff.
– Prämien AktG 87 19
– Rechtsstellung AktG 76 6 ff.
– Rücksichtsnamepflicht AktG 76 42
– Ruhegeldzusagen AktG 87 6
– Schadensersatzpflicht AktG 93 14 ff.
– Selbstbehalt (D&O) AktG 93 26
– solidarische Haftung AktG 93 23 f.
– Sorgfaltspflichten AktG 93 3 ff.
– Stellvertreter AktG 94 1
– Suspendierung AktG 84 14
– Treuepflicht AktG 76 42
– Überwachungssystem AktG 91 4 ff.
– übliche Vergütung AktG 87 15
– Vergütungsmaßstab AktG 87 11
– Verschwiegenheitspflicht AktG 76 42
– Vorlagepflicht AktG 76 37
– Wettbewerbsverbot AktG 88 1 ff.
– Wissenszurechnung AktG 78 10
– Zusammensetzung AktG 76 47 ff.
Vorstand der Genossenschaft
– Beendigung des Vorstandsamtes GenG 29 11 ff.
– Bestellung GenG 29 8 ff.
– Geschäftsführungsbefugnis GenG 29 2
– Geschäftsordnung GenG 27 12
– Haftung GenG 34 8 ff.
– Haftungsausschluss GenG 34 17
– Notbestellung GenG 9 8 ff.
– Sorgfaltspflicht GenG 34 2 ff.
– Verschwiegenheitspflicht GenG 34 7
– Vertretung GenG 27 7 ff.
– Vertretungsbefugnis GenG 29 3
– Zusammensetzung GenG 29 4
Vorstandsbezüge AktG 87 1 ff.
Vorstandshaftung, Gründungsphase AktG 48 1 ff.
Vor-Stiftung BGB Anh. 58
Vorzugsaktie, Gewinnverteilung AktG 60 13

Wandelanleihen, *(s. auch Wandelschuldverschreibungen)*
– Beschlussinhalt AktG 221 15
Wandelschuldverschreibungen AktG 160 12; 192 7; 221 2
– Ausgabe AktG 221 45 f.
– Beeinträchtigung AktG 221 53
– Bekanntmachung AktG 221 18 f.
– Beschlussinhalt AktG 221 12 ff.
– Beschlussmängel AktG 221 17
– Beschlussmehrheit AktG 221 8 ff.
– Bezugsrecht AktG 221 32
– Bezugsrechtsausschluss AktG 221 33 ff.
– mittelbares Bezugsrecht AktG 221 40
– Übertragbarkeit AktG 221 47
– Wandlung AktG 221 49 ff.
Wandlungsrechte AktG 152 4
Warrant-Anleihen AktG 192 8
Wechselseitige Beteiligung AktG 160 14
Werkgenossenschaft GenG 1 22
wesentliche Beteiligung Kap. 2 312
Wettbewerbsverbot AktG 88 1 ff.
Wettbewerbsverbot bei der GbR BGB 709–713 40 ff.
– geschäftsführender Gesellschafter der GbR BGB 709–713 41
– nicht geschäftsführender Gesellschafter der GbR BGB 709–713 42
Wettbewerbsverbot bei der GmbH & Co. KG
– Geschäftsführer der Komplementärin HGB Anh. 3 47
– Kommanditist HGB Anh. 3 46
– Komplementär-GmbH HGB Anh. 3 45
Wettbewerbsverbot bei der KG HGB 165 1 ff.

- durch Vereinbarung HGB 165 17 f.
- für beherrschende Unternehmen HGB 165 16
- Kommanditist HGB 165 6 ff.
- Komplementär HGB 161 3, 165 1 ff.
- nachvertragliches HGB 165 19

Wettbewerbsverbot bei der OHG HGB 112 1 ff.; 113 1 ff.

Wettbewerbsverbot bei der stillen Gesellschaft HGB Anh. 1 99; Anh. 1 115

Wettbewerbsverbot des Geschäftsführers der GmbH GmbHG 43 21 ff.

Widerspruchsrecht bei der GbR BGB 709–713 28 ff.
- Form des Widerspruchs BGB 709–713 31
- Innenwirkung BGB 709–713 32
- Rechtsfolgen des Widerspruchs BGB 709–713 32 ff.

wirtschaftliche Neugründung (GmbH)
- Aktivierung einer Vorratsgesellschaft GmbHG 3 25 f.
- Anwendung der Gründungsvorschriften GmbHG 3 29 ff.
- Haftung der Gesellschafter und Handelndenhaftung GmbHG 3 35 ff., 11 22
- registerrechtliche Präventivkontrolle GmbHG 3 32 ff., 7 4, 8 24, 9c 25
- Wiederbelebung eines (GmbH-)Mantels GmbHG 3 27 f.

Wirtschaftsprüfungsgesellschaft
- Firma GmbHG 4 13
- Zulässigkeit GmbHG 1 11

Wohnungseigentum Einführung und Grundlagen 15

Wohnungseigentümergemeinschaft Einführung und Grundlagen 16

Wohnungsgenossenschaft GenG 1 23

WpÜG, Anwendbarkeit bei Erwerb eigener Aktien AktG 71 33

Zahlungspflicht
- gestundete InsO 17 19

Zahlungspflicht der Vormänner AktG 63–65 40 ff.
- Regressverfahren AktG 63–65 42 ff.
- Verwertungsverfahren AktG 63–65 50 ff.

Zahlungspflichten InsO 17 16
- fällige InsO 17 16 ff.

Zahlungsstockung InsO 17 9

Zahlungsunfähigkeit InsO 17 1 ff., 6 ff.
- drohende InsO 18 1 ff., 12 ff.
- Glaubhaftmachung InsO 18 20
- im Zeitpunkt des Eröffnungsbeschlusses InsO 17 41
- Indizien InsO 17 35 ff.
- Liquiditätsplanung InsO 17 13
- Liquiditätsstatus InsO 17 13
- Zahlungseinstellung InsO 17 38 ff.

Zahlungsunfähigkeit (allgemein) Kap. 3 34 ff.

Zahlungsunfähigkeit der GmbH GmbHG 64 8 ff.
- Gesellschafterforderungen GmbHG 64 10
- Liquidationslücken GmbHG 64 11
- Stundung GmbHG 64 11
- Voraussetzungen GmbHG 64 9 ff.
- Zahlungseinstellung GmbHG 64 9
- Zahlungsunwilligkeit GmbHG 64 9
- Zahlungswiederaufnahme GmbHG 64 11
- Zeitpunkt GmbHG 64 11

Zahlungsverbot InsO 17 28

Zeichnung eigener Aktien AktG 56 2 f.
- Haftung des Vorstandes AktG 56 6
- Heilung AktG 56 5 ff.
- keine Rechte aus der Aktie AktG 56 6
- mittelbare Übernahme eigener Aktien AktG 56 19
- Nichtigkeit AktG 56 4
- Pflichten des Übernehmers AktG 56 16
- Rechte des Übernehmers AktG 56 17 f.
- Rechtsfolgen bei Zeichnung durch abhängige Unternehmen AktG 56 11 ff.
- Rechtsfolgen eines Verstoßes AktG 56 4 f.
- Übernahme bei Börsengängen AktG 56 14
- Übernahme für Rechnungen der Aktiengesellschaft AktG 56 13 ff.
- Verhältnis § 56 Abs. 2 zu Abs. 3 AktG AktG 56 20
- Zeichnung bei Gründung AktG 56 2
- Zeichnung durch abhängige Unternehmen AktG 56 7 ff.

Zeichnung von Aktien bei Kapitalerhöhung AktG 185 1 ff.
- Beschränkungen AktG 185 25
- fehlerhafte Zeichnung AktG 185 18 ff.
- fehlerhafter Zeichnungsvertrag AktG 185 5 f.
- Form AktG 185 9 f.
- Heilung bei fehlerhafter Zeichnung AktG 185 21 ff.
- Zeichner AktG 185 7
- Zeichnungsschein AktG 185 10 f.
- Zeichnungsvertrag AktG 185 2 ff.
- Zeitpunkt AktG 185 8

Zeitliche Beschränkung des Unternehmens (GmbH)
- Änderung GmbHG 3 17
- Bestimmung im Gesellschaftsvertrag GmbHG 3 16
- Eintragung GmbHG 10 11 f.

Zeitwert Kap. 2 114

zu hoch angenommene Verluste bei der GmbH GmbHG 58c 1 ff.
- Mängel GmbHG 58c 8
- Nichteintritt oder -bestehen von Verlusten GmbHG 58c 2
- Rechtsfolge GmbHG 58c 7
- Unterschiedsbetrag GmbHG 58c 6
- Zeitraum GmbHG 58c 6

Zulassungsbeschluss bei Kapitalerhöhung der GmbH GmbHG 55 5

Zulassungsstreit, Parteifähigkeit der GmbH Kap. 5 256
Zurechnungsdurchgriff GmbHG 13 30
Zurückbehaltungsrecht gegenüber Einlageverpflichtung GmbHG 19 64
Zustimmungspflicht bei der GbR
– Änderung des Gesellschaftsvertrages BGB 705 37
– Ausschließung eines Gesellschafters BGB 737 9 ff.
– Wechsel im Gesellschafterbestand BGB 737 11
Zustimmungspflicht bei der OHG HGB 119 21 f.
Zuwendungen an den Aktionär
– Drittvergleich AktG 57 11
– offene Zuwendungen AktG 57 9
– verdeckte Zuwendungen AktG 57 10 ff.
Zwangsgeld bei der AG
– Beugemaßnahme AktG 407 1
– Mindesthöhe AktG 407 4
– Pflichten AktG 407 2
– Rechtswidrigkeit AktG 407 2
– Verschulden AktG 407 3
Zwangsgeld bei der GmbH
– Beugemaßnahme GmbHG 79 1
– Mindesthöhe GmbHG 79 3
– Organpflichten GmbHG 79 2
– Rechtswidrigkeit GmbHG 79 3
– Verschulden GmbHG 79 5
Zweck der Gesellschaft (GmbH)
– Änderung GmbHG 1 4
– Definition und Abgrenzung zum Gegenstand des Unternehmens GmbHG 1 4 ff., 3 6
– Zulässigkeit GmbHG 1 7 ff.
Zweckverbände Einführung und Grundlagen 1
Zweigniederlassung
– anwendbares Recht Kap. 4 36 ff.
– anwendbares Recht im internat. Kontext Kap. 4 36 ff.
– Zweigniederlassungsrichtlinie Kap. 4 41
Zweigniederlassung der Genossenschaft
– Rechtsnatur GenG 14 4
– Vertretung GenG 14 6
Zweigniederlassung der GmbH GmbHG 35a 4; 39 11
– Firma GmbHG 4 30
Zwischenscheine AktG 8 7; 10 8; 74 2
Zwischenscheine (Interimsscheine), Aktienregister AktG 67 2